Gratis toegang tot de online versie van de Sdu Wettenbundel? Gebruik deze unieke code!

Ga naar **sdu.nl/vnwol** en voer tijdens de bestelling jouw persoonlijke code in. Je ontvangt dan gratis toegang tot wettenbundel.sdu.nl, de online versie van de Sdu Wettenbundel. De online wordt gedurende het jaar steeds geactualiseerd. Naast alle wet- en regelgeving uit de Sdu Wettenbundel, vind je er nog een aantal extra wetten. Online kun je eenvoudig en snel digitaal wetsartikelen opzoeken. De online versie werkt uiteraard zowel op je pc, laptop als op je mobiel.

2P70TVWI24P8

Gratis Sdu Wettenbundel online
sdu.nl/vnwol

Sdu Wettenbundel

Deel A Staats- en bestuursrecht

De reeks educatieve wettenverzamelingen van *Sdu* bevat zes titels:
- *Sdu Wettenbundel (Verzameling Nederlandse Wetgeving)* in drie delen. De delen zijn ook 'los' verkrijgbaar
- *Sdu Wettenbundel Intellectuele Eigendom*
- *Sdu Wettenbundel MBO*
- *Sdu Wettenbundel SJD (Sociaal Juridische Dienstverlening)*
- *VNW Socialezekerheidsrecht*
- *Wetgeving Makelaardij, Taxatie en Vastgoed*

Elk deel bevat een selectie van wet- en regelgeving die van belang is voor het onderwijs op universitair, hbo- of mbo-niveau. De wettenverzamelingen zijn toegankelijk door een handig zoeksysteem, de margeteksten en het trefwoordenregister. Elk deel wordt jaarlijks geactualiseerd.

De educatieve wettenverzamelingen zijn een uitgave van Sdu, dé uitgever op elk rechtsgebied voor zowel de praktijk als educatie.

Sdu Wettenbundel
Editie 2021-2022
Deel A

Onder redactie van:

Prof. mr. B. Barentsen, hoogleraar Sociaal Recht en bijzonder hoogleraar Arbeidsverhoudingen in de publieke sector aan de Universiteit Leiden

Prof. dr. L.F.M. Besselink, hoogleraar Constitutioneel Recht aan de Universiteit van Amsterdam

Mr. dr. M.L. van Emmerik, universitair hoofddocent Staats- en Bestuursrecht aan de Universiteit Leiden en rechter-plaatsvervanger bij de Rechtbank Midden-Nederland

Prof. mr. M.S. Groenhuijsen, hoogleraar Straf(proces)recht en Victimologie aan de Universiteit van Tilburg

Prof. mr. A.L.M. Keirse, hoogleraar Privaatrecht aan de Universiteit Utrecht en raadsheer aan het Gerechtshof Amsterdam

Mr. H.J. de Kloe, docent Ondernemings- en Insolventierecht aan de Erasmus School of Law

Mr. B. Kratsborn, docent Publiekrecht aan de Juridische Hogeschool Avans-Fontys te Den Bosch

Prof. mr. A.I.M. van Mierlo, hoogleraar Burgerlijk recht en Burgerlijk procesrecht Erasmus School of Law (Rotterdam), hoogleraar Privaatrecht aan de Rijksuniversiteit Groningen en advocaat te Rotterdam

Prof. mr. B.A. Schuijling, hoogleraar Burgerlijk recht en directeur Onderzoekcentrum Onderneming en Recht, Radboud Universiteit Nijmegen

Prof. dr. mr. G.K. Sluiter, hoogleraar Straf(proces)recht aan de Open Universiteit, hoogleraar Internationaal strafrecht aan de Universiteit van Amsterdam en advocaat bij Prakken d'Oliveira

Prof. mr. E. Steyger, hoogleraar Europees Bestuursrecht aan de Vrije Universiteit Amsterdam en advocaat bij Advocaatpraktijk E. Steyger B.V.

Prof. mr. J.M.H.F. Teunissen, emeritus-hoogleraar Staats- en Bestuursrecht en Algemene Staatsleer aan de Open Universiteit

Mr. C. Wisse, hoofddocent Staats- en Bestuursrecht aan de Hogeschool van Arnhem en Nijmegen

Mr. dr. M. Zilinsky, universitair docent Internationaal Privaatrecht aan de Vrije Universiteit Amsterdam, en adviseur bij Houthoff

Sdu
Den Haag, 2021

Meer informatie over deze en andere uitgaven kunt u verkrijgen bij:
Sdu Klantenservice
Postbus 20025
2500 EA Den Haag
tel.: (070) 37 89 880
www.sdu.nl/service

© Sdu Uitgevers, Den Haag, 2021

Ontwerp omslag: De Handlangers, Utrecht

ISBN Sdu Wettenbundel set (A, B en C): 978 901240 7007
ISBN Sdu Wettenbundel A: 978 901240 7212
ISBN Sdu Wettenbundel B: 978 901240 7229
ISBN Sdu Wettenbundel C: 978 901240 7236
NUR: 820

Alle rechten voorbehouden. Alle auteursrechten en databankrechten ten aanzien van deze uitgave worden uitdrukkelijk voorbehouden. Deze rechten berusten bij Sdu Uitgevers bv.

Behoudens de in of krachtens de Auteurswet gestelde uitzonderingen, mag niets uit deze uitgave worden verveelvoudigd, opgeslagen in een geautomatiseerd gegevensbestand of openbaar gemaakt in enige vorm of op enige wijze, hetzij elektronisch, mechanisch, door fotokopieën, opnamen of enige andere manier, zonder voorafgaande schriftelijke toestemming van de uitgever.

Voorzover het maken van reprografische verveelvoudigingen uit deze uitgave is toegestaan op grond van artikel 16 h Auteurswet, dient men de daarvoor wettelijk verschuldigde vergoedingen te voldoen aan de Stichting Reprorecht (Postbus 3060, 2130 KB Hoofddorp, www.reprorecht.nl). Voor het overnemen van gedeelte(n) uit deze uitgave in bloemlezingen, readers en andere compilatiewerken (artikel 16 Auteurswet) dient men zich te wenden tot de Stichting PRO (Stichting Publicatie- en Reproductierechten Organisatie, postbus 3060, 2130 KB Hoofddorp, www.stichting-pro.nl). Voor het overnemen van een gedeelte van deze uitgave ten behoeve van commerciële doeleinden dient men zich te wenden tot de uitgever.

Vanwege de aard van de uitgave gaat Sdu uit van een zakelijke overeenkomst; deze overeenkomst valt onder het algemene verbintenissenrecht. Uw persoonlijke gegevens worden door ons zorgvuldig behandeld en beveiligd. Wij verwerken uw gegevens voor de uitvoering van de (abonnements)overeenkomst en om u op uw vakgebied van informatie te voorzien over gelijksoortige producten en diensten van Sdu. Voor het toesturen van informatie over (nieuwe) producten en diensten gebruiken wij uw e-mailadres alleen als u daarvoor toestemming heeft gegeven. Uw toestemming kunt u altijd intrekken door gebruik te maken van de afmeldlink in het toegezonden e-mailbericht. Als u in het geheel geen informatie wenst te ontvangen over producten en/of diensten, dan kunt u dit laten weten aan Sdu Klantenservice: informatie@sdu.nl. Abonnementen gelden voor minimaal één jaar en hebben een opzegtermijn van twee maanden. Onze uitgaven zijn ook verkrijgbaar in de boekhandel. Voor informatie over onze leveringsvoorwaarden kunt u terecht op www.sdu.nl.

Hoewel aan de totstandkoming van deze uitgave de uiterste zorg is besteed, kan voor de aanwezigheid van eventuele (druk)fouten en onvolledigheden niet worden ingestaan en aanvaarden de auteur(s), redacteur(en) en uitgever deswege geen aansprakelijkheid voor de gevolgen van eventueel voorkomende fouten en onvolledigheden. Vanwege de aard van de uitgave, gaat Sdu uit van een zakelijke overeenkomst; deze overeenkomst valt onder het algemene verbintenissenrecht.

All rights reserved. No part of this publication may be reproduced, stored in a retrieval system, or transmitted in any form or by any means, electronic, mechanical, photocopying, recording or otherwise, without the publisher's prior consent.

While every effort has been made to ensure the reliability of the information presented in this publication, Sdu Uitgevers neither guarantees the accuracy of the data contained herein nor accepts responsibility for errors or omissions or their consequences.

Voorwoord

In de *Sdu Wettenbundel 2021-2022* is die wet- en regelgeving opgenomen die in de opleiding van de studie rechten op universitair en hbo-niveau onmisbaar is.

Inhoud
Bij de selectie van de opgenomen wet- en regelgeving heeft de redactie voor ogen gehad om de gebruiker in drie handzame delen een zo compleet mogelijke verzameling van wetten en andere regelgeving te bieden op het gebied van materieel en formeel recht.

Thematische indeling
De *Sdu Wettenbundel 2021-2022* bestaat uit drie thematische delen:
– Deel A Staats- en bestuursrecht;
– Deel B Burgerlijk (proces)recht; en
– Deel C Straf(proces)recht.
Deel A, B en C zijn ook 'los' verkrijgbaar (met een eigen ISBN).

Online versie: wettenbundel.sdu.nl
Bij aankoop van de drie delen heeft men gratis toegang tot de online versie van de *Sdu Wettenbundel*: wettenbundel.sdu.nl. Op deze website is, naast de inhoud van deze bundel, ook extra wet- en regelgeving opgenomen. Hier vindt u ook COVID-wetgeving. Voorin deel A vindt men de persoonlijke inlogcode voor de site.

Geldende, toekomstige en vervallen wetgeving
De kern van de uitgave betreft het positieve in Nederland geldende recht. Daarnaast is – daar waar de redactie van mening was dat het voor de gebruiker van belang was om daarvan kennis te nemen – ook toekomstig recht opgenomen; wetgeving waarvan de inwerkingtredingsdatum op de kopijsluitingsdatum van 1 juni 2021 nog niet bekend was of wetgeving die na 1 juli 2021 (de verschijningsdatum van de bundels) in werking treedt. Deze wetgeving wordt met een vette lijn in de marge herkenbaar aangegeven. Ook in de kopregel wordt aangegeven dat het hierbij om toekomstig recht gaat. Op deze wijze kan tijdens de studie ook een perspectief op toekomstige bepalingen worden verkregen.
In een enkel geval bevat deze bundel ook reeds vervallen regelgeving omdat de regels voor het onderwijs van nut zijn of nog steeds effecten in de rechtspraktijk hebben.

Zoeken
De *Sdu Wettenbundel 2021-2022* biedt de mogelijkheid om via diverse ingangen de content te ontsluiten. In de Ten Geleide vindt u een uitleg over de diverse zoekmogelijkheden en -methoden.

De redactie
De *Sdu Wettenbundel 2021-2022* staat onder redactie van:
Prof. mr. B. Barentsen (Universiteit Leiden)
Prof. dr. L.F.M. Besselink (Universiteit van Amsterdam)
Mr. dr. M.L. van Emmerik (Universiteit Leiden)
Prof. mr. M.S. Groenhuijsen (Universiteit van Tilburg)
Mr. H.J. de Kloe (Erasmus School of Law)

Prof. mr. A.L.M. Keirse (Universiteit Utrecht)
Mr. B. Kratsborn (Juridische Hogeschool Avans-Fontys)
Prof. mr. A.I.M. van Mierlo (Erasmus Universiteit Rotterdam en Rijksuniversiteit Groningen)
Prof. mr. B.A. Schuijling (Radboud Universiteit Nijmegen)
Prof. dr. mr. G.K. Sluiter (Open Universiteit Nederland en Universiteit van Amsterdam)
Prof. mr. E. Steyger (Vrije Universiteit Amsterdam)
Prof. mr. J.M.H.F. Teunissen (Open Universiteit Nederland)
Prof. mr. dr. L.C.A. Verstappen (Rijksuniversiteit Groningen)
Mr. C. Wisse (Hogeschool Arnhem/Nijmegen)
Mr. dr. M. Zilinsky (Vrije Universiteit Amsterdam)

Redactie en uitgever
Mei 2021

Ten geleide

Kopijsluitingsdatum
In de *Sdu Wettenbundel 2021-2022* treft u een op het onderwijs afgestemde selectie aan van in Nederland geldende wet- en regelgeving en andere voor het onderwijs relevante documenten. Alle opgenomen teksten zijn bijgewerkt tot en met 1 juni 2021. Wetgeving waarvan bij het ter perse gaan van deze bundel bekend was dat deze voor of op 1 juli 2021 in werking zou treden, is eveneens verwerkt.

Bron
In de voetnoot bij de titel van elk onderdeel kunt u broninformatie aantreffen voorafgegaan door de zinsnede 'zoals laatstelijk gewijzigd bij'. Hier vindt u de bron die heeft geleid tot de meest recent in werking getreden wijziging van de tekst. Dit hoeft niet per se de laatste bron uit de wijzigingshistorie van de tekst te zijn. Het gaat immers om de bron van de wijziging die laatstelijk in werking is getreden.

Toekomstige wet- en regelgeving
De kern van de uitgaven van de *Sdu Wettenbundel 2021-2022* betreft het in Nederland geldend recht. Wetgeving waarvan bij het ter perse gaan van deze bundel bekend was dat deze voor of op 1 juli 2021 in werking zou treden, is verwerkt. Daarnaast is in sommige gevallen ook wetgeving opgenomen waarvan de inwerkingtreding bij het ter per se gaan nog niet bekend was of die na 1 juli 2021 in werking treedt. Het gaat in zulke gevallen om toekomstig recht dat door de redactie als onmisbaar voor de gebruiker wordt geacht. Deze wetgeving wordt herkenbaar aangegeven met een vette lijn in de marge. Ook in de kopregel en in de inhoudsopgaven wordt vermeld dat het om toekomstig recht gaat doordat de tekst '(toekomstig)' is toegevoegd.

Om productietechnische redenen kan het voorkomen dat, hoewel de redactie een wetsvoorstel wil opnemen, dit niet meer mogelijk is omdat het betreffende wetsvoorstel te kort voor de sluitingsdatum van de kopij is ingediend bij de Tweede Kamer.
Bij wetsvoorstellen zijn de geconsolideerde versies opgenomen waarbij, met uitzondering van de amendementen, de relevante parlementaire stukken zijn verwerkt in het oorspronkelijke dan wel gewijzigde voorstel van wet. Wanneer de toekomstige wetgeving reeds in het Staatsblad is geplaatst, wordt uiteraard de betreffende tekst gepubliceerd. Wanneer een regeling op 1 juni 2021 gedeeltelijk in werking is getreden, wordt de betreffende regeling als geldend recht opgenomen. Uitzonderingen hierop vormen bepalingen waarvan de inwerkingtreding op een latere datum is voorzien. Deze zijn voorzien van de opmerking 'Treedt in werking op nader te bepalen tijdstip' in een voetnoot bij de titel. Voor het raadplegen van de meest recente versies van de geselecteerde regelingen verwijzen wij u graag naar www.wetten.nl. Houdt u er hierbij rekening mee dat een klein deel van de opgenomen regelingen nog niet via deze website geraadpleegd kan worden.

Online versie: wettenbundel.sdu.nl
Bij aankoop van de drie delen heeft men gratis toegang tot de online versie van de *Sdu Wettenbundel*: wettenbundel.sdu.nl. Op deze website is, naast de inhoud van deze bundel, ook extra wet- en regelgeving opgenomen. Voorin deel A vindt u de persoonlijke inlogcode voor de website.

Ten geleide

Een deel van de wet- en regelgeving die vorig jaar in de bundels was opgenomen, is verplaatst naar de online versie. Deze wet- en regelgeving is nog wel opgenomen in beide inhoudsopgaven met een verwijzing naar de website. In de algemene inhoudsopgave is per deel ook aangegeven welke wet- en regelgeving er verder in de online is opgenomen. Indien nodig wordt de online door het jaar heen aangevuld.

KEI-wetgeving
In deze bundel vindt u de tekst van het Wetboek van Burgerlijke Rechtsvordering, zoals die luidt voor de procedures in de feitelijke instanties (rechtbanken en gerechtshoven) waarop KEI-Rv niet van toepassing is.
Ten behoeve van de vorderingsprocedure in cassatie wordt na art. 1077 een selectie opgenomen met daarin de integrale tekst van (i) Afdeling 3A van de Eerste Titel van het Eerste Boek (art. 30a-30q KEI-Rv) en (ii) de Vierde Afdeling van de Tweede Titel van het Eerste Boek (art. 111-124 KEI-Rv).
Meer informatie over het wetgevingsprogramma Kwaliteit en Innovatie rechtspraak (KEI) is te vinden op www.rechtspraak.nl.

Vervallen wet- en regelgeving
In de *Sdu Wettenbundel 2021-2022* komt het incidenteel voor dat vervallen wet- en regelgeving is opgenomen omdat deze nog relevantie heeft in verband met overgangsbepalingen. Deze onderdelen zijn herkenbaar aan de toevoeging '(vervallen)' in de kopregel en de inhoudsopgaven.

Selecties
In beginsel zijn de wet- en regelgeving en overige documenten integraal opgenomen, tenzij anders aangegeven. Selecties zijn herkenbaar door de toevoeging '(uittreksel)' in de kopregel en de inhoudsopgaven.

Redactionele toevoegingen
Daar waar de wetgever zelf bepaalde informatie niet heeft gegeven die voor de interpretatie wel noodzakelijk is, is deze tekst tussen vierkante haken toegevoegd. Bijvoorbeeld '[vervallen]' bij vervallen artikelen, of '[1]' wanneer het lidnummer oorspronkelijk niet wordt genoemd.

Gebruiksgemak
Aan alle wetten en regelingen in de uitgave *Sdu Wettenbundel 2021-2022* is een onderdeelnummer toegekend. Dit nummer vindt u terug in de kopregel op elke pagina. In de inhoudsopgaven, de afkortingenlijst en het trefwoordenregister wordt naar deze onderdeelnummers verwezen. Iedere uitgave bevat een uitgebreid trefwoordenregister. Met behulp hiervan kunt u eenvoudig en doeltreffend de door u gewenste wetgeving opzoeken. Om het artikel waarnaar verwezen wordt snel te vinden op de betreffende pagina, kijkt u naar de artikelnummers in de kopregels. Op een linkerpagina wordt het eerstgenoemde artikel van de betreffende pagina in de kopregel vermeld, op een rechterpagina het laatstgenoemde artikel van die pagina.
Daarnaast zijn veel artikelen voorzien van margewoorden: aantekeningen in de marge met een kernachtige aanduiding, die u snel naar het juiste artikel leiden.

Hoe vindt u wat u zoekt?
Als u een bepaalde regeling zoekt, kunt u kijken in de algemene of in de alfabetische inhoudsopgave. Beide inhoudsopgaven verwijzen naar het onderdeelnummer, dat u terugvindt in de kopregel van elke pagina.

Ten geleide

Zoekt u niet een bepaalde regeling of artikel, maar bepalingen die betrekking hebben op een specifiek onderwerp, dan vindt u deze het snelst met behulp van het trefwoordenregister. Dit verwijst naar het onderdeelnummer, gevolgd door een verwijzing naar een artikel. Via de onderdeelnummers en artikelvermeldingen in de kopregels vindt u eenvoudig het artikel dat u zoekt.

Overige bronnen

Nederlandse beleidsregels, in de zin van richtlijnen voor strafvordering en aanwijzingen van het Openbaar Ministerie, zijn te vinden op de website van het OM: www.om.nl > 'organisatie' > 'beleidsregels'. Deze richtlijnen worden bij inwerkingtreding gepubliceerd in de Staatscourant en zijn ook te vinden op www.overheid.nl (gratis toegankelijk). Bij het zoeken naar een richtlijn op overheid.nl gaat u naar 'overheidsinformatie' en vervolgens naar 'wet- en regelgeving'. Hier selecteert u de soort regeling; in het geval van richtlijnen gaat het om 'Beleidsregels rijksdienst'. Als u de exacte titel van de richtlijn weet, vult u die in bij 'in de titel'. Als u de titel niet precies weet of als u wilt weten welke richtlijnen er zijn over een bepaald onderwerp, vult u een trefwoord in bij het vakje 'in de tekst'.

Arresten van het Hof van Justitie en het Gerecht alsmede teksten van verdragen, verordeningen, richtlijnen en andere wetgeving en besluiten van de Europese Unie vindt u via de websites Curia en EUR-lex. Jurisprudentie van het EHRM is te vinden op de website Hudoc.

Uw reacties

Redactie en uitgever streven ernaar om de inhoud zo goed mogelijk aan te passen aan de wensen van de gebruiker en zo adequaat mogelijk in te spelen op de voor het onderwijs gewenste actualiteit. Ondanks de zorg die de redactie en de uitgever aan deze uitgave hebben besteed, is het mogelijk dat relevante regelgeving niet is opgenomen of dat er fouten zijn geslopen in de samenstelling. Wij stellen het dan ook zeer op prijs als u eventuele op- of aanmerkingen met betrekking tot de inhoud en de uitvoering aan ons doorgeeft. Dat kunt u doen door een e-mail te sturen naar: wettenbundel@sdu.nl. Via sdu.nl/wettenbundel kunt u tevens de volgende editie bestellen of zich opgeven als abonnee op deze uitgave. Als abonnee ontvangt u toekomstige edities automatisch met 15% korting.

Algemene inhoudsopgave

Deel A Staats- en bestuursrecht

Voorwoord

Ten geleide

Algemene inhoudsopgave

Alfabetische inhoudsopgave

Afkortingenlijst

Staatsrecht centrale overheid
Statuut voor het Koninkrijk der Nederlanden / A1
Grondwet / A2
Tweedelezing wetsvoorstellen / A2
Regentschapswet 2013 / A3
Wet algemene bepalingen / A4
Bekendmakingswet / A5
Rijkswet goedkeuring en bekendmaking verdragen / A6
Wet ministeriële verantwoordelijkheid / A7
Wet lidmaatschap koninklijk huis / A8
Kieswet / A9
Reglement van Orde van de Tweede Kamer der Staten-Generaal / A10
Reglement van Orde van de Eerste Kamer der Staten-Generaal / A11
Reglement van Orde voor de ministerraad / A12
Wet op de parlementaire enquête 2008 / A13
Wet op de Raad van State / A14
Comptabiliteitswet 2016 / A15
Wet Nationale ombudsman / A16
Ambtenarenwet / A17
Wet openbare manifestaties / A18
Algemene verordening gegevensbescherming / A19
Uitvoeringswet Algemene verordening gegevensbescherming / A20
Algemene wet gelijke behandeling / A21
Wet College voor de rechten van de mens / A22
Wet gelijke behandeling op grond van handicap of chronische ziekte / A23
Wet gelijke behandeling op grond van leeftijd bij de arbeid / A24
Wet gelijke behandeling van mannen en vrouwen / A25
Kaderwet zelfstandige bestuursorganen / A26

Decentralisatie
Provinciewet / A27
Ambtsinstructie commissaris van de Koning / A28
Gemeentewet / A29
Wet Naleving Europese regelgeving publieke entiteiten / A30
Wet tijdelijk huisverbod / A31
Besluit tijdelijk huisverbod / A32
Wet gemeenschappelijke regelingen / A33
Financiële-verhoudingswet / A34
Waterschapswet / A35
Wet op de Sociaal-Economische Raad / A36
Europees Handvest inzake lokale autonomie / A37

Nederlanderschap c.a.
Rijkswet op het Nederlanderschap / A38

Algemene inhoudsopgave

Europees Verdrag inzake nationaliteit / A39
Vreemdelingenwet 2000 / A40
Vreemdelingenbesluit 2000 / A41
Verdrag betreffende de status van vluchtelingen / A42
Protocol betreffende de status van vluchtelingen / A43
Wet inburgering / A44

Algemeen bestuursrecht
Algemene wet bestuursrecht / A45
Wet nadeelcompensatie en schadevergoeding bij onrechtmatige besluiten (deels toekomstig) / A46
Procesreglement bestuursrecht 2017 / A47
Procesregeling bestuursrechtelijke colleges 2014 / A48
Wet openbaarheid van bestuur / A49
Beroepswet / A50
Wet bestuursrechtspraak bedrijfsorganisatie / A51
Besluit proceskosten bestuursrecht / A52
Wet bevordering integriteitsbeoordelingen door het openbaar bestuur / A53
Dienstenrichtlijn / A54
Burgerlijk Wetboek Boek 2 (uittreksel) / A55

Bijzonder bestuursrecht
Algemene wet inzake rijksbelastingen / A56
Wet ruimtelijke ordening / A57
Besluit ruimtelijke ordening / A58
Woningwet / A59
Huisvestingswet 2014 / A60
Onteigeningswet / A61
Wet voorkeursrecht gemeenten / A62
Crisis- en herstelwet / A63
Belemmeringenwet Privaatrecht / A64
Wet milieubeheer / A65
Activiteitenbesluit milieubeheer / A66
Wet algemene bepalingen omgevingsrecht / A67
Besluit omgevingsrecht / A68
Regeling omgevingsrecht / A69
Waterwet / A70
Besluit milieueffectrapportage / A71
Omgevingswet (toekomstig) / A72
Wegenwet / A73
Wet verplichte GGZ / A74
Wet zorg en dwang / A75
Drank- en Horecawet / A76

Socialezekerheidsrecht
Participatiewet / A77
Wet maatschappelijke ondersteuning 2015 / A78
Wet langdurige zorg / A79
Jeugdwet / A80
Wet arbeid vreemdelingen / A81

Mededingingsrecht
Aanbestedingswet 2012 / A82
Mededingingswet / A83
EG-mededingingsverordening / A84

EU-/EG-recht
Goedkeuringswet Verdrag betreffende de Europese Unie / A85
Handvest van de grondrechten van de Europese Unie / A86
Verdrag betreffende de Europese Unie 1992 / A87
Verdrag betreffende de werking van de Europese Unie / A88

Mensenrechten
Europees verdrag tot bescherming van de rechten van de mens / A89
Protocol bij het EVRM / A90

Algemene inhoudsopgave

Vierde Protocol bij het EVRM / A91
Zesde protocol bij het EVRM / A92
Zevende protocol bij het EVRM (toekomstig) / A93
Protocol nr. 12 bij EVRM / A94
Protocol nr. 13 bij EVRM / A95
Protocol nr. 15 bij EVRM (toekomstig) / A96
Protocol nr. 16 bij EVRM / A97
Europees Sociaal Handvest (herzien) / A98
Protocol tot wijziging van het Europees Sociaal Handvest (toekomstig) / A99
Handvest van de Verenigde Naties / A100
Statuut van het Internationaal Gerechtshof / A101
Universele verklaring van de rechten van de mens / A102
Internationaal Verdrag inzake economische, sociale en culturele rechten / A103
Internationaal Verdrag inzake burgerrechten en politieke rechten / A104
Facultatief Protocol behorend bij het Internationaal Verdrag inzake burgerrechten en politieke rechten / A105
Tweede Facultatieve Protocol bij het Internationaal Verdrag inzake burgerrechten en politieke rechten, gericht op de afschaffing van de doodstraf / A106
Internationaal Verdrag inzake de uitbanning van alle vormen van rassendiscriminatie / A107
Verdrag inzake de uitbanning van alle vormen van discriminatie van vrouwen / A108
Facultatief Protocol bij het Verdrag inzake de uitbanning van alle vormen van discriminatie van vrouwen / A109
Verdrag inzake de rechten van het kind / A110
Facultatief Protocol inzake de verkoop van kinderen, kinderprostitutie en kinderpornografie bij het Verdrag inzake de rechten van het kind / A111
Tweede Facultatieve Protocol bij het Verdrag inzake de rechten van het kind inzake de betrokkenheid van kinderen bij gewapende conflicten / A112
Gehandicaptenverdrag / A113
Verdrag van Wenen inzake het verdragenrecht / A114
Responsibility of States for internationally wrongful acts / A115

Trefwoordenregister

Voor de meest actuele extra wet- en regelgeving staats- en bestuursrecht deel A zie wettenbundel.sdu.nl.

Deel B Burgerlijk (proces)recht

Voorwoord

Ten geleide

Algemene inhoudsopgave

Alfabetische inhoudsopgave

Afkortingenlijst

Burgerlijk Wetboek
Burgerlijk Wetboek Boek 1 / B1
Burgerlijk Wetboek Boek 2 / B2
Burgerlijk Wetboek Boek 3 / B3
Burgerlijk Wetboek Boek 4 / B4
Burgerlijk Wetboek Boek 5 / B5
Burgerlijk Wetboek Boek 6 / B6
Burgerlijk Wetboek Boek 7 / B7
Burgerlijk Wetboek Boek 7A / B7a
Burgerlijk Wetboek Boek 8 / B8
Burgerlijk Wetboek Boek 10 / B10
Overgangswet nieuw Burgerlijk Wetboek (uittreksel) / B11

Wetboek van Burgerlijke Rechtsvordering en Wetboek van Koophandel c.a.
Wetboek van Koophandel / B12
Faillissementswet / B13
Redactionele ten geleide bij het Wetboek van Burgerlijke Rechtsvordering / B14

Algemene inhoudsopgave

Wetboek van Burgerlijke Rechtsvordering / B14
Uittreksel bepalingen digitaal procederen (KEI-Rv) / B15

Aanvullende wetgeving bij Burgerlijk Wetboek en Wetboek van Koophandel
Wet verevening pensioenrechten bij scheiding / B16
Wet op de ondernemingsraden / B17
Wet op de Europese ondernemingsraden / B18
Handelsregisterwet 2007 / B19
Handelsregisterbesluit 2008 / B20
Handelsnaamwet / B21
Wet giraal effectenverkeer / B22
Wet op het financieel toezicht (uittreksel) / B23
Besluit openbare biedingen Wft / B24
Besluit artikel 10 overnamerichtlijn / B25
Besluit inhoud bestuursverslag / B26
SER-Fusiegedragsregels 2015 / B27
Kadasterwet / B28
Wet aansprakelijkheidsverzekering motorrijtuigen / B29
Uitvoeringswet huurprijzen woonruimte / B30
Wet op het consumentenkrediet / B31
Wet op het algemeen verbindend en het onverbindend verklaren van bepalingen van collectieve arbeidsovereenkomsten / B32
Wet op de collectieve arbeidsovereenkomst / B33
Wet melding collectief ontslag / B34
Wet op de loonvorming / B35
Auteurswet / B36
Databankenwet / B37
Wet op de naburige rechten / B38
Rijksoctrooiwet 1995 / B39
Invorderingswet 1990 / B40
Nederlandse Corporate Governance Code / B41

Aanvullende regelingen bij Wetboek van Burgerlijke Rechtsvordering
Wet op de rechterlijke organisatie / B42
Besluit zittingsplaatsen gerechten / B43
Algemene termijnenwet / B44
Advocatenwet / B45
Gerechtsdeurwaarderswet / B46
Wet op het notarisambt / B47
Besluit op het notarisambt / B48
Wet griffierechten burgerlijke zaken / B49

Relevante fiscale regelgeving
Wet op belastingen van rechtsverkeer / B50
Uitvoeringsbesluit belastingen van rechtsverkeer / B51
Successiewet 1956 / B52
Uitvoeringsbesluit Successiewet 1956 / B53
Wet op de omzetbelasting 1968 / B54
Uitvoeringsbesluit omzetbelasting 1968 / B55

Aanvullende wetten inzake internationaal privaatrecht
Wet op de formeel buitenlandse vennootschappen / B56

Verdragen en uitvoeringswetten
Verdrag inzake het recht dat van toepassing is op het huwelijksvermogensregime / B57
Verdrag inzake de internationale inning van levensonderhoud voor kinderen en andere familieleden / B58
Uitvoeringswet internationale inning levensonderhoud / B59
Haags Alimentatie-Executieverdrag / B60
Haags Alimentatieprotocol / B61
Haags Adoptieverdrag 1993 / B62
Haags Kinderbeschermingsverdrag 1996 / B63
Haags Kinderontvoeringsverdrag 1980 / B64
Uitvoeringswet internationale kinderontvoering / B65
Verdrag inzake wetsconflicten betreffende vorm van testamentaire beschikkingen / B66

Algemene inhoudsopgave

Uitvoeringswet internationale kinderbescherming / B67
Verdrag inzake recht dat toepasselijk is op trusts en inzake erkenning van trusts / B68
Verdrag betreffende het toepasselijke recht op vertegenwoordiging / B69
Weens koopverdrag / B70
Haags verkeersongevallenverdrag / B71
Haags productenaansprakelijkheidsverdrag / B72
Verdrag betreffende overeenkomst tot internationaal vervoer van goederen over de weg / B73
Verdrag inzake de verlening van Europese octrooien / B74
Beneluxverdrag inzake de intellectuele eigendom / B75
Verdrag inzake de verkrijging van bewijs in het buitenland in burgerlijke en in handelszaken / B76
Uitvoeringswet Bewijsverdrag / B77
Haags betekeningsverdrag / B78
Verdrag van Lugano (EVEX) / B79
Verdrag inzake bedingen van forumkeuze 2005 / B80

Verordeningen en uitvoeringswetten
Brussel I-bis / B81
Uitvoeringswet EU-executieverordening / B82
Erfrechtverordening / B83
Uitvoeringswet Verordening erfrecht / B84
Brussel II-bis / B85
EG-betekeningsverordening / B86
Uitvoeringswet EG-betekeningsverordening / B87
Verordening (EU) 2015/848 betreffende insolventieprocedures (herschikking) / B88
EG-Bewijsverordening / B89
Uitvoeringswet EG-bewijsverordening / B90
Verordening statuut Europese Vennootschap (SE) / B91
Rome I / B92
Rome II / B93
EET-verordening / B94
Uitvoeringswet verordening Europese executoriale titel / B95
Europese Betalings Bevel Verordening / B96
Uitvoeringswet verordening Europese betalingsbevelprocedure / B97
Alimentatieverordening / B98
Verordening wederzijdse erkenning beschermingsmaatregelen in burgerlijke zaken / B99
Uitvoeringswet verordening wederzijdse erkenning van beschermingsmaatregelen in burgerlijke zaken / B100
Verordening geringe vorderingen / B101
Uitvoeringswet verordening Europese procedure voor geringe vorderingen / B102
Verordening EAPO / B103
Uitvoeringswet EAPO / B104
Verordening Huwelijksvermogensstelsels / B105
Verordening Partnerschapsvermogens / B106
Uitvoeringswet Verordening Huwelijksvermogensstelsels en Verordening Partnerschapsvermogens / B107

Trefwoordenregister

Voor de meest actuele extra wet- en regelgeving staats- en bestuursrecht deel B zie wettenbundel.sdu.nl.

Deel C Straf(proces)recht

Voorwoord

Ten geleide

Algemene inhoudsopgave

Alfabetische inhoudsopgave

Afkortingenlijst

Algemene inhoudsopgave

Strafrecht
Wetboek van Strafrecht / C1

Strafvordering c.s.
Wetboek van Strafvordering / C2
Wet DNA-onderzoek bij veroordeelden / C3
Regeling hulpofficieren van justitie 2008 / C4
Politiewet 2012 / C5
Ambtsinstructie voor de politie, de Koninklijke marechaussee en andere opsporingsambtenaren / C6
Wet op de identificatieplicht / C7
Algemene wet op het binnentreden / C8
Wet justitiële en strafvorderlijke gegevens / C9
Besluit justitiële en strafvorderlijke gegevens / C10
Wet politiegegevens / C11
Besluit politiegegevens / C12
Besluit OM-afdoening / C13

Bijzondere wetten
Wegenverkeerswet 1994 / C14
Reglement verkeersregels en verkeerstekens 1990 (RVV 1990) / C15
Besluit alcohol, drugs en geneesmiddelen in het verkeer / C16
Regeling alcohol, drugs en geneesmiddelen in het verkeer / C17
Wet administratiefrechtelijke handhaving verkeersvoorschriften / C18
Wet op de economische delicten / C19
Wet op de bijzondere opsporingsdiensten / C20
Besluit buitengewoon opsporingsambtenaar / C21
Opiumwet / C22
Wet wapens en munitie / C23
Wet toetsing levensbeëindiging op verzoek en hulp bij zelfdoding / C24
Wet ter voorkoming van witwassen en financieren van terrorisme / C25

Tenuitvoerlegging
Penitentiaire beginselenwet / C26
Penitentiaire maatregel / C27
Besluit Adviescollege levenslanggestraften / C28
European Prison Rules / C29
Beginselenwet verpleging ter beschikking gestelden / C30
Beginselenwet justitiële jeugdinrichtingen / C31
Gratiewet / C32

Internationaal
Wet internationale misdrijven / C33
Uitvoeringswet Internationaal Strafhof / C34
Wet overdracht tenuitvoerlegging strafvonnissen / C35
Uitleveringswet / C36
Wet wederzijdse erkenning en tenuitvoerlegging vrijheidsbenemende en voorwaardelijke sancties / C37
Wet wederzijdse erkenning en tenuitvoerlegging geldelijke sancties en beslissingen tot confiscatie / C38
Overleveringswet / C39
Europees aanhoudingsbevel / C40
Richtlijn 2014/41/EU van het Europees Parlement en de Raad van 3 april 2014 betreffende het Europees onderzoeksbevel in strafzaken / C41
Europees Verdrag ter voorkoming van foltering en onmenselijke of vernederende behandeling of bestraffing (CPT) / C42
Verdrag tegen foltering en andere wrede, onmenselijke of onterende behandeling of bestraffing (CAT) / C43
Facultatief Protocol bij het Verdrag tegen foltering en andere wrede, onmenselijke of onterende behandeling of bestraffing / C44
Verdrag inzake de voorkoming en de bestraffing van genocide / C45
Europees Rechtshulpverdrag / C46
Europees Verdrag betreffende uitlevering / C47
EU Rechtshulpovereenkomst / C48

Algemene inhoudsopgave

Protocol EU Rechtshulpovereenkomst / C49
Europees Verdrag betreffende de overdracht van strafvervolging / C50
Verdrag inzake de overbrenging van gevonniste personen / C51
Europees Verdrag inzake de internationale geldigheid van strafvonnissen / C52
Statuut van Rome inzake het Internationaal Strafhof / C53
Elements of crimes / C54
Schengen-uitvoeringsovereenkomst (uittreksel) / C55
Richtlijn toegang advocaat tot politieverhoren / C56
Besluit inrichting en orde politieverhoor / C57
Europees verdrag tot bescherming van de rechten van de mens / C58
Richtlijn slachtoffers / C59

Trefwoordenregister

Voor de meest actuele wet- en regelgeving straf(proces)recht deel C: zie wettenbundel.sdu.nl.

Alfabetische inhoudsopgave

A

Aanbestedingswet 2012 / A82
Aanhoudingsbevel en procedures van overlevering tussen lidstaten, Kaderbesluit betreffende Europees - / C40
Aansprakelijkheidsverzekering motorrijtuigen, Wet - / B29
Aanvaring, Verdrag tot het vaststellen van enige eenvormige regelen betreffende - / zie wettenbundel.sdu.nl
Aanwijzingen voor de regelgeving / zie wettenbundel.sdu.nl
Activiteitenbesluit milieubeheer / A66
Administratiefrechtelijke handhaving verkeersvoorschriften, Wet - / C18
Adoptie, Wet opneming buitenlandse kinderen ter - / zie wettenbundel.sdu.nl
Adoptieverdrag 1993, Haags - / B62
Advocatenwet / B45
Afschaffing van de doodstraf, Tweede Facultatieve Protocol bij het Internationaal Verdrag inzake burgerrechten en politieke rechten, gericht op de - / A106
Afschaffing van de doodstraf, Zesde protocol bij het Verdrag tot bescherming van de rechten van de mens en de fundamentele vrijheden, inzake de - / A92
Alcohol, drugs en geneesmiddelen in het verkeer, Besluit - / C16
Alcohol, drugs en geneesmiddelen in het verkeer, Regeling - / C17
Algemene bepalingen omgevingsrecht, Wet - / A67
Algemene bepalingen, Wet - / A4
Algemene termijnenwet / B44
Algemene verordening gegevensbescherming / A19
Algemene verordening gegevensbescherming, Uitvoeringswet - / A20
Algemene wet bestuursrecht / A45
Algemene wet gelijke behandeling / A21
Algemene wet inzake rijksbelastingen / A56
Algemene wet op het binnentreden / C8
Alimentatie-Executieverdrag, Haags - / B60
Alimentatieprotocol, Haags - / B61
Alimentatieverdrag, Haags - / zie wettenbundel.sdu.nl
Alimentatieverordening / B98
Alimentatieverplichtingen jegens kinderen, Verdrag nopens wet op - / zie wettenbundel.sdu.nl
Ambtenarenwet / A17
Ambtsinstructie commissaris van de Koning / A28
Ambtsinstructie voor de politie, de Koninklijke marechaussee en andere opsporingsambtenaren / C6
Arbeidsovereenkomst, Wet op de collectieve - / B33
Arbitrageverdrag 1958 / zie wettenbundel.sdu.nl
Auteurswet / B36
Autonomie, Europees Handvest inzake lokale - / A37

B

Bedrijfsorganisatie, Wet bestuursrechtspraak - / A51
Beginselenwet justitiële jeugdinrichtingen / C31
Beginselenwet verpleging ter beschikking gestelden / C30
Beginselenwet, Penitentiaire - / C26
Bekendmaking verdragen, Rijkswet goedkeuring en - / A6
Bekendmakingsbesluit / zie wettenbundel.sdu.nl
Bekendmakingswet / A5
Belastingen van rechtsverkeer, Uitvoeringsbesluit - / B51
Belastingen van rechtsverkeer, Wet op - / B50
Belemmeringenwet Privaatrecht / A64
Beneluxverdrag inzake de intellectuele eigendom / B75
Bepalingen digitaal procederen (KEI-Rv), Uittreksel - / B15
Beroepswet / A50

Alfabetische inhoudsopgave

Bescherming van de rechten van de mens en de fundamentele vrijheden, inzake de afschaffing van de doodstraf, Zesde protocol bij het Verdrag tot - / A92
Bescherming van de rechten van de mens en de fundamentele vrijheden, Protocol bij het Verdrag tot - / A90
Bescherming van de rechten van de mens en de fundamentele vrijheden, Protocol nr. 12 bij het Verdrag tot - / A94
Bescherming van de rechten van de mens en de fundamentele vrijheden, Protocol nr. 13 bij het Verdrag tot - / A95
Bescherming van de rechten van de mens en de fundamentele vrijheden, Protocol nr. 15 bij het Verdrag tot - (toekomstig) / A96
Bescherming van de rechten van de mens en de fundamentele vrijheden, Protocol nr. 16 bij het Verdrag tot - / A97
Bescherming van de rechten van de mens en de fundamentele vrijheden, tot het waarborgen van bepaalde rechten en vrijheden die niet reeds in het Verdrag en in het eerste Protocol daarbij zijn opgenomen, Vierde Protocol bij het Verdrag tot - / A91
Bescherming van de rechten van de mens en de fundamentele vrijheden, Verdrag tot - / A89, C58
Bescherming van de rechten van de mens en de fundamentele vrijheden, Zevende protocol bij het Verdrag tot - (toekomstig) / A93
Beschermingsmaatregelen in burgerlijke zaken, Uitvoeringswet verordening wederzijdse erkenning van - / B100
Besluit Adviescollege levenslanggestraften / C28
Besluit alcohol, drugs en geneesmiddelen in het verkeer / C16
Besluit artikel 10 overnamerichtlijn / B25
Besluit bestuurlijke boete overlast in de openbare ruimte / zie wettenbundel.sdu.nl
Besluit buitengewoon opsporingsambtenaar / C21
Besluit griffierechten burgerlijke zaken / zie wettenbundel.sdu.nl
Besluit inhoud bestuursverslag / B26
Besluit inrichting en orde politieverhoor / C57
Besluit justitiële en strafvorderlijke gegevens / C10
Besluit milieueffectrapportage / A71
Besluit OM-afdoening / C13
Besluit omgevingsrecht / A68
Besluit op het notarisambt / B48
Besluit openbare biedingen Wft / B24
Besluit politiegegevens / C12
Besluit proceskosten bestuursrecht / A52
Besluit rechtsbijstand- en toevoegcriteria / zie wettenbundel.sdu.nl
Besluit ruimtelijke ordening / A57
Besluit tijdelijk huisverbod / A32
Besluit zittingsplaatsen gerechten / B43
Bestraffing, Europees Verdrag ter voorkoming van foltering en onmenselijke of vernederende behandeling of - (CPT) / C42
Bestraffing, Facultatief Protocol bij het Verdrag tegen foltering en andere wrede, onmenselijke of onterende behandeling of - / C44
Bestraffing, Verdrag tegen foltering en andere wrede, onmenselijke of onterende behandeling of - (CAT) / C43
Bestuur, Wet bevordering integriteitsbeoordelingen door het openbaar - / A53
Bestuurlijke boete, Besluit - overlast in de openbare ruimte / zie wettenbundel.sdu.nl
Bestuursorganen, Kaderwet zelfstandige - / A26
Bestuursrecht 2017, Procesreglement - / A47
Bestuursrecht, Algemene wet - / A45
Bestuursrecht, Besluit proceskosten - / A52
Bestuursrechtelijke colleges 2014, Procesregeling - / A48
Bestuursrechtspraak bedrijfsorganisatie, Wet - / A51
Betalings Bevel Verordening, Europese - / B96
Betekeningsverdrag, Haags - / B78
Bevordering integriteitsbeoordelingen door het openbaar bestuur, Wet - / A53
Bewijs in het buitenland in burgerlijke en in handelszaken, Verdrag inzake de verkrijging van - / B76
Bewijsverdrag, Uitvoeringswet - / B77
Bewijsverkrijging in burgerlijke en handelszaken, Verordening 1206/2001/EG betreffende de samenwerking tussen de gerechten van de lidstaten op het gebied van - (EG-Bewijsverordening) / B89
BIBOB, Wet - / A53

Alfabetische inhoudsopgave

Bijzondere opsporingsdiensten, Wet op de - / C20
Binnentreden, Algemene wet op het - / C8
Brussel I-bis (Verordening (EU) Nr. 1215/2012 betreffende de rechterlijke bevoegdheid, de erkenning en de tenuitvoerlegging van beslissingen in burgerlijke en handelszaken (herschikking) / B81
Brussel II-bis (Verordening 2201/2003/EG betreffende de bevoegdheid en de erkenning en tenuitvoerlegging van beslissingen in huwelijkszaken en inzake de ouderlijke verantwoordelijkheid, en tot intrekking van Verordening 1347/2000/EG) / B85
Buitengewoon opsporingsambtenaar, Besluit - / C21
Buitenlandse kinderen ter adoptie, Wet opneming - / zie wettenbundel.sdu.nl
Buitenlandse vennootschappen, Wet op de formeel - / B56
Burgerlijk Wetboek Boek 1 / B1
Burgerlijk Wetboek Boek 10 / B10
Burgerlijk Wetboek Boek 2 / A55 (uittreksel)/ B2
Burgerlijk Wetboek Boek 3 / B3
Burgerlijk Wetboek Boek 4 / B4
Burgerlijk Wetboek Boek 5 / B5
Burgerlijk Wetboek Boek 6 / B6
Burgerlijk Wetboek Boek 7 / B7
Burgerlijk Wetboek Boek 7A / B7a
Burgerlijk Wetboek Boek 8 / B8
Burgerlijk Wetboek, Overgangswet nieuw - (uittreksel) / B11
Burgerlijke Rechtsvorderin, Wetboek van - / B14
Burgerrechten en politieke rechten, Facultatief Protocol behorend bij het Internationaal Verdrag inzake - / A105
Burgerrechten en politieke rechten, gericht op de afschaffing van de doodstraf, Tweede Facultatieve Protocol bij het Internationaal Verdrag inzake - / A106
Burgerrechten en politieke rechten, Internationaal Verdrag inzake - / A104
Business Rescue Recommendations, ELI / zie wettenbundel.sdu.nl

C

Chronische ziekte, Wet gelijke behandeling op grond van handicap of - / A23
Civil Procedure, Principles of Transnational - / zie wettenbundel.sdu.nl
CMR (Verdrag betreffende overeenkomst tot internationaal vervoer van goederen over de weg) / B73
Cognossementsverdrag (Verdrag ter vaststelling van enige eenvormige regelen betreffende het cognossement) / zie wettenbundel.sdu.nl
Cognossementsverdrag, Wijzigingsprotocol 1968 / zie wettenbundel.sdu.nl
Cognossementsverdrag, Wijzigingsprotocol 1979 / zie wettenbundel.sdu.nl
Collectief ontslag, Wet melding - / B34
Collectieve arbeidsovereenkomst, Wet op de - / B33
Collectieve arbeidsovereenkomsten, Wet op het algemeen verbindend en het onverbindend verklaren van bepalingen van - / B32
College voor de rechten van de mens, Wet - / A22
Commercial Contracts 2010, Principles of International - / zie wettenbundel.sdu.nl
Commissaris van de Koning, Ambtsinstructie / A28
Comptabiliteitswet 2016 / A15
Conflictenrecht met betrekking tot verevening pensioenrechten bij scheiding, Wet tot regeling van het - / zie wettenbundel.sdu.nl
Consumentenkrediet, Wet op het - / B31
Contract Law, Principles of European - / zie wettenbundel.sdu.nl
Coöperatieve vennootschap, Uitvoeringswet verordening Europese - / zie wettenbundel.sdu.nl
Coöperatieve Vennootschap, Verordening 1435/2003/EG betreffende het statuut voor een Europese - (SCE) / zie wettenbundel.sdu.nl
Corporate Governance Code, Nederlandse / B41
Crimes, Elements of - / C54
Crisis- en herstelwet / A63
Culturele rechten, Internationaal Verdrag inzake economische, sociale en - / A103

D

Databankenwet / B37
Derde landen, Wet vrijwillige zetelverplaatsing - / zie wettenbundel.sdu.nl
Dienstenrichtlijn / A54

Alfabetische inhoudsopgave

Discriminatie van vrouwen, Facultatief Protocol bij het Verdrag inzake de uitbanning van alle vormen van - / A109
Discriminatie van vrouwen, Verdrag inzake de uitbanning van alle vormen van - / A108
DNA-onderzoek bij veroordeelden, Wet - / C3
Doodstraf, Tweede Facultatieve Protocol bij het Internationaal Verdrag inzake burgerrechten en politieke rechten, gericht op de afschaffing van de - / A106
Doodstraf, Zesde protocol bij het Verdrag tot bescherming van de rechten van de mens en de fundamentele vrijheden, inzake de afschaffing van de - / A92
Drank- en Horecawet / A76
Drugs en geneesmiddelen in het verkeer, Besluit alcohol, - / C16
Drugs en geneesmiddelen in het verkeer, Regeling alcohol, - / C17

E

E.E.S.V.-Verordening (Verordening 2137/85/EEG tot instelling van Europese economische samenwerkingsverbanden) / zie wettenbundel.sdu.nl
E.E.S.V.-Verordening, Uitvoeringswet / zie wettenbundel.sdu.nl
EAPO, Uitvoeringswet - / B104
EAPO, Verordening - / B103
Economische delicten, Wet op de - / C19
Economische, sociale en culturele rechten, Internationaal Verdrag inzake - / A103
Eerste Kamer der Staten-Generaal, Reglement van Orde van de - / A11
EET-verordening (Verordening (EG) nr. 805/2004 tot invoering van een Europese executoriale titel voor niet-betwiste schuldvorderingen) / B94
Effectenverkeer, Wet giraal - / B22
EG-betekeningsverordening / B86
EG-betekeningsverordening, Uitvoeringswet - / B87
EG-Bewijsverordening / B89
EG-Bewijsvordering, Uitvoeringswet - / B90
EG-mededingingsverordening / A84
Elements of crimes / C54
ELI Business Rescue Recommendations / zie wettenbundel.sdu.nl
Erfopvolging 1989, Haags verdrag - / zie wettenbundel.sdu.nl
Erfrecht, Uitvoeringswet Verordening - / B84
Erfrechtverordening / B83
EU-executieverordening en Verdrag van Lugano, Uitvoeringswet - / B82
EU-Handvest voor de grondrechten / A86
European Contract Law, Principles of - / zie wettenbundel.sdu.nl
European Insolvency Law, Principles of - / zie wettenbundel.sdu.nl
European Law on Services Contracts (PELSC), Principles of - / zie wettenbundel.sdu.nl
European Law: Sales, Principles of - / zie wettenbundel.sdu.nl
European Prison Rules / C29
European Tort Law, Principles of - / zie wettenbundel.sdu.nl
European Trust Law, Principles of - / zie wettenbundel.sdu.nl
Europees aanhoudingsbevel en procedures van overlevering tussen lidstaten, Kaderbesluitbetreffende - / C40
Europees Handvest inzake lokale autonomie / A37
Europees Octrooiverdrag (Verdrag inzake de verlening van Europese octrooien) / B74
Europees Sociaal Handvest (herzien) / A98
Europees Sociaal Handvest, Turijn, 21 oktober 1991 (toekomstig), Protocol tot wijziging van het - / A99
Europees Verdrag aangaande de wederzijdse rechtshulp in strafzaken / C48
Europees Verdrag betreffende de overdracht van strafvervolging / C50
Europees Verdrag betreffende uitlevering / C47
Europees Verdrag inzake de internationale geldigheid van strafvonnissen, 's-Gravenhage, 28 mei 1970 / C52
Europees Verdrag inzake nationaliteit / A39
Europees Verdrag ter voorkoming van foltering en onmenselijke of vernederende behandeling of bestraffing (CPT) / C42
Europees Verdrag tot bescherming van de rechten van de mens / C58
Europees Verdrag tot bescherming van de rechten van de mens en de fundamentele vrijheden / A89
Europese Betalings Bevel Verordening (Verordening (EG) nr. 1896/2006 tot invoering van een Europese betalingsbevelprocedure / B96
Europese betalingsbevelprocedure, Uitvoeringswet verordening - / B97
Europese coöperatieve vennootschap, Uitvoeringswet verordening - / zie wettenbundel.sdu.nl

Alfabetische inhoudsopgave

Europese coöperatieve vennootschap, Verordening 1435/2003/EG betreffende het statuut voor een - (SCE) / zie wettenbundel.sdu.nl
Europese executoriale titel, Uitvoeringswet verordening - / B93
Europese ondernemingsraden, Wet op de - / B18
Europese regelgeving publieke entiteiten (Wet Nerpe), Wet Naleving - / A30
Europese Unie, Goedkeuringswet Verdrag betreffende de - / A85
Europese Unie, Handvest van de grondrechten van de - / A86
Europese Unie, Verdrag betreffende de - / A87
Europese Unie, Verdrag betreffende de werking van de - / A88
Europese vennootschap, Uitvoeringswet verordening - / zie wettenbundel.sdu.nl
Europese vennootschap, Verordening 2157/2001/EG betreffende het statuut van de - (SE) / B91
EVEX (Verdrag betreffende de rechterlijke bevoegdheid, de erkenning en de tenuitvoerlegging van beslissingen in burgerlijke en handelszaken; Verdrag van Lugano) / B77
Evidence, Rules of Procedure and - / zie wettenbundel.sdu.nl
EVRM (Verdrag tot bescherming van de rechten van de mens en de fundamentele vrijheden) / A89, C58
EVRM, Protocol bij het - / A90
Executoriale titel voor niet-betwiste schuldvorderingen (EET-verordening), Verordening 805/2004/EG tot invoering van een Europese - / B94
Executoriale titel, Uitvoeringswet verordening Europese - / B95

F

Facultatief Protocol behorend bij het Internationaal Verdrag inzake burgerrechten en politieke rechten / A105
Facultatief Protocol bij het Verdrag inzake de uitbanning van alle vormen van discriminatie van vrouwen / A109
Facultatief Protocol bij het Verdrag tegen foltering en andere wrede, onmenselijke of onterende behandeling of bestraffing / C44
Facultatief Protocol inzake de verkoop van kinderen, kinderprostitutie en kinderpornografie bij het Verdrag inzake de rechten van het kind / A111
Facultatieve Protocol bij het Verdrag inzake de rechten van het kind inzake de betrokkenheid van kinderen bij gewapende conflicten, Tweede / A112
Faillissementswet / B13
Financieel toezicht, Wet op het - / zie wettenbundel.sdu.nl
Financiële-verhoudingswet / A34
Foltering en andere wrede, onmenselijke of onterende behandeling of bestraffing, Facultatief Protocol bij het Verdrag tegen - / C44
Foltering en andere wrede, onmenselijke of onterende behandeling of bestraffing, Verdrag tegen - (CAT) / C43
Foltering en onmenselijke of vernederende behandeling of bestraffing, Europees Verdrag ter voorkoming van - (CPT) / C42
Fundamentele vrijheden, inzake de afschaffing van de doodstraf, Zesde protocol bij het Verdrag tot bescherming van de rechten van de mens en de - / A92
Fundamentele vrijheden, Protocol bij het Verdrag tot bescherming van de rechten van de mens en de - / A90
Fundamentele vrijheden, Protocol nr. 12 bij het Verdrag tot bescherming van de rechten van de mens en de - / A94
Fundamentele vrijheden, Protocol nr. 13 bij het Verdrag tot bescherming van de rechten van de mens en de - / A95
Fundamentele vrijheden, Protocol nr. 15 bij het Verdrag tot bescherming van de rechten van de mens en de - (toekomstig) / A96
Fundamentele vrijheden, Protocol nr. 16 bij het Verdrag tot bescherming van de rechten van de mens en de - / A97
Fundamentele vrijheden, tot het waarborgen van bepaalde rechten en vrijheden die niet reeds in het Verdrag en in het eerste Protocol daarbij zijn opgenomen, Vierde Protocol bij het Verdrag tot bescherming van de rechten van de mens en de - / A91
Fundamentele vrijheden, Verdrag tot bescherming van de rechten van de mens en de - / A89, C58
Fundamentele vrijheden, Zevende protocol bij het Verdrag tot bescherming van de rechten van de mens en de - (toekomstig) / A93
Fusiegedragsregels 2015, SER - / B27

G

Gegevensbescherming, Algemene verordening - / A19

Alfabetische inhoudsopgave

Gegevensbescherming, Uitvoeringswet Algemene verordening - / A20
Gehandicaptenverdrag / A113
Gelijke behandeling op grond van handicap of chronische ziekte, Wet - / A23
Gelijke behandeling op grond van leeftijd bij de arbeid, Wet - / A24
Gelijke behandeling van mannen en vrouwen, Wet - / A25
Gelijke behandeling, Algemene wet - / A21
Gemeenschappelijke grenzen, Overeenkomst ter uitvoering van het tussen de Regeringen van de Staten van de Benelux Economische Unie, de Bondsrepubliek Duitsland, en de Franse Republiek op 14 juni 1985 te Schengen gesloten akkoord betreffende de geleidelijke afschaffing van de controles aan de - / C55
Gemeenschappelijke regelingen, Wet - / A33
Gemeenten, Wet voorkeursrecht - / A62
Gemeentewet / A29
Geneesmiddelen in het verkeer, Besluit alcohol, drugs, en - / C16
Geneesmiddelen in het verkeer, Regeling alcohol, drugs, en - / C17
Genocide, Verdrag inzake de voorkoming en de bestraffing van - / C45
Gerechtsdeurwaarderswet / B46
Gerechtshof, Statuut van het Internationaal - / A101
Geringe vorderingen, Uitvoeringswet verordening Europese procedure voor - / B102
Geringe vorderingen, Verordening - / B101
Gevonniste personen, Verdrag inzake de overbrenging van - / C51
Gewapende conflicten, Tweede facultatief protocol bij het Verdrag inzake de rechten van het kind inzake de betrokkenheid van kinderen bij / A112
Giraal effectenverkeer, Wet - / B22
Goedkeuring en bekendmaking verdragen, Rijkswet - / A6
Goedkeuringswet Verdrag betreffende de Europese Unie / A85
Governance Code, Nederlandse Corporate - / B41
Gratiewet / C32
Griffierechten burgerlijke zaken, Besluit - / zie wettenbundel.sdu.nl
Griffierechten burgerlijke zaken, Regeling - / zie wettenbundel.sdu.nl
Griffierechten burgerlijke zaken, Wet - / B49
Grondrechten van de Europese Unie, Handvest van de - / A86
Grondwet / A2

H

Haags Adoptieverdrag 1993 (Verdrag inzake de bescherming van kinderen en de samenwerking op het gebied van de interlandelijke adoptie) / B62
Haags Alimentatie-Executieverdrag (Verdrag inzake de erkenning en de tenuitvoerlegging van beslissingen over onderhoudsverplichtingen) / B60
Haags Alimentatieprotocol (Protocol inzake het recht dat van toepassing is op onderhoudsverplichtingen) / B61
Haags Alimentatieverdrag (Verdrag inzake de wet die van toepassing is op onderhoudsverplichtingen) / zie wettenbundel.sdu.nl
Haags betekeningsverdrag (Verdrag inzake de betekening en de kennisgeving in het buitenland van gerechtelijke en buitengerechtelijke stukken in burgerlijke en in handelszaken) / B78
Haags Forumkeuzeverdrag / B80
Haags Kinderalimentatie-Executieverdrag (Verdrag nopens de erkenning en de tenuitvoerlegging van beslissingen over onderhoudsverplichtingen jegens kinderen) / zie wettenbundel.sdu.nl
Haags Kinderbeschermingsverdrag 1996 (Verdrag inzake de bevoegdheid, het toepasselijke recht, de erkenning, de tenuitvoerlegging en de samenwerking op het gebied van ouderlijke verantwoordelijkheid en maatregelen ter bescherming van kinderen) / B63
Haags Kinderontvoeringsverdrag 1980 (Verdrag betreffende de burgerrechtelijke aspecten van internationale ontvoering van kinderen) / B64
Haags productenaansprakelijkheidsverdrag (Verdrag inzake de wet welke van toepassing is op de aansprakelijkheid wegens producten) / B72
Haags Verdrag erfopvolging 1989 (Verdrag inzake het recht dat vantoepassing is op erfopvolging) / zie wettenbundel.sdu.nl
Haags verkeersongevallenverdrag (Verdrag inzake de wet welke van toepassing is op verkeersongevallen op de weg) / B71
Handelsnaamwet / B21
Handelsregisterbesluit 2008 / B20
Handelsregisterwet 2007 / B19
Handelszaken, Verdrag inzake de verkrijging van bewijs in het buitenland in burgerlijke en in - / B76
Handhaving verkeersvoorschriften, Wet administratiefrechtelijke - / C18

Alfabetische inhoudsopgave

Handicap of chronische ziekte, Wet gelijke behandeling op grond van - / A23
Handicap, VN-Verdrag inzake de rechten van personen met een - / A113
Handvest (herzien), Europees Sociaal - / A98
Handvest inzake lokale autonomie, Europees - / A37
Handvest lokaal bestuur / A37
Handvest van de grondrechten van de Europese Unie / A86
Handvest van de Verenigde Naties / A100
Handvest, Turijn, 21 oktober 1991 (toekomstig), Protocol tot wijziging van het Europees Sociaal
 - / A99
Herstelwet, Crisis- en / A63
Horecawet, Drank- en - / A76
Huisvestingswet 2014 / A60
Hulp bij zelfdoding, Wet toetsing levensbeëindiging op verzoek en - / C24
Hulpofficieren van justitie 2008, Regeling - / C4
Huurprijzen woonruimte, Uitvoeringswet - / B30
Huwelijksvermogensregime, Verdrag inzake het recht dat van toepassing is op het - / B57
Huwelijksvermogensstelsels, Uitvoeringswet Verordening - en Verordening
 vermogensrechtelijke gevolgen geregistreerde partnerschappen / B107
Huwelijksvermogensstelsels, Verordening / B105

I
Identificatieplicht, Wet op de - / C7
Inburgering, Wet - / A44
Insolvency Law, Principles of European - / zie wettenbundel.sdu.nl
Insolventieprocedures (herschikking), Verordening (EU) nr. 2015/848 / B88
Insolventieprocedures, Verordening 1346/2000/EG betreffende - / zie wettenbundel.sdu.nl
Intellectuele eigendom, Beneluxverdrag inzake de - / B75
Intensivering van de grensoverschrijdende samenwerking, in het bijzonder ter bestrijding van
 het terrorisme, de grensoverschrijdende criminaliteit en de illegale migratie (Verdrag van
 Prüm), Verdrag tussen het Koninkrijk België, de Bondsrepubliek Duitsland, het Koninkrijk
 Spanje, de Republiek Frankrijk, het Groothertogdom Luxemburg, het Koninkrijk der
 Nederlanden en de Republiek Oostenrijk inzake de - / zie wettenbundel.sdu.nl
Internationaal Gerechtshof, Statuut van het - / A101
Internationaal Strafhof, Statuut van Rome inzake het - / C53
Internationaal Strafhof, Uitvoeringswet - / C34
Internationaal Verdrag inzake burgerrechten en politieke rechten (IVBPR) / A104
Internationaal Verdrag inzake burgerrechten en politieke rechten, Facultatief Protocol behorend
 bij het - / A105
Internationaal Verdrag inzake burgerrechten en politieke rechten, gericht op de afschaffing
 van de doodstraf, Tweede Facultatieve Protocol bij het - / A106
Internationaal Verdrag inzake de uitbanning van alle vormen van rassendiscriminatie / A107
Internationaal Verdrag inzake economische, sociale en culturele rechten (IVESC) / A103
Internationaal vervoer van goederen over de weg, Verdrag betreffende overeenkomst tot -
 (CMR) / B73
International Commercial Contracts 2010, Principles of - / zie wettenbundel.sdu.nl
Internationale kinderbescherming, Uitvoeringswet - / B67
Internationale kinderontvoering, Uitvoeringswet - / B65
Internationale misdrijven, Wet - / C33
Internationally wrongful acts, Responsibility of States for - / A115
Invorderingswet 1990 / B40
IVBPR (Internationaal Verdrag inzake burgerrechten en politieke rechten) / A104
IVESC (Internationaal Verdrag inzake economische, sociale en culturele rechten) / A103

J
Jeugdinrichtingen, Beginselenwet justitiële - / C31
Jeugdinrichtingen, Reglement justitiële - / zie wettenbundel.sdu.nl
Jeugdwet / A80
Justitiële en strafvorderlijke gegevens, Besluit - / C10
Justitiële en strafvorderlijke gegevens, Wet - / C9
Justitiële jeugdinrichtingen, Beginselenwet - / C31

K
Kadasterwet / B28
Kaderbesluit betreffende Europees aanhoudingsbevel en procedures van overlevering tussen
 lidstaten / C40

Alfabetische inhoudsopgave

Kaderwet zelfstandige bestuursorganen / A26
Kieswet / A9
Kind inzake de betrokkenheid van kinderen bij gewapende conflicten, Tweede Facultatieve Protocol bij het Verdrag inzake de rechten van het - / A112
Kind, Facultatief Protocol inzake de verkoop van kinderen, kinderprostitutie en kinderpornografie bij het Verdrag inzake de rechten van het - / A111
Kind, Verdrag inzake de rechten van het - / A110
Kinderalimentatie-Executieverdrag, Haags - / zie wettenbundel.sdu.nl
Kinderbescherming, Uitvoeringswet internationale - / B65
Kinderbeschermingsverdrag 1996, Haags - / B63
Kinderen, kinderprostitutie en kinderpornografie bij het Verdrag inzake de rechten van het kind, Facultatief Protocol inzake de verkoop van - / A111
Kinderen, Verdrag nopens wet op alimentatieverplichtingen jegens - / zie wettenbundel.sdu.nl
Kinderontvoering, Uitvoeringswet internationale - / B65
Kinderontvoeringsverdrag 1980, Haags - / B64
Kinderpornografie bij het Verdrag inzake de rechten van het kind, Facultatief Protocol inzake de verkoop van kinderen, kinderprostitutie en - / A111
Kinderprostitutie en kinderpornografie bij het Verdrag inzake de rechten van het kind, Facultatief Protocol inzake de verkoop van kinderen, - / A111
Koninklijke marechaussee en andere opsporingsambtenaren, Ambtsinstructie voor de politie, de - / C6
Koophandel, Wetboek van - / B12
Koopverdrag, Weens - / B70

L

Langdurige zorg, Wet - / A79
Leeftijd bij de arbeid, Wet gelijke behandeling op grond van / A24
Levensbeëindiging, Wet toetsing - op verzoek en hulp bij zelfdoding / C24
Lokaal bestuur, Handvest - / A37
Lokale autonomie, Europees Handvest inzake - / A37
Loonvorming, Wet op de - / B35

M

Maatregel, Penitentiaire - / C27
Maatschappelijke ondersteuning 2015, Wet - / A78
Manifestaties, Wet openbare - / A18
Mannen en vrouwen, Wet gelijke behandeling van - / A25
Mededingingsregels van de artikelen 81 en 82 van het Verdrag, Verordening 1/2003/EG betreffende de uitvoering van de - (EG-mededingingsverordening) / A84
Mededingingswet / A83
Melding collectief ontslag, Wet - / B34
Milieubeheer, Activiteitenbesluit / A66
Milieubeheer, Wet - / A65
Milieueffectrapportage, Besluit - / A71
Ministeriële verantwoordelijkheid, Wet - / A7
Ministerraad, Reglement van Orde voor de - / A12
Misdrijven, Wet internationale - / C33
Motorrijtuigen, Wet aansprakelijkheidsverzekering - / B29
Munitie, Wet wapens en - / C23

N

Naburige rechten, Wet op de - / B38
Nadeelcompensatie en schadevergoeding bij onrechtmatige besluiten (deels toekomstig), Wet - / A46
Naleving Europese regelgeving publieke entiteiten (Wet Nerpe), Wet - / A30
Nationale ombudsman, Wet - / A16
Nationaliteit, Europees Verdrag inzake - / A39
Nederlanderschap, Rijkswet op het - / A38
Nederlanderschap, Wijzigingswet Rijkswet op het - (verkrijging, verlening en verlies van het Nederlanderschap) / zie wettenbundel.sdu.nl
Nederlandse Corporate Governance Code / B41
Nerpe, Wet - / A30
Nieuw Wetboek van Strafvordering (voorstel van wet Boek 1 t/m 6) / Zie wettenbundel.sdu.nl
Normalisering rechtspositie ambtenaren, Wet - / zie wettenbundel.sdu.nl
Notarisambt, Besluit op het - / B48

Alfabetische inhoudsopgave

Notarisambt, Wet op het - / B47

O

OM-afdoening, Besluit - / C13
Ombudsman, Wet Nationale - / A16
Omgevingsrecht, Besluit - / A68
Omgevingsrecht, Regeling - / A69
Omgevingsrecht, Wet algemene bepalingen - / A67
Omgevingswet (toekomstig) / A72
Omzetbelasting 1968, Wet op de - / B54
Ondernemingsraden, Wet op de - / B17
Ondernemingsraden, Wet op de Europese - / B18
Ondersteuning 2015, Wet maatschappelijke - / A78
Onderzoeksbevel in strafzaken, Richtlijn 2014/41/EU van het Europees Parlement en de Raad van 3 april 2014 betreffende het Europees - / C41
Onmenselijke of onterende behandeling of bestraffing, Facultatief Protocol bij het Verdrag tegen foltering en andere wrede, - / C44
Onmenselijke of onterende behandeling of bestraffing, Verdrag tegen foltering en andere wrede, - (CAT) / C43
Onmenselijke of vernederende behandeling of bestraffing, Europees Verdrag ter voorkoming van foltering en - (CPT) / C42
Onteigeningswet / A61
Onterende behandeling of bestraffing, Facultatief Protocol bij het Verdrag tegen foltering en andere wrede, onmenselijke of - / C44
Onterende behandeling of bestraffing, Verdrag tegen foltering en andere wrede, onmenselijke of - (CAT) / C43
Ontslag, Wet melding collectief - / B34
Ontslagregeling / zie wettenbundel.sdu.nl
Ontvoering, Uitvoeringswet internationale kinder- / B65
Openbaar bestuur (Wet BIBOB), Wet bevordering integriteitsbeoordelingen door het - / A53
Openbaarheid van bestuur, Wet - / A49
Openbare manifestaties, Wet - / A18
Opiumwet / C22
Opneming buitenlandse kinderen ter adoptie, Wet - / zie wettenbundel.sdu.nl
Opsporingsambtenaar, Besluit buitengewoon - / C21
Opsporingsambtenaren, Ambtsinstructie voor politie, marechaussee en andere - / C6
Opsporingsdiensten, Wet op de bijzondere - / C20
Overbrenging van gevonniste personen, Verdrag inzake de - / C51
Overeenkomst ter uitvoering van het tussen de Regeringen van de Staten van de Benelux Economische Unie, de Bondsrepubliek Duitsland, en de Franse Republiek op 14 juni 1985 te Schengen gesloten akkoord betreffende de geleidelijke afschaffing van de controles aan de gemeenschappelijke grenzen (uittreksel) / C55
Overeenkomst, door de Raad vastgesteld overeenkomstig artikel 34 van het Verdrag betreffende de Europese Unie, betreffende de wederzijdse rechtshulp in strafzaken tussen de lidstaten van de Europese Unie / C48
Overlast, Besluit bestuurlijke boete - in de openbare ruimte / zie wettenbundel.sdu.nl
Overleveringswet / C39

P

Parlementaire Enquête 2008, Wet op de - / A13
Participatiewet / A77
Partnerschapsvermogens, Verordening / B106
Penitentiaire beginselenwet / C26
Penitentiaire maatregel / C27
Pensioenrechten bij scheiding, Wet tot regeling van het conflictenrecht met betrekking tot verevening - / zie wettenbundel.sdu.nl
Pensioenrechten bij scheiding, Wet verevening - / B16
Politie, de Koninklijke marechaussee en andere opsporingsambtenaren, Ambtsinstructie voor de - / C6
Politiegegevens, Besluit / C12
Politiegegevens, Wet / C11
Politieke rechten, Facultatief Protocol behorend bij het Internationaal Verdrag inzake burgerrechten en - / A105
Politieke rechten, gericht op de afschaffing van de doodstraf, Tweede Facultatieve Protocol bij het Internationaal Verdrag inzake burgerrechten en - / A106

Sdu XXVII

Alfabetische inhoudsopgave

Politieke rechten, Internationaal Verdrag inzake burgerrechten en - (IVBPR) / A104
Politiewet 2012 / C5
Principles of European Contract Law / zie wettenbundel.sdu.nl
Principles of European Insolvency Law / zie wettenbundel.sdu.nl
Principles of European Law on Services Contracts (PELSC) / zie wettenbundel.sdu.nl
Principles of European Law: Sales / zie wettenbundel.sdu.nl
Principles of European Tort Law / zie wettenbundel.sdu.nl
Principles of European Trust Law / zie wettenbundel.sdu.nl
Principles of International Commercial Contracts 2010 / zie wettenbundel.sdu.nl
Principles of Transnational Civil Procedure / zie wettenbundel.sdu.nl
Prison Rules, European - / C29
Privaatrecht, Belemmeringenwet - / A64
Procedure and Evidence, Rules of - / zie wettenbundel.sdu.nl
Proceskosten bestuursrecht, Besluit - / A52
Procesregeling bestuursrechtelijke colleges 2014 / A48
Procesreglement bestuursrecht 2017 / A47
Productenaansprakelijkheidsverdrag, Haags - / B72
Protocol behorend bij het Internationaal Verdrag inzake burgerrechten en politieke rechten, Facultatief - / A105
Protocol betreffende de status van vluchtelingen / A43
Protocol bij het Verdrag tot bescherming van de rechten van de mens en de fundamentele vrijheden / A89
Protocol nr. 12 bij het Verdrag tot bescherming van de rechten van de mens en de fundamentele vrijheden / A94
Protocol nr. 13 bij het Verdrag tot bescherming van de rechten van de mens en de fundamentele vrijheden, inzake de afschaffing van de doodstraf onder alle omstandigheden / A95
Protocol nr. 15 bij het Verdrag tot bescherming van de rechten van de mens en de fundamentele vrijheden (toekomstig) / A96
Protocol nr. 16 bij het Verdrag tot bescherming van de rechten van de mens en de fundamentele vrijheden / A97
Protocol tot wijziging van het Europees Sociaal Handvest, Turijn, 21 oktober 1991 (toekomstig) / A99
Protocol vastgesteld door de Raad overeenkomstig artikel 34 van het Verdrag betreffende de Europese Unie, bij de Overeenkomst betreffende de wederzijdse rechtshulp in strafzaken tussen de lidstaten van de Europese Unie / C49
Provinciewet / A27
Prüm, Verdrag van - / zie wettenbundel.sdu.nl

R
Raad van State, Wet op de - / A14
Rassendiscriminatie, Internationaal Verdrag inzake de uitbanning van alle vormen van - / A107
Rechten van de mens en de fundamentele vrijheden, inzake de afschaffing van de doodstraf, Zesde protocol bij het Verdrag tot bescherming van de - / A92
Rechten van de mens en de fundamentele vrijheden, Protocol bij het Verdrag tot bescherming van de - / A90
Rechten van de mens en de fundamentele vrijheden, Protocol nr. 12 bij het Verdrag tot bescherming van de - / A94
Rechten van de mens en de fundamentele vrijheden, Protocol nr. 13 bij het Verdrag tot bescherming van de - / A95
Rechten van de mens en de fundamentele vrijheden, Protocol nr. 15 bij het Verdrag tot bescherming van de - (toekomstig) / A96
Rechten van de mens en de fundamentele vrijheden, Protocol nr. 16 bij het Verdrag tot - / A97
Rechten van de mens en de fundamentele vrijheden, tot het waarborgen van bepaalde rechten en vrijheden die niet reeds in het Verdrag en in het eerste Protocol daarbij zijn opgenomen, Vierde Protocol bij het Verdrag tot bescherming van de - / A91
Rechten van de mens en de fundamentele vrijheden, Verdrag tot bescherming van de - (EVRM) / A89, C58
Rechten van de mens en de fundamentele vrijheden, Zesde protocol bij het Verdrag tot bescherming van de - / A92
Rechten van de mens en de fundamentele vrijheden, Zevende protocol bij het Verdrag tot bescherming van de - (toekomstig) / A93
Rechten van de mens, Universele verklaring van de - / A102
Rechten van het kind inzake de betrokkenheid van kinderen bij gewapende conflicten, Tweede Facultatieve Protocol bij het Verdrag inzake de - / A112

Alfabetische inhoudsopgave

Rechten van het kind, Facultatief Protocol inzake de verkoop van kinderen, kinderprostitutie en kinderpornografie bij het Verdrag inzake de - / A111
Rechten van het kind, Verdrag inzake de - / A110
Rechten van personen met een handicap, VN-Verdrag inzake de - (toekomstig) / A113
Rechterlijke organisatie, Wet op de - / B42
Rechtsbijstand- en toevoegcriteria, Besluit - / zie wettenbundel.sdu.nl
Rechtshulp in strafzaken tussen de lidstaten van de Europese Unie, Overeenkomst, door de Raad vastgesteld overeenkomstig artikel 34 van het Verdrag betreffende de Europese Unie, betreffende de wederzijdse - / C48
Rechtshulp in strafzaken tussen de lidstaten van de Europese Unie, Protocol vastgesteld door de Raad overeenkomstig artikel 34 van het Verdrag betreffende de Europese Unie, bij de Overeenkomst betreffende de wederzijdse - / C49
Rechtshulp in strafzaken tussen het Koninkrijk België, het Groothertogdom Luxemburg en het Koninkrijk der Nederlanden, Verdrag aangaande de uitlevering en de - / zie wettenbundel.sdu.nl
Rechtshulp in strafzaken, Europees Verdrag aangaande de wederzijdse - / C46
Rechtspositie ambtenaren, Wet normalisering - / zie wettenbundel.sdu.nl
Rechtsverkeer, Wet op belastingen van - / B50
Redactionele ten geleide bij het Wetboek van Burgerlijke Rechtsvordering / B14
Regeling alcohol, drugs en geneesmiddelen in het verkeer / C17
Regeling griffierechten burgerlijke zaken / zie wettenbundel.sdu.nl
Regeling hulpofficieren van justitie 2008 / C4
Regeling omgevingsrecht / A69
Regelingen, Wet gemeenschappelijke - / A33
Regentschapswet 2013 / A3
Reglement justitiële jeugdinrichtingen / zie wettenbundel.sdu.nl
Reglement van Orde van de Eerste Kamer der Staten-Generaal / A11
Reglement van Orde van de Tweede Kamer der Staten-Generaal / A10
Reglement van Orde voor de ministerraad / A12
Reglement verkeersregels en verkeerstekens 1990 (RVV 1990) / C15
Reglement verpleging ter beschikking gestelden / zie wettenbundel.sdu.nl
Responsibility of States for internationally wrongful acts / A115
Richtlijn 2006/123/EG betreffende diensten op de interne markt / zie wettenbundel.sdu.nl
Richtlijn 2012/29/EU van het Europees Parlement en de Raad van 25 oktober 2012 tot vaststelling van minimumnormen voor de rechten, de ondersteuning en de bescherming van slachtoffers van strafbare feiten, en ter vervanging van Kaderbesluit 2001/220/JBZ (Richtlijn slachtoffers) / C59
Richtlijn 2013/48/EU van het Europees Parlement en de Raad van 22 oktober 2013 betreffende het recht op toegang tot een advocaat in strafprocedures en in procedures ter uitvoering van een Europees Aanhoudingsbevel en het recht om een derde op de hoogte te laten brengen vanaf de vrijheidsbeneming en om met derden en consulaire autoriteiten te communiceren tijdens de vrijheidsbeneming (Richtlijn toegang advocaat tot politieverhoren) / C56
Richtlijn 2014/41/EU van het Europees Parlement en de Raad van 3 april 2014 betreffende het Europees onderzoeksbevel in strafzaken / C41
Richtlijn toegang advocaat tot politieverhoren / C56
Rijksbelastingen, Algemene wet inzake - / A56
Rijksoctrooiwet 1995 / B29
Rijkswet goedkeuring en bekendmaking verdragen / A6
Rijkswet op het Nederlanderschap / A38
Rijkswet op het Nederlanderschap, Wijzigingswet - (verkrijging, verlening en verlies van het Nederlanderschap) / zie wettenbundel.sdu.nl
Rome I, (Verordening (EG) nr. 593/2008 inzake het recht dat van toepassing is op verbintenissen uit overeenkomst) / B92
Rome II, (Verordening (EG) nr. 864/2007 betreffende het recht dat van toepassing is op niet-contractuele verbintenissen) / B93
Ruimtelijke ordening, Besluit - / A58
Ruimtelijke ordening, Wet - / A57
Rules of Procedure and Evidence / zie wettenbundel.sdu.nl
RVV 1990 (Reglement verkeersregels en verkeerstekens 1990) / C15

S
Sales, Principles of European Law: - / zie wettenbundel.sdu.nl
Scheiding, Wet tot regeling van het conflictenrecht met betrekking tot verevingpensioenrechten bij - / zie wettenbundel.sdu.nl
Scheiding, Wet verevening pensioenrechten bij - / B16

Sdu XXIX

Alfabetische inhoudsopgave

Schengen gesloten akkoord betreffende de geleidelijke afschaffing van de controles aan de gemeenschappelijke grenzen, Overeenkomst ter uitvoering van het tussen de Regeringen van de Staten van de Benelux Economische Unie, de Bondsrepubliek Duitsland, en de Franse Republiek op 14 juni 1985 te - (uittreksel) / C55
SE (Verordening 2157/2001/EG betreffende het statuut van de Europese vennootschap) / B91
SER-Fusiegedragsregels 2015 / B27
Services Contracts, Principles of European Law on - / zie wettenbundel.sdu.nl
Slachtoffers, Richtlijn / C59
Sociaal Handvest (herzien), Europees - / A98
Sociaal Handvest, Turijn, 21 oktober 1991 (toekomstig), Protocol tot wijziging van het Europees - / A99
Sociaal-Economische Raad, Wet op de - / A36
Sociale en culturele rechten, Internationaal Verdrag inzake economische, - (IVESC) / A103
Statuut Europese Coöperatieve Vennootschap / zie wettenbundel.sdu.nl
Statuut van het Internationaal Gerechtshof / A101
Statuut van Rome inzake het Internationaal Strafhof / C53
Statuut voor het Koninkrijk der Nederlanden / A1
Strafrecht, Wetboek van - / C1
Strafvervolging, Europees Verdrag betreffende de overdracht van / C50
Strafvonnissen, Europees Verdrag inzake de internationale geldigheid van / C52
Strafvonnissen, Wet overdracht tenuitvoerlegging - / C35
Strafvordering, Wetboek van - / C2
Strafvorderlijke gegevens, Wet justitiële en - / C9
Strafzaken tussen de lidstaten van de Europese Unie, Overeenkomst, door de Raad vastgesteld overeenkomstig artikel 34 van het Verdrag betreffende de Europese Unie, betreffende de wederzijdse rechtshulp in - / C48
Strafzaken tussen de lidstaten van de Europese Unie, Protocol vastgesteld door de Raad overeenkomstig artikel 34 van het Verdrag betreffende de Europese Unie, bij de Overeenkomst betreffende de wederzijdse rechtshulp in - / C49
Strafzaken tussen het Koninkrijk België, het Groothertogdom Luxemburg en het Koninkrijk der Nederlanden, Verdrag aangaande de uitlevering en de rechtshulp in - / zie wettenbundel.sdu.nl
Strafzaken, Europees Verdrag aangaande de wederzijdse rechtshulp in - / C46
Strafzaken, Wet tarieven in - / zie wettenbundel.sdu.nl
Successiewet 1956 / B52
Successiewet 1956, Uitvoeringsbesluit - / B53

T
Tarieven in strafzaken, Wet - / zie wettenbundel.sdu.nl
Tenuitvoerlegging strafvonnissen, Wet overdracht - / C35
Ter beschikking gestelden, Beginselenwet verpleging - / C30
Ter beschikking gestelden, Reglement verpleging - / zie wettenbundel.sdu.nl
Termijnenwet, Algemene - / B44
Testamentaire beschikkingen, Verdrag inzake de wetsconflicten betreffende de vorm van - / B66
Tijdelijk huisverbod, Besluit - / A32
Tijdelijk huisverbod, Wet - / A31
Toezicht, Wet op het financieel - / zie wettenbundel.sdu.nl
Tort Law, Principles of European - / zie wettenbundel.sdu.nl
Transnational Civil Procedure, Principles of - / zie wettenbundel.sdu.nl
Trust Law, Principles of European - / zie wettenbundel.sdu.nl
Trusts en inzake de erkenning van trusts, Verdrag inzake het recht dat toepasselijk is op - / B68
Tweede Facultatieve Protocol bij het Internationaal Verdrag inzake burgerrechten en politieke rechten, gericht op de afschaffing van de doodstraf / A106
Tweede Kamer der Staten-Generaal, Reglement van Orde van de - / A70

U
Uitbanning van alle vormen van discriminatie van vrouwen, Facultatief Protocol bij het Verdrag inzake de - / A109
Uitbanning van alle vormen van discriminatie van vrouwen, Verdrag inzake de - / A108
Uitbanning van alle vormen van rassendiscriminatie, Internationaal Verdrag inzake de - / A107
Uitlevering en de rechtshulp in strafzaken tussen het Koninkrijk België, het Groothertogdom Luxemburg en het Koninkrijk der Nederlanden, Verdrag aangaande de - / zie wettenbundel.sdu.nl
Uitlevering, Europees Verdrag betreffende - / C47

Alfabetische inhoudsopgave

Uittreksel bepalingen digitaal procederen (KEI-Rv) / B15
Uitleveringswet / C36
Uitvoeringsbesluit belastingen van rechtsverkeer / B51
Uitvoeringsbesluit omzetbelasting 1968 (uittreksel) / B55
Uitvoeringsbesluit Successiewet 1956 / B53
Uitvoeringswet Algemene verordening gegevensbescherming / A20
Uitvoeringswet Bewijsverdrag / B77
Uitvoeringswet EAPO (Uitvoeringswet verordening Europees bevel tot conservatoir beslag op bankrekeningen) / B104
Uitvoeringswet EG-betekeningsverordening / B87
Uitvoeringswet EG-bewijsverordening / B90
Uitvoeringswet EU-executieverordening / B82
Uitvoeringswet huurprijzen woonruimte / B30
Uitvoeringswet Internationaal Strafhof / C34
Uitvoeringswet internationale inning levensonderhoud / B59
Uitvoeringswet internationale kinderbescherming / B67
Uitvoeringswet internationale kinderontvoering / B65
Uitvoeringswet verordening Europese betalingsbevelprocedure / B97
Uitvoeringswet verordening Europese coöperatieve vennootschap / zie wettenbundel.sdu.nl
Uitvoeringswet verordening Europese executoriale titel / B95
Uitvoeringswet verordening Europese procedure voor geringe vorderingen / B102
Uitvoeringswet verordening Europese vennootschap / zie wettenbundel.sdu.nl
Uitvoeringswet Verordening huwelijksvermogensstelsels en Verordening vermogensrechtelijke gevolgen geregistreerde partnerschappen / B107
Uitvoeringswet Verordening tot instelling van Europese economische samenwerkingsverbanden (Uitvoeringswet EESV-Verordening) / zie wettenbundel.sdu.nl
Uitvoeringswet verordening wederzijdse erkenning van beschermingsmaatregelen in burgerlijke zaken / B100
Universele verklaring van de rechten van de mens / A102

V
Vennootschap, Uitvoeringswet verordening Europese - / zie wettenbundel.sdu.nl
Vennootschap, Uitvoeringswet verordening Europese coöperatieve - / zie wettenbundel.sdu.nl
Vennootschap, Verordening 1435/2003/EG betreffende het statuut voor een Europese Coöperatieve - (SCE) / zie wettenbundel.sdu.nl
Vennootschap, Verordening 2157/2001/EG betreffende het statuut van de Europese - (SE) / B91
Vennootschappen, Wet op de formeel buitenlandse - / B56
Verdag tot bescherming van de rechten van de mens en de fundamentele vrijheden, Rome, 4 november 1950 / C58
Verdrag aangaande de uitlevering en de rechtshulp in strafzaken tussen het Koninkrijk België, het Groothertogdom Luxemburg en het Koninkrijk der Nederlanden / zie wettenbundel.sdu.nl
Verdrag aangaande de wederzijdse rechtshulp in strafzaken, Europees - / C48
Verdrag betreffende de burgerrechtelijke aspecten van internationale ontvoering van kinderen (Haags Kinderontvoeringsverdrag 1980) / B64
Verdrag betreffende de Europese Unie / A87
Verdrag betreffende de Europese Unie, Goedkeuringswet - / A85
Verdrag betreffende de overdracht van strafvervolging, Europees - / C50
Verdrag betreffende de rechterlijke bevoegdheid, de erkenning en de ten uitvoerlegging van beslissingen in burgerlijke en handelszaken (Verdrag van Lugano; EVEX) / B79 Verdrag betreffende de status van vluchtelingen / A42
Verdrag betreffende de werking van de Europese Unie / A88
Verdrag betreffende het toepasselijke recht op vertegenwoordiging / B69
Verdrag betreffende overeenkomst tot internationaal vervoer van goederen over de weg (CMR) / B73
Verdrag betreffende uitlevering, Europees - / C47
Verdrag der Verenigde Naties inzake internationale koopovereenkomsten betreffende roerende zaken (Weens koopverdrag) / B70
Verdrag inzake bedingen van forumkeuze / B80
Verdrag inzake burgerrechten en politieke rechten, Internationaal (IVBPR) / A104 Verdrag inzake de bescherming van kinderen en de samenwerking op het gebied van de interlandelijke adoptie (Haags Adoptieverdrag 1993) / B62
Verdrag inzake de betekening en de kennisgeving in het buitenland van gerechtelijke en buitengerechtelijke stukken in burgerlijke en in handelszaken (Haags betekeningsverdrag) / B78

Alfabetische inhoudsopgave

Verdrag inzake de bevoegdheid, het toepasselijke recht, de erkenning, de tenuitvoerlegging en de samenwerking op het gebied van ouderlijke verantwoordelijkheid en maatregelen ter bescherming van kinderen (Haags Kinderbeschermingsverdrag 1996) / B63
Verdrag inzake de erkenning en de tenuitvoerlegging van beslissingen over onderhoudsverplichtingen (Haags Alimentatie-Executieverdrag) / B60
Verdrag inzake de internationale geldigheid van strafvonnissen, Europees / C52
Verdrag inzake de internationale inning van levensonderhoud voor kinderen / B58
Verdrag inzake de overbrenging van gevonniste personen / C51
Verdrag inzake de rechten van het kind / A110
Verdrag inzake de rechten van het kind inzake de betrokkenheid van kinderen bij gewapende conflicten, Tweede Facultatieve Protocol bij het - / A112
Verdrag inzake de rechten van het kind, Facultatief Protocol inzake de verkoop van kinderen, kinderprostitutie en kinderpornografie bij het - / A111
Verdrag inzake de uitbanning van alle vormen van discriminatie van vrouwen / A108
Verdrag inzake de uitbanning van alle vormen van discriminatie van vrouwen, Facultatief Protocol bij het - / A109
Verdrag inzake de uitbanning van alle vormen van rassendiscriminatie, Internationaal - / A107
Verdrag inzake de verkrijging van bewijs in het buitenland in burgerlijke en in handelszaken / B76
Verdrag inzake de verlening van Europese octrooien (Europees Octrooiverdrag) / B74
Verdrag inzake de voorkoming en de bestraffing van genocide / C45
Verdrag inzake de wet die van toepassing is op onderhoudsverplichtingen (Haags Alimentatieverdrag) / zie wettenbundel.sdu.nl
Verdrag inzake de wet welke van toepassing is op de aansprakelijkheid wegens produkten (Haags productenaansprakelijkheidsverdrag) / B72
Verdrag inzake de wet welke van toepassing is op verkeersongevallen op de weg (Haags verkeersongevallenverdrag) / B71
Verdrag inzake de wetsconflicten betreffende de vorm van testamentaire beschikkingen / B66
Verdrag inzake economische, sociale en culturele rechten, Internationaal - (IVESC) / A103
Verdrag inzake het recht dat toepasselijk is op trusts en inzake erkenning van trusts / B68
Verdrag inzake het recht dat van toepassing is op erfopvolging (Haags Verdrag erfopvolging 1989) / zie wettenbundel.sdu.nl
Verdrag inzake het recht dat van toepassing is op het huwelijksvermogensregime / B57
Verdrag inzake nationaliteit, Europees - / A39
Verdrag nopens de erkenning en de tenuitvoerlegging van beslissingen over onderhoudsverplichtingen jegens kinderen (Haags Kinderalimentatie-Executieverdrag) / zie wettenbundel.sdu.nl
Verdrag nopens wet op alimentatieverplichtingen jegens kinderen / zie wettenbundel.sdu.nl
Verdrag over de erkenning en tenuitvoerlegging van buitenlandse scheidsrechterlijke uitspraken / zie wettenbundel.sdu.nl
Verdrag tegen foltering en andere wrede, onmenselijke of onterende behandeling of bestraffing / C43
Verdrag tegen foltering en andere wrede, onmenselijke of onterende behandeling of bestraffing, Facultatief Protocol bij het - / C44
Verdrag ter vaststelling van enige eenvormige regelen betreffende het cognossement / zie wettenbundel.sdu.nl
Verdrag ter vaststelling van enige eenvormige regelen betreffende het cognossement van 25 augustus 1924, Protocol 1968 tot wijziging van het Internationale - / zie wettenbundel.sdu.nl
Verdrag ter vaststelling van enige eenvormige regelen betreffende het cognossement van 25 augustus 1924, Protocol 1979 tot wijziging van het Internationale - / zie wettenbundel.sdu.nl
Verdrag tot bescherming van de rechten van de mens en de fundamentele vrijheden, (EVRM) / A89, C58
Verdrag tot bescherming van de rechten van de mens en de fundamentele vrijheden, inzake de afschaffing van de doodstraf onder alle omstandigheden, Protocol nr. 13 bij het - / A95
Verdrag tot bescherming van de rechten van de mens en de fundamentele vrijheden, inzake de afschaffing van de doodstraf, Zesde protocol bij het - / A92
Verdrag tot bescherming van de rechten van de mens en de fundamentele vrijheden, Protocol bij het - / A90
Verdrag tot bescherming van de rechten van de mens en de fundamentele vrijheden, Protocol nr. 12 bij het - / A94
Verdrag tot bescherming van de rechten van de mens en de fundamentele vrijheden, Protocol nr. 15 bij het - (toekomstig) / A96
Verdrag tot bescherming van de rechten van de mens en de fundamentele vrijheden, Protocol nr. 16 bij het - / A97

Alfabetische inhoudsopgave

Verdrag tot bescherming van de rechten van de mens en de fundamentele vrijheden, tot het waarborgen van bepaalde rechten en vrijheden die niet reeds in het Verdrag en in het eerste Protocol daarbij zijn opgenomen, Vierde Protocol bij het - / A91
Verdrag tot bescherming van de rechten van de mens en de fundamentele vrijheden, Zevende protocol bij het - (toekomstig) / A93
Verdrag tot het vaststellen van enige eenvormige regelen betreffende aanvaring / zie wettenbundel.sdu.nl
Verdrag tussen het Koninkrijk België, de bondsrepubliek Duitsland, het Koninkrijk Spanje, de Republiek Frankrijk, het Groothertogdom Luxemburg, het Koninkrijk der Nederlanden en de Republiek Oostenrijk inzake de intensivering van de grensoverschrijdende samenwerking, in het bijzonder ter bestrijding van het terrorisme, de grensoverschrijdende criminaliteit en de illegale migratie / zie wettenbundel.sdu.nl
Verdrag van Lugano (Verdrag betreffende de rechterlijke bevoegdheid, de erkenning en de tenuitvoerlegging van beslissingen in burgerlijke en handelszaken; EVEX) / B79
Verdrag van Prüm / zie wettenbundel.sdu.nl
Verdrag van Wenen inzake het verdragenrecht / A114
Verdragen, Rijkswet goedkeuring en bekendmaking - / A6
Verdragenrecht, Verdrag van Wenen inzake het - / A114
Verenigde Naties, Handvest van de - / A100
Verevening pensioenrechten bij scheiding, Wet - / B16
Verevening pensioenrechten bij scheiding, Wet tot regeling van het conflictenrecht met betrekking tot - / zie wettenbundel.sdu.nl
Verkeersongevallenverdrag, Haags - / B69
Verkeersregels en verkeerstekens 1990 (RVV 1990), Reglement - / C15
Verkeersvoorschriften, Wet administratiefrechtelijke handhaving - / C18
Verkrijging van bewijs in het buitenland in burgerlijke en in handelszaken, Verdrag inzake de - / B76
Verlening en verlies van het Nederlanderschap (Wijzigingswet Rijkswet op het Nederlanderschap verkrijging, -) / zie wettenbundel.sdu.nl
Vernederende behandeling of bestraffing, Europees Verdrag ter voorkoming van folteringen onmenselijke of - / C42
Veroordeelden, Wet DNA-onderzoek bij - / C3
Verordening (EG) nr. 593/2008 inzake het recht dat van toepassing is op de verbintenissen uit overeenkomst (Rome I) / B92
Verordening (EG) nr. 1393/2007 van het Europees Parlement en de Raad van 13 november 2007 inzake de betekening en de kennisgeving in de lidstaten van gerechtelijke en buitengerechtelijke stukken in burgerlijke of in handelszaken (de betekening en de kennisgeving van stukken), en tot intrekking van Verordening (EG) nr. 1348/2000 van de Raad (EG-betekeningsverordening) / B86
Verordening (EG) nr. 1896/2006 tot invoering van een Europese betalingsbevelprocedure / B96
Verordening (EG) nr. 861/2007 tot vaststelling van een Europese procedure voor geringe vorderingen / B101
Verordening (EG) nr. 864/2007 betreffende het recht dat van toepassing is op niet-contractuele verbintenissen (Rome II) / B93
Verordening (EU) 2016/1103 tot uitvoering van de nauwere samenwerking op het gebied van de bevoegdheid, het toepasselijke recht en de erkenning en tenuitvoerlegging van beslissingen op het gebied van huwelijksvermogensstelsels / B105
Verordening (EU) 2016/1104 tot uitvoering van de nauwere samenwerking op het gebied van de bevoegdheid, het toepasselijke recht en de erkenning en tenuitvoerlegging van beslissingen op het gebied van de vermogensrechtelijke gevolgen van geregistreerde partnerschappen / B106
Verordening (EU) Nr. 1215/2012 betreffende de rechterlijke bevoegdheid, de erkenning en de tenuitvoerlegging van beslissingen in burgerlijke en handelszaken (herschikking)(Brussel I-bis) / B81
Verordening (EU) nr. 2015/848 van het Europees Parlement en de Raad van 20 mei 2015 betreffende insolventieprocedures (herschikking) / B88
Verordening (EU) nr. 650/2012 van het Europees Parlement en de Raad van 4 juli 2012 betreffende de bevoegdheid, het toepasselijke recht, de erkenning en de tenuitvoerlegging van beslissingen en de aanvaarding en de tenuitvoerlegging van authentieke akten op het gebied van erfopvolging, alsmede betreffende de instelling van een Europese erfrechtverklaring (Erfrechtverordening) / B83
Verordening 1/2003/EG betreffende de uitvoering van de mededingingsregels van de artikelen 81 en 82 van het Verdrag (EG Mededeingsverordening) / A84

Alfabetische inhoudsopgave

Verordening 1206/2001/EG betreffende de samenwerking tussen de gerechten van de lidstaten op het gebied van bewijsverkrijging in burgerlijke en handelszaken (EG-Bewijsverordening) / B89
Verordening 1346/2000/EG betreffende insolventieprocedures / zie wettenbundel.sdu.nl
Verordening 1435/2003/EG betreffende het statuut voor een Europese Coöperatieve Vennootschap (SCE) / zie wettenbundel.sdu.nl
Verordening 2137/85/EEG tot instelling van Europese economische samenwerkingsverbanden (EESV-verordering) / zie wettenbundel.sdu.nl
Verordening 2157/2001/EG betreffende het statuut van de Europese vennootschap (SE) / B91
Verordening 2201/2003/EG betreffende de bevoegdheid en de erkenning en tenuitvoerlegging van beslissingen in huwelijkszaken en inzake de ouderlijke verantwoordelijkheid, en tot intrekking van Verordening 1347/2000/EG (Brussel II-bis) / B85
Verordening 805/2004/EG tot invoering van een Europese executoriale titel voor niet-betwiste schuldvorderingen (EET-verordering) / B94
Verordening betreffende de wederzijdse erkenning van beschermingsmaatregelen in burgerlijke zaken (Verordening (EU) nr. 606/2013) / B99
Verordening EAPO (Verordening (EU) Nr. 655/2014 vaststelling van een procedure betreffende het Europees bevel tot conservatoir beslag op bankrekeningen om de grensoverschrijdende inning van schuldvorderingen) / B103
Verordening Europese coöperatieve vennootschap, Uitvoeringswet - / zie wettenbundel.sdu.nl
Verordening Europese executoriale titel, Uitvoeringswet - / B95
Verordening Europese procedure voor geringe vorderingen, Uitvoeringswet - / B102
Verordening Europese vennootschap, Uitvoeringswet - / zie wettenbundel.sdu.nl
Verordening gegevensbescherming, Algemene - / A19
Verordening tot instelling van Europese economische samenwerkingsverbanden, Uitvoeringswet - (Uitvoeringswet EESV-verordering) / zie wettenbundel.sdu.nl
Verordening wederzijdse erkenning van beschermingsmaatregelen in burgerlijke zaken, Uitvoeringswet - / B99
Verordening, Uitvoeringswet - Erfrecht / B84
Verordering statuut Europese Vennootschap (SE) / B91
Verpleging ter beschikking gestelden, Beginselenwet - / C30
Verpleging ter beschikking gestelden, Reglement - / zie wettenbundel.sdu.nl
Vertegenwoordiging, Verdrag betreffende het toepasselijke recht op - / B69
Vierde Protocol bij het Verdrag tot bescherming van de rechten van de mens en de fundamentele vrijheden, tot het waarborgen van bepaalde rechten en vrijheden die niet reeds in het Verdrag en in het eerste Protocol daarbij zijn opgenomen / A91
Vluchtelingen, Protocol betreffende de status van - / A43
Vluchtelingen, Verdrag betreffende de status van - / A42
VN-Verdrag inzake de rechten van personen met een handicap / A113
Voorkeursrecht gemeenten, Wet - / A62
Voorkoming van witwassen en financieren van terrorisme, Wet ter - / C25
Vreemdelingen, Wet arbeid - / A81
Vreemdelingenbesluit 2000 / A41
Vreemdelingenwet 2000 / A40
Vrijheidsbenemende en voorwaardelijke sancties, Wet wederzijdse erkenning en tenuitvoerlegging - / C37
Vrouwen, Facultatief Protocol bij het Verdrag inzake de uitbanning van alle vormen van discriminatie van - / A109
Vrouwen, Verdrag inzake de uitbanning van alle vormen van discriminatie van - / A108
Vrouwen, Wet gelijke behandeling van mannen en - / A25

W

Wapens en munitie, Wet - / C23
Waterbesluit / zie wettenbundel.sdu.nl
Waterschapswet / A35
Waterwet / A70
Wederzijdse rechtshulp in strafzaken tussen de lidstaten van de Europese Unie, Brussel, 29 mei 2000, Overeenkomst, door de Raad vastgesteld overeenkomstig artikel 34 van het Verdrag betreffende de Europese Unie, betreffende de / C48
Weens koopverdrag (Verdrag der Verenigde Naties inzake internationale koopovereenkomsten betreffende roerende zaken) / B70
Wegenverkeerswet 1994 / C14
Wegenwet / A73
Werking, Verdrag betreffende de - van de Europese Unie / A88
Wet aansprakelijkheidsverzekering motorrijtuigen / B29

Alfabetische inhoudsopgave

Wet administratiefrechtelijke handhaving verkeersvoorschriften / C18
Wet algemene bepalingen / A4
Wet algemene bepalingen omgevingsrecht / A67
Wet arbeid vreemdelingen / A81
Wet bestuursrecht, Algemene - / A45
Wet bestuursrechtspraak bedrijfsorganisatie / A51
Wet bevordering integriteitsbeoordelingen door het openbaar bestuur / A53
Wet College voor de rechten van de mens / A22
Wet DNA-onderzoek bij veroordeelden / C3
Wet gelijke behandeling op grond van handicap of chronische ziekte / A23
Wet gelijke behandeling op grond van leeftijd bij de arbeid / A24
Wet gelijke behandeling van mannen en vrouwen / A25
Wet gelijke behandeling, Algemene - / A21
Wet gemeenschappelijke regelingen / A33
Wet giraal effectenverkeer / B22
Wet griffierechten burgerlijke zaken / B49
Wet inburgering / A44
Wet internationale misdrijven / C33
Wet inzake rijksbelastingen, Algemene - / A56
Wet justitiële en strafvorderlijke gegevens / C9
Wet kenbaarheid publiekrechtelijke beperkingen onroerende zaken / zie wettenbundel.sdu.nl
Wet langdurige zorg / A79
Wet lidmaatschap koninklijk huis / A8
Wet maatschappelijke ondersteuning 2015 / A78
Wet melding collectief ontslag / B34
Wet milieubeheer / A65
Wet ministeriële verantwoordelijkheid / A7
Wet nadeelcompensatie en schadevergoeding bij onrechtmatige besluiten (deels toekomstig) / A46
Wet Naleving Europese regelgeving publieke entiteiten / A30
Wet Nationale ombudsman / A16
Wet normalisering rechtspositie ambtenaren / zie wettenbundel.sdu.nl
Wet op belastingen van rechtsverkeer / B50
Wet op de bijzondere opsporingsdiensten / C20
Wet op de collectieve arbeidsovereenkomst / B33
Wet op de economische delicten / C19
Wet op de Europese ondernemingsraden / B18
Wet op de formeel buitenlandse vennootschappen / B56
Wet op de identificatieplicht / C7
Wet op de loonvorming / B35
Wet op de naburige rechten / B38
Wet op de omzetbelasting 1968 (uittreksel) / B54
Wet op de ondernemingsraden / B17
Wet op de Parlementaire Enquête 2008 / A13
Wet op de Raad van State / A14
Wet op de rechterlijke organisatie / B42
Wet op de Sociaal-Economische Raad / A36
Wet op het algemeen verbindend en het onverbindend verklaren van bepalingen van collectieve arbeidsovereenkomsten / B32
Wet op het consumentenkrediet / B31
Wet op het financieel toezicht / zie wettenbundel.sdu.nl
Wet op het financieel toezicht (uittreksel) / B23
Wet op het notarisambt / B47
Wet openbaarheid van bestuur / A49
Wet openbare manifestaties / A18
Wet opneming buitenlandse kinderen ter adoptie / zie wettenbundel.sdu.nl
Wet overdracht tenuitvoerlegging strafvonnissen / C35
Wet politiegegevens / C11
Wet rechtspositie rechterlijke ambtenaren / zie wettenbundel.sdu.nl
Wet ruimtelijke ordening / A57
Wet tarieven in strafzaken / zie wettenbundel.sdu.nl
Wet ter voorkoming van witwassen en financieren van terrorisme / C25
Wet tijdelijk huisverbod / A31
Wet toetsing levensbeëindiging op verzoek en hulp bij zelfdoding / C24

Alfabetische inhoudsopgave

Wet tot regeling van het conflictenrecht met betrekking tot verevening pensioenrechten bij scheiding / zie wettenbundel.sdu.nl
Wet verevening pensioenrechten bij scheiding / B16
Wet verplichte GGZ / A74
Wet voorkeursrecht gemeenten / A62
Wet vrijwillige zetelverplaatsing derde landen / zie wettenbundel.sdu.nl
Wet wapens en munitie / C23
Wet wederzijdse erkenning en tenuitvoerlegging geldelijke sancties en beslissingen tot confiscatie / C38
Wet wederzijdse erkenning en tenuitvoerlegging vrijheidsbenemende en voorwaardelijke sancties / C37
Wet zorg en dwang / A75
Wetboek van Burgerlijke Rechtsvordering / B14
Wetboek van Burgerlijke Rechtsvordering, Redactionele ten geleide bij het - / B14
Wetboek van Koophandel / B12
Wetboek van Strafrecht / C1
Wetboek van Strafvordering / C2
Wijzigingsprotocol 1968 Cognossementsverdrag (Protocol tot wijziging van het Internationale Verdrag ter vaststelling van enige eenvormige regelen betreffende het cognossement) / zie wettenbundel.sdu.nl
Wijzigingsprotocol 1979 Cognossementsverdrag (Protocol tot wijziging van het Internationale Verdrag ter vaststelling van enige eenvormige regelen betreffende het cognossement) / zie wettenbundel.sdu.nl
Wijzigingswet Rijkswet op het Nederlanderschap (verkrijging, verlening en verlies van het Nederlanderschap) / zie wettenbundel.sdu.nl
Woningwet / A59
Woonruimte, Uitvoeringswet huurprijzen - / B30
Wrongful acts, Responsibility of States for internationally - / A115

Z
Zelfdoding, Wet toetsing levensbeëindiging op verzoek en hulp bij - / C24
Zelfstandige bestuursorganen, Kaderwet - / A26
Zesde protocol bij het Verdrag tot bescherming van de rechten van de mens en de fundamentele vrijheden, inzake de afschaffing van de doodstraf / A92
Zetelverplaatsing derde landen, Wet vrijwillige - / zie wettenbundel.sdu.nl
Zevende protocol bij het Verdrag tot bescherming van de rechten van de mens en de fundamentele vrijheden (toekomstig) / A93
Zittingsplaatsen gerechten, Besluit - / B43

Afkortingenlijst

2e Fprot. IVRK	Tweede Facultatief Protocol bij het Verdrag inzake de rechten van het kind inzake de betrokkenheid van kinderen bij gewapende conflicten, New York, 25 mei 2000
AanbW 2012	Aanbestedingswet 2012
Ai CdK	Ambtsinstructie commissaris van de Koning
AVG	Algemene verordening gegevensbescherming
AW	Ambtenarenwet
Awb	Algemene wet bestuursrecht
AWGB	Algemene wet gelijke behandeling
AWR	Algemene wet inzake rijksbelastingen
Barim	Activiteitenbesluit milieubeheer
Belwp	Belemmeringenwet Privaatrecht
Berw	Beroepswet
Besluit MER	Besluit milieueffectrapportage
Bmw	Bekendmakingswet
Bor	Besluit omgevingsrecht
BPB	Besluit proceskosten bestuursrecht
Bro	Besluit ruimtelijke ordening
Bth	Besluit tijdelijk huisverbod
BUPO	Internationaal verdrag inzake burgerrechten en politieke rechten, New York, 19 december 1966
BUPO 2e prot.	Tweede Facultatieve Protocol bij het Internationaal Verdrag inzake burgerrechten en politieke rechten, gericht op de afschaffing van de doodstraf, New York, 15 december 1989
BW Boek 2	Burgerlijk Wetboek Boek 2
Chw	Crisis- en herstelwet
CRPD	VN-Verdrag inzake de rechten van personen met een handicap
CW 2016	Comptabiliteitswet 2016
DHW	Drank- en Horecawet
EGV 1/2003	EG mededingingsverordening
EHLA	Europees Handvest inzake lokale autonomie
ESHh	Europees Sociaal Handvest (herzien), Straatsburg, 3 mei 1996
EVN	Europees Verdrag inzake nationaliteit, Straatsburg, 6 november 1997
EVRM	Verdrag tot bescherming van de rechten van de mens en de fundamentele vrijheden, Rome, 4 november 1950
EVRM 12e prot.	Protocol nr. 12 bij het Verdrag tot bescherming van de rechten van de mens en de fundamentele vrijheden, Rome, 4 november 2000
EVRM 13e prot.	Protocol Nr. 13 bij het Verdrag tot bescherming van de rechten van de mens en de fundamentele vrijheden, inzake de afschaffing van de doodstraf onder alle omstandigheden, Vilnius, 3 mei 2002
EVRM 15e prot.	Protocol Nr. 15 bij het Verdrag tot bescherming van de rechten van de mens en de fundamentele vrijheden, Straatsburg, 24 juni 2013
EVRM 16e prot.	Protocol nr. 16 bij het Verdrag tot bescherming van de rechten van de mens en de fundamentele vrijheden
EVRM 1e prot.	Protocol bij het Verdrag tot bescherming van de rechten van de mens en de fundamentele vrijheden, Parijs, 20 maart 1952
EVRM 4e prot.	Vierde Protocol bij het Verdrag tot bescherming van de rechten van de mens en de fundamentele vrijheden, tot het waarborgen van bepaalde rechten en vrijheden die niet reeds in het Verdrag en in het eerste Protocol daarbij zijn opgenomen, Straatsburg, 16 september 1963
EVRM 6e prot.	Zesde protocol bij het Verdrag tot bescherming van de rechten van de mens en de fundamentele vrijheden, inzake de afschaffing van de doodstraf, Straatsburg, 28 april 1983

Afkortingenlijst

EVRM 7e prot.	Zevende protocol bij het Verdrag tot bescherming van de rechten van de mens en de fundamentele vrijheden, Straatsburg, 22 november 1984
Fp BUPO	Eerste facultatieve protocol bij het internationaal verdrag inzake burgerrechten en politieke rechten
Fprot. IVDV	Facultatief Protocol bij het Verdrag inzake de uitbanning van alle vormen van discriminatie van vrouwen, New York, 6 oktober 1999
Fprot. IVRK	Facultatief Protocol inzake de verkoop van kinderen, kinderprostitutie en kinderpornografie bij het Verdrag inzake de rechten van het kind, New York, 25 mei 2000
FVW	Financiële-verhoudingswet
Gemw	Gemeentewet
GW	Grondwet
Gw EU-Verdrag	Goedkeuringswet Verdrag betreffende de Europese Unie
HGEU	Handvest van de grondrechten van de Europese Unie
Huisvw	Huisvestingswet 2014
Hv VN	Handvest van de Verenigde Naties, San Francisco, 26 juni 1945
IVDV	Verdrag inzake de uitbanning van alle vormen van discriminatie van vrouwen, New York, 18 december 1979
IVESCR	Internationaal Verdrag inzake economische, sociale en culturele rechten, New York, 19 december 1966
IVRK	Verdrag inzake de rechten van het kind, New York, 20 november 1989
Jw	Jeugdwet
KW	Kieswet
Kzbo	Kaderwet zelfstandige bestuursorganen
Mor	Regeling omgevingsrecht
Mw	Mededingingswet
Nerpe	Wet Naleving Europese regelgeving publieke entiteiten
Omgw	Omgevingswet (geconsolideerde versie d.d. 22-04-2021)
OW	Onteigeningswet
Pbc 2014	Procesregeling bestuursrechtelijke colleges 2014
PrBR 2017	Procesreglement bestuursrecht 2017
Psv 1967	Protocol betreffende de status van vluchtelingen, New York, 31 januari 1967
PW	Provinciewet
Pw	Participatiewet
RBGV	Rijkswet goedkeuring en bekendmaking verdragen
Regents. wet	Regentschapswet 2013
Richtlijn 2006/123/EG	Dienstenrichtlijn
RSIWA	Responsibility of States for internationally wrongful acts
RvO I	Reglement van Orde van de Eerste Kamer der Staten-Generaal
RvO II	Reglement van Orde van de Tweede Kamer der Staten-Generaal
RvO Min	Reglement van orde voor de ministerraad
RWN	Rijkswet op het Nederlanderschap
SIG	Statuut van het Internationaal Gerechtshof, San Francisco, 26 juni 1945
Statuut	Statuut voor het Koninkrijk der Nederlanden
UAVG	Uitvoeringswet Algemene verordening gegevensbescherming
UVRM	Universele verklaring van de rechten van de mens, Parijs, 10 december 1948
Vb 2000	Vreemdelingenbesluit 2000
VEU	Verdrag betreffende de Europese Unie, Maastricht, 7 februari 1992
Vsv 1951	Verdrag betreffende de status van vluchtelingen, Genève, 28 juli 1951
VURd	Internationaal Verdrag inzake de uitbanning van alle vormen van rassendiscriminatie, New York, 7 maart 1966
Vw 2000	Vreemdelingenwet 2000
VWEU	Verdrag betreffende de werking van de Europese Unie
VWV	Verdrag van Wenen inzake het verdragenrecht, Wenen, 23 mei 1969
Wabo	Wet algemene bepalingen omgevingsrecht
Wav	Wet arbeid vreemdelingen
Wbbo	Wet bestuursrechtspraak bedrijfsorganisatie

Afkortingenlijst

WCrm	Wet College voor de rechten van de mens
Wegw	Wegenwet
Wet AB	Wet algemene bepalingen
Wet Bibob	Wet bevordering integriteitsbeoordelingen door het openbaar bestuur
Wet op de SER	Wet op de Sociaal-Economische Raad
Wet RvS	Wet op de Raad van State
WGBHZ	Wet gelijke behandeling op grond van handicap of chronische ziekte
WGBLA	Wet gelijke behandeling op grond van leeftijd bij de arbeid
WGBMV	Wet gelijke behandeling van mannen en vrouwen
WGR	Wet gemeenschappelijke regelingen
Wib	Wet inburgering
Wlkh	Wet lidmaatschap koninklijk huis
Wlz	Wet langdurige zorg
Wm	Wet milieubeheer
WMO 2015	Wet maatschappelijke ondersteuning 2015
Wmv	Wet ministeriële verantwoordelijkheid
WNo	Wet Nationale ombudsman
WOB	Wet openbaarheid van bestuur
WOM	Wet openbare manifestaties
Wonw	Woningwet
WPE 2008	Wet op de parlementaire enquête 2008
Wprot. ESH	Protocol tot wijziging van het Europees Sociaal Handvest, Turijn, 21 oktober 1991
Wro	Wet ruimtelijke ordening
Wschw	Waterschapswet
Wth	Wet tijdelijk huisverbod
Wtw	Waterwet
WVGem	Wet voorkeursrecht gemeenten
Wvggz	Wet verplichte geestelijke gezondheidszorg
Wzd	Wet zorg en dwang psychogeriatrische en verstandelijk gehandicapte cliënten

Afkortingenlijst

WCrm	Wet kenbaarheid voor de rechten van de mens
Wegw	Wegenwet
Wet AB	Wet algemene bepalingen
Wet BhvJp	Wet bevordering integraal beboordelingen door het openbaar bestuur
Wet op de SER	Wet op de Sociaal-Economische Raad
WEdvs	Wet op de Raad van State
WGBH/CZ	Wettelijke behandeling op grond van handicap of chronische ziekte
WGBLA	Wet gelijke behandeling op grond van leeftijd bij de arbeid
WGBMV	Wet gelijke behandeling van mannen en vrouwen
WGR	Wet gemeenschappelijke regelingen
Wib	Wet inburgering
WIK	Wet het aanzien op Koninklijk huis
Wjz	Wet jeugdzorg
Wm	Wet milieubeheer
WMO 2015	Wet maatschappelijke ondersteuning 2015
Wnr	Wet naamrechtsverantwoordelijkheid
WNo	Wet Nationale ombudsman
WOB	Wet openbaarheid van bestuur
WON	Wet openbare manifestaties
Wonw	Woningwet
WvP 2008	Wet op de parlementaire enquête 2008
Wpol. 1 SH	Protocol tot wijziging van het Europees Sociaal Handvest, Turijn, 21 oktober 1991
Wro	Wet ruimtelijke ordening
Wrakw	Wet rechtspraak
WtB	Wet tuchtlijkle takenverdeeling
Wtv	Waterwet
WvGen	Wet voornamen en genodigden
Wvgo	Wet verplichte geestelijke gezondheidszorg
Wzdg	Wet zorg en dwang psychogeriatrische en verstandelijk gebandicapte cliënten

Staatsrecht centrale overheid

Statuut voor het Koninkrijk der Nederlanden[1]

Wet van 28 October 1954, houdende aanvaarding van een statuut voor het Koninkrijk der Nederlanden

Preambule
Nederland, Aruba, Curaçao en Sint Maarten,
constaterende dat Nederland, Suriname en de Nederlandse Antillen in 1954 uit vrije wil hebben verklaard in het Koninkrijk der Nederlanden een nieuwe rechtsorde te aanvaarden, waarin zij de eigen belangen zelfstandig behartigen en op voet van gelijkwaardigheid de gemeenschappelijke belangen verzorgen en wederkerig bijstand verlenen, en hebben besloten in gemeen overleg het Statuut voor het Koninkrijk vast te stellen;
constaterende dat de statutaire band met Suriname is beëindigd met ingang van 25 november 1975 door wijziging van het Statuut bij rijkswet van 22 november 1975, Stb. 617, PbNA 233;
constaterende dat Aruba uit vrije wil heeft verklaard deze rechtsorde als land te aanvaarden met ingang van 1 januari 1986 voor een periode van tien jaar en met ingang van 1 januari 1996 voor onbepaalde tijd;
overwegende dat Curaçao en Sint Maarten elk uit vrije wil hebben verklaard deze rechtsorde als land te aanvaarden;
hebben besloten in gemeen overleg het Statuut voor het Koninkrijk als volgt nader vast te stellen.

§ 1
Algemene bepalingen

Art. 1
Het Koninkrijk omvat de landen Nederland, Aruba, Curaçao en Sint Maarten.

Art. 1a
De Kroon van het Koninkrijk wordt erfelijk gedragen door Hare Majesteit Juliana, Prinses van Oranje-Nassau en bij opvolging door Hare wettige opvolgers.

Art. 2
1. De Koning voert de regering van het Koninkrijk en van elk der landen. Hij is onschendbaar, de ministers zijn verantwoordelijk.

2. De Koning wordt in Aruba, Curaçao en Sint Maarten vertegenwoordigd door de Gouverneur. De bevoegdheden, verplichtingen en verantwoordelijkheid van de Gouverneur als vertegenwoordiger van de regering van het Koninkrijk worden geregeld bij rijkswet of in de daarvoor in aanmerking komende gevallen bij algemene maatregel van rijksbestuur.
3. De rijkswet regelt hetgeen verband houdt met de benoeming en het ontslag van de Gouverneur. De benoeming en het ontslag geschieden door de Koning als hoofd van het Koninkrijk.

Art. 3
1. Onverminderd hetgeen elders in het Statuut is bepaald, zijn aangelegenheden van het Koninkrijk:
a. de handhaving van de onafhankelijkheid en de verdediging van het Koninkrijk;
b. de buitenlandse betrekkingen;
c. het Nederlanderschap;
d. de regeling van de ridderorden, alsmede van de vlag en het wapen van het Koninkrijk;
e. de regeling van de nationaliteit van schepen en het stellen van eisen met betrekking tot de veiligheid en de navigatie van zeeschepen, die de vlag van het Koninkrijk voeren, met uitzondering van zeilschepen;
f. het toezicht op de algemene regelen betreffende de toelating en uitzetting van Nederlanders;
g. het stellen van algemene voorwaarden voor toelating en uitzetting van vreemdelingen;
h. de uitlevering.
2. Andere onderwerpen kunnen in gemeen overleg tot aangelegenheden van het Koninkrijk worden verklaard.
Artikel 55 is daarbij van overeenkomstige toepassing.

Art. 4
1. De koninklijke macht wordt in aangelegenheden van het Koninkrijk uitgeoefend door de Koning als hoofd van het Koninkrijk.

---

1 Inwerkingtredingsdatum: 29-12-1954; zoals laatstelijk gewijzigd bij: Stb. 2017, 426.

2. De wetgevende macht wordt in aangelegenheden van het Koninkrijk uitgeoefend door de wetgever van het Koninkrijk. Bij voorstellen van rijkswet vindt de behandeling plaats met inachtneming van de artikelen 15 t/m 21.

Art. 5

Statuut Koninkrijk, verhouding Grondwet

1. Het koningschap met de troonopvolging, de in het Statuut genoemde organen van het Koninkrijk, de uitoefening van de koninklijke en de wetgevende macht in aangelegenheden van het Koninkrijk worden voor zover het Statuut hierin niet voorziet geregeld in de Grondwet voor het Koninkrijk.
2. De Grondwet neemt de bepalingen van het Statuut in acht.
3. Op een voorstel tot verandering in de Grondwet, houdende bepalingen betreffende aangelegenheden van het Koninkrijk, alsmede op het ontwerp van wet, dat er grond bestaat een zodanig voorstel in overweging te nemen, zijn de artikelen 15 t/m 20 van toepassing.

§ 2
De behartiging van de aangelegenheden van het Koninkrijk

Art. 6

Statuut Koninkrijk, behartiging koninkrijksaangelegenheden

1. De aangelegenheden van het Koninkrijk worden in samenwerking van Nederland, Aruba, Curaçao en Sint Maarten behartigd overeenkomstig de navolgende bepalingen.
2. Bij de behartiging van deze aangelegenheden worden waar mogelijk de landsorganen ingeschakeld.

Art. 7

Statuut Koninkrijk, raad van ministers Koninkrijk

De raad van ministers van het Koninkrijk is samengesteld uit de door de Koning benoemde ministers en de door de regering van Aruba, Curaçao onderscheidenlijk Sint Maarten benoemde Gevolmachtigde Minister.

Art. 8

Statuut Koninkrijk, Gevolmachtigde Ministers

1. De Gevolmachtigde Ministers handelen namens de regeringen van hun land, die hen benoemen en ontslaan.
Zij moeten de staat van Nederlander bezitten.
2. De regering van het betrokken land bepaalt wie de Gevolmachtigde Minister bij belet of ontstentenis vervangt.
Hetgeen in dit Statuut is bepaald voor de Gevolmachtigde Minister, is van overeenkomstige toepassing met betrekking tot zijn plaatsvervanger.

Art. 9

Statuut Koninkrijk, beëdiging Gevolmachtigde Minister

1. De Gevolmachtigde Minister legt, alvorens zijn betrekking te aanvaarden, in handen van de Gouverneur een eed of belofte van trouw aan de Koning en het Statuut af. Het formulier voor de eed of belofte wordt vastgesteld bij algemene maatregel van rijksbestuur.
2. In Nederland vertoevende, legt de Gevolmachtigde Minister de eed of belofte af in handen van de Koning.

Art. 10

Statuut Koninkrijk, Gevolmachtigde Minister in raad van ministers

Statuut Koninkrijk, minister met raadgevende stem

1. De Gevolmachtigde Minister neemt deel aan het overleg in de vergaderingen van de raad van ministers en van de vaste colleges en bijzondere commissies uit de raad over aangelegenheden van het Koninkrijk, welke het betrokken land raken.
2. De regeringen van Aruba, Curaçao en Sint Maarten zijn ieder gerechtigd - indien een bepaald onderwerp haar daartoe aanleiding geeft - naast de Gevolmachtigde Minister tevens een minister met raadgevende stem te doen deelnemen aan het in het vorig lid bedoelde overleg.

Art. 11

1. Voorstellen tot verandering in de Grondwet, houdende bepalingen betreffende aangelegenheden van het Koninkrijk, raken Aruba, Curaçao en Sint Maarten.
2. Ten aanzien van de defensie wordt aangenomen, dat de defensie van het grondgebied van Aruba, Curaçao of Sint Maarten, zomede overeenkomsten of afspraken betreffende een gebied, dat tot hun belangensfeer behoort, Aruba, Curaçao onderscheidenlijk Sint Maarten raken.
3. Ten aanzien van de buitenlandse betrekkingen wordt aangenomen, dat buitenlandse betrekkingen, wanneer belangen van Aruba, Curaçao of Sint Maarten in het bijzonder daarbij betrokken zijn, dan wel wanneer de voorziening daarin gewichtige gevolgen voor deze belangen kan hebben, Aruba, Curaçao onderscheidenlijk Sint Maarten raken.
4. De vaststelling van de bijdrage in de kosten, bedoeld in artikel 35, raakt Aruba, Curaçao onderscheidenlijk Sint Maarten.
5. Voorstellen tot naturalisatie worden geacht Aruba, Curaçao en Sint Maarten slechts te raken, indien het personen betreft, die woonachtig zijn in het betrokken land.
6. De regeringen van Aruba, Curaçao en Sint Maarten kunnen aangeven welke aangelegenheden van het Koninkrijk, behalve die, in het eerste tot en met het vierde lid genoemd, hun land raken.

Art. 12
1. Indien de Gevolmachtigde Minister van Aruba, Curaçao of Sint Maarten, onder aanwijzing van de gronden, waarop hij ernstige benadeling van zijn land verwacht, heeft verklaard, dat zijn land niet ware te binden aan een voorgenomen voorziening, houdende algemeen bindende regelen, kan de voorziening niet in dier voege, dat zij in het betrokken land geldt, worden vastgesteld, tenzij de verbondenheid van het land in het Koninkrijk zich daartegen verzet.
2. Indien de Gevolmachtigde Minister van Aruba, Curaçao of Sint Maarten, ernstig bezwaar heeft tegen het aanvankelijk oordeel van de raad van ministers over de eis van gebondenheid, bedoeld in het eerste lid, dan wel over enige andere aangelegenheid, aan de behandeling waarvan hij heeft deelgenomen, wordt op zijn verzoek het overleg, zo nodig met inachtneming van een daartoe door de raad van ministers te bepalen termijn, voortgezet.
3. Het hiervoren bedoeld overleg geschiedt tussen de minister-president, twee ministers, de Gevolmachtigde Minister en een door de betrokken regering aan te wijzen minister of bijzonder gemachtigde.
4. Wensen meerdere Gevolmachtigde Ministers aan het voortgezette overleg deel te nemen, dan geschiedt dit overleg tussen deze Gevolmachtigde Ministers, een even groot aantal ministers en de minister-president. Het tweede lid van artikel 10 is van overeenkomstige toepassing.
5. De raad van ministers oordeelt overeenkomstig de uitkomst van het voortgezette overleg. Wordt van de gelegenheid tot het plegen van voortgezet overleg niet binnen de bepaalde termijn gebruik gemaakt, dan bepaalt de raad van ministers zijn oordeel.

Art. 12a
Bij rijkswet worden voorzieningen getroffen voor de behandeling van bij rijkswet aangewezen geschillen tussen het Koninkrijk en de landen.

Art. 13
1. Er is een Raad van State van het Koninkrijk.

Statuut Koninkrijk, Raad van State Koninkrijk

2. Indien de regering van Aruba, Curaçao of Sint Maarten, de wens daartoe te kennen geeft, benoemt de Koning voor Aruba, Curaçao onderscheidenlijk Sint Maarten, in de Raad van State een lid, wiens benoeming geschiedt in overeenstemming met de Regering van het betrokken land.
Zijn ontslag geschiedt na overleg met deze regering.
3. De staatsraden voor Aruba, Curaçao en Sint Maarten nemen deel aan de werkzaamheden van de Raad van State ingeval de Raad of een afdeling van de Raad wordt gehoord over ontwerpen van rijkswetten en algemene maatregelen van rijksbestuur, die in Aruba, Curaçao onderscheidenlijk Sint Maarten, zullen gelden, of over andere aangelegenheden, die overeenkomstig artikel 11 Aruba, Curaçao onderscheidenlijk Sint Maarten raken.
4. Bij algemene maatregel van rijksbestuur kunnen ten opzichte van genoemde staatsraden voorschriften worden vastgesteld, welke afwijken van de bepalingen van de Wet op de Raad van State.

Art. 14
1. Regelen omtrent aangelegenheden van het Koninkrijk worden - voor zover de betrokken materie geen regeling in de Grondwet vindt en behoudens de internationale regelingen en het bepaalde in het derde lid - bij rijkswet of in de daarvoor in aanmerking komende gevallen bij algemene maatregel van rijksbestuur vastgesteld.

Statuut Koninkrijk, regeling bij rijkswet en algemene maatregel van rijksbestuur

De rijkswet of de algemene maatregel van rijksbestuur kan het stellen van nadere regelen opdragen of overlaten aan andere organen. Het opdragen of het overlaten aan de landen geschiedt aan de wetgever of de regering der landen.
2. Indien de regeling niet aan de rijkswet is voorbehouden, kan zij geschieden bij algemene maatregel van rijksbestuur.
3. Regelen omtrent aangelegenheden van het Koninkrijk, welke niet in Aruba, Curaçao of Sint Maarten gelden, worden bij wet of algemene maatregel van bestuur vastgesteld.

Statuut Koninkrijk, regeling bij wet of AMvB

4. Naturalisatie van personen, die woonachtig zijn in Aruba, Curaçao of Sint Maarten, geschiedt bij of krachtens de rijkswet.

Statuut Koninkrijk, naturalisatie

Art. 15
1. De Koning zendt een ontwerp van rijkswet gelijktijdig met de indiening bij de Staten-Generaal aan de vertegenwoordigende lichamen van Aruba, Curaçao en Sint Maarten.

Statuut Koninkrijk, indiening ontwerp van rijkswet

2. Bij een voordracht tot een voorstel van rijkswet, uitgaande van de Staten-Generaal, geschiedt de toezending van het voorstel door de Tweede Kamer terstond nadat het bij de Kamer aanhangig is gemaakt.

Statuut Koninkrijk, indiening initiatiefvoorstel van rijkswet

3. De Gevolmachtigde Minister van Aruba, Curaçao of Sint Maarten, is bevoegd aan de Tweede Kamer voor te stellen een voordracht tot een voorstel van rijkswet te doen.

Art. 16
Het vertegenwoordigende lichaam van het land, waarin de regeling zal gelden, is bevoegd vóór de openbare behandeling van het ontwerp in de Tweede Kamer dit te onderzoeken en zo nodig binnen een daarvoor te bepalen termijn daaromtrent schriftelijk verslag uit te brengen.

Statuut Koninkrijk, onderzoek Ned. Antillen/Aruba rijkswetsontwerp

A1 art. 17

Statuut voor het Koninkrijk der Nederlanden

Art. 17

Statuut Koninkrijk, deelname kamerbehandeling rijkswet Ned. Antillen/Aruba

1. De Gevolmachtigde Minister van het land, waarin de regeling zal gelden, wordt in de gelegenheid gesteld in de kamers der Staten-Generaal de mondelinge behandeling van het ontwerp van rijkswet bij te wonen en daarbij zodanige voorlichting aan de kamers te verstrekken als hij gewenst oordeelt.
2. Het vertegenwoordigende lichaam van het land, waarin de regeling zal gelden, kan besluiten voor de behandeling van een bepaald ontwerp in de Staten-Generaal één of meer bijzondere gedelegeerden af te vaardigen, die eveneens gerechtigd zijn de mondelinge behandeling bij te wonen en daarbij voorlichting te geven.
3. De Gevolmachtigde Ministers en de bijzondere gedelegeerden zijn niet gerechtelijk vervolgbaar voor hetgeen zij in de vergadering van de kamers der Staten-Generaal hebben gezegd of aan haar schriftelijk hebben overgelegd.

Statuut Koninkrijk, recht van amendement Ned. Antillen/Aruba

4. De Gevolmachtigde Ministers en de bijzondere gedelegeerden zijn bevoegd bij de behandeling in de Tweede Kamer wijzigingen in het ontwerp voor te stellen.

Art. 18

Statuut Koninkrijk, tegenstemming rijkswetsvoorstel Ned. Antillen/Aruba

1. De Gevolmachtigde Minister van het land, waarin de regeling zal gelden, wordt vóór de eindstemming over een voorstel van rijkswet in de kamers der Staten-Generaal in de gelegenheid gesteld zich omtrent dit voorstel uit te spreken. Indien de Gevolmachtigde Minister zich tegen het voorstel verklaart, kan hij tevens de kamer verzoeken de stemming tot de volgende vergadering aan te houden. Indien de Tweede Kamer nadat de Gevolmachtigde Minister zich tegen het voorstel heeft verklaard dit aanneemt met een geringere meerderheid dan drie vijfden van het aantal der uitgebrachte stemmen, wordt de behandeling geschorst en vindt nader overleg omtrent het voorstel plaats in de raad van ministers.
2. Wanneer in de vergadering van de kamers bijzondere gedelegeerden aanwezig zijn, komt de in het eerste lid bedoelde bevoegdheid aan de door het vertegenwoordigende lichaam daartoe aangewezen gedelegeerde.

Art. 19

Overeenkomstige toepassing

De artikelen 17 en 18 zijn voor de behandeling in de verenigde vergadering van de Staten-Generaal van overeenkomstige toepassing.

Art. 20

Nadere regels

Bij rijkswet kunnen nadere regels worden gesteld ten aanzien van het bepaalde in de artikelen 15 t/m 19.

Art. 21

Statuut Koninkrijk, noodzaak onverwijld handelen

Indien, na gepleegd overleg met de Gevolmachtigde Ministers van Aruba, Curaçao en Sint Maarten, in geval van oorlog of in andere bijzondere gevallen, waarin onverwijld moet worden gehandeld, het naar het oordeel van de Koning onmogelijk is het resultaat van het in artikel 16 bedoelde onderzoek af te wachten, kan van de bepaling van dat artikel worden afgeweken.

Art. 22

Statuut Koninkrijk, afkondiging rijkswet

1. De regering van het Koninkrijk draagt zorg voor de afkondiging van rijkswetten en algemene maatregelen van rijksbestuur. Zij geschiedt in het land, waar de regeling zal gelden in het officiële publikatieblad. De landsregeringen verlenen daartoe de nodige medewerking.
2. Zij treden in werking op het in of krachtens die regelingen te bepalen tijdstip.
3. Het formulier van afkondiging der rijkswetten en der algemene maatregelen van rijksbestuur vermeldt, dat de bepalingen van het Statuut voor het Koninkrijk zijn in acht genomen.

Art. 23

Statuut Koninkrijk, Hoge Raad Koninkrijk

1. De rechtsmacht van de Hoge Raad der Nederlanden ten aanzien van rechtszaken in Aruba, Curaçao en Sint Maarten, alsmede op Bonaire, Sint Eustatius en Saba, wordt geregeld bij rijkswet.
2. Indien de regering van Aruba, Curaçao of Sint Maarten dit verzoekt, wordt bij deze rijkswet de mogelijkheid geopend, dat aan de Raad een lid, een buitengewoon of een adviserend lid wordt toegevoegd.

Art. 24

1. Overeenkomsten met andere mogendheden en met volkenrechtelijke organisaties, welke Aruba, Curaçao of Sint Maarten raken, worden gelijktijdig met de overlegging aan de Staten-Generaal aan het vertegenwoordigende lichaam van Aruba, Curaçao onderscheidenlijk Sint Maarten overgelegd.
2. Ingeval de overeenkomst ter stilzwijgende goedkeuring aan de Staten-Generaal is overgelegd, kan de Gevolmachtigde Minister binnen de daartoe voor de kamers der Staten-Generaal gestelde termijn de wens te kennen geven dat de overeenkomst aan de uitdrukkelijke goedkeuring van de Staten-Generaal zal worden onderworpen.
3. De voorgaande leden zijn van overeenkomstige toepassing ten aanzien van opzegging van internationale overeenkomsten, het eerste lid met dien verstande, dat van het voornemen tot opzegging mededeling aan het vertegenwoordigende lichaam van Aruba, Curaçao onderscheidenlijk Sint Maarten wordt gedaan.

Art. 25
1. Aan internationale economische en financiële overeenkomsten bindt de Koning Aruba, Curaçao of Sint Maarten, niet, indien de regering van het land, onder aanwijzing van de gronden, waarop zij van de binding benadeling van het land verwacht, heeft verklaard, dat het land niet dient te worden verbonden.
2. Internationale economische en financiële overeenkomsten zegt de Koning voor wat Aruba, Curaçao of Sint Maarten betreft, niet op, indien de regering van het land, onder aanwijzing van de gronden, waarop zij van de opzegging benadeling van het land verwacht, heeft verklaard, dat voor het land geen opzegging dient plaats te vinden. Opzegging kan niettemin geschieden, indien het met de bepalingen der overeenkomst niet verenigbaar is, dat het land van de opzegging wordt uitgesloten.

Art. 26
Indien de regering van Aruba, Curaçao of Sint Maarten, de wens te kennen geeft, dat een internationale economische of financiële overeenkomst wordt aangegaan, welke uitsluitend voor het betrokken land geldt, zal de regering van het Koninkrijk medewerken tot een zodanige overeenkomst, tenzij de verbondenheid van het land in het Koninkrijk zich daartegen verzet.

Art. 27
1. Aruba, Curaçao en Sint Maarten worden in een zo vroeg mogelijk stadium betrokken in de voorbereiding van overeenkomsten met andere mogendheden, welke hen overeenkomstig artikel 11 raken. Zij worden tevens betrokken in de uitvoering van overeenkomsten, die hen aldus raken en voor hen verbindend zijn.
2. Nederland, Aruba, Curaçao en Sint Maarten treffen een onderlinge regeling over de samenwerking tussen de landen ten behoeve van de totstandkoming van regelgeving of andere maatregelen die noodzakelijk zijn voor de uitvoering van overeenkomsten met andere mogendheden.
3. Indien de belangen van het Koninkrijk geraakt worden door het uitblijven van regelgeving of andere maatregelen die noodzakelijk zijn voor de uitvoering van een overeenkomst met andere mogendheden in een van de landen, terwijl de overeenkomst pas voor dat land kan worden bekrachtigd als de regelgeving of andere maatregelen gereed zijn, kan een algemene maatregel van rijksbestuur, of indien nodig een rijkswet, bepalen op welke wijze uitvoering wordt gegeven aan die overeenkomst.
4. Indien de regelgeving of andere maatregelen ter uitvoering van de betreffende overeenkomst door het land zijn getroffen, wordt de algemene maatregel van rijksbestuur of de rijkswet ingetrokken.

Art. 28
Op de voet van door het Koninkrijk aangegane internationale overeenkomsten kunnen Aruba, Curaçao en Sint Maarten desgewenst als lid tot volkenrechtelijke organisaties toetreden.

Art. 29
1. Het aangaan of garanderen van een geldlening buiten het Koninkrijk ten name of ten laste van een der landen geschiedt in overeenstemming met de regering van het Koninkrijk.
2. De raad van ministers verenigt zich met het aangaan of garanderen van zodanige geldlening, tenzij de belangen van het Koninkrijk zich daartegen verzetten.

Statuut Koninkrijk, geldlening Koninkrijk

Art. 30
1. Aruba, Curaçao en Sint Maarten verlenen aan de strijdkrachten, welke zich op hun gebied bevinden, de hulp en bijstand, welke deze in de uitoefening van hun taak behoeven.
2. Bij landsverordening worden regelen gesteld om te waarborgen, dat de krijgsmacht van het Koninkrijk in Aruba, Curaçao en Sint Maarten haar taak kan vervullen.

Art. 31
1. Personen, die woonachtig zijn in Aruba, Curaçao en Sint Maarten, kunnen niet dan bij landsverordening tot dienst in de krijgsmacht dan wel tot burgerdienstplicht worden verplicht.
2. Aan de Staatsregeling is voorbehouden te bepalen, dat de dienstplichtigen, dienende bij de landmacht, zonder hun toestemming niet dan krachtens een landsverordening naar elders kunnen worden gezonden.

Art. 32
In de strijdkrachten voor de verdediging van Aruba, Curaçao en Sint Maarten, zullen zoveel mogelijk personen, die in deze landen woonachtig zijn, worden opgenomen.

Art. 33
1. Ten behoeve van de verdediging geschiedt de vordering in eigendom en in gebruik van goederen, de beperking van het eigendoms- en gebruiksrecht, de vordering van diensten en de inkwartiering niet dan bij rijkswet te stellen algemene regelen, welke tevens voorzieningen inhouden omtrent de schadeloosstelling.
2. Bij deze rijkswet worden nadere regelingen waar mogelijk aan landsorganen opgedragen.

Statuut Koninkrijk, algemene regelen verdediging Ned. Antillen/Aruba

Art. 34
1. De Koning kan ter handhaving van de uit- of inwendige veiligheid, in geval van oorlog of oorlogsgevaar of ingeval bedreiging of verstoring van de inwendige orde en rust kan leiden tot

Statuut Koninkrijk, oorlog of staat van beleg

wezenlijke aantasting van belangen van het Koninkrijk, elk gedeelte van het grondgebied in staat van oorlog of in staat van beleg verklaren.
2. Bij of krachtens rijkswet wordt de wijze bepaald, waarop zodanige verklaring geschiedt, en worden de gevolgen geregeld.
3. Bij die regeling kan worden bepaald, dat en op welke wijze bevoegdheden van organen van het burgerlijk gezag ten opzichte van de openbare orde en de politie geheel of ten dele op andere organen van het burgerlijk gezag of op het militair gezag overgaan en dat de burgerlijke overheden in het laatste geval te dezen aanzien aan de militaire ondergeschikt worden. Omtrent het overgaan van bevoegdheden vindt waar mogelijk overleg met de regering van het betrokken land plaats. Bij die regeling kan worden afgeweken van de bepalingen betreffende de vrijheid van drukpers, het recht van vereniging en vergadering, zomede betreffende de onschendbaarheid van woning en het postgeheim.
4. Voor het in staat van beleg verklaarde gebied kunnen in geval van oorlog op de wijze, bij rijkswet bepaald, het militaire strafrecht en de militaire strafrechtspleging geheel of ten dele op een ieder van toepassing worden verklaard.

Art. 35

1. Aruba, Curaçao en Sint Maarten dragen in overeenstemming met hun draagkracht bij in de kosten, verbonden aan de handhaving van de onafhankelijkheid en de verdediging van het Koninkrijk, zomede in de kosten, verbonden aan de verzorging van andere aangelegenheden van het Koninkrijk, voor zover deze strekt ten gunste van Aruba, Curaçao onderscheidenlijk Sint Maarten.
2. De in het eerste lid bedoelde bijdrage van Aruba, Curaçao of Sint Maarten, wordt door de raad van ministers voor een begrotingsjaar of enige achtereenvolgende begrotingsjaren vastgesteld.
Artikel 12 is van overeenkomstige toepassing, met dien verstande, dat beslissingen worden genomen met eenparigheid van stemmen.
3. Indien de in het tweede lid bedoelde vaststelling niet tijdig plaats heeft, geldt in afwachting daarvan voor de duur van ten hoogste een begrotingsjaar de overeenkomstig dat lid voor het laatste begrotingsjaar vastgestelde bijdrage.
4. De voorgaande leden zijn niet van toepassing ten aanzien van de kosten van voorzieningen, waarvoor bijzondere regelingen zijn getroffen.

§ 3
Onderlinge bijstand, overleg en samenwerking

Art. 36
Nederland, Aruba, Curaçao en Sint Maarten verlenen elkander hulp en bijstand.

Art. 36a
[Vervallen]

Art. 37

1. Nederland, Aruba, Curaçao en Sint Maarten zullen zoveel mogelijk overleg plegen omtrent alle aangelegenheden, waarbij belangen van twee of meer van de landen zijn betrokken. Daartoe kunnen bijzondere vertegenwoordigers worden aangewezen en gemeenschappelijke organen worden ingesteld.
2. Als aangelegenheden, bedoeld in dit artikel, worden onder meer beschouwd:
a. de bevordering van de culturele en sociale betrekkingen tussen de landen;
b. de bevordering van doelmatige economische, financiële en monetaire betrekkingen tussen de landen;
c. vraagstukken inzake munt- en geldwezen, bank- en deviezenpolitiek;
d. de bevordering van de economische weerbaarheid door onderlinge hulp en bijstand van de landen;
e. de beroeps- en bedrijfsuitoefening van Nederlanders in de landen;
f. aangelegenheden, de luchtvaart betreffende, waaronder begrepen het beleid inzake het ongeregelde luchtvervoer;
g. aangelegenheden, de scheepvaart betreffende;
h. de samenwerking op het gebied van telegrafie, telefonie en radioverkeer.

Art. 38

1. Nederland, Aruba, Curaçao en Sint Maarten kunnen onderling regelingen treffen.
2. In onderling overleg kan worden bepaald, dat zodanige regeling en de wijziging daarvan bij rijkswet of algemene maatregel van rijksbestuur wordt vastgesteld.
3. Omtrent privaatrechtelijke en strafrechtelijke onderwerpen van interregionale of internationale aard kunnen bij rijkswet regelen worden gesteld, indien omtrent deze regelen overeenstemming tussen de regeringen der betrokken landen bestaat.
4. In het onderwerp van de zetelverplaatsing van rechtspersonen wordt bij rijkswet voorzien. Omtrent deze voorziening is overeenstemming tussen de regeringen der landen vereist.

Statuut voor het Koninkrijk der Nederlanden

A1 art. 46

Art. 38a
De landen kunnen bij onderlinge regeling voorzieningen treffen voor de behandeling van onderlinge geschillen. Het tweede lid van artikel 38 is van toepassing.

Art. 39
1. Het burgerlijk en handelsrecht, de burgerlijke rechtsvordering, het strafrecht, de strafvordering, het auteursrecht, de industriële eigendom, het notarisambt, zomede bepalingen omtrent maten en gewichten worden in Nederland, Aruba, Curaçao en Sint Maarten zoveel mogelijk op overeenkomstige wijze geregeld.
2. Een voorstel tot ingrijpende wijziging van de bestaande wetgeving op dit stuk wordt niet bij het vertegenwoordigende lichaam ingediend - dan wel door het vertegenwoordigende lichaam in behandeling genomen - alvorens de regeringen in de andere landen in de gelegenheid zijn gesteld van haar zienswijze hieromtrent te doen blijken.

Art. 40
Vonnissen, door de rechter in Nederland, Aruba, Curaçao of Sint Maarten gewezen, en bevelen, door hem uitgevaardigd, mitsgaders grossen van authentieke akten, aldaar verleden, kunnen in het gehele Koninkrijk ten uitvoer worden gelegd, met inachtneming van de wettelijke bepalingen van het land, waar de tenuitvoerlegging plaats vindt.

Statuut Koninkrijk, tenuitvoerlegging vonnissen

§ 4
De staatsinrichting van de landen

Art. 41
1. Nederland, Aruba, Curaçao en Sint Maarten behartigen zelfstandig hun eigen aangelegenheden.
2. De belangen van het Koninkrijk zijn mede een voorwerp van zorg voor de landen.

Art. 42
1. In het Koninkrijk vindt de staatsinrichting van Nederland regeling in de Grondwet, die van Aruba, Curaçao en Sint Maarten in de Staatsregelingen van Aruba, van Curaçao en van Sint Maarten.
2. De Staatsregelingen van Aruba, van Curaçao en van Sint Maarten worden vastgesteld bij landsverordening. Elk voorstel tot verandering van de Staatsregeling wijst de voorgestelde verandering uitdrukkelijk aan. Het vertegenwoordigende lichaam kan het ontwerp van een zodanige landsverordening niet aannemen dan met twee derden der uitgebrachte stemmen.

Statuut Koninkrijk, landsverordening

Art. 43
1. Elk der landen draagt zorg voor de verwezenlijking van de fundamentele menselijke rechten en vrijheden, de rechtszekerheid en de deugdelijkheid van het bestuur.

Statuut Koninkrijk, waarborg mensenrechten Nederland/Ned. Antillen/Aruba

2. Het waarborgen van deze rechten, vrijheden, rechtszekerheid en deugdelijkheid van bestuur is aangelegenheid van het Koninkrijk.

Art. 44
1. Een landsverordening tot wijziging van de Staatsregeling voor wat betreft:
a. de artikelen, betrekking hebbende op de fundamentele menselijke rechten en vrijheden;
b. de bepalingen, betrekking hebbende op de bevoegdheden van de Gouverneur;
c. de artikelen, betrekking hebbende op de bevoegdheden van de vertegenwoordigende lichamen van de landen;
d. de artikelen, betrekking hebbende op de rechtspraak,
wordt overgelegd aan de regering van het Koninkrijk. Zij treedt niet in werking dan nadat de regering van het Koninkrijk haar instemming hiermede heeft betuigd.
2. Een ontwerp-landsverordening betreffende de voorgaande bepalingen wordt niet aan het vertegenwoordigende lichaam aangeboden, noch bij een initiatief-ontwerp door dit lichaam in onderzoek genomen dan nadat het gevoelen der regering van het Koninkrijk is ingewonnen.

Art. 45
Wijzigingen in de Grondwet betreffende:
a. de artikelen, betrekking hebbende op de fundamentele menselijke rechten en vrijheden;
b. de bepalingen, betrekking hebbende op de bevoegdheden van de regering;
c. de artikelen, betrekking hebbende op de bevoegdheden van het vertegenwoordigende lichaam;
d. de artikelen, betrekking hebbende op de rechtspraak,
worden - onverminderd het bepaalde in artikel 5 - geacht in de zin van artikel 10 Aruba, Curaçao en Sint Maarten te raken.

Art. 46
1. De vertegenwoordigende lichamen worden gekozen door de ingezetenen van het betrokken land, tevens Nederlanders, die de door de landen te bepalen leeftijd, welke niet hoger mag zijn dan 25 jaren, hebben bereikt. Iedere kiezer brengt slechts één stem uit. De verkiezingen zijn vrij en geheim. Indien de noodzaak daartoe blijkt, kunnen de landen beperkingen stellen. Iedere

Statuut Koninkrijk, actief en passief kiesrecht Ned. Antillen/Aruba

Nederlander is verkiesbaar met dien verstande, dat de landen de eis van ingezetenschap en een leeftijdsgrens kunnen stellen.

2. De landen kunnen aan Nederlanders die geen ingezetenen van het betrokken land zijn, het recht toekennen vertegenwoordigende lichamen te kiezen, alsmede aan ingezetenen van het betrokken land die geen Nederlander zijn, het recht vertegenwoordigende lichamen te kiezen en het recht daarin gekozen te worden, een en ander mits daarbij tenminste de vereisten voor ingezetenen die tevens Nederlander zijn, in acht worden genomen.

Art. 47

Statuut Koninkrijk, beëdiging ministers en volksvertegenwoordiging

1. De ministers en de leden van het vertegenwoordigende lichaam in de landen leggen, alvorens hun betrekking te aanvaarden, een eed of belofte van trouw aan de Koning en het Statuut af.

2. De ministers en de leden van het vertegenwoordigende lichaam in Aruba, Curaçao en Sint Maarten leggen de eed of belofte af in handen van de vertegenwoordiger van de Koning.

Art. 48

Statuut Koninkrijk, rechtskracht

De landen nemen bij hun wetgeving en bestuur de bepalingen van het Statuut in acht.

Art. 49

Statuut Koninkrijk, strijdige regelgeving

Bij rijkswet kunnen regels worden gesteld omtrent de verbindendheid van wetgevende maatregelen, die in strijd zijn met het Statuut, een internationale regeling, een rijkswet of een algemene maatregel van rijksbestuur.

Art. 50

Statuut Koninkrijk, schorsing strijdige regelgeving

1. Wetgevende en bestuurlijke maatregelen in Aruba, Curaçao en Sint Maarten, die in strijd zijn met het Statuut, een internationale regeling, een rijkswet of een algemene maatregel van rijksbestuur, dan wel met belangen, welker verzorging of waarborging aangelegenheid van het Koninkrijk is, kunnen door de Koning als hoofd van het Koninkrijk bij gemotiveerd besluit worden geschorst en vernietigd. De voordracht tot vernietiging geschiedt door de raad van ministers.

2. Voor Nederland wordt in dit onderwerp voor zover nodig in de Grondwet voorzien.

Art. 51

1. Wanneer een orgaan in Aruba, Curaçao of Sint Maarten niet of niet voldoende voorziet in hetgeen het ingevolge het Statuut, een internationale regeling, een rijkswet of een algemene maatregel van rijksbestuur moet verrichten, kan, onder aanwijzing van de rechtsgronden en de beweegredenen, waarop hij berust, een algemene maatregel van rijksbestuur bepalen op welke wijze hierin wordt voorzien.

2. Voor Nederland wordt in dit onderwerp voor zover nodig in de Grondwet voorzien.

Art. 52

Statuut Koninkrijk, delegatie bevoegdheden Koning en Gouverneur

De landsverordening kan aan de Koning als hoofd van het Koninkrijk en aan de Gouverneur als orgaan van het Koninkrijk met goedkeuring van de Koning bevoegdheden met betrekking tot landsaangelegenheden toekennen.

Art. 53

Statuut Koninkrijk, toezicht Algemene Rekenkamer

Indien Aruba, Curaçao of Sint Maarten de wens daartoe te kennen geven, wordt het onafhankelijke toezicht op de besteding der geldmiddelen overeenkomstig de begroting van Aruba, Curaçao onderscheidenlijk Sint Maarten, door de Algemene Rekenkamer uitgeoefend. In dat geval worden na overleg met de Rekenkamer bij rijkswet regels gesteld omtrent de samenwerking tussen de Rekenkamer en het betrokken land. Alsdan zal de regering van het land op voordracht van het vertegenwoordigende lichaam iemand kunnen aanwijzen, die in de gelegenheid wordt gesteld deel te nemen aan de beraadslagingen over alle aangelegenheden van het betrokken land.

§ 5
Overgangs- en slotbepalingen

Art. 54

[Vervallen]

Art. 55

Statuut Koninkrijk, procedure wijziging Statuut

1. Wijziging van dit Statuut geschiedt bij rijkswet.

2. Een voorstel tot wijziging, door de Staten-Generaal aangenomen, wordt door de Koning niet goedgekeurd, alvorens het door Aruba, Curaçao en Sint Maarten is aanvaard. Deze aanvaarding geschiedt bij landsverordening.

Deze landsverordening wordt niet vastgesteld alvorens het ontwerp door de Staten in twee lezingen is goedgekeurd. Indien het ontwerp in eerste lezing is goedgekeurd met twee derden der uitgebrachte stemmen, geschiedt de vaststelling terstond. De tweede lezing vindt plaats binnen een maand nadat het ontwerp in eerste lezing is goedgekeurd.

Statuut voor het Koninkrijk der Nederlanden A1 art. 60a

3. Indien en voor zover een voorstel tot wijziging van het Statuut afwijkt van de Grondwet, wordt het voorstel behandeld op de wijze, als de Grondwet voor voorstellen tot verandering in de Grondwet bepaalt, met dien verstande, dat de beide kamers in tweede lezing de voorgestelde verandering bij volstrekte meerderheid der uitgebrachte stemmen kunnen aannemen.

Art. 56
Op het tijdstip van inwerkingtreding van het Statuut bestaande autoriteiten, verbindende wetten, verordeningen en besluiten blijven gehandhaafd totdat zij door andere, met inachtneming van dit Statuut, zijn vervangen. Voor zover het Statuut zelf in enig onderwerp anders voorziet, geldt de regeling van het Statuut.

Overgangsrecht

Art. 57
Wetten en algemene maatregelen van bestuur, die in de Nederlandse Antillen golden, hebben de staat van rijkswet, onderscheidenlijk van algemene maatregel van rijksbestuur, met dien verstande, dat zij, voor zover zij ingevolge het Statuut bij landsverordening kunnen worden gewijzigd, de staat hebben van landsverordening.

Statuut Koninkrijk, rijkswet en landsverordening

Art. 57a
Bestaande rijkswetten, wetten, landsverordeningen, algemene maatregelen van rijksbestuur, algemene maatregelen van bestuur en andere regelingen en besluiten die in strijd zijn met een verandering in het Statuut, blijven gehandhaafd, totdat daarvoor met inachtneming van het Statuut een voorziening is getroffen.

Art. 58
1. Aruba kan bij landsverordening verklaren dat het de rechtsorde neergelegd in het Statuut ten aanzien van Aruba wil beëindigen.
2. Het voorstel van een zodanige landsverordening gaat bij indiening vergezeld van een schets van een toekomstige constitutie, houdende tenminste bepalingen inzake de grondrechten, regering, vertegenwoordigend orgaan, wetgeving en bestuur, rechtspraak en wijziging van de constitutie.
3. De Staten kunnen het voorstel niet goedkeuren dan met een meerderheid van twee derden van de stemmen van het aantal zitting hebbende leden.

Statuut Koninkrijk, beëindiging rechtsorde Aruba

Art. 59
1. Binnen zes maanden nadat de Staten van Aruba het in artikel 58 genoemde voorstel hebben goedgekeurd wordt een bij landsverordening geregeld referendum gehouden, waarbij de kiesgerechtigden voor de Staten zich kunnen uitspreken over het goedgekeurde voorstel.
2. Het goedgekeurde voorstel wordt niet als landsverordening vastgesteld dan nadat bij het referendum een meerderheid van het aantal kiesgerechtigden voor het voorstel heeft gestemd.

Statuut Koninkrijk, referendum rechtsorde Aruba

Art. 60
1. Na vaststelling van de landsverordening overeenkomstig de artikelen 58 en 59 en goedkeuring van de toekomstige constitutie door de Staten van Aruba met een meerderheid van ten minste twee derden van de stemmen van het aantal zitting hebbende leden wordt overeenkomstig het gevoelen van de regering van Aruba bij koninklijk besluit het tijdstip van beëindiging van de in het Statuut neergelegde rechtsorde ten aanzien van Aruba bepaald.
2. Dit tijdstip ligt ten hoogste een maand na de datum van vaststelling van de constitutie. Deze vaststelling vindt plaats ten hoogste een jaar na de datum van het in artikel 59 bedoelde referendum.

Statuut Koninkrijk, beëindiging rechtsorde Aruba

Art. 60a
1. De door de eilandsraden van Curaçao en Sint Maarten bij eilandsverordening vastgestelde ontwerpen voor een Staatsregeling van Curaçao, onderscheidenlijk van Sint Maarten, verkrijgen op het tijdstip van inwerkingtreding van de artikelen I en II van de Rijkswet wijziging Statuut in verband met de opheffing van de Nederlandse Antillen de staat van Staatsregeling van Curaçao, onderscheidenlijk van Sint Maarten, indien:
a. het gevoelen van de regering van het Koninkrijk is ingewonnen voordat het ontwerp aan de betrokken eilandsraad is aangeboden, onderscheidenlijk voordat een initiatiefontwerp door de betrokken eilandsraad in onderzoek is genomen;
b. het ontwerp door de betrokken eilandsraad met ten minste twee derden van de uitgebrachte stemmen is aanvaard en
c. de regering van het Koninkrijk met het door de betrokken eilandsraad vastgestelde ontwerp heeft ingestemd.
2. Indien een ontwerp door een eilandsraad is aanvaard met een kleinere meerderheid dan twee derden van de uitgebrachte stemmen, dan wordt voldaan aan de voorwaarde genoemd in het eerste lid, onder *b*, indien de eilandsraad na de stemming over het ontwerp is ontbonden en het ontwerp met een volstrekte meerderheid van de uitgebrachte stemmen is aanvaard door de in verband met die ontbinding nieuw gekozen eilandsraad.
3. Indien een ontwerp door een eilandsraad is aanvaard met een kleinere meerderheid dan twee derden van de uitgebrachte stemmen en de betrokken eilandsraad niet is ontbonden, dan wordt die eilandsraad door de gezaghebber ontbonden. Het besluit tot ontbinding behelst de uitschrijving van de verkiezing van een nieuwe eilandsraad binnen twee maanden en de eerste

Sdu 11

samenkomst van de nieuwe eilandsraad binnen drie maanden na de datum van het besluit tot ontbinding. Indien de nieuw gekozen eilandsraad het ontwerp aanvaardt met een volstrekte meerderheid van de uitgebrachte stemmen, wordt voldaan aan de voorwaarde genoemd onder *b* van het eerste lid.

Art. 60b
1. De door de eilandsraden van Curaçao en Sint Maarten bij eilandsverordening vastgestelde ontwerp-landsverordeningen van Curaçao, onderscheidenlijk Sint Maarten, verkrijgen op het tijdstip van inwerkingtreding van de artikelen I en II van de Rijkswet wijziging Statuut in verband met de opheffing van de Nederlandse Antillen de staat van landsverordeningen van het land Curaçao, onderscheidenlijk Sint Maarten.
2. De door het Bestuurscollege van Curaçao of Sint Maarten bij eilandsbesluit of eilandsbesluit, houdende algemene maatregelen, vastgestelde ontwerp-landsbesluiten onderscheidenlijk ontwerp-landsbesluiten, houdende algemene maatregelen van Curaçao, onderscheidenlijk Sint Maarten, verkrijgen op het tijdstip van inwerkingtreding van de artikelen I en II van de Rijkswet wijziging Statuut in verband met de opheffing van de Nederlandse Antillen de staat van landsbesluit, onderscheidenlijk landsbesluit, houdende algemene maatregelen van Curaçao, onderscheidenlijk Sint Maarten.

Art. 60c
De Bestuurscolleges van Curaçao en Sint Maarten kunnen met elkaar en één of meer regeringen van de landen van het Koninkrijk ontwerp-onderlinge regelingen treffen die de staat van onderlinge regeling in de zin van artikel 38, eerste lid, krijgen op het tijdstip van inwerkingtreding van de artikelen I en II van de Rijkswet wijziging Statuut in verband met de opheffing van de Nederlandse Antillen.

Art. 61
Inwerkingtreding
Het Statuut treedt in werking op het tijdstip van de plechtige afkondiging, nadat het bevestigd is door de Koning.
Alvorens de bevestiging geschiedt, behoeft het Statuut aanvaarding voor Nederland op de wijze, in de Grondwet voorzien; voor Suriname en voor de Nederlandse Antillen door een besluit van het vertegenwoordigende lichaam.
Dit besluit wordt genomen met twee derden der uitgebrachte stemmen. Wordt deze meerderheid niet verkregen, dan worden de Staten ontbonden en wordt door de nieuwe Staten bij volstrekte meerderheid der uitgebrachte stemmen beslist.

Art. 62
[Vervallen.]

Grondwet

Inhoudsopgave

Hoofdstuk 1	Grondrechten	Art. 1
Hoofdstuk 2	Regering	Art. 24
§ 1	Koning	Art. 24
§ 2	Koning en ministers	Art. 42
Hoofdstuk 3	Staten-Generaal	Art. 50
§ 1	Inrichting en samenstelling	Art. 50
§ 2	Werkwijze	Art. 65
Hoofdstuk 4	Raad van State, Algemene Rekenkamer, Nationale ombudsman en vaste colleges van advies	Art. 73
Hoofdstuk 5	Wetgeving en bestuur	Art. 81
§ 1	Wetten en andere voorschriften	Art. 81
§ 2	Overige bepalingen	Art. 90
Hoofdstuk 6	Rechtspraak	Art. 112
Hoofdstuk 7	Provincies, gemeenten, Caribische openbare lichamen, waterschappen en andere openbare lichamen	Art. 123
Hoofdstuk 8	Herziening van de Grondwet	Art. 137
	Additionele artikelen	Art. I

Grondwet[1]

Grondwet voor het Koninkrijk der Nederlanden van 24 augustus 1815

Hoofdstuk 1
Grondrechten

Art. 1

Gelijke behandeling/discriminatieverbod

Allen die zich in Nederland bevinden, worden in gelijke gevallen gelijk behandeld. Discriminatie wegens godsdienst, levensovertuiging, politieke gezindheid, ras, geslacht of op welke grond dan ook, is niet toegestaan.
(Zie ook: artt. 2, 3, 4, 20, 26, 27 BUPO; art. 14 EVRM; artt. 90quater, 137c, 429quater WvSr; art. 1 AWGB)

Art. 2

Vaststelling Nederlanderschap

1. De wet regelt wie Nederlander is.

Toelating/uitzetting vreemdeling

2. De wet regelt de toelating en de uitzetting van vreemdelingen.

Uitlevering

3. Uitlevering kan slechts geschieden krachtens verdrag. Verdere voorschriften omtrent uitlevering worden bij de wet gegeven.

Land verlaten, paspoortrecht

4. Ieder heeft het recht het land te verlaten, behoudens in de gevallen, bij de wet bepaald.
(Zie ook: artt. 12, 13 BUPO; artt. 2, 4 EVRM 4e prot.)

Art. 3

Gelijke benoembaarheid

Alle Nederlanders zijn op gelijke voet in openbare dienst benoembaar.
(Zie ook: art. 109 GW; art. 25 BUPO)

Art. 4

Kiesrecht

Iedere Nederlander heeft gelijkelijk recht de leden van algemeen vertegenwoordigende organen te verkiezen alsmede tot lid van deze organen te worden verkozen, behoudens bij de wet gestelde beperkingen en uitzonderingen.
(Zie ook: artt. 54, 129 GW; art. 25 BUPO; art. 5 VURd; artt. B1, P1 KW; art. 10 PW; art. 10 Gemw; art. 3 EVRM 1e prot.)

Art. 5

Petitierecht

Ieder heeft het recht verzoeken schriftelijk bij het bevoegd gezag in te dienen.

Art. 6

Vrijheid van godsdienst en levensovertuiging

1. Ieder heeft het recht zijn godsdienst of levensovertuiging, individueel of in gemeenschap met anderen, vrij te belijden, behoudens ieders verantwoordelijkheid volgens de wet.
2. De wet kan ter zake van de uitoefening van dit recht buiten gebouwen en besloten plaatsen regels stellen ter bescherming van de gezondheid, in het belang van het verkeer en ter bestrijding of voorkoming van wanordelijkheden.
(Zie ook: artt. 23, 103 GW; art. 18 BUPO; art. 9 EVRM; art. 145 WvSr)

Art. 7

Vrijheid van meningsuiting

1. Niemand heeft voorafgaand verlof nodig om door de drukpers gedachten of gevoelens te openbaren, behoudens ieders verantwoordelijkheid volgens de wet.
2. De wet stelt regels omtrent radio en televisie. Er is geen voorafgaand toezicht op de inhoud van een radio- of televisieuitzending.
3. Voor het openbaren van gedachten of gevoelens door andere dan in de voorgaande leden genoemde middelen heeft niemand voorafgaand verlof nodig wegens de inhoud daarvan, behoudens ieders verantwoordelijkheid volgens de wet. De wet kan het geven van vertoningen toegankelijk voor personen jonger dan zestien jaar regelen ter bescherming van de goede zeden.
4. De voorgaande leden zijn niet van toepassing op het maken van handelsreclame.
(Zie ook: art. 103 GW; art. 19 BUPO; art. 10 EVRM; artt. 53, 98, 111, 118, 131, 137c, 147, 240, 261, 418, 429bis, 430, 435a WvSr; art. 95 t/m 109 BW Boek 6)

Art. 8

Vrijheid van vereniging

Het recht tot vereniging wordt erkend. Bij de wet kan dit recht worden beperkt in het belang van de openbare orde.
(Zie ook: art. 103 GW; art. 22 BUPO; art. 8 IVESCR; art. 11 EVRM; art. 5 ESH; art. 140 WvSr; artt. 20, 26, 50 BW Boek 2)

---

1 Inwerkingtredingsdatum: 12-09-1840; zoals laatstelijk gewijzigd bij: Stb. 2019, 33.

Grondwet

Art. 9
1. Het recht tot vergadering en betoging wordt erkend, behoudens ieders verantwoordelijkheid volgens de wet.
2. De wet kan regels stellen ter bescherming van de gezondheid, in het belang van het verkeer en ter bestrijding of voorkoming van wanordelijkheden.
(Zie ook: art. 103 GW; art. 21 BUPO; art. 11 EVRM; art. 143 WvSr)

Vrijheid van vergadering en betoging

Art. 10
1. Ieder heeft, behoudens bij of krachtens de wet te stellen beperkingen, recht op eerbiediging van zijn persoonlijke levenssfeer.
2. De wet stelt regels ter bescherming van de persoonlijke levenssfeer in verband met het vastleggen en verstrekken van persoonsgegevens.
3. De wet stelt regels inzake de aanspraken van personen op kennisneming van over hen vastgelegde gegevens en van het gebruik dat daarvan wordt gemaakt, alsmede op verbetering van zodanige gegevens.
(Zie ook: art. 17 BUPO; art. 8 EVRM; artt. 139a, 261, 441 WvSr; Wbp; WWvpg)

Persoonlijke levenssfeer, eerbiediging en bescherming

Art. 11
Ieder heeft, behoudens bij of krachtens de wet te stellen beperkingen, recht op onaantastbaarheid van zijn lichaam.
(Zie ook: art. 114 GW; artt. 6, 7 BUPO; artt. 37, 242, 287, 300 WvSr; artt. 56, 195 WvSv; art. 3 EVRM 6e prot.)

Onaantastbaarheid menselijk lichaam

Art. 12
1. Het binnentreden in een woning zonder toestemming van de bewoner is alleen geoorloofd in de gevallen bij of krachtens de wet bepaald, door hen die daartoe bij of krachtens de wet zijn aangewezen.
2. Voor het binnentreden overeenkomstig het eerste lid zijn voorafgaande legitimatie en mededeling van het doel van het binnentreden vereist, behoudens bij de wet gestelde uitzonderingen.
(Zie ook: art. 103 GW; art. 17 BUPO; art. 8 EVRM; art. 116 PW; artt. 183, 370 WvSr; artt. 96, 151, 192, 318 WvSv; art. 20 WED; artt. 444, 600 Rv)
3. Aan de bewoner wordt zo spoedig mogelijk een schriftelijk verslag van het binnentreden verstrekt. Indien het binnentreden in het belang van de nationale veiligheid of dat van de strafvordering heeft plaatsgevonden, kan volgens bij de wet te stellen regels de verstrekking van het verslag worden uitgesteld. In de bij de wet te bepalen gevallen kan de verstrekking achterwege worden gelaten, indien het belang van de nationale veiligheid zich tegen verstrekking blijvend verzet.

Huisrecht

Art. 13
1. Het briefgeheim is onschendbaar, behalve, in de gevallen bij de wet bepaald, op last van de rechter.
2. Het telefoon- en telegraafgeheim is onschendbaar, behalve, in de gevallen bij de wet bepaald, door of met machtiging van hen die daartoe bij de wet zijn aangewezen.
(Zie ook: art. 103 GW; art. 17 BUPO; art. 8 EVRM; artt. 139c, 201, 371, 441 WvSr; artt. 100, 114 WvSv)

Briefgeheim

Telefoon- en telegraafgeheim

Art. 14
1. Onteigening kan alleen geschieden in het algemeen belang en tegen vooraf verzekerde schadeloosstelling, een en ander naar bij of krachtens de wet te stellen voorschriften.
2. De schadeloosstelling behoeft niet vooraf verzekerd te zijn, wanneer in geval van nood onverwijld onteigening geboden is.
3. In de gevallen bij of krachtens de wet bepaald bestaat recht op schadeloosstelling of tegemoetkoming in de schade, indien in het algemeen belang eigendom door het bevoegd gezag wordt vernietigd of onbruikbaar gemaakt of de uitoefening van het eigendomsrecht wordt beperkt.
(Zie ook: artt. 1, 37 BW Boek 5; artt. 72a, 77 OW; art. 1 EVRM 1e prot.)

Onteigening, schadeloosstelling

Art. 15
1. Buiten de gevallen bij of krachtens de wet bepaald mag niemand zijn vrijheid worden ontnomen.
2. Hij aan wie anders dan op rechterlijk bevel zijn vrijheid is ontnomen, kan aan de rechter zijn invrijheidstelling verzoeken. Hij wordt in dat geval door de rechter gehoord binnen een bij de wet te bepalen termijn. De rechter gelast de onmiddellijke invrijheidstelling, indien hij de vrijheidsontneming onrechtmatig oordeelt.
3. De berechting van hem aan wie met het oog daarop zijn vrijheid is ontnomen, vindt binnen een redelijke termijn plaats.

Waarborgen bij vrijheidsontneming

Sdu

A2 art. 16 — Grondwet

4. Hij aan wie rechtmatig zijn vrijheid is ontnomen, kan worden beperkt in de uitoefening van grondrechten voor zover deze zich niet met de vrijheidsontneming verdraagt.
(Zie ook: art. 113 GW; art. 9 BUPO; artt. 5, 6 EVRM; artt. 50, 56 VW 2000; artt. 53, 57, 63, 180, 206, 214 WvSv; art. 12 Uitlw)

Art. 16
Nulla poena, geen straf zonder wettelijke bepaling/legaliteitsbeginsel

Geen feit is strafbaar dan uit kracht van een daaraan voorafgegane wettelijke strafbepaling.
(Zie ook: art. 88 GW; artt. 3, 4 Wet AB; art. 15 BUPO; art. 7 EVRM; art. 1 WvSr)

Art. 17
Wettelijk toegekende rechter

Niemand kan tegen zijn wil worden afgehouden van de rechter die de wet hem toekent.
(Zie ook: artt. 2, 14 BUPO; artt. 6, 13 EVRM)

Art. 18
Rechtsbijstand

1. Ieder kan zich in rechte en in administratief beroep doen bijstaan.
2. De wet stelt regels omtrent het verlenen van rechtsbijstand aan minder draagkrachtigen.
(Zie ook: art. 14 BUPO; art. 6 EVRM; art. 38 WvSr)

Art. 19
Werkgelegenheid
Arbeidsbescherming/medezeggenschap
Vrije keuze van arbeid

1. Bevordering van voldoende werkgelegenheid is voorwerp van zorg der overheid.
2. De wet stelt regels omtrent de rechtspositie van hen die arbeid verrichten en omtrent hun bescherming daarbij, alsmede omtrent medezeggenschap.
3. Het recht van iedere Nederlander op vrije keuze van arbeid wordt erkend, behoudens de beperkingen bij of krachtens de wet gesteld.
(Zie ook: artt. 2, 109 GW; art. 6 IVESCR; art. 1 ESH)

Art. 20
Sociale zekerheid

1. De bestaanszekerheid der bevolking en spreiding van welvaart zijn voorwerp van zorg der overheid.
2. De wet stelt regels omtrent de aanspraken op sociale zekerheid.
3. Nederlanders hier te lande, die niet in het bestaan kunnen voorzien, hebben een bij de wet te regelen recht op bijstand van overheidswege.
(Zie ook: art. 2 GW; art. 11 IVESCR; art. 13 ESH)

Art. 21
Bewoonbaarheid/milieuhygiëne

De zorg van de overheid is gericht op de bewoonbaarheid van het land en de bescherming en verbetering van het leefmilieu.
(Zie ook: art. 12 IVESCR)

Art. 22
Volksgezondheid
Woongelegenheid
Ontplooiing en vrijetijdsbesteding

1. De overheid treft maatregelen ter bevordering van de volksgezondheid.
2. Bevordering van voldoende woongelegenheid is voorwerp van zorg der overheid.
3. Zij schept voorwaarden voor maatschappelijke en culturele ontplooiing en voor vrijetijdsbesteding.
(Zie ook: artt. 11, 12, 15 IVESCR; artt. 11, 14, 16 ESH)

Art. 23
Onderwijs

1. Het onderwijs is een voorwerp van de aanhoudende zorg der regering.
2. Het geven van onderwijs is vrij, behoudens het toezicht van de overheid en, voor wat bij de wet aangewezen vormen van onderwijs betreft, het onderzoek naar de bekwaamheid en de zedelijkheid van hen die onderwijs geven, een en ander bij de wet te regelen.
3. Het openbaar onderwijs wordt, met eerbiediging van ieders godsdienst of levensovertuiging, bij de wet geregeld.
4. In elke gemeente en in elk van de openbare lichamen, bedoeld in artikel 132a, wordt van overheidswege voldoend openbaar algemeen vormend lager onderwijs gegeven in een genoegzaam aantal openbare scholen. Volgens bij de wet te stellen regels kan afwijking van deze bepaling worden toegelaten, mits tot het ontvangen van zodanig onderwijs gelegenheid wordt gegeven, al dan niet in een openbare school.
5. De eisen van deugdelijkheid, aan het geheel of ten dele uit de openbare kas te bekostigen onderwijs te stellen, worden bij de wet geregeld, met inachtneming, voor zover het bijzonder onderwijs betreft, van de vrijheid van richting.
6. Deze eisen worden voor het algemeen vormend lager onderwijs zodanig geregeld, dat de deugdelijkheid van het geheel uit de openbare kas bekostigd bijzonder onderwijs en van het openbaar onderwijs even afdoende wordt gewaarborgd. Bij die regeling wordt met name de vrijheid van het bijzonder onderwijs betreffende de keuze der leermiddelen en de aanstelling der onderwijzers geëerbiedigd.
7. Het bijzonder algemeen vormend lager onderwijs, dat aan de bij de wet te stellen voorwaarden voldoet, wordt naar dezelfde maatstaf als het openbaar onderwijs uit de openbare kas bekostigd. De wet stelt de voorwaarden vast, waarop voor het bijzonder algemeen vormend middelbaar en voorbereidend hoger onderwijs bijdragen uit de openbare kas worden verleend.
8. De regering doet jaarlijks van de staat van het onderwijs verslag aan de Staten-Generaal.
(Zie ook: art. 6 GW; art. 13 IVESCR; art. 2 EVRM 1e prot.; art. 8 Wpo; art. 6 Wvo)

Grondwet

Hoofdstuk 2
Regering

§ 1
Koning

Art. 24
Het koningschap wordt erfelijk vervuld door de wettige opvolgers van Koning Willem I, Prins van Oranje-Nassau.
(Zie ook: art. 1 Statuut)

Koning, vervulling koningschap

Art. 25
Het koningschap gaat bij overlijden van de Koning krachtens erfopvolging over op zijn wettige nakomelingen, waarbij het oudste kind voorrang heeft, met plaatsvervulling volgens dezelfde regel. Bij gebreke van eigen nakomelingen gaat het koningschap op gelijke wijze over op de wettige nakomelingen eerst van zijn ouder, dan van zijn grootouder, in de lijn van erfopvolging, voor zover de overleden Koning niet verder bestaand dan in de derde graad van bloedverwantschap.

Koning, troonopvolging

Art. 26
Het kind, waarvan een vrouw zwanger is op het ogenblik van het overlijden van de Koning, wordt voor de erfopvolging als reeds geboren aangemerkt. Komt het dood ter wereld, dan wordt het geacht nooit te hebben bestaan.
(Zie ook: art. 37 GW; art. 2 BW Boek 1)

Koning, status ongeboren kind

Art. 27
Afstand van het koningschap leidt tot erfopvolging overeenkomstig de regels in de voorgaande artikelen gesteld. Na de afstand geboren kinderen en hun nakomelingen zijn van de erfopvolging uitgesloten.
(Zie ook: art. 30 GW)

Koning, afstand koningschap

Art. 28
1. De Koning, een huwelijk aangaande buiten bij de wet verleende toestemming, doet daardoor afstand van het koningschap.
2. Gaat iemand die het koningschap van de Koning kan beërven een zodanig huwelijk aan, dan is hij met de uit dit huwelijk geboren kinderen en hun nakomelingen van de erfopvolging uitgesloten.
3. De Staten-Generaal beraadslagen en besluiten ter zake van een voorstel van wet, strekkende tot het verlenen van toestemming, in verenigde vergadering.
(Zie ook: artt. 51, 82 GW; BIMAZ)

Koning, afstand koningschap door huwelijk

Art. 29
1. Wanneer uitzonderlijke omstandigheden daartoe nopen, kunnen bij een wet een of meer personen van de erfopvolging worden uitgesloten.
2. Het voorstel daartoe wordt door of vanwege de Koning ingediend. De Staten-Generaal beraadslagen en besluiten ter zake in verenigde vergadering. Zij kunnen het voorstel alleen aannemen met ten minste twee derden van het aantal uitgebrachte stemmen.

Koning, uitsluiting troonopvolging

Art. 30
1. Wanneer vooruitzicht bestaat dat een opvolger zal ontbreken, kan deze worden benoemd bij een wet. Het voorstel wordt door of vanwege de Koning ingediend. Na de indiening van het voorstel worden de kamers ontbonden. De nieuwe kamers beraadslagen en besluiten ter zake in verenigde vergadering. Zij kunnen het voorstel alleen aannemen met ten minste twee derden van het aantal uitgebrachte stemmen.
2. Indien bij overlijden van de Koning of bij afstand van het koningschap een opvolger ontbreekt, worden de kamers ontbonden. De nieuwe kamers komen binnen vier maanden na het overlijden of de afstand in verenigde vergadering bijeen ten einde te besluiten omtrent de benoeming van een Koning. Zij kunnen een opvolger alleen benoemen met ten minste twee derden van het aantal uitgebrachte stemmen.
(Zie ook: artt. 37, 51, 64 GW)

Koning, benoeming bij ontbreken troonopvolger

Art. 31
1. Een benoemde Koning kan krachtens erfopvolging alleen worden opgevolgd door zijn wettige nakomelingen.
2. De bepalingen omtrent de erfopvolging en het eerste lid van dit artikel zijn van overeenkomstige toepassing op een benoemde opvolger, zolang deze nog geen Koning is.
(Zie ook: art. 25 GW)

Koning, erfopvolging benoemde koning

Art. 32
Nadat de Koning de uitoefening van het koninklijk gezag heeft aangevangen, wordt hij zodra mogelijk beëdigd en ingehuldigd in de hoofdstad Amsterdam in een openbare verenigde ver-

Koning, beëdiging

A2 art. 33 — Grondwet

gadering van de Staten-Generaal. Hij zweert of belooft trouw aan de Grondwet en een getrouwe vervulling van zijn ambt. De wet stelt nadere regels vast.
(Zie ook: artt. 37, 49, 51, 60 GW)

Art. 33

Koning, minimumleeftijd uitoefening koninklijk gezag

De Koning oefent het koninklijk gezag eerst uit, nadat hij de leeftijd van achttien jaar heeft bereikt.
(Zie ook: art. 37 GW; art. 233 BW Boek 1)

Art. 34

Koning, ouderlijk gezag en voogdij over minderjarige Koning

De wet regelt het ouderlijk gezag en de voogdij over de minderjarige Koning en het toezicht daarop. De Staten-Generaal beraadslagen en besluiten ter zake in verenigde vergadering.
(Zie ook: art. 51 GW)

Art. 35

Koning, niet in staat koninklijk gezag uit te oefenen

1. Wanneer de ministerraad van oordeel is dat de Koning buiten staat is het koninklijk gezag uit te oefenen, bericht hij dit onder overlegging van het daartoe gevraagde advies van de Raad van State aan de Staten-Generaal, die daarop in verenigde vergadering bijeenkomen.
2. Delen de Staten-Generaal dit oordeel, dan verklaren zij dat de Koning buiten staat is het koninklijk gezag uit te oefenen. Deze verklaring wordt bekend gemaakt op last van de voorzitter der vergadering en treedt terstond in werking.
3. Zodra de Koning weer in staat is het koninklijk gezag uit te oefenen, wordt dit bij de wet verklaard. De Staten-Generaal beraadslagen en besluiten ter zake in verenigde vergadering. Terstond na de bekendmaking van deze wet hervat de Koning de uitoefening van het koninklijk gezag.
(Zie ook: art. 82 GW)
4. De wet regelt zo nodig het toezicht over de persoon van de Koning indien hij buiten staat is verklaard het koninklijk gezag uit te oefenen. De Staten-Generaal beraadslagen en besluiten ter zake in verenigde vergadering.
(Zie ook: artt. 37, 51 GW)

Art. 36

Koning, tijdelijke neerlegging koninklijk gezag

De Koning kan de uitoefening van het koninklijk gezag tijdelijk neerleggen en die uitoefening hervatten krachtens een wet, waarvan het voorstel door of vanwege hem wordt ingediend. De Staten-Generaal beraadslagen en besluiten ter zake in verenigde vergadering.
(Zie ook: artt. 37, 51 GW)

Art. 37

Koning, uitoefening koninklijk gezag door regent

1. Het koninklijk gezag wordt uitgeoefend door een regent:
   a. zolang de Koning de leeftijd van achttien jaar niet heeft bereikt;
   b. indien een nog niet geboren kind tot het koningschap geroepen kan zijn;
   c. indien de Koning buiten staat is verklaard het koninklijk gezag uit te oefenen;
   d. indien de Koning de uitoefening van het koninklijk gezag tijdelijk heeft neergelegd;
   e. zolang na het overlijden van de Koning of na diens afstand van het koningschap een opvolger ontbreekt.
2. De regent wordt benoemd bij de wet. De Staten-Generaal beraadslagen en besluiten ter zake in verenigde vergadering.
3. In de gevallen, genoemd in het eerste lid onder c en d, is de nakomeling van de Koning die zijn vermoedelijke opvolger is, van rechtswege regent indien hij de leeftijd van achttien jaar heeft bereikt.
4. De regent zweert of belooft trouw aan de Grondwet en een getrouwe vervulling van zijn ambt, in een verenigde vergadering van de Staten-Generaal. De wet geeft nadere regels omtrent het regentschap en kan voorzien in de opvolging en de vervanging daarin. De Staten-Generaal beraadslagen en besluiten ter zake in verenigde vergadering.

Schakelbepaling

5. Op de regent zijn de artikelen 35 en 36 van overeenkomstige toepassing.
(Zie ook: artt. 32, 49, 51, 60 GW)

Art. 38

Koning, uitoefening koninklijk gezag door RvS

Zolang niet in de uitoefening van het koninklijk gezag is voorzien, wordt dit uitgeoefend door de Raad van State.
(Zie ook: art. 14 Wet RvS)

Art. 39

Koning, lidmaatschap koninklijk huis

De wet regelt, wie lid is van het koninklijk huis.
(Zie ook: art. 74 GW)

Art. 40

Koning, uitkeringen aan leden koninklijk huis

1. De Koning ontvangt jaarlijks ten laste van het Rijk uitkeringen naar regels bij de wet te stellen. Deze wet bepaalt aan welke andere leden van het koninklijk huis uitkeringen ten laste van het Rijk worden toegekend en regelt deze uitkeringen.
2. De door hen ontvangen uitkeringen ten laste van het Rijk, alsmede de vermogensbestanddelen welke dienstbaar zijn aan de uitoefening van hun functie, zijn vrij van persoonlijke belastingen. Voorts is hetgeen de Koning of zijn vermoedelijke opvolger krachtens erfrecht of door

schenking verkrijgt van een lid van het koninklijk huis vrij van de rechten van successie, overgang en schenking. Verdere vrijdom van belasting kan bij de wet worden verleend.
3. De kamers der Staten-Generaal kunnen voorstellen van in de vorige leden bedoelde wetten alleen aannemen met ten minste twee derden van het aantal uitgebrachte stemmen.

Art. 41
De Koning richt, met inachtneming van het openbaar belang, zijn Huis in.

Koning, inrichting Huis van de Koning

§ 2
Koning en ministers

Art. 42
1. De regering wordt gevormd door de Koning en de ministers.

Regering, ministeriële verantwoordelijkheid

2. De Koning is onschendbaar; de ministers zijn verantwoordelijk.
(Zie ook: art. 2 Statuut; BbKK)

Art. 43
De minister-president en de overige ministers worden bij koninklijk besluit benoemd en ontslagen.
(Zie ook: art. 57 GW)

Regering, ministers

Art. 44
1. Bij koninklijk besluit worden ministeries ingesteld. Zij staan onder leiding van een minister.
2. Ook kunnen ministers worden benoemd die niet belast zijn met de leiding van een ministerie.
(Zie ook: Bhwbtb; Bhmt; Bhpr; Bhva; BhECD; Bhtc; Bhcim; Bhvg; Bhko; Bhrwk; Bhibk; Bhoa; Bhdt; Hbesl. Tpb; IR BZK 1994; NwLNV; Obesl. Cralb; Bobio; BKNAAZ; Bokfs; BraMVM; BnwBZ; BoKEW; Boquv; BoWKS; Biokwa; BoWw; BoSPW; Bodb; Bobsw; Bofsb; BoBBU; Bogrb; Obesl. Vbt; Obesl. Zck; Obesl. WKS; Obesl. WRA WAA; Obesl. KEW; Obesl. VWA; Vreg.min; Wvreg.min)

Regering, ministeries

Art. 45
1. De ministers vormen te zamen de ministerraad.
2. De minister-president is voorzitter van de ministerraad.
3. De ministerraad beraadslaagt en besluit over het algemeen regeringsbeleid en bevordert de eenheid van dat beleid.
(Zie ook: Wvreg.min; Vreg.min; RvO Min)

Regering, ministerraad

Art. 46
1. Bij koninklijk besluit kunnen staatssecretarissen worden benoemd en ontslagen.
2. Een staatssecretaris treedt in de gevallen waarin de minister het nodig acht en met inachtneming van diens aanwijzingen, in zijn plaats als minister op. De staatssecretaris is uit dien hoofde verantwoordelijk, onverminderd de verantwoordelijkheid van de minister.
(Zie ook: art. 57 GW; TSSD; TSSJ; TvVWS; Vbesl.tsHoof; Wvreg.min; EZ-ireg. 2005)

Regering, staatssecretarissen

Art. 47
Alle wetten en koninklijke besluiten worden door de Koning en door een of meer ministers of staatssecretarissen ondertekend.
(Zie ook: art. 87 GW; art. 2 Min. verantw.)

Regering, ondertekening wetten en koninklijke besluiten

Art. 48
Het koninklijk besluit waarbij de minister-president wordt benoemd, wordt mede door hem ondertekend. De koninklijke besluiten waarbij de overige ministers en de staatssecretarissen worden benoemd of ontslagen, worden mede door de minister-president ondertekend.

Regering, ondertekening koninklijk besluit benoeming/ontslag ministers en staatssecretarissen

Art. 49
Op de wijze bij de wet voorgeschreven leggen de ministers en de staatssecretarissen bij de aanvaarding van hun ambt ten overstaan van de Koning een eed, dan wel verklaring en belofte, van zuivering af en zweren of beloven zij trouw aan de Grondwet en een getrouwe vervulling van hun ambt.
(Zie ook: artt. 32, 37, 60 GW)

Regering, ambtsaanvaarding ministers en staatssecretarissen

Hoofdstuk 3
Staten-Generaal

§ 1
Inrichting en samenstelling

Art. 50

Staten-Generaal, taak

De Staten-Generaal vertegenwoordigen het gehele Nederlandse volk.
(Zie ook: art. 67 GW)

Art. 51

Staten-Generaal, Eerste en Tweede Kamer

1. De Staten-Generaal bestaan uit de Tweede Kamer en de Eerste Kamer.

2. De Tweede Kamer bestaat uit honderdvijftig leden.
3. De Eerste Kamer bestaat uit vijfenzeventig leden.
4. Bij een verenigde vergadering worden de kamers als één beschouwd.
(Zie ook: artt. 28 t/m 32, 34 t/m 37, 62, 65, 82, 96, 103 GW)

Art. 52

Staten-Generaal, zittingsduur

1. De zittingsduur van beide kamers is vier jaren.

2. Indien voor de provinciale staten bij de wet een andere zittingsduur dan vier jaren wordt vastgesteld, wordt daarbij de zittingsduur van de Eerste Kamer in overeenkomstige zin gewijzigd.
(Zie ook: art. 129 GW; art. P2 KW)

Art. 53

Staten-Generaal, evenredige vertegenwoordiging

1. De leden van beide kamers worden gekozen op de grondslag van evenredige vertegenwoordiging binnen door de wet te stellen grenzen.

Staten-Generaal, geheime stemming

2. De verkiezingen worden gehouden bij geheime stemming.
(Zie ook: art. 129 GW; art. 25 BUPO; art. 3 EVRM 1e prot.)

Art. 54

Staten-Generaal, verkiezing Tweede Kamer

1. De leden van de Tweede Kamer worden rechtstreeks gekozen door de Nederlanders die de leeftijd van achttien jaar hebben bereikt, behoudens bij de wet te bepalen uitzonderingen ten aanzien van Nederlanders die geen ingezetenen zijn.
2. Van het kiesrecht is uitgesloten hij die wegens het begaan van een daartoe bij de wet aangewezen delict bij onherroepelijke rechterlijke uitspraak is veroordeeld tot een vrijheidsstraf van ten minste een jaar en hierbij tevens is ontzet van het kiesrecht.
(Zie ook: artt. 2, 4 GW; artt. B1, B2, B3, B6 KW; art. 28 WvSr; art. 381 BW Boek 1)

Art. 55

Staten-Generaal, verkiezing Eerste Kamer

De leden van de Eerste Kamer worden gekozen door de leden van provinciale staten en de leden van een kiescollege als bedoeld in artikel 132a, derde lid. De verkiezing wordt, behoudens in geval van ontbinding der kamer, gehouden binnen drie maanden na de verkiezing van de leden van provinciale staten.
(Zie ook: artt. 64, 129 GW; art. P1 KW)

Art. 56

Staten-Generaal, vereisten voor lidmaatschap

Om lid van de Staten-Generaal te kunnen zijn is vereist dat men Nederlander is, de leeftijd van achttien jaar heeft bereikt en niet is uitgesloten van het kiesrecht.
(Zie ook: artt. 2, 4, 129 GW)

Art. 57

Staten-Generaal, incompatibiliteiten

1. Niemand kan lid van beide kamers zijn.

2. Een lid van de Staten-Generaal kan niet tevens zijn minister, staatssecretaris, lid van de Raad van State, lid van de Algemene Rekenkamer, Nationale ombudsman of substituut-ombudsman, of lid van of procureur-generaal of advocaat-generaal bij de Hoge Raad.
3. Niettemin kan een minister of staatssecretaris, die zijn ambt ter beschikking heeft gesteld, dit ambt verenigen met het lidmaatschap van de Staten-Generaal, totdat omtrent die beschikbaarstelling is beslist.
4. De wet kan ten aanzien van andere openbare betrekkingen bepalen dat zij niet gelijktijdig met het lidmaatschap van de Staten-Generaal of van een der kamers kunnen worden uitgeoefend.
(Zie ook: artt. 4, 129 GW; art. 7 Wet RvS; art. 47 CW; Ivbesl.m; Bkdow)

Art. 57a

Staten-Generaal, vervanging wegens zwangerschap/ziekte

De wet regelt de tijdelijke vervanging van een lid van de Staten-Generaal wegens zwangerschap en bevalling, alsmede wegens ziekte.
(Zie ook: art. 129 GW)

Art. 58
Elke kamer onderzoekt de geloofsbrieven van haar nieuwbenoemde leden en beslist met inachtneming van bij de wet te stellen regels de geschillen welke met betrekking tot de geloofsbrieven of de verkiezing zelf rijzen.
(Zie ook: artt. V4, V5 KW; art. 2 RvO II; Btu art.99a RBD; Bkdow; Rrkdow; Ureg. BD 1966; Wgbesl. BD)

Staten-Generaal, geloofsbrieven

Art. 59
Alles, wat verder het kiesrecht en de verkiezingen betreft, wordt bij de wet geregeld.
(Zie ook: art. 129 GW)

Staten-Generaal, kiesrecht/verkiezingen

Art. 60
Op de wijze bij de wet voorgeschreven leggen de leden van de kamers bij de aanvaarding van hun ambt in de vergadering een eed, dan wel verklaring en belofte, van zuivering af en zweren of beloven zij trouw aan de Grondwet en een getrouwe vervulling van hun ambt.
(Zie ook: artt. 32, 37, 49 GW)

Staten-Generaal, ambtsaanvaarding Kamerleden

Art. 61
1. Elk der kamers benoemt uit de leden een voorzitter.

Staten-Generaal, voorzitters en ambtenaren van de kamers

2. Elk der kamers benoemt een griffier. Deze en de overige ambtenaren van de kamers kunnen niet tevens lid van de Staten-Generaal zijn.
(Zie ook: art. 13 RvO I; art. 6 RvO II)

Art. 62
De voorzitter van de Eerste Kamer heeft de leiding van de verenigde vergadering.
(Zie ook: art. 51 GW)

Staten-Generaal, voorzitter verenigde vergadering

Art. 63
Geldelijke voorzieningen ten behoeve van leden en gewezen leden van de Staten-Generaal en van hun nabestaanden worden bij de wet geregeld. De kamers kunnen een voorstel van wet ter zake alleen aannemen met ten minste twee derden van het aantal uitgebrachte stemmen.
(Zie ook: WIDB 1930)

Staten-Generaal, geldelijke voorzieningen

Art. 64
1. Elk der kamers kan bij koninklijk besluit worden ontbonden.

Staten-Generaal, ontbinding kamers

2. Het besluit tot ontbinding houdt tevens de last in tot een nieuwe verkiezing voor de ontbonden kamer en tot het samenkomen van de nieuw gekozen kamer binnen drie maanden.
3. De ontbinding gaat in op de dag waarop de nieuw gekozen kamer samenkomt.
4. De wet stelt de zittingsduur van een na ontbinding optredende Tweede Kamer vast; de termijn mag niet langer zijn dan vijf jaren. De zittingsduur van een na ontbinding optredende Eerste Kamer eindigt op het tijdstip waarop de zittingsduur van de ontbonden kamer zou zijn geëindigd.
(Zie ook: artt. 30, 55, 137 t/m 361 GW; BoTKSG; BoTKSG1; BoTKSG2; BoEKSG)

§ 2
Werkwijze

Art. 65
Jaarlijks op de derde dinsdag van september of op een bij de wet te bepalen eerder tijdstip wordt door of namens de Koning in een verenigde vergadering van de Staten-Generaal een uiteenzetting van het door de regering te voeren beleid gegeven.
(Zie ook: artt. 42, 51, 105 GW)

Staten-Generaal, troonrede

Art. 66
1. De vergaderingen van de Staten-Generaal zijn openbaar.

Staten-Generaal, openbaarheid vergaderingen

2. De deuren worden gesloten, wanneer een tiende deel van het aantal aanwezige leden het vordert of de voorzitter het nodig oordeelt.
3. Door de kamer, onderscheidenlijk de kamers in verenigde vergadering, wordt vervolgens beslist of met gesloten deuren zal worden beraadslaagd en besloten.
(Zie ook: art. 125 GW; artt. 85, 134 RvO I; artt. 52, 39 RvO II; Wet OON)

Art. 67
1. De kamers mogen elk afzonderlijk en in verenigde vergadering alleen beraadslagen of besluiten, indien meer dan de helft van het aantal zitting hebbende leden ter vergadering aanwezig is.

Staten-Generaal, quorum

2. Besluiten worden genomen bij meerderheid van stemmen.

Staten-Generaal, stemming

3. De leden stemmen zonder last.

4. Over zaken wordt mondeling en bij hoofdelijke oproeping gestemd, wanneer één lid dit verlangt.
(Zie ook: artt. 29, 30, 40, 91, 129, 137 GW; artt. 82, 115, 119 RvO I; artt. 53, 81, 84 RvO II)

Art. 68

Interpellatierecht

De ministers en de staatssecretarissen geven de kamers elk afzonderlijk en in verenigde vergadering mondeling of schriftelijk de door een of meer leden verlangde inlichtingen waarvan het verstrekken niet in strijd is met het belang van de staat.
(Zie ook: art. 133 RvO II; Amareg.; BhKra)

Art. 69

Staten-Generaal, aanwezigheid ministers en staatssecretarissen

1. De ministers en de staatssecretarissen hebben toegang tot de vergaderingen en kunnen aan de beraadslaging deelnemen.
2. Zij kunnen door de kamers elk afzonderlijk en in verenigde vergadering worden uitgenodigd om ter vergadering aanwezig te zijn.
3. Zij kunnen zich in de vergaderingen doen bijstaan door de personen, daartoe door hen aangewezen.
(Zie ook: artt. 84, 99, 151 RvO I; artt. 57, 73, 120 RvO II)

Art. 70

Enquêterecht

Beide kamers hebben, zowel ieder afzonderlijk als in verenigde vergadering, het recht van onderzoek (enquête), te regelen bij de wet.
(Zie ook: art. 137 RvO I; art. 147 RvO II)

Art. 71

Staten-Generaal, parlementaire onschendbaarheid

De leden van de Staten-Generaal, de ministers, de staatssecretarissen en andere personen die deelnemen aan de beraadslaging, kunnen niet in rechte worden vervolgd of aangesproken voor hetgeen zij in de vergadering van de Staten-Generaal of van commissies daaruit hebben gezegd of aan deze schriftelijk hebben overgelegd.

Art. 72

Staten-Generaal, reglement van orde

De kamers stellen elk afzonderlijk en in verenigde vergadering een reglement van orde vast.
(Zie ook: Ureg. BD 1966; Wgbesl. BD; Rrkdow; Btu art.99a RBD)

Hoofdstuk 4
Raad van State, Algemene Rekenkamer, Nationale ombudsman en vaste colleges van advies

Art. 73

Raad van State, taak

1. De Raad van State of een afdeling van de Raad wordt gehoord over voorstellen van wet en ontwerpen van algemene maatregelen van bestuur, alsmede over voorstellen tot goedkeuring van verdragen door de Staten-Generaal. In bij de wet te bepalen gevallen kan het horen achterwege blijven.
2. De Raad of een afdeling van de Raad is belast met het onderzoek van de geschillen van bestuur die bij koninklijk besluit worden beslist en draagt de uitspraak voor.
3. De wet kan aan de Raad of een afdeling van de Raad de uitspraak in geschillen van bestuur opdragen.
(Zie ook: artt. 82, 89, 91, 112 GW; artt. 15, 26 Wet RvS)

Art. 74

Raad van State, rechtspositie leden

1. De Koning is voorzitter van de Raad van State. De vermoedelijke opvolger van de Koning heeft na het bereiken van de leeftijd van achttien jaar van rechtswege zitting in de Raad. Bij of krachtens de wet kan aan andere leden van het koninklijk huis zitting in de Raad worden verleend.
2. De leden van de Raad worden bij koninklijk besluit voor het leven benoemd.
3. Op eigen verzoek en wegens het bereiken van een bij de wet te bepalen leeftijd worden zij ontslagen.
4. In de gevallen bij de wet aangewezen kunnen zij door de Raad worden geschorst of ontslagen.
5. De wet regelt overigens hun rechtspositie.
(Zie ook: artt. 39, 57, 117 GW; art. 1 Wet RvS; Bvta)

Art. 75

Raad van State, inrichting/samenstelling/bevoegdheid

1. De wet regelt de inrichting, samenstelling en bevoegdheid van de Raad van State.

2. Bij de wet kunnen aan de Raad of een afdeling van de Raad ook andere taken worden opgedragen.
(Zie ook: artt. 35, 38 GW)

Grondwet

Art. 76
De Algemene Rekenkamer is belast met het onderzoek van de ontvangsten en uitgaven van het Rijk.
(Zie ook: art. 105 GW; art. 65 CW)

Algemene Rekenkamer, taak

Art. 77
1. De leden van de Algemene Rekenkamer worden bij koninklijk besluit voor het leven benoemd uit een voordracht van drie personen, opgemaakt door de Tweede Kamer der Staten-Generaal.
2. Op eigen verzoek en wegens het bereiken van een bij de wet te bepalen leeftijd worden zij ontslagen.
3. In de gevallen bij de wet aangewezen kunnen zij door de Hoge Raad worden geschorst of ontslagen.
4. De wet regelt overigens hun rechtspositie.

(Zie ook: art. 57 GW; art. 45 CW)

Algemene Rekenkamer, rechtspositie leden

Art. 78
1. De wet regelt de inrichting, samenstelling en bevoegdheid van de Algemene Rekenkamer.
2. Bij de wet kunnen aan de Algemene Rekenkamer ook andere taken worden opgedragen.

Algemene Rekenkamer, inrichting/samenstelling/bevoegdheid

Art. 78a
1. De Nationale ombudsman verricht op verzoek of uit eigen beweging onderzoek naar gedragingen van bestuursorganen van het Rijk en van andere bij of krachtens de wet aangewezen bestuursorganen.
2. De Nationale ombudsman en een substituut-ombudsman worden voor een bij de wet te bepalen termijn benoemd door de Tweede Kamer der Staten-Generaal. Op eigen verzoek en wegens het bereiken van een bij de wet te bepalen leeftijd worden zij ontslagen. In de gevallen bij de wet aangewezen kunnen zij door de Tweede Kamer der Staten-Generaal worden geschorst of ontslagen. De wet regelt overigens hun rechtspositie.
3. De wet regelt de bevoegdheid en werkwijze van de Nationale ombudsman.
4. Bij of krachtens de wet kunnen aan de Nationale ombudsman ook andere taken worden opgedragen.

Nationale ombudsman, taak/rechtspositie/bevoegdheid

Art. 79
1. Vaste colleges van advies in zaken van wetgeving en bestuur van het Rijk worden ingesteld bij of krachtens de wet.
2. De wet regelt de inrichting, samenstelling en bevoegdheid van deze colleges.
3. Bij of krachtens de wet kunnen aan deze colleges ook andere dan adviserende taken worden opgedragen.

(Zie ook: art. 54 Wet RO; BtaakEZBZ; BnaamUZOR; BIMAZ)

Vaste colleges van advies, inrichting/samenstelling/bevoegdheid

Art. 80
1. De adviezen van de in dit hoofdstuk bedoelde colleges worden openbaar gemaakt volgens regels bij de wet te stellen.
2. Adviezen, uitgebracht ter zake van voorstellen van wet die door of vanwege de Koning worden ingediend, worden, behoudens bij de wet te bepalen uitzonderingen, aan de Staten-Generaal overgelegd.

(Zie ook: art. 110 GW; art. 25a Wet RvS)

Adviescolleges, openbaarmaking advies

Hoofdstuk 5
Wetgeving en bestuur

§ 1
Wetten en andere voorschriften

Art. 81
De vaststelling van wetten geschiedt door de regering en de Staten-Generaal gezamenlijk.

Wetgeving, vaststelling wet

Art. 82
1. Voorstellen van wet kunnen worden ingediend door of vanwege de Koning en door de Tweede Kamer der Staten-Generaal.
2. Voorstellen van wet waarvoor behandeling door de Staten-Generaal in verenigde vergadering is voorgeschreven, kunnen worden ingediend door of vanwege de Koning en, voor zover de betreffende artikelen van hoofdstuk 2 dit toelaten, door de verenigde vergadering.
3. Voorstellen van wet, in te dienen door de Tweede Kamer onderscheidenlijk de verenigde vergadering, worden bij haar door een of meer leden aanhangig gemaakt.

(Zie ook: artt. 34 t/m 37, 51, 73, 96, 103 GW; art. 100 RvO II)

Wetgeving, indiening wetsvoorstel

Art. 83

Wetgeving, toezending wetsvoorstel aan Tweede Kamer/verenigde vergadering

Voorstellen van wet, ingediend door of vanwege de Koning, worden gezonden aan de Tweede Kamer of, indien daarvoor behandeling door de Staten-Generaal in verenigde vergadering is voorgeschreven, aan deze vergadering.
(Zie ook: artt. 28 t/m 30, 34 t/m 37, 96, 103 GW)

Art. 84

Wetgeving, wijziging wetsvoorstel/amendement

1. Zolang een voorstel van wet, ingediend door of vanwege de Koning, niet door de Tweede Kamer onderscheidenlijk de verenigde vergadering is aangenomen, kan het door haar, op voorstel van een of meer leden, en vanwege de regering worden gewijzigd.
2. Zolang de Tweede Kamer onderscheidenlijk de verenigde vergadering een door haar in te dienen voorstel van wet niet heeft aangenomen, kan het door haar, op voorstel van een of meer leden, en door het lid of de leden door wie het aanhangig is gemaakt, worden gewijzigd.
(Zie ook: artt. 37, 88, 91, 98 RvO II)

Art. 85

Wetgeving, toezending wetsvoorstel aan Eerste Kamer

Zodra de Tweede Kamer een voorstel van wet heeft aangenomen of tot indiening van een voorstel heeft besloten, zendt zij het aan de Eerste Kamer, die het voorstel overweegt zoals het door de Tweede Kamer aan haar is gezonden. De Tweede Kamer kan een of meer van haar leden opdragen een door haar ingediend voorstel in de Eerste Kamer te verdedigen.
(Zie ook: art. 100 RvO II)

Art. 86

Wetgeving, intrekking wetsvoorstel

1. Zolang een voorstel van wet niet door de Staten-Generaal is aangenomen, kan het door of vanwege de indiener worden ingetrokken.
2. Zolang de Tweede Kamer onderscheidenlijk de verenigde vergadering een door haar in te dienen voorstel van wet niet heeft aangenomen, kan het door het lid of de leden door wie het aanhangig is gemaakt, worden ingetrokken.
(Zie ook: BtaakVBVW; BtaakDAZ; Btaakdep.; Btaakdep.1; Btsndep.; Babpbo; Bccvtv; BtaakCRM-WVRO; Bhdep.; BDZO; Boado; Boaei; Boaip; Bhtd; BwBI; BCRMW; BiVMSZ; BoKad; BoDGRlw; Bozrw; Btbos; Bhdp; Boaws; BomWa; Bozhwb; BoWbpz; Botno; BoCRMW; Bcvtd; Bhor)

Art. 87

Wetgeving, aanneming en bekrachtiging wetsvoorstel

1. Een voorstel wordt wet, zodra het door de Staten-Generaal is aangenomen en door de Koning is bekrachtigd.
2. De Koning en de Staten-Generaal geven elkaar kennis van hun besluit omtrent enig voorstel van wet.
(Zie ook: art. 47 GW)

Art. 88

Wetgeving, bekendmaking/inwerkingtreding wet

De wet regelt de bekendmaking en de inwerkingtreding van de wetten. Zij treden niet in werking voordat zij zijn bekendgemaakt.
(Zie ook: art. 16 GW)

Art. 89

Wetgeving, algemene maatregel van bestuur

1. Algemene maatregelen van bestuur worden bij koninklijk besluit vastgesteld.
2. Voorschriften, door straffen te handhaven, worden daarin alleen gegeven krachtens de wet. De wet bepaalt de op te leggen straffen.
3. De wet regelt de bekendmaking en de inwerkingtreding van de algemene maatregelen van bestuur. Zij treden niet in werking voordat zij zijn bekendgemaakt.
4. Het tweede en derde lid zijn van overeenkomstige toepassing op andere vanwege het Rijk vastgestelde algemeen verbindende voorschriften.
(Zie ook: artt. 16, 73 GW; BbaNAA; Btrsjh; BuSS; Bvvmrbo; BWUW; RVTG; Sbbob; PM; Vgbesl. 1998; Wbesl.art. 16d Aw; Wbesl. Svijk ; Wbesl. AWW en Anw; Wbesl. Bbra 1984; Wbesl. Tfvz)

§ 2
Overige bepalingen

Art. 90

Bestuur, bevordering internationale rechtsorde

De regering bevordert de ontwikkeling van de internationale rechtsorde.

Art. 91

Bestuur, goedkeuring verdrag

1. Het Koninkrijk wordt niet aan verdragen gebonden en deze worden niet opgezegd zonder voorafgaande goedkeuring van de Staten-Generaal. De wet bepaalt de gevallen waarin geen goedkeuring is vereist.
2. De wet bepaalt de wijze waarop de goedkeuring wordt verleend en kan voorzien in stilzwijgende goedkeuring.

Grondwet

A2 art. 103

3. Indien een verdrag bepalingen bevat welke afwijken van de Grondwet dan wel tot zodanig afwijken noodzaken, kunnen de kamers de goedkeuring alleen verlenen met ten minste twee derden van het aantal uitgebrachte stemmen.
(Zie ook: artt. 73, 120 GW; art. 163 RvO I; Gwvvp)

Art. 92
Met inachtneming, zo nodig, van het bepaalde in artikel 91, derde lid, kunnen bij of krachtens verdrag aan volkenrechtelijke organisaties bevoegdheden tot wetgeving, bestuur en rechtspraak worden opgedragen.
(Zie ook: art. 113 RvO II)

Bestuur, bevoegdheden volkenrechtelijke organisaties

Art. 93
Bepalingen van verdragen en van besluiten van volkenrechtelijke organisaties, die naar haar inhoud een ieder kunnen verbinden, hebben verbindende kracht nadat zij zijn bekendgemaakt.
(Zie ook: artt. 88, 120 GW)

Bestuur, verbindende kracht verdrag

Art. 94
Binnen het Koninkrijk geldende wettelijke voorschriften vinden geen toepassing, indien deze toepassing niet verenigbaar is met een ieder verbindende bepalingen van verdragen en van besluiten van volkenrechtelijke organisaties.
(Zie ook: art. 120 GW; art. 8 WvSr)

Bestuur, verdrag boven wet

Art. 95
De wet geeft regels omtrent de bekendmaking van verdragen en besluiten van volkenrechtelijke organisaties.

Bestuur, bekendmaking verdrag/besluit volkenrechtelijke organisatie

Art. 96
1. Het Koninkrijk wordt niet in oorlog verklaard dan na voorafgaande toestemming van de Staten-Generaal.
2. De toestemming is niet vereist, wanneer het overleg met de Staten-Generaal ten gevolge van een feitelijk bestaande oorlogstoestand niet mogelijk is gebleken.
3. De Staten-Generaal beraadslagen en besluiten ter zake in verenigde vergadering.
4. Het bepaalde in het eerste en het derde lid is van overeenkomstige toepassing voor een verklaring dat een oorlog beëindigd is.
(Zie ook: art. 51 GW)

Bestuur, in-oorlogverklaring

Art. 97
1. Ten behoeve van de verdediging en ter bescherming van de belangen van het Koninkrijk, alsmede ten behoeve van de handhaving en de bevordering van de internationale rechtsorde, is er een krijgsmacht.
2. De regering heeft het oppergezag over de krijgsmacht.
(Zie ook: art. 2 GW)

Bestuur, krijgsmacht

Art. 98
1. De krijgsmacht bestaat uit vrijwillig dienenden en kan mede bestaan uit dienstplichtigen.

Bestuur, samenstelling krijgsmacht

2. De wet regelt de verplichte militaire dienst en de bevoegdheid tot opschorting van de oproeping in werkelijke dienst.

Bestuur, dienstplicht

Art. 99
De wet regelt vrijstelling van militaire dienst wegens ernstige gewetensbezwaren.

Grondrecht, gewetensbezwaren tegen militaire dienst

Art. 99a
Volgens bij de wet te stellen regels kunnen plichten worden opgelegd ten behoeve van de civiele verdediging.

Bestuur, civiele verdediging

Art. 100
1. De regering verstrekt de Staten-Generaal vooraf inlichtingen over de inzet of het ter beschikking stellen van de krijgsmacht ter handhaving of bevordering van de internationale rechtsorde. Daaronder is begrepen het vooraf verstrekken van inlichtingen over de inzet of het ter beschikking stellen van de krijgsmacht voor humanitaire hulpverlening in geval van gewapend conflict.
2. Het eerste lid geldt niet, indien dwingende redenen het vooraf verstrekken van inlichtingen verhinderen. In dat geval worden inlichtingen zo spoedig mogelijk verstrekt.

Bestuur, inlichtingenplicht bij inzet krijgsmacht

Art. 101-102
[Vervallen]

Art. 103
1. De wet bepaalt in welke gevallen ter handhaving van de uit- of inwendige veiligheid bij koninklijk besluit een door de wet als zodanig aan te wijzen uitzonderingstoestand kan worden afgekondigd; zij regelt de gevolgen.
2. Daarbij kan worden afgeweken van de grondwetsbepalingen inzake de bevoegdheden van de besturen van provincies, gemeenten, openbare lichamen als bedoeld in artikel 132a en waterschappen, van de grondrechten geregeld in de artikelen 6, voor zover dit de uitoefening

Bestuur, afkondigen uitzonderingstoestand

Sdu

25

buiten gebouwen en besloten plaatsen van het in dit artikel omschreven recht betreft, 7, 8, 9, 12, tweede en derde lid, en 13, alsmede van artikel 113, eerste en derde lid.

3. Terstond na de afkondiging van een uitzonderingstoestand en voorts, zolang deze niet bij koninklijk besluit is opgeheven, telkens wanneer zij zulks nodig oordelen beslissen de Staten-Generaal omtrent het voortduren daarvan; zij beraadslagen en besluiten ter zake in verenigde vergadering.
(Zie ook: artt. 24, 51, 133 GW)

Art. 104

Bestuur, belastingheffing

Belastingen van het Rijk worden geheven uit kracht van een wet. Andere heffingen van het Rijk worden bij de wet geregeld.
(Zie ook: art. 132 GW)

Art. 105

Bestuur, begroting

1. De begroting van de ontvangsten en de uitgaven van het Rijk wordt bij de wet vastgesteld.
2. Jaarlijks worden voorstellen van algemene begrotingswetten door of vanwege de Koning ingediend op het in artikel 65 bedoelde tijdstip.
3. De verantwoording van de ontvangsten en de uitgaven van het Rijk wordt aan de Staten-Generaal gedaan overeenkomstig de bepalingen van de wet. De door de Algemene Rekenkamer goedgekeurde rekening wordt aan de Staten-Generaal overgelegd.

Bestuur, verantwoording ontvangsten/uitgaven

4. De wet stelt regels omtrent het beheer van de financiën van het Rijk.
(Zie ook: art. 76 GW; artt. 45, 46 RvO II; art. 1 CW)

Bestuur, geldstelsel

Art. 106
De wet regelt het geldstelsel.

Art. 107

Codificatie, bestuur

1. De wet regelt het burgerlijk recht, het strafrecht en het burgerlijk en strafprocesrecht in algemene wetboeken, behoudens de bevoegdheid tot regeling van bepaalde onderwerpen in afzonderlijke wetten.
2. De wet stelt algemene regels van bestuursrecht vast.

Art. 108
[Vervallen]

Art. 109

Bestuur, rechtspositie ambtenaren

De wet regelt de rechtspositie van de ambtenaren. Zij stelt tevens regels omtrent hun bescherming bij de arbeid en omtrent medezeggenschap.
(Zie ook: artt. 3, 19 GW)

Art. 110

Bestuur, openbaarheid

De overheid betracht bij de uitvoering van haar taak openbaarheid volgens regels bij de wet te stellen.
(Zie ook: art. 80 GW)

Art. 111

Bestuur, ridderorden

Ridderorden worden bij de wet ingesteld.

Hoofdstuk 6
Rechtspraak

Art. 112

Rechtspraak, civiele rechtspraak

1. Aan de rechterlijke macht is opgedragen de berechting van geschillen over burgerlijke rechten en over schuldvorderingen.

Rechtspraak, administratieve rechtspraak

2. De wet kan de berechting van geschillen die niet uit burgerlijke rechtsbetrekkingen zijn ontstaan, opdragen hetzij aan de rechterlijke macht, hetzij aan gerechten die niet tot de rechterlijke macht behoren. De wet regelt de wijze van behandeling en de gevolgen van de beslissingen.
(Zie ook: artt. 73, 115, 136 GW)

Art. 113

Rechtspraak, strafrechtspraak

1. Aan de rechterlijke macht is voorts opgedragen de berechting van strafbare feiten.

Rechtspraak, tuchtrechtspraak

2. Tuchtrechtspraak door de overheid ingesteld wordt bij de wet geregeld.

3. Een straf van vrijheidsontneming kan uitsluitend door de rechterlijke macht worden opgelegd.

Rechtspraak, berechting buiten Nederland/oorlogsstrafrecht

4. Voor berechting buiten Nederland en voor het oorlogsstrafrecht kan de wet afwijkende regels stellen.
(Zie ook: artt. 15, 103 GW; art. 9 BUPO; art. 5 EVRM)

Art. 114

Rechtspraak, doodstraf

De doodstraf kan niet worden opgelegd.
(Zie ook: art. 11 GW; art. 6 BUPO; art. 2 EVRM 6e prot.)

Grondwet

A2 art. 124

Art. 115
Ten aanzien van de in artikel 112, tweede lid, bedoelde geschillen kan administratief beroep worden opengesteld.
(Zie ook: art. 136 GW)

Rechtspraak, administratief beroep

Art. 116
1. De wet wijst de gerechten aan die behoren tot de rechterlijke macht.
2. De wet regelt de inrichting, samenstelling en bevoegdheid van de rechterlijke macht.
3. De wet kan bepalen, dat aan rechtspraak door de rechterlijke macht mede wordt deelgenomen door personen die niet daartoe behoren.
4. De wet regelt het toezicht door leden van de rechterlijke macht met rechtspraak belast uit te oefenen op de ambtsvervulling door zodanige leden en door de personen bedoeld in het vorige lid.
(Zie ook: artt. 38, 52 WED)

Rechtspraak, rechterlijke macht

Art. 117
1. De leden van de rechterlijke macht met rechtspraak belast en de procureur-generaal bij de Hoge Raad worden bij koninklijk besluit voor het leven benoemd.
2. Op eigen verzoek en wegens het bereiken van een bij de wet te bepalen leeftijd worden zij ontslagen.
3. In de gevallen bij de wet bepaald kunnen zij door een bij de wet aangewezen, tot de rechterlijke macht behorend gerecht worden geschorst of ontslagen.
4. De wet regelt overigens hun rechtspositie.
(Zie ook: artt. 57, 74, 77 GW; artt. 11, 36, 51, 62, 84 Wet RO)

Rechtspraak, rechtspositie leden rechterlijke macht

Art. 118
1. De leden van de Hoge Raad der Nederlanden worden benoemd uit een voordracht van drie personen, opgemaakt door de Tweede Kamer der Staten-Generaal.
2. De Hoge Raad is in de gevallen en binnen de grenzen bij de wet bepaald, belast met de cassatie van rechterlijke uitspraken wegens schending van het recht.
3. Bij de wet kunnen aan de Hoge Raad ook andere taken worden opgedragen.
(Zie ook: artt. 57, 77 GW; art. 427 WvSv; artt. 11, 22, 84, 88, 95 Wet RO; art. 407 Rv)

Rechtspraak, Hoge Raad

Rechtspraak, cassatie

Art. 119
De leden van de Staten-Generaal, de ministers en de staatssecretarissen staan wegens ambtsmisdrijven in die betrekkingen gepleegd, ook na hun aftreden terecht voor de Hoge Raad. De opdracht tot vervolging wordt gegeven bij koninklijk besluit of bij een besluit van de Tweede Kamer.
(Zie ook: art. 71 GW; art. 4 Min. verantw.; art. 355 WvSr; art. 483 WvSv; art. 92 Wet RO)

Rechtspraak, ambtsmisdrijven

Art. 120
De rechter treedt niet in de beoordeling van de grondwettigheid van wetten en verdragen.
(Zie ook: artt. 91, 94 GW; art. 11 Wet AB)

Rechtspraak, toetsingsverbod

Art. 121
Met uitzondering van de gevallen bij de wet bepaald vinden de terechtzittingen in het openbaar plaats en houden de vonnissen de gronden in waarop zij rusten. De uitspraak geschiedt in het openbaar.
(Zie ook: art. 14 BUPO; art. 6 EVRM; art. 20 Wet RO; artt. 18, 59 Rv)

Rechtspraak, openbaarheid terechtzitting/motivering vonnis

Art. 122
1. Gratie wordt verleend bij koninklijk besluit na advies van een bij de wet aangewezen gerecht en met inachtneming van bij of krachtens de wet te stellen voorschriften.
2. Amnestie wordt bij of krachtens de wet verleend.

Rechtspraak, gratie

Rechtspraak, amnestie

Hoofdstuk 7
Provincies, gemeenten, Caribische openbare lichamen, waterschappen en andere openbare lichamen

Art. 123
1. Bij de wet kunnen provincies en gemeenten worden opgeheven en nieuwe ingesteld.
2. De wet regelt de wijziging van provinciale en gemeentelijke grenzen.

Provincie en gemeente, instelling/opheffing

Art. 124
1. Voor provincies en gemeenten wordt de bevoegdheid tot regeling en bestuur inzake hun huishouding aan hun besturen overgelaten.
2. Regeling en bestuur kunnen van de besturen van provincies en gemeenten worden gevorderd bij of krachtens de wet.
(Zie ook: art. 132 GW; art. 108 PW; art. 108 Gemw)

Provincie en gemeente, autonomie

Provincie en gemeente, medebewind

A2 art. 125 — Grondwet

Art. 125

Provincie en gemeente, bestuursinrichting

1. Aan het hoofd van de provincie en de gemeente staan provinciale staten onderscheidenlijk de gemeenteraad. Hun vergaderingen zijn openbaar, behoudens bij de wet te regelen uitzonderingen.
2. Van het bestuur van de provincie maken ook deel uit gedeputeerde staten en de commissaris van de Koning, van het bestuur van de gemeente het college van burgemeester en wethouders en de burgemeester.

Art. 126

Provincie en gemeente, ambtsinstructie commissaris van de Koning

Bij de wet kan worden bepaald, dat de commissaris van de Koning wordt belast met de uitvoering van een door de regering te geven ambtsinstructie.

Art. 127

Provincie en gemeente, vaststelling verordening

Provinciale staten en de gemeenteraad stellen, behoudens bij de wet of door hen krachtens de wet te bepalen uitzonderingen, de provinciale onderscheidenlijk de gemeentelijke verordeningen vast.
(Zie ook: artt. 105, 107 PW; art. 108 Gemw)

Art. 128

Provincie en gemeente, toekennen bevoegdheden aan andere organen

Behoudens in de gevallen bedoeld in artikel 123, kan de toekenning van bevoegdheden, als bedoeld in artikel 124, eerste lid, aan andere organen dan die, genoemd in artikel 125, alleen door provinciale staten onderscheidenlijk de gemeenteraad geschieden.
(Zie ook: art. 93 PW; art. 82 Gemw)

Art. 129

Provincie en gemeente, verkiezing bestuur

1. De leden van provinciale staten en van de gemeenteraad worden rechtstreeks gekozen door de Nederlanders, tevens ingezetenen van de provincie onderscheidenlijk de gemeente, die voldoen aan de vereisten die gelden voor de verkiezing van de Tweede Kamer der Staten-Generaal. Voor het lidmaatschap gelden dezelfde vereisten.

Provincie en gemeente, evenredige vertegenwoordiging

2. De leden worden gekozen op de grondslag van evenredige vertegenwoordiging binnen door de wet te stellen grenzen.

Schakelbepaling

3. De artikelen 53, tweede lid, en 59 zijn van toepassing. Artikel 57a is van overeenkomstige toepassing.

Provincie en gemeente, zittingsduur bestuur

4. De zittingsduur van provinciale staten en de gemeenteraad is vier jaren, behoudens bij de wet te bepalen uitzonderingen.

Provincie en gemeente, incompatibiliteiten

5. De wet bepaalt welke betrekkingen niet gelijktijdig met het lidmaatschap kunnen worden uitgeoefend. De wet kan bepalen, dat beletselen voor het lidmaatschap voortvloeien uit verwantschap of huwelijk en dat het verrichten van bij de wet aangewezen handelingen tot het verlies van het lidmaatschap kan leiden.

Provincie en gemeente, stemmen zonder last

6. De leden stemmen zonder last.
(Zie ook: artt. 2, 4, 54, 56, 67 GW; art. B1 KW; artt. 10, 13 PW; artt. 10, 13 Gemw)

Art. 130

Provincie en gemeente, kiesrecht niet-Nederlander

De wet kan het recht de leden van de gemeenteraad te kiezen en het recht lid van de gemeenteraad te zijn toekennen aan ingezetenen, die geen Nederlander zijn, mits zij tenminste voldoen aan de vereisten die gelden voor ingezetenen die tevens Nederlander zijn.
(Zie ook: art. 2 GW)

Art. 131

Provincie en gemeente, benoeming commissaris van de Koning/burgemeester

De commissaris van de Koning en de burgemeester worden aangesteld, geschorst en ontslagen op een bij de wet te bepalen wijze. Krachtens de wet kunnen nadere regels worden gesteld over de daarbij te volgen procedures.
(Zie ook: art. 61 PW; art. 61 Gemw)

Art. 132

Provincie en gemeente, inrichting/samenstelling/bevoegdheid

1. De wet regelt de inrichting van provincies en gemeenten, alsmede de samenstelling en bevoegdheid van hun besturen.
2. De wet regelt het toezicht op deze besturen.
3. Besluiten van deze besturen kunnen slechts aan voorafgaand toezicht worden onderworpen in bij of krachtens de wet te bepalen gevallen.
4. Vernietiging van besluiten van deze besturen kan alleen geschieden bij koninklijk besluit wegens strijd met het recht of het algemeen belang.
5. De wet regelt de voorzieningen bij in gebreke blijven ten aanzien van regeling en bestuur, gevorderd krachtens artikel 124, tweede lid. Bij de wet kunnen met afwijking van de artikelen 125 en 127 voorzieningen worden getroffen voor het geval het bestuur van een provincie of een gemeente zijn taken grovelijk verwaarloost.
6. De wet bepaalt welke belastingen door de besturen van provincies en gemeenten kunnen worden geheven en regelt hun financiële verhouding tot het Rijk.
(Zie ook: artt. 104, 124 GW; artt. 107, 201, 207, 220, 261 PW; artt. 110, 124, 155, 203, 218 Gemw)

Grondwet

Art. 132a
1. Bij de wet kunnen in het Caribische deel van Nederland andere territoriale openbare lichamen dan provincies en gemeenten worden ingesteld en opgeheven.

2. De artikelen 124, 125 en 127 tot en met 132 zijn ten aanzien van deze openbare lichamen van overeenkomstige toepassing.
3. In deze openbare lichamen worden verkiezingen gehouden voor een kiescollege voor de Eerste Kamer. Artikel 129 is van overeenkomstige toepassing.
4. Voor deze openbare lichamen kunnen regels worden gesteld en andere specifieke maatregelen worden getroffen met het oog op bijzondere omstandigheden waardoor deze openbare lichamen zich wezenlijk onderscheiden van het Europese deel van Nederland.

Provincie en gemeente, inrichting/samenstelling/bevoegdheid Caribisch deel Nederland

Art. 133
1. De opheffing en instelling van waterschappen, de regeling van hun taken en inrichting, alsmede de samenstelling van hun besturen, geschieden volgens bij de wet te stellen regels bij provinciale verordening, voor zover bij of krachtens de wet niet anders is bepaald.
2. De wet regelt de verordenende en andere bevoegdheden van de besturen van de waterschappen, alsmede de openbaarheid van hun vergaderingen.
3. De wet regelt het provinciale en overige toezicht op deze besturen. Vernietiging van besluiten van deze besturen kan alleen geschieden wegens strijd met het recht of het algemeen belang.
(Zie ook: art. 98 PW)

Waterschap, inrichting/samenstelling/bevoegdheid

Art. 134
1. Bij of krachtens de wet kunnen openbare lichamen voor beroep en bedrijf en andere openbare lichamen worden ingesteld en opgeheven.

2. De wet regelt de taken en de inrichting van deze openbare lichamen, de samenstelling en bevoegdheid van hun besturen, alsmede de openbaarheid van hun vergaderingen. Bij of krachtens de wet kan aan hun besturen verordenende bevoegdheid worden verleend.
3. De wet regelt het toezicht op deze besturen. Vernietiging van besluiten van deze besturen kan alleen geschieden wegens strijd met het recht of het algemeen belang.
(Zie ook: artt. 1, 56, 128 Wet BO)

Openbare lichamen, inrichting/samenstelling/bevoegdheid

Art. 135
De wet geeft regels ter voorziening in zaken waarbij twee of meer openbare lichamen zijn betrokken. Daarbij kan in de instelling van een nieuw openbaar lichaam worden voorzien, in welk geval artikel 134, tweede en derde lid, van toepassing is.

Openbare lichamen, gemeenschappelijke regelingen

Art. 136
De geschillen tussen openbare lichamen worden bij koninklijk besluit beslist, tenzij deze behoren tot de kennisneming van de rechterlijke macht of hun beslissing bij de wet aan anderen is opgedragen.
(Zie ook: artt. 112, 115 GW; art. 26 Wet RvS)

Openbare lichamen, geschillen

Hoofdstuk 8
Herziening van de Grondwet

Art. 137
1. De wet verklaart, dat een verandering in de Grondwet, zoals zij die voorstelt, in overweging zal worden genomen.
2. De Tweede Kamer kan, al dan niet op een daartoe door of vanwege de Koning ingediend voorstel, een voorstel voor zodanige wet splitsen.
3. Na de bekendmaking van de wet, bedoeld in het eerste lid, wordt de Tweede Kamer ontbonden.
4. Nadat de nieuwe Tweede Kamer is samengekomen, overwegen beide kamers in tweede lezing het voorstel tot verandering, bedoeld in het eerste lid. Zij kunnen dit alleen aannemen met ten minste twee derden van het aantal uitgebrachte stemmen.
5. De Tweede Kamer kan, al dan niet op een daartoe door of vanwege de Koning ingediend voorstel, met ten minste twee derden van het aantal uitgebrachte stemmen een voorstel tot verandering splitsen.
(Zie ook: art. 64 GW; BoTKSG; BoTKSG1; BoEKSG)

Grondwetsherziening, procedure

Art. 138
1. Voordat de in tweede lezing aangenomen voorstellen tot verandering in de Grondwet door de Koning worden bekrachtigd, kunnen bij de wet:
   a. de aangenomen voorstellen en de ongewijzigd gebleven bepalingen van de Grondwet voor zoveel nodig aan elkaar worden aangepast;
   b. de indeling in en de plaats van hoofdstukken, paragrafen en artikelen, alsmede de opschriften worden gewijzigd.

Grondwetsherziening, aanpassing niet-gewijzigde bepalingen

2. Een voorstel van wet, houdende voorzieningen als bedoeld in het eerste lid onder a, kunnen de kamers alleen aannemen met ten minste twee derden van het aantal uitgebrachte stemmen.

Art. 139

Grondwetsherziening, bekendmaking/inwerkingtreding

De veranderingen in de Grondwet, door de Staten-Generaal aangenomen en door de Koning bekrachtigd, treden terstond in werking, nadat zij zijn bekendgemaakt.

Art. 140

Grondwetsherziening, handhaving bestaande regelgeving

Bestaande wetten en andere regelingen en besluiten die in strijd zijn met een verandering in de Grondwet, blijven gehandhaafd, totdat daarvoor overeenkomstig de Grondwet een voorziening is getroffen.

Art. 141

Grondwetsherziening, bekendmaking herziene Grondwet

De tekst van de herziene Grondwet wordt bij koninklijk besluit bekendgemaakt, waarbij hoofdstukken, paragrafen en artikelen kunnen worden vernummerd en verwijzingen dienovereenkomstig kunnen worden veranderd.

Art. 142

Grondwetsherziening, aanpassing Grondwet aan Statuut

De Grondwet kan bij de wet met het Statuut voor het Koninkrijk der Nederlanden in overeenstemming worden gebracht. De artikelen 139, 140 en 141 zijn van overeenkomstige toepassing.

Additionele artikelen

Art. I

Inwerkingtreding art. 57a en 129 lid 3

De artikelen 57a en 129, derde lid, tweede volzin treden eerst na vier jaar of op een bij of krachtens de wet te bepalen eerder tijdstip in werking.

Art. II

Geldigheid art. 54 lid 2

Artikel 54, tweede lid, naar de tekst van 1983 blijft gedurende vijf jaren of een bij of krachtens de wet te bepalen kortere termijn van kracht. Deze termijn kan bij de wet voor ten hoogste vijf jaren worden verlengd.

Artikel 54, tweede lid
Van het kiesrecht is uitgesloten:
a. hij die wegens het begaan van een daartoe bij de wet aangewezen delict bij onherroepelijke rechterlijke uitspraak is veroordeeld tot een vrijheidsstraf van ten minste een jaar en hierbij tevens is ontzet van het kiesrecht;
b. hij die krachtens onherroepelijke rechterlijke uitspraak wegens een geestelijke stoornis onbekwaam is rechtshandelingen te verrichten.

Art. III
[Vervallen]

Art. IV
[Wijzigt het Statuut voor het Koninkrijk der Nederlanden.]

Art. V-VIII
[Vervallen]

Art. IX

Legaliteitsbeginsel, toepasselijkheid Besluit Buitengewoon Strafrecht

Artikel 16 is niet van toepassing ten aanzien van feiten, strafbaar gesteld krachtens het Besluit Buitengewoon Strafrecht.

Art. X-XVIII
[Vervallen]

Art. XIX

Bestuur, formulier van afkondiging der wetten

Het formulier van afkondiging, vastgesteld bij artikel 81 en de formulieren van verzending en kennisgeving, vastgesteld bij de artikelen 123, 124, 127, 128 en 130 van de Grondwet naar de tekst van 1972, blijven van kracht totdat daarvoor een regeling is getroffen.

Artikel 81
Het formulier van afkondiging der wetten is het volgende:
"Wij" enz. "Koning der Nederlanden", enz.
"Allen, die deze zullen zien of horen lezen, saluut! doen te weten:
"Alzo Wij in overweging genomen hebben, dat" enz.
(De beweegredenen der wet).
"Zo is het, dat Wij, de Raad van State gehoord, en met gemeen overleg der Staten-Generaal, hebben goedgevonden en verstaan, gelijk Wij goedvinden en verstaan bij deze" enz.
(De inhoud der wet).
"Gegeven". enz.
Ingeval een Koningin regeert of het Koninklijk gezag door een Regent of door de Raad van State wordt waargenomen, wordt de daardoor nodige wijziging in dit formulier gebracht.
Artikel 130

De Koning doet de Staten-Generaal zo spoedig mogelijk kennis dragen, of hij een voorstel van wet, door hen aangenomen, al dan niet goedkeurt. Die kennisgeving geschiedt met een der volgende formulieren:
"De Koning bewilligt in het voorstel."
of:
"De Koning houdt het voorstel in overweging."
Art. XX-XXX
[Vervallen]

Verandering van de Grondwet, strekkende tot het opnemen van een bepaling over het recht op een eerlijk proces[1]

VOORSTEL VAN WET
Wij Willem-Alexander, bij de gratie Gods, Koning der Nederlanden, Prins van Oranje-Nassau, enz. enz. enz.
Allen, die deze zullen zien of horen lezen, saluut! doen te weten:
Alzo Wij in overweging genomen hebben dat de wet van 21 februari 2018 (Stb. 2018, 88), heeft verklaard dat er grond bestaat een voorstel in overweging te nemen tot het opnemen van een bepaling over het recht op een eerlijk proces;
Zo is het, dat Wij, de Afdeling advisering van de Raad van State gehoord, en met gemeen overleg der Staten-Generaal, hebben goedge-vonden en verstaan, gelijk Wij goedvinden en verstaan bij deze:

ARTIKEL I

De Grondwet ondergaat de in artikel II omschreven veranderingen.

ARTIKEL II

Artikel 17 van de Grondwet wordt als volgt gewijzigd:
1. Voor de tekst wordt de aanduiding «2.» geplaatst.
2. Voor het tweede lid (nieuw) wordt een lid ingevoegd, luidende:
1. Ieder heeft bij het vaststellen van zijn rechten en verplichtingen of bij het bepalen van de gegrondheid van een tegen hem ingestelde vervolging recht op een eerlijk proces binnen een redelijke termijn voor een onafhankelijke en onpartijdige rechter.

---

1   Dit betreft een tweedelezingsvoorstel. Kst. 35 784, nr. 2.

Toevoeging van een bepaling dat de Grondwet de grondrechten en democratische rechtsstaat beschermt

A2

Verandering van de Grondwet, strekkende tot het opnemen van een algemene bepaling[1]

VOORSTEL VAN WET
Wij Willem-Alexander, bij de gratie Gods, Koning der Nederlanden, Prins van Oranje-Nassau, enz. enz. enz.
Allen, die deze zullen zien of horen lezen, saluut! doen te weten:
Alzo Wij in overweging genomen hebben dat de wet van 9 maart 2018 (Stb. 2018, 86), heeft verklaard dat er grond bestaat een voorstel in overweging te nemen tot het opnemen van een algemene bepaling;
Zo is het, dat Wij, de Afdeling advisering van de Raad van State gehoord, en met gemeen overleg der Staten-Generaal, hebben goedge-vonden en verstaan, gelijk Wij goedvinden en verstaan bij deze:

ARTIKEL I

De Grondwet ondergaat de in artikel II omschreven veranderingen.

ARTIKEL II

De Grondwet wordt als volgt gewijzigd:
Voor hoofdstuk 1 wordt een ongenummerd artikel ingevoegd, luidende:

Algemene bepaling
De Grondwet waarborgt de grondrechten en de democratische rechtsstaat.

---

1   Dit betreft een tweedelezingsvoorstel. Kst. 35 784, nr. 2.

Verandering in de Grondwet van de bepaling inzake de onschendbaarheid van het brief-, telefoon- en telegraafgeheim[1]

VOORSTEL VAN WET
Wij Willem-Alexander, bij de gratie Gods, Koning der Nederlanden, Prins van Oranje-Nassau, enz. enz. enz.
Allen, die deze zullen zien of horen lezen, saluut! doen te weten:
Alzo Wij in overweging genomen hebben dat de wet van 19 augustus 2017 (Stb. 2017, 334), heeft verklaard dat er grond bestaat een voorstel in overweging te nemen tot verandering in de Grondwet van de bepaling inzake de onschendbaarheid van het brief-, telefoon- en telegraafgeheim;
Zo is het, dat Wij, de Afdeling advisering van de Raad van State gehoord, en met gemeen overleg der Staten-Generaal, hebben goedge-vonden en verstaan, gelijk Wij goedvinden en verstaan bij deze:

ARTIKEL I

De Grondwet ondergaat de in artikel II omschreven veranderingen.

ARTIKEL II

Artikel 13 van de Grondwet komt te luiden:

Art. 13
1. Ieder heeft recht op eerbiediging van zijn brief- en telecommunicatiegeheim.
2. Beperking van dit recht is mogelijk in de gevallen bij de wet bepaald met machtiging van de rechter of, in het belang van de nationale veiligheid, door of met machtiging van hen die daartoe bij de wet zijn aangewezen.

---

1   Dit betreft een tweedelezingsvoorstel. Kst. 35 784, nr. 2.

Verandering in de Grondwet van de bepaling inzake veranderingen in de Grondwet (herijking Grondwetsherzieningsprocedure)[1]

VOORSTEL VAN WET
Wij Willem-Alexander, bij de gratie Gods, Koning der Nederlanden, Prins van Oranje-Nassau, enz. enz. enz.
Allen, die deze zullen zien of horen lezen, saluut! doen te weten:
Alzo Wij in overweging genomen hebben dat de wet van 14 oktober 2020 (Stb. 2020, 430) heeft verklaard dat er grond bestaat een voorstel in overweging te nemen tot verandering in de Grondwet van de bepaling inzake veranderingen in de Grondwet;
Zo is het, dat Wij, de Afdeling advisering van de Raad van State gehoord, en met gemeen overleg der Staten-Generaal, hebben goedge-vonden en verstaan, gelijk Wij goedvinden en verstaan bij deze:

ARTIKEL I
De Grondwet ondergaat de in de artikelen II en III omschreven verande-ringen.

ARTIKEL II
Artikel 137 van de Grondwet wordt als volgt gewijzigd:
1. Het derde lid komt te luiden:
3. De Tweede Kamer die wordt gekozen na de bekendmaking van de wet, bedoeld in het eerste lid, overweegt in tweede lezing het voorstel tot verandering, bedoeld in het eerste lid. Indien deze Tweede Kamer geen besluit neemt over het voorstel, vervalt dit van rechtswege. Zodra zij het voorstel heeft aangenomen, overweegt de Eerste Kamer dit in tweede lezing. De beide kamers kunnen het voorstel tot verandering alleen aannemen met ten minste twee derden van het aantal uitgebrachte stemmen.
2. Het vierde lid vervalt, onder vernummering van het vijfde lid tot vierde lid.

ARTIKEL III
Aan de Grondwet wordt het volgende additionele artikel toegevoegd:

ARTIKEL IV
1. Artikel 137 van de Grondwet zoals dat luidde voor de inwerking-treding van dit artikel, blijft van kracht ten aanzien van een voorstel tot verandering in de Grondwet waarvan de wet die verklaart dat zij in overweging zal worden genomen, is bekendgemaakt vóór de datum waarop de Tweede Kamer is gekozen die zitting heeft op de datum van inwerkingtreding van dit artikel.
2. Indien een wijziging van artikel 137 van de Grondwet in werking is getreden die ertoe strekt dat de Staten-Generaal in verenigde vergadering een voorstel tot verandering in de Grondwet in tweede lezing overwegen, komt het derde lid van artikel 137 van de Grondwet te luiden:
3. Nadat de Tweede Kamer die wordt gekozen na de bekendmaking van de wet, bedoeld in het eerste lid, is samengekomen, overwegen de Staten-Generaal in verenigde vergadering in tweede lezing het voorstel tot verandering, bedoeld in het eerste lid. Zij kunnen dit alleen aannemen met ten minste twee derden van het aantal uitgebrachte stemmen. Indien zij gedurende de zittingsduur van de in de eerste volzin bedoelde Tweede Kamer geen besluit nemen over het voorstel, vervalt dit van rechtswege.
3. Dit additionele artikel vervalt op een bij wet te bepalen tijdstip, nadat de behandeling van voorstellen tot verandering in de Grondwet als bedoeld in het eerste en het tweede lid is afgerond.

---

1 Dit betreft een tweedelezingsvoorstel. Kst. 35 784, nr. 2.

Verandering in de Grondwet strekkende tot het opnemen van een bepaling over een door niet-ingezetenen gekozen kiescollege voor de verkiezing van de Eerste Kamer der Staten-Generaal[1]

VOORSTEL VAN WET
Wij Willem-Alexander, bij de gratie Gods, Koning der Nederlanden, Prins van Oranje-Nassau, enz. enz. enz.
Allen, die deze zullen zien of horen lezen, saluut! doen te weten:
Alzo Wij in overweging genomen hebben dat de wet van 14 oktober 2020 (Stb. 2020, 429) heeft verklaard dat er grond bestaat een voorstel in overweging te nemen tot verandering in de Grondwet strekkende tot het opnemen van een bepaling over een door niet-ingezetenen gekozen kiescollege voor de verkiezing van de Eerste Kamer der Staten-Generaal;
Zo is het, dat Wij, de Afdeling advisering van de Raad van State gehoord, en met gemeen overleg der Staten-Generaal, hebben goedge-vonden en verstaan, gelijk Wij goedvinden en verstaan bij deze:

ARTIKEL I

De Grondwet ondergaat de in de artikelen II en III omschreven veranderingen.

ARTIKEL II

Artikel 55 van de Grondwet wordt als volgt gewijzigd:
1. Voor de tekst wordt de aanduiding «1.» geplaatst.
2. In het eerste lid wordt «en de leden van een kiescollege als bedoeld in artikel 132a, derde lid» vervangen door «en de leden van de kiescolleges, bedoeld in het tweede lid en artikel 132a, derde lid».
3. Er wordt een lid toegevoegd, luidende:
2. Ten behoeve van Nederlanders die geen ingezetenen zijn en die voldoen aan de vereisten die gelden voor de verkiezing van de Tweede Kamer der Staten-Generaal, worden verkiezingen gehouden voor een kiescollege voor de Eerste Kamer. De leden van dit kiescollege worden rechtstreeks gekozen door deze Nederlanders. Voor het lidmaatschap gelden dezelfde vereisten. Artikel 129, tweede tot en met zesde lid, is van overeenkomstige toepassing.

ARTIKEL III

Aan de Grondwet wordt het volgende additionele artikel toegevoegd:

ARTIKEL IV

1. Artikel 55 naar de tekst van 2017 blijft gedurende vijf jaren of een bij of krachtens de wet te bepalen kortere termijn van kracht. Deze termijn kan bij de wet voor ten hoogste vijf jaren worden verlengd.
2. Dit additionele artikel vervalt op de dag waarop de termijn, bedoeld in het eerste lid, eindigt.

---

[1] Dit betreft een tweedelezingsvoorstel. Kst. 35 784, nr. 2.

Voorstel van wet van het lid Van Raak houdende verandering in de Grondwet, strekkende tot opneming van bepalingen inzake het correctief referendum[1]

VOORSTEL VAN WET
Wij Willem-Alexander, bij de gratie Gods, Koning der Nederlanden, Prins van Oranje-Nassau, enz. enz. enz.
Allen, die deze zullen zien of horen lezen, saluut! doen te weten:
Alzo Wij in overweging genomen hebben, dat de wet van 1 februari 2021 (Stb. 2021, 58) heeft verklaard dat er grond bestaat een voorstel in overweging te nemen tot verandering in de Grondwet, strekkende tot opneming van bepalingen inzake het correctief referendum;
Zo is het, dat Wij, de Afdeling advisering van de Raad van State gehoord, en met gemeen overleg der Staten-Generaal, hebben goedgevonden en verstaan, gelijk Wij goedvinden en verstaan bij deze:

ARTIKEL I

De Grondwet ondergaat de in artikel II omschreven veranderingen.

ARTIKEL II

De Grondwet wordt als volgt gewijzigd:

A
In artikel 81 wordt voor de punt aan het slot ingevoegd «, behoudens de mogelijkheid van een referendum met toepassing van paragraaf 1A».

B
Na paragraaf 1 van hoofdstuk 5 wordt een paragraaf ingevoegd, luidende:

§ 1A
Referendum

Art. 89a
1. Een voorstel van wet dat door de Staten-Generaal is aangenomen, wordt aan een referendum onder de in artikel 54 bedoelde kiesgerechtigden onderworpen, indien een bij de wet te bepalen aantal kiesgerechtigden daartoe de wens kenbaar heeft gemaakt, een en ander volgens bij of krachtens de wet te stellen regels. De kamers kunnen een voorstel van wet terzake van het vereiste aantal kiesgerechtigden alleen aannemen met ten minste twee derden van het aantal uitgebrachte stemmen.
2. Aan een verzoek als bedoeld in het eerste lid wordt geen gevolg gegeven, indien de Koning de Staten-Generaal kennis heeft gegeven van zijn besluit waarbij aan het voorstel de bekrachtiging is onthouden.

Art. 89b
Niet aan een referendum kunnen worden onderworpen:
a. voorstellen van wet inzake het koningschap;
b. voorstellen van wet inzake het koninklijk huis;
c. voorstellen van wet tot verandering in de Grondwet en voorstellen van wet houdende verklaring dat er grond bestaat een voorstel hiertoe in overweging te nemen;
d. voorstellen van wet inzake de belastingen, bedoeld in artikel 104;
e. voorstellen van wet inzake de begroting, bedoeld in artikel 105, eerste en derde lid;
f. voorstellen van wet die uitsluitend strekken tot uitvoering van verdragen of besluiten van volkenrechtelijke organisaties;
g. voorstellen van wet die strekken tot goedkeuring van verdragen;
h. voorstellen van rijkswet.

---

1 Dit betreft een tweedelezingsvoorstel. Kst. 35 784, nr. 2.

Art. 89c
De bekrachtiging van een voorstel van wet kan eerst plaatsvinden nadat over dit voorstel een referendum is gehouden of nadat is komen vast te staan dat daarover geen referendum wordt gehouden.

Art. 89d
1. Indien bij het referendum een meerderheid zich tegen het voorstel van wet uitspreekt en deze meerderheid ten minste gelijk is aan een meerderheid van het aantal bij de meest recente verkiezingen van de leden van de Tweede Kamer uitgebrachte geldige stemmen, vervalt het voorstel van rechtswege.
2. Indien bij het referendum niet een meerderheid die ten minste gelijk is aan een meerderheid van het aantal bij de meest recente verkiezingen van de leden van de Tweede Kamer uitgebrachte geldige stemmen, zich tegen het voorstel van wet uitspreekt, wordt het voorstel terstond bekrachtigd.

Art. 89e
1. Indien de bekrachtiging van een voorstel van wet geen uitstel kan lijden, kan, mits het voorstel dit bepaalt, de bekrachtiging terstond plaatsvinden nadat de Staten-Generaal het voorstel hebben aangenomen. Het tot wet geworden voorstel kan overeenkomstig de artikelen 89a en 89b aan een referendum worden onderworpen.
2. Indien bij het referendum een meerderheid als bedoeld in artikel 89d, eerste lid, zich tegen de wet uitspreekt, vervalt de wet van rechtswege. De wet regelt de gevolgen hiervan.

Art. 89f
Alles, wat verder het in deze paragraaf bedoelde referendum betreft, wordt bij de wet geregeld.

C
Na artikel 128 wordt een artikel ingevoegd, luidende:

Art. 128a
1. Bij provinciale onderscheidenlijk gemeentelijke verordening kan worden bepaald dat besluiten van provinciale staten of de gemeenteraad aan een beslissend referendum worden onderworpen onder de in de artikelen 129 en 130 bedoelde kiesgerechtigden voor provinciale staten onderscheidenlijk de gemeenteraad, indien een bij provinciale onderscheidenlijk gemeentelijke verordening te bepalen aantal van deze kiesgerechtigden daartoe de wens kenbaar maakt, een en ander volgens bij provinciale onderscheidenlijk gemeentelijke verordening te stellen regels.
2. Indien bij het referendum een meerderheid zich tegen het besluit van provinciale staten of de gemeenteraad uitspreekt en deze meerderheid ten minste gelijk is aan een meerderheid van het aantal bij de meest recente verkiezingen van de leden van de provinciale staten onderscheidenlijk de gemeenteraad uitgebrachte geldige stemmen, vervalt het besluit van rechtswege.

D
Na artikel 133 wordt een artikel ingevoegd, luidende:

Art. 133a
1. De besturen van de waterschappen kunnen bij verordening bepalen dat besluiten van deze besturen aan een beslissend referendum worden onderworpen onder de ingezetenen, indien een bij verordening te bepalen aantal van deze ingezetenen daartoe de wens kenbaar maakt, een en ander volgens bij verordening te stellen regels.
2. Indien bij het referendum een meerderheid zich tegen het besluit uitspreekt en deze meerderheid een bij wet te bepalen deel omvat van hen die gerechtigd waren aan het referendum deel te nemen, vervalt het besluit van rechtswege.

E
Er wordt een additioneel artikel toegevoegd, luidende:

ARTIKEL XXXI

De wijziging in artikel 81 alsmede de artikelen 89a tot en met 89f, 128a en 133a treden eerst na vijf jaren of op een bij of krachtens de wet te bepalen eerder tijdstip in werking. Deze termijn kan bij de wet voor ten hoogste vijf jaren worden verlengd. Het tijdstip van inwerkingtreding kan voor de artikelen 89a tot en met 89f anders worden vastgesteld dan voor de artikelen 128a en 133a.

Voorstel van wet van de leden Bergkamp, Özütok en Van den Hul houdende verandering in de Grondwet, strekkende tot toevoeging van handicap en seksuele gerichtheid als non-discriminatiegrond[1]

VOORSTEL VAN WET
Wij Willem-Alexander, bij de gratie Gods, Koning der Nederlanden, Prins van Oranje-Nassau, enz. enz. enz.

Allen, die deze zullen zien of horen lezen, saluut! doen te weten:
Alzo Wij in overweging genomen hebben, dat de wet van 16 februari 2021 (Stb. 2021, 87) heeft verklaard dat er grond bestaat een voorstel in overweging te nemen tot verandering in de Grondwet, strekkende tot toevoeging van handicap en seksuele gerichtheid als non-discriminatiegrond;
Zo is het, dat Wij, de Afdeling advisering van de Raad van State gehoord, en met gemeen overleg der Staten-Generaal, hebben goedge-vonden en verstaan, gelijk Wij goedvinden en verstaan bij deze:

ARTIKEL I

De Grondwet ondergaat de in artikel II omschreven veranderingen.

ARTIKEL II

In artikel 1 wordt na «geslacht» ingevoegd: , handicap, seksuele gerichtheid.

---

1 Dit betreft een tweedelezingsvoorstel. Kst. 35 784, nr. 2.

Regentschapswet 2013[1]

Rijkswet van 4 december 2013 tot benoeming van een regent voor het geval van erfopvolging door de Koning die niet de leeftijd van achttien jaar heeft bereikt

Wij Willem-Alexander, bij de gratie Gods, Koning der Nederlanden, Prins van Oranje-Nassau, enz. enz. enz.
Allen, die deze zullen zien of horen lezen, saluut! doen te weten:
Alzo Wij in overweging genomen hebben, dat het ter voldoening aan het bepaalde in artikel 37, eerste lid, aanhef en onder a, tweede en vierde lid, van de Grondwet wenselijk is een regent te benoemen alsmede een opvolger van de regent, voor het geval de wettige nakomeling van de Koning, krachtens erfopvolging Koning geworden, de leeftijd van achttien jaar niet heeft bereikt;
Zo is het, dat Wij, de Afdeling advisering van de Raad van State van het Koninkrijk gehoord, en met gemeen overleg der Staten-Generaal, de bepalingen van het Statuut voor het Koninkrijk in acht genomen zijnde, hebben goedgevonden en verstaan, gelijk Wij goedvinden en verstaan bij deze:

Art. 1
Gedurende de periode dat de uit Ons huwelijk met Hare Majesteit Koningin Máxima, Prinses der Nederlanden, Prinses van Oranje-Nassau, geboren wettige nakomeling die krachtens erfopvolging Koning is geworden, de leeftijd van achttien jaar niet heeft bereikt, is Onze voornoemde echtgenote regent van het Koninkrijk.

Art. 2
1. Indien Onze voornoemde echtgenote is overleden voordat de in artikel 1 genoemde periode aanvangt, is gedurende de in artikel 1 genoemde periode Zijne Koninklijke Hoogheid Constantijn Christof Frederik Aschwin, Prins der Nederlanden, Prins van Oranje-Nassau, Jonkheer van Amsberg, regent van het Koninkrijk.
2. Indien Onze voornoemde echtgenote gedurende haar regentschap hiervan afstand doet of overlijdt, dan is Zijne Koninklijke Hoogheid Constantijn Christof Frederik Aschwin, Prins der Nederlanden, Prins van Oranje-Nassau, Jonkheer van Amsberg bij opvolging regent van het Koninkrijk.

Art. 3
De rijkswet van 10 juni 1981, houdende benoeming van een Regent voor het geval van erfopvolging door de troonopvolger die niet de leeftijd heeft bereikt waarop hij ingevolge de Grondwet kan aanvangen het Koninklijk gezag uit te oefenen (Stb. 1981, 382), wordt ingetrokken.

Art. 4
Deze rijkswet treedt in werking met ingang van de dag na de datum van uitgifte van het Staatsblad waarin zij wordt geplaatst.

---

[1] Inwerkingtredingsdatum: 18-12-2013.

Wet algemene bepalingen[1]

Wet van 15 mei 1829, houdende algemeene bepalingen der wetgeving van het Koningrijk

Wij WILLEM, bij de gratie Gods, Koning der Nederlanden, Prins van Oranje-Nassau, Groot-Hertog van Luxemburg, enz., enz., enz.
Allen den genen, die deze zullen zien of hooren lezen, salut! doen te weten:
Alzoo Wij hebben in overweging genomen, dat *de algemeene bepalingen*, vervat bij de wet van den 14den Juni 1822 (*staatsblad* n°. 10), niet *bij uitsluiting* toepasselijk zijn op het burgerlijk wetboek;
Dat daarenboven art. 1 over eene stoffe handelt, welke hare plaats zal behooren te vinden in eene afzonderlijke wet;
Zoo is het, dat Wij, den Raad van State gehoord, en met gemeen overleg der Staten-Generaal, Hebben goedgevonden en verstaan, gelijk Wij goedvinden en verstaan te bepalen hetgeen volgt:

Art. 1-3
[Vervallen]

Art. 4
De wet verbindt alleen voor het toekomende en heeft geene terugwerkende kracht.   **Geen terugwerkende kracht**
(*Zie ook: art. 77 BW Boek 1; art. 1 WvSr*)

Art. 5
Eene wet kan alleen door eene latere wet, voor het geheel of gedeeltelijk, hare kracht verliezen.   **Uitschakelbepaling**
(*Zie ook: art. 1 WvSr*)

Art. 6-7
[Vervallen]

Art. 8
De strafwetten en de verordeningen van policie, zijn verbindende voor allen die zich op het grondgebied van het Koningrijk bevinden.   **Strafrecht, werkingssfeer**

Art. 9
Het burgerlijk regt van het Koningrijk is hetzelfde voor vreemdelingen als voor de Nederlanders, zoo lange de wet niet bepaaldelijk het tegendeel vaststelt.   **Burgerlijk recht, werkingssfeer**
(*Zie ook: art. 1 BW Boek 1; artt. 1, 4 GW; art. 152 Rv*)

Art. 10
[Vervallen]

Art. 11
De regter moet volgens de wet regt spreken: hij mag in geen geval de innerlijke waarde of billijkheid der wet beoordeelen.   **Rechtsmacht, rechterlijke bevoegdheid**
(*Zie ook: artt. 91, 94, 120 GW; art. 99 Wet RO*)

Art. 12
Geen regter mag bij wege van algemeene verordening, dispositie of reglement, uitspraak doen in zaken welke aan zijne beslissing onderworpen zijn.

Art. 13
De regter die weigert regt te spreken, onder voorwendsel van het stilzwijgen, de duisterheid of de onvolledigheid der wet, kan uit hoofde van *regtsweigering* vervolgd worden.   **Rechtsmacht, rechtsweigering**
(*Zie ook: artt. 360, 844 Rv*)

Art. 13a
De regtsmagt van den regter en de uitvoerbaarheid van regterlijke vonnissen en van authentieke akten worden beperkt door de uitzonderingen in het volkenregt erkend.   **Rechtsmacht, volkenrechtelijke uitzonderingen**
(*Zie ook: art. 8 WvSr; artt. 92, 156 Rv; BadIt*)

Art. 14
[Vervallen]

---

1 Inwerkingtredingsdatum: 01-10-1838; zoals laatstelijk gewijzigd bij: Stb. 2011, 272.

> # Bekendmakingswet[1]

Wet van 4 februari 1988, houdende regeling van de uitgifte van het Staatsblad en de Staatscourant en van de bekendmaking en de inwerkingtreding van wetten, algemene maatregelen van bestuur en vanwege het Rijk anders dan bij wet of algemene maatregel van bestuur vastgestelde algemeen verbindende voorschriften

Wij Beatrix, bij de gratie Gods, Koningin der Nederlanden, Prinses van Oranje-Nassau, enz. enz. enz.
Allen, die deze zullen zien of horen lezen, saluut! doen te weten:
Alzo Wij in overweging genomen hebben, dat ingevolge de artikelen 88 en 89 van de Grondwet de wet de bekendmaking en de inwerkingtreding van wetten, algemene maatregelen van bestuur en vanwege het Rijk anders dan bij wet of algemene maatregel van bestuur vastgestelde algemeen verbindende voorschriften dient te regelen, en dat het in verband daarmee tevens gewenst is enkele andere voorzieningen te treffen;
Zo is het, dat Wij, de Raad van State gehoord, en met gemeen overleg der Staten-Generaal, hebben goedgevonden en verstaan, gelijk Wij goedvinden en verstaan bij deze:

Art. 1

Uitgifte, Staatsblad/Staatscourant

1. De regering geeft het Staatsblad en de Staatscourant uit.

2. De uitgifte van het Staatsblad en de Staatscourant geschiedt elektronisch op een algemeen toegankelijke wijze.
3. De zorg voor de uitgifte van het Staatsblad berust bij Onze Minister van Justitie en Veiligheid.
4. De zorg voor de uitgifte van de Staatscourant berust bij Onze Minister van Binnenlandse Zaken en Koninkrijksrelaties.

Art. 2

1. Gedeputeerde staten van de provincie geven een provinciaal blad uit.
2. Het college van burgemeester en wethouders van de gemeente geeft een gemeenteblad uit.
3. Het dagelijks bestuur van het waterschap geeft een waterschapsblad uit.
4. Het bestuurscollege van het openbaar lichaam, bedoeld in artikel 1, onderdeel a, van de Wet openbare lichamen Bonaire, Sint Eustatius en Saba, geeft een afkondigingsblad uit.
5. Het dagelijks bestuur van het openbaar lichaam, het bestuur van de bedrijfsvoeringsorganisatie en het gemeenschappelijk orgaan, bedoeld in de Wet gemeenschappelijke regelingen, geven een publicatieblad uit.
6. De zorg voor de uitgifte van de in het eerste tot en met vijfde lid genoemde publicatiebladen berust bij onderscheidenlijk gedeputeerde staten, het college van burgemeester en wethouders, het dagelijks bestuur van het waterschap, het bestuurscollege van het openbaar lichaam, bedoeld in het vierde lid, en het dagelijks bestuur van het openbaar lichaam, het bestuur van de bedrijfsvoeringsorganisatie of het gemeenschappelijk orgaan, bedoeld in het vijfde lid.
7. Een bestuursorgaan dat behoort tot een van de in het eerste tot en met vijfde lid genoemde openbare lichamen dan wel tot een bedrijfsvoeringsorganisatie als bedoeld in het vijfde lid, dan wel een gemeenschappelijk orgaan als bedoeld in het vijfde lid, maakt slechts gebruik van het publicatieblad van het openbaar lichaam waartoe het behoort, tenzij bij of krachtens de wet anders is bepaald.
8. De uitgifte van de in het eerste, tweede, derde en vijfde lid genoemde publicatiebladen geschiedt elektronisch op een algemeen toegankelijke wijze door middel van een door Onze Minister van Binnenlandse Zaken en Koninkrijksrelaties in stand gehouden digitale infrastructuur.
9. Het afkondigingsblad, bedoeld in het vierde lid, kan elektronisch worden uitgegeven.

Art. 3

1. De in artikelen 1 en 2 genoemde publicatiebladen die elektronisch worden uitgegeven, blijven na de uitgifte elektronisch op een algemeen toegankelijke wijze beschikbaar.
2. Voor de toegang tot deze publicatiebladen worden geen kosten in rekening gebracht.

Art. 4

De bekendmaking van wetten, algemene maatregelen van bestuur en andere koninklijke besluiten waarbij algemeen verbindende voorschriften worden vastgesteld, geschiedt door plaatsing in het Staatsblad.

Art. 5

De bekendmaking van de volgende besluiten geschiedt door plaatsing in de Staatscourant:

---

1 Inwerkingtredingsdatum: 17-02-1988; zoals laatstelijk gewijzigd bij: Stb. 2020, 262.

Bekendmakingswet

a. bij ministeriële regeling vastgestelde algemeen verbindende voorschriften;
b. de overige vanwege het Rijk vastgestelde algemeen verbindende voorschriften, voor zover deze niet in het Staatsblad geplaatst dienen te worden;
c. algemeen verbindende voorschriften, vastgesteld door bestuursorganen van andere openbare lichamen dan genoemd in artikel 2, eerste tot en met vijfde lid;
d. algemeen verbindende voorschriften, vastgesteld door bestuursorganen die niet behoren tot een openbaar lichaam;
e. beleidsregels, vastgesteld vanwege het Rijk of door de in de onderdelen c en d bedoelde bestuursorganen; en
f. overige besluiten, vastgesteld vanwege het Rijk of door de in onderdeel c of d bedoelde bestuursorganen, die niet tot een of meer belanghebbenden zijn gericht.

Art. 6
Algemeen verbindende voorschriften, beleidsregels en andere besluiten die niet tot een of meer belanghebbenden zijn gericht, vastgesteld door een bestuursorgaan dat behoort tot een van de in artikel 2, eerste tot en met vierde lid, genoemde openbare lichamen, of de in artikel 2, vijfde lid, genoemde openbare lichamen, bedrijfsvoeringsorganisaties en gemeenschappelijke organen, worden bekendgemaakt door plaatsing in het door dat openbaar lichaam, die bedrijfsvoeringsorganisatie of dat gemeenschappelijke orgaan uitgegeven publicatieblad.

Art. 7
1. Een wet, een algemene maatregel van bestuur of een ander in artikel 4, 5 of 6, genoemd besluit bestaat uit een tekst en kan tevens informatie bevatten die niet uit tekst bestaat.
2. In afwijking van artikel 4, artikel 5 of artikel 6, kan een wet, een algemene maatregel van bestuur of een ander in die artikelen genoemd besluit na voorafgaande instemming van Onze Minister van Binnenlandse Zaken en Koninkrijksrelaties bepalen dat een bij die wet, die algemene maatregel van bestuur of dat besluit behorende bijlage wegens aard of omvang wordt bekendgemaakt door middel van een in die wet, die algemene maatregel van bestuur of dat besluit aangewezen ander algemeen toegankelijk elektronisch medium dan het in die artikelen bedoelde publicatieblad.
3. In geval van een wijziging van informatie als bedoeld in het eerste lid of van een bijlage als bedoeld in het tweede lid wordt die informatie of die bijlage opnieuw vastgesteld.

Art. 8
Een algemeen verbindend voorschrift treedt niet in werking voordat het op de voorgeschreven wijze is bekendgemaakt.

Art. 9
Een besluit tot vaststelling van het tijdstip waarop een wet, een algemene maatregel van bestuur of een anders dan bij wet of algemene maatregel van bestuur vastgesteld algemeen verbindend voorschrift in werking treedt, wordt bekendgemaakt op dezelfde wijze als waarop die wet, die algemene maatregel van bestuur of dat algemeen verbindend voorschrift zelf is bekendgemaakt.

Art. 10
1. Wetten, algemene maatregelen van bestuur en vanwege het Rijk anders dan bij wet of algemene maatregel van bestuur vastgestelde algemeen verbindende voorschriften treden, indien een aanduiding daaromtrent ontbreekt, in werking met ingang van de eerste dag van de tweede kalendermaand na de datum van bekendmaking.
2. Andere algemeen verbindende voorschriften treden in werking met ingang van de achtste dag na de datum van bekendmaking, tenzij bij of krachtens de wet of in het besluit daarvoor een ander tijdstip is aangewezen.

Art. 11
1. Indien bij of krachtens de wet is bepaald dat na de bekendmaking van een algemene maatregel van bestuur of een vanwege het Rijk anders dan bij wet of algemene maatregel van bestuur vastgesteld algemeen verbindend voorschrift een bepaalde periode dient te verstrijken alvorens de algemene maatregel van bestuur of het algemeen verbindende voorschrift in werking kan treden, kan in afwijking daarvan een eerder tijdstip van inwerkingtreding worden vastgesteld, indien de algemene maatregel van bestuur of het algemeen verbindende voorschrift uitsluitend strekt tot uitvoering van een bindend besluit van de Raad van de Europese Unie, van het Europees Parlement en de Raad gezamenlijk of van de Europese Commissie.
2. Artikel 1:8, tweede lid, van de Algemene wet bestuursrecht is van overeenkomstige toepassing.

Art. 12
1. Een bestuursorgaan dat behoort tot een van de in artikel 2, eerste, tweede, derde en vijfde lid, genoemde openbare lichamen, bedrijfsvoeringsorganisaties of gemeenschappelijke organen, doet in het door dat openbaar lichaam, die bedrijfsvoeringsorganisatie of dat gemeenschappelijke orgaan uitgegeven publicatieblad in ieder geval zijn wettelijk voorgeschreven mededelingen in de vorm van een volledige publicatie en kennisgevingen in de vorm van een zakelijke weergave van de inhoud, met vermelding van de wijze waarop en de periode waarin de stukken waar de kennisgeving betrekking op heeft voor eenieder ter inzage liggen.

2. Een bestuursorgaan dat niet behoort tot een van de in artikel 2, eerste tot en met vijfde lid, genoemde openbare lichamen doet in de Staatscourant in ieder geval zijn wettelijk voorgeschreven mededelingen in de vorm van een volledige publicatie en kennisgevingen in de vorm van een zakelijke weergave van de inhoud met vermelding van de wijze waarop en de periode waarin de stukken waar kennisgeving betrekking op heeft voor eenieder ter inzage liggen.

Art. 13

1. De terinzagelegging waarop een mededeling of kennisgeving als bedoeld in artikel 12, eerste of tweede lid, betrekking heeft, geschiedt zowel op elektronische wijze als op een door het bestuursorgaan aan te wijzen locatie.
2. Het bestuursorgaan houdt voor de wijze van terinzagelegging een vaste gedragslijn aan.
3. De terinzagelegging vindt niet plaats in de Staatscourant of in een in artikel 2, eerste tot en met vijfde lid, bedoeld publicatieblad.
4. Indien de terinzagelegging betrekking heeft op stukken die niet door het bestuursorgaan zijn vervaardigd, kan degene die de stukken aan het bestuursorgaan heeft overgelegd, daarbij gemotiveerd verzoeken de terinzagelegging te beperken. Het bestuursorgaan kan degene die een document heeft overgelegd verzoeken om een versie van dat document aan te leveren waaruit de gegevens die niet ter inzage worden gelegd, zijn verwijderd, indien de verwijdering redelijkerwijs niet van het bestuursorgaan kan worden gevergd. Het bestuursorgaan laat terinzagelegging achterwege voor zover artikel 10 van de Wet openbaarheid van bestuur aan de terinzagelegging in de weg staat.

Art. 14

Een termijn die krachtens wettelijk voorschrift aanvangt met een mededeling of een kennisgeving als bedoeld in artikel 12 of een terinzagelegging als bedoeld in artikel 13, geldt niet als aangevangen, zolang met betrekking tot die mededeling, kennisgeving of terinzagelegging de wettelijke voorschriften niet zijn nageleefd.

Art. 14a

1. Indien in een wet of een algemene maatregel van bestuur normen van niet-publiekrechtelijke aard van toepassing worden verklaard, wordt van deze normen mededeling gedaan in de Staatscourant.
2. Indien in een ander algemeen verbindend voorschrift normen van niet-publiekrechtelijke aard van toepassing worden verklaard, wordt van deze normen mededeling gedaan in het publicatieblad waarin het algemeen verbindend voorschrift is bekendgemaakt.
3. Indien kosteloze beschikbaarheid van de in het eerste of tweede lid bedoelde normen voor alle betrokkenen voldoende verzekerd is, kan worden volstaan met mededeling van de vindplaats van de normen.
4. Indien de mededeling van de in het eerste of tweede lid bedoelde normen niet is toegestaan en de kenbaarheid niet overeenkomstig het derde lid kan worden verzekerd, verleent Onze Minister die het aangaat dan wel het bestuursorgaan, ten minste zolang de in het eerste lid bedoelde wet of algemene maatregel van bestuur of het in het tweede lid bedoelde andere algemeen verbindende voorschrift niet is ingetrokken of vervallen, eenieder op verzoek kosteloos inzage in deze normen. Bij de bekendmaking van het algemeen verbindend voorschrift wordt medegedeeld waar inzage kan worden verkregen. De artikelen 13 en 18 zijn niet van toepassing.

Art. 15

Bij algemene maatregel van bestuur kunnen regels worden gesteld over de bewaring van oorspronkelijke exemplaren van wetten, koninklijke besluiten en daarbij behorende stukken.

Art. 16

1. Bij of krachtens algemene maatregel van bestuur kunnen nadere regels worden gesteld over de plaatsing van de in de artikelen 4, 5, 6 en 12 bedoelde publicaties, waaronder de vormgeving, de structuur en de toegankelijkheid.
2. Bij of krachtens algemene maatregel van bestuur kunnen nadere regels worden gesteld over de uitgifte en het beschikbaar blijven van de in de artikelen 1 en 2 genoemde publicatiebladen, over de verdere inhoud van de Staatscourant en de in artikel 2 genoemde publicatiebladen en over het beschikbaar blijven van de bekendmakingen waarbij artikel 7, tweede lid, wordt toegepast.
3. Bij of krachtens algemene maatregel van bestuur kunnen regels worden gesteld over de wijze van terinzagelegging als bedoeld in artikel 13.
4. Bij of krachtens algemene maatregel van bestuur kunnen regels worden gesteld over de wijze waarop de integriteit van de in de artikelen 4, 5, 6, 7, tweede lid, en 12 bedoelde publicaties bij de voorbereiding, bij de vaststelling en bij en na publicatie wordt geborgd.
5. Bij ministeriële regeling kunnen regels worden gesteld met betrekking tot het in rekening brengen van publicatiekosten.

Art. 17

1. Indien elektronische uitgifte van het Staatsblad onderscheidenlijk de Staatscourant op de krachtens artikel 3, eerste lid, bepaalde wijze geheel of gedeeltelijk onmogelijk is, voorziet Onze Minister van Justitie en Veiligheid onderscheidenlijk Onze Minister van Binnenlandse Zaken

en Koninkrijksrelaties in een vervangende uitgave volgens bij ministeriële regeling te stellen regels.

2. Indien elektronische uitgifte van een van de in artikel 2, eerste tot en met vijfde lid, genoemde publicatiebladen op de krachtens artikel 3, eerste lid, bepaalde wijze geheel of gedeeltelijk onmogelijk is, voorziet het voor publicatie verantwoordelijke bestuursorgaan in een vervangende uitgave volgens door Onze Minister van Binnenlandse Zaken en Koninkrijksrelaties te stellen regels.

3. Zodra de onmogelijkheid is opgeheven, wordt de vervangende uitgave alsnog op de krachtens artikel 3, eerste lid, bepaalde wijze ter beschikking gesteld.

Art. 18

1. Aan eenieder wordt op verzoek kosteloos inzage verleend in of een papieren afschrift verstrekt van een in artikel 1 of 2 genoemd publicatieblad, een overeenkomstig artikel 7 bekendgemaakte bijlage of de in artikel 12 bedoelde ter inzage gelegde stukken, tenzij de aard daarvan zich daartegen verzet. Een papieren afschrift wordt verstrekt tegen ten hoogste de kosten van het maken van een zodanig afschrift.

2. Onze Minister van Justitie en Veiligheid onderscheidenlijk Onze Minister van Binnenlandse Zaken en Koninkrijksrelaties wijst een uitgiftepunt aan waar de inzage of het afschrift van het Staatsblad en een afschrift van een overeenkomstig artikel 7 bekendgemaakte bijlage bij het Staatsblad, onderscheidenlijk de Staatscourant verkregen kan worden.

3. Het bestuursorgaan dat in de Staatscourant overeenkomstig artikel 7 een bijlage heeft bekendgemaakt of overeenkomstig artikel 12, eerste lid, kennis hegeven van de terinzagelegging van stukken, verstrekt desgevraagd de in het eerste lid bedoelde inzage of afschriften van die bijlage en deze stukken.

4. Een in artikel 2, eerste tot en met vierde lid, genoemd openbaar lichaam of een in artikel 2, vijfde lid, genoemd openbaar lichaam, bedrijfsvoeringsorganisatie of gemeenschappelijk orgaan, wijst een uitgiftepunt aan waar de in het eerste lid bedoelde inzage of het afschrift verkregen kan worden.

Art. 19

1. Onze Minister van Binnenlandse Zaken en Koninkrijksrelaties en de in artikel 6 bedoelde bestuursorganen houden de teksten van bekendgemaakte wetten, algemene maatregelen van bestuur en anders dan bij of krachtens algemene maatregel van bestuur vastgestelde algemeen verbindende voorschriften, beleidsregels en gemeenschappelijke regelingen in geconsolideerde vorm voor eenieder kosteloos beschikbaar door middel van een bij of krachtens algemene maatregel van bestuur aangewezen algemeen toegankelijk elektronisch medium. Hierbij kan worden volstaan met een elektronische verwijzing naar de in artikel 7, eerste lid, bedoelde informatie of de in artikel 7, tweede lid, bedoelde bijlage.

2. Bij algemene maatregel van bestuur kunnen categorieën van wetten, algemene maatregelen van bestuur en andere in het eerste lid genoemde besluiten worden aangewezen, waarop het eerste lid niet van toepassing is.

3. Een geconsolideerde tekst van een wet, een algemene maatregel van bestuur of een ander in het eerste lid genoemd besluit die op grond van het eerste lid beschikbaar is gesteld, blijft beschikbaar indien de wet, de algemene maatregel van bestuur of het andere in het eerste lid genoemde besluit na de beschikbaarstelling is gewijzigd of ingetrokken.

4. De teksten, bedoeld in het eerste lid, worden beschikbaar gesteld door middel van een door Onze Minister van Binnenlandse Zaken en Koninkrijksrelaties in stand gehouden digitale infrastructuur.

5. Onze Minister van Binnenlandse Zaken en Koninkrijksrelaties kan regels stellen over de wijze waarop de teksten, bedoeld in het eerste lid, beschikbaar worden gesteld.

Art. 20

1. Onze Minister van Binnenlandse Zaken en Koninkrijksrelaties kan eenieder een elektronisch bericht zenden over de bekendmakingen, mededelingen en kennisgevingen in de in de artikelen 1 en 2 genoemde publicatiebladen die betrekking hebben op de omgeving van het adres van inschrijving van de ontvanger in de basisregistratie personen.

2. Het bericht wordt niet verzonden als de ontvanger heeft verzocht een dergelijk bericht niet te ontvangen. Onze Minister van Binnenlandse Zaken en Koninkrijksrelaties kan de ontvanger die heeft verzocht een dergelijk bericht niet te ontvangen, in bij algemene maatregel van bestuur bepaalde gevallen uitnodigen zich alsnog voor deze berichten aan te melden.

3. Bij algemene maatregel van bestuur worden regels gesteld over de wijze van verzenden van het bericht, het verzoek en de uitnodiging, bedoeld in het tweede lid, en de opslag en de verwerking van persoonsgegevens ten behoeve van de verzending van deze berichten. Onze Minister van Binnenlandse Zaken en Koninkrijksrelaties kan nadere regels stellen over vanaf welke leeftijd, met welke frequentie en van welk type bestuursorganen en publicaties personen elektronische berichten krijgen toegezonden, alsmede over de grootte van de omgeving van het adres, bedoeld in het eerste lid.

4. In aanvulling op het eerste lid, kan eenieder verzoeken om een elektronisch bericht te ontvangen van bekendmakingen, mededelingen en kennisgevingen in de in de artikelen 1 en 2 genoemde publicatiebladen die betrekking hebben op een bepaalde locatie of een bepaald onderwerp.
5. Onze Minister van Binnenlandse Zaken en Koninkrijksrelaties kan regels stellen over de wijze waarop om een elektronisch bericht kan worden verzocht, alsmede over de categorieën onderwerpen waarvoor een dergelijk verzoek kan worden gedaan.

Art. 21
Indien het bestuur van een waterschap niet of niet naar behoren uitvoering geeft aan deze wet, zijn de artikelen 121 tot en met 121f van de Provinciewet van overeenkomstige toepassing.

Art. 22
Deze wet is mede van toepassing in de openbare lichamen Bonaire, Sint Eustatius en Saba.

Art. 23
In afwijking van artikel 13, eerste lid, kan een bestuursorgaan de elektronische terinzagelegging achterwege laten voor zover de terinzagelegging voorafgaand aan de inwerkingtreding van artikel 13 niet elektronisch plaatsvond.

Art. 24
De in artikel 19, eerste lid, opgenomen verplichting om beleidsregels in geconsolideerde vorm voor eenieder kosteloos beschikbaar te houden, geldt voor de in artikel 6 bedoelde bestuursorganen voor beleidsregels die zijn bekendgemaakt voorafgaand aan de inwerkingtreding van artikel 19 en niet na de inwerkingtreding van genoemd artikel zijn gewijzigd, vanaf een jaar na het tijdstip waarop genoemd artikel in werking is getreden.

Art. 25
De voorafgaand aan de inwerkingtreding van de artikelen 3.1, onderdeel D, 3.2, onderdeel E, 3.3, onderdeel B, 3.4, onderdeel B, en 3.5, onderdeel C, van de Wet elektronische publicaties elektronisch uitgegeven publicatiebladen, blijven elektronisch op een algemeen toegankelijke wijze beschikbaar.

Art. 25a
1. Waar in een algemeen verbindend voorschrift, niet zijnde een wet, met betrekking tot de bekendmaking van een besluit de term «een dag-, nieuws- of huis-aan-huisblad» dan wel een variant van die term wordt gebezigd, wordt in plaats van die term gelezen «het publicatieblad, genoemd in artikel 1 of artikel 2 van de Bekendmakingswet».
2. Het eerste lid is niet van toepassing op een algemeen verbindend voorschrift afkomstig van een bestuursorgaan van het openbaar lichaam, bedoeld in artikel 1, onderdeel a, van de Wet openbare lichamen Bonaire, Sint Eustatius en Saba.

Art. 26
Deze wet wordt aangehaald als: Bekendmakingswet.

Rijkswet goedkeuring en bekendmaking verdragen[1]

Rijkswet van 7 juli 1994, houdende regeling betreffende de goedkeuring en bekendmaking van verdragen en de bekendmaking van besluiten van volkenrechtelijke organisaties

Wij Beatrix, bij de gratie Gods, Koningin der Nederlanden, Prinses van Oranje-Nassau, enz. enz. enz.
Allen, die deze zullen zien of horen lezen, saluut! doen te weten:
Alzo Wij in overweging genomen hebben, dat, ingevolge artikel 91, eerste en tweede lid, van de Grondwet, de wet dient te bepalen de gevallen waarin geen goedkeuring van verdragen of van het voornemen tot opzegging daarvan is vereist en de wijze waarop de goedkeuring wordt verleend, en dat het voorts wenselijk is de in artikel 95 van de Grondwet bedoelde wettelijke regeling inzake de bekendmaking van verdragen en van besluiten van volkenrechtelijke organisaties aan te passen, onder meer vanwege wijzigingen die hebben plaatsgevonden in de Grondwet en in het Statuut voor het Koninkrijk der Nederlanden;
Zo is het, dat Wij, de Raad van State van het Koninkrijk gehoord, en met gemeen overleg der Staten-Generaal, de bepalingen van het Statuut voor het Koninkrijk in acht genomen zijnde, hebben goedgevonden en verstaan, gelijk Wij goedvinden en verstaan bij deze:

Art. 1
1. Onze Minister van Buitenlandse Zaken verstrekt periodiek aan de Staten-Generaal en aan de Staten van Aruba, Curaçao en Sint Maarten een lijst van ontwerp-verdragen over de totstandkoming waarvan voor het Koninkrijk onderhandeld wordt. *Goedkeuring verdragen, lijst ontwerp-verdragen*
2. De in het eerste lid bedoelde lijst bevat per ontwerp-verdrag een opgave van:
a. de strekking;
b. de bij de onderhandelingen betrokken toekomstige verdragspartijen;
c. in voorkomend geval, de internationale organisatie onder auspiciën waarvan de onderhandelingen worden gevoerd;
d. de meest betrokken ministeries.
3. Op de in het eerste lid bedoelde lijst worden niet opgenomen ontwerp-verdragen ten aanzien waarvan het belang van het Koninkrijk zich er bepaaldelijk tegen verzet dat het feit dat daarover onderhandelingen worden gevoerd in de openbaarheid wordt gebracht.
4. In het in het derde lid bedoelde geval kan in het eerste en tweede lid bedoelde informatie vertrouwelijk worden verstrekt.

Art. 2
1. Verdragen ten aanzien waarvan de regering het wenselijk acht dat het Koninkrijk daaraan wordt gebonden, worden zo spoedig mogelijk ter goedkeuring aan de Staten-Generaal voorgelegd. *Goedkeuring verdragen, Staten-Generaal*
2. Bij de voorlegging van een verdrag ter goedkeuring als bedoeld in het eerste lid wordt aangegeven of het verdrag naar het oordeel van de regering bepalingen bevat die naar hun inhoud een ieder kunnen verbinden en, indien dit het geval is, welke bepalingen het betreft.
3. Tegelijk met de voorlegging, bedoeld in het eerste lid, worden verdragen aan de Staten van Aruba, Curaçao en Sint Maarten overgelegd, indien het verdragen betreft die Aruba, Curaçao of Sint Maarten raken.

Art. 3
De goedkeuring wordt uitdrukkelijk of stilzwijgend verleend. *Goedkeuring verdragen, uitdrukkelijk of stilzwijgend*

Art. 4
De uitdrukkelijke goedkeuring wordt verleend bij wet. *Goedkeuring verdragen, wettelijk*

Art. 5
1. De stilzwijgende goedkeuring is verleend, indien niet binnen dertig dagen na een daartoe strekkende overlegging van een verdrag aan de Staten-Generaal door of namens een van de kamers of door ten minste een vijfde van het grondwettelijk aantal leden van een van de kamers de wens te kennen wordt gegeven, dat het verdrag aan de uitdrukkelijke goedkeuring zal worden onderworpen. *Goedkeuring verdragen, stilzwijgend*

---

1 Inwerkingtredingsdatum: 20-08-1994; zoals laatstelijk gewijzigd bij: Stb. 2017, 210.

2. De Gevolmachtigde Minister van Aruba, Curaçao of Sint Maarten kan binnen dezelfde termijn dezelfde wens te kennen geven, indien het een verdrag betreft dat Aruba, Curaçao of Sint Maarten raakt.
3. Indien de in het eerste of tweede lid bedoelde wens te kennen wordt gegeven, wordt zo spoedig mogelijk een voorstel van wet tot goedkeuring ingediend.

Art. 6

Goedkeuring verdragen, afwijking van Grondwet

1. Indien een verdrag bepalingen bevat welke afwijken van de Grondwet of tot zodanig afwijken noodzaken, wordt dit verdrag aan de uitdrukkelijke goedkeuring onderworpen.
2. In het voorstel van wet tot goedkeuring van een zodanig verdrag wordt tot uitdrukking gebracht dat de goedkeuring wordt verleend met inachtneming van het bepaalde in artikel 91, derde lid, van de Grondwet.

Art. 7

Goedkeuring verdragen, geen goedkeuring vereist

Tenzij een verdrag bepalingen bevat welke afwijken van de Grondwet of tot zodanig afwijken noodzaken, is de goedkeuring niet vereist:
a. indien het een verdrag betreft, waarvoor dit bij wet is bepaald;
b. indien het verdrag uitsluitend betreft de uitvoering van een goedgekeurd verdrag, behoudens het bepaalde in artikel 8, tweede lid;
c. indien het verdrag geen belangrijke geldelijke verplichtingen aan het Koninkrijk oplegt en voor ten hoogste een jaar is gesloten;
d. indien in buitengewone gevallen van dwingende aard het belang van het Koninkrijk het bepaald noodzakelijk maakt dat het verdrag een geheim of vertrouwelijk karakter draagt;
e. indien het verdrag betreft de verlenging van een aflopend verdrag, behoudens het bepaalde in artikel 9, tweede lid;
f. indien het verdrag betreft wijziging van een integrerend onderdeel van een goedgekeurd verdrag vormende bijlage waarvan de inhoud van uitvoerende aard is ten opzichte van de bepalingen van het verdrag waar de bijlage onderdeel van vormt, voor zover in de wet tot goedkeuring geen voorbehoud terzake is gemaakt.

Art. 8

Goedkeuring verdragen, uitvoeringsverdrag

1. Wanneer de regering het voornemen heeft om over te gaan tot de sluiting van een verdrag uitsluitend betreffende de uitvoering van een goedgekeurd verdrag, deelt zij dit voornemen schriftelijk mee aan de Staten-Generaal en, indien het uitvoeringsverdrag voor Aruba, Curaçao of Sint Maarten zal gelden, aan de Staten van Aruba, Curaçao en Sint Maarten.
2. Indien binnen dertig dagen na de in het eerste lid bedoelde mededeling door of namens een van de kamers of door tenminste een vijfde van het grondwettelijk aantal leden van een van de kamers, of door de Gevolmachtigde Minister van de Nederlandse Antillen onderscheidenlijk van Aruba, de wens te kennen wordt gegeven dat het uitvoeringsverdrag aan de goedkeuring van de Staten-Generaal zal worden onderworpen, is in afwijking van het bepaalde in artikel 7, onderdeel b, de goedkeuring van de Staten-Generaal vereist.

Art. 9

Goedkeuring verdragen, verlenging aflopend verdrag

1. Wanneer de regering het voornemen heeft om over te gaan tot verlenging van een aflopend verdrag deelt zij dit voornemen schriftelijk mee aan de Staten-Generaal en, indien het verdrag voor Aruba, Curaçao of Sint Maarten geldt, aan de Staten van Aruba, Curaçao of Sint Maarten.
2. Indien binnen dertig dagen na de in het eerste lid bedoelde mededeling door of namens een van de kamers of door ten minste een vijfde van het grondwettelijk aantal leden van een van de kamers, of door de Gevolmachtigde Minister van Aruba, Curaçao of Sint Maarten, de wens te kennen wordt gegeven dat het verdrag tot verlenging aan de goedkeuring van de Staten-Generaal zal worden onderworpen, is in afwijking van het bepaalde in artikel 7, onder e, de goedkeuring van de Staten-Generaal vereist.
3. Wanneer de regering het voornemen heeft een aflopend verdrag niet te verlengen terwijl één of meer van de overige verdragspartijen dat verdrag wel wenst te verlengen, deelt zij dit voornemen schriftelijk mee aan de Staten-Generaal en, indien het verdrag voor Aruba, Curaçao of Sint Maarten geldt, aan de Staten van Aruba, Curaçao of Sint Maarten.

Art. 10

Goedkeuring verdragen, directe binding

1. Tenzij een verdrag bepalingen bevat welke afwijken van de Grondwet, of tot zodanig afwijken noodzaken, kan, indien in buitengewone gevallen van dwingende aard het belang van het Koninkrijk zich er bepaaldelijk tegen verzet dat een verdrag aan de goedkeuring van de Staten-Generaal wordt onderworpen voordat het Koninkrijk aan dat verdrag wordt gebonden, de binding direct tot stand worden gebracht. Het verdrag wordt daarna zo spoedig mogelijk aan de goedkeuring van de Staten-Generaal onderworpen.
2. Een zodanig verdrag wordt aangegaan onder voorbehoud van beëindiging voor het Koninkrijk bij onthouding van de goedkeuring.

Art. 11

Goedkeuring verdragen, goedkeuring achteraf

1. Indien op grond van artikel 7, onder d, het Koninkrijk zonder goedkeuring van de Staten-Generaal aan een verdrag is gebonden, wordt een zodanig verdrag alsnog zo spoedig mogelijk

Rijkswet goedkeuring en bekendmaking verdragen   A6 art. 16b

aan de goedkeuring van de Staten-Generaal onderworpen wanneer het geheim of vertrouwelijk karakter daarvan is komen te vervallen.
2. Een zodanig verdrag wordt slechts aangegaan wanneer daarin is voorzien in een mogelijkheid tot beëindiging voor het Koninkrijk op een redelijke termijn, tenzij het belang van het Koninkrijk zich daartegen bepaaldelijk verzet.

Art. 12
Indien in de gevallen, bedoeld in de artikelen 10 en 11, de goedkeuring aan het verdrag wordt onthouden, wordt het verdrag zo spoedig als dat rechtens mogelijk is, beëindigd. *Goedkeuring verdragen, onthouding goedkeuring*

Art. 13
1. Verdragen die op grond van het bepaalde in artikel 7 geen goedkeuring behoeven en waaraan het Koninkrijk is gebonden, en verdragen waaraan het Koninkrijk op grond van het bepaalde in artikel 10, eerste lid, is gebonden voordat deze aan de goedkeuring van de Staten-Generaal zijn onderworpen, worden zo spoedig mogelijk aan de Staten-Generaal ter kennis gebracht. *Goedkeuring verdragen, inkennisstelling Staten-Generaal*
2. Gelijktijdig daarmee worden zij aan de Staten van Aruba, Curaçao of Sint Maarten ter kennis gebracht, indien het verdragen betreft die Aruba, Curaçao of Sint Maarten raken.
3. Verdragen met een geheim of vertrouwelijk karakter worden, tenzij het belang van het Koninkrijk zich bepaaldelijk tegen ter kennis brenging verzet, ter kennis gebracht onder voorwaarde van geheimhouding.
4. Indien een verdrag door de Staten-Generaal is goedgekeurd en de regering besluit niet over te gaan tot binding van het Koninkrijk aan dat verdrag, stelt de regering de Staten-Generaal direct daarvan in kennis; gelijktijdig daarmee stelt zij de Staten van Aruba, Curaçao of Sint Maarten, daarvan in kennis, indien het een verdrag betreft dat Aruba, Curaçao of Sint Maarten, raakt.

Art. 14
1. Ten aanzien van voornemens tot opzegging van verdragen vinden de bepalingen van de artikelen 2, 3, 4, 5, 6, 7, onder a en b, 10, eerste lid, en 13, overeenkomstige toepassing. *Goedkeuring verdragen, opzegging*
2. Indien krachtens artikel 10, eerste lid, een verdrag zonder voorafgaande goedkeuring van de Staten-Generaal is opgezegd en de Staten-Generaal vervolgens de goedkeuring aan de opzegging onthoudt, wordt de opzegging, of het gevolg daarvan, zo spoedig als zulks rechtens mogelijk is ongedaan gemaakt.

Art. 15
1. Behoudens in het geval dat het gaat om een verdrag dat bepalingen bevat welke afwijken van de Grondwet dan wel tot zodanig afwijken noodzaken, kan, indien het belang van het Koninkrijk het vordert, de regering bewerkstelligen dat een verdrag voor het Koninkrijk voorlopig wordt toegepast voorafgaande aan de inwerkingtreding van dat verdrag. *Goedkeuring verdragen, voorlopige toepassing*
2. Met betrekking tot een verdrag dat voor zijn inwerkingtreding de goedkeuring van de Staten-Generaal behoeft is voorlopige toepassing niet geoorloofd ten aanzien van bepalingen van dat verdrag welke afwijken van de wet of tot zonodig afwijken noodzaken.
3. Indien een verdrag bepalingen bevat die naar het oordeel van de regering een ieder kunnen verbinden, en de regering bewerkstelligt dat ook die bepalingen voorlopig zullen worden toegepast, wordt de tekst van het verdrag en het feit dat het voorlopig zal worden toegepast, bekend gemaakt voordat de voorlopige toepassing een aanvang neemt.
4. Indien overgegaan wordt tot voorlopige toepassing van een verdrag wordt zulks onverwijld aan de Staten-Generaal medegedeeld.
Gelijktijdig daarmee wordt zulks ook medegedeeld aan de Staten van Aruba, Curaçao of Sint Maarten, indien het een verdrag betreft dat Aruba, Curaçao of Sint Maarten raakt.

Art. 16
1. De bekendmaking van verdragen en van besluiten van volkenrechtelijke organisaties geschiedt in het Tractatenblad van het Koninkrijk der Nederlanden. *Goedkeuring verdragen, bekendmaking*
2. Onze minister van Buitenlandse Zaken geeft het Tractatenblad uit.
3. De uitgifte van het Tractatenblad geschiedt elektronisch op een algemeen toegankelijke wijze.
4. Na de uitgifte blijft het Tractatenblad elektronisch op een algemeen toegankelijke wijze beschikbaar.
5. Voor het inzien van het Tractatenblad worden geen kosten in rekening gebracht.
6. Bij ministeriële regeling worden nadere regels gesteld omtrent de uitgifte en het beschikbaar blijven van het Tractatenblad. *Nadere regels*

Art. 16a
Indien elektronische uitgifte van het Tractatenblad op de in artikel 16 voorziene wijze geheel of gedeeltelijk onmogelijk is, voorziet Onze minister van Buitenlandse Zaken in een vervangende uitgave volgens bij ministeriële regeling te stellen regels. *Goedkeuring verdragen, vervangende uitgave*

Art. 16b
1. Aan een ieder wordt op verzoek een papieren afschrift van het Tractatenblad verstrekt tegen ten hoogste de kosten van het maken van een zodanig afschrift. *Goedkeuring verdragen, papieren afschrift*

A6 art. 16c

2. Onze minister van Buitenlandse Zaken wijst een uitgiftepunt aan waar het afschrift verkregen kan worden.

Art. 16c

Goedkeuring verdragen, toegankelijkheid geconsolideerde tekst

1. De teksten en eventuele vertalingen in het Nederlands van de op grond van deze wet bekendgemaakte verdragen en besluiten van volkenrechtelijke organisaties zijn in geconsolideerde vorm voor een ieder beschikbaar door middel van een bij ministeriële regeling aangewezen algemeen toegankelijk elektronisch medium.

Nadere regels

2. Bij ministeriële regeling kunnen categorieën van verdragen en van besluiten van volkenrechtelijke organisaties worden aangewezen, waarop het eerste lid niet van toepassing is.
3. Een geconsolideerde tekst van een verdrag of van een besluit van een volkenrechtelijke organisatie die op grond van het eerste lid beschikbaar is gesteld, blijft beschikbaar indien het verdrag of besluit na de beschikbaarstelling is gewijzigd, buiten werking getreden of ingetrokken.

Art. 17

Goedkeuring verdragen, inhoud bekendmaking

In het *Tractatenblad* worden geplaatst:
a. de tekst van het verdrag of het besluit in één of meer talen;
b. de vermelding van het tijdstip van inwerkingtreding, hetzij voor het Koninkrijk in zijn geheel, hetzij voor een of meer der landen van het Koninkrijk;
c. de vermelding van het tijdstip van buitenwerkingtreding, hetzij voor het Koninkrijk in zijn geheel, hetzij voor een of meer der landen van het Koninkrijk;
d. de vermelding van voorlopige toepassing van een verdrag als bedoeld in artikel 15.

Art. 18

Voorts kunnen in het *Tractatenblad* worden geplaatst:
a. een vertaling in het Nederlands van het verdrag of het besluit;
b. gegevens omtrent parlementaire goedkeuring;
c. gegevens omtrent het tijdstip van inwerkingtreding voor andere staten en voor volkenrechtelijke organisaties;
d. gegevens omtrent het tijdstip van buitenwerkingtreding voor andere staten en voor volkenrechtelijke organisaties;
e. andere gegevens.

Art. 19

Goedkeuring verdragen, termijn bekendmaking

1. Verdragen en besluiten van volkenrechtelijke organisaties gelden als bekend gemaakt in het gehele Koninkrijk met ingang van de eerste dag van de tweede kalendermaand na de datum van uitgifte van het *Tractatenblad* waarin zij zijn geplaatst.
2. Onze Minister van Buitenlandse Zaken kan voor een bepaald geval deze termijn, hetzij voor het Koninkrijk der Nederlanden in zijn geheel, hetzij voor een of meer der landen van het Koninkrijk, wijzigen door een mededeling in het *Tractatenblad*.

Art. 20

Uitschakelbepaling

1. Het ter kennis brengen van verdragen of van besluiten van volkenrechtelijke organisaties door Onze Minister van Buitenlandse Zaken aan bepaalde personen geldt te hunnen aanzien als bekendmaking mits daarbij wordt meegedeeld dat deze kennisgeving die werking heeft.
2. De artikelen 16, eerste lid, 17, onder a, b, en c, en 19 van deze wet zijn niet van toepassing op verdragen en op besluiten van volkenrechtelijke organisaties waarvan de bekendmaking is geregeld in of ingevolge een verdrag dat in het *Tractatenblad* is bekendgemaakt.
3. In bijzondere gevallen kan Onze Minister van Buitenlandse Zaken bepalen dat bijlagen bij een verdrag of besluiten van volkenrechtelijke organisaties niet door plaatsing in het *Tractatenblad*, doch door terinzagelegging worden bekendgemaakt. Van zodanige bekendmaking wordt mededeling gedaan in het *Tractatenblad*.

Art. 21

Uitschakelbepaling

De Rijkswet van 22 juni 1961 (*Stb.* 207) houdende regeling inzake de bekendmaking van internationale overeenkomsten en van besluiten van volkenrechtelijke organisaties wordt ingetrokken.

Art. 22

Inwerkingtreding

Deze wet treedt in werking op de dertigste dag na de datum van uitgifte van het *Staatsblad* waarin zij wordt geplaatst.

Art. 23

Citeertitel

Deze wet kan worden aangehaald als: Rijkswet goedkeuring en bekendmaking verdragen.

Wet ministeriële verantwoordelijkheid en ambtsdelicten leden Staten-Generaal, ministers en staatssecretarissen[1]

Wet van 22 april 1855, houdende regeling der verantwoordelijkheid van de Hoofden der Ministeriële Departementen

Wij WILLEM III, bij de gratie Gods, Koning der Nederlanden, Prins van Oranje-Nassau, Groot-Hertog van Luxemburg, enz., enz., enz.,
Allen, die deze zullen zien of hooren lezen, salut! doen te weten:
Alzoo Wij in overweging genomen hebben, dat, ter voldoening van art. 73, in verband met art. 53 der Grondwet, de strafregtelijke verantwoordelijkheid van de Hoofden der Ministeriële Departementen moet worden geregeld door de wet en die regeling behoort plaats te hebben met inachtneming van art. 159 der Grondwet;
Zoo is het, dat Wij, den Raad van State gehoord, en met gemeen overleg der Staten-Generaal, hebben goedgevonden en verstaan, gelijk Wij goedvinden en verstaan bij deze:

Hoofdstuk 1
De verantwoordelijkheid van ministers en staatssecretarissen

Art. 1
1. Onze Ministers dragen zorg voor de uitvoering van de Grondwet en de andere wetten, voor zover die van de regering afhangt.

Verantwoordelijkheid van ministers en staatssecretarissen

2. Zij zijn wegens het niet naleven van deze verplichting verantwoordelijk en in rechte vervolgbaar overeenkomstig de bepalingen in hoofdstuk 2.

Art. 2
De medeondertekening van wetten en koninklijke besluiten door een of meer ministers of staatssecretarissen wijst de voor die wetten en koninklijke besluiten verantwoordelijke ministers of staatssecretarissen aan.

Contraseign, ministeriële verantwoordelijkheid

Hoofdstuk 2
Ambtsdelicten begaan door leden van de Staten-Generaal, ministers en staatssecretarissen

§ 1
Algemene bepalingen

Art. 3
1. In dit hoofdstuk wordt verstaan onder:
a. *ambtsdelicten:* ambtsmisdrijven of ambtsovertredingen, begaan door een lid van de Staten-Generaal, een minister of een staatssecretaris in die betrekking;
b. *vervolging:* vervolging wegens een ambtsdelict.
2. Onder ambtsdelicten worden mede verstaan strafbare feiten begaan onder een der verzwarende omstandigheden, omschreven in artikel 44 van het Wetboek van Strafrecht.

Begripsbepalingen

Art. 4
1. De leden van de Staten-Generaal, Onze ministers en de staatssecretarissen staan, ook na hun aftreden, wegens ambtsdelicten terecht voor de Hoge Raad.
2. De opdracht tot vervolging wordt gegeven bij koninklijk besluit of bij een besluit van de Tweede Kamer.
3. De procureur-generaal bij de Hoge Raad is verplicht aan de ontvangen opdracht tot vervolging onmiddellijk gevolg te geven.

Ambtsdelicten, berechting door Hoge Raad

---

1   Inwerkingtredingsdatum: 20-05-1855; zoals laatstelijk gewijzigd bij: Stb. 2018, 245.

A7 art. 5 — Wet ministeriële verantwoordelijkheid

§ 2
Opdracht tot vervolging door de regering

Art. 5

Vervolging, koninklijk besluit

1. Het koninklijk besluit waarbij de opdracht wordt gegeven tot vervolging bevat een nauwkeurige aanduiding van het ten laste gelegde feit en de opdracht aan de procureur-generaal bij de Hoge Raad om de vervolging in te stellen.
2. Afschrift van dit besluit wordt aan de beide Kamers der Staten-Generaal toegezonden.

Art. 6

Opdracht vervolging bij koninklijk besluit, ne bis in idem

Indien bij koninklijk besluit opdracht is gegeven tot vervolging, neemt de Tweede Kamer geen aanklacht tegen dezelfde persoon wegens dezelfde feiten in overweging.

§ 3
Opdracht tot vervolging door de Tweede Kamer

Art. 7

Opdracht tot vervolging door Tweede Kamer

Indien ten minste vijf leden van de Tweede Kamer een schriftelijke en met redenen omklede aanklacht indienen wegens een vermoedelijk ambtsdelict, beslist de Tweede Kamer of zij die aanklacht in overweging neemt.

Art. 8

Vervolging door Tweede Kamer, zienswijze beklaagde

Alvorens de Tweede Kamer beslist of zij de aanklacht in overweging neemt, stelt de voorzitter van de Tweede Kamer degene tegen wie de aanklacht is gericht in de gelegenheid naar diens keuze schriftelijk of mondeling een zienswijze naar voren te brengen.

Art. 9

Commissie van onderzoek

Indien de Tweede Kamer besluit tot het in overweging nemen van de aanklacht, stelt zij een commissie van onderzoek in.

Art. 10

Commissie van onderzoek, leden

De Tweede Kamer benoemt de leden van de commissie van onderzoek uit haar midden. Leden die de aanklacht hebben ingediend, kunnen geen lid zijn van de commissie. Wel kunnen zij door de commissie ten behoeve van het geven van nadere inlichtingen worden gehoord.

Art. 11

Commissie van onderzoek belast met opsporen/verzamelen informatie

1. De commissie van onderzoek is belast met het opsporen en verzamelen van alle bescheiden, inlichtingen en bewijzen, die tot opheldering van de feiten, in de aanklacht vermeld, kunnen leiden.
2. De hoofdstukken 3, 4, 5 en 7 van de Wet op de parlementaire enquête 2008 zijn van overeenkomstige toepassing, met dien verstande dat:
   a. degene tegen wie de aanklacht is gericht niet verplicht is de commissie van onderzoek medewerking te verlenen;
   b. artikel 217 van het Wetboek van Strafvordering van overeenkomstige toepassing is.

Art. 12

Commissie van onderzoek, horen beklaagde

In iedere stand van het onderzoek is de commissie van onderzoek verplicht om degene tegen wie de aanklacht is gericht, indien deze dit wenst, te horen.

Art. 13

Commissie van onderzoek, verslag aan Tweede Kamer

Zodra de commissie van onderzoek de aanklacht genoegzaam toegelicht acht, brengt zij over de daarbij aangevoerde feiten verslag uit aan de Tweede Kamer.

Art. 14

Beraadslaging over aanklacht, horen beklaagde

1. Bij de beraadslaging over de aanklacht wordt degene tegen wie de aanklacht is gericht gehoord, indien deze daarom verzoekt. Aan deze persoon wordt in ieder geval het laatst het woord gegeven.
2. Het eerste lid geldt eveneens indien voor of tijdens het onderzoek het kamerlidmaatschap van het betrokken lid van de Staten-Generaal is beëindigd of aan de betrokken minister of staatssecretaris ontslag is verleend.

Art. 15

Vervolging, nieuwe bezwaren

1. Indien de Tweede Kamer een aanklacht als bedoeld in artikel 7 niet in overweging heeft genomen, kan zij deze bij het opkomen van nieuwe bezwaren alsnog in overweging nemen. Eveneens kan in dat geval bij koninklijk besluit de opdracht worden gegeven tot vervolging van dezelfde persoon wegens dezelfde feiten.
2. Indien de Tweede Kamer de aanklacht na gedaan onderzoek en gehouden beraadslaging heeft verworpen, kan ten aanzien van dezelfde persoon wegens dezelfde feiten noch door de regering noch door de Tweede Kamer opnieuw onderzoek worden gedaan noch een opdracht tot vervolging worden gegeven.

Art. 16
1. Een aanklacht wordt geacht te zijn verworpen indien de Tweede Kamer binnen drie maanden na de indiening van de aanklacht geen eindbeslissing heeft genomen.
2. De Tweede Kamer kan besluiten de termijn, bedoeld in het eerste lid, te verlengen met ten hoogste twee maanden.

Aanklacht, termijn

Art. 17
Indien een aanklacht overeenkomstig artikel 16 wordt geacht te zijn verworpen, blijft de regering bevoegd om bij koninklijk besluit de opdracht te geven tot vervolging van dezelfde persoon wegens dezelfde feiten.

Verworpen aanklacht, bevoegdheid regering

Art. 18
1. De Tweede Kamer toetst de aangeklaagde feiten aan het recht, de billijkheid, de zedelijkheid en het staatsbelang.
2. Indien de Tweede Kamer genoegzame gronden tot vervolging aanwezig acht, geeft zij opdracht aan de procureur-generaal bij de Hoge Raad om de vervolging in te stellen. Het daartoe strekkende besluit bevat een nauwkeurige aanduiding van het ten laste gelegde feit. Binnen drie dagen nadat de Tweede Kamer het besluit heeft genomen, wordt dit tezamen met de aanklacht en de verzamelde informatie toegezonden aan de procureur-generaal.
3. Een afschrift van het besluit wordt toegezonden aan de betrokkene, aan Onze Minister van Justitie en Veiligheid en aan de Eerste Kamer.

Aanklacht, toetsing door Tweede Kamer

Art. 19
Indien de Tweede Kamer opdracht heeft gegeven tot vervolging, kan bij koninklijk besluit geen opdracht worden gegeven tot vervolging van dezelfde persoon wegens dezelfde feiten.

Opdracht tot aanklacht Tweede Kamer, ne bis in idem

Art. 20-35
[Vervallen]

Hoofdstuk 3
Slotbepalingen

Art. 36
Een vordering tot vergoeding van schade, geleden door een ambtsdelict als bedoeld in hoofdstuk 2, kan slechts berusten op een veroordeling door de Hoge Raad en kan uitsluitend bij de burgerlijke rechter worden ingesteld.

Ambtsdelict, vergoeding geleden schade

Art. 37
Deze wet wordt aangehaald als: Wet ministeriële verantwoordelijkheid en ambtsdelicten leden Staten-Generaal, ministers en staatssecretarissen.

Citeertitel

Wet lidmaatschap koninklijk huis[1]

Wet van 30 mei 2002, houdende regeling van het lidmaatschap koninklijk huis alsmede daaraan verbonden titels (Wet lidmaatschap koninklijk huis)

Wij Beatrix, bij de gratie Gods, Koningin der Nederlanden, Prinses van Oranje-Nassau, enz. enz. enz.
Allen, die deze zullen zien of horen lezen, saluut! doen te weten:
Alzo Wij in overweging genomen hebben, dat het wenselijk is een nieuwe regeling inzake het lidmaatschap van het koninklijk huis krachtens artikel 39 Grondwet vast te stellen alsmede enkele voorzieningen inzake de daaraan verbonden titels en namen te treffen;
Zo is het, dat Wij, de Raad van State gehoord, en met gemeen overleg der Staten-Generaal, hebben goedgevonden en verstaan, gelijk Wij goedvinden en verstaan bij deze:

Art. 1
Koninklijk huis, lidmaatschap

Met de Koning als hoofd van het koninklijk huis zijn daarvan lid:
a. zij die krachtens de Grondwet de Koning kunnen opvolgen en deze niet verder bestaan dan in de tweede graad van bloedverwantschap;
b. de vermoedelijke opvolger van de Koning;
c. de Koning die afstand van het koningschap heeft gedaan.

Art. 2
Koninklijk huis, echtgenoten van leden

1. Lid van het koninklijk huis zijn eveneens de echtgenoten van hen die ingevolge artikel 1 het lidmaatschap van het koninklijk huis bezitten.
2. Voor hen die het lidmaatschap van het koninklijk huis bezaten als echtgenote of echtgenoot, blijft dit lidmaatschap gedurende hun staat van weduwe of weduwnaar behouden, zolang de overleden echtgenote of echtgenoot bij leven ingevolge artikel 1 lid van het koninklijk huis zou zijn geweest.

Art. 3
Koninklijk huis, behoud lidmaatschap

1. Lid van het koninklijk huis blijven zij die op het tijdstip van inwerkingtreding van deze wet meerderjarig lid zijn van het koninklijk huis en krachtens de Grondwet de Koning kunnen opvolgen. Zij behouden hun lidmaatschap zolang zij krachtens de Grondwet de Koning kunnen opvolgen.
2. Lid blijven voorts de echtgenoten van hen die ingevolge het eerste lid het lidmaatschap van het koninklijk huis bezitten.
3. Op hen die als echtgenoten het lidmaatschap van het koninklijk huis bezaten, is artikel 2, tweede lid, van toepassing.

Schakelbepaling

Art. 4
Koninklijk huis, verlening lidmaatschap

Het lidmaatschap van het koninklijk huis kan bij een koninklijk besluit waarover de Raad van State is gehoord worden verleend aan:
a. personen die krachtens de Grondwet de Koning kunnen opvolgen;
b. hun echtgenoten.

Art. 5
Koninklijk huis, beëindiging lidmaatschap

Het lidmaatschap van het koninklijk huis eindigt door ontslag verleend bij een koninklijk besluit waarover de Raad van State is gehoord.

Art. 6
Koninklijk huis, gemis/verlies Nederlanderschap

Het lidmaatschap van het koninklijk huis wordt niet verkregen bij gemis van het Nederlanderschap en eindigt bij verlies van het Nederlanderschap.

Art. 7
Koninklijk huis, Prins(es) van Oranje

De vermoedelijke opvolger van de Koning draagt de titel van Prins (Prinses) van Oranje.

Art. 8
Koninklijk huis, Prins(es) der Nederlanden

1. De vermoedelijke opvolger van de Koning en Koning die afstand van het koningschap heeft gedaan dragen de titel «Prins (Prinses) der Nederlanden».
2. De titel «Prins (Prinses) der Nederlanden» kan bij koninklijk besluit uitsluitend worden verleend aan de volgende leden van het koninklijk huis:
a. de echtgenoot of echtgenote van de Koning;
b. kinderen geboren uit een huwelijk van de Koning;
c. de echtgenoot of echtgenote van de vermoedelijke opvolger van de Koning;
d. kinderen geboren uit een huwelijk van de vermoedelijke opvolger van de Koning;

---

1 Inwerkingtredingsdatum: 12-06-2002.

Wet lidmaatschap koninklijk huis   **A8** art. 15

e. zij die krachtens artikel 4 lid zijn van het koninklijk huis.
3. De titel «Prins (Prinses) der Nederlanden» vervalt met het verlies van het lidmaatschap van het koninklijk huis.

Art. 9
1. De Koning, diens vermoedelijke opvolger en de Koning die afstand van het koningschap heeft gedaan dragen de titel «Prins (Prinses) van Oranje-Nassau».
2. De titel «Prins (Prinses) van Oranje-Nassau» kan bij koninklijk besluit uitsluitend worden verleend aan leden van het koninklijk huis.
3. Binnen drie maanden na verlies van het lidmaatschap van het koninklijk huis wordt bij koninklijk besluit beslist over het behoud van de titel «Prins (Prinses) van Oranje-Nassau» als persoonlijke titel voor degenen die het lidmaatschap hebben verloren.
4. Bij het koninklijk besluit genoemd in het derde lid kan tevens de geslachtsnaam worden bepaald. Artikel 5, eerste tot en met elfde lid, en artikel 7 van Boek 1 van het Burgerlijk Wetboek zijn niet van toepassing.

Koninklijk huis, Prins(es) van Oranje-Nassau

Art. 10
Degenen die titels en namen dragen krachtens de koninklijke besluiten van 26 oktober 1937 (Stb. 1937, nr. 5) en 2 januari 1967 (Stb. 1967, nr. 1), behouden deze.

Overgangsbepaling

Art. 11
De koninklijke besluiten bedoeld in deze wet, worden genomen op voordracht van Onze Minister-President, Minister van Algemene Zaken, Onze Minister van Binnenlandse Zaken en Koninkrijksrelaties en Onze Minister van Justitie en in het Staatsblad geplaatst.

Koninklijk huis, voordracht/publicatie koninklijke besluiten

Art. 12
De Wet lidmaatschap koninklijk huis wordt ingetrokken.

Uitschakelbepaling

Art. 13
[Wijzigt de Wet op de adeldom.]

Art. 14
Deze wet wordt aangehaald als: Wet lidmaatschap koninklijk huis.

Citeertitel

Art. 15
Deze wet treedt in werking op een bij koninklijk besluit te bepalen tijdstip.

Inwerkingtreding

Inhoudsopgave

Afdeling I	Algemene bepalingen	Art. A 1
Hoofdstuk A	Inleidende bepalingen	Art. A 1
§ 1	Begripsbepalingen	
§ 2	De Kiesraad	Art. A 2
Afdeling II	De verkiezing van de leden van de Tweede Kamer der Staten-Generaal, van provinciale staten, van de algemene besturen en van de gemeenteraden	Art. B 1
Hoofdstuk B	Het kiesrecht	Art. B 1
Hoofdstuk C	De zittingsduur van de leden van de Tweede Kamer der Staten-Generaal, van provinciale staten, van de algemene besturen en van de gemeenteraden	Art. C 1
Hoofdstuk D	De registratie van de kiesgerechtigdheid	Art. D 1
Hoofdstuk E	Kieskringen en stembureaus	Art. E 1
§ 1	De kieskringen	Art. E 1
§ 2	De stembureaus	Art. E 3
§ 3	De hoofdstembureaus	Art. E 5
§ 4	De centrale stembureaus	Art. E 11
Hoofdstuk F	Het tijdstip van de kandidaatstelling	Art. F 1
Hoofdstuk G	De registratie van de aanduiding van een politieke groepering	Art. G 1
Hoofdstuk H	De inlevering van de kandidatenlijsten	Art. H 1
Hoofdstuk I	Het onderzoek, de nummering en de openbaarmaking van de kandidatenlijsten	Art. I 1
§ 1	Het onderzoek van de kandidatenlijsten	Art. I 1
§ 2	[Vervallen]	Art. I 10-I 11
§ 3	De nummering van de kandidatenlijsten	Art. I 12
§ 4	De openbaarmaking van de kandidatenlijsten	Art. I 17
§ 5	Slotbepalingen	Art. I 18
Hoofdstuk J	De stemming	Art. J 1
§ 1	Algemene bepalingen	Art. J 1
§ 2	De oproeping voor de stemming	Art. J 7
§ 3	Het stembureau	Art. J 11
§ 4	De inrichting van het stemlokaal	Art. J 15
§ 5	De stembiljetten	Art. J 20
§ 6	Het uitbrengen van de stem	Art. J 24
§ 7	[Vervallen]	Art. J 32-J 34
§ 8	De orde in het stemlokaal	Art. J 35
§ 9	Waarnemers	Art. J 39
Hoofdstuk K	Het stemmen met een kiezerspas	Art. K 1
Hoofdstuk L	Het stemmen bij volmacht	Art. L 1
§ 1	Algemene bepalingen	Art. L 1
§ 2	De schriftelijke aanvraag om bij volmacht te stemmen	Art. L 7
§ 3	Het verlenen van volmacht door overdracht van de stempas of kiezerspas aan een andere kiezer	Art. L 14
§ 4	Het stemmen door de gemachtigde	Art. L 17
Hoofdstuk M	Het stemmen per brief	Art. M 1
§ 1	Algemene bepalingen	Art. M 1
§ 2	Briefstembureaus in de gemeente 's-Gravenhage	Art. M 8
§ 3	Overige briefstembureaus	Art. M 13
Hoofdstuk N	De stemopneming door het stembureau	Art. N 1
§ 1	Algemene bepalingen	Art. N 1
§ 2	Bijzondere bepalingen betreffende de stemopneming door briefstembureaus	Art. N 15
§ 3	Verwerking persoonsgegevens	Art. N 22
Hoofdstuk O	De taak van het hoofdstembureau betreffende de vaststelling van de verkiezingsuitslag	Art. O 1
Hoofdstuk P	De vaststelling van de verkiezingsuitslag door het centraal stembureau	Art. P 1
§ 1	Algemene bepalingen	Art. P 1

Kieswet

§ 2	De zetelverdeling	Art. P 3
§ 3	De toewijzing van de zetels aan de kandidaten	Art. P 15
§ 4	De bekendmaking van de verkiezingsuitslag	Art. P 20
Afdeling III	De verkiezing van de leden van de Eerste Kamer der Staten-Generaal	Art. Q 1
Hoofdstuk Q	Algemene bepalingen	Art. Q 1
Hoofdstuk R	De inlevering van de kandidatenlijsten	Art. R 1
Hoofdstuk S	Het onderzoek, de nummering en de openbaarmaking van de kandidatenlijsten	Art. S 1
§ 1	Het onderzoek van de kandidatenlijsten	Art. S 1
§ 2	De nummering van de kandidatenlijsten	Art. S 8-S 9
§ 3	Slotbepaling	Art. S 15
Hoofdstuk T	De stemming en de stemopneming	Art. T 1
Hoofdstuk U	De vaststelling van de verkiezingsuitslag door het centraal stembureau	Art. U 1
§ 1	Algemene bepalingen	Art. U 1
§ 2	De zetelverdeling	Art. U 3
§ 3	De toewijzing van de zetels aan de kandidaten	Art. U 15
§ 4	De bekendmaking van de verkiezingsuitslag	Art. U 16
Afdeling IV	Het begin van en de veranderingen in het lidmaatschap van de Tweede Kamer en de Eerste Kamer der Staten-Generaal, provinciale staten, het algemeen bestuur en de gemeenteraad	Art. V 1
Hoofdstuk V	Het begin van het lidmaatschap	Art. V 1
§ 1	Algemene bepalingen	Art. V 1
§ 2	Bijzondere bepalingen betreffende het begin van het lidmaatschap van provinciale staten, het algemeen bestuur en de gemeenteraad	Art. V 12
Hoofdstuk W	De opvolging	Art. W 1
Hoofdstuk X	Beëindiging van het lidmaatschap en tijdelijke vervanging als lid	Art. X 1
§ 1	Algemene bepalingen inzake beëindiging van het lidmaatschap	Art. X 1
§ 2	Bijzondere bepalingen inzake beëindiging van het lidmaatschap	Art. X 3
§ 3	Beëindiging van het lidmaatschap en vervanging wegens zwangerschap en bevalling of ziekte	Art. X 10
Afdeling V	De verkiezing van de leden van het Europees Parlement	Art. Y 1
Hoofdstuk Y	De verkiezing van de leden van het Europees Parlement	Art. Y 1
§ 1	Begripsbepalingen	Art. Y 1
§ 2	De verkiezing	Art. Y 2
§ 3	Het begin van en de veranderingen in het lidmaatschap	Art. Y 25
§ 4	Bijzondere bepalingen betreffende deelneming aan de verkiezingen door niet-Nederlanders die onderdanen zijn van andere lidstaten van de Europese Unie	Art. Y 31
§ 5	Slotbepaling	Art. Y 39
Afdeling Va	De verkiezing van de leden van de Tweede Kamer der Staten-Generaal, van de eilandsraden, van de kiescolleges voor de Eerste Kamer, van de Eerste Kamer der Staten-Generaal en van het Europees Parlement in Bonaire, Sint Eustatius en Saba	Art. Ya 1
Hoofdstuk Ya	De verkiezing van de leden van de Tweede Kamer der Staten-Generaal, van de eilandsraden, van de kiescolleges voor de Eerste Kamer, van de Eerste Kamer der Staten-Generaal en van het Europees Parlement in Bonaire, Sint Eustatius en Saba	Art. Ya 1
§ 1	Algemene bepalingen	Art. Ya 1
§ 2	De verkiezing van de leden van de Tweede Kamer	Art. Ya 4
§ 3	De verkiezing van de leden van de eilandsraad, het begin van en de veranderingen in het lidmaatschap van de eilandsraad en de beëindiging van het lidmaatschap en tijdelijke vervanging als lid	Art. Ya 13

§ 3a	De verkiezing van de leden van het kiescollege voor de Eerste Kamer, het begin van en de veranderingen in het lidmaatschap van het kiescollege voor de Eerste Kamer en de beëindiging van het lidmaatschap en tijdelijke vervanging als lid	Art. Ya 22
§ 4	De verkiezing van de leden van de Eerste Kamer der Staten-Generaal	Art. Ya 30
§ 5	De verkiezing van de leden van het Europees Parlement	Art. Ya 32
§ 6	Bestuursrecht, beroeps- en overgangsbepalingen	Art. Ya 40
Afdeling VI	Straf-, slot- en overgangsbepalingen	Art. Z 1
Hoofdstuk Z	Straf-, persoonsgegevens-, slot- en overgangsbepalingen	Art. Z 1
§ 1	Strafbepalingen	Art. Z 1
§ 1a	Verwerking persoonsgegevens	Art. Z 11a
§ 2	Slot- en overgangsbepalingen	Art. Z 12

Kieswet[1]

Wet van 28 september 1989, houdende nieuwe bepalingen inzake het kiesrecht en de verkiezingen

Wij Beatrix, bij de gratie Gods, Koningin der Nederlanden, Prinses van Oranje-Nassau, enz. enz. enz.
Allen, die deze zullen zien of horen lezen, saluut! doen te weten:
Alzo Wij in overweging genomen hebben, dat het wenselijk is nieuwe bepalingen inzake het kiesrecht en de verkiezingen van de leden van de Tweede Kamer en de Eerste Kamer der Staten-Generaal, alsmede van de leden van provinciale staten en de gemeenteraden, vast te stellen;
Zo is het, dat Wij, de Raad van State gehoord, en met gemeen overleg der Staten-Generaal, hebben goedgevonden en verstaan, gelijk Wij goedvinden en verstaan bij deze:

Afdeling I
Algemene bepalingen

Hoofdstuk A
Inleidende bepalingen

§ 1
Begripsbepalingen

Art. A 1
In deze wet en de daarop berustende bepalingen wordt verstaan onder: *Begripsbepalingen*
algemeen bestuur: vertegenwoordigend orgaan van een waterschap voor zover het leden betreft van de categorie, bedoeld in artikel 12, tweede lid, onderdeel a, van de Waterschapswet;
dagelijks bestuur: dagelijks bestuur van een waterschap.

§ 2
De Kiesraad

Art. A 2
Er is een Kiesraad, gevestigd te 's-Gravenhage . *Kiesraad*

Art. A 3
1. De Kiesraad treedt op als centraal stembureau in de gevallen waarin de wet dat voorschrijft. *Taak Kiesraad*
2. De Kiesraad heeft voorts tot taak de regering en de beide kamers der Staten-Generaal van advies te dienen in uitvoeringstechnische aangelegenheden die het kiesrecht of de verkiezingen betreffen.

Art. A 4
De Kaderwet zelfstandige bestuursorganen is van toepassing op de Kiesraad, met uitzondering van de artikelen 12, 21 en 22. *Toepasselijkheid Kaderwet zelfstandige bestuursorganen*

Art. A 5
1. De Kiesraad bestaat uit een voorzitter en zes andere leden. De Kiesraad kan uit de leden ondervoorzitters aanwijzen. *Samenstelling Kiesraad*
2. Artikel 11 van de Kaderwet adviescolleges is van toepassing op de Kiesraad.
3. De leden van de Kiesraad worden benoemd op grond van hun deskundigheid op het gebied van het kiesrecht en de verkiezingen. Artikel 12, derde lid, van de Kaderwet adviescolleges is van toepassing.
4. De leden van de Kiesraad worden op eigen aanvraag door Onze Minister van Binnenlandse Zaken en Koninkrijksrelaties ontslagen. Zij kunnen voorts bij koninklijk besluit worden geschorst en ontslagen wegens ongeschiktheid, onbekwaamheid dan wel wegens andere zwaarwegende in de persoon van de betrokkene gelegen redenen. De voordracht voor schorsing of ontslag wordt niet gedaan dan nadat de Kiesraad daarover is gehoord.

Art. A 6
1. De artikelen 15, eerste, derde, vierde en vijfde lid, en 16 van de Kaderwet adviescolleges zijn van toepassing op de Kiesraad. *Werkingssfeer*
2. De artikelen 21 en 29 van de Kaderwet adviescolleges zijn niet van toepassing op de Kiesraad.

---

1 Inwerkingtredingsdatum: 01-11-1989; zoals laatstelijk gewijzigd bij: Stb. 2020, 262.

Afdeling II
De verkiezing van de leden van de Tweede Kamer der Staten-Generaal, van provinciale staten, van de algemene besturen en van de gemeenteraden

Hoofdstuk B
Het kiesrecht

Art. B 1

Vereisten actief kiesrecht Tweede Kamer

1. De leden van de Tweede Kamer der Staten-Generaal worden gekozen door degenen die op de dag van de kandidaatstelling Nederlander zijn en op de dag van de stemming de leeftijd van achttien jaar hebben bereikt, met uitzondering van degenen die op de dag van de kandidaatstelling hun werkelijke woonplaats hebben in Aruba, Curaçao of Sint Maarten.
2. Deze uitzondering geldt niet voor:
   a. de Nederlander die gedurende ten minste tien jaren ingezetene van Nederland is geweest;
   b. de Nederlander die in Nederlandse openbare dienst in Aruba, Curaçao of Sint Maarten werkzaam is, alsmede zijn Nederlandse echtgenoot, geregistreerde partner of levensgezel en kinderen, voor zover dezen met hem een gemeenschappelijke huishouding voeren.

Art. B 2

Vereisten actief kiesrecht PS

De leden van provinciale staten worden gekozen door degenen die op de dag van de kandidaatstelling ingezetene zijn van de provincie, mits zij Nederlander zijn en op de dag van de stemming de leeftijd van achttien jaar hebben bereikt.

Art. B 2a

Vereisten actief kiesrecht algemeen bestuur

1. De leden van het algemeen bestuur worden gekozen door degenen die op de dag van de kandidaatstelling ingezetenen zijn van het waterschap en op de dag van de stemming de leeftijd van achttien jaar hebben bereikt.
2. Artikel B 3, tweede lid, aanhef en onderdeel a, en derde lid, is van toepassing.

Art. B 3

Vereisten actief kiesrecht gemeenteraad

1. De leden van de gemeenteraden worden gekozen door degenen die op de dag van de kandidaatstelling ingezetenen zijn van de gemeente en op de dag van de stemming de leeftijd van achttien jaar hebben bereikt.
2. Zij die geen onderdaan van een lidstaat van de Europese Unie zijn, dienen om kiesgerechtigd te zijn op de dag van de kandidaatstelling tevens te voldoen aan de vereisten dat:
   a. zij rechtmatig in Nederland verblijven op grond van artikel 8, onder a, b, c, d, e of l, van de Vreemdelingenwet 2000 of op grond van een verdrag tussen een internationale organisatie en de Staat der Nederlanden inzake de zetel van deze organisatie in Nederland, en
   b. zij onmiddellijk voorafgaand aan de dag van de kandidaatstelling gedurende een onafgebroken periode van ten minste vijf jaren ingezetene van Nederland waren en beschikten over een verblijfsrecht als bedoeld onder a, dan wel op grond van artikel 3 of artikel 6 van de Wet toelating en uitzetting BES.
3. Niet kiesgerechtigd zijn zij die geen Nederlander zijn en, als door andere staten uitgezonden leden van diplomatieke of consulaire vertegenwoordigingen, in Nederland werkzaam zijn, alsmede hun niet-Nederlandse echtgenoten, geregistreerde partners of levensgezellen en kinderen, voor zover dezen met hen een gemeenschappelijke huishouding voeren.

Art. B 4

Ingezetenschap

1. Onder ingezetenen van Nederland, van de provincie, van het waterschap en van de gemeente verstaat met wie hen die onderscheidenlijk in Nederland, in de provincie, in het waterschap en in de gemeente werkelijke woonplaats hebben.
2. Zij die als ingezetene met een adres in een gemeente zijn ingeschreven in de basisregistratie personen, worden voor de toepassing van deze wet, behoudens bewijs van het tegendeel, geacht werkelijke woonplaats te hebben in die gemeente.
3. Zij die als ingezetene met een adres zijn ingeschreven in de basisregistratie personen, worden voor de toepassing van deze wet, behoudens bewijs van het tegendeel, geacht werkelijke woonplaats te hebben in het waterschap waaronder dat adres valt.

Art. B 5

Uitsluiting kiesrecht

1. Van het kiesrecht zijn uitgesloten zij die bij onherroepelijke rechterlijke uitspraak van het kiesrecht zijn ontzet. De uitsluiting wordt beoordeeld naar de toestand op de dag van de kandidaatstelling.
2. Onze Minister van Justitie draagt zorg, dat van elke onherroepelijke rechterlijke uitspraak als bedoeld in het eerste lid zo spoedig mogelijk mededeling wordt gedaan. Indien de betrokkene als ingezetene is ingeschreven in de basisregistratie personen wordt mededeling gedaan aan de burgemeester van de gemeente waar betrokkene volgens de basisregistratie zijn adres heeft. In andere gevallen wordt mededeling gedaan aan de burgemeester van de gemeente 's-Gravenhage. In de mededeling worden naam, voorletters of voornamen, adres en geboortedatum van de betrokkene alsmede de duur van de uitsluiting vermeld.

3. De burgemeester respectievelijk de burgemeester van 's-Gravenhage stelt de persoon na ontvangst van de mededeling in kennis van zijn uitsluiting en de duur daarvan.

Art. B 6
1. Kiesgerechtigde personen aan wie op de dag van de stemming rechtmatig hun vrijheid is ontnomen, oefenen hun kiesrecht uit door bij volmacht te stemmen. — *Uitoefening kiesrecht bij vrijheidsontneming*
2. Deze beperking geldt niet:
a. voor hen die op de dag van de stemming een zodanige feitelijke bewegingsvrijheid genieten dat zij in persoon aan de stemming kunnen deelnemen;
b. voor hen die op grond van het regime van de inrichting waarin zij verblijven aanspraak hebben op periodiek verlof.
3. Bij algemene maatregel van bestuur kunnen nadere regels worden gesteld betreffende het stemmen bij volmacht door de in het eerste lid bedoelde personen.

Hoofdstuk C
De zittingsduur van de leden van de Tweede Kamer der Staten-Generaal, van provinciale staten, van de algemene besturen en van de gemeenteraden

Art. C 1
1. De leden van de Tweede Kamer worden gekozen voor vier jaren. — *Zittingsduur leden Tweede Kamer*
2. Zij treden tegelijk af op de donderdag op een door de Voorzitter van de Tweede Kamer te bepalen tijdstip in de periode van 23 tot en met 29 maart.

Art. C 2
1. De leden van de Tweede Kamer, gekozen na ontbinding van de kamer, treden tegelijk af op een door de Voorzitter van de Tweede Kamer te bepalen tijdstip op de eerstvolgende donderdag in de in artikel C 1, tweede lid, bedoelde periode nadat vier jaren zijn verstreken sedert de zitting van het centraal stembureau waarin de uitslag van de verkiezing is bekendgemaakt. — *Zittingsduur leden Tweede Kamer na ontbinding Kamer*
2. Indien deze vier jaren eindigen in een periode, aanvangend met het in artikel C 1, tweede lid, bedoelde tijdstip en op een door de Voorzitter van de Tweede Kamer te bepalen tijdstip eindigend op de donderdag in de periode van 19 tot en met 25 mei, treden zij af met ingang van de eerstvolgende donderdag in de in dat lid bedoelde periode nadat drie jaren zijn verstreken sedert de zitting van het centraal stembureau.

Art. C 3
1. Indien het in artikel C 1, tweede lid, of in artikel C 2 bepaalde tijdstip valt in een jaar waarin de verkiezingen van de leden van provinciale staten onderscheidenlijk de gemeenteraad worden gehouden, treden de leden van de Tweede Kamer tegelijk af op een door de Voorzitter van de Tweede Kamer te bepalen tijdstip op de donderdag in de periode van 19 tot en met 25 mei. — *Zittingsduur Tweede Kamer bij meer verkiezingen in zelfde jaar*
2. De leden van de Tweede Kamer die zijn gekozen ter vervulling van de plaatsen van leden die op het in het eerste lid genoemde tijdstip zijn afgetreden, treden, tenzij zich opnieuw het geval als bedoeld in het eerste lid voordoet, tegelijk af op een door de Voorzitter van de Tweede Kamer te bepalen tijdstip op de eerstvolgende donderdag in de in artikel C 1, tweede lid, bedoelde periode nadat drie jaren zijn verstreken sedert de zitting van het centraal stembureau waarin de uitslag van de verkiezing is bekendgemaakt.

Art. C 4
1. De leden van provinciale staten, de algemene besturen, onderscheidenlijk gemeenteraden worden gekozen voor vier jaren. — *Zittingsduur leden PS, algemeen bestuur en gemeenteraad*
2. Zij treden tegelijk af met ingang van de donderdag in de periode van 23 tot en met 29 maart.

Art. C 5
Degene die ter vervulling van een opengevallen plaats tot lid is benoemd, treedt af op het tijdstip waarop degene in wiens plaats hij is benoemd, zou hebben moeten aftreden. — *Zittingsduur tussentijds benoemde leden*

Hoofdstuk D
De registratie van de kiesgerechtigdheid

Art. D 1
Burgemeester en wethouders registreren de kiesgerechtigdheid van de ingezetenen van de gemeente. — *Registratie kiesgerechtigdheid*

Art. D 2
Burgemeester en wethouders van 's-Gravenhage dragen zorg voor een registratie van personen die hun werkelijke woonplaats buiten Nederland hebben en aan wie kiesrecht toekomt op grond van artikel B 1 en die niet zijn uitgesloten van het kiesrecht op grond van artikel B 5. — *Registratie van buiten Nederland wonende kiezers*

A9 art. D 3 — Kieswet

Registratie van buiten Nederland wonende kiezers geschiedt op aanvraag

Art. D 3
1. Registratie van een persoon als bedoeld in artikel D 2 gebeurt op aanvraag, onverminderd artikel D 6, tweede en derde lid. Een aanvraag van een persoon die de leeftijd van zeventien jaar heeft, wordt in behandeling genomen ten behoeve van een registratie met ingang van de vierenveertigste dag voor het bereiken van de achttienjarige leeftijd.
2. Een aanvraag dient uiterlijk zes weken voor de dag van de stemming te zijn ontvangen om registratie ten behoeve van die stemming mogelijk te maken.
3. In afwijking van het tweede lid dient een aanvraag om een registratie te wijzigen uiterlijk negen weken voor de dag van de stemming te zijn ontvangen om registratie ten behoeve van die stemming mogelijk te maken.
4. Voor het indienen van een aanvraag wordt een formulier gebruikt. Bij ministeriële regeling wordt voor de formulieren een model vastgesteld.

Registratie van buiten Nederland wonende kiezers, nadere regels bij AMvB t.a.v.

Art. D 4
Bij algemene maatregel van bestuur wordt vastgesteld uit welke gegevens en bescheiden een registratie als bedoeld in artikel D 2 bestaat.

Registratie als kiezer, verstrekken van inlichtingen omtrent

Art. D 5
Burgemeester en wethouders respectievelijk burgemeester en wethouders van 's-Gravenhage delen een persoon op zijn verzoek onverwijld mee of hij als kiezer is geregistreerd. Indien hij niet als kiezer is geregistreerd, worden hem uiterlijk op een bij algemene maatregel van bestuur te bepalen moment de redenen daarvan meegedeeld.

Registratie als kiezer, wijziging/verbetering

Art. D 6
1. In aanvulling op artikel 16 van de Algemene verordening gegevensbescherming kan een registratie worden gewijzigd:
a. wat betreft een registratie als bedoeld in artikel D 1, indien de persoon niet als kiezer is geregistreerd, op aanvraag; en
b. wat betreft een registratie als bedoeld in artikel D 2, voor zover niet op aanvraag, ambtshalve overeenkomstig het tweede en derde lid.
2. Burgemeester en wethouders van 's-Gravenhage verwerken in de registratie gegevens van een persoon die voortvloeien uit een wijziging van zijn gegevens in de basisregistratie personen.
3. Burgemeester en wethouders van 's-Gravenhage verwijderen een persoon uit de registratie indien aan hen omstandigheden bekend worden op grond waarvan de persoon niet als kiezer behoort te zijn geregistreerd.

Registratie, beslissing op aanvraag t.a.v.

Art. D 7
1. Op een aanvraag als bedoeld in dit hoofdstuk of ter uitoefening van het recht op rectificatie, bedoeld in artikel 16 van de Algemene verordening gegevensbescherming, ten aanzien van een registratie als bedoeld in artikel D 1 of D 2, wordt uiterlijk op een bij algemene maatregel van bestuur te bepalen moment beslist.
2. Ambtshalve wijzigingen als bedoeld in artikel D 6 worden gelijkgesteld met een beschikking.

Registratie, beroep tegen beslissing inzake

Art. D 8
1. Titel 8.3 van de Algemene wet bestuursrecht is niet van toepassing op beschikkingen als bedoeld in dit hoofdstuk.
2. In afwijking van artikel 8:41, vijfde lid, van de Algemene wet bestuursrecht bedraagt de termijn binnen welke de bijschrijving of storting van het verschuldigde bedrag dient plaats te vinden, twee weken. De voorzitter van de Afdeling bestuursrechtspraak van de Raad van State kan een kortere termijn stellen.
3. De Afdeling bestuursrechtspraak van de Raad van State behandelt de zaak met toepassing van afdeling 8.2.3 van de Algemene wet bestuursrecht. Afdeling 8.2.4 blijft buiten toepassing. Aan burgemeester en wethouders wordt terstond een afschrift van het beroepschrift gezonden.

Registratie van de kiesgerechtigdheid, nadere regels bij AMvB t.a.v.

Art. D 9
Bij algemene maatregel van bestuur kunnen nadere regels worden gesteld met betrekking tot de registratie van de kiesgerechtigdheid, onder meer over:
a. de indiening van een aanvraag, de beslissing op een aanvraag en de verstrekking van formulieren, bedoeld in artikel D 3; en
b. ambtshalve wijzigingen als bedoeld in artikel D 6.

Registratie kiesgerechtigdheid, art. 18 AVG niet van toepassing

Art. D 10
Artikel 18 van de Algemene verordening gegevensbescherming is niet van toepassing op verwerking van persoonsgegevens op grond van artikel D 1.

Hoofdstuk E
Kieskringen en stembureaus

§ 1
De kieskringen

Art. E 1
1. Voor de verkiezing van de leden van de Tweede Kamer wordt Nederland verdeeld in kieskringen, overeenkomstig de bij deze wet gevoegde tabel.
2. De kieskringen voor de verkiezing van de leden van de Tweede Kamer, voor zover gelegen in het Europese deel van Nederland, vormen tevens de kieskringen voor de verkiezing van de leden van provinciale staten. Provinciale staten kunnen voor de verkiezing van de leden van provinciale staten deze kieskringen in meer kieskringen verdelen.
3. Voor de verkiezing van de leden van het algemeen bestuur vormt elk waterschap één kieskring.
4. Voor de verkiezing van de leden van de gemeenteraad vormt elke gemeente één kieskring.

Kieskringen

Art. E 2
[Vervallen]

§ 2
De stembureaus

Art. E 3
1. Burgemeester en wethouders stellen één of meer stembureaus in de gemeente in.
2. De stembureaus voor de verkiezing van de leden van provinciale staten zijn tevens de stembureaus voor de verkiezing van de leden van het algemeen bestuur.
3. Een stembureau bestaat uit een bij algemene maatregel van bestuur vast te stellen aantal leden, van wie er één voorzitter is.

Instelling en samenstelling stembureaus

Art. E 4
1. Burgemeester en wethouders benoemen tijdig voor elke verkiezing de leden van elk stembureau en een voldoend aantal plaatsvervangende leden.
2. Als lid en plaatsvervangend lid van het stembureau kunnen worden benoemd degenen die op de dag van de stemming de leeftijd van achttien jaar hebben bereikt en naar het volgen van een training naar het oordeel van burgemeester en wethouders over voldoende kennis en vaardigheden beschikken op het terrein van het verkiezingsproces, met uitzondering van degenen:
a. die op de dag van de kandidaatstelling bij onherroepelijke rechterlijke uitspraak van het kiesrecht zijn ontzet;
b. die als lid van het hoofdstembureau dan wel het centraal stembureau voor de desbetreffende verkiezing zijn benoemd;
c. die als stembureaulid bij een vorige verkiezing hebben gehandeld of een handeling hebben nagelaten in strijd met het bij of krachtens deze wet bepaalde.
3. Het lidmaatschap van het stembureau eindigt van rechtswege nadat over de toelating van de gekozenen is beslist.
4. Bij algemene maatregel van bestuur kunnen nadere regels worden gesteld over de training, waaronder regels over een toets. Hierbij kan worden bepaald dat uitsluitend degenen die de toets met goed gevolg hebben afgelegd als lid of plaatsvervangend lid van het stembureau kunnen worden benoemd.

Benoeming leden stembureaus

Beëindiging lidmaatschap stembureaus
Nadere regels

§ 3
De hoofdstembureaus

Art. E 5
1. Voor de verkiezing van de leden van de Tweede Kamer wordt voor elke kieskring een hoofdstembureau ingesteld. Het is gevestigd in de gemeente, daartoe aangewezen in de tabel, genoemd in artikel E 1, eerste lid.
2. Het hoofdstembureau bestaat uit vijf leden, van wie één voorzitter en één plaatsvervangend voorzitter is.
3. Voorzitter is de burgemeester van de gemeente waar het hoofdstembureau is gevestigd. De plaatsvervangend voorzitter en de andere leden, alsmede drie plaatsvervangende leden, worden benoemd en ontslagen door Onze Minister van Binnenlandse Zaken en Koninkrijksrelaties.

Instelling en samenstelling hoofdstembureaus verkiezing Tweede Kamer

Art. E 6

Instelling en samenstelling hoofdstembureaus verkiezing PS

1. Voor de verkiezing van de leden van provinciale staten wordt voor elke kieskring een hoofdstembureau ingesteld. Het is gevestigd in de gemeente, daartoe aangewezen door provinciale staten.
2. Het hoofdstembureau bestaat uit vijf leden, van wie er één voorzitter en één plaatsvervangend voorzitter is.
3. Voorzitter is de burgemeester van de gemeente waar het hoofdstembureau is gevestigd. De plaatsvervangend voorzitter en de andere leden, alsmede drie plaatsvervangende leden, worden benoemd en ontslagen door gedeputeerde staten.

Art. E 6a

Instelling en samenstelling hoofdstembureaus verkiezing algemeen bestuur

1. Voor de verkiezing van de leden van het algemeen bestuur wordt een hoofdstembureau ingesteld. Het is gevestigd in de gemeente, daartoe aangewezen door het vertegenwoordigend orgaan van het waterschap.
2. Het hoofdstembureau bestaat uit vijf leden, van wie er één voorzitter en één plaatsvervangend voorzitter is.
3. Voorzitter is de voorzitter van het waterschap. De plaatsvervangend voorzitter en de andere leden, alsmede drie plaatsvervangende leden, worden benoemd en ontslagen door het dagelijks bestuur.

Art. E 7

Instelling en samenstelling hoofdstembureau verkiezing gemeenteraad

1. Voor de verkiezing van de leden van de gemeenteraad wordt een hoofdstembureau ingesteld, bestaande uit vijf leden, van wie er één voorzitter en één plaatsvervangend voorzitter is.
2. De burgemeester is voorzitter van het hoofdstembureau. De plaatsvervangend voorzitter en de andere leden, alsmede drie plaatsvervangende leden, worden door burgemeester en wethouders benoemd en ontslagen.

Art. E 8

Zittingsduur leden hoofdstembureaus

De in de artikelen E 5, E 6, E 6a en E 7 bedoelde benoemingen geschieden voor vier kalenderjaren. Degene die ter vervulling van een opengevallen plaats is benoemd, treedt af op het tijdstip waarop degene in wiens plaats hij is benoemd, zou hebben moeten aftreden.

Art. E 9

Locatie zitting hoofdstembureau

1. Voor het houden van de zittingen van het hoofdstembureau wijzen burgemeester en wethouders een geschikte ruimte aan.
2. In afwijking van het eerste lid wijst het dagelijks bestuur een geschikte ruimte aan voor het houden van de zittingen van het hoofdstembureau voor de verkiezing van de leden van het algemeen bestuur.

Art. E 10

Inrichting/samenstelling/werkwijze hoofdstembureaus, nadere regels bij AMvB inzake

Bij algemene maatregel van bestuur kunnen nadere regels gesteld worden omtrent inrichting, samenstelling en werkwijze van het hoofdstembureau.

§ 4
De centrale stembureaus

Art. E 11

Samenstelling centrale stembureaus

1. Er is voor de verkiezing van elk vertegenwoordigend orgaan een centraal stembureau.
2. Voor de verkiezing van de leden van de Tweede Kamer treedt de Kiesraad als centraal stembureau op.
3. Voor de verkiezing van de leden van provinciale staten treedt het hoofdstembureau van de kieskring waarin de gemeente is gelegen waar de vergadering van de staten wordt gehouden, tevens als centraal stembureau op.
4. Voor de verkiezing van de leden van het algemeen bestuur treedt het hoofdstembureau tevens als centraal stembureau op.
5. Voor de verkiezing van de leden van de gemeenteraad treedt het hoofdstembureau tevens als centraal stembureau op.

Hoofdstuk F
Het tijdstip van de kandidaatstelling

Art. F 1

Dag kandidaatstelling

1. De kandidaatstelling voor de verkiezing van de leden van de Tweede Kamer, provinciale staten, het algemeen bestuur en de gemeenteraad vindt plaats op de maandag in de periode

van 30 januari tot en met 5 februari of, in een schrikkeljaar, op de maandag in de periode van 31 januari tot en met 6 februari.
2. In het geval, bedoeld in artikel C 3, eerste lid, vindt de kandidaatstelling voor de verkiezing van de leden van de Tweede Kamer plaats op de maandag in de periode van 28 maart tot en met 3 april.
3. Bij koninklijk besluit kan, indien zwaarwichtige redenen verband houdend met de dag van kandidaatstelling of met de dag van stemming daartoe nopen, worden bepaald dat de kandidaatstelling plaatsvindt op de maandag, dinsdag, woensdag, donderdag of vrijdag vóór de in het eerste onderscheidenlijk tweede lid genoemde dag. Het koninklijk besluit wordt bekend gemaakt uiterlijk zes maanden vóór de in het eerste onderscheidenlijk tweede lid genoemde dag.

Art. F 2
In geval van ontbinding van de Tweede Kamer vindt de kandidaatstelling plaats op een bij het koninklijk besluit tot ontbinding te bepalen dag.

Dag kandidaatstelling bij ontbinding Tweede Kamer

Hoofdstuk G
De registratie van de aanduiding van een politieke groepering

Art. G 1
1. Een politieke groepering die een vereniging is met volledige rechtsbevoegdheid kan aan het centraal stembureau voor de verkiezing van de leden van de Tweede Kamer schriftelijk verzoeken de aanduiding waarmee zij voor die verkiezing op de kandidatenlijst wenst te worden vermeld, in te schrijven in een register dat door het centraal stembureau wordt bijgehouden. De verzoeken die zijn ontvangen of aangevuld als bedoeld in artikel 4:5, eerste lid, van de Algemene wet bestuursrecht, na de tweeënveertigste dag voor de kandidaatstelling, blijven voor de daaropvolgende verkiezing buiten behandeling.

Registratie aanduiding politieke groepering Tweede Kamer

2. Voor de in het eerste lid bedoelde registratie moet een waarborgsom van € 450 dan wel, indien het een groepering betreft die blijkens de statuten haar zetel heeft in Bonaire, Sint Eustatius of Saba, een waarborgsom van USD 450 worden betaald aan de Staat. Degene die de betaling heeft verricht, ontvangt een bewijs daarvan. Na inlevering van een geldige kandidatenlijst voor de eerstkomende verkiezing na de beslissing op het verzoek wordt hem de waarborgsom teruggegeven.

Waarborgsom

3. Bij het verzoek worden overgelegd:
a. een afschrift van de notariële akte waarin de statuten van de vereniging zijn opgenomen;
b. een bewijs van inschrijving in het handelsregister, bedoeld in artikel 2 van de Handelsregisterwet 2007 dan wel artikel 2 van de Handelsregisterwet 2009 BES;
c. het in het tweede lid bedoelde bewijs van betaling;
d. een verklaring van de politieke groepering, houdende aanwijzing van haar gemachtigde en plaatsvervangend gemachtigde bij het centraal stembureau, welke geldt zolang zij niet door een andere is vervangen.

Vormvereisten

4. Het centraal stembureau beschikt slechts afwijzend op het verzoek, indien:

Afwijzing

a. de aanduiding strijdig is met de openbare orde;
b. de aanduiding geheel of in hoofdzaak overeenstemt met een reeds geregistreerde aanduiding van een andere politieke groepering, of met een aanduiding waarvoor reeds eerder op grond van dit artikel een registratieverzoek is ontvangen, en daardoor verwarring te duchten is;
c. de aanduiding anderszins misleidend is voor de kiezers;
d. de aanduiding meer dan 35 letters of andere tekens bevat;
e. de aanduiding geheel of in hoofdzaak overeenstemt met die van een rechtspersoon die bij onherroepelijke rechterlijke uitspraak verboden is verklaard en deswege is ontbonden;
f. het verzoek op dezelfde dag bij het centraal stembureau is ingekomen als een ander verzoek, strekkende tot inschrijving van een geheel of in hoofdzaak gelijkluidende aanduiding, tenzij dat andere verzoek reeds op een der onder a tot en met e genoemde gronden moet worden afgewezen.
5. De beslissing van het centraal stembureau op het verzoek wordt aan de gemachtigde bekendgemaakt. Van de beslissing wordt mededeling gedaan in de Staatscourant.
6. Een politieke groepering waarvan de aanduiding is ingeschreven in het register, kan schriftelijk een verzoek tot wijziging van deze aanduiding indienen bij het centraal stembureau. De laatste volzin van het eerste lid, alsmede het vierde en vijfde lid zijn op verzoeken tot wijziging van overeenkomstige toepassing.
7. Het centraal stembureau schrapt de aanduiding in het register en doet hiervan mededeling in de Staatscourant, wanneer:
a. de politieke groepering heeft opgehouden te bestaan;
b. de politieke groepering een verzoek daartoe heeft gedaan;
c. de politieke groepering als vereniging bij onherroepelijke rechterlijke uitspraak verboden is verklaard en deswege is ontbonden;

d. voor de laatstgehouden verkiezing van de leden van de Tweede Kamer geen geldige kandidatenlijst is ingeleverd.

8. Op de veertigste dag voor de kandidaatstelling voor de verkiezing van de leden van provinciale staten, van het algemeen bestuur of van de gemeenteraad, doet het centraal stembureau van de door hem geregistreerde aanduidingen van politieke groeperingen, voor zover de registratie daarvan onherroepelijk is, alsmede van de namen van de gemachtigden en hun plaatsvervangers mededeling in de Staatscourant.

9. Het centraal stembureau vernietigt het verzoekschrift en de daarbij overgelegde stukken, bedoeld in het derde lid, zodra de schrapping van de aanduiding van de politieke groepering onherroepelijk is. De verklaring, bedoeld in het derde lid, onderdeel d, wordt tevens vernietigd wanneer de verklaring wordt vervangen door een andere.

Art. G 2

Registratie aanduiding politieke groepering PS

1. Een politieke groepering die een vereniging is met volledige rechtsbevoegdheid en waarvan de aanduiding niet reeds bij het centraal stembureau voor de verkiezing van de leden van de Tweede Kamer is geregistreerd, kan aan het centraal stembureau voor de verkiezing van de leden van provinciale staten schriftelijk verzoeken de aanduiding waarmee zij voor die verkiezing op de kandidatenlijst wenst te worden vermeld, in te schrijven in een register dat door het centraal stembureau wordt bijgehouden. De verzoeken die zijn ontvangen of aangevuld als bedoeld in artikel 4:5, eerste lid, van de Algemene wet bestuursrecht, na de tweeënveertigste dag voor de kandidaatstelling, blijven voor de daaropvolgende verkiezing buiten behandeling.

Waarborgsom

2. Voor de in het eerste lid bedoelde registratie moet een waarborgsom van € 225 dan wel, indien het een groepering betreft die blijkens de statuten haar zetel heeft in Bonaire, Sint Eustatius of Saba, een waarborgsom van USD 225 worden betaald aan de gemeente waar het centraal stembureau is gevestigd. Degene die de betaling heeft verricht, ontvangt een bewijs daarvan. Na inlevering van een geldige kandidatenlijst voor de eerstkomende verkiezing na de beslissing op het verzoek wordt hem de waarborgsom teruggegeven.

Vormvereisten

3. Bij het verzoek worden overgelegd:
a. een afschrift van de notariële akte waarin de statuten van de vereniging zijn opgenomen;
b. een bewijs van inschrijving in het handelsregister, bedoeld in artikel 2 van de Handelsregisterwet 2007 dan wel artikel 2 van de Handelsregisterwet 2009 BES;
c. het in het tweede lid bedoelde bewijs van betaling;
d. een verklaring van de politieke groepering, houdende aanwijzing van haar gemachtigde en plaatsvervangend gemachtigde bij het centraal stembureau, welke geldt zolang zij niet door een andere is vervangen.

Afwijzing

4. Het centraal stembureau beslist slechts afwijzend op het verzoek, indien:
a. de aanduiding strijdig is met de openbare orde;
b. de aanduiding geheel of in hoofdzaak overeenstemt met een reeds op de voet van dit artikel of artikel G 1 geregistreerde aanduiding van een andere politieke groepering of met een aanduiding waarvoor reeds eerder op grond van dit artikel een registratieverzoek is ontvangen, en daardoor verwarring te duchten is;
c. de aanduiding anderszins misleidend is voor de kiezers;
d. de aanduiding meer dan 35 letters of andere tekens bevat;
e. de aanduiding geheel of in hoofdzaak overeenstemt met die van een rechtspersoon die bij onherroepelijke rechterlijke uitspraak verboden is verklaard en deswege is ontbonden;
f. het verzoek op dezelfde dag bij het centraal stembureau is ingekomen als een ander verzoek, strekkende tot inschrijving van een geheel of in hoofdzaak gelijkluidende aanduiding, tenzij dat ander verzoek reeds op een der onder *a* tot en met *e* genoemde gronden moet worden afgewezen.

5. De beslissing van het centraal stembureau op het verzoek wordt aan de gemachtigde bekendgemaakt. Van de beslissing wordt mededeling gedaan in het provinciaal blad.

6. Een politieke groepering waarvan de aanduiding is ingeschreven in het register, kan schriftelijk een verzoek tot wijziging van deze aanduiding indienen bij het centraal stembureau. De laatste volzin van het eerste lid, alsmede het vierde en vijfde lid zijn op verzoeken tot wijziging van overeenkomstige toepassing.

7. Het centraal stembureau schrapt de aanduiding in het register en doet hiervan mededeling in het provinciaal blad, wanneer:
a. de politieke groepering heeft opgehouden te bestaan;
b. de politieke groepering een verzoek daartoe heeft gedaan;
c. de politieke groepering als vereniging bij onherroepelijke rechterlijke uitspraak verboden is verklaard en deswege is ontbonden;
d. voor de laatstgehouden verkiezing van de leden van provinciale staten geen geldige kandidatenlijst is ingeleverd.

8. Op de veertigste dag vóór de kandidaatstelling voor de verkiezing van de leden van de gemeenteraad, doet het centraal stembureau van de door hem geregistreerde aanduidingen van

Kieswet

A9 art. G 2a

politieke groeperingen, voor zover de registratie daarvan onherroepelijk is, alsmede van de namen van de gemachtigden en hun plaatsvervangers mededeling in het provinciaal blad.
9. Het centraal stembureau vernietigt het verzoekschrift en de daarbij overgelegde stukken, bedoeld in het derde lid, zodra de schrapping van de aanduiding van de politieke groepering onherroepelijk is. De verklaring, bedoeld in het derde lid, onderdeel d, wordt tevens vernietigd wanneer de verklaring wordt vervangen door een andere.

Art. G 2a

1. Een politieke groepering die een vereniging met volledige rechtsbevoegdheid of een stichting is, en waarvan de aanduiding niet reeds bij het centraal stembureau voor de verkiezing van de leden van de Tweede Kamer is geregistreerd, kan aan het centraal stembureau voor de verkiezing van de leden van het algemeen bestuur, schriftelijk verzoeken de aanduiding waarmee zij voor die verkiezing op de kandidatenlijst wenst te worden vermeld, in te schrijven in een register dat door het centraal stembureau wordt bijgehouden. De verzoeken die zijn ontvangen of aangevuld als bedoeld in artikel 4:5, eerste lid, van de Algemene wet bestuursrecht, na de tweeënveertigste dag voor de kandidaatstelling, blijven voor de daaropvolgende verkiezing buiten behandeling.

Registratie aanduiding politieke groepering algemeen bestuur

2. Voor de in het eerste lid bedoelde registratie moet een waarborgsom van € 225 dan wel, indien het een groepering betreft die blijkens de statuten haar zetel heeft in Bonaire, Sint Eustatius of Saba, een waarborgsom van USD 225 worden betaald aan het waterschap. Degene die de betaling heeft verricht, ontvangt een bewijs daarvan. Na inlevering van een geldige kandidatenlijst voor de eerstkomende verkiezing na de beslissing op het verzoek wordt hem de waarborgsom teruggegeven.

Waarborgsom

3. Bij het verzoek worden overgelegd:
a. een afschrift van de notariële akte waarin de statuten van de vereniging of stichting zijn opgenomen;
b. een bewijs van inschrijving in het handelsregister, bedoeld in artikel 2 van de Handelsregisterwet 2007 dan wel artikel 2 van de Handelsregisterwet 2009 BES;
c. het in het tweede lid bedoelde bewijs van betaling;
d. een verklaring van de politieke groepering, houdende aanwijzing van haar gemachtigde en plaatsvervangend gemachtigde bij het centraal stembureau, welke geldt zolang zij niet door een andere is vervangen.

Vormvereisten

4. Het centraal stembureau beslist slechts afwijzend op het verzoek, indien:
a. de aanduiding strijdig is met de openbare orde;
b. de aanduiding geheel of in hoofdzaak overeenstemt met een reeds op de voet van dit artikel of artikel G 1 geregistreerde aanduiding van een andere politieke groepering of met een aanduiding waarvoor reeds eerder op grond van dit artikel een registratieverzoek is ontvangen, en daardoor verwarring te duchten is;
c. de aanduiding anderszins misleidend is voor de kiezers;
d. de aanduiding meer dan 35 letters of andere tekens bevat;
e. de aanduiding geheel of in hoofdzaak overeenstemt met die van een rechtspersoon die bij onherroepelijke rechterlijke uitspraak verboden is verklaard en deswege is ontbonden;
f. het verzoek op dezelfde dag bij het centraal stembureau is ingekomen als een ander verzoek, strekkende tot inschrijving van een geheel of in hoofdzaak gelijkluidende aanduiding, tenzij dat andere verzoek reeds wordt afgewezen op een van de gronden, genoemd in de onderdelen a tot en met e.

Afwijzing

5. De beslissing van het centraal stembureau op het verzoek wordt aan de gemachtigde bekendgemaakt. Van de beslissing wordt mededeling gedaan in het waterschapsblad.
6. Een politieke groepering waarvan de aanduiding is ingeschreven in het register, kan schriftelijk een verzoek tot wijziging van deze aanduiding indienen bij het centraal stembureau. De laatste volzin van het eerste lid, alsmede het vierde en vijfde lid zijn op verzoeken tot wijziging van overeenkomstige toepassing.
7. Het centraal stembureau schrapt de aanduiding in het register en doet hiervan mededeling in het waterschapsblad, wanneer:
a. de politieke groepering heeft opgehouden te bestaan;
b. de politieke groepering een verzoek daartoe heeft gedaan;
c. de politieke groepering als vereniging of stichting bij onherroepelijke rechterlijke uitspraak verboden is verklaard en deswege is ontbonden;
d. voor de laatstgehouden verkiezing van de leden van het algemeen bestuur geen geldige kandidatenlijst is ingeleverd.
8. Het centraal stembureau vernietigt het verzoekschrift en de daarbij overgelegde stukken, bedoeld in het derde lid, zodra de schrapping van de aanduiding van de politieke groepering onherroepelijk is. De verklaring, bedoeld in het derde lid, onderdeel d, wordt tevens vernietigd wanneer de verklaring wordt vervangen door een andere.

A9 art. G 3 — Kieswet

Art. G 3

Registratie aanduiding politieke groepering gemeenteraad

1. Een politieke groepering die een vereniging is met volledige rechtsbevoegdheid en waarvan de aanduiding niet reeds bij het centraal stembureau voor de verkiezing van de leden van de Tweede Kamer, onderscheidenlijk provinciale staten, is geregistreerd, kan aan het centraal stembureau voor de verkiezing van de leden van de gemeenteraad schriftelijk verzoeken om de aanduiding waarmee zij voor die verkiezing op de kandidatenlijst wenst te worden vermeld, in te schrijven in een register dat door het centraal stembureau wordt bijgehouden. De verzoeken die zijn ontvangen of aangevuld als bedoeld in artikel 4:5, eerste lid, van de Algemene wet bestuursrecht, na de tweeënveertigste dag voor de kandidaatstelling, blijven voor de daaropvolgende verkiezing buiten behandeling.

Waarborgsom

2. Voor de in het eerste lid bedoelde registratie moet een waarborgsom van € 112,50 worden betaald aan de gemeente. Degene die de betaling heeft verricht, ontvangt een bewijs daarvan. Na inlevering van een geldige kandidatenlijst voor de eerstkomende verkiezing na de beslissing op het verzoek wordt hem de waarborgsom teruggegeven.

Vormvereisten

3. Bij het verzoek worden overgelegd:
   a. een afschrift van de notariële akte waarin de statuten van de vereniging zijn opgenomen;
   b. een bewijs van inschrijving in het handelsregister, bedoeld in artikel 2 van de Handelsregisterwet 2007 dan wel artikel 2 van de Handelsregisterwet 2009 BES;
   c. het in het tweede lid bedoelde bewijs van betaling;
   d. een verklaring van de politieke groepering, houdende de aanwijzing van haar gemachtigde en plaatsvervangend gemachtigde bij het centraal stembureau, welke geldt zolang zij niet door een andere is vervangen.

Afwijzing

4. Het centraal stembureau beschikt slechts afwijzend op het verzoek, indien:
   a. de aanduiding strijdig is met de openbare orde;
   b. de aanduiding geheel of in hoofdzaak overeenstemt met een reeds op de voet van dit artikel of de artikelen G 1, onderscheidenlijk G 2, geregistreerde aanduiding van een andere politieke groepering, of met een aanduiding waarvoor reeds eerder op grond van dit artikel een registratieverzoek is ontvangen, en daardoor verwarring te duchten is;
   c. de aanduiding anderszins misleidend is voor de kiezers;
   d. de aanduiding meer dan 35 letters of andere tekens bevat;
   e. de aanduiding geheel of in hoofdzaak overeenstemt met een een rechtspersoon die bij onherroepelijke rechterlijke uitspraak verboden is verklaard en deswege is ontbonden;
   f. het verzoek op dezelfde dag bij het centraal stembureau is ingekomen als een ander verzoek, strekkende tot inschrijving van een geheel of in hoofdzaak gelijkluidende aanduiding, tenzij dat andere verzoek reeds op een der onder a tot en met e genoemde gronden moet worden afgewezen.

5. De beslissing van het centraal stembureau op het verzoek wordt aan de gemachtigde bekendgemaakt. Van de beslissing wordt mededeling gedaan in het gemeenteblad.

6. Een politieke groepering waarvan de aanduiding is ingeschreven in het register, kan schriftelijk een verzoek tot wijziging van deze aanduiding indienen bij het centraal stembureau. De laatste volzin van het eerste lid, alsmede het vierde en vijfde lid zijn op verzoeken tot wijziging van overeenkomstige toepassing.

7. Het centraal stembureau schrapt de aanduiding in het register en doet hiervan mededeling in het gemeenteblad, wanneer:
   a. de politieke groepering heeft opgehouden te bestaan;
   b. de politieke groepering een verzoek daartoe heeft gedaan;
   c. de politieke groepering als vereniging bij onherroepelijke rechterlijke uitspraak verboden is verklaard en deswege is ontbonden;
   d. voor de laatstgehouden verkiezing van de leden van de gemeenteraad geen geldige kandidatenlijst is ingeleverd.

8. Het centraal stembureau vernietigt het verzoekschrift en de daarbij overgelegde stukken, bedoeld in het derde lid, zodra de schrapping van de aanduiding van de politieke groepering onherroepelijk is. De verklaring, bedoeld in het derde lid, onderdeel d, wordt tevens vernietigd wanneer de verklaring wordt vervangen door een andere.

Art. G 4

Doorwerking registratie naar andere verkiezingen

1. Onverminderd het bepaalde in het tweede lid geldt een geregistreerde aanduiding die overeenkomstig het bepaalde in het achtste lid van artikel G 1 of G 2 is medegedeeld, tevens voor de verkiezing van de leden van provinciale staten, van het algemeen bestuur en van de gemeenteraad, onderscheidenlijk de verkiezing van de leden van de gemeenteraad.

2. Het centraal stembureau voor de verkiezing van de leden van provinciale staten, het algemeen bestuur, onderscheidenlijk de gemeenteraad, bepaalt, dat die in het eerste lid bedoelde doorwerking van de registratie niet plaatsvindt, indien de geregistreerde aanduiding geheel of in hoofdzaak overeenstemt met een reeds op de voet van artikel G 2, artikel G 2a, onderscheidenlijk artikel G 3, geregistreerde aanduiding van een andere politieke groepering, en daardoor verwarring te duchten is.

Kieswet   **A9** art. H 4

3. Een beschikking als bedoeld in het tweede lid wordt genomen uiterlijk op de veertiende dag na de dagtekening van de Staatscourant of het provinciaal blad waarin de mededeling, bedoeld in artikel G 1, achtste lid, onderscheidenlijk artikel G 2, achtste lid, is gedaan. De beschikking wordt terstond aan de gemachtigde van de desbetreffende groepering bekendgemaakt.

Art. G 5

1. In afwijking van de artikelen 6:7 en 6:8, eerste lid, van de Algemene wet bestuursrecht wordt een beroepschrift tegen: *Beroep*

a. een beschikking als bedoeld in de artikelen G 1, G 2, G 2a en G 3 ingediend uiterlijk op de zesde dag na de dagtekening van het publicatieblad waarin die beschikking is medegedeeld;

b. een beschikking als bedoeld in artikel G 4 ingediend uiterlijk op de zesde dag na de dagtekening waarop die beschikking is bekendgemaakt.

2. Artikel D 8 is van overeenkomstige toepassing.   *Schakelbepaling*

Art. G 6

1. Bij algemene maatregel van bestuur worden nadere regels gesteld betreffende het betalen van waarborgsommen ten behoeve van de registratie.   *Waarborgsom registratie, nadere regels bij AMvB inzake*

2. Bij ministeriële regeling worden modellen vastgesteld voor de registers waarin de aanduidingen voor politieke groeperingen worden vermeld, de mededelingen inzake de geregistreerde aanduidingen en de namen van de gemachtigden en hun plaatsvervangers, alsmede voor de bewijzen van betaling van de waarborgsom.

Hoofdstuk H
De inlevering van de kandidatenlijsten

Art. H 1

1. Op de dag van de kandidaatstelling kunnen bij het centraal stembureau van negen tot zeventien uur kandidatenlijsten worden ingeleverd.   *Inlevering kandidatenlijsten*

2. Ten minste drie weken voor de kandidaatstelling doet het centraal stembureau mededeling waar en wanneer kandidatenlijsten, alsmede de daarbij horende stukken, kunnen worden ingeleverd. De mededeling geschiedt indien het betreft de verkiezing van de leden van de Tweede Kamer, provinciale staten, het algemeen bestuur of de gemeenteraad, in de Staatscourant, het provinciaal blad, het waterschapsblad onderscheidenlijk het gemeenteblad.

3. Bij algemene maatregel van bestuur wordt geregeld waar en wanneer de formulieren voor de kandidatenlijsten, kosteloos, voor de kiezers verkrijgbaar zijn. Bij ministeriële regeling wordt voor het formulier een model vastgesteld.   *Nadere regels*

Art. H 2

Op de kandidatenlijst wordt vermeld voor welke kieskring of kieskringen zij wordt ingeleverd.   *Centrale kandidaatstelling*

Art. H 3

1. De inlevering van de lijst geschiedt persoonlijk door een kiezer, bevoegd tot deelneming aan de desbetreffende verkiezing. De inleveraar identificeert zich met een document als bedoeld in artikel 1 van de Wet op de identificatieplicht. De kandidaten kunnen bij de inlevering aanwezig zijn.   *Inlevering lijst door bevoegde kiezer*

2. Aan degene die de lijst inlevert, kan door de gemachtigde, bedoeld in het derde lid van de artikelen G 1, G 2, G 2a of G 3, de bevoegdheid worden verleend boven de lijst de aanduiding van de desbetreffende groepering te plaatsen, zoals deze door het centraal stembureau is geregistreerd. Een verklaring van de gemachtigde waaruit deze bevoegdheid blijkt, wordt bij de lijst overgelegd.

3. Degene die de lijst inlevert, is bevoegd daarboven een aanduiding te plaatsen, gevormd door samenvoeging van voor de desbetreffende verkiezing geregistreerde aanduidingen of afkortingen daarvan, indien hem daartoe de bevoegdheid is verleend door de gemachtigden van de onderscheidene groeperingen. Verklaringen van de gemachtigden waaruit deze bevoegdheid blijkt, worden bij de lijst overgelegd. Een aldus gevormde aanduiding mag niet meer dan 35 letters of andere tekens bevatten.

4. Degene die de lijst heeft ingeleverd, ontvangt daarvan een bewijs.

5. Bij algemene maatregel van bestuur wordt geregeld waar en wanneer de formulieren voor de verklaringen met betrekking tot het plaatsen van aanduidingen van politieke groeperingen boven kandidatenlijsten, kosteloos, verkrijgbaar zijn. Bij ministeriële regeling wordt voor de formulieren een model vastgesteld.   *Nadere regels*

Art. H 4

1. Bij de lijst worden, voor iedere kieskring waarvoor de lijst wordt ingeleverd, schriftelijke verklaringen van ondersteuning overgelegd, waarop de kandidaten op dezelfde wijze en in dezelfde volgorde worden vermeld als op de lijst. Het minimum aantal te overleggen verklaringen bedraagt: *Afleggen ondersteuningsverklaringen en overlegging bij lijst*

a. voor kieskring 20 (Bonaire): tien.

Sdu   69

A9 art. H 5   Kieswet

b. voor de kieskring bij de verkiezing van de leden van een gemeenteraad waarbij het aantal te verdelen zetels minder dan negentien is: tien.
c. voor de kieskring bij de verkiezing van de leden van een gemeenteraad waarin het aantal te verdelen zetels minder dan negenendertig, doch minimaal negentien is: twintig.
d. voor iedere andere kieskring: dertig.

2. Verklaringen van ondersteuning voor een kieskring kunnen slechts worden afgelegd door personen die binnen die kieskring als kiezer zijn geregistreerd voor de desbetreffende verkiezing.
3. De kiezer die een verklaring van ondersteuning wenst af te leggen, ondertekent binnen een termijn van veertien dagen voorafgaand aan of op de dag van de kandidaatstelling deze verklaring in het gemeentehuis van de gemeente waar hij als kiezer is geregistreerd, in aanwezigheid van de burgemeester of een door deze daartoe aangewezen ambtenaar. De kiezer overhandigt aan de burgemeester of de ambtenaar een document als bedoeld in artikel 1 van de Wet op de identificatieplicht.
4. De burgemeester of de door hem daartoe aangewezen ambtenaar gaat onverwijld na of de ondertekenaar als kiezer in zijn gemeente is geregistreerd. Indien hem blijkt dat dit het geval is, tekent hij dit op de verklaring aan.
5. Een kiezer mag niet meer dan één verklaring van ondersteuning ondertekenen.
6. Een overgelegde verklaring van ondersteuning kan niet worden ingetrokken.
7. Bij algemene maatregel van bestuur wordt geregeld waar en wanneer de formulieren voor de verklaringen van ondersteuning, kosteloos, voor de kiezers verkrijgbaar zijn. Bij ministeriële regeling wordt voor het formulier een model vastgesteld.
8. De in het eerste lid bedoelde verplichting geldt niet voor een kandidatenlijst van een politieke groepering, indien de aanduiding daarvan was geplaatst boven een kandidatenlijst waaraan bij de laatstgehouden verkiezing van de leden van het desbetreffende vertegenwoordigende orgaan een of meer zetels zijn toegekend. De vorige volzin is mede van toepassing ten aanzien van:
a. samenvoeging van aanduidingen van twee of meer groeperingen, indien bij de laatstgehouden verkiezing van de leden van het desbetreffende orgaan, hetzij aan de gezamenlijke groeperingen, hetzij aan tenminste één daarvan, één of meer zetels zijn toegekend;
b. een nieuwe aanduiding indien twee of meer groeperingen als één groepering onder een nieuwe naam samen aan de verkiezingen deelnemen en bij de laatstgehouden verkiezingen van de leden van het desbetreffende orgaan, aan ieder van de afzonderlijke groeperingen één of meer zetels zijn toegekend;
c. een nieuwe aanduiding indien twee of meer groeperingen als één groepering onder een nieuwe naam samen aan de verkiezingen deelnemen en bij de laatstgehouden verkiezingen van de leden van het desbetreffende orgaan onder een samengevoegde aanduiding met een gezamenlijke lijst deelnamen en daaraan één of meer zetels zijn toegekend.

Art. H 5

Herstel verzuimen
Op de lijst worden een of meer personen vermeld die bij verhindering van de inleveraar bevoegd zijn tot het herstel van verzuimen, bedoeld in artikel I 2.

Art. H 6

Volgorde kandidaten
1. De namen van de kandidaten worden op de lijsten geplaatst in de volgorde waarin aan hen de voorkeur wordt gegeven.

Maximumaantal kandidaten
2. Op dezelfde lijst mogen de namen van ten hoogste vijftig kandidaten worden geplaatst. Op dezelfde lijst van een politieke groepering wier aanduiding was geplaatst boven een kandidatenlijst waaraan bij de laatstgehouden verkiezing van de leden van het desbetreffende vertegenwoordigend orgaan meer dan vijftien zetels zijn toegekend, mag een aantal namen worden geplaatst dat ten hoogste tachtig bedraagt. Het bepaalde in de vorige volzin is van overeenkomstige toepassing ten aanzien van samenvoeging van aanduidingen van twee of meer groeperingen.

Art. H 7

Voorwaarden vermelding kandidatenlijst
1. De naam van een kandidaat mag niet voorkomen op een lijst, indien de kandidaat tijdens de zittingsperiode van het orgaan waarvoor de verkiezing zal plaatshebben, niet de voor het zitting nemen in dat orgaan vereiste leeftijd zal bereiken.
2. De naam van eenzelfde kandidaat mag niet voorkomen op meer dan één van de lijsten welke voor eenzelfde kieskring zijn ingeleverd.
3. Indien voor de verkiezing van de leden van provinciale staten, de leden van het algemeen bestuur of de gemeenteraad op een lijst de naam voorkomt van een kandidaat die geen ingezetene is van de provincie, het waterschap, onderscheidenlijk de gemeente, dient bij de lijst te worden overgelegd een door die kandidaat ondertekende verklaring, waaruit blijkt, dat hij voornemens is zich bij benoeming te vestigen in de provincie, het waterschap, onderscheidenlijk de gemeente.

Art. H 8

Wijze vermelding kandidaten
De wijze waarop kandidaten op de lijst worden vermeld, wordt geregeld bij algemene maatregel van bestuur.

Art. H 9

Instemming kandidaatstelling
1. Bij de lijst wordt overgelegd een schriftelijke verklaring van iedere daarop voorkomende kandidaat dat hij instemt met zijn kandidaatstelling op deze lijst voor de kieskring of de kies-

Kieswet **A9** art. H 12

kringen waarvoor zij is ingeleverd. Tenzij een gemachtigde, bedoeld in de artikelen H 10, eerste lid, of H 10a, eerste lid, wordt aangewezen, wordt op deze verklaring vermeld op welk adres de kandidaat de kennisgeving van zijn benoeming, bedoeld in artikel V 1, wil ontvangen.
2. Een overgelegde verklaring van instemming kan niet worden ingetrokken.
3. Bij de lijst wordt van iedere kandidaat die geen zitting heeft in het vertegenwoordigend orgaan waarvoor de verkiezing wordt gehouden, tevens een kopie van een document als bedoeld in artikel 1 van de Wet op de identificatieplicht overgelegd. Indien van een dergelijke kandidaat een kopie van een document als bedoeld in artikel 1 van de Wet op de identificatieplicht ontbreekt, wordt de verklaring van instemming van de betreffende kandidaat geacht te ontbreken.
4. Bij algemene maatregel van bestuur wordt geregeld waar en wanneer de formulieren voor de verklaringen van instemming, kosteloos, voor de kiezers verkrijgbaar zijn. Bij ministeriële regeling wordt voor het formulier een model vastgesteld.

Art. H 10
1. De kandidaat wiens woonplaats buiten het Europese deel van Nederland is gelegen, wijst in de verklaring van instemming tevens een in het Europese deel van Nederland wonende gemachtigde aan met vermelding van diens naam, voorletters, woonplaats en adres. Indien de kandidaat voorkomt op meer dan één lijst, moet in iedere verklaring dezelfde gemachtigde worden aangewezen. Deze gemachtigde is met uitsluiting van de kandidaat bevoegd tot de handelingen, bedoeld in de artikelen V 2, eerste, vierde en vijfde lid, V 3, eerste en derde lid, en W 2, eerste lid, onder f. Indien de kandidaat woonachtig is in één van de openbare lichamen Bonaire, Sint Eustatius en Saba, is de gemachtigde met uitsluiting van de kandidaat bevoegd tot de handelingen, bedoeld in de artikelen V 2, eerste, vierde en vijfde lid, V 3, eerste en tweede lid, en W 2, eerste lid, onder f.
2. De kandidaat is bevoegd de overeenkomstig het eerste lid gegeven volmacht in te trekken. Hij geeft hiervan schriftelijk kennis aan de voorzitter van het centraal stembureau, zo nodig met aanwijzing van een nieuwe gemachtigde. Indien geen nieuwe gemachtigde wordt aangewezen, vermeldt de kandidaat op welk adres hij de kennisgeving van zijn benoeming, bedoeld in artikel V 1, wil ontvangen.

Aanwijzing gemachtigde in geval van woonplaats buiten Nederland

Art. H 10a
1. De in het Europese deel van Nederland wonende kandidaat kan in geval van een verkiezing voor de leden van de Tweede Kamer en van provinciale staten van een provincie die uit meer dan één kieskring bestaat, bij de verklaring van instemming tevens een in het Europese deel van Nederland wonende gemachtigde aanwijzen met vermelding van diens naam, voorletters, woonplaats en adres. Indien de kandidaat voorkomt op meer dan één lijst, wordt in iedere verklaring dezelfde gemachtigde aangewezen. Deze gemachtigde is met uitsluiting van de kandidaat bevoegd tot de handelingen, bedoeld in de artikelen V 2, eerste, vierde en vijfde lid, V 3, eerste en tweede lid, en W 2, eerste lid, onder f.
2. Van de machtiging kan alleen gebruik worden gemaakt, indien dit gebruik ertoe strekt dat kandidaten van de gezamenlijke lijsten van de politieke groepering benoemd worden verklaard in de volgorde die voor de dag van de stemming door de politieke groepering is vastgesteld.
3. In geval van een benoeming voorafgaande aan de eerste samenkomst van het nieuw gekozen orgaan, kan van de machtiging geen gebruik worden gemaakt ten aanzien van kandidaten die op de gezamenlijke lijsten waarop zij voorkomen een aantal stemmen hebben verkregen, groter dan 25% van de kiesdeler.
4. De politieke groepering deelt de in het tweede lid bedoelde volgorde uiterlijk twee weken na de kandidaatstelling mee aan het centraal stembureau. De voorzitter van het centraal stembureau draagt er zorg voor dat van de volgorde zo spoedig mogelijk mededeling wordt gedaan in de Staatscourant dan wel, indien het de verkiezing van de leden van provinciale staten betreft, in het provinciaal blad.
5. Artikel H 10, tweede lid, is van overeenkomstige toepassing.

Aanwijzing gemachtigde in geval van woonplaats binnen Nederland

Schakelbepaling

Art. H 11
1. Kandidatenlijsten, ingeleverd voor verschillende kieskringen, waarop dezelfde kandidaten in gelijk aantal en in dezelfde volgorde zijn geplaatst, vormen tezamen een stel gelijkluidende lijsten.
2. Kandidatenlijsten, ingeleverd voor verschillende kieskringen, waarboven dezelfde aanduiding van een politieke groepering is geplaatst of waarvan de eerste kandidaat dezelfde is, vormen tezamen een lijstengroep. Het bepaalde in de vorige volzin is mede van toepassing ten aanzien van samenvoeging van aanduidingen van twee of meer groeperingen.

Gelijkluidende lijsten

Lijstengroep

Art. H 12
1. Indien het betreft de verkiezing van de leden van de Tweede Kamer, moet voor elke lijstengroep, elk niet van een groep deel uitmakend stel gelijkluidende lijsten en elke op zichzelf staande lijst een waarborgsom van € 11 250 dan wel, indien boven de kandidatenlijst de aanduiding is geplaatst van een groepering die blijkens de statuten haar zetel heeft in Bonaire, Sint Eustatius of Saba of, indien het een kandidatenlijst betreft waarboven geen aanduiding is ge-

Betaling waarborgsom kandidaatstelling Tweede Kamer

A9 art. H 13 — Kieswet

plaatst, indien de eerstgenoemde kandidaat ingezetene is van Bonaire, Sint Eustatius of Saba, een waarborgsom van USD 11 250 worden betaald aan de Staat.

Schakelbepaling
2. Artikel H 4, achtste lid, is van overeenkomstige toepassing.
3. Degene die de in het eerste lid bedoelde betaling heeft verricht, ontvangt voor elke kieskring een bewijs daarvan. Bij de indiening van een lijst voor een of meer kieskringen moet een bewijs worden ingeleverd.
4. Indien geen geldige lijst wordt ingeleverd, wordt na de vaststelling van de uitslag van de verkiezing door de Staat de waarborgsom teruggegeven aan degene die de betaling heeft verricht.
5. Na de vaststelling van de uitslag van de verkiezing door het centraal stembureau wordt de waarborgsom teruggegeven aan degene die de betaling heeft verricht, tenzij het stemcijfer van de lijstengroep, het niet van een groep deel uitmakende stel gelijkluidende lijsten of de op zichzelf staande lijst lager is dan 75 procent van de kiesdeler, bedoeld in artikel P 5. In dat geval vervalt de waarborgsom aan de Staat.

Art. H 13

Betaling waarborgsom kandidaatstelling PS
1. Indien het betreft de verkiezing van de leden van provinciale staten, moet voor elke lijstengroep, elk niet van een groep deel uitmakend stel gelijkluidende lijsten en elke op zichzelf staande lijst een waarborgsom van € 1 125 dan wel, indien boven de kandidatenlijst de aanduiding is geplaatst van een groepering die blijkens de statuten haar zetel heeft in Bonaire, Sint Eustatius of Saba of, indien het een kandidatenlijst betreft waarboven geen aanduiding is geplaatst, indien de eerstgenoemde kandidaat ingezetene is van Bonaire, Sint Eustatius of Saba, een waarborgsom van USD 1 125 worden betaald aan de gemeente waar het centraal stembureau is gevestigd.

Schakelbepaling
2. Artikel H 4, achtste lid, is van overeenkomstige toepassing.
3. Degene die de in het eerste lid bedoelde betaling heeft verricht, ontvangt voor elke kieskring een bewijs daarvan. Bij de indiening van een lijst voor een of meer kieskringen moet een bewijs worden ingeleverd.
4. Indien geen geldige lijst wordt ingeleverd, wordt na de vaststelling van de uitslag van de verkiezing door de gemeente waar het centraal stembureau is gevestigd de waarborgsom teruggegeven aan degene die de betaling heeft verricht.
5. Na de vaststelling van de uitslag van de verkiezing door het centraal stembureau wordt de waarborgsom teruggegeven aan degene die de betaling heeft verricht, tenzij het stemcijfer van de lijstengroep, het niet van een groep deel uitmakende stel gelijkluidende lijsten of de op zichzelf staande lijst lager is dan 75 procent van de kiesdeler, bedoeld in artikel P 5, en aan de lijst geen zetel is toegewezen. In dat geval vervalt de waarborgsom aan de gemeente waar het centraal stembureau is gevestigd.

Art. H 13a

Betaling waarborgsom kandidaatstelling algemeen bestuur
1. Indien het betreft de verkiezing van het algemeen bestuur, moet voor elke lijst een waarborgsom van € 225,- worden betaald aan het waterschap.

Schakelbepaling
2. Artikel H 4, achtste lid, is van overeenkomstige toepassing.
3. Degene die de in het eerste lid bedoelde betaling heeft verricht, ontvangt een bewijs daarvan. Dit bewijs moet bij de indiening van de lijst worden overgelegd.
4. Indien geen geldige lijst wordt ingeleverd, wordt na de vaststelling van de uitslag van de verkiezing door het waterschap de waarborgsom teruggegeven aan degene die de betaling heeft verricht.
5. Na de vaststelling van de uitslag van de verkiezing door het centraal stembureau wordt de waarborgsom zo spoedig mogelijk teruggegeven aan degene die de betaling heeft verricht, tenzij het stemcijfer van de lijst lager is dan 75 procent van de kiesdeler, bedoeld in artikel P 5, en aan de lijst geen zetel is toegewezen. In dat geval vervalt de waarborgsom aan het waterschap.

Art. H 14

Betaling waarborgsom kandidaatstelling gemeenteraad
1. Indien het betreft de verkiezing van de leden van de gemeenteraad, moet voor elke lijst een waarborgsom van € 225 worden betaald aan de gemeente.

Schakelbepaling
2. Artikel H 4, achtste lid, is van overeenkomstige toepassing.
3. Degene die de in het eerste lid bedoelde betaling heeft verricht, ontvangt een bewijs daarvan. Dit bewijs moet bij de indiening van de lijst worden overgelegd.
4. Indien geen geldige lijst wordt ingeleverd, wordt na de vaststelling van de uitslag van de verkiezing door de gemeente de waarborgsom teruggegeven aan degene die de betaling heeft verricht.
5. Na de vaststelling van de uitslag van de verkiezing door het centraal stembureau wordt de waarborgsom teruggegeven aan degene die de betaling heeft verricht, tenzij het stemcijfer van de lijst lager is dan 75 procent van de kiesdeler, bedoeld in artikel P 5, en aan de lijst geen zetel is toegewezen. In dat geval vervalt de waarborgsom aan de gemeente.

Art. H 15
Bij algemene maatregel van bestuur worden nadere regels gesteld betreffende het betalen van waarborgsommen ten behoeve van de kandidatenlijsten. Bij ministeriële regeling worden voor de bewijzen van betaling van de waarborgsom modellen vastgesteld.

Waarborgsom, nadere regels bij AMvB inzake betalen van

Art. H 16
De artikelen 15, 16 en 18 van de Algemene verordening gegevensbescherming zijn niet van toepassing op verwerking van persoonsgegevens door het centraal stembureau bij of krachtens dit hoofdstuk.

Inlevering kandidatenlijsten, art. 15, 16 en 18 AVG niet van toepassing

Hoofdstuk I
Het onderzoek, de nummering en de openbaarmaking van de kandidatenlijsten

§ 1
Het onderzoek van de kandidatenlijsten

Art. I 1
1. Op de dag na de kandidaatstelling, om zestien uur, houdt het centraal stembureau een zitting tot het onderzoeken van de kandidatenlijsten voor iedere kieskring waarvoor zij zijn ingeleverd.
2. Bij een verkiezing van de leden van de Tweede Kamer, onderscheidenlijk provinciale staten van een provincie die uit meer dan één kieskring bestaat, draagt het centraal stembureau er zorg voor dat de hoofdstembureaus op de tweede dag na de kandidaatstelling een afschrift van de kandidatenlijsten ontvangen die voor de desbetreffende kieskring zijn ingeleverd.

Onderzoeken kandidatenlijsten

Art. I 2
1. Indien bij het onderzoek van een kandidatenlijst voor een kieskring blijkt van een of meer van de volgende verzuimen, geeft het centraal stembureau onverwijld bij aangetekende brief of tegen gedagtekend ontvangstbewijs kennis aan degene die de lijst heeft ingeleverd:
a. dat, indien bij de lijst verklaringen van ondersteuning moeten worden overgelegd, niet ten minste het aantal verklaringen voor deze kieskring, genoemd in artikel H 4, eerste lid, is overgelegd, waarbij niet meetellen de verklaringen die niet aan het bepaalde in artikel H 4, eerste lid, tweede volzin, en tweede lid, voldoen, de verklaringen waarop niet een aantekening als bedoeld in artikel H 4, vierde lid, voorkomt en de verklaringen van een kiezer die meer dan één verklaring heeft ondertekend;
b. dat, indien zich het geval voordoet, bedoeld in artikel H 7, derde lid, de verklaring dat de kandidaat voornemens is zich bij benoeming te vestigen in de provincie, het waterschap, onderscheidenlijk de gemeente, ontbreekt;
c. dat een kandidaat niet is vermeld overeenkomstig het bepaalde krachtens artikel H 8;
d. dat voor een kandidaat ontbreekt de verklaring dat hij instemt met zijn kandidaatstelling op de lijst voor deze kieskring;
e. dat ten aanzien van een kandidaat die buiten het Europese deel van Nederland woonplaats heeft in zijn verklaring van instemming de aanwijzing van een gemachtigde ontbreekt;
f. dat, indien ten behoeve van de lijst een waarborgsom moet worden betaald, het bewijs dat deze betaling is verricht, ontbreekt;
g. dat de lijst niet persoonlijk is ingeleverd door een kiezer, bevoegd tot deelneming aan de desbetreffende verkiezing;
h. dat de inleveraar zich niet heeft geïdentificeerd met een document als bedoeld in artikel 1 van de Wet op de identificatieplicht;
i. dat een verklaring, bedoeld in het tweede of derde lid van artikel H 3, ontbreekt.
2. Binnen de termijn van drie dagen na de zitting, bedoeld in artikel I 1, eerste lid, kan degene die de lijst heeft ingeleverd, het verzuim of de verzuimen, in de kennisgeving aangeduid, herstellen bij het centraal stembureau, op de eerste en tweede dag van negen tot zeventien uur en op de derde dag van negen tot vijftien uur.
3. In het geval, bedoeld in het eerste lid onder a, kunnen kiezers gedurende de verzuimperiode alsnog ondersteuningsverklaringen afleggen.
4. In het geval, bedoeld in het eerste lid onder f, kan gedurende de verzuimperiode de waarborgsom alsnog worden betaald.
5. In het geval, bedoeld in het eerste lid onder g, kan gedurende de verzuimperiode een kiezer die tot het inleveren van de lijst bevoegd zou zijn geweest, door persoonlijke verschijning bij het centraal stembureau zich in de plaats van de onbevoegde inleveraar stellen; hij identificeert zich met een document als bedoeld in artikel 1 van de Wet op de identificatieplicht. Het in de vorige zin bepaalde vindt overeenkomstige toepassing, indien in geval van onderdeel h de inleveraar zich niet alsnog tijdens de verzuimperiode identificeert.
6. Bij verhindering of ontstentenis van degene die de lijst heeft ingeleverd, treedt in diens plaats een ingevolge artikel H 5 op de lijst vermelde vervanger.

Mededeling verzuimen

A9 art. I 3 — Kieswet

Terinzagelegging lijsten

Art. I 3
1. Onmiddellijk nadat de lijsten door het centraal stembureau zijn onderzocht, worden deze en, indien vereist, de verklaringen van ondersteuning, voor een ieder ter inzage gelegd bij het centraal stembureau.
2. Op de voet van artikel I 1, tweede lid, toegezonden afschriften van ingeleverde kandidatenlijsten worden bij de gemeente waar het hoofdstembureau is gevestigd ter inzage gelegd, zodra deze zijn ontvangen.

Beslissing geldigheid lijsten

Art. I 4
Op de laatste dag van de termijn, genoemd in artikel I 2, tweede lid, beslist het centraal stembureau in een openbare zitting die om zestien uur aanvangt, over de geldigheid van de lijsten voor iedere kieskring waarvoor zij zijn ingeleverd en over het handhaven van de daarop voorkomende kandidaten, alsmede over het handhaven van de daarboven geplaatste aanduiding van een politieke groepering, en maakt deze beslissingen op de zitting bekend.

Ongeldigheid lijsten

Art. I 5
Voor een kieskring is ongeldig de lijst:
a. die niet op de dag van kandidaatstelling tussen negen en zeventien uur bij het centraal stembureau is ingeleverd;
b. waarbij, indien ten behoeve van de lijst een waarborgsom moet worden betaald, niet gevoegd is het bewijs dat deze betaling is verricht;
c. waarbij, indien bij de lijst verklaringen van ondersteuning moeten worden overgelegd, niet ten minste het aantal geldige verklaringen voor deze kieskring, genoemd in artikel H 4, eerste lid, is overgelegd;
d. die niet voldoet aan het bij ministeriële regeling vastgestelde model;
e. die niet persoonlijk is ingeleverd door een kiezer, bevoegd tot deelneming aan de desbetreffende verkiezing;
f. waarbij de inleveraar zich niet heeft geïdentificeerd met een document als bedoeld in artikel 1 van de Wet op de identificatieplicht;
g. waarop door toepassing van artikel I 6 alle kandidaten zijn geschrapt.

Schrapping kandidaten

Art. I 6
1. Het centraal stembureau schrapt, in de volgorde in dit lid aangewezen, van de lijst voor een kieskring de naam van de kandidaat:
a. die niet is vermeld overeenkomstig het bepaalde krachtens artikel H 8;
b. van wie niet uit de overgelegde verklaring blijkt dat hij instemt met zijn kandidaatstelling op de lijst voor deze kieskring;
c. wiens woonplaats buiten het Europese deel van Nederland is gelegen, indien de aanwijzing van een gemachtigde ontbreekt;
d. die tijdens de zittingsperiode van het orgaan waarvoor de verkiezing zal plaatshebben, niet de voor het zitting nemen in dat orgaan vereiste leeftijd bereikt;
e. die bij een verkiezing van de leden van provinciale staten, van het algemeen bestuur van een waterschap onderscheidenlijk de gemeenteraad geen ingezetene is van de provincie, het waterschap onderscheidenlijk de gemeente, en ten aanzien van wie de verklaring dat hij voornemens is zich bij benoeming te vestigen in de provincie, het waterschap onderscheidenlijk de gemeente, ontbreekt;
f. die heeft verklaard dat hij voornemens is zich bij benoeming te vestigen in de provincie, het waterschap, onderscheidenlijk de gemeente, en ten aanzien van wie blijkt dat hij tevens een zodanige verklaring heeft afgelegd voor de verkiezing van de leden van de staten van een andere provincie, van het algemeen bestuur van een ander waterschap, onderscheidenlijk van de raad van een andere gemeente;
g. die voorkomt op meer dan één van de lijsten die voor deze kieskring zijn ingeleverd;
h. van wie een uittreksel uit het register van overlijden dan wel een afschrift van de akte van overlijden is overgelegd;
i. die op de lijst voorkomt na het ten hoogste toegelaten aantal.
2. Het centraal stembureau schrapt, in de volgorde in dit lid aangewezen, de aanduiding van een politieke groepering van de lijst voor een kieskring, indien:
a. een daarop betrekking hebbende verklaring als bedoeld in het tweede of derde lid van artikel H 3 ontbreekt;
b. de aanduiding geplaatst is boven meer dan één van de voor dezelfde kieskring ingeleverde lijsten.
3. Indien de aanduiding van een politieke groepering niet in overeenstemming is met die waaronder zij is geregistreerd, brengt het centraal stembureau deze ambtshalve daarmee in overeenstemming.

Beroep tegen beslissing geldigheid lijsten

Art. I 7
1. Tegen een beschikking als bedoeld in artikel I 4 kan, in afwijking van artikel 8:1 van de Algemene wet bestuursrecht, beroep worden ingesteld door een belanghebbende en iedere kiezer. In afwijking van artikel 6:7 van de Algemene wet bestuursrecht bedraagt de termijn voor het indienen van een beroepschrift vier dagen.

2. Artikel D 8 is van overeenkomstige toepassing.
3. De Afdeling bestuursrechtspraak van de Raad van State doet uitspraak uiterlijk op de zesde dag nadat het beroepschrift is ontvangen.
4. Indien de uitspraak van de Afdeling bestuursrechtspraak van de Raad van State strekt tot gegrondverklaring van het beroep, bepaalt zij dat haar uitspraak in de plaats treedt van de vernietigde beschikking.
5. De voorzitter van de Afdeling bestuursrechtspraak van de Raad van State stelt partijen en de voorzitter van het centraal stembureau onverwijld in kennis van de uitspraak.

Art. I 8

1. Indien beroep is ingesteld tegen een beschikking waarbij het centraal stembureau een lijst voor een kieskring ongeldig heeft verklaard of de naam van een kandidaat dan wel de aanduiding van een politieke groepering heeft geschrapt op grond van een of meer van de verzuimen, vermeld in artikel I 2, eerste lid, zonder dat het centraal stembureau tevoren overeenkomstig het in dat artikel bepaalde kennis heeft gegeven van het bestaan daarvan aan degene die de lijst heeft ingeleverd, kan deze het verzuim of de verzuimen alsnog herstellen bij de Raad van State. Artikel I 2, derde tot en met zesde lid, is van overeenkomstige toepassing.
2. Indien een verzuim overeenkomstig het eerste lid is hersteld, houdt de Afdeling bestuursrechtspraak van de Raad van State bij haar uitspraak daarmee rekening.

Behandeling beroep door Raad van State

Art. I 9
[Vervallen]

§ 2
[Vervallen]

Art. I 10-I 11
[Vervallen]

§ 3
De nummering van de kandidatenlijsten

Art. I 12
Het centraal stembureau nummert in de zitting, bedoeld in artikel I 4, de kandidatenlijsten die hij geldig heeft verklaard en maakt deze beslissing op de zitting bekend.

Tijdstip lijstnummering

Art. I 13
Bij de nummering gelden de lijstengroepen alsmede de niet van een groep deel uitmakende stellen gelijkluidende lijsten als één lijst.

Lijstengroepen en gelijkluidende lijsten gelden als één lijst

Art. I 14
1. Eerst worden genummerd de lijsten van politieke groeperingen wier aanduiding was geplaatst boven een kandidatenlijst waaraan bij de laatstgehouden verkiezing van de leden van het desbetreffende vertegenwoordigend orgaan een of meer zetels zijn toegekend. Aan deze lijsten worden de nummers 1 en volgende toegekend in de volgorde van de bij die verkiezing op de desbetreffende lijsten uitgebrachte aantallen stemmen, met dien verstande dat aan de lijst van de groepering met het hoogste aantal stemmen het nummer 1 wordt toegekend. Bij gelijkheid van het aantal beslist het lot.
2. Het eerste lid is van overeenkomstige toepassing voor de gevallen, bedoeld in artikel H 4, achtste lid, onderdelen a en b. In het geval waarbij aan ten minste één van de betrokken groeperingen één of meer zetels zijn toegekend worden voor de toepassing van het bepaalde in de tweede volzin van het eerste lid, de op de lijsten uitgebrachte aantallen stemmen van de groeperingen waaraan die zetels zijn toegekend, bij elkaar opgeteld.
3. Vervolgens worden, met de nummers volgende op het laatste krachtens het eerste lid toegekende nummer, genummerd de overige lijsten in de volgorde van het aantal kieskringen waarvoor de lijst geldt, met dien verstande dat het eerstvolgende nummer wordt toegekend aan de lijst die geldt voor de meeste kieskringen. Bij een gelijk aantal kieskringen beslist het lot.

Volgorde van nummering

Art. I 15
1. Onmiddellijk nadat de nummering heeft plaatsgevonden, doet de voorzitter mededeling welk nummer aan de onderscheidene lijsten is toegekend.
2. De mededeling geschiedt indien het betreft de verkiezing van de leden van de Tweede Kamer, provinciale staten, het algemeen bestuur van de gemeenteraad, in de Staatscourant, het provinciaal blad, het waterschapsblad onderscheidenlijk het gemeenteblad.

Openbaarmaking lijstnummers

Art. I 16
1. Indien de uitspraak van de Afdeling bestuursrechtspraak van de Raad van State strekt tot ongeldigverklaring van een kandidatenlijst, heeft dat geen gevolgen voor de nummers, toegekend aan de overige kandidatenlijsten.

Ongeldigverklaring lijsten heeft geen gevolg voor nummering

A9 art. I 17 — Kieswet

Volgorde van nummering bij geldigverklaring

2. Indien de uitspraak van de Afdeling bestuursrechtspraak van de Raad van State strekt tot geldigverklaring van een kandidatenlijst, wordt deze kandidatenlijst, indien nog niet genummerd, door haar genummerd met het nummer volgende op het laatste krachtens artikel I 14 en, indien van toepassing, bij eerdere uitspraak van de Afdeling toegekende nummer.

§ 4
De openbaarmaking van de kandidatenlijsten

Art. I 17

Openbaarmaking lijsten

1. Nadat onherroepelijk is beslist over de geldigheid van de ingeleverde lijsten maakt het centraal stembureau de lijsten zo spoedig mogelijk openbaar.
2. De openbaarmaking geschiedt:
    a. indien het betreft de verkiezing van de leden van de Tweede Kamer of van provinciale staten van een provincie met meer dan één kieskring, door plaatsing van de lijsten naar de kieskringen gerangschikt en met vermelding van hun nummers en, in voorkomend geval, de aanduidingen van de politieke groeperingen in de Staatscourant; en
    b. indien het betreft de verkiezing van de leden van provinciale staten van een provincie die één kieskring vormt, het algemeen bestuur dan wel de gemeenteraad, door plaatsing van de lijsten met vermelding van hun nummers en, in voorkomend geval, de aanduidingen van de politieke groeperingen in het provinciaal blad, het waterschapsblad onderscheidenlijk het gemeenteblad.

§ 5
Slotbepalingen

Art. I 18

Opmaken proces-verbaal

1. Van de in de artikelen I 1 en I 4 bedoelde zittingen wordt proces-verbaal opgemaakt. Het proces-verbaal wordt voor een ieder ter inzage gelegd.
2. De bij de in artikel I 4 bedoelde zitting aanwezige kiezers kunnen mondeling bezwaren inbrengen. Van deze bezwaren wordt in het proces-verbaal melding gemaakt.

Nadere regels

3. Bij algemene maatregel van bestuur worden geregeld:
    a. de plaats waar de processen-verbaal ter inzage worden gelegd;
    b. de bekendmaking van het tijdstip en de plaats van de zitting, bedoeld in artikel I 4.
4. Bij ministeriële regeling worden voor de processen-verbaal modellen vastgesteld.

Art. I 19

Vernietiging kandidatenlijsten

Het centraal stembureau vernietigt de ingeleverde kandidatenlijsten alsmede de daarbij horende stukken, met uitzondering van de overgelegde verklaringen van instemming, na de vaststelling van de uitslag. Van de vernietiging wordt proces-verbaal opgemaakt.

Art. I 20

Onderzoeken kandidatenlijsten, art. 15, 16 en 18 AVG niet van toepassing

De artikelen 15, 16 en 18 van de Algemene verordening gegevensbescherming zijn niet van toepassing op verwerking van persoonsgegevens door het centraal stembureau bij of krachtens dit hoofdstuk.

Hoofdstuk J
De stemming

§ 1
Algemene bepalingen

Art. J 1

Dag en tijd stemming

1. De stemming vindt plaats op de vierenveertigste dag na de kandidaatstelling. Indien toepassing is gegeven aan artikel F 1, derde lid, kan bij het koninklijk besluit, bedoeld in dat artikel, de dag van stemming worden vastgesteld op een dag na de vierenveertigste dag na de kandidaatstelling, met dien verstande dat de dag van stemming met niet meer dagen wordt verplaatst dan het aantal dagen waarmee de dag van kandidaatstelling is vervroegd.
2. De stemming vangt aan om zeven uur dertig en duurt tot eenentwintig uur.
3. Burgemeester en wethouders kunnen voor stembureaus waar dat wenselijk is met het oog op de plaats waar de bureaus zitting houden bepalen dat de stemming in deze stembureaus aanvangt op een eerder of een later tijdstip dan zeven uur dertig en eindigt op een eerder tijdstip dan eenentwintig uur. De burgemeester doet van deze tijdstippen ten minste veertien dagen voor de stemming mededeling in het gemeenteblad.
4. De stemopneming van de stembureaus, bedoeld in het derde lid, vindt plaats om eenentwintig uur op een door burgemeester en wethouders vast te stellen en bekend te maken plaats. De plaats van stemopneming wordt bekend gemaakt in de mededeling, bedoeld in het derde lid.

Kieswet　　　　　　　　　　　　　　　　　　　　　　　　　　　　　　　A9 art. J 7

5. Een stembureau als bedoeld in het derde lid is, met uitzondering van een stembureau als bedoeld in artikel J 4a, op de dag van de stemming ten minste acht uur aaneengesloten geopend.

Art. J 2
De stemming geschiedt in elke kieskring over de kandidaten wier namen voorkomen op de voor die kieskring geldig verklaarde kandidatenlijsten.

Stemming geschiedt kieskringsgewijs

Art. J 3
[Vervallen]

Art. J 4
1. Burgemeester en wethouders wijzen voor elk stembureau een geschikt stemlokaal aan. Bij algemene maatregel van bestuur kunnen hieromtrent nadere regels worden gesteld. De burgemeester doet van de adressen van de stemlokalen mededeling aan de kiezer op bij algemene maatregel van bestuur vast te stellen wijze.
2. Burgemeester en wethouders dragen er zorg voor dat alle in de gemeente aangewezen stemlokalen zodanig zijn gelegen en zo zijn ingericht en uitgerust dat kiezers met lichamelijke beperkingen zoveel mogelijk hun stem zelfstandig kunnen uitbrengen.
3. Indien burgemeester en wethouders niet voldoen aan het tweede lid informeren zij de gemeenteraad over de reden hiervoor.
4. Op verzoek van burgemeester en wethouders stellen de besturen van bijzondere scholen de daarvoor in aanmerking komende lokalen en het zich daarin bevindende materiaal voor de inrichting en het gebruik als stemlokaal beschikbaar, desgewenst tegen vergoeding van de daaruit voortvloeiende onkosten.
5. De burgemeester draagt zorg voor de inrichting van het stemlokaal en wijst zo nodig personen aan die het stembureau ten dienste worden gesteld.

Aanwijzing en inrichting stemlokalen

Art. J 4a
1. Burgemeester en wethouders kunnen in hun gemeente mobiele stembureaus aanwijzen. De burgemeester doet van een dergelijke aanwijzing ten minste veertien dagen voor de stemming mededeling in het gemeenteblad.
2. Burgemeester en wethouders stellen de zittingstijden vast en onderscheiden plaatsen waar de mobiele stembureaus gedurende de dag der stemming worden gestationeerd. De tijdstippen en plaatsen worden bekend gemaakt in de mededeling, bedoeld in het eerste lid.
3. Alvorens een stembureau als bedoeld in het eerste lid naar een andere standplaats vertrekt, wordt de sleuf van de stembus door de voorzitter van het stembureau in tegenwoordigheid van de aanwezige kiezers afgesloten en verzegeld. De voorzitter bewaart de sleutel waarmee de stembus is afgesloten, tijdens het verplaatsen naar de volgende standplaats. De voorzitter opent na de aankomst van het mobiele stembureau op de nieuwe standplaats de stembus in tegenwoordigheid van de aanwezige kiezers.
4. Artikel J 1, vierde lid, is van overeenkomstige toepassing.

Aanwijzing mobiele stembureaus

Art. J 5
1. Behoudens de gevallen, genoemd in de hoofdstukken K, L en M neemt de kiezer deel aan de stemming in een stemlokaal van zijn keuze dat ligt in de gemeente waar hij op de dag van de kandidaatstelling als kiezer is geregistreerd en dat ligt in het gebied van het orgaan waarvoor de verkiezing wordt gehouden.
2. Burgemeester en wethouders kunnen besluiten dat kiezers kunnen stemmen in één of meer stemlokalen die liggen in de gemeente maar buiten het gebied van het orgaan waarvoor de verkiezing wordt gehouden.

Deelname in stemlokaal naar keuze

Art. J 6
De gemeenteraad kan bepalen dat tegelijk met de stemming in het stemlokaal een andere, door de gemeenteraad uitgeschreven, stemming plaatsvindt.

Combinatie stemmingen

Art. J 6a
De stemmingen voor de verkiezing van de leden van provinciale staten en de verkiezing van de leden van het algemeen bestuur vinden in dezelfde stemlokalen plaats.

Stemlokalen verkiezingen PS en leden algemeen bestuur

Art. J 6b
Bij of krachtens algemene maatregel van bestuur worden voorschriften gegeven met het oog op de combinatie van stemmingen als bedoeld in de artikelen J 6 en J 6a.

Combinatie stemmingen, nadere regels bij AMvB inzake

§ 2
De oproeping voor de stemming

Art. J 7
Ten minste veertien dagen voor de stemming ontvangt elke kiezer die bevoegd is aan de stemming deel te nemen, van de burgemeester van de gemeente waar hij op de dag van de kandidaatstelling als kiezer is geregistreerd, een stempas. Op de stempas wordt een volgnummer vermeld. Onze Minister van Binnenlandse Zaken en Koninkrijksrelaties stelt bij ministeriële

Stempas

regeling een model vast voor de stempas. Onze Minister van Binnenlandse Zaken en Koninkrijksrelaties verstrekt tijdig voor de verkiezing aan de gemeente de informatie nodig voor het produceren van de stempas. Artikel 18 van de Algemene verordening gegevensbescherming is niet van toepassing op verwerking van persoonsgegevens bij of krachtens de eerste volzin van dit artikel.

Art. J 7a

Register ongeldige stempassen

1. Er is een register van ongeldige stempassen. De burgemeester stelt de dag voor de stemming in zijn gemeente uit het register een uittreksel van ongeldige stempassen vast.
2. Ongeldig is de stempas:
   a. waarvoor in plaats daarvan door de burgemeester een kiezerspas of een volmachtbewijs is afgegeven;
   b. waarvoor krachtens artikel J 8 een vervangende stempas is verstrekt;
   c. van de kiezer aan wie overeenkomstig hoofdstuk M een briefstembewijs is verstrekt;
   d. van iemand die niet als kiezer behoort te zijn geregistreerd, dan wel voor het uitbrengen van zijn stem is overleden;
   e. waarvan is vastgesteld dat deze stempas is ontvreemd of anderszins onrechtmatig in omloop is.
3. Bij of krachtens algemene maatregel van bestuur wordt bepaald welke gegevens het register, alsmede het uittreksel, bedoeld in het eerste lid, bevatten.
4. De burgemeester bewaart het register drie maanden nadat over de toelating van de gekozenen is beslist. Daarna vernietigt hij deze onmiddellijk. Van de vernietiging wordt proces-verbaal opgemaakt.
5. De artikelen 16 en 18 van de Algemene verordening gegevensbescherming zijn niet van toepassing op verwerking van persoonsgegevens bij of krachtens dit artikel.

Art. J 8

Uitreiking nieuwe stempas

1. Aan de tot deelneming aan de stemming bevoegde kiezer wiens stempas in het ongerede is geraakt of die geen stempas heeft ontvangen, wordt op zijn verzoek door de burgemeester een nieuwe stempas uitgereikt of verzonden.
2. De kiezer doet hiervoor een schriftelijk of mondeling verzoek aan de burgemeester.
3. Het schriftelijk verzoek dient uiterlijk vijf dagen voor de stemming te zijn ontvangen. Het mondeling verzoek wordt uiterlijk op de dag voor de stemming om twaalf uur gedaan. Deze termijnen worden op de stempas vermeld.
4. De kiezer legt bij zijn verzoek een kopie over van een document als bedoeld in artikel 1 van de Wet op de identificatieplicht.
5. Aan de kiezer wiens stempas op grond van artikel J 7a, tweede lid, onderdelen a, c, d en e, ongeldig is, wordt geen nieuwe stempas uitgereikt.

Art. J 9

Bekendmaking lijsten aan kiezers

De burgemeester brengt de kandidatenlijsten ter kennis van de kiezers op bij algemene maatregel van bestuur vast te stellen wijze. De artikelen 15, 16 en 18 van de Algemene verordening gegevensbescherming zijn niet van toepassing op verwerking van persoonsgegevens bij of krachtens dit artikel.

Art. J 10

Verplichting werkgevers om werknemers gelegenheid tot stemmen te geven

Iedere werkgever is verplicht te zorgen dat iedere kiezer die bij hem in dienstbetrekking is, de gelegenheid krijgt zijn stem uit te brengen voor zover dit niet kan geschieden buiten de vastgestelde arbeidstijd en mits de kiezer daardoor niet meer dan twee uur verhinderd is zijn arbeid te verrichten.

§ 3
Het stembureau

Art. J 11

Deelneming stemming voorzitter en leden stembureau

1. De voorzitter en de leden van het stembureau, alsmede de personen die het stembureau ten dienste staan, die in een andere gemeente dan waar zij als kiesgerechtigde zijn geregistreerd aan de stemming deelnemen, kunnen, indien zij kiesgerechtigd zijn voor het orgaan waarvoor de verkiezing wordt gehouden, naar keuze bij dit stembureau of bij een stembureau binnen de gemeente waar zij als kiesgerechtigde geregistreerd zijn, aan de stemming deelnemen.
2. Van het uitbrengen van hun stem wordt melding gemaakt in het proces-verbaal.
3. Dit artikel is niet van toepassing bij een verkiezing van de leden van de gemeenteraad.

Art. J 12

Aanwezigheid en vervanging stembureauleden

1. Gedurende de zitting zijn steeds de voorzitter en twee leden van het stembureau aanwezig.
2. Het stembureau bepaalt wie als tweede en derde lid van het stembureau optreden.
3. Bij ontstentenis van de voorzitter treedt het tweede lid en bij diens ontstentenis het derde lid als voorzitter op.

Kieswet

A9 art. J 24

4. Bij ontstentenis van een lid treedt een door of vanwege burgemeester en wethouders aan te wijzen plaatsvervangend lid op.
5. Indien geen plaatsvervangend lid beschikbaar is, verzoekt de voorzitter een van de in het stemlokaal aanwezige kiezers die hij daartoe geschikt acht, als zodanig op te treden totdat dit wel het geval is.
6. Van de wisselingen in de samenstelling van het stembureau wordt in het proces-verbaal aantekening gehouden met opgave van de tijd van de vervanging.

Art. J 13
Indien bij het nemen van een beslissing door het stembureau de stemmen staken, beslist de stem van de voorzitter.

Staken stemmen bij beslissingen stembureau

Art. J 14
De leden van het stembureau geven tijdens de uitoefening van hun functie geen blijk van hun politieke gezindheid.

Beïnvloeding kiezers

§ 4
De inrichting van het stemlokaal

Art. J 15
Het stemlokaal is zodanig ingericht dat het stemgeheim is gewaarborgd.

Waarborging stemgeheim

Art. J 16
1. In het stemlokaal zijn geplaatst een tafel voor het stembureau en een of meer stembussen en stemhokjes.
2. De toegang tot de stemhokjes moet zichtbaar zijn voor het publiek.
3. In ieder stemhokje bevindt zich een handleiding voor de kiezer. Bij ministeriële regeling wordt voor de handleiding een model vastgesteld.
4. De tafel voor het stembureau is zo geplaatst dat de kiezers de verrichtingen van het stembureau kunnen gadeslaan.

Plaatsing en inrichting stemhokjes

Art. J 17
1. Op de tafel voor het stembureau ligt het uittreksel van ongeldige stempassen. De burgemeester draagt er zorg voor dat elk stembureau over dit uittreksel beschikt.
2. Ieder stembureau beschikt over de wettelijke voorschriften die op de stemming betrekking hebben.

Materiaal op tafel stembureau

Art. J 18
1. De stembus, vervaardigd volgens bij algemene maatregel van bestuur te geven voorschriften, staat bij de tafel, binnen het bereik van het lid van het stembureau dat belast is met de in artikel J 26, derde lid, bedoelde taak.
2. Tijdig voor de aanvang van de stemming sluit het stembureau de stembus, na zich ervan overtuigd te hebben dat zij leeg is.

Stembus

Art. J 19
Bij algemene maatregel van bestuur kunnen nadere regels worden gesteld betreffende de inrichting van het stemlokaal.

Stemlokaal, nadere regels bij AMvB inzake inrichting

§ 5
De stembiljetten

Art. J 20
1. Op bij de verkiezingen te bezigen stembiljetten kunnen kiezers een keuze maken uit de kandidaten over wie de stemming moet geschieden. De stembiljetten zijn voorzien van de handtekening van de voorzitter van het centraal stembureau alsmede van de naam van het vertegenwoordigend orgaan waarvoor de verkiezing geldt en een aanduiding van de kieskring.
2. Bij ministeriële regeling wordt voor de stembiljetten een model vastgesteld.

Inrichting stembiljet

Art. J 21
De burgemeester draagt zorg dat voldoende stembiljetten en formulieren voor de processen-verbaal voor aanvang van de stemming bij elk stembureau in zijn gemeente aanwezig zijn. De artikelen 15, 16 en 18 van de Algemene verordening gegevensbescherming zijn niet van toepassing op verwerking van persoonsgegevens bij of krachtens dit artikel.

Aanwezigheid voldoende stembiljetten en processen-verbaal

Art. J 22-J 23
[Vervallen]

§ 6
Het uitbrengen van de stem

Art. J 24
1. Tot de stemming wordt slechts toegelaten de kiezer die bevoegd is aan de verkiezing deel te nemen, voor zover:

Toelating tot stemming

Sdu 79

a. de voorzitter van het stembureau de identiteit van de kiezer heeft vastgesteld aan de hand van een document als bedoeld in artikel 1 van de Wet op de identificatieplicht;
b. de kiezer in het bezit is van de hem toegezonden of ingevolge artikel J 8 uitgereikte stempas, dan wel een kiezerspas of een volmachtbewijs.
2. De in het eerste lid, onder a, bedoelde vaststelling van de identiteit kan ook geschieden aan de hand van een schriftelijke bevestiging van de betreffende autoriteit van het melden van de vermissing, overeenkomstig artikel 5a van de Paspoortwet, in combinatie met een document van de kiesgerechtigde op diens naam en voorzien van zijn foto.

Art. J 25

Uitreiking stembiljet

1. De kiezer overhandigt aan de voorzitter van het stembureau het in artikel J 24, eerste lid, onder a, genoemde identiteitsdocument, en de stempas.
2. Indien de voorzitter constateert dat de kiezer niet beschikt over een geldig identiteitsdocument, wordt de kiezer niet toegelaten tot de stemming.
3. Indien de kiezer naar het oordeel van de voorzitter over een geldig identiteitsdocument beschikt, controleert de voorzitter de echtheid van de stempas.
4. Indien het stembureau constateert dat de stempas niet echt is neemt de voorzitter de stempas in en wordt de kiezer niet toegelaten tot de stemming.
5. Indien de stempas echt is, gaat het tweede lid van het stembureau na of het volgnummer van de stempas voorkomt in het uittreksel van ongeldige stempassen, bedoeld in artikel J 7a, tweede volzin. Indien dat het geval is, neemt het tweede lid van het stembureau de stempas in en wordt de kiezer niet toegelaten tot de stemming.
6. Indien het volgnummer van de stempas niet voorkomt in het uittreksel van ongeldige stempassen, controleert de voorzitter vervolgens of de gegevens op het identiteitsdocument overeenkomen met de gegevens op de stempas. Indien de voorzitter constateert dat de gegevens niet overeenkomen, wordt de kiezer niet toegelaten tot de stemming.
7. Indien de kiezer beschikt over een geldig identiteitdocument en een geldige stempas en de identiteit op beide documenten overeenkomt, neemt het tweede lid van het stembureau de stempas in en wordt de kiezer toegelaten tot de stemming. Voor zover deze handeling als gevolg van een nieuwe stemming als bedoeld in artikel V 6, tweede lid, een verwerking van persoonsgegevens als bedoeld in artikel 4 van de Algemene verordening gegevensbescherming betreft, zijn de artikelen 15, 16 en 18 van die verordening niet van toepassing.
8. Vervolgens overhandigt de voorzitter aan de kiezer een stembiljet.
9. De voorzitter houdt aantekening van het aantal ingenomen geldige stempassen.
10. De ingevolge dit artikel ingenomen stempassen die niet echt of ongeldig zijn, worden door het stembureau onbruikbaar gemaakt.

Art. J 26

Wijze van stemmen

1. De kiezer gaat na ontvangst van het stembiljet naar een stemhokje en stemt aldaar door een wit stipje, geplaatst vóór de kandidaat van zijn keuze, rood te maken.
2. Hij vouwt vervolgens het stembiljet dicht en gaat daarmee naar het stembureau.
3. Het derde lid van het stembureau ziet erop toe, dat de kiezer het stembiljet in de stembus steekt.

Art. J 27

Verstrekking nieuw stembiljet

1. Indien een kiezer zich bij de invulling van zijn stembiljet vergist, geeft hij dit aan de voorzitter terug. Deze verstrekt hem op zijn verzoek eenmaal een nieuw biljet.
2. De teruggegeven stembiljetten worden door de voorzitter onmiddellijk onbruikbaar gemaakt op bij algemene maatregel van bestuur te regelen wijze.

Art. J 28

Hulp aan invalide kiezers

Wanneer aan het stembureau blijkt dat een kiezer wegens zijn lichamelijke gesteldheid hulp behoeft, staat het toe dat deze zich laat bijstaan.

Art. J 29

Teruggave stembiljet

1. Indien het stembureau blijkt dat een kiezer het stembiljet niet in de stembus steekt, houdt de voorzitter daarvan aantekening.
2. Indien een kiezer zijn stembiljet teruggeeft, wordt dit door de voorzitter onmiddellijk onbruikbaar gemaakt op een bij algemene maatregel van bestuur te regelen wijze.

Art. J 30

Aankondiging einde stemming

Zodra de voor de stemming bepaalde tijd verstreken is, wordt dit door de voorzitter aangekondigd en worden alleen de op dat ogenblik in het stemlokaal of bij de ingang daarvan aanwezige kiezers nog tot de stemming toegelaten.

Art. J 31

Stemmen, nadere regels bij AMvB inzake gang van zaken bij

Bij algemene maatregel van bestuur kunnen nadere regels worden gesteld betreffende de gang van zaken bij de stemming.

Kieswet **A9 art. K 3**

§ 7
[Vervallen]

Art. J 32-J 34
[Vervallen]

§ 8
De orde in het stemlokaal

Art. J 35
1. Gedurende de tijd dat het stembureau zitting houdt, zijn de kiezers bevoegd in het stemlokaal te vertoeven, voor zover de orde daardoor niet wordt verstoord en de voortgang van de zitting niet wordt belemmerd. — *Openbaarheid stemming*
2. De in het stemlokaal aanwezige kiezers kunnen mondeling bezwaren inbrengen, indien de stemming niet overeenkomstig de wet geschiedt. — *Inbrengen bezwaren*
3. De bezwaren worden in het proces-verbaal van de zitting van het stembureau vermeld. Voor zover sprake is van verwerking van persoonsgegevens op grond van deze bepaling zijn de artikelen 15, 16 en 18 van de Algemene verordening gegevensbescherming niet van toepassing.

Art. J 36
In het stemlokaal worden geen activiteiten ontplooid die erop gericht zijn de kiezers in hun keuze te beïnvloeden. — *Geen beïnvloeding kiezers*

Art. J 37
De voorzitter is belast met de handhaving van de orde tijdens de zitting. Hij kan daartoe de burgemeester om bijstand verzoeken. — *Handhaving orde*

Art. J 38
1. Indien zich naar het oordeel van het stembureau omstandigheden voordoen in of bij het stemlokaal die de behoorlijke voortgang van de zitting onmogelijk maken, wordt dit door de voorzitter verklaard. De zitting wordt daarop geschorst. De voorzitter doet hiervan terstond mededeling aan de burgemeester. De burgemeester bepaalt vervolgens wanneer en waar de zitting wordt hervat. — *Schorsing stemming bij wanorde*
2. Bij of krachtens algemene maatregel van bestuur worden hieromtrent nadere regels gesteld.

§ 9
Waarnemers

Art. J 39
1. Onze Minister van Buitenlandse Zaken kan ter uitvoering van een verdrag of een internationale afspraak personen toelaten die als waarnemer getuige mogen zijn van het verloop van de verkiezingen. — *Waarneming*
2. Een waarnemer is bevoegd in het stemlokaal te vertoeven gedurende de tijd dat het stembureau zitting houdt.
3. Bij of krachtens algemene maatregel van bestuur kunnen nadere regels worden gesteld omtrent waarneming bij de verkiezingen. — *Nadere regels*

Hoofdstuk K
Het stemmen met een kiezerspas

Art. K 1
1. Aan de kiezer wordt overeenkomstig de bepalingen van dit hoofdstuk op zijn verzoek toegestaan binnen het gebied van het orgaan waarvoor de verkiezing wordt gehouden, aan de stemming deel te nemen in een stembureau van zijn keuze. — *Stemmen in stembureau naar keuze*
2. Onverminderd het eerste lid kan de kiezer stemmen in de stemlokalen, bedoeld in artikel J 5, tweede lid.

Art. K 2
Het in artikel K 1 bepaalde geldt niet voor de kiezer aan wie op zijn verzoek is toegestaan bij volmacht te stemmen of een briefstembewijs is verstrekt. — *Stemmen in stembureau naar keuze, uitzondering volmacht- of briefstembewijsstemmers*

Art. K 3
1. De kiezer richt zijn verzoek, schriftelijk of mondeling, aan de burgemeester van de gemeente waar hij op de dag van de kandidaatstelling als kiezer is geregistreerd. — *Schriftelijk/mondeling verzoek*
2. Het schriftelijk verzoek dient uiterlijk vijf dagen voor de stemming te zijn ontvangen. Het mondeling verzoek wordt uiterlijk op de dag voor de stemming om twaalf uur gedaan. De burgemeester doet van deze termijnen op de dag van de kandidaatstelling mededeling in het gemeenteblad. — *Termijn indienen verzoek*

Art. K 4

Kiezerspas

1. Aan de kiezer wordt als bewijs dat aan zijn verzoek is voldaan een verklaring uitgereikt of verzonden, genaamd kiezerspas.
2. De kiezer aan wie een kiezerspas is uitgereikt of verzonden, kan uitsluitend met deze pas aan de verkiezing deelnemen.
3. Aan de kiezer wiens kiezerspas in het ongerede is geraakt, wordt geen nieuwe uitgereikt of verzonden.
4. Bij ministeriële regeling wordt voor de kiezerspas een model vastgesteld.

Art. K 5

[Vervallen]

Art. K 6

Inhoud schriftelijk verzoek

1. Voor het indienen van een schriftelijk verzoek wordt een formulier gebruikt. Bij ministeriële regeling wordt voor het formulier een model vastgesteld.
2. Een mondeling verzoek geschiedt door de kiezer in persoon bij de gemeente waar hij op de dag van de kandidaatstelling als kiezer is geregistreerd.
3. Indien de kiezer reeds een stempas heeft ontvangen, voegt hij deze bij het schriftelijk verzoek, dan wel legt hij deze over bij het mondeling verzoek.

Art. K 7

Kiezer met woonplaats buiten Nederland

1. In afwijking van artikel K 3 dient een persoon die als kiezer is geregistreerd als bedoeld in artikel D 2, een schriftelijk verzoek in bij de burgemeester van 's-Gravenhage.
2. Een verzoek dient uiterlijk zes weken voor de dag van de stemming te zijn ontvangen.

Art. K 8

Beslissing op verzoek

1. Op het schriftelijk verzoek wordt zo spoedig mogelijk beslist. Op het mondeling verzoek wordt terstond beslist.
2. Het verzoek wordt slechts afgewezen, indien de verzoeker op de dag van de kandidaatstelling niet als kiezer is geregistreerd, hem overeenkomstig paragraaf 2 van hoofdstuk L is toegestaan bij volmacht te stemmen, of een briefstembewijs is verstrekt.
3. Indien het verzoek niet in verdere behandeling wordt genomen of wordt afgewezen, wordt de beslissing met opgave van redenen schriftelijk aan de verzoeker medegedeeld.
4. Artikel D 8 is van overeenkomstige toepassing op een beschikking als bedoeld in dit artikel.

Art. K 9

Stemmen met kiezerspas, nadere regels bij AMvB t.a.v.

Bij algemene maatregel van bestuur kunnen nadere regels worden gesteld met betrekking tot het stemmen met een kiezerspas, onder meer over de indiening van een verzoek, de beslissing op een verzoek en de verstrekking van formulieren, bedoeld in artikel K 6, eerste lid.

Art. K 10

[Vervallen]

Art. K 11

Overhandigen identiteitsdocument en kiezerspas
Schakelbepaling

1. Bij de stemming overhandigt de kiezer het in artikel J 24, eerste lid, onder a, genoemde identiteitsdocument, en de kiezerspas aan de voorzitter van het stembureau.
2. Artikel J 25, tweede tot en met tiende lid, is van overeenkomstige toepassing.

Art. K 12-K 13

[Vervallen]

Hoofdstuk L
Het stemmen bij volmacht

§ 1
Algemene bepalingen

Art. L 1

Stemmen bij volmacht

De kiezer die verwacht niet in staat te zullen zijn in persoon aan de stemming deel te nemen, kan overeenkomstig de bepalingen van dit hoofdstuk bij volmacht stemmen.

Art. L 2

Volmacht op schriftelijk verzoek of door overdracht stempas/kiezerspas

1. Een volmacht kan worden verleend hetzij op een schriftelijke aanvraag overeenkomstig het bepaalde in paragraaf 2, hetzij door overdracht van de stempas of kiezerspas overeenkomstig het bepaalde in paragraaf 3 van dit hoofdstuk.

2. Een schriftelijke aanvraag om bij volmacht te stemmen kan niet worden ingediend door de kiezer aan wie een kiezerspas of een briefstembewijs is verstrekt.

Art. L 3

Volmachtstem gelijktijdig met eigen stem

De gemachtigde kan een volmachtstem uitsluitend tegelijk met zijn eigen stem voor die verkiezing uitbrengen.

Art. L 4

Aantal aanwijzingen als gemachtigde

Een kiezer mag per verkiezing niet meer dan twee aanwijzingen als gemachtigde aannemen.

Kieswet

A9 art. L 12

Art. L 5
1. De volmachtgever is niet bevoegd een eenmaal verleende schriftelijke volmacht in te trekken of na het verlenen van volmacht in persoon aan de stemming deel te nemen.
2. Een volmacht die is verleend door overdracht van de stempas of kiezerspas kan tot het uitbrengen van een stem door de gemachtigde door de volmachtgever worden ingetrokken.
3. Een schriftelijke aanvraag om bij volmacht te stemmen kan worden ingetrokken, zolang daarop niet is beslist.

Verleende volmacht is niet in te trekken

Art. L 6
1. Aan de gemachtigde wordt ten bewijze van zijn bevoegdheid een verklaring verstrekt, genaamd volmachtbewijs.
2. Aan de gemachtigde wiens volmachtbewijs in het ongerede is geraakt, wordt geen nieuw verstrekt.

Volmachtbewijs

§ 2
De schriftelijke aanvraag om bij volmacht te stemmen

Art. L 7
1. Het verzoekschrift, bedoeld in artikel L 8, dient uiterlijk vijf dagen voor de stemming te zijn ontvangen.
2. De burgemeester doet van deze termijn op de dag van de kandidaatstelling mededeling in het gemeenteblad.

Openbare kennisgeving

Art. L 8
1. De kiezer die bij volmacht wenst te stemmen, dient daartoe een verzoekschrift in bij de burgemeester van de gemeente waar hij op de dag van de kandidaatstelling als kiezer is geregistreerd. Voor het indienen van een verzoekschrift wordt een formulier gebruikt. De burgemeester kan ter voorkoming van misbruik beperkingen stellen aan de verkrijgbaarstelling. Van een daartoe strekkend besluit doet hij mededeling in het gemeenteblad.
2. In zijn verzoekschrift wijst de kiezer een gemachtigde aan. Als gemachtigde kan slechts optreden degene die op de dag van de kandidaatstelling als kiezer is geregistreerd binnen het gebied waarvoor de verkiezing geldt.
3. Bij het verzoekschrift wordt ingediend een verklaring van de gemachtigde dat deze bereid is als zodanig op te treden.
4. Bij ministeriële regeling worden voor het formulier en de verklaring modellen vastgesteld.

Inhoud verzoekschrift en tijd van indiening

Nadere regels

Art. L 9
1. In afwijking van artikel L 8, eerste lid, eerste volzin, dient een persoon die als kiezer is geregistreerd als bedoeld in artikel D 2, een verzoekschrift in bij de burgemeester van 's-Gravenhage.
2. Een verzoekschrift dient uiterlijk zes weken voor de dag van de stemming te zijn ontvangen.

Verzoekschrift van buiten Nederland wonende kiezer

Art. L 10
Het verzoek wordt afgewezen, indien:
a. blijkt dat de kiezer niet zelf de gemachtigde heeft aangewezen;
b. aan de kiezer die het verzoek heeft ingediend reeds een kiezerspas of een briefstembewijs is verstrekt;
c. de verklaring van de gemachtigde dat deze bereid is als zodanig op te treden, ontbreekt;
d. degene die als gemachtigde is aangewezen, niet als kiesgerechtigde is geregistreerd binnen het gebied waarvoor de verkiezing geldt.

Afwijzingsgronden

Art. L 11
1. Op het verzoek wordt zo spoedig mogelijk beslist, doch niet eerder dan op de dag van de kandidaatstelling.
2. Bij inwilliging wordt een volmachtbewijs opgemaakt. Bij ministeriële regeling wordt voor dit bewijs een model vastgesteld. De inwilliging wordt aan de volmachtgever bekendgemaakt.
3. Indien het verzoek niet in verdere behandeling wordt genomen of wordt afgewezen, wordt de beslissing met opgave van redenen schriftelijk aan de verzoeker medegedeeld. Degene die zich bereid heeft verklaard als gemachtigde op te treden wordt van de beslissing in kennis gesteld.
4. Artikel D 8 is van overeenkomstige toepassing op een beschikking als bedoeld in dit artikel.

Inwilliging verzoek

Afwijzing verzoek

Art. L 12
Bij algemene maatregel van bestuur kunnen nadere regels worden gesteld met betrekking tot het stemmen bij volmacht, onder meer over de indiening van een verzoekschrift, de beslissing op een verzoekschrift en de verstrekking van formulieren, bedoeld in artikel L 8, eerste lid.

Stemmen bij volmacht, nadere regels bij AMvB inzake

Art. L 13
[Vervallen]

A9 art. L 14 — Kieswet

§ 3
Het verlenen van volmacht door overdracht van de stempas of kiezerspas aan een andere kiezer

Art. L 14

Stemmen bij volmacht door overdracht stempas/kiezerspas

1. De kiezer met een stempas kan een andere kiezer machtigen om voor hem te stemmen, indien de gemachtigde stemt in de gemeente van de volmachtgever.
2. De kiezer met een kiezerspas kan een andere kiezer machtigen om voor hem te stemmen.
3. Hij tekent daartoe het formulier dat voorkomt op de stempas of kiezerspas en laat de pas door de gemachtigde mede-ondertekenen.
4. Hij draagt de aldus in een volmachtbewijs omgezette stempas of kiezerspas aan de gemachtigde over.

Art. L 15

Geen volmacht in stemlokaal

1. De kiezer verleent geen volmacht in een stemlokaal.
2. Indien een volmacht is verleend in het stemlokaal, kan de gemachtigde de volmachtstem niet uitbrengen. Indien de gemachtigde het volmachtbewijs aan de voorzitter van het stembureau heeft overhandigd, geeft de voorzitter het volmachtbewijs aan de volmachtgever, of, indien deze het stemlokaal heeft verlaten, aan de gemachtigde.

Art. L 16

[Vervallen]

§ 4
Het stemmen door de gemachtigde

Art. L 17

Procedure stemlokaal

1. De gemachtigde overhandigt aan de voorzitter van het stembureau het volmachtbewijs.
2. Indien het een volmachtbewijs betreft als bedoeld in hoofdstuk L, paragraaf 3, overhandigt de gemachtigde tevens een kopie van een identiteitsdocument als bedoeld in artikel J 24, van de volmachtgever.
3. Artikel J 25, tweede tot en met tiende lid, is van overeenkomstige toepassing.

Hoofdstuk M
Het stemmen per brief

§ 1
Algemene bepalingen

Art. M 1

Briefstembewijs voor kiezer woonachtig buiten Nederland, voorwaarden

1. Een persoon die als kiezer is geregistreerd als bedoeld in artikel D 2, ontvangt als bewijs dat hij per brief mag stemmen voor de stemming een briefstembewijs. Hij ontvangt geen briefstembewijs indien hem is toegestaan bij volmacht te stemmen of een kiezerspas is verstrekt.
2. Voor de verkiezing van de leden van de Tweede Kamer wordt een persoon die kiesgerechtigd is en op de dag van de stemming buiten Nederland zal verblijven overeenkomstig het bepaalde bij of krachtens dit hoofdstuk op zijn verzoek toegestaan per brief te stemmen. Aan hem wordt als bewijs dat aan zijn verzoek is voldaan een briefstembewijs verstrekt.

Art. M 2

Briefstembewijs

1. Een aan een persoon verzonden briefstembewijs kan niet door een nieuw worden vervangen.
2. Aan een persoon aan wie een briefstembewijs is verstrekt, wordt geen stempas toegezonden. Hij mag slechts op de in artikel M 7 aangewezen wijze aan de stemming deelnemen.

Art. M 3

Verzoek tot stemmen per brief

1. Een verzoek om per brief te stemmen wordt ingediend bij de burgemeester van 's-Gravenhage.
2. Een verzoek dient uiterlijk op de achtentwintigste dag voor de stemming te zijn ontvangen.
3. Voor het indienen van een verzoek wordt een formulier gebruikt. Bij ministeriële regeling wordt voor het formulier een model vastgesteld.

Art. M 4

Beslissing op verzoek

1. Op het verzoek wordt zo spoedig mogelijk beslist.
2. Het verzoek wordt slechts afgewezen, indien gebleken is dat de verzoeker niet tot de in artikel M 1, tweede lid, bedoelde kiezers behoort.
3. Indien het verzoek niet in verdere behandeling wordt genomen of wordt afgewezen, wordt de beslissing met opgave van redenen schriftelijk aan de verzoeker medegedeeld.
4. De burgemeester van 's-Gravenhage doet zo spoedig mogelijk mededeling van de beslissing aan de burgemeester van de gemeente waar de persoon als kiezer is geregistreerd.

5. Artikel D 8 is van overeenkomstige toepassing op een beschikking als bedoeld in dit artikel.

Art. M 5
[Vervallen]

Art. M 6
1. De burgemeester van 's-Gravenhage zendt de personen, bedoeld in artikel M 1, op bij algemene maatregel van bestuur te bepalen wijze: *Toezending bescheiden*
a. een stembiljet;
b. een geadresseerde retourenveloppe;
c. het briefstembewijs, bevattende een door de persoon te ondertekenen verklaring dat hij het stembiljet persoonlijk heeft ingevuld;
d. een enveloppe voor het stembiljet;
e. een handleiding voor de kiezer.
2. De stukken, bedoeld in het eerste lid, worden aan de personen, bedoeld in artikel M 1, eerste lid, uiterlijk twaalf weken voor de dag van de stemming en aan de personen, bedoeld in artikel M 1, tweede lid, zo spoedig mogelijk toegezonden, behoudens het stembiljet, dat aan alle personen, bedoeld in artikel M 1, zo spoedig mogelijk wordt toegezonden».
3. Bij ministeriële regeling worden voor de stukken, bedoeld in het eerste lid, onder b, c, d en e, modellen vastgesteld.

Art. M 7
1. Een persoon stemt door op het hem toegezonden stembiljet een wit stipje, geplaatst vóór de kandidaat van zijn keuze, rood, blauw, zwart of groen te maken. *Stemmen per brief*
2. Daarna vouwt hij het stembiljet dicht op zodanige wijze dat de namen van de kandidaten niet zichtbaar zijn en doet hij het stembiljet in de enveloppe voor het stembiljet.
3. Hij ondertekent een op het briefstembewijs gestelde verklaring, dat hij het stembiljet persoonlijk heeft ingevuld.
4. Hij voegt een kopie van een identiteitsdocument toe dat bij algemene maatregel van bestuur is aangewezen. Het identiteitsdocument is geldig op de dag van de kandidaatstelling. Een persoon als bedoeld in artikel B 1, tweede lid, onderdeel b, voegt een verklaring toe dat hij of een aan hem gerelateerde persoon in Nederlandse openbare dienst is.
5. Vervolgens doet hij het briefstembewijs, de kopie van het identiteitsdocument, indien van toepassing de verklaring vanwege de Nederlandse openbare dienst, en de enveloppe met het stembiljet in de toegestuurde retourenveloppe, bedoeld in artikel M 6, eerste lid, onderdeel b, of een andere retourenveloppe en retourneert hij deze gesloten. De persoon draagt er zorg voor dat de retourenveloppe, bedoeld in artikel M 6, eerste lid, onderdeel b, of een andere retourenveloppe, indien deze per post wordt geretourneerd, is gefrankeerd. Indien de retourenveloppe, bedoeld in artikel M 6, eerste lid, onderdeel b, of een andere retourenveloppe persoonlijk wordt afgegeven, houdt degene die ten behoeve van het briefstembureau de enveloppe in ontvangst neemt, daarvan aantekening op de enveloppe door daarop de datum en het tijdstip van ontvangst en een handtekening te plaatsen.
6. Indien de retourenveloppe, bedoeld in artikel M 6, eerste lid, onderdeel b, of een andere retourenveloppe is geadresseerd aan de burgemeester van 's-Gravenhage, kan de kiezer de enveloppe doen toekomen aan het hoofd van een diplomatieke of consulaire vertegenwoordiging van Nederland in het buitenland. Het hoofd van de diplomatieke of consulaire vertegenwoordiging draagt er zorg voor dat de enveloppe na ontvangst terstond wordt doorgezonden naar de burgemeester van 's-Gravenhage.

Art. M 7a
Bij algemene maatregel van bestuur kunnen nadere regels worden gesteld met betrekking tot het stemmen per brief, onder meer over: *Nadere regels*
a. de gegevens en bescheiden waaruit een verzoek bestaat, het indienen van een verzoek, de beslissing op een verzoek en de verstrekking van formulieren, bedoeld in artikel M 3; en
b. de toezending en retourzending van stembescheiden.

§ 2
Briefstembureaus in de gemeente 's-Gravenhage

Art. M 8
1. De stukken, bedoeld in artikel M 7, vijfde lid, dienen uiterlijk op de dag der stemming om vijftien uur in het bezit te zijn van de burgemeester van 's-Gravenhage . *Terugzending bescheiden*
2. De burgemeester draagt er zorg voor dat de tijdig binnengekomen retourenveloppen die, als die per post is geretourneerd, zijn gefrankeerd, op de dag der stemming voor eenentwintig uur ongeopend overhandigd worden aan de voorzitters van de stembureaus, bedoeld in artikel M 9.
3. Op de retourenveloppen die te laat zijn binnengekomen, worden door de burgemeester de dag en, indien dit de dag van de stemming is, tevens het uur van binnenkomst aangetekend. Deze retourenveloppen en de retourenveloppen die, als die per post is geretourneerd , niet zijn

gefrankeerd, worden door de burgemeester ongeopend in een of meer te verzegelen pakken gedaan.
4. De burgemeester bewaart de pakken, bedoeld in het derde lid, drie maanden nadat over de toelating van de gekozenen is beslist. Daarna vernietigt hij deze pakken onmiddellijk. Van de vernietiging wordt proces-verbaal opgemaakt.

Art. M 9

Aanwijzing, openstelling en inrichting speciale stembureaus

1. Burgemeester en wethouders van 's-Gravenhage wijzen in hun gemeente briefstembureaus aan. Deze stembureaus zijn uitsluitend bestemd voor per brief uit te brengen stemmen. Ten aanzien van deze stembureaus zijn artikel J 11 en artikel J 16, voor zover dat artikel betrekking heeft op stemhokjes, niet van toepassing.
2. Burgemeester en wethouders kunnen in afwijking van artikel J 1 bepalen, dat deze stembureaus ten behoeve van het verrichten van de handelingen, bedoeld in de artikelen M 10 en M 11, tevens zitting houden vanaf zeven dagen voor de dag van de stemming op door burgemeester en wethouders te bepalen tijden. In dat geval draagt de burgemeester er in afwijking van artikel M 8, tweede lid, zorg voor dat de binnengekomen retourenveloppen die, als die per post is geretourneerd, zijn gefrankeerd, op deze dagen worden overhandigd aan de voorzitter van de briefstembureaus.
3. Indien burgemeester en wethouders van 's-Gravenhage gebruik hebben gemaakt van de bevoegdheid, bedoeld in het tweede lid, vangen deze stembureaus op de dag van stemming eerst met de handelingen bedoeld in de artikelen M 10 en M 11, aan, nadat het stembureau overeenkomstig artikel N 16a, eerste lid, de stemopneming heeft verricht ten aanzien van de stembiljetten die zich bij aanvang van de dag van stemming in de stembus bevinden.
4. In afwijking van artikel J 1, tweede lid, eindigt de stemming op de dag der stemming zodra de briefstembureaus de handelingen, bedoeld in de artikelen M 10 en M 11, ten aanzien van alle tijdig binnengekomen retourenveloppen hebben beëindigd.
5. Bij algemene maatregel van bestuur worden nadere regels gesteld met betrekking tot de zittingen, bedoeld in het tweede lid, en het bewaren van de stembescheiden.
6. Artikel J 17, eerste lid, is niet van toepassing.

Schakelbepaling

7. Artikel E 4 is van overeenkomstige toepassing.

Art. M 10

Stemmen per brief, behandeling door stembureaus

1. De voorzitter van het stembureau opent de retourenveloppe en neemt het briefstembewijs, de kopie van het identiteitsdocument, indien van toepassing de verklaring vanwege de Nederlandse openbare dienst, en de enveloppe met het stembiljet eruit. Hij controleert aan de hand van de kopie van het identiteitsdocument geldig was op de dag van de kandidaatstelling. Hij controleert indien van toepassing of de verklaring vanwege de Nederlandse openbare dienst is ondertekend. Hij controleert of de verklaring dat de kiezer het stembiljet persoonlijk heeft ingevuld, is ondertekend en of de daaronder geplaatste handtekening overeenstemt met de handtekening op het identiteitsdocument en indien van toepassing met de handtekening onder de verklaring vanwege de Nederlandse openbare dienst.
2. De voorzitter overhandigt vervolgens de enveloppe met het stembiljet ongeopend aan het derde lid van het stembureau. Indien het stembiljet zich niet in de daartoe bestemde enveloppe bevindt, overhandigt de voorzitter het stembiljet, zonder het in te zien, dichtgevouwen aan het derde lid van het stembureau.
3. Het derde lid van het stembureau steekt de enveloppe met het stembiljet in de stembus. Indien het stembiljet zich niet in de daartoe bestemde enveloppe bevindt, steekt het derde lid van het stembureau het stembiljet, zonder het in te zien, dichtgevouwen in de stembus.

Art. M 11

Terzijde leggen retourenveloppe

Indien de retourenveloppe niet alle stembescheiden bevat of de stembescheiden anders dan het stembiljet, niet voldoen aan de vereisten die bij of krachtens dit hoofdstuk zijn gesteld, doet de voorzitter de aangetroffen bescheiden, zonder het stembiljet in te zien of zonder de enveloppe met het stembiljet te openen, wederom in de retourenveloppe en legt hij deze, na haar te hebben verzegeld, terzijde. De voorzitter doet hetzelfde indien in een retourenveloppe stembescheiden van meer personen zijn gevoegd waarvan er een of meer niet voldoet aan de vereisten die bij of krachtens dit hoofdstuk zijn gesteld of waarvan het aantal stembescheiden niet overeenkomt met het aantal stembiljetten, onderscheidenlijk enveloppen met stembiljet.

Art. M 12

[Vervallen]

§ 3
Overige briefstembureaus

Art. M 13

Aanwijzen locatie briefstembureau

1. Onze Minister van Buitenlandse Zaken kan in overeenstemming met Onze Minister van Binnenlandse Zaken en Koninkrijksrelaties in een land een diplomatieke of consulaire verte-

genwoordiging van Nederland aanwijzen waar een briefstembureau wordt ingesteld. Van deze aanwijzing wordt mededeling gedaan in de Staatscourant.
2. Een briefstembureau kan ook voor personen die hun werkelijke woonplaats in een ander land hebben dan het land waarin de diplomatieke of consulaire vertegenwoordiging van Nederland gevestigd is, worden ingesteld.
3. Onze Minister van Binnenlandse Zaken en Koninkrijksrelaties stelt in Aruba, in Curaçao en in Sint Maarten briefstembureaus in bij de Vertegenwoordiging van Nederland.
4. Onze Minister van Defensie kan in overeenstemming met Onze Minister van Binnenlandse Zaken en Koninkrijksrelaties een of meer militaire missies buiten het Koninkrijk aanwijzen ten behoeve waarvan aldaar een briefstembureau wordt ingesteld.
5. Onze Minister van Binnenlandse Zaken en Koninkrijksrelaties kan, in overeenstemming met burgemeester en wethouders van de desbetreffende gemeente, een gemeente aanwijzen waar een briefstembureau wordt ingesteld. De burgemeester van de aangewezen gemeente draagt zorg voor de inrichting van het briefstembureau en wijst zo nodig personen aan die het briefstembureau ten dienste worden gesteld.
6. De leden en plaatsvervangende leden van de in het eerste, derde, vierde en vijfde lid bedoelde briefstembureaus worden tijdig voor elke verkiezing benoemd door Onze Minister van Buitenlandse Zaken, onderscheidenlijk Onze Minister van Binnenlandse Zaken en Koninkrijksrelaties, onderscheidenlijk Onze Minister van Defensie, onderscheidenlijk de burgemeester van de aangewezen gemeente.

Art. M 14-M 15
[Vervallen]

Art. M 16
1. De artikelen M 8, eerste tot en met het derde lid, en M 9 zijn van overeenkomstige toepassing op briefstembureaus als bedoeld in artikel M 13, met dien verstande dat:
Schakelbepaling
a. aan de burgemeester opgedragen taken worden verricht door het briefstembureau dan wel door de vertegenwoordiger van Nederland in Aruba, Curaçao of Sint Maarten dan wel door de burgemeester van de aangewezen gemeente;
b. de bevoegdheden van burgemeester en wethouders bevoegdheden zijn van Onze Minister van Buitenlandse Zaken, Onze Minister van Binnenlandse Zaken en Koninkrijksrelaties, Onze Minister van Defensie, respectievelijk burgemeester en wethouders van de aangewezen gemeente;
c. indien een tijdsverschil met Nederland bestaat, de genoemde tijdstippen naar plaatselijke tijd gelden.
2. De artikelen M 10 en M 11 zijn van toepassing op briefstembureaus als bedoeld in artikel M 13.
Werkingssfeer
3. Bij ministeriële regeling kunnen nadere regels worden gesteld over de werkwijze van briefstembureaus in het buitenland.

Art. M 17
1. Voor de zitting van briefstembureaus buiten Nederland kan Onze Minister van Buitenlandse Zaken danwel Onze Minister van Binnenlandse Zaken en Koninkrijksrelaties danwel Onze Minister van Defensie, een later aanvangstijdstip bepalen dan het in artikel J 1, tweede lid, genoemde.
Aanvangstijdstip zitting
2. Onverminderd het bepaalde in artikel J 35, zijn de kiezers bevoegd in het briefstembureau te vertoeven, tenzij dit als gevolg van bepaalde omstandigheden in het betreffende land naar het oordeel van Onze Minister van Buitenlandse Zaken dan wel Onze Minister van Binnenlandse Zaken en Koninkrijksrelaties danwel Onze Minister van Defensie onmogelijk is. Van deze onmogelijkheid en de omstandigheden die daartoe hebben geleid, wordt melding gemaakt in het proces-verbaal.
Briefstembureau, bevoegdheid daar te vertoeven

Hoofdstuk N
De stemopneming door het stembureau

§ 1
Algemene bepalingen

Art. N 1
1. Onmiddellijk nadat de stemming is geëindigd, stelt het stembureau vast de aantallen geldige stempassen, kiezerspassen en volmachtbewijzen. De som van deze aantallen is het aantal kiezers dat tot de stemming is toegelaten.
Vaststellen aantallen kiezers en uitgereikte biljetten
2. De aantallen worden door de voorzitter aan de aanwezige kiezers medegedeeld.

Art. N 2
1. Het stembureau doet in afzonderlijke pakken:
Te verzegelen pakken
a. de geldige stempassen, kiezerspassen en volmachtbewijzen;
b. de onbruikbaar gemaakte stempassen, kiezerspassen en volmachtbewijzen;
c. de onbruikbaar gemaakte stembiljetten;

A9 art. N 3 — Kieswet

d. de niet gebruikte stembiljetten;
e. het uittreksel van ongeldige stempassen.
2. Elk pak wordt verzegeld en voorzien van de naam van de gemeente en het nummer van het stembureau.

Art. N 3
Opening stembus
Onmiddellijk na de in artikel N 2 voorgeschreven verzegelingen wordt de stembus geopend.

Art. N 4
[Vervallen]

Art. N 5
Opening stembiljetten
De leden van het stembureau openen de stembiljetten en voegen deze lijstgewijze bijeen. Zij kunnen zich bij deze werkzaamheden doen bijstaan door plaatsvervangende leden en door ambtenaren van de gemeente, daartoe door burgemeester en wethouders aan te wijzen.

Art. N 6
Vaststellen aantallen stemmen
1. Het stembureau stelt ten aanzien van iedere lijst vast:
a. het aantal op iedere kandidaat uitgebrachte stemmen;
b. de som van de aantallen stemmen, bedoeld onder a.
2. Daarnaast stelt het stembureau vast:
a. het aantal blanco stemmen;
b. het aantal ongeldige stemmen.
3. De som van de aantallen op kandidaten uitgebrachte stemmen, blanco stemmen en ongeldige stemmen is het aantal stemmen dat is geteld.

Art. N 7
Blanco stemmen
1. Blanco is de stem uitgebracht op een stembiljet dat door de kiezer is ingeleverd zonder dat hij geheel of gedeeltelijk een wit stipje in een stemvak rood heeft gemaakt en zonder dat hij anderszins op het stembiljet geschreven of getekend heeft.

Ongeldige stemmen
2. Ongeldig is de stem uitgebracht op een ander stembiljet dan bij of krachtens deze wet mag worden gebruikt.
3. Voorts is ongeldig de stem die niet als blanco wordt aangemerkt, maar waarbij de kiezer op het stembiljet niet, door het geheel of gedeeltelijk rood maken van het witte stipje in een stemvak, op ondubbelzinnige wijze heeft kenbaar gemaakt op welke kandidaat hij zijn stem uitbrengt, of waarbij op het stembiljet bijvoegingen zijn geplaatst waardoor de kiezer kan worden geïdentificeerd.

Art. N 8
Beslissing geldigheid stembiljet
1. Het stembureau beslist met inachtneming van artikel N 7 over de geldigheid van het stembiljet.
2. De voorzitter maakt de reden van ongeldigverklaring en van twijfel over de geldigheid, alsmede de beslissing daaromtrent onmiddellijk bekend.
3. Indien een van de aanwezige kiezers dit verlangt, moet het biljet worden getoond. De kiezers kunnen mondeling bezwaren tegen de genomen beslissing inbrengen.

Art. N 8a
Verschil aantal kiezers/uitgebrachte stemmen
Het stembureau stelt vast het verschil tussen het aantal kiezers dat tot de stemming is toegelaten en het aantal stemmen dat is geteld. Voor zover mogelijk geeft het stembureau hiervoor een verklaring.

Art. N 9
Bekendmaking aantallen uitgebrachte stemmen
1. Terstond nadat de stemmen zijn opgenomen, deelt de voorzitter de aantallen, bedoeld in de artikelen N 6 en N 8a, mede. Door de aanwezige kiezers kunnen mondeling bezwaren worden ingebracht.

Werkzaamheden stembureau na afloop telling stembiljetten
2. Vervolgens worden de stembiljetten met een blanco stem en de ongeldig verklaarde stembiljetten in pakken gedaan, die worden verzegeld. Op deze pakken wordt vermeld:
a. de naam van de gemeente en het nummer van het stembureau;
b. het aantal stembiljetten dat het pak bevat.
3. Daarop worden de geldige stembiljetten, lijstgewijs gerangschikt, in een of meer pakken gedaan, die worden verzegeld.
4. Op ieder pak, in het derde lid bedoeld, worden vermeld:
a. de naam van de gemeente en het nummer van het stembureau;
b. het aantal stembiljetten dat het pak bevat, alsmede, indien de biljetten in meer dan één pak worden gedaan, de nummers van de lijsten waarop de ingesloten biljetten betrekking hebben.

Art. N 10
Opmaking proces-verbaal stemming en stemopneming
1. Nadat alle werkzaamheden, in artikel N 9 vermeld, zijn beëindigd, wordt onmiddellijk proces-verbaal opgemaakt van de stemming en van de stemopneming. Alle ingebrachte bezwaren worden in het proces-verbaal vermeld.
2. Het proces-verbaal wordt door alle aanwezige leden van het stembureau getekend.
3. Bij ministeriële regeling wordt voor het proces-verbaal een model vastgesteld.

Kieswet

A9 art. N 16

Art. N 11

1. Het proces-verbaal wordt met de verzegelde pakken, bedoeld in artikel N 2, alsmede met die, bedoeld in artikel N 9, door de voorzitter of een door hem aan te wijzen ander lid van het stembureau naar de burgemeester overgebracht.

2. Nadat de burgemeester van alle in zijn gemeente gevestigde stembureaus het proces-verbaal heeft ontvangen, stelt hij ten aanzien van iedere kandidaat en iedere lijst vast het aantal stemmen dat in zijn gemeente op die kandidaat, onderscheidenlijk die lijst, is uitgebracht.

3. De burgemeester stelt tevens vast:
   a. het aantal blanco stemmen;
   b. het aantal ongeldige stemmen;
   c. het aantal stemmen dat bij volmacht is uitgebracht; en
   d. het verschil tussen het aantal kiezers dat tot de stemming is toegelaten en het aantal stemmen dat is geteld. Voor zover mogelijk geeft de burgemeester hiervoor een verklaring.

4. De burgemeester van 's-Gravenhage maakt bij de vaststelling, bedoeld in het tweede en derde lid, apart melding van het aantal stemmen dat ten aanzien van iedere kandidaat en iedere lijst in de briefstembureaus op die kandidaat, onderscheidenlijk die lijst, is uitgebracht.

5. Voor de in het tweede en derde lid bedoelde vaststelling wordt gebruik gemaakt van een formulier waarvoor bij ministeriële regeling een model wordt vastgesteld.

Overbrenging proces-verbaal en verzegelde pakken naar burgemeester

Vaststelling aantal uitgebrachte blanco en ongeldige stemmen

Art. N 12

1. De burgemeester brengt de processen-verbaal en de opgave van de door hem vastgestelde aantallen stemmen onverwijld over naar het hoofdstembureau.

2. De burgemeester maakt de stukken, bedoeld in het eerste lid, met weglating van de ondertekening onverwijld op een algemeen toegankelijke wijze elektronisch openbaar. Daarnaast legt hij een afschrift van de stukken onverwijld voor een ieder ter inzage op het gemeentehuis totdat over de toelating van de gekozenen is beslist.

3. De burgemeester brengt de pakken, bedoeld in artikel N 9, op verzoek van het centraal stembureau over naar het centraal stembureau.

4. De burgemeester bewaart de pakken, bedoeld in de artikelen N 2 en N 9, die niet naar het centraal stembureau zijn overgebracht, en de afschriften, bedoeld in het eerste lid, drie maanden nadat over de toelating van de gekozenen is beslist. Daarna vernietigt hij deze stukken onmiddellijk, tenzij:
   a. de officier van justitie of de rechter-commissaris in het kader van een strafrechtelijk onderzoek een verzoek heeft gedaan tot overdracht van deze stukken, in welk geval de vernietiging plaatsvindt nadat dit onderzoek is afgerond;
   b. strafvervolging is ingesteld wegens een strafbaar gestelde gedraging in de Kieswet, de artikelen 125 tot en met 129 van het Wetboek van Strafrecht of de artikelen 131 tot en met 135 van het Wetboek van Strafrecht BES, in welk geval de vernietiging plaatsvindt nadat er een onherroepelijke rechterlijke uitspraak is.

5. Van de vernietiging wordt proces-verbaal opgemaakt.

Overbrenging bescheiden naar voorzitter hoofdstembureau

Elektronische openbaarmaking processen-verbaal en opgave burgemeester

Art. N 13

Nadat is beslist over de toelating van de gekozenen, is de burgemeester bevoegd, de pakken, bedoeld in de artikelen N 2 en N 9, die niet naar het centraal stembureau zijn overgebracht, te openen en deze pakken, alsmede de afschriften, bedoeld in artikel N 12, eerste lid, over te dragen aan de officier van justitie ten dienste van een onderzoek naar enig strafbaar feit.

Overdracht pakken ten behoeve van onderzoek strafbare feiten

Art. N 14

[Vervallen]

§ 2
Bijzondere bepalingen betreffende de stemopneming door briefstembureaus

Art. N 15

In afwijking van artikel N 1, eerste lid, stelt het stembureau vast het aantal door het stembureau ontvangen retourenveloppen en het aantal ingevolge artikel M 11 terzijde gelegde retourenveloppen. Het verschil tussen deze aantallen is het aantal kiezers dat tot de stemming is toegelaten.

Vaststellen aantal retourenveloppen

Art. N 16

1. Bij het briefstembureau wordt, nadat aan artikel N 1, tweede lid, toepassing is gegeven, de retourenveloppen, bedoeld in artikel M 11, alsmede de ingeleverde briefstembewijzen, in een pak gedaan, dat wordt verzegeld.

2. Alvorens over te gaan tot de handelingen, bedoeld in artikel N 5, opent de voorzitter van het briefstembureau de enveloppen die zich in de stembus bevinden. Indien in een envelop zich geen of meer dan één stembiljet bevindt, wordt hiervan een aantekening gemaakt. Indien zich meer dan één stembiljet in één envelop bevindt, doet de voorzitter van het briefstembureau deze biljetten wederom in de envelop en legt hij deze, na haar te hebben verzegeld, terzijde.

Briefstembureau, retourenveloppen en briefstembewijzen

Sdu   89

A9 art. N 16a Kieswet

Werkingssfeer

3. Artikel N 7 is van toepassing, met dien verstande dat voor de toepassing van het eerste lid, in plaats van «rood heeft gemaakt» wordt gelezen: rood, blauw, zwart of groen heeft gemaakt, en dat voor de toepassing van het derde lid, in plaats van «rood maken» wordt gelezen: rood, blauw, zwart of groen maken.
4. Artikel N 8, eerste lid, is van toepassing, met dien verstande dat in plaats van «artikel N 7» wordt gelezen: artikel N 16, derde lid,.

Art. N 16a

Aanvang stemopneming

1. Indien gebruik is gemaakt van de bevoegdheid, bedoeld in artikel M 9, tweede lid, vangt het briefstembureau in afwijking van artikel N 1 de stemopneming op de dag van stemming aan om zeven uur dertig ten aanzien van de stembiljetten die zich op dat moment in de stembus bevinden.

Schorsen en hervatten stemopneming

2. Ten behoeve van de handelingen, bedoeld in de artikelen M 10 en M 11, ten aanzien van de nog niet geopende retourenveloppen wordt de stemopneming volgens bij algemene maatregel van bestuur te stellen regels geschorst. Zodra deze handelingen ten aanzien van alle tijdig binnengekomen retourenveloppen zijn beëindigd, wordt de stemopneming volgens bij algemene maatregel van bestuur te stellen regels hervat.
3. Zolang de stemming niet op alle stembureaus in Nederland is geëindigd, blijft artikel N 9 buiten toepassing. Voorts is een ieder die ambtshalve kennis kan nemen van de vastgestelde aantallen stemmen, zolang verplicht tot geheimhouding daarvan.

Bekendmaking aantallen stemmen bij tijdsverschil

1. Indien in een briefstembureau buiten Nederland de stemopneming, gemeten naar Nederlandse tijd, eerder aanvangt dan in Nederland, blijft artikel N 9, eerste lid, buiten toepassing.
2. In dat geval draagt het hoofd van de diplomatieke of consulaire vertegenwoordiging danwel de vertegenwoordiger van Nederland in Aruba, Curaçao of Sint Maarten danwel de Nederlandse leiding van de militaire missie er zorg voor dat een afschrift van het proces-verbaal van het briefstembureau vanaf de volgende dag gedurende vier weken bij de vertegenwoordiging danwel de Nederlandse leiding van de militaire missie voor een ieder ter inzage ligt.

Art. N 18

Briefstembureau, leden en plaatsvervangende leden

1. De leden van een briefstembureau als bedoeld in artikel M 9 of M 13, vijfde lid, kunnen zich, voor wat betreft de briefstembureaus als bedoeld in artikel M 9 in afwijking van artikel N 5, doen bijstaan door plaatsvervangende leden en door personen, daartoe aangewezen door de burgemeester en wethouders van 's-Gravenhage respectievelijk de burgemeester en wethouders van de aangewezen gemeente.

Briefstembureau, bijstand bij werkzaamheden

2.

De leden van een briefstembureau buiten Nederland kunnen zich doen bijstaan door plaatsvervangende leden en door personen, werkzaam op de diplomatieke of consulaire vertegenwoordiging danwel op de Vertegenwoordiging van Nederland in Aruba, Curaçao of Sint Maarten danwel op de militaire basis waar een briefstembureau is ingesteld, daartoe aan te wijzen door de voorzitter van het briefstembureau.

Art. N 19

Briefstembureau, vermelding naam land op verzegelde pakken

Bij briefstembureaus als bedoeld in artikel M 13 wordt op de in artikel N 9 bedoelde pakken de naam van het land waarin het briefstembureau is gevestigd, vermeld.

Art. N 20

Proces-verbaal briefstembureau

1. Het proces-verbaal van een briefstembureau als bedoeld in artikel M 13 wordt met de in artikel N 2 en N 9 bedoelde verzegelde pakken overgedragen aan het hoofd van de ingevolge artikel M 13, eerste lid, aangewezen diplomatieke of consulaire vertegenwoordiging danwel aan de vertegenwoordiger van Nederland in Aruba, Curaçao of Sint Maarten danwel aan de Nederlandse leiding van de militaire missie danwel de burgemeester van de aangewezen gemeente.
2. Deze draagt er zorg voor dat het proces-verbaal terstond langs elektronische weg ter kennis van de burgemeester van 's-Gravenhage wordt gebracht.
3. Voorts draagt hij er zorg voor dat het proces-verbaal met de in de artikelen M 8, N 2 en N 16 bedoelde verzegelde pakken zo spoedig mogelijk naar de burgemeester van 's-Gravenhage worden overgebracht.

Art. N 21

Vaststelling aantal stemmen

De vaststelling van de aantallen stemmen, bedoeld in artikel N 11, tweede en derde lid, vindt door de burgemeester van 's-Gravenhage eerst plaats nadat hem tevens alle processen-verbaal van de briefstembureaus als bedoeld in artikel M 13 langs elektronische weg ter kennis zijn gebracht.

§ 3
Verwerking persoonsgegevens

Art. N 22
De artikelen 15, 16 en 18 van de Algemene verordening gegevensbescherming zijn niet van toepassing op verwerking van persoonsgegevens bij of krachtens dit hoofdstuk.

Verwerking persoonsgegevens, art. 15, 16 en 18 AVG niet van toepassing

Hoofdstuk O
De taak van het hoofdstembureau betreffende de vaststelling van de verkiezingsuitslag

Art. O 1
1. Het hoofdstembureau houdt op de tweede dag na de stemming om tien uur een openbare zitting.
2. In afwijking van het eerste lid houdt het hoofdstembureau voor de verkiezing van de leden van provinciale staten met één kieskring of voor de verkiezing van de leden van het algemeen bestuur op de vijfde dag na de stemming om tien uur een openbare zitting.
3. De voorzitter is belast met de handhaving van de orde tijdens de zitting.

Zitting hoofdstembureau tot vaststelling uitslag verkiezing

Art. O 2
1. Het hoofdstembureau stelt ten aanzien van iedere lijst vast het aantal op iedere kandidaat uitgebrachte stemmen en de som van deze aantallen. Deze som wordt stemcijfer genoemd.
2. Het hoofdstembureau stelt tevens vast:
a. het aantal blanco stemmen;
b. het aantal ongeldige stemmen;
c. het aantal stemmen dat bij volmacht is uitgebracht; en
d. het verschil tussen het aantal kiezers dat tot de stemming is toegelaten en het aantal stemmen dat is geteld. Voor zover mogelijk geeft het hoofdstembureau hiervoor een verklaring.
3. De voorzitter maakt de aldus verkregen uitkomsten bekend.
4. Door de aanwezige kiezers kunnen mondeling bezwaren worden ingebracht.

Vaststelling uitkomsten stemming (stemcijfer)

Art. O 3
1. Nadat alle werkzaamheden zijn beëindigd, wordt daarvan onmiddellijk proces-verbaal opgemaakt. Alle ingebrachte bezwaren worden in het proces-verbaal vermeld.

Proces-verbaal zitting hoofdstembureau tot vaststelling uitkomst stemming

2. Het proces-verbaal wordt door alle aanwezige leden van het hoofdstembureau getekend.
3. Bij ministeriële regeling wordt voor het proces-verbaal een model vastgesteld.
4. Indien het de verkiezing betreft van de gemeenteraad, van het algemeen bestuur of van provinciale staten van een provincie die één kieskring vormt, maakt het proces-verbaal deel uit van het proces-verbaal, bedoeld in artikel P 22.

Art. O 4
1. Het hoofdstembureau maakt het proces-verbaal met weglating van de ondertekening onverwijld op een algemeen toegankelijke wijze elektronisch openbaar. Bij ministeriële regeling kan hiervoor een internetadres worden aangewezen.
2. Tenzij het de verkiezing betreft van de gemeenteraad, van het algemeen bestuur of van provinciale staten van een provincie die één kieskring vormt, brengt het hoofdstembureau zijn proces-verbaal onverwijld naar het centraal stembureau over.

Proces-verbaal, openbaarmaking

Art. O 5
1. Het hoofdstembureau brengt de processen-verbaal van de stembureaus en de opgaven van de burgemeesters en, tenzij het de verkiezing betreft van de gemeenteraad, van het algemeen bestuur of van provinciale staten van een provincie die één kieskring vormt, een afschrift van zijn proces-verbaal terstond over aan het orgaan waarvoor de verkiezing plaatsvindt.
2. Het orgaan waarvoor de verkiezing plaatsvindt, bewaart de processen-verbaal van de stembureaus drie maanden nadat over de toelating van de gekozenen is beslist. Daarna vernietigt hij deze stukken onmiddellijk. Van de vernietiging wordt proces-verbaal opgemaakt.

Processen-verbaal, toezending aan orgaan waarvoor de verkiezing plaatsvindt

Art. O 6
Bij algemene maatregel van bestuur kunnen nadere regels worden gesteld betreffende de taak van het hoofdstembureau inzake de vaststelling van de verkiezingsuitslag.

Vaststellen verkiezingsuitslag, nadere regels bij AMvB inzake

Art. O 7
De artikelen 15, 16 en 18 van de Algemene verordening gegevensbescherming zijn niet van toepassing op verwerking van persoonsgegevens bij of krachtens dit hoofdstuk.

Taken hoofdstembureau, art. 15, 16 en 18 AVG niet van toepassing

Hoofdstuk P
De vaststelling van de verkiezingsuitslag door het centraal stembureau

§ 1
Algemene bepalingen

Art. P 1

Vaststelling en bekendmaking uitslag verkiezing

Onmiddellijk nadat de processen-verbaal van alle hoofdstembureaus zijn ontvangen, gaat het centraal stembureau over tot het verrichten van de werkzaamheden ter vaststelling en bekendmaking van de uitslag van de verkiezing. Indien het de verkiezing betreft van de gemeenteraad, van het algemeen bestuur of van provinciale staten van een provincie die één kieskring vormt, gaat het centraal stembureau daartoe onmiddellijk over nadat de werkzaamheden, bedoeld in de artikelen O 1 en O 2, zijn beëindigd.

Art. P 1a

Openbaarmaking programmatuur

1. Indien het centraal stembureau programmatuur gebruikt ten behoeve van de berekening van de uitslag van de verkiezing of de berekening van de zetelverdeling, maakt het centraal stembureau elektronisch op een algemeen toegankelijke wijze openbaar welke programmatuur het gebruikt.

Nadere regels

2. Bij of krachtens algemene maatregel van bestuur worden nadere regels gesteld omtrent de openbaarmaking van de programmatuur en wordt bepaald onder welke voorwaarden het centraal stembureau programmatuur kan gebruiken ten behoeve van de berekening van de uitslag van de verkiezing of de berekening van de zetelverdeling en aan welke eisen deze programmatuur moet voldoen.

Art. P 2

Gelijkluidende lijsten gelden als één lijst

1. Een stel gelijkluidende lijsten als bedoeld in artikel H 11, eerste lid, geldt voor de vaststelling van de uitslag van de verkiezing als één lijst.
2. Het centraal stembureau telt van deze gelijkluidende lijsten tezamen de stemcijfers en de aantallen op iedere kandidaat uitgebrachte stemmen.

§ 2
De zetelverdeling

Art. P 3

Lijstengroep geldt als één lijst

Een lijstengroep als bedoeld in artikel H 11, tweede lid, geldt voor het bepalen van het aantal daaraan toe te wijzen zetels als één lijst met een stemcijfer gelijk aan de som van de stemcijfers van de lijsten waaruit de groep bestaat.

Art. P 4

[Vervallen]

Art. P 5

Kiesdeler

1. Het centraal stembureau deelt de som van de stemcijfers van alle lijsten door het aantal te verdelen zetels.
2. Het aldus verkregen quotiënt wordt kiesdeler genoemd.

Art. P 6

Toekenning zetels

Zoveel maal als de kiesdeler is begrepen in het stemcijfer van een lijst wordt aan die lijst een zetel toegewezen.

Art. P 7

Toekenning overblijvende zetels

1. De overblijvende zetels, die restzetels worden genoemd, worden, indien het aantal te verdelen zetels negentien of meer bedraagt, achtereenvolgens toegewezen aan de lijsten die na toewijzing van de zetel het grootste gemiddelde aantal stemmen per toegewezen zetel hebben. Indien gemiddelden gelijk zijn, beslist zo nodig het lot.
2. Indien het betreft de verkiezing van de leden van de Tweede Kamer, komen bij deze toewijzing niet in aanmerking lijsten waarvan het stemcijfer lager is dan de kiesdeler.

Art. P 8

Verdeling restzetels bij minder dan 19 zetels

1. De restzetels worden, indien het aantal te verdelen zetels minder dan negentien bedraagt, achtereenvolgens toegewezen aan de lijsten waarvan de stemcijfers bij deling door de kiesdeler de grootste overschotten hebben. Hierbij worden lijsten die geen overschot hebben, geacht lijsten te zijn met het kleinste overschot. Indien overschotten gelijk zijn, beslist zo nodig het lot.
2. Bij deze toewijzing komen niet in aanmerking lijsten met een stemcijfer dat lager is dan 75% van de kiesdeler.
3. Wanneer alle lijsten die daarvoor in aanmerking komen een restzetel hebben ontvangen en er nog zetels te verdelen blijven, worden deze zetels toegewezen volgens het stelsel van de grootste gemiddelden als bedoeld in artikel P 7, eerste lid, met dien verstande, dat bij deze toewijzing aan geen van de lijsten meer dan één zetel wordt toegewezen.

Art. P 9

Indien aan een lijst die de volstrekte meerderheid van de uitgebrachte geldige stemmen heeft verkregen, een aantal zetels is toegewezen, kleiner dan de volstrekte meerderheid van het aantal toe te wijzen zetels, wordt aan die lijst alsnog één zetel toegewezen en vervalt daartegenover één zetel, toegewezen aan de lijst die voor het kleinste gemiddelde of het kleinste overschot een zetel heeft verworven. Indien twee of meer lijsten voor hetzelfde kleinste gemiddelde of hetzelfde kleinste overschot een zetel hebben verworven, beslist het lot.

Toewijzing zetel aan lijst met volstrekte meerderheid

Art. P 10

Indien bij de toepassing van de vorige bepalingen aan een lijst meer zetels zouden moeten worden toegewezen dan er kandidaten zijn, gaan de overblijvende zetel of zetels door voortgezette toepassing van die bepalingen over op één of meer van de overige lijsten, waarop kandidaten voorkomen aan wie geen zetel is toegewezen.

Overgang van zetels bij uitputting van lijst

Art. P 11
[Vervallen]

Art. P 12

1. De verdeling van de aan een lijstengroep toegewezen zetels over de lijsten waaruit de groep bestaat, geschiedt als volgt.
2. Het centraal stembureau deelt het stemcijfer van de lijstengroep door het aantal aan de groep toegewezen zetels.
3. Het aldus verkregen quotiënt wordt groepskiesdeler genoemd.
4. Zoveel maal als de groepskiesdeler is begrepen in het stemcijfer van elk van de lijsten waaruit de groep bestaat, wordt aan die lijst een van de aan de groep toegewezen zetels toegewezen.
5. De restzetels worden achtereenvolgens toegewezen aan de lijsten van de groep waarvan de stemcijfers bij deling door de groepskiesdeler de grootste overschotten hebben. Hierbij worden lijsten die geen overschot hebben, geacht lijsten te zijn met het kleinste overschot. Indien overschotten gelijk zijn, beslist zo nodig het lot.

Verdeling zetels over lijsten lijstengroep

Vaststelling groepskiesdeler

Art. P 13

1. Indien bij de toepassing van artikel P 12 aan een lijst meer zetels zouden moeten worden toegewezen dan er kandidaten zijn, gaan de overblijvende zetel of zetels door voortgezette toepassing van dat artikel over op de andere lijsten van de groep, waarop kandidaten voorkomen aan wie geen zetel is toegewezen.
2. Zijn er na toepassing van het eerste lid nog zetels toe te wijzen, dan worden deze toegewezen volgens het stelsel van de grootste gemiddelden als bedoeld in artikel P 7, eerste lid.

Overgaan zetels verbonden lijsten

Art. P 14

De in de voorgaande artikelen bedoelde lotingen vinden plaats in de in artikel P 20 bedoelde zitting van het centraal stembureau.

Lotingen centraal stembureau

§ 3
De toewijzing van de zetels aan de kandidaten

Art. P 15

1. In de volgorde van de aantallen op hen uitgebrachte stemmen zijn gekozen die kandidaten die op de gezamenlijke lijsten waarop zij voorkomen, een aantal stemmen hebben verkregen, groter dan 25% van de kiesdeler, voor zover aan de lijstengroep of de niet van een lijstengroep deel uitmakende lijst voldoende zetels zijn toegewezen. Indien aantallen gelijk zijn, beslist zo nodig het lot.
2. Indien het aantal bij de verkiezing van de leden van de gemeenteraad te verdelen zetels minder dan negentien bedraagt, wordt bij de toepassing van het eerste lid niet 25% van de kiesdeler, maar de helft van de kiesdeler in aanmerking genomen.

Gekozen kandidaat

Art. P 16

1. Betreft het een lijstengroep, dan geldt, indien een aldus gekozen kandidaat op meer dan één lijst is vermeld, die kandidaat als gekozen op de lijst waarop het grootste aantal stemmen op hem is uitgebracht; voor zover aan die lijst voldoende zetels zijn toegewezen. Voor zover aantallen gelijk zijn, geldt hij als gekozen op de lijst, ingeleverd voor de kieskring, met het laagste nummer.
2. Indien aan geen van de lijsten waarop de gekozen kandidaat is vermeld, voldoende zetels zijn toegewezen, wordt aan hem niettemin een zetel toegewezen op de lijst waarop hij het grootste aantal stemmen heeft verkregen, en vervalt daartegenover de zetel die met toepassing van artikel P 12 of P 13 het laatst was toegewezen aan een van de lijsten van de groep.

Zeteltoewijzing kandidaat die op meer dan een lijst is vermeld

Art. P 17

De zetels, toegewezen aan de al dan niet van een lijstengroep deel uitmakende lijsten, die na toepassing van de artikelen P 15 en P 16 nog niet aan een kandidaat zijn toegewezen, worden

Toewijzing zetels overige kandidaten

aan de nog niet gekozen kandidaten van de desbetreffende lijsten toegewezen in de volgorde van de lijst.

Art. P 18

Verkiezing plaatsvervanger van meer dan eenmaal gekozen kandidaat

1. Betreft het een lijstengroep, dan geldt, indien een kandidaat met toepassing van artikel P 17 op meer dan één lijst van de lijstengroep gekozen is, die kandidaat als gekozen op de lijst waarop het grootste aantal stemmen op hem is uitgebracht. Voor zover aantallen gelijk zijn, geldt hij als gekozen op de lijst, ingeleverd voor de kieskring met het laagste nummer.
2. De aan een lijst toegewezen zetels die na toepassing van het eerste lid nog niet aan een kandidaat zijn toegewezen, worden aan de nog niet gekozen kandidaten van de desbetreffende lijst toegewezen in de volgorde van de lijst.
3. Indien na toepassing van het tweede lid opnieuw een kandidaat op meer dan één lijst is gekozen, wordt de procedure, bedoeld in het eerste en tweede lid, zo lang herhaald, totdat alle aan de lijsten toegewezen zetels aan kandidaten zijn toegewezen.

Art. P 18a

[Vervallen]

Art. P 19

Rangschikking kandidaten

1. Het centraal stembureau rangschikt ten aanzien van iedere lijst de daarop voorkomende kandidaten zodanig, dat bovenaan komen te staan de kandidaten aan wie een zetel is toegewezen met toepassing van artikel P 15, in de volgorde waarin de zetels zijn toegewezen.
2. Vervolgens worden, in de volgorde van de aantallen op hen uitgebrachte stemmen, gerangschikt de op de lijst voorkomende kandidaten die op de gezamenlijke lijsten waarop zij voorkomen een aantal stemmen hebben verkregen, groter dan 25% van de kiesdeler onderscheidenlijk groter dan de helft van de kiesdeler, doch die niet met toepassing van artikel P 15, eerste onderscheidenlijk tweede lid, zijn gekozen verklaard. Indien aantallen gelijk zijn, beslist de volgorde van de lijst.
3. Tenslotte worden, in de volgorde van de lijst, gerangschikt de overige op de lijst voorkomende kandidaten.
4. Bij de rangschikking blijft artikel P 18 buiten toepassing.
5. Behoudens ten aanzien van de verkiezing waarbij het aantal te verdelen zetels minder dan dertien bedraagt, blijft de rangschikking achterwege, voor zover het lijsten betreft waarop geen kandidaten gekozen en verklaard en die niet deel uitmaken van een lijstengroep waaraan één of meer zetels zijn toegekend.

Art. P 19a

Kandidaat overleden

Indien een kandidaat is overleden, wordt deze bij de toepassing van deze paragraaf buiten beschouwing gelaten.

§ 4
De bekendmaking van de verkiezingsuitslag

Art. P 20

Bekendmaking uitslag verkiezing

1. Het centraal stembureau stelt de uitslag van de verkiezingen zo spoedig mogelijk vast. Het centraal stembureau stelt tevens vast:
   a. het aantal blanco stemmen;
   b. het aantal ongeldige stemmen;
   c. het aantal stemmen dat bij volmacht is uitgebracht; en
   d. het verschil tussen het aantal kiezers dat tot de stemming is toegelaten en het aantal stemmen dat is geteld. Voor zover mogelijk geeft het centraal stembureau hiervoor een verklaring.
2. De vaststelling en bekendmaking geschieden in een openbare zitting van het centraal stembureau. Dag en uur van de zitting worden door de voorzitter van het centraal stembureau tijdig bekend gemaakt. De wijze van bekendmaking wordt geregeld bij algemene maatregel van bestuur.
3. De aanwezige kiezers kunnen mondeling bezwaren inbrengen.
4. De voorzitter van het centraal stembureau is belast met de handhaving van de orde tijdens de zitting.

Art. P 21

Nieuwe opneming stembiljetten

1. Het centraal stembureau kan op de in artikel P 20 bedoelde zitting, voordat de uitslag van de verkiezing bekend wordt gemaakt, hetzij ambtshalve, hetzij naar aanleiding van een met opgave van redenen gedaan verzoek van een of meer kiezers, tot een nieuwe opneming van stembiljetten, zowel uit alle als uit een of meer stembureaus, besluiten, indien een ernstig vermoeden bestaat dat door een of meer stembureaus bij de stemopneming zodanige fouten zijn gemaakt dat zij van invloed op de zetelverdeling kunnen zijn. De burgemeester die de desbetreffende stembiljetten onder zich heeft, doet deze op verzoek van het centraal stembureau onverwijld naar het centraal stembureau overbrengen.

Kieswet

A9 art. Q 3

2. Na ontvangst van de stembiljetten gaat het centraal stembureau onmiddellijk tot de opneming over. Het is bevoegd daartoe de verzegelde pakken te openen en de inhoud te vergelijken met de processen-verbaal van de stembureaus.
3. Bij deze opneming zijn de artikelen N 5, N 8 en N 9 van overeenkomstige toepassing.

Art. P 22
1. Nadat alle werkzaamheden zijn beëindigd, wordt daarvan aanstonds proces-verbaal opgemaakt. In dit proces-verbaal worden de uitslag van de verkiezing, alsmede alle ingebrachte bezwaren vermeld.
2. Het proces-verbaal wordt door alle aanwezige leden van het centraal stembureau getekend.
3. Bij ministeriële regeling wordt voor het proces-verbaal een model vastgesteld.

Proces-verbaal uitslag verkiezing

Art. P 23
Het centraal stembureau maakt zijn proces-verbaal met weglating van de ondertekening onverwijld op een algemene toegankelijke wijze elektronisch openbaar. Bij ministeriële regeling kan hiervoor een internetadres worden aangewezen.

Openbaarmaking proces-verbaal uitslag verkiezing

Art. P 24
Het centraal stembureau doet een afschrift van het proces-verbaal toekomen aan het orgaan waarvoor de verkiezing plaats heeft gevonden.

Toezending afschrift proces-verbaal aan vertegenwoordigend lichaam

Art. P 25
1. Het centraal stembureau bewaart de pakken, bedoeld in artikel P 21, tweede lid, drie maanden nadat over de toelating van de gekozenen is beslist. Daarna vernietigt hij deze stukken onmiddellijk, tenzij:
a. de officier van justitie of de rechter-commissaris in het kader van een strafrechtelijk onderzoek een verzoek heeft gedaan tot overdracht van deze stukken, in welk geval de vernietiging plaatsvindt nadat dit onderzoek is afgerond;
b. strafvervolging is ingesteld wegens een strafbaar gestelde gedraging in de Kieswet, de artikelen 125 tot en met 129 van het Wetboek van Strafrecht of de artikelen 131 tot en met 135 van het Wetboek van Strafrecht BES, in welk geval de vernietiging plaatsvindt nadat er een onherroepelijke rechterlijke uitspraak is.
2. Van de vernietiging wordt proces-verbaal opgemaakt.

Vernietiging pakken

Art. P 26
Nadat is beslist over de toelating van de gekozenen, is het centraal stembureau bevoegd, de pakken, bedoeld in artikel P 21, tweede lid, het proces-verbaal, bedoeld in artikel P 22, en, tenzij het de verkiezing betreft van de gemeenteraad of van provinciale staten van een provincie die één kieskring vormt, de processen-verbaal van de hoofdstembureaus, ten dienste van een onderzoek naar enig strafbaar feit aan de officier van justitie over te dragen.

Overdracht aan Officier van Justitie

Art. P 27
De artikelen 15, 16 en 18 van de Algemene verordening gegevensbescherming zijn niet van toepassing op verwerking van persoonsgegevens bij of krachtens dit hoofdstuk.

Vaststelling verkiezingsuitslag, art. 15, 16 en 18 AVG niet van toepassing

Afdeling III
De verkiezing van de leden van de Eerste Kamer der Staten-Generaal

Hoofdstuk Q
Algemene bepalingen

Art. Q 1
1. De leden van de Eerste Kamer worden gekozen door de leden van provinciale staten.
2. De leden van provinciale staten komen per provincie in vergadering bijeen tot het uitbrengen van hun stem.

Verkiezing leden Eerste Kamer

Art. Q 2
1. De leden van de Eerste Kamer worden gekozen voor vier jaren.
2. Zij treden tegelijk af met ingang van de dinsdag in de periode van 7 tot en met 13 juni in het jaar waarin de leden van provinciale staten worden gekozen.
3. Indien de eerste samenkomst van de na een ontbinding gekozen Eerste Kamer valt voor het tijdstip waarop de zittingsduur van de ontbonden kamer zou zijn geëindigd, treden de leden van de nieuw gekozen kamer tegelijk op dat tijdstip af.

Zittingsduur en aftreding leden Eerste Kamer

Art. Q 3
Degene die ter vervulling van een opengevallen plaats tot lid van de Eerste Kamer is benoemd, treedt af op het tijdstip waarop degene in wiens plaats hij is benoemd, zou hebben moeten aftreden.

Aftreden van tussentijds benoemde leden

A9 art. Q 4 — Kieswet

Dag kandidaatstelling

Art. Q 4
De kandidaatstelling voor de verkiezing van de leden van de Eerste Kamer vindt plaats op de dinsdag in de periode van 19 tot en met 25 april.

Dag kandidaatstelling bij ontbinding Eerste Kamer

Art. Q 5
In geval van ontbinding van de Eerste Kamer vindt de kandidaatstelling plaats binnen veertig dagen na de dagtekening van het koninklijk besluit tot ontbinding, op een bij dat besluit te bepalen dag.

Registratieverzoek

Art. Q 6
1. De registratie van een aanduiding van een politieke groepering voor de verkiezing van de leden van de Tweede Kamer, als bedoeld in artikel G 1, geldt tevens voor de verkiezing van de leden van de Eerste Kamer.
2. Een politieke groepering die een vereniging is met volledige rechtsbevoegdheid, waarvan de aanduiding niet is geregistreerd voor de verkiezing van de leden van de Tweede Kamer, kan aan het centraal stembureau voor de verkiezingen van de leden van de Eerste Kamer schriftelijk verzoeken de aanduiding waarmee zij voor die verkiezingen op de kandidatenlijst wenst te worden vermeld, in te schrijven in een register dat door het centraal stembureau wordt bijgehouden. Verzoeken, ontvangen na de drieënveertigste dag voor de kandidaatstelling, blijven voor de daaropvolgende verkiezing buiten behandeling.
3. Het tweede tot en met zevende en negende lid van artikel G 1 zijn van overeenkomstige toepassing, met dien verstande dat voor de toepassing van het zevende lid, onder d, in plaats van «de Tweede Kamer» wordt gelezen «de Eerste Kamer».
4. Behalve op de in artikel G 1, vierde lid, genoemde gronden wordt op een verzoek om registratie van de aanduiding van een politieke groepering ten behoeve van de verkiezingen van de leden van de Eerste Kamer afwijzend beschikt, indien de aanduiding geheel of in hoofdzaak overeenstemt met een aanduiding van een andere politieke groepering die reeds ten behoeve van de verkiezingen van de leden van de Tweede Kamer is geregistreerd, of met een aanduiding waarvoor reeds eerder of op dezelfde dag ten behoeve van de verkiezing van de leden van de Tweede Kamer een registratieverzoek is ontvangen, en daardoor verwarring te duchten is.
5. In afwijking van de artikelen 6:7 en 6:8, eerste lid, van de Algemene wet bestuursrecht wordt een beroepschrift tegen een beschikking als bedoeld in dit artikel ingediend uiterlijk op de zesde dag na de dagtekening van de Staatscourant waarin de beschikking is medegedeeld.

Hoofdstuk R
De inlevering van de kandidatenlijsten

Inlevering kandidatenlijsten

Art. R 1
1. Op de dag van de kandidaatstelling kunnen bij het centraal stembureau van negen tot zeventien uur kandidatenlijsten door persoonlijke overhandiging worden ingeleverd.
2. Op de kandidatenlijst wordt vermeld voor welke provincie of provincies zij wordt ingeleverd.
3. Bij algemene maatregel van bestuur wordt geregeld waar en wanneer de formulieren voor de kandidatenlijsten, kosteloos, voor de leden van provinciale staten verkrijgbaar zijn. Bij ministeriële regeling wordt voor het formulier een model vastgesteld.

Afleggen ondersteunings- verklaringen en overleg- ging bij lijst

Art. R 2
1. Bij de lijst wordt overgelegd een schriftelijke verklaring van ten minste één lid van provinciale staten van iedere provincie waarvoor de lijst wordt ingeleverd dat hij de lijst ondersteunt. Op deze verklaring worden de kandidaten op dezelfde wijze en in dezelfde volgorde vermeld als op de lijst.
2. Een lid van provinciale staten mag niet meer dan één verklaring van ondersteuning ondertekenen.
3. Een overgelegde verklaring van ondersteuning kan niet worden ingetrokken.
4. Bij algemene maatregel van bestuur wordt geregeld waar en wanneer de formulieren voor de verklaring van ondersteuning, kosteloos, voor de leden van provinciale staten verkrijgbaar zijn. Bij ministeriële regeling wordt voor het formulier een model vastgesteld.
5. Artikel H 4, achtste lid, is van toepassing.

Herstel van verzuimen

Art. R 3
Op de lijst worden een of meer personen vermeld die bij verhindering van de inleveraar bevoegd zijn tot het herstel van verzuimen, bedoeld in artikel S 1, derde lid.

Volgorde en aantal kandidaten

Art. R 4
1. De namen van de kandidaten worden op de lijsten geplaatst in de volgorde waarin aan hen de voorkeur wordt gegeven.
2. Op dezelfde lijst mogen de namen van ten hoogste vijftig kandidaten worden geplaatst. Op dezelfde lijst van een politieke groepering wier aanduiding was geplaatst boven een kandidatenlijst waaraan bij de laatstgehouden verkiezing van de leden van het desbetreffende vertegenwoordigend orgaan meer dan vijftien zetels zijn toegekend, mag een aantal namen worden geplaatst dat ten hoogste tachtig zetels bedraagt. Het bepaalde in de vorige volzin is van overeen-

Kieswet
A9 art. R 9a

komstige toepassing ten aanzien van samenvoeging van aanduidingen van twee of meer groeperingen.

Art. R 5
De naam van een kandidaat mag niet voorkomen op meer dan één van de lijsten die voor eenzelfde provincie zijn ingeleverd.

Kandidaat op niet meer dan één lijst per provincie

Art. R 6
De wijze waarop kandidaten op de lijst worden vermeld, wordt geregeld bij algemene maatregel van bestuur.

Wijze vermelding kandidaten

Art. R 7
1. De gemachtigde, bedoeld in artikel G 1, derde lid, onder d, onderscheidenlijk artikel Q 6, derde lid, in samenhang met artikel G 1, derde lid, onder d, kan aan degene die de kandidatenlijst inlevert de bevoegdheid verlenen boven de lijst de aanduiding van de desbetreffende groepering te plaatsen, zoals die door het centraal stembureau is geregistreerd. Een verklaring van de gemachtigde waaruit deze bevoegdheid blijkt, wordt bij de lijst overgelegd.
2. Degene die de lijst inlevert, is bevoegd daarboven een aanduiding te plaatsen, gevormd door samenvoeging van door het centraal stembureau voor de verkiezing van de leden van de Eerste Kamer of van de Tweede Kamer geregistreerde aanduidingen of afkortingen daarvan, indien hem daartoe de bevoegdheid is verleend door de gemachtigden van de onderscheidene groeperingen. Verklaringen van de gemachtigden waaruit deze bevoegdheid blijkt, worden bij de lijst overgelegd. Een aldus gevormde aanduiding mag niet meer dan 35 letters of andere tekens bevatten.
3. Degene die de lijst heeft ingeleverd, ontvangt daarvan een bewijs. Het centraal stembureau legt de ingeleverde lijsten overwijld voor een ieder ter inzage.
4. Bij algemene maatregel van bestuur wordt geregeld waar en wanneer de formulieren voor de verklaringen met betrekking tot het plaatsen van aanduidingen van politieke groeperingen boven kandidatenlijsten, kosteloos, verkrijgbaar zijn. Bij ministeriële regeling wordt voor de formulieren een model vastgesteld.

Plaatsen van aanduiding

Nadere regels

Art. R 8
1. Bij de lijst wordt overgelegd een schriftelijke verklaring van iedere daarop voorkomende kandidaat dat hij instemt met zijn kandidaatstelling op deze lijst voor de provincie of provincies waarvoor deze lijst is ingeleverd. Tenzij een gemachtigde, bedoeld in de artikelen R 9 of R 9a, wordt aangewezen wordt op deze verklaring vermeld op welk adres de kandidaat de kennisgeving van zijn benoeming, bedoeld in artikel V 1, wil ontvangen.
2. Een overgelegde verklaring van instemming kan niet worden ingetrokken.
3. Bij de lijst wordt van iedere kandidaat die geen zitting in de Eerste Kamer heeft, tevens een kopie van een document als bedoeld in artikel 1 van de Wet op de identificatieplicht overgelegd. Indien van een dergelijke kandidaat een kopie van een document als bedoeld in artikel 1 van de Wet op de identificatieplicht ontbreekt, wordt de verklaring van instemming van de betreffende kandidaat geacht te ontbreken.
4. Bij algemene maatregel van bestuur wordt geregeld waar en wanneer de formulieren voor de verklaringen van instemming, kosteloos, verkrijgbaar zijn. Bij ministeriële regeling wordt voor het formulier een model vastgesteld.

Instemming kandidaatstelling

Nadere regels

Art. R 9
1. De kandidaat wiens woonplaats buiten het Europese deel van Nederland is gelegen, wijst in de verklaring van instemming tevens een in het Europese deel van Nederland wonende gemachtigde aan met vermelding van diens naam, voorletters, woonplaats en adres. Indien de kandidaat meer dan één verklaring ondertekent, moet in iedere verklaring dezelfde gemachtigde worden aangewezen. Deze gemachtigde is met uitsluiting van de kandidaat bevoegd tot de handelingen, bedoeld in de artikelen V 2, eerste, vierde en vijfde lid, V 3, eerste en derde lid, en W 2, eerste lid, onder f.
2. De kandidaat is bevoegd de overeenkomstig het eerste lid gegeven volmacht in te trekken. Hij geeft hiervan schriftelijk kennis aan de voorzitter van het centraal stembureau, zo nodig met aanwijzing van een nieuwe gemachtigde. Indien geen nieuwe gemachtigde wordt aangewezen, vermeldt de kandidaat op welk adres hij de kennisgeving van zijn benoeming, bedoeld in artikel V 1, wil ontvangen.

Aanwijzing gemachtigde door buitenslands wonende kiezer

Art. R 9a
1. De in het Europese deel van Nederland wonende kandidaat kan bij de verklaring van instemming tevens een in het Europese deel van Nederland wonende gemachtigde aanwijzen met vermelding van diens naam, voorletters, woonplaats en adres. Indien de kandidaat meer dan één verklaring ondertekent, wordt in iedere verklaring dezelfde gemachtigde aangewezen. Deze gemachtigde is met uitsluiting van de kandidaat bevoegd tot de handelingen, bedoeld in de artikelen V 2, eerste, vierde en vijfde lid, V 3, eerste en tweede lid, en W 2, eerste lid, onder f.

Aanwijzing gemachtigde

A9 art. R 10 — Kieswet

2. Van de machtiging kan alleen gebruik worden gemaakt, indien dit gebruik ertoe strekt dat kandidaten van de gezamenlijke lijsten van de politieke groepering benoemd worden verklaard in de volgorde die voor de dag van de stemming door de politieke groepering is vastgesteld.
3. In geval van een benoeming voorafgaande aan de eerste samenkomst van het nieuw gekozen orgaan, kan van de machtiging geen gebruik worden gemaakt ten aanzien van kandidaten die op de gezamenlijke lijsten waarop zij voorkomen een aantal stemmen hebben verkregen, groter dan of gelijk aan de kiesdeler.

Bekendmaking volgorde
4. De politieke groepering deelt de in het tweede lid bedoelde volgorde uiterlijk twee weken na de kandidaatstelling mee aan het centraal stembureau. De voorzitter van het centraal stembureau draagt er zorg voor dat van de volgorde zo spoedig mogelijk mededeling wordt gedaan in de Staatscourant dan wel, indien het de verkiezing van de leden van provinciale staten betreft, in het provinciaal blad.

Schakelbepaling
5. Artikel R 9, tweede lid, is van overeenkomstige toepassing.

Art. R 10

Gelijkluidende lijsten
1. Kandidatenlijsten, ingeleverd voor verschillende provincies, waarop dezelfde kandidaten in gelijk aantal en in dezelfde volgorde zijn geplaatst, vormen tezamen een stel gelijkluidende lijsten.

Lijstengroep
2. Kandidatenlijsten, ingeleverd voor verschillende provincies, waarboven dezelfde aanduiding van een politieke groepering is geplaatst of waarvan de eerste kandidaat dezelfde is, vormen tezamen een lijstengroep. Het bepaalde in de vorige volzin is mede van toepassing ten aanzien van samenvoeging van aanduidingen van twee of meer groeperingen.

Art. R 11

Inlevering kandidatenlijsten leden Eerste Kamer, art. 15, 16 en 18 AVG niet van toepassing
De artikelen 15, 16 en 18 van de Algemene verordening gegevensbescherming zijn niet van toepassing op verwerking van persoonsgegevens door het centraal stembureau bij of krachtens dit hoofdstuk.

Hoofdstuk S
Het onderzoek, de nummering en de openbaarmaking van de kandidatenlijsten

§ 1
Het onderzoek van de kandidatenlijsten

Art. S 1

Kiesraad is centraal stembureau
1. Er is voor de verkiezing van de leden van de Eerste Kamer een centraal stembureau. De Kiesraad treedt als zodanig op.
2. Het centraal stembureau houdt een zitting tot het onderzoeken van de kandidatenlijsten.

Mededeling verzuimen
3. Indien bij het onderzoek blijkt van een of meer van de volgende verzuimen, geeft het centraal stembureau onverwijld bij aangetekende brief of tegen gedagtekend ontvangstbewijs kennis aan degene die de lijst heeft ingeleverd:
a. dat voor een of meer provincies niet een verklaring als bedoeld in artikel R 2, eerste lid, is overgelegd, waarbij buiten beschouwing blijven de verklaringen van een lid van provinciale staten dat meer dan één verklaring heeft ondertekend;
b. dat een kandidaat niet is vermeld overeenkomstig het bepaalde krachtens artikel R 6;
c. dat ten aanzien van een kandidaat ontbreekt de verklaring dat hij instemt met zijn kandidaatstelling op de lijst van de provincie of provincies waarvoor deze lijst is ingeleverd;
d. dat ten aanzien van een kandidaat die buiten het Europese deel van Nederland woonplaats heeft, in zijn verklaring van instemming de aanwijzing van een gemachtigde ontbreekt;
e. dat een verklaring, bedoeld in artikel R 7, ontbreekt.

Gelegenheid herstel verzuim
4. Uiterlijk op de derde dag na de zitting, bedoeld in het tweede lid, kan degene die de lijst heeft ingeleverd, het verzuim of de verzuimen, in de kennisgeving aangeduid, herstellen bij het centraal stembureau van negen tot zeventien uur.
5. Bij verhindering of ontstentenis van degene die de lijst heeft ingeleverd, treedt in diens plaats een ingevolge artikel R 3 op de lijst vermelde vervanger.

Art. S 2

Beslissing geldigheid lijsten
1. Uiterlijk op de tiende dag na de kandidaatstelling beslist het centraal stembureau in een openbare zitting over de geldigheid van de lijsten voor iedere provincie waarvoor zij zijn ingeleverd en over het handhaven van de daarop voorkomende kandidaten, alsmede over het handhaven van de daarboven geplaatste aanduiding van een politieke groepering.
2. De voorzitter van het centraal stembureau kondigt vooraf dag en uur van de zitting in de Staatscourant aan.

Art. S 3

Ongeldigheid lijsten
Voor een provincie is ongeldig de lijst:
a. die niet op de dag van de kandidaatstelling tussen negen en zeventien uur bij het centraal stembureau door persoonlijke overhandiging is ingeleverd;

Kieswet **A9** art. S 12

b. waarbij niet is overgelegd een verklaring als bedoeld in artikel R 2, eerste lid, van een lid van provinciale staten van deze provincie, waarbij buiten beschouwing blijven de verklaringen van een lid van provinciale staten dat meer dan één verklaring heeft ondertekend;
c. die niet voldoet aan het bij ministeriële regeling vastgestelde model;
d. waarop door toepassing van artikel S 4 alle kandidaten zijn geschrapt.

Art. S 4
1. Het centraal stembureau schrapt, in de volgorde in dit lid aangewezen, van de lijst voor een provincie de naam van de kandidaat: | Schrapping kandidaten
a. die niet is vermeld overeenkomstig het bepaalde krachtens artikel R 6;
b. van wie niet is overgelegd de verklaring dat hij instemt met zijn kandidaatstelling op de lijst voor deze provincie;
c. wiens woonplaats buiten het Europese deel van Nederland is gelegen, indien de aanwijzing van een gemachtigde ontbreekt;
d. die voorkomt op meer dan één van de voor deze provincie ingeleverde lijsten;
e. van wie een uittreksel uit het register van overlijden dan wel een afschrift van de akte van overlijden is overgelegd;
f. die op de lijst voorkomt na het ten hoogste toegelaten aantal.
2. Het centraal stembureau schrapt, in de volgorde in dit lid aangewezen, de aanduiding van een politieke groepering van de lijst voor een provincie, indien:
a. een daarop betrekking hebbende verklaring als bedoeld in artikel R 7 ontbreekt;
b. de aanduiding geplaatst is boven meer dan één van de bij het centraal stembureau ingeleverde lijsten voor deze provincie.
3. Indien de aanduiding van een politieke groepering niet in overeenstemming is met die waaronder zij is geregistreerd, brengt het centraal stembureau deze ambtshalve daarmee in overeenstemming.

Art. S 5
1. Tegen een beschikking als bedoeld in artikel S 2 kan, in afwijking van artikel 8:1 van de Algemene wet bestuursrecht, beroep worden ingesteld door een belanghebbende en iedere kiezer. | Beroep tegen beslissing geldigheid lijsten
2. Artikel I 7, eerste lid, tweede volzin, en tweede tot en met vierde lid, is van overeenkomstige toepassing. | Schakelbepaling
3. De voorzitter van de Afdeling bestuursrechtspraak van de Raad van State stelt partijen en de voorzitter van het centraal stembureau onverwijld in kennis van de uitspraak.

Art. S 6
1. Indien beroep is ingesteld tegen een beschikking waarbij het centraal stembureau een lijst voor een provincie ongeldig heeft verklaard of de naam van een kandidaat dan wel de aanduiding van een politieke groepering heeft geschrapt op grond van een of meer der verzuimen, vermeld in artikel S 1, derde lid, zonder dat het centraal stembureau tevoren overeenkomstig het in dat artikel bepaalde kennis heeft gegeven van het bestaan daarvan aan degene die de lijst heeft ingeleverd, kan deze het verzuim of de verzuimen alsnog herstellen bij de Raad van State. Artikel S 1, vijfde lid, is van overeenkomstige toepassing. | Behandeling beroep door Raad van State
2. Indien een verzuim overeenkomstig het eerste lid is hersteld, houdt de Afdeling bestuursrechtspraak van de Raad van State bij haar uitspraak daarmee rekening.

Art. S 7
1. Van de in de artikelen S 1 en S 2 bedoelde zittingen wordt proces-verbaal opgemaakt. | Onderzoek en geldigheid kandidatenlijsten, proces-verbaal van
2. De bij de in artikel S 2 bedoelde zitting aanwezige personen kunnen mondeling bezwaren inbrengen. Van deze bezwaren wordt in het proces-verbaal melding gemaakt.
3. Bij ministeriële regeling worden voor deze processen-verbaal modellen vastgesteld.

§ 2
De nummering van de kandidatenlijsten

Art. S 8-S 9
[Vervallen]

Art. S 10
In de zitting, bedoeld in artikel S 2, nummert het centraal stembureau de kandidatenlijsten. | Tijdstip nummering lijsten

Art. S 11
Bij de nummering gelden de lijstengroepen alsmede de niet van een groep deel uitmakende stellen gelijkluidende lijsten als één lijst. | Verbonden lijsten en gelijkluidende lijsten gelden als één lijst

Art. S 12
1. Eerst worden genummerd de lijsten van politieke groeperingen wier aanduiding was geplaatst boven een kandidatenlijst waaraan bij de laatstgehouden verkiezing van de leden van de Eerste Kamer een of meer zetels zijn toegekend. Aan deze lijsten worden de nummers 1 en volgende | Volgorde van nummering

toegekend in de volgorde van de stemcijfers van de desbetreffende lijsten bij die verkiezing, met dien verstande dat aan de lijst van de groepering met het hoogste stemcijfer het nummer 1 wordt toegekend. Bij gelijkheid van het aantal beslist het lot.

2. Het bepaalde in het eerste lid is van overeenkomstige toepassing ten aanzien van samenvoeging van aanduidingen van twee of meer groeperingen, indien bij de laatstgehouden verkiezing van de leden van de Eerste Kamer, hetzij aan de gezamenlijke groeperingen, hetzij aan ten minste één daarvan, één of meer zetels zijn toegekend. In het geval dat aan ten minste één van de groeperingen één of meer zetels zijn toegekend worden voor de toepassing van het bepaalde in de tweede volzin van het eerste lid, de op de lijsten uitgebrachte aantallen stemmen van de groeperingen waaraan die zetels zijn toegekend, bij elkaar opgeteld.

3. Vervolgens worden, met de nummers volgende op het laatste krachtens het eerste lid toegekende nummer, genummerd de overige lijsten in de volgorde van het aantal provincies waarvoor de lijst geldt, met dien verstande dat het eerstvolgende nummer wordt toegekend aan de lijst die geldt voor de meeste provincies. Bij een gelijk aantal provincies beslist het lot.

Art. S 13

Openbaarmaking lijsten

Nadat onherroepelijk is beslist over de geldigheid van de ingeleverde lijsten, maakt de voorzitter van het centraal stembureau de lijsten uiterlijk op de zevende dag voor de stemming openbaar door plaatsing van de lijsten naar de provincies gerangschikt en met vermelding van hun nummers en, in voorkomend geval, de aanduidingen van de politieke groeperingen in de Staatscourant.

Art. S 14

Ongeldigverklaring lijsten heeft geen gevolg voor nummering

Een beslissing in beroep tot ongeldigverklaring van een kandidatenlijst heeft geen gevolg ten aanzien van de nummers, toegekend aan de overige kandidatenlijsten.

§ 3
Slotbepaling

Art. S 15

Vernietiging ingeleverde kandidatenlijsten

Het centraal stembureau vernietigt de ingeleverde kandidatenlijsten alsmede de daarbij horende stukken, met uitzondering van de overgelegde verklaringen van instemming, na de vaststelling van de uitslag. Van de vernietiging wordt proces-verbaal opgemaakt.

Art. S 16

Onderzoek kandidatenlijsten leden Eerste Kamer, art. 15, 16 en 18 AVG niet van toepassing

De artikelen 15, 16 en 18 van de Algemene verordening gegevensbescherming zijn niet van toepassing op verwerking van persoonsgegevens door het centraal stembureau bij of krachtens dit hoofdstuk.

Hoofdstuk T
De stemming en de stemopneming

Art. T 1

Dag stemming

1. De stemming vindt plaats op de vierendertigste dag na de kandidaatstelling.
2. De stemming vindt plaats om vijftien uur (Europees-Nederlandse tijd).

Art. T 2

Inrichting stembiljet

1. Op het bij de verkiezing te bezigen stembiljet zijn aan de ene zijde gedrukt de lijsten van kandidaten over wie de stemming moet geschieden, en aan de andere zijde de naam van de provincie en de handtekening van de voorzitter van de staten.
2. Bij ministeriële regeling wordt voor het stembiljet een model vastgesteld.
3. De voorzitter draagt zorg dat het benodigde aantal stembiljetten vóór de aanvang van de stemming in de vergadering aanwezig is.

Art. T 3

Benoeming stembureau

De voorzitter benoemt uit de statenvergadering drie leden, die met hem als voorzitter het stembureau vormen.

Art. T 4

Wijze van stemmen

1. Een statenlid brengt zijn stem uit door een wit stipje, geplaatst vóór de kandidaat van zijn keuze, rood te maken.
2. Aan een statenlid wordt op zijn verzoek toegestaan bij volmacht te stemmen. Het lid dat van deze bevoegdheid gebruik wenst te maken, doet daarvan voor de aanvang van de zitting van de staten waarin de stemming zal worden gehouden, schriftelijk aan de voorzitter mededeling, onder aanwijzing van een lid van de staten dat bereid is als gemachtigde op te treden. Een statenlid mag niet meer dan één aanwijzing als gemachtigde aannemen. Bij ministeriële regeling wordt voor deze mededeling een model vastgesteld.
3. Artikel J 27 is van toepassing, met dien verstande dat in plaats van «een kiezer» wordt gelezen: een statenlid.

Kieswet

A9 art. U 1

Art. T 5
Na het uitbrengen van zijn stem levert het statenlid het stembiljet dichtgevouwen bij de voorzitter in.

Inlevering stembiljet

Art. T 6
1. De voorzitter deelt mee hoeveel stembiljetten zijn ingeleverd.
2. De stemming is nietig, indien dit aantal groter is dan het aantal in de vergadering aanwezige leden, vermeerderd met het aantal aanwezige leden die als gemachtigde aan de stemming mogen deelnemen.
3. In dit geval vernietigt de voorzitter de ingeleverde stembiljetten en heeft een nieuwe stemming plaats.

Geldigheid stemming

Art. T 7
1. De voorzitter opent de stembiljetten.
2. Vervolgens deelt hij ten aanzien van elk stembiljet mee voor welke lijst en welke kandidaat het geldt. Indien sprake is van een blanco of ongeldige stem maakt hij hiervan tevens melding.
3. Nadat een van de leden van het stembureau het stembiljet heeft nagezien, houden de beide andere leden aantekening van iedere uitgebrachte stem.

Opening stembiljetten

Art. T 8
1. Blanco is de stem uitgebracht op een stembiljet dat door de kiezer is ingeleverd zonder dat hij geheel of gedeeltelijk een wit stipje in een stemvak rood heeft gemaakt en zonder dat hij anderszins op het stembiljet geschreven of getekend heeft.
2. Ongeldig is de stem uitgebracht op een ander stembiljet dan bij of krachtens deze wet mag worden gebruikt.
3. Voorts is ongeldig de stem die niet als blanco wordt aangemerkt, maar waarbij de kiezer op het stembiljet niet, door het geheel of gedeeltelijk rood maken van het witte stipje in een stemvak, op ondubbelzinnige wijze heeft kenbaar gemaakt op welke kandidaat hij zijn stem uitbrengt, of waarbij op het stembiljet bijvoegingen zijn geplaatst waardoor de kiezer kan worden geïdentificeerd.

Blanco stemmen

Ongeldige stemmen

Art. T 9
In geval van twijfel over de geldigheid van een stembiljet beslist de vergadering. Bij staken van stemmen beslist de voorzitter.

Beslissing bij twijfel

Art. T 10
1. Terstond nadat de stemmen zijn opgenomen, deelt de voorzitter ten aanzien van iedere lijst mede, zowel het aantal op iedere kandidaat uitgebrachte stemmen als het gezamenlijke aantal uitgebrachte stemmen, dat stemcijfer wordt genoemd. Tevens deelt hij het aantal blanco en het aantal ongeldige stemmen mede.
2. Vervolgens worden de stembiljetten met een blanco stem en de ongeldig verklaarde stembiljetten in pakken gedaan, die worden verzegeld. Op deze pakken wordt vermeld:
a. de naam van de provincie;
b. het aantal stembiljetten dat het pak bevat.
3. Daarop worden de geldige stembiljetten, lijstgewijs gerangschikt, in een pak gedaan, dat wordt verzegeld. Op dit pak worden vermeld;
a. de naam van de provincie;
b. het aantal stembiljetten dat het pak bevat.

Bekendmaking aantal uitgebrachte stemmen

Art. T 11
1. Nadat alle werkzaamheden, in artikel T 10 vermeld, zijn beëindigd, wordt onmiddellijk proces-verbaal opgemaakt van de stemming en van de stemopneming.
2. Het proces-verbaal wordt door de voorzitter en alle leden van het stembureau getekend.
3. Het proces-verbaal wordt met de verzegelde pakken, bedoeld in artikel T 10, onverwijld na afloop van de stemming overgebracht naar de voorzitter van het centraal stembureau.
4. De voorzitter van het centraal stembureau maakt de processen-verbaal met weglating van de ondertekening onverwijld op een algemeen toegankelijke wijze elektronisch openbaar. Daarnaast legt deze een afschrift van de processen-verbaal onverwijld voor een ieder ter inzage bij het centraal stembureau totdat over de toelating van de gekozenen is beslist.
5. Bij ministeriële regeling wordt voor het proces-verbaal een model vastgesteld.

Proces-verbaal stemming

Hoofdstuk U
De vaststelling van de verkiezingsuitslag door het centraal stembureau

§ 1
Algemene bepalingen

Art. U 1
Onmiddellijk nadat de processen-verbaal zijn ontvangen, gaat het centraal stembureau over tot het verrichten van de werkzaamheden ter vaststelling en bekendmaking van de uitslag van de verkiezing.

Vaststelling en bekendmaking uitslag verkiezing

Sdu 101

A9 art. U 2 — Kieswet

Art. U 2

Vaststelling stemwaarde voor elke provincie

1. Elke stem geldt, naar gelang van de provincie waar zij is uitgebracht, voor een aantal stemmen, gelijk aan het getal dat verkregen wordt door het inwonertal van de provincie te delen door het honderdvoud van het aantal leden waaruit provinciale staten bestaan. Het quotiënt wordt daarna afgerond tot een geheel getal, naar boven, indien een breuk 1/2 of meer, en naar beneden, indien een breuk minder dan 1/2 bedraagt. Dit getal wordt de stemwaarde genoemd.
2. Als het inwonertal van een provincie geldt het inwonertal dat door het Centraal Bureau voor de Statistiek overeenkomstig het derde onderscheidenlijk het vierde lid is gepubliceerd.
3. Ten behoeve van de uitvoering van het eerste lid publiceert het Centraal Bureau voor de Statistiek uiterlijk drie weken voor de dag van kandidaatstelling in de Staatscourant de inwonertallen van de provincies per 1 januari van het jaar, waarin de verkiezing plaatsvindt.
4. Indien in geval van ontbinding van de Eerste Kamer de inwonertallen van de provincies per 1 januari van het jaar, waarin de verkiezing plaatsvindt, drie weken voor de kandidaatstelling nog niet kunnen worden gepubliceerd, worden in plaats daarvan de inwonertallen van de provincies per de eerste dag van de vierde maand voorafgaande aan de maand waarin de kandidaatstelling plaatsvindt, gepubliceerd.
5. Het centraal stembureau stelt de stemwaarden overeenkomstig dit artikel vast en maakt deze voor de dag van stemming openbaar door publicatie in de Staatscourant.

§ 2
De zetelverdeling

Art. U 3

Zetelverdeling

Ten aanzien van iedere provincie vermenigvuldigt het centraal stembureau de aantallen op iedere kandidaat uitgebrachte stemmen en de stemcijfers van de lijsten met de voor die provincie geldende stemwaarde. Voor de vaststelling van de uitslag van de verkiezing gelden de aldus verkregen produkten als de aantallen op ieder kandidaat uitgebrachte stemmen, onderscheidenlijk de stemcijfers van de lijsten.

Art. U 4

Gelijkluidende lijsten gelden als één lijst

1. Een stel gelijkluidende lijsten als bedoeld in artikel R 10, eerste lid, geldt voor de vaststelling van de uitslag van de verkiezing als één lijst.
2. Het centraal stembureau telt van deze gelijkluidende lijsten tezamen de stemcijfers en de aantallen op iedere kandidaat uitgebrachte stemmen.

Art. U 5

Lijstengroep geldt als één lijst

Een lijstengroep als bedoeld in artikel R 10, tweede lid, geldt voor het bepalen van het aantal daaraan toe te wijzen zetels als één lijst, met een stemcijfer gelijk aan de som van de stemcijfers van de lijsten waaruit de groep bestaat.

Art. U 6

[Vervallen]

Art. U 7

Kiesdeler

1. Het centraal stembureau deelt de som van de stemcijfers van alle lijsten door het aantal te verdelen zetels.
2. Het aldus verkregen quotiënt wordt kiesdeler genoemd.

Art. U 8

Toekenning zetels

Zoveel maal als de kiesdeler is begrepen in het stemcijfer van een lijst wordt aan die lijst een zetel toegewezen.

Art. U 9

Toekenning overblijvende zetels

De overblijvende zetels, die restzetels worden genoemd, worden achtereenvolgens toegewezen aan de lijsten die na toewijzing van de zetels het grootste gemiddelde aantal stemmen per toegewezen zetel hebben. Indien gemiddelden gelijk zijn, beslist zo nodig het lot.

Art. U 10

Overgang zetels bij uitputting van de lijst

Indien bij de toepassing van de vorige bepalingen aan een lijst meer zetels zouden moeten worden toegewezen dan er kandidaten zijn, gaan de overblijvende zetel of zetels door voortgezette toepassing van die bepalingen over op één of meer van de overige lijsten waarop kandidaten voorkomen aan wie geen zetel is toegewezen.

Art. U 11

[Vervallen]

Art. U 12

Verdeling zetels over lijsten lijstengroep

1. De verdeling van de aan een lijstengroep toegewezen zetels over de lijsten waaruit de groep bestaat, geschiedt als volgt.
2. Het centraal stembureau deelt het stemcijfer van de lijstengroep door het aantal aan de groep toegewezen zetels.
3. Het aldus verkregen quotiënt wordt groepskiesdeler genoemd.

Kieswet   **A9** art. U 19

4. Zoveel maal als de groepskiesdeler is begrepen in het stemcijfer van elk van de lijsten waaruit de groep bestaat, wordt aan die lijst een van de aan de groep toegewezen zetels toegewezen.
5. De restzetels worden achtereenvolgens toegewezen aan de lijsten van de groep waarvan de stemcijfers bij deling door de groepskiesdeler de grootste overschotten hebben. Hierbij worden lijsten die geen overschot hebben, geacht lijsten te zijn met het kleinste overschot. Indien overschotten gelijk zijn, beslist zo nodig het lot.

Art. U 13
1. Indien bij de toepassing van artikel U 12 aan een lijst meer zetels zouden moeten worden toegewezen dan er kandidaten zijn, gaan de overblijvende zetel of zetels door voorgezette toepassing van dat artikel over op een van de andere lijsten van de groep, waarop kandidaten voorkomen aan wie geen zetel is toegewezen.
2. Zijn er na toepassing van het eerste lid nog zetels toe te wijzen, dan worden deze toegewezen volgens het stelsel van de grootste gemiddelden als bedoeld in artikel U 9.

Overgang zetels naar andere lijsten van lijstengroep

Art. U 14
De in de voorgaande artikelen bedoelde lotingen vinden plaats in de in artikel U 16 bedoelde zitting van het centraal stembureau.

Loting tijdens zitting centraal stembureau

§ 3
De toewijzing van de zetels aan de kandidaten

Art. U 15
1. Gekozen zijn de kandidaten van de lijst, daartoe aangewezen door overeenkomstige toepassing van de artikelen P 15 tot en met P 18 en P 19a, met dien verstande dat in afwijking van artikel P 15, eerste lid, eerste zin, zijn gekozen de kandidaten die een aantal stemmen hebben verkregen, groter dan of gelijk aan de kiesdeler.
2. De rangschikking van de kandidaten geschiedt overeenkomstig het bepaalde in artikel P 19, eerste, derde en vierde lid, met dien verstande dat de rangschikking achterwege blijft, voor zover het lijsten betreft waarop geen kandidaten gekozen zijn verklaard en die niet deel uitmaken van een lijstengroep waaraan één of meer zetels zijn toegekend.

Toewijzing zetels aan kandidaten

§ 4
De bekendmaking van de verkiezingsuitslag

Art. U 16
1. Het centraal stembureau stelt de uitslag van de verkiezingen zo spoedig mogelijk vast. De vaststelling en bekendmaking geschieden in een openbare zitting van het centraal stembureau. De artikelen P 20, tweede tot en met vierde lid, en P 22 zijn van toepassing.
2. Het centraal stembureau maakt zijn proces-verbaal met weglating van de ondertekening onverwijld op een algemeen toegankelijke wijze elektronisch openbaar. Bij ministeriële regeling kan hiervoor een internetadres worden aangewezen.
3. De voorzitter van het centraal stembureau doet een afschrift van het proces-verbaal toekomen aan de Eerste Kamer.

Bekendmaking uitslag verkiezingen

Art. U 17
Het centraal stembureau kan, hetzij ambtshalve, hetzij naar aanleiding van een met opgave van redenen gedaan verzoek van een of meer leden van de staten van een provincie, tot een nieuwe opneming van stembiljetten uit een of meer provincies overgaan.

Nieuwe opneming stembiljetten

Art. U 18
1. Zodra de uitslag van de verkiezing is vastgesteld, worden de geopende verzegelde pakken, nadat alle stembiljetten weer daarin zijn gedaan, opnieuw verzegeld.
2. Het centraal stembureau bewaart de verzegelde pakken drie maanden nadat over de toelating van de gekozenen is beslist. Daarna vernietigt het deze pakken onmiddellijk. Van deze vernietiging wordt proces-verbaal opgemaakt.

Hernieuwde verzegeling

Vernietiging

Art. U 19
De artikelen 15, 16 en 18 van de Algemene verordening gegevensbescherming zijn niet van toepassing op verwerking van persoonsgegevens bij of krachtens dit hoofdstuk.

Vaststelling verkiezingsuitslag leden Eerste Kamer, art. 15, 16 en 18 AVG niet van toepassing

Afdeling IV
Het begin van en de veranderingen in het lidmaatschap van de Tweede Kamer en de Eerste Kamer der Staten-Generaal, provinciale staten, het algemeen bestuur en de gemeenteraad

Hoofdstuk V
Het begin van het lidmaatschap

§ 1
Algemene bepalingen

Art. V 1

Kennisgeving benoeming

1. De voorzitter van het centraal stembureau geeft de benoemde schriftelijk kennis van zijn benoeming. De brief, houdende deze kennisgeving, wordt uiterlijk de dag na de vaststelling van de uitslag van de verkiezingen of na de benoemdverklaring tegen gedagtekend ontvangstbewijs uitgereikt of aangetekend verzonden. Aan benoemde leden van de Tweede Kamer respectievelijk de Eerste Kamer wordt de brief binnen deze termijn tegen gedagtekend ontvangstbewijs uitgereikt of aangetekend verzonden door de voorzitter van de Tweede Kamer respectievelijk de Eerste Kamer der Staten-Generaal. De voorzitter van het centraal stembureau overhandigt de brief hiertoe onverwijld na de vaststelling van de uitslag of de benoemdverklaring aan de voorzitter van de Tweede Kamer respectievelijk de Eerste Kamer der Staten-Generaal.
2. Indien de benoemde een gemachtigde heeft aangewezen, geschiedt de toezending of uitreiking aan die gemachtigde.

Geloofsbrief

3. De voorzitter geeft tegelijkertijd schriftelijk kennis van de benoeming aan het vertegenwoordigend orgaan. Deze kennisgeving strekt de benoemde tot geloofsbrief.

Art. V 2

Bericht aanneming benoeming

1. De benoemde draagt er zorg voor dat uiterlijk op de tiende of, bij een benoeming in een na de eerste samenkomst van het nieuw gekozen orgaan opengevallen plaats, de achtentwintigste dag na de dagtekening van de kennisgeving van benoeming het vertegenwoordigend orgaan van hem, onderscheidenlijk van de gemachtigde, bij brief mededeling ontvangt dat hij de benoeming aanneemt.
2. Is binnen die tijd de mededeling niet ontvangen, dan wordt hij geacht de benoeming niet aan te nemen.
3. De voorzitter van het vertegenwoordigend orgaan deelt aan de voorzitter van het centraal stembureau onverwijld mede, dat de benoemde de benoeming heeft aangenomen, dan wel dat hij geacht wordt de benoeming niet aan te nemen.
4. Indien de benoemde de benoeming niet aanneemt, doet hij of zijn gemachtigde daarvan binnen de in het eerste lid bedoelde termijn bij brief mededeling aan de voorzitter van het centraal stembureau. Deze geeft hiervan kennis aan het vertegenwoordigend orgaan.
5. Zolang nog niet tot toelating van de benoemde is besloten, kan deze, onderscheidenlijk zijn gemachtigde, bij brief aan het vertegenwoordigend orgaan mededelen dat hij op de aanneming van de benoeming terugkomt. Hij wordt dan geacht de benoeming niet te hebben aangenomen. De voorzitter van het vertegenwoordigend orgaan geeft van de ontvangst van deze mededeling onverwijld kennis aan de voorzitter van het centraal stembureau.

Art. V 3

Overlegging verklaring openbare betrekkingen

1. Tegelijk met de mededeling dat hij zijn benoeming aanneemt, legt de benoemde, onderscheidenlijk zijn gemachtigde, aan het vertegenwoordigend orgaan een door hem ondertekende verklaring over, vermeldende alle openbare betrekkingen die de benoemde bekleedt.

Overlegging uittreksel persoonsregister

2. Tenzij de benoemde op het tijdstip van benoeming reeds lid van het vertegenwoordigend orgaan was, legt hij tevens een gewaarmerkt afschrift van gegevens uit de basisregistratie personen over, waaruit zijn woonplaats, datum en plaats van de geboorte, alsmede, indien het betreft een benoeming tot lid van de Tweede of Eerste Kamer of provinciale staten, zijn Nederlanderschap blijken.

Overlegging uittreksel geboorteakte en bewijs Nederlanderschap

3. De gemachtigde van de benoemde die buiten Nederland woonplaats heeft, legt in plaats van het afschrift, bedoeld in het tweede lid, een uittreksel uit de geboorteregisters over, waaruit datum en plaats van de geboorte van de benoemde blijken, alsmede een bewijs van Nederlanderschap betreffende de benoemde.
4. Indien een tot lid van de gemeenteraad benoemde persoon geen onderdaan is van een lidstaat van de Europese Unie, legt hij een gewaarmerkt afschrift van gegevens uit de basisregistratie personen over, waaruit blijkt of hij voldoet aan de vereisten, bedoeld in artikel 10, tweede lid, van de Gemeentewet.

Art. V 4

Onderzoek geloofsbrief

1. Het vertegenwoordigend orgaan waarvoor de verkiezing is geschied, onderzoekt de geloofsbrief onverwijld en beslist of de benoemde als lid van dat orgaan wordt toegelaten. Daarbij gaat het na, of de benoemde aan de vereisten voor het lidmaatschap voldoet en geen met het lidmaat-

schap onverenigbare betrekking vervult, en beslist het de geschillen welke met betrekking tot de geloofsbrief of de verkiezing zelf rijzen. Indien de benoemde voor de eerste samenkomst van het nieuw gekozen orgaan de voor het lidmaatschap vereiste leeftijd zal hebben bereikt, wordt daarmee bij het nemen van de beslissing rekening gehouden. De wijze waarop het onderzoek van de geloofsbrieven van de leden van de Tweede, onderscheidenlijk van de Eerste Kamer geschiedt, wordt geregeld in het reglement van orde van de desbetreffende kamer.
2. Het onderzoek van de geloofsbrief strekt zich niet uit tot de geldigheid van de kandidatenlijsten.
3. Betreft het de toelating van degene die is benoemd in een tussentijds opengevallen plaats, dan strekt het onderzoek zich niet uit tot punten die het verloop van de verkiezing of de vaststelling van de uitslag betreffen.
4. Ten behoeve van het onderzoek, bedoeld in het eerste lid, kan het vertegenwoordigend orgaan tot een nieuwe opneming van stembiljetten, zowel uit alle als uit een of meer stembureaus of provincies, besluiten. De burgemeester of het centraal stembureau, voor zover die de desbetreffende stembiljetten onder zich heeft, onderscheidenlijk de voorzitter van het centraal stembureau voor de verkiezing van de leden van de Eerste Kamer, doet deze op verzoek van het vertegenwoordigend orgaan onverwijld naar dat orgaan overbrengen. Na ontvangst van de stembiljetten gaat het vertegenwoordigend orgaan onmiddellijk tot de opneming over. Het is bevoegd daartoe de verzegelde pakken te openen en de inhoud te vergelijken met de processen-verbaal van de stembureaus. Bij deze opneming zijn de artikelen N 5, N 8 en N 9 van overeenkomstige toepassing. *Nieuwe opneming stembiljetten*
5. Ten behoeve van het onderzoek, bedoeld in het eerste lid, is het vertegenwoordigend orgaan tevens bevoegd de verzegelde pakken, bedoeld in artikel N 2, te openen. De burgemeester die de desbetreffende pakken onder zich heeft, doet deze op verzoek van het vertegenwoordigend orgaan onverwijld naar dat orgaan overbrengen. Na beëindiging van het onderzoek worden de bescheiden uit de geopende pakken opnieuw ingepakt en verzegeld op de in artikel N 2 voorgeschreven wijze.

Art. V 5
De ongeldigheid van de stemming in één of meer stembureaus of provincies of een onjuistheid in de vaststelling van de uitslag van de verkiezing staat niet in de weg aan de toelating van de leden, op wier verkiezing de ongeldigheid of onjuistheid geen invloed heeft hebben gehad, en, in geval van ongeldigheid van de stemming, de nieuwe stemming geen invloed kan hebben. *Toelating leden bij ongeldigheid stemming of onjuiste uitslag*

Art. V 6
1. Indien het orgaan waarvoor de benoeming is geschied, besluit tot niet-toelating van één of meer leden wegens de ongeldigheid van de stemming in één of meer stembureaus of provincies geeft de voorzitter daarvan onverwijld kennis aan: *Herstemming bij ongeldigheid stemming*
a. Onze Minister van Binnenlandse Zaken en Koninkrijksrelaties, indien het betreft een verkiezing van de leden van de Tweede of Eerste Kamer;
b. gedeputeerde staten, indien het betreft een verkiezing van de leden van de staten van een provincie;
c. het dagelijks bestuur, indien het betreft een verkiezing van de leden van het algemeen bestuur;
d. burgemeester en wethouders, indien het betreft een verkiezing van de leden van de gemeenteraad.
2. Uiterlijk op de dertigste dag nadat deze kennisgeving is ontvangen, vindt in de in het eerste lid bedoelde stembureaus, onderscheidenlijk provincies, een nieuwe stemming plaats en wordt de uitslag van de verkiezing opnieuw vastgesteld. De dag van de stemming wordt vastgesteld door: *Bepaling dag nieuwe stemming*
a. Onze Minister van Binnenlandse Zaken en Koninkrijksrelaties, indien het betreft een verkiezing van de leden van de Tweede of Eerste Kamer;
b. gedeputeerde staten, indien het betreft een verkiezing van de leden van de staten van een provincie;
c. het dagelijks bestuur, indien het betreft een verkiezing van de leden van het algemeen bestuur;
d. burgemeester en wethouders, indien het betreft een verkiezing van de leden van de gemeenteraad.
3. Bij deze vaststelling blijft degene die reeds als lid is toegelaten, gekozen verklaard, ook indien mocht blijken dat dit ten onrechte is geschied. Tegenover hem valt dan af de kandidaat die, indien de toegelatene niet gekozen was verklaard, gekozen zou zijn.

Art. V 7
1. Aan de in artikel V 6, tweede lid, bedoelde stemming zijn de kiezers bevoegd deel te nemen wier namen voorkomen op de geldige stempassen, kiezerspassen, volmachtbewijzen, voor zover het de volmachtgever betreft, en briefstembewijzen, die zijn ingeleverd bij de ongeldig verklaarde stemming, met uitzondering van personen waarvan na de nieuwe vaststelling van de verkiezing blijkt dat zij ten onrechte als kiezer waren geregistreerd. Voor zover ten aanzien van de bescheiden sprake is van verwerking van persoonsgegevens als gevolg van een in artikel V 6, tweede lid, *Nieuwe stemming, bevoegdheid deelname aan*

bedoelde stemming, zijn de artikelen 15, 16 en 18 van de Algemene verordening gegevensbescherming niet van toepassing.
2. Indien de in artikel V 6, tweede lid, bedoelde stemming alle stembureaus in een gemeente betreft, zijn bevoegd deel te nemen aan de nieuwe stemming de personen die voor de ongeldig verklaarde stemming:
a. in de gemeente terecht als kiezer waren geregistreerd of ten onrechte niet als kiezer waren geregistreerd, met uitzondering van personen:
– aan wie een kiezerspas is verstrekt die niet is ingeleverd bij de ongeldig verklaarde stemming in de gemeente;
– ten behoeve van wie een volmachtbewijs is verstrekt dat niet is ingeleverd bij de ongeldig verklaarde stemming in de gemeente; of
– aan wie een briefstembewijs is verstrekt.
b. in een andere gemeente terecht als kiezer waren geregistreerd en voorkomen op de bij de ongeldig verklaarde stemming in de gemeente ingeleverde geldige kiezerspassen of volmachtbewijzen, voor zover het de volmachtgever betreft.
3. Het tweede lid is niet van toepassing op briefstembureaus.

Art. V 8

Niet-toelating wegens onjuistheid vaststelling uitslag

Indien het orgaan waarvoor de benoeming is geschied, heeft besloten om één of meer van de benoemde leden wegens de onjuistheid van de vaststelling van de uitslag van de verkiezing niet toe te laten, wordt daarvan door de voorzitter onverwijld kennis gegeven aan het centraal stembureau.

Art. V 9

Nieuwe vaststelling uitslag verkiezing

1. Uiterlijk op de veertiende dag nadat de kennisgeving, bedoeld in artikel V 8, is ontvangen, houdt het centraal stembureau een openbare zitting en stelt het met inachtneming van de in artikel V 8 bedoelde beslissing de uitslag van de verkiezing voor zover nodig opnieuw vast, en maakt deze op de zitting bekend.

Schakelbepaling

2. De artikelen P 20 en P 22 tot en met P 24 vinden overeenkomstige toepassing.
3. Het onderzoek van de geloofsbrief van de aldus nieuw gekozen verklaarde strekt zich niet uit tot punten, die het verloop van de verkiezing raken.

Art. V 10

Niet-toelating wegens niet-voldoen vereisten lidmaatschap

Indien het orgaan waarvoor de benoeming is geschied, heeft besloten de benoemde niet als lid toe te laten op de grond dat hij niet voldoet aan de vereisten voor het lidmaatschap, dat hij een met het lidmaatschap onverenigbare betrekking vervult of dat de benoemdverklaring van de voorzitter van het centraal stembureau in strijd is met het bepaalde in hoofdstuk W geeft de voorzitter van dat orgaan daarvan onverwijld kennis aan de voorzitter van het centraal stembureau.

Art. V 11

Tijdstip begin lidmaatschap

Het lidmaatschap van een tot lid van een vertegenwoordigend orgaan benoemde vangt aan zodra de beschikking omtrent zijn toelating aan de benoemde bekend is gemaakt.

§ 2

Bijzondere bepalingen betreffende het begin van het lidmaatschap van provinciale staten, het algemeen bestuur en de gemeenteraad

Art. V 12

Beslissing toelating gekozen leden

De beslissing betreffende de toelating van de tot lid van provinciale staten, het algemeen bestuur onderscheidenlijk van de gemeenteraad benoemden wordt onverwijld genomen.

Art. V 13

Mededeling beslissing benoemde

1. Elke beslissing betreffende de toelating van de benoemden tot lid van provinciale staten, het algemeen bestuur, onderscheidenlijk de gemeenteraad, wordt door de voorzitter van provinciale staten, de voorzitter van het vertegenwoordigend orgaan van het waterschap, onderscheidenlijk de voorzitter van de gemeenteraad, terstond aan de benoemde bekendgemaakt.
2. Aan de niet-toegelatenen worden de redenen van de beslissing meegedeeld.
3. Het eerste lid is van overeenkomstige toepassing, indien door het vertegenwoordigend orgaan, wegens herhaalde staking van stemmen of wegens staking van stemmen in een voltallige vergadering over een voorstel omtrent toelating geen beslissing is genomen.

Art. V 14

[Vervallen]

Art. V 15

Aanblijven oude staten of raad

1. Indien op het tijdstip van periodieke aftreding van de leden van provinciale staten, het vertegenwoordigend orgaan van het waterschap, onderscheidenlijk van de gemeenteraad, niet de geloofsbrieven van meer dan de helft van het wettelijk voorgeschreven aantal leden is goedgekeurd, houden de leden van dat vertegenwoordigend orgaan zitting, totdat zulks is geschied. Gedurende deze tijd oefenen de bij de verkiezing gekozen leden hun functie niet uit.

2. Een plaats die openvalt na het tijdstip van periodieke aftreding, wordt vervuld op dezelfde wijze, als zou zijn geschied, indien zij voor dat tijdstip zou zijn opengevallen.

Art. V 16
[Vervallen]

Hoofdstuk W
De opvolging

Art. W 1

1. Wanneer, anders dan bij de vaststelling van de uitslag van een verkiezing, in een opengevallen plaats moet worden voorzien, verklaart de voorzitter van het centraal stembureau bij een met redenen omkleed besluit, uiterlijk op de veertiende dag nadat dit te zijner kennis is gekomen, benoemd de daarvoor in aanmerking komende kandidaat die in de volgorde, bedoeld in artikel P 19 dan wel artikel U 15, tweede lid, het hoogst is geplaatst op de lijst waarop degene die moet worden opgevolgd, is gekozen. Indien het lid in wiens plaats moet worden voorzien, ontslag heeft genomen met ingang van een bepaald tijdstip, vangt de termijn, bedoeld in de eerste volzin, aan op dat tijdstip.

2. Indien een plaats openvalt die door toepassing van artikel P 16, tweede lid, was vervuld, verklaart de voorzitter van het centraal stembureau, in afwijking van het eerste lid, benoemd de daarvoor in aanmerking komende kandidaat op de lijst waaraan ingevolge artikel P16, tweede lid , een zetel was onthouden.

3. Indien de lijst, bedoeld in het eerste lid, deel uitmaakt van een lijstengroep en op een of meer andere lijsten of stellen gelijkluidende lijsten van die groep kandidaten voorkomen die op de gezamenlijke lijsten waarop zij voorkomen, een aantal stemmen hebben verkregen groter dan 25% van de kiesdeler, doch die niet met toepassing van artikel P 15 zijn gekozen, verklaart de voorzitter van het centraal stembureau, in afwijking van het eerste lid, benoemd diegene van deze kandidaten op wie het grootste aantal stemmen is uitgebracht.

4. Indien het de opvolging van een lid van een gemeenteraad met minder dan negentien zetels betreft, wordt bij de toepassing van het derde lid de helft van de kiesdeler in aanmerking genomen in plaats van 25% van de kiesdeler.

5. Indien een plaats openvalt die door toepassing van het derde lid was vervuld en dat lid niet opnieuw moet worden toegepast, verklaart de voorzitter van het centraal stembureau benoemd de daarvoor in aanmerking komende kandidaat op de lijst waaraan ingevolge het derde lid een zetel was onthouden.

6. Bij ministeriële regeling wordt een model vastgesteld voor het besluit van de voorzitter van het centraal stembureau ter benoeming van een lid van een vertegenwoordigend orgaan, noodzakelijk geworden door:
   a. het niet-aannemen van de benoeming door een kandidaat;
   b. het niet-toelaten als lid van een kandidaat, of
   c. het openvallen van een plaats in dat orgaan.

Art. W 2

1. Bij de toepassing van artikel W 1 wordt buiten rekening gelaten de kandidaat:
   a. die is overleden;
   b. aan wie tijdelijk ontslag is verleend wegens zwangerschap en bevalling of ziekte;
   c. wiens vacature vervuld wordt;
   d. die in de vacature benoemd is verklaard, maar schriftelijk verklaard heeft of geacht wordt de benoeming niet aan te nemen, de in artikel V 3 genoemde stukken niet tijdig heeft ingezonden of bij besluit niet tot het vertegenwoordigend orgaan is toegelaten;
   e. die lid is van het vertegenwoordigend orgaan of als zodanig benoemd is verklaard, terwijl over zijn toelating als lid nog niet is beslist, tenzij hij is benoemd tot vervanger voor de plaats die is opengevallen als gevolg van een tijdelijk ontslag als bedoeld in paragraaf 3 van hoofdstuk X;
   f. van wie door de voorzitter van het centraal stembureau een schriftelijke verklaring is ontvangen dat hij niet voor benoeming in aanmerking wenst te komen;
   g. die lid was van het vertegenwoordigend orgaan, terwijl ook ten aanzien van deze kandidaat ter kennis van de voorzitter van het centraal stembureau is gekomen dat in zijn opengevallen plaats moet worden voorzien;
   h. die, indien het de verkiezing van provinciale staten, het algemeen bestuur onderscheidenlijk de gemeenteraad betreft, niet benoembaar is ingevolge het bepaalde in artikel 12 van de Provinciewet, artikel 31b van de Waterschapswet onderscheidenlijk artikel 11 van de Gemeentewet.

2. Een verklaring als bedoeld in het eerste lid, onder f, kan worden ingetrokken.

3. Bij ministeriële regeling wordt een model vastgesteld voor de verklaring, bedoeld in het eerste lid, onder f.

Vervulling vacatures

Kandidaten die buiten rekening worden gelaten

Art. W 3

Benoeming bij lijstuitputting

Indien bij de toepassing van de bepalingen van dit hoofdstuk geen kandidaat meer voor benoeming in aanmerking komt op de lijst waarop degene is gekozen die moet worden opgevolgd, en deze lijst tezamen met één of meer andere lijsten een lijstengroep vormt, gaat de zetel door toepassing van artikel P 13, onderscheidenlijk artikel U 13, over op één van die andere lijsten. De kandidaat van deze lijst die naar de volgorde, vastgesteld overeenkomstig artikel P 19, onderscheidenlijk artikel U 15, voor benoeming in aanmerking komt, wordt benoemd verklaard. Komt ook op deze lijst geen kandidaat meer voor benoeming in aanmerking, dan wordt de plaats aan een andere van de groep deel uitmakende lijst toegekend door verdere toepassing van het in dit lid bepaalde, en zo vervolgens.

Art. W 4

Toekenning plaats andere lijst bij lijstuitputting

1. Indien bij opvolging van leden van een vertegenwoordigend orgaan met minder dan dertien leden geen kandidaat meer voor benoeming in aanmerking komt op de lijst, waarop degene is gekozen die moet worden opgevolgd, of op de lijsten die met deze lijst een lijstengroep vormen, wordt door toepassing van artikel P 10 beslist aan welke van de andere lijsten de plaats zal worden toegekend. De kandidaat die op de lijst waaraan de plaats wordt toegekend, naar de volgorde, vastgesteld overeenkomstig artikel P 19, voor benoeming in aanmerking komt, wordt benoemd verklaard.
2. Indien bij de toepassing van de bepalingen van dit hoofdstuk op geen van de lijsten een kandidaat meer voor benoeming in aanmerking komt, beslist het centraal stembureau dat geen opvolger kan worden benoemd. Bij ministeriële regeling wordt voor het besluit een model vastgesteld.

Art. W 5

Loting in zitting centraal stembureau
Schakelbepaling

1. Indien de toepassing van artikel W 3 of artikel W 4 tot een beslissing door het lot aanleiding geeft, zal de loting plaats hebben in een zitting van het centraal stembureau.
2. Op de in het eerste lid bedoelde zitting vinden de artikelen P 20 en P 22 overeenkomstige toepassing.

Art. W 6

Vervulling vacatures bij gelijktijdig openvallen meer dan één plaats

Indien de voorzitter van een centraal stembureau op dezelfde dag kennis krijgt van het openvallen van meer dan één plaats in een vertegenwoordigend orgaan en als gevolg hiervan een kandidaat op meer dan één lijst benoemd zou moeten worden verklaard, wordt deze benoemd met overeenkomstige toepassing van artikel P 18.

Art. W 7

Bekendmaking benoemingen

1. Van iedere benoeming die met toepassing van de bepalingen van dit hoofdstuk geschiedt, wordt terstond mededeling gedaan in de Staatscourant of, indien het betreft de benoeming van een lid van provinciale staten, het algemeen bestuur of de gemeenteraad, in het provinciaal blad, het waterschapsblad onderscheidenlijk het gemeenteblad.
2. De voorzitter van het centraal stembureau doet een afschrift van het benoemingsbesluit toekomen aan het vertegenwoordigend orgaan.

Art. W 8

Opvolging, nadere regels bij AMvB inzake

Bij algemene maatregel van bestuur kunnen nadere regels worden gesteld betreffende de voorziening in opengevallen plaatsen in vertegenwoordigende organen.

Hoofdstuk X
Beëindiging van het lidmaatschap en tijdelijke vervanging als lid

§ 1
Algemene bepalingen inzake beëindiging van het lidmaatschap

Art. X 1

Verlies vereisten lidmaatschap

1. Zodra onherroepelijk is komen vast te staan dat een lid van een vertegenwoordigend orgaan een van de vereisten voor het lidmaatschap niet bezit of dat hij een met het lidmaatschap onverenigbare betrekking vervult, houdt hij op lid te zijn.
2. De voorzitter van het vertegenwoordigend orgaan geeft hiervan onverwijld kennis aan de voorzitter van het centraal stembureau.

Openvallen plaats door overlijden

3. Een overeenkomstige kennisgeving vindt plaats, indien door het overlijden van een lid een plaats in het vertegenwoordigend orgaan is opengevallen.

Art. X 2

Ontslagneming

1. Een lid van een vertegenwoordigend orgaan, tot wiens toelating is besloten, kan te allen tijde zijn ontslag nemen. Ontslagneming met terugwerkende kracht is niet mogelijk.
2. Hij bericht dit schriftelijk aan de voorzitter van het vertegenwoordigend orgaan. Deze geeft hiervan onverwijld kennis aan de voorzitter van het centraal stembureau.
3. Op een ingediend ontslag kan niet worden teruggekomen.

Kieswet

A9 art. X 7

§ 2
Bijzondere bepalingen inzake beëindiging van het lidmaatschap

Art. X 3
1. Wanneer een lid van de Tweede of van de Eerste Kamer wordt benoemd in een ambt als bedoeld in artikel 57, tweede lid, van de Grondwet, houdt zijn lidmaatschap van de Kamer van rechtswege op.   *Verlies vereisten lidmaatschap Eerste of Tweede Kamer*
2. Wanneer een lid van de Tweede of van de Eerste Kamer komt te verkeren in een van de gevallen, genoemd in het eerste lid van artikel X 1, anders dan op grond van het voorgaande lid, geeft hij hiervan kennis aan de kamer, met vermelding van de reden.
3. Indien de kennisgeving niet is gedaan en de voorzitter van de kamer van oordeel is, dat een lid van de kamer verkeert in een van de gevallen, genoemd in het eerste lid van artikel X 1, waarschuwt hij de belanghebbende schriftelijk.
4. Het staat deze vrij de zaak uiterlijk op de achtste dag na de dagtekening van de in het derde lid bedoelde waarschuwing aan het oordeel van de kamer te onderwerpen.

Art. X 4
1. Wanneer een lid van provinciale staten komt te verkeren in een van de gevallen, genoemd in het eerste lid van artikel X 1, geeft hij hiervan kennis aan de staten, met vermelding van de reden.   *Verlies vereisten lidmaatschap PS*
2. Indien de kennisgeving niet is gedaan en de voorzitter van provinciale staten van oordeel is, dat een lid van provinciale staten verkeert in een van de gevallen, genoemd in het eerste lid van artikel X 1, waarschuwt hij de belanghebbende schriftelijk.
3. Het staat deze vrij de zaak uiterlijk op de achtste dag na de dagtekening van de in het tweede lid bedoelde waarschuwing aan het oordeel van provinciale staten te onderwerpen.

Art. X 4a
1. Wanneer een lid van het algemeen bestuur komt te verkeren in een van de gevallen, genoemd in het eerste lid van artikel X 1, geeft hij hiervan kennis aan het vertegenwoordigend orgaan van het waterschap, met vermelding van de reden.   *Verlies vereisten lidmaatschap algemeen bestuur*
2. Indien de kennisgeving niet is gedaan en de voorzitter van het vertegenwoordigend orgaan van het waterschap van oordeel is, dat een lid van het algemeen bestuur verkeert in een van de gevallen, genoemd in het eerste lid van artikel X 1, waarschuwt hij de belanghebbende schriftelijk.
3. Het staat deze vrij de zaak uiterlijk op de achtste dag na de dagtekening van de in het tweede lid bedoelde waarschuwing aan het oordeel van het vertegenwoordigend orgaan van het waterschap te onderwerpen.

Art. X 5
1. Wanneer een lid van de gemeenteraad komt te verkeren in een van de gevallen, genoemd in het eerste lid van artikel X 1, geeft hij hiervan kennis aan de raad, met vermelding van de reden.   *Verlies vereisten lidmaatschap gemeenteraad*
2. Indien de kennisgeving niet is gedaan en de voorzitter van de raad van oordeel is, dat een lid van de gemeenteraad verkeert in een van de gevallen, genoemd in het eerste lid van artikel X 1, waarschuwt hij de belanghebbende schriftelijk.
3. Het staat deze vrij de zaak uiterlijk op de achtste dag na de dagtekening van de in het tweede lid bedoelde waarschuwing aan het oordeel van de raad te onderwerpen.

Art. X 6
Leden van provinciale staten, het algemeen bestuur en van de gemeenteraad die hun ontslag hebben ingezonden, behouden, ook indien zij ontslag hebben genomen met ingang van een bepaald tijdstip, hun lidmaatschap, totdat de geloofsbrieven van hun opvolgers zijn goedgekeurd of totdat het centraal stembureau heeft beslist dat geen opvolger kan worden benoemd.   *Ingang ontslag leden PS, algemeen bestuur en gemeenteraad*

Art. X 7
1. Het lid van provinciale staten dat in strijd met artikel 15 van de Provinciewet handelt, kan in zijn betrekking worden geschorst door de voorzitter van provinciale staten. De voorzitter onderwerpt de zaak aan het oordeel van provinciale staten in hun eerstvolgende vergadering.   *Schorsing leden PS wegens verboden handelingen*
2. Provinciale staten kunnen, na de geschorste in de gelegenheid te hebben gesteld zich mondeling te verdedigen, hem van zijn lidmaatschap vervallen verklaren. Indien zij daartoe geen aanleiding vinden, heffen zij de schorsing op.
3. Provinciale staten kunnen ook ambtshalve het lid dat in strijd met artikel 15 van de Provinciewet handelt, na hem in de gelegenheid te hebben gesteld zich mondeling te verdedigen, van zijn lidmaatschap vervallen verklaren.
4. Het besluit van provinciale staten, bedoeld in het tweede en derde lid, wordt terstond aan de belanghebbende bekendgemaakt.
5. De werking van een besluit, inhoudende de vervallenverklaring, wordt opgeschort totdat de beroepstermijn is verstreken of, indien beroep is ingesteld, op het beroep is beslist. Ingeval de vervallenverklaring ambtshalve heeft plaatsgevonden, is het lid van provinciale staten gedurende deze periode in zijn betrekking geschorst.

A9 art. X 7a   Kieswet

6. Indien een lid van provinciale staten op grond van dit artikel onherroepelijk van zijn lidmaatschap vervallen is verklaard, doet de commissaris van de Koning daarvan mededeling aan de voorzitter van het centraal stembureau.

Art. X 7a

Schorsing leden algemeen bestuur wegens verboden handelingen

1. Het lid van het algemeen bestuur dat in strijd met artikel 33, eerste lid, van de Waterschapswet handelt, kan in zijn betrekking worden geschorst door de voorzitter van het vertegenwoordigend orgaan van het waterschap. De voorzitter onderwerpt de zaak aan het oordeel van het vertegenwoordigend orgaan in zijn eerstvolgende vergadering.
2. Het vertegenwoordigend orgaan van het waterschap kan, na de geschorste in de gelegenheid te hebben gesteld zich mondeling te verdedigen, hem van zijn lidmaatschap vervallen verklaren. Indien hij daartoe geen aanleiding vindt, heft hij de schorsing op.
3. Het vertegenwoordigend orgaan van het waterschap kan ook ambtshalve het lid dat in strijd met artikel 33, eerste lid, van de Waterschapswet handelt, na hem in de gelegenheid te hebben gesteld zich mondeling te verdedigen, van zijn lidmaatschap vervallen verklaren.
4. Het besluit van het vertegenwoordigend orgaan van het waterschap, bedoeld in het tweede en derde lid, wordt terstond aan de belanghebbende bekendgemaakt.
5. De werking van een besluit, inhoudende de vervallenverklaring, wordt opgeschort totdat de beroepstermijn is verstreken of, indien beroep is ingesteld, op het beroep is beslist. Ingeval de vervallenverklaring ambtshalve heeft plaatsgevonden, is het lid van het algemeen bestuur gedurende deze periode in zijn betrekking geschorst.
6. Indien een lid van het algemeen bestuur als bedoeld in het eerste lid op grond van dit artikel onherroepelijk van zijn lidmaatschap vervallen is verklaard, doet de voorzitter van het waterschap daarvan mededeling aan de voorzitter van het centraal stembureau.

Art. X 8

Schorsing leden gemeenteraad wegens verboden handelingen

1. Het lid van de gemeenteraad dat in strijd met artikel 15, eerste lid, van de Gemeentewet handelt, kan in zijn betrekking worden geschorst door de voorzitter van de gemeenteraad. De voorzitter onderwerpt de zaak aan het oordeel van de raad in zijn eerstvolgende vergadering.
2. De raad kan, na de geschorste in de gelegenheid te hebben gesteld zich mondeling te verdedigen, hem van zijn lidmaatschap vervallen verklaren. Indien hij daartoe geen aanleiding vindt, heft hij de schorsing op.
3. De raad kan ook ambtshalve het lid dat in strijd met artikel 15, eerste lid, van de Gemeentewet handelt, na hem in de gelegenheid te hebben gesteld zich mondeling te verdedigen, van zijn lidmaatschap vervallen verklaren.
4. Het besluit van de raad, bedoeld in het tweede en derde lid, wordt terstond aan de belanghebbende bekendgemaakt.
5. De werking van een besluit, inhoudende de vervallenverklaring, wordt opgeschort totdat de beroepstermijn is verstreken of, indien beroep is ingesteld, op het beroep is beslist. Ingeval de vervallenverklaring ambtshalve heeft plaatsgevonden, is het lid van de raad gedurende deze periode in zijn betrekking geschorst.
6. Indien een lid van de raad op grond van dit artikel onherroepelijk van zijn lidmaatschap vervallen is verklaard, doet de burgemeester daarvan mededeling aan de voorzitter van het centraal stembureau.

Art. X 9

Schakelbepaling

Artikel D 8 is van overeenkomstige toepassing op een besluit als bedoeld in artikel X 4, derde lid, X 5, derde lid, X 7, vierde lid, X 7a, vierde lid, en X 8, vierde lid.

§ 3
Beëindiging van het lidmaatschap en vervanging wegens zwangerschap en bevalling of ziekte

Art. X 10

Verzoek tijdelijk ontslag o.g.v. zwangerschap/bevalling/ziekte

1. De voorzitter van een vertegenwoordigend orgaan verleent aan een lid van dat orgaan op diens verzoek tijdelijk ontslag wegens zwangerschap en bevalling op de in het verzoek vermelde dag die ligt tussen ten hoogste zes en ten minste vier weken voor de vermoedelijke datum van de bevalling die blijkt uit een door het lid overgelegde verklaring van een arts of verloskundige.
2. De voorzitter van een vertegenwoordigend orgaan verleent aan een lid van dat orgaan op diens verzoek tijdelijk ontslag, indien het lid wegens ziekte niet in staat is het lidmaatschap uit te oefenen en blijkens de verklaring van een arts aannemelijk is dat hij de uitoefening van het lidmaatschap niet binnen acht weken zal kunnen hervatten. Het tijdelijk ontslag gaat in op de dag na de bekendmaking van de beslissing op het verzoek.
3. Het lidmaatschap van het lid aan wie tijdelijk ontslag als bedoeld in het eerste lid of tweede lid is verleend, herleeft van rechtswege met ingang van de dag waarop zestien weken zijn verstreken sinds de dag van ingang van het tijdelijk ontslag.
4. Aan een lid van een vertegenwoordigend orgaan wordt ten hoogste drie maal per zittingsperiode tijdelijk ontslag als bedoeld in het eerste of het tweede lid verleend.

Kieswet

Art. X 11
1. De voorzitter van het vertegenwoordigend orgaan beslist op een verzoek tot tijdelijk ontslag als bedoeld in artikel X 10, eerste of tweede lid, zo spoedig mogelijk, doch uiterlijk op de veertiende dag na indiening van het verzoek.
2. De beslissing op het verzoek tot tijdelijk ontslag geschiedt in overeenstemming met de verklaring van de arts of verloskundige, bedoeld in artikel X 10, eerste of tweede lid.
3. Een beslissing tot tijdelijk ontslag bevat de dag van ingang van het ontslag.
4. De voorzitter van het vertegenwoordigend orgaan geeft van een beslissing tot tijdelijk ontslag onverwijld kennis aan de voorzitter van het centraal stembureau.

Beslistermijn verzoek tijdelijk ontslag o.g.v. zwangerschap/bevalling/ziekte

Art. X 12
1. De voorzitter van het centraal stembureau benoemt een vervanger voor de plaats die is opengevallen als gevolg van een tijdelijk ontslag als bedoeld in deze paragraaf. De hoofdstukken V en W zijn van toepassing, met dien verstande dat in afwijking van artikel V 2, eerste lid, de benoeming uiterlijk op de tiende dag na de dagtekening van de kennisgeving van benoeming wordt aangenomen.
2. Degene die als vervanger is benoemd, houdt op lid te zijn met ingang van de dag waarop zestien weken zijn verstreken sinds de dag van ingang van het tijdelijk ontslag, onverminderd de mogelijkheid dat het vervangende lidmaatschap ingevolge deze wet op een eerder tijdstip eindigt.
3. Indien de vervanger van het lid van een vertegenwoordigend orgaan aan wie tijdelijk ontslag is verleend wegens zwangerschap en bevalling of ziekte, voortijdig ontslag neemt, dan wel wordt benoemd tot lid van het vertegenwoordigend orgaan voor een plaats die is opengevallen anders dan als gevolg van een tijdelijk ontslag, benoemt de voorzitter van het centraal stembureau een nieuwe tijdelijke vervanger voor de resterende periode van het tijdelijk ontslag.
4. Artikel X 6 is niet van toepassing op een vervanger.

Benoeming vervanger bij tijdelijk ontslag o.g.v. zwangerschap/bevalling/ziekte

Afdeling V
De verkiezing van de leden van het Europees Parlement

Hoofdstuk Y
De verkiezing van de leden van het Europees Parlement

§ 1
Begripsbepalingen

Art. Y 1
In deze afdeling wordt verstaan onder:
a. de Akte: de Akte betreffende de rechtstreekse verkiezing van de leden van het Europees Parlement (Brussel, 20 september 1976, *Trb.* 1976, 175);
b. lid van het Europees Parlement: een in Nederland gekozen lid van het Europees Parlement.

Begripsbepalingen

§ 2
De verkiezing

Art. Y 2
De leden van het Europees Parlement worden, voor zover deze afdeling niet anders bepaalt, gekozen met overeenkomstige toepassing van de bij of krachtens afdeling II gestelde bepalingen inzake de verkiezing van de leden van de Tweede Kamer der Staten-Generaal, met inachtneming van de Akte.

Toepasselijkheid bepalingen over verkiezingen TK op verkiezing leden EP

Art. Y 3
De leden van het Europees Parlement worden gekozen door:
a. degenen die op de dag van de kandidaatstelling Nederlander zijn en op de dag van de stemming de leeftijd van achttien jaar hebben bereikt en niet zijn uitgesloten van het kiesrecht;
b. de niet-Nederlanders die onderdanen zijn van andere lidstaten van de Europese Unie, mits zij:
1°. op de dag van de kandidaatstelling hun werkelijke woonplaats hebben in het Europese deel van Nederland,
2°. op de dag van de stemming de leeftijd van achttien jaar hebben bereikt, en
3°. niet zijn uitgesloten van het kiesrecht, hetzij in Nederland, hetzij in de lidstaat waarvan zij onderdaan zijn.

Kiesgerechtigden

Art. Y 4
Lid van het Europees Parlement kunnen zijn:
a. zij die voldoen aan de vereisten die in artikel 56 van de Grondwet voor het lidmaatschap van de Staten-Generaal worden gesteld;

Vereisten lidmaatschap Europees Parlement

A9 art. Y 5 — Kieswet

b. de niet-Nederlanders die onderdanen zijn van andere lidstaten van de Europese Unie, mits zij:
1°. hun werkelijke woonplaats hebben in het Europese deel van Nederland,
2°. de leeftijd van achttien jaar hebben bereikt, en
3°. niet zijn uitgesloten van het recht om gekozen te worden, hetzij in Nederland, hetzij in de lidstaat waarvan zij onderdaan zijn.

Art. Y 5

Zittingsduur

1. De leden van het Europees Parlement worden gekozen voor een periode van vijf jaren, behoudens de mogelijkheid van een verlenging of verkorting van deze periode als gevolg van een verschuiving van de verkiezingsperiode ingevolge artikel 5, tweede lid, tweede volzin, van de Akte.
2. Deze periode begint bij de opening van de eerste zitting na iedere verkiezing.

Art. Y 5a

Kiesgerechtigden voor EP

In artikel D 2 wordt in plaats van «aan wie kiesrecht toekomt op grond van artikel B 1» gelezen: aan wie kiesrecht toekomt op grond van artikel Y 3, onderdeel a.

Art. Y 6

Verklaring Nederlanders met woonplaats in andere lidstaat tot niet uitoefenen kiesrecht in andere lidstaat

1. Voor Nederlanders die hun werkelijke woonplaats in een andere lidstaat hebben, bevat de aanvraag, bedoeld in artikel Y 2 juncto D 3, mede hun verklaring dat zij niet tevens zullen deelnemen aan de verkiezing in de andere lidstaat.
2. Bij ministeriële regeling wordt voor de verklaring een model vastgesteld.
3. Burgemeester en wethouders van 's-Gravenhage wijzen een aanvraag mede af of verwijderen een persoon mede uit de registratie, bedoeld in artikel Y 2 juncto D 2, indien zij van de lidstaat bericht hebben ontvangen dat de persoon in die lidstaat als kiezer is geregistreerd. De artikelen D 7, D 8 en D 9 zijn van overeenkomstige toepassing op de beslissing van burgemeester en wethouders.

Art. Y 7

[Vervallen]

Art. Y 8

Stemming en kandidaatstelling

1. De stemming voor de verkiezing van de leden van het Europees Parlement vindt plaats op de donderdag, gelegen in de daarvoor ingevolge artikel 11, eerste en tweede lid, van de Akte bepaalde periode.
2. De kandidaatstelling vindt plaats op de vierenveertigste dag voor de stemming.

Art. Y 9

[Vervallen]

Art. Y 10

Gelijkluidende aanduidingen

Behalve op de in artikel G 1, vierde lid, genoemde gronden wordt op een verzoek om registratie van de aanduiding van een politieke groepering ten behoeve van de verkiezing van de leden van het Europees Parlement afwijzend beschikt, indien de aanduiding geheel of in hoofdzaak overeenstemt met een aanduiding van een andere politieke groepering die reeds ten behoeve van de verkiezing van de leden van de Tweede Kamer is geregistreerd, of met een aanduiding waarvoor reeds eerder ten behoeve van die verkiezing een registratieverzoek is ontvangen, en daardoor verwarring te duchten is.

Art. Y 11

Geregistreerde aanduidingen, geen publicatie van

Artikel G 1, achtste lid, blijft buiten toepassing.

Art. Y 12

Schakelbepaling

Voor de overeenkomstige toepassing van de hoofdstukken H en I geldt Nederland als één kieskring. Artikel H 10a blijft buiten toepassing.

Art. Y 13

Verklaring dat kandidaat niet in andere lidstaat kandidaat zal zijn

1. Bij de lijst wordt van iedere daarop voorkomende kandidaat een schriftelijke verklaring overgelegd dat hij niet in een andere lidstaat kandidaat voor het lidmaatschap van het Europees Parlement zal zijn.
2. Bij algemene maatregel van bestuur wordt geregeld waar en wanneer de formulieren voor de in het eerste lid bedoelde verklaring, kosteloos, voor de kiezers verkrijgbaar zijn. Bij ministeriële regeling wordt voor het formulier een model vastgesteld.

Art. Y 14

[Vervallen]

Art. Y 15

Verzuim door ontbreken verklaring

In aanvulling op artikel I 2, eerste lid, wordt het ontbreken van de verklaring, bedoeld in artikel Y 13, eerste lid, tevens als verzuim aangemerkt.

Art. Y 16

[Vervallen]

Art. Y 17
Het centraal stembureau schrapt van de lijst in de eerste plaats de naam van de kandidaat van wie de verklaring, bedoeld in artikel Y 13, eerste lid, niet is overgelegd.

Schrapping kandidaten

Art. Y 17a
In aanvulling op artikel I 19 vernietigt het centraal stembureau tevens de overgelegde verklaringen, bedoeld in artikel Y 13, eerste lid, na de vaststelling van de uitslag.

Vernietiging overgelegde verklaringen

Art. Y 18-Y 22
[Vervallen]

Art. Y 22a
De stemming geschiedt in elke kieskring over de kandidaten wier namen voorkomen op de voor het gehele land geldig verklaarde kandidatenlijsten.

Voor het hele land geldige kandidatenlijsten

Art. Y 22b
De artikelen N 12, tweede lid, en O 4, eerste lid, blijven buiten toepassing tot de sluiting van de stembussen in de lidstaat waar de kiezers het laatst hun stem uitbrengen tijdens de in de Akte bedoelde stemmingsperiode.

Sluiting van het laatste stembureau

Art. Y 23
Waar in de artikelen O 5 en P 24 sprake is van het orgaan waarvoor de verkiezing plaatsvindt, onderscheidenlijk plaats heeft gevonden, treedt daarvoor de Tweede Kamer in de plaats.

Schakelbepaling

Art. Y 23a
Voor de toepassing van de artikelen P 15 en P 19, tweede lid, wordt voor «25% van de kiesdeler» gelezen: 10% van de kiesdeler.

Voorkeurstemmen, kandidaten gekozen met

Art. Y 24
Bij algemene maatregel van bestuur kunnen voor zover nodig voorschriften worden gegeven die afwijken van krachtens afdeling II bij algemene maatregel van bestuur gestelde bepalingen.

Afwijkende voorschriften

§ 3
Het begin van en de veranderingen in het lidmaatschap

Art. Y 25
1. De Tweede Kamer onderzoekt zo spoedig mogelijk of de benoemde op grond van de nationale bepalingen als lid van het Europees Parlement kan worden toegelaten.
2. De artikelen V 1 tot en met V 10 zijn daarbij van overeenkomstige toepassing, met dien verstande dat waar in deze artikelen sprake is van het vertegenwoordigend orgaan of het orgaan waarvoor de benoeming is geschied, daarvoor de Tweede Kamer in de plaats treedt.

Toelatingsonderzoek

Art. Y 26
De voorzitter van de Tweede Kamer geeft van de uitkomst van het onderzoek onverwijld kennis aan de voorzitter van het Europees Parlement en aan de benoemde. Indien de Tweede Kamer heeft besloten dat de benoemde op grond van de nationale bepalingen als lid van het Europees Parlement kan worden toegelaten, zendt de voorzitter van de Tweede Kamer aan de voorzitter van het Europees Parlement tevens de geloofsbrief van de benoemde toe.

Inkennisstelling voorzitter Europees Parlement

Art. Y 27
Wanneer, anders dan bij de vaststelling van de uitslag van een verkiezing, in een opengevallen plaats moet worden voorzien, geschiedt dit met overeenkomstige toepassing van hoofdstuk W, met dien verstande dat voor de toepassing van artikel W 1, derde lid, voor «25% van de kiesdeler» wordt gelezen: 10% van de kiesdeler.

Opengevallen plaatsen

Art. Y 28
Zodra onherroepelijk is komen vast te staan dat een lid van het Europees Parlement een van de in artikel Y 4 bedoelde vereisten voor het lidmaatschap niet bezit of een ingevolge de nationale bepalingen met het lidmaatschap onverenigbare betrekking vervult, houdt hij op lid te zijn. De voorzitter van de Tweede Kamer geeft hiervan onverwijld kennis aan de voorzitter van het Europees Parlement en aan de voorzitter van het centraal stembureau.

Einde lidmaatschap

Art. Y 29
1. Wanneer een lid van het Europees Parlement komt te verkeren in een van de gevallen, genoemd in artikel Y 28, geeft hij hiervan kennis aan de voorzitter van de Tweede Kamer, met vermelding van de reden.
2. Indien de kennisgeving niet is gedaan en de voorzitter van de Tweede Kamer van oordeel is dat een lid van het Europees Parlement verkeert in een van de gevallen, genoemd in artikel Y 28, waarschuwt hij de belanghebbende schriftelijk.
3. Het staat deze vrij de zaak uiterlijk op de achtste dag na de dagtekening van de in het tweede lid bedoelde waarschuwing aan het oordeel van de Tweede Kamer te onderwerpen.

Kennisgeving einde lidmaatschap

Art. Y 30
Indien de voorzitter van de Tweede Kamer een bericht ontvangt van de voorzitter van het Europees Parlement dat het lidmaatschap van een lid van het Europees Parlement is beëindigd wegens ontslag, overlijden of het vervullen van een ingevolge de Akte onverenigbare functie, geeft hij hiervan onverwijld kennis aan de voorzitter van het centraal stembureau.

Kennisgeving ontslag

Art. Y 30a

[Dit artikel treedt niet meer in werking. Het artikel is ingetrokken door Stb. 2020/77.]
Tijdelijk ontslag van een lid van het Europees Parlement wegens zwangerschap en bevalling of ziekte geschiedt met overeenkomstige toepassing van de artikelen X 10 en X 11, met dien verstande dat:
a. in artikel X 10, eerste en tweede lid, voor «voorzitter van een vertegenwoordigend orgaan» wordt gelezen: voorzitter van de Tweede Kamer;
b. in artikel X 11, eerste en tweede lid, voor «voorzitter van het vertegenwoordigend orgaan» wordt gelezen: voorzitter van de Tweede Kamer;
c. de voorzitter van de Tweede Kamer van de beslissing tot tijdelijk ontslag onverwijld kennis geeft aan de voorzitter van het Europees Parlement.

Art. Y 30b

[Dit artikel treedt niet meer in werking. Het artikel is ingetrokken door Stb. 2020/77.]
1. De voorzitter van het centraal stembureau benoemt een vervanger voor de plaats die is opengevallen als gevolg van een tijdelijk ontslag als bedoeld in artikel Y 30a. De artikelen Y 25 tot en met Y 27 zijn van overeenkomstige toepassing.

Schakelbepaling
2. Op de vervanger is artikel X 12, tweede en derde lid, van overeenkomstige toepassing.

§ 4
Bijzondere bepalingen betreffende deelneming aan de verkiezingen door niet-Nederlanders die onderdanen zijn van andere lidstaten van de Europese Unie

Art. Y 31

Kiesgerechtigde andere lidstaat
De kiesgerechtigde niet-Nederlander die onderdaan is van een andere lidstaat van de Europese Unie die zijn werkelijke woonplaats in het Europese deel van Nederland heeft, neemt aan de verkiezing deel hetzij in het Europese deel van Nederland, hetzij in de lidstaat waarvan hij onderdaan is.

Art. Y 32

Registratie kiesgerechtigde andere lidstaat
1. Burgemeester en wethouders registreren de kiesgerechtigdheid van de in artikel Y 3, onder b, bedoelde personen die ingezetene zijn van de gemeente, indien zij daartoe een schriftelijk verzoek hebben ingediend.
2. Bij het verzoek vermeldt verzoeker zijn adres van verblijf en, voor zover van toepassing, de plaats in de lidstaat waarvan hij onderdaan is, waar hij het laatst als kiezer was geregistreerd. Bij het verzoek legt verzoeker een kopie over van een document als bedoeld in artikel 1 van de Wet op de identificatieplicht. Voorts verklaart hij dat hij in de lidstaat waarvan hij onderdaan is, niet van het kiesrecht is uitgesloten en dat hij het kiesrecht uitsluitend in Nederland zal uitoefenen.
3. Verzoeken die worden ontvangen na de dag van de kandidaatstelling blijven voor de daaropvolgende verkiezing buiten beschouwing.
4. Bij algemene maatregel van bestuur wordt geregeld waar en wanneer het formulier voor het verzoek, kosteloos, voor de kiezers verkrijgbaar is. Van het formulier maken de verklaringen, bedoeld in het tweede lid, deel uit. Bij ministeriële regeling wordt voor het formulier een model vastgesteld.
5. Burgemeester en wethouders zenden aan de niet-Nederlander, die de nationaliteit van een andere lidstaat van de Europese Unie heeft, en die zich van buiten het Europese deel van Nederland vestigt in de gemeente, een formulier toe waarmee hij registratie van zijn kiesgerechtigdheid kan verzoeken.
6. Burgemeester en wethouders beslissen op het verzoek uiterlijk op de zevende dag nadat zij het verzoek hebben ontvangen en maken de beslissing onverwijld aan de verzoeker bekend.
7. Indien burgemeester en wethouders van een andere lidstaat bericht hebben ontvangen dat een niet-Nederlander die onderdaan is van die lidstaat aldaar van het kiesrecht is uitgesloten, registreren zij de kiesgerechtigdheid van betrokkene niet.
8. Nadat het verzoek om registratie is ingewilligd, delen burgemeester en wethouders aan de door de desbetreffende lidstaat aangewezen autoriteit mede, dat betrokkene in Nederland als kiezer is geregistreerd. Bij of krachtens algemene maatregel van bestuur kunnen nadere regels worden gesteld omtrent de wijze en het tijdstip waarop deze mededeling dient te geschieden.
9. Ten minste zes weken voor de kandidaatstelling doet de burgemeester van de mogelijkheid van registratie voor niet-Nederlanders die onderdanen zijn van andere lidstaten mededeling in het gemeenteblad.
10. Artikel D 8 is van overeenkomstige toepassing op een beschikking als bedoeld in dit artikel.

Art. Y 33

Registratie onderdaan andere lidstaat, schrapping
1. De kiesgerechtigdheid van de niet-Nederlander die onderdaan is van een andere lidstaat blijft geregistreerd zolang betrokkene ingezetene is van een Nederlandse gemeente of totdat de registratie van de kiesgerechtigdheid van betrokkene is geschrapt.

A9 art. Y 38

2. Burgemeester en wethouders schrappen de registratie van de kiesgerechtigheid van de als kiezer geregistreerde niet-Nederlander die onderdaan is van een andere lidstaat:
a. op verzoek van betrokkene;
b. indien aan hen omstandigheden bekend worden op grond waarvan de desbetreffende persoon niet als kiezer behoort te zijn geregistreerd.
3. Burgemeester en wethouders maken het besluit tot schrapping van de registratie van de kiesgerechtigheid onverwijld aan de betrokkene bekend. Ook doen zij mededeling van deze beschikking aan de door de desbetreffende lidstaat aangewezen autoriteit waarvan betrokkene onderdaan is.
4. Artikel D 8 is van overeenkomstige toepassing op een beschikking als bedoeld in dit artikel.

Art. Y 33a
Burgemeester en wethouders schrappen de registratie van de kiesgerechtigheid als bedoeld in artikel Y 32, eerste lid, indien betrokkene het Nederlanderschap verkrijgt.

Schrappen van registratie

Art. Y 34
In de in artikel H 1 bedoelde mededeling wordt tevens melding gemaakt van de mogelijkheid van kandidaatstelling van niet-Nederlanders die onderdanen zijn van andere lidstaten.

Kandidaatstelling onderdaan andere lidstaat

Art. Y 35
1. Bij de lijst wordt van iedere daarop voorkomende kandidaat die onderdaan is van een andere lidstaat en niet tevens de Nederlandse nationaliteit heeft een schriftelijke verklaring van de kandidaat overgelegd dat hij in die lidstaat is uitgesloten van het recht om te worden gekozen. De kandidaat vermeldt op deze verklaring tevens zijn nationaliteit, geboortedatum, geboorteplaats en zijn laatste adres in die lidstaat.
2. De formulieren voor de verklaring zijn kosteloos voor de kiezers verkrijgbaar op dezelfde wijze en gedurende dezelfde termijn als de formulieren, bedoeld in artikel Y 13, tweede lid. Bij ministeriële regeling wordt voor het formulier een model vastgesteld.
3. In aanvulling op artikel I 2, eerste lid, wordt het ontbreken van de verklaring, bedoeld in het eerste lid, tevens als verzuim aangemerkt.

Kandidaatstelling onderdaan andere lidstaat, te verstrekken gegevens bij

Art. Y 35a
Het centraal stembureau schrapt van de lijst de kandidaat van wie de verklaring, bedoeld in artikel Y 35, eerste lid, niet is overgelegd.

Verklaring uitsluiting kiesrecht, schrappen kandidaat bij ontbreken

Art. Y 35b
1. Het centraal stembureau zendt de verklaring, bedoeld in artikel Y 35, eerste lid, onverwijld aan de daartoe aangewezen autoriteit in de andere lidstaat.
2. Het centraal stembureau verzoekt de in het eerste lid bedoelde autoriteit voor aanvang van de zitting, bedoeld in artikel I 4, schriftelijk te verklaren of de kandidaat op wie de verklaring, bedoeld in artikel Y 35, eerste lid, betrekking heeft in die lidstaat is uitgesloten van het recht om te worden gekozen.

Verklaring uitsluiting kiesrecht doorzenden naar autoriteit andere lidstaat

Art. Y 35c
1. Het centraal stembureau schrapt van de lijst de kandidaat die blijkens een verklaring als bedoeld in artikel Y 35b, tweede lid, in een andere lidstaat is uitgesloten van het recht om te worden gekozen, indien deze verklaring is ontvangen voor aanvang van de zitting, bedoeld in artikel I 4.
2. Indien het centraal stembureau na het tijdstip, bedoeld in het eerste lid, een verklaring als bedoeld in artikel Y 35b, tweede lid, ontvangt dat een kandidaat in de lidstaat waarvan hij onderdaan is, is uitgesloten van het recht om te worden gekozen, zendt het centraal stembureau de verklaring:
a. gelijktijdig met de kennisgeving, bedoeld in artikel V 1, derde lid, aan de Tweede Kamer, indien de kandidaat benoemd wordt tot lid van het Europees Parlement;
b. onverwijld aan de Tweede Kamer, indien de kandidaat lid is van het Europees Parlement.

Verklaring uitsluiting kiesrecht, gevolgen bij ontvangen

Art. Y 36
Het centraal stembureau stelt door tussenkomst van Onze Minister van Buitenlandse Zaken de andere lidstaten in kennis van de namen van hun onderdanen, die niet tevens de Nederlandse nationaliteit hebben en die op de geldige kandidatenlijsten voorkomen.

Inkennisstelling andere lidstaten

Art. Y 37
[Vervallen]

Art. Y 38
1. Indien de autoriteit, bedoeld in artikel Y 35b, eerste lid, het centraal stembureau verzoekt te verklaren of een kandidaat in Nederland is uitgesloten van het recht om te worden gekozen, verzoekt het centraal stembureau Onze Minister van Veiligheid en Justitie een dergelijke verklaring te verstrekken. De verklaring wordt onverwijld verstrekt.

Nederlandse verklaring inzake kiesrecht

2. Het centraal stembureau geleidt de verklaring van Onze Minister van Veiligheid en Justitie zo spoedig mogelijk, doch uiterlijk binnen vijf werkdagen na ontvangst van het verzoek van de autoriteit door naar die autoriteit.

§ 5
Slotbepaling

Art. Y 39

Modellen, nadere regels inzake vaststellen

Bij ministeriële regeling kunnen krachtens de afdelingen II en IV vastgestelde modellen die ingevolge bepalingen van deze afdeling van overeenkomstige toepassing worden verklaard voor de verkiezing van de leden van het Europees Parlement, voor deze verkiezing nader worden vastgesteld.

Afdeling Va
De verkiezing van de leden van de Tweede Kamer der Staten-Generaal, van de eilandsraden, van de kiescolleges voor de Eerste Kamer, van de Eerste Kamer der Staten-Generaal en van het Europees Parlement in Bonaire, Sint Eustatius en Saba

Hoofdstuk Ya
De verkiezing van de leden van de Tweede Kamer der Staten-Generaal, van de eilandsraden, van de kiescolleges voor de Eerste Kamer, van de Eerste Kamer der Staten-Generaal en van het Europees Parlement in Bonaire, Sint Eustatius en Saba

§ 1
Algemene bepalingen

Art. Ya 1

Werkingssfeer

Deze wet en de daarop berustende bepalingen is mede van toepassing in Bonaire, Sint Eustatius en Saba, met inachtneming van het in deze afdeling bepaalde.

Art. Ya 2

Openbaar lichaam en Gemeenschappelijk hof, begripsbepalingen

In deze afdeling en de daarop berustende bepalingen wordt verstaan onder:
a. openbaar lichaam: openbaar lichaam Bonaire, Sint Eustatius of Saba;
b. het Gemeenschappelijk Hof: het Gemeenschappelijk Hof van Justitie van Aruba, Curaçao, Sint Maarten en van Bonaire, Sint Eustatius en Saba.

Art. Ya 3

Begripsbepalingen

1. Voor de toepassing van de bij of krachtens deze wet gestelde bepalingen in Bonaire, Sint Eustatius en Saba wordt, voor zover deze afdeling niet anders bepaalt, telkens in die bepalingen gelezen in plaats van:
a. «de gemeente»: het openbaar lichaam;
b. «de burgemeester»: de gezaghebber;
c. «burgemeester en wethouders»: het bestuurscollege;
d. «de gemeenteraad»: de eilandsraad;
e. «gemeentehuis»: het bestuurskantoor;
f. «gemeenteblad»: afkondigingsblad;
g. «artikel 1 van de Wet op de identificatieplicht»: artikel 2 van de Wet op de identificatieplicht BES.
2. Indien uitsluitend de gemeente, de burgemeester of burgemeester en wethouders van 's-Gravenhage wordt bedoeld, geldt het eerste lid, onder a tot en met c, niet.

Art. Ya 3a

Registratie ingezetene openbaar lichaam BES als kiezer, wijziging/verbetering

In aanvulling op artikel D 6, eerste lid, onderdeel a, kan een registratie van een ingezetene van de openbare lichamen Bonaire, Sint Eustatius of Saba op aanvraag worden gewijzigd indien de persoon niet op de juiste wijze als kiezer is geregistreerd. Artikel D 7, eerste lid, is van overeenkomstige toepassing.

§ 2
De verkiezing van de leden van de Tweede Kamer

Art. Ya 4

Inleveren kandidatenlijsten

Op de dag van de kandidaatstelling kunnen tevens bij een gezaghebber, van negen tot zeventien uur, kandidatenlijsten worden ingeleverd.

Art. Ya 5

Inleveren verklaringen en bewijzen, plaats en tijdstip

1. De verklaringen of bewijzen die moeten worden overgelegd bij een kandidatenlijst, die is ingeleverd bij een gezaghebber of het centraal stembureau, kunnen tevens afzonderlijk worden

ingeleverd op de dag van kandidaatstelling, van negen tot zeventien uur, bij een gezaghebber of het centraal stembureau.
2. De inlevering geschiedt door de degene die de kandidatenlijst heeft ingeleverd of een persoon die, blijkens de kandidatenlijst, bevoegd is tot het herstel van verzuimen.
3. De inleveraar identificeert zich bij een gezaghebber dan wel het centraal stembureau met een document als bedoeld in artikel 2 van de Wet op de identificatieplicht BES, respectievelijk een document als bedoeld in artikel 1 van de Wet op de identificatieplicht.
4. Degene die verklaringen of bewijzen afzonderlijk inlevert, ontvangt daarvan een bewijs.

Art. Ya 6 Ya 6
[Vervallen]

Art. Ya 7
1. De gezaghebber beoordeelt de authenticiteit van de stukken die bij hem worden ingeleverd en legt zijn bevindingen vast in een begeleidingsverklaring. Bij ministeriële regeling wordt voor de begeleidingsverklaring een model vastgesteld. — Taken gezaghebber
2. De gezaghebber brengt terstond langs elektronische weg de begeleidingsverklaring en de stukken ter kennis van het centraal stembureau.
3. De gezaghebber maakt van de begeleidingsverklaring en de stukken gewaarmerkte afschriften. Hij vernietigt deze afschriften onverwijld nadat de beslissing van het centraal stembureau over de geldigheid van de lijsten onherroepelijk is geworden. Van de vernietiging wordt proces-verbaal opgemaakt.
4. De gezaghebber doet de stukken in een pak, dat hij verzegelt. Het verzegelde pak wordt zo spoedig mogelijk per post naar het centraal stembureau overgebracht.

Art. Ya 8
1. Indien het centraal stembureau een of meer verzuimen heeft geconstateerd bij een lijst die in een openbaar lichaam is ingeleverd, geeft het onverwijld langs elektronische weg kennis hiervan aan de gezaghebber van dat openbaar lichaam. — Geconstateerd verzuim bij lijst
2. De gezaghebber geeft van de verzuimen onverwijld bij aangetekende brief of tegen gedagtekend ontvangstbewijs kennis aan degene die de lijst heeft ingeleverd. — Taken gezaghebber

Art. Ya 9
Een herstelbaar verzuim kan tevens uiterlijk de eerste werkdag vóór de dag, bedoeld in artikel I 4, worden hersteld bij een gezaghebber van negen tot zeventien uur. Artikel Ya 7 is van overeenkomstige toepassing. — Herstellen verzuim

Art. Ya 10
1. Het centraal stembureau verzendt afschriften van de kandidatenlijsten die voor kieskring 20 (Bonaire) zijn ingeleverd en, indien vereist, verklaringen van ondersteuning, onverwijld na het onderzoek van de lijsten langs elektronische weg naar de gezaghebbers. — Verzenden kandidatenlijst kieskring 20
2. De gezaghebbers leggen de stukken op het bestuurskantoor voor een ieder ter inzage, zodra deze zijn ontvangen.
3. De gezaghebbers vernietigen de stukken onverwijld nadat over de toelating van de gekozenen is beslist. Van de vernietiging wordt proces-verbaal opgemaakt.

Art. Ya 10a
1. Artikel I 5, aanhef en onder a, is niet van toepassing indien een lijst op de dag van de kandidaatstelling tussen negen en zeventien uur bij een gezaghebber is ingeleverd. — Ongeldigheid
2. Een verklaring of bewijs dat afzonderlijk wordt ingeleverd, is niet geldig indien deze niet overeenkomstig artikel Ya 5, eerste tot en met derde lid, is ingeleverd.

Art. Ya 11
De gezaghebbers van Sint Eustatius en Saba dragen er tevens zorg voor dat de in artikel N 12, eerste lid, genoemde processen-verbaal en de opgave van de door hen vastgestelde aantallen stemmen langs elektronische weg onverwijld na de vaststelling ter kennis worden gebracht van de voorzitter van het hoofdstembureau. — Kennisgeving processen-verbaal en aantallen stemmen Sint Eustatius en Saba

Art. Ya 12
1. De voorzitter van het hoofdstembureau van kieskring 20 (Bonaire) draagt er tevens zorg voor dat het proces-verbaal, bedoeld in artikel O 3, langs elektronische weg terstond nadat de leden het proces-verbaal hebben getekend, ter kennis wordt gebracht van het centraal stembureau. — Taken voorzitter hoofdstembureau kieskring 20
2. De voorzitter van het hoofdstembureau draagt er ten slotte zorg voor dat de stukken genoemd in artikel O 5, eerste lid, tevens langs elektronische weg terstond ter kennis worden gebracht van de Tweede Kamer.

§ 3
De verkiezing van de leden van de eilandsraad, het begin van en de veranderingen in het lidmaatschap van de eilandsraad en de beëindiging van het lidmaatschap en tijdelijke vervanging als lid

Art. Ya 13
Verkiezing eilandsraad

De bij of krachtens deze wet gestelde bepalingen betreffende de verkiezing van de leden van de gemeenteraden, betreffende het begin van en de veranderingen in het lidmaatschap van de gemeenteraad en betreffende de beëindiging van het lidmaatschap en tijdelijke vervanging als lid, zijn, voor zover deze afdeling niet anders bepaalt, van overeenkomstige toepassing op de eilandsraden.

Art. Ya 14
Verkiezing eilandsraad, vereisten actief kiesrecht

1. De leden van de eilandsraden worden gekozen door degenen die op de dag van de kandidaatstelling ingezetenen zijn van het openbaar lichaam en op de dag van de stemming de leeftijd van achttien jaar hebben bereikt.
2. Zij die geen Nederlander zijn, dienen om kiesgerechtigd te zijn op de dag van de kandidaatstelling tevens te voldoen aan de vereisten dat:
a. zij rechtmatig in Nederland verblijven op grond van artikel 3 of artikel 6 van de Wet toelating en uitzetting BES of op grond van een verdrag tussen een internationale organisatie en de Staat der Nederlanden inzake de zetel van deze organisatie in Nederland, en
b. zij onmiddellijk voorafgaand aan de dag van de kandidaatstelling gedurende een onafgebroken periode van tenminste vijf jaren ingezetene van Nederland waren en beschikten over een verblijfsrecht als bedoeld onder a, dan wel rechtmatig in Nederland verbleven op grond van artikel 8, onder a, b, c, d, e of l, van de Vreemdelingenwet 2000.
3. Niet kiesgerechtigd zijn zij die geen Nederlander zijn en, als door andere staten uitgezonden leden van diplomatieke of consulaire vertegenwoordigingen, in Nederland werkzaam zijn, alsmede hun niet-Nederlandse echtgenoten, geregistreerde partners of levensgezellen en kinderen, voor zover dezen met hen een gemeenschappelijke huishouding voeren.

Art. Ya 15
Waarborgsom verkiezing eilandsraad

1. De politieke groepering die een verzoek tot registratie van de aanduiding als bedoeld in artikel G 3 indient bij het centraal stembureau voor de verkiezing van de leden van de eilandsraad betaalt aan het openbaar lichaam een waarborgsom van USD 112,50.
2. Op de veertigste dag vóór de kandidaatstelling voor de verkiezing van de leden van het kiescollege, doet het centraal stembureau van de door hem geregistreerde aanduidingen van politieke groeperingen, voor zover de registratie daarvan onherroepelijk is, alsmede van de namen van de gemachtigden en hun plaatsvervangers mededeling in het afkondigingsblad.

Art. Ya 16
'Openbaar lichaam waar hij zich kandidaat stelt'

In de artikelen H 10, eerste lid, I 2, eerste lid, onderdeel e, en I 6, eerste lid, onderdeel c, wordt in plaats van «het Europese deel van Nederland» telkens gelezen «het openbaar lichaam waar hij zich kandidaat stelt» en in artikel H 10, eerste lid, wordt in plaats van «in één van de openbare lichamen Bonaire, Sint Eustatius en Saba» gelezen: in Nederland, maar niet in één van de openbare lichamen Bonaire, Sint Eustatius en Saba.

Art. Ya 17
Verkiezing eilandsraad, waarborgsom kandidaatstelling bij

Voor elke kandidatenlijst die wordt ingeleverd in een van de openbare lichamen, wordt aan dat openbaar lichaam een waarborgsom betaald van USD 225.

Art. Ya 18
[vervallen]

Art. Ya 19
[Vervallen]

Art. Ya 20
Artikel 12 van de Wet openbare lichamen Bonaire, Sint Eustatius en Saba

Voor de toepassing van artikel W 2, eerste lid, onderdeel h, wordt in plaats van «artikel 11 van de Gemeentewet» gelezen: artikel 12 van de Wet openbare lichamen Bonaire, Sint Eustatius en Saba.

Art. Ya 21
Artikel 16, eerste lid, van de Wet openbare lichamen Bonaire, Sint Eustatius en Saba

Voor de toepassing van artikel X 8, eerste en derde lid, wordt in plaats van «artikel 15, eerste lid, van de Gemeentewet» gelezen: artikel 16, eerste lid, van de Wet openbare lichamen Bonaire, Sint Eustatius en Saba.

Kieswet

A9 art. Ya 30

§ 3a
De verkiezing van de leden van het kiescollege voor de Eerste Kamer, het begin van en de veranderingen in het lidmaatschap van het kiescollege voor de Eerste Kamer en de beëindiging van het lidmaatschap en tijdelijke vervanging als lid

Art. Ya 22
De bij of krachtens deze wet gestelde bepalingen betreffende de verkiezing van de leden van provinciale staten, betreffende het begin van en de veranderingen in het lidmaatschap van provinciale staten en betreffende de beëindiging van het lidmaatschap en tijdelijke vervanging als lid, zijn, voor zover deze paragraaf niet anders bepaalt, van toepassing op het kiescollege, met dien verstande dat telkens in die bepalingen wordt gelezen in plaats van:
a. «de provincie» en «een provincie die één kieskring vormt»: het openbaar lichaam;
b. «provinciale staten» en «staten»: het kiescollege;
c. «gedeputeerde staten»: het bestuurscollege.

Kiescollege, schakelbepaling

Art. Ya 23
Voor de verkiezing van de leden van het kiescollege vormt elk openbaar lichaam één kieskring.

Kiescollege, elk openbaar lichaam één kieskring

Art. Ya 24
De stembureaus, het hoofdstembureau en het centraal stembureau voor de verkiezing van de leden van de eilandsraad zijn tevens de stembureaus, het hoofdstembureau onderscheidenlijk het centraal stembureau voor de verkiezing van de leden van het kiescollege.

Kiescollege, stembureaus

Art. Ya 25
1. In artikel G 2, eerste lid, wordt in plaats van «voor de verkiezing van de leden van de Tweede Kamer» gelezen: voor de verkiezing van de leden van de Tweede Kamer of voor de verkiezing van de leden van de eilandsraad.
2. De politieke groepering die een verzoek tot registratie van de aanduiding als bedoeld in artikel G 2, eerste lid, indient bij het centraal stembureau voor de verkiezing van de leden van het kiescollege betaalt aan het openbaar lichaam een waarborgsom van USD 225.
3. In artikel G 2, vierde lid, onderdeel b, wordt in plaats van «of artikel G 1» gelezen: , artikel G 1 of artikel Ya 15, in samenhang met artikel G 3.
4. Het centraal stembureau doet van de beslissing, bedoeld in artikel G 2, vijfde lid, en het schrappen van de aanduiding in het register, bedoeld in artikel G 2, zevende lid, mededeling in het afkondigingsblad.

Registratie aanduiding politieke groepering Tweede Kamer of leden eilandraad

Art. Ya 26
1. In artikel G 4, eerste lid, wordt in plaats van «het bepaalde in het achtste lid van artikel G 1 of G 2» gelezen: het bepaalde in het achtste lid van artikel G 1 of in het tweede lid van artikel Ya 15.
2. In artikel G 4, derde lid, wordt in plaats van «uiterlijk op de veertiende dag na de dagtekening van de Staatscourant of het provinciaal blad waarin de mededeling, bedoeld in artikel G 1, achtste lid, onderscheidenlijk artikel G 2, achtste lid, is gedaan» gelezen: uiterlijk op de veertiende dag na de dagtekening van de Staatscourant of het afkondigingsblad waarin de mededeling, bedoeld in artikel G 1, achtste lid, onderscheidenlijk artikel Ya 15, tweede lid, is gedaan.

Doorwerking naar andere verkiezingen BES

Art. Ya 27
Het minimum aantal te overleggen verklaringen van ondersteuning, bedoeld in artikel H 4, eerste lid, bedraagt voor de kieskring bij de verkiezing van de leden van het kiescollege: tien.

Ondersteuningsverklaringen leden kiescollege, minimum aantal

Art. Ya 28
De artikelen Ya 16 en Ya 17 zijn van toepassing.

Schakelbepaling

Art. Ya 28a
In artikel J 6a wordt in plaats van «de verkiezing van de leden van het algemeen bestuur» gelezen: de verkiezing van de leden van de eilandsraad.

Combinatiestemmen BES

Art. Ya 29
Artikel O 1, tweede lid, is niet van toepassing.

Uitschakelbepaling

Art. Ya 29a
In artikel P 15, eerste lid, wordt in plaats van «25% van de kiesdeler» gelezen: 50% van de kiesdeler.

§ 4
De verkiezing van de leden van de Eerste Kamer der Staten-Generaal

Art. Ya 30
1. De leden van de Eerste Kamer worden in de openbare lichamen gekozen door de leden van de kiescolleges.

Leden Eerste Kamer, verkiezing

2. De leden van de kiescolleges komen per openbaar lichaam in vergadering bijeen tot het uitbrengen van hun stem.
3. De bij of krachtens deze wet gestelde bepalingen betreffende de verkiezing van de leden van de Eerste Kamer zijn, voor zover deze paragraaf niet anders bepaalt, van toepassing op de verkiezing van deze leden door de leden van de kiescolleges, met dien verstande dat telkens in die bepalingen mede wordt gelezen in plaats van:
a. «de provincie» of «de provincies»: het openbaar lichaam onderscheidenlijk de openbare lichamen;
b. «provinciale staten» en «staten»: het kiescollege;
c. «statenlid»: kiescollegelid;
d. «statenvergadering»: vergadering van het kiescollege.

Art. Ya 31

Werkingssfeer art. Ya 4, Ya 5, Ya 7 en Ya 8

De artikelen Ya 4, Ya 5, Ya 7 en Ya 8 zijn van toepassing, met dien verstande dat voor de toepassing van de artikelen Ya 4 en Ya 5 in plaats van «een gezaghebber» telkens wordt gelezen «de gezaghebber».

Art. Ya 31a

Gelegenheid herstel verzuim

Onverminderd artikel S 1, vierde en vijfde lid, kan degene die de lijst heeft ingeleverd tevens uiterlijk op de derde dag na de zitting van het centraal stembureau, het verzuim of de verzuimen, in de kennisgeving aangeduid, herstellen op het bestuurskantoor van negen tot zeventien uur. Artikel Ya 7 is van toepassing.

Art. Ya 31b

Kandidatenlijsten, verzending door centraal stembureau

1. Het centraal stembureau verzendt afschriften van de kandidatenlijsten die voor de kieskringen Bonaire, Sint Eustatius en Saba zijn ingeleverd onverwijld na het onderzoek van de lijsten langs elektronische weg naar de gezaghebbers.
2. Artikel Ya 10, tweede en derde lid, is van toepassing.

Art. Ya 31c

Ongeldigheid lijsten

1. Artikel S 3, aanhef en onderdeel a, is niet van toepassing indien een lijst op de dag van de kandidaatstelling tussen negen en zeventien uur bij een gezaghebber is ingeleverd.
2. Artikel Ya 10a, tweede lid, is van toepassing.

Art. Ya 31d

Voorzitter stembureau, taken

1. De voorzitter van het stembureau in een openbaar lichaam draagt er tevens zorg voor dat het proces-verbaal, bedoeld in artikel T 11, eerste lid, langs elektronische weg terstond nadat de leden het proces-verbaal hebben getekend, ter kennis wordt gebracht van het centraal stembureau.
2. De voorzitter maakt van het proces-verbaal een gewaarmerkt afschrift. Hij vernietigt dit afschrift onverwijld nadat het centraal stembureau de uitslag van de verkiezing heeft bekendgemaakt en over de toelating van de gekozenen is beslist. Van de vernietiging wordt proces-verbaal opgemaakt.
3. De voorzitter draagt er ten slotte zorg voor dat de stukken, genoemd in artikel T 11, derde lid, zo spoedig mogelijk per post naar het centraal stembureau worden overgebracht.

§ 5
De verkiezing van de leden van het Europees Parlement

Art. Ya 32

Schakelbepaling

De artikelen Ya 4 tot en met Ya 12 zijn van overeenkomstige toepassing met dien verstande dat in artikel Ya 10, eerste lid, in plaats van «voor kieskring 20 (Bonaire)» wordt gelezen: voor het land.

Art. Ya 33-Ya 38

[Vervallen]

Art. Ya 39

Schakelbepaling

De artikelen Y 32, Y 33 en Y 33a zijn niet van toepassing.

§ 6
Bestuursrecht, beroeps- en overgangsbepalingen

Art. Ya 40

Doorzenden stukken door bestuursorgaan

1. Het bestuursorgaan zendt geschriften tot behandeling waarvan kennelijk een ander bestuursorgaan bevoegd is, onverwijld door naar dat orgaan, onder gelijktijdige mededeling daarvan aan de afzender.
2. Het bestuursorgaan zendt geschriften die niet voor hem bestemd zijn en die ook niet worden doorgezonden, zo spoedig mogelijk terug aan de afzender.

Art. Ya 41
Degene die een aanvraag indient als bedoeld in artikel D 6, eerste lid, verschaft de gegevens en bescheiden die voor de beslissing op de aanvraag nodig zijn en waarover hij redelijkerwijs de beschikking kan krijgen.

Aanvraag tot herziening registratie

Art. Ya 42
1. In afwijking van artikel 7 van de Wet administratieve rechtspraak BES wordt het beroep tegen een beschikking van het bestuurscollege als bedoeld in artikel D 7, eerste lid, een beschikking van de gezaghebber als bedoeld in de artikelen K 8, eerste lid, L 11, eerste lid, en M 4, eerste lid, tegen een beschikking van het kiescollege als bedoeld in artikel X 4, derde lid, en tegen een beschikking van de eilandsraad als bedoeld in de artikelen X 5, derde lid, en X 8, vierde lid, ingesteld bij het Gemeenschappelijk Hof.
2. Op het beroep zijn de hoofdstukken 3 en 6, met uitzondering van § 1 en § 3, van de Wet administratieve rechtspraak BES van overeenkomstige toepassing.
3. De artikelen 54 en 55 van de Wet administratieve rechtspraak BES zijn niet van toepassing.
4. In afwijking van artikel 17, vijfde lid, van de Wet administratieve rechtspraak BES bedraagt de termijn binnen welke de bijschrijving of storting van het verschuldigde bedrag dient plaats te vinden, twee weken. De president van het Gemeenschappelijk Hof kan een kortere termijn stellen.
5. Het Gemeenschappelijk Hof behandelt de zaak met overeenkomstige toepassing van § 2 van hoofdstuk 6 van de Wet administratieve rechtspraak BES. Aan het bestuursorgaan wordt terstond een afschrift van het beroepschrift toegezonden.

Beroep tegen een beschikking BES-eilanden

Art. Ya 43
1. In afwijking van artikel 7 van de Wet administratieve rechtspraak BES wordt het beroep tegen een beschikking op grond van de artikelen G 1, Q 6 en Y 2, in samenhang met artikel G 1, die is gericht op een politieke groepering die blijkens de statuten haar zetel heeft in Bonaire, Sint Eustatius of Saba, ingesteld bij het Gemeenschappelijk Hof.
2. De artikelen G 5, eerste lid, aanhef en onder a, en Ya 42, tweede tot en met vijfde lid, zijn van overeenkomstige toepassing.

Beroep tegen beschikking inzake registratie

Art. Ya 44
1. Tegen een beschikking op grond van de artikelen I 4, S 2 en Y 2 in samenhang met artikel I 4 van deze wet die betreft:
a. een kandidatenlijst waarboven bij de inlevering van de lijst een aanduiding is geplaatst van een politieke groepering die blijkens de statuten haar zetel heeft in Bonaire, Sint Eustatius of Saba, of
b. een kandidatenlijst waarboven geen aanduiding is geplaatst maar waarvan de eerstgenoemde kandidaat ingezetene is van Bonaire, Sint Eustatius of Saba, kan door een belanghebbende, in afwijking van artikel 7 Wet administratieve rechtspraak BES, en iedere kiezer uitsluitend beroep worden ingesteld bij het Gemeenschappelijk Hof.
2. De artikelen I 7, eerste lid, tweede volzin, derde tot en met vijfde lid, I 8 en Ya 42, tweede tot en met vijfde lid, zijn van overeenkomstige toepassing.

Beroep tegen beschikking inzake geldigheid kandidatenlijst

Schakelbepaling

Art. Ya 45
Tegen een beschikking op grond van de artikelen G 2, G 4 of I 4 die wordt genomen in het kader van de verkiezing van de leden van de provinciale staten, kan uitsluitend beroep worden ingesteld bij de Afdeling bestuursrechtspraak van de Raad van State.

Beroep tegen beschikking inzake verkiezingen PS

Art. Ya 46
1. In afwijking van artikel 7 van de Wet administratieve rechtspraak BES wordt het beroep tegen een beschikking op grond van de artikelen G 2, G 3, of G 4 die wordt genomen in het kader van de verkiezing van de leden van de eilandsraad of de verkiezing van de leden van het kiescollege, ingesteld bij het Gemeenschappelijk Hof.
2. Tegen een beschikking op grond van artikel I 4 die wordt genomen in het kader van de verkiezing van de leden van de eilandsraad of in het kader van de verkiezing van de leden van het kiescollege, kan door een belanghebbende, in afwijking van artikel 7 van de Wet administratieve rechtspraak BES, en iedere kiezer uitsluitend beroep worden ingesteld bij het Gemeenschappelijk Hof.
3. Artikel G 5, eerste lid, aanhef en onderdelen b en c, is van overeenkomstige toepassing indien het betreft een beschikking op grond van artikel G 2, G 3 of G 4.
4. De artikelen I 7, derde tot en met vijfde lid, en I 8 zijn van overeenkomstige toepassing indien het betreft een beschikking op grond van artikel I 4.
5. Artikel Ya 42, tweede tot en met vijfde lid, is van overeenkomstige toepassing.

Beroep tegen beschikking inzake verkiezing eilandsraad

Art. Ya 47-Ya 51
[Vervallen]

Afdeling VI
Straf-, slot- en overgangsbepalingen

Hoofdstuk Z
Straf-, persoonsgegevens-, slot- en overgangsbepalingen

§ 1
Strafbepalingen

Art. Z 1

Namaken of vervalsen van kiesbescheiden

Degene die stembiljetten, stempassen, kiezerspassen, volmachtbewijzen of briefstembewijzen namaakt of vervalst met het oogmerk deze als echt en onvervalst te gebruiken of door anderen te doen gebruiken, wordt gestraft met gevangenisstraf van ten hoogste zes jaren of geldboete van de vierde categorie.

Art. Z 2

Gebruik van nagemaakte of vervalste kiesbescheiden

Degene die opzettelijk als echt en onvervalst gebruikt of door anderen doet gebruiken stembiljetten, stempassen, kiezerspassen, volmachtbewijzen of briefstembewijzen, die hij zelf heeft nagemaakt of vervalst of waarvan de valsheid of vervalsing hem, toen hij ze ontving, bekend was, of deze, met het oogmerk om ze als echt en onvervalst te gebruiken of door anderen te doen gebruiken, in voorraad heeft, wordt gestraft met gevangenisstraf van ten hoogste zes jaren of geldboete van de vierde categorie.

Art. Z 3

Voorhanden hebben van kiesbescheiden voor wederrechtelijk gebruik

Degene die stembiljetten, stempassen, kiezerspassen, volmachtbewijzen of briefstembewijzen voorhanden heeft met het oogmerk deze wederrechtelijk te gebruiken of door anderen te doen gebruiken, wordt gestraft met gevangenisstraf van ten hoogste twee jaren of geldboete van de vierde categorie.

Art. Z 4

Omkoping

1. Degene die bij een verkiezing door gift of belofte een kiezer omkoopt om volmacht te geven tot het uitbrengen van zijn stem, wordt gestraft met gevangenisstraf van ten hoogste zes maanden of geldboete van de derde categorie.
2. Degene die bij een verkiezing door gift of belofte een kiezer omkoopt om anderszins daartoe dwingt om een verklaring als bedoeld in artikel H 4, eerste lid, af te leggen ter ondersteuning van een lijst, wordt gestraft met gevangenisstraf van ten hoogste zes maanden of geldboete van de derde categorie.
3. Met dezelfde straf wordt gestraft de kiezer die zich door gift of belofte tot het bij volmacht stemmen of het afleggen van een ondersteuningsverklaring laat omkopen.

Art. Z 5

Ontzetting van rechten

1. Bij veroordeling wegens een van de in de artikelen Z 1 tot en met Z 4 omschreven misdrijven kan ontzetting van de in artikel 28, eerste lid, onder 1°, 2° en 4°, van het Wetboek van Strafrecht dan wel, indien de ontzetting wordt uitgesproken door de strafrechter in Bonaire, Sint Eustatius of Saba, artikel 32, onder 1°, 2° en 4°, van het Wetboek van Strafrecht BES vermelde rechten worden uitgesproken.
2. Bij veroordeling tot een vrijheidsstraf van ten minste een jaar wegens een van de in de artikelen Z 1 tot en met Z 3 omschreven misdrijven, kan ontzetting van het in artikel 28, eerste lid, onder 3°, van het Wetboek van Strafrecht dan wel, indien de ontzetting wordt uitgesproken door de strafrechter in Bonaire, Sint Eustatius of Saba, artikel 32, onder 3°, van het Wetboek van Strafrecht BES vermelde recht worden uitgesproken.

Art. Z 6

Stemmen gemachtigde overleden volmachtgever

Degene die bij een verkiezing als gemachtigde stemt voor een persoon, wetende dat deze overleden is, wordt gestraft met hechtenis van ten hoogste een maand of geldboete van de tweede categorie.

Art. Z 7

[Vervallen]

Art. Z 8

Ronseling volmachtstemmen

Degene die stelselmatig personen aanspreekt of anderszins persoonlijk benadert ten einde hen te bewegen het formulier op hun stempas, bestemd voor het stemmen bij volmacht, te ondertekenen en deze pas af te geven, wordt gestraft met hechtenis van ten hoogste een maand of geldboete van de derde categorie.

Art. Z 8a

Dubbele deelname

De onderdaan van een lidstaat van de Europese Unie die zowel in Nederland als in een andere lidstaat aan een stemming voor de verkiezing van de leden van het Europees Parlement deelneemt, wordt gestraft met hechtenis van ten hoogste een maand of geldboete van de tweede categorie.

Art. Z 9
De werkgever die de hem bij artikel J 10 opgelegde verplichting niet nakomt, wordt gestraft met hechtenis van ten hoogste veertien dagen of geldboete van de tweede categorie. *Niet-nakoming verplichtingen werkgevers*

Art. Z 10
De voorzitter, de leden en de opgeroepen plaatsvervangende leden van het stembureau die gedurende de zitting buiten noodzaak afwezig zijn zonder dat in vervanging is voorzien, worden gestraft met geldboete van de eerste categorie. *Buiten noodzaak afwezig zijn stembureauleden*

Art. Z 11
De in de artikelen Z 1 tot en met Z 4 bedoelde strafbare feiten worden als misdrijven beschouwd en de in de artikelen Z 6 tot en met Z 10 bedoelde strafbare feiten als overtredingen. *Beschouwing strafbare feiten*

§ 1a
Verwerking persoonsgegevens

Art. Z 11a
1. De artikelen 14 tot en met 21 van de Uitvoeringswet Algemene verordening gegevensbescherming zijn van overeenkomstige toepassing op de uitoefening van de taken en bevoegdheden van de Autoriteit persoonsgegevens in het kader van deze wet. *Werkingssfeer art. 14 t/m 21 UAVG*
2. De artikelen 124 en 268 van de Gemeentewet blijven buiten toepassing ten aanzien van het toezicht op het college van burgemeester en wethouders en de burgemeester inzake verwerking van persoonsgegevens in het kader van deze wet. *Werkingssfeer art. 124 en 268 Gem.w.*

Art. Z 11b
Artikel 34 van de Uitvoeringswet Algemene verordening gegevensbescherming is van overeenkomstige toepassing op de uitoefening van de rechten, bedoeld in hoofdstuk III van de Algemene verordening gegevensbescherming, ten aanzien van verwerking van persoonsgegevens op grond van deze wet. *Werkingssfeer art. 34 UAVG*

§ 2
Slot- en overgangsbepalingen

Art. Z 12
1. Wanneer bij of krachtens deze wet voorgeschreven verrichtingen op een zaterdag, zondag of algemeen erkende feestdag zouden vallen, treedt de eerstvolgende dag, geen zaterdag, zondag of algemeen erkende feestdag zijnde, daarvoor in de plaats. Deze bepaling is mede van toepassing op het tegelijk aftreden van de leden van vertegenwoordigende organen. *Geen verrichtingen op zater-, zon- en feestdagen*
2. Het eerste lid geldt ook voor verrichtingen waarvoor de wettelijke termijn wordt bepaald door terugrekening vanaf een tijdstip of een gebeurtenis.
3. Voor zover de bepaling van de tijd voor die verrichtingen aan het openbaar gezag is opgedragen, worden daarvoor geen zaterdagen, zondagen of algemeen erkende feestdagen aangewezen.
4. Onder algemeen erkende feestdagen worden verstaan de in artikel 3 van de Algemene termijnenwet (*Stb.* 1964, 314) als zodanig genoemde en de bij of krachtens dat artikel daarmee gelijkgestelde dagen.

Art. Z 13
De bij deze wet gevoegde tabel maakt deel uit van deze wet. *Tabel*

Art. Z 14
Op een terinzagelegging die plaatsvindt op grond van deze wet, is artikel 12 van de Bekendmakingswet niet van toepassing.

Art. Z 15-Z 19
[Vervallen]

Art. Z 20
1. Deze wet treedt in werking op een bij koninklijk besluit te bepalen tijdstip. *Inwerkingtreding*
2. Voor de bekendmaking van deze wet stelt Onze Minister van Binnenlandse Zaken en Koninkrijksrelaties de nummering van de artikelen, paragrafen en hoofdstukken van deze wet opnieuw vast en brengt hij de in deze wet voorkomende aanhalingen van de artikelen, paragrafen en hoofdstukken met de nieuwe nummering in overeenstemming.

Art. Z 21
Deze wet kan worden aangehaald als Kieswet. *Citeertitel*

Reglement van Orde van de Tweede Kamer der Staten-Generaal[1]

Hoofdstuk 1
Begripsbepalingen

Art. 1.1 Begripsbepalingen

In dit Reglement en de daarop berustende regelingen wordt, tenzij anders bepaald, verstaan onder:
– *bijzondere gedelegeerde:* een door de Staten van Aruba, Curaçao of Sint Maarten afgevaardigde bijzondere gedelegeerde;
– *commissiegriffier:* de door de Griffier aangewezen plaatsvervangende griffier die een commissie bijstaat;
– *commissie(onder)voorzitter:* de (onder)voorzitter van een commissie;
– *gevolmachtigde minister:* de Gevolmachtigde Minister van Aruba, Curaçao of Sint Maarten;
– *Griffier:* de Griffier van de Kamer;
– *minister:* een bij koninklijk besluit benoemde minister of staatssecretaris;
– *Ondervoorzitter:* een Ondervoorzitter van de Kamer;
– *openbaar maken:* het voor een ieder beschikbaar stellen op een openbare website;
– *oude samenstelling:* de samenstelling van de Kamer, onmiddellijk voorafgaand aan de eerste vergadering van een nieuw gekozen Kamer;
– *stukken:* archiefbescheiden als bedoeld in de Archiefwet 1995;
– *Voorzitter:* de Voorzitter van de Kamer;
– *zitting:* de periode waarin een gekozen Kamer werkzaam is, welke duurt vanaf de eerste vergadering van een nieuw gekozen Kamer tot aan de eerste vergadering van de daaropvolgende nieuw gekozen Kamer.

Hoofdstuk 2
Begin en einde van het lidmaatschap

Art. 2.1 Toelating leden

1. De Kamer beslist met inachtneming van de bij de wet gestelde regels of een nieuwbenoemd lid als lid van de Kamer wordt toegelaten.
2. De commissie, genoemd in artikel 7.6, is ten behoeve van de beslissing van de Kamer belast met het onderzoek van de geloofsbrief van elk nieuwbenoemd lid.
3. De geloofsbrief en de stukken die een nieuwbenoemd lid op grond van de wet dient over te leggen aan de Kamer, worden bij de griffie ter inzage gelegd van de leden.
4. De Kamer beslist, voor zover mogelijk, in oude samenstelling over de toelating van leden die meteen na verkiezingen voor de Kamer zijn benoemd.

Art. 2.2 Verlies lidmaatschap

1. De Voorzitter waarschuwt een lid schriftelijk, indien hij van oordeel is dat dit lid een van de vereisten voor het lidmaatschap niet meer bezit of een met het lidmaatschap onverenigbare betrekking vervult, en het lid de Kamer daarvan kennis had moeten geven.
2. Het lid kan de zaak binnen acht dagen na de waarschuwing aan het oordeel van de Kamer onderwerpen.
3. De Kamer oordeelt slechts over de zaak, nadat daarover verslag is uitgebracht door een daartoe in te stellen tijdelijke commissie.
4. De tijdelijke commissie hoort het lid, indien dat de wens daartoe te kennen geeft.

Hoofdstuk 3
De Voorzitter, de Ondervoorzitters en het Presidium

§ 3.1
De Voorzitter

Art. 3.1 Benoeming Voorzitter

1. In de laatste vergadering van elke zitting stelt de Kamer in oude samenstelling een ontwerp vast voor een profielschets van de nieuw te benoemen Voorzitter.
2. De nieuw gekozen Kamer stelt in de eerste vergadering van een zitting de profielschets vast.

---

1 Inwerkingtredingsdatum: 31-03-2021.

3. Na de vaststelling geeft de tijdelijk Voorzitter, bedoeld in artikel 3.3, gelegenheid tot het stellen van kandidaten voor het voorzitterschap.
4. Na de kandidaatstellingsprocedure gaat de Kamer over tot de benoeming van een Voorzitter.
5. Bij het tussentijds openvallen van het voorzitterschap stelt de Kamer zo spoedig mogelijk de profielschets van de nieuw te benoemen Voorzitter vast, en wordt vervolgens onder toepassing van het derde en vierde lid een Voorzitter benoemd.

Art. 3.2 Taak Voorzitter
De Voorzitter is belast met:
a. het leiden van de werkzaamheden van de Kamer en het Presidium;
b. het doen naleven van dit Reglement;
c. het uitvoeren van door de Kamer genomen besluiten;
d. het vertegenwoordigen van de Kamer;
e. de overige taken die op grond van dit Reglement of de wet aan hem zijn toegedeeld.

Art. 3.3 Tijdelijk Voorzitter
1. Zolang in een nieuwe zitting geen Voorzitter is benoemd, treedt als tijdelijk Voorzitter op:
a. een oud-Voorzitter, waarbij de laatst afgetredene voorrang heeft;
b. als geen oud-Voorzitters beschikbaar zijn: een oud-Ondervoorzitter, waarbij de laatst afgetredene voorrang heeft, en bij gelijktijdig afgetreden oud-Ondervoorzitters de hoogste in de rangorde, bedoeld in artikel 3.5, eerste lid, voorgaat;
c. als evenmin oud-Ondervoorzitters beschikbaar zijn: het lid dat het langst in de Kamer zitting heeft, waarbij bij gelijke zittingsduur het oudste lid in leeftijd voorgaat.
2. Zolang bij het tussentijds openvallen van het Voorzitterschap geen Voorzitter is benoemd, treedt de hoogst beschikbare Ondervoorzitter in de rangorde, bedoeld in artikel 3.5, eerste lid, als tijdelijk Voorzitter op. Indien geen Ondervoorzitter beschikbaar is, wordt overeenkomstig het eerste lid vastgesteld wie tijdelijk Voorzitter is.
3. De tijdelijk Voorzitter heeft dezelfde taken en bevoegdheden als een Voorzitter.

Art. 3.4 Waarnemend Voorzitter
1. Indien de Voorzitter niet beschikbaar is, wordt het voorzitterschap waargenomen door een van de Ondervoorzitters overeenkomstig de rangorde, bedoeld in artikel 3.5, eerste lid.
2. Indien evenmin een Ondervoorzitter beschikbaar is:
a. kan de Voorzitter het voorzitterschap in een vergadering laten waarnemen door andere leden; en
b. wordt bij het langdurig niet beschikbaar zijn van de Voorzitter en de Ondervoorzitters overeenkomstig artikel 3.3, eerste lid, bepaald wie het voorzitterschap waarneemt.
3. Een waarnemend Voorzitter heeft de taken en bevoegdheden van de Voorzitter die vereist zijn voor de waarneming.

§ 3.2
De Ondervoorzitters

Art. 3.5 Ondervoorzitters
1. De Kamer benoemt na elke voorzittersbenoeming een door haar te bepalen aantal Ondervoorzitters, en stelt daarbij hun onderlinge rangorde vast.
2. Bij het tussentijds openvallen van een positie, benoemt de Kamer een nieuwe Ondervoorzitter. Deze neemt in de rangorde de plaats in van de te vervangen Ondervoorzitter.

§ 3.3
Het Presidium

Art. 3.6 Presidium
1. De Voorzitter en de Ondervoorzitters vormen samen het Presidium.
2. De Voorzitter benoemt voor ieder ander lid van het Presidium een plaatsvervanger, die dit lid kan vervangen indien het niet beschikbaar is. De Kamer kan besluiten de benoeming van een plaatsvervanger aan zich te houden.
3. Het Presidium kan slechts besluiten nemen, indien meer dan de helft van zijn leden of hun plaatsvervangers aanwezig is. Bij het staken van de stemmen beslist de Voorzitter.
4. De Voorzitter kan andere leden uitnodigen aan de vergaderingen van het Presidium deel te nemen. Deze leden nemen niet deel aan de stemmingen.
5. Indien het Presidium voor onderdelen van zijn werkzaamheden commissies van advies als bedoeld in artikel 7.9 heeft ingesteld, hoort hij deze voordat hij besluiten neemt ten aanzien van die onderdelen, tenzij dit in een zeer spoedeisend geval niet mogelijk is.
6. Het Presidium wordt bijgestaan door de Griffier en de directeuren.

Hoofdstuk 4
De raming

Art. 4.1 Raming
1. Het Presidium maakt jaarlijks een ontwerp op voor de raming van de in het volgende jaar voor de Kamer benodigde uitgaven en ontvangsten en zendt deze tijdig aan de Kamer en aan de voor de begroting van de Staten-Generaal verantwoordelijke minister.
2. De Kamer stelt de raming vast.

Hoofdstuk 5
De fracties en groepen

Art. 5.1 Fracties
1. De leden, die door het centraal stembureau op dezelfde lijst verkozen zijn verklaard, vormen bij aanvang van een zitting één fractie. Indien onder een lijstnummer slechts één lid is verkozen, dan wordt dit lid als een afzonderlijke fractie beschouwd.
2. Nieuwe fracties kunnen gedurende een zitting slechts worden gevormd door:
a. een samenvoeging van twee of meer fracties;
b. een splitsing tot twee of meer fracties.
3. Een splitsing als bedoeld in het tweede lid, onder b, is slechts mogelijk, indien bij een afscheiding van leden van een fractie onduidelijk is welk deel van de leden als voortzetting van de oorspronkelijke fractie moet worden beschouwd, en het Presidium heeft besloten dat hierdoor twee of meer nieuwe fracties zijn gevormd.
4. Een fractie deelt de samenstelling van haar bestuur, en elke wijziging in haar samenstelling en die van haar bestuur, mee aan de Voorzitter.

Art. 5.2 Groepen
Indien leden anders dan als gevolg van een splitsing als bedoeld in artikel 5.1, tweede lid, onder b, afgescheiden zijn van een fractie, worden zij ieder afzonderlijk, of twee of meer leden gezamenlijk als zij dit meedelen aan de Voorzitter, beschouwd als een groep.

Art. 5.3 Financiële bijdrage
1. Bij afzonderlijke regeling, vast te stellen door de Kamer op voorstel van het Presidium, worden regels gesteld voor de toekenning en het beheer van een financiële bijdrage aan fracties en groepen ten behoeve van hun werkzaamheden.
2. Indien een nieuwe fractie ontstaat door samenvoeging, is de bijdrage aan de nieuwgevormde fractie ten hoogste de bijdrage die zou toekomen aan een fractie van gelijke grootte als bedoeld in artikel 5.1, eerste lid.
3. Indien in een fractie een splitsing plaatsvindt, wordt de hoogte van de bijdragen aan de bij de splitsing betrokken nieuwe fracties vastgesteld door de bijdrage die aan de ongesplitste fractie zou toekomen, onder de nieuwe fracties te verdelen naar evenredigheid van de aantallen bij de splitsing betrokken leden.
4. De regeling, bedoeld in het eerste lid, bepaalt de gevolgen van de afscheiding van leden van een fractie in groepen, voor de bijdrage van die fractie.
5. Het Presidium kan tijdelijke maatregelen treffen die afwijken van het eerste tot en met vierde lid, om de voldoening mogelijk te maken van verplichtingen die tegenover de medewerkers van een oorspronkelijke fractie bestaan bij een samenvoeging of splitsing, of bij een afscheiding van een of meer groepen.

Hoofdstuk 6
Het personeel

§ 6.1
De Griffier

Art. 6.1 Rechtspositie Griffier
1. De Kamer beslist over het aangaan en beëindigen van het dienstverband van de Griffier.
2. Het Presidium is belast met het uitoefenen van de overige rechtspositionele bevoegdheden ten aanzien van de Griffier.

Art. 6.2 Taken Griffier
1. De Griffier heeft de leiding over de ambtelijke organisatie. Het Presidium oefent hierop toezicht uit.
2. De Griffier is voorts belast met:
a. het namens de Kamer vervullen van haar wettelijke taken ten aanzien van haar begroting;
b. het namens de Kamer vervullen van haar wettelijke taken ten aanzien van haar archiefbescheiden;
c. de overige taken die op grond van dit Reglement of de wet aan hem zijn toegedeeld.

3. De Griffier kan ondermandaat verlenen tot het uitoefenen van zijn bevoegdheden op grond van het tweede lid, onder a en b.

§ 6.2
De overige ambtenaren

Art. 6.3 Directeuren
1. Het Presidium is belast met het aangaan en beëindigen van het dienstverband van een of meer directeuren.
2. De Griffier is belast met het uitoefenen van de overige rechtspositionele bevoegdheden ten aanzien van de directeuren.

Art. 6.4 Overige ambtenaren
De Griffier is belast met het aangaan en beëindigen van het dienstverband van de overige ambtenaren, en met het uitoefenen van de overige rechtspositionele bevoegdheden ten aanzien van hen.

Hoofdstuk 7
De commissies

§ 7.1
Soorten commissies

Art. 7.1 Vaste commissies
1. Er is een vaste commissie voor elk ministerie, met uitzondering van het ministerie van Algemene Zaken. Er zijn ook vaste commissies voor Digitale Zaken, voor Europese Zaken en voor Koninkrijksrelaties.
2. De Kamer kan verder vaste commissies instellen voor het taakgebied van een minister die niet is belast met de leiding van een ministerie, of voor dat van een staatssecretaris. Deze commissies worden ingesteld voor de duur van een zitting.

Art. 7.2 Tijdelijke commissies
1. De Kamer kan tijdelijke commissies instellen voor specifieke onderwerpen.
2. Het instellingsbesluit van een tijdelijke commissie bevat in ieder geval:
a. een nauwkeurige omschrijving van het onderwerp waarover de commissie aan de Kamer dient te rapporteren, of waarvoor de commissie anders wordt ingesteld; en
b. de termijn waarvoor de commissie wordt ingesteld.
3. De in het tweede lid, onder b, bedoelde termijn kan op verzoek van de commissie door de Kamer worden verlengd.

Art. 7.3 Enquêtecommissies
De Kamer kan een enquêtecommissie instellen voor het uitvoeren van een parlementaire enquête.

Art. 7.4 Commissie voor de Rijksuitgaven
1. Er is een commissie voor de Rijksuitgaven.
2. De commissie is belast met:
a. het behandelen van aangelegenheden van rechtmatigheid, doeltreffendheid en doelmatigheid van de inning en besteding van collectieve middelen;
b. het voorlichten, adviseren en ondersteunen van de Kamer en de commissies bij de uitoefening van het budgetrecht en de financiële controle van de regering.
3. De voorlichting, advisering en ondersteuning, bedoeld in het tweede lid, onder b, strekken zich mede uit tot grote projecten als bedoeld in artikel 7.37.
4. De Kamer besluit slechts over een voorstel om de Algemene Rekenkamer te verzoeken een onderzoek in te stellen, nadat advies bij de commissie is ingewonnen.

Art. 7.5 Commissie voor de Inlichtingen- en Veiligheidsdiensten
1. Er is een commissie voor de Inlichtingen- en Veiligheidsdiensten.
2. In afwijking van artikel 7.11, eerste, tweede en vijfde lid, zijn lid van deze commissie de voorzitters van de fracties, bedoeld in artikel 5.1, eerste lid. Indien in de Kamer meer dan vijf van deze fracties zitting hebben, zijn lid de voorzitters van de vijf grootste van deze fracties. De Kamer kan op voordracht van de commissie besluiten dat voor de duur van een zitting ten hoogste twee andere voorzitters van fracties ook lid zijn van de commissie.
3. Indien een voorzitter van een fractie op diens verzoek is ontheven van het lidmaatschap van de commissie, is in afwijking van artikel 7.11, vierde lid, de Kamer op voordracht van de commissie bevoegd te besluiten of in plaats van de voorzitter van die fractie een andere voorzitter van een fractie voor de verdere duur van de zitting lid is van de commissie.
4. Indien een lid van de commissie tijdelijk tevens minister is, wordt dit lid gedurende die periode vervangen door een lid dat zijn fractie daartoe voor de duur van die periode uit haar midden aanwijst. Indien alle leden van de fractie tijdelijk tevens minister zijn, is gedurende die periode geen van hen lid van de commissie.

Art. 7.6 Commissie voor het onderzoek van de Geloofsbrieven
1. Er is een commissie voor het onderzoek van de Geloofsbrieven.
2. De commissie brengt de Kamer schriftelijk of mondeling verslag uit over het verloop van de verkiezingen, de vaststelling van de verkiezingsuitslag, en de toelating van de leden.
3. De taak, bedoeld in het tweede lid, strekt zich uit over de verkiezing en toelating van de leden van de Tweede Kamer, en van de in Nederland gekozen leden van het Europees Parlement.

Art. 7.7 Commissie voor de Verzoekschriften en de Burgerinitiatieven
1. Er is een commissie voor de Verzoekschriften en de Burgerinitiatieven.
2. De commissie brengt aan de Kamer verslag uit over verzoekschriften en burgerinitiatieven. Zij brengt tevens verslag uit over onderzoeksrapporten van de Nationale ombudsman, indien daartoe aanleiding is.
3. De commissie toetst of een verzoekschrift of burgerinitiatief voldoet aan de daaraan gestelde vereisten.
4. Elk verslag over een verzoekschrift of een burgerinitiatief bevat een duidelijke conclusie of een behandelingsvoorstel.
5. De commissie kan een andere commissie verzoeken haar van advies te dienen of namens haar een onderzoek in te stellen en daarover aan haar verslag uit te brengen, voordat zij zelf aan de Kamer verslag uitbrengt.
6. De commissie kan mondeling of schriftelijk in overleg treden met de Nationale ombudsman.
7. De commissie kan slechts besluiten nemen indien meer dan de helft van haar leden of plaatsvervangende leden aanwezig zijn.
8. Bij afzonderlijke regeling, vast te stellen door de Kamer, wordt de werkwijze van de commissie nader geregeld.

Art. 7.8 Commissie voor de Werkwijze
1. Er is een commissie voor de Werkwijze.
2. De commissie adviseert de Kamer desgevraagd of uit eigen beweging over de werkwijze van de Kamer en over dit Reglement.
3. De commissie brengt aan de Kamer verslag uit over de daartoe aan haar doorgeleide voorstellen tot wijziging van dit Reglement.

Art. 7.9 Commissies van advies
Het Presidium kan ten behoeve van zijn werkzaamheden commissies van advies instellen.

Art. 7.10 Gemengde commissie van beroep voor de Dienst Verslag en Redactie
1. In de door beide Kamers der Staten-Generaal vast te stellen regeling, bedoeld in artikel 15.11, wordt een gemengde commissie van beroep voor de Dienst Verslag en Redactie ingesteld.
2. De gemengde commissie is bevoegd om in de door de Dienst opgestelde woordelijke verslagen wijzigingen aan te brengen of ongedaan te maken.

§ 7.2
De samenstelling

§ 7.2.1
De commissieleden

Art. 7.11 Commissieleden
1. De Voorzitter bepaalt uit hoeveel leden een commissie bestaat. De Kamer kan anders besluiten.
2. De Voorzitter benoemt in overleg met de fracties en groepen de leden, en voor zover hij dit wenselijk acht, plaatsvervangende leden.
3. De Voorzitter kan een lid of plaatsvervangend lid op diens verzoek ontheffen van het lidmaatschap van een commissie.
4. De Voorzitter voorziet bij het openvallen van de positie van een lid of plaatsvervangend lid van een commissie in overleg met de betrokken fracties en groepen in de vervulling van die positie.
5. De leden en de plaatsvervangende leden van commissies worden bij de aanvang van elke zitting opnieuw benoemd. Totdat deze benoemingen zijn geschied blijven de in de vorige zitting bestaande commissies voortbestaan in hun oude samenstelling.

§ 7.2.2
De commissievoorzitter

Art. 7.12 Benoeming commissievoorzitter en -ondervoorzitter
1. Een nieuw ingestelde commissie benoemt in haar eerste vergadering uit haar midden een commissievoorzitter en een commissieondervoorzitter. De eerste vergadering vindt plaats onder leiding van de Voorzitter.

Reglement van Orde van de Tweede Kamer der Staten-Generaal   A10 art. 7.18

2. Bij het openvallen van de positie van haar commissievoorzitter of commissieondervoorzitter, voorziet de commissie in de vervulling van die positie in een daartoe bijeengeroepen vergadering.
3. Na de benoemingen van haar leden bij de aanvang van een zitting, voorziet de commissie opnieuw in het commissievoorzitterschap en -ondervoorzitterschap in een daartoe bijeengeroepen vergadering.
4. Elke benoeming van een commissievoorzitter of commissieondervoorzitter wordt meegedeeld aan de Kamer.

Art. 7.13 Taken en bevoegdheden commissievoorzitter
1. Een commissievoorzitter is belast met de volgende taken:
a. het leiden van de werkzaamheden van een commissie;
b. het doen naleven van dit Reglement;
c. het uitvoeren van door de commissie genomen besluiten;
d. het vertegenwoordigen van de commissie;
e. het verantwoording dragen voor het opstellen van een plan ter versterking van de kennis- en informatiepositie van de commissie en voor het evalueren van de uitvoering daarvan;
f. de overige taken die op grond van dit Reglement of de wet aan hem zijn toegedeeld.
2. In het plan, bedoeld in het eerste lid, onderdeel e, wordt in ieder geval vastgelegd op welke wijze de commissie controle uitoefent op de door haar ontvangen jaarverslagen voor de verantwoording van de rijksuitgaven, met inbegrip van de benoeming van rapporteurs als bedoeld in artikel 7.36.
3. Een commissievoorzitter heeft tijdens een commissievergadering dezelfde bevoegdheden als de Voorzitter tijdens een vergadering van de Kamer.

Art. 7.14 Waarneming commissievoorzitterschap
1. Indien de commissievoorzitter niet beschikbaar is, wordt het commissievoorzitterschap waargenomen door:
a. de commissieondervoorzitter;
b. als die niet beschikbaar is: het lid van de commissie dat het langst in de Kamer zitting heeft, waarbij bij gelijke zittingsduur het oudste lid in leeftijd voorgaat, of een door de commissie aan te wijzen ander lid van de commissie.
2. Een waarnemend commissievoorzitter heeft de taken en bevoegdheden van de commissievoorzitter die vereist zijn voor de waarneming.

§ 7.2.3
De ondersteuning

Art. 7.15 Ondersteuning commissie
1. Elke commissie wordt bijgestaan door een door de Griffier aangewezen plaatsvervangende griffier, de commissiegriffier.
2. Daarnaast wordt elke commissie bijgestaan door een of meer andere ambtenaren van de Kamer.

§ 7.3
De vergaderingen

Art. 7.16 Tijdstippen vergaderingen
1. Een commissie komt op de door haar te bepalen tijdstippen bijeen in een vergadering. Indien de commissie geen tijdstippen heeft bepaald, dan bepaalt haar commissievoorzitter deze.
2. De commissievoorzitter roept de commissie in ieder geval binnen een redelijke termijn bijeen in een vergadering, indien de regering of een vierde van haar leden dit onder opgave van redenen verzoekt.

Art. 7.17 Procedurevergadering
1. Een commissie komt regelmatig bijeen in een procedurevergadering om te besluiten over de wijze van behandeling van de door haar ontvangen stukken en over haar overige werkzaamheden.
2. Tijdens de vergadering stelt de commissievoorzitter de aanwezige leden van de Kamer in de gelegenheid voorstellen te doen ten aanzien van de regeling van de werkzaamheden van de commissie. De leden melden hun voorstellen vooraf aan de commissievoorzitter.
3. De in de vergadering genomen besluiten worden openbaar gemaakt, tenzij zij zijn genomen in een besloten deel van de vergadering en de openbaarmaking ongewenst is.

Art. 7.18 Bijwonen vergaderingen
1. De leden en de plaatsvervangende leden van een commissie kunnen alle vergaderingen van hun commissie bijwonen.
2. De Voorzitter kan de vergaderingen van elke commissie bijwonen.
3. De overige leden van de Kamer kunnen elk wetgevingsoverleg en notaoverleg bijwonen. Een commissie kan deze leden ook toestaan andere van haar vergaderingen bij te wonen.

4. De leden van de Kamer die een vergadering van een commissie bijwonen, hebben het recht om deel te nemen aan de beraadslaging.
5. Indien een commissievoorzitter onder overeenkomstige toepassing van artikel 8.18 een lid uitsluit van het verdere bijwonen van een commissievergadering, dan geldt deze uitsluiting tevens voor de overige vergaderingen van de betrokken commissie op de dag van de uitsluiting.

Art. 7.19 Openbaarheid vergaderingen
1. De vergaderingen van de commissies zijn openbaar.
2. De Kamer kan besluiten dat vergaderingen van een bepaalde commissie besloten mogen zijn.
3. Een commissie kan op voorstel van een van haar leden of van een minister besluiten dat een vergadering, of een gedeelte daarvan, besloten zal zijn.
4. Indien een voorstel als bedoeld in het derde lid wordt gedaan tijdens een openbare vergadering, wordt erover beraadslaagd en beslist in een besloten gedeelte van de vergadering.
5. Een besloten commissievergadering kan slechts plaatsvinden in de gebouwen van de Kamer. De leden die deelnemen aan de vergadering moeten in de vergaderzaal aanwezig zijn. De Voorzitter kan toestaan dat in bijzondere omstandigheden wordt afgeweken van dit lid.

§ 7.4
De besluitvorming

Art. 7.20 Besluitvorming
1. Slechts de leden van een commissie nemen deel aan haar besluitvorming. Indien een lid niet beschikbaar is, kan een plaatsvervangend lid van zijn fractie of groep zijn bevoegdheden uitoefenen. Een plaatsvervangend lid kan de bevoegdheden voor ten hoogste één lid van de commissie uitoefenen.
2. Een commissie kan buiten haar vergaderingen langs schriftelijke weg besluiten over een voorstel dat naar het oordeel van haar commissievoorzitter eenvoudig en spoedeisend van aard is. Het besluit wordt genomen als ware de Kamer in voltallige samenstelling bijeen en stemde zij als bedoeld in artikel 8.25.
3. Indien een commissie een keuze dient te maken voor een of meer personen, besluit zij daarover in een vergadering onder overeenkomstige toepassing van de artikelen 8.31 tot en met 8.38, met dien verstande dat bij een derde stemming de keuze gaat tussen de twee personen die bij de tweede stemming de meeste stemmen kregen.

§ 7.5
De behandeling van stukken

Art. 7.21 Behandeling stukken
1. Door de Kamer ontvangen stukken worden doorgeleid naar de meest betrokken commissie.
2. De commissie beslist over de behandeling van de stukken. Indien een stuk in handen wordt gesteld van de commissie, neemt de commissie dit in ieder geval in behandeling.
3. Het Presidium stelt regels voor de afhandeling van door de Kamer ontvangen stukken zonder afzender.

§ 7.6
De verslagen

Art. 7.22 Verslag over een ontvangen stuk
1. Een commissie brengt aan de Kamer verslag uit over een door haar ontvangen stuk, indien dit Reglement dat vereist of de commissie dit om een andere reden wenselijk acht.
2. Het verslag bevat zo beknopt mogelijk datgene wat de commissie over het stuk wil opmerken of vragen.
3. De Kamer kan besluiten dat een commissie geen door het Reglement vereist verslag hoeft uit te brengen over stukken die naar het oordeel van de commissie niet in het openbaar kunnen worden behandeld.

Art. 7.23 Overige verslagen
1. Een commissie brengt aan de Kamer verslag uit over elk door haar gehouden openbaar mondeling en schriftelijk overleg met een minister.
2. De commissie kan ook verslag uitbrengen over andere van haar activiteiten.

Art. 7.24 Vaststelling verslag
1. Een commissiegriffier is verantwoordelijk voor het opstellen van de verslagen van zijn commissie.
2. Een verslag wordt vastgesteld door ondertekening door de commissievoorzitter en commissiegriffier.
3. Een verslag wordt na de vaststelling meteen openbaar gemaakt.

Reglement van Orde van de Tweede Kamer der Staten-Generaal   **A10** art. 7.31

4. De commissie kan besluiten dat bijlagen bij een verslag slechts ter inzage worden gelegd. Bijlagen van vertrouwelijke aard worden in ieder geval niet openbaar gemaakt en slechts ter vertrouwelijke inzage van de leden gelegd.

§ 7.7
De bevoegdheden

§ 7.7.1
Algemeen

Art. 7.25 Bevoegdheden commissies
Voor een goede vervulling van haar taken is een commissie in ieder geval bevoegd:
a. zich tot een minister te wenden om de stukken te verkrijgen waarvan zij de kennisneming nodig acht;
b. mondeling in overleg te treden met een minister;
c. schriftelijk in overleg te treden met een minister;
d. rondetafelgesprekken te houden;
e. hoorzittingen te houden;
f. technische briefings te houden;
g. werkbezoeken af te leggen;
h. zich te laten voorlichten door colleges van advies;
i. externe deskundigen in te schakelen;
j. rapporteurs te benoemen;
k. de Kamer voor te stellen een groot project aan te wijzen.

§ 7.7.2
Het mondeling en schriftelijk overleg

Art. 7.26 Vormen van mondeling overleg
Het mondeling overleg van een commissie met een minister kan plaatshebben in de vorm van:
a. een commissiedebat, indien het overleg betrekking heeft op een onderwerp in het beleidsterrein van de commissie;
b. een wetgevingsoverleg, indien het overleg betrekking heeft op een in handen van de commissie gesteld wetsvoorstel;
c. een notaoverleg, indien het overleg betrekking heeft op een in handen van de commissie gestelde initiatiefnota of een ander stuk waarover de commissie dit overleg wenst te houden.

Art. 7.27 Datum en tijdstip
1. Een commissie beslist over de datum en het tijdstip van een door haar te houden commissiedebat.
2. De Kamer beslist op voorstel van de Voorzitter over de datum en het tijdstip van een wetgevingsoverleg en notaoverleg.
3. Er vindt steeds hooguit één wetgevingsoverleg of notaoverleg gelijktijdig plaats met een vergadering van de Kamer. Op overige tijdstippen vinden steeds hooguit twee wetgevingsoverleggen of notaoverleggen gelijktijdig plaats.

Art. 7.28 Maximumspreektijden
1. Een commissie kan bij een commissiedebat en notaoverleg besluiten tot het laten gelden van maximumspreektijden.
2. Bij een wetgevingsoverleg gelden geen maximumspreektijden. Een commissie kan wel besluiten dat de leden die aan het wetgevingsoverleg willen deelnemen de door hen gewenste spreektijd voorafgaand opgeven.

Art. 7.29 Inlichtingen door rijksambtenaren
In een commissiedebat, wetgevingsoverleg en notaoverleg kunnen met instemming van de verantwoordelijke minister inlichtingen worden verschaft door daartoe door de minister aangewezen rijksambtenaren.

Art. 7.30 Moties
1. Tijdens een wetgevingsoverleg en notaoverleg kunnen de leden moties indienen. De artikelen 8.20 en 8.21 zijn van overeenkomstige toepassing op de moties.
2. Tijdens een commissiedebat kunnen geen moties worden ingediend.

Art. 7.31 Beraadslaging Kamer na commissiedebat of schriftelijk overleg (tweeminutendebat)
1. De Kamer beraadslaagt slechts over een verslag van een commissiedebat of schriftelijk overleg, indien een lid dat heeft deelgenomen aan het debat of overleg een motie over het daarin besproken onderwerp wenst in te dienen. Bij een commissiedebat kan een lid dit slechts aankondigen na de eerste beantwoording door de minister in het debat.

2. Er kan slechts aan de beraadslaging worden deelgenomen door leden van de fracties of groepen die aan het commissiedebat of schriftelijk overleg hebben deelgenomen, tenzij de Kamer anders besluit.
3. In afwijking van artikel 8.12, eerste lid, voert ieder lid slechts eenmaal het woord.
4. In afwijking van artikel 8.13, eerste lid, bedraagt de maximumspreektijd per fractie twee minuten en per groep een minuut, met inbegrip van de benodigde tijd voor de indiening van moties.

§ 7.7.3
Bijzonderheden overige bevoegdheden

Art. 7.32 Rondetafelgesprek
Indien een commissie besluit een rondetafelgesprek te houden, wisselt zij daarin met genodigden van gedachten over een vooraf door haar vast te stellen onderwerp.

Art. 7.33 Hoorzitting
1. Indien een commissie besluit een hoorzitting te houden, bevraagt zij daarin genodigden over een vooraf door haar vast te stellen onderwerp.
2. De commissie kan voorafgaand in een procedurevergadering besluiten dat tijdens de hoorzitting de door een lid gestelde vragen, met inbegrip van vervolgvragen, steeds meteen kunnen worden beantwoord door de genodigde aan wie zij zijn gericht.

Art. 7.34 Uitnodiging rijksambtenaren
Indien een commissie rijksambtenaren wil uitnodigen voor een rondetafelgesprek, hoorzitting of technische briefing, dan doet zij dit door tussenkomst van de voor hen verantwoordelijke minister.

Art. 7.35 Verzoek om voorlichting of advies
1. Ieder lid van de Kamer kan aan een commissie een schriftelijk voorstel richten om:
a. de Afdeling advisering van de Raad van State te verzoeken de Kamer voorlichting te geven over een aangelegenheid van wetgeving of bestuur; of
b. een adviescollege als bedoeld in de Kaderwet adviescolleges te verzoeken de Kamer te adviseren.
2. De commissie zendt het voorstel met haar advies aan het Presidium. Het Presidium legt het voorstel met het advies van de commissie en, voor zover het dit wenselijk acht, zijn eigen advies voor aan de Kamer.
3. De Kamer besluit over het voorstel.
4. Indien de Kamer een motie aanneemt die strekt tot een verzoek als bedoeld in het eerste lid, dan zijn het tweede en derde lid van overeenkomstige toepassing.

Art. 7.36 Benoeming rapporteur
1. Een commissie kan een of meer leden benoemen tot rapporteur over:
a. een door haar ontvangen stuk;
b. een groot project als bedoeld in artikel 7.37 waarmee zij is belast; of
c. een ander onderwerp dat haar aangaat.
2. De commissie legt de aan het rapporteurschap verbonden taken, bevoegdheden en verantwoordelijkheden zo spoedig mogelijk schriftelijk vast, en kan tevens de duur van het rapporteurschap vastleggen.
3. Het Presidium bericht de Kamer jaarlijks over de in dat jaar lopende en afgeronde rapporteurschappen.

Art. 7.37 Aanwijzing groot project
1. Ieder lid van de Kamer kan een commissie verzoeken de Kamer voor te stellen een bepaald project aan te wijzen als groot project dat onder bijzondere parlementaire controle staat.
2. Bij afzonderlijke regeling, vast te stellen door de Kamer, worden nadere regels gesteld over grote projecten.

Hoofdstuk 8
De plenaire vergadering

§ 8.1
Algemene bepalingen

§ 8.1.1
Het begin en einde van de vergadering

Art. 8.1 Bijeenroeping
1. De Voorzitter roept de Kamer bijeen zo vaak als hij dit nodig acht.

2. De Voorzitter roept de vergadering in ieder geval binnen een redelijke termijn bijeen als dit door ten minste dertig leden of door de regering schriftelijk wordt verzocht onder opgave van redenen.
3. De Kamer kan ook zelf besluiten op welke dag en welk uur zij weer bijeenkomt. Bij onvoorziene omstandigheden kan de Voorzitter de Kamer toch op een ander tijdstip bijeenroepen.
4. Het Presidium kan algemene richtlijnen vaststellen voor de dagen en uren waarop de Kamer doorgaans bijeenkomt en voor de perioden waarin de Kamer met reces is. De Voorzitter houdt daarmee zoveel mogelijk rekening.
5. De leden worden voor elke vergadering tijdig bijeengeroepen. De te behandelen onderwerpen worden daarbij vermeld.

Art. 8.2 Presentielijst
Voor het tijdstip van bijeenroeping meldt ieder aanwezig lid zijn aanwezigheid, zodat een presentielijst kan worden opgesteld. Leden die later aankomen melden hun aanwezigheid bij aankomst.

Art. 8.3 Opening vergadering bij quorum
1. De Voorzitter opent de vergadering, indien op het tijdstip van bijeenroeping uit de presentielijst blijkt dat meer dan de helft van het aantal zitting hebbende leden hun aanwezigheid hebben gemeld.
2. Indien het vereiste aantal leden zijn aanwezigheid niet heeft gemeld, opent de Voorzitter een bijeenkomst waarin hij de namen van de afwezige leden kan laten oplezen en kennis kan geven van ingekomen stukken. Daarna stelt hij de vergadering uit tot een later tijdstip.

Art. 8.4 Schorsing of sluiting van de vergadering
De Voorzitter schorst of sluit de vergadering, indien hij dit met het oog op het verloop van de werkzaamheden of voor het handhaven van de orde wenselijk acht.

§ 8.1.2
De vergaderzaal

Art. 8.5 Zitplaatsen
1. Ieder lid heeft een voor hem bestemde zitplaats in de vergaderzaal van de Kamer. Het Presidium wijst deze zitplaatsen aan. Het Presidium kan ook aan een fractie of groep een bepaalde groep zitplaatsen aanwijzen en de verdeling daarvan aan de fractie of groep overlaten.
2. Het Presidium zorgt dat er tevens zitplaatsen beschikbaar zijn voor:
a. de ministers;
b. personen die de ministers hebben aangewezen om zich in de vergadering te doen bijstaan;
c. de gevolmachtigde ministers;
d. bijzondere gedelegeerden.
3. Het Presidium kan zitplaatsen toekennen aan andere personen die door de Kamer zijn uitgenodigd.
4. Indien aan een vergadering wordt deelgenomen door bijzondere gedelegeerden of door de Kamer uitgenodigde leden van het Europees Parlement, dan wijst de Voorzitter hun zitplaatsen aan.
5. Indien op uitnodiging van de Kamer het staatshoofd of de regeringsleider van een ander land een vergadering bijwoont om de Kamer toe te spreken, dan wijst de Voorzitter zijn zitplaats aan.
6. Indien de Voorzitter het verzoekt, neemt iedereen zijn zitplaats in.

Art. 8.6 Spreekplaats
Ieder lid spreekt staande van de spreekplaats in de vergaderzaal, tenzij de Voorzitter anders toestaat.

§ 8.1.3
De organisatie van de werkzaamheden

Art. 8.7 Ingekomen stukken
1. Gedurende elke vergadering ligt in de vergaderzaal op de tafel van de Griffier een lijst waarin alle sinds de vorige vergadering ingekomen stukken worden opgenomen.
2. In de lijst doet de Voorzitter mededelingen of voorstellen over de wijze van behandeling van de ingekomen stukken. Een voorstel is na het sluiten van de vergadering aangenomen, tenzij daartegen door een lid bezwaar is gemaakt. In dat geval beslist de Kamer over het voorstel.
3. De Voorzitter kan besluiten ongetekende, onbegrijpelijke of beledigende stukken niet op te nemen in de lijst.

Art. 8.8 Regeling van werkzaamheden
1. De Kamer regelt haar werkzaamheden op voorstel van de Voorzitter of een lid.

2. De regeling van werkzaamheden vindt in het algemeen eenmaal in de week plaats op een door de Voorzitter te bepalen vast tijdstip. De Voorzitter kan in bijzondere gevallen besluiten ook op andere tijdstippen een regeling van werkzaamheden te laten plaatsvinden.
3. De leden melden hun voorstellen vooraf aan de Voorzitter.
4. Alle voorstellen worden vooraf openbaar gemaakt, tenzij daarvoor door spoed geen gelegenheid is.
5. Een lid dat bij de regeling van werkzaamheden een brief van de regering wil vragen, moet daarvoor vooraf toestemming van de Voorzitter verkrijgen.

§ 8.2
De beraadslaging

§ 8.2.1
Spreken in de vergadering

Art. 8.9 Spreken in de vergadering

1. In de vergadering voert een ieder slechts het woord na het aan de Voorzitter gevraagd en van hem verkregen te hebben.
2. De Voorzitter verleent het woord in de volgorde waarin het is gevraagd, tenzij de Kamer anders besluit.
3. De leden kunnen voorafgaand aan de beraadslaging over een onderwerp het woord vragen door zich te laten inschrijven op een daartoe bestemde sprekerslijst. De inschrijving is mogelijk zodra de Voorzitter heeft meegedeeld of de Kamer heeft besloten het onderwerp aan de orde te gaan stellen.
4. Indien bijzondere gedelegeerden of in Nederland gekozen leden van het Europees Parlement aan een vergadering deelnemen, dan beslist de Voorzitter over de volgorde waarin aan hen het woord wordt verleend.
5. Indien ministers, personen die zij hebben aangewezen om zich in de vergadering te doen bijstaan, de gevolmachtigde ministers of andere personen die zijn uitgenodigd om een vergadering bij te wonen het woord verlangen, dan verleent de Voorzitter dit slechts nadat de spreker die aan het woord is, zijn rede heeft beëindigd.
6. Indien op uitnodiging van de Kamer het staatshoofd of de regeringsleider van een ander land een vergadering bijwoont om de Kamer toe te spreken, dan beslist de Voorzitter wanneer hem daartoe het woord wordt verleend.
7. Indien de Voorzitter het woord wil voeren over een onderwerp op een andere wijze dan nodig is voor de uitvoering van zijn voorzitterstaak, dan verlaat hij de voor hem bestemde zitplaats. Hij neemt die niet meer in zolang het onderwerp aan de orde is.

Art. 8.10 Persoonlijk feit of voorstel van orde

1. De volgorde van de sprekers kan worden verbroken, indien een lid het woord vraagt over een persoonlijk feit of de orde.
2. De Voorzitter verleent het woord slechts voor een persoonlijk feit nadat het lid dat daarvoor het woord heeft gevraagd een voorlopige aanduiding van dat feit heeft gegeven. De beslissing of iets een persoonlijk feit vormt, berust bij de Voorzitter.
3. Een voorstel van orde kan door de Voorzitter of een lid worden gedaan.

Art. 8.11 Interrupties

De Voorzitter kan interrupties toelaten. Deze moeten bestaan uit korte opmerkingen of vragen, zonder inleiding.

Art. 8.12 Spreektermijnen

1. Tijdens de beraadslaging voeren de leden in ten hoogste twee termijnen het woord over hetzelfde onderwerp. De Kamer kan toestemming geven hiervan af te wijken.
2. Indien een lid in een vergadering niet in de eerste termijn over een onderwerp het woord heeft gevoerd, kan hij daarna slechts in die vergadering aan de beraadslaging over het onderwerp deelnemen als de Kamer daarvoor toestemming geeft.

Art. 8.13 Maximumspreektijden

1. De Kamer kan voor de beraadslaging over een onderwerp maximumspreektijden vaststellen per fractie en groep met inachtneming van de omvang van de fracties en groepen, voor de ministers en voor overige deelnemers.
2. Indien de Kamer maximumspreektijden vaststelt, kan zij tevens bepalen dat in afwijking van artikel 8.12, eerste lid, slechts in één termijn het woord wordt gevoerd.
3. Zodra een door de Kamer vastgestelde of door dit Reglement voorgeschreven maximumspreektijd is verstreken, verzoekt de Voorzitter de spreker op te houden met spreken. Deze geeft meteen aan dit verzoek gevolg.

Reglement van Orde van de Tweede Kamer der Staten-Generaal   A10 art. 8.21

§ 8.2.2
Gedrag in de vergadering

Art. 8.14 Gedrag in de vergadering
Ieder lid gedraagt zich in de vergadering op een wijze die getuigt van onderling respect, en die geen afbreuk doet aan de waardigheid van de Kamer.

Art. 8.15 Bij onderwerp blijven
1. Iedere spreker blijft bij het onderwerp waarover wordt beraadslaagd.
2. Indien een spreker afwijkt van het onderwerp, roept de Voorzitter hem tot de behandeling van het onderwerp terug.

Art. 8.16 (Waarschuwing voor) ongeoorloofd gedrag
1. Tijdens de vergadering onthoudt een ieder zich van:
   a. het gebruik van beledigende uitdrukkingen;
   b. het verstoren van de orde;
   c. het niet in acht nemen van de geheimhouding ten aanzien van de gedachtewisseling in een besloten vergadering;
   d. het niet in acht nemen van de vertrouwelijkheid ten aanzien van de inhoud van een vertrouwelijk stuk; en
   e. het instemming betuigen met of aansporen tot onwettige handelingen.
2. Indien een spreker hieraan niet voldoet, waarschuwt de Voorzitter hem en stelt hem in de gelegenheid de woorden terug te nemen die tot de waarschuwing aanleiding hebben gegeven, of terug te komen van het gedrag dat tot de waarschuwing aanleiding gaf.

Art. 8.17 Ontneming van het woord
1. De Voorzitter kan een spreker het woord ontnemen, indien deze spreker:
   a. nadat hij is teruggeroepen tot de behandeling als bedoeld in artikel 8.15, voortgaat van het onderwerp af te wijken; of
   b. nadat hij is gewaarschuwd als bedoeld in artikel 8.16, tweede lid, geen gebruik maakt van de gelegenheid woorden terug te nemen of van gedrag terug te komen, of voortgaat beledigende uitdrukkingen te gebruiken, de orde te verstoren, de geheimhouding of vertrouwelijkheid niet in acht te nemen, of instemming te betuigen met of aan te sporen tot onwettige handelingen.
2. Een lid dat het woord is ontnomen, mag in de betrokken vergadering niet meer aan de beraadslaging over het in behandeling zijnde onderwerp deelnemen.

Art. 8.18 Uitsluiting van de vergadering
De Voorzitter kan een spreker op wie artikel 8.17 is toegepast en ieder ander lid dat zich gedraagt als bedoeld in dat artikel, uitsluiten van het verdere bijwonen van de vergadering op de dag waarop de uitsluiting plaats heeft.

Art. 8.19 Geen beroep op de Kamer
Er kan geen beroep op de Kamer worden gedaan ten aanzien van de beslissingen van de Voorzitter op grond van de artikelen 8.15 tot en met 8.18.

§ 8.2.3
Moties

Art. 8.20 Moties
1. Ieder lid dat het woord voert, kan daarbij, alleen of met andere leden, over het in behandeling zijnde onderwerp moties indienen. Het lid leest de tekst van zijn moties voor.
2. De moties moeten kort en duidelijk zijn geformuleerd, op schrift zijn gebracht en zijn ondertekend.
3. Een lid kan gedurende zijn eerste termijn geen moties indienen, tenzij:
   a. de Kamer daarvoor toestemming geeft; of
   b. wordt beraadslaagd over een verslag van een commissiedebat of schriftelijk overleg.
4. De beraadslaging over moties vindt plaats bij de beraadslaging over het onderwerp waarover de motie is ingediend, tenzij de Kamer anders besluit.
5. De eerste ondertekenaar kan de motie wijzigen of intrekken totdat erover is gestemd.

Art. 8.21 Overnemen van moties
1. De Voorzitter deelt tijdens de beraadslaging mee dat een motie die is gericht aan de regering is overgenomen, indien:
   a. de minister te kennen geeft zich met de inhoud van de voorgestelde motie te kunnen verenigen; en
   b. de Voorzitter zich ervan heeft overtuigd dat geen van de in de vergaderzaal aanwezige leden zich tegen het overnemen van de motie verzet.
2. Een overgenomen motie maakt na de mededeling geen afzonderlijk onderwerp van de beraadslaging meer uit.

Sdu   135

§ 8.2.4
Het sluiten van de beraadslaging

Art. 8.22 Sluiting van de beraadslaging
1. De Voorzitter sluit de beraadslaging over een onderwerp, wanneer niemand meer het woord verlangt.
2. De Voorzitter of een in de vergaderzaal aanwezig lid kan de Kamer voorstellen de beraadslaging van de zijde van de Kamer eerder te sluiten, als hij van oordeel is dat het onderwerp waarover wordt beraadslaagd van verschillende zijden voldoende is belicht. Het voorstel kan beknopt worden toegelicht.
3. De Voorzitter of een ander in de vergaderzaal aanwezig lid kan ook voorstellen de beraadslaging van de zijde van de Kamer op een bepaald tijdstip te sluiten. Het voorstel kan beknopt worden toegelicht. Indien het voorstel wordt aangenomen, kan de Voorzitter besluiten de nog beschikbare tijd naar billijkheid te verdelen onder de sprekers.

§ 8.3
De besluitvorming

§ 8.3.1
Algemene bepalingen

Art. 8.23 Nemen van een besluit
1. Nadat de beraadslaging over een onderwerp is gesloten, gaat de Kamer zo nodig over tot het nemen van een besluit.
2. De stemming over een motie kan worden aangehouden. De aangehouden motie vervalt, indien er nog niet over is gestemd in de eerste vergadering twaalf weken na het besluit tot aanhouden. De Kamer kan anders besluiten. Bij het eindigen van een zitting vervallen alle aangehouden moties.

Art. 8.24 Tijdstippen stemmingen
Stemmingen vinden in het algemeen plaats op vaste tijdstippen.

§ 8.3.2
Besluitvorming over zaken

Art. 8.25 Stemming bij handopsteken
De stemming over een zaak vindt plaats door handopsteken, tenzij op grond van artikel 8.26, eerste lid, een hoofdelijke stemming is vereist.

Art. 8.26 Hoofdelijke stemming
1. Er vindt een hoofdelijke stemming over een zaak plaats, indien:
a. een lid daar om vraagt; of
b. naar het oordeel van een lid de stemverhouding bij een stemming bij handopsteken niet duidelijk is.
2. Er kan niet tot een hoofdelijke stemming als bedoeld in het eerste lid, onder b, worden overgegaan, wanneer de uitslag van de stemming bij handopsteken al is vastgesteld.
3. Bij de hoofdelijke stemming worden de leden hoofdelijk opgeroepen te stemmen. Ieder lid brengt hierbij mondeling zijn stem uit met de woorden «voor» of «tegen». Voor de stemming wordt door het lot beslist, bij welk lid op de presentielijst de oproeping begint.
4. Indien bij de hoofdelijke stemming blijkt dat geen meerderheid van het aantal zitting hebbende leden meer aanwezig is, zal de Voorzitter:
a. de vergadering voor enige tijd schorsen en haar voortzetten, indien bij de heropening weer voldoende leden aanwezig blijken te zijn; of
b. de vergadering sluiten en op een later tijdstip een nieuwe vergadering bijeenroepen.

Art. 8.27 Vergissingen bij stemmingen
1. Indien een lid zich tijdens het stemmen bij handopsteken vergist, kan hij zijn vergissing slechts herstellen voordat de Voorzitter de uitslag heeft vastgesteld.
2. Indien een lid zich tijdens een hoofdelijke stemming bij het uitbrengen van zijn stem vergist, kan hij zijn vergissing slechts herstellen voordat het volgende lid heeft gestemd.
3. Als het lid zijn vergissing niet tijdig heeft hersteld, kan hij na afloop van de stemming vragen om aantekening dat hij zich heeft vergist. Dit brengt geen verandering in de uitslag van de stemming.

Art. 8.28 Staken van stemmen
1. Bij het staken van de stemmen is een voorstel niet aangenomen, indien de vergadering voltallig is.
2. Indien de vergadering niet voltallig is, wordt de stemming uitgesteld tot een volgende vergadering. Als de stemmen opnieuw staken, is het voorstel niet aangenomen.

Art. 8.29 Stemverklaring
1. De Voorzitter kan toestaan dat onmiddellijk voorafgaand aan een stemming door de leden stemverklaringen worden afgelegd. Na de stemming kan een lid in ieder geval een stemverklaring afleggen.
2. Een stemverklaring mag niet langer duren dan één minuut, en dient te zijn beperkt tot een korte uitleg over de stem.
3. Na een stemverklaring kan de beraadslaging niet worden heropend.

Art. 8.30 Besluit zonder stemming
1. Een stemming over een zaak kan achterwege blijven, indien geen lid daarom vraagt. De Voorzitter stelt daarbij voor het besluit zonder stemming te nemen.
2. In de vergaderzaal aanwezige leden kunnen aantekening vragen dat zij geacht willen worden te hebben tegengestemd. In dat geval wordt het besluit geacht genomen te zijn met de stemmen van de overige leden.

§ 8.3.3
Besluitvorming over personen

Art. 8.31 Stemming met stembriefjes
1. De stemming over personen voor benoemingen, voordrachten of keuzen vindt plaats met behulp van stembriefjes, die de leden in een stembus werpen.
2. De leden vullen voor iedere kandidaat voor de benoeming, voordracht of keuze, afzonderlijk een stembriefje in. Het stembriefje moet een duidelijke aanwijzing bevatten van de persoon waarop het lid wil stemmen. In geval van twijfel, beslist de Kamer.

Art. 8.32 Stemrondes
1. De stemmingen over de kandidaten vinden plaats in een aantal stemrondes. De eerste stemming is vrij.
2. Indien niemand bij de eerste stemming de meerderheid van stemmen verkrijgt, dan vindt een tweede stemming plaats. Deze stemming is eveneens vrij.
3. Indien ook bij de tweede stemming niemand de meerderheid van stemmen verkrijgt, dan vindt een derde stemming plaats. Daarbij wordt gekozen uit de vier personen, die bij de tweede stemming de meeste stemmen op zich hebben verenigd. Als bij de tweede stemming slechts op drie of vier personen stemmen zijn uitgebracht, dan wordt gekozen uit de twee personen, op wie het hoogste aantal stemmen is uitgebracht.
4. Indien ook bij de derde stemming niemand de meerderheid van stemmen verkrijgt, dan vindt een vierde stemming plaats. Daarbij wordt gekozen uit de twee personen, die bij de derde stemming de meeste stemmen op zich hebben verenigd.
5. Indien bij een tweede of derde stemming niet is uitgemaakt tussen wie ook bij een volgende stemming moet worden beslist, dan vindt er een tussenstemming plaats om daarover te beslissen.

Art. 8.33 Staken van stemmen
1. Indien bij een tussenstemming als bedoeld in artikel 8.32, vijfde lid, of bij een stemming tussen twee personen de stemmen staken, dan beslist het lot.
2. Er worden naambriefjes voor de betrokken personen gemaakt om de beslissing tot stand te brengen. De naambriefjes worden vervolgens door een stemopnemer als bedoeld in artikel 8.35 behoorlijk toegevouwen in de stembus geworpen, en er door een andere stemopnemer een voor een uitgetrokken en voorgelezen. De persoon die wordt vermeld op het naambriefje dat het eerste uit de stembus is getrokken, is de gekozene.

Art. 8.34 Ongeldige stemmen
1. Niet of niet behoorlijk ingevulde stembriefjes tellen voor het bepalen van de meerderheid niet mee.
2. Indien op verzoek van de Kamer ten behoeve van de stemming door een commissie personen zijn voorgedragen voor de benoeming, voordracht of keuze, en tellen stembriefjes die een persoon aanwijzen die niet door de commissie is voorgedragen evenmin mee.

Art. 8.35 Uitslag stemming
1. De Voorzitter benoemt voor de stemming vier leden tot stemopnemers, die gezamenlijk steeds de geldigheid van de stembriefjes controleren, en bepalen hoeveel stemmen op iedere persoon zijn uitgebracht.
2. Wanneer de stemopnemers bij een stemming klaar zijn met hun taak, maakt de eerstbenoemde stemopnemer het getal van de in de stembus aangetroffen stembriefjes bekend, en de Voorzitter het getal van de leden op de presentielijst. De eerstbenoemde stemopnemer maakt vervolgens de uitslag bekend.

Art. 8.36 Nietige stemming
1. Een stemming is nietig, indien:
a. het getal van de in de bus gevonden stembriefjes groter is dan dat van de leden op de presentielijst en dit verschil van invloed heeft kunnen zijn op de uitslag; of

b. het getal van de behoorlijk ingevulde stembriefjes niet meer bedraagt dan de helft van het aantal zitting hebbende leden.
2. Na een nietige stemming vindt de stemming opnieuw plaats. Indien de stemming nietig is omdat het getal van de in de stembus gevonden stembriefjes niet meer bedraagt dan de helft van het aantal zitting hebbende leden, dan wordt de vergadering tussentijds geschorst of uitgesteld onder overeenkomstige toepassing van artikel 8.26, vierde lid.

Art. 8.37 Besluit zonder stemming
Een stemming over een persoon kan achterwege blijven, indien geen van de leden daarom vraagt en het gaat over:
a. de benoeming van de Griffier; of
b. de benoeming of voordracht van een of meer personen voor een positie in een ander overheidsorgaan, een aanbeveling is gedaan voor de benoeming of voordracht, en de betrokken commissie aan de Voorzitter heeft meegedeeld dat zij geen reden ziet om van die aanbeveling af te wijken.
De Voorzitter stelt voor het besluit zonder stemming te nemen.

Art. 8.38 Niet in de Grondwet vermelde keuzen
Bij benoemingen, voordrachten of keuzen, die niet in de Grondwet zijn vermeld, kan de Kamer in een bijzonder geval andere regels doen gelden.

Art. 8.39 Aanbieding aan de Koning
De Voorzitter draagt zorg dat de voordrachten van personen van wie de benoeming geschiedt bij koninklijk besluit aan de Koning worden aangeboden.

Hoofdstuk 9
Wetsvoorstellen

§ 9.1
Wetsvoorstellen

§ 9.1.1
Voorbereiding door de commissie

Art. 9.1 Inhandenstelling
1. De Voorzitter stelt elk wetsvoorstel in handen van een vaste commissie voor een voorbereidend onderzoek.
2. Het besluit tot inhandenstelling wordt zo spoedig mogelijk meegedeeld in een vergadering van de Kamer. Bij die mededeling kan de Kamer anders besluiten over de inhandenstelling.

Art. 9.2 Verslag
1. Een commissie brengt over elk in haar handen gesteld wetsvoorstel verslag uit aan de Kamer.
2. Ieder lid van de Kamer kan bij de commissie schriftelijke opmerkingen inbrengen over het verslag. De commissie is bevoegd weg te laten wat zij niet ter zake acht.
3. De commissie stelt binnen twee weken na de inhandenstelling, met uitzondering van recesperioden, een termijn vast voor de inbreng. Van de gestelde termijn wordt mededeling gedaan aan de leden van de Kamer.

Art. 9.3 Stellen van een termijn
1. Het Presidium kan een commissie een termijn stellen voor het uitbrengen van haar verslag over een wetsvoorstel.
2. Indien het verslag niet binnen de gestelde tijd gereed kan zijn, vraagt de commissie om verlenging van de termijn. Het Presidium beslist over de verlenging. Deze beslissing wordt zo spoedig mogelijk schriftelijk ter kennis gebracht van de leden van de Kamer en meegedeeld in een vergadering van de Kamer.
3. Indien het Presidium een beslissing tot verlenging niet unaniem heeft genomen, wordt dat gemeld bij de mededeling, bedoeld in het tweede lid. De Kamer kan bij die mededeling anders besluiten. Een voorstel daartoe kan door ieder lid worden gedaan.
4. Een verlengde termijn kan slechts nader worden verlengd door de Kamer. Tijdens een reces kan het Presidium tot nadere verlenging van de termijn besluiten.
5. Indien een commissie niet binnen een gestelde termijn verslag uitbrengt, kan de Kamer de beraadslaging openen zonder dat een verslag is uitgebracht.

Art. 9.4 Vervolgstukken
1. Een commissie vermeldt in haar verslag over een wetsvoorstel of zij de behandeling door de Kamer, al dan niet onder voorbehoud, voldoende voorbereid acht.
2. Indien het verslag opmerkingen of vragen bevat, wordt de regering in de gelegenheid gesteld te reageren in een nota naar aanleiding van het verslag.
3. Na ontvangst van een nota naar aanleiding van het verslag kan de commissie besluiten nader verslag uit te brengen. De artikelen 9.2 tot en met 9.4 zijn van toepassing op een nader verslag.

§ 9.1.2
Amendementen

Art. 9.5 Indienen van amendementen
1. Ieder lid kan, alleen of met andere leden, amendementen indienen vanaf het tijdstip dat een wetsvoorstel in handen van een commissie is gesteld.
2. De amendementen moeten zijn voorzien van een beknopte toelichting, en door de indieners zijn ondertekend.
3. De amendementen worden bij de indiening meteen openbaar gemaakt. Indien een amendement op de dag van de beraadslaging of stemming over het wetsvoorstel wordt ingediend, wordt het tevens in de vergaderzaal rondgedeeld.

Art. 9.6 Toelaatbaarheid van amendementen
1. Een amendement wordt geacht toelaatbaar te zijn, zolang de Kamer het niet ontoelaatbaar heeft verklaard.
2. De Voorzitter of een lid kan de Kamer voorstellen een amendement ontoelaatbaar te verklaren, indien:
a. de strekking van het amendement tegengesteld is aan het wetsvoorstel; of
b. er tussen de inhoud van het amendement en die van het wetsvoorstel geen rechtstreeks verband bestaat.

Art. 9.7 Wijzigen en intrekken van amendementen
1. De eerste ondertekenaar van een amendement kan zijn amendement wijzigen.
2. De eerste ondertekenaar kan het amendement intrekken tijdens een wetgevingsoverleg en de beraadslaging van de Kamer. Indien de beraadslaging is gesloten, is voor de intrekking toestemming nodig van de Kamer.
3. Indien de eerste ondertekenaar geen lid meer is, kan een door zijn fractie of groep aangewezen lid het amendement wijzigen of intrekken. Indien de fractie of groep geen deel meer uitmaakt van de Kamer, kan de eerstvolgende ondertekenaar het amendement wijzigen of intrekken.

Art. 9.8 Overnemen van amendementen
1. De Voorzitter deelt tijdens de beraadslaging over een wetsvoorstel mee dat een amendement is overgenomen, indien:
a. de minister te kennen geeft zich met de inhoud van een ingediend amendement te kunnen verenigen; en
b. de Voorzitter zich ervan heeft overtuigd dat geen van de in de vergaderzaal aanwezige leden zich tegen het overnemen van het amendement verzet.
2. Een overgenomen amendement is vanaf de mededeling onderdeel van het wetsvoorstel en maakt geen afzonderlijk onderwerp van de beraadslaging meer uit.
3. Dit artikel is van overeenkomstige toepassing op het overnemen van een amendement tijdens een wetgevingsoverleg.

Art. 9.9 Subamendementen
1. Ieder lid kan, alleen of met andere leden, subamendementen indienen tot wijziging van door andere leden ingediende amendementen.
2. De regels die voor amendementen gelden, zijn van overeenkomstige toepassing op subamendementen.

§ 9.1.3
De beraadslaging

Art. 9.10 Algemene beraadslaging en artikelsgewijze behandeling
1. De algemene beraadslaging over een wetsvoorstel vindt plaats in twee termijnen.
2. De Kamer kan besluiten het wetsvoorstel na de algemene beraadslaging artikelsgewijs te behandelen. Daarbij behandelt de Kamer de artikelen en de daarop voorgestelde amendementen in hun volgorde, en ten slotte de beweegreden van het wetsvoorstel. De Kamer kan, de commissie gehoord, tevens besluiten dat de artikelsgewijze behandeling in een wetgevingsoverleg plaatsvindt.
3. Indien over een wetsvoorstel een wetgevingsoverleg is gehouden, vindt verder geen beraadslaging plaats, tenzij de Kamer anders besluit.
4. De Kamer kan tot een andere wijze van behandelen besluiten.

§ 9.1.4
De stemmingen

Art. 9.11 Stemmingen over wetsvoorstel en amendementen
1. De Kamer volgt bij het stemmen de artikelvolgorde van het wetsvoorstel, met dien verstande dat:
a. subamendementen in stemming komen voor het amendement dat zij wijzigen;

b. amendementen in stemming komen voor de artikelen die zij wijzigen;
c. de afzonderlijke artikelen in hun volgorde in stemming komen;
d. de beweegreden onmiddellijk voorafgaand aan de eindstemming in stemming komt; en
e. de eindstemming over het wetsvoorstel in zijn geheel altijd aan het slot plaatsvindt.
2. De amendementen komen in hun geheel in stemming bij het eerste artikel dat zij wijzigen, tenzij de Kamer anders besluit.
3. De amendementen op eenzelfde gedeelte van het wetsvoorstel komen steeds in stemming in volgorde van meest naar minst verstrekkend ten opzichte van het wetsvoorstel. Bij geschil over de verstrekkendheid van een amendement beslist de Kamer.
4. Er wordt slechts afzonderlijk gestemd over artikelen of de beweegreden, of over onderdelen daarvan of over onderdelen van amendementen, indien de Kamer daartoe op verzoek van een lid besluit.
5. De Kamer kan besluiten dat:
a. amendementen als vervallen moeten worden beschouwd door het aanbrengen van andere wijzigingen in het wetsvoorstel;
b. in het wetsvoorstel technische wijzigingen worden aangebracht die nodig zijn geworden door het aannemen van twee of meer amendementen.

Art. 9.12 Tweede lezing
1. Indien een wetsvoorstel in de loop van de beraadslaging of als gevolg van de stemmingen is gewijzigd, dan kan de Kamer besluiten de eindstemming voor een tweede lezing uit te stellen tot een volgende vergadering.
2. Tot de eindstemming kunnen door de regering en door de betrokken commissie wijzigingen worden voorgesteld die nodig zijn geworden door voor of bij de stemmingen aangebrachte wijzigingen, of die kennelijke vergissingen herstellen.
3. Indien wijzigingen worden voorgesteld, vindt de stemming daarover en de eindstemming over het wetsvoorstel zo spoedig mogelijk plaats, tenzij de voorgestelde wijzigingen de Kamer aanleiding geven tot heropening van de beraadslaging.

§ 9.1.5
Afronding behandeling

Art. 9.13 Vernummering wetsvoorstel
1. De Voorzitter brengt in een door de Kamer aangenomen wetsvoorstel verandering aan in de nummering of lettering van hoofdstukken, paragrafen, artikelen, artikelleden of artikelonderdelen, en in de op de tekstdelen gerichte verwijzingen, voor zover hij dit nodig acht door wijzigingen die in het wetsvoorstel zijn aangebracht.
2. De Kamer kan besluiten de in het eerste lid bedoelde veranderingen geheel of gedeeltelijk achterwege te laten.

Art. 9.14 Verzending aangenomen wetsvoorstel
De Voorzitter zendt een door de Kamer aangenomen wetsvoorstel aan de Voorzitter van de Eerste Kamer met het volgende formulier: «De Tweede Kamer der Staten-Generaal zendt bijgaand door haar aangenomen wetsvoorstel aan de Eerste Kamer».

Art. 9.15 Terugzending verworpen wetsvoorstel
De Voorzitter zendt een door de Kamer verworpen wetsvoorstel, door of vanwege de Koning ingediend, terug naar de Koning met het volgende formulier: «De Tweede Kamer der Staten-Generaal heeft het hierbij wederom gaande wetsvoorstel verworpen».

§ 9.2
Bijzonderheden rijkswetsvoorstellen

Art. 9.16 Bijzondere regels
Bij de behandeling van rijkswetsvoorstellen gelden de volgende bijzondere regels.

Art. 9.17 Schriftelijke voorbereiding
Het voorbereidend onderzoek van een rijkswetsvoorstel geschiedt langs schriftelijke weg.

Art. 9.18 Stellen van een termijn
De Voorzitter of een lid kan de Kamer voorstellen een termijn vast te stellen waarbinnen de Staten van Aruba, Curaçao of Sint Maarten bevoegd zijn schriftelijk verslag uit te brengen over een rijkswetsvoorstel.

Art. 9.19 Verslag van de Staten
Een schriftelijk verslag van de Staten van Aruba, Curaçao of Sint Maarten over een rijkswetsvoorstel wordt na ontvangst zo spoedig mogelijk openbaar gemaakt, en toegezonden aan de leden en de regering.

Art. 9.20 Aanneming met minder dan drie vijfden van de stemmen
1. De Voorzitter geeft de minister-president kennis van het aannemen van een rijkswetsvoorstel, indien voor de eindstemming:

a. een gevolmachtigde minister of een daartoe aangewezen bijzondere gedelegeerde een verklaring als bedoeld in artikel 18, eerste lid, van het Statuut voor het Koninkrijk heeft afgelegd tegen het rijkswetsvoorstel; en
b. de Kamer het rijkswetsvoorstel daarna heeft aangenomen met een meerderheid van minder dan drie vijfden van het aantal uitgebrachte stemmen.
2. De Voorzitter zendt het rijkswetsvoorstel slechts aan de Eerste Kamer, indien de minister-president hem meedeelt dat het voorstel wordt gehandhaafd.

§ 9.3
Bijzonderheden initiatiefwetsvoorstellen

Art. 9.21 Aanhangig maken initiatiefwetsvoorstel
1. Ieder lid kan, alleen of met andere leden, als initiatiefnemer een initiatiefwetsvoorstel bij de Kamer aanhangig maken door dit schriftelijk en ondertekend aan de Voorzitter te zenden.
2. Indien het initiatiefwetsvoorstel een rijkswetsvoorstel betreft, zendt de Voorzitter dit meteen na ontvangst aan de Staten van Aruba, Curaçao en Sint Maarten.
3. Het eerste en tweede lid zijn van overeenkomstige toepassing op een voorstel van een gevolmachtigde minister als bedoeld in artikel 15, derde lid, van het Statuut voor het Koninkrijk.

Art. 9.22 Horen Afdeling advisering van de Raad van State
1. De Kamer hoort de Afdeling advisering van de Raad van State voordat zij een initiatiefwetsvoorstel in behandeling neemt.
2. De Kamer kan de Afdeling advisering nogmaals horen nadat het initiatiefwetsvoorstel in behandeling is genomen. Een lid kan daartoe, zo nodig met doorbreking van de orde, een voorstel doen tot aan de eindstemming over het wetsvoorstel.
3. De initiatiefnemers zijn verantwoordelijk voor een schriftelijke reactie op de door de Afdeling advisering uitgebrachte adviezen.

Art. 9.23 Behandeling initiatiefwetsvoorstellen
1. Een initiatiefwetsvoorstel wordt pas in handen van een commissie gesteld nadat het advies van de Afdeling advisering, bedoeld in artikel 9.22, eerste lid, met de schriftelijke reactie van de initiatiefnemers is openbaar gemaakt.
2. Het initiatiefwetsvoorstel wordt op dezelfde wijze behandeld als door of vanwege de Koning ingediende wetsvoorstellen, met dien verstande dat:
a. overal waar sprake is van het optreden van een minister, de initiatiefnemers in zijn plaats optreden; en
b. de initiatiefnemers niet aan het onderzoek van het voorstel deelnemen.
3. De initiatiefnemers kunnen zich in de vergadering van de commissies en van de Kamer doen bijstaan door ten hoogste vier door hen daartoe aangewezen personen.
4. Indien ministers bij de behandeling het woord verlangen, krijgen zij dit na de initiatiefnemers, tenzij de Kamer anders besluit.

Art. 9.24 Wijziging samenstelling initiatiefnemers
1. De eerste ondertekenaar van een initiatiefwetsvoorstel deelt elke wijziging in de samenstelling van de initiatiefnemers die zich tijdens de behandeling door de Kamer voordoet, schriftelijk mee aan de Voorzitter.
2. Indien de eerste ondertekenaar geen lid meer is, kan een door zijn fractie of groep aangewezen lid dat initiatiefnemer wordt of de eerstvolgende ondertekenaar die nog lid is, de schriftelijke mededeling doen.

Art. 9.25 Initiatiefwetsvoorstellen zonder initiatiefnemers
1. De Voorzitter deelt jaarlijks na de verzending van het ontwerp voor de raming in een vergadering aan de Kamer mee bij welke aanhangige initiatiefwetsvoorstellen geen van de initiatiefnemers meer lid is.
2. Indien er in de eerste vergadering zes weken na de mededeling geen nieuwe initiatiefnemers zijn voor een initiatiefwetsvoorstel, stelt de Voorzitter aan de Kamer voor dit wetsvoorstel als vervallen te beschouwen.

Art. 9.26 Verdediging in de Eerste Kamer
1. Indien een initiatiefwetsvoorstel wordt aangenomen door de Kamer, dan wordt de initiatiefnemers opgedragen het wetsvoorstel in de Eerste Kamer te verdedigen. De Kamer kan anders besluiten.
2. De Kamer kan gedurende de behandeling in de Eerste Kamer besluiten de verdediging van het wetsvoorstel aan andere leden op te dragen.

Art. 9.27 Verzending aangenomen initiatiefwetsvoorstel
De Voorzitter zendt een door de Kamer aangenomen initiatiefwetsvoorstel aan de Voorzitter van de Eerste Kamer met het volgende formulier: «De Tweede Kamer der Staten-Generaal zendt bijgaand door haar aangenomen wetsvoorstel aan de Eerste Kamer. Zij heeft ..... opgedragen het voorstel in die Kamer te verdedigen».

§ 9.4
Bijzonderheden begrotingswetsvoorstellen

Art. 9.28 Stemmingen begrotingswetsvoorstel
De stemmingen over begrotingswetsvoorstellen en bij die wetsvoorstellen ingediende amendementen vinden steeds in samenhang plaats, bij voorkeur in één week.

§ 9.5
Bijzonderheden herziening Grondwet of Statuut voor het Koninkrijk

Art. 9.29 Spoedige overweging in tweede lezing
1. De Kamer besluit met bekwame spoed over een wetsvoorstel tot verandering in de Grondwet dat aanhangig is gemaakt voor de overweging in tweede lezing, bedoeld in artikel 137, vierde lid, van de Grondwet.
2. Indien de Kamer niet over het wetsvoorstel heeft besloten in de eerste zitting nadat zij is ontbonden als bedoeld in artikel 137, derde lid, van de Grondwet, stelt de Voorzitter bij aanvang van de daaropvolgende zitting aan de Kamer voor het wetsvoorstel als vervallen te beschouwen.

Art. 9.30 Bijzonderheden initiatiefwetsvoorstel tweede lezing
1. De fracties en groepen van de leden die in de Eerste Kamer een initiatiefwetsvoorstel hebben verdedigd dat is bekendgemaakt als wet houdende verklaring dat er grond bestaat een voorstel in overweging te nemen tot verandering in de Grondwet, dragen zorg dat zo spoedig mogelijk na die bekendmaking een wetsvoorstel tot verandering in de Grondwet aanhangig wordt gemaakt.
2. Indien het betrokken wetsvoorstel niet op grond van het eerste lid aanhangig wordt gemaakt, maakt de Voorzitter het uiterlijk op de laatste dag van de zitting waarin de bekendmaking plaatsvond ambtshalve aanhangig.
3. Het wetsvoorstel kan pas na aanvang van de eerstvolgende zitting in handen van een commissie worden gesteld.
4. Artikel 9.25 is niet van toepassing op het wetsvoorstel. Indien geen van de initiatiefnemers en hun fracties of groepen meer deel uitmaken van de Kamer, kan de Kamer besluiten of andere leden initiatiefnemer van het wetsvoorstel worden.

Art. 9.31 Wijziging Statuut voor het Koninkrijk
De artikelen 9.29 en 9.30 zijn van overeenkomstige toepassing op rijkswetsvoorstellen tot wijziging van het Statuut voor het Koninkrijk die afwijken van de Grondwet.

Hoofdstuk 10
Verdragen, (ontwerp)besluiten en (initiatief)nota's

§ 10.1
Verdragen

Art. 10.1 Brief stilzwijgende goedkeuring Verdrag
1. Zodra een verdrag ter stilzwijgende goedkeuring wordt overgelegd aan de Kamer, wordt op de begeleidende brief aangetekend:
a. de dag van ontvangst; en
b. de dag waarop de wens dat het verdrag aan de uitdrukkelijke goedkeuring van de Staten-Generaal zal worden onderworpen uiterlijk te kennen kan worden gegeven.
De begeleidende brief met de aantekening wordt verspreid onder de leden.
2. Als eerste dag van de termijn voor het te kennen geven van de wens, geldt de dag na die van ontvangst van het verdrag.

Art. 10.2 Uitspreken wens door de Kamer
1. De Voorzitter of een lid kan in een vergadering aan de Kamer voorstellen de wens tot uitdrukkelijke goedkeuring van een verdrag te kennen te geven.
2. Indien de Kamer instemt met het voorstel, deelt de Voorzitter dit meteen mee aan de Minister van Buitenlandse Zaken, en vervolgens aan de Voorzitter van de Eerste Kamer.
3. Indien de Kamer niet met het voorstel instemt, maar ten minste dertig leden zich voor het voorstel verklaren, dan vindt artikel 10.4 toepassing.

Art. 10.3 Uitspreken wens namens de Kamer
1. De Voorzitter kan namens de Kamer de wens tot uitdrukkelijke goedkeuring van een verdrag te kennen geven. Hij raadpleegt zo mogelijk vooraf de betrokken commissies.
2. De Voorzitter geeft de wens te kennen aan de Minister van Buitenlandse Zaken, en deelt dit vervolgens meteen mee aan de Voorzitter van de Eerste Kamer.

Art. 10.4 Uitspreken wens door dertig leden
1. Indien dertig of meer leden de wens tot uitdrukkelijke goedkeuring van een verdrag te kennen willen geven, dan delen zij dit schriftelijk mee aan de Voorzitter.

2. De Voorzitter deelt het te kennen geven van de wens meteen mee aan de Minister van Buitenlandse Zaken, en vervolgens aan de Kamer en de Voorzitter van de Eerste Kamer.

Art. 10.5 (Uitspreken wens door) gevolmachtigde ministers
1. Indien het verdrag dat is overgelegd Aruba, Curaçao of Sint Maarten raakt, dan worden de desbetreffende gevolmachtigde ministers:
a. in de gelegenheid gesteld de mondelinge behandeling van een voorstel als bedoeld in artikel 10.2, eerste lid, bij te wonen en daarbij zodanige voorlichting aan de Kamer te verstrekken als zij gewenst oordelen; en
b. tevens steeds in kennis gesteld van het te kennen geven van de wens van uitdrukkelijke goedkeuring door of namens de Kamer of door ten minste dertig leden.
2. Indien een gevolmachtigde minister door tussenkomst van de Voorzitter de wens tot uitdrukkelijke goedkeuring van een verdrag te kennen geeft, dan deelt de Voorzitter dit meteen mee aan de Minister van Buitenlandse Zaken, en vervolgens aan de Kamer en de Voorzitter van de Eerste Kamer.

Art. 10.6 Sluiting uitvoeringsverdrag, verlenging of opzegging verdrag
De artikelen 10.1 tot en met 10.5 zijn van overeenkomstige toepassing, indien de regering aan de Kamer mededeling doet van het voornemen tot:
a. sluiting van een verdrag uitsluitend betreffende de uitvoering van een goedgekeurd verdrag;
b. verlenging van een aflopend verdrag; of
c. opzegging van een verdrag.

§ 10.2
(Ontwerp)besluiten

Art. 10.7 Brief over (ontwerp)besluit
1. Indien op grond van de wet aan de Kamer een (ontwerp)besluit wordt overgelegd en de wens te kennen kan worden gegeven dat het onderwerp of de inwerkingtreding van het (ontwerp)besluit bij wet wordt geregeld, dan wordt op de begeleidende brief aangetekend:
a. de dag van ontvangst; en
b. de dag waarop de wens uiterlijk te kennen kan worden gegeven.
De begeleidende brief met de aantekening wordt verspreid onder de leden.
2. Als eerste dag van de wettelijke termijn voor het te kennen geven van de wens, geldt de dag na die van ontvangst van het ontwerpbesluit.
3. Dit artikel vindt overeenkomstige toepassing in andere gevallen waarin naar aanleiding van een door de Kamer ontvangen brief een in de wet omschreven wens te kennen kan worden gegeven.

Art. 10.8 Uitspreken wens
Voor zover de wet hierin voorziet, kan de wens aan de betrokken minister te kennen worden gegeven:
a. door de Kamer, onder overeenkomstige toepassing van artikel 10.2;
b. namens de Kamer, onder overeenkomstige toepassing van artikel 10.3;
c. door een in de wet genoemd aantal leden, onder overeenkomstige toepassing van artikel 10.4.

§ 10.3
(Initiatief)nota's

Art. 10.9 Indiening en inhandenstelling initiatiefnota
1. Ieder lid kan, alleen of met andere leden, over een door hem te bepalen onderwerp een initiatiefnota indienen.
2. De initiatiefnota dient paragrafen met beslispunten en financiële aspecten te bevatten.
3. De Voorzitter stelt de initiatiefnota in handen van een commissie. Indien de paragrafen, bedoeld in het tweede lid, niet in de initiatiefnota zijn opgenomen, kan de Voorzitter de indieners verzoeken het stuk daarvan alsnog te voorzien.
4. Het besluit tot inhandenstelling wordt zo spoedig mogelijk meegedeeld aan de Kamer. Bij die mededeling kan de Kamer anders besluiten over de inhandenstelling.

Art. 10.10 Behandeling (initiatief)nota's
1. De commissie houdt in ieder geval een notaoverleg over een in haar handen gestelde initiatiefnota.
2. Indien een commissie besluit voorafgaand een verslag vast te stellen over de initiatiefnota, zijn de artikelen 9.2 en 9.3 van overeenkomstige toepassing.
3. Indien een commissie besluit een verslag uit te brengen over een ander stuk waarover zij een notaoverleg wenst te houden, zijn de artikelen 9.2 en 9.3 eveneens van overeenkomstige toepassing.
4. De artikelen 9.24 en 9.25 zijn van overeenkomstige toepassing op initiatiefnota's.

Hoofdstuk 11
De kabinetsformatie

Art. 11.1 Aanwijzing van kabinets(in)formateurs
1. De Kamer beraadslaagt na aanvang van een nieuwe zitting zo spoedig mogelijk, maar uiterlijk na een week, over de verkiezingsuitslag. Het doel van de beraadslaging is een of meer informateurs onderscheidenlijk formateurs aan te wijzen en de door hen uit te voeren opdracht vast te stellen. Indien dat doel niet in de vergadering wordt bereikt, besluit de Kamer daarover zo spoedig mogelijk in een volgende vergadering.
2. Indien een informatieopdracht wordt afgerond, formuleert de Kamer in beginsel binnen een week na de dag van afronding een formatieopdracht, en wijst zij voor de uitvoering daarvan een of meer formateurs aan.
3. Indien de aangewezen informateurs of formateurs hun opdracht teruggeven, formuleert de Kamer in beginsel binnen een week na de dag van teruggave een nieuwe opdracht, en wijst zij voor de uitvoering daarvan een of meer informateurs onderscheidenlijk formateurs aan.
4. De aanwijzing van een informateur of formateur vindt plaats onder toepassing van de artikelen 8.25 tot en met 8.30.
5. Na een tussentijdse val van het kabinet kan de Kamer beraadslagen over de wenselijkheid of richting van een nieuwe kabinetsformatie. Het eerste tot en met vierde lid is dan van overeenkomstige toepassing.

Art. 11.2 Inlichtingen over kabinetsformatie
De Kamer kan de informateurs en formateurs tijdens de uitvoering van en na afronding van hun opdracht uitnodigen om inlichtingen te verschaffen over het verloop van de kabinetsformatie.

Art. 11.3 Controversiële onderwerpen
1. Na een tussentijdse val van het kabinet, een koninklijk besluit tot ontbinding van de Kamer, of verkiezingen voor de Kamer, kan de Kamer op schriftelijk voorstel van een commissie of van een of meer leden besluiten om een of meer onderwerpen controversieel te verklaren.
2. Indien een onderwerp controversieel is verklaard, wordt de behandeling daarvan uitgesteld totdat een nieuw kabinet is aangetreden of de Kamer tussentijds anders besluit.

Hoofdstuk 12
Inlichtingen en onderzoek

§ 12.1
De schriftelijke vragen

Art. 12.1 Indienen schriftelijke vragen
1. Een lid dat schriftelijk vragen wil stellen aan een minister dient deze vragen in bij de Voorzitter. De vragen moeten kort en duidelijk zijn geformuleerd.
2. De Voorzitter zendt de vragen door aan de betrokken minister, tenzij hij van oordeel is dat de vragen woorden als bedoeld in artikel 8.16, eerste lid, onder a tot en met e, bevatten.
3. De Voorzitter brengt de doorgezonden vragen ter kennis van de leden en maakt deze vragen openbaar.

Art. 12.2 Beantwoording schriftelijke vragen
1. Indien een minister niet in staat is om een schriftelijke vraag binnen drie weken te beantwoorden, dan laat hij de Voorzitter dit onder opgave van redenen weten.
2. De Griffier maakt regelmatig een overzicht openbaar van de vragen die langer dan zes weken op beantwoording wachten, en rappelleert daarover regelmatig bij de ministers.

§ 12.2
Het mondelinge vragenuur

Art. 12.3 Tijdstip en voorbereiding mondelinge vragenuur
1. Het mondelinge vragenuur vindt plaats op dinsdag aan het begin van de vergadering. De ministers worden verzocht steeds beschikbaar te zijn op dit tijdstip, tenzij zij verplichtingen hebben die naar het oordeel van de Voorzitter moeten voorgaan.
2. Ieder lid kan ten hoogste één onderwerp aanmelden waarover hij tijdens het vragenuur vragen wil stellen. Het lid kan dit onderwerp schriftelijk aanmelden bij de Voorzitter vanaf de sluiting van de laatste vergadering in de voorafgaande week tot uiterlijk 11.00 uur op de dinsdag van het vragenuur. Indien in de voorafgaande week na donderdag 12.00 uur geen vergadering plaatsvindt, kan het lid zijn onderwerp vanaf dat tijdstip aanmelden.
3. De Voorzitter beslist zo spoedig mogelijk over welke van de aangemelde onderwerpen in het vragenuur vragen worden gesteld, en maakt deze onderwerpen openbaar.

4. De Voorzitter nodigt de betrokken ministers uit voor het vragenuur, onder vermelding van de uitgekozen onderwerpen.
5. De Kamer kan in een bijzonder geval besluiten het vragenuur te laten plaatsvinden op een ander tijdstip dan dat bedoeld in het eerste lid. De Voorzitter bepaalt dan tot wanneer de leden hun onderwerpen bij hem kunnen aanmelden.

Art. 12.4 Verloop mondelinge vragenuur
1. De Voorzitter bepaalt de volgorde waarin de onderwerpen tijdens het mondelinge vragenuur aan de orde worden gesteld.
2. Bij elk onderwerp wordt het lid dat het onderwerp heeft aangemeld, de vragensteller, gedurende in totaal vier minuten een of meerdere keren het woord verleend om aan de minister vragen te stellen, en wordt aan de minister een of meerdere keren het woord verleend om de vragen beknopt te beantwoorden.
3. Vervolgens kan de Voorzitter aan de leden het woord verlenen om aan de minister vragen te stellen over hetzelfde onderwerp. Daarbij wordt het woord voor ten hoogste een halve minuut per vraag verleend. De minister wordt het woord verleend om de vragen beknopt te beantwoorden.
4. Tijdens het vragenuur kunnen de leden van een fractie gezamenlijk ten hoogste twee vragen als bedoeld in het derde lid stellen, en de leden van een groep gezamenlijk ten hoogste één dergelijke vraag.
5. Indien een onderwerp aan het einde van het vragenuur nog niet aan de orde is gekomen, kan de Voorzitter besluiten dat dit komt te vervallen.

Art. 12.5 Beperkingen tijdens mondelinge vragenuur
Tijdens het mondelinge vragenuur:
a. zijn interrupties niet toegestaan;
b. is het indienen van moties niet toegestaan; en
c. zijn de artikelen 8.10, derde lid, en 8.12 niet van toepassing.

§ 12.3
De interpellatie

Art. 12.6 Interpellatie
1. Ieder lid dat inlichtingen van een minister verlangt over een onderwerp, kan de Kamer verzoeken om hem toe te staan een interpellatie te houden. Het lid vermeldt hierbij de belangrijkste punten waarover hij bij de interpellatie vragen wil stellen.
2. Het verzoek wordt toegekend indien het wordt gesteund door ten minste dertig leden.
3. De Voorzitter bepaalt wanneer de interpellatie wordt gehouden.
4. De interpellant dient de vragen die hij zal stellen binnen een week schriftelijk in bij de Voorzitter. Deze zendt de vragen door aan de betrokken minister. Artikel 12.1, tweede en derde lid, is van overeenkomstige toepassing.
5. In afwijking van artikel 8.12 voert tijdens de interpellatie slechts de interpellant het woord in ten hoogste twee termijnen en de andere leden het woord in ten hoogste één termijn.
6. Indien bij een interpellatie zeer veel spoed is vereist en de minister aanwezig is, kan de Kamer besluiten dat een interpellatie meteen wordt gehouden. Het vierde lid is dan niet van toepassing, en de minister geeft meteen de gevraagde inlichtingen. Als dit niet mogelijk is, stelt de Kamer de verdere behandeling uit tot een later tijdstip.

§ 12.4
Het dertigledendebat

Art. 12.7 Dertigledendebat
1. Ieder lid kan verzoeken een dertigledendebat te houden, onder vermelding van het onderwerp van het debat.
2. Het verzoek wordt toegekend indien het wordt gesteund door ten minste dertig leden.
3. De Voorzitter bepaalt wanneer het debat wordt gehouden.

§ 12.5
Vervallen toekenning debat

Art. 12.8 Vervallen toekenning debat
1. Indien in de eerste vergadering twaalf weken na de toekenning van een interpellatiedebat, een dertigledendebat of een ander door een lid verzocht debat waartoe de Kamer heeft besloten, dit debat nog niet heeft plaatsgevonden, dan vervalt de toekenning.
2. Het lid dat om het debat heeft verzocht, of een ander lid van zijn fractie of groep, kan uiterlijk in de in het eerste lid bedoelde vergadering meedelen dat hij de termijn voor de toekenning

wenst te verlengen. De verlenging geldt vanaf die mededeling tot en met de eerste vergadering twaalf weken nadien. De termijn kan op deze wijze ten hoogste twee keer worden verlengd.

§ 12.6
Parlementair en extern onderzoek

Art. 12.9 Parlementaire enquête
Een parlementaire enquête wordt uitgevoerd door een daarvoor in te stellen enquêtecommissie.

Art. 12.10 Ander parlementair onderzoek
Ander parlementair onderzoek wordt uitgevoerd door een daarvoor in te stellen tijdelijke commissie.

Art. 12.11 Regeling parlementair en extern onderzoek
Bij afzonderlijke regeling, vast te stellen door de Kamer, worden nadere regels gesteld voor:
a. parlementair onderzoek door een enquêtecommissie;
b. parlementair onderzoek door een tijdelijke commissie; en
c. extern onderzoek door derden.

Hoofdstuk 13
Europese, internationale en interparlementaire aangelegenheden

§ 13.1
Europese aangelegenheden

Art. 13.1 Lidmaatschap Europees Parlement
De artikelen 2.1, eerste tot en met derde lid, en 2.2 zijn van overeenkomstige toepassing op de op grond van de wet door de Kamer te nemen beslissingen over de toelating tot het lidmaatschap van in Nederland gekozen leden van het Europees Parlement, en het verlies van dat lidmaatschap.

Art. 13.2 Deelname aan beraadslaging door leden Europees Parlement
De Kamer kan besluiten dat in Nederland gekozen leden van het Europees Parlement worden uitgenodigd om inlichtingen te verstrekken en daartoe deel te nemen aan de beraadslaging van de Kamer over een aan de orde gesteld onderwerp.

Art. 13.3 Betrokkenheid Kamer bij besluitvorming Europese Unie
Bij afzonderlijke regeling, vast te stellen door de Kamer, worden regels gesteld over de betrokkenheid van de Kamer bij de totstandkoming van besluitvorming van de Europese Unie.

§ 13.2
Internationale aangelegenheden

Art. 13.4 Toespreken vergadering door buitenlandse staatshoofden en regeringsleiders
De Kamer kan besluiten dat het staatshoofd of de regeringsleider van een ander land wordt uitgenodigd een vergadering bij te wonen om de Kamer toe te spreken.

Art. 13.5 Inzet of ter beschikking stellen krijgsmacht
Bij afzonderlijke regeling, vast te stellen door de Kamer, worden regels gesteld over de procedure bij ontvangst van inlichtingen van de regering over de inzet of het ter beschikking stellen van de krijgsmacht ter handhaving of bevordering van de internationale rechtsorde.

§ 13.3
Interparlementaire aangelegenheden

Art. 13.6 Griffie interparlementaire betrekkingen
Bij afzonderlijke regeling, vast te stellen door de beide Kamers der Staten-Generaal, wordt de instelling en aansturing van een griffie voor de interparlementaire betrekkingen geregeld.

Art. 13.7 Rapportage interparlementaire vergaderingen
De voorzitters van delegaties die hebben deelgenomen aan internationale interparlementaire vergaderingen rapporteren schriftelijk aan de Kamer over hun bevindingen.

Art. 13.8 Interparlementair Koninkrijksoverleg
Indien het Interparlementair Koninkrijksoverleg van delegaties van de beide Kamers der Staten-Generaal en van de Staten van Aruba, Curaçao en Sint Maarten plaatsvindt in Den Haag onder het voorzitterschap van een lid van de Tweede Kamer of van diens plaatsvervanger, dan is dit Reglement op dat overleg van overeenkomstige toepassing.

Hoofdstuk 14
Verzoekschriften en burgerinitiatieven

Art. 14.1 Verzoekschriften
In de regeling, bedoeld in artikel 7.7, achtste lid, worden voorwaarden gesteld waaraan een verzoekschrift dient te voldoen om in behandeling te kunnen worden genomen.

Art. 14.2 Burgerinitiatieven
1. Een burgerinitiatief is een voorstel aan de Kamer om een onderwerp te behandelen, en dient te zijn gericht op de vervaardiging, wijziging of intrekking van een wettelijke regeling, of op het te voeren regeringsbeleid.
2. In de regeling, bedoeld in artikel 7.7, achtste lid, worden nadere voorwaarden gesteld waaraan een door de Kamer ontvangen schriftelijk stuk dient te voldoen om in behandeling te kunnen worden genomen als burgerinitiatief.
3. De initiatiefnemers van een burgerinitiatief kan worden verzocht een toelichting op hun burgerinitiatief te geven.
4. De Kamer neemt over elk burgerinitiatief dat zij in behandeling neemt een besluit binnen negen maanden nadat door de commissie voor de Verzoekschriften en de Burgerinitiatieven aan de Kamer verslag is uitgebracht.

Art. 14.3 Behandeling conclusies verzoekschriften en burgerinitiatieven
1. Bij de behandeling door de Kamer van door de commissie voor de Verzoekschriften en de Burgerinitiatieven voorgestelde conclusies, kan ieder lid wijzigingen voorstellen op deze conclusies. De artikelen over amendementen op wetsvoorstellen zijn op deze voorstellen van overeenkomstige toepassing, met dien verstande dat ook voorstellen waarvan de strekking tegengesteld is aan die van de conclusies toelaatbaar zijn.
2. Indien de Kamer de voorgestelde conclusies verwerpt zonder daarvoor andere in de plaats te stellen, dan worden de betrokken stukken doorgeleid naar een daartoe in te stellen tijdelijke commissie, die daarover nader verslag uitbrengt aan de Kamer.
3. Het eerste en tweede lid zijn van overeenkomstige toepassing op in het verslag van de tijdelijke commissie voorgestelde conclusies. Bij herhaalde toepassing van het tweede lid worden de betrokken stukken doorgeleid naar een nieuwe tijdelijke commissie.

Art. 14.4 Brief minister geen gevolg geven aan conclusies
1. Indien de Kamer heeft ingestemd met conclusies over een verzoekschrift of burgerinitiatief, waarbij een minister wordt uitgenodigd iets te doen of na te laten, en de minister bij brief te kennen geeft daaraan geen gevolg te geven, dan wordt die brief doorgeleid naar de commissie voor de Verzoekschriften en de Burgerinitiatieven.
2. De commissie kan aan de Kamer voorstellen om de brief en de bijbehorende stukken door te geleiden naar een andere commissie, die daarover nader aan de Kamer verslag uitbrengt.

Hoofdstuk 15
Openbaarheid, vertrouwelijkheid en integriteit

§ 15.1
Openbaarheid vergaderingen

Art. 15.1 Openbaarheid vergaderingen
1. De vergaderingen van de Kamer en de commissies zijn openbaar, met uitzondering van de in de Grondwet en artikel 7.19 bedoelde gevallen.
2. De agenda van de openbare vergaderingen wordt voorafgaand openbaar gemaakt.

§ 15.2
Toehoorders en overige aanwezigen

Art. 15.2 Toehoorders en overige aanwezigen
1. De toehoorders van een vergadering van de Kamer, en de overige aanwezigen in de gebouwen van de Kamer, mogen de orde niet verstoren. Alle aanwezigen moeten in ieder geval de aanwijzingen opvolgen van de Voorzitter, de ambtenaren van de Kamer, de politie en andere toezichthoudende functionarissen.
2. De toehoorders moeten tijdens een vergadering in ieder geval alle tekenen van goed- of afkeuring achterwege laten en een behoorlijke stilte in acht nemen.
3. De Voorzitter zorgt tijdens een vergadering voor de handhaving van het eerste en tweede lid ten aanzien van de toehoorders. Bij overtredingen kan hij de overtreders, en desnoods een deel van de overige toehoorders of alle toehoorders, doen laten vertrekken.
4. Dit artikel is van overeenkomstige toepassing op vergaderingen van commissies.

Art. 15.3 Algemene ontzegging of beperking toegang in verband met buitengewone omstandigheden

1. Indien buitengewone omstandigheden dit naar het oordeel van het Presidium noodzakelijk maken, kan het Presidium besluiten tijdelijk bezoekers de toegang tot het gebouw van de Kamer of in het bijzonder de tribunes te ontzeggen of deze toegang op andere wijze te beperken.
2. Tijdens een periode waarin een maatregel als bedoeld in het eerste lid geldt, blijven genodigden en geaccrediteerde journalisten toegang tot het gebouw of de tribunes hebben, voor zover dit naar het oordeel van het Presidium verantwoord is. Het Presidium kan tevens toestaan dat andere bezoekers tot het gebouw of de tribunes worden toegelaten.
3. Een maatregel als bedoeld in het eerste lid, kan voor de duur van ten hoogste drie maanden worden genomen en telkens worden verlengd, en wordt niet langer gehandhaafd dan door het Presidium noodzakelijk wordt geacht in verband met de buitengewone omstandigheden.

Art. 15.4 Tijdelijke ontzegging toegang

1. Het Presidium kan degene die de orde heeft verstoord tijdelijk de toegang ontzeggen tot de gebouwen van de Kamer of een deel daarvan. De toegang kan slechts worden ontzegd, indien naar het oordeel van het Presidium de orde ernstig is verstoord en vrees bestaat voor een nieuwe verstoring van de orde.
2. De ontzegging kan voor de duur van ten hoogste drie maanden worden vastgesteld en telkens worden verlengd, en wordt niet langer gehandhaafd dan door het Presidium noodzakelijk wordt geacht op grond van de overwegingen, bedoeld in het eerste lid.

Art. 15.5 Nadere regels

Het Presidium kan bij afzonderlijke regeling nadere regels vaststellen over de toegang van de toehoorders van vergaderingen en van overige aanwezigen tot de gebouwen van de Kamer en tot de vergaderingen van de Kamer en de commissies.

§ 15.3
Verslaglegging

Art. 15.6 Woordelijk verslag

1. Er wordt een geredigeerd woordelijk verslag gemaakt van wat is gezegd tijdens:
a. elke openbare vergadering van de Kamer;
b. elke bijeenkomst als bedoeld in artikel 8.3, tweede lid, van de Kamer;
c. elk openbaar commissiedebat, wetgevingsoverleg en notaoverleg als bedoeld in artikel 7.26.
2. De Kamer of een commissie kan besluiten dat van andere van haar vergaderingen een geredigeerd woordelijk verslag wordt gemaakt.

Art. 15.7 Officieel verslag

1. Er wordt tevens een officieel verslag gemaakt van de vergaderingen van de Kamer, en van bijeenkomsten als bedoeld in artikel 8.3, tweede lid.
2. Het officieel verslag van een vergadering van de Kamer bevat in ieder geval:
a. de namen van de aanwezige leden;
b. de uitslagen van de stemmingen en of leden zich bij een hoofdelijke stemming voor of tegen verklaarden;
c. de lijst van ingekomen stukken met de mededelingen en voorstellen voor de wijze van behandeling; en
d. alle door de Kamer of de Voorzitter genomen besluiten.
3. Het officieel verslag van een bijeenkomst als bedoeld in artikel 8.3, tweede lid, bevat in ieder geval:
a. de namen van de aanwezige en afwezige leden; en
b. de lijst van ingekomen stukken met de mededelingen en voorstellen voor de wijze van behandeling.
4. De officiële verslagen worden vastgesteld door ondertekening door de Voorzitter en de Griffier, en in het archief van de Kamer bewaard.

Art. 15.8 Verslaglegging vergadering met gesloten deuren van de Kamer

1. Indien de Kamer besluit dat van een vergadering met gesloten deuren van de Kamer een woordelijk verslag wordt gemaakt, hebben de medewerkers van de Dienst Verslag en Redactie die dit verslag maken, toegang tot de vergadering. Het woordelijk verslag wordt niet openbaar gemaakt en wordt achter slot bewaard, tenzij de Kamer hierover dadelijk of op een later tijdstip anders besluit.
2. Indien de Kamer niet besluit tot het laten maken van een woordelijk verslag van een vergadering met gesloten deuren van de Kamer, maakt de Griffier of een door hem aan te wijzen ambtenaar notulen. Deze bevatten de informatie, bedoeld in artikel 15.7, tweede lid, en een beknopt verslag van de beraadslagingen. De notulen worden meteen of in een volgende vergadering met gesloten deuren aan de goedkeuring van de Kamer onderworpen. Zij worden niet openbaar gemaakt en achter slot bewaard, tenzij de Kamer hierover dadelijk of op een later tijdstip anders besluit.

Art. 15.9 Verslaglegging besloten commissievergadering
1. Artikel 15.8 is van overeenkomstige toepassing op besloten commissievergaderingen en besloten gedeelten van een commissievergadering, waarvan een commissie een woordelijk verslag of notulen wenst te maken.
2. De commissie beslist over de openbaarmaking van het woordelijk verslag of de notulen. Indien de betrokken commissie niet langer bestaat of onduidelijk is welke commissie over de openbaarmaking kan beslissen, beslist de Kamer.

Art. 15.10 Openbaarmaking verslagen en Handelingen
1. De woordelijke verslagen worden in ongecorrigeerde vorm openbaar gemaakt.
2. De woordelijke verslagen, bedoeld in artikel 15.6, eerste lid, onder a en b, worden na vaststelling openbaar gemaakt als de Handelingen van de Tweede Kamer der Staten-Generaal.
3. De woordelijke verslagen, bedoeld in artikel 15.6, eerste lid, onder c, worden na vaststelling opgenomen in het verslag van de commissie van het overleg of debat waarop zij betrekking hebben, en openbaar gemaakt.
4. Indien ministers of personen die hen in een vergadering van de Kamer bijstaan een deel van de aan hen tijdens een vergadering gestelde vragen schriftelijk beantwoorden, worden deze antwoorden opgenomen bij de Handelingen als bijvoegsel bij de vergadering waarin de overige vragen mondeling werden beantwoord.
5. De schriftelijke vragen, bedoeld in artikel 12.1, worden met de daarop gegeven antwoorden opgenomen in het aanhangsel van de Handelingen.

Art. 15.11 Dienst Verslag en Redactie
1. Bij afzonderlijke regeling, vast te stellen door de beide Kamers der Staten-Generaal, worden de zorg voor de dienst die is belast met de verslaglegging voor de Kamers, de Dienst Verslag en Redactie, de taakuitoefening van die dienst met betrekking tot in ieder geval de woordelijke verslagen, alsmede het openbaar maken en bewaren van de verslagen geregeld.
2. De Dienst is in ieder geval belast met het maken van de woordelijke verslagen en officiële verslagen.

§ 15.4
Geheimhouding besloten vergaderingen

Art. 15.12 Geheimhouding vergadering Kamer met gesloten deuren
1. Een ieder neemt de geheimhouding in acht ten aanzien van de gedachtewisseling in een vergadering met gesloten deuren van de Kamer.
2. De plicht tot geheimhouding geldt in ieder geval voor hen die bij de behandeling aanwezig waren en allen die van het behandelde of de stukken kennis dragen.
3. De Kamer kan de geheimhouding slechts opheffen in een vergadering met gesloten deuren.

Art. 15.13 Geheimhouding besloten commissievergadering
1. Een ieder neemt de geheimhouding in acht ten aanzien van de gedachtewisseling in een besloten commissievergadering of een besloten deel van een commissievergadering, met uitzondering van wat de commissie vermeldt in openbaar gemaakte verslagen of notulen.
2. De plicht tot geheimhouding geldt in ieder geval voor hen die bij de behandeling aanwezig waren en allen die van het behandelde of de stukken kennis dragen.
3. De commissie kan de geheimhouding slechts opheffen in een besloten commissievergadering of een besloten deel van een commissievergadering. Indien de betrokken commissie niet langer bestaat of onduidelijk is welke commissie over het opheffen van de geheimhouding kan beslissen, beslist de Kamer.

Art. 15.14 Schending geheimhouding
1. De Kamer kan, op voorstel van het Presidium, besluiten om een lid dat de geheimhouding, bedoeld in de artikelen 15.12 en 15.13, niet in acht neemt, uit te sluiten van:
a. alle vergaderingen van één of meer commissies, voor ten hoogste één maand; en
b. de kennisneming van vertrouwelijke stukken, voor ten hoogste de verdere duur van de zitting.
2. Het Presidium doet slechts een voorstel als bedoeld in het eerste lid, nadat het betrokken lid in de gelegenheid is gesteld te worden gehoord.
3. De Kamer stemt over het voorstel bij aanvang van de eerste vergadering na de dag waarop het Presidium tot het doen van het voorstel heeft besloten. Er wordt niet over het voorstel beraadslaagd.
4. De Voorzitter deelt het besluit van de Kamer meteen mee aan het betrokken lid.

§ 15.5
Openbaar maken van stukken

Art. 15.15 Openbaar maken van stukken
1. Alle tussen de regering en de Kamer gewisselde stukken worden meteen openbaar gemaakt, tenzij dit niet mogelijk is of een stuk vertrouwelijk is.

2. De betrokken stukken worden ook op andere wijze verspreid, zodra de Kamer dit nodig acht.

§ 15.6
Vertrouwelijkheid stukken

Art. 15.16 Vertrouwelijkheid stukken
1. Een ieder neemt de vertrouwelijkheid in acht ten aanzien van de inhoud van een vertrouwelijk stuk.
2. Indien een lid de vertrouwelijkheid niet in acht neemt, is artikel 15.14 van overeenkomstige toepassing.

Art. 15.17 Register vertrouwelijke stukken
De griffie houdt een register bij van de door de Kamer en de commissies ontvangen vertrouwelijke stukken.

Art. 15.18 Regeling vertrouwelijke stukken
1. Bij afzonderlijke regeling, vast te stellen door de Kamer, worden nadere regels gesteld over de aanwijzing, het bewaren en de behandeling van vertrouwelijke stukken.
2. De regeling bevat in ieder geval regels voor het registreren, ter inzage leggen, inzien, verspreiden en vermenigvuldigen van de vertrouwelijke stukken.

§ 15.7
Openbare registers

Art. 15.19 Register nevenactiviteiten en belangen
1. De griffie houdt een register bij van:
a. de nevenactiviteiten van de leden;
b. de uit de nevenactiviteiten te verwachten of genoten inkomsten; en
c. andere redelijkerwijs relevante belangen van leden.
2. De leden vermelden de in het eerste lid bedoelde informatie steeds in het register:
a. binnen een week nadat ze als lid tot de Kamer zijn toegelaten;
b. binnen een week na het aanvaarden van een nevenactiviteit of het ontstaan van een relevant belang; en
c. opnieuw op uiterlijk 1 mei na ieder kalenderjaar, voor zover het inkomsten betreft die zijn genoten in dat kalenderjaar.
3. Onder inkomsten als bedoeld in dit artikel wordt verstaan het loon, bedoeld in artikel 9 van de Wet op de loonbelasting 1964, verminderd met de eindheffingsbestanddelen, bedoeld in artikel 31 van die wet, en de winst uit onderneming, bedoeld in afdeling 3.2 van de Wet inkomstenbelasting 2001.

Art. 15.20 Register buitenlandse reizen
1. De griffie houdt een register bij van de door leden ondernomen buitenlandse reizen waarvan de vervoerskosten en verblijfskosten geheel of gedeeltelijk worden betaald door anderen dan het lid, zijn fractie, de Kamer of een commissie van de Kamer.
2. De leden vermelden de buitenlandse reizen steeds binnen een week na terugkeer in Nederland in het register.

Art. 15.21 Register geschenken en voordelen
1. De griffie houdt een register bij van de door leden ontvangen geschenken en voordelen met een hogere waarde dan 50 euro.
2. De leden vermelden de geschenken en voordelen steeds binnen een week na ontvangst daarvan in het register.

Art. 15.22 Register toezeggingen
De griffie houdt een register bij van de door de ministers tijdens openbare vergaderingen van de Kamer en de commissies gedane mondelinge toezeggingen.

Art. 15.23 Openbaarheid registers
1. De registers, genoemd in deze paragraaf, liggen voor een ieder ter inzage.
2. De Griffier draagt zorg dat een actueel overzicht van de opgaven in de registers wordt openbaar gemaakt.

§ 15.8
Integriteit

Art. 15.24 Gedragscode
De Kamer stelt een afzonderlijke gedragscode voor de leden vast, alsmede een afzonderlijke regeling voor het toezicht op, en de handhaving van, die gedragscode.

Hoofdstuk 16
Slotbepalingen

Art. 16.1 Wijziging van het Reglement
1. Ieder lid kan, alleen of met andere leden, een voorstel tot wijziging van dit Reglement indienen.
2. Het Presidium of een commissie kan ook een voorstel tot wijziging van het Reglement indienen als dit het gevoelen van een meerderheid van het aantal leden waaruit zij bestaat weergeeft. Het voorstel wordt ondertekend door de leden van het Presidium of de commissie die het zullen verdedigen.
3. Op een voorstel tot wijziging zijn de voor initiatiefwetsvoorstellen geldende artikelen van overeenkomstige toepassing.
4. Het voorbereidend onderzoek van een voorstel tot wijziging wordt verricht door de commissie voor de Werkwijze, tenzij de Kamer besluit een andere commissie hiermee te belasten. Indien het voorstel is ingediend door de commissie voor de Werkwijze, wordt in ieder geval een andere commissie met het voorbereidend onderzoek belast.
5. Een door de Kamer aangenomen voorstel tot wijziging treedt onmiddellijk in werking, tenzij de Kamer anders besluit.
6. Indien een aangenomen voorstel tot wijziging in de loop van de beraadslaging of als gevolg van de stemmingen is gewijzigd, wordt de aangenomen tekst van het voorstel openbaar gemaakt.

Art. 16.2 Overige regelingen
Artikel 16.1 is van overeenkomstige toepassing op voorstellen tot vaststelling of wijziging van de overige op grond van dit Reglement door de Kamer vast te stellen regelingen.

Art. 16.3 Afwijking van het Reglement
De Kamer kan besluiten van dit Reglement af te wijken, tenzij:
a. een lid zich daartegen verzet; of
b. de afwijking in strijd is met de wet.

Art. 16.4 Overgangsbepaling
1. Het Reglement van Orde van de Tweede Kamer, zoals dit luidde onmiddellijk voorafgaand aan het in artikel 16.5 bedoelde tijdstip, wordt ingetrokken.
2. De Regeling tijdelijke beperking van ontzegging toegang, zoals deze luidde onmiddellijk voorafgaand aan het in artikel 16.5 bedoelde tijdstip, wordt ingetrokken.
3. De op grond van het Reglement van Orde van de Tweede Kamer, zoals dit luidde onmiddellijk voorafgaand aan het in artikel 16.5 bedoelde tijdstip, ingestelde organen en geldende besluiten en overige regelingen, berusten met ingang van dat tijdstip op dit Reglement.
4. De onmiddellijk voorafgaand aan het tijdstip, bedoeld in artikel 16.5, aangehouden moties en toegekende debatten, gelden als aangehouden onderscheidenlijk toegekend vanaf dat tijdstip.

Art. 16.5 Inwerkingtreding
Dit Reglement treedt in werking met ingang van een door de Kamer te bepalen tijdstip.

Reglement van Orde van de Eerste Kamer der Staten-Generaal[1]

Regeling van 6 juni 1995

Inleidende bepaling

Art. 1

Begripsbepalingen

Overal in dit reglement betekent:
a. "de Voorzitter", de Voorzitter van de Kamer;
b. "de Ondervoorzitters", de Ondervoorzitters van de Kamer;
c. "De minister", de verantwoordelijke ministers en staatssecretarissen.
Op het lid of de leden van de Tweede Kamer aan wie door die Kamer de verdediging van een aldaar aangenomen voorstel van wet is opgedragen, zijn de bepalingen die in dit reglement op een minister van toepassing zijn, van overeenkomstige toepassing;
d. "het vergaderjaar", de periode die aanvangt op het in artikel 65 der Grondwet bedoelde tijdstip van enig jaar en duurt tot aan hetzelfde tijdstip in het daarop volgende jaar;
e. "de geloofsbrief", de geloofsbrief in de zin der Kieswet met de overige volgens de wet daarbij over te leggen stukken;
f. een "voorstel", een voorstel van wet of enig ander voorstel dat de Kamer in onderzoek nemen wil of aan beschouwing wil onderwerpen;
g. een "gemengde commissie", een commissie die bestaat uit leden van de Eerste en Tweede Kamer;
h. Een commissievergadering is «openbaar», de commissievergaderingen zijn toegankelijk voor publiek binnen de ruimtelijke mogelijkheden als ook, dan wel, te volgen via een livestream.

Hoofdstuk I
Toelating en ontslag van de leden

Toelating van de leden

Art. 2

Eerste Kamer, geloofsbrieven

1. Elk nieuw benoemd lid doet van zijn verkiezing blijken door overlegging van de bij de Kieswet voorgeschreven stukken.
2. De geloofsbrieven en de daarop betrekking hebbende stukken worden ter griffie ter inzage gelegd voor de leden.

Art. 3

Eerste Kamer, toelating leden

Over de toelating van leden die benoemd zijn verklaard na periodieke aftreding of ontbinding beslist, voor zover mogelijk, de Kamer die op de dag der benoeming zitting heeft.

Art. 4

Eerste Kamer, commissie van onderzoek geloofsbrief

1. De Voorzitter vertrouwt het onderzoek van de geloofsbrief toe aan een commissie van drie leden, die hij voor dat doel aanwijst. Een van hen benoemt hij tot voorzitter.

2. In geval van periodieke aftreding of ontbinding van de Kamer wijst hij een tweede commissie als bedoeld in het vorige lid aan.
Hij verdeelt het onderzoek van de geloofsbrieven over de beide commissies. Behoort een der aangewezenen tot de nieuwverkozenen, dan wordt zijn geloofsbrief onderzocht door de commissie van welke hij geen deel uitmaakt.
3. De aanwijzing tot lid van een commissie als bedoeld in het vorige lid is geen besluit in de zin van artikel 19, eerste lid.

Einde van het lidmaatschap

Art. 5

Eerste Kamer, einde lidmaatschap

1. Het lid aan wie krachtens het daarop betrekking hebbend artikel der Kieswet[2] is meegedeeld dat zijn lidmaatschap heeft opgehouden te bestaan, kan daarover binnen acht dagen het oordeel van de Kamer vragen.

---

1 Inwerkingtredingsdatum: 06-06-1995; zoals laatstelijk gewijzigd bij: Kst. 2019, CXXXIV.
2 Vgl. artikel X3, tweede en derde lid Kieswet.

2. De Kamer benoemt in het onder het eerste lid bedoelde geval uit haar midden een commissie van onderzoek ,en spreekt geen oordeel uit voordat deze commissie verslag heeft uitgebracht. Indien het betrokken lid daarom verzoekt, wordt hij door de commissie gehoord.

Hoofdstuk II
Inrichting van de Kamer

Tijdelijk Voorzitterschap

Art. 6
1. Zolang geen Voorzitter is benoemd treedt een oud-Voorzitter als tijdelijk Voorzitter op, waarbij de laatstafgetredene voorrang heeft. Bij ontstentenis van een oud-Voorzitter treedt als tijdelijk Voorzitter op de laatst afgetreden oud-Ondervoorzitter; bij aanwezigheid van meer gelijktijdig afgetreden oud-Ondervoorzitters treedt degene die het langst zitting heeft in de Kamer als tijdelijk Voorzitter op; bij gelijke zittingsduur gaat de oudste in leeftijd voor. Bij ontstentenis van een oud-Ondervoorzitter treedt het lid dat het langst in de Kamer zitting heeft als tijdelijk Voorzitter op; bij gelijke zittingsduur gaat het oudste lid in leeftijd voor.
2. De tijdelijk Voorzitter legt ten overstaan van de vergadering de eed of verklaring en belofte af.

Eerste Kamer, tijdelijke voorzitter

Benoeming van de Voorzitter en de Ondervoorzitters

Art. 7
1. Zo spoedig mogelijk na de aanvang van een nieuwe zitting dan wel bij tussentijds openvallen van het voorzitterschap gaat de Kamer over tot de benoeming van een Voorzitter.
2. Indien de Voorzitter niet meer het vertrouwen van de Kamer bezit, ontslaat de Kamer hem en benoemt zij een nieuwe Voorzitter.

Eerste Kamer, benoeming voorzitter

Art. 8
Nadat de Kamer een Voorzitter heeft benoemd, gaat zij over tot de benoeming van een eerste en een tweede Ondervoorzitter.

Eerste Kamer, benoeming ondervoorzitters

Art. 9
1. De Voorzitter kan aan een van de Ondervoorzitters het voorzitterschap tijdelijk overdragen. Is dit niet geschied, dan wordt het voorzitterschap zowel in het geval van artikel 90, als bij ontstentenis van de Voorzitter van rechtswege waargenomen door de eerste c.q. tweede Ondervoorzitter.
2. Is noch de Voorzitter, noch één van de ondervoorzitters beschikbaar, dan wordt de Voorzitter vervangen overeenkomstig de regeling in artikel 6, eerste lid.

Eerste Kamer, waarneming voorzitterschap

Taken van de Voorzitter

Art. 10
De Voorzitter leidt met inachtneming van dit reglement de werkzaamheden van de Kamer.

Voorzitter Eerste Kamer, taken

Art. 11
1. De Voorzitter is lid en Voorzitter van de Huishoudelijke Commissie.
2. Hij zit de bijeenkomsten van het College van Senioren voor.

Art. 12
De Voorzitter handhaaft de orde tijdens de vergaderingen van de Kamer. Hij draagt zorg voor het juist stellen van punten, waarover de Kamer moet besluiten. Hij stelt de uitslag van gehouden stemmingen vast.

Voorzitter Eerste Kamer, ordehandhaving/stemming

Art. 13
De Voorzitter draagt zorg voor het ten uitvoer leggen van alle besluiten door of vanwege de Kamer genomen. Hij vertegenwoordigt de Kamer naar buiten.

Huishoudelijke Commissie

Art. 14
1. Er is een Huishoudelijke Commissie.
2. De Voorzitter en de twee Ondervoorzitters zijn lid van de Huishoudelijke Commissie.

Huishoudelijke Commissie, samenstelling

Art. 15
De Huishoudelijke Commissie oefent toezicht uit op de werkzaamheden ter griffie en al wat verder het huishouden van de Kamer betreft.

Huishoudelijke Commissie, taken

Art. 16

1. De Huishoudelijke Commissie stelt een raming op van de in het volgende jaar benodigde uitgaven.
2. De Kamer behandelt de raming op de wijze waarop over wijzigingen in het Reglement wordt beraadslaagd, zoals geregeld in hoofdstuk XIII, met dien verstande dat het voorbereidend onderzoek wordt toevertrouwd aan een daartoe door de Kamer aangewezen vaste of bijzondere commissie.
3. De raming wordt, nadat zij door de Kamer is goedgekeurd, vóór 1 juli toegezonden aan de minister die verantwoordelijk is voor het hoofdstuk van de rijksbegroting waarbij de posten voor de Hoge Colleges van Staat worden vastgesteld.

College van Senioren

Art. 17

College van Senioren, samenstelling

1. Er is een College van Senioren.
2. Het College van Senioren bestaat uit de voorzitters van de in artikel 23 en 24 genoemde fracties. Zij kunnen zich doen vervangen.
3. De Ondervoorzitters van de Kamer worden uitgenodigd tot de vergaderingen van het College.

Art. 18

College van Senioren, samenroepen

De Voorzitter roept het College samen zo dikwijls hij het nodig oordeelt. Op verzoek van ten minste vier leden van het College roept hij het eveneens samen.

Raadpleging van het College en het nemen van besluiten

Art. 19

College van Senioren, raadpleging

1. Het College van Senioren staat de Voorzitter bij in het leiden van de werkzaamheden van de Kamer. De Voorzitter raadpleegt daartoe het College inzake de besluiten en voorstellen, die hij krachtens dit reglement neemt of doet.
2. Van het bepaalde in het vorige lid zijn uitgezonderd de besluiten en voorstellen van de Voorzitter van welke dit reglement zulks uitdrukkelijk vermeldt en de besluiten welke hij staande de vergadering neemt inzake handhaving van de orde.
3. Over alle besluiten of voorstellen kan de Voorzitter het College horen en kan het College hem eigener beweging van advies dienen.

Art. 20

Indien advisering vanwege het spoedeisend karakter der aangelegenheid zijns inziens niet mogelijk is, besluit de Voorzitter zonder tevoren het advies van het College te hebben ingewonnen.

Art. 21

Eerste Kamer, mededeling door voorzitter genomen besluiten

1. De Voorzitter doet, nadat hij een besluit in de zin van artikel 19, eerste lid, of artikel 20 heeft genomen, in de eerstvolgende vergadering van de Kamer daarvan mededeling. Indien het College van Senioren ingevolge de in artikel 20 bedoelde omstandigheden niet over een voorstel of een besluit is gehoord, deelt de Voorzitter dat gelijktijdig met zijn beslissing of voorstel mede.
2. Hij kan zijn besluit ook schriftelijk mededelen.

Art. 22

Eerste Kamer, indiening ordevoorstel

1. Ieder lid kan in de vergadering van de Kamer waarin de mededeling bedoeld in het eerste lid van artikel 21 is gedaan, of indien de mededeling schriftelijk plaatsvond in de eerstvolgende openbare vergadering na die mededeling, een ordevoorstel indienen om van het besluit af te wijken.
2. Een voorstel wordt door de Kamer slechts in behandeling genomen, wanneer het door ten minste vier andere leden der Kamer gesteund wordt.
3. Indien de Kamer het voorstel aanvaardt, treedt het voorstel in de plaats van het besluit van de Voorzitter.

Fracties

Art. 23

Fractie, samenstelling

1. De leden die gekozen zijn op lijsten boven welke dezelfde naam of aanduiding van een politieke groepering geplaatst is, worden bij de aanvang van de zitting als een fractie beschouwd.
2. Is onder een benaming of een nummer slechts één lid verkozen, dan wordt dit lid als een afzonderlijke fractie beschouwd.

Art. 24

Fractie, leden die geen deel meer uitmaken van fracties

Leden die geen deel meer uitmaken van de in het vorig artikel bedoelde fracties, dienen dat aan de Voorzitter kenbaar te maken. Zij kunnen tezamen of ieder afzonderlijk nieuwe fracties

Reglement van Orde van de Eerste Kamer der Staten-Generaal **A11 art. 33**

vormen. Hiervan moet aan de Voorzitter kennis worden gegeven. Artikel 25 is op deze nieuwgevormde fracties van overeenkomstige toepassing.

Art. 25
1. Fracties doen na de aanvang van een zitting aan de Voorzitter weten, hoe haar fractiebestuur is samengesteld.
2. Bij tussentijdse wijzigingen in de samenstelling van een fractie of een fractiebestuur, wordt de Voorzitter daarvan onverwijld op de hoogte gesteld.

Fractie, samenstelling fractiebestuur

Personeel van de Kamer

Art. 26
1. De Kamer benoemt en ontslaat de Griffier.

Eerste Kamer, benoeming/ontslag griffiers/ambtenaren

2. De Huishoudelijke Commissie benoemt en ontslaat de plaatsvervangend griffier(s). De overige ambtenaren worden door of namens de Huishoudelijke Commissie aangesteld onderscheidenlijk op arbeidsovereenkomst naar burgerlijk recht in dienst genomen, dan wel ontslagen.

Art. 27
Beraadslagingen omtrent de persoon, bedoeld in artikel 26 eerste lid, vinden plaats achter gesloten deuren.

Eerste Kamer, beraadslaging over griffier

Art. 28
1. De Huishoudelijke Commissie is belast met het uitoefenen van de bevoegdheden ingevolge het Ambtenarenreglement Staten-Generaal en het Bezoldigingsbesluit Burgerlijke Rijksambtenaren 1984 ten aanzien van de Griffier en de plaatsvervangend(e) griffier(s).
2. De Huishoudelijke Commissie bepaalt de taken en bevoegdheden van de Griffier en de plaatsvervangend(e) griffier(s).

Huishoudelijke Commissie, taak

Art. 29
De Griffier heeft de leiding van de ambtelijke organisatie.
De Huishoudelijke Commissie oefent hierop toezicht uit.

Griffier, taak

Art. 30
1. Bij afzonderlijk reglement, vast te stellen door de beide Kamers der Staten-Generaal, wordt de instelling geregeld van een Griffie voor de interparlementaire betrekkingen bij de Tweede Kamer.
2. De inhoudelijke aansturing van de dienstverlening aan beide Kamers en de verschillende delegaties wordt verzorgd door een bij genoemd reglement in te stellen gemengde commissie. De gemengde commissie adviseert de Voorzitters en de leden van beide Kamers over interparlementaire aangelegenheden.

Griffie interparlementaire betrekkingen, instelling

Art. 31
1. Bij afzonderlijk reglement, vast te stellen door de beide Kamers der Staten-Generaal, wordt de zorg voor de Dienst Verslag en Redactie, de taakuitoefening, de openbaarmaking van het verslag van het verhandelde in de vergaderingen der Staten-Generaal alsmede de bewaartermijnen geregeld.
2. De bevoegdheid om in het door de dienst geleverde verslag wijzigingen aan te brengen of aangebrachte wijzigingen ongedaan te maken wordt uitgeoefend door de bij genoemd reglement in te stellen gemengde commissie van beroep voor de Dienst Verslag en Redactie.

Dienst Verslag en Redactie, instelling

Hoofdstuk III
Vaste en bijzondere commissies

Taak

Art. 32
1. De schriftelijke of mondelinge voorbereiding van naar de Kamer gezonden en door deze in behandeling genomen voorstellen geschiedt door de vaste of bijzondere commissies die volgens de hierna volgende bepalingen daartoe zijn ingesteld en aangewezen.
2. De bovenbedoelde commissies bevorderen de gedachtenwisseling met de regering eveneens over andere onderwerpen, voor zover die haar aangaan en waarover zij dat wenselijk achten.

Commissies, schriftelijke/mondelinge voorbereiding

Art. 33
1. De commissies kunnen ter uitoefening van de haar in artikel 32 opgedragen taak de regering uitnodigen tot mondeling of schriftelijk overleg. Ook kan de regering met haar in contact treden om een gedachtenwisseling over een bepaald voorstel met haar te bewerkstelligen.

Commissies, overleg met regering

2. Een commissie kan bepaalde personen en/of vertegenwoordigers van bepaalde instellingen horen over voorstellen en andere onderwerpen, voor zover deze binnen haar werkterrein zijn gelegen.

Commissies, horen van anderen

3. De inrichting van de gedachtenwisseling als in het eerste lid bedoeld, danwel het horen als in het tweede lid bedoeld, wordt, indien zij geschieden ter voorbereiding van een voorstel dat aan de commissie is toevertrouwd, geregeld in de artikelen 51 tot en met 53.

Wijze van samenstellen en functioneren

Art. 34

Commissies, instelling vaste/bijzondere commissies

1. De Kamer stelt voor elk ministerie ten minste één vaste commissie in.

2. De Kamer kan bijzondere commissies instellen ter voorbereiding van voorstellen die een bijzonder karakter dragen.

Art. 35

Commissies, opheffing/expireren

De Kamer besluit over opheffing van een vaste of bijzondere commissie. Een bijzondere commissie die zich van haar taak gekweten heeft houdt ook zonder daartoe strekkend besluit op te bestaan, tenzij de Kamer anders heeft besloten.

Art. 36

Commissies, samenstelling

1. De Voorzitter bepaalt het aantal leden van een commissie.

2. Met inachtneming van de getalsverhoudingen tussen de fracties en tevens met de bepaling dat elk der fracties in elke commissie vertegenwoordigd zij, tenzij de Kamer uitdrukkelijk en per geval anders heeft besloten, wijst de Voorzitter de leden en zo mogelijk plaatsvervangende leden van de commissie aan.

3. De aanwijzing en benoeming geschieden zo mogelijk bij de aanvang van de zitting en gelden behoudens uitdrukkelijke wijziging voor de duur daarvan.

Art. 37

Commissies, voorzitter/ondervoorzitter

1. De Voorzitter benoemt een voorzitter en een ondervoorzitter van de commissie.

2. Bij verhindering zowel van de voorzitter als van de ondervoorzitter van een commissie treedt het lid van de commissie dat het langst zitting heeft in de Kamer, of bij gelijke zittingsduur het oudste lid in leeftijd, op als voorzitter.

Art. 38

Commissies, convoceren van leden en plv. leden

Leden en plaatsvervangende leden hebben gelijkelijk toegang tot de vergadering van de commissie en worden op gelijke wijze geconvoceerd. Beslissingen worden door de leden van de commissie genomen, met dien verstande dat bij afwezigheid van een lid diens plaatsvervanger in diens bevoegdheden treedt.

Art. 39

Commissies, subcommissies

De commissie kan werkzaamheden aan subcommissies uit haar midden opdragen. Hiervan wordt bericht gegeven aan de Voorzitter. Een subcommissie bestaat uit ten minste drie leden.

Art. 40

Commissies, samenroepen/inbrengvergadering

1. De commissie wordt samengeroepen door haar voorzitter. Op verzoek van één of meer leden van de commissie belegt deze eveneens een vergadering.

2. De Voorzitter stelt, zo mogelijk op voorstel van de betrokken commissie(s), dag en uur van vast van de inbrengvergaderingen als bedoeld in de artikelen 44 tot en met 50, met inachtneming van het vierde lid van artikel 71.

Art. 41

Commissies, aanwijzing commissies belast met onderzoek voorstel

1. De Voorzitter beslist aan welke commissie het onderzoek van een voorstel toevertrouwd wordt.

2. De Voorzitter kan het onderzoek ook aan meer dan één commissie toevertrouwen, welke commissies dan in het bijzonder volgens de bepalingen in de artikelen 47 tot en met 50 zullen handelen.

3. De Voorzitter kan tot een gezamenlijk onderzoek besluiten indien:
a. het voorstel naar zijn oordeel op het werkterrein ligt van meer dan één vaste of bijzondere commissie van de Kamer;
b. naar zijn oordeel twee of meer voorstellen, afkomstig van verschillende ministeries een zodanige samenhang vertonen, dat gezamenlijk onderzoek wenselijk en doelmatig is.

Vertrouwelijkheid

Art. 42

Commissievergadering, vertrouwelijkheid

Naast hetgeen in een officieel schriftelijk of mondeling uitgebracht verslag wordt geopenbaard, wordt hetgeen in de vergadering van de commissies is besloten in beknopte vorm openbaar gemaakt.

Toegankelijkheid van commissievergaderingen

Art. 43
1. Alle leden van de Kamer hebben het recht aanwezig te zijn tijdens inbrengvergaderingen. Zij worden aldaar in de gelegenheid gesteld vragen te stellen en opmerkingen te maken met betrekking tot het voorstel waarvoor deze vergadering werd samengeroepen.
2. Alle leden, niet lid of plaatsvervangend lid van de commissie, worden tot de overige commissievergaderingen toegelaten voor zover de aard van de vergadering zich niet tegen aanwezigheid van anderen dan leden of plaatsvervangende leden van de commissie verzet.
3. De Voorzitter heeft toegang tot alle vergaderingen van de commissies. Voor zover hij van deze commissies geen deel uitmaakt heeft hij daarin een raadgevende stem.

Commissievergadering, toegankelijkheid

Inbrengvergaderingen

Art. 44
Nadat de Voorzitter een voorstel aan een commissie heeft toevertrouwd, schrijft hij daarover een inbrengvergadering uit zoals bepaald bij artikel 40, tweede lid, tenzij artikel 55 toepassing vindt.

Commissievergadering, uitschrijving inbrengvergadering

Art. 45
De leden van de commissie brengen tijdens de inbrengvergadering datgene ter tafel, wat zij in het verslag opgenomen willen zien. De opmerkingen moeten ter beoordeling van de commissie in duidelijk verband staan met het ter tafel liggend voorstel. Ook de overige leden kunnen op dezelfde voet opmerkingen maken.

Commissievergadering, opmerkingen voor het verslag

Art. 46
Het staat ieder vrij om tijdens een inbrengvergadering beknopte, ondertekende, ook naar het oordeel van de commissie met het voorstel verband houdende nota's bij de commissie in te leveren.
Dergelijke nota's worden bij het verslag van de commissie gevoegd, tenzij bij de commissie tegen de bewoordingen van de nota overwegende bezwaren bestaan.

Commissievergadering, inlevering nota's

Gezamenlijke inbrengvergaderingen

Art. 47
1. Indien bij toepassing van artikel 41, tweede en derde lid, twee of meer commissies een gezamenlijke inbrengvergadering houden, wordt het voorzitterschap van de vergadering waargenomen door de voorzitter die het langst zitting heeft in de Kamer. Bij gelijke zittingsduur gaat het oudste lid in leeftijd voor.
2. Bij ontstentenis van de in het eerste lid genoemde voorzitter treedt als voorzitter op een van de overige voorzitters, aan te wijzen met overeenkomstige toepassing van het eerste lid.
3. Bij ontstentenis van elk der voorzitters treedt als voorzitter op een met overeenkomstige toepassing van het eerste en tweede lid aan te wijzen ondervoorzitter.
4. Het tweede lid van artikel 37 is van overeenkomstige toepassing.

Commissievergadering, voorzitterschap gezamenlijke inbrengvergadering

Art. 48
1. Na de gezamenlijke inbrengvergadering vindt verslaglegging in geïntegreerde vorm plaats.

Commissievergadering, verslaglegging gezamenlijke inbrengvergadering

2. De commissies beslissen gezamenlijk over de inhoud van het verslag. Zij beraden zich ook gezamenlijk over de memorie van antwoord en verdere vervolgstukken en brengen daarover steeds geïntegreerd verslag uit.
3. Op de commissies, die volgens de voorgaande artikelen gezamenlijk optreden, zijn de artikelen over afzonderlijke commissies waar mogelijk van overeenkomstige toepassing.

Art. 49
1. Indien een commissie ernstige bezwaren heeft tegen het uitbrengen van een geïntegreerd verslag, kan zij de Voorzitter gemotiveerd verzoeken een afzonderlijk verslag te mogen opstellen.
2. Indien tot een gezamenlijk onderzoek besloten werd op grond van het bepaalde in artikel 41, derde lid, onder b, kunnen de commissies aan wie het gezamenlijk onderzoek werd toevertrouwd, de Voorzitter tezamen verzoeken de voorstellen alsnog in afzonderlijk onderzoek toe te vertrouwen aan de vaste of bijzondere commissie op wier werkterrein de afzonderlijke voorstellen zijn gelegen. Een verzoek als hier bedoeld wordt geacht een verzoek als in het eerste lid van dit artikel in te houden, tenzij de commissies uitdrukkelijk anders vermelden.
3. Tot verzoeken in de zin van de vorige twee leden kan worden besloten tijdens de gezamenlijke inbrengvergadering of tijdens een zo spoedig mogelijk daarna voor dat doel bijeen te roepen afzonderlijke of gezamenlijke commissievergadering. Deze laatste vergadering moet binnen één week na de inbrengvergadering zijn aangekondigd.

Commissievergadering, afzonderlijk verslag

Art. 50

Commissieverslag, opname in Kamerstukken

Zo de Voorzitter het verzoek, bedoeld in het eerste lid van het voorgaande artikel, inwilligt, worden onder vermelding van deze toestemming de verslagen achter elkaar gevoegd, en opgenomen in een op het voorstel/de voorstellen betrekking hebbend Kamerstuk. Over de volgorde der verslagen in het Kamerstuk beslist de Voorzitter.

Overleg met de regering en het horen van personen ter voorbereiding van een voorstel

Art. 51

Commissies, overleg met minister

De commissie aan wie het onderzoek van een voorstel is toevertrouwd kan met de minister die verantwoordelijk is voor het ingediende voorstel in schriftelijk of mondeling overleg treden. Een mondeling overleg is openbaar tenzij de commissie anders besluit.

Art. 52

Commissies, inwinnen van oordeel

De commissie aan wie het onderzoek van een voorstel is toevertrouwd kan in een vergadering personen horen van wier oordeel zij kennis wenst te nemen. Een dergelijke vergadering is openbaar tenzij de commissie anders besluit. Ook kan de commissie om schriftelijk commentaar vragen van personen en instellingen.

Art. 53

Commissies, hoorzitting

1. De commissie aan wie het onderzoek van een voorstel is toevertrouwd, kan een hoorzitting houden, teneinde personen te horen over onderwerpen betrekking hebbend op het voorstel.
2. Van het houden van een hoorzitting wordt mededeling gedaan aan de leden van de Kamer. Tevens wordt dit publiekelijk kenbaar gemaakt.
3. Een hoorzitting is openbaar tenzij de commissie anders besluit.
4. De commissie kan een oproep plaatsen om schriftelijk commentaar te leveren op het voorstel.

Vereenvoudigde behandeling van begrotingshoofdstukken

Art. 54

Commissies, vereenvoudigde behandeling begrotingshoofdstukken

1. Nadat hij daaromtrent advies heeft ingewonnen bij de vaste commissie(s) die krachtens artikel 34, eerste lid voor een bepaald ministerie is of zijn ingesteld, kan de Voorzitter de Kamer voorstellen het hoofdstuk van de rijksbegroting van een bepaald dienstjaar voor bedoeld ministerie zonder schriftelijke voorbereiding en zonder openbare beraadslaging te behandelen.
2. De Kamer beslist daarover steeds onder voorbehoud dat zij de vrijheid behoudt om op een later tijdstip alsnog te beraadslagen over met deze begrotingshoofdstukken samenhangende onderwerpen.
3. De Voorzitter vergewist zich, voordat hij een begrotingshoofdstuk in stemming brengt, van de bereidheid van de minister(s) om aan de in het tweede lid bedoelde beraadslaging deel te nemen.

Vereenvoudigde procedure voor het onderzoek van een voorstel

Art. 55

Commissies, vereenvoudigde procedure voor onderzoek voorstel van wet

1. Indien een voorstel zonder beraadslaging en zonder stemming in de Tweede Kamer werd aanvaard, kan de commissie aan wie het voorstel in deze Kamer wordt toevertrouwd eindverslag uitbrengen ook zonder het houden van een inbrengvergadering.
2. De griffier bericht aan de commissie en tevens aan alle leden van de Kamer dat een voorstel als in het eerste lid bedoeld, in handen van de commissie is gesteld. Daarbij vermeldt hij de wijze waarop het voorstel in de Tweede Kamer is behandeld. Verzoekt geen van de commissieleden of overige leden binnen de daartoe door de griffier te stellen termijn, die ten minste tien dagen moet omvatten, een inbrengvergadering te houden, dan wordt een eindverslag, als bedoeld in de artikelen 58, derde lid en 62, uitgebracht. De termijn van ten minste tien dagen kan in geval van spoedeisendheid der behandeling door de griffier na machtiging van de Voorzitter worden bekort.

Voorstellen met spoedeisend karakter

Art. 56

Commissies, voorstellen met spoedeisend karakter

1. Over een voorstel dat naar het oordeel van de Voorzitter wegens zijn spoedeisende karakter niet schriftelijk kan worden voorbereid, wordt door de commissie aan wie het voorstel werd toevertrouwd een eindverslag als bedoeld in de artikelen 58, derde lid en 62, eerste lid mondeling uitgebracht.
2. De commissie wordt ter voorbereiding van het mondelinge eindverslag op de dag van de vergadering samengeroepen op een tijdstip, gelegen vóór het aanvangsuur dat is vastgesteld voor de vergadering van de Kamer.

Hoofdstuk IV
Commissieverslag

Wijze van verslaglegging

Art. 57
Tijdens de inbrengvergadering wordt aantekening gehouden van alle vragen en opmerkingen welke ter tafel worden gebracht.

Commissieverslag, aantekening

Art. 58
1. De commissie brengt een voorlopig verslag uit indien zij de mogelijkheid wil openlaten na de ontvangst van de memorie van antwoord nog op het antwoord van de minister in te gaan.
2. Indien de commissie meent dat de openbare behandeling voldoende is voorbereid wanneer haar vragen en opmerkingen voor de openbare behandeling door de verantwoordelijke minister met een nota zijn beantwoord, brengt zij onder die mededeling een verslag uit.
3. Indien geen vragen en opmerkingen worden ingebracht waarop de commissie een antwoord van de minister verwacht, stelt zij een eindverslag vast.

Commissieverslag, voorlopig verslag

Art. 59
1. Nadat de memorie van antwoord door de Kamer is ontvangen en aan de leden is toegezonden, wordt zonder verdere tussenkomst van de commissie een eindverslag vastgesteld, tenzij één of meer leden van de commissie binnen een door de griffier te stellen termijn van ten minste 10 dagen om een bijeenkomst van de commissie verzoeken. De commissie en in spoedeisende gevallen ook de voorzitter van de commissie kunnen deze termijn bekorten.
2. Als één of meer leden van de commissie op grond van het gestelde in het vorige lid om een bijeenkomst van de commissie hebben verzocht, beraadt de commissie zich over het vaststellen van een eindverslag, een verslag dan wel een nader voorlopig verslag. Een nader voorlopig verslag stelt zij vast indien zij in de gelegenheid wil blijven nog schriftelijk in te gaan op de antwoorden van de minister.

Commissieverslag, eindverslag

Art. 60
Een verslag, dan wel een nader voorlopig verslag als bedoeld in artikel 59, tweede lid bevat vragen en opmerkingen naar aanleiding van de memorie van antwoord. De commissie kan nieuwe onderwerpen aanroeren, indien zich, haars inziens, na de vaststelling van het voorlopig verslag, nieuwe feiten hebben voorgedaan.

Commissieverslag, nieuwe onderwerpen

Art. 61
Nadat het antwoord van de minister op een nader voorlopig verslag is ontvangen, kan de commissie slechts een eindverslag of een verslag uitbrengen, tenzij zij van de Kamer verlof verkregen heeft om een volgend nader voorlopig verslag uit te brengen.

Commissieverslag, eindverslag

Art. 62
1. De commissie kan in het eindverslag te kennen geven dat zij zich het recht voorbehoudt bij de openbare beraadslaging in te gaan op de inhoud van het voorstel.
2. Met het uitbrengen van een eindverslag geeft de commissie uitdrukkelijk te kennen het voorstel gereed te achten voor openbare beraadslaging.

Eindverslag, openbare beraadslaging

Art. 63
Over een door de Kamer in behandeling genomen voorstel, niet zijnde een voorstel van wet, brengt een commissie een verslag of een eindverslag uit.

Commissieverslag, verslag van voorstel anders dan voorstel van wet

Vorm van het verslag

Art. 64
1. De verslagen, in de voorafgaande artikelen bedoeld, worden zo beknopt en duidelijk mogelijk opgesteld. Gelijkgerichte vragen en opmerkingen worden zo mogelijk samengevoegd. In een verslag wordt rekening gehouden met wat in de Tweede Kamer reeds over het voorstel is opgemerkt.
2. Nadat het verslag op de in de volgende artikelen geregelde wijze is gereedgemaakt en vastgesteld, wordt het ondertekend door de voorzitter en de griffier van de commissie, dan wel de griffier voor het verslag, en wordt het verslag gezonden aan de betrokken ministers.
3. Een mondeling eindverslag als bedoeld in artikel 56, eerste lid wordt op schrift gesteld en ondertekend door de voorzitter en de griffier van de commissie.
4. De verslagen worden gedrukt en rondgedeeld.

Commissieverslag, vorm

Vaststellen van een verslag

Art. 65
1. Eindverslagen als bedoeld in de artikelen 58, derde lid, 59, tweede lid, en 62 worden in de vergadering zelf vastgesteld en uitgebracht.

Commissieverslag, vaststelling eindverslagen

2. Een eindverslag, als bedoeld in het eerste lid kan betrekking hebben op verscheidene voorstellen.
3. In alle andere gevallen stelt de griffier van de commissie een concept-verslag op dat toegezonden wordt aan de leden van de commissie, de plaatsvervangende leden en de overige leden die bij de inbrengvergadering tegenwoordig waren. De commissie kan ook één van haar leden belasten met de taak een concept-verslag te schrijven.

Art. 66

Commissieverslag, termijn voor opmerkingen van Kamerleden

1. Binnen een op het toegezonden concept vermelde termijn, welke ten minste vijf dagen waaronder een zaterdag en een zondag moet omvatten, kunnen de leden aan wie het concept op grond van artikel 65, derde lid is toegezonden, opmerkingen ter griffie inzenden. De commissie kan tijdens de inbrengvergadering zelf een termijn vaststellen die korter kan zijn dan die van de vorige zinsnede.
2. Indien in de inbrengvergadering blijkt dat met het uitbrengen van het verslag grotere spoed geboden is dan tijdens die inbrengvergadering was voorzien, kan de voorzitter van de commissie op advies van de griffier de in het eerste lid genoemde termijn bekorten. Hij doet hiervan mededeling aan alle leden aan wie het concept op grond van artikel 65, derde lid, wordt toegezonden.

Art. 67

Commissieverslag, opmerkingen betreffende wijzigingen in conceptverslag

1. Beogen de opmerkingen van de leden aan wie het concept op grond van artikel 65, derde lid, is toegezonden, uitsluitend wijzigingen in de door die leden zelf gemaakte opmerkingen of gestelde vragen, dan is de griffier bevoegd het concept-verslag dienovereenkomstig te wijzigen, tenzij andere leden zich aangesloten hadden bij de oorspronkelijke tekst of opmerkingen gemaakt dan wel vragen gesteld hadden naar aanleiding van de te wijzigen gedeelten.
2. In de laatst bedoelde gevallen legt de griffier de opmerkingen of de wijzigingen voor aan de voorzitter van de commissie, die bepaalt of zij moeten worden aangebracht of dat de commissie opnieuw bijeen moet komen om over het verslag te besluiten.

Art. 68

Commissieverslag, overleg over opneming van onderwerpen in conceptverslag

Een bespreking in de commissie, zoals bedoeld in artikel 67, tweede lid, vindt eveneens plaats indien één of meer leden van de commissie het verzoek doen over het opnemen van bepaalde onderwerpen of vragen in het concept-verslag overleg te plegen.

Art. 69

Commissieverslag, Advies College van Senioren

Het College van Senioren wordt, indien het zelf daartoe de wens te kennen geeft of één of meer leden van de commissie daar om verzoeken, voor het geven van advies in de besprekingen zoals bedoeld in artikel 68 betrokken.

Art. 70

Commissieverslag, verslag vastgesteld bij uitblijven opmerkingen

1. Indien binnen de in artikel 66 gegeven termijn geen opmerkingen van de leden der commissie zijn binnengekomen die een bespreking in de commissie behoeven en er geen verzoek in de zin van artikel 68 is gedaan, wordt het verslag als vastgesteld beschouwd en door de voorzitter van de commissie en de griffier ondertekend.
2. Zijn opmerkingen gemaakt die een bespreking behoeven of is er een verzoek gedaan tot het houden van een vergadering, dan wordt het verslag of eindverslag zo mogelijk tijdens die bespreking vastgesteld en uitgebracht.

Hoofdstuk V
Algemene bepalingen betreffende de vergaderingen

Samenroepen en agenda

Art. 71

Eerste Kamer, bijeenroepen vergadering/agenda

1. De Voorzitter roept de Kamer in vergadering bijeen. Hij stelt de agenda vast.
2. Op schriftelijk en met redenen omkleed verzoek van ten minste zeven leden roept hij binnen 14 dagen na ontvangst van het verzoek de Kamer eveneens samen.
3. Hij geeft de leden ten minste vierentwintig uur vóór de aanvang van de vergadering kennis van de door hem vastgestelde agenda.
4. Hij doet op de kennisgeving als bedoeld in het derde lid ook opnemen de aanvangsuren en de onderwerpen van de te houden inbrengvergaderingen op de dag van de vergadering. Op overeenkomstige wijze geeft hij de leden kennis van door hem vastgestelde dagen en uren van inbrengvergaderingen die niet op een zelfde dag worden gehouden als een vergadering der Kamer.

Art. 72

Vergadering Eerste Kamer, plaatsing voorstellen op agenda

1. De Voorzitter plaatst een voorstel op de agenda van de Kamer nadat de schriftelijke voorbereiding hetzij door het uitbrengen van een eindverslag, hetzij door de ontvangst van een nota naar aanleiding van het verslag is voltooid.

2. De beraadslaging over een voorstel vindt niet eerder plaats dan twee dagen nadat het eindverslag is verschenen of de nota naar aanleiding van het verslag ter kennis is gebracht van de leden.
3. De Voorzitter raadpleegt de commissie aan wie het onderzoek werd toevertrouwd over de datum voor de openbare beraadslaging.
4. De Voorzitter kan afwijken van de bepalingen in het tweede en derde lid, of in afwijking van het eerste lid een mondeling eindverslag, als bedoeld in artikel 56 doen uitbrengen, indien hij meent dat beraadslaging vanwege het spoedeisende karakter van de zaak geen uitstel lijden kan.

Art. 73
1. De Kamer kan op voorstel van de Voorzitter, van een commissie of van één of meer leden, besluiten te beraadslagen over onderdelen van het regeringsbeleid of andere naar haar oordeel daarvoor in aanmerking komende zaken. Aan deze beraadslagingen behoeft geen schriftelijke voorbereiding vooraf te gaan.
2. Indien het voorstel van een commissie afkomstig is, wordt het schriftelijk voor het begin van de vergadering bij de Voorzitter ingediend. De voorzitter van de commissie of diens plaatsvervanger voert - zo nodig - namens de commissie het woord.

Vergadering Eerste Kamer, beraadslaging over onderdelen van regeringsbeleid

Quorum

Art. 74
1. De Griffier draagt op dagen waarop de Kamer vergadert zorg voor het neerleggen van een lijst waarop de leden die aan de vergadering wensen deel te nemen hun handtekening plaatsen.
2. Deze lijst wordt aan de Voorzitter ter hand gesteld op het voor de aanvang van de vergadering vastgestelde tijdstip, tenzij de lijst nog niet door meer dan de helft van het aantal zitting hebbende leden is getekend.
3. Na de ontvangst van de lijst opent de Voorzitter de vergadering terstond. De lijst blijft tot de sluiting der vergadering in de vergaderzaal liggen, ter tekening door de later komende leden.

Presentielijst Kamerleden, procedure

Art. 75
1. Indien de lijst niet aan de Voorzitter kan worden overhandigd vanwege het ontbreken van het vereiste quorum, wordt het aanvangsuur van de vergadering met een half uur uitgesteld.
2. Is gedurende dit halve uur niet alsnog het vereiste quorum bereikt, dan roept de Voorzitter alle aanwezige leden bijeen.
3. Hij kan besluiten het aanvangsuur van de vergadering te verplaatsen naar een later uur op dezelfde dag. Hiervan kan hij aan de aanwezige leden mededeling. Indien hij meent dat een dergelijk uitstel niet zinvol kan worden geacht, of indien blijkt dat op het uitgestelde aanvangsuur nog steeds het quorum niet is bereikt, doet hij de namen oplezen der afwezigen met vermelding van berichten van verhindering. Deze namen en die van de aanwezige leden worden in het officiële verslag opgenomen.
4. Na deze voorlezing stelt de Voorzitter de vergadering tot een nader te bepalen datum uit.

Quorum, ontbreken vereiste quorum

Zitplaatsen

Art. 76
1. Elk lid heeft een voor hem bestemde zitplaats in de vergaderzaal. De Voorzitter wijst deze zitplaats aan. Indien de Voorzitter dit vraagt, nemen de leden hun zitplaatsen in.
2. De Voorzitter draagt zorg voor de beschikbaarheid van zitplaatsen voor de ministers en eventueel de personen die zij krachtens artikel 69, derde lid van de Grondwet hebben aangewezen.
3. Voorts draagt hij, indien nodig, zorg voor de beschikbaarheid van zitplaatsen voor diegenen, in het bijzonder de Gevolmachtigde Ministers van de Nederlandse Antillen en/of de bijzondere gedelegeerden, aan wie bij Statuut, wet of verdrag enige bijzondere bevoegdheid is toegekend in de vergaderingen van de beide Kamers der Staten-Generaal.

Vergadering Eerste Kamer, zitplaatsen leden/ministers/gedelegeerden

Openbaarheid

Art. 77
De toehoorders mogen de voortgang en de orde van de vergadering op geen enkele wijze verstoren. Zij nemen daartoe stilte in acht en onthouden zich van tekenen van goed- of afkeuring.

Vergadering Eerste Kamer, stille toehoorders

Art. 78
Het maken van beeld- en geluidopnamen is verboden behoudens tevoren verkregen toestemming van de Voorzitter.

Vergadering Eerste Kamer, beeld-/geluidopnamen

A11 art. 79 Reglement van Orde van de Eerste Kamer der Staten-Generaal

Vergadering Eerste Kamer, ordehandhaving door voorzitter

Art. 79
1. De Voorzitter ziet toe op het gedrag van de toehoorders en kan bij overtreding van de bovengenoemde gedragsregels de overtreders of allen die zich op een bepaald tribunegedeelte bevinden doen vertrekken.
2. De Voorzitter schorst de vergadering indien hij zulks met het oog op de orde noodzakelijk acht.

Vergadering Eerste Kamer, verlaten gebouw

Art. 80
Indien dit naar zijn oordeel noodzakelijk is, is de Voorzitter ten aanzien van alle aanwezigen in het Kamergebouw bevoegd maatregelen te nemen teneinde hen het gebouw te doen verlaten.

Art. 81
[Vervallen]

Ingekomen stukken

Vergadering Eerste Kamer, ingekomen stukken

Art. 82
1. Alle sedert de vorige vergadering bij de Kamer ingekomen stukken worden ingeschreven op een lijst, met dien verstande dat de Voorzitter ongetekende, onbegrijpelijke en beledigende stukken ter zijde kan doen leggen. Ten aanzien van de op de lijst geplaatste stukken doet hij aan de Kamer de voorstellen, die hij doeltreffend acht.
2. De bedoelde lijst wordt met de voorstellen van de Voorzitter bij het begin van de vergadering in de vergaderzaal neergelegd ter inzage voor de leden. Voor de sluiting van de vergadering wordt door de Kamer over de voorstellen van de Voorzitter beslist. De lijst met de voorstellen van de Voorzitter wordt in het officiële verslag opgenomen.
3. De Voorzitter kan van de stukken, welke hij daartoe belangrijk genoeg acht, bij de aanvang van de vergadering mededeling doen.

Griffier, zorg voor drukken van stukken

Art. 83
De Griffier draagt zorg dat de daarvoor in aanmerking komende van regeringswege ontvangen dan wel van de Kamer uitgaande stukken worden gedrukt. Dit kan geschieden voordat van hun inkomen in de vergadering is kennis gegeven.

Hoofdstuk VI
Voeren van het woord

Spreekplaats en sprekerslijst

Vergadering Eerste Kamer, spreekplaats

Art. 84
1. De leden voeren het woord vanaf de spreekplaats, tenzij de Voorzitter hun verlof geeft vanaf een andere plaats in de vergaderzaal te spreken.
2. De leden richten zich tot de Voorzitter.

Vergadering Eerste Kamer, interrupties

Art. 85
1. Niemand voert het woord zonder het van de Voorzitter te hebben gekregen.
2. De Voorzitter kan korte interrupties toelaten.
3. Het interrumperen geschiedt op de plaatsen die daarvoor aangewezen zijn.

Sprekerslijst, inschrijving

Art. 86
Zodra de Voorzitter enig onderwerp aan de orde heeft gesteld of het voornemen daartoe aan de leden heeft kenbaar gemaakt, kunnen de leden zich ter griffie laten inschrijven op de sprekerslijst.

Vergadering Eerste Kamer, voorzitter verleent het woord

Art. 87
1. De Voorzitter verleent het woord naar de orde van de sprekerslijst en daarna aan hen die het later vragen.
2. Hij kan besluiten van de lijst af te wijken, indien de aard van de beraadslaging dat vordert.
3. Hij kan tevoren een volgorde vaststellen waarin sprekers van diverse fracties het woord zullen voeren.

Vergadering Eerste Kamer, onmiddellijk woord voor persoonlijk feit/voorstel van orde

Art. 88
1. Ieder lid krijgt onmiddellijk het woord voor een persoonlijk feit of een voorstel van orde. Zo mogelijk wordt een voorstel van orde bij de aanvang van de vergadering gedaan.

2. Een voorstel van orde, waaronder begrepen het verzoek om verlof tot het houden van een interpellatie, wordt behandeld overeenkomstig het bepaalde bij de artikelen 99 en 105 tot en met 112.

Art. 89
1. Indien over een voorstel op grond van artikel 55 dan wel artikel 58, derde lid, een eindverslag zonder voorbehoud is uitgebracht, wordt het op de agenda geplaatst en zonder beraadslaging behandeld, behoudens het bepaalde bij het tweede en derde lid.

2. De Kamer kan besluiten het voorstel terug te verwijzen, ter hervatting van de schriftelijke voorbereiding, aan de commissie die het eindverslag heeft uitgebracht, indien zich tussen het uitbrengen van dat eindverslag en de dag der vergadering nieuwe feiten en omstandigheden hebben voorgedaan die terugverwijzing naar haar oordeel wenselijk maken.

3. De commissie, de Voorzitter of ten minste vijf leden kunnen bij de aanvang van de vergadering waarop de openbare behandeling zal plaatsvinden, de Kamer een voorstel tot terugverwijzen als bedoeld in het tweede lid doen. De Kamer besluit terstond.

Vergadering Eerste Kamer, voorstellen waarover niet wordt beraadslaagd behoudens terugverwijzing bij nieuwe feiten

Spreken van de Voorzitter

Art. 90
1. De Voorzitter voert gedurende beraadslagingen welke niet door hem, door een commissie of door één of meer leden gedane voorstellen van orde betreffen, slechts het woord om de juiste stand van het geschilpunt aan te wijzen of om de beraadslagingen bij afdwaling tot het juiste punt terug te brengen.

2. Indien de Voorzitter het woord wil voeren over het voorstel dat aan de orde is, tenzij het nodig is ter uitvoering van de hem opgedragen taak, verlaat hij de voorzittersstoel. Hij neemt die niet weder in zolang het onderwerp aan de orde is.

3. Hij wordt gedurende deze tijd vervangen overeenkomstig het bepaalde in artikel 9.

Vergadering Eerste Kamer, spreken van de voorzitter

Spreken van ministers en leden

Art. 91
De Voorzitter verleent het woord aan ministers, personen die zij hebben aangewezen om zich in de vergadering te doen bijstaan, de Gevolmachtigde Ministers en de bijzondere gedelegeerden wanneer zij dit verlangen, echter niet dan nadat de spreker die aan het woord is zijn rede heeft beëindigd.

Vergadering Eerste Kamer, spreken van ministers

Art. 92
1. Een lid voert niet meer dan twee malen en evenmin na afloop van de tweede termijn het woord over hetzelfde onderwerp, tenzij de Kamer hem hiertoe verlof geeft.

2. Bij de bepaling van het aantal malen dat een lid over hetzelfde onderwerp zal hebben gesproken wordt niet meegerekend het afleggen van een korte verklaring als bedoeld in artikel 107.

Vergadering Eerste Kamer, spreken van leden

Moties

Art. 93
1. Een lid dat het woord voert kan daarbij moties over het in behandeling zijnde voorstel indienen. Zulk een motie moet op schrift gebracht en door de voorsteller ondertekend zijn. Een motie kan alleen in behandeling komen indien zij door ten minste vier andere leden medeondertekend is of ondersteund wordt. Ook namens de commissie aan welke de voorbereiding van een voorstel is toevertrouwd kunnen moties worden ingediend, mits ze het gevoelen van de meerderheid van de leden weergeven. Zulke moties worden ondertekend door de leden der commissie, die zich daar voor hebben verklaard.

Motie, indiening

2. De behandeling van moties vindt plaats tegelijk met de beraadslaging over het in behandeling zijnde voorstel, tenzij de Kamer anders besluit.

Motie, behandeling

3. De stemming over moties kan worden aangehouden. Heeft zij niet plaatsgevonden uiterlijk in de eerste vergadering zes maanden na het besluit tot aanhouden – recessen niet meegerekend – dan wordt de motie geacht te zijn vervallen, tenzij de Kamer anders besluit.

Motie, stemming

Afwijken van het onderwerp en verstoren van de orde

Art. 94
1. Indien een spreker van het onderwerp in beraadslaging afwijkt, brengt de Voorzitter hem dit onder het oog en roept hij hem tot de behandeling van het onderwerp terug.

2. Wanneer een lid beledigende uitdrukkingen gebruikt, de orde verstoort, of, zij het slechts door het betuigen van instemming, aanspoort tot onwettige handelingen, vermaant de Voorzitter hem en stelt hij hem in de gelegenheid, de woorden die tot de waarschuwing aanleiding hebben gegeven terug te nemen.

Vergadering Eerste Kamer, afwijking van het onderwerp

A11 art. 95

Reglement van Orde van de Eerste Kamer der Staten-Generaal

3. Maakt de spreker van deze mogelijkheid geen gebruik en/of gaat hij voort te handelen op een wijze als in de vorige leden omschreven, dan kan de Voorzitter hem het woord ontnemen.

Art. 95

Vergadering Eerste Kamer, schending geheimhoudingsplicht

De Voorzitter kan een spreker, die zijn plicht tot geheimhouding schendt onmiddellijk het woord ontnemen. Indien hij de spreker vermaant op de overeenkomstige wijze als bedoeld in het eerste lid van artikel 94 en de spreker voortgaat met zijn plicht tot geheimhouding te schenden, wordt de spreker het woord ontnomen.

Art. 96

Vergadering Eerste Kamer, ontneming van woord/uitsluiting spreker

1. Een lid aan wie ingevolge het bepaalde bij de artikelen 94 of 95 het woord over een bepaald voorstel ontnomen is, mag in de vergadering, waarin dit plaatsvindt, aan de beraadslagingen over dit voorstel niet meer deelnemen.
2. Tevens kan de Voorzitter hem en ieder ander lid dat zich schuldig maakt aan gedragingen als bedoeld in het tweede lid van artikel 94, uitsluiten van de verdere bijwoning van de vergadering en van de vergaderingen welke aanvangen op de dag waarop de uitsluiting plaatsvindt.

Art. 97

Vergadering Eerste Kamer, geen raadpleging College van Senioren voor besluiten ter ordehandhaving

Besluiten van de Voorzitter genoemd in de artikelen 94 tot en met 96 zijn besluiten betreffende de handhaving van de orde, als bedoeld in artikel 19, tweede lid.

Verdere strafmaatregelen

Art. 98

Vergadering Eerste Kamer, uitgesloten kamerlid verlaat het kamergebouw

1. Een lid dat van het bijwonen van de vergadering is uitgesloten, is verplicht het Kamergebouw onmiddellijk te verlaten en mag dit niet weder betreden voordat de uitsluiting is geëindigd.
2. De Voorzitter zorgt dat het uitgesloten lid zo nodig tot het verlaten van het gebouw gedwongen wordt.

Spreektijdbeperking

Art. 99

Spreektijd, vaststelling duur

1. De Voorzitter bepaalt de spreektijden over een voorstel van orde en een interpellatie.
2. Hij kan eveneens ten behoeve van beraadslagingen over onderdelen van algemeen regeringsbeleid, in het bijzonder de hoofdstukken van de Rijksbegroting en andere onderwerpen als bedoeld in artikel 73, tevoren een tijdsduur vaststellen voor de bijdragen van de zijde van de Kamer.

Art. 100

Spreektijd, verdeling

1. De beschikbare spreektijd verdeelt hij naar billijkheid over degenen, die te kennen hebben gegeven het woord te willen voeren, waarbij hij rekening houdt met de grootte van de fracties waartoe zij behoren.
2. In de tweede termijn beschikken de leden over ten hoogste de helft van de spreektijd, die hun in de eerste termijn was toegewezen.
3. De Voorzitter doet de Kamer tevoren mededeling van zijn besluit tot spreektijdbeperking. In het besluit is een globale verdeling van de spreektijd over de fracties opgenomen.

Art. 101

Spreektijd, overschrijding

Indien een lid de voor zijn fractie beschikbare spreektijd overschrijdt, kan de Voorzitter hem het woord ontnemen.

Art. 102

Spreektijd, voorstel tot sluiting verdere beraadslaging

1. De Voorzitter kan tijdens de beraadslagingen over andere, niet in artikel 99 bedoelde, voorstellen aan de Kamer voorstellen om de verdere beraadslaging van haar zijde op een bepaald daarbij te vermelden tijdstip te sluiten. Ook ten minste vijf leden kunnen gezamenlijk door middel van een voorstel van orde een dergelijk voorstel aan de Kamer doen.
2. Indien de Kamer zich op dat voorstel verenigt, verdeelt de Voorzitter volgens de in het tweede lid van artikel 99 opgenomen grondslag de nog resterende spreektijd van de zijde van de Kamer.

Schorsing van de beraadslaging

Art. 103

Vergadering Eerste Kamer, schorsing beraadslaging

De Kamer beslist over schorsing van de beraadslaging op voorstel van de Voorzitter of ten minste vijf aanwezige leden, die daartoe bij voorstel van orde overeenkomstig artikel 88, eerste lid, een voorstel doen. Het voorstel bevat de tijdsduur waarvoor geschorst wordt en wordt door de indieners niet van een toelichting voorzien.

Sluiting van de beraadslaging

Art. 104
De Voorzitter sluit de beraadslagingen wanneer niemand meer het woord verlangt, of op het tijdstip dat volgens artikel 102 is vastgesteld. Het afleggen van een stemverklaring als bedoeld in artikel 107 geschiedt na de sluiting.

Vergadering Eerste Kamer, sluiting beraadslaging

Hoofdstuk VII
Stemmingen over zaken en personen

Stemmen over zaken

Art. 105
1. Na de beraadslaging te hebben gesloten stelt de Voorzitter de stemming over een voorstel aan de orde.
2. Wanneer geen der leden om stemming verzoekt stelt de Voorzitter vast dat het voorstel zonder stemming is aanvaard.
3. De Voorzitter bepaalt het tijdstip waarop de stemming zal plaatsvinden. Over een voorstel van orde wordt onmiddellijk gestemd, tenzij de Kamer anders besluit.

Vergadering Eerste Kamer, stemming

Vergadering Eerste Kamer, onmiddellijke stemming over voorstel van orde

Art. 106
Indien tijdens de beraadslaging over een voorstel moties zijn ingediend wordt hierover gestemd na de stemming over het voorstel, tenzij de Kamer anders besluit.

Motie, stemming

Art. 107
Voor de stemming stelt de Voorzitter de leden in de gelegenheid korte verklaringen ter motivering van hun stem af te leggen.

Stemming, stemverklaring

Art. 108
Stemmen geschiedt bij zitten en opstaan, tenzij de Kamer op verzoek van een van de leden tot stemmen bij hoofdelijke oproeping overgaat. Indien de uitslag van een stemming bij zitten en opstaan naar het oordeel van de Voorzitter of dat van een van de leden onduidelijk is, wordt hoofdelijk herstemd.

Stemming, zitten en opstaan/hoofdelijke oproeping

Art. 109
1. Voor de hoofdelijke oproeping beslist het lot bij welk nummer van de presentielijst de oproeping een aanvang neemt. De Voorzitter brengt zijn stem als laatste uit.
2. Ieder lid stemt met de woorden "voor" of "tegen", zonder enige bijvoeging.

Stemming, volgorde bij hoofdelijke oproeping

Art. 110
1. Behoudens in de gevallen, in de Grondwet voorzien, worden alle besluiten over zaken genomen bij volstrekte meerderheid van stemmen.
2. Bij staken van stemmen wordt het nemen van een besluit uitgesteld tot een volgende vergadering. Staken ook dan de stemmen, dan wordt het voorstel geacht te zijn verworpen.

Stemming, volstrekte meerderheid

Stemming, staken van stemmen

Art. 111
Indien tijdens de stemming blijkt dat het quorum, als bedoeld in artikel 74, niet meer aanwezig is, kan geen uitslag van de stemming worden vastgesteld. Zij wordt beschouwd als niet te zijn gehouden. De Voorzitter sluit, na te hebben geconstateerd dat het quorum niet aanwezig is, de vergadering.

Stemming, ontbreken van quorum

Art. 112
Indien een voorstel zonder stemming is aanvaard, kunnen leden die de wens daartoe te kennen geven in het officiële verslag doen aantekenen dat zij geacht willen worden zich niet met het voorstel te hebben kunnen verenigen. Een dergelijke aantekening wordt niet met redenen omkleed.

Stemming, geacht worden zich niet met het voorstel te verenigen

Stemmen over personen

Art. 113
1. Stemming over personen geschiedt schriftelijk.

2. De Voorzitter benoemt bij iedere keuze een commissie van vier leden, die als stemopnemers zich ervan overtuigen dat het aantal stembiljetten dat van de aanwezige leden niet overtreft, de stembiljetten openen, de uitkomst der stemming vaststellen en bij monde van het eerstbenoemde lid bekendmaken.

Stemming, stemming over personen

Stemming, stemopnemers

Art. 114

Stemming, geldigheid stembriefje
Niet, niet behoorlijk of niet duidelijk ingevulde stembriefjes zijn ongeldig.

Art. 115

Stemming, volstrekte meerderheid
Voor het tot stand komen van een keuze als in artikel 113 bedoeld, wordt de volstrekte meerderheid vereist van hen die een stem hebben uitgebracht door het inleveren van een behoorlijk ingevuld stembriefje.

Art. 116

1. Wanneer bij de eerste stemming niemand de volstrekte meerderheid heeft verkregen, wordt tot een tweede, eveneens geheel vrije, stemming overgegaan.
2. Indien daarbij wederom niemand de volstrekte meerderheid heeft verkregen, wordt een derde stemming gehouden over de twee personen die bij de tweede stemming de meeste stemmen op zich hebben verenigd.
3. Mocht toepassing van het bepaalde in het vorige lid niet kunnen plaatshebben doordat twee of meer personen een gelijk aantal stemmen op zich hebben verenigd, dan wordt eerst door afzonderlijke stemming uitgemaakt wie van hen in herstemming komt (komen).

Art. 117

Stemming, lot beslist als bij herstemming stemmen staken
Indien bij de stemming over de vraag wie in herstemming komt (komen), de stemmen staken, of wanneer de stemmen bij eindstemming staken, beslist het lot.

Kennisgeving van de uitslag van de stemmingen

Art. 118

Wetsvoorstel, kennisgeving van aannemen
1. Wanneer de Kamer een voorstel van wet heeft aangenomen, geeft zij daarvan kennis aan de Koning en aan de Tweede Kamer.
2. Indien het voorstel door de Koning ingediend werd, richt de Kamer zich
a. tot de Koning met het volgende formulier:
"Aan de Koning, De Staten-Generaal hebben het voorstel aangenomen zoals het daar ligt".
b. tot de Tweede Kamer met het volgende formulier:
"Aan de Tweede Kamer, De Eerste Kamer der Staten-Generaal geeft kennis aan de Tweede Kamer van het feit dat zij het voorstel van wet betreffende ..., op de ... aan haar door de Tweede Kamer toegezonden, heeft aangenomen."
3. Indien het voorstel door de Tweede Kamer ingediend werd, richt de Kamer zich
a. tot de Koning met het volgende formulier:
"Aan de Koning, De Staten-Generaal hebben nevenstaand voorstel aangenomen. Zij verzoeken daarop de bekrachtiging van de Koning."
b. tot de Tweede Kamer met het volgende formulier:
"De Eerste Kamer der Staten-Generaal geeft kennis aan de Tweede Kamer van het feit dat zij het van haar op de ... ontvangen voorstel betreffende ... heeft aangenomen en daarop namens de Staten-Generaal de bekrachtiging van de Koning heeft verzocht."

Art. 119

Wetsvoorstel, kennisgeving van verwerpen
1. Wanneer de Kamer een voorstel van wet heeft verworpen, geeft zij daarvan kennis op de in het tweede en derde lid aangegeven wijze.
2. Indien het voorstel door de Koning werd ingediend, richt de Kamer zich
a. tot de Koning met het volgende formulier:
"Aan de Koning, De Staten-Generaal der Staten-Generaal heeft nevenstaand voorstel verworpen."
b. Tot de Tweede Kamer met het volgende formulier:
"Aan de Tweede Kamer, De Eerste Kamer der Staten-Generaal geeft aan de Tweede Kamer kennis van het feit dat zij het voorstel van wet betreffende ..., op de ... aan haar toegezonden, heeft verworpen."
3. Indien het voorstel door de Tweede Kamer ingediend werd, richt de Kamer zich tot die Kamer met het volgende formulier:
"Aan de Tweede Kamer, De Eerste Kamer der Staten-Generaal heeft onvoldoende reden gevonden de Koning te verzoeken het hierbij teruggaande voorstel te bekrachtigen."

Art. 120

Wetsvoorstel, ondertekening formulieren inzake stemmingsuitslag
1. De Voorzitter is belast met het doen opmaken en ondertekenen van de formulieren, bedoeld in bovenstaande artikelen en het doen verzenden aan de Koning en aan de Tweede Kamer.

2. Opmaken, ondertekenen en verzenden van de formulieren geschiedt zo spoedig mogelijk nadat de Kamer heeft besloten een voorstel al dan niet te aanvaarden.

Hoofdstuk VIII
Officieel verslag

Vorm van het officiële verslag

Art. 121
Van elke vergadering als bedoeld in artikel 71 en elke bijeenkomst als genoemd in artikel 75 wordt een officieel verslag gemaakt.

Vergaderverslag Eerste Kamer, officieel verslag

Art. 122
Het officiële verslag bevat:
a. een woordelijk verslag van de gehouden beraadslagingen. Regelen hieromtrent worden opgenomen in een door beide Kamers vast te stellen reglement [3];
b. de namen der leden, die in de vergadering aanwezig waren;
c. de namen van de leden die met kennisgeving afwezig waren;
d. de namen der leden die zich bij een stemming voor dan wel tegen verklaarden;
e. aantekening voor het geval een of meerdere leden gebruik hebben gemaakt van de mogelijkheid geboden in artikel 112;
f. een opgave van de beknopte inhoud van alle ingekomen stukken en alle door de Kamer of door de Voorzitter genomen besluiten.

Vergaderverslag Eerste Kamer, inhoud verslag

Art. 123
De onderdelen van het officiële verslag, genoemd in het vorige artikel onder b tot en met f, worden gezamenlijk aangeduid met notulen.

Vergaderverslag Eerste Kamer, notulen

Art. 124
1. De notulen worden door de Voorzitter en de Griffier vastgesteld en ten bewijze daarvan door hen ondertekend.
2. Deze vastgestelde notulen worden op de dag van de eerstvolgende vergadering voor de leden ter inzage gelegd op de griffie.
3. Tijdens bedoelde vergadering kan elk lid bezwaar maken tegen het gestelde in de notulen en daarover een uitspraak van de Kamer vragen. Een Kameruitspraak wordt aan de notulen gehecht en wordt geacht daarin de gewraakte gedeelten te vervangen of aan te vullen.
4. De notulen worden ter griffie bewaard.

Vergaderverslag Eerste Kamer, bezwaar tegen notulen

Vergaderingen met gesloten deuren

Art. 125
1. Het officiële verslag van de vergaderingen die volgens het bepaalde van artikel 66 van de Grondwet met gesloten deuren worden gehouden, wordt afzonderlijk opgemaakt en bewaard.
2. De Kamer beslist of de stenografen met het maken hiervan zullen worden belast.
3. De notulen uit dit verslag worden ter vertrouwelijke kennisneming voor de leden ter griffie ter inzage gelegd en behandeld overeenkomstig het bepaalde in artikel 124, derde lid. Indien de Kamer overeenkomstig dit artikel om een uitspraak wordt gevraagd, worden de deuren gesloten voordat over de notulen wordt beraadslaagd.
4. De notulen worden afzonderlijk gehouden en ter griffie bewaard.
5. De Kamer beslist of, en onder welke voorwaarden, inzage wordt verleend aan anderen dan de leden van de Kamer.

Vergaderverslag Eerste Kamer, verslag vergadering met gesloten deuren

Weglatingen

Art. 126
Behoudens de aantekening geacht te willen worden zich niet met het voorstel te hebben kunnen verenigen als bedoeld in artikel 112, worden geen protesten of aantekeningen in het officiële verslag opgenomen.

Vergaderverslag Eerste Kamer, weglatingen

Art. 127
Indien een lid de woorden die tot een vermaning volgens artikel 94, tweede lid, of artikel 95 hebben geleid terugneemt, worden deze woorden en de daarop volgende reacties in het officiële verslag der vergadering niet opgenomen.

---

3   Reglement voor de openbaarmaking van het verslag etc., zie artikel 31 en de daarbij behorende noot.

Hoofdstuk IX
Parlementair onderzoek, interpellatie en het stellen van vragen

Enquête

Art. 128

Parlementair onderzoek, voorstel tot instelling

Bij afzonderlijke regeling, vast te stellen door de Kamer, worden voorschriften gegeven over de besluitvorming en over andere onderwerpen met betrekking tot een parlementaire enquête en ander parlementair onderzoek.

Art. 129

Parlementair onderzoek, inhoud en toelichting voorstel

Een parlementaire enquête wordt uitgevoerd door een hiervoor in te stellen commissie uit de Kamer, de parlementaire enquêtecommissie.

Art. 130

Parlementair onderzoek, voorbereidend onderzoek van voorstel

Ander parlementair onderzoek dan bedoeld in het vorige artikel wordt uitgevoerd door een hiervoor in te stellen commissie uit de Kamer, de parlementaire onderzoekscommissie.

Art. 131-138

[Vervallen]

Interpellatie

Art. 139

Interpellatie, procedure

1. Indien een lid over een onderwerp dat vreemd is aan de orde van de dag inlichtingen van een of meer ministers verlangt, kan hij, onder aanduiding van de voornaamste punten waarover hij vragen wil stellen, aan de Kamer verlof vragen tot het houden van een interpellatie. Zulk een verlof wordt mondeling gevraagd bij het begin van de vergadering. Het lid brengt de Voorzitter vóór het begin van de vergadering van zijn voornemen op de hoogte. De Voorzitter kan ook op een ander tijdstip het aanvragen van een interpellatie toestaan.
2. Wanneer de Kamer het gevraagde verlof verleent, bepaalt de Voorzitter hetzij dadelijk, hetzij later, een dag waarop de interpellatie zal worden gehouden. De daarbij betrokken minister wordt uitgenodigd op de bepaalde dag in de vergadering tegenwoordig te zijn. Indien de zaak zeer veel spoed vereist en de minister tegenwoordig is, kan de Voorzitter besluiten dat de interpellatie dadelijk wordt gehouden. De minister geeft dan, indien hem dit mogelijk is, dadelijk de gevraagde inlichtingen; is hem dit niet mogelijk, dan stelt de Voorzitter de verdere behandeling tot een later tijdstip uit.
3. De interpellant doet, tenzij de interpellatie dadelijk wordt gehouden, de Voorzitter zo spoedig mogelijk schriftelijk weten welke vragen hij bij de interpellatie zal stellen. Deze zendt ze aan de daarbij betrokken minister door, tenzij bij hem wegens vorm of inhoud van de vragen daartegen overwegend bezwaar bestaat. Doorgezonden vragen brengt de Voorzitter ter kennis van de leden.
4. Bij een interpellatie voert de interpellant niet meer dan twee malen en een ander lid niet meer dan eenmaal het woord, tenzij de Kamer hiertoe verlof geeft.

Schriftelijke vragen

Art. 140

Kamervragen, schriftelijk

1. Het lid dat schriftelijke vragen wil stellen aan één of meer ministers dient deze vragen bij de Voorzitter in. De vragen dienen kort en duidelijk geformuleerd te zijn.
2. De Voorzitter zendt de vragen aan de desbetreffende minister, tenzij bij hem wegens vorm of inhoud van de vragen daartegen overwegend bezwaar bestaat.
3. De Voorzitter brengt de doorgezonden vragen ter kennis van de leden en maakt deze openbaar.
4. Het besluit van de Voorzitter vragen al dan niet door te zenden, is geen besluit in de zin van artikel 19, eerste lid.
5. De vragen worden met de schriftelijke antwoorden opgenomen in het Aanhangsel van de Handelingen.

Reglement van Orde van de Eerste Kamer der Staten-Generaal   A11 art. 149

Hoofdstuk X
Verzoekschriften

Art. 141
Er is een Commissie voor de Verzoekschriften, wier samenstelling, taak en werkwijze bij afzonderlijk reglement [4] worden geregeld.

Verzoekschrift, Commissie

Art. 142
De Voorzitter stelt in handen van deze commissie de bij de Kamer ingekomen verzoekschriften, behalve die, welke betrekking hebben op de bij de Staten-Generaal aanhangige voorstellen van wet dan wel op onderwerpen, welke het algemeen beleid van de regering betreffen. Een niet in handen van de Commissie voor de Verzoekschriften te stellen adres wordt gesteld in handen van de daarvoor in aanmerking komende commissie(s). Van één en ander wordt aan de Kamer mededeling gedaan.

Verzoekschrift, in handen te stellen van Commissie

Hoofdstuk XI
Behandeling van verdragen

Art. 143
1. Zodra een verdrag ter stilzwijgende goedkeuring aan de Kamer wordt overgelegd, tekent de Griffier op de begeleidende brief de dag van ontvangst aan benevens de dag waarop de wens dat het verdrag aan de uitdrukkelijke goedkeuring van de Staten-Generaal zal worden onderworpen door of namens de Kamer of door ten minste vijftien harer leden uiterlijk te kennen kan worden gegeven.
2. De Griffier draagt zorg dat een afdruk van de begeleidende brief met de genoemde aantekening onverwijld aan de leden wordt toegezonden.
3. Binnen dertig dagen na de dag van ontvangst van het overgelegd verdrag moet de bedoelde kennisgeving worden gedaan.
4. De kennisgeving kan niet worden ingetrokken dan met toestemming van de Kamer.

Verdrag, stilzwijgende/uitdrukkelijke goedkeuring Staten-Generaal

Art. 144
1. Binnen de bovengenoemde termijn kunnen één of meer leden aan de Voorzitter verzoeken gelegenheid te geven over een overgelegd verdrag aan één of meer ministers inlichtingen te vragen.
2. De Voorzitter nodigt daarop de betrokken minister(s) uit om de verlangde inlichtingen, hetzij mondeling, hetzij schriftelijk, te verstrekken.

Verdrag, inlichtingen van minister

Art. 145
1. Een voorstel tot het te kennen geven door de Kamer van de in artikel 143 bedoelde wens kan door één of meer leden worden gedaan.
2. Indien de Kamer besluit die wens te kennen te geven, doet de Voorzitter hiervan onverwijld mededeling aan de minister van Buitenlandse Zaken en aan de Voorzitter van de Tweede Kamer der Staten-Generaal.

Verdrag, verzoek om uitdrukkelijke goedkeuring

Art. 146
Namens de Kamer kan de wens dat het verdrag aan de uitdrukkelijke goedkeuring van de Staten-Generaal zal worden onderworpen te kennen worden gegeven door de Voorzitter. Alvorens hiertoe te besluiten pleegt hij binnen de Kamer zodanig overleg als gewenst moet worden geacht. Hij geeft van zijn ter zake genomen besluit onverwijld kennis aan de minister van Buitenlandse Zaken, aan de leden en aan de Voorzitter van de Tweede Kamer der Staten-Generaal.

Verdrag, verzoek om uitdrukkelijke goedkeuring Staten-Generaal

Art. 147
Indien vijftien of meer leden de bedoelde wens te kennen willen geven, doen zij dit door mededeling daarvan aan de Voorzitter, die hiervan onverwijld kennis geeft aan de minister van Buitenlandse Zaken, aan de leden en aan de Voorzitter van de Tweede Kamer der Staten-Generaal.

Art. 148
Indien aan de Staten-Generaal mededeling wordt gedaan van het voornemen tot toetreding of opzegging van een verdrag vindt het bepaalde in de vorige artikelen overeenkomstige toepassing.

Verdrag, analoge regeling bij voornemens tot toetreding tot/opzegging van verdrag

Art. 149
De bepalingen in dit hoofdstuk zijn, voor zover de wet of dit reglement niet anders bepalen, van overeenkomstige toepassing op andere stukken die aan de Kamer ter stilzwijgende goedkeuring worden overgelegd.

Schakelbepaling

---

4   Reglement van de Commissie voor de Verzoekschriften.

Hoofdstuk XII
Behartiging van aangelegenheden van het Koninkrijk

Gevolmachtigd Minister, uitoefening bevoegdheden

Art. 150
De Voorzitter geeft aan de Gevolmachtigde Ministers en de bijzondere gedelegeerden de gelegenheid de hun in het bijzonder bij de artikelen 17 en 18 van het Statuut voor het Koninkrijk der Nederlanden toegekende bevoegdheden uit te oefenen.

Art. 151
De Voorzitter verleent het woord aan de Gevolmachtigde Ministers en de bijzondere gedelegeerden wanneer zij dit verlangen, echter niet dan nadat de spreker die aan het woord is zijn rede heeft beëindigd.

Gevolmachtigd Minister, verzoek om inlichtingen

Art. 152
1. De commissie in wier handen is gesteld een voorstel van Rijkswet of die voor zulk een voorstel is ingesteld, is bevoegd de Gevolmachtigde Ministers en de bijzondere gedelegeerden om inlichtingen te verzoeken alsook de inlichtingen te aanvaarden welke dezen eigener beweging aan de commissie mochten wensen te verstrekken.
2. Een dergelijk verzoek wordt gedaan met tussenkomst van de Voorzitter.

Gevolmachtigd Minister, verzoek om aanhouden stemming

Art. 153
Wanneer de Gevolmachtigde Ministers of de daartoe aangewezen bijzondere gedelegeerden gebruik maken van de hun bij artikel 18 van het Statuut toegekende bevoegdheid om te verzoeken de stemming tot de volgende vergadering aan te houden, wordt aan dat verzoek voldaan.

Rijkswet, behandeling voorstel van

Art. 154
Overigens worden voorstellen van Rijkswet behandeld overeenkomstig de behandeling van voorstellen als bedoeld in artikel 32.

Gevolmachtigd Minister, bijwonen interpellaties

Art. 155
Wanneer de Kamer bij toepassing van artikel 139 aan een lid gelegenheid heeft gegeven om over een aangelegenheid van het Koninkrijk aan één of meer ministers inlichtingen te vragen, stelt de Voorzitter de Gevolmachtigde Ministers in de gelegenheid de behandeling van die interpellatie bij te wonen en daarbij zodanige voorlichting aan de Kamer te verstrekken als zij gewenst oordelen.

Gevolmachtigd Minister, bevoegdheden bij behandeling verdragen

Art. 156
1. Bij de behandeling van verdragen welke de Nederlandse Antillen onderscheidenlijk Aruba raken, wordt bij toepassing van de artikelen 143 tot en met 148 de bij het tweede lid van artikel 24 van het Statuut aan de Gevolmachtigde Ministers toegekende bevoegdheid in acht genomen.
2. In het bijzonder worden de Gevolmachtigde Ministers in de gelegenheid gesteld de mondelinge behandeling van vragen en voorstellen als bedoeld in de artikelen 144 en 145 van dit reglement bij te wonen en daarbij zodanige verklaringen, opmerkingen en inlichtingen aan de Kamer te verstrekken als zij wenselijk achten.

Hoofdstuk XIIa
Integriteit

Belangenconflicten

Gedragscode integriteit Eerste Kamer

Art. 156a
Bij afzonderlijke regeling van de Kamer wordt een Gedragscode integriteit Eerste Kamer vastgesteld waarin voorschriften worden gegeven ter bevordering van integer handelen door leden van de Kamer. In deze afzonderlijke regeling wordt tevens een instrumentarium ingevoerd ten behoeve van de naleving en interpretatie van deze Gedragscode.

Geschenken

Art. 156b
[Vervallen]

Buitenlandse reizen

Art. 156c
[Vervallen]

Functies naast het lidmaatschap van de Kamer

Art. 156d
[Vervallen]

Geheimhouding in een plenaire vergadering met gesloten deuren

Art. 156e
[Vervallen]

Geheimhouding besloten commissievergadering

Art. 156f
[Vervallen]

Vertrouwelijke stukken

Art. 156g
[Vervallen]

Schending van de geheimhouding

Art. 156h
[Vervallen]

Hoofdstuk XIII
Wijzigingen in het reglement

Algemeen

Art. 157
Ieder lid kan een wijziging voorstellen in het reglement.

Een voorstel kan ook door een aantal leden gezamenlijk of door een commissie als bedoeld in artikel 32 worden gedaan.

Art. 158
1. Het voorstel wordt schriftelijk gedaan en bevat de tekst van de beoogde wijziging en een toelichting daarop.
2. Indien het voorstel een algemene herziening van het reglement wil bewerkstelligen, volstaat de voorsteller met een schriftelijke opgave van redenen waarom deze herziening gewenst is.
3. Elk voorstel wordt onmiddellijk nadat het is gedaan gedrukt en rondgedeeld.

Art. 159
De Kamer besluit of zij een voorstel als bedoeld in artikel 157 in behandeling wil nemen.

Art. 160
1. Indien de Kamer besluit het voorstel in behandeling te nemen, stelt zij ter voorbereiding van de openbare beraadslaging een bijzondere commissie in of belast zij een bestaande commissie met bedoelde voorbereiding.
2. Indien het voorstel van zeer eenvoudige aard is, kan de Kamer besluiten zonder vooronderzoek over het voorstel te beraadslagen.

Voorstel tot algehele herziening

Art. 161
1. Indien een voorstel tot algehele herziening als bedoeld in artikel 158, tweede lid is gedaan, brengt een daartoe ingevolge artikel 160, eerste lid ingestelde of aangewezen commissie na een schriftelijk of mondeling overleg met de voorsteller onder verslaglegging van dat overleg schriftelijk advies uit over de wenselijkheid tot een algehele herziening over te gaan.
2. Zodra de commissie verslag heeft uitgebracht plaatst de Voorzitter het voorstel op de agenda der Kamer.
3. De Kamer besluit nadat de voorsteller en de woordvoerder van de commissies desgewenst het woord hebben gevoerd voor een toelichting op het voorstel en het verslag.

Art. 162
Wanneer zij het voorstel als bedoeld in artikel 161, derde lid, heeft aanvaard, stelt de Kamer een bijzondere commissie in met de opdracht een voorstel tot algehele herziening op te stellen.

Waar in de volgende artikelen gesproken wordt over voorstellers, is een commissie als in dit artikel bedoeld daaronder begrepen.

Art. 163

Reglement van Orde Eerste Kamer, amendementen op herzieningsvoorstel

1. Nadat een voorstel, niet zijnde een voorstel als bedoeld in artikel 158, tweede lid, is gedrukt en rondgedeeld heeft ieder lid het recht om amendementen daarop in te dienen.

2. Dezelfde regels als welke voor amendementen gelden zijn van toepassing op voorstellen tot wijziging van reeds door een ander lid ingediende amendementen.

Art. 164

Reglement van Orde Eerste Kamer, termijn wijzigingen op herzieningsvoorstel

De voorstellers zijn gerechtigd om tot aan de eindstemming wijzigingen in hun voorstel aan te brengen.

Schriftelijke voorbereiding

Art. 165

Reglement van Orde Eerste Kamer, schriftelijke voorbereiding herzieningsvoorstel

1. Een voorstel tot wijziging van het reglement, niet zijnde een voorstel als bedoeld in artikel 158, tweede lid wordt door een commissie als bedoeld in artikel 160, eerste lid behandeld op dezelfde wijze als een voorstel dat aan een vaste of bijzondere commissie is toevertrouwd, waarbij de voorsteller in de plaats treedt van de minister.
2. De commissie kan, zo een meerderheid van haar leden zich daarmee verenigt, amendementen indienen op het voorstel.
3. Indien tijdens de schriftelijke voorbereiding amendementen bij de griffie mochten zijn ingekomen, geven voorstellers en commissies in de te wisselen stukken hun oordeel over deze amendementen.

Art. 166

Commissie voorbereiding wijzigingsvoorstel, voorstellers geen lid

De voorstellers kunnen niet in de commissie als bedoeld in artikel 160, deelnemen aan het onderzoek van een door hen ingediend voorstel.

Openbare beraadslaging

Art. 167

Reglement van Orde Eerste Kamer, openbare beraadslaging over herzieningsvoorstel

1. Indien een amendement is ingediend nadat de schriftelijke voorbereiding is afgesloten, kan de Kamer daarover alsnog het oordeel vragen van de commissie als bedoeld in de artikelen 160 dan wel 162. Deze commissie kan mondeling of schriftelijk rapporteren.

2. Indien zij om het in het eerste lid bedoelde oordeel heeft gevraagd, kan de Kamer de beraadslaging over het gedeelte van het voorstel waarop een amendement is ingediend onderbreken totdat bedoeld oordeel is verkregen, of van het beraad in de commissie is verslag gedaan.

Art. 168

Leden, voorstellers en woordvoerders namens de betrokken commissies spreken vanaf het spreekgestoelte.

Art. 169

Reglement van Orde Eerste Kamer, algemene beschouwingen

1. De Kamer kan een voorstel onderwerpen aan algemene beschouwingen.

2. Nadat deze algemene beschouwingen zijn afgesloten, of nadat de Kamer heeft besloten daarvan af te zien, wordt het voorstel artikelsgewijs behandeld.

Art. 170

Reglement van Orde Eerste Kamer, beraadslaging over amendementen

De Voorzitter onderwerpt de amendementen gelijktijdig met het artikel waarop zij betrekking hebben aan de beraadslaging. Zo nodig komt daarna ook het artikel zelf nog in de beraadslaging.

Art. 171

Reglement van Orde Eerste Kamer, toelichting amendementen

Elk amendement kan door de indiener of door een der indieners worden toegelicht.

Art. 172

Reglement van Orde Eerste Kamer, verandering/intrekking amendementen

1. De indiener is bevoegd in zijn amendement veranderingen aan te brengen.

2. De indiener is ook bevoegd het amendement in te trekken, doch indien de beraadslaging gesloten is alleen met toestemming van de Kamer.

Reglement van Orde van de Eerste Kamer der Staten-Generaal **A11 art. 180**

3. Indien een amendement is ingediend door meer dan één lid oefent de eerste ondertekenaar de rechten uit die in de vorige leden aan de indiener zijn toegekend.

Art. 173
1. Indien een voorstel door meer dan één lid is gedaan oefent de eerste ondertekenaar de rechten uit die dit reglement aan de voorsteller toekent.

2. Indien een voorstel is gedaan door een commissie, oefent de voorzitter van die commissie dan wel de door die commissie daartoe aangewezen woordvoerder namens de commissie de rechten uit die dit reglement aan de voorsteller toekent.

   Reglement van Orde Eerste Kamer, wijzigingsvoorstel door meer dan één lid of commissie

Volgorde van de beslissingen

Art. 174
1. Bij het nemen van beslissingen over een artikel en de daarop voorgestelde amendementen wordt als volgorde in acht genomen:
a. beslissing over eventuele subamendementen;
b. beslissing over amendementen;
c. beslissing over het al dan niet gewijzigde of door een ander vervangen artikel.
2. Indien op een bepaald onderdeel van een voorstel meer dan één amendement is ingediend, heeft het amendement met de verste strekking voorrang. Voorzover de vorige zinsnede geen uitsluitsel biedt, wordt gestemd in de volgorde waarin zij zijn ingediend.

   Reglement van Orde Eerste Kamer, volgorde van beslissingen m.b.t. een artikel en de amendementen daarop

Art. 175
De Kamer kan beslissen dat amendementen door het aanbrengen van andere wijzigingen als vervallen moeten worden beschouwd.

   Reglement van Orde Eerste Kamer, amendementen door wijzigingen overbodig geworden

Art. 176
Nadat over alle artikelen is beslist, neemt de Kamer de eindbeslissing over het voorstel in zijn geheel.

   Reglement van Orde Eerste Kamer, eindbeslissing over gehele wijzigingsvoorstel

Art. 177
1. Indien het voorstel in de loop der beraadslagingen wijzigingen heeft ondergaan, kan de Kamer besluiten de eindbeslissing tot een volgende vergadering uit te stellen. In de tussentijd beraadt de commissie bedoeld in artikel 160, eerste lid, zich in overleg met de voorsteller over het voorstellen van mogelijke wijzigingen, doch alleen die, welke door de aangebrachte wijzigingen of door de verwerping van artikelen noodzakelijk zijn geworden of welke strekken tot herstellen van kennelijke vergissingen.
2. Over de aldus voorgestelde wijzigingen en de artikelen waarop zij betrekking hebben wordt de beraadslaging heropend, tenzij de Kamer besluit onmiddellijk over de voorgestelde wijzigingen te beslissen.
3. Veranderingen in het volgnummer van artikelen of onderdelen, nodig geworden door wijzigingen welke in een voorstel gebracht zijn of welke door het invoegen van een voorstel in het reglement noodzakelijk zijn en veranderingen in de aanhaling van het nummer van artikelen of onderdelen welke het gevolg daarvan zijn, worden door de Voorzitter aangebracht.

   Reglement van Orde Eerste Kamer, aanpassing/vernummering

Hoofdstuk XIV
Slotbepalingen

Art. 178
De artikelen, gegeven in Hoofdstuk XIII van dit reglement vinden in gevallen waarin niet op andere wijze is voorzien zoveel mogelijk overeenkomstige toepassing.

   Schakelbepaling

Art. 179
De Kamer kan te allen tijde besluiten van de bepalingen van dit reglement af te wijken, indien geen der leden zich daartegen verzet en indien de afwijking niet in strijd is met het Statuut voor het Koninkrijk der Nederlanden, de Grondwet of een andere wet.

   Werkingssfeer

Art. 180
Dit reglement treedt in werking met ingang van 6 juni 1995.

   Inwerkingtreding

Art. 181
[Vervallen]

Reglement van orde voor de ministerraad[1]

Besluit van 2 maart 1994, houdende vaststelling van een reglement van orde voor de ministerraad

Wij Beatrix, bij de gratie Gods, Koningin der Nederlanden, Prinses van Oranje-Nassau, enz. enz. enz.
Op de voordracht van onze Minister-President, Minister van Algemene Zaken, d.d. 25 februari 1994, nr. 94M001478, handelende in overeenstemming met het gevoelen van de ministerraad van het Koninkrijk;
Gelet op artikel 10 van het Statuut voor het Koninkrijk en artikel 45 van de Grondwet;
Hebben goedgevonden en verstaan:

§ 1
Begripsbepalingen

Art. 1

Begripsbepalingen

In dit besluit wordt verstaan onder:
a. de raad: de ministerraad en voor zover zulks uit het Statuut volgt de raad van ministers van het Koninkrijk;
b. ministers: de minister-president, de overige bij koninklijk besluit benoemde ministers en voor zover zulks uit het Statuut volgt de gevolmachtigde ministers;
c. de gevolmachtigde minister: de door de regering van Aruba, Curaçao onderscheidenlijk Sint Maarten benoemde gevolmachtigde minister.

§ 2
De samenstelling en bevoegdheid van de raad

Art. 2

Ministerraad, samenstelling en benoeming

1. De ministers vormen te zamen de raad.
2. De minister-president is voorzitter van de raad.
3. De bij koninklijk besluit benoemde vice-minister(s)-president(en) is (zijn) ondervoorzitter(s) van de raad.
4. De raad benoemt op voorstel van de minister-president de secretaris en de plaatsvervangend secretaris.
5. De minister-president benoemt een of meer adjunct-secretarissen.

Art. 3

Ministerraad, deelnemen/bijwonen vergadering

1. Aan de vergaderingen van de raad, de onderraden en de andere commissies uit de raad kunnen deelnemen met raadgevende stem:
a. de door de regering van Aruba, Curaçao onderscheidenlijk Sint Maarten overeenkomstig artikel 10, tweede lid van het Statuut aangewezen minister;
b. De staatssecretarissen, voorzover het zaken betreft waarbij zij uit hoofde van hun taak rechtstreeks zijn betrokken, bij afwezigheid van de minister, of voorzover de raad uit andere hoofde hun aanwezigheid wenselijk acht.
2. De directeur-generaal van de Rijksvoorlichtingsdienst of diens plaatsvervanger kan de vergaderingen als toehoorder bijwonen, tenzij de minister-president anders bepaalt.

Art. 4

Ministerraad, taak

1. De raad beraadslaagt en besluit over het algemeen regeringsbeleid en bevordert de eenheid van dat beleid.

Ministerraad, onderwerpen

2. Te dien einde beraadslaagt en besluit de raad onder meer over:
a.1°. de voorstellen van rijkswet en van wet en de ontwerpen van algemene maatregelen van rijksbestuur en van bestuur alvorens deze aan de Afdeling advisering van de Raad van State van het Koninkrijk respectievelijk de Afdeling advisering van de Raad van State worden aangeboden, alsmede over de consequenties van de ter zake door de Afdeling advisering van de Raad van State van het Koninkrijk respectievelijk de Afdeling advisering van de Raad van State uitgebrachte adviezen, indien deze ingrijpende kritiek op de inhoud of de vormgeving van het voorstel van ontwerp bevatten;

---

[1] Inwerkingtredingsdatum: 01-04-1994; zoals laatstelijk gewijzigd bij: Stb. 2020, 115.

Reglement van orde voor de ministerraad   A12 art. 6

a.2°. het ter zake van een voorstel van rijkswet en van wet of een ontwerp van algemene maatregel van rijksbestuur en van bestuur vragen van een spoedadvies aan de Afdeling advisering van de Raad van State van het Koninkrijk respectievelijk de Afdeling advisering van de Raad van State;
a.3°. een voorstel of ontwerp waarover eerder door de raad is besloten, indien daarin ingrijpende wijzigingen worden aangebracht of indien hetgeen bij de verdere behandeling wordt aangevoerd tot ingrijpende wijziging aanleiding kan geven, dan wel indien intrekking van het voorstel of ontwerp wordt overwogen, een en ander tenzij dringende redenen zich naar het oordeel van de minister die voor het voorstel of ontwerp in de eerste plaats verantwoordelijk is en de minister-president zich tegen hernieuwde behandeling verzetten;
a.4°. de bekrachtiging van door de Staten-Generaal aangenomen initiatiefvoorstellen van rijkswet en van wet, alsmede het standpunt dat terzake bij de beraadslaging in elk der Kamers der Staten-Generaal zal worden ingenomen;
b. verdragen alvorens deze ter stilzwijgende goedkeuring aan de beide Kamers der Staten-Generaal worden toegezonden;
c. nota's aan de Staten-Generaal alsmede die adviesaanvragen aan adviescolleges in de zin van de Kaderwet adviescolleges en de colleges in de zin van artikel 2, onder b, van de Kaderwet adviescolleges die kunnen leiden tot belangrijke politieke en financiële consequenties;
d. het bekendheid geven aan beleidsvoornemens in welke vorm dan ook, die van invloed kunnen zijn op de positie van het kabinet, of die belangrijke politieke consequenties kunnen hebben, benevens over beleidsvoornemens van een minister die het beleid van andere ministers kunnen raken en waarover het bereiken van overeenstemming niet mogelijk is gebleken;
e. de instelling, taak en samenstelling van adviescolleges in de zin van de Kaderwet adviescolleges en de colleges in de zin van artikel 2, onder b, van de Kaderwet adviescolleges;
f. de instelling, taak en samenstelling van interdepartementale commissies, indien deze een permanent karakter hebben of indien de werkzaamheden kunnen leiden tot belangrijke politieke en financiële consequenties;
g. publikatie van de rapporten van colleges in de zin van artikel 2, onder b, van de Kaderwet adviescolleges en van interdepartementale commissies indien de werkzaamheden kunnen leiden tot belangrijke politieke en financiële consequenties;
h. belangrijke onderwerpen het buitenlands beleid betreffende, daaronder begrepen het in internationaal verband doen van of instemmen met voorstellen die van aanmerkelijke invloed kunnen zijn op de geldende rechtsorde, verplichtingen van blijvende aard ten gevolge kunnen hebben, dan wel Aruba, Curaçao of Sint Maarten raken;
i. de voorbereiding van het Nederlandse standpunt ten behoeve van formele en informele vergaderingen van de Europese Raad en van de Raad van de Europese Unie;
j. aan delegaties dan wel aan vertegenwoordigers in het buitenland te verstrekken instructies, alsmede over de samenstelling van delegaties, een en ander voor zover het van belang is de raad hierin te kennen;
k. voordrachten van de minister-president voor koninklijke besluiten tot benoeming en ontslag van ministers en staatssecretarissen;
l. andere voordrachten voor koninklijke besluiten tot benoeming van personen en ontslag wegens andere reden dan op verzoek van de betrokkenen, voor zover het niet betreft benoeming of ontslag:
1°. van in Nederland werkzame leden van de rechterlijke macht, burgerlijke rijksambtenaren, ambtenaren van politie en militaire ambtenaren, voor zover deze lager bezoldigd worden dan een directeur-generaal bij een ministerie alsmede van burgemeesters van gemeenten met minder dan 50 000 inwoners, voor zover het geen provinciehoofdstad betreft;
2°. van ambtenaren die in een functie buiten Nederland werkzaam zijn bij diplomatieke vertegenwoordigingen in het buitenland, voor zover het geen hoofden van vertegenwoordigingen van het Koninkrijk in het buitenland of permanente vertegenwoordigers betreft;
3°. van personen over wie naar het oordeel van de minister-president en de desbetreffende minister geen beraadslaging en beslissing van de raad is vereist;
m. voorstellen voor ministeriële besluiten tot benoeming van personen en tot ontslag, wegens andere reden dan op verzoek van de betrokkenen, voor zover deze gelijk aan of hoger dan een directeur-generaal bij een ministerie worden bezoldigd.

Art. 5
Over aangelegenheden bij welke het algemeen regeringsbeleid betrokken kan zijn, niet behorende tot die bedoeld in artikel 4, plegen de ministers overleg met de minister-president. Indien het overleg niet tot overeenstemming leidt, worden deze aangelegenheden in de raad gebracht.

Ministerraad, overleg met minister-president

Art. 6
In gevallen waarin het niet duidelijk is, welke minister in de eerste plaats verantwoordelijk is voor een bepaalde aangelegenheid, beslist de minister-president over die verantwoordelijkheid.

Ministerraad, aanwijzing verantwoordelijke minister

A12 art. 7 — Reglement van orde voor de ministerraad

Ministerraad, indiening onderwerp door minister-president

Art. 7
De minister-president kan, indien een aangelegenheid door een minister die daarvoor in de eerste plaats verantwoordelijk is, niet in de raad aan de orde wordt gesteld, zelf zorg dragen voor de indiening van deze aangelegenheid bij de raad.

§ 3
De werkwijze van de raad

Ministerraad, vergaderdagen

Art. 8
De raad vergadert in beginsel op vrijdag en voorts zo dikwijls als de minister-president of ten minste twee andere ministers dat wenselijk achten.

Ministerraad, agenda

Art. 9
1. De minister-president stelt de agenda vast. Een exemplaar van de agenda wordt tijdig aan de ministers en de staatssecretarissen gezonden.
2. De voor de raad bestemde stukken worden in het algemeen 7 dagen voor de behandeling in de raad rondgezonden. Zij zijn voorzien van een daartoe bestemd aanbiedingsformulier.

Ministerraad, regeling der werkzaamheden

Art. 10
De minister-president regelt de orde der werkzaamheden tijdens de vergaderingen.

Ministerraad, stemming

Art. 11
1. Indien het nodig is bij wijze van stemming te beslissen, wordt het besluit, behoudens afwijking op grond van het Statuut, bij meerderheid van stemmen opgemaakt, waarbij iedere aanwezige minister één stem heeft.
2. De raad besluit niet bij stemming dan in aanwezigheid van ten minste de helft van het totale aantal ministers.
3. Bij staking van stemmen wordt de beslissing tot de volgende vergadering aangehouden, tenzij de beslissing niet uitgesteld kan worden of de vergadering voltallig is. In deze gevallen beslist de stem van de minister-president.

Ministerraad, ministeriële verantwoordelijkheid

Art. 12
1. Indien een minister een besluit in strijd acht met zijn verantwoordelijkheid, geeft hij daarvan kennis aan de raad.
2. In geen geval handelt een minister of staatssecretaris tegen een besluit van de raad.
3. Voor zover dit uit het Statuut voortvloeit, geldt dit artikel niet voor de gevolmachtigde ministers.

Ministerraad, besluitenlijst

Art. 13
1. De secretaris zorgt zo spoedig mogelijk na een vergadering voor het ontwerpen van een besluitenlijst, waarin de conclusies van de raad worden opgenomen.
2. Een exemplaar van die lijst wordt vanwege de minister-president onverwijld toegezonden aan de ministers en de staatssecretarissen.

Ministerraad, notulen

Art. 14
1. De secretaris zorgt voor het ontwerpen van de notulen. Zij worden zo spoedig mogelijk door de raad vastgesteld.
2. Een exemplaar van de notulen wordt de Koning ter kennisneming aangeboden.

Ministerraad, voordracht koninklijk besluit

Art. 15
De minister-president ondertekent de voordrachten van de raad voor koninklijke besluiten.

Ministerraad, controlerende taak minister-president

Art. 16
1. De minister-president ziet toe op de totstandkoming van een samenhangend regeringsbeleid.
2. Hij ziet toe op de uitvoering van de besluiten van de raad.
3. Hij kan in overeenstemming met het gevoelen van de raad nadere schriftelijke aanwijzingen vaststellen inzake de werkwijze van de raad.

§ 4
De onderraden

Onderraad, taak

Art. 17
De raad kan uit zijn midden onderraden vormen ter voorbereiding of ter beslissing van aangelegenheden inzake bepaalde delen van het algemeen regeringsbeleid.

Onderraad, samenstelling

Art. 18
1. De minister-president is voorzitter van de onderraden.
2. Uit de vaste leden wordt een coördinerend minister aangewezen, die toeziet op de deugdelijke interdepartementale voorbereiding van de onderwerpen die in een onderraad worden behandeld.

Art. 19
1. De raad benoemt op voorstel van de minister-president de secretaris van een onderraad.
2. De minister-president benoemt de adjunct-secretaris.

Art. 20
1. Een exemplaar van de agenda van een onderraad wordt tijdig aan de ministers en de staatssecretarissen gezonden.
2. De ministers die van een onderraad geen vaste leden zijn, kunnen desgewenst de vergaderingen bijwonen. Zij hebben dan dezelfde rechten als de vaste leden.

Art. 21
1. Een onderraad neemt geen beslissing over een aangelegenheid, welke niet op de agenda is vermeld en waarbij een niet-aanwezige minister in het bijzonder is betrokken.
2. Indien een minister dit verzoekt, verwijst de onderraad een aangelegenheid naar de raad.
3. Ook nadat de onderraad een beslissing heeft genomen, kan een minister verlangen dat de aangelegenheid aan het eindoordeel van de raad wordt onderworpen.

Art. 22
1. Indien het besprokene in een vergadering van een onderraad daartoe aanleiding geeft, zorgt de secretaris voor het ontwerpen van een besluitenlijst, waarin de conclusies van de onderraad zijn opgenomen.
2. De besluitenlijst van een onderraad behoeft de goedkeuring van de raad.

Art. 23
1. Deskundigen kunnen met raadgevende stem het overleg in een onderraad bijwonen:
a. indien zij door de onderraad als vaste deelnemer zijn aangewezen;
b. indien zij daartoe door de voorzitter worden uitgenodigd.
2. Ministers kunnen zich met vooraf verkregen toestemming van de voorzitter tijdens de vergaderingen van een onderraad door een ambtenaar doen bijstaan.

Art. 24
Voor zover in deze paragraaf niet anders is bepaald, heeft een onderraad dezelfde werkwijze als de raad.

§ 5
Andere commissies uit de raad

Art. 25
1. De raad kan uit zijn midden andere commissies met een permanent of tijdelijk karakter vormen ter voorbereiding of ter beslissing van bepaalde aangelegenheden.
2. De minister-president is voorzitter van de commissies, tenzij de raad anders besluit.
3. De raad kan bepalen dat een commissie dezelfde werkwijze heeft als een onderraad.

§ 6
De geheimhouding

Art. 26
1. Ten aanzien van hetgeen ter vergadering besproken wordt of geschiedt, bestaat een geheimhoudingsplicht.
2. De geheimhoudingsplicht bestaat niet:
a. voor zover de raad of de minister-president namens de raad ontheffing van de geheimhouding verleent;
b. voor zover uitvoering van besluiten dit nodig maakt, dan wel de aard en omstandigheden van een besluit bekendmaking daarvan vorderen.
3. Dit artikel is van overeenkomstige toepassing met betrekking tot de vergaderingen van de onderraden en commissies uit de raad.

§ 7
Slotbepalingen

Art. 26a
De minister-president kan, zo nodig en zo lang de continuïteit van de besluitvorming in het kader van de bestrijding van het coronavirus (covid-19) dit noodzakelijk maakt, beslissingen nemen, zo nodig in afwijking van het reglement, met betrekking tot de vergaderingen van de raad, zijn onderraden en commissies ten aanzien van de aanlevering van stukken, de aanwezigheid van anderen dan genoemd in de artikelen 2 en 3, de werkwijze, de geheimhouding en de verslaglegging.

Art. 27
De minister-president zorgt ervoor dat dit reglement in acht wordt genomen.

A12 art. 28

Reglement van orde voor de ministerraad

Uitschakelbepaling

Art. 28
Het koninklijk besluit van 16 mei 1979, houdende vaststelling van een reglement van orde voor de Raad van Ministers, (*Stb.* 264) wordt ingetrokken.

Inwerkingtreding

Art. 29
Dit besluit treedt in werking met ingang van 1 april 1994.

Citeertitel

Art. 30
Dit besluit wordt aangehaald als: reglement van orde voor de ministerraad.

Wet op de parlementaire enquête 2008[1]

Wet van 1 april 2008, houdende regels over de parlementaire enquête (Wet op de parlementaire enquête 2008)

Wij Beatrix, bij de gratie Gods, Koningin der Nederlanden, Prinses van Oranje-Nassau, enz. enz. enz.
Allen, die deze zullen zien of horen lezen, saluut! doen te weten:
Alzo Wij in overweging genomen hebben, dat het, mede gelet op artikel 70 van de Grondwet, wenselijk is de huidige Wet op de Parlementaire Enquête te moderniseren en te vervangen door een nieuwe Wet op de parlementaire enquête, onder meer met het oog op de uitbreiding en verduidelijking van de bevoegdheden van de enquêtecommissie en met het oog op de verbetering en verduidelijking van de positie van personen die verplicht zijn tot medewerking aan een parlementaire enquête, de samenloop met ander onderzoek en de regeling van de openbaarheid dan wel vertrouwelijkheid bij een parlementaire enquête;
Zo is het, dat Wij, de Raad van State gehoord, en met gemeen overleg der Staten-Generaal, hebben goedgevonden en verstaan, gelijk Wij goedvinden en verstaan bij deze:

Hoofdstuk 1
Algemene bepaling

Art. 1
1. In deze wet wordt verstaan onder:
a. Kamer: Eerste Kamer, Tweede Kamer of de verenigde vergadering der Staten-Generaal;
b. commissie: commissie als bedoeld in artikel 2, tweede lid;
c. document: schriftelijk stuk of ander materiaal dat gegevens bevat.
2. In deze wet wordt mede verstaan onder ambtenaar: de ambtenaar als bedoeld in artikel 1, eerste lid, onderdeel a, van de Wet ambtenaren defensie en de dienstplichtige als bedoeld in artikel 1, eerste lid, onderdeel b, van de Kaderwet dienstplicht.

Begripsbepalingen

Hoofdstuk 2
De instelling van een parlementaire enquête

Art. 2
1. De Kamer kan op voorstel van één of meer leden besluiten een parlementaire enquête te houden.
2. Een parlementaire enquête wordt uitgevoerd door een commissie van de Kamer.
3. Het besluit tot het houden van een parlementaire enquête bevat een omschrijving van het onderwerp waarop de parlementaire enquête betrekking zal hebben. De Kamer kan, al dan niet op voorstel van de commissie die de parlementaire enquête verricht, de omschrijving wijzigen.
4. De Kamer benoemt de leden van de commissie uit haar midden. De Kamer kan een lid van de commissie, al dan niet op zijn verzoek, in zijn hoedanigheid van lid van de commissie ontslaan.
5. De voorzitter van de Kamer doet van de besluiten, bedoeld in dit artikel, mededeling in de Staatscourant.

Parlementaire enquête, instelling

Art. 3
1. De Kamer stelt de raming op van de uitgaven, uitgesplitst naar begrotingsjaren, die naar haar oordeel voor een parlementaire enquête nodig zijn, en brengt deze ter kennis van Onze Minister van Binnenlandse Zaken en Koninkrijksrelaties.
2. De uitgaven worden verwerkt in de begroting van de Staten-Generaal, bedoeld in artikel 4.5 van de Comptabiliteitswet 2016.

Parlementaire enquête, begroting

---

1 Inwerkingtredingsdatum: 09-05-2008; zoals laatstelijk gewijzigd bij: Stb. 2020, 146.

Hoofdstuk 3
De bevoegdheden van de commissie

Paragraaf 1
Algemene bepaling

Art. 4

Parlementaire enquête, bevoegdheden commissie

1. De commissie kan de haar bij deze wet verleende bevoegdheden uitoefenen met ingang van de dag na de dagtekening van de Staatscourant waarin het besluit tot het houden van een parlementaire enquête bekend is gemaakt tot de dag met ingang waarvan de enquête door de Kamer wordt beëindigd.
2. De commissie oefent de haar bij deze wet verleende bevoegdheden slechts uit voor zover dat naar het redelijk oordeel van de commissie voor de vervulling van haar taak nodig is.
3. De bevoegdheden en werkzaamheden van de commissie worden niet beëindigd door het verstrijken van de zittingsduur of de ontbinding van de Kamer.
4. De commissie kan persoonsgegevens, waaronder tevens worden begrepen gegevens betreffende de gezondheid en justitiële en strafvorderlijke gegevens, verwerken.

Paragraaf 2
De bevoegdheden van de enquêtecommissie

Art. 5

Enquêtecommissie, schriftelijke inlichtingen

1. De commissie kan schriftelijke inlichtingen vorderen.
2. De commissie kan de wijze waarop de schriftelijke inlichtingen worden verstrekt bepalen.

Art. 6

Enquêtecommissie, vordering afschrift van inzage in documenten

1. De commissie kan afschrift van, inzage in of kennisneming van documenten vorderen.
2. De commissie kan bepalen op welke wijze afschriften worden verstrekt, inzage wordt gegeven onderscheidenlijk kennisneming wordt verleend.

Art. 7

Enquêtecommissie, betreden plaatsen

1. De commissie kan, zonder toestemming van de rechthebbende, met de door haar aangewezen personen elke plaats in Nederland, daaronder begrepen de openbare lichamen Bonaire, Sint Eustatius en Saba, betreden.
2. In afwijking van het eerste lid is voor het betreden van woningen toestemming van de bewoner of een machtiging vereist. In afwijking van artikel 3 van de Algemene wet op het binnentreden is de voorzieningenrechter van de rechtbank Den Haag bevoegd tot het verlenen van de machtiging. De artikelen 25, eerste lid, tweede volzin, tot en met 27 zijn van toepassing op de verlening van de machtiging.
3. De commissie geeft, voor zover dit niet in strijd is met het belang van de parlementaire enquête, schriftelijk kennis aan de rechthebbende van een plaats van een voornemen een plaats te betreden. Indien sprake is van verhuur, dan wordt de kennisgeving gegeven aan de huurder.
4. De leden van de commissie en de door haar aangewezen personen dragen bij het betreden van de plaats een legitimatiebewijs bij zich, dat is uitgegeven door de voorzitter van de Kamer. Zij tonen het legitimatiebewijs desgevraagd aanstonds.
5. De commissie maakt een schriftelijk verslag op van het betreden van een plaats.
6. Voor de toepassing van dit artikel is de Algemene wet op het binnentreden tevens van toepassing in de openbare lichamen Bonaire, Sint Eustatius en Saba.

Art. 8

Enquêtecommissie, voorgesprek met getuige/deskundige

1. De commissie kan een besloten voorgesprek houden met personen die zij mogelijk als getuige of deskundige zal horen.
2. Niemand is verplicht om medewerking te verlenen aan een voorgesprek. Artikel 14 is niet van toepassing.
3. De leden van de commissie bewaren geheimhouding over hetgeen hun tijdens het voorgesprek ter kennis komt.
4. Hetgeen een persoon met wie de commissie een voorgesprek heeft gehouden of zijn bijstandsverlener, tijdens het voorgesprek ter kennis komt, wordt niet openbaar gemaakt.
5. Van het voorgesprek worden een vertrouwelijke geluidsregistratie en een vertrouwelijk verslag gemaakt.

Art. 9

Enquêtecommissie, horen getuige/deskundige

1. De commissie kan personen als getuige of deskundige horen.

2. De commissie kan een getuige of deskundige uitsluitend horen, indien ten minste drie leden aanwezig zijn.

Art. 9a
1. De commissie kan bij het college van burgemeester en wethouders van de gemeente 's-Gravenhage dan wel, indien het niet-ingezetenen betreft, bij de Minister van Binnenlandse Zaken en Koninkrijksrelaties een verzoek indienen tot het verstrekken van adresgegevens van: *Enquêtecommissie, verzoek gegevensverstrekking*
a. personen met wie zij een voorgesprek wenst;
b. getuigen, of
c. deskundigen.
2. Artikel 3.5, eerste en tweede lid, van de Wet basisregistratie personen zijn van overeenkomstige toepassing.

Paragraaf 3
Bijzondere bepalingen ten aanzien van de bevoegdheid van de commissie getuigen en deskundigen te horen

Art. 10
1. De voorzitter van de commissie roept een persoon die zij als getuige of deskundige wil horen bij aangetekende brief op, hetzij in persoon, hetzij op de woonplaats, hetzij op het werkadres van de persoon. De voorzitter kan de oproeping bij deurwaardersexploot doen betekenen. *Enquêtecommissie, verhoor getuige/deskundige*
2. Het verhoor vindt niet eerder plaats dan op de achtste dag na de ontvangst van de oproeping.
3. De oproeping maakt melding van dag, uur en plaats van het verhoor, van de feiten waaromtrent informatie wordt verlangd en van de gevolgen, verbonden aan het niet verschijnen op het verhoor.
4. In afwijking van het tweede lid kan de commissie bepalen dat het verhoor eerder plaats vindt dan op de achtste dag na ontvangst van de oproeping, indien:
a. naar het redelijk oordeel van de commissie in het belang van de parlementaire enquête een verhoor op een kortere termijn nodig is, of
b. de betrokken getuige of deskundige met een kortere termijn instemt.

Art. 11
1. Een getuige of deskundige wordt in een openbare zitting van de commissie gehoord. *Getuigenverhoor, openbare zitting*
2. De commissie kan, al dan niet op verzoek van de getuige of deskundige, om gewichtige redenen besluiten dat van een openbare zitting geen beeld- of geluidsregistraties door derden mogen worden gemaakt.
3. Van een openbare zitting worden een geluidsregistratie en een openbaar verslag gemaakt.

Art. 12
1. De commissie kan, al dan niet op verzoek van de getuige of deskundige, om gewichtige redenen besluiten een verhoor of een gedeelte daarvan in een besloten zitting van de commissie af te nemen. *Getuigenverhoor, besloten zitting*
2. De leden van de commissie bewaren geheimhouding over hetgeen hun tijdens de besloten zitting ter kennis komt.
3. Van een besloten zitting worden een vertrouwelijke geluidsregistratie en een vertrouwelijk verslag gemaakt.

Art. 13
1. Voorafgaande aan het verhoor legt een getuige, mits deze de leeftijd van zestien jaar heeft bereikt, in handen van de voorzitter de eed of de belofte af dat hij de gehele waarheid en niets dan de waarheid zal zeggen, tenzij de commissie besluit het verhoor zonder voorafgaande eed of belofte te doen plaatsvinden. *Getuigenverhoor, eed/belofte*
2. Voorafgaand aan het verhoor legt een deskundige in handen van de voorzitter de eed of de belofte af dat hij zijn verslag onpartijdig en naar beste weten zal uitbrengen.

Hoofdstuk 4
De positie van personen die verplicht zijn medewerking te verlenen aan een parlementaire enquête

Paragraaf 1
Algemene bepalingen

Art. 14
1. Elke Nederlander, elke ingezetene van Nederland, elke natuurlijke persoon die in Nederland verblijf houdt, elke rechtspersoon die in Nederland is gevestigd en elke rechtspersoon die haar bedrijfsactiviteiten geheel of gedeeltelijk in Nederland uitoefent, is verplicht de commissie binnen de door haar gestelde termijn alle medewerking te verlenen die deze vordert bij de uit- *Enquêtecommissie, verplichting tot medewerking*

oefening van de haar bij deze wet verleende bevoegdheden, behoudens de mogelijkheid van verschoning overeenkomstig de artikelen 19 tot en met 24.
2. In dit artikel worden onder Nederland mede begrepen: de openbare lichamen Bonaire, Sint Eustatius en Saba.
3. Voor de toepassing van het eerste lid worden zij die als ingezetene zijn ingeschreven in de basisregistratie personen of in de basisadministratie persoonsgegevens van een van de openbare lichamen Bonaire, Sint Eustatius of Saba, geacht ingezetene van Nederland te zijn.

Art. 15

Enquêtecommissie, verplichting tot geheimhouding

1. De verplichting tot medewerking geldt eveneens voor degene voor wie een verplichting tot geheimhouding geldt, ook indien deze verplichting bij wet is opgelegd, behoudens de mogelijkheid van verschoning overeenkomstig de artikelen 19 tot en met 24.
2. Degene die bij wet verplicht is tot geheimhouding en ten behoeve van een ander werkzaam is of is geweest, is slechts verplicht tot medewerking voor zover de persoon ten behoeve van wie hij werkzaam is of is geweest, hem op vordering van de commissie schriftelijk van de verplichting tot geheimhouding heeft ontheven. Indien de commissie ontheffing van de geheimhoudingsverplichting vordert, is de persoon ten behoeve van wie hij werkzaam is of is geweest, verplicht deze ontheffing te verlenen, behoudens de mogelijkheid van verschoning overeenkomstig de artikelen 19 tot en met 24.

Art. 16

Enquêtecommissie, medewerking gewezen minister/staatssecretaris

1. Een gewezen minister of gewezen staatssecretaris verleent ten aanzien van informatie die betrekking heeft op de periode van zijn ambtsvervulling uitsluitend door tussenkomst van Onze Minister-President medewerking aan vorderingen van de commissie als bedoeld in artikel 5 of 6.

Enquêtecommissie, medewerking ambtenaar

2. Een ambtenaar die ten behoeve van een minister werkzaam is of is geweest, verleent ten aanzien van informatie die betrekking heeft op de periode van zijn ambtsvervulling uitsluitend door tussenkomst van Onze Minister wie het aangaat medewerking aan een vordering van de commissie als bedoeld in artikel 5 of 6.

Art. 17

Enquêtecommissie, bijstand in verkeer met commissie

1. Een ieder kan zich in het verkeer met de commissie doen bijstaan.

2. De commissie kan om gewichtige redenen besluiten dat iemand zich tijdens een voorgesprek of een verhoor niet mag laten bijstaan.
3. De commissie stelt de betrokkene onverwijld van een weigering in kennis.

Art. 18

Enquêtecommissie, vergoeding voor bepaalde personen

Voor een vergoeding van de commissie overeenkomstig het krachtens artikel 26 van de Wet griffierechten burgerlijke zaken bepaalde komen in aanmerking:
a. personen met wie de commissie een voorgesprek heeft gehouden, en
b. personen die de commissie heeft gehoord.

Paragraaf 2
Verschoningsgronden

Art. 19

Enquêtecommissie, verschoningsgronden

1. Een minister, een gewezen minister, een staatssecretaris, een gewezen staatssecretaris, een lid of bestuurder van een tot de staat behorend orgaan, een gewezen lid of bestuurder van een tot de staat behorend orgaan en een ambtenaar, werkzaam of werkzaam geweest ten behoeve van een tot de staat behorend orgaan, zijn niet verplicht informatie aan de commissie te verstrekken, voor zover deze verstrekking in strijd met het belang van de staat is.

Verschoningsgronden, staatsbelang

2. Indien een staatssecretaris, een lid of bestuurder van een tot de staat behorend orgaan, een gewezen lid of bestuurder van een tot de staat behorend orgaan of een ambtenaar, werkzaam of werkzaam geweest ten behoeve van een tot de staat behorend orgaan, zich beroept op het belang van de staat, kan de commissie verlangen dat de gegrondheid van zijn beroep op verschoning wordt bevestigd door Onze Minister wie het aangaat.
3. Indien een gewezen minister of gewezen staatssecretaris zich beroept op het belang van de staat ten aanzien van informatie die betrekking heeft op de periode van zijn ambtsvervulling, kan de commissie verlangen dat de gegrondheid van zijn beroep op verschoning wordt bevestigd door Onze Minister-President.

Art. 20

Verschoningsgronden, vergadering ministerraad

1. Een minister, een gewezen minister, een staatssecretaris, een gewezen staatssecretaris en een ambtenaar die ten behoeve van een minister werkzaam is of is geweest, zijn niet verplicht informatie aan de commissie te verstrekken over de beraadslagingen in een vergadering van de ministerraad. Een ambtenaar die ten behoeve van een minister werkzaam is of is geweest, is evenmin verplicht informatie aan de commissie te verstrekken over de in een vergadering van de ministerraad genomen beslissingen en de gronden waarop zij berusten.

Wet op de parlementaire enquête 2008   **A13 art. 28**

2. Onverminderd artikel 19, verstrekt een minister, een gewezen minister, een staatssecretaris of een gewezen staatssecretaris aan de commissie op haar vordering informatie over de in die vergadering genomen beslissingen en de gronden waarop zij berusten. Voor zover deze informatie schriftelijk wordt verlangd, geschiedt dit door Onze Minister-President.

Art. 21
1. Niemand is verplicht informatie aan de commissie te verstrekken, voor zover het informatie betreft over de beraadslagingen in een vergadering van een college en bij wet een verplichting tot geheimhouding over die beraadslagingen is opgelegd.   *Verschoningsgronden, vergaderingen van colleges*
2. Het college dat het betreft kan op verzoek van de commissie besluiten ontheffing te verlenen van de geheimhoudingsverplichting.
3. Het tweede lid is niet van toepassing ten aanzien van een gerechtelijke raadkamer of de Afdeling bestuursrechtspraak van de Raad van State.

Art. 22
Niemand is verplicht informatie aan de commissie te verstrekken, voor zover deze informatie geheime bedrijfs- en fabricagegegevens of anderszins bedrijfsvertrouwelijke en concurrentiegevoelige informatie van een onderneming betreft en het belang van informatieverkrijging door de commissie niet opweegt tegen het belang van de vertrouwelijkheid van deze informatie.   *Verschoningsgronden, bedrijfsvertrouwelijke informatie*

Art. 23
Niemand is verplicht informatie aan de commissie te verstrekken, voor zover deze informatie de persoonlijke levenssfeer betreft en het belang van informatieverkrijging door de commissie niet opweegt tegen het belang van de bescherming van de persoonlijke levenssfeer.   *Verschoningsgronden, bescherming persoonlijke levenssfeer*

Art. 24
Niemand is verplicht informatie aan de commissie te verstrekken, voor zover hij uit hoofde van zijn ambt of beroep tot geheimhouding verplicht is en het informatie betreft die aan hem in die hoedanigheid is toevertrouwd.   *Verschoningsgronden, geheimhoudingsplicht*

Art. 24a
Indien een persoon van wie informatie wordt gevorderd zich genoodzaakt ziet de gevorderde informatie te weigeren op grond van een van de verschoningsgronden genoemd in de artikelen 19 tot en met 24, verstrekt hij bij zijn weigering een deugdelijke motivering.   *Verschoningsgronden, weigeren informatie*

Hoofdstuk 5
Dwangmiddelen

Art. 25
1. De voorzieningenrechter van de rechtbank Den Haag kan op verzoek van de commissie een persoon die weigert haar medewerking te verlenen bij de uitoefening van de haar bij deze wet verleende bevoegdheden bevelen deze medewerking alsnog te verlenen. Het verzoek wordt ingeleid bij verzoekschrift.   *Parlementaire enquête, dwangmiddelen*
2. Het verzoek van de commissie vermeldt welke medewerking van de betrokken persoon wordt verlangd.
3. De voorzieningenrechter doet uitspraak uiterlijk op de zevende dag nadat hij het verzoek heeft ontvangen, tenzij de commissie hem heeft verzocht onverwijld uitspraak te doen.
4. De voorzieningenrechter wijst het verzoek toe, tenzij:
a. het verzoek niet berust op de wet;
b. de betrokken persoon een wettelijke grond tot weigering heeft, of
c. de commissie in redelijkheid niet tot haar oordeel kan komen dat de verlangde medewerking nodig is voor de vervulling van haar taak.
5. [Door vernummering vervallen.]
6. De uitspraak van de voorzieningenrechter is uitvoerbaar bij voorraad.

Art. 26
De voorzieningenrechter kan op verzoek van de commissie aan een bevel als bedoeld in artikel 25, eerste lid, een dwangsom verbinden. De derde afdeling van de vijfde titel van Boek 2 van het Wetboek van Burgerlijke Rechtsvordering is van toepassing.   *Dwangmiddelen, dwangsom*

Art. 27
De voorzieningenrechter kan op verzoek van de commissie bepalen, dat een bevel als bedoeld in artikel 25, eerste lid, met ondersteuning van de openbare macht ten uitvoer kan worden gelegd.   *Dwangmiddelen, tenuitvoerlegging bevel met steun openbare macht*

Art. 28
1. Indien een getuige of deskundige voor de commissie is verschenen, maar zonder wettelijke grond weigert zijn verklaring af te leggen, kan de voorzieningenrechter van de rechtbank Den Haag op verzoek van de commissie bevelen dat hij op kosten van de staat in gijzeling zal worden gesteld totdat hij aan zijn verplichting zal hebben voldaan. Het verzoek wordt ingeleid bij verzoekschrift.   *Dwangmiddelen, gijzeling getuige/deskundige*
2. De commissie kan het verzoek indienen zonder de bijstand van een advocaat.

3. De commissie kan de getuige of deskundige in bewaring houden totdat de voorzieningenrechter uitspraak heeft gedaan. Zij kan daarbij de ondersteuning van de openbare macht inroepen.
4. De voorzieningenrechter doet onverwijld, doch uiterlijk binnen drie dagen na ontvangst van het verzoek uitspraak.
5. De voorzieningenrechter wijst een verzoek als bedoeld in dit artikel toe, tenzij:
a. de getuige of deskundige een wettelijke grond tot weigering heeft of
b. de commissie in redelijkheid niet tot haar oordeel kan komen dat de gijzeling nodig is voor de vervulling van haar taak.
6. De uitspraak van de voorzieningenrechter is uitvoerbaar bij voorraad.
7. Gedurende de bewaring en de gijzeling kan de getuige of deskundige zich beraden met een advocaat. De advocaat heeft vrije toegang tot de getuige of deskundige, kan hem alleen spreken en met hem brieven wisselen zonder dat van de inhoud door anderen wordt kennisgenomen, een en ander onder het vereiste toezicht en met inachtneming van de huishoudelijke reglementen.
8. De gijzeling kan ten hoogste dertig dagen duren. De voorzieningenrechter beëindigt ambtshalve, op verzoek van de commissie of op verzoek van de getuige of deskundige de gijzeling indien voortzetting ervan naar zijn oordeel niet meer door het belang dat met de toepassing van de gijzeling werd gediend, wordt gerechtvaardigd, of hem blijkt dat de getuige of deskundige een wettige grond tot weigering heeft.

Art. 29
Werkingssfeer

Dit hoofdstuk is niet van toepassing op een lid van de Kamer, een minister of een staatssecretaris.

Hoofdstuk 6
De verhouding tot andere procedures

Art. 30
Parlementaire enquête, verhouding tot andere procedures

In een civielrechtelijke, strafrechtelijke, bestuursrechtelijke of tuchtrechtelijke procedure kunnen verklaringen en documenten die op vordering van de commissie zijn afgelegd onderscheidenlijk verstrekt, niet als bewijs worden gebruikt behoudens de uitzonderingen, bedoeld in artikel 32, eerste lid. Evenmin kan op zulke verklaringen en documenten een disciplinaire maatregel, een bestuurlijke sanctie of een bestuurlijke maatregel worden gebaseerd.

Art. 31
1. De commissie verstrekt geen informatie aan andere personen of organen ten behoeve van een strafrechtelijk, tuchtrechtelijke of civielrechtelijke procedure of een procedure tot oplegging van een disciplinaire maatregel, een bestuurlijke sanctie of een bestuurlijke maatregel, ook niet indien de commissie of het lid op grond van een wettelijk voorschrift tot het verstrekken van informatie is verplicht.
2. In afwijking van het eerste lid verstrekt de commissie informatie aan andere personen of organen indien degene die de informatie heeft verstrekt en degene op wie de informatie betrekking heeft, daarvoor schriftelijk toestemming hebben verleend.

Art. 32
1. In afwijking van artikel 30 kunnen verklaringen en documenten die in het kader van een parlementaire enquête zijn afgelegd onderscheidenlijk verstrekt als bewijs worden gebruikt in een strafrechtelijke procedure naar meineed, naar omkoping van een getuige of deskundige bij een parlementaire enquête of naar de delicten, bedoeld in de artikelen 192 tot en met 192c van het Wetboek van Strafrecht, dan wel de delicten, bedoeld in de artikelen 198 tot en met 198c van het Wetboek van Strafrecht BES.
2. In afwijking van artikel 31 verstrekt de commissie aan het openbaar ministerie ten behoeve van een strafrechtelijk onderzoek naar meineed, naar omkoping van een getuige of deskundige bij een parlementaire enquête of naar de delicten, bedoeld in de artikelen 192 tot en met 192c van het Wetboek van Strafrecht dan wel de delicten, bedoeld in de artikelen 198 tot en met 198c van het Wetboek van Strafrecht BES, de informatie die redelijkerwijs hiervoor nodig is, ook indien het informatie betreft ten aanzien waarvan voor de leden van de commissie op grond van deze wet een geheimhoudingsverplichting geldt.

Hoofdstuk 7
De beëindiging van een parlementaire enquête en het einde van het lidmaatschap van de commissie

Art. 33
Enquêtecommissie, rapport

De commissie legt haar bevindingen vast in een openbaar rapport dat zij aan de Kamer aanbiedt.

Wet op de parlementaire enquête 2008

Art. 34
1. Nadat de commissie aan de Kamer verantwoording over haar werkzaamheden heeft afgelegd, beëindigt de Kamer de enquête.
2. De Kamer kan besluiten een parlementaire enquête voortijdig te beëindigen.
3. De voorzitter van de Kamer doet van het besluit tot beëindiging van de enquête mededeling in de Staatscourant.

Parlementaire enquête, beëindiging

Art. 35
Met ingang van de dag dat de Kamer de enquête beëindigt, gaan van rechtswege over op de Kamer:
a. de documenten die op vordering aan de commissie zijn verstrekt;
b. de geluidsregistraties, bedoeld in de artikelen 8, 11 en 12;
c. de documenten die zijn opgesteld ten behoeve van intern beraad, en
d. andere documenten die de commissie van belang acht.

Enquêtecommissie, documenten

Art. 36
Het lidmaatschap van de commissie eindigt op de dag met ingang waarvan:
a. het lidmaatschap van de Kamer van het betrokken commissielid eindigt en dit lidmaatschap niet terstond opnieuw aanvangt;
b. het lid van de commissie door de commissie als getuige of deskundige wordt gehoord;
c. de enquête door de Kamer wordt beëindigd of
d. het lid van de commissie, al dan niet op zijn verzoek, door de Kamer in zijn hoedanigheid van lid van de commissie wordt ontslagen.

Enquêtecommissie, einde lidmaatschap

Hoofdstuk 8
Openbaarheid en vertrouwelijkheid van documenten

Art. 37
1. Onverminderd artikel 11, derde lid, heeft niemand tot op de dag waarop de commissie haar rapport aanbiedt aan de Kamer recht op inzage in documenten die onder de commissie berusten.
2. De commissie kan getuigen, deskundigen en personen die in opdracht van de commissie werkzaamheden verrichten inzage verlenen in documenten die op haar vordering aan de commissie zijn verstrekt. Degenen die de documenten inzien bewaren geheimhouding over de inhoud van deze documenten.

Enquêtecommissie, openbaarheid documenten

Art. 38
1. Met ingang van de dag na de dag waarop de commissie haar rapport aan de Kamer aanbiedt kan elk lid van de Kamer de documenten die op vordering van de commissie aan haar zijn verstrekt, inzien, behoudens de afschriften die zijn verstrekt op basis van artikel 1:93f van de Wet op het financieel toezicht, de artikelen 22a, eerste lid, onderdeel c en 22b, eerste lid onderdeel d, van de Wet ter voorkoming van witwassen en terrorismefinanciering en artikel 58a, eerste lid, onderdeel c, van de Wet toezicht trustkantoren 2018.
2. De leden van de Kamer bewaren geheimhouding over de inhoud van documenten waarin hen inzage is verleend, voor zover de commissie op grond van artikel 40 beperkingen heeft gesteld aan de openbaarheid.
3. Met ingang van de dag na de dag waarop de commissie haar rapport aan de Kamer aanbiedt, kan elk lid van de Kamer een vertrouwelijk verslag van een besloten verhoor inzien. De leden van de Kamer bewaren geheimhouding over de inhoud van het verslag.

Enquêtecommissie, inzagerecht documenten

Art. 39
1. Een ieder heeft behoudens de beperkingen die de commissie op grond van artikel 40 aan de openbaarheid heeft gesteld, met ingang van de dag na de dag waarop de commissie haar rapport aanbiedt aan de Kamer recht op inzage in de documenten, bedoeld in artikel 35. Dit inzagerecht geldt zolang deze documenten onder de commissie onderscheidenlijk de Kamer berusten.
2. De Kamer kan besluiten een op grond van artikel 40 aan de openbaarheid gestelde beperking op te heffen, dan wel ten aanzien van een verzoeker, die bij kennisneming een bijzonder belang heeft, buiten toepassing te laten. De Kamer kan een verzoeker geheimhouding opleggen over de inhoud van documenten waarin hem inzage is verleend.
3. Het tweede lid is niet van toepassing op vertrouwelijke verslagen en geluidsregistraties van besloten voorgesprekken als bedoeld in artikel 8, vijfde lid.

Enquêtecommissie, inzagerecht in documenten

Art. 40
1. De commissie kan voor de periode na de dag waarop zij haar rapport aanbiedt aan de Kamer beperkingen stellen aan de openbaarheid van documenten die onder de commissie berusten of, nadat deze documenten op grond van artikel 35 zijn overgegaan op de Kamer, hebben berust. Deze beperkingen gelden zolang de documenten onder de commissie onderscheidenlijk de Kamer berusten.
2. De commissie stelt beperkingen aan de openbaarheid voor zover:

Enquêtecommissie, beperking openbaarheid documenten

a. de openbaarmaking van het document de eenheid van de Kroon in gevaar zou kunnen brengen;
b. de openbaarmaking van het document de veiligheid van de staat zou kunnen schaden;
c. het document bedrijfs- en fabricagegegevens bevat, die door natuurlijke personen of rechtspersonen vertrouwelijk aan de overheid zijn meegedeeld;
d. het document persoonsgegevens bevat als bedoeld in de artikelen 9, 10 en 87 van de Algemene verordening gegevensbescherming tenzij de openbaarmaking kennelijk geen inbreuk op de persoonlijke levenssfeer maakt of de persoon op wie de gegevens betrekking hebben schriftelijk heeft ingestemd met de openbaarmaking;
e. het document een verslag van een voorgesprek of een besloten verhoor betreft.
3. De commissie kan eveneens beperkingen aan de openbaarheid stellen voor zover het belang van openbaarheid van het document niet opweegt tegen de volgende belangen:
a. de betrekkingen van Nederland met andere staten en met internationale organisaties;
b. de economische of financiële belangen van de staat;
c. de opsporing en vervolging van strafbare feiten;
d. inspectie, controle en toezicht door bestuursorganen;
e. de eerbiediging van de persoonlijke levenssfeer;
f. het voorkomen van onevenredige bevoordeling of benadeling van bij de aangelegenheid betrokken natuurlijke personen of rechtspersonen dan wel van derden.
4. De beperkingen aan de openbaarheid kunnen eveneens worden gesteld voor zover het document is opgesteld ten behoeve van intern beraad van de commissie.
5. De leden van de commissie bewaren geheimhouding over de inhoud van documenten, voor zover de commissie beperkingen heeft gesteld aan de openbaarheid.

Hoofdstuk 9
Slot- en overgangsbepalingen

Art. 41
[Wijzigt de Wet ministeriële verantwoordelijkheid.]

Art. 42
[Wijzigt het Wetboek van Strafrecht.]

Art. 43
[Wijzigt het Wetboek van Strafvordering.]

Art. 44
[Wijzigt deze wet.]

Parlementaire enquête, toepasselijkheid Wet op de Parlementaire Enquête

Art. 45
Indien op het tijdstip van inwerkingtreding van deze wet de Kamer op grond van de Wet op de Parlementaire Enquête een enquête heeft ingesteld, blijft die wet op die enquête van toepassing.

Uitschakelbepaling

Art. 46
De Wet op de Parlementaire Enquête wordt ingetrokken.

Inwerkingtreding

Art. 47
Deze wet treedt in werking met ingang van de dag na de datum van uitgifte van het Staatsblad waarin zij wordt geplaatst.

Citeertitel

Art. 48
Deze wet wordt aangehaald als: Wet op de parlementaire enquête, met vermelding van het jaartal van het Staatsblad waarin zij zal worden geplaatst.

Wet op de Raad van State[1]

Wet van 9 maart 1962, op de Raad van State

Wij JULIANA, bij de gratie Gods, Koningin der Nederlanden, Prinses van Oranje-Nassau, enz., enz., enz.
Allen, die deze zullen zien of horen lezen, saluut! doen te weten:
Alzo Wij in overweging genomen hebben, dat het wenselijk is de wet van 21 December 1861, Stb. 129, houdende regeling van de samenstelling en de bevoegdheid van de Raad van State, door een nieuwe wet te vervangen;
Zo is het, dat Wij, de Raad van State gehoord, en met gemeen overleg der Staten-Generaal, hebben goedgevonden en verstaan, gelijk Wij goedvinden en verstaan bij deze:

Hoofdstuk I
De Raad van State in het algemeen

Afdeling 1
Samenstelling en taak

Art. 1
1. De Raad van State bestaat, buiten de Koning als voorzitter, uit een vice-president en ten hoogste tien leden.
2. De vermoedelijke opvolger van de Koning heeft, nadat zijn achttiende jaar is vervuld, van rechtswege zitting in de Raad.
3. Bij koninklijk besluit kan ook andere leden van het koninklijk huis wanneer zij meerderjarig zijn, zitting in de Raad worden verleend.
4. De leden van het koninklijk huis die zitting in de Raad hebben, kunnen aan de beraadslagingen deelnemen, doch onthouden zich van stemmen.

Art. 2
1. De vice-president en de leden worden bij koninklijk besluit op voordracht van Onze Minister van Binnenlandse Zaken en Koninkrijksrelaties in overeenstemming met Onze Minister van Justitie voor het leven benoemd. Vacatures worden in de Staatscourant gepubliceerd onder opgave van het profiel van de gezochte kandidaat of kandidaten. De Tweede Kamer der Staten-Generaal voert ten minste eenmaal per jaar overleg met de vice-president over de vacatures.
2. Voor de benoeming van de vice-president wordt de Raad gehoord. Voor de benoeming van de leden doet de Raad een aanbeveling. De aanbeveling wordt gedaan gehoord de afdeling of afdelingen van de Raad waarvan het te benoemen lid deel zal uitmaken.
3. De leden worden bij koninklijk besluit benoemd in de Afdeling advisering of de Afdeling bestuursrechtspraak, dan wel in beide afdelingen. Het aantal leden dat in beide afdelingen wordt benoemd, bedraagt ten hoogste 10. De benoeming kan worden gewijzigd, met dien verstande dat een benoeming in de Afdeling bestuursrechtspraak slechts op verzoek van het lid kan worden beëindigd.
4. Een lid kan slechts deelnemen aan de rechtsprekende taak indien:
a. hem op grond van het afleggen van een afsluitend examen van een opleiding in het wetenschappelijk onderwijs door een universiteit dan wel de Open Universiteit waarop de Wet op het hoger onderwijs en wetenschappelijk onderzoek betrekking heeft, de graad Bachelor op het gebied van het recht en tevens de graad Master op het gebied van het recht is verleend, of
b. hij op grond van het met goed gevolg afleggen van het afsluitend examen van een opleiding op het gebied van het recht aan een universiteit dan wel de Open Universiteit waarop de Wet op het hoger onderwijs en wetenschappelijk onderzoek betrekking heeft, het recht om de titel meester te voeren heeft verkregen. Bij algemene maatregel van bestuur kunnen nadere regels worden gesteld met betrekking tot de beroepsvereisten.
5. Bij algemene maatregel van bestuur kunnen graden, verleend door een universiteit, de Open Universiteit of een hogeschool als bedoeld in de Wet op het hoger onderwijs en wetenschappelijk onderzoek, of daaraan gelijkwaardige getuigschriften worden aangewezen die voor de toepasselijkheid van het vierde lid, onderdeel a, gelijk worden gesteld aan de in dat onderdeel bedoelde graad Bachelor op het gebied van het recht.
6. In bijzondere gevallen kan van het vierde lid worden afgeweken.

Raad van State, samenstelling

Raad van State, benoeming vice-president en leden

---

1 Inwerkingtredingsdatum: 16-04-1962; zoals laatstelijk gewijzigd bij: Stb. 2020, 85.

A14 art. 3 — Wet op de Raad van State

Art. 3

Raad van State, ontslag vice-president en leden

1. De vice-president en de leden worden bij koninklijk besluit ontslagen:
   a. op eigen verzoek, en
   b. met ingang van de eerste dag van de maand, volgend op die, waarin zij de leeftijd van zeventig jaren hebben bereikt.
2. De vice-president en de leden worden voorts door de Raad, bij met redenen omkleed besluit, ontslagen, geschorst, of bij ongeschiktheid wegens ziekte met een andere taak belast, en de leden worden door de vice-president, bij met redenen omkleed besluit, berispt overeenkomstig hoofdstuk 6A van de Wet rechtspositie rechterlijke ambtenaren, met dien verstande dat:
   – in plaats van «procureur-generaal» wordt gelezen: vice-president;
   – in plaats van «plaatsvervangend procureur-generaal» wordt gelezen: het oudste aanwezige lid, naar rang van benoeming;
   – in plaats van «bij een gerecht dan wel binnen het gezagsbereik van Onze Minister» wordt gelezen: binnen de Raad dan wel binnen het gezagsbereik van Onze Minister van Binnenlandse Zaken en Koninkrijksrelaties;
   – in plaats van «functionele autoriteit» wordt gelezen: vice-president;
   – de Raad de mededeling van een beslissing als bedoeld in artikel 46p, vijfde lid, van de Wet rechtspositie rechterlijke ambtenaren, doet aan Onze Minister van Binnenlandse Zaken en Koninkrijksrelaties.
3. De artikelen 46i, vijfde lid, 46k, vijfde lid, en 46l, tweede lid, van de Wet rechtspositie rechterlijke ambtenaren zijn van overeenkomstige toepassing, met dien verstande dat wordt gelezen:
   – in plaats van «de rechterlijke ambtenaar»: de vice-president of het lid;
   – in plaats van «op voordracht van Onze Minister»: op voordracht van Onze Minister van Binnenlandse Zaken en Koninkrijksrelaties;
   – in plaats van «de Hoge Raad»: de Raad.

Nadere regels

4. Bij of krachtens algemene maatregel van bestuur kunnen nadere regels worden gesteld met betrekking tot voorzieningen in verband met ziekte, arbeidsongeschiktheid en werkloosheid.

Art. 4

Raad van State, Nederlanderschap vice-president en leden

Slechts Nederlanders kunnen worden benoemd tot vice-president of tot lid.

Art. 5

Raad van State, onverenigbare betrekkingen

1. Onverenigbaar met het ambt van vice-president of lid zijn:
   a. de openbare betrekkingen, aan welke een vaste beloning of toelage is verbonden;
   b. het lidmaatschap van publiekrechtelijke colleges, waarvoor de keuze geschiedt bij krachtens wettelijk voorschrift uitgeschreven verkiezingen;
   c. het ambt of beroep van advocaat, notaris, accountant, belastingconsulent of zaakwaarnemer;
   d. betrekkingen waarvan de uitoefening ongewenst is met het oog op een goede vervulling van hun ambt of op de handhaving van hun onpartijdigheid en onafhankelijkheid of van het vertrouwen daarin.
2. Behoudens indien de onverenigbaarheid ook uit een ander wettelijk voorschrift voortvloeit, kan ten aanzien van een lid op diens verzoek van het eerste lid, onderdeel a, bij koninklijk besluit, de Raad van State gehoord, voor een bepaalde tijd ontheffing worden verleend.
3. Gedurende de ontheffing, bedoeld in het tweede lid, is het lid ontheven van de waarneming van zijn ambt.
4. De bezoldiging wordt gedurende de periode van de ontheffing van de waarneming van zijn ambt ingehouden.
5. De betrekkingen die de vice-president en de leden buiten hun ambt vervullen worden door de vice-president openbaar gemaakt. De artikelen 44, vijfde tot en met achtste en tiende lid, en 44a, eerste tot en met achtste en tiende lid, van de Wet rechtspositie rechterlijke ambtenaren zijn van overeenkomstige toepassing.

Art. 6

Raad van State, eed of belofte

1. Alvorens hun ambt te aanvaarden leggen de vice-president en de leden in handen van de Koning de volgende eed (verklaring en belofte) af:
   «Ik zweer (verklaar) dat ik, tot het verkrijgen van mijn aanstelling, middellijk noch onmiddellijk, onder welke naam of welk voorwendsel ook, aan iemand iets heb gegeven of beloofd.
   Ik zweer (verklaar en beloof) dat ik, om iets in dit ambt te doen of te laten, van niemand enig geschenk of enige belofte heb aangenomen of zal aannemen, middellijk of onmiddellijk.
   Ik zweer (beloof) trouw aan de Koning, dat ik het Statuut voor het Koninkrijk en de Grondwet steeds zal helpen onderhouden en mijn ambt met eerlijkheid, nauwgezetheid en onpartijdigheid zal vervullen.
   Zo waarlijk helpe mij God almachtig!»
   (Dat verklaar en beloof ik»).

Wet op de Raad van State

A14 art. 12

2. Deze eed (verklaring en belofte) kan door de leden ook worden afgelegd in een vergadering van de Raad in handen van de vice-president, daartoe door de Koning gemachtigd.

Art. 7
De vice-president wordt bij verhindering of ontstentenis vervangen door het oudste aanwezige lid, naar rang van benoeming.

Raad van State, vervanging vice-president

Art. 7a
De Raad is belast met de taken, bij de artikelen 35 en 38 van de Grondwet aan hem opgedragen.

Raad van State, taken

Afdeling 2
Staatsraden en staatsraden in buitengewone dienst

Art. 8
1. Er kunnen staatsraden worden benoemd.

Raad van State, benoeming staatsraden

2. Zij worden gekozen uit hen, die bekwaamheid of deskundigheid hebben bewezen op het gebied van wetgeving, bestuur of rechtspraak dan wel in aangelegenheden die daaraan raken.
3. De staatsraden worden bij koninklijk besluit op voordracht van Onze Minister van Binnenlandse Zaken en Koninkrijksrelaties in overeenstemming met Onze Minister van Justitie voor het leven benoemd. Voor zover zij niet met rechtspraak worden belast, kunnen zij voor een bepaalde tijd van ten minste drie jaren worden benoemd. Vacatures worden in de Staatscourant gepubliceerd onder opgave van het profiel van de gezochte kandidaat of kandidaten. De Tweede Kamer der Staten-Generaal voert ten minste eenmaal per jaar overleg met de vice-president over de vacatures. Voor de benoeming doet de Raad een aanbeveling. De aanbeveling wordt gedaan gehoord de afdeling of afdelingen van de Raad waarvan de te benoemen staatsraad deel zal uitmaken.
4. De artikelen 2, derde tot en met vijfde lid, 3, 4, 5, eerste lid, aanhef en onder d, en vijfde lid, en 6 zijn op hen van overeenkomstige toepassing.

Art. 9
De staatsraden hebben bij de vervulling van hun taak de bevoegdheden van een lid van de Raad.

Raad van State, bevoegdheden staatsraden

Art. 10
1. Er kunnen staatsraden in buitengewone dienst worden benoemd.

Raad van State, benoeming staatsraden in buitengewone dienst

2. Een staatsraad in buitengewone dienst neemt slechts deel aan de werkzaamheden van de Raad of van een van zijn afdelingen, voorzover hij daartoe door de vice-president is opgeroepen.
3. De artikelen 2, derde tot en met vijfde lid, 3, 4, 5, eerste lid, aanhef en onder d, en vijfde lid, 6, 8, tweede en derde lid, en 9 zijn van overeenkomstige toepassing.

Afdeling 3
De secretaris en de ambtenaren van staat

Art. 11
1. Aan de Raad worden toegevoegd een secretaris en het nodig aantal ambtenaren van staat.

Raad van State, benoeming secretaris en ambtenaren

2. Zij worden bij koninklijk besluit op voordracht van de Raad benoemd en bij koninklijk besluit, de Raad gehoord, ontslagen.

Art. 12
1. Voor benoeming tot secretaris of ambtenaar van staat komt in aanmerking degene:
a. aan wie op grond van het met goed gevolg afleggen van een afsluitend examen van een opleiding in het wetenschappelijk onderwijs door een universiteit dan wel de Open Universiteit waarop de Wet op het hoger onderwijs en wetenschappelijk onderzoek betrekking heeft, de graad Bachelor op het gebied van het recht en tevens de graad Master op het gebied van het recht is verleend, of
b. die op grond van het met goed gevolg afleggen van het afsluitend examen van een opleiding op het gebied van het recht aan een universiteit dan wel de Open Universiteit waarop de Wet op het hoger onderwijs en wetenschappelijk onderzoek betrekking heeft, het recht om de titel meester te voeren heeft verkregen.
Artikel 5, vierde lid, van de Wet rechtspositie rechterlijke ambtenaren is van overeenkomstige toepassing.

Raad van State, benoembaarheidseisen secretaris/ambtenaar

2. Bij algemene maatregel van bestuur kunnen graden, verleend door een universiteit, de Open Universiteit of een hogeschool als bedoeld in de Wet op het hoger onderwijs en wetenschappelijk onderzoek, of daaraan gelijkwaardige getuigschriften worden aangewezen die voor de toepas-

selijkheid van het eerste lid, onderdeel a, gelijk worden gesteld aan de in dat onderdeel bedoelde graad Bachelor op het gebied van het recht.
3. In bijzondere gevallen kan van het eerste lid worden afgeweken.

Art. 13

Raad van State, eed of belofte

De secretaris en de ambtenaren van staat leggen alvorens hun ambt te aanvaarden in een vergadering van de Raad in handen van de voorzitter, de volgende eed (verklaring en belofte) af:
«Ik zweer (verklaar) dat ik, tot het verkrijgen van mijn aanstelling, middellijk noch onmiddellijk, onder welke naam of welk voorwendsel ook, aan iemand iets heb gegeven of beloofd.
Ik zweer (verklaar en beloof) dat ik, om iets in dit ambt te doen of te laten, van niemand enig geschenk of enige belofte heb aangenomen of zal aannemen, middellijk of onmiddellijk.
Ik zweer (beloof) dat ik al de plichten, aan mijn ambt verbonden, eerlijk en vlijtig zal vervullen.
Zo waarlijk helpe mij God almachtig!»
(Dat verklaar en beloof ik»).

Afdeling 4
Overige bepalingen

Art. 13a

1. Ten aanzien van de secretaris en de aan de Raad toegevoegde ambtenaren gelden de voor alle ambtenaren geldende arbeidsvoorwaarden die zijn opgenomen in de laatstelijk afgesloten collectieve arbeidsovereenkomst voor ambtenaren die krachtens een arbeidsovereenkomst met de Staat werkzaam zijn.
2. Op verzoek van de Raad van State kunnen in de collectieve arbeidsovereenkomst, bedoeld in het eerste lid, andere arbeidsvoorwaarden voor de secretaris en de aan de Raad toegevoegde ambtenaren worden opgenomen.

Art. 14

Raad van State, regeling werkzaamheden

1. Op voorstel van de vice-president regelt de Raad zijn werkzaamheden alsmede voor zover nodig de overige aangelegenheden welke op het college betrekking hebben en niet uitsluitend de Afdeling advisering of de Afdeling bestuursrechtspraak aangaan.
2. De regeling wordt in de Staatscourant bekendgemaakt.

Art. 15

Raad van State, beslissing bij meerderheid van stemmen

1. De Raad beslist bij meerderheid van stemmen.
2. Indien de stemmen staken, beslist de stem van de voorzitter der vergadering.
3. De Raad beslist niet, indien minder dan de helft van het aantal leden aanwezig is, waaruit de Raad, de vice-president inbegrepen, op dat moment bestaat.

Art. 16

Raad van State, geheimhouding

De vice-president, de leden, de staatsraden en de staatsraden in buitengewone dienst nemen geheimhouding in acht, voorzover:
a. de aard van de aangelegenheid daartoe noopt;
b. Onze Minister wie het aangaat dit nodig acht, of
c. de meerderheid van degenen die aan de beraadslaging deelnemen daartoe besluit.

Hoofdstuk II
De Afdeling advisering

Afdeling 1
Samenstelling en taak

Art. 16a

Raad van State, Afdeling advisering

1. De Raad kent een Afdeling advisering.
2. De Afdeling advisering bestaat uit:
a. de vice-president en
b. de leden, de staatsraden en de staatsraden in buitengewone dienst die in de Afdeling advisering zijn benoemd.
3. De leden van het koninklijk huis, bedoeld in artikel 1, tweede en derde lid, hebben zitting in de Afdeling advisering. Artikel 1, vierde lid, is van overeenkomstige toepassing.
4. De vice-president is voorzitter van de Afdeling advisering. Artikel 7 is van overeenkomstige toepassing.

Art. 17

Afdeling advisering, taken

1. Wij horen de Afdeling advisering over:
a. de voorstellen van wet door Ons aan de Staten-Generaal te doen;
b. de ontwerpen van algemene maatregelen van bestuur;

Wet op de Raad van State

A14 art. 26

c. de voorstellen tot goedkeuring van een verdrag of van het voornemen tot opzegging van een verdrag.

2. Wij horen de Afdeling advisering voorts in de gevallen waarin een wet dit voorschrijft en over alle aangelegenheden waaromtrent Wij het nodig oordelen.

3. Wij brengen bij de Afdeling advisering ter overweging de ontwerpen van krachtens enige wet te nemen koninklijke besluiten tot vernietiging.

4. De voorstellen, ontwerpen en besluiten vermelden dat de Afdeling advisering van de Raad van State is gehoord.

Art. 18

1. De Tweede Kamer der Staten-Generaal hoort de Afdeling advisering over de bij haar door een of meer leden aanhangig gemaakte voorstellen van wet, voordat zij deze in behandeling neemt.

2. In de gevallen waarin de Tweede Kamer der Staten-Generaal zulks nodig oordeelt, hoort zij de Afdeling advisering voorts omtrent de in het eerste lid bedoelde voorstellen, nadat deze in behandeling zijn genomen.

3. Wij horen de Afdeling advisering niet over de bij de Tweede Kamer der Staten-Generaal door een of meer leden aanhangig gemaakte voorstellen van wet, voordat zij door de Staten-Generaal zijn aangenomen.

4. Het eerste, het tweede en het derde lid zijn van overeenkomstige toepassing ten aanzien van de Staten-Generaal in verenigde vergadering.

Afdeling advisering, advies aan Tweede Kamer

Art. 19

Het horen van de Afdeling advisering kan achterwege blijven over:
a. voorstellen van wet tot wijziging van de begroting van het Rijk;
b. voorstellen van wet tot goedkeuring van een verdrag of van het voornemen tot opzegging van een verdrag, indien dit verdrag of dit voornemen eerder ter stilzwijgende goedkeuring aan de Staten-Generaal was voorgelegd.

Afdeling advisering, geen hoorplicht

Art. 20

1. De Afdeling advisering stelt het ontwerp op van een koninklijk besluit als bedoeld in artikel 136 van de Grondwet.

2. Binnen zes maanden nadat het ontwerp is opgesteld kan Onze Minister wie het aangaat, de Afdeling advisering gemotiveerd verzoeken haar ontwerp in nadere overweging te nemen. Indien het koninklijk besluit afwijkt van het ontwerp of het nader ontwerp wordt het in het Staatsblad geplaatst met het ontwerp, bedoeld in het eerste lid en indien daarvan sprake is, het nader ontwerp. Indien niet binnen zes maanden een verzoek als bedoeld in de eerste volzin is gedaan luidt het koninklijk besluit overeenkomstig het ontwerp.

Afdeling advisering, opstelling ontwerp-KB

Art. 21

De Afdeling advisering adviseert Ons voorts indien zij dit nodig acht.

Afdeling advisering, ongevraagde advisering

Art. 21a

1. De Afdeling advisering dient op verzoek Onze Ministers dan wel een van beide kamers der Staten-Generaal van voorlichting in aangelegenheden van wetgeving en bestuur.

2. Indien voorlichting wordt gegeven aan een van beide kamers der Staten-Generaal, draagt deze kamer zorg voor de openbaarmaking, bedoeld in artikel 26, eerste lid, onderdeel c.

Afdeling advisering, voorlichting

Art. 22

In de gevallen, bedoeld in artikel 17, wordt de aangelegenheid hetzij door Ons, op voordracht van Onze Minister wie het aangaat, hetzij door Onze Minister krachtens koninklijke machtiging, ter overweging aanhangig gemaakt.

Afdeling advisering, adviesaanvraag

Art. 23

1. Onze Ministers geven aan de Afdeling advisering de inlichtingen, die in verband met de uitoefening van haar taak vereist worden.

2. Het inwinnen door de Afdeling advisering van inlichtingen bij anderen dan Onze Minister, wie het aangaat, geschiedt door tussenkomst van deze.

3. De vice-president kan personen oproepen om aan de Afdeling advisering voorlichting en advies te geven.

Afdeling advisering, informatieverstrekking door minister

Art. 24

De Afdeling advisering beraadslaagt met Onze Minister, wie het aangaat, indien de Afdeling advisering of de Minister zulks mocht verlangen.

Afdeling advisering, overleg met minister

Art. 25

Van de koninklijke besluiten in aangelegenheden, waarover de Afdeling advisering is gehoord, wordt aan deze mededeling gedaan.

Afdeling advisering, mededeling KB's

Art. 26

1. Onze Minister wie het rechtstreeks aangaat draagt zorg voor het openbaar maken in de Staatscourant van
a. adviezen van de Afdeling advisering, door Ons gevraagd,

Afdeling advisering, openbaarmaking adviezen

b. adviezen als bedoeld in artikel 21;
c. voorlichting in aangelegenheden van wetgeving en bestuur als bedoeld in artikel 21a.
2. Openbaarmaking van de adviezen, bedoeld in het eerste lid onder a, geschiedt tezamen met openbaarmaking van de aan de Afdeling advisering voorgelegde tekst en van het nader rapport aan Ons. Zij heeft plaats voor wat betreft
a. adviezen over door Ons ingezonden voorstellen van wet: gelijktijdig met de inzending daarvan aan de Tweede Kamer der Staten-Generaal;
b. adviezen over voorstellen van wet door de Staten-Generaal aan Ons gedaan: gelijktijdig met de bekendmaking van de wet;
c. adviezen over verdragen met andere mogendheden en volkenrechtelijke organisaties, aan de Staten-Generaal ter stilzwijgende goedkeuring over te leggen: gelijktijdig met de overlegging daarvan aan de Staten-Generaal;
d. adviezen over algemene maatregelen van bestuur en andere koninklijke besluiten: gelijktijdig met de bekendmaking.
3. Openbaarmaking van adviezen als bedoeld in het eerste lid, onder a, welke niet kan geschieden zoals voorzien in het tweede lid, alsmede openbaarmaking van adviezen als bedoeld in het eerste lid, onder b en van voorlichting in aangelegenheden van wetgeving en bestuur als bedoeld in het eerste lid, onder c, geschiedt uiterlijk binnen dertig dagen nadat is beslist op het advies, de voordracht of een ander voorstel van de Afdeling advisering onderscheidenlijk op de voorlichting in aangelegenheden van wetgeving en bestuur in die Afdeling. Daarbij worden, in voorkomend geval, mede openbaar gemaakt het nader rapport en de aan de Afdeling advisering voorgelegde tekst alsmede het koninklijk besluit, indien de openbaarmaking niet elders is geregeld. De openbaarmaking heeft plaats op de wijze, voorgeschreven in artikel 9, eerste en tweede lid, van de Wet openbaarheid van bestuur.
4. Openbaarmaking blijft achterwege in de gevallen, bedoeld in artikel 10 van de Wet openbaarheid van bestuur.
5. Actieve openbaarmaking kan achterwege blijven indien een advies als bedoeld in het eerste lid, onder a, zonder meer instemmend luidt, dan wel uitsluitend opmerkingen van redactionele aard bevat.
6. De Afdeling advisering doet in haar adviezen, bedoeld in het eerste lid, voorstellen omtrent de toepassing van de bepalingen van het vierde of vijfde lid.

Art. 27

1. De Tweede Kamer der Staten-Generaal en de Staten-Generaal in verenigde vergadering dragen zorg voor het openbaar maken van de adviezen van de Afdeling advisering, bedoeld in artikel 18, eerste en tweede lid, onderscheidenlijk vierde lid, alsmede voor een schriftelijke reactie op deze adviezen.
2. Openbaarmaking van de adviezen geschiedt tezamen met openbaarmaking van de schriftelijke reactie.
3. Openbaarmaking blijft achterwege in de gevallen, bedoeld in artikel 10 van de Wet openbaarheid van bestuur.
4. Actieve openbaarmaking kan achterwege blijven indien het advies zonder meer instemmend luidt, dan wel uitsluitend opmerkingen van redactionele aard bevat.
5. De Afdeling advisering doet in de adviezen voorstellen omtrent de toepassing van de bepalingen van het derde of vierde lid.

Afdeling 2
Overige bepalingen

Art. 27a

1. Bij de voorbereiding van adviezen en ontwerp-besluiten beraadslaagt de Afdeling advisering met gesloten deuren.
2. De Afdeling advisering beslist bij meerderheid van stemmen.
3. Indien de stemmen staken, beslist de stem van de voorzitter der vergadering. Van die omstandigheid wordt in het advies melding gemaakt.
4. De Afdeling advisering beslist niet, indien minder dan de helft van de leden van de Afdeling advisering aanwezig is.

Art. 27b

1. De adviezen zijn met redenen omkleed.

2. Degene die in de vergadering van de Afdeling advisering een van de meerderheid afwijkende mening heeft kenbaar gemaakt, kan een afzonderlijk advies uitbrengen.
3. Dit advies wordt bij het advies van de Afdeling advisering gevoegd.

Wet op de Raad van State

Art. 27c
1. De voorzitter regelt de werkzaamheden van de Afdeling advisering.

Afdeling bestuursrechtspraak, regeling werkzaamheden

2. De regeling wordt in de Staatscourant bekendgemaakt.

Art. 27d
1. Bij de voorbereiding van:
a. een advies omtrent de vernietiging van een besluit, of
b. een ontwerp-besluit omtrent een geschil als bedoeld in artikel 136 van de Grondwet, kan de Afdeling advisering belanghebbenden, getuigen, deskundigen en tolken oproepen om te worden gehoord.

Afdeling bestuursrechtspraak, voorbereiding besluiten

2. Artikel 45 en de artikelen 8:24, 8:25, 8:27 tot en met 8:29, 8:31 tot en met 8:36, eerste lid, 8:39, 8:50 en 8:61 van de Algemene wet bestuursrecht zijn van overeenkomstige toepassing.
3. Een door Onze Minister wie het aangaat aangewezen ambtenaar kan bij de beraadslaging aanwezig zijn om inlichtingen te geven.
4. Ambtsberichten en andere door Onze Minister aangewezen stukken zijn niet openbaar.
5. Het ontwerp van een koninklijk besluit tot vernietiging is niet openbaar.

Art. 27e
De vice-president, de leden, de staatsraden en de staatsraden in buitengewone dienst nemen geen deel aan de beraadslagingen en stemmen niet mee, indien daardoor hun onpartijdigheid schade zou kunnen lijden.

Afdeling bestuursrechtspraak, deelneming aan beraadslaging

Art. 28-29
[Vervallen]

Hoofdstuk III
De Afdeling bestuursrechtspraak

Afdeling 1
Samenstelling en taak

Art. 30
1. De Raad kent een Afdeling bestuursrechtspraak.

Afdeling bestuursrechtspraak, samenstelling

2. De Afdeling bestuursrechtspraak bestaat uit de leden, de staatsraden en de staatsraden in buitengewone dienst die in de Afdeling bestuursrechtspraak zijn benoemd.

Art. 30a
1. Bij koninklijk besluit op voordracht van Onze Minister van Justitie in overeenstemming met Onze Minister van Binnenlandse Zaken en Koninkrijksrelaties wordt uit de leden van de afdeling bestuursrechtspraak die voldoen aan het vereiste, gesteld in artikel 2, vierde lid, een voorzitter van de afdeling bestuursrechtspraak benoemd. Voor de benoeming doet de Raad een aanbeveling, de afdeling bestuursrechtspraak gehoord.

Afdeling bestuursrechtspraak, benoeming voorzitter

2. De benoeming geldt voor het leven. Zij kan slechts op verzoek van de voorzitter worden ingetrokken en vervalt in geval van ontslag als lid van de Raad.
3. De voorzitter kan worden vervangen door een ander lid van de Afdeling bestuursrechtspraak dat voldoet aan het vereiste, gesteld in artikel 2, vierde lid.
4. De voorzitter is lid van de Raad van State, zo nodig in afwijking van artikel 1, eerste lid.
5. De voorzitter regelt de werkzaamheden van de Afdeling bestuursrechtspraak.
6. De daartoe door de voorzitter schriftelijk aangewezen ambtenaren verrichten de werkzaamheden die bij of krachtens de wet aan de griffier zijn opgedragen.

Art. 30b
1.

Afdeling bestuursrechtspraak, taken

De Afdeling bestuursrechtspraak is belast met de berechting van de bij de wet aan haar opgedragen geschillen.
2. De Afdeling bestuursrechtspraak neemt kennis van door de rechtbank gestelde prejudiciële vragen.

Afdeling bestuursrechtspraak, prejudiciële vragen

Art. 31-35
[Vervallen]

Art. 36
[Vervallen door vernummering.]

Art. 37
[Vervallen door vernummering.]

Art. 38
[Vervallen door vernummering.]

Art. 39
[Vervallen door vernummering.]
Art. 40
[Vervallen door vernummering.]
Art. 41
[Vervallen door vernummering.]

Afdeling 2
Overige bepalingen

Art. 42

Afdeling bestuursrechtspraak, enkel- en meervoudige kamers

1. De Afdeling bestuursrechtspraak vormt en bezet op voorstel van de voorzitter enkelvoudige, meervoudige en grote kamers.

2. De meervoudige kamers en grote kamers bestaan uit drie onderscheidenlijk vijf leden, van wie een als voorzitter optreedt.
3. Leden van de Afdeling bestuursrechtspraak die niet voldoen aan het vereiste, gesteld in artikel 2, vierde lid, kunnen:
a. geen zitting hebben in een enkelvoudige kamer en
b. niet de meerderheid vormen van de leden van een meervoudige of grote kamer.
4. Een lid van de Afdeling bestuursrechtspraak dat betrokken is geweest bij de totstandkoming van een advies van de Raad, neemt geen deel aan de behandeling van een geschil over een rechtsvraag waarop dat advies betrekking had.

Art. 43

Afdeling bestuursrechtspraak, besluitvorming meervoudige kamer

1. De voorzitter van een meervoudige of grote kamer doet in raadkamer hoofdelijk omvraag. De voorzitter maakt zelf als laatste zijn oordeel kenbaar.

2. Ieder lid is verplicht aan de besluitvorming deel te nemen.
3. Een afwezig lid kan zijn oordeel niet door een van de aanwezige leden doen voordragen of het schriftelijk uitbrengen.

Art. 44

Afdeling bestuursrechtspraak, geheimhouding

Het is de leden van de Afdeling bestuursrechtspraak en de ten behoeve van deze afdeling werkzame ambtenaren verboden:
a. hetgeen zij als zodanig te weten zijn gekomen verder bekend te maken dan voor de uitoefening van hun functie wordt gevorderd,
b. de gevoelens die in raadkamer zijn geuit, en
c. over een voor hen aanhangige zaak of over een zaak die naar zij weten of redelijkerwijs kunnen vermoeden, voor hen aanhangig zal worden, op enigerlei bijzondere wijze in contact te treden met partijen, gemachtigden of degene die een partij bijstaat.

Art. 45

Afdeling bestuursrechtspraak, regeling klachtbehandeling

1. De voorzitter van de Afdeling bestuursrechtspraak stelt een regeling vast voor de behandeling van klachten.

2. Klachten kunnen niet een rechterlijke uitspraak betreffen.
3. Titel 9.1 van de Algemene wet bestuursrecht, met uitzondering van de zinsnede «of een ander» in artikel 9:1, eerste lid, is van overeenkomstige toepassing, met dien verstande dat onder bestuursorgaan wordt verstaan: de Afdeling bestuursrechtspraak.
4. De regeling, bedoeld in het eerste lid, wordt gepubliceerd in de Staatscourant.

Afdeling 3
[Vervallen]

Art. 46-57
[Vervallen]

Hoofdstuk IV
Slotbepalingen

Art. 58

Raad van State, immuniteit leden

1. Tegen de vice-president, de staatsraden en de staatsraden in buitengewone dienst kan noch een rechtsvervolging, noch een rechtsvordering worden ingesteld wegens hetgeen zij tijdens de beraadslaging in de Raad, de Afdeling advisering, de Afdeling bestuursrechtspraak of een kamer van die Afdeling bestuursrechtspraak hebben gezegd, dan wel daaraan schriftelijk hebben overgelegd.

Wet op de Raad van State

A14 art. 59

2. Artikel 42 van de Wet rechtspositie rechterlijke ambtenaren is van overeenkomstige toepassing op de leden van de Afdeling bestuursrechtspraak, met dien verstande dat in plaats van «Onze Minister» steeds wordt gelezen: de Minister van Binnenlandse Zaken en Koninkrijksrelaties.

Art. 59
Deze wet wordt aangehaald als: Wet op de Raad van State.

Citeertitel

Art. 60-125
[Vervallen]

Comptabiliteitswet 2016[1]

Wet van 22 maart 2017, houdende regels inzake het beheer, de informatievoorziening, de controle en de verantwoording van de financiën van het Rijk, inzake het beheer van publieke liquide middelen buiten het Rijk en inzake het toezicht op het beheer van publieke liquide middelen en publieke financiële middelen buiten het Rijk (Comptabiliteitswet 2016)

Wij Willem-Alexander, bij de gratie Gods, Koning der Nederlanden, Prins van Oranje-Nassau, enz. enz. enz.
Allen die deze zullen zien of horen lezen, saluut! doen te weten:
Alzo Wij in overweging genomen hebben dat het wenselijk is de Comptabiliteitswet 2001 te vervangen door nieuwe wettelijke bepalingen over het beheer, de informatievoorziening, de controle en de verantwoording inzake de financiën van het Rijk, mede ter uitvoering van de artikelen 78 en 105 van de Grondwet, en dat het wenselijk is daarin bepalingen op te nemen over het beheer van publieke liquide middelen buiten het Rijk en over het toezicht op het beheer van publieke liquide middelen en publieke financiële middelen buiten het Rijk;
Zo is het, dat Wij, de Afdeling advisering van de Raad van State gehoord, en met gemeen overleg der Staten-Generaal, hebben goedgevonden en verstaan, gelijk Wij goedvinden en verstaan bij deze:

Hoofdstuk 1
Algemene bepalingen

Art. 1.1 Begrippen

Begripsbepalingen

agentschap: een baten-lastenagentschap of een verplichtingen-kasagentschap;
Auditdienst Rijk: het dienstonderdeel van het Ministerie van Financiën dat belast is met de uitoefening van de auditfunctie bij het Rijk;
baten-lastenagentschap: een dienstonderdeel van een ministerie, dat op grond van artikel 2.20, eerste lid, als baten-lastenagentschap is aangewezen;
baten-lastenstelsel: het financieel-administratieve stelsel van rekeningen waarin als uitgaven en ontvangsten in een jaar worden opgenomen de geldswaarden van het verbruik van goederen en diensten (lasten) in dat jaar, respectievelijk de geldswaarden van de rechten op ontvangsten (baten), die in dat jaar ontstaan;
bedrijfsvoering: het inzetten van personeel en materieel ter ondersteuning van het beleid of de taak;
begrotingsbeheer: het sturen en beheersen van het begrotingsproces, waaronder de begrotingsuitvoering en de zorg voor het ramen van de ontvangsten en de uitgaven;
begrotingsreserve: een geoormerkte, meerjarige budgettaire voorziening die wordt aangehouden op een afzonderlijke rekening-courant bij het Ministerie van Financiën;
begrotingsstelsel: het baten-lastenstelsel, het kasstelsel of het verplichtingen-kasstelsel;
boeken binnen begrotingsverband: het boeken van de geldswaarden van handelingen die betrekking hebben op het financieel beheer op een rekening in de financiële administratie, waarvan het saldo wordt opgenomen in een begrotingsartikel in een begrotingsstaat;
boeken buiten begrotingsverband: het boeken van de geldswaarden van handelingen die betrekking hebben op het financieel beheer op een rekening in de financiële administratie, waarvan het saldo niet wordt opgenomen in een begrotingsartikel in een begrotingsstaat;
budgetdisciplinesector: een onderdeel van de collectieve sector dat budgettair afzonderlijk wordt onderscheiden;
college: de Staten-Generaal, de Raad van State, de Algemene Rekenkamer, de Nationale ombudsman, de Kanselarij der Nederlandse Orden, het Kabinet van de Koning, het Kabinet van de Gouverneur van Aruba, het Kabinet van de Gouverneur van Curaçao, het Kabinet van de Gouverneur van Sint Maarten, de Kiesraad en de Commissie van toezicht betreffende de inlichtingen- en veiligheidsdiensten;
dienstonderdeel: een organisatieonderdeel van een ministerie of een college;
financieel beheer: het sturen en beheersen van de financiële aspecten van het beleid en de bedrijfsvoering, waaronder de zorg voor:
a. het aangaan van financiële verplichtingen;
b. het heffen van belastingen en het opleggen van andere heffingen;
c. het in rekening brengen van kosten;

---

1   Inwerkingtredingsdatum: 01-01-2018; zoals laatstelijk gewijzigd bij: Stb. 2021, 65.

d. het beheer van de financiële bezittingen en schulden;
e. het kasbeheer;
financiële begrotingsinformatie: de in een begroting opgenomen informatie over de financiële aspecten van het voorgenomen beleid en de voorgenomen bedrijfsvoering;
financiële verantwoordingsinformatie: de in een jaarverslag opgenomen informatie over de financiële aspecten van het gevoerde beleid en de gevoerde bedrijfsvoering;
financiële verplichting: de voorwaardelijke of onvoorwaardelijke verplichting tot het in de toekomst doen van een kasbetaling aan een derde of aan een ander dienstonderdeel;
kasreserve: een niet-geoormerkte, meerjarige budgettaire reserve die wordt aangehouden op een rekening-courant bij het Ministerie van Financiën;
kasstelsel: het financieel-administratieve stelsel van rekeningen waarin als uitgaven en ontvangsten in een jaar worden opgenomen de kasuitgaven en de kasontvangsten in dat jaar;
materieelbeheer: de zorg voor het onderhoud en de instandhouding van roerende en onroerende zaken vanaf het moment van inbeheer- of ingebruikneming tot aan het moment van afstoting;
materiële bedrijfsvoering: de materiële aspecten van het beleid en de bedrijfsvoering, toegespitst op:
a. het verwerven van materieel;
b. het materieelbeheer;
c. het afstoten van materieel;
niet-financiële verantwoordingsinformatie: de in een jaarverslag opgenomen informatie over de niet-financiële aspecten van het gevoerde beleid en de gevoerde bedrijfsvoering;
rechtspersoon met een wettelijke taak: een rechtspersoon die een bij of krachtens een wet geregelde taak uitvoert en die daartoe geheel of gedeeltelijk wordt bekostigd uit de opbrengst van een bij of krachtens een wet ingestelde heffing, met uitzondering van de gemeenten, provincies, waterschappen, de openbare lichamen Bonaire, Sint Eustatius en Saba, openbare lichamen voor beroep en bedrijf en openbare lichamen en gemeenschappelijke organen ingesteld krachtens de Wet gemeenschappelijke regelingen uitgezonderd de openbare lichamen en gemeenschappelijke organen waaraan vanwege het Rijk wordt deelgenomen;
saldibalans: het overzicht van de saldi van de financiële activa en passiva zoals deze op een bepaalde datum uit de financiële administratie blijken;
schatkist van het Rijk: de departementale kassen en de centrale kassen van het Rijk tezamen;
schatkistbankieren: het aanhouden van liquide middelen op een bankrekening van de schatkist van het Rijk;
slotverschil: het verschil op het niveau van een begrotingsartikel dat na afloop van een begrotingsjaar wordt vastgesteld tussen de realisatie van de uitgaven, onderscheidenlijk de ontvangsten, en de raming van de uitgaven, onderscheidenlijk de ontvangsten, in de wet tot vaststelling van de begrotingsstaten, bedoeld in artikel 2.23, en de wijzigingen die daarin zijn aangebracht door middel van de wetten tot wijziging van de begrotingsstaten, bedoeld in artikel 2.26;
transactiestelsel: het financieel-administratieve stelsel van rekeningen waarin als uitgaven en ontvangsten in een jaar worden opgenomen de geldswaarden van de economische transacties die in dat jaar ontstaan;
verplichtingen-kasagentschap: een dienstonderdeel van een ministerie, dat op grond van artikel 2.20, eerste lid, als verplichtingen-kasagentschap is aangewezen;
verplichtingen-kasstelsel: de combinatie van het verplichtingenstelsel en het kasstelsel waarin de kasuitgaven en de financiële verplichtingen geïntegreerd worden geadministreerd;
verplichtingenstelsel: het financieel-administratieve stelsel van rekeningen waarin als uitgaven en ontvangsten in een jaar worden opgenomen de geldswaarden van de in dat jaar aangegane of ontstane financiële verplichtingen die tot kasuitgaven leiden of kunnen leiden;

Hoofdstuk 2
De begroting en verantwoording van het Rijk

§ 1
Rijksbegroting

Art. 2.1 Samenstelling en inhoud van de rijksbegroting
1. Tot de rijksbegroting behoren de departementale en de niet-departementale begrotingen van de ministeries en de colleges.
2. Onze Ministers, ieder met betrekking tot het beleid waarvoor hij verantwoordelijk is, stellen voor de aanvang van een begrotingsjaar een begroting op.
3. Voor elk ministerie is er één departementale begroting en kunnen er één of meer niet-departementale begrotingen zijn.
4. Voor elk college is er één niet-departementale begroting.
5. Als niet-departementale begroting worden voorts uitsluitend aangemerkt:

Rijksbegroting, samenstelling en inhoud

a. de begroting van de Koning, bedoeld in artikel 2.9, en de begroting van Nationale Schuld, bedoeld in artikel 2.10;
b. de begroting van koninkrijksrelaties, tenzij de uitgaven en ontvangsten die samenhangen met koninkrijksrelaties worden opgenomen in de betrokken departementale begroting;
c. de begrotingen van de begrotingsfondsen, bedoeld in artikel 2.11, eerste lid;
d. de programmabegrotingen, bedoeld in artikel 2.12, eerste lid;
e. de begroting van het Nationaal Groeifonds.

6. Een departementale begroting bevat de weergave van het beleid en de bedrijfsvoering van het ministerie, met uitzondering van de beleidsaangelegenheden die worden opgenomen in een begroting als bedoeld in het vijfde lid.
7. De niet-departementale begroting van een college bevat de weergave van de taken en van de bedrijfsvoering van het college.
8. Een programmabegroting, onderscheidenlijk een begroting van een begrotingsfonds, bevat de weergave van het afgezonderde beheer, bedoeld in artikel 2.12, eerste lid, respectievelijk artikel 2.11, eerste lid. Een programmabegroting, onderscheidenlijk een begroting van een begrotingsfonds, bevat geen weergave van de bedrijfsvoering die met dat afgezonderde beheer samenhangt.

§ 2
Inrichting van de begroting

Art. 2.2 Presentatie van een begroting

Rijksbegroting, presentatie

Een begroting bestaat uit een begrotingsstaat en een daarbij behorende toelichting.

Art. 2.3 Autorisatie van een begroting

Rijksbegroting, autorisatie

1. Een begrotingsstaat wordt afzonderlijk bij wet vastgesteld.
2. In afwijking van het eerste lid kunnen twee of meer begrotingsstaten waarvoor Onze Minister die het aangaat verantwoordelijk is, in één wet worden vastgesteld.
3. Autorisatie van een begrotingsstaat vindt plaats op het niveau van een begrotingsartikel.
4. Het geautoriseerde bedrag voor de uitgaven geldt als maximum.
5. Structurele wijzigingen van de begrotingsstaat die op voorstel van een of meer leden van de Tweede Kamer der Staten-Generaal zijn aangebracht, worden, indien dit met dit voorstel beoogd is, tevens in de begrotingsstaten van de daaropvolgende jaren opgenomen, tenzij een zwaarwegende reden zich hiertegen verzet. In dat geval informeert Onze betrokken Minister de Tweede Kamer der Staten-Generaal hierover.

Art. 2.4 Periodiciteit

Begrotingsjaar

Het begrotingsjaar is het kalenderjaar.

Art. 2.5 Begrotingsstaat

Begrotingsstaat

De begrotingsstaat bestaat uit begrotingsartikelen en bevat per begrotingsartikel de volgende gegevens:
a. het artikelnummer;
b. de artikelomschrijving;
c. het geraamde bedrag voor financiële verplichtingen;
d. het geraamde bedrag voor kasuitgaven;
e. het geraamde bedrag voor kasontvangsten.

Art. 2.6 Financiële staat van agentschappen

Agentschap, financiële staat

1. Een agentschap heeft een afzonderlijke financiële staat die wordt opgenomen bij de begrotingsstaat van de departementale begroting van het ministerie waaronder het agentschap ressorteert.
2. De financiële staat van een agentschap bevat, al naar gelang van toepassing, de geraamde totaalbedragen van de financiële verplichtingen, de kasuitgaven en de kasontvangsten of de lasten en de baten.

Art. 2.7 Bijzonder begrotingsartikel Nog onverdeeld

Bijzonder begrotingsartikel, nog onverdeeld

1. Een begrotingsartikel met de omschrijving *Nog onverdeeld* kan in een begrotingsstaat worden opgenomen ten behoeve van de voorlopige verwerking van de loon- en prijsindexering, een taakstelling of een ander nog te verdelen begrotingsbedrag.
2. Het begrotingsartikel *Nog onverdeeld* is een administratief artikel ten laste waarvan geen uitgaven worden gedaan of ten gunste waarvan geen ontvangsten worden gerealiseerd.
3. Het bedrag voor de uitgaven dat wordt opgenomen in de begrotingsstaat bij het begrotingsartikel *Nog onverdeeld* kan zowel positief als negatief zijn.

Art. 2.8 Bijzonder begrotingsartikel Geheim

Bijzonder begrotingsartikel, geheim

Een begrotingsartikel met de omschrijving *Geheim* kan in een begrotingsstaat worden opgenomen ten behoeve van uitgaven en ontvangsten waarvoor geldt dat openbaarmaking via de toedeling aan een ander begrotingsartikel niet in het belang van de Staat is.

Art. 2.9 Begroting van de Koning
De begroting van de Koning bevat: *Begroting van Koning*
a. de uitkeringen aan leden van het koninklijk huis;
b. de uitgaven die functioneel met het koningschap samenhangen.

Art. 2.10 Begroting van Nationale Schuld
1. De begroting van Nationale Schuld bevat: *Begroting Nationale Schuld*
a. de uitgaven en ontvangsten die voortvloeien uit transacties op de financiële markten, voor zover die transacties een oorspronkelijke looptijd hebben van langer dan één jaar;
b. de mutatie per 31 december van het begrotingsjaar ten opzichte van 31 december van het voorgaande jaar in het saldo van uitgaven en ontvangsten die voortvloeien uit transacties op de financiële markten, voor zover die transacties een oorspronkelijke looptijd hebben van maximaal één jaar;
c. de uitgaven en ontvangsten die voortvloeien uit door Onze Minister van Financiën met derden en agentschappen aan te gane leningen, bedoeld in de artikelen 5.5, eerste lid, en 5.6, eerste lid;
d. de mutatie per 31 december van het begrotingsjaar ten opzichte van 31 december van het voorafgaande jaar in het totaalsaldo van de rekeningen-courant, inclusief de daaraan gekoppelde termijndeposito's, die derden en dienstonderdelen in het kader van schatkistbankieren aanhouden bij de schatkist van het Rijk;
e. de uitgaven en ontvangsten aan rente, boete, kosten en provisie die voortvloeien uit de transacties, bedoeld onder b, alsmede uit de rekeningen-courant, bedoeld onder d;
f. de uitgaven en ontvangsten die voortvloeien uit het betalingsverkeer met een centrale kas van het Rijk;
g. andere door Onze Minister van Financiën aan te wijzen uitgaven en ontvangsten die voortvloeien uit vermogens- of financieringstransacties.
2. In afwijking van de aanhef van het eerste lid kan de begroting van Nationale Schuld geen mutaties als bedoeld in het eerste lid, onder b en d, bevatten. Na afloop van het begrotingsjaar worden deze mutaties als slotverschil weergegeven in het voorstel van wet tot vaststelling van de slotverschillen van de begroting van Nationale Schuld.

Art. 2.11 Begrotingsfondsen
1. Een begrotingsfonds kan worden ingesteld ten behoeve van het afzonderlijk beheren van ontvangsten en uitgaven van het Rijk die voor een specifiek doel bestemd zijn. *Begrotingsfondsen*
2. Het instellen van een begrotingsfonds geschiedt bij wet. De wet tot instelling van een begrotingsfonds wordt mede door Onze Minister van Financiën ondertekend.
3. De wet tot instelling van een begrotingsfonds bepaalt voor dat fonds in elk geval:
a. de aard van de uitgaven en de ontvangsten;
b. wie van Onze Ministers met het beheer is belast.
4. Een voordelig jaarsaldo van een begrotingsfonds wordt ten gunste van de begroting van het fonds van het daaropvolgende jaar gebracht; een nadelig jaarsaldo wordt ten laste van die begroting gebracht.

Art. 2.12 Programmabegrotingen
1. Een programmabegroting kan ten behoeve van een minister die niet belast is met de leiding van een ministerie worden ingesteld, indien het wenselijk is bepaalde ontvangsten en uitgaven van een ministerie afgezonderd van een departementale begroting te beheren. *Programmabegrotingen*
2. Het instellen van een programmabegroting geschiedt bij een wet tot vaststelling van de begrotingsstaten.
3. De wet tot instelling van een programmabegroting bepaalt wie van Onze Ministers belast is met het beheer van die begroting.

§ 3
Begrotingsstelsel en beginselen

Art. 2.13 Verplichtingen-kasstelsel
1. Het begrotingsbeheer en het financieel beheer worden gevoerd met toepassing van het verplichtingen-kasstelsel. *Verplichtingen-kasstelsel*
2. Het verplichtingen-kasstelsel wordt zodanig toegepast, dat aan de financiële administratie per begrotingsartikel in elk geval per ultimo van een begrotingsjaar ten minste kunnen worden ontleend:
a. het deel van de geraamde financiële verplichtingen dat is aangegaan of ontstaan;
b. het deel van de geraamde kasuitgaven dat tot betaling heeft geleid;
c. per aangegane of ontstane financiële verplichting het deel dat nog niet tot betaling heeft geleid;
d. het deel van de geraamde kasuitgaven waarvoor nog geen financiële verplichtingen zijn aangegaan of ontstaan;
e. het deel van de geraamde kasontvangsten dat is ontvangen.

A15 art. 2.14

Art. 2.14 Verplichtingen

Financiële verplichting, begrip

1. Tot een financiële verplichting wordt gerekend:
   a. een financiële verplichting aan een derde op grond van een verdrag, een wet, een koninklijk besluit, een ministeriële regeling, een beschikking of een controleerbaar vastgelegde afspraak;
   b. een financiële verplichting aan een ander dienstonderdeel op grond van een controleerbaar vastgelegde afspraak.
2. Bepalend voor het begrotingsjaar ten laste waarvan een aangegane of ontstane financiële verplichting wordt gebracht, is de datum waarop de verplichting ten opzichte van een derde of een ander dienstonderdeel controleerbaar vastligt.
3. In afwijking van het tweede lid kan Onze Minister van Financiën categorieën financiële verplichtingen aanwijzen waarbij het jaar waarin de kasbetaling is gedaan, kan worden aangemerkt als het begrotingsjaar waarin de met de kasbetaling samenhangende verplichting is aangegaan of is ontstaan.
4. Een in een jaar aangegane of ontstane financiële verplichting die na de jaarafsluiting van de financiële administratie blijkt, wordt geboekt op het overeenkomstige begrotingsartikel in het dan lopende begrotingsjaar.

Art. 2.15 Kasuitgaven en -ontvangsten

Kasuitgaven en -ontvangsten, begrip

1. Tot een kasuitgave, respectievelijk een kasontvangst, wordt gerekend:
   a. een betaling met liquide middelen, respectievelijk een ontvangst van liquide middelen;
   b. de financiële waarde die wordt afgestaan, respectievelijk wordt ontvangen, bij een transactie waarbij de onderlinge schulden en vorderingen met elkaar worden verrekend;
   c. een toevoeging, respectievelijk een onttrekking, aan een kasreserve als bedoeld in artikel 2.20, achtste lid, of aan een begrotingsreserve als bedoeld in artikel 2.21, tweede lid.
2. Bepalend voor het begrotingsjaar ten laste waarvan een kasuitgave, respectievelijk ten gunste waarvan een kasontvangst wordt gebracht, is:
   a. de datum waarop de betaling is verricht, respectievelijk de ontvangst is verkregen, voor een betaling met liquide middelen of een ontvangst van liquide middelen;
   b. de datum waarop de transactie controleerbaar is vastgelegd voor een transactie waarbij de onderlinge schulden en vorderingen met elkaar worden verrekend;
   c. de datum waarop de toevoeging of de onttrekking in de boekhouding is vastgelegd voor een kasreserve en een begrotingsreserve.

Art. 2.16 Universaliteit

Universaliteit

1. Elke uitgave van Onze Ministers of de colleges wordt binnen begrotingsverband geboekt onder de uitgaven.
2. Elke ontvangst van Onze Ministers of de colleges wordt binnen begrotingsverband geboekt onder de ontvangsten.

Art. 2.17 Afwijking universaliteit: boeken buiten begrotingsverband

Universaliteit, afwijking van; boeken buiten begrotingsverband

1. In afwijking van artikel 2.16 kunnen Onze Ministers of de colleges uitgaven en ontvangsten buiten begrotingsverband boeken, indien:
   a. deze worden doorberekend ten laste van, respectievelijk ten gunste van, een andere begroting van het Rijk;
   b. deze worden doorberekend ten laste van, respectievelijk ten gunste van, een andere publiekrechtelijke rechtspersoon of een rechtspersoon met een wettelijke taak;
   c. deze worden doorberekend ten laste van, respectievelijk ten gunste van, een derde, niet zijnde een andere staat of een volkenrechtelijke organisatie, en Onze Minister die het aangaat of het college uitsluitend is belast met de administratieve verwerking van de uitgaven of ontvangsten;
   d. deze worden doorberekend ten laste van, respectievelijk ten gunste van, een andere staat of een volkenrechtelijke organisatie en Onze Minister die het aangaat of het college uitsluitend afspraken uitvoert die voortvloeien uit een verdrag, een besluit van een volkenrechtelijke organisatie of een internationale afspraak die controleerbaar is vastgelegd.
2. Onze Minister die het aangaat of het college dat met toepassing van het eerste lid uitgaven of ontvangsten buiten begrotingsverband boekt, boekt tevens de doorberekeningen die met die uitgaven of ontvangsten samenhangen, buiten begrotingsverband.
3. Uitgaven en ontvangsten die buiten begrotingsverband zijn geboekt, worden alsnog binnen begrotingsverband geboekt in het jaar waarin wordt geconcludeerd dat een doorberekening niet plaatsvindt.
4. Financiële waarden die aan de staat zijn toevertrouwd of die door de staat in beheer zijn genomen zonder dat deze aan de staat toebehoren, worden zolang deze niet aan de staat zijn vervallen, buiten begrotingsverband geboekt.

Art. 2.18 Afwijking universaliteit: salderen

Universaliteit, afwijking van; salderen

In afwijking van artikel 2.16 kunnen Onze Ministers of de colleges uitgaven en ontvangsten salderen ingeval van:
a. ontvangen terugbetalingen in verband met eerder in hetzelfde jaar gedane uitgaven;
b. terugbetalingen op eerder verkregen ontvangsten;
c. onderlinge betalingen voor personeel en materieel tussen verschillende begrotingsstaten;

d. onderlinge betalingen binnen dezelfde begrotingsstaat;
e. uitgaven in de vorm van ontvangstenderving die op een wettelijke regeling zijn gebaseerd;
f. ontvangsten uit een geldlening die is aangegaan ter conversie van een uitstaande schuld.

Art. 2.19 Kasstelsel en transactiestelsel
In afwijking van artikel 2.13, eerste lid, worden het begrotingsbeheer en het financieel beheer van de begroting van Nationale Schuld gevoerd met toepassing van het kasstelsel, met uitzondering van de rente-uitgaven en de rente-ontvangsten die gebaseerd worden op het transactiestelsel.

Kasstelsel en transactiestelsel

Art. 2.20 Agentschappen
1. Indien voor een dienstonderdeel van een ministerie een afwijkend beheer wenselijk is, kan Onze Minister die het aangaat met inachtneming van de regels, bedoeld in artikel 4.20, tweede lid, aanhef en onder g, besluiten een dienstonderdeel als baten-lastenagentschap of als verplichtingen-kasagentschap aan te wijzen.
2. Een dergelijk besluit wordt genomen, indien:
a. Onze Minister die het aangaat van oordeel is dat het aanwijzen een doelmatige taakuitvoering bevordert;
b. Onze Minister van Financiën met het besluit instemt.
3. Een dergelijk besluit wordt niet eerder genomen dan 30 dagen nadat het voornemen daartoe schriftelijk ter kennis is gebracht van de Tweede Kamer der Staten-Generaal.
4. Indien binnen de in het derde lid genoemde termijn van 30 dagen ten minste een vijfde van het grondwettelijk aantal leden van de Tweede Kamer der Staten-Generaal nadere inlichtingen vraagt, wordt het besluit niet genomen dan 14 dagen nadat de inlichtingen zijn verstrekt.
5. Het derde en vierde lid zijn niet van toepassing op het intrekken van een eerder genomen besluit tot het aanwijzen van een dienstonderdeel als baten-lastenagentschap of verplichtingen-kasagentschap.
6. Een dienstonderdeel van een ministerie dat krachtens het eerste lid, als baten-lastenagentschap is aangewezen, past als begrotingsstelsel het baten-lastenstelsel toe.
7. Een dienstonderdeel van een ministerie dat krachtens het eerste lid als verplichtingen-kasagentschap is aangewezen, past als begrotingsstelsel het verplichtingen-kasstelsel toe.
8. Een dienstonderdeel van een ministerie dat krachtens het eerste lid als verplichtingen-kasagentschap is aangewezen, kan een kasreserve aanhouden.

Agentschappen, aanwijzing van

Art. 2.21 Begrotingsreserve
1. Een dienstonderdeel van een ministerie dat niet krachtens artikel 2.20 als agentschap is aangewezen, kan in overeenstemming met Onze Minister van Financiën ten laste van een begrotingsartikel een begrotingsreserve aanhouden.
2. De toelichting van het begrotingsartikel ten laste waarvan een begrotingsreserve wordt aangehouden bevat:
a. de motieven voor het aanhouden van de begrotingsreserve;
b. de verwachte omvang van de begrotingsreserve aan het begin van het begrotingsjaar;
c. indien mogelijk, de in het begrotingsjaar verwachte toevoeging en onttrekking aan de reserve.

Begrotingsreserve

§ 4
Het indienen en wijzigen van de begroting

Art. 2.22 Aanbieden van stabiliteitsprogramma en nationaal hervormingsprogramma
Onze Minister van Financiën en Onze Minister die het mede aangaat bieden het stabiliteitsprogramma, onderscheidenlijk het nationaal hervormingsprogramma, jaarlijks aan de Kamers der Staten-Generaal aan.

Stabiliteitsprogramma/nationaal hervormingsprogramma, jaarlijkse aanbieding

Art. 2.23 Indienen van de rijksbegroting
1. Wij dienen de voorstellen van wet tot vaststelling van de begrotingsstaten op de derde dinsdag van september van het jaar voorafgaande aan het begrotingsjaar bij de Tweede Kamer der Staten-Generaal in.
2. In afwijking van het eerste lid kunnen Wij Onze Minister van Financiën machtigen de voorstellen van wet tot vaststelling van de begrotingsstaten bij de Tweede Kamer der Staten-Generaal in te dienen.
3. Onze Minister van Financiën biedt op de dag van de indiening van de voorstellen van wet tot vaststelling van de begrotingsstaten de Miljoenennota aan de Staten-Generaal aan.
4. De Miljoenennota bevat in elk geval:
a. het budgettaire totaalbeeld voor het betrokken begrotingsjaar en de vier daaropvolgende jaren in de rijksbegroting en de niet tot de rijksbegroting behorende budgetdisciplinesectoren;
b. de budgettaire beschouwingen over het voorgenomen beleid voor de collectieve sector;
c. een overzicht van de uitgaven en de ontvangsten in de begrotingen voor het begrotingsjaar en de vier daarop aansluitende jaren.

Rijksbegroting, indiening

A15 art. 2.24 — Comptabiliteitswet 2016

Voorstellen van wet inzake begrotingsstaten, inwerkingtreding

Art. 2.24 Inwerkingtreding van voorstellen van wet inzake de begrotingsstaten
De voorstellen van wet tot vaststelling van de begrotingsstaten voorzien in een bepaling die de inwerkingtreding regelt. Deze bepaling bepaalt de inwerkingtreding op 1 januari van het jaar waarop de begrotingsstaten betrekking hebben.

Voorstellen van wet inzake begrotingsstaten, uitvoering

Art. 2.25 Uitvoering van voorstellen van wet inzake de begrotingsstaten
1. Zolang een voorstel van wet tot vaststelling van een begrotingsstaat niet tot wet is verheven en in werking is getreden, wordt lopend beleid dat ten grondslag ligt aan die begrotingsstaat met terughoudendheid in uitvoering genomen.
2. Zolang een voorstel van wet tot vaststelling van een begrotingsstaat niet tot wet is verheven en in werking is getreden, wordt nieuw beleid dat ten grondslag ligt aan die begrotingsstaat, niet in uitvoering genomen, tenzij uitstel van de uitvoering naar het oordeel van Onze Minister die het aangaat niet in het belang van het Rijk is en hij de Staten-Generaal daarover heeft geïnformeerd.

Voorstellen van wet inzake suppletoire begrotingsstaten, indiening

Art. 2.26 Indienen van voorstellen van wet inzake de suppletoire begrotingsstaten
1. Wij dienen in elk geval uiterlijk op 1 juni en op 1 december van het begrotingsjaar de voorstellen van wet tot wijziging van de begrotingsstaten bij de Tweede Kamer der Staten-Generaal in.
2. In afwijking van het eerste lid kunnen Wij Onze Minister van Financiën machtigen de voorstellen van wet tot wijziging van de begrotingsstaten bij de Tweede Kamer der Staten-Generaal in te dienen.
3. Onze Minister van Financiën biedt uiterlijk op 1 juni en op 1 december van het begrotingsjaar de Voorjaarsnota, respectievelijk de Najaarsnota, aan de Staten-Generaal aan.
4. De Voorjaarsnota bevat in elk geval:
   a. de wijziging van het budgettaire totaalbeeld, bedoeld in artikel 2.23, vierde lid, onder a;
   b. een overzicht van de wijzigingen in de uitgaven en de ontvangsten in de begrotingen voor het begrotingsjaar en de vier daarop aansluitende jaren.
5. De Najaarsnota bevat in aansluiting op de Voorjaarsnota in elk geval:
   a. de wijziging van het budgettaire totaalbeeld, bedoeld in artikel 2.23, vierde lid, onder a;
   b. een overzicht van de nadere wijzigingen in de uitgaven en de ontvangsten in de begrotingen voor het begrotingsjaar.

Voorstellen van wet inzake suppletoire begrotingsstaten, uitvoering

Art. 2.27 Uitvoering van voorstellen van wet inzake de suppletoire begrotingsstaten
1. Zolang een voorstel van wet tot wijziging van een begrotingsstaat niet tot wet is verheven en in werking is getreden, wordt lopend beleid dat ten grondslag ligt aan die wijziging met terughoudendheid in uitvoering genomen.
2. Zolang een voorstel van wet tot wijziging van een begrotingsstaat niet tot wet is verheven en in werking is getreden, wordt nieuw beleid dat ten grondslag ligt aan die wijziging, niet in uitvoering genomen, tenzij uitstel van de uitvoering naar het oordeel van Onze Minister die het aangaat niet in het belang is van het Rijk en hij de Staten-Generaal daarover heeft geïnformeerd.

Voorstellen van wet inzake suppletoire begrotingsstaten, jaarlijks overzicht wijzigingen

Art. 2.28
Onze Ministers, ieder met betrekking tot het beleid waarvoor hij verantwoordelijk is, zenden jaarlijks in december, uiterlijk drie dagen voor aanvang van het reces van de Tweede Kamer der Staten-Generaal, aan beide Kamers der Staten-Generaal, een overzicht van majeure wijzigingen in de uitgaven, verplichtingen en de ontvangsten van het begrotingsjaar, die niet zijn opgenomen in de op grond van artikel 2.26 uiterlijk op 1 december in te dienen voorstellen van wet.

§ 5
De verantwoording van het Rijk

Verantwoording Rijk, samenstelling en inhoud

Art. 2.29 Samenstelling en de inhoud van de verantwoording van het Rijk
1. Tot de verantwoording van het Rijk behoren:
   a. de jaarverslagen, bedoeld in artikel 2.31;
   b. het Financieel jaarverslag van het Rijk, bedoeld in artikel 2.35.
2. Onze Ministers, ieder met betrekking tot de begroting waarvoor hij verantwoordelijk is, stellen na afloop van een begrotingsjaar een jaarverslag op.
3. Onze Minister van Financiën stelt na afloop van een begrotingsjaar het Financieel jaarverslag van het Rijk op.

Slotverschillen

Art. 2.30 Slotverschillen
Onze Ministers, ieder met betrekking tot de begroting waarvoor hij verantwoordelijk is, stellen na afloop van een begrotingsjaar de slotverschillen op.

§ 6
Inrichting van het jaarverslag en de slotverschillen

Art. 2.31 Presentatie van een jaarverslag
Een jaarverslag bestaat in elk geval uit:
a. een uiteenzetting over het gevoerde beleid;
b. een uiteenzetting over de gevoerde bedrijfsvoering;
c. een verantwoordingsstaat, voorzien van een toelichting per artikel;
d. indien van toepassing, een financiële staat van een agentschap als bedoeld in artikel 2.33;
e. een saldibalans, voorzien van een toelichting.

Art. 2.32 Verantwoordingsstaat
1. De verantwoordingsstaat wordt op basis van het van toepassing zijnde begrotingsstelsel opgesteld.
2. De verantwoordingsstaat bevat, in de volgorde van de begrotingsartikelen in de begrotingsstaat, per begrotingsartikel in elk geval de volgende gegevens:
a. het artikelnummer;
b. de artikelomschrijving;
c. het bedrag dat voor financiële verplichtingen in de begrotingsstaat behorende bij de wet tot vaststelling van de begrotingsstaten is vastgesteld, met daarnaast opgenomen het gerealiseerde bedrag;
d. het bedrag dat voor kasuitgaven in de begrotingsstaat behorende bij de wet tot vaststelling van de begrotingsstaten is vastgesteld, met daarnaast opgenomen het gerealiseerde bedrag;
e. het bedrag dat aan kasontvangsten in de begrotingsstaat behorende bij de wet tot vaststelling van de begrotingsstaten is vastgesteld, met daarnaast opgenomen het gerealiseerde bedrag.
3. Het gerealiseerde bedrag voor de uitgaven dat wordt opgenomen in de verantwoordingsstaat bij het begrotingsartikel *Nog onverdeeld* is nihil.

Art. 2.33 Financiële staat van agentschappen
1. Een agentschap heeft een afzonderlijke financiële staat die wordt opgenomen bij de verantwoordingsstaat van het ministerie waaronder het agentschap ressorteert.
2. De financiële staat van een agentschap wordt opgesteld op basis van het van toepassing zijnde begrotingsstelsel.
3. De financiële staat van een agentschap bevat de bedragen die in de financiële staat, bedoeld in artikel 2.6, bij de wet tot vaststelling van de begrotingsstaten zijn vastgesteld met daarnaast opgenomen de gerealiseerde bedragen.

Art. 2.34 Saldibalans
1. De saldibalans bevat in elk geval de saldi, zoals deze aan het eind van het begrotingsjaar uit de financiële administratie blijken, van:
a. de kasuitgaven en de kasontvangsten die binnen en buiten begrotingsverband zijn geboekt;
b. de kasreserves, bedoeld in artikel 2.20, achtste lid, en de begrotingsreserves, bedoeld in artikel 2.21, tweede lid;
c. de openstaande financiële verplichtingen ten aanzien van derden met uitzondering van de garantieverplichtingen;
d. de garantieverplichtingen ten aanzien van derden;
e. de vorderingen en de schulden ten aanzien van derden met inbegrip van de voorschotten;
f. de departementale kassen.
2. De toelichting bij de saldibalans biedt inzicht in de mutaties in de saldi ten opzichte van de stand van die saldi in de voorafgaande saldibalans.

Art. 2.35 Financieel jaarverslag van het Rijk
1. Het Financieel jaarverslag van het Rijk bevat met betrekking tot het begrotingsjaar in elk geval:
a. het gerealiseerde budgettaire totaalbeeld van de rijksbegroting en de niet tot de rijksbegroting behorende budgetdisciplinesectoren;
b. een uiteenzetting over het financieel beheer van de ministeries en de colleges;
c. de rijksrekening;
d. de rijkssaldibalans.
2. De rijksrekening is het verantwoordingsoverzicht van het Rijk, waarin per begroting zijn opgenomen:
a. de totaalbedragen van alle geraamde uitgaven en ontvangsten, zoals deze in de wet tot vaststelling van de begrotingsstaten zijn vastgesteld;
b. de totaalbedragen van alle gerealiseerde uitgaven en ontvangsten, zoals deze uit de verantwoordingsstaten blijken;
c. het verschil tussen de bedragen, bedoeld onder a en b.
3. De uitgaven en ontvangsten, bedoeld in het tweede lid, worden opgenomen op basis van het begrotingsstelsel dat voor die uitgaven en ontvangsten geldt.

A15 art. 2.36 Comptabiliteitswet 2016

4. De rijkssaldibalans is het verantwoordingsoverzicht van het Rijk, waarin in elk geval de totaalbedragen van alle saldibalansen, bedoeld in artikel 2.31, eerste lid, onder e, en de saldi, bedoeld in artikel 2.34, zijn opgenomen.

Art. 2.36 Autorisatie van de slotverschillen

Slotverschillen, autorisatie

De slotverschillen worden per begrotingsstaat bij wet vastgesteld.

§ 7
Het aanbieden van de jaarverslagen en de slotverschillen

Art. 2.37 Aanbieden van de jaarverslagen

Jaarverslagen, aanbieding

1. Onze Minister van Financiën zendt de jaarverslagen, bedoeld in artikel 2.31, jaarlijks uiterlijk op 31 maart van het jaar volgend op het begrotingsjaar voor onderzoek naar de Algemene Rekenkamer. De rapporten over de jaarverslagen die zijn opgesteld door de Auditdienst Rijk worden gelijktijdig meegestuurd.
2. Onze Minister van Financiën biedt de door de Algemene Rekenkamer onderzochte jaarverslagen op de derde woensdag van mei volgend op het jaar waarop de jaarverslagen betrekking hebben aan de Tweede Kamer der Staten-Generaal aan, tenzij deze datum valt in een periode wanneer de Tweede Kamer der Staten-Generaal met reces is of wanneer een nationale feestdag is. In dat geval biedt Onze Minister van Financiën de jaarverslagen, na overleg met de voorzitter van de Tweede Kamer der Staten-Generaal en de president van de Algemene Rekenkamer, uiterlijk op 1 juni van hetzelfde jaar aan.
3. In voorkomende gevallen zendt Onze Minister die het aangaat zijn standpunt over het bezwaar van de Algemene Rekenkamer, bedoeld in artikel 7.22, eerste lid, zo spoedig mogelijk, doch in elk geval vóór de behandeling van het jaarverslag door de Tweede Kamer der Staten-Generaal, naar die Kamer.

Art. 2.38 Aanbieden van het Financieel jaarverslag van het Rijk

Financieel jaarverslag Rijk, aanbieding

1. Onze Minister van Financiën zendt het Financieel jaarverslag van het Rijk, bedoeld in artikel 2.35, uiterlijk op 21 april van het jaar volgend op het begrotingsjaar voor onderzoek naar de Algemene Rekenkamer. Het rapport over het jaarverslag dat is opgesteld door de Auditdienst Rijk wordt gelijktijdig meegestuurd.
2. Onze Minister van Financiën biedt het door de Algemene Rekenkamer onderzochte Financieel jaarverslag van het Rijk op de derde woensdag van mei volgend op het jaar waarop het begrotingsjaar betrekking heeft aan de Staten-Generaal aan, tenzij deze datum valt in een periode wanneer de Tweede Kamer der Staten-Generaal met reces is of wanneer een nationale feestdag is. In dat geval biedt Onze Minister van Financiën het Financieel jaarverslag van het Rijk, na overleg met de voorzitter van de Tweede Kamer der Staten-Generaal en de president van de Algemene Rekenkamer, uiterlijk op 1 juni van hetzelfde jaar aan.

Art. 2.39 Indienen van voorstellen van wet inzake de slotverschillen

Voorstellen van wet inzake slotverschillen, aanbieding

1. Wij dienen op de derde woensdag van mei volgend op het jaar waarop de begrotingsstaten betrekking hebben de voorstellen van wet tot vaststelling van de slotverschillen bij de Tweede Kamer der Staten-Generaal in, tenzij deze datum valt in een periode wanneer de Tweede Kamer der Staten-Generaal met reces is of wanneer een nationale feestdag is. In dat geval dienen Wij de voorstellen van wet, na overleg met de voorzitter van de Tweede Kamer der Staten-Generaal en de president van de Algemene Rekenkamer, uiterlijk op 1 juni van hetzelfde jaar in.
2. In afwijking van het eerste lid kunnen Wij Onze Minister van Financiën machtigen de voorstellen van wet tot vaststelling van de slotverschillen bij de Tweede Kamer der Staten-Generaal in te dienen.

§ 8
Dechargeverlening

Art. 2.40 Dechargeverlening

Dechargeverlening

1. Decharge aan Onze Ministers, ieder met betrekking tot het door hem gevoerde financieel beheer, wordt verleend aan de hand van het betrokken jaarverslag door een daartoe strekkende uitspraak van elk van de Kamers der Staten-Generaal.
2. Decharge wordt niet eerder verleend dan nadat de verklaring van goedkeuring van de Algemene Rekenkamer, bedoeld in artikel 7.14, tweede lid, is ontvangen en het voorstel van wet tot vaststelling van de slotverschillen, bedoeld in artikel 2.39, en in voorkomende gevallen een voorstel van een indemniteitswet als bedoeld in artikel 7.22, derde lid, zijn aangenomen.
3. Nadat de Tweede Kamer der Staten-Generaal decharge heeft verleend, plaatst de voorzitter van die Kamer op het betrokken jaarverslag een aantekening, waaruit de verlening van de decharge en de datum waarop die heeft plaatsgevonden, blijken. De voorzitter van de Tweede Kamer der Staten-Generaal zendt het jaarverslag vervolgens aan de voorzitter van de Eerste Kamer der Staten-Generaal.

Comptabiliteitswet 2016 **A15 art. 3.10**

4. Nadat de Eerste Kamer der Staten-Generaal decharge heeft verleend, plaatst de voorzitter van die Kamer op het betrokken jaarverslag een aantekening, waaruit de verlening van de decharge en de datum waarop die heeft plaatsgevonden, blijken. De voorzitter van de Eerste Kamer der Staten-Generaal zendt het jaarverslag vervolgens aan Onze Minister van Financiën.

Hoofdstuk 3
Begrotingsbeheer en financieel beheer: normering

§ 1
Normering algemeen

Art. 3.1 Voorstellen, voornemens en toezeggingen
Voorstellen, voornemens en toezeggingen bevatten een toelichting waarin wordt ingegaan op: | Voorstellen, voornemens en toezeggingen
a. de doelstellingen, de doeltreffendheid en de doelmatigheid die worden nagestreefd;
b. de beleidsinstrumenten die worden ingezet;
c. de financiële gevolgen voor het Rijk en, waar mogelijk, de financiële gevolgen voor maatschappelijke sectoren.

Art. 3.2 Begrotingsbeheer
Onze Ministers en de colleges zijn verantwoordelijk voor de ordelijkheid en controleerbaarheid van het begrotingsbeheer. | Begrotingsbeheer

Art. 3.3 Financieel beheer
Onze Ministers en de colleges zijn verantwoordelijk voor de doelmatigheid, rechtmatigheid, ordelijkheid en controleerbaarheid van het financieel beheer. | Financieel beheer

Art. 3.4 Materiële bedrijfsvoering
Onze Ministers en de colleges zijn verantwoordelijk voor de doelmatigheid, rechtmatigheid, ordelijkheid en controleerbaarheid van het verwerven, het beheren en het afstoten van materieel. | Materiële bedrijfsvoering

§ 2
Normering van de financiële administratie en de informatievoorziening

Art. 3.5 Financiële administratie
1. Financiële administraties worden betrouwbaar en controleerbaar ingericht en gevoerd. | Financiële administratie
2. De financiële administratie wordt zodanig ingericht dat daaraan de financiële informatie kan worden ontleend die krachtens het in hoofdstuk 2 bepaalde en de nadere regels, bedoeld in artikel 4.20, eerste lid, aanhef en onder a tot en met c, in de begroting en het jaarverslag wordt opgenomen.

Art. 3.6 Financiële begrotingsinformatie
Financiële begrotingsinformatie voldoet aan: | Financiële begrotingsinformatie
a. de norm van betrouwbaarheid en ordelijkheid;
b. de regels voor het inrichten van de rijksbegroting, bedoeld in artikel 4.20, eerste lid, aanhef en onderdeel a.

Art. 3.7 Niet-financiële begrotingsinformatie
Voor niet-financiële begrotingsinformatie geldt dat deze: | Niet-financiële begrotingsinformatie
a. voldoet aan de norm van betrouwbare totstandkoming;
b. niet strijdig is met de financiële begrotingsinformatie.

Art. 3.8 Financiële verantwoordingsinformatie
1. Financiële verantwoordingsinformatie voldoet aan: | Financiële verantwoordingsinformatie
a. de norm van betrouwbaarheid en ordelijkheid;
b. de norm van rechtmatigheid;
c. de regels voor het inrichten van de jaarverslagen, bedoeld in artikel 4.20, eerste lid, aanhef en onder a.
2. De financiële verantwoordingsinformatie in de rijksrekening en de rijkssaldibalans van het Financieel jaarverslag van het Rijk, bedoeld in artikel 2.35, tweede en vierde lid, sluit aan op de financiële verantwoordingsinformatie in de verantwoordingsstaten en de saldibalansen van de jaarverslagen, bedoeld in artikel 2.31.

Art. 3.9 Niet-financiële verantwoordingsinformatie
Voor niet-financiële verantwoordingsinformatie geldt dat deze: | Niet-financiële verantwoordingsinformatie
a. voldoet aan de norm van betrouwbare totstandkoming;
b. niet strijdig is met de financiële verantwoordingsinformatie.

Art. 3.10 Normen voor het rapporteren over de rechtmatigheid
Onze Minister van Financiën stelt regels met betrekking tot de normen die gelden voor het rapporteren van fouten en onzekerheden in de financiële verantwoordingsinformatie in de jaarverslagen, bedoeld in artikel 2.31. | Normen voor rapporteren over rechtmatigheid

Hoofdstuk 4
Begrotingsbeheer en financieel beheer: verantwoordelijkheden

§ 1
Beleid en bedrijfsvoering door Onze Ministers

Art. 4.1 Begrotingsbeheer en bedrijfsvoering: algemeen

Begrotingsbeheer en bedrijfsvoering

1. Onze Ministers, ieder met betrekking tot het beleid dat aan zijn begroting ten grondslag ligt, zijn verantwoordelijk voor:
   a. het ontwikkelen, vaststellen en uitvoeren van het beleid;
   b. het toezicht houden op het uitvoeren van het beleid;
   c. het periodiek onderzoeken van de doeltreffendheid en doelmatigheid van het beleid;
   d. de in de begroting opgenomen informatie;
   e. de in het jaarverslag opgenomen informatie.
2. Onze Ministers die belast zijn met de leiding van een ministerie, ieder met betrekking tot de begroting waarvoor hij verantwoordelijk is, zijn verantwoordelijk voor:
   a. de bedrijfsvoering van het ministerie;
   b. het periodiek onderzoeken van de doeltreffendheid en doelmatigheid van die bedrijfsvoering;
   c. het begrotingsbeheer en de daartoe gevoerde administraties;
   d. het financieel beheer en de daartoe gevoerde administraties;
   e. het materieelbeheer voor zover dat betrekking heeft op roerende zaken en de daartoe gevoerde administraties.

Art. 4.2 Verantwoording bij gedeelde verantwoordelijkheden

Gedeelde verantwoordelijkheden, verantwoording

1. Indien Onze Minister het beleid dat aan zijn begroting ten grondslag ligt niet zelf uitvoert, daarop toezicht houdt of de bedrijfsvoering verzorgt, draagt hij zorg voor het verkrijgen van de informatie die nodig is voor het afleggen van verantwoording in het jaarverslag, bedoeld in artikel 2.31.
2. Indien een organisatie die niet tot het Rijk behoort direct, indirect of voorwaardelijk een financiële bijdrage ontvangt uit verschillende begrotingen als bedoeld in artikel 2.1 dan wordt de informatie, bedoeld in het eerste lid, in afwijking van artikel 2.31 opgenomen in het jaarverslag van Onze Minister die als eerste verantwoordelijk is voor de bijdrage.
3. Indien bij of krachtens de wet aan de ontvanger van de financiële bijdrage, bedoeld in het tweede lid, geen jaarlijkse verantwoording verplicht is gesteld, volstaat Onze Minister die het aangaat met het opnemen in het jaarverslag van de verantwoordingsinformatie die volgens het wettelijk voorschrift door de ontvanger aan Onze Minister die het aangaat wordt verstrekt.

Art. 4.3 Beheer niet-departementale begrotingen

Beheer niet-departementale begrotingen

1. Onze Minister van Algemene Zaken is verantwoordelijk voor het beheer van de begroting van de Koning.
2. Onze Minister van Binnenlandse Zaken en Koninkrijksrelaties is verantwoordelijk voor het beheer van de begroting van koninkrijksrelaties.
3. Onze Minister van Financiën is verantwoordelijk voor het beheer van de begroting van Nationale Schuld.
4. Onze minister van Economische Zaken en Klimaat is verantwoordelijk voor het beheer van de begroting van het Nationaal Groeifonds.

§ 2
Beheer door colleges

Art. 4.4 Beheer begrotingen colleges

Begrotingen colleges, beheer

1. Onze Minister van Algemene Zaken is verantwoordelijk voor het beheer van de begrotingen van het Kabinet van de Koning en de Commissie van toezicht betreffende de inlichtingen- en veiligheidsdiensten.
2. Onze Minister van Binnenlandse Zaken en Koninkrijksrelaties is verantwoordelijk voor het beheer van de begrotingen van de Staten-Generaal, de Raad van State, de Algemene Rekenkamer, de Nationale ombudsman, de Kanselarij der Nederlandse Orden, het Kabinet van de Gouverneur van Aruba, het Kabinet van de Gouverneur van Curaçao, het Kabinet van de Gouverneur van Sint Maarten en de Kiesraad.
3. De colleges zijn belast met het begrotingsbeheer, het financieel beheer, de materiële bedrijfsvoering en de daartoe gevoerde administraties.
4. Onze Ministers die het aangaan maken met de colleges over het beheer van hun begrotingen afspraken, waarin recht wordt gedaan aan de staatsrechtelijke positie van de colleges.

Art. 4.5 Begroting van de Staten-Generaal

Begroting Staten-Generaal

1. Onze Minister van Binnenlandse Zaken en Koninkrijksrelaties overlegt jaarlijks met elk van de Kamers der Staten-Generaal over de door de Kamers opgestelde ramingen van de uitgaven en de ontvangsten ten behoeve van hun taakuitvoering.

2. Onze Minister van Binnenlandse Zaken en Koninkrijksrelaties neemt de ramingen, zoals opgesteld door de Kamers der Staten-Generaal, op in het voorstel van wet tot vaststelling van de begrotingsstaten van de Staten-Generaal, tenzij een evident zwaarwegende reden zich hiertegen verzet.
3. Indien Onze Minister van Binnenlandse Zaken en Koninkrijksrelaties ramingen wegens evident zwaarwegende redenen niet of niet geheel opneemt, dan licht hij dit gemotiveerd toe.

§ 3
Privaatrechtelijke rechtshandelingen

Art. 4.6 Verrichten van een privaatrechtelijke rechtshandeling

1. Onze Ministers, ieder met betrekking tot de begroting waarvoor hij verantwoordelijk is, verrichten namens de Staat de privaatrechtelijke rechtshandelingen die voortvloeien uit het beleid en de bedrijfsvoering die aan hun begrotingen ten grondslag liggen, tenzij bij of krachtens de wet is bepaald dat een van Onze andere Ministers de rechtshandeling verricht.
Privaatrechtelijke rechtshandeling, verrichten van
2. Het eerste lid is van overeenkomstige toepassing op de colleges elk met betrekking tot de uitvoering van de taak waarvoor het verantwoordelijk is.
3. Onverminderd artikel 4.18, aanhef en onder b, kunnen Onze Ministers een overeenkomst tot het aangaan van een geldlening namens de Staat sluiten voor zover Onze Minister van Financiën daaraan zijn medewerking verleent in de vorm van het mede verrichten van de privaatrechtelijke rechtshandeling.

Art. 4.7 Voorhangprocedure voor een privaatrechtelijke rechtshandeling

1. De volgende privaatrechtelijke rechtshandelingen worden niet eerder door de Staat verricht dan 30 dagen, nadat het voornemen daartoe schriftelijk ter kennis is gebracht van de Kamers der Staten-Generaal:
Privaatrechtelijke rechtshandeling, voorhangprocedure
a. het oprichten, mede oprichten of doen oprichten van een privaatrechtelijke rechtspersoon;
b. het verstrekken aan een privaatrechtelijke rechtspersoon van eigen vermogen, leningen met wezenlijke kenmerken van eigen vermogen of garanties ten aanzien van de omvang van het eigen vermogen;
c. het overnemen van schuldtitels of aandelen van een privaatrechtelijke rechtspersoon die door een derde worden gehouden;
d. het overnemen van risico's van financiële activa van een privaatrechtelijke rechtspersoon, indien dat overnemen bedoeld is ter versterking van de solvabiliteit van de privaatrechtelijke rechtspersoon.
2. Indien binnen de in het eerste lid genoemde termijn van 30 dagen ten minste een vijfde van het grondwettelijk aantal leden van een van de Kamers der Staten-Generaal nadere inlichtingen vraagt, wordt de privaatrechtelijke rechtshandeling niet verricht dan 14 dagen nadat de inlichtingen zijn verstrekt.
3. De procedure, bedoeld in het eerste lid, is niet van toepassing op een voornemen tot het verrichten van een privaatrechtelijke rechtshandeling als bedoeld in het eerste lid, aanhef en onder a tot en met d, indien:
a. een wettelijke regeling voorziet in een rechtsgrond voor het verrichten van die rechtshandeling;
b. de rechtshandeling ziet op het verstrekken van eigen vermogen dat voortvloeit uit een eerder verstrekte garantie als bedoeld in het eerste lid, onderdeel b;
c. de rechtshandeling ziet op het deelnemen in het aandelenkapitaal van een vennootschap waarbij de handeling niet ten doel heeft het relatieve belang van de Staat in het eigen vermogen van de betrokken rechtspersoon te verhogen;
d. het volgen van de voorhangprocedure in strijd is met een wettelijke regeling;
e. met de rechtshandeling een geringer financieel belang is gemoeid dan de door Onze Minister van Financiën vast te stellen bedragen die betrekking hebben op de rechtshandelingen, bedoeld in het eerste lid, onder a tot en met d.
4. Onze Minister die het aangaat voert overleg met de Algemene Rekenkamer over een voornemen tot het verrichten van een privaatrechtelijke rechtshandeling als bedoeld in het eerste lid, onderdeel a. Onze Minister die het aangaat verbindt een redelijke termijn aan het overleg met de Algemene Rekenkamer. Na het overleg met de Algemene Rekenkamer legt Onze Minister die het aangaat het voorgenomen besluit aan de ministerraad voor.

Art. 4.8 Informatieverstrekking over belangen in privaatrechtelijke rechtspersonen

1. Onze Minister van Financiën informeert de Kamers der Staten-Generaal jaarlijks over het beleid en het gevoerde beleid met betrekking tot:
Belangen in privaatrechtelijke rechtspersonen, informatieverstrekking
a. het verwerven, het bezit en het vervreemden van vermogen in privaatrechtelijke rechtspersonen, indien aan dat vermogen wezenlijke kenmerken van eigen vermogen zijn verbonden;
b. het overnemen, het beheer en het afstoten van risico's van financiële activa, bedoeld in 4.7, eerste lid, onderdeel d.

A15 art. 4.9 — Comptabiliteitswet 2016

2. De verstrekte informatie bevat met betrekking tot het vervreemden van vermogen als bedoeld in het eerste lid, onder a, en het overdragen van risico's als bedoeld in het eerste lid, onderdeel b, in elk geval de daarbij te hanteren of gehanteerde uitgangspunten.
3. Onze Minister van Financiën vermeldt de gerealiseerde afstoting van de belangen, bedoeld in het tweede lid, in zijn departementale jaarverslag.

Art. 4.9 Geldigheid van een privaatrechtelijke rechtshandeling

Privaatrechtelijke rechtshandeling, geldigheid

De geldigheid van privaatrechtelijke rechtshandelingen door de Staat wordt niet aangetast, indien de bij of krachtens deze wet gestelde regels niet worden nageleefd, tenzij het betreft het niet naleven van de regels over de bevoegdheid van de handelende personen, gesteld bij of krachtens de artikelen 4.6 en 4.18, aanhef en onderdeel b.

§ 4
Publiekrechtelijke rechtshandelingen

Art. 4.10 Horizonbepaling bij subsidieregelingen

Horizonbepaling bij subsidieregelingen

1. Voor de toepassing van dit artikel wordt onder subsidieregeling verstaan een wet, algemene maatregel van bestuur of ministeriële regeling op grond waarvan voor de in die regeling bedoelde activiteiten op aanvraag en met inachtneming van de in die regeling opgenomen voorschriften een subsidie wordt verstrekt, waarop titel 4.2 van de Algemene wet bestuursrecht van toepassing is en waarvan de verstrekking als een subsidie is aangemerkt in de begroting, bedoeld in artikel 2.1.
2. Een subsidieregeling bevat een tijdstip waarop de regeling vervalt. Dit tijdstip valt niet later dan vijf jaren na de inwerkingtreding van de regeling. Een subsidieregeling die bij de inwerkingtreding van deze wet geen tijdstip kent waarop de regeling vervalt, wordt voor zover het een wet betreft binnen twee jaar na de inwerkingtreding van deze wet van een dergelijk tijdstip voorzien.
3. In afwijking van het tweede lid, tweede volzin, kan een subsidieregeling een tijdstip bevatten waarop de subsidieregeling vervalt, dat is gelegen later dan vijf jaren, doch niet later dan tien jaren, na de inwerkingtreding van de subsidieregeling, indien:
a. uit de toelichting van de subsidieregeling blijkt dat het vervallen van de regeling binnen vijf jaren na inwerkingtreding ervan, gelet op de activiteiten waarvoor subsidie wordt verstrekt, afbreuk doet aan de effectiviteit van die activiteiten, en
b. door Onze Minister die het aangaat gedurende de looptijd van de subsidieregeling een verslag over de doeltreffendheid en de doelmatigheid van de subsidie aan de Tweede Kamer der Staten-Generaal wordt gezonden.
4. Een subsidieregeling die een tijdstip als bedoeld in het derde lid bevat, wordt voor zover die subsidieregeling een algemene maatregel van bestuur of een ministeriële regeling betreft niet eerder vastgesteld dan 30 dagen nadat het ontwerp van die subsidieregeling schriftelijk ter kennis is gebracht van de Tweede Kamer der Staten-Generaal.
5. Indien binnen de in het vierde lid genoemde termijn van 30 dagen ten minste een vijfde van het grondwettelijk aantal leden van de Tweede Kamer der Staten-Generaal nadere inlichtingen vraagt, wordt de subsidieregeling, bedoeld in het vierde lid, niet vastgesteld dan 14 dagen nadat de inlichtingen zijn verstrekt.
6. Een subsidieregeling die strekt tot het verstrekken van subsidie onder hoofdzakelijk dezelfde voorwaarden voor overwegend dezelfde activiteiten als van een vervallen subsidieregeling als bedoeld in het tweede lid, wordt voor zover die subsidieregeling een algemene maatregel van bestuur of een ministeriële regeling betreft, niet eerder vastgesteld dan 30 dagen nadat het ontwerp van die subsidieregeling schriftelijk ter kennis is gebracht van de Tweede Kamer der Staten-Generaal. Het vijfde lid is van overeenkomstige toepassing.
7. Een subsidieregeling die strekt tot wijziging van het tijdstip waarop een subsidieregeling vervalt, wordt voor zover die subsidieregeling een algemene maatregel van bestuur of een ministeriële regeling betreft, niet eerder vastgesteld dan 30 dagen nadat het ontwerp van die subsidieregeling schriftelijk ter kennis is gebracht van de Tweede Kamer der Staten-Generaal. Het vijfde lid is van overeenkomstige toepassing.

§ 5
Coördinatie van het begrotingsbeheer en het financieel beheer

Art. 4.11 Begroting, financieel beheer en verantwoording

Begroting, financieel beheer en verantwoording

1. Onze Minister van Financiën is met betrekking tot het Rijk belast met de coördinatie van:
a. het begrotings- en het verantwoordingsproces;
b. het begrotingsbeheer.
2. Onze Minister van Financiën bevordert de doelmatigheid van het financieel beheer van het Rijk.

Art. 4.12 Budgettair toezicht

1. Onze Minister van Financiën is belast met het toezicht op het begrotingsbeheer van het Rijk.
2. Onze Minister van Financiën kan voorafgaand financieel toezicht instellen. Dit toezicht houdt in dat hij begrotingsartikelen aanwijst ten laste waarvan bepaalde financiële verplichtingen niet mogen worden aangegaan, voordat hij daarmee heeft ingestemd.
3. Onze Minister van Financiën bepaalt welke informatie hem ten behoeve van het toezicht, bedoeld in het eerste en tweede lid, wordt verstrekt.
4. Onze Minister van Financiën maakt tegen een ontwerpbegroting of een ontwerpwijziging van een begroting bezwaar, voor zover:
   a. deze niet overeenstemming is met het algemene financiële beleid of het doelmatige beheer van de financiële middelen van het Rijk;
   b. de in een ontwerpbegroting of ontwerpwijziging van een begroting opgenomen bedragen niet in een redelijke verhouding staan tot de doelstellingen van het beleid dat aan die begroting ten grondslag ligt;
   c. indien het toezicht, bedoeld in het eerste lid, hem daartoe aanleiding geeft.

Budgettair toezicht

Art. 4.13 Voorstellen met financiële gevolgen

1. Voorstellen, niet zijnde voorstellen van wet tot vaststelling of wijziging van een begrotingsstaat, alsmede voornemens en toezeggingen met financiële gevolgen voor het Rijk worden door Onze Ministers niet aan de ministerraad of aan de Staten-Generaal aangeboden, kenbaar gemaakt dan wel gedaan, dan nadat Onze Minister van Financiën daarover zijn oordeel heeft gegeven.
2. Artikel 4.12, vierde lid, is op deze voorstellen, voornemens en toezeggingen van overeenkomstige toepassing.

Voorstellen met financiële gevolgen

Art. 4.14 Informeren over wijzigingen

1. Onze Ministers en de colleges informeren Onze Minister van Financiën over voorstellen tot wijziging van:
   a. de inrichting van de begroting en het jaarverslag;
   b. de inrichting van de financiële administratie;
   c. de organisatorische inrichting van en de uitvoering van de taken door het dienstonderdeel van een ministerie dat belast is met financieel-economische aangelegenheden.
2. Onze Ministers en de colleges brengen geen structurele wijzigingen aan in de inrichting, bedoeld in het eerste lid, onderdeel a, b en c, dan nadat daarover overeenstemming is bereikt met Onze Minister van Financiën.

Informeren over voorstellen tot wijziging

Art. 4.15 Informeren en toegang Onze Minister van Financiën

1. Onze Ministers verstrekken Onze Minister van Financiën op zijn verzoek de informatie die naar zijn oordeel noodzakelijk is voor de uitvoering van zijn taken, bedoeld in de artikelen 4.11 tot en met 4.13.
2. Onze Ministers verlenen Onze Minister van Financiën te allen tijde toegang tot dan wel inzage in alle goederen, administraties, documenten en andere informatiedragers.

Informeren en toegang Onze Minister van Financiën

Art. 4.16 Bedenkingen en bezwaren

Onze Minister van Financiën deelt Onze Ministers de bedenkingen en bezwaren mee, waartoe de informatie, bedoeld in de artikelen 4.14 en 4.15, hem aanleiding geeft.

Bedenkingen en bezwaren

§ 6
Balansbeheer en overige taken Onze Minister van Financiën

Art. 4.17 Centraal beheer van de schatkist van het Rijk

1. De aan het Rijk toebehorende en toevertrouwde gelden en geldswaardige papieren worden in de schatkist van het Rijk aangehouden.
2. Onze Minister van Financiën is belast met het centraal beheer van de schatkist van het Rijk. Dit beheer omvat het beheer van de centrale kassen van het Rijk en de coördinatie van het beheer van de departementale kassen.
3. Onze Minister van Financiën kan aan de ambtenaren die belast zijn met het beheer van departementale kassen algemene aanwijzingen geven voor het beheer van die kassen.
4. Onze Minister van Financiën is belast met de centrale administratie van de schatkist van het Rijk.
5. Onze Minister van Financiën neemt jaarlijks, nadat de dechargeverlening, bedoeld in artikel 2.40 heeft plaatsgevonden, de saldi van de begrotingsontvangsten en de begrotingsuitgaven op de departementale en niet-departementale saldibalansen over in de centrale administratie van de schatkist van het Rijk.

Centraal beheer staatsschuld

Art. 4.18 Centraal beheer van de staatsschuld

Onze Minister van Financiën is belast met:
a. het beheer van de staatsschuld;
b. het sluiten van overeenkomsten tot het aangaan van geldleningen door de staat voor de tekortfinanciering en de herfinanciering van aflopende geldleningen.

Centraal beheer staatsschuld

A15 art. 4.19 — Comptabiliteitswet 2016

Art. 4.19 Specifieke taken

Minister van Financiën, specifieke taken

1. Onze Minister van Financiën is in afwijking van artikel 4.1, tweede lid, aanhef en onderdeel e, belast met het materieelbeheer voor zover dat betrekking heeft op de overtollige roerende zaken van het Rijk.
2. Onze Minister van Financiën is belast met het afstoten van overtollige roerende zaken van het Rijk.
3. Onze Minister van Financiën is mede belast met het beheer van de leningen en garanties die door Onze Ministers aan een derde zijn verstrekt met uitzondering van de leningen en garanties die bij of krachtens de wet zijn bepaald.

Art. 4.20 Regelgeving

Minister van Financiën, regelgevende bevoegdheid

1. Onze Minister van Financiën stelt voor het Rijk nadere regels over:
   a. het inrichten van de rijksbegroting, bedoeld in artikel 2.1, en van de verantwoording van het Rijk, bedoeld in artikel 2.29;
   b. het begrotings- en het verantwoordingsproces;
   c. de begrotings- en de verantwoordingsinformatie;
   d. het begrotingsbeheer en het financieel beheer;
   e. de financiële administratie;
   f. het verrichten van privaatrechtelijke rechtshandelingen namens de Staat.
2. Onze Minister van Financiën kan voor het Rijk regels stellen over:
   a. de samenstelling, de organisatie en de doelen van een periodiek interdepartementaal overleg over financieel-economische aangelegenheden;
   b. de samenstelling, de organisatie, de taken en de informatievoorziening van het adviesorgaan van een ministerie met betrekking tot audit- en bedrijfsvoeringsaangelegenheden;
   c. het materieelbeheer voor zover dat betrekking heeft op de roerende zaken van het Rijk en de administraties die ten behoeve van dat materieelbeheer worden bijgehouden;
   d. het afstoten van overtollige roerende zaken van het Rijk;
   e. het toepassen van financiële beleidsinstrumenten;
   f. de voorstellen, voornemens en toezeggingen, bedoeld in artikel 3.1, aanhef, en het periodiek onderzoeken van de doeltreffendheid en doelmatigheid van het beleid en de bedrijfsvoering;
   g. de inrichting en het beheer van de agentschappen.
3. De regels, bedoeld in het eerste lid, onderdelen a en c, en het tweede lid, onderdeel f, worden niet vastgesteld, dan nadat daarover op hoofdlijnen overleg met de Tweede Kamer der Staten-Generaal is gevoerd.
4. Bij algemene maatregel van bestuur worden regels gesteld over:
   a. de taken en de organisatie van het dienstonderdeel van een ministerie dat belast is met financieel-economische aangelegenheden;
   b. de taken, de organisatie en de kwaliteitsbeheersing van de Auditdienst Rijk.

Minister van Binnenlandse Zaken en Konikrijkrelaties, regelgevende bevoegdheid

5. Onze Minister van Binnenlandse Zaken en Koninkrijksrelaties kan voor het Rijk regels stellen over:
   a. het materieelbeheer voor zover dat betrekking heeft op de onroerende zaken van het Rijk en de administraties die ten behoeve van dat materieelbeheer worden bijgehouden;
   b. het privaatrechtelijk beheer van de onroerende zaken van het Rijk.

Hoofdstuk 5
Beheer van publieke liquide middelen buiten het Rijk

§ 1
Algemeen

Art. 5.1 Aanwijzing door Onze Minister van Financiën

Minister van Financiën, aanwijzingsbevoegdheid

1. Onze Minister van Financiën wijst op grond van het bepaalde in dit hoofdstuk in overeenstemming met Onze Minister die het aangaat aan:
   a. de rechtspersonen die schatkistbankieren, bedoeld in de artikelen 5.2, eerste en derde lid, en 5.4;
   b. de rechtspersonen die hun liquide middelen uitzetten, bedoeld in artikel 5.7.
2. Onze Minister van Financiën maakt de aanwijzing, bedoeld in het eerste lid, openbaar. De aanwijzing is een besluit als bedoeld in artikel 1:3, eerste lid, van de Algemene wet bestuursrecht.

§ 2
Schatkistbankieren

Art. 5.2 Verplicht schatkistbankieren

Schatkistbankieren, verplicht voor rechtspersoon met wettelijke taak

1. Een rechtspersoon met een wettelijke taak is gehouden om te schatkistbankieren, met uitzondering van de rechtspersonen met een wettelijke taak, bedoeld in het tweede lid.

2. Een rechtspersoon met een wettelijke taak is niet gehouden om te schatkistbankieren, indien:
a. de bij of krachtens de wet geregelde taak overwegend een private taak is;
b. de bij of krachtens de wet geregelde taak het aantrekken van financiële middelen met als doel het uitzetten daarvan bij derden omvat;
c. de bij of krachtens de wet geregelde taak in verhouding tot de andere taken die aan de rechtspersoon zijn opgedragen gering is;
d. de liquide activa of de jaarlijkse ontvangsten van de rechtspersoon onder de door Onze Minister van Financiën te bepalen bedragen blijven; of
e. de rechtspersoon met een wettelijke taak door Onze Minister van Financiën is uitgezonderd.

Schatkistbankieren, uitzonderingen

3. Een rechtspersoon met een publieke taak is gehouden om te schatkistbankieren, indien de publieke taak van die rechtspersoon naar het oordeel van Onze Minister van Financiën een risicoarm beheer van de publieke liquide middelen verlangt.

Schatkistbankieren, rechtspersoon met publieke taak

4. Het eerste en derde lid zijn niet van toepassing op de private, liquide middelen van de rechtspersoon met een wettelijke of publieke taak, indien die liquide middelen op een adequate wijze separaat in de jaarrekening van de rechtspersoon worden verantwoord.

5. Onze Minister van Financiën kan op verzoek van een rechtspersoon, bedoeld in het eerste en derde lid, bepaalde publieke liquide middelen van die rechtspersoon uitzonderen van de verplichting om te schatkistbankieren, indien:
a. de rechtspersoon de noodzaak van de uitzondering voor de bedrijfsvoering voldoende aannemelijk maakt, en
b. naar het oordeel van Onze Minister van Financiën geen afbreuk wordt gedaan aan een doelmatig en risicoarm beheer van liquide middelen.

Art. 5.3 Verplicht schatkistbankieren met voorschotbetalingen van subsidies

Indien een subsidie ten laste van de rijksbegroting door middel van voorschotbetalingen wordt verleend, kan Onze Minister die het aangaat in overeenstemming met Onze Minister van Financiën bepalen dat de subsidieontvanger, niet zijnde een natuurlijke persoon, met betrekking tot de voorschotbetalingen gehouden is om te schatkistbankieren.

Schatkistbankieren, verplicht bij subsidies met voorschotbepalingen

Art. 5.4 Vrijwillig schatkistbankieren

1. Een rechtspersoon die publieke liquide middelen beheert en een rechtspersoon met een wettelijke taak, bedoeld in artikel 5.2, tweede lid, aanhef en onderdelen c tot en met e, kan op zijn verzoek schatkistbankieren, indien een risicoarm beheer van die middelen naar het oordeel van Onze Minister van Financiën wenselijk is. De rechtspersoon dient hiervoor een verzoek bij Onze Minister van Financiën in.

Schatkistbankieren, vrijwillig

2. Het eerste lid is niet van toepassing op de private, liquide middelen van de rechtspersoon, bedoeld in het eerste lid, indien die liquide middelen op een adequate wijze separaat in de jaarrekening van de rechtspersoon worden verantwoord.

§ 3
Lenen en verstrekken van krediet via de schatkist van het Rijk

Art. 5.5 Lenen en verstrekken van krediet bij verplicht schatkistbankieren

1. Onverminderd het elders bij of krachtens de wet bepaalde kan Onze Minister van Financiën in overeenstemming met Onze Minister die het aangaat aan een rechtspersoon als bedoeld in artikel 5.2, eerste en derde lid, een lening of een rekening-courantkrediet ten laste van de begroting van Nationale Schuld verstrekken.

Krediet, lenen en verstrekken bij verplicht schatkistbankieren

2. Een lening wordt verstrekt voor het financieren van investeringen in vaste activa, die benodigd zijn voor het uitvoeren van de wettelijke of publieke taak van de rechtspersoon.

3. Een rekening-courantkrediet wordt verstrekt voor het overbruggen van een tijdelijk liquiditeitstekort van de rechtspersoon.

4. Indien in enig jaar een rechtspersoon waaraan een lening of een rekening-courant krachtens het eerste lid is verstrekt in gebreke blijft de daaruit voortvloeiende verplichtingen tot het betalen van rente of aflossing na te komen, kan Onze Minister van Financiën het bedrag van die verplichtingen ten laste van de departementale begroting van Onze Minister die het aangaat overboeken naar de begroting van Nationale Schuld.

5. In afwijking van het vierde lid kan Onze Minister van Financiën het bedrag van de verplichtingen tot het betalen van rente of aflossing naar een andere begroting overboeken, indien Onze Minister die verantwoordelijk is voor het beheer van de andere begroting daarmee instemt.

Art. 5.6 Lenen en verstrekken van krediet bij vrijwillig schatkistbankieren

1. Onze Minister van Financiën kan in overeenstemming met Onze Minister die het aangaat aan een rechtspersoon als bedoeld in artikel 5.4, een lening of een rekening-courantkrediet ten laste van de begroting van Nationale Schuld verstrekken.

Krediet, lenen en verstrekken bij vrijwillig schatkistbankieren

2. Artikel 5.5, tweede tot en met vijfde lid, is van overeenkomstige toepassing.

§ 4
Beheer van liquide middelen

Art. 5.7 Prudent uitzetten van liquide middelen

Liquide middelen, voorwaarden aan uitzetting

1. Een rechtspersoon met een wettelijke taak als bedoeld in artikel 5.2, tweede lid, aanhef en onder d en e, is gehouden om zijn liquide middelen uit te zetten in de vorm van producten die voldoen aan door Onze Minister van Financiën te stellen eisen.
2. Het eerste lid is niet van toepassing op de private, liquide middelen van een rechtspersoon met een wettelijke taak, indien die liquide middelen op een adequate wijze separaat in de jaarrekening van de rechtspersoon worden verantwoord.
3. Dit artikel is niet van toepassing op de rechtspersonen met een wettelijke taak waarvoor door Onze Minister die het aangaat regels over het uitzetten van liquide middelen zijn gesteld.

Art. 5.8 Oneigenlijk beheer van liquide middelen

Liquide middelen, oneigenlijk beheer

1. Het aantrekken van financiële middelen door de rechtspersonen, bedoeld in de artikelen 5.2, eerste en derde lid, 5.4 en 5.7, met als doel door het uitzetten ervan additionele financiële middelen te verwerven, is verboden.
2. Het eerste lid is niet van toepassing op de private, liquide middelen van een rechtspersoon, indien die liquide middelen op een adequate wijze separaat in de jaarrekening van de rechtspersoon worden verantwoord.

§ 5
Nadere regelgeving

Art. 5.9 Nadere regelgeving

Nadere regels, beheer publieke liquide middelen

Onze Minister van Financiën kan nadere regels stellen over het bepaalde in de artikelen 5.1 tot en met 5.8.

Hoofdstuk 6
Toezicht op het beheer van publieke financiële middelen buiten het Rijk

§ 1
Toezicht op beheer publieke financiële middelen buiten het Rijk

Art. 6.1 Toezicht door Onze Ministers

Beheer publieke financiële middelen, toezicht door Ministers

Onverminderd het elders bij wet of EU-verordening bepaalde, houdt Onze Minister die het aangaat, toezicht op:
a. rechtspersonen, commanditaire vennootschappen, vennootschappen onder firma en natuurlijke personen die een beroep of bedrijf uitoefenen die direct, indirect of voorwaardelijk:
1°. een subsidie, lening, garantie of een bijdrage in natura met kenmerken van een subsidie, lening of garantie ten laste van de rijksbegroting hebben ontvangen;
2°. een fiscale tegemoetkoming inzake speur- en ontwikkelingswerk, een energie-investering, een milieu-investering of een investering in huurwoningen hebben ontvangen ten behoeve waarvan door Onze Minister die het aangaat een verklaring is afgegeven of een aanwijzing bij ministeriële regeling heeft plaatsgevonden;
b. rechtspersonen, commanditaire vennootschappen, vennootschappen onder firma en natuurlijke personen die een beroep of bedrijf uitoefenen en die direct, indirect of voorwaardelijk een subsidie, lening of garantie ten laste van de EU-begroting hebben ontvangen, voor zover aan de lidstaat van de Europese Unie het toezicht op en de controle van de subsidie, lening of garantie en het beheer daarvan is opgelegd;
c. rechtspersonen met een wettelijke taak.

Art. 6.2 Reikwijdte toezicht door Onze Ministers

Het toezicht, bedoeld in artikel 6.1, is gericht op:
a. de naleving van de voorwaarden die aan het beheer en de verantwoording van de subsidie, lening, garantie, bijdrage in natura of de fiscale tegemoetkoming worden gesteld door de rechtspersonen, commanditaire vennootschappen, vennootschappen onder firma en natuurlijke personen, bedoeld in artikel 6.1, onder a;
b. de nakoming van de verplichting die aan de lidstaat van de Europese Unie is opgelegd door de rechtspersonen, commanditaire vennootschappen, vennootschappen onder firma en natuurlijke personen, bedoeld in artikel 6.1, onder b;
c. de doelmatige en doeltreffende uitvoering van de wettelijke taak en de naleving van de voorwaarden die bij of krachtens de wet aan het beheer van de publieke financiële middelen worden gesteld door rechtspersonen met een wettelijke taak.

Art. 6.3 Bevoegdheden toezicht door Onze Ministers

1. De rechtspersonen, commanditaire vennootschappen, vennootschappen onder firma en natuurlijke personen, bedoeld in artikel 6.1, onderdeel a tot en met c, zijn gehouden op verzoek van Onze Minister die het aangaat, de volgende informatie te verstrekken:

a. de jaarrekeningen, jaarverslagen en de aan de jaarrekeningen en jaarverslagen toegevoegde overige gegevens;

b. de verantwoordingen, gegevens en documenten die nodig zijn voor de definitieve vaststelling van de subsidie, lening, garantie of bijdrage in natura met kenmerken van een subsidie, lening of garantie;

c. de verslagen van de onderzoeken van de accountants die de bescheiden, bedoeld onder a en b, hebben gecontroleerd;

d. nadere informatie die Onze Minister die het aangaat nodig acht.

2. Indien de informatie, bedoeld in het eerste lid, naar het oordeel van Onze Minister die het aangaat daartoe aanleiding geeft, is Onze Minister bevoegd bij de rechtspersonen, commanditaire vennootschappen, vennootschappen onder firma en natuurlijke personen, bedoeld in artikel 6.1, onder a tot en met c, nadere inlichtingen in te winnen of overlegging van stukken te vorderen.

3. Onze Minister die het aangaat kan aan de hand van de administratie een onderzoek instellen bij de rechtspersonen, commanditaire vennootschappen, vennootschappen onder firma en natuurlijke personen, bedoeld in artikel 6.1, onder a tot en met c.

4. Onze Minister die het aangaat is bevoegd, voor zover hij dat nodig acht voor het uitoefenen van het toezicht, bedoeld in artikel 6.1, bij alle onderdelen van de rechtspersonen, commanditaire vennootschappen, vennootschappen onder firma en natuurlijke personen, bedoeld in artikel 6.1, onder a tot en met c, alle goederen, administraties, documenten en andere informatiedragers op door hem aan te geven wijze te onderzoeken.

5. Onze Minister die het aangaat is bevoegd inzage te vorderen in de controleprogramma's en dossiers van de accountant die de bescheiden, bedoeld in het eerste lid, onder a en b, heeft gecontroleerd om te beoordelen of in het kader van het toezicht, bedoeld in artikel 6.1, kan worden gesteund op de controle die deze accountant heeft uitgevoerd. De accountant kan inzage in de controledossiers niet weigeren met een beroep op een bij of krachtens de wet opgelegde verplichting tot geheimhouding van vertrouwelijke gegevens die in de controledossiers zijn opgenomen.

6. De bevoegdheden, bedoeld in artikel 6.3, vierde lid, worden uitgeoefend onder verantwoordelijkheid van een registeraccountant of een accountant-administratieconsulent ten aanzien van wie in het accountantsregister een aantekening is geplaatst als bedoeld in artikel 36, tweede lid, onderdeel i, van de Wet op het accountantsberoep.

7. Indien Onze Minister die het aangaat gebruik maakt van de bevoegdheden, bedoeld in het eerste tot en met vijfde lid, zijn de artikelen 5:12, 5:13, 5:15 en 5:17, tweede en derde lid, van de Algemene wet bestuursrecht van overeenkomstige toepassing.

8. Onze Minister die het aangaat kan de bevoegdheden, bedoeld in het eerste tot en met het vijfde lid, uitoefenen zolang als en over de jaren dat het Rijk daarbij belang heeft.

9. Onverminderd het elders bij of krachtens de wet bepaalde, stelt Onze Minister die het aangaat, in afwijking van het tweede lid, geen onderzoek in ten aanzien van provincies, gemeenten, waterschappen, de openbare lichamen Bonaire, Sint Eustatius en Saba, openbare lichamen voor beroep en bedrijf en openbare lichamen en gemeenschappelijke organen ingesteld krachtens de Wet gemeenschappelijke regelingen met uitzondering van de openbare lichamen en gemeenschappelijke organen waarvan vanwege het Rijk wordt deelgenomen, voor zover zij een bijdrage als bedoeld in artikel 6.1, aanhef en onderdeel a, hebben ontvangen.

Art. 6.4 Bevoegdheden toezicht door Onze Ministers bij uitbesteding

Indien een administratie of de daarmee samenhangende taken aan een derde worden uitbesteed, dan is Onze Minister die het aangaat bevoegd aan de hand van de administratie bij de derde of degene die de administratie of de taken in opdracht van die derde uitvoert een onderzoek als bedoeld in artikel 6.3, derde lid, te verrichten.

Art. 6.5 Aansprakelijkheid accountant

De accountant die op grond van de artikelen 6.3, vijfde lid, inzage in de controledossiers verleent en kopieën hieruit verstrekt, is niet aansprakelijk voor de schade die een derde dientengevolge lijdt, tenzij aannemelijk wordt gemaakt dat de accountant gelet op alle feiten en omstandigheden hiertoe in redelijkheid niet had mogen overgaan.

Art. 6.6 Regelgeving

Onverminderd het elders bij wet bepaalde, kunnen bij of krachtens algemene maatregel van bestuur regels worden gesteld over:

a. de informatie die de rechtspersonen met een wettelijke taak in hun begroting en jaarverslag opnemen;

b. de eisen aan de informatie die in het jaarverslag van de rechtspersonen met een wettelijke taak wordt opgenomen.

§ 2
Toezicht op schatkistbankieren

Art. 6.7 Toezicht door Onze Ministers op schatkistbankieren

Schatkistbankieren, toezicht bankieren

1. Onze Minister die het aangaat is belast met het toezicht op:
a. het schatkistbankieren door de rechtspersonen die krachtens artikel 5.1, eerste lid, aanhef en onder a, zijn aangewezen;
b. het uitzetten van de liquide middelen door de rechtspersonen die krachtens artikel 5.1, eerste lid, aanhef en onder b, zijn aangewezen;
c. het in artikel 5.8 bepaalde.
2. Een rechtspersoon die krachtens artikel 5.1, eerste lid, aanhef en onder a en b, is aangewezen verstrekt op verzoek van Onze Minister die het aangaat de informatie die hij voor zijn toezicht, bedoeld in het eerste lid, nodig acht.
3. De rechtspersonen die krachtens artikel 5.1, eerste lid, aanhef en onder a en b, zijn aangewezen, verrichten op verzoek van Onze Minister die het aangaat een onderzoek naar de naleving van de verplichtingen, bedoeld in de artikelen 5.2 tot en met 5.4 en 5.7 en 5.8. Het onderzoek wordt verricht door de accountant die belast is met de controle van de jaarrekening van die rechtspersoon. De rechtspersonen sturen het verslag van het onderzoek naar Onze Minister die het aangaat.
4. Onze Minister die het aangaat kan een rechtspersoon die krachtens artikel 5.1, eerste lid, aanhef en onder a en b, is aangewezen en die zich niet houdt aan het bij of krachtens de artikelen 5.1, tot en met 5.4 en 5.7 en 5.8 bepaalde, de aanwijzing geven hieraan alsnog te voldoen.

Art. 6.8 Nadere regelgeving

Nadere regels, toezicht op schatkistbankieren

Onze Minister van Financiën kan nadere regels stellen over het toezicht, bedoeld in artikel 6.7.

§ 3
Verklaring over EU-uitgaven

Art. 6.9 Verklaring over EU-uitgaven

Verklaring over EU-uitgaven

1. Onze Minister van Financiën kan in overeenstemming met Onze Ministers die het mede aangaan jaarlijks ten behoeve van de Europese Commissie een verklaring opstellen over de besteding van de Europese middelen in gedeeld beheer door de lidstaat Nederland.
2. Onze Minister van Financiën zendt de verklaring naar de Europese Commissie.
3. Onze Minister van Financiën zendt de verklaring voor onderzoek naar de Algemene Rekenkamer.
4. Onze Minister van Financiën zendt de verklaring na het onderzoek van de Algemene Rekenkamer naar de Tweede Kamer der Staten-Generaal.

Hoofdstuk 7
Algemene Rekenkamer

§ 1
Samenstelling en organisatie

Art. 7.1 Samenstelling

Algemene Rekenkamer, samenstellingen

1. De Algemene Rekenkamer bestaat uit drie leden in gewone dienst die tezamen het college van de Algemene Rekenkamer vormen, alsmede uit ten hoogste drie leden in buitengewone dienst.
2. De president wordt uit de leden in gewone dienst bij koninklijk besluit op voordracht van Onze Minister van Binnenlandse Zaken en Koninkrijksrelaties benoemd.
3. De Algemene Rekenkamer stelt Ons en de Tweede Kamer der Staten-Generaal zo spoedig mogelijk in kennis van een vacature onder de leden.
4. Het college van de Algemene Rekenkamer stelt een aanbevelingslijst op met ten minste vier kandidaten en zendt deze zo spoedig mogelijk na de kennisgeving van de vacature, bedoeld in het derde lid, naar de Tweede Kamer der Staten-Generaal. De Tweede Kamer der Staten-Generaal zal bij haar voordracht op de aanbevelingslijst zodanig acht slaan als haar dienstig voorkomt.

Art. 7.2 Leden in buitengewone dienst

Algemene Rekenkamer, leden van buitengewone dienst

1. De leden in buitengewone dienst kunnen door de president worden opgeroepen om deel te nemen aan bepaalde werkzaamheden en hebben met betrekking tot die werkzaamheden dezelfde bevoegdheden als de leden in gewone dienst. De leden in buitengewone dienst maken dan tevens deel uit van het college van de Algemene Rekenkamer.
2. Een lid in buitengewone dienst vervangt een lid in gewone dienst gedurende diens voorziene afwezigheid of ontstentenis.

Art. 7.3 De secretaris
1. De Algemene Rekenkamer heeft een secretaris.
2. Op voordracht van de Algemene Rekenkamer wordt bij koninklijk besluit besloten tot het aangaan van een arbeidsovereenkomst met de secretaris. Tot beëindiging van de arbeidsovereenkomst wordt bij koninklijk besluit op voordracht van de Algemene Rekenkamer besloten, tenzij de Algemene Rekenkamer de arbeidsovereenkomst opzegt op grond van artikel 677 van Boek 7 van het Burgerlijk Wetboek.

Art. 7.4 Benoemingsvereisten
1. Om tot lid van de Algemene Rekenkamer te kunnen worden benoemd, moet men Nederlander zijn.
2. De leden en de secretaris vervullen geen andere openbare betrekkingen waaraan een vaste beloning of toelage is verbonden, noch zijn zij lid van een publiekrechtelijk college waarvan de keuze geschiedt bij of krachtens wettelijk voorschrift uitgeschreven verkiezingen. Hiervan kan bij koninklijk besluit, de Algemene Rekenkamer gehoord, ontheffing worden verleend, tenzij de onverenigbaarheid ook uit een ander wettelijk voorschrift voortvloeit.
3. Onverminderd het tweede lid, vervullen de leden en de secretaris geen betrekkingen die ongewenst zijn met het oog op een goede vervulling van hun ambt of handhaving van hun onpartijdigheid en onafhankelijkheid of van het vertrouwen daarin.
4. De betrekkingen die de leden en de secretaris buiten hun ambt vervullen, worden jaarlijks door de president openbaar gemaakt.

Art. 7.5 Ontslag en schorsing
1. Een lid wordt ontslag verleend op eigen verzoek en bij het bereiken van de leeftijd van zeventig jaar. Het ontslag gaat in op de eerste dag van de volgende maand.
2. De Hoge Raad der Nederlanden kan de leden ontslaan of schorsen. Hoofdstuk 6A van de Wet rechtspositie rechterlijke ambtenaren, met uitzondering van de artikelen 46b, 46c, onder b en c, 46ca, eerste lid, onder b en c, tweede en derde lid, 46d, 46i, eerste lid, onder c, 46k en 46q, is daarbij van overeenkomstige toepassing, met dien verstande dat:
a. de disciplinaire maatregel van schriftelijke berisping wordt opgelegd door de president van de Algemene Rekenkamer;
b. in artikel 46e voor «de rechterlijk ambtenaar, tevens zijnde president van het gerechtshof of de rechtbank, de president van de Hoge Raad onderscheidenlijk procureur-generaal bij de Hoge Raad» wordt gelezen «de president van de Algemene Rekenkamer»;
c. de president van de Algemene Rekenkamer als functionele autoriteit wordt aangemerkt;
d. voor «Onze Minister» wordt gelezen «Onze Minister van Binnenlandse Zaken en Koninkrijksrelaties»;
e. de voordracht, bedoeld in de artikelen 46i, vierde lid, en 46l, tweede lid, wordt gedaan door de Algemene Rekenkamer;
f. in artikel 46p, vijfde lid, in plaats van «het betrokken gerecht onderscheidenlijk het parket bij de Hoge Raad» wordt gelezen «de Algemene Rekenkamer».
3. Onverminderd de gronden voor ontslag, bedoeld in het tweede lid, is een grond voor ontslag dat het lid in strijd met artikel 7.4, derde lid, handelt.
4. Bij of krachtens algemene maatregel van bestuur kunnen regels worden gesteld met betrekking tot wachtgeld en voorzieningen in verband met ziekte en arbeidsongeschiktheid.

Art. 7.6 Aanvaarding van het ambt
1. De president, de overige leden in gewone dienst, de leden in buitengewone dienst en de secretaris leggen, alvorens hun ambt te aanvaarden, in Onze handen de volgende eed (verklaring en belofte) af:
«Ik zweer (verklaar) dat ik, tot het verkrijgen van mijn aanstelling, middellijk noch onmiddellijk, onder welke naam of welk voorwendsel ook, aan iemand iets heb gegeven of beloofd.
Ik zweer (verklaar en beloof) dat ik om iets in dit ambt te doen of te laten, van niemand enig geschenk of enige belofte heb aangenomen of zal aannemen, middellijk of onmiddellijk.
Ik zweer (beloof) trouw aan de Koning, dat ik de Grondwet steeds zal helpen onderhouden en mijn ambt met eerlijkheid, nauwgezetheid en onpartijdigheid zal vervullen.
Zo waarlijk helpe mij God almachtig! (Dat verklaar en beloof ik!)».
2. Daartoe door Ons gemachtigd kan ook de president in een vergadering van het college van de Algemene Rekenkamer deze eed of de verklaring en belofte afnemen van de overige leden in gewone dienst, de leden in buitengewone dienst en de secretaris.

Art. 7.7 Reglement van orde
De Algemene Rekenkamer stelt voor haar werkzaamheden een reglement van orde vast. Het reglement wordt in de Staatscourant geplaatst.

Art. 7.8 Taken en bevoegdheden van de president
1. De president houdt toezicht op de werkzaamheden van de Algemene Rekenkamer en op de juiste toepassing van bij of krachtens dit hoofdstuk bepaalde.

2. De president brengt alle stukken die aan de Algemene Rekenkamer of aan hem in zijn hoedanigheid worden toegezonden ter behandeling in de vergadering van het college van de Algemene Rekenkamer met uitzondering van de stukken die in het reglement van orde zijn uitgezonderd.

3. De taken en bevoegdheden van de president worden bij diens afwezigheid of ontstentenis waargenomen door het aanwezige lid in gewone dienst dat naar rang van benoeming het oudst is.

Art. 7.9 Besluitvorming

Algemene Rekenkamer, besluitvorming

1. Het college van de Algemene Rekenkamer besluit bij meerderheid van stemmen.

2. Indien de stemmen staken, beslist de stem van de president.

3. Het college van de Algemene Rekenkamer neemt geen besluiten, indien niet ten minste de meerderheid van het aantal leden van het college van de Algemene Rekenkamer in de vergadering aanwezig is.

Art. 7.10 Verschoningsplicht

Algemene Rekenkamer, verschoningsplicht

1. De leden en de secretaris mogen niet aanwezig zijn bij de beraadslagingen en het nemen van beslissingen over enige zaak, die hen, hun echtgenoten, hun geregistreerde partners, degenen met wie zij duurzaam samenleven of hun naastbestaanden tot in de derde graad van bloedverwantschap of aanverwantschap betreffen.

2. De leden en de secretaris nemen niet deel aan het onderzoek van en de beslissing over rekeningen en verantwoordingen die door hen worden afgelegd.

Art. 7.11 Ambtenaren van de Algemene Rekenkamer

1. Het college van de Algemene Rekenkamer kan het aangaan, wijzigen en beëindigen van de arbeidsovereenkomsten met de ambtenaren van de Algemene Rekenkamer opdragen aan de secretaris.

2. Ten aanzien van de ambtenaren van de Algemene Rekenkamer gelden de voor alle ambtenaren geldende arbeidsvoorwaarden die zijn opgenomen in de laatstelijk afgesloten collectieve arbeidsovereenkomst voor ambtenaren die krachtens een arbeidsovereenkomst met de Staat werkzaam zijn.

3. Op verzoek van de Algemene Rekenkamer kunnen in de collectieve arbeidsovereenkomst, bedoeld in het tweede lid, andere arbeidsvoorwaarden voor de ambtenaren van de Algemene Rekenkamer worden opgenomen.

4. Van de ambtenaren van de Algemene Rekenkamer wordt door de president hetzij de eed, hetzij de verklaring en belofte afgenomen.

§ 2
Het verantwoordings- en doelmatigheidsonderzoek

Art. 7.12 Verantwoordingsonderzoek

Verantwoordingsonderzoek Algemene Rekenkamer

1. De Algemene Rekenkamer onderzoekt met betrekking tot het Rijk jaarlijks:
a. de financiële verantwoordingsinformatie in de jaarverslagen;
b. de totstandkoming van de niet-financiële verantwoordingsinformatie in de jaarverslagen;
c. de financiële verantwoordingsinformatie in het Financieel jaarverslag van het Rijk.

2. De Algemene Rekenkamer onderzoekt met betrekking tot het Rijk:
a. het begrotingsbeheer, het financieel beheer, de materiële bedrijfsvoering en de daartoe bijgehouden administraties van het Rijk;
b. de centrale administratie van de schatkist van het Rijk van het Ministerie van Financiën.

Art. 7.13 Reikwijdte van het verantwoordingsonderzoek

Verantwoordingsonderzoek, reikwijdte

1. Het onderzoek, bedoeld in artikel 7.12, eerste lid, is erop gericht na te gaan of voldaan is aan de normen, bedoeld in de artikelen 3.8 tot en met 3.10.

2. Het onderzoek, bedoeld in artikel 7.12, tweede lid, is erop gericht na te gaan of voldaan is aan de normen, bedoeld in de artikelen 3.2 tot en met 3.5.

Art. 7.14 Rapporteren over het verantwoordingsonderzoek

Verantwoordingsonderzoek, jaarlijkse rapportage

1. De Algemene Rekenkamer legt haar bevindingen en conclusies met betrekking tot de onderzoeken, bedoeld in artikel 7.12, eerste en tweede lid, jaarlijks vast in rapporten.

2. De Algemene Rekenkamer stelt een verklaring van goedkeuring op bij de in het Financieel jaarverslag van het Rijk opgenomen rijksrekening en de rijkssaldibalans, bedoeld in artikel 2.35, tweede en vierde lid.

3. De verklaring van goedkeuring wordt zo nodig gegeven onder voorbehoud van de vaststelling van de slotverschillen, bedoeld in artikel 2.36, en in voorkomende gevallen een indemniteitswet als bedoeld in artikel 7.22, derde lid.

4. Voordat de Algemene Rekenkamer een rapport, bedoeld in het eerste lid, vaststelt, stelt zij Onze Minister die het aangaat in de gelegenheid binnen een redelijke termijn te reageren op haar bevindingen en voorlopige conclusies.

Comptabiliteitswet 2016   **A15 art. 7.20**

5. Van gegevens en bevindingen die naar hun aard vertrouwelijk zijn, maakt de Algemene Rekenkamer geen melding in een rapport als bedoeld in het eerste lid. Mededelingen die zodanige gegevens of bevindingen bevatten, kan zij vertrouwelijk ter kennisneming aan de Staten-Generaal verstrekken.

Art. 7.15 Aanbieden rapport verantwoordingsonderzoek
1. De Algemene Rekenkamer biedt de rapporten en de verklaring van goedkeuring, bedoeld in artikel 7.14, eerste en tweede lid, uiterlijk op 1 juni van het jaar volgend op het begrotingsjaar aan de Staten-Generaal en Ons aan.   *Verantwoordingsonderzoek, aanbieding*
2. Indien de Algemene Rekenkamer het onderzoek, bedoeld in artikel 7.12, eerste en tweede lid, op 1 juni van het jaar volgend op het begrotingsjaar nog niet heeft afgesloten, biedt zij op die datum een voorlopig rapport over de stand van het betrokken onderzoek. In dat geval zendt de Algemene Rekenkamer het definitieve rapport en de verklaring van goedkeuring, bedoeld in artikel 7.14, eerste en tweede lid, zo spoedig mogelijk na.

Art. 7.16 Doelmatigheidsonderzoek
De Algemene Rekenkamer onderzoekt de doeltreffendheid en de doelmatigheid van het gevoerde beleid van het Rijk.   *Doelmatigheidsonderzoek Algemene Rekenkamer*

Art. 7.17 Aanbieden rapport doelmatigheidsonderzoek
1. De Algemene Rekenkamer stelt de Staten-Generaal en Ons in kennis van het rapport dat zij naar aanleiding van een onderzoek, bedoeld in artikel 7.16, vaststelt.   *Doelmatigheidsonderzoek, aanbieding*
2. De Algemene Rekenkamer stelt in voorkomende gevallen tevens de instelling, bedoeld in artikel 7.34, achtste lid, in kennis van het rapport, bedoeld in het eerste lid.
3. Voordat de Algemene Rekenkamer een rapport als bedoeld in het eerste lid, vaststelt, stelt zij Onze Minister die het aangaat in de gelegenheid binnen een redelijke termijn te reageren op haar bevindingen en voorlopige conclusies.
4. Van gegevens en bevindingen die naar hun aard vertrouwelijk zijn, maakt de Algemene Rekenkamer geen melding in een rapport als bedoeld in het eerste lid. Mededelingen die zodanige gegevens of bevindingen bevatten, kan zij vertrouwelijk ter kennisneming aan de Staten-Generaal verstrekken.

Art. 7.18 Bevoegdheden verantwoordings- en doelmatigheidsonderzoek
1. De Algemene Rekenkamer is bevoegd, voor zover zij dat nodig acht voor het uitvoeren van haar taken, bij alle onderdelen van het Rijk alle goederen, administraties, documenten en andere informatiedragers op door haar aan te geven wijze te onderzoeken.   *Verantwoordings- en doelmatigheidsonderzoek, bevoegdheden Algemene Rekenkamer*
2. De Algemene Rekenkamer is bevoegd voor het uitvoeren van haar taken inzage te vorderen in de controleprogramma's en dossiers van de accountant die in opdracht van een van Onze Ministers of een college met een controle of review is belast. De Algemene Rekenkamer is bevoegd kopieën te maken van de stukken uit de controledossiers. De accountant kan inzage in de controledossiers niet weigeren met een beroep op een bij of krachtens de wet opgelegde verplichting tot geheimhouding van vertrouwelijke gegevens die in de controledossiers zijn opgenomen. Artikel 6.5 is van overeenkomstige toepassing.
3. Bij het uitvoeren van haar taken kan de Algemene Rekenkamer gebruik maken van de resultaten van door anderen verrichte controles, onverminderd haar bevoegdheid tot het verrichten van onderzoek.
4. De Algemene Rekenkamer kan de bevoegdheden, bedoeld in dit artikel, uitoefenen zolang als en over de jaren dat het Rijk daarbij belang heeft.
5. Onze Ministers en de colleges zijn gehouden desgevraagd de inlichtingen te verstrekken die de Algemene Rekenkamer voor het uitvoeren van haar taken nodig acht.
6. De accountant die in opdracht van een van Onze Ministers of een college met een controle is belast, verstrekt desgevraagd aan de Algemene Rekenkamer de controleprogramma's en dossiers met betrekking tot zijn controles.

Art. 7.19 Bevoegdheden verantwoordings- en doelmatigheidsonderzoek bij uitbesteding
Indien een administratie of de daarmee samenhangende taken aan een derde worden uitbesteed, dan is de Algemene Rekenkamer bevoegd aan de hand van de administratie bij die derde of degene die de administratie of de taken in opdracht van die derde uitvoert een onderzoek als bedoeld in de artikelen 7.12 en 7.16, te verrichten.   *Verantwoordings- en doelmatigheidsonderzoek, bevoegdheden bij uitbesteding*

Art. 7.20 Bevoegdheden verantwoordings- en doelmatigheidsonderzoek met betrekking tot geheime uitgaven en ontvangsten
1. Het college van de Algemene Rekenkamer verricht het onderzoek naar geheime uitgaven en ontvangsten.   *Verantwoordings- en doelmatigheidsonderzoek, bevoegdheden bij geheime uitgaven/ontvangsten*

2. Bij het onderzoek kan het college zich laten ondersteunen door zijn medewerkers.

Art. 7.21 Bezwaarprocedure algemeen

Bezwaarprocedure op grond van verantwoordingsonderzoek

1. De Algemene Rekenkamer kan op grond van haar onderzoek, bedoeld in artikel 7.12, bezwaar maken tegen het financieel beheer, de materiële bedrijfsvoering of de verantwoording daarover.
2. De Algemene Rekenkamer deelt het bezwaar aan Onze Minister die het aangaat mede.
3. Binnen een maand na ontvangst van de mededeling, bedoeld in het tweede lid, stelt Onze Minister die het aangaat de Algemene Rekenkamer in kennis van de maatregelen die tot opheffing van haar bezwaar kunnen leiden.
4. Na afloop van deze termijn neemt de Algemene Rekenkamer haar eindbeslissing, waarvan zij mededeling doet aan Onze Minister die het aangaat.

Art. 7.22 Bezwaarprocedure bij handhaving van het bezwaar

1. De Algemene Rekenkamer kan haar bezwaar, bedoeld in artikel 7.21, eerste lid, handhaven.
2. Indien de Algemene Rekenkamer haar bezwaar handhaaft, doet zij hiervan mededeling aan Onze Minister die het aangaat en Onze Minister van Financiën.
3. Indien het bezwaar betrekking heeft op de rechtmatigheid, dan wordt binnen twee maanden na de mededeling, bedoeld in het tweede lid, een voorstel tot vaststelling van een indemniteitswet aan de Tweede Kamer der Staten-Generaal gezonden.
4. Indien na afloop van die termijn niet van de indiening van een dergelijk voorstel is gebleken, doet de Algemene Rekenkamer daarvan mededeling aan de Tweede Kamer der Staten-Generaal.
5. De Algemene Rekenkamer maakt van haar bezwaar indien dit anders luidt dan het bezwaar, bedoeld in het derde lid, melding in het betrokken rapport, bedoeld in artikel 7.14.
6. De Algemene Rekenkamer kan daarover tevens een aantekening plaatsen in haar rapport bij het Financieel jaarverslag van het Rijk.

§ 3
Overige taken en bevoegdheden

Art. 7.23 Onderzoek op verzoek

Algemene Rekenkamer, onderzoek op verzoek

De Algemene Rekenkamer kan op verzoek van elk van de Kamers der Staten-Generaal of ieder van Onze Ministers een onderzoek instellen.

Art. 7.24 Onderzoek naar publieke middelen buiten het Rijk

Onderzoek naar publieke middelen buiten Rijk

Onverminderd het elders bij wet bepaalde, kan de Algemene Rekenkamer een onderzoek verrichten ten aanzien van:

a. rechtspersonen, commanditaire vennootschappen, vennootschappen onder firma en natuurlijke personen die een beroep of bedrijf uitoefenen die direct, indirect of voorwaardelijk:
1°. een subsidie, lening, garantie of een bijdrage in natura met kenmerken van een subsidie, lening of garantie ten laste van de rijksbegroting hebben ontvangen;
2°. een fiscale tegemoetkoming inzake speur- en ontwikkelingswerk, een energie-investering, een milieu-investering of een investering in huurwoningen hebben ontvangen ten behoeve waarvan door Onze Minister die het aangaat een verklaring is afgegeven of een aanwijzing bij ministeriële regeling heeft plaatsgevonden;
b. rechtspersonen met een wettelijke taak;
c. rechtspersonen, commanditaire vennootschappen, vennootschappen onder firma en natuurlijke personen die een beroep of bedrijf uitoefenen die goederen of diensten leveren die betrekking hebben op de uitvoering van een publieke taak waarvan de betaling ten laste van de rijksbegroting komt en waarbij de Staat zich het recht heeft voorbehouden bij de betreffende rechtspersoon, vennootschap, vennootschap onder firma of natuurlijke persoon controles uit te voeren ten aanzien van de geleverde goederen of diensten;
d. openbare lichamen en gemeenschappelijke organen ingesteld krachtens de Wet gemeenschappelijke regelingen, waaraan vanwege het Rijk wordt deelgenomen;
e. naamloze vennootschappen en besloten vennootschappen met beperkte aansprakelijkheid waarvan de Staat 5% of meer van het geplaatste aandelenkapitaal houdt.

Art. 7.25 Reikwijdte onderzoek naar publieke middelen buiten het Rijk

Onderzoek naar publieke middelen buiten Rijk, reikwijdte

1. Een onderzoek ten aanzien van rechtspersonen, commanditaire vennootschappen, vennootschappen onder firma en natuurlijke personen, bedoeld in artikel 7.24, aanhef en onderdeel a tot en met c, is gericht op oordeelsvorming over:
a. het gevoerde beleid van Onze Minister die het aangaat met betrekking tot de rechtspersonen, commanditaire vennootschappen, vennootschappen onder firma en natuurlijke personen, bedoeld in artikel 7.24, onderdeel a tot en met c;
b. het toezicht dat Onze Minister die het aangaat op de rechtspersonen, commanditaire vennootschappen, vennootschappen onder firma en natuurlijke personen, bedoeld in artikel 7.24, onderdeel a tot en met c, uitoefent.
2. Onverminderd het eerste lid is een onderzoek ten aanzien van rechtspersonen met een wettelijke taak als bedoeld in artikel 7.24, aanhef en onderdeel b, mede gericht op oordeelsvorming over:

a. het beheer van de publieke middelen door de rechtspersonen met een wettelijke taak;
b. de uitvoering van de wettelijke taak.
3. Een onderzoek bij De Nederlandsche Bank N.V. heeft geen betrekking op de uitvoering van taken ter uitvoering van het Verdrag betreffende de werking van de Europese Unie.

Art. 7.26 Reikwijdte onderzoek naar openbare lichamen en gemeenschappelijke organen

Een onderzoek ten aanzien van openbare lichamen en gemeenschappelijke organen, bedoeld in artikel 7.24, aanhef en onderdeel d, is gericht op:
a. de oordeelsvorming over de vervulling van de deelname vanwege het Rijk met betrekking tot de openbare lichamen en gemeenschappelijke organen, bedoeld in artikel 7.24, onderdeel d;
b. het beleid dat Onze Minister die het aangaat met betrekking tot de openbare lichamen en gemeenschappelijke organen, bedoeld in artikel 7.24, onderdeel d, voert.

Onderzoek naar openbare lichamen en gemeenschappelijke organen, reikwijdte

Art. 7.27 Reikwijdte onderzoek naar staatsdeelnemingen

Een onderzoek ten aanzien van naamloze vennootschappen en besloten vennootschappen, bedoeld in artikel 7.24, aanhef en onderdeel e, is gericht op:
a. de oordeelsvorming over de vervulling van het aandeelhouderschap van de Staat met betrekking tot deze naamloze vennootschappen en besloten vennootschappen;
b. het beleid dat Onze Minister die het aangaat voert met betrekking tot deze naamloze vennootschappen en besloten vennootschappen.

Onderzoek naar staatsdeelnemingen, reikwijdte

Art. 7.28 Onderzoek naar bijdragen ten laste van de EU-begroting

Onverminderd het elders bij wet of EU-verordening bepaalde, kan de Algemene Rekenkamer, voor zover aan de lidstaat van de Europese Unie de verplichting tot het toezicht op en de controle van een subsidie, lening of garantie en het beheer daarvan is opgelegd, onderzoek verrichten bij rechtspersonen, commanditaire vennootschappen, vennootschappen onder firma en natuurlijke personen die een beroep of bedrijf uitoefenen die direct, indirect of voorwaardelijk een subsidie, lening of garantie ten laste van de EU-begroting hebben ontvangen.

Onderzoek naar bijdragen ten laste van EU-begroting

Art. 7.29 Reikwijdte onderzoek naar bijdragen ten laste van de EU-begroting

Een onderzoek ten aanzien van rechtspersonen, commanditaire vennootschappen, vennootschappen onder firma en natuurlijke personen, bedoeld in artikel 7.28, is gericht op oordeelsvorming over het toezicht dat door Onze Ministers die het aangaan is gevoerd ter nakoming van de bij of krachtens het Verdrag betreffende de werking van de Europese Unie aan de lidstaat opgelegde verplichtingen inzake het financieel beheer van de ontvangen subsidie, lening of garantie, de controle daarvan of het toezicht daarop.

Onderzoek naar bijdragen ten laste van EU-begroting, reikwijdte

Art. 7.30 Aanbieden rapport overige onderzoeken

1. De Algemene Rekenkamer stelt de Staten-Generaal en Ons in kennis van het rapport dat zij naar aanleiding van een onderzoek als bedoeld in de artikelen 7.23, 7.24 en 7.28, vaststelt.
2. De Algemene Rekenkamer stelt in voorkomende gevallen tevens de instelling, bedoeld in artikel 7.34, achtste lid, in kennis van het rapport, bedoeld in het eerste lid.
3. Voordat de Algemene Rekenkamer een rapport, bedoeld in het eerste lid, vaststelt, stelt zij Onze Minister die het aangaat in de gelegenheid binnen een redelijke termijn te reageren op haar bevindingen en voorlopige conclusies.
4. Van gegevens en bevindingen die naar hun aard vertrouwelijk zijn, maakt de Algemene Rekenkamer geen melding in een rapport als bedoeld in het eerste lid. Mededelingen die zodanige gegevens of bevindingen bevatten, kan zij vertrouwelijk ter kennisneming aan de Staten-Generaal verstrekken.

Rapport Algemene Rekenkamer naar aanleiding van onderzoek

Art. 7.31 Onderzoek naar de verklaring over EU-uitgaven

De Algemene Rekenkamer onderzoekt de verklaring, bedoeld in artikel 6.9, inzake de besteding van de Europese middelen in gedeeld beheer door Nederland.

Onderzoek naar verklaring over EU-uitgaven

Art. 7.32 Aanbieden rapport onderzoek naar de verklaring over EU-uitgaven

1. De Algemene Rekenkamer stelt de Staten-Generaal en Onze Minister van Financiën in kennis van het rapport dat zij naar aanleiding van een onderzoek als bedoeld in artikel 7.31, vaststelt.
2. Artikel 7.30, tweede tot en met vierde lid, is van overeenkomstige toepassing.

Onderzoek naar verklaring over EU-uitgaven, aanbieden rapport

Art. 7.33 Verslag van werkzaamheden

De Algemene Rekenkamer biedt de Staten-Generaal en Ons jaarlijks uiterlijk op 1 april een verslag aan van haar werkzaamheden in het daaraan voorafgaande jaar.

Algemene Rekenkamer, verslag van werkzaamheden

Art. 7.34 Bevoegdheden onderzoek naar publieke middelen buiten het Rijk en openbare lichamen en gemeenschappelijke organen

1. De Algemene Rekenkamer maakt bij het onderzoek, bedoeld in artikel 7.24, onder a tot en met d, zoveel mogelijk gebruik van door anderen verrichte controles.

Onderzoek naar publieke middelen buiten het Rijk, bevoegdheden

2. De Algemene Rekenkamer kan aan de hand van de bescheiden die aanwezig zijn bij Onze Minister die het aangaat of de instelling, bedoeld in het achtste lid, kennis nemen van de informatie over de rechtspersonen, commanditaire vennootschappen, vennootschappen onder firma, natuurlijke personen, openbare lichamen en gemeenschappelijke organen, bedoeld in artikel 7.24, eerste lid, onderdeel a tot en met d.
3. Indien de informatie, aanwezig bij Onze Minister die het aangaat of de instelling, bedoeld in het achtste lid, naar het oordeel van de Algemene Rekenkamer daartoe aanleiding geeft, is de Algemene Rekenkamer bevoegd bij de rechtspersonen, commanditaire vennootschappen, vennootschappen onder firma, natuurlijke personen, openbare lichamen en gemeenschappelijke organen, bedoeld in artikel 7.24, eerste lid, onderdeel a tot en met d, nadere inlichtingen in te winnen of overlegging van stukken te vorderen.
4. De Algemene Rekenkamer kan aan de hand van de administratie een onderzoek instellen bij de rechtspersonen, commanditaire vennootschappen, vennootschappen onder firma, natuurlijke personen, openbare lichamen en gemeenschappelijke organen, bedoeld in artikel 7.24, eerste lid, onderdeel a tot en met d. De artikelen 7.18, eerste lid, en 7.19 zijn van overeenkomstige toepassing.
5. De Algemene Rekenkamer is bevoegd inzage te vorderen in de controleprogramma's en dossiers van de accountant die de documenten, bedoeld in artikel 6.3, eerste lid, onderdeel a en b, heeft gecontroleerd. De accountant kan inzage in de controledossiers niet weigeren met een beroep op een bij of krachtens de wet opgelegde verplichting tot geheimhouding van vertrouwelijke gegevens die in de controledossiers zijn opgenomen. Artikel 6.5 is van overeenkomstige toepassing.
6. Indien de Algemene Rekenkamer gebruik maakt van de bevoegdheden, bedoeld in het derde tot en met het vijfde lid, zijn de artikelen 5:12, 5:13, 5:15 en 5:17, tweede en derde lid, van de Algemene wet bestuursrecht van overeenkomstige toepassing.
7. De Algemene Rekenkamer kan haar bevoegdheden, bedoeld in dit artikel, uitoefenen zolang als en over de jaren dat het algemeen belang dit vordert.
8. Een instelling die bij of krachtens de wet is belast met het houden van toezicht op rechtspersonen met een wettelijke taak licht de Algemene Rekenkamer op door haar aan te geven wijze in over de resultaten van het toezicht. Indien de Algemene Rekenkamer daarom verzoekt, stelt de instelling haar controleprogramma's ter beschikking.
9. De Algemene Rekenkamer licht Onze Minister die het aangaat in over het onderzoek dat zij op basis van dit artikel verricht.
10. Dit artikel is niet van toepassing op provincies, gemeenten, waterschappen, de openbare lichamen Bonaire, Sint Eustatius en Saba, openbare lichamen voor beroep en bedrijf, financiële ondernemingen en elektronischgeldinstellingen, bedoeld in de Wet op het financieel toezicht en de Wet financiële markten BES, en openbare lichamen en gemeenschappelijke organen ingesteld krachtens de Wet gemeenschappelijke regelingen met uitzondering van de openbare lichamen en gemeenschappelijke organen waaraan vanwege het Rijk wordt deelgenomen.

Art. 7.35 Bevoegdheden onderzoek naar staatsdeelnemingen

Onderzoek naar staatsdeelnemingen, bevoegdheden

1. Ten aanzien van naamloze vennootschappen en besloten vennootschappen, waarvan de Staat ten minste 5% van het geplaatste aandelenkapitaal houdt, bedoeld in artikel 7.24, onder e, is artikel 7.34, eerste lid tot en met derde lid, van overeenkomstige toepassing, met dien verstande dat het inwinnen van nadere inlichtingen en het vorderen van stukken door tussenkomst van Onze Minister die het aangaat geschiedt en uitsluitend betrekking heeft op de jaarrekeningen en de daarop betrekking hebbende rapporten van de accountants die de jaarrekeningen hebben gecontroleerd.
2. Ten aanzien van naamloze vennootschappen en besloten vennootschappen met beperkte aansprakelijkheid waarvan de Staat meer dan 50% van het geplaatste aandelenkapitaal houdt en van naamloze vennootschappen en besloten vennootschappen met beperkte aansprakelijkheid waarin de eerstgenoemde naamloze en besloten vennootschappen middellijk of onmiddellijk meer dan 50% van het geplaatste aandelenkapitaal houden, is artikel 7.34, eerste tot en met zevende lid en negende lid, van overeenkomstige toepassing.

Art. 7.36 Bevoegdheden onderzoek naar bijdragen ten laste van de EU-begroting

Onderzoek naar bijdragen ten laste van EU-begroting, bevoegdheden

Ten aanzien van een onderzoek naar bijdragen ten laste van de EU-begroting als bedoeld in artikel 7.28, is artikel 7.34, eerste tot en met negende lid, van overeenkomstige toepassing.

Art. 7.37 Samenwerking binnen het Koninkrijk

Algemene Rekenkamer, samenwerking binnen Koninkrijk

1. De Algemene Rekenkamer kan samenwerken met de Algemene Rekenkamers van Aruba, Curaçao, Sint Maarten en de gezamenlijk rekenkamer van de openbare lichamen Bonaire, Sint Eustatius en Saba.
2. Het is niet toegestaan gegevens, bevindingen of conclusies die naar hun aard vertrouwelijk zijn te verstrekken aan de rekenkamers, bedoeld in het eerste lid.

Art. 7.38 Internationale werkzaamheden

1. De Algemene Rekenkamer kan internationale werkzaamheden verrichten die aansluiten bij haar wettelijke taken.
2. De Algemene Rekenkamer kan ten aanzien van de werkzaamheden, bedoeld in het eerste lid, samenwerken met onderzoeksinstituten uit andere landen die vergelijkbaar zijn met de Algemene Rekenkamer.
3. Artikel 7.37, tweede lid, is van overeenkomstige toepassing ten aanzien van de werkzaamheden bedoeld in het eerste en tweede lid.

Art. 7.39 Verstrekken van mededelingen

De Algemene Rekenkamer verstrekt aan Onze Minister van Financiën, Onze Minister die het aangaat en de Staten-Generaal de mededelingen die zij in het algemeen belang nodig oordeelt.

§ 4
Overleg

Art. 7.40 Overleg met de Algemene Rekenkamer

1. Onze Minister die het aangaat voert overleg met Onze Minister van Financiën en de Algemene Rekenkamer over:
a. de bij of krachtens de wet te stellen regels die betrekking hebben op de taken of bevoegdheden van de Algemene Rekenkamer;
b. een wettelijke regeling als bedoeld in artikel 4.7, derde lid, onder a, voor zover die wettelijke regeling betrekking heeft op het oprichten, mede-oprichten of doen oprichten van privaatrechtelijke rechtspersonen door de Staat.
2. Onze Minister die het aangaat voert in overeenstemming met Onze Minister van Buitenlandse Zaken en Onze Minister van Financiën, overleg met de Algemene Rekenkamer over ontwerp EU-regelgeving voor zover die betrekking heeft op de positie, taken of bevoegdheden van nationale rekenkamers.
3. Onze Minister van Financiën voert overleg met de Algemene Rekenkamer over de bij of krachtens deze wet te stellen regels, met uitzondering van de regels over:
a. het inrichten van de rijksbegroting, bedoeld in artikel 4.20, eerste lid, aanhef en onderdeel a;
b. het begrotingsproces, bedoeld in artikel 4.20, eerste lid, aanhef en onderdeel b;
c. het begrotingsbeheer, bedoeld in artikel 4.20, eerste lid, aanhef en onderdeel d;
d. de financiële administratie voor zover het de begrotingsadministratie betreft, bedoeld in artikel 4.20, eerste lid, aanhef en onderdeel e.
4. Onze Minister die het aangaat verbindt een redelijke termijn aan het overleg met de Algemene Rekenkamer, bedoeld in het eerste tot en met derde lid.

Hoofdstuk 8
Comptabele noodwetgeving

Art. 8.1 Comptabele noodwetgeving

1. Onverminderd de artikelen 7, eerste lid, en 8, eerste lid, van de Coördinatiewet uitzonderingstoestanden kan, indien buitengewone omstandigheden dit noodzakelijk maken, bij koninklijk besluit, op voordracht van Onze Minister-President, aan Onze Minister van Financiën de bevoegdheid worden verleend om regels te stellen in afwijking van deze wet en de wetten, bedoeld in artikel 2.11, tweede lid.
2. Wanneer het besluit, bedoeld in het eerste lid, is genomen, wordt onverwijld een voorstel van wet aan de Tweede Kamer der Staten-Generaal gezonden over het voortduren van de werking van de bij dat besluit in werking gestelde bepaling.
3. Wordt het voorstel van wet door de Staten-Generaal verworpen, dan wordt bij koninklijk besluit, op voordracht van Onze Minister-President, de bepaling die ingevolge het eerste lid in werking is gesteld, onverwijld buiten werking gesteld.
4. Bij koninklijk besluit, op voordracht van Onze Minister-President, wordt de bepaling die ingevolge het eerste lid in werking is gesteld, buiten werking gesteld, zodra de omstandigheden dit naar het oordeel van de regering toelaten.
5. Het besluit, bedoeld in het eerste, derde en vierde lid, wordt op de daarin te bepalen wijze bekendgemaakt. Het besluit treedt in werking terstond na de bekendmaking.
6. Het besluit, bedoeld in het eerste, derde en vierde lid, wordt in ieder geval geplaatst in het Staatsblad.

Hoofdstuk 9
Wijziging andere wetten

Art. 9.1 Wijziging Coördinatiewet uitzonderingstoestanden
[Wijzigt de Coördinatiewet uitzonderingstoestanden.]

Art. 9.2 Wijziging Financiële-verhoudingswet
[Wijzigt de Financiële-verhoudingswet.]

Art. 9.3 Wijziging Gezondheids- en welzijnswet voor dieren
[Wijzigt de Gezondheids- en welzijnswet voor dieren.]

Art. 9.4 Wijziging Handelsregisterwet 2007
[Wijzigt de Handelsregisterwet 2007.]

Art. 9.5 Wijziging Kaderwet adviescolleges
[Wijzigt de Kaderwet adviescolleges.]

Art. 9.6 Wijziging Prijzennoodwet
[Wijzigt de Prijzennoodwet.]

Art. 9.7 Wijziging Spoorwegwet
[Wijzigt de Spoorwegwet.]

Art. 9.8 Wijziging Tijdelijke wet ambulancezorg
[Wijzigt de Tijdelijke wet ambulancezorg.]

Art. 9.9 Wijziging Uitvoeringswet EGTS-verordening
[Wijzigt de Uitvoeringswet EGTS-verordening.]

Art. 9.10 Wijziging Waterwet
[Wijzigt de Waterwet.]

Art. 9.11 Wijziging Woningwet
[Wijzigt de Woningwet.]

Art. 9.12 Wijziging Wet BDU verkeer en vervoer
[Wijzigt de Wet BDU verkeer en vervoer.]

Art. 9.13 Wijziging Wet dieren
[Wijzigt de Wet dieren.]

Art. 9.14 Wijziging Wet financiën openbare lichamen Bonaire, Sint Eustatius en Saba
[Wijzigt de Wet financiën openbare lichamen Bonaire, Sint Eustatius en Saba.]

Art. 9.15 Wijziging Wet Fonds economische structuurversterking
[Wijzigt de Wet Fonds economische structuurversterking.]

Art. 9.16 Wijziging Wet houdbare overheidsfinanciën
[Wijzigt de Wet houdbare overheidsfinanciën.]

Art. 9.17 Wijziging Wet Infrastructuurfonds
[Wijzigt de Wet Infrastructuurfonds.]

Art. 9.18 Wijziging Wet langdurige zorg
[Wijzigt de Wet langdurige zorg.]

Art. 9.19 Wijziging Wet marktordening gezondheidszorg
[Wijzigt de Wet marktordening gezondheidszorg.]

Art. 9.20 Wijziging Wet normering bezoldiging topfunctionarissen publieke en semipublieke sector
[Wijzigt de Wet normering bezoldiging topfunctionarissen publieke en semipublieke sector.]

Comptabiliteitswet 2016

A15 art. 10.2

Art. 9.21 Wijziging Wet op het financieel toezicht
[Wijzigt de Wet op het financieel toezicht.]

Wijziging Wet op het financieel toezicht

Art. 9.22 Wijziging Wet op de inlichtingen- en veiligheidsdiensten 2002
[Wijzigt de Wet op de inlichtingen- en veiligheidsdiensten 2002.]

Wijziging op de inlichtingen- en veiligheidsdiensten 2002

Art. 9.23 Wijziging Wet op de kansspelen
[Wijzigt de Wet op de kansspelen.]

Wijziging Wet op de kansspelen

Art. 9.24 Wijziging Wet op het LSOP en het politieonderwijs
[Wijzigt de Wet op het LSOP en het politieonderwijs.]

Wijziging Wet op het LSOP en het politieonderwijs

Art. 9.25 Wijziging Wet op de parlementaire enquête 2008
[Wijzigt de Wet op de parlementaire enquête 2008.]

Wijziging Wet op de parlementaire enquête 2008

Art. 9.26 Wijziging Wet op de rechterlijke organisatie
[Wijzigt de Wet op de rechterlijke organisatie.]

Wijziging Wet op de rechterlijke organisatie

Art. 9.27 Wijziging Wet overheidspersoneel onder de werknemersverzekeringen
[Wijzigt de Wet overheidspersoneel onder de werknemersverzekeringen.]

Wijziging Wet overheidspersoneel onder de werknemersverzekeringen

Art. 9.28 Wijziging Wet stichting administratiekantoor beheer financiële instellingen
[Wijzigt de Wet stichting administratiekantoor beheer financiële instellingen.]

Wijziging Wet toezicht accountantsorganisaties

Art. 9.29 Wijziging Wet toezicht accountantsorganisaties
[Wijzigt de Wet toezicht accountantsorganisaties.]

Art. 9.30 Wijziging Zorgverzekeringswet
[Wijzigt de Zorgverzekeringswet.]

Wijziging Zorgverzekeringswet

Hoofdstuk 10
Evaluatie-, overgangs- en slotbepalingen

§ 1
Evaluatie

Art. 10.1 Evaluatie
Onze Minister van Financiën zendt binnen vijf jaar na de inwerkingtreding van deze wet aan de Staten-Generaal een verslag over de effecten van deze wet in de praktijk.

Evaluatie, termijn

§ 2
Overgangsrecht en samenloop

Art. 10.2 Overgangsrecht
1. De bepalingen van de Comptabiliteitswet 2001 en de daarop berustende bepalingen zoals deze golden voor de inwerkingtreding van deze wet blijven van toepassing op:
a. de begrotingen en de suppletoire begrotingen, jaarverslagen en rapporten die met deze begrotingen samenhangen, voor zover de begrotingen voor de inwerkingtreding van deze wet bij de Tweede Kamer der Staten-Generaal zijn ingediend;
b. de besluiten betreffende de aanwijzing als baten-lastenagentschap of verplichtingen-kasagentschap, bedoeld in de artikelen 10 en 11a van de Comptabiliteitswet 2001, voor zover de besluiten voor de inwerkingtreding van deze wet zijn genomen;
c. de besluiten betreffende de aanwijzing tot het aanhouden van liquide middelen in de schatkist van het Rijk of het uitzetten van liquide middelen, bedoeld in de artikelen 24, zesde lid, en 45 van de Comptabiliteitswet 2001, voor zover de besluiten voor de inwerkingtreding van deze wet zijn genomen;
d. de privaatrechtelijke rechtshandelingen, bedoeld in de artikelen 32, 34 en 34a van de Comptabiliteitswet 2001, voor zover de rechtshandelingen voor de inwerkingtreding van deze wet zijn verricht;

Overgangsbepalingen

A15 art. 10.3   Comptabiliteitswet 2016

e. de bevoegdheden van de Algemene Rekenkamer, bedoeld in hoofdstuk VII van de Comptabiliteitswet 2001, voor zover de bevoegdheden voor de inwerkingtreding van deze wet zijn toegepast.

2. De bepalingen van deze wet zijn niet van toepassing op:

a. de begrotingen en de suppletoire begrotingen, jaarverslagen en rapporten die met deze begrotingen samenhangen, voor zover de begrotingen voor de inwerkingtreding van deze wet bij de Tweede Kamer der Staten-Generaal zijn ingediend;

b. de privaatrechtelijke rechtshandelingen, bedoeld in de artikelen 32, 34 en 34a van de Comptabiliteitswet 2001, voor zover de rechtshandelingen voor de inwerkingtreding van deze wet zijn verricht;

c. de bevoegdheden van de Algemene Rekenkamer, bedoeld in hoofdstuk VII van de Comptabiliteitswet 2001, voor zover de bevoegdheden voor de inwerkingtreding van deze wet zijn toegepast.

Art. 10.3 Grondslag besluiten

Grondslag besluiten

Met de inwerkingtreding van deze wet berusten:

a. de besluiten betreffende de aanwijzing als baten-lastenagentschap of verplichtingen-kasagentschap, bedoeld in de artikelen 10 en 11a van de Comptabiliteitswet 2001, mede op artikel 2.20 van deze wet;

b. de besluiten betreffende de aanwijzing tot het aanhouden van liquide middelen in de schatkist van het Rijk of het uitzetten van liquide middelen, bedoeld in de artikelen 24, zesde lid, en 45 van de Comptabiliteitswet 2001, mede op de artikelen 5.2 tot en met 5.4 en 5.7 van deze wet.

Art. 10.4 Samenloop

Samenloop

[Wijzigt deze wet.]

§ 3:
Geografische toepasselijkheid

Art. 10.5 Toepasselijkheid Bonaire, Sint Eustatius en Saba

Toepasselijkheid Bonaire, Sint Eustatius en Saba

De bevoegdheden waarin deze wet voorziet, kunnen mede worden uitgeoefend in de openbare lichamen Bonaire, Sint Eustatius en Saba.

§ 4
Slotbepalingen

Art. 10.6 Intrekking Comptabiliteitswet 2001

Intrekking

De Comptabiliteitswet 2001 wordt ingetrokken.

Art. 10.7 Inwerkingtreding

Inwerkingtreding

Deze wet treedt in werking op een bij koninklijk besluit te bepalen tijdstip.

Art. 10.8 Citeertitel

Citeertitel

Deze wet wordt aangehaald als: Comptabiliteitswet 2016.

Wet Nationale ombudsman[1]

Wet van 4 februari 1981, houdende instelling van het ambt van Nationale ombudsman en wijziging van een aantal wetten

Hoofdstuk I
Begripsbepalingen en toepassingsbereik

Art. 1
Deze wet verstaat onder:
a. *ombudsman*: de Nationale ombudsman, bedoeld in artikel 2;
b. *Kinderombudsman*: de als zodanig aangewezen substituut-ombudsman, bedoeld in artikel 9, eerste lid;
c. *veteranenombudsman*: de ombudsman voor zover hij optreedt als bedoeld in hoofdstuk IIB, of de als zodanig aangewezen substituut-ombudsman bedoeld in artikel 9, eerste lid;
d. *ambtenaar*: een ambtenaar, een gewezen ambtenaar, personen genoemd in artikel 3, onderdelen a, c, d, e en f, van de Ambtenarenwet 2017 en in artikel 1, onderdeel b, onder 7°, van de Wet op de rechterlijke organisatie, ook na beëindiging van de aanstelling, alsmede andere personen werkzaam onder de verantwoordelijkheid van het bestuursorgaan, ook na het beëindigen van de werkzaamheden;
e. *openbare lichamen*: openbare lichamen Bonaire, Sint Eustatius en Saba.

Begripsbepalingen

Art. 1a
1. Deze wet is van toepassing op de gedragingen van de volgende bestuursorganen:
a. Onze Ministers;
b. bestuursorganen van provincies, gemeenten, openbare lichamen, waterschappen en gemeenschappelijke regelingen, tenzij voor die bestuursorganen een eigen voorziening voor de behandeling van verzoekschriften is ingesteld op grond van respectievelijk artikel 79q van de Provinciewet, artikel 81p van de Gemeentewet, artikel 107 van de Wet openbare lichamen Bonaire, Sint Eustatius en Saba, artikel 51b van de Waterschapswet of artikel 10, vierde lid, artikel 41, eerste lid, onder i, artikel 50a, eerste lid, onder e, artikel 52, eerste lid, onder i, artikel 62, onder a, artikel 74, eerste lid, onder i, en artikel 84, eerste lid, onder i, van de Wet gemeenschappelijke regelingen;
c. bestuursorganen aan welke bij of krachtens wettelijk voorschrift een taak met betrekking tot de politie is opgedragen, voor zover het de uitoefening van die taak betreft;
d. bestuursorganen van provincies, gemeenten, openbare lichamen, waterschappen en gemeenschappelijke regelingen voor zover het de gedragingen van voor hen werkzame buitengewoon opsporingsambtenaren betreft;
e. andere bestuursorganen, daaronder mede begrepen bestuursorganen in de openbare lichamen, voor zover niet bij algemene maatregel van bestuur uitgezonderd.
2. Een gedraging van een ambtenaar, verricht in de uitoefening van zijn functie, wordt aangemerkt als een gedraging van het bestuursorgaan onder wiens verantwoordelijkheid hij werkzaam is.
3. Op een gedraging van het College, genoemd in artikel 1 van de Wet College voor de rechten van de mens, is deze wet slechts van toepassing voor zover het gaat om een gedraging van een ambtenaar die behoort tot het in artikel 18 van die wet bedoelde bureau.

Werkingssfeer

Art. 1b
1. Indien de ombudsman een besluit als bedoeld in artikel 79q, tweede of derde lid, van de Provinciewet, artikel 81p, tweede of derde lid, van de Gemeentewet, artikel 107, tweede of derde lid, van de Wet openbare lichamen Bonaire, Sint Eustatius en Saba artikel 51b, tweede of derde lid, van de Waterschapswet of artikel 10, vierde lid, artikel 41, eerste lid, onder i, artikel 50a, eerste lid, onder e, artikel 52, eerste lid, onder i, artikel 62, onder a, artikel 74, eerste lid, onder i, en artikel 84, eerste lid, onder i, van de Wet gemeenschappelijke regelingen heeft ontvangen, bevestigt hij onverwijld de ontvangst daarvan.
2. De ombudsman registreert de provincies, gemeenten, openbare lichamen, waterschappen en gemeenschappelijke regelingen met een eigen voorziening als bedoeld in artikel 1a, eerste lid, onder b. Hij maakt deze registratie openbaar.

Nationale ombudsman, bestuursorganen met eigen ombudsman

---

1 Inwerkingtredingsdatum: 10-06-1981; zoals laatstelijk gewijzigd bij: Stb. 2019, 173.

A16 art. 1c — Wet Nationale ombudsman

Nationale ombudsman, vergoeding door bestuursorganen

Art. 1c
1. Provincies, gemeenten, openbare lichamen, waterschappen en gemeenschappelijke regelingen als bedoeld in artikel 1a, eerste lid, onder b, zijn een vergoeding verschuldigd ter dekking van de kosten die zijn verbonden aan de behandeling van verzoekschriften ten aanzien van hun bestuursorganen door de ombudsman. Onze Minister van Binnenlandse Zaken en Koninkrijksrelaties stelt de vergoeding vast.

Nadere regels

2. Bij of krachtens algemene maatregel van bestuur worden nadere regels gesteld omtrent:
   a. de berekening van de te betalen vergoeding;
   b. de wijze van betaling van de verschuldigde vergoeding;
   c. het tijdstip waarop de verschuldigde vergoeding dient te zijn voldaan.

Werkingssfeer

Art. 1d
De artikelen 1b en 1c zijn niet van toepassing op de Kinderombudsman of de Veteranenombudsman, voor zover die als zodanig optreedt.

Hoofdstuk II
De Nationale Ombudsman

Nationale ombudsman, benoeming

Art. 2
1. Er is een Nationale ombudsman.

2. De ombudsman wordt benoemd door de Tweede Kamer der Staten-Generaal. Bij de benoeming slaat de Tweede Kamer zodanig acht op een aanbeveling, daartoe in gezamenlijk overleg opgemaakt door de vice-president van de Raad van State, de president van de Hoge Raad der Nederlanden en de president van de Algemene Rekenkamer en bevattende de namen van ten minste drie personen, als zij zal dienstig oordelen.
3. De benoeming geschiedt voor de duur van zes jaren.
4. Indien de Tweede Kamer voornemens is de ombudsman opnieuw te benoemen, kan zij bepalen dat het tweede lid, tweede volzin, buiten toepassing blijft.
5. Indien blijkt dat de Tweede Kamer niet tijdig tot de benoeming van een nieuwe ombudsman zal kunnen komen, voorziet de Tweede Kamer zo spoedig mogelijk in de waarneming van het ambt van ombudsman. Artikel 10, vijfde tot en met zevende lid, is van overeenkomstige toepassing.

Nationale ombudsman, ontslag

Art. 3
1. De Tweede Kamer ontslaat de ombudsman met ingang van de eerstvolgende maand na die waarin hij de zeventigjarige leeftijd bereikt.
2. De Tweede Kamer ontslaat de ombudsman voorts:
   a. op zijn verzoek;
   b. wanneer hij uit hoofde van ziekten of gebreken blijvend ongeschikt is zijn functie te vervullen;
   c. bij de aanvaarding van een ambt of betrekking bij deze wet onverenigbaar verklaard met het ambt van ombudsman;
   d. bij het verlies van het Nederlanderschap;
   e. wanneer hij bij onherroepelijk geworden rechterlijke uitspraak wegens misdrijf is veroordeeld, dan wel hem bij zulk een uitspraak een maatregel is opgelegd die vrijheidsbeneming tot gevolg heeft;
   f. wanneer hij ingevolge onherroepelijk geworden rechterlijke uitspraak onder curatele is gesteld, in staat van faillissement is verklaard, ten aanzien van hem de schuldsaneringsregeling natuurlijke personen van toepassing is verklaard, hij surseance van betaling heeft verkregen of wegens schulden is gegijzeld;
   g. wanneer hij naar het oordeel van de Tweede Kamer door handelen of nalaten ernstig nadeel toebrengt aan het in hem te stellen vertrouwen.

Nationale ombudsman, non-activiteit

Art. 4
1. De Tweede Kamer stelt de ombudsman op non-activiteit ingeval:
   a. hij zich in voorlopige hechtenis bevindt;
   b. hij bij een nog niet onherroepelijk geworden rechterlijke uitspraak wegens misdrijf is veroordeeld, dan wel hem bij zulk een uitspraak een maatregel is opgelegd die vrijheidsbeneming tot gevolg heeft;
   c. hij onder curatele is gesteld, in staat van faillissement is verklaard, ten aanzien van hem de schuldsaneringsregeling natuurlijke personen van toepassing is verklaard, hij surseance van betaling heeft verkregen of wegens schulden is gegijzeld ingevolge een nog niet onherroepelijk geworden rechterlijke uitspraak.
2. De Tweede Kamer kan de ombudsman op non-activiteit stellen, indien hij wordt vervolgd wegens een misdrijf of indien er een ander ernstig vermoeden is voor het bestaan van feiten of omstandigheden die tot ontslag, anders dan op gronden vermeld in artikel 3, tweede lid onder b, zouden kunnen leiden.

Wet Nationale ombudsman   A16 art. 10

3. In het geval, bedoeld in het tweede lid, eindigt de non-activiteit na drie maanden. De Tweede Kamer kan de maatregel echter telkens voor ten hoogste drie maanden verlengen.
4. De Tweede Kamer beëindigt de non-activiteit zodra de grond voor de maatregel is vervallen.
5. De Tweede Kamer kan bij de beslissing waarbij de ombudsman op non-activiteit wordt gesteld, bepalen dat tijdens de duur van de non-activiteit geen salaris of slechts een gedeelte van het salaris zal worden genoten, in het laatste geval onder aanwijzing van het gedeelte dat zal worden genoten.
6. Indien de non-activiteit anders dan door ontslag is geëindigd, kan de Tweede Kamer beslissen, dat het niet genoten salaris alsnog geheel of gedeeltelijk zal worden uitbetaald, in het laatste geval onder aanwijzing van het gedeelte dat zal worden uitbetaald.

Art. 5

1. De ombudsman kan niet bekleden:
a. het lidmaatschap van publiekrechtelijke colleges waarvoor de keuze geschiedt bij krachtens wettelijk voorschrift uitgeschreven verkiezingen;
b. een openbare betrekking waaraan een vaste beloning of toelage is verbonden;
c. het lidmaatschap van vaste colleges van advies en bijstand aan de Regering;
d. het beroep of ambt van advocaat of notaris.
2. De ombudsman vervult geen betrekkingen waarvan de uitoefening ongewenst is met het oog op een goede vervulling van zijn ambt of op de handhaving van zijn onpartijdigheid en onafhankelijkheid of van het vertrouwen daarin.
3. De betrekkingen die de ombudsman buiten zijn ambt vervult, worden door hem openbaar gemaakt.

Nationale ombudsman, nevenfuncties

Art. 6

De bepalingen van de Algemene pensioenwet politieke ambtsdragers zijn van overeenkomstige toepassing op de ombudsman, met dien verstande dat deze wordt gelijkgesteld met een lid van de Tweede Kamer der Staten-Generaal.

Nationale ombudsman, pensioenvoorziening

Art. 7

[Vervallen]

Art. 8

Alvorens zijn ambt te aanvaarden legt de ombudsman in de handen van de Voorzitter der Tweede Kamer af:
a. de eed of verklaring en belofte dat hij tot het verkrijgen van zijn benoeming rechtstreeks noch middellijk, onder welke naam of onder welk voorwendsel ook, aan iemand iets heeft gegeven of beloofd, alsmede dat hij om iets in zijn ambt te doen of te laten rechtstreeks noch middellijk van iemand enig geschenk of enige belofte heeft aangenomen of zal aannemen;
b. de eed of de belofte van trouw aan de Grondwet.

Nationale ombudsman, beëdiging

Art. 9

1. De Tweede Kamer benoemt op verzoek van de ombudsman een of meer personen tot substituut-ombudsman en wijst daarbij de substituut-ombudsman aan die de functie van Kinderombudsman of Veteranenombudsman heeft. De ombudsman maakt daartoe een aanbeveling op, die de namen van ten minste drie personen bevat. Indien er geen Kinderombudsman of Veteranenombudsman is, draagt de ombudsman zo spoedig mogelijk zorg voor een verzoek als bedoeld in de eerste volzin.
2. De benoeming van een substituut-ombudsman geschiedt voor de duur van de ambtstermijn van de ombudsman op wiens verzoek hij is benoemd, vermeerderd met een jaar.
3. Indien de Tweede Kamer voornemens is een substituut-ombudsman opnieuw te benoemen, kan zij bepalen dat het eerste lid, tweede volzin, buiten toepassing blijft.
4. De artikelen 3 tot en met 8, 15, en de artikelen 9:21 en 9:30 tot en met 9:34 van de Algemene wet bestuursrecht, zijn van overeenkomstige toepassing op een substituut-ombudsman.
5. De ombudsman regelt de werkzaamheden van een substituut-ombudsman.
6. De ombudsman kan bepalen dat de bevoegdheden, bedoeld in de artikelen 16, derde lid, en de artikelen 9:27, 9:35 en 9:36 van de Algemene wet bestuursrecht, tevens worden uitgeoefend door een substituut-ombudsman. De ombudsman kan voor de uitoefening van die bevoegdheden richtlijnen vaststellen.

Nationale ombudsman, substituut-ombudsman

Art. 10

1. De ombudsman regelt zijn vervanging door een substituut-ombudsman, voor het geval dat hij tijdelijk niet in staat is zijn ambt te vervullen. De ombudsman regelt tevens de vervanging van de Kinderombudsman of de Veteranenombudsman door een substituut-ombudsman, voor het geval dat die tijdelijk niet in staat is zijn ambt te vervullen.
2. Indien geen substituut-ombudsman aanwezig of beschikbaar is, voorziet de Tweede Kamer zo spoedig mogelijk in de vervanging van de ombudsman, Kinderombudsman of Veteranenombudsman. In dat geval eindigt de vervanging wanneer de ombudsman, Kinderombudsman of Veteranenombudsman weer in staat is zijn ambt te vervullen of, indien de ombudsman, Kinderombudsman of Veteranenombudsman op non-activiteit is gesteld, op het tijdstip dat de non-activiteit eindigt.

Nationale ombudsman, vervanging

3. Indien de ombudsman, Kinderombudsman of Veteranenombudsman overlijdt of ingevolge artikel 3 wordt ontslagen, voorziet de Tweede Kamer zo spoedig mogelijk in de waarneming van het ambt van ombudsman, Kinderombudsman of Veteranenombudsman door een substituut-ombudsman.
4. Indien geen substituut-ombudsman aanwezig of beschikbaar is, voorziet de Tweede Kamer zo spoedig mogelijk in de waarneming van het ambt van ombudsman, Kinderombudsman of Veteranenombudsman.
5. De waarneming eindigt van rechtswege op het tijdstip waarop een nieuwe ombudsman, Kinderombudsman of Veteranenombudsman in functie is getreden.
6. Op degene die krachtens het tweede of het vierde lid de ombudsman, Kinderombudsman of Veteranenombudsman vervangt of het ambt van ombudsman, Kinderombudsman of Veteranenombudsman waarneemt, zijn de artikelen 2, tweede lid, tweede volzin, derde en vierde lid, 3, eerste lid, 6 en 9 van deze wet niet van toepassing.
7. Indien de in het zesde lid bedoelde vervanger respectievelijk waarnemer een betrekking of lidmaatschap als bedoeld in artikel 5, eerste lid, onderdelen b en c, bekleedt of gaat bekleden, is hij voor de duur van de vervanging respectievelijk de waarneming in die betrekking of dat lidmaatschap van rechtswege op non-activiteit gesteld. De bezoldiging voor die betrekking of dat lidmaatschap met inbegrip van eventuele toelagen blijft gedurende de periode van non-activiteit achterwege.

Art. 11

Nationale ombudsman, bureau

1. Te zijner ondersteuning beschikt de ombudsman over een bureau.

Nationale ombudsman, arbeidsovereenkomst tot het bureau horende personen

2. Op voordracht van de ombudsman wordt bij koninklijk besluit besloten tot het aangaan van een arbeidsovereenkomst met de tot het bureau behorende personen. Tot beëindiging van de arbeidsovereenkomst wordt bij koninklijk besluit op voordracht van de ombudsman besloten, tenzij de ombudsman de arbeidsovereenkomst opzegt op grond van artikel 677 van Boek 7 van het Burgerlijk Wetboek.
3. Bij koninklijk besluit wordt bepaald in welke gevallen het tweede lid niet van toepassing is.

Nationale ombudsman, arbeidsvoorwaarden tot het bureau behorende personen

4. Ten aanzien van het tot het bureau van de ombudsman behorende personeel gelden de voor alle ambtenaren geldende arbeidsvoorwaarden die zijn opgenomen in de laatstelijk afgesloten collectieve arbeidsovereenkomst voor ambtenaren die krachtens een arbeidsovereenkomst met de Staat werkzaam zijn.
5. Op verzoek van de ombudsman kunnen in de collectieve arbeidsovereenkomst, bedoeld in het vierde lid, andere arbeidsvoorwaarden voor het tot het bureau van de ombudsman behorende personeel worden opgenomen.

Hoofdstuk IIa
De Kinderombudsman

Art. 11a

Begripsbepalingen

In dit hoofdstuk wordt verstaan onder:
a. jeugdige: een persoon die de meerderjarigheidsleeftijd nog niet heeft bereikt;
b. kinderrechtenverdrag: het op 20 november 1989 te New York tot stand gekomen Verdrag inzake de rechten van het kind (Trb. 1990, 46);
c. rechten van jeugdigen: de rechten van jeugdigen, opgenomen in het kinderrechtenverdrag.

Art. 11b

Kinderombudsman, taak

1. De Kinderombudsman heeft tot taak te bevorderen dat de rechten van jeugdigen worden geëerbiedigd door bestuursorganen en door privaatrechtelijke organisaties.
2. Hij doet dit in elk geval door:
a. voor te lichten en informatie te geven over de rechten van jeugdigen;
b. gevraagd en ongevraagd advies te geven aan de regering en de beide Kamers der Staten-Generaal over wetgeving die en beleid dat de rechten van jeugdigen raakt;
c. het instellen van onderzoek naar de eerbiediging van de rechten van jeugdigen naar aanleiding van klachten of uit eigen beweging;
d. het toezicht houden op de wijze waarop klachten van jeugdigen of hun wettelijke vertegenwoordigers door de daartoe bevoegde instanties, niet zijnde de ombudsman, worden behandeld.
3. Bij de uitvoering van zijn taken, houdt de Kinderombudsman zo veel mogelijk rekening met de mening van jeugdigen zelf overeenkomstig artikel 12 van het kinderrechtenverdrag, met de belangen van jeugdigen en met hun belevingswereld.

Art. 11c

Kinderombudsman, indienen klacht

1. Een ieder die meent dat een of meer rechten van jeugdigen niet geëerbiedigd worden door:
a. een bestuursorgaan als bedoeld in artikel 1a, met dien verstande dat, in afwijking van artikel 1a, eerste lid, onder b, daaronder mede worden begrepen bestuursorganen met een eigen voorziening voor de behandeling van verzoekschriften als bedoeld in artikel 1a, eerste lid, onder b;

Wet Nationale ombudsman   **A16 art. 11h**

b. een orgaan van een rechtspersoon, niet zijnde een bestuursorgaan, voor zover die:
1° een bij of krachtens de wet geregelde taak ten aanzien van jeugdigen uitoefent; of
2° anderszins een taak ten aanzien van jeugdigen uitoefent op het terrein van het onderwijs, de jeugdhulp, de kinderopvang of de gezondheidszorg,
kan een klacht indienen bij de Kinderombudsman.
2. Een klacht over een bestuursorgaan als bedoeld in artikel 1a, geldt als een verzoek als bedoeld in artikel 9:18, eerste lid, van de Algemene wet bestuursrecht.
3. Een gedraging van een medewerker van een rechtspersoon als bedoeld in het eerste lid, onder b, verricht in de uitoefening van zijn functie, wordt aangemerkt als een gedraging van die rechtspersoon.

Art. 11d
1. Op de behandeling van klachten over en onderzoek uit eigen beweging naar bestuursorganen met een eigen voorziening voor de behandeling van verzoekschriften als bedoeld in artikel 1a, eerste lid, onder b, en organen van rechtspersonen als bedoeld in artikel 11c, eerste lid, onder b, door de Kinderombudsman zijn artikel 15 alsmede titel 9.2 van de Algemene wet bestuursrecht van overeenkomstige toepassing.   *Kinderombudsman, behandeling klacht*
2. In afwijking van artikel 9:18, eerste lid, van de Algemene wet bestuursrecht, kan een klacht als bedoeld in artikel 11c, eerste lid, mondeling worden ingediend. De artikelen 9:23 onder a en 9:28 van de Algemene wet bestuursrecht zijn in dat geval niet van toepassing.
3. In afwijking van artikel 9:18, derde lid, van de Algemene wet bestuursrecht is de Kinderombudsman niet verplicht een onderzoek in te stellen, indien de klacht een orgaan als bedoeld in artikel 11c, eerste lid, onder b, betreft.
4. De in artikel 9:33 van de Algemene wet bestuursrecht bedoelde vergoeding van kosten vindt plaats ten laste van het Rijk indien het onderzoek betrekking heeft op een orgaan van een rechtspersoon als bedoeld in artikel 11c, eerste lid, onder b.

Art. 11e
1. De Kinderombudsman zendt jaarlijks een verslag van zijn werkzaamheden aan de beide Kamers der Staten-Generaal en aan Onze Ministers, alsmede aan andere bestuursorganen en privaatrechtelijke organisaties voor zover hij dat wenselijk acht. Artikel 10 van de Wet openbaarheid van bestuur is van overeenkomstige toepassing met dien verstande dat de Kinderombudsman bij het verslag gegevens kan voegen, slechts ter vertrouwelijke kennisneming door de leden van de Staten-Generaal en Onze Ministers.   *Kinderombudsman, verslag*
2. De Kinderombudsman draagt er zorg voor dat het verslag openbaar wordt gemaakt en algemeen verkrijgbaar wordt gesteld.
3. De Kinderombudsman kan ook dadelijk na het afsluiten van een onderzoek de beide Kamers der Staten-Generaal en vertegenwoordigende organen van provincies en gemeenten inlichten omtrent zijn bevindingen, zo dikwijls hij de eerdere kennisneming daarvan voor het betreffende orgaan van belang acht of een orgaan als hiervoor bedoeld dit verzoekt.

Hoofdstuk IIb
De Veteranenombudsman

Art. 11f
In dit hoofdstuk wordt verstaan onder: *Begripsbepalingen*
a. *veteraan:* een veteraan als bedoeld in artikel 1 van de Veteranenwet;
b. *relaties van een veteraan:* relaties als bedoeld in artikel 1 van de Veteranenwet.

Art. 11g
1. De Veteranenombudsman is bevoegd: *Veteranenombudsman, bevoegdheid*
a. naar aanleiding van klachten of uit eigen beweging een onderzoek in te stellen naar de wijze waarop een instantie als bedoeld in artikel 11h, eerste lid, zich in een bepaalde aangelegenheid heeft gedragen, tenzij artikel 9:22 van de Algemene wet bestuursrecht van toepassing is;
b. gevraagd en ongevraagd advies te geven aan de regering en de beide Kamers der Staten-Generaal over de uitvoering van de Veteranenwet en over beleid dat een behoorlijke behandeling van Veteranen raakt;
c. de wijze waarop klachten van veteranen of hun relaties door de daartoe bevoegde instanties, niet zijnde de ombudsman, worden behandeld te monitoren en te analyseren en de regering en de Tweede Kamer in te lichten over zijn bevindingen.

Art. 11h
1. Een veteraan of namens deze, een relatie van een veteraan, die meent niet behoorlijk behandeld te zijn door: *Veteranenombudsman, indienen klacht*
a. een bestuursorgaan als bedoeld in artikel 1a;
b. een orgaan van een rechtspersoon, niet zijnde een bestuursorgaan, voorzover die:
1° . een bij of krachtens de wet geregelde taak ten aanzien van veteranen uitoefent; of
2° . anderszins een taak ten aanzien van veteranen uitoefent,
kan een klacht indienen bij de Veteranenombudsman.

2. Een klacht over een bestuursorgaan als bedoeld in artikel 1a, geldt als een verzoek als bedoeld in artikel 9:18, eerste lid, van de Algemene wet bestuursrecht.
3. Een gedraging van een medewerker van een rechtspersoon als bedoeld in het eerste lid, onder b, verricht in de uitoefening van zijn functie, wordt aangemerkt als een gedraging van die rechtspersoon.

Art. 11i

Veteranenombudsman, behandeling klacht

1. Op de behandeling van klachten over en onderzoek uit eigen beweging naar organen van rechtspersonen als bedoeld in artikel 11h, eerste lid, onder b, door de Veteranenombudsman zijn artikel 15 alsmede titel 9.2 van de Algemene wet bestuursrecht van overeenkomstige toepassing.
2. De in artikel 9:33 van de Algemene wet bestuursrecht bedoelde vergoeding van kosten vindt plaats ten laste van het Rijk indien het onderzoek betrekking heeft op een orgaan van een rechtspersoon als bedoeld in artikel 11h, eerste lid, onder b.

Hoofdstuk III
Aanvullende bepalingen betreffende het onderzoek

Art. 12

Nationale ombudsman, uitzondering onderzoek

De ombudsman is niet verplicht een onderzoek als bedoeld in artikel 9:18, eerste lid, van de Algemene wet bestuursrecht, in te stellen of voort te zetten indien een verzoekschrift, dezelfde gedraging betreffende, in behandeling is bij een tot de behandeling van verzoekschriften bevoegde commissie uit de Eerste of Tweede Kamer of uit de verenigde vergadering der Staten-Generaal of – behoudens indien een nieuw feit of een nieuwe omstandigheid bekend is geworden en zulks tot een ander oordeel over de bedoelde gedraging zou hebben kunnen leiden – daarover door de betrokken commissie haar conclusie op een verzoekschrift aan de Eerste of Tweede Kamer dan wel de verenigde vergadering der Staten-Generaal is voorgesteld.

Art. 13

Toepasselijkheid

Artikel 9:31, eerste lid, derde volzin, van de Algemene wet bestuursrecht is niet van toepassing op Onze Ministers.

Art. 14

Nationale ombudsman, verbod betreden plaatsen

Onze Ministers kunnen aan de ombudsman het betreden van bepaalde plaatsen verbieden, indien dit naar hun oordeel de veiligheid van de staat zou schaden.

Art. 15

Nationale ombudsman, plicht tot verschijnen

De ombudsman kan bevelen dat personen die, hoewel wettelijk opgeroepen, niet zijn verschenen, door de openbare macht voor hem worden gebracht om aan hun verplichtingen te voldoen.

Art. 16

Nationale ombudsman, verslag werkzaamheden

1. De ombudsman zendt jaarlijks een verslag van zijn werkzaamheden aan de beide Kamers der Staten-Generaal en aan Onze Ministers, alsmede aan de vertegenwoordigende organen van provincies, gemeenten openbare lichamen en waterschappen en aan de algemene besturen van gemeenschappelijke regelingen als bedoeld in artikel 1a, eerste lid, onder b, voorzover de ombudsman ten aanzien van hun bestuursorganen verzoekschriften heeft behandeld. Artikel 10 van de Wet openbaarheid van bestuur is van overeenkomstige toepassing met dien verstande dat de ombudsman bij het verslag gegevens kan voegen, slechts ter vertrouwelijke kennisneming door de leden van de Staten-Generaal en Onze Ministers.
2. De ombudsman draagt er zorg voor dat het verslag openbaar wordt gemaakt en algemeen verkrijgbaar wordt gesteld.
3. De ombudsman kan ook dadelijk na het afsluiten van een onderzoek de beide Kamers der Staten-Generaal, vertegenwoordigende organen van provincies, gemeenten openbare lichamen en waterschappen en algemene besturen van gemeenschappelijke regelingen inlichten omtrent zijn bevindingen en oordeel, zo dikwijls hij de eerdere kennisneming daarvan voor het betreffende orgaan van belang acht of een orgaan als hiervoor bedoeld dit verzoekt.

Hoofdstuk IV
Overgangs- en slotbepalingen

Art. 17

Overgangsbepalingen

De voordrachten voor ter uitvoering van deze wet te nemen koninklijke besluiten worden gedaan door Onze Minister van Binnenlandse Zaken en Koninkrijksrelaties.

Art. 18

Indien provincies, gemeenten, openbare lichamen, waterschappen of gemeenschappelijke regelingen een eigen voorziening voor de behandeling van verzoekschriften hebben ingesteld als bedoeld in artikel 1a, eerste lid, onder b, blijft de ombudsman bevoegd verzoekschriften ten aanzien van hun bestuursorganen te behandelen die voor de ingangsdatum van de eigen voorziening door hem zijn ontvangen.

Wet Nationale ombudsman

Art. 19
Tot een jaar na inwerkingtreding van een besluit als bedoeld in artikel 1a, eerste lid, onder e, kan met betrekking tot een gedraging van het desbetreffende bestuursorgaan die heeft plaatsgevonden voordat het desbetreffende bestuursorgaan is uitgezonderd, een verzoekschrift bij de ombudsman worden ingediend.

Art. 19a
1. In afwijking van artikel 1a, is deze wet tot twee jaar na de inwerkingtreding van de Wet openbare lichamen Bonaire, Sint Eustatius en Saba alleen van toepassing op de gedragingen van de bestuursorganen van de openbare lichamen, voor zover de ombudsman hiertoe op een gezamenlijk verzoek van de eilandsraden van de openbare lichaam heeft besloten. De ombudsman kan daarbij een termijn bepalen waarop deze wet ten aanzien van de gedragingen van de bestuursorganen van de openbare lichamen van toepassing zal zijn.
2. Een besluit als bedoeld in het eerste lid wordt bekend gemaakt in de Staatscourant en in de afkondigingsbladen van de openbare lichamen.

Art. 20
Deze wet wordt aangehaald als: Wet Nationale ombudsman.

Citeertitel

Ambtenarenwet 2017[1]

Wet van 12 december 1929, houdende regelen betreffende den rechtstoestand van ambtenaren

Wij WILHELMINA, bij de gratie Gods, Koningin der Nederlanden, Prinses van Oranje-Nassau, enz., enz., enz.

Allen, die deze zullen zien of hooren lezen, salut! doen te weten:

Alzoo Wij in overweging genomen hebben, dat regelen betreffende den rechtstoestand van ambtenaren behooren te worden gesteld;

Zoo is het, dat Wij, den Raad van State gehoord, en met gemeen overleg der Staten-Generaal, hebben goedgevonden en verstaan, gelijk Wij goedvinden en verstaan bij deze:

§ 1
Algemene bepalingen

Art. 1

Begripsbepalingen

1. Ambtenaar in de zin van deze wet is degene die krachtens een arbeidsovereenkomst naar Nederlands recht met een overheidswerkgever werkzaam is.
2. Ambtenaar is tevens degene die met een overheidswerkgever is overeengekomen zonder aanspraak op loon als bedoeld in artikel 610 van Boek 7 van het Burgerlijk Wetboek een functie te vervullen die is aangewezen bij algemene maatregel van bestuur, waarvan de voordracht geschiedt door Onze Minister van Binnenlandse Zaken en Koninkrijksrelaties.

Art. 2

Werkingssfeer

1. Overheidswerkgever in de zin van deze wet zijn:
   a. de staat;
   b. de provincies;
   c. de gemeenten;
   d. de waterschappen;
   e. de openbare lichamen voor beroep en bedrijf;
   f. de andere openbare lichamen waaraan krachtens de Grondwet verordenende bevoegdheid is toegekend;
   g. de Europese groeperingen voor territoriale samenwerking met een statutaire zetel in Nederland;
   h. de overige krachtens publiekrecht ingestelde rechtspersonen; en
   i. andere dan krachtens publiekrecht ingestelde rechtspersonen, waarvan een orgaan is bekleed met openbaar gezag, waarbij de uitoefening van dat gezag de kernactiviteit van de rechtspersoon vormt.
2. Geen overheidswerkgever in de zin van deze wet zijn:
   a. gemeenten, voor zover het betreft de instandhouding van openbare scholen als bedoeld in onderdeel a van de begripsbepaling van openbare school in artikel 1 van de Wet op het primair onderwijs, onderdeel a van de begripsbepaling van openbare school in artikel 1 van de Wet op de expertisecentra, en onderdeel a van de begripsbepaling van openbare school in artikel 1 van de Wet op het voortgezet onderwijs;
   b. openbare rechtspersonen als bedoeld in artikel 47 van de Wet op het primair onderwijs, artikel 50 van de Wet op de expertisecentra en artikel 42a van de Wet op het voortgezet onderwijs;
   c. openbare instellingen als bedoeld in artikel 1.1.1, onderdeel c, van de Wet educatie en beroepsonderwijs;
   d. de openbare instellingen, bedoeld in onderdelen a, h en j, onder 1, van de bijlage behorende bij de Wet op het hoger onderwijs en wetenschappelijk onderzoek;
   e. de instellingen voor wetenschappelijk onderzoek, bedoeld in artikel 1.5 van de Wet op het hoger onderwijs en wetenschappelijk onderzoek;
   f. de Nederlandse organisatie voor wetenschappelijk onderzoek, bedoeld in artikel 2, eerste lid, van de Wet op de Nederlandse organisatie voor wetenschappelijk onderzoek;
   g. de Nederlandse Organisatie voor toegepast-natuurwetenschappelijk onderzoek TNO, genoemd in artikel 3, eerste lid, van de TNO-wet.

---

1   Inwerkingtredingsdatum: 15-03-1930; zoals laatstelijk gewijzigd bij: Stb. 2017, 123.

Art. 3
Een overheidswerkgever sluit geen arbeidsovereenkomst met:

a. degenen die zijn benoemd in het ambt van een eenhoofdig bestuursorgaan of als lid van een orgaan of college dat onderdeel uitmaakt van een krachtens publiekrecht ingestelde rechtspersoon, mits zij niet werkzaam zijn onder de verantwoordelijkheid van een ander bestuursorgaan;

b.

Uitgezonderde groepen/behoud publiekrechtelijke rechtspositie

1°. de rechterlijke ambtenaren, bedoeld in artikel 1, onderdeel b, van de Wet op de rechterlijke organisatie;

2°. de deskundige leden, bedoeld in de artikelen 48, tweede lid, 55a, tweede lid, 66, tweede en derde lid, 67, derde lid, 69, tweede lid, en 70, tweede lid, van de Wet op de rechterlijke organisatie en hun plaatsvervangers;

3°. de militaire leden, bedoeld in de artikelen 54, derde lid, 55, tweede lid, en 68, tweede lid, van de Wet op de rechterlijke organisatie en hun plaatsvervangers;

4°. de bij de Centrale Raad van Beroep en het College van Beroep voor het bedrijfsleven werkzame leden met rechtspraak belast, bedoeld in artikel 2, eerste lid, onderdeel a, van de Beroepswet onderscheidenlijk artikel 3, eerste lid, onderdeel a, van de Wet bestuursrechtspraak bedrijfsorganisatie, alsmede de aldaar werkzame senior-gerechtsauditeurs en gerechtsauditeurs, bedoeld in artikel 4, tweede lid, van de Beroepswet onderscheidenlijk artikel 5, tweede lid, van de Wet bestuursrechtspraak bedrijfsorganisatie;

5°. de voorzitters en leden, bedoeld in artikel 8.16, derde lid, en 8.36, derde lid, van de Wet dieren, en hun plaatsvervangers;

6°. de personen die deel uitmaken van een orgaan als bedoeld in artikel 13, tweede lid, van de Landbouwkwaliteitswet;

7°. de voorzitter en leden van de Accountantskamer, bedoeld in artikel 11 van de Wet tuchtrechtspraak accountants, en hun plaatsvervangers;

8°. de voorzitter en leden, bedoeld in artikel 30 van de Loodsenwet, en hun plaatsvervangers;

9°. de voorzitter en leden van het tuchtcollege voor de scheepvaart, bedoeld in artikel 55a van de Wet zeevarenden, en hun plaatsvervangers;

10°. de voorzitter en leden van de kamers voor het notariaat, bedoeld in artikel 94 van de Wet op het notariaat, en hun plaatsvervangers;

11°. de voorzitter en leden-advocaten van de raden van discipline, bedoeld in artikel 46b van de Advocatenwet, en hun plaatsvervangers;

12°. de voorzitter en leden-advocaten van het hof van discipline, bedoeld in artikel 51van de Advocatenwet, en hun plaatsvervangers;

13°. de voorzitter en de leden van de kamer voor gerechtsdeurwaarders, bedoeld in artikel 35van de Gerechtsdeurwaarderswet, en hun plaatsvervangers;

14°. de voorzitters en leden van een tuchtcollege, bedoeld in de artikelen 55 en 56 van de Wet op de beroepen in de individuele gezondheidszorg, en hun plaatsvervangers;

15°. de voorzitter en leden van het College van beroep voor het hoger onderwijs, bedoeld in artikel 7.64, tweede lid, van de Wet op het hoger onderwijs en wetenschappelijk onderzoek, en hun plaatsvervangers.

16°. de voorzitters en leden van de grondkamers, bedoeld in artikel 2, eerste lid, van de Uitvoeringswet grondkamers, en hun plaatsvervangers, alsmede de leden van de Centrale grondkamer, bedoeld in artikel 13, eerste lid, van de Uitvoeringswet grondkamers, en hun plaatsvervangers.

c. de militaire ambtenaren, bedoeld in artikel 1, eerste lid, onderdeel a, van de Wet ambtenaren defensie, alsmede de burgerlijke ambtenaren, bedoeld in artikel 12o, eerste lid, van de Wet ambtenaren defensie;

d. de dienstplichtigen, bedoeld in artikel 1, eerste lid, onderdeel b, van de Kaderwet dienstplicht;

e. notarissen en waarnemend notarissen als bedoeld in artikel 2 onderscheidenlijk artikel 29 van de Wet op het notariaat alsmede gerechtsdeurwaarders en waarnemend gerechtsdeurwaarders als bedoeld in artikel 2 onderscheidenlijk artikel 23 van de Gerechtsdeurwaarderswet;

f. de ambtenaren van de politie, bedoeld in artikel 2 van de Politiewet 2012, en de plaatsvervanger van de directeur van de Politieacademie, bedoeld in artikel 76, eerste lid, van de Politiewet 2012.

Art. 3a
1. Overheidswerkgevers kunnen een onderzoek naar de geschiktheid en de bekwaamheid voor een functie als ambtenaar doen. Indien noodzakelijk kunnen zij daarbij bijzondere categorieën van persoonsgegevens en persoonsgegevens van strafrechtelijke aard als bedoeld in paragraaf 3.1 onderscheidenlijk paragraaf 3.2 van de Uitvoeringswet Algemene verordening gegevensbescherming verwerken.

2. Bij algemene maatregel van bestuur worden regels gesteld met betrekking tot de soorten persoonsgegevens die verwerkt kunnen worden.

Onderzoek naar geschiktheid/bekwaamheid ambtenaar

§ 2
Verplichtingen van overheidswerkgevers

Art. 4

Integriteitsbeleid ambtelijk handelen en gedragscode

1. Een overheidswerkgever voert een integriteitsbeleid dat is gericht op het bevorderen van goed ambtelijk handelen en dat in ieder geval aandacht besteedt aan het bevorderen van integriteitsbewustzijn en aan het voorkomen van misbruik van bevoegdheden, belangenverstrengeling en discriminatie.
2. Een overheidswerkgever zorgt ervoor dat het integriteitsbeleid een vast onderdeel uitmaakt van het personeelsbeleid, in ieder geval door integriteit in functioneringsgesprekken en werkoverleg aan de orde te stellen en door het aanbieden van scholing en vorming op het gebied van integriteit.
3. Een overheidswerkgever draagt zorg voor de totstandkoming van een gedragscode voor goed ambtelijk handelen.
4. Een overheidswerkgever maakt jaarlijks een verantwoording met betrekking tot de uitvoering van dit artikel openbaar.
5. Bij algemene maatregel van bestuur kunnen nadere regels worden vastgesteld met betrekking tot het derde lid.

Art. 5

Eed/belofte; nevenwerkzaamheden

1. Een overheidswerkgever draagt zorg voor:
  a. de aflegging van de eed of belofte door de ambtenaar bij zijn indiensttreding;
  b. de registratie van nevenwerkzaamheden van ambtenaren die de belangen van de dienst voor zover deze in verband staan met hun functievervulling, kunnen raken;
  c. de openbaarmaking van de krachtens onderdeel b geregistreerde nevenwerkzaamheden van ambtenaren aangesteld in een functie waarvoor ter bescherming van de integriteit van de openbare dienst openbaarmaking van nevenwerkzaamheden noodzakelijk is;
  d. de aanwijzing van ambtenaren die werkzaamheden verrichten waaraan in het bijzonder het risico van financiële belangenverstrengeling of het risico van oneigenlijk gebruik van koersgevoelige informatie verbonden is, het aanwijzen van de financiële belangen die zij niet mogen bezitten of verwerven en de registratie van de door hen gedane meldingen als bedoeld in artikel 8, tweede lid, onderdeel b;
  e. een procedure voor het omgaan met bij een ambtenaar levende vermoedens van misstanden binnen de organisatie waar hij werkzaam is.
2. Bij algemene maatregel van bestuur kunnen nadere regels worden vastgesteld met betrekking tot het bepaalde in het eerste lid.

§ 3
Verplichtingen van ambtenaren

Art. 6

Verplichtingen ambtenaren

1. De ambtenaar is gehouden de bij of krachtens de wet op hem rustende en uit zijn functie voortvloeiende verplichtingen te vervullen en zich ook overigens te gedragen zoals een goed ambtenaar betaamt.
2. Het niet naleven van het eerste lid geldt voor de toepassing van het Burgerlijk Wetboek als een tekortkoming in het nakomen van de plichten welke de arbeidsovereenkomst aan de ambtenaar oplegt.

Art. 7

Eed/belofte ambtenaar vastgelegd op formulier

De ambtenaar legt een eed of belofte af, overeenkomstig een bij algemene maatregel van bestuur vastgesteld formulier, dat voor verschillende functies verschillend kan zijn.

Art. 8

Ambtenaren, verboden nevenwerkzaamheden en andere strijdige belangen

1. Het is de ambtenaar niet toegestaan:
  a. nevenwerkzaamheden te verrichten waardoor de goede vervulling van de functie of de goede functioneren van de openbare dienst, voor zover deze in verband staat met zijn functievervulling, niet in redelijkheid zou zijn verzekerd;
  b. middellijk of onmiddellijk deel te nemen aan aannemingen en leveringen ten behoeve van openbare diensten, tenzij de overheidswerkgever waarmee hij een arbeidsovereenkomst heeft daarvoor toestemming heeft verleend;
  c. financiële belangen te hebben, effecten te bezitten of effectentransacties te verrichten waardoor de goede vervulling van zijn functie of de goede functioneren van de openbare dienst, voor zover deze in verband staat met zijn functievervulling, niet in redelijkheid zou zijn verzekerd;
  d. financiële belangen te bezitten of te verwerven, welke door de overheidswerkgever waarmee hij een arbeidsovereenkomst heeft zijn aangewezen op de voet van artikel 5, eerste lid, onderdeel d;

Ambtenarenwet A17 art. 13

e. zonder toestemming van de overheidswerkgever giften, vergoedingen, beloningen en beloften van een derde aan te nemen of hierom te vragen, indien de ambtenaar als ambtenaar met deze derde betrekkingen onderhoudt.
2. De ambtenaar is verplicht aan de overheidswerkgever waarmee hij een arbeidsovereenkomst heeft:
a. opgave te doen van de nevenwerkzaamheden die hij verricht of voornemens is te gaan verrichten, die de belangen van de dienst voor zover deze in verband staan met zijn functievervulling, kunnen raken;
b. indien hij is aangewezen in de zin van artikel 5, eerste lid, onderdeel d, melding te doen van zijn financiële belangen alsmede van het bezit van en transacties met effecten die de belangen van de openbare dienst voor zover deze in verband staat met zijn functievervulling, kunnen raken en daaromtrent desgevraagd nadere informatie te verschaffen.
3. Bij algemene maatregel van bestuur kunnen regels worden gesteld over de toepassing van het eerste en tweede lid.

Art. 9
De ambtenaar en de gewezen ambtenaar zijn verplicht tot geheimhouding van hetgeen hen in verband met hun functie ter kennis is gekomen, voor zover die verplichting uit de aard der zaak volgt.

Geheimhoudingsplicht ambtenaren

Art. 10
1. De ambtenaar onthoudt zich van het openbaren van gedachten of gevoelens of van de uitoefening van het recht tot vereniging, tot vergadering en tot betoging, indien door de uitoefening van deze rechten de goede vervulling van zijn functie of de goede functionering van de openbare dienst, voor zover deze in verband staat met zijn functievervulling, niet in redelijkheid zou zijn verzekerd.
2. Het eerste lid is, voor wat betreft het recht van vereniging, niet van toepassing op het lidmaatschap van:
a. een politieke groepering waarvan de aanduiding is ingeschreven overeenkomstig de Kieswet;
b. een vakvereniging.

Ambtenaar, beperking vrijheid van meningsuiting/vereniging/vergadering/betoging

Art. 11
De ambtenaar is verplicht tijdens het verblijf op zijn werk zich te onderwerpen aan een in het belang van de dienst door de overheidswerkgever gelast onderzoek aan zijn lichaam of van zijn kleding of van zijn daar aanwezige goederen. De overheidswerkgever op wiens last het onderzoek plaatsheeft, neemt de nodige maatregelen ten einde daarbij een onredelijke of onbehoorlijke bejegening te voorkomen.

Ambtenaar verplicht tot onderwerping aan onderzoek kleding/lichaam of goederen

§ 4
Vertrouwensfuncties

Art. 12
1. Voor de vervulling van een vertrouwensfunctie komt slechts in aanmerking degene die Nederlander is. Degene die geen Nederlander is, kan niettemin in aanmerking komen wanneer het dienstbelang dat bepaaldelijk vordert.
2. De arbeidsovereenkomst met een ambtenaar kan worden opgezegd, indien hij op grond van het bepaalde in artikel 5, derde lid, of artikel 10, tweede lid, van de Wet veiligheidsonderzoeken uit een vertrouwensfunctie moet worden ontheven.
3. Bij of krachtens algemene maatregel van bestuur kunnen nadere regels worden gesteld ter zake van het bepaalde in dit artikel.

Ambtenaar, vertrouwensfuncties, vervulling en beëindigingsgrond

Art. 13
1. Bij algemene maatregel van bestuur kunnen voor categorieën van ambtenaren met wie de staat een arbeidsovereenkomst is aangegaan en die uit hoofde van hun functie kennis kunnen nemen van zeer geheime of geheime gegevens betreffende de veiligheid of andere gewichtige belangen van de staat, voorschriften worden gesteld betreffende de verplichtingen waaraan deze ambtenaren zijn onderworpen in verband met het anders dan in de uitoefening van hun functie reizen naar en het verblijven in landen waarin het verblijf door deze ambtenaren een bijzonder risico voor de veiligheid of andere gewichtige belangen van de staat kan opleveren en die er toe strekken dit risico zoveel mogelijk te beperken.
2. In de in het eerste lid bedoelde algemene maatregel van bestuur kan worden bepaald dat de in die maatregel opgenomen voorschriften tevens betrekking hebben op gewezen ambtenaren.
3. Een algemene maatregel van bestuur als bedoeld in het eerste lid treedt niet eerder in werking dan twee maanden na de datum van uitgifte van het Staatsblad waarin hij is geplaatst. Van de plaatsing wordt onverwijld mededeling gedaan aan de beide Kamers der Staten-Generaal.

Ambtenaar, beperking reizen naar buitenland i.v.m. kennis geheime gegevens

A17 art. 13a Ambtenarenwet

§ 4a
De Staat

Art. 13a

Ambtenaar, aangaan of opzeggen arbeidsovereenkomst

Bij koninklijk besluit wordt besloten tot het aangaan van een arbeidsovereenkomst ter zake van bij of krachtens algemene maatregel van bestuur aangewezen functies. Tot beëindiging van de arbeidsovereenkomst wordt bij koninklijk besluit besloten, tenzij de Staat de arbeidsovereenkomst opzegt op grond van artikel 677 van Boek 7 van het Burgerlijk Wetboek.

Art. 13b

Ambtenaren Staten-Generaal, arbeidsvoorwaarden

1. Ten aanzien van de ambtenaren van de Staten-Generaal gelden de voor alle ambtenaren geldende arbeidsvoorwaarden die zijn opgenomen in de laatstelijk afgesloten collectieve arbeidsovereenkomst voor ambtenaren die krachtens een arbeidsovereenkomst met de Staat werkzaam zijn.
2. Op verzoek van de Staten-Generaal kunnen in de collectieve arbeidsovereenkomst, bedoeld in het eerste lid, andere arbeidsvoorwaarden voor de ambtenaren van de Staten-Generaal worden opgenomen.

§ 5
Overgangs- en slotbepalingen

Art. 14

Overgangsbepalingen

1. Met ingang van het tijdstip van inwerkingtreding van artikel I van de Wet normalisering rechtspositie ambtenaren wordt de aanstelling die voor dat tijdstip is verleend aan een ambtenaar als bedoeld in artikel 1, eerste lid, van de Ambtenarenwet, die op het tijdstip van inwerkingtreding van artikel I van de Wet normalisering rechtspositie ambtenaren aanspraak had op bezoldiging als bedoeld in artikel 115 van de Ambtenarenwet die kwalificeert als loon in de zin van artikel 610, eerste lid, van Boek 7 van het Burgerlijk Wetboek van rechtswege omgezet in een arbeidsovereenkomst naar burgerlijk recht. Van de arbeidsovereenkomst maken deel uit de op dat tijdstip ten aanzien van de ambtenaar bestaande beslissingen, afspraken en toezeggingen inzake zijn arbeidsvoorwaarden, waaronder in ieder geval zijn begrepen: duur van het dienstverband, bezoldiging, kostenvergoedingen, werktijden, rooster, verlof, faciliteiten voor de uitoefening van de functie en studiefaciliteiten.
2. Met ingang van het tijdstip van inwerkingtreding van artikel I van de Wet normalisering rechtspositie ambtenaren wordt de aanstelling die voor dat tijdstip is verleend aan een ambtenaar als bedoeld in het eerste lid die geen aanspraak had op bezoldiging als bedoeld in het eerste lid van rechtswege omgezet in een overeenkomst. Van de overeenkomst maken deel uit de op dat tijdstip ten aanzien van de ambtenaar bestaande beslissingen, afspraken en toezeggingen inzake het verrichten van de arbeid, waaronder in ieder geval zijn begrepen: duur van het dienstverband, kostenvergoedingen, werktijden, rooster, verlof, faciliteiten voor de uitoefening van de functie en studiefaciliteiten.
3. Met ingang van het tijdstip van inwerkingtreding van artikel I van de Wet normalisering rechtspositie ambtenaren worden aanstellingen verleend voorafgaand aan de aanstelling, bedoeld in het eerste lid, als arbeidsovereenkomsten naar burgerlijk recht beschouwd.
4. De voorgaande leden zijn niet van toepassing op personen als bedoeld in artikel 3.

Art. 15

Overgangsbepalingen, Arbeidstijdenwet

1. Artikel 5:6, eerste lid, van de Arbeidstijdenwet is van toepassing in geval de ambtenaar voorafgaande aan het tijdstip van inwerkingtreding van artikel I van de Wet normalisering rechtspositie ambtenaren wegens de aard van de arbeid op regelmatige basis op zondag werkzaam was, ongeacht de aanwezigheid van een beding over die arbeid op zondag.
2. De ambtenaar die op het in het eerste lid bedoelde tijdstip is benoemd of gekozen in een functie als bedoeld in artikel 125c, eerste of tweede lid, zoals dat luidde voorafgaand aan dat tijdstip, behoudt de verleende ontheffing van de waarneming van zijn ambt onderscheidenlijk het verleende buitengewoon verlof. Ingeval op de bezoldiging een inhouding wordt toegepast over de tijd dat hij verlof geniet, blijven deze inhouding en de daarop van toepassing zijnde regels van kracht.

Art. 16

Overgangsbepalingen voor besluiten genomen voor inwerkingtreding art. I Wnra

1. Krachtens deze wet genomen besluiten die zijn genomen voorafgaand aan het tijdstip van inwerkingtreding van artikel I van de Wet normalisering rechtspositie ambtenaren, behouden hun geldigheid.

2. Ten aanzien van de mogelijkheid om bezwaar te maken of beroep in te stellen alsmede de behandeling van zodanig bezwaar of beroep tegen een op grond van deze wet genomen besluit of handeling dat voor het in het eerste lid bedoelde tijdstip is bekendgemaakt, blijft het recht van toepassing zoals dat gold voor dat tijdstip.

Ambtenarenwet A17 art. 18

Art. 17
1. De krachtens deze wet en artikel 15, tweede lid, van de Kaderwet zelfstandige bestuursorganen, zoals deze luidden voorafgaand aan het tijdstip van inwerkingtreding van artikel I van de Wet normalisering rechtspositie ambtenaren, vastgestelde algemeen verbindende voorschriften vervallen.
2. De in het eerste lid bedoelde algemeen verbindende voorschriften blijven van kracht ten aanzien van te verstrekken uitkeringen aan ambtenaren als bedoeld in artikel 1, eerste lid, van de Ambtenarenwet, wier dienstverband op het in het eerste lid bedoelde tijdstip reeds is beëindigd. De in deze voorschriften opgenomen bedragen kunnen worden geïndexeerd op de in deze voorschriften bepaalde wijze.
3. Voor zover en voor zolang op het in het eerste lid bedoelde tijdstip geen collectieve arbeidsovereenkomst is gesloten waarbij een overheidswerkgever partij is, blijft een in het eerste lid bedoeld voorschrift verbindend voor ambtenaren als bedoeld in artikel 1, eerste lid, van de Ambtenarenwet en hun werkgever als ware het een collectieve arbeidsovereenkomst, voor zover niet in strijd met deze wet of dwingendrechtelijke bepalingen van burgerlijk recht.
4. Het eerste tot en met derde lid zijn niet van toepassing op algemeen verbindende voorschriften, voor zover zij betrekking hebben op de rechtspositie van degenen met wie op grond van artikel 3 geen arbeidsovereenkomst wordt gesloten.

Overgangsbepalingen voor algemeen verbindende voorschriften

Art. 18
Deze wet wordt aangehaald als: Ambtenarenwet 2017.

Citeertitel

Wet openbare manifestaties[1]

Wet van 20 april 1988, houdende bepalingen betreffende de uitoefening van de vrijheid van godsdienst en levensovertuiging en van het recht tot vergadering en betoging

Wij Beatrix, bij de gratie Gods, Koningin der Nederlanden, Prinses van Oranje-Nassau, enz. enz. enz.

Allen, die deze zullen zien of horen lezen, saluut! doen te weten:

Alzo Wij in overweging genomen hebben, dat het gelet op de artikelen 6 en 9 en de additionele artikelen III en V van de Grondwet nodig is, wettelijke bepalingen vast te stellen betreffende de uitoefening van het recht tot vrije belijdenis van godsdienst en levensovertuiging en betreffende de uitoefening van het recht tot vergadering en betoging, alsmede een aantal wetten te wijzigen, onderscheidenlijk in te trekken;

Zo is het, dat Wij, de Raad van State gehoord, en met gemeen overleg der Staten-Generaal, hebben goedgevonden en verstaan, gelijk Wij goedvinden en verstaan bij deze:

Art. I Wet openbare manifestaties

Paragraaf I
Begripsbepaling

Art. 1

Begripsbepalingen

1. In deze wet wordt verstaan onder openbare plaats: plaats die krachtens bestemming of vast gebruik openstaat voor het publiek.
2. Onder openbare plaats wordt niet begrepen een gebouw of besloten plaats als bedoeld in artikel 6, tweede lid, van de Grondwet.

Paragraaf II
Bepalingen voor openbare plaatsen

Art. 2

Openbare manifestatie, beperkende bevoegdheid overheidsorganen

De bij of krachtens de bepalingen uit deze paragraaf aan overheidsorganen gegeven bevoegdheden tot beperking van het recht tot het belijden van godsdienst of levensovertuiging en het recht tot vergadering en betoging, kunnen slechts worden aangewend ter bescherming van de gezondheid, in het belang van het verkeer en ter bestrijding of voorkoming van wanordelijkheden.

Art. 3

Belijden godsdienst of levensbeschouwing, voorafgaande kennisgeving

1. De gemeenteraad stelt bij verordening regels vast met betrekking tot de gevallen waarin voor samenkomsten tot het belijden van godsdienst of levensovertuiging op openbare plaatsen een voorafgaande kennisgeving vereist is.
2. Voor op vooraf bepaalbare tijdstippen regelmatig terugkerende samenkomsten als bedoeld in het eerste lid, uitgaande van een kerkgenootschap, een zelfstandig onderdeel daarvan of een genootschap op geestelijke grondslag, is een eenmalige kennisgeving voldoende.
3. De verordening voorziet ten minste in:
a. regels betreffende de gevallen waarin een schriftelijke kennisgeving wordt vereist van degene die voornemens is een samenkomst te houden;
b. regels betreffende het tijdstip waarop de kennisgeving moet zijn gedaan, de bij de kennisgeving te verstrekken gegevens, en het verstrekken van een bewijs van ontvangst aan degene die de kennisgeving doet.
4. Over de inhoud van hetgeen wordt beleden worden geen gegevens verlangd.

Art. 4

Recht vergadering of betoging, voorafgaande kennisgeving

1. De gemeenteraad stelt bij verordening regels vast met betrekking tot de gevallen waarin voor vergaderingen en betogingen op openbare plaatsen een voorafgaande kennisgeving vereist is.
2. De verordening voorziet ten minste in:
a. regels betreffende de gevallen waarin een schriftelijke kennisgeving wordt vereist van degene die voornemens is een vergadering of betoging te houden;

---

1 Inwerkingtredingsdatum: 27-04-1988; zoals laatstelijk gewijzigd bij: Stb. 2010, 350.

Wet openbare manifestaties

A18 art. 9

b. regels betreffende het tijdstip waarop de kennisgeving moet zijn gedaan, de bij de kennisgeving te verstrekken gegevens, en het verstrekken van een bewijs van ontvangst aan degene die de kennisgeving doet.
3. Over de inhoud van de te openbaren gedachten of gevoelens worden geen gegevens verlangd.

Art. 5
1. De burgemeester kan naar aanleiding van een kennisgeving voorschriften en beperkingen stellen of een verbod geven. *(Openbare manifestatie, voorschrift/beperking/verbod)*

2. Een verbod kan slechts worden gegeven indien:
a. de vereiste kennisgeving niet tijdig is gedaan;
b. de vereiste gegevens niet tijdig zijn verstrekt;
c. een van de in artikel 2 genoemde belangen dat vordert.
3. Een voorschrift, beperking of verbod kan geen betrekking hebben op de inhoud van hetgeen wordt beleden, onderscheidenlijk van de te openbaren gedachten of gevoelens.
4. Beschikkingen als bedoeld in het eerste lid worden zo spoedig mogelijk bekendgemaakt aan degene die de kennisgeving heeft gedaan.

Art. 6
De burgemeester kan tijdens een samenkomst tot het belijden van godsdienst of levensovertuiging, vergadering of betoging aanwijzingen geven, die degenen die deze houden of daaraan deelnemen in acht moeten nemen. *(Openbare manifestatie, aanwijzingen tijdens samenkomst)*

Art. 7
De burgemeester kan aan degenen die een samenkomst tot het belijden van godsdienst of levensovertuiging, vergadering of betoging houden of daaraan deelnemen opdracht geven deze terstond te beëindigen en uiteen te gaan, indien: *(Openbare manifestatie, beëindigen samenkomst)*
a. de vereiste kennisgeving niet is gedaan, of een verbod is gegeven;
b. in strijd wordt gehandeld met een voorschrift, beperking of aanwijzing;
c. een van de in artikel 2 genoemde belangen dat vordert.

Paragraaf III
Bepalingen voor andere dan openbare plaatsen

Art. 8
1. De burgemeester kan aan degenen die een voor publiek toegankelijke vergadering of betoging op een andere dan openbare plaats houden of daaraan deelnemen opdracht geven deze terstond te beëindigen en uiteen te gaan, indien de bescherming van de gezondheid of de bestrijding of voorkoming van wanordelijkheden dat vordert. *(Openbare manifestatie, samenkomst op andere dan openbare plaatsen)*
2. De burgemeester en door hem aan te wijzen personen hebben toegang tot de in het eerste lid bedoelde vergaderingen en betogingen. Zonodig verschaffen zij zich de toegang met behulp van de sterke arm.

Paragraaf IV
Bijzondere bepalingen

Art. 9
1. Degenen die in de nabijheid van een gebouw in gebruik bij het Internationaal Gerechtshof, een diplomatieke vertegenwoordiging of een consulaire vertegenwoordiging een samenkomst tot het belijden van godsdienst of levensovertuiging, vergadering of betoging houden of daaraan deelnemen, onthouden zich van gedragingen die het functioneren van de desbetreffende instelling aantasten. *(Openbare manifestatie, samenkomst bij gebouwen van Internationaal gerechtshof/ambassade/consulaat)*
2. Ter bestrijding van gedragingen als bedoeld in het eerste lid kan de burgemeester tijdens een samenkomst tot het belijden van godsdienst of levensovertuiging, vergadering of betoging aanwijzingen geven, die degenen die deze houden of daaraan deelnemen in acht moeten nemen.
3. Indien in strijd wordt gehandeld met een aanwijzing als bedoeld in het tweede lid en de omstandigheden het vorderen, kan de burgemeester aan degenen die een samenkomst tot het belijden van godsdienst of levensovertuiging, vergadering of betoging houden of daaraan deelnemen opdracht geven deze terstond te beëindigen en uiteen te gaan.
4. Het bepaalde in het eerste tot en met derde lid is van overeenkomstige toepassing ten aanzien van gebouwen in gebruik bij volkenrechtelijke organisaties, voor zover Nederland een overeenkomstige verplichting tot bescherming op zich heeft genomen als ten opzichte van de in het eerste lid genoemde instellingen.
5. De in het vierde lid bedoelde gebouwen worden door Onze Ministers van Binnenlandse Zaken en van Buitenlandse Zaken in de *Nederlandse Staatscourant* bekendgemaakt.

Art. 10

Openbare manifestatie, klokgelui

Klokgelui ter gelegenheid van godsdienstige en levensbeschouwelijke plechtigheden en lijkplechtigheden, alsmede oproepen tot het belijden van godsdienst of levensovertuiging, zijn toegestaan. De gemeenteraad is bevoegd ter zake regels te stellen met betrekking tot duur en geluidsniveau.

Paragraaf V
Strafbepalingen

Art. 11

Openbare manifestatie, strafbepalingen

1. Met hechtenis van ten hoogste twee maanden of geldboete van de tweede categorie wordt gestraft:
   a. het houden van of deelnemen aan een samenkomst tot het belijden van godsdienst of levensovertuiging, vergadering of betoging waarvoor de vereiste kennisgeving niet is gedaan of waarvoor een verbod is gegeven;
   b. handelen in strijd met een voorschrift of beperking als bedoeld in artikel 5, eerste lid, met een aanwijzing als bedoeld in artikel 6 en artikel 9, tweede lid, of met een opdracht als bedoeld in artikel 7, artikel 8, eerste lid, en artikel 9, derde lid.
2. De feiten zijn overtredingen.

Paragraaf VI
Bonaire, Sint Eustatius en Saba

Art. 12

Werkingssfeer

Deze wet is mede van toepassing in de openbare lichamen Bonaire, Sint Eustatius en Saba, met dien verstande dat telkens wordt gelezen voor:
   a. gemeenteraad: eilandraad;
   b. burgemeester: gezaghebber.

Art. II
[Bevat wijzigingen in andere regelgeving.]

Art. III
[Bevat wijzigingen in andere regelgeving.]

Art. IV Wet op de kerkgenootschappen
De Wet van 10 september 1853, *Stb.* 102, tot regeling van het toezigt op de onderscheidene kerkgenootschappen wordt ingetrokken.

Art. V Wet vereniging en vergadering
De Wet van 22 april 1855, *Stb.* 32, tot regeling en beperking der uitoefening van het regt van vereeniging en vergadering wordt ingetrokken.

Art. VI

Overgangsbepalingen

Tot de inwerkingtreding van de door de gemeenteraad vast te stellen regels bedoeld in de artikelen 3 en 4 van artikel I van deze wet, doch uiterlijk tot drie maanden na de inwerkingtreding van deze wet, gelden met betrekking tot de voorafgaande kennisgeving van samenkomsten tot het belijden van godsdienst of levensovertuiging, vergaderingen en betogingen, de volgende bepalingen:
   a. Degene die het voornemen heeft op een openbare plaats een samenkomst tot het belijden van godsdienst of levensovertuiging, een vergadering of een betoging te houden, geeft daarvan ten minste 48 uur voor de aanvang schriftelijk kennis aan de burgemeester.
   b. Voor op vooraf bepaalbare tijdstippen regelmatig terugkerende samenkomsten als bedoeld in onderdeel *a*, uitgaande van een kerkgenootschap, een zelfstandig onderdeel daarvan of een genootschap op geestelijke grondslag, is een eenmalige kennisgeving voldoende.
   c. De burgemeester kan in bijzondere omstandigheden de termijn van 48 uur verkorten en een mondelinge kennisgeving voldoende verklaren.
   d. Bij de kennisgeving kan de burgemeester een opgave verlangen van:
      1°. naam en adres van degene die de samenkomst, vergadering of betoging houdt;
      2°. het doel van de samenkomst, vergadering of betoging;
      3°. de datum waarop de samenkomst, vergadering of betoging wordt gehouden en het tijdstip van aanvang en van beëindiging;
      4°. de plaats en, voor zover van toepassing, de route en de plaats van beëindiging;
      5°. de wijze van samenstelling;
      6°. maatregelen die degene die de samenkomst, vergadering of betoging houdt zal treffen om een regelmatig verloop te bevorderen.
   e. Degene die de kennisgeving doet ontvangt daarvan een bewijs waarin het tijdstip van de kennisgeving is vermeld.

Art. VII Inwerkingtreding

Inwerkingtreding

Deze wet treedt in werking met ingang van de dag na de datum van uitgifte van het *Staatsblad* waarin zij wordt geplaatst.

Wet openbare manifestaties

A18 art. VIII

Art. VIII Slotbepaling
Deze wet kan worden aangehaald als:
Wet openbare manifestaties.

Citeertitel

Algemene verordening gegevensbescherming[1]

Verordening (EU) 2016/679 van het Europees parlement en de Raad van 27 april 2016 betreffende de bescherming van natuurlijke personen in verband met de verwerking van persoonsgegevens en betreffende het vrije verkeer van die gegevens en tot intrekking van Richtlijn 95/46/EG (algemene verordening gegevensbescherming) (Voor de EER relevante tekst)[2]

HET EUROPEES PARLEMENT EN DE RAAD VAN DE EUROPESE UNIE,
Gezien het Verdrag betreffende de werking van de Europese Unie, en met name artikel 16,
Gezien het voorstel van de Europese Commissie,
Na toezending van het ontwerp van wetgevingshandeling aan de nationale parlementen,
Gezien het advies van het Europees Economisch en Sociaal Comité[3],
Gezien het advies van het Comité van de Regio's[4],
Handelend volgens de gewone wetgevingsprocedure[5],
Overwegende hetgeen volgt:
(1) De bescherming van natuurlijke personen bij de verwerking van persoonsgegevens is een grondrecht. Krachtens artikel 8, lid 1, van het Handvest van de grondrechten van de Europese Unie (het „Handvest") en artikel 16, lid 1, van het Verdrag betreffende de werking van de Europese Unie (VWEU) heeft eenieder recht op bescherming van zijn persoonsgegevens.
(2) De beginselen en regels betreffende de bescherming van natuurlijke personen bij de verwerking van hun persoonsgegevens dienen, ongeacht hun nationaliteit of verblijfplaats, in overeenstemming te zijn met hun grondrechten en fundamentele vrijheden, met name met hun recht op bescherming van persoonsgegevens. Deze verordening beoogt bij te dragen aan de totstandkoming van een ruimte van vrijheid, veiligheid en recht en van een economische unie, alsook tot economische en sociale vooruitgang, de versterking en de convergentie van de economieën binnen de interne markt en het welzijn van natuurlijke personen.
(3) Richtlijn 95/46/EG van het Europees Parlement en de Raad[6] heeft tot doel de bescherming van de grondrechten en de fundamentele vrijheden van natuurlijke personen in verband met verwerkingsactiviteiten te harmoniseren en het vrije verkeer van persoonsgegevens binnen de Unie te waarborgen.
(4) De verwerking van persoonsgegevens moet ten dienste van de mens staan. Het recht op bescherming van persoonsgegevens heeft geen absolute gelding, maar moet worden beschouwd in relatie tot de functie ervan in de samenleving en moet conform het evenredigheidsbeginsel tegen andere grondrechten worden afgewogen. Deze verordening eerbiedigt alle grondrechten alsook de vrijheden en beginselen die zijn erkend in het Handvest zoals dat in de Verdragen is verankerd, met name de eerbiediging van het privéleven en het familie- en gezinsleven, woning en communicatie, de bescherming van persoonsgegevens, de vrijheid van gedachte, geweten en godsdienst, de vrijheid van meningsuiting en van informatie, de vrijheid van ondernemerschap, het recht op een doeltreffende voorziening in rechte en op een onpartijdig gerecht, en het recht op culturele, godsdienstige en taalkundige verscheidenheid.
(5) Dankzij de interne markt is een niveau van economische en sociale integratie bereikt dat tot een aanzienlijke toename van de grensoverschrijdende stromen van persoonsgegevens heeft geleid. De uitwisseling van persoonsgegevens tussen publieke en particuliere actoren, waaronder natuurlijke personen, verenigingen en ondernemingen, is overal in de Unie toegenomen. Het Unierecht noopt de nationale autoriteiten in de lidstaten tot samenwerken en tot het uitwisselen van persoonsgegevens om hun opdrachten te vervullen of om taken uit te voeren namens een autoriteit in een andere lidstaat.
(6) Door snelle technologische ontwikkelingen en globalisering zijn nieuwe uitdagingen voor de bescherming van persoonsgegevens ontstaan. De mate waarin persoonsgegevens worden

---

1 Inwerkingtredingsdatum: 24-05-2016.
2 Inwerkingtredingsdatum: 24-05-2016.
3 PB C 229 van 31.7.2012, blz. 90.
4 PB C 391 van 18.12.2012, blz. 127.
5 Standpunt van het Europees Parlement van 12 maart 2014 (nog niet bekendgemaakt in het Publicatieblad) en standpunt van de Raad op eerste lezing van 8 april 2016 (nog niet bekendgemaakt in het Publicatieblad). Standpunt van het Europees Parlement van 14 april 2016.
6 Richtlijn 95/46/EG van het Europees Parlement en de Raad van 24 oktober 1995 betreffende de bescherming van natuurlijke personen in verband met de verwerking van persoonsgegevens en betreffende het vrije verkeer van die gegevens (PB L 281 van 23.11.1995, blz. 31).

Algemene verordening gegevensbescherming

verzameld en gedeeld, is significant gestegen. Dankzij de technologie kunnen bedrijven en overheid bij het uitvoeren van hun activiteiten meer dan ooit tevoren gebruikmaken van persoonsgegevens. Natuurlijke personen maken hun persoonsgegevens steeds vaker wereldwijd bekend. Technologie heeft zowel de economie als het maatschappelijk leven ingrijpend veranderd en moet het vrije verkeer van persoonsgegevens binnen de Unie en de doorgifte aan derde landen en internationale organisaties verder vergemakkelijken en daarbij een hoge mate van bescherming van persoonsgegevens garanderen.

(7) Die ontwikkelingen vereisen een krachtig en coherenter kader voor gegevensbescherming in de Unie, dat wordt gesteund door strenge handhaving, omdat zulks van belang is voor het vertrouwen dat nodig is om de digitale economie zich in de hele interne markt te laten ontwikkelen. Natuurlijke personen dienen controle over hun eigen persoonsgegevens te hebben. Er dient meer rechtszekerheid en praktische zekerheid te worden geboden aan natuurlijke personen, marktdeelnemers en overheidsinstanties.

(8) Voor zover deze verordening bepaalt dat de regels die zij bevat door lidstatelijk recht kunnen worden gespecificeerd of beperkt, kunnen de lidstaten indien nodig elementen van deze verordening in hun recht opnemen om de samenhang te garanderen en om de nationale bepalingen begrijpbaar te maken voor degenen op wie zij van toepassing zijn.

(9) De doelstellingen en beginselen van Richtlijn 95/46/EG blijven overeind, maar de richtlijn heeft niet kunnen voorkomen dat gegevens in de Unie op gefragmenteerde wijze worden beschermd, dat er rechtsonzekerheid heerst of dat in brede lagen van de bevolking het beeld bestaat dat met name online-activiteiten aanzienlijke risico's voor de bescherming van natuurlijke personen inhouden. De lidstaten bieden op het vlak van verwerking van persoonsgegevens uiteenlopende niveaus van bescherming van de rechten en vrijheden van natuurlijke personen, met name de bescherming van persoonsgegevens, wat het vrije verkeer van persoonsgegevens binnen de Unie in de weg kan staan. Die verschillen kunnen dan ook een belemmering vormen voor de uitoefening van economische activiteiten op Unieniveau, de mededinging verstoren en de overheid beletten de taak die zij uit hoofde van het Unierecht heeft, te vervullen. Die verschillende beschermingsniveaus zijn toe te schrijven aan de verschillen in de uitvoering en toepassing van Richtlijn 95/46/EG.

(10) Teneinde natuurlijke personen een consistent en hoog beschermingsniveau te bieden en de belemmeringen voor het verkeer van persoonsgegevens binnen de Unie op te heffen, dient het niveau van bescherming van de rechten en vrijheden van natuurlijke personen op het vlak van verwerking van deze gegevens in alle lidstaten gelijkwaardig te zijn. Er moet gezorgd worden voor een in de gehele Unie coherente en homogene toepassing van de regels inzake bescherming van de grondrechten en de fundamentele vrijheden van natuurlijke personen in verband met de verwerking van persoonsgegevens. Met het oog op de verwerking van persoonsgegevens voor het vervullen van een wettelijke verplichting, voor het vervullen van een taak van algemeen belang of bij de uitoefening van het openbaar gezag dat aan de verwerkingsverantwoordelijke is verleend, moet de lidstaten worden toegestaan nationale bepalingen te handhaven of in te voeren ter nadere precisering van de wijze waarop de regels van deze verordening moeten worden toegepast. In samenhang met de algemene en horizontale wetgeving inzake gegevensbescherming ter uitvoering van Richtlijn 95/46/EG beschikken de lidstaten over verscheidene sectorgebonden wetten op gebieden waar behoefte is aan meer specifieke bepalingen. Deze verordening biedt de lidstaten ook ruimte om eigen regels voor de toepassing vast te stellen, onder meer wat de verwerking van bijzondere persoonsgegevenscategorieën („gevoelige gegevens") betreft. In zoverre staat deze verordening niet in de weg aan lidstatelijk recht waarin specifieke situaties op het gebied van gegevensverwerking nader worden omschreven, meer bepaald door nauwkeuriger te bepalen in welke gevallen verwerking van persoonsgegevens rechtmatig geschiedt.

(11) Doeltreffende bescherming van persoonsgegevens in de gehele Unie vereist de versterking en nadere omschrijving van de rechten van betrokkenen en van de verplichtingen van degenen die persoonsgegevens verwerken en van degenen die over die verwerking beslissen, alsmede gelijkwaardige bevoegdheden op het gebied van toezicht en handhaving van de regels inzake gegevensbescherming en vergelijkbare sancties voor overtredingen in de lidstaten.

(12) Artikel 16, lid 2, VWEU machtigt het Europees Parlement en de Raad om de regels vast te stellen betreffende de bescherming van natuurlijke personen ten aanzien van de verwerking van persoonsgegevens, alsmede de regels betreffende het vrije verkeer van die gegevens.

(13) Teneinde natuurlijke personen in de gehele Unie een consistent niveau van bescherming te bieden en te voorkomen dat verschillen het vrije verkeer van persoonsgegevens op de interne markt hinderen, is een verordening nodig om marktdeelnemers, met inbegrip van kleine, middelgrote en micro-ondernemingen, rechtszekerheid en transparantie te bieden, te voorzien in dezelfde wettelijk afdwingbare rechten voor natuurlijke personen in alle lidstaten en in verplichtingen en verantwoordelijkheden voor de verwerkingsverantwoordelijken en de verwerkers, te zorgen voor consistent toezicht op de verwerking van persoonsgegevens en voor vergelijkbare sancties in alle lidstaten, alsook voor doeltreffende samenwerking tussen de toezichthoudende

autoriteiten van verschillende lidstaten. Voor de goede werking van de interne markt is het nodig dat het vrije verkeer van persoonsgegevens in de Unie niet wordt beperkt of verboden om redenen die verband houden met de bescherming van natuurlijke personen in verband met de verwerking van persoonsgegevens. Om rekening te houden met de specifieke situatie van kleine, middelgrote en micro-ondernemingen omvat deze verordening een afwijking voor organisaties met minder dan 250 werknemers wat het bijhouden van registers betreft. Voorts worden de instellingen, organen en instanties van de Unie, en de lidstaten en hun toezichthoudende autoriteiten aangemoedigd om bij de toepassing van deze verordening de specifieke behoeften van de kleine, middelgrote en micro-ondernemingen in aanmerking te nemen. De definitie van het begrip kleine, middelgrote en micro- ondernemingen dient te worden overgenomen uit artikel 2 van de bijlage bij Aanbeveling 2003/361/EG van de Commissie[7].

(14) De bescherming die door deze verordening wordt geboden, heeft betrekking op natuurlijke personen, ongeacht hun nationaliteit of verblijfplaats, in verband met de verwerking van hun persoonsgegevens. Deze verordening heeft geen betrekking op de verwerking van gegevens over rechtspersonen en met name als rechtspersonen gevestigde ondernemingen, zoals de naam en de rechtsvorm van de rechtspersoon en de contactgegevens van de rechtspersoon.

(15) Om te voorkomen dat een ernstig risico op omzeiling zou ontstaan, dient de bescherming van natuurlijke personen technologieneutraal te zijn en mag zij niet afhankelijk zijn van de gebruikte technologieën. De bescherming van natuurlijke personen dient te gelden bij zowel geautomatiseerde verwerking van persoonsgegevens als handmatige verwerking daarvan indien de persoonsgegevens zijn opgeslagen of bedoeld zijn om te worden opgeslagen in een bestand.Dossiers of een verzameling dossiers en de omslagen ervan, die niet volgens specifieke criteria zijn gestructureerd, mogen niet onder het toepassingsgebied van deze richtlijn vallen.

(16) Deze verordening is niet van toepassing op vraagstukken met betrekking tot de bescherming van de grondrechten en de fundamentele vrijheden of het vrije verkeer van persoonsgegevens in verband met niet onder het Unierecht vallende activiteiten, zoals activiteiten betreffende nationale veiligheid. Deze verordening is niet van toepassing op de verwerking van persoonsgegevens die de lidstaten verrichten bij activiteiten in verband met het gemeenschappelijk buitenlands en veiligheidsbeleid van de Unie.

(17) Verordening (EG) nr. 45/2001 van het Europees Parlement en de Raad[8] is van toepassing op de verwerking van persoonsgegevens door de instellingen, organen en instanties van de Unie. Verordening (EG) nr. 45/2001 en andere rechtshandelingen van de Unie die van toepassing zijn op een dergelijke verwerking van persoonsgegevens, moeten aan de beginselen en regels van de onderhavige verordening worden aangepast en in het licht van de onderhavige verordening worden toegepast. Om de Unie een sterk en coherent kader inzake gegevensbescherming ter beschikking te stellen, moet Verordening (EG) nr. 45/2001 waar nodig worden aangepast zodra de onderhavige verordening is vastgesteld, opdat deze op hetzelfde tijdstip als de onderhavige verordening van toepassing kan worden.

(18) Deze verordening is niet van toepassing op de verwerking van persoonsgegevens door een natuurlijke persoon in het kader van een louter persoonlijke of huishoudelijke activiteit die als zodanig geen enkel verband houdt met een beroeps- of handelsactiviteit. Tot persoonlijke of huishoudelijke activiteiten kunnen behoren het voeren van correspondentie of het houden van adresbestanden, het sociaal netwerken en online-activiteiten in de context van dergelijke activiteiten. Deze verordening geldt wel voor verwerkingsverantwoordelijken of verwerkers die de middelen verschaffen voor de verwerking van persoonsgegevens voor dergelijke persoonlijke of huishoudelijke activiteiten.

(19) De bescherming van natuurlijke personen in verband met de verwerking van persoonsgegevens door bevoegde autoriteiten met het oog op de voorkoming, het onderzoek, de opsporing of de vervolging van strafbare feiten of de tenuitvoerlegging van straffen, met inbegrip van de bescherming tegen en de voorkoming van gevaren voor de openbare veiligheid, en het vrije verkeer van die gegevens wordt geregeld in een specifiek rechtshandeling van de Unie. Deze verordening mag derhalve niet van toepassing zijn op de met die doeleinden verrichte verwerkingsactiviteiten. Overeenkomstig deze verordening door overheidsinstanties verwerkte persoonsgegevens die voor die doeleinden worden gebruikt, moeten vallen onder een meer specifieke rechtshandeling van de Unie, namelijk Richtlijn (EU) 2016/680 van het Europees Parlement

---

7   Aanbeveling 2003/361/EG van de Commissie van 6 mei 2003 betreffende de definitie van kleine, middelgrote en micro-ondernemingen (C(2003) 1422) (PB L 124 van 20.5.2003, blz. 36).

8   Verordening (EG) nr. 45/2001 van het Europees Parlement en de Raad van 18 december 2000 betreffende de bescherming van natuurlijke personen in verband met de verwerking van persoonsgegevens door de communautaire instellingen en organen en betreffende het vrije verkeer van die gegevens (PB L 8 van 12.1.2001, blz. 1).

en de Raad[9]. De lidstaten kunnen bevoegde autoriteiten in de zin van Richtlijn (EU) 2016/680 taken opdragen die niet noodzakelijk worden verricht met het oog op de voorkoming, het onderzoek, de opsporing of de vervolging van strafbare feiten of de tenuitvoerlegging van straffen, met inbegrip van de bescherming tegen en de voorkoming van gevaren voor de openbare veiligheid, zodat de verwerking van persoonsgegevens voor die andere doeleinden binnen het toepassingsgebied van deze verordening valt, voor zover zij binnen het toepassingsgebied van de Uniewetgeving valt.

Aangaande de verwerking van persoonsgegevens door die bevoegde instanties voor doeleinden die binnen het toepassingsgebied van deze verordening vallen, moeten de lidstaten meer specifieke bepalingen kunnen handhaven of invoeren om de toepassing van de regels van deze verordening aan te passen. In die bepalingen kunnen meer bepaald specifieke voorschriften voor de verwerking van persoonsgegevens door die bevoegde instanties voor de genoemde andere doeleinden worden vastgesteld, rekening houdend met de grondwettelijke, organisatorische en bestuurlijke structuur van de lidstaat in kwestie. Wanneer de verwerking van persoonsgegevens door privaatrechtelijke organen onder de onderhavige verordening valt, moet deze verordening voorzien in de mogelijkheid dat de lidstaten onder specifieke voorwaarden bij wet vastgestelde verplichtingen en rechten beperken, indien een dergelijke beperking in een democratische samenleving een noodzakelijke en evenredige maatregel vormt ter bescherming van specifieke belangen van betekenis, waaronder de openbare veiligheid en de voorkoming, het onderzoek, de opsporing en de vervolging van strafbare feiten of de tenuitvoerlegging van straffen, met inbegrip van de bescherming tegen en de voorkoming van gevaren voor de openbare veiligheid. Dit is bijvoorbeeld van belang in het kader van de bestrijding van witwassen of de werkzaamheden van forensische laboratoria.

(20) Hoewel de onderhavige verordening onder meer van toepassing is op de activiteiten van gerechten en andere rechterlijke autoriteiten, zouden in het Unierecht of het lidstatelijke recht de verwerkingen en verwerkingsprocedures met betrekking tot het verwerken van persoonsgegevens door gerechten en andere rechterlijke autoriteiten nader kunnen worden gespecificeerd. De competentie van de toezichthoudende autoriteiten mag zich niet uitstrekken tot de verwerking van persoonsgegevens door gerechten in het kader van hun gerechtelijke taken, zulks teneinde de onafhankelijkheid van de rechterlijke macht bij de uitoefening van haar rechterlijke taken, waaronder besluitvorming, te waarborgen. Het toezicht op die gegevensverwerkingen moet kunnen worden toevertrouwd aan specifieke instanties binnen de rechterlijke organisatie van de lidstaat, die met name de naleving van de regels van deze verordening moeten garanderen, leden van de rechterlijke macht van hun verplichtingen krachtens deze verordening sterker bewust moeten maken, en klachten met betrekking tot die gegevensverwerkingen moeten behandelen.

(21) Deze verordening doet geen afbreuk aan de toepassing van Richtlijn 2000/31/EG van het Europees Parlement en de Raad[10], inzonderheid de regels inzake de aansprakelijkheid van dienstverleners die als tussenpersoon optreden in de artikelen 12 tot en met 15 van die richtlijn. Met die richtlijn wordt beoogd bij te dragen tot het beter functioneren van de interne markt door het vrije verkeer van diensten van de informatiemaatschappij tussen de lidstaten te waarborgen.

(22) De verwerking van persoonsgegevens in het kader van de activiteiten van een vestiging van een verwerkingsverantwoordelijke of een verwerker in de Unie dient overeenkomstig deze verordening te worden verricht, ongeacht of de eigenlijke verwerking in de Unie plaatsvindt. Vestiging veronderstelt het effectief en daadwerkelijk uitoefenen van activiteiten via bestendige verhoudingen. De rechtsvorm van dergelijke verhoudingen, of het nu gaat om een bijkantoor of om een dochteronderneming met rechtspersoonlijkheid, is daarbij niet doorslaggevend.

(23) Om te waarborgen dat natuurlijke personen niet de bescherming wordt onthouden waarop zij krachtens deze verordening recht hebben, dient deze verordening van toepassing te zijn op de verwerking van persoonsgegevens van betrokkenen die zich in de Unie bevinden, door een niet in de Unie gevestigde verwerkingsverantwoordelijke of verwerker wanneer de verwerking verband houdt met het aanbieden van goederen of diensten aan deze betrokkenen, ongeacht of dit verband houdt met een betaling. Om te bepalen of een dergelijke verwerkingsverantwoordelijke of verwerker goederen of diensten aan betrokkenen in de Unie aanbiedt, moet worden

---

9 Richtlijn (EU) 2016/680 van het Europees Parlement en de Raad van 27 april 2016 betreffende de bescherming van natuurlijke personen in verband met de verwerking van persoonsgegevens door bevoegde autoriteiten met het oog op de voorkoming, het onderzoek, de opsporing en de vervolging van strafbare feiten of de tenuitvoerlegging van straffen, en betreffende het vrije verkeer van die gegevens en tot intrekking van Kaderbesluit 2008/977/JBZ van de Raad (zie bladzijde 89 van dit Publicatieblad).

10 Richtlijn 2000/31/EG van het Europees Parlement en de Raad van 8 juni 2000 betreffende bepaalde juridische aspecten van de diensten van de informatiemaatschappij, met name de elektronische handel, in de interne markt („Richtlijn inzake elektronische handel") (PB L 178 van 17.7.2000, blz. 1).

nagegaan of de verwerkingsverantwoordelijke of verwerker klaarblijkelijk voornemens is diensten aan te bieden aan betrokkenen in één of meer lidstaten in de Unie. De toegankelijkheid van de website van de verwerkingsverantwoordelijke, van de verwerker of van een tussenpersoon in de Unie, van een e-mailadres of van andere contactgegevens of het gebruik van een in het derde land waar de verwerkingsverantwoordelijke is gevestigd, algemeen gebruikte taal is op zich ontoereikend om een dergelijk voornemen vast te stellen, maar ook uit andere factoren zoals het gebruik van een taal of een valuta die in één of meer lidstaten algemeen wordt gebruikt, met de mogelijkheid om in die taal goederen en diensten te bestellen, of de vermelding van klanten of gebruikers in de Unie, kan blijken dat de verwerkingsverantwoordelijke voornemens is goederen en diensten aan betrokkenen in de Unie aan te bieden.

(24) De verwerking van persoonsgegevens van betrokkenen in de Unie door een niet in de Unie gevestigde verwerkingsverantwoordelijke of verwerker moet ook onder deze verordening vallen wanneer dat verband houdt met het controleren van het gedrag van de betrokkenen voor zover zich dat binnen de Unie situeert. Om uit te maken of een verwerking kan worden beschouwd als controle van het gedrag van betrokkenen, dient te worden vastgesteld of natuurlijke personen op het internet worden gevolgd, en onder meer of in dat verband eventueel persoonsgegevensverwerkingstechnieken worden gebruikt waarbij een profiel wordt opgesteld van een natuurlijke persoon, in het bijzonder om besluiten ten aanzien van hem te nemen of om zijn persoonlijke voorkeuren, gedragingen en attitudes te analyseren of te voorspellen.

(25) Wanneer uit hoofde van het internationale publiekrecht het lidstatelijke recht van toepassing is, dient deze verordening ook van toepassing te zijn op een verwerkingsverantwoordelijke die niet in de Unie is gevestigd, maar bijvoorbeeld bij een diplomatieke vertegenwoordiging of een consulaire post actief is.

(26) De beginselen van gegevensbescherming moeten voor elk gegeven betreffende een geïdentificeerde of identificeerbare natuurlijke persoon gelden. Gepseudonimiseerde persoonsgegevens die door het gebruik van aanvullende gegevens aan een natuurlijke persoon kunnen worden gekoppeld, moeten als gegevens over een identificeerbare natuurlijke persoon worden beschouwd. Om te bepalen of een natuurlijke persoon identificeerbaar is, moet rekening worden gehouden met alle middelen waarvan redelijkerwijs valt te verwachten dat zij worden gebruikt door de verwerkingsverantwoordelijke of door een andere persoon om de natuurlijke persoon direct of indirect te identificeren, bijvoorbeeld selectietechnieken. Om uit te maken of van middelen redelijkerwijs valt te verwachten dat zij zullen worden gebruikt om de natuurlijke persoon te identificeren, moet rekening worden gehouden met alle objectieve factoren, zoals de kosten van en de tijd benodigd voor identificatie, met inachtneming van de beschikbare technologie op het tijdstip van verwerking en de technologische ontwikkelingen. De gegevensbeschermingsbeginselen dienen derhalve niet van toepassing te zijn op anonieme gegevens, namelijk gegevens die geen betrekking hebben op een geïdentificeerde of identificeerbare natuurlijke persoon of op persoonsgegevens die zodanig anoniem zijn gemaakt dat de betrokkene niet of niet meer identificeerbaar is. Deze verordening heeft derhalve geen betrekking op de verwerking van dergelijke anonieme gegevens, onder meer voor statistische of onderzoeksdoeleinden.

(27) De onderhavige verordening is niet van toepassing op de persoonsgegevens van overleden personen. De lidstaten kunnen regels vaststellen betreffende de verwerking van de persoonsgegevens van overleden personen.

(28) De toepassing van pseudonimisering op persoonsgegevens kan de risico's voor de betrokkenen verminderen en de verwerkingsverantwoordelijken en de verwerkers helpen om hun verplichtingen inzake gegevensbescherming na te komen. De uitdrukkelijke invoering van „pseudonimisering" in deze verordening is niet bedoeld om andere gegevensbeschermingsmaatregelen uit te sluiten.

(29) Om stimuli te creëren voor pseudonimisering bij de verwerking van persoonsgegevens zouden, terwijl een algemene analyse mogelijk blijft, pseudonimiseringsmaatregelen moeten kunnen worden genomen door dezelfde verwerkingsverantwoordelijke wanneer deze de noodzakelijke technische en organisatorische maatregelen heeft getroffen om er bij de desbetreffende verwerking voor te zorgen dat deze verordening ten uitvoer wordt gelegd, en dat de aanvullende gegevens om de persoonsgegevens aan een specifieke betrokkene te koppelen, apart worden bewaard. De verwerkingsverantwoordelijke die de persoonsgegevens verwerkt, moet aangeven wie bij dezelfde verwerkingsverantwoordelijke gemachtigde personen zijn.

(30) Natuurlijke personen kunnen worden gekoppeld aan online-identificatoren via hun apparatuur, applicaties, instrumenten en protocollen, zoals internetprotocol (IP)-adressen, identificatiecookies of andere identificatoren zoals radiofrequentie-identificatietags. Dit kan sporen achterlaten die, met name wanneer zij met unieke identificatoren en andere door de servers ontvangen informatie worden gecombineerd, kunnen worden gebruikt om profielen op te stellen van natuurlijke personen en natuurlijke personen te herkennen.

(31) Overheidsinstanties waaraan ingevolge een wettelijke verplichting persoonsgegevens worden meegedeeld voor het vervullen van hun overheidstaak, zoals belasting- of douaneauto-

riteiten, financiëleonderzoeksdiensten, onafhankelijke bestuurlijke autoriteiten of financiëlemarktautoriteiten die belast zijn met de regulering van en het toezicht op de effectenmarkten, mogen niet worden beschouwd als ontvangers indien zij persoonsgegevens ontvangen die noodzakelijk zijn voor de uitvoering van een bepaald onderzoek van algemeen belang, overeenkomstig het Unierecht of het lidstatelijke recht. Door overheidsinstanties ingediende verzoeken om verstrekking moeten in ieder geval schriftelijk, gemotiveerd en incidenteel zijn, en mogen geen volledig bestand betreffen of resulteren in het onderling combineren van bestanden. De verwerking van persoonsgegevens door bedoelde overheidsinstanties moet stroken met de voor de doeleinden van de verwerking toepasselijke gegevensbeschermingsregels.

(32) Toestemming dient te worden gegeven door middel van een duidelijke actieve handeling, bijvoorbeeld een schriftelijke verklaring, ook met elektronische middelen, of een mondelinge verklaring, waaruit blijkt dat de betrokkene vrijelijk, specifiek, geïnformeerd en ondubbelzinnig met de verwerking van zijn persoonsgegevens instemt. Hiertoe zou kunnen behoren het klikken op een vakje bij een bezoek aan een internetwebsite, het selecteren van technische instellingen voor diensten van de informatiemaatschappij of een andere verklaring of een andere handeling waaruit in dit verband duidelijk blijkt dat de betrokkene instemt met de voorgestelde verwerking van zijn persoonsgegevens. Stilzwijgen, het gebruik van reeds aangekruiste vakjes of inactiviteit mag derhalve niet als toestemming gelden. De toestemming moet gelden voor alle verwerkingsactiviteiten die hetzelfde doel of dezelfde doeleinden dienen. Indien de verwerking meerdere doeleinden heeft, moet toestemming voor elk daarvan worden verleend. Indien de betrokkene zijn toestemming moet geven na een verzoek via elektronische middelen, dient dat verzoek duidelijk en beknopt te zijn en niet onnodig storend voor het gebruik van de dienst in kwestie.

(33) Het is vaak niet mogelijk op het ogenblik waarop de persoonsgegevens worden verzameld, het doel van de gegevensverwerking voor wetenschappelijke onderzoeksdoeleinden volledig te omschrijven. Daarom moet de betrokkenen worden toegestaan hun toestemming te geven voor bepaalde terreinen van het wetenschappelijk onderzoek waarbij erkende ethische normen voor wetenschappelijk onderzoek in acht worden genomen. Betrokkenen moeten de gelegenheid krijgen om hun toestemming alleen te geven voor bepaalde onderzoeksterreinen of onderdelen van onderzoeksprojecten, voor zover het voorgenomen doel zulks toelaat.

(34) Genetische gegevens moeten worden gedefinieerd als persoonsgegevens met betrekking tot de overgeërfde of verworven genetische kenmerken van een natuurlijke persoon die blijken uit een analyse van een biologisch monster van de persoon in kwestie, met name een chromosoomanalyse, een analyse van desoxyribonucleïnezuur (DNA) of van ribonucleïnezuur (RNA) of uit een analyse van andere elementen waarmee soortgelijke informatie kan worden verkregen.

(35) Persoonsgegevens over gezondheid dienen alle gegevens te omvatten die betrekking hebben op de gezondheidstoestand van een betrokkene en die informatie geven over de lichamelijke of geestelijke gezondheidstoestand van de betrokkene in het verleden, het heden en de toekomst. Dit omvat informatie over de natuurlijke persoon die is verzameld in het kader van de registratie voor of de verlening van gezondheidszorgdiensten als bedoeld in Richtlijn 2011/24/EU van het Europees Parlement en de Raad[11] aan die natuurlijke persoon; een aan een natuurlijke persoon toegekend cijfer, symbool of kenmerk dat als unieke identificatie van die natuurlijke persoon geldt voor gezondheidsdoeleinden; informatie die voortkomt uit het testen of onderzoeken van een lichaamsdeel of lichaamseigen stof, met inbegrip van genetische gegevens en biologische monsters; en informatie over bijvoorbeeld ziekte, handicap, ziekterisico, medische voorgeschiedenis, klinische behandeling of de fysiologische of biomedische staat van de betrokkene, ongeacht de bron, zoals bijvoorbeeld een arts of een andere gezondheidswerker, een ziekenhuis, een medisch hulpmiddel of een in-vitrodiagnostiek.

(36) De hoofdvestiging van een verwerkingsverantwoordelijke in de Unie dient de plaats te zijn waar zich zijn centrale administratie in de Unie bevindt, tenzij de besluiten over de doeleinden van en de middelen voor de verwerking van persoonsgegevens worden genomen in een andere vestiging van de verwerkingsverantwoordelijke in de Unie, in welk geval deze andere vestiging als hoofdvestiging moet worden beschouwd. Welke vestiging de hoofdvestiging van een verwerkingsverantwoordelijke in de Unie is, dient te worden bepaald op grond van objectieve criteria, zoals het effectief en daadwerkelijk uitvoeren van beheersactiviteiten, met het oog op het nemen van de kernbesluiten over de doelstellingen van en de middelen voor de verwerking via bestendige verhoudingen. Dit criterium mag niet afhangen van het feit of de verwerking van de persoonsgegevens op die locatie plaatsvindt. De aanwezigheid en het gebruik van technische middelen en technologieën voor de verwerking van persoonsgegevens of verwerkingsactiviteiten zijn niet bepalend voor het belang van een vestiging en zijn dan ook geen doorslaggevende criteria om te bepalen of het om de hoofdvestiging gaat. De hoofdvestiging van de verwerker dient de plaats te zijn waar zich zijn centrale administratie in de Unie bevindt of, indien hij niet over een centrale administratie in de Unie beschikt, de plaats waar de voornaamste

---

11   Richtlijn 2011/24/EU van het Europees Parlement en de Raad van 9 maart 2011 betreffende de toepassing van de rechten van patiënten bij grensoverschrijdende gezondheidszorg (PB L 88 van 4.4.2011, blz. 45).

verwerkingsactiviteiten in de Unie plaatsvinden. Bij betrokkenheid van zowel de verwerkingsverantwoordelijke als de verwerker, moet de toezichthoudende autoriteit van de lidstaat waar de verwerkingsverantwoordelijke zijn hoofdvestiging heeft, de bevoegde leidende toezichthoudende autoriteit blijven, maar de toezichthoudende autoriteit van de verwerker moet worden beschouwd als een betrokken toezichthoudende autoriteit en die toezichthoudende autoriteit moet deelnemen aan de in deze verordening vastgestelde samenwerkingsprocedure. In elk geval mogen de toezichthoudende autoriteiten van de lidstaat of de lidstaten waar de verwerker een of meer vestigingen heeft niet worden aangemerkt als betrokken toezichthoudende autoriteiten wanneer het ontwerpbesluit alleen de verwerkingsverantwoordelijke betreft. Indien de verwerking door een concern wordt uitgevoerd, dient de hoofdvestiging van de zeggenschap uitoefenende onderneming als de hoofdvestiging van het concern te worden beschouwd, behalve indien het doel van en de middelen voor de verwerking door een andere onderneming worden bepaald.

(37) Een concern dient te bestaan uit een onderneming die zeggenschap uitoefent en de ondernemingen waarover zeggenschap wordt uitgeoefend, waarbij de onderneming die zeggenschap uitoefent de onderneming dient te zijn die overheersende invloed kan uitoefenen over de andere ondernemingen uit hoofde van bijvoorbeeld eigendom, financiële deelneming of op haar van toepassing zijnde regels, of op grond van de bevoegdheid om regels inzake de bescherming van persoonsgegevens te doen uitvoeren. Een onderneming die toezicht uitoefent op de verwerking van persoonsgegevens in de met haar verbonden ondernemingen moet samen met deze ondernemingen als een concern worden beschouwd.

(38) Kinderen hebben met betrekking tot hun persoonsgegevens recht op specifieke bescherming, aangezien zij zich allicht minder bewust zijn van de betrokken risico's, gevolgen en waarborgen en van hun rechten in verband met de verwerking van persoonsgegevens. Die specifieke bescherming moet met name gelden voor het gebruik van persoonsgegevens van kinderen voor marketingdoeleinden of voor het opstellen van persoonlijkheids- of gebruikersprofielen en het verzamelen van persoonsgegevens over kinderen bij het gebruik van rechtstreeks aan kinderen verstrekte diensten. In de context van preventieve of adviesdiensten die rechtstreeks aan een kind worden aangeboden, is de toestemming van de persoon die de ouderlijke verantwoordelijkheid draagt, niet vereist.

(39) Elke verwerking van persoonsgegevens dient behoorlijk en rechtmatig te geschieden. Voor natuurlijke personen dient het transparant te zijn dat hen betreffende persoonsgegevens worden verzameld, gebruikt, geraadpleegd of anderszins verwerkt en in hoeverre de persoonsgegevens worden verwerkt of zullen worden verwerkt. Overeenkomstig het transparantiebeginsel moeten informatie en communicatie in verband met de verwerking van die persoonsgegevens eenvoudig toegankelijk en begrijpelijk zijn, en moet duidelijke en eenvoudige taal worden gebruikt. Dat beginsel betreft met name het informeren van de betrokkenen over de identiteit van de verwerkingsverantwoordelijke en de doeleinden van de verwerking, alsook verdere informatie om te zorgen voor behoorlijke en transparante verwerking met betrekking tot de natuurlijke personen in kwestie en hun recht om bevestiging en mededeling te krijgen van hun persoonsgegevens die worden verwerkt. Natuurlijke personen moeten bewust worden gemaakt van de risico's, regels, waarborgen en rechten in verband met de verwerking van persoonsgegevens, alsook van de wijze waarop zij hun rechten met betrekking tot deze verwerking kunnen uitoefenen. Meer bepaald dienen de specifieke doeleinden waarvoor de persoonsgegevens worden verwerkt, expliciet en gerechtvaardigd te zijn en te zijn vastgesteld wanneer de persoonsgegevens worden verzameld. De persoonsgegevens dienen toereikend en ter zake dienend te zijn en beperkt te blijven tot wat noodzakelijk is voor de doeleinden waarvoor zij worden verwerkt. Dit vereist met name dat ervoor wordt gezorgd dat de opslagperiode van de persoonsgegevens tot een strikt minimum wordt beperkt. Persoonsgegevens mogen alleen worden verwerkt indien het doel van de verwerking niet redelijkerwijs op een andere wijze kan worden verwezenlijkt. Om ervoor te zorgen dat persoonsgegevens niet langer worden bewaard dan noodzakelijk is, dient de verwerkingsverantwoordelijke termijnen vast te stellen voor het wissen van gegevens of voor een periodieke toetsing ervan. Alle redelijke maatregelen moeten worden genomen om ervoor te zorgen dat onjuiste persoonsgegevens worden gerectificeerd of gewist. Persoonsgegevens moeten worden verwerkt op een manier die een passende beveiliging en vertrouwelijkheid van die gegevens waarborgt, ook ter voorkoming van ongeoorloofde toegang tot of het ongeoorloofde gebruik van persoonsgegevens en de apparatuur die voor de verwerking wordt gebruikt.

(40) Voor rechtmatige verwerking van persoonsgegevens is de toestemming van de betrokkene vereist of een andere gerechtvaardigde grondslag waarin de wet voorziet, hetzij in deze verordening, hetzij in andere Unierechtelijke of lidstaatrechtelijke bepalingen als bedoeld in deze verordening, of ook dat de verwerking noodzakelijk is om te voldoen aan wettelijke verplichting die op de verwerkingsverantwoordelijke rust of om een overeenkomst uit te voeren waarbij de betrokkene partij is of om op verzoek van de betrokkene voorafgaand aan het aangaan van een overeenkomst maatregelen te nemen.

(41) Wanneer in deze verordening naar een rechtsgrond of een wetgevingsmaatregel wordt verwezen, vereist dit niet noodzakelijkerwijs dat een door een parlement vastgestelde wetge-

vingshandeling nodig is, onverminderd de vereisten overeenkomstig de grondwettelijke orde van de lidstaat in kwestie. Deze rechtsgrond of wetgevingsmaatregel moet evenwel duidelijk en nauwkeurig zijn, en de toepassing daarvan moet voorspelbaar zijn voor degenen op wie deze van toepassing is, zoals vereist door de rechtspraak van het Hof van Justitie van de Europese Unie („Hof van Justitie") en het Europees Hof voor de Rechten van de Mens.
(42) Indien de verwerking plaatsvindt op grond van toestemming van de betrokkene, moet de verwerkingsverantwoordelijke kunnen aantonen dat de betrokkene toestemming heeft gegeven voor de verwerking. Met name in de context van een schriftelijke verklaring over een andere zaak dient te worden gewaarborgd dat de betrokkene zich ervan bewust is dat hij toestemming geeft en hoever deze toestemming reikt. In overeenstemming met Richtlijn 93/13/EEG van de Raad[12] stelt de verwerkingsverantwoordelijke vooraf een verklaring van toestemming op in een begrijpelijke en gemakkelijk toegankelijke vorm en in duidelijke en eenvoudige taal; deze verklaring mag geen oneerlijke bedingen bevatten. Opdat toestemming met kennis van zaken wordt gegeven, moet de betrokkene ten minste bekend zijn met de identiteit van de verwerkingsverantwoordelijke en de doeleinden van de verwerking van de persoonsgegevens. Toestemming mag niet worden geacht vrijelijk te zijn verleend indien de betrokkene geen echte of vrije keuze heeft of zijn toestemming niet kan weigeren of intrekken zonder nadelige gevolgen.
(43) Om ervoor te zorgen dat toestemming vrijelijk wordt verleend, mag toestemming geen geldige rechtsgrond zijn voor de verwerking van persoonsgegevens in een specifiek geval wanneer er sprake is van een duidelijke wanverhouding tussen de betrokkene en de verwerkingsverantwoordelijke, met name wanneer de verwerkingsverantwoordelijke een overheidsinstantie is, en dit het onwaarschijnlijk maakt dat de toestemming in alle omstandigheden van die specifieke situatie vrijelijk is verleend. De toestemming wordt geacht niet vrijelijk te zijn verleend indien geen afzonderlijke toestemming kan worden gegeven voor verschillende persoonsgegevensverwerkingen ondanks het feit dat dit in het individuele geval passend is, of indien de uitvoering van een overeenkomst, daaronder begrepen het verlenen van een dienst, afhankelijk is van de toestemming ondanks het feit dat dergelijke toestemming niet noodzakelijk is voor die uitvoering.
(44) Een verwerking die noodzakelijk is in het kader van een overeenkomst of een voorgenomen overeenkomst, dient rechtmatig te zijn.
(45) Indien de verwerking wordt verricht omdat de verwerkingsverantwoordelijke hiertoe wettelijk is verplicht of indien de verwerking noodzakelijk is voor de vervulling van een taak van algemeen belang dan wel voor een taak in het kader van de uitoefening van het openbaar gezag, dient de verwerking een grondslag te hebben in het Unierecht of het lidstatelijke recht. Deze verordening schrijft niet voor dat voor elke afzonderlijke verwerking specifieke wetgeving vereist is. Er kan worden volstaan met wetgeving die als basis fungeert voor verscheidene verwerkingen op grond van een wettelijke verplichting die op de verwerkingsverantwoordelijke rust, of voor verwerking die noodzakelijk is voor de vervulling van een taak van algemeen belang dan wel voor een taak in het kader van de uitoefening van het openbaar gezag. Het moet ook het Unierecht of het lidstatelijke recht zijn dat het doel van de verwerking bepaalt. Voorts zou dat recht een nadere omschrijving kunnen geven van de algemene voorwaarden van deze verordening waaraan de persoonsgegevensverwerking moet voldoen om rechtmatig te zijn, en specificaties kunnen vaststellen voor het bepalen van de verwerkingsverantwoordelijke, het type verwerkte persoonsgegevens, de betrokkenen, de entiteiten waaraan de persoonsgegevens mogen worden vrijgegeven, de doelbinding, de opslagperiode en andere maatregelen om te zorgen voor rechtmatige en behoorlijke verwerking. Ook dient in het Unierecht of het lidstatelijke recht te worden vastgesteld of de verwerkingsverantwoordelijke die is belast met een taak van algemeen belang dan wel met een taak in het kader van de uitoefening van het openbaar gezag, een overheidsinstantie of een andere publiekrechtelijke persoon of, indien zulks is gerechtvaardigd om redenen van algemeen belang, waaronder gezondheidsdoeleinden zoals volksgezondheid, sociale bescherming en het beheer van gezondheidszorgdiensten, een privaatrechtelijke persoon, zoals een beroepsvereniging, moet zijn.
(46) De verwerking van persoonsgegevens dient ook als rechtmatig te worden beschouwd indien zij noodzakelijk is voor de bescherming van een belang dat voor het leven van de betrokkene of dat van een andere natuurlijke persoon essentieel is. Verwerking van persoonsgegevens op grond van het vitale belang van een andere natuurlijke persoon is in beginsel alleen toegestaan indien de verwerking kennelijk niet op een andere rechtsgrond kan worden gebaseerd. Sommige typen persoonsgegevensverwerking kunnen zowel gewichtige redenen van algemeen belang als de vitale belangen van de betrokkene dienen, bijvoorbeeld wanneer de verwerking noodzakelijk is voor humanitaire doeleinden, onder meer voor het monitoren van een epidemie en de verspreiding daarvan of in humanitaire noodsituaties, met name bij natuurrampen of door de mens veroorzaakte rampen.

---

12 Richtlijn 93/13/EEG van de Raad van 5 april 1993 betreffende oneerlijke bedingen in consumentenovereenkomsten (PB L 95 van 21.4.1993, blz. 29).

(47) De gerechtvaardigde belangen van een verwerkingsverantwoordelijke, waaronder die van een verwerkingsverantwoordelijke aan wie de persoonsgegevens kunnen worden verstrekt, of van een derde, kan een rechtsgrond bieden voor verwerking, mits de belangen of de grondrechten en de fundamentele vrijheden van de betrokkene niet zwaarder wegen, rekening houdend met de redelijke verwachtingen van de betrokkene op basis van zijn verhouding met de verwerkingsverantwoordelijke. Een dergelijk gerechtvaardigd belang kan bijvoorbeeld aanwezig zijn wanneer sprake is van een relevante en passende verhouding tussen de betrokkene en de verwerkingsverantwoordelijke, in situaties waarin de betrokkene een klant is of in dienst is van de verwerkingsverantwoordelijke. In elk geval is een zorgvuldige beoordeling geboden om te bepalen of sprake is van een gerechtvaardigd belang, alsook om te bepalen of een betrokkene op het tijdstip en in het kader van de verzameling van de persoonsgegevens redelijkerwijs mag verwachten dat verwerking met dat doel kan plaatsvinden. De belangen en de grondrechten van de betrokkene kunnen met name zwaarder wegen dan het belang van de verwerkingsverantwoordelijke wanneer persoonsgegevens worden verwerkt in omstandigheden waarin de betrokkenen redelijkerwijs geen verdere verwerking verwachten. Aangezien het aan de wetgever staat om de rechtsgrond voor persoonsgegevensverwerking door overheidsinstanties te creëren, mag die rechtsgrond niet van toepassing zijn op de verwerking door overheidsinstanties in het kader van de uitvoering van hun taken. De verwerking van persoonsgegevens die strikt noodzakelijk is voor fraudevoorkoming is ook een gerechtvaardigd belang van de verwerkingsverantwoordelijke in kwestie. De verwerking van persoonsgegevens ten behoeve van direct marketing kan worden beschouwd als uitgevoerd met het oog op een gerechtvaardigd belang.
(48) Verwerkingsverantwoordelijken die deel uitmaken van een concern of een groep van instellingen die aan een centraal lichaam verbonden zijn, kunnen een gerechtvaardigd belang hebben bij de doorzending van persoonsgegevens binnen het concern voor interne administratieve doeleinden, waaronder de verwerking van persoonsgegevens van klanten of werknemers. De algemene beginselen voor de doorgifte van persoonsgegevens, binnen een concern, aan een in een derde land gevestigde onderneming blijven onverlet.
(49) De verwerking van persoonsgegevens voor zover die strikt noodzakelijk en evenredig is met het oog op netwerk- en informatiebeveiliging, d.w.z. dat een netwerk of informatiesysteem op een bepaald vertrouwelijkheidsniveau bestand is tegen incidentele gebeurtenissen of onrechtmatige of kwaadaardige acties die de beschikbaarheid, authenticiteit, integriteit en vertrouwelijkheid van opgeslagen of doorgegeven persoonsgegevens in het gedrang brengen, en de beveiliging van de daarmee verband houdende diensten die door deze netwerken en systemen worden geboden of via deze toegankelijk zijn, door overheidsinstanties, computercrisisteams (computer emergency response teams), computercalamiteitenteams (computer security incident response teams), aanbieders van elektronische communicatienetwerken en -diensten en aanbieders van beveiligingstechnologie en -diensten, vormt een gerechtvaardigd belang van de verwerkingsverantwoordelijke in kwestie. Zo kan er bijvoorbeeld sprake zijn van het verhinderen van ongeoorloofde toegang tot elektronische-communicatienetwerken en van verspreiding van kwaadaardige codes, alsook van het stoppen van „denial of service"- aanvallen en van schade aan computers en elektronischecommunicatiesystemen.
(50) De verwerking van persoonsgegevens voor andere doeleinden dan die waarvoor de persoonsgegevens aanvankelijk zijn verzameld, mag enkel worden toegestaan indien de verwerking verenigbaar is met de doeleinden waarvoor de persoonsgegevens aanvankelijk zijn verzameld. In dat geval is er geen andere afzonderlijke rechtsgrond vereist dan die op grond waarvan de verzameling van persoonsgegevens werd toegestaan. Indien de verwerking noodzakelijk is voor de vervulling van een taak van algemeen belang of van een taak in het kader van de uitoefening van het openbaar gezag dat aan de verwerkingsverantwoordelijke is verleend, kan in het Unierecht of het lidstatelijke recht worden vastgesteld en gespecificeerd voor welke taken en doeleinden de verdere verwerking als rechtmatig en verenigbaar met de aanvankelijke doeleinden moet worden beschouwd. De verdere verwerking met het oog op archivering in het algemeen belang, wetenschappelijk of historisch onderzoek of statistische doeleinden, moet als een met de aanvankelijke doeleinden verenigbare rechtmatige verwerking worden beschouwd. De Unierechtelijke of lidstaatrechtelijke bepaling die als rechtsgrond voor de verwerking van persoonsgegevens dient, kan ook als rechtsgrond voor verdere verwerking dienen. Om na te gaan of een doel van verdere verwerking verenigbaar is met het doel waarvoor de persoonsgegevens aanvankelijk zijn verzameld, moet de verwerkingsverantwoordelijke, nadat hij aan alle voorschriften inzake rechtmatigheid van de oorspronkelijke verwerking heeft voldaan, onder meer rekening houden met het volgende: een eventuele koppeling tussen die doeleinden en de doeleinden van de voorgenomen verdere verwerking; het kader waarin de gegevens zijn verzameld; met name de redelijke verwachtingen van de betrokkenen op basis van hun verhouding met de verwerkingsverantwoordelijke betreffende het verdere gebruik ervan; de aard van de persoonsgegevens; de gevolgen van de voorgenomen verdere verwerking voor de betrokkenen; en passende waarborgen bij zowel de oorspronkelijke als de voorgenomen verdere verwerkingen.

Wanneer de betrokkene zijn toestemming heeft gegeven of wanneer de verwerking gebaseerd is op Unierecht of lidstatelijk recht dat in een democratische samenleving een noodzakelijke en evenredige maatregel vormt voor met name het waarborgen van belangrijke doelstellingen van algemeen belang, moet de verwerkingsverantwoordelijke de mogelijkheid hebben de persoonsgegevens verder te verwerken, ongeacht of dat verenigbaar is met de doeleinden. In ieder geval dient ervoor te worden gezorgd dat de in deze verordening vervatte beginselen worden toegepast en dat de betrokkene met name wordt geïnformeerd over dergelijke andere doeleinden en over zijn rechten, waaronder het recht om bezwaar te maken. Het aanwijzen van mogelijke strafbare feiten of gevaren voor de openbare veiligheid door de verwerkingsverantwoordelijke en de doorzending van de desbetreffende persoonsgegevens in individuele zaken of in verschillende zaken die met hetzelfde strafbare feit of dezelfde gevaren voor de openbare veiligheid te maken hebben, aan een bevoegde instantie moeten worden beschouwd als zijnde in het gerechtvaardigde belang van de verwerkingsverantwoordelijke. De doorgifte in het gerechtvaardigde belang van de verwerkingsverantwoordelijke of de verdere verwerking van persoonsgegevens moeten evenwel worden verboden wanneer de verwerking niet verenigbaar is met een wettelijke, beroepsmatige of anderszins bindende geheimhoudingsplicht.

(51) Persoonsgegevens die door hun aard bijzonder gevoelig zijn wat betreft de grondrechten en fundamentele vrijheden, verdienen specifieke bescherming aangezien de context van de verwerking ervan significante risico's kan meebrengen voor de grondrechten en de fundamentele vrijheden. Die persoonsgegevens dienen ook persoonsgegevens te omvatten waaruit ras of etnische afkomst blijkt, waarbij het gebruik van de term „ras" in deze verordening niet impliceert dat de Unie theorieën aanvaardt die erop gericht zijn vast te stellen dat er verschillende menselijke rassen bestaan. De verwerking van foto's mag niet systematisch worden beschouwd als verwerking van bijzondere categorieën van persoonsgegevens, aangezien foto's alleen onder de definitie van biometrische gegevens vallen wanneer zij worden verwerkt met behulp van bepaalde technische middelen die de unieke identificatie of authenticatie van een natuurlijke persoon mogelijk maken. Dergelijke persoonsgegevens mogen niet worden verwerkt, tenzij de verwerking is toegestaan in in deze verordening vermelde specifieke gevallen, rekening houdend met het feit dat in de wetgeving van de lidstaten specifieke bepalingen inzake gegevensbescherming kunnen worden opgenomen teneinde de toepassing van de regels van deze verordening aan te passen met het oog op de vervulling van een wettelijke verplichting of met het oog op de vervulling van een taak van algemeen belang of van een taak in het kader van de uitoefening van het openbaar gezag dat aan de verwerkingsverantwoordelijke is verleend. Naast de specifieke voorschriften voor die verwerking dienen de algemene beginselen en andere regels van deze verordening te worden toegepast, met name wat betreft de voorwaarden voor rechtmatige verwerking. Er moet onder meer uitdrukkelijk in afwijkingen van het algemene verbod op de verwerking van die bijzondere categorieën persoonsgegevens worden voorzien ingeval de betrokkene zijn uitdrukkelijke toestemming geeft of in geval van specifieke behoeften, met name wanneer de verwerking wordt verricht in het kader van gerechtvaardigde activiteiten door bepaalde verenigingen of stichtingen die ernaar streven de uitoefening van de fundamentele vrijheden mogelijk te maken.

(52) Van het verbod op de verwerking van bijzondere categorieën van persoonsgegevens moet ook kunnen worden afgeweken, indien Unierecht of lidstatelijk recht hierin voorziet en er passende waarborgen worden geboden ter bescherming van persoonsgegevens en andere grondrechten, wanneer zulks in het algemeen belang is, in het bijzonder de verwerking van persoonsgegevens op het gebied van het arbeidsrecht en het socialebeschermingsrecht, met inbegrip van de pensioenen, en voor doeleinden inzake gezondheidsbeveiliging, -bewaking en -waarschuwing, preventie of bestrijding van overdraagbare ziekten en andere ernstige gezondheidsbedreigingen. In een dergelijke afwijking kan worden voorzien voor gezondheidsdoeleinden, zoals de volksgezondheid en het beheer van gezondheidszorgdiensten, met name om de kwaliteit en kostenefficiëntie te waarborgen van de procedures voor de afwikkeling van aanvragen voor uitkeringen en diensten in het kader van de ziektekostenverzekering, met het oog op archivering in het algemeen belang, wetenschappelijk of historisch onderzoek of statistische doeleinden. Een afwijking moet ook voorzien in de mogelijkheid tot verwerking van die persoonsgegevens indien dat noodzakelijk is voor de vaststelling, de uitoefening of de onderbouwing van een rechtsvordering, in een gerechtelijke procedure dan wel in een administratieve of buitengerechtelijke procedure.

(53) Bijzondere categorieën van persoonsgegevens waarvoor betere bescherming is vereist, mogen alleen voor gezondheidsdoeleinden worden verwerkt indien dat nodig is om die doeleinden te verwezenlijken in het belang van natuurlijke personen en de samenleving als geheel, met name bij het beheer van gezondheidszorgdiensten en -stelsels of sociale diensten en stelsels van sociale diensten, met inbegrip van de verwerking door de beheersautoriteiten en de centrale nationale gezondheidsinstanties van die gegevens met het oog op kwaliteitscontrole, beheersinformatie en het algemeen nationaal en lokaal toezicht op het gezondheidszorgstelsel of het stelsel van sociale diensten, en bij het waarborgen van de continuïteit van de gezondheidszorg

of de sociale diensten en grensoverschrijdende gezondheidszorg of voor doeleinden inzake gezondheidsbeveiliging, -bewaking en -waarschuwing of met het oog op archivering in het algemeen belang, wetenschappelijk of historisch onderzoek of statistische doeleinden op basis van Unierecht of lidstatelijk recht die aan een doelstelling van algemeen belang moet voldoen, alsook voor studies van algemeen belang op het gebied van de volksgezondheid. Derhalve dient deze verordening te voorzien in geharmoniseerde voorwaarden voor de verwerking van bijzondere categorieën van persoonsgegevens over de gezondheid, in geval van specifieke behoeften, met name indien deze gegevens met het oog op bepaalde gezondheidsdoeleinden worden verwerkt door personen die wettelijk aan het beroepsgeheim gebonden zijn. Het Unierecht of het lidstatelijke recht moet voorzien in specifieke en passende maatregelen voor de bescherming van de grondrechten en persoonsgegevens van natuurlijke personen. De lidstaten moet worden toegestaan andere voorwaarden, waaronder beperkingen, met betrekking tot de verwerking van genetische gegevens, biometrische gegevens of gegevens over gezondheid te handhaven of in te voeren. Wanneer deze voorwaarden van toepassing zijn op de grensoverschrijdende verwerking van deze persoonsgegevens, mag dit evenwel geen belemmering vormen voor het vrije verkeer van gegevens binnen de Unie.

(54) Het kan om redenen van algemeen belang op het gebied van de volksgezondheid nodig zijn om bijzondere categorieën van persoonsgegevens zonder toestemming van de betrokkene te verwerken. Die verwerking moet worden onderworpen aan passende en specifieke maatregelen ter bescherming van de rechten en vrijheden van natuurlijke personen. In dit verband dient „volksgezondheid" overeenkomstig de definitie van Verordening (EG) nr. 1338/2008 van het Europees Parlement en de Raad[13] te worden uitgelegd als alle elementen in verband met de gezondheid, namelijk gezondheidstoestand, inclusief morbiditeit en beperkingen, de determinanten die een effect hebben op die gezondheidstoestand, de behoeften aan gezondheidszorg, middelen ten behoeve van de gezondheidszorg, de verstrekking van en de universele toegang tot gezondheidszorg, alsmede de uitgaven voor en de financiering van de gezondheidszorg, en de doodsoorzaken. Dergelijke verwerking van persoonsgegevens over gezondheid om redenen van algemeen belang mag er niet toe te leiden dat persoonsgegevens door derden zoals werkgevers, of verzekeringsmaatschappijen en banken voor andere doeleinden worden verwerkt.

(55) Bovendien vindt de verwerking van persoonsgegevens door overheidsinstanties ter verwezenlijking van in het constitutionele recht of in het volkenrecht vastgelegde doelstellingen van officieel erkende religieuze verenigingen plaats op grond van een algemeen belang.

(56) Als het bij verkiezingsactiviteiten voor de goede werking van de democratie in een lidstaat vereist is dat politieke partijen persoonsgegevens over de politieke opvattingen van personen verzamelen, kan de verwerking van zulke gegevens op grond van een algemeen belang worden toegestaan, mits er passende waarborgen worden vastgesteld.

(57) Indien een verwerkingsverantwoordelijke aan de hand van de door hem verwerkte persoonsgegevens geen natuurlijke persoon kan identificeren, mag hij niet worden verplicht om, uitsluitend om aan een bepaling van deze verordening te voldoen, aanvullende gegevens te verkrijgen ter identificatie van de betrokkene. De verwerkingsverantwoordelijke mag evenwel niet weigeren de door de betrokkene tot staving van de uitoefening van zijn rechten verstrekte aanvullende gegevens aan te nemen. De identiteit van de betrokkene dient ook digitaal te worden vastgesteld, bijvoorbeeld aan de hand van dezelfde persoonlijke beveiligingsgegevens, die door de betrokkene worden gebruikt voor het aanmelden op de door de verwerker van de gegevens aangeboden onlinedienst.

(58) Overeenkomstig het transparantiebeginsel moet informatie die bestemd is voor het publiek of voor de betrokkene beknopt, eenvoudig toegankelijk en begrijpelijk zijn en moet duidelijke en eenvoudige taal en, in voorkomend geval, aanvullend visualisatie worden gebruikt. Die informatie kan elektronisch worden verstrekt, bijvoorbeeld wanneer die tot het publiek is gericht, via een website. Dit geldt in het bijzonder voor situaties, waarin het vanwege zowel het grote aantal actoren als de technologische complexiteit van de praktijk voor een betrokkene moeilijk is te weten en te begrijpen of, door wie en met welk doel zijn persoonsgegevens worden verzameld, zoals bij onlineadvertenties. Aangezien kinderen specifieke bescherming verdienen, dient de informatie en communicatie, wanneer de verwerking specifiek tot een kind is gericht, in een zodanig duidelijke en eenvoudige taal te worden gesteld dat het kind deze makkelijk kan begrijpen.

(59) Er dienen regelingen voorhanden te zijn om de betrokkene in staat te stellen zijn rechten uit hoofde van deze verordening gemakkelijker uit te oefenen, zoals mechanismen om te verzoeken om met name inzage in en rectificatie of wissing van persoonsgegevens en, indien van toepassing, deze gratis te verkrijgen, alsmede om het recht van bezwaar uit te oefenen. De verwerkingsverantwoordelijke dient ook middelen te verstrekken om verzoeken elektronisch in

---

13   Verordening (EG) nr. 1338/2008 van het Europees Parlement en de Raad van 16 december 2008 betreffende communautaire statis- tieken over de volksgezondheid en de gezondheid en veiligheid op het werk (PB L 354 van 31.12.2008, blz. 70).

te dienen, vooral wanneer persoonsgegevens langs elektronische weg worden verwerkt. De verwerkingsverantwoordelijke dient te worden verplicht onverwijld en ten laatste binnen een maand op een verzoek van de betrokkene te reageren, en om de redenen op te geven voor een eventuele voorgenomen weigering om aan dergelijke verzoeken gehoor te geven.

(60) Overeenkomstig de beginselen van behoorlijke en transparante verwerking moet de betrokkene op de hoogte worden gesteld van het feit dat er verwerking plaatsvindt en van de doeleinden daarvan. De verwerkingsverantwoordelijke dient de betrokkene de nadere informatie te verstrekken die noodzakelijk is om tegenover de betrokkene een behoorlijke en transparante verwerking te waarborgen, met inachtneming van de specifieke omstandigheden en de context waarin de persoonsgegevens worden verwerkt. Voorts moet de betrokkene worden geïnformeerd over het bestaan van profilering en de gevolgen daarvan. Indien de persoonsgegevens van de betrokkene moeten worden verkregen, moet hem worden meegedeeld of hij verplicht is de persoonsgegevens te verstrekken en wat de gevolgen zijn van niet-verstrekking van de gegevens. Die informatie kan met behulp van gestandaardiseerde icoontjes worden verstrekt, teneinde op goed zichtbare, begrijpelijke en duidelijk leesbare wijze de zin van de voorgenomen verwerking weer te geven. Elektronisch weergegeven icoontjes moeten machineleesbaar zijn.

(61) De informatie over de verwerking van persoonsgegevens betreffende de betrokkene dient hem te worden meegedeeld bij het verzamelen bij de betrokkene van de gegevens of, indien de gegevens uit een andere bron zijn verkregen, binnen een redelijke termijn, die afhangt van de omstandigheden van het geval. Wanneer de persoonsgegevens rechtmatig aan een andere ontvanger kunnen worden verstrekt, dient de betrokkene te worden meegedeeld wanneer de persoonsgegevens voor het eerst aan de ontvanger worden verstrekt. Wanneer de verwerkingsverantwoordelijke voornemens is de persoonsgegevens te verwerken met een ander doel dan dat waarvoor zij zijn verzameld, moet de verwerkingsverantwoordelijke de betrokkene vóór die verdere verwerking informatie over dat andere doel en andere noodzakelijke informatie verstrekken. Wanneer de oorsprong van de persoonsgegevens niet aan de betrokkene kan worden meegedeeld omdat verschillende bronnen zijn gebruikt, moet algemene informatie worden verstrekt.

(62) Niettemin is het niet noodzakelijk de verplichting tot informatieverstrekking op te leggen wanneer de betrokkene al over de informatie beschikt, wanneer de registratie of mededeling van de persoonsgegevens uitdrukkelijk bij wet is voorgeschreven of wanneer de informatieverstrekking aan de betrokkene onmogelijk blijkt of onevenredig veel inspanningen zou kosten. Dit laatste zou met name het geval kunnen zijn wanneer verwerking met het oog op archivering in het algemeen belang, wetenschappelijk of historisch onderzoek of statistische doeleinden geschiedt. In dat verband mag in aanmerking worden genomen om hoeveel betrokkenen het gaat, hoe oud de gegevens zijn en welke passende waarborgen moeten worden ingebouwd.

(63) Een betrokkene moet het recht hebben om de persoonsgegevens die over hem zijn verzameld, in te zien, en om dat recht eenvoudig en met redelijke tussenpozen uit te oefenen, zodat hij zich van de verwerking op de hoogte kan stellen en de rechtmatigheid daarvan kan controleren. Dit houdt ook in dat betrokkenen het recht dienen te hebben op inzage in hun persoonsgegevens betreffende hun gezondheid, zoals de gegevens in hun medisch dossier, dat informatie bevat over bijvoorbeeld diagnosen, onderzoeksresultaten, beoordelingen door behandelende artsen en verrichte behandelingen of ingrepen. Elke betrokkene dient dan ook het recht te hebben, te weten en te worden meegedeeld voor welke doeleinden de persoonsgegevens worden verwerkt, indien mogelijk hoe lang zij worden bewaard, wie de persoonsgegevens ontvangt, welke logica er ten grondslag ligt aan een eventuele automatische verwerking van de persoonsgegevens en, ten minste wanneer de verwerking op profilering is gebaseerd, wat de gevolgen van een dergelijke verwerking zijn. Indien mogelijk moet de verwerkingsverantwoordelijke op afstand toegang kunnen geven tot een beveiligd systeem waarop de betrokkene direct zijn persoonsgegevens kan inzien. Dat recht mag geen afbreuk doen aan de rechten of vrijheden van anderen, met inbegrip van het zakengeheim of de intellectuele eigendom en met name aan het auteursrecht dat de software beschermt. Die overwegingen mogen echter niet ertoe leiden dat de betrokkene alle informatie wordt onthouden. Wanneer de verwerkingsverantwoordelijke een grote hoeveelheid gegevens betreffende de betrokkene verwerkt, moet hij de betrokkene voorafgaand aan de informatieverstrekking kunnen verzoeken om te preciseren op welke informatie of welke verwerkingsactiviteiten het verzoek betrekking heeft.

(64) De verwerkingsverantwoordelijke dient, met name met betrekking tot onlinediensten en online-identificatoren, alle redelijke maatregelen te nemen om de identiteit te controleren van een betrokkene die om inzage verzoekt. Een verwerkingsverantwoordelijke mag persoonsgegevens niet uitsluitend bewaren om op eventuele verzoeken te kunnen reageren.

(65) Een betrokkene moet het recht hebben om hem betreffende persoonsgegevens te laten rectificeren en dient te beschikken over een „recht op vergetelheid" wanneer de bewaring van dergelijke gegevens inbreuk maakt op deze verordening die of op Unierecht of het lidstatelijk recht dat op de verwerkingsverantwoordelijke van toepassing is. Meer bepaald moeten betrokkenen het recht hebben hun persoonsgegevens te laten wissen en niet verder te laten verwerken

wanneer de persoonsgegevens niet langer noodzakelijk zijn voor de doeleinden waarvoor zij zijn verzameld of anderszins verwerkt, wanneer de betrokkenen hun toestemming hebben ingetrokken of bezwaar maken tegen de verwerking van hun persoonsgegevens, of wanneer de verwerking van hun persoonsgegevens op een ander punt niet met deze verordening in overeenstemming is. Dat recht is met name relevant wanneer de betrokkene toestemming heeft gegeven als kind, toen hij zich nog niet volledig bewust was van de verwerkingsrisico's, en hij dergelijke persoonsgegevens later wil verwijderen, met name van het internet. De betrokkene dient dat recht te kunnen uitoefenen niettegenstaande het feit dat hij geen kind meer is. Het dient echter rechtmatig te zijn persoonsgegevens langer te bewaren wanneer dat noodzakelijk is voor de uitoefening van het recht op vrijheid van meningsuiting en van informatie, voor de nakoming van een wettelijke verplichting, voor de uitvoering van een taak in het algemeen belang of in het kader van de uitoefening van het openbaar gezag dat aan de verwerkingsverantwoordelijke is verleend, om redenen van algemeen belang op het vlak van volksgezondheid, met het oog op archivering in het algemeen belang, wetenschappelijk of historisch onderzoek of statistische doeleinden of voor de vaststelling, uitoefening of onderbouwing van een rechtsvordering.

(66) Ter versterking van het recht op vergetelheid in de onlineomgeving, dient het recht op wissing te worden uitgebreid door de verwerkingsverantwoordelijke die persoonsgegevens openbaar heeft gemaakt te verplichten de verwerkingsverantwoordelijken die deze persoonsgegevens verwerken, ervan op de hoogte te stellen dat de betrokkene heeft verzocht om het verwijderen van links naar, of kopieën of reproducties van die persoonsgegevens. Die verwerkingsverantwoordelijke dient daarbij, met inachtneming van de beschikbare technologie en de middelen waarover hij beschikt, redelijke maatregelen te nemen, waaronder technische maatregelen, om de verwerkingsverantwoordelijken die de persoonsgegevens verwerken, over het verzoek van de betrokkene te informeren.

(67) Tot de methoden ter beperking van de verwerking van persoonsgegevens zou kunnen behoren dat de geselecteerde persoonsgegevens tijdelijk naar een ander verwerkingssysteem worden overgebracht, dat de geselecteerde gegevens voor gebruikers niet beschikbaar worden gemaakt of dat gepubliceerde gegevens tijdelijk van een website worden gehaald. In geautomatiseerde bestanden moet in beginsel met technische middelen worden gezorgd voor een zodanige beperking van de verwerking van persoonsgegevens dat de persoonsgegevens niet verder kunnen worden verwerkt en niet kunnen worden gewijzigd. Het feit dat de verwerking van persoonsgegevens beperkt is, moet duidelijk in het bestand zijn aangegeven.

(68) Om de zeggenschap over zijn eigen gegevens verder te versterken, dient de betrokkene wanneer de persoonsgegevens via geautomatiseerde procedés worden verwerkt, ook de mogelijkheid te hebben de hem betreffende persoonsgegevens die hij aan een verwerkingsverantwoordelijke heeft verstrekt, in een gestructureerd, gangbaar, machineleesbaar en interoperabel formaat te verkrijgen en die aan een andere verwerkingsverantwoordelijke door te zenden. De verwerkingsverantwoordelijken dienen ertoe te worden aangemoedigd interoperabele formaten te ontwikkelen die gegevensoverdraagbaarheid mogelijk maken. Dit recht dient te gelden wanneer de betrokkene de persoonsgegevens heeft verstrekt door zijn toestemming te geven dan wel wanneer de verwerking noodzakelijk is voor de uitvoering van een overeenkomst. Dit recht mag niet gelden wanneer de verwerking op basis van een andere rechtsgrond dan toestemming of een overeenkomst geschiedt. Door de aard ervan mag dit recht niet worden uitgeoefend jegens verwerkingsverantwoordelijken die persoonsgegevens verwerken in het kader van de uitoefening van hun openbare taken. Derhalve mag dit recht niet gelden indien de verwerking van de persoonsgegevens nodig is voor de vervulling van een op de verwerkingsverantwoordelijke rustende wettelijke verplichting, voor de vervulling van een taak van algemeen belang of in het kader van de uitoefening van het openbaar gezag dat aan de verwerkingsverantwoordelijke is verleend. Het recht van de betrokkene om hem betreffende persoonsgegevens door te zenden of te ontvangen, mag voor de verwerkingsverantwoordelijke geen verplichting doen ontstaan om technisch compatibele systemen voor gegevensverwerking op te zetten of te houden. Wanneer het in een bepaalde verzameling persoonsgegevens meer dan één betrokkene aanbelangt, moet het recht om de persoonsgegevens te ontvangen de rechten en vrijheden van andere betrokkenen overeenkomstig deze verordening onverlet laten. Voorts mag dit recht niet afdoen aan het recht van de betrokkene om zijn persoonsgegevens te laten wissen en aan de beperkingen die in deze verordening aan dat recht zijn gesteld, en mag het in het bijzonder niet inhouden dat de hem betreffende persoonsgegevens die de betrokkene ter uitvoering van een overeenkomst heeft verstrekt, voor zover en zolang de persoonsgegevens noodzakelijk zijn voor de uitvoering van die overeenkomst, worden gewist. Voor zover dit technisch haalbaar is, moet de betrokkene het recht hebben te verkrijgen dat de gegevens direct van de ene naar de andere verwerkingsverantwoordelijke worden doorgezonden.

(69) Wanneer persoonsgegevens rechtmatig mogen worden verwerkt omdat de verwerking nodig is ter vervulling van een taak van algemeen belang of in het kader van de uitoefening van het openbaar gezag dat aan de verwerkingsverantwoordelijke is verleend, dan wel op grond

van de gerechtvaardigde belangen van een verwerkingsverantwoordelijke of een derde, dient een betrokkene niettemin bezwaar te kunnen maken tegen de verwerking van gegevens die op zijn specifieke situatie betrekking hebben. De verwerkingsverantwoordelijke moet aantonen dat zijn dwingende belangen zwaarder wegen dan de belangen of de grondrechten en de fundamentele vrijheden van de betrokkene.

(70) Wanneer persoonsgegevens worden verwerkt ten behoeve van direct marketing dient de betrokkene, ongeacht of het een aanvankelijke dan wel een verdere verwerking betreft, het recht te hebben te allen tijde en kosteloos bezwaar te maken tegen deze verwerking, ook in het geval van profilering voor zover deze betrekking heeft op de direct marketing. Dat recht moet uitdrukkelijk, op duidelijke wijze en gescheiden van overige informatie, onder de aandacht van de betrokkene worden gebracht.

(71) De betrokkene dient het recht te hebben niet te worden onderworpen aan een louter op geautomatiseerde verwerking gebaseerd besluit, dat een maatregel kan behelzen — over persoonlijke hem betreffende aspecten, waaraan voor hem rechtsgevolgen zijn verbonden of dat hem op vergelijkbare wijze aanmerkelijk treft, zoals de automatische weigering van een online ingediende kredietaanvraag of van verwerking van sollicitaties via internet zonder menselijke tussenkomst. Een verwerking van die aard omvat „profilering", wat bestaat in de geautomatiseerde verwerking van persoonsgegevens ter beoordeling van persoonlijke aspecten van een natuurlijke persoon, met name om kenmerken betreffende beroepsprestaties, economische situatie, gezondheid, persoonlijke voorkeuren of interesses, betrouwbaarheid van gedrag, locatie of verplaatsingen van de betrokkene te analyseren of te voorspellen, wanneer daaraan voor hem rechtsgevolgen zijn verbonden of dat hem op vergelijkbare wijze aanmerkelijk treft. Besluitvorming op basis van een dergelijke verwerking, met inbegrip van profilering, dient echter wel mogelijk te zijn wanneer deze uitdrukkelijk is toegestaan bij Unierecht of lidstatelijk recht dat op de verwerkingsverantwoordelijke van toepassing is, onder meer ten behoeve van de controle en voorkoming van belastingfraude en -ontduiking overeenkomstig de regelgeving, normen en aanbevelingen van de instellingen van de Unie of de nationale met toezicht belaste instanties, en om te zorgen voor de veiligheid en betrouwbaarheid van een dienst die door de verwerkingsverantwoordelijke wordt verleend, of noodzakelijk voor de sluiting of uitvoering van een overeenkomst tussen de betrokkene en een verwerkingsverantwoordelijke, of wanneer de betrokkene zijn uitdrukkelijke toestemming heeft gegeven. In ieder geval moeten voor dergelijke verwerking passende waarborgen worden geboden, waaronder specifieke informatie aan de betrokkene en het recht op menselijke tussenkomst, om zijn standpunt kenbaar te maken, om uitleg over de na een dergelijke beoordeling genomen besluit te krijgen en om het besluit aan te vechten. Een dergelijke maatregel mag geen betrekking hebben op een kind.
Teneinde een voor de betrokkene behoorlijke en transparante verwerking te garanderen, met inachtneming van de concrete omstandigheden en context waarin de persoonsgegevens worden verwerkt, dient de verwerkingsverantwoordelijke voor de profilering passende wiskundige en statistische procedures te hanteren en technische en organisatorische maatregelen te treffen waarmee factoren die aanleiding geven tot onjuistheden van persoonsgegevens worden gecorrigeerd en het risico op fouten wordt geminimaliseerd, en de persoonsgegevens zodanig te bewaren dat rekening wordt gehouden met de potentiële risico's voor de belangen en rechten van de betrokkene en dient hij onder meer te voorkomen dat zulks voor natuurlijke personen discriminerende gevolgen zou hebben op grond van ras of etnische afkomst, politieke overtuiging, godsdienst of levensbeschouwelijke overtuigingen, lidmaatschap van een vakbond, genetische of gezondheidsstatus, of seksuele gerichtheid, of dat de verwerking zou leiden tot maatregelen met een vergelijkbaar effect.

(72) Voor profilering gelden de regels van deze verordening betreffende de verwerking van persoonsgegevens, bijvoorbeeld de rechtsgronden voor verwerking of beginselen van gegevensbescherming. Het Europees Comité voor gegevensbescherming dat door deze verordening wordt ingesteld (het „Comité") dient de mogelijkheid te krijgen om in dat verband richtsnoeren op te stellen.

(73) In het Unierecht of het lidstatelijke recht kunnen beperkingen worden gesteld aan de specifieke beginselen en het recht op informatie, inzage en rectificatie of wissing van gegevens, het recht op gegevensoverdraagbaarheid, het recht en bezwaar te maken, alsook aan besluiten gebaseerd op profilering, aan de melding aan de betrokkene van een inbreuk op persoonsgegevens en bepaalde daarmee verband houdende verplichtingen van de verwerkingsverantwoordelijken, voor zover dat in een democratische samenleving noodzakelijk en evenredig is voor de bescherming van de openbare veiligheid, waaronder de bescherming van het menselijk leven en met name bij natuurrampen of door de mens veroorzaakte rampen, voor de voorkoming, het onderzoek en de vervolging van strafbare feiten of de tenuitvoerlegging van straffen, met inbegrip van de bescherming tegen en de voorkoming van gevaren voor de openbare veiligheid, of van schendingen van de beroepscodes voor gereglementeerde beroepen, voor de bescherming van andere belangrijke doelstellingen van algemeen en openbaar belang in de Unie of een lidstaat, met name een gewichtig economisch of financieel belang van de Unie of een lidstaat, voor het

houden van openbare registers die nodig zijn om redenen van algemeen belang, voor de verdere verwerking van gearchiveerde persoonsgegevens teneinde specifieke informatie over het politieke gedrag onder voormalige totalitaire regimes te verkrijgen of voor de bescherming van de betrokkene of de rechten en vrijheden van anderen, met inbegrip van sociale bescherming, volksgezondheid en humanitaire doeleinden. Deze beperkingen moeten in overeenstemming zijn met de vereisten van het Handvest en het Europees Verdrag tot bescherming van de rechten van de mens en de fundamentele vrijheden.

(74) De verantwoordelijkheid en aansprakelijkheid van de verwerkingsverantwoordelijke moeten worden vastgesteld voor elke verwerking van persoonsgegevens die door of namens hem wordt uitgevoerd. Meer bepaald dient de verwerkingsverantwoordelijke te worden verplicht passende en effectieve maatregelen uit te voeren en te kunnen aantonen dat elke verwerkingsactiviteit overeenkomstig deze verordening geschiedt, ook wat betreft de doeltreffendheid van de maatregelen. Bij die maatregelen moet rekening worden gehouden met de aard, de omvang, de context en het doel van de verwerking en het risico voor de rechten en vrijheden van natuurlijke personen.

(75) Het qua waarschijnlijkheid en ernst uiteenlopende risico van natuurlijke personen kan voortvloeien uit persoonsgegevensverwerking die kan resulteren in ernstige lichamelijke, materiële of immateriële schade, met name: waar de verwerking kan leiden tot discriminatie, identiteitsdiefstal of -fraude, financiële verliezen, reputatieschade, verlies van vertrouwelijkheid van door het beroepsgeheim beschermde persoonsgegevens, ongeoorloofde ongedaanmaking van pseudonimisering, of enig ander aanzienlijk economisch of maatschappelijk nadeel; wanneer de betrokkenen hun rechten en vrijheden niet kunnen uitoefenen of worden verhinderd controle over hun persoonsgegevens uit te oefenen; wanneer persoonsgegevens worden verwerkt waaruit ras of etnische afkomst, politieke opvattingen, religie of levensbeschouwelijke overtuigingen, of vakbondslidmaatschap blijkt, en bij de verwerking van genetische gegevens of gegevens over gezondheid of seksueel gedrag of strafrechtelijke veroordelingen en strafbare feiten of daarmee verband houdende veiligheidsmaatregelen; wanneer persoonlijke aspecten worden geëvalueerd, met name beroepsprestaties, economische situatie, gezondheid, persoonlijke voorkeuren of interesses, betrouwbaarheid of gedrag, locatie of verplaatsingen te analyseren of te voorspellen, teneinde persoonlijke profielen op te stellen of te gebruiken; wanneer persoonsgegevens van kwetsbare natuurlijke personen, met name van kinderen, worden verwerkt; of wanneer de verwerking een grote hoeveelheid persoonsgegevens betreft en gevolgen heeft voor een groot aantal betrokkenen.

(76) De waarschijnlijkheid en de ernst van het risico voor de rechten en vrijheden van de betrokkene moeten worden bepaald onder verwijzing naar de aard, het toepassingsgebied, de context en de doeleinden van de verwerking. Het risico moet worden bepaald op basis van een objectieve beoordeling en vastgesteld moet worden of de verwerking gepaard gaat met een risico of een hoog risico.

(77) Richtsnoeren voor de tenuitvoerlegging van passende maatregelen, en om aan te tonen dat de verwerkingsverantwoordelijke of de verwerker de regels naleeft, vooral wat betreft de vaststelling van het risico in verband met de verwerking, de beoordeling van de oorsprong, aard, waarschijnlijkheid en ernst daarvan, en de bepaling van beste praktijken om het risico te verminderen, kunnen met name worden verstrekt door middel van goedgekeurde gedragscodes, goedgekeurde certificeringen, richtsnoeren van het Comité of aanwijzingen van een functionaris voor gegevensbescherming. Het Comité kan tevens richtsnoeren uitvaardigen met betrekking tot verwerkingen die waarschijnlijk niet zullen resulteren in een hoog risico voor de rechten en vrijheden van natuurlijke personen, en aangeven met welke maatregelen in dat geval kan worden volstaan om dat risico aan te pakken.

(78) Ter bescherming van de rechten en vrijheden van natuurlijke personen in verband met de verwerking van persoonsgegevens zijn passende technische en organisatorische maatregelen nodig om te waarborgen dat aan de voorschriften van deze verordening wordt voldaan. Om de naleving van deze verordening aan te kunnen tonen, moet de verwerkingsverantwoordelijke interne beleidsmaatregelen nemen en maatregelen toepassen die voldoen aan met name de beginselen van gegevensbescherming door ontwerp en gegevensbescherming door standaardinstellingen. Dergelijke maatregelen kunnen onder meer bestaan in het minimaliseren van de verwerking van persoonsgegevens, het zo spoedig mogelijk pseudonimiseren van persoonsgegevens, transparantie met betrekking tot de functies en de verwerking van persoonsgegevens, het in staat stellen van de betrokkene om controle uit te oefenen op de informatieverwerking en uit het in staat stellen van de verwerkingsverantwoordelijke om beveiligingskenmerken te creëren en te verbeteren. Bij de ontwikkeling, de uitwerking, de keuze en het gebruik van toepassingen, diensten en producten die zijn gebaseerd op de verwerking van persoonsgegevens, of die persoonsgegevens verwerken bij de uitvoering van hun opdracht, dienen de producenten van de producten, diensten en toepassingen te worden gestimuleerd om bij de ontwikkeling en de uitwerking van dergelijke producten, diensten en toepassingen rekening te houden met het recht op bescherming van persoonsgegevens en, met inachtneming van de stand van de

Algemene verordening gegevensbescherming

techniek, erop toe te zien dat de verwerkingsverantwoordelijken en de verwerkers in staat zijn te voldoen aan hun verplichtingen inzake gegevensbescherming. De beginselen van gegevensbescherming door ontwerp en gegevensbescherming door standaardinstellingen moeten ook bij openbare aanbestedingen in aanmerking worden genomen.

(79) Voor de bescherming van de rechten en vrijheden van betrokkenen en de verantwoordelijkheid en aansprakelijkheid van verwerkingsverantwoordelijken en verwerkers is het noodzakelijk, onder meer wat het toezicht door en de maatregelen van de toezichthoudende autoriteiten betreft, dat de bij deze verordening vastgestelde verantwoordelijkheden op duidelijke wijze worden toegewezen, ook wanneer de verwerkingsverantwoordelijke de doeleinden en de middelen voor de verwerking samen met andere verwerkingsverantwoordelijken vaststelt, of wanneer een verwerking namens een verwerkingsverantwoordelijke wordt uitgevoerd.

(80) Wanneer een niet in de Unie gevestigde verwerkingsverantwoordelijke of verwerker persoonsgegevens van betrokkenen die zich in de Unie bevinden, verwerkt, en de verwerking verband houdt met de aanbieding van goederen of diensten — ongeacht of een betaling door de betrokkenen is vereist — aan die zich in de Unie bevindende betrokkenen of met het controleren van hun gedrag in de Unie, dient de verwerkingsverantwoordelijke of de verwerker een vertegenwoordiger aan te wijzen, tenzij de verwerking incidenteel is, niet de grootschalige verwerking van bijzondere categorieën van persoonsgegevens, of de verwerking van persoonsgegevens betreffende strafrechtelijke veroordelingen en strafbare feiten inhoudt en gelet op de aard, de context, de omvang en de verwerkingsdoeleinden waarschijnlijk geen risico oplevert voor de rechten en vrijheden van natuurlijke personen, of tenzij de verwerkingsverantwoordelijke een overheidsinstantie of -orgaan is. De vertegenwoordiger dient ten behoeve van de verwerkingsverantwoordelijke of de verwerker op te treden en kan door iedere toezichthoudende autoriteit worden benaderd. De vertegenwoordiger dient uitdrukkelijk te worden aangewezen via een schriftelijk mandaat van de verwerkingsverantwoordelijke of van de verwerker om namens hen op te treden met betrekking tot zijn verplichtingen uit hoofde van deze verordening. De aanwijzing van een dergelijke vertegenwoordiger heeft geen invloed op de verantwoordelijkheid of of aansprakelijkheid van de verwerkingsverantwoordelijke of van de verwerker uit hoofde van deze verordening. Die vertegenwoordiger moet zijn taken verrichten volgens het van de verwerkingsverantwoordelijke of de verwerker ontvangen mandaat, en moet onder meer samenwerken met de bevoegde toezichthoudende autoriteiten met betrekking tot alle maatregelen die ter naleving van deze verordening worden genomen. In geval van niet-naleving door de verwerkingsverantwoordelijke of de verwerker dient de aangewezen vertegenwoordiger aan handhavingsprocedures te worden onderworpen.

(81) Teneinde te waarborgen dat met betrekking tot de verwerking die door de verwerker ten behoeve van de verwerkingsverantwoordelijke moet worden verricht, aan de voorschriften van deze verordening wordt voldaan, mag de verwerkingsverantwoordelijke, wanneer hij een verwerker verwerkingsactiviteiten toevertrouwt, alleen een beroep doen op verwerkers die voldoende garanties bieden, met name op het gebied van deskundigheid, betrouwbaarheid en middelen, om ervoor te zorgen dat de technische en organisatorische maatregelen beantwoorden aan de voorschriften van deze verordening, mede wat de beveiliging van de verwerking betreft. Het feit dat de verwerker zich aansluit bij een goedgekeurde gedragscode of bij een goedgekeurde certificeringsregeling kan worden gebruikt als een element om aan te tonen dat aan de verplichtingen van de verwerkingsverantwoordelijke wordt voldaan. De uitvoering van de verwerking door een verwerker dient uit hoofde van het Unierecht of het lidstatelijke recht te worden geregeld in een overeenkomst of een andere rechtshandeling waardoor de verwerker aan de verwerkingsverantwoordelijke gebonden is, en die een nadere omschrijving omvat van het onderwerp en de duur van de verwerking, de aard en de doeleinden van de verwerking, het soort persoonsgegevens en de categorieën van betrokkenen, en dient rekening te houden met de specifieke taken en verantwoordelijkheden van de verwerker in het kader van de te verrichten verwerking en het risico in verband met het de rechten en vrijheden van de betrokkene. De verwerkingsverantwoordelijke en de verwerker kunnen kiezen voor het gebruik van een individuele overeenkomst of standaardcontractbepalingen, die hetzij rechtstreeks door de Commissie, hetzij door een toezichthoudende autoriteit in het kader van het coherentiemechanisme en vervolgens door de Commissie worden vastgesteld. Na de voltooiing van de verwerking ten behoeve van de verwerkingsverantwoordelijke, dient de verwerker, naargelang de wens van de verwerkingsverantwoordelijke, de persoonsgegevens terug te geven of te wissen, tenzij het Unierecht of het lidstatelijke recht dat op de verwerker van toepassing is de verplichting oplegt de persoonsgegevens op te slaan.

(82) Om de naleving van deze verordening aan te kunnen tonen, dient de verwerkingsverantwoordelijke of de verwerker een register bij te houden van verwerkingsactiviteiten die onder zijn verantwoordelijkheid hebben plaatsgevonden. Elke verwerkingsverantwoordelijke en elke verwerker dient ertoe te worden verplicht medewerking te verlenen aan de toezichthoudende autoriteit en dit register desgevraagd te verstrekken met het oog op het gebruik daarvan voor het toezicht op de verwerkingsactiviteiten.

(83) Teneinde de veiligheid te waarborgen en te voorkomen dat de verwerking inbreuk maakt op deze verordening, dient de verwerkingsverantwoordelijke of de verwerker de aan de verwerking inherente risico's te beoordelen en maatregelen, zoals versleuteling, te treffen om die risico's te beperken. Die maatregelen dienen een passend niveau van beveiliging, met inbegrip van vertrouwelijkheid, te waarborgen, rekening houdend met de stand van de techniek en de uitvoeringskosten afgezet tegen de risico's en de aard van de te beschermen persoonsgegevens. Bij de beoordeling van de gegevensbeveiligingsrisico's dient aandacht te worden besteed aan risico's die zich voordoen bij persoonsgegevensverwerking, zoals de vernietiging, het verlies, de wijziging, de ongeoorloofde verstrekking van of de ongeoorloofde toegang tot de doorgezonden, opgeslagen of anderszins verwerkte gegevens, hetzij per ongeluk hetzij onrechtmatig, hetgeen met name tot lichamelijke, materiële of immateriële schade kan leiden.

(84) Teneinde de naleving van deze verordening te verbeteren indien de verwerking waarschijnlijk gepaard gaat met hoge risico's in verband met de rechten en vrijheden van natuurlijke personen, dient de verwerkingsverantwoordelijke of de verwerker verantwoordelijk te zijn voor het verrichten van een gegevensbeschermingseffectbeoordeling om met name de oorsprong, de aard, het specifieke karakter en de ernst van dat risico te evalueren. Met het resultaat van de beoordeling dient rekening te worden gehouden bij het bepalen van de passende maatregelen die moeten worden genomen om aan te tonen dat deze verordening bij de verwerking van persoonsgegevens wordt nageleefd. Wanneer een gegevensbeschermingseffectbeoordeling uitwijst dat verwerking gepaard gaat met een hoog risico dat de verwerkingsverantwoordelijke niet kan beperken door maatregelen die met het oog op de beschikbare technologie en de uitvoeringskosten redelijk zijn, dient vóór de verwerking een raadpleging van de toezichthoudende autoriteit plaats te vinden.

(85) Een inbreuk in verband met persoonsgegevens kan, wanneer dit probleem niet tijdig en op passende wijze wordt aangepakt, resulteren in lichamelijke, materiële of immateriële schade voor natuurlijke personen, zoals verlies van controle over hun persoonsgegevens of de beperking van hun rechten, discriminatie, identiteitsdiefstal of -fraude, financiële verliezen, ongeoorloofde ongedaanmaking van pseudonimisering, reputatieschade, verlies van vertrouwelijkheid van door het beroepsgeheim beschermde persoonsgegevens, of enig ander aanzienlijk economisch of maatschappelijk nadeel voor de natuurlijke persoon in kwestie. Daarom moet de verwerkingsverantwoordelijke, zodra hij weet dat een inbreuk in verband met persoonsgegevens heeft plaatsgevonden, de toezichthoudende autoriteit onverwijld en waar mogelijk niet meer dan 72 uur nadat hij er kennis van heeft genomen, in kennis stellen van de inbreuk in verband met persoonsgegevens, tenzij de verwerkingsverantwoordelijke conform het verantwoordingsbeginsel kan aantonen dat het onwaarschijnlijk is dat deze inbreuk risico's voor de rechten en vrijheden van natuurlijke personen met zich brengt. Wanneer die kennisgeving niet binnen 72 uur kan worden gerealiseerd, dient de kennisgeving vergezeld te gaan van een verklaring voor de vertraging en kan de informatie zonder onredelijke verdere vertraging in fasen worden verstrekt.

(86) De verwerkingsverantwoordelijke moet de betrokkene zonder onredelijke vertraging in kennis stellen van de inbreuk in verband met persoonsgegevens wanneer die inbreuk in verband met persoonsgegevens grote risico's voor de rechten en vrijheden van de natuurlijke persoon met zich kan brengen, zodat hij de nodige voorzorgsmaatregelen kan treffen. De kennisgeving dient zowel de aard van de inbreuk in verband met persoonsgegevens te vermelden als aanbevelingen over hoe de natuurlijke persoon in kwestie mogelijke negatieve gevolgen kan beperken. Dergelijke kennisgevingen aan betrokkenen dienen zo snel als redelijkerwijs mogelijk te worden gedaan, in nauwe samenwerking met de toezichthoudende autoriteit en met inachtneming van de door haarzelf of door andere relevante autoriteiten, zoals rechtshandhavingsautoriteiten, aangereikte richtsnoeren. Zo zouden betrokkenen bijvoorbeeld onverwijld in kennis moeten worden gesteld wanneer een onmiddellijk risico op schade moet worden beperkt, terwijl een langere kennisgevingstermijn gerechtvaardigd kan zijn wanneer er passende maatregelen moeten worden genomen tegen aanhoudende of soortgelijke inbreuken in verband met persoonsgegevens.

(87) Nagegaan moet worden of alle passende technische en organisatorische maatregelen zijn genomen om vast te stellen of een inbreuk in verband met persoonsgegevens heeft plaatsgevonden, en om de toezichthoudende autoriteit en de betrokkene daarvan onverwijld in kennis te stellen. Het feit dat de kennisgeving is gedaan zonder onredelijke vertraging moet worden vastgesteld, met name rekening houdend met de aard en de ernst van de inbreuk in verband met persoonsgegevens en de gevolgen en negatieve effecten voor de betrokkene. Die kennisgeving kan ertoe leiden dat de toezichthoudende autoriteit optreedt overeenkomstig haar in deze verordening neergelegde taken en bevoegdheden.

(88) Bij de vaststelling van gedetailleerde regels betreffende de methode en de procedures voor het melden van inbreuken in verband met persoonsgegevens dient de nodige aandacht te worden besteed aan de omstandigheden van die inbreuk, onder meer aan de vraag of de persoonsgegevens al dan niet waren beschermd door adequate technische maatregelen die de kans op identiteitsfraude of andere vormen van misbruik beperkten. Bovendien dient bij dergelijke

Algemene verordening gegevensbescherming   A19

regels en procedures rekening te worden gehouden met de gerechtvaardigde belangen van de rechtshandhavingsautoriteiten wanneer vroegtijdige bekendmaking het onderzoek naar de omstandigheden van een inbreuk in verband met persoonsgegevens nodeloos zou hinderen.
(89) Richtlijn 95/46/EG voorzag in een algemene verplichting om de verwerking van persoonsgegevens aan de toezichthoudende autoriteiten te melden. Die verplichting leidt tot administratieve en financiële lasten, maar heeft niet in alle gevallen bijgedragen tot betere bescherming van de persoonsgegevens. Die ongedifferentieerde algemene kennisgevingsverplichtingen moeten derhalve worden afgeschaft en worden vervangen door doeltreffende procedures en mechanismen die gericht zijn op de soorten verwerkingen die naar hun aard, reikwijdte, context en doeleinden waarschijnlijk hoge risico's voor de rechten en vrijheden van natuurlijke personen met zich brengen. Dergelijke verwerkingen kunnen die zijn waarbij met name wordt gebruikgemaakt van nieuwe technologieën, of die welke van een nieuw type zijn en waarbij er vooraf geen gegevensbeschermingseffectbeoordeling is verricht door de verwerkingsverantwoordelijke, of wanneer zij noodzakelijk worden gelet op de tijd die sinds de aanvankelijke verwerking is verstreken.
(90) In dergelijke gevallen dient de verwerkingsverantwoordelijke voorafgaand aan de verwerking een gegevensbeschermingseffectbeoordeling te verrichten om de specifieke waarschijnlijkheid en de ernst van de hoge risico's te beoordelen, rekening houdend met de aard, omvang, context en doelen van de verwerking en de bronnen van de risico's. Bij deze effectbeoordeling moet met name worden gekeken naar de geplande maatregelen, waarborgen en mechanismen om dat risico te beperken, de persoonsgegevens te beschermen en aan te tonen dat aan deze verordening is voldaan.
(91) Dit dient met name te gelden voor grootschalige verwerkingen die bedoeld zijn voor de verwerking van een aanzienlijke hoeveelheid persoonsgegevens op regionaal, nationaal of supranationaal niveau, waarvan een groot aantal betrokkenen gevolgen zou kunnen ondervinden en die bijvoorbeeld vanwege hun gevoelige aard een hoog risico met zich kunnen brengen, wanneer conform het bereikte niveau van technologische kennis een nieuwe technologie op grote schaal wordt gebruikt, alsmede voor verwerkingen die een hoog risico voor de rechten en vrijheden van de betrokkenen inhouden, met name wanneer betrokkenen als gevolg van die verwerkingen hun rechten moeilijker kunnen uitoefenen. Een gegevensbeschermingseffectbeoordeling dient ook te worden gemaakt wanneer persoonsgegevens worden verwerkt met het oog op het nemen van besluiten met betrekking tot specifieke natuurlijke personen na een systematische en uitgebreide beoordeling van persoonlijke aspecten van natuurlijke personen die gebaseerd is op de profilering van deze gegevens, of na de verwerking van bijzondere categorieën van persoonsgegevens, biometrische gegevens, of gegevens betreffende strafrechtelijke veroordelingen en strafbare feiten of daarmee verband houdende veiligheidsmaatregelen. Een gegevensbeschermingseffectbeoordeling is tevens nodig voor de grootschalige bewaking van openbaar toegankelijke ruimten, met name wanneer optisch-elektronische apparatuur wordt gebruikt, of voor alle andere verwerkingen wanneer de bevoegde toezichthoudende autoriteit oordeelt dat zij waarschijnlijk een hoog risico inhouden voor de rechten en vrijheden van betrokkenen, met name omdat de betrokkenen als gevolg van deze verwerkingen een recht niet kunnen uitoefenen of geen beroep kunnen doen op een dienst of een overeenkomst, of omdat deze verwerkingen systematisch op grote schaal worden uitgevoerd. De verwerking van persoonsgegevens mag niet als een grootschalige verwerking worden beschouwd als het gaat om de verwerking van persoonsgegevens van patiënten of cliënten door een individuele arts, een andere zorgprofessional of door een advocaat. In die gevallen mag een gegevensbeschermingseffectbeoordeling niet verplicht worden gesteld.
(92) Onder bepaalde omstandigheden kan het redelijk en nuttig zijn dat de gegevensbeschermingseffectbeoordeling zich niet beperkt tot een enkel project, bijvoorbeeld wanneer overheidsinstanties of -organen een gemeenschappelijk applicatie- of verwerkingsplatform willen opzetten of wanneer meerdere verwerkingsverantwoordelijken van plan zijn een gemeenschappelijke applicatie- of verwerkingsomgeving in te voeren voor een hele bedrijfstak, of een segment daarvan, of voor een gangbare horizontale activiteit.
(93) In het kader van de vaststelling van het lidstatelijke recht waarop de vervulling van de taken van de overheidsinstantie of het overheidsorgaan is gebaseerd, en waarin de specifieke verwerking of reeks verwerkingen wordt geregeld, kunnen de lidstaten het noodzakelijk achten een dergelijke beoordeling uit te voeren voordat met de verwerking wordt begonnen.
(94) Wanneer een gegevensbeschermingseffectbeoordeling uitwijst dat de verwerking, bij afwezigheid van de waarborgen, beveiligingsmaatregelen en risicobeperkende mechanismen, met een hoog risico voor de rechten en vrijheden van natuurlijke personen gepaard zou gaan, en de verwerkingsverantwoordelijke van mening is dat het niet mogelijk is dat risico te beperken door middel van maatregelen die met het oog op de beschikbare technologie en uitvoeringskosten redelijk zijn, dient de toezichthoudende autoriteit voordat met de verwerking wordt begonnen te worden geraadpleegd. Een dermate hoog risico doet zich wellicht voor bij bepaalde soorten persoonsgegevensverwerking en de omvang en frequentie van de verwerking, hetgeen

kan leiden tot schade of aantasting van de rechten en vrijheden van natuurlijke personen. De toezichthoudende autoriteit dient binnen een nader bepaalde termijn op het verzoek om raadpleging te reageren. Het uitblijven van een reactie van de toezichthoudende autoriteit binnen die termijn dient evenwel een optreden van de toezichthoudende autoriteit overeenkomstig haar in deze verordening neergelegde taken en bevoegdheden onverlet te laten, onder meer de bevoegdheid om verwerkingen te verbieden. Als onderdeel van die raadplegingsprocedure kan het resultaat van een gegevensbeschermingseffectbeoordeling die voor de verwerking in kwestie wordt uitgevoerd, aan de toezichthoudende autoriteit worden voorgelegd, meer bepaald wat betreft de voorgenomen maatregelen om het risico voor de rechten en vrijheden van natuurlijke personen te beperken.

(95) De verwerker dient de verwerkingsverantwoordelijke, indien nodig en op verzoek, bij te staan om ervoor te zorgen dat de verplichtingen ingevolge de uitvoering van gegevensbeschermingseffectbeoordelingen en voorafgaande raadpleging van de toezichthoudende autoriteit worden nagekomen.

(96) De toezichthoudende autoriteit dient tevens te worden geraadpleegd tijdens de voorbereiding van een wetgevings- of regelgevingsmaatregel houdende verwerking van persoonsgegevens, om ervoor te zorgen dat de voorgenomen verwerking strookt met deze verordening, en met name om de risico's daarvan voor betrokkenen te beperken.

(97) Indien de verwerking door een overheidsinstantie wordt uitgevoerd, met uitzondering van gerechten of onafhankelijke rechterlijke autoriteiten die handelen in het kader van hun gerechtelijke taken, of indien in de particuliere sector de verwerking door een verwerkingsverantwoordelijke wordt uitgevoerd die als kerntaak heeft verwerkingsactiviteiten uit te voeren die grootschalige regelmatige en systematische observatie van betrokkenen vereisen, indien de verwerkingsverantwoordelijke of de verwerker hoofdzakelijk is belast met grootschalige verwerking van bijzondere categorieën van persoonsgegevens en van gegevens met betrekking tot strafrechtelijke veroordelingen en strafbare feiten, dient een persoon met deskundige kennis van gegevensbeschermingswetgeving en -praktijken de verwerkingsverantwoordelijke of de verwerker bij te staan bij het toezicht op de interne naleving van deze verordening. In de particuliere sector hebben de kerntaken van een verwerkingsverantwoordelijke betrekking op diens hoofdactiviteiten en niet op de verwerking van persoonsgegevens als nevenactiviteit. Het vereiste niveau van deskundigheid dient met name te worden bepaald op grond van de uitgevoerde gegevensverwerkingsactiviteiten en de bescherming die voor de door de verwerkingsverantwoordelijke of de verwerker verwerkte gegevens vereist is. Dergelijke functionarissen voor gegevensbescherming dienen in staat te zijn hun taken en verplichtingen onafhankelijk te vervullen, ongeacht of zij in dienst zijn van de verwerkingsverantwoordelijke.

(98) Verenigingen en andere organen die categorieën van de verwerkingsverantwoordelijken of verwerkers vertegenwoordigen, dienen te worden aangemoedigd om binnen de grenzen van deze verordening gedragscodes op te stellen, teneinde de doeltreffende uitvoering van deze verordening te bevorderen, rekening houdend met het specifieke karakter van de verwerkingen in sommige sectoren en de specifieke behoeften van kleine, middelgrote en micro-ondernemingen. Deze gedragscodes zouden met name het ijkpunt kunnen zijn voor de verplichtingen van verwerkingsverantwoordelijken en verwerkers, rekening houdend met de aan de verwerking verbonden risico's voor de rechten en vrijheden van natuurlijke personen.

(99) Bij de opstelling van een gedragscode, of bij wijziging of uitbreiding van een dergelijke code, moeten verenigingen en andere organen die categorieën van verwerkingsverantwoordelijken of verwerkers vertegenwoordigen, overleg plegen met de belanghebbenden ter zake, waaronder waar mogelijk met betrokkenen, en rekening houden met bijdragen en standpunten naar aanleiding van dit overleg.

(100) Teneinde de transparantie en naleving van deze verordening te versterken, dient het instellen van certificeringmechanismen en gegevensbeschermingszegels en -merktekens te worden bevorderd, zodat betrokkenen snel het gegevensbeschermingsniveau van producten en diensten ter zake kunnen beoordelen.

(101) Verkeer van persoonsgegevens van en naar landen buiten de Unie en internationale organisaties is noodzakelijk voor de ontwikkeling van het internationale handelsverkeer en de internationale samenwerking. De groei van dit verkeer brengt nieuwe uitdagingen en aandachtspunten met zich voor de bescherming van persoonsgegevens. Wanneer persoonsgegevens echter van de Unie aan verwerkingsverantwoordelijken, verwerkers of andere ontvangers in derde landen of internationale organisaties worden doorgegeven, mag dit niet ten koste gaan van het beschermingsniveau waarvan natuurlijke personen in de Unie door deze verordening verzekerd zijn, ook in gevallen van verdere doorgiften van persoonsgegevens van het derde land of de internationale organisatie aan verwerkingsverantwoordelijken, verwerkers in hetzelfde of een ander derde land of in dezelfde of een andere internationale organisatie. Doorgifte aan derde landen en internationale organisaties mag in ieder geval alleen plaatsvinden in volledige overeenstemming met deze verordening. Een doorgifte kan alleen plaatsvinden indien de verwerkingsverantwoordelijke of de verwerker, onder voorbehoud van de andere bepalingen van

deze verordening, de bepalingen van deze verordening met betrekking tot de doorgifte van persoonsgegevens aan derde landen of internationale organisaties naleeft.
(102) Deze verordening doet geen afbreuk aan internationale overeenkomsten die de Unie en derde landen met elkaar hebben gesloten om de doorgifte van persoonsgegevens te regelen en waarin passende waarborgen voor de betrokkenen zijn opgenomen. De lidstaten kunnen internationale overeenkomsten sluiten over de doorgifte van persoonsgegevens naar derde landen of internationale organisaties, op voorwaarde dat dergelijke overeenkomsten deze verordening of andere bepalingen van Unierecht onverlet laten en een adequaat beschermingsniveau bieden voor de grondrechten van de betrokkenen.
(103) De Commissie kan besluiten, met rechtskracht voor de gehele Unie, dat een derde land, een gebied of een welbepaalde sector in een derde land, of een internationale organisatie een passend niveau van gegevensbescherming biedt, en daarmee in de gehele Unie rechtszekerheid en eenvormigheid verschaft ten aanzien van het derde land dat of de internationale organisatie die wordt geacht een dergelijk beschermingsniveau te bieden. In zulke gevallen mogen persoonsgegevens naar dat derde land of die internationale organisatie worden doorgegeven zonder dat verdere toestemming noodzakelijk is. De Commissie kan eveneens besluiten om, nadat zij het derde land of de internationale organisatie daarvan in kennis heeft gesteld en een volledige toelichting van haar beweegredenen heeft gegeven, een dergelijk besluit in te trekken.
(104) Overeenkomstig de fundamentele waarden waarop de Unie is gegrondvest, in het bijzonder de bescherming van de mensenrechten, dient de Commissie bij haar beoordeling van het derde land of van een grondgebied of een specifieke verwerkingssector binnen een derde land, in aanmerking te nemen in welke mate de rechtsstatelijkheid, de toegang tot de rechter en de internationale mensenrechtennormen en -regels in het derde land worden geëerbiedigd, en dient zij de algemene en sectorale wetgeving, waaronder de wetgeving betreffende openbare veiligheid, defensie en nationale veiligheid en openbare orde en strafrecht, van het land in aanmerking te nemen. Bij de vaststelling van een adequaatheidsbesluit (besluit waarbij het beschermingsniveau adequaat wordt verklaard) voor een grondgebied of een specifieke sector in een derde land, moeten er duidelijke en objectieve criteria worden vastgesteld, zoals specifieke verwerkingsactiviteiten en het toepassingsgebied van de geldende wettelijke normen en wetgeving in het derde land. Het derde land dient zich ertoe te verbinden een passend beschermingsniveau te waarborgen, in feite overeenkomend met het niveau dat in de Unie wordt verzekerd, vooral wanneer persoonsgegevens in één of meer specifieke sectoren worden verwerkt. Het derde land dient met name te zorgen voor effectief en onafhankelijk toezicht op de gegevensbescherming en voor mechanismen van samenwerking met de autoriteiten op het gebied van gegevensbescherming van de lidstaten. Voorts dienen de betrokkenen te beschikken over daadwerkelijke en afdwingbare rechten en daadwerkelijk administratief beroep en beroep in rechte te kunnen instellen.
(105) Afgezien van de internationale verplichtingen die het derde land of de internationale organisatie is aangegaan, dient de Commissie rekening te houden met de verplichtingen die voortvloeien uit de deelneming van het derde land of de internationale organisatie aan multilaterale of regionale regelingen, in het bijzonder wat de bescherming van persoonsgegevens betreft, alsook met de uitvoering van deze verplichtingen. Meer bepaald moet rekening worden gehouden met de toetreding van het derde land tot het Verdrag van de Raad van Europa van 28 januari 1981 tot bescherming van personen met betrekking tot de geautomatiseerde verwerking van persoonsgegevens en het bijbehorende Aanvullend Protocol. Bij de beoordeling van het beschermingsniveau in derde landen of internationale organisaties dient de Commissie overleg te plegen met het Comité.
(106) De Commissie dient toe te zien op de werking van de besluiten over het beschermingsniveau in een derde land, een gebied of welbepaalde sector in een derde land of in een internationale organisatie, en op de besluiten die zijn genomen op grond van artikel 25, lid 6, of artikel 26, lid 4, van Richtlijn 95/46/EG. De Commissie dient in haar adequaatheidsbesluiten waarbij het beschermingsniveau passend wordt verklaard een periodiek toetsingsmechanisme voor het functioneren ervan op te nemen. Die periodieke toetsing dient in overleg met het derde land of de internationale organisatie in kwestie te worden uitgevoerd en moet rekening houden met alle relevante ontwikkelingen in het derde land of de internationale organisatie. Met het oog op het toezicht en de uitvoering van de periodieke toetsingen, dient de Commissie rekening te houden met de opvattingen en bevindingen van het Europees Parlement en van de Raad, evenals met andere relevante organisaties en bronnen. De Commissie moet binnen een redelijke termijn de werking van laatstgenoemde besluiten evalueren en alle relevante vaststellingen rapporteren aan het comité in de zin van Verordening (EU) nr. 182/2011 van het Europees Parlement en de Raad[14], als opgericht uit hoofde van de onderhavige verordening, aan het Europees Parlement en aan de Raad.

---

14 Verordening (EU) nr. 182/2011 van het Europees Parlement en de Raad van 16 februari 2011 tot vaststelling van de algemene voorschriften en beginselen die van toepassing zijn op de wijze waarop de lidstaten de

(107) De Commissie kan vaststellen dat een derde land, een gebied of een bepaalde verwerkingssector in een derde land, of een internationale organisatie geen passend beschermingsniveau meer waarborgt. De doorgifte van persoonsgegevens naar dat derde land of die internationale organisatie dient dan te worden verboden, tenzij aan de vereisten van deze verordening met betrekking tot doorgiften die onderworpen zijn aan passende waarborgen, met inbegrip van bindende bedrijfsvoorschriften, en afwijkingen voor specifieke situaties wordt voldaan. Er dient te worden geregeld dat er in die gevallen overleg plaatsvindt tussen de Commissie en de derde landen of internationale organisaties in kwestie. De Commissie moet het derde land of de internationale organisatie tijdig op de hoogte brengen van haar motivering en met de andere partij in overleg treden om de situatie te verhelpen.

(108) Indien er geen adequaatheidsbesluit is genomen, dient de verwerkingsverantwoordelijke of de verwerker maatregelen te nemen om het ontoereikende niveau van gegevensbescherming in een derde land te verhelpen door middel van passende waarborgen voor de betrokkene. Dergelijke passende waarborgen kunnen erin bestaan gebruik te maken van bindende bedrijfsvoorschriften, standaardbepalingen inzake gegevensbescherming die zijn vastgesteld door de Commissie, standaardbepalingen inzake gegevensbescherming die zijn vastgesteld door een toezichthoudende autoriteit of contractbepalingen die zijn toegestaan door een toezichthoudende autoriteit. Die waarborgen moeten de naleving van gegevensbeschermingsvereisten en de geldende rechten van de betrokkenen voor verwerkingen binnen de Unie waarborgen, waaronder de beschikbaarheid van afdwingbare rechten van betrokkenen en van een doeltreffende beroepen, zoals het instellen van administratief beroep of beroep in rechte en het eisen van een vergoeding in de Unie of in een derde land. Zij moeten met name betrekking hebben op de naleving van de algemene beginselen inzake de verwerking van persoonsgegevens, de beginselen van gegevensbescherming door ontwerp en gegevensbescherming door standaardinstellingen. Doorgiften kunnen ook worden verricht door overheidsinstanties of -organen met overheidsinstanties of -organen in derde landen of met internationale organisaties met overeenkomstige taken en functies, ook op basis van bepalingen die moeten worden opgenomen in administratieve regelingen, zoals een memorandum van overeenstemming met afdwingbare en bruikbare rechten voor betrokkenen. De toestemming van de bevoegde toezichthoudende autoriteit zou moeten worden verkregen wanneer de waarborgen worden geboden in niet juridisch bindende administratieve regelingen.

(109) Dat de verwerkingsverantwoordelijke of de verwerker gebruik kan maken van standaardbepalingen inzake gegevensbescherming die zijn vastgesteld door de Commissie of een toezichthoudende autoriteit, dient niet in te houden dat hij de standaardbepalingen inzake gegevensbescherming niet in een bredere overeenkomst mag opnemen, zoals een overeenkomst tussen de verwerker en een andere verwerker, of geen andere bepalingen of extra waarborgen mag toevoegen, mits deze niet direct of indirect in tegenspraak zijn met de door de Commissie of een toezichthoudende autoriteit vastgestelde standaardcontractbepalingen en geen afbreuk doen aan de grondrechten of de fundamentele vrijheden van de betrokkenen. Verwerkingsverantwoordelijken en verwerkers moeten worden aangemoedigd om via contractuele verplichtingen meer waarborgen te bieden in aanvulling op de standaardclausules inzake gegevensbescherming.

(110) Een concern of een groepering van ondernemingen die een gezamenlijke economische activiteit beoefent, dient voor zijn internationale doorgiften uit de Unie naar organisaties binnen hetzelfde concern of dezelfde groepering van ondernemingen die een gezamenlijke economische activiteit beoefent te kunnen gebruikmaken van goedgekeurde bindende bedrijfsvoorschriften, mits daarin alle essentiële beginselen en afdwingbare rechten zijn vastgelegd die passende waarborgen bieden ten aanzien van de doorgifte of categorieën van doorgiften van persoonsgegevens.

(111) Doorgifte dient mogelijk te zijn in bepaalde gevallen waarin de betrokkene daartoe uitdrukkelijk toestemming heeft gegeven, wanneer de doorgifte incidenteel en noodzakelijk is in het kader van een overeenkomst of van een rechtsvordering, ongeacht of het een gerechtelijke of een administratieve of buitengerechtelijke procedure betreft, waaronder procedures bij regelgevingsinstanties. Doorgifte dient ook mogelijk te zijn wanneer in het Unierecht of het lidstatelijke recht vastgelegde gewichtige redenen van algemeen belang zulks vereisen, of wanneer het gaat om een doorgifte uit een bij de wet ingesteld register dat bedoeld is voor raadpleging door het publiek of personen met een gerechtvaardigd belang. In laatstgenoemd geval mogen bij een dergelijke doorgifte niet alle van de in dit register opgenomen persoonsgegevens of categorieën van gegevens worden verstrekt; wanneer het register bedoeld is voor raadpleging door personen met een gerechtvaardigd belang, mag de doorgifte slechts plaatsvinden op verzoek van deze personen of wanneer de gegevens voor hen zijn bestemd, waarbij ten volle rekening wordt gehouden met de belangen en de grondrechten van de betrokkene.

---

uitoefening van de uitvoeringsbevoegdheden door de Commissie controleren (PB L 55 van 28.2.2011, blz. 13).

Algemene verordening gegevensbescherming

(112) Die afwijkingen dienen met name te gelden voor gegevensdoorgiften die nodig zijn op grond van gewichtige redenen van algemeen belang, zoals internationale gegevensuitwisselingen tussen mededingingsautoriteiten, belasting- of douanediensten, financiële toezichthoudende autoriteiten, diensten met bevoegdheid op het gebied van de sociale zekerheid of de volksgezondheid, bijvoorbeeld in geval van opsporing van contacten in het kader van de bestrijding van besmettelijke ziekten of met het oog op de terugdringing en/of uitbanning van doping in de sport. Doorgifte van persoonsgegevens dient ook als rechtmatig te worden beschouwd wanneer deze nodig is voor de bescherming van een belang dat essentieel is voor de vitale belangen van de betrokkene of een andere persoon, daaronder begrepen diens fysieke integriteit of leven, indien de betrokkene niet in staat is zijn toestemming te geven. Bij ontstentenis van een adequaatheidsbesluit kan het Unierecht of het lidstatelijke recht om gewichtige redenen van algemeen belang uitdrukkelijk grenzen stellen aan de doorgifte van specifieke categorieën van gegevens naar een derde land of een internationale organisatie. De lidstaten moeten dergelijke bepalingen aan de Commissie meedelen. Iedere doorgifte aan een internationale humanitaire organisatie van persoonsgegevens van een betrokkene die lichamelijk of juridisch niet in staat is toestemming te geven, kan, indien zij plaatsvindt met het oog op de uitvoering van een opdracht die krachtens de Verdragen van Genève of met het oog op de naleving van het internationaal humanitair recht in gewapende conflicten, worden beschouwd als noodzakelijk in het kader van een gewichtige reden van algemeen belang of omdat het van vitaal belang is voor de betrokkene.
(113) Doorgiften die als niet repetitief kunnen worden omschreven en slechts een klein aantal betrokkenen betreffen, dienen ook mogelijk te zijn voor de behartiging van dwingende gerechtvaardigde belangen van de verwerkingsverantwoordelijke, wanneer de belangen of de rechten en vrijheden van de betrokkene niet zwaarder wegen dan die belangen en wanneer de verwerkingsverantwoordelijke alle omstandigheden in verband met de gegevensdoorgifte heeft beoordeeld. De verwerkingsverantwoordelijke besteedt bijzondere aandacht aan de aard van de persoonsgegevens, het doel en de duur van de voorgestelde verwerking of verwerkingen, alsmede aan de situatie in het land van herkomst, het derde land en het land van de uiteindelijke bestemming en moet voorzien in passende waarborgen ter bescherming van de grondrechten en de fundamentele vrijheden van natuurlijke personen in verband met de verwerking van hun persoonsgegevens. Zulke doorgiften mogen alleen mogelijk zijn in restgevallen waarbij de overige gronden voor doorgifte niet van toepassing zijn. Met het oog op wetenschappelijk of historisch onderzoek of statistische doeleinden dient rekening te worden gehouden met de gerechtvaardigde verwachting van de maatschappij dat er sprake is van kennisvermeerdering. De verwerkingsverantwoordelijke dient de toezichthoudende autoriteit en de betrokkene van de doorgifte op de hoogte te stellen.
(114) Wanneer de Commissie niet heeft besloten of het niveau van gegevensbescherming in een derde land passend is, dient de verwerkingsverantwoordelijke of de verwerker hoe dan ook gebruik te maken van middelen die de betrokkenen ook na de doorgifte van hun gegevens afdwingbare en bruikbare rechten in de Unie verlenen met betrekking tot de verwerking ervan opdat zij de grondrechten en waarborgen kunnen blijven genieten.
(115) Sommige derde landen stellen wetten, bestuursrechtelijke bepalingen en andere rechtshandelingen vast waarmee wordt beoogd de gegevensverwerkingsactiviteiten van natuurlijke personen en rechtspersonen die onder de jurisdictie van de lidstaten vallen, rechtstreeks te regelen. Hierbij kan het onder meer gaan om rechterlijke beslissingen of besluiten van administratieve instanties van derde landen die van de verwerkingsverantwoordelijke of de verwerker verlangen dat hij persoonsgegevens doorgeeft of verstrekt, en die niet zijn gestoeld op een geldende internationale overeenkomst, zoals een verdrag inzake wederzijds rechtshulp, tussen het verzoekende derde land en de Unie of de lidstaat in kwestie. De extraterritoriale toepassing van deze wetten, bestuursrechtelijke bepalingen en andere rechtshandelingen kan in strijd zijn met het internationaal recht en een belemmering vormen voor de bij deze verordening gegarandeerde bescherming van natuurlijke personen in de Unie. Doorgiften mogen alleen kunnen plaatsvinden wanneer is voldaan aan de voorwaarden die in deze verordening worden gesteld aan doorgifte aan derde landen. Dit kan onder meer het geval zijn wanneer doorgifte nodig is voor een algemeen belang dat erkend is in het Unierecht of het lidstatelijke recht waarvan de verwerkingsverantwoordelijke onderdaan is.
(116) Bij grensoverschrijdend verkeer van persoonsgegevens naar landen buiten de Unie kan het voor natuurlijke personen moeilijker worden hun gegevensbeschermingsrechten uit te oefenen, met name teneinde zich te beschermen tegen onrechtmatig gebruik of onrechtmatige openbaarmaking van die informatie. Bovendien kan het voor toezichthoudende autoriteiten onmogelijk worden klachten te behandelen of onderzoek te verrichten met betrekking tot activiteiten in het buitenland. Daarnaast kunnen hun mogelijkheden tot grensoverschrijdende samenwerking worden belemmerd door ontoereikende preventieve of corrigerende bevoegdheden, inconsistente rechtskaders en praktische obstakels, zoals beperkte middelen. Daarom dient nauwere samenwerking tussen de toezichthoudende autoriteiten op het gebied van gegevens-

bescherming te worden bevorderd met het oog op de uitwisseling van informatie met soortgelijke instanties in het buitenland. Met het oog op de ontwikkeling van internationale samenwerkingsmechanismen om bij de handhaving van de wetgeving inzake de bescherming van persoonsgegevens internationale wederzijdse bijstand te faciliteren en te verlenen, moeten de Commissie en de toezichthoudende autoriteiten bij activiteiten op het gebied van de uitoefening van hun bevoegdheden informatie uitwisselen en samenwerken met bevoegde autoriteiten in derde landen, op basis van wederkerigheid en overeenkomstig deze verordening.

(117) Het is voor de bescherming van natuurlijke personen in verband met de verwerking van persoonsgegevens van wezenlijk belang dat in elke lidstaat een toezichthoudende autoriteit wordt ingesteld die bevoegd is haar taken en bevoegdheden volstrekt onafhankelijk uit te oefenen. De lidstaten moeten de mogelijkheid hebben om in overeenstemming met hun constitutionele, organisatorische en bestuurlijke structuur meer dan één toezichthoudende autoriteit in te stellen.

(118) De onafhankelijkheid van de toezichthoudende autoriteiten houdt niet in dat de toezichthoudende autoriteiten niet kunnen worden onderworpen aan controle- of toezichtsmechanismen betreffende hun financiële uitgaven of aan rechterlijke toetsing.

(119) Wanneer een lidstaat meerdere toezichthoudende autoriteiten instelt, dient die lidstaat bij wet mechanismen in te stellen om ervoor te zorgen dat de toezichthoudende autoriteiten effectief deelnemen aan het coherentiemechanisme. De lidstaat in kwestie dient met name de toezichthoudende autoriteit aan te wijzen die optreedt als enig contactpunt voor de effectieve deelname van die autoriteiten aan de toetsing, teneinde een vlotte en soepele samenwerking met andere toezichthoudende autoriteiten, het Comité en de Commissie te verzekeren.

(120) Iedere toezichthoudende autoriteit dient te beschikken over de financiële en personele middelen en de bedrijfsruimten en infrastructuur die noodzakelijk zijn om haar taken, waaronder die in het kader van wederzijdse bijstand en samenwerking met andere toezichthoudende autoriteiten in de Unie, effectief uit te voeren. Iedere toezichthoudende autoriteit dient over een eigen, openbare jaarlijkse begroting te beschikken, die deel kan uitmaken van de algemene staats- of nationale begroting.

(121) De algemene voorwaarden voor de leden van de toezichthoudende autoriteit dienen in elke lidstaat bij wet te worden vastgesteld en dienen met name te bepalen dat de leden door middel van een transparante procedure hetzij door het parlement, de regering of het staatshoofd van de lidstaat worden benoemd op voordracht van de regering, een lid van de regering, het parlement of een kamer van het parlement, hetzij door een daartoe bij lidstatelijk recht belaste onafhankelijke instantie. Teneinde de onafhankelijkheid van de toezichthoudende autoriteit te waarborgen, dienen de leden van de toezichthoudende autoriteit integer te handelen, zich te onthouden van alle handelingen die onverenigbaar zijn met hun taken en gedurende hun ambtstermijn geen al dan niet bezoldigde beroepswerkzaamheden te verrichten die onverenigbaar zijn met hun taken. De toezichthoudende autoriteit dient over eigen personeelsleden te beschikken, geselecteerd door de toezichthoudende autoriteit of een bij lidstatelijk recht ingestelde onafhankelijke instantie die bij uitsluiting onder leiding van de leden van de toezichthoudende autoriteit moet staan.

(122) Elke toezichthoudende autoriteit dient op het grondgebied van haar lidstaat bevoegd te zijn om de bevoegdheden en taken uit te oefenen die haar overeenkomstig deze verordening zijn toegekend. Daaronder dienen met name te vallen: de verwerking in het kader van de activiteiten van een vestiging van de verwerkingsverantwoordelijke of de verwerker op het grondgebied van zijn eigen lidstaat, de verwerking van persoonsgegevens door overheidsinstanties of particuliere organen die optreden in het algemeen belang, verwerking die gevolgen heeft voor betrokkenen op haar grondgebied, of verwerking, door een niet in de Unie gevestigde verwerkingsverantwoordelijke of verwerker, gericht op betrokkenen die op haar grondgebied verblijven. Ook het behandelen van door een betrokkene ingediende klachten, het evalueren van de toepassing van deze verordening en het helpen beter bekend maken van het brede publiek met de risico's, regels, waarborgen en de rechten in verband met de verwerking van persoonsgegevens dienen daaronder te vallen.

(123) De toezichthoudende autoriteiten dienen toezicht te houden op de toepassing van de krachtens deze verordening vastgestelde bepalingen en bij te dragen tot de consequente toepassing daarvan in de gehele Unie, teneinde natuurlijke personen te beschermen in verband met de verwerking van hun persoonsgegevens en het vrije verkeer van persoonsgegevens binnen de interne markt te vergemakkelijken. Daarom dienen de toezichthoudende autoriteiten met elkaar en met de Commissie samen te werken, zonder dat er een akkoord tussen de lidstaten nodig is over het verstrekken van wederzijdse bijstand of over zulke samenwerking.

(124) Wanneer de verwerking van persoonsgegevens in het kader van een vestiging van een verwerkingsverantwoordelijke of een verwerker in de Unie plaatsvindt en de verwerkingsverantwoordelijke of de verwerker in meer dan één lidstaat is gevestigd, of wanneer de verwerking die in het kader van de activiteiten van een enkele vestiging van een verwerkingsverantwoordelijke of een verwerker in Unie plaatsvindt, wezenlijke gevolgen heeft of waarschijnlijk wezenlijke

gevolgen zal hebben voor betrokkenen in meer dan één lidstaat, dient de toezichthoudende autoriteit van de hoofdvestiging van de verwerkingsverantwoordelijke of verwerker of van de ene vestiging van de verwerkingsverantwoordelijke of verwerker als de leidende toezichthoudende autoriteit op te treden. Zij dient met de andere betrokken toezichthoudende autoriteiten samen te werken, omdat de verwerkingsverantwoordelijke of de verwerker een vestiging op het grondgebied van hun lidstaat heeft, omdat op hun grondgebied verblijvende betrokkenen wezenlijk worden geraakt, of omdat er bij hen een klacht is ingediend. Wanneer een niet in die lidstaat verblijvende betrokkene een klacht heeft ingediend, dient de toezichthoudende autoriteit waarbij die klacht is ingediend, ook een betrokken toezichthoudende autoriteit te worden. In het kader van zijn taken om richtsnoeren betreffende vragen over de toepassing van deze verordening uit te vaardigen, moet het Comité richtsnoeren kunnen uitvaardigen, met name over de in aanmerking te nemen criteria om na te gaan of de verwerking in kwestie wezenlijke gevolgen heeft voor betrokkenen in meer dan één lidstaat, alsmede over wat een relevant en gemotiveerd bezwaar vormt.

(125) De leidende toezichthoudende autoriteit moet bevoegd zijn om bindende besluiten vast te stellen betreffende maatregelen ter toepassing van de overeenkomstig deze verordening aan haar toegekende bevoegdheden. In haar hoedanigheid van leidende toezichthoudende autoriteit moet de toezichthoudende autoriteit de betrokken toezichthoudende autoriteiten nauw betrekken en coördineren in het besluitvormingsproces. Wanneer wordt besloten om de klacht van de betrokkene geheel of gedeeltelijk te verwerpen, moet dat besluit worden vastgesteld door de toezichthoudende autoriteit bij wie de klacht is ingediend.

(126) Het besluit dient gezamenlijk door de leidende toezichthoudende autoriteit en de betrokken toezichthoudende autoriteiten te worden goedgekeurd, gericht te zijn aan de hoofdvestiging of enige vestiging van de verwerkingsverantwoordelijke of de verwerker en bindende gevolgen te hebben voor de verwerkingsverantwoordelijke of de verwerker. De verwerkingsverantwoordelijke of de verwerker dient de nodige maatregelen te treffen om deze verordening na te leven en om het door de leidende toezichthoudende autoriteit aan de hoofdvestiging van de verwerkingsverantwoordelijke of de verwerker meegedeelde besluit betreffende de verwerkingsactiviteiten in de Unie uit te voeren.

(127) Elke toezichthoudende autoriteit die niet optreedt als de leidende toezichthoudende autoriteit, dient bevoegd te zijn lokale gevallen te behandelen waarbij de verwerkingsverantwoordelijke of verwerker in meer dan één lidstaat is gevestigd, maar waarbij het onderwerp van de specifieke verwerking alleen een in een enkele lidstaat verrichte verwerking betreft en daarbij alleen personen uit die ene lidstaat zijn betrokken, bijvoorbeeld wanneer het de verwerking van persoonsgegevens van werknemers in de specifieke arbeidsmarktcontext van een lidstaat betreft. In dergelijke gevallen dient de toezichthoudende autoriteit de leidende toezichthoudende autoriteit onverwijld van de zaak in kennis te stellen. Nadat zij op de hoogte is gesteld, dient de leidende toezichthoudende autoriteit te besluiten of zij de zaak zal behandelen krachtens de bepaling inzake samenwerking tussen de leidende toezichthoudende autoriteit en andere betrokken toezichthoudende autoriteit ("één-loketmechanisme"), dan wel of de toezichthoudende autoriteit die haar van de zaak in kennis heeft gesteld, deze op lokaal niveau dient te behandelen. Wanneer de leidende toezichthoudende autoriteit besluit of zij de zaak al dan niet zal behandelen, dient zij rekening te houden met het al dan niet bestaan van een vestiging van de verwerkingsverantwoordelijke of verwerker in de lidstaat van de toezichthoudende autoriteit die haar in kennis heeft gesteld, opdat kan worden gegarandeerd dat een beslissing daadwerkelijk ten uitvoer wordt gelegd ten aanzien van de verwerkingsverantwoordelijke of de verwerker. Wanneer de leidende toezichthoudende autoriteit besluit de zaak te behandelen, dient de toezichthoudende autoriteit die haar in kennis heeft gesteld, de mogelijkheid te hebben een ontwerp van besluit in te dienen, en dient de leidende toezichthoudende autoriteit daarmee maximaal rekening te houden wanneer zij haar ontwerpbesluit in het kader van dat één-loketmechanisme opstelt.

(128) De regels betreffende de leidende toezichthoudende autoriteit en het één-loketmechanisme mogen niet gelden wanneer de verwerking door overheidsinstanties of particuliere organen in het algemeen belang wordt verricht. In die gevallen dient de toezichthoudende autoriteit van de lidstaat waar de overheidsinstantie of het particuliere orgaan is gevestigd, de enige overeenkomstig deze verordening bevoegde toezichthoudende autoriteit te zijn.

(129) Met het oog op een consequent toezicht en eenvormige handhaving van deze verordening in de gehele Unie dienen de toezichthoudende autoriteiten in alle lidstaten dezelfde taken en feitelijke bevoegdheden te hebben, waaronder de bevoegdheden om onderzoek te verrichten, corrigerende maatregelen te nemen en sancties op te leggen, machtiging te verlenen en adviezen te verstrekken, in het bijzonder bij klachten van natuurlijke personen, en om, onverminderd de bevoegdheden die aan de met vervolging belaste autoriteiten conform het lidstatelijke recht zijn toegekend, inbreuken op deze verordening ter kennis van de rechterlijke instanties te brengen en gerechtelijke procedures in te leiden. Tot die bevoegdheden dient ook de bevoegdheid te behoren om een tijdelijke of definitieve beperking van de verwerking, waaronder een verwerkingsverbod, voor de verwerking op te leggen. De lidstaten kunnen krachtens deze verordening

andere aan de bescherming van persoonsgegevens verwante taken specificeren. De bevoegdheden van de toezichthoudende autoriteiten moeten overeenkomstig passende in het Unierecht en het lidstatelijke recht bepaalde procedurele waarborgen, onpartijdig, behoorlijk en binnen een redelijke termijn worden uitgeoefend. Elke maatregel dient met name passend, noodzakelijk en evenredig te zijn met het oog op naleving van deze verordening en rekening houdend met de omstandigheden van elk individueel geval, het recht van iedere persoon te eerbiedigen om vóór het nemen van enige individuele maatregel die voor hem nadelige gevolgen zou hebben te worden gehoord, en overbodige kosten en buitensporige ongemakken voor de personen in kwestie te vermijden. Onderzoeksbevoegdheden betreffende toegang tot terreinen moeten overeenkomstig de specifieke voorschriften van het lidstatelijke procesrecht, zoals een verplichte voorafgaande toestemming van een rechterlijke instantie, worden uitgeoefend. Elke juridisch bindende maatregel van de toezichthoudende autoriteit dient schriftelijk, duidelijk en ondubbelzinnig te zijn, de toezichthoudende autoriteit die de maatregel heeft uitgevaardigd en de datum van uitvaardiging te vermelden, door het hoofd of een door het hoofd gemachtigd lid van de toezichthoudende autoriteit ondertekend te zijn, de redenen voor de maatregel te bevatten en naar het recht op een doeltreffende voorziening in rechte te verwijzen. Dit dient bijkomende voorschriften overeenkomstig het lidstatelijke procesrecht niet uit te sluiten. De vaststelling van juridisch bindende besluiten impliceert de mogelijkheid tot rechterlijke toetsing in de lidstaat van de toezichthoudende autoriteit die het besluit heeft vastgesteld.

(130) Wanneer de toezichthoudende autoriteit waarbij de klacht is ingediend, niet de leidende toezichthoudende autoriteit is, dient de leidende toezichthoudende autoriteit overeenkomstig de bepalingen van deze verordening betreffende samenwerking en coherentie nauw samen te werken met de toezichthoudende autoriteit waarbij de klacht is ingediend. In dergelijke gevallen dient de leidende toezichthoudende autoriteit bij het nemen van maatregelen die rechtsgevolgen beogen te hebben, waaronder het opleggen van administratieve geldboeten, verregaand rekening te houden met het standpunt van de toezichthoudende autoriteit waarbij de klacht is ingediend en die bevoegd moet blijven om, in overleg met de leidende toezichthoudende autoriteit, elk onderzoek te verrichten op het grondgebied van haar eigen lidstaat.

(131) Indien een andere toezichthoudende autoriteit als leidende toezichthoudende autoriteit dient op te treden voor de verwerkingsactiviteiten van de verwerkingsverantwoordelijke of de verwerker, maar het voorwerp van een klacht of een mogelijke inbreuk alleen verwerkingsactiviteiten van de verwerkingsverantwoordelijke of de verwerker in de lidstaat waar de klacht is ingediend of waar de inbreuk is opgespoord betreft en het geval geen wezenlijke gevolgen heeft of dreigt te hebben voor betrokkenen in andere lidstaten, dient de toezichthoudende autoriteit waarbij een klacht wordt ingediend, of die situaties die mogelijke inbreuken op deze verordening inhouden, op het spoor is gekomen of er op een andere manier over wordt geïnformeerd, te trachten een minnelijke schikking met de verwerkingsverantwoordelijke te treffen en, indien dit niet mogelijk is, de volle reikwijdte van haar bevoegdheden uit te oefenen. Daaronder dienen te vallen: specifieke verwerking op het grondgebied van de lidstaat van de toezichthoudende autoriteit of met betrekking tot betrokkenen op het grondgebied van die lidstaat; verwerking in het kader van een aanbod van goederen of diensten dat specifiek is gericht op betrokkenen op het grondgebied van de lidstaat van de toezichthoudende autoriteit; of verwerking die met inachtneming van de relevante lidstatelijke wettelijke verplichtingen moet worden beoordeeld.

(132) De toezichthoudende autoriteiten dienen bij voorlichtingsactiviteiten voor het publiek specifieke maatregelen te nemen voor de verwerkingsverantwoordelijken en de verwerkers, waaronder kleine, middelgrote en micro- ondernemingen, alsmede natuurlijke personen, met name in het onderwijs.

(133) De toezichthoudende autoriteiten dienen elkaar bij de uitvoering van hun taken met het oog op de consequente toepassing en eenvormige handhaving van deze verordening binnen de interne markt bijstand te verlenen. Een om wederzijdse bijstand verzoekende toezichthoudende autoriteit kan een voorlopige maatregel treffen indien het geen antwoord ontvangt op een verzoek om wederzijdse bijstand binnen één maand na ontvangst van dat verzoek door de andere toezichthoudende autoriteit.

(134) Iedere toezichthoudende autoriteit dient in voorkomend geval deel te nemen aan gezamenlijke acties met andere toezichthoudende autoriteiten. Iedere aangezochte toezichthoudende autoriteit dient verplicht te zijn binnen een welbepaalde termijn op het verzoek te reageren.

(135) Om te zorgen dat deze verordening in de gehele Unie consequent wordt toegepast, dient een coherentiemechanisme voor samenwerking tussen de toezichthoudende autoriteiten te worden vastgesteld. Dat mechanisme dient met name toepasselijk te zijn wanneer een toezichthoudende autoriteit voornemens is betreffende verwerkingsactiviteiten met wezenlijke gevolgen voor een betekenisvol aantal betrokkenen in verscheidene lidstaten een maatregel vast te stellen waarmee rechtsgevolgen worden beoogd. Het dient ook van toepassing te zijn wanneer een betrokken toezichthoudende autoriteit of de Commissie verzoekt om een dergelijke aangelegenheid aan het coherentiemechanisme te onderwerpen. Dat mechanisme dient geen afbreuk

te doen aan maatregelen die de Commissie kan nemen in de uitoefening van de bevoegdheden die haar bij de Verdragen zijn toegekend.
(136) Bij de toepassing van het coherentiemechanisme dient het Comité binnen een bepaalde termijn een advies uit te brengen, indien een meerderheid van zijn leden daartoe beslist of indien een betrokken toezichthoudende autoriteit of de Commissie daarom verzoekt. Het Comité moet ook bevoegd zijn om juridisch bindende besluiten vast te stellen wanneer er geschillen bestaan tussen toezichthoudende autoriteiten. In welomschreven gevallen waarin er tussen toezichthoudende autoriteiten, met name in de procedure voor samenwerking tussen de leidende toezichthoudende autoriteit en de betrokken toezichthoudende autoriteiten, meningsverschillen over de zaak bestaan, met name over de vraag of er sprake is van een inbreuk op deze verordening, dient het Comité in beginsel met een tweederdemeerderheid van de leden juridisch bindende besluiten uit te vaardigen.
(137) Er kan dringend moeten worden opgetreden om de rechten en vrijheden van de betrokkenen te beschermen, met name wanneer het gevaar bestaat dat de handhaving van een recht van een betrokkene aanzienlijk zou kunnen worden belemmerd. Daarom moet een toezichthoudende autoriteit op haar grondgebied naar behoren gemotiveerde voorlopige maatregelen kunnen treffen met een vastgestelde geldigheidsduur van maximaal drie maanden.
(138) In de gevallen waarin die toetsing verplicht is, dient het verrichten ervan een voorwaarde te zijn voor de rechtmatigheid van een maatregel van een toezichthoudende autoriteit waarmee rechtsgevolgen worden beoogd. In andere grensoverschrijdende gevallen dient de procedure voor samenwerking tussen de leidende toezichthoudende autoriteit en de betrokken toezichthoudende autoriteit te worden toegepast. Op een bilaterale of multilaterale basis kan tussen de betrokken toezichthoudende autoriteiten wederzijdse bijstand worden verleend en kunnen er gezamenlijke maatregelen worden uitgevoerd zonder dat zulks aanleiding geeft tot toepassing van het coherentiemechanisme.
(139) Teneinde de consequente toepassing van de verordening te bevorderen, moet het Comité als een onafhankelijk orgaan van de Unie worden opgericht. Ter verwezenlijking van zijn doelstellingen moet het Comité over rechtspersoonlijkheid beschikken. Het Comité dient door zijn voorzitter te worden vertegenwoordigd. Dit comité dient de bij Richtlijn 95/46/EG opgerichte Groep voor de bescherming van natuurlijke personen in verband met de verwerking van persoonsgegevens te vervangen. Het dient te bestaan uit de hoofden van de toezichthoudende autoriteit van iedere lidstaat en en Europese Toezichthouder voor gegevensbescherming of hun respectievelijke vertegenwoordigers. De Commissie dient aan de activiteiten van het comité deel te nemen zonder stemrecht en de Europese Toezichthouder voor gegevensbescherming dient specifiek stemrecht te hebben. Het Comité dient bij te dragen aan de consequente toepassing van deze verordening in de Unie, onder meer door de Commissie advies te verlenen, met name over het beschermingsniveau in derde landen of in internationale organisaties, en de samenwerking tussen de toezichthoudende autoriteiten in de Unie te bevorderen. Het Comité dient bij de uitvoering van zijn taken onafhankelijk op te treden.
(140) Het Comité dient te worden bijgestaan door een secretariaat dat door de Europese Toezichthouder voor gegevensbescherming wordt georganiseerd. De personeelsleden van de Europese Toezichthouder voor gegevensbescherming die betrokken zijn bij de uitvoering van de taken die krachtens deze verordening aan het Comité zijn opgedragen, dienen hun taken uitsluitend te verrichten volgens de instructies van de voorzitter van het Comité, en zij dienen aan hem verslag uit te brengen.
(141) Iedere betrokkene dient het recht te hebben om een klacht in te dienen bij één enkele toezichthoudende autoriteit, met name in de lidstaat waar hij gewoonlijk verblijft, en een doeltreffende voorziening in rechte in te stellen overeenkomstig artikel 47 van het Handvest indien hij meent dat inbreuk is gemaakt op zijn rechten uit hoofde van deze verordening of indien de toezichthoudende autoriteit niet optreedt naar aanleiding van een klacht, een klacht gedeeltelijk of geheel verwerpt of afwijst, of indien deze niet optreedt wanneer zulk optreden noodzakelijk is ter bescherming van de rechten van de betrokkene. Het onderzoek dat naar aanleiding van een klacht wordt uitgevoerd, gaat niet verder dan in het specifieke geval passend is en kan worden onderworpen aan rechterlijke toetsing. De toezichthoudende autoriteit dient de betrokkene binnen een redelijke termijn in kennis te stellen van de voortgang en het resultaat van de klacht. Indien de zaak verder onderzoek of coördinatie met een andere toezichthoudende autoriteit vereist, dient de betrokkene tussentijdse informatie te worden verstrekt. Elke toezichthoudende autoriteit dient maatregelen te treffen om het indienen van klachten te faciliteren, zoals het ter beschikking stellen van een klachtenformulier dat tevens elektronisch kan worden ingevuld, zonder dat andere communicatiemiddelen worden uitgesloten.
(142) Wanneer een betrokkene van oordeel is dat inbreuk is gemaakt op zijn rechten uit hoofde van deze verordening, moet hij het recht hebben organen, organisaties of verenigingen zonder winstoogmerk, die overeenkomstig het recht van een lidstaat zijn opgericht, die de statutaire doelstellingen hebben die in het publieke belang zijn en die actief zijn op het gebied van de bescherming van persoonsgegevens, te machtigen om namens hem een klacht in te dienen bij

een toezichthoudende autoriteit, om namens betrokkenen het recht op een voorziening in rechte uit te oefenen, of om namens betrokkenen het recht op de ontvangst van een vergoeding uit te oefenen indien dit in het lidstatelijke recht is voorzien. De lidstaten kunnen bepalen dat deze organen, organisaties of verenigingen over het recht beschikken om, ongeacht een eventuele machtiging door een betrokkene, in die lidstaat een klacht in te dienen en over het recht op een doeltreffende voorziening in rechte, indien zij redenen hebben om aan te nemen dat de rechten van een betrokkene zijn geschonden als gevolg van een verwerking van persoonsgegevens die inbreuk maakt op deze verordening. Voor deze organen, organisaties of verenigingen kan worden bepaald dat zij niet het recht hebben om namens een betrokkene een vergoeding te eisen buiten de machtiging door de betrokkene om.

(143) Iedere natuurlijke persoon of rechtspersoon heeft het recht om bij het Hof van Justitie een beroep tot nietigverklaring in te stellen tegen een besluit van het Comité, onder de in artikel 263 VWEU bedoelde voorwaarden. Als adressaten van dergelijke besluiten dienen de betrokken toezichthoudende autoriteiten die wensen op te komen tegen deze besluiten, binnen twee maanden na de kennisgeving ervan beroep in te stellen overeenkomstig artikel 263 VWEU. Wanneer de verwerkingsverantwoordelijke, de verwerker of de klager rechtstreeks en individueel wordt geraakt door besluiten van het Comité, kan hij binnen twee maanden na de bekendmaking ervan op de website van het Comité een beroep tot nietigverklaring van deze besluiten instellen overeenkomstig artikel 263 VWEU. Onverminderd dit recht uit hoofde van artikel 263 VWEU dient iedere natuurlijke of rechtspersoon het recht te hebben om tegen een besluit van een toezichthoudende autoriteit dat ten aanzien van die persoon rechtsgevolgen heeft, voor het bevoegde nationale gerecht een doeltreffende voorziening in rechte in te stellen. Een dergelijk besluit heeft meer bepaald betrekking op de uitoefening van met onderzoek, correctie en toestemming verband houdende bevoegdheden door de toezichthoudende autoriteit, of op de afwijzing van klachten. Het recht een doeltreffende voorziening in rechte in te stellen geldt echter niet voor door de toezichthoudende autoriteiten getroffen maatregelen die niet juridisch bindend zijn, zoals adviezen. Een vordering tegen een toezichthoudende autoriteit dient te worden ingesteld bij de gerechten van de lidstaat waar de toezichthoudende autoriteit is gevestigd, en dient in overeenstemming te zijn met het procesrecht van die lidstaat. Die gerechten dienen volledige rechtsmacht uit te oefenen, waaronder rechtsmacht om alle feitelijke en juridische vraagstukken in verband met het bij hen aanhangige geschil te onderzoeken.
Wordt een klacht door een toezichthoudende autoriteit afgewezen, dan kan de klager beroep instellen bij de gerechten in dezelfde lidstaat. In het kader van de rechtsbevoegdheid in verband met de toepassing van deze verordening, kunnen, of, in het geval van artikel 267 VWEU, moeten de nationale gerechten die van oordeel zijn dat een beslissing ter zake noodzakelijk is voor het wijzen van hun vonnis, het Hof van Justitie verzoeken om een prejudiciële beslissing over de uitlegging van het Unierecht, met inbegrip van deze verordening. Bovendien, wanneer een besluit van een toezichthoudende autoriteit tot uitvoering van een besluit van het Comité wordt betwist voor een nationaal gerecht en de geldigheid van het besluit van het Comité aan de orde is, heeft dat nationale gerecht niet de bevoegdheid om het besluit van het Comité ongeldig te verklaren, maar dient zij, wanneer zij het besluit ongeldig acht, de vraag inzake de geldigheid voor te leggen aan het Hof van Justitie overeenkomstig artikel 267 VWEU zoals uitgelegd door het Hof van Justitie. Een nationaal gerecht kan een vraag inzake de geldigheid van een besluit van het Comité echter niet aan het Hof voorleggen op verzoek van een natuurlijke of rechtspersoon die de mogelijkheid had om beroep tot nietigverklaring van dat besluit in te stellen, met name wanneer hij rechtstreeks en individueel door dat besluit was geraakt, maar dit niet heeft gedaan binnen de in artikel 263 VWEU gestelde termijn.

(144) Wanneer een gerecht waarbij een procedure aanhangig is gemaakt tegen een besluit van een toezichthoudende autoriteit redenen heeft om aan te nemen dat er bij een bevoegd gerecht in een andere lidstaat al een procedure is ingeleid in verband met dezelfde verwerking, waarbij het bijvoorbeeld kan gaan om hetzelfde onderwerp van de verwerking, dezelfde activiteiten van de verwerkingsverantwoordelijke of de verwerker, of dezelfde aanleiding, neemt zij contact op met die instantie om het bestaan van de verwante procedure te verifiëren. Indien er voor een gerecht in een andere lidstaat een verwante procedure aanhangig is, kan ieder ander gerecht dan dat welk als eerste is aangezocht zijn procedure schorsen, of kan het op verzoek van een van de partijen tot verwijzing naar het eerst aangezochte gerecht overgaan, indien dat gerecht bevoegd is om van de procedure in kwestie kennis te nemen en mits zijn wetgeving de voeging van die verwante procedures toestaat. Verwante procedures zijn procedures waartussen een zo nauwe band bestaat dat een goede rechtsbedeling vraagt om hun gelijktijdige behandeling en berechting, teneinde te vermijden dat bij afzonderlijke procedures onverenigbare beslissingen worden gegeven.

(145) Voor procedures tegen een verwerkingsverantwoordelijke of een verwerker dient de klager te kunnen kiezen om de zaak aanhangig te maken bij de gerechten in de lidstaat waar de verwerkingsverantwoordelijke of de verwerker een vestiging heeft, of dit te doen in de lidstaat

waar de betrokkene verblijft, tenzij de verwerkingsverantwoordelijke een overheidsinstantie van een lidstaat is die krachtens overheidsbevoegdheid handelt.
(146) De verwerkingsverantwoordelijke of de verwerker moeten alle schade vergoeden die iemand kan lijden ten gevolge van een verwerking die inbreuk maakt op deze verordening. De verwerkingsverantwoordelijke of de verwerker moet van zijn aansprakelijkheid worden vrijgesteld indien hij bewijst dat hij niet verantwoordelijk is voor de schade. Het begrip „schade" moet ruim worden uitgelegd in het licht van de rechtspraak van het Hof van Justitie, op een wijze die ten volle recht doet aan de doelstellingen van deze verordening. Dit laat eventuele eisen tot schadeloosstelling wegens inbreuken op andere regels in het Unierecht of het lidstatelijke recht onverlet. Onder verwerking die inbreuk maakt op deze verordening, valt eveneens een verwerking die inbreuk maakt op gedelegeerde handelingen en uitvoeringshandelingen die werden vastgesteld overeenkomstig deze verordening, alsmede het lidstatelijke recht waarin in deze verordening vervatte regels worden gespecificeerd. De betrokkenen dienen volledige en daadwerkelijke vergoeding van door hen geleden schade te ontvangen. Wanneer verwerkingsverantwoordelijken of verwerkers betrokken zijn bij dezelfde verwerking, dienen zij elk voor de volledige schade aansprakelijk te worden gehouden. Wanneer zij evenwel overeenkomstig het lidstatelijke recht zijn gevoegd in dezelfde gerechtelijke procedure, kan elke verwerkingsverantwoordelijke of verwerker overeenkomstig zijn aandeel in de verantwoordelijkheid voor de schade die door de verwerking werd veroorzaakt, een deel van de vergoeding dragen, mits de betrokkene die schade heeft geleden volledig en daadwerkelijk wordt vergoed. Iedere verwerkingsverantwoordelijke of verwerker die de volledige vergoeding heeft betaald kan vervolgens een regresvordering instellen tegen andere verwerkingsverantwoordelijken of verwerkers die bij dezelfde verwerking betrokken zijn.
(147) Wanneer deze verordening voorziet in specifieke bevoegdheidsregels, met name wat betreft procedures die een voorziening in rechte, met inbegrip van schadeloosstelling, tegen een verwerkingsverantwoordelijke of verwerker beogen, dienen algemene bevoegdheidsregels, zoals die van Verordening (EU) nr. 1215/2012 van het Europees Parlement en de Raad[15], geen afbreuk te doen aan de toepassing van die specifieke regels.
(148) Met het oog op een krachtiger handhaving van de regels van deze verordening dienen straffen, met inbegrip van administratieve geldboeten, te worden opgelegd voor elke inbreuk op de verordening, naast of in plaats van passende maatregelen die door de toezichthoudende autoriteiten ingevolge deze verordening worden opgelegd. Indien het gaat om een kleine inbreuk of indien de te verwachten geldboete een onevenredige last zou berokkenen aan een natuurlijk persoon, kan in plaats van een geldboete worden gekozen voor een berisping. Er dient evenwel rekening te worden gehouden met de aard, de ernst en de duur van de inbreuk, met het opzettelijke karakter van de inbreuk, met schadebeperkende maatregelen, met de mate van verantwoordelijkheid, of met eerdere relevante inbreuken, met de wijze waarop de inbreuk ter kennis van de toezichthoudende autoriteit is gekomen, met de naleving van de maatregelen die werden genomen tegen de verwerkingsverantwoordelijke of de verwerker, met de aansluiting bij een gedragscode en met alle andere verzwarende of verzachtende factoren. Het opleggen van straffen, met inbegrip van administratieve geldboeten, moet onderworpen zijn aan passende procedurele waarborgen overeenkomstig de algemene beginselen van het Unierecht en het Handvest, waaronder een doeltreffende voorziening in rechte en een eerlijke rechtsbedeling.
(149) De lidstaten moeten de regels betreffende straffen voor inbreuken op deze verordening kunnen vaststellen, onder meer voor inbreuken op nationale regels ingevolge en binnen de grenzen van deze verordening. Die straffen kunnen ook inhouden dat de via inbreuken op deze verordening verkregen winsten worden afgedragen. Het opleggen van straffen voor inbreuken op dergelijke nationale regels en van administratieve sancties mag evenwel niet resulteren in de inbreuk op het ne-bis-in-idembeginsel, zoals uitgelegd door het Hof van Justitie.
(150) Teneinde de administratieve straffen tegen inbreuken op deze verordening te versterken en te harmoniseren dient iedere toezichthoudende autoriteit bevoegd te zijn om administratieve geldboeten op te leggen. In deze verordening dienen inbreuken te worden benoemd, evenals maxima en criteria voor de vaststelling van de daaraan verbonden administratieve geldboeten, die per afzonderlijk geval dienen te worden bepaald door de bevoegde toezichthoudende autoriteit, rekening houdend met alle relevante omstandigheden van de specifieke situatie, met inachtneming van met name de aard, de ernst en de duur van de inbreuk en van de gevolgen ervan en de maatregelen die zijn genomen om naleving van de verplichtingen uit hoofde van deze verordening te waarborgen en de gevolgen van de inbreuk te voorkomen of te beperken. Wanneer de administratieve geldboeten worden opgelegd aan een onderneming, moet een onderneming in die context worden gezien als een onderneming overeenkomstig de artikelen 101 en 102 van het VWEU. Wanneer administratieve geldboeten worden opgelegd aan personen

---

15 Verordening (EU) nr. 1215/2012 van het Europees Parlement en de Raad van 12 december 2012 betreffende de rechterlijke bevoegdheid, de erkenning en de tenuitvoerlegging van beslissingen in burgerlijke en handelszaken (PB L 351 van 20.12.2012, blz. 1).

die geen onderneming zijn, moet de toezichthoudende autoriteit bij het bepalen van een passend bedrag voor de geldboete rekening houden met het algemene inkomensniveau in de lidstaat en de economische situatie van de persoon in kwestie. Het coherentiemechanisme kan ook worden gebruikt ter bevordering van een consequente toepassing van administratieve geldboeten. Het dient aan de lidstaten te zijn om te bepalen of en in hoeverre overheidsinstanties aan administratieve geldboeten moeten zijn onderworpen. Het opleggen van een administratieve geldboete of het geven van een waarschuwing heeft geen gevolgen voor de uitoefening van andere bevoegdheden van de toezichthoudende autoriteiten of voor het toepassen van andere sancties uit hoofde van deze verordening.

(151) De rechtssystemen van Denemarken en Estland laten de in deze verordening beschreven administratieve geldboeten niet toe. De regels over administratieve geldboeten kunnen op een zodanige wijze worden toegepast dat de boete in Denemarken als een strafrechtelijke sanctie door een bevoegd gerecht, en in Estland in het kader van een procedure voor strafbare feiten door de toezichthoudende autoriteit wordt opgelegd, op voorwaarde dat deze toepassingen van de regels in die lidstaten eenzelfde werking hebben als administratieve geldboeten die door toezichthoudende autoriteiten worden opgelegd. Daarom dienen de bevoegde nationale gerechten rekening te houden met de aanbeveling van de toezichthoudende autoriteit die de boete heeft geïnitieerd. De boeten dienen in elk geval doeltreffend, evenredig en afschrikkend te zijn.

(152) Waar deze verordening niet voorziet in een harmonisering van de administratieve straffen of indien nodig in andere gevallen, bijvoorbeeld bij ernstige inbreuken op deze verordening, dienen de lidstaten een systeem toe te passen dat zorgt voor doeltreffende, evenredige en afschrikkende straffen. De aard van die straffen, strafrechtelijk of administratief, dient te worden bepaald in het lidstatelijke recht.

(153) In de wetgeving van de lidstaten moeten de regels betreffende de vrijheid van meningsuiting en van informatie, met inbegrip van journalistieke, academische, artistieke en/of literaire uitdrukkingsvormen in overeenstemming worden gebracht met het recht op bescherming van persoonsgegevens uit hoofde van deze verordening. Voor de verwerking van persoonsgegevens enkel voor journalistieke doeleinden of ten behoeve van academische, artistieke en literaire uitdrukkingsvormen moeten afwijkingen van of uitzonderingen op een aantal bepalingen van deze verordening worden ingesteld, teneinde indien nodig het recht op bescherming van persoonsgegevens te verzoenen met het recht op de vrijheid van meningsuiting en van informatie, zoals dat in artikel 11 van het Handvest is vastgelegd. Dit dient met name te gelden voor de verwerking van persoonsgegevens voor audiovisuele doeleinden en in nieuws- en persarchieven. De lidstaten moeten derhalve wettelijke maatregelen treffen om de uitzonderingen en afwijkingen vast te stellen die nodig zijn om een evenwicht tussen die grondrechten tot stand te brengen. De lidstaten dienen dergelijke uitzonderingen en afwijkingen vast te stellen met betrekking tot de algemene beginselen, de rechten van betrokkenen, de verwerkingsverantwoordelijke en de verwerker, de doorgifte van persoonsgegevens naar derde landen of internationale organisaties, de onafhankelijke toezichthoudende autoriteiten, samenwerking en coherentie, en betreffende specifieke situaties op het gebied van gegevensverwerking. Indien die uitzonderingen of afwijkingen per lidstaat verschillen, is het recht van de lidstaat waaraan de verwerkingsverantwoordelijke is onderworpen, van toepassing. Gelet op het belang van het recht van vrijheid van meningsuiting in elke democratische samenleving, dienen begrippen die betrekking hebben op die vrijheid, zoals journalistiek, ruim te worden uitgelegd.

(154) Deze verordening biedt de mogelijkheid om bij de toepassing daarvan rekening te houden met het beginsel recht van toegang van het publiek tot officiële documenten. De toegang van het publiek tot officiële documenten kan als een algemeen belang worden beschouwd. Persoonsgegevens in documenten die in het bezit zijn van een overheidsinstantie of overheidsorgaan, moeten door die instantie of dat orgaan kunnen worden vrijgegeven, indien in het Unierecht of het lidstatelijke recht dat op de overheidsinstantie of het overheidsorgaan van toepassing is, in de vrijgave van die gegevens wordt voorzien. Die wetgeving moet het recht van de toegang tot officiële documenten en het hergebruik van overheidsinformatie verzoenen met het recht op bescherming van persoonsgegevens, en mag derhalve voorzien in de noodzakelijke afstemming op het recht op de bescherming van persoonsgegevens krachtens deze verordening. De verwijzing naar overheidsinstanties en -organen in die context moet alle autoriteiten en andere organen die onder het lidstatelijke recht inzake de toegang van het publiek tot documenten vallen, omvatten. Richtlijn 2003/98/EG van het Europees Parlement en de Raad[16] doet geen afbreuk aan en heeft geen gevolgen voor het niveau van bescherming van natuurlijke personen in verband met de verwerking van persoonsgegevens uit hoofde van het Unierecht en het lidstatelijke recht, en houdt met name geen wijziging in van de in deze verordening vastgestelde verplichtingen en rechten. Meer bepaald mag die richtlijn niet gelden voor documenten die krachtens de toegangsregelingen niet of in beperkte mate mogen worden ingezien omwille van

---

16   Richtlijn 2003/98/EG van het Europees Parlement en de Raad van 17 november 2003 inzake het hergebruik van overheidsinformatie (PB L 345 van 31.12.2003, blz. 90).

de bescherming van persoonsgegevens, en voor delen van documenten die krachtens die regelingen mogen worden ingezien, maar die persoonsgegevens bevatten waarvan het hergebruik bij wet onverenigbaar is verklaard met het recht inzake bescherming van natuurlijke personen in verband met de verwerking van persoonsgegevens.

(155) In het lidstatelijke recht of in collectieve overeenkomsten, met inbegrip van „bedrijfsovereenkomsten", kunnen specifieke regels worden vastgesteld voor de verwerking van de persoonsgegevens van werknemers in het kader van de arbeidsverhouding, met name voor de voorwaarden waaronder persoonsgegevens in de arbeidsverhouding op basis van de toestemming van de werknemer mogen worden verwerkt, voor de aanwerving, voor de uitvoering van de arbeidsovereenkomst, met inbegrip van de naleving van wettelijke of uit collectieve overeenkomsten voortvloeiende verplichtingen, voor het beheer, de planning en de organisatie van de arbeid, voor gelijkheid, diversiteit, gezondheid en veiligheid op het werk, voor de uitoefening en het genot van de met de arbeidsverhouding samenhangende individuele of collectieve rechten en voordelen, en voor de beëindiging van de arbeidsverhouding.

(156) De verwerking van persoonsgegevens met het oog op archivering in het algemeen belang, wetenschappelijk of historisch onderzoek of statistische doeleinden, dient onderworpen te zijn aan passende waarborgen voor de rechten en vrijheden van de betrokkenen overeenkomstig deze verordening. Die waarborgen dienen ervoor te zorgen dat technische en organisatorische maatregelen worden getroffen om met name de inachtneming van het beginsel gegevensminimalisering te verzekeren. De verdere verwerking van persoonsgegevens met het oog op archivering in het algemeen belang, wetenschappelijk of historisch onderzoek, of statistische doeleinden dient te worden uitgevoerd wanneer de verwerkingsverantwoordelijke heeft beoordeeld of deze doeleinden te verwezenlijken zijn door persoonsgegevens te verwerken op basis waarvan de betrokkenen niet of niet meer geïdentificeerd kunnen worden, op voorwaarde dat passende waarborgen bestaan, zoals de pseudonimisering van de persoonsgegevens. De lidstaten dienen passende waarborgen te bieden voor de verwerking van persoonsgegevens met het oog op archivering in het algemeen belang, wetenschappelijk of historisch onderzoek of statistische doeleinden. De lidstaten dienen te worden gemachtigd om, onder specifieke voorwaarden en met passende waarborgen voor de betrokkenen, nader te bepalen welke specificaties en afwijkingen gelden voor de informatievoorschriften, en te voorzien in het recht op rectificatie, het recht op wissing, het recht op vergetelheid, het recht op beperking van de verwerking en het recht van gegevensoverdraagbaarheid en het recht van bezwaar tegen verwerking van persoonsgegevens met het oog op archivering in het algemeen belang, wetenschappelijk of historisch onderzoek of statistische doeleinden. Indien dit tegen de achtergrond van de met de specifieke verwerking beoogde doeleinden passend is, kunnen in de genoemde voorwaarden en waarborgen specifieke procedures voor de uitoefening van deze rechten door betrokkenen worden opgenomen, in combinatie met technische en organisatorische maatregelen om, in het licht van de evenredigheids- en noodzaakbeginselen, het verwerken van persoonsgegevens tot een minimum te beperken. De verwerking van persoonsgegevens voor wetenschappelijke doeleinden dient ook te voldoen aan andere toepasselijke wetgeving, zoals die over klinische proeven.

(157) Door gegevens uit verschillende registers te koppelen, kunnen onderzoekers nieuwe en zeer waardevolle kennis verwerven over veel voorkomende medische aandoeningen zoals hart- en vaatziekten, kanker en depressie. Omdat zij op een groter deel van de bevolking zijn gebaseerd, kunnen onderzoeksresultaten met behulp van registers worden verbeterd. In de sociale wetenschappen kunnen wetenschappers dankzij registeronderzoek essentiële kennis verwerven over de wisselwerking op lange termijn van een aantal sociale factoren, zoals werkloosheid en onderwijs met andere levensomstandigheden. Onderzoeksresultaten die door middel van registers worden verkregen, leveren solide kennis van hoge kwaliteit op, die kan worden gebruikt om een op kennis gebaseerd beleid te ontwikkelen en te implementeren, de levenskwaliteit van een deel van de bevolking te verbeteren, en sociale diensten efficiënter te maken. Daarom moet, teneinde wetenschappelijk onderzoek te faciliteren, worden bepaald dat persoonsgegevens, met inachtneming van de passende voorwaarden en waarborgen die in het Unierecht of het lidstatelijke recht zijn vastgesteld, met het oog op wetenschappelijk onderzoek mogen worden verwerkt.

(158) Wanneer persoonsgegevens voor archiveringsdoeleinden worden verwerkt, dient deze verordening ook voor verwerking met dit doel te gelden, met dien verstande dat deze verordening niet van toepassing mag zijn op persoonsgegevens van overleden personen. Overheidsinstanties of openbare of particuliere organen die in het bezit zijn van gegevens van algemeen belang moeten diensten zijn die, conform het Unierecht of het lidstatelijke recht, wettelijk verplicht zijn gegevens van blijvende waarde voor het algemeen belang te verwerven, te bewaren, te beoordelen, te ordenen, te beschrijven, mee te delen, onder de aandacht te brengen, te verspreiden en toegankelijk te maken. De lidstaten moeten tevens worden gemachtigd om te bepalen dat persoonsgegevens voor archiveringsdoeleinden verder mogen worden verwerkt, bijvoorbeeld met het oog op het verstrekken van specifieke informatie over het politiek gedrag onder voor-

malige totalitaire regimes, over genocide, misdaden tegen de menselijkheid, met name de Holocaust, of over oorlogsmisdaden.

(159) Wanneer persoonsgegevens met het oog op wetenschappelijk onderzoek worden verwerkt, moet deze verordening ook op verwerking met dat doel van toepassing zijn. Voor de toepassing van deze verordening moet de verwerking van persoonsgegevens met het oog op wetenschappelijk onderzoek ruim worden opgevat en bijvoorbeeld technologische ontwikkeling en demonstratie, fundamenteel onderzoek, toegepast onderzoek en uit particuliere middelen gefinancierd onderzoek omvatten. Bovendien dient de doelstelling van de Unie uit hoofde van artikel 179, lid 1, VWEU, te weten de totstandbrenging van een Europese onderzoeksruimte, in acht te worden genomen. Wetenschappelijke onderzoeksdoeleinden omvatten ook studies op het gebied van de volksgezondheid die in het algemeen belang worden gedaan. Om als verwerking van persoonsgegevens met het oog op wetenschappelijk onderzoek te worden aangemerkt, moet de verwerking aan specifieke voorwaarden voldoen, met name wat betreft het publiceren of anderszins openbaar maken van persoonsgegevens voor wetenschappelijke onderzoeksdoeleinden. Indien de resultaten van wetenschappelijk onderzoek, met name op het gebied van gezondheid, aanleiding geven tot verdere maatregelen in het belang van de betrokkene, zijn met het oog op deze maatregelen de algemene regels van deze verordening van toepassing.

(160) Wanneer persoonsgegevens met het oog op historisch onderzoek worden verwerkt, dient deze verordening ook voor verwerking met dat doel te gelden. Dit dient ook historisch onderzoek en onderzoek voor genealogische doeleinden te omvatten, met dien verstande dat deze verordening niet van toepassing mag zijn op overleden personen.

(161) Wat betreft de toestemming voor deelname aan wetenschappelijke onderzoeksactiviteiten in klinische proeven dienen de desbetreffende bepalingen van Verordening (EU) nr. 536/2014 van het Europese Parlement en de Raad[17] van toepassing te zijn.

(162) Wanneer persoonsgegevens voor statistische doeleinden worden verwerkt, dient deze verordening voor verwerking met dat doel te gelden. Bepalingen betreffende statistische inhoud, toegangscontrole, specificaties voor het verwerken van persoonsgegevens voor statistische doeleinden en passende maatregelen ter bescherming van de rechten en vrijheden van de betrokkene en ter verzekering van statistische geheimhouding dienen, binnen de grenzen van deze verordening, in het Unierecht of het lidstatelijke recht te worden vastgesteld. Onder statistische doeleinden wordt verstaan het verzamelen en verwerken van persoonsgegevens die nodig zijn voor statistische onderzoeken en voor het produceren van statistische resultaten. Die statistische resultaten kunnen ook voor andere doeleinden worden gebruikt, onder meer voor wetenschappelijke onderzoeksdoeleinden. Het statistische oogmerk betekent dat het resultaat van de verwerking voor statistische doeleinden niet uit persoonsgegevens, maar uit geaggregeerde gegevens bestaat, en dat dit resultaat en de persoonsgegevens niet worden gebruikt als ondersteunend materiaal voor maatregelen of beslissingen die een bepaalde natuurlijke persoon betreffen.

(163) De vertrouwelijke gegevens die statistische autoriteiten van de Unie en de lidstaten voor de productie van officiële Europese en officiële nationale statistieken verzamelen, moeten worden beschermd. Europese statistieken moeten worden ontwikkeld, geproduceerd en verspreid overeenkomstig de statistische beginselen van artikel 338, lid 2, VWEU; nationale statistieken moeten ook aan het lidstatelijke recht voldoen. Verordening (EG) nr. 223/2009 van het Europees Parlement en de Raad[18], bevatten nadere specificaties betreffende de statistische geheimhoudingsplicht voor Europese statistieken.

(164) Met betrekking tot de bevoegdheden van de toezichthoudende autoriteiten om van de verwerkingsverantwoordelijke of de verwerker toegang tot persoonsgegevens en tot zijn bedrijfsruimten te verkrijgen, kunnen de lidstaten binnen de grenzen van deze verordening bij wet specifieke regels vaststellen om het beroepsgeheim of andere gelijkwaardige geheimhoudingsplichten te waarborgen, voor zover dit nodig is om het recht op bescherming van persoonsgegevens met het beroepsgeheim te verzoenen. Daarbij worden de in de lidstaten geldende verplichtingen om de regels van het beroepsgeheim na te leven wanneer het Unierecht zulks vereist, onverlet gelaten.

---

17 Verordening (EU) nr. 536/2014 van het Europees Parlement en de Raad van 16 april 2014 betreffende klinische proeven met geneesmiddelen voor menselijk gebruik en tot intrekking van Richtlijn 2001/20/EG (PB L 158 van 27.5.2014, blz. 1).

18 Verordening (EG) nr. 223/2009 van het Europees Parlement en de Raad van 11 maart 2009 betreffende de Europese statistiek en tot intrekking van Verordening (EG, Euratom) nr. 1101/2008 van het Europees Parlement en de Raad betreffende de toezending van onder de statistische geheimhoudingsplicht vallende gegevens aan het Bureau voor de Statistiek van de Europese Gemeenschappen, Verordening (EG) nr. 322/97 van de Raad betreffende de communautaire statistiek en Besluit 89/382/EEG, Euratom van de Raad tot oprichting van een Comité statistisch programma van de Europese Gemeenschappen (PB L 87 van 31.3.2009, blz. 164).

Algemene verordening gegevensbescherming **A19**

(165) Overeenkomstig artikel 17 VWEU eerbiedigt deze verordening de status die kerken en religieuze verenigingen en gemeenschappen volgens het vigerende constitutioneel recht in de lidstaten hebben, en doet zij daaraan geen afbreuk.

(166) Met het oog op de verwezenlijking van de doelstellingen van deze verordening, namelijk de bescherming van de grondrechten en de fundamentele vrijheden van natuurlijke personen, in het bijzonder hun recht op de bescherming van persoonsgegevens, en het waarborgen van het vrije verkeer van persoonsgegevens in de Unie, dient aan de Commissie de bevoegdheid te worden verleend om overeenkomstig artikel 290 VWEU handelingen vast te stellen. Met name dienen gedelegeerde handelingen te worden vastgesteld over de criteria en vereisten voor certificeringsmechanismen, de informatie die door gestandaardiseerde icoontjes moet worden weergegeven en over de procedures voor het verstrekken van die icoontjes. Het is van bijzonder belang dat de Commissie bij haar voorbereidende werkzaamheden toereikende raadplegingen verricht, onder meer op deskundigenniveau. De Commissie moet bij de voorbereiding en opstelling van de gedelegeerde handelingen ervoor zorgen dat de desbetreffende documenten tijdig en op gepaste wijze gelijktijdig worden toegezonden aan het Europees Parlement en aan de Raad.

(167) Om te zorgen voor uniforme voorwaarden voor de tenuitvoerlegging van deze verordening dienen aan de Commissie uitvoeringsbevoegdheden te worden verleend waar dit in deze verordening is voorzien. Die bevoegdheden moeten worden uitgeoefend overeenkomstig Verordening (EU) nr. 182/2011. In die context dient de Commissie specifieke maatregelen voor kleine, middelgrote en micro-ondernemingen in overweging te nemen.

(168) De onderzoeksprocedure dient te worden toegepast voor de vaststelling van uitvoeringshandelingen inzake standaardcontractbepalingen tussen verwerkingsverantwoordelijken en verwerkers, en tussen verwerkers onderling; gedragscodes; technische normen en mechanismen voor certificering; het door een derde land, een gebied of een welbepaalde sector binnen dat derde land of een internationale organisatie geboden passend beschermingsniveau; standaardbepalingen inzake bescherming; modellen en procedures voor de elektronische uitwisseling van informatie tussen verwerkingsverantwoordelijken, verwerkers en toezichthoudende autoriteiten wat bindende bedrijfsvoorschriften betreft; wederzijdse bijstand; en regelingen voor de elektronische uitwisseling van informatie tussen toezichthoudende autoriteiten onderling en tussen toezichthoudende autoriteiten en het Comité.

(169) Indien uit het beschikbare bewijsmateriaal blijkt dat een derde land, een gebied of een welbepaalde sector in dat derde land, of een internationale organisatie geen passend beschermingsniveau waarborgt en wanneer dwingende redenen van urgentie dat vereisen, dient de Commissie uitvoeringshandelingen vast te stellen die meteen in werking treden.

(170) Daar de doelstelling van deze verordening, namelijk het waarborgen van een gelijkwaardig niveau van bescherming van natuurlijke personen en van het vrije verkeer van persoonsgegevens in de hele Unie, niet voldoende door de lidstaten alleen kan worden verwezenlijkt en derhalve, gezien de omvang en de gevolgen van de maatregelen, beter door de Unie kan worden verwezenlijkt, kan de Unie, overeenkomstig het in artikel 5 van het Verdrag betreffende de Europese Unie (VEU) neergelegde subsidiariteitsbeginsel, maatregelen nemen. Overeenkomstig het in hetzelfde artikel neergelegde evenredigheidsbeginsel, gaat deze verordening niet verder dan nodig is om deze doelstelling te verwezenlijken.

(171) Richtlijn 95/46/EG dient door deze verordening te worden vervangen. Verwerkingen die al gaande zijn op de datum van toepassing van deze verordening, dienen overeenkomstig deze verordening te worden gebracht binnen twee jaar na de inwerkingtreding ervan. Om de verwerkingsverantwoordelijke in staat te stellen na de datum van toepassing van deze verordening de verwerking voort te zetten, hoeft de betrokkene voor een verwerking waarmee hij krachtens Richtlijn 95/46/EG heeft ingestemd op een manier die aan de voorwaarden van deze verordening voldoet, niet nog eens toestemming te geven. Besluiten van de Commissie en door de toezichthoudende autoriteiten verleende toestemmingen die op Richtlijn 95/46/EG zijn gebaseerd, blijven van kracht totdat zij worden gewijzigd, vervangen of ingetrokken.

(172) De Europese Toezichthouder voor gegevensbescherming is geraadpleegd overeenkomstig artikel 28, lid 2, van Verordening (EG) nr. 45/2001 en heeft op 7 maart 2012[19] advies uitgebracht.

(173) Deze verordening dient van toepassing te zijn op alle aangelegenheden die betrekking hebben op de bescherming van grondrechten en fundamentele vrijheden in het kader van de verwerking van persoonsgegevens waarvoor de in Richtlijn 2002/58/EG van het Europees Parlement en de Raad[20] opgenomen specifieke verplichtingen met dezelfde doelstelling niet gelden, met inbegrip van de verplichtingen van de verwerkingsverantwoordelijke en de rechten

---

19   PB C 192 van 30.6.2012, blz. 7.
20   Richtlijn 2002/58/EG van het Europees Parlement en de Raad van 12 juli 2002 betreffende de verwerking van persoonsgegevens en de bescherming van de persoonlijke levenssfeer in de sector elektronische communicatie (richtlijn betreffende privacy en elektronische communicatie) (PB L 201 van 31.7.2002, blz. 37).

van natuurlijke personen. Om de verhouding tussen deze verordening en Richtlijn 2002/58/EG te verduidelijken, dient die richtlijn dienovereenkomstig te worden gewijzigd. Zodra deze verordening is vastgesteld, dient Richtlijn 2002/58/EG te worden geëvalueerd, met name om te zorgen voor samenhang met deze verordening,
HEBBEN DE VOLGENDE VERORDENING VASTGESTELD:

HOOFDSTUK I
Algemene bepalingen

Art. 1 Onderwerp en doelstellingen

Bescherming persoonsgegevens

1. Bij deze verordening worden regels vastgesteld betreffende de bescherming van natuurlijke personen in verband met de verwerking van persoonsgegevens en betreffende het vrije verkeer van persoonsgegevens.
2. Deze verordening beschermt de grondrechten en de fundamentele vrijheden van natuurlijke personen en met name hun recht op bescherming van persoonsgegevens.
3. Het vrije verkeer van persoonsgegevens in de Unie wordt noch beperkt noch verboden om redenen die verband houden met de bescherming van natuurlijke personen ten aanzien van de verwerking van persoonsgegevens.

Art. 2 Materieel toepassingsgebied

Werkingssfeer

1. Deze verordening is van toepassing op de geheel of gedeeltelijk geautomatiseerde verwerking, alsmede op de verwerking van persoonsgegevens die in een bestand zijn opgenomen of die bestemd zijn om daarin te worden opgenomen.

Werkingssfeer, uitzonderingen op

2. Deze verordening is niet van toepassing op de verwerking van persoonsgegevens:
a) in het kader van activiteiten die buiten de werkingssfeer van het Unierecht vallen;
b) door de lidstaten bij de uitvoering van activiteiten die binnen de werkingssfeer van titel V, hoofdstuk 2, VEU vallen;
c) door een natuurlijke persoon bij de uitoefening van een zuiver persoonlijke of huishoudelijke activiteit;
d) door de bevoegde autoriteiten met het oog op de voorkoming, het onderzoek, de opsporing en de vervolging van strafbare feiten of de tenuitvoerlegging van straffen, met inbegrip van de bescherming tegen en de voorkoming van gevaren voor de openbare veiligheid.
3. Op de verwerking van persoonsgegevens door de instellingen, organen en instanties van de Unie is Verordening (EG) nr. 45/2001 van toepassing. Verordening (EG) nr. 45/2001 en andere rechtshandelingen van de Unie die van toepassing zijn op een dergelijke verwerking van persoonsgegevens worden overeenkomstig artikel 98 aan de beginselen en regels van de onderhavige verordening aangepast.
4. Deze verordening laat de toepassing van Richtlijn 2000/31/EG, en met name van de regels in de artikelen 12 tot en met 15 van die richtlijn betreffende de aansprakelijkheid van als tussenpersoon optredende dienstverleners onverlet.

Art. 3 Territoriaal toepassingsgebied

Vestiging verantwoordelijke in de Unie

1. Deze verordening is van toepassing op de verwerking van persoonsgegevens in het kader van de activiteiten van een vestiging van een verwerkingsverantwoordelijke of een verwerker in de Unie, ongeacht of de verwerking in de Unie plaatsvindt.
2. Deze verordening is van toepassing op de verwerking van persoonsgegevens van betrokkenen die zich in de Unie bevinden, door een niet in de Unie gevestigde verwerkingsverantwoordelijke of verwerker, wanneer de verwerking verband houdt met:
a) het aanbieden van goederen of diensten aan deze betrokkenen in de Unie, ongeacht of een betaling door de betrokkenen is vereist; of
b) het monitoren van hun gedrag, voor zover dit gedrag in de Unie plaatsvindt.
3. Deze verordening is van toepassing op de verwerking van persoonsgegevens door een verwerkingsverantwoordelijke die niet in de Unie is gevestigd, maar op een plaats waar krachtens het internationaal publiekrecht het lidstatelijke recht van toepassing is.

Art. 4 Definities

Voor de toepassing van deze verordening wordt verstaan onder:

Begripsbepalingen

1) „persoonsgegevens":alle informatie over een geïdentificeerde of identificeerbare natuurlijke persoon („de betrokkene"); als identificeerbaar wordt beschouwd een natuurlijke persoon die direct of indirect kan worden geïdentificeerd, met name aan de hand van een identificator zoals een naam, een identificatienummer, locatiegegevens, een online identificator of van een of meer elementen die kenmerkend zijn voor de fysieke, fysiologische, genetische, psychische, economische, culturele of sociale identiteit van die natuurlijke persoon;

Verwerking van persoonsgegevens

2) „verwerking":een bewerking of een geheel van bewerkingen met betrekking tot persoonsgegevens of een geheel van persoonsgegevens, al dan niet uitgevoerd via geautomatiseerde procedés, zoals het verzamelen, vastleggen, ordenen, structureren, opslaan, bijwerken of wijzigen, opvragen, raadplegen, gebruiken, verstrekken door middel van doorzending, verspreiden of op andere

wijze ter beschikking stellen, aligneren of combineren, afschermen, wissen of vernietigen van gegevens;
3) „beperken van de verwerking":het markeren van opgeslagen persoonsgegevens met als doel de verwerking ervan in de toekomst te beperken;   *Beperken verwerking persoonsgegevens*
4) „profilering":elke vorm van geautomatiseerde verwerking van persoonsgegevens waarbij aan de hand van persoonsgegevens bepaalde persoonlijke aspecten van een natuurlijke persoon worden geëvalueerd, met name met de bedoeling zijn beroepsprestaties, economische situatie, gezondheid, persoonlijke voorkeuren, interesses, betrouwbaarheid, gedrag, locatie of verplaatsingen te analyseren of te voorspellen;   *Profilering*
5) „pseudonimisering":het verwerken van persoonsgegevens op zodanige wijze dat de persoonsgegevens niet meer aan een specifieke betrokkene kunnen worden gekoppeld zonder dat er aanvullende gegevens worden gebruikt, mits deze aanvullende gegevens apart worden bewaard en technische en organisatorische maatregelen worden genomen om ervoor te zorgen dat de persoonsgegevens niet aan een geïdentificeerde of identificeerbare natuurlijke persoon worden gekoppeld;   *Pseudonimisering*
6) „bestand":elk gestructureerd geheel van persoonsgegevens die volgens bepaalde criteria toegankelijk zijn, ongeacht of dit geheel gecentraliseerd of gedecentraliseerd is dan wel op functionele of geografische gronden is verspreid;   *Bestand*
7) „verwerkingsverantwoordelijke":een natuurlijke persoon of rechtspersoon, een overheidsinstantie, een dienst of een ander orgaan die/dat, alleen of samen met anderen, het doel van en de middelen voor de verwerking van persoonsgegevens vaststelt; wanneer de doelstellingen van en de middelen voor deze verwerking in het Unierecht of het lidstatelijke recht worden vastgesteld, kan daarin worden bepaald wie de verwerkingsverantwoordelijke is of volgens welke criteria deze wordt aangewezen;   *Verwerkingsverantwoordelijke*
8) „verwerker":een natuurlijke persoon of rechtspersoon, een overheidsinstantie, een dienst of een ander orgaan die/ dat ten behoeve van de verwerkingsverantwoordelijke persoonsgegevens verwerkt;   *Verwerker*
9) „ontvanger":een natuurlijke persoon of rechtspersoon, een overheidsinstantie, een dienst of een ander orgaan, al dan niet een derde, aan wie/waaraan de persoonsgegevens worden verstrekt. Overheidsinstanties die mogelijk persoonsgegevens ontvangen in het kader van een bijzonder onderzoek overeenkomstig het Unierecht of het lidstatelijke recht gelden echter niet als ontvangers; de verwerking van die gegevens door die overheidsinstanties strookt met de gegevensbeschermingsregels die op het betreffende verwerkingsdoel van toepassing zijn;   *Ontvanger*
10) „derde":een natuurlijke persoon of rechtspersoon, een overheidsinstantie, een dienst of een ander orgaan, niet zijnde de betrokkene, noch de verwerkingsverantwoordelijke, noch de verwerker, noch de personen die onder rechtstreeks gezag van de verwerkingsverantwoordelijke of de verwerker gemachtigd zijn om de persoonsgegevens te verwerken;   *Derde*
11) „toestemming" van de betrokkene: elke vrije, specifieke, geïnformeerde en ondubbelzinnige wilsuiting waarmee de betrokkene door middel van een verklaring of een ondubbelzinnige actieve handeling een hem betreffende verwerking van persoonsgegevens aanvaardt;   *Toestemming*
12) „inbreuk in verband met persoonsgegevens":een inbreuk op de beveiliging die per ongeluk of op onrechtmatige wijze leidt tot de vernietiging, het verlies, de wijziging of de ongeoorloofde verstrekking van of de ongeoorloofde toegang tot doorgezonden, opgeslagen of anderszins verwerkte gegevens;   *Inbreuk i.v.m. persoonsgegevens*
13) „genetische gegevens":persoonsgegevens die verband houden met de overgeërfde of verworven genetische kenmerken van een natuurlijke persoon die unieke informatie verschaffen over de fysiologie of de gezondheid van die natuurlijke persoon en die met name voortkomen uit een analyse van een biologisch monster van die natuurlijke persoon;   *Genetische gegevens*
14) „biometrische gegevens":persoonsgegevens die het resultaat zijn van een specifieke technische verwerking met betrekking tot de fysieke, fysiologische of gedragsgerelateerde kenmerken van een natuurlijke persoon op grond waarvan eenduidige identificatie van die natuurlijke persoon mogelijk is of wordt bevestigd, zoals gezichtsafbeeldingen of vingerafdrukgegevens;   *Biometrische gegevens*
15) „gegevens over gezondheid":persoonsgegevens die verband houden met de fysieke of mentale gezondheid van een natuurlijke persoon, waaronder gegevens over verleende gezondheidsdiensten waarmee informatie over zijn gezondheidstoestand wordt gegeven;   *Gegevens over gezondheid*
16) „hoofdvestiging":   *Hoofdvestiging*
a) met betrekking tot een verwerkingsverantwoordelijke die vestigingen heeft in meer dan één lidstaat, de plaats waar zijn centrale administratie in de Unie is gelegen, tenzij de beslissingen over de doelstellingen van en de middelen voor de verwerking van persoonsgegevens worden genomen in een andere vestiging van de verwerkingsverantwoordelijke die zich eveneens in de Unie bevindt, en die tevens gemachtigd is die beslissingen uit te voeren, in welk geval de vestiging waar die beslissingen worden genomen als de hoofdvestiging wordt beschouwd;
b) met betrekking tot een verwerker die vestigingen in meer dan één lidstaat heeft, de plaats waar zijn centrale administratie in de Unie is gelegen of, wanneer de verwerker geen centrale administratie in de Unie heeft, de vestiging van de verwerker in de Unie waar de voornaamste

verwerkingsactiviteiten in het kader van de activiteiten van een vestiging van de verwerker plaatsvinden, voor zover op de verwerker krachtens deze verordening specifieke verplichtingen rusten;

Vertegenwoordiger

17) „vertegenwoordiger":een in de Unie gevestigde natuurlijke persoon of rechtspersoon die uit hoofde van artikel 27 schriftelijk door de verwerkingsverantwoordelijke of de verwerker is aangewezen om de verwerkingsverantwoordelijke of de verwerker te vertegenwoordigen in verband met hun respectieve verplichtingen krachtens deze verordening;

Onderneming

18) „onderneming":een natuurlijke persoon of rechtspersoon die een economische activiteit uitoefent, ongeacht de rechtsvorm ervan, met inbegrip van maatschappen en persoonsvennootschappen of verenigingen die regelmatig een economische activiteit uitoefenen;

Concern

19) „concern":een onderneming die zeggenschap uitoefent en de ondernemingen waarover die zeggenschap wordt uitgeoefend;

Bindende bedrijfsvoorschriften

20) „bindende bedrijfsvoorschriften":beleid inzake de bescherming van persoonsgegevens dat een op het grondgebied van een lidstaat gevestigde verwerkingsverantwoordelijke of verwerker voert met betrekking tot de doorgifte of reeksen van doorgiften van persoonsgegevens aan een verwerkingsverantwoordelijke of verwerker in een of meer derde landen binnen een concern of een groepering van ondernemingen die gezamenlijk een economische activiteit uitoefenen;

Toezichthoudende autoriteit

21) „toezichthoudende autoriteit":een door een lidstaat ingevolge artikel 51 ingestelde onafhankelijke overheidsinstantie;

Autoriteit Persoonsgegevens

22) „betrokken toezichthoudende autoriteit":een toezichthoudende autoriteit die betrokken is bij de verwerking van persoonsgegevens omdat:
a) de verwerkingsverantwoordelijke of de verwerker op het grondgebied van de lidstaat van die toezichthoudende autoriteit is gevestigd;
b) de betrokkenen die in de lidstaat van die toezichthoudende autoriteit verblijven, door de verwerking wezenlijke gevolgen ondervinden of waarschijnlijk zullen ondervinden; of
c) bij die toezichthoudende autoriteit een klacht is ingediend;

Grensoverschrijdende verwerking

23) „grensoverschrijdende verwerking":
a) verwerking van persoonsgegevens in het kader van de activiteiten van vestigingen in meer dan één lidstaat van een verwerkingsverantwoordelijke of een verwerker in de Unie die in meer dan één lidstaat is gevestigd; of
b) verwerking van persoonsgegevens in het kader van de activiteiten van één vestiging van een verwerkingsverantwoordelijke of van een verwerker in de Unie, waardoor in meer dan één lidstaat betrokkenen wezenlijke gevolgen ondervinden of waarschijnlijk zullen ondervinden;

Relevant en gemotiveerd bezwaar

24) „relevant en gemotiveerd bezwaar":een bezwaar tegen een ontwerpbesluit over het bestaan van een inbreuk op deze verordening of over de vraag of de voorgenomen maatregel met betrekking tot de verwerkingsverantwoordelijke of de verwerker strookt met deze verordening, waarin duidelijk de omvang wordt aangetoond van de risico's die het ontwerpbesluit inhoudt voor de grondrechten en de fundamentele vrijheden van betrokkenen en, indien van toepassing, voor het vrije verkeer van persoonsgegevens binnen de Unie;

Dienst van de informatiemaatschappij

25) „dienst van de informatiemaatschappij":een dienst als gedefinieerd in artikel 1, lid 1, punt b), van Richtlijn (EU) 2015/1535 van het Europees Parlement en de Raad[21];

Internationale organisatie

26) „internationale organisatie":een organisatie en de daaronder vallende internationaalpubliekrechtelijke organen of andere organen die zijn opgericht bij of op grond van een overeenkomst tussen twee of meer landen.

HOOFDSTUK II
Beginselen

Art. 5 Beginselen inzake verwerking van persoonsgegevens

1. Persoonsgegevens moeten:

Rechtmatige, behoorlijke en transparante verwerking van persoonsgegevens

a) worden verwerkt op een wijze die ten aanzien van de betrokkene rechtmatig, behoorlijk en transparant is („rechtmatigheid, behoorlijkheid en transparantie");

Doeleinden verzamelen persoonsgegevens

b) voor welbepaalde, uitdrukkelijk omschreven en gerechtvaardigde doeleinden worden verzameld en mogen vervolgens niet verder op een met die doeleinden onverenigbare wijze worden verwerkt; de verdere verwerking met het oog op archivering in het algemeen belang, wetenschappelijk of historisch onderzoek of statistische doeleinden wordt overeenkomstig artikel 89, lid 1, niet als onverenigbaar met de oorspronkelijke doeleinden beschouwd („doelbinding");

Beperking verwerken persoonsgegevens

c) toereikend zijn, ter zake dienend en beperkt tot wat noodzakelijk is voor de doeleinden waarvoor zij worden verwerkt („minimale gegevensverwerking");

---

21 Richtlijn (EU) 2015/1535 van het Europees Parlement en de Raad van 9 september 2015 betreffende een informatieprocedure op het gebied van technische voorschriften en regels betreffende de diensten van de informatiemaatschappij (PB L 241 van 17.9.2015, blz. 1).

d) juist zijn en zo nodig worden geactualiseerd; alle redelijke maatregelen moeten worden genomen om de persoonsgegevens die, gelet op de doeleinden waarvoor zij worden verwerkt, onjuist zijn, onverwijld te wissen of te rectificeren („juistheid"); — Juistheid verwerkte persoonsgegevens

e) worden bewaard in een vorm die het mogelijk maakt de betrokkenen niet langer te identificeren dan voor de doeleinden waarvoor de persoonsgegevens worden verwerkt noodzakelijk is; persoonsgegevens mogen voor langere perioden worden opgeslagen voor zover de persoonsgegevens louter met het oog op archivering in het algemeen belang, wetenschappelijk of historisch onderzoek of statistische doeleinden worden verwerkt overeenkomstig artikel 89, lid 1, mits de bij deze verordening vereiste passende technische en organisatorische maatregelen worden getroffen om de rechten en vrijheden van de betrokkene te beschermen („opslagbeperking"); — Bewaring persoonsgegevens, termijnen

f) door het nemen van passende technische en organisatorische maatregelen op een dusdanige manier worden verwerkt dat een passende beveiliging ervan gewaarborgd is, en dat zij onder meer beschermd zijn tegen ongeoorloofde of onrechtmatige verwerking en tegen onopzettelijk verlies, vernietiging of beschadiging („integriteit en vertrouwelijkheid"). — Beveiliging verwerking persoonsgegevens

2. De verwerkingsverantwoordelijke is verantwoordelijk voor de naleving van lid 1 en kan deze aantonen („verantwoordingsplicht"). — Verantwoordingsplicht verantwoordelijke

Art. 6 Rechtmatigheid van de verwerking

1. De verwerking is alleen rechtmatig indien en voor zover aan ten minste een van de onderstaande voorwaarden is voldaan: — Rechtmatige verwerking, gronden

a) de betrokkene heeft toestemming gegeven voor de verwerking van zijn persoonsgegevens voor een of meer specifieke doeleinden; — Toestemming

b) de verwerking is noodzakelijk voor de uitvoering van een overeenkomst waarbij de betrokkene partij is, of om op verzoek van de betrokkene vóór de sluiting van een overeenkomst maatregelen te nemen; — Overeenkomst

c) de verwerking is noodzakelijk om te voldoen aan een wettelijke verplichting die op de verwerkingsverantwoordelijke rust; — Wettelijke verplichting

d) de verwerking is noodzakelijk om de vitale belangen van de betrokkene of van een andere natuurlijke persoon te beschermen; — Vitale belangen

e) de verwerking is noodzakelijk voor de vervulling van een taak van algemeen belang of van een taak in het kader van de uitoefening van het openbaar gezag dat aan de verwerkingsverantwoordelijke is opgedragen; — Algemeen belang/uitoefening openbaar gezag

f) de verwerking is noodzakelijk voor de behartiging van de gerechtvaardigde belangen van de verwerkingsverantwoordelijke of van een derde, behalve wanneer de belangen of de grondrechten en de fundamentele vrijheden van de betrokkene die tot bescherming van persoonsgegevens nopen, zwaarder wegen dan die belangen, met name wanneer de betrokkene een kind is. — Belangenafweging

De eerste alinea, punt f), geldt niet voor de verwerking door overheidsinstanties in het kader van de uitoefening van hun taken.

2. De lidstaten kunnen specifiekere bepalingen handhaven of invoeren ter aanpassing van de manier waarop de regels van deze verordening met betrekking tot de verwerking met het oog op de naleving van lid 1, punten c) en e), worden toegepast; hiertoe kunnen zij een nadere omschrijving geven van specifieke voorschriften voor de verwerking en andere maatregelen om een rechtmatige en behoorlijke verwerking te waarborgen, ook voor andere specifieke verwerkingssituaties als bedoeld in hoofdstuk IX. — Specifiekere bepalingen lidstaten

3. De rechtsgrond voor de in lid 1, punten c) en e), bedoelde verwerking moet worden vastgesteld bij:

a) Unierecht; of

b) lidstatelijk recht dat op de verwerkingsverantwoordelijke van toepassing is.

Het doel van de verwerking wordt in die rechtsgrond vastgesteld of is met betrekking tot de in lid 1, punt e), bedoelde verwerking noodzakelijk voor de vervulling van een taak van algemeen belang of voor de uitoefening van het openbaar gezag dat aan de verwerkingsverantwoordelijke is verleend. Die rechtsgrond kan specifieke bepalingen bevatten om de toepassing van de regels van deze verordening aan te passen, met inbegrip van de algemene voorwaarden inzake de rechtmatigheid van verwerking door de verwerkingsverantwoordelijke; de types verwerkte gegevens; de betrokkenen; de entiteiten waaraan en de doeleinden waarvoor de persoonsgegevens mogen worden verstrekt; de doelbinding; de opslagperioden; en de verwerkingsactiviteiten en -procedures, waaronder maatregelen om te zorgen voor een rechtmatige en behoorlijke verwerking, zoals die voor andere specifieke verwerkingssituaties als bedoeld in hoofdstuk IX. Het Unierecht of het lidstatelijke recht moet beantwoorden aan een doelstelling van algemeen belang en moet evenredig zijn met het nagestreefde gerechtvaardigde doel.

4. Wanneer de verwerking voor een ander doel dan dat waarvoor de persoonsgegevens zijn verzameld niet berust op toestemming van de betrokkene of op een Unierechtelijke bepaling of een lidstaatrechtelijke bepaling die in een democratische samenleving een noodzakelijke en evenredige maatregel vormt ter waarborging van de in artikel 23, lid 1, bedoelde doelstellingen houdt de verwerkingsverantwoordelijke bij de beoordeling van de vraag of de verwerking voor — Verwerking verenigbaar met doeleinden

een ander doel verenigbaar is met het doel waarvoor de persoonsgegevens aanvankelijk zijn verzameld onder meer rekening met:
a) ieder verband tussen de doeleinden waarvoor de persoonsgegevens zijn verzameld, en de doeleinden van de voorgenomen verdere verwerking;
b) het kader waarin de persoonsgegevens zijn verzameld, met name wat de verhouding tussen de betrokkenen en de verwerkingsverantwoordelijke betreft;
c) de aard van de persoonsgegevens, met name of bijzondere categorieën van persoonsgegevens worden verwerkt, overeenkomstig artikel 9, en of persoonsgegevens over strafrechtelijke veroordelingen en strafbare feiten worden verwerkt, overeenkomstig artikel 10;
d) de mogelijke gevolgen van de voorgenomen verdere verwerking voor de betrokkenen;
e) het bestaan van passende waarborgen, waaronder eventueel versleuteling of pseudonimisering.

Art. 7 Voorwaarden voor toestemming

Voorwaarden voor toestemming verwerking

1. Wanneer de verwerking berust op toestemming, moet de verwerkingsverantwoordelijke kunnen aantonen dat de betrokkene toestemming heeft gegeven voor de verwerking van zijn persoonsgegevens.
2. Indien de betrokkene toestemming geeft in het kader van een schriftelijke verklaring die ook op andere aangelegenheden betrekking heeft, wordt het verzoek om toestemming in een begrijpelijke en gemakkelijk toegankelijke vorm en in duidelijke en eenvoudige taal zodanig gepresenteerd dat een duidelijk onderscheid kan worden gemaakt met de andere aangelegenheden. Wanneer een gedeelte van een dergelijke verklaring een inbreuk vormt op deze verordening, is dit gedeelte niet bindend.
3. De betrokkene heeft het recht zijn toestemming te allen tijde in te trekken. Het intrekken van de toestemming laat de rechtmatigheid van de verwerking op basis van de toestemming vóór de intrekking daarvan, onverlet. Alvorens de betrokkene zijn toestemming geeft, wordt hij daarvan in kennis gesteld. Het intrekken van de toestemming is even eenvoudig als het geven ervan.
4. Bij de beoordeling van de vraag of de toestemming vrijelijk kan worden gegeven, wordt onder meer ten sterkste rekening gehouden met de vraag of voor de uitvoering van een overeenkomst, met inbegrip van een dienstenovereenkomst, toestemming vereist is voor een verwerking van persoonsgegevens die niet noodzakelijk is voor de uitvoering van die overeenkomst.

Art. 8 Voorwaarden voor de toestemming van kinderen met betrekking tot diensten van de informatiemaatschappij

Voorwaarden voor toestemming van kinderen

1. Wanneer artikel 6, lid 1, punt a), van toepassing is in verband met een rechtstreeks aanbod van diensten van de informatiemaatschappij aan een kind, is de verwerking van persoonsgegevens van een kind rechtmatig wanneer het kind ten minste 16 jaar is. Wanneer het kind jonger is dan 16 jaar is zulke verwerking slechts rechtmatig indien en voor zover de toestemming of machtiging tot toestemming in dit verband wordt verleend door de persoon die de ouderlijke verantwoordelijkheid voor het kind draagt.
De lidstaten kunnen dienaangaande bij wet voorzien in een lagere leeftijd, op voorwaarde dat die leeftijd niet onder 13 jaar ligt.
2. Met inachtneming van de beschikbare technologie doet de verwerkingsverantwoordelijke redelijke inspanningen om in dergelijke gevallen te controleren of de persoon die de ouderlijke verantwoordelijkheid voor het kind draagt, toestemming heeft gegeven of machtiging tot toestemming heeft verleend.
3. Lid 1 laat het algemene overeenkomstenrecht van de lidstaten, zoals de regels inzake de geldigheid, de totstandkoming of de gevolgen van overeenkomsten ten opzichte van kinderen, onverlet.

Art. 9 Verwerking van bijzondere categorieën van persoonsgegevens

Verbod verwerking gevoelige gegevens

1. Verwerking van persoonsgegevens waaruit ras of etnische afkomst, politieke opvattingen, religieuze of levensbeschouwelijke overtuigingen, of het lidmaatschap van een vakbond blijken, en verwerking van genetische gegevens, biometrische gegevens met het oog op de unieke identificatie van een persoon, of gegevens over gezondheid, of gegevens met betrekking tot iemands seksueel gedrag of seksuele gerichtheid zijn verboden.

Verbod verwerking gevoelige gegevens, voorwaarden uitzonderingen op
Uitzondering toestemming betrokkene
Uitzondering arbeidsrecht/socialezekerheidsrecht/socialebeschermingsrecht

2. Lid 1 is niet van toepassing wanneer aan een van de onderstaande voorwaarden is voldaan:
a) de betrokkene heeft uitdrukkelijke toestemming gegeven voor de verwerking van die persoonsgegevens voor een of meer welbepaalde doeleinden, behalve indien in Unierecht of lidstatelijk recht is bepaald dat het in lid 1 genoemde verbod niet door de betrokkene kan worden opgeheven;
b) de verwerking is noodzakelijk met het oog op de uitvoering van verplichtingen en de uitoefening van specifieke rechten van de verwerkingsverantwoordelijke of de betrokkene op het gebied van het arbeidsrecht en het socialezekerheids- en socialebeschermingsrecht, voor zover zulks is toegestaan bij Unierecht of lidstatelijk recht of bij een collectieve overeenkomst op grond van lidstatelijk recht die passende waarborgen voor de grondrechten en de fundamentele belangen van de betrokkene biedt;

c) de verwerking is noodzakelijk ter bescherming van de vitale belangen van de betrokkene of van een andere natuurlijke persoon indien de betrokkene fysiek of juridisch niet in staat is zijn toestemming te geven;	Uitzondering vitale belangen
d) de verwerking wordt verricht door een stichting, een vereniging of een andere instantie zonder winstoogmerk die op politiek, levensbeschouwelijk, godsdienstig of vakbondsgebied werkzaam is, in het kader van haar gerechtvaardigde activiteiten en met passende waarborgen, mits de verwerking uitsluitend betrekking heeft op de leden of de voormalige leden van de instantie of op personen die in verband met haar doeleinden regelmatig contact met haar onderhouden, en de persoonsgegevens niet zonder de toestemming van de betrokkenen buiten die instantie worden verstrekt;	Uitzondering politieke/levensbeschouwelijke/godsdienstige instantie en vakbond
e) de verwerking heeft betrekking op persoonsgegevens die kennelijk door de betrokkene openbaar zijn gemaakt;	Uitzondering openbaarmaking door betrokkene zelf
f) de verwerking is noodzakelijk voor de instelling, uitoefening of onderbouwing van een rechtsvordering of wanneer de gerechten handelen in het kader van hun rechtsprekende taken;	Uitzondering rechtsvordering
g) de verwerking is noodzakelijk om redenen van zwaarwegend algemeen belang, op grond van Unierecht of lidstatelijk recht, waarbij de evenredigheid met het nagestreefde doel wordt gewaarborgd, de wezenlijke inhoud van het recht op bescherming van persoonsgegevens wordt geëerbiedigd en passende en specifieke maatregelen worden getroffen ter bescherming van de grondrechten en de fundamentele belangen van de betrokkene;	Uitzondering zwaarwegend algemeen belang
h) de verwerking is noodzakelijk voor doeleinden van preventieve of arbeidsgeneeskunde, voor de beoordeling van de arbeidsgeschiktheid van de werknemer, medische diagnosen, het verstrekken van gezondheidszorg of sociale diensten of behandelingen dan wel het beheren van gezondheidszorgstelsels en -diensten of sociale stelsels en diensten, op grond van Unierecht of lidstatelijk recht, of uit hoofde van een overeenkomst met een gezondheidswerker en behoudens de in lid 3 genoemde voorwaarden en waarborgen;	Uitzondering gezondheidsgegevens
i) de verwerking is noodzakelijk om redenen van algemeen belang op het gebied van de volksgezondheid, zoals bescherming tegen ernstige grensoverschrijdende gevaren voor de gezondheid of het waarborgen van hoge normen inzake kwaliteit en veiligheid van de gezondheidszorg en van geneesmiddelen of medische hulpmiddelen, op grond van Unierecht of lidstatelijk recht waarin passende en specifieke maatregelen zijn opgenomen ter bescherming van de rechten en vrijheden van de betrokkene, met name van het beroepsgeheim;	Uitzondering zwaarwegend algemeen belang volksgezondheid
j) de verwerking is noodzakelijk met het oog op archivering in het algemeen belang, wetenschappelijk of historisch onderzoek of statistische doeleinden overeenkomstig artikel 89, lid 1, op grond van Unierecht of lidstatelijk recht, waarbij de evenredigheid met het nagestreefde doel wordt gewaarborgd, de wezenlijke inhoud van het recht op bescherming van persoonsgegevens wordt geëerbiedigd en passende en specifieke maatregelen worden getroffen ter bescherming van de grondrechten en de belangen van de betrokkene.	Uitzondering m.b.t. archivering in algemeen belang of wetenschappelijk/historisch/statistisch doel
3. De in lid 1 bedoelde persoonsgegevens mogen worden verwerkt voor de in lid 2, punt h), genoemde doeleinden wanneer die gegevens worden verwerkt door of onder de verantwoordelijkheid van een beroepsbeoefenaar die krachtens Unierecht of lidstatelijk recht of krachtens door nationale bevoegde instanties vastgestelde regels aan het beroepsgeheim is gebonden, of door een andere persoon die eveneens krachtens Unierecht of lidstatelijk recht of krachtens door nationale bevoegde instanties vastgestelde regels tot geheimhouding is gehouden.	Geheimhouding
4. De lidstaten kunnen bijkomende voorwaarden, waaronder beperkingen, met betrekking tot de verwerking van genetische gegevens, biometrische gegevens of gegevens over gezondheid handhaven of invoeren.	Biometrische en genetische gegevens

Art. 10 Verwerking van persoonsgegevens betreffende strafrechtelijke veroordelingen en strafbare feiten

Persoonsgegevens betreffende strafrechtelijke veroordelingen en strafbare feiten of daarmee verband houdende veiligheidsmaatregelen mogen op grond van artikel 6, lid 1, alleen worden verwerkt onder toezicht van de overheid of indien de verwerking is toegestaan bij Unierechtelijke of lidstaatrechtelijke bepalingen die passende waarborgen voor de rechten en vrijheden van de betrokkenen bieden. Omvattende registers van strafrechtelijke veroordelingen mogen alleen worden bijgehouden onder toezicht van de overheid.	Uitzondering strafrechtelijke gegevens

Art. 11 Verwerking waarvoor identificatie niet is vereist

1. Indien de doeleinden waarvoor een verwerkingsverantwoordelijke persoonsgegevens verwerkt, niet of niet meer vereisen dat hij een betrokkene identificeert, is hij niet verplicht om, uitsluitend om aan deze verordening te voldoen, aanvullende gegevens ter identificatie van de betrokkene bij te houden, te verkrijgen of te verwerken.	Identificatie voor verwerking niet vereist
2. Wanneer de verwerkingsverantwoordelijke in de in lid 1 van dit artikel bedoelde gevallen kan aantonen dat hij de betrokkene niet kan identificeren, stelt hij de betrokkene daarvan indien mogelijk in kennis. In dergelijke gevallen zijn de artikelen 15 tot en met 20 niet van toepassing, behalve wanneer de betrokkene, met het oog op de uitoefening van zijn rechten uit hoofde van die artikelen, aanvullende gegevens verstrekt die het mogelijk maken hem te identificeren.	

HOOFDSTUK III
Rechten van de betrokkene

Afdeling 1
Transparantie en regelingen

Art. 12 Transparante informatie, communicatie en nadere regels voor de uitoefening van de rechten van de betrokkene

Informatieverstrekking aan betrokkene

1. De verwerkingsverantwoordelijke neemt passende maatregelen opdat de betrokkene de in de artikelen 13 en 14 bedoelde informatie en de in de artikelen 15 tot en met 22 en artikel 34 bedoelde communicatie in verband met de verwerking in een beknopte, transparante, begrijpelijke en gemakkelijk toegankelijke vorm en in duidelijke en eenvoudige taal ontvangt, in het bijzonder wanneer de informatie specifiek voor een kind bestemd is. De informatie wordt schriftelijk of met andere middelen, met inbegrip van, indien dit passend is, elektronische middelen, verstrekt. Indien de betrokkene daarom verzoekt, kan de informatie mondeling worden meegedeeld, op voorwaarde dat de identiteit van de betrokkene met andere middelen bewezen is.

2. De verwerkingsverantwoordelijke faciliteert de uitoefening van de rechten van de betrokkene uit hoofde van de artikelen 15 tot en met 22. In de in artikel 11, lid 2, bedoelde gevallen mag de verwerkingsverantwoordelijke niet weigeren gevolg te geven aan het verzoek van de betrokkene om diens rechten uit hoofde van de artikelen 15 tot en met 22 uit te oefenen, tenzij de verwerkingsverantwoordelijke aantoont dat hij niet in staat is de betrokkene te identificeren.

Termijn

3. De verwerkingsverantwoordelijke verstrekt de betrokkene onverwijld en in ieder geval binnen een maand na ontvangst van het verzoek krachtens de artikelen 15 tot en met 22 informatie over het gevolg dat aan het verzoek is gegeven. Afhankelijk van de complexiteit van de verzoeken en van het aantal verzoeken kan die termijn indien nodig met nog eens twee maanden worden verlengd. De verwerkingsverantwoordelijke stelt de betrokkene binnen één maand na ontvangst van het verzoek in kennis van een dergelijke verlenging. Wanneer de betrokkene zijn verzoek elektronisch indient, wordt de informatie indien mogelijk elektronisch verstrekt, tenzij de betrokkene anderszins verzoekt.

Klacht en beroep

4. Wanneer de verwerkingsverantwoordelijke geen gevolg geeft aan het verzoek van de betrokkene, deelt hij deze laatste onverwijld en uiterlijk binnen een maand na ontvangst van het verzoek mee waarom het verzoek zonder gevolg is gebleven, en informeert hij hem over de mogelijkheid om een klacht in te dienen bij een toezichthoudende autoriteit en beroep bij de rechter in te stellen.

Kostenvergoeding inzage

5. Het verstrekken van de in de artikelen 13 en 14 bedoelde informatie, en het verstrekken van de communicatie en het treffen van de maatregelen bedoeld in de artikelen 15 tot en met 22 en artikel 34 geschieden kosteloos. Wanneer verzoeken van een betrokkene kennelijk ongegrond of buitensporig zijn, met name vanwege hun repetitieve karakter, mag de verwerkingsverantwoordelijke ofwel:

a) een redelijke vergoeding aanrekenen in het licht van de administratieve kosten waarmee het verstrekken van de gevraagde informatie of communicatie en het treffen van de gevraagde maatregelen gepaard gaan; ofwel

b) weigeren gevolg te geven aan het verzoek.

Het is aan de verwerkingsverantwoordelijke om de kennelijk ongegronde of buitensporige aard van het verzoek aan te tonen.

Identificatieplicht betrokkene

6. Onverminderd artikel 11 kan de verwerkingsverantwoordelijke, wanneer hij redenen heeft om te twijfelen aan de identiteit van de natuurlijke persoon die het verzoek indient als bedoeld in de artikelen 15 tot en met 21, om aanvullende informatie vragen die nodig is ter bevestiging van de identiteit van de betrokkene.

7. De krachtens de artikelen 13 en 14 aan betrokkenen te verstrekken informatie mag worden verstrekt met gebruikmaking van gestandaardiseerde iconen, om de betrokkene een nuttig overzicht, in een goed zichtbare, begrijpelijke en duidelijk leesbare vorm, van de voorgenomen verwerking te bieden. Wanneer de iconen elektronisch worden weergegeven, zijn ze machineleesbaar.

8. De Commissie is bevoegd overeenkomstig artikel 92 gedelegeerde handelingen vast te stellen om te bepalen welke informatie de iconen dienen weer te geven en via welke procedures de gestandaardiseerde iconen tot stand dienen te komen.

Algemene verordening gegevensbescherming   **A19 art. 14**

Afdeling 2
Informatie en toegang tot persoonsgegevens

Art. 13 Te verstrekken informatie wanneer persoonsgegevens bij de betrokkene worden verzameld

1. Wanneer persoonsgegevens betreffende een betrokkene bij die persoon worden verzameld, verstrekt de verwerkingsverantwoordelijke de betrokkene al bij de verkrijging van de persoonsgegevens de volgende informatie:
   a) de identiteit en de contactgegevens van de verwerkingsverantwoordelijke en, in voorkomend geval, van de vertegenwoordiger van de verwerkingsverantwoordelijke;
   b) in voorkomend geval, de contactgegevens van de functionaris voor gegevensbescherming;
   c) de verwerkingsdoeleinden waarvoor de persoonsgegevens zijn bestemd, alsook de rechtsgrond voor de verwerking;
   d) de gerechtvaardigde belangen van de verwerkingsverantwoordelijke of van een derde, indien de verwerking op artikel 6, lid 1, punt f), is gebaseerd;
   e) in voorkomend geval, de ontvangers of categorieën van ontvangers van de persoonsgegevens;
   f) in voorkomend geval, dat de verwerkingsverantwoordelijke het voornemen heeft de persoonsgegevens door te geven aan een derde land of een internationale organisatie; of er al dan niet een adequaatheidsbesluit van de Commissie bestaat; of, in het geval van in artikel 46, artikel 47 of artikel 49, lid 1, tweede alinea, bedoelde doorgiften, welke de passende of geschikte waarborgen zijn, hoe er een kopie van kan worden verkregen of waar ze kunnen worden geraadpleegd.

Informatieverstrekking aan betrokkene bij direct verkregen gegevens

2. Naast de in lid 1 bedoelde informatie verstrekt de verwerkingsverantwoordelijke de betrokkene bij de verkrijging van de persoonsgegevens de volgende aanvullende informatie om een behoorlijke en transparante verwerking te waarborgen:
   a) de periode gedurende welke de persoonsgegevens zullen worden opgeslagen, of indien dat niet mogelijk is, de criteria ter bepaling van die termijn;
   b) dat de betrokkene het recht heeft de verwerkingsverantwoordelijke te verzoeken om inzage van en rectificatie of wissing van de persoonsgegevens of beperking van de hem betreffende verwerking, alsmede het recht tegen de verwerking bezwaar te maken en het recht op gegevensoverdraagbaarheid;
   c) wanneer de verwerking op artikel 6, lid 1, punt a), of artikel 9, lid 2, punt a), is gebaseerd, dat de betrokkene het recht heeft de toestemming te allen tijde in te trekken, zonder dat dit afbreuk doet aan de rechtmatigheid van de verwerking op basis van de toestemming vóór de intrekking daarvan;
   d) dat de betrokkene het recht heeft een klacht in te dienen bij een toezichthoudende autoriteit;
   e) of de verstrekking van persoonsgegevens een wettelijke of contractuele verplichting is dan wel een noodzakelijke voorwaarde om een overeenkomst te sluiten, en of de betrokkene verplicht is de persoonsgegevens te verstrekken en wat de mogelijke gevolgen zijn wanneer deze gegevens niet worden verstrekt;
   f) het bestaan van geautomatiseerde besluitvorming, met inbegrip van de in artikel 22, leden 1 en 4, bedoelde profilering, en, ten minste in die gevallen, nuttige informatie over de onderliggende logica, alsmede het belang en de verwachte gevolgen van die verwerking voor de betrokkene.

3. Wanneer de verwerkingsverantwoordelijke voornemens is de persoonsgegevens verder te verwerken voor een ander doel dan dat waarvoor de persoonsgegevens zijn verzameld, verstrekt de verwerkingsverantwoordelijke de betrokkene vóór die verdere verwerking informatie over dat andere doel en alle relevante verdere informatie als bedoeld in lid 2.

4. De leden 1, 2 en 3 zijn niet van toepassing indien en voor zover de betrokkene reeds over de informatie beschikt.

Art. 14 Te verstrekken informatie wanneer de persoonsgegevens niet van de betrokkene zijn verkregen

1. Wanneer persoonsgegevens niet van de betrokkene zijn verkregen, verstrekt de verwerkingsverantwoordelijke de betrokkene de volgende informatie:
   a) de identiteit en de contactgegevens van de verwerkingsverantwoordelijke en, in voorkomend geval, van de vertegenwoordiger van de verwerkingsverantwoordelijke;
   b) in voorkomend geval, de contactgegevens van de functionaris voor gegevensbescherming;
   c) de verwerkingsdoeleinden waarvoor de persoonsgegevens zijn bestemd, en de rechtsgrond voor de verwerking;
   d) de betrokken categorieën van persoonsgegevens;
   e) in voorkomend geval, de ontvangers of categorieën van ontvangers van de persoonsgegevens;
   f) in voorkomend geval, dat de verwerkingsverantwoordelijke het voornemen heeft de persoonsgegevens door te geven aan een ontvanger in een derde land of aan een internationale organisatie; of er al dan niet een adequaatheidsbesluit van de Commissie bestaat; of, in het geval van de in artikel 46, artikel 47 of artikel 49, lid 1, tweede alinea, bedoelde doorgiften, welke de pas-

Informatieverstrekking aan betrokkene bij indirect verkregen gegevens

sende of geschikte waarborgen zijn, hoe er een kopie van kan worden verkregen of waar ze kunnen worden geraadpleegd.

2. Naast de in lid 1 bedoelde informatie verstrekt de verwerkingsverantwoordelijke de betrokkene de volgende informatie om ten overstaan van de betrokkene een behoorlijke en transparante verwerking te waarborgen:
a) de periode gedurende welke de persoonsgegevens zullen worden opgeslagen, of indien dat niet mogelijk is, de criteria om die termijn te bepalen;
b) de gerechtvaardigde belangen van de verwerkingsverantwoordelijke of van een derde, indien de verwerking op artikel 6, lid 1, punt f), is gebaseerd;
c) dat de betrokkene het recht heeft de verwerkingsverantwoordelijke te verzoeken om inzage van en rectificatie of wissing van persoonsgegevens of om beperking van de hem betreffende verwerking, alsmede het recht tegen verwerking van bezwaar te maken en het recht op gegevensoverdraagbaarheid;
d) wanneer verwerking op artikel 6, lid 1, punt a) of artikel 9, lid 2, punt a), is gebaseerd, dat de betrokkene het recht heeft de toestemming te allen tijde in te trekken, zonder dat dit afbreuk doet aan de rechtmatigheid van de verwerking op basis van de toestemming vóór de intrekking daarvan;
e) dat de betrokkene het recht heeft een klacht in te dienen bij een toezichthoudende autoriteit;
f) de bron waar de persoonsgegevens vandaan komen, en in voorkomend geval, of zij afkomstig zijn van openbare bronnen;
g) het bestaan van geautomatiseerde besluitvorming, met inbegrip van de in artikel 22, leden 1 en 4, bedoelde profilering, en, ten minste in die gevallen, nuttige informatie over de onderliggende logica, alsmede het belang en de verwachte gevolgen van die verwerking voor de betrokkene.

3. De verwerkingsverantwoordelijke verstrekt de in de leden 1 en 2 bedoelde informatie:
a) binnen een redelijke termijn, maar uiterlijk binnen één maand na de verkrijging van de persoonsgegevens, afhankelijk van de concrete omstandigheden waarin de persoonsgegevens worden verwerkt;
b) indien de persoonsgegevens zullen worden gebruikt voor communicatie met de betrokkene, uiterlijk op het moment van het eerste contact met de betrokkene; of
c) indien verstrekking van de gegevens aan een andere ontvanger wordt overwogen, uiterlijk op het tijdstip waarop de persoonsgegevens voor het eerst worden verstrekt.

4. Wanneer de verwerkingsverantwoordelijke voornemens is de persoonsgegevens verder te verwerken voor een ander doel dan dat waarvoor de persoonsgegevens zijn verkregen, verstrekt de verwerkingsverantwoordelijke de betrokkene vóór die verdere verwerking informatie over dat andere doel en alle relevante verdere informatie als bedoeld in lid 2.

5. De leden 1 tot en met 4 zijn niet van toepassing indien en voor zover:
a) de betrokkene reeds over de informatie beschikt;
b) het verstrekken van die informatie onmogelijk blijkt of onevenredig veel inspanning zou vergen, in het bijzonder bij verwerking met het oog op archivering in het algemeen belang, wetenschappelijk of historisch onderzoek of statistische doeleinden, behoudens de in artikel 89, lid 1, bedoelde voorwaarden en waarborgen, of voor zover de in lid 1 van dit artikel bedoelde verplichting de verwezenlijking van de doeleinden van die verwerking onmogelijk dreigt te maken of ernstig in het gedrang dreigt te brengen. In dergelijke gevallen neemt de verwerkingsverantwoordelijke passende maatregelen om de rechten, de vrijheden en de gerechtvaardigde belangen van de betrokkene te beschermen, waaronder het openbaar maken van de informatie;
c) het verkrijgen of verstrekken van de gegevens uitdrukkelijk is voorgeschreven bij Unie- of lidstatelijk recht dat op de verwerkingsverantwoordelijke van toepassing is en dat recht voorziet in passende maatregelen om de gerechtvaardigde belangen van de betrokkene te beschermen; of
d) de persoonsgegevens vertrouwelijk moeten blijven uit hoofde van een beroepsgeheim in het kader van Unierecht of lidstatelijke recht, waaronder een wettelijke geheimhoudingsplicht.

Art. 15 Recht van inzage van de betrokkene

Recht van betrokkene op inzage

1. De betrokkene heeft het recht om van de verwerkingsverantwoordelijke uitsluitsel te verkrijgen over het al dan niet verwerken van hem betreffende persoonsgegevens en, wanneer dat het geval is, om inzage te verkrijgen van die persoonsgegevens en van de volgende informatie:
a) de verwerkingsdoeleinden;
b) de betrokken categorieën van persoonsgegevens;
c) de ontvangers of categorieën van ontvangers aan wie de persoonsgegevens zijn of zullen worden verstrekt, met name ontvangers in derde landen of internationale organisaties;
d) indien mogelijk, de periode gedurende welke de persoonsgegevens naar verwachting zullen worden opgeslagen, of indien dat niet mogelijk is, de criteria om die termijn te bepalen;
e) dat de betrokkene het recht heeft de verwerkingsverantwoordelijke te verzoeken dat persoonsgegevens worden gerectificeerd of gewist, of dat de verwerking van hem betreffende persoonsgegevens wordt beperkt, alsmede het recht tegen die verwerking bezwaar te maken;

f) dat de betrokkene het recht heeft een klacht in te dienen bij een toezichthoudende autoriteit;
g) wanneer de persoonsgegevens niet bij de betrokkene worden verzameld, alle beschikbare informatie over de bron van die gegevens;
h) het bestaan van geautomatiseerde besluitvorming, met inbegrip van de in artikel 22, leden 1 en 4, bedoelde profilering, en, ten minste in die gevallen, nuttige informatie over de onderliggende logica, alsmede het belang en de verwachte gevolgen van die verwerking voor de betrokkene.
2. Wanneer persoonsgegevens worden doorgegeven aan een derde land of een internationale organisatie, heeft de betrokkene het recht in kennis te worden gesteld van de passende waarborgen overeenkomstig artikel 46 inzake de doorgifte.
3. De verwerkingsverantwoordelijke verstrekt de betrokkene een kopie van de persoonsgegevens die worden verwerkt. Indien de betrokkene om bijkomende kopieën verzoekt, kan de verwerkingsverantwoordelijke op basis van de administratieve kosten een redelijke vergoeding aanrekenen. Wanneer de betrokkene zijn verzoek elektronisch indient, en niet om een andere regeling verzoekt, wordt de informatie in een gangbare elektronische vorm verstrekt.
4. Het in lid 3 bedoelde recht om een kopie te verkrijgen, doet geen afbreuk aan de rechten en vrijheden van anderen.

Afdeling 3
Rectificatie en wissing van gegevens

Art. 16 Recht op rectificatie
De betrokkene heeft het recht om van de verwerkingsverantwoordelijke onverwijld rectificatie van hem betreffende onjuiste persoonsgegevens te verkrijgen. Met inachtneming van de doeleinden van de verwerking heeft de betrokkene het recht vervollediging van onvolledige persoonsgegevens te verkrijgen, onder meer door een aanvullende verklaring te verstrekken.

Recht van betrokkene op rectificatie

Art. 17 Recht op gegevenswissing („recht op vergetelheid")
1. De betrokkene heeft het recht van de verwerkingsverantwoordelijke zonder onredelijke vertraging wissing van hem betreffende persoonsgegevens te verkrijgen en de verwerkingsverantwoordelijke is verplicht persoonsgegevens zonder onredelijke vertraging te wissen wanneer een van de volgende gevallen van toepassing is:
a) de persoonsgegevens zijn niet langer nodig voor de doeleinden waarvoor zij zijn verzameld of anderszins verwerkt;
b) de betrokkene trekt de toestemming waarop de verwerking overeenkomstig artikel 6, lid 1, punt a), of artikel 9, lid 2, punt a), berust, in, en er is geen andere rechtsgrond voor de verwerking;
c) de betrokkene maakt overeenkomstig artikel 21, lid 1, bezwaar tegen de verwerking, en er zijn geen prevalerende dwingende gerechtvaardigde gronden voor de verwerking, of de betrokkene maakt bezwaar tegen de verwerking overeenkomstig artikel 21, lid 2;
d) de persoonsgegevens zijn onrechtmatig verwerkt;
e) de persoonsgegevens moeten worden gewist om te voldoen aan een in het Unierecht of het lidstatelijke recht neergelegde wettelijke verplichting die op de verwerkingsverantwoordelijke rust;
f) de persoonsgegevens zijn verzameld in verband met een aanbod van diensten van de informatiemaatschappij als bedoeld in artikel 8, lid 1.
2. Wanneer de verwerkingsverantwoordelijke de persoonsgegevens openbaar heeft gemaakt en overeenkomstig lid 1 verplicht is de persoonsgegevens te wissen, neemt hij, rekening houdend met de beschikbare technologie en de uitvoeringskosten, redelijke maatregelen, waaronder technische maatregelen, om verwerkingsverantwoordelijken die de persoonsgegevens verwerken, ervan op de hoogte te stellen dat de betrokkene de verwerkingsverantwoordelijken heeft verzocht om iedere koppeling naar, of kopie of reproductie van die persoonsgegevens te wissen.
3. De leden 1 en 2 zijn niet van toepassing voor zover verwerking nodig is:
a) voor het uitoefenen van het recht op vrijheid van meningsuiting en informatie;
b) voor het nakomen van een in een het Unierecht of het lidstatelijke recht neergelegde wettelijke verwerkingsverplichting die op de verwerkingsverantwoordelijke rust, of voor het vervullen van een taak van algemeen belang of het uitoefenen van het openbaar gezag dat aan de verwerkingsverantwoordelijke is verleend;
c) om redenen van algemeen belang op het gebied van volksgezondheid overeenkomstig artikel 9, lid 2, punten h) en i), en artikel 9, lid 3;
d) met het oog op archivering in het algemeen belang, wetenschappelijk of historisch onderzoek of statistische doeleinden overeenkomstig artikel 89, lid 1, voor zover het in lid 1 bedoelde recht de verwezenlijking van de doeleinden van die verwerking onmogelijk dreigt te maken of ernstig in het gedrang dreigt te brengen;
e) voor de instelling, uitoefening of onderbouwing van een rechtsvordering.

Recht van betrokkene op wissing gegevens

Art. 18 Recht op beperking van de verwerking

Recht van betrokkene op beperking verwerking

1. De betrokkene heeft het recht van de verwerkingsverantwoordelijke de beperking van de verwerking te verkrijgen indien een van de volgende elementen van toepassing is:
   a) de juistheid van de persoonsgegevens wordt betwist door de betrokkene, gedurende een periode die de verwerkingsverantwoordelijke in staat stelt de juistheid van de persoonsgegevens te controleren;
   b) de verwerking is onrechtmatig en de betrokkene verzet zich tegen het wissen van de persoonsgegevens en verzoekt in de plaats daarvan om beperking van het gebruik ervan;
   c) de verwerkingsverantwoordelijke heeft de persoonsgegevens niet meer nodig voor de verwerkingsdoeleinden, maar de betrokkene heeft deze nodig voor de instelling, uitoefening of onderbouwing van een rechtsvordering;
   d) de betrokkene heeft overeenkomstig artikel 21, lid 1, bezwaar gemaakt tegen de verwerking, in afwachting van het antwoord op de vraag of de gerechtvaardigde gronden van de verwerkingsverantwoordelijke zwaarder wegen dan die van de betrokkene.
2. Wanneer de verwerking op grond van lid 1 is beperkt, worden persoonsgegevens, met uitzondering van de opslag ervan, slechts verwerkt met toestemming van de betrokkene of voor de instelling, uitoefening of onderbouwing van een rechtsvordering of ter bescherming van de rechten van een andere natuurlijke persoon of rechtspersoon of om gewichtige redenen van algemeen belang voor de Unie of voor een lidstaat.
3. Een betrokkene die overeenkomstig lid 1 een beperking van de verwerking heeft verkregen, wordt door de verwerkingsverantwoordelijke op de hoogte gebracht voordat de beperking van de verwerking wordt opgeheven.

Art. 19 Kennisgevingsplicht inzake rectificatie of wissing van persoonsgegevens of verwerkingsbeperking

Kennisgeving aan derden inzake rectificatie of wissing persoonsgegevens

De verwerkingsverantwoordelijke stelt iedere ontvanger aan wie persoonsgegevens zijn verstrekt, in kennis van elke rectificatie of wissing van persoonsgegevens of beperking van de verwerking overeenkomstig artikel 16, artikel 17, lid 1, en artikel 18, tenzij dit onmogelijk blijkt of onevenredig veel inspanning vergt. De verwerkingsverantwoordelijke verstrekt de betrokkene informatie over deze ontvangers indien de betrokkene hierom verzoekt.

20 Recht op overdraagbaarheid van gegevens

Recht van betrokkene op overdraagbaarheid gegevens

1. De betrokkene heeft het recht de hem betreffende persoonsgegevens, die hij aan een verwerkingsverantwoordelijke heeft verstrekt, in een gestructureerde, gangbare en machineleesbare vorm te verkrijgen, en hij heeft het recht die gegevens aan een andere verwerkingsverantwoordelijke over te dragen, zonder daarbij te worden gehinderd door de verwerkingsverantwoordelijke aan wie de persoonsgegevens waren verstrekt, indien:
   a) de verwerking berust op toestemming uit hoofde van artikel 6, lid 1, punt a), of artikel 9, lid 2, punt a), of op een overeenkomst uit hoofde van artikel 6, lid 1, punt b); en
   b) de verwerking via geautomatiseerde procedés wordt verricht.
2. Bij de uitoefening van zijn recht op gegevensoverdraagbaarheid uit hoofde van lid 1 heeft de betrokkene het recht dat de persoonsgegevens, indien dit technisch mogelijk is, rechtstreeks van de ene verwerkingsverantwoordelijke naar de andere worden doorgezonden.
3. De uitoefening van het in lid 1 van dit artikel bedoelde recht laat artikel 17 onverlet. Dat recht geldt niet voor de verwerking die noodzakelijk is voor de vervulling van een taak van algemeen belang of van een taak in het kader van de uitoefening van het openbaar gezag dat aan de verwerkingsverantwoordelijke is verleend.
4. Het in lid 1 bedoelde recht doet geen afbreuk aan de rechten en vrijheden van anderen.

Afdeling 4
Recht van bezwaar en geautomatiseerde individuele besluitvorming

Art. 21 Recht van bezwaar

Recht van bezwaar tegen verwerking persoonsgegevens

1. De betrokkene heeft te allen tijde het recht om vanwege met zijn specifieke situatie verband houdende redenen bezwaar te maken tegen de verwerking van hem betreffende persoonsgegevens op basis van artikel 6, lid 1, onder e) of f), met inbegrip van profilering op basis van die bepalingen. De verwerkingsverantwoordelijke staakt de verwerking van de persoonsgegevens tenzij hij dwingende gerechtvaardigde gronden voor de verwerking aanvoert die zwaarder wegen dan de belangen, rechten en vrijheden van de betrokkene of die verband houden met de instelling, uitoefening of onderbouwing van een rechtsvordering.

Recht van verzet bij marketing

2. Wanneer persoonsgegevens ten behoeve van direct marketing worden verwerkt, heeft de betrokkene te allen tijde het recht bezwaar te maken tegen de verwerking van hem betreffende persoonsgegevens voor dergelijke marketing, met inbegrip van profilering die betrekking heeft op direct marketing.
3. Wanneer de betrokkene bezwaar maakt tegen verwerking ten behoeve van direct marketing, worden de persoonsgegevens niet meer voor deze doeleinden verwerkt.

Algemene verordening gegevensbescherming

4. Het in de leden 1 en 2 bedoelde recht wordt uiterlijk op het moment van het eerste contact met de betrokkene uitdrukkelijk onder de aandacht van de betrokkene gebracht en duidelijk en gescheiden van enige andere informatie weergegeven.
5. In het kader van het gebruik van diensten van de informatiemaatschappij, en niettegenstaande Richtlijn 2002/58/EG, mag de betrokkene zijn recht van bezwaar uitoefenen via geautomatiseerde procedés waarbij wordt gebruikgemaakt van technische specificaties.
6. Wanneer persoonsgegevens overeenkomstig artikel 89, lid 1, met het oog op wetenschappelijk of historisch onderzoek of statistische doeleinden worden verwerkt, heeft de betrokkene het recht om met zijn specifieke situatie verband houdende redenen bezwaar te maken tegen de verwerking van hem betreffende persoonsgegevens, tenzij de verwerking noodzakelijk is voor de uitvoering van een taak van algemeen belang.

Art. 22

1. De betrokkene heeft het recht niet te worden onderworpen aan een uitsluitend op geautomatiseerde verwerking, waaronder profilering, gebaseerd besluit waaraan voor hem rechtsgevolgen zijn verbonden of dat hem anderszins in aanmerkelijke mate treft.

Verwerking gegevens om persoonlijkheid in beeld te brengen
Werkingssfeer

2. Lid 1 geldt niet indien het besluit:
a) noodzakelijk is voor de totstandkoming of de uitvoering van een overeenkomst tussen de betrokkene en een verwerkingsverantwoordelijke;
b) is toegestaan bij een Unierechtelijke of lidstaatrechtelijke bepaling die op de verwerkingsverantwoordelijke van toepassing is en die ook voorziet in passende maatregelen ter bescherming van de rechten en vrijheden en gerechtvaardigde belangen van de betrokkene; of
c) berust op de uitdrukkelijke toestemming van de betrokkene.
3. In de in lid 2, punten a) en c), bedoelde gevallen treft de verwerkingsverantwoordelijke passende maatregelen ter bescherming van de rechten en vrijheden en gerechtvaardigde belangen van de betrokkene, waaronder ten minste het recht op menselijke tussenkomst van de verwerkingsverantwoordelijke, het recht om zijn standpunt kenbaar te maken en het recht om het besluit aan te vechten.
4. De in lid 2 bedoelde besluiten worden niet gebaseerd op de in artikel 9, lid 1, bedoelde bijzondere categorieën van persoonsgegevens, tenzij artikel 9, lid 2, punt a) of g), van toepassing is en er passende maatregelen ter bescherming van de gerechtvaardigde belangen van de betrokkene zijn getroffen.

Afdeling 5
Beperkingen

Art. 23 Beperkingen

1. De reikwijdte van de verplichtingen en rechten als bedoeld in de artikelen 12 tot en met 22 en artikel 34, alsmede in artikel 5 kan, voor zover de bepalingen van die artikelen overeenstemmen met de rechten en verplichtingen als bedoeld in de artikelen 12 tot en met 20, worden beperkt door middel van Unierechtelijke of lidstaatrechtelijke bepalingen die op de verwerkingsverantwoordelijke of de verwerker van toepassing zijn, op voorwaarde dat die beperking de wezenlijke inhoud van de grondrechten en fundamentele vrijheden onverlet laat en in een democratische samenleving een noodzakelijke en evenredige maatregel is ter waarborging van:

Beperkingen

a) de nationale veiligheid;
b) landsverdediging;
c) de openbare veiligheid;
d) de voorkoming, het onderzoek, de opsporing en de vervolging van strafbare feiten of de tenuitvoerlegging van straffen, met inbegrip van de bescherming tegen en de voorkoming van gevaren voor de openbare veiligheid;
e) andere belangrijke doelstellingen van algemeen belang van de Unie of van een lidstaat, met name een belangrijk economisch of financieel belang van de Unie of van een lidstaat, met inbegrip van monetaire, budgettaire en fiscale aangelegenheden, volksgezondheid en sociale zekerheid;
f) de bescherming van de onafhankelijkheid van de rechter en gerechtelijke procedures;
g) de voorkoming, het onderzoek, de opsporing en de vervolging van schendingen van de beroepscodes voor gereglementeerde beroepen;
h) een taak op het gebied van toezicht, inspectie of regelgeving die verband houdt, al is het incidenteel, met de uitoefening van het openbaar gezag in de in de punten a), tot en met e) en punt g) bedoelde gevallen;
i) de bescherming van de betrokkene of van de rechten en vrijheden van anderen;
j) de inning van civielrechtelijke vorderingen.
2. De in lid 1 bedoelde wettelijke maatregelen bevatten met name specifieke bepalingen met betrekking tot, in voorkomend geval, ten minste:
a) de doeleinden van de verwerking of van de categorieën van verwerking,
b) de categorieën van persoonsgegevens,

c) het toepassingsgebied van de ingevoerde beperkingen,
d) de waarborgen ter voorkoming van misbruik of onrechtmatige toegang of doorgifte,
e) de specificatie van de verwerkingsverantwoordelijke of de categorieën van verwerkingsverantwoordelijken,
f) de opslagperiodes en de toepasselijke waarborgen, rekening houdend met de aard, de omvang en de doeleinden van de verwerking of van de categorieën van verwerking,
g) de risico's voor de rechten en vrijheden van de betrokkenen, en
h) het recht van betrokkenen om van de beperking op de hoogte te worden gesteld, tenzij dit afbreuk kan doen aan het doel van de beperking.

HOOFDSTUK IV
Verwerkingsverantwoordelijke en verwerker

Afdeling 1
Algemene verplichtingen

Art. 24 Verantwoordelijkheid van de verwerkingsverantwoordelijke

Verantwoordelijkheid verwerkingsverantwoordelijke

1. Rekening houdend met de aard, de omvang, de context en het doel van de verwerking, alsook met de qua waarschijnlijkheid en ernst uiteenlopende risico's voor de rechten en vrijheden van natuurlijke personen, treft de verwerkingsverantwoordelijke passende technische en organisatorische maatregelen om te waarborgen en te kunnen aantonen dat de verwerking in overeenstemming met deze verordening wordt uitgevoerd. Die maatregelen worden geëvalueerd en indien nodig geactualiseerd.
2. Wanneer zulks in verhouding staat tot de verwerkingsactiviteiten, omvatten de in lid 1 bedoelde maatregelen een passend gegevensbeschermingsbeleid dat door de verwerkingsverantwoordelijke wordt uitgevoerd.
3. Het aansluiten bij goedgekeurde gedragscodes als bedoeld in artikel 40 of goedgekeurde certificeringsmechanismen als bedoeld in artikel 42 kan worden gebruikt als element om aan te tonen dat de verplichtingen van de verwerkingsverantwoordelijke zijn nagekomen.

Art. 25 Gegevensbescherming door ontwerp en door standaardinstellingen

Gegevensbescherming door ontwerp en door standaardinstellingen

1. Rekening houdend met de stand van de techniek, de uitvoeringskosten, en de aard, de omvang, de context en het doel van de verwerking alsook met de qua waarschijnlijkheid en ernst uiteenlopende risico's voor de rechten en vrijheden van natuurlijke personen welke aan de verwerking zijn verbonden, treft de verwerkingsverantwoordelijke, zowel bij de bepaling van de verwerkingsmiddelen als bij de verwerking zelf, passende technische en organisatorische maatregelen, zoals pseudonimisering, die zijn opgesteld met als doel de gegevensbeschermingsbeginselen, zoals minimale gegevensverwerking, op een doeltreffende manier uit te voeren en de nodige waarborgen in de verwerking in te bouwen ter naleving van de voorschriften van deze verordening en ter bescherming van de rechten van de betrokkenen.
2. De verwerkingsverantwoordelijke treft passende technische en organisatorische maatregelen om ervoor te zorgen dat in beginsel alleen persoonsgegevens worden verwerkt die noodzakelijk zijn voor elk specifiek doel van de verwerking. Die verplichting geldt voor de hoeveelheid verzamelde persoonsgegevens, de mate waarin zij worden verwerkt, de termijn waarvoor zij worden opgeslagen en de toegankelijkheid daarvan. Deze maatregelen zorgen met name ervoor dat persoonsgegevens in beginsel niet zonder menselijke tussenkomst voor een onbeperkt aantal natuurlijke personen toegankelijk worden gemaakt.
3. Een overeenkomstig artikel 42 goedgekeurd certificeringsmechanisme kan worden gebruikt als element om aan te tonen dat aan de voorschriften van de leden 1 en 2 van dit artikel is voldaan.

Art. 26 Gezamenlijke verwerkingsverantwoordelijken

Gezamenlijke verwerkingsverantwoordelijken

1. Wanneer twee of meer verwerkingsverantwoordelijken gezamenlijk de doeleinden en middelen van de verwerking bepalen, zijn zij gezamenlijke verwerkingsverantwoordelijken. Zij stellen op transparante wijze hun respectieve verantwoordelijkheden voor de nakoming van de verplichtingen uit hoofde van deze verordening vast, met name met betrekking tot de uitoefening van de rechten van de betrokkene en hun respectieve verplichtingen om de in de artikelen 13 en 14 bedoelde informatie te verstrekken, door middel van een onderlinge regeling, tenzij en voor zover de respectieve verantwoordelijkheden van de verwerkingsverantwoordelijken zijn vastgesteld bij een Unierechtelijke of lidstaatrechtelijke bepaling die op de verwerkingsverantwoordelijken van toepassing is. In de regeling kan een contactpunt voor betrokkenen worden aangewezen.
2. Uit de in lid 1 bedoelde regeling blijkt duidelijk welke rol de gezamenlijke verwerkingsverantwoordelijken respectievelijk vervullen, en wat hun respectieve verhouding met de betrokkenen is. De wezenlijke inhoud van de regeling wordt aan de betrokkene beschikbaar gesteld.

3. Ongeacht de voorwaarden van de in lid 1 bedoelde regeling, kan de betrokkene zijn rechten uit hoofde van deze verordening met betrekking tot en jegens iedere verwerkingsverantwoordelijke uitoefenen.

Art. 27 Vertegenwoordigers van niet in de Unie gevestigde verwerkingsverantwoordelijken of verwerkers

1. Wanneer artikel 3, lid 2, van toepassing is, wijst de verwerkingsverantwoordelijke of de verwerker schriftelijk een vertegenwoordiger in de Unie aan.

Verwerkingsverantwoordelijke die niet in de Unie gevestigd is

2. De verplichting vervat in lid 1 van dit artikel geldt niet voor:
   a) incidentele verwerking die geen grootschalige verwerking van bijzondere categorieën van persoonsgegevens als bedoeld in artikel 9, lid 1, betreft noch verwerking van persoonsgegevens die verband houden met strafrechtelijke veroordelingen en strafbare feiten als bedoeld in artikel 10, en waarbij de kans gering is dat zij een risico inhoudt voor de rechten en vrijheden van natuurlijke personen, rekening houdend met de aard, de context, de omvang en de verwerkingsdoeleinden; of
   b) een overheidsinstantie of overheidsorgaan.
3. De vertegenwoordiger is gevestigd in een van de lidstaten waar zich de betrokkenen bevinden wier persoonsgegevens in verband met het hun aanbieden van goederen of diensten worden verwerkt, of wier gedrag wordt geobserveerd.
4. Teneinde de naleving van deze verordening te waarborgen, wordt de vertegenwoordiger door de verwerkingsverantwoordelijke of de verwerker gemachtigd om naast hem of in zijn plaats te worden benaderd, meer bepaald door de toezichthoudende autoriteiten en betrokkenen, over alle met de verwerking verband houdende aangelegenheden.
5. Het feit dat de verwerkingsverantwoordelijke of de verwerker een vertegenwoordiger aanwijzen, doet niet af aan de mogelijkheid om tegen de verwerkingsverantwoordelijke of de verwerker zelf vorderingen in te stellen.

Art. 28 Verwerker

1. Wanneer een verwerking namens een verwerkingsverantwoordelijke wordt verricht, doet de verwerkingsverantwoordelijke uitsluitend een beroep op verwerkers die afdoende garanties met betrekking tot het toepassen van passende technische en organisatorische maatregelen bieden opdat de verwerking aan de vereisten van deze verordening voldoet en de bescherming van de rechten van de betrokkene is gewaarborgd.

Verwerkers, waarborgen t.a.v.

2. De verwerker neemt geen andere verwerker in dienst zonder voorafgaande specifieke of algemene schriftelijke toestemming van de verwerkingsverantwoordelijke. In het geval van algemene schriftelijke toestemming licht de verwerker de verwerkingsverantwoordelijke in over beoogde veranderingen inzake de toevoeging of vervanging van andere verwerkers, waarbij de verwerkingsverantwoordelijke de mogelijkheid wordt geboden tegen deze veranderingen bezwaar te maken.
3. De verwerking door een verwerker wordt geregeld in een overeenkomst of andere rechtshandeling krachtens het Unierecht of het lidstatelijke recht die de verwerker ten aanzien van de verwerkingsverantwoordelijke bindt, en waarin het onderwerp en de duur van de verwerking, de aard en het doel van de verwerking, het soort persoonsgegevens en de categorieën van betrokkenen, en de rechten en verplichtingen van de verwerkingsverantwoordelijke zijn omschreven. Die overeenkomst of andere rechtshandeling bepaalt met name dat de verwerker:
   a) de persoonsgegevens uitsluitend verwerkt op basis van schriftelijke instructies van de verwerkingsverantwoordelijke, onder meer met betrekking tot doorgiften van persoonsgegevens aan een derde land of een internationale organisatie, tenzij een op de verwerker van toepassing zijnde Unierechtelijke of lidstaatrechtelijke bepaling hem tot verwerking verplicht; in dat geval stelt de verwerker de verwerkingsverantwoordelijke, voorafgaand aan de verwerking, in kennis van dat wettelijk voorschrift, tenzij die wetgeving deze kennisgeving om gewichtige redenen van algemeen belang verbiedt;
   b) waarborgt dat de tot het verwerken van de persoonsgegevens gemachtigde personen zich ertoe hebben verbonden vertrouwelijkheid in acht te nemen of door een passende wettelijke verplichting van vertrouwelijkheid zijn gebonden;
   c) alle overeenkomstig artikel 32 vereiste maatregelen neemt;
   d) aan de in de leden 2 en 4 bedoelde voorwaarden voor het in dienst nemen van een andere verwerker voldoet;
   e) rekening houdend met de aard van de verwerking, de verwerkingsverantwoordelijke door middel van passende technische en organisatorische maatregelen, voor zover mogelijk, bijstand verleent bij het vervullen van diens plicht om verzoeken om uitoefening van de in hoofdstuk III vastgestelde rechten van de betrokkene te beantwoorden;
   f) rekening houdend met de aard van de verwerking en de hem ter beschikking staande informatie de verwerkingsverantwoordelijke bijstand verleent bij het doen nakomen van de verplichtingen uit hoofde van de artikelen 32 tot en met 36;

g) na afloop van de verwerkingsdiensten, naargelang de keuze van de verwerkingsverantwoordelijke, alle persoonsgegevens wist of deze aan hem terugbezorgt, en bestaande kopieën verwijdert, tenzij opslag van de persoonsgegevens Unierechtelijk of lidstaatrechtelijk is verplicht;
h) de verwerkingsverantwoordelijke alle informatie ter beschikking stelt die nodig is om de nakoming van de in dit artikel neergelegde verplichtingen aan te tonen en audits, waaronder inspecties, door de verwerkingsverantwoordelijke of een door de verwerkingsverantwoordelijke gemachtigde controleur mogelijk maakt en eraan bijdraagt.

Waar het gaat om de eerste alinea, punt h), stelt de verwerker de verwerkingsverantwoordelijke onmiddellijk in kennis indien naar zijn mening een instructie inbreuk oplevert op deze verordening of op andere Unierechtelijke of lidstaatrechtelijke bepalingen inzake gegevensbescherming.

4. Wanneer een verwerker een andere verwerker in dienst neemt om voor rekening van de verwerkingsverantwoordelijke specifieke verwerkingsactiviteiten te verrichten, worden aan deze andere verwerker bij een overeenkomst of een andere rechtshandeling krachtens Unierecht of lidstatelijk recht dezelfde verplichtingen inzake gegevensbescherming opgelegd als die welke in de in lid 3 bedoelde overeenkomst of andere rechtshandeling tussen de verwerkingsverantwoordelijke en de verwerker zijn opgenomen, met name de verplichting afdoende garanties met betrekking tot het toepassen van passende technische en organisatorische maatregelen te bieden opdat de verwerking aan het bepaalde in deze verordening voldoet. Wanneer de andere verwerker zijn verplichtingen inzake gegevensbescherming niet nakomt, blijft de eerste verwerker ten aanzien van de verwerkingsverantwoordelijke volledig aansprakelijk voor het nakomen van de verplichtingen van die andere verwerker.

5. Het aansluiten bij een goedgekeurde gedragscode als bedoeld in artikel 40 of een goedgekeurd certificeringsmechanisme als bedoeld in artikel 42 kan worden gebruikt als element om aan te tonen dat voldoende garanties als bedoeld in de leden 1 en 4 van dit artikel worden geboden.

6. Onverminderd een individuele overeenkomst tussen de verwerkingsverantwoordelijke en de verwerker kan de in de leden 3 en 4 van dit artikel bedoelde overeenkomst of andere rechtshandeling geheel of ten dele gebaseerd zijn op de in de leden 7 en 8 van dit artikel bedoelde standaardcontractbepalingen, ook indien zij deel uitmaken van de certificering die door een verwerkingsverantwoordelijke of verwerker uit hoofde van de artikelen 42 en 43 is verleend.

7. De Commissie kan voor de in de leden 3 en 4 van dit artikel genoemde aangelegenheden en volgens de in artikel 93, lid 2, bedoelde onderzoeksprocedure standaardcontractbepalingen vaststellen.

8. Een toezichthoudende autoriteit kan voor de in de leden 3 en 4 van dit artikel genoemde aangelegenheden en volgens het in artikel 63 bedoelde coherentiemechanisme standaardcontractbepalingen opstellen.

9. De in de leden 3 en 4 bedoelde overeenkomst of andere rechtshandeling wordt in schriftelijke vorm, waaronder elektronische vorm, opgesteld.

10. Indien een verwerker in strijd met deze verordening de doeleinden en middelen van een verwerking bepaalt, wordt die verwerker onverminderd de artikelen 82, 83 en 84 met betrekking tot die verwerking als de verwerkingsverantwoordelijke beschouwd.

Art. 29 Verwerking onder gezag van de verwerkingsverantwoordelijke of de verwerker

Verwerking onder gezag van verwerkingsverantwoordelijke of verwerker

De verwerker en eenieder die onder het gezag van de verwerkingsverantwoordelijke of van de verwerker handelt en toegang heeft tot persoonsgegevens, verwerkt deze uitsluitend in opdracht van de verwerkingsverantwoordelijke, tenzij hij Unierechtelijk of lidstaatrechtelijk tot de verwerking gehouden is.

Art. 30 Register van de verwerkingsactiviteiten

Register van verwerkingsactiviteiten

1. Elke verwerkingsverantwoordelijke en, in voorkomend geval, de vertegenwoordiger van de verwerkingsverantwoordelijke houdt een register van de verwerkingsactiviteiten die onder hun verantwoordelijkheid plaatsvinden. Dat register bevat alle volgende gegevens:

a) de naam en de contactgegevens van de verwerkingsverantwoordelijke en eventuele gezamenlijke verwerkingsverantwoordelijken, en, in voorkomend geval, van de vertegenwoordiger van de verwerkingsverantwoordelijke en van de functionaris voor gegevensbescherming;

b) de verwerkingsdoeleinden;

c) een beschrijving van de categorieën van betrokkenen en van de categorieën van persoonsgegevens;

d) de categorieën van ontvangers aan wie de persoonsgegevens zijn of zullen worden verstrekt, onder meer ontvangers in derde landen of internationale organisaties;

e) indien van toepassing, doorgiften van persoonsgegevens aan een derde land of een internationale organisatie, met inbegrip van de vermelding van dat derde land of die internationale organisatie en, in geval van de in artikel 49, lid 1, tweede alinea, bedoelde doorgiften, de documenten inzake de passende waarborgen;

f) indien mogelijk, de beoogde termijnen waarbinnen de verschillende categorieën van gegevens moeten worden gewist;

g) indien mogelijk, een algemene beschrijving van de technische en organisatorische beveiligingsmaatregelen als bedoeld in artikel 32, lid 1.
2. De verwerker, en, in voorkomend geval, de vertegenwoordiger van de verwerker houdt een register van alle categorieën van verwerkingsactiviteiten die zij ten behoeve van een verwerkingsverantwoordelijke hebben verricht. Dit register bevat de volgende gegevens:
a) de naam en de contactgegevens van de verwerkers en van iedere verwerkingsverantwoordelijke voor rekening waarvan de verwerker handelt, en, in voorkomend geval, van de vertegenwoordiger van de verwerkingsverantwoordelijke of de verwerker en van de functionaris voor gegevensbescherming;
b) de categorieën van verwerkingen die voor rekening van iedere verwerkingsverantwoordelijke zijn uitgevoerd;
c) indien van toepassing, doorgiften van persoonsgegevens aan een derde land of een internationale organisatie, onder vermelding van dat derde land of die internationale organisatie en, in geval van de in artikel 49, lid 1, tweede alinea, bedoelde doorgiften, de documenten inzake de passende waarborgen;
d) indien mogelijk, een algemene beschrijving van de technische en organisatorische beveiligingsmaatregelen als bedoeld in artikel 32, lid 1.
3. Het in de leden 1 en 2 bedoelde register is in schriftelijke vorm, waaronder in elektronische vorm, opgesteld.
4. Desgevraagd stellen de verwerkingsverantwoordelijke of de verwerker en, in voorkomend geval, de vertegenwoordiger van de verwerkingsverantwoordelijke of de verwerker het register ter beschikking van de toezichthoudende autoriteit.
5. De in de leden 1 en 2 bedoelde verplichtingen zijn niet van toepassing op ondernemingen of organisaties die minder dan 250 personen in dienst hebben, tenzij het waarschijnlijk is dat de verwerking die zij verrichten een risico inhoudt voor de rechten en vrijheden van de betrokkenen, de verwerking niet incidenteel is, of de verwerking bijzondere categorieën van gegevens, als bedoeld in artikel 9, lid 1, of persoonsgegevens in verband met strafrechtelijke veroordelingen en strafbare feiten als bedoeld in artikel 10 betreft.

Art. 31 Medewerking met de toezichthoudende autoriteit
De verwerkingsverantwoordelijke en de verwerker en, in voorkomend geval, hun vertegenwoordigers, werken desgevraagd samen met de toezichthoudende autoriteit bij het vervullen van haar taken.

Afdeling 2
Persoonsgegevensbeveiliging

Art. 32 Beveiliging van de verwerking
1. Rekening houdend met de stand van de techniek, de uitvoeringskosten, alsook met de aard, de omvang, de context en de verwerkingsdoeleinden en de qua waarschijnlijkheid en ernst uiteenlopende risico's voor de rechten en vrijheden van personen, treffen de verwerkingsverantwoordelijke en de verwerker passende technische en organisatorische maatregelen om een op het risico afgestemd beveiligingsniveau te waarborgen, die, waar passend, onder meer het volgende omvatten:
a) de pseudonimisering en versleuteling van persoonsgegevens;
b) het vermogen om op permanente basis de vertrouwelijkheid, integriteit, beschikbaarheid en veerkracht van de verwerkingssystemen en diensten te garanderen;
c) het vermogen om bij een fysiek of technisch incident de beschikbaarheid van en de toegang tot de persoonsgegevens tijdig te herstellen;
d) een procedure voor het op gezette tijdstippen testen, beoordelen en evalueren van de doeltreffendheid van de technische en organisatorische maatregelen ter beveiliging van de verwerking.
2. Bij de beoordeling van het passende beveiligingsniveau wordt met name rekening gehouden met de verwerkingsrisico's, vooral als gevolg van de vernietiging, het verlies, de wijziging of de ongeoorloofde verstrekking van of ongeoorloofde toegang tot doorgezonden, opgeslagen of anderszins verwerkte gegevens, hetzij per ongeluk hetzij onrechtmatig.
3. Het aansluiten bij een goedgekeurde gedragscode als bedoeld in artikel 40 of een goedgekeurd certificeringsmechanisme als bedoeld in artikel 42 kan worden gebruikt als element om aan te tonen dat dat de in lid 1 van dit artikel bedoelde vereisten worden nageleefd.
4. De verwerkingsverantwoordelijke en de verwerker treffen maatregelen om ervoor te zorgen dat iedere natuurlijke persoon die handelt onder het gezag van de verwerkingsverantwoordelijke of van de verwerker en toegang heeft tot persoonsgegevens, deze slechts in opdracht van de verwerkingsverantwoordelijke verwerkt, tenzij hij daartoe Unierechtelijk of lidstaatrechtelijk is gehouden.

Art. 33 Melding van een inbreuk in verband met persoonsgegevens aan de toezichthoudende autoriteit

Melding inbreuken op beveiliging persoonsgegevens aan toezichthoudende autoriteit

1. Indien een inbreuk in verband met persoonsgegevens heeft plaatsgevonden, meldt de verwerkingsverantwoordelijke deze zonder onredelijke vertraging en, indien mogelijk, uiterlijk 72 uur nadat hij er kennis van heeft genomen, aan de overeenkomstig artikel 55 bevoegde toezichthoudende autoriteit, tenzij het niet waarschijnlijk is dat de inbreuk in verband met persoonsgegevens een risico inhoudt voor de rechten en vrijheden van natuurlijke personen. Indien de melding aan de toezichthoudende autoriteit niet binnen 72 uur plaatsvindt, gaat zij vergezeld van een motivering voor de vertraging.
2. De verwerker informeert de verwerkingsverantwoordelijke zonder onredelijke vertraging zodra hij kennis heeft genomen van een inbreuk in verband met persoonsgegevens.
3. In de in lid 1 bedoelde melding wordt ten minste het volgende omschreven of meegedeeld:
   a) de aard van de inbreuk in verband met persoonsgegevens, waar mogelijk onder vermelding van de categorieën van betrokkenen en persoonsgegevensregisters in kwestie en, bij benadering, het aantal betrokkenen en persoonsgegevensregisters in kwestie;
   b) de naam en de contactgegevens van de functionaris voor gegevensbescherming of een ander contactpunt waar meer informatie kan worden verkregen;
   c) de waarschijnlijke gevolgen van de inbreuk in verband met persoonsgegevens;
   d) de maatregelen die de verwerkingsverantwoordelijke heeft voorgesteld of genomen om de inbreuk in verband met persoonsgegevens aan te pakken, waaronder, in voorkomend geval, de maatregelen ter beperking van de eventuele nadelige gevolgen daarvan.
4. Indien en voor zover het niet mogelijk is om alle informatie gelijktijdig te verstrekken, kan de informatie zonder onredelijke vertraging in stappen worden verstrekt.
5. De verwerkingsverantwoordelijke documenteert alle inbreuken in verband met persoonsgegevens, met inbegrip van de feiten omtrent de inbreuk in verband met persoonsgegevens, de gevolgen daarvan en de genomen corrigerende maatregelen. Die documentatie stelt de toezichthoudende autoriteit in staat de naleving van dit artikel te controleren.

Art. 34 Mededeling van een inbreuk in verband met persoonsgegevens aan de betrokkene

Melding inbreuken op beveiliging persoonsgegevens aan betrokkene

1. Wanneer de inbreuk in verband met persoonsgegevens waarschijnlijk een hoog risico inhoudt voor de rechten en vrijheden van natuurlijke personen, deelt de verwerkingsverantwoordelijke de betrokkene de inbreuk in verband met persoonsgegevens onverwijld mee.
2. De in lid 1 van dit artikel bedoelde mededeling aan de betrokkene bevat een omschrijving, in duidelijke en eenvoudige taal, van de aard van de inbreuk in verband met persoonsgegevens en ten minste de in artikel 33, lid 3, onder b), c) en d), bedoelde gegevens en maatregelen.
3. De in lid 1 bedoelde mededeling aan de betrokkene is niet vereist wanneer een van de volgende voorwaarden is vervuld:
   a) de verwerkingsverantwoordelijke heeft passende technische en organisatorische beschermingsmaatregelen genomen en deze maatregelen zijn toegepast op de persoonsgegevens waarop de inbreuk in verband met persoonsgegevens betrekking heeft, met name die welke de persoonsgegevens onbegrijpelijk maken voor onbevoegden, zoals versleuteling;
   b) de verwerkingsverantwoordelijke heeft achteraf maatregelen genomen om ervoor te zorgen dat het in lid 1 bedoelde hoge risico voor de rechten en vrijheden van betrokkenen zich waarschijnlijk niet meer zal voordoen;
   c) de mededeling zou onevenredige inspanningen vergen. In dat geval komt er in de plaats daarvan een openbare mededeling of een soortgelijke maatregel waarbij betrokkenen even doeltreffend worden geïnformeerd.
4. Indien de verwerkingsverantwoordelijke de inbreuk in verband met persoonsgegevens nog niet aan de betrokkene heeft gemeld, kan de toezichthoudende autoriteit, na beraad over de kans dat de inbreuk in verband met persoonsgegevens een hoog risico met zich meebrengt, de verwerkingsverantwoordelijke daartoe verplichten of besluiten dat aan een van de in lid 3 bedoelde voorwaarden is voldaan.

Afdeling 3
Gegevensbeschermingseffectbeoordeling en voorafgaande raadpleging

Art. 35 Gegevensbeschermingseffectbeoordeling

Gegevensbeschermingseffectbeoordeling

1. Wanneer een soort verwerking, in het bijzonder een verwerking waarbij nieuwe technologieën worden gebruikt, gelet op de aard, de omvang, de context en de doeleinden daarvan waarschijnlijk een hoog risico inhoudt voor de rechten en vrijheden van natuurlijke personen voert de verwerkingsverantwoordelijke vóór de verwerking een beoordeling uit van het effect van de beoogde verwerkingsactiviteiten op de bescherming van persoonsgegevens. Eén beoordeling kan een reeks vergelijkbare verwerkingen bestrijken die vergelijkbare hoge risico's inhouden.

2. Wanneer een functionaris voor gegevensbescherming is aangewezen, wint de verwerkingsverantwoordelijke bij het uitvoeren van een gegevensbeschermingseffectbeoordeling diens advies in.
3. Een gegevensbeschermingseffectbeoordeling als bedoeld in lid 1 is met name vereist in de volgende gevallen:
a) een systematische en uitgebreide beoordeling van persoonlijke aspecten van natuurlijke personen, die is gebaseerd op geautomatiseerde verwerking, waaronder profilering, en waarop besluiten worden gebaseerd waaraan voor de natuurlijke persoon rechtsgevolgen zijn verbonden of die de natuurlijke persoon op vergelijkbare wijze wezenlijk treffen;
b) grootschalige verwerking van bijzondere categorieën van persoonsgegevens als bedoeld in artikel 9, lid 1, of van gegevens met betrekking tot strafrechtelijke veroordelingen en strafbare feiten als bedoeld in artikel 10; of
c) stelselmatige en grootschalige monitoring van openbaar toegankelijke ruimten.
4. De toezichthoudende autoriteit stelt een lijst op van het soort verwerkingen waarvoor een gegevensbeschermingseffectbeoordeling overeenkomstig lid 1 verplicht is, en maakt deze openbaar. De toezichthoudende autoriteit deelt die lijsten mee aan het in artikel 68 bedoelde Comité.
5. De toezichthoudende autoriteit kan ook een lijst opstellen en openbaar maken van het soort verwerking waarvoor geen gegevensbeschermingseffectbeoordeling is vereist. De toezichthoudende autoriteit deelt deze lijst mee aan het Comité.
6. Wanneer de in de leden 4 en 5 bedoelde lijsten betrekking hebben op verwerkingen met betrekking tot het aanbieden van goederen of diensten aan betrokkenen of op het observeren van hun gedrag in verschillende lidstaten, of op verwerkingen die het vrije verkeer van persoonsgegevens in de Unie wezenlijk kunnen beïnvloeden, past de bevoegde toezichthoudende autoriteit voorafgaand aan de vaststelling van die lijsten het in artikel 63 bedoelde coherentiemechanisme toe.
7. De beoordeling bevat ten minste: a) een systematische beschrijving van de beoogde verwerkingen en de verwerkingsdoeleinden, waaronder, in voorkomend geval, de gerechtvaardigde belangen die door de verwerkingsverantwoordelijke worden behartigd; b) een beoordeling van de noodzaak en de evenredigheid van de verwerkingen met betrekking tot de doeleinden; c) een beoordeling van de in lid 1 bedoelde risico's voor de rechten en vrijheden van betrokkenen; en d) de beoogde maatregelen om de risico's aan te pakken, waaronder waarborgen, veiligheidsmaatregelen en mechanismen om de bescherming van persoonsgegevens te garanderen en om aan te tonen dat aan deze verordening is voldaan, met inachtneming van de rechten en gerechtvaardigde belangen van de betrokkenen en andere personen in kwestie.
8. Bij het beoordelen van het effect van de door een verwerkingsverantwoordelijke of verwerker verrichte verwerkingen, en met name ter wille van een gegevensbeschermingseffectbeoordeling, wordt de naleving van de in artikel 40 bedoelde goedgekeurde gedragscodes naar behoren in aanmerking genomen.
9. De verwerkingsverantwoordelijke vraagt in voorkomend geval de betrokkenen of hun vertegenwoordigers naar hun mening over de voorgenomen verwerking, met inachtneming van de bescherming van commerciële of algemene belangen of de beveiliging van verwerkingen.
10. Wanneer verwerking uit hoofde van artikel 6, lid 1, onder c) of e), haar rechtsgrond heeft in het Unierecht of in het recht van de lidstaat dat op de verwerkingsverantwoordelijke van toepassing is, de specifieke verwerking of geheel van verwerkingen in kwestie daarbij wordt geregeld, en er reeds als onderdeel van een algemene effectbeoordeling in het kader van de vaststelling van deze rechtsgrond een gegevensbeschermingseffectbeoordeling is uitgevoerd, zijn de leden 1 tot en met 7 niet van toepassing, tenzij de lidstaten het noodzakelijk achten om voorafgaand aan de verwerkingen een dergelijke beoordeling uit te voeren.
11. Indien nodig verricht de verwerkingsverantwoordelijke een toetsing om te beoordelen of de verwerking overeenkomstig de gegevensbeschermingseffectbeoordeling wordt uitgevoerd, zulks ten minste wanneer sprake is van een verandering van het risico dat de verwerkingen inhouden.

Art. 36 Voorafgaande raadpleging

1. Wanneer uit een gegevensbeschermingseffectbeoordeling krachtens artikel 35 blijkt dat de verwerking een hoog risico zou opleveren indien de verwerkingsverantwoordelijke geen maatregelen neemt om het risico te beperken, raadpleegt de verwerkingsverantwoordelijke voorafgaand aan de verwerking de toezichthoudende autoriteit.

Voorafgaande raadpleging toezichthoudende autoriteit

2. Wanneer de toezichthoudende autoriteit van oordeel is dat de in lid 1 bedoelde voorgenomen verwerking inbreuk zou maken op deze verordening, met name wanneer de verwerkingsverantwoordelijke het risico onvoldoende heeft onderkend of beperkt, geeft de toezichthoudende autoriteit binnen een maximumtermijn van acht weken na de ontvangst van het verzoek om raadpleging schriftelijk advies aan de verwerkingsverantwoordelijke en in voorkomend geval aan de verwerker, en mag zij al haar in artikel 58 bedoelde bevoegdheden uitoefenen. Die termijn kan, naargelang de complexiteit van de voorgenomen verwerking, met zes weken worden ver-

lengd. Bij een dergelijke verlenging stelt de toezichthoudende autoriteit de verwerkingsverantwoordelijke en, in voorkomend geval, de verwerker binnen een maand na ontvangst van het verzoek om raadpleging in kennis van onder meer de redenen voor de vertraging. Die termijnen kunnen worden opgeschort totdat de toezichthoudende autoriteit informatie heeft verkregen waarom zij met het oog op de raadpleging heeft verzocht.

3. Wanneer de verwerkingsverantwoordelijke de toezichthoudende autoriteit uit hoofde van lid 1 raadpleegt, verstrekt hij haar informatie over:
a) indien van toepassing, de respectieve verantwoordelijkheden van de verwerkingsverantwoordelijke, bij de verwerking betrokken gezamenlijke verwerkingsverantwoordelijken en verwerkers, in het bijzonder voor verwerking binnen een concern;
b) de doeleinden en de middelen van de voorgenomen verwerking;
c) de maatregelen en waarborgen die worden geboden ter bescherming van de rechten en vrijheden van betrokkenen uit hoofde van deze verordening;
d) indien van toepassing, de contactgegevens van de functionaris voor gegevensbescherming;
e) de gegevensbeschermingseffectbeoordeling waarin bij artikel 35 is voorzien; en
f) alle andere informatie waar de toezichthoudende autoriteit om verzoekt.

4. De lidstaten raadplegen de toezichthoudende autoriteit bij het opstellen van een voorstel voor een door een nationaal parlement vast te stellen wetgevingsmaatregel, of een daarop gebaseerde regelgevingsmaatregel in verband met verwerking.

5. Niettegenstaande lid 1 kunnen de verwerkingsverantwoordelijken lidstaatrechtelijk ertoe worden verplicht overleg met de toezichthoudende autoriteit te plegen en om haar voorafgaande toestemming te verzoeken wanneer zij met het oog op de vervulling van een taak van algemeen belang verwerken, onder meer wanneer verwerking verband houdt met sociale bescherming en volksgezondheid.

Afdeling 4
Functionaris voor gegevensbescherming

Art. 37 Aanwijzing van de functionaris voor gegevensbescherming

Functionaris voor de gegevensbescherming

1. De verwerkingsverantwoordelijke en de verwerker wijzen een functionaris voor gegevensbescherming aan in elk geval waarin:
a) de verwerking wordt verricht door een overheidsinstantie of overheidsorgaan, behalve in het geval van gerechten bij de uitoefening van hun rechterlijke taken;
b) een verwerkingsverantwoordelijke of de verwerker hoofdzakelijk is belast met verwerkingen die vanwege hun aard, hun omvang en/of hun doeleinden regelmatige en stelselmatige observatie op grote schaal van betrokkenen vereisen; of
c) de verwerkingsverantwoordelijke of de verwerker hoofdzakelijk is belast met grootschalige verwerking van bijzondere categorieën van gegevens uit hoofde van artikel 9 en van persoonsgegevens met betrekking tot strafrechtelijke veroordelingen en strafbare feiten als bedoeld in artikel 10.

2. Een concern kan één functionaris voor gegevensbescherming benoemen, mits de functionaris voor gegevensbescherming vanuit elke vestiging makkelijk te contacteren is.

3. Wanneer de verwerkingsverantwoordelijke of de verwerker een overheidsinstantie of overheidsorgaan is, kan één functionaris voor gegevensbescherming worden aangewezen voor verschillende dergelijke instanties of organen, met inachtneming van hun organisatiestructuur en omvang.

4. In andere dan de in lid 1 bedoelde gevallen kunnen of, indien dat Unierechtelijk of lidstaatrechtelijk is verplicht, moeten de verwerkingsverantwoordelijke of de verwerker of verenigingen en andere organen die categorieën van verwerkingsverantwoordelijken of verwerkers vertegenwoordigen, een functionaris voor gegevensbescherming aanwijzen. De functionaris voor gegevensbescherming kan optreden voor dergelijke verenigingen en andere organen die categorieën van verwerkingsverantwoordelijken of verwerkers vertegenwoordigen.

Functionaris voor de gegevensbescherming, benoemingseisen

5. De functionaris voor gegevensbescherming wordt aangewezen op grond van zijn professionele kwaliteiten en, in het bijzonder, zijn deskundigheid op het gebied van de wetgeving en de praktijk inzake gegevensbescherming en zijn vermogen de in artikel 39 bedoelde taken te vervullen.

6. De functionaris voor gegevensbescherming kan een personeelslid van de verwerkingsverantwoordelijke of de verwerker zijn, of kan de taken op grond van een dienstverleningsovereenkomst verrichten.

7. De verwerkingsverantwoordelijke of de verwerker maakt de contactgegevens van de functionaris voor gegevensbescherming bekend en deelt die mee aan de toezichthoudende autoriteit.

Art. 38 Positie van de functionaris voor gegevensbescherming

Functionaris voor de gegevensbescherming, positie

1. De verwerkingsverantwoordelijke en de verwerker zorgen ervoor dat de functionaris voor gegevensbescherming naar behoren en tijdig wordt betrokken bij alle aangelegenheden die verband houden met de bescherming van persoonsgegevens.

2. De verwerkingsverantwoordelijke en de verwerker ondersteunen de functionaris voor gegevensbescherming bij de vervulling van de in artikel 39 bedoelde taken door hem toegang te verschaffen tot persoonsgegevens en verwerkingsactiviteiten en door hem de benodigde middelen ter beschikking te stellen voor het vervullen van deze taken en het in stand houden van zijn deskundigheid.

3. De verwerkingsverantwoordelijke en de verwerker zorgen ervoor dat de functionaris voor gegevensbescherming geen instructies ontvangt met betrekking tot de uitvoering van die taken. Hij wordt door de verwerkingsverantwoordelijke of de verwerker niet ontslagen of gestraft voor de uitvoering van zijn taken. De functionaris voor gegevensbescherming brengt rechtstreeks verslag uit aan het hoogste leidinggevende niveau van de verwerkingsverantwoordelijke of de verwerker. *(Functionaris voor de gegevensbescherming, onafhankelijkheid)*

4. Betrokkenen kunnen met de functionaris voor gegevensbescherming contact opnemen over alle aangelegenheden die verband houden met de verwerking van hun gegevens en met de uitoefening van hun rechten uit hoofde van deze verordening.

5. De functionaris voor gegevensbescherming is met betrekking tot de uitvoering van zijn taken overeenkomstig het Unierecht of het lidstatelijk recht tot geheimhouding of vertrouwelijkheid gehouden. *(Functionaris voor de gegevensbescherming, geheimhouding)*

6. De functionaris voor gegevensbescherming kan andere taken en plichten vervullen. De verwerkingsverantwoordelijke of de verwerker zorgt ervoor dat deze taken of plichten niet tot een belangenconflict leiden.

Art. 39 Taken van de functionaris voor gegevensbescherming

1. De functionaris voor gegevensbescherming vervult ten minste de volgende taken:
a) de verwerkingsverantwoordelijke of de verwerker en de werknemers die verwerken, informeren en adviseren over hun verplichtingen uit hoofde van deze verordening en andere Unierechtelijke of lidstaatrechtelijke gegevensbeschermingsbepalingen; *(Functionaris voor de gegevensbescherming, taken)*
b) toezien op naleving van deze verordening, van andere Unierechtelijke of lidstaatrechtelijke gegevensbeschermingsbepalingen en van het beleid van de verwerkingsverantwoordelijke of de verwerker met betrekking tot de bescherming van persoonsgegevens, met inbegrip van de toewijzing van verantwoordelijkheden, bewustmaking en opleiding van het bij de verwerking betrokken personeel en de betreffende audits; *(Functionaris voor de gegevensbescherming, toezicht door)*
c) desgevraagd advies verstrekken met betrekking tot de gegevensbeschermingseffect-beoordeling en toezien op de uitvoering daarvan in overeenstemming met artikel 35;
d) met de toezichthoudende autoriteit samenwerken;
e) optreden als contactpunt voor de toezichthoudende autoriteit inzake met verwerking verband houdende aangelegenheden, met inbegrip van de in artikel 36 bedoelde voorafgaande raadpleging, en, waar passend, overleg plegen over enige andere aangelegenheid.

2. De functionaris voor gegevensbescherming houdt bij de uitvoering van zijn taken naar behoren rekening met het aan verwerkingen verbonden risico, en met de aard, de omvang, de context en de verwerkingsdoeleinden.

Afdeling 5
Gedragscodes en certificering

Art. 40 Gedragscodes

1. De lidstaten, de toezichthoudende autoriteiten, het Comité en de Commissie bevorderen de opstelling van gedragscodes die, met inachtneming van de specifieke kenmerken van de diverse gegevensverwerkingssectoren en de specifieke behoeften van kleine, middelgrote en micro-ondernemingen, moeten bijdragen tot de juiste toepassing van deze verordening. *(Gedragscodes)*

2. Verenigingen en andere organen die categorieën van verwerkingsverantwoordelijken of verwerkers vertegenwoordigen, kunnen gedragscodes opstellen, of die codes wijzigen of uitbreiden, teneinde de toepassing van deze verordening nader toe te lichten, zoals met betrekking tot:
a) behoorlijke en transparante verwerking;
b) de gerechtvaardigde belangen die door verwerkingsverantwoordelijken in een specifieke context worden behartigd;
c) de verzameling van gegevens;
d) de pseudonimisering van persoonsgegevens;
e) de aan het publiek en betrokkenen verstrekte informatie;
f) de uitoefening van de rechten van betrokkenen;
g) de informatie verstrekt aan en de bescherming van kinderen en de wijze waarop de toestemming wordt verkregen van de personen die de ouderlijke verantwoordelijkheid voor kinderen dragen;
h) de maatregelen en procedures als bedoeld in de artikelen 24 en 25 en de maatregelen ter beveiliging van de verwerking als bedoeld in artikel 32;

i) de kennisgeving van inbreuken in verband met persoonsgegevens aan toezichthoudende autoriteiten en de mededeling van die inbreuken in verband met persoonsgegevens aan betrokkenen;
j) de doorgifte van persoonsgegevens aan derde landen of internationale organisaties; of
k) buitengerechtelijke procedures en andere procedures voor de beslechting van geschillen tussen verwerkingsverantwoordelijken en betrokkenen met betrekking tot verwerking, onverminderd de rechten van betrokkenen op grond van de artikelen 77 en 79.
3. Behalve door verwerkingsverantwoordelijken of verwerkers die onder deze verordening vallen, kan bij overeenkomstig lid 5 van dit artikel goedgekeurde gedragscodes die overeenkomstig lid 9 van dit artikel algemeen geldig zijn verklaard, eveneens worden aangesloten door verwerkingsverantwoordelijken of verwerkers die overeenkomstig artikel 3 niet onder deze verordening vallen, om te voorzien in passende waarborgen voor doorgifte van persoonsgegevens naar derde landen of internationale organisaties onder de voorwaarden als bedoeld in artikel 46, lid 2, punt e). Die verwerkingsverantwoordelijken of verwerkers doen, via contractuele of andere juridisch bindende instrumenten, bindende en afdwingbare toezeggingen om die passende waarborgen toe te passen, ook wat betreft de rechten van de betrokkenen.
4. Een in lid 2 van dit artikel bedoelde gedragscode bevat mechanismen die het in artikel 41, lid 1, bedoelde orgaan in staat stellen het verplichte toezicht uit te oefenen op de naleving van de bepalingen van de code door de verwerkingsverantwoordelijken of verwerkers die zich tot toepassing ervan verbinden, onverminderd de taken en bevoegdheden van de overeenkomstig artikel 55 of 56 bevoegde toezichthoudende autoriteiten.
5. De in lid 2 van dit artikel bedoelde verenigingen en andere organen die voornemens zijn een gedragscode op te stellen of een bestaande gedragscode te wijzigen of uit te breiden, leggen de ontwerpgedragscode, de wijziging of uitbreiding voor aan de overeenkomstig artikel 51 bevoegde toezichthoudende autoriteit. De toezichthoudende autoriteit brengt advies uit over de vraag of de ontwerpgedragscode, de wijziging of uitbreiding strookt met deze verordening, en keurt deze ontwerpgedragscode, die wijziging of uitbreiding goed indien zij van oordeel is dat de code voldoende passende waarborgen biedt.
6. Wanneer de ontwerpgedragscode, de wijziging of uitbreiding wordt goedgekeurd overeenkomstig lid 5, en indien de gedragscode in kwestie geen betrekking heeft op verwerkingsactiviteiten in verschillende lidstaten, registreert de toezichthoudende autoriteit de gedragscode en maakt zij deze bekend.
7. Wanneer een ontwerpgedragscode betrekking heeft op verwerkingsactiviteiten in verschillende lidstaten, legt de overeenkomstig artikel 55 bevoegde toezichthoudende autoriteit deze, vóór goedkeuring van de gedragscode, de wijziging of uitbreiding, via de in artikel 63 bedoelde procedure voor aan het Comité, dat advies geeft over de vraag of de ontwerpgedragscode, de wijziging of uitbreiding strookt met deze verordening, of, in de in lid 3 van dit artikel bedoelde situatie, voorziet in passende waarborgen.
8. Wanneer in het in lid 7 bedoelde advies wordt bevestigd dat de ontwerpgedragscode, de wijziging of uitbreiding strookt met deze verordening of, in de in lid 3 bedoelde situatie, passende waarborgen biedt, legt het Comité zijn advies voor aan de Commissie.
9. De Commissie kan bij uitvoeringshandelingen vaststellen dat de goedgekeurde gedragscode, wijziging of uitbreiding die haar op grond van lid 8 van dit artikel zijn voorgelegd, binnen de Unie algemeen geldig zijn. Die uitvoeringshandelingen worden vastgesteld volgens de in artikel 93, lid 2, bedoelde onderzoeksprocedure.
10. De Commissie zorgt ervoor dat aan de goedgekeurde codes die zij overeenkomstig lid 9 algemeen geldig heeft verklaard, passende bekendheid wordt verleend.
11. Het Comité verzamelt alle goedgekeurde gedragscodes, wijzigingen en uitbreidingen in een register en maakt deze via geëigende kanalen openbaar.

Art. 41 Toezicht op goedgekeurde gedragscodes

Gedragscodes, toezicht op goedgekeurde

1. Onverminderd de taken en bevoegdheden van de bevoegde toezichthoudende autoriteit uit hoofde van de artikelen 57 en 58, kan het op grond van artikel 40 uitgevoerde toezicht op de naleving van een gedragscode worden uitgeoefend door een orgaan dat over de passende deskundigheid met betrekking tot het onderwerp van de gedragscode beschikt en daartoe door de bevoegde toezichthoudende autoriteit is geaccrediteerd.
2. Een orgaan als bedoeld in lid 1 kan daartoe worden geaccrediteerd om toezicht te houden op de naleving van een gedragscode indien het:
a) ten genoegen van de bevoegde toezichthoudende autoriteit zijn onafhankelijkheid en deskundigheid met betrekking tot het onderwerp van de gedragscode heeft aangetoond;
b) procedures heeft vastgesteld op grond waarvan het kan beoordelen of de betrokken verwerkingsverantwoordelijken en verwerkers in aanmerking komen om de gedragscode toe te passen, toezicht kan houden op de naleving van de bepalingen van de gedragscode door deze laatsten en het de werking van de gedragscode op gezette tijden kan toetsen;
c) procedures en structuren heeft vastgesteld om klachten te behandelen over inbreuken op de gedragscode of over de wijze waarop daaraan uitvoering is of wordt gegeven door een ver-

werkingsverantwoordelijke of verwerker, en om die procedures en structuren voor betrokkenen en het publiek transparant te maken; en
d) ten genoegen van de bevoegde toezichthoudende autoriteit aantoont dat zijn taken en bevoegdheden niet tot een belangenconflict leiden.
3. De bevoegde toezichthoudende autoriteit legt de ontwerpeisen inzake accreditatie van een in lid 1 van dit artikel bedoeld orgaan overeenkomstig het in artikel 63 bedoelde coherentiemechanisme voor aan het Comité.
4. Onverminderd de taken en bevoegdheden van de bevoegde toezichthoudende autoriteit en de bepalingen van hoofdstuk VIII neemt een in lid 1 van dit artikel bedoeld orgaan, mits er passende waarborgen zijn, de nodige maatregelen ingeval een verwerkingsverantwoordelijke of verwerker een inbreuk pleegt op de gedragscode, waaronder schorsing of uitsluiting van de betrokken verwerkingsverantwoordelijke of verwerker van de gedragscode. Het orgaan stelt de bevoegde toezichthoudende autoriteit in kennis van die maatregelen en van de redenen daarvoor.
5. De bevoegde toezichthoudende autoriteit trekt de accreditatie van een in lid 1 bedoeld orgaan in indien niet of niet meer wordt voldaan aan de eisen inzake accreditatie of indien de door het orgaan genomen maatregelen inbreuk maken op deze verordening.
6. Dit artikel geldt niet voor de verwerking door overheidsinstanties en -organen.

Art. 42 Certificering
1. De lidstaten, de toezichthoudende autoriteiten, het Comité en de Commissie bevorderen, met name op Unieniveau, de invoering van certificeringsmechanismen voor gegevensbescherming en gegevensbeschermingszegels en -merktekens waarmee kan worden aangetoond dat verwerkingsverantwoordelijken en verwerkers bij verwerkingen in overeenstemming met deze verordening handelen. Er wordt ook rekening gehouden met de specifieke behoeften van kleine, middelgrote en micro-ondernemingen.
2. Ter aanvulling op de naleving door verwerkingsverantwoordelijken of verwerkers die onder deze verordening vallen, kunnen tevens uit hoofde van lid 5 van dit artikel goedgekeurde certificeringsmechanismen voor gegevensbescherming, gegevensbeschermingszegels of -merktekens worden ingevoerd om aan te tonen dat de verwerkingsverantwoordelijken of verwerkers die overeenkomstig artikel 3 niet onder deze verordening vallen, in het kader van de doorgiften van persoonsgegevens aan derde landen of internationale organisaties onder de voorwaarden als bedoeld in artikel 46, lid 2, punt f), passende waarborgen bieden. Die verwerkingsverantwoordelijken of verwerkers doen, via contractuele of andere juridisch bindende instrumenten, bindende en afdwingbare toezeggingen om die passende waarborgen toe te passen, ook wat betreft de rechten van de betrokkenen.
3. De certificering is vrijwillig en toegankelijk via een transparant proces.
4. Een certificering op grond van dit artikel doet niets af aan de verantwoordelijkheid van de verwerkingsverantwoordelijke of de verwerker om deze verordening na te leven en laat de taken en bevoegdheden van de overeenkomstig artikel 55 of 56 bevoegde toezichthoudende autoriteiten onverlet.
5. Een certificaat uit hoofde van dit artikel wordt afgegeven door de in artikel 43 bedoelde certificerende organen of door de bevoegde toezichthoudende autoriteit, op grond van de criteria die zijn goedgekeurd door die bevoegde toezichthoudende autoriteit op grond van artikel 58, lid 3, of door het Comité overeenkomstig artikel 63. Indien de criteria door het Comité zijn goedgekeurd, kan dit leiden tot een gemeenschappelijke certificaat, het Europees gegevensbeschermingszegel.
6. De verwerkingsverantwoordelijke of de verwerker die zijn verwerking aan het certificeringsmechanisme onderwerpt, verstrekt aan het in artikel 43 bedoelde certificeringsorgaan, of, waar van toepassing, aan de bevoegde toezichthoudende autoriteit de voor de uitvoering van de certificeringsprocedure noodzakelijke informatie en verleent het orgaan of de autoriteit toegang tot zijn verwerkingsactiviteiten.
7. Het certificaat wordt afgegeven aan een verwerkingsverantwoordelijke of een verwerker voor een maximumperiode van drie jaar en kan worden verlengd onder dezelfde voorwaarden, mits bij voortduring aan de relevante criteria kan worden voldaan. Indien van toepassing wordt het certificaat ingetrokken door de in artikel 43 bedoelde certificerende organen of door de bevoegde toezichthoudende autoriteit, wanneer aan de criteria voor de certificering niet of niet meer wordt voldaan.
8. Het Comité verzamelt alle certificeringsmechanismen en gegevensbeschermingszegels en -merktekens in een register en maakt deze via de daartoe geëigende kanalen openbaar.

Art. 43 Certificeringsorganen
1. Onverminderd de taken en bevoegdheden van de bevoegde toezichthoudende autoriteit uit hoofde van de artikelen 57 en 58, gaan certificeringsorganen die over passende deskundigheid met betrekking tot gegevensbescherming beschikken, in voorkomend geval na kennisgeving aan de toezichthoudende autoriteit met het oog op de uitoefening van haar bevoegdheden overeenkomstig artikel 58, lid 2, punt h), over tot afgifte en verlenging van het certificaat. De

lidstaten zorgen ervoor dat die certificeringsorganen worden geaccrediteerd door één van de volgende instanties:
a) de toezichthoudende autoriteit die bevoegd is overeenkomstig artikel 55 of 56;
b) de nationale accreditatie-instantie die is aangewezen in overeenstemming met Verordening (EG) nr. 765/2008 van het Europees Parlement en de Raad [22], in overeenstemming met EN-ISO/IEC 17065/2012 en met de aanvullende eisen die door de overeenkomstig artikel 55 of 56 bevoegde toezichthoudende autoriteit zijn vastgesteld.

2. De in lid 1 bedoelde certificeringsorganen kunnen overeenkomstig dit lid uitsluitend worden geaccrediteerd indien zij:
a) ten genoegen van de bevoegde toezichthoudende autoriteit, hun onafhankelijkheid en deskundigheid met betrekking tot het certificeringsonderwerp hebben aangetoond;
b) er zich toe verbonden hebben aan de in artikel 42, lid 5, bedoelde criteria te voldoen, welke zijn goedgekeurd door de op grond van artikel 55 of 56 bevoegde toezichthoudende autoriteit of, overeenkomstig artikel 63, door het Comité;
c) procedures hebben vastgesteld voor de uitgifte, periodieke toetsing en intrekking van certificeringsmechanismen voor gegevensbescherming, gegevensbeschermingszegels en -merktekens;
d) procedures en structuren hebben vastgesteld om klachten te behandelen over inbreuken op de certificering of de wijze waarop daaraan uitvoering is of wordt gegeven door de verwerkingsverantwoordelijke of de verwerker, en om die procedures en structuren voor betrokkenen en het publiek transparant te maken; en
e) ten genoegen van de bevoegde toezichthoudende autoriteit, aantoont dat hun taken en plichten niet tot een belangenconflict leiden.

3. De accreditatie van de in de leden 1 en 2 van dit artikel bedoelde certificeringsorganen vindt plaats op basis van eisen die zijn goedgekeurd door de op grond van artikel 55 of 56 bevoegde toezichthoudende autoriteit of, overeenkomstig artikel 63, door het Comité. In het geval van een accreditatie in de zin van lid 1, punt b), van dit artikel zijn die eisen een aanvulling op de eisen van Verordening (EG) nr. 765/2008 en de technische regels die een beschrijving van de methoden en procedures van de certificeringsorganen geven.

4. De in lid 1 bedoelde certificeringsorganen zijn verantwoordelijk voor de juiste beoordeling, die tot certificering of de intrekking van die certificering leidt, onverminderd de verantwoordelijkheid van de verwerkingsverantwoordelijke of de verwerker voor de naleving van deze verordening. De accreditatie wordt afgegeven voor een maximumperiode van vijf jaar en kan onder dezelfde voorwaarden worden verlengd, mits het certificeringsorgaan aan de in dit artikel gestelde eisen blijft voldoen.

5. De in lid 1 bedoelde certificeringsorganen stellen de bevoegde toezichthoudende autoriteiten op de hoogte van de redenen voor het afgeven of het intrekken van het aangevraagde certificaat.

6. De in lid 3 van dit artikel bedoelde voorschriften en de in artikel 42, lid 5, bedoelde criteria worden door de toezichthoudende autoriteit in een eenvoudig toegankelijke vorm openbaar gemaakt. De toezichthoudende autoriteiten delen die eisen en criteria ook mee aan het Comité.

7. Indien de voorwaarden voor de accreditatie niet of niet meer worden vervuld of indien de door een certificeringsorgaan genomen maatregelen inbreuk maken op deze verordening trekt de bevoegde toezichthoudende autoriteit of de nationale accreditatie-instantie, onverminderd hoofdstuk VIII, de overeenkomstig lid 1 van dit artikel aan een certificeringsorgaan afgegeven accreditatie in.

8. De Commissie is bevoegd overeenkomstig artikel 92 gedelegeerde handelingen vast te stellen met het oog op de nadere invulling van de in aanmerking te nemen eisen voor de in artikel 42, lid 1, bedoelde certificeringsmechanismen voor gegevensbescherming.

9. De Commissie kan uitvoeringshandelingen vaststellen die voorzien in technische normen voor certificeringsmechanismen en gegevensbeschermingszegels en -merktekens en mechanismen ter bevordering en erkenning van die certificeringsmechanismen en gegevensbeschermingszegels en -merktekens. Die uitvoeringshandelingen worden vastgesteld volgens de in artikel 93, lid 2, bedoelde onderzoeksprocedure.

---

22 Verordening (EG) nr. 765/2008 van het Europees Parlement en de Raad van 9 juli 2008 tot vaststelling van de eisen inzake accreditatie en markttoezicht betreffende het verhandelen van producten en tot intrekking van Verordening (EEG) nr. 339/93 (PB L 218 van 13.8.2008, blz. 30).

HOOFDSTUK V
Doorgiften van persoonsgegevens aan derde landen of internationale organisaties

Art. 44 Algemeen beginsel inzake doorgiften

Persoonsgegevens die worden verwerkt of die zijn bestemd om na doorgifte aan een derde land of een internationale organisatie te worden verwerkt, mogen slechts worden doorgegeven indien, onverminderd de overige bepalingen van deze verordening, de verwerkingsverantwoordelijke en de verwerker aan de in dit hoofdstuk neergelegde voorwaarden hebben voldaan; dit geldt ook voor verdere doorgiften van persoonsgegevens vanuit het derde land of een internationale organisatie aan een ander derde land of een andere internationale organisatie. Alle bepalingen van dit hoofdstuk worden toegepast opdat het door deze verordening voor natuurlijke personen gewaarborgde beschermingsniveau niet wordt ondermijnd.

Doorgiften persoonsgegevens aan derde land of internationale organisatie, algemene voorwaarden

Art. 45 Doorgiften op basis van adequaatheidsbesluiten

1. Een doorgifte van persoonsgegevens aan een derde land of een internationale organisatie kan plaatsvinden wanneer de Commissie heeft besloten dat het derde land, een gebied van één of meerdere nader bepaalde sectoren in dat derde land, of de internationale organisatie in kwestie een passend beschermingsniveau waarborgt. Voor een dergelijke doorgifte is geen specifieke toestemming nodig.

Doorgiften persoonsgegevens aan derde land of internationale organisatie

2. Bij de beoordeling van de vraag of het beschermingsniveau adequaat is, houdt de Commissie met name rekening met de volgende aspecten:

Passend beschermingsniveau

a) de rechtsstatelijkheid, de eerbiediging van de mensenrechten en de fundamentele vrijheden, de toepasselijke algemene en sectorale wetgeving, onder meer inzake openbare veiligheid, defensie, nationale veiligheid en strafrecht en de toegang van overheidsinstanties tot persoonsgegevens, evenals de tenuitvoerlegging van die wetgeving, gegevensbeschermingsregels, beroepsregels en veiligheidsmaatregelen, met inbegrip van regels voor de verdere doorgifte van persoonsgegevens aan een ander derde land of een andere internationale organisatie die in dat land of die internationale organisatie worden nageleefd, precedenten in de rechtspraak, alsmede het bestaan van effectieve en afdwingbare rechten van betrokkenen en effectieve mogelijkheden om administratief beroep of beroep in rechte in te stellen voor betrokkenen wier persoonsgegevens worden doorgegeven;

b) het bestaan en het effectief functioneren van een of meer onafhankelijke toezichthoudende autoriteiten in het derde land of waaraan een internationale organisatie is onderworpen, welke tot taak heeft of hebben de naleving van de gegevensbeschermingsregels te verzekeren en deze onder meer met passende handhavingsbevoegdheden te handhaven, betrokkenen bij de uitoefening van hun rechten bij te staan en te adviseren en met de toezichthoudende autoriteiten van de lidstaten samen te werken; en

c) de internationale toezeggingen die het derde land of de internationale organisatie in kwestie heeft gedaan, of andere verplichtingen die voortvloeien uit juridisch bindende overeenkomsten of instrumenten, alsmede uit de deelname van dat derde land of die internationale organisatie aan multilaterale of regionale regelingen, in het bijzonder met betrekking tot de bescherming van persoonsgegevens.

3. De Commissie kan, na de beoordeling van de vraag of het beschermingsniveau adequaat is, door middel van een uitvoeringshandeling besluiten dat een derde land, een gebied van één of meerdere nader bepaalde sectoren in een derde land, of een internationale organisatie een passend beschermingsniveau in de zin van lid 2 van dit artikel waarborgt. De uitvoeringshandeling voorziet in een mechanisme voor periodieke toetsing, minstens om de vier jaar, waarbij alle relevante ontwikkelingen in het derde land of de internationale organisatie in aanmerking worden genomen. In de uitvoeringshandeling worden het territoriale en het sectorale toepassingsgebied vermeld, alsmede, in voorkomend geval, de in lid 2, punt b), van dit artikel genoemde toezichthoudende autoriteit(en). De uitvoeringshandeling wordt vastgesteld volgens de in artikel 93, lid 2, bedoelde onderzoeksprocedure.

4. De Commissie houdt doorlopend toezicht op ontwikkelingen in derde landen en internationale organisaties die mogelijk gevolgen hebben voor het functioneren van krachtens lid 3 van dit artikel vastgestelde besluiten en van op grond van artikel 25, lid 6, van Richtlijn 95/46/EG vastgestelde besluiten.

Toezicht Commissie

5. De Commissie gaat, wanneer uit beschikbare informatie blijkt, in het bijzonder naar aanleiding van de in lid 3 van dit artikel bedoelde toetsing, dat een derde land, een gebied van één of meerdere nader bepaalde sectoren in een derde land, of een internationale organisatie niet langer een passend beschermingsniveau in de zin van lid 2 van dit artikel waarborgt, voor zover nodig, bij uitvoeringshandelingen zonder terugwerkende kracht over tot intrekking, wijziging of schorsing van het in lid 3 van dit artikel bedoelde besluit. Die uitvoeringshandelingen worden vastgesteld volgens de in artikel 93, lid 2, bedoelde onderzoeksprocedure.

Passend beschermingsniveau, intrekking/wijziging/opschorting besluit over

Om naar behoren gemotiveerde dwingende redenen van urgentie, stelt de Commissie onmiddellijk van toepassing zijnde uitvoeringshandelingen vast volgens de in artikel 93, lid 3, bedoelde procedure.
6. De Commissie pleegt overleg met het derde land of de internationale organisatie om de situatie naar aanleiding waarvan het besluit overeenkomstig lid 5 is vastgesteld, te verhelpen.
7. Een overeenkomstig lid 5 van dit artikel vastgesteld besluit laat de doorgiften van persoonsgegevens aan het derde land, of een gebied of één of meerdere nader bepaalde sectoren in dat derde land, of de internationale organisatie in kwestie overeenkomstig de artikelen 46 tot en met 49 onverlet.
8. De Commissie maakt in het Publicatieblad van de Europese Unie en op haar website een lijst bekend van de derde landen, gebieden en nader bepaalde sectoren in derde landen en internationale organisaties waarvoor zij bij besluit heeft vastgesteld dat deze wel of niet langer een passend beschermingsniveau waarborgen.
9. De besluiten die de Commissie op grond van artikel 25, lid 6, van Richtlijn 95/46/EG heeft vastgesteld, blijven van kracht, totdat zij worden gewijzigd, vervangen of ingetrokken bij een overeenkomstig lid 3 of lid 5 van dit artikel vastgesteld besluit van de Commissie.

Art. 46 Doorgiften op basis van passende waarborgen

Doorgifte ondanks ontbreken besluit over passend beschermingsniveau

1. Bij ontstentenis van een besluit uit hoofde van artikel 45, lid 3, mag een doorgifte van persoonsgegevens aan een derde land of een internationale organisatie door een verwerkingsverantwoordelijke of een verwerker alleen plaatsvinden mits zij passende waarborgen bieden en betrokkenen over afdwingbare rechten en doeltreffende rechtsmiddelen beschikken.

Passend beschermingsniveau, waarborgen

2. De in lid 1 bedoelde passende waarborgen kunnen worden geboden door de volgende instrumenten, zonder dat daarvoor specifieke toestemming van een toezichthoudende autoriteit is vereist:
a) een juridisch bindend en afdwingbaar instrument tussen overheidsinstanties of -organen;
b) bindende bedrijfsvoorschriften overeenkomstig artikel 47;
c) standaardbepalingen inzake gegevensbescherming die door de Commissie volgens de in artikel 93, lid 2, bedoelde onderzoeksprocedure zijn vastgesteld;
d) standaardbepalingen inzake gegevensbescherming die door een toezichthoudende autoriteit zijn vastgesteld en die door de Commissie volgens de in artikel 93, lid 2, bedoelde onderzoeksprocedure zijn goedgekeurd;
e) een overeenkomstig artikel 40 goedgekeurde gedragscode, samen met bindende en afdwingbare toezeggingen van de verwerkingsverantwoordelijke of de verwerker in het derde land om de passende waarborgen, onder meer voor de rechten van de betrokkenen, toe te passen; of
f) een overeenkomstig artikel 42 goedgekeurd certificeringsmechanisme, samen met bindende en afdwingbare toezeggingen van de verwerkingsverantwoordelijke of de verwerker in het derde land om de passende waarborgen, onder meer voor de rechten van de betrokkenen, toe te passen.

Contract

3. Onder voorbehoud van de toestemming van de bevoegde toezichthoudende autoriteit kunnen de in lid 1 bedoelde passende waarborgen ook worden geboden door, met name:
a) contractbepalingen tussen de verwerkingsverantwoordelijke of de verwerker en de verwerkingsverantwoordelijke, de verwerker of de ontvanger van de persoonsgegevens in het derde land of de internationale organisatie; of
b) bepalingen die moeten worden opgenomen in administratieve regelingen tussen overheidsinstanties of -organen, waaronder afdwingbare en effectieve rechten van betrokkenen.
4. De toezichthoudende autoriteit past het in artikel 63 bedoelde coherentiemechanisme toe in de in lid 3 van dit artikel vermelde gevallen.
5. Toestemmingen die een lidstaat of een toezichthoudende autoriteit op grond van artikel 26, lid 2, van Richtlijn 95/46/EG heeft verleend, blijven geldig totdat zij door die toezichthoudende autoriteit, indien nodig, worden gewijzigd, vervangen of ingetrokken. De besluiten die de Commissie op grond van artikel 26, lid 4, van Richtlijn 95/46/EG heeft vastgesteld, blijven van kracht totdat zij bij een overeenkomstig lid 2 van dit artikel vastgesteld besluit van de Commissie, indien nodig, worden gewijzigd, vervangen of ingetrokken.

Art. 47 Bindende bedrijfsvoorschriften

Bindende bedrijfsvoorschriften

1. De bevoegde toezichthoudende autoriteit keurt in overeenstemming met het in artikel 63 bedoelde coherentiemechanisme bindende bedrijfsvoorschriften goed, op voorwaarde dat deze:
a) juridisch bindend zijn voor, van toepassing zijn op en worden gehandhaafd door alle betrokken leden van het concern, of de groepering van ondernemingen die gezamenlijk een economische activiteit uitoefenen, met inbegrip van hun werknemers;
b) betrokkenen uitdrukkelijk afdwingbare rechten toekennen met betrekking tot de verwerking van hun persoonsgegevens; en
c) voldoen aan de in lid 2 vastgestelde vereisten.
2. In de in lid 1 bedoelde bindende bedrijfsvoorschriften worden minstens de volgende elementen vastgelegd:

a) de structuur en de contactgegevens van het concern of de groepering van ondernemingen die gezamenlijk een economische activiteit uitoefenen en van elk van haar leden;
b) de gegevensdoorgiften of reeks van doorgiften, met inbegrip van de categorieën van persoonsgegevens, het soort verwerking en de doeleinden daarvan, het soort betrokkenen in kwestie en de identificatie van het derde land of de derde landen in kwestie;
c) het intern en extern juridisch bindende karakter;
d) de toepassing van de algemene beginselen inzake gegevensbescherming, met name doelbinding, minimale gegevensverwerking, beperkte opslagtermijnen, kwaliteit van gegevens, gegevensbescherming door standaardinstellingen en door ontwerp, rechtsgrond voor verwerking, verwerking van bijzondere categorieën van persoonsgegevens, maatregelen om gegevensbeveiliging te waarborgen, en de vereisten inzake verdere doorgiften aan organen die niet door bindende bedrijfsvoorschriften zijn gebonden;
e) de rechten van betrokkenen in verband met verwerking en de middelen om die rechten uit te oefenen, waaronder het recht om niet te worden onderworpen aan louter op geautomatiseerde verwerking gebaseerde besluiten, met inbegrip van profilering overeenkomstig artikel 22, het recht om een klacht in te dienen bij de bevoegde toezichthoudende autoriteit, om een vordering in te stellen bij de bevoegde gerechten van de lidstaten overeenkomstig artikel 79, en om schadeloosstelling en, in voorkomend geval, een vergoeding te verkrijgen voor een inbreuk op de bindende bedrijfsvoorschriften;
f) De aanvaarding door de op het grondgebied van een lidstaat gevestigde verwerkingsverantwoordelijke of verwerker van aansprakelijkheid voor alle inbreuken op de bindende bedrijfsvoorschriften door een niet in de Unie gevestigd betrokken lid; de verwerkingsverantwoordelijke of de verwerker wordt alleen geheel of gedeeltelijk van deze aansprakelijkheid ontheven, indien hij bewijst dat dat lid niet verantwoordelijk is voor het schadebrengende feit;
g) de wijze waarop, in aanvulling op de in de artikelen 13 en 14 bedoelde informatie, aan betrokkenen informatie wordt verschaft over de bindende bedrijfsvoorschriften, met name over de bepalingen in de punten d), e) en f);
h) de taken van elke overeenkomstig artikel 37 aangewezen functionaris voor gegevensbescherming, of elke andere persoon of entiteit die is belast met het toezicht op de naleving van de bindende bedrijfsvoorschriften binnen het concern of de groepering van ondernemingen die gezamenlijk een economische activiteit uitoefenen, op opleiding en op de behandeling van klachten;
i) de klachtenprocedures;
j) de binnen het concern of de groepering van ondernemingen die gezamenlijk een economische activiteit uitoefenen bestaande procedures om te controleren of de bindende bedrijfsvoorschriften zijn nageleefd. Dergelijke procedures omvatten gegevensbeschermingsaudits en -methoden om te zorgen voor corrigerende maatregelen ter bescherming van de rechten van de betrokkene. De resultaten van dergelijke controles dienen te worden meegedeeld aan de in punt h) bedoelde persoon of entiteit en aan de raad van bestuur van de onderneming die zeggenschap uitoefent over een concern, of van de groepering van ondernemingen die gezamenlijk een economische activiteit uitoefenen, en dienen op verzoek ter beschikking van de bevoegde toezichthoudende autoriteit te worden gesteld;
k) de procedures om die veranderingen in de regels te melden, te registreren en aan de toezichthoudende autoriteit te melden;
l) de procedure voor samenwerking met de toezichthoudende autoriteit om ervoor te zorgen dat alle leden van het concern of de groepering van ondernemingen die gezamenlijk een economische activiteit uitoefenen de bindende bedrijfsvoorschriften naleven, in het bijzonder door de resultaten van de in punt j) bedoelde controles ter beschikking van de toezichthoudende autoriteit te stellen;
m) de procedures om eventuele wettelijke voorschriften waaraan een lid van het concern of de groepering van ondernemingen die gezamenlijk een economische activiteit uitoefenen in een derde land is onderworpen en die waarschijnlijk een aanzienlijk negatief effect zullen hebben op de door de bindende bedrijfsvoorschriften geboden waarborgen, aan de bevoegde toezichthoudende autoriteit te melden; en
n) de passende opleiding inzake gegevensbescherming voor personeel dat permanent of op regelmatige basis toegang tot persoonsgegevens heeft.
3. De Commissie kan het model en de procedures voor de uitwisseling van informatie over bindende bedrijfsvoorschriften in de zin van dit artikel tussen verwerkingsverantwoordelijken, verwerkers en toezichthoudende autoriteiten nader bepalen. Deze uitvoeringshandelingen worden vastgesteld volgens de in artikel 93, lid 2, bedoelde onderzoeksprocedure.

Art. 48 Niet bij Unierecht toegestane doorgiften of verstrekkingen
Elke rechterlijke uitspraak en elk besluit van een administratieve autoriteit van een derde land op grond waarvan een verwerkingsverantwoordelijke of een verwerker persoonsgegevens moet doorgeven of verstrekken, mag alleen op enigerlei wijze worden erkend of afdwingbaar zijn indien zij gebaseerd zijn op een internationale overeenkomst, zoals een verdrag inzake weder-

Doorgiften of verstrekkingen die niet bij Unierecht zijn toegestaan

zijdse rechtsbijstand, tussen het verzoekende derde landen en de Unie of een lidstaat, onverminderd andere gronden voor doorgifte uit hoofde van dit hoofdstuk.

Art. 49 Afwijkingen voor specifieke situaties

1. Bij ontstentenis van een adequaatheidsbesluit overeenkomstig artikel 45, lid 3, of van passende waarborgen overeenkomstig artikel 46, met inbegrip van bindende bedrijfsvoorschriften, kan een doorgifte of een reeks van doorgiften van persoonsgegevens aan een derde land of een internationale organisatie slechts plaatsvinden mits aan één van de volgende voorwaarden is voldaan:

a) de betrokkene heeft uitdrukkelijk met de voorgestelde doorgifte ingestemd, na te zijn ingelicht over de risico's die dergelijke doorgiften voor hem kunnen inhouden bij ontstentenis van een adequaatheidsbesluit en en passende waarborgen;

b) de doorgifte is noodzakelijk voor de uitvoering van een overeenkomst tussen de betrokkene en de verwerkingsverantwoordelijke of voor de uitvoering van op verzoek van de betrokkene genomen precontractuele maatregelen;

c) de doorgifte is noodzakelijk voor de sluiting of de uitvoering van een in het belang van de betrokkene tussen de verwerkingsverantwoordelijke en een andere natuurlijke persoon of rechtspersoon gesloten overeenkomst;

d) de doorgifte is noodzakelijk wegens gewichtige redenen van algemeen belang;

e) de doorgifte is noodzakelijk voor de instelling, uitoefening of onderbouwing van een rechtsvordering;

f) de doorgifte is noodzakelijk voor de bescherming van de vitale belangen van de betrokkene of van andere personen, indien de betrokkene lichamelijk of juridisch niet in staat is zijn toestemming te geven;

g) de doorgifte is verricht vanuit een register dat volgens het Unierecht of lidstatelijk recht is bedoeld om het publiek voor te lichten en dat door eenieder dan wel door iedere persoon die zich op een gerechtvaardigd belang kan beroepen, kan worden geraadpleegd, maar alleen voor zover in het geval in kwestie wordt voldaan aan de in Unierecht of lidstatelijk recht vastgestelde voorwaarden voor raadpleging.

Wanneer een doorgifte niet op een bepaling van de artikelen 45 of 46, met inbegrip van de bepalingen inzake bindende bedrijfsvoorschriften, kon worden gegrond en geen van de afwijkingen voor een specifieke situatie als bedoeld in de eerste alinea van dit lid van toepassing zijn, mag de doorgifte aan een derde land of aan een internationale organisatie alleen plaatsvinden indien de doorgifte niet repetitief is, een beperkt aantal betrokkenen betreft, noodzakelijk is voor dwingende gerechtvaardigde belangen van de verwerkingsverantwoordelijke die niet ondergeschikt zijn aan de belangen of de rechten en vrijheden van de betrokkene, en de verwerkingsverantwoordelijke alle omstandigheden in verband met de gegevensdoorgifte heeft beoordeeld en op basis van die beoordeling passende waarborgen voor de bescherming van persoonsgegevens heeft geboden. De verwerkingsverantwoordelijke informeert de toezichthouder over de doorgifte. De verwerkingsverantwoordelijke verstrekt de betrokkene naast de in de artikelen 13 en 14 bedoelde informatie, ook informatie met betrekking tot de doorgifte en de door hem nagestreefde dwingende gerechtvaardigde belangen.

2. Een doorgifte overeenkomstig lid 1, eerste alinea, onder g), mag geen betrekking hebben op alle persoonsgegevens of volledige categorieën van persoonsgegevens die in het register zijn opgeslagen. Wanneer een register bedoeld is om door personen met een gerechtvaardigd belang te worden geraadpleegd, kan de doorgifte slechts plaatsvinden op verzoek van die personen of wanneer de gegevens voor hen zijn bestemd.

3. Lid 1, eerste alinea, onder a), b) en c) en tweede alinea, zijn niet van toepassing op activiteiten die door overheidsinstanties worden verricht bij de uitoefening van hun openbare bevoegdheden.

4. Het in lid 1, eerste alinea, onder d), bedoelde openbaar belang moet zijn erkend bij een Unierechtelijke of nationaalrechtelijke bepaling die op de verwerkingsverantwoordelijke van toepassing is.

5. Bij ontstentenis van een adequaatheidsbesluit kunnen in Unierechtelijke of lidstaatrechtelijke bepalingen of bepalingen om gewichtige redenen van openbaar belang uitdrukkelijk grenzen worden gesteld aan de doorgifte van specifieke categorieën van persoonsgegevens aan een derde land of een internationale organisatie. De lidstaten stellen de Commissie in kennis van dergelijke bepalingen.

6. De verwerkingsverantwoordelijke of de verwerker staaft de beoordeling en de in lid 1, tweede alinea, van dit artikel bedoelde passende waarborgen in het artikel 30 bedoelde register.

Art. 50 Internationale samenwerking voor de bescherming van persoonsgegevens

Ten aanzien van derde landen en internationale organisaties nemen de Commissie en de toezichthoudende autoriteiten de nodige maatregelen om:

a) procedures voor internationale samenwerking te ontwikkelen, zodat de effectieve handhaving van de wetgeving inzake de bescherming van persoonsgegevens wordt vergemakkelijkt;

b) internationale wederzijdse bijstand te bieden bij de handhaving van de wetgeving inzake de bescherming van persoonsgegevens, onder meer door kennisgeving, doorverwijzing van klachten, bijstand bij onderzoeken en uitwisseling van informatie, voor zover er passende waarborgen voor de bescherming van persoonsgegevens en andere grondrechten en fundamentele vrijheden bestaan;
c) belanghebbenden te betrekken bij besprekingen en activiteiten om de internationale samenwerking bij de handhaving van de wetgeving inzake de bescherming van persoonsgegevens te bevorderen; en
d) de uitwisseling en het documenteren van wetgeving en praktijken inzake de bescherming van persoonsgegevens te bevorderen, onder meer betreffende jurisdictiegeschillen met derde landen.

HOOFDSTUK VI
Onafhankelijke toezichthoudende autoriteiten

Afdeling 1
Onafhankelijkheid

Art. 51 Toezichthoudende autoriteit

1. Elke lidstaat bepaalt dat één of meer onafhankelijke overheidsinstanties verantwoordelijk zijn voor het toezicht op de toepassing van deze verordening, teneinde de grondrechten en fundamentele vrijheden van natuurlijke personen in verband met de verwerking van hun persoonsgegevens te beschermen en het vrije verkeer van persoonsgegevens binnen de Unie te vergemakkelijken („toezichthoudende autoriteit").   *Toezichthoudende autoriteit*
2. Elke toezichthoudende autoriteit draagt bij tot de consequente toepassing van deze verordening in de hele Unie. Daartoe werken de toezichthoudende autoriteiten onderling en met de Commissie samen overeenkomstig hoofdstuk VII.
3. Wanneer er in een lidstaat meer dan één toezichthoudende autoriteit is gevestigd, wijst die lidstaat de toezichthoudende autoriteit aan die die autoriteiten in het Comité moet vertegenwoordigen en stelt hij de procedure vast om ervoor te zorgen dat de andere autoriteiten de regels in verband met het in artikel 63 bedoelde coherentiemechanisme naleven.
4. Elke lidstaat stelt de Commissie uiterlijk op 25 mei 2018 in kennis van de wettelijke bepalingen die hij overeenkomstig dit hoofdstuk vaststelt, alsmede, onverwijld, van alle latere wijzigingen daarvan.

Art. 52 Onafhankelijkheid

1. Elke toezichthoudende autoriteit treedt volledig onafhankelijk op bij de uitvoering van de taken en de uitoefening van de bevoegdheden die haar overeenkomstig deze verordening zijn toegewezen.   *Toezichthoudende autoriteit, onafhankelijkheid*
2. Bij de uitvoering van hun taken en de uitoefening van hun bevoegdheden overeenkomstig deze verordening blijven de leden van elke toezichthoudende autoriteit vrij van al dan niet rechtstreekse externe invloed en vragen noch aanvaarden zij instructies van wie dan ook.
3. De leden van toezichthoudende autoriteiten verrichten geen handelingen die onverenigbaar zijn met hun taken en verrichten gedurende hun ambtstermijn geen al dan niet bezoldigde beroepswerkzaamheden die onverenigbaar zijn met hun taken.
4. Elke lidstaat zorgt ervoor dat elke toezichthoudende autoriteit beschikt over de personele, technische en financiële middelen, en de bedrijfsruimten en infrastructuur die nodig zijn voor het effectief uitvoeren van haar taken en uitoefenen van haar bevoegdheden, waaronder die in het kader van wederzijdse bijstand, samenwerking en deelname aan het Comité.
5. Elke lidstaat zorgt ervoor dat elke toezichthoudende autoriteit eigen en zelfgekozen personeelsleden heeft, die onder de exclusieve leiding van het lid of de leden van de betrokken toezichthoudende autoriteit staan.
6. Elke lidstaat zorgt ervoor dat op elke toezichthoudende autoriteit financieel toezicht wordt uitgeoefend zonder dat daarbij de onafhankelijkheid van de toezichthoudende autoriteit in het gedrang komt en dat het een afzonderlijke, publieke jaarbegroting heeft, die een onderdeel kan zijn van de algehele staats- of nationale begroting.

Art. 53 Algemene voorwaarden voor de leden van de toezichthoudende autoriteit

1. De lidstaten schrijven voor dat elk lid van hun toezichthoudende autoriteiten volgens een transparante procedure wordt benoemd door: *Toezichthoudende autoriteit, algemene voorwaarden leden*
— hun parlement;
— hun regering;
— hun staatshoofd; of
— een onafhankelijk orgaan dat krachtens het lidstatelijke recht met de benoeming is belast.   *Leden toezichthoudende autoriteit, benoemingsprocedure*

A19 art. 54

Algemene verordening gegevensbescherming

Leden toezichthoudende autoriteit, kwalificaties

2. Elk lid beschikt over de nodige kwalificaties, ervaring en vaardigheden, met name op het gebied van de bescherming van persoonsgegevens, voor het uitvoeren van zijn taken en het uitoefenen van zijn bevoegdheden.

Leden toezichthoudende autoriteit, einde ambtstermijn/ontslag/pensioen

3. De taken van een lid eindigen bij het verstrijken van de ambtstermijn, bij ontslag of bij verplichte pensionering overeenkomstig de wetgeving van de lidstaat in kwestie.

4. Een lid wordt slechts ontslagen indien het op ernstige wijze is tekortgeschoten of niet langer aan de vereisten voor de uitvoering van de taken voldoet.

Art. 54 Regels inzake de oprichting van de toezichthoudende autoriteit

Toezichthoudende autoriteit, regels inzake oprichting

1. Elke lidstaat regelt al het volgende bij wet:
   a) de oprichting van elke toezichthoudende autoriteit;
   b) de vereiste kwalificaties en voorwaarden om als lid te worden benoemd voor elke toezichthoudende autoriteit;
   c) de regels en procedures voor de benoeming van het lid of de leden van elke toezichthoudende autoriteit;
   d) de ambtstermijn van het lid of de leden van elke toezichthoudende autoriteit, die ten minste vier jaar bedraagt, behoudens de eerste ambtstermijn na 24 mei 2016, die korter kan zijn wanneer dat nodig is om de onafhankelijkheid van de toezichthoudende autoriteit door middel van een in de tijd gespreide benoemingsprocedure te beschermen;
   e) of het lid of de leden van elke toezichthoudende autoriteit opnieuw kan of kunnen worden benoemd en zo ja, hoe vaak;
   f) de voorwaarden in verband met de plichten van het lid of de leden en de personeelsleden van elke toezichthoudende autoriteit, de verboden op met die plichten onverenigbare handelingen, werkzaamheden en voordelen tijdens en na de ambtstermijn en de regels betreffende de beëindiging van de ambtstermijn onderscheidenlijk de arbeidsverhouding.

2. Ten aanzien van de vertrouwelijke informatie die hun bij de uitvoering van hun taken of de uitoefening van hun bevoegdheden ter kennis is gekomen, geldt voor het lid of de leden en de personeelsleden van elke toezichthoudende autoriteit zowel tijdens hun ambtstermijn als daarna het beroepsgeheim, zulks overeenkomstig Unierecht of lidstatelijk recht. Tijdens hun ambtstermijn geldt het beroepsgeheim met name voor meldingen van inbreuken op deze verordening door natuurlijke personen.

Afdeling 2
Competentie, taken en bevoegdheden

Art. 55 Competentie

Toezichthoudende autoriteit, competentie

1. Elke toezichthoudende autoriteit heeft de competentie op het grondgebied van haar lidstaat de taken uit te voeren die haar overeenkomstig deze verordening zijn opgedragen en de bevoegdheden uit te oefenen die haar overeenkomstig deze verordening zijn toegekend.

2. In het geval van verwerking door overheidsinstanties of door particuliere organen die handelen op grond van artikel 6, lid 1, onder c) of e), is de toezichthoudende autoriteit van de lidstaat in kwestie competent. In dergelijke gevallen is artikel 56 niet van toepassing.

3. Toezichthoudende autoriteiten zijn niet competent toe te zien op verwerkingen door gerechten bij de uitoefening van hun rechterlijke taken.

Art. 56 Competentie van de leidende toezichthoudende autoriteit

Toezichthoudende autoriteit, competentie van de leidende

1. Onverminderd artikel 55 is de toezichthoudende autoriteit van de hoofdvestiging of de enige vestiging van de verwerkingsverantwoordelijke of verwerker competent op te treden als leidende toezichthoudende autoriteit voor de grensoverschrijdende verwerking door die verwerkingsverantwoordelijke of verwerker overeenkomstig de procedure van artikel 60.

2. In afwijking van lid 1 is elke toezichthoudende autoriteit competent een bij haar ingediende klacht of een eventuele inbreuk op deze verordening te behandelen indien het onderwerp van die zaak alleen verband houdt met een vestiging in haar lidstaat of alleen voor betrokkenen in haar lidstaat wezenlijke gevolgen heeft.

3. In de in lid 2 van dit artikel bedoelde gevallen stelt de toezichthoudende autoriteit de leidende toezichthoudende autoriteit onverwijld in kennis van de zaak. Binnen drie weken nadat zij in kennis is gesteld, besluit de leidende toezichthoudende autoriteit of zij de zaak al dan niet zal behandelen, overeenkomstig de in artikel 60 vastgelegde procedure; zij houdt daarbij rekening met het al dan niet bestaan van een vestiging van de verwerkingsverantwoordelijke of de verwerker in de lidstaat van de toezichthoudende autoriteit die haar in kennis heeft gesteld.

4. Wanneer de leidende toezichthoudende autoriteit besluit de zaak te behandelen, is de procedure van artikel 60 van toepassing. De toezichthoudende autoriteit die de leidende toezichthoudende autoriteit in kennis heeft gesteld, kan bij deze laatste een ontwerpbesluit indienen. De leidende toezichthoudende autoriteit houdt zo veel mogelijk rekening met dat ontwerp wanneer zij het in artikel 60, lid 3, bedoelde ontwerpbesluit opstelt.

5. Indien de leidende toezichthoudende autoriteit besluit de zaak niet te behandelen, wordt deze overeenkomstig de artikelen 61 en 62 behandeld door de toezichthoudende autoriteit die de leidende toezichthoudende autoriteit in kennis heeft gesteld.
6. De leidende toezichthoudende autoriteit is voor de verwerkingsverantwoordelijke of de verwerker de enige gesprekspartner bij grensoverschrijdende verwerking door die verwerkingsverantwoordelijke of verwerker.

Art. 57 Taken

1. Onverminderd andere uit hoofde van deze verordening vastgestelde taken, verricht elke toezichthoudende autoriteit op haar grondgebied de volgende taken: *Toezichthoudende autoriteit, taken*
a) zij monitort en handhaaft de toepassing van deze verordening;
b) zij bevordert bij het brede publiek de bekendheid met en het inzicht in de risico's, regels, waarborgen en rechten in verband met de verwerking. Bijzondere aandacht wordt besteed aan specifiek op kinderen gerichte activiteiten;
c) zij verleent overeenkomstig het recht van de lidstaat, advies aan het nationale parlement, de regering, en andere instellingen en organen over wetgevingsinitiatieven en bestuursmaatregelen in verband met de bescherming van de rechten en vrijheden van natuurlijke personen op het gebied van verwerking;
d) zij maakt de verwerkingsverantwoordelijken en de verwerkers beter bekend met hun verplichtingen uit hoofde van deze verordening;
e) zij verstrekt desgevraagd informatie aan iedere betrokkene over de uitoefening van zijn rechten uit hoofde van deze verordening en werkt daartoe in voorkomend geval samen met de toezichthoudende autoriteiten in andere lidstaten;
f) zij behandelt klachten van betrokkenen, of van organen, organisaties of verenigingen overeenkomstig artikel 80, onderzoekt de inhoud van de klacht in de mate waarin dat gepast is en stelt de klager binnen een redelijke termijn in kennis van de vooruitgang en het resultaat van het onderzoek, met name indien verder onderzoek of coördinatie met een andere toezichthoudende autoriteit noodzakelijk is;
g) zij werkt samen met andere toezichthoudende autoriteiten, onder meer door informatie te delen en wederzijdse bijstand te bieden, teneinde de samenhang in de toepassing en de handhaving van deze verordening te waarborgen;
h) zij verricht onderzoeken naar de toepassing van deze verordening, onder meer op basis van informatie die zij van een andere toezichthoudende autoriteit of een andere overheidsinstantie ontvangt;
i) zij volgt de relevante ontwikkelingen voor zover deze invloed hebben op de bescherming van persoonsgegevens, met name de ontwikkelingen in informatie- en communicatietechnologieën en handelspraktijken;
j) zij stelt de in artikel 28, lid 8, en artikel 46, lid 2, onder d), bedoelde standaardcontractbepalingen vast;
k) zij stelt een lijst op met betrekking tot het vereiste inzake een gegevensbeschermingseffectbeoordeling overeenkomstig artikel 35, lid 4, en houdt deze lijst bij;
l) zij verstrekt advies over de in artikel 36, lid 2, bedoelde verwerkingsactiviteiten;
m) zij bevordert de opstelling van gedragscodes uit hoofde van artikel 40, lid 1, geeft advies en keurt, overeenkomstig artikel 40, lid 5, gedragscodes goed die voldoende waarborgen leveren;
n) zij bevordert de invoering van certificeringsmechanismen voor gegevensbescherming en van gegevensbeschermingszegels en -merktekens overeenkomstig artikel 42, lid 1, en keurt de criteria voor certificering uit hoofde van artikel 42, lid 5, goed;
o) waar van toepassing verricht zij een periodieke toetsing van de overeenkomstig artikel 42, lid 7, afgegeven certificeringen;
p) zij zorgt voor het opstellen en het bekendmaken van de eisen inzake accreditatie van een orgaan voor het toezicht op gedragscodes op grond van artikel 41 en van een certificeringsorgaan op grond van artikel 43;
q) zij zorgt voor de accreditatie van een orgaan voor het toezicht op gedragscodes op grond van artikel 41 en van een certificeringsorgaan op grond van artikel 43;
r) zij geeft toestemming voor de in artikel 46, lid 3, bedoelde contractuele en andere bepalingen;
s) zij keurt overeenkomstig artikel 47 bindende bedrijfsvoorschriften goed;
t) zij levert een bijdrage aan de activiteiten van het Comité;
u) zij houdt interne registers bij van inbreuken op deze verordening en van overeenkomstig artikel 58, lid 2, getroffen maatregelen; en
v) zij verricht alle andere taken die verband houden met de bescherming van persoonsgegevens.
2. Elke toezichthoudende autoriteit faciliteert de indiening van klachten als bedoeld in lid 1, onder f), door maatregelen te nemen, zoals het ter beschikking stellen van een klachtenformulier dat ook elektronisch kan worden ingevuld, zonder dat andere communicatiemiddelen worden uitgesloten.
3. Elke toezichthoudende autoriteit verricht haar taken kosteloos voor de betrokkene en, in voorkomend geval, voor de functionaris voor gegevensbescherming.

4. Wanneer verzoeken kennelijk ongegrond of buitensporig zijn, met name vanwege hun repetitieve karakter, kan de toezichthoudende autoriteit op basis van de administratieve kosten een redelijke vergoeding aanrekenen, of weigeren aan het verzoek gevolg te geven. Het is aan de toezichthoudende autoriteit om de kennelijk ongegronde of buitensporige aard van het verzoek aan te tonen.

Art. 58 Bevoegdheden

Toezichthoudende autoriteit, bevoegdheden

1. Elk toezichthoudende autoriteit heeft alle volgende onderzoeksbevoegdheden om:
   a) de verwerkingsverantwoordelijke, de verwerker en, in voorkomend geval, de vertegenwoordiger van de verwerkingsverantwoordelijke of van verwerker te gelasten alle voor de uitvoering van haar taken vereiste informatie te verstrekken;
   b) onderzoeken te verrichten in de vorm van gegevensbeschermingscontroles;
   c) een toetsing te verrichten van de overeenkomstig artikel 42, lid 7, afgegeven certificeringen;
   d) de verwerkingsverantwoordelijke of de verwerker in kennis te stellen van een beweerde inbreuk op deze verordening;
   e) van de verwerkingsverantwoordelijke en de verwerker toegang te verkrijgen tot alle persoonsgegevens en alle informatie die noodzakelijk is voor de uitvoering van haar taken; en
   f) toegang te verkrijgen tot alle bedrijfsruimten van de verwerkingsverantwoordelijke en de verwerker, daaronder begrepen tot alle uitrustingen en middelen voor gegevensverwerking, in overeenstemming met het uniale of lidstatelijke procesrecht.

Toezichthoudende autoriteit, bevoegdheid tot corrigerende maatregelen

2. Elk toezichthoudende autoriteit heeft alle volgende bevoegdheden tot het nemen van corrigerende maatregelen:
   a) de verwerkingsverantwoordelijke of de verwerker waarschuwen dat met de voorgenomen verwerkingen waarschijnlijk inbreuk op bepalingen van deze verordening wordt gemaakt;
   b) de verwerkingsverantwoordelijke of de verwerker berispen wanneer met verwerkingen inbreuk op bepalingen van deze verordening is gemaakt;
   c) de verwerkingsverantwoordelijke of de verwerker gelasten de verzoeken van de betrokkene tot uitoefening van zijn rechten uit hoofde van deze verordening in te willigen;
   d) de verwerkingsverantwoordelijke of de verwerker gelasten, waar passend, op een nader bepaalde manier en binnen een nader bepaalde termijn, verwerkingen in overeenstemming te brengen met de bepalingen van deze verordening;
   e) de verwerkingsverantwoordelijke gelasten een inbreuk in verband met persoonsgegevens aan de betrokkene mee te delen;
   f) een tijdelijke of definitieve verwerkingsbeperking, waaronder een verwerkingsverbod, opleggen;
   g) het rectificeren of wissen van persoonsgegevens of het beperken van verwerking uit hoofde van de artikelen 16, 17 en 18 gelasten, alsmede de kennisgeving van dergelijke handelingen aan ontvangers aan wie de persoonsgegevens zijn verstrekt, overeenkomstig artikel 17, lid 2, en artikel 19;
   h) een certificering intrekken of het certificeringsorgaan gelasten een uit hoofde van de artikelen 42 en 43 afgegeven certificering in te trekken, of het certificeringsorgaan te gelasten geen certificering af te geven indien niet langer aan de certificeringsvereisten wordt voldaan;
   i) naargelang de omstandigheden van elke zaak, naast of in plaats van de in dit lid bedoelde maatregelen, een administratieve geldboete opleggen op grond van artikel 83; en
   j) de opschorting van gegevensstromen naar een ontvanger in een derde land of naar een internationale organisatie gelasten.

3. Elke toezichthoudende autoriteit heeft alle autorisatie- en adviesbevoegdheden om:
   a) de verwerkingsverantwoordelijke advies te verstrekken in overeenstemming met de procedure van voorafgaande raadpleging van artikel 36;
   b) op eigen initiatief dan wel op verzoek, aan het nationaal parlement, aan de regering van de lidstaat, of overeenkomstig het lidstatelijke recht aan andere instellingen en organen alsmede aan het publiek advies te verstrekken over aangelegenheden die verband houden met de bescherming van persoonsgegevens;
   c) toestemming te geven voor verwerking als bedoeld in artikel 36, lid 5, indien die voorafgaande toestemming door het lidstatelijke recht wordt voorgeschreven;
   d) overeenkomstig artikel 40, lid 5, advies uit te brengen over en goedkeuring te hechten aan de ontwerpgedragscodes;
   e) certificeringsorganen te accrediteren overeenkomstig artikel 43;
   f) certificeringen af te geven en certificeringscriteria goed te keuren overeenkomstig artikel 42, lid 5;
   g) de in artikel 28, lid 8, en artikel 46, lid 2, punt d), bedoelde standaardbepalingen inzake gegevensbescherming aan te nemen;
   h) toestemming te verlenen voor de in artikel 46, lid 3, punt a), bedoelde contractbepalingen;
   i) toestemming te verlenen voor de in artikel 46, lid 3, punt b), bedoelde administratieve regelingen;
   j) goedkeuring te hechten aan bindende bedrijfsvoorschriften overeenkomstig artikel 47.

Algemene verordening gegevensbescherming

4. Op de uitoefening van de bevoegdheden die uit hoofde van dit artikel aan de toezichthoudende autoriteit worden verleend, zijn passende waarborgen van toepassing, daaronder begrepen een doeltreffende voorziening in rechte en een eerlijke rechtsbedeling, zoals overeenkomstig het Handvest vastgelegd in het Unierecht en het lidstatelijke recht.
5. Elke lidstaat bepaalt bij wet dat zijn toezichthoudende autoriteit bevoegd is inbreuken op deze verordening ter kennis te brengen van de gerechtelijke autoriteiten en, waar passend, daartegen een rechtsvordering in te stellen of anderszins in rechte op te treden, teneinde de bepalingen van deze verordening te doen naleven.
6. Elke lidstaat kan bij wet bepalen dat zijn toezichthoudende autoriteit, naast de in lid 1, 2 en 3 bedoelde bevoegdheden bijkomende bevoegdheden heeft. De uitoefening van die bevoegdheden doet geen afbreuk aan de doeltreffende werking van hoofdstuk VII.

Art. 59 Activiteitenverslagen
Elke toezichthoudende autoriteit stelt jaarlijks een verslag over haar activiteiten op, met daarin mogelijk een lijst van de soorten gemelde inbreuken en de soorten maatregelen die overeenkomstig artikel 58, lid 2, worden genomen. Die verslagen worden toegezonden aan het nationale parlement, de regering en elke andere autoriteit die daartoe in het lidstatelijke recht is aangewezen. Zij worden ter beschikking gesteld van het publiek, de Commissie en het Comité.

Toezichthoudende autoriteit, jaarlijks activiteitenverslag

HOOFDSTUK VII
Samenwerking en coherentie

Afdeling 1
Samenwerking

Art. 60 Samenwerking tussen de leidende toezichthoudende autoriteit en de andere betrokken toezichthoudende autoriteiten
1. De leidende toezichthoudende autoriteit werkt overeenkomstig dit artikel samen met de andere betrokken toezichthoudende autoriteiten teneinde tot een consensus proberen te komen. De leidende toezichthoudende autoriteit en de betrokken toezichthoudende autoriteiten wisselen alle relevante informatie met elkaar uit.
2. De leidende toezichthoudende autoriteit kan te allen tijde andere betrokken toezichthoudende autoriteiten verzoeken wederzijdse bijstand overeenkomstig artikel 61 te verlenen, en kan gezamenlijke werkzaamheden ondernemen overeenkomstig artikel 62, in het bijzonder voor het uitvoeren van onderzoeken of voor het toezicht op de uitvoering van een maatregel betreffende een in een andere lidstaat gevestigde verwerkingsverantwoordelijke of verwerker.
3. De leidende toezichthoudende autoriteit deelt onverwijld alle relevante informatie over de aangelegenheid mee aan de andere betrokken toezichthoudende autoriteiten. Zij legt de andere betrokken toezichthoudende autoriteiten onverwijld te hunner beoordeling een ontwerpbesluit voor en houdt naar behoren rekening met hun standpunten.
4. Indien één van de andere betrokken toezichthoudende autoriteiten binnen een termijn van vier weken na te zijn geraadpleegd overeenkomstig lid 3 van dit artikel een relevant en gemotiveerd bezwaar tegen het ontwerpbesluit indient, onderwerpt de leidende toezichthoudende autoriteit, indien zij het relevante en gemotiveerde bezwaar afwijst of het niet relevant of niet gemotiveerd acht, de aangelegenheid aan het in artikel 63 bedoelde coherentiemechanisme.
5. Indien de leidende toezichthoudende autoriteit voornemens is het ingediende relevante en gemotiveerde bezwaar te honoreren, legt zij de overige betrokken toezichthoudende autoriteiten te hunner beoordeling een herzien ontwerpbesluit voor. Dat herziene ontwerpbesluit wordt binnen een termijn van twee weken aan de in lid 4 bedoelde procedure onderworpen.
6. Indien geen enkele andere betrokken toezichthoudende autoriteit binnen de in de leden 4 en 5 bedoelde termijn bezwaar heeft gemaakt tegen het door de leidende toezichthoudende autoriteit voorgelegde ontwerpbesluit, worden de leidende toezichthoudende autoriteit en de betrokken toezichthoudende autoriteiten geacht met dat ontwerpbesluit in te stemmen en zijn zij daaraan gebonden.
7. De leidende toezichthoudende autoriteit stelt het besluit vast en deelt het mee aan de hoofdvestiging of de enige vestiging van de verwerkingsverantwoordelijke of de verwerker, naargelang het geval, en stelt de andere betrokken toezichthoudende autoriteiten, alsmede het Comité in kennis van het besluit in kwestie, voorzien van een samenvatting van de relevante feiten en gronden. De toezichthoudende autoriteit waarbij de klacht is ingediend, stelt de klager in kennis van het besluit.
8. Ingeval een klacht is afgewezen of verworpen, stelt de toezichthoudende autoriteit waarbij de klacht is ingediend, in afwijking van lid 7, het besluit vast en deelt zij het mee aan de klager en stelt zij de verwerkingsverantwoordelijke ervan in kennis.
9. Indien de leidende toezichthoudende autoriteit en de betrokken toezichthoudende autoriteiten het erover eens zijn delen van een klacht af te wijzen of te verwerpen en voor andere delen van die klacht op te treden, wordt voor elk van die laatstgenoemde delen een afzonderlijk besluit

Samenwerking toezichthoudende autoriteit met andere toezichthoudende autoriteiten

vastgesteld. De leidende toezichthoudende autoriteit stelt het besluit vast voor het deel betreffende de maatregelen inzake de verwerkingsverantwoordelijke, en deelt het mee aan de hoofdvestiging of de enige vestiging van de verwerkingsverantwoordelijke of de verwerker op het grondgebied van haar lidstaat, en stelt de klager daarvan in kennis. Voor het deel waarvoor de klacht in kwestie is afgewezen of verworpen, wordt het besluit vastgesteld door de toezichthoudende autoriteit van de klager, en door haar aan die klager medegedeeld, en wordt de verwerkingsverantwoordelijke of de verwerker daarvan in kennis gesteld.

10. De verwerkingsverantwoordelijke of de verwerker treft, na in kennis te zijn gesteld van het besluit van de leidende toezichthoudende autoriteit overeenkomstig de leden 7 en 9, de nodige maatregelen teneinde het besluit wat betreft de verwerkingsactiviteiten binnen al zijn vestigingen binnen de Unie te doen naleven. De verwerkingsverantwoordelijke of de verwerker deelt de door hem met het oog op de naleving van het besluit getroffen maatregelen mee aan de leidende toezichthoudende autoriteit, die de andere betrokken toezichthoudende autoriteiten ervan in kennis stelt.

11. Indien, in buitengewone omstandigheden, een betrokken toezichthoudende autoriteit het met reden dringend noodzakelijk acht dat in het belang van bescherming van de belangen van betrokkenen wordt opgetreden, is de in artikel 66 bedoelde spoedprocedure van toepassing.

12. De leidende toezichthoudende autoriteit en de andere betrokken toezichthoudende autoriteiten verstrekken elkaar langs elektronische weg, door middel van een standaardformulier, de krachtens dit artikel vereiste informatie.

Art. 61 Wederzijdse bijstand

Toezichthoudende autoriteiten, wederzijdse bijstand tussen

1. De toezichthoudende autoriteiten verstrekken elkaar relevante informatie en wederzijdse bijstand om deze verordening op een consequente manier ten uitvoer te leggen en toe te passen, en nemen maatregelen om doeltreffend met elkaar samen te werken. De wederzijdse bijstand bestrijkt met name informatieverzoeken en toezichtsmaatregelen, zoals verzoeken om voorafgaande toestemming en raadpleging, inspecties en onderzoeken.

2. Elke toezichthoudende autoriteit neemt alle passende maatregelen die nodig zijn om een verzoek van een andere toezichthoudende autoriteit onverwijld en uiterlijk binnen één maand na ontvangst daarvan te beantwoorden. Hierbij kan het in het bijzonder gaan om toezending van relevante informatie over de uitvoering van een onderzoek.

3. Verzoeken om bijstand bevatten alle nodige informatie, waaronder het doel van en de redenen voor het verzoek. De uitgewisselde informatie wordt alleen gebruikt voor het doel waarvoor om die informatie is verzocht.

4. De toezichthoudende autoriteit waaraan een verzoek om bijstand is gericht, wijst dit verzoek slechts af indien:

a) zij niet bevoegd is voor het onderwerp van het verzoek of voor de maatregelen die zij verzocht wordt uit te voeren; of

b) het verzoek inbreuk maakt op deze verordening of met Unierecht of lidstatelijk recht dat van toepassing is op de toezichthoudende autoriteit die het verzoek ontvangt.

5. De toezichthoudende autoriteit tot wie het verzoek is gericht, informeert de verzoekende toezichthoudende autoriteit over de resultaten of, in voorkomend geval, de voortgang van de maatregelen die in antwoord op het verzoek zijn genomen. Indien de toezichthoudende autoriteit tot wie het verzoek is gericht het verzoek op grond van lid 4 afwijst, licht zij de redenen daarvoor toe.

6. Toezichthoudende autoriteiten tot wie het verzoek is gericht delen in de regel de door andere toezichthoudende autoriteiten gevraagde informatie langs elektronische weg mee door middel van een standaardformulier.

7. De maatregelen die toezichthoudende autoriteiten tot wie een verzoek is gericht nemen uit hoofde van een verzoek om wederzijdse bijstand, zijn kosteloos. De toezichthoudende autoriteiten kunnen regels overeenkomen om elkaar te vergoeden voor specifieke uitgaven die voortvloeien uit het verstrekken van wederzijdse bijstand in uitzonderlijke omstandigheden.

8. Wanneer een toezichthoudende autoriteit de in lid 5 van dit artikel bedoelde informatie niet binnen één maand na ontvangst van het verzoek van een andere toezichthoudende autoriteit verstrekt, kan de verzoekende toezichthoudende autoriteit overeenkomstig artikel 55, lid 1, op het grondgebied van haar lidstaat een voorlopige maatregel nemen. In dat geval wordt geacht dat er overeenkomstig artikel 66, lid 1, dringend moet worden opgetreden en dat dit een dringend bindend besluit van het Comité vereist overeenkomstig artikel 66, lid 2.

9. De Commissie kan door middel van uitvoeringshandelingen het model en de procedures voor de in dit artikel bedoelde wederzijdse bijstand vastleggen, alsmede de regelingen voor de elektronische uitwisseling van informatie tussen toezichthoudende autoriteiten onderling en tussen toezichthoudende autoriteiten en het Comité, waaronder het in lid 6 van dit artikel bedoelde standaardformulier. Die uitvoeringshandelingen worden vastgesteld volgens de in artikel 93, lid 2, bedoelde onderzoeksprocedure.

Art. 62 Gezamenlijke werkzaamheden van toezichthoudende autoriteiten

1. In voorkomend geval voeren de toezichthoudende autoriteiten gezamenlijke werkzaamheden uit, waaronder gezamenlijke onderzoeken en gezamenlijke handhavingsmaatregelen, waarbij leden of personeelsleden van de toezichthoudende autoriteiten van andere lidstaten worden betrokken. *(Toezichthoudende autoriteiten, gezamenlijke werkzaamheden van)*

2. Indien de verwerkingsverantwoordelijke of de verwerker vestigingen heeft in meerdere lidstaten, of indien een significant aantal betrokkenen in meer dan één lidstaat waarschijnlijk wezenlijke gevolgen ondervindt van de verwerkingsactiviteiten, heeft van elk van die lidstaten één toezichthoudende autoriteit het recht om aan de gezamenlijke werkzaamheden deel te nemen. De toezichthoudende autoriteit die bevoegd is overeenkomstig artikel 56, lid 1 of lid 4, verzoekt de toezichthoudende autoriteit van elk van die lidstaten om deelname aan de gezamenlijke werkzaamheden in kwestie en beantwoordt onverwijld het verzoek van een toezichthoudende autoriteit om te mogen deelnemen.

3. Een toezichthoudende autoriteit kan overeenkomstig het lidstatelijke recht en met toestemming van de ondersteunende toezichthoudende autoriteit, aan de aan gezamenlijke werkzaamheden deelnemende leden of personeelsleden van de ondersteunende toezichthoudende autoriteit bevoegdheden toekennen, onder meer in verband met het voeren van onderzoek, of, voor zover het nationale recht de ontvangende toezichthoudende autoriteit dat toestaat, de leden of de personeelsleden van de ondersteunende toezichthoudende autoriteit toestaan om hun onderzoeksbevoegdheden overeenkomstig het nationale recht van de ondersteunende toezichthoudende autoriteit uit te oefenen. Deze onderzoeksbevoegdheden mogen hierbij uitsluitend worden uitgeoefend onder leiding en in aanwezigheid van leden of personeelsleden van de ontvangende toezichthoudende autoriteit. De leden of de personeelsleden van de ondersteunende toezichthoudende autoriteit zijn onderworpen aan het recht van de lidstaat van de ontvangende toezichthoudende autoriteit.

4. Wanneer personeelsleden van een ondersteunende toezichthoudende autoriteit overeenkomstig lid 1 actief zijn in een andere lidstaat, neemt de lidstaat van de ontvangende toezichthoudende autoriteit de verantwoordelijkheid voor hun activiteiten, met inbegrip van de aansprakelijkheid voor alle door die personeelsleden bij de uitvoering van hun werkzaamheden veroorzaakte schade, overeenkomstig het recht van de lidstaat op het grondgebied waarvan die personeelsleden actief zijn.

5. De lidstaat op het grondgebied waarvan de schade is veroorzaakt, vergoedt deze schade onder de voorwaarden die gelden voor door zijn eigen personeelsleden veroorzaakte schade. De lidstaat van de ondersteunende toezichthoudende autoriteit waarvan de personeelsleden op het grondgebied van een andere lidstaat aan iemand schade hebben berokkend, betaalt die andere lidstaat het volledige bedrag terug dat die andere lidstaat voor rekening van de personeelsleden aan de rechthebbenden heeft uitgekeerd.

6. Onverminderd de uitoefening van zijn rechten tegenover derden en met uitzondering van het in lid 5 bepaalde, ziet elke lidstaat er in het in lid 1 bedoelde geval van af het bedrag van de in lid 4 bedoelde schade op een andere lidstaat te verhalen.

7. Wanneer een gezamenlijke werkzaamheid is gepland en een toezichthoudende autoriteit niet binnen één maand aan de in lid 2, tweede zin, van dit artikel vastgestelde verplichting voldoet, kunnen de andere toezichthoudende autoriteiten een voorlopige maatregel nemen op het grondgebied van de lidstaat waarvoor zij bevoegd zijn overeenkomstig artikel 55. In dat geval wordt geacht dat er overeenkomstig artikel 66, lid 1, dringend moet worden opgetreden en dat dit een dringend advies of een dringend bindend besluit van het Comité vereist overeenkomstig artikel 66, lid 2.

Afdeling 2
Coherentie

Art. 63 Coherentiemechanisme

Teneinde bij te dragen aan de consequente toepassing van deze verordening in de gehele Unie werken de toezichthoudende autoriteiten met elkaar en waar passend samen met de Commissie in het kader van het in deze afdeling uiteengezette coherentiemechanisme. *(Coherentiemechanisme)*

Art. 64 Advies van het Comité

1. Het Comité brengt een advies uit wanneer een bevoegde toezichthoudende autoriteit voornemens is een van onderstaande maatregelen vast te stellen. Hiertoe deelt de bevoegde toezichthoudende autoriteit het Comité het ontwerpbesluit mee indien het: *(Comité, adviesbevoegdheid)*
a) de vaststelling beoogt van een lijst van verwerkingen waarvoor de eis inzake een gegevensbeschermingseffectbeoordeling overeenkomstig artikel 35, lid 4, geldt;
b) betrekking heeft op de vraag, overeenkomstig artikel 40, lid 7, of een gedragscode of de wijziging of uitbreiding van een gedragscode met deze verordening in overeenstemming is;

c) beoogt de eisen inzake accreditatie van een orgaan overeenkomstig artikel 41, lid 3, van een certificeringsorgaan overeenkomstig artikel 43, lid 3, of de criteria voor certificering als bedoeld in artikel 42, lid 5, goed te keuren;
d) de vaststelling beoogt van de in artikel 46, lid 2, onder d), en in artikel 28, lid 8, bedoelde standaardbepalingen inzake gegevensbescherming;
e) de toestemming beoogt voor de in artikel 46, lid 3, onder a), bedoelde contractbepalingen; of
f) de goedkeuring beoogt van bindende bedrijfsvoorschriften in de zin van artikel 47.

2. Een toezichthoudende autoriteit, de voorzitter van het Comité of de Commissie kunnen elk verzoeken dat aangelegenheden van algemene strekking of met rechtsgevolgen in meer dan één lidstaat worden onderzocht door het Comité teneinde advies te verkrijgen, met name wanneer een bevoegde toezichthoudende autoriteit haar verplichtingen tot wederzijdse bijstand overeenkomstig artikel 61, of tot gezamenlijke werkzaamheden overeenkomstig artikel 62, niet nakomt.

3. Het Comité brengt in de in de leden 1 en 2 bedoelde gevallen een advies uit over de aan het Comité voorgelegde aangelegenheid, mits het daarover niet eerder advies heeft uitgebracht. Dat advies wordt binnen acht weken vastgesteld met gewone meerderheid van de leden van het Comité. Die termijn kan met zes weken worden verlengd, rekening houdend met de complexiteit van de aangelegenheid. Met het in lid 1 bedoelde ontwerpbesluit, dat overeenkomstig lid 5 onder de leden van het Comité wordt verspreid, wordt een lid dat niet binnen een redelijke, door de voorzitter aangegeven termijn bezwaar heeft aangetekend, geacht in te stemmen.

4. De toezichthoudende autoriteiten en de Commissie delen onverwijld langs elektronische weg door middel van een standaardformulier het Comité alle relevante informatie mee, waaronder naargelang het geval een samenvatting van de feiten, het ontwerpbesluit, de redenen waarom een dergelijke maatregel moet worden genomen en de standpunten van andere betrokken toezichthoudende autoriteiten.

5. De voorzitter van het Comité stelt onverwijld langs elektronische weg:
a) de leden van het Comité en de Commissie door middel van een standaardformulier in kennis van alle relevante informatie die het Comité heeft ontvangen. Het secretariaat van het Comité verstrekt indien nodig vertalingen van relevante informatie; en
b) naargelang het geval, in de leden 1 en 2 bedoelde toezichthoudende autoriteit en de Commissie in kennis van het advies en maakt dat advies bekend.

6. De in lid 1 bedoelde bevoegde toezichthoudende autoriteit stelt haar in lid 1 bedoelde ontwerpbesluit niet vast binnen de in lid 3 bedoelde termijn.

7. De in lid 1 bedoelde bevoegde toezichthoudende autoriteit houdt maximaal rekening met het advies van het Comité en deelt de voorzitter van het Comité binnen twee weken na ontvangst van het advies langs elektronische weg door middel van een standaardformulier mee of zij haar ontwerpbesluit zal handhaven dan wel wijzigen alsmede, in voorkomend geval het gewijzigde ontwerpbesluit.

8. Wanneer de in lid 1 bedoelde bevoegde toezichthoudende autoriteit de voorzitter van het Comité binnen de in lid 7 van dit artikel bedoelde termijn, onder opgave van de redenen, kennis geeft van haar voornemen het advies van het Comité geheel of gedeeltelijk niet op te volgen, is artikel 65, lid 1, van toepassing.

Art. 65 Geschillenbeslechting door het Comité

Geschillenbeslechting door Comité

1. Om te zorgen voor de correcte en consequente toepassing van deze verordening in individuele gevallen, stelt het Comité een bindend besluit vast in de volgende gevallen:
a) wanneer in een geval als bedoeld in artikel 60, lid 4, een betrokken toezichthoudende autoriteit een relevant en gemotiveerd bezwaar heeft ingediend tegen een ontwerpbesluit van de leidende toezichthoudende autoriteit en de leidende toezichthoudende autoriteit heeft het bezwaar niet gevolgd of heeft het bezwaar afgewezen als zijnde irrelevant of ongemotiveerd. Het bindend besluit heeft betrekking op alle aangelegenheden die onderwerp van het relevante en gemotiveerde bezwaar zijn, en met name op de vraag of inbreuk op de onderhavige verordening wordt gemaakt;
b) wanneer er verschillend wordt geoordeeld over de vraag welke betrokken toezichthoudende autoriteit bevoegd is voor de hoofdvestiging;
c) wanneer een bevoegde toezichthoudende autoriteit in de in artikel 64, lid 1, genoemde gevallen het Comité niet om advies vraagt, of het krachtens artikel 64 uitgebrachte advies van het Comité niet volgt. In dat geval kan elke betrokken toezichthoudende autoriteit of de Commissie de aangelegenheid meedelen aan het Comité.

2. Het in lid 1 bedoelde besluit wordt binnen één maand na de verwijzing van de aangelegenheid vastgesteld met een tweederdemeerderheid van de leden van het Comité. Deze termijn kan wegens de complexiteit van de aangelegenheid met één maand worden verlengd. Het in lid 1 bedoelde besluit wordt met redenen omkleed en gericht tot de leidende toezichthoudende autoriteit en alle betrokken toezichthoudende autoriteiten, en is bindend.

3. Indien het Comité niet binnen de in lid 2 genoemde termijn een besluit heeft kunnen vaststellen, stelt het zijn besluit binnen twee weken na het verstrijken van de in lid 2 bedoelde tweede maand vast, met een gewone meerderheid van zijn leden. Bij staking van stemmen onder de leden van het Comité is de stem van de voorzitter beslissend.
4. De betrokken toezichthoudende autoriteiten stellen tijdens de in de leden 2 en 3 bedoelde termijn geen besluit over de overeenkomstig lid 1 aan het Comité voorgelegde aangelegenheid vast.
5. De voorzitter van het Comité brengt het in lid 1 bedoelde besluit onverwijld ter kennis van de betrokken toezichthoudende autoriteiten. Hij brengt de Commissie daarvan op de hoogte. Het besluit wordt onverwijld bekendgemaakt op de website van het Comité nadat de toezichthoudende autoriteit het in lid 6 bedoelde definitieve besluit ter kennis heeft gebracht.
6. De leidende toezichthoudende autoriteit of, in voorkomend geval, de toezichthoudende autoriteit waarbij de klacht is ingediend, stelt onverwijld en uiterlijk binnen één maand na de kennisgeving door het Comité een definitief besluit vast op basis van het in lid 1 van dit artikel bedoelde besluit. De leidende toezichthoudende autoriteit of, in voorkomend geval, de toezichthoudende autoriteit waarbij de klacht is ingediend, deelt het Comité de datum mee waarop haar definitieve besluit ter kennis wordt gebracht van respectievelijk de verwerkingsverantwoordelijke of de verwerker en van de betrokkene. Het definitieve besluit van de betrokken toezichthoudende autoriteiten wordt vastgesteld overeenkomstig artikel 60a, leden 7, 8 en 9. Het definitieve besluit verwijst naar het in lid 1 van dit artikel bedoelde besluit en geeft aan dat genoemd besluit overeenkomstig lid 5 van dit artikel zal worden bekendgemaakt op de website van het Comité. Het in lid 1 van dit artikel bedoelde besluit wordt aan het definitieve besluit gehecht.

Art. 66 Spoedprocedure

1. In buitengewone omstandigheden kan een betrokken toezichthoudende autoriteit, wanneer zij van mening is dat er dringend moet worden opgetreden om de rechten en vrijheden van betrokkenen te beschermen, in afwijking van het in de artikelen 63, 64 en 65 bedoelde coherentiemechanisme of van de in artikel 60 bedoelde procedure, onverwijld voorlopige maatregelen met een bepaalde geldigheidsduur van ten hoogste drie maanden nemen die beogen rechtsgevolgen in het leven te roepen op het eigen grondgebied. De toezichthoudende autoriteit deelt die maatregelen met opgave van de redenen onverwijld mee aan de andere betrokken toezichthoudende autoriteiten, het Comité en de Commissie.
2. Wanneer een toezichthoudende autoriteit overeenkomstig lid 1 een maatregel heeft genomen en van mening is dat er dringend definitieve maatregelen moeten worden genomen, kan zij het Comité met opgave van redenen om een dringend advies of een dringend bindend besluit verzoeken.
3. Een toezichthoudende autoriteit kan het Comité met opgave van redenen, waaronder de redenen waarom er dringend moet worden opgetreden, om een dringend advies of een dringend bindend besluit verzoeken wanneer de bevoegde toezichthoudende autoriteit geen passende maatregel heeft genomen in een situatie waarin er dringend moet worden opgetreden, teneinde de rechten en vrijheden van betrokkenen te beschermen.
4. In afwijking van artikel 64, lid 3, en van artikel 65, lid 2, wordt een als in de leden 2 en 3 bedoeld dringend advies of dringend bindend besluit binnen twee weken met gewone meerderheid van de leden van het Comité vastgesteld.

Art. 67 Uitwisseling van informatie

De Commissie kan uitvoeringshandelingen van algemene aard vaststellen om de regelingen voor de elektronische uitwisseling van informatie tussen de toezichthoudende autoriteiten onderling en tussen toezichthoudende autoriteiten en het Comité, met name het in artikel 64 bedoelde standaardformulier, vast te leggen.
Die uitvoeringshandelingen worden vastgesteld volgens de in artikel 93, lid 2, bedoelde onderzoeksprocedure.

Afdeling 3
Europees Comité voor gegevensbescherming

Art. 68 Europees Comité voor gegevensbescherming

1. Het Europees Comité voor gegevensbescherming (het „Comité") wordt ingesteld als orgaan van de Unie en heeft rechtspersoonlijkheid.
2. Het Comité wordt vertegenwoordigd door zijn voorzitter.
3. Het Comité bestaat uit de voorzitter van één toezichthoudende autoriteit per lidstaat en de Europese Toezichthouder voor gegevensbescherming, of hun respectieve vertegenwoordigers.
4. Wanneer in een lidstaat meer dan één toezichthoudende autoriteit belast is met het toezicht op de toepassing van de bepalingen krachtens deze verordening, wordt overeenkomstig deze verordening een gezamenlijke vertegenwoordiger aangewezen.

Margin notes:
Spoedprocedure/afwijking coherentiemechanisme
Uitwisseling informatie
Comité (Europees Comité voor gegevensbescherming)
Comité, inrichting

5. De Commissie heeft het recht deel te nemen aan de activiteiten en, zonder stemrecht, aan de bijeenkomsten van het Comité. De Commissie wijst een vertegenwoordiger aan. De voorzitter van het Comité stelt de Commissie in kennis van de activiteiten van het Comité.
6. In de in artikel 65 bedoelde gevallen heeft de Europese Toezichthouder voor gegevensbescherming uitsluitend stemrecht bij besluiten over op de instellingen, organen en instanties van de Unie toepasselijke beginselen en regels die inhoudelijk met die van de onderhavige verordening overeenstemmen.

Art. 69 Onafhankelijkheid

Comité, onafhankelijkheid

1. Het Comité treedt bij de uitvoering van zijn taken of de uitoefening van zijn bevoegdheden overeenkomstig de artikelen 70 en 71 onafhankelijk op.
2. Onverminderd verzoeken van de Commissie als bedoeld in artikel 70, leden 1 en 2, vraagt noch aanvaardt het Comité bij de uitvoering van zijn taken of de uitoefening van zijn bevoegdheden instructies van wie dan ook.

Art. 70 Taken van het Comité

Comité, taken

1. Het Comité zorgt ervoor dat deze verordening consequent wordt toegepast. Daartoe doet het Comité op eigen initiatief of, waar passend, op verzoek van de Commissie met name het volgende:
a) toezien op en zorgen voor de juiste toepassing van deze verordening in de in de artikelen 64 en 65 bedoelde gevallen, onverminderd de taken van de nationale toezichthoudende autoriteiten;
b) adviseren van de Commissie over aangelegenheden in verband met de bescherming van persoonsgegevens in de Unie, waaronder alle voorgestelde wijzigingen van deze verordening;
c) adviseren van de Commissie over het mechanisme en de procedures voor de uitwisseling van informatie wat betreft bindende bedrijfsvoorschriften tussen verwerkingsverantwoordelijken, verwerkers, en toezichthoudende autoriteiten;
d) uitvaardigen van richtsnoeren, aanbevelingen en beste praktijken inzake procedures voor het wissen van links, kopieën of reproducties van persoonsgegevens uit algemeen beschikbare communicatiediensten als bedoeld in artikel 17, lid 2;
e) onderzoeken, op eigen initiatief of op verzoek van een van zijn leden dan wel op verzoek van de Commissie, van kwesties die betrekking hebben op de toepassing van deze verordening, en uitvaardigen van richtsnoeren, aanbevelingen en beste praktijken om te bevorderen dat deze verordening consequent wordt toegepast;
f) uitvaardigen van richtsnoeren, aanbevelingen en beste praktijken in overeenstemming met punt e) van dit lid ter verdere specificatie van de criteria en de voorwaarden voor besluiten op basis van profilering krachtens artikel 22, lid 2;
g) uitvaardigen van richtsnoeren, aanbevelingen en beste praktijken in overeenstemming met punt e) van dit lid ter vaststelling van inbreuken in verband met persoonsgegevens alsmede van de in artikel 33, leden 1 en 2, bedoelde onredelijke vertraging, en voor de bijzondere omstandigheden waarin een verwerkingsverantwoordelijke of een verwerker verplicht is de inbreuk in verband met persoonsgegevens te melden;
h) uitvaardigen van richtsnoeren, aanbevelingen en beste praktijken in overeenstemming met punt e) van dit lid ten aanzien van de omstandigheden waarin een inbreuk in verband met persoonsgegevens waarschijnlijk een hoog risico oplevert voor de rechten en vrijheden van natuurlijke personen, als bedoeld in artikel 34, lid 1;
i) uitvaardigen van richtsnoeren, aanbevelingen en beste praktijken in overeenstemming met punt e) van dit lid ter verdere specificatie van de criteria en de eisen voor doorgiften van persoonsgegevens op basis van bindende bedrijfsvoorschriften voor verwerkingsverantwoordelijken en bindende bedrijfsvoorschriften voor verwerkers, alsmede op basis van verdere noodzakelijke eisen om de bescherming van persoonsgegevens van de betrokkenen in kwestie te garanderen, als bedoeld in artikel 47;
j) uitvaardigen van richtsnoeren, aanbevelingen en beste praktijken in overeenstemming met punt e) van dit lid ter verdere specificatie van de criteria en de eisen voor de doorgiften van persoonsgegevens op grond van artikel 49, lid 1;
k) opstellen van richtsnoeren voor toezichthoudende autoriteiten betreffende de toepassing van de in artikel 58, leden 1, 2 en 3, bedoelde maatregelen en betreffende de vaststelling van administratieve geldboeten overeenkomstig artikel 83;
l) evalueren van de praktische toepassing van de richtsnoeren, aanbevelingen en beste praktijken;
m) uitvaardigen van richtsnoeren, aanbevelingen en beste praktijken in overeenstemming met punt e) van dit lid, ter vaststelling van gemeenschappelijke procedures waarmee natuurlijke personen inbreuken op deze verordening kunnen melden, als bedoeld in artikel 54, lid 2;
n) bevorderen van het opstellen van gedragscodes en het invoeren van certificeringsmechanismen voor gegevensbescherming en gegevensbeschermingszegels en -merktekens overeenkomstig de artikelen 40 en 42;
o) goedkeuren van de criteria voor certificering overeenkomstig artikel 42, lid 5, en houden van een openbaar register van certificeringsmechanismen en van gegevensbeschermingszegels

en -merktekens overeenkomstig artikel 42, lid 8, en van de geaccrediteerde verwerkingsverantwoordelijken of verwerkers die in derde landen zijn gevestigd, overeenkomstig artikel 42, lid 7;

p) goedkeuren van de in artikel 43, lid 3, bedoelde eisen met het oog op de accreditatie van certificeringsorganen bedoeld in artikel 43;

q) uitbrengen van een advies ten behoeve van de Commissie over de in artikel 43, lid 8, bedoelde certificeringseisen;

r) uitbrengen van een advies ten behoeve van de Commissie over de in artikel 12, lid 7, bedoelde icoontjes;

s) uitbrengen aan de Commissie van een advies om haar in staat te stellen te beoordelen of het beschermingsniveau in een derde land of een internationale organisatie adequaat is, en om te beoordelen of een derde land, een gebied of één of meerdere nader bepaalde sectoren in dat derde land, of een internationale organisatie een passend beschermingsniveau meer garandeert. Daartoe verstrekt de Commissie het Comité alle nodige documentatie, met inbegrip van correspondentie met de overheid van het derde land, ten aanzien van derde land, gebied of nader bepaalde sector of met de internationale organisatie.

t) uitbrengen van adviezen over ontwerpbesluiten van de toezichthoudende autoriteiten in het kader van het in artikel 64, lid 1, bedoelde coherentiemechanisme over aangelegenheden die overeenkomstig artikel 64, lid 2, ter sprake worden gebracht en uitbrengen van bindende beslissingen overeenkomstig artikel 65, met inbegrip van de in artikel 66 bedoelde gevallen;

u) bevorderen van samenwerking en effectieve bilaterale en multilaterale uitwisseling van informatie en beste praktijken tussen de toezichthoudende autoriteiten;

v) bevorderen van gemeenschappelijke opleidingsprogramma's en vergemakkelijken van uitwisselingen van personeelsleden tussen de toezichthoudende autoriteiten, en waar passend, met de toezichthoudende autoriteiten van derde landen of met internationale organisaties;

w) bevorderen van de uitwisseling van kennis en documentatie over de wetgeving en de praktijk op het gebied van gegevensbescherming met voor gegevensbescherming bevoegde toezichthoudende autoriteiten van de hele wereld;

x) uitbrengen van adviezen over op Unieniveau opgestelde gedragscodes overeenkomstig artikel 40, lid 9; en

y) houden van een openbaar elektronisch register van besluiten van toezichthoudende autoriteiten en gerechten over in het kader van het coherentiemechanisme behandeld aangelegenheden.

2. Wanneer de Commissie het Comité om advies vraagt, kan zij een termijn aangeven, rekening houdend met de spoedeisendheid van de aangelegenheid.
3. Het Comité zendt zijn adviezen, richtsnoeren, aanbevelingen en beste praktijken toe aan de Commissie en aan het in artikel 93 bedoelde comité en maakt deze bekend.
4. Het Comité raadpleegt, waar passend, de belanghebbende partijen en biedt hun de gelegenheid om binnen een redelijk tijdsbestek commentaar te leveren. Onverminderd artikel 76, maakt het Comité de resultaten van de raadpleging openbaar.

Art. 71 Rapportage
1. Het Comité stelt een jaarverslag op over de bescherming van natuurlijke personen met betrekking tot de verwerking in de Unie en, in voorkomend geval, in derde landen en internationale organisaties. Het verslag wordt openbaar gemaakt en toegezonden aan het Europees Parlement, de Raad en de Commissie.
2. Het jaarverslag omvat een evaluatie van de praktische toepassing van de richtsnoeren, aanbevelingen en beste praktijken bedoeld in artikel 70, lid 1, punt l), en van de bindende besluiten bedoeld in artikel 65.

Art. 72 Procedure
1. Het Comité neemt besluiten met een gewone meerderheid van zijn leden, tenzij anders bepaald in deze verordening.
2. Het Comité stelt met een tweederdemeerderheid van zijn leden zijn eigen reglement van orde en zijn eigen werkregelingen vast.

Art. 73 Voorzitter
1. Het Comité kiest met gewone meerderheid een voorzitter en twee vicevoorzitters uit zijn leden.
2. De ambtstermijn van de voorzitter en de vicevoorzitters bedraagt vijf jaar en kan eenmaal worden verlengd.

Art. 74 Taken van de voorzitter
1. De voorzitter heeft de volgende taken:
a) bijeenroepen van de bijeenkomsten van het Comité en het opstellen van zijn agenda;
b) ter kennis brengen van de door het Comité overeenkomstig artikel 65 vastgestelde besluiten aan de leidende toezichthoudende autoriteit en de betrokken toezichthoudende autoriteiten;

Comité, jaarlijkse rapportage

Comité, procedure besluitvorming

Comité, voorzitter en vicevoorzitters

Comité, ambtstermijn (vice)voorzitter(s)

Comité, taken voorzitter

c) ervoor zorgen dat de taken van het Comité tijdig worden uitgevoerd, met name wat het in artikel 63 bedoelde coherentiemechanisme betreft.

2. Het Comité stelt in zijn reglement van orde de taakverdeling tussen de voorzitter en de vicevoorzitters vast.

Art. 75 Secretariaat

Comité, secretariaat

1. Het Comité heeft een secretariaat, dat wordt verzorgd door de Europese Toezichthouder voor gegevensbescherming.
2. Het secretariaat verricht zijn taken uitsluitend volgens de instructies van de voorzitter van het Comité.
3. De personeelsleden van de Europese Toezichthouder voor gegevensbescherming die betrokken zijn bij de uitvoering van de krachtens deze verordening aan het Comité opgedragen taken vallen onder een andere rapportageregeling dan de personeelsleden die betrokken zijn bij de uitvoering van de aan de Europese Toezichthouder voor gegevensbescherming opgedragen taken.
4. Waar passend wordt door het Comité en de Europese Toezichthouder voor gegevensbescherming een memorandum van overeenstemming ter uitvoering van dit artikel opgesteld en bekendgemaakt, waarin de voorwaarden van hun samenwerking worden vastgelegd en dat van toepassing is op de personeelsleden van de Europese Toezichthouder voor gegevensbescherming die betrokken zijn bij de uitvoering van de krachtens deze verordening aan het Comité opgedragen taken.
5. Het secretariaat biedt het Comité analytische, administratieve en logistieke ondersteuning.
6. Het secretariaat is met name belast met:
a) de dagelijkse werking van het Comité;
b) de communicatie tussen de leden van het Comité, zijn voorzitter en de Commissie;
c) de communicatie met andere instellingen en het brede publiek;
d) het gebruik van elektronische middelen voor interne en externe communicatie;
e) de vertaling van relevante informatie;
f) de voorbereiding en opvolging van de bijeenkomsten van het Comité;
g) de voorbereiding, opstelling en bekendmaking van adviezen, besluiten inzake beslechting van geschillen tussen toezichthoudende autoriteiten, en andere teksten die het Comité vaststelt.

Art. 76 Vertrouwelijkheid

Comité, vertrouwelijkheid

1. De besprekingen van het Comité zijn vertrouwelijk indien het comité dit noodzakelijk acht, in overeenstemming met zijn reglement van orde.
2. Op de toegang tot documenten die aan de leden van het Comité, deskundigen en vertegenwoordigers van derden worden voorgelegd, is Verordening (EG) nr. 1049/2001 van het Europees Parlement en de Raad [23] van toepassing.

HOOFDSTUK VIII
Beroep, aansprakelijkheid en sancties

Art. 77 Recht om klacht in te dienen bij een toezichthoudende autoriteit

Klacht indienen bij toezichthoudende autoriteit, recht op

1. Onverminderd andere mogelijkheden van administratief beroep of een voorziening in rechte, heeft iedere betrokkene het recht een klacht in te dienen bij een toezichthoudende autoriteit, met name in de lidstaat waar hij gewoonlijk verblijft, hij zijn werkplek heeft of waar de beweerde inbreuk is begaan, indien hij van mening is dat de verwerking van hem betreffende persoonsgegevens inbreuk maakt op deze verordening.
2. De toezichthoudende autoriteit waarbij de klacht is ingediend, stelt de klager in kennis van de voortgang en het resultaat van de klacht, alsmede van de mogelijke voorziening in rechte overeenkomstig artikel 78.

Art. 78 Recht om een doeltreffende voorziening in rechte in te stellen tegen een toezichthoudende autoriteit

Beroepsprocedure tegen besluit toezichthoudende autoriteit, recht op

1. Onverminderd andere mogelijkheden van administratief of buitengerechtelijk beroep, heeft iedere natuurlijke persoon of rechtspersoon het recht om tegen een hem betreffend juridisch bindend besluit van een toezichthoudende autoriteit een doeltreffende voorziening in rechte in te stellen.
2. Onverminderd andere mogelijkheden van administratief of buitengerechtelijk beroep heeft iedere betrokkene het recht om een doeltreffende voorziening in rechte in te stellen indien de overeenkomstig de artikelen 55 en 56 bevoegde toezichthoudende autoriteit een klacht niet behandelt of de betrokkene niet binnen drie maanden in kennis stelt van de voortgang of het resultaat van de uit hoofde van artikel 77 ingediende klacht.

---

23 Verordening (EG) nr. 1049/2001 van het Europees Parlement en de Raad van 30 mei 2001 inzake de toegang van het publiek tot documenten van het Europees Parlement, de Raad en de Commissie (PB L 145 van 31.5.2001, blz. 43).

3. Een procedure tegen een toezichthoudende autoriteit wordt ingesteld bij de gerechten van de lidstaat waar de toezichthoudende autoriteit is gevestigd.
4. Wanneer een procedure wordt ingesteld tegen een besluit van een toezichthoudende autoriteit waaraan een advies of een besluit van het Comité in het kader van het coherentiemechanisme is voorafgegaan, doet de toezichthoudende autoriteit dat advies of besluit aan de gerechten toekomen.

Art. 79 Recht om een doeltreffende voorziening in rechte in te stellen tegen een verwerkingsverantwoordelijke of een verwerker

1. Onverminderd andere mogelijkheden van administratief of buitengerechtelijk beroep, waaronder het recht uit hoofde van artikel 77 een klacht in te dienen bij een toezichthoudende autoriteit, heeft elke betrokkene het recht een doeltreffende voorziening in rechte in te stellen indien hij van mening is dat zijn rechten uit hoofde van deze verordening geschonden zijn ten gevolge van een verwerking van zijn persoonsgegevens die niet aan deze verordening voldoet.
2. Een procedure tegen een verwerkingsverantwoordelijke of een verwerker wordt ingesteld bij de gerechten van de lidstaat waar de verwerkingsverantwoordelijke of de verwerker een vestiging heeft. Een dergelijke procedure kan ook worden ingesteld bij de gerechten van de lidstaat waar de betrokkene gewoonlijk verblijft, tenzij de verwerkingsverantwoordelijke of de verwerker een overheidsinstantie van een lidstaat is die optreedt in de uitoefening van het overheidsgezag.

Beroepsprocedure tegen verwerkingsverantwoordelijke of verwerker, recht op

Art. 80 Vertegenwoordiging van betrokkenen

1. De betrokkene heeft het recht een orgaan, organisatie of vereniging zonder winstoogmerk dat of die op geldige wijze volgens het recht van een lidstaat is opgericht, waarvan de statutaire doelstellingen het openbare belang dienen en dat of die actief is op het gebied van de bescherming van de rechten en vrijheden van de betrokkene in verband met de bescherming van diens persoonsgegevens, opdracht te geven de klacht namens hem in te dienen, namens hem de in artikelen 77, 78 en 79 bedoelde rechten uit te oefenen en namens hem het in artikel 82 bedoelde recht op schadevergoeding uit te oefenen, indien het lidstatelijke recht daarin voorziet.
2. De lidstaten kunnen bepalen dat een orgaan, organisatie of vereniging als bedoeld in lid 1 van dit artikel, over het recht beschikt om onafhankelijk van de opdracht van een betrokkene in die lidstaat een klacht in te dienen bij de overeenkomstig artikel 77 bevoegde toezichthoudende autoriteit en de in de artikelen 78 en 79 bedoelde rechten uit te oefenen, indien het, onderscheidenlijk zij, van mening is dat de rechten van een betrokkene uit hoofde van deze verordening zijn geschonden ten gevolge van de verwerking.

Beroepsprocedure, vertegenwoordiging betrokkenen bij

Art. 81 Schorsing van de procedure

1. Indien een bevoegd gerecht van een lidstaat over informatie beschikt dat bij een gerecht van een andere lidstaat een procedure inzake verwerking betreffende dezelfde aangelegenheid en dezelfde verwerkingsverantwoordelijke of verwerker hangende is, neemt het contact op met dat gerecht in de andere lidstaat om het bestaan van die procedure te verifiëren.
2. Indien een procedure inzake verwerking met betrekking tot dezelfde aangelegenheid en dezelfde verwerkingsverantwoordelijke of verwerker hangende is bij een gerecht van een andere lidstaat, kan ieder ander bevoegd gerecht dan dat welk als eerste is aangezocht, zijn procedure schorsen.
3. Indien die procedure in eerste aanleg aanhangig is, kan elk gerecht dat niet als eerste is aangezocht, op verzoek van een van de partijen ook tot verwijzing overgaan, mits het eerst aangezochte gerecht bevoegd is om van de beide procedures kennis te nemen en zijn wetgeving de voeging daarvan toestaat.

Beroepsprocedure, schorsing

Art. 82 Recht op schadevergoeding en aansprakelijkheid

1. Eenieder die materiële of immateriële schade heeft geleden ten gevolge van een inbreuk op deze verordening, heeft het recht om van de verwerkingsverantwoordelijke of de verwerker schadevergoeding te ontvangen voor de geleden schade.
2. Elke verwerkingsverantwoordelijke die bij verwerking is betrokken, is aansprakelijk voor de schade die wordt veroorzaakt door verwerking die inbreuk maakt op deze verordening. Een verwerker is slechts aansprakelijk voor de schade die door verwerking is veroorzaakt wanneer bij verwerking niet is voldaan aan de specifiek tot verwerkers gerichte verplichtingen van deze verordening of buiten dan wel in strijd met de rechtmatige instructies van de verwerkingsverantwoordelijke is gehandeld.
3. Een verwerkingsverantwoordelijke of verwerker wordt van aansprakelijkheid op grond van lid 2 vrijgesteld indien hij bewijst dat hij op geen enkele wijze verantwoordelijk is voor het schadeveroorzakende feit.
4. Wanneer meerdere verwerkingsverantwoordelijken of verwerkers bij dezelfde verwerking betrokken zijn, en overeenkomstig de leden 2 en 3 verantwoordelijk zijn voor schade die door verwerking is veroorzaakt, wordt elke verwerkingsverantwoordelijke of verwerker voor de gehele schade aansprakelijk gehouden teneinde te garanderen dat de betrokkene daadwerkelijk wordt vergoed.

Schadevergoeding bij schade door inbreuk op verordening
Aansprakelijkheid verwerkingsverantwoordelijke voor schade

5. Wanneer een verwerkingsverantwoordelijke of verwerker de schade overeenkomstig lid 4 geheel heeft vergoed, kan deze verwerkingsverantwoordelijke of verwerker op andere verwerkingsverantwoordelijken of verwerkers die bij de verwerking waren betrokken, het deel van de schadevergoeding verhalen dat overeenkomt met hun deel van de aansprakelijkheid voor de schade, overeenkomstig de in lid 2 gestelde voorwaarden.

6. Gerechtelijke procedures voor het uitoefenen van het recht op schadevergoeding worden gevoerd voor de in artikel 79, lid 2, bedoelde lidstaatrechtelijk bevoegde gerechten.

Art. 83 Algemene voorwaarden voor het opleggen van administratieve geldboeten

Administratieve geldboeten

1. Elke toezichthoudende autoriteit zorgt ervoor dat de administratieve geldboeten die uit hoofde van dit artikel worden opgelegd voor de in de leden 4, 5 en 6 vermelde inbreuken op deze verordening in elke zaak doeltreffend, evenredig en afschrikkend zijn.

Administratieve geldboeten, algemene voorwaarden voor opleggen

2. Administratieve geldboeten worden, naargelang de omstandigheden van het concrete geval, opgelegd naast of in plaats van de in artikel 58, lid 2, onder a) tot en met h) en onder j), bedoelde maatregelen. Bij het besluit over de vraag of een administratieve geldboete wordt opgelegd en over de hoogte daarvan wordt voor elk concreet geval naar behoren rekening gehouden met het volgende: a) de aard, de ernst en de duur van de inbreuk, rekening houdend met de aard, de omvang of het doel van de verwerking in kwestie alsmede het aantal getroffen betrokkenen en de omvang van de door hen geleden schade;
b) de opzettelijke of nalatige aard van de inbreuk;
c) de door de verwerkingsverantwoordelijke of de verwerker genomen maatregelen om de door betrokkenen geleden schade te beperken;
d) de mate waarin de verwerkingsverantwoordelijke of de verwerker verantwoordelijk is gezien de technische en organisatorische maatregelen die hij heeft uitgevoerd overeenkomstig de artikelen 25 en 32;
e) eerdere relevante inbreuken door de verwerkingsverantwoordelijke of de verwerker;
f) de mate waarin er met de toezichthoudende autoriteit is samengewerkt om de inbreuk te verhelpen en de mogelijke negatieve gevolgen daarvan te beperken;
g) de categorieën van persoonsgegevens waarop de inbreuk betrekking heeft;
h) de wijze waarop de toezichthoudende autoriteit kennis heeft gekregen van de inbreuk, met name of, en zo ja in hoeverre, de verwerkingsverantwoordelijke of de verwerker de inbreuk heeft gemeld;
i) de naleving van de in artikel 58, lid 2, genoemde maatregelen, voor zover die eerder ten aanzien van de verwerkingsverantwoordelijke of de verwerker in kwestie met betrekking tot dezelfde aangelegenheid zijn genomen;
j) het aansluiten bij goedgekeurde gedragscodes overeenkomstig artikel 40 of van goedgekeurde certificeringsmechanismen overeenkomstig artikel 42; en
k) elke andere op de omstandigheden van de zaak toepasselijke verzwarende of verzachtende factor, zoals gemaakte financiële winsten, of vermeden verliezen, die al dan niet rechtstreeks uit de inbreuk voortvloeien.

3. Indien een verwerkingsverantwoordelijke of een verwerker opzettelijk of uit nalatigheid met betrekking tot dezelfde of daarmee verband houdende verwerkingsactiviteiten een inbreuk pleegt op meerdere bepalingen van deze verordening, is de totale geldboete niet hoger dan die voor de zwaarste inbreuk.

Administratieve geldboeten, hoogte

4. Inbreuken op onderstaande bepalingen zijn overeenkomstig lid 2 onderworpen aan administratieve geldboeten tot 10 000 000 EUR of, voor een onderneming, tot 2 % van de totale wereldwijde jaaromzet in het voorgaande boekjaar, indien dit cijfer hoger is: a) de verplichtingen van de verwerkingsverantwoordelijke en de verwerker overeenkomstig de artikelen 8, 11, 25 tot en met 39, en 42 en 43; b) de verplichtingen van het certificeringsorgaan overeenkomstig de artikelen 42 en 43; c) de verplichtingen van het toezichthoudend orgaan overeenkomstig artikel 41, lid 4.

5. Inbreuken op onderstaande bepalingen zijn overeenkomstig lid 2 onderworpen aan administratieve geldboeten tot 20 000 000 EUR of, voor een onderneming, tot 4 % van de totale wereldwijde jaaromzet in het voorgaande boekjaar, indien dit cijfer hoger is:
a) de basisbeginselen inzake verwerking, met inbegrip van de voorwaarden voor toestemming, overeenkomstig de artikelen 5, 6, 7 en 9;
b) de rechten van de betrokkenen overeenkomstig de artikelen 12 tot en met 22;
c) de doorgiften van persoonsgegevens aan een ontvanger in een derde land of een internationale organisatie overeenkomstig de artikelen 44 tot en met 49;
d) alle verplichtingen door de lidstaten vastgesteld krachtens hoofdstuk IX;
e) niet-naleving van een bevel of een tijdelijke of definitieve verwerkingsbeperking of een opschorting van gegevensstromen door de toezichthoudende autoriteit overeenkomstig artikel 58, lid 2, of het niet-verlening van toegang in strijd met artikel 58, lid 1.

6. Niet-naleving van een bevel van de toezichthoudende autoriteit als bedoeld in artikel 58, lid 2, is overeenkomstig lid 2 van dit artikel onderworpen aan administratieve geldboeten tot

20 000 000 EUR of, voor een onderneming, tot 4 % van de totale wereldwijde jaaromzet in het voorgaande boekjaar, indien dit cijfer hoger is.

7. Onverminderd de bevoegdheden tot het nemen van corrigerende maatregelen van de toezichthoudende autoriteiten overeenkomstig artikel 58, lid 2, kan elke lidstaat regels vaststellen betreffende de vraag of en in hoeverre administratieve geldboeten kunnen worden opgelegd aan in die lidstaat gevestigde overheidsinstanties en overheidsorganen.

8. De uitoefening door de toezichthoudende autoriteit van haar bevoegdheden uit hoofde van dit artikel is onderworpen aan passende procedurele waarborgen overeenkomstig het Unierecht en het lidstatelijke recht, waaronder een doeltreffende voorziening in rechte en een eerlijke rechtsbedeling.

9. Wanneer het rechtsstelsel van de lidstaat niet voorziet in administratieve geldboeten, kan dit artikel aldus worden toegepast dat geldboeten worden geïnitieerd door de bevoegde toezichthoudende autoriteit en opgelegd door bevoegde nationale gerechten, waarbij wordt gewaarborgd dat deze rechtsmiddelen doeltreffend zijn en eenzelfde effect hebben als de door toezichthoudende autoriteiten opgelegde administratieve geldboeten. De boeten zijn in elk geval doeltreffend, evenredig en afschrikkend. Die lidstaten delen de Commissie uiterlijk op 25 mei 2018 de wetgevingsbepalingen mee die zij op grond van dit lid vaststellen, alsmede onverwijld alle latere wijzigingen daarvan en alle daarop van invloed zijnde wijzigingswetgeving.

Art. 84 Sancties

1. De lidstaten stellen de regels inzake andere sancties vast die van toepassing zijn op inbreuken op deze verordening, in het bijzonder op inbreuken die niet aan administratieve geldboeten onderworpen zijn overeenkomstig artikel 83, en treffen alle nodige maatregelen om ervoor te zorgen dat zij worden toegepast. Die sancties zijn doeltreffend, evenredig en afschrikkend.

2. Elke lidstaat deelt de Commissie uiterlijk op 25 mei 2018 de overeenkomstig lid 1 vastgestelde wetgevingsbepalingen mee, alsook onverwijld alle latere wijzigingen daarvan.

Sancties

HOOFDSTUK IX
Bepalingen in verband met specifieke situaties op het gebied van gegevensverwerking

Art. 85 Verwerking en vrijheid van meningsuiting en van informatie

1. De lidstaten brengen het recht op bescherming van persoonsgegevens overeenkomstig deze verordening wettelijk in overeenstemming met het recht op vrijheid van meningsuiting en van informatie, daaronder begrepen de verwerking voor journalistieke doeleinden en ten behoeve van academische, artistieke of literaire uitdrukkingsvormen.

2. Voor verwerking voor journalistieke doeleinden of ten behoeve van academische, artistieke of literaire uitdrukkingsvormen stellen de lidstaten uitzonderingen of afwijkingen vast van hoofdstuk II (beginselen), hoofdstuk III (rechten van de betrokkene), hoofdstuk IV (de verwerkingsverantwoordelijke en de verwerker), hoofdstuk V (doorgifte van persoonsgegevens naar derde landen of internationale organisaties), hoofdstuk VI (onafhankelijke toezichthoudende autoriteiten), hoofdstuk VII (samenwerking en coherentie) en hoofdstuk IX (specifieke gegevensverwerkingssituaties) indien deze noodzakelijk zijn om het recht op bescherming van persoonsgegevens in overeenstemming te brengen met de vrijheid van meningsuiting en van informatie.

3. Elke lidstaat deelt de Commissie de overeenkomstig lid 2 vastgestelde wetgevingsbepalingen mee, alsook onverwijld alle latere wijzigingen daarvan.

Verwerking voor journalistieke, academische, artistieke en literaire doeleinden

Art. 86 Verwerking en recht van toegang van het publiek tot officiële documenten

Persoonsgegevens in officiële documenten die voor de uitvoering van een taak van algemeen belang in het bezit zijn van een overheidsinstantie, een overheidsorgaan of een particulier orgaan, mogen door de instantie of het orgaan in kwestie worden bekendgemaakt in overeenstemming met het Unierecht of het lidstatelijke recht dat op de overheidsinstantie of het orgaan van toepassing is, teneinde het recht van toegang van het publiek tot officiële documenten in overeenstemming te brengen met het recht op bescherming van persoonsgegevens uit hoofde van deze verordening.

Verwerking officiële documenten en recht van toegang van publiek

Art. 87 Verwerking van het nationaal identificatienummer

De lidstaten kunnen de specifieke voorwaarden voor de verwerking van een nationaal identificatienummer of enige andere identificator van algemene aard nader vaststellen. In dat geval wordt het nationale identificatienummer of enige andere identificator van algemene aard alleen gebruikt met passende waarborgen voor de rechten en vrijheden van de betrokkene uit hoofde van deze verordening.

Verwerking nationaal identificatienummer

Art. 88 Verwerking in het kader van de arbeidsverhouding

Verwerking in het kader van de arbeidsverhouding

1. Bij wet of bij collectieve overeenkomst kunnen de lidstaten nadere regels vaststellen ter bescherming van de rechten en vrijheden met betrekking tot de verwerking van de persoonsgegevens van werknemers in het kader van de arbeidsverhouding, in het bijzonder met het oog op aanwerving, de uitvoering van de arbeidsovereenkomst, met inbegrip van de naleving van wettelijke of uit collectieve overeenkomsten voortvloeiende verplichtingen, het beheer, de planning en de organisatie van de arbeid, gelijkheid en diversiteit op het werk, gezondheid en veiligheid op het werk, bescherming van de eigendom van de werkgever of de klant dan wel met het oog op de uitoefening en het genot van de met de arbeidsverhouding samenhangende individuele of collectieve rechten en voordelen, en met het oog op de beëindiging van de arbeidsverhouding.
2. Die regels omvatten passende en specifieke maatregelen ter waarborging van de menselijke waardigheid, de gerechtvaardigde belangen en de grondrechten van de betrokkene, met name wat betreft de transparantie van de verwerking, de doorgifte van persoonsgegevens binnen een concern of een groepering van ondernemingen die gezamenlijk een economische activiteit uitoefenen en toezichtsystemen op het werk.
3. Elke lidstaat deelt de Commissie uiterlijk op 25 mei 2018 de overeenkomstig lid 1 vastgestelde wetgevingsbepalingen mee, alsook onverwijld alle latere wijzigingen daarvan.

Art. 89 Waarborgen en afwijkingen in verband met verwerking met het oog op archivering in het algemeen belang, wetenschappelijk of historisch onderzoek of statistische doeleinden

Verwerking voor historische, statistische of wetenschappelijke doeleinden, waarborgen en afwijkingen i.v.m.

1. De verwerking met het oog op archivering in het algemeen belang, wetenschappelijk of historisch onderzoek of statistische doeleinden is onderworpen aan passende waarborgen in overeenstemming met deze verordening voor de rechten en vrijheden van de betrokkene. Die waarborgen zorgen ervoor dat er technische en organisatorische maatregelen zijn getroffen om de inachtneming van het beginsel van minimale gegevensverwerking te garanderen. Deze maatregelen kunnen pseudonimisering omvatten, mits aldus die doeleinden in kwestie kunnen worden verwezenlijkt. Wanneer die doeleinden kunnen worden verwezenlijkt door verdere verwerking die de identificatie van betrokkenen niet of niet langer toelaat, moeten zij aldus worden verwezenlijkt.
2. Wanneer persoonsgegevens met het oog op wetenschappelijk of historisch onderzoek of statistische doeleinden worden verwerkt, kan in het Unierecht of het lidstatelijke recht worden voorzien in afwijkingen van de in de artikelen 15, 16, 18 en 21 genoemde rechten, behoudens de in lid 1 van dit artikel bedoelde voorwaarden en waarborgen, voor zover die rechten de verwezenlijking van de specifieke doeleinden onmogelijk dreigen te maken of ernstig dreigen te belemmeren, en dergelijke afwijkingen noodzakelijk zijn om die doeleinden te bereiken.
3. Wanneer persoonsgegevens met het oog op archivering in het algemeen belang worden verwerkt, kan in het Unierecht of het lidstatelijke recht worden voorzien in afwijkingen van de in de artikelen 15, 16, 18, 19, 20 en 21 genoemde rechten, behoudens de in lid 1 van dit artikel bedoelde voorwaarden en waarborgen, voor zover die rechten het verwezenlijken van de specifieke doeleinden onmogelijk dreigen te maken of ernstig dreigen te belemmeren, en dergelijke afwijkingen noodzakelijk zijn om die doeleinden te bereiken.
4. Wanneer verwerking als bedoeld in de leden 2 en 3 tegelijkertijd ook een ander doel dient, zijn de afwijkingen uitsluitend van toepassing op verwerking voor de in die leden bedoelde doeleinden.

Art. 90 Geheimhoudingsplicht

Geheimhoudingsplicht

1. Wanneer dit noodzakelijk is en evenredig is om het recht op bescherming van persoonsgegevens in overeenstemming te brengen met de geheimhoudingsplicht kunnen de lidstaten specifieke regels vaststellen voor de in artikel 58, lid 1, punten e) en f), bedoelde bevoegdheden van de toezichthoudende autoriteiten in verband met de verwerkingsverantwoordelijken of verwerkers die krachtens het Unierecht, het lidstatelijke recht of door nationale bevoegde instanties vastgestelde regelgeving, aan het beroepsgeheim of aan een andere gelijkwaardige geheimhoudingsplicht onderworpen zijn. Die regels gelden uitsluitend met betrekking tot persoonsgegevens die de verwerkingsverantwoordelijke of de verwerker in het kader van een onder die geheimhoudingsplicht vallende activiteit heeft ontvangen of verkregen.
2. Elke lidstaat deelt de Commissie uiterlijk op 25 mei 2018 de regels mee die hij heeft vastgesteld overeenkomstig lid 1, alsmede onverwijld alle wijzigingen daarvan.

Art. 91 Bestaande gegevensbeschermingsregels van kerken en religieuze verenigingen

Gegevensbeschermingsregels van kerken en religieuze verenigingen

1. Wanneer kerken en religieuze verenigingen of gemeenschappen in een lidstaat op het tijdstip van de inwerkingtreding van deze verordening uitgebreide regels betreffende de bescherming

van natuurlijke personen in verband met verwerking toepassen, kunnen die regels van toepassing blijven, mits zij in overeenstemming worden gebracht met deze verordening.
2. Kerken en religieuze verenigingen die overeenkomstig lid 1 van dit artikel uitgebreide regels hanteren, zijn onderworpen aan toezicht door een onafhankelijke toezichthoudende autoriteit, die specifiek kan zijn, op voorwaarde dat de autoriteit voldoet aan de voorwaarden die zijn vastgesteld in hoofdstuk VI van deze verordening.

HOOFDSTUK X
Gedelegeerde handelingen en uitvoeringshandelingen

Art. 92 Uitoefening van de bevoegdheidsdelegatie
1. De bevoegdheid om gedelegeerde handelingen vast te stellen, wordt aan de Commissie toegekend onder de in dit artikel neergelegde voorwaarden.
2. De in artikel 12, lid 8, en artikel 43, lid 8, bedoelde bevoegdheidsdelegatie wordt aan de Commissie toegekend voor onbepaalde tijd met ingang van 24 mei 2016.
3. Het Europees Parlement of de Raad kan de in artikel 12, lid 8, en artikel 43, lid 8, bedoelde bevoegdheidsdelegatie te allen tijde intrekken. Het besluit tot intrekking beëindigt de delegatie van de in dat besluit genoemde bevoegdheid. Het wordt van kracht op de dag na die van de bekendmaking ervan in het Publicatieblad van de Europese Unie of op een daarin genoemde latere datum. Het laat de geldigheid van de reeds van kracht zijnde gedelegeerde handelingen onverlet.
4. Zodra de Commissie een gedelegeerde handeling heeft vastgesteld, doet zij daarvan gelijktijdig kennisgeving aan het Europees Parlement en de Raad.
5. Een overeenkomstig artikel 12, lid 8, en artikel 43, lid 8, vastgestelde gedelegeerde handeling treedt alleen in werking indien het Europees Parlement noch de Raad daartegen binnen een termijn van drie maanden na de kennisgeving van de handeling aan het Europees Parlement en de Raad bezwaar heeft gemaakt, of indien zowel het Europees Parlement als de Raad voor het verstrijken van die termijn de Commissie hebben medegedeeld dat zij daartegen geen bezwaar zullen maken. Die termijn wordt op initiatief van het Europees Parlement of van de Raad met drie maanden verlengd.

Bevoegdheidsdelegatie Commissie

Art. 93 Comitéprocedure
1. De Commissie wordt bijgestaan door een comité. Dat comité is een comité in de zin van Verordening (EU) nr. 182/2011.
2. Wanneer naar dit lid wordt verwezen, is artikel 5 van Verordening (EU) nr. 182/2011 van toepassing.
3. Wanneer naar dit lid wordt verwezen, is artikel 8 van Verordening (EU) nr. 182/2011, in samenhang met artikel 5 van die verordening, van toepassing.

Comité

HOOFDSTUK XI
Slotbepalingen

Art. 94 Intrekking van Richtlijn 95/46/EG
1. Richtlijn 95/46/EG wordt met ingang van 25 mei 2018 ingetrokken.

Intrekking Richtlijn 95/46/EG

2. Verwijzingen naar de ingetrokken richtlijn gelden als verwijzingen naar deze verordening. Verwijzingen naar de groep voor de bescherming van personen in verband met de verwerking van persoonsgegevens, die bij artikel 29 van Richtlijn 95/46/EG is opgericht, gelden als verwijzingen naar het bij deze verordening opgerichte Europees Comité voor gegevensbescherming.

Art. 95 Verhouding tot Richtlijn 2002/58/EG
Deze verordening legt natuurlijke personen of rechtspersonen geen aanvullende verplichtingen op met betrekking tot verwerking in verband met het verstrekken van openbare elektronische-communicatiediensten in openbare communicatienetwerken in de Unie, voor zover zij op grond van Richtlijn 2002/58/EG onderworpen zijn aan specifieke verplichtingen met dezelfde doelstelling.

Verhouding tot Richtlijn 2002/58/EG

Art. 96 Verhouding tot eerder gesloten overeenkomsten
Internationale overeenkomsten betreffende de doorgifte van persoonsgegevens aan derde landen of internationale organisaties die door de lidstaten zijn gesloten vóór 24 mei 2016, en die in overeenstemming zijn met het vóór die datum toepasselijke Unierecht, blijven van kracht totdat zij worden gewijzigd, vervangen of ingetrokken.

Verhouding tot eerder gesloten overeenkomsten

Art. 97 Commissieverslagen
1. Uiterlijk op 25 mei 2020 en om de vier jaar daarna, dient de Commissie een verslag in bij het Europees Parlement en de Raad over de evaluatie en de toetsing van deze verordening. De verslagen worden openbaar gemaakt.
2. In het kader van de in lid 1 bedoelde evaluaties en toetsingen beoordeelt de Commissie met name de toepassing en de werking van:

Evaluatie en de toetsing, commissieverslag over

a) hoofdstuk V betreffende de doorgifte van persoonsgegevens aan derde landen of internationale organisaties, in het bijzonder met betrekking tot krachtens artikel 45, lid 3, van deze verordening vastgestelde besluiten en op grond van artikel 25, lid 6, van Richtlijn 95/46/EG vastgestelde besluiten;
b) hoofdstuk VII betreffende samenwerking en coherentie.
3. Voor het in lid 1 vermelde doel kan de Commissie zowel de lidstaten als toezichthoudende autoriteiten om informatie verzoeken.
4. Bij de uitvoering van de in de leden 1 en 2 vermelde evaluaties en toetsingen neemt de Commissie de standpunten en bevindingen van het Europees Parlement, van de Raad, en van andere relevante instanties of bronnen in aanmerking.
5. Indien nodig dient de Commissie passende voorstellen in teneinde deze verordening te wijzigen, met name in het licht van de ontwikkelingen in de informatietechnologie en de stand van zaken in de informatiemaatschappij.

Art. 98

Toetsing van andere Unierechtshandelingen inzake gegevensbescherming

Indien passend dient de Commissie wetgevingsvoorstellen in teneinde andere Unierechtshandelingen betreffende de bescherming van persoonsgegevens te wijzigen en aldus een uniforme en consequente bescherming van natuurlijke personen te garanderen in verband met verwerking. Het gaat hierbij met name om de regels betreffende de bescherming van natuurlijke personen in verband met verwerking door instellingen, organen en instanties van de Unie, en betreffende het vrije verkeer van die gegevens.

Art. 99 Inwerkingtreding en toepassing

Inwerkingtreding

1. Deze verordening treedt in werking op de twintigste dag na die van de bekendmaking ervan in het *Publicatieblad van de Europese Unie*.
2. Zij is van toepassing met ingang van 25 mei 2018.

Uitvoeringswet Algemene verordening gegevensbescherming[1]

Wet van 16 mei 2018, houdende regels ter uitvoering van Verordening (EU) 2016/679 van het Europees Parlement en de Raad van 27 april 2016 betreffende de bescherming van natuurlijke personen in verband met de verwerking van persoonsgegevens en betreffende het vrije verkeer van die gegevens en tot intrekking van Richtlijn 95/46/EG (algemene verordening gegevensbescherming) (PbEU 2016, L 119) (Uitvoeringswet Algemene verordening gegevensbescherming)

Wij Willem-Alexander, bij de gratie Gods, Koning der Nederlanden, Prins van Oranje-Nassau, enz. enz. enz.
Allen, die deze zullen zien of horen lezen, saluut! doen te weten:
Alzo Wij in overweging genomen hebben, dat het noodzakelijk is te voorzien in wettelijke regels ter uitvoering van Verordening (EU) 2016/679 van het Europees Parlement en de Raad van 27 april 2016 betreffende de bescherming van natuurlijke personen in verband met de verwerking van persoonsgegevens en betreffende het vrije verkeer van die gegevens en tot intrekking van Richtlijn 95/46/EG (algemene verordening gegevensbescherming) (PbEU 2016, L 119);
Gelet op artikel 10, tweede en derde lid, van de Grondwet;
Zo is het, dat Wij, de Afdeling advisering van de Raad van State gehoord, en met gemeen overleg der Staten-Generaal, hebben goedgevonden en verstaan, gelijk Wij goedvinden en verstaan bij deze:

Hoofdstuk 1
Algemene bepalingen

Art. 1 Definities
In deze wet en de daarop berustende bepalingen wordt verstaan onder:
bijzondere categorieën van persoonsgegevens: de categorieën van persoonsgegevens, bedoeld in artikel 9, eerste lid, van de verordening
Onze Minister: Onze Minister voor Rechtsbescherming;
persoonsgegevens van strafrechtelijke aard: persoonsgegevens betreffende strafrechtelijke veroordelingen en strafbare feiten of daarmee verband houdende veiligheidsmaatregelen als bedoeld in artikel 10 van de verordening, alsmede persoonsgegevens betreffende een door de rechter opgelegd verbod naar aanleiding van onrechtmatig of hinderlijk gedrag;
verordening: verordening (EU) 2016/679 van het Europees Parlement en de Raad van 27 april 2016 betreffende de bescherming van natuurlijke personen in verband met verwerking van persoonsgegevens en betreffende het vrije verkeer van die gegevens en tot intrekking van Richtlijn 95/46/EG (algemene verordening gegevensbescherming) (PbEU 2016, L 119).

Begripsbepalingen

Art. 2 Materiële reikwijdte
1. Deze wet en de daarop berustende bepalingen zijn van toepassing op het geheel of gedeeltelijk geautomatiseerde verwerking van persoonsgegevens, alsmede op de verwerking van persoonsgegevens die in een bestand zijn opgenomen of die bestemd zijn om daarin te worden opgenomen.
2. In afwijking van het eerste lid, is deze wet niet van toepassing op de verwerking van persoonsgegevens voor zover daarop de Wet basisregistratie personen, de Kieswet of de Wet raadgevend referendum van toepassing is.
3. Behoudens het bepaalde in artikel 3, is deze wet niet van toepassing op de verwerking van persoonsgegevens, bedoeld in artikel 2, tweede lid, van de verordening.

Werkingssfeer

Art. 2a Inachtneming behoeften kleine, middelgrote en micro-ondernemingen
De Autoriteit persoonsgegevens neemt bij de toepassing van de verordening de specifieke behoeften van kleine, middelgrote en micro-ondernemingen als bedoeld in artikel 2 van de bijlage bij Aanbeveling 2003/361/EG van de Commissie van 6 mei 2003 betreffende de definitie van kleine, middelgrote en micro-ondernemingen (PbEU 2003 L124) in aanmerking.

Behoeften kleine, middelgrote en micro-ondernemingen

Art. 3 Schakelbepaling verwerkingen buiten werkingssfeer verordening
1. Deze wet en de daarop berustende bepalingen zijn mede van toepassing op de verwerking van persoonsgegevens:
a. in het kader van activiteiten die buiten de werkingssfeer van het Unierecht vallen;

Schakelbepaling

---

1 Inwerkingtredingsdatum: 25-05-2018; zoals laatstelijk gewijzigd bij: Stb. 2021, 135.

A20 art. 4 Uitvoeringswet Algemene verordening gegevensbescherming

b. door de krijgsmacht bij de uitvoering van activiteiten die binnen de werkingssfeer van titel V, hoofdstuk 2, van het Verdrag betreffende de Europese Unie vallen.

2. De verordening is van overeenkomstige toepassing op de verwerking van persoonsgegevens, bedoeld in het eerste lid.

3. Het eerste en het tweede lid zijn niet van toepassing op:
a. de verwerking van persoonsgegevens door de krijgsmacht, voor zover Onze Minister van Defensie daartoe beslist met het oog op de inzet of het ter beschikking stellen van de krijgsmacht ter uitvoering van de in artikel 97 van de Grondwet omschreven taken;
b. de verwerking van persoonsgegevens voor zover daarop de Wet op de inlichtingen- en veiligheidsdiensten 2017 van toepassing is.

4. Van een besluit als bedoeld in het derde lid, onderdeel a, wordt zo spoedig mogelijk mededeling gedaan aan de Autoriteit persoonsgegevens.

Art. 4 Territoriale reikwijdte

Territoriale werkingssfeer

1. Deze wet en de daarop berustende bepalingen zijn van toepassing op de verwerking van persoonsgegevens in het kader van activiteiten van een vestiging van een verwerkingsverantwoordelijke of een verwerker in Nederland.

2. Deze wet en de daarop berustende bepalingen zijn van toepassing op verwerking van persoonsgegevens van betrokkenen die zich in Nederland bevinden door een niet in de Europese Unie gevestigde verwerkingsverantwoordelijke of verwerker, wanneer de verwerking verband houdt met:
a. het aanbieden van goederen of diensten aan deze betrokkenen in Nederland, ongeacht of een betaling door de betrokkenen is vereist; of
b. het monitoren van hun gedrag, voor zover dit gedrag in Nederland plaatsvindt.

Art. 5 Toestemming van wettelijk vertegenwoordiger

Toestemming wettelijk vertegenwoordiger

1. Indien artikel 8 van de verordening niet van toepassing is, is in de plaats van de toestemming van de betrokkene die van zijn wettelijk vertegenwoordiger vereist indien de betrokkene de leeftijd van zestien jaren nog niet heeft bereikt.

2. Indien de betrokkene onder curatele is gesteld, dan wel ten behoeve van de betrokkene een bewind of mentorschap is ingesteld, is, voor zover het een aangelegenheid betreft waarvoor de betrokkene onbekwaam dan wel onbevoegd is, in de plaats van de toestemming van de betrokkene die van zijn wettelijk vertegenwoordiger vereist.

3. Toestemming kan door de wettelijk vertegenwoordiger van de betrokkene te allen tijde worden ingetrokken.

4. De rechten van de betrokkene, bedoeld in hoofdstuk III van de verordening, worden ten aanzien van betrokkenen die de leeftijd van zestien jaren nog niet hebben bereikt, ten aanzien van onder curatele gestelden en ten aanzien van betrokkenen ten behoeve van wie een bewind of mentorschap is ingesteld, uitgeoefend door hun wettelijk vertegenwoordigers, voor zover het een aangelegenheid betreft waarvoor de betrokkene onbekwaam dan wel onbevoegd is.

5. Dit artikel is niet van toepassing op hulp- en adviesdiensten die rechtstreeks en kosteloos aan een minderjarige of een onder curatele gestelde worden aangeboden.

Hoofdstuk 2
De Autoriteit persoonsgegevens

Paragraaf 2.1
Oprichting en inrichting van de Autoriteit persoonsgegevens

Art. 6 Oprichting en aanwijzing als toezichthoudende autoriteit

Autoriteit persoonsgegevens, oprichting en aanwijzing

1. Er is een Autoriteit persoonsgegevens. De Autoriteit persoonsgegevens bezit rechtspersoonlijkheid.

2. De Autoriteit persoonsgegevens is de toezichthoudende autoriteit, bedoeld in artikel 51, eerste lid, van de verordening.

3. Onverminderd artikel 57 van de verordening, heeft de Autoriteit persoonsgegevens tot taak toe te zien op de verwerking van persoonsgegevens overeenkomstig het bij en krachtens de verordening of de wet bepaalde.

4. Ter uitvoering van een bindende EU-rechtshandeling kunnen, gehoord de Autoriteit persoonsgegevens, bij regeling van Onze Minister aan de Autoriteit persoonsgegevens taken worden opgedragen.

Art. 7 Samenstelling

Autoriteit persoonsgegevens, samenstelling

1. De Autoriteit persoonsgegevens bestaat uit een voorzitter en twee andere leden.

2. Bij de Autoriteit persoonsgegevens kunnen voorts buitengewone leden worden benoemd. Bij de benoeming van buitengewone leden wordt spreiding over de onderscheidene sectoren van de maatschappij nagestreefd.

3. De voorzitter, de andere leden en de buitengewone leden van de Autoriteit persoonsgegevens worden bij koninklijk besluit, op voordracht van Onze Minister, benoemd.
4. De voorzitter voldoet aan de bij of krachtens artikel 5 van de Wet rechtspositie rechterlijke ambtenaren gestelde vereisten voor benoembaarheid tot rechter in een rechtbank.
5. De benoeming, bedoeld in het derde lid, geldt voor een tijdvak van vijf jaar.
6. De voorzitter, de andere leden en de buitengewone leden van de Autoriteit persoonsgegevens kunnen eenmaal worden herbenoemd voor een tijdvak van vijf jaar.
7. Op eigen verzoek worden de voorzitter, de andere leden en de buitengewone leden van de Autoriteit persoonsgegevens door Onze Minister ontslagen.
8. Artikel 12 van de Kaderwet zelfstandige bestuursorganen is niet van toepassing.
9. Er is een Raad van advies die de Autoriteit persoonsgegevens adviseert over algemene aspecten van de bescherming van persoonsgegevens. De leden zijn afkomstig uit de onderscheidene sectoren van de maatschappij en worden benoemd door Onze Minister, op voordracht van de voorzitter van de Autoriteit persoonsgegevens. De leden worden benoemd voor ten hoogste vier jaar. Herbenoeming kan tweemaal en telkens voor ten hoogste vier jaar plaatsvinden. Bij ministeriële regeling wordt de vergoeding van de kosten aan de leden van de Raad van advies vastgesteld.

Art. 8 Disciplinaire maatregelen voorzitter en andere leden

De artikelen 46c, 46d, tweede lid, 46f, 46g, 46i, met uitzondering van het eerste lid, onderdeel c, 46j, 46l, eerste en derde lid, 46m, 46n, 46o en 46p van de Wet rechtspositie rechterlijke ambtenaren zijn van overeenkomstige toepassing op de voorzitter en de andere leden van de Autoriteit persoonsgegevens, met dien verstande dat:

Autoriteit persoonsgegevens, disciplinaire maatregelen

a. de disciplinaire maatregel bedoeld in artikel 46c, eerste lid, ten aanzien van de andere leden van de Autoriteit persoonsgegevens door de voorzitter van de Autoriteit persoonsgegevens wordt opgelegd;
b. het in artikel 46c, eerste lid, onderdeel b, genoemde verbod zich in een onderhoud of een gesprek in te laten met partijen of hun advocaten of gemachtigden of een bijzondere inlichting of schriftelijk stuk van hen aan te nemen, niet op de voorzitter en de andere leden van de Autoriteit persoonsgegevens van toepassing is;
c. de disciplinaire maatregel bedoeld in artikel 46c, eerste lid, ten aanzien van de voorzitter van de Autoriteit persoonsgegevens door de president van het gerechtshof Den Haag wordt opgelegd.

Art. 9 Rechtspositie voorzitter, andere leden en buitengewone leden

De rechtspositie van de voorzitter, de andere leden en de buitengewone leden wordt geregeld bij of krachtens algemene maatregel van bestuur.

Autoriteit persoonsgegevens, rechtspositie voorzitter en leden

Art. 10 Secretariaat

De Autoriteit persoonsgegevens heeft een secretariaat.

Autoriteit persoonsgegevens, secretariaat

Art. 11 Begroting, verantwoording en vertegenwoordigingsbevoegdheid

1. De Autoriteit persoonsgegevens stelt jaarlijks voorafgaand aan het desbetreffende begrotingsjaar een ontwerpbegroting op.
2. In de departementale begroting, bedoeld in artikel 2.1, zesde lid, van de Comptabiliteitswet 2016, kent Onze Minister jaarlijks aan de Autoriteit persoonsgegevens een budget toe ten laste van de rijksbegroting.
3. De Autoriteit persoonsgegevens stelt de begroting vast in overeenstemming met het budget, bedoeld in het tweede lid.
4. De Autoriteit persoonsgegevens wordt in en buiten rechte vertegenwoordigd door de voorzitter en de andere leden, dan wel door een van hen.
5. De leden stellen een verdeling van taken vast en betrekken hierbij zoveel mogelijk de buitengewone leden.

Autoriteit persoonsgegevens, begroting

Art. 12 Beperking inlichtingenplicht jegens minister

Artikel 20 van de Kaderwet zelfstandige bestuursorganen is niet van toepassing indien de Autoriteit persoonsgegevens de informatie van derden heeft verkregen onder de voorwaarde dat het geheime karakter daarvan wordt gehandhaafd.

Autoriteit persoonsgegevens, inlichtingenplicht

Art. 13 Uitzonderingen bevoegdheden inzake beleidsregels, vernietiging en taakverwaarlozing

1. De artikelen 21 en 22 van de Kaderwet zelfstandige bestuursorganen zijn niet van toepassing op de Autoriteit persoonsgegevens.

Autoriteit persoonsgegevens, Kaderwet zelfstandige bestuursorganen

2. Artikel 23 van de Kaderwet zelfstandige bestuursorganen vindt slechts toepassing ten aanzien van het door de Autoriteit persoonsgegevens gevoerde financiële beheer en de administratieve organisatie.

Paragraaf 2.2
De uitoefening van de taken en bevoegdheden van de Autoriteit persoonsgegevens

Art. 14 Taken en bevoegdheden

Autoriteit persoonsgegevens, taken en bevoegdheden

1. De Autoriteit persoonsgegevens is bevoegd om de taken uit te voeren en de bevoegdheden uit te oefenen die bij of krachtens de verordening zijn toegekend aan de toezichthoudende autoriteit.
2. Op de voorbereiding van een besluit omtrent goedkeuring van een gedragscode, dan wel de wijziging of uitbreiding daarvan, als bedoeld in artikel 40, vijfde lid, van de verordening is afdeling 3.4 van de Algemene wet bestuursrecht van toepassing.
3. De Autoriteit persoonsgegevens kan in geval van overtreding van het bepaalde in artikel 83, vierde lid, van zesde lid, van de verordening een bestuurlijke boete opleggen van ten hoogste de in deze leden genoemde bedragen.
4. De artikelen 5:4 tot en met 5:10a de Algemene wet bestuursrecht zijn van overeenkomstige toepassing op corrigerende maatregelen als bedoeld in artikel 58, tweede lid, onderdelen b tot en met j van de verordening.
5. Onverminderd artikel 4:15 van de Algemene wet bestuursrecht kan de Autoriteit Persoonsgegevens de termijn voor het geven van een beschikking opschorten voor zover dit noodzakelijk is in verband met het naleven van op de Autoriteit Persoonsgegevens rustende verplichtingen op grond van de artikelen 60 tot en met 66 van de verordening. Het derde en vierde lid van artikel 4:15 van de Algemene wet bestuursrecht zijn op deze opschorting van overeenkomstige toepassing.
6. De bestuurlijke boete komt toe aan de Staat.

Art. 15 Toezicht op de naleving

Autoriteit persoonsgegevens, toezicht op naleving

1. Met het toezicht op de naleving van de verordening en op de verwerking van persoonsgegevens overeenkomstig het bij of krachtens de wet bepaalde zijn belast de leden en buitengewone leden van de Autoriteit persoonsgegevens, de ambtenaren van het secretariaat van de Autoriteit persoonsgegevens, alsmede de bij besluit van de Autoriteit persoonsgegevens aangewezen personen.
2. De in het eerste lid bedoelde personen zijn bevoegd een woning te betreden zonder toestemming van de bewoner.
3. De in het eerste lid bedoelde personen behoeven voor de uitoefening van de in het tweede lid omschreven bevoegdheid de uitdrukkelijke en bijzondere volmacht van de Autoriteit persoonsgegevens, onverminderd het bepaalde in artikel 2 van de Algemene wet op het binnentreden.
4. Geen beroep is mogelijk op een geheimhoudingsplicht, voor zover inlichtingen of medewerking wordt verlangd in verband met de eigen betrokkenheid bij de verwerking van persoonsgegevens.
5. Dit artikel en titel 5.2 van de Algemene wet bestuursrecht zijn van overeenkomstige toepassing voor zover dit noodzakelijk is voor een goede uitoefening van de taken die de Autoriteit persoonsgegevens uitvoert in het kader van hoofdstuk VII van de verordening.

Art. 16 Last onder bestuursdwang

Autoriteit persoonsgegevens, last onder bestuursdwang

1. De Autoriteit persoonsgegevens kan een last onder bestuursdwang opleggen ter handhaving van de bij of krachtens de verordening of deze wet gestelde verplichtingen.
2. De te betalen geldsom van een verbeurde dwangsom komt toe aan de Staat.

Art. 17 Boete bij onrechtmatige verwerking persoonsgegevens strafrechtelijke aard

Autoriteit persoonsgegevens, strafrechtelijke boete

1. De Autoriteit persoonsgegevens kan in geval van overtreding van het bepaalde in artikel 10 van de verordening in of artikel 31 van deze wet een bestuurlijke boete opleggen van ten hoogste 20.000.000 euro of, voor een onderneming, ten hoogste 4% van de totale wereldwijde jaaromzet in het voorgaande boekjaar indien dit bedrag hoger is.
2. Artikel 83, eerste tot en met derde lid, van de verordening zijn van overeenkomstige toepassing.
3. De bestuurlijke boete komt toe aan de Staat.

Art. 18 Bestuurlijke boete aan overheden

Autoriteit persoonsgegevens, bestuurlijke boete

1. De Autoriteit persoonsgegevens kan in geval van overtreding van het bepaalde in artikel 83, vierde lid, vijfde of zesde lid, van de verordening door een overheidsinstantie of een overheidsorgaan een bestuurlijke boete opleggen van ten hoogste de in deze leden genoemde bedragen.
2. Artikel 83, eerste tot en met derde lid, van de verordening zijn van toepassing.
3. De bestuurlijke boete komt toe aan de Staat.

Art. 19 Samenwerking met andere toezichthouders
1. De Autoriteit persoonsgegevens is bevoegd om in het belang van een efficiënt en effectief toezicht op de verwerking van persoonsgegevens afspraken te maken met andere toezichthouders en daartoe gezamenlijk met deze toezichthouders samenwerkingsprotocollen vast te stellen. Een samenwerkingsprotocol wordt bekendgemaakt in de Staatscourant.
2. De Autoriteit persoonsgegevens en de toezichthouders, bedoeld in het eerste lid, zijn bevoegd uit eigen beweging en desgevraagd verplicht aan elkaar de gegevens betreffende de verwerking van persoonsgegevens te verstrekken die noodzakelijk zijn voor de uitvoering van hun taak of om te kunnen voldoen aan een op hen rustende wettelijke verplichting.

Autoriteit persoonsgegevens, samenwerking andere toezichthouders

Art. 20 In rechte optreden tegen inbreuken op verordening inzake doorgifte naar derde land
1. Indien de Autoriteit persoonsgegevens in een onderzoek betreffende de doorgifte van persoonsgegevens naar een land buiten de Europese Unie of naar een internationale organisatie, ingesteld op verzoek van een belanghebbende, gegronde redenen heeft om aan te nemen dat een door de Europese Commissie ten aanzien van het desbetreffende land of de desbetreffende internationale organisatie genomen adequaatheidsbesluit als bedoeld in artikel 45, derde lid, van de verordening of een door de Europese Commissie genomen besluit met betrekking tot het vaststellen of goedkeuren van standaardbepalingen als bedoeld in artikel 46, tweede lid, onderdelen c en d, van de verordening onvoldoende waarborgen biedt voor een passend niveau van gegevensbescherming, kan de Autoriteit persoonsgegevens bij de Afdeling bestuursrechtspraak van de Raad van State een verzoek indienen om voor recht te verklaren dat het desbetreffende besluit geldig is.
2. Het verzoekschrift wordt ondertekend en bevat ten minste:
a. de dagtekening;
b. de gronden van het verzoek;
c. de namen van de belanghebbende en de partij die voorwerp is van het onderzoek, bedoeld in het eerste lid.
3. Bij het verzoekschrift wordt een afschrift overgelegd van het verzoek van de belanghebbende om handhaving van bij of krachtens wet bepaalde regels inzake de bescherming van persoonsgegevens, waarop het in het tweede lid bedoelde verzoekschrift van de Autoriteit persoonsgegevens betrekking heeft en worden andere op de zaak betrekking hebbende stukken meegezonden.
4. Onverminderd artikel 4:15 van de Algemene wet bestuursrecht wordt de termijn voor het geven van een beschikking op het verzoek om handhaving opgeschort gerekend vanaf de dag na die waarop de Autoriteit persoonsgegevens de verzoeker mededeelt dat toepassing is gegeven aan het eerste lid, tot de dag waarop de Afdeling bestuursrechtspraak van de Raad van State een uitspraak als bedoeld in het zesde lid heeft gedaan.
5. Op de behandeling van het verzoek zijn de titels 8.1 en 8.2 van de Algemene wet bestuursrecht van overeenkomstige toepassing, met uitzondering van de artikelen 8:1 tot en met 8:10, 8:41, de afdelingen 8.2.2a en 8.2.4a en de artikelen 8:70, 8:72 en 8:74. De in het tweede lid, onderdeel c, bedoelde partijen worden als partijen in het geding aangemerkt.
6. Indien de Afdeling bestuursrechtspraak van de Raad van State, al dan niet na prejudiciële verwijzing op grond van artikel 267 van het Verdrag inzake de werking van de Europese Unie aan het Hof van Justitie van de Europese Unie, tot het oordeel komt dat het aan haar voorgelegde besluit van de Europese Commissie geldig is, dan verklaart zij dat voor recht. Komt zij, na prejudiciële verwijzing aan het Hof van Justitie van de Europese Unie, tot het oordeel dat het aan haar voorgelegde besluit ongeldig is, dan wijst zij het verzoek af.
7. De Afdeling bestuursrechtspraak van de Raad van State kan besluiten het verzoek aan te houden als er bij het Hof van Justitie van de Europese Unie al een prejudiciële vraag omtrent de geldigheid van het desbetreffende besluit aanhangig is.
8. Tegen het aanhouden van het verzoek door de Afdeling bestuursrechtspraak van de Raad van State, staat geen voorziening open.

Autoriteit persoonsgegevens, optreden in rechte

Art. 21 Aanwijzing accrediterende instantie
Bij ministeriële regeling wordt of de Autoriteit persoonsgegevens of de Raad voor Accreditatie of worden zij beide aangewezen als accrediterende instantie als bedoeld in artikel 43 van de verordening.

Autoriteit persoonsgegevens/Raad voor Accreditatie

Art. 21a
1. De taak van de Autoriteit persoonsgegevens, bedoeld in artikel 6, derde lid, omvat mede het toezicht op de naleving van de krachtens artikel 3:17, zevende lid, van de Wet op het financieel toezicht gestelde verplichtingen met betrekking tot de toegang van betaaldienstverleners tot de persoonsgegevens van betaaldienstgebruikers.
2. Met betrekking tot het toezicht, bedoeld in het eerste lid, vindt de samenwerking en uitwisseling van informatie met De Nederlandsche Bank N.V. en andere relevante toezichthouders plaats overeenkomstig artikel 26 van de richtlijn betaaldiensten, bedoeld in artikel 1:1 van de Wet op het financieel toezicht.

Autoriteit persoonsgegevens, toezicht naleving verplichtingen betaaldienstverleners

3. De Autoriteit persoonsgegevens kan in geval van overtreding van de krachtens artikel 3.17, zevende lid, van de Wet op het financieel toezicht gestelde verplichtingen aan de overtreder een last opleggen om waar passend, op een nader bepaalde manier en binnen een nader bepaalde termijn, verwerkingen in overeenstemming te brengen met het daar bepaalde. Artikel 16 is van overeenkomstige toepassing.
4. De Autoriteit persoonsgegevens kan in geval van een overtreding van de krachtens artikel 3.17, zevende lid, van de Wet op het financieel toezicht gestelde verplichtingen aan de overtreder een bestuurlijke boete opleggen van ten hoogste 20.000.000 euro of, indien dit meer is, ten hoogste 4% van de totale wereldwijde jaaromzet in het voorgaande boekjaar. Artikel 83, tweede en derde lid, van de verordening is van overeenkomstige toepassing.
5. De bestuurlijke boete en de te betalen geldsom van een verbeurde dwangsom komen toe aan de Staat.

Hoofdstuk 3
Bepalingen ter uitvoering van de verordening

Paragraaf 3.1
Bijzondere categorieën van persoonsgegevens

Art. 22 Verwerkingsverbod bijzondere categorieën persoonsgegevens en algemene uitzonderingen uit verordening

Verwerkingsverbod

1. Overeenkomstig artikel 9, eerste lid, van de verordening zijn verwerking van persoonsgegevens waaruit ras of etnische afkomst, politieke opvattingen, religieuze of levensbeschouwelijke overtuigingen, of het lidmaatschap van een vakbond blijken, en verwerking van genetische gegevens, biometrische gegevens met het oog op de unieke identificatie van een persoon, of gegevens over gezondheid, of gegevens met betrekking tot iemands seksueel gedrag of seksuele gerichtheid verboden.
2. Overeenkomstig artikel 9, tweede lid, onderdelen a, c, d, e en f, van de verordening is het verbod om bijzondere categorieën van persoonsgegevens te verwerken niet van toepassing, indien:
a. de betrokkene uitdrukkelijke toestemming heeft gegeven voor de verwerking van die persoonsgegevens voor een of meer welbepaalde doeleinden;
b. de verwerking noodzakelijk is ter bescherming van de vitale belangen van de betrokkene of van een andere natuurlijke persoon, indien de betrokkene fysiek of juridisch niet in staat is zijn toestemming te geven;
c. de verwerking wordt verricht door een stichting, een vereniging of een andere instantie zonder winstoogmerk die op politiek, levensbeschouwelijk, godsdienstig of vakbondsgebied werkzaam is, in het kader van haar gerechtvaardigde activiteiten en met passende waarborgen, mits de verwerking uitsluitend betrekking heeft op de leden of de voormalige leden van de instantie of op personen die in verband met haar doeleinden regelmatig contact met haar onderhouden, en de persoonsgegevens niet zonder de toestemming van de betrokkenen buiten die instantie worden verstrekt;
d. de verwerking betrekking heeft op persoonsgegevens die kennelijk door de betrokkene openbaar zijn gemaakt; of
e. de verwerking noodzakelijk is voor de instelling, uitoefening of onderbouwing van een rechtsvordering, of wanneer gerechten handelen in het kader van hun rechtsbevoegdheid.

Art. 23 Nationaalrechtelijke algemene uitzonderingen

Verwerkingsverbod, nationaalrechtelijke algemene uitzonderingen

Gelet op artikel 9, tweede lid, onderdeel g, van de verordening, is het verbod om bijzondere categorieën van persoonsgegevens te verwerken niet van toepassing, indien:
a. de verwerking noodzakelijk is ter voldoening aan een volkenrechtelijke verplichting;
b. de gegevens worden verwerkt door de Autoriteit persoonsgegevens of een ombudsman als bedoeld in artikel 9:17 van de Algemene wet bestuursrecht, en voor zover de verwerking noodzakelijk is voor de uitvoering van de hun wettelijk opgedragen taken, onder voorwaarde dat bij die uitvoering is voorzien in zodanige waarborgen dat de persoonlijke levenssfeer van de betrokkene niet onevenredig wordt geschaad; of
c. de verwerking noodzakelijk is in aanvulling op de verwerking van persoonsgegevens van strafrechtelijke aard voor de doeleinden waarvoor deze gegevens worden verwerkt.

Art. 24 Uitzonderingen voor wetenschappelijk of historisch onderzoek of statistische doeleinden

Verwerkingsverbod, uitzonderingen onderzoek of statistische doeleinden

Gelet op artikel 9, tweede lid, onderdeel j, van de verordening, is het verbod om bijzondere categorieën van persoonsgegevens te verwerken niet van toepassing, indien:
a. de verwerking noodzakelijk is met het oog op wetenschappelijk of historisch onderzoek of statistische doeleinden overeenkomstig artikel 89, eerste lid, van de verordening;
b. het onderzoek, bedoeld in onderdeel a, een algemeen belang dient;

c. het vragen van uitdrukkelijke toestemming onmogelijk blijkt of een onevenredige inspanning kost; en
d. bij de uitvoering is voorzien in zodanige waarborgen dat de persoonlijke levenssfeer van de betrokkene niet onevenredig wordt geschaad.

Art. 25 Uitzonderingen inzake verwerking persoonsgegevens waaruit ras of etnische afkomst blijkt

Gelet op artikel 9, tweede lid, onderdeel g, van de verordening, is het verbod om persoonsgegevens te verwerken waaruit ras of etnische afkomst blijkt, niet van toepassing, indien de verwerking geschiedt: *Verwerkingsverbod, uitzonderingen voor gegevens waaruit ras/etnische afkomst blijkt*
a. met het oog op de identificatie van de betrokkene, en slechts voor zover de verwerking voor dat doel onvermijdelijk is; of
b. met het doel personen van een bepaalde etnische of culturele minderheidsgroep een bevoorrechte positie toe te kennen teneinde feitelijke nadelen, verband houdende met de grond ras of etnische afkomst, op te heffen of te verminderen, en slechts voor zover:
1°. de verwerking voor dat doel noodzakelijk is;
2°. de gegevens betrekking hebben op het geboorteland van de betrokkene, diens ouders of diens grootouders, dan wel op andere, bij wet vastgestelde criteria op grond waarvan op objectieve wijze vastgesteld kan worden of iemand tot een bepaalde etnische of culturele minderheidsgroep behoort; en
3°. de betrokkene tegen de verwerking geen schriftelijk bezwaar heeft gemaakt.

Art. 26 Uitzonderingen inzake verwerking persoonsgegevens waaruit politieke opvattingen blijken voor vervulling openbare functies

Gelet op artikel 9, tweede lid, onderdeel g, van de verordening, is het verbod om persoonsgegevens te verwerken waaruit politieke opvattingen blijken, niet van toepassing, indien de verwerking geschiedt met het oog op de eisen die met betrekking tot politieke opvattingen in redelijkheid kunnen worden gesteld in verband met de vervulling van functies in bestuursorganen en adviescolleges. *Verwerkingsverbod, uitzonderingen voor gegevens waaruit politieke opvattingen blijken*

Art. 27 Uitzonderingen inzake verwerking persoonsgegevens waaruit religieuze of levensbeschouwelijke overtuigingen blijken voor geestelijke verzorging

1. Gelet op artikel 9, tweede lid, onderdeel g, van de verordening, is het verbod om persoonsgegevens te verwerken waaruit religieuze of levensbeschouwelijke overtuigingen blijken, niet van toepassing, indien de verwerking geschiedt door andere instellingen dan de instellingen, bedoeld in artikel 22, tweede lid, onderdeel c, en voor zover de verwerking noodzakelijk is met het oog op de geestelijke verzorging van de betrokkene, tenzij deze daartegen schriftelijk bezwaar heeft gemaakt. *Verwerkingsverbod, uitzonderingen verwerking persoonsgegevens waaruit religieuze/levensbeschouwelijke overtuigingen blijken*
2. In de gevallen, bedoeld in het eerste lid, worden geen persoonsgegevens aan derden verstrekt zonder toestemming van de betrokkene.

Art. 28 Uitzonderingen inzake genetische gegevens

1. Gelet op artikel 9, tweede lid, onderdeel g, van de verordening, is het verbod om genetische gegevens te verwerken niet van toepassing, indien deze verwerking plaatsvindt met betrekking tot de betrokkene bij wie de desbetreffende gegevens zijn verkregen. *Verwerkingsverbod, uitzonderingen genetische gegevens*
2. In andere gevallen dan bedoeld in het eerste lid, is het verbod om genetische gegevens te verwerken uitsluitend niet van toepassing, indien:
a. een zwaarwegend geneeskundig belang prevaleert; of
b. de verwerking noodzakelijk is ten behoeve van wetenschappelijk onderzoek dat een algemeen belang dient of ten behoeve van statistiek, indien:
1°. de betrokkene uitdrukkelijk toestemming heeft gegeven; en
2°. bij de uitvoering is voorzien in zodanige waarborgen dat de persoonlijke levenssfeer van de betrokkene niet onevenredig wordt geschaad.
3. Toestemming als bedoeld in het tweede lid, onderdeel b, is niet vereist, indien het vragen van uitdrukkelijke toestemming onmogelijk blijkt of een onevenredige inspanning vergt.

Art. 29 Uitzonderingen inzake biometrische gegevens

Gelet op artikel 9, tweede lid, onderdeel g, van de verordening, is het verbod om biometrische gegevens met het oog op de unieke identificatie van een persoon te verwerken niet van toepassing, indien de verwerking noodzakelijk is voor authenticatie of beveiligingsdoeleinden. *Verwerkingsverbod, uitzonderingen biometrische gegevens*

Art. 30 Uitzonderingen inzake gegevens over gezondheid

1. Gelet op artikel 9, tweede lid, onderdeel b, van de verordening, is het verbod om gegevens over gezondheid te verwerken niet van toepassing, indien de verwerking geschiedt door bestuursorganen, pensioenfondsen, werkgevers of instellingen die te hunnen behoeve werkzaam zijn, en voor zover de verwerking noodzakelijk is voor: *Verwerkingsverbod, uitzonderingen gegevens over gezondheid*
a. een goede uitvoering van wettelijke voorschriften, pensioenregelingen of collectieve arbeidsovereenkomsten die voorzien in aanspraken die afhankelijk zijn van de gezondheidstoestand van de betrokkene; of

b. de re-integratie of begeleiding van werknemers of uitkeringsgerechtigden in verband met ziekte of arbeidsongeschiktheid.
2. Gelet op artikel 9, tweede lid, onderdeel g, van de verordening, is het verbod om gegevens over gezondheid te verwerken niet van toepassing, indien de verwerking geschiedt door:
a. scholen, voor zover de verwerking met het oog op de speciale begeleiding van leerlingen of het treffen van bijzondere voorzieningen in verband met hun gezondheidstoestand noodzakelijk is;
b. een reclasseringsinstelling, een bijzondere reclasseringsambtenaar, de raad voor de kinderbescherming, de gecertificeerde instelling, bedoeld in artikel 1.1 van de Jeugdwet, of de rechtspersoon, bedoeld in artikel 256, eerste lid, of artikel 302, tweede lid, van Boek 1 van het Burgerlijk Wetboek, voor zover de verwerking noodzakelijk is voor de uitvoering van de aan hen opgedragen wettelijke taken; of
c. Onze Minister en Onze Minister van Justitie en Veiligheid voor zover de verwerking in verband met de tenuitvoerlegging van vrijheidsbenemende maatregelen noodzakelijk is.
3. Gelet op artikel 9, tweede lid, onderdeel h, van de verordening, is het verbod om gegevens over gezondheid te verwerken niet van toepassing indien de verwerking geschiedt door:
a. hulpverleners, instellingen of voorzieningen voor gezondheidszorg of maatschappelijke dienstverlening, voor zover de verwerking noodzakelijk is met het oog op een goede behandeling of verzorging van de betrokkene dan wel het beheer van de betreffende instelling of beroepspraktijk; of
b. verzekeraars als bedoeld in artikel 1:1 van de Wet op het financieel toezicht of financiële dienstverleners die bemiddelen in verzekeringen als bedoeld in artikel 1:1 van die wet, voor zover de verwerking noodzakelijk is voor:
1°. de beoordeling van het door de verzekeraar te verzekeren risico en de betrokkene geen bezwaar heeft gemaakt; of
2°. de uitvoering van de overeenkomst van verzekering dan wel het assisteren bij het beheer en de uitvoering van de verzekering.
4. Indien toepassing wordt gegeven aan het eerste, tweede of derde lid, worden de gegevens alleen verwerkt door personen die uit hoofde van ambt, beroep of wettelijk voorschrift dan wel krachtens een overeenkomst tot geheimhouding zijn verplicht. Indien de verwerkingsverantwoordelijke persoonlijk gegevens verwerkt en op hem niet reeds uit hoofde van ambt, beroep of wettelijk voorschrift een geheimhoudingsplicht rust, is hij verplicht tot geheimhouding van de gegevens, behoudens voor zover de wet hem tot mededeling verplicht of uit zijn taak de noodzaak voortvloeit dat de gegevens worden meegedeeld aan anderen die krachtens het eerste, tweede of derde lid bevoegd zijn tot verwerking daarvan.
5. Het verbod om andere bijzondere categorieën van persoonsgegevens te verwerken is niet van toepassing, indien de verwerking noodzakelijk is in aanvulling op de verwerking van gegevens over gezondheid, bedoeld in het derde lid, aanhef en onderdeel a, met het oog op een goede behandeling of verzorging van de betrokkene.

Nadere regels

6. Bij algemene maatregel van bestuur kunnen omtrent de toepassing van het eerste lid en het derde lid, aanhef en onderdeel b, nadere regels worden gesteld.

Paragraaf 3.2
Persoonsgegevens van strafrechtelijke aard

Art. 31 Uitzonderingen op de verplichting tot verwerking onder overheidstoezicht

Verwerking gegevens strafrechtelijke aard

Onverminderd artikel 10 van de verordening mogen persoonsgegevens van strafrechtelijke aard alleen worden verwerkt voor zover dit krachtens de artikelen 32 en 33 is toegestaan.

Art. 32 Algemene uitzonderingsgronden inzake gegevens van strafrechtelijke aard

Verwerking gegevens strafrechtelijke aard, voorwaarden

Persoonsgegevens van strafrechtelijke aard mogen worden verwerkt, indien:
a. de betrokkene uitdrukkelijke toestemming heeft gegeven voor de verwerking van die persoonsgegevens voor een of meer welbepaalde doeleinden;
b. de verwerking noodzakelijk is ter bescherming van de vitale belangen van de betrokkene of van een andere natuurlijke persoon, indien de betrokkene fysiek of juridisch niet in staat is zijn toestemming te geven;
c. de verwerking betrekking heeft op persoonsgegevens die kennelijk door de betrokkene openbaar zijn gemaakt;
d. de verwerking noodzakelijk is voor de instelling, uitoefening of onderbouwing van een rechtsvordering, of wanneer gerechten handelen in het kader van hun rechtsbevoegdheid;
e. de verwerking noodzakelijk is om redenen van zwaarwegend algemeen belang als bedoeld in artikel 23, onderdelen a en b; of

f. de verwerking noodzakelijk is met het oog op wetenschappelijk of historisch onderzoek of statistische doeleinden overeenkomstig artikel 89, eerste lid, van de verordening, en is voldaan aan de voorwaarden, bedoeld in artikel 24, onderdelen b tot en met d.

Art. 33 Overige uitzonderingsgronden inzake gegevens van strafrechtelijke aard

1. Persoonsgegevens van strafrechtelijke aard mogen worden verwerkt, indien:
a. de verwerking geschiedt door organen die krachtens de wet zijn belast met de toepassing van het strafrecht, dan wel door verwerkingsverantwoordelijken die deze hebben verkregen krachtens de Wet politiegegevens of de Wet justitiële en strafvorderlijke gegevens;
b. de verwerking geschiedt door en ten behoeve van publiekrechtelijke samenwerkingsverbanden van verwerkingsverantwoordelijken of groepen van verwerkingsverantwoordelijken, indien:
1°. de verwerking noodzakelijk is voor de uitvoering van de taak van deze verwerkingsverantwoordelijken of groepen van verwerkingsverantwoordelijken; en
2°. bij de uitvoering is voorzien in zodanige waarborgen dat de persoonlijke levenssfeer van de betrokkene niet onevenredig wordt geschaad; of
c. de verwerking noodzakelijk is in aanvulling op de verwerking van gegevens over gezondheid, bedoeld in artikel 30, derde lid, aanhef en onderdeel a, met het oog op een goede behandeling of verzorging van de betrokkene.

Verwerking gegevens strafrechtelijke aard, overige uitzonderingsgronden

2. Persoonsgegevens van strafrechtelijke aard mogen worden verwerkt door de verwerkingsverantwoordelijke die deze gegevens ten eigen behoeve verwerkt:
a. ter beoordeling van een verzoek van betrokkene om een beslissing over hem te nemen of aan hem een prestatie te leveren; of
b. ter bescherming van zijn belangen, voor zover het gaat om strafbare feiten die zijn of op grond van feiten en omstandigheden naar verwachting zullen worden gepleegd jegens hem of jegens personen die in zijn dienst zijn.
3. Persoonsgegevens van strafrechtelijke aard over personeel in dienst van de verwerkingsverantwoordelijke mogen uitsluitend worden verwerkt, indien dit geschiedt overeenkomstig regels die zijn vastgesteld in overeenstemming met de procedure bedoeld in de Wet op de ondernemingsraden.
4. Persoonsgegevens van strafrechtelijke aard mogen ten behoeve van derden worden verwerkt:
a. door verwerkingsverantwoordelijken die optreden krachtens een vergunning op grond van de Wet particuliere beveiligingsorganisaties en recherchebureaus;
b. indien deze derde een rechtspersoon is die in dezelfde groep is verbonden als bedoeld in artikel 24b van Boek 2 van het Burgerlijk Wetboek; of
c. indien de Autoriteit persoonsgegevens met inachtneming van het vijfde lid een vergunning voor de verwerking heeft verleend.
5. Een vergunning als bedoeld in het vierde lid, onderdeel c, kan slechts worden verleend, indien de verwerking noodzakelijk is met het oog op een zwaarwegend belang van derden en bij de uitvoering is voorzien in zodanige waarborgen dat de persoonlijke levenssfeer van de betrokkene niet onevenredig wordt geschaad. Aan de vergunning kunnen voorschriften worden verbonden.

Paragraaf 3.3
Rechtsbescherming

Art. 34 Toepasselijkheid Algemene wet bestuursrecht bij beslissing van bestuursorganen

Een schriftelijke beslissing op een verzoek als bedoeld in de artikelen 15 tot en met 22 van de verordening wordt genomen binnen de in artikel 12, derde lid, van de verordening genoemde termijnen en geldt, voor zover deze is genomen door een bestuursorgaan, als een besluit in de zin van de Algemene wet bestuursrecht.

Beslissing, termijn Awb

Art. 35 Toepasselijkheid burgerlijk recht bij beslissing van niet-bestuursorganen

1. Indien de beslissing op een verzoek als bedoeld in artikel 34 is genomen door een ander dan een bestuursorgaan, kan de belanghebbende zich tot de rechtbank wenden met het schriftelijk verzoek de verwerkingsverantwoordelijke te bevelen het verzoek als bedoeld in de artikelen 15 tot en met 22 van de verordening alsnog toe of af te wijzen.
2. Het verzoekschrift wordt ingediend binnen zes weken na ontvangst van het antwoord van de verwerkingsverantwoordelijke. Indien de verwerkingsverantwoordelijke niet binnen de in artikel 12, derde lid, van de verordening genoemde termijnen heeft geantwoord, is de indiening van het verzoekschrift niet aan een termijn gebonden.
3. De rechtbank wijst het verzoek toe, voor zover zij dit gegrond oordeelt. Alvorens de rechtbank beslist, stelt zij zo nodig de belanghebbenden in de gelegenheid hun zienswijze naar voren te brengen.
4. De indiening van het verzoekschrift behoeft niet door een advocaat te geschieden.

Beslissing niet-bestuursorgaan, burgerlijk recht

5. De derde afdeling van de vijfde titel van het Tweede Boek van het Wetboek van Burgerlijke Rechtsvordering is van overeenkomstige toepassing.
6. De rechtbank kan partijen en anderen verzoeken binnen een door haar te bepalen termijn schriftelijke inlichtingen te geven en onder hen berustende stukken in te zenden. De verwerkingsverantwoordelijke en belanghebbende zijn verplicht aan dit verzoek te voldoen. De artikelen 8:45, tweede en derde lid, en 8:29 van de Algemene wet bestuursrecht zijn van overeenkomstige toepassing.

Art. 36 Geschilbeslechting door Autoriteit persoonsgegevens of via gedragscode

Geschilbeslechting Autoriteit persoonsgegevens of via gedragscode

1. De belanghebbende kan zich ook binnen de termijn bepaald voor het instellen van beroep op grond van de Algemene wet bestuursrecht, dan wel die, bedoeld in artikel 35, tweede lid, tot de Autoriteit persoonsgegevens wenden met het verzoek te bemiddelen of te adviseren in zijn geschil met de verwerkingsverantwoordelijke, dan wel gebruik maken van een geschillenbeslechtingsregeling als bedoeld in artikel 40, tweede lid, onderdeel k, van de verordening, op grond van een goedgekeurde gedragscode als bedoeld in artikel 40, vijfde lid, van de verordening. In dat geval kan het beroep in afwijking van artikel 6:7 van de Algemene wet bestuursrecht nog worden ingesteld dan wel de procedure ingevolge artikel 35 nog aanhangig worden gemaakt nadat de belanghebbende van de Autoriteit persoonsgegevens bericht heeft ontvangen dat de behandeling van de zaak is beëindigd of ingevolge de geschillenbeslechtingsregeling, bericht heeft ontvangen dat de behandeling van de zaak is beëindigd, doch uiterlijk zes weken na dat tijdstip.
2. Tijdens de behandeling van het beroep en de procedure, bedoeld in het eerste lid, kunnen de instanties die zijn belast met de behandeling van het geschil, advies van de Autoriteit persoonsgegevens inwinnen.

Art. 37 Vertegenwoordiging van betrokkenen

Verwerking, art. 3:305a BW/art. 1:2 lid 3 Awb

Een verwerking kan niet ten grondslag worden gelegd aan een vordering als bedoeld in artikel 305a, van Boek 3 van het Burgerlijk Wetboek of een beroep ingesteld in een bestuursrechtelijke procedure door een belanghebbende in de zin van artikel 1:2, derde lid, van de Algemene wet bestuursrecht, voor zover degene die door deze verwerking wordt getroffen, daartegen bezwaar heeft.

Art. 38 Opschortende werking bezwaar en beroep

Opschortende werking bezwaar en beroep

De werking van de beschikking tot oplegging van de bestuurlijke boete wordt opgeschort totdat de bezwaar- of beroepstermijn is verstreken of, indien bezwaar is gemaakt of beroep is ingesteld, totdat op het bezwaar of het beroep is beslist.

Paragraaf 3.4
De functionaris voor gegevensbescherming

Art. 39 Geheimhoudingsplicht

Functionaris gegevensbescherming, geheimhoudingsplicht

De functionaris voor gegevensbescherming, bedoeld in de artikelen 37 tot en met 39 van de verordening, is verplicht tot geheimhouding van hetgeen hem op grond van een klacht of een verzoek van betrokkene is bekend geworden, tenzij de betrokkene in bekendmaking toestemt.

Hoofdstuk 4
Uitzonderingen en beperkingen

Art. 40 Uitzonderingen op verbod geautomatiseerde individuele besluitvorming

Uitzonderingen, verbod geautomatiseerde individuele besluitvorming

1. Artikel 22, eerste lid, van de verordening geldt niet indien de in die bepaling bedoelde geautomatiseerde individuele besluitvorming, anders dan op basis van profilering, noodzakelijk is om te voldoen aan een wettelijke verplichting die op de verwerkingsverantwoordelijke rust of noodzakelijk is voor de vervulling van een taak van algemeen belang.
2. Bij de geautomatiseerde individuele besluitvorming, bedoeld in het eerste lid, treft de verwerkingsverantwoordelijke passende maatregelen die strekken tot bescherming van de rechten en vrijheden en gerechtvaardigde belangen van de betrokkene.
3. Indien de verwerkingsverantwoordelijke geen bestuursorgaan is, dan zijn passende maatregelen als bedoeld in het tweede lid, in ieder geval getroffen indien het recht op menselijke tussenkomst, het recht voor betrokkene om zijn standpunt kenbaar te maken en het recht om het besluit aan te vechten, zijn geborgd.

Art. 41 Uitzonderingen op rechten betrokkene en plichten verwerkingsverantwoordelijke

Uitzonderingen, rechten betrokkene/plichten verwerkingsverantwoordelijke

1. De verwerkingsverantwoordelijke kan de verplichtingen en rechten, bedoeld in de artikelen 12 tot en met 21 en artikel 34 van de verordening, buiten toepassing laten voor zover zulks noodzakelijk en evenredig is ter waarborging van:
   a. de nationale veiligheid;

b. landsverdediging;
c. de openbare veiligheid;
d. de voorkoming, het onderzoek, de opsporing en de vervolging van strafbare feiten of de tenuitvoerlegging van straffen, met inbegrip van de bescherming tegen en de voorkoming van gevaren voor de openbare veiligheid;
e. andere belangrijke doelstellingen van algemeen belang van de Europese Unie of van Nederland, met name een belangrijk economisch of financieel belang van de Europese Unie of van Nederland, met inbegrip van monetaire, budgettaire en fiscale aangelegenheden, volksgezondheid en sociale zekerheid;
f. de bescherming van de onafhankelijkheid van de rechter en gerechtelijke procedures;
g. de voorkoming, het onderzoek, de opsporing en de vervolging van schendingen van de beroepscodes voor gereglementeerde beroepen;
h. een taak op het gebied van toezicht, inspectie of regelgeving die verband houdt, al is het incidenteel, met de uitoefening van het openbaar gezag in de gevallen, bedoeld in de onderdelen a, b, c, d, e en g;
i. de bescherming van de betrokkene of van de rechten en vrijheden van anderen; of
j. de inning van civielrechtelijke vorderingen.
2. Bij de toepassing van het eerste lid houdt de verwerkingsverantwoordelijke rekening met in ieder geval, voor zover van toepassing:
a. de doeleinden van de verwerking of van de categorieën van verwerking;
b. de categorieën van persoonsgegevens;
c. het toepassingsgebied van de ingevoerde beperkingen;
d. de waarborgen ter voorkoming van misbruik of onrechtmatige toegang of doorgifte;
e. de specificatie van de verwerkingsverantwoordelijke of de categorieën van verwerkingsverantwoordelijken;
f. de opslagperiodes en de toepasselijke waarborgen, rekening houdend met de aard, de omvang en de doeleinden van de verwerking of van de categorieën van verwerking;
g. de risico's voor de rechten en vrijheden van de betrokkenen; en
h. het recht van betrokkenen om van de beperking op de hoogte te worden gesteld, tenzij dit afbreuk kan doen aan het doel van de beperking.

Art. 42 Uitzondering op meldplicht datalekken aan de betrokkene
Artikel 34 van de verordening is niet van toepassing op financiële ondernemingen als bedoeld in de Wet op het financieel toezicht.

Uitzonderingen, meldplicht datalekken

Art. 43 Uitzonderingen inzake journalistieke doeleinden of academische, artistieke of literaire uitdrukkingsvormen
1. Deze wet, met uitzondering van de artikelen 1 tot en met 4 en 5, eerste en tweede lid, is niet van toepassing op de verwerking van persoonsgegevens voor uitsluitend journalistieke doeleinden en ten behoeve van uitsluitend academische, artistieke of literaire uitdrukkingsvormen.
2. De navolgende hoofdstukken en artikelen van de verordening zijn niet van toepassing op de verwerking van persoonsgegevens voor uitsluitend journalistieke doeleinden en ten behoeve van academische, artistieke of literaire uitdrukkingsvormen:
a. artikel 7, derde lid, en artikel 11, tweede lid:
b. hoofdstuk III;
c. hoofdstuk IV, met uitzondering van de artikelen 24, 25, 28, 29 en 32;
d. hoofdstuk V;
e. hoofdstuk VI; en
f. hoofdstuk VII.
3. De artikelen 9 en 10 van de verordening zijn niet van toepassing voor zover de verwerking van de in die artikelen bedoelde gegevens noodzakelijk is voor het journalistieke doel of de academische, artistieke of literaire uitdrukkingsvorm.

Uitzonderingen, journalistieke doeleinden/diverse uitdrukkingsvormen

Art. 44 Uitzonderingen inzake wetenschappelijk onderzoek en statistiek
Indien een verwerking wordt verricht door instellingen of diensten voor wetenschappelijk onderzoek of statistiek, en de nodige voorzieningen zijn getroffen om te verzekeren dat de persoonsgegevens uitsluitend voor statistische of wetenschappelijke doeleinden kunnen worden gebruikt, kan de verwerkingsverantwoordelijke de artikelen 15, 16 en 18 van de verordening buiten toepassing laten.

Uitzonderingen, wetenschappelijk onderzoek en statistiek

Art. 45 Uitzonderingen inzake archivering in het algemeen belang
1. Bij de verwerking van persoonsgegevens die deel uitmaken van archiefbescheiden als bedoeld in artikel 1, onderdeel c, van de Archiefwet 1995, die berusten in een archiefbewaarplaats als bedoeld in artikel 1, onderdeel f, van die wet, zijn de artikelen 15, 16, 18, eerste lid, onderdeel a, en 20 van de verordening niet van toepassing.
2. Betrokkene heeft het recht om inzage te verkrijgen in de archiefbescheiden, tenzij verzoeken om inzage zodanig ongericht zijn dat deze in redelijkheid niet kunnen worden ingewilligd.
3. Betrokkene heeft het recht om, in geval van onjuiste persoonsgegevens, zijn eigen lezing aan de desbetreffende archiefbescheiden toe te voegen.

Uitzonderingen, archivering in algemeen belang

A20 art. 46

Uitvoeringswet Algemene verordening gegevensbescherming

Art. 46 Verwerking nationaal identificatienummer

Uitzonderingen, BSN-nummer

1. Een nummer dat ter identificatie van een persoon bij wet is voorgeschreven, wordt bij de verwerking van persoonsgegevens slechts gebruikt ter uitvoering van de desbetreffende wet dan wel voor doeleinden bij de wet bepaald.
2. Bij algemene maatregel van bestuur kunnen andere dan in het eerste lid bedoelde gevallen worden aangewezen waarin een daarbij aan te wijzen nummer als bedoeld in het eerste lid, kan worden gebruikt. Daarbij kunnen nadere regels worden gegeven over het gebruik van een zodanig nummer.

Art. 47 Uitzonderingen op rechten betrokkene bij openbare registers

Uitzonderingen, openbare registers

1. De artikelen 15, 16, 18 en 19 van de verordening zijn niet van toepassing op bij de wet ingestelde openbare registers, indien bij of krachtens die wet een bijzondere procedure voor de verbetering, aanvulling, verwijdering of afscherming van gegevens is geregeld.
2. Artikel 21 van de verordening is niet van toepassing op bij de wet ingestelde openbare registers.

Hoofdstuk 5
Overgangs- en slotbepalingen

Art. 48 Overgangsrecht

Overgangsbepalingen

1. Degene die voorafgaand aan de inwerkingtreding van deze wet is benoemd als lid van het College bescherming persoonsgegevens, is van rechtswege benoemd als lid van de Autoriteit persoonsgegevens.
2. Degene die voorafgaand aan de inwerkingtreding van deze wet is benoemd als voorzitter van het College bescherming persoonsgegevens, is van rechtswege is benoemd als voorzitter van de Autoriteit persoonsgegevens.
3. Voor het bepalen van het tijdvak van de benoeming, bedoeld in artikel 7, vijfde lid, geldt het tijdvak, vervuld als voorzitter van het College bescherming persoonsgegevens, voorafgaand aan de inwerkingtreding van deze wet als een tijdvak, vervuld als voorzitter van de Autoriteit persoonsgegevens.
4. Op de leden van het College bescherming persoonsgegevens die zijn benoemd of herbenoemd voor 1 januari 2014, blijft artikel 53, derde lid, eerste, tweede en derde volzin, van de Wet bescherming persoonsgegevens van toepassing, zoals dat luidde voor dat tijdstip.
5. De ambtenaar die voorafgaand aan de inwerkingtreding van deze wet is benoemd in het secretariaat van het College bescherming persoonsgegevens, is van rechtswege benoemd als ambtenaar in het secretariaat van de Autoriteit persoonsgegevens.
6. Besluiten die voorafgaand aan de inwerkingtreding van deze wet zijn genomen door het College bescherming persoonsgegevens gelden van rechtswege als besluiten, genomen door de Autoriteit persoonsgegevens.
7. In wettelijke procedures en rechtsgedingen waarbij het College bescherming persoonsgegevens voorafgaand aan de inwerkingtreding van deze wet is betrokken, treedt de Autoriteit persoonsgegevens van rechtswege in de plaats van het College bescherming persoonsgegevens.
8. Op wettelijke procedures en rechtsgedingen waarbij het College bescherming persoonsgegevens voorafgaand aan de inwerkingtreding van deze wet is betrokken, is het recht van toepassing zoals dit gold voorafgaand aan de inwerkingtreding van deze wet.
9. In samenwerkingsprotocollen treedt op het tijdstip van inwerkingtreding van deze wet de Autoriteit persoonsgegevens van rechtswege in de plaats van het College bescherming persoonsgegevens.
10. Op schriftelijke verzoeken als bedoeld in artikel 46 van de Wet bescherming persoonsgegevens, rechtsgedingen op basis van artikel 49 van de Wet bescherming persoonsgegevens en vorderingen op basis van artikel 50 van de Wet bescherming persoonsgegevens, die op het moment van inwerkingtreding van deze wet reeds aanhangig zijn bij de rechtbank is het recht van toepassing zoals dit gold voorafgaand aan de inwerkingtreding van deze wet.
11. Een verklaring van rechtmatigheid van de gegevensverwerking die voorafgaand aan de inwerkingtreding van deze wet is afgegeven op grond van artikel 32, vijfde lid, in samenhang met artikel 22, vierde lid, onder c, van de Wet bescherming persoonsgegevens, geldt van rechtswege als een vergunning in de zin van artikel 33, vierde lid, onder c, van deze wet.
12. Voor zover deze wet daarin niet voorziet, kunnen bij algemene maatregel van bestuur regels of nadere regels worden gesteld omtrent de invoering van de verordening of deze wet.

Art. 48a Overgangsrecht II

1. [Wijzigt deze wet.]
2. [Wijzigt deze wet.]
3. Op het tijdstip van inwerkingtreding van dit artikel zijn de ambtenaren van het secretariaat, bedoeld in artikel 10, eerste lid, van wie naam en functie zijn vermeld op een door Onze Minister in overleg met de Autoriteit persoonsgegevens vastgestelde lijst, van rechtswege ontslagen en aangesteld als ambtenaar in dienst van de Autoriteit persoonsgegevens. De overgang van de in

Uitvoeringswet Algemene verordening gegevensbescherming   A20 art. 54

de vorige volzin bedoelde ambtenaren vindt plaats met een rechtspositie die als geheel ten minste gelijkwaardig is aan die welke voor elk van hen gold op de dag voor de datum van inwerkingtreding van dit artikel.

4. Onze Minister bepaalt in overeenstemming met Onze Minister van Financiën welke vermogensbestanddelen van de Staat worden toebedeeld aan de Autoriteit persoonsgegevens.

5. De in het vierde lid bedoelde vermogensbestanddelen gaan op het tijdstip van inwerkingtreding van dit artikel onder algemene titel over op tegen een door Onze Minister in overeenstemming met Onze Minister van Financiën te bepalen waarde.

6. Ingeval krachtens het vierde en het vijfde lid registergoederen overgaan, doet Onze Minister van Financiën de overgang van die registergoederen onverwijld inschrijven in de openbare registers, bedoeld in afdeling 2 van titel 1 van Boek 3 van het Burgerlijk Wetboek. Artikel 24, eerste lid, van Boek 3 van het Burgerlijk Wetboek is niet van toepassing.

7. In wettelijke procedures en rechtsgedingen, waarbij de Autoriteit persoonsgegevens is betrokken, treedt op het tijdstip van inwerkingtreding van dit artikel de Autoriteit persoonsgegevens in de plaats van de Staat dan wel Onze Minister.

8. In zaken waarin voor het tijdstip van inwerkingtreding van dit artikel aan de Nationale ombudsman is verzocht een onderzoek te doen dan wel de Nationale ombudsman een onderzoek heeft ingesteld naar een gedraging die kan worden toegerekend aan de Autoriteit persoonsgegevens, treedt de Autoriteit persoonsgegevens op dat tijdstip als bestuursorgaan in de zin van de Wet Nationale ombudsman in de plaats van Onze Minister.

Art. 49 Samenloop
[Wijzigt deze wet.]   Samenloop

Art. 50 Evaluatie
Onze Minister zendt binnen drie jaar na de inwerkingtreding van deze wet, en vervolgens telkens   Evaluatie, termijn
na vier jaar, aan de Staten-Generaal een verslag over de effecten van deze wet in de praktijk en
over de uitvoering van de wet in de praktijk.

Art. 51 Intrekking Wet bescherming persoonsgegevens
De Wet bescherming persoonsgegevens wordt ingetrokken.   Wet bescherming persoonsgegevens, intrekking

Art. 52 Citeertitel verordening
Verordening (EU) 2016/679 van het Europees Parlement en de Raad van 27 april 2016 betref-   Citeertitel verordening
fende de bescherming van natuurlijke personen in verband met verwerking van persoonsgegevens en betreffende het vrije verkeer van die gegevens en tot intrekking van Richtlijn 95/46/EG (algemene verordening gegevensbescherming) (PbEU 2016, L 119) wordt in overige wetgeving aangehaald als: Algemene verordening gegevensbescherming.

Art. 53 Inwerkingtreding
De artikelen van deze wet treden in werking op een bij koninklijk besluit te bepalen tijdstip,   Inwerkingtreding
dat voor de verschillende artikelen of onderdelen daarvan verschillend kan worden vastgesteld.

Art. 54 Citeertitel wet
Deze wet wordt aangehaald als: Uitvoeringswet Algemene verordening gegevensbescherming.   Citeertitel

Algemene wet gelijke behandeling[1]

Wet van 2 maart 1994, houdende algemene regels ter bescherming tegen discriminatie op grond van godsdienst, levensovertuiging, politieke gezindheid, ras, geslacht, nationaliteit, hetero- of homoseksuele gerichtheid of burgerlijke staat

Wij Beatrix, bij de gratie Gods, Koningin der Nederlanden, Prinses van Oranje-Nassau, enz. enz. enz.

Allen, die deze zullen zien of horen lezen, saluut! doen te weten:

Alzo Wij in overweging genomen hebben, dat het wenselijk is om, mede in verband met artikel 1 van de Grondwet, ter bevordering van de deelneming op gelijke voet aan het maatschappelijk leven bescherming te bieden tegen discriminatie op grond van godsdienst, levensovertuiging, politieke gezindheid, ras, geslacht, nationaliteit, hetero- of homoseksuele gerichtheid of burgerlijke staat, dat het daarom wenselijk is behoudens wettelijke uitzonderingen onderscheid op deze gronden te verbieden en dat het in verband met de handhaving van dit verbod wenselijk is een Commissie gelijke behandeling in te stellen;

Zo is het, dat Wij, de Raad van State gehoord, en met gemeen overleg der Staten-Generaal, hebben goedgevonden en verstaan, gelijk Wij goedvinden en verstaan bij deze:

Hoofdstuk 1
Gelijke behandeling van personen ongeacht hun godsdienst, levensovertuiging, politieke gezindheid, ras, geslacht, nationaliteit, hetero- of homoseksuele gerichtheid of burgerlijke staat

§ 1
Algemene bepalingen

Art. 1

Begripsbepalingen

1. In deze wet en de daarop berustende bepalingen wordt verstaan onder:
   a. onderscheid: direct en indirect onderscheid, alsmede de opdracht daartoe;
   b. direct onderscheid: indien een persoon op een andere wijze wordt behandeld dan een ander in een vergelijkbare situatie wordt, is of zou worden behandeld, op grond van godsdienst, levensovertuiging, politieke gezindheid, ras, geslacht, nationaliteit, hetero- of homoseksuele gerichtheid of burgerlijke staat;
   c. indirect onderscheid: indien een ogenschijnlijk neutrale bepaling, maatstaf of handelwijze personen met een bepaalde godsdienst, levensovertuiging, politieke gezindheid, ras, geslacht, nationaliteit, hetero- of homoseksuele gerichtheid of burgerlijke staat in vergelijking met andere personen bijzonder treft.

Onderscheid op grond van geslacht

2. Onder onderscheid op grond van geslacht wordt mede verstaan onderscheid op grond van geslachtskenmerken, genderidentiteit en genderexpressie.
3. Onder direct onderscheid op grond van geslacht wordt mede verstaan onderscheid op grond van zwangerschap, bevalling en moederschap.

Art. 1a

Gelijke behandeling, definitie intimidatie

1. Het in deze wet neergelegde verbod van onderscheid houdt mede in een verbod van intimidatie en een verbod van seksuele intimidatie.
2. Onder intimidatie als bedoeld in het eerste lid wordt verstaan: gedrag dat met de hoedanigheden of gedragingen, bedoeld in artikel 1, eerste lid, onderdeel b, verband houdt en dat tot doel of gevolg heeft dat de waardigheid van de persoon aangetast en dat een bedreigende, vijandige, beledigende, vernederende of kwetsende omgeving wordt gecreëerd.

Gelijke behandeling, definitie seksuele intimidatie

3. Onder seksuele intimidatie als bedoeld in het eerste lid wordt verstaan: enige vorm van verbaal, non-verbaal of fysiek gedrag met een seksuele connotatie dat als doel of gevolg heeft dat de waardigheid van de persoon wordt aangetast, in het bijzonder wanneer een bedreigende, vijandige, beledigende, vernederende of kwetsende omgeving wordt gecreëerd.
4. Op het in deze wet neergelegde verbod van intimidatie en van seksuele intimidatie zijn niet van toepassing de artikelen 2, 5, tweede tot en met zesde lid, 6a, tweede lid, en 7, tweede en derde lid.

---

1 Inwerkingtredingsdatum: 01-09-1994; zoals laatstelijk gewijzigd bij: Stb. 2019, 173.

Algemene wet gelijke behandeling

§ 2
Algemene uitzonderingen

Art. 2
1. Het in deze wet neergelegde verbod van onderscheid geldt niet ten aanzien van indirect onderscheid indien dat onderscheid objectief gerechtvaardigd wordt door een legitiem doel en de middelen voor het bereiken van dat doel passend en noodzakelijk zijn. *(Gelijke behandeling, toegestaan onderscheid)*
2. Het in deze wet neergelegde verbod van onderscheid op grond van geslacht geldt niet:
   a. in gevallen waarin het geslacht bepalend is;
   b. in gevallen waarin het de bescherming van de vrouw betreft, en
   c. in verband met zwangerschap en moederschap.
3. Het in deze wet neergelegde verbod van onderscheid geldt niet, indien het onderscheid een specifieke maatregel betreft die tot doel heeft vrouwen of personen behorende tot een bepaalde etnische of culturele minderheidsgroep een bevoorrechte positie toe te kennen ten einde feitelijke nadelen verband houdende met de gronden ras of geslacht op te heffen of te verminderen en het onderscheid in een redelijke verhouding staat tot dat doel.
4. Het in deze wet neergelegde verbod van onderscheid op grond van ras geldt niet:
   a. in gevallen waarin uiterlijke kenmerken die samenhangen met het ras van een persoon bepalend zijn, mits het doel legitiem en het vereiste evenredig aan dat doel is;
   b. indien het onderscheid betrekking heeft op uiterlijke kenmerken die samenhangen met het ras van een persoon en vanwege de aard van de betrokken specifieke beroepsactiviteit of de context waarin deze wordt uitgeoefend, een wezenlijk en bepalend beroepsvereiste vormt, mits het doel legitiem is en het vereiste evenredig aan dat doel is.
5. Het in deze wet neergelegde verbod van onderscheid op grond van nationaliteit geldt niet:
   a. indien het onderscheid is gebaseerd op algemeen verbindende voorschriften of geschreven of ongeschreven regels van internationaal recht en
   b. in gevallen waarin de nationaliteit bepalend is.
6. Bij algemene maatregel van bestuur worden de in het tweede, vierde en vijfde lid, onderdeel *b*, bedoelde gevallen nader omschreven. *(Nadere regels)*

Art. 3
Deze wet is niet van toepassing op: *(Werkingssfeer)*
a. rechtsverhoudingen binnen kerkgenootschappen alsmede hun zelfstandige onderdelen en lichamen waarin zij zijn verenigd, alsmede binnen andere genootschappen op geestelijke grondslag;
b. het geestelijk ambt.

Art. 4
Deze wet laat onverlet: *(Toepasselijkheid Wet gelijke behandeling van mannen en vrouwen/Boek 7 BW)*
a. de Wet gelijke behandeling van mannen en vrouwen;
b. de artikelen 646, 667 en 670 van Boek 7 van het Burgerlijk Wetboek.

§ 3
Bepalingen op het terrein van de arbeid en het vrije beroep

Art. 5
1. Onderscheid is verboden bij: *(Gelijke behandeling, arbeid)*
   a. de aanbieding van een betrekking en de behandeling bij de vervulling van een openstaande betrekking;
   b. arbeidsbemiddeling;
   c. het aangaan en het beëindigen van een arbeidsverhouding;
   d. het aanstellen of ontslaan van personen, op wie artikel 3 van de Ambtenarenwet 2017 van toepassing is;
   e. arbeidsvoorwaarden;
   f. het laten volgen van onderwijs, scholing en vorming tijdens of voorafgaand aan een arbeidsverhouding;
   g. bevordering;
   h. arbeidsomstandigheden.
2. Het eerste lid laat onverlet dat: *(Uitzonderingen)*
   a. een instelling op godsdienstige of levensbeschouwelijke grondslag,
   b. een instelling van bijzonder onderwijs, of
   c. een instelling op politieke grondslag,
   ten aanzien van personen die voor haar werkzaam zijn onderscheid mag maken op grond van godsdienst, levensovertuiging of politieke gezindheid, voor zover deze kenmerken vanwege de aard van de betrokken specifieke beroepsactiviteit of de context waarin deze wordt uitgeoefend een wezenlijk, legitiem en gerechtvaardigd beroepsvereiste vormen, gezien de grondslag van

de instelling. Een zodanig onderscheid mag niet verder gaan dan passend is, gelet op de houding van goede trouw en loyaliteit aan de grondslag van de instelling die van de voor haar werkzame personen mag worden verlangd, en mag niet leiden tot onderscheid op een andere in artikel 1 genoemde grond, onverminderd artikel 2, eerste lid.

2a. Het eerste lid laat tevens onverlet de vrijheid van gemeenten om onderscheid te maken op grond van godsdienst of levensovertuiging ten aanzien van een ambtenaar of buitengewoon ambtenaar van de burgerlijke stand die in de uitoefening van zijn ambt onderscheid maakt, tenzij het door hem gemaakte onderscheid is gebaseerd op een algemeen verbindend voorschrift.

3. Het eerste lid is niet van toepassing indien:
a. de werkverhouding een privékarakter heeft,
b. het verschil in behandeling berust op een kenmerk dat verband houdt met godsdienst, levensovertuiging, politieke gezindheid, ras, geslacht, nationaliteit, hetero- of homoseksuele gerichtheid of burgerlijke staat, en
c. dat kenmerk vanwege de aard van de betrokken specifieke beroepsactiviteit of de context waarin deze wordt uitgeoefend, een wezenlijk en bepalend beroepsvereiste vormt, mits het doel legitiem is en het vereiste evenredig is aan dat doel.

4. Het eerste lid is niet van toepassing op eisen met betrekking tot de politieke gezindheid die in redelijkheid kunnen worden gesteld in verband met de vervulling van functies in bestuursorganen en adviesorganen.

5. Het eerste lid is niet van toepassing op eisen met betrekking tot de politieke gezindheid die in redelijkheid kunnen worden gesteld in verband met de vervulling van vertrouwensfuncties.

6. Het eerste lid, onderdeel e, is niet van toepassing op onderscheid op grond van burgerlijke staat met betrekking tot nabestaandenpensioen-voorzieningen en met betrekking tot aanspraken op pensioen die vóór de datum van inwerkingtreding van artikel I, onderdeel B, van de wet van 21 december 2000, houdende wijziging van de Pensioen- en spaarfondsenwet en enige andere wetten in verband met het recht van keuze voor ouderdomspensioen in plaats van nabestaandenpensioen en gelijke behandeling van mannen en vrouwen (Stb. 625), zijn opgebouwd.

Art. 6

Gelijke behandeling, vrij beroep

Onderscheid is verboden met betrekking tot de voorwaarden voor en de toegang tot het vrije beroep en de mogelijkheden tot uitoefening van en ontplooiing binnen het vrije beroep.

Art. 6a

Gelijke behandeling, lidmaatschap beroepsorganisatie

1. Onderscheid is verboden bij het lidmaatschap van of de betrokkenheid bij een werkgevers- of werknemersorganisatie of een vereniging van beroepsgenoten, alsmede bij de voordelen die uit dat lidmaatschap of uit die betrokkenheid voortvloeien.

2. Het eerste lid laat onverlet dat:
a. een op godsdienstige of levensbeschouwelijke grondslag gebaseerde organisatie of vereniging, of
b. een op politieke grondslag gebaseerde organisatie of vereniging,
ten aanzien van personen die door een lidmaatschap of anderszins bij haar betrokken zijn onderscheid mag maken op grond van godsdienst, levensovertuiging of politieke gezindheid, voor zover deze kenmerken vanwege de aard van de betrokkenheid of de context waarin specifieke activiteiten worden uitgeoefend een wezenlijk, legitiem en gerechtvaardigd vereiste vormen, gezien de grondslag van de organisatie of vereniging. Een zodanig onderscheid mag niet verder gaan dan passend is, gelet op de houding van goede trouw en loyaliteit aan de grondslag van de organisatie of vereniging die van de daarbij betrokkenen mag worden verlangd, en mag niet leiden tot onderscheid op een andere in artikel 1 genoemde grond, onverminderd artikel 2, eerste lid.

§ 4
Overige bepalingen op sociaal-economisch terrein

Art. 7

Gelijke behandeling, toegang tot goederen of diensten

1. Onderscheid is verboden bij het aanbieden van of verlenen van toegang tot goederen of diensten en bij het sluiten, uitvoeren of beëindigen van overeenkomsten ter zake, alsmede bij het geven van loopbaanoriëntatie en advies of voorlichting over school- of beroepskeuze, indien dit geschiedt:
a. in de uitoefening van een beroep of bedrijf;
b. door de openbare dienst;
c. door instellingen die werkzaam zijn op het gebied van volkshuisvesting, welzijn, gezondheidszorg, cultuur of onderwijs of
d. door natuurlijke personen die niet handelen in de uitoefening van een beroep of bedrijf, voor zover het aanbod in het openbaar geschiedt.

Uitzonderingen

2. Het eerste lid, onderdeel c, laat onverlet dat een instelling van bijzonder onderwijs bij de toelating en ten aanzien van de deelname aan het onderwijs onderscheid mag maken op grond van godsdienst, levensovertuiging of geslacht, voor zover deze kenmerken vanwege de aard

Algemene wet gelijke behandeling

van het onderwijs een wezenlijk, legitiem en gerechtvaardigd vereiste vormen, gezien de grondslag van de instelling. Onderscheid op grond van geslacht is slechts toegestaan, indien voor alle leerlingen, ongeacht hun geslacht, gelijkwaardige voorzieningen aanwezig zijn. Een zodanig onderscheid mag niet verder gaan dan passend is, gelet op de houding van goede trouw en loyaliteit aan de grondslag van de instelling die van leerlingen mag worden verlangd en mag niet leiden tot onderscheid op een andere in artikel 1 genoemde grond, onverminderd artikel 2, eerste lid.

3. Het eerste lid, onderdelen a en d, is niet van toepassing indien:
a. de rechtsverhouding een privékarakter heeft,
b. het verschil in behandeling berust op een kenmerk dat verband houdt met godsdienst, levensovertuiging, politieke gezindheid, geslacht, nationaliteit, hetero- of homoseksuele gerichtheid of burgerlijke staat, en
c. het verschil in behandeling door een legitiem doel wordt gerechtvaardigd en de middelen voor het bereiken van dat doel passend en noodzakelijk zijn.

Art. 7a
1. Onverminderd artikel 7 is onderscheid op grond van ras verboden bij sociale bescherming, daaronder begrepen sociale zekerheid, en sociale voordelen.
2. Bij algemene maatregel van bestuur kunnen de begrippen sociale bescherming, sociale zekerheid en sociale voordelen, bedoeld in het eerste lid, worden omschreven. De voordracht voor een krachtens de eerste volzin vast te stellen algemene maatregel van bestuur wordt niet eerder gedaan dan vier weken nadat het ontwerp aan beide kamers der Staten-Generaal is overgelegd.

Gelijke behandeling, sociale bescherming

§ 5
Bescherming en handhaving

Art. 8
In geval van een beëindiging van de arbeidsverhouding door de werkgever in strijd met artikel 5, of wegens de omstandigheid dat de werknemer in of buiten rechte een beroep heeft gedaan op artikel 5 of ter zake bijstand heeft verleend, is artikel 681 van Boek 7 van het Burgerlijk Wetboek van overeenkomstige toepassing.

Toepasselijkheid artikel 7:681 BW

Art. 8a
1. Het is verboden personen te benadelen wegens het feit dat zij in of buiten rechte een beroep hebben gedaan op deze wet of ter zake bijstand hebben verleend.

Gelijke behandeling, verbod benadeling bij beroep op deze wet

2. Het feit dat een persoon het in artikel 1a, tweede en derde lid, bedoelde gedrag afwijst of lijdzaam ondergaat, mag niet ten grondslag liggen aan een beslissing die die persoon treft.

Gelijke behandeling, bescherming tegen victimisatie

Art. 9
Bedingen in strijd met deze wet zijn nietig.

Dwingend recht

Art. 10
1. Indien degene die meent dat in zijn nadeel een onderscheid is of wordt gemaakt als bedoeld in deze wet, in rechte feiten aanvoert die dat onderscheid kunnen doen vermoeden, dient de wederpartij te bewijzen dat niet in strijd met deze wet is gehandeld.

Gelijke behandeling, verschuiving bewijslast

2. Het eerste lid is van overeenkomstige toepassing op vorderingen als bedoeld in artikel 305a van Boek 3 van het Burgerlijk Wetboek en op beroepen ingesteld in bestuursrechtelijke procedures door belanghebbenden in de zin van artikel 1:2, derde lid, van de Algemene wet bestuursrecht.

Hoofdstuk 2
[Vervallen]

[Vervallen]

Art. 11-21

Hoofdstuk 3
Slotbepalingen

[Vervallen]

Art. 22-33

Art. 34
Deze wet treedt in werking met ingang van de eerste dag van de zesde kalendermaand na de datum van uitgifte van het *Staatsblad* waarin zij wordt geplaatst. Bij koninklijk besluit kan een eerder tijdstip van inwerkingtreding worden vastgesteld.

Inwerkingtreding

A21 art. 35 — Algemene wet gelijke behandeling

Citeertitel

Art. 35
Deze wet wordt aangehaald als: Algemene wet gelijke behandeling.

Wet College voor de rechten van de mens[1]

Wet van 24 november 2011, houdende de oprichting van het College voor de rechten van de mens (Wet College voor de rechten van de mens)

Wij Beatrix, bij de gratie Gods, Koningin der Nederlanden, Prinses van Oranje-Nassau, enz. enz. enz.
Allen, die deze zullen zien of horen lezen, saluut! doen te weten:
Alzo Wij in overweging genomen hebben, dat het wenselijk is om met het oog op de bescherming van de rechten van de mens, waaronder het recht op gelijke behandeling, en het bevorderen van de naleving daarvan in Nederland en mede ter uitvoering van Resolutie A/RES/48/134 van de Algemene Vergadering van de Verenigde Naties van 20 december 1993 inzake nationale instituten voor de bevordering en bescherming van de rechten van de mens, aanbeveling R (97) 14 van het Comité van ministers van de Raad van Europa van 30 september 1997 inzake de oprichting van onafhankelijke nationale mensenrechteninstituten, richtlijn nr. 2000/43/EG van de Raad van de Europese Unie van 29 juni 2000 houdende toepassing van het beginsel van gelijke behandeling van personen ongeacht ras of etnische afstamming (PbEG L 180), richtlijn nr. 2004/113/EG van de Raad van de Europese Unie van 13 december 2004 houdende toepassing van het beginsel van gelijke behandeling van mannen en vrouwen bij de toegang tot en het aanbod van goederen en diensten (PbEU L 373) en richtlijn nr. 2006/54/EG van het Europees Parlement en de Raad van de Europese Unie van 5 juli 2006 betreffende de toepassing van het beginsel van gelijke kansen en gelijke behandeling van mannen en vrouwen in arbeid en beroep (herschikking) (PbEU L 204), een nationaal mensenrechteninstituut op te richten, dat tevens is belast met de bescherming van het recht op gelijke behandeling en dat het mede in verband met artikel 79 van de Grondwet noodzakelijk is daartoe wettelijke bepalingen vast te stellen;
Zo is het, dat Wij, de Raad van State gehoord, en met gemeen overleg der Staten-Generaal, hebben goedgevonden en verstaan, gelijk Wij goedvinden en verstaan bij deze:

Hoofdstuk 1
Instelling, taak en bevoegdheden

Art. 1
1. Er is een College voor de rechten van de mens, hierna te noemen: het College.

College voor de rechten van de mens, instelling

2. Het College is het nationaal instituut voor de rechten van de mens, bedoeld in Resolutie A/RES/48/134 van de Algemene Vergadering van de Verenigde Naties van 20 december 1993 inzake nationale instituten voor de bevordering en bescherming van de rechten van de mens en in aanbeveling R (97) 14 van het Comité van ministers van de Raad van Europa van 30 september 1997 inzake de oprichting van onafhankelijke nationale mensenrechteninstituten.
3. Het College heeft tot doel in Nederland de rechten van de mens, waaronder het recht op gelijke behandeling, te beschermen, het bewustzijn van deze rechten te vergroten en de naleving van deze rechten te bevorderen.

Art. 2
Deze wet, met uitzondering van hoofdstuk 2, is mede van toepassing in de openbare lichamen Bonaire, Sint Eustatius en Saba, met dien verstande dat artikel 3, onderdeel a, wordt gelezen als volgt:
a. het doen van onderzoek naar de bescherming van de rechten van de mens;.

Werkingssfeer

Art. 3
De taak van het College is:

College voor de rechten van de mens, taak

a. het doen van onderzoek naar de bescherming van de rechten van de mens, waaronder het onderzoeken of een onderscheid is of wordt gemaakt en het geven van een oordeel daarover, bedoeld in artikel 10;
b. het rapporteren en het doen van aanbevelingen over de bescherming van de rechten van de mens, waaronder het jaarlijks rapporteren over de mensenrechtensituatie in Nederland;
c. het geven van advies, bedoeld in artikel 5;
d. het geven van voorlichting en het stimuleren en coördineren van onderwijs over de rechten van de mens;
e. het stimuleren van onderzoek naar de bescherming van de rechten van de mens;

---

1 Inwerkingtredingsdatum: 17-12-2011; zoals laatstelijk gewijzigd bij: Stb. 2019, 173.

f. het structureel samenwerken met maatschappelijke organisaties en met nationale, Europese en andere internationale instellingen die zich de bescherming aantrekken van een of meer rechten van de mens, onder meer door het organiseren van activiteiten in samenwerking met maatschappelijke organisaties;
g. het aansporen tot de ratificatie, implementatie en naleving van verdragen over de rechten van de mens en het aansporen tot de opheffing van voorbehouden bij zulke verdragen;
h. het aansporen tot de implementatie en naleving van bindende besluiten van volkenrechtelijke organisaties over de rechten van de mens;
i. het aansporen tot de naleving van Europese of internationale aanbevelingen over de rechten van de mens.

Art. 4

College voor de rechten van de mens, onafhankelijke taakvervulling

Het College vervult zijn taak in onafhankelijkheid.

Art. 5

College voor de rechten van de mens, advisering

1. Het College adviseert op schriftelijk verzoek van Onze Minister wie het aangaat of van een van beide kamers der Staten-Generaal over wetten, voorstellen van wet, algemene maatregelen van bestuur, ontwerpen van algemene maatregelen van bestuur, ministeriële regelingen en ontwerpen van ministeriële regelingen die direct of indirect betrekking hebben op de rechten van de mens.
2. Het College kan uit eigen beweging Onze Minister wie het aangaat of een van beide kamers der Staten-Generaal adviseren over wetten, voorstellen van wet, algemene maatregelen van bestuur, ontwerpen van algemene maatregelen van bestuur, ministeriële regelingen en ontwerpen van ministeriële regelingen die direct of indirect betrekking hebben op de rechten van de mens.
3. Het College kan op schriftelijk verzoek of uit eigen beweging een bestuursorgaan wie het aangaat of een van beide kamers der Staten-Generaal adviseren over ontwerpen van bindende besluiten van Europese en andere internationale instellingen die direct of indirect betrekking hebben op de rechten van de mens en over beleid dat direct of indirect betrekking heeft op de rechten van de mens.
4. Het College kan op schriftelijk verzoek of uit eigen beweging een bestuursorgaan wie het aangaat adviseren over andere algemeen verbindende voorschriften dan bedoeld in het eerste lid die direct of indirect betrekking hebben op de rechten van de mens, en ontwerpen daarvan.

Art. 6

College voor de rechten van de mens, bevoegdheden

1. Het College en daartoe door het College aangewezen personen kunnen alle inlichtingen en bescheiden vorderen die voor de vervulling van de taak van het College redelijkerwijs nodig zijn.
2. Een ieder is verplicht de ingevolge het eerste lid gevorderde inlichtingen en bescheiden volledig en naar waarheid te verstrekken, een en ander op de wijze en binnen de termijn door of namens het College vast te stellen.
3. Het tweede lid geldt niet voor zover het inlichtingen en bescheiden betreft waarvan het verstrekken in strijd is met het belang van de nationale veiligheid, dan wel een schending van een ambts- of beroepsgeheim met zich brengt. Voorts geldt deze verplichting niet, indien een persoon daardoor of zichzelf of een van zijn bloed- of aanverwanten in de rechte lijn of in de zijlijn in de tweede of de derde graad of zijn echtgenoot of eerdere echtgenoot dan wel geregistreerde partner of eerdere geregistreerde partner aan het gevaar van een strafrechtelijke veroordeling ter zake van een misdrijf zou blootstellen.

Art. 7

College voor de rechten van de mens, instellen onderzoek

1. Het College kan een onderzoek ter plaatse instellen. Het heeft toegang tot elke plaats, met uitzondering van een woning zonder toestemming van de bewoner, voor zover dat redelijkerwijs voor de vervulling van zijn taak nodig is.
2. Het eerste lid geldt niet voor plaatsen die als verboden plaats zijn aangewezen ingevolge de Wet bescherming staatsgeheimen.

Art. 8

College voor de rechten van de mens, openbaarmaking onderzoeken/rapporten/aanbevelingen

1. De onderzoeken, rapporten en aanbevelingen, bedoeld in artikel 3, onderdelen a en b, en de adviezen, bedoeld in artikel 5, worden door het College openbaar gemaakt.

2. Onze Minister wie het aangaat stelt het College in de gelegenheid de onderzoeken, rapporten, aanbevelingen en adviezen met hem te bespreken.

Hoofdstuk 2
Onderzoek en oordeel gelijke behandeling

Art. 9
Binnen het College is een afdeling belast met de uitvoering van de in dit hoofdstuk bedoelde taak.

College voor de rechten van de mens, onderzoek en oordeel gelijke behandeling

Art. 10
1. Het College kan op schriftelijk verzoek onderzoeken of een onderscheid is of wordt gemaakt als bedoeld in de Algemene wet gelijke behandeling, de Wet gelijke behandeling van mannen en vrouwen of artikel 646 van Boek 7 van het Burgerlijk Wetboek, en zijn oordeel daaromtrent kenbaar maken. Voorts kan het College uit eigen beweging onderzoeken of zodanig onderscheid stelselmatig wordt gemaakt en zijn oordeel daarover kenbaar maken.
2. Een schriftelijk verzoek als bedoeld in het eerste lid kan worden ingediend door:
a. degene die meent dat te zijnen nadele een onderscheid is of wordt gemaakt als bedoeld in de Algemene wet gelijke behandeling, de Wet gelijke behandeling van mannen en vrouwen of artikel 646 van Boek 7 van het Burgerlijk Wetboek;
b. de natuurlijke persoon, de rechtspersoon of het bevoegd gezag, die wensen te weten of zij een onderscheid maken als bedoeld in de Algemene wet gelijke behandeling, de Wet gelijke behandeling van mannen en vrouwen of artikel 646 van Boek 7 van het Burgerlijk Wetboek;
c. degene die belast is met de beslissing over een geschil met betrekking tot onderscheid als bedoeld in de Algemene wet gelijke behandeling, de Wet gelijke behandeling van mannen en vrouwen of artikel 646 van Boek 7 van het Burgerlijk Wetboek;
d. een ondernemingsraad, die meent dat in de onderneming waarvoor deze is ingesteld, onderscheidenlijk een met die ondernemingsraad vergelijkbaar medezeggenschapsorgaan, dat meent dat in het organisatorisch samenwerkingsverband waarvoor het is ingesteld, onderscheid wordt gemaakt als bedoeld in de Algemene wet gelijke behandeling, de Wet gelijke behandeling van mannen en vrouwen en in artikel 646 van Boek 7 van het Burgerlijk Wetboek;
e. een vereniging met volledige rechtsbevoegdheid of stichting, die in overeenstemming met haar statuten de belangen behartigt van diegenen in wier bescherming de Algemene wet gelijke behandeling, de Wet gelijke behandeling van mannen en vrouwen of artikel 646 van Boek 7 van het Burgerlijk Wetboek beoogt te voorzien.
3. In het geval een schriftelijk verzoek als bedoeld in het tweede lid, onderdelen d en e, personen noemt ten nadele van wie zou zijn gehandeld, dan wel indien een onderzoek ingesteld uit eigen beweging, betrekking heeft op zodanige personen, stelt het College deze personen op de hoogte van het voornemen tot onderzoek. Het College is niet bevoegd in het onderzoek en de beoordeling personen als bedoeld in de eerste volzin te betrekken die schriftelijk hebben verklaard daartegen bedenkingen te hebben.

Gelijke behandeling, instellen onderzoek

Art. 11
1. Het College stelt een onderzoek in en brengt zijn oordeel schriftelijk en met redenen omkleed ter kennis van de verzoeker, van degene die het onderscheid zou maken, alsmede, in voorkomend geval, van degene, jegens wie het onderscheid zou worden gemaakt.
2. Het College kan bij het ter kennis brengen van zijn oordeel aan degene die het onderscheid zou maken, aanbevelingen doen.
3. Het College kan zijn oordeel ter kennis brengen van Onze Ministers wie het aangaat, van naar zijn mening in aanmerking komende organisaties van werkgevers, van werknemers, uit het beroepsleven of van overheidspersoneel, van eindgebruikers van goederen of diensten en van betrokken overlegorganen.

Gelijke behandeling, kennisgeving oordeel

Art. 12
1. Het College stelt geen onderzoek in of beëindigt het onderzoek, indien:
a. het in artikel 10, tweede lid, bedoelde verzoek kennelijk ongegrond is;
b. het belang van de verzoeker of het gewicht van de gedraging kennelijk onvoldoende is;
c. sinds het in artikel 10 bedoelde onderscheid een zodanige termijn is verstreken dat in redelijkheid geen onderzoek meer kan plaatsvinden.
2. Indien zich gevallen als bedoeld in het eerste lid voordoen, doet het College daarover aan verzoeker schriftelijk en met redenen omkleed mededeling.

Gelijke behandeling, weigering onderzoek

Art. 13
1. Het College kan in rechte vorderen dat een gedraging die in strijd is met de Algemene wet gelijke behandeling, de Wet gelijke behandeling van mannen en vrouwen of artikel 646 van Boek 7 van het Burgerlijk Wetboek onrechtmatig wordt verklaard, dat deze wordt verboden of dat een bevel wordt gegeven om de gevolgen van die gedraging ongedaan te maken.
2. Een gedraging kan niet ten grondslag worden gelegd aan een vordering als bedoeld in het eerste lid, voor zover degene die door deze gedraging wordt getroffen, daartegen bedenkingen heeft.

Gelijke behandeling, onrechtmatigverklaring/verbod gedraging

Hoofdstuk 3
Samenstelling en werkwijze

Art. 14

College voor de rechten van de mens, samenstelling

1. Het College bestaat uit minimaal negen en maximaal twaalf leden, onder wie een voorzitter en twee ondervoorzitters. Voorts kunnen plaatsvervangende leden worden benoemd.

2. De voorzitter en een van beide ondervoorzitters voldoen aan de vereisten voor benoembaarheid tot rechterlijk ambtenaar, gesteld bij of krachtens artikel 5, eerste lid en tweede lid, van de Wet rechtspositie rechterlijke ambtenaren. Bij de benoeming van de voorzitter van het College kan in bijzondere gevallen van het bepaalde in de eerste volzin worden afgeweken.

3. Het College wordt vertegenwoordigd door de voorzitter of, bij afwezigheid, door een ondervoorzitter.

Art. 15

College voor de rechten van de mens, raad van advies

1. Er is een raad van advies. De raad adviseert het College elk jaar over het voorgenomen beleidsplan van het College en adviseert Onze Minister van Veiligheid en Justitie over de benoeming van de leden en de plaatsvervangende leden van het College.

2. De raad bestaat uit de Nationale ombudsman, de voorzitter van het College bescherming persoonsgegevens, de voorzitter van de Raad voor de rechtspraak en uit minimaal vier en maximaal acht leden afkomstig van maatschappelijke organisaties die zich de bescherming aantrekken van een of meer rechten van de mens, van werkgevers- en werknemersorganisaties en uit de kringen van de wetenschap.

3. De leden van de raad, met uitzondering van de Nationale ombudsman, de voorzitter van het College bescherming persoonsgegevens en de voorzitter van de Raad voor de rechtspraak, worden benoemd, geschorst en ontslagen door Onze Minister van Veiligheid en Justitie in overeenstemming met Onze Minister van Binnenlandse Zaken en Koninkrijksrelaties, gehoord het College, de Nationale ombudsman, de voorzitter van het College bescherming persoonsgegevens en de voorzitter van de Raad voor de rechtspraak. Deze leden worden benoemd voor ten hoogste vier jaar. Herbenoeming kan eenmaal voor ten hoogste vier jaar plaatsvinden.

4. De leden kiezen uit hun midden een voorzitter. De raad bepaalt zijn eigen werkwijze.

Schakelbepaling

5. Artikel 13 van de Kaderwet zelfstandige bestuursorganen is van overeenkomstige toepassing op de leden van de raad.

Art. 16

College voor de rechten van de mens, benoeming leden

1. De leden en de plaatsvervangende leden van het College worden benoemd bij koninklijk besluit, op voordracht van Onze Minister van Veiligheid en Justitie.

2. Ten behoeve van de voordracht adviseert de raad in overeenstemming met het College Onze Minister van Veiligheid en Justitie, rekening houdend met de noodzaak van een deskundig en onafhankelijk College, alsmede met het streven naar een divers samengesteld College.

3. Een vacature voor een lid of plaatsvervangend lid en de te volgen selectieprocedure worden door het College openbaar gemaakt. Het College en de raad brengen de vacature tevens onder de aandacht van maatschappelijke organisaties die zich de bescherming aantrekken van een of meer rechten van de mens.

Art. 17

Schakelbepalingen

1. De artikelen 46c, 46ca, 46d, tweede lid, 46f, 46g, 46h, eerste en tweede lid, 46i, met uitzondering van het eerste lid, onderdeel c, 46j, 46l, met uitzondering van het eerste lid, onderdeel c, 46m, 46n, 46o en 46p van de Wet rechtspositie rechterlijke ambtenaren zijn van overeenkomstige toepassing op de leden en plaatsvervangende leden van het College, met dien verstande dat:

a. de disciplinaire maatregel, bedoeld in artikel 46ca, eerste lid, onderdeel a, ten aanzien van de voorzitter van het College door de president van het gerechtshof Den Haag en ten aanzien van de overige leden en plaatsvervangende leden door de voorzitter van het College wordt opgelegd;

b. het in artikel 46c, onderdeel b, genoemde verbod zich in een onderhoud of een gesprek in te laten met partijen of haar advocaten of gemachtigden of een bijzondere inlichting of schriftelijk stuk van hen aan te nemen niet op de leden en de plaatsvervangende leden van het College van toepassing is;

c. in de artikelen 46j en 46o, tweede lid, onder functionele autoriteit wordt verstaan: de voorzitter van het College.

2. De benoeming van de leden en van de plaatsvervangende leden geschiedt voor een tijdvak van ten hoogste zes jaar. Herbenoeming is terstond mogelijk.

3. Onverminderd artikel 9 van de Kaderwet zelfstandige bestuursorganen komen voor benoeming als lid of plaatsvervangend lid, ambtenaren die werken onder de verantwoordelijkheid van een Onzer Ministers niet in aanmerking.

Wet College voor de rechten van de mens

A22 art. 23

4. Artikel 13 van de Kaderwet zelfstandige bestuursorganen is van overeenkomstige toepassing op de plaatsvervangende leden van het College.
5. Onverminderd artikel 14, tweede lid, van de Kaderwet zelfstandige bestuursorganen worden bij algemene maatregel van bestuur nadere regels gesteld over de rechtspositie van de leden, waaronder in elk geval regels betreffende hun beëdiging, vakantie, verlof, bedrijfsgeneeskundige begeleiding en voorzieningen bij ziekte en arbeidsongeschiktheid, en kunnen nadere regels worden gesteld over de rechtspositie van de plaatsvervangende leden.

Art. 17a
De artikelen 13a tot en met 13g van de Wet op de rechterlijke organisatie zijn van overeenkomstige toepassing ten aanzien van gedragingen van de leden en plaatsvervangende leden van het College, met dien verstande dat:
a. voor de overeenkomstige toepassing van die artikelen onder «het betrokken gerechtsbestuur» wordt verstaan: de voorzitter van het College;
b. voor de overeenkomstige toepassing van artikel 13b, eerste lid, onderdelen b en c, onder «overeenkomstig artikel 26 of 75 een klacht» wordt verstaan: een klacht.

Art. 18
1. Aan het College staat ter ondersteuning van zijn taak een bureau ten dienste.   *College voor de rechten van de mens, bureau*
2. In afwijking van artikel 4.6, eerste lid, van de Comptabiliteitswet 2016 sluit, wijzigt en beëindigt het College namens de Staat individuele arbeidsovereenkomsten met de bij het bureau werkzame ambtenaren.

Art. 19
Bij algemene maatregel van bestuur worden nadere regels gesteld omtrent de werkwijze van de afdeling, bedoeld in artikel 9, waaronder in elk geval regels betreffende:
a. de wijze van behandeling;
b. hoor en wederhoor;
c. de openbaarheid van zittingen.

Art. 20
1. De artikelen 12 en 21 van de Kaderwet zelfstandige bestuursorganen zijn niet van toepassing.   *College voor de rechten van de mens, toepasselijkheid Kaderwet zelfstandige bestuursorganen*
2. In afwijking van artikel 20 van de Kaderwet zelfstandige bestuursorganen is het College niet verplicht Onze Ministers van Binnenlandse Zaken en Koninkrijksrelaties en van Veiligheid en Justitie inlichtingen te verstrekken of inzage te geven in zakelijke gegevens en bescheiden, met betrekking tot de inhoud en de aanpak van lopende onderzoeken van het College als bedoeld in artikel 3, onderdeel a, en artikel 10.
3. In afwijking van artikel 22 van de Kaderwet zelfstandige bestuursorganen kunnen Onze Ministers van Binnenlandse Zaken en Koninkrijksrelaties en van Veiligheid en Justitie een besluit van het College dat betrekking heeft op het onderzoek of het oordeel, bedoeld in artikel 10, niet vernietigen.

Hoofdstuk 4
Verslag en rapport

Art. 21
1. Onverminderd artikel 18 van de Kaderwet zelfstandige bestuursorganen bevat het jaarverslag een samenvatting van: *College voor de rechten van de mens, jaarverslag*
a. de onderzoeken die het College in het voorafgaande jaar heeft gedaan;
b. de adviezen die het College in het voorafgaande jaar heeft gegeven;
c. de overige activiteiten die het College heeft ondernomen ter uitvoering van zijn taak.
2. Het jaarverslag wordt openbaar gemaakt. Het College zendt dit verslag tevens aan de Nationale ombudsman, het College bescherming persoonsgegevens, maatschappelijke organisaties die zich de bescherming aantrekken van een of meer rechten van de mens en andere adviesorganen die het aangaat.

Art. 22
Het College stelt elke vijf jaar een rapport op van zijn bevindingen ten aanzien van de werking in de praktijk van deze wet, de Algemene wet gelijke behandeling, de Wet gelijke behandeling van mannen en vrouwen en artikel 646 van Boek 7 van het Burgerlijk Wetboek. Het College zendt dit rapport aan Onze Minister van Binnenlandse Zaken en Koninkrijksrelaties.   *College voor de rechten van de mens, rapport van bevindingen*

Art. 23
Onze Minister van Binnenlandse Zaken en Koninkrijksrelaties zendt zo spoedig mogelijk na ontvangst van het in artikel 22 bedoelde rapport aan de Staten-Generaal een verslag over de werking in de praktijk van deze wet, de Algemene wet gelijke behandeling, de Wet gelijke behandeling van mannen en vrouwen en artikel 646 van Boek 7 van het Burgerlijk Wetboek.   *College voor de rechten van de mens, verslag aan Staten-Generaal*

Hoofdstuk 5
Wijziging van deze wet en andere wetten

Art. 23a
[Vervallen]

Art. 24
[Wijzigt de Algemene wet gelijke behandeling.]

Art. 24a
a. [Wijzigt de Wet op de rechterlijke organisatie.]
b. [Wijzigt deze wet.]

Art. 24b
1. [Wijzigt deze wet.]
2. [Wijzigt de Evaluatiewet modernisering rechterlijke organisatie.]

Art. 25
[Wijzigt de Wet op het hoger onderwijs en wetenschappelijk onderzoek.]

Art. 26
[Wijzigt de Ambtenarenwet.]

Art. 27
[Wijzigt het Burgerlijk Wetboek Boek 7.]

Art. 28
[Wijzigt de Wet gelijke behandeling op grond van leeftijd bij de arbeid.]

Art. 29
[Wijzigt de Uitvoeringswet EU-richtlijn 1999/70/EG (raamovereenkomst door het EVV, de UNICE en het CEEP inzake arbeidsovereenkomsten voor bepaalde tijd).]

Art. 30
[Wijzigt de Wet gelijke behandeling op grond van handicap of chronische ziekte.]

Art. 31
[Wijzigt de Wet medezeggenschap onderwijs 1992.]

Art. 32
[Wijzigt de Algemene wet bestuursrecht.]

Art. 33
[Wijzigt de Wet Nationale ombudsman.]

Art. 34
[Wijzigt de Wijzigingswet Burgerlijk Wetboek en Ambtenarenwet ivm verbod tot maken van onderscheid tussen werknemers naar arbeidsduur.]

Hoofdstuk 6
Overgangs- en slotbepalingen

Art. 35

Overgangsbepalingen

1. In afwijking van artikel 16 worden de benoemingen van de leden en de plaatsvervangende leden van de Commissie gelijke behandeling, onder wie de voorzitter en twee ondervoorzitters, van rechtswege gewijzigd in een benoeming tot leden en plaatsvervangende leden van het College voor de rechten van de mens. Artikel 17, derde lid, is van overeenkomstige toepassing. De datum van benoeming in het latere ambt wordt gelijkgesteld met de datum van benoeming in het eerdere ambt.
2. De overgang van de in het eerste lid bedoelde leden en plaatsvervangende leden vindt plaats met dezelfde rechtspositie als die welke voor elk van hen gold bij de Commissie gelijke behandeling.

Art. 36
1. Op het tijdstip van inwerkingtreding van artikel 1 van deze wet behoren de personen die tot het bureau van de Commissie gelijke behandeling behoren, bedoeld in artikel 17 van de Algemene wet gelijke behandeling, tot het bureau van het College voor de rechten van de mens.
2. De overgang van de in het eerste lid bedoelde personen vindt plaats met dezelfde rechtspositie als die welke voor elk van hen gold bij de Commissie gelijke behandeling.

Art. 37
Onderzoeken op schriftelijk verzoek als bedoeld in artikel 12, eerste lid, van de Algemene wet gelijke behandeling, die nog niet zijn voltooid op het tijdstip van inwerkingtreding van artikel 1 van deze wet worden voortgezet door het College voor de rechten van de mens.

Art. 38
De administratie en het archief van de Commissie gelijke behandeling worden van rechtswege overgedragen aan het College voor de rechten van de mens.

Art. 39

Inwerkingtreding

1. De artikelen van deze wet treden in werking op een bij koninklijk besluit te bepalen tijdstip, dat voor de verschillende artikelen of onderdelen daarvan verschillend kan worden vastgesteld.

Wet College voor de rechten van de mens

A22 art. 40

2. Voor zover de artikelen 15 en 16 eerder in werking treden dan artikel 1, neemt de Commissie gelijke behandeling voor de toepassing van de artikelen 15, derde lid, en 16, tweede en derde lid, de plaats in van het College tot het tijdstip van inwerkingtreding van artikel 1.

Art. 40
Deze wet wordt aangehaald als: Wet College voor de rechten van de mens.

Citeertitel

Wet gelijke behandeling op grond van handicap of chronische ziekte[1]

Wet van 3 april 2003 tot vaststelling van de Wet gelijke behandeling op grond van handicap of chronische ziekte

Wij Beatrix, bij de gratie Gods, Koningin der Nederlanden, Prinses van Oranje-Nassau, enz. enz. enz.
Allen, die deze zullen zien of horen lezen, saluut! doen te weten:
Alzo Wij in overweging genomen hebben, dat het wenselijk is om, mede in verband met artikel 1 van de Grondwet en alsmede op grond van de Richtlijn nr. 2000/78/EG van de Raad van de Europese Unie van 27 november 2000, tot instelling van een algemeen kader voor gelijke behandeling in arbeid en beroep (PbEG, 2000, L303), ter bevordering van de deelneming op gelijke voet aan het maatschappelijke leven bescherming te bieden tegen discriminatie op grond van handicap of chronische ziekte en dat het daarom wenselijk is behoudens de door de wet genoemde uitzonderingen onderscheid op deze grond te verbieden;
Zo is het, dat Wij, de Raad van State gehoord, en met gemeen overleg der Staten-Generaal, hebben goedgevonden en verstaan, gelijk Wij goedvinden en verstaan bij deze:

§ 1
Algemeen

Art. 01

Autonoom
Ieder mens moet in staat worden gesteld aansluitend bij zijn eigen mogelijkheden autonoom te zijn.

Art. 1

Begripsbepalingen
In deze wet wordt verstaan onder:
a. onderscheid: direct en indirect onderscheid, alsmede de opdracht daartoe;

Direct onderscheid
b. direct onderscheid: indien een persoon op grond van handicap of chronische ziekte op een andere wijze wordt behandeld dan een ander in een vergelijkbare situatie wordt, is of zou worden behandeld;

Indirect onderscheid
c. indirect onderscheid: indien een ogenschijnlijk neutrale bepaling, maatstaf of handelwijze personen met een handicap of chronische ziekte in vergelijking met andere personen bijzonder treft.

Art. 1a

Verbod op intimidatie
1. Het in deze wet neergelegde verbod van onderscheid houdt mede in een verbod van intimidatie.
2. Onder intimidatie als bedoeld in het eerste lid wordt verstaan: gedrag dat verband houdt met handicap of chronische ziekte en dat tot doel of gevolg heeft dat de waardigheid van de persoon wordt aangetast en dat een bedreigende, vijandige, beledigende, vernederende of kwetsende omgeving wordt gecreëerd.
3. Op het in deze wet neergelegde verbod van intimidatie is artikel 3 niet van toepassing.

Art. 2

Verplichting tot verrichten aanpassingen
1. Het verbod van onderscheid houdt mede in dat degene, tot wie dit verbod zich richt, gehouden is naar gelang de behoefte doeltreffende aanpassingen te verrichten, tenzij deze voor hem een onevenredige belasting vormen.

Verplichting tot toelaten assistentiehonden
2. Onder het verrichten van doeltreffende aanpassingen wordt in ieder geval verstaan het toelaten van assistentiehonden.

Art. 2a

Algemene toegankelijkheid voor personen met handicap of chronische ziekte
1. Degene tot wie het verbod van onderscheid zich richt, draagt daarnaast tenminste geleidelijk zorg voor de algemene toegankelijkheid voor personen met een handicap of chronische ziekte, tenzij dat voor hem een onevenredige belasting vormt.

2. Onverminderd het bepaalde bij of krachtens enige wettelijke bepaling, worden bij algemene maatregel van bestuur regels gesteld ter uitvoering van het eerste lid. Deze regels hebben in ieder geval betrekking op de geleidelijke verwezenlijking van de algemene toegankelijkheid, op het treffen van voorzieningen van eenvoudige aard en op de evenredigheid van de belasting.

---

[1] Inwerkingtredingsdatum: 01-12-2003; zoals laatstelijk gewijzigd bij: Stb. 2019, 173.

Wet gelijke behandeling op grond van handicap of chronische ziekte **A23** art. 6a

3. De voordracht voor een krachtens het tweede lid vast te stellen algemene maatregel van bestuur wordt niet eerder gedaan dan vier weken nadat het ontwerp aan beide kamers der Staten-Generaal is overgelegd.

Art. 3
1. Het verbod van onderscheid geldt niet indien: *Uitzonderingen verbod van onderscheid*
   a. het onderscheid noodzakelijk is ter bescherming van de veiligheid en de gezondheid;
   b. het onderscheid een regeling, norm of praktijk betreft die tot doel heeft specifieke voorzieningen en faciliteiten te creëren of in stand te houden ten behoeve van personen met een handicap of chronische ziekte;
   c. het onderscheid een specifieke maatregel betreft die tot doel heeft personen met een handicap of chronische ziekte een bevoorrechte positie toe te kennen ten einde feitelijke nadelen verband houdende met de gronden handicap of chronische ziekte op te heffen of te verminderen en het onderscheid in een redelijke verhouding staat tot dat doel.
2. Het in deze wet neergelegde verbod van onderscheid geldt niet ten aanzien van indirect onderscheid indien dat onderscheid objectief gerechtvaardigd wordt door een legitiem doel en de middelen voor het bereiken van dat doel passend en noodzakelijk zijn. *Gelegitimeerd indirect onderscheid*

§ 2
Arbeid

Art. 4
Onderscheid is verboden bij: *Verbod onderscheid bij arbeidsaangelegenheden*
a. de aanbieding van een betrekking en de behandeling bij de vervulling van een openstaande betrekking;
b. het aangaan en het beëindigen van een arbeidsverhouding;
c. het aanstellen of ontslaan van personen, op wie artikel 3 van de Ambtenarenwet 2017 van toepassing is;
d. de arbeidsbemiddeling;
e. arbeidsvoorwaarden;
f. het laten volgen van onderwijs, scholing en vorming tijdens of voorafgaand aan een arbeidsverhouding;
g. bevordering;
h. arbeidsomstandigheden.

Art. 5
Onderscheid is verboden met betrekking tot de voorwaarden voor en de toegang tot het vrije beroep en de mogelijkheden tot uitoefening van en ontplooiing binnen het vrije beroep. *Vrije beroep*

Art. 5a
Onderscheid is verboden bij het lidmaatschap van of de betrokkenheid bij een werkgevers- of werknemersorganisatie of een vereniging van beroepsgenoten, alsmede bij de voordelen die uit dat lidmaatschap of uit die betrokkenheid voortvloeien. *Lidmaatschap werkgevers- en werknemersorganisaties*

§ 3
Goederen en diensten

Art. 5b
1. Onderscheid is verboden bij het aanbieden van of verlenen van toegang tot goederen of diensten en bij het sluiten, uitvoeren of beëindigen van overeenkomsten ter zake, alsmede bij het geven van loopbaanoriëntatie en advies of voorlichting over school- of beroepskeuze, indien dit geschiedt: *Verbod op onderscheid bij aanbieden goederen en diensten*
   a. in de uitoefening van een beroep of bedrijf;
   b. door de openbare dienst;
   c. door instellingen die werkzaam zijn op het gebied van volkshuisvesting, welzijn, gezondheidszorg, cultuur of onderwijs of
   d. door natuurlijke personen die niet handelen in de uitoefening van een beroep of bedrijf, voor zover het aanbod in het openbaar geschiedt.
2. Het eerste lid is niet van toepassing op terreinen bestreken door de paragrafen 3a en 4.

Art. 6
[Vervallen]

§ 3a
Wonen

Art. 6a
In deze paragraaf wordt onder woonruimte verstaan: *Begripsbepaling woonruimte*

Sdu 345

A23 art. 6b

Wet gelijke behandeling op grond van handicap of chronische ziekte

a. een tot bewoning bestemde gebouwde onroerende zaak die een zelfstandige woning vormt, of een tot zelfstandige of onzelfstandige bewoning bestemd gedeelte van een gebouwde onroerende zaak, met inbegrip van de daarbij behorende gemeenschappelijke ruimte;
b. een woonwagen, zijnde een voor bewoning bestemd gebouw dat is geplaatst op een standplaats en dat in zijn geheel of in delen kan worden verplaatst;
c. een woonschip, zijnde een schip dat uitsluitend of in hoofdzaak gebezigd wordt of bestemd is voor bewoning;
d. een tot bewoning bestemd verblijf van een binnenschip.

Art. 6b

Verbod onderscheid woonruimte

Onderscheid is verboden bij:
a. het aanbieden van woonruimte ter bewoning;
b. het sluiten, uitvoeren, wijzigen of beëindigen van een overeenkomst betreffende het huren, kopen of bewonen van woonruimte voor eigen gebruik, waarbij onder eigen gebruik mede wordt verstaan bewoning door een persoon tot wie de contractant, diens echtgenoot of geregistreerde partner in een familierechtelijke betrekking staat of met wie de contractant, diens echtgenoot of geregistreerde partner in gezinsverband leeft;
c. het bemiddelen bij een overeenkomst als bedoeld onder b;
d. het opmaken, uitvoeren of wijzigen van een reglement als bedoeld in artikel 111, onder d, van Boek 5 van het Burgerlijk Wetboek;
e. het inschrijven als woningzoekende.

Art. 6c

Uitzondering bouwkundige of woontechnische aanpassing in of aan de woonruimte

Artikel 2, eerste lid, is op deze paragraaf niet van toepassing, indien het een bouwkundige- of woontechnische aanpassing in of aan de woonruimte betreft.

§ 4
Openbaar vervoer

Art. 7

Begripsbepalingen openbaar vervoer

In artikel 8 en de daarop berustende bepalingen wordt verstaan onder:
a. openbaar vervoer: voor een ieder openstaand personenvervoer volgens een dienstregeling met een bus, trein, metro, tram of een via een geleidesysteem voortbewogen voertuig;
b. reisinformatie: informatie over de dienstregeling met de geldigheidsduur daarvan, gegarandeerde overstapmogelijkheden binnen de dienstregeling, wijzigingen van de dienstregeling en over tarieven en de daarbij behorende zone-indeling.

Art. 8

Verbod onderscheid openbaar vervoer

1. Onderscheid is verboden bij:
a. het verlenen van of voor het reizen vereiste toegang tot de bij het openbaar vervoer behorende gebouwen en infrastructuur;
b. het aanbieden van openbaar-vervoersdiensten en reisinformatie;
c. het sluiten, uitvoeren of beëindigen van overeenkomsten met betrekking tot openbaar vervoer.

Nadere regels

2. Bij of krachtens algemene maatregel van bestuur worden regels gesteld over de ingevolge het eerste lid, in samenhang met artikel 2, te verrichten aanpassingen als bedoeld in dat artikel.

§ 5
Rechtsbescherming

Art. 9

Toepasselijkheid Boek 7

In geval van een beëindiging van de arbeidsverhouding door de werkgever in strijd met artikel 4, of wegens de omstandigheid dat de werknemer in of buiten rechte een beroep heeft gedaan op artikel 4 of ter zake bijstand heeft verleend, is artikel 681 van Boek 7 van het Burgerlijk Wetboek van overeenkomstige toepassing.

Art. 9a

Bescherming bij beroep op deze wet

Onverminderd artikel 9 is het verboden personen te benadelen wegens het feit dat zij in of buiten rechte een beroep hebben gedaan op deze wet of ter zake bijstand hebben verleend.

Art. 10

Omgekeerde bewijslast

1. Indien degene die meent dat te zijnen nadeel een onderscheid is of wordt gemaakt als bedoeld in deze wet, in rechte feiten aanvoert die dat onderscheid kunnen doen vermoeden, dient de wederpartij te bewijzen dat niet in strijd met deze wet is gehandeld.
2. Indien degene die meent dat te zijnen nadeel is gehandeld in strijd met artikel 2 in rechte feiten aanvoert die kunnen doen vermoeden dat is nagelaten doeltreffende aanpassingen te treffen, dient de wederpartij te bewijzen dat niet in strijd met deze bepaling is gehandeld.

Wet gelijke behandeling op grond van handicap of chronische ziekte **A23 art. 15**

3. Het eerste en tweede lid zijn van overeenkomstige toepassing op vorderingen als bedoeld in artikel 305a van Boek 3 van het Burgerlijk Wetboek en op beroepen ingesteld door belanghebbenden in de zin van artikel 1:2, derde lid, van de Algemene wet bestuursrecht.

Art. 11
Bedingen in strijd met deze wet zijn nietig.   *Nietigheid bedingen*

Art. 12
Het College, genoemd in artikel 1 van de Wet College voor de rechten van de mens, kan onderzoeken of een onderscheid is of wordt gemaakt als bedoeld in deze wet en of gehandeld is in strijd met artikel 2 van deze wet. De artikelen 10, 11, 12, 13, 22 en 23 van de Wet College voor de rechten van de mens zijn van overeenkomstige toepassing.   *Onderzoek door College voor de rechten van de mens*

Art. 13
Onze Minister van Volksgezondheid, Welzijn en Sport zendt in overeenstemming met Onze Ministers van Binnenlandse Zaken en Koninkrijksrelaties, van Justitie, van Sociale Zaken en Werkgelegenheid, van Verkeer en Waterstaat, van Volkshuisvesting, Ruimtelijke Ordening en Milieubeheer en van Onderwijs, Cultuur en Wetenschappen binnen vijf jaar na de inwerkingtreding van deze wet aan de Staten-Generaal een verslag over de doeltreffendheid en de effecten van deze wet in de praktijk.   *Evaluatie wet*

§ 6
Slotbepalingen

Art. 14
De artikelen van deze wet treden in werking op een bij koninklijk besluit te bepalen tijdstip, dat voor de verschillende artikelen of onderdelen daarvan verschillend kan worden vastgesteld.   *Inwerkingtreding*

Art. 15
Deze wet wordt aangehaald als: Wet gelijke behandeling op grond van handicap of chronische ziekte.   *Citeertitel*

Wet gelijke behandeling op grond van leeftijd bij de arbeid[1]

Wet van 17 december 2003, houdende gelijke behandeling op grond van leeftijd bij arbeid, beroep en beroepsonderwijs (Wet gelijke behandeling op grond van leeftijd bij de arbeid)

Wij Beatrix, bij de gratie Gods, Koningin der Nederlanden, Prinses van Oranje-Nassau, enz. enz. enz.

Allen, die deze zullen zien of horen lezen, saluut! doen te weten:

Alzo Wij in overweging genomen hebben, dat het wenselijk is om ter uitvoering van de Richtlijn 2000/78/EG, tot instelling van een algemeen kader voor gelijke behandeling in arbeid en beroep (PbEG, 2000, L303) alsmede in verband met artikel 1 van de Grondwet, het maken van onderscheid op grond van leeftijd bij arbeid, beroep en beroepsonderwijs te verbieden;

Zo is het, dat Wij, de Raad van State gehoord, en met gemeen overleg der Staten-Generaal, hebben goedgevonden en verstaan, gelijk Wij goedvinden en verstaan bij deze:

§ 1
Algemeen

Het begrip onderscheid

Art. 1

Direct en indirect onderscheid

In deze wet wordt verstaan onder:
a. onderscheid: direct en indirect onderscheid, alsmede de opdracht daartoe;
b. direct onderscheid: indien een persoon op grond van leeftijd op een andere wijze wordt behandeld dan een ander in een vergelijkbare situatie wordt, is of zou worden behandeld;
c. indirect onderscheid: indien een ogenschijnlijk neutrale bepaling, maatstaf of handelwijze personen met een bepaalde leeftijd in vergelijking met andere personen bijzonder treft.

Intimidatie

Art. 2

Verbod op intimidatie

1. Het in deze wet neergelegde verbod van onderscheid houdt mede in een verbod op intimidatie.
2. Onder intimidatie als bedoeld in het eerste lid wordt verstaan: gedrag dat met leeftijd verband houdt en dat tot doel of gevolg heeft dat de waardigheid van de persoon wordt aangetast en een bedreigende, vijandige, beledigende, vernederende of kwetsende omgeving wordt gecreëerd.

§ 2
Reikwijdte van het verbod van onderscheid

Arbeid

Art. 3

Verbod onderscheid bij arbeidsaangelegenheden

Onderscheid is verboden bij:
a. de aanbieding van een betrekking en de behandeling bij de vervulling van een openstaande betrekking;
b. de arbeidsbemiddeling;
c. het aangaan en het beëindigen van een arbeidsverhouding;
d. het aanstellen of ontslaan van personen, op wie artikel 3 van de Ambtenarenwet 2017 van toepassing is;
e. de arbeidsvoorwaarden;
f. het laten volgen van onderwijs, scholing en vorming tijdens of voorafgaand aan een arbeidsverhouding;
g. de bevordering en
h. de arbeidsomstandigheden.

---

1   Inwerkingtredingsdatum: 01-05-2004; zoals laatstelijk gewijzigd bij: Stb. 2019, 173.

Vrije beroep

Art. 4
Onderscheid is verboden met betrekking tot de voorwaarden voor en de toegang tot het vrije beroep en de mogelijkheden tot uitoefening van en ontplooiing binnen het vrije beroep.

Vrije beroep

Beroepsonderwijs

Art. 5
Onderscheid is verboden bij:
a. het verlenen van toegang tot en het geven van loopbaanoriëntatie en beroepskeuzevoorlichting;
b. het verlenen van toegang tot, het aanbieden van, het afnemen van toetsen tijdens en het afsluiten van onderwijs dat gericht is op de toetreding tot en het functioneren op de arbeidsmarkt.

Verbod onderscheid beroepsonderwijs

Lidmaatschap organisaties

Art. 6
Onderscheid is verboden bij het lidmaatschap van of de betrokkenheid bij een werkgevers- of werknemersorganisatie of een vereniging van beroepsgenoten. Dit geldt ook voor de voordelen die voortvloeien uit het lidmaatschap van deze organisaties en verenigingen.

Lidmaatschap werkgevers- en werknemersorganisaties

§ 3
Uitzonderingen op het verbod van onderscheid

Objectieve rechtvaardiging

Art. 7
1. Het verbod van onderscheid geldt niet indien het onderscheid:
a. gebaseerd is op werkgelegenheids- of arbeidsmarktbeleid ter bevordering van arbeidsparticipatie van bepaalde leeftijdscategorieën, voor zover dit beleid is vastgesteld bij of krachtens wet;
b. betrekking heeft op het beëindigen van een arbeidsverhouding of van het dienstverband van een ambtenaar in verband met het bereiken van de leeftijd waarop op grond van de Algemene Ouderdomswet recht op ouderdomspensioen ontstaat, of van een bij of krachtens wet vastgestelde of tussen partijen overeengekomen hogere leeftijd;
c. anderszins objectief gerechtvaardigd is door een legitiem doel en de middelen voor het bereiken van dat doel passend en noodzakelijk zijn.
2. Het eerste lid is niet van toepassing in geval van intimidatie als bedoeld in artikel 2.

Uitzonderingen verbod van onderscheid

Pensioenen

Art. 8
1. Voor de toepassing van dit artikel wordt verstaan onder pensioenvoorziening: een pensioenvoorziening ten behoeve van een of meer personen, uitsluitend in verband met hun werkzaamheden in een onderneming, bedrijfstak, tak van beroep of openbare dienst, in aanvulling op een wettelijk stelsel van sociale zekerheid en, ingeval van een voorziening ten behoeve van een persoon, anders dan door die persoon zelf tot stand gebracht.
2. Het verbod van onderscheid is niet van toepassing op in pensioenvoorzieningen vastgelegde toetredingsleeftijden en op pensioengerechtigde leeftijden, alsmede op de vaststelling van verschillende toetredings- en pensioengerechtigde leeftijden voor werknemers of voor groepen of categorieën van werknemers.
3. Het verbod van onderscheid is niet van toepassing op actuariële berekeningen bij pensioenvoorzieningen waarbij met leeftijd rekening wordt gehouden.

Uitzondering voor pensioenvoorziening

§ 4
Vermelding leeftijdsgrens

Art. 9
Indien bij een openlijke aanbieding van een betrekking onderscheid op grond van leeftijd wordt gemaakt, wordt de grond daarvan uitdrukkelijk vermeld.

Vermelding grond leeftijdsgrens in advertentie

§ 5
Rechtsbescherming

Bescherming tegen represailles

Art. 10

Bescherming tegen represailles

Het is verboden om personen te benadelen wegens het feit dat zij in of buiten rechte een beroep hebben gedaan op deze wet of terzake bijstand hebben verleend.

Bescherming tegen ontslag

Art. 11

Toepasselijkheid Boek 7

In geval van een beëindiging van de arbeidsverhouding door de werkgever in strijd met artikel 3, of wegens de omstandigheid dat de werknemer in of buiten rechte een beroep heeft gedaan op deze wet of ter zake bijstand heeft verleend, is artikel 681 van Boek 7 van het Burgerlijk Wetboek van overeenkomstige toepassing.

Bewijslast

Art. 12

Omgekeerde bewijslast

1. Indien degene die meent dat te zijnen nadeel een onderscheid is of wordt gemaakt als bedoeld in deze wet, in rechte feiten aanvoert die dat onderscheid kunnen doen vermoeden, dient de wederpartij te bewijzen dat niet in strijd met deze wet is gehandeld.
2. Het eerste lid is van overeenkomstige toepassing op vorderingen als bedoeld in artikel 305a van Boek 3 van het Burgerlijk Wetboek en op beroepen ingesteld door belanghebbenden in de zin van artikel 1:2, derde lid, van de Algemene wet bestuursrecht.

Nietigheid

Art. 13

Nietigheid bedingen

Bedingen in strijd met deze wet zijn nietig.

Het College voor de rechten van de mens

Art. 14

Onderzoek door College voor de rechten van de mens

Het College, genoemd in artikel 1 van de Wet College voor de rechten van de mens, kan onderzoeken of een onderscheid is of wordt gemaakt als bedoeld in deze wet. De artikelen 10, 11, 12, 13, 22 en 23 van de Wet College voor de rechten van de mens zijn van overeenkomstige toepassing.

§ 6
Overgangs- en slotbepalingen

Evaluatie

Art. 15

Evaluatie wet

Onze Minister van Sociale Zaken en Werkgelegenheid zendt in overeenstemming met Onze Ministers van Justitie, van Binnenlandse Zaken en Koninkrijksrelaties en van Onderwijs, Cultuur en Wetenschap binnen vijf jaar na de inwerkingtreding van deze wet aan de Staten-Generaal een verslag over de doeltreffendheid en de effecten van deze wet in de praktijk.

Overgangsrecht pensioenontslag

Art. 16

Overgangsrecht pensioenontslag

Het in deze wet neergelegde verbod van onderscheid is tot 2 december 2006 niet van toepassing op onderscheid dat betrekking heeft op het beëindigen van een arbeidsverhouding of het dienstverband van een ambtenaar in verband met het bereiken van een bij arbeidsovereenkomst overeengekomen, een bij een toezegging omtrent pensioen toegezegde, of een bij regeling van een daartoe bevoegd bestuursorgaan vastgestelde pensioengerechtigde leeftijd lager dan de AOW-gerechtigde leeftijd, voorzover die leeftijd voor de datum van inwerkingtreding van deze wet in de arbeidsovereenkomst, de toezegging omtrent pensioen of de regeling van het bestuursorgaan was opgenomen.

Wet gelijke behandeling op grond van leeftijd bij de arbeid   A24 art. 21

Overgangsrecht defensie

Art. 17
Het in deze wet neergelegde verbod van onderscheid is niet van toepassing ten aanzien van militaire ambtenaren als bedoeld in artikel 1 van de Militaire Ambtenarenwet 1931 tot 1 januari 2008, of tot een eerdere datum waarop in de Militaire ambtenarenwet 1931 een regeling is getroffen ten aanzien van het gebruik van leeftijdsgrenzen binnen de krijgsmacht betreffende aanstelling, functietoewijzing, aanwijzing voor een opleiding en ontslag.

Overgangsrecht defensie

Wijzigingen in andere regelgeving

Art. 18
[Wijzigt de Wet op de Raad van State.]
Art. 19
[Wijzigt de Comptabiliteitswet.]

Tijdstip inwerkingtreding

Art. 20
Deze wet treedt in werking op een bij koninklijk besluit te bepalen tijdstip.

Inwerkingtreding

Citeertitel

Art. 21
Deze wet wordt aangehaald als: Wet gelijke behandeling op grond van leeftijd bij de arbeid.

Citeertitel

Wet gelijke behandeling van mannen en vrouwen[1]

Wet van 1 maart 1980, houdende aanpassing van de Nederlandse wetgeving aan de richtlijn van de Raad van de Europese Gemeenschappen van 9 februari 1976 inzake de gelijke behandeling van mannen en vrouwen

Wij Juliana, bij de gratie Gods, Koningin der Nederlanden, Prinses van Oranje-Nassau, enz., enz., enz.
Allen, die deze zullen zien of horen lezen, saluut! doen te weten:
Alzo Wij in overweging genomen hebben, dat het noodzakelijk is de Nederlandse wetgeving aan te passen met het oog op de richtlijn van de Raad van de Europese Gemeenschappen van 9 februari 1976 inzake de gelijke behandeling van mannen en vrouwen;
Zo is het, dat Wij, de Raad van State gehoord, en met gemeen overleg der Staten-Generaal, hebben goedgevonden en verstaan, gelijk Wij goedvinden en verstaan bij deze:

§ 1
Algemeen

Art. 1

Begripsbepalingen

1. In deze wet wordt verstaan onder:
a. onderscheid: direct en indirect onderscheid, alsmede de opdracht daartoe;
b. direct onderscheid: indien een persoon op grond van geslacht op een andere wijze wordt behandeld dan een ander in een vergelijkbare situatie wordt, is of zou worden behandeld;
c. indirect onderscheid: indien een ogenschijnlijk neutrale bepaling, maatstaf of handelwijze personen van een bepaald geslacht in vergelijking met andere personen bijzonder treft.
2. Onder direct onderscheid wordt mede verstaan onderscheid op grond van zwangerschap, bevalling en moederschap.

Art. 1a

Gelijke behandeling, verbod op intimidatie/seksuele intimidatie

1. Het in deze wet neergelegde verbod van direct onderscheid houdt mede in een verbod op intimidatie en een verbod op seksuele intimidatie.
2. Onder intimidatie als bedoeld in het eerste lid wordt verstaan: gedrag dat met het geslacht van een persoon verband houdt en dat tot doel of gevolg heeft dat de waardigheid van de persoon wordt aangetast en dat een bedreigende, vijandige, beledigende, vernederende of kwetsende omgeving wordt gecreëerd.
3. Onder seksuele intimidatie als bedoeld in het eerste lid wordt verstaan: enige vorm van verbaal, non-verbaal of fysiek gedrag met een seksuele connotatie dat als doel of gevolg heeft dat de waardigheid van de persoon wordt aangetast, in het bijzonder wanneer een bedreigende, vijandige, beledigende, vernederende of kwetsende situatie wordt gecreëerd.
4. Het feit dat een persoon het in het tweede en derde lid bedoelde gedrag afwijst of lijdzaam ondergaat, mag niet ten grondslag liggen aan een beslissing die die persoon treft.
5. De artikelen 3, tweede lid, 4, tweede lid, en 5, eerste en tweede lid, zijn niet van toepassing op het verbod van intimidatie en seksuele intimidatie, bedoeld in het eerste lid.

Art. 1b

Gelijke behandeling, openbare dienst

1. In de openbare dienst mag het bevoegd gezag geen onderscheid maken bij de aanstelling tot ambtenaar of indienstneming op arbeidsovereenkomst naar burgerlijk recht, in de arbeidsvoorwaarden, bij de arbeidsomstandigheden, bij het verstrekken van onderricht, bij de bevordering en bij de beëindiging van het dienstverband.
2. Tot de openbare dienst, bedoeld in het eerste lid, worden gerekend alle instellingen, diensten en bedrijven door de staat en de openbare lichamen beheerd.

Uitzonderingen

3. Van het in het eerste lid bepaalde mag worden afgeweken in de gevallen waarin het de bescherming van de vrouw betreft, met name in verband met zwangerschap en moederschap.
4. Het bevoegd gezag mag het dienstverband van degene die krachtens aanstelling of arbeidsovereenkomst naar burgerlijk recht werkzaam is in de openbare dienst niet beëindigen of betrokkene niet anderszins benadelen wegens de omstandigheid dat deze in of buiten rechte een beroep heeft gedaan op het in het eerste lid bepaalde of terzake bijstand heeft verleend.

---

1 Inwerkingtredingsdatum: 15-03-1980; zoals laatstelijk gewijzigd bij: Stb. 2014, 216.

Wet gelijke behandeling van mannen en vrouwen — A25 art. 5

5. In geval van een beëindiging van de arbeidsovereenkomst van degene die op arbeidsovereenkomst naar burgerlijk recht werkzaam is in openbare dienst door het bevoegd gezag in strijd met deze wet, is artikel 681 van Boek 7 van het Burgerlijk Wetboek van overeenkomstige toepassing.
6. Elk beding dat strijdig is met het in het eerste lid bepaalde is nietig. — *Dwingend recht*

Art. 1c
Ingeval een natuurlijke persoon, rechtspersoon of bevoegd gezag een ander onder zijn gezag arbeid laat verrichten, anders dan krachtens arbeidsovereenkomst naar burgerlijk recht of ambtelijke aanstelling, zijn de artikelen 646 en 681 van Boek 7 van het Burgerlijk Wetboek van overeenkomstige toepassing. — *Overeenkomstige toepassing*

Art. 2
1. Het is niet toegelaten onderscheid te maken met betrekking tot de voorwaarden voor de toegang tot en de mogelijkheden tot uitoefening van en ontplooiing binnen het vrije beroep, alsmede wat betreft regelingen tussen beroepsgenoten inzake sociale zekerheid niet zijnde pensioenvoorzieningen als bedoeld in artikel 12a. — *Gelijke behandeling, vrij beroep*
2. Indien een regeling als bedoeld in het eerste lid betrekking heeft op ziekte of arbeidsongeschiktheid mag daarin geen uitzondering worden gemaakt voor zwangerschap en bevalling, onverminderd de bevoegdheid bepalingen op te nemen ter voorkoming van misbruik en oneigenlijk gebruik.
3. Elke bepaling van een regeling als bedoeld in het eerste lid, die in strijd is met het in het eerste of tweede lid bepaalde is nietig.

Art. 3
1. Het is niet toegelaten onderscheid te maken bij de aanbieding van een betrekking, bij de behandeling bij de vervulling van een openstaande betrekking of bij arbeidsbemiddeling. — *Gelijke behandeling, personeelswerving*
2. Van het in het eerste lid bepaalde mag worden afgeweken in die gevallen waarin ingevolge deze of enige andere wet bij het aanbieden van een betrekking onderscheid mag worden gemaakt en, voor zover het betreft een openlijke aanbieding van een betrekking, de grond voor dat onderscheid daarbij uitdrukkelijk wordt vermeld. — *Uitzonderingen*
3. Het aanbieden van een betrekking, bedoeld in het eerste lid, geschiedt wat betreft tekst en vormgeving zodanig, dat duidelijk blijkt, dat zowel mannen als vrouwen in aanmerking komen.
4. Indien voor de aangeboden betrekking een functiebenaming wordt gebruikt, wordt of zowel de mannelijke als de vrouwelijke vorm gebruikt, of uitdrukkelijk vermeld, dat zowel vrouwen als mannen in aanmerking komen.
5. Wanneer iemand ter zake van een aanbieding in strijd met het in deze wet bepaalde uit onrechtmatige daad jegens een ander aansprakelijk is, kan de rechter hem op vordering van die ander ook veroordelen tot openbaarmaking van een rectificatie op een door de rechter aan te geven wijze.

Art. 4
1. De natuurlijke persoon of de rechtspersoon die een beroepsopleiding, voortgezette beroepsopleiding of cursus voor bijscholing of omscholing onder welke benaming dan ook in stand houdt, dan wel de natuurlijke persoon of rechtspersoon die een examen verband houdend met de hiervoor bedoelde opleidingen of cursussen afneemt, mag bij de toelating tot en de behandeling binnen de opleiding, dan wel bij het afnemen van het examen, geen onderscheid maken noch ten aanzien van de criteria noch ten aanzien van de niveaus. — *Gelijke behandeling, opleidingen*
2. Van het in het eerste lid van dit artikel bepaalde mag, behoudens voor wat betreft het afnemen van het examen en mits voor leerlingen van beide geslachten gelijkwaardige voorzieningen aanwezig zijn, worden afgeweken indien de eigen aard van een instelling voor bijzonder onderwijs zich tegen het in dat lid bepaalde verzet. — *Uitzonderingen*
3. Iedere bepaling die strijdig is met het in het eerste lid bepaalde, is nietig. — *Dwingend recht*

Art. 4a
1. Het is niet toegelaten onderscheid te maken bij het lidmaatschap van of de betrokkenheid bij een werknemers- of werkgeversorganisatie of een vereniging van beroepsgenoten, alsmede bij de voordelen die uit dat lidmaatschap of uit die betrokkenheid voortvloeien. — *Gelijke behandeling, werknemers-/werkgeversorganisatie*
2. Iedere bepaling die in strijd is met het eerste lid is nietig.

Art. 5
1. Van het in de artikelen 1b, 2, 3 en 4 bepaalde mag worden afgeweken indien het gemaakte onderscheid beoogt vrouwen in een bevoorrechte positie te plaatsen teneinde nadelen op te heffen of te verminderen en het onderscheid in een redelijke verhouding staat tot het beoogde doel. — *Gelijke behandeling, positieve actie*
2. Voor zover het betreft de toegang tot beroepsactiviteiten of de hiervoor noodzakelijke opleidingen mag van de artikelen 1b, 2, 3 en 4 worden afgeweken indien het gemaakte onderscheid is gebaseerd op een kenmerk dat verband houdt met het geslacht en dat kenmerk wegens de aard van de betrokken specifieke beroepsactiviteiten of de context waarin deze worden uitgevoerd, een wezenlijk en bepalend beroepsvereiste is, mits het doel legitiem is en het vereiste evenredig aan dat doel is. — *Uitzonderingen*

Sdu 353

A25 art. 6 — Wet gelijke behandeling van mannen en vrouwen

Gelijke behandeling, beroep waarvoor geslacht bepalend is

3. Als beroepsactiviteiten en hiervoor noodzakelijke opleidingen waarvoor een kenmerk als bedoeld in het tweede lid, een wezenlijk en bepalend beroepsvereiste is, worden slechts beschouwd die welke behoren tot respectievelijk opleiden voor geestelijke ambten dan wel beroepsactiviteiten die bij algemene maatregel van bestuur zijn aangewezen.

Art. 6
Het in deze wet neergelegde verbod van onderscheid geldt niet ten aanzien van indirect onderscheid, indien dat onderscheid objectief gerechtvaardigd wordt door een legitiem doel en de middelen voor het bereiken van dat doel passend en noodzakelijk zijn.

Gelijke behandeling, omkering bewijslast

Art. 6a
Indien degene die meent dat te zijnen nadeel een onderscheid is of wordt gemaakt als bedoeld in deze wet, in rechte feiten aanvoert die dat onderscheid kunnen doen vermoeden, dient de wederpartij te bewijzen dat niet in strijd met deze wet is gehandeld.

§ 2
Gelijke beloning voor arbeid van gelijke waarde

Gelijke behandeling, arbeidsvoorwaarden

Art. 7
1. Bij de toepassing van artikel 646 van Boek 7 van het Burgerlijk Wetboek wordt voor de vergelijking van de in dat artikel bedoelde arbeidsvoorwaarden met betrekking tot het loon uitgegaan van het loon dat in de onderneming waar de werknemer in wiens belang de loonvergelijking wordt gemaakt werkzaam is, door een werknemer van de andere kunne voor arbeid van gelijke waarde dan wel, bij gebreke daarvan, voor arbeid van nagenoeg gelijke waarde pleegt te worden ontvangen.
2. Onder loon als bedoeld in het eerste lid wordt verstaan de vergoeding door de werkgever aan de werknemer verschuldigd terzake van diens arbeid.

Gelijke behandeling, functiewaardering

Art. 8
Voor de toepassing van artikel 7 wordt arbeid gewaardeerd volgens een deugdelijk stelsel van functiewaardering, waarbij zoveel mogelijk wordt aangesloten bij het stelsel dat gebruikelijk is in de onderneming waarin de belanghebbende werknemer werkzaam is. Bij gebreke van een zodanig stelsel wordt de arbeid, gelet op de beschikbare gegevens, naar billijkheid gewaardeerd.

Toepasselijkheid

Art. 9
1. Voor de toepassing van artikel 7 wordt het loon van de belanghebbende werknemer geacht gelijk te zijn aan het loon dat een werknemer van de andere kunne voor arbeid van gelijke waarde pleegt te ontvangen, indien het is berekend op grondslag van gelijkwaardige maatstaven.
2. Voor de toepassing van artikel 7 worden andere dan geldelijke loonbestanddelen in aanmerking genomen naar de waarde, welke daaraan in het economisch verkeer kan worden toegekend.
3. Ingeval een arbeidsduur is overeengekomen, welke korter is dan die welke in overeenkomstige arbeidsverhoudingen in de regel geacht wordt een volledige dienstbetrekking te vormen, wordt het loon, voorzover het naar tijdsduur wordt berekend, naar evenredigheid verminderd.

AMvB

Art. 10
Bij algemene maatregel van bestuur kunnen nadere regelen worden gesteld omtrent het in de artikelen 7, 8 en 9 bepaalde.

Art. 11
[Vervallen]

Overeenkomstige toepassing

Art. 12
Bij de toepassing van de artikelen 1b en 1c van deze wet is deze paragraaf van overeenkomstige toepassing.

§ 3
Gelijke behandeling wat betreft pensioenvoorzieningen

Begripsbepalingen

Art. 12a
Voor de toepassing van het in deze paragraaf bepaalde wordt verstaan onder pensioenvoorziening: een pensioenvoorziening ten behoeve van een of meer personen, uitsluitend in verband met hun werkzaamheden in een onderneming, bedrijfstak, tak van beroep of openbare dienst, in aanvulling op een wettelijk stelsel van sociale zekerheid en, ingeval van een voorziening ten behoeve van een persoon, anders dan door die persoon zelf tot stand gebracht.

Gelijke behandeling, pensioenvoorziening

Art. 12b
1. Het is ook aan anderen dan de werkgever bedoeld in artikel 646 van Boek 7 van het Burgerlijk Wetboek of het bevoegd gezag bedoeld in artikel 1b niet toegestaan onderscheid te maken wat betreft de bepaling van de kring van personen voor wie een pensioenvoorziening tot stand wordt gebracht, wat betreft de bepaling van de inhoud van een pensioenvoorziening of wat betreft de wijze van uitvoering daarvan.

Wet gelijke behandeling van mannen en vrouwen A25 art. 21

2. Bepalingen krachtens welke de verwerving van pensioenaanspraken wordt onderbroken gedurende de periode van zwangerschaps- en bevallingsverlof op grond van een wettelijke bepaling of overeenkomst, worden voor de toepassing van artikel 646 van Boek 7 van het Burgerlijk Wetboek, artikel 1b en het eerste lid beschouwd als strijdig met het verbod van ongelijke behandeling van mannen en vrouwen.

Gelijke behandeling, pensioenopbouw zwangerschaps- en bevallingsverlof

Art. 12c
1. In geval van een uitkeringsovereenkomst als bedoeld in artikel 1 van de Pensioenwet, blijft de omvang van de geldelijke bijdrage van de werkgever voor de toepassing van artikel 646 van Boek 7 van het Burgerlijk Wetboek en van de artikelen 1a en 12b buiten beschouwing, voor zover dat gerechtvaardigd is in verband met voor mannen en vrouwen verschillende actuariële berekeningselementen.

Gelijke behandeling, berekening pensioen

2. In geval van een premieovereenkomst als bedoeld in artikel 1 van de Pensioenwet of een kapitaalovereenkomst als bedoeld in artikel 1 van de Pensioenwet blijft de omvang van de geldelijke bijdrage van de werkgever voor de toepassing van artikel 646 van Boek 7 van het Burgerlijk Wetboek en van de artikelen 1a en 12b buiten beschouwing, en wordt:
a. of de omvang van de uit de premieovereenkomst of kapitaalovereenkomst voortvloeiende periodieke pensioenuitkering voor mannen en vrouwen gelijk getrokken;
b. of de door de werkgever beschikbaar gestelde premie respectievelijk de opbouw van aanspraak op kapitaal zodanig vastgesteld dat naar het inzicht op het tijdstip van vaststelling, de omvang van de pensioenen voor mannen en vrouwen gelijk wordt getrokken.
3. In geval van een uitkeringsregeling als bedoeld in artikel 1 van de Wet verplichte beroepspensioenregeling blijft de omvang van de geldelijke bijdrage van de beroepsgenoot voor de toepassing van artikel 12b buiten beschouwing voor zover dat gerechtvaardigd is in verband met voor mannen en vrouwen verschillende actuariële berekeningselementen.
4. In geval van een premieregeling of een aanspraak op kapitaal op basis van een kapitaalregeling als bedoeld in artikel 1 van de Wet verplichte beroepspensioenregeling wordt de omvang van het daaruit voortvloeiende pensioen voor mannen en vrouwen gelijk getrokken.
5. Bij of krachtens algemene maatregel van bestuur worden nadere regels gesteld omtrent het tweede en vierde lid.

Art. 12d
In afwijking van artikel 12b zijn toegestaan bepalingen die betrekking hebben op bescherming van de vrouw met name in verband met zwangerschap en moederschap.

Gelijke behandeling, pensioenbescherming zwangerschap en moederschap

Art. 12e
Iedere bepaling die strijdig is met het verbod van ongelijke behandeling van mannen en vrouwen bedoeld in artikel 12b is nietig.

Dwingend recht

Art. 12f
Het bepaalde in artikel 681 van Boek 7 van het Burgerlijk Wetboek is van overeenkomstige toepassing bij beëindiging van de dienstbetrekking door de werkgever wegens de omstandigheid dat de werknemer in of buiten rechte een beroep heeft gedaan op het bepaalde in artikel 12b.

Overeenkomstige toepassing

Art. 13-20a
[Vervallen]

§ 4
Slotbepalingen

Art. 21
1. Met het toezicht op de naleving van artikel 646 van Boek 7 van het Burgerlijk Wetboek en van het bepaalde bij of krachtens deze wet, zijn belast de bij besluit van Onze Minister van Sociale Zaken en Werkgelegenheid aangewezen ambtenaren. Onze Minister van Sociale Zaken en Werkgelegenheid kan ten behoeve van het toezicht een onderzoek doen instellen door die ambtenaren. Voorzover het de openbare dienst betreft kan Onze Minister van Binnenlandse Zaken Onze Minister van Sociale Zaken en Werkgelegenheid verzoeken een onderzoek als bedoeld in de tweede volzin te doen instellen. Van een besluit als bedoeld in de eerste volzin wordt mededeling gedaan door plaatsing in de *Staatscourant*.

Gelijke behandeling, handhaving

2. Indien uit een onderzoek blijkt dat een onderscheid is of wordt gemaakt als bedoeld in artikel 646 van Boek 7 van het Burgerlijk Wetboek of in deze wet doet Onze Minister van Sociale Zaken en Werkgelegenheid hiervan mededeling aan de natuurlijke persoon, rechtspersoon of het bevoegde gezag dat het onderscheid heeft gemaakt of maakt, en, indien het een onderscheid als bedoeld in artikel 646 van Boek 7 van het Burgerlijk Wetboek of artikel 1b of artikel 1c van deze wet betreft, aan de betrokken ondernemingsraad of het daarmee vergelijkbare medezeggenschapsorgaan, alsmede aan de daarvoor in aanmerking komende organisaties van werkgevers, van werknemers, uit het beroepsleven of van overheidspersoneel.
De mededeling aan de betrokken ondernemingsraad of het daarmee vergelijkbare medezeggenschapsorgaan, alsmede aan de daarvoor in aanmerking komende organisaties van werkgevers,

A25 art. 23 — Wet gelijke behandeling van mannen en vrouwen

van werknemers, uit het beroepsleven of van overheidspersoneel bevat geen gegevens waaruit de identiteit van de in het onderzoek betrokken personen ten nadele van wie het onderscheid is of wordt gemaakt kan worden afgeleid.

Art. 22
[Vervallen]

Art. 23
AMvB De voordracht tot wijziging van een algemene maatregel van bestuur als bedoeld in artikel 5, derde lid, onderdeel c, en de voordracht voor een algemene maatregel van bestuur als bedoeld in artikel 10 wordt niet gedaan dan nadat het ontwerp in de *Staatscourant* is bekendgemaakt en aan een ieder de gelegenheid is geboden om binnen vier weken na de dag waarop de bekendmaking is geschied, wensen en bedenkingen ter kennis van Onze minister te brengen. Gelijktijdig met de bekendmaking wordt het ontwerp aan de beide Kamers der Staten-Generaal overgelegd.

Art. 24
Citeertitel 1. Deze wet kan worden aangehaald als: Wet gelijke behandeling van mannen en vrouwen.
Inwerkingtreding 2. Deze wet treedt in werking met ingang van de tweede dag na de datum van uitgifte van het *Staatsblad* waarin zij wordt geplaatst.

Kaderwet zelfstandige bestuursorganen[1]

Wet van 2 november 2006, houdende regels betreffende zelfstandige bestuursorganen (Kaderwet zelfstandige bestuursorganen)

Wij Beatrix, bij de gratie Gods, Koningin der Nederlanden, Prinses van Oranje-Nassau, enz. enz. enz.
Allen, die deze zullen zien of horen lezen, saluut! doen te weten:
Alzo Wij in overweging hebben genomen, dat het wenselijk is basisregels vast te stellen betreffende zelfstandige bestuursorganen op het niveau van de centrale overheid;
Zo is het, dat Wij, de Raad van State gehoord, en met gemeen overleg der Staten-Generaal, hebben goedgevonden en verstaan, gelijk Wij goedvinden en verstaan bij deze:

Hoofdstuk 1
Algemeen

Art. 1
In deze wet wordt verstaan onder: *Begripsbepalingen*
a. zelfstandig bestuursorgaan: een bestuursorgaan van de centrale overheid dat bij de wet, krachtens de wet bij algemene maatregel van bestuur of krachtens de wet bij ministeriële regeling met openbaar gezag is bekleed, en dat niet hiërarchisch ondergeschikt is aan een minister;
b. Onze Minister: Onze Minister wie het aangaat.

Art. 2
1. Deze wet is niet van toepassing op zelfstandige bestuursorganen die uitsluitend met openbaar gezag zijn bekleed voor zover zij bevoegd zijn besluiten te nemen op grond van de Wet openbaarheid van bestuur.   *Werkingssfeer*
2. Op zelfstandige bestuursorganen die vóór het tijdstip van inwerkingtreding van deze wet zijn ingesteld, is deze wet van toepassing indien dit in de in artikel 1, onder a, bedoelde wet, algemene maatregel van bestuur of ministeriële regeling is bepaald.

Art. 3
1. Een zelfstandig bestuursorgaan kan uitsluitend worden ingesteld indien: *Zelfstandig bestuursorgaan, voorwaarden instelling*
a. er behoefte is aan onafhankelijke oordeelsvorming op grond van specifieke deskundigheid;
b. er sprake is van strikt regelgebonden uitvoering in een groot aantal individuele gevallen;
c. participatie van maatschappelijke organisaties in verband met de aard van de betrokken bestuurstaak bijzonder aangewezen moet worden geacht.
2. Het eerste lid is van overeenkomstige toepassing indien een reeds ingesteld zelfstandig bestuursorgaan met een andere taak, inhoudende de uitoefening van openbaar gezag, wordt belast dan die waarvoor het zelfstandig bestuursorgaan werd ingesteld.   *Schakelbepaling*

Art. 4
1. Met openbaar gezag wordt alleen bekleed een orgaan van een rechtspersoon, die krachtens publiekrecht is ingesteld.   *Zelfstandig bestuursorgaan, openbaar gezag*
2. In afwijking van het eerste lid kan bij de wet, krachtens de wet bij algemene maatregel van bestuur of krachtens de wet bij ministeriële regeling een orgaan van een rechtspersoon, die krachtens privaatrecht is opgericht, met openbaar gezag worden bekleed, mits
a. dat bijzonder aangewezen moet worden geacht voor de behartiging van het daarmee te dienen openbaar belang en
b. er voldoende waarborgen zijn dat de uitoefening ervan onafhankelijk van de overige bestaande en toekomstige werkzaamheden van die organisatie kan geschieden.

Art. 5
1. Onze Minister doet van ieder voornemen om krachtens de wet bij algemene maatregel van bestuur of om krachtens de wet bij ministeriële regeling aan een zelfstandig bestuursorgaan de uitoefening van openbaar gezag op te dragen dan wel te ontnemen, mededeling aan beide kamers der Staten-Generaal.   *Zelfstandig bestuursorgaan, voorhangprocedure*
2. De voordracht voor een vast te stellen algemene maatregel van bestuur als bedoeld in het eerste lid, wordt niet eerder gedaan dan vier weken nadat het ontwerp aan beide kamers der Staten-Generaal is overgelegd.
3. Het tweede lid is van overeenkomstige toepassing op de vaststelling van een ministeriële regeling als bedoeld in het eerste lid.   *Schakelbepaling*

---
1 Inwerkingtredingsdatum: 01-02-2007; zoals laatstelijk gewijzigd bij: Stb. 2020, 262.

Art. 6

Zelfstandig bestuursorgaan, ondertekening wetten/besluiten/regelingen

Alle wetten, koninklijke besluiten en ministeriële regelingen, houdende
a. het opdragen of ontnemen van de uitoefening van openbaar gezag aan een zelfstandig bestuursorgaan;
b. wijziging van bevoegdheden van Onze Minister jegens een zelfstandig bestuursorgaan, of
c. wijziging van verplichtingen die een zelfstandig bestuursorgaan jegens Onze Minister in acht dient te nemen, worden mede door Onze Minister voor Wonen en Rijksdienst ondertekend.

Art. 7

Zelfstandig bestuursorgaan, nakoming verplichtingen namens ander bestuursorgaan

Een zelfstandig bestuursorgaan dat samen met een of meer andere zelfstandige bestuursorganen deel uitmaakt van dezelfde rechtspersoon of organisatorische eenheid, kan mede ten behoeve van de andere zelfstandige bestuursorganen de verplichtingen ingevolge deze wet nakomen.

Art. 8

Zelfstandig bestuursorgaan, mandaatverlening

Een zelfstandig bestuursorgaan behoeft voor instemming met mandaatverlening de goedkeuring van Onze Minister, tenzij het mandaatverlening door Onze Minister betreft. De goedkeuring kan worden onthouden wegens strijd met het recht of op de grond dat de mandateren bevoegdheid naar het oordeel van Onze Minister een goede taakuitoefening door het zelfstandig bestuursorgaan kan belemmeren.

Art. 9

Zelfstandig bestuursorgaan, onverenigbare nevenfunctie

Een lid van een zelfstandig bestuursorgaan kan niet tevens zijn een aan Onze Minister ondergeschikte ambtenaar.

Hoofdstuk 2
Bepalingen over publiekrechtelijk vormgegeven zelfstandige bestuursorganen

Art. 10

Werkingssfeer

Dit hoofdstuk is van toepassing op zelfstandige bestuursorganen die orgaan zijn van een krachtens publiekrecht ingestelde rechtspersoon.

Art. 11

Zelfstandig bestuursorgaan, goedkeuring bestuursreglement

1. Indien een zelfstandig bestuursorgaan op grond van een wettelijk voorschrift een bestuursreglement vaststelt, behoeft dit bestuursreglement de goedkeuring van Onze Minister.

2. De goedkeuring kan worden onthouden wegens strijd met het recht of op de grond dat het bestuursreglement naar het oordeel van Onze Minister een goede taakuitoefening door het zelfstandig bestuursorgaan kan belemmeren.

Art. 12

Zelfstandig bestuursorgaan, benoeming/schorsing/ontslag leden

1. Onze Minister benoemt, schorst en ontslaat de leden van een zelfstandig bestuursorgaan.

2. Schorsing en ontslag vindt slechts plaats wegens ongeschiktheid of onbekwaamheid voor de vervulde functie dan wel wegens andere zwaarwegende in de persoon van de betrokkene gelegen redenen. Ontslag vindt voorts plaats op eigen verzoek.

Art. 13

Zelfstandig bestuursorgaan, nevenfuncties leden

1. Een lid van een zelfstandig bestuursorgaan vervult geen nevenfuncties die ongewenst zijn met het oog op een goede vervulling van zijn functie of de handhaving van zijn onafhankelijkheid of van het van hem vertrouwen daarin.
2. Een lid van een zelfstandig bestuursorgaan meldt het voornemen tot het aanvaarden van een nevenfunctie anders dan uit hoofde van zijn functie aan Onze Minister.
3. Nevenfuncties van een lid van een zelfstandig bestuursorgaan anders dan uit hoofde van zijn functie worden openbaar gemaakt. Openbaarmaking geschiedt door ter inzage leggen van een opgave van deze nevenfuncties bij het zelfstandig bestuursorgaan en bij Onze Minister.

Art. 14

Zelfstandig bestuursorgaan, bezoldiging/schadeloosstelling

1. Aan het lidmaatschap van een zelfstandig bestuursorgaan is een bezoldiging dan wel een schadeloosstelling verbonden.

2. Onze Minister stelt de bezoldiging of de schadeloosstelling vast.
3. Buiten de bezoldiging of de schadeloosstelling en de vergoeding van bijzondere kosten in verband met zijn functie geniet een lid van een zelfstandig bestuursorgaan dat geen onderdeel is van de Staat, geen inkomsten ten laste van de rechtspersoon waartoe het zelfstandig bestuursorgaan behoort.
4. Ten aanzien van de leden van een zelfstandig bestuursorgaan dat geen onderdeel uitmaakt van de Staat, wordt met overeenkomstige toepassing van artikel 383 van Boek 2 van het Burgerlijk Wetboek verslag gedaan in het jaarverslag, bedoeld in artikel 18.

Art. 15
1. Voor ambtenaren in dienst van een zelfstandig bestuursorgaan dat geen onderdeel uitmaakt van de Staat gelden de voor alle ambtenaren geldende arbeidsvoorwaarden die zijn opgenomen in de laatstelijk afgesloten collectieve arbeidsovereenkomst voor ambtenaren die krachtens een arbeidsovereenkomst met de Staat werkzaam zijn.
2. Bij algemene maatregel van bestuur kan worden bepaald voor welke aangelegenheden van het eerste lid kan worden afgeweken.

Zelfstandig bestuursorgaan, rechtspositie personeel

Art. 16
Het personeel dat werkzaam is ten behoeve van een zelfstandig bestuursorgaan staat onder het gezag van het zelfstandig bestuursorgaan en legt over werkzaamheden uitsluitend daaraan verantwoording af.

Hoofdstuk 3
Informatievoorziening, sturing en toezicht

Art. 17
1. Indien een zelfstandig bestuursorgaan bevoegd is tot het vaststellen van tarieven, behoeft de hoogte van de door het zelfstandig bestuursorgaan vastgestelde tarieven de goedkeuring van Onze Minister. De goedkeuring kan worden onthouden wegens strijd met het recht of het algemeen belang.
2. De goedkeuring is niet vereist indien het zelfstandig bestuursorgaan is gebonden aan een maximumbedrag voor het tarief.

Zelfstandig bestuursorgaan, goedkeuring tarieven

Art. 18
1. Een zelfstandig bestuursorgaan stelt jaarlijks voor 15 maart een jaarverslag op. Het jaarverslag beschrijft de taakuitoefening en het gevoerde beleid. Het jaarverslag beschrijft voorts het gevoerde beleid met betrekking tot de kwaliteitszorg.
2. Het jaarverslag wordt aan Onze Minister en aan beide kamers der Staten-Generaal toegezonden.

Zelfstandig bestuursorgaan, jaarverslag

Art. 19
1. Een zelfstandig bestuursorgaan ziet met betrekking tot de uitoefening van zijn taken en bevoegdheden toe op:
a. een tijdige voorbereiding en uitvoering;
b. de kwaliteit van de daarbij gebruikte procedures;
c. de zorgvuldige behandeling van personen en instellingen die met hem in aanraking komen;
d. de zorgvuldige behandeling van bezwaarschriften en klachten die worden ontvangen.
2. Een zelfstandig bestuursorgaan treft voorzieningen, waardoor personen en instellingen, die met hem in aanraking komen, in de gelegenheid zijn voorstellen tot verbeteringen van werkwijzen en procedures te doen.
3. In het jaarverslag, bedoeld in artikel 18, doet een zelfstandig bestuursorgaan verslag van hetgeen tot uitvoering van het eerste en het tweede lid is verricht.

Zelfstandig bestuursorgaan, uitoefening taken/bevoegdheden

Art. 20
1. Een zelfstandig bestuursorgaan verstrekt desgevraagd aan Onze Minister alle voor de uitoefening van diens taak benodigde inlichtingen. Onze Minister kan inzage vorderen van alle zakelijke gegevens en bescheiden, indien dat voor de vervulling van zijn taak redelijkerwijs nodig is.
2. Een zelfstandig bestuursorgaan geeft bij het verstrekken van de in het eerste lid bedoelde inlichtingen waar nodig aan welke gegevens een vertrouwelijk karakter dragen. Dit vertrouwelijke karakter kan voortvloeien uit de aard van de gegevens, dan wel uit het feit dat natuurlijke of rechtspersonen deze aan het zelfstandig bestuursorgaan hebben verstrekt onder het beding dat zij als vertrouwelijk zullen gelden.

Zelfstandig bestuursorgaan, informatieverstrekking aan minister

Art. 21
Onze Minister kan beleidsregels vaststellen met betrekking tot de taakuitoefening door een zelfstandig bestuursorgaan.

Zelfstandig bestuursorgaan, beleidsregels

Art. 21a
1. Onze Minister voor Wonen en Rijksdienst kan, op verzoek van een zelfstandig bestuursorgaan dat geen onderdeel uitmaakt van de staat en in overeenstemming met Onze Ministers wie het aangaat, bepalen dat het zelfstandig bestuursorgaan gebruik maakt van een voorziening die in stand wordt gehouden door een ander bestuursorgaan van de centrale overheid en die wordt ingezet ten behoeve van de uitvoering van de taak van een of meer bestuursorganen van de centrale overheid. Onder voorziening wordt verstaan een samenhangende verzameling van processen op het terrein van bedrijfsvoering; deze processen, waaronder automatisering en bestuurlijke informatievoorziening, huisvesting en personeelsbeheer, bepalen niet inhoudelijk de uitkomsten van het primaire proces van de gebruikende organisatie.
2. Indien een zelfstandig bestuursorgaan dat geen onderdeel uitmaakt van de staat taken strikt regelgebonden uitvoert in een groot aantal individuele gevallen kan Onze Minister voor Wonen

Zelfstandig bestuursorgaan, gebruikmaking van voorziening ander bestuursorgaan

en Rijksdienst, in overeenstemming met Onze Ministers wie het aangaat, zonder een daartoe strekkend verzoek van het zelfstandig bestuursorgaan bepalen dat het gebruik maakt van een voorziening als bedoeld in het eerste lid.

3. Een besluit als bedoeld in het eerste of tweede lid wordt slechts genomen als daarmee naar het oordeel van de bij het besluit betrokken ministers de doelmatigheid en de doeltreffendheid van de uitvoering van de taak van het zelfstandig bestuursorgaan worden bevorderd.

4. Bij regeling van Onze Minister voor Wonen en Rijksdienst, in overeenstemming met Onze Ministers wie het aangaat, kunnen regels worden gesteld omtrent de wijze waarop het zelfstandig bestuursorgaan van de voorziening gebruik maakt.

5. Dit artikel is niet van toepassing op een zelfstandig bestuursorgaan als bedoeld in artikel 38.

Art. 21b

1. Een zelfstandig bestuursorgaan dat op grond van artikel 21a gebruik maakt van een voorziening draagt bij in de kosten in verband met de instandhouding van de voorziening.

2. De bijdrage komt ten laste van de rechtspersoon waartoe het zelfstandig bestuursorgaan behoort. De bijdrage komt ten goede aan de rechtspersoon waartoe het bestuursorgaan behoort dat de voorziening in stand houdt.

3. Bij algemene maatregel van bestuur wordt de grondslag van de bijdrage, bedoeld in het eerste lid, bepaald.

4. Bij of krachtens algemene maatregel van bestuur worden nadere regels gesteld omtrent de vaststelling en de betaling van de bijdrage. Daarbij kan worden bepaald dat het in rekening te brengen bedrag op nul wordt vastgesteld, voor zover een voorziening is getroffen in de rijksbegroting die in de plaats treedt van de bijdrage van het zelfstandig bestuursorgaan.

Art. 22

Zelfstandig bestuursorgaan, vernietiging besluit

1. Onze Minister kan een besluit van een zelfstandig bestuursorgaan vernietigen.

2. Van het vernietigingsbesluit wordt mededeling gedaan in de Staatscourant.

Art. 23

Zelfstandig bestuursorgaan, verwaarlozing taak

1. Indien naar het oordeel van Onze Minister een zelfstandig bestuursorgaan zijn taak ernstig verwaarloost, kan Onze Minister de noodzakelijke voorzieningen treffen.

2. De voorzieningen worden, spoedeisende gevallen uitgezonderd, niet eerder getroffen dan nadat het zelfstandig bestuursorgaan in de gelegenheid is gesteld om binnen een door Onze Minister te stellen termijn alsnog zijn taak naar behoren uit te voeren.

3. Onze Minister stelt beide kamers der Staten-Generaal onverwijld in kennis van door hem getroffen voorzieningen als bedoeld in het eerste lid.

Hoofdstuk 4
Bepalingen betreffende financieel toezicht

Afdeling 1
Begroting publiekrechtelijke zelfstandige bestuursorganen

Art. 24

Werkingssfeer

Deze afdeling is van toepassing op zelfstandige bestuursorganen die orgaan zijn van een krachtens publiekrecht ingestelde rechtspersoon.

Art. 25

Zelfstandig bestuursorgaan, ontwerpbegroting

Een zelfstandig bestuursorgaan dat onderdeel is van de Staat, zendt jaarlijks voor 1 april aan Onze Minister de ontwerp-begroting voor het daaropvolgende jaar.

Art. 26

Zelfstandig bestuursorgaan, begroting

Een zelfstandig bestuursorgaan dat geen onderdeel is van de Staat, zendt jaarlijks voor een door Onze Minister vast te stellen datum aan Onze Minister de begroting voor het daaropvolgende jaar.

Art. 27

Zelfstandig bestuursorgaan, inhoud begroting

1. De begroting, bedoeld in artikel 26, behelst een raming van de baten en lasten, een raming van de voorgenomen investeringsuitgaven en een raming van de inkomsten en uitgaven.

2. De begrotingsposten worden ieder afzonderlijk van een toelichting voorzien.

3. Uit de toelichting blijkt steeds welke begrotingsposten betrekking hebben op de uitoefening van de bij of krachtens de wet aan een zelfstandig bestuursorgaan opgedragen taken dan wel op andere activiteiten.

4. Tenzij de activiteiten waarop de begroting betrekking heeft nog niet eerder werden verricht, behelst de begroting een vergelijking met de begroting van het lopende jaar en de laatst goedgekeurde jaarrekening.

Art. 28

1. De begroting, bedoeld in artikel 26, omvat voorts:

a. indien de wet bepaalt dat de kosten van een zelfstandig bestuursorgaan ten laste van de rijksbegroting komen: een voorstel aan Onze Minister aangaande het bedrag dat in het betreffende jaar in de rijksbegroting zal worden opgenomen;
b. indien de wet bepaalt dat de kosten van een zelfstandig bestuursorgaan gedekt zullen worden uit door het bestuursorgaan in rekening te brengen tarieven: een voorstel aan Onze Minister aangaande de in het betreffende jaar te hanteren tarieven;
c. indien de wet bepaalt dat de kosten van een zelfstandig bestuursorgaan uit zowel de rijksbegroting als uit tarieven bestreden zullen worden: een samenstel van voorstellen als bedoeld in de onderdelen a en b.
2. Indien een zelfstandig bestuursorgaan andere baten of inkomsten raamt, worden deze afzonderlijk vermeld en van een toelichting voorzien.

Art. 29
1. Het besluit tot vaststelling van de begroting, bedoeld in artikel 26, behoeft de goedkeuring van Onze Minister.

Zelfstandig bestuursorgaan, goedkeuring begroting

2. De goedkeuring kan worden onthouden wegens strijd met het recht of het algemeen belang.

Art. 30
Indien gedurende het jaar aanmerkelijke verschillen ontstaan of dreigen te ontstaan tussen de werkelijke en de begrote baten en lasten dan wel inkomsten en uitgaven, doet een zelfstandig bestuursorgaan daarvan onverwijld mededeling aan Onze Minister onder vermelding van de oorzaak van de verschillen.

Zelfstandig bestuursorgaan, mededeling verschil tussen werkelijkheid en begroting

Afdeling 2
Beheer en verantwoording bij publiekrechtelijke zelfstandige bestuursorganen, die geen onderdeel zijn van de Staat

Art. 31
Deze afdeling is van toepassing op zelfstandige bestuursorganen die orgaan zijn van een krachtens publiekrecht ingestelde rechtspersoon, niet zijnde de Staat.

Werkingssfeer

Art. 32
Onze Minister kan bepalen dat een zelfstandig bestuursorgaan zijn voorafgaande instemming behoeft voor:
a. het oprichten van dan wel deelnemen in een rechtspersoon;
b. het in eigendom verwerven, het vervreemden of het bezwaren van registergoederen;
c. het aangaan en beëindigen van overeenkomsten tot verkrijging, vervreemding of bezwaring van registergoederen of tot huur, verhuur of pacht daarvan;
d. het aangaan van kredietovereenkomsten en van overeenkomsten van geldlening;
e. het aangaan van overeenkomsten waarbij het zelfstandig bestuursorgaan zich verbindt tot zekerheidstelling met inbegrip van overeenkomsten voor schulden van derden of waarbij hij zich als borg of hoofdelijk medeschuldenaar verbindt of zich voor een derde sterk maakt;
f. het vormen van andere fondsen en reserveringen dan de egalisatiereserve, bedoeld in artikel 33;
g. het doen van aangifte tot zijn faillissement of het aanvragen van zijn surséance van betaling.

Zelfstandig bestuursorgaan, instemming minister

Art. 33
1. Een zelfstandig bestuursorgaan vormt een egalisatiereserve.

Zelfstandig bestuursorgaan, egalisatiereserve

2. Het verschil tussen de gerealiseerde baten van een zelfstandig bestuursorgaan en de gerealiseerde lasten van de activiteiten komt ten gunste onderscheidenlijk ten laste van de egalisatiereserve.
3. De van de egalisatiereserve genoten rente wordt aan de egalisatiereserve toegevoegd.

Art. 34
1. Tegelijk met het jaarverslag, bedoeld in artikel 18, dient een zelfstandig bestuursorgaan de jaarrekening bij Onze Minister in.
2. Het besluit tot vaststelling van de jaarrekening behoeft de goedkeuring van Onze Minister.
3. De goedkeuring kan worden onthouden wegens strijd met het recht of het algemeen belang.

Zelfstandig bestuursorgaan, jaarrekening

Art. 35
1. De jaarrekening, waarin rekening en verantwoording wordt afgelegd van het financieel beheer en van de geleverde prestaties over het verstreken boekjaar, wordt ingericht zoveel mogelijk met overeenkomstige toepassing van titel 9 van Boek 2 van het Burgerlijk Wetboek.
2. De jaarrekening gaat vergezeld van een verklaring omtrent de getrouwheid, afgegeven door een door het zelfstandig bestuursorgaan aangewezen accountant als bedoeld in artikel 393, eerste lid, van Boek 2 van het Burgerlijk Wetboek. Bij de aanwijzing van de accountant bedingt een zelfstandig bestuursorgaan dat aan Onze Minister desgevraagd inzicht wordt geboden in de controlewerkzaamheden van de accountant.

Zelfstandig bestuursorgaan, inrichting jaarrekening

A26 art. 36 — Kaderwet zelfstandige bestuursorganen

3. De verklaring, bedoeld in het tweede lid, heeft mede betrekking op de rechtmatige inning en besteding van de middelen door een zelfstandig bestuursorgaan.
4. De accountant voegt bij de verklaring, bedoeld in het tweede lid, tevens een verslag van zijn bevindingen over de vraag of het beheer en de organisatie van een zelfstandig bestuursorgaan voldoen aan eisen van doelmatigheid.

Afdeling 3
Beheer en verantwoording bij privaatrechtelijke zelfstandige bestuursorganen

Art. 36

Werkingssfeer
Deze afdeling is van toepassing op zelfstandige bestuursorganen die orgaan zijn van een krachtens privaatrecht opgerichte rechtspersoon, tenzij titel 4.2 van de Algemene wet bestuursrecht op dat zelfstandig bestuursorgaan van toepassing is.

Art. 37

Zelfstandig bestuursorgaan, uitvoering werkzaamheden
Indien een zelfstandig bestuursorgaan uitsluitend de bij de wet, krachtens de wet bij algemene maatregel van bestuur of krachtens de wet bij ministeriële regeling opgedragen taken en daaruit onmiddellijk voortvloeiende werkzaamheden uitvoer, zijn de artikelen 26 tot en met 35 van toepassing.

Art. 38
Indien een zelfstandig bestuursorgaan de bij de wet, krachtens de wet bij algemene maatregel van bestuur of krachtens de wet bij ministeriële regeling opgedragen taken en daaruit onmiddellijk voortvloeiende werkzaamheden uitvoert naast andere activiteiten:
a. houdt het een afzonderlijke boekhouding bij ter zake van die taken en werkzaamheden en
b. verantwoordt het in zijn jaarrekening die taken en werkzaamheden afzonderlijk.

Hoofdstuk 5
Overige bepalingen

Art. 39

Zelfstandig bestuursorgaan, evaluatie
1. Onze Minister zendt elke vijf jaar een verslag aan beide kamers der Staten-Generaal ten behoeve van de beoordeling van de doelmatigheid en doeltreffendheid van het functioneren van een zelfstandig bestuursorgaan.
2. Onze Minister voor Wonen en Rijksdienst zendt elke vijf jaar na de inwerkingtreding van deze wet aan beide kamers der Staten-Generaal een verslag over de doeltreffendheid en de effecten van deze wet in de praktijk.

Art. 40

Zelfstandig bestuursorgaan, openbaar register
Onze Minister voor Wonen en Rijksdienst houdt een openbaar register bij waarin van alle zelfstandige bestuursorganen in ieder geval de volgende gegevens zijn opgenomen:
a. de naam of andere aanduiding;
b. het adres;
c. de rechtsvorm van de rechtspersoon waarvan het zelfstandig bestuursorgaan deel uitmaakt;
d. de taken en bevoegdheden, onder verwijzing naar de betreffende wettelijke voorschriften;
e. de bepalingen in een korte inhoud daarvan van de voor het desbetreffende zelfstandig bestuursorgaan geldende wettelijke voorschriften waarmee wordt afgeweken van deze wet.

Art. 41

Zelfstandig bestuursorgaan, gegevensbeveiliging
1. Een zelfstandig bestuursorgaan draagt op de voet van de ter zake voor de Rijksdienst geldende voorschriften zorg voor de nodige technische en organisatorische voorzieningen ter beveiliging van zijn gegevens tegen verlies of aantasting en tegen onbevoegde kennisneming, wijziging en verstrekking van die gegevens.
2. Onze Minister kan bepalen dat het eerste lid niet van toepassing is op een zelfstandig bestuursorgaan.

Hoofdstuk 6
Overgangs- en slotbepalingen

Art. 42-44
[Vervallen]

Art. 45

Inwerkingtreding
Deze wet treedt in werking met ingang van de eerste dag van de derde kalendermaand na de datum van uitgifte van het Staatsblad waarin zij wordt geplaatst.

Art. 46

Citeertitel
Deze wet wordt aangehaald als: Kaderwet zelfstandige bestuursorganen.

Decentralisatie

Provinciewet A27

Inhoudsopgave

Titel I	Begripsbepalingen	Art. 1
Titel II	De inrichting en samenstelling van het provinciebestuur	Art. 6
Hoofdstuk I	Algemene bepaling	Art. 6
Hoofdstuk II	Provinciale staten	Art. 7
Hoofdstuk III	Gedeputeerde staten	Art. 34
Hoofdstuk IV	De commissaris van de Koning	Art. 61
Hoofdstuk IVA	De rekenkamer	Art. 79a
§ 1	De provinciale rekenkamer	Art. 79a
§ 2	De gemeenschappelijke rekenkamer	Art. 79l
Hoofdstuk IVB	De rekenkamerfunctie	Art. 79p
Hoofdstuk IVC	De ombudsman	Art. 79q
§ 1	Algemene bepaling	Art. 79q
§ 2	De provinciale ombudsman	Art. 79r
§ 3	De provinciale ombudscommissie	Art. 79x
§ 4	De gezamenlijke ombudsman en de gezamenlijke ombudscommissie	Art. 79z
Hoofdstuk V	De commissies	Art. 80
Hoofdstuk VI	Geldelijke voorzieningen ten behoeve van de leden van provinciale staten en de commissies	Art. 93
Hoofdstuk VII	De secretaris en de griffier	Art. 97
§ 1	Algemene bepalingen	Art. 97
§ 2	De secretaris	Art. 99
§ 3	De griffier	Art. 104
Titel III	De bevoegdheid van het provinciebestuur	Art. 105
Hoofdstuk VIII	Algemene bepalingen	Art. 105
§ 1	Inleidende bepalingen	Art. 105
§ 2	Verhouding tot het Rijk	Art. 110
§ 3	Bijzondere voorzieningen	Art. 120
§ 4	Bestuursdwang	Art. 122
§ 5	[Vervallen]	Art. 136-140
§ 6	Termijnen	Art. 141
Hoofdstuk IX	De bevoegdheid van provinciale staten	Art. 143
Hoofdstuk X	De bevoegdheid van gedeputeerde staten	Art. 158
Hoofdstuk XI	De bevoegdheid van de commissaris van de Koning	Art. 175
Hoofdstuk XIA	De bevoegdheid van de rekenkamer	Art. 183
Titel IV	De financiën van de provincie	Art. 187-189
Hoofdstuk XII	Algemene bepalingen	Art. 187-189
Hoofdstuk XIII	De begroting en de jaarrekening	Art. 193
§ 1	De begroting	Art. 193
§ 2	De jaarrekening	Art. 201
§ 3	Goedkeuring van de begroting	Art. 207
Hoofdstuk XIV	De administratie en de controle	Art. 216
Hoofdstuk XV	De provinciale belastingen	Art. 220
§ 1	Algemene bepalingen	Art. 220
§ 2	Bijzondere bepalingen omtrent enkele belastingen	Art. 222
§ 3	Heffing en invordering	Art. 227
Hoofdstuk XVI	[Vervallen]	Art. 233-252
Titel V	Aanvullende bepalingen inzake het toezicht op het provinciebestuur	Art. 253
Hoofdstuk XVII	Goedkeuring	Art. 253
Hoofdstuk XVIII	Schorsing en vernietiging	Art. 261
Titel VI		Art. 275-279
Titel VII	Overgangs- en slotbepalingen	Art. 280

Provinciewet[1]

Wet van 10 september 1992, houdende nieuwe bepalingen met betrekking tot provincies

Wij Beatrix, bij de gratie Gods, Koningin der Nederlanden, Prinses van Oranje-Nassau, enz. enz. enz.

Allen, die deze zullen zien of horen lezen, saluut! doen te weten:

Alzo Wij in overweging genomen hebben, dat het wenselijk is de Provinciewet aan te passen aan de herziene Grondwet en aan de Gemeentewet en in verband daarmee nieuwe bepalingen vast te stellen met betrekking tot de inrichting van provincies, alsmede de samenstelling en bevoegdheid van hun besturen;

Zo is het, dat Wij, de Raad van State gehoord, en met gemeen overleg der Staten-Generaal, hebben goedgevonden en verstaan, gelijk Wij goedvinden en verstaan bij deze:

Titel I
Begripsbepalingen

Art. 1

Inwonertal

1. In deze wet wordt verstaan onder het aantal inwoners van een provincie: het aantal inwoners volgens de door het Centraal Bureau voor de Statistiek openbaar gemaakte bevolkingscijfers per 1 januari.
2. Voor de vaststelling van het inwonertal bedoeld in artikel 8, geldt als peildatum 1 januari van het jaar voorafgaande aan het jaar van de verkiezing van provinciale staten. Het Centraal Bureau voor de Statistiek kan op schriftelijk verzoek van provinciale staten het inwonertal per de eerste dag van de vierde maand voorafgaande aan de maand van kandidaatstelling vaststellen indien aannemelijk is dat een in dat artikel genoemd inwonertal op genoemde datum is overschreden. In dat geval geldt dit tijdstip als peildatum.

Art. 2

Ingezetenen

In deze wet wordt verstaan onder ingezetenen: zij die hun werkelijke woonplaats in de provincie hebben.

Art. 3

Woonplaats

Zij die als ingezetene met een adres in een gemeente zijn ingeschreven in de basisregistratie personen, worden voor de toepassing van deze wet, behoudens bewijs van het tegendeel, geacht werkelijke woonplaats te hebben in de provincie waarin die gemeente is gelegen.

Art. 4

[Vervallen]

Art. 5

Organen

In deze wet wordt verstaan onder:
a. provinciebestuur: ieder bevoegd orgaan van de provincie;
b. Onze Minister: Onze Minister van Binnenlandse Zaken en Koninkrijksrelaties.

Titel II
De inrichting en samenstelling van het provinciebestuur

Hoofdstuk I
Algemene bepaling

Art. 6

Provinciebestuur

In elke provincie zijn er provinciale staten, gedeputeerde staten en een commissaris van de Koning.

Hoofdstuk II
Provinciale staten

Art. 7

Vertegenwoordiging

Provinciale staten vertegenwoordigen de gehele bevolking van de provincie.

Art. 8

Aantal leden PS

1. Provinciale staten bestaan uit:
39 leden in een provincie beneden de 400 001 inwoners;

---

1 Inwerkingtredingsdatum: 01-01-1993; zoals laatstelijk gewijzigd bij: Stb. 2020, 262.

Provinciewet A27 art. 14

41 leden in een provincie van 400 001 – 500 000 inwoners;
43 leden in een provincie van 500 001 – 750 000 inwoners;
45 leden in een provincie van 750 001 – 1 000 000 inwoners;
47 leden in een provincie van 1 000 001 – 1 250 000 inwoners;
49 leden in een provincie van 1 250 001 – 1 500 000 inwoners;
51 leden in een provincie van 1 500 001 – 1 750 000 inwoners;
53 leden in een provincie van 1 750 001 – 2 000 000 inwoners;
55 leden in een provincie boven de 2 000 000 inwoners.
2. Vermeerdering of vermindering van het aantal leden van provinciale staten, voortvloeiende uit wijziging van het aantal inwoners van de provincie, treedt eerst in bij de eerstvolgende periodieke verkiezing van de leden van provinciale staten.

Art. 9
De commissaris van de Koning is voorzitter van provinciale staten. Voorzitter

Art. 10
Voor het lidmaatschap van provinciale staten is vereist dat men Nederlander en ingezetene van de provincie is, de leeftijd van achttien jaar heeft bereikt en niet is uitgesloten van het kiesrecht. Vereisten lidmaatschap

Art. 11
1. De leden van provinciale staten maken openbaar welke andere functies dan het lidmaatschap van provinciale staten zij vervullen. Openbaarmaking functies
2. Openbaarmaking geschiedt door terinzagelegging van een opgave van de in het eerste lid bedoelde functies op het provinciehuis.

Art. 12
Ter vervulling van een tussentijds opengevallen plaats is niet benoembaar tot lid van provinciale staten hij die na de laatstgehouden periodieke verkiezing van de leden van provinciale staten wegens handelen in strijd met artikel 15 van het lidmaatschap van provinciale staten is vervallen verklaard. Vervulling opengevallen plaats

Art. 13
1. Een lid van provinciale staten is niet tevens: Onverenigbare betrekkingen
a. minister;
b. staatssecretaris;
c. lid van de Raad van State;
d. lid van de Algemene Rekenkamer;
e. Nationale ombudsman;
f. substituut-ombudsman als bedoeld in artikel 9, eerste lid, van de Wet Nationale ombudsman;
g. commissaris van de Koning;
h. gedeputeerde;
i. lid van de rekenkamer;
j. ombudsman of lid van de ombudscommissie als bedoeld in artikel 79q, eerste lid;
k. ambtenaar, in dienst van die provincie of uit anderen hoofde aan het provinciebestuur ondergeschikt.
2. In afwijking van het eerste lid, aanhef en onder h, kan een lid van provinciale staten tevens gedeputeerde zijn gedurende het tijdvak dat:
a. aanvangt op de dag van de stemming voor de verkiezing van de leden van provinciale staten en eindigt op het tijdstip waarop de gedeputeerden ingevolge artikel 41, eerste lid, aftreden, of
b. aanvangt op het tijdstip van zijn benoeming tot gedeputeerde en eindigt op het tijdstip waarop de goedkeuring van de geloofsbrief van zijn opvolger als lid van provinciale staten onherroepelijk is geworden of waarop het centraal stembureau heeft beslist dat geen opvolger kan worden benoemd. Hij wordt geacht ontslag te nemen als lid van provinciale staten met ingang van het tijdstip waarop hij zijn benoeming tot gedeputeerde aanvaardt. Artikel X 6 van de Kieswet is van overeenkomstige toepassing.
3. In afwijking van het eerste lid, aanhef en onder k, kan een lid van provinciale staten tevens zijn vrijwilliger of ander persoon die uit hoofde van een wettelijke verplichting niet bij wijze van beroep hulpdiensten verricht.

Art. 14
1. Alvorens hun functie te kunnen uitoefenen, leggen de leden van provinciale staten in de vergadering, in handen van de voorzitter, de volgende eed (verklaring en belofte) af: Eed en belofte

"Ik zweer (verklaar) dat ik, om tot lid van provinciale staten benoemd te worden, rechtstreeks noch middellijk, onder naam van welk voorwendsel ook, enige gift of gunst heb gegeven of beloofd.
Ik zweer (verklaar en beloof) dat ik, om iets in dit ambt te doen of te laten, rechtstreeks noch middellijk enig geschenk of enige belofte heb aangenomen of zal aannemen.
Ik zweer (beloof) dat ik getrouw zal zijn aan de Grondwet, dat ik de wetten zal nakomen en dat ik mijn plichten als lid van provinciale staten naar eer en geweten zal vervullen.
Zo waarlijk helpe mij God Almachtig!"

A27 art. 15 — Provinciewet

Eed of belofte in de Friese taal

(Dat verklaar en beloof ik!")

2. Wanneer de eed (verklaring en belofte), bedoeld in het eerste lid, in de Friese taal wordt afgelegd, luidt de tekst van de eed (verklaring en belofte) als volgt:
«Ik swar (ferklearje) dat ik, om ta lid fan provinsjale steaten beneamd te wurden, streekrjocht noch midlik, ûnder wat namme of wat ferlechje ek, hokker jefte of geunst dan ek jûn of ûnthjitten haw.
Ik swar (ferklearje en ûnthjit) dat ik, om eat yn dit amt te dwaan of te litten, streekrjocht noch midlik hokker geskink of hokker ûnthjit dan ek oannommen haw of oannimme sil.
Ik swar (ûnthjit) dat ik trou wêze sil oan 'e Grûnwet, dat ik de wetten neikomme sil en dat ik myn plichten as lid fan provinsjale steaten yn alle oprjochtens ferfolje sil.
Sa wier helpe my God Almachtich!»
(«Dat ferklearje en ûnthjit ik!»).

Art. 15

Verboden handelingen

1. Een lid van provinciale staten mag niet:
a. als advocaat of adviseur in geschillen werkzaam zijn ten behoeve van de provincie of het provinciebestuur dan wel ten behoeve van de wederpartij van de provincie of het provinciebestuur;
b. als gemachtigde in geschillen werkzaam zijn ten behoeve van de wederpartij van de provincie of het provinciebestuur;
c. als vertegenwoordiger of adviseur werkzaam zijn ten behoeve van derden tot het met de provincie aangaan van:
1e. overeenkomsten als bedoeld in onderdeel d;
2e. overeenkomsten tot het leveren van onroerende zaken aan de provincie;
d. rechtstreeks of middellijk een overeenkomst aangaan betreffende:
1e. het aannemen van werk ten behoeve van de provincie;
2e. het buiten dienstbetrekking tegen beloning verrichten van werkzaamheden ten behoeve van de provincie;
3e. het leveren van roerende zaken anders dan om niet aan de provincie;
4e. het verhuren van roerende zaken aan de provincie;
5e. het verwerven van betwiste vorderingen ten laste van de provincie;
6e. het van de provincie onderhands verwerven van onroerende zaken of beperkte rechten waaraan deze zijn onderworpen;
7e. het onderhands huren of pachten van de provincie.
2. Van het eerste lid, aanhef en onder d, kan Onze Minister ontheffing verlenen.
3. Provinciale staten stellen voor hun leden een gedragscode vast.

Art. 16

Reglement van orde

Provinciale staten stellen een reglement van orde voor hun vergaderingen en andere werkzaamheden vast.

Art. 17

Vergaderfrequentie

1. Provinciale staten vergaderen zo vaak als zij daartoe hebben besloten.
2. Voorts vergaderen zij indien de commissaris van de Koning het nodig oordeelt of indien ten minste een vijfde van het aantal leden waaruit provinciale staten bestaan schriftelijk, met opgave van redenen, daarom verzoekt.

Art. 18

Eerste vergadering na verkiezing

Provinciale staten vergaderen na de periodieke verkiezing van hun leden voor de eerste maal in nieuwe samenstelling op de dag met ingang waarvan de leden van provinciale staten in oude samenstelling aftreden.

Art. 19

Schriftelijke oproeping

1. De commissaris roept de leden schriftelijk tot de vergadering op.
2. Tegelijkertijd met de oproeping brengt de commissaris dag, tijdstip en plaats van de vergadering ter openbare kennis. De agenda en de daarbij behorende voorstellen met uitzondering van de in artikel 25, tweede lid, bedoelde stukken worden tegelijkertijd met de oproeping en op een bij de openbare kennisgeving aan te geven wijze ter inzage gelegd.

Art. 20

Vergaderquorum

1. De vergadering van provinciale staten wordt niet geopend voordat blijkens de presentielijst meer dan de helft van het aantal zitting hebbende leden tegenwoordig is.
2. Indien ingevolge het eerste lid de vergadering niet kan worden geopend, belegt de commissaris van de Koning, onder verwijzing naar dit artikel, opnieuw een vergadering tegen een tijdstip dat ten minste vierentwintig uur na het bezorgen van de oproeping is gelegen.
3. Op de vergadering, bedoeld in het tweede lid, is het eerste lid niet van toepassing. Provinciale staten kunnen echter over andere aangelegenheden dan die waarvoor de ingevolge het eerste lid niet geopende vergadering was belegd alleen beraadslagen of besluiten, indien blijkens de presentielijst meer dan de helft van het aantal zitting hebbende leden tegenwoordig is.

Provinciewet

Art. 21
1. De commissaris van de Koning heeft het recht in de vergadering aan de beraadslaging deel te nemen. — *Deelname beraadslaging*
2. Een gedeputeerde heeft toegang tot de vergaderingen en kan aan de beraadslaging deelnemen.
3. Een gedeputeerde kan door provinciale staten worden uitgenodigd om ter vergadering aanwezig te zijn.

Art. 22
De leden van het provinciebestuur en andere personen die deelnemen aan de beraadslaging kunnen niet in rechte worden vervolgd of aangesproken voor dan wel worden verplicht getuigenis af te leggen als bedoeld in artikel 165, eerste lid, van het Wetboek van Burgerlijke Rechtsvordering over hetgeen zij in de vergadering van provinciale staten hebben gezegd of aan provinciale staten schriftelijk hebben overgelegd. — *Onschendbaarheid*

Art. 23
1. De vergadering van provinciale staten wordt in het openbaar gehouden. — *Openbare en besloten vergadering*
2. De deuren worden gesloten, wanneer ten minste een tiende van het aantal leden dat de presentielijst heeft getekend daarom verzoekt of de voorzitter het nodig oordeelt.
3. Provinciale staten beslissen vervolgens of met gesloten deuren zal worden vergaderd.
4. Van een vergadering met gesloten deuren wordt een afzonderlijk verslag opgemaakt, dat niet openbaar wordt gemaakt tenzij provinciale staten anders beslissen.
5. Provinciale staten maken de besluitenlijst van hun vergaderingen op de in de provincie gebruikelijke wijze openbaar. Provinciale staten laten openbaarmaking achterwege voor zover het aangelegenheden betreft ten aanzien waarvan op grond van artikel 25 geheimhouding is opgelegd of ten aanzien waarvan openbaarmaking in strijd is met het openbaar belang.

Art. 24
In een besloten vergadering kan niet worden beraadslaagd of besloten over: — *Beperking besloten vergadering*
a. de toelating van nieuw benoemde leden;
b. de vaststelling en wijziging van de begroting en de vaststelling van de jaarrekening;
c. de invoering, wijziging en afschaffing van provinciale belastingen; en
d. de benoeming en het ontslag van gedeputeerden.

Art. 25
1. Provinciale staten kunnen op grond van een belang, genoemd in artikel 10 van de Wet openbaarheid van bestuur, omtrent het in een besloten vergadering behandelde en omtrent de inhoud van de stukken die aan provinciale staten worden overgelegd, geheimhouding opleggen. Geheimhouding omtrent het in een besloten vergadering behandelde wordt tijdens die vergadering opgelegd. De geheimhouding wordt door hen die bij de behandeling aanwezig waren en allen die van het behandelde of stukken kennis dragen, in acht genomen totdat provinciale staten haar opheffen. — *Geheimhouding*
2. Op grond van een belang, genoemd in artikel 10 van de Wet openbaarheid van bestuur, kan de geheimhouding eveneens worden opgelegd door gedeputeerde staten, de commissaris van de Koning en een commissie, ieder ten aanzien van stukken die zij aan provinciale staten of aan leden van provinciale staten overleggen. Daarvan wordt op de stukken melding gemaakt.
3. De krachtens het tweede lid opgelegde verplichting tot geheimhouding met betrekking tot aan provinciale staten overgelegde stukken vervalt, indien de oplegging niet door provinciale staten in hun eerstvolgende vergadering die blijkens de presentielijst door meer dan de helft van het aantal zitting hebbende leden is bezocht, wordt bekrachtigd.
4. De krachtens het tweede lid opgelegde verplichting tot geheimhouding met betrekking tot aan leden van provinciale staten overgelegde stukken wordt in acht genomen totdat het orgaan dat de verplichting heeft opgelegd, dan wel, indien het stuk waaromtrent geheimhouding is opgelegd aan provinciale staten is voorgelegd, totdat provinciale staten haar opheffen. Provinciale staten kunnen deze beslissing alleen nemen in een vergadering die blijkens de presentielijst door meer dan de helft van het aantal zitting hebbende leden is bezocht.

Art. 26
1. De voorzitter zorgt voor de handhaving van de orde in de vergadering en is bevoegd, wanneer die orde op enigerlei wijze door toehoorders wordt verstoord, deze en zo nodig andere toehoorders te doen vertrekken. — *Handhaving vergaderorde*
2. Hij is bevoegd toehoorders die bij herhaling de orde in de vergadering verstoren voor ten hoogste drie maanden de toegang tot de vergadering te ontzeggen.
3. Hij kan provinciale staten voorstellen aan een lid dat door zijn gedragingen de geregelde gang van zaken belemmert, het verdere verblijf in de vergadering te ontzeggen. Over het voorstel wordt niet beraadslaagd. Na aanneming daarvan verlaat het lid de vergadering onmiddellijk. Zo nodig doet de voorzitter hem verwijderen. Bij herhaling van zijn gedrag kan het lid bovendien voor ten hoogste drie maanden de toegang tot de vergadering worden ontzegd.

Art. 27
De leden van provinciale staten stemmen zonder last. — *Stemmen zonder last*

A27 art. 28 — Provinciewet

Stemverbod

Art. 28
1. Een lid van provinciale staten neemt niet deel aan de stemming over:
   a. een aangelegenheid die hem rechtstreeks of middellijk persoonlijk aangaat of waarbij hij als vertegenwoordiger is betrokken;
   b. de vaststelling of goedkeuring der rekening van een lichaam waaraan hij rekenplichtig is of tot welks bestuur hij behoort.
2. Bij een schriftelijke stemming wordt onder het deelnemen aan de stemming verstaan het inleveren van een stembriefje.
3. Een benoeming gaat iemand persoonlijk aan, wanneer hij behoort tot de personen tot wie de keuze door een voordracht of bij een herstemming is beperkt.
4. Het eerste lid is niet van toepassing bij het besluit betreffende de toelating van de na periodieke verkiezing benoemde leden.

Stemmingsquorum

Art. 29
1. Een stemming is alleen geldig, indien meer dan de helft van het aantal leden dat zitting heeft en zich niet van deelneming aan de stemming moet onthouden, daaraan heeft deelgenomen.
2. Het eerste lid is niet van toepassing:
   a. ingeval opnieuw wordt gestemd over een voorstel of over een benoeming, voordracht of aanbeveling van een of meer personen ten aanzien van wie in een vorige vergadering een stemming op grond van dat lid niet geldig was;
   b. in een vergadering als bedoeld in artikel 20, tweede lid, voor zover het betreft onderwerpen die in de daaraan voorafgaande, ingevolge artikel 20, eerste lid, niet geopende vergadering aan de orde waren gesteld.

Besluitquorum

Art. 30
1. Voor het tot stand komen van een beslissing bij stemming wordt de volstrekte meerderheid vereist van hen die een stem hebben uitgebracht.
2. Bij een schriftelijke stemming wordt onder het uitbrengen van een stem verstaan het inleveren van een behoorlijk ingevuld stembriefje.

Schriftelijke stemming

Art. 31
1. De stemming over personen voor het doen van benoemingen, voordrachten of aanbevelingen is geheim.
2. Indien de stemmen staken over personen tot wie de keuze door een voordracht of bij een herstemming is beperkt, wordt in dezelfde vergadering een herstemming gehouden.
3. Staken bij deze stemming de stemmen opnieuw, dan beslist terstond het lot.

Mondelinge stemming bij hoofdelijke oproeping

Art. 32
1. De overige stemmingen geschieden bij hoofdelijke oproeping, indien de voorzitter of een van de leden dat verlangt. In dat geval geschieden zij mondeling.
2. Bij hoofdelijke oproeping is ieder ter vergadering aanwezig lid dat zich niet van deelneming aan de stemming moet onthouden verplicht zijn stem voor of tegen uit te brengen.
3. Indien over een voorstel geen stemming wordt gevraagd, is het aangenomen.
4. Tenzij de vergadering voltallig is, wordt bij staking van stemmen het nemen van een beslissing uitgesteld tot een volgende vergadering, waarin de beraadslagingen kunnen worden heropend.
5. Indien de stemmen staken in een voltallige vergadering of in een ingevolge het vierde lid opnieuw belegde vergadering, is het voorstel niet aangenomen.
6. Onder een voltallige vergadering wordt verstaan een vergadering waarin alle leden waaruit provinciale staten bestaan, voor zover zij zich niet van deelneming aan de stemming moesten onthouden, een stem hebben uitgebracht.

Ondertekening stukken

Art. 32a
1. De stukken die van provinciale staten uitgaan, worden door de commissaris ondertekend en door de griffier medeondertekend. Bij verhindering of ontstentenis van de commissaris worden de stukken die van provinciale staten uitgaan, ondertekend door degene die krachtens artikel 75 de commissaris als voorzitter van provinciale staten vervangt.
2. Provinciale staten kunnen de commissaris toestaan de ondertekening op te dragen aan de griffier of aan een of meer andere bij de griffie werkzame ambtenaren. In dat geval blijft medeondertekening achterwege.

Ambtelijke bijstand en ondersteuning
Fractieondersteuning
Verordening

Art. 33
1. Provinciale staten en elk van hun leden hebben recht op ambtelijke bijstand.
2. De in provinciale staten vertegenwoordigde groeperingen hebben recht op ondersteuning.
3. Provinciale staten stellen met betrekking tot de ambtelijke bijstand en de ondersteuning van de in provinciale staten vertegenwoordigde groeperingen een verordening vast. De verordening bevat ten aanzien van de ondersteuning regels over de besteding en de verantwoording.

Hoofdstuk III
Gedeputeerde staten

Art. 34
1. De commissaris van de Koning en de gedeputeerden vormen te zamen gedeputeerde staten.
2. De commissaris is voorzitter van gedeputeerde staten.

Gedeputeerde staten
Voorzitter

Art. 35
1. Provinciale staten benoemen de gedeputeerden. Artikel 31 is van toepassing op de stemming inzake de benoeming.
2. De commissaris van de Koning wordt geïnformeerd over de uitkomsten van de collegeonderhandelingen. Hij wordt alsdan in de gelegenheid gesteld zijn opvattingen over voorstellen ten behoeve van het collegeprogramma kenbaar te maken.

Benoeming gedeputeerden
Overbrenging onderhandelingsresultaat college aan commissaris

Art. 35a
1. Het aantal gedeputeerden bedraagt ten minste drie en ten hoogste zeven.
2. Een gedeputeerde vervult een volledige functie.
3. Provinciale staten kunnen besluiten dat een of meer van de gedeputeerden zijn functie in deeltijd vervult. In dat geval bedraagt het aantal gedeputeerden ten hoogste negen.
4. Indien het derde lid toepassing vindt, stellen provinciale staten bij de benoeming van de gedeputeerden de tijdbestedingsnorm van elke gedeputeerde vast, met dien verstande dat de tijdbestedingsnorm van de gedeputeerden gezamenlijk in dat geval ten hoogste tien procent meer bedraagt dan de tijdbestedingsnorm van de gedeputeerden gezamenlijk zou hebben bedragen indien alle gedeputeerden een volledige functie zouden vervullen.

Aantal gedeputeerden

Art. 35b
1. Voor het ambt van gedeputeerde gelden de vereisten voor het lidmaatschap van provinciale staten, bedoeld in artikel 10.
2. Provinciale staten kunnen voor de duur van een jaar ontheffing verlenen van het vereiste van ingezetenschap. De ontheffing kan in bijzondere gevallen, telkens met een periode van maximaal een jaar, worden verlengd.
3. Dezelfde persoon kan niet in meer dan één provincie gedeputeerde zijn.

Vereisten lidmaatschap PS van overeenkomstige toepassing

Art. 35c
1. Een gedeputeerde is niet tevens:
a. minister;
b. staatssecretaris;
c. lid van de Raad van State;
d. lid van de Algemene Rekenkamer;
e. Nationale ombudsman;
f. substituut-ombudsman als bedoeld in artikel 9, eerste lid, van de Wet Nationale ombudsman;
g. commissaris van de Koning;
h. lid van provinciale staten;
i. lid van de rekenkamer;
j. lid van de raad van een gemeente;
k. burgemeester;
l. wethouder;
m. lid van de rekenkamer van een in de betrokken provincie gelegen gemeente;
n. ambtenaar, in dienst van die provincie of uit anderen hoofde aan het provinciebestuur ondergeschikt;
o. ambtenaar, in dienst van een in die provincie gelegen gemeente of uit anderen hoofde aan het bestuur van een dergelijke gemeente ondergeschikt;
p. voorzitter van of lid van het bestuur van of ambtenaar in dienst van een in de provincie gelegen waterschap;
q. ambtenaar in dienst van een bij gemeenschappelijke regeling ingesteld lichaam waarvan een orgaan aan toezicht van gedeputeerde staten is onderworpen;
r. ambtenaar, in dienst van de Staat, tot wiens taak behoort het verrichten van werkzaamheden in het kader van het toezicht op de provincie;
s. functionaris, krachtens wet of algemene maatregel van bestuur geroepen om het provinciebestuur van advies te dienen.
2. In afwijking van het eerste lid, aanhef en onder h, kan een gedeputeerde tevens lid van provinciale staten zijn van de provincie waar hij gedeputeerde is gedurende het tijdvak dat:
a. aanvangt op de dag van de stemming van de verkiezing van de leden van provinciale staten en eindigt op het tijdstip waarop de gedeputeerden ingevolge artikel 41, eerste lid, aftreden, of
b. aanvangt op het tijdstip van zijn benoeming tot gedeputeerde en eindigt op het tijdstip waarop de goedkeuring van de geloofsbrief van zijn opvolger als lid van provinciale staten onherroepelijk is geworden of waarop het centraal stembureau heeft beslist dat geen opvolger kan worden benoemd. Hij wordt geacht ontslag te nemen als lid van provinciale staten met ingang

Onverenigbare betrekkingen

van het tijdstip waarop hij zijn benoeming tot gedeputeerde aanvaardt. Artikel X 6 van de Kieswet is van overeenkomstige toepassing.
3. In afwijking van het eerste lid, aanhef en onder n, kan een gedeputeerde tevens zijn vrijwilliger of ander persoon die uit hoofde van een wettelijke verplichting niet bij wijze van beroep hulpdiensten verricht.

Art. 36
Tijdstip benoeming
De benoeming van gedeputeerden na de verkiezing van de leden van provinciale staten vindt plaats in een vergadering van provinciale staten in nieuwe samenstelling.

Art. 37
Aanvang benoeming
In het geval van artikel 36 gaat de benoeming van degene die zijn benoeming tot gedeputeerde heeft aangenomen, in op het tijdstip waarop ten minste de helft van het met inachtneming van artikel 35a bepaalde aantal gedeputeerden zijn benoeming heeft aangenomen of, indien de aanneming van de benoeming op een later tijdstip plaatsvindt, op dat tijdstip.

Art. 38
Tussentijdse benoeming
De benoeming ter vervulling van een plaats die tussentijds openvalt geschiedt zo spoedig mogelijk, tenzij provinciale staten besluiten het aantal gedeputeerden te verminderen.

Art. 39
Weigering benoeming
De benoemde gedeputeerde deelt provinciale staten uiterlijk op de tiende dag na de kennisgeving van zijn benoeming mee of hij de benoeming aanneemt. Indien deze termijn verstrijkt zonder mededeling, wordt de benoemde gedeputeerde geacht de benoeming niet aan te nemen.

Art. 40
Benoeming na weigering
Wanneer de benoeming niet is aangenomen, geschiedt zo spoedig mogelijk een nieuwe benoeming.

Art. 40a
Eed of belofte
1. Alvorens hun functie te kunnen uitoefenen leggen de gedeputeerden, in de vergadering van provinciale staten, in handen van de voorzitter, de volgende eed (verklaring en belofte) af:
«Ik zweer (verklaar) dat ik, om tot gedeputeerde benoemd te worden, rechtstreeks noch middellijk, onder welke naam of welk voorwendsel ook, enige gift of gunst heb gegeven of beloofd.
Ik zweer (verklaar en beloof) dat ik, om iets in dit ambt te doen of te laten, rechtstreeks noch middellijk enig geschenk of enige belofte heb aangenomen of zal aannemen.
Ik zweer (beloof) dat ik getrouw zal zijn aan de Grondwet, dat ik de wetten zal nakomen en dat ik mijn plichten als gedeputeerde naar eer en geweten zal vervullen.
Zo waarlijk helpe mij God Almachtig!» («Dat verklaar en beloof ik!»)

Eed of belofte in de Friese taal
2. Wanneer de eed (verklaring en belofte), bedoeld in het eerste lid, in de Friese taal wordt afgelegd, luidt de tekst van de eed (verklaring en belofte) als volgt:
«Ik swar (ferklearje) dat ik, om ta deputearre beneamd te wurden, streekrjocht noch midlik, ûnder wat namme of wat ferlechje ek, hokker jefte of geunst dan ek jûn of ûnthjitten haw.
Ik swar (ferklearje en ûnthjit) dat ik, om eat yn dit amt te dwaan of te litten, streekrjocht noch midlik hokker geskink of hokker ûnthjit dan ek oannommen haw of oannimme sil.
Ik swar (ûnthjit) dat ik trou wêze sil oan 'e Grûnwet, dat ik de wetten neikomme sil en dat ik myn plichten as deputearre yn alle oprjochtens ferfolje sil.
Sa wier helpe my God Almochtich!»
(«Dat ferklearje en ûnthjit ik!»).

Art. 40b
Nevenfuncties
1. Een gedeputeerde vervult geen nevenfuncties waarvan de uitoefening ongewenst is met het oog op een goede vervulling van zijn ambt als gedeputeerde.
2. Een gedeputeerde meldt zijn voornemen tot aanvaarding van een nevenfunctie aan provinciale staten.
3. Een gedeputeerde maakt zijn nevenfuncties openbaar. Openbaarmaking geschiedt door terinzagelegging op het provinciehuis.
4. Een gedeputeerde die zijn ambt niet in deeltijd vervult, maakt tevens de inkomsten uit nevenfuncties openbaar. Openbaarmaking geschiedt door terinzagelegging op het provinciehuis uiterlijk op 1 april na het kalenderjaar waarin de inkomsten zijn genoten.
5. Onder inkomsten wordt verstaan: loon in de zin van artikel 9 van de Wet op de loonbelasting 1964, verminderd met de eindheffingsbestanddelen bedoeld in artikel 31 van die wet.

Art. 40c
Verboden handelingen
1. Artikel 15, eerste en tweede lid, is van overeenkomstige toepassing op gedeputeerden.
2. Provinciale staten stellen voor de gedeputeerden een gedragscode vast.

Art. 41
Aftreden
1. Na de verkiezing van de leden van provinciale staten treden de gedeputeerden af op het moment dat provinciale staten ten minste de helft van het met inachtneming van artikel 35a bepaalde aantal gedeputeerden heeft benoemd en deze benoemingen zijn aanvaard.
2. Indien zoveel gedeputeerden hun ontslag indienen of worden ontslagen dat niet ten minste de helft van het met inachtneming van artikel 35a bepaalde aantal gedeputeerden in functie is,

treedt de commissaris van de Koning in de plaats van gedeputeerde staten totdat dit wel het geval is.

Art. 42
1. Een gedeputeerde kan te allen tijde ontslag nemen. Hij doet daarvan schriftelijk mededeling aan provinciale staten. — *Vrijwillig ontslag*
2. Behoudens het geval dat de gedeputeerde onmiddellijk ontslag neemt, gaat het ontslag in met ingang van de dag, gelegen een maand na de dag waarop hij zijn ontslag heeft genomen of zoveel eerder als zijn opvolger de benoeming heeft aangenomen.

Art. 43
1. De gedeputeerden genieten ten laste van de provincie een bezoldiging, die bij of krachtens algemene maatregel van bestuur wordt geregeld. — *Bezoldiging*
2. Daarbij kunnen tevens regels worden gesteld betreffende tegemoetkoming in of vergoeding van bijzondere kosten en betreffende andere voorzieningen die verband houden met de vervulling van het ambt van gedeputeerde.
3. Buiten hetgeen hun bij of krachtens de wet is toegekend genieten de gedeputeerden als zodanig geen inkomsten, in welke vorm ook, ten laste van de provincie.
4. De gedeputeerden genieten geen vergoedingen, in welke vorm ook, voor werkzaamheden verricht in nevenfuncties die zij vervullen uit hoofde van het ambt van gedeputeerde, ongeacht of die vergoedingen ten laste van de provincie komen of niet. Indien deze vergoedingen worden uitgekeerd, worden zij gestort in de provinciale kas.
5. Tot vergoedingen als bedoeld in het vierde lid, behoren inkomsten, onder welke benaming ook, uit nevenfuncties die de gedeputeerde neerlegt bij beëindiging van het ambt.
6. Andere inkomsten dan die bedoeld in het vierde lid worden met de bezoldiging verrekend overeenkomstig artikel 3 van de Wet schadeloosstelling leden Tweede Kamer. De rijksbelastingdienst verstrekt Onze Minister ten behoeve van de verrekening de benodigde gegevens.
7. Ten aanzien van de gedeputeerden die hun ambt in deeltijd vervullen, vindt onverminderd het vierde lid geen verrekening plaats van de inkomsten, bedoeld in het zesde lid.
8. Bij algemene maatregel van bestuur worden regels gesteld over de wijze waarop de gedeputeerde gegevens over de inkomsten, bedoeld in het zesde lid, verstrekt, en de gevolgen van het niet verstrekken van deze gegevens.

Art. 43a
1. Op de bezoldiging is, voor zover in deze wet niet anders is bepaald, beslag mogelijk overeenkomstig de voorschriften van het gemene recht. — *Beslag bezoldiging gedeputeerde*
2. Kostenvergoedingen krachtens artikel 43, tweede lid, zijn niet vatbaar voor beslag.

Art. 43b
Onverschuldigd betaalde bezoldiging kan worden teruggevorderd. — *Terugvordering onverschuldigd betaalde bezoldiging gedeputeerde*

Art. 43c
1. Met de bezoldiging kan worden verrekend hetgeen de gedeputeerde zelf als zodanig aan de provincie verschuldigd is. — *Verrekening bezoldiging gedeputeerde*
2. Verrekening als bedoeld in het eerste lid kan plaatshebben ondanks gelegd beslag of toegepaste korting als bedoeld in artikel 43d, eerste lid.
3. Verrekening als bedoeld in het eerste lid is slechts in zoverre geldig als een beslag op die bezoldiging geldig zou zijn, met dien verstande dat verrekening van hetgeen wegens genoten huisvesting of voeding is verschuldigd eveneens kan plaatsvinden met dat deel van de bezoldiging dat de beslagvrije voet, bedoeld in de artikelen 475c tot en met 475e van het Wetboek van Burgerlijke Rechtsvordering vormt.

Art. 43d
1. Op de bezoldiging kan ten behoeve van een schuldeiser van de gedeputeerde een korting worden toegepast, mits de gedeputeerde de vordering van de schuldeiser erkent dan wel het bestaan van de vordering blijkt uit een in kracht van gewijsde gegane rechterlijke uitspraak dan wel uit een authentieke akte. — *Korting bezoldiging t.b.v. schuldeiser gedeputeerde*
2. Korting is slechts in zoverre geldig als een beslag op die bezoldiging geldig zou zijn.
3. Beslag, faillissement, surséance van betaling en toepassing ten aanzien van de gedeputeerde van de schuldsaneringsregeling natuurlijke personen sluiten korting uit.

Art. 43e
Voor de toepassing van artikel 475b, tweede lid, van het Wetboek van Burgerlijke Rechtsvordering worden, onverminderd artikel 43c, tweede lid, en artikel 43d, derde lid, verrekening en korting gelijkgesteld met beslag. — *Verrekening en korting bezoldiging gedeputeerde gelijkgesteld met beslag*

Art. 43f
Indien verscheidene schuldeisers uit hoofde van beslag of korting aanspraak hebben op een deel van de bezoldiging geschiedt de verdeling naar evenredigheid der inschulden, voor zover niet de ene schuldeiser voorrang heeft boven de anderen. — *Verscheidene schuldeisers aanspraak op deel bezoldiging gedeputeerde*

Art. 43g

Toekenning recht aan derde op bezoldiging gedeputeerde
Volmacht tot voldoening of invordering bezoldiging gedeputeerde

1. Overdracht, inpandgeving of elke andere handeling, waardoor de gedeputeerde enig recht op zijn bezoldiging aan een derde toekent is slechts geldig voor dat deel van de bezoldiging waarop beslag geldig zou zijn.
2. Een volmacht tot voldoening of invordering van de bezoldiging is slechts geldig indien zij schriftelijk is verleend en is steeds herroepelijk.

Art. 43h

Betaling of afgifte bezoldiging gedeputeerde aan gemachtigde

Betaling of afgifte aan een gemachtigde, nadat een volmacht tot voldoening of invorderingen van bezoldiging is geëindigd, ontlasten de provincie, indien een gegeven opdracht tot de betaling of afgifte niet meer tijdig kon worden ingetrokken, toen de provincie van het eindigen van de volmacht kennis kreeg.

Art. 43i

Beslag bezoldiging gedeputeerde omvat ook invordering

Beslag omvat in deze wet ook de invordering, bedoeld in artikel 19 van de Invorderingswet 1990.

Art. 43j

Bezoldiging gelijkgesteld aan uitkering waarop gedeputeerde aanspraak heeft

Met bezoldiging worden in de artikelen 43a tot en met 43h gelijkgesteld de bedragen – onder de benaming van uitkering of welke benaming ook – waarop de gedeputeerde krachtens artikel 43, eerste lid, aanspraak heeft of waarop zijn nagelaten betrekkingen uit hoofde van zijn overlijden krachtens artikel 43, eerste lid, aanspraak hebben.

Art. 44

Verlof aan gedeputeerde

1. Gedeputeerde staten verlenen aan een gedeputeerde op diens verzoek verlof wegens zwangerschap en bevalling. Het verlof gaat in op de in het verzoek vermelde dag die ligt tussen ten hoogste zes en ten minste vier weken voor de vermoedelijke datum van de bevalling die blijkt uit een bij het verzoek gevoegde verklaring van een arts of verloskundige.
2. Gedeputeerde staten verlenen aan een gedeputeerde op diens verzoek verlof wegens ziekte, indien uit een bij het verzoek gevoegde verklaring van een arts blijkt dat niet aannemelijk is dat hij de uitoefening van zijn functie binnen acht weken zal kunnen hervatten.
3. In het geval een gedeputeerde vanwege zijn ziekte niet in staat is zelf het verzoek te doen, kan de commissaris van de Koning namens hem het verzoek doen indien de continuïteit van het provinciaal bestuur dringend vereist dat in vervanging van de gedeputeerde wordt voorzien.
4. Het verlof eindigt op de dag waarop zestien weken zijn verstreken sinds de dag waarop het verlof is ingegaan.
5. Aan een gedeputeerde wordt gedurende de zittingsperiode van provinciale staten ten hoogste drie maal verlof verleend.

Art. 44a

Beslissing

1. Gedeputeerde staten beslissen zo spoedig mogelijk op een verzoek tot verlof, doch uiterlijk op de veertiende dag na indiening van het verzoek.
2. De beslissing geschiedt in overeenstemming met de verklaring van de arts of verloskundige en bevat de dag waarop het verlof ingaat.

Art. 44b

Vervanging

1. Provinciale staten kunnen een vervanger benoemen voor de gedeputeerde die met verlof is gegaan. Artikel 35a, eerste en derde lid, tweede volzin, is niet van toepassing.
2. De vervanger is van rechtswege ontslagen met ingang van de dag waarop zestien weken zijn verstreken sinds de dag waarop het verlof is ingegaan.
3. Indien de vervanger voor het einde van het verlof ontslag neemt of door provinciale staten wordt ontslagen, kunnen provinciale staten voor de resterende duur van het verlof een nieuwe tijdelijke vervanger benoemen.

Art. 45

Incompatibiliteiten

1. Indien degene wiens benoeming tot gedeputeerde is ingegaan, een functie bekleedt als bedoeld in artikel 35c, eerste lid, en het tweede of derde lid van dat artikel niet van toepassing zijn, draagt hij er onverwijld zorg voor dat hij uit die functie wordt ontheven.
2. Provinciale staten verlenen hem ontslag indien hij dit nalaat.
3. Het ontslag gaat in terstond na de bekendmaking van het ontslagbesluit.
4. In het geval, bedoeld in het tweede lid, is artikel 4:8 van de Algemene wet bestuursrecht niet van toepassing.

Art. 46

Onmiddellijk ontslag gedeputeerde

1. Indien een gedeputeerde niet langer voldoet aan de vereisten voor het ambt van gedeputeerde, bedoeld in artikel 35b, eerste en tweede lid, of een functie gaat bekleden als bedoeld in artikel 35c, eerste lid, en het tweede of het derde lid van dat artikel niet van toepassing zijn, neemt hij onmiddellijk ontslag. Hij doet hiervan schriftelijk mededeling aan provinciale staten.
2. Artikel 45, tweede, derde en vierde lid, is van overeenkomstige toepassing.

Art. 47
In zaken die aan de uitspraak van gedeputeerde staten zijn onderworpen mag een gedeputeerde niet als gemachtigde of adviseur werkzaam zijn.

Verboden werkzaamheden

Art. 48
[Vervallen]

Art. 49
Indien een uitspraak van provinciale staten inhoudende de opzegging van hun vertrouwen in een gedeputeerde er niet toe leidt dat de betrokken gedeputeerde onmiddellijk ontslag neemt, kunnen provinciale staten besluiten tot ontslag. Artikel 31 is van toepassing op de stemming inzake het ontslag. Op het ontslagbesluit is artikel 4:8 van de Algemene wet bestuursrecht niet van toepassing.

Onvrijwillig ontslag

Art. 50
De rechter treedt niet in de beoordeling van de gronden waarop provinciale staten tot ontslag van een gedeputeerde hebben besloten.

Geen beoordeling ontslaggronden door rechter

Art. 51
[Vervallen]

Art. 52
Gedeputeerde staten stellen een reglement van orde voor hun vergaderingen en andere werkzaamheden vast, dat aan provinciale staten wordt toegezonden.

Reglement van orde

Art. 53
1. De commissaris van de Koning stelt, met inachtneming van hetgeen gedeputeerde staten hebben bepaald, dag en plaats van de vergadering van gedeputeerde staten en het tijdstip van de opening vast.
2. De commissaris maakt dag en plaats van te houden openbare vergaderingen en het tijdstip van de opening bekend.

Dag, plaats, tijdstip vergadering

Art. 53a
1. De commissaris van de Koning bevordert de eenheid van het beleid van gedeputeerde staten.
2. De commissaris kan onderwerpen aan de agenda voor een vergadering van gedeputeerde staten toevoegen.
3. De commissaris kan ten aanzien van geagendeerde onderwerpen een eigen voorstel aan gedeputeerde staten voorleggen.

Commissaris van de Koning

Agendering onderwerpen

Eigen voorstel commissaris

Art. 54
1. De vergaderingen van gedeputeerde staten worden met gesloten deuren gehouden, voor zover gedeputeerde staten niet anders hebben bepaald.
2. Het reglement van orde voor de vergaderingen kan regels geven omtrent de openbaarheid van de vergaderingen van gedeputeerde staten.

Besloten vergadering

Art. 55
1. Gedeputeerde staten kunnen op grond van een belang, genoemd in artikel 10 van de Wet openbaarheid van bestuur, omtrent het in een besloten vergadering behandelde en omtrent de inhoud van de stukken die aan hen worden overgelegd, geheimhouding opleggen. Geheimhouding omtrent het in een besloten vergadering behandelde wordt tijdens die vergadering opgelegd. De geheimhouding wordt door hen die bij de behandeling aanwezig waren en allen die van het behandelde of de stukken kennis dragen, in acht genomen totdat gedeputeerde staten haar opheffen.
2. Op grond van een belang, genoemd in artikel 10 van de Wet openbaarheid van bestuur, kan de geheimhouding eveneens worden opgelegd door de commissaris van de Koning of een commissie, ten aanzien van de stukken die zij aan gedeputeerde staten overleggen. Daarvan wordt op de stukken melding gemaakt. De geheimhouding wordt in acht genomen totdat het orgaan dat de verplichting heeft opgelegd, dan wel provinciale staten, haar opheffen.
3. Indien gedeputeerde staten zich ter zake van het behandelde waarvoor een verplichting tot geheimhouding geldt tot provinciale staten hebben gericht, wordt de geheimhouding in acht genomen totdat provinciale staten haar opheffen.

Geheimhouding

Art. 56
1. In de vergadering van gedeputeerde staten kan slechts worden beraadslaagd of besloten, indien ten minste de helft van het aantal zitting hebbende leden tegenwoordig is.
2. Indien het vereiste aantal leden niet tegenwoordig is, belegt de commissaris van de Koning, onder verwijzing naar dit artikel, opnieuw een vergadering.
3. Op de vergadering, bedoeld in het tweede lid, is het eerste lid niet van toepassing. Gedeputeerde staten kunnen echter over andere aangelegenheden dan die waarvoor de eerdere vergadering was belegd alleen beraadslagen of besluiten, indien ten minste de helft van het aantal zitting hebbende leden tegenwoordig is.

Vergaderquorum

A27 art. 57

Provinciewet

Art. 57

Onschendbaarheid
De leden van gedeputeerde staten en andere personen die deelnemen aan de beraadslaging kunnen niet in rechte worden vervolgd of aangesproken voor hetgeen zij in de vergadering van gedeputeerde staten hebben gezegd of aan gedeputeerde staten schriftelijk hebben overgelegd.

Art. 58

Stemverbod; stemmings- en besluitquorum
De artikelen 28, eerste tot en met derde lid, 29 en 30 zijn ten aanzien van de vergaderingen van gedeputeerde staten van overeenkomstige toepassing.

Art. 59

Staken stemmen
1. Indien bij een stemming, anders dan over personen voor het doen van benoemingen, voordrachten of aanbevelingen, de stemmen staken, wordt opnieuw gestemd.
2. Staken de stemmen andermaal over hetzelfde voorstel, dan beslist de stem van de voorzitter.

Art. 59a

Ondertekening stukken
1. De stukken die van gedeputeerde staten uitgaan, worden door de commissaris ondertekend en door de secretaris medeondertekend.
2. Gedeputeerde staten kunnen de commissaris toestaan de ondertekening op te dragen aan een ander lid van gedeputeerde staten, aan de secretaris of aan een of meer andere provinciale ambtenaren.
3. De medeondertekening door de secretaris is niet van toepassing indien de ondertekening van stukken die van het college uitgaan ingevolge het tweede lid is opgedragen aan de secretaris of een andere provinciale ambtenaar.

Art. 60

Actieve informatieplicht
1. Provinciale staten kunnen regelen van welke beslissingen van gedeputeerde staten aan de leden van provinciale staten kennisgeving wordt gedaan. Daarbij kunnen provinciale staten de gevallen bepalen waarin met terinzagelegging kan worden volstaan.
2. Gedeputeerde staten laten de kennisgeving of terinzagelegging achterwege voor zover deze in strijd is met het openbaar belang.

Openbaarmaking besluitenlijst
3. Gedeputeerde staten maken de besluitenlijst van hun vergaderingen op de in de provincie gebruikelijke wijze openbaar. Zij laten de openbaarmaking achterwege voor zover het aangelegenheden betreft ten aanzien waarvan op grond van artikel 55 geheimhouding is opgelegd of ten aanzien waarvan openbaarmaking in strijd is met het openbaar belang.

Hoofdstuk IV
De commissaris van de Koning

Art. 61

Benoeming commissaris
1. De commissaris van de Koning wordt bij koninklijk besluit op voordracht van Onze Minister benoemd voor de tijd van zes jaar.
2. Onze Minister overlegt met provinciale staten over de eisen die aan de te benoemen commissaris worden gesteld met betrekking tot de vervulling van het ambt. Voorafgaand aan het overleg met Onze Minister stellen provinciale staten gedeputeerde staten in de gelegenheid hun wensen en bedenkingen ten aanzien van deze eisen kenbaar te maken.
3. Na het overleg met Onze Minister stellen provinciale staten uit hun midden een vertrouwenscommissie in, belast met de beoordeling van de kandidaten. Provinciale staten kunnen bepalen dat één of meer gedeputeerden als adviseur aan de vertrouwenscommissie worden toegevoegd. Onze Minister verschaft de vertrouwenscommissie een opgave van degenen die naar het ambt van commissaris hebben gesolliciteerd, vergezeld van zijn oordeel over kandidaten die hij in beginsel geschikt acht voor benoeming. Als de vertrouwenscommissie besluit naast deze kandidaten ook andere kandidaten die gesolliciteerd hebben, bij haar beoordeling te betrekken, doet zij daarvan onverwijld mededeling aan Onze Minister. Deze brengt zijn oordeel over laatstgenoemde kandidaten ter kennis van de vertrouwenscommissie.
4. De vertrouwenscommissie verschaft zich de door haar nodig geachte informatie over de kandidaten. Bestuursorganen zijn verplicht de gevraagde informatie te verstrekken. De vertrouwenscommissie brengt verslag uit van haar bevindingen aan de staten en aan Onze Minister.
5. Provinciale staten zenden Onze Minister binnen vier maanden nadat de gelegenheid tot sollicitatie voor de functie is gegeven een aanbeveling inzake de benoeming. Deze aanbeveling omvat twee personen.
6. In een bijzonder, door provinciale staten te motiveren geval, kan worden volstaan met een aanbeveling waarop één persoon vermeld staat. Onze Minister slaat geen acht op een enkelvoudige aanbeveling, indien naar zijn oordeel geen sprake is van een bijzonder geval.
7. Onze Minister volgt in zijn voordracht in beginsel de aanbeveling, met inbegrip van de daarop gehanteerde volgorde, tenzij zwaarwegende gronden aanleiding tot afwijking geven. Een afwijking wordt gemotiveerd.
8. De rijksbelastingdienst verstrekt Onze Minister de benodigde gegevens inzake bestuurlijke boeten als bedoeld in hoofdstuk VIIIA van de Algemene wet inzake rijksbelastingen en inzake strafbeschikkingen als bedoeld in artikel 76 van die wet, voor zover deze boeten en beschikkingen

Provinciewet   A27 art. 64

zijn opgelegd dan wel hadden kunnen worden opgelegd ter zake van feiten die zijn gebleken na de termijn om deze op te leggen.

Art. 61a
1. De commissaris van de Koning kan bij koninklijk besluit op voordracht van Onze Minister worden herbenoemd voor de tijd van zes jaar.
2. Provinciale staten zenden een aanbeveling inzake de herbenoeming van de commissaris tenminste vier maanden voor de eerste dag van de maand waarin de herbenoeming dient in te gaan, aan Onze Minister.
3. Voordat provinciale staten een aanbeveling opstellen, overleggen zij met Onze Minister over het functioneren van de commissaris.
4. Na het overleg met Onze Minister stellen provinciale staten uit hun midden een vertrouwenscommissie in, belast met de voorbereiding van de aanbeveling inzake de herbenoeming. Provinciale staten kunnen bepalen dat één of meer gedeputeerden als adviseur aan de vertrouwenscommissie worden toegevoegd.
5. Onze Minister wijkt in zijn voordracht slechts op zwaarwegende gronden af van de aanbeveling.

Herbenoeming commissaris

Art. 61b
1. De commissaris van de Koning kan te allen tijde bij koninklijk besluit op voordracht van Onze Minister worden ontslagen.
2. Indien sprake is van een verstoorde verhouding tussen de commissaris en provinciale staten, kunnen de staten een aanbeveling tot ontslag zenden aan Onze Minister.
3. Voordat de staten verklaren dat van een verstoorde verhouding tussen de commissaris en de staten sprake is, overleggen zij met Onze Minister over de aanleiding tot die verklaring.
4. Een aanbeveling vormt geen onderwerp van beraadslagingen en wordt niet vastgesteld dan nadat provinciale staten tenminste twee weken en ten hoogste drie maanden tevoren hebben verklaard, dat tussen de commissaris en de staten sprake is van een verstoorde verhouding.
5. De oproeping tot de vergadering waarin over de aanbeveling wordt beraadslaagd of besloten, wordt tenminste achtenveertig uur voor de aanvang of zoveel eerder als provinciale staten hebben bepaald, bij de leden van de staten bezorgd. Zij vermeldt het voorstel tot de aanbeveling.
6. Onze Minister wijkt in zijn voordracht slechts af van de aanbeveling op zwaarwegende gronden.

Ontslag commissaris

Art. 61c
1. De beraadslagingen, bedoeld in de artikelen 61, derde en vierde lid, 61a, derde en vierde lid, en 61b, derde lid, vinden plaats met gesloten deuren. Van deze beraadslagingen wordt een afzonderlijk verslag opgemaakt dat niet openbaar wordt gemaakt.
2. Ten aanzien van de beraadslagingen en de stukken die aan provinciale staten worden gezonden dan wel die door provinciale staten aan Onze Minister worden gezonden geldt een geheimhoudingsplicht.
3. De aanbevelingen van provinciale staten, bedoeld in artikel 61, vijfde en zesde lid, 61a, tweede lid, en 61b, tweede lid, zijn openbaar met dien verstande dat ten aanzien van de aanbeveling inzake de benoeming, bedoeld in artikel 61, vijfde lid, de openbaarheid uitsluitend de als eerste aanbevolen persoon geldt. Artikel 31 is van toepassing op de stemmingen inzake de aanbevelingen.

Besloten beraadslaging

Art. 61d
Bij algemene maatregel van bestuur kunnen nadere regels worden gesteld over de bij benoeming, herbenoeming en ontslag van de commissaris van de Koning te volgen procedure.

Nadere regels benoeming, herbenoeming en ontslag

Art. 62
1. De commissaris kan bij koninklijk besluit worden geschorst.
2. Onze Minister kan, in afwachting van een besluit omtrent schorsing, bepalen dat de commissaris zijn functie niet uitoefent.
3. Een besluit als bedoeld in het tweede lid vervalt, indien niet binnen een maand een besluit omtrent de schorsing is genomen.

Schorsing

Art. 63
Voor de benoembaarheid tot commissaris is het Nederlanderschap vereist.

Nederlanderschap

Art. 64
1. De commissaris legt in handen van de Koning de volgende eed (verklaring en belofte) af:
"Ik zweer (verklaar) dat ik, om tot commissaris van de Koning benoemd te worden, rechtstreeks noch middellijk, onder welke naam of welk voorwendsel ook, enige gift of gunst heb gegeven of beloofd.
Ik zweer (verklaar en beloof) dat ik, om iets in dit ambt te doen of te laten, rechtstreeks noch middellijk enig geschenk of enige belofte heb aangenomen of zal aannemen.
Ik zweer (beloof) dat ik getrouw zal zijn aan de Grondwet, dat ik de wetten zal nakomen en dat ik mijn plichten als commissaris van de Koning naar eer en geweten zal vervullen.
Zo waarlijk helpe mij God Almachtig!"
(Dat verklaar en beloof ik!")

Eed of belofte

Eed of belofte in de Friese taal

2. In geval van herbenoeming wordt de eed (verklaring en belofte) in handen van de Koning of in handen van Onze Minister, daartoe door de Koning gemachtigd, afgelegd.
3. Wanneer de eed (verklaring en belofte), bedoeld in het eerste lid, in de Friese taal wordt afgelegd, luidt de tekst van de eed (verklaring en belofte) als volgt:
«Ik swar (ferklearje) dat ik, om ta kommissaris fan 'e Kening beneamd te wurden, streekrjocht noch midlik, ûnder wat namme of wat ferlechje ek, hokker jefte of geunst dan ek jûn of ûnthjitten haw.
Ik swar (ferklearje en ûnthjit) dat ik, om eat yn dit amt te dwaan of te litten, streekrjocht noch midlik hokker geskink of hokker ûnthjit dan ek oannommen haw of oannimme sil.
Ik swar (ûnthjit) dat ik trou wêze sil oan 'e Grûnwet, dat ik de wetten neikomme sil en dat ik myn plichten as kommissaris fan 'e Kening yn alle oprjochtens ferfolje sil.
Sa wier helpe my God Almachtich!»
(«Dat ferklearje en ûnthjit ik!»).

Art. 65

Bezoldiging

1. De commissaris geniet ten laste van de provincie een bezoldiging, die bij of krachtens algemene maatregel van bestuur wordt geregeld.
2. Daarbij kunnen tevens regels worden gesteld betreffende tegemoetkoming in of vergoeding van bijzondere kosten en betreffende andere voorzieningen die verband houden met de vervulling van zijn ambt.
3. Buiten hetgeen hem bij of krachtens de wet is toegekend, geniet de commissaris als zodanig geen inkomsten, in welke vorm ook, ten laste van de provincie.
4. De commissaris geniet geen vergoedingen, in welke vorm ook, voor werkzaamheden, verricht in nevenfuncties welke hij vervult uit hoofde van zijn ambt, ongeacht of die vergoedingen ten laste van de provincie komen of niet. Indien deze vergoedingen worden uitgekeerd, worden zij gestort in de provinciale kas.
5. Tot vergoedingen als bedoeld in het vijfde lid, behoren inkomsten, onder welke benaming ook, uit nevenfuncties die de commissaris neerlegt bij beëindiging van het ambt.
6. Andere inkomsten dan die bedoeld in het vijfde lid worden met de bezoldiging verrekend overeenkomstig artikel 3 van de Wet schadeloosstelling leden Tweede Kamer. De rijksbelastingdienst verstrekt Onze Minister ten behoeve van de verrekening de benodigde gegevens.
7. Bij algemene maatregel van bestuur worden regels gesteld over de wijze waarop de commissaris gegevens over de inkomsten, bedoeld in het zevende lid, verstrekt, en de gevolgen van het niet verstrekken van deze gegevens.
8. De artikelen 43a tot en met 43j zijn van overeenkomstige toepassing, met dien verstande dat voor «gedeputeerde» wordt gelezen «commissaris» en voor «artikel 43» «artikel 65».

Art. 66

Nevenfunctie

1. De commissaris vervult geen nevenfuncties waarvan de uitoefening ongewenst is met het oog op de goede vervulling van het ambt van commissaris of op de handhaving van zijn onpartijdigheid en onafhankelijkheid of van het vertrouwen daarin.
2. De commissaris meldt zijn voornemen tot aanvaarding van een nevenfunctie, anders dan uit hoofde van het ambt van commissaris, aan provinciale staten.
3. De commissaris maakt nevenfuncties, anders dan uit hoofde van zijn ambt van commissaris, en de inkomsten uit die functies openbaar. Openbaarmaking geschiedt door terinzagelegging op het provinciehuis uiterlijk op 1 april na het kalenderjaar waarin de inkomsten zijn genoten.
4. Onder inkomsten wordt verstaan: loon in de zin van artikel 9 van de Wet op de loonbelasting 1964, verminderd met de eindheffingsbestanddelen bedoeld in artikel 31 van die wet.

Art. 67

Onverenigbare betrekkingen

De commissaris is niet tevens:
a. minister;
b. staatssecretaris;
c. lid van de Raad van State;
d. lid van de Algemene Rekenkamer;
e. Nationale ombudsman;
f. substituut-ombudsman als bedoeld in artikel 9, eerste lid, van de Wet Nationale ombudsman;
g. lid van provinciale staten;
h. gedeputeerde;
i. lid van de rekenkamer;
j. lid van de raad van een gemeente;
k. burgemeester;
l. wethouder;
m. lid van de rekenkamer van een in de betrokken provincie gelegen gemeente;
n. ombudsman of lid van de ombudscommissie als bedoeld in artikel 79q, eerste lid;
o. ambtenaar, in dienst van die provincie of uit anderen hoofde aan het provinciebestuur ondergeschikt;

Provinciewet A27 art. 77

p. ambtenaar, in dienst van een in die provincie gelegen gemeente of uit anderen hoofde aan het gemeentebestuur van een dergelijke gemeente ondergeschikt;
q. voorzitter van, lid van het bestuur van of ambtenaar in dienst van een in de provincie gelegen waterschap;
r. ambtenaar in dienst van een bij gemeenschappelijke regeling ingesteld lichaam waarvan een orgaan aan toezicht van gedeputeerde staten is onderworpen;
s. ambtenaar, in dienst van de Staat, tot wiens taak behoort het verrichten van werkzaamheden in het kader van het toezicht op de provincie;
t. functionaris, krachtens wet of algemene maatregel van bestuur geroepen om het provinciebestuur van advies te dienen.

Art. 68
1. Artikel 15, eerste en tweede lid, is van overeenkomstige toepassing op de commissaris. *Verboden handelingen*
2. Provinciale staten stellen voor de commissaris een gedragscode vast. *Vaststellen gedragscode*

Art. 69
Het ambt van commissaris ontheft van alle bij of krachtens de wet opgelegde verplichtingen tot het verrichten van persoonlijke diensten. *Persoonlijke diensten*

Art. 70
De commissaris heeft zijn werkelijke woonplaats in de provincie. *Woonplaats*

Art. 71
1. Indien de commissaris langer dan zes weken buiten de provincie wenst te verblijven, behoeft hij daartoe de toestemming van Onze Minister. De toestemming mag alleen worden verleend, indien het belang van de provincie zich daartegen niet verzet. *Verblijf buiten provincie*
2. De Algemene termijnenwet is niet van toepassing op de termijn genoemd in het eerste lid.

Art. 72
1. Voor zover dit niet bij de wet is geschied, worden bij of krachtens algemene maatregel van bestuur ten aanzien van de commissaris regels vastgesteld betreffende: *Rechtspositie*
a. benoeming, herbenoeming, schorsing, tijdelijk niet uitoefenen van zijn functie en ontslag;
b. het onderzoek naar de geschiktheid en de bekwaamheid;
c. aanspraken in geval van ziekte;
d. bescherming bij de arbeid;
e. andere aangelegenheden, zijn rechtspositie betreffende, die regeling behoeven.
2. Bij de regels betreffende de in het eerste lid bedoelde aangelegenheden kunnen financiële voorzieningen worden getroffen die ten laste van de provincie komen.

Art. 73
1. Alle aan provinciale staten of aan gedeputeerde staten gerichte stukken worden door of namens de commissaris geopend. *Opening stukken*
2. Van de ontvangst van aan provinciale staten gerichte stukken die niet terstond in de vergadering van provinciale staten aan de orde worden gesteld, doet hij in de eerstvolgende vergadering van provinciale staten mededeling.

Art. 74
[Vervallen]

Art. 75
1. Indien van ontstentenis of verhindering van de commissaris wordt zijn ambt waargenomen door een door gedeputeerde staten aan te wijzen gedeputeerde. Van de aanwijzing doet de commissaris schriftelijk mededeling aan Onze Minister. Het voorzitterschap van provinciale staten wordt bij verhindering of ontstentenis van de commissaris waargenomen door het langstzittende lid van provinciale staten. Indien meer leden van provinciale staten even lang zitting hebben, dan vindt de waarneming van het voorzitterschap plaats door het oudste lid in jaren van hen. Provinciale staten kunnen een ander lid van provinciale staten met de waarneming van het voorzitterschap belasten. *Waarneming*
2. Bij verhindering of ontstentenis van alle gedeputeerden wordt het ambt van commissaris waargenomen door het langstzittende lid van provinciale staten. Indien meer leden van provinciale staten even lang zitting hebben, dan vindt de waarneming plaats door het oudste lid in jaren van hen. Provinciale staten kunnen een ander lid van provinciale staten met de waarneming belasten.

Art. 76
1. Indien de regering het in het belang van de provincie nodig oordeelt, voorziet zij in afwijking van artikel 75 in de waarneming. Alvorens daartoe over te gaan hoort zij provinciale staten, tenzij gewichtige redenen zich daartegen verzetten. *Voorziening waarneming door regering*
2. Hij die door de regering met de waarneming van het ambt van commissaris is belast, legt in handen van Onze Minister een overeenkomstig artikel 64 luidende eed (verklaring en belofte) af.

Art. 77
De toekenning van een vergoeding aan degene die met de waarneming van het ambt van commissaris is belast, wordt geregeld bij of krachtens algemene maatregel van bestuur. *Waarnemingsvergoeding*

A27 art. 78 — Provinciewet

Verboden handelingen bij waarneming

Art. 78
Ten aanzien van degene die met de waarneming van het ambt van commissaris is belast, zijn de artikelen 63, 66, 67 en 68 van overeenkomstige toepassing.

Actieve informatieplicht commissaris

Art. 79
1. Provinciale staten kunnen regelen van welke beslissingen van de commissaris aan de leden van provinciale staten kennisgeving wordt gedaan. Daarbij kunnen provinciale staten de gevallen bepalen waarin met terinzagelegging kan worden volstaan.
2. De commissaris laat de kennisgeving of terinzagelegging achterwege voor zover deze in strijd is met het openbaar belang.

Hoofdstuk IVA
De rekenkamer

§ 1
De provinciale rekenkamer

Instellen rekenkamer

Art. 79a
1. Provinciale staten kunnen een rekenkamer instellen.
2. Indien provinciale staten een rekenkamer instellen, zijn de navolgende artikelen van dit hoofdstuk alsmede hoofdstuk XIa van toepassing.
3. Indien provinciale staten geen rekenkamer instellen is hoofdstuk IVb van toepassing.

Aantal leden

Art. 79b
Provinciale staten stellen het aantal leden van de rekenkamer vast.

Benoeming en ontslag leden door PS

Art. 79c
1. Provinciale staten benoemen de leden van de rekenkamer voor de duur van zes jaar.
2. Indien de rekenkamer uit twee of meer leden bestaat, benoemen provinciale staten uit de leden de voorzitter.
3. Provinciale staten kunnen plaatsvervangende leden benoemen. Indien de rekenkamer uit één lid bestaat, benoemen provinciale staten in ieder geval een plaatsvervangend lid. Deze paragraaf is op plaatsvervangende leden van overeenkomstige toepassing.
4. Provinciale staten kunnen een lid herbenoemen.
5. Voorafgaand aan de benoemingen, bedoeld in het eerste tot en met vierde lid, plegen provinciale staten overleg met de rekenkamer.
6. Een lid van de rekenkamer wordt door provinciale staten ontslagen:
a. op eigen verzoek;
b. bij de aanvaarding van een functie die onverenigbaar is met het lidmaatschap;
c. indien hij bij onherroepelijk geworden rechterlijke uitspraak wegens misdrijf is veroordeeld, dan wel hem bij zulk een uitspraak een maatregel is opgelegd die vrijheidsbeneming tot gevolg heeft;
d. indien hij bij onherroepelijk geworden rechterlijke uitspraak onder curatele is gesteld, in staat van faillissement is verklaard, surséance van betaling heeft verkregen of wegens schulden is gegijzeld;
e. indien hij naar het oordeel van provinciale staten ernstig nadeel toebrengt aan het in hem gestelde vertrouwen.
7. Een lid van de rekenkamer kan door provinciale staten worden ontslagen:
a. indien hij door ziekte of gebreken blijvend ongeschikt is zijn functie te vervullen;
b. indien hij handelt in strijd met artikel 79h juncto artikel 15, eerste en tweede lid.

Non-actiefstelling lid door PS

Art. 79d
1. Provinciale staten stellen een lid van de rekenkamer op non-activiteit indien:
a. hij zich in voorlopige hechtenis bevindt;
b. hij bij een nog niet onherroepelijk geworden rechterlijke uitspraak wegens misdrijf is veroordeeld, dan wel hem bij zulk een uitspraak een maatregel is opgelegd die vrijheidsbeneming tot gevolg heeft;
c. hij onder curatele is gesteld, in staat van faillissement is verklaard, surséance van betaling heeft verkregen of wegens schulden is gegijzeld ingevolge een nog niet onherroepelijk geworden rechterlijke uitspraak.
2. Provinciale staten kunnen een lid van de rekenkamer op non-activiteit stellen, indien tegen hem een gerechtelijk onderzoek ter zake van een misdrijf wordt ingesteld of indien er een ander ernstig vermoeden is van het bestaan van feiten en omstandigheden die tot ontslag, anders dan op gronden vermeld in artikel 79c, zesde lid, onder a, en zevende lid, onder a, zouden kunnen leiden.
3. Provinciale staten beëindigen de non-activiteit zodra de grond voor de maatregel is vervallen, met dien verstande dat in een geval als bedoeld in het tweede lid de non-activiteit in ieder geval

eindigt na zes maanden. In dat geval kunnen provinciale staten de maatregel telkens voor ten hoogste drie maanden verlengen.

Art. 79e
Artikel 11 is van overeenkomstige toepassing op de leden van de rekenkamer.   Openbaarmaking functies

Art. 79f
1. Een lid van de rekenkamer is niet tevens: Onverenigbare betrekkingen
   a. minister;
   b. staatssecretaris;
   c. lid van de Raad van State;
   d. lid van de Algemene Rekenkamer;
   e. Nationale ombudsman;
   f. substituut-ombudsman als bedoeld in artikel 9, eerste lid, van de Wet Nationale ombudsman;
   g. lid van provinciale staten van de betrokken provincie;
   h. commissaris van de Koning van de betrokken provincie;
   i. gedeputeerde van de betrokken provincie;
   j. burgemeester van een in de betrokken provincie gelegen gemeente;
   k. wethouder van een in de betrokken provincie gelegen gemeente;
   l. ambtenaar, in dienst van die provincie of uit anderen hoofde aan het provinciebestuur ondergeschikt;
   m. ambtenaar, in dienst van de Staat, tot wiens taak behoort het verrichten van werkzaamheden in het kader van het toezicht op de provincie;
   n. functionaris, krachtens wet of algemene maatregel van bestuur geroepen om het provinciebestuur van advies te dienen.
2. In afwijking van het eerste lid, aanhef en onder l, kan een lid van de rekenkamer tevens zijn vrijwilliger of ander persoon die uit hoofde van een wettelijke verplichting niet bij wijze van beroep hulpdiensten verricht.

Art. 79g
1. Alvorens hun functie uit te kunnen oefenen, leggen de leden van de rekenkamer in de vergadering van provinciale staten, in handen van de voorzitter, de volgende eed (verklaring en belofte) af: «Ik zweer (verklaar) dat ik, om tot lid van de rekenkamer benoemd te worden, rechtstreeks noch middellijk, onder welke naam of welk voorwendsel ook, enige gift of gunst heb gegeven of beloofd.   Eed of belofte
Ik zweer (verklaar en beloof) dat ik, om iets in dit ambt te doen of te laten, rechtstreeks noch middellijk enig geschenk of enige belofte heb aangenomen of zal aannemen.
Ik zweer (beloof) dat ik getrouw zal zijn aan de Grondwet, dat ik de wetten zal nakomen en dat ik mijn plichten als lid van de rekenkamer naar eer en geweten zal vervullen.
Zo waarlijk helpe mij God Almachtig!
(«Dat verklaar en beloof ik!»)
2. Wanneer de eed (verklaring en belofte), bedoeld in het eerste lid, in de Friese taal wordt afgelegd, luidt de tekst van de eed (verklaring en belofte) als volgt: Eed of belofte in de Friese taal
«Ik swar (ferklearje) dat ik, om ta lid fan 'e rekkenkeamer beneamd te wurden, streekrjocht noch midlik, ûnder wat namme of wat ferlechje ek, hokker jefte of geunst dan ek jûn of ûnthjitten haw.
Ik swar (ferklearje en ûnthjit) dat ik, om eat yn dit amt te dwaan of te litten, streekrjocht noch midlik hokker geskink of hokker ûnthjit dan ek oannommen haw of oannimme sil.
Ik swar (ûnthjit) dat ik trou wêze sil oan 'e Grûnwet, dat ik de wetten neikomme sil en dat ik myn plichten as lid fan 'e rekkenkeamer yn alle oprjochtens ferfolje sil.
Sa wier helpe my God Almachtich!»
(«Dat ferklearje en ûnthjit ik!»)

Art. 79h
Artikel 15, eerste en tweede lid, is van overeenkomstige toepassing op de leden van de rekenkamer.   Verboden handelingen

Art. 79i
1. De rekenkamer stelt een reglement van orde voor haar werkzaamheden vast en, indien zij uit twee of meer leden bestaat, tevens voor haar vergaderingen.   Reglement van orde
2. De rekenkamer zendt het reglement ter kennisneming aan provinciale staten.   Bekendmaking

Art. 79j
1. Provinciale staten stellen, na overleg met de rekenkamer, de rekenkamer de nodige middelen ter beschikking voor een goede uitoefening van haar werkzaamheden.   Terbeschikkingstelling middelen
2. Op voordracht van de voorzitter of van het enige lid van de rekenkamer besluiten gedeputeerde staten tot het aangaan van arbeidsovereenkomsten met zoveel ambtenaren van de rekenkamer als nodig zijn voor een goede uitoefening van haar werkzaamheden.   Benoeming ambtenaren
3. De ambtenaren die werkzaamheden verrichten voor de rekenkamer, verrichten niet tevens werkzaamheden voor een ander orgaan van de provincie   Incompatibiliteit ambtenaren

A27 art. 79k

Provinciewet

Verantwoording aan rekenkamer

4. De ambtenaren, die werkzaamheden verrichten voor de rekenkamer, zijn ter zake van die werkzaamheden uitsluitend verantwoording schuldig aan de rekenkamer.

Art. 79k

Vergoeding werkzaamheden

De leden van de rekenkamer ontvangen een bij verordening van provinciale staten vastgestelde vergoeding voor hun werkzaamheden en een tegemoetkoming in de kosten.

§ 2
De gemeenschappelijke rekenkamer

Art. 79l

Instellen gemeenschappelijke rekenkamer

In afwijking van artikel 79a kunnen provinciale staten met provinciale staten van een of meer andere provincies met toepassing van artikel 40 en artikel 41, eerste lid, juncto artikel 8, tweede lid, van de Wet gemeenschappelijke regelingen, of met de raad of de raden van één of meer gemeenten, al dan niet met provinciale staten van één of meer andere provincies tezamen, met toepassing van artikel 51 en artikel 52, eerste lid, juncto artikel 8, tweede lid, van de Wet gemeenschappelijke regelingen een gemeenschappelijke rekenkamer instellen. De artikelen 10, tweede en derde lid, 10a, 11, 15, 16, 17, 20, derde lid, 21, 22, 23, 43 en 54 van die wet zijn niet van toepassing.

Art. 79m

Toepasselijkheid artt. 79b t/m 79j

1. De artikelen 79b tot en met 79f, 79h, 79i, 79j, eerste, derde en vierde lid, zijn van overeenkomstige toepassing op de gemeenschappelijke rekenkamer, met dien verstande dat in de artikelen 79b tot en met 79d, 79i, tweede lid, en 79j, eerste lid, voor «provinciale staten» telkens wordt gelezen «provinciale staten van de deelnemende provincies gezamenlijk» of, indien de rekenkamer mede is ingesteld door gemeenten, «provinciale staten en de raden van de deelnemende provincies en gemeenten gezamenlijk».
2. Artikel 79g is op de gemeenschappelijke rekenkamer van toepassing, met dien verstande dat voor «provinciale staten» wordt gelezen «provinciale staten van de provincie die daartoe in de regeling waarbij de gemeenschappelijke rekenkamer is ingesteld, zijn aangewezen» of, indien de rekenkamer mede is ingesteld door gemeenten, «provinciale staten van de provincie of de raad van de gemeente die daartoe in de regeling waarbij de gemeenschappelijke rekenkamer is ingesteld zijn of is aangewezen».

Art. 79n

Onverenigbare betrekkingen

Indien provinciale staten van één of meer provincies met de raad of raden van een of meer gemeenten een gemeenschappelijke rekenkamer instellen, is, onverminderd artikel 79m, eerste lid, juncto artikel 79f, een lid van de rekenkamer niet tevens:
a. burgemeester;
b. wethouder;
c. lid van de raad van een deelnemende gemeente;
d. ambtenaar, in dienst van een deelnemende gemeente of uit anderen hoofde aan het bestuur van een deelnemende gemeente ondergeschikt;
e. ambtenaar, in dienst van de Staat, tot wiens taak behoort het verrichten van werkzaamheden in het kader van het toezicht op een deelnemende gemeente;
f. functionaris, krachtens wet of algemene maatregel van bestuur geroepen om het gemeentebestuur van een deelnemende gemeente van advies te dienen.

Art. 79o

In dienst nemen van ambtenaren rekenkamer en vergoeding werkzaamheden

In de regeling waarbij de gemeenschappelijke rekenkamer wordt ingesteld, worden ten minste regels gesteld over:
a. het op verzoek van de voorzitter of het enige lid van de rekenkamer in dienst nemen van de ambtenaren die nodig zijn voor een goede uitoefening van de werkzaamheden van de rekenkamer;
b. de vergoeding die de leden van de rekenkamer voor hun werkzaamheden ontvangen en de tegemoetkoming in de kosten.

Hoofdstuk IVB
De rekenkamerfunctie

Art. 79p

Verordening rekenkamerfunctie
Toepasselijkheid artt. 183 en 186
Onverenigbare betrekkingen

1. Als geen rekenkamer is ingesteld als bedoeld in hoofdstuk IVa, stellen provinciale staten bij verordening regels vast voor de uitoefening van de rekenkamerfunctie.
2. De artikelen 183, 185, 185a en 186 zijn voor de uitoefening van de rekenkamerfunctie van overeenkomstige toepassing.
3. Op personen die de rekenkamerfunctie uitoefenen is artikel 79f, behoudens het eerste lid, onder g, van overeenkomstige toepassing.

Hoofdstuk IVC
De ombudsman

§ 1
Algemene bepaling

Art. 79q
1. Met inachtneming van het bepaalde in dit hoofdstuk kunnen provinciale staten de behandeling van verzoekschriften als bedoeld in artikel 9:18, eerste lid, van de Algemene wet bestuursrecht, opdragen aan een provinciale ombudsman of ombudscommissie, dan wel een gezamenlijke ombudsman of ombudscommissie. — *Provinciale ombudsman*
2. Een ombudsman of ombudscommissie als bedoeld in het eerste lid kan slechts per 1 januari van enig jaar worden ingesteld. Indien provinciale staten hiertoe besluiten, zenden zij het besluit tot instelling aan de Nationale ombudsman voor 1 juli van het jaar voorafgaand aan het jaar waarin de instelling ingaat.
3. De instelling van een ombudsman of ombudscommissie als bedoeld in het eerste lid kan slechts per 1 januari van enig jaar worden beëindigd. Indien provinciale staten hiertoe besluiten, zenden zij het besluit tot beëindiging van de instelling aan de Nationale ombudsman voor 1 juli van het jaar voorafgaand aan het jaar waarin de instelling eindigt.

§ 2
De provinciale ombudsman

Art. 79r
1. Indien provinciale staten de behandeling van verzoekschriften opdragen aan een provinciale ombudsman, benoemen zij deze voor de duur van zes jaar. — *Provinciale ombudsman, benoeming*
2. Provinciale staten benoemen een plaatsvervangend ombudsman. Deze paragraaf is op de plaatsvervangend ombudsman van overeenkomstige toepassing.
3. De ombudsman wordt door provinciale staten ontslagen: — *Provinciale ombudsman, ontslag*
a. op eigen verzoek;
b. wanneer hij door ziekte of gebreken blijvend ongeschikt is zijn functie te vervullen;
c. bij de aanvaarding van een betrekking als bedoeld in artikel 79s, eerste lid;
d. wanneer hij bij onherroepelijk geworden rechterlijke uitspraak wegens misdrijf is veroordeeld, dan wel hem bij zulk een uitspraak een maatregel is opgelegd die vrijheidsbeneming tot gevolg heeft;
e. indien hij bij onherroepelijk geworden rechterlijke uitspraak onder curatele is gesteld, in staat van faillissement is verklaard, ten aanzien van hem de schuldsaneringsregeling natuurlijke personen van toepassing is verklaard, hij surseance van betaling heeft verkregen of wegens schulden is gegijzeld;
f. indien hij naar het oordeel van provinciale staten ernstig nadeel toebrengt aan het in hem gestelde vertrouwen.
4. Provinciale staten stellen de ombudsman op non-activiteit indien hij:
a. zich in voorlopige hechtenis bevindt;
b. bij een nog niet onherroepelijk geworden rechterlijke uitspraak wegens misdrijf is veroordeeld, dan wel hem bij zulk een uitspraak een maatregel is opgelegd die vrijheidsbeneming tot gevolg heeft;
c. onder curatele is gesteld, in staat van faillissement is verklaard, ten aanzien van hem de schuldsaneringsregeling natuurlijke personen van toepassing is verklaard, hij surseance van betaling heeft verkregen of wegens schulden is gegijzeld ingevolge een nog niet onherroepelijk geworden rechterlijke uitspraak.

Art. 79s
1. De ombudsman vervult geen betrekkingen waarvan de uitoefening ongewenst is met het oog op een goede vervulling van zijn ambt of op de handhaving van zijn onpartijdigheid en onafhankelijkheid of van het vertrouwen daarin. — *Provinciale ombudsman, uitoefening functie*
2. Artikel 11 is van overeenkomstige toepassing op de ombudsman.

Art. 79t
1. Alvorens zijn functie te kunnen uitoefenen, legt de ombudsman in de vergadering van provinciale staten, in handen van de voorzitter, de volgende eed (verklaring en belofte) af: — *Beëdiging*
«Ik zweer (verklaar) dat ik, om tot ombudsman benoemd te worden, rechtstreeks noch middellijk, onder welke naam of welk voorwendsel ook, enige gift of gunst heb gegeven of beloofd.
Ik zweer (verklaar en beloof) dat ik, om iets in dit ambt te doen of te laten, rechtstreeks noch middellijk enig geschenk of enige belofte heb aangenomen of zal aannemen.
Ik zweer (verklaar en beloof) dat ik getrouw zal zijn aan de Grondwet, dat ik de wetten zal nakomen en dat ik mijn plichten als ombudsman naar eer en geweten zal vervullen.
Zo waarlijk helpe mij God almachtig!»

A27 art. 79u — Provinciewet

(«Dat verklaar en beloof ik!»)

2. Wanneer de eed (verklaring en belofte), bedoeld in het eerste lid, in de Friese taal wordt afgelegd, luidt de tekst van de eed (verklaring en belofte) als volgt: «Ik swar (ferklearje) dat ik, om ta ombudsman beneamd te wurden, streekrjocht noch midlik, ûnder wat namme of wat ferlechje ek, hokker jefte of geunst dan ek jûn of ûnthjitten haw. Ik swar (ferklearje en ûnthjit) dat ik, om eat yn dit amt te dwaan of te litten, streekrjocht noch midlik hokker geskink of hokker ûnthjit dan ek oannommen haw of oannimme sil. Ik swar (ûnthjit) dat ik trou wêze sil oan 'e Grûnwet, dat ik de wetten neikomme sil en dat ik myn plichten as ombudsman yn alle oprjochtens ferfolje sil. Sa wier helpe my God Almachtich!» («Dat ferklearje en ûnthjit ik!»).

Art. 79u

Personeel; geen instructies

1. Op voordracht van de ombudsman besluiten gedeputeerde staten tot het aangaan van arbeidsovereenkomsten met het personeel van de ombudsman dat nodig is voor een goede uitoefening van de werkzaamheden.
2. De ombudsman ontvangt ter zake van de uitoefening van zijn werkzaamheden geen instructies, noch in het algemeen, noch voor een enkel geval.
3. Het personeel van de ombudsman verricht geen werkzaamheden voor een bestuursorgaan naar wiens gedraging de ombudsman een onderzoek kan instellen.
4. Het personeel van de ombudsman is ter zake van de werkzaamheden die het voor de ombudsman verricht, uitsluitend aan hem verantwoording schuldig.

Art. 79v

Verslag

De ombudsman zendt jaarlijks een verslag van zijn werkzaamheden aan provinciale staten.

Art. 79w

Vergoeding

De ombudsman ontvangt een bij verordening van provinciale staten vastgestelde vergoeding voor zijn werkzaamheden en een tegemoetkoming in de kosten.

§ 3 De provinciale ombudscommissie

Art. 79x

Provinciale ombudscommissie

1. Indien provinciale staten de behandeling van verzoekschriften opdraagt aan een provinciale ombudscommissie, stellen provinciale staten het aantal leden van de ombudscommissie vast.
2. Provinciale staten benoemen de leden van de ombudscommissie voor de duur van zes jaar.
3. Provinciale staten benoemen uit de leden de voorzitter en de plaatsvervangend voorzitter van de ombudscommissie.

Art. 79y

Verslag

1. De ombudscommissie zendt jaarlijks een verslag van zijn werkzaamheden aan provinciale staten.
2. Op de ombudscommissie en op ieder lid afzonderlijk zijn de artikelen 79r, derde en vierde lid, 79s, 79t, 79u en 79w van overeenkomstige toepassing.

§ 4 De gezamenlijke ombudsman en de gezamenlijke ombudscommissie

Art. 79z

Gezamenlijke ombudsman en gezamenlijke ombudscommissie

1. Provinciale staten kunnen voor de behandeling van verzoekschriften een gezamenlijke ombudsman of een gezamenlijke ombudscommissie instellen met de raad of raden van een of meer gemeenten, dan wel met provinciale staten van een of meer provincies, dan wel met het algemeen bestuur van een of meer waterschappen, dan wel met het algemeen bestuur van een of meer openbare lichamen of gemeenschappelijke organen ingesteld bij gemeenschappelijke regeling.
2. De ombudsman of de ombudscommissie zendt jaarlijks een verslag van zijn werkzaamheden aan de vertegenwoordigende organen van de deelnemende rechtspersonen.
3. Op de ombudsman en op ieder afzonderlijk lid van de ombudscommissie zijn de artikelen 79r tot en met 79u, 79w en 79x van overeenkomstige toepassing.

Art. 79aa

Gemeenschappelijke regelingen

Indien provinciale staten een ombudsman of een ombudscommissie instellen met toepassing van de Wet gemeenschappelijke regelingen, zijn de in die wet ten aanzien van gemeenschappelijke organen opgenomen bepalingen slechts van toepassing voor zover de aard van de aan de ombudsman of de ombudscommissie opgedragen taken zich daartegen niet verzet.

Hoofdstuk V
De commissies

Art. 80

1. Provinciale staten kunnen statencommissies instellen die besluitvorming van provinciale staten kunnen voorbereiden en met gedeputeerde staten of de commissaris kunnen overleggen. Zij regelen daarbij de taken, de bevoegdheden, de samenstelling en de werkwijze, daaronder begrepen de wijze waarop de leden van provinciale staten inzage hebben in stukken waaromtrent door de commissie geheimhouding is opgelegd. Deze inzage kan slechts worden geweigerd voor zover zij in strijd is met het openbaar belang.
2. De commissaris en de gedeputeerden zijn geen lid van een statencommissie.
3. Bij de samenstelling van een statencommissie zorgen provinciale staten, voor zover het de benoeming betreft van leden van provinciale staten, voor een evenwichtige vertegenwoordiging van de in provinciale staten vertegenwoordigde groeperingen.
4. Een lid van provinciale staten is voorzitter van een statencommissie.
5. De artikelen 19 en 21 tot en met 23 zijn van overeenkomstige toepassing op een vergadering van een statencommissie, met dien verstande dat in artikel 19 voor «commissaris» wordt gelezen «voorzitter van de statencommissie» en in artikel 23, vijfde lid, voor «artikel 25» wordt gelezen «artikel 91».

Statencommissies

Art. 81

1. Provinciale staten, onderscheidenlijk gedeputeerde staten, kunnen bestuurscommissies instellen die bevoegdheden uitoefenen die hun door provinciale staten, onderscheidenlijk gedeputeerde staten, zijn overgedragen. Zij regelen daarbij de taken, de bevoegdheden, de samenstelling en de werkwijze, daaronder begrepen de wijze waarop een provinciale staten inzage hebben in de stukken waaromtrent door een bestuurscommissie geheimhouding is opgelegd. Deze inzage kan slechts worden geweigerd voor zover zij in strijd is met het openbaar belang.
2. De commissaris en de gedeputeerden zijn geen lid van een door provinciale staten ingestelde bestuurscommissie. Leden van provinciale staten zijn geen lid van een door gedeputeerde staten ingestelde bestuurscommissie.
3. Artikel 19 van de Bekendmakingswet is van overeenkomstige toepassing op een besluit tot instelling van een bestuurscommissie.
4. De artikelen 19, tweede lid, 22 en 23, eerste tot en met vierde lid, zijn van overeenkomstige toepassing ten aanzien van de vergadering van een door provinciale staten ingestelde bestuurscommissie, met dien verstande dat in artikel 19, tweede lid, voor «de commissaris» wordt gelezen: de voorzitter van een bestuurscommissie.
5. Voor zover zulks in verband met de aard en omvang van de overgedragen bevoegdheden nodig is, regelen gedeputeerde staten de openbaarheid van vergaderingen van een door hen ingestelde bestuurscommissie.

Bestuurscommissie

Art. 82

1. Provinciale staten of gedeputeerde staten kunnen andere commissies dan bedoeld in de artikelen 80, eerste lid, en 81, eerste lid, instellen.
2. Artikel 81, tweede lid, is van overeenkomstige toepassing.
3. Provinciale staten of gedeputeerde staten regelen ten aanzien van een door hen ingestelde andere commissie de openbaarheid van de vergaderingen.
4. Artikel 19 van de Bekendmakingswet is van overeenkomstige toepassing op een besluit tot instelling van een andere commissie.

Andere commissies

Art. 83

1. Provinciale staten, onderscheidenlijk gedeputeerde staten, regelen ten aanzien van de door hen ingestelde bestuurscommissies de verantwoording aan provinciale staten, onderscheidenlijk gedeputeerde staten.
2. Provinciale staten, onderscheidenlijk gedeputeerde staten, kunnen besluiten en andere, niet-schriftelijke, beslissingen gericht op enig rechtsgevolg van een door provinciale staten, onderscheidenlijk gedeputeerde staten, ingestelde bestuurscommissie vernietigen. Provinciale staten kunnen hun bevoegdheid tot schorsing delegeren aan gedeputeerde staten. Ten aanzien van de vernietiging van niet-schriftelijke beslissingen gericht op enig rechtsgevolg is de afdelingen 10.2.2. en 10.2.3. van de Algemene wet bestuursrecht van overeenkomstige toepassing.
3. Voor zover zulks in verband met de aard en de omvang van de overgedragen bevoegdheden nodig is, regelen provinciale staten onderscheidenlijk gedeputeerde staten het overige toezicht op de uitoefening van de bevoegdheden door een door hen ingestelde bestuurscommissie. Dit overige toezicht kan mede de goedkeuring omvatten van beslissingen van een bestuurscommissie. De goedkeuring kan slechts worden onthouden wegens strijd met het recht of het algemeen belang. Ten aanzien van de goedkeuring van andere beslissingen dan besluiten is afdeling 10.2.1 van de Algemene wet bestuursrecht van overeenkomstige toepassing.

Verantwoording bestuurscommissie

Vernietigingsbevoegdheid PS/GS, delegatie schorsingsbevoegdheid PS aan GS

Overig toezicht op bestuurscommissie

Art. 84-90

[Vervallen]

Art. 91

Besloten vergadering

1. Een commissie kan in een besloten vergadering, op grond van een belang, genoemd in artikel 10 van de Wet openbaarheid van bestuur, omtrent het in die vergadering met gesloten deuren behandelde en omtrent de inhoud van de stukken die aan de commissie worden overgelegd, geheimhouding opleggen. Geheimhouding omtrent het in een besloten vergadering behandelde wordt tijdens die vergadering opgelegd. De geheimhouding wordt door hen die bij de behandeling aanwezig waren en allen die van het behandelde of de stukken kennis dragen, in acht genomen totdat de commissie haar opheft.
2. Op grond van een belang, genoemd in artikel 10 van de Wet openbaarheid van bestuur, kan de geheimhouding eveneens worden opgelegd door de voorzitter van de commissie, gedeputeerde staten en de commissaris van de Koning, ieder ten aanzien van stukken die zij aan de commissie overleggen. Daarvan wordt op de stukken melding gemaakt. De geheimhouding wordt in acht genomen totdat het orgaan dat de verplichting heeft opgelegd, dan wel provinciale staten haar opheffen.
3. Indien de commissie zich ter zake van het behandelde waarvoor een verplichting tot geheimhouding geldt tot provinciale staten heeft gericht, wordt de geheimhouding in acht genomen totdat provinciale staten haar opheffen.

Art. 92
[Vervallen]

Hoofdstuk VI
Geldelijke voorzieningen ten behoeve van de leden van provinciale staten en de commissies

Art. 93

Vergoeding leden PS

1. De leden van provinciale staten en de leden van provinciale staten aan wie ingevolge artikel X 10 van de Kieswet ontslag is verleend wegens zwangerschap en bevalling of ziekte ontvangen een bij verordening van provinciale staten vast te stellen vergoeding voor hun werkzaamheden en een tegemoetkoming in de kosten.
2. Provinciale staten kunnen bij verordening regels stellen over de tegemoetkoming in of vergoeding van bijzondere kosten en over andere voorzieningen die verband houden met de vervulling van het lidmaatschap van provinciale staten.
3. Het eerste en het tweede lid zijn niet van toepassing op een lid van provinciale staten dat met inachtneming van artikel 13, tweede lid, tevens gedeputeerde is.
4. De verordeningen, bedoeld in het eerste en in het tweede lid, worden vastgesteld overeenkomstig bij of krachtens algemene maatregel van bestuur te stellen regels.

Art. 94

Vergoedingen commissieleden

1. De leden van een door provinciale staten of gedeputeerde staten ingestelde commissie ontvangen, voor zover zij geen lid zijn van provinciale staten of gedeputeerde staten, een bij provinciale verordening vast te stellen vergoeding:
a. voor het bijwonen van vergaderingen van de commissie en
b. van reis- en verblijfskosten in verband met reizen binnen de provincie.
2. In bijzondere gevallen kunnen provinciale staten bij verordening bepalen dat de leden van het dagelijks bestuur van een bestuurscommissie of een andere commissie als bedoeld in artikel 82 een vaste vergoeding voor hun werkzaamheden ontvangen.
3. Ten aanzien van een vergoeding, bedoeld in het eerste lid, onder a, worden bij of krachtens algemene maatregel van bestuur nadere regels gesteld. Ten aanzien van de overige vergoedingen, bedoeld in dit artikel, kunnen bij of krachtens algemene maatregel van bestuur nadere regels worden gesteld.

Art. 95

Toezending verordening aan minister

De verordeningen bedoeld in de artikelen 93 en 94 worden aan Onze Minister gezonden.

Art. 96

Overige vergoedingen / voordelen

1. Buiten hetgeen hun bij of krachtens de wet is toegekend, ontvangen de leden van provinciale staten, en van een door provinciale staten of gedeputeerde staten ingestelde commissie als zodanig geen andere vergoedingen en tegemoetkomingen ten laste van de provincie.
2. Voordelen ten laste van de provincie, anders dan in de vorm van vergoedingen en tegemoetkomingen, genieten zij slechts voor zover dat is bepaald bij of krachtens de wet dan wel bij verordening van provinciale staten. De verordening behoeft de goedkeuring van Onze Minister.

Provinciewet A27 art. 104e

Hoofdstuk VII
De secretaris en de griffier

§ 1
Algemene bepalingen

Art. 97
1. In iedere provincie is een secretaris en een griffier.
2. Een secretaris is niet tevens griffier.

Secretaris en griffier

Art. 98
Artikel 15, eerste en tweede lid, is van overeenkomstige toepassing op de secretaris en de griffier.

Verboden handelingen

§ 2
De secretaris

Art. 99
Gedeputeerde staten wijzen de secretaris aan. De aanwijzing eindigt van rechtswege met ingang van de datum dat de uitoefening van de functie van secretaris geen onderdeel meer uitmaakt van de werkzaamheden van de betreffende ambtenaar.

Aanwijzing secretaris provincie, einde aanwijzing

Art. 100
1. De secretaris staat gedeputeerde staten, de commissaris van de Koning en de door gedeputeerde staten ingestelde commissies bij de uitoefening van hun taak terzijde.
2. Gedeputeerde staten stellen in een instructie nadere regels over de taak en de bevoegdheden van de secretaris.

Taakomschrijving

Art. 101
De secretaris is in de vergadering van gedeputeerde staten aanwezig.

Aanwezigheid bij vergadering GS

Art. 102
[Vervallen]

Art. 103
1. Gedeputeerde staten regelen de vervanging van de secretaris.
2. De artikelen 97, tweede lid, en 98 tot en met 101 zijn van overeenkomstige toepassing op degene die de secretaris vervangt.

Vervanging

§ 3
De griffier

Art. 104
1. Provinciale staten wijzen de griffier aan. De aanwijzing eindigt van rechtswege met ingang van de datum dat de uitoefening van de functie van griffier aan geen onderdeel meer uitmaakt van de werkzaamheden van de betreffende ambtenaar.
2. Provinciale staten zijn bevoegd te besluiten tot het aangaan, wijzigen en beëindigen van de arbeidsovereenkomst met de griffier.

Aanwijzing griffier provincie, van rechtswege einde van aanwijzing

Aangaan, wijzigen en beëindigen arbeidsovereenkomst met griffier provincie

Art. 104a
1. De griffier staat provinciale staten en de door hen ingestelde commissies bij de uitoefening van hun taak terzijde.
2. Provinciale staten stellen in een instructie nadere regels over de taak en de bevoegdheden van de griffier.

Taakomschrijving

Art. 104b
De griffier is in de vergadering van provinciale staten aanwezig.

Aanwezigheid bij vergaderingen PS

Art. 104c
[Vervallen]

Art. 104d
1. Provinciale staten regelen de vervanging van de griffier.
2. De artikelen 97, tweede lid, 98 en 104 tot en met 104b zijn van overeenkomstige toepassing op degene die de griffier vervangt.

Vervanging

Art. 104e
1. Provinciale staten kunnen regels stellen over de organisatie van de griffie.
2. Provinciale staten besluiten tot het aangaan, wijzigen en beëindigen van arbeidsovereenkomsten met de op de griffie werkzame ambtenaren.

Organisatie griffie

Aangaan, wijzigen, en beëindigen arbeidsovereenkomst met griffieambtenaren

Titel III
De bevoegdheid van het provinciebestuur

Hoofdstuk VIII
Algemene bepalingen

§ 1
Inleidende bepalingen

Art. 105

Autonomie; medebewind

1. De bevoegdheid tot regeling en bestuur inzake de huishouding van de provincie wordt aan het provinciebestuur overgelaten.
2. Regeling en bestuur kunnen van het provinciebestuur worden gevorderd bij of krachtens een andere dan deze wet ter verzekering van de uitvoering daarvan, met dien verstande dat het geven van aanwijzingen aan het provinciebestuur en het aan het provinciebestuur opleggen of in zijn plaats vaststellen van beslissingen, slechts kan geschieden indien de bevoegdheid daartoe bij de wet is toegekend.
3. Onverminderd het bepaalde in de artikelen 108, vijfde lid, en 117, vierde lid, worden de kosten verbonden aan de uitvoering van het tweede lid voor zover zij ten laste van de betrokken provincies blijven, door het Rijk aan hen vergoed.

Art. 106

Differentiatie

Bij of krachtens de wet kan zo nodig onderscheid worden gemaakt tussen provincies.

Art. 107

Delegatie medebewind

1. Het provinciebestuur kan bevoegdheden van regeling en bestuur, gevorderd bij of krachtens een andere dan deze wet, voor het gebied van een of meer gemeenten of waterschappen overdragen aan de besturen van die gemeenten of waterschappen voor zover die bevoegdheden zich naar hun aard en schaal daartoe lenen en die besturen daarmee instemmen.
2. Een besluit als bedoeld in het eerste lid regelt de gevolgen van intrekking van het besluit.
3. Het ontwerp van een besluit als bedoeld in het eerste lid behoeft de instemming van provinciale staten en van de raden van de betrokken gemeenten onderscheidenlijk de algemene besturen van de betrokken waterschappen.
4. Een besluit als bedoeld in het eerste lid wordt binnen een week toegezonden aan Onze Minister wie het aangaat.
5. Ten aanzien van de bekendmaking van een besluit als bedoeld in het eerste lid is artikel 19 van de Bekendmakingswet van overeenkomstige toepassing.
6. De voorschriften met betrekking tot de bevoegdheid van het provinciebestuur, de uitoefening daarvan en het toezicht daarop, uitgezonderd die met betrekking tot vergaderingen, zijn ten aanzien van de ingevolge het eerste lid overgedragen bevoegdheden van overeenkomstige toepassing.
7. Het provinciebestuur oefent geen toezicht uit en geeft geen voorschriften met betrekking tot de uitoefening van de ingevolge het eerste lid overgedragen bevoegdheden.
8. Indien het verzoek van een gemeentebestuur of bestuur van een waterschap tot het nemen van een besluit als bedoeld in het eerste lid wordt afgewezen, wordt die afwijzing door het provinciebestuur met redenen omkleed.

Art. 108

Plan

1. In dit artikel wordt verstaan onder:
a. plan: een beslissing die een samenhangend geheel van op elkaar afgestemde keuzes bevat omtrent door het provinciebestuur te nemen besluiten of te verrichten andere handelingen, ten einde een of meer doelstellingen te bereiken;

Beleidsverslag

b. beleidsverslag: een schriftelijke rapportage betreffende het door het provinciebestuur gevoerde beleid op een of meer beleidsterreinen dan wel op onderdelen daarvan en de samenhang daarbinnen of daartussen.
2. Het vaststellen van een plan of een beleidsverslag en het ter voorbereiding daarvan volgen van een voorgeschreven procedure kan vanwege het Rijk van het provinciebestuur slechts worden gevorderd in bij de wet te bepalen gevallen.
3. Een verplichting als bedoeld in het tweede lid geldt voor ten hoogste vier jaren tenzij de wet anders bepaalt.
4. Het vaststellen van een plan of een beleidsverslag en het ter voorbereiding daarvan volgen van een voorgeschreven procedure kan vanwege het Rijk in andere dan bij de wet bepaalde gevallen voor een termijn van ten hoogste vier jaar van het provinciebestuur worden gevraagd als onderdeel van de regeling van een tijdelijke specifieke uitkering als bedoeld in artikel 17 van de Financiële-verhoudingswet.
5. Het vaststellen van een plan of een beleidsverslag en het ter voorbereiding daarvan volgen van een voorgeschreven procedure wordt van een provinciebestuur niet gevorderd of gevraagd,

dan nadat is aangegeven hoe de financiële gevolgen ervan voor de provincie worden gecompenseerd.
6. Dit artikel is niet van toepassing op de begroting, bedoeld in artikel 193, en op de jaarrekening en het jaarverslag, bedoeld in artikel 201.

Art. 109
1. Het vaststellen van een plan of een beleidsverslag als bedoeld in artikel 108 en het ter voorbereiding daarvan volgen van een voorgeschreven procedure wordt alleen gevorderd, indien: *Verplichting*
a. dit noodzakelijk is uit een oogpunt van afstemming tussen provinciaal beleid en het beleid van het Rijk, of
b. de ontwikkeling van beleid op een nieuw beleidsterrein dit noodzakelijk maakt.
2. Het vaststellen van een plan of een beleidsverslag als bedoeld in artikel 108 en het ter voorbereiding daarvan volgen van een voorgeschreven procedure wordt niet gevorderd, indien:
a. het provinciebestuur daardoor ontoelaatbaar beperkt wordt in zijn inhoudelijke of financiële beleidsruimte;
b. de bestuurslasten niet in redelijke verhouding staan tot de te verwachten baten of een aanzienlijk beslag leggen op de voor het betrokken beleidsterrein beschikbare middelen;
c. integratie met een bestaand plan of een bestaand beleidsverslag dan wel met de begroting, bedoeld in artikel 193, of de jaarrekening en het jaarverslag, bedoeld in artikel 201, mogelijk is;
d. het bevorderen van de samenhang in het provinciaal beleid door onderlinge afstemming van onderdelen daarvan onmogelijk wordt;
e. het uitsluitend dient tot het verkrijgen van informatie.
3. Indien in een voorstel van wet tot invoering of wijziging van bepalingen waarbij het vaststellen van een plan of een beleidsverslag als bedoeld in artikel 108 en het ter voorbereiding daarvan volgen van een voorgeschreven procedure wordt gevorderd, wordt afgeweken van het bepaalde bij of krachtens artikel 108 en dit artikel, wordt die afwijking gemotiveerd in de bij het voorstel behorende toelichting.

§ 2
Verhouding tot het Rijk

Art. 110
Onze Minister wie het aangaat doet gedeputeerde staten desgevraagd mededeling van zijn standpunten en voornemens met betrekking tot aangelegenheden die voor de provincie van belang zijn, tenzij het openbaar belang zich daartegen verzet. *Kennisgeving ministeriële voornemens*

Art. 111
Onze Minister wie het aangaat biedt gedeputeerde staten desgevraagd de gelegenheid tot het plegen van overleg met betrekking tot aangelegenheden die voor de provincie van belang zijn, tenzij het openbaar belang zich daartegen verzet. *Overleg met provinciebestuur*

Art. 112
1. Onze Minister wie het aangaat stelt de betrokken gedeputeerde staten of een instantie die voor hen representatief kan worden geacht, zo nodig binnen een te stellen termijn, in de gelegenheid hun oordeel te geven omtrent voorstellen van wet, ontwerpen van algemene maatregel van bestuur, of ontwerpen van ministeriële regeling waarbij: *Oordeel GS*
a. van de provinciebesturen regeling of bestuur wordt gevorderd,
b. in betekenende mate wijziging wordt gebracht in de taken en bevoegdheden van de provinciale besturen, of
c. de financiën van de provincies in betekenende mate zijn betrokken.
2. Voorstellen als bedoeld in het eerste lid bevatten in de bijbehorende toelichting een weergave van de gevolgen voor de inrichting en werking van de provincies en een weergave van het in het eerste lid bedoelde oordeel van de betrokken gedeputeerde staten of representatieve instantie.
3. Onze Minister wie het aangaat is niet verplicht vooraf het in het eerste lid bedoelde oordeel in te winnen indien zulks ten gevolge van dringende omstandigheden niet mogelijk is. In dat geval wordt het oordeel zo spoedig mogelijk ingewonnen en openbaar gemaakt.

Art. 113
1. Een wet waarbij van provinciebesturen regeling of bestuur wordt gevorderd of waarbij in betekenende mate wijziging wordt gebracht in taken en bevoegdheden van provinciebesturen, wijkt van het bepaalde in deze wet niet af dan wanneer dat bijzonder aangewezen moet worden geacht voor de behartiging van het daarmee te dienen openbaar belang. *Concordantie wetgeving*
2. Het voorstel voor een wet als bedoeld in het eerste lid bevat in de bijbehorende toelichting de gronden voor de voorgestelde afwijking.

Art. 114
1. Onze Minister is belast met de coördinatie van het rijksbeleid dat de provincies raakt. Hij bevordert voorts de beleidsvrijheid van het provinciebestuur. *Coördinatie rijksbeleid*

2. Over maatregelen en voornemens die van betekenis zijn voor het rijksbeleid inzake de provincies treden Onze Ministers onder wier verantwoordelijkheid die maatregelen en voornemens tot stand komen in een vroegtijdig stadium in overleg met Onze Minister.
3. Onze Minister maakt bedenkingen kenbaar tegen een maatregel of een voornemen voor zover hem die maatregel of dat voornemen met het oog op het door de regering gevoerde decentralisatiebeleid niet toelaatbaar voorkomt.

Art. 115

Decentralisatie
1. Onze Minister bevordert de decentralisatie ten behoeve van de provincies.
2. Onverminderd artikel 117, tweede lid, van de Gemeentewet, worden voorstellen van maatregelen waarbij bepaalde aangelegenheden tot rijksbeleid worden gerekend slechts gedaan indien het onderwerp van zorg niet op doelmatige en doeltreffende wijze door de provinciebesturen kan worden behartigd.

Art. 116

Informatieplicht GS
Over al hetgeen de provincie betreft dienen gedeputeerde staten Onze Ministers desgevraagd van bericht en raad, tenzij dit uitdrukkelijk van de commissaris van de Koning wordt verlangd.

Art. 117

Verstrekking systematische informatie
1. Bij de wet of krachtens de wet bij algemene maatregel van bestuur worden de gevallen geregeld waarin gedeputeerde staten verplicht zijn tot het verstrekken van systematische informatie aan Onze Minister wie het aangaat. Daarbij kan worden bepaald dat bij ministeriële regeling nadere voorschriften worden gegeven ten behoeve van de toepassing van de wet of de algemene maatregel van bestuur.
2. Bij algemene maatregel van bestuur op voordracht van Onze Minister van Economische Zaken, na overleg met Onze Minister, kan worden bepaald dat in die maatregel te omschrijven gegevens ten behoeve van statistische doeleinden aan het Centraal Bureau voor de Statistiek worden verstrekt.
3. Omtrent de in het eerste en tweede lid bedoelde verstrekking van informatie en de inwinning daarvan worden bij algemene maatregel van bestuur nadere algemene regels gesteld.
4. Omtrent de in het eerste en tweede lid bedoelde verstrekking van informatie en de inwinning daarvan, alsmede omtrent de verstrekking en inwinning van incidentele informatie, wordt, voorzover dat niet bij wet geschiedt, bij algemene maatregel van bestuur aangegeven hoe de financiële gevolgen van de verplichting tot informatieverstrekking worden gecompenseerd.
5. De voordrachten voor de algemene maatregelen van bestuur, bedoeld in het derde en het vierde lid, worden gedaan door Onze Minister.

Art. 118

Aanvullingsbevoegdheid
De bevoegdheid tot het maken van provinciale verordeningen blijft ten aanzien van het onderwerp waarin door wetten of algemene maatregelen van bestuur is voorzien, gehandhaafd, voor zover de verordeningen met die wetten en algemene maatregelen van bestuur niet in strijd zijn.

Art. 119

Vervallen provinciale verordeningen
De bepalingen van provinciale verordeningen in wier onderwerp door een wet of een algemene maatregel van bestuur wordt voorzien, zijn van rechtswege vervallen.

§ 3
Bijzondere voorzieningen

Art. 120

Bestuurscommissie
1. Wanneer aan een bestuurscommissie bevoegdheden van provinciale staten zijn overgedragen en de commissie een bij of krachtens een andere dan deze wet gevorderde beslissing niet of niet naar behoren neemt, voorzien provinciale staten daarin.
2. Wanneer aan een bestuurscommissie bevoegdheden van gedeputeerde staten zijn overgedragen en de commissie een bij of krachtens een andere dan deze wet gevorderde beslissing niet of niet naar behoren neemt, voorzien gedeputeerde staten daarin.

Art. 121

Taakverwaarlozing PS, GS of commissaris
1. Wanneer provinciale staten, gedeputeerde staten of de commissaris van de Koning een bij of krachtens een andere dan deze wet gevorderde beslissing niet of niet naar behoren nemen dan wel een bij of krachtens een andere dan deze wet gevorderde handeling niet of niet naar behoren verrichten, of anderszins een bij of krachtens een andere dan deze wet gevorderd resultaat niet, niet tijdig of niet naar behoren tot stand brengen, besluit Onze Minister wie het aangaat daarin namens provinciale staten, gedeputeerde staten of de commissaris van de Koning te voorzien ten laste van de provincie.
2. Spoedeisende gevallen uitgezonderd, voert Onze Minister wie het aangaat het besluit tot indeplaatsstelling niet uit dan nadat in het besluit genoemde termijn is verstreken, waarbinnen provinciale staten, gedeputeerde staten of de commissaris van de Koning de gelegenheid hebben alsnog zelf te voorzien in hetgeen het besluit vordert. Indien de situatie dermate spoedeisend is dat Onze Minister wie het aangaat de beslissing om over te gaan tot indeplaats-

Provinciewet
A27 art. 121f

stelling niet tevoren op schrift kan stellen, zorgt hij alsnog zo spoedig mogelijk voor de opschriftstelling en voor de bekendmaking.

3. Indien het besluit tot indeplaatsstelling een bij of krachtens een andere dan deze wet gevorderd resultaat betreft dat niet tijdig tot stand zal worden gebracht, geeft Onze Minister wie het aangaat in het besluit aan welke beslissingen, handelingen of resultaten moeten zijn genomen, verricht of tot stand gebracht binnen de in het tweede lid bedoelde termijn. Onze Minister wie het aangaat kan voor verschillende beslissingen, handelingen of resultaten een verschillende termijn stellen. Indien provinciale staten, gedeputeerde staten of de commissaris van de Koning niet binnen die termijn hebben voorzien in hetgeen het besluit van hen vordert, voorziet Onze Minister wie het aangaat verder in het tot stand brengen van het gevorderde resultaat.

4. Van een besluit tot indeplaatsstelling, alsmede van het voornemen tot het nemen van een dergelijk besluit, wordt mededeling gedaan in het provinciaal blad. Een afschrift van het besluit en van het voornemen wordt gezonden aan Onze Minister en provinciale staten.

5. Indien meer dan één van Onze Ministers overwegen ten aanzien van dezelfde provincie in met elkaar samenhangende beslissingen, handelingen of resultaten toepassing te geven aan het eerste lid, kunnen zij hun bevoegdheden op grond van dit artikel aan een van hen overdragen.

Art. 121a

1. Bij de uitvoering van het besluit tot indeplaatsstelling, beschikt Onze Minister wie het aangaat over de bevoegdheden waarover provinciale staten, gedeputeerde staten of de commissaris van de Koning bij of krachtens deze wet of krachtens een andere wet, bedoeld in artikel 121, eerste lid beschikken. In afwijking van artikel 176, eerste lid, vertegenwoordigt Onze Minister wie het aangaat de provincie zonodig in en buiten rechte.

2. Voor zover het provinciebestuur, had hij de bevoegdheden, bedoeld in het eerste lid, zelf uitgeoefend, de kosten van de uitvoering in rekening kan brengen bij derden, heeft hij bij die derden verhaal voor de door Onze Minister wie het aangaat ten laste van de provincie gebrachte kosten. Het provinciebestuur kan het bedrag invorderen bij dwangbevel.

Bevoegdheden Minister bij indeplaatsstelling

Art. 121b

Onze Minister wie het aangaat kan een besluit tot indeplaatsstelling intrekken, indien provinciale staten, gedeputeerde staten of de commissaris van de Koning voldoende aannemelijk maken dat zij zonder voorbehoud zullen voorzien in hetgeen het besluit van hen vordert.

Intrekking besluit

Art. 121c

Onze Minister wie het aangaat kan ambtenaren aanwijzen ten behoeve van het toezicht op de uitvoering van de aan het provinciebestuur bij of krachtens andere wet dan deze opgedragen taken. Deze ambtenaren beschikken over de bevoegdheden van de artikelen 5:15 tot en met 5:17 van de Algemene wet bestuursrecht. De artikelen 5:12, 5:13 en 5:20 van de Algemene wet bestuursrecht zijn van overeenkomstige toepassing.

Aangewezen ambtenaren

Art. 121d

1. Indien Onze Minister wie het aangaat bij de uitvoering van het besluit tot indeplaatsstelling namens provinciale staten, gedeputeerde staten of de commissaris van de Koning een besluit neemt, kan voor de toepassing van artikel 7:1 van de Algemene wet bestuursrecht bezwaar worden gemaakt bij Onze Minister wie het aangaat. Onze Minister wie het aangaat beslist op het bezwaar.

2. Onze Minister wie het aangaat is de verwerende partij inzake het beroep tegen een namens provinciale staten, gedeputeerde staten of de commissaris van de Koning genomen besluit als bedoeld in het eerste lid.

3. Het provinciebestuur kan geen beroep instellen tegen een besluit als bedoeld in het eerste lid.

Bezwaar tegen besluit in kader van indeplaatsstelling

Art. 121e

1. Het provinciebestuur werkt mee met de uitvoering van een besluit tot indeplaatsstelling. Onze Minister wie het aangaat kan ter zake van de uitvoering van het besluit aanwijzingen geven. Het provinciebestuur stelt op eerste vordering van Onze Minister wie het aangaat de voor de uitvoering van het besluit benodigde provincieambtenaren ter beschikking en verschaft op eerste vordering van Onze Minister wie het aangaat alle informatie die nodig is voor de uitvoering van het besluit tot indeplaatsstelling.

2. Onze Minister wie het aangaat kan ambtenaren aanwijzen die ten behoeve van de uitvoering van een besluit tot indeplaatsstelling beschikken over de bevoegdheden van de artikelen 5:15 tot en met 5:17 van de Algemene wet bestuursrecht. De artikelen 5:12, 5:13 en 5:20 van de Algemene wet bestuursrecht zijn van overeenkomstige toepassing. Het provinciebestuur verschaft de aangewezen ambtenaren desgevraagd de faciliteiten die zij nodig hebben.

Medewerking provinciebestuur

Art. 121f

Bij algemene maatregel van bestuur, op voordracht van Onze Minister, kunnen regels worden gesteld over de verstrekking van systematische informatie aan Onze Minister wie het aangaat, betreffende de uitvoering door het provinciebestuur van de andere wet, bedoeld in artikel 121, eerste lid. Bij ministeriële regeling kunnen nadere regels worden gesteld omtrent de toepassing.

Nadere regels bij AmvB

A27 art. 122 — Provinciewet

Art. 121g
[Vervallen]

§ 4
Bestuursdwang

Art. 122

Bevoegdheid toepassing bestuursdwang

1. Het provinciebestuur is bevoegd tot oplegging van een last onder bestuursdwang.
2. De bevoegdheid tot oplegging van een last onder bestuursdwang wordt uitgeoefend door gedeputeerde staten, indien de last dient tot handhaving van regels welke het provinciebestuur uitvoert.
3. De bevoegdheid tot oplegging van een last onder bestuursdwang wordt uitgeoefend door de commissaris van de Koning, indien de last dient tot handhaving van regels welke hij uitvoert.
4. Een bestuurscommissie waaraan bevoegdheden van provinciale staten of gedeputeerde staten zijn overgedragen, bezit de bevoegdheid tot oplegging van een last onder bestuursdwang en de bevoegdheid tot het geven van een machtiging tot binnentreden in een woning slechts indien ook die bevoegdheid uitdrukkelijk is overgedragen.

Art. 123-135
[Vervallen]

§ 5
[Vervallen]

Art. 136-140
[Vervallen]

§ 6
Termijnen

Art. 141

Algemene Termijnenwet

Op termijnen gesteld in een provinciale verordening zijn de artikelen 1 tot en met 4 van de Algemene Termijnenwet van overeenkomstige toepassing, tenzij in de verordening anders is bepaald.

Art. 142
[Vervallen]

Hoofdstuk IX
De bevoegdheid van provinciale staten

Art. 143

Verordenende bevoegdheid

1. Provinciale verordeningen worden door provinciale staten vastgesteld voor zover de bevoegdheid daartoe niet bij of krachtens de wet aan provinciale staten krachtens de wet aan gedeputeerde staten of de commissaris van de Koning is toegekend.

Bestuursbevoegdheden

2. De overige bevoegdheden, bedoeld in artikel 105, eerste lid, berusten bij provinciale staten.
3. De overige bevoegdheden, bedoeld in artikel 105, tweede lid, berusten bij gedeputeerde staten, voor zover deze niet bij of krachtens de wet aan provinciale staten of de commissaris van de Koning zijn toegekend.

Art. 143a

Initiatiefrecht lid PS

1. Een lid van provinciale staten kan een voorstel voor een verordening of een ander voorstel ter behandeling in provinciale staten indienen
2. Provinciale staten regelen op welke wijze een voorstel voor een verordening wordt ingediend en behandeld.
3. Provinciale staten regelen op welke wijze en onder welke voorwaarden een ander voorstel wordt ingediend en behandeld.
4. Provinciale staten nemen geen besluit over een voorstel dan nadat gedeputeerde staten in de gelegenheid zijn gesteld hun wensen en bedenkingen ter kennis van de staten te brengen.

Art. 143b

Wijzigingsvoorstel

1. Een lid van provinciale staten kan een voorstel tot wijziging van een voor de vergadering van provinciale staten geagendeerde ontwerp-verordening of ontwerp-beslissing indienen.
2. Het tweede lid van artikel 143a is van overeenkomstige toepassing.

Art. 144
[Vervallen]

Art. 145

Provinciebelang

Provinciale staten maken de verordeningen die zij in het belang van de provincie nodig oordelen.

Provinciewet   A27 art. 151b

Art. 146
1. Provinciale staten kunnen in hun verordeningen medewerking tot de uitvoering daarvan vorderen van de gemeentebesturen of, voor zover het de waterstaat betreft, van de besturen van waterschappen. — *Verplicht medebewind*
2. De kosten, verbonden aan de in het eerste lid bedoelde medewerking, worden voor zover zij ten laste van de betrokken gemeenten of waterschappen blijven, door de provincie aan hen vergoed.

Art. 147
1. Provinciale staten stellen een verordening vast waarin regels worden gesteld met betrekking tot de wijze waarop ingezetenen en belanghebbenden bij de voorbereiding van provinciaal beleid worden betrokken. — *Inspraakverordening*
2. De in het eerste lid bedoelde inspraak wordt verleend door toepassing van afdeling 3.4 van de Algemene wet bestuursrecht, voorzover in de verordening niet anders is bepaald.

Art. 148-149
[Vervallen]

Art. 150
1. Provinciale staten kunnen op overtreding van hun verordeningen en van die van organen waaraan ingevolge artikel 152 verordenende bevoegdheid is gedelegeerd, straf stellen maar geen andere of zwaardere dan hechtenis van ten hoogste drie maanden of geldboete van de tweede categorie, al dan niet met openbaarmaking van de rechterlijke uitspraak. — *Strafverordeningen*
2. De in het eerste lid bedoelde strafbare feiten zijn overtredingen.

Art. 151
1. Een lid van provinciale staten kan gedeputeerde staten of de commissaris van de Koning mondeling of schriftelijk vragen stellen. — *Recht van interpellatie*
2. Een lid van provinciale staten kan provinciale staten verlof vragen tot het houden van een interpellatie over een onderwerp dat niet staat vermeld op de agenda, bedoeld in artikel 19, tweede lid, om gedeputeerde staten of de commissaris van de Koning hierover inlichtingen te vragen. Provinciale staten stellen hierover nadere regels.

Art. 151a
1. Provinciale staten kunnen op voorstel van een of meer van hun leden een onderzoek instellen naar het door gedeputeerde staten of de commissaris van de Koning gevoerde bestuur. — *Recht van onderzoek*
2. Het besluit tot het instellen van een onderzoek omvat een omschrijving van het onderwerp van onderzoek alsmede een toelichting. Deze omschrijving kan hangende het onderzoek door provinciale staten worden gewijzigd.
3. Het onderzoek wordt uitgevoerd door een door provinciale staten in te stellen onderzoekscommissie. De commissie heeft ten minste drie leden en bestaat uitsluitend uit leden van provinciale staten.
4. De artikelen 22, 80, derde lid, en 91, eerste lid, zijn van overeenkomstige toepassing op een onderzoekscommissie.
5. De onderzoekscommissie kan de bij deze wet verleende bevoegdheden uitsluitend uitoefenen, indien ten minste drie van haar leden aanwezig zijn.
6. De bevoegdheden en werkzaamheden van een onderzoekscommissie worden niet geschorst door het aftreden van provinciale staten.
7. Op het besluit tot instelling van een onderzoek en tot instelling van een onderzoekscommissie, alsmede het besluit tot wijziging van de omschrijving van het onderwerp van onderzoek is artikel 19 van de Bekendmakingswet van overeenkomstige toepassing.
8. Alvorens provinciale staten besluiten tot een onderzoek, stellen zij bij verordening nadere regels met betrekking tot deze onderzoeken. In elk geval worden daarin regels opgenomen over de wijze waarop ambtelijke bijstand wordt verleend aan de commissie.

Art. 151b
1. Leden en gewezen leden van provinciale staten, de commissaris van de Koning en gewezen commissarissen van de Koning, gedeputeerden en gewezen gedeputeerden, leden en gewezen leden van de door de provinciale staten ingestelde rekenkamer, leden en gewezen leden van een door provinciale staten of gedeputeerde staten ingestelde commissie, ambtenaren en gewezen ambtenaren, in dienst van de provincie of uit anderen hoofde aan het provinciebestuur ondergeschikt, zijn verplicht te voldoen aan een vordering van de onderzoekscommissie tot het verschaffen van inzage in, het nemen van afschrift van of het anderszins laten kennisnemen van alle bescheiden waarover zij beschikken en waarvan naar het redelijk oordeel van de onderzoekscommissie inzage, afschrift of kennisneming anderszins voor het doen van een onderzoek als bedoeld in artikel 151a nodig is. — *Bevoegdheden onderzoekscommissie*
2. Indien een vordering als bedoeld in het eerste lid betrekking heeft op bescheiden die afkomstig zijn van een instelling van de Europese Unie of van het Rijk en kennisneming van de bescheiden door de onderzoekscommissie het belang van de Europese Unie of van de Staat kan schaden, wordt niet dan met toestemming van Onze Minister aan de vordering voldaan.

A27 art. 151c — Provinciewet

3. Ambtenaren, door of vanwege het provinciebestuur aangesteld of daaraan ondergeschikt, zijn gehouden om aan een onderzoek als bedoeld in artikel 151a alle door de onderzoekscommissie gevorderde medewerking te verlenen.

Art. 151c

Horen getuigen en deskundigen

1. Personen als bedoeld in artikel 151b, eerste lid, zijn verplicht te voldoen aan een oproep van de onderzoekscommissie om als getuige of deskundige te worden gehoord.
2. Een getuige of deskundige die door de onderzoekscommissie wordt gehoord, is niet tevens lid van de onderzoekscommissie.
3. De getuigen zijn verplicht getuigenis af te leggen.
4. De deskundigen zijn verplicht hun diensten onpartijdig en naar beste weten als zodanig te verlenen
5. De onderzoekscommissie kan besluiten dat getuigen uitsluitend worden verhoord na het afleggen van een eed of belofte. Zij leggen dan in de vergadering van de onderzoekscommissie, in handen van de voorzitter, de eed of belofte af dat zij de gehele waarheid en niets dan de waarheid zullen zeggen
6. De getuigen en deskundigen worden in een openbare zitting van de onderzoekscommissie gehoord. Plaats en tijd van de openbare zitting worden door de voorzitter tijdig ter openbare kennis gebracht.
7. De onderzoekscommissie kan om gewichtige redenen besluiten een verhoor of een gedeelte daarvan niet in het openbaar af te nemen. De leden en plaatsvervangende leden van de commissie bewaren geheimhouding over hetgeen hun tijdens een besloten zitting ter kennis komt.
8. Een getuige is gerechtigd zich tijdens het verhoor te laten bijstaan. Om gewichtige redenen kan de commissie besluiten, dat een getuige zonder bijstand wordt gehoord.
9. Verklaringen die zijn afgelegd voor de onderzoekscommissie kunnen, behalve in het geval van artikel 207, eerste lid, van het Wetboek van Strafrecht, niet als bewijs in rechte gelden.

Art. 151d

Oproeping getuigen en deskundigen

1. Getuigen en deskundigen worden schriftelijk opgeroepen. De brief, houdende de oproep, wordt aangetekend verzonden of tegen gedagtekend ontvangstbewijs uitgereikt.
2. De onderzoekscommissie kan bevelen dat getuigen en deskundigen die, hoewel opgeroepen in overeenstemming met het eerste lid, niet zijn verschenen, door de openbare macht voor hen worden gebracht om aan hun verplichting te voldoen. De onderzoekscommissie stelt de getuige of deskundige hiervan schriftelijk in kennis onder opgave van de wijze, bedoeld in het eerste lid. In de beschikking wordt een termijn gesteld waarbinnen de belanghebbende de tenuitvoerlegging kan voorkomen door alsnog aan zijn verplichting te voldoen.

Art. 151e

Verschoningsrecht, geheimhoudingsplicht

1. Niemand kan genoodzaakt worden aan de onderzoekscommissie geheimen te openbaren, voor zover daardoor onevenredige schade zou worden toegebracht aan het belang van de uitoefening van zijn beroep, dan wel aan het belang van zijn onderneming of de onderneming waarbij hij werkzaam is of is geweest.
2. Zij die uit hoofde van hun ambt, beroep of betrekking tot geheimhouding verplicht zijn, kunnen zich verschonen getuigenis af te leggen, doch uitsluitend met betrekking tot hetgeen waarvan de wetenschap aan hen als zodanig is toevertrouwd. Zij kunnen inzage, afschrift of kennisneming anderszins weigeren van bescheiden of gedeelten daarvan tot welke hun plicht tot geheimhouding zich uitstrekt.

Openbaar belang

3. De commissaris van de Koning en gewezen commissarissen van de Koning, gedeputeerden en gewezen gedeputeerden, leden en gewezen leden van een door gedeputeerde staten ingestelde commissie, ambtenaren en gewezen ambtenaren, in dienst van die provincie of uit anderen hoofde aan het provinciebestuur ondergeschikt, zijn niet verplicht aan artikel 151b, eerste en derde lid, en artikel 151c, derde lid, te voldoen, indien het verstrekken van de inlichtingen in strijd is met het openbaar belang.
4. De onderzoekscommissie kan verlangen dat een beroep als bedoeld in het derde lid op strijd met het openbaar belang wordt bevestigd door gedeputeerde staten, of, voor zover de inlichtingen betrekking hebben op het door de commissaris van de Koning gevoerde bestuur, door de commissaris.

Art. 151f

Kosten in ontwerp-begroting

Gedeputeerde staten nemen de door provinciale staten geraamde kosten voor een onderzoek in een bepaald jaar op in de ontwerp-begroting.

Art. 152

Delegatie bevoegdheden

1. Provinciale staten kunnen aan gedeputeerde staten en aan een door hen ingestelde bestuurscommissie bevoegdheden overdragen, tenzij de aard van de bevoegdheid zich daartegen verzet
2. Provinciale staten kunnen in ieder geval niet overdragen de bevoegdheid tot:
   a. de instelling van een onderzoek als bedoeld in artikel 151a, eerste lid;
   b. de vaststelling of wijziging van de begroting, bedoeld in artikel 193;
   c. de vaststelling van de jaarrekening, bedoeld in artikel 202;
   d. het stellen van straf op overtreding van de provinciale verordeningen;

Provinciewet

A27 art. 163

e. de vaststelling van de verordeningen, bedoeld in de artikelen 216, eerste lid, 217, eerste lid en 217a, eerste lid;
f. de aanwijzing van een of meer accountants, bedoeld in artikel 217, tweede lid;
g. de heffing van andere belastingen dan de rechten, bedoeld in artikel 223, eerste lid, en de rechten waarvan de heffing krachtens andere wetten dan deze wet geschiedt.
3. De bevoegdheid tot het vaststellen van verordeningen, door strafbepaling of bestuursdwang te handhaven, kunnen provinciale staten slechts overdragen voor zover het betreft de vaststelling van nadere regels met betrekking tot bepaalde door hen in hun verordeningen aangewezen onderwerpen.
4. Artikel 19 van de Bekendmakingswet is van overeenkomstige toepassing op een besluit dat wordt genomen op grond van het eerste lid.

Art. 153
1. De voorschriften met betrekking tot de bevoegdheid van provinciale staten, de uitoefening daarvan en het toezicht daarop zijn ten aanzien van de ingevolge artikel 152 overgedragen bevoegdheden van overeenkomstige toepassing.
2. Onder de in het eerste lid bedoelde voorschriften zijn niet begrepen die betreffende vergaderingen.

Overeenkomstige toepassing voorschriften

Art. 154
[Vervallen]

Art. 155
Verordeningen, geheel of in hoofdzaak de waterstaat betreffende, worden gezonden aan Onze Minister wie het aangaat.

Waterschapsverordeningen

Art. 156
1. Provinciale staten kunnen de naam van de provincie wijzigen.
2. Het besluit van provinciale staten wordt ter kennis gebracht van Onze Minister.
3. Het besluit vermeldt de datum van ingang, die is gelegen ten minste een jaar na de datum van het besluit.

Wijziging provincienaam

Art. 157
[Vervallen]

Hoofdstuk X
De bevoegdheid van gedeputeerde staten

Art. 158
1. Gedeputeerde staten zijn in ieder geval bevoegd:
a. het dagelijks bestuur van de provincie te voeren, voor zover niet bij of krachtens de wet provinciale staten of de commissaris van de Koning hiermee zijn belast;
b. beslissingen van provinciale staten voor te bereiden en uit te voeren, tenzij bij of krachtens de wet de commissaris hiermee is belast;
c. regels vast te stellen over de ambtelijke organisatie van de provincie, met uitzondering van de organisatie van de griffie;
d. tot privaatrechtelijke rechtshandelingen van de provincie te besluiten;
e. te besluiten namens de provincie, provinciale staten of gedeputeerde staten rechtsgedingen, bezwaarprocedures of administratief beroepsprocedures te voeren of handelingen ter voorbereiding daarop te verrichten, tenzij provinciale staten, voor zover het provinciale staten aangaat, in voorkomende gevallen anders beslissen.
f. toezicht te houden op waterstaatswerken, voor zover niet bij de wet het toezicht aan anderen is opgedragen of de waterstaatswerken in beheer zijn bij het Rijk;
g. ten aanzien van de voorbereiding van de civiele verdediging.
2. Gedeputeerde staten besluiten slechts tot de oprichting van en de deelneming in stichtingen, maatschappen, vennootschappen, verenigingen, coöperaties en onderlinge waarborgmaatschappijen, indien dat in het bijzonder aangewezen moet worden geacht voor de behartiging van het daarmee te dienen openbaar belang. Het besluit wordt niet genomen dan nadat provinciale staten een ontwerp-besluit is toegezonden en in de gelegenheid zijn gesteld hun wensen en bedenkingen ter kennis van gedeputeerde staten te brengen.
3. Gedeputeerde staten nemen, ook alvorens is besloten tot het voeren van een rechtsgeding, alle conservatoire maatregelen en doen wat nodig is ter voorkoming van verjaring of verlies van recht of bezit.

Bevoegdheid GS

Art. 159-162
[Vervallen]

Art. 163
1. Gedeputeerde staten kunnen aan een door hen ingestelde bestuurscommissie bevoegdheden overdragen, tenzij de aard van de bevoegdheid zich daartegen verzet.
2. Artikel 19 van de Bekendmakingswet is van overeenkomstige toepassing op een besluit dat wordt genomen op grond van het eerste lid.

Delegatie aan bestuurscommissie

3. Gedeputeerde staten nemen geen besluit op grond van het eerste lid dan nadat provinciale staten een ontwerpbesluit is toegezonden en in de gelegenheid zijn gesteld hun wensen en bedenkingen ter kennis van gedeputeerde staten te brengen.

Art. 164
[Vervallen]

Art. 165

Bevoegdheid GS bij delegatie

1. De voorschriften met betrekking tot de bevoegdheid van gedeputeerde staten, de uitoefening daarvan en het toezicht daarop, zijn ten aanzien van de ingevolge artikel 163 toegekende bevoegdheden van overeenkomstige toepassing.
2. Onder de in het eerste lid bedoelde voorschriften zijn niet begrepen die betreffende vergaderingen.

Art. 166

Mandaat

1. Gedeputeerde staten kunnen een of meer van hun leden machtigen tot uitoefening van een of meer van hun bevoegdheden, tenzij de regeling waarop de bevoegdheid steunt zich daartegen verzet.
2. Een krachtens machtiging uitgeoefende bevoegdheid wordt uit naam en onder verantwoordelijkheid van gedeputeerde staten uitgeoefend.
3. Gedeputeerde staten kunnen te dien aanzien alle aanwijzingen geven die zij nodig achten.

Art. 167

Verantwoordingsplicht aan PS

1. Gedeputeerde staten en elk van hun leden afzonderlijk zijn aan provinciale staten verantwoording schuldig over het door hen gevoerde bestuur.
2. Zij geven provinciale staten alle inlichtingen die provinciale staten voor de uitoefening van hun taak nodig hebben.
3. Zij geven provinciale staten mondeling of schriftelijk de door een of meer leden gevraagde inlichtingen, tenzij het verstrekken ervan in strijd is met het openbaar belang.
4. Zij geven provinciale staten vooraf inlichtingen over de uitoefening van de bevoegdheden, bedoeld in artikel 158, eerste lid, onder e, f en h, indien provinciale staten daarom verzoeken of indien de uitoefening ingrijpende gevolgen kan hebben voor de provincie. In het laatste geval nemen gedeputeerde staten geen besluit dan nadat provinciale staten hun wensen en bedenkingen terzake ter kennis van gedeputeerde staten hebben kunnen brengen.
5. Indien de uitoefening van de bevoegdheid, bedoeld in artikel 158, eerste lid, onder f, geen uitstel kan lijden, geven zij in afwijking van het vierde lid provinciale staten zo spoedig mogelijk inlichtingen over de uitoefening van deze bevoegdheid en het terzake genomen besluit.

Art. 168

Geschillenverordening

Een door provinciale staten te maken verordening regelt de behandeling door gedeputeerde staten van administratieve geschillen, aan hun beslissing onderworpen.

Art. 169

Horen van getuigen en deskundigen

1. In aanvulling op artikel 7:22 van de Algemene wet bestuursrecht gelden de volgende bepalingen met betrekking tot getuigen en deskundigen die worden gehoord tijdens de behandeling van de geschillen, bedoeld in artikel 168.
2. Getuigen en deskundigen kunnen al dan niet op verzoek van belanghebbenden door gedeputeerde staten worden opgeroepen.
3. De opgeroepenen zijn verplicht aan de oproeping gevolg te geven. De getuigen zijn verplicht getuigenis af te leggen, de deskundigen hun diensten als zodanig te verlenen, een en ander behoudens verschoning wegens ambts- of beroepsgeheim. De getuigen leggen de eed of de belofte af dat zij de gehele waarheid en niets dan de waarheid zullen spreken, de deskundigen dat zij verslag zullen doen naar hun geweten.
4. Gedeputeerde staten kunnen bevelen dat getuigen of deskundigen die, hoewel wettelijk opgeroepen, niet zijn verschenen, door de openbare macht voor hen worden gebracht om aan hun verplichtingen te voldoen.
5. Getuigen en deskundigen, door gedeputeerde staten opgeroepen, ontvangen desverlangd uit de provinciale kas een door provinciale staten te regelen vergoeding voor reis- en verblijfkosten en tijdsverzuim.

Art. 170

Hoorplicht bij geschillenverordening

Artikel 169 is eveneens van toepassing in die gevallen waarvoor het provinciebestuur een behandeling op de voet van de verordening, bedoeld in artikel 168 heeft voorgeschreven.

Art. 171

Geschillenkamers

1. Voor de behandeling van de zaken, bedoeld in de artikelen 168 en 170, vormen gedeputeerde staten uit hun college een of meer kamers.
2. Elke kamer telt ten minste drie leden, waartoe ook de commissaris van de Koning als voorzitter behoren kan.
3. Gedeputeerde staten regelen samenstelling en werkzaamheden der kamers.
4. De voorzitter van een kamer kan de behandeling van eenvoudige zaken aan een enkelvoudige kamer, bestaande uit één door hem uit de kamer aan te wijzen lid, opdragen. Dit lid is te allen

Provinciewet **A27** art. 176

tijde bevoegd, indien naar zijn oordeel de zaak niet van eenvoudige aard is, deze naar de bevoegde kamer terug te wijzen.
5. Op de behandeling door deze kamers is het bij of krachtens de artikelen 168 en 169 bepaalde van overeenkomstige toepassing.
6. De uitspraken van de meervoudige kamers onderscheidenlijk de enkelvoudige kamers worden getekend door haar voorzitter onderscheidenlijk het lid van de kamer en mede ondertekend door degene die als haar griffier optreedt. De uitspraken gelden als uitspraken van gedeputeerde staten.

Art. 172
1. De voorzitter van een kamer als bedoeld in artikel 171, tweede lid, en het lid van een enkelvoudige kamer kunnen, zonder toepassing van de artikelen 7:16 en 7:18 tot en met 7:22 van de Algemene wet bestuursrecht, uitspraak doen, indien het verzoek om voorziening kennelijk niet-ontvankelijk is, dan wel indien de verdere behandeling van de zaak hen niet nodig voorkomt, omdat: *Voorzitter geschillenkamer*
a. het verzoek kennelijk ongegrond is;
b. het aangevallen besluit kennelijk niet in stand kan blijven;
c. het aangevallen besluit door het bevoegde overheidsorgaan is ingetrokken of gewijzigd, en dit orgaan kennelijk aan de bezwaren van de verzoeker is tegemoet gekomen.
2. Het voornemen om in een zaak op de in het eerste lid bedoelde wijze uitspraak te doen, wordt door de voorzitter van een kamer als bedoeld in artikel 171, onderscheidenlijk het lid van een enkelvoudige kamer bekendgemaakt aan de belanghebbenden. De bekendmaking bevat een kennisgeving van hetgeen in het derde lid is bepaald.
3. Tegen de voorgenomen wijze van afdoening kan de belanghebbende binnen veertien dagen na de bekendmaking van het voornemen schriftelijk verzet doen bij gedeputeerde staten indien het een voornemen betreft van de voorzitter van een kamer als bedoeld in artikel 171, of, indien het een voornemen betreft van het lid van een enkelvoudige kamer, bij de kamer uit welke dat lid is aangewezen.
4. Alvorens een uitspraak te doen op het verzet, stellen gedeputeerde staten onderscheidenlijk de kamer uit welke het lid van een enkelvoudige kamer is aangewezen, de indiener van het verzetschrift die daarom vroeg in de gelegenheid in een openbare vergadering te worden gehoord en de stukken die op zijn zaak betrekking hebben in te zien, tenzij zij van oordeel zijn dat het verzet gegrond is.
5. Al hetgeen verder de indiening en de behandeling van, alsmede de uitspraak op het verzetschrift betreft wordt door provinciale staten nader geregeld in de verordening, bedoeld in artikel 168.

Art. 173
[Vervallen]

Art. 174
Gedeputeerde staten trachten alle geschillen tussen in hun provincie gevestigde gemeenten, waterschappen en lichamen, ingesteld bij gemeenschappelijke regeling, in der minne te doen bijleggen.   *Geschillen*

Hoofdstuk XI
De bevoegdheid van de commissaris van de Koning

Art. 175
1. De commissaris ziet toe op: *Taakomschrijving*
a. een tijdige voorbereiding, vaststelling en uitvoering van het provinciaal beleid en van de daaruit voortvloeiende besluiten, alsmede op een goede afstemming tussen degenen die bij de voorbereiding, vaststelling en uitvoering zijn betrokken;
b. een goede samenwerking van de provincie met andere provincies en andere overheden;
c. de kwaliteit van procedures op het vlak van burgerparticipatie;
d. een zorgvuldige behandeling van bezwaarschriften;
e. een zorgvuldige behandeling van klachten door het provinciebestuur.
2. De commissaris bevordert de bestuurlijke integriteit van de provincie.   *Burgerjaarverslag*
3. De commissaris bevordert overigens een goede behartiging van de provinciale aangelegenheden.   *Belangenbehartiging*

Art. 176
1. De commissaris vertegenwoordigt de provincie in en buiten rechte.   *Vertegenwoordiging*
2. De commissaris kan de in het eerste lid bedoelde vertegenwoordiging opdragen aan een door hem aan te wijzen persoon.

Art. 177-178
[Vervallen]

A27 art. 179 — Provinciewet

Verantwoordingsplicht

Art. 179
1. De commissaris is aan provinciale staten verantwoording schuldig over het door hem gevoerde bestuur.
2. Hij geeft provinciale staten alle inlichtingen die zij nodig hebben voor de uitoefening van hun taak.
3. Hij geeft provinciale staten mondeling of schriftelijk de door een of meer leden gevraagde inlichtingen, tenzij het verstrekken ervan in strijd is met het openbaar belang.

Hoorplicht

Art. 180
De artikelen 168 tot en met 170 zijn van overeenkomstige toepassing op de behandeling door de commissaris van administratieve geschillen, aan zijn beslissing onderworpen.

Art. 181
[Vervallen]

Ambtsinstructie

Art. 182
1. De commissaris is, volgens regels te stellen bij een door de regering gegeven ambtsinstructie, belast met:
   a. het bevorderen van de samenwerking tussen de in de provincie werkzame rijksambtenaren onderling en met het provinciebestuur, de gemeentebesturen en de waterschapsbesturen;
   b. het regelmatig bezoeken van de gemeenten in de provincie;
   c. het adviseren en bemiddelen bij verstoorde bestuurlijke verhoudingen in een gemeente en wanneer de bestuurlijke integriteit van een gemeente in het geding is;
   d. het uitbrengen van adviezen aan de regering of aan Onze Ministers over andere onderwerpen dan die bedoeld in artikel 116;
   e. de coördinatie van de voorbereiding van de civiele verdediging door de in de provincie werkzame ambtenaren, in dienst van de Staat, het provinciebestuur, de gemeentebesturen en de waterschapsbesturen;
   f. de bewaring en registratie van aan hem gerichte stukken, verband houdende met zijn ambtsinstructie.
2. Bij de wet kan de commissaris, volgens regels te stellen bij de in het eerste lid bedoelde ambtsinstructie, worden belast met andere dan de in dat lid genoemde taken.
3. De ambtsinstructie wordt vastgesteld bij algemene maatregel van bestuur. De voordracht wordt gedaan door of mede door Onze Minister.
4. Een krachtens het derde lid vastgestelde algemene maatregel van bestuur treedt niet eerder in werking dan twee maanden na de datum van uitgifte van het *Staatsblad* waarin hij is geplaatst. Van de plaatsing wordt onverwijld mededeling gedaan aan de beide kamers der Staten-Generaal.
5. De artikelen 79 en 179 zijn niet van toepassing. De commissaris rapporteert Onze Minister periodiek over de werkzaamheden die hij ter uitvoering van de ambtsinstructie heeft verricht.
6. Verzoeken op grond van artikel 3 van de Wet openbaarheid van bestuur om openbaarmaking van rapportages als bedoeld in het vijfde lid, worden uitsluitend behandeld door Onze Minister.

Hoofdstuk XIA
De bevoegdheid van de rekenkamer

Taak

Art. 183
1. De rekenkamer onderzoekt de doelmatigheid, de doeltreffendheid en de rechtmatigheid van het door het provinciebestuur gevoerde bestuur. Een door de rekenkamer ingesteld onderzoek naar de rechtmatigheid van het door het provinciebestuur gevoerde bestuur bevat geen controle op de jaarrekening als bedoeld in artikel 217, tweede lid.

Onderzoek op verzoek PS

2. Op verzoek van provinciale staten kan de rekenkamer een onderzoek instellen

Onderzoeksbevoegdheid

Art. 184
1. De rekenkamer is bevoegd alle documenten die berusten bij het provinciebestuur te onderzoeken voor zover zij dat ter vervulling van haar taak nodig acht.
2. Het provinciebestuur verstrekt desgevraagd alle inlichtingen die de rekenkamer ter vervulling van haar taak nodig acht.
3. Indien de zorg voor de administratie aan een derde is uitbesteed, is het eerste lid van overeenkomstige toepassing op de administratie van de betrokken derde dan wel van degene die de administratie in opdracht van de derde voert.

Onderzoek bij andere instellingen

Art. 185
1. De rekenkamer heeft de in de volgende leden vermelde bevoegdheden ten aanzien van de volgende instellingen en over de volgende periode:
   a. openbare lichamen, bedrijfsvoeringsorganisaties en gemeenschappelijke organen ingesteld krachtens de Wet gemeenschappelijke regelingen waaraan de provincie deelneemt, over de jaren dat de provincie deelneemt in de regeling;
   b. naamloze vennootschappen en besloten vennootschappen met beperkte aansprakelijkheid waarvan de provincie, alleen of samen met andere provincies, meer dan vijftig procent van het

geplaatste aandelenkapitaal houdt, over de jaren dat de provincie, alleen of samen met andere provincies, meer dan vijftig procent van het geplaatste aandelenkapitaal houdt;
c. andere privaatrechtelijke rechtspersonen waaraan de provincie, alleen of samen met andere provincies, of een of meer derden voor rekening en risico van de provincie of provincies rechtstreeks of middellijk een subsidie, lening of garantie heeft verstrekt ten bedrage van ten minste vijftig procent van de baten van deze instelling, over de jaren waarop deze subsidie, lening of garantie betrekking heeft.
2. De rekenkamer is bevoegd bij de betrokken instelling nadere inlichtingen in te winnen over de jaarrekeningen, daarop betrekking hebbende rapporten van hen die deze jaarrekeningen hebben gecontroleerd en overige documenten met betrekking tot die instelling die bij het provinciebestuur berusten. Indien een of meer documenten ontbreken, kan de rekenkamer van de betrokken instelling de overlegging daarvan vorderen.
3. Indien de documenten, bedoeld in het tweede lid, daartoe aanleiding geven, kan de rekenkamer bij de betrokken instelling dan wel bij de derde die de administratie in opdracht van de instelling voert, een onderzoek instellen. De rekenkamer stelt provinciale staten en gedeputeerde staten van haar voornemen een dergelijk onderzoek in te stellen in kennis.

Art. 185a
De rekenkamer is belast met het toezicht op de naleving van artikel 217, achtste lid.

Toezicht handelingen accountant

Art. 186
1. De rekenkamer legt haar bevindingen en haar oordeel vast in rapporten, met dien verstande dat hierin niet worden opgenomen gegevens en bevindingen die naar hun aard vertrouwelijk zijn.
2. De rekenkamer deelt aan provinciale staten, aan gedeputeerde staten, en, indien van toepassing, aan de betrokken instelling, de opmerkingen en bedenkingen mee die zij naar aanleiding van haar bevindingen van belang acht. Aan provinciale staten of gedeputeerde staten kan zij ter zake voorstellen doen.
3. De rekenkamer stelt elk jaar voor 1 april een verslag op van haar werkzaamheden over het voorgaande jaar.
4. De rekenkamer zendt een afschrift van haar rapporten en haar verslag aan provinciale staten en gedeputeerde staten. Indien zij met toepassing van artikel 185 een onderzoek heeft ingesteld, zendt de rekenkamer tevens een afschrift van het rapport aan de betrokken instelling.
5. De rapporten en de verslagen van de rekenkamer zijn openbaar.

Rapportageplicht en verslaglegging

Openbaarheid rapporten en verslagen

Titel IV
De financiën van de provincie

Hoofdstuk XII
Algemene bepalingen

Art. 187-189
[Vervallen]

Art. 190
1. De begroting, de begrotingswijzigingen, de meerjarenraming, de jaarrekening en het jaarverslag worden ingericht overeenkomstig bij of krachtens algemene maatregel van bestuur te geven regels.
2. Bij of krachtens de algemene maatregel van bestuur, bedoeld in het eerste lid, worden tevens regels gesteld ten aanzien van:
a. door gedeputeerde staten vast te stellen documenten ten behoeve van de uitvoering van de begroting en de jaarrekening;
b. door gedeputeerde staten aan derden te verstrekken informatie op basis van de begroting en de jaarrekening en de controle van deze informatie.
3. Bij of krachtens de algemene maatregel van bestuur, bedoeld in het eerste lid, kunnen nadere regels worden gesteld ten aanzien van het periodiek verstrekken van informatie voor derden. In overeenstemming met Onze Minister van Economische Zaken kan worden bepaald dat de informatie voor derden wordt gezonden aan het Centraal Bureau voor de Statistiek.
4. De informatie voor derden, bedoeld in het tweede lid, wordt gezonden aan Onze Minister binnen de termijnen, bedoeld in de artikelen 195, tweede lid, en 204. Artikel 17a, vierde lid, van de Financiële-verhoudingswet is van overeenkomstige toepassing.
5. Indien Onze Minister vaststelt dat de informatie, bedoeld in het tweede lid, onder b, of de informatie, bedoeld in het derde lid, voor zover die verstrekt moet worden aan Onze Minister, niet of niet tijdig wordt verstrekt, dan wel de kwaliteit van die informatie tekort schiet, doet hij daarvan mededeling aan gedeputeerde staten.

Inrichting financiële verslaglegging

6. Gedeputeerde staten kunnen tot twee weken voor het verstrijken van de termijnen, bedoeld in het vierde lid, schriftelijk en met redenen omkleed, aan Onze Minister verzoeken om uitstel voor de toezending van de informatie, tot uiterlijk een in dat verzoek te noemen datum. Onze Minister beslist binnen twee weken op dat verzoek.
7. Indien de informatie, bedoeld in het tweede lid, onder b, of de informatie, bedoeld in het derde lid, voor zover die verstrekt moet worden aan Onze Minister, niet of niet tijdig wordt verstrekt, dan wel de kwaliteit van die informatie tekort schiet, geeft Onze Minister een aanwijzing aan gedeputeerde staten om binnen tien werkdagen alsnog informatie van voldoende kwaliteit te leveren.
8. Indien gedeputeerde staten nalaten de aanwijzing, bedoeld in het zevende lid, op te volgen, kunnen Onze Ministers van Binnenlandse Zaken en Koninkrijksrelaties en van Financiën besluiten de betalingen op grond van artikel 15, eerste lid, van de Financiële-verhoudingswet aan de betreffende provincie geheel of gedeeltelijk op te schorten gedurende ten hoogste zesentwintig weken. Artikel 17b, vierde, vijfde en zesde lid, van de Financiële-verhoudingswet is van overeenkomstige toepassing.

Art. 191

Verplichte uitgaven Aan de provincies kunnen slechts bij of krachtens de wet uitgaven worden opgelegd.

Art. 192

[Vervallen]

Hoofdstuk XIII
De begroting en de jaarrekening

§ 1
De begroting

Art. 193

Begroting
1. Voor alle taken en activiteiten brengen provinciale staten jaarlijks op de begroting de bedragen die zij daarvoor beschikbaar stellen, alsmede de financiële middelen die zij naar verwachting kunnen aanwenden.
2. Provinciale staten zien erop toe dat de begroting structureel en reëel in evenwicht is. Hiervan kunnen zij afwijken indien aannemelijk is dat het structureel en reëel evenwicht in de begroting in de eerstvolgende jaren tot stand zal worden gebracht.
3. Behoudens het bepaalde in de artikelen 212 en 213 kunnen ten laste van de provincie slechts lasten en daarmee overeenstemmende balansmutaties worden genomen tot de bedragen die hiervoor op de begroting zijn gebracht.
4. Het begrotingsjaar is het kalenderjaar.

Art. 194

Ontwerpbegroting
1. Gedeputeerde staten bieden jaarlijks, tijdig voor de in artikel 195, eerste lid, bedoelde vaststelling, provinciale staten een ontwerp aan voor de begroting met toelichting van de provincie en een meerjarenraming met toelichting voor ten minste drie op het begrotingsjaar volgende jaren.
2. De ontwerp-begroting en de overige in het eerste lid bedoelde stukken liggen, zodra zij aan provinciale staten zijn aangeboden, voor een ieder ter inzage en zijn algemeen verkrijgbaar. Van de terinzagelegging en verkrijgbaarstelling wordt openbaar kennis gegeven.
3. Provinciale staten beraadslagen over de ontwerp-begroting niet eerder dan twee weken na de openbare kennisgeving.

Art. 195

Vaststelling begroting
1. Provinciale staten stellen de begroting vast in het jaar voorafgaande aan dat waarvoor zij dient.

Toezending begroting aan minister
2. Gedeputeerde staten zenden de door provinciale staten vastgestelde begroting vergezeld van de in artikel 194, eerste lid, bedoelde stukken binnen twee weken na de vaststelling, doch in ieder geval vóór 15 november van het jaar voorafgaande aan dat waarvoor de begroting dient, aan Onze Minister.

Art. 196

Wijziging begroting
1. Besluiten tot wijziging van de begroting kunnen tot uiterlijk het eind van het desbetreffende begrotingsjaar worden genomen.
2. De artikelen 194, tweede lid, 195, tweede lid, alsmede, behoudens in gevallen van dringende spoed, artikel 194, derde lid, zijn van overeenkomstige toepassing.

Art. 197

Verplichte uitgaven Verplichte uitgaven van de provincie zijn:
a. de renten en aflossingen van de door de provincie aangegane geldleningen en alle overige opeisbare schulden;
b. de uitgaven die bij of krachtens de wet aan de provincie zijn opgelegd;

Provinciewet A27 art. 207

c. de uitgaven die voortvloeien uit de van het provinciale bestuur gevorderde medewerking tot uitvoering van wetten en algemene maatregelen van bestuur, voor zover die uitgaven niet ten laste van anderen zijn gebracht.

Art. 198
1. Indien provinciale staten weigeren verplichte uitgaven op de begroting te brengen, doet Onze Minister dit.   *Wijziging begroting*
2. Indien provinciale staten bovendien weigeren in voldoende dekking van in het eerste lid bedoelde uitgaven te voorzien, vermindert Onze Minister daartoe hetzij het bedrag voor onvoorziene uitgaven, hetzij indien dit bedrag niet toereikend is, overige niet-verplichte uitgaven.

Art. 199
Onze Minister draagt zo nodig aan de bevoegde provinciale ambtenaar de betaling op ten laste van de provincie van hetgeen als verplichte uitgaaf op de begroting is gebracht.   *Betaling verplichte uitgave*

Art. 200
[Vervallen]

§ 2
De jaarrekening

Art. 201
1. Gedeputeerde staten leggen aan provinciale staten over elk begrotingsjaar verantwoording af over het door hen gevoerde bestuur, onder overlegging van de jaarrekening en het jaarverslag.   *Jaarrekening, jaarverslag*
2. Gedeputeerde staten voegen daarbij de verslagen, bedoeld in artikel 217a, tweede lid.
3. Provinciale staten leggen de in het eerste en tweede lid, alsmede de in artikel 217, derde en vierde lid, bedoelde stukken, wanneer de bespreking daarvan geagendeerd is op de in artikel 19, tweede lid bedoelde wijze, voor een ieder ter inzage en stellen ze algemeen verkrijgbaar. Van de terinzagelegging en de verkrijgbaarstelling wordt openbaar kennis gegeven. Provinciale staten beraadslagen over de jaarrekening en het jaarverslag niet eerder dan twee weken na de openbare kennisgeving.   *Openbaarheid stukken*

Art. 202
1. Provinciale staten stellen de jaarrekening en het jaarverslag vast in het jaar volgend op het begrotingsjaar. De jaarrekening betreft alle baten en lasten van de provincie.   *Vaststelling jaarrekening*
2. Indien provinciale staten tot het standpunt komen dat de in de jaarrekening opgenomen baten, lasten of balansmutaties, die niet rechtmatig tot stand zijn gekomen, aan de vaststelling van de jaarrekening in de weg staan, brengen zij dit terstond ter kennis van gedeputeerde staten met vermelding van de gerezen bedenkingen.
3. Gedeputeerde staten zenden provinciale staten binnen twee maanden na ontvangst van het standpunt, bedoeld in het tweede lid, een voorstel voor een indemniteitsbesluit, vergezeld van een reactie op de bij provinciale staten gerezen bedenkingen.   *Indemniteitsbesluit*
4. Indien gedeputeerde staten een voorstel voor een indemniteitsbesluit hebben gedaan, stellen provinciale staten de jaarrekening niet vast dan nadat zij hebben besloten over het voorstel.

Art. 203
Behoudens later in rechte gebleken onregelmatigheden, ontlast de vaststelling van de jaarrekening de leden van gedeputeerde staten ten aanzien van het daarin verantwoorde financieel beheer.   *Decharge*

Art. 204
Gedeputeerde staten zenden de vastgestelde jaarrekening en het jaarverslag, vergezeld van de overige in artikel 201 bedoelde stukken, binnen twee weken na vaststelling, maar in ieder geval vóór 15 juli van het jaar, volgend op het begrotingsjaar, aan Onze Minister. Gedeputeerde staten voegen daarbij, indien van toepassing, het besluit van provinciale staten over een voorstel voor een indemniteitsbesluit met de reactie van gedeputeerde staten, bedoeld in artikel 202, derde lid.   *Indiening bij Minister*

Art. 205
Indien provinciale staten de jaarrekening dan wel een indemniteitsbesluit niet of niet naar behoren vaststellen, zenden gedeputeerde staten de jaarrekening, vergezeld van de overige in artikel 201 bedoelde stukken, respectievelijk het indemniteitsbesluit ter vaststelling aan Onze Minister.   *Vaststelling door Minister*

Art. 206
[Vervallen]

§ 3
Goedkeuring van de begroting

Art. 207
1. De begroting, bedoeld in artikel 193, van het eerstvolgende begrotingsjaar alsmede de daarop betrekking hebbende begrotingswijzigingen behoeven de goedkeuring van Onze Minister, indien   *Goedkeuring begroting*

naar zijn oordeel de begroting, bedoeld in artikel 193, niet structureel en reëel in evenwicht is en blijkens de meerjarenraming, bedoeld in artikel 194, niet aannemelijk is dat in de eerstvolgende jaren een structureel en reëel evenwicht tot stand zal worden gebracht. Onze Minister doet hiervan vóór de aanvang van het begrotingsjaar mededeling aan het provinciebestuur.

2. Onze Minister kan bepalen dat de begroting, bedoeld in artikel 193, van het eerstvolgende begrotingsjaar alsmede de daarop betrekking hebbende begrotingswijzigingen zijn goedkeuring behoeven, indien:

a. de begroting, bedoeld in artikel 193, niet tijdig is ingezonden aan Onze Minister overeenkomstig het bepaalde in artikel 195, of

b. de jaarrekening, bedoeld in artikel 202, eerste lid, van het tweede aan het begrotingsjaar voorafgaande jaar niet tijdig is ingezonden aan Onze Minister overeenkomstig het bepaalde in artikel 204, eerste lid.

3. Onze Minister maakt een besluit als bedoeld in het tweede lid voor de aanvang van het begrotingsjaar aan het provinciebestuur bekend.

4. De begroting behoeft geen goedkeuring indien Onze Minister geen mededeling doet als bedoeld in het eerste lid of geen besluit bekendmaakt als bedoeld in het tweede lid binnen de in het eerste respectievelijk derde lid genoemde termijn.

5. Onze Minister kan het besluit, bedoeld in het eerste lid, gedurende het lopende begrotingsjaar intrekken.

Art. 208
[Vervallen]

Art. 209

Publicatie

Onze Minister maakt bij de aanvang van het desbetreffende begrotingsjaar door publicatie in de *Staatscourant* bekend van welke provincies de begrotingen en begrotingswijzigingen zijn goedkeuring behoeven.

Art. 210

Gronden onthouding goedkeuring

De goedkeuring kan slechts worden onthouden wegens strijd met het recht of met het algemene financiële belang.

Art. 211

Goedkeuringstermijnen

1. Indien op de dag waarop een besluit tot wijziging van de begroting aan Onze Minister wordt aangeboden, de begroting nog niet is goedgekeurd, vangt de in artikel 10:31, eerste lid, van de Algemene wet bestuursrecht bedoelde termijn aan op de dag van de goedkeuring van de begroting.

2. Onze Minister kan bij zijn besluit omtrent goedkeuring van de begroting ten aanzien van door hem aan te geven soorten van wijzigingen daarvan bepalen dat die zijn goedkeuring niet behoeven.

Art. 212

Toestemming niet goedgekeurde uitgaven

1. Indien de begroting of een besluit tot wijziging daarvan niet is goedgekeurd, behoeft het provinciebestuur tot het aangaan van verplichtingen de toestemming van Onze Minister.

2. Een aanvraag van het provinciebestuur om toepassing van het eerste lid kan door Onze Minister slechts worden afgewezen wegens strijd met het recht of met het algemene financiële belang.

3. Onze Minister beslist op de aanvraag binnen twee maanden na de verzending van de aanvraag, bedoeld in het tweede lid. De toestemming wordt geacht te zijn verleend indien binnen deze termijn geen besluit aan het provinciale bestuur is verzonden.

4. Onze Minister kan aan de toestemming voorschriften verbinden.

5. Onze Minister kan bepalen voor welke posten en tot welk bedrag het provinciebestuur de toestemming, bedoeld in het eerste lid, niet behoeft.

Art. 213

Uitgaven bij dringende spoed

1. In gevallen van dringende spoed kan, indien provinciale staten daartoe besluiten, verplichting worden aangegaan voordat de desbetreffende begroting of begrotingswijziging is goedgekeurd. Het besluit wordt terstond toegezonden aan Onze Minister. Is de aangegane verplichting geraamd bij een begrotingswijziging welke nog niet ter goedkeuring is ingezonden, dan wordt deze begrotingswijziging te zamen met het besluit toegezonden.

2. Over het in het eerste lid bedoelde besluit stemmen provinciale staten bij hoofdelijke oproeping.

Art. 214

Persoonlijke aansprakelijkheid leden PS

1. Indien provinciale staten artikel 213 hebben toegepast en Onze Minister zijn goedkeuring aan de desbetreffende begroting of begrotingswijziging onthoudt, kan hij binnen een maand nadat zijn besluit onherroepelijk is geworden, de leden van provinciale staten die hun stem voor het in artikel 213 bedoelde besluit hebben uitgebracht, ieder voor een gelijk deel, persoonlijk voor die verplichting aansprakelijk stellen tegenover de provincie.

2. De werking van de beschikking tot aansprakelijkstelling wordt opgeschort totdat de beroepstermijn is verstreken of, indien beroep is ingesteld, op het beroep is beslist.

Provinciewet   **A27** art. 217a

3. Onze Minister stelt zo nodig namens en ten laste van de provincie een rechtsvordering in tot betaling van de krachtens het besluit tot aansprakelijkstelling verschuldigde gelden.

Art. 215
Indien de begroting van een provincie ingevolge artikel 207, eerste of tweede lid, is onderworpen aan goedkeuring, kan Onze Minister bepalen dat door hem aan te wijzen beslissingen van het provinciebestuur die financiële gevolgen voor de provincie hebben of kunnen hebben, door gedeputeerde staten binnen twee weken aan Onze Minister worden toegezonden.

Toezending specifieke besluiten

Hoofdstuk XIV
De administratie en de controle

Art. 216
1. Provinciale staten stellen bij verordening de uitgangspunten voor het financiële beleid, alsmede voor het financiële beheer en voor de inrichting van de financiële organisatie vast. De verordening waarborgt dat aan de eisen van rechtmatigheid, verantwoording en controle wordt voldaan.
2. De verordening bevat in ieder geval:
a. regels voor waardering en afschrijving van activa;
b. grondslagen voor de berekening van door het provinciebestuur in rekening te brengen prijzen en tarieven voor rechten als bedoeld in artikel 225;
c. regels inzake de algemene doelstellingen en de te hanteren richtlijnen en limieten van de financieringsfunctie.

Financiële organisatie, beleid en beheer

Art. 217
1. Provinciale staten stellen bij verordening regels vast voor de controle op het financiële beheer en op de inrichting van de financiële organisatie. Deze verordening waarborgt dat de rechtmatigheid van het financiële beheer en van de inrichting van de financiële organisatie wordt getoetst.
2. Provinciale staten wijzen een of meer accountants aan als bedoeld in artikel 393, eerste lid, van Boek 2 van het Burgerlijk Wetboek, belast met de controle van de in artikel 201 bedoelde jaarrekening en het daarbij verstrekken van een accountantsverklaring en het uitbrengen van een verslag van bevindingen.
3. De accountantsverklaring geeft op grond van de uitgevoerde controle aan of:
a. de jaarrekening een getrouw beeld geeft van zowel de baten en lasten als de grootte en de samenstelling van het vermogen;
b. de baten en lasten, alsmede de balansmutaties rechtmatig tot stand zijn gekomen;
c. de jaarrekening is opgesteld overeenkomstig de bij of krachtens algemene maatregel van bestuur te stellen regels, bedoeld in artikel 190 en
d. het jaarverslag met de jaarrekening verenigbaar is.
4. Het verslag van bevindingen bevat in ieder geval bevindingen over:
a. de vraag of de inrichting van het financiële beheer en van de financiële organisatie een getrouwe en rechtmatige verantwoording mogelijk maken en
b. onrechtmatigheden in de jaarrekening.
5. De accountant zendt de accountantsverklaring en het verslag van bevindingen aan provinciale staten en in afschrift daarvan aan gedeputeerde staten.
6. Bij algemene maatregel van bestuur kunnen nadere regels worden gesteld met betrekking tot de reikwijdte van en de verslaglegging omtrent de accountantscontrole, bedoeld in het tweede lid.
7. Accountants als bedoeld in het tweede lid kunnen in provinciale dienst worden genomen. In dat geval besluiten provinciale staten tot het aangaan, wijzigen en beëindigen van de arbeidsovereenkomst.
8. Indien provinciale staten op grond van het tweede lid accountants heeft aangewezen die in provinciale dienst zijn genomen, is:
a. het bepaalde bij en krachtens de artikelen 25, 25a en 27 van de Wet toezicht accountantsorganisaties van overeenkomstige toepassing op deze accountants;
b. het bepaalde bij en krachtens de artikelen 14, 18, 19, 20 en 21 van de Wet toezicht accountantsorganisaties van overeenkomstige toepassing op de provincie; en
c. het bepaalde bij en krachtens de artikelen 15 en 16 van de Wet toezicht accountantsorganisaties van overeenkomstige toepassing op de personen die de dagelijkse leiding hebben over het onderdeel van de provincie waarbij de in de aanhef bedoelde accountants werkzaam zijn.
9. Indien een provincie wordt aangewezen als organisatie van openbaar belang als bedoeld in artikel 1, eerste lid, onderdeel l, van de Wet toezicht accountantsorganisaties, zijn de artikelen 22 tot en met 24 van die wet van overeenkomstige toepassing op deze provincie.

Controle op financieel beheer en inrichting financiële organisatie provincie
Accountantsverklaring

Art. 217a
1. Gedeputeerde staten verrichten periodiek onderzoek naar de doelmatigheid en de doeltreffendheid van het door hen gevoerde bestuur. Provinciale staten stellen bij verordening regels hierover.

Periodiek onderzoek GS

A27 art. 218 — Provinciewet

2. Gedeputeerde staten brengen schriftelijk verslag uit aan provinciale staten van de resultaten van het periodiek onderzoek.
3. Gedeputeerde staten stellen de rekenkamer tijdig op de hoogte van de onderzoeken die zij doen instellen en zenden haar een afschrift van een verslag als bedoeld in het tweede lid.

Art. 218
Doorzendplicht verordeningen
Gedeputeerde staten zenden de verordeningen, bedoeld in de artikelen 216, 217 en 217a, binnen twee weken na vaststelling door provinciale staten aan Onze Minister.

Art. 219
Onderzoeksbevoegdheid door minister
Onze Minister kan te allen tijde een onderzoek instellen naar het beheer en de inrichting van de financiële organisatie, bedoeld in artikel 216, eerste lid.

Hoofdstuk XV
De provinciale belastingen

§ 1
Algemene bepalingen

Art. 220
Bevoegdheid provinciale belasting
Provinciale staten besluiten tot het invoeren, wijzigen of afschaffen van een provinciale belasting door het vaststellen van een belastingverordening.

Art. 220a
Inhoud belastingverordening
Een belastingverordening vermeldt, in de daartoe leidende gevallen, de belastingplichtige, het voorwerp van de belasting, het belastbare feit, de heffingsmaatstaf, het tarief, het tijdstip van ingang van de heffing, het tijdstip van beëindiging van de heffing en hetgeen overigens voor de heffing en de invordering van belang is.

Art. 221
Geen andere belastingen
1. Behalve de provinciale belastingen waarvan de heffing krachtens andere wetten dan deze geschiedt, worden geen andere belastingen geheven dan die bedoeld in de tweede paragraaf van dit hoofdstuk.

Nieuwe vrijheid
2. Behoudens het bepaalde in andere wetten dan deze en in de tweede paragraaf van dit hoofdstuk kunnen de provinciale belastingen worden geheven naar in de belastingverordening te bepalen heffingsmaatstaven, met dien verstande dat het bedrag van een provinciale belasting niet afhankelijk mag worden gesteld van het inkomen, de winst of het vermogen.

§ 2
Bijzondere bepalingen omtrent enkele belastingen

Art. 222
Opcenten motorrijtuigenbelasting
1. Er kunnen provinciale opcenten op de hoofdsom van de motorrijtuigenbelasting worden geheven van de in de provincie wonende of gevestigde houders van personenauto's en motorrijwielen, bedoeld in artikel 2, onderdelen b en d, en artikel 3 van de Wet op de motorrijtuigenbelasting 1994 en van degenen op wier naam een kenteken als bedoeld in artikel 62 van die wet is gesteld.
2. Het aantal opcenten bedraagt voor de belastingtijdvakken die na 31 december 2011 aanvangen ten hoogste 116,80.
3. Voor de berekening van het aan opcenten verschuldigde bedrag wordt uitgegaan van het tarief van de Wet op de motorrijtuigenbelasting 1994 zoals dat geldt op 1 april 1995, met dien verstande dat:
   a. dit tarief voor motorrijwielen wordt vermenigvuldigd met het tarief zoals dat luidt op 1 april 2007 gedeeld door het tarief zoals dat luidde op 31 maart 2007;
   b. dit tarief voor motorrijtuigen, bedoeld in artikel 30, eerste lid, onderdelen b, c en f, en artikel 23a, eerste lid, van de Wet op de motorrijtuigenbelasting 1994, wordt gedeeld door vier;
   c. dit tarief voor motorrijtuigen, bedoeld in artikel 23a, tweede lid, van de Wet op de motorrijtuigenbelasting 1994, wordt gedeeld door twee; en
   d. dit tarief voor motorrijtuigen, bedoeld in artikel 23b, eerste lid, onderdeel a, van de Wet op de motorrijtuigenbelasting 1994, nihil bedraagt;
   da. dit tarief voor motorrijtuigen, bedoeld in artikel 23b, eerste lid, onderdeel b, van de Wet op de motorrijtuigenbelasting 1994, wordt gedeeld door twee;
   e. buiten beschouwing blijft de verhoging van de belasting, bedoeld in artikel 23, tweede lid, van de Wet op de motorrijtuigenbelasting 1994;
   f. indien de hoofdsom en de provinciale opcenten zonder toepassing van artikel 84a, tweede lid, van de Wet op de motorrijtuigenbelasting 1994, samen meer bedragen dan het maximum, bedoeld in dat artikel, wordt voor de berekening van de provinciale opcenten, het maximum verminderd met de hoofdsom, waarbij het aandeel van de hoofdsom ten hoogste het genoemde maximum kan bedragen.

Provinciewet

4. Vanaf 1 januari 2013 wordt bij het begin van het kalenderjaar het aantal opcenten, genoemd in het tweede lid, bij ministeriële regeling van Onze Minister van Financiën vervangen door een ander aantal. Dit aantal wordt berekend door het te vervangen aantal te vermenigvuldigen met de tabelcorrectiefactor, bedoeld in artikel 10.2 van de Wet op de inkomstenbelasting 2001, en de uitkomst, indien deze twee of meer decimalen telt, af te ronden op één decimaal. Indien het aantal opcenten in het voorafgaande jaar is afgerond, wordt de tabelcorrectiefactor toegepast op het niet afgeronde bedrag van het voorgaande jaar. *Jaarlijkse vervanging*

5. Het aantal opcenten is voor alle motorrijtuigen, bedoeld in het eerste lid, gelijk.

6. Onze Minister van Financiën verstrekt de provinciale besturen jaarlijks vóór 1 september een naar soort, gewichtsklasse en aantal gespecificeerd overzicht van de motorrijtuigen, bedoeld in het eerste lid. Het overzicht wordt opgesteld naar de toestand per 1 juli van het lopende jaar.

Art. 222a

1. Besluiten tot het invoeren, wijzigen of afschaffen van provinciale opcenten op de hoofdsom van de motorrijtuigenbelasting treden in werking met ingang van 1 januari van enig jaar. Een desbetreffend besluit wordt vóór 1 december van het voorafgaande jaar in afschrift ter kennis gebracht van Onze Minister van Financiën. *Invoering, wijziging of afschaffing provinciale opcenten*

2. Een in het eerste lid bedoeld besluit heeft geen gevolgen voor de opcenten die verschuldigd zijn over een tijdvak dat vóór de datum van inwerkingtreding van dat besluit is aangevangen.

3. Bij naheffing van belasting worden opcenten berekend volgens het hoogste aantal dat in enige provincie van toepassing was op de dag waarop de in de artikelen 33, 34, 35, 36, 69 en 76 van de Wet op de motorrijtuigenbelasting 1994 bedoelde feiten zijn geconstateerd.

4. De houders van motorrijtuigen die niet hier te lande wonen of gevestigd zijn, maar die wel aan de heffing van motorrijtuigenbelasting zijn onderworpen, worden voor de heffing van opcenten geacht te wonen of te zijn gevestigd in een provincie die het laagste aantal opcenten heft. In bijzondere gevallen kan Onze Minister van Financiën in overeenstemming met Onze Minister ook voor andere houders van motorrijtuigen een provincie aanwijzen waar deze houders worden geacht te wonen of te zijn gevestigd. *Niet-inwoner*

5. De opbrengsten van de opcenten die worden geheven volgens het derde en vierde lid, worden naar evenredigheid van het aandeel van een provincie in de totale opbrengst van de ten behoeve van de provincies geheven opcenten over alle provincies verdeeld.

6. Verandering van woonplaats of van plaats van vestiging van de houder van een motorrijtuig in de loop van het tijdvak waarover de motorrijtuigenbelasting verschuldigd is, vormt geen aanleiding tot het heffen van opcenten over het nog niet verstreken gedeelte van het tijdvak door een andere provincie of tot het verlenen van teruggaaf van geheven opcenten. *Verhuizing*

Art. 222b
[Door vernummering vervallen]

Art. 222c

1. Ter zake van het hebben van voorwerpen onder, op of boven voor de openbare dienst bestemde grond van de provincie, kan een precariobelasting worden geheven. *Precariobelasting*

2. Geen belasting wordt geheven ter zake van:
a. de infrastructuur, bedoeld in artikel 7, derde lid, van de Drinkwaterwet;
b. een net als bedoeld in artikel 20, eerste lid, van de Elektriciteitswet 1998;
c. een gastransportnet als bedoeld in artikel 39a van de Gaswet, of
d. werken als bedoeld in artikel 38 van de Warmtewet.

Art. 223

1. Rechten kunnen worden geheven ter zake van: *Heffing rechten*
a. het gebruik overeenkomstig de bestemming van voor de openbare dienst bestemde provinciale bezittingen of van de voor de openbare dienst bestemde werken of inrichtingen die bij de provincie in beheer of in onderhoud zijn;
b. het genot van door of vanwege het provinciebestuur verstrekte diensten.

2. Voor de toepassing van dit hoofdstuk worden de in het eerste lid bedoelde rechten aangemerkt als provinciale belastingen.

Art. 224
De rechten, bedoeld in artikel 223, eerste lid, kunnen worden geheven door de provincie die het gebruik van de bezittingen, werken of inrichtingen toestaat of de diensten verleent, ongeacht of het belastbare feit zich binnen of buiten het grondgebied van de provincie voordoet. *Binnen of buiten prov. grondgebied*

Art. 225

1. In verordeningen op grond waarvan rechten als bedoeld in artikel 223, eerste lid, worden geheven, worden de tarieven zodanig vastgesteld dat de geraamde baten van de rechten niet uitgaan boven de geraamde lasten ter zake. *Opbrengstnorm*

2. Onder de in het eerste lid bedoelde lasten worden mede verstaan:
a. bijdragen aan bestemmingsreserves en voorzieningen voor noodzakelijke vervanging van de betrokken activa;
b. de omzetbelasting die ingevolge de Wet op het BTW-compensatiefonds recht geeft op een bijdrage uit het fonds.

Art. 226

Nadere regels

Bij of krachtens algemene maatregel van bestuur kunnen inzake de belastingen, bedoeld in deze paragraaf, nadere regels worden gegeven.

§ 3
Heffing en invordering

Art. 227

Begripsbepalingen

In deze paragraaf wordt verstaan onder:
a. Algemene wet: Algemene wet inzake rijksbelastingen;
b. heffing op andere wijze: heffing op andere wijze dan bij wege van aanslag of bij wege van voldoening op aangifte.

Art. 227a

Heffing en invordering

1. Onverminderd het overigens in deze paragraaf bepaalde geschieden de heffing en de invordering van provinciale belastingen, andere dan die bedoeld in artikel 222, met toepassing van de Algemene wet, de Invorderingswet 1990 en de Kostenwet invordering rijksbelastingen als waren die belastingen rijksbelastingen.

Begripsbepalingen

2. Onverminderd het overigens in deze paragraaf bepaalde gelden de bevoegdheden en de verplichtingen van de hierna vermelde, in de Algemene wet, de Invorderingswet 1990 en de Kostenwet invordering rijksbelastingen genoemde functionarissen, met betrekking tot de provinciale belastingen voor de daarachter genoemde colleges of functionarissen:
a. Onze Minister van Financiën, het bestuur van 's Rijksbelastingen en de directeur: het college van gedeputeerde staten;
b. de inspecteur: de provincieambtenaar, belast met de heffing van provinciale belastingen;
c. de ontvanger of een inzake rijksbelastingen bevoegde ontvanger: de provincieambtenaar belast met de invordering van provinciale belastingen;
d. de ambtenaren van de rijksbelastingdienst: de provincieambtenaren belast met de heffing of de invordering van provinciale belastingen;
e. de belastingdeurwaarder: de daartoe aangewezen provincieambtenaar;
f. de Tweede Kamer der Staten-Generaal of de Tweede Kamer: de provinciale staten.
3. Onverminderd het overigens in deze paragraaf bepaalde wordt met betrekking tot provinciale belastingen in de Algemene wet en in de Invorderingswet 1990 voor «algemene maatregel van bestuur» en voor «ministeriële regeling» gelezen: besluit van het college van gedeputeerde staten.
4. Met betrekking tot provinciale belastingen wordt in artikel 24 van de Invorderingswet 1990 voor «de Staat» gelezen: de provincie.

Terugvordering staatssteun

5. Indien een Commissiebesluit als bedoeld in artikel 1 van de Wet terugvordering staatssteun verplicht tot terugvordering van staatssteun en die staatssteun voortvloeit uit een provinciale belasting als bedoeld in dit hoofdstuk, wordt deze staatssteun op dezelfde wijze teruggevorderd als staatssteun die voortvloeit uit de toepassing van een belastingwet als bedoeld in artikel 20a van de Algemene wet.

Art. 227b

Uitreiking aanslagbiljetten

1. Het college van gedeputeerde staten kan bepalen dat voor de toezending of uitreiking van aanslagbiljetten ingevolge artikel 8, eerste lid, van de Invorderingswet 1990 voor de in artikel 227a, tweede lid, onderdeel c, bedoelde ambtenaar een andere provincieambtenaar in de plaats treedt.

Heffing en invordering door twee of meer provincies

2. De colleges van gedeputeerde staten van twee of meer provincies kunnen met betrekking tot een of meer provinciale belastingen bepalen dat ambtenaren van een van die provincies worden aangewezen als:
a. de in artikel 227a, tweede lid, onderdeel b, bedoelde ambtenaar van die provincies voor de uitvoering van enige wettelijke bepaling betreffende de heffing van provinciale belastingen;
b. de in artikel 227a, tweede lid, onderdeel c, bedoelde ambtenaar van die provincies voor de uitvoering van enige wettelijke bepaling betreffende de invordering van provinciale belastingen;
c. de in artikel 227a, tweede lid, onderdeel d, bedoelde ambtenaren van die provincies voor de uitvoering van enige wettelijke bepaling betreffende de heffing of de invordering van provinciale belastingen;
d. de in artikel 227a, tweede lid, onderdeel e, bedoelde ambtenaar van die provincies, voor de uitvoering van enige wettelijke bepaling betreffende de invordering van provinciale belastingen.
3. Het eerste lid is van overeenkomstige toepassing ten aanzien van het college van gedeputeerde staten van de provincie waarvan de ambtenaar belast met de invordering van provinciale belastingen op grond van het tweede lid, onderdeel b, wordt aangewezen.

Heffing en invordering bij gemeenschappelijke regeling

4. Indien voor de heffing of de invordering van provinciale belastingen een gemeenschappelijke regeling is getroffen en bij die regeling een openbaar lichaam of een bedrijfsvoeringsorganisatie is ingesteld, kan bij of krachtens die regeling worden bepaald dat een daartoe aangewezen ambtenaar van dat openbare lichaam of die bedrijfsvoeringsorganisatie wordt aangewezen als:

Provinciewet A27 art. 228b

a. de in artikel 227a, tweede lid, onderdeel b, bedoelde ambtenaar van de provincie voor de uitvoering van enige wettelijke bepaling betreffende de heffing van provinciale belastingen;
b. de in artikel 227a, tweede lid, onderdeel c, bedoelde ambtenaar van de provincie voor de uitvoering van enige wettelijke bepaling betreffende de invordering van provinciale belastingen;
c. de in artikel 227a, tweede lid, onderdeel d, bedoelde ambtenaren van de provincie voor de uitvoering van enige wettelijke bepaling betreffende de heffing of de invordering van provinciale belastingen;
d. de in artikel 227a, tweede lid, onderdeel e, bedoelde ambtenaar van de provincie voor de uitvoering van enige wettelijke bepaling betreffende de invordering van provinciale belastingen.
5. Het eerste lid is van overeenkomstige toepassing ten aanzien van het dagelijks bestuur van het openbaar lichaam of het bestuur van de bedrijfsvoeringsorganisatie waarvan een ambtenaar op grond van het vierde lid, onderdeel b, wordt aangewezen.

Art. 227c
Provinciale belastingen kunnen worden geheven bij wege van aanslag, bij wege van voldoening op aangifte of op andere wijze, doch niet bij wege van afdracht op aangifte.   *Wijze van heffing*

Art. 227d
1. Indien de provinciale belastingen op andere wijze worden geheven, bepaalt de belastingverordening op welke wijze deze worden geheven en de wijze waarop de belastingschuld aan de belastingplichtige wordt bekendgemaakt. De belastingverordening kan daarnaast bepalen dat het college van gedeputeerde staten omtrent de uitvoering van een en ander nadere regels geeft.   *Heffing op andere wijze*
2. De op andere wijze geheven belastingen worden voor de toepassing van de Algemene wet en de Invorderingswet 1990 aangemerkt als bij wege van aanslag geheven belastingen, met dien verstande dat wordt verstaan onder:
a. de aanslag, de voorlopige aanslag, de navorderingsaanslag: het gevorderde, onderscheidenlijk het voorlopig gevorderde, het nagevorderde bedrag;
b. het aanslagbiljet: de kennisgeving van het in onderdeel *a* bedoelde bedrag;
c. de dagtekening van het aanslagbiljet: de dagtekening van de schriftelijke kennisgeving van het in onderdeel *a* bedoelde bedrag, of bij gebreke van een schriftelijke kennisgeving, de datum waarop het bedrag op andere wijze ter kennis van de belastingplichtige is gebracht.

Art. 228
Bij de heffing van provinciale belastingen blijven de artikelen 2, vierde lid, 3, 37 tot en met 39, 47a, 48, 52, 53, 54, 55, 62, 71, 76, 80, tweede, derde en vierde lid, 82, 84, 86, 87 en 90 tot en met 95 van de Algemene wet buiten toepassing. Bij de heffing van provinciale belastingen die op andere wijze worden geheven, blijven bovendien de artikelen 5, 6 tot en met 9, 11, tweede lid, en 12 van die wet buiten toepassing.   *Algemene wet buiten toepassing*

Art. 228a
1. Het uitnodigen tot het doen van aangifte, bedoeld in artikel 6 van de Algemene wet, geschiedt door het uitreiken van een aangiftebiljet.   *Wijze van aangifte*
2. Het doen van aangifte, bedoeld in artikel 8 van de Algemene wet, geschiedt door het inleveren of toezenden van het uitgereikte aangiftebiljet met de daarbij gevraagde bescheiden.
3. In afwijking in zoverre van de vorige leden kan de in artikel 227a, tweede lid, onderdeel b, bedoelde provincieambtenaar vorderen dat een verplichting tot het doen van aangifte of tot het indienen van een verzoek om uitreiking van een aangiftebiljet wordt nagekomen door het mondeling doen van aangifte. Daarbij: *Mondelinge aangifte*
a. worden de door de in artikel 227a, tweede lid, onderdeel b, bedoelde provincieambtenaar gevraagde bescheiden overgelegd;
b. kan de in artikel 227a, tweede lid, onderdeel b, bedoelde provincieambtenaar vorderen dat een van de mondelinge aangifte opgemaakt relaas door de aangever wordt ondertekend, bij gebreke waarvan de aangifte geacht wordt niet te zijn gedaan.
4. Indien het derde lid toepassing vindt, kan de in artikel 227a, tweede lid, onderdeel b, bedoelde provincieambtenaar voor de termijnen, genoemd in artikel 9, eerste en derde lid, eerste volzin, artikel 10, tweede lid, en artikel 19, eerste, derde en vierde lid, van de Algemene wet, of voor de kortere termijn, bedoeld in artikel 228b, eerste of tweede lid, kortere termijnen in de plaats stellen en is artikel 12 van de Algemene wet niet van toepassing.
5. Bij de belastingverordening kan van het eerste en tweede lid worden afgeweken.

Art. 228b
1. Met betrekking tot de bij wege van aanslag geheven provinciale belastingen kan in de belastingverordening voor de in artikel 9, eerste lid en derde lid, van de Algemene wet genoemde termijn van ten minste een maand een kortere termijn in de plaats worden gesteld.   *Kortere aangiftetermijn*
2. Met betrekking tot de bij wege van voldoening op aangifte geheven provinciale belastingen kan in de belastingverordening voor de termijn van een maand, genoemd in artikel 10, tweede lid, en artikel 19, eerste, derde en vierde lid, van de Algemene wet, een kortere termijn in de plaats worden gesteld.

A27 art. 228c — Provinciewet

Art. 228c
Samenvoeging aanslagen op één biljet

1. De in artikel 227a, tweede lid, onderdeel b, bedoelde provincieambtenaar is bevoegd om voor een zelfde belastingplichtige bestemde belastingaanslagen van dezelfde soort die betrekking kunnen hebben op verschillende belastingen, op één aanslagbiljet te verenigen.
2. Het eerste lid vindt overeenkomstige toepassing ingeval de belasting op andere wijze wordt geheven.

Art. 228d
[Vervallen]

Art. 229
Verzoekschrift voor vrijstelling

1. Degene die ingevolge de belastingverordening aanspraak kan maken op een gehele of gedeeltelijke vrijstelling, vermindering, ontheffing of teruggaaf kan binnen zes weken nadat de omstandigheid welke die aanspraak deed ontstaan, zich heeft voorgedaan, of, voor zover het een belasting betreft die bij wege van aanslag wordt geheven en op dat tijdstip nog geen aanslagbiljet is uitgereikt of toegezonden, binnen zes weken na de dagtekening van het aanslagbiljet, een aanvraag tot het verkrijgen van vrijstelling, vermindering, ontheffing of teruggaaf indienen bij de in artikel 227a, tweede lid, onderdeel b, bedoelde provincieambtenaar.
2. Het eerste lid vindt overeenkomstige toepassing ingeval de belasting op andere wijze wordt geheven.
3. De in artikel 227a, tweede lid, onderdeel b, bedoelde provincieambtenaar beslist op de aanvraag bij voor bezwaar vatbare beschikking.

Art. 229a
Toepassing internationaal recht

In de gevallen waarin het volkenrecht dan wel, naar het oordeel van Onze Minister en Onze Minister van Financiën, het internationale gebruik daartoe noodzaakt, wordt vrijstelling van provinciale belastingen verleend. Onze genoemde Ministers kunnen gezamenlijk ter zake nadere regels stellen.

Art. 229b
Vrijstelling ambtshalve

Naast een in de belastingverordening voorziene vermindering, ontheffing of teruggaaf, kan de in artikel 227a, tweede lid, onderdeel b, bedoelde provincieambtenaar ook een in de belastingverordening voorziene vrijstelling ambtshalve verlenen.

Art. 229c-229d
[Vervallen]

Art. 230
Toepassing AWR en IW 1990

1. Met betrekking tot de provinciale belastingen kunnen bij algemene maatregel van bestuur:
a. regels worden gesteld waarbij de artikelen 48, 52, 53, eerste en vierde lid, 54 of 55 van de Algemene wet, alsmede de artikelen 59 of 62 van de Invorderingswet 1990 geheel of gedeeltelijk van toepassing worden verklaard, dan wel
b. regels worden gesteld die overeenkomen met die in de in onderdeel a genoemde artikelen.
2. De in het eerste lid bedoelde regels bevatten in elk geval een omschrijving van degene op wie de verplichting rust, alsmede van de belasting ten behoeve waarvan de verplichting geldt. Voorts vermelden deze regels naar gelang de aard van de verplichting een omschrijving van de aard van de te verstrekken gegevens en inlichtingen, van de aard van de gegevens welke uit de administratie dienen te blijken of van het doel waarvoor het voor raadpleging beschikbaar stellen van gegevensdragers kan geschieden.

Art. 231
[Vervallen]

Art. 232
IW 1990 buiten toepassing

Bij de invordering van provinciale belastingen blijven de artikelen 5, 20, 21, 59, 62 en 69 van de Invorderingswet 1990 buiten toepassing. Bij de invordering van provinciale belastingen die op andere wijze worden geheven, blijft bovendien artikel 8, eerste lid, van die wet buiten toepassing.

Art. 232a
Afwijking van IW 1990

1. De belastingverordening kan van artikel 9 van de Invorderingswet 1990 afwijkende voorschriften inhouden.
2. De belastingverordening kan bepalen dat het verschuldigde bedrag moet worden betaald gelijktijdig met en op dezelfde wijze als de voldoening van een andere vordering aan de schuldeiser van die andere vordering.

Art. 232aa
Art. 19 IW 1990

Met betrekking tot het doen van een vordering als bedoeld in artikel 19, vierde lid, van de Invorderingswet 1990 zijn de krachtens het tiende lid van dat artikel door Onze minister van Financiën gestelde regels van overeenkomstige toepassing.

Art. 232b
Verrekening binnen termijn

De verrekening van aan de belastingschuldige uit te betalen en van hem te innen bedragen ter zake van provinciale belastingen op de voet van artikel 24 van de Invorderingswet 1990 is ook mogelijk ingeval de in artikel 9 van de Invorderingswet 1990 gestelde termijn, dan wel de krachtens artikel 232a, eerste lid, gestelde termijn nog niet is verstreken.

Provinciewet | A27 art. 232h

Art. 232c
1. Indien ter zake van hetzelfde voorwerp van de belasting of hetzelfde belastbare feit twee of meer personen belastingplichtig zijn, kan de belastingaanslag ten name van een van hen worden gesteld. — *Aansprakelijkheid*
2. Indien de belastingplicht, bedoeld in het eerste lid, voortvloeit uit het genot van een onroerende zaak krachtens eigendom, bezit of beperkt recht en de aanslag ten name van één van de belastingplichtigen is gesteld, kan de met de invordering van provinciale belastingen belaste provincieambtenaar de belastingaanslag op de gehele onroerende zaak verhalen ten name van degene te wiens name de aanslag is gesteld, zonder rekening te houden met de rechten van de overige belastingplichtigen.
3. De belastingschuldige die de belastingaanslag heeft voldaan kan hetgeen hij meer heeft voldaan dan overeenkomt met zijn belastingplicht verhalen op de overige belastingplichtigen naar evenredigheid van ieders belastingplicht.
4. Tegen een met toepassing van het eerste lid vastgestelde belastingaanslag kan mede beroep bij de rechtbank worden ingesteld door de belastingplichtige wiens naam niet op het aanslagbiljet staat vermeld. Artikel 26a, derde lid, van de Algemene wet is van overeenkomstige toepassing.
5. Van het derde lid kan bij overeenkomst worden afgeweken.

Art. 232d
Voor de toepassing van artikel 66 van de Invorderingswet 1990 met betrekking tot provinciale belastingen blijven de artikelen 76, 80, tweede, derde en vierde lid, 82, 84, 86 en 87 van de Algemene wet buiten toepassing. — *Afwijking van IW 1990*

Art. 232e
1. De in artikel 26 van de Invorderingswet 1990 bedoelde kwijtschelding wordt met betrekking tot provinciale belastingen verleend door de in artikel 227a, tweede lid, onderdeel c, bedoelde provincieambtenaar. — *Bevoegdheid kwijtschelding*
2. Met betrekking tot het verlenen van gehele of gedeeltelijke kwijtschelding zijn de krachtens artikel 26 van de Invorderingswet 1990 door Onze Minister van Financiën bij ministeriële regeling gestelde regels van toepassing.
3. Provinciale staten kunnen bepalen dat, in afwijking van de in het tweede lid bedoelde regels, in het geheel geen dan wel gedeeltelijke kwijtschelding wordt verleend.
4. Met inachtneming van door Onze Minister, in overeenstemming met Onze Minister van Financiën, te stellen regels kunnen provinciale staten met betrekking tot de wijze waarop de kosten van bestaan en de wijze waarop het vermogen in aanmerking worden genomen afwijkende regels stellen die er toe leiden dat in ruimere mate kwijtschelding wordt verleend.
5. Gedeputeerde staten kunnen de belasting geheel of gedeeltelijk oninbaar verklaren. Het daartoe strekkende besluit ontheft de provincieambtenaar belast met de invordering van provinciale belastingen van de verplichting verdere pogingen tot invordering te doen.

Art. 232f
Indien ter zake van een provinciale belasting exploot moet worden gedaan, een akte van vervolging betekend of een dwangbevel ten uitvoer gelegd in een van de openbare lichamen Bonaire, Sint Eustatius of Saba, dan wel in een andere provincie dan die waaraan belasting verschuldigd is, is daartoe naast de belastingdeurwaarder van laatstbedoelde provincie mede de belastingdeurwaarder van eerstbedoelde provincie respectievelijk van het desbetreffende openbaar lichaam bevoegd en desgevraagd verplicht. — *Vervolging of dwangbevel buiten provincie*

Art. 232g
1. Met betrekking tot de in artikel 222 bedoelde opcenten is de rijksbelastingdienst belast met de heffing en de invordering. — *Heffing en invordering opcenten MRB*
2. De opcenten worden als motorrijtuigenbelasting geheven en ingevorderd.
3. De opbrengst wordt aan de provincies uitgekeerd volgens door Onze Minister van Financiën te stellen regels.
4. De aan de heffing en de invordering verbonden kosten komen ten laste van de provincies. Deze kosten worden berekend volgens door Onze Minister van Financiën te stellen regels.

Art. 232h
Bij of krachtens algemene maatregel van bestuur kunnen inzake provinciale belastingen in het kader van deze paragraaf passende nadere regels worden gegeven ter aanvulling van de in deze paragraaf geregelde onderwerpen. — *Nadere regels bij AMvB*

Hoofdstuk XVI
[Vervallen]

Art. 233-252
[Vervallen]

Titel V
Aanvullende bepalingen inzake het toezicht op het provinciebestuur

Hoofdstuk XVII
Goedkeuring

Art. 253

Goedkeuring
1. Beslissingen van provinciebesturen kunnen slechts aan goedkeuring worden onderworpen in bij de wet bepaalde gevallen.
2. Ten aanzien van de goedkeuring van andere beslissingen dan besluiten zijn artikel 259 alsmede afdeling 10.2.1 van de Algemene wet bestuursrecht van overeenkomstige toepassing.

Art. 254-258
[Vervallen]

Art. 259

Goedkeuring bij KB
1. Een beslissing die aan goedkeuring bij koninklijk besluit is onderworpen, wordt toegezonden aan Onze Minister wie het aangaat.
2. Een voordracht tot onthouding van goedkeuring wordt gedaan door of mede door Onze Minister.
3. Artikel 27d van de Wet op de Raad van State is van overeenkomstige toepassing.

Art. 260
[Vervallen]

Hoofdstuk XVIII
Schorsing en vernietiging

Art. 261

Vernietiging bij KB
1. Een besluit dan wel een niet-schriftelijke beslissing gericht op enig rechtsgevolg van het provinciebestuur kan bij koninklijk besluit worden vernietigd.
2. Ten aanzien van de vernietiging van een niet-schriftelijke beslissing gericht op enig rechtsgevolg zijn de artikelen 266 tot en met 274a alsmede de afdelingen 10.2.2. en 10.2.3. van de Algemene wet bestuursrecht van overeenkomstige toepassing.

Art. 262-265
[Vervallen]

Art. 266

Kennisgeving voordracht tot schorsing of vernietiging door CdK
1. Indien een besluit naar het oordeel van de commissaris van de Koning voor vernietiging in aanmerking komt, doet hij daarvan binnen twee dagen nadat het te zijner kennis is gekomen, mededeling aan Onze Minister wie het aangaat. Hij geeft hiervan tegelijkertijd kennis aan het orgaan dat het besluit nam, en zo nodig aan het orgaan dat met de uitvoering van het besluit is belast.
2. Het besluit ten aanzien waarvan het eerste lid toepassing heeft gevonden, wordt niet of niet verder uitgevoerd, voordat van Onze Minister wie het aangaat de mededeling is ontvangen dat voor schorsing of vernietiging geen redenen bestaan. Indien het besluit niet binnen vier weken na de dagtekening van de mededeling van de commissaris is geschorst of vernietigd, wordt het uitgevoerd.

Art. 267

Schorsing besluiten
1. Een voordracht tot schorsing wordt gedaan door Onze Minister wie het aangaat.
2. Over de voordracht pleegt Onze Minister wie het aangaat overleg met Onze Minister, tenzij schorsing onverwijld plaats dient te vinden. In de voordracht wordt het achterwege blijven van overleg gemotiveerd.

Art. 268

Voorziening tijdens schorsing
In het koninklijk besluit kan voor de duur van de schorsing een voorziening worden getroffen.

Art. 269
[Vervallen]

Art. 270

Bekendmaking
Indien een bekendgemaakt besluit niet is vernietigd binnen de tijd waarvoor het is geschorst, wordt hiervan door het provinciebestuur kennisgegeven in het provinciaal blad.

Art. 271

Voordracht tot vernietiging
1. De voordracht tot vernietiging wordt gedaan door of mede door Onze Minister.
2. Artikel 17, derde lid, van de Wet op de Raad van State is niet van toepassing.

Art. 271a

Inhoud KB
1. In het koninklijk besluit kan een voorziening worden getroffen voor de periode tussen de inwerkingtreding en het tijdstip dat het op grond van artikel 274 genomen besluit in werking is getreden.

2. Indien, gelet op het koninklijk besluit, het provinciebestuur bij de toepassing van artikel 274 niet over beleidsvrijheid beschikt, kan het koninklijk besluit bepalen dat het in de plaats treedt van het vernietigde besluit.
3. In het koninklijk besluit kan worden bepaald dat ter zake van het vernietigde besluit geen nieuw besluit wordt genomen.
4. In het koninklijk besluit kan het provinciebestuur een aanwijzing worden gegeven over de uitvoering van het koninklijk besluit. De artikelen 121 tot en met 121f zijn van overeenkomstige toepassing ingeval de aanwijzing niet wordt opgevolgd.
5. Indien het koninklijk besluit betrekking heeft op de vernietiging van een algemeen verbindend voorschrift of een ander besluit van algemene strekking, kan worden bepaald dat de vernietiging tevens betrekking heeft op besluiten die zijn genomen op grond van of ter uitvoering van het algemeen verbindend voorschrift of het andere besluit van algemene strekking.

Art. 272
Het koninklijk besluit tot schorsing, opheffing of verlenging van de schorsing of tot vernietiging wordt in de Staatscourant geplaatst. — *Publicatie in Staatsblad*

Art. 273
[Vervallen]

Art. 274
1. Het provinciebestuur neemt opnieuw een besluit omtrent het onderwerp van het vernietigde besluit, waarbij met het koninklijk besluit wordt rekening gehouden, tenzij in het koninklijk besluit toepassing is gegeven aan artikel 271a, tweede of derde lid. — *Nieuw besluit*
2. In het koninklijk besluit kan een termijn worden gesteld waarbinnen toepassing wordt gegeven aan het eerste lid. De artikelen 121 tot en met 121f zijn van overeenkomstige toepassing ingeval niet binnen de termijn toepassing is gegeven aan het eerste lid.

Art. 274a
In afwijking van artikel 8:4, eerste lid, onderdeel d, van de Algemene wet bestuursrecht kan een belanghebbende tegen een koninklijk besluit als bedoeld in artikel 261, eerste lid, dan wel tegen een vernietigingsbesluit als bedoeld in artikel 83, tweede lid, beroep instellen. — *Beroep*

Titel VI

Art. 275-279
[Vervallen]

Titel VII
Overgangs- en slotbepalingen

Art. 280
[Vervallen]

Art. 281
1. De intrekking van de Provinciewet heeft geen gevolgen voor de geldigheid van de op de dag voor de inwerkingtreding van deze wet geldende besluiten. — *Gevolgen intrekken oude Provinciewet*
2. Besluiten als bedoeld in het eerste lid die algemene verbindende voorschriften bevatten waarvan de inhoud in strijd is met deze wet, worden binnen twee jaar na de datum van inwerkingtreding van deze wet daarmee in overeenstemming gebracht of ingetrokken. De besluiten of onderdelen daarvan die bij het verstrijken van de in de vorige volzin genoemde termijn niet met deze wet in overeenstemming zijn gebracht of zijn ingetrokken, zijn van rechtswege vervallen.

Art. 282
Artikel 43, vijfde tot en met achtste lid, onderscheidenlijk artikel 65, zesde tot en met achtste lid, is niet van toepassing op de bij inwerkingtreding van die bepalingen zittende gedeputeerde onderscheidenlijk commissaris van de Koning, zolang deze zonder onderbreking zijn ambt vervult in dezelfde provincie. — *Werkingssfeer*

Art. 283-296
[Vervallen]

Art. 297
Deze wet kan worden aangehaald als: Provinciewet. — *Citeertitel*

Art. 298-302
[Vervallen]

Ambtsinstructie commissaris van de Koning[1]

Besluit van 10 juni 1994, houdende regels inzake de taken die de commissaris van de Koning op grond van artikel 126 Grondwet als rijksorgaan vervult

Wij Beatrix, bij de gratie Gods, Koningin der Nederlanden, Prinses van Oranje-Nassau, enz. enz. enz.

Op de voordracht van Onze Minister van Binnenlandse Zaken van 24 januari 1994, nr. BK94/226, directoraat-generaal Openbaar Bestuur, afdeling Kabinetszaken;

Gelet op artikel 182 van de Provinciewet, artikel 61 van de Gemeentewet, de artikelen 25, 32, 34 en 35 van de Politiewet 1993 en artikel IV van de wet tot wijziging van de wet van 4 april 1892, houdende instelling van de Orde van Oranje-Nassau, en van de wet van 29 september 1815, houdende instelling van de Orde van de Nederlandse Leeuw, alsmede instelling van het Kapittel voor de civiele orden;

De Raad van State gehoord (advies van 5 april 1994, nr. WO4.94.0081);

Gezien het nader rapport van Onze Minister van Binnenlandse Zaken van 30 mei 1994, nr. BK94/816;

Hebben goedgevonden en verstaan:

Commissaris Koning, taken

Art. 1
De commissaris bevordert de door hem noodzakelijk geachte samenwerking tussen in zijn provincie werkzame rijksambtenaren en personen deel uitmakend van de krijgsmacht, en tussen deze functionarissen en het provinciaal bestuur, de gemeentebesturen en de waterschapsbesturen.

Commissaris Koning, inwinnen inlichtingen

Art. 2
1. De commissaris is bevoegd bij in de provincie werkzame rijksambtenaren en personen deel uitmakend van de krijgsmacht inlichtingen in te winnen en met hen overleg te plegen. Deze functionarissen zijn, behoudens het bepaalde in het tweede lid, verplicht de gevraagde inlichtingen te verstrekken en aan het overleg deel te nemen.
2. Indien de in het eerste lid bedoelde functionarissen weigeren de op grond van deze ambtsinstructie gevraagde medewerking te verlenen, brengt de commissaris Onze Ministers wie het aangaat, alsmede Onze Minister van Binnenlandse Zaken en Koninkrijksrelaties daarvan op de hoogte.

Commissaris Koning, taak bij ramp/crisis/ordeverstoring

3. De commissaris geeft, indien een ramp, een crisis of een ordeverstoring van meer dan plaatselijke betekenis dan wel de ernstige vrees voor het ontstaan daarvan zulks noodzakelijk maken, de in het eerste lid bedoelde functionarissen, met uitzondering van de ambtenaren van het openbaar ministerie, zoveel mogelijk na overleg met hen, de nodige aanwijzingen met betrekking tot de wijze waarop zij bij de uitoefening van de hun opgedragen taken met elkaar samenwerken en met het provinciaal bestuur, de gemeentebesturen, de besturen van de veiligheidsregio's en de waterschapsbesturen. De functionarissen zijn verplicht de aanwijzingen op te volgen. Onze Minister wie het aangaat kan de aanwijzingen ongedaan maken. Het verzoek daartoe heeft geen schorsende werking. De commissaris kan aan het College van procureurs-generaal verzoeken de ambtenaren van het openbaar ministerie de nodige instructies te geven.

Commissaris Koning, bezoek aan gemeenten

Art. 3
De commissaris brengt met redelijke tussenpozen bezoeken aan de gemeenten in de provincie. Van bijzondere bevindingen bij zijn bezoek aan een gemeente brengt hij verslag uit aan Onze Minister van Binnenlandse Zaken en Koninkrijksrelaties en doet hij, voor zover voor dat college van belang, mededeling aan gedeputeerde staten.

Commissaris Koning, adviestaak

Art. 4
De commissaris brengt uit eigen beweging, dan wel op verzoek advies uit aan de regering of aan Onze Ministers over andere onderwerpen dan die bedoeld in artikel 116, eerste lid, van de Provinciewet.

Commissaris Koning, coördinatie civiele verdediging

Art. 5
De commissaris coördineert de voorbereiding van de civiele verdediging door de in de provincie werkzame rijksambtenaren en personen deel uitmakend van de krijgsmacht, het provinciaal bestuur, de gemeentebesturen en de waterschapsbesturen, met inachtneming van de aanwijzingen van Onze Minister, belast met de coördinerende verantwoordelijkheid voor de civiele verdediging.

---

1 Inwerkingtredingsdatum: 15-08-1994; zoals laatstelijk gewijzigd bij: Stb. 2015, 427.

Art. 5a
1. De commissaris overlegt met het regionaal beleidsteam, alvorens een aanwijzing te geven als bedoeld in artikel 41 van de Wet veiligheidsregio's.
2. De commissaris stelt Onze Minister van Veiligheid en Justitie onverwijld in kennis van een gegeven aanwijzing.

Commissaris Koning, geven aanwijzing

Art. 5b
De commissaris zendt zijn oordeel over het bestreden besluit, bedoeld in artikel 40, vijfde lid, van de Wet veiligheidsregio's, alsmede de stukken, bedoeld in het eerste en tweede lid van dat artikel, binnen zes weken na de ontvangst van het standpunt van de raad over dat besluit aan Onze Minister van Veiligheid en Justitie.

Commissaris Koning, informeren Minister van Veiligheid en Justitie

Art. 5c
1. Tenzij de vereiste spoed zich daartegen verzet, geeft de commissaris geen aanwijzing als bedoeld in artikel 42 van de Wet veiligheidsregio's dan na overleg met Onze Minister van Veiligheid en Justitie.
2. De commissaris geeft onverwijld uitvoering aan een verzoek van Onze Minister van Veiligheid en Justitie tot het geven van een aanwijzing als bedoeld in artikel 42 van de Wet veiligheidsregio's.

Commissaris Koning, overleg met Minister van Veiligheid en Justitie

Art. 5d
1. Indien uit een rapportage van de Inspectie Openbare Orde en Veiligheid blijkt dat de taakuitvoering in een veiligheidsregio tekortschiet, ziet de commissaris er op toe dat het bestuur van de veiligheidsregio passende maatregelen neemt om de tekortkomingen weg te nemen.
2. De commissaris geeft geen aanwijzing als bedoeld in artikel 59 van de Wet veiligheidsregio's dan na instemming van Onze Minister van Veiligheid en Justitie.
3. De commissaris geeft uitvoering aan een verzoek van Onze Minister van Veiligheid en Justitie tot het geven van een aanwijzing als bedoeld in artikel 59 van de Wet veiligheidsregio's.

Commissaris Koning, maatregelen bij tekortschietende taakuitvoering

Art. 6
1. De commissaris ziet toe op een ordelijk verloop van de procedure met betrekking tot de benoeming van een burgemeester.
2. Voordat de vacature van burgemeester in een gemeente wordt opengesteld overlegt de commissaris met de raad over de eisen die aan de te benoemen burgemeester worden gesteld met betrekking tot de vervulling van het ambt. Indien zijn overleg met de raad niet tot overeenstemming leidt geeft hij aan welke eisen hij in afwijking van de raad zal hanteren bij zijn oordeel over de geschiktheid van kandidaten.
3. De commissaris verschaft de vertrouwenscommissie een opgave van degenen die naar het ambt van burgemeester hebben gesolliciteerd, vergezeld van opgave van kandidaten die hij in beginsel geschikt acht voor benoeming, alsmede vergezeld van afschrift van de sollicitatiebrieven van laatstgenoemde kandidaten. Hij informeert desgevraagd de vertrouwenscommissie over de criteria die hij heeft gehanteerd bij zijn selectie van kandidaten. Een dergelijk oordeel alsmede afschrift van de sollicitatiebrieven geeft hij op verzoek van de vertrouwenscommissie ook met betrekking tot andere kandidaten.
4. De commissaris verschaft zich de informatie over de sollicitant welke hij nodig acht of welke de vertrouwenscommissie door zijn tussenkomst nodig acht. Het inwinnen van referenties vindt slechts plaats met toestemming van de kandidaat, die hiervoor de gegevens aandraagt. De commissaris stelt de door hem verkregen inlichtingen ter beschikking van de vertrouwenscommissie, tenzij de kandidaat die het aangaat heeft laten weten dat verstrekking van die gegevens bij hem bezwaar ontmoet.
5. Zodra de raad zijn aanbeveling heeft vastgesteld rapporteert de commissaris aan Onze Minister van Binnenlandse Zaken en Koninkrijksrelaties met betrekking tot de inhoud en het verloop van de procedure. Daarbij gaat hij in op zijn overleg met de raad.

Commissaris Koning, benoeming burgemeester

Art. 6a
De commissaris bevordert dat de vergadering van de raad waarin de burgemeester de eed (verklaring en belofte) aflegt, plaatsvindt op of zo kort mogelijk na de datum waarop zijn benoeming ingaat.

Art. 6b
De commissaris informeert Onze Minister over ontheffingen als bedoeld in artikel 69, eerste lid, van de Gemeentewet, in zijn periodieke rapportage, tenzij naar zijn oordeel betrokkenheid van Onze Minister noodzakelijk is alvorens op een concreet verzoek te besluiten.

Commissaris Koning, ontheffingen

Art. 6c
De commissaris informeert Onze Minister over ontheffingen als bedoeld in artikel 71, derde lid, van de Gemeentewet in zijn periodieke rapportage, tenzij naar zijn oordeel betrokkenheid van Onze Minister noodzakelijk is alvorens op een concreet verzoek te besluiten.

Art. 6d
De commissaris informeert Onze Minister over toestemmingen als bedoeld in artikel 72, eerste lid, van de Gemeentewet in zijn periodieke rapportage, tenzij naar zijn oordeel betrokkenheid van Onze Minister noodzakelijk is alvorens op een concreet verzoek te besluiten.

Commissaris Koning, toestemmingen

Art. 6e

Commissaris Koning, benoeming waarnemend burgemeester

De commissaris brengt een voornemen tot benoeming van een waarnemend burgemeester ter kennis van Onze Minister.

Art. 7

Commissaris Koning, herbenoeming burgemeester

1. De commissaris ziet toe op een ordelijk verloop van de procedure met betrekking tot de herbenoeming van een burgemeester.
2. Voordat de raad een aanbeveling inzake de herbenoeming van de burgemeester opstelt overlegt hij met de commissaris over het functioneren van de burgemeester.
3. Na de ontvangst van de aanbeveling inzake de herbenoeming van de burgemeester zendt de commissaris deze door naar Onze Minister van Binnenlandse Zaken en Koninkrijksrelaties vergezeld van zijn advies daarover. Tevens rapporteert de commissaris over zijn bevindingen met betrekking tot de inhoud en het verloop van de procedure. Daarbij gaat hij in op zijn overleg met de raad.

Art. 7a

Commissaris Koning, ontslag burgemeester

1. De commissaris ziet toe op een ordelijk verloop van de procedure met betrekking tot het ontslag van een burgemeester.
2. De commissaris onderzoekt de mogelijkheid of een gerezen conflict tussen de raad en de burgemeester kan worden opgelost.
3. Ingeval van een mogelijke verstoorde verhouding tussen de burgemeester en de raad adviseert de commissaris op diens verzoek Onze Minister van Binnenlandse Zaken en Koninkrijksrelaties ter voorbereiding van het oordeel als bedoeld in artikel 46a, eerste lid, onder b, van het Rechtspositiebesluit burgemeesters.
4. Na de ontvangst van de aanbeveling inzake het ontslag van de burgemeester zendt de commissaris deze door naar Onze Minister van Binnenlandse Zaken en Koninkrijksrelaties vergezeld van zijn advies daarover. Tevens rapporteert de commissaris over zijn bevindingen met betrekking tot de inhoud en het verloop van de procedure. Daarbij gaat hij in op zijn overleg met de raad.

Art. 7b

Commissaris Koning, verstoorde bestuurlijke verhoudingen

De commissaris informeert Onze Minister bij verstoorde bestuurlijke verhoudingen in een gemeente en wanneer de bestuurlijke integriteit van een gemeente in het geding is. Hij informeert Onze Minister daarbij tevens over de maatregelen die hij ter zake neemt.

Art. 8

Commissaris Koning, koninklijke onderscheiding

1. De commissaris zendt een ingekomen voorstel tot verlening van een onderscheiding met zijn advies en het advies van de burgemeester van de woonplaats van de te decoreren persoon aan het Kapittel voor de civiele orden.
2. Een voorstel tot verlening van een onderscheiding aan een burgemeester wordt gedaan door de commissaris. De commissaris zendt het voorstel met zijn advies aan het Kapittel voor de civiele orden.

Art. 9

[Vervallen]

Art. 10

Commissaris Koning, verzoek om bericht en raad

Onverminderd artikel 2, eerste lid, kan de commissaris een ieder belast met bevoegdheden in de openbare dienst in de provincie verzoeken om bericht en raad, voor zover hij dat nodig acht in verband met de hem bij deze instructie opgedragen taken. Aan deze verzoeken dient te worden voldaan.

Art. 11

Commissaris Koning, bewaring en registratie stukken

De commissaris is belast met de bewaring en de registratie van de door hem verzonden en aan hem gerichte stukken, verband houdend met deze instructie.

Art. 12

Uitschakelbepaling

Het koninklijk besluit van 12 januari 1966 tot vaststelling van een nieuwe instructie voor de commissarissen des Konings in de provinciën (*Stb.* 25), wordt ingetrokken.

Art. 13

Inwerkingtreding

Dit besluit treedt in werking met ingang van 15 augustus 1994.

Art. 14

Citeertitel

Dit besluit wordt aangehaald als: Ambtsinstructie commissaris van de Koning.

Gemeentewet

A29

Inhoudsopgave

Titel I	Begripsbepalingen	Art. 1
Titel II	De inrichting en samenstelling van het gemeentebestuur	Art. 6
Hoofdstuk I	Algemene bepaling	Art. 6
Hoofdstuk II	De raad	Art. 7
Hoofdstuk III	Het college van burgemeester en wethouders	Art. 34
Hoofdstuk IV	De burgemeester	Art. 61
Hoofdstuk IVa	De rekenkamer	Art. 81a
Paragraaf 1	De gemeentelijke rekenkamer	Art. 81a
Paragraaf 2	De gemeenschappelijke rekenkamer	Art. 81l
Hoofdstuk IVb	De rekenkamerfunctie	Art. 81oa
Hoofdstuk IVc	De ombudsman	Art. 81p
Paragraaf 1	Algemene bepaling	Art. 81p
Paragraaf 2	De gemeentelijke ombudsman	Art. 81q
Paragraaf 3	De gemeentelijke ombudscommissie	Art. 81w
Paragraaf 4	De gezamenlijke ombudsman en de gezamenlijke ombudscommissie	Art. 81y
Hoofdstuk V	De commissies	Art. 82
Hoofdstuk VI	Geldelijke voorzieningen ten behoeve van de leden van de raad en de commissies	Art. 95
Hoofdstuk VII	De secretaris en de griffier	Art. 100
Paragraaf 1	Algemene bepalingen	Art. 100
Paragraaf 2	De secretaris	Art. 102
Paragraaf 3	De griffier	Art. 107
Titel III	De bevoegdheid van het gemeentebestuur	Art. 108
Hoofdstuk VIII	Algemene bepalingen	Art. 108
§ 1	Inleidende bepalingen	Art. 108
§ 2	Verhouding tot de provincie en het Rijk	Art. 112
§ 3	Bijzondere voorzieningen	Art. 123
§ 4	Bestuursdwang	Art. 125
§ 5	[Vervallen]	Art. 139-144
§ 6	Termijnen	Art. 145
Hoofdstuk IX	De bevoegdheid van de raad	Art. 147
Hoofdstuk X	De bevoegdheid van het college van burgemeester en wethouders	Art. 160
Hoofdstuk XI	De bevoegdheid van de burgemeester	Art. 170
Hoofdstuk XIa	De bevoegdheid van de rekenkamer	Art. 182
Titel IV	De financiën van de gemeente	Art. 186
Hoofdstuk XII	Algemene bepalingen	Art. 186
Hoofdstuk XIII	De begroting en de jaarrekening	Art. 189
§ 1	De begroting	Art. 189
Paragraaf 2	De jaarrekening	Art. 197
§ 3	Goedkeuring van de begroting	Art. 203
Hoofdstuk XIV	De administratie en de controle	Art. 212
Hoofdstuk XV	De gemeentelijke belastingen	Art. 216
§ 1	Algemene bepalingen	Art. 216
§ 2	Bijzondere bepalingen omtrent de onroerende-zaakbelastingen	Art. 220
§ 3	Bijzondere bepalingen omtrent de andere belastingen dan de onroerende-zaakbelastingen	Art. 221
§ 4	Heffing en invordering	Art. 230
Titel V	Aanvullende bepalingen inzake het toezicht op het gemeentebestuur	Art. 259
Hoofdstuk XVI	Goedkeuring	Art. 259
Hoofdstuk XVII	Schorsing en vernietiging	Art. 268
Titel VI		Art. 282-288a
Titel VII	Overgangs- en slotbepalingen	Art. 289

Gemeentewet[1]

Wet van 14 februari 1992, houdende nieuwe bepalingen met betrekking tot gemeenten

Wij Beatrix, bij de gratie Gods, Koningin der Nederlanden, Prinses van Oranje-Nassau, enz. enz. enz.
Allen, die deze zullen zien of horen lezen, saluut! doen te weten:
Alzo Wij in overweging genomen hebben, dat het wenselijk is nieuwe bepalingen vast te stellen met betrekking tot de inrichting van gemeenten, alsmede de samenstelling en bevoegdheid van hun besturen;
Zo is het, dat Wij, de Raad van State gehoord, en met gemeen overleg der Staten-Generaal, hebben goedgevonden en verstaan, gelijk Wij goedvinden en verstaan bij deze:

Titel I
Begripsbepalingen

Art. 1

Begripsbepalingen

1. In deze wet wordt verstaan onder het aantal inwoners van een gemeente: het aantal inwoners volgens de door het Centraal Bureau voor de Statistiek openbaar gemaakte bevolkingscijfers per 1 januari.
2. Voor de vaststelling van het inwonertal, bedoeld in artikel 8, geldt als peildatum 1 januari van het jaar voorafgaand aan het jaar van de verkiezing van de raad. Het Centraal Bureau voor de Statistiek kan op schriftelijk verzoek van de raad het inwonertal per de eerste dag van de vierde maand voorafgaande aan de maand van de kandidaatstelling vaststellen, indien aannemelijk is dat een in dat artikel genoemd inwonertal op genoemde datum is overschreden. In dat geval geldt dit tijdstip als peildatum.

Art. 2

Ingezetenen

In deze wet wordt verstaan onder ingezetenen: zij die hun werkelijke woonplaats in de gemeente hebben.

Art. 3

Woonplaats

Zij die als ingezetene met een adres in een gemeente zijn ingeschreven in de basisregistratie personen, worden voor de toepassing van deze wet, behoudens bewijs van het tegendeel, geacht werkelijke woonplaats te hebben in die gemeente.

Art. 4

[Vervallen]

Art. 5

Bestuursorganen

In deze wet wordt verstaan onder:
a. gemeentebestuur: ieder bevoegd orgaan van de gemeente;
b. Onze Minister: Onze Minister van Binnenlandse Zaken en Koninkrijksrelaties;
c. college: college van burgemeester en wethouders.

Titel II
De inrichting en samenstelling van het gemeentebestuur

Hoofdstuk I
Algemene bepaling

Art. 6

Gemeentebestuur

In elke gemeente is een raad, een college en een burgemeester.

Hoofdstuk II
De raad

Art. 7

Volksvertegenwoordiging

De raad vertegenwoordigt de gehele bevolking van de gemeente.

Art. 8

Aantal leden

1. De raad bestaat uit:
9 leden in een gemeente beneden de 3 001 inwoners;
11 leden in een gemeente van 3 001- 6 000 inwoners;

---

1 Inwerkingtredingsdatum: 01-03-1993; zoals laatstelijk gewijzigd bij: Stb. 2020, 262.

Gemeentewet A29 art. 13

13 leden in een gemeente van 6 001- 10 000 inwoners;
15 leden in een gemeente van 10 001- 15 000 inwoners;
17 leden in een gemeente van 15 001- 20 000 inwoners;
19 leden in een gemeente van 20 001- 25 000 inwoners;
21 leden in een gemeente van 25 001- 30 000 inwoners;
23 leden in een gemeente van 30 001- 35 000 inwoners;
25 leden in een gemeente van 35 001- 40 000 inwoners;
27 leden in een gemeente van 40 001- 45 000 inwoners;
29 leden in een gemeente van 45 001- 50 000 inwoners;
31 leden in een gemeente van 50 001- 60 000 inwoners;
33 leden in een gemeente van 60 001- 70 000 inwoners;
35 leden in een gemeente van 70 001- 80 000 inwoners;
37 leden in een gemeente van 80 001-100 000 inwoners;
39 leden in een gemeente van 100 001-200 000 inwoners;
45 leden in een gemeente boven de 200 000 inwoners.
2. Vermeerdering of vermindering van het aantal leden van de raad, voortvloeiende uit wijziging van het aantal inwoners van de gemeente, treedt eerst in bij de eerstvolgende periodieke verkiezing van de raad.

Art. 9
De burgemeester is voorzitter van de raad. Voorzitter

Art. 10
1. Voor het lidmaatschap van de raad is vereist dat men ingezetene van de gemeente is, de leeftijd van achttien jaar heeft bereikt en niet is uitgesloten van het kiesrecht. Vereisten lidmaatschap
2. Zij die geen onderdaan van een lidstaat van de Europese Unie zijn, dienen tevens te voldoen aan de vereisten dat:
a. zij rechtmatig in Nederland verblijven op grond van artikel 8, onder a, b, c, d, e of l, van de Vreemdelingenwet 2000 of op grond van een verdrag tussen een internationale organisatie en de Staat der Nederlanden inzake de zetel van deze organisatie in Nederland, en
b. zij onmiddellijk voorafgaand aan de dag waarop de gemeenteraad beslist over de toelating als lid tot de gemeenteraad gedurende een onafgebroken periode van ten minste vijf jaren ingezetene van Nederland waren en beschikte over een verblijfsrecht als bedoeld onder a, dan wel rechtmatig in Nederland verbleven op grond van artikel 3 of artikel 6 van de Wet toelating en uitzetting BES.
3. Geen lid van de raad kunnen zijn zij die geen Nederlander zijn, en als door andere staten uitgezonden leden van diplomatieke of consulaire vertegenwoordigingen, in Nederland werkzaam zijn, alsmede hun niet-Nederlandse echtgenoten, geregistreerde partners of levensgezellen en kinderen, voor zover dezen met hen een gemeenschappelijke huishouding voeren.

Art. 11
Ter vervulling van een tussentijds opengevallen plaats is niet benoembaar tot lid van de raad hij die na de laatstgehouden periodieke verkiezing van de leden van de raad wegens handelen in strijd met artikel 15 van het lidmaatschap van de raad is vervallen verklaard. Vervulling opengevallen plaats

Art. 12
1. De leden van de raad maken openbaar welke andere functies dan het lidmaatschap van de raad zij vervullen. Openbaarmaking functies
2. Openbaarmaking geschiedt door terinzagelegging van een opgave van de in het eerste lid bedoelde functies op het gemeentehuis. Register

Art. 13
1. Een lid van de raad is niet tevens: Onverenigbare betrekkingen
a. minister;
b. staatssecretaris;
c. lid van de Raad van State;
d. lid van de Algemene Rekenkamer;
e. Nationale ombudsman;
f. substituut-ombudsman als bedoeld in artikel 9, eerste lid, van de Wet Nationale ombudsman;
g. commissaris van de Koning;
h. gedeputeerde;
i. secretaris van de provincie;
j. griffier van de provincie;
k. burgemeester;
l. wethouder;
m. lid van de rekenkamer;
n. ombudsman of lid van de ombudscommissie als bedoeld in artikel 81p, eerste lid;
o. ambtenaar of ambtenaar van politie, in dienst van die gemeente of uit anderen hoofde aan het gemeentebestuur ondergeschikt.

2. In afwijking van het eerste lid, aanhef en onder l, kan een lid van de raad tevens wethouder zijn van de gemeente waar hij lid van de raad is gedurende het tijdvak dat:
a. aanvangt op de dag van de stemming voor de verkiezing van de leden van de raad en eindigt op het tijdstip waarop de wethouders ingevolge artikel 42, eerste lid, aftreden, of
b. aanvangt op het tijdstip van zijn benoeming tot wethouder en eindigt op het tijdstip waarop de goedkeuring van de geloofsbrief van zijn opvolger als lid van de raad onherroepelijk is geworden of waarop het centraal stembureau heeft beslist dat geen opvolger kan worden benoemd. Hij wordt geacht ontslag te nemen als lid van de raad met ingang van het tijdstip waarop hij zijn benoeming tot wethouder aanvaardt. Artikel X 6 van de Kieswet is van overeenkomstige toepassing.
3. In afwijking van het eerste lid, aanhef en onder o, kan een lid van de raad tevens zijn:
a. ambtenaar van de burgerlijke stand;
b. vrijwilliger of ander persoon die uit hoofde van een wettelijke verplichting niet bij wijze van beroep hulpdiensten verricht.

Art. 14

Eed en belofte

1. Alvorens hun functie te kunnen uitoefenen, leggen de leden van de raad in de vergadering, in handen van de voorzitter, de volgende eed (verklaring en belofte) af:
"Ik zweer (verklaar) dat ik, om tot lid van de raad benoemd te worden, rechtstreeks noch middellijk, onder welke naam of welk voorwendsel ook, enige gift of gunst heb gegeven of beloofd.
Ik zweer (verklaar en beloof) dat ik, om iets in dit ambt te doen of te laten, rechtstreeks noch middellijk enig geschenk of enige belofte heb aangenomen of zal aannemen.
Ik zweer (beloof) dat ik getrouw zal zijn aan de Grondwet, dat ik de wetten zal nakomen en dat ik mijn plichten als lid van de raad naar eer en geweten zal vervullen.
Zo waarlijk helpe mij God Almachtig!"
(Dat verklaar en beloof ik!")

Eed en belofte in de Friese taal

2. Wanneer de eed (verklaring en belofte), bedoeld in het eerste lid, in de Friese taal wordt afgelegd, luidt de tekst van de eed (verklaring en belofte) als volgt:
«Ik swar (ferklearje) dat ik, om ta lid fan 'e rie beneamd te wurden, streekrjocht noch midlik, ûnder wat namme of wat ferlechje ek, hokker jefte of geunst dan ek jûn of ûnthjitten haw.
Ik swar (ferklearje en ûnthjit) dat ik, om eat yn dit amt te dwaan of te litten, streekrjocht noch midlik hokker geskink of hokker ûnthjit oan ek oannommen haw of oannimme sil.
Ik swar (ûnthjit) dat ik trou wêze sil oan 'e Grûnwet, dat ik de wetten neikomme sil en dat ik myn plichten as lid fan 'e rie yn alle oprjochtens ferfolje sil.
Sa wier helpe my God Almachtich!»
(«Dat ferklearje en ûnthjit ik!»).

Art. 15

Verboden handelingen

1. Een lid van de raad mag niet:
a. als advocaat of adviseur in geschillen werkzaam zijn ten behoeve van de gemeente of het gemeentebestuur dan wel ten behoeve van de wederpartij van de gemeente of het gemeentebestuur;
b. als gemachtigde in geschillen werkzaam zijn ten behoeve van de wederpartij van de gemeente of het gemeentebestuur;
c. als vertegenwoordiger of adviseur werkzaam zijn ten behoeve van derden tot het met de gemeente aangaan van:
1e. overeenkomsten als bedoeld in onderdeel d;
2e. overeenkomsten tot het leveren van onroerende zaken aan de gemeente;
d. rechtstreeks of middellijk een overeenkomst aangaan betreffende:
1e. het aannemen van werk ten behoeve van de gemeente;
2e. het buiten dienstbetrekking tegen beloning verrichten van werkzaamheden ten behoeve van de gemeente;
3e. het leveren van roerende zaken anders dan om niet aan de gemeente;
4e. het verhuren van roerende zaken aan de gemeente;
5e. het verwerven van betwiste vorderingen ten laste van de gemeente;
6e. het van de gemeente onderhands verwerven van onroerende zaken of beperkte rechten waaraan deze zijn onderworpen;
7e. het onderhands huren of pachten van de gemeente.
2. Van het eerste lid, aanhef en onder *d*, kunnen gedeputeerde staten ontheffing verlenen.
3. De raad stelt voor zijn leden een gedragscode vast.

Art. 16

Reglement van orde

De raad stelt een reglement van orde voor zijn vergaderingen en andere werkzaamheden vast.

Art. 17

Vergaderfrequentie

1. De raad vergadert zo vaak als hij daartoe heeft besloten.
2. Voorts vergadert de raad indien de burgemeester het nodig oordeelt of indien ten minste een vijfde van het aantal leden waaruit de raad bestaat schriftelijk, met opgave van redenen, daarom verzoekt.

Art. 18
De raad vergadert na de periodieke verkiezing van zijn leden voor de eerste maal in nieuwe samenstelling op de dag met ingang waarvan de leden van de raad in oude samenstelling aftreden. — *Eerste vergadering na verkiezing*

Art. 19
1. De burgemeester roept de leden schriftelijk tot de vergadering op. — *Schriftelijke oproeping*
2. Tegelijkertijd met de oproeping brengt de burgemeester dag, tijdstip en plaats van de vergadering ter openbare kennis. De agenda en de daarbij behorende voorstellen met uitzondering van de in artikel 25, tweede lid, bedoelde stukken worden tegelijkertijd met de oproeping en op een bij de openbare kennisgeving aan te geven wijze ter inzage gelegd.

Art. 20
1. De vergadering van de raad wordt niet geopend blijkens de presentielijst meer dan de helft van het aantal zitting hebbende leden tegenwoordig is. — *Vergaderquorum*
2. Indien ingevolge het eerste lid de vergadering niet kan worden geopend, belegt de burgemeester, onder verwijzing naar dit artikel, opnieuw een vergadering tegen een tijdstip dat ten minste vierentwintig uur na het bezorgen van de oproeping is gelegen.
3. Op de vergadering, bedoeld in het tweede lid, is het eerste lid niet van toepassing. De raad kan echter over andere aangelegenheden dan die waarvoor de ingevolge het eerste lid niet geopende vergadering was belegd alleen beraadslagen of besluiten, indien blijkens de presentielijst meer dan de helft van het aantal zitting hebbende leden tegenwoordig is.

Art. 21
1. De burgemeester heeft het recht in de vergadering aan de beraadslaging deel te nemen. — *Deelname burgemeester en wethouder aan beraadslaging*
2. Een wethouder heeft toegang tot de vergaderingen en kan aan de beraadslaging deelnemen.
3. Een wethouder kan door de raad worden uitgenodigd om ter vergadering aanwezig te zijn.

Art. 22
De leden van het gemeentebestuur en andere personen die deelnemen aan de beraadslaging kunnen niet in rechte worden vervolgd of aangesproken voor dan wel worden verplicht getuigenis af te leggen als bedoeld in artikel 165, eerste lid, van het Wetboek van Burgerlijke Rechtsvordering over hetgeen zij in de vergadering van de raad hebben gezegd of aan de raad schriftelijk hebben overgelegd. — *Onschendbaarheid*

Art. 23
1. De vergadering van de raad wordt in het openbaar gehouden. — *Openbare en besloten vergadering*
2. De deuren worden gesloten, wanneer ten minste een vijfde van het aantal leden dat de presentielijst heeft getekend daarom verzoekt of de voorzitter het nodig oordeelt.
3. De raad beslist vervolgens of met gesloten deuren zal worden vergaderd.
4. Van een vergadering met gesloten deuren wordt een afzonderlijk verslag opgemaakt, dat niet openbaar wordt gemaakt tenzij de raad anders beslist.
5. De raad maakt de besluitenlijst van zijn vergaderingen op de in de gemeente gebruikelijke wijze openbaar. De raad laat de openbaarmaking achterwege voor zover het aangelegenheden betreft ten aanzien waarvan op grond van artikel 25 geheimhouding is opgelegd of ten aanzien waarvan openbaarmaking in strijd is met het openbaar belang. — *Openbaarmaking besluitenlijst*

Art. 24
In een besloten vergadering kan niet worden beraadslaagd of besloten over: — *Beperking besloten vergadering*
a. de toelating van nieuw benoemde leden;
b. de vaststelling en wijziging van de begroting en de vaststelling van de jaarrekening;
c. de invoering, wijziging en afschaffing van gemeentelijke belastingen, en
d. de benoeming en het ontslag van wethouders.

Art. 25
1. De raad kan op grond van een belang, genoemd in artikel 10 van de Wet openbaarheid van bestuur, omtrent het in een besloten vergadering behandelde en omtrent de inhoud van de stukken die aan de raad worden overgelegd, geheimhouding opleggen. Geheimhouding omtrent het in een besloten vergadering behandelde wordt tijdens die vergadering opgelegd. De geheimhouding wordt door hen die bij de behandeling aanwezig waren en allen die van het behandelde of de stukken kennis dragen, in acht genomen totdat de raad haar opheft. — *Geheimhouding*
2. Op grond van een belang, genoemd in artikel 10 van de Wet openbaarheid van bestuur, kan de geheimhouding eveneens worden opgelegd door het college, de burgemeester en een commissie, ieder ten aanzien van de stukken die zij aan de raad of aan leden van de raad overleggen. Daarvan wordt op de stukken melding gemaakt.
3. De krachtens het tweede lid opgelegde verplichting tot geheimhouding met betrekking tot aan de raad overgelegde stukken vervalt, indien de oplegging niet door de raad in zijn eerstvolgende vergadering die blijkens de presentielijst door meer dan de helft van het aantal zitting hebbende leden is bezocht, wordt bekrachtigd.

4. De krachtens het tweede lid opgelegde verplichting tot geheimhouding met betrekking tot aan leden van de raad overgelegde stukken wordt in acht genomen totdat het orgaan dat de verplichting heeft opgelegd, dan wel, indien het stuk waaromtrent geheimhouding is opgelegd aan de raad is voorgelegd, totdat de raad haar opheft. De raad kan deze beslissing alleen nemen in een vergadering die blijkens de presentielijst door meer dan de helft van het aantal zitting hebbende leden is bezocht.

Art. 26

Handhaving vergaderorde

1. De voorzitter zorgt voor de handhaving van de orde in de vergadering en is bevoegd, wanneer die orde op enigerlei wijze door toehoorders wordt verstoord, deze en zo nodig andere toehoorders te doen vertrekken.
2. Hij is bevoegd toehoorders die bij herhaling de orde in de vergadering verstoren voor ten hoogste drie maanden de toegang tot de vergadering te ontzeggen.
3. Hij kan de raad voorstellen aan een lid dat door zijn gedragingen de geregelde gang van zaken belemmert, het verdere verblijf in de vergadering te ontzeggen. Over het voorstel wordt niet beraadslaagd. Na aanneming daarvan verlaat het lid de vergadering onmiddellijk. Zo nodig doet de voorzitter hem verwijderen. Bij herhaling van zijn gedrag kan het lid bovendien voor ten hoogste drie maanden de toegang tot de vergadering worden ontzegd.

Art. 27

Stemmen zonder last

De leden van de raad stemmen zonder last.

Art. 28

Stemverbod

1. Een lid van de raad neemt niet deel aan de stemming over:
   a. een aangelegenheid die hem rechtstreeks of middellijk persoonlijk aangaat of waarbij hij als vertegenwoordiger is betrokken;
   b. de vaststelling of goedkeuring der rekening van een lichaam waaraan hij rekenplichtig is of tot welks bestuur hij behoort.
2. Bij een schriftelijke stemming wordt onder het deelnemen aan de stemming verstaan het inleveren van een stembriefje.
3. Een benoeming gaat iemand persoonlijk aan, wanneer hij behoort tot de personen tot wie de keuze door een voordracht of bij een herstemming is beperkt.
4. Het eerste lid is niet van toepassing bij het besluit betreffende de toelating van de na periodieke verkiezing benoemde leden.

Art. 29

Stemmingsquorum

1. Een stemming is alleen geldig, indien meer dan de helft van het aantal leden dat zitting heeft en zich niet van deelneming aan de stemming moet onthouden, daaraan heeft deelgenomen.
2. Het eerste lid is niet van toepassing:
   a. ingeval opnieuw wordt gestemd over een voorstel of over een benoeming, voordracht of aanbeveling van een of meer personen ten aanzien van wie in een vorige vergadering een stemming op grond van dat lid niet geldig was;
   b. in een vergadering als bedoeld in artikel 20, tweede lid, voor zover het betreft onderwerpen die in de daaraan voorafgaande, ingevolge artikel 20, eerste lid, niet geopende vergadering aan de orde waren gesteld.

Art. 30

Besluitquorum

1. Voor het tot stand komen van een beslissing bij stemming wordt de volstrekte meerderheid vereist van hen die een stem hebben uitgebracht.
2. Bij een schriftelijke stemming wordt onder het uitbrengen van een stem verstaan het inleveren van een behoorlijk ingevuld stembriefje.

Art. 31

Schriftelijke stemming

1. De stemming over personen voor het doen van benoemingen, voordrachten of aanbevelingen is geheim.
2. Indien de stemmen staken over personen tot wie de keuze door een voordracht of bij een herstemming is beperkt, wordt in dezelfde vergadering een herstemming gehouden.
3. Staken bij deze stemming de stemmen opnieuw, dan beslist terstond het lot.

Art. 32

Mondelinge stemming bij hoofdelijke oproeping

1. De overige stemmingen geschieden bij hoofdelijke oproeping, indien de voorzitter of een van de leden dat verlangt. In dat geval geschieden zij mondeling.
2. Bij hoofdelijke oproeping is ieder ter vergadering aanwezig lid dat zich niet van deelneming aan de stemming moet onthouden verplicht zijn stem voor of tegen uit te brengen.
3. Indien over een voorstel geen stemming wordt gevraagd, is het aangenomen.
4. Tenzij de vergadering voltallig is, wordt bij staking van stemmen het nemen van een beslissing uitgesteld tot een volgende vergadering, waarin de beraadslagingen kunnen worden heropend.
5. Indien de stemmen staken in een voltallige vergadering of in een ingevolge het vierde lid opnieuw belegde vergadering, is het voorstel niet aangenomen.
6. Onder een voltallige vergadering wordt verstaan een vergadering waarin alle leden waaruit de raad bestaat, voor zover zij zich niet van deelneming aan de stemming moesten onthouden, een stem hebben uitgebracht.

Art. 32a

1. De stukken die van de raad uitgaan, worden door de burgemeester ondertekend en door de griffier medeondertekend. Bij verhindering of ontstentenis van de burgemeester worden de stukken die van de raad uitgaan ondertekend door degene die krachtens artikel 77 de burgemeester als voorzitter van de raad vervangt.
2. De raad kan de burgemeester toestaan de ondertekening op te dragen aan de griffier of aan een of meer andere bij de griffie werkzame ambtenaren. In dat geval blijft medeondertekening achterwege.

Ondertekening raadsstukken

Art. 33

1. De raad en elk van zijn leden hebben recht op ambtelijke bijstand.
2. De in de raad vertegenwoordigde groeperingen hebben recht op ondersteuning.
3. De raad stelt met betrekking tot de ambtelijke bijstand en de ondersteuning van de in de raad vertegenwoordigde groeperingen een verordening vast. De verordening bevat ten aanzien van de ondersteuning regels over de besteding en de verantwoording.

Ambtelijke bijstand en ondersteuning
Fractieondersteuning
Verordening

Hoofdstuk III
Het college van burgemeester en wethouders

Art. 34

1. De burgemeester en de wethouders vormen te zamen het college van burgemeester en wethouders.
2. De burgemeester is voorzitter van het college.

College van B&W

Voorzitter

Art. 35

1. De raad benoemt de wethouders. Artikel 31 is van toepassing op de stemming inzake de benoeming.
2. De burgemeester wordt geïnformeerd over de uitkomsten van de college-onderhandelingen. Hij wordt alsdan in de gelegenheid gesteld zijn opvattingen over voorstellen ten behoeve van het collegeprogramma kenbaar te maken.

Wethouders

Art. 36

1. Het aantal wethouders bedraagt ten hoogste twintig procent van het aantal raadsleden, met dien verstande dat er niet minder dan twee wethouders zullen zijn.
2. De raad kan besluiten dat het wethouderschap in deeltijd wordt uitgeoefend.
3. Indien het tweede lid toepassing vindt bedraagt, in afwijking van het eerste lid, het aantal wethouders ten hoogste vijfentwintig procent van het aantal raadsleden, met dien verstande dat de tijdsbestedingsnorm van de wethouders gezamenlijk ten hoogste tien procent meer bedraagt dan de tijdsbestedingsnorm van de wethouders gezamenlijk zou hebben bedragen indien het tweede lid geen toepassing had gevonden.
4. De raad stelt bij de benoeming van de wethouders de tijdsbestedingsnorm van elke wethouder vast.
5. Bij de berekening van het maximale aantal wethouders, bedoeld in het eerste en het derde lid, wordt afgerond tot het dichtstbijgelegen gehele getal.

Aantal

Art. 36a

1. Voor het wethouderschap gelden de vereisten voor het lidmaatschap van de raad, bedoeld in artikel 10, met dien verstande dat in artikel 10, tweede lid, onder b, voor «de dag waarop de gemeenteraad beslist over de toelating als lid tot de gemeenteraad» gelezen wordt: de dag waarop zij tot wethouder worden benoemd.
2. De raad kan voor de duur van een jaar ontheffing verlenen van het vereiste van ingezetenschap. De ontheffing kan in bijzondere gevallen, telkens met een periode van maximaal een jaar, worden verlengd.
3. Dezelfde persoon kan niet in meer dan één gemeente wethouder zijn.

Vereisten wethouderschap

Art. 36b

1. Een wethouder is niet tevens:
a. minister;
b. staatssecretaris;
c. lid van de Raad van State;
d. lid van de Algemene Rekenkamer;
e. Nationale ombudsman;
f. substituut-ombudsman als bedoeld in artikel 9, eerste lid, van de Wet Nationale ombudsman;
g. commissaris van de Koning;
h. gedeputeerde;
i. secretaris van de provincie;
j. griffier van de provincie;
k. lid van de rekenkamer van de provincie waarin de gemeente waar hij wethouder is, is gelegen;
l. lid van de raad van een gemeente;

Onverenigbare betrekkingen

m. burgemeester;
n. lid van de rekenkamer;
o. ombudsman of lid van de ombudscommissie als bedoeld in artikel 81p, eerste lid;
p. ambtenaar, in dienst van die gemeente of uit anderen hoofde aan het gemeentebestuur ondergeschikt;
q. ambtenaar, in dienst van de Staat of de provincie, tot wiens taak behoort het verrichten van werkzaamheden in het kader van het toezicht op de gemeente;
r. functionaris die krachtens de wet of een algemene maatregel van bestuur het gemeentebestuur van advies dient.

2. In afwijking van het eerste lid, aanhef en onder l, kan een wethouder tevens lid zijn van de raad van de gemeente waar hij wethouder is gedurende het tijdvak dat:
a. aanvangt op de dag van de stemming voor de verkiezing van de leden van de raad en eindigt op het tijdstip waarop de wethouders ingevolge artikel 42, eerste lid, aftreden, of
b. aanvangt op het tijdstip van zijn benoeming tot wethouder en eindigt op het tijdstip waarop de goedkeuring van de geloofsbrief van zijn opvolger als lid van de raad onherroepelijk is geworden of waarop het centraal stembureau heeft beslist dat geen opvolger kan worden benoemd. Hij wordt geacht ontslag te nemen als lid van de raad met ingang van het tijdstip waarop hij zijn benoeming tot wethouder aanvaardt. Artikel X 6 van de Kieswet is van overeenkomstige toepassing.

3. In afwijking van het eerste lid, aanhef en onder p, kan een wethouder tevens zijn:
a. ambtenaar van de burgerlijke stand;
b. vrijwilliger of ander persoon die uit hoofde van een wettelijke verplichting niet bij wijze van beroep hulpdiensten verricht.

Art. 37

Tijdstip benoeming — De benoeming van wethouders na de verkiezing van de leden van de raad vindt plaats in een vergadering van de raad in nieuwe samenstelling.

Art. 38

Aanvang benoeming — In het geval van artikel 37 gaat de benoeming van degene die zijn benoeming tot wethouder heeft aangenomen, in op het tijdstip waarop ten minste de helft van het met inachtneming van artikel 36 bepaalde aantal wethouders zijn benoeming heeft aangenomen of, indien de aanneming van de benoeming op een later tijdstip plaatsvindt, op dat tijdstip.

Art. 39

Tussentijdse benoeming — De benoeming ter vervulling van een plaats die tussentijds openvalt, geschiedt zo spoedig mogelijk, tenzij de raad besluit het aantal wethouders te verminderen.

Art. 40

Weigering benoeming — De benoemde wethouder deelt de raad uiterlijk op de tiende dag na de kennisgeving van zijn benoeming mee of hij de benoeming aanneemt. Indien deze termijn verstrijkt zonder mededeling, wordt de benoemde wethouder geacht de benoeming niet aan te nemen.

Art. 41

Benoeming na weigering — Wanneer de benoeming niet is aangenomen, geschiedt zo spoedig mogelijk een nieuwe benoeming.

Art. 41a

Eed en belofte
1. Alvorens hun functie te kunnen uitoefenen leggen de wethouders, in de vergadering van de raad, in handen van de voorzitter, de volgende eed (verklaring en belofte) af:
«Ik zweer (verklaar) dat ik, om tot wethouder benoemd te worden, rechtstreeks noch middellijk, onder welke naam of welk voorwendsel ook, enige gift of gunst heb gegeven of beloofd.
Ik zweer (verklaar en beloof) dat ik, om iets in dit ambt te doen of te laten, rechtstreeks noch middellijk enig geschenk of enige belofte heb aangenomen of zal aannemen.
Ik zweer (beloof) dat ik getrouw zal zijn aan de Grondwet, dat ik de wetten zal nakomen en dat ik mijn plichten als wethouder naar eer en geweten zal vervullen.
Zo waarlijk helpe mij God Almachtig!»
(«Dat verklaar en beloof ik!»)

Eed en belofte in de Friese taal
2. Wanneer de eed (verklaring en belofte), bedoeld in het eerste lid, in de Friese taal wordt afgelegd, luidt de tekst van de eed (verklaring en belofte) als volgt:
«Ik swar (ferklearje) dat ik, om ta wethâlder beneamd te wurden, streekrjocht noch midlik, ûnder wat namme of wat ferlechje ek, hokker jefte of geunst dan ek jûn of ûnthjitten haw.
Ik swar (ferklearje en ûnthjit) dat ik, om eat yn dit amt te dwaan of te litten, streekrjocht noch midlik hokker geskink of hokker ûnthjit dan ek oannommen haw of oannimme sil.
Ik swar (ûnthjit) dat ik trou wêze sil oan 'e Grûnwet, dat ik de wetten neikomme sil en dat ik myn plichten as wethâlder yn alle oprjochtens ferfolje sil.
Sa wier helpe my God Almachtich!»
(«Dat ferklearje en ûnthjit ik!»).

Art. 41b

Nevenfuncties
1. Een wethouder vervult geen nevenfuncties waarvan de uitoefening ongewenst is met het oog op een goede vervulling van zijn wethouderschap.

2. Een wethouder meldt zijn voornemen tot aanvaarding van een nevenfunctie aan de raad.
3. Een wethouder maakt zijn nevenfuncties openbaar. Openbaarmaking geschiedt door terinzagelegging op het gemeentehuis.
4. Een wethouder die zijn ambt niet in deeltijd vervult, maakt tevens de inkomsten uit nevenfuncties openbaar. Openbaarmaking geschiedt door terinzagelegging op het gemeentehuis uiterlijk op 1 april na het kalenderjaar waarin de inkomsten zijn genoten.
5. Onder inkomsten wordt verstaan: loon in de zin van artikel 9 van de Wet op de loonbelasting 1964, verminderd met de eindheffingsbestanddelen bedoeld in artikel 31 van die wet.

Openbaarmaking

Art. 41c
1. Artikel 15, eerste en tweede lid, is van overeenkomstige toepassing op de wethouders.
2. De raad stelt voor de wethouders een gedragscode vast.

Verboden handelingen

Art. 42
1. Na de verkiezing van de leden van de raad treden de wethouders af op het moment dat de raad ten minste de helft van het met inachtneming van artikel 36 bepaalde aantal wethouders heeft benoemd en deze benoemingen zijn aangenomen.
2. Indien zoveel wethouders hun ontslag indienen of worden ontslagen dat niet ten minste de helft van het met inachtneming van artikel 36 bepaalde aantal wethouders in functie is, treedt de burgemeester in de plaats van het college totdat dit wel het geval is.

Aftreden

Art. 43
1. Een wethouder kan te allen tijde ontslag nemen. Hij doet daarvan schriftelijk mededeling aan de raad.
2. Behoudens het geval dat de wethouder onmiddellijk ontslag neemt, gaat het ontslag in met ingang van de dag, gelegen een maand na de dag waarop hij zijn ontslag heeft genomen of zoveel eerder als zijn opvolger de benoeming heeft aangenomen.

Vrijwillig ontslag

Art. 44
1. De wethouders genieten ten laste van de gemeente een bezoldiging, die bij of krachtens algemene maatregel van bestuur wordt geregeld.
2. Daarbij kunnen tevens regels worden gesteld betreffende tegemoetkoming in of vergoeding van bijzondere kosten en betreffende andere voorzieningen die verband houden met de vervulling van het wethoudersambt.
3. Buiten hetgeen hun bij of krachtens de wet is toegekend genieten de wethouders als zodanig geen inkomsten, in welke vorm ook, ten laste van de gemeente.
4. De wethouders genieten geen vergoedingen, in welke vorm ook, voor werkzaamheden, verricht in nevenfuncties die zij vervullen uit hoofde van het wethoudersambt ongeacht of die vergoedingen ten laste van de gemeente komen of niet. Indien deze vergoedingen worden uitgekeerd, worden zij gestort in de gemeentekas.
5. Tot vergoedingen als bedoeld in het vierde lid, behoren inkomsten, onder welke benaming ook, uit nevenfuncties die de wethouder neerlegt bij beëindiging van het ambt.
6. Andere inkomsten als bedoeld in het vierde lid worden met de bezoldiging verrekend overeenkomstig artikel 3 van de Wet schadeloosstelling leden Tweede Kamer. De rijksbelastingdienst verstrekt Onze Minister ten behoeve van de verrekening de benodigde gegevens.
7. Ten aanzien van de wethouders die hun ambt in deeltijd vervullen, vindt onverminderd het vierde lid geen verrekening plaats van de inkomsten, bedoeld in het zesde lid.
8. Bij algemene maatregel van bestuur worden regels gesteld over de wijze waarop de wethouder gegevens over de inkomsten, bedoeld in het zesde lid, verstrekt, en de gevolgen van het niet verstrekken van deze gegevens.

Bezoldiging

Art. 44a
1. Op de bezoldiging is, voor zover in deze wet niet anders is bepaald, beslag mogelijk overeenkomstig de voorschriften van het gemene recht.
2. Kostenvergoedingen krachtens artikel 44, tweede lid, zijn niet vatbaar voor beslag.

Beslag op bezoldiging

Art. 44b
Onverschuldigd betaalde bezoldiging kan worden teruggevorderd.

Terugvordering onverschuldigde betaalde bezoldiging

Art. 44c
1. Met de bezoldiging kan worden verrekend hetgeen de wethouder zelf als zodanig aan de gemeente verschuldigd is.
2. Verrekening als bedoeld in het eerste lid kan plaatshebben ondanks gelegd beslag of toegepaste korting als bedoeld in artikel 44d, eerste lid.
3. Verrekening als bedoeld in het eerste lid is slechts in zoverre geldig als een beslag op die bezoldiging geldig zou zijn, met dien verstande dat verrekening van hetgeen wegens genoten huisvesting of voeding is verschuldigd eveneens kan plaatsvinden met dat deel van de bezoldiging dat de beslagvrije voet, bedoeld in de artikelen 475c tot en met 475e van het Wetboek van Burgerlijke Rechtsvordering vormt.

Verrekening bezoldiging

Art. 44d

Korting op bezoldiging

1. Op de bezoldiging kan ten behoeve van een schuldeiser van de wethouder een korting worden toegepast, mits de wethouder de vordering van de schuldeiser erkent dan wel het bestaan van de vordering blijkt uit een in kracht van gewijsde gegane rechterlijke uitspraak dan wel uit een authentieke akte.
2. Korting is slechts in zoverre geldig als een beslag op die bezoldiging geldig zou zijn.
3. Beslag, faillissement, surseance van betaling en toepassing ten aanzien van de wethouder van de schuldsaneringsregeling natuurlijke personen sluiten korting uit.

Art. 44e

Verrekening en korting gelijkgesteld met beslag

Voor de toepassing van artikel 475b, tweede lid, van het Wetboek van Burgerlijke Rechtsvordering worden, onverminderd artikel 44c, tweede lid, en artikel 44d, derde lid, verrekening en korting gelijkgesteld met beslag.

Art. 44f

Verdeling bezoldiging naar evenredigheid

Indien verscheidene schuldeisers uit hoofde van beslag of korting aanspraak hebben op een deel van de bezoldiging geschiedt de verdeling naar evenredigheid der inschulden, voor zover niet de ene schuldeiser voorrang heeft boven de anderen.

Art. 44g

Overdracht of inpandgeving bezoldiging

1. Overdracht, inpandgeving of elke andere handeling, waardoor de wethouder enig recht op zijn bezoldiging aan een derde toekent, is slechts geldig voor dat deel van de bezoldiging waarop beslag geldig zou zijn.
2. Een volmacht tot voldoening of invordering van de bezoldiging is slechts geldig indien zij schriftelijk is verleend en is steeds herroepelijk.

Art. 44h

Betaling of afgifte bezoldiging aan gemachtigde

Betaling of afgifte aan een gemachtigde, nadat een volmacht tot voldoening of invorderingen van bezoldiging is geëindigd, ontlasten de gemeente, indien een gegeven opdracht tot de betaling of afgifte niet meer tijdig kon worden ingetrokken, toen de gemeente van het eindigen van de volmacht kennis kreeg.

Art. 44i

Beslag omvat invorderinge ex art. 19 Invorderingswet 1990

Beslag omvat in deze wet ook de invordering, bedoeld in artikel 19 van de Invorderingswet 1990.

Art. 44j

Bedragen gelijkgesteld aan bezoldiging

Met bezoldiging worden in de artikelen 44a tot en met 44h gelijkgesteld de bedragen – onder de benaming van uitkering of welke benaming ook – waarop de wethouder krachtens artikel 44, eerste lid, aanspraak heeft of waarop zijn nagelaten betrekkingen uit hoofde van zijn overlijden krachtens artikel 44, eerste lid, aanspraak hebben.

Art. 45

Verlof aan wethouder

1. Het college verleent aan een wethouder op diens verzoek verlof wegens zwangerschap en bevalling. Het verlof gaat in op de in het verzoek vermelde dag die ligt tussen ten hoogste zes en ten minste vier weken voor de vermoedelijke datum van de bevalling die blijkt uit een bij het verzoek gevoegde verklaring van een arts of verloskundige.
2. Het college verleent aan een wethouder op diens verzoek verlof wegens ziekte, indien uit een bij het verzoek gevoegde verklaring van een arts blijkt dat niet aannemelijk is dat hij de uitoefening van zijn functie binnen acht weken zal kunnen hervatten.
3. In het geval een wethouder vanwege zijn ziekte niet in staat is zelf het verzoek te doen, kan de burgemeester namens hem het verzoek doen indien de continuïteit van het gemeentelijk bestuur dringend vereist dat in voorziening van de uitoefening van de wethouder wordt voorzien.
4. Het verlof eindigt op de dag waarop zestien weken zijn verstreken sinds de dag waarop het verlof is ingegaan.
5. Aan een wethouder wordt gedurende de zittingsperiode van de raad ten hoogste drie maal verlof verleend.

Art. 45a

Beslissing

1. Het college beslist zo spoedig mogelijk op een verzoek tot verlof, doch uiterlijk op de veertiende dag na indiening van het verzoek.
2. De beslissing geschiedt in overeenstemming met de verklaring van de arts of verloskundige en bevat de dag waarop het verlof ingaat.

Art. 45b

Vervanging

1. De raad kan een vervanger benoemen voor de wethouder die met verlof is gegaan. Artikel 36, eerste en derde lid, is niet van toepassing.
2. De vervanger is van rechtswege ontslagen met ingang van de dag waarop zestien weken zijn verstreken sinds de dag waarop het verlof is ingegaan.
3. Indien de vervanger voor het einde van het verlof ontslag neemt of door de raad wordt ontslagen, kan de raad voor de resterende duur van het verlof een vervanger benoemen.

Gemeentewet

Art. 46
1. Indien degene wiens benoeming tot wethouder is ingegaan, een functie bekleedt als bedoeld in artikel 36b, eerste lid, en het tweede of derde lid van dat artikel niet van toepassing zijn, draagt hij er onverwijld zorg voor dat hij uit die functie wordt ontheven. *Gevolgen incompatibiliteiten*
2. De raad verleent hem ontslag indien hij dit nalaat.
3. Het ontslag gaat in terstond na de bekendmaking van het ontslagbesluit.
4. In het geval, bedoeld in het tweede lid, is artikel 4:8 van de Algemene wet bestuursrecht niet van toepassing.

Art. 47
1. Indien een wethouder niet langer voldoet aan de vereisten voor het wethouderschap, bedoeld in artikel 36a, eerste en tweede lid, of een functie gaat bekleden als bedoeld in artikel 36b, eerste lid, en het tweede of derde lid van dat artikel niet van toepassing zijn, neemt hij onmiddellijk ontslag. Hij doet hiervan schriftelijk mededeling aan de raad. *Onmiddellijk ontslag wethouder*
2. Artikel 46, tweede, derde en vierde lid, is van overeenkomstige toepassing.

Art. 48
[Vervallen]

Art. 49
Indien een uitspraak van de raad inhoudende de opzegging van zijn vertrouwen in een wethouder er niet toe leidt dat de betrokken wethouder onmiddellijk ontslag neemt, kan de raad besluiten tot ontslag. Artikel 31 is van toepassing op de stemming inzake het ontslag. Op het ontslagbesluit is artikel 4:8 van de Algemene wet bestuursrecht niet van toepassing. *Onvrijwillig ontslag*

Art. 50
De rechter treedt niet in de beoordeling van de gronden waarop de raad tot ontslag van een wethouder heeft besloten. *Geen rechterlijke toetsing gronden ontslag*

Art. 51
[Vervallen]

Art. 52
Het college stelt een reglement van orde voor zijn vergaderingen en andere werkzaamheden vast, dat aan de raad wordt toegezonden. *Reglement van orde*

Art. 53
1. De burgemeester stelt, met inachtneming van hetgeen het college heeft bepaald, dag en plaats van de vergadering van het college en het tijdstip van de opening vast. *Dag, plaats, tijdstip vergadering*
2. De burgemeester maakt dag en plaats van te houden openbare vergaderingen en het tijdstip van de opening bekend.

Art. 53a
1. De burgemeester bevordert de eenheid van het collegebeleid. *Agenda*
2. De burgemeester kan onderwerpen aan de agenda voor een vergadering van het college toevoegen.
3. De burgemeester kan ten aanzien van geagendeerde onderwerpen een eigen voorstel aan het college voorleggen.

Art. 54
1. De vergaderingen van het college worden met gesloten deuren gehouden, voor zover het college niet anders heeft bepaald. *Besloten vergadering*
2. Het reglement van orde voor de vergaderingen kan regels geven omtrent de openbaarheid van de vergaderingen van het college.

Art. 55
1. Het college kan op grond van een belang, genoemd in artikel 10 van de Wet openbaarheid van bestuur, omtrent het in een besloten vergadering behandelde en omtrent de inhoud van de stukken die aan het college worden overgelegd, geheimhouding opleggen. Geheimhouding omtrent het in een besloten vergadering behandelde wordt tijdens die vergadering opgelegd. De geheimhouding wordt door hen die bij de behandeling aanwezig waren en allen die van het behandelde of de stukken kennis dragen, in acht genomen totdat het college haar opheft. *Geheimhouding*
2. Op grond van een belang, genoemd in artikel 10 van de Wet openbaarheid van bestuur, kan de geheimhouding eveneens worden opgelegd door de burgemeester of een commissie, ten aanzien van de stukken die zij aan het college overleggen. Daarvan wordt op de stukken melding gemaakt. De geheimhouding wordt in acht genomen totdat het orgaan dat de verplichting heeft opgelegd, dan wel de raad haar opheft.
3. Indien het college zich ter zake van het behandelde waarvoor een verplichting tot geheimhouding geldt tot de raad heeft gericht, wordt de geheimhouding in acht genomen totdat de raad haar opheft.

Art. 56
1. In de vergadering van het college kan slechts worden beraadslaagd of besloten, indien ten minste de helft van het aantal zitting hebbende leden tegenwoordig is. *Vergaderquorum*
2. Indien het vereiste aantal leden niet tegenwoordig is, belegt de burgemeester, onder verwijzing naar dit artikel, opnieuw een vergadering.

3. Op de vergadering, bedoeld in het tweede lid, is het eerste lid niet van toepassing. Het college kan echter over andere aangelegenheden dan die waarvoor de eerdere vergadering was belegd alleen beraadslagen of besluiten, indien ten minste de helft van het aantal zitting hebbende leden tegenwoordig is.

Art. 57

Onschendbaarheid

De leden van het college en andere personen die deelnemen aan de beraadslaging kunnen niet in rechte worden vervolgd of aangesproken voor hetgeen zij in de vergadering van het college hebben gezegd of aan het college schriftelijk hebben overgelegd.

Art. 58

Stemverbod en quora

De artikelen 28, eerste tot en met derde lid, 29 en 30 zijn ten aanzien van de vergaderingen van het college van overeenkomstige toepassing.

Art. 59

Staken stemmen

1. Indien bij een stemming, anders dan over personen voor het doen van benoemingen, voordrachten of aanbevelingen, de stemmen staken, wordt opnieuw gestemd.

Beslissende stem voorzitter

2. Staken de stemmen andermaal over hetzelfde voorstel, dan beslist de stem van de voorzitter.

Art. 59a

Ondertekening stukken college

1. De stukken die van het college uitgaan, worden door de burgemeester ondertekend en door de secretaris medeondertekend.
2. Het college en burgemeester en wethouders kan hem toestaan de ondertekening op te dragen aan een ander lid van het college, aan de secretaris of aan een of meer andere gemeenteambtenaren.
3. De medeondertekening door de secretaris is niet van toepassing indien de ondertekening van stukken die van het college uitgaan ingevolge het tweede lid is opgedragen aan de secretaris of een of meer andere gemeenteambtenaren.

Art. 60

Actieve informatieplicht

1. De raad kan regelen van welke beslissingen van het college aan de leden van de raad kennisgeving wordt gedaan. Daarbij kan de raad de gevallen bepalen waarin met terinzagelegging kan worden volstaan.
2. Het college laat de kennisgeving of terinzagelegging achterwege voor zover deze in strijd is met het openbaar belang.

Openbaarmaking besluitenlijst

3. Het college maakt de besluitenlijst van zijn vergaderingen op de in de gemeente gebruikelijke wijze openbaar. Het college laat de openbaarmaking achterwege voor zover het aangelegenheden betreft ten aanzien waarvan op grond van artikel 55 geheimhouding is opgelegd of ten aanzien waarvan openbaarmaking in strijd is met het openbaar belang.

Hoofdstuk IV
De burgemeester

Art. 61

Benoeming

1. De burgemeester wordt bij koninklijk besluit op voordracht van Onze Minister benoemd voor de tijd van zes jaar.
2. De commissaris van de Koning overlegt met de raad over de eisen die aan de te benoemen burgemeester worden gesteld met betrekking tot de vervulling van het ambt. Voorafgaand aan het overleg met de commissaris stelt de raad het college in de gelegenheid zijn wensen en bedenkingen ten aanzien van deze eisen kenbaar te maken.
3. Na het overleg met de commissaris stelt de raad uit zijn midden een vertrouwenscommissie in, belast met de beoordeling van de kandidaten. De raad kan bepalen dat één of meer wethouders als adviseur aan de vertrouwenscommissie worden toegevoegd. De commissaris verschaft de vertrouwenscommissie een opgave van degenen die naar het ambt van burgemeester hebben gesolliciteerd, vergezeld van zijn oordeel over kandidaten die hij in beginsel geschikt acht voor benoeming. Als de vertrouwenscommissie besluit naast deze kandidaten ook andere kandidaten die gesolliciteerd hebben, bij haar beoordeling te betrekken, doet zij daarvan onverwijld mededeling aan de commissaris. Deze brengt zijn oordeel over laatstgenoemde kandidaten ter kennis van de vertrouwenscommissie.
4. De vertrouwenscommissie verschaft zich door tussenkomst van de commissaris de door haar nodig geachte informatie over de kandidaten. Bestuursorganen zijn verplicht de gevraagde informatie te verstrekken. De vertrouwenscommissie brengt verslag uit van haar bevindingen aan de raad en aan de commissaris.
5. De raad zendt Onze Minister binnen vier maanden nadat de gelegenheid tot sollicitatie voor de functie is gegeven een aanbeveling inzake de benoeming. Deze aanbeveling omvat twee personen.
6. In een bijzonder, door de raad te motiveren geval, kan worden volstaan met een aanbeveling waarop één persoon vermeld staat. Onze Minister slaat geen acht op een enkelvoudige aanbeveling, indien naar zijn oordeel geen sprake is van een bijzonder geval.

7. Onze Minister volgt in zijn voordracht in beginsel de aanbeveling, met inbegrip van de daarop gehanteerde volgorde, tenzij zwaarwegende gronden aanleiding tot afwijking geven. Een afwijking wordt gemotiveerd.
8. De rijksbelastingdienst verstrekt Onze Minister de benodigde gegevens inzake bestuurlijke boeten als bedoeld in hoofdstuk VIIIA van de Algemene wet inzake rijksbelastingen en inzake strafbeschikkingen als bedoeld in artikel 76 van die wet, voor zover deze boeten en beschikkingen zijn opgelegd dan wel hadden kunnen worden opgelegd ter zake van feiten die zijn gebleken na de termijn om deze op te leggen.

Art. 61a
1. De burgemeester kan bij koninklijk besluit op voordracht van Onze Minister worden herbenoemd voor de tijd van zes jaar.   *Herbenoeming*
2. De raad zendt een aanbeveling inzake de herbenoeming van de burgemeester tenminste vier maanden voor de eerste dag van de maand waarin de herbenoeming dient in te gaan, aan Onze Minister door tussenkomst van de commissaris van de Koning.
3. Voordat de raad een aanbeveling opstelt, overlegt hij met de commissaris over het functioneren van de burgemeester.
4. Na het overleg met de commissaris stelt de raad uit zijn midden een vertrouwenscommissie in, belast met de voorbereiding van de aanbeveling inzake de herbenoeming. De raad kan bepalen dat één of meer wethouders als adviseur aan de vertrouwenscommissie worden toegevoegd.
5. De commissaris brengt advies uit aan Onze Minister over de aanbeveling van de raad.
6. Onze Minister wijkt in zijn voordracht slechts af van de aanbeveling op gronden ontleend aan het advies van de commissaris dan wel op andere zwaarwegende gronden.

Art. 61b
1. De burgemeester kan te allen tijde bij koninklijk besluit op voordracht van Onze Minister worden ontslagen.   *Ontslag*
2. Indien sprake is van een verstoorde verhouding tussen de burgemeester en de raad, kan de raad, door tussenkomst van de commissaris van de Koning, een aanbeveling tot ontslag zenden aan Onze Minister.
3. Voordat de raad verklaart dat van een verstoorde verhouding tussen de burgemeester en de raad sprake is, overlegt hij met de commissaris over de aanleiding tot die verklaring.
4. Een aanbeveling vormt geen onderwerp van beraadslagingen en wordt niet vastgesteld dan nadat de raad tenminste twee weken en ten hoogste drie maanden tevoren heeft verklaard, dat tussen de burgemeester en de raad sprake is van een verstoorde verhouding.
5. De oproeping tot de vergadering waarin over de aanbeveling wordt beraadslaagd of besloten, wordt tenminste achtenveertig uur voor de aanvang of zoveel eerder als de raad heeft bepaald, bij de leden van de raad bezorgd. Zij vermeldt het voorstel tot de aanbeveling.
6. De commissaris brengt advies uit aan Onze Minister over de aanbeveling.
7. Onze Minister wijkt in zijn voordracht slechts af van de aanbeveling op gronden ontleend aan het advies van de commissaris dan wel op andere zwaarwegende gronden.

Art. 61c
1. De beraadslagingen, bedoeld in de artikelen 61, derde en vierde lid, 61a, derde en vierde lid, en 61b, derde lid, vinden plaats met gesloten deuren. Van deze beraadslagingen wordt een afzonderlijk verslag opgemaakt dat niet openbaar wordt gemaakt.   *Beraadslaging*
2. Ten aanzien van de beraadslagingen en de stukken die aan de raad worden gezonden dan wel die door de raad aan Onze Minister worden gezonden geldt een geheimhoudingsplicht.
3. De aanbevelingen van de raad, bedoeld in artikel 61, vijfde en zesde lid, 61a, tweede lid, en 61b, tweede lid, zijn openbaar met dien verstande dat ten aanzien van de aanbeveling inzake de benoeming, bedoeld in artikel 61, vijfde lid, de openbaarheid uitsluitend de als eerste aanbevolen persoon geldt. Artikel 31 is van toepassing op de stemmingen inzake de aanbevelingen.

Art. 61d-61e
[Vervallen]

Art. 62
1. De burgemeester kan bij koninklijk besluit worden geschorst.   *Schorsing*
2. Onze Minister kan, in afwachting van een besluit omtrent schorsing, bepalen dat de burgemeester zijn functie niet uitoefent.
3. Een besluit als bedoeld in het tweede lid vervalt, indien niet binnen een maand een besluit omtrent de schorsing is genomen.

Art. 63
Voor de benoembaarheid tot burgemeester is het Nederlanderschap vereist.   *Nederlanderschap*

Art. 64
Dezelfde persoon kan in meer dan een gemeente tot burgemeester worden benoemd, mits op het tijdstip van benoeming het gezamenlijk aantal inwoners het getal van 10 000 niet te boven gaat.   *Burgemeester van meer dan een gemeente*

Art. 65

Eed en belofte

1. De burgemeester legt ten overstaan van de raad in handen van de commissaris van de Koning de volgende eed (verklaring en belofte) af:
"Ik zweer (verklaar) dat ik, om tot burgemeester benoemd te worden, rechtstreeks noch middellijk, onder welke naam of welk voorwendsel ook, enige gift of gunst heb gegeven of beloofd.
Ik zweer (verklaar en beloof) dat ik, om iets in dit ambt te doen of te laten, rechtstreeks noch middellijk enig geschenk of enige belofte heb aangenomen of zal aannemen.
Ik zweer (beloof) dat ik getrouw zal zijn aan de Grondwet, dat ik de wetten zal nakomen en dat ik mijn plichten als burgemeester naar eer en geweten zal vervullen.
Zo waarlijk helpe mij God Almachtig!"
(Dat verklaar en beloof ik!")

Eed en belofte in de Friese taal

2. Wanneer de eed (verklaring en belofte), bedoeld in het eerste lid, in de Friese taal wordt afgelegd, luidt de tekst van de eed (verklaring en belofte) als volgt:
«Ik swar (ferklearje) dat ik, om ta boargemaster beneamd te wurden, streekrjocht noch midlik, ûnder wat namme of wat ferlechje ek, hokker jefte of geunst dan ek jûn of ûnthjitten haw.
Ik swar (ferklearje en ûnthjit) dat ik, om eat yn dit amt te dwaan of te litten, streekrjocht noch midlik hokker geskink of hokker ûnthjit dan ek oannommen haw of oannimme sil.
Ik swar (ûnthjit) dat ik trou wêze sil oan 'e Grûnwet, dat ik de wetten neikomme sil en dat ik myn plichten as boargemaster yn alle oprjochtens ferfolje sil.
Sa wier helpe my God Almachtich!»
(«Dat ferklearje en ûnthjit ik!»).

Art. 66

Bezoldiging

1. De burgemeester geniet ten laste van de gemeente een bezoldiging, die bij of krachtens algemene maatregel van bestuur wordt geregeld.
2. Daarbij kunnen tevens regels worden gesteld betreffende tegemoetkoming in of vergoeding van bijzondere kosten en betreffende andere voorzieningen die verband houden met de vervulling van het burgemeestersambt.
3. Buiten hetgeen hem bij of krachtens de wet is toegekend, geniet de burgemeester als zodanig geen inkomsten, in welke vorm ook, ten laste van de gemeente.
4. De burgemeester geniet geen vergoedingen, in welke vorm ook, voor werkzaamheden, verricht in nevenfuncties welke hij vervult uit hoofde van het burgemeestersambt, ongeacht of die vergoedingen ten laste van de gemeente komen of niet. Indien deze vergoedingen worden uitgekeerd, worden zij gestort in de gemeentekas.
5. Tot vergoedingen als bedoeld in het vierde lid, behoren inkomsten, onder welke benaming ook, uit nevenfuncties die de burgemeester neerlegt bij beëindiging van het ambt.
6. Andere inkomsten dan die bedoeld in het vierde lid worden met de bezoldiging verrekend overeenkomstig artikel 3 van de Wet schadeloosstelling leden Tweede Kamer. De rijksbelastingdienst verstrekt Onze Minister ten behoeve van de verrekening de benodigde gegevens.
7. Bij algemene maatregel van bestuur worden regels gesteld over de wijze waarop de burgemeester gegevens over de inkomsten, bedoeld in het zesde lid, verstrekt, en de gevolgen van het niet verstrekken van deze gegevens.
8. De artikelen 44a tot en met 44j zijn van overeenkomstige toepassing, met dien verstande dat voor «wethouder» wordt gelezen «burgemeester» en voor «artikel 44» «artikel 66».

Art. 67

Nevenfuncties

1. De burgemeester vervult geen nevenfuncties waarvan de uitoefening ongewenst is met het oog op de goede vervulling van zijn burgemeestersambt of op de handhaving van zijn onpartijdigheid en onafhankelijkheid of van het vertrouwen daarin.

Melding

2. De burgemeester meldt zijn voornemen tot aanvaarding van een nevenfunctie, anders dan uit hoofde van zijn burgemeestersambt, aan de raad.

Openbaarmaking

3. De burgemeester maakt nevenfuncties, anders dan uit hoofde van zijn burgemeestersambt, en de inkomsten uit die functies openbaar. Openbaarmaking geschiedt door terinzagelegging op het gemeentehuis uiterlijk op 1 april na het kalenderjaar waarin de inkomsten zijn genoten.
4. Onder inkomsten wordt verstaan: loon in de zin van artikel 9 van de Wet op de loonbelasting 1964, verminderd met de eindheffingsbestanddelen bedoeld in artikel 31 van die wet.

Art. 68

Onverenigbare betrekkingen

1. De burgemeester is niet tevens:
   a. minister;
   b. staatssecretaris;
   c. lid van de Raad van State;
   d. lid van de Algemene Rekenkamer;
   e. Nationale ombudsman;
   f. substituut-ombudsman als bedoeld in artikel 9, eerste lid, van de Wet Nationale ombudsman;
   g. commissaris van de Koning;
   h. gedeputeerde;
   i. secretaris van de provincie;

j. griffier van de provincie;
k. lid van de rekenkamer van de provincie waarin de gemeente waar hij burgemeester is, is gelegen;
l. lid van een raad;
m. wethouder;
n. lid van de rekenkamer;
o. ombudsman of lid van de ombudscommissie als bedoeld in artikel 81p, eerste lid;
p. ambtenaar of ambtenaar van politie, in dienst van die gemeente of uit anderen hoofde daaraan ondergeschikt;
q. ambtenaar, in dienst van de Staat of de provincie, tot wiens taak behoort het verrichten van werkzaamheden in het kader van het toezicht op de gemeente;
r. functionaris die krachtens de wet of een algemene maatregel van bestuur het gemeentebestuur van advies dient.
2. In afwijking van het eerste lid, aanhef en onder p, kan een burgemeester tevens ambtenaar van de burgerlijke stand zijn.

Art. 69
1. Artikel 15, eerste en tweede lid, is van overeenkomstige toepassing op de burgemeester met dien verstande dat de ontheffing, bedoeld in het tweede lid van dat artikel, wordt verleend door de commissaris van de Koning.   *Verboden handelingen*
2. De raad stelt voor de burgemeester een gedragscode vast.

Art. 70
Het ambt van burgemeester ontheft van alle bij of krachtens de wet opgelegde verplichtingen tot het verrichten van persoonlijke diensten.   *Vrijstelling verrichting persoonlijke diensten*

Art. 71
1. De burgemeester heeft zijn werkelijke woonplaats in de gemeente of, indien hij burgemeester is van meer dan een gemeente, in een van die gemeenten.   *Woonplaats*
2. De raad kan voor ten hoogste een jaar ontheffing verlenen van de verplichting om de werkelijke woonplaats in de gemeente te hebben.
3. De commissaris van de Koning kan de ontheffing in bijzondere gevallen tweemaal, telkens voor de duur van maximaal een jaar, verlengen. Alvorens daartoe over te gaan, hoort hij de raad.

Art. 72
1. Indien de burgemeester langer dan zes weken buiten de gemeente wenst te verblijven, behoeft hij daartoe de toestemming van de commissaris. De toestemming mag alleen worden verleend, indien het belang van de gemeente zich daartegen niet verzet.   *Verblijf buiten de gemeente*
2. De Algemene termijnenwet is niet van toepassing op de termijn genoemd in het eerste lid.

Art. 73
1. Voor zover dit niet bij de wet is geschied, worden bij of krachtens algemene maatregel van bestuur ten aanzien van de burgemeester regels vastgesteld betreffende: *Rechtspositie*
a. benoeming, herbenoeming, schorsing, tijdelijk niet uitoefenen van zijn functie en ontslag;
b. het onderzoek naar de geschiktheid en de bekwaamheid;
c. aanspraken in geval van ziekte;
d. bescherming bij de arbeid;
e. georganiseerd overleg over aangelegenheden zijn rechtspositie betreffende;
f. andere aangelegenheden, zijn rechtspositie betreffende, die regeling behoeven.
2. Bij de regels betreffende de in het eerste lid bedoelde aangelegenheden kunnen financiële voorzieningen worden getroffen die ten laste van de gemeente komen.

Art. 74
1. Alle aan de raad of aan het college gerichte stukken worden door of namens de burgemeester geopend.   *Openen van stukken*
2. Van de ontvangst van aan de raad gerichte stukken die niet terstond in de vergadering van de raad aan de orde worden gesteld, doet hij in de eerstvolgende vergadering van de raad mededeling.

Art. 75
[Vervallen]

Art. 76
Bij koninklijk besluit wordt bepaald, welke de onderscheidingstekenen van de burgemeester zijn en bij welke gelegenheden hij deze zal dragen.   *Ambtsketen*

Art. 77
1. Bij verhindering of ontstentenis van de burgemeester wordt zijn ambt waargenomen door een door het college aan te wijzen wethouder. Het voorzitterschap van de raad wordt in dat geval waargenomen door het langstzittende lid van de raad. Indien meer leden van de raad even lang zitting hebben, vindt de waarneming plaats door het oudste lid in jaren van hen. De raad kan een ander lid van de raad met de waarneming belasten.   *Waarneming*

A29 art. 78 — Gemeentewet

2. Bij verhindering of ontstentenis van alle wethouders wordt het ambt waargenomen door het langstzittende lid van de raad. Indien meer leden van de raad even lang zitting hebben, vindt de waarneming plaats door het oudste lid in jaren van hen. De raad kan een ander lid van de raad met de waarneming belasten.

Art. 78

Voorziening waarneming door commissaris

1. Indien de commissaris van de Koning het in het belang van de gemeente nodig oordeelt, voorziet hij in afwijking van artikel 77 in de waarneming. Alvorens daartoe over te gaan hoort hij de raad, tenzij gewichtige redenen zich daartegen verzetten.
2. Hij die door de commissaris met de waarneming van het ambt van burgemeester is belast, legt in handen van de commissaris een overeenkomstig artikel 65 luidende eed (verklaring en belofte) af.

Art. 79

Waarnemingsvergoeding

De toekenning van een vergoeding ten laste van de gemeente aan degene die met de waarneming van het ambt van burgemeester is belast, wordt geregeld bij of krachtens algemene maatregel van bestuur.

Art. 80

Verboden handelingen bij waarneming

Ten aanzien van degene die met de waarneming van het ambt van burgemeester is belast, zijn de artikelen 63, 67, 68 en 69 van overeenkomstige toepassing.

Art. 81

Kennisgeving en terinzagelegging van beslissingen van de burgemeester

1. De raad kan regelen van welke beslissingen van de burgemeester aan de leden van de raad kennisgeving wordt gedaan. Daarbij kan de raad de gevallen bepalen waarin met terinzagelegging kan worden volstaan.
2. De burgemeester laat de kennisgeving of terinzagelegging achterwege voor zover deze in strijd is met het openbaar belang.

Art. 81bis

Ambtsinstructie CdK

De commissaris verricht de werkzaamheden, genoemd in de artikelen 61, 61a, 61b, 65, 69, 71, 72 en 78, volgens een door de regering gegeven ambtsinstructie.

Hoofdstuk IVa
De rekenkamer

Paragraaf 1
De gemeentelijke rekenkamer

Art. 81a

Instelling rekenkamer

1. De raad kan een rekenkamer instellen.
2. Indien de raad een rekenkamer instelt, zijn de navolgende artikelen van dit hoofdstuk alsmede hoofdstuk XIa van toepassing.
3. Indien de raad geen rekenkamer instelt, is hoofdstuk IVb van toepassing.

Art. 81b

Aantal leden

De raad stelt het aantal leden van de rekenkamer vast.

Art. 81c

Benoeming en ontslag leden door raad

1. De raad benoemt de leden van de rekenkamer voor de duur van zes jaar.
2. Indien de rekenkamer uit twee of meer leden bestaat, benoemt de raad uit de leden de voorzitter.
3. De raad kan plaatsvervangende leden benoemen. Indien de rekenkamer uit één lid bestaat, benoemt de raad in ieder geval een plaatsvervangend lid. Deze paragraaf is op plaatsvervangende leden van overeenkomstige toepassing.
4. De raad kan een lid herbenoemen.
5. Voorafgaand aan de benoemingen, bedoeld in het eerste tot en met het vierde lid, pleegt de raad overleg met de rekenkamer.
6. Een lid van de rekenkamer wordt door de raad ontslagen:
   a. op eigen verzoek;
   b. bij de aanvaarding van een functie die onverenigbaar is met het lidmaatschap;
   c. indien hij bij onherroepelijk geworden rechterlijke uitspraak wegens misdrijf is veroordeeld, dan wel hem bij zulk een uitspraak een maatregel is opgelegd die vrijheidsbeneming tot gevolg heeft;
   d. indien hij bij onherroepelijk geworden rechterlijke uitspraak onder curatele is gesteld, in staat van faillissement is verklaard, surséance van betaling heeft verkregen of wegens schulden is gegijzeld;
   e. indien hij naar het oordeel van de raad ernstig nadeel toebrengt aan het in hem gestelde vertrouwen.
7. Een lid van de rekenkamer kan door de raad worden ontslagen:
   a. indien hij door ziekte of gebreken blijvend ongeschikt is zijn functie te vervullen;

Gemeentewet

A29 art. 81g

b. indien hij handelt in strijd met artikel 81h.

Art. 81d
1. De raad stelt een lid van de rekenkamer op non-activiteit indien:
a. hij zich in voorlopige hechtenis bevindt;
b. hij bij een nog niet onherroepelijk geworden rechterlijke uitspraak wegens misdrijf is veroordeeld, dan wel hem bij zulk een uitspraak een maatregel is opgelegd die vrijheidsbeneming tot gevolg heeft;
c. hij onder curatele is gesteld, in staat van faillissement is verklaard, surséance van betaling heeft verkregen of wegens schulden is gegijzeld ingevolge een nog niet onherroepelijk geworden rechterlijke uitspraak.
2. De raad kan een lid van de rekenkamer op non-activiteit stellen, indien tegen hem een gerechtelijk onderzoek ter zake van een misdrijf wordt ingesteld of indien er een ander ernstig vermoeden is van het bestaan van feiten en omstandigheden die tot ontslag, anders dan op gronden vermeld in artikel 81c, zesde lid, onder a, en zevende lid, onder a, zouden kunnen leiden.
3. De raad beëindigt de non-activiteit zodra de grond voor de maatregel is vervallen, met dien verstande dat in een geval als bedoeld in het tweede lid de non-activiteit in ieder geval eindigt na zes maanden. In dat geval kan de raad de maatregel telkens voor ten hoogste drie maanden verlengen.

Art. 81e
Artikel 12 is van overeenkomstige toepassing op de leden van de rekenkamer.

Art. 81f
1. Een lid van de rekenkamer is niet tevens:
a. minister;
b. staatssecretaris;
c. lid van de Raad van State;
d. lid van de Algemene Rekenkamer;
e. Nationale ombudsman;
f. substituut-ombudsman als bedoeld in artikel 9, eerste lid, van de Wet Nationale ombudsman;
g. commissaris van de Koning van de provincie waarin de gemeente waar hij lid van de rekenkamer is, is gelegen;
h. gedeputeerde van de provincie waarin de gemeente waar hij lid van de rekenkamer is, is gelegen;
i. secretaris van de provincie waarin de gemeente waar hij lid van de rekenkamer is, is gelegen;
j. griffier van de provincie waarin de gemeente waar hij lid van de rekenkamer is, is gelegen;
k. lid van de raad;
l. burgemeester van de betrokken gemeente;
m. wethouder van de betrokken gemeente;
n. ombudsman of lid van de ombudscommissie als bedoeld in artikel 81p, eerste lid;
o. lid van een commissie van de betrokken gemeente;
p. ambtenaar of ambtenaar van politie, in dienst van die gemeente of uit anderen hoofde daaraan ondergeschikt;
q. ambtenaar, in dienst van de Staat of de provincie, tot wiens taak behoort het verrichten van werkzaamheden in het kader van het toezicht op de gemeente;
r. functionaris die krachtens de wet of een algemene maatregel van bestuur het gemeentebestuur van advies dient.
2. In afwijking van het eerste lid, aanhef en onder p, kan een lid van de rekenkamer tevens zijn:
a. ambtenaar van de burgerlijke stand;
b. vrijwilliger of ander persoon die uit hoofde van een wettelijke verplichting niet bij wijze van beroep hulpdiensten verricht.

Art. 81g
1. Alvorens hun functie te kunnen uitoefenen, leggen de leden van de rekenkamer in de vergadering van de raad, in handen van de voorzitter, de volgende eed (verklaring en belofte) af:
«Ik zweer (verklaar) dat ik, om tot lid van de rekenkamer benoemd te worden, rechtstreeks noch middellijk, onder welke naam of welk voorwendsel ook, enige gift of gunst heb gegeven of beloofd.
Ik zweer (verklaar en beloof) dat ik, om iets in dit ambt te doen of te laten, rechtstreeks noch middellijk enig geschenk of enige belofte heb aangenomen of zal aannemen.
Ik zweer (beloof) dat ik getrouw zal zijn aan de Grondwet, dat ik de wetten zal nakomen en dat ik mijn plichten als lid van de rekenkamer naar eer en geweten zal vervullen.
Zo waarlijk helpe mij God Almachtig!»
(«Dat verklaar en beloof ik!»)
2. Wanneer de eed (verklaring en belofte), bedoeld in het eerste lid, in de Friese taal wordt afgelegd, luidt de tekst van de eed (verklaring en belofte) als volgt:

Non-actiefstelling lid door raad

Beëindiging non-actiefstelling

Openbaarmaking functies

Onverenigbare betrekkingen

Eed en belofte

Eed en belofte in de Friese taal

«Ik swar (ferklearje) dat ik, om ta lid fan 'e rekkenkeamer beneamd te wurden, streekrjocht noch midlik, ûnder wat namme of wat ferlechje ek, hokker jefte of geunst dan ek jûn of ûnthjitten haw.
Ik swar (ferklearje en ûnthjit) dat ik, om eat yn dit amt te dwaan of te litten, streekrjocht noch midlik hokker geskink of hokker ûnthjit dan ek oannommen haw of oannimme sil.
Ik swar (ûnthjit) dat ik trou wêze sil oan 'e Grûnwet, dat ik de wetten neikomme sil en dat ik myn plichten as lid fan 'e rekkenkeamer yn alle oprjochtens ferfolje sil.
Sa wier helpe my God Almachtich!»
(«Dat ferklearje en ûnthjit ik!»).

Art. 81h

Verboden handelingen

Artikel 15, eerste en tweede lid, is van overeenkomstige toepassing op de leden van de rekenkamer.

Art. 81i

Reglement van orde

1. De rekenkamer stelt een reglement van orde voor haar werkzaamheden vast en, indien zij uit twee of meer personen bestaat, tevens voor haar vergaderingen.

Toezending en bekendmaking

2. De rekenkamer zendt het reglement ter kennisneming aan de raad.

Art. 81j

Terbeschikkingstelling middelen

1. De raad stelt, na overleg met de rekenkamer, de rekenkamer de nodige middelen ter beschikking voor een goede uitoefening van haar werkzaamheden.

Benoeming ambtenaren

2. Op voordracht van de voorzitter of het enige lid van de rekenkamer besluit het college tot het aangaan van arbeidsovereenkomsten met zoveel ambtenaren van de rekenkamer als nodig zijn voor een goede uitoefening van haar werkzaamheden.

Incompatibiliteit ambtenaren

3. De ambtenaren die werkzaamheden verrichten voor de rekenkamer, verrichten niet tevens werkzaamheden voor een ander orgaan van de gemeente.

Verantwoording aan rekenkamer

4. De ambtenaren die werkzaamheden verrichten voor de rekenkamer, zijn ter zake van die werkzaamheden uitsluitend verantwoording schuldig aan de rekenkamer.

Art. 81k

Vergoeding voor werkzaamheden

De leden van de rekenkamer ontvangen een bij verordening van de raad vastgestelde vergoeding voor hun werkzaamheden en een tegemoetkoming in de kosten.

Paragraaf 2
De gemeenschappelijke rekenkamer

Art. 81l

Instelling gemeenschappelijke rekenkamer

In afwijking van artikel 81a kan de raad met de raad of de raden van een of meer andere gemeenten met toepassing van de artikelen 1, en 8, tweede lid, van de Wet gemeenschappelijke regelingen of met provinciale staten van één of meer provincies, al dan niet met de raad of de raden van een of meer andere gemeenten tezamen, met toepassing van artikel 51 en 52, eerste lid, juncto artikel 8, tweede lid, van de Wet gemeenschappelijke regelingen, een gemeenschappelijke rekenkamer instellen. De artikelen 10, tweede en derde lid, 10a, 11, 15, 16, 17, 20, derde lid, 21, 22, 23, 30 en 54 van die wet zijn niet van toepassing.

Art. 81m

Toepasselijkheid artt. 81b t/m 81j

1. De artikelen 81b tot en met 81f, 81h, 81i en 81j, eerste, derde en vierde lid, zijn van overeenkomstige toepassing op de gemeenschappelijke rekenkamer, met dien verstande dat in de artikelen 81b tot en met 81d, 81i, tweede lid, en 81j, eerste lid, voor «de raad» telkens wordt gelezen «de raden van de deelnemende gemeenten gezamenlijk» of, indien de rekenkamer mede is ingesteld door provincies, «provinciale staten en de raden van de deelnemende provincies en gemeenten gezamenlijk».
2. Artikel 81g is op de gemeenschappelijke rekenkamer van toepassing, met dien verstande dat voor «de raad» wordt gelezen «de raad van de gemeente die daartoe in de regeling waarbij de gemeenschappelijke rekenkamer is ingesteld, is aangewezen» of, indien de rekenkamer mede is ingesteld door provincies, «provinciale staten van de provincie of de raad van de gemeente die daartoe in de regeling waarbij de gemeenschappelijke regeling is ingesteld zijn of is aangewezen».

Art. 81n

Onverenigbare betrekkingen

Indien de raad of de raden van een of meer gemeenten met provinciale staten van een of meer provincies een gemeenschappelijke rekenkamer instellen, is, onverminderd artikel 81m, eerste lid, juncto artikel 81f, een lid van de rekenkamer niet tevens:
a. lid van provinciale staten van een deelnemende provincie;
b. ambtenaar, in dienst van een deelnemende provincie of uit anderen hoofde aan het bestuur van een deelnemende provincie ondergeschikt;
c. ambtenaar, in dienst van de Staat, tot wiens taak het behoort het verrichten van werkzaamheden in het kader van het toezicht op de provincie;

Gemeentewet

A29 art. 81q

d. functionaris, krachtens de wet of algemene maatregel van bestuur geroepen om het provinciebestuur van advies te dienen.

Art. 81o
In de regeling waarbij de gemeenschappelijke rekenkamer wordt ingesteld, worden ten minste regels gesteld over:

a. het op verzoek van de voorzitter of het enige lid van de rekenkamer in dienst nemen van de ambtenaren die nodig zijn voor een goede uitoefening van de werkzaamheden van de rekenkamer;
b. de vergoeding die de leden van de rekenkamer voor hun werkzaamheden ontvangen en de tegemoetkoming in de kosten.

Verordening rekenkamercommissie

Hoofdstuk IVb
De rekenkamerfunctie

Art. 81oa
1. Als geen rekenkamer is ingesteld als bedoeld in hoofdstuk IVa, stelt de raad bij verordening regels vast voor de uitoefening van de rekenkamerfunctie.
2. De artikelen 182, 184, 184a en 185 zijn voor de uitoefening van de rekenkamerfunctie van overeenkomstige toepassing.
3. Op personen die de rekenkamerfunctie uitoefenen, is artikel 81f, behoudens het eerste lid, onder k en o, van overeenkomstige toepassing.

Verordening rekenkamerfunctie

Hoofdstuk IVc
De ombudsman

Paragraaf 1
Algemene bepaling

Art. 81p
1. Met inachtneming van het bepaalde in dit hoofdstuk kan de raad de behandeling van verzoekschriften als bedoeld in artikel 9:18, eerste lid, van de Algemene wet bestuursrecht, opdragen aan een gemeentelijke ombudsman of ombudscommissie, dan wel een gezamenlijke ombudsman of ombudscommissie.
2. Een ombudsman of ombudscommissie als bedoeld in het eerste lid kan slechts per 1 januari van enig jaar worden ingesteld. Indien de raad hiertoe besluit, zendt hij het besluit tot instelling aan de Nationale ombudsman voor 1 juli van het jaar voorafgaand aan het jaar waarin de instelling ingaat.
3. De instelling van een ombudsman of ombudscommissie als bedoeld in het eerste lid kan slechts per 1 januari van enig jaar worden beëindigd. Indien de raad hiertoe besluit, zendt hij het besluit tot beëindiging van de instelling aan de Nationale ombudsman voor 1 juli van het jaar voorafgaand aan het jaar waarin de instelling eindigt.

Gemeentelijke ombudsman

Paragraaf 2
De gemeentelijke ombudsman

Art. 81q
1. Indien de raad de behandeling van verzoekschriften opdraagt aan een gemeentelijke ombudsman, benoemt hij deze voor de duur van zes jaar.
2. De raad benoemt een plaatsvervangend ombudsman. Deze paragraaf is op de plaatsvervangend ombudsman van overeenkomstige toepassing.
3. De ombudsman wordt door de raad ontslagen:
a. op eigen verzoek;
b. wanneer hij door ziekte of gebreken blijvend ongeschikt is zijn functie te vervullen;
c. bij de aanvaarding van een betrekking als bedoeld in artikel 81r, eerste lid;
d. wanneer hij bij onherroepelijk geworden rechterlijke uitspraak wegens misdrijf is veroordeeld, dan wel hem bij zulk een uitspraak een maatregel is opgelegd die vrijheidsbeneming tot gevolg heeft;
e. indien hij bij onherroepelijk geworden rechterlijke uitspraak onder curatele is gesteld, in staat van faillissement is verklaard, ten aanzien van hem de schuldsaneringsregeling natuurlijke personen van toepassing is verklaard, hij surseance van betaling heeft verkregen of wegens schulden is gegijzeld;
f. indien hij naar het oordeel van de raad ernstig nadeel toebrengt aan het in hem gestelde vertrouwen.
4. De raad stelt de ombudsman op non-activiteit indien hij:
a. zich in voorlopige hechtenis bevindt;

Benoeming ombudsman

Ontslag ombudsman

Sdu   433

b. bij een nog niet onherroepelijk geworden rechterlijke uitspraak wegens misdrijf is veroordeeld, dan wel hem bij zulk een uitspraak een maatregel is opgelegd die vrijheidsbeneming tot gevolg heeft;
c. onder curatele is gesteld, in staat van faillissement is verklaard, ten aanzien van hem de schuldsaneringsregeling natuurlijke personen van toepassing is verklaard, hij surseance van betaling heeft verkregen of wegens schulden is gegijzeld ingevolge een nog niet onherroepelijk geworden rechterlijke uitspraak.

Art. 81r

Uitoefening functie
1. De ombudsman vervult geen betrekkingen waarvan de uitoefening ongewenst is met het oog op een goede vervulling van zijn ambt of op de handhaving van zijn onpartijdigheid en onafhankelijkheid of van het vertrouwen daarin.
2. Artikel 12 is van overeenkomstige toepassing op de ombudsman.

Art. 81s

Eed
1. Alvorens zijn functie te kunnen uitoefenen, legt de ombudsman in de vergadering van de raad, in handen van de voorzitter, de volgende eed (verklaring en belofte) af: «Ik zweer (verklaar) dat ik, om tot ombudsman benoemd te worden, rechtstreeks noch middellijk, onder welke naam of welk voorwendsel ook, enige gift of gunst heb gegeven of beloofd.
Ik zweer (verklaar en beloof) dat ik, om iets in dit ambt te doen of te laten, rechtstreeks noch middellijk enig geschenk of enige belofte heb aangenomen of zal aannemen.
Ik zweer (verklaar en beloof) dat ik getrouw zal zijn aan de Grondwet, dat ik de wetten zal nakomen en dat ik mijn plichten als ombudsman naar eer en geweten zal vervullen.
Zo waarlijk helpe mij God almachtig!»
(«Dat verklaar en beloof ik!»)

Eed in het Fries
2. Wanneer de eed (verklaring en belofte), bedoeld in het eerste lid, in de Friese taal wordt afgelegd, luidt de tekst van de eed (verklaring en belofte) als volgt: «Ik swar (ferklearje) dat ik, om ta ombudsman beneamd te wurden, streekrjocht noch midlik, ûnder wat namme of wat ferlechje ek, hokker jefte of geunst dan ek jûn of ûnthjitten haw. Ik swar (ferklearje en ûnthjit) dat ik, om eat yn dit amt te dwaan of te litten, streekrjocht noch midlik hokker geskink of hokker ûnthjit dan ek oannommen haw of oannimme sil. Ik swar (ûnthjit) dat ik trou wêze sil oan 'e Grûnwet, dat ik de wetten neikomme sil en dat ik myn plichten as ombudsman yn alle oprjochtens ferfolje sil. Sa wier helpe my God Almachtich!» («Dat ferklearje en ûnthjit ik!»).

Art. 81t

Personeel
1. Op voordracht van de ombudsman besluit het college tot het aangaan van arbeidsovereenkomsten met het personeel van de ombudsman dat nodig is voor een goede uitoefening van zijn werkzaamheden.

Geen last
2. De ombudsman ontvangt ter zake van de uitoefening van zijn werkzaamheden geen instructies, noch in het algemeen, noch voor een enkel geval.
3. Het personeel van de ombudsman verricht geen werkzaamheden voor een bestuursorgaan naar wiens gedraging de ombudsman een onderzoek kan instellen.
4. Het personeel van de ombudsman is ter zake van de werkzaamheden die het voor de ombudsman verricht, uitsluitend aan hem verantwoording schuldig.

Art. 81u

Verslag
De ombudsman zendt jaarlijks een verslag van zijn werkzaamheden aan de raad.

Art. 81v

Vergoeding
De ombudsman ontvangt een bij verordening van de raad vastgestelde vergoeding voor zijn werkzaamheden en een tegemoetkoming in de kosten.

Paragraaf 3
De gemeentelijke ombudscommissie

Art. 81w

Gemeentelijke ombudscommissie
1. Indien de raad de behandeling van verzoekschriften opdraagt aan een gemeentelijke ombudscommissie, stelt de raad het aantal leden van de ombudscommissie vast.
2. De raad benoemt de leden van de ombudscommissie voor de duur van zes jaar.
3. De raad benoemt uit de leden de voorzitter en de plaatsvervangend voorzitter van de ombudscommissie.

Art. 81x

Verslag
1. De ombudscommissie zendt jaarlijks een verslag van zijn werkzaamheden aan de raad.
2. Op de ombudscommissie en op ieder lid afzonderlijk zijn de artikelen 81q, derde en vierde lid, 81r, 81s, 81t en 81v van overeenkomstige toepassing.

Paragraaf 4
De gezamenlijke ombudsman en de gezamenlijke ombudscommissie

Art. 81y
1. De raad kan voor de behandeling van verzoekschriften een gezamenlijke ombudsman of een gezamenlijke ombudscommissie instellen met de raad of raden van een of meer andere gemeenten, dan wel met provinciale staten van een of meer provincies, dan wel met het algemeen bestuur van een of meer waterschappen, dan wel met het algemeen bestuur van een of meer openbare lichamen of gemeenschappelijke organen ingesteld bij gemeenschappelijke regeling.
2. De ombudsman of de ombudscommissie zendt jaarlijks een verslag van zijn werkzaamheden aan de vertegenwoordigende organen van de deelnemende rechtspersonen.
3. Op de ombudsman en op ieder afzonderlijk lid van de ombudscommissie zijn de artikelen 81q tot en met 81t, 81v en 81w van overeenkomstige toepassing.

Gezamenlijke ombudsman en gezamenlijke ombudscommissie

Art. 81z
Indien de raad een ombudsman of een ombudscommissie instelt met toepassing van de Wet gemeenschappelijke regelingen, zijn de in die wet ten aanzien van gemeenschappelijke organen opgenomen bepalingen slechts van toepassing voor zover de aard van de aan de ombudsman of de ombudscommissie opgedragen taken zich daartegen niet verzet.

Wet gemeenschappelijke regelingen

Hoofdstuk V
De commissies

Art. 82
1. De raad kan raadscommissies instellen die besluitvorming van de raad kunnen voorbereiden en met het college of de burgemeester kunnen overleggen. Hij regelt daarbij de taken, de bevoegdheden, de samenstelling en de werkwijze, daaronder begrepen de wijze waarop de leden van de raad inzage hebben in stukken waaromtrent door een raadscommissie geheimhouding is opgelegd. Deze inzage kan slechts worden geweigerd voor zover zij in strijd is met het openbaar belang.
2. De burgemeester en de wethouders zijn geen lid van een raadscommissie.
3. Bij de samenstelling van een raadscommissie zorgt de raad, voor zover het de benoeming betreft van leden van de raad, voor een evenwichtige vertegenwoordiging van de in de raad vertegenwoordigde groeperingen.
4. Een lid van de raad is voorzitter van een raadscommissie.
5. De artikelen 19 en 21 tot en met 23 zijn van overeenkomstige toepassing op een vergadering van een raadscommissie, met dien verstande dat in artikel 19 voor «burgemeester» wordt gelezen «voorzitter van de raadscommissie» en in artikel 23, vijfde lid, voor «artikel 25» wordt gelezen «artikel 86».

Raadscommissies

Art. 83
1. De raad, het college of de burgemeester kan bestuurscommissies instellen die bevoegdheden uitoefenen die hun door de raad, het college, onderscheidenlijk de burgemeester zijn overgedragen. Hij regelt daarbij de taken, de bevoegdheden, de samenstelling en de werkwijze, daaronder begrepen de wijze waarop inzage heeft in de stukken waaromtrent door een bestuurscommissie geheimhouding is opgelegd. Deze inzage kan slechts worden geweigerd voor zover zij in strijd is met het openbaar belang.
2. De burgemeester en de wethouders zijn geen lid van een door de raad ingestelde bestuurscommissie. Leden van de raad zijn geen lid van een door het college of de burgemeester ingestelde bestuurscommissie.
3. Artikel 19 van de Bekendmakingswet is van overeenkomstige toepassing op een besluit tot instelling van een bestuurscommissie.
4. De artikelen 19, tweede lid, 22 en 23, eerste tot en met vierde lid zijn van overeenkomstige toepassing ten aanzien van de vergadering van een door de raad ingestelde bestuurscommissie, met dien verstande dat in artikel 19, tweede lid, voor «de burgemeester» wordt gelezen: de voorzitter van een bestuurscommissie.
5. Voor zover zulks in verband met de aard en omvang van de overgedragen bevoegdheden nodig is, regelt het college of de burgemeester de openbaarheid van vergaderingen van een door hem ingestelde bestuurscommissie.

Bestuurscommissie

Art. 84
1. De raad, het college of de burgemeester kan andere commissies dan bedoeld in de artikelen 82, eerste lid, en 83, eerste lid, instellen.
2. Artikel 83, tweede lid, is van overeenkomstige toepassing.
3. De raad, het college onderscheidenlijk de burgemeester regelt ten aanzien van een door hem ingestelde andere commissie de openbaarheid van de vergaderingen.
4. Artikel 19 van de Bekendmakingswet is van overeenkomstige toepassing op een besluit tot instelling van een andere commissie.

Instellen andere commissies

Art. 85

Verantwoording en toezicht bestuurscommissie

1. De raad, het college of de burgemeester regelt ten aanzien van een door hem ingestelde bestuurscommissie de verantwoording aan de raad, het college, onderscheidenlijk de burgemeester.
2. De raad, het college of de burgemeester kan besluiten en andere, niet-schriftelijke beslissingen gericht op enig rechtsgevolg van een door hem ingestelde bestuurscommissie vernietigen. De raad kan zijn bevoegdheid tot schorsing overdragen aan het college. Ten aanzien van de vernietiging van niet-schriftelijke beslissingen gericht op enig rechtsgevolg zijn de afdelingen 10.2.2. en 10.2.3. van de Algemene wet bestuursrecht van overeenkomstige toepassing.
3. Voor zover zulks in verband met de aard en de omvang van de overgedragen bevoegdheden nodig is, regelt de raad, het college of de burgemeester het overige toezicht op de uitoefening van de bevoegdheden door een door hem ingestelde bestuurscommissie. Dit overige toezicht kan mede de goedkeuring omvatten van de beslissingen van een bestuurscommissie. De goedkeuring kan slechts worden onthouden wegens strijd met het recht of het algemeen belang. Ten aanzien van de goedkeuring van andere beslissingen dan besluiten is afdeling 10.2.1 van de Algemene wet bestuursrecht van overeenkomstige toepassing.

Art. 86

Geheimhouding

1. Een commissie kan in een besloten vergadering, op grond van een belang, genoemd in artikel 10 van de Wet openbaarheid van bestuur, omtrent het in die vergadering met gesloten deuren behandelde en omtrent de inhoud van de stukken die aan de commissie worden overgelegd, geheimhouding opleggen. Geheimhouding omtrent het in een besloten vergadering behandelde wordt tijdens die vergadering opgelegd. De geheimhouding wordt door hen die bij de behandeling aanwezig waren en allen die van het behandelde of de stukken kennis dragen, in acht genomen totdat de commissie haar opheft.
2. Op grond van een belang, genoemd in artikel 10 van de Wet openbaarheid van bestuur, kan de geheimhouding eveneens worden opgelegd door de voorzitter van een commissie, het college en de burgemeester, ieder ten aanzien van stukken die hij aan een commissie overlegt. Daarvan wordt op de stukken melding gemaakt. De geheimhouding wordt in acht genomen totdat het orgaan dat de verplichting heeft opgelegd, dan wel de raad haar opheft.
3. Indien een commissie zich ter zake van het behandelde waarvoor een verplichting tot geheimhouding geldt tot de raad heeft gericht, wordt de geheimhouding in acht genomen totdat de raad haar opheft.

Art. 87-94

[Vervallen]

Hoofdstuk VI
Geldelijke voorzieningen ten behoeve van de leden van de raad en de commissies

Art. 95

Vergoedingen raadsleden

1. De leden van de raad en de leden van de raad aan wie ingevolge artikel X 10 van de Kieswet ontslag is verleend wegens zwangerschap en bevalling of ziekte ontvangen een bij verordening van de raad vast te stellen vergoeding voor hun werkzaamheden en een tegemoetkoming in de kosten.
2. De raad kan bij verordening regels stellen over de tegemoetkoming in of vergoeding van bijzondere kosten en over andere voorzieningen die verband houden met de vervulling van het lidmaatschap van de raad.
3. Het eerste en tweede lid zijn niet van toepassing op een lid van de raad dat met inachtneming van artikel 13, tweede lid, tevens wethouder is.
4. De verordeningen, bedoeld in het eerste en tweede lid, worden vastgesteld overeenkomstig bij of krachtens algemene maatregel van bestuur te stellen regels.

Art. 96

Vergoedingen leden van commissies

1. De leden van een door de raad, het college of de burgemeester ingestelde commissie ontvangen, voor zover zij geen lid zijn van de raad of het college, een bij verordening van de raad vastgestelde vergoeding:
   a. voor het bijwonen van vergaderingen van een commissie en
   b. van reis- en verblijfkosten in verband met reizen binnen de gemeente.
2. In bijzondere gevallen kan de raad bij verordening bepalen dat de leden van het dagelijks bestuur van een bestuurscommissie of een andere commissie als bedoeld in artikel 84 een vaste vergoeding voor hun werkzaamheden en een tegemoetkoming in de kosten ontvangen.
3. Ten aanzien van de vergoeding, bedoeld in het eerste lid, onderdeel a, wordt bij of krachtens algemene maatregel van bestuur nadere regels gesteld. Ten aanzien van de overige vergoedingen bedoeld in dit artikel kunnen bij of krachtens algemene maatregel van bestuur nadere regels worden gesteld.

Art. 97

Reis- en verblijfkosten

Aan de leden van de raad en de personen genoemd in artikel 96, eerste lid, vindt vergoeding van reis- en verblijfkosten, gemaakt in verband met reizen buiten het grondgebied van de gemeente ter uitvoering van een beslissing van het gemeentebestuur, slechts plaats overeenkomstig door de raad bij verordening vastgestelde regels.

Art. 98
De verordeningen bedoeld in de artikelen 95 tot en met 97 worden aan gedeputeerde staten gezonden. — *Toezending verordening aan GS*

Art. 99
1. Buiten hetgeen hun bij of krachtens de wet is toegekend, ontvangen de leden van de raad, van een door de raad, het college of de burgemeester ingestelde commissie als zodanig geen andere vergoedingen en tegemoetkomingen ten laste van de gemeente. — *Beperking vergoedingen*
2. Voordelen ten laste van de gemeente, anders dan in de vorm van vergoedingen en tegemoetkomingen, genieten zij slechts voor zover dat is bepaald bij of krachtens de wet dan wel bij verordening van de raad. De verordening behoeft de goedkeuring van gedeputeerde staten.

Hoofdstuk VII
De secretaris en de griffier

Paragraaf 1
Algemene bepalingen

Art. 100
1. In iedere gemeente is een secretaris en een griffier. — *Secretaris en griffier*
2. Een secretaris is niet tevens griffier.

Art. 101
Artikel 15, eerste en tweede lid, is van overeenkomstige toepassing op de secretaris en de griffier. — *Verboden handelingen*

Paragraaf 2
De secretaris

Art. 102
Het college wijst de secretaris aan. De aanwijzing eindigt van rechtswege met ingang van de datum dat de uitoefening van de functie van secretaris geen onderdeel meer uitmaakt van de werkzaamheden van de betreffende ambtenaar. — *Aanwijzing secretaris, einde aanwijzing*

Art. 103
1. De secretaris staat het college, de burgemeester en de door hen ingestelde commissies bij de uitoefening van hun taak terzijde. — *Taakomschrijving*
2. Het college stelt in een instructie nadere regels over de taak en de bevoegdheden van de secretaris.

Art. 104
De secretaris is in de vergadering van het college aanwezig. — *Aanwezigheid bij collegevergaderingen*

Art. 105
[Vervallen]

Art. 106
1. Het college regelt de vervanging van de secretaris. — *Vervanging Artt. 100 t/m 105 van overeenkomstige toepassing*
2. De artikelen 100, tweede lid, tot en met 104 zijn van overeenkomstige toepassing op degene die de secretaris vervangt.

Paragraaf 3
De griffier

Art. 107
1. De raad wijst de griffier aan. De aanwijzing eindigt van rechtswege met ingang van de datum dat de uitoefening van de functie van griffier geen onderdeel meer uitmaakt van de werkzaamheden van de betreffende ambtenaar. — *Aanwijzing griffier, einde aanwijzing*
2. De raad is bevoegd te besluiten tot het aangaan, wijzigen en beëindigen van de arbeidsovereenkomst met de griffier.

Art. 107a
1. De griffier staat de raad en de door de raad ingestelde commissies bij de uitoefening van hun taak terzijde. — *Taakomschrijving*
2. De raad stelt in een instructie nadere regels over de taak en de bevoegdheden van de griffier.

Art. 107b
De griffier is in de vergadering van de raad aanwezig. — *Aanwezigheid bij raadsvergadering*

Art. 107c
[Vervallen]

Art. 107d

Vervanging
1. De raad regelt de vervanging van de griffier.
2. De artikelen 100, tweede lid, 101 en 107 tot en met 107b zijn van overeenkomstige toepassing op degene die de griffier vervangt.

Art. 107e

Regels organisatie griffie
Aangaan/wijzigen/einde arbeidsovereenkomst griffieambtenaren
1. De raad kan regels stellen over de organisatie van de griffie.
2. De raad besluit tot het aangaan, wijzigen en beëindigen van arbeidsovereenkomsten met de op de griffie werkzame ambtenaren.

Titel III
De bevoegdheid van het gemeentebestuur

Hoofdstuk VIII
Algemene bepalingen

§ 1
Inleidende bepalingen

Art. 108

Autonomie gemeentebestuur
Medebewind
1. De bevoegdheid tot regeling en bestuur inzake de huishouding van de gemeente wordt aan het gemeentebestuur overgelaten.
2. Regeling en bestuur kunnen van het gemeentebestuur worden gevorderd bij of krachtens een andere dan deze wet ter verzekering van de uitvoering daarvan, met dien verstande dat het geven van aanwijzingen aan het gemeentebestuur en het aan het gemeentebestuur opleggen of in zijn plaats vaststellen van beslissingen, slechts kan geschieden indien de bevoegdheid daartoe bij de wet of krachtens de wet bij provinciale verordening is toegekend.
3. Onverminderd het bepaalde in de artikelen 110, vijfde lid, 119, vierde lid en 120, tweede lid, worden de kosten, verbonden aan de uitvoering van het tweede lid, voor zover zij ten laste van de betrokken gemeenten blijven, door het Rijk aan hen vergoed.

Art. 109

Differentiatie
Bij of krachtens de wet kan zo nodig onderscheid worden gemaakt tussen gemeenten.

Art. 110

Plannen; beleidsverslagen
1. In dit artikel wordt verstaan onder:
a. plan: een beslissing die een samenhangend geheel van op elkaar afgestemde keuzes bevat omtrent door het gemeentebestuur te nemen besluiten of te verrichten andere handelingen, ten einde een of meer doelstellingen te bereiken;
b. beleidsverslag: een schriftelijke rapportage betreffende het door het gemeentebestuur gevoerde beleid op een of meer beleidsterreinen dan wel op onderdelen daarvan en de samenhang daarbinnen of daartussen.
2. Het vaststellen van een plan of een beleidsverslag en het ter voorbereiding daarvan volgen van een voorgeschreven procedure kan vanwege het Rijk van het gemeentebestuur slechts worden gevorderd in bij de wet te bepalen gevallen.
3. Een verplichting als bedoeld in het tweede lid geldt voor ten hoogste vier jaren, tenzij de wet anders bepaalt.
4. Het vaststellen van een plan of een beleidsverslag en het ter voorbereiding daarvan volgen van een voorgeschreven procedure kan vanwege het Rijk in andere dan bij de wet bepaalde gevallen voor een termijn van ten hoogste vier jaar van het gemeentebestuur worden gevraagd als onderdeel van de regeling van een tijdelijke specifieke uitkering als bedoeld in artikel 17 van de Financiële-verhoudingswet.
5. Het vaststellen van een plan of een beleidsverslag en het ter voorbereiding daarvan volgen van de voorgeschreven procedure wordt van een gemeentebestuur niet gevorderd of gevraagd, dan nadat is aangegeven hoe de financiële gevolgen ervan voor de gemeente worden gecompenseerd.
6. Dit artikel is niet van toepassing op de begroting, bedoeld in artikel 190, en op de jaarrekening en het jaarverslag, bedoeld in artikel 197.

Art. 111

Verplichting
1. Het vaststellen van een plan of een beleidsverslag als bedoeld in artikel 110 en het ter voorbereiding daarvan volgen van een voorgeschreven procedure wordt alleen gevorderd, indien:
a. dit noodzakelijk is uit een oogpunt van afstemming tussen gemeentelijk beleid en het beleid van de betrokken provincie of het Rijk, of
b. de ontwikkeling van beleid op een nieuw beleidsterrein dit noodzakelijk maakt.

Gemeentewet

A29 art. 117

2. Het vaststellen van een plan of een beleidsverslag als bedoeld in artikel 110 en het ter voorbereiding daarvan volgen van een voorgeschreven procedure wordt niet gevorderd, indien:
   a. het gemeentebestuur daardoor ontoelaatbaar beperkt wordt in zijn inhoudelijke of financiële beleidsruimte;
   b. de bestuurslasten niet in redelijke verhouding staan tot de te verwachten baten of een aanzienlijk beslag leggen op de voor het betrokken beleidsterrein beschikbare middelen;
   c. integratie met een bestaand plan of een bestaand beleidsverslag dan wel met de begroting, bedoeld in artikel 190, of de jaarrekening en het jaarverslag, bedoeld in artikel 197, mogelijk is;
   d. het bevorderen van de samenhang in het gemeentelijk beleid door onderlinge afstemming van onderdelen daarvan onmogelijk wordt;
   e. het uitsluitend dient tot het verkrijgen van informatie.
3. Indien in een voorstel van wet tot invoering of wijziging van bepalingen waarbij het vaststellen van een plan of een beleidsverslag als bedoeld in artikel 110 en het ter voorbereiding daarvan volgen van een voorgeschreven procedure wordt gevorderd, wordt afgeweken van het bepaalde bij of krachtens artikel 110 en dit artikel, wordt die afwijking gemotiveerd in de bij het voorstel behorende toelichting.

§ 2
Verhouding tot de provincie en het Rijk

Art. 112
Onze Minister wie het aangaat en het provinciebestuur doen het college desgevraagd mededeling van hun standpunten en voornemens met betrekking tot aangelegenheden die voor de gemeente van belang zijn, tenzij het openbaar belang zich daartegen verzet.

Mededelingsplicht minister en provinciebestuur

Art. 113
Onze Minister wie het aangaat en het provinciebestuur bieden het college desgevraagd de gelegenheid tot het plegen van overleg met betrekking tot aangelegenheden die voor de gemeente van belang zijn, tenzij het openbaar belang zich daartegen verzet.

Overleg met minister en provinciebestuur

Art. 114
1. Onze Minister wie het aangaat, onderscheidenlijk het provinciebestuur, stelt de betrokken colleges of een instantie die voor deze representatief kan worden geacht, zo nodig binnen een te stellen termijn, in de gelegenheid hun oordeel te geven omtrent voorstellen van wet, ontwerpen van algemene maatregel van bestuur, ontwerpen van ministeriële regeling, of ontwerpen van provinciale verordening waarbij:
   a. van de gemeentebesturen regeling of bestuur wordt gevorderd, of
   b. in betekenende mate wijziging wordt gebracht in de taken en bevoegdheden van de gemeentebesturen.
2. Voorstellen als bedoeld in het eerste lid bevatten in de bijbehorende toelichting een weergave van de gevolgen voor de inrichting en werking van de gemeenten en een weergave van het in het eerste lid bedoelde oordeel van de betrokken colleges of representatieve instantie.
3. Onze Minister wie het aangaat, onderscheidenlijk het provinciebestuur, is niet verplicht vooraf het in het eerste lid bedoelde oordeel in te winnen indien zulks ten gevolge van dringende omstandigheden niet mogelijk is. In dat geval wordt het oordeel zo spoedig mogelijk ingewonnen en openbaar gemaakt.

Oordeel colleges

Art. 115
1. Een wet waarbij van gemeentebesturen regeling of bestuur wordt gevorderd of waarbij in betekenende mate wijziging wordt gebracht in taken en bevoegdheden van gemeentebesturen, wijkt van het bepaalde in deze wet niet af dan wanneer dat bijzonder aangewezen moet worden geacht voor de behartiging van het daarmee te dienen openbaar belang.
2. Het voorstel voor een wet als bedoeld in het eerste lid bevat in de bijbehorende toelichting de gronden voor de voorgestelde afwijking.

Bijzondere omstandigheden bij behartiging openbaar belang

Art. 116
1. Onze Minister is belast met de coördinatie van het rijksbeleid dat de gemeenten raakt. Hij bevordert voorts de beleidsvrijheid van het gemeentebestuur.
2. Over maatregelen en voornemens die van betekenis zijn voor het rijksbeleid inzake de gemeenten treden Onze Ministers onder wier verantwoordelijkheid die maatregelen en voornemens tot stand komen in een vroegtijdig stadium in overleg met Onze Minister.
3. Onze Minister maakt bedenkingen kenbaar tegen een maatregel of een voornemen voor zover hem die maatregel of dat voornemen met het oog op het door de regering gevoerde decentralisatiebeleid niet toelaatbaar voorkomt.

Coördinatie van rijksbeleid

Art. 117
1. Onze Minister bevordert de decentralisatie ten behoeve van de gemeenten.

Decentralisatie

A29 art. 118 — Gemeentewet

2. Voorstellen van maatregelen waarbij bepaalde aangelegenheden tot rijks- of provinciaal beleid worden gerekend, worden slechts gedaan indien het onderwerp van zorg niet op doelmatige en doeltreffende wijze door de gemeentebesturen kan worden behartigd.

Art. 118

Informatieplicht college

Over al hetgeen de gemeente betreft dient het college Onze Ministers en het provinciebestuur desgevraagd van bericht en raad, tenzij dit uitdrukkelijk van de burgemeester wordt verlangd.

Art. 119

Systematische informatieverstrekking aan ministers

1. Bij de wet of krachtens de wet bij algemene maatregel van bestuur worden de gevallen geregeld waarin het college verplicht is tot het verstrekken van systematische informatie aan Onze Ministers wie het aangaat. Daarbij kan worden bepaald dat bij ministeriële regeling nadere voorschriften worden gegeven ten behoeve van de toepassing van de wet of de algemene maatregel van bestuur.
2. Bij algemene maatregel van bestuur op voordracht van Onze Minister van Economische Zaken, na overleg met Onze Minister, kan worden bepaald dat in die maatregel te omschrijven gegevens ten behoeve van statistische doeleinden aan het Centraal Bureau voor de Statistiek worden verstrekt.
3. Omtrent de in het eerste en tweede lid bedoelde verstrekking van informatie en de inwinning daarvan worden bij algemene maatregel van bestuur nadere algemene regels gesteld.
4. Omtrent de in het eerste en tweede lid bedoelde verstrekking van informatie en de inwinning daarvan, alsmede omtrent de verstrekking en inwinning van incidentele informatie, wordt, voorzover dat niet bij wet geschiedt, bij algemene maatregel van bestuur aangegeven hoe de financiële gevolgen van de verplichting tot informatieverstrekking worden gecompenseerd.
5. De voordrachten voor de algemene maatregelen van bestuur, bedoeld in het derde en het vierde lid, worden gedaan door Onze Minister.

Art. 120

Systematische informatieverstrekking aan provinciaal bestuur

1. Bij de wet of krachtens de wet bij algemene maatregel van bestuur of bij provinciale verordening worden de gevallen geregeld waarin het college verplicht is tot het verstrekken van systematische informatie aan het provinciaal bestuur. Daarbij kan worden bepaald dat bij ministeriële regeling of bij besluit van gedeputeerde staten nadere voorschriften worden gegeven ten behoeve van de toepassing van de wet, de algemene maatregel van bestuur of de provinciale verordening.
2. In de regelingen, bedoeld in de eerste volzin van het eerste lid, wordt tevens aangegeven hoe de financiële gevolgen van de informatieverstrekking voor de gemeente worden gecompenseerd.
3. Het provinciebestuur doet mededeling aan Onze Minister van de inwinning van systematische informatie ingevolge een provinciale verordening.

Art. 121

Aanvullingsbevoegdheid

De bevoegdheid tot het maken van gemeentelijke verordeningen blijft ten aanzien van het onderwerp waarin door wetten, algemene maatregelen van bestuur of provinciale verordeningen is voorzien, gehandhaafd, voor zover de verordeningen met die wetten, algemene maatregelen van bestuur en provinciale verordeningen niet in strijd zijn.

Art. 122

Vervallen van gemeentelijke verordeningen

De bepalingen van gemeentelijke verordeningen in wier onderwerp door een wet, een algemene maatregel van bestuur of een provinciale verordening wordt voorzien, zijn van rechtswege vervallen.

§ 3
Bijzondere voorzieningen

Art. 123

Taakverwaarlozing door bestuurscommissie

1. Wanneer aan een bestuurscommissie bevoegdheden van de raad zijn overgedragen en deze commissie een bij of krachtens een andere dan deze wet gevorderde beslissing niet of niet naar behoren neemt, voorziet de raad daarin.
2. Wanneer aan een bestuurscommissie bevoegdheden van het college zijn overgedragen en deze commissie een bij of krachtens een andere dan deze wet gevorderde beslissing niet of niet naar behoren neemt, voorziet het college daarin.
3. Wanneer aan een bestuurscommissie bevoegdheden van de burgemeester zijn overgedragen en die commissie bij of krachtens een andere dan deze wet gevorderde beslissingen niet of niet naar behoren neemt, voorziet de burgemeester daarin.

Art. 124

Taakverwaarlozing door raad, college of burgemeester

1. Wanneer de raad, het college of de burgemeester een bij of krachtens een andere dan deze wet gevorderde beslissing niet of niet naar behoren neemt dan wel bij of krachtens een andere dan deze wet gevorderde handeling niet of niet naar behoren verricht, of anderszins een bij of krachtens een andere dan deze wet gevorderd resultaat niet, niet tijdig of niet naar behoren tot stand brengt, besluiten gedeputeerde staten onderscheidenlijk de commissaris van de Koning

Gemeentewet A29 art. 124f

als het de burgemeester betreft daarin namens de raad, het college of de burgemeester te voorzien ten laste van de gemeente.

2. Spoedeisende gevallen uitgezonderd, voeren gedeputeerde staten of de commissaris van de Koning het besluit tot indeplaatsstelling niet uit dan nadat een in het besluit genoemde termijn is verstreken, waarbinnen de raad, het college of de burgemeester de gelegenheid heeft alsnog te voorzien in hetgeen het besluit vordert. Indien de situatie dermate spoedeisend is dat gedeputeerde staten of de commissaris van de Koning de beslissing om over te gaan tot indeplaatsstelling niet tevoren op schrift kan stellen, zorgen zij alsnog zo spoedig mogelijk voor de opschriftstelling en voor de bekendmaking.

3. Indien het besluit tot indeplaatsstelling een bij of krachtens een andere dan deze wet gevorderd resultaat betreft dat niet tijdig tot stand zal worden gebracht, geven gedeputeerde staten of de commissaris van de Koning in het besluit tot indeplaatsstelling aan welke beslissingen, handelingen of resultaten moeten zijn uitgevoerd binnen de in het tweede lid bedoelde termijn. Gedeputeerde staten of de commissaris van de Koning kunnen voor verschillende beslissingen, handelingen of resultaten een verschillende termijn stellen. Indien de raad, het college onderscheidenlijk de burgemeester niet binnen die termijn heeft voorzien in hetgeen het besluit van hem vordert, voorzien gedeputeerde staten of de commissaris van de Koning verder in het tot stand brengen van het gevorderde resultaat.

4. Van een besluit tot indeplaatsstelling, alsmede van het voornemen tot het nemen van een dergelijk besluit, wordt mededeling gedaan in het gemeenteblad. Een afschrift van het besluit en van het voornemen wordt gezonden aan de raad.

Art. 124a

1. In overeenstemming met Onze Minister, kan Onze Minister wie het aangaat, indien hij van oordeel is dat toepassing van artikel 124, eerste lid, uit oogpunt van een zwaarwegend algemeen belang gewenst is, gedeputeerde staten onderscheidenlijk de commissaris van de Koning verzoeken toepassing te geven aan artikel 124, eerste lid. Een afschrift van het verzoek wordt gezonden aan de raad en provinciale staten. Indien gedeputeerde staten onderscheidenlijk de commissaris van de Koning niet binnen een in het door Onze Minister wie het aangaat gestelde termijn toepassing hebben gegeven aan artikel 124, eerste lid, gaat de bevoegdheid van artikel 124, eerste lid, over op Onze Minister wie het aangaat.

2. De artikelen 124, tweede tot en met vierde lid, 124c, 124d, en 124f zijn van overeenkomstige toepassing bij toepassing van artikel 124, eerste lid, door Onze Minister wie het aangaat.

Verzoek tot toepassing art. 124

Art. 124b

1. Ter zake van de in de bijlage bij deze wet opgenomen wetten worden de bevoegdheden die in de artikelen 124, 124c, 124d en artikel 124f aan gedeputeerde staten onderscheidenlijk de commissaris van de Koning zijn toegekend, in zoverre in afwijking van die artikelen uitgeoefend door Onze Minister wie het aangaat.

2. Voorafgaand aan het nemen van een besluit tot indeplaatsstelling, informeert Onze Minister wie het aangaat gedeputeerde staten.

Bevoegdheden door Minister voor aangewezen wetten

Art. 124c

1. Bij de uitvoering van het besluit tot indeplaatsstelling beschikken gedeputeerde staten onderscheidenlijk de commissaris van de Koning over de bevoegdheden waarover de raad, het college of de burgemeester bij of krachtens deze wet of krachtens een andere wet, bedoeld in artikel 124, eerste lid, beschikt. In afwijking van artikel 171, eerste lid, vertegenwoordigt de commissaris van de Koning de gemeente zonodig in en buiten rechte.

2. Voor zover het gemeentebestuur, had hij de bevoegdheden, bedoeld in het eerste lid, zelf uitgeoefend, de kosten van de uitvoering in rekening kan brengen bij derden, heeft hij bij die derden verhaal voor de door gedeputeerde staten onderscheidenlijk de commissaris van de Koning ten laste van de gemeente gebrachte kosten. Het gemeentebestuur kan het bedrag invorderen bij dwangbevel.

Bevoegdheden indeplaatsstelling

Art. 124d

Gedeputeerde staten onderscheidenlijk de commissaris van de Koning, kunnen een besluit tot indeplaatsstelling intrekken, indien de raad, het college of de burgemeester voldoende aannemelijk maakt dat hij zonder voorbehoud zal voorzien in hetgeen het besluit van hem vordert.

Intrekking besluit indeplaatsstelling

Art. 124e

Gedeputeerde staten, de commissaris van de Koning onderscheidenlijk Onze Minister wie het aangaat, bedoeld in artikel 124b, eerste lid, kunnen ambtenaren aanwijzen ten behoeve van het toezicht op de uitvoering van de aan het gemeentebestuur bij of krachtens andere wet dan deze opgedragen taken. Deze ambtenaren beschikken over de bevoegdheden van de artikelen 5:15 tot en met 5:17 van de Algemene wet bestuursrecht. De artikelen 5:12, 5:13 en 5:20 van de Algemene wet bestuursrecht zijn van overeenkomstige toepassing.

Aangewezen ambtenaren

Art. 124f

1. Indien gedeputeerde staten onderscheidenlijk de commissaris van de Koning bij de uitvoering van het besluit tot indeplaatsstelling namens de raad, het college of de burgemeester een besluit nemen, kan voor de toepassing van artikel 7:1 van de Algemene wet bestuursrecht bezwaar

Bezwaar tegen besluit tot indeplaatsstelling

Sdu 441

A29 art. 124g — Gemeentewet

worden gemaakt bij gedeputeerde staten onderscheidenlijk de commissaris van de Koning. Gedeputeerde staten beslissen onderscheidenlijk de commissaris van de Koning beslist op het bezwaar.
2. Gedeputeerde staten zijn onderscheidenlijk de commissaris van de Koning is de verwerende partij inzake een beroep tegen een namens de raad, het college of de burgemeester genomen besluit als bedoeld in het eerste lid.
3. Het gemeentebestuur kan geen beroep instellen tegen een besluit als bedoeld in het eerste lid.

Art. 124g

Medewerking gemeentebestuur

1. Het gemeentebestuur werkt mee met de uitvoering van een besluit tot indeplaatsstelling. Gedeputeerde staten, de commissaris van de Koning onderscheidenlijk Onze Minister wie het aangaat kunnen ter zake van de uitvoering van het besluit aanwijzingen geven. Het gemeentebestuur stelt op eerste vordering van gedeputeerde staten onderscheidenlijk de commissaris van de Koning, de voor de uitvoering van het besluit benodigde gemeenteambtenaren ter beschikking en verschaft op eerste vordering van gedeputeerde staten onderscheidenlijk de commissaris van de Koning, alle informatie die nodig is voor de uitvoering van het besluit tot indeplaatsstelling.
2. Gedeputeerde staten, de commissaris van de Koning onderscheidenlijk Onze Minister wie het aangaat kunnen ambtenaren aanwijzen die ten behoeve van de uitvoering van een besluit tot indeplaatsstelling beschikken over de bevoegdheden van de artikelen 5:15 tot en met 5:17 van de Algemene wet bestuursrecht. De artikelen 5:12, 5:13 en 5:20 van de Algemene wet bestuursrecht zijn van overeenkomstige toepassing. Het gemeentebestuur verschaft de aangewezen ambtenaren desgevraagd de faciliteiten die zij nodig hebben.

Art. 124h

Nadere regels bij AMvB

Bij algemene maatregel van bestuur, op voordracht van Onze Minister, kunnen regels worden gesteld over de verstrekking van systematische informatie aan het provinciebestuur of, in het geval artikel 124b, eerste lid, van toepassing is, Onze Minister wie het aangaat, betreffende de uitvoering door het gemeentebestuur van de andere wet, bedoeld in artikel 124, eerste lid. Bij ministeriële regeling of bij provinciale verordening kunnen nadere regels worden gesteld omtrent de toepassing.

Art. 124i

[Vervallen]

§ 4
Bestuursdwang

Art. 125

Bestuursdwang

1. Het gemeentebestuur is bevoegd tot oplegging van een last onder bestuursdwang.
2. De bevoegdheid tot oplegging van een last onder bestuursdwang wordt uitgeoefend door het college, indien de last dient tot handhaving van regels welke het gemeentebestuur uitvoert.
3. De bevoegdheid tot oplegging van een last onder bestuursdwang wordt uitgeoefend door de burgemeester, indien de last dient tot handhaving van regels welke hij uitvoert.
4. Een bestuurscommissie bezit de bevoegdheid tot oplegging van een last onder bestuursdwang en de bevoegdheid tot het geven van een machtiging tot binnentreden van een woning slechts indien ook die bevoegdheid uitdrukkelijk is overgedragen.

Art. 126-138

[Vervallen]

§ 5

[Vervallen]

Art. 139-144

[Vervallen]

§ 6
Termijnen

Art. 145

Algemene Termijnenwet

Op termijnen gesteld in een gemeentelijke verordening zijn de artikelen 1 tot en met 4 van de Algemene Termijnenwet van overeenkomstige toepassing, tenzij in de verordening anders is bepaald.

Art. 146

[Vervallen]

Hoofdstuk IX
De bevoegdheid van de raad

Art. 147
1. Gemeentelijke verordeningen worden door de raad vastgesteld voor zover de bevoegdheid daartoe niet bij de wet of door de raad krachtens de wet aan het college of de burgemeester is toegekend. — *Regelgevende bevoegdheid*
2. De overige bevoegdheden, bedoeld in artikel 108, eerste lid, berusten bij de raad. — *Bestuursbevoegdheden*
3. De overige bevoegdheden, bedoeld in artikel 108, tweede lid, berusten bij het college, voor zover deze niet bij of krachtens de wet aan de raad of de burgemeester zijn toegekend. — *Medebewind*

Art. 147a
1. Een lid van de raad kan een voorstel voor een verordening of een ander voorstel ter behandeling in de raad indienen. — *Initiatiefrecht*
2. De raad regelt op welke wijze een voorstel voor een verordening wordt ingediend en behandeld.
3. De raad regelt op welke wijze en onder welke voorwaarden een ander voorstel wordt ingediend en behandeld.
4. De raad neemt geen besluit over een voorstel dan nadat het college in de gelegenheid is gesteld zijn wensen en bedenkingen ter kennis van de raad te brengen.

Art. 147b
1. Een lid van de raad kan een voorstel tot wijziging van een voor de vergadering van de raad geagendeerde ontwerp-verordening of ontwerp-beslissing indienen. — *Recht van amendement*
2. Het tweede lid van artikel 147a is van overeenkomstige toepassing.

Art. 148
[Vervallen]

Art. 149
De raad maakt de verordeningen die hij in het belang van de gemeente nodig oordeelt. — *Gemeentebelang*

Art. 149a
Indien het toezicht op de naleving of de opsporing van een overtreding van een voorschrift van een verordening, dat strekt tot handhaving van de openbare orde of veiligheid of tot bescherming van het leven of de gezondheid van personen vereist dat de met het toezicht op de naleving of de opsporing belaste personen bevoegd zijn binnen te treden in een woning zonder toestemming van de bewoner, kan de raad deze bevoegdheid bij verordening verlenen. — *Raad verleent bevoegdheid tot binnentreden woning zonder toestemming van bewoner*

Art. 150
1. De raad stelt een verordening vast waarin regels worden gesteld met betrekking tot de wijze waarop ingezetenen en belanghebbenden bij de voorbereiding van gemeentelijk beleid worden betrokken. — *Inspraakverordening*
2. De in het eerste lid bedoelde inspraak wordt verleend door toepassing van afdeling 3.4 van de Algemene wet bestuursrecht, voorzover in de verordening niet anders is bepaald.

Art. 151
[Vervallen]

Art. 151a
1. De raad kan een verordening vaststellen waarin voorschriften worden gesteld met betrekking tot het bedrijfsmatig geven van gelegenheid tot het verrichten van seksuele handelingen met of voor een derde tegen betaling. — *Regelingen ter zake van prostitutie*
2. Bij de uitoefening van het toezicht op de naleving van de in het eerste lid bedoelde voorschriften geldt de in artikel 2 van de Wet op de identificatieplicht bedoelde verplichting ook voor een persoon die de leeftijd van veertien jaar nog niet heeft bereikt. Deze toonplicht betreft een identiteitsbewijs als bedoeld in artikel 1, onderdelen 1° tot en met 3°, van die wet.
3. Het tweede lid is van overeenkomstige toepassing op de uitoefening van het toezicht op de naleving van gemeentelijke voorschriften met betrekking tot het, door handelingen, houding, woord, gebaar of op andere wijze, passanten tot prostitutie bewegen, uitnodigen dan wel aanlokken.

Art. 151b
1. De raad kan bij verordening de burgemeester de bevoegdheid verlenen om bij verstoring van de openbare orde door de aanwezigheid van wapens, dan wel bij ernstige vrees voor het ontstaan daarvan, een gebied, met inbegrip van de daarin gelegen voor het publiek openstaande gebouwen en daarbij behorende erven, aan te wijzen als veiligheidsrisicogebied. In een veiligheidsrisicogebied kan de officier van justitie de bevoegdheden, bedoeld in de artikelen 50, derde lid, 51, derde lid, en 52, derde lid, van de Wet wapens en munitie toepassen. — *Aanwijzingen veiligheidsrisicogebied*
2. De burgemeester gaat niet over tot aanwijzing als veiligheidsrisicogebied dan na overleg met de officier van justitie in het overleg, bedoeld in artikel 13, eerste lid, van de Politiewet 2012.

A29 art. 151c — Gemeentewet

3. De aanwijzing als veiligheidsrisicogebied wordt gegeven voor een bepaalde duur die niet langer is en voor een gebied dat niet groter is dan strikt noodzakelijk voor de handhaving van de openbare orde.
4. De beslissing tot gebiedsaanwijzing wordt op schrift gesteld en bevat een omschrijving van het gebied waarop deze van toepassing is alsmede de geldigheidsduur.
5. De burgemeester brengt de gebiedsaanwijzing zo spoedig mogelijk ter kennis van de raad en van de officier van justitie, bedoeld in het tweede lid.
6. Zodra de verstoring van de openbare orde door de aanwezigheid van wapens, dan wel de ernstige vrees voor het ontstaan daarvan, bedoeld in het eerste lid, is geweken, trekt de burgemeester de gebiedsaanwijzing in. Het vijfde lid is van overeenkomstige toepassing.

Art. 151c

Aanwijzingen plaatsing en gebruik camera's op openbare plaats

1. De raad kan bij verordening de burgemeester de bevoegdheid verlenen om, indien dat in het belang van de handhaving van de openbare orde noodzakelijk is, te besluiten om voor een bepaalde duur camera's in te zetten ten behoeve van het toezicht op een openbare plaats als bedoeld in artikel 1 van de Wet openbare manifestaties en andere bij verordening aan te wijzen plaatsen die voor een ieder toegankelijk zijn.
2. De burgemeester besluit met inachtneming van het in de verordening van de raad bepaalde:
    a. binnen welk gebied, bestaande uit openbare plaatsen of andere voor een ieder toegankelijke plaatsen als bedoeld in het eerste lid, camera's worden ingezet;
    b. voor welke duur de gebiedsaanwijzing plaatsvindt.
3. De burgemeester stelt, na overleg met de officier van justitie in het overleg, bedoeld in artikel 13, eerste lid, van de Politiewet 2012, de periode vast waarin in het belang van de handhaving van de openbare orde daadwerkelijk gebruik van de camera's plaatsvindt en de met de camera's gemaakte beelden in elk geval rechtstreeks worden bekeken.
4. De burgemeester bedient zich bij de uitvoering van het in het eerste lid bedoelde besluit van de onder zijn gezag staande politie.
5. De burgemeester trekt het besluit, bedoeld in het eerste lid, in zodra de inzet van camera's niet langer noodzakelijk is in het belang van de handhaving van de openbare orde.
6. De aanwezigheid van camera's als bedoeld in het eerste lid is op duidelijke wijze kenbaar voor een ieder die het gebied, bedoeld in het tweede lid, onder a, betreedt.
7. Met de camera's worden uitsluitend beelden gemaakt van een openbare plaats als bedoeld in artikel 1 van de Wet openbare manifestaties en andere bij verordening aan te wijzen plaatsen die voor een ieder toegankelijk zijn.
8. Ten behoeve van de handhaving van de openbare orde worden in het kader van het toezicht, bedoeld in het eerste lid, gegevens verwerkt.

Vernietiging beelden

9. De verwerking van de gegevens, bedoeld in het achtste lid, is een verwerking als bedoeld in de Wet politiegegevens, met dien verstande dat, in afwijking van het bepaalde in artikel 8 van die wet, de vastgelegde beelden na ten hoogste vier weken worden vernietigd en de gegevens, bedoeld in het achtste lid, indien er concrete aanleiding bestaat te vermoeden dat die gegevens noodzakelijk zijn voor de opsporing van een strafbaar feit, ten behoeve van de opsporing van dat strafbare feit kunnen worden verwerkt.

AMvB

10. Bij of krachtens algemene maatregel van bestuur kunnen met het oog op de goede uitvoering van het toezicht, bedoeld in het eerste lid, regels worden gesteld omtrent:
    a. de camera's en andere technische hulpmiddelen benodigd voor het toezicht, bedoeld in het eerste lid, en de wijze waarop deze hulpmiddelen worden aangebracht;
    b. de personen belast met of anderszins direct betrokken bij de uitvoering van het toezicht; en
    c. de ruimten waarin de waarneming of verwerking van door het toezicht vastgelegde beelden plaatsvindt.

Art. 151d

Overlast door niet-ingezetene/huurder

1. De raad kan bij verordening bepalen dat degene die een woning of een bij die woning behorend erf gebruikt of tegen betaling in gebruik geeft, er zorg voor draagt dat door gedragingen in of vanuit die woning of dat erf of in de onmiddellijke nabijheid van die woning of dat erf geen ernstige en herhaaldelijke hinder voor omwonenden wordt veroorzaakt.
2. De in artikel 125, eerste lid, bedoelde bevoegdheid tot oplegging van een last onder bestuursdwang wegens overtreding van het in het eerste lid bedoelde voorschrift wordt uitgeoefend door de burgemeester. De burgemeester oefent de bevoegdheid uit met inachtneming van hetgeen daaromtrent door de raad in de verordening is bepaald en slechts indien de ernstige en herhaaldelijke hinder redelijkerwijs niet op een andere geschikte wijze kan worden tegengegaan.
3. Onverminderd de laatste volzin van het tweede lid kan de last, bedoeld in de eerste volzin van dat lid, een verbod inhouden om aanwezig te zijn in of bij de woning of op of bij het erf. Het verbod geldt voor een periode van ten hoogste tien dagen. De artikelen 2, tweede lid, en vierde lid, aanhef en onder a en b, 5, 6, 8, eerste lid, aanhef en onder a en b, 9 en 13 van de Wet tijdelijk huisverbod zijn van overeenkomstige toepassing, met dien verstande dat de burgemeester bij

ernstige vrees voor verdere overtreding de looptijd van het verbod kan verlengen tot ten hoogste vier weken.

Art. 152-153
[Vervallen]

Art. 154
1. De raad kan op overtreding van zijn verordeningen en van die van organen waaraan ingevolge artikel 156 verordenende bevoegdheid is gedelegeerd, straf stellen maar geen andere of zwaardere dan hechtenis van ten hoogste drie maanden of geldboete van de tweede categorie, al dan niet met openbaarmaking van de rechterlijke uitspraak. *Strafverordeningen*
2. Op de krachtens het eerste lid strafbaar gestelde overtreding van voorschriften met betrekking tot het plaatsen of laten staan van motorrijtuigen op parkeerterreinen of weggedeelten bedoeld in artikel 225 zijn de artikelen 181 en 182 van de Wegenverkeerswet 1994 van overeenkomstige toepassing.
3. De in het eerste lid bedoelde strafbare feiten zijn overtredingen.

Art. 154a
1. De raad kan bij verordening de burgemeester de bevoegdheid verlenen om door de burgemeester aangewezen groepen van personen, op een door de burgemeester aangegeven plaats tijdelijk te doen ophouden. De ophouding kan mede omvatten, indien nodig, het overbrengen naar die plaats.
2. De burgemeester oefent de bevoegdheid, bedoeld in het eerste lid, slechts uit: *Ophouden van door burgemeester aangewezen groepen van personen*
a. jegens personen die een door de raad bij verordening vastgesteld en daartoe aangewezen specifiek voorschrift dat strekt tot handhaving van de openbare orde of beperking van gevaar in omstandigheden als bedoeld in artikel 175, groepsgewijs niet naleven, en
b. indien het ophouden noodzakelijk is ter voorkoming van voortzetting of herhaling van de niet-naleving en de naleving redelijkerwijs niet op andere geschikte wijze kan worden verzekerd.
3. De beslissing tot ophouding wordt op schrift gesteld. De schriftelijke beslissing is een beschikking. Indien de situatie dermate spoedeisend is dat de burgemeester de beslissing tot ophouding niet tevoren op schrift kan stellen, zorgt hij alsnog zo spoedig mogelijk voor de opschriftstelling en voor de bekendmaking.
4. De beschikking vermeldt welk voorschrift niet wordt nageleefd.
5. De burgemeester laat tot ophouding als bedoeld in het eerste lid niet overgaan dan nadat de personen uit de in het eerste lid bedoelde groep in de gelegenheid zijn gesteld de tenuitvoerlegging van de beschikking tot ophouding te voorkomen, door alsnog het voorschrift, bedoeld in het vierde lid, na te leven.
6. De burgemeester draagt er zorg voor dat zo spoedig mogelijk een verslag van de bevindingen inzake de tenuitvoerlegging van de ophouding wordt opgesteld.
7. De ophouding mag niet langer duren dan de tijd die nodig is ter voorkoming van voortzetting of herhaling van de niet-naleving, met een maximum van twaalf uren. *Duur ophouding*
8. De plaats van ophouding dient geschikt te zijn voor de opvang van de op te houden personen. Bij algemene maatregel van bestuur kunnen nadere regels hieromtrent worden gesteld. *Plaats ophouding*
9. De burgemeester draagt er voor zover mogelijk zorg voor dat de opgehouden personen in de gelegenheid worden gesteld door een daartoe door hem aangewezen ambtenaar hun gegevens te laten vastleggen ten bewijze dat zij zijn opgehouden.
10. Indien tegen de beschikking tot ophouding een verzoek om een voorlopige voorziening als bedoeld in artikel 8:81 van de Algemene wet bestuursrecht wordt gedaan:
a. wordt, in afwijking van artikel 8:83, eerste lid, van de Algemene wet bestuursrecht, de verzoeker die is opgehouden zo mogelijk nog tijdens zijn ophouding door de voorzieningenrechter gehoord;
b. doet de voorzieningenrechter in afwijking van artikel 8:84, eerste lid, van de Algemene wet bestuursrecht onmiddellijk na het horen van partijen uitspraak, en
c. wordt, in afwijking van artikel 8:82, eerste lid, van de Algemene wet bestuursrecht, geen griffierecht geheven.
11. Bij de beoordeling van het verzoek betrekt de voorzieningenrechter tevens de rechtmatigheid van de tenuitvoerlegging van de beschikking tot ophouding jegens verzoeker.
12. Indien de voorzieningenrechter een of meer verzoeken toewijst op de grond dat de beschikking tot ophouding naar zijn voorlopig oordeel onrechtmatig is, kan hij bepalen dat alle personen die op basis van de betrokken beschikking zijn opgehouden, onverwijld in vrijheid worden gesteld.
13. Het elfde lid is van overeenkomstige toepassing op de beoordeling van een beroep tegen de beschikking tot ophouding als bedoeld in artikel 8:1 van de Algemene wet bestuursrecht.

Art. 154b
1. De raad kan bij verordening bepalen dat een bestuurlijke boete kan worden opgelegd voor overtreding van: *Bestuurlijke boete*

A29 art. 154c — Gemeentewet

a. voorschriften uit zijn verordeningen betreffende gedragingen die kunnen leiden tot overlast in de openbare ruimte en die tevens krachtens artikel 154 strafbaar zijn gesteld, met uitzondering van de bij algemene maatregel van bestuur bepaalde voorschriften, en
b. de bij algemene maatregel van bestuur bepaalde voorschriften die op grond van artikel 10.23 van de Wet milieubeheer zijn vastgesteld in een verordening en die strafbaar zijn gesteld.
De voordracht voor een krachtens dit lid vast te stellen algemene maatregel van bestuur wordt niet eerder gedaan dan vier weken nadat het ontwerp aan beide kamers der Staten-Generaal is overgelegd.

2. De verordening, bedoeld in het eerste lid, is van toepassing op alle overtredingen, genoemd in het eerste lid.
3. Een besluit van de raad tot intrekking van de verordening, bedoeld in het eerste lid, treedt niet eerder in werking dan na twaalf maanden na de bekendmaking van het besluit.
4. De bevoegdheid tot het opleggen van een bestuurlijke boete wordt uitgeoefend door het college. Deze bevoegdheid wordt uitgeoefend door de burgemeester, indien de toepassing van dit middel dient tot handhaving van regels welke hij uitvoert.
5. In het overleg, bedoeld in artikel 13, eerste lid, van de Politiewet 2012, vindt afstemming plaats over de inzet en werkwijze met betrekking tot de aanpak van overlast in de openbare ruimte door de politie en de ondergeschikten, bedoeld in artikel 154c, tweede lid.
6. Bij algemene maatregel van bestuur worden de verschillende boetecategorieën en de hoogte van de bestuurlijke boete bepaald. Voor zover voor een voorschrift de boetecategorie en de hoogte van de boete niet bij algemene maatregel van bestuur zijn bepaald, stelt de raad deze vast in de verordening, bedoeld in het eerste lid. De bestuurlijke boete kan voor natuurlijke personen per gedraging niet hoger zijn dan het bedrag van de geldboete van de eerste categorie en voor rechtspersonen per gedraging niet hoger zijn dan € 2250.
7. Een bestuurlijke boete kan slechts worden opgelegd aan personen die ten tijde van de overtreding 12 jaar of ouder waren. De bestuurlijke boete wordt voor personen die ten tijde van de overtreding nog geen zestien jaar oud waren, gehalveerd.

Art. 154c

Rapport

1. Zo mogelijk maakt het bestuursorgaan of de ondergeschikte, bedoeld in het tweede lid, terstond na constatering van de overtreding daarvan een rapport op en reikt een afschrift van dat rapport uit aan de overtreder.
2. Tot het opmaken van een rapport kan slechts worden gemachtigd een ondergeschikte van het bestuursorgaan, die tevens buitengewoon opsporingsambtenaar is. Bij krachtens algemene maatregel van bestuur kunnen nadere eisen gesteld worden aan de ondergeschikte.
3. Onverminderd artikel 5:48, tweede lid, van de Algemene wet bestuursrecht, vermeldt het rapport het bestuursorgaan dat de bestuurlijke boete zal opleggen.

Art. 154d

Art. 5:53 Awb niet van toepassing

Artikel 5:53 van de Algemene wet bestuursrecht is niet van toepassing op een bestuurlijke boete als bedoeld in artikel 154b, eerste lid.

Art. 154e

Verzenden aan overtreder

De beschikking tot oplegging van de bestuurlijke boete wordt gezonden naar het adres dat de overtreder heeft opgegeven. Indien de beschikking onbestelbaar blijkt te zijn, wordt deze gezonden naar het adres waarop de betrokkene in de basisregistratie personen is ingeschreven, tenzij dit hetzelfde is als het opgegeven adres. Indien de beschikking op het in de basisregistratie personen vermelde adres onbestelbaar blijkt te zijn, wordt de beschikking geacht aan de overtreder bekend te zijn.

Art. 154f-154j

[Vervallen]

Art. 154k

Bestuurlijke boete, beroep

1. Tegen een beschikking tot oplegging van een bestuurlijke boete als bedoeld in artikel 154b, eerste lid, kan een belanghebbende beroep instellen bij de rechtbank. Het beroep wordt behandeld en beslist door de kantonrechter. Hoofdstuk 8 van de Algemene wet bestuursrecht is niet van toepassing.
2. De artikelen 6, tweede lid, 10, 12 tot en met 17 en 19 tot en met 20d van de Wet administratiefrechtelijke handhaving verkeersvoorschriften zijn van overeenkomstige toepassing, met dien verstande dat telkens voor «officier van justitie» wordt gelezen: het bestuursorgaan.

Art. 154l

Bestuurlijke boete, termijn betaling

De bestuurlijke boete wordt betaald aan het bestuursorgaan binnen zes weken nadat deze onherroepelijk is geworden.

Art. 154m

Bestuurlijke boete, invordering

1. De invordering vindt plaats met overeenkomstige toepassing van de wettelijke bepalingen inzake invordering van gemeentelijke belastingen.
2. In afwijking van het eerste lid:
a. vindt kwijtschelding wegens onvermogen tot betalen niet plaats; en

Gemeentewet A29 art. 155b

b. verjaart de bevoegdheid tot invordering van de geldsom twee jaren nadat de bestuurlijke boete onherroepelijk is geworden.

Art. 154n
1. De behandeling van het beroep vindt plaats binnen zes weken nadat de indiener zekerheid heeft gesteld voor de betaling van de sanctie, ter hoogte van het bedrag van de opgelegde bestuurlijke boete, dan wel nadat de termijn daarvoor is verstreken.   *Bestuurlijke boete, behandeling beroep*
2. Indien het bestuursorgaan geheel of gedeeltelijk aan de indiener van het beroepschrift is tegemoet gekomen, kan de in het eerste lid bedoelde termijn zonodig met vier weken worden verlengd.
3. De zekerheid wordt door de indiener gesteld bij het bestuursorgaan dat de bestuurlijke boete heeft opgelegd, hetzij door middel van een aan betrokkene toegezonden acceptgiro, hetzij anderszins door storting op de rekening van de het bestuursorgaan. De griffie van de rechtbank wijst de indiener van het beroepschrift na de ontvangst ervan op de verplichting tot zekerheidsstelling en deelt hem mee dat de zekerheidsstelling dient te geschieden binnen twee weken na de dag van zijn mededeling. Indien de zekerheidsstelling niet binnen deze termijn is geschied, wordt het beroep door de kantonrechter niet-ontvankelijk verklaard, tenzij redelijkerwijs niet kan worden geoordeeld dat de indiener in verzuim is geweest.
4. De verplichting tot zekerheidsstelling vervalt nadat ten aanzien van de opgelegde bestuurlijke boete een onherroepelijke beslissing is genomen.
5. Indien de in het vierde lid bedoelde beslissing inhoudt dat de opgelegde bestuurlijke boete geheel of gedeeltelijk blijft gehandhaafd, wordt de verschuldigde bestuurlijke boete op de zekerheidsstelling verhaald.

Art. 155
1. Een lid van de raad kan het college of de burgemeester mondeling of schriftelijk vragen stellen.   *Vragenrecht*
2. Een lid van de raad kan de raad verlof vragen tot het houden van een interpellatie over een onderwerp dat niet staat vermeld op de agenda, bedoeld in artikel 19, tweede lid, om het college of de burgemeester hierover inlichtingen te vragen. De raad stelt hierover nadere regels.   *Recht van interpellatie*

Art. 155a
1. De raad kan op voorstel van een of meer van zijn leden een onderzoek naar het door het college of de burgemeester gevoerde bestuur instellen.   *Recht van onderzoek*
2. Het besluit tot het instellen van een onderzoek omvat een omschrijving van het onderwerp van onderzoek alsmede een toelichting. Deze omschrijving kan hangende het onderzoek door de raad worden gewijzigd.
3. Het onderzoek wordt uitgevoerd door een door de raad in te stellen onderzoekscommissie. De commissie heeft ten minste drie leden en bestaat uitsluitend uit leden van de raad.
4. De artikelen 22, 82, derde lid, en 86, eerste lid, zijn van overeenkomstige toepassing op de onderzoekscommissie.
5. De onderzoekscommissie kan de bij deze wet verleende bevoegdheden uitsluitend uitoefenen, indien ten minste drie van haar leden aanwezig zijn.
6. De bevoegdheden en werkzaamheden van een onderzoekscommissie worden niet geschorst door het aftreden van de raad.
7. Op het besluit tot instelling van een onderzoek en tot instelling van een onderzoekscommissie, alsmede het besluit tot wijziging van de omschrijving van het onderwerp van een onderzoek is artikel 19 van de Bekendmakingswet van overeenkomstige toepassing.
8. Alvorens de raad besluit tot een onderzoek, stelt hij bij verordening nadere regels met betrekking tot deze onderzoeken. In elk geval worden daarin regels opgenomen over de wijze waarop ambtelijke bijstand wordt verleend aan de commissie.

Art. 155b
1. Leden en gewezen leden van de raad, de burgemeester en gewezen burgemeesters, wethouders en gewezen wethouders, leden en gewezen leden van de door de raad ingestelde rekenkamer, personen die de rekenkamerfunctie uitoefenen, leden en gewezen leden van een door de raad, het college of de burgemeester ingestelde commissie, ambtenaren en gewezen ambtenaren onderscheidenlijk ambtenaren van politie en gewezen ambtenaren van politie, in dienst van de gemeente of uit anderen hoofde aan het gemeentebestuur ondergeschikt, zijn verplicht te voldoen aan een vordering van de onderzoekscommissie tot het verschaffen van inzage in, het nemen van afschrift van of het anderszins laten kennisnemen van alle bescheiden waarover zij beschikken en waarvan naar het redelijk oordeel van de onderzoekscommissie inzage, afschrift of kennisneming anderszins noodzakelijk voor het doen van een onderzoek als bedoeld in artikel 155a nodig is.   *Informatieplicht*
2. Indien een vordering als bedoeld in het eerste lid betrekking heeft op bescheiden die afkomstig zijn van een instelling van de Europese Unie of van het Rijk en kennisneming van de bescheiden door de onderzoekscommissie het belang van de Europese Unie of van de Staat kan schaden, wordt niet dan met toestemming van Onze Minister aan de vordering voldaan.

3. Ambtenaren, door of vanwege het gemeentebestuur aangesteld of daaraan ondergeschikt, zijn gehouden om aan een onderzoek als bedoeld in artikel 155a alle door de onderzoekscommissie gevorderde medewerking te verlenen.

Art. 155c

Getuigen en deskundigen

1. Personen als bedoeld in artikel 155b, eerste lid, zijn verplicht te voldoen aan een oproep van de onderzoekscommissie om als getuige of deskundige te worden gehoord.
2. Een getuige of deskundige die door de onderzoekscommissie wordt gehoord, is niet tevens lid van de onderzoekscommissie.
3. De getuigen zijn verplicht getuigenis af te leggen.
4. De deskundigen zijn verplicht hun diensten onpartijdig en naar beste weten als zodanig te verlenen.
5. De onderzoekscommissie kan besluiten dat getuigen uitsluitend worden verhoord na het afleggen van een eed of belofte. Zij leggen dan in de vergadering van de onderzoekscommissie, in handen van de voorzitter, de eed of belofte af dat zij de gehele waarheid en niets dan de waarheid zullen zeggen.
6. De getuigen en deskundigen worden in een openbare zitting van de onderzoekscommissie gehoord. Plaats en tijd van de openbare zitting worden door de voorzitter tijdig ter openbare kennis gebracht.
7. De onderzoekscommissie kan om gewichtige redenen besluiten een verhoor of een gedeelte daarvan niet in het openbaar af te nemen. De leden en plaatsvervangende leden van de commissie bewaren geheimhouding over hetgeen hun tijdens een besloten zitting ter kennis komt.
8. Een getuige is gerechtigd zich tijdens het verhoor te laten bijstaan. Om gewichtige redenen kan de commissie besluiten, dat een getuige zonder bijstand wordt gehoord.
9. Verklaringen die zijn afgelegd voor de onderzoekscommissie kunnen, behalve in het geval van artikel 207, eerste lid, van het Wetboek van Strafrecht, niet als bewijs in rechte gelden.

Art. 155d

Oproeping

1. Getuigen en deskundigen worden schriftelijk opgeroepen. De brief, houdende de oproep, wordt aangetekend verzonden of tegen gedagtekend ontvangstbewijs uitgereikt.
2. De onderzoekscommissie kan bevelen dat getuigen en deskundigen die, hoewel opgeroepen in overeenstemming met het eerste lid, niet zijn verschenen, door de openbare macht voor hen worden gebracht om aan hun verplichting te voldoen. De onderzoekscommissie stelt de getuige of deskundige hiervan schriftelijk in kennis op de wijze, bedoeld in het eerste lid. In de beschikking wordt een termijn gesteld waarbinnen de belanghebbende de tenuitvoerlegging kan voorkomen door alsnog aan zijn verplichting te voldoen.

Art. 155e

Verschoningsrecht

1. Niemand kan genoodzaakt worden aan de onderzoekscommissie geheimen te openbaren, voor zover daardoor onevenredige schade zou worden toegebracht aan het belang van de uitoefening van zijn beroep, dan wel aan het belang van zijn onderneming of de onderneming waarbij hij werkzaam is of is geweest.
2. Zij die uit hoofde van hun ambt, beroep of betrekking tot geheimhouding verplicht zijn, kunnen zich verschonen getuigenis af te leggen, doch uitsluitend met betrekking tot hetgeen waarvan de wetenschap aan hen als zodanig is toevertrouwd. Zij kunnen inzage, afschrift of kennisneming anderszins weigeren van bescheiden of gedeelten daarvan tot welke hun plicht tot geheimhouding zich uitstrekt.
3. De burgemeester en gewezen burgemeesters, wethouders en gewezen wethouders, leden en gewezen leden van een door het college of de burgemeester ingestelde commissie, ambtenaren en gewezen ambtenaren, onderscheidenlijk ambtenaren van politie en gewezen ambtenaren van politie, in dienst van de gemeente of uit anderen hoofde aan het gemeentebestuur ondergeschikt, zijn niet verplicht aan artikel 155b, eerste en derde lid, en artikel 155c, derde lid, te voldoen, indien het verstrekken van de inlichtingen in strijd is met het openbaar belang.
4. De onderzoekscommissie kan verlangen dat een beroep als bedoeld in het derde lid op strijd met het openbaar belang wordt bevestigd door het college, of, voor zover de inlichtingen betrekking hebben op het door de burgemeester gevoerde bestuur, door de burgemeester.

Art. 155f

Kosten

Het college neemt de door de raad geraamde kosten voor een onderzoek in een bepaald jaar op in de ontwerp-begroting.

Art. 156

Delegatie van bevoegdheden

1. De raad kan aan het college en aan een door hem ingestelde bestuurscommissie bevoegdheden overdragen, tenzij de aard van de bevoegdheid zich daartegen verzet.
2. De raad kan in ieder geval niet overdragen de bevoegdheid tot:
a. de instelling van een rekenkamer, bedoeld in artikel 81a, of het bij verordening stellen van regels voor de uitoefening van de rekenkamerfunctie, bedoeld in artikel 81oa;
b. de instelling van een onderzoek, bedoeld in artikel 155a, eerste lid;
c. de vaststelling of wijziging van de begroting, bedoeld in artikel 189;
d. de vaststelling van de jaarrekening, bedoeld in artikel 198;

Gemeentewet   A29 art. 165

e. het stellen van straf op overtreding van de gemeentelijke verordeningen;
f. de vaststelling van de verordeningen, bedoeld in de artikelen 212, eerste lid, 213, eerste lid, en 213a, eerste lid;
g. de aanwijzing van een of meer accountants, bedoeld in artikel 213, tweede lid;
h. de heffing van andere belastingen dan de belastingen, genoemd in artikel 225, de precariobelasting, de rioolheffing, bedoeld in artikel 228a, de rechten, genoemd in artikel 229, de rechten waarvan de heffing geschiedt krachtens andere wetten dan deze wet en de heffing, bedoeld in artikel 15.33 van de Wet milieubeheer.
3. De bevoegdheid tot het vaststellen van verordeningen, door strafbepaling of bestuursdwang te handhaven, kan de raad slechts overdragen voor zover het betreft de vaststelling van nadere regels met betrekking tot bepaalde door hem in zijn verordeningen aangewezen onderwerpen.
4. Artikel 19 van de Bekendmakingswet is van overeenkomstige toepassing op een besluit dat wordt genomen op grond van het eerste lid.

Art. 157
1. De voorschriften met betrekking tot de bevoegdheid van de raad, de uitoefening daarvan en het toezicht daarop zijn ten aanzien van de ingevolge artikel 156 overgedragen bevoegdheden van overeenkomstige toepassing.   *Overeenkomstige toepassing voorschriften*
2. Onder de in het eerste lid bedoelde voorschriften zijn niet begrepen die betreffende vergaderingen.

Art. 158
1. De raad kan de naam van de gemeente wijzigen.   *Gemeentenaam*
2. Het besluit van de raad wordt ter kennis gebracht van Onze Minister en het provinciebestuur.
3. Het besluit vermeldt de datum van ingang, die is gelegen ten minste een jaar na de datum van het besluit.

Art. 159
[Vervallen]

Hoofdstuk X
De bevoegdheid van het college van burgemeester en wethouders

Art. 160
1. Het college is in ieder geval bevoegd: *Bevoegdheden*
a. het dagelijks bestuur van de gemeente te voeren, voor zover niet bij of krachtens de wet de raad of de burgemeester hiermee is belast;
b. beslissingen van de raad voor te bereiden en uit te voeren, tenzij bij of krachtens de wet de burgemeester hiermee is belast;
c. regels vast te stellen over de ambtelijke organisatie van de gemeente, met uitzondering van de organisatie van de griffie;
d. tot privaatrechtelijke rechtshandelingen van de gemeente te besluiten;
e. te besluiten namens de gemeente, het college of de raad rechtsgedingen, bezwaarprocedures of administratief beroepsprocedures te voeren of handelingen ter voorbereiding daarop te verrichten, tenzij de raad, voor zover het de raad aangaat, in voorkomende gevallen anders beslist;
f. ten aanzien van de voorbereiding van de civiele verdediging;
g. jaarmarkten of gewone marktdagen in te stellen, af te schaffen of te veranderen.
2. Het college besluit slechts tot de oprichting van en de deelneming in stichtingen, maatschappen, vennootschappen, verenigingen, coöperaties en onderlinge waarborgmaatschappijen, indien dat in het bijzonder aangewezen moet worden geacht voor de behartiging van het daarmee te dienen openbaar belang. Het besluit wordt niet genomen dan nadat de raad een ontwerp-besluit is toegezonden en in de gelegenheid is gesteld zijn wensen en bedenkingen ter kennis van het college te brengen.   *Oprichting, deelname in stichtingen, vennootschappen enz.*
3. Het college neemt, ook alvorens is besloten tot het voeren van een rechtsgeding, alle conservatoire maatregelen en doet wat nodig is ter voorkoming van verjaring of verlies van recht of bezit.

Art. 161-164
[Vervallen]

Art. 165
1. Het college kan aan een door hem ingestelde bestuurscommissie bevoegdheden overdragen, tenzij de aard van de bevoegdheid zich daartegen verzet.   *Delegatie aan bestuurscommissie*
2. Artikel 19 van de Bekendmakingswet is van overeenkomstige toepassing op een besluit dat wordt genomen op grond van het eerste lid.
3. Het college neemt geen besluit op grond van het eerste lid dan nadat de raad een ontwerpbesluit is toegezonden en in de gelegenheid is gesteld zijn wensen en bedenkingen ter kennis van het college te brengen.

Gemeentewet

Art. 166

Machtiging politieambtenaar

Het college kan een in de gemeente dienstdoende ambtenaar van politie machtigen in zijn naam besluiten te nemen of andere handelingen te verrichten.

Art. 167

Overeenkomstige toepassing voorschriften

1. De voorschriften met betrekking tot de bevoegdheid van het college, de uitoefening daarvan en het toezicht daarop, zijn ten aanzien van de ingevolge artikel 165 overgedragen bevoegdheden van overeenkomstige toepassing.
2. Onder de in het eerste lid bedoelde voorschriften zijn niet begrepen die betreffende vergaderingen.

Art. 168

Mandaat

1. Het college kan een of meer leden van het college machtigen tot uitoefening van een of meer van zijn bevoegdheden, tenzij de regeling waarop de bevoegdheid steunt zich daartegen verzet.
2. Een krachtens machtiging uitgeoefende bevoegdheid wordt uit naam en onder verantwoordelijkheid van het college uitgeoefend.
3. Het college kan te dien aanzien alle aanwijzingen geven die het nodig acht.

Art. 169

Verantwoordingsplicht college(leden)

1. Het college en elk van zijn leden afzonderlijk zijn aan de raad verantwoording schuldig over het door het college gevoerde bestuur.
2. Zij geven de raad alle inlichtingen die de raad voor de uitoefening van zijn taak nodig heeft.
3. Zij geven de raad mondeling of schriftelijk de door een of meer leden gevraagde inlichtingen, tenzij het verstrekken ervan in strijd is met het openbaar belang.
4. Zij geven de raad vooraf inlichtingen over de uitoefening van de bevoegdheden, bedoeld in artikel 160, eerste lid, onder e, f, g en h, indien de raad daarom verzoekt of indien de uitoefening ingrijpende gevolgen kan hebben voor de gemeente. In het laatste geval neemt het college geen besluit dan nadat de raad in de gelegenheid is gesteld zijn wensen en bedenkingen ter kennis van het college te brengen.
5. Indien de uitoefening van de bevoegdheid, bedoeld in artikel 160, eerste lid, onder f, geen uitstel kan lijden, geven zij in afwijking van het vierde lid de raad zo spoedig mogelijk inlichtingen over de uitoefening van deze bevoegdheid en het terzake genomen besluit.

Hoofdstuk XI
De bevoegdheid van de burgemeester

Art. 170

Taken burgemeester

1. De burgemeester ziet toe op:
   a. een tijdige voorbereiding, vaststelling en uitvoering van het gemeentelijk beleid en van de daaruit voortvloeiende besluiten, alsmede op een goede afstemming tussen degenen die bij die voorbereiding, vaststelling en uitvoering zijn betrokken;
   b. een goede samenwerking van de gemeente met andere gemeenten en andere overheden;
   c. de kwaliteit van procedures op het vlak van burgerparticipatie;
   d. een zorgvuldige behandeling van bezwaarschriften;
   e. een zorgvuldige behandeling van klachten door het gemeentebestuur.

Bestuurlijke integriteit

2. De burgemeester bevordert de bestuurlijke integriteit van de gemeente.
3. De burgemeester bevordert overigens een goede behartiging van de gemeentelijke aangelegenheden.

Art. 171

Vertegenwoordiging in en buiten rechte

1. De burgemeester vertegenwoordigt de gemeente in en buiten rechte.
2. De burgemeester kan de in het eerste lid bedoelde vertegenwoordiging opdragen aan een door hem aan te wijzen persoon.

Art. 172

Handhaving openbare orde

1. De burgemeester is belast met de handhaving van de openbare orde.
2. De burgemeester is bevoegd overtredingen van wettelijke voorschriften die betrekking hebben op de openbare orde, te beletten of te beëindigen. Hij bedient zich daarbij van de onder zijn gezag staande politie.
3. De burgemeester is bevoegd bij verstoring van de openbare orde of bij ernstige vrees voor het ontstaan daarvan, de bevelen te geven die noodzakelijk te achten zijn voor de handhaving van de openbare orde.
4. De commissaris van de Koning geeft, indien een ordeverstoring van meer dan plaatselijke betekenis dan wel ernstige vrees voor het ontstaan van zodanige ordeverstoring zulks noodzakelijk maakt, de burgemeesters in de provincie zoveel mogelijk na overleg met hen, de nodige aanwijzingen met betrekking tot het door hen ter handhaving van de openbare orde te voeren beleid. De aanwijzingen worden zo enigszins mogelijk schriftelijk gegeven.

Gemeentewet

Art. 172a

1. Onverminderd artikel 172, derde lid, en hetgeen bij gemeentelijke verordening is bepaald omtrent de bevoegdheid van de burgemeester om bevelen te geven ter handhaving van de openbare orde, kan de burgemeester aan een persoon die individueel of in groepsverband de openbare orde ernstig heeft verstoord of bij groepsgewijze ernstige verstoring van de openbare orde een leidende rol heeft gehad, dan wel herhaaldelijk individueel of in groepsverband de openbare orde heeft verstoord of bij groepsgewijze verstoring van de openbare orde een leidende rol heeft gehad, bij ernstige vrees voor verdere verstoring van de openbare orde een bevel geven:
a. zich niet te bevinden in of in de omgeving van een of meer bepaalde objecten binnen de gemeente, dan wel in een of meer bepaalde delen van de gemeente;
b. zich niet in een of meer bepaalde delen van de gemeente op een voor het publiek toegankelijke plaats zonder redelijk doel met meer dan drie andere personen in groepsverband op te houden, of
c. zich op bepaalde tijdstippen te melden op of vanaf bepaalde plaatsen, al dan niet in een andere gemeente.

2. De burgemeester kan tevens een bevel geven aan een persoon aan wie door een private organisatie een sanctie is opgelegd, wegens gedrag dat bij de burgemeester de ernstige vrees doet ontstaan dat die persoon de openbare orde zal verstoren.

3. De burgemeester van een andere gemeente kan een burgemeester verzoeken om een persoon tevens namens hem een overeenkomstig bevel te geven, indien de burgemeester die het bevel geeft, de ernstige vrees heeft dat die persoon ook in de andere gemeente de openbare orde zal verstoren. Het verzoek bevat een aanduiding van de objecten of gebieden waar de aanwezigheid van die persoon niet gewenst is en van de tijdstippen of perioden waarvoor het bevel geldt. De burgemeester zendt een afschrift van het bevel dat hij namens een andere burgemeester heeft gegeven, aan die burgemeester.

4. Van een bevel zich te melden in een andere gemeente, wordt tijdig mededeling gedaan aan de burgemeester van die gemeente.

5. Indien de officier van justitie een persoon als bedoeld in het eerste lid een gedragsaanwijzing heeft gegeven als bedoeld in artikel 509hh, tweede lid, onderdeel a, van het Wetboek van Strafvordering, geeft de burgemeester aan deze persoon niet een bevel als bedoeld in het eerste lid, onder a of b, voor hetzelfde gebied.

6. Het bevel geldt voor:
a. een door de burgemeester vast te stellen periode van ten hoogste drie maanden, in welk geval het bevel ten hoogste driemaal kan worden verlengd met een door de burgemeester vast te stellen periode van telkens ten hoogste drie maanden, of
b. door de burgemeester vast te stellen tijdstippen of perioden, verspreid over ten hoogste negentig dagen binnen een tijdvak van ten hoogste vierentwintig maanden.

7. Op grond van nieuwe feiten of omstandigheden kan de burgemeester het bevel wijzigen ten nadele van betrokkene.

8. De burgemeester kan op aanvraag tijdelijk ontheffing verlenen van de verboden of geboden die voortvloeien uit het bevel, dan wel van een of meer onderdelen daarvan. Aan de ontheffing kunnen voorschriften worden verbonden.

9. Indien nieuwe feiten of omstandigheden daartoe aanleiding geven, wijzigt de burgemeester het bevel ten gunste van betrokkene. Het bevel wordt ingetrokken zodra het niet langer nodig is ter voorkoming van verdere verstoringen van de openbare orde.

Gebiedsverbod

Art. 172b

1. De burgemeester kan aan een persoon die het gezag uitoefent over een minderjarige die herhaaldelijk in groepsverband de openbare orde heeft verstoord en de leeftijd van twaalf jaren nog niet heeft bereikt, bij ernstige vrees voor verdere verstoring van de openbare orde een bevel geven zorg te dragen:
a. dat de minderjarige zich niet bevindt in of in de omgeving van een of meer bepaalde objecten binnen de gemeente, dan wel in een of meer bepaalde delen van de gemeente, tenzij de minderjarige wordt begeleid door een persoon die het gezag over hem uitoefent of door een andere meerderjarige als bedoeld in het derde lid; of
b. dat de minderjarige zich op bepaalde dagen gedurende een aangegeven tijdvak tussen 8 uur 's avonds en 6 uur 's ochtends niet bevindt op voor het publiek toegankelijke plaatsen, tenzij de minderjarige wordt begeleid door een persoon die het gezag over hem uitoefent of door een andere meerderjarige als bedoeld in het derde lid.

2. Het bevel geldt voor een door de burgemeester vast te stellen periode van ten hoogste drie maanden.

3. De burgemeester kan voor de toepassing van het eerste lid ten hoogste twee andere meerderjarigen naast de persoon of personen die het gezag uitoefenen over een minderjarige aanwijzen ter begeleiding van de minderjarige.

4. Artikel 172a, zevende, achtste en negende lid, is van overeenkomstige toepassing.

Ouderlijke zorg

A29 art. 174 — Gemeentewet

Art. 173
[Vervallen]

Art. 174

Toezicht openbare bijeenkomsten

1. De burgemeester is belast met het toezicht op de openbare samenkomsten en vermakelijkheden alsmede op de voor het publiek openstaande gebouwen en daarbij behorende erven.
2. De burgemeester is bevoegd bij de uitoefening van het toezicht, bedoeld in het eerste lid, de bevelen te geven die met het oog op de bescherming van veiligheid en gezondheid nodig zijn.
3. De burgemeester is belast met de uitvoering van verordeningen voor zover deze betrekking hebben op het in het eerste lid bedoelde toezicht.

Art. 174a

Sluiten van woningen, niet voor publiek toegankelijke lokalen of erven

1. De burgemeester kan besluiten een woning, een niet voor het publiek toegankelijk lokaal of een bij die woning of dat lokaal behorend erf te sluiten, indien door gedragingen in de woning of het lokaal of op het erf de openbare orde rond de woning, het lokaal of het erf wordt verstoord.
2. De in het eerste lid genoemde bevoegdheid komt de burgemeester eveneens toe in geval van ernstige vrees voor verstoring van de openbare orde op de grond dat de rechthebbende op de woning, het lokaal of het erf eerder een woning, een niet voor het publiek toegankelijk lokaal of een bij die woning of dat lokaal behorend erf op een zodanige wijze heeft gebruikt of doen gebruiken dat de woning, dat lokaal of dat erf op grond van het eerste lid is gesloten, en er aanwijzingen zijn dat betrokkene de woning, het lokaal of het erf ten aanzien waarvan hij rechthebbende is eveneens op een zodanige wijze zal gebruiken of doen gebruiken.
3. De burgemeester bepaalt in het besluit de duur van de sluiting. In geval van ernstige vrees voor herhaling van de verstoring van de openbare orde kan hij besluiten de duur van de sluiting tot een door hem te bepalen tijdstip te verlengen.
4. Bij de bekendmaking van het besluit worden belanghebbenden in de gelegenheid gesteld binnen een te stellen termijn maatregelen te treffen waardoor de verstoring van de openbare orde wordt beëindigd. De eerste volzin is niet van toepassing, indien voorafgaande bekendmaking in spoedeisende gevallen niet mogelijk is.
5. De artikelen 5:25 tot en met 5:28 van de Algemene wet bestuursrecht zijn van overeenkomstige toepassing. De burgemeester kan van de overtreder de ingevolge artikel 5:25 van de Algemene wet bestuursrecht verschuldigde kosten invorderen bij dwangbevel.

Art. 174b

Verstoring openbare orde en aanwezigheid wapens

1. Bij verstoring van de openbare orde door de aanwezigheid van wapens, dan wel bij ernstige vrees voor het ontstaan daarvan, kan de burgemeester in een onvoorziene, spoedeisende situatie een gebied, met inbegrip van de daarin gelegen voor het publiek openstaande gebouwen en daarbij behorende erven, voor ten hoogste twaalf uur aanwijzen als veiligheidsrisicogebied. In een veiligheidsrisicogebied kan de officier van justitie de bevoegdheden, bedoeld in de artikelen 50, derde lid, 51, derde lid, en 52, derde lid, van de Wet wapens en munitie toepassen.
2. Voordat de burgemeester het gebied aanwijst, overlegt hij met de officier van justitie.
3. De aanwijzing kan mondeling worden gegeven. In dat geval wordt de aanwijzing zo spoedig mogelijk op schrift gesteld en bekendgemaakt.
4. De burgemeester brengt de gebiedsaanwijzing zo spoedig mogelijk ter kennis van de raad.
5. Artikel 151b, derde en zesde lid, zijn van overeenkomstige toepassing.

Art. 175

Noodbevelen

1. In geval van oproerige beweging, van andere ernstige wanordelijkheden of van rampen, dan wel van ernstige vrees voor het ontstaan daarvan, is de burgemeester bevoegd alle bevelen te geven die hij ter handhaving van de openbare orde of ter beperking van gevaar nodig acht. Daarbij kan van andere dan bij de Grondwet gestelde voorschriften worden afgeweken.
2. De burgemeester laat tot maatregelen van geweld niet overgaan dan na het doen van de nodige waarschuwing.

Art. 176

Noodverordeningen

1. Wanneer een omstandigheid als bedoeld in artikel 175, eerste lid, zich voordoet, kan de burgemeester algemeen verbindende voorschriften geven die ter handhaving van de openbare orde of ter beperking van gevaar nodig zijn. Daarbij kan van andere dan bij de Grondwet gestelde voorschriften worden afgeweken. Hij maakt deze voorschriften bekend op een door hem te bepalen wijze.
2. De burgemeester brengt de voorschriften zo spoedig mogelijk ter kennis van de raad, van de commissaris van de Koning en van het hoofd van het arrondissementsparket.
3. De voorschriften vervallen, indien zij niet door de raad in zijn eerstvolgende vergadering die blijkens de presentielijst door meer dan de helft van het aantal zitting hebbende leden is bezocht, worden bekrachtigd.
4. Indien de raad de voorschriften niet bekrachtigt, kan de burgemeester binnen vierentwintig uren administratief beroep instellen bij de commissaris van de Koning. Deze beslist binnen twee dagen. Gedurende de beroepstermijn en de behandeling van het administratief beroep blijven de voorschriften van kracht.

Gemeentewet **A29 art. 184**

5. Hoofdstuk 6 en afdeling 7.3 van de Algemene wet bestuursrecht zijn niet van toepassing op het administratief beroep, bedoeld in het vierde lid.
6. De commissaris kan de werking van de voorschriften opschorten zolang zij niet bekrachtigd zijn. Het opschorten stuit onmiddellijk de werking van de voorschriften. — *Schorsing*
7. Zodra een omstandigheid als bedoeld in artikel 175, eerste lid, zich niet langer voordoet, trekt de burgemeester de voorschriften in. Het tweede lid is van overeenkomstige toepassing.

Art. 176a
1. De burgemeester is bevoegd door hem aangewezen groepen van personen op een door hem aangegeven plaats tijdelijk te doen ophouden. De ophouding kan mede omvatten, indien nodig, het overbrengen naar die plaats. — *Bestuurlijke ophouding*
2. De burgemeester oefent de bevoegdheid, bedoeld in het eerste lid, slechts uit:
a. jegens personen die door hem daartoe aangewezen specifieke onderdelen van een bevel als bedoeld in artikel 175 of van een algemeen verbindend voorschrift als bedoeld in artikel 176, groepsgewijs niet naleven, en
b. indien het ophouden noodzakelijk is ter voorkoming van voortzetting of herhaling van de niet-naleving en de naleving redelijkerwijs niet op andere geschikte wijze kan worden verzekerd.
3. Artikel 154a, derde tot en met veertiende lid, is van overeenkomstige toepassing.

Art. 177
1. De burgemeester kan een in de gemeente dienstdoende ambtenaar van politie machtigen in zijn naam besluiten te nemen of andere handelingen te verrichten. — *Machtiging politieambtenaar*
2. Geen machtiging wordt verleend tot het nemen van besluiten ingevolge de artikelen 151b, 154a, 172, 172a, 172b, 174, tweede lid, en 174a tot en met 176a.

Art. 178
1. De burgemeester kan aan een door hem ingestelde bestuurscommissie bevoegdheden overdragen, tenzij de aard van de bevoegdheid zich tegen overdracht verzet. — *Delegatie commissie*
2. De bevoegdheden, bedoeld in de artikelen 151b, 154a en 172 tot en met 176a, kunnen in ieder geval niet worden overgedragen.
3. Ten aanzien van een besluit dat wordt genomen op grond van het eerste lid is artikel 19 van de Bekendmakingswet van overeenkomstige toepassing.
4. De burgemeester neemt geen besluit op grond van het eerste lid dan nadat de raad een ontwerp-besluit is toegezonden en in de gelegenheid is gesteld zijn wensen en bedenkingen ter kennis van de burgemeester te brengen.

Art. 179
De voorschriften met betrekking tot de bevoegdheid van de burgemeester, de uitoefening daarvan en het toezicht daarop zijn ten aanzien van de ingevolge artikel 178 overgedragen bevoegdheden van overeenkomstige toepassing. — *Overeenkomstige toepassing voorschriften*

Art. 180
1. De burgemeester is aan de raad verantwoording schuldig over het door hem gevoerde bestuur. — *Verantwoordingsplicht*
2. Hij geeft de raad alle inlichtingen over de uitoefening van zijn taak nodig heeft.
3. Hij geeft de raad mondeling of schriftelijk de door een of meer leden gevraagde inlichtingen, tenzij het verstrekken ervan in strijd is met het openbaar belang.

Art. 181
[Vervallen]

Hoofdstuk XIa
De bevoegdheid van de rekenkamer

Art. 182
1. De rekenkamer onderzoekt de doelmatigheid, de doeltreffendheid en de rechtmatigheid van het door het gemeentebestuur gevoerde bestuur. Een door de rekenkamer ingesteld onderzoek naar de rechtmatigheid van het door het gemeentebestuur gevoerde bestuur bevat geen controle van de jaarrekening als bedoeld in artikel 213, tweede lid. — *Taak*
2. Op verzoek van de raad kan de rekenkamer een onderzoek instellen. — *Onderzoek op verzoek raad*

Art. 183
1. De rekenkamer is bevoegd alle documenten die berusten bij het gemeentebestuur te onderzoeken voor zover zij dat ter vervulling van haar taak nodig acht. — *Onderzoeksbevoegdheid*
2. Het gemeentebestuur verstrekt desgevraagd alle inlichtingen die de rekenkamer ter vervulling van haar taak nodig acht.
3. Indien de zorg voor een administratie aan een derde is uitbesteed, is het eerste lid van overeenkomstige toepassing op de administratie van de betrokken derde dan wel van degene die de administratie in opdracht van die derde voert.

Art. 184
1. De rekenkamer heeft de in de volgende leden vermelde bevoegdheden ten aanzien van de volgende instellingen en over de volgende periode: — *Onderzoek bij andere instellingen*

A29 art. 184a

a. openbare lichamen, bedrijfsvoeringsorganisaties en gemeenschappelijke organen ingesteld krachtens de Wet gemeenschappelijke regelingen, waaraan de gemeente deelneemt, over de jaren dat de gemeente deelneemt in de regeling;
b. naamloze vennootschappen en besloten vennootschappen met beperkte aansprakelijkheid waarvan de gemeente, alleen of samen met andere gemeenten, meer dan vijftig procent van het geplaatste aandelenkapitaal houdt, over de jaren dat de gemeente, alleen of samen met andere gemeenten, meer dan vijftig procent van het geplaatste aandelenkapitaal houdt;
c. andere privaatrechtelijke rechtspersonen waaraan de gemeente, alleen of samen met andere gemeenten, of een of meer derden voor rekening en risico van de gemeente of gemeenten rechtstreeks of middellijk een subsidie, lening of garantie heeft verstrekt ten bedrage van ten minste vijftig procent van de baten van deze instelling, over de jaren waarop deze subsidie, lening of garantie betrekking heeft.
2. De rekenkamer is bevoegd bij de betrokken instelling nadere inlichtingen in te winnen over de jaarrekeningen, daarop betrekking hebbende rapporten van hen die deze jaarrekeningen hebben gecontroleerd en overige documenten met betrekking tot die instelling die bij het gemeentebestuur berusten. Indien een of meer documenten ontbreken, kan de rekenkamer van de betrokken instelling de overlegging daarvan vorderen.
3. De rekenkamer kan, indien de documenten, bedoeld in het tweede lid, daartoe aanleiding geven, bij de betrokken instelling dan wel bij de derde die de administratie in opdracht van de instelling voert, een onderzoek instellen. De rekenkamer stelt de raad en het college van haar voornemen een dergelijk onderzoek in te stellen in kennis.

Art. 184a

Toezicht handelingen accountant

De rekenkamer is belast met het toezicht op de naleving van artikel 213, achtste lid.

Art. 185

Rapportering

1. De rekenkamer legt haar bevindingen en haar oordeel vast in rapporten, met dien verstande dat hierin niet worden opgenomen gegevens en bevindingen die naar hun aard vertrouwelijk zijn.
2. De rekenkamer deelt aan de raad, het college en, indien van toepassing, aan de betrokken instelling, de opmerkingen en bedenkingen mee die zij naar aanleiding van haar bevindingen van belang acht. Aan de raad of het college kan zij ter zake voorstellen doen.
3. De rekenkamer stelt elk jaar voor 1 april een verslag op van haar werkzaamheden over het voorgaande jaar.
4. De rekenkamer zendt een afschrift van haar rapporten en haar verslag aan de raad en het college. Indien zij met toepassing van artikel 184 een onderzoek heeft ingesteld, zendt de rekenkamer tevens een afschrift van het rapport aan de betrokken instelling.
5. De rapporten en de verslagen van de rekenkamer zijn openbaar.

Titel IV
De financiën van de gemeente

Hoofdstuk XII
Algemene bepalingen

Art. 186

Inrichting jaarstukken nader geregeld bij AMvB (Bbv)

1. De begroting, de begrotingswijzigingen, de meerjarenraming, de jaarrekening en het jaarverslag worden ingericht overeenkomstig bij of krachtens algemene maatregel van bestuur te geven regels.
2. Bij of krachtens de algemene maatregel van bestuur, bedoeld in het eerste lid, kunnen tevens regels gesteld worden ten aanzien van:
a. door het college vast te stellen documenten ten behoeve van de uitvoering van de begroting en de jaarrekening;
b. door het college aan derden te verstrekken informatie op basis van de begroting en de jaarrekening en de controle van deze informatie.
3. Bij of krachtens de algemene maatregel van bestuur, bedoeld in het eerste lid, kunnen nadere regels worden gesteld ten aanzien van het periodiek verstrekken van informatie voor derden. In overeenstemming met Onze Minister van Economische Zaken kan worden bepaald dat de informatie voor derden wordt gezonden aan het Centraal Bureau voor de Statistiek.
4. De informatie voor derden, bedoeld in het tweede lid, onderdeel b, wordt gezonden aan Onze Minister binnen de termijnen, bedoeld in de artikelen 191, tweede lid, en 200. Artikel 17a, vierde lid, van de Financiële-verhoudingswet is van overeenkomstige toepassing.
5. Indien Onze Minister vaststelt dat de informatie, bedoeld in het tweede lid, onder b, of de informatie, bedoeld in het derde lid, voor zover die verstrekt moet worden aan Onze Minister, niet of niet tijdig wordt verstrekt, dan wel de kwaliteit van die informatie tekort schiet, doet hij daarvan mededeling aan het betrokken college.

Gemeentewet   A29 art. 193

6. Het college kan tot twee weken voor het verstrijken van de termijnen, bedoeld in het vierde lid, schriftelijk en met redenen omkleed, aan Onze Minister verzoeken om uitstel voor de toezending van de informatie. Onze Minister beslist binnen twee weken op dat verzoek.
7. Indien de informatie, bedoeld in het tweede lid, onder b, of de informatie, bedoeld in het derde lid, voor zover die verstrekt moet worden aan Onze Minister, niet of niet tijdig wordt verstrekt, dan wel de kwaliteit van die informatie tekort schiet, geeft Onze Minister een aanwijzing aan het college om binnen tien werkdagen alsnog informatie van voldoende kwaliteit te leveren.
8. Indien het college nalaat de aanwijzing, bedoeld in het zevende lid, op te volgen, kunnen Onze Ministers van Binnenlandse Zaken en Koninkrijksrelaties en van Financiën besluiten de betalingen op grond van artikel 15, eerste lid, van de Financiële-verhoudingswet aan de betreffende gemeente geheel of gedeeltelijk op te schorten gedurende ten hoogste zesentwintig weken. Artikel 17b, vierde, vijfde en zesde lid, van de Financiële-verhoudingswet is van overeenkomstige toepassing.

Art. 187
Aan de gemeenten kunnen slechts bij of krachtens de wet uitgaven worden opgelegd.   Verplichte uitgaven

Art. 188
[Vervallen]

Hoofdstuk XIII
De begroting en de jaarrekening

§ 1
De begroting

Art. 189
1. Voor alle taken en activiteiten brengt de raad jaarlijks op de begroting de bedragen die hij   Begroting
daarvoor beschikbaar stelt, alsmede de financiële middelen die hij naar verwachting kan aanwenden.
2. De raad ziet erop toe dat de begroting structureel en reëel in evenwicht is. Hiervan kan hij afwijken indien aannemelijk is dat het structureel en reëel evenwicht in de begroting in de eerstvolgende jaren tot stand zal worden gebracht.
3. Behoudens het bepaalde in de artikelen 208 en 209 kunnen ten laste van de gemeente slechts lasten en daarmee overeenstemmende balansmutaties worden genomen tot de bedragen die hiervoor op de begroting zijn gebracht.
4. Het begrotingsjaar is het kalenderjaar.

Art. 190
1. Het college biedt jaarlijks, tijdig voor de in artikel 191, eerste lid, bedoelde vaststelling, de   Ontwerpbegroting
raad een ontwerp aan van de begroting met toelichting van de gemeente en een meerjarenraming met toelichting voor ten minste drie op het begrotingsjaar volgende jaren.
2. De ontwerp-begroting en de overige in het eerste lid bedoelde stukken liggen, zodra zij aan de raad zijn aangeboden, voor een ieder ter inzage en zijn algemeen verkrijgbaar. Van de terinzagelegging en de verkrijgbaarstelling wordt openbaar kennis gegeven.
3. De raad beraadslaagt over de ontwerp-begroting niet eerder dan twee weken na de openbare kennisgeving.

Art. 191
1. De raad stelt de begroting vast in het jaar voorafgaande aan dat waarvoor zij dient.   Vaststelling begroting
2. Het college zendt de door de raad vastgestelde begroting vergezeld van de in artikel 190,   Toezending begroting aan
eerste lid, bedoelde stukken, binnen twee weken na de vaststelling, doch in ieder geval vóór 15   GS
november van het jaar voorafgaande aan dat waarvoor de begroting dient, aan gedeputeerde staten.

Art. 192
1. Besluiten tot wijziging van de begroting kunnen tot uiterlijk het eind van het desbetreffende   Wijziging begroting
begrotingsjaar worden genomen.
2. De artikelen 190, tweede lid, en 191, tweede lid, alsmede, behoudens in gevallen van dringende spoed, het bepaalde in artikel 190, derde lid, zijn van overeenkomstige toepassing.

Art. 193
Verplichte uitgaven van de gemeente zijn: Verplichte uitgaven
a. de renten en aflossingen van de door de gemeente aangegane geldleningen en alle overige opeisbare schulden;
b. de uitgaven die bij of krachtens de wet aan de gemeente zijn opgelegd;
c. de uitgaven die voortvloeien uit de van het gemeentebestuur gevorderde medewerking tot uitvoering van wetten en algemene maatregelen van bestuur, voor zover die uitgaven niet ten laste van anderen zijn gebracht.

Art. 194

GS voorzien bij weigering raad

1. Indien de raad weigert verplichte uitgaven op de begroting te brengen, doen gedeputeerde staten dit.
2. Indien de raad bovendien weigert in voldoende dekking van in het eerste lid bedoelde uitgaven te voorzien, verminderen gedeputeerde staten daartoe hetzij het bedrag voor onvoorziene uitgaven, hetzij indien dit bedrag niet toereikend is, overige niet-verplichte uitgaven.

Art. 195

GS verplichten tot betaling

Gedeputeerde staten dragen zo nodig aan de bevoegde gemeenteambtenaar de betaling op ten laste van de gemeente van hetgeen als verplichte uitgaaf op de begroting is gebracht.

Art. 196

[Vervallen]

Paragraaf 2
De jaarrekening

Art. 197

Jaarrekening, jaarverslag

1. Het college legt aan de raad over elk begrotingsjaar verantwoording af over het door hem gevoerde bestuur, onder overlegging van de jaarrekening en het jaarverslag.
2. Het college voegt daarbij de verslagen, bedoeld in artikel 213a, tweede lid.
3. De raad legt de in het eerste en tweede lid, alsmede de in artikel 213, derde en vierde lid, bedoelde stukken, wanneer de bespreking daarvan geagendeerd is op de in artikel 19, tweede lid, bedoelde wijze, voor een ieder ter inzage en stelt ze algemeen verkrijgbaar. Van de terinzagelegging en de verkrijgbaarstelling wordt openbaar kennis gegeven. De raad beraadslaagt over de jaarrekening en het jaarverslag niet eerder dan twee weken na de openbare kennisgeving.

Art. 198

Indemniteitsbesluit

1. De raad stelt de jaarrekening en het jaarverslag vast in het jaar volgend op het begrotingsjaar. De jaarrekening betreft alle baten en lasten van de gemeente.
2. Indien de raad tot het standpunt komt dat in de jaarrekening opgenomen baten, lasten of balansmutaties, die niet rechtmatig tot stand zijn gekomen, aan de vaststelling van de jaarrekening in de weg staan, brengt hij dit terstond ter kennis van het college met vermelding van de gerezen bedenkingen.
3. Het college zendt de raad binnen twee maanden na ontvangst van het standpunt, bedoeld in het tweede lid, een voorstel voor een indemniteitsbesluit, vergezeld van een reactie op de bij de raad gerezen bedenkingen.
4. Indien het college een voorstel voor een indemniteitsbesluit heeft gedaan, stelt de raad de jaarrekening niet vast dan nadat hij heeft besloten over het voorstel.

Art. 199

Decharge

Behoudens later in rechte gebleken onregelmatigheden, ontlast de vaststelling van de jaarrekening de leden van het college ten aanzien van het daarin verantwoorde financieel beheer.

Art. 200

Jaarrekening naar GS

Het college zendt de vastgestelde jaarrekening en het jaarverslag, vergezeld van de overige in artikel 197 bedoelde stukken binnen twee weken na vaststelling, maar in ieder geval vóór 15 juli van het jaar, volgend op het begrotingsjaar, aan gedeputeerde staten. Het college voegt daarbij, indien van toepassing, het besluit van de raad over een voorstel voor een indemniteitsbesluit met de reactie, bedoeld in artikel 198, derde lid.

Art. 201

Vaststelling rekening door GS

Indien de raad de jaarrekening dan wel een indemniteitsbesluit niet of niet naar behoren vaststelt, zendt het college de jaarrekening, vergezeld van de overige in artikel 197 bedoelde stukken, respectievelijk het indemniteitsbesluit ter vaststelling aan gedeputeerde staten.

Art. 202

[Vervallen]

§ 3
Goedkeuring van de begroting

Art. 203

Goedkeuring begroting

1. De begroting, bedoeld in artikel 189, van het eerstvolgende begrotingsjaar alsmede de daarop betrekking hebbende begrotingswijzigingen behoeven de goedkeuring van gedeputeerde staten, indien naar hun oordeel de begroting, bedoeld in artikel 189, niet structureel en reëel in evenwicht is en blijkens de meerjarenraming, bedoeld in artikel 190, niet aannemelijk is dat in de eerstvolgende jaren een structureel en reëel evenwicht tot stand zal worden gebracht. Gedeputeerde staten doen hiervan vóór de aanvang van het begrotingsjaar mededeling aan het gemeentebestuur.

Gemeentewet   A29 art. 210

2. Gedeputeerde staten kunnen bepalen dat de begroting, bedoeld in artikel 189, van het eerstvolgende begrotingsjaar alsmede de daarop betrekking hebbende begrotingswijzigingen hun goedkeuring behoeven, indien:
a. de begroting, bedoeld in artikel 189, niet tijdig is ingezonden aan gedeputeerde staten overeenkomstig het bepaalde in artikel 191, of
b. de jaarrekening, bedoeld in artikel 197, eerste lid, van het tweede aan het begrotingsjaar voorafgaande jaar niet tijdig is ingezonden aan gedeputeerde staten overeenkomstig het bepaalde in artikel 200, eerste lid.
3. Gedeputeerde staten maken een besluit als bedoeld in het tweede lid vóór de aanvang van het begrotingsjaar aan het gemeentebestuur bekend.
4. De begroting behoeft geen goedkeuring indien gedeputeerde staten geen mededeling doen als bedoeld in het eerste lid of geen besluit bekendmaken als bedoeld in het tweede lid binnen de in het eerste respectievelijk derde lid genoemde termijn.
5. Gedeputeerde staten kunnen het besluit, bedoeld in het eerste lid, gedurende het lopende begrotingsjaar intrekken.

Preventief toezicht

Art. 204
[Vervallen]

Art. 205
1. Gedeputeerde staten stellen Onze Minister uiterlijk een maand na de aanvang van het begrotingsjaar schriftelijk en gemotiveerd in kennis van de mededelingen en besluiten, bedoeld in artikel 203, eerste en tweede lid.
2. Gedeputeerde staten maken bij de aanvang van het desbetreffende begrotingsjaar door publicatie in de *Staatscourant* bekend van welke gemeenten de begrotingen en begrotingswijzigingen hun goedkeuring behoeven.

Publicatie preventief toezicht

Art. 206
De goedkeuring kan slechts worden onthouden wegens strijd met het recht of met het algemene financiële belang.

Gronden onthouding goedkeuring

Art. 207
1. Indien op de dag waarop een besluit tot wijziging van de begroting aan gedeputeerde staten wordt aangeboden, de begroting nog niet is goedgekeurd, vangt de in artikel 10:31, eerste lid, van de Algemene wet bestuursrecht bedoelde termijn aan op de dag van de goedkeuring van de begroting.
2. Gedeputeerde staten kunnen bij hun besluit omtrent goedkeuring van de begroting ten aanzien van door hen aan te geven soorten van wijzigingen daarvan bepalen dat die hun goedkeuring niet behoeven.

Goedkeuringstermijn

Art. 208
1. Indien de begroting of een besluit tot wijziging daarvan niet is goedgekeurd, behoeft het gemeentebestuur tot het aangaan van verplichtingen de toestemming van gedeputeerde staten.
2. Een aanvraag van het gemeentebestuur om toepassing van het eerste lid kan door gedeputeerde staten slechts worden afgewezen wegens strijd met het recht of met het algemene financiële belang.
3. Gedeputeerde staten beslissen op de aanvraag binnen twee maanden na de verzending van de aanvraag, bedoeld in het tweede lid. De toestemming wordt geacht te zijn verleend indien binnen deze termijn geen besluit aan het gemeentebestuur is verzonden.
4. Gedeputeerde staten kunnen aan de toestemming voorschriften verbinden.
5. Gedeputeerde staten kunnen bepalen voor welke posten en tot welk bedrag het gemeentebestuur de toestemming, bedoeld in het eerste lid, niet behoeft.

Toestemming tot het doen van niet door GS goedgekeurde uitgaven

Art. 209
1. In gevallen van dringende spoed kan, indien de raad daartoe besluit, verplichtingen worden aangegaan voordat de desbetreffende begroting of begrotingswijziging is goedgekeurd. Het besluit wordt gedeputeerde staten terstond toegezonden. Is de aangegane verplichting geraamd bij een begrotingswijziging welke nog niet ter goedkeuring is ingezonden, dan wordt deze begrotingswijziging te zamen met het besluit toegezonden.
2. Over het in het eerste lid bedoelde besluit stemt de raad bij hoofdelijke oproeping.

Uitgaven in geval van dringende spoed

Art. 210
1. Indien de raad artikel 209 heeft toegepast en gedeputeerde staten hun goedkeuring aan de desbetreffende begroting of begrotingswijziging onthouden, kunnen zij binnen een maand nadat hun besluit onherroepelijk is geworden, de leden van de raad die hun stem vóór het in artikel 209 bedoelde besluit hebben uitgebracht, ieder voor een gelijk deel, persoonlijk voor deze verplichting aansprakelijk stellen tegenover de gemeente.
2. De werking van het besluit tot aansprakelijkstelling wordt opgeschort totdat de beroepstermijn is verstreken of, indien beroep is ingesteld, op het beroep is beslist.

Aansprakelijkheid bij spoedeisende uitgaven

Sdu   457

3. De commissaris van de Koning stelt zo nodig namens en ten laste van de gemeente een rechtsvordering in tot betaling van de krachtens het besluit tot aansprakelijkstelling verschuldigde gelden.

Art. 211

Toezending specifieke besluiten

Indien de begroting van een gemeente ingevolge artikel 203, eerste of tweede lid, is onderworpen aan goedkeuring, kunnen gedeputeerde staten bepalen dat door hen aan te wijzen beslissingen van het gemeentebestuur die financiële gevolgen voor de gemeente hebben of kunnen hebben, door het college binnen twee weken aan gedeputeerde staten worden toegezonden.

Hoofdstuk XIV
De administratie en de controle

Art. 212

Organisatie administratie en beheer

1. De raad stelt bij verordening de uitgangspunten voor het financiële beleid, alsmede voor het financiële beheer en voor de inrichting van de financiële organisatie vast. Deze verordening waarborgt dat aan de eisen van rechtmatigheid, verantwoording en controle wordt voldaan.
2. De verordening bevat in ieder geval:
a. regels voor waardering en afschrijving van activa;
b. grondslagen voor de berekening van de door het gemeentebestuur in rekening te brengen prijzen en van tarieven voor rechten als bedoeld in artikel 229b, alsmede, voor zover deze wordt geheven, voor de heffing bedoeld in artikel 15.33 van de Wet milieubeheer;
c. regels inzake de algemene doelstellingen en de te hanteren richtlijnen en limieten van de financieringsfunctie.

Art. 213

Controle

1. De raad stelt bij verordening regels vast voor de controle op het financiële beheer en op de inrichting van de financiële organisatie. Deze verordening waarborgt dat de rechtmatigheid van het financiële beheer en van de inrichting van de financiële organisatie wordt getoetst.
2. De raad wijst een of meer accountants aan als bedoeld in artikel 393, eerste lid, van Boek 2 van het Burgerlijk Wetboek, belast met de controle van de in artikel 197 bedoelde jaarrekening en het daarbij verstrekken van een accountantsverklaring en het uitbrengen van een verslag van bevindingen.
3. De accountantsverklaring geeft op grond van de uitgevoerde controle aan of:
a. de jaarrekening een getrouw beeld geeft van zowel de baten en lasten als de grootte en samenstelling van het vermogen;
b. de baten en lasten, alsmede de balansmutaties rechtmatig tot stand zijn gekomen;
c. de jaarrekening is opgesteld in overeenstemming met de bij krachtens algemene maatregel van bestuur te stellen regels, bedoeld in artikel 186 en
d. het jaarverslag met de jaarrekening verenigbaar is.
4. Het verslag van bevindingen bevat in ieder geval bevindingen over:
a. de vraag of de inrichting van het financiële beheer en van de financiële organisatie een getrouwe en rechtmatige verantwoording mogelijk maken en
b. onrechtmatigheden in de jaarrekening.
5. De accountant zendt de accountantsverklaring en het verslag van bevindingen aan de raad en een afschrift daarvan aan het college.
6. Bij algemene maatregel van bestuur kunnen nadere regels worden gesteld met betrekking tot de reikwijdte van en de verslaglegging omtrent de accountantscontrole, bedoeld in het tweede lid.
7. Accountants als bedoeld in het tweede lid kunnen in gemeentelijke dienst worden genomen. In dat geval besluit de raad tot het aangaan, wijzigen en beëindigen van de arbeidsovereenkomst.
8. Indien de raad op grond van het tweede lid accountants heeft aangewezen die in gemeentelijke dienst zijn genomen, is:
a. het bepaalde bij en krachtens de artikelen 25, 25a en 27 van de Wet toezicht accountantsorganisaties van overeenkomstige toepassing op deze accountants;
b. het bepaalde bij en krachtens de artikelen 14, 18, 19, 20 en 21 van de Wet toezicht accountantsorganisaties van overeenkomstige toepassing op de gemeente; en
c. het bepaalde bij en krachtens de artikelen 15 en 16 van de Wet toezicht accountantsorganisaties van overeenkomstige toepassing op de personen die de dagelijkse leiding hebben over het onderdeel van de gemeente waarbij de in de aanhef bedoelde accountants werkzaam zijn.
9. Indien een gemeente wordt aangewezen als organisatie van openbaar belang als bedoeld in artikel 1, eerste lid, onderdeel l, van de Wet toezicht accountantsorganisaties, zijn de artikelen 22 tot en met 24 van die wet van overeenkomstige toepassing op deze gemeente.

Art. 213a

Periodiek onderzoek

1. Het college verricht periodiek onderzoek naar de doelmatigheid en de doeltreffendheid van het door hem gevoerde bestuur. De raad stelt bij verordening regels hierover.
2. Het college brengt schriftelijk verslag uit aan de raad van de resultaten van de onderzoeken.

3. Het college stelt de rekenkamer of, indien geen rekenkamer is ingesteld, personen die de rekenkamerfunctie uitoefenen, tijdig op de hoogte van de onderzoeken die hij doet instellen en zendt haar, onderscheidenlijk hen, een afschrift van een verslag als bedoeld in het tweede lid.

Art. 214
Het college zendt de verordeningen, bedoeld in de artikelen 212, 213 en 213a, binnen twee weken na vaststelling door de raad aan gedeputeerde staten.

Mededeling aan GS

Art. 215
Gedeputeerde staten kunnen te allen tijde een onderzoek instellen naar het beheer en de inrichting van de financiële organisatie, bedoeld in artikel 212, eerste lid.

Onderzoeksbevoegdheid GS

Hoofdstuk XV
De gemeentelijke belastingen

§ 1
Algemene bepalingen

Art. 216
De raad besluit tot het invoeren, wijzigen of afschaffen van een gemeentelijke belasting door het vaststellen van een belastingverordening.

Bevoegdheid gemeentelijke belasting

Art. 217
Een belastingverordening vermeldt, in de daartoe leidende gevallen, de belastingplichtige, het voorwerp van de belasting, het belastbare feit, de heffingsmaatstaf, het tarief, het tijdstip van ingang van de heffing, het tijdstip van beëindiging van de heffing en hetgeen overigens voor de heffing en de invordering van belang is.

Inhoud belastingverordening

Art. 218-218b
[Vervallen]

Art. 219
1. Behalve de gemeentelijke belastingen waarvan de heffing krachtens andere wetten dan deze geschiedt, worden geen andere belastingen geheven dan die bedoeld in de tweede en derde paragraaf van dit hoofdstuk.

Geen andere belastingen

2. Behoudens het bepaalde in andere wetten dan deze en in de tweede en derde paragraaf van dit hoofdstuk kunnen de gemeentelijke belastingen worden geheven naar in de belastingverordening te bepalen heffingsmaatstaven, met dien verstande dat het bedrag van een gemeentelijke belasting niet afhankelijk mag worden gesteld van het inkomen, de winst of het vermogen.

Nieuwe vrijheid

§ 2
Bijzondere bepalingen omtrent de onroerende-zaakbelastingen

Art. 220
Ter zake van binnen de gemeente gelegen onroerende zaken kunnen onder de naam onroerendezaakbelastingen worden geheven:
a. een belasting van degenen die bij het begin van het kalenderjaar onroerende zaken die niet in hoofdzaak tot woning dienen, al dan niet krachtens eigendom, bezit, beperkt recht of persoonlijk recht, gebruiken;
b. een belasting van degenen die bij het begin van het kalenderjaar van onroerende zaken het genot hebben krachtens eigendom, bezit of beperkt recht.

Onroerendezaakbelastingen

Art. 220a
1. Met betrekking tot de onroerende-zaakbelastingen wordt als onroerende zaak aangemerkt de onroerende zaak, bedoeld in hoofdstuk III van de Wet waardering onroerende zaken.
2. Een onroerende zaak dient in hoofdzaak tot woning indien de waarde die op grond van hoofdstuk IV van de Wet waardering onroerende zaken is vastgesteld voor die onroerende zaak in hoofdzaak kan worden toegerekend aan delen van de onroerende zaak die dienen tot woning dan wel volledig dienstbaar zijn aan woondoeleinden.

Aanmerking als onroerende zaak

Art. 220b
1. Voor de toepassing van artikel 220, onderdeel a, wordt:
a. gebruik door degene aan wie een deel van een onroerende zaak in gebruik is gegeven, aangemerkt als gebruik door degene die dat deel in gebruik heeft gegeven; degene die het deel in gebruik heeft gegeven is bevoegd de belasting als zodanig te verhalen op degene aan wie dat deel in gebruik is gegeven;
b. het ter beschikking stellen van een onroerende zaak voor volgtijdig gebruik aangemerkt als gebruik door degene die die onroerende zaak ter beschikking heeft gesteld; degene die de onroerende zaak ter beschikking heeft gesteld is bevoegd de belasting als zodanig te verhalen op degene aan wie die zaak ter beschikking is gesteld.

Toepassingsregels

Volgtijdig gebruik

A29 art. 220c Gemeentewet

Zakelijk gerechtigde: belastingplichtige

2. Voor de toepassing van artikel 220, onderdeel b, wordt als genothebbende krachtens eigendom, bezit of beperkt recht aangemerkt degene die bij het begin van het kalenderjaar als zodanig in de basisregistratie kadaster is vermeld, tenzij blijkt dat hij op dat tijdstip geen genothebbende krachtens eigendom, bezit of beperkt recht is.

Art. 220c

Heffingsmaatstaf

De heffingsmaatstaf voor de onroerende-zaakbelastingen is de op de voet van hoofdstuk IV van de Wet waardering onroerende zaken voor de onroerende zaak vastgestelde waarde voor het kalenderjaar, bedoeld in artikel 220.

Art. 220d

Vrijstellingen

1. In afwijking in zoverre van artikel 220c wordt bij de bepaling van de heffingsmaatstaf voor de onroerende-zaakbelastingen buiten aanmerking gelaten, voor zover dit niet reeds is geschied bij de bepaling van de in dat artikel bedoelde waarde, de waarde van:

a. ten behoeve van de land- of bosbouw bedrijfsmatig geëxploiteerde cultuurgrond, daaronder mede begrepen de open grond, alsmede de ondergrond van glasopstanden, die bedrijfsmatig aangewend wordt voor de kweek of teelt van gewassen, zonder daarbij de ondergrond als voedingsbodem te gebruiken;

b. glasopstanden, die bedrijfsmatig worden aangewend voor de kweek of teelt van gewassen, voor zover de ondergrond daarvan bestaat uit de in onderdeel a bedoelde grond;

c. onroerende zaken die in hoofdzaak zijn bestemd voor de openbare eredienst of voor het houden van openbare bezinningssamenkomsten van levensbeschouwelijke aard, een en ander met uitzondering van delen van zodanige onroerende zaken die dienen als woning;

d. één of meer onroerende zaken die deel uitmaken van een op de voet van de Natuurschoonwet 1928 aangewezen landgoed dat voldoet aan bij of krachtens algemene maatregel van bestuur te stellen voorwaarden, met uitzondering van de daarop voorkomende gebouwde eigendommen;

e. natuurterreinen, waaronder mede worden verstaan duinen, heidevelden, zandverstuivingen, moerassen en plassen, die door rechtspersonen met volledige rechtsbevoegdheid welke zich uitsluitend of nagenoeg uitsluitend het behoud van natuurschoon ten doel stellen, beheerd worden;

f. openbare land- en waterwegen en banen voor openbaar vervoer per rail, een en ander met inbegrip van kunstwerken;

g. waterverdedigings- en waterbeheersingswerken die worden beheerd door organen, instellingen of diensten van publiekrechtelijke rechtspersonen, met uitzondering van de delen van zodanige werken die dienen als woning;

h. werken die zijn bestemd voor de zuivering van riool- en ander afvalwater en die worden beheerd door organen, instellingen of diensten van publiekrechtelijke rechtspersonen, met uitzondering van de delen van zodanige werken die dienen als woning;

i. een onroerende zaak of een deel daarvan waarvan de waarde ingevolge de gemeentelijke belastingverordening bij de bepaling van de heffingsmaatstaf buiten aanmerking blijft;

j. werktuigen die van een onroerende zaak kunnen worden afgescheiden zonder dat beschadiging van betekenis aan die werktuigen wordt toegebracht en die niet op zichzelf als gebouwde eigendommen zijn aan te merken.

Landbouw

2. Voor de toepassing van het eerste lid, onderdelen a en b, wordt het begrip landbouw opgevat als in artikel 312 van Boek 7 van het Burgerlijk Wetboek.

3. Bij de toepassing van het eerste lid is het bepaalde bij of krachtens de artikelen 17, 18 en 20, tweede lid, van de Wet waardering onroerende zaken van overeenkomstige toepassing.

4. Indien met betrekking tot een onroerende zaak geen waarde is vastgesteld op de voet van hoofdstuk IV van de Wet waardering onroerende zaken wordt de heffingsmaatstaf van die onroerende zaak bepaald met toepassing van het eerste en het tweede lid, alsmede met overeenkomstige toepassing van het bepaalde bij of krachtens de artikelen 17, 18 en 20, tweede lid, van de Wet waardering onroerende zaken.

Art. 220e

Heffingsmaatstaf OZB

In afwijking van artikel 220c wordt bij de bepaling van de heffingsmaatstaf voor de onroerendezaakbelasting bedoeld in artikel 220, onderdeel a, buiten aanmerking gelaten de waarde van gedeelten van de onroerende zaak die in hoofdzaak tot woning dienen dan wel in hoofdzaak dienstbaar zijn aan woondoeleinden.

Art. 220f

Belastingtarief

1. De belasting bedraagt een percentage van de heffingsmaatstaf. Het percentage wordt gelijkelijk vastgesteld voor onderscheidenlijk:

a. de belasting, bedoeld in artikel 220, onderdeel a;

b. de belasting, bedoeld in artikel 220, onderdeel b, voor zover het onroerende zaken betreft die in hoofdzaak tot woning dienen;

c. de belasting, bedoeld in artikel 220, onderdeel b, voor zover het onroerende zaken betreft die niet in hoofdzaak tot woning dienen.

Sport/dorpshuis/SBBI/ANBI

2. In plaats van de percentages, bedoeld in het eerste lid, onderdeel a of c, kan het percentage, bedoeld in het eerste lid, onderdeel b, worden toegepast voor sportaccommodaties of dorpshui-

zen, dan wel voor de onroerende zaken die in eigendom of bezit zijn van overige sociaal belang behartigende instellingen als bedoeld in artikel 2, derde lid, onderdeel o, van de Algemene wet inzake rijksbelastingen of algemeen nut beogende instellingen als bedoeld in artikel 2, derde lid, onderdeel m, van die wet.

Art. 220g
[Vervallen]

Art. 220h
1. In de belastingverordening kan worden bepaald dat geen belasting wordt geheven indien de heffingsmaatstaf blijft beneden € 12 000 dan wel een in de belastingverordening te bepalen lager bedrag. — *Geen belasting*
2. In de belastingverordening kunnen belastingbedragen tot maximaal € 10 worden opgenomen waarvoor geen invordering zal plaatsvinden. Voor de toepassing van de vorige volzin kan in de belastingverordening worden bepaald dat het totaal van op één aanslagbiljet of kennisgeving verenigde verschuldigde bedragen wordt aangemerkt als één belastingbedrag. — *Invordering*

Art. 220i
[Vervallen]

§ 3
Bijzondere bepalingen omtrent de andere belastingen dan de onroerende-zaakbelastingen

Art. 221
1. Ter zake van binnen de gemeente gelegen woon- en bedrijfsruimten, welke duurzaam aan een plaats gebonden zijn en dienen tot permanente bewoning of permanent gebruik, doch niet onroerend zijn, kunnen de volgende belastingen worden geheven, te weten: — *Roerenderuimtebelasting*
a. een belasting van degenen die bij het begin van het kalenderjaar de ruimten die niet in hoofdzaak tot woning dienen, al dan niet krachtens eigendom, bezit, beperkt recht of persoonlijk recht, gebruiken;
b. een belasting van degenen die bij het begin van het kalenderjaar van de ruimten het genot hebben krachtens eigendom, bezit of beperkt recht.
2. Bij de toepassing van het eerste lid zijn de artikelen 220a, tweede lid, 220b, 220d tot en met 220f en 220h alsmede het bepaalde bij of krachtens de artikelen 17 en 18 van de Wet waardering onroerende zaken van overeenkomstige toepassing.
3. Het tarief van de in het eerste lid bedoelde belastingen is gelijk aan het binnen de gemeente geldende tarief voor de onroerendezaakbelastingen. — *Tarief*

Art. 222
1. Ter zake van de in een bepaald gedeelte van de gemeente gelegen onroerende zaak die gebaat is door voorzieningen die tot stand worden of zijn gebracht door of met medewerking van het gemeentebestuur, kan van degenen die van die onroerende zaak het genot hebben krachtens eigendom, bezit of beperkt recht, een baatbelasting worden geheven, waarbij de aan de voorzieningen verbonden lasten geheel of gedeeltelijk worden omgeslagen. Indien de aan de voorzieningen verbonden lasten ter zake van een onroerende zaak krachtens overeenkomst zijn of worden voldaan, of met toepassing van artikel 6.17, eerste lid, van de Wet ruimtelijke ordening zijn of behoren te worden voldaan, wordt de baatbelasting ter zake van die onroerende zaak niet geheven. — *Baatbelasting*
2. Voordat met het treffen van voorzieningen wordt aangevangen, wordt door de raad besloten in welke mate de aan die voorzieningen verbonden lasten door middel van een baatbelasting zullen worden verhaald. Een besluit als bedoeld in de eerste volzin bevat een aanduiding van het gebied waarbinnen de gebate onroerende zaak is gelegen.
3. Of een onroerende zaak is gebaat wordt beoordeeld naar de toestand op een in de belastingverordening te bepalen tijdstip, dat is gelegen uiterlijk een jaar nadat de voorzieningen geheel zijn voltooid.
4. Tot invoering van de belasting wordt besloten uiterlijk twee jaren nadat de voorzieningen geheel zijn voltooid.
5. De belasting wordt ineens geheven, met dien verstande dat de belasting op verzoek van de belastingplichtige in de vorm van een jaarlijkse belasting wordt geheven gedurende ten hoogste dertig jaren, een en ander volgens in de verordening vast te stellen regelen. — *Heffing ineens*

Art. 223
1. Er kan een forensenbelasting worden geheven van de natuurlijke personen, die, zonder in de gemeente hoofdverblijf te hebben, er gedurende het belastingjaar meer dan negentig malen nachtverblijf houden, anders dan als verpleegde of verzorgde in een inrichting tot verpleging of verzorging van zieken, van gebrekkigen, van hulpbehoevenden of bejaarden, of er op meer dan negentig dagen van dat jaar voor zich of hun gezin een gemeubileerde woning beschikbaar houden. — *Forensenbelasting*

A29 art. 224 — Gemeentewet

Vrijstelling
2. Degene die ter tijdelijke waarneming van een openbare betrekking of ter bijwoning van de vergaderingen van een algemeen vertegenwoordigend orgaan, waarvan hij het lidmaatschap bekleedt, dan wel ingevolge last of bevel van de overheid, buiten de gemeente van zijn hoofdverblijf vertoeft, is op die grond niet belastingplichtig.

Hoofdverblijf
3. Of iemand in de gemeente hoofdverblijf heeft, wordt naar de omstandigheden beoordeeld.

Art. 224

Toeristenbelasting
1. Ter zake van het houden van verblijf binnen de gemeente door personen die niet als ingezetene met een adres in de gemeente in de basisregistratie personen zijn ingeschreven, kan een toeristenbelasting worden geheven.

Verhaal
2. Voor zover de belasting wordt geheven van degene die gelegenheid tot verblijf biedt, is deze bevoegd de belasting als zodanig te verhalen op degene ter zake van wiens verblijf de belasting verschuldigd wordt.

Art. 225

Parkeerbelasting
1. In het kader van de parkeerregulering kunnen de volgende belastingen worden geheven:
a. een belasting ter zake van het parkeren van een voertuig op een bij de belastingverordening dan wel krachtens de belastingverordening in de daarin aangewezen gevallen door het college te bepalen plaats, tijdstip en wijze;
b. een belasting ter zake van een van gemeentewege verleende vergunning voor het parkeren van een voertuig op de in die vergunning aangegeven plaats en wijze.

Parkeren
2. Voor de toepassing van het eerste lid wordt onder parkeren verstaan het gedurende een aaneengesloten periode doen of laten staan van een voertuig, anders dan gedurende de tijd die nodig is voor en gebruikt wordt tot het onmiddellijk in- en uitstappen van personen dan wel het onmiddellijk laden of lossen van zaken, op de binnen de gemeente gelegen voor het openbaar verkeer openstaande terreinen of weggedeelten, waarop dit doen of laten staan niet ingevolge een wettelijk voorschrift is verboden.
3. De belasting, bedoeld in het eerste lid, onderdeel a, wordt geheven van degene die het voertuig heeft geparkeerd.
4. Als degene die het voertuig heeft geparkeerd wordt mede aangemerkt degene die de belasting voldoet dan wel te kennen geeft of heeft gegeven de belasting te willen voldoen.

Kentekenhouder
5. Zolang geen voldoening van de in het eerste lid, onderdeel a, bedoelde belasting heeft plaatsgevonden wordt de houder van het voertuig aangemerkt als degene die het voertuig heeft geparkeerd. Met betrekking tot een motorrijtuig dat is ingeschreven in het kentekenregister, bedoeld in de Wegenverkeerswet 1994, wordt als houder aangemerkt degene op wiens naam het motorrijtuig ten tijde van het parkeren in het register was ingeschreven. De tweede volzin vindt geen toepassing indien:
a. blijkt dat het motorrijtuig ten tijde van het parkeren op de naam van een ander in het kentekenregister had moeten staan ingeschreven, in welk geval die ander wordt aangemerkt als degene die het motorrijtuig heeft geparkeerd;
b. een voor ten hoogste drie maanden aangegane huurovereenkomst wordt overgelegd waaruit blijkt wie ten tijde van het parkeren ingevolge deze overeenkomst de huurder van het motorrijtuig was, in welk geval de huurder wordt aangemerkt als degene die het motorrijtuig heeft geparkeerd.
6. De belasting wordt niet geheven van degene die ingevolge het vijfde lid is aangemerkt als degene die het voertuig heeft geparkeerd, indien deze aannemelijk maakt dat ten tijde van het parkeren een ander tegen zijn wil van het voertuig gebruik heeft gemaakt en dat hij dit gebruik redelijkerwijs niet heeft kunnen voorkomen.
7. De belasting, bedoeld in het eerste lid, onderdeel b, wordt geheven van degene die de vergunning heeft aangevraagd.

Tarief parkeerbelasting
8. Het tarief van de in het eerste lid bedoelde belastingen kan afhankelijk worden gesteld van de parkeerduur, van de parkeertijd, van de ingenomen oppervlakte en van de ligging van de terreinen of weggedeelten.

Art. 226

Hondenbelasting
1. Ter zake van het houden van een hond kan van de houder een hondenbelasting worden geheven.
2. De belasting wordt geheven naar het aantal honden dat wordt gehouden.
3. Voor de toepassing van het eerste lid wordt het houden van een hond door een lid van een huishouden aangemerkt als het houden van een hond door een door de in artikel 231, tweede lid, onderdeel b, bedoelde gemeenteambtenaar aan te wijzen lid van dat huishouden.

Art. 227

Reclamebelasting
Ter zake van openbare aankondigingen zichtbaar vanaf de openbare weg kan een reclamebelasting worden geheven.

Art. 227a

[Vervallen]

Gemeentewet

Art. 228
1. Ter zake van het hebben van voorwerpen onder, op of boven voor de openbare dienst bestemde gemeentegrond, kan een precariobelasting worden geheven. — *Precariobelasting*
2. Geen belasting wordt geheven ter zake van:
   a. de infrastructuur, bedoeld in artikel 7, derde lid, van de Drinkwaterwet;
   b. een net als bedoeld in artikel 20, eerste lid, van de Elektriciteitswet 1998;
   c. een gastransportnet als bedoeld in artikel 39a van de Gaswet, of
   d. werken als bedoeld in artikel 38 van de Warmtewet.

Art. 228a
1. Onder de naam rioolheffing kan een belasting worden geheven ter bestrijding van de kosten die voor de gemeente verbonden zijn aan: — *Rioolheffing*
   a. de inzameling en het transport van huishoudelijk afvalwater en bedrijfsafvalwater, alsmede de zuivering van huishoudelijk afvalwater en
   b. de inzameling van afvloeiend hemelwater en de verwerking van het ingezamelde hemelwater, alsmede het treffen van maatregelen teneinde structureel nadelige gevolgen van de grondwaterstand voor de aan de grond gegeven bestemming zoveel mogelijk te voorkomen of te beperken.
2. Ter zake van de kosten, bedoeld in het eerste lid, onderdelen a en b, kunnen twee afzonderlijke belastingen worden geheven.
3. Onder de kosten, bedoeld in het eerste lid, wordt mede verstaan de omzetbelasting die als gevolg van de Wet op het BTW-compensatiefonds recht geeft op een bijdrage uit dat fonds.

Art. 229
1. Rechten kunnen worden geheven ter zake van: — *Rechten*
   a. het gebruik overeenkomstig de bestemming van voor de openbare dienst bestemde gemeentebezittingen of van voor de openbare dienst bestemde werken of inrichtingen die bij de gemeente in beheer of in onderhoud zijn;
   b. het genot van door of vanwege het gemeentebestuur verstrekte diensten;
   c. het geven van vermakelijkheden waarbij gebruik gemaakt van door of met medewerking van het gemeentebestuur tot stand gebrachte of in stand gehouden voorzieningen of waarbij een bijzondere voorziening in de vorm van toezicht of anderszins van de zijde van het gemeentebestuur getroffen wordt.
2. Geen rechten kunnen worden geheven ter zake van het gebruik van voorzieningen en het genot van diensten waarvan de kosten kunnen worden bestreden door het heffen van een belasting als bedoeld in artikel 228a, zulks met uitzondering van het aanbrengen van een aansluiting op een voorziening voor de inzameling en het transport van afvalwater als bedoeld in artikel 10.31 van de Wet milieubeheer of op een systeem als bedoeld in artikel 10.33, tweede lid, van die wet.
3. Voor de toepassing van deze paragraaf en de eerste en vierde paragraaf van dit hoofdstuk worden de in het eerste lid bedoelde rechten aangemerkt als gemeentelijke belastingen.

Art. 229a
De rechten, bedoeld in artikel 229, eerste lid, onder a en b, kunnen worden geheven door de gemeente die het gebruik van de bezittingen, werken of inrichtingen toestaat of de diensten verleent, ongeacht of het belastbare feit zich binnen of buiten het grondgebied van de gemeente voordoet. — *Rechten buiten grondgebied gemeente*

Art. 229b
1. In verordeningen op grond waarvan rechten als bedoeld in artikel 229, eerste lid, onder a en b, worden geheven, worden de tarieven zodanig vastgesteld dat de geraamde baten van de rechten niet uitgaan boven de geraamde lasten ter zake. — *Baten mogen lasten niet overtreffen*
2. Onder de in het eerste lid bedoelde lasten worden mede verstaan:
   a. bijdragen aan bestemmingsreserves en voorzieningen voor noodzakelijke vervanging van de betrokken activa;
   b. de omzetbelasting die ingevolge de Wet op het BTW-compensatiefonds recht geeft op een bijdrage uit het fonds.

Art. 229c
Bij of krachtens algemene maatregel van bestuur kunnen inzake de belastingen, bedoeld in de tweede en derde paragraaf van dit hoofdstuk, nadere regels worden gegeven. — *Nadere regels*

Art. 229d
[Vervallen]

§ 4
Heffing en invordering

Art. 230
In deze paragraaf wordt verstaan onder: — *Begripsbepaling*
a. Algemene wet: Algemene wet inzake rijksbelastingen;

A29 art. 231 — Gemeentewet

b. heffing op andere wijze: heffing op andere wijze dan bij wege van aanslag of bij wege van voldoening op aangifte.

Art. 231

Heffing en invordering

1. Onverminderd het overigens in deze paragraaf bepaalde geschieden de heffing en de invordering van gemeentelijke belastingen met toepassing van de Algemene wet, de Invorderingswet 1990 en de Kostenwet invordering rijksbelastingen als waren die belastingen rijksbelastingen.

2. Onverminderd het overigens in deze paragraaf bepaalde gelden de bevoegdheden en de verplichtingen van de hierna vermelde, in de Algemene wet, de Invorderingswet 1990 en de Kostenwet invordering rijksbelastingen genoemde functionarissen, met betrekking tot de gemeentelijke belastingen voor de daarachter genoemde colleges of functionarissen:

   a. Onze Minister van Financiën, het bestuur van 's Rijksbelastingen en de directeur: het college;
   b. de inspecteur: de gemeenteambtenaar, belast met de heffing van gemeentelijke belastingen;
   c. de ontvanger of een inzake rijksbelastingen bevoegde ontvanger: de gemeenteambtenaar belast met de invordering van gemeentelijke belastingen;
   d. de ambtenaren van de rijksbelastingdienst: de gemeenteambtenaren belast met de heffing of de invordering van gemeentelijke belastingen;
   e. de belastingdeurwaarder: de daartoe aangewezen gemeenteambtenaar;
   f. de Tweede Kamer der Staten-Generaal of de Tweede Kamer: de raad.

3. Onverminderd het overigens in deze paragraaf bepaalde wordt met betrekking tot gemeentelijke belastingen in de Algemene wet en in de Invorderingswet 1990 voor «algemene maatregel van bestuur» en voor «ministeriële regeling» gelezen: besluit van het college.

4. Met betrekking tot gemeentelijke belastingen wordt in artikel 24 van de Invorderingswet 1990 voor «de Staat» gelezen: de gemeente.

Terugvordering staatssteun

5. Indien een Commissiebesluit als bedoeld in artikel 1 van de Wet terugvordering staatssteun verplicht tot terugvordering van staatssteun en die staatssteun voortvloeit uit een gemeentelijke belasting als bedoeld in dit hoofdstuk, wordt deze staatssteun op dezelfde wijze teruggevorderd als staatssteun die voortvloeit uit de toepassing van een belastingwet als bedoeld in artikel 20a van de Algemene wet.

Art. 232

Delegatie aan ambtenaren

1. Het college kan bepalen dat voor de toezending of uitreiking van aanslagbiljetten ingevolge artikel 8, eerste lid, van de Invorderingswet 1990 voor de in artikel 231, tweede lid, onderdeel c, bedoelde ambtenaar een andere gemeenteambtenaar in de plaats treedt.

Heffing en invordering door twee of meer gemeenten

2. De colleges van twee of meer gemeenten kunnen met betrekking tot een of meer gemeentelijke belastingen bepalen dat ambtenaren van een van die gemeenten worden aangewezen als:

   a. de in artikel 231, tweede lid, onderdeel b, bedoelde ambtenaar van die gemeenten voor de uitvoering van enige wettelijke bepaling betreffende de heffing van gemeentelijke belastingen;
   b. de in artikel 231, tweede lid, onderdeel c, bedoelde ambtenaar van die gemeenten voor de uitvoering van enige wettelijke bepaling betreffende de invordering van gemeentelijke belastingen;
   c. de in artikel 231, tweede lid, onderdeel d, bedoelde ambtenaren van die gemeenten voor de uitvoering van enige wettelijke bepaling betreffende de heffing of de invordering van gemeentelijke belastingen;
   d. de in artikel 231, tweede lid, onderdeel e, bedoelde ambtenaar van die gemeenten, voor de uitvoering van enige wettelijke bepaling betreffende de invordering van gemeentelijke belastingen.

3. Het eerste lid is van overeenkomstige toepassing ten aanzien van het college van de gemeente waarvan de ambtenaar, belast met de invordering van gemeentelijke belastingen op grond van het tweede lid, onderdeel b, wordt aangewezen.

Heffing en vordering bij gemeenschappelijke regeling

4. Indien voor de heffing of de invordering van gemeentelijke belastingen een gemeenschappelijke regeling is getroffen en bij die regeling een openbaar lichaam of een bedrijfsvoeringsorganisatie is ingesteld, kan bij of krachtens die regeling worden bepaald dat een daartoe aangewezen ambtenaar van dat openbare lichaam of die bedrijfsvoeringsorganisatie wordt aangewezen als:

   a. de in artikel 231, tweede lid, onderdeel b, bedoelde ambtenaar van de gemeente voor de uitvoering van enige wettelijke bepaling betreffende de heffing van gemeentelijke belastingen;
   b. de in artikel 231, tweede lid, onderdeel c, bedoelde ambtenaar van de gemeente voor de uitvoering van enige wettelijke bepaling betreffende de invordering van gemeentelijke belastingen;
   c. de in artikel 231, tweede lid, onderdeel d, bedoelde ambtenaren van de gemeente voor de uitvoering van enige wettelijke bepaling betreffende de heffing of de invordering van gemeentelijke belastingen;
   d. de in artikel 231, tweede lid, onderdeel e, bedoelde ambtenaar van de gemeente voor de uitvoering van enige wettelijke bepaling betreffende de invordering van gemeentelijke belastingen.

5. Het eerste lid is van overeenkomstige toepassing ten aanzien van het dagelijks bestuur van het openbaar lichaam of het bestuur van de bedrijfsvoeringsorganisatie waarvan een ambtenaar op grond van het vierde lid, onderdeel b, wordt aangewezen.

Art. 233

Gemeentelijke belastingen kunnen worden geheven bij wege van aanslag, bij wege van voldoening op aangifte of op andere wijze, doch niet bij wege van afdracht op aangifte. — *Wijzen van belastingheffing*

Art. 233a

1. Indien de gemeentelijke belastingen op andere wijze worden geheven, bepaalt de belastingverordening op welke wijze deze worden geheven en de wijze waarop de belastingschuld en de belastingplichtige wordt bekendgemaakt. De belastingverordening kan daarnaast bepalen dat het college omtrent de uitvoering van een en ander nadere regels geeft. — *Heffing op andere wijze*
2. De op andere wijze geheven belastingen worden voor de toepassing van de Algemene wet en de Invorderingswet 1990 aangemerkt als bij wege van aanslag geheven belastingen, met dien verstande dat wordt verstaan onder:
a. de aanslag, de voorlopige aanslag, de navorderingsaanslag: het gevorderde, onderscheidenlijk het voorlopig gevorderde, het nagevorderde bedrag;
b. het aanslagbiljet: de kennisgeving van het in onderdeel *a* bedoelde bedrag;
c. de dagtekening van het aanslagbiljet: de dagtekening van de schriftelijke kennisgeving van het in onderdeel *a* bedoelde bedrag, of bij gebreke van een schriftelijke kennisgeving, de datum waarop het bedrag op andere wijze ter kennis van de belastingplichtige is gebracht.

Art. 234

1. De belasting, bedoeld in artikel 225, eerste lid, onder a, wordt geheven bij wege van voldoening op aangifte dan wel op andere wijze. — *Wijze van heffen parkeerbelasting*
2. Als voldoening op aangifte wordt uitsluitend aangemerkt:
a. het bij de aanvang van het parkeren in werking stellen van een parkeermeter of een parkeerautomaat op de daartoe bestemde wijze en met inachtneming van de door het college gestelde voorschriften;
b. indien ingevolge artikel 235, eerste lid, een wielklem is aangebracht, de voldoening op aangifte op de door het college bepaalde wijze.
3. Ingeval een naheffingsaanslag wordt opgelegd, wordt deze berekend over een parkeerduur van een uur, tenzij aannemelijk is dat het voertuig langer dan een uur zonder betaling geparkeerd heeft gestaan. — *Naheffing één uur*
4. De artikelen 67b, 67c en 67f van de Algemene wet blijven buiten toepassing.
5. Ter zake van het opleggen van een naheffingsaanslag worden kosten in rekening gebracht. Deze kosten maken onderdeel uit van de naheffingsaanslag en worden afzonderlijk op het aanslagbiljet vermeld. Ten aanzien van hetzelfde voertuig worden per aaneengesloten periode de kosten niet vaker dan eenmaal per kalenderdag in rekening gebracht. — *Kosten opleggen naheffingsaanslag*
6. Bij algemene maatregel van bestuur worden regels gesteld met betrekking tot de wijze van berekening en de maximale hoogte van de in het vijfde lid bedoelde kosten. In de belastingverordening wordt het bedrag van de in rekening te brengen kosten bepaald. — *Maximumbedrag*
7. Overeenkomstig artikel 8, eerste lid, van de Invorderingswet 1990 wordt het aanslagbiljet bekendgemaakt door toezending of uitreiking. In afwijking daarvan kan het aanslagbiljet ook worden aangebracht op of aan het voertuig. Alsdan vermeldt het aanslagbiljet niet de naam van de belastingschuldige maar het kenteken van het voertuig. Bij gebreke van een kenteken vermeldt het aanslagbiljet een of meer gegevens die kenmerkend zijn voor het geparkeerde voertuig.
8. De naheffingsaanslag is dadelijk en ineens invorderbaar.

Art. 234a-234b

[Vervallen]

Art. 235

1. Bij de belastingverordening, bedoeld in artikel 225, eerste lid, onder a, kan worden bepaald dat terstond nadat het aanslagbiljet aan de belastingschuldige is uitgereikt dan wel terstond nadat het aanslagbiljet, overeenkomstig artikel 234, zevende lid, aan het voertuig is aangebracht, de in artikel 231, tweede lid, onderdeel b, bedoelde gemeenteambtenaar bevoegd is tot zekerheid van de betaling van de naheffingsaanslag, bedoeld in artikel 234, derde lid, aan het voertuig een mechanisch hulpmiddel, hierna te noemen: wielklem, te doen aanbrengen, waardoor wordt verhinderd dat het voertuig wordt weggereden. — *Wielklem*
2. Bij de belastingverordening dan wel krachtens de belastingverordening in de daarin aangewezen gevallen door het college worden de terreinen of weggedeelten aangewezen waar de wielklem wordt toegepast. — *Aanwijzing gebieden*
3. Ter zake van het aanbrengen alsmede van het verwijderen van de wielklem worden kosten in rekening gebracht.
4. De wielklem wordt niet verwijderd dan nadat de naheffingsaanslag alsmede de kosten van het aanbrengen en van het verwijderen van de wielklem zijn voldaan. Na deze voldoening vindt de verwijdering van de wielklem zo spoedig mogelijk plaats. — *Verwijderen wielklem*

A29 art. 236

Wegslepen
5. Na afloop van een in de belastingverordening te bepalen termijn, die ten minste 24 uren bedraagt na aanbrenging van de wielklem, is de in artikel 231, tweede lid, onderdeel b, bedoelde gemeenteambtenaar bevoegd het voertuig naar een door hem aangewezen plaats te doen overbrengen en in bewaring te doen stellen. Ter zake van de in de eerste volzin bedoelde overbrenging en bewaring wordt procesverbaal opgemaakt en worden kosten in rekening gebracht.

Bewaarregister
6. De in artikel 231, tweede lid, onderdeel b, bedoelde gemeenteambtenaar draagt er zorg voor dat in een daartoe aangelegd register aantekening wordt gemaakt van de gevallen waarin de in het vijfde lid bedoelde bevoegdheid wordt uitgeoefend.

Zorgplicht
7. De in artikel 231, tweede lid, onderdeel b, bedoelde gemeenteambtenaar draagt zorg voor de bewaring van de ingevolge het vijfde lid in bewaring gestelde voertuigen.
8. De in artikel 231, tweede lid, onderdeel b, bedoelde gemeenteambtenaar geeft het voertuig terug aan de rechthebbende, nadat de naheffingsaanslag, de kosten van het aanbrengen en verwijderen van de wielklem en de kosten van overbrenging en bewaring zijn voldaan.

Niet afgehaalde voertuigen
9. Wanneer het voertuig binnen 48 uren na het in bewaring stellen niet is afgehaald, geeft de in artikel 231, tweede lid, onderdeel b, bedoelde gemeenteambtenaar zo mogelijk binnen zeven dagen van de overbrenging en bewaring kennis:
a. indien het voertuig een motorrijtuig is, dat een kenteken voert als bedoeld in artikel 36, eerste lid, van de Wegenverkeerswet 1994, aan degene aan wie dat kenteken is opgegeven;
b. indien blijkt dat ter zake van het voertuig aangifte van vermissing is gedaan, aan degene die aangifte heeft gedaan;
c. in nader door Onze Minister te bepalen gevallen op de daarbij aangegeven wijze.
10. De kosten van opsporing van degene aan wie de kennisgeving wordt gezonden en die van het doen van de kennisgeving worden voor de toepassing van dit artikel gerekend tot de kosten van overbrenging en bewaring.
11. Wanneer het voertuig binnen drie maanden na het in bewaring stellen niet is afgehaald, is de in artikel 231, tweede lid, onderdeel b, bedoelde gemeenteambtenaar bevoegd het te verkopen of, indien verkoop naar hun oordeel niet mogelijk is, het voertuig om niet aan een derde in eigendom over te dragen of te laten vernietigen. Gelijke bevoegdheid heeft de in artikel 231, tweede lid, onderdeel b, bedoelde gemeenteambtenaar ook binnen die termijn, zodra het gezamenlijke bedrag van de naheffingsaanslag, de kosten van het aanbrengen en verwijderen van de wielklem en de kosten van overbrenging en bewaring, vermeerderd met de voor de verkoop, de eigendomsoverdracht om niet of de vernietiging geraamde kosten, in verhouding tot de waarde van het voertuig naar zijn mening onevenredig hoog zou worden. Verkoop, eigendomsoverdracht om niet of vernietiging vindt niet plaats binnen twee weken nadat de kennisgeving als bedoeld in het negende lid is uitgegaan. Voor de toepassing van de voorgaande volzinnen worden de kosten van verkoop, eigendomsoverdracht om niet of vernietiging gerekend tot de kosten van overbrenging en bewaring.
12. Gedurende drie jaren na het tijdstip van de verkoop heeft degene, die op dat tijdstip eigenaar was, recht op de opbrengst van het voertuig, met dien verstande dat eerst de kosten van het aanbrengen en verwijderen van de wielklem en van het overbrengen en bewaren van het voertuig en vervolgens de naheffingsaanslag met die opbrengst worden verrekend. Na het verstrijken van die termijn vervalt het eventueel batige saldo aan de gemeente.

Regels kostenberekening
13. Bij algemene maatregel van bestuur worden regels gesteld met betrekking tot de wijze van berekening van de kosten van het aanbrengen en verwijderen van de wielklem en van het overbrengen en bewaren van het voertuig. In de belastingverordening wordt bepaald tot welke bedragen de kosten in rekening worden gebracht.
14. De in artikel 231, tweede lid, onderdeel b, bedoelde gemeenteambtenaar stelt het bedrag van de in rekening te brengen kosten vast bij voor bezwaar vatbare beschikking.
15. Bij of krachtens algemene maatregel van bestuur worden regels gesteld omtrent de overbrenging, bewaring, verkoop, eigendomsoverdracht om niet en vernietiging, het inrichten en aanhouden van het in het zesde lid bedoelde register, alsmede omtrent hetgeen verder voor de uitvoering van dit artikel noodzakelijk is.

Schade aan voertuig
16. Indien aantoonbaar is dat door het aanbrengen of het verwijderen van de wielklem dan wel tijdens de overbrenging en bewaring schade aan het voertuig is toegebracht, is de gemeente gehouden deze schade te vergoeden.

Art. 236

Buiten toepassing blijvende bepalingen van de Algemene wet
1. Bij de heffing van gemeentelijke belastingen blijven de artikelen 2, vierde lid, 3, 3a, 37 tot en met 39, 47a, 48, 52, 53, 54, 55, 62, 71, 76, 80, tweede, derde en vierde lid, 82, 84, 86, 87 en 90 tot en met 95 van de Algemene wet buiten toepassing. Bij de heffing van gemeentelijke belastingen die op andere wijze worden geheven, blijven bovendien de artikelen 5, 6 tot en met 9, 11, tweede lid, en 12 van die wet buiten toepassing.

Afwijking termijn uitspraak
2. Op een bezwaarschrift dat niet is ingediend in de laatste zes weken van een kalenderjaar, doet de in artikel 231, tweede lid, onderdeel b, bedoelde gemeenteambtenaar, in afwijking van artikel 7:10, eerste lid, van de Algemene wet bestuursrecht, uitspraak in het kalenderjaar waarin het bezwaarschrift is ontvangen.

Gemeentewet

Art. 237
1. Het uitnodigen tot het doen van aangifte, bedoeld in artikel 6 van de Algemene wet, geschiedt door het uitreiken van een aangiftebiljet.   *Aangiftebiljet*
2. Het doen van aangifte, bedoeld in artikel 8 van de Algemene wet, geschiedt door het inleveren of toezenden van het uitgereikte aangiftebiljet met de daarbij gevraagde bescheiden.
3. In afwijking in zoverre van de vorige leden kan de in artikel 231, tweede lid, onderdeel b, bedoelde gemeenteambtenaar vorderen dat een verplichting tot het doen van aangifte of tot het indienen van een verzoek om uitreiking van een aangiftebiljet wordt nagekomen door het mondeling doen van aangifte. Daarbij: *Mondeling doen van aangifte*
a. worden de door de in artikel 231, tweede lid, onderdeel b, bedoelde gemeenteambtenaar gevraagde bescheiden overgelegd;
b. kan de in artikel 231, tweede lid, onderdeel b, bedoelde gemeenteambtenaar vorderen dat een van de mondelinge aangifte opgemaakt relaas door de aangever wordt ondertekend, bij gebreke waarvan de aangifte geacht wordt niet te zijn gedaan.
4. Indien het derde lid toepassing vindt, kan de in artikel 231, tweede lid, onderdeel b, bedoelde gemeenteambtenaar voor de termijnen, genoemd in artikel 9, eerste lid en derde lid, eerste volzin, artikel 10, tweede lid, en artikel 19, eerste, derde en vierde lid, van de Algemene wet of voor de kortere termijn, bedoeld in artikel 238, eerste of tweede lid, kortere termijnen in de plaats stellen en is artikel 12 van de Algemene wet niet van toepassing.
5. Bij de belastingverordening kan van het eerste en tweede lid worden afgeweken.

Art. 238
1. Met betrekking tot de bij wege van aanslag geheven gemeentelijke belastingen kan in de belastingverordening voor de in artikel 9, eerste en derde lid, van de Algemene wet genoemde termijn van ten minste een maand een kortere termijn in de plaats worden gesteld.   *Kortere aangiftetermijn*
2. Met betrekking tot de bij wege van voldoening op aangifte geheven gemeentelijke belastingen kan in de belastingverordening voor de termijn van een maand, genoemd in artikel 10, tweede lid, en artikel 19, eerste, derde en vierde lid, van de Algemene wet, een kortere termijn in de plaats worden gesteld.

Art. 239
1. De in artikel 231, tweede lid, onderdeel b, bedoelde gemeenteambtenaar is bevoegd voor eenzelfde belastingplichtige bestemde belastingaanslagen van dezelfde soort die betrekking kunnen hebben op verschillende belastingen, op één aanslagbiljet te verenigen.   *Samenvoeging aanslagen op één biljet*
2. Het eerste lid vindt overeenkomstige toepassing ingeval de belasting op andere wijze wordt geheven.

Art. 240-241
[Vervallen]

Art. 242
1. Degene die ingevolge de belastingverordening aanspraak kan maken op een gehele of gedeeltelijke vrijstelling, vermindering, ontheffing of teruggaaf, kan binnen zes weken nadat de omstandigheid welke die aanspraak deed ontstaan, zich heeft voorgedaan, of, voor zover het een belasting betreft die bij wege van aanslag wordt geheven en op dat tijdstip nog geen aanslagbiljet is uitgereikt of is toegezonden, binnen zes weken na de dagtekening van het aanslagbiljet, een aanvraag tot het verkrijgen van vrijstelling, vermindering, ontheffing of teruggaaf indienen bij de in artikel 231, tweede lid, onderdeel b, bedoelde gemeenteambtenaar.   *Termijn voor verzoekschriften voor vrijstelling, vermindering, ontheffing of teruggaaf*
2. Het eerste lid vindt overeenkomstige toepassing ingeval de belasting op andere wijze wordt geheven.
3. De in artikel 231, tweede lid, onderdeel b, bedoelde gemeenteambtenaar beslist op de aanvraag bij voor bezwaar vatbare beschikking.

Art. 243
In de gevallen waarin het volkenrecht dan wel, naar het oordeel van Onze Minister en Onze Minister van Financiën, het internationale gebruik daartoe noodzaakt, wordt vrijstelling van gemeentelijke belastingen verleend. Onze genoemde Ministers kunnen gezamenlijk ter zake nadere regels stellen.   *Toepassing internationaal recht*

Art. 244
Naast een in de belastingverordening voorziene vermindering, ontheffing of teruggaaf kan de in artikel 231, tweede lid, onderdeel b, bedoelde gemeenteambtenaar ook een in de belastingverordening voorziene vrijstelling ambtshalve verlenen.   *Ambtshalve verlening van vrijstelling*

Art. 245-246
[Vervallen]

Art. 246a
1. Met betrekking tot gemeentelijke belastingen kunnen bij algemene maatregel van bestuur: *Nadere regels gemeentelijke belastingen*
a. regels worden gesteld waarbij de artikelen 48, 52, 53, eerste en vierde lid, 54 of 55 van de Algemene wet inzake rijksbelastingen, alsmede de artikelen 59 of 62 van de Invorderingswet 1990 geheel of gedeeltelijk van toepassing worden verklaard, dan wel
b. regels worden gesteld die overeenkomen met die in de in onderdeel *a* genoemde artikelen.

2. De in het eerste lid bedoelde regels bevatten in elk geval een omschrijving van degene op wie de verplichting rust, alsmede van de belasting ten behoeve waarvan de verplichting geldt. Voorts vermelden deze regels naar gelang de aard van de verplichting een omschrijving van de aard van de te verstrekken gegevens en inlichtingen, van de aard van de gegevens welke uit de administratie dienen te blijken of van het doel waarvoor het voor raadpleging beschikbaar stellen van gegevensdragers kan geschieden.

Art. 247-248
[Vervallen]

Art. 249
Buiten toepassing blijvende artikelen Invorderingswet

Bij de invordering van gemeentelijke belastingen blijven van de Invorderingswet 1990 buiten toepassing de artikelen 5, 7c, 20, 21 59, 62 en 69. Bij de invordering van gemeentelijke belastingen die op andere wijze worden geheven, blijft bovendien artikel 8, eerste lid, van die wet buiten toepassing.

Art. 250
Afwijking Invorderingswet

1. De belastingverordening kan van artikel 9 van de Invorderingswet 1990 afwijkende voorschriften inhouden.
2. De belastingverordening kan bepalen dat het verschuldigde bedrag moet worden betaald gelijktijdig met en op dezelfde wijze als de voldoening van een andere vordering aan de schuldeiser van die andere vordering.

Art. 250a
[Vervallen]

Art. 251
Vordering ex art. 19 IW 1990

Met betrekking tot het doen van een vordering als bedoeld in artikel 19, vierde lid, van de Invorderingswet 1990 zijn de krachtens het tiende lid van dat artikel door Onze minister van Financiën gestelde regels van overeenkomstige toepassing.

Art. 251a
[Vervallen]

Art. 252
Verrekening

De verrekening van aan de belastingschuldige uit te betalen en van hem te innen bedragen ter zake van gemeentelijke belastingen op de voet van artikel 24 van de Invorderingswet 1990 is ook mogelijk ingeval de in artikel 9 van de Invorderingswet 1990 gestelde termijn, dan wel de krachtens artikel 250, eerste lid, gestelde termijn nog niet is verstreken.

Art. 253
Meerdere belastingplichtigen

1. Indien ter zake van hetzelfde voorwerp van de belasting of hetzelfde belastbare feit twee of meer personen belastingplichtig zijn, kan de belastingaanslag ten name van een van hen worden gesteld.
2. Indien de belastingplicht, bedoeld in het eerste lid, voortvloeit uit het genot van een onroerende zaak krachtens eigendom, bezit of beperkt recht en de aanslag ten name van één van de belastingplichtigen is gesteld, kan de met de invordering van gemeentelijke belastingen belaste gemeenteambtenaar de belastingaanslag op de gehele onroerende zaak verhalen ten name van degene te wiens name de aanslag is gesteld, zonder rekening te houden met de rechten van de overige belastingplichtigen.
3. De belastingschuldige die de belastingaanslag heeft voldaan kan hetgeen hij meer heeft voldaan dan overeenkomt met zijn belastingplicht verhalen op de overige belastingplichtigen naar evenredigheid van ieders belastingplicht.
4. Tegen een met toepassing van het eerste lid vastgestelde belastingaanslag kan mede beroep bij de rechtbank worden ingesteld door de belastingplichtige wiens naam niet op het aanslagbiljet staat vermeld. Artikel 26a, derde lid, van de Algemene wet is van overeenkomstige toepassing.
5. Van het derde lid kan bij overeenkomst worden afgeweken.

Art. 254
Buiten toepassing blijvende artikelen Awb

Voor de toepassing van artikel 66 van de Invorderingswet 1990 met betrekking tot gemeentelijke belastingen blijven de artikelen 76, 80, tweede, derde en vierde lid, 82, 84, 86 en 87 van de Algemene wet buiten toepassing.

Art. 255
Kwijtschelding en oninbaarverklaring

1. De in artikel 26 van de Invorderingswet 1990 bedoelde kwijtschelding wordt met betrekking tot gemeentelijke belastingen verleend door de in artikel 231, tweede lid, onderdeel c, bedoelde gemeenteambtenaar.
2. Met betrekking tot het verlenen van gehele of gedeeltelijke kwijtschelding zijn de krachtens artikel 26 van de Invorderingswet 1990 door Onze Minister van Financiën bij ministeriële regeling gestelde regels van toepassing.
3. De raad kan bepalen dat, in afwijking van de in het tweede lid bedoelde regels, in het geheel geen dan wel gedeeltelijk kwijtschelding wordt verleend.
4. Met inachtneming van door Onze Minister, in overeenstemming met Onze Minister van Financiën, te stellen regels kan de raad met betrekking tot de wijze waarop de kosten van bestaan

Gemeentewet A29 art. 273

en de wijze waarop het vermogen in aanmerking worden genomen afwijkende regels stellen die er toe leiden dat in ruimere mate kwijtschelding wordt verleend.
5. Het college kan de belasting geheel of gedeeltelijk oninbaar verklaren. Het daartoe strekkende besluit ontheft de gemeenteambtenaar belast met de invordering van gemeentelijke belastingen van de verplichting verdere pogingen tot invordering te doen.

Art. 255a
[Vervallen]

Art. 256
Indien ter zake van een gemeentelijke belasting exploot moet worden gedaan, een akte van vervolging betekend of een dwangbevel ten uitvoer gelegd in een van de openbare lichamen Bonaire, Sint Eustatius en Saba, dan wel in een andere gemeente dan die waaraan belasting verschuldigd is, is daartoe naast de belastingdeurwaarder van laatstbedoelde gemeente mede de belastingdeurwaarder van eerstbedoelde gemeente respectievelijk van het desbetreffende openbaar lichaam bevoegd en desgevraagd verplicht.

Bevoegdheid deurwaarder buiten de gemeente

Art. 257
Bij of krachtens algemene maatregel van bestuur kunnen inzake de belastingen, bedoeld in artikel 220, nadere regels worden gegeven inzake de heffing en de invordering, alsmede inzake alle gemeentelijke belastingen andere in het kader van deze paragraaf passende nadere regels ter aanvulling van de in deze paragraaf geregelde onderwerpen.

Nadere regels bij of krachtens AMvB

Art. 258
[Vervallen]

Titel V
Aanvullende bepalingen inzake het toezicht op het gemeentebestuur

Hoofdstuk XVI
Goedkeuring

Art. 259
1. Beslissingen van gemeentebesturen kunnen slechts aan goedkeuring worden onderworpen in bij de wet of krachtens de wet bij provinciale verordening bepaalde gevallen.
2. Ten aanzien van de goedkeuring van andere beslissingen dan besluiten zijn artikel 266 alsmede afdeling 10.2.1 van de Algemene wet bestuursrecht van overeenkomstige toepassing.

Preventief toezicht

Art. 260-265
[Vervallen]

Art. 266
1. Een beslissing die aan goedkeuring bij koninklijk besluit is onderworpen, wordt toegezonden aan Onze Minister wie het aangaat.
2. Een voordracht tot onthouding van goedkeuring wordt gedaan door of mede door Onze Minister.
3. Onthouding van goedkeuring geschiedt niet, dan nadat de Raad van State is gehoord. De toepassing van artikel 10:30, eerste lid, van de Algemene wet bestuursrecht vindt in dat geval plaats voordat het ontwerp-besluit bij de Raad van State ter overweging wordt gebracht. Artikel 27d van de Wet op de Raad van State is van overeenkomstige toepassing.

Goedkeuring bij KB

Onthoudingsgoedkeuring

Horen RvS

Art. 267
[Vervallen]

Hoofdstuk XVII
Schorsing en vernietiging

Art. 268
1. Een besluit dan wel een niet-schriftelijke beslissing gericht op enig rechtsgevolg van het gemeentebestuur kan bij koninklijk besluit worden vernietigd.
2. Ten aanzien van de vernietiging van een niet-schriftelijke beslissing gericht op enig rechtsgevolg zijn de artikelen 273 tot en met 281a alsmede de afdelingen 10.2.2 en 10.2.3 van de Algemene wet bestuursrecht van overeenkomstige toepassing.

Repressief toezicht; vernietiging en schorsing

Art. 269-272
[Vervallen]

Art. 273
1. Indien een besluit naar het oordeel van de burgemeester voor vernietiging in aanmerking komt, doet hij daarvan binnen twee dagen nadat het te zijner kennis is gekomen, door tussenkomst van gedeputeerde staten, mededeling aan Onze Minister wie het aangaat. Hij geeft hiervan tegelijkertijd kennis aan het orgaan dat het besluit nam, en zo nodig aan het orgaan dat met de uitvoering van het besluit is belast.

Repressief toezicht burgemeester

2. Gedeputeerde staten zenden de stukken, vergezeld van hun advies, binnen een week na de dagtekening van de mededeling van de burgemeester toe aan Onze Minister wie het aangaat.
3. Het besluit ten aanzien waarvan het eerste lid toepassing heeft gevonden, wordt niet of niet verder uitgevoerd, voordat van Onze Minister wie het aangaat de mededeling is ontvangen, dat voor schorsing of vernietiging geen redenen bestaan. Indien het besluit niet binnen vier weken na de dagtekening van de mededeling van de burgemeester is geschorst of vernietigd, wordt het uitgevoerd.

Art. 273a

Besluit tot vernietiging

1. Indien een besluit van de raad of het college naar het oordeel van gedeputeerde staten of indien een besluit van de burgemeester naar het oordeel van de commissaris van de Koning voor vernietiging in aanmerking komt, doen zij daarvan binnen tien dagen nadat het te hunner kennis is gekomen, mededeling aan Onze Minister wie het aangaat. Zij geven hiervan tegelijkertijd kennis aan het orgaan dat het besluit nam, en zo nodig aan het orgaan dat met de uitvoering van het besluit is belast en aan de geadresseerde van het besluit.
2. Het besluit ten aanzien waarvan het eerste lid toepassing heeft gevonden, wordt niet of niet verder uitgevoerd, voordat van Onze Minister wie het aangaat de mededeling is ontvangen, dat voor schorsing of vernietiging geen redenen bestaan. Indien het besluit niet binnen vier weken na de dagtekening van de mededeling van gedeputeerde staten of de commissaris van de Koning is geschorst of vernietigd, wordt het uitgevoerd.
3. In geval de bevoegdheid tot het nemen van een besluit aan de raad, het college of de burgemeester is verleend bij andere wet dan deze en het besluit in aanmerking komt voor vernietiging wegens strijd met het recht, kunnen gedeputeerde staten onderscheidenlijk de commissaris van de Koning mededeling doen dat zij overwegen toepassing te geven aan het eerste lid. De mededeling wordt gedaan aan het orgaan dat het besluit heeft genomen, het orgaan dat met de uitvoering van het besluit is belast en de geadresseerde van het besluit. Nadat gedeputeerde staten onderscheidenlijk de commissaris van de Koning, mededeling hebben gedaan, wordt het besluit niet of niet verder uitgevoerd. Indien niet binnen tien dagen toepassing is gegeven aan het eerste lid, dan wel indien gedeputeerde staten onderscheidenlijk de commissaris van de Koning mededelen dat geen toepassing wordt gegeven aan het eerste lid, wordt het besluit uitgevoerd.

Art. 274

Schorsing van besluiten

1. Een voordracht tot schorsing wordt gedaan door Onze Minister wie het aangaat.
2. Over de voordracht pleegt Onze Minister wie het aangaat overleg met Onze Minister, tenzij schorsing onverwijld plaats dient te vinden. In de voordracht wordt het achterwege blijven van overleg gemotiveerd.

Art. 275

Voorziening tijdens schorsing

In het koninklijk besluit kan voor de duur van de schorsing een voorziening worden getroffen.

Art. 276

[Vervallen]

Art. 277

Vernietiging van besluiten, nadere regels

Indien een bekendgemaakt besluit niet is vernietigd binnen de tijd waarvoor het is geschorst, wordt hiervan door het gemeentebestuur kennisgegeven in het gemeenteblad.

Art. 278

Vernietiging van besluiten

1. De voordracht tot vernietiging wordt gedaan door of mede door Onze Minister.
2. Artikel 17, derde lid, van de Wet op de Raad van State is niet van toepassing.

Art. 278a

Inhoud KB

1. In het koninklijk besluit kan een voorziening worden getroffen voor de periode tussen de inwerkingtreding en het tijdstip dat het op grond van artikel 281 genomen besluit in werking is getreden.
2. Indien, gelet op het koninklijk besluit, het gemeentebestuur bij toepassing van artikel 281 niet over beleidsvrijheid beschikt, kan het koninklijk besluit bepalen dat het in de plaats treedt van het vernietigde besluit.
3. In het koninklijk besluit kan worden bepaald dat ter zake van het vernietigde besluit geen nieuw besluit wordt genomen.
4. In het koninklijk besluit kan het gemeentebestuur een aanwijzing worden gegeven over de uitvoering van het koninklijk besluit. De artikelen 124 tot en met 124h zijn van overeenkomstige toepassing ingeval de aanwijzing niet wordt opgevolgd.
5. Indien het koninklijk besluit betrekking heeft op de vernietiging van een algemeen verbindend voorschrift of een ander besluit van algemene strekking, kan worden bepaald dat de vernietiging tevens betrekking heeft op besluiten die zijn genomen op grond van of ter uitvoering van het algemeen verbindend voorschrift of het andere besluit van algemene strekking.

Art. 279

Bekendmaking in Staatsblad

Het koninklijk besluit tot schorsing, opheffing of verlenging van de schorsing of tot vernietiging wordt in de Staatscourant geplaatst.

Gemeentewet

A29 art. 310

[Vervallen]
Art. 280

Art. 281
1. Het gemeentebestuur neemt opnieuw een besluit omtrent het onderwerp van het vernietigde besluit, waarbij met het koninklijk besluit wordt rekening gehouden, tenzij in het koninklijk besluit toepassing is gegeven aan artikel 278a, tweede of derde lid.
2. In het koninklijk besluit kan een termijn worden gesteld waarbinnen toepassing wordt gegeven aan het eerste lid. De artikelen 124 tot en met 124h zijn van overeenkomstige toepassing ingeval niet binnen de termijn toepassing is gegeven aan het eerste lid.

Nieuw besluit

Art. 281a
In afwijking van artikel 8:4, eerste lid, onderdeel d, van de Algemene wet bestuursrecht kan een belanghebbende tegen een koninklijk besluit als bedoeld in artikel 268, eerste lid, dan wel tegen een vernietigingsbesluit als bedoeld in artikel 85, tweede lid, beroep instellen.

Beroep

Titel VI

Art. 282-288a
[Vervallen]

Titel VII
Overgangs- en slotbepalingen

Art. 289
[Vervallen]

Art. 290
1. De intrekking van de gemeentewet heeft geen gevolgen voor de geldigheid van de op de dag voor de inwerkingtreding van deze wet geldende besluiten.
2. Besluiten als bedoeld in het eerste lid die algemeen verbindende voorschriften bevatten waarvan de inhoud in strijd is met deze wet, worden binnen twee jaar na de datum van inwerkingtreding van deze wet daarmee in overeenstemming gebracht of ingetrokken. De besluiten, of onderdelen daarvan, die bij het verstrijken van de in de vorige volzin genoemde termijn niet met deze wet in overeenstemming zijn gebracht of zijn ingetrokken, zijn van rechtswege vervallen.
3. Besluiten van gedeputeerde staten, bedoeld in artikel 100, eerste lid, van de gemeentewet vervallen van rechtswege op de dag waarop deze wet in werking treedt.
4. Niettemin blijven gedeputeerde staten na de inwerkingtreding van deze wet bevoegd de jaarwedde van wethouders over de periode voorafgaand aan de inwerkingtreding van deze wet vast te stellen overeenkomstig artikel 100, eerste lid, van de gemeentewet.
5. Het derde en het vierde lid zijn van overeenkomstige toepassing op jaarwedden van gemeentesecretarissen, bedoeld in artikel 111, eerste lid, van de gemeentewet.

Gevolgen intrekken oude Gemeentewet

Art. 291
Artikel 44, vijfde tot en met achtste lid, onderscheidenlijk artikel 66, vijfde tot en met zevende lid, is niet van toepassing op de bij inwerkingtreding van die bepalingen zittende wethouder onderscheidenlijk burgemeester, zolang deze zonder onderbreking zijn ambt vervult in dezelfde gemeente.

Zittende wethouder/burgemeester

Art. 292-309
[Vervallen]

Art. 310
Deze wet kan worden aangehaald als: Gemeentewet.

Citeertitel

A29 bijlage I

Gemeentewet

Bijlage I bedoeld in artikel 124b, eerste lid, van de Gemeentewet

A
Ministerie van Binnenlandse Zaken en Koninkrijksrelaties

1. Ambtenarenwet 2017.
2. Paspoortwet.
3. Wet algemene bepalingen burgerservicenummer.
4. hoofdstukken 1 en 4 van de Wet basisregistratie personen.
5. Kieswet.
6. Wet terugvordering staatssteun.
8. Bekendmakingswet.

B
Ministerie van Sociale Zaken en Werkgelegenheid

1. Participatiewet.
2. Wet inkomensvoorziening oudere en gedeeltelijk arbeidsongeschikte werkloze werknemers.
3. Wet inkomensvoorziening oudere en gedeeltelijk arbeidsongeschikte gewezen zelfstandigen.
4. Wet gemeentelijke schuldhulpverlening.
5. Wet sociale werkvoorziening.
6. Wet kinderopvang.

C
Ministerie van Infrastructuur en Milieu

1. Wet vervoer gevaarlijke stoffen.
2. Havenbeveiligingswet.
3. Wet basisregistratie adressen en gebouwen.
5. Wet basisregistratie grootschalige topografie.

D
Ministerie van Volksgezondheid, Welzijn en Sport

1. Drank- en Horecawet.
2. Wet publieke gezondheid.
3. Wet maatschappelijke ondersteuning 2015.
4. Jeugdwet.
5. Wet op de jeugdverblijven.
6. Wet ambulancezorgvoorzieningen.

E
Ministerie van Onderwijs, Cultuur en Wetenschap

1. Wet op het primair onderwijs.
2. Wet op het voortgezet onderwijs.
3. Wet op de expertisecentra.
4. Wet educatie en beroepsonderwijs.

F
Ministerie van Financiën

1. Wet waardering onroerende zaken

G
Ministerie van Veiligheid en Justitie

1. Wet veiligheidsregio's.
2. Jeugdwet.

Bijlage

[Vervallen]

Wet Naleving Europese regelgeving publieke entiteiten[1]

Wet van 24 mei 2012, houdende regels met betrekking tot de naleving van Europese regelgeving door publieke entiteiten (Wet Naleving Europese regelgeving publieke entiteiten)

Wij Beatrix, bij de gratie Gods, Koningin der Nederlanden, Prinses van Oranje-Nassau, enz. enz. enz.
Allen, die deze zullen zien of horen lezen, saluut! doen te weten:
Alzo Wij in overweging genomen hebben, dat het wenselijk is regels te stellen met betrekking tot het toezicht op de naleving van Europese regelgeving door publieke entiteiten en deze in één wet op te nemen met bestaande bepalingen over het toezicht op de besteding van subsidies die ten laste komen van de begroting van de Europese Unie;
Zo is het, dat Wij, de Raad van State gehoord, en met gemeen overleg der Staten-Generaal, hebben goedgevonden en verstaan, gelijk Wij goedvinden en verstaan bij deze:

Art. 1
In deze wet wordt, tenzij anders bepaald, verstaan onder:
a. nutsrichtlijn: richtlijn 2014/25/EU van het Europees Parlement en de Raad van 26 februari 2014 betreffende het plaatsen van opdrachten in de sectoren water- en energievoorziening, vervoer en postdiensten en houdende intrekking van Richtlijn 2004/17/EG (PbEU 2014, L 94);
b. aanbestedingsrichtlijn: richtlijn 2014/24/EU van het Europees Parlement en de Raad van 26 februari 2014 betreffende het plaatsen van overheidsopdrachten en tot intrekking van Richtlijn 2004/18/EG (PbEU 2014, L 94);
c. concessierichtlijn: richtlijn 2014/23/EU van het Europees Parlement en de Raad van 26 februari 2014 betreffende het plaatsen van concessieovereenkomsten (PbEU 2014, L 94);
d. publieke entiteit:
1°. een bestuursorgaan als bedoeld in artikel 1:1, eerste lid, van de Algemene wet bestuursrecht, niet zijnde een van Onze Ministers;
2°. een overige aanbestedende dienst als bedoeld in artikel 2, eerste lid, van de aanbestedingsrichtlijn, niet zijnde de staat;
3°. een overige aanbestedende instantie als bedoeld in artikel 4, eerste lid, van de nutsrichtlijn en artikel 7, eerste lid, van de concessierichtlijn, niet zijnde de staat;
4°. een instantie die een opdracht als bedoeld in artikel 13 van de aanbestedingsrichtlijn plaatst;
e. Onze Minister: Onze Minister wie het aangaat;
f. Europese verdragen: het Verdrag betreffende de werking van de Europese Unie, het Verdrag tot oprichting van de Europese Gemeenschap voor Atoomenergie of het Verdrag betreffende de Europese Unie;
g. Europese subsidie: een aanspraak op financiële middelen van de Raad van de Europese Unie, het Europees Parlement en de Raad gezamenlijk of de Europese Commissie die rechtstreeks of middellijk bestaat op grond van een vastgesteld programma, een verordening, een richtlijn, een beschikking of een besluit, voor zover uit deze aanspraak verplichtingen voortvloeien welke bij of krachtens de Europese verdragen op Nederland rusten.

Art. 2
1. Indien een publieke entiteit niet of niet naar behoren voldoet aan een voor haar geldende rechtsplicht die voortvloeit uit een bij of krachtens de Europese verdragen op Nederland rustende verplichting, niet zijnde een rechtsplicht die behoort tot de in artikel 3 bedoelde verplichtingen, dan kan Onze Minister de publieke entiteit een aanwijzing geven om, binnen een in die aanwijzing te vermelden termijn, alsnog aan die rechtsplicht te voldoen.
2. Een aanwijzing wordt gegeven:
a. in overeenstemming met Onze Minister van Binnenlandse Zaken en Koninkrijksrelaties ten aanzien van provincies, gemeenten en gemeenschappelijke regelingen waaraan zij deelnemen;
b. in overeenstemming met Onze Minister van Verkeer en Waterstaat ten aanzien van waterschappen en gemeenschappelijke regelingen waaraan uitsluitend waterschappen deelnemen.
3. Een aanwijzing wordt niet gegeven ten aanzien van de uitoefening van rechtspraak.
4. Dit artikel is niet van toepassing op bestuursorganen van provincies, gemeenten en gemeenschappelijke regelingen waaraan zij deelnemen, indien de bevoegdheden van artikel 121 en hoofdstuk XVIII van de Provinciewet, van de artikelen 124 en 124a en hoofdstuk XVII van de

---

1 Inwerkingtredingsdatum: 13-06-2012; zoals laatstelijk gewijzigd bij: Stb. 2016, 241.

Gemeentewet en van de artikelen 32b, 32c, 36 tot en met 39f, 45a, 49, 56a, 60, 65a, eerste lid, 69, eerste lid, 78a, eerste en tweede lid, 82, eerste en tweede lid, 88a, eerste lid en 92, eerste lid van de Wet gemeenschappelijke regelingen toereikend zijn om het niet of niet naar behoren voldoen als bedoeld in het eerste lid te herstellen.

Art. 3
Indien een publieke entiteit verzuimt te voldoen aan een voor haar geldende rechtsplicht die voortvloeit uit een bij of krachtens de Europese verdragen op Nederland rustende verplichting ten aanzien van de rechtmatige en doelmatige besteding van een Europese subsidie of ten aanzien van de wijze van beheer, controle of toezicht met betrekking tot een Europese subsidie, of indien een dergelijk verzuim dreigt te ontstaan, kan Onze Minister die verantwoordelijk is voor het beleidsterrein ten aanzien waarvan de subsidie is verstrekt de publieke entiteit een aanwijzing geven omtrent de rechtmatige en doelmatige aanwending van een door die publieke entiteit ontvangen Europese subsidie of de wijze van beheer, controle of toezicht met betrekking tot die subsidie. In de aanwijzing wordt de termijn vermeld waarbinnen de aanwijzing moet worden opgevolgd.

Art. 4
1. Een aanwijzing wordt niet gegeven dan nadat aan de publieke entiteit gelegenheid tot overleg is geboden.
2. Een aanwijzing wordt, behoudens in spoedeisende gevallen, niet eerder gegeven dan nadat de publieke entiteit in de gelegenheid is gesteld om binnen een door Onze Minister in overeenstemming met Onze andere betrokken Minister gestelde termijn de verplichting, bedoeld in artikel 2 of 3, alsnog na te komen.
3. De motivering van de aanwijzing verwijst naar hetgeen in het overleg aan de orde is gekomen.
4. Van de aanwijzing wordt mededeling gedaan in de Staatscourant.

Art. 5
Indien de in de aanwijzing vermelde termijn verstrijkt zonder dat de aanwijzing is opgevolgd, kan Onze Minister die de aanwijzing heeft gegeven er, namens en op kosten van de publieke entiteit, zowel door het verrichten van publiekrechtelijke of privaatrechtelijke rechtshandelingen als door het verrichten van feitelijke handelingen in voorzien dat alsnog wordt voldaan aan de rechtsplicht in verband waarmee de aanwijzing, bedoeld in artikel 2, is gegeven of dat alsnog het verzuim, bedoeld in artikel 3, wordt hersteld of voorkomen.

Art. 6
[Vervallen]

Art. 7
1. Als Nederland door een instelling van de Europese Unie, de Europese Investeringsbank of een andere lidstaat van de Europese Unie aansprakelijk wordt gesteld voor het niet nakomen van bij of krachtens de Europese verdragen opgelegde verplichtingen en als dit leidt tot een vordering op de staat in de vorm van een verplichting tot een of meer van de navolgende betalingen, kan Onze Minister besluiten deze bedragen te verhalen op een publieke entiteit, voor zover de aansprakelijkheid van Nederland het gevolg is van een verzuim van de betreffende publieke entiteit:
a. de betaling van een forfaitaire som;
b. de betaling van een dwangsom;
c. de terugbetaling van een aan de betrokken publieke entiteit verstrekte Europese subsidie vermeerderd met de eventueel daarover berekende rente.
2. Een besluit tot verhaal wordt niet genomen dan nadat aan de betreffende publieke entiteit gelegenheid tot overleg is geboden.
3. Onze Minister kan het bedrag van het verhaal invorderen bij dwangbevel.
4. Dit artikel is van overeenkomstige toepassing als de aansprakelijkstelling, bedoeld in het eerste lid, leidt tot het niet vergoeden van door Nederland gedane uitgaven die mede worden gefinancierd uit Europese middelen of leidt tot verlaging van die middelen.

Art. 8
Een wijziging van de nutsrichtlijn, de aanbestedingsrichtlijn of de concessierichtlijn gaat voor de toepassing van deze wet gelden met ingang van de dag waarop aan de betrokken wijzigingsrichtlijn uitvoering moet zijn gegeven, tenzij bij ministerieel besluit, dat in de Staatscourant wordt bekendgemaakt, een ander tijdstip wordt vastgesteld.

Art. 9
[Wijzigt de Algemene wet bestuursrecht.]

Art. 10
[Wijzigt de Dienstenwet.]

Art. 11
De Wet toezicht Europese subsidies wordt ingetrokken.

Art. 12
Deze wet treedt in werking met ingang van de dag na de datum van uitgifte van het Staatsblad waarin zij wordt geplaatst.

Art. 13
Deze wet wordt aangehaald als: Wet Naleving Europese regelgeving publieke entiteiten.

Wet tijdelijk huisverbod[1]

Wet van 9 oktober 2008, houdende regels strekkende tot het opleggen van een tijdelijk huisverbod aan personen van wie een ernstige dreiging van huiselijk geweld uitgaat (Wet tijdelijk huisverbod)

Wij Beatrix, bij de gratie Gods, Koningin der Nederlanden, Prinses van Oranje-Nassau, enz. enz. enz.

Allen, die deze zullen zien of horen lezen, saluut! doen te weten:

Alzo Wij in overweging genomen hebben, dat het wenselijk is om een maatregel in te voeren waarmee een persoon die een ernstig en onmiddellijk gevaar oplevert voor de veiligheid van één of meer personen met wie deze een huishouden deelt tijdelijk een huisverbod kan worden opgelegd teneinde de veiligheid van deze personen te waarborgen en een periode te creëren waarin maatregelen genomen kunnen worden om de dreiging van huiselijk geweld te doen wegnemen;

Zo is het, dat Wij, de Raad van State gehoord, en met gemeen overleg der Staten-Generaal, hebben goedgevonden en verstaan, gelijk Wij goedvinden en verstaan bij deze:

Art. 1

Begripsbepalingen

In deze wet wordt verstaan onder:

a. *ambtenaar van politie*: de ambtenaar van politie, bedoeld in artikel 2, onder a, van de Politiewet 2012, en de ambtenaar van politie, bedoeld in artikel 2, onder c, van die wet, voor zover hij is belast met de uitvoering van de politietaak;

b. *huisverbod*: beschikking houdende een last tot het onmiddellijk verlaten van een bepaalde woning en een verbod tot het betreden van, zich ophouden bij of aanwezig zijn in die woning en een verbod om contact op te nemen met degenen die met de persoon tot wie de beschikking is gericht in dezelfde woning wonen of daarin anders dan incidenteel verblijven;

c. *uithuisgeplaatste*: degene aan wie een huisverbod is opgelegd.

Art. 2

Huisverbod, redenen voor oplegging

1. De burgemeester kan een huisverbod opleggen aan een persoon indien uit feiten of omstandigheden blijkt dat diens aanwezigheid in de woning ernstig en onmiddellijk gevaar oplevert voor de veiligheid van één of meer personen die met hem in de woning wonen of daarin anders dan incidenteel verblijven of indien op grond van feiten of omstandigheden een ernstig vermoeden van dit gevaar bestaat. Het verbod geldt voor een periode van tien dagen, behoudens verlenging overeenkomstig artikel 9. Bij of krachtens algemene maatregel van bestuur worden nadere regels gesteld over de aard van de feiten en omstandigheden die aanleiding kunnen geven om een huisverbod op te leggen.

2. Een huisverbod kan slechts worden opgelegd aan een meerderjarig persoon.

3. Indien de burgemeester voornemens is het huisverbod op te leggen wegens kindermishandeling of een ernstig vermoeden daarvan, neemt hij contact op met de Veilig Thuis-organisatie, bedoeld in artikel 4.1.1 van de Wet maatschappelijke ondersteuning 2015 teneinde te overleggen over het voornemen om een huisverbod op te leggen.

4. Het huisverbod bevat in ieder geval:

a. een omschrijving van de plaats en de duur waarvoor het geldt;

b. de feiten en omstandigheden die aanleiding hebben gegeven tot het opleggen van het huisverbod, en

c. de namen van de personen ten aanzien van wie het verbod om contact op te nemen geldt.

Nadere regels

5. Bij ministeriële regeling kunnen nadere regels worden gegeven met betrekking tot het huisverbod.

6. De uithuisgeplaatste geeft aan waar of op welke wijze hij bereikbaar is. Indien de uithuisgeplaatste dit niet terstond kan doorgeven, geeft hij dit binnen 24 uur nadat het huisverbod is opgelegd door aan de burgemeester.

7. Indien de situatie dermate spoedeisend is dat het huisverbod niet tevoren op schrift kan worden gesteld, kan het huisverbod mondeling worden aangezegd. De burgemeester draagt alsnog zorg voor spoedige opschriftstelling en bekendmaking. Indien de verblijfplaats van de uithuisgeplaatste niet bekend is, kan bekendmaking plaatsvinden door nederlegging van het huisverbod bij de gemeentesecretarie.

8. De burgemeester deelt onverwijld de inhoud van het huisverbod en de gevolgen van niet-naleving daarvan voor de uithuisgeplaatste mede aan degene met wie de uithuisgeplaatste een

---

1 Inwerkingtredingsdatum: 01-01-2009; zoals laatstelijk gewijzigd bij: Stb. 2020, 67.

huishouden deelt. De burgemeester deelt de inhoud van het huisverbod ook mede aan de Veilig Thuis-organisatie, bedoeld in artikel 4.1.1 van de Wet maatschappelijke ondersteuning 2015.
9. De burgemeester kan het huisverbod in ieder geval intrekken indien de uithuisgeplaatste een aanbod tot hulpverlening heeft aanvaard en dit door de instantie voor advies of hulpverlening, aangewezen ingevolge het achtste lid, is bevestigd, en deze aanvaarding tevens inhoudt dat de uithuisgeplaatste hulpverlening aan één of meer personen die met de uithuisgeplaatste in de woning wonen of daarin anders dan incidenteel verblijven niet zal belemmeren en zal meewerken indien dit van hem wordt gevraagd door de instantie voor advies of hulpverlening.

Art. 3
1. De burgemeester kan van de bevoegdheden en taken, bedoeld in artikel 2, eerste, derde, zevende en achtste lid, en artikel 5, eerste lid, mandaat onderscheidenlijk machtiging verlenen aan de hulpofficier van justitie. Artikel 10:9, eerste lid, van de Algemene wet bestuursrecht is niet van toepassing. *(Huisverbod, mandaat/machtiging door burgemeester aan HOvJ)*
2. De hulpofficier van justitie doet onverwijld mededeling van een door hem opgelegd huisverbod aan de burgemeester.

Art. 4
1. Indien het gevaar, bedoeld in artikel 2, eerste lid, zich voordoet, is de burgemeester of een ambtenaar van politie met het oog op het opleggen van het huisverbod, bevoegd de woning zonder toestemming van de bewoner binnen te treden, voor zover dat redelijkerwijs voor de vervulling van diens taak nodig is. *(Huisverbod, bevoegdheid binnentreden woning)*
2. De ambtenaar van politie vordert van de uithuisgeplaatste de huissleutel of huissleutels en is bevoegd deze zo nodig na de uithuisgeplaatste daartoe aan de kleding onderzocht te hebben, aan de uithuisgeplaatste te ontnemen tegen afgifte van een bewijs van ontvangst. *(Huisverbod, vordering/ontneming huissleutel)*
3. Voor de controle op de naleving van het huisverbod zijn ambtenaren van politie bevoegd elke plaats waar de uithuisgeplaatste zich op grond van het huisverbod niet mag bevinden, te betreden, met uitzondering van een woning zonder toestemming van de bewoner.

Art. 5
1. Indien de uithuisgeplaatste geen raadsman heeft, en desgevraagd rechtsbijstand wenst, stelt de burgemeester het bestuur van de raad voor rechtsbijstand daarvan in kennis, die voor de uithuisgeplaatste een raadsman aanwijst. *(Huisverbod, bijstand aan uithuisgeplaatste door raadsman)*
2. De artikelen 28, eerste lid, 37, 38, 43, 44 en 51 van het Wetboek van Strafvordering zijn van overeenkomstige toepassing.

Art. 6
1. Indien tegen het huisverbod een verzoek om voorlopige voorziening als bedoeld in artikel 8:81 van de Algemene wet bestuursrecht, wordt gedaan: *(Huisverbod, verzoek om voorlopige voorziening)*
a. wordt, in afwijking van artikel 8:83, eerste lid, van die wet, de uithuisgeplaatste binnen drie dagen door de voorzieningenrechter gehoord;
b. doet de voorzieningenrechter in afwijking van artikel 8:84, eerste lid, van die wet onmiddellijk na het horen van partijen uitspraak tenzij er sprake is van bijzondere omstandigheden, in welk geval de voorzieningenrechter binnen 24 uur na de behandeling van de zaak uitspraak doet.
2. De rechter betrekt bij de beoordeling van het huisverbod tevens de feiten en omstandigheden die zich hebben voorgedaan na het opleggen van het huisverbod.
3. In afwijking van de artikelen 8:41, eerste lid, en 8:82, eerste lid, van de Algemene wet bestuursrecht wordt door de griffier geen griffierecht geheven.

Art. 7
De rechter stelt minderjarigen die tot het huishouden van de uithuisgeplaatste behoren en die de leeftijd van twaalf jaren hebben bereikt, in de gelegenheid hem hun mening kenbaar te maken, tenzij de spoedige behandeling van de zaak zich hiertegen verzet. Hij kan minderjarigen die de leeftijd van twaalf jaren nog niet hebben bereikt, in de gelegenheid stellen hem hun mening kenbaar te maken op een door hem te bepalen wijze. *(Huisverbod, mening minderjarigen)*

Art. 8
1. De griffier zendt een afschrift van de uitspraak of van het proces-verbaal van de mondelinge uitspraak van de voorzieningenrechter onverwijld, en een afschrift van de uitspraak of van het proces-verbaal van de mondelinge uitspraak van de rechtbank binnen twee weken na dagtekening van de uitspraak kosteloos aan: *(Huisverbod, afschrift uitspraak)*
a. de echtgenoot, geregistreerde partner, andere levensgezel of andere meerderjarige persoon met wie de uithuisgeplaatste het huishouden deelt;
b. de politie van de gemeente waar het huisverbod is opgelegd;
c. ingeval er minderjarigen betrokken zijn: de Veilig Thuis-organisatie, bedoeld in artikel 4.1.1 van de Wet maatschappelijke ondersteuning 2015.
2. De griffier stelt de uithuisgeplaatste, de raadsman van de uithuisgeplaatste en de burgemeester onverwijld mondeling op de hoogte van de uitspraak. De burgemeester stelt de personen, bedoeld in het eerste lid, onder a, voor zover zij niet aanwezig waren ter zitting waarop de uitspraak werd gedaan, en de politie onverwijld mondeling op de hoogte van de uitspraak. *(Huisverbod, mondelinge mededeling uitspraak)*

A31 art. 9 — Wet tijdelijk huisverbod

Art. 9

Huisverbod, verlenging
1. De burgemeester kan een huisverbod verlengen tot ten hoogste vier weken nadat het is opgelegd indien de dreiging van het gevaar, of het ernstige vermoeden daarvan, zich voortzet. De artikelen 2, vierde lid, en 6 tot en met 8 zijn van overeenkomstige toepassing.

Huisverbod, (hoger) beroep
2. Het beroep of hoger beroep tegen het huisverbod heeft mede betrekking op een beschikking tot verlenging van het huisverbod als bedoeld in het eerste lid, voor zover de belanghebbende deze beschikking betwist.
3. In beroep of hoger beroep legt de belanghebbende zo mogelijk een afschrift over van de beschikking die hij betwist.

Schakelbepaling
4. Het tweede en het derde lid zijn van overeenkomstige toepassing op een verzoek om voorlopige voorziening.

Art. 10

Huisverbod, bewaarplicht beschikking
1. De beschikking waarbij het huisverbod met toepassing van artikel 2, eerste lid, of 9, eerste lid, is opgelegd of verlengd, wordt gedurende vijf jaren ter gemeentesecretarie bewaard en vervolgens vernietigd. De gedurende deze termijn ontvangen stukken betreffende het huisverbod worden daarbij gevoegd.
2. De persoonsgegevens, opgenomen in de beschikkingen of in de andere stukken, bedoeld in het eerste lid, worden verwerkt met het oog op het opleggen, het verlengen en de controle op de naleving van het huisverbod.

Art. 11

Huisverbod, straf bij overtreding
1. De uithuisgeplaatste die handelt in strijd met een met toepassing van artikel 2, eerste lid, of artikel 9, eerste lid, gegeven huisverbod wordt gestraft met gevangenisstraf van ten hoogste twee jaren of een geldboete van de vierde categorie.
2. De in het eerste lid strafbaar gestelde feiten zijn misdrijven.

Art. 12
[Wijzigt het Wetboek van Strafvordering.]

Art. 13

Huisverbod, toepasselijkheid Algemene termijnenwet
De Algemene termijnenwet is op de termijnen, bedoeld in de artikelen 2, eerste lid, en 9, eerste lid, niet van toepassing.

Art. 14
[Wijzigt de Wet op de rechtsbijstand.]

Art. 15

Huisverbod, evaluatie
Onze Minister van Veiligheid en Justitie zendt binnen vijf jaar na de inwerkingtreding van deze wet aan de Staten-Generaal een verslag over de doeltreffendheid en de effecten van deze wet in de praktijk.

Art. 16

Inwerkingtreding
Deze wet treedt in werking op een bij koninklijk besluit te bepalen tijdstip.

Art. 17

Citeertitel
Deze wet wordt aangehaald als: Wet tijdelijk huisverbod.

Besluit tijdelijk huisverbod[1]

Besluit van 20 oktober 2008, houdende regels over de aard van de feiten en omstandigheden die aanleiding kunnen geven om een huisverbod op te leggen (Besluit tijdelijk huisverbod)

Wij Beatrix, bij de gratie Gods, Koningin der Nederlanden, Prinses van Oranje-Nassau, enz. enz. enz.
Op de voordracht van Onze Minister van Justitie van 8 april 2008, Directie Wetgeving, nr. 5539022/08/6, gedaan mede namens Onze Minister van Binnenlandse Zaken en Koninkrijksrelaties;
Gelet op artikel 2, eerste lid, van de Wet tijdelijk huisverbod;
De Raad van State gehoord (advies van 9 mei 2008, nr. W03.08.0130/II);
Gezien het nader rapport van Onze Minister van Justitie van 13 oktober 2008, nr. 5559357/08/6, uitgebracht mede namens Onze Minister van Binnenlandse Zaken en Koninkrijksrelaties;
Hebben goedgevonden en verstaan:

Art. 1
In dit besluit wordt verstaan onder huisverbod: huisverbod als bedoeld in artikel 1, onderdeel b, van de Wet tijdelijk huisverbod.

Begripsbepalingen

Art. 2
1. Bij de afweging of een huisverbod wordt opgelegd, betrekt de burgemeester uitsluitend de in de bijlage bij dit besluit opgenomen feiten en omstandigheden.
2. De in het eerste lid bedoelde feiten en omstandigheden hebben betrekking op:
a. de persoon ten aanzien van wie wordt overwogen een huisverbod op te leggen;
b. het verloop van het incident dat aanleiding is te overwegen een huisverbod op te leggen; en
c. de leefomstandigheden van de persoon, bedoeld onder a, en degenen die met deze persoon in dezelfde woning wonen of daarin anders dan incidenteel verblijven.
3. Onder de feiten en omstandigheden, bedoeld in het tweede lid, onder a, worden mede begrepen de politiegegevens met betrekking tot de persoon ten aanzien van wie wordt overwogen een huisverbod op te leggen, voor zover de burgemeester deze gegevens behoeft in het kader van de afweging, bedoeld in het eerste lid.

Huisverbod, feiten en omstandigheden

Art. 3
Dit besluit treedt in werking op het tijdstip waarop de Wet tijdelijk huisverbod in werking treedt.

Inwerkingtreding

Art. 4
Dit besluit wordt aangehaald als: Besluit tijdelijk huisverbod.

Citeertitel

---

1 Inwerkingtredingsdatum: 01-01-2009.

Bijlage als bedoeld in artikel 2, eerste lid

1
Feiten en omstandigheden die de persoon betreffen ten aanzien van wie wordt overwogen om een huisverbod op te leggen (artikel 2, tweede lid, onder a):

a. Antecedenten en incidenten (op basis van politieregistratie):
- registraties (HKS) en mutaties geweld
- registraties (HKS) en mutaties zeden
- registraties (HKS) en mutaties wapengerelateerd
- registraties (HKS) en mutaties overig

b. Mate van aanspreekbaarheid:
- volledig in de war
- apathisch, zich extreem afsluiten
- gewelddadig, onhandelbaar, niet te corrigeren (tegen slachtoffer of derden)
- extreem jaloers tegenover slachtoffer
- dreigementen om zichzelf wat aan te doen of zichzelf daadwerkelijk te verwonden

c. Riskante gewoonten (alcohol- of drugsgebruik):
- signalen wijzend op verslaving of excessief gebruik van alcohol
- signalen wijzend op verslaving of excessief gebruik van soft drugs
- signalen wijzend op verslaving of excessief gebruik van hard drugs
- onder behandeling (geweest) voor verslaving
- op het moment fors gedronken (of sterk vermoeden)
- op het moment drugs gebruikt (of sterk vermoeden)

2
Feiten en omstandigheden die het verloop van het incident betreffen (artikel 2, tweede lid, onder b):

a. Bedreiging:
- verbaal (schelden, schreeuwen)
- dreigen met fysiek geweld
- dreigen met wapen
- dreigen met doden

b. Psychisch geweld:
- slachtoffer onder druk zetten door geweld tegen kinderen en/of huisgenoten
- slachtoffer onder druk zetten door geweld tegen huisdieren
- slachtoffer onder druk zetten door vernielen (dierbare) eigendommen van het slachtoffer
- slachtoffer onder druk zetten door hem te vernederen of te dwingen iets tegen de wil te doen

c. Lichamelijk geweld:
- duwen, schoppen, stompen, haren trekken e.d.
- zware kneuzingen, brandwonden, gebroken ledematen
- verwonden met wapen
- verwurging

d. Seksueel geweld:
- verkrachting of aanranding
- gedwongen seks of prostitutie
- (vermoeden van) kindermisbruik

e. Zwaarte van de intimidatie:
- geweld is willekeurig en volstrekt zonder aanleiding
- (dreiging van) plotselinge, extreme uitbarsting van geweld
- zwaar fysiek geweld (al dan niet met ernstig letsel)
- slachtoffer is totaal niet weerbaar

f. Geweldsontwikkeling:
- de zwaarte van het geweld is de laatste jaren toegenomen
- de frequentie van geweld is de laatste jaren toegenomen

g. Wapens:
- in bezit van vuurwapen
- in bezit van wapenvergunning
- gebruik van slagwapen, steekwapen of (nep-)vuurwapen
- gebruik van «toevallige» wapens (servies, asbak, keukenmes e.d.)

h. Gevaarsniveau wapengebruik:
- ermee dreigen
- ermee gooien van een afstand
- het slachtoffer er direct mee verwonden (direct fysiek contact)

Besluit tijdelijk huisverbod **A32** bijlage

- bewuste (bedoelde) verwonding slachtoffer (min of meer met voorbedachten rade)
i. Aanwezigheid van kinderen:
- kinderen getuige van geweld
- kinderen apathisch, huilen of schrikachtig
- geweld gepleegd tegen kinderen
- kinderen gewond
- ondertoezichtstelling of andere kinderbeschermingsmaatregel
j. Geweldsverwachting:
- slachtoffer vreest toekomstig geweld
k. Rechtvaardiging achteraf:
- berouw tonen, maar zich verschuilen achter externe oorzaken
- ontkennen of minimaliseren van het geweld
- rechtvaardigen van geweld

3
Feiten en omstandigheden die de leefomstandigheden van de betrokkene of zijn huisgenoten betreffen (artikel 2, tweede lid, onder c):

a. Spanning door werkgerelateerde problemen:
- (langdurige) werkloosheid
- recent ontslag of dreiging van ontslag
- problemen met betrekking tot arbeidsongeschiktheids- of werkloosheidsuitkering
- spanningen op het werk
b. Spanning door financiële problemen:
- veel schulden
- financieel niet kunnen rondkomen
- vermoeden van een gokprobleem
c. Spanning door familie- en relatieproblemen:
- problemen met kinderen uit een eerdere relatie
- niet accepteren van een zwangerschap
- onenigheid over opvoeding van kinderen
- gedragsproblemen bij kinderen
- lopende echtscheidingsprocedure
- overige relatieproblemen
- problemen met betrekking tot verblijfsvergunning e.d.
d. Sociaal isolement door beperkte vrienden- of kennissenkring:
- strikte beperking van contacten (binnen eigen cultuur of geloof)
- contacten met buitenwereld verlopen alleen via betrokkene
- betrokkene verbiedt contact met vrienden of bekenden
e. Sociaal isolement door rollenpatroon:
- betrokkene controleert financiën, paspoort e.d.
- slachtoffer heeft geen zeggenschap binnenshuis
- slachtoffer mag niet of nauwelijks buitenshuis komen
f. Sociaal isolement door onaangepast gezin:
- er is geen contact te maken met het gezin
- geschillen met anderen worden door ruzie of geweld opgelost
- binnen het gezin is er veel ruzie
- antecedenten slachtoffer die wijzen op sociaal isolement
- antecedenten andere gezinsleden die wijzen op sociaal isolement
- sociaal isolement door excessief middelengebruik of verslaving

Wet gemeenschappelijke regelingen[1]

Wet van 20 december 1984, houdende nieuwe bepalingen met betrekking tot gemeenschappelijke regelingen

Wij Beatrix, bij de gratie Gods, Koningin der Nederlanden, Prinses van Oranje-Nassau, enz. enz. enz.

Allen, die deze zullen zien of horen lezen, saluut! doen te weten:

Alzo Wij in overweging genomen hebben, dat het wenselijk is, nieuwe bepalingen vast te stellen met betrekking tot gemeenschappelijke regelingen;

Zo is het, dat Wij, de Raad van State gehoord, en met gemeen overleg der Staten-Generaal, hebben goedgevonden en verstaan, gelijk Wij goedvinden en verstaan bij deze:

Hoofdstuk I
Regelingen tussen gemeenten

Afdeling 1
Bevoegdheid tot het treffen van een regeling

Art. 1

Gemeenten, treffen gemeenschappelijk regeling

1. De raden, de colleges van burgemeester en wethouders en de burgemeesters van twee of meer gemeenten kunnen afzonderlijk of tezamen, ieder voor zover zij voor de eigen gemeente bevoegd zijn, een gemeenschappelijke regeling treffen ter behartiging van een of meer bepaalde belangen van die gemeenten.
2. De colleges van burgemeester en wethouders en de burgemeesters gaan niet over tot het treffen van een regeling dan na verkregen toestemming van de gemeenteraden. De toestemming kan slechts worden onthouden wegens strijd met het recht of het algemeen belang.
3. Onder het treffen van een regeling wordt in dit artikel mede verstaan het wijzigen van, het toetreden tot en het uittreden uit een regeling.

Afdeling 2
Algemene bepalingen

§ 1
Inhoud van de regeling

Art. 2-7

[Vervallen]

Art. 8

Gemeenten, instellen openbaar lichaam
Gemeenten, instellen gemeenschappelijk orgaan

1. Bij de regeling kan een openbaar lichaam worden ingesteld. Het openbaar lichaam is rechtspersoon.
2. In daarvoor bijzonder in aanmerking komende gevallen kan bij de regeling, in plaats van een openbaar lichaam, een gemeenschappelijk orgaan worden ingesteld.
3. Bij de regeling waaraan uitsluitend colleges van burgemeester en wethouders deelnemen, kan een bedrijfsvoeringsorganisatie worden ingesteld in het geval de regeling uitsluitend wordt getroffen ter behartiging van de sturing en beheersing van ondersteunende processen en van uitvoeringstaken van de deelnemers. De bedrijfsvoeringsorganisatie is rechtspersoon.
4. In de regeling kunnen bevoegdheden van de besturen van de deelnemende gemeenten worden gemandateerd aan organen en personen werkzaam onder de verantwoordelijkheid van een van de deelnemende gemeenten, tenzij de regeling waarop de bevoegdheid steunt zich daartegen verzet.

Art. 9

Gemeenten, bepalingen wijziging/opheffing/toetreding/uittreding/vereffening

1. De voor onbepaalde tijd getroffen regeling houdt bepalingen in omtrent wijziging, opheffing, toetreding en de gevolgen van uittreding, met inachtneming van artikel 1.

2. De regeling waarbij een openbaar lichaam of een bedrijfsvoeringsorganisatie wordt ingesteld houdt bepalingen in omtrent de vereffening van het vermogen ingeval dat openbaar lichaam wordt ontbonden.

---

1 Inwerkingtredingsdatum: 01-01-1985; zoals laatstelijk gewijzigd bij: Stb. 2020, 262.

Wet gemeenschappelijke regelingen

3. Het bij een regeling ingestelde openbaar lichaam of een bedrijfsvoeringsorganisatie blijft na zijn ontbinding voortbestaan voor zover dit tot vereffening van zijn vermogen nodig is.

Art. 10
1. De regeling vermeldt het belang of de belangen ter behartiging waarvan zij is getroffen of gewijzigd.

Gemeenten, inhoud regeling

2. Een regeling, waarbij gebruik wordt gemaakt van de bevoegdheid, bedoeld in artikel 8, eerste, tweede of derde lid, geeft aan welke bevoegdheden de besturen van de deelnemende gemeenten aan het bestuur van het openbaar lichaam of de bedrijfsvoeringsorganisatie onderscheidenlijk aan het gemeenschappelijk orgaan bij het aangaan van de regeling overdragen. Een regeling als hier bedoeld kan bepalingen inhouden omtrent de wijze waarop verandering kan worden gebracht in de overgedragen bevoegdheden, met dien verstande dat niet kan worden bepaald dat het bestuur van het openbaar lichaam of de bedrijfsvoeringsorganisatie onderscheidenlijk het gemeenschappelijk orgaan kan besluiten tot uitbreiding van de overgedragen bevoegdheden.
3. Een regeling als bedoeld in het tweede lid houdt bepalingen in omtrent de inrichting en samenstelling van het bestuur van het openbaar lichaam onderscheidenlijk de samenstelling van het gemeenschappelijk orgaan en wijst de plaats van vestiging aan.
4. Een regeling als bedoeld in artikel 8, eerste, tweede of derde lid, kan aangeven dat een ombudsman of ombudscommissie van een van de deelnemers aan de gemeenschappelijke regeling als bedoeld in artikel 81p, van de Gemeentewet bevoegd is tot de behandeling van verzoekschriften als bedoeld in artikel 9:18, eerste lid, van de Algemene wet bestuursrecht. Indien een regeling de hiervoor bedoelde bevoegdheid instelt, dan wel deze beëindigt, zendt het bestuur de regeling aan de Nationale ombudsman.

Art. 10a
1. De deelnemers aan een regeling waarbij gebruik is gemaakt van de bevoegdheid, bedoeld in artikel 8, eerste, tweede of derde lid, verlenen hun medewerking aan de uitvoering van besluiten die het bestuur van een openbaar lichaam of een bedrijfsvoeringsorganisatie of het gemeenschappelijk orgaan neemt in verband met de uitoefening van de aan het bestuur of orgaan overgedragen bevoegdheden.

Gemeenten, verlenen medewerking

2. Indien een deelnemer naar het oordeel van het bestuur van een openbaar lichaam of van een bedrijfsvoeringsorganisatie of het gemeenschappelijk orgaan in het eerste lid bedoelde medewerking niet of niet in voldoende mate verleent, kan dat bestuur of orgaan namens en ten laste van de betrokken deelnemer een besluit uitvoeren of doen uitvoeren.
3. Alvorens over te gaan tot toepassing van het tweede lid, wordt het bestuur van de betrokken deelnemer in kennis gesteld van het daarop gerichte voornemen.

Art. 11
In de regeling kan een termijn worden aangegeven gedurende welke een of meer van de deelnemers is of zijn vrijgesteld van uit deze regeling voortvloeiende rechten en verplichtingen.

Gemeenten, vrijstelling rechten/verplichtingen

§ 2
Inrichting en samenstelling van het bestuur van het openbaar lichaam en de bedrijfsvoeringsorganisatie en van het gemeenschappelijk orgaan

Art. 12
1. Het bestuur van het openbaar lichaam bestaat uit een algemeen bestuur, een dagelijks bestuur en een voorzitter.

Gemeenten, bestuur openbaar lichaam

2. Het algemeen bestuur staat aan het hoofd van het openbaar lichaam.
3. De voorzitter is tevens voorzitter van het algemeen bestuur en van het dagelijks bestuur.

Art. 13
1. Het algemeen bestuur van een openbaar lichaam, ingesteld bij een regeling die uitsluitend is getroffen door raden, bestaat uit leden die per deelnemende gemeente door de raad uit zijn midden, met uitzondering van de voorzitter, worden aangewezen. Indien de regeling mede is getroffen door raden, bestaat het algemeen bestuur uit leden die per deelnemende gemeente door de raad uit zijn midden, de voorzitter inbegrepen, en uit de wethouders worden aangewezen. Indien de regeling uitsluitend strekt tot behartiging van opleiding en vorming van ambtenaren, kan in de regeling worden bepaald, dat ook de gemeentesecretaris als lid van het algemeen bestuur kan worden aangewezen.

Gemeenten, algemeen bestuur openbaar lichaam

2. Het lidmaatschap van het algemeen bestuur eindigt van rechtswege, zodra men ophoudt lid of voorzitter te zijn van de raad uit wiens midden men is aangewezen dan wel ophoudt wethouder of secretaris van de desbetreffende deelnemende gemeente te zijn.
3. De regeling bepaalt het aantal leden van het algemeen bestuur, dat door de raad van elke deelnemende gemeente wordt aangewezen.
4. De regeling kan inhouden, dat:
a. de aantallen leden, die door de raden van de deelnemende gemeenten worden aangewezen, onderling verschillen;

b. leden, aangewezen door de raden van bepaalde deelnemende gemeenten, meervoudig stemrecht hebben.
c. het algemeen bestuur bij gekwalificeerde meerderheid besluit ten aanzien van in de regeling aangeduide besluiten.
5. De regeling kan tevens inhouden, dat:
a. de raden van niet alle, doch ten minste twee deelnemende gemeenten leden van het algemeen bestuur aanwijzen;
b. de raden van twee of meer deelnemende gemeenten gezamenlijk leden van het algemeen bestuur aanwijzen.
6. Het algemeen bestuur van een openbaar lichaam, ingesteld bij een regeling die uitsluitend is getroffen door colleges van burgemeester en wethouders, bestaat uit leden die per deelnemende gemeente door het college uit zijn midden worden aangewezen. Het tweede tot en met het vijfde lid is van overeenkomstige toepassing.
7. Ingeval de regeling uitsluitend is getroffen door burgemeesters, vormen zij het algemeen bestuur. De regeling kan inhouden, dat burgemeesters van bepaalde gemeenten meervoudig stemrecht hebben.
8. De regeling, bedoeld in het zevende lid, kan tevens inhouden, dat:
a. niet alle deelnemende burgemeesters zitting hebben in het algemeen bestuur;
b. twee of meer deelnemende burgemeesters gezamenlijk uit hun midden een of meer leden van het algemeen bestuur aanwijzen.
9. De voorzitter van het openbaar lichaam wordt door en uit het algemeen bestuur aangewezen, met inachtneming van het daaromtrent in de regeling bepaalde.
10. Het algemeen bestuur van een openbaar lichaam, ingesteld bij een regeling die uitsluitend is getroffen door colleges van burgemeester en wethouders en burgemeesters gezamenlijk, bestaat uit:
a. leden die per deelnemende gemeente door het college uit zijn midden worden aangewezen, waarbij het tweede tot en met het vijfde lid van overeenkomstige toepassing is, en
b. de burgemeesters van de deelnemende gemeenten, waarbij het zevende lid, tweede volzin, en achtste lid van overeenkomstige toepassing zijn.

Art. 14

Gemeenten, dagelijks bestuur openbaar lichaam

1. Het dagelijks bestuur van het openbaar lichaam bestaat uit de voorzitter en twee of meer andere leden, door en uit het algemeen bestuur aan te wijzen, met inachtneming van het daaromtrent in de regeling bepaalde. De aldus aangewezen leden van het dagelijks bestuur mogen niet allen afkomstig zijn uit dezelfde gemeente.
2. Wanneer de aard van de regeling daartoe aanleiding geeft, kunnen één of meer leden van het dagelijks bestuur, niet zijnde de voorzitter, worden aangewezen van buiten de kring van het algemeen bestuur, met dien verstande dat op deze wijze aangewezen leden nimmer de meerderheid van het dagelijks bestuur mogen uitmaken.
3. De leden van het dagelijks bestuur mogen nimmer de meerderheid van het algemeen bestuur uitmaken, tenzij sprake is van een regeling als bedoeld in artikel 13, zevende lid, met minder dan zes deelnemende gemeenten.

Art. 14a

Gemeenten, bestuur bedrijfsvoeringsorganisatie

Het bestuur van een bedrijfsvoeringsorganisatie bestaat uit leden die per deelnemende gemeente door het college uit zijn midden worden aangewezen. Artikel 13, tweede tot en met het vijfde lid, is van overeenkomstige toepassing.

Art. 15

Gemeenten, gemeenschappelijk orgaan

Op de samenstelling van het gemeenschappelijk orgaan, bedoeld in artikel 8, tweede lid, is artikel 13 van overeenkomstige toepassing.

Art. 16

Gemeenten, rechten/plichten lid bestuur

1. De regeling houdt bepalingen in omtrent de wijze waarop een lid van het algemeen bestuur van het openbaar lichaam of een lid van het gemeenschappelijk orgaan door de raad die dit lid heeft aangewezen, ter verantwoording kan worden geroepen voor het door hem in dat bestuur onderscheidenlijk dat orgaan gevoerde beleid.
2. De regeling houdt bepalingen in omtrent de wijze waarop een lid van het algemeen bestuur van het openbaar lichaam of een lid van het gemeenschappelijk orgaan aan de raad die dit lid heeft aangewezen, de door een of meer leden van die raad gevraagde inlichtingen dient te verstrekken.
3. Ingeval toepassing is gegeven aan artikel 13, vijfde lid, onder *a*, houdt de regeling bepalingen in omtrent de wijze waarop aan de raad die geen lid van het algemeen bestuur van het openbaar lichaam of van het gemeenschappelijk orgaan aanwijst, de door een of meer leden van die raad gevraagde inlichtingen worden verstrekt en de door die raad gevraagde verantwoording wordt afgelegd voor het door dat bestuur onderscheidenlijk dat orgaan gevoerde beleid.
4. De regeling houdt bepalingen in omtrent de bevoegdheid van de raad, een door hem aangewezen lid van het algemeen bestuur van het openbaar lichaam of een door hem aangewezen

lid van het gemeenschappelijk orgaan, ontslag te verlenen, indien dit lid het vertrouwen van de raad niet meer bezit.
5. Bij het verstrekken van inlichtingen ingevolge het tweede of het derde lid, of het afleggen van verantwoording ingevolge het eerste of het derde lid, verschaft een lid van het algemeen bestuur van het openbaar lichaam of een lid van het gemeenschappelijk orgaan over zaken waaromtrent krachtens artikel 23 geheimhouding is opgelegd slechts informatie, indien krachtens artikel 25 van de Gemeentewet geheimhouding is opgelegd. Laatstbedoelde geheimhouding kan eerst worden opgeheven, nadat door het algemeen bestuur van het openbaar lichaam of door het gemeenschappelijk orgaan tot opheffing van de geheimhouding is besloten.

Art. 17
De regeling houdt bepalingen in omtrent de wijze waarop door het bestuur van het openbaar lichaam of de bedrijfsvoeringsorganisatie of door het gemeenschappelijk orgaan aan de raden van de deelnemende gemeenten de door een of meer leden van die raden gevraagde inlichtingen worden verstrekt.

Gemeenten, verstrekken inlichtingen aan gemeentenraden

Art. 18
Artikel 16 is van overeenkomstige toepassing op regelingen die uitsluitend getroffen zijn door colleges van burgemeester en wethouders alsmede op regelingen die uitsluitend getroffen zijn door colleges van burgemeester en wethouders en burgemeesters gezamenlijk, voor zover het betreft de leden, bedoeld in artikel 13, tiende lid, onder a, met dien verstande dat voor «het algemeen bestuur van het openbaar lichaam» telkens wordt gelezen «het algemeen bestuur van het openbaar lichaam of het bestuur van de bedrijfsvoeringsorganisatie».

Schakelbepaling

Art. 19
1. Ingeval de regeling uitsluitend is getroffen door colleges van burgemeester en wethouders is artikel 16, eerste, tweede, derde en vijfde lid, van overeenkomstige toepassing ten aanzien van de gemeenteraden respectievelijk een of meer leden van die raden, met dien verstande dat voor «het algemeen bestuur van het openbaar lichaam» telkens wordt gelezen «het algemeen bestuur van het openbaar lichaam of het bestuur van de bedrijfsvoeringsorganisatie».
2. Ingeval de regeling uitsluitend is getroffen door burgemeesters is artikel 16, eerste, tweede en vijfde lid van overeenkomstige toepassing ten aanzien van gemeenteraden respectievelijk een of meer leden van die raden.
3. Ingeval de regeling uitsluitend is getroffen door colleges van burgemeester en wethouders en burgemeesters gezamenlijk, is artikel 16, eerste, tweede, derde en vijfde lid, van overeenkomstige toepassing ten aanzien van raden respectievelijk een of meer leden van die raden.

Art. 19a
1. Het dagelijks bestuur en elk van zijn leden afzonderlijk zijn aan het algemeen bestuur verantwoording schuldig over het door het dagelijks bestuur gevoerde bestuur.
2. Het dagelijks bestuur geeft het algemeen bestuur alle inlichtingen die het algemeen bestuur voor de uitoefening van zijn taak nodig heeft.
3. Het algemeen bestuur kan besluiten een lid van het dagelijks bestuur ontslag te verlenen, indien dit lid het vertrouwen van het algemeen bestuur niet meer bezit. Op het ontslagbesluit is artikel 4:8 van de Algemene wet bestuursrecht niet van toepassing. De rechter treedt niet in de beoordeling van de gronden waarop het algemeen bestuur tot ontslag van een lid van het dagelijks bestuur heeft besloten.

Gemeenten, dagelijks bestuur

Art. 19b
1. Over al hetgeen het openbaar lichaam, de bedrijfsvoeringsorganisatie onderscheidenlijk het gemeenschappelijk orgaan betreft dient het dagelijks bestuur van het openbaar lichaam, het bestuur van de bedrijfsvoeringsorganisatie onderscheidenlijk het gemeenschappelijk orgaan Onze Minister van Binnenlandse Zaken en Koninkrijksrelaties en het provinciebestuur desgevraagd van bericht en raad.
2. Het dagelijks bestuur, het bestuur onderscheidenlijk het gemeenschappelijk orgaan doet mededeling van het verzoek en de inhoud daarvan aan de deelnemers.

Dagelijks bestuur, informatieverstrekking aan minister en provincie

Art. 20
1. Een lid van het bestuur van het openbaar lichaam of de bedrijfsvoeringsorganisatie mag:
a. niet als advocaat, gemachtigde of adviseur werkzaam zijn ten behoeve van de wederpartij van het openbaar lichaam of de bedrijfsvoeringsorganisatie of ten behoeve van het bestuur van het openbaar lichaam of de bedrijfsvoeringsorganisatie in geschillen;
b. niet als vertegenwoordiger of adviseur werkzaam zijn ten behoeve van derden tot het met het openbaar lichaam of de bedrijfsvoeringsorganisatie aangaan van:
1e. overeenkomsten als bedoeld in onderdeel c;
2e. overeenkomsten tot het leveren van onroerende zaken aan het openbaar lichaam of de bedrijfsvoeringsorganisatie;
c. rechtstreeks noch middellijk een overeenkomst aangaan betreffende:
1e. het aannemen van werk ten behoeve van het openbaar lichaam of de bedrijfsvoeringsorganisatie;

Gemeenten, incompatibiliteit bestuursleden

A33 art. 21   Wet gemeenschappelijke regelingen

2e. het buiten dienstbetrekking tegen beloning doen van verrichtingen ten behoeve van het openbaar lichaam of de bedrijfsvoeringsorganisatie;
3e. het leveren van roerende zaken anders dan om niet aan het openbaar lichaam of de bedrijfsvoeringsorganisatie;
4e. het verhuren aan het openbaar lichaam of de bedrijfsvoeringsorganisatie van enig goed, met uitzondering van onroerende zaken;
5e. het verwerven van betwiste vorderingen ten laste van het openbaar lichaam of de bedrijfsvoeringsorganisatie;
6e. het van het openbaar lichaam of de bedrijfsvoeringsorganisatie ondershands verwerven van onroerende zaken of beperkte rechten waaraan deze zijn onderworpen;
7e. het ondershands huren of pachten van het openbaar lichaam of de bedrijfsvoeringsorganisatie.
2. Van het eerste lid onder *c* kunnen gedeputeerde staten ontheffing verlenen.
3. Ten aanzien van een lid van het gemeenschappelijk orgaan is het eerste lid onder *a* van overeenkomstige toepassing.
4. Wanneer is gehandeld in strijd met het eerste lid, is artikel X 8, eerste tot en met vijfde lid, van de Kieswet van overeenkomstige toepassing.

Art. 21

Gemeenten, vergoeding bestuursleden

1. De leden van het bestuur van een openbaar lichaam of een bedrijfsvoeringsorganisatie of van het gemeenschappelijk orgaan kunnen een tegemoetkoming in de kosten en, voor zover zij niet de functie van wethouder, burgemeester of secretaris vervullen, een vergoeding voor hun werkzaamheden ontvangen. Deze tegemoetkoming en vergoeding worden bij de regeling, of krachtens de regeling door het algemeen bestuur van het openbaar lichaam, het bestuur van de bedrijfsvoeringsorganisatie of het gemeenschappelijk orgaan, vastgesteld. Bij of krachtens algemene maatregel van bestuur kunnen hieromtrent nadere regels worden gesteld. De hoogte van de vergoeding staat in redelijke verhouding tot de aan het lidmaatschap verbonden werkzaamheden, mede rekening houdende met de vergoeding voor werkzaamheden welke het bestuurslid ontvangt uit hoofde van zijn lidmaatschap van de raad.
2. Met betrekking tot de in het eerste lid bedoelde leden kan voorts bij de regeling, of krachtens de regeling door het algemeen bestuur van een openbaar lichaam, het bestuur van een bedrijfsvoeringsorganisatie, of van het gemeenschappelijk orgaan, een tegemoetkoming in of vergoeding van bijzondere kosten en andere financiële voorzieningen worden vastgesteld die verband houden met de vervulling van het lidmaatschap van het bestuur van een openbaar lichaam of een bedrijfsvoeringsorganisatie of van het gemeenschappelijk orgaan. Bij of krachtens algemene maatregel van bestuur kunnen hieromtrent nadere regels worden gesteld.
3. Een besluit van het algemeen bestuur van het openbaar lichaam, het bestuur van de bedrijfsvoeringsorganisatie, of van het gemeenschappelijk orgaan als bedoeld in het eerste en tweede lid wordt aan gedeputeerde staten gezonden.
4. Artikel 99 van de Gemeentewet is van overeenkomstige toepassing.

Art. 22

Gemeenten, vergaderingen algemeen bestuur

1. De artikelen 16, 17, 19, 20, 22, 26 en 28 tot en met 33 van de Gemeentewet zijn, voor zover daarvan bij deze wet niet is afgeweken, op het houden en de orde van de vergaderingen van het algemeen bestuur van het openbaar lichaam van overeenkomstige toepassing.
2. Het algemeen bestuur van het openbaar lichaam, het bestuur van de bedrijfsvoeringsorganisatie en het gemeenschappelijk orgaan vergaderen jaarlijks tenminste tweemaal.
3. De vergaderingen van het algemeen bestuur zijn openbaar.
4. De deuren worden gesloten wanneer een vijfde gedeelte der aanwezige leden daarom verzoekt of de voorzitter het nodig oordeelt.
5. Het algemeen bestuur beslist vervolgens of met gesloten deuren zal worden vergaderd.

Art. 23

Gemeenten, geheimhouding

1. Het algemeen bestuur kan in een besloten vergadering, op grond van de belangen, genoemd in artikel 10 van de Wet openbaarheid van bestuur, omtrent het in die vergadering met gesloten deuren behandelde en omtrent de inhoud van de stukken welke aan het algemeen bestuur worden overgelegd, geheimhouding opleggen. Deze wordt door hen die bij de behandeling aanwezig waren en allen die van het behandelde of de stukken kennisdragen, in acht genomen, totdat het algemeen bestuur haar opheft.
2. Op grond van de belangen genoemd in artikel 10 van de Wet openbaarheid van bestuur kan de geheimhouding eveneens worden opgelegd door het dagelijks bestuur en de voorzitter van het openbaar lichaam en door een commissie als bedoeld in artikel 24 of 25, ieder ten aanzien van stukken die zij aan het algemeen bestuur of aan de leden van het algemeen bestuur overleggen. Daarvan wordt op de stukken melding gemaakt.
3. De krachtens het tweede lid aan het algemeen bestuur opgelegde verplichting tot geheimhouding vervalt, indien de oplegging niet door het algemeen bestuur in zijn eerstvolgende vergadering, die blijkens de presentielijst door meer dan de helft van het aantal zitting hebbende

Wet gemeenschappelijke regelingen　　　　　　　　　　　　　　　　　　　　　　　　　　　　**A33** art. 25

leden, tezamen vertegenwoordigend meer dan de helft van het aantal stemmen, is bezocht, wordt bekrachtigd.
4. De krachtens het tweede lid aan leden van het algemeen bestuur opgelegde verplichting tot geheimhouding wordt door hen in acht genomen totdat het orgaan, dat de verplichting heeft opgelegd, dan wel, indien het onderwerp waaromtrent geheimhouding is opgelegd aan het algemeen bestuur is voorgelegd, totdat het algemeen bestuur haar opheft. Het algemeen bestuur kan deze beslissing alleen nemen in een vergadering die blijkens de presentielijst door meer dan de helft van het aantal zitting hebbende leden, tezamen vertegenwoordigend meer dan de helft van het aantal stemmen, is bezocht.
5. Artikel 22 en het eerste lid van dit artikel zijn eveneens van toepassing op het gemeenschappelijk orgaan, indien de regeling is getroffen of mede is getroffen door gemeenteraden.

§ 3
De commissies

Art. 24
1. Het algemeen bestuur van het openbaar lichaam kan commissies van advies instellen. Het regelt de bevoegdheden en de samenstelling. Artikel 22 van de Gemeentewet is van overeenkomstige toepassing.   *Gemeenten, commissies van advies*
2. De instelling van vaste commissies van advies aan het dagelijks bestuur of aan de voorzitter en de regeling van haar bevoegdheden en samenstelling geschieden door het algemeen bestuur op voorstel van het dagelijks bestuur onderscheidenlijk van de voorzitter.
3. Andere commissies van advies aan het dagelijks bestuur of aan de voorzitter worden door het dagelijks bestuur onderscheidenlijk de voorzitter ingesteld.
4. De leden van commissies van advies die geen burgemeester, wethouder of lid van een gemeenteraad zijn kunnen een vergoeding voor het bijwonen van vergaderingen van de commissie ontvangen. De artikelen 96 tot en met 99 van de Gemeentewet, alsmede de op grond daarvan gestelde nadere regelen, zijn alsdan van overeenkomstige toepassing, met dien verstande dat, wanneer daarin sprake is van een onderverdeling in gemeenteklassen, het bepaalde voor de gemeenteklasse van 50 001-100 000 inwoners van toepassing is.

Art. 25
1. Het algemeen bestuur van het openbaar lichaam kan commissies instellen met het oog op de behartiging van bepaalde belangen indien de regeling in deze mogelijkheid voorziet. Het algemeen bestuur regelt de bevoegdheden en de samenstelling. Artikel 22 van de Gemeentewet, de artikelen 21, 23, eerste en tweede lid, van deze wet en artikel 19 van de Bekendmakingswet zijn van overeenkomstige toepassing.   *Gemeenten, commissies belangenbehartiging*
2. Het algemeen bestuur gaat niet over tot het instellen van een commissie als bedoeld in het eerste lid dan nadat de raden van de deelnemende gemeenten van dit voornemen op de hoogte zijn gesteld en in de gelegenheid zijn gesteld hun wensen en bedenkingen ter kennis van het algemeen bestuur te brengen.
3. Het algemeen bestuur kan aan een commissie als bedoeld in het eerste lid bevoegdheden van het algemeen bestuur en van het dagelijks bestuur van het openbaar lichaam overdragen, tenzij de aard van de bevoegdheid zich daartegen verzet. Het algemeen bestuur kan in ieder geval niet overdragen de bevoegdheid tot:
a. het vaststellen van de begroting of van de jaarrekening, bedoeld in artikel 34;
b. het heffen van rechten, bedoeld in artikel 30, eerste lid, sub a;
c. het vaststellen van verordeningen door strafbepaling of bestuursdwang te handhaven.
4. Bevoegdheden van het dagelijks bestuur kunnen niet dan op voorstel van het dagelijks bestuur worden overgedragen.
5. Ten aanzien van een commissie als bedoeld in het eerste lid regelt het algemeen bestuur tevens voor zover zulks in verband met aard en omvang van de overgedragen bevoegdheden nodig is:
a. de werkwijze van de commissie;
b. de openbaarheid van vergaderingen;
c. de voorbereiding, de uitvoering en de openbaarmaking van besluiten van de commissie;
d. het toezicht van het algemeen, respectievelijk het dagelijks bestuur op de uitoefening van bevoegdheden van die commissie;
e. de verhouding van de overgedragen bevoegdheden tot die van het algemeen en het dagelijks bestuur;
f. de verantwoording aan het algemeen bestuur.
6. Ten aanzien van de vergadering van een commissie waaraan bevoegdheden van het algemeen bestuur zijn overgedragen is artikel 22, derde, vierde en vijfde lid van overeenkomstige toepassing, met inachtneming van door het algemeen bestuur vastgestelde nadere regels.

A33 art. 26

Wet gemeenschappelijke regelingen

7. Indien de commissie zich ter zake van het behandelde waarvoor een verplichting tot geheimhouding geldt tot het algemeen bestuur heeft gericht, wordt de geheimhouding in acht genomen totdat het algemeen bestuur haar opheft.

8. Het algemeen bestuur kan besluiten en andere, niet-schriftelijke beslissingen gericht op enig rechtsgevolg van een door hem ingestelde commissie vernietigen. Het algemeen bestuur kan zijn bevoegdheid tot schorsing overdragen aan het dagelijks bestuur. Ten aanzien van de vernietiging van niet-schriftelijke beslissingen gericht op enig rechtsgevolg zijn de afdelingen 10.2.2. en 10.2.3. van de Algemene wet bestuursrecht van overeenkomstige toepassing.

§ 4
Bekendmaking en inwerkingtreding van een gemeenschappelijke regeling

Art. 26

Gemeenschappelijks regeling, bekendmaking/inwerkingtreding

1. Het gemeentebestuur dat daartoe bij de regeling is aangewezen onderscheidenlijk het bestuur van de gemeente van de plaats van vestiging maakt de regeling in alle deelnemende gemeenten bekend in het door dat gemeentebestuur uitgegeven gemeenteblad.
2. Het openbaar lichaam, de bedrijfsvoeringsorganisatie, het gemeenschappelijk orgaan of het gemeentebestuur, bedoeld in artikel 8, vierde lid, of bij gebreke hiervan, het gemeentebestuur, bedoeld in het eerste lid, voegt in het register, bedoeld in artikel 136, eerste lid, de gegevens toe, bedoeld in artikel 136, tweede lid.
3. De regeling treedt in werking op de in de regeling aangewezen dag. De regeling treedt niet in werking voordat zij is bekendgemaakt.
4. Het eerste, tweede en derde lid zijn van toepassing op besluiten tot wijziging, verlenging of opheffing van de regeling, alsmede op besluiten tot toetreding en uittreding.

Art. 27
[Vervallen]

Art. 28

Gemeenten, geschillen tussen besturen

1. Geschillen omtrent de toepassing, in de ruimste zin, van een regeling tussen besturen van deelnemende gemeenten of tussen besturen van een of meer gemeenten en het bestuur van het openbaar lichaam of van de bedrijfsvoeringsorganisatie of het gemeenschappelijk orgaan worden door gedeputeerde staten beslist, voor zover zij niet behoren tot die, vermeld in artikel 112, eerste lid van de Grondwet of tot die, waarvan de beslissing krachtens artikel 112, tweede lid van de Grondwet is opgedragen hetzij aan de rechterlijke macht, hetzij aan gerechten die niet tot de rechterlijke macht behoren.
2. Gedeputeerde staten kunnen bij de beslissing van het geschil het desbetreffende bestuur opdragen een besluit te nemen met inachtneming van het in hun beslissing bepaalde en binnen een daartoe te stellen termijn. Indien binnen de gestelde termijn het besluit niet is genomen, geschiedt dit door gedeputeerde staten.
3. In spoedeisende gevallen kunnen gedeputeerde staten bij de beslissing van het geschil in de plaats van het desbetreffende bestuur een besluit als bedoeld in het tweede lid nemen.

§ 5
Provinciegrensoverschrijdende samenwerking

Art. 29

Gemeenten, provinciegrensoverschrijdende samenwerking

Indien de deelnemende gemeenten in meer dan één provincie zijn gelegen, worden de bevoegdheden van gedeputeerde staten met betrekking tot het openbaar lichaam, de bedrijfsvoeringsorganisatie of het gemeenschappelijk orgaan uitgeoefend door gedeputeerde staten van de provincie, waarin de plaats van vestiging is gelegen. Gedeputeerde staten plegen hierbij overleg met gedeputeerde staten van elke andere provincie waarin deelnemende gemeenten zijn gelegen. Besluiten die aan gedeputeerde staten dienen te worden meegedeeld, worden tevens meegedeeld aan gedeputeerde staten van elke andere betrokken provincie.

Afdeling 3
Bevoegdheden

§ 1
De bevoegdheid van het bestuur van het openbaar lichaam en de bedrijfsvoeringsorganisatie en van het gemeenschappelijk orgaan

Art. 30

Gemeenten, overdracht bevoegdheden

1. Aan het bestuur van het openbaar lichaam of van de bedrijfsvoeringsorganisatie of aan het gemeenschappelijk orgaan kunnen bij de regeling ten aanzien van de belangen ter behartiging waarvan zij wordt getroffen, en voor het gebied waarvoor zij geldt, zodanige bevoegdheden

Wet gemeenschappelijke regelingen

A33 art. 32b

van regeling en bestuur worden overgedragen als aan de besturen van de aan de regeling deelnemende gemeenten toekomen, met dien verstande dat:

a. aan het bestuur van het openbaar lichaam niet de bevoegdheid kan worden overgedragen andere belastingen te heffen dan de belasting, bedoeld in artikel 228 van de Gemeentewet, de rioolheffing, bedoeld in artikel 228a van de Gemeentewet, de rechten bedoeld in artikel 229 van de Gemeentewet, de rechten waarvan de heffing krachtens andere wetten dan de Gemeentewet geschiedt en de heffing, bedoeld in artikel 15.33 van de Wet milieubeheer.

b. aan het gemeenschappelijk orgaan of de bedrijfsvoeringsorganisatie niet de bevoegdheid kan worden overgedragen belastingen te heffen of anderszins algemeen verbindende voorschriften te geven.

2. Indien toepassing wordt gegeven aan het eerste lid wordt daarbij tevens de verhouding van de overgedragen bevoegdheden tot die van de besturen van de deelnemende gemeenten geregeld.

3. Voor zover een verordening van het openbaar lichaam voorziet in hetzelfde onderwerp als een verordening van een deelnemende gemeente, regelt eerstbedoelde verordening de onderlinge verhouding. Zij kan bepalen, dat de verordening der gemeente voor het gehele gebied dan wel voor een gedeelte daarvan geheel of gedeeltelijk ophoudt te gelden.

Art. 31
Bij de regeling kunnen beperkingen worden aangebracht in de bevoegdheden die het openbaar lichaam of de bedrijfsvoeringsorganisatie van rechtswege bezit om aan het maatschappelijk verkeer deel te nemen.

Gemeenten, beperkingen bevoegdheden

Art. 31a
1. Het algemeen bestuur van het openbaar lichaam of het bestuur van de bedrijfsvoeringsorganisatie besluit slechts tot de oprichting van en de deelneming in stichtingen, maatschappen, vennootschappen, verenigingen, coöperaties en onderlinge waarborgmaatschappijen, indien de regeling in deze mogelijkheid voorziet en dat in het bijzonder aangewezen moet worden geacht voor de behartiging van het daarmee te dienen openbaar belang.

2. Het besluit wordt niet genomen dan nadat de raden van de deelnemende gemeenten een ontwerpbesluit is toegezonden en in de gelegenheid zijn gesteld hun wensen en bedenkingen ter kennis van het algemeen bestuur van het openbaar lichaam of het bestuur van de bedrijfsvoeringsorganisatie te brengen.

Algemeen bestuur, oprichting van/deelname aan stichtingen etc.

Art. 32
Een verordening van het openbaar lichaam tot heffing van een belasting regelt, voor welke colleges of ambtenaren de bevoegdheden, bedoeld in hoofdstuk XV van de Gemeentewet, zullen gelden.

Gemeenten, belastingheffing door openbaar lichaam

§ 2
Bijzondere voorzieningen

Art. 32a
Wanneer aan een commissie als bedoeld in artikel 25 bevoegdheden van het algemeen bestuur of het dagelijks bestuur zijn overgedragen en deze commissie een bij of krachtens een andere dan deze wet gevorderde beslissing niet of niet naar behoren neemt, voorziet het algemeen bestuur onderscheidenlijk het dagelijks bestuur daarin.

Gemeenten, bijzondere voorzieningen

Art. 32b
1. Wanneer de besturen van de deelnemende gemeenten aan het bestuur van het openbaar lichaam, het bestuur van de bedrijfsvoeringsorganisatie of het gemeenschappelijk orgaan bevoegdheden op grond van een andere wet dan de Gemeentewet hebben overgedragen, en het orgaan waaraan de bevoegdheid is overgedragen een bij of krachtens die wet gevorderde beslissing niet of niet naar behoren neemt dan wel bij of krachtens die wet gevorderde handeling niet of niet naar behoren verricht, of anderszins een bij of krachtens die wet gevorderd resultaat niet, niet tijdig of niet naar behoren tot stand brengt, besluiten gedeputeerde staten daarin namens het orgaan waaraan de bevoegdheid is overgedragen te voorzien ten laste van het openbaar lichaam, de bedrijfsvoeringsorganisatie of de deelnemende gemeenten, indien het een gemeenschappelijk orgaan betreft.

2. Spoedeisende gevallen uitgezonderd, voeren gedeputeerde staten het besluit tot indeplaatsstelling niet uit dan nadat in het besluit genoemde termijn is verstreken, waarbinnen het orgaan waaraan de bevoegdheid is overgedragen de gelegenheid heeft alsnog te voorzien in hetgeen het besluit vordert. Indien de situatie dermate spoedeisend is dat gedeputeerde staten de beslissing om over te gaan tot indeplaatsstelling niet tevoren op schrift kunnen stellen, zorgen zij alsnog zo spoedig mogelijk voor de opschriftstelling en voor de bekendmaking.

3. Indien het besluit tot indeplaatsstelling een bij of krachtens een andere wet dan de Gemeentewet gevorderd resultaat betreft dat niet tijdig tot stand zal worden gebracht, geven gedeputeerde staten in het besluit tot indeplaatsstelling aan welke beslissingen, handelingen of resultaten moeten zijn uitgevoerd binnen de in het tweede lid bedoelde termijn. Gedeputeerde staten kunnen voor verschillende beslissingen, handelingen of resultaten een verschillende termijn

Gemeenten, besluit tot indeplaatsstelling

stellen. Indien het orgaan waaraan de bevoegdheid is overgedragen niet binnen die termijn heeft voorzien in hetgeen het besluit van hem vordert, voorzien gedeputeerde staten verder in het tot stand brengen van het gevorderde resultaat.
4. Van een besluit tot indeplaatsstelling, alsmede van het voornemen tot het nemen van een dergelijk besluit, wordt mededeling gedaan in het publicatieblad, bedoeld in artikel 2, vijfde lid, van de Bekendmakingswet. Een afschrift van het besluit en van het voornemen wordt gezonden aan het orgaan waaraan de bevoegdheid is overgedragen en aan de raden van de deelnemende gemeenten.

Art. 32c
1. In overeenstemming met Onze Minister van Binnenlandse Zaken en Koninkrijksrelaties, kan Onze Minister die het aangaat, indien hij van oordeel is dat toepassing van artikel 32b, eerste lid, uit oogpunt van een zwaarwegend algemeen belang gewenst is, gedeputeerde staten verzoeken toepassing te geven aan artikel 32b, eerste lid. Een afschrift van het verzoek wordt gezonden aan het orgaan waaraan de bevoegdheid is overgedragen, de raden van de deelnemende gemeenten en provinciale staten. Indien gedeputeerde staten niet binnen een door Onze Minister die het aangaat gestelde termijn toepassing hebben gegeven aan artikel 32b, eerste lid, gaat de bevoegdheid van artikel 32b, eerste lid, over op Onze Minister die het aangaat.
2. De artikelen 32b, tweede tot en met vierde lid, 32e, 32f en 32h zijn van overeenkomstige toepassing bij toepassing van artikel 32b, eerste lid, door Onze Minister die het aangaat.

Art. 32d
1. Ter zake van de in de bijlage bij de Gemeentewet opgenomen wetten worden de bevoegdheden die in de artikelen 32b, 32e, 32f en 32h aan gedeputeerde staten zijn toegekend, in zoverre in afwijking van die artikelen uitgeoefend door Onze Minister die het aangaat.
2. Voorafgaand aan het nemen van een besluit tot indeplaatsstelling, informeert Onze Minister die het aangaat gedeputeerde staten.

Art. 32e
1. Bij de uitvoering van een besluit tot indeplaatsstelling beschikken gedeputeerde staten over de bevoegdheden waarover het orgaan waaraan de bevoegdheid is overgedragen bij of krachtens die wet of bij gemeenschappelijke regeling beschikt.
2. Voor zover het orgaan waaraan de bevoegdheid is overgedragen, had hij de bevoegdheden, bedoeld in het eerste lid, zelf uitgeoefend, de kosten van de uitvoering in rekening kan brengen bij derden, heeft hij bij die derden verhaal voor de door gedeputeerde staten ten laste van het openbaar lichaam, de bedrijfsvoeringsorganisatie dan wel, indien het een gemeenschappelijk orgaan betreft, de deelnemende gemeenten gebrachte kosten. Het openbaar lichaam, de bedrijfsvoeringsorganisatie dan wel gemeenschappelijk orgaan kan het bedrag invorderen bij dwangbevel.

Art. 32f
Gedeputeerde staten kunnen een besluit tot indeplaatsstelling intrekken, indien het orgaan waaraan de bevoegdheid is overgedragen voldoende aannemelijk maakt dat hij zonder voorbehoud zal voorzien in hetgeen het besluit van hem vordert.

Art. 32g
Gedeputeerde staten onderscheidenlijk Onze Minister die het aangaat kunnen ambtenaren aanwijzen ten behoeve van het toezicht op de uitvoering van de aan het bestuur van het openbaar lichaam of van de bedrijfsvoeringsorganisatie onderscheidenlijk het gemeenschappelijk orgaan bij of krachtens een andere wet dan de Gemeentewet opgedragen taken. Deze ambtenaren beschikken over de bevoegdheden van de artikelen 5:15 tot en met 5:17 van de Algemene wet bestuursrecht. De artikelen 5:12, 5:13 en 5:20 van de Algemene wet bestuursrecht zijn van overeenkomstige toepassing.

Art. 32h
1. Indien gedeputeerde staten bij de uitvoering van het besluit tot indeplaatsstelling namens het orgaan waaraan de bevoegdheid is overgedragen een besluit nemen, kan voor de toepassing van artikel 7:1 van de Algemene wet bestuursrecht bezwaar worden gemaakt bij gedeputeerde staten. Gedeputeerde staten beslissen op het bezwaar.
2. Gedeputeerde staten zijn de verwerende partij inzake een beroep tegen een besluit als bedoeld in het eerste lid.
3. Het orgaan waaraan een bevoegdheid is overgedragen kan geen beroep instellen tegen een besluit als bedoeld in het eerste lid.

Art. 32i
1. Het orgaan waaraan een bevoegdheid is overgedragen werkt mee met de uitvoering van een besluit tot indeplaatsstelling. Gedeputeerde staten onderscheidenlijk Onze Minister die het aangaat kunnen ter zake van de uitvoering van het besluit aanwijzingen geven. Het bestuur van het openbaar lichaam of van de bedrijfsvoeringsorganisatie dan wel, indien het een gemeenschappelijk orgaan betreft, de besturen van de deelnemende gemeenten, stellen op eerste vordering van gedeputeerde staten de voor de uitvoering van het besluit benodigde ambtenaren

ter beschikking en verschaffen op eerste vordering van gedeputeerde staten alle informatie die nodig is voor de uitvoering van het besluit tot indeplaatsstelling.
2. Gedeputeerde staten onderscheidenlijk Onze Minister die het aangaat kunnen ambtenaren aanwijzen die ten behoeve van de uitvoering van een besluit tot indeplaatsstelling beschikken over de bevoegdheden van de artikelen 5:15 tot en met 5:17 van de Algemene wet bestuursrecht. De artikelen 5:12, 5:13 en 5:20 van de Algemene wet bestuursrecht zijn van overeenkomstige toepassing. Het orgaan waaraan een bevoegdheid is overgedragen verschaft de aangewezen ambtenaren desgevraagd de faciliteiten die zij nodig hebben.

Art. 32j
Bij algemene maatregel van bestuur, op voordracht van Onze Minister van Binnenlandse Zaken en Koninkrijksrelaties, kunnen regels worden gesteld over de verstrekking van systematische informatie aan het provinciebestuur of, in het geval artikel 32d, eerste lid, van toepassing is, aan Onze Minister die het aangaat, betreffende de uitvoering door het orgaan waaraan een bevoegdheid is overgedragen van de andere wet dan de Gemeentewet. Bij ministeriële regeling of bij provinciale verordening kunnen nadere regels worden gesteld omtrent de toepassing.

§ 3
[Vervallen]

Art. 32ja-32l
[Vervallen]

§ 4
De bevoegdheid van het algemeen bestuur

Art. 33
De bevoegdheden die bij de regeling worden overgedragen, berusten bij het algemeen bestuur, tenzij bij wet of in de regeling anders is bepaald.

Gemeenten, bevoegdheden algemeen bestuur

Art. 33a
1. Het algemeen bestuur kan aan het dagelijks bestuur bevoegdheden overdragen, tenzij de aard van de bevoegdheid zich daartegen verzet.
2. Het algemeen bestuur kan in ieder geval niet overdragen de bevoegdheid tot:
a. het vaststellen van de begroting of van de jaarrekening, bedoeld in artikel 34;
b. het heffen van rechten, bedoeld in artikel 30, eerste lid, onderdeel a;
c. het vaststellen van verordeningen door strafbepaling of bestuursdwang te handhaven.
3. Artikel 19 van de Bekendmakingswet is van overeenkomstige toepassing op een besluit dat wordt genomen op grond van het eerste lid.
4. In afwijking van artikel 10:16, eerste lid, van de Algemene wet bestuursrecht kan het algemeen bestuur beperkingen stellen aan de uitoefening van de overgedragen bevoegdheid.
5. Ten aanzien van de bevoegdheden die met toepassing van het eerste lid zijn overgedragen, zijn de regels die bij of krachtens de wet zijn gesteld met betrekking tot de uitoefening daarvan en het toezicht daarop van overeenkomstige toepassing.

§ 5
De bevoegdheid van het dagelijks bestuur

Art. 33b
1. Het dagelijks bestuur is in ieder geval bevoegd:
a. het dagelijks bestuur van het openbaar lichaam te voeren, voor zover niet bij of krachtens de wet of de regeling het algemeen bestuur hiermee is belast;
b. beslissingen van het algemeen bestuur voor te bereiden en uit te voeren;
c. regels vast te stellen over de ambtelijke organisatie van het openbaar lichaam;
d. tot privaatrechtelijke rechtshandelingen van het openbaar lichaam te besluiten, met uitzondering van privaatrechtelijke rechtshandelingen als bedoeld in artikel 31a;
e. te besluiten namens het openbaar lichaam, het dagelijks bestuur of het algemeen bestuur rechtsgedingen, bezwaarprocedures of administratief beroepsprocedures te voeren of handelingen ter voorbereiding daarop te verrichten, tenzij het algemeen bestuur, voor zover het het algemeen bestuur aangaat, in voorkomende gevallen anders beslist.
2. Het dagelijks bestuur neemt, ook alvorens is besloten tot het voeren van een rechtsgeding, alle conservatoire maatregelen en doet wat nodig is ter voorkoming van verjaring of verlies van recht of bezit.

Gemeenten, bevoegdheden dagelijks bestuur

Art. 33c
Het dagelijks bestuur kan een of meer leden van het dagelijks bestuur machtigen tot uitoefening van een of meer van zijn bevoegdheden, tenzij de regeling waarop de bevoegdheid steunt zich daartegen verzet.

§ 6
De bevoegdheid van de voorzitter

Art. 33d

Gemeenten, bevoegdheden voorzitter

1. De voorzitter vertegenwoordigt het openbaar lichaam in en buiten rechte.

2. De voorzitter kan de in het eerste lid bedoelde vertegenwoordiging opdragen aan een door hem aan te wijzen persoon.

§ 7
Financiën

Art. 34

Gemeenten, begroting/jaarrekening

1. Het algemeen bestuur van het openbaar lichaam, het bestuur van de bedrijfsvoeringsorganisatie of het gemeenschappelijk orgaan stelt de begroting vast in het jaar voorafgaande aan dat waarvoor zij dient.
2. Het dagelijks bestuur van het openbaar lichaam, het bestuur van de bedrijfsvoeringsorganisatie of het gemeenschappelijk orgaan zendt de begroting binnen twee weken na de vaststelling, doch in ieder geval vóór 1 augustus van het jaar voorafgaande aan dat waarvoor de begroting dient, aan gedeputeerde staten.
3. Het algemeen bestuur van het openbaar lichaam, het bestuur van de bedrijfsvoeringsorganisatie of het gemeenschappelijk orgaan stelt de jaarrekening vast in het jaar volgende op het jaar waarop deze betrekking heeft.
4. Het dagelijks bestuur van het openbaar lichaam, het bestuur van de bedrijfsvoeringsorganisatie of het gemeenschappelijk orgaan zendt de jaarrekening binnen twee weken na de vaststelling, doch in ieder geval vóór 15 juli van het jaar volgende op het jaar waarop de jaarrekening betrekking heeft, aan gedeputeerde staten.

Art. 34a

Gemeenten, specifieke uitkering

1. Indien het openbaar lichaam de bedrijfsvoeringsorganisatie of het gemeenschappelijk orgaan een specifieke uitkering als bedoeld in artikel 15a van de Financiële-verhoudingswet ontvangt van het Rijk of middelen ontvangt van de deelnemende gemeenten, die afkomstig zijn uit een specifieke uitkering, zijn de artikelen, 17a en 17b van de Financiële-verhoudingswet op de informatie ten behoeve van de verantwoording over deze middelen, van overeenkomstige toepassing, met dien verstande dat:
   a. voor gedeputeerde staten en het college van burgemeester en wethouders wordt gelezen: het dagelijks bestuur van het openbaar lichaam het bestuur van de bedrijfsvoeringsorganisatie of het gemeenschappelijk orgaan;
   b. de in artikel 17b, derde lid, van de Financiële-verhoudingswet bedoelde opschorting betrekking heeft op de betalingen op grond van artikel 15, eerste lid, Financiële-verhoudingswet aan de gemeenten die aan de regeling deelnemen.
2. De ingevolge artikel 186, tweede lid, aanhef en onder b, en derde lid, van de Gemeentewet gestelde regels, alsmede het vierde tot en met het achtste lid van dat artikel, zijn van overeenkomstige toepassing op het openbaar lichaam de bedrijfsvoeringsorganisatie of het gemeenschappelijk orgaan, met dien verstande dat:
   a. voor het college wordt gelezen: het dagelijks bestuur van het openbaar lichaam het bestuur van de bedrijfsvoeringsorganisatie of het gemeenschappelijk orgaan;
   b. de in artikel 186, achtste lid, van de Gemeentewet bedoelde opschorting betrekking heeft op de betalingen op grond van artikel 15, eerste lid, Financiële-verhoudingswet aan de gemeenten die aan de regeling deelnemen.

Art. 34b

Gemeenten, financiële/beleidsmatige kaders/voorlopige jaarrekening

Het dagelijks bestuur van het openbaar lichaam, het bestuur van de bedrijfsvoeringsorganisatie of het gemeenschappelijk orgaan zendt vóór 15 april van het jaar voorafgaande aan dat waarvoor de begroting dient, de algemene financiële en beleidsmatige kaders en de voorlopige jaarrekening aan de raden van de deelnemende gemeenten.

Art. 35

Gemeenten, ontwerpbegroting

1. Het dagelijks bestuur van het openbaar lichaam, het bestuur van de bedrijfsvoeringsorganisatie of het gemeenschappelijk orgaan zendt de ontwerpbegroting acht weken voordat zij aan het algemeen bestuur wordt aangeboden, onderscheidenlijk acht weken voordat zij door het bestuur van de bedrijfsvoeringsorganisatie of het gemeenschappelijk orgaan wordt vastgesteld, toe aan de raden van de deelnemende gemeenten.
2. De ontwerp-begroting wordt door de zorg van de besturen van de deelnemende gemeenten voor een ieder ter inzage gelegd en, tegen betaling van de kosten, algemeen verkrijgbaar gesteld.
3. De raden van de deelnemende gemeenten kunnen bij het dagelijks bestuur van het openbaar lichaam, het bestuur van de bedrijfsvoeringsorganisatie onderscheidenlijk het gemeenschappelijk orgaan hun zienswijze over de ontwerp-begroting naar voren brengen. Het dagelijks bestuur

voegt de commentaren waarin deze zienswijze is vervat bij de ontwerp-begroting, zoals deze aan het algemeen bestuur wordt aangeboden.
4. Nadat deze is vastgesteld, zendt het algemeen bestuur van het openbaar lichaam, het bestuur van de bedrijfsvoeringsorganisatie onderscheidenlijk het gemeenschappelijk orgaan, zo nodig, de begroting aan de raden van de deelnemende gemeenten, die ter zake bij gedeputeerde staten hun zienswijze naar voren kunnen brengen.
5. Het eerste, derde en vierde lid zijn van toepassing op besluiten tot wijziging van de begroting. In de gemeenschappelijke regeling kan worden bepaald ten aanzien van welke categorieën begrotingswijzigingen hiervan kan worden afgeweken.
6. De artikelen 186 tot en met 213 van de Gemeentewet zijn van overeenkomstige toepassing, voor zover daarvan bij krachtens deze wet niet is afgeweken.

Afdeling 4
Schorsing en vernietiging

Art. 36
1. Een besluit dan wel een niet-schriftelijke beslissing gericht op enig rechtsgevolg van het bestuur van het openbaar lichaam of van de bedrijfsvoeringsorganisatie onderscheidenlijk het gemeenschappelijk orgaan kan bij koninklijk besluit worden vernietigd.

Gemeenten, schorsen/vernietiging besluit/beslissing

2. Ten aanzien van de vernietiging van een niet-schriftelijke beslissing gericht op enig rechtsgevolg zijn de artikelen 37 tot en met 39f alsmede de afdelingen 10.2.2 en 10.2.3 van de Algemene wet bestuursrecht van overeenkomstige toepassing.

Art. 37
1. Indien een besluit van het algemeen bestuur of het dagelijks bestuur van het openbaar lichaam, van het bestuur van de bedrijfsvoeringsorganisatie onderscheidenlijk het gemeenschappelijk orgaan naar het oordeel van gedeputeerde staten voor vernietiging in aanmerking komt, doen zij daarvan binnen tien dagen nadat het te hunner kennis is gekomen, mededeling aan Onze Minister die het aangaat. Zij geven hiervan tegelijkertijd kennis aan het orgaan dat het besluit nam en aan de deelnemende gemeenten, en zo nodig aan het orgaan dat met de uitvoering van het besluit is belast en aan de geadresseerde van het besluit.
2. Het besluit ten aanzien waarvan het eerste lid toepassing heeft gevonden, wordt niet of niet verder uitgevoerd, voordat van Onze Minister die het aangaat de mededeling is ontvangen, dat voor schorsing of vernietiging geen redenen bestaan. Indien het besluit niet binnen vier weken na de dagtekening van de mededeling van gedeputeerde staten is geschorst of vernietigd, wordt het uitgevoerd.
3. In geval de bevoegdheid tot het nemen van een besluit op grond van een andere wet dan de Gemeentewet aan het algemeen bestuur of het dagelijks bestuur van het openbaar lichaam, het bestuur van de bedrijfsvoeringsorganisatie onderscheidenlijk het gemeenschappelijk orgaan is overgedragen en het besluit in aanmerking komt voor vernietiging wegens strijd met het recht, kunnen gedeputeerde staten mededeling doen dat zij overwegen toepassing te geven aan het eerste lid. De mededeling wordt gedaan aan het orgaan dat het besluit heeft genomen, het orgaan dat met de uitvoering van het besluit is belast en de geadresseerde van het besluit. Nadat gedeputeerde staten mededeling hebben gedaan, wordt het besluit niet of niet verder uitgevoerd. Indien niet binnen tien dagen toepassing is gegeven aan het eerste lid, dan wel indien gedeputeerde staten mededelen dat geen toepassing wordt gegeven aan het eerste lid, wordt het besluit uitgevoerd.

Art. 38
1. Een voordracht tot schorsing wordt gedaan door Onze Minister die het aangaat.
2. Over de voordracht pleegt Onze Minister die het aangaat overleg met Onze Minister van Binnenlandse Zaken en Koninkrijksrelaties, tenzij schorsing onverwijld plaats dient te vinden. In de voordracht wordt het achterwege blijven van overleg gemotiveerd.

Art. 39
In het koninklijk besluit kan voor de duur van de schorsing een voorziening worden getroffen.

Art. 39a
Indien een bekendgemaakt besluit niet is vernietigd binnen de tijd waarvoor het is geschorst, wordt hiervan door het bestuur van het openbaar lichaam of van de bedrijfsvoeringsorganisatie onderscheidenlijk het gemeenschappelijk orgaan kennisgegeven in het publicatieblad.

Art. 39b
1. De voordracht tot vernietiging wordt gedaan door of mede door Onze Minister van Binnenlandse Zaken en Koninkrijksrelaties.
2. Artikel 17, derde lid, van de Wet op de Raad van State is niet van toepassing.

Art. 39c
1. In het koninklijk besluit kan een voorziening worden getroffen voor de periode tussen de inwerkingtreding en het tijdstip dat het op grond van artikel 39e genomen besluit in werking is getreden.

2. Indien, gelet op het koninklijk besluit, het bestuur van het openbaar lichaam of van de bedrijfsvoeringsorganisatie onderscheidenlijk het gemeenschappelijk orgaan bij de toepassing van artikel 39e niet over beleidsvrijheid beschikt, kan het koninklijk besluit bepalen dat het in de plaats treedt van het vernietigde besluit.
3. In het koninklijk besluit kan worden bepaald dat ter zake van het vernietigde besluit geen nieuw besluit wordt genomen.
4. In het koninklijk besluit kan het bestuur van het openbaar lichaam of van de bedrijfsvoeringsorganisatie onderscheidenlijk het gemeenschappelijk orgaan een aanwijzing worden gegeven over de uitvoering van het koninklijk besluit. De artikelen 32b tot en met 32j zijn van overeenkomstige toepassing ingeval de aanwijzing niet wordt opgevolgd.
5. Indien het koninklijk besluit betrekking heeft op de vernietiging van een algemeen verbindend voorschrift of een ander besluit van algemene strekking, kan worden bepaald dat de vernietiging tevens betrekking heeft op besluiten die zijn genomen op grond van of ter uitvoering van het algemeen verbindend voorschrift of het andere besluit van algemene strekking.

Art. 39d
Het koninklijk besluit tot schorsing, opheffing of verlenging van de schorsing of tot vernietiging wordt in de Staatscourant geplaatst.

Art. 39e
1. Het bestuur van het openbaar lichaam of van de bedrijfsvoeringsorganisatie onderscheidenlijk het gemeenschappelijk orgaan neemt opnieuw een besluit omtrent het onderwerp van het vernietigde besluit, waarbij met het koninklijk besluit wordt rekening gehouden, tenzij in het koninklijk besluit toepassing is gegeven aan artikel 39c, tweede of derde lid.
2. In het koninklijk besluit kan een termijn worden gesteld waarbinnen toepassing wordt gegeven aan het eerste lid. De artikelen 32b tot en met 32j zijn van overeenkomstige toepassing ingeval niet binnen de termijn toepassingen is gegeven aan het eerste lid.

Art. 39f
In afwijking van artikel 8:4, eerste lid, onderdeel d, van de Algemene wet bestuursrecht kan een belanghebbende tegen een koninklijk besluit als bedoeld in artikel 36, eerste lid, beroep instellen.

Hoofdstuk II
Regelingen tussen provincies

Afdeling 1
Bevoegdheid tot het treffen van een regeling

Art. 40

Provincies, treffen gemeenschappelijke regelingen

1. Provinciale staten, gedeputeerde staten en de commissarissen van de Koning van twee of meer provincies kunnen afzonderlijk of tezamen, ieder voor zover zij voor de eigen provincie bevoegd zijn, een gemeenschappelijke regeling treffen ter behartiging van een of meer bepaalde belangen van die provincies.
2. De colleges van gedeputeerde staten en de commissarissen van de Koning gaan niet over tot het treffen van een regeling dan na verkregen toestemming van provinciale staten. De toestemming kan slechts worden onthouden wegens strijd met het recht of het algemeen belang.
3. Onder het treffen van een regeling wordt in dit artikel mede verstaan het wijzigen van, het toetreden tot en het uittreden uit een regeling.

Afdeling 2
Algemene bepalingen

Art. 41

Provincies, van overeenkomstige toepassing gemeenschappelijke regelingen gemeenten

1. De artikelen 8 tot en met 26 zijn van overeenkomstige toepassing, met uitzondering van artikel 20, vierde lid, en met dien verstande dat:
a. bij de toepassing van artikel 10, vierde lid, voor «artikel 81p, eerste lid, van de Gemeentewet» wordt gelezen: artikel 79q, eerste lid, van de Provinciewet;
b. bij de toepassing van artikel 16, vijfde lid, voor «artikel 25 van de Gemeentewet wordt gelezen artikel 25 van de Provinciewet;
c. bij de toepassing van artikel 19b voor «Onze Minister van Binnenlandse Zaken en Koninkrijksrelaties en het provinciebestuur» wordt gelezen: Onze Ministers;
d. de ontheffing bedoeld in artikel 20, tweede lid, wordt verleend door Onze Minister van Binnenlandse Zaken en Koninkrijksrelaties;
e. bij de toepassing van artikel 21, vierde lid, voor artikel 99 van de Gemeentewet wordt gelezen artikel 96 van de Provinciewet;

Wet gemeenschappelijke regelingen

f. bij de toepassing van artikel 22, eerste lid, voor de artikelen 16, 17, 19, 20, 22, 26 en 28 tot en met 33 van de Gemeentewet worden gelezen de artikelen 16, 17, 19, 20, 22, 26 en 28 tot en met 33 van de Provinciewet;
g. bij de toepassing van artikel 24, eerste lid, voor artikel 22 van de Gemeentewet wordt gelezen artikel 22 van de Provinciewet;
h. bij de toepassing van artikel 24, vierde lid, voor de artikelen 96 tot en met 99 van de Gemeentewet worden gelezen de artikelen 93 tot en met 96 van de Provinciewet.
i. bij de toepassing van artikel 25, eerste lid, voor de artikel 22 van de Gemeentewet en de artikelen 21, 23, eerste en tweede lid, van deze wet wordt gelezen de artikel 22 van de Provinciewet en de artikelen 21, 23, eerste en tweede lid, van deze wet;
j. bij de toepassing van artikel 25, eerste lid jo artikel 21, vierde lid, voor artikel 99 van de Gemeentewet wordt gelezen artikel 96 van de Provinciewet;
k. bij de toepassing van artikel 26, eerste en tweede lid, voor «gemeentebestuur» wordt gelezen «provinciebestuur», voor «gemeente» wordt gelezen «provincie», voor «gemeenten» wordt gelezen «provincies» en voor «gemeenteblad» wordt gelezen «provinciaal blad».
2. Wanneer is gehandeld in strijd met het eerste lid juncto artikel 20, eerste lid, is artikel X 7, eerste tot en met vijfde lid, van de Kieswet van overeenkomstige toepassing.

Art. 42
[Vervallen]

Afdeling 3
Bevoegdheden

§ 1
De bevoegdheid van het bestuur van het openbaar lichaam en de bedrijfsvoeringsorganisatie en van het gemeenschappelijk orgaan

Art. 43
1. Aan het bestuur van het openbaar lichaam of van de bedrijfsvoeringsorganisatie of aan het gemeenschappelijk orgaan kunnen bij de regeling ten aanzien van de belangen ter behartiging waarvan zij wordt getroffen en voor het gebied waarvoor zij geldt, zodanige bevoegdheden van regeling en bestuur worden overgedragen als aan de besturen van de deelnemende provincies toekomen, met dien verstande dat:
a. aan het bestuur van het openbaar lichaam niet de bevoegdheid kan worden overgedragen andere belastingen te heffen dan de belasting, bedoeld in artikel 222c van de Provinciewet, de rechten, bedoeld in artikel 223 van de Provinciewet, en de rechten waarvan de heffing krachtens bijzondere wetten geschiedt;
b. aan het gemeenschappelijk orgaan of de bedrijfsvoeringsorganisatie niet de bevoegdheid kan worden overgedragen belastingen te heffen of anderszins algemeen verbindende voorschriften te geven.
2. Indien toepassing wordt gegeven aan het eerste lid wordt daarbij tevens de verhouding van de overgedragen bevoegdheden tot die van de besturen van de deelnemende provincies geregeld.
3. Voor zover een verordening van het openbaar lichaam voorziet in hetzelfde onderwerp als een verordening van een deelnemende provincie, regelt eerstbedoelde verordening de onderlinge verhouding. Zij kan bepalen, dat de verordening der provincie voor het gehele gebied, dan wel voor een gedeelte daarvan geheel of gedeeltelijk ophoudt te gelden.

Provincies, overdracht bevoegdheden

Art. 44
Bij de regeling kunnen beperkingen worden aangebracht in de bevoegdheden die het openbaar lichaam of de bedrijfsvoeringsorganisatie van rechtswege bezit om aan het maatschappelijk verkeer deel te nemen.

Provincies, beperkingen bevoegdheden

Art. 44a
1. Het algemeen bestuur van het openbaar lichaam of het bestuur van de bedrijfsvoeringsorganisatie besluit slechts tot de oprichting van en de deelneming in stichtingen, maatschappen, vennootschappen, verenigingen, coöperaties en onderlinge waarborgmaatschappijen, indien de regeling in deze mogelijkheid voorziet en dat in het bijzonder aangewezen moet worden geacht voor de behartiging van het daarmee te dienen openbaar belang.
2. Het besluit wordt niet genomen dan nadat provinciale staten van de deelnemende provincies een ontwerpbesluit is toegezonden en in de gelegenheid zijn gesteld hun wensen en bedenkingen ter kennis van het algemeen bestuur van het openbaar lichaam of het bestuur van de bedrijfsvoeringsorganisatie te brengen.

Algemeen bestuur, oprichting van/deelname aan stichtingen etc.

Art. 45
Een verordening van het openbaar lichaam tot heffing van een belasting regelt, voor welke colleges of ambtenaren de bevoegdheden, bedoeld in hoofdstuk XV van de Provinciewet, zullen gelden.

Provincies, belastingheffing door openbaar lichaam

§ 2
Bijzondere voorzieningen

Art. 45a

Provincies, bijzondere voorzieningen

1. De artikelen 32a, 32b en 32e tot met 32i zijn van toepassing, met dien verstande dat:
   a. voor «gedeputeerde staten» wordt gelezen «Onze Minister die het aangaat»;
   b. voor «de Gemeentewet» wordt gelezen «de Provinciewet»;
   c. voor «de deelnemende gemeenten» wordt gelezen «de deelnemende provincies»;
   d. voor «de raden van de deelnemende gemeenten» wordt gelezen «provinciale staten van de deelnemende provincies»;
   e. voor «Gedeputeerde staten onderscheidenlijk Onze Minister die het aangaat kunnen» wordt gelezen «Onze Minister die het aangaat kan».
2. Indien meer dan één van Onze Ministers overwegen ten aanzien van hetzelfde openbaar lichaam dan wel gemeenschappelijk orgaan in met elkaar samenhangende beslissingen, handelingen of resultaten toepassing te geven aan artikel 32b, eerste lid, kunnen zij hun bevoegdheden op grond van dit artikel aan een van hen overdragen.

Art. 45b

Provincies, verstrekking systematische informatie

Bij algemene maatregel van bestuur, op voordracht van Onze Minister van Binnenlandse Zaken en Koninkrijksrelaties, kunnen regels worden gesteld over de verstrekking van systematische informatie aan Onze Minister die het aangaat, betreffende de uitvoering door het bestuur van het openbaar lichaam of van de bedrijfsvoeringsorganisatie onderscheidenlijk het gemeenschappelijk orgaan van de andere wet dan de Provinciewet. Bij ministeriële regeling kunnen nadere regels worden gesteld omtrent de toepassing.

§ 3
[Vervallen]

Art. 45ba-45d
[Vervallen]

§ 4
De bevoegdheid van het algemeen bestuur

Art. 46
De bevoegdheden die bij de regeling worden overgedragen, berusten bij het algemeen bestuur, tenzij bij wet of in de regeling anders is bepaald.

Art. 46a

Provincies, bevoegdheden algemeen bestuur

1. Het algemeen bestuur kan aan het dagelijks bestuur bevoegdheden van het algemeen bestuur overdragen, tenzij de aard van de bevoegdheid zich daartegen verzet.
2. Het algemeen bestuur kan in ieder geval niet overdragen de bevoegdheid tot:
   a. het vaststellen van de begroting of van de jaarrekening, bedoeld in artikel 47;
   b. het heffen van rechten, bedoeld in artikel 43, eerste lid, onder a;
   c. het vaststellen van verordeningen door strafbepaling of bestuursdwang te handhaven.
3. De artikelen 45c en 45d zijn van overeenkomstige toepassing op een besluit dat wordt genomen op grond van het eerste lid.
4. In afwijking van artikel 10:16, eerste lid, van de Algemene wet bestuursrecht kan het algemeen bestuur beperkingen stellen aan de uitoefening van de overgedragen bevoegdheid.
5. Ten aanzien van de bevoegdheden die met toepassing van het eerste lid zijn overgedragen, zijn de regels die bij of krachtens de wet zijn gesteld met betrekking tot de uitoefening daarvan en het toezicht daarop van overeenkomstige toepassing.

§ 5
De bevoegdheid van het dagelijks bestuur

Art. 46b

Provincies, bevoegdheden dagelijks bestuur

1. Het dagelijks bestuur is in ieder geval bevoegd:
   a. het dagelijks bestuur van het openbaar lichaam te voeren, voor zover niet bij of krachtens de wet of de regeling het algemeen bestuur hiermee is belast;
   b. beslissingen van het algemeen bestuur voor te bereiden en uit te voeren;
   c. regels vast te stellen over de ambtelijke organisatie van het openbaar lichaam;
   d. tot privaatrechtelijke rechtshandelingen van het openbaar lichaam te besluiten, met uitzondering van privaatrechtelijke rechtshandelingen als bedoeld in artikel 44a;
   e. te besluiten namens het openbaar lichaam, het dagelijks bestuur of het algemeen bestuur rechtsgedingen, bezwaarprocedures of administratief beroepsprocedures te voeren of handelin-

gen ter voorbereiding daarop te verrichten, tenzij het algemeen bestuur, voor zover het het algemeen bestuur aangaat, in voorkomende gevallen anders beslist.
2. Het dagelijks bestuur neemt, ook alvorens is besloten tot het voeren van een rechtsgeding, alle conservatoire maatregelen en doet wat nodig is ter voorkoming van verjaring of verlies van recht of bezit.

Art. 46c
Het dagelijks bestuur kan een of meer leden van het dagelijks bestuur machtigen tot uitoefening van een of meer van zijn bevoegdheden, tenzij de regeling waarop de bevoegdheid steunt zich daartegen verzet.

Provincies, bevoegdheden voorzitter

§ 6
De bevoegdheid van de voorzitter

Art. 46d
1. De voorzitter vertegenwoordigt het openbaar lichaam in en buiten rechte.
2. De voorzitter kan de in het eerste lid bedoelde vertegenwoordiging opdragen aan een door hem aan te wijzen persoon.

§ 7
Financiën

Art. 47
1. Het algemeen bestuur van het openbaar lichaam, het bestuur van de bedrijfsvoeringsorganisatie of het gemeenschappelijk orgaan stelt de begroting vast in het jaar voorafgaande aan dat waarvoor zij dient.
2. Het dagelijks bestuur van het openbaar lichaam, het bestuur van de bedrijfsvoeringsorganisatie of het gemeenschappelijk orgaan zendt de begroting binnen twee weken na de vaststelling, doch in ieder geval vóór 1 augustus van het jaar voorafgaande aan dat waarvoor de begroting dient, aan Onze Minister van Binnenlandse Zaken en Koninkrijksrelaties.
3. Het algemeen bestuur van het openbaar lichaam, het bestuur van de bedrijfsvoeringsorganisatie of het gemeenschappelijk orgaan stelt de jaarrekening vast in het jaar volgende op het jaar waarop deze betrekking heeft.
4. Het dagelijks bestuur van het openbaar lichaam, het bestuur van de bedrijfsvoeringsorganisatie of het gemeenschappelijk orgaan zendt de jaarrekening binnen twee weken na de vaststelling, doch in ieder geval vóór 15 juli van het jaar volgende op het jaar waarop de jaarrekening betrekking heeft, aan Onze Minister van Binnenlandse Zaken en Koninkrijksrelaties.

Provincies, begroting/jaarrekening

Art. 47a
1. Indien het openbaar lichaam de bedrijfsvoeringsorganisatie of het gemeenschappelijk orgaan een specifieke uitkering als bedoeld in artikel 15a van de Financiële-verhoudingswet, ontvangt van het Rijk of middelen ontvangt van de deelnemende provincies, die afkomstig zijn uit een specifieke uitkering, zijn de artikelen 17a en 17b van de Financiële-verhoudingswet op de informatie ten behoeve van de verantwoording over deze middelen, van overeenkomstige toepassing op het openbaar lichaam de bedrijfsvoeringsorganisatie of het gemeenschappelijk orgaan, met dien verstande dat:
a. voor gedeputeerde staten en het college van burgemeester en wethouders wordt gelezen: het dagelijks bestuur van het openbaar lichaam of het bestuur de bedrijfsvoeringsorganisatie of het gemeenschappelijk orgaan;
b. de in artikel 17b, derde lid, van de Financiële-verhoudingswet bedoelde opschorting betrekking heeft op de betalingen op grond van artikel 15, eerste lid, Financiële-verhoudingswet aan de provincies die aan de regeling deelnemen.
2. De ingevolge artikel 190, tweede lid, aanhef en onder b, en derde lid, van de Provinciewet gestelde regels, alsmede het vierde tot en met het achtste lid van dat artikel, zijn van overeenkomstige toepassing op het openbaar lichaam de bedrijfsvoeringsorganisatie of het gemeenschappelijk orgaan, met dien verstande dat:
a. voor gedeputeerde staten wordt gelezen: het dagelijks bestuur van het openbaar lichaam of het bestuur de bedrijfsvoeringsorganisatie of het gemeenschappelijk orgaan;
b. de in artikel 190, achtste lid, van de Provinciewet bedoelde opschorting betrekking heeft op de betalingen op grond van artikel 15, eerste lid, Financiële-verhoudingswet aan de provincies die aan de regeling deelnemen.

Provincies, specifieke uitkering

Art. 47b
Het dagelijks bestuur van het openbaar lichaam, het bestuur van de bedrijfsvoeringsorganisatie of het gemeenschappelijk orgaan zendt vóór 15 april van het jaar voorafgaande aan dat waarvoor de begroting dient, de algemene financiële en beleidsmatige kaders en de voorlopige jaarrekening aan provinciale staten van de deelnemende provincies.

Provincies, financiële/beleidsmatige kaders/voorlopige jaarrekening

Art. 48

Provincies, ontwerpbegroting

1. Het dagelijks bestuur van het openbaar lichaam, het bestuur van de bedrijfsvoeringsorganisatie of het gemeenschappelijk orgaan zendt de ontwerpbegroting acht weken voordat zij aan het algemeen bestuur wordt aangeboden, onderscheidenlijk acht weken voordat zij door het bestuur van de bedrijfsvoeringsorganisatie of het gemeenschappelijk orgaan wordt vastgesteld, toe aan provinciale staten van de deelnemende provincies.
2. De ontwerp-begroting wordt door de zorg van de besturen van de deelnemende provincies voor een ieder ter inzage gelegd en, tegen betaling van de kosten, algemeen verkrijgbaar gesteld.
3. Provinciale staten van de deelnemende provincies kunnen bij het dagelijks bestuur van het openbaar lichaam, het bestuur van de bedrijfsvoeringsorganisatie onderscheidenlijk het gemeenschappelijk orgaan hun zienswijze over de ontwerp-begroting naar voren brengen. Het dagelijks bestuur voegt de commentaren waarin deze zienswijze is vervat bij de ontwerp-begroting, zoals deze aan het algemeen bestuur wordt aangeboden.
4. Nadat deze is vastgesteld, zendt het algemeen bestuur van het openbaar lichaam, het bestuur van de bedrijfsvoeringsorganisatie, onderscheidenlijk het gemeenschappelijk orgaan, zo nodig, de begroting aan provinciale staten der deelnemende provincies, die ter zake bij Onze Minister van Binnenlandse Zaken en Koninkrijksrelaties hun zienswijze naar voren kunnen brengen.
5. Het eerste, derde en vierde lid zijn van toepassing op besluiten tot wijziging van de begroting. In de gemeenschappelijke regeling kan worden bepaald ten aanzien van welke categorieën begrotingswijzigingen hiervan kan worden afgeweken.
6. De artikelen 190 tot en met 219 van de Provinciewet zijn van overeenkomstige toepassing, voor zover daarvan bij of krachtens deze wet niet is afgeweken.

Afdeling 4
Schorsing en vernietiging

Provincies, schorsing/vernietiging besluit/beslissing

Art. 49
Op een besluit dan wel een niet-schriftelijke beslissing gericht op enig rechtsgevolg van het bestuur van het openbaar lichaam of van de bedrijfsvoeringsorganisatie onderscheidenlijk het gemeenschappelijk orgaan zijn de artikelen 36 en 38 tot en met 39f van toepassing, met dien verstande dat:
a. bij de toepassing van artikel 36, tweede lid, voor «de artikelen 37 tot en met 39f» wordt gelezen: de artikelen 38 tot en met 39f;
b. bij de toepassing van artikel 39c, vierde lid, voor «de artikelen 32b tot en met 32j» wordt gelezen: de artikelen 45a en 45b;
c. bij de toepassing van artikel 39e, tweede lid, voor «De artikelen 32b tot en met 32j» wordt gelezen: De artikelen 45a en 45b.

Hoofdstuk III
Regelingen tussen waterschappen

Afdeling 1
Bevoegdheid tot het treffen van een regeling

Waterschappen, treffen gemeenschappelijk regelingen

Art. 50
1. De algemene besturen, de dagelijkse besturen en de voorzitters van twee of meer waterschappen kunnen afzonderlijk of tezamen, ieder voor zover zij voor het eigen waterschap bevoegd zijn, een gemeenschappelijke regeling treffen ter behartiging van een of meer bepaalde belangen van die waterschappen.
2. De dagelijkse besturen en de voorzitters van waterschappen gaan niet over tot het treffen van een regeling dan na verkregen toestemming van de algemene besturen van de waterschappen. De toestemming kan slechts worden onthouden wegens strijd met het recht of het algemeen belang.
3. Onder het treffen van een regeling wordt in dit artikel mede verstaan het wijzigen van, het toetreden tot en het uittreden uit een regeling.

Afdeling 2
Algemene bepalingen

Waterschappen, van overeenkomstige toepassing gemeenschappelijke regelingen gemeenten

Art. 50a
1. De artikelen 8 tot en met 24, 26, 28 en 29 zijn van overeenkomstige toepassing, met uitzondering van artikel 20, vierde lid, en met dien verstande dat:
a. bij de toepassing van artikel 10, vierde lid, voor «artikel 81p, eerste lid, van de Gemeentewet» wordt gelezen: artikel 51b, eerste lid, van de Waterschapswet;

Wet gemeenschappelijke regelingen   **A33 art. 50d**

b. bij de toepassing van artikel 16, vijfde lid, voor de woorden "artikel 25 van de Gemeentewet" wordt gelezen: het reglement van het waterschap dat het lid heeft aangewezen;
c. bij de toepassing van artikel 21, vierde lid, voor de woorden "Artikel 99 van de Gemeentewet" wordt gelezen: Hetgeen in de voor de deelnemende waterschappen geldende reglementen overigens omtrent vergoedingen en tegemoetkomingen is bepaald;
d. bij de toepassing van artikel 22, eerste lid, voor de woorden "De artikelen 16, 17, 19, 20, 22, 26 en 28 tot en met 33 van de Gemeentewet" wordt gelezen: De desbetreffende bepalingen uit de voor de deelnemende waterschappen geldende reglementen;
e. bij de toepassing van artikel 26, eerste en tweede lid, voor «gemeentebestuur» wordt gelezen «waterschapsbestuur», voor «gemeente» wordt gelezen «waterschap», voor «gemeenten» wordt gelezen «waterschappen» en voor «gemeenteblad» wordt gelezen «waterschapsblad».
2. Wanneer is gehandeld in strijd met het eerste lid, is artikel X 7a, eerste tot en met vijfde lid, van de Kieswet van overeenkomstige toepassing.
3. Wanneer bij de toepassing van voor de deelnemende waterschappen geldende reglementen als bedoeld in het vorige lid, onderdeel b en c en in artikel 50e de desbetreffende bepalingen in die reglementen onderling verschillen, wordt in de regeling aangegeven welke bepalingen van toepassing zijn.

Afdeling 3
Bevoegdheden

§ 1
De bevoegdheid van het bestuur van het openbaar lichaam en de bedrijfsvoeringsorganisatie en van het gemeenschappelijk orgaan

Art. 50b
1. Aan het bestuur van het openbaar lichaam of van de bedrijfsvoeringsorganisatie of aan het gemeenschappelijk orgaan kunnen bij de regeling ten aanzien van de belangen ter behartiging waarvan zij wordt getroffen en voor het gebied waarvoor zij geldt, zodanige bevoegdheden van regeling en bestuur worden overgedragen als aan de besturen van de deelnemende waterschappen toekomen, met dien verstande dat:
a. aan het bestuur van een openbaar lichaam niet de bevoegdheid kan worden overgedragen andere belastingen te heffen dan de rechten bedoeld in artikel 115 van de Waterschapswet,
b. aan het gemeenschappelijk orgaan of de bedrijfsvoeringsorganisatie niet de bevoegdheid kan worden overgedragen belastingen te heffen of anderszins algemeen verbindende voorschriften te geven.
2. Indien toepassing wordt gegeven aan het eerste lid, wordt daarbij tevens de verhouding van de overgedragen bevoegdheden tot die van de besturen van de deelnemende waterschappen geregeld.
3. Voor zover een verordening van het openbaar lichaam voorziet in hetzelfde onderwerp als een verordening van een deelnemend waterschap, regelt eerstbedoelde verordening de onderlinge verhouding. Zij kan bepalen, dat de verordening van het waterschap voor het gehele gebied, dan wel een gedeelte daarvan geheel of gedeeltelijk ophoudt te gelden.

Waterschappen, overdracht bevoegdheden

Art. 50c
Bij de regeling kunnen beperkingen worden aangebracht in de bevoegdheden die het openbaar lichaam of de bedrijfsvoeringsorganisatie van rechtswege bezit om aan het maatschappelijk verkeer deel te nemen.

Waterschappen, beperking bevoegdheden

Art. 50ca
1. Het algemeen bestuur van het openbaar lichaam of het bestuur van de bedrijfsvoeringsorganisatie besluit slechts tot de oprichting van en de deelneming in stichtingen, maatschappen, vennootschappen, verenigingen, coöperaties en onderlinge waarborgmaatschappijen, indien de regeling in deze mogelijkheid voorziet en dat in het bijzonder aangewezen moet worden geacht voor de behartiging van het daarmee te dienen openbaar belang.
2. Het besluit wordt niet genomen dan nadat de algemene besturen van de deelnemende waterschappen een ontwerpbesluit is toegezonden en in de gelegenheid zijn gesteld hun wensen en bedenkingen ter kennis van het algemeen bestuur van het openbaar lichaam of het bestuur van de bedrijfsvoeringsorganisatie te brengen.

Algemeen bestuur, oprichting van/deelname aan stichtingen etc.

Art. 50d
Een verordening van het openbaar lichaam tot heffing van een belasting regelt voor welke colleges of ambtenaren de bevoegdheden, bedoeld in hoofdstuk XVIII van de Waterschapswet, zullen gelden.

Waterschappen, belastingheffing door openbaar lichaam

§ 2
Bijzondere voorzieningen

Art. 50da

Waterschappen, bijzondere voorzieningen

1. Wanneer het algemeen bestuur van het openbaar lichaam de door een wet, een algemene maatregel van bestuur of een provinciale verordening gevorderde beslissingen niet of niet naar behoren neemt, voorziet het dagelijks bestuur daarin.
2. Wanneer het dagelijks bestuur van het openbaar lichaam, het bestuur van de bedrijfsvoeringsorganisatie onderscheidenlijk het gemeenschappelijk orgaan de gevorderde beslissingen niet of niet naar behoren neemt, voorzien gedeputeerde staten daarin namens dat bestuur of orgaan en ten laste van het openbaar lichaam respectievelijk de bedrijfsvoeringsorganisatie of de deelnemende waterschappen, indien het een gemeenschappelijk orgaan betreft.
3. Spoedeisende gevallen uitgezonderd, vindt het tweede lid geen toepassing dan nadat het dagelijks bestuur van het openbaar lichaam, het bestuur van de bedrijfsvoeringsorganisatie onderscheidenlijk het gemeenschappelijk orgaan in de gelegenheid is gesteld binnen een door gedeputeerde staten gestelde termijn alsnog de gevorderde besluiten te nemen.

§ 3
[Vervallen]

Art. 50daa-50dc

[Vervallen]

§ 4
De bevoegdheid van het algemeen bestuur

Art. 50e

Waterschappen, bevoegdheden algemeen bestuur

De bevoegdheden die bij de regeling worden overgedragen, berusten bij het algemeen bestuur, tenzij bij wet of in de regeling anders is bepaald.

Art. 50ea

1. Het algemeen bestuur kan aan het dagelijks bestuur bevoegdheden van het algemeen bestuur overdragen, tenzij de aard van de bevoegdheid zich daartegen verzet.
2. Het algemeen bestuur kan in ieder geval niet overdragen de bevoegdheid tot:
   a. het vaststellen van de begroting of van de jaarrekening, bedoeld in artikel 50f;
   b. het heffen van rechten, bedoeld in artikel 50b, eerste lid, onder a;
   c. het vaststellen van verordeningen door strafbepaling of bestuursdwang te handhaven.
3. De artikelen 50db en 50dc zijn van overeenkomstige toepassing op een besluit dat wordt genomen op grond van het eerste lid.
4. In afwijking van artikel 10:16, eerste lid, van de Algemene wet bestuursrecht kan het algemeen bestuur beperkingen stellen aan de uitoefening van de overgedragen bevoegdheid.
5. Ten aanzien van de bevoegdheden die met toepassing van het eerste lid zijn overgedragen, zijn de regels die bij of krachtens de wet zijn gesteld met betrekking tot de uitoefening daarvan en het toezicht daarop van overeenkomstige toepassing.

§ 5
De bevoegdheid van het dagelijks bestuur

Art. 50eb

Waterschappen, bevoegdheden dagelijks bestuur

1. Het dagelijks bestuur is in ieder geval bevoegd:
   a. het dagelijks bestuur van het openbaar lichaam te voeren, voor zover niet bij of krachtens de wet of de regeling het algemeen bestuur hiermee is belast;
   b. beslissingen van het algemeen bestuur voor te bereiden en uit te voeren.
2. Het dagelijks bestuur neemt, ook alvorens is besloten tot het voeren van een rechtsgeding, alle conservatoire maatregelen en doet wat nodig is ter voorkoming van verjaring of verlies van recht of bezit.

Art. 50ec

Het dagelijks bestuur kan een of meer leden van het dagelijks bestuur machtigen tot uitoefening van een of meer van zijn bevoegdheden, tenzij de regeling waarop de bevoegdheid steunt zich daartegen verzet.

Wet gemeenschappelijke regelingen

A33 art. 50h

§ 6
De bevoegdheid van de voorzitter

Art. 50ed
De voorzitter vertegenwoordigt het waterschap in en buiten rechte. Indien de voorzitter aan een ander machtiging verleent tot vertegenwoordiging, behoeft deze machtiging de instemming van het dagelijks bestuur.

Waterschappen, bevoegdheden voorzitter

§ 7
Financiën

Art. 50f
1. Het algemeen bestuur van het openbaar lichaam, het bestuur van de bedrijfsvoeringsorganisatie of het gemeenschappelijk orgaan stelt de begroting vast in het jaar voorafgaande aan dat waarvoor zij dient.
2. Het dagelijks bestuur van het openbaar lichaam, het bestuur van de bedrijfsvoeringsorganisatie of het gemeenschappelijk orgaan zendt de begroting binnen vier weken na de vaststelling, doch in ieder geval vóór 1 augustus van het jaar voorafgaande aan dat waarvoor de begroting dient, aan gedeputeerde staten.
3. Het algemeen bestuur van het openbaar lichaam, het bestuur van de bedrijfsvoeringsorganisatie of het gemeenschappelijk orgaan stelt de jaarrekening vast in het jaar volgende op het jaar waarop deze betrekking heeft.
4. Het dagelijks bestuur van het openbaar lichaam, het bestuur van de bedrijfsvoeringsorganisatie of het gemeenschappelijk orgaan zendt de jaarrekening binnen twee weken na de vaststelling, doch in ieder geval vóór 15 juli van het jaar volgende op het jaar waarop de jaarrekening betrekking heeft, aan gedeputeerde staten.

Waterschappen, begroting/jaarrekening

Art. 50fa
Het dagelijks bestuur van het openbaar lichaam, het bestuur van de bedrijfsvoeringsorganisatie of het gemeenschappelijk orgaan zendt vóór 15 april van het jaar voorafgaande aan dat waarvoor de begroting dient, de algemene financiële en beleidsmatige kaders en de voorlopige jaarrekening aan de algemene besturen van de deelnemende waterschappen.

Waterschappen, financiële/beleidsmatige kaders/voorlopige jaarrekening

Art. 50g
1. Het dagelijks bestuur van het openbaar lichaam, het bestuur van de bedrijfsvoeringsorganisatie of het gemeenschappelijk orgaan zendt de ontwerpbegroting acht weken voordat zij aan het algemeen bestuur wordt aangeboden, onderscheidenlijk acht weken voordat zij door het bestuur van de bedrijfsvoeringsorganisatie of het gemeenschappelijk orgaan wordt vastgesteld, toe aan de algemene besturen van de deelnemende waterschappen.
2. De ontwerp-begroting wordt door de zorg van de deelnemende waterschappen voor een ieder ter inzage gelegd en tegen betaling van kosten algemeen verkrijgbaar gesteld.
3. De algemene besturen van de deelnemende waterschappen kunnen bij het dagelijks bestuur van het openbaar lichaam, het bestuur van de bedrijfsvoeringsorganisatie onderscheidenlijk het gemeenschappelijk orgaan hun zienswijze over de ontwerp-begroting naar voren brengen. Het dagelijks bestuur voegt de commentaren waarin deze zienswijze is vervat bij de ontwerp-begroting, zoals deze aan het algemeen bestuur wordt aangeboden.
4. Nadat deze is vastgesteld, zendt het algemeen bestuur van het openbaar lichaam, het bestuur van de bedrijfsvoeringsorganisatie, onderscheidenlijk het gemeenschappelijk orgaan, zo nodig, de begroting aan de algemene besturen van de deelnemende waterschappen, die terzake bij gedeputeerde staten hun zienswijze naar voren kunnen brengen.
5. Het eerste, derde en vierde lid zijn van toepassing op besluiten tot wijziging van de begroting. In de gemeenschappelijke regeling kan worden bepaald ten aanzien van welke categorieën begrotingswijzigingen hiervan kan worden afgeweken.
6. De artikelen 98 tot en met 109c van de Waterschapswet zijn van overeenkomstige toepassing, voor zover daarvan bij of krachtens deze wet niet is afgeweken.

Waterschappen, ontwerpbegroting

Afdeling 4
Schorsing en vernietiging

Art. 50h
1. Een besluit dan wel een niet-schriftelijke beslissing gericht op enig rechtsgevolg van het bestuur van het openbaar lichaam of van de bedrijfsvoeringsorganisatie onderscheidenlijk het gemeenschappelijk orgaan kan door gedeputeerde staten worden vernietigd.
2. Ten aanzien van de vernietiging van een niet-schriftelijke beslissing gericht op enig rechtsgevolg zijn de afdelingen 10.2.2 en 10.2.3 van de Algemene wet bestuursrecht van overeenkomstige toepassing.

Waterschappen, schorsing/vernietiging besluit/beslissing

Art. 50i
Indien een bekendgemaakt besluit is vernietigd of indien het niet is vernietigd binnen de tijd waarvoor het is geschorst, wordt hiervan door het bestuur van het openbaar lichaam of van de bedrijfsvoeringsorganisatie onderscheidenlijk het gemeenschappelijk orgaan kennisgegeven in het publicatieblad.

Art. 50j
In afwijking van artikel 8:4, eerste lid, onderdeel d, van de Algemene wet bestuursrecht kan een belanghebbende tegen een besluit van gedeputeerde staten als bedoeld in artikel 50h, eerste lid, beroep instellen.

Art. 50k
Het bestuur van het openbaar lichaam of van de bedrijfsvoeringsorganisatie onderscheidenlijk het gemeenschappelijk orgaan neemt opnieuw een besluit omtrent het onderwerp van het vernietigde besluit, waarbij met het besluit tot vernietiging wordt rekening gehouden.

Hoofdstuk IV
Regelingen tussen gemeenten en provincies

Afdeling 1
Bevoegdheid tot het treffen van een regeling

Art. 51

Gemeenten-provincies, treffen gemeenschappelijk regelingen

1. De raden, de colleges van burgemeester en wethouders en de burgemeesters van een of meer gemeenten kunnen, afzonderlijk of tezamen, met provinciale staten, de colleges van gedeputeerde staten of de commissarissen van de Koning, ieder voor zover zij voor de eigen gemeente, onderscheidenlijk provincie bevoegd zijn, een gemeenschappelijke regeling treffen ter behartiging van een of meer bepaalde belangen van die gemeenten of provincies.
2. Een college van burgemeester en wethouders en een burgemeester, onderscheidenlijk een college van gedeputeerde staten en de commissaris van de Koning gaat niet over tot het treffen van een regeling dan na verkregen toestemming van de gemeenteraad, onderscheidenlijk provinciale staten. De toestemming kan slechts worden onthouden wegens strijd met het recht of het algemeen belang.
3. Onder het treffen van een regeling wordt in dit artikel mede verstaan het wijzigen van, het toetreden tot en het uittreden uit een regeling.

Art. 51a
[Vervallen]

Afdeling 2
Algemene bepalingen

Art. 52

Gemeenten-provincies, van overeenkomstige toepassing gemeenschappelijke regelingen gemeenten

1. De artikelen 8 tot en met 26 zijn van overeenkomstige toepassing, met uitzondering van artikel 20, vierde lid, en met dien verstande dat:
a. bij de toepassing van artikel 10, vierde lid, voor «artikel 81p, eerste lid, van de Gemeentewet» wordt gelezen: artikel 81p, eerste lid, van de Gemeentewet of artikel 79q, eerste lid, van de Provinciewet;
b. bij de toepassing van artikel 16, vijfde lid, voor de woorden "artikel 25 van de Gemeentewet" wordt gelezen: het bepaalde voor het orgaan dat het lid heeft aangewezen;
c. bij de toepassing van artikel 19b voor «Onze Minister van Binnenlandse Zaken en Koninkrijksrelaties en het provinciebestuur» wordt gelezen: Onze Ministers;
d. de ontheffing bedoeld in artikel 20, tweede lid, wordt verleend door Onze Minister van Binnenlandse Zaken en Koninkrijksrelaties;
e. bij de toepassing van artikel 21, vierde lid, voor artikel 99 van de Gemeentewet wordt gelezen artikel 96 van de Provinciewet;
f. bij de toepassing van artikel 22, eerste lid, voor de artikelen 16, 17, 19, 20, 22, 26 en 28 tot en met 33 van de Gemeentewet worden gelezen de artikelen 16, 17, 19, 20, 22, 26 en 28 tot en met 33 van de Provinciewet;
g. bij de toepassing van artikel 24, eerste lid, voor artikel 22 van de Gemeentewet wordt gelezen artikel 22 van de Provinciewet;
h. bij de toepassing van artikel 24, vierde lid, voor de artikelen 96 tot en met 99 van de Gemeentewet worden gelezen de artikelen 93 tot en met 96 van de Provinciewet;
i. bij de toepassing van artikel 25, eerste lid, voor de artikel 22 van de Gemeentewet en de artikelen 21, 23, eerste en tweede lid, van deze wet wordt gelezen de artikel 22 van de Provinciewet en de artikelen 21, 23, eerste en tweede lid, van deze wet;
j. bij de toepassing van artikel 25, eerste lid jo artikel 21, vierde lid, voor artikel 99 van de Gemeentewet wordt gelezen artikel 96 van de Provinciewet;

Wet gemeenschappelijke regelingen **A33** art. 56a

k. bij de toepassing van artikel 26, eerste en tweede lid, voor «gemeentebestuur» wordt gelezen «provinciebestuur», voor «gemeente» wordt gelezen «provincie», voor «gemeenten» wordt gelezen «provincies» en voor «gemeenteblad» wordt gelezen «provinciaal blad».
2. Wanneer is gehandeld in strijd met het eerste lid juncto artikel 20, eerste lid, is artikel X 7, eerste tot en met vijfde lid, van de Kieswet van overeenkomstige toepassing.

Art. 53
[Vervallen]

Afdeling 3
Bevoegdheden

§ 1
De bevoegdheid van het bestuur van het openbaar lichaam en de bedrijfsvoeringsorganisatie en van het gemeenschappelijk orgaan

Art. 54
1. Aan het bestuur van het openbaar lichaam of van de bedrijfsvoeringsorganisatie of aan het gemeenschappelijk orgaan kunnen bij de regeling ten aanzien van de belangen ter behartiging waarvan zij is getroffen en voor het gebied waarvoor zij geldt, zodanige bevoegdheden van regeling en bestuur worden overgedragen, als aan de besturen van de deelnemende gemeenten en provincies met betrekking tot hun eigen gemeente, onderscheidenlijk provincie toekomen, met dien verstande dat:
a. aan het bestuur van het openbaar lichaam niet de bevoegdheid kan worden overgedragen andere belastingen te heffen dan de rioolheffing, bedoeld in artikel 228a van de Gemeentewet en de rechten, bedoeld in artikel 229, eerste lid, onder a en b, van de Gemeentewet en in artikel 223 van de Provinciewet, de belasting, bedoeld in artikel 222c van de Provinciewet, de rechten waarvan heffing krachtens bijzondere wetten geschiedt en de heffing bedoeld in artikel 15.33 van de Wet milieubeheer;
b. aan het gemeenschappelijk orgaan of de bedrijfsvoeringsorganisatie niet de bevoegdheid kan worden overgedragen belastingen te heffen of anderszins algemeen verbindende voorschriften te geven.
2. Indien toepassing wordt gegeven aan het eerste lid, wordt daarbij tevens de verhouding van de overgedragen bevoegdheden tot die van de besturen van de deelnemende gemeenten en provincies geregeld.
3. Voor zover een verordening van het openbaar lichaam voorziet in hetzelfde onderwerp als een verordening van een deelnemende gemeente of provincie, regelt eerstbedoelde verordening de onderlinge verhouding. Zij kan bepalen, dat de verordening van de gemeente of provincie voor het gehele gebied, dan wel voor een gedeelte daarvan geheel of gedeeltelijk ophoudt te gelden.

Gemeenten-provincies, overdracht bevoegdheden

Art. 55
Bij de regeling kunnen beperkingen worden aangebracht in de bevoegdheden die het openbaar lichaam of de bedrijfsvoeringsorganisatie, van rechtswege bezit om aan het maatschappelijk verkeer deel te nemen.

Gemeenten-provincies, beperking bevoegdheden

Art. 55a
1. Het algemeen bestuur van het openbaar lichaam of het bestuur van de bedrijfsvoeringsorganisatie besluit slechts tot de oprichting van en de deelneming in stichtingen, maatschappen, vennootschappen, verenigingen, coöperaties en onderlinge waarborgmaatschappijen, indien de regeling in deze mogelijkheid voorziet en dat in het bijzonder aangewezen moet worden geacht voor de behartiging van het daarmee te dienen openbaar belang.
2. Het besluit wordt niet genomen dan nadat de raden van de deelnemende gemeenten en provinciale staten van de deelnemende provincies een ontwerpbesluit is toegezonden en in de gelegenheid zijn gesteld hun wensen en bedenkingen ter kennis van het algemeen bestuur van het openbaar lichaam of het bestuur van de bedrijfsvoeringsorganisatie.

Algemeen bestuur, oprichting van/deelname aan stichtingen etc.

Art. 56
Een verordening van het openbaar lichaam tot heffing van een belasting regelt, voor welke colleges of ambtenaren de bevoegdheden, bedoeld in hoofdstuk XV van de Gemeentewet en die bedoeld in hoofdstuk XV van de Provinciewet, zullen gelden.

Gemeenten-provincies, belastingheffingen door openbaar lichaam

§ 2
Bijzondere voorzieningen

Art. 56a
1. Indien de bevoegdheden van het bestuur van het openbaar lichaam of van de bedrijfsvoeringsorganisatie of het gemeenschappelijk orgaan mede door de besturen van de deelnemende provincies zijn overgedragen, zijn daarop de artikelen 45a en 45b van toepassing.

Gemeenten-provincies, bijzondere voorzieningen

A33 art. 57 — Wet gemeenschappelijke regelingen

2. Voor zover de bevoegdheden van het bestuur van het openbaar lichaam of van de bedrijfsvoeringsorganisatie of het gemeenschappelijk orgaan uitsluitend door de besturen van de deelnemende gemeenten zijn overgedragen, zijn daarop de artikelen 32a tot en met 32j van toepassing.

§ 3
[Vervallen]

Art. 56aa-56c
[Vervallen]

§ 4
De bevoegdheid van het algemeen bestuur

Gemeenten-provincies, bevoegdheden algemeen bestuur

Art. 57
De bevoegdheden die bij de regeling worden overgedragen, berusten bij het algemeen bestuur, tenzij bij wet of in de regeling anders is bepaald.

Art. 57a
1. Het algemeen bestuur kan aan het dagelijks bestuur bevoegdheden van het algemeen bestuur overdragen, tenzij de aard van de bevoegdheid zich daartegen verzet.
2. Het algemeen bestuur kan in ieder geval niet overdragen de bevoegdheid tot:
   a. het vaststellen van de begroting of van de jaarrekening, bedoeld in artikel 58;
   b. het heffen van rechten, bedoeld in artikel 54, eerste lid, onder a;
   c. het vaststellen van verordeningen door strafbepaling of bestuursdwang te handhaven.
3. De artikelen 56b en 56c zijn van overeenkomstige toepassing op een besluit dat wordt genomen op grond van het eerste lid.
4. In afwijking van artikel 10:16, eerste lid, van de Algemene wet bestuursrecht kan het algemeen bestuur beperkingen stellen aan de uitoefening van de overgedragen bevoegdheid.
5. Ten aanzien van de bevoegdheden die met toepassing van het eerste lid zijn overgedragen, zijn de regels die bij of krachtens de wet zijn gesteld met betrekking tot de uitoefening daarvan en het toezicht daarop van overeenkomstige toepassing.

§ 5
De bevoegdheid van het dagelijks bestuur

Gemeenten-provincies, bevoegdheden dagelijks bestuur

Art. 57b
1. Het dagelijks bestuur is in ieder geval bevoegd:
   a. het dagelijks bestuur van het openbaar lichaam te voeren, voor zover niet bij of krachtens de wet of de regeling het algemeen bestuur hiermee is belast;
   b. beslissingen van het algemeen bestuur voor te bereiden en uit te voeren;
   c. regels vast te stellen over de ambtelijke organisatie van het openbaar lichaam;
   d. tot privaatrechtelijke rechtshandelingen van het openbaar lichaam te besluiten, met uitzondering van privaatrechtelijke rechtshandelingen als bedoeld in artikel 55a;
   e. te besluiten namens het openbaar lichaam, het dagelijks bestuur of het algemeen bestuur rechtsgedingen, bezwaarprocedures of administratief beroepsprocedures te voeren of handelingen ter voorbereiding daarop te verrichten, tenzij het algemeen bestuur, voor zover het het algemeen bestuur aangaat, in voorkomende gevallen anders beslist.
2. Het dagelijks bestuur neemt, ook alvorens is besloten tot het voeren van een rechtsgeding, alle conservatoire maatregelen en doet wat nodig is ter voorkoming van verjaring of verlies van recht of bezit.

Art. 57c
Het dagelijks bestuur kan een of meer leden van het dagelijks bestuur machtigen tot uitoefening van een of meer van zijn bevoegdheden, tenzij de regeling waarop de bevoegdheid steunt zich daartegen verzet.

§ 6
De bevoegdheid van de voorzitter

Gemeenten-provincies, bevoegdheden voorzitter

Art. 57d
1. De voorzitter vertegenwoordigt het openbaar lichaam in en buiten rechte.

2. De voorzitter kan de in het eerste lid bedoelde vertegenwoordiging opdragen aan een door hem aan te wijzen persoon.

§ 7
Financiën

Art. 58
1. Het algemeen bestuur van het openbaar lichaam, het bestuur van de bedrijfsvoeringsorganisatie of het gemeenschappelijk orgaan stelt de begroting vast in het jaar voorafgaande aan dat waarvoor zij dient.

Gemeenten-provincies, begroting/jaarrekening

2. Het dagelijks bestuur van het openbaar lichaam, het bestuur van de bedrijfsvoeringsorganisatie of het gemeenschappelijk orgaan zendt de begroting binnen twee weken na de vaststelling, doch in ieder geval vóór 1 augustus van het jaar voorafgaande aan dat waarvoor de begroting dient, aan Onze Minister van Binnenlandse Zaken en Koninkrijksrelaties.
3. Het algemeen bestuur van het openbaar lichaam, het bestuur van de bedrijfsvoeringsorganisatie of het gemeenschappelijk orgaan stelt de jaarrekening vast in het jaar volgende op het jaar waarop deze betrekking heeft.
4. Het dagelijks bestuur van het openbaar lichaam, het bestuur van de bedrijfsvoeringsorganisatie of het gemeenschappelijk orgaan zendt de jaarrekening binnen twee weken na de vaststelling, doch in ieder geval vóór 15 juli van het jaar volgende op het jaar waarop de jaarrekening betrekking heeft, aan Onze Minister van Binnenlandse Zaken en Koninkrijksrelaties.

Art. 58a
1. Indien het openbaar lichaam de bedrijfsvoeringsorganisatie of het gemeenschappelijk orgaan een specifieke uitkering als bedoeld in artikel 15a van de Financiële-verhoudingswet ontvangt van het Rijk of middelen ontvangt van de deelnemende provincies en gemeenten, die afkomstig zijn uit een specifieke uitkering, zijn de artikelen 17a en 17b van de Financiële-verhoudingswet op de informatie ten behoeve van de verantwoording over deze middelen, van overeenkomstige toepassing op het openbaar lichaam de bedrijfsvoeringsorganisatie of het gemeenschappelijk orgaan, met dien verstande dat:

Gemeenten-provincies, specifieke uitkering

a. voor gedeputeerde staten en het college van burgemeester en wethouders wordt gelezen: het dagelijks bestuur van het openbaar lichaam het bestuur van de bedrijfsvoeringsorganisatie of het gemeenschappelijk orgaan;
b. de in artikel 17b, derde lid, van de Financiële-verhoudingswet bedoelde opschorting betrekking heeft op de betalingen op grond van artikel 15, eerste lid, Financiële-verhoudingswet aan de provincies en gemeenten die aan de regeling deelnemen.
2. De ingevolge artikel 186, tweede lid, aanhef en onder b, en derde lid, van de Gemeentewet gestelde regels, alsmede het vierde tot en met het achtste lid van dat artikel, zijn van overeenkomstige toepassing op het openbaar lichaam de bedrijfsvoeringsorganisatie of het gemeenschappelijk orgaan, met dien verstande dat:
a. voor het college wordt gelezen: het dagelijks bestuur van het openbaar lichaam het bestuur van de bedrijfsvoeringsorganisatie of het gemeenschappelijk orgaan;
b. de in artikel 186, achtste lid, van de Gemeentewet bedoelde opschorting betrekking heeft op de betalingen op grond van artikel 15, eerste lid, Financiële-verhoudingswet aan de provincies en gemeenten die aan de regeling deelnemen.

Art. 58b
Het dagelijks bestuur van het openbaar lichaam, het bestuur van de bedrijfsvoeringsorganisatie of het gemeenschappelijk orgaan zendt vóór 15 april van het jaar voorafgaande aan dat waarvoor de begroting dient, de algemene financiële en beleidsmatige kaders en de voorlopige jaarrekening aan de raden van de deelnemende gemeenten en aan provinciale staten van de deelnemende provincies.

Gemeenten-provincies, financiële/beleidsmatige kaders/voorlopige jaarrekening

Art. 59
1. Het dagelijks bestuur van het openbaar lichaam, het bestuur van de bedrijfsvoeringsorganisatie of het gemeenschappelijk orgaan zendt de ontwerpbegroting acht weken voordat zij door het algemeen bestuur wordt aangeboden, onderscheidenlijk acht weken voordat zij door het bestuur van de bedrijfsvoeringsorganisatie of het gemeenschappelijk orgaan wordt vastgesteld, toe aan de raden van de deelnemende gemeenten en aan provinciale staten van de deelnemende provincies.

Gemeenten-provincies, ontwerpbegroting

2. De ontwerp-begroting wordt door de zorg van de deelnemende gemeenten en provincies voor een ieder ter inzage gelegd en, tegen betaling van de kosten, algemeen verkrijgbaar gesteld.
3. De raad van een deelnemende gemeente en provinciale staten van een deelnemende provincie kunnen bij het dagelijks bestuur van het openbaar lichaam, het bestuur van de bedrijfsvoeringsorganisatie onderscheidenlijk het gemeenschappelijk orgaan hun zienswijze over de ontwerpbegroting naar voren brengen. Het dagelijks bestuur voegt de commentaren waarin deze zienswijze is vervat bij de ontwerp-begroting, zoals deze aan het algemeen bestuur wordt aangeboden.
4. Nadat deze is vastgesteld, zendt het algemeen bestuur van het openbaar lichaam, het bestuur van de bedrijfsvoeringsorganisatie, onderscheidenlijk het gemeenschappelijk orgaan, zo nodig, de begroting aan de raden der deelnemende gemeenten en de staten der deelnemende provincies,

A33 art. 60 Wet gemeenschappelijke regelingen

die ter zake bij Onze Minister van Binnenlandse Zaken en Koninkrijksrelaties hun zienswijze naar voren kunnen brengen.
5. Het eerste, derde en vierde lid zijn van toepassing op besluiten tot wijziging van de begroting. In de gemeenschappelijke regeling kan worden bepaald ten aanzien van welke categorieën begrotingswijzigingen hiervan kan worden afgeweken.
6. De artikelen 190 tot en met 219 van de Provinciewet zijn van overeenkomstige toepassing, voor zover daarvan bij of krachtens deze wet niet is afgeweken.

Afdeling 4
Schorsing en vernietiging

Art. 60

Gemeenten-provincies, schorsing/vernietiging besluit/beslissing

1. Indien de bevoegdheden van het bestuur van het openbaar lichaam, het bestuur van de bedrijfsvoeringsorganisatie of het gemeenschappelijk orgaan mede door de besturen van de deelnemende provincies zijn overgedragen, is daarop artikel 49 van toepassing.
2. Voor zover de bevoegdheden van het bestuur van het openbaar lichaam, het bestuur van de bedrijfsvoeringsorganisatie of het gemeenschappelijk orgaan uitsluitend door de besturen van de deelnemende gemeenten zijn overgedragen, zijn daarop de artikelen 36 tot en met 39f van toepassing.

Hoofdstuk V
Regelingen tussen gemeenten en waterschappen

Afdeling 1
Bevoegdheid tot het treffen van een regeling

Art. 61

Gemeenten-waterschappen, treffen gemeenschappelijke regelingen

1. De raden, de colleges van burgemeester en wethouders en de burgemeesters van een of meer gemeenten kunnen, afzonderlijk of tezamen, met de algemene besturen, de dagelijkse besturen en de voorzitters van een of meer waterschappen, ieder voor zover zij voor de eigen gemeente, onderscheidenlijk het eigen waterschap bevoegd zijn, een gemeenschappelijke regeling treffen ter behartiging van een of meer bepaalde belangen van de gemeenten of waterschappen.
2. Een college van burgemeester en wethouders, en een burgemeester, onderscheidenlijk een dagelijks bestuur en een voorzitter van een waterschap gaan niet over tot het treffen van een regeling dan na verkregen toestemming van de gemeenteraad, onderscheidenlijk het algemeen bestuur van het waterschap. De toestemming kan slechts worden onthouden wegens strijd met het recht of het algemeen belang.
3. Onder het treffen van een regeling wordt in dit artikel mede verstaan het wijzigen van, het toetreden tot en het uittreden uit een regeling.

Afdeling 2
Algemene bepalingen

Art. 62

Gemeenten-waterschappen, van overeenkomstige toepassing gemeenschappelijke regelingen gemeenten

De artikelen 8 tot en met 26, 28 en 29 zijn van overeenkomstige toepassing, met dien verstande dat:
a. bij de toepassing van artikel 10, vierde lid, voor «artikel 81p, eerste lid, van de Gemeentewet» wordt gelezen: artikel 81p, eerste lid, van de Gemeentewet of artikel 51b, eerste lid, van de Waterschapswet;
b. bij de toepassing van artikel 16, vijfde lid, voor «artikel 25 van de Gemeentewet» wordt gelezen: het bepaalde voor het orgaan dat het lid heeft aangewezen.

Art. 62a
[Vervallen]

Afdeling 3
Bevoegdheden

§ 1
De bevoegdheid van het bestuur van het openbaar lichaam en de bedrijfsvoeringsorganisatie en van het gemeenschappelijk orgaan

Art. 63

Gemeenten-waterschappen, overdracht bevoegdheden

1. Aan het bestuur van het openbaar lichaam of van de bedrijfsvoeringsorganisatie of aan het gemeenschappelijk orgaan kunnen bij de regeling ten aanzien van de belangen ter behartiging waarvan zij wordt getroffen en voor het gebied waarvoor zij geldt, zodanige bevoegdheden van

regeling en bestuur worden overgedragen als aan de besturen van de deelnemende gemeenten en waterschappen toekomen, met dien verstande dat:
a. aan het bestuur van het openbaar lichaam niet de bevoegdheid kan worden overgedragen andere belastingen te heffen dan de rioolheffing, bedoeld in artikel 228a van de Gemeentewet en de rechten, bedoeld in artikel 229, eerste lid, onder a en b, van de Gemeentewet en in artikel 115 van de Waterschapswet en de rechten waarvan de heffing krachtens bijzondere wetten geschiedt;
b. aan het gemeenschappelijk orgaan of de bedrijfsvoeringsorganisatie niet de bevoegdheid kan worden overgedragen belastingen te heffen of anderszins algemeen verbindende voorschriften te geven.
2. Indien toepassing wordt gegeven aan het eerste lid wordt daarbij tevens de verhouding van de overgedragen bevoegdheden tot die van de besturen van de deelnemende gemeenten en waterschappen geregeld.
3. Voor zover een verordening van het openbaar lichaam voorziet in hetzelfde onderwerp als een verordening van een deelnemende gemeente of van een deelnemend waterschap, regelt eerstbedoelde verordening de onderlinge verhouding. Zij kan bepalen, dat de verordening van de gemeente of van het waterschap voor het gehele gebied, dan wel voor een gedeelte daarvan geheel of gedeeltelijk ophoudt te gelden.

Art. 64
Bij de regeling kunnen beperkingen worden aangebracht in de bevoegdheden die het openbaar lichaam of de bedrijfsvoeringsorganisatie van rechtswege bezit om aan het maatschappelijk verkeer deel te nemen.

Gemeenten-waterschappen, beperking bevoegdheden

Art. 64a
1. Het algemeen bestuur van het openbaar lichaam of het bestuur van de bedrijfsvoeringsorganisatie besluit slechts tot de oprichting van en de deelneming in stichtingen, maatschappen, vennootschappen, verenigingen, coöperaties en onderlinge waarborgmaatschappijen, indien de regeling in deze mogelijkheid voorziet en dat in het bijzonder aangewezen moet worden geacht voor de behartiging van het daarmee te dienen openbaar belang.
2. Het besluit wordt niet genomen dan nadat de raden van de deelnemende gemeenten en de algemene besturen van de deelnemende waterschappen een ontwerpbesluit is toegezonden en in de gelegenheid zijn gesteld hun wensen en bedenkingen ter kennis van het algemeen bestuur van het openbaar lichaam of het bestuur van de bedrijfsorganisatie te brengen.

Algemeen bestuur, oprichting van/deelname aan stichtingen etc.

Art. 65
Een verordening van het openbaar lichaam tot heffing van een belasting regelt, voor welke colleges of ambtenaren de bevoegdheden, bedoeld in hoofdstuk XV van de Gemeentewet en die bedoeld in hoofdstuk XVIII van de Waterschapswet, zullen gelden.

Gemeenten-waterschappen, belastingheffing door openbaar lichaam

§ 2
Bijzondere voorzieningen

Art. 65a
1. Indien de bevoegdheden van het bestuur van het openbaar lichaam, het bestuur van de bedrijfsvoeringsorganisatie of het gemeenschappelijk orgaan mede door de besturen van de deelnemende gemeenten zijn overgedragen, zijn daarop de artikelen 32a tot en met 32j van toepassing.
2. Voor zover de bevoegdheden van het bestuur van het openbaar lichaam, het bestuur van de bedrijfsvoeringsorganisatie of het gemeenschappelijk orgaan uitsluitend door de besturen van de deelnemende waterschappen zijn overgedragen, is daarop artikel 50da van toepassing.

Gemeenten-waterschappen, bezondere voorzieningen

§ 3
[Vervallen]

Art. 65aa–65c
[Vervallen]

§ 4
De bevoegdheid van het algemeen bestuur

Art. 66
De bevoegdheden die bij de regeling worden overgedragen, berusten bij het algemeen bestuur, tenzij bij wet of in de regeling anders is bepaald.

Gemeenten-waterschappen, bevoegdheden algemeen bestuur

Art. 66a
1. Het algemeen bestuur kan aan het dagelijks bestuur bevoegdheden van het algemeen bestuur overdragen, tenzij de aard van de bevoegdheid zich daartegen verzet.

A33 art. 66b   Wet gemeenschappelijke regelingen

2. Het algemeen bestuur kan in ieder geval niet overdragen de bevoegdheid tot:
   a. het vaststellen van de begroting of van de jaarrekening, bedoeld in artikel 67;
   b. het heffen van rechten, bedoeld in artikel 63, eerste lid, onder a;
   c. het vaststellen van verordeningen door strafbepaling of bestuursdwang te handhaven.
3. De artikelen 65b en 65c zijn van overeenkomstige toepassing op een besluit dat wordt genomen op grond van het eerste lid.
4. In afwijking van artikel 10:16, eerste lid, van de Algemene wet bestuursrecht kan het algemeen bestuur beperkingen stellen aan de uitoefening van de overgedragen bevoegdheid.
5. Ten aanzien van de bevoegdheden die met toepassing van het eerste lid zijn overgedragen, zijn de regels die bij of krachtens de wet zijn gesteld met betrekking tot de uitoefening daarvan en het toezicht daarop van overeenkomstige toepassing.

§ 5
De bevoegdheid van het dagelijks bestuur

Art. 66b

Gemeenten-waterschappen, bevoegdheden dagelijks bestuur

1. Indien de bevoegdheden van het bestuur van het openbaar lichaam mede door de besturen van de deelnemende gemeenten zijn overgedragen, is artikel 33b van toepassing op het dagelijks bestuur.
2. Voor zover de bevoegdheden van het bestuur van het openbaar lichaam uitsluitend door de besturen van de deelnemende waterschappen zijn overgedragen, is artikel 50eb van toepassing op het dagelijks bestuur.

Art. 66c

Het dagelijks bestuur kan een of meer leden van het dagelijks bestuur machtigen tot uitoefening van een of meer van zijn bevoegdheden, tenzij de regeling waarop de bevoegdheid steunt zich daartegen verzet.

§ 6
De bevoegdheid van de voorzitter

Art. 66d

Gemeenten-waterschappen, bevoegdheden voorzitter

1. De voorzitter vertegenwoordigt het openbaar lichaam in en buiten rechte.

2. De voorzitter kan de in het eerste lid bedoelde vertegenwoordiging opdragen aan een door hem aan te wijzen persoon.

§ 7
Financiën

Art. 67

Gemeenten-waterschappen, begroting/jaarrekening

1. Het algemeen bestuur van het openbaar lichaam, het bestuur van de bedrijfsvoeringsorganisatie of het gemeenschappelijk orgaan stelt de begroting vast in het jaar voorafgaande aan dat waarvoor zij dient.
2. Het dagelijks bestuur van het openbaar lichaam, het bestuur van de bedrijfsvoeringsorganisatie of het gemeenschappelijk orgaan zendt de begroting binnen twee weken na de vaststelling, doch in ieder geval vóór 1 augustus van het jaar voorafgaande aan dat waarvoor de begroting dient, aan gedeputeerde staten.
3. Het algemeen bestuur van het openbaar lichaam, het bestuur van de bedrijfsvoeringsorganisatie of het gemeenschappelijk orgaan stelt de jaarrekening vast in het jaar volgende op het jaar waarop deze betrekking heeft.
4. Het dagelijks bestuur van het openbaar lichaam, het bestuur van de bedrijfsvoeringsorganisatie of het gemeenschappelijk orgaan zendt de jaarrekening binnen twee weken na de vaststelling, doch in ieder geval vóór 15 juli van het jaar volgende op het jaar waarop de jaarrekening betrekking heeft, aan gedeputeerde staten.

Art. 67a

Gemeenten-waterschappen, financiële/beleidsmatige kaders/voorlopige jaarrekening

Het dagelijks bestuur van het openbaar lichaam, het bestuur van de bedrijfsvoeringsorganisatie of het gemeenschappelijk orgaan zendt vóór 15 april van het jaar voorafgaande aan dat waarvoor de begroting dient, de algemene financiële en beleidsmatige kaders en de voorlopige jaarrekening aan de raden van de deelnemende gemeenten en aan de algemene besturen van de deelnemende waterschappen.

Art. 68

Gemeenten-waterschappen, ontwerpbegroting

1. Het dagelijks bestuur van het openbaar lichaam, het bestuur van de bedrijfsvoeringsorganisatie of het gemeenschappelijk orgaan zendt de ontwerpbegroting acht weken voordat zij aan het algemeen bestuur wordt aangeboden, onderscheidenlijk acht weken voordat zij door het

bestuur van de bedrijfsvoeringsorganisatie of het gemeenschappelijk orgaan wordt vastgesteld, toe aan de raden van de deelnemende gemeenten en aan de algemene besturen van de deelnemende waterschappen.
2. De ontwerp-begroting wordt door de zorg van de deelnemende gemeenten en waterschappen voor een ieder ter inzage gelegd en, tegen betaling van de kosten, algemeen verkrijgbaar gesteld.
3. De raden van de deelnemende gemeenten en de algemene besturen van de deelnemende waterschappen kunnen bij het dagelijks bestuur van het openbaar lichaam, het bestuur van de bedrijfsvoeringsorganisatie onderscheidenlijk het gemeenschappelijk orgaan hun zienswijze over de ontwerp-begroting naar voren brengen. Het dagelijks bestuur voegt de commentaren waarin deze zienswijze is vervat bij de ontwerp-begroting, zoals deze aan het algemeen bestuur wordt aangeboden.
4. Nadat deze is vastgesteld, zendt het algemeen bestuur van het openbaar lichaam, het bestuur van de bedrijfsvoeringsorganisatie, onderscheidenlijk het gemeenschappelijk orgaan, zo nodig, de begroting aan de raden van de deelnemende gemeenten en aan de algemene besturen van de deelnemende waterschappen, die ter zake bij gedeputeerde staten hun zienswijze naar voren kunnen brengen.
5. Het eerste, derde en vierde lid zijn van toepassing op besluiten tot wijziging van de begroting. In de gemeenschappelijke regeling kan worden bepaald ten aanzien van welke categorieën begrotingswijzigingen hiervan kan worden afgeweken.
6. De artikelen 186 tot en met 213 van de Gemeentewet zijn van overeenkomstige toepassing, voor zover daarvan bij of krachtens deze wet niet is afgeweken.
7. In afwijking van het zesde lid zijn de artikelen 99 tot en met 109c van de Waterschapswet van overeenkomstige toepassing, voor zover daarvan bij of krachtens deze wet niet is afgeweken, indien uitsluitend door de besturen van de deelnemende waterschappen bevoegdheden zijn overgedragen aan het openbaar lichaam, de bedrijfsvoeringsorganisatie of het gemeenschappelijk orgaan.

Afdeling 4
Schorsing en vernietiging

Art. 69
1. Indien de bevoegdheden van het bestuur van het openbaar lichaam, het bestuur van de bedrijfsvoeringsorganisatie of het gemeenschappelijk orgaan mede door de besturen van de deelnemende gemeenten zijn overgedragen, zijn daarop de artikelen 36 tot en met 39f van toepassing.
2. Voor zover de bevoegdheden van het bestuur van het openbaar lichaam, het bestuur van de bedrijfsvoeringsorganisatie of het gemeenschappelijk orgaan uitsluitend door de besturen van de deelnemende waterschappen zijn overgedragen, zijn daarop de artikelen 50h tot en met 50k van toepassing.

Gemeenten-waterschappen, schorsing/vernietiging besluit/beslissing

Hoofdstuk VI
Regelingen tussen gemeenten, provincies en waterschappen

Afdeling 1
Bevoegdheid tot het treffen van een regeling

Art. 73
1. De raden, de colleges van burgemeester en wethouders en de burgemeesters van een of meer gemeenten kunnen, afzonderlijk of tezamen, met provinciale staten, de colleges van gedeputeerde staten en de commissarissen van de Koning van een of meer provincies en de algemene besturen, de dagelijkse besturen en de voorzitters van een of meer waterschappen, ieder voor zover zij voor de eigen gemeente, de eigen provincie, onderscheidenlijk het eigen waterschap bevoegd zijn, een gemeenschappelijke regeling treffen ter behartiging van een of meer bepaalde belangen van die gemeenten, provincies of waterschappen.
2. Een college van burgemeester en wethouders en een college van gedeputeerde staten en een commissaris van de Koning, onderscheidenlijk een dagelijks bestuur en een voorzitter van een waterschap gaan niet over tot het treffen van een regeling dan na verkregen toestemming van de gemeenteraad, provinciale staten, onderscheidenlijk het algemeen bestuur van het waterschap. De toestemming kan slechts worden onthouden wegens strijd met het recht of het algemeen belang.
3. Onder het treffen van een regeling wordt in dit artikel mede verstaan het wijzigen van, het toetreden tot en het uittreden uit een regeling.

Gemeenten-provincies-waterschappen, treffen gemeenschappelijk regelingen

Art. 73a
[Vervallen]

Afdeling 2
Algemene bepalingen

Art. 74

Gemeenten-provincies-waterschappen, van overeenkomstige toepassing gemeenschappelijke regelingen gemeenten

1. De artikelen 8 tot en met 26 zijn van overeenkomstige toepassing, met uitzondering van artikel 20, vierde lid, en met dien verstande dat:
a. bij de toepassing van artikel 10, vierde lid, voor «artikel 81p, eerste lid, van de Gemeentewet» wordt gelezen: artikel 81p, eerste lid, van de Gemeentewet, artikel 79q, eerste lid, van de Provinciewet of artikel 51b, eerste lid, van de Waterschapswet;
b. bij de toepassing van artikel 16, vijfde lid, voor de woorden "artikel 25 van de Gemeentewet" wordt gelezen: het bepaalde voor het orgaan dat het lid heeft aangewezen;
c. bij de toepassing van artikel 19b voor «Onze Minister van Binnenlandse Zaken en Koninkrijksrelaties en het provinciebestuur» wordt gelezen: Onze Ministers;
d. de ontheffing bedoeld in artikel 20, tweede lid, wordt verleend door Onze Minister van Binnenlandse Zaken en Koninkrijksrelaties;
e. bij de toepassing van artikel 21, vierde lid, voor artikel 99 van de Gemeentewet wordt gelezen artikel 96 van de Provinciewet;
f. bij de toepassing van artikel 22, eerste lid, voor de artikelen 16, 17, 19, 20, 22, 26 en 28 tot en met 33 van de Gemeentewet worden gelezen de artikelen 16, 17, 19, 20, 22, 26 en 28 tot en met 33 van de Provinciewet;
g. bij de toepassing van artikel 24, eerste lid, voor artikel 22 van de Gemeentewet wordt gelezen artikel 22 van de Provinciewet;
h. bij de toepassing van artikel 24, vierde lid, voor de artikelen 96 tot en met 99 van de Gemeentewet worden gelezen de artikelen 93 tot en met 96 van de Provinciewet;
i. bij de toepassing van artikel 25, eerste lid, voor of artikel 22 van de Gemeentewet en de artikelen 21, 23, eerste en tweede lid, van deze wet wordt gelezen de artikel 22 van de Provinciewet en de artikelen 21, 23, eerste en tweede lid, van deze wet;
j. bij de toepassing van artikel 25, eerste lid jo artikel 21, vierde lid, voor artikel 99 van de Gemeentewet wordt gelezen artikel 96 van de Provinciewet;
k. bij de toepassing van artikel 26, eerste en tweede lid, voor «gemeentebestuur» wordt gelezen «provinciebestuur», voor «gemeente» wordt gelezen «provincie», voor «gemeenten» wordt gelezen «provincies» en voor «gemeenteblad» wordt gelezen «provinciaal blad».
2. Wanneer is gehandeld in strijd met het eerste lid juncto artikel 20, eerste lid, is artikel X 7, eerste tot en met vijfde lid, van de Kieswet van overeenkomstige toepassing.

Art. 75

[Vervallen]

Afdeling 3
Bevoegdheden

§ 1
De bevoegdheid van het bestuur van het openbaar lichaam en de bedrijfsvoeringsorganisatie en van het gemeenschappelijk orgaan

Art. 76

Gemeenten-provincies-waterschappen, overdracht bevoegdheden

1. Aan het bestuur van het openbaar lichaam of van de bedrijfsvoeringsorganisatie of aan het gemeenschappelijk orgaan kunnen bij de regeling ten aanzien van de belangen ter behartiging waarvan zij is getroffen en voor het gebied waarvoor zij geldt, zodanige bevoegdheden van regeling en bestuur worden overgedragen, als aan de besturen van de deelnemende gemeenten en provincies en van de deelnemende waterschappen met betrekking tot hun eigen gemeente, provincie, onderscheidenlijk waterschap toekomen, met dien verstande dat:
a. aan het bestuur van het openbaar lichaam niet de bevoegdheid kan worden overgedragen andere belastingen te heffen dan de belasting, bedoeld in artikel 222c van de Provinciewet, de rioolheffing, bedoeld in artikel 228a van de Gemeentewet, de rechten, bedoeld in artikel 229, eerste lid, onder a en b, van de Gemeentewet, artikel 223 van de Provinciewet en artikel 115 van de Waterschapswet en de rechten waarvan de heffing krachtens bijzondere wetten geschiedt.
b. aan het gemeenschappelijk orgaan of de bedrijfsvoeringsorganisatie niet de bevoegdheid kan worden overgedragen belastingen te heffen of anderszins algemeen verbindende voorschriften te geven.
2. Indien toepassing wordt gegeven aan het eerste lid, wordt daarbij tevens de verhouding van de overgedragen bevoegdheden tot die van de besturen van de deelnemende gemeenten en provincies en van de deelnemende waterschappen geregeld.
3. Voor zover een verordening van het openbaar lichaam voorziet in hetzelfde onderwerp als een verordening van een deelnemende gemeente of provincie, of van een deelnemend waterschap, regelt eerstbedoelde verordening de onderlinge verhouding. Zij kan bepalen, dat de

verordening van de gemeente, de provincie of het waterschap, voor het gehele gebied, dan wel voor een gedeelte daarvan geheel of gedeeltelijk ophoudt te gelden.

Art. 77
Bij de regeling kunnen beperkingen worden aangebracht in de bevoegdheden die het openbaar lichaam of de bedrijfsvoeringsorganisatie van rechtswege bezit om aan het maatschappelijk verkeer deel te nemen.

Gemeenten-provincies-waterschappen, beperkingen bevoegdheden

Art. 77a
1. Het algemeen bestuur van het openbaar lichaam of het bestuur van de bedrijfsvoeringsorganisatie besluit slechts tot de oprichting van en de deelneming in stichtingen, maatschappen, vennootschappen, verenigingen, coöperaties en onderlinge waarborgmaatschappijen, indien de regeling in deze mogelijkheid voorziet en dat in het bijzonder aangewezen moet worden geacht voor de behartiging van het daarmee te dienen openbaar belang.
2. Het besluit wordt niet genomen dan nadat de raden van de deelnemende gemeenten, provinciale staten van de deelnemende provincies en de algemene besturen van de deelnemende waterschappen een ontwerpbesluit is toegezonden en in de gelegenheid zijn gesteld hun wensen en bedenkingen ter kennis van het algemeen bestuur van het openbaar lichaam of het bestuur van de bedrijfsvoeringsorganisatie te brengen.

Algemeen bestuur, oprichting van/deelname aan stichtingen etc.

Art. 78
Een verordening van het openbaar lichaam tot heffing van een belasting regelt, voor welke colleges of ambtenaren de bevoegdheden, bedoeld in hoofdstuk XV van de Gemeentewet en die bedoeld in hoofdstuk XV van de Provinciewet en hoofdstuk XVIII van de Waterschapswet, zullen gelden.

Gemeenten-provincies-waterschappen, belastingheffing door openbaar lichaam

§ 2
Bijzondere voorzieningen

Art. 78a
1. Indien de bevoegdheden van het bestuur van het openbaar lichaam, het bestuur van de bedrijfsvoeringsorganisatie of het gemeenschappelijk orgaan mede door de besturen van de deelnemende provincies zijn overgedragen, zijn daarop de artikelen 45a en 45b van toepassing.
2. Voor zover de bevoegdheden van het bestuur van het openbaar lichaam, het bestuur van de bedrijfsvoeringsorganisatie of het gemeenschappelijk orgaan uitsluitend door de besturen van de deelnemende gemeenten zijn overgedragen, zijn daarop de artikelen 32a tot en met 32j van toepassing.
3. Voor zover de bevoegdheden van het bestuur van het openbaar lichaam, het bestuur van de bedrijfsvoeringsorganisatie of het gemeenschappelijk orgaan uitsluitend door de besturen van de deelnemende waterschappen zijn overgedragen, is daarop artikel 50da van toepassing.

Gemeenten-provincies-waterschappen, bijzondere voorzieningen

§ 3
[Vervallen]

Art. 78aa-78c
[Vervallen]

§ 4
De bevoegdheid van het algemeen bestuur

Art. 79
De bevoegdheden die bij de regeling worden overgedragen, berusten bij het algemeen bestuur, tenzij bij wet of in de regeling anders is bepaald.

Gemeenten-provincies-waterschappen, bevoegdheden algemeen bestuur

Art. 79a
1. Het algemeen bestuur kan aan het dagelijks bestuur bevoegdheden van het algemeen bestuur overdragen, tenzij de aard van de bevoegdheid zich daartegen verzet.
2. Het algemeen bestuur kan in ieder geval niet overdragen de bevoegdheid tot:
a. het vaststellen van de begroting of van de jaarrekening, bedoeld in artikel 80;
b. het heffen van rechten, bedoeld in artikel 76, eerste lid, onder a;
c. het vaststellen van verordeningen door strafbepaling of bestuursdwang te handhaven.
3. De artikelen 78b en 78c zijn van overeenkomstige toepassing op een besluit dat wordt genomen op grond van het eerste lid.
4. In afwijking van artikel 10:16, eerste lid, van de Algemene wet bestuursrecht kan het algemeen bestuur beperkingen stellen aan de uitoefening van de overgedragen bevoegdheid.
5. Ten aanzien van de bevoegdheden die met toepassing van het eerste lid zijn overgedragen, zijn de regels die bij of krachtens de wet zijn gesteld met betrekking tot de uitoefening daarvan en het toezicht daarop van overeenkomstige toepassing.

§ 5
De bevoegdheid van het dagelijks bestuur

Art. 79b

Gemeenten-provincies-waterschappen, bevoegdheden dagelijks bestuur

1. Indien de bevoegdheden van het bestuur van het openbaar lichaam mede door de besturen van de deelnemende provincies of uitsluitend door de besturen van de deelnemende gemeenten zijn overgedragen, is artikel 33b van toepassing op het dagelijks bestuur.
2. Voor zover de bevoegdheden van het bestuur van het openbaar lichaam uitsluitend door de besturen van de deelnemende waterschappen zijn overgedragen, is artikel 50eb van toepassing op het dagelijks bestuur.

Art. 79c

Het dagelijks bestuur kan een of meer leden van het dagelijks bestuur machtigen tot uitoefening van een of meer van zijn bevoegdheden, tenzij de regeling waarop de bevoegdheid steunt zich daartegen verzet.

§ 6
De bevoegdheid van de voorzitter

Art. 79d

Gemeenten-provincies-waterschappen, bevoegdheden voorzitter

1. De voorzitter vertegenwoordigt het openbaar lichaam in en buiten rechte.

2. De voorzitter kan de in het eerste lid bedoelde vertegenwoordiging opdragen aan een door hem aan te wijzen persoon.

§ 7
Financiën

Art. 80

Gemeenten-provincies-waterschappen, begroting/jaarrekening

1. Het algemeen bestuur van het openbaar lichaam, het bestuur van de bedrijfsvoeringsorganisatie of het gemeenschappelijk orgaan stelt de begroting vast in het jaar voorafgaande aan dat waarvoor zij dient.
2. Het dagelijks bestuur van het openbaar lichaam, het bestuur van de bedrijfsvoeringsorganisatie of het gemeenschappelijk orgaan zendt de begroting binnen twee weken na de vaststelling, doch in ieder geval vóór 1 augustus van het jaar voorafgaande aan dat waarvoor de begroting dient, aan Onze Minister van Binnenlandse Zaken en Koninkrijksrelaties.
3. Het algemeen bestuur van het openbaar lichaam, het bestuur van de bedrijfsvoeringsorganisatie of het gemeenschappelijk orgaan stelt de jaarrekening vast in het jaar volgende op het jaar waarop deze betrekking heeft.
4. Het dagelijks bestuur van het openbaar lichaam, het bestuur van de bedrijfsvoeringsorganisatie of het gemeenschappelijk orgaan zendt de jaarrekening binnen twee weken na de vaststelling, doch in ieder geval vóór 15 juli van het jaar volgende op het jaar waarop de jaarrekening betrekking heeft, aan Onze Minister van Binnenlandse Zaken en Koninkrijksrelaties.

Art. 80a

Gemeenten-provincies-waterschappen, financiële/beleidsmatige kaders/voorlopige jaarrekening

Het dagelijks bestuur van het openbaar lichaam, het bestuur van de bedrijfsvoeringsorganisatie of het gemeenschappelijk orgaan zendt vóór 15 april van het jaar voorafgaande aan dat waarvoor de begroting dient, de algemene financiële en beleidsmatige kaders en de voorlopige jaarrekening aan de raden van de deelnemende gemeenten, aan provinciale staten van de deelnemende provincies en aan de algemene besturen van de deelnemende waterschappen.

Art. 81

Gemeenten-provincies-waterschappen, ontwerpbegroting

1. Het dagelijks bestuur van het openbaar lichaam, het bestuur van de bedrijfsvoeringsorganisatie of het gemeenschappelijk orgaan zendt de ontwerpbegroting acht weken voordat zij aan het algemeen bestuur wordt aangeboden, onderscheidenlijk acht weken voordat zij door het bestuur van de bedrijfsvoeringsorganisatie of het gemeenschappelijk orgaan wordt vastgesteld, toe aan de raden van de deelnemende gemeenten, aan provinciale staten van de deelnemende provincies en aan de algemene besturen van de deelnemende waterschappen.
2. De ontwerp-begroting wordt door de zorg van de deelnemende gemeenten, provincies en waterschappen voor een ieder ter inzage gelegd en, tegen betaling van de kosten, algemeen verkrijgbaar gesteld.
3. De raden van de deelnemende gemeenten, provinciale staten van de deelnemende provincies en de algemene besturen van de deelnemende waterschappen kunnen bij het dagelijks bestuur van het openbaar lichaam, het bestuur van de bedrijfsvoeringsorganisatie onderscheidenlijk het gemeenschappelijk orgaan hun zienswijze over de ontwerp-begroting naar voren brengen. Het dagelijks bestuur voegt de commentaren waarin deze zienswijze is vervat bij de ontwerpbegroting, zoals deze aan het algemeen bestuur wordt aangeboden.

4. Nadat deze is vastgesteld, zendt het algemeen bestuur van het openbaar lichaam, het bestuur van de bedrijfsvoeringsorganisatie, onderscheidenlijk het gemeenschappelijk orgaan, zo nodig, de begroting aan de raden van de deelnemende gemeenten, aan provinciale staten van de deelnemende provincies en aan de algemene besturen van de deelnemende waterschappen die ter zake bij Onze Minister van Binnenlandse Zaken en Koninkrijksrelaties hun zienswijze naar voren kunnen brengen.
5. Het eerste, derde en vierde lid zijn van toepassing op besluiten tot wijziging van de begroting. In de gemeenschappelijke regeling kan worden bepaald ten aanzien van welke categorieën begrotingswijzigingen hiervan kan worden afgeweken.
6. De artikelen 190 tot en met 219 van de Provinciewet zijn van overeenkomstige toepassing, voor zover daarvan bij of krachtens deze wet niet is afgeweken.
7. In afwijking van het zesde lid zijn de artikelen 99 tot en met 109c van de Waterschapswet van overeenkomstige toepassing, voor zover daarvan bij of krachtens deze wet niet is afgeweken, indien uitsluitend door de besturen van de deelnemende waterschappen bevoegdheden zijn overgedragen aan het openbaar lichaam, de bedrijfsvoeringsorganisatie of het gemeenschappelijk orgaan.

Afdeling 4
Schorsing en vernietiging

Art. 82
1. Indien de bevoegdheden van het bestuur van het openbaar lichaam, het bestuur van de bedrijfsvoeringsorganisatie of het gemeenschappelijk orgaan mede door de besturen van de deelnemende provincies zijn overgedragen, is daarop artikel 49 van toepassing.
2. Voor zover de bevoegdheden van het bestuur van het openbaar lichaam, het bestuur van de bedrijfsvoeringsorganisatie of het gemeenschappelijk orgaan uitsluitend door de besturen van de deelnemende gemeenten zijn overgedragen, zijn daarop de artikelen 36 tot en met 39f van toepassing.
3. Voor zover de bevoegdheden van het bestuur van het openbaar lichaam, het bestuur van de bedrijfsvoeringsorganisatie of het gemeenschappelijk orgaan uitsluitend door de besturen van de deelnemende waterschappen zijn overgedragen, zijn daarop de artikelen 50h tot en met 50k van toepassing.

Gemeenten-provincies-waterschappen, schorsing/vernietiging besluit/beslissing

Hoofdstuk VII
Regelingen tussen provincies en waterschappen

Afdeling 1
Bevoegdheid tot het treffen van een regeling

Art. 83
1. Provinciale staten, de colleges van gedeputeerde staten en de commissarissen van de Koning van een of meer provincies kunnen, afzonderlijk of tezamen, met de algemene besturen, de dagelijkse besturen en de voorzitters van een of meer waterschappen, ieder voor zover zij voor de eigen provincie, onderscheidenlijk het eigen waterschap bevoegd zijn, een gemeenschappelijke regeling treffen ter behartiging van een of meer bepaalde belangen van die provincies of waterschappen.
2. Een college van gedeputeerde staten en een commissaris van de Koning, onderscheidenlijk een dagelijks bestuur en een voorzitter van een waterschap gaan niet over tot het treffen van een regeling dan na verkregen toestemming van provinciale staten, onderscheidenlijk het algemeen bestuur van het waterschap. De toestemming kan slechts worden onthouden wegens strijd met het recht of het algemeen belang.
3. Onder het treffen van een regeling wordt in dit artikel mede verstaan het wijzigen van, het toetreden tot en het uittreden uit een regeling.

Provincies-waterschappen, treffen gemeenschappelijk regelingen

Afdeling 2
Algemene bepalingen

Art. 84
1. De artikelen 8 tot en met 26 zijn van overeenkomstige toepassing, met uitzondering van artikel 20, vierde lid, en met dien verstande dat:
a. bij de toepassing van artikel 10, vierde lid, voor «artikel 81p, eerste lid, van de Gemeentewet» wordt gelezen: artikel 79q, eerste lid, van de Provinciewet of artikel 51b, eerste lid, van de Waterschapswet;

Provincies-waterschappen, van overeenkomstige toepassing gemeenschappelijke regelingen gemeenten

A33 art. 86 — Wet gemeenschappelijke regelingen

b. bij de toepassing van artikel 16, vijfde lid, voor de woorden "artikel 25 van de Gemeentewet" wordt gelezen: het bepaalde voor het orgaan dat het lid heeft aangewezen;
c. bij de toepassing van artikel 19b voor «Onze Minister van Binnenlandse Zaken en Koninkrijksrelaties en het provinciebestuur» wordt gelezen: Onze Ministers;
d. de ontheffing bedoeld in artikel 20, tweede lid, wordt verleend door Onze Minister van Binnenlandse Zaken en Koninkrijksrelaties;
e. bij de toepassing van artikel 21, vierde lid, voor artikel 99 van de Gemeentewet wordt gelezen artikel 96 van de Provinciewet;
f. bij de toepassing van artikel 22, eerste lid, voor de artikelen 16, 17, 19, 20, 22, 26 en 28 tot en met 33 van de Gemeentewet worden gelezen de artikelen 16, 17, 19, 20, 22, 26 en 28 tot en met 33 van de Provinciewet;
g. bij de toepassing van artikel 24, eerste lid, voor artikel 22 van de Gemeentewet wordt gelezen artikel 22 van de Provinciewet;
h. bij de toepassing van artikel 24, vierde lid, voor de artikelen 96 tot en met 99 van de Gemeentewet worden gelezen de artikelen 93 tot en met 96 van de Provinciewet;
i. bij de toepassing van artikel 25, eerste lid, voor de artikel 22 van de Gemeentewet en de artikelen 21, 23, eerste en tweede lid, van deze wet wordt gelezen de artikel 22 van de Provinciewet en de artikelen 21, 23, eerste en tweede lid, van deze wet;
j. bij de toepassing van artikel 25, eerste lid jo artikel 21, vierde lid, voor artikel 99 van de Gemeentewet wordt gelezen artikel 96 van de Provinciewet;
k. bij de toepassing van artikel 26, eerste en tweede lid, voor «gemeentebestuur» wordt gelezen «provinciebestuur», voor «gemeente» wordt gelezen «provincie», voor «gemeenten» wordt gelezen «provincies» en voor «gemeenteblad» wordt gelezen «provinciaal blad».

2. Wanneer is gehandeld in strijd met het eerste lid juncto artikel 20, eerste lid, is artikel X 7, eerste tot en met vijfde lid, van de Kieswet van overeenkomstige toepassing.

Art. 85
[Vervallen]

Afdeling 3
Bevoegdheden

§ 1
De bevoegdheid van het bestuur van het openbaar lichaam en de bedrijfsvoeringsorganisatie en van het gemeenschappelijk orgaan

Art. 86

Provincies-waterschappen, overdracht bevoegdheden

1. Aan het bestuur van het openbaar lichaam of van de bedrijfsvoeringsorganisatie of aan het gemeenschappelijk orgaan kunnen bij de regeling ten aanzien van de belangen ter behartiging waarvan zij is getroffen en voor het gebied waarvoor zij geldt, zodanige bevoegdheden van regeling en bestuur worden overgedragen, als aan de besturen van de deelnemende provincies en waterschappen met betrekking tot hun eigen provincie, onderscheidenlijk waterschap toekomen, met dien verstande dat:
a. aan het bestuur van het openbaar lichaam niet de bevoegdheid kan worden overgedragen andere belastingen te heffen dan de belasting, bedoeld in artikel 222c van de Provinciewet, de rechten, bedoeld in artikel 223 van de Provinciewet en artikel 115 van de Waterschapswet en de rechten waarvan de heffing krachtens bijzondere wetten geschiedt.
b. aan het gemeenschappelijk orgaan of de bedrijfsvoeringsorganisatie niet de bevoegdheid kan worden overgedragen belastingen te heffen of anderszins algemeen verbindende voorschriften te geven.

2. Indien toepassing wordt gegeven aan het eerste lid, wordt daarbij tevens de verhouding van de overgedragen bevoegdheden tot die van de besturen van de aan de regeling deelnemende provincies en waterschappen geregeld.

3. Voor zover een verordening van het openbaar lichaam voorziet in hetzelfde onderwerp als een verordening van een deelnemende provincie of een deelnemend waterschap, regelt eerstbedoelde verordening de onderlinge verhouding. Zij kan bepalen, dat de verordening van de provincie of van het waterschap voor het gehele gebied, dan wel voor een gedeelte daarvan geheel of gedeeltelijk ophoudt te gelden.

Art. 87

Provincies-waterschappen, beperkingen bevoegdheden

Bij de regeling kunnen hoewel beperkingen worden aangebracht in de bevoegdheden die het openbaar lichaam of de bedrijfsvoeringsorganisatie van rechtswege bezit om aan het maatschappelijk verkeer deel te nemen.

Art. 87a

Algemeen bestuur, oprichting van/deelname aan stichtingen etc.

1. Het algemeen bestuur van het openbaar lichaam of het bestuur van de bedrijfsvoeringsorganisatie besluit slechts tot de oprichting van en de deelneming in stichtingen, maatschappen, vennootschappen, verenigingen, coöperaties en onderlinge waarborgmaatschappijen, indien

de regeling in deze mogelijkheid voorziet en dat in het bijzonder aangewezen moet worden geacht voor de behartiging van het daarmee te dienen openbaar belang.
2. Het besluit wordt niet genomen dan nadat provinciale staten van de deelnemende provincies en de algemene besturen van de deelnemende waterschappen een ontwerpbesluit is toegezonden en in de gelegenheid zijn gesteld hun wensen en bedenkingen ter kennis van het algemeen bestuur van het openbaar lichaam of het bestuur van de bedrijfsvoeringsorganisatie te brengen.

Art. 88
Een verordening van het openbaar lichaam tot heffing van een belasting regelt, voor welke colleges of ambtenaren de bevoegdheden, bedoeld in hoofdstuk XV van de Provinciewet en die bedoeld in hoofdstuk XVIII van de Waterschapswet, zullen gelden.

Provincies-waterschappen, belastingheffing door openbaar lichaam

§ 2
Bijzondere voorzieningen

Art. 88a
1. Indien de bevoegdheden van het bestuur van het openbaar lichaam, het bestuur van de bedrijfsvoeringsorganisatie of het gemeenschappelijk orgaan mede door de besturen van de deelnemende provincies zijn overgedragen, zijn daarop de artikelen 45a en 45b van toepassing.
2. Voor zover de bevoegdheden van het bestuur van het openbaar lichaam, het bestuur van de bedrijfsvoeringsorganisatie of het gemeenschappelijk orgaan uitsluitend door de besturen van de deelnemende waterschappen zijn overgedragen, is daarop artikel 50da van toepassing.

Provincies-waterschappen, bijzondere voorzieningen

§ 3
[Vervallen]

Art. 88aa-88c
[Vervallen]

§ 4
De bevoegdheid van het algemeen bestuur

Art. 89
De bevoegdheden die bij de regeling worden overgedragen, berusten bij het algemeen bestuur, tenzij bij wet of in de regeling anders is bepaald.

Provincies-waterschappen, bevoegdheden algemeen bestuur

Art. 89a
1. Het algemeen bestuur kan aan het dagelijks bestuur bevoegdheden van het algemeen bestuur overdragen, tenzij de aard van de bevoegdheid zich daartegen verzet.
2. Het algemeen bestuur kan in ieder geval niet overdragen de bevoegdheid tot:
a. het vaststellen van de begroting of van de jaarrekening, bedoeld in artikel 90;
b. het heffen van rechten, bedoeld in artikel 86, eerste lid, onder a;
c. het vaststellen van verordeningen door strafbepaling of bestuursdwang te handhaven.
3. De artikelen 88b en 88c zijn van overeenkomstige toepassing op een besluit dat wordt genomen op grond van het eerste lid.
4. In afwijking van artikel 10:16, eerste lid, van de Algemene wet bestuursrecht kan het algemeen bestuur beperkingen stellen aan de uitoefening van de overgedragen bevoegdheid.
5. Ten aanzien van de bevoegdheden die met toepassing van het eerste lid zijn overgedragen, zijn de regels die bij of krachtens de wet zijn gesteld met betrekking tot de uitoefening daarvan en het toezicht daarop van overeenkomstige toepassing.

§ 5
De bevoegdheid van het dagelijks bestuur

Art. 89b
1. Indien de bevoegdheden van het bestuur van het openbaar lichaam mede door de besturen van de deelnemende provincies zijn overgedragen, is artikel 46b van toepassing op het dagelijks bestuur.
2. Voor zover de bevoegdheden van het bestuur van het openbaar lichaam uitsluitend door de besturen van de deelnemende waterschappen zijn overgedragen, is artikel 50eb van toepassing op het dagelijks bestuur.

Provincies-waterschappen, bevoegdheden dagelijks bestuur

Art. 89c
Het dagelijks bestuur kan een of meer leden van het dagelijks bestuur machtigen tot uitoefening van een of meer van zijn bevoegdheden, tenzij de regeling waarop de bevoegdheid steunt zich daartegen verzet.

§ 6
De bevoegdheid van de voorzitter

Art. 89d

Provincies-waterschappen, bevoegdheden voorzitter

1. De voorzitter vertegenwoordigt het openbaar lichaam in en buiten rechte.

2. De voorzitter kan de in het eerste lid bedoelde vertegenwoordiging opdragen aan een door hem aan te wijzen persoon.

§ 7
Financiën

Art. 90

Provincies-waterschappen, begroting/jaarrekening

1. Het algemeen bestuur van het openbaar lichaam, het bestuur van de bedrijfsvoeringsorganisatie of het gemeenschappelijk orgaan stelt de begroting vast in het jaar voorafgaande aan dat waarvoor zij dient.
2. Het dagelijks bestuur van het openbaar lichaam, het bestuur van de bedrijfsvoeringsorganisatie of het gemeenschappelijk orgaan zendt de begroting binnen twee weken na de vaststelling, doch in ieder geval vóór 1 augustus van het jaar voorafgaande aan dat waarvoor de begroting dient, aan Onze Minister van Binnenlandse Zaken en Koninkrijksrelaties.
3. Het algemeen bestuur van het openbaar lichaam, het bestuur van de bedrijfsvoeringsorganisatie of het gemeenschappelijk orgaan stelt de jaarrekening vast in het jaar volgende op het jaar waarop deze betrekking heeft.
4. Het dagelijks bestuur van het openbaar lichaam, het bestuur van de bedrijfsvoeringsorganisatie of het gemeenschappelijk orgaan zendt de jaarrekening binnen twee weken na de vaststelling, doch in ieder geval vóór 15 juli van het jaar volgende op het jaar waarop de jaarrekening betrekking heeft, aan Onze Minister van Binnenlandse Zaken en Koninkrijksrelaties.

Art. 90a

Provincies-waterschappen, financiële/beleidsmatige kaders/voorlopige jaarrekening

Het dagelijks bestuur van het openbaar lichaam, het bestuur van de bedrijfsvoeringsorganisatie of het gemeenschappelijk orgaan zendt vóór 15 april van het jaar voorafgaande aan dat waarvoor de begroting dient, de algemene financiële en beleidsmatige kaders en de voorlopige jaarrekening aan provinciale staten van de deelnemende provincies en aan de algemene besturen van de deelnemende waterschappen.

Art. 91

Provincies-waterschappen, ontwerpbegroting

1. Het dagelijks bestuur van het openbaar lichaam, het bestuur van de bedrijfsvoeringsorganisatie of het gemeenschappelijk orgaan zendt de ontwerpbegroting acht weken voordat zij aan het algemeen bestuur wordt aangeboden, onderscheidenlijk acht weken voordat zij door het bestuur van de bedrijfsvoeringsorganisatie of het gemeenschappelijk orgaan wordt vastgesteld, toe aan provinciale staten van de deelnemende provincies en aan de algemene besturen van de deelnemende waterschappen.
2. De ontwerp-begroting wordt door de zorg van de aan de regeling deelnemende provincies en waterschappen voor een ieder ter inzage gelegd en, tegen betaling van de kosten, algemeen verkrijgbaar gesteld.
3. Provinciale staten van de deelnemende provincies en de algemene besturen van de deelnemende waterschappen kunnen bij het dagelijks bestuur van het openbaar lichaam, het bestuur van de bedrijfsvoeringsorganisatie onderscheidenlijk het gemeenschappelijk orgaan hun zienswijze over de ontwerp-begroting naar voren brengen. Het dagelijks bestuur voegt de commentaren waarin deze zienswijze is vervat bij de ontwerp-begroting, zoals deze aan het algemeen bestuur wordt aangeboden.
4. Nadat deze is vastgesteld, zendt het algemeen bestuur van het openbaar lichaam, het bestuur van de bedrijfsvoeringsorganisatie, onderscheidenlijk het gemeenschappelijk orgaan, zo nodig, de begroting aan provinciale staten van de deelnemende provincies en aan de algemene besturen van de deelnemende waterschappen, die ter zake bij Onze Minister van Binnenlandse Zaken en Koninkrijksrelaties hun zienswijze naar voren kunnen brengen.
5. Het eerste, derde en vierde lid zijn van toepassing op besluiten tot wijziging van de begroting. In de gemeenschappelijke regeling kan worden bepaald ten aanzien van welke categorieën begrotingswijzigingen hiervan kan worden afgeweken.
6. De artikelen 190 tot en met 219 van de Provinciewet zijn van overeenkomstige toepassing, voor zover daarvan bij of krachtens deze wet niet is afgeweken.
7. In afwijking van het zesde lid zijn de artikelen 99 tot en met 109c van de Waterschapswet van overeenkomstige toepassing, voor zover daarvan bij of krachtens deze wet niet is afgeweken, indien uitsluitend door de besturen van de deelnemende waterschappen bevoegdheden zijn overgedragen aan het openbaar lichaam, de bedrijfsvoeringsorganisatie of het gemeenschappelijk orgaan.

Wet gemeenschappelijke regelingen A33 art. 98

Afdeling 4
Schorsing en vernietiging

Art. 92
1. Indien de bevoegdheden van het bestuur van het openbaar lichaam, het bestuur van de bedrijfsvoeringsorganisatie of het gemeenschappelijk orgaan mede door de besturen van de deelnemende provincies zijn overgedragen, is daarop artikel 49 van toepassing. *Provincies-waterschappen, schorsing/vernietiging besluit/beslissing*
2. Voor zover de bevoegdheden van het bestuur van het openbaar lichaam, het bestuur van de bedrijfsvoeringsorganisatie of het gemeenschappelijk orgaan uitsluitend door de besturen van de deelnemende waterschappen zijn overgedragen, zijn daarop de artikelen 50h tot en met 50k van toepassing.

Hoofdstuk VIII
Het deelnemen aan een regeling door andere openbare lichamen en rechtspersonen

Art. 93
Aan een regeling als bedoeld in de hoofdstukken I tot en met VII kunnen, indien zij daartoe overigens bevoegd zijn, tevens deelnemen: *Gemeenschappelijke regelingen, deelname andere openbare lichamen/rechtspersonen*
a. een of meer andere openbare lichamen dan gemeenten, provincies en waterschappen;
b. een of meer andere rechtspersonen, indien hun bestuur bij koninklijk besluit, dat in de *Nederlandse Staatscourant* wordt geplaatst, daartoe is gemachtigd.

Art. 94
1. Deelneming vanwege het Rijk geschiedt bij besluit van Onze betrokken Minister. Het besluit regelt mede de gevolgen van de deelneming. *Gemeenschappelijke regelingen, deelname Rijk*
2. Indien vanwege het Rijk wordt deelgenomen aan een regeling waarbij gebruik wordt gemaakt van een bevoegdheid als bedoeld in artikel 8, wordt een besluit als bedoeld in het eerste lid aan de beide kamers der Staten-Generaal overgelegd. Het treedt in werking op een tijdstip dat nadat vier weken na de overlegging zijn verstreken bij besluit van Onze betrokken Minister wordt vastgesteld, tenzij binnen die termijn door of namens een der kamers of door ten minste een vijfde van het grondwettelijk aantal leden van een der kamers de wens te kennen wordt gegeven dat de inwerkingtreding van het besluit bij wet wordt geregeld.

Art. 95
De hoofdstukken I tot en met VII zijn van overeenkomstige toepassing, met dien verstande dat, wanneer het een regeling betreft met deelnemers bedoeld in de artikelen 93, onderdeel b en 94, eerste lid, de genoemde hoofdstukken ten aanzien van deze deelnemers zoveel mogelijk van overeenkomstige toepassing zijn. *Schakelbepaling*

Hoofdstuk IX
Regelingen tussen één gemeente, provincie of waterschap en een of meer andere openbare lichamen en rechtspersonen

Art. 96
De raad en het college van burgemeester en wethouders van een gemeente, provinciale staten en gedeputeerde staten van een provincie, onderscheidenlijk het algemeen bestuur en het dagelijks bestuur van een waterschap kunnen, ieder voor zover zij voor de eigen gemeente, de eigen provincie, onderscheidenlijk het eigen waterschap bevoegd zijn, een gemeenschappelijke regeling treffen ter behartiging van bepaalde belangen van die gemeente, die provincie, onderscheidenlijk dat waterschap met - indien deze daartoe overigens bevoegd zijn - de besturen van: *Deelname derden, bevoegden tot treffen regelingen*
a. een of meer andere openbare lichamen dan gemeenten, provincies en waterschappen;
b. een of meer andere rechtspersonen, indien zij bij koninklijk besluit dat in de *Nederlandse Staatscourant* wordt geplaatst, daartoe zijn gemachtigd.

Art. 97
1. Deelneming vanwege het Rijk geschiedt bij besluit van Onze betrokken Minister. Het besluit regelt mede de gevolgen van de deelneming. *Deelname Rijk, bevoegden tot treffen regelingen*
2. Indien vanwege het Rijk wordt deelgenomen aan een regeling waarbij gebruik wordt gemaakt van een bevoegdheid als bedoeld in artikel 8, wordt een besluit als bedoeld in het eerste lid aan de beide kamers der Staten-Generaal overgelegd. Het treedt in werking op een tijdstip dat nadat vier weken na de overlegging zijn verstreken bij besluit van Onze betrokken Minister wordt vastgesteld, tenzij binnen die termijn door of namens een der kamers of door ten minste een vijfde van het grondwettelijk aantal leden van een der kamers de wens te kennen wordt gegeven dat de inwerkingtreding van het besluit bij wet wordt geregeld.

Art. 98
Van overeenkomstige toepassing is hoofdstuk I, indien een gemeente de regeling aangaat, hoofdstuk II, indien een provincie de regeling aangaat, of hoofdstuk III, indien een waterschap *Schakelbepaling*

de regeling aangaat. Wanneer het een regeling betreft met deelnemers bedoeld in de artikelen 96, onderdeel b en 97, eerste lid, zijn de genoemde hoofdstukken ten aanzien van deze deelnemers zoveel mogelijk van overeenkomstige toepassing.

Hoofdstuk X
Verplichte samenwerking

Art. 99

Verplichte samenwerking, aanwijzing gemeenten door gedeputeerde staten

1. Op verzoek van het bestuur van een of meer gemeenten kunnen gedeputeerde staten, indien een zwaarwegend openbaar belang dat vereist, gemeenten aanwijzen waarvan de besturen een gemeenschappelijke regeling moeten treffen ter behartiging van een of meer bepaalde belangen.
2. Een aanwijzing kan ook betreffen de verplichting tot wijziging of opheffing van een bestaande regeling, alsmede de verplichting tot toetreding tot of uittreding uit een bestaande regeling.
3. Alvorens een aanwijzing te geven, plegen gedeputeerde staten overleg met de besturen van de betrokken gemeenten. Bij een aanwijzing als bedoeld in het tweede lid, plegen gedeputeerde staten tevens overleg met het bestuur van het openbaar lichaam of het gemeenschappelijk orgaan dat bij de betreffende regeling is ingesteld. Het overleg duurt ten hoogste dertien weken, te rekenen vanaf de datum waarop gedeputeerde staten de betrokken besturen tot het voeren van overleg in de gelegenheid hebben gesteld.
4. Bij de aanwijzing stellen gedeputeerde staten een termijn binnen welke een regeling ter kennisneming aan hen dient te worden gezonden. Deze termijn bedraagt ten hoogste zes maanden.

Art. 99a-99b
[Vervallen]

Art. 100

Verplichte samenwerking, opleggen regeling na kennisnemingtermijn

1. Gedeputeerde staten leggen uiterlijk binnen zes maanden na het verstrijken van de termijn, bedoeld in artikel 99, vierde lid, een regeling op overeenkomstig de aanwijzing, bedoeld in artikel 99, indien geen regeling aan hen is gezonden, of indien uit de ter kennisneming toegezonden regeling blijkt dat aan de aanwijzing onvoldoende gevolg is gegeven.
2. Een oplegging kan ook betreffen de oplegging van een wijziging of opheffing van een bestaande regeling, alsmede de oplegging van een toetreding tot of uittreding uit een bestaande regeling.
3. Alvorens een regeling op te leggen, horen gedeputeerde staten de besturen van de betrokken gemeenten over het ontwerp van de op te leggen regeling. Bij een oplegging als bedoeld in het tweede lid, horen gedeputeerde staten tevens het bestuur van het openbaar lichaam of het gemeenschappelijk orgaan dat bij de betreffende regeling is ingesteld.

Art. 101

Verplichte samenwerking, besluitvorming bij meer dan een provincie

Indien het een regeling betreft tussen gemeenten die in meer dan een provincie liggen, vindt de toepassing van de artikelen 99 en 100 plaats bij gelijkluidende besluiten van gedeputeerde staten van de betrokken provincies.

Art. 102

Verplichte samenwerking, aanwijzing op verzoek minister

1. Onze Minister wie het aangaat kan, in overeenstemming met Onze Minister van Binnenlandse Zaken en Koninkrijksrelaties, gedeputeerde staten uitnodigen tot het geven van een aanwijzing als bedoeld in artikel 99, eerste lid.
2. Een uitnodiging wordt niet gedaan dan nadat Onze Minister wie het aangaat gedeputeerde staten heeft gehoord.
3. Bij de uitnodiging stelt Onze Minister wie het aangaat een termijn binnen welke gedeputeerde staten een aanwijzing dienen te geven.

Art. 103
[Vervallen]

Art. 103a

Verplichte samenwerking, rol Commissaris van de Koning bij regeling tussen burgemeesters

De commissaris van de Koning treedt voor de toepassing van de artikelen 99 tot en met 102 in de plaats van gedeputeerde staten, indien het betreft een regeling uitsluitend tussen burgemeesters.

Art. 103b

Schakelbepalingen

De aanwijzing, bedoeld in artikel 99, eerste lid, kan ook betreffen de deelneming van gemeenten aan een regeling als bedoeld in hoofdstuk V en hoofdstuk VIII, voor zover daaraan geen provincies deelnemen. De artikel 99, derde lid, en 100 tot en met 102 zijn van overeenkomstige toepassing.

Art. 103c

1. De aanwijzing, bedoeld in artikel 99, eerste lid, kan ook betreffen de deelneming van gemeenten aan een regeling als bedoeld in de hoofdstukken IV en VI, alsmede VIII, voor zover daaraan provincies deelnemen, met dien verstande dat de aanwijzing wordt gegeven door Onze

Wet gemeenschappelijke regelingen   A33 art. 103f

Minister wie het aangaat, in overeenstemming met Onze Minister van Binnenlandse Zaken en Koninkrijksrelaties. Artikel 99, derde lid, is van overeenkomstige toepassing.

2. Bij de aanwijzing, bedoeld in het eerste lid, stelt Onze Minister wie het aangaat een termijn binnen welke een regeling ter kennisneming aan hem dient te worden gezonden.

3. Bij toepassing van het eerste lid pleegt Onze Minister wie het aangaat tevens overleg met de besturen van de betrokken waterschappen, andere openbare lichamen en rechtspersonen. Bij toepassing van het tweede lid worden deze besturen tevens gehoord.

Art. 103d
Voor de toepassing van de artikelen 103b en 103c wordt onder oplegging van een regeling begrepen de oplegging van een toetreding tot en een uittreding uit een bestaande regeling.

Verplichte samenwerking, begripsbepaling

Art. 103e
Voor zover in dit hoofdstuk niet anders is bepaald, is bij de oplegging van een regeling hoofdstuk I, dan wel IV, V, VI of VIII van toepassing.

Schakelbepaling

Art. 103f
Bezwaar of beroep tegen een besluit tot oplegging kan geen grond vinden in bezwaar of beroep tegen het aanwijzingsbesluit.

Verplichte samenwerking, beroep/bezwaar

Hoofdstuk XI
[Vervallen]

§ 1
[Vervallen]

Art. 104-105
[Vervallen]

§ 2
[Vervallen]

Art. 106-110
[Vervallen]

§ 3
[Vervallen]

Art. 111-112
[Vervallen]

§ 4
[Vervallen]

Art. 113-114
[Vervallen]

§ 5
[Vervallen]

Art. 115-117
[Vervallen]

§ 6
[Vervallen]

Art. 118-119
[Vervallen]

§ 7
[Vervallen]

Art. 120-123
[Vervallen]

Hoofdstuk XIa
Regelingen tussen de openbare lichamen Bonaire, Sint Eustatius en Saba

§ 1
Bevoegdheid tot treffen van een regeling

Art. 124

BES-eilanden, bevoegdheid tot treffen gemeenschappelijk regeling

1. De eilandsraden, de bestuurscolleges en de gezaghebbers van twee of meer openbare lichamen Bonaire, Sint Eustatius of Saba kunnen afzonderlijk of tezamen, ieder voor zover zij voor het eigen openbaar lichaam bevoegd zijn, een gemeenschappelijke regeling treffen ter behartiging van een of meer bepaalde belangen van die openbare lichamen.
2. De bestuurscolleges en de gezaghebbers gaan niet over tot het treffen van een regeling dan na verkregen toestemming van de eilandsraden. De toestemming kan slechts worden onthouden wegens strijd met het recht of het algemeen belang.
3. Onder het treffen van een regeling wordt in dit artikel mede verstaan het wijzigen van, het toetreden tot en het uittreden uit een regeling.

§ 2
Algemene bepalingen

Art. 125

BES-eilanden, instelling samenwerkingslichaam

1. Bij de regeling kan een openbaar lichaam onder de naam samenwerkingslichaam worden ingesteld. Het samenwerkingslichaam is een rechtspersoon.
2. In daarvoor bijzonder in aanmerking komende gevallen kan bij de regeling, in plaats van een openbaar lichaam, een gemeenschappelijk orgaan worden ingesteld.
3. In een regeling kan worden bepaald dat daarin omschreven bevoegdheden van bestuursorganen of van ambtenaren van twee of meer aan de regeling deelnemende openbare lichamen Bonaire, Sint Eustatius of Saba worden uitgeoefend door bestuursorganen, onderscheidenlijk door ambtenaren van een van de deelnemende openbare lichamen.

Art. 126

Schakelbepalingen

De artikelen 9 tot en met 28 zijn van overeenkomstige toepassing met uitzondering van de artikelen 20, 22, 24, 25 en 28, met dien verstande dat:
a. telkens in die bepalingen wordt gelezen voor:
– gemeente: openbaar lichaam Bonaire, Sint Eustatius of Saba;
– gemeenten: openbare lichamen Bonaire, Sint Eustatius en Saba;
– gemeentebestuur: eilandbestuur;
– gemeentebesturen: eilandbesturen;
– gemeenteraad: eilandsraad;
– gemeenteraden: eilandsraden;
– raad: eilandsraad;
– raden: eilandsraden;
– college van burgemeester en wethouders: bestuurscollege
– burgemeester: gezaghebber;
– burgemeesters: gezaghebbers;
– wethouder: eilandgedeputeerde;
– wethouders: eilandgedeputeerden;
– openbaar lichaam: samenwerkingslichaam;
– gedeputeerde staten: Rijksvertegenwoordiger, bedoeld in artikel 1, eerste lid, onder d, van de Wet openbare lichamen Bonaire, Sint Eustatius en Saba;
b. bij de toepassing van artikel 10, vierde lid, voor artikel 81p, eerste lid, van de Gemeentewet, artikel 79q, eerste lid, van de Provinciewet of artikel 51b eerste lid, van de Waterschapswet wordt gelezen: artikel 107, eerste lid, van de Wet openbare lichamen Bonaire, Sint Eustatius en Saba;
c. bij de toepassing van artikel 14, eerste lid, voor dezelfde gemeente wordt gelezen: hetzelfde openbaar lichaam Bonaire, Sint Eustatius of Saba;
d. artikel 7, eerste lid, van de Wet administratieve rechtspraak BES niet van toepassing is op een ontslagbesluit als bedoeld in artikel 16, vijfde lid;
e. bij de toepassing van artikel 16, zesde lid, voor artikel 25 van de Gemeentewet wordt gelezen: artikel 26 van de Wet openbare lichamen Bonaire, Sint Eustatius en Saba;
f. bij de toepassing van artikel 21, tweede lid, voor artikel 44, vijfde lid, van de Gemeentewet, wordt gelezen: artikel 56, vijfde lid, van de Wet openbare lichamen Bonaire, Sint Eustatius en Saba;
g. bij de toepassing van artikel 21, vijfde lid, voor artikel 99 van de Gemeentewet, wordt gelezen: artikel 123 van de Wet openbare lichamen Bonaire, Sint Eustatius en Saba;

Wet gemeenschappelijke regelingen **A33 art. 130**

h. bij de toepassing van artikel 23, eerste en tweede lid, voor artikel 10 van de Wet openbaarheid van bestuur telkens wordt gelezen: artikel 11 van de Wet openbaarheid van bestuur BES.

Art. 127
1. Artikel 16 van de Wet openbare lichamen Bonaire, Sint Eustatius en Saba is van overeenkomstige toepassing op een lid van het bestuur van het samenwerkingslichaam.
2. Ten aanzien van een lid van het gemeenschappelijk orgaan is artikel 16, eerste lid, onder *a* en b, van de Wet openbare lichamen Bonaire, Sint Eustatius en Saba van overeenkomstige toepassing.
3. Wanneer is gehandeld in strijd met het eerste lid, is artikel X 8, eerste tot en met vijfde lid, van de Kieswet van overeenkomstige toepassing.

Art. 128
1. De artikelen 17, 18, 20, 21, 23, 27, 29, 30, 31, 32, 33, 34 en 35 van de Wet openbare lichamen Bonaire, Sint Eustatius en Saba zijn, voor zover daarvan bij deze wet niet is afgeweken, op het houden en de orde van de vergaderingen van het algemeen bestuur van het samenwerkingslichaam van overeenkomstige toepassing.
2. Het algemeen bestuur van het samenwerkingslichaam en het gemeenschappelijk orgaan vergaderen jaarlijks tenminste tweemaal.
3. De vergaderingen van het algemeen bestuur zijn openbaar. De deuren worden gesloten wanneer een vijfde gedeelte der aanwezige leden daarom verzoekt of de voorzitter het nodig oordeelt.
4. Het algemeen bestuur beslist vervolgens of met gesloten deuren zal worden vergaderd.
5. De voorzitter kan vervolgens alsnog besluiten dat de vergadering in het openbaar wordt gehouden indien hij dit in het kader van het openbaar belang nodig acht.
6. Het algemeen bestuur regelt op welke wijze ambtelijke bijstand wordt verleend aan de leden van het algemeen bestuur.
7. Het eerste tot en met zesde lid en artikel 23, eerste lid, zijn van overeenkomstige toepassing op het gemeenschappelijk orgaan, indien de regeling is getroffen of mede is getroffen door eilandsraden.
8. De artikelen 62, 63, 64, 65, 67, 68, 69, 70, 71 en 72 van de Wet openbare lichamen Bonaire, Sint Eustatius en Saba en artikel 23, eerste lid, van deze wet zijn, voor zover bij deze wet niet is afgeweken, op het houden en de orde van de vergaderingen van het gemeenschappelijk van overeenkomstige toepassing, indien de regeling uitsluitend is getroffen door bestuurscolleges of gezaghebbers.

Art. 129
1. Geschillen omtrent de toepassing, in de ruimste zin, van een regeling tussen besturen van deelnemende openbare lichamen of tussen besturen van een of meer deelnemende openbare lichamen en het bestuur van het samenwerkingslichaam of het gemeenschappelijk orgaan worden door de Rijksvertegenwoordiger beslist, voor zover zij niet behoren tot die, vermeld in artikel 112, eerste lid, van de Grondwet of tot die, waarvan de beslissing krachtens artikel 112, tweede lid, van de Grondwet is opgedragen hetzij aan de rechterlijke macht, hetzij aan gerechten die niet tot de rechterlijke macht behoren. In eerste en enige aanleg wordt het geschil voorgelegd aan het Gemeenschappelijk Hof van Justitie van Aruba, Curaçao, Sint Maarten en van Bonaire, Sint Eustatius en Saba.
2. De Rijksvertegenwoordiger kan bij de beslissing van het geschil het desbetreffende bestuur opdragen een besluit te nemen met inachtneming van het in hun beslissing bepaalde en binnen een daartoe te stellen termijn. Indien binnen de gestelde termijn het besluit niet is genomen, geschiedt dit door de Rijksvertegenwoordiger.
3. In spoedeisende gevallen kan de Rijksvertegenwoordiger bij de beslissing van het geschil in de plaats van het desbetreffende bestuur een besluit als bedoeld in het tweede lid nemen.

BES-eilanden, geschillen

§ 3
Bevoegdheden bij regelingen tussen openbare lichamen Bonaire, Sint Eustatius en Saba

Art. 130
1. Aan het bestuur van het samenwerkingslichaam of aan het gemeenschappelijk orgaan kunnen bij de regeling ten aanzien van de belangen ter behartiging waarvan zij wordt getroffen, en voor het gebied waarvoor zij geldt, zodanige bevoegdheden van regeling en bestuur worden overgedragen als aan de besturen van de aan de regeling deelnemende openbare lichamen toekomen, met dien verstande dat:
a. aan het bestuur van het samenwerkingslichaam niet de bevoegdheid kan worden overgedragen andere belastingen te heffen dan de belasting, bedoeld in artikel 60 van de Wet financiën openbare lichamen Bonaire, Sint Eustatius en Saba, de rechten bedoeld in artikel 62 van de Wet financiën Bonaire, Sint Eustatius en Saba en de rechten waarvan de heffing krachtens andere wetten dan de Wet financiën openbare lichamen Bonaire, Sint Eustatius en Saba geschiedt;

BES-eilanden, overdragen bevoegdheden aan samenwerkingslichaam/gemeenschappelijk orgaan *b.* aan het gemeenschappelijk orgaan niet de bevoegdheid kan worden overgedragen belastingen te heffen of anderszins algemeen verbindende voorschriften te geven.

2. Indien toepassing wordt gegeven aan het eerste lid wordt daarbij tevens de verhouding van de overgedragen bevoegdheden tot die van de besturen van de deelnemende openbare lichamen geregeld.

3. Voor zover een verordening van het samenwerkingslichaam voorziet in hetzelfde onderwerp als een verordening van een deelnemend openbaar lichaam Bonaire, Sint Eustatius of Saba, regelt eerstbedoelde verordening de onderlinge verhouding. Zij kan bepalen, dat de verordening van een van de openbare lichamen Bonaire, Sint Eustatius of Saba voor het gehele gebied dan wel voor een gedeelte daarvan geheel of gedeeltelijk ophoudt te gelden.

Art. 131

BES-eilanden, beperking bevoegdheden

Bij de regeling kunnen beperkingen worden aangebracht in de bevoegdheden die het samenwerkingslichaam van rechtswege bezit om aan het maatschappelijk verkeer deel te nemen.

Art. 132

BES-eilanden, heffingsverordening

Een verordening van het samenwerkingslichaam tot heffing van een belasting regelt voor welke bestuurscolleges of ambtenaren de bevoegdheden, bedoeld in hoofdstuk IV van de Wet financiën openbare lichamen Bonaire, Sint Eustatius en Saba, zullen gelden.

Art. 133

BES-eilanden, bevoegdheid tot treffen regeling

1. Ten aanzien van de bevoegdheden van het bestuur van het samenwerkingslichaam of die van het gemeenschappelijk orgaan zijn van overeenkomstige toepassing de regels, in de ruimste zin, welke bij of krachtens de wet zijn gesteld voor de verdeling van de bevoegdheden van de eilandsbesturen over de eilandelijke bestuursorganen, voor de uitoefening van die bevoegdheden, alsmede voor het toezicht daarop. Dit geldt niet voor zover daarvan bij of krachtens deze wet is afgeweken.

2. De besturen van de deelnemende openbare lichamen kunnen bij de regeling beperkingen aanbrengen in de bevoegdheden die door het bestuur van het samenwerkingslichaam onderscheidenlijk het gemeenschappelijk orgaan zouden kunnen worden ontleend aan de regelen, bedoeld in het eerste lid.

3. Voor bij algemene maatregel van bestuur aan te geven categorieën van gevallen, waarin inachtneming van bepaalde regels, bedoeld in het eerste lid, onevenredig belastend zou zijn in verhouding tot het met die regels beoogde doel kunnen bij die maatregel daarvan afwijkende regels worden gesteld.

Art. 134

BES-eilanden, vaststelling begroting

1. Het algemeen bestuur van het samenwerkingslichaam of het gemeenschappelijk orgaan stelt de begroting vast in het jaar voorafgaande aan dat waarvoor zij dient.

2. Het algemeen bestuur van het samenwerkingslichaam of het gemeenschappelijk orgaan stelt de jaarrekening vast in het jaar volgende op het jaar waarop deze betrekking heeft.

3. Het dagelijks bestuur van het samenwerkingslichaam of het gemeenschappelijk orgaan zendt de jaarrekening binnen twee weken na de vaststelling, doch in ieder geval vóór 15 juli van het jaar volgende op het jaar waarop de jaarrekening betrekking heeft aan het College financieel toezicht Bonaire, Sint Eustatius en Saba.

Art. 135

BES-eilanden, voorleggen ontwerpbegroting

1. Het dagelijks bestuur van het samenwerkingslichaam of het gemeenschappelijk orgaan zendt de ontwerpbegroting zes weken voordat zij aan het algemeen bestuur wordt aangeboden, onderscheidenlijk zes weken voordat zij door het gemeenschappelijk orgaan wordt vastgesteld, toe aan de eilandsraden van de deelnemende openbare lichamen.

2. De ontwerpbegroting wordt door de zorg van de besturen van de deelnemende openbare lichamen voor een ieder ter inzage gelegd en, tegen betaling van de kosten, algemeen verkrijgbaar gesteld. Artikel 18, eerste lid, van de Wet financiën openbare lichamen Bonaire, Sint Eustatius en Saba is van overeenkomstige toepassing, met dien verstande dat voor «eilandsraad» wordt gelezen «algemeen bestuur».

3. De eilandsraden van de deelnemende openbare lichamen kunnen bij het dagelijks bestuur van het samenwerkingslichaam onderscheidenlijk het gemeenschappelijk orgaan hun zienswijze over de ontwerpbegroting naar voren brengen. Het dagelijks bestuur voegt de commentaren waarin deze zienswijze is vervat bij de ontwerpbegroting, zoals deze aan het algemeen bestuur wordt aangeboden.

4. Nadat deze is vastgesteld, zendt het algemeen bestuur van het samenwerkingslichaam onderscheidenlijk het gemeenschappelijk orgaan, zo nodig, de begroting aan de raden van de deelnemende openbare lichamen, die ter zake bij het College financieel toezicht Bonaire, Sint Eustatius en Saba hun zienswijze naar voren kunnen brengen.

5. Het eerste, derde en vierde lid zijn van toepassing op besluiten tot wijziging van de begroting. In de gemeenschappelijke regeling kan worden bepaald ten aanzien van welke categorieën begrotingswijzigingen hiervan kan worden afgeweken.

Hoofdstuk XII
Slotbepalingen

Art. 136
1. Onze Minister van Binnenlandse Zaken en Koninkrijksrelaties houdt een openbaar elektronisch register in stand van krachtens deze wet getroffen regelingen.
2. In het register wordt van iedere regeling in ieder geval vermeld:
   a. de deelnemende bestuursorganen en de datum van hun toetreding;
   b. de openbare lichamen waarvan de deelnemende bestuursorganen onderdeel uitmaken;
   c. het bestuursorgaan, bedoeld in artikel 26, tweede lid, artikel 41, eerste lid, artikel 50a, eerste lid, artikel 52, eerste lid, artikel 62, eerste lid, artikel 74, eerste lid, of artikel 84, eerste lid;
   d. de wettelijke voorschriften waardoor de bevoegdheden van het samenwerkingsverband worden beheerst;
   e. de bevoegdheden die bij de regeling dan wel, met toepassing van artikel 10, tweede lid, tweede zin, krachtens de regeling zijn overgedragen;
   f. het adres, gegevens over bereikbaarheid en de plaats van vestiging;
   g. of een openbaar lichaam, een bedrijfsvoeringsorganisatie of een gemeenschappelijk orgaan is ingesteld en onder welke naam, dan wel toepassing of overeenkomstige toepassing wordt gegeven aan artikel 8, vierde lid, alsmede de datum van hun instelling onderscheidenlijk vanaf welke datum toepassing of overeenkomstige toepassing wordt gegeven;
   h. een verwijzing naar de geconsolideerde tekst van de regeling;
   i. een overzicht van de wijzigingen van de regeling en een verwijzing naar de bijbehorende geconsolideerde versies van de regeling.
3. Bij algemene maatregel van bestuur kunnen nadere voorschriften worden gegeven over de inrichting van het register en de toevoeging van gegevens.
4. Onze Minister van Binnenlandse Zaken en Koninkrijksrelaties kan het register ambtshalve aanvullen met gegevens uit openbare bron.

Art. 137
Waar in enig wettelijk voorschrift in algemene zin naar de Wet gemeenschappelijke regelingen wordt verwezen, wordt deze verwijzing geacht te zijn geschied naar deze wet.

Art. 138
[Vervallen]

Art. 139
1. Onze Minister van Binnenlandse Zaken en Koninkrijksrelaties is belast met de uitvoering van deze wet.
2. Voor zover bij die uitvoering belangen zijn betrokken, welke aan de zorg van een andere minister zijn toevertrouwd, geschiedt de uitvoering in overeenstemming met de desbetreffende minister.

Art. 140
Deze wet kan worden aangehaald als "Wet gemeenschappelijke regelingen". **Citeertitel**

Art. 141
Deze wet treedt in werking op een bij koninklijk besluit te bepalen tijdstip dat voor de verschillende artikelen of onderdelen daarvan verschillend kan worden gesteld. **Inwerkingtreding**

Financiële-verhoudingswet[1]

Wet van 21 oktober 1996, houdende regels inzake de financiële verhouding tussen het Rijk en de gemeenten (Financiële-verhoudingswet)

Wij Beatrix, bij de gratie Gods, Koningin der Nederlanden, Prinses van Oranje-Nassau, enz. enz. enz.

Allen, die deze zullen zien of horen lezen, saluut! doen te weten:

Alzo Wij in overweging genomen hebben, dat het wenselijk is nieuwe regels te stellen inzake de financiële verhouding tussen het Rijk en de gemeenten;

Zo is het, dat Wij, de Raad van State gehoord, en met gemeen overleg der Staten-Generaal, hebben goedgevonden en verstaan, gelijk Wij goedvinden en verstaan bij deze:

HOOFDSTUK 1
ALGEMENE BEPALINGEN

Art. 1

Begripsbepalingen

In deze wet en de daarop berustende bepalingen wordt verstaan onder:
a. Onze Ministers: Onze Minister van Binnenlandse Zaken en Koninkrijksrelaties en Onze Minister van Financiën;
b. uitkeringsjaar: het kalenderjaar waarover het recht op uitkering ontstaat;
c. Onze Minister wie het aangaat: Onze Minister die een specifieke uitkering heeft verstrekt.

Art. 2

Provincie/gemeentefonds, wijziging taken

1. Indien beleidsvoornemens van het Rijk leiden tot een wijziging van de uitoefening van taken of activiteiten door provincies of gemeenten, wordt in een afzonderlijk onderdeel van de bijbehorende toelichting met redenen omkleed en met kwantitatieve gegevens gestaafd, welke de financiële gevolgen van deze wijziging voor de provincies of gemeenten zijn.
2. In de toelichting wordt tevens aangegeven via welke bekostigingswijze de financiële gevolgen voor de provincies of gemeenten kunnen worden opgevangen.
3. Over de toepassing van het eerste en tweede lid vindt tijdig overleg plaats met Onze Ministers.

HOOFDSTUK 2
HET PROVINCIEFONDS EN HET GEMEENTEFONDS

Paragraaf 2.1
Algemeen

Art. 3

Provincie/gemeentefonds

1. Er is een provinciefonds en een gemeentefonds. De fondsen zijn begrotingsfondsen.
2. Onze Ministers beheren de begroting van de fondsen.

Art. 4

Provincie/gemeentefonds, middelen

1. Bij wet wordt ten aanzien van ieder uitkeringsjaar een bedrag aan middelen van het Rijk ten behoeve van elk van de fondsen afgezonderd.
2. De uitgaven en de ontvangsten van de fondsen zijn over ieder uitkeringsjaar aan elkaar gelijk.

Art. 5

Provincie/gemeentefonds, begroting

1. De begroting van het provinciefonds vermeldt het bedrag dat als verplichting geldt voor het totaal van de algemene uitkeringen. De begroting van het gemeentefonds vermeldt het bedrag dat als verplichting geldt voor het totaal van de algemene uitkeringen en de aanvullende uitkeringen.
2. In de begroting van elk van de fondsen kunnen decentralisatie-uitkeringen en integratie-uitkeringen als verplichting worden opgenomen, om aan provincies of gemeenten te worden uitgekeerd op een andere wijze dan door het middel van de algemene uitkering.
3. In de begroting van elk van de fondsen kan een voorziening worden getroffen voor de uitbetaling van specifieke uitkeringen aan provincies of gemeenten waarbij meer dan één departement financieel is betrokken.

---

1   Inwerkingtredingsdatum: 01-01-1997; zoals laatstelijk gewijzigd bij: Stb. 2017, 238.

Financiële-verhoudingswet A34 art. 8

Paragraaf 2.2
De algemene uitkering

Art. 6

1. Een provincie heeft over ieder uitkeringsjaar recht op een algemene uitkering uit het provinciefonds. Een gemeente heeft over ieder uitkeringsjaar recht op een algemene uitkering uit het gemeentefonds.
2. De uitkering komt ten goede aan de algemene middelen van de provincie of van de gemeente.
3. De provincies hebben gezamenlijk over een uitkeringsjaar recht op het in de begroting van het provinciefonds vermelde bedrag, bedoeld in artikel 5, eerste lid, voor dat jaar.
4. De gemeenten hebben gezamenlijk over een uitkeringsjaar recht op het in de begroting van het gemeentefonds vermelde bedrag, bedoeld in artikel 5, eerste lid, voor dat jaar, verminderd met het totaal aan verplichtingen voor aanvullende uitkeringen die over het uitkeringsjaar worden aangegaan.

Provincie/gemeentefonds, algemene uitkering

Art. 7

De verdeling over de provincies en gemeenten van het voor de algemene uitkeringen beschikbare bedrag houdt rekening met de verschillen tussen de provincies onderling en de gemeenten onderling in het vermogen tot het voorzien in eigen inkomsten en met de verschillen in noodzakelijke uitgaven.

Provincie/gemeentefonds, verdeling algemene uitkeringen

Art. 8

1. Ten behoeve van de verdeling van het provinciefonds en het gemeentefonds worden verdeelmaatstaven gehanteerd. De maatstaven hebben slechts betrekking op de kenmerken die zijn vermeld in de navolgende tabellen A en B. Bij een kenmerk worden ten minste de in de tabellen vermelde onderscheidingen aangebracht.

Provincie/gemeentefonds, verdeelmaatstaven

Tabel A Kenmerken en onderscheidingen van de verdeelmaatstaven voor het provinciefonds

Kenmerk		Onderscheidingen
a	Belastingcapaciteit van de provincies ter zake van de motorrijtuigenbelasting	
b	Inkomsten uit eigen vermogen van de provincies	
c	De inwoners van de provincies	Bevolkingsdichtheid
d	Het grondgebied van de provincies	Oppervlakte Bodemgebruik
e	Vaste bedragen voor de provincies	

Tabel B Kenmerken en onderscheidingen van de verdeelmaatstaven voor het gemeentefonds

Kenmerk	Onderscheidingen
a Belastingcapaciteit van de gemeenten ter zake van de onroerende-zaakbelastingen	Belastingcapaciteit ter zake van woningen Belastingcapaciteit ter zake van niet-woningen
b De inwoners van de gemeenten	Leeftijd Woonplaats Inkomen Recht op uitkering Behoren tot een minderheidsgroep Beroep op voorzieningen in de gemeenten
c Het grondgebied van de gemeenten	Oppervlakte Bodemgesteldheid Historische kern
d De bebouwing in de gemeenten	Grondoppervlak bebouwing Woonruimten Historisch aantal woonruimten Noodzaak voor vernieuwing van de bebouwing Dichtheid van de bebouwing

Kenmerk	Onderscheidingen
e Vaste bedragen voor gemeenten	Vaste bedragen voor de vier grootste steden
	Vast bedrag voor de waddengemeenten
	Vast bedrag voor alle gemeenten
f Tijdelijke ondersteuning van gemeenten in verband met herindeling	

2. De belastingcapaciteit ter zake van woningen, bedoeld in tabel B onder a, wordt slechts voor 80% in de verdeelmaatstaf betrokken. De belastingcapaciteit ter zake van niet-woningen wordt slechts voor 70% in de verdeelmaatstaf betrokken.
3. Bij algemene maatregel van bestuur wordt bepaald welke verdeelmaatstaven worden gehanteerd en hoe deze worden gehanteerd. Krachtens de maatregel kunnen nadere voorschriften worden gegeven omtrent de toepassing van de bij de bepaling gebruikte begrippen en omtrent de wijze van telling van het aantal eenheden per verdeelmaatstaf.
4. Een krachtens het derde lid vastgestelde algemene maatregel van bestuur treedt niet eerder in werking dan acht weken na de datum van uitgifte van het *Staatsblad* waarin hij is geplaatst. Van de plaatsing wordt onverwijld mededeling gedaan aan de beide kamers der Staten-Generaal.

Provincie/gemeentefonds, verdeelmaatstaven

Art. 9
1. Ten behoeve van de verdeling stellen Onze Ministers over ieder uitkeringsjaar bedragen per eenheid vast die behoren bij de verdeelmaatstaven.
2. Op de voorbereiding van de vaststelling is afdeling 3.4 van de Algemene wet bestuursrecht van toepassing.

Provincie/gemeentefonds, verdeling algemene uitkeringen

Art. 10
Onze Ministers stellen over ieder uitkeringsjaar de algemene uitkeringen aan de provincies en de gemeenten vast. Zij verdelen daartoe het voor de algemene uitkeringen in het provinciefonds beschikbare bedrag onder de provincies en het voor de algemene uitkeringen in het gemeentefonds beschikbare bedrag onder de gemeenten naar rato van de uitkeringsbases.

Uitkeringsbasis

Art. 11
De in artikel 10 bedoelde uitkeringsbasis voor een provincie of gemeente is de som van de produkten die worden verkregen door voor iedere verdeelmaatstaf het aantal eenheden van die maatstaf te vermenigvuldigen met het bij de maatstaf behorende bedrag per eenheid.

Paragraaf 2.3
De aanvullende uitkering

Provincie/gemeentefonds, aanvullende uitkeringen

Art. 12
1. Onze Ministers kunnen op verzoek van de gemeenteraad de gemeente over een uitkeringsjaar een aanvullende uitkering verlenen.
2. Een aanvullende uitkering wordt slechts verleend indien de algemene middelen van de gemeente aanmerkelijk en structureel tekort zullen schieten om in de noodzakelijke behoeften te voorzien, terwijl de eigen inkomsten van de gemeente zich op een redelijk peil bevinden.
3. Onze Ministers kunnen voorschriften verbinden aan het besluit tot verlening van een aanvullende uitkering.
4. Onze Ministers kunnen een verleende aanvullende uitkering verminderen of intrekken indien:
  a. de financiële positie van de gemeente verbetert;
  b. de gemeente in strijd handelt met een wettelijk voorschrift dat betrekking heeft op de aanvullende uitkering, of met een voorschrift dat aan het besluit tot verlening van de aanvullende uitkering is verbonden.
5. De gemeente die een aanvullende uitkering heeft aangevraagd, of waaraan een aanvullende uitkering is verleend, neemt maatregelen ter verbetering van haar financiële positie.

Paragraaf 2.4
De overige uitkeringen

Provincie/gemeentefonds, overige uitkeringen

Art. 13
1. De verdeling van de in artikel 5, tweede lid, bedoelde uitkeringen wordt bij algemene maatregel van bestuur geregeld. Krachtens de maatregel kunnen nadere regels worden gesteld over de wijze van verdeling en de wijze van vaststellen van het volume.

Financiële-verhoudingswet   A34 art. 17

2. De uitkeringen, bedoeld in het eerste lid, komen ten goede aan de algemene middelen van de provincie of gemeente.
3. Integratie-uitkeringen worden binnen een bij de maatregel te bepalen termijn in de algemene uitkering opgenomen.
4. Een decentralisatie-uitkering is een uitkering waarbij geen termijn van de overgang van de uitkering naar de algemene uitkering is vastgesteld.
5. Jaarlijks bezien Onze Ministers na overleg met Onze Ministers wie het aangaat of een decentralisatie-uitkering kan worden gewijzigd in een integratie-uitkering of een algemene uitkering en doen daarvan verslag in de toelichting op de begrotingen van het provinciefonds en van het gemeentefonds.

Art. 14
De uitkeringen, bedoeld in artikel 5, derde lid, worden vastgesteld door Onze Ministers wie het aangaat.

Paragraaf 2.5
De betalingen

Art. 15
1. Onze Ministers doen betalingen uit de fondsen aan de provincies en de gemeenten, zo nodig vooruitlopend op de vaststelling van de uitkeringen over het uitkeringsjaar.   Provincie/gemeentefonds, betalingen
2. Indien de over enig uitkeringsjaar verrichte betalingen aan een provincie of gemeente hoger of lager zijn dan de over dat jaar voor de provincie of gemeente vastgestelde uitkeringen, wordt het verschil teruggevorderd of uitbetaald.

HOOFDSTUK 3
SPECIFIEKE UITKERINGEN

Art. 15a
1. Elke bijdrage uit 's Rijks kas die door of vanwege Onze Minister wie het aangaat onder   Provincie/gemeentefonds, voorwaarden ten behoeve van een bepaald openbaar belang aan provincies en gemeenten wordt   specifieke uitkeringen verstrekt, is een specifieke uitkering.
2. Indien provincies of gemeenten optreden als marktpartij of werkgever, of als eigenaar of huurder van een roerende of onroerende zaak, en onder dezelfde voorwaarden als andere natuurlijke personen en rechtspersonen, niet zijnde medeoverheden, voor een bijdrage uit 's Rijks kas in aanmerking komen, is die bijdrage geen specifieke uitkering.
3. Bijdragen uit 's Rijks kas aan provincies en gemeenten ten behoeve van een bepaald openbaar belang waarvoor een bedrag beschikbaar is, dat lager is dan een bij algemene maatregel van bestuur op voordracht van Onze Minister van Binnenlandse Zaken en Koninkrijksrelaties vastgesteld bedrag, kunnen slechts worden verstrekt als onderdeel van een verzameluitkering.

Art. 16
1. Specifieke uitkeringen kunnen worden verstrekt voor de bestrijding van in de regeling van   Provincie/gemeentefonds, de uitkering aangeduide kosten van de ontvangers.   specifieke uitkeringen
2. Specifieke uitkeringen worden slechts verstrekt als deze wijze van bekostiging van provinciale of gemeentelijke taken bijzonder aangewezen moet worden geacht.

Art. 16a
1. Een verzameluitkering is een specifieke uitkering aan provincies en gemeenten per ministerie   Specifieke uitkeringen, waarin bedragen voor beleidsthema's zijn opgenomen.   verzameluitkering
2. Bedragen ten behoeve van een verzameluitkering worden opgenomen in een begrotingsartikel als bedoeld in artikel 2.5 van de Comptabiliteitswet 2016.
3. Een departementale begroting als bedoeld in artikel 2.1, zesde lid, van de Comptabiliteitswet 2016 bevat niet meer dan één verzameluitkering.
4. Onze Minister van Binnenlandse Zaken en Koninkrijksrelaties is belast met de verstrekking, de verlening, de vaststelling en de terugvordering van de verzameluitkeringen. Bij de verstrekking van een verzameluitkering wordt vermeld ter zake van welke beleidsthema's de uitkering wordt verstrekt, en wat de verdeling is per beleidsthema.
5. Onze Minister van Binnenlandse Zaken en Koninkrijksrelaties kan bij ministeriële regeling nadere regels stellen over de verstrekking, de verlening, waaronder de bevoorschotting, de vaststelling en de terugvordering van de verzameluitkeringen.
6. De verzameluitkering wordt besteed binnen de doelstellingen van het ministerie, bedoeld in artikel 2.1, zesde lid, van de Comptabiliteitswet 2016. De informatie ten behoeve van de verantwoording betreft het totaal bestede bedrag per verzameluitkering.

Art. 17
1. Specifieke uitkeringen worden geregeld bij of krachtens de wet.   Provincie/gemeentefonds, specifieke uitkeringen

Sdu   527

2. Het eerste lid is niet van toepassing in de gevallen, bedoeld in artikel 4:23, derde lid, van de Algemene wet bestuursrecht, met dien verstande dat in de gevallen, bedoeld in artikel 4:23, derde lid, onderdeel a, van de Algemene wet bestuursrecht de specifieke uitkering wordt geregeld bij ministeriële regeling.
3. Tijdelijke specifieke uitkeringen kunnen worden geregeld bij algemene maatregel van bestuur. Krachtens de maatregel kan de verdeling van de uitkering nader worden bepaald.
4. Een algemene maatregel van bestuur als bedoeld in het derde lid vervalt vier jaren nadat hij in werking is getreden, tenzij voor dat tijdstip een voorstel van wet bij de Staten-Generaal is ingediend waarin de specifieke uitkering wordt geregeld.
5. Eenmalige specifieke uitkeringen kunnen worden geregeld bij ministeriële regeling.

Art. 17a

Specifieke uitkeringen, informatievoorziening/verantwoording

1. Gedeputeerde staten en het college van burgemeester en wethouders zenden de informatie ten behoeve van de verantwoording over de uitvoering van de regeling van een specifieke uitkering uiterlijk 15 juli van het jaar volgend op het begrotingsjaar aan Onze Minister van Binnenlandse Zaken en Koninkrijksrelaties in de vorm van:
a. de jaarrekening en het jaarverslag, bedoeld in artikel 202, eerste lid, van de Provinciewet, onderscheidenlijk artikel 198, eerste lid, van de Gemeentewet, en
b. de accountantsverklaring en het verslag van bevindingen, bedoeld in artikel 217, derde en vierde lid, van de Provinciewet, onderscheidenlijk artikel 213, derde en vierde lid, van de Gemeentewet.
2. Indien provincies en gemeenten van elkaar middelen ontvangen die afkomstig zijn uit een specifieke uitkering, verstrekken zij de informatie, bedoeld in het eerste lid, aan Onze Minister van Binnenlandse Zaken en Koninkrijksrelaties.
3. Onze Minister van Binnenlandse Zaken en Koninkrijksrelaties stelt bij ministeriële regeling nadere regels over het verstrekken van de in het eerste lid bedoelde informatie.
4. Onze Minister van Binnenlandse Zaken en Koninkrijksrelaties brengt de informatie betreffende de specifieke uitkeringen onverwijld ter kennis van Onze Ministers en de bestuursorganen wie het aangaat.
5. Gedeputeerde staten en het college van burgemeester en wethouders verstrekken desgevraagd inlichtingen over de besteding van een specifieke uitkering aan de accountant die in opdracht van Onze Minister die het aangaat met de controle hiernaar is belast. De accountant kan tevens informatie inwinnen bij de in artikel 217, tweede lid, van de Provinciewet, onderscheidenlijk artikel 213, tweede lid, van de Gemeentewet, bedoelde accountants.
6. Dit artikel is niet van toepassing:
a. indien de voorwaarden inzake het verstrekken van een Europese subsidie als bedoeld in artikel 1, onderdeel f, van de Wet Naleving Europese regelgeving publieke entiteiten anders verplichten, voor zover die subsidies worden verstrekt door tussenkomst van 's Rijks kas;
b. indien de specifieke uitkering is verstrekt aan een gemeente in de hoedanigheid van bevoegd gezag van een openbare school;
c. op het investeringsbudget, bedoeld in de Wet inrichting landelijk gebied;
d. op cofinanciering door het Rijk als bedoeld in artikel 1, onderdeel g, van de Uitvoeringswet EFRO.

Art. 17b

Specifieke uitkeringen, procedure bij onvoldoende informatieverstrekking

1. Indien Onze Minister van Binnenlandse Zaken en Koninkrijksrelaties vaststelt dat de informatie, bedoeld in artikel 17a, eerste lid, niet is verstrekt op de wijze zoals voorgeschreven op grond van het derde lid van artikel 17a, doet hij daarvan mededeling aan gedeputeerde staten of het college van burgemeester en wethouders.
2. Gedeputeerde staten en het college van burgemeester en wethouders kunnen voor 1 juli van het jaar volgend op het begrotingsjaar, schriftelijk en met redenen omkleed aan Onze Minister van Binnenlandse Zaken en Koninkrijksrelaties verzoeken om uitstel van de toezending van de in artikel 17a, eerste lid, bedoelde informatie. Hij beslist binnen twee weken op dat verzoek, na overleg met Onze Ministers wie het aangaat.
3. Onze Ministers kunnen de betalingen op grond van artikel 15, eerste lid, aan de betreffende provincie of gemeente geheel of gedeeltelijk opschorten gedurende ten hoogste zesentwintig weken indien:
a. gedeputeerde staten en het college van burgemeester en wethouders nalaten de informatie, bedoeld in artikel 17a, eerste lid, aan Onze Minister van Binnenlandse Zaken en Koninkrijksrelaties te zenden binnen de in dat artikellid genoemde termijn, dan wel, als uitstel is verleend, binnen de termijn waarvoor uitstel is verleend, of
b. de informatie, bedoeld in artikel 17a, eerste lid, na het verstrijken van de voorgeschreven termijn, niet is verstrekt op de wijze zoals voorgeschreven krachtens het derde lid van dat artikel.
4. Onze Minister van Binnenlandse Zaken en Koninkrijksrelaties doet terstond mededeling aan het desbetreffende bestuursorgaan van een besluit als bedoeld in het derde lid, met vermelding van de mate waarin en de periode waarvoor de betalingen ten hoogste geschorst worden.

Financiële-verhoudingswet

De betalingen worden hervat in de week nadat de informatie is verstrekt op de wijze zoals voorgeschreven krachtens het derde lid van artikel 17a.

5. Gedeputeerde staten en het college van burgemeester en wethouders kunnen na een besluit als bedoeld in het derde lid, indien bijzondere omstandigheden daartoe aanleiding geven, schriftelijk en met redenen omkleed aan Onze Minister van Binnenlandse Zaken en Koninkrijksrelaties verzoeken om de opschorting ongedaan te maken. Onze Minister van Binnenlandse Zaken en Koninkrijksrelaties beslist binnen twee weken op dat verzoek, na overleg met Onze Ministers wie het aangaat.

6. Als gedeputeerde staten of het college van burgemeester en wethouders de gevraagde informatie binnen de in het vierde lid bedoelde periode niet hebben verstrekt of niet op de wijze zoals voorgeschreven krachtens het derde lid van artikel 17a, doet Onze Minister van Binnenlandse Zaken en Koninkrijksrelaties daarvan mededeling aan Onze Minister wie het aangaat.

Art. 18

1. Over een voorstel tot regeling van een specifieke uitkering, niet zijnde een verzameluitkering als bedoeld in artikel 16a, vindt tijdig overleg plaats met Onze Ministers.

2. Onze Ministers die het aangaan melden zo nodig ter voorbereiding van de indiening van de ontwerp-begrotingen, bedoeld in artikel 2.23, eerste lid, van de Comptabiliteitswet 2016, en de wijzigingen van de ontwerp-begrotingen, bedoeld in artikelen 2.26, eerste lid, van die wet, aan Onze Ministers welke beleidsthema's door middel van een verzameluitkering worden bekostigd.

Specifieke uitkeringen, overleg over voorstel

Art. 19

1. De artikelen 117, eerste lid, van de Provinciewet en 119, eerste lid, van de Gemeentewet zijn niet van toepassing op de regeling van de informatievoorziening ten aanzien van een specifieke uitkering als bedoeld in artikel 17, derde en vijfde lid.

2. Onze Minister wie het aangaat kan ten behoeve van de uitvoering van zijn beleid beleidsinformatie aan de ontvangers van bijdragen uit een verzameluitkering vragen:
a. voor een meerjarige periode, van alle ontvangers of een selectie van de ontvangers;
b. jaarlijks van een selectie van de ontvangers of
c. na afloop van de looptijd van de regeling op grond waarvan de bijdrage voor het betreffende beleidsthema in de verzameluitkering is opgenomen van alle ontvangers of een selectie van de ontvangers.

3. Over de beleidsinformatie, bedoeld in het tweede lid, wordt geen verklaring of verslag van bevindingen van een accountant als bedoeld in artikel 393, eerste lid, van Boek 2 van het Burgerlijk Wetboek overgelegd.

Geen systematische informatieverstrekking

Art. 20

Uiterlijk op de derde woensdag van mei publiceren Onze Ministers een onderhoudsrapport over de specifieke uitkeringen over het voorafgaande jaar.

Specifieke uitkeringen, publicatie onderhoudsrapport

Art. 21

De artikelen 16 en 18 tot en met 20 zijn van overeenkomstige toepassing op uitkeringen uit 's Rijks kas aan derden, ter bekostiging van activiteiten van die derden, waarbij de verstrekking afhankelijk is van de verstrekking van een uitkering door provincies of gemeenten aan die derden.

HOOFDSTUK 4
OVERIGE BEPALINGEN, OVERGANGSBEPALINGEN EN SLOTBEPALINGEN

Paragraaf 4.1
Overige bepalingen

Art. 22

Bij of krachtens algemene maatregel van bestuur kunnen nadere regels worden gesteld omtrent:
a. de toepassing van de in deze wet gehanteerde begrippen;
b. de procedure tot vaststelling en verstrekking van uitkeringen als bedoeld in deze wet;
c. de betalingen, bedoeld in artikel 15 en de opschorting daarvan, bedoeld in artikel 17b, derde, vierde en vijfde lid;
d. het verzamelen en vaststellen van gegevens ten behoeve van uitkeringen;
e. het doen van mededelingen en het verschaffen van inlichtingen in verband met de vaststelling en verstrekking van uitkeringen.

Nadere regelgeving

Art. 23

Op een uitkering als bedoeld in deze wet kan geen beslag onder de Staat worden gelegd.

Provincie/gemeentefonds, geen beslag onder de staat

A34 art. 24 — Financiële-verhoudingswet

Paragraaf 4.2
Overgangsbepalingen

Art. 24

Overgangsbepalingen

1. In afwijking van artikel 8, derde lid, wordt voor de eerste maal bij wet bepaald welke verdeelmaatstaven worden gehanteerd en hoe deze worden gehanteerd. Krachtens die wet, bij regeling van Onze Ministers, kunnen nadere voorschriften worden gegeven omtrent de toepassing van de bij de bepaling gebruikte begrippen en omtrent de wijze van telling van het aantal eenheden per verdeelmaatstaf.

2. In afwijking van artikel 9, eerste lid, worden de bedragen per eenheid behorend bij de in het eerste lid bedoelde maatstaven, over het eerste uitkeringsjaar bij wet vastgesteld. Daarbij kan worden bepaald dat Onze Ministers deze bedragen aan kunnen passen in verband met wijzigingen ten aanzien van het fonds over de jaren 1996 en 1997, die door middel van wijzigingen in de bedragen per eenheid over de gemeenten verdeeld behoren te worden. Artikel 9, tweede lid, blijft buiten toepassing bij de vaststelling van de bedragen per eenheid over het eerste uitkeringsjaar.

Art. 24a

[Wijzigt deze wet.]

Paragraaf 4.3
Slotbepalingen

Art. 25

Inwerkingtreding
Deze wet treedt in werking op een bij koninklijk besluit te bepalen tijdstip.

Art. 26

Citeertitel
Deze wet wordt aangehaald als: Financiële-verhoudingswet.

Waterschapswet[1]

Wet van 6 juni 1991, houdende regels met betrekking tot de waterschappen

Wij Beatrix, bij de gratie Gods, Koningin der Nederlanden, Prinses van Oranje-Nassau, enz. enz. enz.

Allen, die deze zullen zien of horen lezen, saluut! doen te weten:
Alzo Wij in overweging genomen hebben, dat ingevolge artikel 133 van de Grondwet regels moeten worden gesteld volgens welke de opheffing en instelling geschiedt van waterschappen en volgens welke de taken en inrichting van waterschappen en de samenstelling van hun besturen worden geregeld;
dat voorts ingevolge diezelfde grondwetsbepaling de verordenende en andere bevoegdheden van de besturen van waterschappen, de openbaarheid van hun vergaderingen, alsmede het toezicht op deze besturen moet worden geregeld;
Zo is het, dat Wij, de Raad van State gehoord, en met gemeen overleg der Staten-Generaal, hebben goedgevonden en verstaan, gelijk Wij goedvinden en verstaan bij deze:

Titel I
De waterschappen

Hoofdstuk I
Inleidende bepalingen

Art. 1
1. Waterschappen zijn openbare lichamen welke de waterstaatkundige verzorging van een bepaald gebied ten doel hebben.
2. De taken die tot dat doel aan waterschappen zijn of worden opgedragen betreffen de zorg voor het watersysteem en de zorg voor het zuiveren van afvalwater op de voet van artikel 3.4 van de Waterwet. Daarnaast kan de zorg voor een of meer andere waterstaatsaangelegenheden zijn of worden opgedragen.
3. De zorg voor het watersysteem, bedoeld in het tweede lid, omvat mede het voorkomen van schade aan waterstaatswerken veroorzaakt door muskus- en beverratten, bedoeld in artikel 3.2A van de Waterwet.

Waterschappen, definitie

Art. 2
1. De bevoegdheid tot het opheffen en het instellen van waterschappen, tot regeling van hun gebied, taken, inrichting, samenstelling van hun bestuur en tot de verdere reglementering van waterschappen behoort aan provinciale staten, behoudens het bepaalde in de artikelen 7, 8 en 9. De uitoefening van deze bevoegdheid geschiedt bij provinciale verordening.
2. Voor de uitoefening van de in het eerste lid bedoelde bevoegdheid geldt dat taken, als bedoeld in artikel 1, tweede lid, eerste volzin, aan waterschappen worden opgedragen, tenzij dit niet verenigbaar is met het belang van een goede organisatie van de waterstaatkundige verzorging.

Constituerende en reglementerende bevoegdheid provincie

Hoofdstuk II
Bepalingen voor het opheffen, het instellen en het reglementeren van waterschappen

Art. 3
1. Indien naar het oordeel van gedeputeerde staten gronden aanwezig zijn om het opheffen of instellen van een waterschap, de vaststelling van een reglement voor een waterschap of een wijziging van een dergelijk reglement te overwegen, treden zij voor de bepaling van hun standpunt in overleg met het dagelijks bestuur van het waterschap of de waterschappen die het betreft, alvorens zij toepassing geven aan artikel 4, eerste lid.
2. Gedeputeerde staten handelen dienovereenkomstig indien zij hun standpunt moeten bepalen ten aanzien van ofwel een soortgelijk voorstel van het algemeen bestuur van een waterschap ofwel een voornemen van Onze Minister van Infrastructuur en Waterstaat ingevolge artikel 8, tweede lid.

Wijze van opheffen, instellen en reglementeren van waterschappen

Art. 4
1. Op de voorbereiding van een besluit als bedoeld in artikel 2, eerste lid, is afdeling 3.4 van de Algemene wet bestuursrecht van toepassing, met dien verstande dat daaraan toepassing

---

1 Inwerkingtredingsdatum: 01-01-1992; zoals laatstelijk gewijzigd bij: Stb. 2020, 262.

wordt gegeven door gedeputeerde staten. Gedeputeerde staten stellen het ontwerp van het besluit op na overleg met het dagelijks bestuur van het waterschap of de waterschappen die het betreft.
2. Gedeputeerde staten voegen bij hun voorstel aan provinciale staten tot vaststelling van het besluit zowel het ontwerp-besluit als de naar voren gebrachte zienswijzen, of een samenvatting daarvan, vergezeld van hun standpunt inzake die zienswijzen.
3. Gedeputeerde staten zenden het door provinciale staten vastgestelde besluit, met de in het tweede lid bedoelde stukken, binnen vier weken aan Onze Minister van Infrastructuur en Waterstaat.

Art. 5

Preventief ministerieel toezicht

Een besluit van provinciale staten tot het opheffen of instellen van een waterschap dan wel tot vaststelling of wijziging van de taak of het gebied van een waterschap behoeft de goedkeuring van Onze Minister van Infrastructuur en Waterstaat. De goedkeuring kan slechts worden onthouden wegens strijd met het recht of het algemeen belang.

Art. 5a

Overgang waterstaatswerken naar waterschap

1. Bij of krachtens reglement worden in verband met de vaststelling of wijziging van de taak van een waterschap de waterstaatswerken aangewezen die op een daarbij bepaalde datum in beheer overgaan van de provincie, van een gemeente of van een onder toepassing van de Wet gemeenschappelijke regelingen ingesteld openbaar lichaam naar het waterschap.
2. De oude en de nieuwe beheerder gaan, tenzij anders overeengekomen, binnen twee jaar na de in het eerste lid bedoelde datum over tot onvoorwaardelijke levering onderscheidenlijk aanvaarding van de desbetreffende onroerende goederen, voorzover deze daarvan niet bij of krachtens reglement zijn uitgezonderd.

Verrekening

3. De oude en de nieuwe beheerder stellen, tenzij anders overeengekomen, binnen zes maanden na de in het eerste lid bedoelde datum gezamenlijk vast, of in verband met de overgang van rechten en verplichtingen een verrekening nodig is en tot welk bedrag. Bij gebreke van overeenstemming binnen die termijn beslissen, de oude en de nieuwe beheerder gehoord, gedeputeerde staten, dan wel – indien de provincie de oude beheerder is – Onze Minister van Infrastructuur en Waterstaat.

Art. 5b

Overgang rechten en verplichtingen opgeheven waterschap

1. Indien provinciale staten besluiten een waterschap op te heffen en het gebied daarvan te doen overgaan naar een bestaand of gelijktijdig ingesteld waterschap, gaan de rechten en verplichtingen van het op te heffen waterschap op de datum van opheffing over naar het waterschap waarnaar zijn gebied overgaat, zonder dat daarvoor een nadere akte wordt gevorderd.
2. Wettelijke procedures en rechtsgedingen waarbij een opgeheven waterschap als bedoeld in het eerste lid betrokken is, worden met ingang van de datum van opheffing voortgezet door en tegen het waterschap waarnaar zijn gebied is overgegaan. Ten aanzien van de rechtsgedingen is de elfde afdeling van de tweede titel van het eerste boek van het Wetboek van Burgerlijke Rechtsvordering van overeenkomstige toepassing.
3. Indien ingevolge het eerste lid onroerende zaken overgaan, doen gedeputeerde staten de overgang onverwijld inschrijven in de openbare registers als bedoeld in afdeling 2 van titel 1 van Boek 3 van het Burgerlijk Wetboek. Artikel 24, eerste lid, van Boek 3 van het Burgerlijk Wetboek is niet van toepassing.
4. Het eerste tot en met derde lid zijn van overeenkomstige toepassing, indien provinciale staten besluiten een gedeelte van het gebied van een waterschap te doen overgaan naar dat van een ander waterschap.

Art. 6

Interprovinciale waterschappen

Het opheffen of instellen van een waterschap dan wel het vaststellen van een reglement van een waterschap, waarvan het gebied in twee of meer provincies is gelegen, geschiedt bij gemeenschappelijk besluit van provinciale staten van de desbetreffende provincies. Hetzelfde geldt voor het wijzigen van dat reglement, tenzij deze colleges bij reglement het vaststellen van wijzigingen die naar hun oordeel van beperkte strekking zijn opdragen aan één van hen. De artikelen 3 en 4 zijn van overeenkomstige toepassing. Aan deze artikelen wordt toepassing gegeven door een commissie uit het midden van de desbetreffende colleges, tenzij deze colleges besluiten deze toepassing aan één van hen op te dragen.

Art. 7

Regeling interprovinciaal meningsverschil

1. Indien de besturen van twee of meer provincies niet of niet binnen redelijke termijn tot overeenstemming komen over de opheffing of instelling van een waterschap voor de waterstaatkundige verzorging van een in hun provincies gelegen gebied, dan wel over de vaststelling of wijziging van een reglement voor een dergelijk waterschap, omdat zij van mening verschillen over hetzij de noodzaak hetzij de inhoud van het te nemen besluit, kan daarin bij algemene maatregel van bestuur worden voorzien. Artikel 27d van de Wet op de Raad van State is van overeenkomstige toepassing.
2. Alvorens een voordracht tot die algemene maatregel van bestuur te doen, geeft Onze Minister van Infrastructuur en Waterstaat overeenkomstige toepassing aan artikel 4, eerste en tweede lid, en hoort hij gedeputeerde staten van de desbetreffende provincies.

Waterschapswet A35 art. 13

3. Artikel 4 van de Waterstaatswet 1900 (*Stb.* 176) is op het in het eerste lid bedoelde geval niet van toepassing.

Art. 8
1. Indien het belang van een goede organisatie van de waterstaatkundige verzorging van een gebied, dat in een of meer provincies is gelegen, het opheffen of het instellen van een waterschap dan wel de vaststelling of wijziging van het reglement voor een waterschap vordert en provinciale staten van de provincie of provincies daarvoor niet de nodige besluiten nemen, kunnen zij bij koninklijk besluit, de Raad van State gehoord, worden uitgenodigd om daartoe over te gaan binnen een in dat besluit te stellen termijn. Artikel 27d van de Wet op de Raad van State is van overeenkomstige toepassing. *[Ingrijpen in organisatie waterstaatkundige verzorging]*
2. Indien Onze Minister van Infrastructuur en Waterstaat het voornemen heeft een besluit als bedoeld in het eerste lid te bevorderen, geeft hij hiervan kennis aan gedeputeerde staten der provincie of provincies wier gebied het betreft, onder mededeling van de overwegingen waarop het voornemen berust.
3. Binnen twaalf weken nadat de in het tweede lid bedoelde kennisgeving is geschied, vindt overleg plaats tussen Onze Minister van Infrastructuur en Waterstaat en het college of de colleges van gedeputeerde staten van de desbetreffende provincie of provincies.

Art. 9
1. Indien aan een uitnodiging als bedoeld in artikel 8, eerste lid, niet binnen de gestelde termijn gevolg is gegeven, kan, behoudens verlenging van die termijn, bij algemene maatregel van bestuur overeenkomstig de strekking van de uitnodiging een waterschap worden opgeheven of ingesteld alsmede het reglement voor een waterschap worden vastgesteld of gewijzigd. Artikel 27d van de Wet op de Raad van State is van overeenkomstige toepassing. *[Instellen, opheffen, of reglementeren waterschap bij AMvB]*
2. Alvorens een voordracht tot die algemene maatregel van bestuur te doen, geeft Onze Minister van Infrastructuur en Waterstaat overeenkomstige toepassing aan artikel 4 en hoort hij gedeputeerde staten van de desbetreffende provincie of provincies.
3. De algemene maatregel van bestuur treedt niet eerder in werking dan acht weken na de datum waarop deze in het *Staatsblad* is geplaatst. Van de plaatsing wordt onverwijld mededeling gedaan aan de beide Kamers der Staten-Generaal.

Titel II
De samenstelling en inrichting van het waterschapsbestuur

Hoofdstuk III
Inleidende bepaling

Art. 10
1. Het bestuur van een waterschap bestaat uit een algemeen bestuur, een dagelijks bestuur en een voorzitter, onverminderd hetgeen het reglement bepaalt over de benaming van die onderscheidene bestuursorganen. *[Bestuursorganen waterschap]*
2. De voorzitter is voorzitter van het algemeen bestuur en het dagelijks bestuur.

Hoofdstuk IV
Het algemeen bestuur

§ 1
De samenstelling

Art. 11
[Vervallen]

Art. 12
1. Het algemeen bestuur is samengesteld uit vertegenwoordigers van categorieën van belanghebbenden bij de uitoefening van de taken van het waterschap. *[Samenstelling algemeen bestuur]*
2. In het algemeen bestuur zijn de volgende categorieën van belanghebbenden vertegenwoordigd:
a. de ingezetenen;
b. degenen die krachtens eigendom, bezit of beperkt recht het genot hebben van ongebouwde onroerende zaken, niet zijnde natuurterreinen als bedoeld in artikel 116, onder c;
c. degenen die krachtens eigendom, bezit of beperkt recht het genot hebben van natuurterreinen als bedoeld in artikel 116, onder c;
d. degenen die krachtens eigendom, bezit, beperkt recht of persoonlijk recht gebouwde onroerende zaken in gebruik hebben als bedrijfsruimte.

Art. 13
1. Het algemeen bestuur bestaat uit een bij reglement vastgesteld aantal leden van ten minste achttien en ten hoogste dertig leden. *[Ledenaantal]*

Sdu 533

2. Voor de bepaling van het aantal vertegenwoordigers van elk van de in artikel 12 bedoelde categorieën wordt in aanmerking genomen de aard en de omvang van het belang of de belangen die de categorie heeft bij de uitoefening van de taken van het waterschap.
3. Het totaal aantal vertegenwoordigers van de in artikel 12, tweede lid, onderdelen b, c en d, bedoelde categorieën bedraagt ten minste zeven en ten hoogste negen, met dien verstande dat het totaal aantal ten hoogste acht is, indien het algemeen bestuur uit achttien leden bestaat.

Art. 14

Benoeming leden

1. De vertegenwoordigers van de categorieën van belanghebbenden, bedoeld in artikel 12, tweede lid, onderdelen b en c, worden benoemd door de daartoe bij reglement aangewezen organisaties. Indien voor een categorie meer dan één organisatie wordt aangewezen wordt bij reglement bepaald op welke wijze de aangewezen organisaties tot een benoeming komen.
2. De vertegenwoordigers van de categorie van belanghebbenden, bedoeld in artikel 12, tweede lid, onderdeel d, worden benoemd door de Kamer van Koophandel op voordracht van de regionale raad van de regio van de Kamer van Koophandel, bedoeld in artikel 18, eerste lid, van de Wet op de Kamer van Koophandel, die gelegen is in het gebied van het desbetreffende waterschap. Indien binnen het gebied van een waterschap meer dan één regio gelegen is, wordt bij reglement bepaald op welke wijze de betrokken regionale raden tot een voordracht komen. Artikel 7, derde en vierde lid, van de Wet op de Kamer van Koophandel, zijn van toepassing op voordracht en benoeming krachtens dit lid met dien verstande dat voor «Onze Minister» telkens wordt gelezen: de Kamer van Koophandel.
3. De organisaties, bedoeld in de voorgaande leden, voorzien tijdig in een regeling omtrent de selectie en de benoeming van de vertegenwoordiger of vertegenwoordigers van de desbetreffende categorie van belanghebbenden en zenden de regeling ter kennisneming aan het waterschapsbestuur. Het waterschapsbestuur maakt de regelingen bekend.

§ 2
De zittingsduur, het lidmaatschap en de plaatsvervanging

Art. 15

Schakelbepaling

1. Deze paragraaf is van toepassing op vertegenwoordigers van de categorieën van belanghebbenden, bedoeld in artikel 12, tweede lid, onderdelen b, c en d.
2. In deze paragraaf wordt verstaan onder: «organisatie»: organisatie als bedoeld in artikel 14, eerste en tweede lid, belast met de benoeming van een vertegenwoordiger van een van de categorieën van belanghebbenden, bedoeld in artikel 12, tweede lid, onderdelen b, c of d.

Art. 16

Vertegenwoordigers belanghebbenden

1. De vertegenwoordigers van de categorieën van belanghebbenden, bedoeld in artikel 12, tweede lid, onderdelen b, c en d, worden benoemd voor vier jaren.
2. Zij treden tegelijk af met ingang van de donderdag in de periode van 23 tot en met 29 maart.
3. Degene die voor de vervulling van een opengevallen plaats is benoemd tot lid, treedt af op het tijdstip waarop degenen in wiens plaats hij is benoemd, zou hebben moeten aftreden.

Art. 17

Kennisgeving benoeming

De organisatie geeft de benoemde schriftelijk kennis van zijn benoeming. De organisatie geeft tegelijkertijd schriftelijk kennis van de benoeming aan het algemeen bestuur.

Art. 18

Aanvaarding benoeming

1. De benoemde deelt uiterlijk op de tiende dag na de dagtekening van de kennisgeving, bedoeld in artikel 17, het algemeen bestuur schriftelijk mede dat hij de benoeming aanvaardt. Bij een benoeming waarvan de plaatsvindt na de eerste samenkomst van het nieuwe algemeen bestuur, deelt de benoemde uiterlijk op de achtentwintigste dag na de dagtekening van de kennisgeving, schriftelijk aan het algemeen bestuur mede dat hij de benoeming aanvaardt.
2. Tegelijk met de mededeling dat hij de benoeming aanvaardt, overlegt de benoemde, een door hem ondertekend overzicht met de door hem beklede openbare betrekkingen.
3. Tenzij de benoemde op het tijdstip van benoeming reeds lid was van het algemeen bestuur, legt hij tevens een gewaarmerkt afschrift over uit de basisregistratie personen, waaruit zijn woonplaats en datum en plaats van de geboorte blijken.
4. Indien de benoemde geen onderdaan is van een lidstaat van de Europese Unie, legt hij een gewaarmerkt afschrift van gegevens uit de basisregistratie personen over, waaruit blijkt of hij voldoet aan de vereisten, bedoeld in artikel B 3, tweede lid, aanhef en onderdeel a, van de Kieswet.
5. Indien de benoemde de benoeming niet aanvaardt, doet hij daarvan binnen de in het eerste lid genoemde termijn bij brief mededeling aan de voorzitter van het algemeen bestuur. Deze geeft hiervan kennis aan de organisatie.
6. Is binnen de desbetreffende vereiste termijn, bedoeld in het eerste lid, de mededeling niet gedaan, dan wordt hij geacht de benoeming niet te aanvaarden.

Waterschapswet A35 art. 23

7. Zolang nog niet tot toelating van de benoemde is besloten, kan hij bij brief aan het algemeen bestuur mededelen dat hij op de aanneming van de benoeming terugkomt. Deze mededeling geldt als niet-aanvaarding.
8. De voorzitter van het algemeen bestuur deelt aan de organisatie mee dat de benoemde de benoeming heeft aanvaard dan wel dat hij dat niet heeft gedaan.

Art. 19
1. Het algemeen bestuur onderzoekt de kennisgeving, bedoeld in artikel 17, onmiddellijk en beslist of de benoemde als lid van dat algemeen bestuur wordt toegelaten. Daarbij gaat het na of de benoemde voldoet aan de vereisten voor het lidmaatschap, genoemd in de artikelen 31, eerste en tweede lid, en 33, eerste en tweede lid, en of de benoeming, bedoeld in artikel 14, overeenkomstig de wet en het reglement is uitgevoerd. — *Toelating tot algemeen bestuur*
2. Indien het algemeen bestuur besluit tot niet-toelating van een benoemde, geeft de voorzitter van het algemeen bestuur daarvan kennis aan de organisatie en de benoemde.
3. Uiterlijk op de dertigste dag nadat deze kennisgeving is ontvangen, wordt door de organisatie opnieuw een vertegenwoordiger benoemd.

Art. 20
1. Indien door de toepassing van de artikelen 31, derde lid, of 33, vierde lid, onherroepelijk is vastgesteld dat een lid van het algemeen bestuur opgehouden is lid te zijn, geeft de voorzitter van het algemeen bestuur hiervan onmiddellijk kennis aan de organisatie. — *Einde bestuurslidmaatschap*
2. Een overeenkomstige kennisgeving vindt plaats, indien door het overlijden van een lid een plaats in het algemeen bestuur is opengevallen.
3. Een tot het algemeen bestuur toegelaten lid kan te allen tijde zijn ontslag nemen. Op een ingediend ontslag kan niet worden teruggekomen. Ontslagneming met terugwerkende kracht is niet mogelijk.
4. Het lid bericht zijn ontslagname schriftelijk aan de voorzitter van het algemeen bestuur. Deze geeft hiervan onverwijld kennis aan de organisatie.
5. Na de kennisgeving van de voorzitter van het algemeen bestuur, bedoeld in het eerste, tweede en vierde lid, wordt door de organisatie een daarvoor in aanmerking komende nieuwe vertegenwoordiger benoemd. De artikelen 17 tot en met 19 zijn op deze benoeming en toelating van toepassing.
6. Leden van het algemeen bestuur die hun ontslag hebben ingezonden, behouden, ook indien zij ontslag hebben genomen met ingang van een bepaald tijdstip, hun lidmaatschap, totdat de toelating van hun opvolgers onherroepelijk is geworden.

Art. 21
1. De voorzitter van het algemeen bestuur verleent aan een lid van dat bestuur op diens verzoek tijdelijk ontslag wegens zwangerschap en bevalling op de in het verzoek vermelde dag die ligt tussen ten hoogste zes en ten minste vier weken voor de vermoedelijke datum van de bevalling, zoals die blijkt uit een door het lid overgelegde verklaring van een arts of verloskundige. — *Tijdelijk ontslag bij zwangerschap of ziekte*
2. De voorzitter van het algemeen bestuur verleent aan een lid van dat bestuur op diens verzoek tijdelijk ontslag, indien het lid wegens ziekte niet in staat is het lidmaatschap uit te oefenen en blijkens de verklaring van een arts aannemelijk is dat hij de uitoefening van het lidmaatschap niet binnen acht weken zal kunnen hervatten. Het tijdelijk ontslag gaat in op de dag na de bekendmaking van de beslissing op het verzoek.
3. Het lidmaatschap van het lid aan wie tijdelijk ontslag als bedoeld in het eerste lid of tweede lid is verleend, herleeft van rechtswege met ingang van de dag waarop zestien weken zijn verstreken sinds de dag van ingang van het tijdelijk ontslag.
4. Aan een lid van het algemeen bestuur wordt ten hoogste drie maal per zittingsperiode tijdelijk ontslag als bedoeld in het eerste of het tweede lid verleend.

Art. 22
1. De voorzitter van het algemeen bestuur beslist op een verzoek tot tijdelijk ontslag als bedoeld in artikel 21, eerste of tweede lid, zo spoedig mogelijk, doch uiterlijk op de veertiende dag na indiening van het verzoek. — *Beslissing tijdelijk ontslag*
2. De beslissing op het verzoek tot tijdelijk ontslag geschiedt in overeenstemming met de verklaring van de arts of verloskundige, bedoeld in artikel 21, eerste of tweede lid.
3. Een beslissing tot tijdelijk ontslag bevat de dag van ingang van het ontslag.
4. De voorzitter van het algemeen bestuur geeft van een beslissing tot tijdelijk ontslag onmiddellijk kennis aan de organisatie.

Art. 23
1. De organisatie benoemt een vervanger voor de plaats die is opengevallen als gevolg van een tijdelijk ontslag als bedoeld in de artikelen 21 en 22. De artikelen 17 tot en met 19 zijn van toepassing op de benoeming en toelating, met dien verstande dat in afwijking van artikel 18, eerste lid, de benoeming uiterlijk op de tiende dag na de dagtekening van de kennisgeving van benoeming wordt aanvaard. — *Vervanging bij tijdelijk ontslag*
2. Degene die als vervanger is benoemd, houdt op lid te zijn met ingang van de dag waarop zestien weken zijn verstreken sinds de dag van ingang van het tijdelijk ontslag, onverminderd

de mogelijkheid dat het vervangende lidmaatschap ingevolge deze wet op een eerder tijdstip eindigt.
3. Indien de vervanger van het lid van het algemeen bestuur aan wie tijdelijk ontslag is verleend wegens zwangerschap en bevalling of ziekte, voortijdig ontslag neemt, dan wel wordt benoemd tot lid van het algemeen bestuur voor een plaats die is opengevallen anders dan als gevolg van een tijdelijk ontslag, benoemt de voorzitter van de organisatie een nieuwe tijdelijke vervanger voor de resterende periode van het tijdelijk ontslag.
4. Artikel 20, zesde lid, is niet van toepassing op een vervanger.

Art. 24

Benoeming vervangend bestuurslid

1. De voorzitter van het algemeen bestuur doet een afschrift van een benoemingsbesluit toekomen aan het algemeen bestuur en geeft van de benoeming kennis in het waterschapsblad.
2. Het lidmaatschap van de benoemde vangt aan zodra het besluit omtrent zijn toelating aan hem bekend is gemaakt.

§ 3
[Vervallen]

Art. 25
[Vervallen]

§ 4
Bijzondere bepalingen in verband met de instelling van een waterschap

Art. 26

Nieuw waterschap

1. Voor de toepassing van deze paragraaf wordt aan de instelling van een nieuw waterschap gelijkgesteld de overgang van een aanmerkelijk gedeelte van het gebied van een waterschap naar dat van een ander waterschap.
2. Voor de toepassing van deze paragraaf wordt aan de opheffing van een waterschap gelijkgesteld de overgang van een aanmerkelijk gedeelte van het gebied van dat waterschap naar een ander waterschap.

Art. 27
[Vervallen]

Art. 28

Besluit tot instelling nieuw waterschap

1. Bij het besluit tot instelling van een waterschap wordt het waterschap aangewezen dat met de voorbereiding van de instelling belast is.
2. De in artikel E 6a, eerste en derde lid, van de Kieswet bedoelde bevoegdheid, onderscheidenlijk de in artikel V 4, eerste lid, van de Kieswet en artikel 19, eerste lid, bedoelde bevoegdheden berusten bij het dagelijks bestuur, onderscheidenlijk het algemeen bestuur van het ingevolge het eerste lid aangewezen waterschap.
3. Voorzover ingevolge enig wettelijk voorschrift medewerking moet worden verleend door het algemeen bestuur, door het dagelijks bestuur of door de voorzitter van het waterschap, geschiedt dit door het algemeen bestuur, door het dagelijks bestuur of door de voorzitter van het ingevolge het eerste lid aangewezen waterschap.

Art. 29

Aanstelling algemeen bestuur waterschap

1. Bij een besluit tot instelling van een waterschap als bedoeld in artikel 2, eerste lid, wordt bepaald dat een algemeen bestuur wordt aangesteld voor het in te stellen waterschap. Op de samenstelling van dit algemeen bestuur zijn de artikelen 12, 13 en 14 van toepassing, met dien verstande dat in de artikelen 13, eerste lid, en 14, eerste en tweede lid, voor «bij reglement» wordt gelezen: bij het besluit tot instelling van het waterschap.
2. De verdeling van het aantal zetels van het algemeen bestuur, bedoeld in het eerste lid, bestemd voor vertegenwoordigers van de categorie van belanghebbenden, bedoeld in artikel 12, tweede lid, onderdeel a, vindt plaats naar rato van het aantal kiesgerechtigde ingezetenen bij de laatstgehouden verkiezingen in elk op te heffen waterschap. De zetels worden toegewezen op grond van de uitslag en lijstcombinaties van deze verkiezingen. De artikelen P 2 tot en met P 19a van de Kieswet zijn hierop van toepassing.
3. Het in het eerste lid bedoelde algemeen bestuur treedt af bij het eindigen van de zittingsperiode, bedoeld in artikel C 4 van de Kieswet dan wel bij het opheffen van het desbetreffende waterschap, indien dit eerder plaatsvindt.
4. De commissaris van de Koning benoemt uiterlijk één maand voor de beoogde datum van instelling van het waterschap een waarnemend voorzitter. Deze voorzitter treedt af op het tijdstip dat een voorzitter wordt benoemd bij koninklijk besluit, bedoeld in artikel 46, eerste lid.

Art. 30
[Vervallen]

Waterschapswet

A35 art. 32a

§ 5
De inrichting

Art. 31
1. Voor het lidmaatschap van het algemeen bestuur is vereist dat men ingezetene is, de leeftijd van achttien jaren heeft bereikt en niet krachtens artikel B 5, eerste lid, van de Kieswet van het kiesrecht is uitgesloten. Het vereiste van ingezetenschap geldt niet voor de vertegenwoordigers van de categorie belanghebbenden, bedoeld in artikel 12, tweede lid, onderdeel c.

Vereisten en incompatibiliteiten algemeen bestuur

2. Een lid van het algemeen bestuur is niet tevens:
   a. minister;
   b. staatssecretaris;
   c. lid van de Raad van State;
   d. lid van de Algemene Rekenkamer;
   e. Nationale ombudsman;
   f. substituut-ombudsman als bedoeld in artikel 9, eerste lid, van de Wet Nationale ombudsman;
   g. commissaris van de Koning;
   h. lid van provinciale staten;
   i. gedeputeerde;
   j. secretaris van de provincie;
   k. griffier van de provincie;
   l. burgemeester;
   m. wethouder;
   n. ombudsman of lid van de ombudscommissie als bedoeld in artikel 51b, eerste lid;
   o. ambtenaar, in dienst van het waterschap of uit anderen hoofde aan het waterschapsbestuur ondergeschikt;
   p. ambtenaar, in dienst van de provincie, tot wiens taak behoort het verrichten van werkzaamheden in het kader van het toezicht op het waterschap;
   q. lid van het algemeen bestuur of van het dagelijks bestuur van een ander waterschap.

3. Zodra een lid dat vertegenwoordiger is van een van de categorieën van belanghebbenden, bedoeld in artikel 12, tweede lid, onderdelen b, c en d, niet blijkt te voldoen aan een van de in het eerste lid bedoelde vereisten of een in het tweede lid bedoelde betrekking blijkt te vervullen, houdt deze op lid te zijn. In dat geval is artikel X 4a van de Kieswet van overeenkomstige toepassing.

Art. 31a
Leden van het dagelijks bestuur die na de stemming, bedoeld in artikel J 6a van de Kieswet, niet zijn toegelaten tot lid van het algemeen bestuur zijn geen lid van dat algemeen bestuur.

Leden dagelijks bestuur

Art. 31b
Ter vervulling van een tussentijds opengevallen plaats is niet benoembaar tot lid van het algemeen bestuur hij die na de laatstgehouden periodieke verkiezing van de leden in het algemeen bestuur, behorende bij de categorie van belanghebbenden, bedoeld in artikel 12, tweede lid, onderdeel a, wegens handelen in strijd met artikel 33 van het lidmaatschap van het algemeen bestuur is vervallen verklaard.

Vervallen verklaard

Art. 32
1. De leden van het algemeen bestuur maken openbaar welke andere functies dan het lidmaatschap van het algemeen bestuur zij vervullen.
2. Openbaarmaking geschiedt door terinzagelegging van een opgave van de in het eerste lid bedoelde functies op de secretarie van het waterschap.

Openbaarmaking nevenfuncties

Art. 32a
1. De leden van het algemeen bestuur die geen lid zijn van het dagelijks bestuur ontvangen een bij verordening van het algemeen bestuur vast te stellen vergoeding voor hun werkzaamheden en een tegemoetkoming in de kosten.
2. Het algemeen bestuur kan bij verordening regels stellen over de tegemoetkoming in of vergoeding van bijzondere kosten en over andere voorzieningen die verband houden met de vervulling van het lidmaatschap van het algemeen bestuur.
3. Buiten hetgeen hun bij of krachtens de wet is toegekend, ontvangen de leden van het algemeen bestuur als zodanig geen andere vergoedingen en tegemoetkomingen ten laste van het waterschap. Voordelen ten laste van het waterschap, anders dan in de vorm van vergoedingen en tegemoetkomingen, genieten zij slechts voor zover dat is bepaald bij of krachtens de wet dan wel bij verordening van het algemeen bestuur. De verordening behoeft de goedkeuring van gedeputeerde staten.
4. De verordeningen, bedoeld in het eerste en tweede lid, worden vastgesteld overeenkomstig bij of krachtens algemene maatregel van bestuur te stellen regels. Onze Minister van Binnenlandse Zaken en Koninkrijksrelaties doet de voordracht voor deze algemene maatregel van bestuur.

Vergoeding en tegemoetkoming kosten

Art. 33

Verboden handelingen

1. Een lid van het algemeen bestuur mag niet:
   a. als advocaat of adviseur in geschillen werkzaam zijn ten behoeve van het waterschap of het waterschapsbestuur dan wel ten behoeve van de wederpartij van het waterschap of het waterschapsbestuur;
   b. als gemachtigde in geschillen werkzaam zijn ten behoeve van de wederpartij van het waterschap of het waterschapsbestuur;
   c. als vertegenwoordiger of adviseur werkzaam zijn ten behoeve van derden tot het met het waterschap aangaan van:
      1°. overeenkomsten als bedoeld in onderdeel d;
      2°. overeenkomsten tot het leveren van onroerende zaken aan het waterschap;
   d. rechtstreeks of middellijk een overeenkomst aangaan betreffende:
      1°. het aannemen van werk ten behoeve van het waterschap;
      2°. het buiten dienstbetrekking tegen beloning verrichten van werkzaamheden ten behoeve van het waterschap;
      3°. het leveren van roerende zaken anders dan om niet aan het waterschap;
      4°. het verhuren van roerende zaken aan het waterschap;
      5°. het verwerven van betwiste vorderingen ten laste van het waterschap;
      6°. het van het waterschap onderhands verwerven van onroerende zaken of beperkte rechten waaraan deze zijn onderworpen;
      7°. het onderhands huren of pachten van het waterschap.
2. Van het eerste lid, aanhef en onderdeel d, kunnen gedeputeerde staten ontheffing verlenen.
3. Het algemeen bestuur stelt voor zijn leden, voor de leden van het dagelijks bestuur en voor de voorzitter een gedragscode vast.
4. Ten aanzien van een lid dat vertegenwoordiger is van de categorieën van belanghebbenden, bedoeld in artikel 12, tweede lid, onderdelen b, c en d, dat handelt in strijd met het bepaalde in het eerste lid, zijn de artikelen X 7a, eerste tot en met vijfde lid, en X 9 van de Kieswet, van overeenkomstige toepassing.

Art. 34

Eed of belofte

1. Alvorens hun functie te kunnen uitoefenen leggen de leden van het algemeen bestuur in de vergadering, in handen van de voorzitter, de volgende eed (verklaring en belofte) af:
"Ik zweer (verklaar) dat ik, om tot lid van het algemeen bestuur te worden gekozen of benoemd, rechtstreeks noch middellijk, onder welke naam of welk voorwendsel ook, aan iemand enige gift of gunst heb gedaan of beloofd.
Ik zweer (verklaar en beloof) dat ik, om iets in dit ambt te doen of te laten, rechtstreeks noch middellijk van iemand enig geschenk of enige belofte heb aangenomen of zal aannemen.
Ik zweer (beloof) dat ik getrouw zal zijn aan de Grondwet, dat ik de wetten zal nakomen en dat ik mijn plichten als lid van het algemeen bestuur naar eer en geweten zal vervullen.
Zo waarlijk helpe mij God almachtig (Dat verklaar en beloof ik)".
2. Wanneer de eed (verklaring en belofte), bedoeld in het eerste lid, in de Friese taal wordt afgelegd, luidt de tekst van de eed (verklaring en belofte) als volgt:
«Ik swar (ferklearje) dat ik, om ta lid fan it algemien bestjoer beneamd te wurden, streekrjocht noch midlik, ûnder wat namme of wat ferlechje ek, hokker jefte of geunst dan ek jûn of ûnthjitten haw.
Ik swar (ferklearje en ûnthjit) dat ik, om eat yn dit amt te dwaan of te litten, streekrjocht noch midlik hokker geskink of hokker ûnthjit dan ek oannommen haw of oannimme sil.
Ik swar (ûnthjit) dat ik trou wêze sil oan 'e Grûnwet, dat ik de wetten neikomme sil en dat ik myn plichten as lid fan it algemien bestjoer yn alle oprjochtens ferfolje sil.
Sa wier helpe my God Almachtich!»
(«Dat ferklearje en ûnthjit ik!»).

Art. 35

Openbaarheid algemeen bestuur

1. De vergadering van het algemeen bestuur wordt in het openbaar gehouden.
2. De deuren worden gesloten, wanneer ten minste een vijfde van het aantal leden dat de presentielijst heeft ondertekend daarom verzoekt of de voorzitter het nodig oordeelt.
3. Het algemeen bestuur beslist vervolgens of met gesloten deuren zal worden vergaderd.
4. Van een vergadering met gesloten deuren wordt een afzonderlijk verslag gemaakt dat niet openbaar wordt gemaakt tenzij het algemeen bestuur anders beslist.

Art. 36

Besloten vergadering

In een besloten vergadering kan niet worden beraadslaagd of besloten over:
a. de toelating van nieuwe leden;
b. de vaststelling en wijziging van de begroting en de vaststelling van de rekening;
c. de invoering, wijziging en afschaffing van een waterschapsbelasting; en
d. de benoeming en het ontslag van leden van het dagelijks bestuur met uitzondering van de voorzitter.

Art. 37
1. Het algemeen bestuur kan op grond van een belang, genoemd in artikel 10 van de Wet openbaarheid van bestuur, geheimhouding opleggen omtrent het in een besloten vergadering behandelde en omtrent de inhoud van stukken die aan de vergadering worden overgelegd. Geheimhouding omtrent het in een besloten vergadering behandelde wordt tijdens die vergadering opgelegd. De geheimhouding wordt zowel door hen die bij de behandeling tegenwoordig waren, als door hen die op andere wijze van het behandelde of van de stukken kennis nemen, in acht genomen totdat het algemeen bestuur haar opheft.
2. Op grond van een belang, genoemd in artikel 10 van de Wet openbaarheid van bestuur, kan de geheimhouding eveneens worden opgelegd door het dagelijks bestuur, de voorzitter en een commissie van het waterschap, ieder ten aanzien van stukken die zij aan het algemeen bestuur of aan de leden van dit bestuur overleggen. Daarvan wordt op de stukken melding gemaakt.
3. De krachtens het tweede lid aan het algemeen bestuur opgelegde verplichting tot geheimhouding vervalt, indien de oplegging niet door het algemeen bestuur in zijn eerstvolgende vergadering die blijkens de presentielijst door meer dan de helft van het aantal zitting hebbende leden is bezocht, wordt bekrachtigd.
4. De krachtens het tweede lid aan de leden van het algemeen bestuur opgelegde verplichting tot geheimhouding wordt door hen in acht genomen totdat het orgaan dat de verplichting heeft opgelegd, dan wel, indien het stuk waaromtrent geheimhouding is opgelegd aan het algemeen bestuur is voorgelegd, totdat het algemeen bestuur haar opheft. Het algemeen bestuur kan deze beslissing alleen nemen in een vergadering die blijkens de presentielijst door meer dan de helft van het aantal zitting hebbende leden is bezocht.

Geheimhouding in algemeen bestuur

Art. 38
De leden van het algemeen bestuur stemmen zonder last.

Stemmen zonder last

Art. 38a
1. Een lid van het algemeen bestuur neemt niet deel aan de stemming over:
a. een aangelegenheid die hem rechtstreeks of middellijk persoonlijk aangaat of waarbij hij als vertegenwoordiger is betrokken;
b. de vaststelling of goedkeuring der rekening van een lichaam waaraan hij rekenplichtig is of tot welks bestuur hij behoort.
2. Bij een schriftelijke stemming wordt onder het deelnemen aan de stemming verstaan het inleveren van een stembriefje.
3. Een benoeming gaat iemand persoonlijk aan, wanneer hij behoort tot de personen tot wie de keuze door een voordracht of bij een herstemming is beperkt.
4. Het eerste lid is niet van toepassing bij het besluit betreffende de toelating van de na periodieke verkiezing gekozen en benoemde leden.

Deelnemen aan stemming

Art. 38b
1. Een stemming is alleen geldig, indien meer dan de helft van het aantal leden dat zitting heeft en zich niet van deelneming aan de stemming moet onthouden, daaraan heeft deelgenomen.
2. Het eerste lid is niet van toepassing:
a. ingeval opnieuw wordt gestemd over een voorstel of over een benoeming, voordracht of aanbeveling van een of meer personen ten aanzien van wie in een vorige vergadering een stemming op grond van dat lid niet geldig was;
b. voorzover het betreft onderwerpen die in een daaraan voorafgaande niet geopende vergadering aan de orde waren gesteld.

Geldigheid stemming

Art. 38c
1. Voor het tot stand komen van een beslissing bij stemming wordt de volstrekte meerderheid vereist van hen die een stem hebben uitgebracht.
2. Bij een schriftelijke stemming wordt onder het uitbrengen van een stem verstaan het inleveren van een behoorlijk ingevuld stembriefje.

Meerderheid van stemmen

Art. 39
Zij die behoren tot het algemeen bestuur van het waterschap en anderen die deelnemen aan de beraadslaging kunnen niet in rechte worden vervolgd of aangesproken voor hetgeen zij in de vergadering van het algemeen bestuur hebben gezegd of schriftelijk aan het algemeen bestuur hebben overgelegd.

Onschendbaarheid algemeen bestuur

Hoofdstuk V
Het dagelijks bestuur

§ 1
De samenstelling

Art. 40

Samenstelling dagelijks bestuur

1. Het dagelijks bestuur bestaat uit de voorzitter en een door het algemeen bestuur te bepalen aantal andere leden, waarvan ten minste één lid een vertegenwoordiger is van een van de categorieën van belanghebbenden bedoeld in artikel 12, tweede lid, onderdelen b, c of d.
2. Bij reglement kan worden bepaald welk aantal leden het dagelijks bestuur ten minste en ten hoogste telt.

Art. 41

Benoeming, zittingsduur en ontslag dagelijks bestuur

1. De leden van het dagelijks bestuur, met uitzondering van de voorzitter, worden door het algemeen bestuur benoemd.
2. De benoeming vindt plaats uit de leden van het algemeen bestuur. Indien bij de benoeming sprake is van een stemming, geschiedt deze stemming geheim.
3. Gedeputeerde staten kunnen, indien het reglement dat bepaalt, ontheffing verlenen van het bepaalde in het tweede lid. Geen ontheffing wordt verleend indien het de ombudsman of een lid van de ombudscommissie betreft als bedoeld in artikel 51b, eerste lid.
4. De leden van het dagelijks bestuur treden in ieder geval na de stemming, bedoeld in artikel J 6a van de Kieswet, af:
   a. op het moment dat ten minste de helft van het door het algemeen bestuur te benoemen aantal leden van het dagelijks bestuur is benoemd en deze benoemingen zijn aanvaard; en
   b. binnen drie maanden na het begin van de zittingsduur van het algemeen bestuur.
5. Het algemeen bestuur kan een of meer leden van het dagelijks bestuur, met uitzondering van de voorzitter, ontslag verlenen, indien deze het vertrouwen van het algemeen bestuur niet meer bezitten. Op het ontslagbesluit is artikel 4:8 van de Algemene wet bestuursrecht niet van toepassing.
6. Indien het aantal leden van het dagelijks bestuur dat in functie is, minder bedraagt dan de helft van het door het algemeen bestuur vastgestelde aantal leden, treedt de voorzitter in de plaats van het dagelijks bestuur totdat dit aantal de hierboven bedoelde helft heeft bereikt.

§ 1a
De plaatsvervanging

Art. 41a

Zwangerschapsverlof

1. Het dagelijks bestuur verleent aan een lid van dat bestuur op diens verzoek verlof wegens zwangerschap en bevalling. Het verlof gaat in op de in het verzoek vermelde dag die ligt tussen ten hoogste zes en ten minste vier weken voor de vermoedelijke datum van de bevalling die blijkt uit een bij het verzoek gevoegde verklaring van een arts of verloskundige.
2. Het dagelijks bestuur verleent aan een lid van dat bestuur op diens verzoek verlof wegens ziekte, indien uit een bij het verzoek gevoegde verklaring van een arts blijkt dat niet aannemelijk is dat hij de uitoefening van het lidmaatschap binnen acht weken zal kunnen hervatten.
3. In het geval een lid van het dagelijks bestuur vanwege ziekte niet in staat is zelf het verzoek te doen, kan de voorzitter namens het lid het verzoek doen indien de continuïteit van het waterschapsbestuur dringend vereist dat in vervanging van de het lid wordt voorzien.
4. Het verlof eindigt op de dag waarop zestien weken zijn verstreken sinds de dag waarop het verlof is ingegaan.
5. Aan een lid van het dagelijks bestuur wordt gedurende de zittingsperiode ten hoogste drie maal verlof verleend.

Art. 41b

Zwangerschapsverlof, beslissing op aanvraag

1. Het dagelijks bestuur beslist zo spoedig mogelijk op een verzoek tot verlof, doch uiterlijk op de veertiende dag na indiening van het verzoek.
2. De beslissing geschiedt in overeenstemming met de verklaring van de arts of verloskundige en bevat de dag waarop het verlof ingaat.

Art. 41c

Zwangerschapsverlof, vervanging

1. Het algemeen bestuur kan een vervanger benoemen voor het lid van het dagelijks bestuur dat met verlof is gegaan. Artikel 40 is niet van toepassing.
2. De vervanger is van rechtswege ontslagen met ingang van de dag waarop zestien weken zijn verstreken sinds de dag waarop het verlof is ingegaan.
3. Indien de vervanger voor het einde van het verlof ontslag neemt of door het algemeen bestuur wordt ontslagen, kan het algemeen bestuur voor de resterende duur van het verlof een vervanger benoemen.

Waterschapswet

§ 2
De inrichting

Art. 42
1. De vergaderingen van het dagelijks bestuur worden met gesloten deuren gehouden, voor zover het dagelijks bestuur niet anders heeft bepaald.
2. Het reglement van orde voor de vergaderingen kan regels geven omtrent de openbaarheid van de vergaderingen van het dagelijks bestuur.

Vergadering met gesloten deuren

Art. 43
1. Het dagelijks bestuur kan op grond van een belang, genoemd in artikel 10 van de Wet openbaarheid van bestuur, geheimhouding opleggen omtrent het in een besloten vergadering behandelde en omtrent de inhoud van de stukken die aan de vergadering worden overgelegd. Geheimhouding omtrent het in een besloten vergadering behandelde wordt tijdens die vergadering opgelegd. De geheimhouding wordt zowel door hen die bij de behandeling aanwezig waren als door hen die op andere wijze van het behandelde of van de stukken kennis nemen, in acht genomen totdat het dagelijks bestuur haar opheft.
2. Op grond van een belang genoemd in artikel 10 van de Wet openbaarheid van bestuur, kan de geheimhouding eveneens worden opgelegd door de voorzitter of een commissie van het waterschap, ieder ten aanzien van de stukken die zij aan het dagelijks bestuur of de leden van dit bestuur overleggen. Daarvan wordt op de stukken melding gemaakt.
3. Indien het dagelijks bestuur zich ter zake van het behandelde waarvoor een verplichting tot geheimhouding geldt tot het algemeen bestuur heeft gericht, wordt de geheimhouding in acht genomen totdat het algemeen bestuur haar opheft.

Geheimhouding dagelijks bestuur

Art. 44
1. De leden van het dagelijks bestuur genieten ten laste van het waterschap een bezoldiging en een tegemoetkoming in de kosten van de uitoefening van hun werkzaamheden volgens bij of krachtens algemene maatregel van bestuur te stellen regels. Daarbij kunnen tevens regels worden gesteld betreffende tegemoetkoming in of vergoeding van bijzondere kosten en andere voorzieningen die verband houden met het ambt van lid van het dagelijks bestuur. Onze Minister van Binnenlandse Zaken en Koninkrijksrelaties doet de voordracht voor deze algemene maatregel van bestuur.
2. Buiten hetgeen hen bij of krachtens de wet is toegekend, genieten de leden van het dagelijks bestuur als zodanig geen inkomsten, in welke vorm ook, ten laste van het waterschap.
3. De leden van het dagelijks bestuur genieten geen vergoedingen, in welke vorm ook, voor werkzaamheden, verricht in nevenfuncties die zij vervullen uit hoofde van het lidmaatschap van het dagelijks bestuur ongeacht of die vergoedingen ten laste van het waterschap komen of niet. Indien deze vergoedingen worden uitgekeerd, worden zij gestort in de waterschapskas.
4. Tot vergoedingen als bedoeld in het derde lid, behoren inkomsten, onder welke benaming ook, uit nevenfuncties die het lid van het dagelijks bestuur neerlegt bij beëindiging van het ambt.
5. Andere inkomsten dan die bedoeld in het derde lid worden met de bezoldiging verrekend overeenkomstig artikel 3 van de Wet schadeloosstelling leden Tweede Kamer. De rijksbelastingdienst verstrekt Onze Minister van Binnenlandse Zaken en Koninkrijksrelaties ten behoeve van de verrekening de benodigde gegevens.
6. Indien het lid van het dagelijks bestuur zijn ambt in deeltijd vervult, vindt geen verrekening plaats van de inkomsten, bedoeld in het vijfde lid.
7. Op voordracht van Onze Minister van Binnenlandse Zaken en Koninkrijksrelaties worden bij algemene maatregel van bestuur regels gesteld over de wijze waarop het lid van het dagelijks bestuur gegevens over de inkomsten, bedoeld in het zesde lid, verstrekt, en de gevolgen van het niet verstrekken van deze gegevens.

Bezoldiging leden dagelijks bestuur

Art. 44a
1. Op de bezoldiging is, voor zover in deze wet niet anders is bepaald, beslag mogelijk overeenkomstig de voorschriften van het gemene recht.
2. Kostenvergoedingen krachtens artikel 44, eerste lid, tweede zin, zijn niet vatbaar voor beslag.

Toepasselijk recht bezoldiging bestuursleden waterschap

Art. 44b
Onverschuldigd betaalde bezoldiging kan worden teruggevorderd.

Terugvordering onverschuldigd betaalde bezoldiging bestuursleden waterschap

Art. 44c
1. Met de bezoldiging kan worden verrekend hetgeen het lid van het dagelijks bestuur zelf als zodanig aan het waterschap verschuldigd is.

Verrekening met bezoldiging bestuursleden waterschap

A35 art. 44d — Waterschapswet

2. Verrekening als bedoeld in het eerste lid kan plaatshebben ondanks gelegd beslag of toegepaste korting als bedoeld in artikel 44d, eerste lid.
3. Verrekening als bedoeld in het eerste lid is slechts in zoverre geldig als een beslag op die bezoldiging geldig zou zijn, met dien verstande dat verrekening van hetgeen wegens genoten huisvesting of voeding is verschuldigd eveneens kan plaatsvinden met dat deel van de bezoldiging dat de beslagvrije voet, bedoeld in de artikelen 475c tot en met 475e van het Wetboek van Burgerlijke Rechtsvordering vormt.

Art. 44d
Korting bezoldiging bestuursleden waterschap

1. Op de bezoldiging kan ten behoeve van een schuldeiser van het lid van het dagelijks bestuur een korting worden toegepast, mits het lid van het dagelijks bestuur de vordering van de schuldeiser erkent dan wel het bestaan van de vordering blijkt uit een in kracht van gewijsde gegane rechterlijke uitspraak dan wel uit een authentieke akte.
2. Korting is slechts in zoverre geldig als een beslag op die bezoldiging geldig zou zijn.
3. Beslag, faillissement, surseance van betaling en toepassing ten aanzien van het lid van het dagelijks bestuur van de schuldsaneringsregeling natuurlijke personen sluiten korting uit.

Art. 44e
Verrekening en korting bezoldiging bestuursleden waterschap gelijkgesteld met beslag

Voor de toepassing van artikel 475b, tweede lid, van het Wetboek van Burgerlijke Rechtsvordering worden, onverminderd artikel 44c, tweede lid, en artikel 44d, derde lid, verrekening en korting gelijkgesteld met beslag.

Art. 44f
Verscheidene schuldeisers aanspraak op deel bezoldiging bestuursleden waterschap

Indien verscheidene schuldeisers uit hoofde van beslag of korting aanspraak hebben op een deel van de bezoldiging, geschiedt de verdeling naar evenredigheid der inschulden, voor zover niet de ene schuldeiser voorrang heeft boven de anderen.

Art. 44g
Toekenning recht op bezoldiging aan derde door bestuurslid waterschap

1. Overdracht, inpandgeving of elke andere handeling, waardoor het lid van het dagelijks bestuur enig recht op zijn bezoldiging aan een derde toekent is slechts geldig voor dat deel van de bezoldiging waarop beslag geldig zou zijn.
2. Een volmacht tot voldoening of invordering van de bezoldiging is slechts geldig indien zij schriftelijk is verleend en is steeds herroepelijk.

Art. 44h
Betaling of afgifte bezoldiging bestuurslid waterschap aan gemachtigde

Betaling of afgifte aan een gemachtigde, nadat een volmacht tot voldoening of invorderingen van bezoldiging is geëindigd, ontlasten het waterschap, indien een gegeven opdracht tot de betaling of afgifte niet meer tijdig kon worden ingetrokken, toen het waterschap van het eindigen van de volmacht kennis kreeg.

Art. 44i
Beslag op bezoldiging bestuurslid waterschap gelijk aan invordering

Beslag omvat in deze wet ook de invordering, bedoeld in artikel 19 van de Invorderingswet 1990.

Art. 44j
Bezoldiging gelijkgesteld aan uitkering waarop bestuurslid waterschap aanspraak heeft

Met bezoldiging worden in de artikelen 44a tot en met 44h gelijkgesteld de bedragen – onder de benaming van uitkering of welke benaming ook – waarop het lid van het dagelijks bestuur krachtens artikel 44, eerste lid, eerste zin, aanspraak heeft of waarop zijn nagelaten betrekkingen uit hoofde van zijn overlijden krachtens artikel 44, eerste lid, aanspraak hebben.

Art. 44k
Nevenfuncties dagelijks bestuur

1. Een lid van het dagelijks bestuur vervult geen nevenfuncties waarvan de uitoefening ongewenst is met het oog op een goede vervulling van zijn functie als lid van het dagelijks bestuur van een waterschap.
2. Een lid van het dagelijks bestuur meldt zijn voornemen tot aanvaarding van een nevenfunctie aan het algemeen bestuur.
3. Een lid van het dagelijks bestuur maakt zijn nevenfuncties openbaar. Openbaarmaking geschiedt door terinzagelegging op de secretarie van het waterschap.
4. Een lid van het dagelijks bestuur dat zijn ambt niet in deeltijd vervult, maakt tevens de inkomsten uit nevenfuncties openbaar. Openbaarmaking geschiedt door terinzagelegging op de secretarie van het waterschap uiterlijk op 1 april na het kalenderjaar waarin de inkomsten zijn genoten.
5. Onder inkomsten wordt verstaan: loon in de zin van artikel 9 van de Wet op de loonbelasting 1964, verminderd met de eindheffingsbestanddelen bedoeld in artikel 31 van die wet.

Art. 45
Schakelbepaling

Ten aanzien van de leden van het dagelijks bestuur zijn de artikelen 38 tot en met 39 van overeenkomstige toepassing. Bovendien zijn de artikelen 31, 33 en 34 van overeenkomstige toepassing ten aanzien van de leden van het dagelijks bestuur die zijn benoemd met gebruik van een op grond van artikel 41, derde lid, verleende ontheffing.

Waterschapswet

A35 art. 48

Hoofdstuk VI
De voorzitter

Art. 46
1. De voorzitter van het waterschap wordt benoemd en herbenoemd bij koninklijk besluit. Hij kan bij koninklijk besluit worden geschorst en ontslagen.
2. De benoeming geschiedt voor de tijd van zes jaar.
3. Voor de benoeming maakt het algemeen bestuur een aanbeveling op. Indien bij de totstandkoming van de benoeming wordt gestemd, geschiedt deze stemming geheim. Bij de aanbeveling zijn de naar het oordeel van het algemeen bestuur voor de geschiktheid van belang zijnde overwegingen gevoegd. Het algemeen bestuur zendt de aanbeveling aan gedeputeerde staten, die deze vergezeld van hun beschouwingen zenden aan Onze Minister van Infrastructuur en Waterstaat.
4. Indien Onze Minister van Infrastructuur en Waterstaat van oordeel is dat de op de aanbeveling geplaatste persoon of personen ongeschikt zijn, verzoekt hij om een nieuwe aanbeveling.
5. Een voordracht van een niet op de aanbeveling geplaatste persoon geschiedt niet alvorens het algemeen bestuur en gedeputeerde staten zijn gehoord.
6. De rijksbelastingdienst verstrekt Onze Minister van Infrastructuur en Waterstaat de benodigde gegevens inzake bestuurlijke boeten als bedoeld in hoofdstuk VIIIA van de Algemene wet inzake rijksbelastingen en inzake strafbeschikkingen als bedoeld in artikel 76 van die wet, voor zover deze boeten en beschikkingen zijn opgelegd dan wel hadden kunnen worden opgelegd ter zake van feiten die zijn gebleken na de termijn om deze op te leggen.

Benoeming, schorsing en ontslag voorzitter

Art. 47
1. De voorzitter is niet tevens:
   a. minister;
   b. staatssecretaris;
   c. lid van de Raad van State;
   d. lid van de Algemene Rekenkamer;
   e. Nationale ombudsman;
   f. substituut-ombudsman als bedoeld in artikel 9, eerste lid, van de Wet Nationale ombudsman;
   g. commissaris van de Koning;
   h. lid van provinciale staten;
   i. gedeputeerde;
   j. secretaris van de provincie;
   k. griffier van de provincie;
   l. lid van het algemeen bestuur van een waterschap;
   m. burgemeester;
   n. wethouder;
   o. ombudsman of lid van de ombudscommissie als bedoeld in artikel 51b, eerste lid;
   p. ambtenaar, in dienst van het waterschap of uit anderen hoofde aan het waterschapsbestuur ondergeschikt;
   q. ambtenaar, in dienst van de provincie, tot wiens taak behoort het verrichten van werkzaamheden in het kader van het toezicht op het waterschap.
2. Voor de benoembaarheid tot voorzitter is het Nederlanderschap vereist.
3. Artikel 33, eerste lid, is van overeenkomstige toepassing op de voorzitter.

Vereisten en incompatibiliteiten voorzitters

Art. 48
1. De voorzitter vervult geen nevenfuncties waarvan de uitoefening ongewenst is met het oog op de goede vervulling van zijn ambt of op handhaving van zijn onpartijdigheid en onafhankelijkheid of van het vertrouwen daarin.
2. De voorzitter meldt zijn voornemen tot aanvaarding van een nevenfunctie, anders dan uit hoofde van zijn voorzitterschap, aan het algemeen bestuur.
3. De voorzitter maakt nevenfuncties, anders dan uit hoofde van zijn ambt, en de inkomsten uit die functies openbaar. Openbaarmaking geschiedt door terinzagelegging op de secretarie van het waterschap uiterlijk op 1 april na het kalenderjaar waarin de inkomsten zijn genoten. Onder inkomsten als bedoeld in de eerste volzin wordt verstaan: loon in de zin van artikel 9 van de Wet op de loonbelasting 1964, verminderd met de eindheffingsbestanddelen bedoeld in artikel 31 van die wet.
4. De voorzitter geniet geen vergoedingen, onder welke benaming ook, voor werkzaamheden, verricht in nevenfuncties die hij vervult uit hoofde van zijn ambt, ongeacht of die vergoedingen ten laste van het waterschap komen. Indien deze vergoedingen worden uitgekeerd, worden zij gestort in de kas van het waterschap.
5. Tot vergoedingen als bedoeld in het vierde lid, behoren inkomsten, onder welke benaming ook, uit nevenfuncties die de voorzitter neerlegt bij beëindiging van het ambt.
6. Andere inkomsten dan die bedoeld in het vierde lid worden met de bezoldiging verrekend overeenkomstig artikel 3 van de Wet schadeloosstelling leden Tweede Kamer. De rijksbelasting-

Openbaarmaking nevenfuncties

Sdu 543

dienst verstrekt Onze Minister van Binnenlandse Zaken en Koninkrijksrelaties ten behoeve van de verrekening de benodigde gegevens.

7. Op voordracht van Onze Minister van Binnenlandse Zaken en Koninkrijksrelaties worden bij algemene maatregel van bestuur regels gesteld over de wijze waarop de voorzitter gegevens over de inkomsten, bedoeld in het zesde lid, verstrekt.

Art. 49

Rechtspositiebesluit voorzitters van waterschappen

1. Voor zover dit niet bij de wet is geschied, worden voor de voorzitter op voordracht van Onze Minister van Binnenlandse Zaken en Koninkrijksrelaties bij of krachtens algemene maatregel van bestuur regels gesteld betreffende:
   a. benoeming, herbenoeming, schorsing, tijdelijk niet uitoefenen van zijn functie en ontslag;
   b. aanspraken in geval van ziekte;
   c. andere aangelegenheden, zijn rechtspositie betreffende, die regeling behoeven.
2. Bij de in het eerste lid bedoelde regels kunnen voorzieningen worden getroffen die ten laste van het waterschap komen.
3. Buiten hetgeen hem bij of krachtens de wet is toegekend, geniet de voorzitter als zodanig geen inkomsten, in welke vorm ook, ten laste van het waterschap.

Art. 50

Eed of belofte

1. Alvorens zijn ambt te aanvaarden legt de voorzitter in handen van de commissaris van de Koning dan wel, indien het een interprovinciaal waterschap betreft, van Onze daartoe in het reglement aangewezen commissaris van de Koning, de volgende eed (verklaring en belofte) af:
"Ik zweer (verklaar) dat ik, om tot voorzitter benoemd te worden, rechtstreeks noch middellijk, onder welke naam of welk voorwendsel ook, aan iemand enige gift of gunst heb gedaan of beloofd.
Ik zweer (verklaar en beloof) dat ik, om iets in dit ambt te doen of te laten, rechtstreeks noch middellijk van iemand enig geschenk of enige belofte heb aangenomen of zal aannemen.
Ik zweer (beloof) dat ik getrouw zal zijn aan de Grondwet, dat ik de wetten zal nakomen en dat ik mijn plichten als voorzitter naar eer en geweten zal vervullen.
Zo waarlijk helpe mij God almachtig!
(Dat verklaar en beloof ik!)".
2. Wanneer de eed (verklaring en belofte), bedoeld in het eerste lid, in de Friese taal wordt afgelegd, luidt de tekst van de eed (verklaring en belofte) als volgt:
«Ik swar (ferklearje) dat ik, om ta foarsitter beneamd te wurden, streekrjocht noch midlik, ûnder wat namme of wat ferlechje ek, hokker jefte of geunst dan ek jûn of ûnthjitten haw.
Ik swar (ferklearje en ûnthjit) dat ik, om eat yn dit amt te dwaan of te litten, streekrjocht noch midlik hokker geskink of hokker ûnthjit dan ek oannommen haw of oannimme sil.
Ik swar (ûnthjit) dat ik trou wêze sil oan 'e Grûnwet, dat ik de wetten neikomme sil en dat ik myn plichten as foarsitter yn alle oprjochtens ferfolje sil.
Sa wier helpe my God Almachtich!»
(«Dat ferklearje en ûnthjit ik!»).

Art. 51

Ontheffing persoonlijke diensten

Het ambt van voorzitter ontheft van alle bij of krachtens de wet opgelegde verplichtingen tot het verrichten van persoonlijke diensten.

Art. 51a

Waarneming ambt voorzitter

1. Bij verhindering of ontstentenis van de voorzitter en – indien in de aanwijzing daarvan is voorzien bij het reglement – van de plaatsvervangend voorzitter wordt het ambt van voorzitter waargenomen door een, door het dagelijks bestuur aan te wijzen, ander lid van dat bestuur.
2. Bij verhindering of ontstentenis van alle leden van het dagelijks bestuur wordt het ambt waargenomen door het oudste lid in jaren van het algemeen bestuur, tenzij het algemeen bestuur een ander lid met de waarneming belast.
3. Bij verhindering of ontstentenis van de voorzitter op de dag met ingang waarvan het zittende algemeen bestuur is afgetreden, wordt het ambt waargenomen door een, door de afgetreden leden van het dagelijks bestuur aan te wijzen, afgetreden lid van het dagelijks bestuur, of, bij ontstentenis van alle afgetreden leden van het dagelijks bestuur, door het oudste afgetreden lid in jaren van het algemeen bestuur, een en ander tot in de waarneming overeenkomstig het eerste en tweede lid is voorzien.

Hoofdstuk VIA
De ombudsman

§ 1
Algemene bepaling

Art. 51b

Ombudsman waterschap

1. Met inachtneming van het bepaalde in dit hoofdstuk kan het algemeen bestuur de behandeling van verzoekschriften als bedoeld in artikel 9:18, eerste lid, van de Algemene wet bestuurs-

recht opdragen aan een ombudsman of ombudscommissie voor het waterschap, dan wel een gezamenlijke ombudsman of ombudscommissie.
2. Een ombudsman of ombudscommissie als bedoeld in het eerste lid kan slechts per 1 januari van enig jaar worden ingesteld. Indien het algemeen bestuur hiertoe besluit, zendt het het besluit tot instelling aan de Nationale ombudsman voor 1 juli van het jaar voorafgaand aan het jaar waarin de instelling ingaat.
3. De instelling van een ombudsman of ombudscommissie als bedoeld in het eerste lid kan slechts per 1 januari van enig jaar worden beëindigd. Indien het algemeen bestuur hiertoe besluit, zendt het het besluit tot beëindiging van de instelling aan de Nationale ombudsman voor 1 juli van het jaar voorafgaand aan het jaar waarin de instelling eindigt.

§ 2
De ombudsman voor het waterschap

Art. 51c
1. Indien het algemeen bestuur de behandeling van verzoekschriften opdraagt aan een ombudsman voor het waterschap, benoemt het deze voor de duur van zes jaar.   *Benoeming ombudsman*
2. Het algemeen bestuur benoemt een plaatsvervangend ombudsman. Deze paragraaf is op de plaatsvervangend ombudsman van overeenkomstige toepassing.
3. De ombudsman wordt door het algemeen bestuur ontslagen: *Ontslag ombudsman*
a. op eigen verzoek;
b. wanneer hij door ziekte of gebreken blijvend ongeschikt is zijn functie te vervullen;
c. bij de aanvaarding van een betrekking als bedoeld in artikel 51d, eerste lid;
d. wanneer hij bij onherroepelijk geworden rechterlijke uitspraak wegens misdrijf is veroordeeld, dan wel hem bij zulk een uitspraak een maatregel is opgelegd die vrijheidsbeneming tot gevolg heeft;
e. indien hij bij onherroepelijk geworden rechterlijke uitspraak onder curatele is gesteld, in staat van faillissement is verklaard, ten aanzien van hem de schuldsaneringsregeling natuurlijke personen van toepassing is verklaard, hij surseance van betaling heeft verkregen of wegens schulden is gegijzeld;
f. indien hij naar het oordeel van het algemeen bestuur ernstig nadeel toebrengt aan het in hem gestelde vertrouwen.
4. Het algemeen bestuur stelt de ombudsman op non-activiteit indien hij:
a. zich in voorlopige hechtenis bevindt;
b. bij een nog niet onherroepelijk geworden rechterlijke uitspraak wegens misdrijf is veroordeeld, dan wel hem bij zulk een uitspraak een maatregel is opgelegd die vrijheidsbeneming tot gevolg heeft;
c. onder curatele is gesteld, in staat van faillissement is verklaard, ten aanzien van hem de schuldsaneringsregeling natuurlijke personen van toepassing is verklaard, hij surseance van betaling heeft verkregen of wegens schulden is gegijzeld ingevolge een nog niet onherroepelijk geworden rechterlijke uitspraak.

Art. 51d
1. De ombudsman vervult geen betrekkingen waarvan de uitoefening ongewenst is met het oog op een goede vervulling van zijn ambt of op de handhaving van zijn onpartijdigheid en onafhankelijkheid of van het vertrouwen daarin.   *Uitgesloten betrekkingen ombudsman*
2. Artikel 32 is van overeenkomstige toepassing op de ombudsman.

Art. 51e
1. Alvorens zijn functie te kunnen uitoefenen, legt de ombudsman in de vergadering van het algemeen bestuur, in handen van de voorzitter, de volgende eed (verklaring en belofte) af: *Eed ombudsman*
«Ik zweer (verklaar) dat ik, om tot ombudsman benoemd te worden, rechtstreeks noch middellijk, onder welke naam of welk voorwendsel ook, enige gift of gunst heb gegeven of beloofd.
Ik zweer (verklaar en beloof) dat ik, om iets in dit ambt te doen of te laten, rechtstreeks noch middellijk enig geschenk of enige belofte heb aangenomen of zal aannemen.
Ik zweer (verklaar en beloof) dat ik getrouw zal zijn aan de Grondwet, dat ik de wetten zal nakomen en dat ik mijn plichten als ombudsman naar eer en geweten zal vervullen.
Zo waarlijk helpe mij God almachtig!»
(«Dat verklaar en beloof ik!»)
2. Wanneer de eed (verklaring en belofte), bedoeld in het eerste lid, in de Friese taal wordt afgelegd, luidt de tekst van de eed (verklaring en belofte) als volgt:
«Ik swar (ferklearje) dat ik, om ta ombudsman beneamd te wurden, streekrjocht noch midlik, ûnder wat namme of wat ferlechje ek, hokker jefte of geunst dan ek jûn of ûnthjitten haw.
Ik swar (ferklearje en ûnthjit) dat ik, om eat yn dit amt te dwaan of te litten, streekrjocht noch midlik hokker geskink of hokker ûnthjit dan ek oannommen haw of oannimme sil.
Ik swar (ûnthjit) dat ik trou wêze sil oan 'e Grûnwet, dat ik de wetten neikomme sil en dat ik myn plichten as ombudsman yn alle oprjochtens ferfolje sil.

A35 art. 51f — Waterschapswet

Sa wier helpe my God Almachtich!»
(«Dat ferklearje en ûnthjit ik!»).

Art. 51f

Personeel ombudsman

1. Op voordracht van de ombudsman besluit het dagelijks bestuur tot het aangaan van arbeidsovereenkomsten met het personeel van de ombudsman dat nodig is voor een goede uitoefening van zijn werkzaamheden.
2. De ombudsman ontvangt ter zake van de uitoefening van zijn werkzaamheden geen instructies, noch in het algemeen, noch voor een enkel geval.
3. Het personeel van de ombudsman verricht geen werkzaamheden voor een bestuursorgaan naar wiens gedraging de ombudsman een onderzoek kan instellen.
4. Het personeel van de ombudsman is ter zake van de werkzaamheden die het voor de ombudsman verricht, uitsluitend aan hem verantwoording schuldig.

Art. 51g

Verslag ombudsman

De ombudsman zendt jaarlijks een verslag van zijn werkzaamheden aan het algemeen bestuur.

Art. 51h

Vergoeding ombudsman

De ombudsman ontvangt een bij verordening van het algemeen bestuur vastgestelde vergoeding voor zijn werkzaamheden en een tegemoetkoming in de kosten.

§ 3
De ombudscommissie voor het waterschap

Art. 51i

Ombudscommissie waterschap

1. Indien het algemeen bestuur de behandeling van verzoekschriften opdraagt aan een ombudscommissie voor het waterschap, stelt het algemeen bestuur het aantal leden van de ombudscommissie vast.
2. Het algemeen bestuur benoemt de leden van de ombudscommissie voor de duur van zes jaar.
3. Het algemeen bestuur benoemt uit de leden de voorzitter en de plaatsvervangend voorzitter van de ombudscommissie.

Art. 51j

Verslag ombudscommissie

1. De ombudscommissie zendt jaarlijks een verslag van zijn werkzaamheden aan het algemeen bestuur.
2. Op de ombudscommissie en op ieder lid afzonderlijk zijn de artikelen 51c, derde en vierde lid, 51d, 51e, 51f en 51h van overeenkomstige toepassing.

§ 4
De gezamenlijke ombudsman en de gezamenlijke ombudscommissie

Art. 51k

Gemeenschappelijke ombudsman en gemeenschappelijke ombudscommissie

1. Het algemeen bestuur kan voor de behandeling van verzoekschriften een gezamenlijke ombudsman of een gezamenlijke ombudscommissie instellen met de raad of raden van een of meer andere gemeenten, dan wel met provinciale staten van een of meer provincies, dan wel met het algemeen bestuur van een of meer waterschappen, dan wel met het algemeen bestuur van een of meer openbare lichamen of gemeenschappelijke organen ingesteld bij gemeenschappelijke regeling.
2. De ombudsman of de ombudscommissie zendt jaarlijks een verslag van zijn werkzaamheden aan de vertegenwoordigende organen van de deelnemende rechtspersonen.
3. Op de ombudsman en op ieder afzonderlijk lid van de ombudscommissie zijn de artikelen 51c tot en met 51f, 51h en 51i van overeenkomstige toepassing.

Art. 51l

Gemeenschappelijke regelingen

Indien het algemeen bestuur een ombudsman of een ombudscommissie instelt met toepassing van de Wet gemeenschappelijke regelingen, zijn de in die wet ten aanzien van gemeenschappelijke organen opgenomen bepalingen slechts van toepassing voor zover de aard van de aan de ombudsman of de ombudscommissie opgedragen taken zich daartegen niet verzet.

Hoofdstuk VII
[Vervallen]

Art. 52

[Vervallen]

Waterschapswet

Hoofdstuk VIII
De secretaris

Art. 53
1. Het algemeen bestuur wijst de secretaris van het waterschap aan. De aanwijzing eindigt van rechtswege met ingang van de datum dat de uitoefening van de functie van secretaris geen onderdeel meer uitmaakt van de werkzaamheden van de betreffende ambtenaar.
2. Het algemeen bestuur is bevoegd te besluiten tot het aangaan, wijzigen en beëindigen van de arbeidsovereenkomst met de secretaris van het waterschap.

Aanwijzing secretaris waterschap, einde aanwijzing van rechtswege

Aangaan, wijzigen, beëindigen arbeidsovereenkomst secretaris waterschap

Art. 54
In spoedeisende gevallen kan het dagelijks bestuur de secretaris op non-actief stellen. Het doet daarvan terstond mededeling aan het algemeen bestuur. De op non-actiefstelling vervalt indien het algemeen bestuur niet in een binnen acht weken na de datum van de op non-actiefstelling gehouden vergadering instemt met de op non-actiefstelling.

Secretaris waterschap op non-actief in spoedeisende gevallen

Art. 55
De secretaris staat het algemeen bestuur, het dagelijks bestuur en de voorzitter ter zijde bij de uitoefening van hun taak. Hij is aanwezig in de vergadering van het algemeen bestuur en van het dagelijks bestuur. Hij ondertekent de stukken die van het algemeen bestuur en het dagelijks bestuur uitgaan, mede.

Taken secretaris

Art. 55a
1. Het dagelijks bestuur regelt de vervanging van de secretaris.
2. De artikelen 54 en 55 zijn van overeenkomstige toepassing op degene die de secretaris vervangt.

Vervanging secretaris Schakelbepaling

Titel III
De bevoegdheid van het waterschapsbestuur

Hoofdstuk IX
Algemene bepalingen

§ 1
Inleidende bepaling

Art. 56
1. Het waterschapsbestuur is bevoegd tot regeling en bestuur ter behartiging van de taken die het waterschap in het reglement zijn opgedragen.
2. Regeling en bestuur kunnen van het waterschapsbestuur worden gevorderd bij wet, bij algemene maatregel van bestuur of bij provinciale verordening.

Bevoegdheden waterschapsbestuur Medebewind

§ 2
Verhouding tot provincie en Rijk

Art. 57
Onze Minister wie het aangaat en provinciale staten onderscheidenlijk gedeputeerde staten doen het waterschapsbestuur desgevraagd mededeling van hun standpunten in voornemens met betrekking tot aangelegenheden die voor het waterschap van belang zijn, tenzij het openbaar belang zich daartegen verzet, en bieden het waterschapsbestuur desgevraagd de gelegenheid tot overleg over die aangelegenheden.

Verhouding tot provincie en Rijk

Art. 58
1. Over al hetgeen het waterschap betreft, dient het waterschapsbestuur Onze Ministers en provinciale staten onderscheidenlijk gedeputeerde staten desgevraagd van bericht en raad. Dit geschiedt door het dagelijks bestuur van het waterschap, tenzij het uitdrukkelijk van het algemeen bestuur wordt verlangd.
2. Het verzoek om bericht en raad door een van Onze Ministers geschiedt, evenals in dat geval het dienen van bericht en raad, door tussenkomst van gedeputeerde staten, tenzij het enkel het verschaffen van feitelijke inlichtingen betreft.

Verzoek om bericht en raad

Art. 59
1. Ten aanzien van onderwerpen waarin door een wet, een algemene maatregel van bestuur of een provinciale verordening is voorzien, is het waterschapsbestuur bevoegd tot het maken van verordeningen voorzover deze verordeningen met die hogere regelingen niet in strijd zijn.
2. De bepalingen van verordeningen in het onderwerp waarvan, nadat deze zijn vastgesteld, wordt voorzien door een wet, een algemene maatregel van bestuur of een provinciale verordening, houden van rechtswege op te gelden.

Verordenende bevoegdheid

§ 3
Bijzondere voorzieningen

Bijzondere voorzieningen

Art. 60
1. Wanneer het algemeen bestuur de door een wet, een algemene maatregel van bestuur of een provinciale verordening gevorderde beslissingen niet of niet naar behoren neemt, voorziet het dagelijks bestuur daarin.
2. Wanneer het dagelijks bestuur de gevorderde beslissingen niet of niet naar behoren neemt, voorzien gedeputeerde staten daarin namens het dagelijks bestuur en ten laste van het waterschap.
3. Spoedeisende gevallen uitgezonderd, vindt het tweede lid geen toepassing dan nadat het dagelijks bestuur in de gelegenheid is gesteld binnen een door gedeputeerde staten gestelde termijn alsnog de gevorderde besluiten te nemen.

§ 4
Last onder bestuursdwang

Bestuursdwang

Art. 61
1. Het waterschapsbestuur is bevoegd tot oplegging van een last onder bestuursdwang.
2. De bevoegdheid tot oplegging van een last onder bestuursdwang wordt uitgeoefend door het dagelijks bestuur, indien oplegging van een last onder bestuursdwang dient tot handhaving van regels welke het waterschapsbestuur uitvoert.
3. De bevoegdheid tot oplegging van een last onder bestuursdwang wordt evenwel uitgeoefend door de voorzitter indien deze met gebruikmaking van de in artikel 96 omschreven bevoegdheid maatregelen neemt in gevallen van dringend of dreigend gevaar.
4. Indien aan de voorzitter bevoegdheden zijn toegekend of overgedragen, bezit hij de bevoegdheid tot oplegging van een last onder bestuursdwang en de bevoegdheid tot het geven van een machtiging tot het binnentreden van een woning slechts indien ook die bevoegdheid uitdrukkelijk is toegekend of overgedragen.

Art. 62-67
[Vervallen]

Art. 68
In geschillen als bedoeld in artikel 438 van het Wetboek van Burgerlijke Rechtsvordering over het dwangbevel bezitten leggers, waarin onderhoudsplichtigen zijn aangewezen, behoudens tegenbewijs, kracht van bewijs.

Art. 69
[Vervallen]

Art. 70

Bestuursdwang door gedeputeerde staten

1. In het in artikel 60, tweede lid, omschreven geval vindt de oplegging van een last onder bestuursdwang plaats door gedeputeerde staten namens het waterschapsbestuur en ten laste van het waterschap.
2. Het waterschap heeft voor het bedrag van de te zijnen laste gebrachte kosten verhaal op de overtreder.
3. De artikelen 4:116, 4:118 tot en met 4:124 en 5:10 van de Algemene wet bestuursrecht en artikel 68 zijn alsdan van toepassing.

Art. 71-72
[Vervallen]

§ 5
[Vervallen]

Art. 73-76
[Vervallen]

Hoofdstuk X
De bevoegdheid van het algemeen bestuur

Art. 77

Regeling en bestuur bij algemeen bestuur

De in artikel 56 omschreven bevoegdheid tot regeling en bestuur berust bij het algemeen bestuur voor zover deze niet bij of krachtens reglement dan wel bij wet of bij algemene maatregel van bestuur is toegekend aan het dagelijks bestuur of aan de voorzitter.

Art. 78

Verordenende bevoegdheid

1. Het algemeen bestuur maakt de verordeningen die het nodig oordeelt voor de behartiging van de taken die het waterschap zijn opgedragen.

Waterschapswet — A35 art. 85

2. Tevens stelt het algemeen bestuur vast de legger waarin onderhoudsplichtigen of onderhoudsverplichtingen worden aangewezen. — *Vaststelling van onderhoudslegger*

Art. 79
1. Het algemeen bestuur stelt een verordening vast waarin regels worden gesteld met betrekking tot de wijze waarop ingezetenen en belanghebbenden bij de voorbereiding van het beleid van dat bestuur worden betrokken. — *Inspraakverordening*

2. De in het eerste lid bedoelde inspraak wordt verleend door toepassing van afdeling 3.4 van de Algemene wet bestuursrecht, voorzover in de verordening niet anders is bepaald.

Art. 80
1. Onverminderd het bepaalde bij een ingevolge artikel 79, eerste lid, vastgestelde verordening, wordt het ontwerp van het besluit tot vaststelling of wijziging van een keur tegelijk met de terinzagelegging daarvan toegezonden aan de besturen van de gemeenten in het gebied waarvan de keur van toepassing zal zijn. — *Vaststelling of wijziging keur*

2. Het besluit tot vaststelling of wijziging van een keur wordt binnen vier weken aan gedeputeerde staten toegezonden, met de naar voren gebrachte bedenkingen en het standpunt daaromtrent van het algemeen bestuur.

Art. 81
1. Op overtreding van een keur kan als straf worden gesteld hechtenis van ten hoogste drie maanden of geldboete van de tweede categorie als bedoeld in artikel 23 van het Wetboek van Strafrecht, al dan niet met openbaarmaking van de rechterlijke uitspraak. — *Strafsanctie op overtreding keur*

2. De in het eerste lid bedoelde strafbare feiten zijn overtredingen.

3. Indien tijdens het plegen van de overtreding nog geen jaar is verlopen, sedert een vroegere veroordeling van de schuldige wegens gelijke overtreding onherroepelijk is geworden, kan hechtenis tot het dubbele van het gestelde maximum worden opgelegd. Onder vroegere veroordeling wordt mede verstaan een vroegere veroordeling door een strafrechter in een andere lidstaat van de Europese Unie wegens soortgelijke feiten.

Art. 82
[Vervallen]

Art. 83
1. Het algemeen bestuur kan aan het dagelijks bestuur bevoegdheden van het algemeen bestuur overdragen, tenzij de aard van de bevoegdheid zich tegen overdracht verzet. — *Delegatie bevoegdheden algemeen bestuur*

2. Het algemeen bestuur kan het dagelijks bestuur niet overdragen de bevoegdheid tot:
a. het vaststellen of wijzigen van de begroting;
b. het vaststellen van de jaarrekening, bedoeld in artikel 104;
c. het vaststellen van regels als bedoeld in de artikelen 108 en 109;
d. het heffen van belastingen of rechten;
e. het vaststellen van verordeningen, behoudens het bepaalde in het derde lid;
f. het vaststellen van peilbesluiten;
g. het vaststellen van plannen krachtens bijzondere wetten, met uitzondering van projectplannen als bedoeld in hoofdstuk 5 van de Waterwet.

3. De bevoegdheid tot het maken van keuren kan het algemeen bestuur slechts overdragen voorzover het betreft de vaststelling van nadere regels met betrekking tot bepaalde door het algemeen bestuur in zijn verordeningen aangewezen onderwerpen.

4. De voorschriften met betrekking tot de bevoegdheid van het algemeen bestuur, de uitoefening daarvan en het toezicht daarop zijn ten aanzien van de met toepassing van het eerste lid overgedragen bevoegdheden van overeenkomstige toepassing, met uitzondering van die betreffende vergaderingen.

Hoofdstuk XI
De bevoegdheid van het dagelijks bestuur

§ 1
[Vervallen]

Art. 84
1. Het dagelijks bestuur is belast met de dagelijkse aangelegenheden van het waterschap. — *Dagelijks bestuur belast met dagelijkse aangelegenheden*

2. Het dagelijks bestuur is belast met de voorbereiding van al hetgeen in de vergadering van het algemeen bestuur ter overweging en beslissing moet worden gebracht.

3. Het dagelijks bestuur is belast met de uitvoering van de beslissingen van het algemeen bestuur, tenzij bij het reglement de voorzitter hiermede is belast.

Art. 85
1. Met de opsporing van de overtreding van bij keuren strafbaar gestelde feiten zijn, onverminderd artikel 141 van het Wetboek van Strafvordering, belast de bij besluit van het dagelijks be- — *Opsporingsbevoegdheid leden dagelijks bestuur*

stuur aangewezen ambtenaren van het waterschap. Indien bij provinciale verordening het toezicht op de naleving van het bij of krachtens die verordening bepaalde is opgedragen aan het dagelijks bestuur, zijn met de opsporing van de overtreding daarvan, onverminderd artikel 141 van het Wetboek van Strafvordering, belast de bij besluit van dat bestuur aangewezen ambtenaren.

2. De in het eerste lid bedoelde ambtenaren van het waterschap zijn tevens belast met de opsporing van de feiten, strafbaar gesteld in de artikelen 179 tot en met 182 en 184 van het Wetboek van Strafrecht, voor zover deze feiten betrekking hebben op een bevel, vordering of handeling, gedaan of ondernomen door henzelf.

Art. 86

Juridische en processuele bevoegdheden dagelijks bestuur

1. Het dagelijks bestuur neemt, ook alvorens is besloten tot het voeren van een rechtsgeding, alle conservatoire maatregelen en doet wat nodig is ter voorkoming van verjaring of verlies van recht of bezit.
2. Het dagelijks bestuur is bevoegd, tenzij het algemeen bestuur daaromtrent in voorkomende gevallen een beslissing heeft genomen, tot het procederen in kort geding en tot voeging in strafzaken als bedoeld in artikel 51f van het Wetboek van Strafvordering.
3. Het dagelijks bestuur is bevoegd, indien ingevolge wettelijk voorschrift aan het waterschap of aan het waterschapsbestuur hetzij een recht van beroep hetzij een recht bezwaar te maken toekomt, om spoedshalve beroep in te stellen of bezwaar te maken alsmede, voor zover de voorschriften dat toelaten, om schorsing van het aangevochten besluit of om een voorlopige voorziening ter zake te verzoeken.
4. Tenzij bij reglement anders is bepaald, wordt het ingestelde beroep of het gemaakte bezwaar ingetrokken, indien het algemeen bestuur de beslissing van het dagelijks bestuur tot het instellen van beroep of het maken van bezwaar niet hetzij in zijn eerstvolgende vergadering, hetzij binnen drie maanden bekrachtigt.

Art. 87

[Vervallen]

Art. 88

Mandaat

Het dagelijks bestuur kan mandaat verlenen aan een of meer leden van het dagelijks bestuur.

Art. 89

Verantwoordingsplicht

1. De leden van het dagelijks bestuur zijn, tezamen en ieder afzonderlijk, aan het algemeen bestuur verantwoording verschuldigd voor het door het dagelijks bestuur gevoerde bestuur.
2. Zij geven het algemeen bestuur mondeling of schriftelijk de door een of meer leden gevraagde inlichtingen voorzover het verstrekken daarvan niet in strijd is met het openbaar belang.

§ 2
[Vervallen]

Art. 90-93

[Vervallen]

Hoofdstuk XII
De bevoegdheid van de voorzitter

Art. 94

Taken voorzitter

1. De voorzitter bevordert een goede behartiging van de taken van het waterschap.
2. De voorzitter bevordert de bestuurlijke integriteit van het waterschap.
3. In de vergadering van het algemeen bestuur heeft de voorzitter een raadgevende stem.
4. Hij ondertekent alle stukken welke van het algemeen en het dagelijks bestuur uitgaan.

Art. 95

Vertegenwoordiging in en buiten rechte

De voorzitter vertegenwoordigt het waterschap in en buiten rechte. Indien de voorzitter aan een ander machtiging verleent tot vertegenwoordiging, behoeft deze machtiging de instemming van het dagelijks bestuur.

Art. 96

Bijzondere bevoegdheden voorzitter

1. Wanneer de omstandigheden geen voorafgaande bijeenroeping van het algemeen bestuur of van het dagelijks bestuur gedogen, is de voorzitter bevoegd bij omstandigheden waaronder de veiligheid van een of meer waterstaatswerken, of anderszins de goede staat daarvan, in onmiddellijk en ernstig gevaar is of dreigt te komen, al die maatregelen te treffen waartoe die besturen bevoegd zijn, zolang deze toestand voortduurt en totdat die besturen van hun bevoegdheid gebruik maken.
2. Hij geeft daarvan onverwijld kennis aan het desbetreffende bestuur alsmede aan gedeputeerde staten.

Art. 97

Verantwoordingsplicht aan het algemeen bestuur

1. De voorzitter is het algemeen bestuur verantwoording verschuldigd voor het door hem gevoerde bestuur.

Waterschapswet

2. Hij geeft het algemeen bestuur mondeling of schriftelijk de door een of meer leden gevraagde inlichtingen voorzover het verstrekken daarvan niet in strijd is met het openbaar belang.

Titel IV
De financiën van het waterschap

Hoofdstuk XIII
Algemene bepalingen

Art. 98
1. Het waterschap draagt de kosten die zijn verbonden aan de behartiging van de taken die het waterschap in het reglement zijn opgedragen. Evenwel worden, voorzover de behartiging van die taken redelijkerwijs moet worden geacht het belang van het gebied van het waterschap te boven te gaan op grond dat deze tevens in belangrijke mate is de behartiging van een nationaal of provinciaal belang, aan het waterschap bijdragen verleend ten laste van de kas van het Rijk onderscheidenlijk die van de desbetreffende provincie of provincies.
2. De waterschappen zijn een vergoeding verschuldigd voor de kosten van gemeenten die zijn verbonden aan de organisatie van de verkiezingen van de leden van het algemeen bestuur. Onze Minister van Infrastructuur en Waterstaat stelt de vergoeding vast en kan de vergoeding invorderen bij dwangbevel. Onze Minister van Infrastructuur en Waterstaat kan regels stellen over de berekening van de te betalen vergoeding, de wijze van betaling van de verschuldigde vergoeding en het tijdstip waarop de verschuldigde vergoeding wordt voldaan.

Art. 98a
1. De begroting, de begrotingswijzigingen, de meerjarenraming, de jaarrekening en het jaarverslag worden ingericht overeenkomstig bij of krachtens algemene maatregel van bestuur te geven regels.
Nadere regels
2. Bij of krachtens de algemene maatregel van bestuur, bedoeld in het eerste lid, kunnen tevens regels worden gesteld ten aanzien van:
a. door het dagelijks bestuur vast te stellen documenten ten behoeve van de uitvoering van de begroting en de jaarrekening;
b. door het dagelijks bestuur aan derden te verstrekken informatie op basis van de begroting en de jaarrekening en de controle van deze informatie. In overeenstemming met Onze Minister van Economische Zaken en Klimaat kan worden bepaald dat deze informatie wordt verstrekt aan het Centraal Bureau voor de Statistiek.
3. Indien de informatie, bedoeld in het tweede lid onder b, niet of niet tijdig wordt verstrekt, dan wel de kwaliteit van de informatie tekort schiet, geven gedeputeerde staten een aanwijzing aan het dagelijks bestuur om alsnog informatie van voldoende kwaliteit te verstrekken.
4. Indien het dagelijks bestuur nalaat de aanwijzing, bedoeld in het derde lid, op te volgen zorgen gedeputeerde staten dat de benodigde informatie alsnog wordt verstrekt. De kosten daarvan komen voor rekening van het waterschap.

Hoofdstuk XIV
De begroting en de jaarrekening

§ 1
De begroting

Art. 99
1. Voor alle aan het waterschap opgedragen taken brengt het algemeen bestuur jaarlijks op de begroting de bedragen die het daarvoor beschikbaar stelt, alsmede de door het waterschap te heffen belastingen, van het rijk en de provincie te ontvangen bijdragen en andere financiële middelen die naar verwachting kunnen worden aangewend.
Begrotingsposten
2. De begroting bevat mede een bedrag voor onvoorziene uitgaven.
3. De begroting moet in evenwicht zijn. Hiervan kan worden afgeweken indien aannemelijk is dat het evenwicht in de begroting in de eerstvolgende jaren tot stand zal zijn gebracht.
4. Ten laste van het waterschap kunnen slechts lasten en daarmee overeenstemmende balansmutaties worden genomen tot de bedragen die hiervoor op de begroting zijn gebracht.
5. Het begrotingsjaar is het kalenderjaar.

Art. 100
1. Het dagelijks bestuur biedt jaarlijks, tijdig voor de in artikel 101, eerste lid, bedoelde vaststelling, het algemeen bestuur een ontwerp aan voor de begroting met toelichting van het waterschap en een meerjarenraming met toelichting voor ten minste drie op het begrotingsjaar volgende jaren.
Aanbieding ontwerpbegroting

A35 art. 101 — Waterschapswet

2. De ontwerp-begroting en de overige in het eerste lid bedoelde stukken liggen, zodra zij aan het algemeen bestuur zijn aangeboden, voor een ieder ter inzage en zijn algemeen verkrijgbaar. Van de terinzagelegging en de verkrijgbaarstelling wordt openbaar kennis gegeven.

3. Het algemeen bestuur beraadslaagt over de ontwerp-begroting niet eerder dan twee weken na de openbare kennisgeving.

Art. 101

Vaststelling begroting

1. Het algemeen bestuur stelt de begroting vast in het jaar voorafgaande aan dat waarvoor zij dient.

2. Het dagelijks bestuur zendt de door het algemeen bestuur vastgestelde begroting vergezeld van de in artikel 100, eerste lid, bedoelde stukken, binnen twee weken na de vaststelling, doch in ieder geval vóór 1 december van het jaar voorafgaande aan dat waarvoor de begroting dient, aan gedeputeerde staten.

Art. 102

Wijziging begroting

1. Besluiten tot wijziging van de begroting kunnen tot uiterlijk het eind van het desbetreffende begrotingsjaar worden genomen.

2. De artikelen 100, tweede lid, en 101, tweede lid, alsmede, behoudens in gevallen van dringende spoed, artikel 100, derde lid, zijn van overeenkomstige toepassing.

§ 2
De jaarrekening

Art. 103

Verantwoording financieel beheer

1. Het dagelijks bestuur legt aan het algemeen bestuur over elk begrotingsjaar verantwoording af over het door hem gevoerde bestuur, onder overlegging van de jaarrekening en het jaarverslag.

2. Het dagelijks bestuur voegt daarbij de verslagen, bedoeld in artikel 109a, tweede lid.

3. De in het eerste en tweede lid, alsmede de in artikel 109, derde en vierde lid, bedoelde stukken liggen, zodra zij aan het algemeen bestuur zijn overgelegd, voor een ieder ter inzage en zijn algemeen verkrijgbaar. Van de terinzage legging en de verkrijgbaarstelling wordt openbaar kennis gegeven. Het algemeen bestuur beraadslaagt over de jaarrekening en het jaarverslag niet eerder dan twee weken na de openbare kennisgeving.

Art. 104

Vaststelling jaarrekening

1. Het algemeen bestuur stelt de jaarrekening en het jaarverslag vast in het jaar volgend op het begrotingsjaar. De jaarrekening betreft alle baten en lasten van het waterschap.

2. Indien het algemeen bestuur tot het standpunt komt dat onrechtmatige totstandkoming van in de jaarrekening opgenomen baten, lasten of balansmutaties aan de vaststelling van de jaarrekening in de weg staat, brengt hij dit terstond ter kennis van het dagelijks bestuur met vermelding van de gerezen bedenkingen.

3. Het dagelijks bestuur zendt het algemeen bestuur binnen twee maanden na ontvangst van het standpunt, bedoeld in het tweede lid, een voorstel voor een indemniteitsbesluit, vergezeld van een reactie op de bij het algemeen bestuur gerezen bedenkingen.

4. Indien het dagelijks bestuur een voorstel voor een indemniteitsbesluit heeft gedaan, stelt het algemeen bestuur de jaarrekening niet vast dan nadat hij heeft besloten over het voorstel.

Art. 105

Stemming over vaststellingsbesluiten

De leden van het dagelijks bestuur nemen niet deel aan stemmingen over besluiten als bedoeld in het eerste, tweede en vierde lid van artikel 104.

Art. 106

Ontlasten van dagelijks bestuur

Behoudens later in rechte gebleken onregelmatigheden, ontlast de vaststelling van de jaarrekening de leden van het dagelijks bestuur ten aanzien van het daarin verantwoorde financieel beheer.

Art. 107

Toezending jaarrekening aan GS

Het dagelijks bestuur zendt de vastgestelde jaarrekening en het jaarverslag, vergezeld van de overige in artikel 103 bedoelde stukken binnen twee weken na vaststelling, maar in ieder geval vóór 15 juli van het jaar, volgend op het begrotingsjaar, aan gedeputeerde staten. Het dagelijks bestuur voegt daarbij, indien van toepassing, het besluit van het algemeen bestuur over een voorstel voor een indemniteitsbesluit met de reactie, bedoeld in artikel 104, derde lid.

Art. 107a

Toesturen aan GS van niet/ niet naar behoren vastgestelde jaarrekening

Indien het algemeen bestuur de jaarrekening dan wel een indemniteitsbesluit niet of niet naar behoren vaststelt, zendt het dagelijks bestuur de jaarrekening, vergezeld van de overige in artikel 103 bedoelde stukken, respectievelijk het indemniteitsbesluit ter vaststelling aan gedeputeerde staten.

Hoofdstuk XV
De administratie en de controle

Art. 108
1. Het algemeen bestuur stelt bij verordening de uitgangspunten voor het financiële beleid, alsmede voor het financiële beheer en voor de inrichting van de financiële organisatie vast. Deze verordening waarborgt dat aan de eisen van rechtmatigheid, verantwoording en controle wordt voldaan.
2. De verordening bevat in ieder geval:
a. regels voor waardering en afschrijving van activa;
b. grondslagen voor de berekening van de door het waterschapsbestuur in rekening te brengen prijzen en van tarieven voor rechten als bedoeld in artikel 115, eerste lid;
c. regels inzake de algemene doelstellingen en de te hanteren richtlijnen en limieten van de financieringsfunctie.

Verordening uitgangspunten financiële huishouding

Art. 109
1. Het algemeen bestuur stelt bij verordening regels vast voor de controle op het financiële beheer en op de inrichting van de financiële organisatie. Deze verordening waarborgt dat de rechtmatigheid van het financiële beheer en van de inrichting van de financiële organisatie wordt getoetst.
2. Het algemeen bestuur wijst één of meer accountants aan als bedoeld in artikel 393, eerste lid, van Boek 2 van het Burgerlijk Wetboek, belast met de controle van de in artikel 103 bedoelde jaarrekening en het daarbij verstrekken van een accountantsverklaring en het uitbrengen van een verslag van bevindingen.
3. De accountantsverklaring geeft op grond van de uitgevoerde controle aan of:
a. de jaarrekening een getrouw beeld geeft van zowel de baten en lasten als de grootte en samenstelling van het vermogen;
b. de baten en lasten, alsmede de balansmutaties rechtmatig tot stand zijn gekomen;
c. de jaarrekening is opgesteld in overeenstemming met de bij of krachtens algemene maatregel van bestuur te stellen regels, bedoeld in artikel 98a, en
d. het jaarverslag met de jaarrekening verenigbaar is.
4. Het verslag van bevindingen bevat in ieder geval bevindingen over:
a. de vraag of de inrichting van het financiële beheer en van de financiële organisatie een getrouwe en rechtmatige verantwoording mogelijk maken, en
b. onrechtmatigheden in de jaarrekening.
5. De accountant zendt de accountantsverklaring en het verslag van bevindingen aan het algemeen bestuur en een afschrift daarvan aan het dagelijks bestuur.
6. Bij algemene maatregel van bestuur kunnen nadere regels worden gesteld met betrekking tot de reikwijdte van en de verslaglegging omtrent de accountantscontrole, bedoeld in het tweede lid.

Verordening controle financiële huishouding

Art. 109a
1. Het dagelijks bestuur verricht periodiek onderzoek naar de doelmatigheid en de doeltreffendheid van het door hem gevoerde bestuur. Het algemeen bestuur kan bij verordening hierover regels stellen.
2. Het dagelijks bestuur brengt schriftelijk verslag uit aan het algemeen bestuur van de resultaten van de onderzoeken.

Onderzoek naar doelmatigheid dagelijks bestuur

Art. 109b
Het dagelijks bestuur zendt de verordeningen, bedoeld in de artikelen 108, 109 en 109a, binnen twee weken na vaststelling door het algemeen bestuur aan gedeputeerde staten.

Toezending verordeningen aan GS

Art. 109c
Gedeputeerde staten kunnen te allen tijde een onderzoek instellen naar het beheer en de inrichting van de financiële organisatie, bedoeld in artikel 108, eerste lid.

Onderzoek door GS

Hoofdstuk XVI
De waterschapsbelastingen

Art. 110
Het algemeen bestuur besluit tot het invoeren, wijzigen of afschaffen van een waterschapsbelasting door het vaststellen van een belastingverordening.

Invoeren, wijzigen, afschaffen waterschapsbelasting

Art. 111
De belastingverordening vermeldt in de daartoe leidende gevallen de belastingplichtige, het voorwerp van de belasting, het belastbare feit, de heffingsmaatstaf, het tarief, het tijdstip van ingang van de heffing, en hetgeen overigens voor de heffing en de invordering van belang is, alsmede het tijdstip van inwerkingtreding.

Inhoud belastingverordening

Art. 112
[Vervallen]

Art. 113

Heffing belasting en rechten

Behalve de belastingen of rechten waarvan de heffing krachtens bijzondere wetten geschiedt, worden door het waterschap geen andere belastingen en rechten geheven dan de precariobelasting, bedoeld in artikel 114, de rechten, bedoeld in artikel 115, en de heffingen, bedoeld in de artikelen 117, 122a en 122d.

Art. 114

Precariobelasting

1. Het waterschap kan een precariobelasting heffen voor het hebben van voorwerpen onder, op of boven grond of water van het waterschap, voor de openbare dienst bestemd.
2. Geen belasting wordt geheven ter zake van:
   a. de infrastructuur, bedoeld in artikel 7, derde lid, van de Drinkwaterwet;
   b. een net als bedoeld in artikel 20, eerste lid, van de Elektriciteitswet 1998;
   c. een gastransportnet als bedoeld in artikel 39a van de Gaswet, of
   d. werken als bedoeld in artikel 38 van de Warmtewet.

Art. 115

Belastingobject, retributies

1. Het waterschap kan alleen rechten heffen ter zake van:
   a. het gebruik overeenkomstig de bestemming van voor de openbare dienst bestemde bezittingen van het waterschap of van voor de openbare dienst bestemde werken of inrichtingen die bij het waterschap in beheer of in onderhoud zijn;
   b. het genot van door of vanwege het bestuur van het waterschap verstrekte diensten;
   c. het behandelen van verzoeken tot het verlenen van vergunningen of ontheffingen;
   d. het op verzoek van een glastuinbouwbedrijf uit afvalwater als bedoeld in artikel 3.4 van de Waterwet verwijderen van gewasbeschermingsmiddelen als bedoeld in artikel 1, eerste lid, van de Wet gewasbeschermingsmiddelen en biociden.
2. Voor de toepassing van dit hoofdstuk en van hoofdstuk XVIII worden de in het eerste lid bedoelde rechten aangemerkt als waterschapsbelastingen.
3. In verordeningen op grond waarvan rechten als bedoeld in het eerste lid worden geheven, worden de tarieven zodanig vastgesteld dat de geraamde baten van de rechten niet uitgaan boven de geraamde lasten ter zake.

Art. 115a

Drempelbedrag aanslag

1. Een aanslag die een bij de belastingverordening te bepalen bedrag niet te boven gaat, wordt niet opgelegd.
2. Voor de toepassing van het eerste lid wordt het totaal van de op één aanslagbiljet verenigde aanslagen aangemerkt als één aanslag.

Hoofdstuk XVII
De watersysteemheffing

Art. 116

Begripsbepalingen

Voor de toepassing van dit hoofdstuk en de daarop berustende bepalingen wordt verstaan onder:
a. ingezetene: degene die blijkens de basisregistratie personen bij het begin van het kalenderjaar woonplaats heeft in het gebied van het waterschap en die aldaar gebruik heeft van woonruimte, met dien verstande dat gebruik van woonruimte door de leden van een gezamenlijke huishouding wordt aangemerkt als gebruik door een lid van dat huishouden, dat wordt aangewezen door de in artikel 123, derde lid, onderdeel b, bedoelde ambtenaar van het waterschap;
b. woonruimte: een ruimte die blijkens zijn inrichting bestemd is om als een afzonderlijk geheel te voorzien in woongelegenheid en waarvan de delen blijkens de inrichting van die ruimte niet bestemd zijn om afzonderlijk in gebruik te worden gegeven;
c. natuurterreinen: ongebouwde onroerende zaken waarvan de inrichting en het beheer geheel of nagenoeg geheel en duurzaam zijn afgestemd op het behoud of de ontwikkeling van natuur. Onder natuurterreinen worden mede verstaan bossen en open wateren met een oppervlakte van ten minste één hectare.

Art. 117

Watersysteemheffing

1. Ter bestrijding van kosten die zijn verbonden aan de zorg voor het watersysteem wordt onder de naam watersysteemheffing een heffing geheven van hen die:
   a. ingezetenen zijn;
   b. krachtens eigendom, bezit of beperkt recht het genot hebben van ongebouwde onroerende zaken, niet zijnde natuurterreinen;
   c. krachtens eigendom, bezit of beperkt recht het genot hebben van natuurterreinen;
   d. krachtens eigendom, bezit of beperkt recht het genot hebben van gebouwde onroerende zaken.
2. Uit de opbrengsten van de watersysteemheffing worden tevens de op grond van artikel 7.24 van de Waterwet verschuldigde bijdragen bekostigd.

Art. 118

Belastingobject

1. Als één gebouwde onroerende zaak als bedoeld in artikel 117, onderdeel d, wordt aangemerkt:
   a. een gebouwd eigendom;

Waterschapswet
A35 art. 120

b. een gedeelte van een gebouwd eigendom dat blijkens zijn indeling is bestemd om als een afzonderlijk geheel te worden gebruikt;
c. een samenstel van twee of meer van de in onderdeel a bedoelde gebouwde eigendommen of van in onderdeel b bedoelde gedeelten daarvan die bij dezelfde belastingplichtige in gebruik zijn en die, naar de omstandigheden beoordeeld, bij elkaar behoren;
d. het binnen het gebied van een gemeente gelegen deel van een in onderdeel a bedoeld eigendom, van een in onderdeel b bedoeld gedeelte of van een in onderdeel c bedoeld samenstel;
e. het binnen het gebied van het waterschap gelegen deel van een in onderdeel a bedoeld eigendom, van een in onderdeel b bedoeld gedeelte, van een in onderdeel c bedoeld samenstel of van een in onderdeel d bedoeld deel.
2. Voor de toepassing van het eerste lid maken de ongebouwde eigendommen voorzover die een samenstel vormen met een gebouwd eigendom als bedoeld in het eerste lid, onderdeel a tot en met e, deel uit van de gebouwde onroerende zaak, met uitzondering van de ongebouwde eigendommen, voorzover de waarde daarvan bij de waardebepaling op de voet van hoofdstuk IV van de Wet waardering onroerende zaken op basis van het bepaalde krachtens 18, derde lid, van die wet buiten aanmerking wordt gelaten.
3. Als één ongebouwde onroerende zaak als bedoeld in artikel 117, onderdeel b, wordt aangemerkt een kadastraal perceel of gedeelte daarvan, met dien verstande dat buiten aanmerking wordt gelaten:
a. hetgeen ingevolge het eerste en tweede lid wordt aangemerkt als een gebouwde onroerende zaak;
b. een natuurterrein.
4. Als één natuurterrein wordt aangemerkt een kadastraal perceel of gedeelte daarvan, met dien verstande dat buiten aanmerking wordt gelaten:
a. hetgeen ingevolge het eerste en tweede lid wordt aangemerkt als een gebouwde onroerende zaak;
b. hetgeen ingevolge het derde lid wordt aangemerkt als een ongebouwde onroerende zaak.
5. Voor de heffing, bedoeld in artikel 117, worden openbare land- en waterwegen en banen voor openbaar vervoer per rail, één en ander met inbegrip van kunstwerken, alsmede waterverdedigingswerken die worden beheerd door organen, instellingen of diensten van publiekrechtelijke rechtspersonen, met uitzondering van de delen van zodanige werken die dienen als woning, buiten aanmerking gelaten, en als ongebouwde eigendommen, niet zijnde natuurterreinen.

Ongebouwde onroerende zaak

Natuurterrein

Ongebouwde eigendommen

Art. 119
1. Heffingsplichtig in de zin van artikel 117, onderdelen b, c en d, zijn degenen die bij het begin van het kalenderjaar als rechthebbende in de basisregistratie kadaster zijn vermeld, tenzij blijkt dat hij op dat tijdstip geen rechthebbende krachtens eigendom, bezit of beperkt recht is.
2. Voor de toepassing van artikel 117, onderdelen b, c en d, is heffingplichtig de:
a. beperkt gerechtigde en niet de eigenaar, ingeval de onroerende zaak is onderworpen aan het recht van beklemming, van erfpacht, van opstal of van vruchtgebruik;
b. eigenaar voor wat betreft het recht van opstal, indien dat recht uitsluitend is gevestigd ten behoeve van de aanleg of het onderhoud, dan wel ten behoeve van de aanleg en het onderhoud, van ondergrondse dan wel bovengrondse leidingen.
3. Indien de onroerende zaak is onderworpen aan beperkte rechten als bedoeld in het tweede lid, heeft voor de heffingsplicht:
a. de vruchtgebruiker voorrang boven zowel de opstaller als de erfpachter, onderscheidenlijk de beklemde meier;
b. de opstaller voorrang boven de erfpachter, onderscheidenlijk de beklemde meier.

Subject

Art. 120
1. Het algemeen bestuur stelt ten behoeve van de in artikel 117 bedoelde heffing een verordening vast, waarin voor elk van de categorieën van heffingplichtigen de toedeling van het kostendeel is opgenomen. Bij die verordening kan worden bepaald dat kosten van heffing en invordering van de watersysteemheffing en kosten van de verkiezing van de leden van het algemeen bestuur rechtstreeks worden toegerekend aan de betrokken categorieën van heffingplichtigen.
2. De toedeling van het kostendeel voor de categorie, bedoeld in artikel 117, onderdeel a, wordt bepaald aan de hand van de gemiddelde inwonerdichtheid per vierkante kilometer in het gebied van het waterschap. Het door het waterschap bij verordening, als bedoeld onder het eerste lid, te bepalen kostenaandeel bedraagt:
a. minimaal 20% en maximaal 30% wanneer het aantal inwoners per vierkante kilometer niet meer bedraagt dan 500;
b. minimaal 31% en maximaal 40% wanneer het aantal inwoners per vierkante kilometer meer bedraagt dan 500, maar niet meer dan 1000;
c. minimaal 41% en maximaal 50% wanneer het aantal inwoners per vierkante kilometer meer bedraagt dan 1000.
3. Het algemeen bestuur kan de in het tweede lid genoemde maximale percentages verhogen tot 40, onderscheidenlijk 50 en 60 %.

Kostentoedeling verordening watersysteemheffing

Heffingsmaatstaf

4. De toedeling van het kostendeel voor de categorieën, bedoeld in artikel 117, onderdelen b tot en met d, wordt bepaald op basis van de waarde van de onroerende zaken in het economische verkeer. Bij of krachtens algemene maatregel van bestuur worden hiertoe nadere regels gesteld.
5. De in het eerste lid bedoelde verordening wordt ten minste eenmaal in de vijf jaren herzien.

Art. 121

1. Voor de heffing geldt als heffingsmaatstaf:
   a. ter zake van ingezetenen als bedoeld in artikel 117, onderdeel a: de woonruimte, waarbij het tarief wordt gesteld op een gelijk bedrag per woonruimte;
   b. ter zake van ongebouwde onroerende zaken als bedoeld in artikel 117, onderdeel b: de oppervlakte, waarbij het tarief wordt gesteld op een gelijk bedrag per hectare;
   c. ter zake van ongebouwde onroerende zaken als bedoeld in artikel 117, onderdeel c: de oppervlakte, waarbij het tarief wordt gesteld op een gelijk bedrag per hectare;
   d. ter zake van gebouwde onroerende zaken als bedoeld in artikel 117, onderdeel d: de waarde die voor de onroerende zaak wordt bepaald op de voet van hoofdstuk IV van de Wet waardering onroerende zaken voor het kalenderjaar, waarbij het tarief wordt gesteld op een vast percentage van de waarde.
2. In afwijking in zoverre van het eerste lid, onderdeel d, wordt bij de bepaling van de heffingsmaatstaf voor de heffing ter zake van gebouwde onroerende zaken de waarde van onroerende zaken of onderdelen daarvan als bedoeld in artikel 220d, eerste lid, onderdelen c, h en j, van de Gemeentewet en van waterbeheersingswerken die worden beheerd door organen, instellingen of diensten van publiekrechtelijke rechtspersonen, met uitzondering van de delen die dienen als woning, buiten aanmerking gelaten, voor zover dit niet reeds is geschied bij de bepaling van de in het eerste lid, onderdeel d, bedoelde waarde.
3. Bij de toepassing van het tweede lid is het bepaalde bij of krachtens de artikelen 17, 18 en 20, tweede lid, van de Wet waardering onroerende zaken van overeenkomstige toepassing.

Art. 122

Tariefdifferentiatie

1. In afwijking van artikel 121, eerste lid, onderdelen b, c, en d kan het algemeen bestuur in de in artikel 120, eerste lid, genoemde verordening de heffing maximaal 75% lager vaststellen voor buitendijks gelegen onroerende zaken en voor onroerende zaken die blijkens de legger, bedoeld in artikel 78, tweede lid, als waterberging worden gebruikt.
2. In afwijking van artikel 121, eerste lid, onderdelen b, c, en d kan het algemeen bestuur in de in artikel 120, eerste lid, genoemde verordening de heffing maximaal 100% hoger vaststellen voor onroerende zaken gelegen in bemalen gebieden.
3. In afwijking van artikel 121, eerste lid, onderdelen b, c, en d kan het algemeen bestuur in de in artikel 120, eerste lid, genoemde verordening de heffing:
   a. maximaal 100% hoger vaststellen voor onroerende zaken die in hoofdzaak bestaan uit glasopstanden als bedoeld in artikel 220d, eerste lid, onderdeel b, van de Gemeentewet;
   b. maximaal 100% hoger vaststellen voor verharde openbare wegen, indien het algemeen bestuur voor 1 juli 2012 geen tariefdifferentiatie toepaste;
   c. maximaal 400% hoger vaststellen voor verharde openbare wegen, indien het algemeen bestuur voor 1 juli 2012 tariefdifferentiatie toepaste.
4. De afwijkingen als bedoeld in het eerste, tweede en derde lid kunnen naast elkaar worden toegepast.

Hoofdstuk XVIIa
De heffing ter bekostiging van het wegenbeheer

Art. 122a

Wegenheffing

1. Ter bestrijding van kosten die zijn verbonden aan de behartiging van de taak ter zake van het wegenbeheer kan, binnen het gebied waar deze taak wordt uitgevoerd, onder de naam wegenheffing een heffing worden geheven.

Subject

2. De wegenheffing kan worden geheven van hen die:
   a. ingezetenen zijn;
   b. krachtens eigendom, bezit of beperkt recht het genot hebben van ongebouwde onroerende zaken, niet zijnde natuurterreinen;
   c. krachtens eigendom, bezit of beperkt recht het genot hebben van natuurterreinen;
   d. krachtens eigendom, bezit of beperkt recht het genot hebben van gebouwde onroerende zaken.
3. Op het tweede lid is artikel 116 van toepassing.

Art. 122b

Kostentoedelingsverordening wegenheffing

1. Het algemeen bestuur stelt ten behoeve van de in artikel 122a bedoelde heffing een verordening vast, waarin voor elk van de categorieën van heffingplichtigen de toedeling van het kostendeel is opgenomen.

Waterschapswet A35 art. 122f

2. Bij reglement wordt bepaald aan welke regels de toedeling van het kostendeel, bedoeld in het eerste lid, voldoet. Daarbij kunnen de artikelen 118 tot en met 121 van overeenkomstige toepassing worden verklaard.
3. De heffing, bedoeld in artikel 122a, kan onderdeel uitmaken van de in artikel 117 bedoelde heffing.

Hoofdstuk XVIIb
De zuiveringsheffing

Art. 122c
Voor de toepassing van dit hoofdstuk en de daarop berustende bepalingen wordt verstaan onder: *Begripsbepalingen*
a. zuiveringtechnisch werk: een werk voor het zuiveren van afvalwater of het transport van afvalwater, niet zijnde een riolering;
b. riolering: een voorziening voor de inzameling en het transport van afvalwater, in beheer bij een gemeente;
c. afvoeren: het brengen van stoffen op een riolering of op een zuiveringtechnisch werk;
d. stoffen: afvalstoffen, verontreinigende of schadelijke stoffen;
e. afvalwater: afvalwater als bedoeld in artikel 3.4 van de Waterwet;
f. drinkwater: drinkwater als bedoeld in artikel 1, eerste lid, van de Drinkwaterwet;
g. drinkwaterbedrijf: drinkwaterbedrijf als bedoeld in artikel 1, eerste lid, van de Drinkwaterwet;
h. woonruimte: een ruimte als bedoeld in artikel 116, onder b;
i. bedrijfsruimte: een naar zijn aard en inrichting als afzonderlijk geheel te beschouwen ruimte of terrein, niet zijnde een woonruimte, een zuiveringtechnisch werk of een riolering;
j. ingenomen water: geleverd drink- en industriewater en warm tapwater, onttrokken grond- en oppervlaktewater en opgevangen hemelwater;
k. warm tapwater: warm tapwater als bedoeld in artikel 1, eerste lid, van de Drinkwaterwet.

Art. 122d
1. Ter bestrijding van kosten die zijn verbonden aan de behartiging van de taak inzake het zuiveren van afvalwater, wordt onder de naam zuiveringsheffing een heffing ingesteld ter zake van afvoeren.   *Zuiveringsheffing*
2. Aan de heffing worden onderworpen: *Object*
a. ter zake van afvoeren vanuit een bedrijfsruimte of woonruimte: degene die het gebruik heeft van die ruimte;
b. ter zake van het afvoeren anders dan bedoeld onder a: degene die afvoert.
3. Voor de toepassing van het tweede lid, onderdeel a, is heffingplichtig: *Subject*
a. in geval van gebruik van een woonruimte door de leden van een huishouden: degene die door de in artikel 123, derde lid, onderdeel d, bedoelde ambtenaar van het waterschap is aangewezen;
b. in geval van gebruik door degene aan wie een deel van een bedrijfsruimte in gebruik is gegeven: degene die dat deel in gebruik heeft gegeven, met dien verstande dat degene die het deel in gebruik heeft gegeven, bevoegd is de heffing als zodanig te verhalen op degene aan wie dat deel in gebruik is gegeven;
c. in geval van het ter beschikking stellen van een woonruimte of bedrijfsruimte voor volgtijdig gebruik: degene die die ruimte ter beschikking heeft gesteld, met dien verstande dat degene die de ruimte ter beschikking heeft gesteld, bevoegd is de heffing als zodanig te verhalen op degene aan wie de ruimte ter beschikking is gesteld.
4. Indien stoffen met behulp van een riolering worden afgevoerd, is degene bij wie die riolering in beheer is, slechts voor die stoffen die de beheerder zelf op de riolering heeft gebracht aan een heffing onderworpen.
5. De opbrengst van de heffing kan tevens worden besteed: *Opbrengstbestemming*
a. aan het verstrekken van subsidies ter tegemoetkoming in de kosten van het voorbereiden en uitvoeren van maatregelen die verband houden met het zuiveren van afvalwater aan diegenen die tot het treffen van die maatregelen zijn gehouden;
b. aan het verstrekken van subsidies aan heffingplichtigen tot behoud van het gebruik van zuiveringtechnische werken teneinde een stijging van het tarief van de heffing zoveel mogelijk te voorkomen.

Art. 122e
Voor de heffing geldt als grondslag de hoeveelheid en de hoedanigheid van de stoffen die in een kalenderjaar worden afgevoerd.   *Heffingsgrondslag*

Art. 122f
1. Voor de heffing geldt als heffingsmaatstaf de vervuilingswaarde van de stoffen die in een kalenderjaar worden afgevoerd, waarbij de vervuilingswaarde wordt uitgedrukt in vervuilingseenheden.   *Heffingsmaatstaf*
2. Eén vervuilingseenheid vertegenwoordigt met betrekking tot:
a. het zuurstofverbruik het jaarlijks verbruik van 54,8 kilogram zuurstof;

A35 art. 122g — Waterschapswet

    b. de gewichtshoeveelheden van de groep van stoffen chroom, koper, lood, nikkel, zilver en zink 1,00 kilogram;
    c. de gewichtshoeveelheden van de groep van stoffen arseen, kwik en cadmium 0,100 kilogram;
    d. de gewichtshoeveelheden van de stof chloride 650 kilogram;
    e. de gewichtshoeveelheden van de stof sulfaat 650 kilogram;
    f. de gewichtshoeveelheden van de stof fosfor 20,0 kilogram.
  3. Het algemeen bestuur kan bij verordening bepalen dat:
    a. de gewichtshoeveelheden met betrekking tot één of meer van de in het tweede lid, onderdelen b tot en met f bedoelde stoffen niet worden onderworpen aan de heffing;
    b. het aantal vervuilingseenheden met betrekking tot de gewichtshoeveelheden van één of meer van de in het tweede lid, onderdelen b tot en met f bedoelde stoffen:
    1°. tot minimaal nihil wordt verminderd op een door hem vast te stellen wijze;
    2°. op nihil wordt gesteld indien dit aantal, na toepassing van het bepaalde krachtens de onderdelen a en b, niet uitgaat boven een door hem vast te stellen aantal vervuilingseenheden.

Art. 122g

Berekening vervuilingseenheden

1. Het aantal vervuilingseenheden wordt berekend met behulp van door meting, bemonstering en analyse verkregen gegevens, overeenkomstig bij algemene maatregel van bestuur te stellen regels.
2. Bij de maatregel kan worden bepaald dat ter uitvoering van die maatregel nadere regels worden gesteld bij verordening van het algemeen bestuur.

Art. 122h

Woonruimte

1. In afwijking van artikel 122g wordt de vervuilingswaarde van de stoffen die vanuit een woonruimte worden afgevoerd gesteld op drie vervuilingseenheden. De vervuilingswaarde van de stoffen die vanuit een door één persoon gebruikte woonruimte worden afgevoerd bedraagt één vervuilingseenheid.

Drinkwater

2. In afwijking van het eerste lid kan bij verordening van het algemeen bestuur worden bepaald dat de vervuilingswaarde van de stoffen geheel of gedeeltelijk wordt bepaald aan de hand van de door het drinkwaterbedrijf geleverde hoeveelheid drinkwater en door de betrokken leverancier geleverde hoeveelheid warm tapwater.
3. De heffing met betrekking tot de in het tweede lid bedoelde woonruimten wordt geheven over het tijdvak van 12 maanden zoals dat door het betrokken drinkwaterbedrijf bij de levering van drinkwater of door de berokken leverancier bij de levering van warm tapwater ten behoeve van die woonruimten wordt gehanteerd.
4. Indien het in het derde lid bedoelde tijdvak in twee kalenderjaren is gelegen worden de voor de kalenderjaren geldende tarieven per vervuilingseenheid naar tijdsevenredigheid toegepast.
5. Het eerste lid is niet van toepassing op de voor recreatiedoeleinden bestemde woonruimten die zich bevinden op een voor verblijfsrecreatie bestemd terrein dat als zodanig wordt geëxploiteerd. De in de vorige volzin bedoelde woonruimten worden tezamen aangemerkt als één bedrijfsruimte dan wel als onderdeel van een bedrijfsruimte.
6. Indien in de loop van een kalenderjaar het gebruik van een woonruimte, waarvan de heffing is bepaald op basis van het eerste lid, aanvangt of eindigt, wordt de gebruiker voor een evenredig gedeelte van de op basis van dit lid bepaalde aantal vervuilingseenheden aan de heffing onderworpen.

Art. 122i

Bedrijfsruimten

1. In afwijking van artikel 122g wordt de vervuilingswaarde van de stoffen, die vanuit een bedrijfsruimte worden afgevoerd, gesteld op drie vervuilingseenheden indien door de heffingplichtige aannemelijk is gemaakt dat die vervuilingswaarde minder dan vijf vervuilingseenheden bedraagt en op één vervuilingseenheid indien door de heffingplichtige aannemelijk is gemaakt dat die één vervuilingseenheid of minder bedraagt.
2. In afwijking van artikel 122g wordt de vervuilingswaarde van de stoffen die worden afgevoerd vanuit een bedrijfsruimte of een onderdeel van een bedrijfsruimte bestemd om in het kader van de uitoefening van een beroep of een bedrijf onder een permanente opstand van glas of kunststof gewassen te telen, gesteld op drie vervuilingseenheden per hectare vloeroppervlak waarop onder glas of kunststof wordt geteeld en per deel van een hectare vloeroppervlak een evenredig deel van drie vervuilingseenheden.
3. Indien in de loop van het kalenderjaar het gebruik van een in het tweede lid bedoelde bedrijfsruimte of onderdeel van een bedrijfsruimte dan wel van een deel daarvan door de gebruiker aanvangt of eindigt, wordt hij in dat kalenderjaar voor die bedrijfsruimte, voor een evenredig gedeelte van de heffing onderworpen.
4. Een vervuilingswaarde voor de bedrijfsruimte of het onderdeel van de bedrijfsruimte, berekend op basis van het tweede of derde lid van minder dan vijf vervuilingseenheden, wordt op drie vervuilingseenheden, en van één of minder dan één vervuilingseenheid op één vervuilingseenheid gesteld.

Art. 122j

Het aantal vervuilingseenheden in een kalenderjaar kan geheel of gedeeltelijk door middel van schatting worden vastgesteld indien door de heffingplichtige:

a. de meting, bemonstering en analyse niet of niet geheel is geschied in overeenstemming met de in artikel 122g bedoelde regels;
b. het aantal vervuilingseenheden niet is berekend met behulp van meting, bemonstering en analyse en bepaling van de vervuilingswaarde op basis van artikel 122h, eerste lid, 122i, eerste of tweede lid, of 122k, eerste lid of vierde lid, niet mogelijk is;
c. het aantal vervuilingseenheden niet is berekend met behulp van meting, bemonstering, bepaling van de vervuilingswaarde op basis van artikel 122k, vierde lid, wel mogelijk is, maar door de heffingplichtige gedurende het heffingsjaar geen verzoek als bedoeld in dat artikel is gedaan.

Schatting

Art. 122k

1. Indien door de heffingplichtige aannemelijk is gemaakt dat het aantal vervuilingseenheden met betrekking tot het zuurstofverbruik in een kalenderjaar voor een bedrijfsruimte of een onderdeel daarvan, die hij gebruikt, 1000 of minder bedraagt, en dat dit aantal aan de hand van de hoeveelheid ten behoeve van die bedrijfsruimte of dat onderdeel van die bedrijfsruimte ingenomen water bepaald kan worden, wordt dat aantal in afwijking van artikel 122g vastgesteld volgens de formule: $A \times B$, waarbij,
A = het aantal m^3 in het kalenderjaar ten behoeve van de bedrijfsruimte of het onderdeel van de bedrijfsruimte ingenomen water;
B = de afvalwatercoëfficiënt behorende bij de klasse van de in het derde lid opgenomen tabel met de klassegrenzen waarbinnen de vervuilingswaarde met betrekking tot het zuurstofverbruik per m^3 ten behoeve van de bedrijfsruimte of van het onderdeel van de bedrijfsruimte ingenomen water is gelegen.
2. Bij algemene maatregel van bestuur worden nadere regels gesteld voor de bepaling van de vervuilingswaarde met betrekking tot het zuurstofverbruik per m^3 ten behoeve van de bedrijfsruimte of het onderdeel van de bedrijfsruimte ingenomen water.
3. De onderstaande tabel bevat klassen met bijbehorende klassegrenzen en afvalwatercoëfficiënten:

Afvalwatercoëfficiënt

Klasse	Klassegrenzen uitgedrukt in aantal vervuilingseenheden met betrekking tot het zuurstofverbruik per m^3 ingenomen water		Afvalwatercoëfficiënt uitgedrukt in aantal vervuilingseenheden per m^3 ingenomen water in het heffingsjaar
	Ondergrens	Bovengrens	
1	> 0	0,0013	0,0010
2	> 0,0013	0,0020	0,0016
3	> 0,0020	0,0031	0,0025
4	> 0,0031	0,0048	0,0039
5	> 0,0048	0,0075	0,0060
6	> 0,0075	0,012	0,0094
7	> 0,012	0,018	0,015
8	> 0,018	0,029	0,023
9	> 0,029	0,045	0,036
10	> 0,045	0,070	0,056
11	> 0,070	0,11	0,088
12	> 0,11	0,17	0,14
13	> 0,17	0,27	0,21
14	> 0,27	0,42	0,33
15	> 0,42		0,5

4. Indien het aantal vervuilingseenheden met betrekking tot het zuurstofverbruik in een kalenderjaar voor de bedrijfsruimte of onderdeel van een bedrijfsruimte meer dan 1000 bedraagt en door de heffingplichtige aannemelijk is gemaakt dat de berekening van dit aantal overeenkomstig het eerste lid niet resulteert in een lager aantal vervuilingseenheden dan de berekening van dit aantal overeenkomstig artikel 122g is het eerste lid op verzoek van de heffingplichtige van overeenkomstige toepassing.

Art. 122l

Nadere regels
Nadere regels met betrekking tot de zuiveringsheffing kunnen worden gesteld bij verordening van het algemeen bestuur.

Hoofdstuk XVIII
De heffing en invordering van waterschapsbelastingen

Art. 123

Begripsbepalingen
1. Voor de toepassing van dit hoofdstuk wordt verstaan onder:
   a. waterschapsbelastingen: de belastingen die het waterschap heft, bedoeld in artikel 113;
   b. Algemene wet: Algemene wet inzake rijksbelastingen;
   c. heffing op andere wijze : heffing op andere wijze dan bij wege van aanslag of bij wege van voldoening op aangifte.

Toepassing AWR en IW 1990
2. Onverminderd het overigens in dit hoofdstuk bepaalde geschieden de heffing en de invordering van waterschapsbelastingen met toepassing van de Algemene wet, de Invorderingswet 1990 en de Kostenwet invordering rijksbelastingen als waren die belastingen rijksbelastingen.
3. Onverminderd het overigens in dit hoofdstuk bepaalde, gelden de bevoegdheden en verplichtingen van de hierna vermelde, in de Algemene wet, de Invorderingswet 1990 en de Kostenwet invordering rijksbelastingen genoemde functionarissen, met betrekking tot de waterschapsbelastingen voor de daarachter genoemde colleges of functionarissen:
   a. Onze Minister van Financiën, het bestuur van 's Rijksbelastingen en de directeur: het dagelijks bestuur;
   b. de inspecteur: de daartoe aangewezen ambtenaar van het waterschap;
   c. de ontvanger of een inzake rijksbelastingen bevoegde ontvanger: de ambtenaar van het waterschap, belast met de invordering van waterschapsbelastingen;
   d. de ambtenaren van de rijksbelastingdienst: de ambtenaren van het waterschap, belast met de heffing of de invordering van waterschapsbelastingen;
   e. belastingdeurwaarder: de daartoe door het dagelijks bestuur aangewezen ambtenaar van het waterschap, dan wel een als belastingdeurwaarder van het waterschap aangewezen gerechtsdeurwaarder, bedoeld in de Gerechtsdeurwaarderswet;
   f. de Tweede Kamer der Staten-Generaal of de Tweede Kamer: het algemeen bestuur.

Besluit dagelijks bestuur
4. Onverminderd het overigens in dit hoofdstuk bepaalde wordt met betrekking tot waterschapsbelastingen in de Algemene wet en in de Invorderingswet 1990 voor algemene maatregel van bestuur en voor ministeriële regeling gelezen: besluit van het dagelijks bestuur.
5. Met betrekking tot waterschapsbelastingen wordt in artikel 24 van de Invorderingswet 1990 voor «de Staat» gelezen: het waterschap.

Terugvordering staatssteun
6. Indien een Commissiebesluit als bedoeld in artikel 1 van de Wet terugvordering staatssteun verplicht tot terugvordering van staatssteun en die staatssteun voortvloeit uit een waterschapsbelasting als bedoeld in hoofdstuk XVI van deze wet, wordt deze staatssteun op dezelfde wijze teruggevorderd als staatssteun die voortvloeit uit de toepassing van een belastingwet als bedoeld in artikel 20a van de Algemene wet.

Art. 124

Uitreiking aanslagbiljet
1. Het dagelijks bestuur kan bepalen dat voor de toezending of uitreiking van aanslagbiljetten ingevolge artikel 8, eerste lid, van de Invorderingswet 1990, voor de in artikel 123, derde lid, onderdeel c, bedoelde ambtenaar van het waterschap, een andere ambtenaar van het waterschap in de plaats treedt.

Heffing en invordering door twee of meer waterschappen
2. De dagelijkse besturen van twee of meer waterschappen kunnen met betrekking tot een of meer waterschapsbelastingen bepalen dat het dagelijks bestuur van één van die waterschappen voor de uitvoering van enige wettelijke bepaling betreffende de heffing of invordering van waterschapsbelastingen in de plaats treedt van het andere dagelijks bestuur onderscheidenlijk van die andere dagelijkse besturen.
3. De dagelijkse besturen van twee of meer waterschappen kunnen met betrekking tot een of meer waterschapsbelastingen bepalen dat daartoe aangewezen ambtenaren van één van die waterschappen worden aangewezen als:
   a. de in artikel 123, derde lid, onderdeel b, bedoelde ambtenaar van die waterschappen voor de uitvoering van enige wettelijke bepaling betreffende de heffing van waterschapsbelastingen;
   b. de in artikel 123, derde lid, onderdeel c, bedoelde ambtenaar van die waterschappen voor de uitvoering van enige wettelijke bepaling betreffende de invordering van waterschapsbelastingen;
   c. de in artikel 123, derde lid, onderdeel d, bedoelde ambtenaren van die waterschappen voor de uitvoering van enige wettelijke bepaling betreffende de heffing of de invordering van waterschapsbelastingen;
   d. de in artikel 123, derde lid, onderdeel e, bedoelde ambtenaar van die waterschappen voor de uitvoering van enige wettelijke bepaling betreffende de invordering van waterschapsbelastingen.

Waterschapswet A35 art. 127

4. Het eerste lid is van overeenkomstige toepassing ten aanzien van het dagelijks bestuur van het waterschap waarvan de ambtenaar belast met de invordering van waterschapsbelastingen op grond van het derde lid, onderdeel b, wordt aangewezen.

5. Indien voor de heffing of de invordering van een of meer waterschapsbelastingen een gemeenschappelijke regeling is getroffen en bij die regeling een openbaar lichaam of een bedrijfsvoeringsorganisatie is ingesteld, kan bij of krachtens die regeling worden bepaald dat een daartoe aangewezen ambtenaar van dat openbaar lichaam of die bedrijfsvoeringsorganisatie wordt aangewezen als:

Heffing en invordering bij gemeenschappelijke regeling

a. de in artikel 123, derde lid, onderdeel b, bedoelde ambtenaar van het waterschap voor de uitvoering van enige wettelijke bepaling betreffende de heffing van waterschapsbelastingen;
b. de in artikel 123, derde lid, onderdeel c, bedoelde ambtenaar van het waterschap voor de uitvoering van enige wettelijke bepaling betreffende de invordering van waterschapsbelastingen;
c. de in artikel 123, derde lid, onderdeel d, bedoelde ambtenaren van het waterschap voor de uitvoering van enige wettelijke bepaling betreffende de heffing of de invordering van waterschapsbelastingen;
d. de in artikel 123, derde lid, onderdeel e, bedoelde ambtenaar van het waterschap voor de uitvoering van enige wettelijke bepaling betreffende de invordering van waterschapsbelastingen.

6. Het eerste lid is van overeenkomstige toepassing ten aanzien van het dagelijks bestuur van het openbaar lichaam of het bestuur van de bedrijfsvoeringsorganisatie waarvan een ambtenaar op grond van het vijfde lid, onderdeel b, wordt aangewezen.

Art. 125
Waterschapsbelastingen kunnen worden geheven bij wege van aanslag, bij wege van voldoening op aangifte of op andere wijze, doch niet bij wege van afdracht op aangifte.

Wijze van heffing

Art. 125a
1. Indien de waterschapsbelastingen op andere wijze worden geheven, bepaalt de belastingverordening op welke wijze deze worden geheven en de wijze waarop de belastingschuld aan de belastingplichtige wordt bekendgemaakt. De belastingverordening kan daarnaast bepalen dat het dagelijks bestuur omtrent de uitvoering van een en ander nadere regels geeft.

Heffing op andere wijze

2. De op andere wijze geheven belastingen worden voor de toepassing van de Algemene wet en de Invorderingswet 1990 aangemerkt als bij wege van aanslag geheven belastingen, met dien verstande dat wordt verstaan onder:

Begripsbepaling

a. de aanslag, de voorlopige aanslag, de navorderingsaanslag: het gevorderde, onderscheidenlijk het voorlopig gevorderde, het nagevorderde bedrag;
b. het aanslagbiljet: de kennisgeving van het in onderdeel a bedoelde bedrag;
c. de dagtekening van het aanslagbiljet: de dagtekening van de schriftelijke kennisgeving van het in onderdeel a bedoelde bedrag, of bij gebreke van een schriftelijke kennisgeving, de datum waarop het bedrag op andere wijze ter kennis van de belastingplichtige is gebracht.

Art. 126
Bij de heffing van waterschapsbelastingen blijven van de Algemene wet buiten toepassing de artikelen 2, vierde lid, 3, 3a, 37 tot en met 39, 47a, 48, 52, 53, 54, 55, 62, 71, 76, 80, tweede, derde en vierde lid, 82, 84, 86, 87 en 90 tot en met 95. Bij de heffing van waterschapsbelastingen die op andere wijze worden geheven, blijven bovendien de artikelen 5, 6 tot en met 9, 11, tweede lid, en 12 van de wet buiten toepassing.

Buiten toepassing blijvende bepalingen AWR

Art. 126a
1. Met betrekking tot waterschapsbelastingen kunnen bij algemene maatregel van bestuur:
a. regels worden gesteld waarbij de artikelen 48, 52, 53, eerste en vierde lid, 54 of 55 van de Algemene wet, alsmede de artikelen 59 of 62 van de Invorderingswet 1990 geheel of gedeeltelijk van toepassing worden verklaard, dan wel
b. regels worden gesteld die overeenkomen met die in de in onderdeel a genoemde artikelen.

Inlichtingenverplichting; nadere regelgeving

2. De in het eerste lid bedoelde regels bevatten in elk geval een omschrijving van degene op wie de verplichting rust, alsmede van de belasting ten behoeve waarvan de verplichting geldt. Voorts vermelden deze regels naar gelang de aard van de verplichting een omschrijving van de aard van de te verstrekken gegevens en inlichtingen, van de aard van de gegevens welke uit de administratie dienen te blijken of van het doel waarvoor het voor raadpleging beschikbaar stellen van gegevensdragers kan geschieden.

Art. 127
1. Het uitnodigen tot het doen van aangifte, bedoeld in artikel 6 van de Algemene wet, geschiedt door het uitreiken van een aangiftebiljet.

Aangiftebiljet

2. Het doen van aangifte, bedoeld in artikel 8 van de Algemene wet, geschiedt door het inleveren of toezenden van het uitgereikte aangiftebiljet met de daarbij gevraagde bescheiden.

3. In afwijking in zoverre van de vorige leden kan de in artikel 123, derde lid, onderdeel b, bedoelde ambtenaar van het waterschap vorderen dat een verplichting tot het doen van aangifte of tot het indienen van een verzoek om uitreiking van een aangiftebiljet wordt nagekomen door het mondeling doen van aangifte. Daarbij:

Mondelinge aangifte

A35 art. 128 — Waterschapswet

a. worden de door de in artikel 123, derde lid, onderdeel b, bedoelde ambtenaar van het waterschap gevraagde bescheiden overgelegd;

b. kan de in artikel 123, derde lid, onderdeel b, bedoelde ambtenaar van het waterschap vorderen dat een van de mondelinge aangifte opgemaakt relaas door de aangever wordt ondertekend, bij gebreke waarvan de aangifte geacht wordt niet te zijn gedaan.

4. Indien het derde lid toepassing vindt, kan de in artikel 123, derde lid, onderdeel b, bedoelde ambtenaar van het waterschap voor de termijnen, genoemd in artikel 9, eerste en derde lid, eerste volzin, artikel 10, tweede lid, en artikel 19, eerste, derde en vierde lid, van de Algemene wet of voor de kortere termijn, bedoeld in artikel 128, eerste of tweede lid, kortere termijnen in de plaats stellen en is artikel 12 van de Algemene wet niet van toepassing.

5. Bij de belastingverordening kan van het eerste en tweede lid worden afgeweken.

Art. 128

Kortere aangiftetermijn

1. Met betrekking tot de bij wege van aanslag geheven waterschapsbelastingen kan in de belastingverordening voor de in artikel 9, eerste en derde lid, van de Algemene wet genoemde termijn van ten minste een maand een kortere termijn in de plaats worden gesteld.

2. Met betrekking tot de bij wege van voldoening op aangifte geheven waterschapsbelastingen kan in de belastingverordening voor de termijn van een maand, genoemd in artikel 10, tweede lid, en artikel 19, eerste, derde en vierde lid, van de Algemene wet, een kortere termijn in de plaats worden gesteld.

Art. 128a

Bevoegdheden heffende of invorderende ambtenaar

Een ambtenaar als bedoeld in artikel 123, derde lid, onderdeel d, is voor zover dit voor de heffing van de in artikel 122d, eerste lid, van deze wet of artikel 7.2, tweede lid, van de Waterwet bedoelde waterschapsbelasting redelijkerwijs nodig is, bevoegd:

a. elke plaats met medeneming van de benodigde apparatuur, zo nodig met behulp van de sterke arm, zonder toestemming van de bewoner te betreden met uitzondering van een woning;

b. monsters te nemen van het afvalwater dat wordt afgevoerd in de zin van artikel 122c, onderdeel c, van deze wet of wordt geloosd in de zin van artikel 7.1 van de Waterwet.

Art. 129

Meerdere aanslagen op een aanslagbiljet

1. De in artikel 123, derde lid, onderdeel b, bedoelde ambtenaar van het waterschap is bevoegd voor eenzelfde belastingplichtige bestemde belastingaanslagen van dezelfde soort die betrekking kunnen hebben op verschillende belastingen, op één aanslagbiljet te verenigen.

2. Het eerste lid vindt overeenkomstige toepassing ingeval de belasting op andere wijze wordt geheven.

Art. 130

[Vervallen]

Art. 131

Aanvangtermijn uitspraak op bezwaar tegen belastingaanslag; bezwaar tegen WOZ-beschikking

Indien bezwaar wordt gemaakt zowel tegen een belastingaanslag in de heffing ter zake van een gebouwde of ongebouwde onroerende zaak als tegen een op de voet van hoofdstuk IV van de Wet waardering onroerende zaken gegeven beschikking welke ten grondslag heeft gelegen aan die belastingaanslag, vangt, ingeval feiten en omstandigheden in het geding zijn die van belang zijn zowel voor de heffing ter zake van een gebouwde of ongebouwde onroerende zaak als voor de vaststelling van de waarde op de voet van genoemd hoofdstuk IV, de termijn waarbinnen de in artikel 123, derde lid, onderdeel b, bedoelde ambtenaar van het waterschap uitspraak doet op het eerstbedoelde bezwaar aan, in afwijking van artikel 7:10, eerste lid, van de Algemene wet bestuursrecht, op het tijdstip waarop de op de voet van genoemd hoofdstuk IV gegeven beschikking onherroepelijk is komen vast te staan.

Art. 132

Verzoek om vrijstelling, vermindering, ontheffing of teruggaaf

1. Degene die ingevolge de belastingverordening aanspraak kan maken op een gehele of gedeeltelijke vrijstelling, vermindering, ontheffing of teruggaaf kan binnen zes weken nadat de omstandigheid welke die aanspraak deed ontstaan, zich heeft voorgedaan, of, voor zover het een belasting betreft die bij wege van aanslag wordt geheven en op dat tijdstip nog geen aanslagbiljet is uitgereikt of ter post is bezorgd, binnen zes weken na de dagtekening van het aanslagbiljet, een aanvraag tot het verkrijgen van vrijstelling, vermindering, ontheffing of teruggaaf indienen bij de in artikel 123, derde lid, onderdeel b, bedoelde ambtenaar van het waterschap.

2. Het eerste lid vindt overeenkomstige toepassing ingeval de belasting op andere wijze wordt geheven.

3. De in artikel 123, derde lid, onderdeel b, bedoelde ambtenaar van het waterschap beslist op de aanvraag bij voor bezwaar vatbare beschikking.

Art. 133

Toepassing internationaal recht

In de gevallen waarin het volkenrecht dan wel, naar het oordeel van Onze Minister van Infrastructuur en Waterstaat en Onze Minister van Financiën, het internationale gebruik daartoe noodzaakt, wordt vrijstelling van waterschapsbelastingen verleend. Onze genoemde Ministers kunnen gezamenlijk ter zake nadere regels stellen.

Waterschapswet   A35 art. 143

Art. 134
Naast een in de belastingverordening voorziene vermindering, ontheffing of teruggaaf kan door de in artikel 123, derde lid, onderdeel b, bedoelde ambtenaar van het waterschap ook een in die verordening voorziene vrijstelling ambtshalve worden verleend.

Vrijstelling ambtshalve

Art. 135
[Vervallen]

Art. 136
Op overtreding van een in de belastingverordening voorkomende bepaling betreffende heffing en invordering kan, voor zover die overtreding is aangemerkt als strafbaar feit, uitsluitend een geldboete worden gesteld en wel een geldboete van de tweede categorie.

Overtreden van in een belastingverordening voorkomende bepaling

Art. 137
[Vervallen]

Art. 138
1. Bij de invordering van waterschapsbelastingen blijven van de Invorderingswet 1990 buiten toepassing de artikelen 5, 7c, 20, 21, 59, 62 en 69. Bij de invordering van waterschapsbelastingen die niet bij wege van aanslag of bij wege van voldoening op aangifte worden geheven, blijft bovendien artikel 8, eerste lid, van die wet, buiten toepassing.
2. Met betrekking tot waterschapsbelastingen die niet bij wege van aanslag of bij wege van voldoening op aangifte worden geheven, kan in de belastingverordening worden bepaald dat een andere ambtenaar van het waterschap dan de met de invordering van waterschapsbelastingen belaste ambtenaar van het waterschap mede wordt belast met de invordering van die belastingen.
3. Voor waterschapsbelastingen ter zake van onroerende zaken, voor zover deze worden geheven van de eigenaar of van de genothebbende krachtens een beperkt recht, heeft het waterschap een voorrecht op de onroerende zaken waarop de aanslag in een zodanige belasting betrekking heeft, en op de beperkte rechten waaraan die zaken zijn onderworpen. Het voorrecht gaat boven hypotheek en boven alle andere voorrechten, met uitzondering van het voorrecht van artikel 288 onder a, alsmede dat van artikel 284 van Boek 3 van het Burgerlijk Wetboek, voor zover de daar bedoelde kosten na de vaststelling van de aanslag zijn gemaakt.

Buiten toepassing blijvende bepalingen IW 1990

Onroerende zaken

Art. 139
1. De belastingverordening kan van artikel 9 van de Invorderingswet 1990 afwijkende voorschriften inhouden.
2. De belastingverordening kan bepalen dat het verschuldigde bedrag moet worden betaald gelijktijdig met en op dezelfde wijze als de voldoening van een andere vordering aan de schuldeiser van die andere vordering.

Afwijking IW 1990

Art. 140
Met betrekking tot het doen van een vordering als bedoeld in artikel 19, vierde lid, van de Invorderingswet 1990 zijn de krachtens het tiende lid van dat artikel door Onze minister van Financiën gestelde regels van overeenkomstige toepassing.

Schakelbepaling

Art. 141
De verrekening van aan de belastingschuldige uit te betalen en van hem te innen bedragen ter zake van waterschapsbelastingen op de voet van artikel 24 van de Invorderingswet 1990 is ook mogelijk ingeval de in artikel 9 van de Invorderingswet 1990 gestelde termijn, dan wel de krachtens artikel 139, eerste lid, gestelde termijn nog niet is verstreken.

Verrekening binnen termijn

Art. 142
1. Indien ter zake van hetzelfde voorwerp van de belasting of hetzelfde belastbare feit twee of meer personen belastingplichtig zijn, kan de belastingaanslag ten name van een van hen worden gesteld.
2. Indien de belastingplicht, bedoeld in het eerste lid, voortvloeit uit het genot van een onroerende zaak krachtens eigendom, bezit of beperkt recht en de aanslag ten name van één van de belastingplichtigen is gesteld, kan de met de invordering van waterschapsbelastingen belaste ambtenaar van het waterschap de belastingaanslag op de gehele onroerende zaak verhalen ten name van degene te wiens name de aanslag is gesteld, zonder rekening te houden met de rechten van de overige belastingplichtigen.
3. De belastingschuldige die de belastingaanslag heeft voldaan kan hetgeen hij meer heeft voldaan dan overeenkomt met zijn belastingplicht verhalen op de overige belastingplichtigen naar evenredigheid van ieders belastingplicht.
4. Tegen een met toepassing van het eerste lid vastgestelde belastingaanslag kan mede beroep bij de rechtbank worden ingesteld door de belastingplichtige wiens naam niet op het aanslagbiljet staat vermeld. Artikel 26a, derde lid, van de Algemene wet is van overeenkomstige toepassing.
5. Van het derde lid kan bij overeenkomst worden afgeweken.

Aansprakelijkheid

Verhaalsrecht

Art. 143
Voor de toepassing van artikel 66 van de Invorderingswet 1990 met betrekking tot waterschapsbelastingen blijven de artikelen 76, 80, tweede, derde en vierde lid, 82, 84, 86 en 87 van de Algemene wet buiten toepassing.

Uitgezonderde bepalingen AWR bij informatieverstrekking invordering

Sdu   563

Art. 144

Bevoegdheid inzake kwijtschelding en oninbaarverklaring

1. De in artikel 26 van de Invorderingswet 1990 bedoelde kwijtschelding wordt met betrekking tot waterschapsbelastingen verleend door de in artikel 123, derde lid, onderdeel c, bedoelde ambtenaar van het waterschap.
2. Met betrekking tot het verlenen van gehele of gedeeltelijke kwijtschelding zijn de krachtens artikel 26 van de Invorderingswet 1990 door Onze Minister van Financiën bij ministeriële regeling gestelde regels van toepassing.
3. Het algemeen bestuur kan bepalen dat, in afwijking van de in het tweede lid bedoelde regels, in het geheel geen dan wel gedeeltelijk kwijtschelding wordt verleend.
4. Met inachtneming van door Onze Minister van Infrastructuur en Waterstaat, in overeenstemming met Onze Minister van Financiën, te stellen regels kan het algemeen bestuur met betrekking tot de wijze waarop de kosten van bestaan en de wijze waarop het vermogen in aanmerking worden genomen afwijkende regels stellen die er toe leiden dat in ruimere mate kwijtschelding wordt verleend.
5. Het dagelijks bestuur kan de belasting geheel of gedeeltelijk oninbaar verklaren. Het daartoe strekkende besluit ontheft de ambtenaar van het waterschap, belast met de invordering van waterschapsbelastingen van de verplichting verdere pogingen tot invordering te doen.

Art. 145

Waterschapsbelasting in gebied ander waterschap

Indien inzake een waterschapsbelasting exploot moet worden gedaan, een akte van vervolging betekend of een dwangbevel ten uitvoer gelegd in het gebied van een ander waterschap en dat waaraan de belasting verschuldigd is, is daartoe naast de belastingdeurwaarder van laatstbedoeld waterschap mede de belastingdeurwaarder van het eerstbedoelde waterschap bevoegd en desgevraagd verplicht.

Art. 146

Verplichting opgave adres binnen Nederland

De eigenaar of degene, die krachtens een ander beperkt recht het genot heeft van in het gebied van een waterschap gelegen onroerende zaak en die binnen Nederland geen bekende woon- of verblijfplaats heeft, is verplicht aan het dagelijks bestuur van dat waterschap een adres binnen Nederland op te geven, waar de voor hem bestemde stukken betreffende waterschapsbelastingen of betreffende de in artikel 5:25 van de Algemene wet bestuursrecht bedoelde kosten van bestuursdwang worden bezorgd of betekend. Indien hij hiermede in gebreke blijft, geschiedt de betekening van een dwangbevel aan de persoon of in het parket van de ambtenaar van het openbaar ministerie bij de rechtbank binnen welker rechtsgebied de onroerende zaak geheel of gedeeltelijk ligt. De deurwaarder of de belastingdeurwaarder zendt, zo mogelijk, een tweede afschrift onverwijld per aangetekende brief aan de woonplaats of het werkelijk verblijf van de betrokkene.

Art. 147

Nadere regels bij AMvB

Bij algemene maatregel van bestuur kunnen in het kader van dit hoofdstuk passende nadere regelen worden gesteld ter aanvulling van de in dit hoofdstuk geregelde onderwerpen.

Titel V
Aanvullende bepalingen inzake het toezicht op het waterschapsbestuur

Hoofdstuk XIX
[Vervallen]

Art. 148-152
[Vervallen]

Hoofdstuk XX
Het beroep tegen besluiten

Art. 153-155
[Vervallen]

Hoofdstuk XXI
Schorsing en vernietiging

Art. 156

Vernietiging waterschapsbesluiten

1. Een besluit dan wel een niet-schriftelijke beslissing gericht op enig rechtsgevolg van het waterschapsbestuur kan door gedeputeerde staten worden vernietigd.
2. Ten aanzien van vernietiging van een niet-schriftelijke beslissing gericht op enig rechtsgevolg zijn de afdelingen 10.2.2 en 10.2.3 van de Algemene wet bestuursrecht van overeenkomstige toepassing.

Art. 157
[Vervallen]

Waterschapswet

Art. 158
1. Indien een besluit naar het oordeel van de voorzitter voor vernietiging in aanmerking komt, doet hij daarvan twee dagen nadat het te zijner kennis is gekomen mededeling aan gedeputeerde staten. Hij geeft hiervan tegelijkertijd kennis aan het orgaan dat het besluit nam, en zo nodig aan het orgaan dat met de uitvoering van het besluit is belast.
2. Het besluit ten aanzien waarvan het eerste lid toepassing heeft gevonden, wordt niet of niet verder uitgevoerd, voordat van gedeputeerde staten mededeling is ontvangen dat voor schorsing of vernietiging geen redenen bestaan. Indien het besluit niet binnen vier weken na de dagtekening van de mededeling van de voorzitter is geschorst of vernietigd, wordt het uitgevoerd.

Melding vernietiging

Gevolgen

Art. 159-160
[Vervallen]

Art. 161
Indien een bekendgemaakt besluit is vernietigd of indien het niet is vernietigd binnen de tijd waarvoor het is geschorst, wordt hiervan door het waterschapsbestuur kennisgegeven in het waterschapsblad.

Bekendmaking vernietiging

Art. 162
In afwijking van artikel 8.4, eerste lid, onderdeel d, van de Algemene wet bestuursrecht, kan een belanghebbende beroep instellen tegen een besluit van gedeputeerde staten als bedoeld in artikel 156, eerste lid.

Beroep tegen besluit GS

Art. 163
Het waterschapsbestuur neemt opnieuw een besluit omtrent het onderwerp van het vernietigde besluit, waarbij met het besluit tot vernietiging wordt rekening gehouden.

Gevolgen vernietiging

Hoofdstuk XXII
Het toezicht op interprovinciale waterschappen

Art. 164
1. Een besluit tot het instellen en reglementeren van een waterschap, waarvan het gebied in twee of meer provincies is gelegen, bevat een regeling omtrent de uitoefening van het toezicht ingevolge deze Titel hetzij van enige andere vorm van toezicht. Wordt bij dat besluit aan de colleges van gedeputeerde staten de gemeenschappelijke uitoefening van het toezicht opgedragen, dan worden daarbij tevens regels gesteld omtrent de gemeenschappelijke voorbereiding van de ter uitoefening van dat toezicht te nemen besluiten.
2. Indien de colleges van gedeputeerde staten niet tot overeenstemming kunnen komen over het te nemen besluit binnen de voor de uitoefening van het toezicht geldende termijn, dan wel, indien geen termijn geldt, binnen redelijke termijn, delen zij dit schriftelijk mede aan Onze Minister van Infrastructuur en Waterstaat. In dat geval wordt op de voordracht van deze minister, gedaan na overleg met die colleges, het besluit genomen bij koninklijk besluit, de Raad van State gehoord. Artikel 27d van de Wet op de Raad van State is van overeenkomstige toepassing.

Toezicht interprovinciaal waterschap

Titel VI
Overgangs- en slotbepalingen

Art. 165-171
[Vervallen]

Art. 172
Op termijnen gesteld in een verordening van het waterschap zijn de artikelen 1 tot en met 4 van de Algemene Termijnenwet (*Stb.* 1964, 314) van overeenkomstige toepassing, tenzij in het reglement anders is bepaald.

Toepassing ATW

Art. 173
Artikel 44, vierde tot en met zevende lid, artikel 44a, vierde en vijfde lid, onderscheidenlijk artikel 48, zesde en zevende lid, is niet van toepassing op het bij inwerkingtreding van die bepaling zittende lid van het dagelijks bestuur onderscheidenlijk de voorzitter van het dagelijks bestuur van een waterschap, zolang deze zonder onderbreking zijn ambt vervult in hetzelfde waterschap.

Werkingssfeer

Art. 174-179
[Vervallen]

Art. 180
Deze wet kan worden aangehaald als Waterschapswet.

Citeertitel

Wet op de Sociaal-Economische Raad[1]

Wet van 27 januari 1950, tot toepassing ten aanzien van het bedrijfsleven van de artikelen 80 en 152 tot en met 154 van de Grondwet

Wij JULIANA, bij de gratie Gods, Koningin der Nederlanden, Prinses van Oranje-Nassau, enz., enz., enz.

Allen, die deze zullen zien of horen lezen, saluut! doen te weten:
Alzo Wij in overweging genomen hebben, dat het wenselijk is ten aanzien van het bedrijfsleven toepassing te geven aan de artikelen 80 en 152 tot en met 154 van de Grondwet;
Zo is het, dat Wij, de Raad van State gehoord, en met gemeen overleg der Staten-Generaal, hebben goedgevonden en verstaan, gelijk Wij goedvinden en verstaan bij deze:

Eerste hoofdstuk
Van de Sociaal-Economische Raad

Titel I
Van de zetel en de taak

Art. 1

Begripsbepalingen

1. Er is een Sociaal-Economische Raad, hierna genoemd Raad.
2. De Raad heeft zijn zetel te 's-Gravenhage.
3. De Raad is rechtspersoon.

Art. 2

SER, taak

De Raad heeft, onverminderd de hem bij de vijfde titel van dit hoofdstuk opgedragen adviserende functie, tot taak een het algemeen belang dienende werkzaamheid van het bedrijfsleven te bevorderen, alsmede het belang van het bedrijfsleven en de daartoe behorende personen te behartigen.

Titel II
Van de samenstelling en inrichting

§ 1
Algemene bepaling

Art. 3

SER, samenstelling

De Raad heeft een voorzitter, een dagelijks bestuur, een algemeen secretaris en, bij toepassing van artikel 19, een of meer commissies uit zijn midden.

§ 2
Van de Raad

Art. 4

1. De Raad bestaat uit ten minste dertig en ten hoogste vijf en veertig leden.
2. Van de leden worden ten minste twee derden benoemd door de door Ons aan te wijzen organisaties van ondernemers en van werknemers en de overige door Ons. Voor aanwijzing komen slechts in aanmerking naar Ons oordeel algemeen erkende centrale en andere representatieve organisaties van ondernemers en naar Ons oordeel algemeen erkende centrale organisaties van werknemers.
3. Voor elk lid kan tevens een plaatsvervanger worden benoemd.
4. Door organisaties van werknemers worden evenveel leden benoemd als door organisaties van ondernemers.
5. Door Ons wordt bepaald:
   a. het aantal leden van de Raad;
   b. het aantal leden, dat elke door Ons aangewezen organisatie kan benoemen.
6. Bij of krachtens algemene maatregel van bestuur kunnen regels worden gesteld omtrent de benoeming van de leden en hun plaatsvervangers.
7. De Raad wordt gehoord, alvorens Ons een voordracht tot aanwijzing van een organisatie, als bedoeld in het tweede lid, of tot een besluit, als bedoeld in het vijfde lid, wordt gedaan.

---

1   Inwerkingtredingsdatum: 15-02-1950; zoals laatstelijk gewijzigd bij: Stb. 2020, 262.

Wet op de Sociaal-Economische Raad

Art. 5
1. Lid of plaatsvervangend lid van de Raad kunnen alleen zijn zij die niet van de verkiesbaarheid bij krachtens wettelijk voorschrift uitgeschreven verkiezingen zijn ontzet, noch van de uitoefening van het kiesrecht bij zodanige verkiezingen zijn uitgesloten.
2. Van het lidmaatschap zijn uitgesloten zij, die zijn ontzet van het recht ambten of bepaalde ambten te bekleden, dan wel bepaalde beroepen of functies uit te oefenen.

SER, benoemingseisen

Art. 6
1. Bij algemene maatregel van bestuur kunnen regelen worden gesteld omtrent de onverenigbaarheid van het lidmaatschap van de Raad met andere werkzaamheden.
2. Binnen twee maanden na afkondiging van een algemene maatregel van bestuur, als bedoeld bij het voorgaande lid, wordt aan de Staten-Generaal een voorstel gedaan om deze bij de wet te bekrachtigen. Indien het voorstel wordt teruggenomen of door een van de Kamers van de Staten-Generaal verworpen, wordt de algemene maatregel van bestuur terstond ingetrokken.

SER, onverenigbare betrekkingen

Art. 7
Bij algemene maatregel van bestuur kunnen regelen worden gesteld ter verzekering van de naleving van het bepaalde in artikel 5 en de krachtens artikel 6 gestelde regelen.

Nadere regels

Art. 8
1. De leden van de Raad en hun plaatsvervangers treden om de twee jaren tegelijk af en kunnen terstond opnieuw worden benoemd.
2. De leden van de Raad en hun plaatsvervangers kunnen te allen tijde ontslag bekomen door een schriftelijke kennisgeving aan de voorzitter van de Raad.
3. Hij, die tot lid of plaatsvervangend lid is benoemd ter vervulling van een tussentijds opengevallen plaats, treedt af op het tijdstip, waarop degene, in wiens plaats hij is benoemd, had moeten aftreden.

SER, zittingsduur/benoeming
SER, ontslag op eigen verzoek
SER, zittingsduur bij vervanging

Art. 9
De leden van de Raad en hun plaatsvervangers kunnen een vergoeding genieten volgens regelen, door de Raad bij verordening te stellen.

SER, vergoeding

Art. 10
De leden van de Raad en hun plaatsvervangers zijn verplicht tot geheimhouding van alle zaken- en bedrijfsgeheimen, welke zij in hun hoedanigheid vernemen, en voorts van alle aangelegenheden, ten aanzien waarvan de Raad of de voorzitter geheimhouding heeft opgelegd, of waarvan zij het vertrouwelijke karakter moeten begrijpen.

SER, geheimhoudingsplicht

§ 3
Van de voorzitter

Art. 11
1. De voorzitter wordt door Ons uit de leden van de Raad benoemd en kan door Ons worden geschorst en ontslagen. De Raad wordt gehoord, alvorens Ons een voordracht tot benoeming of ontslag wordt gedaan.
2. De voorzitter heeft twee plaatsvervangers, die door de Raad uit zijn midden worden benoemd en door deze kunnen worden geschorst en ontslagen.
3. De benoeming van de plaatsvervangende voorzitters geschiedt in dier voege, dat uit elk van de groepen: leden, benoemd door organisaties van ondernemers, leden, benoemd door organisaties van werknemers, en overige leden, met uitzondering van de groep, waaruit de voorzitter is benoemd, een hunner wordt benoemd.

SER, benoeming/schorsing/ontslag voorzitter

Art. 12
1. De benoeming van de voorzitter en de plaatsvervangende voorzitters geschiedt telkens voor ten hoogste twee jaren. Zij zijn terstond weder benoembaar.
2. De voorzitter en de plaatsvervangende voorzitters kunnen te allen tijde als zodanig ontslag bekomen door een schriftelijke kennisgeving aan Ons, onderscheidenlijk aan de voorzitter.

Art. 13
De artikelen 9 en 10 zijn ten aanzien van de voorzitter en de plaatsvervangende voorzitters van overeenkomstige toepassing.

Schakelbepaling

§ 4
Van het dagelijks bestuur

Art. 14
1. Behoudens het bepaalde in het volgende lid benoemt de Raad uit zijn midden de leden van het dagelijks bestuur.
2. De voorzitter van de Raad is lid en voorzitter, de plaatsvervangende voorzitters zijn lid van het dagelijks bestuur.
3. Het dagelijks bestuur wordt zodanig samengesteld, dat het een afspiegeling vormt van de samenstelling van de Raad.

SER, benoeming dagelijks bestuur

Art. 15

Schakelbepaling

De artikelen 9 en 10 zijn ten aanzien van het dagelijks bestuur van overeenkomstige toepassing.

§ 5
Van het secretariaat

Art. 16

SER, secretariaat

1. De Raad heeft een secretariaat, dat bestaat uit een algemeen secretaris, een of meer secretarissen en ander personeel.
2. De algemeen secretaris en de secretarissen worden in dienst genomen en kunnen worden ontslagen door de Raad.
3. Het personeel is in dienst op grond van een arbeidsovereenkomst naar burgerlijk recht.

Art. 17

SER, onverenigbare betrekkingen secretaris

1. De algemeen secretaris en de secretarissen kunnen noch zelf een onderneming drijven, noch in dienst zijn van een natuurlijke of rechtspersoon, die een onderneming drijft, noch enige andere functie ten behoeve van zulk een natuurlijke of rechtspersoon vervullen, tenzij naar het oordeel van de Raad daardoor een goede vervulling van hun functie niet wordt belemmerd. Onder onderneming wordt mede verstaan een bedrijf, waarmede niet wordt beoogd het maken van winst.
2. Bij algemene maatregel van bestuur kunnen nadere regelen worden gesteld omtrent de onverenigbaarheid van een functie bij het secretariaat met andere werkzaamheden.

Nadere regels

3. Bij algemene maatregel van bestuur kunnen regelen worden gesteld ter verzekering van de naleving van het bepaalde in het eerste lid en de krachtens het tweede lid gestelde regelen.

Art. 18

Schakelbepaling

Artikel 10 is ten aanzien van het personeel van het secretariaat van overeenkomstige toepassing.

§ 6
Van de commissies uit het midden van de Raad

Art. 19

SER, instelling onderwerpsgerichte commissies

1. De Raad is bevoegd voor bepaalde onderwerpen commissies uit zijn midden in te stellen.

Schakelbepaling

2. De artikelen 9 en 10 zijn ten aanzien van deze commissies van overeenkomstige toepassing.

Titel III
Van de werkwijze

Art. 20

SER, quorum

De Raad vergadert niet, indien blijkens de presentielijst niet meer dan de helft van de zitting hebbende leden is opgekomen. Nadat tweemaal tot een vergadering is opgeroepen, zonder dat meer dan de helft van de zitting hebbende leden is opgekomen, wordt de daarna uitgeschreven vergadering gehouden, ongeacht het aantal opgekomen leden.

Art. 21

SER, immuniteit

De leden van de Raad zijn niet gerechtelijk vervolgbaar voor hetgeen zij in de vergaderingen hebben gezegd of aan haar schriftelijk hebben overgelegd.

Art. 22

SER, onafhankelijk stemmen

De leden van de Raad stemmen zonder last of ruggespraak.

Art. 23

SER, belangenverstrengeling

De leden van de Raad onthouden zich van medestemmen over zaken, die hun, hun echtgenoten of hun geregistreerde partners of hun bloed- of aanverwanten tot de derde graad ingesloten, persoonlijk aangaan.

Art. 24

SER, stemprocedure

1. Over zaken wordt mondeling en bij hoofdelijke oproeping, over personen bij gesloten en ongetekende briefjes gestemd.
2. Indien bij het nemen van een besluit over een zaak geen der leden stemming vraagt, wordt het voorstel geacht te zijn aangenomen.

Art. 25

1. Een stemming is nietig, indien niet meer dan de helft van het aantal zitting hebbende leden, die zich niet van medestemmen moeten onthouden, aan de stemming heeft deelgenomen.
2. Bij stemming over personen worden leden, die blanco briefjes hebben ingeleverd, voor de toepassing van dit artikel geacht aan de stemming te hebben deelgenomen.
3. In geval van een nietige stemming vindt in een volgende vergadering herstemming plaats. Deze is geldig, ongeacht het aantal leden, dat er aan heeft deelgenomen.

Wet op de Sociaal-Economische Raad

4. Een stemming, gehouden in een vergadering, als bedoeld in de tweede volzin van artikel 20, is geldig, ongeacht het aantal leden, dat aan de stemming heeft deelgenomen.

Art. 26
1. Ieder lid kan één stem uitbrengen.
2. Voor de vaststelling van een verordening is een meerderheid van twee derden, voor het tot stand komen van een ander besluit de volstrekte meerderheid van de uitgebrachte stemmen vereist. Blanco stemmen worden geacht niet te zijn uitgebracht. — SER, vaststelling verordening

Art. 27
1. Bij staking van stemmen in een voltallige vergadering wordt, indien het zaken betreft, het voorstel geacht niet te zijn aangenomen, en beslist, indien het personen betreft, het lot. — SER, staken van stemmen
2. Bij staking van stemmen in een andere dan een voltallige vergadering wordt het nemen van een besluit tot een volgende vergadering uitgesteld, waarin de beraadslagingen kunnen worden heropend. Indien de stemmen dan opnieuw staken, is het voorgaande lid van overeenkomstige toepassing.

Art. 28
1. Onze Ministers zijn bevoegd de door de Raad en de commissies uit zijn midden te houden vergaderingen bij te wonen en zich daarin door een of meer door hen aan te wijzen personen te doen bijstaan, dan wel zich daarin door een of meer zodanige personen te doen vertegenwoordigen. Zowel zij als hun vertegenwoordigers hebben in deze vergaderingen een raadgevende stem. — SER, aanwezigheid ministers
2. Aan Onze Ministers wordt tijdig kennis gegeven van de in dat lid bedoelde vergaderingen.

Art. 29
De artikelen 20 tot en met 27 zijn van overeenkomstige toepassing ten aanzien van het dagelijks bestuur. — Schakelbepaling

Art. 30
De Raad vraagt de adviezen, welke hij voor de vervulling van zijn taak nodig acht. — SER, adviesaanvraag

Art. 31
De Raad kan bij verordening nadere regelen stellen betreffende zijn werkwijze. — Nadere regels

Titel IV
Van de vervulling van de taak

Art. 32
1. De Raad maakt ten aanzien van de onderwerpen, waarvan de regeling of nadere regeling bij de wet aan hem is overgelaten, de verordeningen, die hij ter vervulling van zijn in artikel 2 omschreven taak nodig oordeelt. — SER, autonome (straf)verordeningen
2. Bij deze verordeningen kunnen overtredingen van het bij of krachtens haar bepaalde worden aangewezen als strafbare feiten.

Art. 33
De wet bepaalt, voor wie de verordeningen, bedoeld in artikel 32, eerste lid, bindende regelen kunnen inhouden.

Art. 34
[Vervallen]

Art. 35
De Raad kan met betrekking tot de vervulling van zijn in artikel 2 omschreven taak, bij verordening zijn bevoegdheden - met uitzondering van de bevoegdheid tot het maken van verordeningen en die tot het vaststellen ingevolge artikel 52, derde lid, van het bedrag der inkomsten en uitgaven -, delegeren aan de voorzitter, het dagelijks bestuur of een commissie uit zijn midden. — SER, delegatie bevoegdheden

Art. 36
De Raad verleent de bij of krachtens een wet tot uitvoering daarvan gevorderde medewerking. Tot de gevorderde medewerking kan mede behoren het stellen van nadere regelen bij verordening. — SER, medebewind

Art. 37
Tenzij het voorschrift, waarbij de medewerking wordt ingeroepen, anders bepaalt, kan de Raad bij verordening zijn bevoegdheden, voortvloeiend uit de gevorderde medewerking, met uitzondering van het stellen van nadere regelen bij verordening, delegeren aan een commissie uit zijn midden.

Art. 38
1. Tenzij naar zijn oordeel dringende redenen zich daartegen verzetten, geeft de Raad kennis van de ontwerpen van verordeningen welke algemeen bindende regelen inhouden, in de Staatscourant en geeft hij gedurende vier weken gelegenheid daartegen schriftelijk bedenkingen aan te voeren. — SER, bekendmaking ontwerpverordeningen
2. Over de vaststelling van verordeningen beraadslaagt en beslist de Raad in het openbaar.

Wet op de Sociaal-Economische Raad

3. Verordeningen als bedoeld in het eerste lid behoeven de goedkeuring van Onze betrokken Ministers.

Art. 38a
[Vervallen]

Art. 39
SER, vertegenwoordiging

De voorzitter vertegenwoordigt de Raad in en buiten rechte.

Art. 40
SER, informatieplicht

De Raad dient desgevraagd Onze Ministers van bericht over alle aangelegenheden de Raad betreffende.

Titel V
Van de adviezen van de Raad

Art. 41
SER, advisering

De Raad adviseert op schriftelijk verzoek van Onze Ministers of van een van beide Kamers der Staten-Generaal en kan Onze Ministers uit eigen beweging adviseren over de uitvoering van deze wet en andere aangelegenheden van sociale of economische aard. Indien Onze Ministers de Raad advies vragen, geven zij daarbij aan binnen welke termijn het advies wordt verwacht. Artikel 20, tweede, vijfde en zesde lid, alsmede artikel 23, van de Kaderwet adviescolleges is voor de toepassing van deze titel niet van toepassing.

Art. 42
SER, instelling adviescommissies

1. De Raad kan commissies, waarin ook personen buiten de Raad zitting kunnen hebben, instellen ter voorbereiding van door hem uit te brengen adviezen.
2. De artikelen 9, 10 en 28 zijn ten aanzien van deze commissies van overeenkomstige toepassing.

Art. 43

1. In afwijking van de Kaderwet adviescolleges stelt de Raad, op verzoek van Onze betrokken Ministers, commissies ter behandeling van bepaalde onderwerpen in. De samenstelling van deze commissies, waarin ook personen buiten de Raad zitting kunnen hebben, geschiedt in overleg met Onze Ministers.
2. De Raad legt desgevraagd bij zijn advies dat van een overeenkomstig het voorgaande lid ingestelde commissie over.
3. Indien Onze betrokken Ministers het advies van een zodanige commissie hebben gevraagd, brengt zij dit rechtstreeks aan hen uit. Van het advies wordt kennis gegeven aan de Raad.

Schakelbepaling

4. De artikelen 9, 10 en 28 zijn ten aanzien van deze commissies van overeenkomstige toepassing.

Art. 44
SER, machtiging adviescommissies

De Raad kan de commissies, bedoeld in de artikelen 42 en 43, machtigen namens hem van advies te dienen. Zodanige machtiging wordt niet verleend voor een op verzoek van een Onzer Ministers uit te brengen advies, waarvan deze bepaaldelijk heeft verzocht, dat het door de Raad zelf wordt uitgebracht.

Art. 45
SER, meerderheidsadvies

1. De adviezen van de Raad en zijn commissies worden opgesteld overeenkomstig het gevoelen van de meerderheid der vergadering.
2. In de adviezen wordt van afwijkende gevoelens van de minderheid desverlangd melding gemaakt.
3. De leden zijn bevoegd minderheidsnota's bij het advies te voegen, indien het daarin uitgesproken gevoelen is verdedigd in de vergadering, waarin het uit te brengen advies werd behandeld.

Titel VI
Van de geldmiddelen

§ 1
Van de begroting

Art. 46
SER, aanbieding begroting

1. Het dagelijks bestuur biedt jaarlijks voor 1 October aan de Raad een begroting der inkomsten en uitgaven in het komende kalenderjaar aan, vergezeld van de nodige toelichting en bescheiden.
2. De begroting wordt, zodra zij is aangeboden, ten kantore van het secretariaat voor een ieder ter lezing nedergelegd en, tegen betaling van de kosten, algemeen verkrijgbaar gesteld.
3. Van de nederlegging en verkrijgbaarstelling geschiedt openbare kennisgeving, welke tenminste twee weken voorafgaat aan de behandeling der begroting in de Raad.

Wet op de Sociaal-Economische Raad

Art. 47
De begroting wordt vastgesteld door de Raad en behoeft de goedkeuring van Onze Minister van Sociale Zaken en Werkgelegenheid. *SER, vaststelling begroting*

Art. 48
1. De door de Raad vastgestelde begroting wordt Onze Minister van Sociale Zaken en Werkgelegenheid voor 15 November ter goedkeuring aangeboden. *SER, goedkeuring begroting*
2. Indien zij niet voor de aanvang van het jaar, waarvoor zij moet dienen, is goedgekeurd, kan de Raad door Onze Minister van Sociale Zaken en Werkgelegenheid worden gemachtigd uitgaven te doen uit die posten, alsmede die inkomsten te innen, waartegen bij Onze Minister van Sociale Zaken en Werkgelegenheid geen bedenking bestaat.

Art. 49
1. Indien de Raad weigert de hem bij de wet opgelegde uitgaven op de begroting te brengen, geschiedt dit door Onze Minister van Sociale Zaken en Werkgelegenheid. *SER, aanvulling op begroting*
2. Indien in dat geval de geraamde inkomsten niet toereikend zijn en de Raad weigert nieuwe middelen tot dekking voor te dragen, worden de overige niet bij de wet aan de Raad opgelegde uitgaven door Onze Minister van Sociale Zaken en Werkgelegenheid in zodanige reden verminderd, dat tussen de inkomsten en uitgaven evenwicht is.

Art. 50
[Vervallen]

§ 2
Van het beheer en de rekening en verantwoording

Art. 51
Het dagelijks bestuur beheert het vermogen en de inkomsten en uitgaven van de Raad, met dien verstande, dat de Raad ter zake bij verordening regelen kan stellen. *SER, dagelijks bestuur*

Art. 52
1. Het dagelijks bestuur doet aan de Raad rekening en verantwoording van het beheer over het afgelopen kalenderjaar, onder overlegging van de rekening der inkomsten en uitgaven. *SER, opstellen jaarrekening*
2. De jaarrekening wordt, met alle daarbij behorende bescheiden en met vermelding van hetgeen het dagelijks bestuur tot zijn verantwoording dienstig acht, aan de Raad overgelegd voor 1 april van het jaar volgend op het jaar, waarop zij betrekking heeft. Zij wordt ten kantore van het secretariaat voor een ieder ter lezing nedergelegd en, tegen betaling der kosten, algemeen verkrijgbaar gesteld. Van de nederlegging en verkrijgbaarstelling geschiedt openbare kennisgeving, welke ten minste twee weken voorafgaat aan de beraadslagingen, bedoeld in het vierde lid.
3. De jaarrekening gaat vergezeld van een verklaring omtrent de getrouwheid, afgegeven door een door de Raad aangewezen accountant als bedoeld in artikel 393, eerste lid, van Boek 2 van het Burgerlijk Wetboek. De verklaring heeft mede betrekking op de rechtmatige verkrijging en besteding van de middelen.
4. De Raad onderzoekt de rekening en stelt het bedrag der inkomsten en uitgaven vast. De beraadslagingen en de stemming geschieden in het openbaar. De leden van het dagelijks bestuur kunnen bij de beraadslagingen tegenwoordig zijn, doch onthouden zich van medestemmen.
5. Het besluit van de Raad tot vaststelling van de jaarrekening behoeft de goedkeuring van Onze Minister van Sociale Zaken en Werkgelegenheid. *SER, goedkeuring jaarrekening*

Art. 53
De Raad is verplicht aan Onze Minister van Sociale Zaken en Werkgelegenheid en de door hem aangewezen deskundigen alle door hen met betrekking tot de inkomsten en uitgaven gevraagde inlichtingen te verstrekken en desgevraagd inzage in de boeken te geven. *SER, financiële informatieplicht*

§ 3
Middelen

Art. 54
1. De middelen ter dekking van uitgaven van de Raad, voor zover die niet door andere inkomsten worden gedekt, komen ten laste van het Algemeen Werkloosheidsfonds, bedoeld in de Wet financiering sociale verzekeringen. *SER, begroting*
2. De Raad stelt in de begroting het bedrag dat ten laste komt van het Algemeen Werkloosheidsfonds, vast.
3. De Raad verstrekt voor 1 juli van het kalenderjaar, voorafgaande aan het jaar waar de begroting betrekking op heeft, een raming van de inkomsten en uitgaven van de Raad aan Onze Minister van Sociale Zaken en Werkgelegenheid.
4. Bij regeling van Onze Minister van Sociale Zaken en Werkgelegenheid kunnen nadere regels worden gesteld voor dit artikel. *Nadere regels*

A36 art. 55

Wet op de Sociaal-Economische Raad

Art. 55

SER, rekening-courant

1. De Raad kan beschikken over de financiële middelen in de rekening-courant die de Raad aanhoudt bij Onze Minister van Financiën.

Nadere regels

2. Bij regeling van Onze Minister van Sociale Zaken en Werkgelegenheid, in overeenstemming met Onze Minister van Financiën, kunnen nadere regels worden gesteld voor dit artikel.

Titel VII
Van het toezicht op de Raad

Art. 56

SER, toezicht op besluiten

1. Indien een verordening of een ander besluit van de Raad Onze goedkeuring of die van Onze betrokken ministers behoeft, kan de goedkeuring worden onthouden wegens strijd met het recht of het algemeen belang.
2. Het niet tijdig bekendmaken van een besluit omtrent goedkeuring of een besluit tot verdaging van goedkeuring heeft niet tot gevolg dat een besluit tot goedkeuring geacht wordt te zijn genomen.

Art. 57
[Vervallen]

Art. 58

SER, vernietiging besluiten

De besluiten van de Raad, de voorzitter, het dagelijks bestuur en de commissies uit het midden van de Raad kunnen bij koninklijk besluit worden vernietigd.

Art. 59

SER, publicatieplicht vernietiging besluiten

Het koninklijk besluit tot vernietiging of tot schorsing, dan wel tot verlenging of opheffing van een schorsing wordt in het Staatsblad geplaatst.

Art. 60-64
[Vervallen]

Art. 65

SER, jaarverslag

1. De Raad brengt jaarlijks voor 1 april aan Onze Ministers verslag uit omtrent zijn werkzaamheden en die van de commissies, bedoeld in de artikelen 19, 42 en 43, in het afgelopen kalenderjaar.
2. Het verslag wordt, tegen betaling van de kosten, algemeen verkrijgbaar gesteld.
3. De Raad houdt het verslag gedurende ten minste twee jaren op elektronische wijze ter inzage.

Tweede hoofdstuk
[Vervallen]

Titel I
[Vervallen]

Art. 66-71
[Vervallen]

Titel II
[Vervallen]

§ 1
[Vervallen]

Art. 72
[Vervallen]

§ 2
[Vervallen]

Art. 73-77
[Vervallen]

§ 3
[Vervallen]

Art. 78-83
[Vervallen]

Wet op de Sociaal-Economische Raad | A36 art. 65

§ 4
[Vervallen]

[Vervallen] **Art. 84-85**

§ 5
[Vervallen]

[Vervallen] **Art. 86-87**

§ 6
[Vervallen]

[Vervallen] **Art. 88-88a**

Titel III
[Vervallen]

[Vervallen] **Art. 89-92a**

Titel IV
[Vervallen]

[Vervallen] **Art. 93-108**

Titel V
[Vervallen]

[Vervallen] **Art. 109-117**

Titel VI
[Vervallen]

§ 1
[Vervallen]

[Vervallen] **Art. 118-122a**

§ 2
[Vervallen]

[Vervallen] **Art. 123-125a**

§ 3
[Vervallen]

[Vervallen] **Art. 126-127a**

Titel VII
[Vervallen]

[Vervallen] **Art. 128-137a**

Derde hoofdstuk
Slotbepalingen

Art. 138
SER, oprichting van/deelneming in andere rechtspersoon

Voor oprichting van of deelneming in andere rechtspersonen behoeft de Raad de toestemming van Onze Minister van Sociale Zaken en Werkgelegenheid.

Art. 139
Bedrijfslichaam, elektronische toegankelijkheid

Onze Minister van Binnenlandse Zaken en Koninkrijksrelaties draagt zorg voor de elektronische toegankelijkheid van de teksten van verordeningen die op grond van artikel 106a van deze wet, zoals dat artikel luidde onmiddellijk voorafgaand aan het tijdstip waarop het is vervallen, in geconsolideerde vorm voor een ieder beschikbaar zijn gesteld door middel van plaatsing op internet.

Art. 140
Bedrijfslichaam, beroep

Het beroep tegen besluiten en handelingen van de Raad wordt door de wet geregeld.

Art. 141-161
[Vervallen]

Art. 162
Nadere regels

Bij algemene maatregel van bestuur kunnen regelen worden gesteld ter bevordering van een goede uitvoering van deze wet.

Art. 163
Citeertitel

Deze wet wordt aangehaald als: Wet op de Sociaal-Economische Raad.

Art. 164
[Vervallen]

Europees Handvest inzake lokale autonomie[1]

De Lidstaten van de Raad van Europa die dit Handvest hebben ondertekend,
Overwegende dat het doel van de Raad van Europa is het tot stand brengen van een grotere eenheid tussen zijn leden, ten einde de idealen en beginselen, die hun gemeenschappelijk erfdeel zijn, te beschermen en te verwezenlijken;
Overwegende dat één van de wijzen waarop dit doel tot stand dient te worden gebracht, is door overeenkomsten op het bestuurlijk vlak te sluiten;
Overwegende dat de lokale autoriteiten één van de belangrijkste grondslagen van elk democratisch regime zijn;
Overwegende dat het recht van burgers deel te nemen aan het openbaar bestuur een van de democratische beginselen is die alle lidstaten van de Raad van Europa gemeen hebben;
Ervan overtuigd dat dit recht op lokaal niveau op de meest rechtstreekse wijze kan worden uitgeoefend;
Ervan overtuigd dat het bestaan van lokale autoriteiten met werkelijke verantwoordelijkheden een vorm van bestuur mogelijk maakt die zowel doeltreffend is alsook dicht bij de burgers staat;
Zich ervan bewust dat de bescherming en versterking van lokale autonomie in de verschillende Europese landen een belangrijke bijdrage levert tot het ontstaan van een Europa gebaseerd op de beginselen van democratie en decentralisatie van de macht;
Verklarend dat dit het bestaan van lokale autoriteiten noodzakelijk maakt die beschikken over op democratische wijze tot stand gekomen besluitvormende organen, die in hoge mate autonoom zijn met betrekking tot hun bevoegdheden, de wijze waarop deze bevoegdheden worden uitgeoefend en de financiën die voor deze uitoefening vereist zijn,
Zijn als volgt overeengekomen:

Art. 1
De Partijen verbinden zich ertoe zich gebonden te achten door de volgende artikelen op de wijze en in de mate als is voorgeschreven in artikel 12 van dit Handvest.

DEEL I

Art. 2 Grondwettelijke en wettelijke grondslag voor lokale autonomie
Het beginsel van lokale autonomie dient te worden erkend in de interne wetgeving en waar mogelijk in de grondwet.

Art. 3 Het begrip lokale autonomie
1. Lokale autonomie houdt in het recht en het vermogen van lokale autoriteiten, binnen de grenzen van de wet, een belangrijk deel van de openbare aangelegenheden krachtens hun eigen verantwoordelijkheid en in het belang van de plaatselijke bevolking te regelen en te beheren.
2. Dit recht wordt uitgeoefend door raden of vergaderingen waarvan de leden zijn gekozen door middel van vrije, geheime, op gelijkheid berustende, rechtstreekse en algemene verkiezingen, en die over uitvoerende organen kunnen beschikken die aan hen verantwoording zijn verschuldigd. Deze bepaling staat op geen enkele wijze in de weg aan het houden van vergaderingen van burgers, aan een referendum, dan wel aan enige andere vorm van rechtstreekse deelname van de burgers waar dit is toegestaan bij wet.

Art. 4 Reikwijdte van de lokale autonomie
1. De fundamentele bevoegdheden en verantwoordelijkheden van de lokale autoriteiten worden bij de grondwet of bij wet vastgesteld. Deze bepaling verhindert evenwel niet de attributie aan de lokale autoriteiten van bevoegdheden voor bepaalde doeleinden overeenkomstig de wet.
2. De lokale autoriteiten bezitten, binnen de grenzen van de wet, volledige vrijheid van handelen ten einde hun bevoegdheden uit te oefenen met betrekking tot elke zaak die niet aan hun bevoegdheid is onttrokken of aan enige andere autoriteit is toegewezen.
3. Overheidsverantwoordelijkheden dienen in het algemeen bij voorkeur door die autoriteiten te worden uitgeoefend die het dichtst bij de burgers staan. Bij toekenning van verantwoordelijkheid aan een andere autoriteit dient rekening te worden gehouden met de omvang en de aard van de taak en de eisen van doelmatigheid en kostenbesparing.
4. Bevoegdheden die aan lokale autoriteiten zijn toegekend dienen in de regel volledig en uitsluitend te zijn. Zij mogen niet worden aangetast of beperkt door een andere, centrale of regionale, autoriteit, behalve voor zover bij of krachtens de wet is bepaald.

---

1 Inwerkingtredingsdatum: 01-07-1991.

5. Waar bevoegdheden door een centrale of regionale autoriteit aan hen worden gedelegeerd dient de lokale autoriteiten zoveel mogelijk vrijheid van handelen te worden toegestaan bij het aanpassen van hun beleid aan de plaatselijke omstandigheden.

6. De lokale autoriteiten dienen, voor zover mogelijk, tijdig en op gepaste wijze te worden geraadpleegd over de planning en de besluitvormingsprocedures aangaande alle zaken die hen rechtstreeks raken.

Art. 5 Bescherming van de territoriale grenzen van de lokale autoriteiten

Wijzigingen van plaatselijke gebiedsgrenzen worden niet aangebracht zonder vooraf de desbetreffende plaatselijke gemeenschappen te raadplegen, zo mogelijk door middel van een referendum, waar dit wettelijk is toegestaan.

Art. 6 Passende administratieve structuren en middelen ten behoeve van lokale autoriteiten

1. Onverminderd meer algemene wettelijke bepalingen kunnen de lokale autoriteiten hun eigen administratieve structuur vaststellen ten einde deze aan de plaatselijke behoeften aan te passen en een doelmatig bestuur te verzekeren.

2. De rechtspositie van personeel bij lokale autoriteiten dient zodanig te zijn dat zij het mogelijk maakt kwalitatief hoogstaand personeel aan te nemen op basis van verdienste en bekwaamheid; hiertoe dienen voldoende opleidingsmogelijkheden, bezoldiging en carrièremogelijkheden te worden geboden.

Art. 7 Voorwaarden waaronder verantwoordelijkheden op lokaal niveau uitgeoefend worden

1. De rechtspositie van gekozen lokale vertegenwoordigers dient de vrije uitoefening van hun functies te waarborgen.

2. Zij voorziet in een passende financiële vergoeding van de kosten gemaakt in de uitoefening van het mandaat evenals, in voorkomende gevallen, in vergoeding voor het verlies van inkomsten of beloning van de verrichte arbeid en in de daarmee verband houdende sociale voorzieningen.

3. De functies en activiteiten welke onverenigbaar worden geacht met het bekleden van een ambt waarvoor men lokaal gekozen is, worden vastgelegd in de wet of fundamentele rechtsbeginselen.

Art. 8 Administratief toezicht op de activiteiten van de lokale autoriteiten

1. Elk administratief toezicht op de lokale autoriteiten mag slechts worden uitgeoefend overeenkomstig de procedures en in de gevallen, waarin door de grondwet of de wet is voorzien.

2. Elk administratief toezicht op de activiteiten van de lokale autoriteiten dient in de regel slechts gericht te zijn op het verzekeren van de naleving van de wet en de grondwettelijke beginselen. Administratief toezicht mag echter met betrekking tot doelmatigheid door hogere autoriteiten uitgeoefend worden inzake taken waarvan de uitoefening aan de lokale autoriteiten is gedelegeerd.

3. Administratief toezicht op lokale autoriteiten dient zodanig te worden uitgeoefend dat er sprake is van evenredigheid tussen de interventie van de toezichthoudende autoriteit en de belangen die deze beoogt te dienen.

Art. 9 Financiële middelen van lokale overheden

1. De lokale autoriteiten hebben binnen het kader van het nationale economische beleid, recht op voldoende eigen financiële middelen, waarover zij vrijelijk kunnen beschikken bij de uitoefening van hun bevoegdheden.

2. De financiële middelen van de lokale autoriteiten dienen evenredig te zijn aan de bevoegdheden zoals die zijn vastgelegd in de grondwet of de wet.

3. Ten minste een deel van de financiële middelen van de lokale autoriteiten dient te worden verkregen uit lokale belastingen en heffingen waarover zij, binnen de grenzen bij de wet gesteld, de bevoegdheid hebben de hoogte vast te stellen.

4. De financieringsstelsels op basis waarvan lokale autoriteiten middelen ter beschikking krijgen, dienen voldoende gevarieerd van aard te zijn en groeicapaciteit te hebben om hen in staat te stellen gelijke tred te houden, zoveel als in de praktijk mogelijk is, met de werkelijke groei van de kosten van het uitvoeren van hun taken.

5. De bescherming van de financieel zwakkere lokale autoriteiten vereist de instelling van procedures om financiële middelen evenredig te verdelen of van gelijkwaardige maatregelen, die bedoeld zijn de gevolgen te corrigeren van een ongelijke verdeling van potentiële financieringsbronnen en van de financiële lasten die deze moeten dragen. Dergelijke procedures of maatregelen mogen de vrijheid van keuze, die de lokale autoriteiten hebben binnen het kader van hun eigen verantwoordelijkheid, niet beperken.

6. De lokale autoriteiten worden op gepaste wijze geraadpleegd over de manier waarop de herverdeelde middelen aan hen zullen worden toegewezen.

7. Voor zover mogelijk, dienen subsidies aan lokale autoriteiten niet bestemd te worden ter financiering van specifieke projecten. De toewijzing van subsidies dient de fundamentele vrijheid van de lokale autoriteiten een eigen beleid te voeren binnen de grenzen van hun eigen competentie niet te belemmeren.

Handvest lokaal bestuur

8. Ten einde te kunnen lenen voor kapitaalsinvesteringen dienen de lokale autoriteiten, binnen de grenzen bij de wet gesteld, toegang tot de nationale kapitaalmarkt te hebben.

Art. 10 Het recht van de lokale autoriteiten zich te organiseren
1. De lokale autoriteiten hebben het recht, bij de uitoefening van hun bevoegdheden, samen te werken en, binnen het kader van de wet, zich te verenigen met andere lokale autoriteiten ten einde taken van gemeenschappelijk belang uit te voeren.
2. Het recht van de lokale autoriteiten tot een organisatie te behoren ter bescherming en bevordering van hun gemeenschappelijke belangen en lid te zijn van een internationale organisatie van lokale autoriteiten dient door iedere Staat te worden erkend.
3. De lokale autoriteiten hebben onder voorwaarden welke de wet kan stellen, het recht samen te werken met autoriteiten in andere Staten.

Art. 11 Wettelijke bescherming van lokale autonomie
De lokale autoriteiten hebben het recht rechtsmiddelen aan te wenden ten einde de zelfstandige uitoefening van hun bevoegdheden te verzekeren alsmede de eerbiediging van die beginselen van lokale autonomie die zijn vastgelegd in de grondwet of de interne wetgeving.

DEEL II
Diverse bepalingen

Art. 12 Verplichtingen
1. Elke Partij verbindt zich ertoe zich gebonden te achten door ten minste twintig bepalingen van Deel I van dit Handvest, waarvan er ten minste tien gekozen dienen te worden uit de volgende bepalingen:
- Artikel 2,
- Artikel 3, eerste en tweede lid,
- Artikel 4, eerste, tweede en vierde lid,
- Artikel 5,
- Artikel 7, eerste lid,
- Artikel 8, tweede lid,
- Artikel 9, eerste, tweede en derde lid,
- Artikel 10, eerste lid,
- Artikel 11.

2. Elke Verdragsluitende Staat die Partij is stelt bij nederlegging van zijn akte van bekrachtiging, aanvaarding of goedkeuring de Secretaris-Generaal van de Raad van Europa in kennis van de bepalingen die zijn uitgekozen overeenkomstig de bepalingen van het eerste lid van dit artikel.
3. Iedere Partij kan, op ieder later tijdstip, de Secretaris-Generaal ervan in kennis stellen, dat zij zich gebonden acht door enige andere bepaling van dit Handvest die zij nog niet aanvaard heeft krachtens het bepaalde in het eerste lid van dit artikel. Dergelijke verplichtingen die naderhand zijn aangegaan, worden beschouwd als een integrerend deel van de bekrachtiging, aanvaarding of goedkeuring van de Partij die hiervan kennis geeft, en hebben hetzelfde gevolg vanaf de eerste dag van de maand die volgt op het verstrijken van een tijdvak van drie maanden na de datum van ontvangst van de kennisgeving door de Secretaris-Generaal.

Art. 13 Autoriteiten waarop dit Handvest van toepassing is
De beginselen van lokale autonomie die vervat zijn in dit Handvest zijn van toepassing op alle categorieën lokale autoriteiten die bestaan binnen het grondgebied van een Partij. Iedere Partij kan echter bij nederlegging van haar akte van bekrachtiging, aanvaarding of goedkeuring de categorieën lokale of regionale autoriteiten aanwijzen waartoe zij de reikwijdte van dit Handvest beoogt te beperken of die zij van de reikwijdte van dit Handvest beoogt uit te sluiten. Zij kan eveneens meer categorieën lokale of regionale autoriteiten onder de werking van het Handvest brengen door middel van een kennisgeving aan de Secretaris-Generaal van de Raad van Europa.

Art. 14 Verschaffing van informatie
Elke Partij doet de Secretaris-Generaal van de Raad van Europa alle ter zake dienende informatie toekomen betreffende wettelijke bepalingen en andere maatregelen die door haar zijn ingevoerd ten einde het bepaalde in dit Handvest na te komen.

DEEL III

Art. 15 Ondertekening, bekrachtiging en inwerkingtreding
1. Dit Handvest staat open voor ondertekening door de Lidstaten van de Raad van Europa. Het dient te worden bekrachtigd, aanvaard of goedgekeurd. De akten van bekrachtiging, aanvaarding of goedkeuring worden nedergelegd bij de Secretaris-Generaal van de Raad van Europa.
2. Dit Handvest treedt in werking op de eerste dag van de maand volgend op het verstrijken van een tijdvak van drie maanden na de datum waarop vier Lidstaten van de Raad van Europa ermede hebben ingestemd door dit Handvest gebonden te worden overeenkomstig de bepalingen van het voorgaande lid.

3. Met betrekking tot elke Lidstaat die nadien ermede instemt gebonden te worden door dit Handvest, treedt dit in werking op de eerste dag van de maand volgend op het verstrijken van een tijdvak van drie maanden na de datum van nederlegging van de akte van bekrachtiging, aanvaarding of goedkeuring.

Art. 16 Bepalingen betreffende de territoriale toepassing

1. Elke Staat kan, ten tijde van de ondertekening of van de nederlegging van zijn akte van bekrachtiging, aanvaarding, goedkeuring of toetreding het gebied of de gebieden aanwijzen waarop dit Handvest van toepassing is.
2. Elke Staat kan op ieder tijdstip daarna, door middel van een verklaring gericht aan de Secretaris-Generaal van de Raad van Europa, de toepassing van dit Handvest tot elk ander gebied genoemd in de verklaring uitbreiden. Met betrekking tot een dergelijk gebied treedt het Handvest in werking op de eerste dag van de maand volgend op het verstrijken van een tijdvak van drie maanden na de datum van ontvangst van de verklaring door de Secretaris-Generaal.
3. Elke verklaring overeenkomstig de twee voorgaande leden kan, met betrekking tot elk gebied dat in die verklaring wordt genoemd, ingetrokken worden middels kennisgeving gericht aan de Secretaris-Generaal. Deze intrekking wordt van kracht op de eerste dag van de maand volgend op het verstrijken van een tijdvak van zes maanden na de datum van ontvangst van de kennisgeving door de Secretaris-Generaal.

Art. 17 Opzegging

1. Elke Partij kan dit Handvest opzeggen op ieder gewenst tijdstip na het verstrijken van een tijdvak van vijf jaar na de datum waarop het Handvest voor haar in werking is getreden. Zes maanden tevoren zal hiervan mededeling worden gedaan aan de Secretaris-Generaal van de Raad van Europa. Een zodanige opzegging heeft geen invloed op de geldigheid van het Handvest met betrekking tot de andere Partijen, mits er nimmer minder dan vier Partijen zijn.
2. Elke Partij kan, overeenkomstig het in het voorgaande lid bepaalde, iedere door haar aanvaarde bepaling van Deel I van dit Handvest opzeggen, mits deze Partij gebonden blijft door het aantal en de soort bepalingen, zoals in het eerste lid van artikel 12 is vastgelegd. Elke Partij die, bij opzegging van een door haar aanvaarde bepaling, niet langer voldoet aan het in het eerste lid van artikel 12 gestelde eisen, wordt geacht ook het Handvest zelf opgezegd te hebben.

Art. 18 Kennisgevingen

De Secretaris-Generaal van de Raad van Europa stelt de Lidstaten van de Raad van Europa in kennis van:
a. elke ondertekening;
b. de nederlegging van elke akte van bekrachtiging, aanvaarding of goedkeuring;
c. elke datum van inwerkingtreding van dit Handvest overeenkomst artikel 15;
d. elke kennisgeving ontvangen ingevolge het bepaalde in het tweede en derde lid van artikel 12;
e. elke kennisgeving ontvangen ingevolge het bepaalde in artikel 13;
f. elke andere handeling, kennisgeving of mededeling met betrekking tot dit Handvest.

Nederlanderschap c.a.

Rijkswet op het Nederlanderschap[1]

Rijkswet van 19 december 1984, houdende vaststelling van nieuwe, algemene bepalingen omtrent het Nederlanderschap ter vervanging van de Wet van 12 december 1892, Stb. 268 op het Nederlanderschap en het ingezetenschap

Wij Beatrix, bij de gratie Gods, Koningin der Nederlanden, Prinses van Oranje-Nassau, enz. enz. enz.
Allen, die deze zullen zien of horen lezen, saluut! doen te weten:
Alzo Wij in overweging genomen hebben, dat er mede in verband met de bekrachtiging van het op 30 augustus 1961 te New York tot stand gekomen Verdrag tot beperking der staatloosheid (*Trb.* 1967, 124), het op 6 mei 1963 te Straatsburg tot stand gekomen Verdrag betreffende beperking van gevallen van meervoudige nationaliteit en betreffende de militaire verplichtingen in geval van meervoudige nationaliteit (*Trb.* 1964, 4) en de op 13 september 1973 te Bern tot stand gekomen Overeenkomst inzake beperking van het aantal gevallen van staatloosheid (*Trb.* 1974, 32), aanleiding bestaat de Wet van 12 december 1892, *Stb.* 268 op het Nederlanderschap en het ingezetenschap aan een algehele herziening te onderwerpen en ter vervanging van die wet nieuwe, algemene bepalingen omtrent het Nederlanderschap vast te stellen;
Zo is het, dat Wij, de Raad van State van het Koninkrijk gehoord, en met gemeen overleg der Staten-Generaal, de bepalingen van het Statuut voor het Koninkrijk in acht genomen zijnde, hebben goedgevonden en verstaan, gelijk Wij goedvinden en verstaan bij deze:

Hoofdstuk 1
Algemene bepalingen

Art. 1

1. In deze Rijkswet en de daarop berustende bepalingen wordt verstaan onder:
a. Onze Minister: Onze Minister van Justitie in zijn hoedanigheid van minister van het Koninkrijk;
b. meerderjarige: hij die de leeftijd van achttien jaren heeft bereikt of voordien in het huwelijk is getreden;
c. moeder: de vrouw tot wie het kind, anders dan door adoptie, in de eerste graad in opgaande lijn in familierechtelijke betrekking staat;
d. vader: de man tot wie het kind, anders dan door adoptie, in de eerste graad in opgaande lijn in familierechtelijke betrekking staat;
e. vreemdeling: hij die de Nederlandse nationaliteit niet bezit;
f. staatloze: een persoon die door geen enkele staat, krachtens diens wetgeving, als onderdaan wordt beschouwd;
g. toelating: instemming door het bevoegd gezag met het bestendig verblijf van de vreemdeling in het Europese deel van Nederland, Aruba, Curaçao, Sint Maarten of de openbare lichamen Bonaire, Sint Eustatius en Saba;
h. hoofdverblijf: de plaats waar een persoon zijn feitelijke woonstede heeft.
2. Behoudens voor de toepassing van artikel 15A, onder a, van deze rijkswet wordt mede verstaan onder:
a. echtgenoot: de partner in een in Nederland geregistreerd partnerschap alsmede de partner in een buiten Nederland geregistreerd partnerschap dat op grond van de artikelen 61 en 62 van Boek 10 van het Burgerlijk Wetboek wordt erkend, en
b. huwelijk: het in Nederland geregistreerd partnerschap alsmede het buiten Nederland geregistreerd partnerschap dat op grond van de artikelen 61 en 62 van Boek 10 van het Burgerlijk Wetboek wordt erkend.

Begripsbepalingen

Art. 2

1. Tenzij de wet anders bepaalt, hebben de verkrijging en het verlies van het Nederlanderschap geen terugwerkende kracht.
2. Behoudens in de bij algemene maatregel van rijksbestuur te bepalen gevallen worden verklaringen en verzoeken in persoon afgelegd en ingediend.
3. Tenzij anders bepaald, worden verklaringen en verzoeken van minderjarigen door hun wettelijke vertegenwoordigers afgelegd en ingediend.
4. Het kind, mits de leeftijd van 12 jaar heeft bereikt, en zijn wettelijke vertegenwoordiger worden op hun verzoek in de gelegenheid gesteld hun zienswijze naar voren te brengen omtrent

Geen terugwerkende kracht
Nederlanderschap, bijzondere bepalingen

---

[1] Inwerkingtredingsdatum: 01-01-1985; zoals laatstelijk gewijzigd bij: Stb. 2020, 1.

de verkrijging of medeverkrijging, of verlening of medeverlening van het Nederlanderschap. Indien de vertegenwoordiging van het kind van rechtswege is opgedragen aan één der ouders kan de andere ouder eenzelfde verzoek doen. Indien het kind dat de leeftijd van zestien jaar heeft bereikt bedenkingen heeft tegen de verkrijging of medeverkrijging, of tegen de verlening of medeverlening, of indien zowel het kind als zijn wettelijk vertegenwoordiger of de in dit lid bedoelde andere ouder bedenkingen hebben tegen de medeverkrijging of medeverlening, deelt het kind daarin niet.
5. De verklaring van verbondenheid wordt door minderjarigen van zestien jaar en ouder zelfstandig afgelegd. Tenzij anders bepaald kunnen zij daarin niet worden vertegenwoordigd.

Hoofdstuk 2
Verkrijging van het Nederlanderschap van rechtswege

Art. 3

Nederlanderschap, verkrijging van rechtswege

1. Nederlander is het kind waarvan ten tijde van zijn geboorte de vader of de moeder Nederlander is, alsmede het kind van een Nederlander die voordien is overleden.
2. Het op het grondgebied van Nederland, onderscheidenlijk Aruba, Curaçao of Sint Maarten, of aan boord van een in Nederland, Aruba, Curaçao of Sint Maarten te boek gesteld zeeschip of luchtvaartuig, gevonden kind wordt aangemerkt als het kind van een Nederlander tenzij binnen vijf jaren, te rekenen vanaf de dag waarop het is gevonden, blijkt dat het kind door geboorte een vreemde nationaliteit bezit.
3. Nederlander is het kind van een vader of moeder die ten tijde van de geboorte van het kind zijn of haar hoofdverblijf heeft in Nederland, Aruba, Curaçao of Sint Maarten en die zelf geboren is als kind van een vader of moeder die ten tijde van zijn of haar geboorte in een van die landen hoofdverblijf had, mits het kind ten tijde van zijn geboorte zijn hoofdverblijf heeft in Nederland, Aruba, Curaçao of Sint Maarten.

Art. 4

Nederlanderschap, verkrijging door gerechtelijke vaststelling ouderschap

1. In afwijking van artikel 3 wordt Nederlander het kind van een persoon van wie het ouderschap gerechtelijk wordt vastgesteld, indien het kind op de dag van de uitspraak in eerste aanleg minderjarig was en de ouder op de in de volgende zin bedoelde dag Nederlander is, of, indien deze is overleden, op de dag van overlijden Nederlander was. Betreft het een Nederlandse uitspraak dan verkrijgt het kind het Nederlanderschap op de eerste dag na een periode van drie maanden, te rekenen van de dag van de uitspraak in eerste aanleg of, indien binnen deze periode hoger beroep is ingesteld, van drie maanden, te rekenen van de dag van de uitspraak in hoger beroep, dan wel, indien binnen deze laatste periode beroep in cassatie is ingesteld, op de dag van de uitspraak in cassatie. Betreft het een buitenlandse rechterlijke uitspraak dan verkrijgt het kind het Nederlanderschap op de dag waarop deze uitspraak kracht van gewijsde heeft gekregen.
2. Nederlander wordt de minderjarige vreemdeling die na zijn geboorte en voor de leeftijd van zeven jaar door een Nederlander wordt erkend.
3. Nederlander wordt de minderjarige vreemdeling die zonder erkenning door wettiging het kind wordt van een Nederlander.
4. Door erkenning wordt ook Nederlander de minderjarige vreemdeling die na zijn geboorte wordt erkend door een Nederlander, die zijn biologische ouderschap bij of binnen de termijn van één jaar na de erkenning aantoont.
5. Kinderen van de minderjarige vreemdeling die op grond van het eerste, derde of vierde lid het Nederlanderschap verkrijgt, delen in die verkrijging.
6. Bij of krachtens algemene maatregel van rijksbestuur kunnen nadere regels worden gesteld met betrekking tot het in het vierde lid bedoelde bewijs.

Art. 5

Nederlanderschap, verkrijging door adoptie bij rechterlijke uitspraak

Nederlander wordt het kind dat in Nederland, Aruba, Curaçao of Sint Maarten bij rechterlijke uitspraak is geadopteerd, indien het kind op de dag van de uitspraak in eerste aanleg minderjarig was en ten minste één der adoptiefouders op de in de volgende zin bedoelde dag Nederlander is. Het kind verkrijgt het Nederlanderschap op de eerste dag na een periode van drie maanden, te rekenen van de dag van de uitspraak in eerste aanleg of, indien binnen deze periode hoger beroep is ingesteld, van drie maanden, te rekenen van de dag van de uitspraak in hoger beroep, dan wel, indien binnen deze laatste periode beroep in cassatie is ingesteld, op de dag van de uitspraak in cassatie.

Art. 5a

Nederlanderschap, toepasselijkheid Haags adoptieverdrag

1. Nederlander wordt ook het kind dat in het buitenland bij uitspraak van een ter plaatse bevoegde autoriteit wordt geadopteerd in overeenstemming met het op 29 mei 1993 te 's-Gravenhage tot stand gekomen verdrag inzake de bescherming van kinderen en de samenwerking op het gebied van de interlandelijke adoptie, indien en op het tijdstip waarop aan de volgende voorwaarden is voldaan:
a. de adoptie is in overeenstemming met het voornoemde verdrag tot stand gekomen, en

b. die adoptie heeft tot gevolg dat de voordien bestaande familierechtelijke betrekkingen worden verbroken, en
c. ten minste één der adoptiefouders is Nederlander op de dag dat de uitspraak kracht van gewijsde heeft gekregen, en
d. het kind was op de dag van de uitspraak in eerste aanleg minderjarig.
2. Nederlander wordt voorts het kind dat in het buitenland in overeenstemming met het op 29 mei 1993 te 's-Gravenhage tot stand gekomen verdrag inzake de bescherming van kinderen en de samenwerking op het gebied van de interlandelijke adoptie is geadopteerd bij een adoptie die niet tot gevolg heeft dat de voordien bestaande familierechtelijke betrekkingen worden verbroken, welke adoptie in Nederland, Aruba, Curaçao of Sint Maarten bij rechterlijke uitspraak in overeenstemming met artikel 27 van voornoemd verdrag wordt omgezet in een adoptie naar het recht van Nederland, Aruba, Curaçao of Sint Maarten, indien en op het tijdstip waarop aan de volgende voorwaarden is voldaan:
a. de adoptie is in overeenstemming met het voornoemde verdrag tot stand gekomen; en
b. ten minste één der adoptiefouders is Nederlander op de dag nadat drie maanden, te rekenen van de dag van de uitspraak houdende omzetting in eerste aanleg of in hoger beroep, zijn verstreken zonder dat daartegen hoger beroep of beroep in cassatie is ingesteld, dan wel, indien beroep in cassatie is ingesteld, op de dag van de uitspraak in cassatie, en
c. het kind was op de dag van de uitspraak houdende omzetting in eerste aanleg minderjarig.

Art. 5b

1. Nederlander wordt ook het kind dat in het buitenland bij uitspraak van een ter plaatse bevoegde autoriteit wordt geadopteerd, indien en op het tijdstip waarop aan de volgende voorwaarden is voldaan:
a. de adoptie voldoet aan de voorwaarden voor erkenning in Nederland van artikel 108 of artikel 109 van Boek 10 van het Burgerlijk Wetboek, en
b. de adoptie heeft tot gevolg dat de voordien bestaande familierechtelijke betrekkingen worden verbroken, en
c. ten minste een der adoptiefouders is Nederlander op de dag dat de uitspraak kracht van gewijsde heeft gekregen, en
d. het kind was op de dag van de uitspraak in eerste aanleg minderjarig.
2. Nederlander wordt voorts het kind dat in het buitenland bij een adoptie die niet tot gevolg heeft dat de voordien bestaande familierechtelijke betrekkingen worden verbroken, welke adoptie in Nederland bij rechterlijke uitspraak in overeenstemming met artikel 111 van Boek 10 van het Burgerlijk Wetboek wordt omgezet in een adoptie naar Nederlands recht, indien en op het tijdstip waarop aan de volgende voorwaarden is voldaan:
a. de adoptie voldoet aan de voorwaarden voor erkenning in Nederland van artikel 108 of artikel 109 van Boek 10 van het Burgerlijk Wetboek, en
b. ten minste een der adoptiefouders is Nederlander op de dag nadat drie maanden te rekenen van de dag van de uitspraak houdende omzetting in eerste aanleg of in hoger beroep zijn verstreken zonder dat daartegen hoger beroep of beroep in cassatie is ingesteld, dan wel, indien beroep in cassatie is ingesteld, op de dag van de uitspraak in cassatie; en
c. het kind was op de dag van de uitspraak houdende omzetting in eerste aanleg minderjarig.

Art. 5c

Het kind van degene die door adoptie het Nederlanderschap verkrijgt deelt in die verkrijging.

Hoofdstuk 3
Verkrijging van het Nederlanderschap door optie

Art. 6

1. Na het afleggen van een daartoe strekkende schriftelijke verklaring verkrijgt door een bevestiging als bedoeld in het derde lid het Nederlanderschap:
a. de toegelaten meerderjarige vreemdeling die in het Europese deel van Nederland, Aruba, Curaçao, Sint Maarten of de openbare lichamen Bonaire, Sint Eustatius en Saba, is geboren en aldaar sedert zijn geboorte hoofdverblijf heeft;
b. de vreemdeling die in het Europese deel van Nederland, Aruba, Curaçao, Sint Maarten of de openbare lichamen Bonaire, Sint Eustatius en Saba, is geboren, aldaar gedurende een onafgebroken periode van tenminste drie jaren toelating en hoofdverblijf heeft en sedert zijn geboorte staatloos is;
c. de minderjarige vreemdeling die door een Nederlander is erkend en die niet op grond van de artikelen 3 of 4 Nederlander is of is geworden, indien hij onmiddellijk voorafgaand aan de verklaring gedurende een onafgebroken periode van ten minste drie jaren verzorging en opvoeding heeft genoten van de Nederlander door wie hij is erkend;

d. de minderjarige vreemdeling die krachtens Nederlandse rechterlijke beslissing of bij zijn geboorte van rechtwege onder het gezamenlijk gezag is komen te staan van een niet-Nederlandse vader of moeder en een ander die Nederlander is, indien hij na het instellen van dat gezag gedurende een onafgebroken periode van tenminste drie jaren verzorging en opvoeding heeft genoten van deze Nederlander, en hij zijn hoofdverblijf niet heeft in het land waarvan hij onderdaan is. Op de minderjarige die ten tijde van het afleggen van de verklaring de leeftijd van zestien jaar nog niet heeft bereikt, is het vierde lid van dit artikel niet van toepassing;
e. de meerderjarige vreemdeling die sedert het bereiken van de leeftijd van vier jaar toelating en hoofdverblijf heeft in het Europese deel van Nederland, Aruba, Curaçao, Sint Maarten of de openbare lichamen Bonaire, Sint Eustatius en Saba;
f. de meerderjarige vreemdeling die te eniger tijd het Nederlanderschap of de staat van Nederlands onderdaan-niet-Nederlander heeft bezeten en in het Europese deel van Nederland, Aruba, Curaçao, Sint Maarten of de openbare lichamen Bonaire, Sint Eustatius en Saba tenminste één jaar toelating voor onbepaalde tijd en hoofdverblijf heeft tenzij hij het Nederlanderschap heeft verloren op grond van artikel 15, eerste lid, onder d of e;
g. de vreemdeling die gedurende tenminste drie jaren de echtgenoot is van een Nederlander en gedurende een onafgebroken periode van tenminste vijftien jaren toelating en hoofdverblijf heeft in het Europese deel van Nederland, Aruba, Curaçao, Sint Maarten of de openbare lichamen Bonaire, Sint Eustatius en Saba;
h. de vreemdeling die de leeftijd van vijf en zestig jaar heeft bereikt en gedurende een onafgebroken periode van tenminste vijftien jaren toelating en hoofdverblijf heeft in het Europese deel van Nederland, Aruba, Curaçao, Sint Maarten of de openbare lichamen Bonaire, Sint Eustatius en Saba;
i. de vreemdeling die vóór 1 januari 1985 is geboren uit een moeder die ten tijde van zijn geboorte Nederlander was, terwijl de vader ten tijde van die geboorte niet-Nederlander was;
j. het vóór 1 januari 1985 in het Europese deel van Nederland, Aruba, Curaçao, Sint Maarten of de openbare lichamen Bonaire, Sint Eustatius en Saba bij rechterlijke uitspraak geadopteerde niet-Nederlandse kind van een vrouw die op de dag dat de uitspraak kracht van gewijsde heeft gekregen Nederlander was, indien het kind op de dag van de uitspraak in eerste aanleg minderjarig was;
k. de vreemdeling die is geboren als kind van één van de in de onderdelen i of j bedoelde personen die het Nederlanderschap heeft verkregen dan wel voor die verkrijging is overleden;
l. de vreemdeling die voor de leeftijd van zeven jaar is erkend door één van de in de onderdelen i of j bedoelde personen die het Nederlanderschap heeft verkregen dan wel voor die verkrijging is overleden;
m. de vreemdeling die door één van de in de onderdelen i of j bedoelde personen die het Nederlanderschap heeft verkregen dan wel voor die verkrijging is overleden, tijdens zijn minderjarigheid is erkend, terwijl hij aangetoond heeft dat die persoon de biologische vader is;
n. de vreemdeling die door een gerechtelijke vaststelling van het ouderschap kind is van één van de in de onderdelen i of j bedoelde personen die het Nederlanderschap heeft verkregen dan wel voor die verkrijging is overleden, indien hij op de dag van de uitspraak in eerste aanleg minderjarig was;
o. het in het Europese deel van Nederland, Aruba, Curaçao, Sint Maarten of de openbare lichamen Bonaire, Sint Eustatius en Saba bij rechterlijke uitspraak geadopteerde kind van één van de in de onderdelen i of j bedoelde personen die het Nederlanderschap heeft verkregen dan wel voor die verkrijging is overleden, indien hij op de dag van de uitspraak in eerste aanleg minderjarig was.
2. Bij het afleggen van de verklaring tot verkrijging van het Nederlanderschap verklaart de meerderjarige vreemdeling en de minderjarige vreemdeling die de leeftijd van zestien jaar heeft bereikt tevens bereid te zijn bij de verkrijging van het Nederlanderschap een verklaring van verbondenheid af te leggen. Het besluit tot bevestiging wordt niet bekend gemaakt dan nadat de verklaring van verbondenheid daadwerkelijk is afgelegd.
3. De autoriteit die de verklaring in ontvangst neemt, beoordeelt aan de hand van de haar overgelegde stukken de gronden waarop de verklaring berust. Indien aan de vereisten is voldaan, bevestigt zij schriftelijk de verkrijging van het Nederlanderschap.
4. Zij weigert de bevestiging indien op grond van het gedrag van de persoon, die de verklaring betreft, ernstige vermoedens bestaan dat hij gevaar oplevert voor de openbare orde, de goede zeden of de veiligheid van het Koninkrijk, tenzij volkenrechtelijke verplichtingen zich daartegen verzetten.
5. Zij beslist binnen dertien weken na de inontvangstneming van de verklaring; deze termijn kan éénmaal met ten hoogste dertien weken worden verlengd.
6. Indien een persoon op wie de verklaring betrekking heeft, geen geslachtsnaam of voornaam heeft of indien de juiste spelling daarvan niet vaststaat, wordt deze in overleg met hem vastgesteld en in de bevestiging vermeld; zijn naam wordt daarin zonodig in de in het Koninkrijk gebruikelijke lettertekens overgebracht.

7. Voor de toepassing van het eerste lid, aanhef en onder a en b, wordt geboorte aan boord van een in het Europese deel van Nederland, Aruba, Curaçao, Sint Maarten of de openbare lichamen Bonaire, Sint Eustatius en Saba te boek gesteld zeeschip of luchtvaartuig gelijk gesteld met geboorte in het Europese deel van Nederland, Aruba, Curaçao, Sint Maarten of de openbare lichamen Bonaire, Sint Eustatius en Saba.
8. Het minderjarige niet-Nederlandse kind van de vader, moeder of adoptiefouder als bedoeld in artikel 11, achtste lid, die een verklaring tot verkrijging van het Nederlanderschap aflegt, deelt in die verkrijging indien het in de verklaring tot dat doel is vermeld en het, behoudens in de gevallen waarin de verklaring wordt afgelegd op grond van het eerste lid, onder c of d, sedert het tijdstip van het afleggen van de verklaring toelating en hoofdverblijf heeft in het Europese deel van Nederland, Aruba, Curaçao, Sint Maarten of de openbare lichamen Bonaire, Sint Eustatius en Saba. Kinderen van een kind dat in de verkrijging deelt, delen onder dezelfde voorwaarden in die verkrijging. Een kind dat ten tijde van het afleggen van de bereidverklaring de leeftijd van zestien jaar heeft bereikt, deelt slechts in de verkrijging indien het daarmee uitdrukkelijk instemt, de in het tweede lid bedoelde bereidverklaring, alsmede de verklaring zelf aflegt en jegens hem geen vermoedens bestaan als in het vierde lid bedoeld. Het besluit tot bevestiging wordt niet bekend gemaakt dan nadat de verklaring van verbondenheid daadwerkelijk is afgelegd.
9. Aan de vreemdeling die te eniger tijd het Nederlanderschap door optie heeft verkregen, staat van de in het eerste lid genoemde mogelijkheden tot herkrijging van het Nederlanderschap door optie alleen die, bedoeld onder f., open.

Art. 6a
1. De in artikel 6, derde lid, bedoelde bevestiging wordt geweigerd indien de vreemdeling als bedoeld in artikel 6, eerste lid, onder e, een andere nationaliteit bezit en niet het mogelijke heeft gedaan om die nationaliteit te verliezen dan wel niet bereid is het mogelijke te zullen doen om, na de totstandkoming van de bevestiging, die nationaliteit te verliezen, tenzij dit redelijkerwijs niet kan worden verlangd. *Nederlanderschap, dubbele nationaliteit*
2. Het eerste lid is niet van toepassing op
a. de vreemdeling die onderdaan is van een Staat die Partij is bij het op 2 februari 1993 te Straatsburg tot stand gekomen Tweede Protocol tot wijziging van het Verdrag betreffende de beperking van gevallen van meervoudige nationaliteit en betreffende militaire verplichtingen in geval van meervoudige nationaliteit (Trb. 1994, 265);
b. de vreemdeling die in Nederland, Aruba, Curaçao of Sint Maarten is geboren en daar ten tijde van de verklaring tot verkrijging van het Nederlanderschap zijn hoofdverblijf heeft;
c. de vreemdeling die gehuwd is met een Nederlander;
d. de vreemdeling die in Nederland, Aruba, Curaçao of Sint Maarten erkend is als vluchteling.
3. De autoriteit, bedoeld in artikel 6, derde lid, beoordeelt of de vreemdeling heeft voldaan aan het vereiste, genoemd in het eerste lid, of dat de vreemdeling een beroep toekomt op een van de uitzonderingen, genoemd in het tweede lid. Indien dit het geval is en ook aan de overige vereisten is voldaan, bevestigt zij schriftelijk de verkrijging van het Nederlanderschap.
4. De autoriteit vraagt advies aan Onze Minister indien de vreemdeling stelt dat afstand van zijn andere nationaliteit redelijkerwijs niet kan worden verlangd. De autoriteit deelt de vreemdeling mee dat Onze Minister om advies is verzocht en binnen welke termijn op de optie zal worden besloten.
5. De autoriteit besluit na de ontvangst van het advies van Onze Minister schriftelijk op de verkrijging van het Nederlanderschap.
6. De beslistermijn als bedoeld in artikel 6, vijfde lid, wordt met vier weken verlengd, indien de autoriteit Onze Minister verzoekt om advies, bedoeld in het vierde lid.

Hoofdstuk 4
Verlening van het Nederlanderschap

Art. 7
1. Met inachtneming van de bepalingen van dit Hoofdstuk verlenen Wij op voordracht van Onze Minister het Nederlanderschap aan vreemdelingen die daarom verzoeken. *Nederlanderschap, verkrijging op verzoek vreemdeling*
2. Ten aanzien van hen die hun hoofdverblijf hebben in Aruba, Curaçao of Sint Maarten, adviseert Onze Minister van Justitie van Aruba, van Curaçao, onderscheidenlijk van Sint Maarten, omtrent het verzoek.

Art. 8
1. Voor verlening van het Nederlanderschap overeenkomstig artikel 7 komt slechts in aanmerking de verzoeker *Nederlanderschap, vereisten verkrijging op verzoek vreemdeling*
a. die meerderjarig is;

b. tegen wiens verblijf voor onbepaalde tijd in het Europese deel van Nederland, Aruba, Curaçao, Sint Maarten of de openbare lichamen Bonaire, Sint Eustatius en Saba, geen bedenkingen bestaan;

c. die tenminste sedert vijf jaren onmiddellijk voorafgaande aan het verzoek in het Europese deel van Nederland, Aruba, Curaçao, Sint Maarten of de openbare lichamen Bonaire, Sint Eustatius en Saba, toelating en hoofdverblijf heeft;

d. die in het Koninkrijk en het land van ingezetenschap als ingeburgerd kan worden beschouwd op grond van het feit dat hij beschikt over een bij algemene maatregel van rijksbestuur te bepalen mate van kennis van de Nederlandse taal en – indien hij in Aruba, Curaçao, Sint Maarten of de openbare lichamen Bonaire, Sint Eustatius en Saba hoofdverblijf heeft – de taal die op het eiland van het hoofdverblijf gangbaar is, alsmede van de staatsinrichting en maatschappij van het Europese deel van Nederland, Aruba, Curaçao, Sint Maarten of de openbare lichamen Bonaire, Sint Eustatius en Saba, en hij zich ook overigens in een van deze samenlevingen heeft doen opnemen; en

e. die verklaart bereid te zijn bij de verkrijging van het Nederlanderschap een verklaring van verbondenheid af te leggen. Het besluit tot verlening wordt niet bekend gemaakt dan nadat de verklaring daadwerkelijk is afgelegd.

2. Het eerste lid, onder c, geldt niet met betrekking tot de verzoeker die hetzij te eniger tijd het Nederlanderschap of de staat van Nederlands onderdaan-niet-Nederlander heeft bezeten, hetzij sedert tenminste drie jaren de echtgenoot is van en samenwoont met een Nederlander, hetzij tijdens zijn meerderjarigheid in Nederland, Aruba, Curaçao of Sint Maarten is geadopteerd door ouders van wie in elk geval één het Nederlanderschap bezit.

3. De termijn bedoeld in het eerste lid, onder c, wordt op twee jaren gesteld voor degene die in totaal ten minste tien jaren in het Europese deel van Nederland, Aruba, Curaçao, Sint Maarten of de openbare lichamen Bonaire, Sint Eustatius en Saba toelating en hoofdverblijf heeft gehad.

4. De termijn bedoeld in het eerste lid, onder c, wordt op drie jaren gesteld voor de verzoeker die hetzij ongehuwd tenminste drie jaren onafgebroken met een ongehuwde Nederlander in een duurzame relatie anders dan het huwelijk samenleeft, hetzij staatloos is.

5. De termijn bedoeld in het eerste lid, onder c, wordt eveneens op drie jaren gesteld voor de verzoeker die door erkenning of wettiging zonder erkenning het kind van een Nederlander is geworden. Voor de verzoeker die tijdens zijn minderjarigheid is erkend of gewettigd wordt de termijn van drie jaren verminderd met de onafgebroken periode gedurende welke hij onmiddellijk voorafgaande aan zijn meerderjarigheid na de erkenning of wettiging zonder erkenning, verzorging en opvoeding heeft genoten van de Nederlander door wie hij is erkend of wiens kind hij door wettiging zonder erkenning is geworden.

6. Een krachtens het eerste lid, onder d, vastgestelde algemene maatregel van rijksbestuur treedt niet eerder in werking dan vier weken na de datum van uitgifte van het Staatsblad waarin hij is geplaatst. Van de plaatsing wordt onverwijld mededeling gedaan aan beide kamers der Staten-Generaal.

Art. 9

Nederlanderschap, gronden afwijzing verzoek vreemdeling

1. Het verzoek van een vreemdeling die voldoet aan de artikelen 7 en 8 wordt niettemin afgewezen, indien

a. op grond van het gedrag van de verzoeker ernstige vermoedens bestaan dat hij gevaar oplevert voor de openbare orde, de goede zeden, of de veiligheid van het Koninkrijk;

b. de verzoeker die een andere nationaliteit bezit, niet het mogelijke heeft gedaan om die nationaliteit te verliezen dan wel niet bereid is het mogelijke te zullen doen om, na de totstandkoming van de naturalisatie, die nationaliteit te verliezen, tenzij dit redelijkerwijs niet kan worden verlangd;

c. de verzoeker op wie een van de uitzonderingen van artikel 8, tweede lid, van toepassing is, zijn hoofdverblijf heeft in het land waarvan hij onderdaan is.

2. Indien de verzoeker het Nederlanderschap heeft verloren ingevolge artikel 16, eerste lid, kan het verzoek op de grond bedoeld in het eerste lid, onder a, alleen worden afgewezen, indien hij binnen een periode van tien jaren voorafgaande aan het verzoek veroordeeld is wegens een strafbaar feit tegen de veiligheid van het Koninkrijk of is veroordeeld tot een gevangenisstraf van tenminste vijf jaren wegens een ander strafbaar feit.

3. Het eerste lid, aanhef en onder b, is niet van toepassing op

a. de verzoeker die onderdaan is van een Staat die Partij is bij het op 2 februari 1993 te Straatsburg tot stand gekomen Tweede Protocol tot wijziging van het Verdrag betreffende de beperking van gevallen van meervoudige nationaliteit en betreffende militaire verplichtingen in geval van meervoudige nationaliteit (Trb. 1994, 265);

b. de verzoeker die in Nederland, Aruba, Curaçao of Sint Maarten is geboren en daar ten tijde van het verzoek zijn hoofdverblijf heeft;

c. de verzoeker die gehuwd is met een Nederlander;

d. de verzoeker die in Nederland, Aruba, Curaçao of Sint Maarten erkend is als vluchteling.

4. Op het verzoek wordt beslist binnen één jaar na de betaling van het verschuldigde recht, bedoeld in artikel 13 of na de beslissing tot algehele ontheffing van die betaling, dan wel na de ontvangst van de gevraagde aanvulling van het verzoek, noodzakelijk voor de beoordeling daarvan. De beslissing kan ten hoogste tweemaal zes maanden worden aangehouden.
5. Beslissingen tot afwijzing of aanhouding van verzoeken tot verlening van het Nederlanderschap kunnen door Onze Minister worden genomen.

Art. 10
Wij kunnen, de Raad van State van het Koninkrijk gehoord, in bijzondere gevallen het Nederlanderschap verlenen met afwijking van artikel 8, eerste lid, aanhef en onder a, c en d, artikel 9, eerste lid, aanhef en onder c, en de termijn genoemd in artikel 11, derde, vierde en vijfde lid.

Nederlanderschap, verlening in bijzondere gevallen

Art. 11
1. Het minderjarige niet-Nederlandse kind van een vader of moeder aan wie het Nederlanderschap is verleend, deelt in deze verlening, indien dit in het besluit uitdrukkelijk is bepaald. Het verzoek tot medeverlening wordt bij het verzoek tot verlening ingediend.

Nederlanderschap, verzoek tot medeverlening aan kind

2. Een verzoek van de vader of moeder tot medeverlening van het Nederlanderschap aan een kind beneden de optie verkregen heeft van 16 jaar wordt ingewilligd indien het kind sedert het tijdstip van het verzoek in het Europese deel van Nederland, Aruba, Curaçao, Sint Maarten of de openbare lichamen Bonaire, Sint Eustatius en Saba, toelating voor onbepaalde tijd en hoofdverblijf heeft.
3. Een verzoek van de vader of moeder tot medeverlening van het Nederlanderschap aan een kind dat ten tijde van het verzoek de leeftijd van 16 jaar heeft bereikt wordt ingewilligd indien het kind in het Europese deel van Nederland, Aruba, Curaçao, Sint Maarten of de openbare lichamen Bonaire, Sint Eustatius en Saba een onafgebroken periode van ten minste drie jaren onmiddellijk voorafgaand aan het verzoek toelating en hoofdverblijf en, sedert het tijdstip van het verzoek, toelating voor onbepaalde tijd en hoofdverblijf heeft. Het Nederlanderschap wordt slechts verleend, indien het kind daarmee uitdrukkelijk instemt, hij bereid is bij de verkrijging van het Nederlanderschap een verklaring van verbondenheid af te leggen en op hem geen van de afwijzingsgronden van artikel 9, eerste lid, aanhef en onder a, met inbegrip van het tweede lid van dat artikel, van toepassing is. Het besluit tot verlening wordt niet bekend gemaakt dan nadat de verklaring van verbondenheid daadwerkelijk is afgelegd.
4. Aan het minderjarige niet-Nederlandse kind van een vader of moeder die het Nederlanderschap door optie verkregen heeft of aan wie dat is verleend, dat in deze verkrijging of verlening niet deelde, wordt op zijn verzoek het Nederlanderschap verleend, indien het een onafgebroken periode van tenminste drie jaren onmiddellijk voorafgaand aan het verzoek toelating en hoofdverblijf en, sedert het tijdstip van het verzoek, toelating voor onbepaalde tijd en hoofdverblijf in het Europese deel van Nederland, Aruba, Curaçao, Sint Maarten of de openbare lichamen Bonaire, Sint Eustatius en Saba heeft. De termijn van toelating en hoofdverblijf is niet van toepassing op het kind dat geboren is nadat zijn ouder de verklaring bedoeld in artikel 6, eerste lid, of het verzoek, bedoeld in artikel 7, eerste lid, heeft ingediend. Aan een kind dat ten tijde van het verzoek de leeftijd van zestien jaar heeft bereikt, wordt het Nederlanderschap slechts verleend, indien het daarmee uitdrukkelijk instemt, hij bereid is bij de verkrijging van het Nederlanderschap een verklaring van verbondenheid af te leggen en op hem geen van de afwijzingsgronden van artikel 9, aanhef en onder a, met inbegrip van het tweede lid van dat artikel, van toepassing is. Het besluit tot verlening wordt niet bekend gemaakt dan nadat de verklaring van verbondenheid daadwerkelijk is afgelegd.

Nederlanderschap, verkrijging door minderjarig kind op verzoek

5. Aan het niet-Nederlandse kind van een vader of moeder die het Nederlanderschap door optie verkregen heeft of aan wie zulks is verleend, dat minderjarig was op het tijdstip van de verklaring of het verzoek van die ouder, en dat in deze verkrijging of verlening niet deelde wegens het bereiken van de meerderjarigheid, wordt het Nederlanderschap op zijn verzoek verleend:
a. indien hij een onafgebroken periode van ten minste drie jaren onmiddellijk voorafgaand aan het verzoek en aanvangende vóór het bereiken van de meerderjarigheid toelating en hoofdverblijf en, sedert het tijdstip van het verzoek, toelating voor onbepaalde tijd en hoofdverblijf in het Europese deel van Nederland, Aruba, Curaçao, Sint Maarten of de openbare lichamen Bonaire, Sint Eustatius en Saba heeft,
b. indien hij bereid is bij de verkrijging van het Nederlanderschap een verklaring van verbondenheid af te leggen en
c. ten aanzien van hem geen van de afwijzingsgronden van artikel 9, eerste lid, aanhef en onder a, met inbegrip van het tweede lid van dat artikel, van toepassing is.
Het besluit tot verlening wordt niet bekend gemaakt dan nadat de verklaring van verbondenheid daadwerkelijk is afgelegd.
6. De vereisten van toelating en van hoofdverblijf van het tweede en derde lid zijn niet van toepassing op het minderjarige kind van een vader of moeder die hoofdverblijf heeft in het buitenland en die met toepassing van het tweede lid van artikel 8 het Nederlanderschap verkrijgt, mits het kind feitelijk tot het gezin van deze ouder behoort en zijn hoofdverblijf niet heeft in het land waarvan hij onderdaan is.

Nederlanderschap, kinderen van kinderen die in verlening delen

7. Kinderen van een kind dat in de verlening deelt, delen onder dezelfde voorwaarden in die verlening.

8. Voor de toepassing van dit artikel wordt onder vader of moeder mede verstaan de adoptiefouder, indien de adoptie tot stand is gekomen in overeenstemming met de regelen van Nederlands internationaal privaatrecht en de adoptie tot gevolg heeft gehad dat de voordien bestaande familierechtelijke betrekkingen zijn verbroken.

Art. 12

Nederlanderschap, vaststelling naam

1. Indien de verzoeker geen geslachtsnaam of voornaam heeft of indien de juiste spelling daarvan niet vaststaat, zullen deze in overleg met hem worden vastgesteld bij het besluit waarbij het Nederlanderschap wordt verleend.

2. De naam van de verzoeker wordt zonodig in de in het Koninkrijk gebruikelijke lettertekens overgebracht en kan, indien dit voor de inburgering van belang is, met toestemming van de verzoeker bij het besluit tot verlening van het Nederlanderschap worden gewijzigd.

Art. 13

Nederlanderschap, nadere regelgeving

1. Bij algemene maatregel van rijksbestuur worden regelen gesteld betreffende het recht dat verschuldigd is voor het afleggen en de behandeling van de verklaring van optie en van het verzoek tot verlening van het Nederlanderschap, de gevallen en de mate waarin daarvan ontheffing kan worden verleend en de wijze waarop het moet worden voldaan.

2. Bij algemene maatregel van rijksbestuur worden regelen gesteld betreffende het bewijs van toelating tot één van de landen van het Koninkrijk.

Hoofdstuk 5
Verlies van het Nederlanderschap

Art. 14

Nederlanderschap, intrekking

1. Onze Minister kan de verkrijging of verlening van het Nederlanderschap intrekken, indien zij berust op een door de betrokken persoon gegeven valse verklaring of bedrog, dan wel op het verzwijgen van enig voor de verkrijging of verlening relevant feit. De intrekking werkt terug tot het tijdstip van verkrijging of verlening van het Nederlanderschap. De intrekking is niet mogelijk indien sedert de verkrijging of verlening een periode van twaalf jaar is verstreken. De derde volzin is niet van toepassing indien de betrokken persoon is veroordeeld voor een van de misdrijven, omschreven in de artikelen 6, 7, 8 en 8 bis van het op 17 juli 1998 te Rome tot stand gekomen Statuut van Rome inzake het Internationale Strafhof (Trb. 2000, 120 en Trb. 2011, 73).

2. Onze Minister kan het Nederlanderschap intrekken van de persoon die onherroepelijk is veroordeeld wegens:

a. een misdrijf omschreven in de titels I tot en met IV van het Tweede Boek van het Nederlandse Wetboek van Strafrecht, waarop naar de wettelijke omschrijving een gevangenisstraf van acht jaar of meer is gesteld;

b. een misdrijf als bedoeld in de artikelen 83, 134a of 205 van het Nederlandse Wetboek van Strafrecht;

c. een misdrijf dat soortgelijk is aan de misdrijven bedoeld onder a waarop naar de wettelijke omschrijving in de strafwet van een van de landen van het Koninkrijk een gevangenisstraf van acht jaar of meer is gesteld, danwel een misdrijf dat naar de wettelijke omschrijving in de strafwet van een van de landen van het Koninkrijk soortgelijk is aan de misdrijven bedoeld onder b;

d. een misdrijf omschreven in de artikelen 6, 7, 8 en 8 bis van het op 17 juli 1998 te Rome tot stand gekomen Statuut van Rome inzake het Internationale Strafhof (Trb. 2000, 120 en Trb. 2011, 73).

3. Onze Minister kan het Nederlanderschap intrekken van de persoon die de leeftijd van zestien jaar heeft bereikt en die zich vrijwillig in vreemde krijgsdienst begeeft van een staat die betrokken is bij gevechtshandelingen tegen het Koninkrijk dan wel tegen een bondgenootschap waarvan het Koninkrijk lid is.

4. Onze Minister kan in het belang van de nationale veiligheid het Nederlanderschap intrekken van een persoon die de leeftijd van zestien jaar heeft bereikt en die zich buiten het Koninkrijk bevindt, indien uit zijn gedragingen blijkt dat hij zich heeft aangesloten bij een organisatie die door Onze Minister, in overeenstemming met het gevoelen van de Rijksministerraad, is geplaatst op een lijst van organisaties die deelnemen aan een nationaal of internationaal gewapend conflict en een bedreiging vormen voor de nationale veiligheid.

5. De persoon die de Nederlandse nationaliteit heeft verloren op grond van het tweede, derde of vierde lid kan de Nederlandse nationaliteit niet herkrijgen. Wij kunnen, de Raad van State van het Koninkrijk gehoord, in bijzondere gevallen van de eerste zin afwijken, indien ten minste vijf jaren zijn verstreken sedert het verlies van de Nederlandse nationaliteit.

6. Het Nederlanderschap wordt door een minderjarige verloren door het vervallen van de familierechtelijke betrekking waaraan het wordt ontleend ingevolge artikel 3, 4, 5, 5a, 5b, 5c, of 6, eerste lid, aanhef en onder c, alsmede ingevolge artikel 4 zoals dit luidde tot de inwerkingtreding van de Rijkswet tot wijziging van de Rijkswet op het Nederlanderschap met betrekking tot de verkrijging, de verlening en het verlies van het Nederlanderschap van 21 december 2000, Stb. 618 en ingevolge artikel 5 zoals dat luidde tot de inwerkingtreding van de Rijkswet van 3 juli 2003 tot wijziging van de Rijkswet op het Nederlanderschap in verband met de totstandkoming van de Wet conflictenrecht adoptie (Stb. 284). Het verlies bedoeld in de eerste zin treedt niet in indien de andere ouder op het tijdstip van het vervallen van die betrekking Nederlander is of dat was ten tijde van zijn overlijden. Het verlies treedt evenmin in indien het Nederlanderschap ook kan worden ontleend aan artikel 3, derde lid, of aan artikel 2, onder a, van de Wet van 12 december 1892 op het Nederlanderschap en het ingezetenschap (Stb. 268).
7. Het Nederlanderschap wordt niet verloren dan krachtens een van de bepalingen van dit hoofdstuk.
8. Met uitzondering van het geval, bedoeld in het eerste lid, heeft geen verlies van het Nederlanderschap plaats indien staatloosheid daarvan het gevolg zou zijn.
9. De in het vierde lid bedoelde lijst wordt na vaststelling of wijziging toegezonden aan de Tweede Kamer der Staten-Generaal, aan de Staten van Aruba, aan die van Curaçao en aan die van Sint Maarten en wordt gepubliceerd in de Staatscourant, in het Afkondigingsblad van Aruba, in het Publicatieblad van Curaçao en in het Afkondigingsblad van Sint Maarten.
10. Bij of krachtens algemene maatregel van rijksbestuur worden nadere regels gesteld omtrent de elementen die betrokken worden bij de belangenafweging inzake een beslissing omtrent intrekking van het Nederlanderschap op grond van het eerste, tweede, derde of vierde lid.

Art. 15

1. Het Nederlanderschap gaat voor een meerderjarige verloren:
a. door het vrijwillig verkrijgen van een andere nationaliteit;
b. door het afleggen van een verklaring van afstand;
c. indien hij tevens een vreemde nationaliteit bezit en tijdens zijn meerderjarigheid gedurende een ononderbroken periode van tien jaar in het bezit van beide nationaliteiten zijn hoofdverblijf heeft buiten Nederland, Aruba, Curaçao en Sint Maarten, en buiten de gebieden waarop het Verdrag betreffende de Europese Unie van toepassing is, anders dan in een dienstverband met Nederland, Aruba, Curaçao of Sint Maarten dan wel met een internationaal orgaan waarin het Koninkrijk is vertegenwoordigd, of als echtgenoot van of als ongehuwde in een duurzame relatie samenlevend met een persoon in een zodanig dienstverband;
d. door intrekking door Onze Minister van het besluit waarbij het Nederlanderschap is verleend, welke kan plaatsvinden, indien de betrokkene heeft nagelaten na de totstandkoming van zijn naturalisatie al het mogelijke te doen om zijn oorspronkelijke nationaliteit te verliezen;
e. door intrekking door Onze Minister van het besluit waarbij de verkrijging van het Nederlanderschap is bevestigd, welke kan plaatsvinden, indien de vreemdeling als bedoeld in artikel 6, eerste lid, onder e, heeft nagelaten na de verkrijging van het Nederlanderschap het mogelijke te doen om zijn oorspronkelijke nationaliteit te verliezen.
2. Het eerste lid, aanhef en onder a, is niet van toepassing op de verkrijger
a. die in het land van die andere nationaliteit is geboren en daar ten tijde van de verkrijging zijn hoofdverblijf heeft;
b. die voor het bereiken van de meerderjarige leeftijd gedurende een onafgebroken periode van tenminste vijf jaren in het land van die andere nationaliteit zijn hoofdverblijf heeft gehad; of
c. die gehuwd is met een persoon die die andere nationaliteit bezit.
3. De periode bedoeld in het eerste lid, onder c, wordt geacht niet te zijn onderbroken indien de betrokkene gedurende een periode korter dan één jaar zijn hoofdverblijf in Nederland, Aruba, Curaçao of Sint Maarten heeft, dan wel in de gebieden waarop het Verdrag betreffende de Europese Unie van toepassing is.
4. De periode, bedoeld in het eerste lid, onder c, wordt gestuit door de verstrekking van een verklaring omtrent het bezit van het Nederlanderschap dan wel van een reisdocument, Nederlandse identiteitskaart of vervangende Nederlandse identiteitskaart in de zin van de Paspoortwet. Vanaf de dag der verstrekking begint een nieuwe periode van tien jaren te lopen.

Nederlanderschap, verlies meerderjarige

Art. 15A

Voorts gaat het Nederlanderschap voor een meerderjarige verloren:
a. indien hij ten gevolge van een uitdrukkelijke wilsverklaring door naturalisatie, optie of herstel daarin de nationaliteit verkrijgt van een Staat die Partij is bij het op 6 mei 1963 te Straatsburg gesloten Verdrag betreffende beperking van gevallen van meervoudige nationaliteit en betreffende militaire verplichtingen in geval van meervoudige nationaliteit (Trb. 1964, nr. 4) en dit Verdrag dat verlies meebrengt. Het voorgaande is echter niet van toepassing indien die Staat tevens Partij is bij het Tweede Protocol tot wijziging van dat Verdrag (Trb. 1994, nr. 265) en de betrokkene behoort tot een van de categorieën, genoemd in artikel 15, tweede lid;

b. indien hij ingevolge de op 25 november 1975 te Paramaribo gesloten Toescheidingsovereenkomst inzake nationaliteiten tussen het Koninkrijk der Nederlanden en de Republiek Suriname (Trb. 1975, nr. 132) de Surinaamse nationaliteit verkrijgt.

Art. 16

Nederlanderschap, verlies minderjarige

1. Het Nederlanderschap gaat voor een minderjarige verloren:
   a. door gerechtelijke vaststelling van het ouderschap, erkenning, wettiging of adoptie door een vreemdeling, indien hij diens nationaliteit daardoor verkrijgt, of deze reeds bezit;
   b. door het afleggen van een verklaring van afstand, indien hij de nationaliteit bezit van zijn vader, moeder of adoptiefouder als bedoeld in artikel 11, achtste lid;
   c. indien zijn vader of moeder vrijwillig een andere nationaliteit verkrijgt en hij in deze verkrijging deelt of deze nationaliteit reeds bezit;
   d. indien zijn vader of moeder het Nederlanderschap verliest ingevolge artikel 15, eerste lid, onder b, c of d, of ingevolge artikel 15A;
   e. indien hij zelfstandig dezelfde nationaliteit verkrijgt als zijn vader of moeder.

   Voor de toepassing van de onderdelen c, d en e wordt onder vader of moeder mede verstaan de adoptiefouder aan wie de minderjarige het Nederlanderschap ontleent, en de persoon die mede het gezamenlijk gezag over de minderjarige uitoefent en aan wie hij het Nederlanderschap ontleent. De in onderdeel b bedoelde verklaring van afstand heeft geen rechtsgevolg dan nadat de minderjarige die de leeftijd van twaalf jaar heeft bereikt en, op diens verzoek, de ouder die geen wettelijk vertegenwoordiger is, daarover zijn gehoord. Geen afstand is mogelijk indien het kind en die ouder daartegen bedenkingen hebben. De minderjarige die de leeftijd van zestien jaar heeft bereikt, legt de verklaring van afstand zelfstandig af en kan daarin niet worden vertegenwoordigd.

2. Het verlies van het Nederlanderschap, bedoeld in het eerste lid treedt niet in:
   a. indien en zolang een ouder het Nederlanderschap bezit;
   b. door het overlijden van een ouder na het tijdstip waarop krachtens het eerste lid het verlies van het Nederlanderschap zou intreden;
   c. indien een ouder als Nederlander is overleden vóór het tijdstip waarop krachtens het eerste lid het verlies van het Nederlanderschap zou intreden;
   d. indien de minderjarige voldoet aan artikel 3, derde lid, of artikel 2, onder a, van de wet van 12 december 1892 op het Nederlanderschap en het ingezetenschap (Stb.268), behoudens in het geval bedoeld in het eerste lid onder b;
   e. indien de minderjarige in het land van de door hem verkregen nationaliteit is geboren en daar ten tijde van de verkrijging zijn hoofdverblijf heeft, behoudens in het geval bedoeld in het eerste lid onder b;
   f. indien de minderjarige gedurende een onafgebroken periode van tenminste vijf jaren in het land van de door hem verkregen nationaliteit zijn hoofdverblijf heeft of gehad heeft, behoudens in het geval bedoeld in het eerste lid onder b; of
   g. indien in het geval in het eerste lid, onder e, bedoeld een ouder op het tijdstip van de verkrijging Nederlander is.

   Voor de toepassing van de onderdelen a, b, c en g wordt onder een ouder mede verstaan de adoptiefouder als bedoeld in artikel 11, achtste lid, en de persoon die mede het gezamenlijk gezag over de minderjarige uitoefent en aan wie hij het Nederlanderschap ontleent.

Art. 16A

Voorts gaat het Nederlanderschap voor een minderjarige verloren indien hij ten gevolge van een uitdrukkelijke wilsverklaring door naturalisatie, optie of herstel daarin de nationaliteit verkrijgt van een Staat die Partij is bij het op 6 mei 1963 te Straatsburg gesloten Verdrag betreffende beperking van gevallen van meervoudige nationaliteit en betreffende militaire verplichtingen in geval van meervoudige nationaliteit (Trb. 1964, nr. 4) en dit Verdrag dat verlies meebrengt. Het voorgaande is niet van toepassing indien die Staat tevens Partij is bij het Tweede Protocol tot wijziging van dat Verdrag (Trb. 1994, nr. 265), en de betrokkene behoort tot een van de categorieën, genoemd in artikel 16, tweede lid, onder e, f en g.

Hoofdstuk 6
Vaststelling van het Nederlanderschap

Art. 17

Nederlanderschap, verzoek om vaststelling

1. Een ieder die, buiten een bij enige in een der delen van het Koninkrijk gevestigde rechterlijke instantie of een in administratief beroep aanhangige zaak, daarbij onmiddellijk belang heeft, kan bij de rechtbank Den Haag of, indien hij in Aruba, Curaçao, Sint Maarten of de openbare lichamen Bonaire, Sint Eustatius of Saba woonachtig is, bij het Gemeenschappelijk Hof van Justitie van Aruba, Curaçao, Sint Maarten en van Bonaire, Sint Eustatius en Saba een verzoek indienen tot vaststelling of hij Nederlander is of tot vaststelling dat hij het Nederlanderschap niet bezit. Het verzoek kan ook strekken tot de vaststelling dat de betrokkene op een bepaald tijdstip het Nederlanderschap al dan niet bezat.

Rijkswet op het Nederlanderschap

2. Een verzoek als in het vorige lid bedoeld kan ook ten aanzien van een overledene worden gedaan.

Art. 18
1. Omtrent verzoeken als bedoeld in het vorige artikel hoort de rechtbank, onderscheidenlijk het Hof van Justitie, het openbaar ministerie.

Nederlanderschap, competentie bij verzoek om vaststelling

2. Voor de belanghebbenden staat van de beschikking uitsluitend beroep in cassatie open.

Art. 19
Aan een onherroepelijk geworden beschikking, gegeven met toepassing van artikel 17, is elk met de uitvoering van enige wettelijke regeling belast orgaan gebonden.

Nederlanderschap, gebondenheid herroepelijke beschikking

Art. 20
1. Indien in enige voor een rechterlijke instantie in Nederland, onderscheidenlijk Aruba, Curaçao of Sint Maarten, aanhangige zaak onzeker is of een bij de zaak belanghebbende al dan niet het Nederlanderschap bezit of op een vroeger tijdstip bezat, kan de rechter terzake het advies van Onze Minister, onderscheidenlijk van Onze Minister van Justitie van Aruba, van Curaçao, onderscheidenlijk van Sint Maarten, vragen.

Nederlanderschap, advies minister aan rechterlijke instantie

2. Indien in enig administratief beroep in Nederland, onderscheidenlijk Aruba, Curaçao en Sint Maarten, ingesteld een in het vorige lid bedoelde onzekerheid bestaat, houdt die instantie de behandeling van de zaak aan en vraagt zij terzake het advies van Onze Minister, onderscheidenlijk van Onze Minister van Justitie van Aruba, van Curaçao, onderscheidenlijk van Sint Maarten.
3. De behandeling van de zaak wordt terstond hervat zodra het in de vorige leden bedoelde advies is ontvangen.

Hoofdstuk 7
Verklaringen en registers

Art. 21
Bij algemene maatregel van rijksbestuur worden de autoriteiten en ambtenaren aangewezen die bevoegd zijn tot het in ontvangst nemen van verzoeken om verlening en verklaringen tot verkrijging van het Nederlanderschap, en van verklaringen van afstand daarvan en kunnen nadere voorschriften worden gesteld betreffende de wijze van inontvangstneming van de verklaringen en de verzoeken, de bevestigingen, bedoeld in artikel 6, alsmede de verdere administratieve behandeling van verkrijging en verlening van het Nederlanderschap.

Nederlanderschap, aangewezen autoriteiten voor registratie verklaringen

Art. 22
1. Onze Minister houdt een openbaar register van:
a. de verklaringen tot verkrijging en afstand van het Nederlanderschap;
b. de bevestigingen, bedoeld in het derde lid van artikel 6 en in artikel 28;
c. de verlening van het Nederlanderschap;
d. de intrekkingen, bedoeld in het eerste lid van artikel 14, en artikel 15, eerste lid, onder d.

Nederlanderschap, inhoud openbaar register

2. Onze Ministers van Justitie van Aruba, van Curaçao en van Sint Maarten houden een openbaar register van de in het eerste lid bedoelde akten welke betrekking hebben op personen die in hun land woonachtig zijn.

Hoofdstuk 7a
Rechtsbescherming

Art. 22a
1. Tegen een besluit tot intrekking van het Nederlanderschap als bedoeld in artikel 14, vierde lid, staat rechtstreeks beroep open bij de rechtbank Den Haag of, indien degene die het betreft in Aruba, Curaçao, Sint Maarten of de openbare lichamen Bonaire, Sint Eustatius of Saba woonachtig was, bij het Gerecht van eerste aanleg van het Gemeenschappelijk Hof van Justitie van Aruba, Curaçao, Sint Maarten en van Bonaire, Sint Eustatius en Saba.

Beroep tegen besluit tot intrekking Nederlanderschap

2. De termijn voor het indienen van een beroepsschrift bedraagt vier weken.
3. Uiterlijk op de achtentwintigste dag na de bekendmaking van een besluit tot intrekking van het Nederlanderschap als bedoeld in artikel 14, vierde lid, stelt Onze Minister de rechtbank of het Gerecht van eerste aanleg van het Gemeenschappelijk Hof van Justitie van Aruba, Curaçao, Sint Maarten en van Bonaire, Sint Eustatius en Saba hiervan in kennis, tenzij degene die het betreft voordien zelf beroep heeft ingesteld. Zodra de rechtbank onderscheidenlijk het Gerecht van eerste aanleg de kennisgeving heeft ontvangen, wordt degene die het betreft geacht beroep te hebben ingesteld tegen het besluit tot intrekking van het Nederlanderschap.
4. Tegen de uitspraak van de rechtbank, bedoeld in het eerste lid, kan hoger beroep worden ingesteld bij de Afdeling bestuursrechtspraak van de Raad van State. Tegen de uitspraak van het Gerecht van eerste aanleg, bedoeld in het eerste lid, kan hoger beroep worden ingesteld bij

het Gemeenschappelijk Hof van Justitie van Aruba, Curaçao, Sint Maarten en van Bonaire, Sint Eustatius en Saba.
5. Indien de ingevolge het eerste lid bevoegde rechtbank bij het beroep van oordeel is dat het besluit tot intrekking van het Nederlanderschap, bedoeld in artikel 14, vierde lid, in strijd is met de wet dan wel bij afweging van alle daarbij betrokken belangen in redelijkheid niet gerechtvaardigd is, verklaart zij het beroep gegrond.
6. Er wordt door de griffier van de ingevolge het eerste lid bevoegde rechtbank, door de griffier van het Gerecht van eerste aanleg van het Gemeenschappelijk Hof van Justitie, door de griffier van het Gemeenschappelijk Hof van Justitie en door de griffier van de Afdeling bestuursrechtspraak van de Raad van State geen griffierecht geheven.
7. Beroep tegen het besluit tot intrekking van het Nederlanderschap, bedoeld in artikel 14, vierde lid, wordt geacht tevens beroep tegen het besluit tot ongewenstverklaring, bedoeld in artikel 67 van de Vreemdelingenwet 2000, artikel 16d van de Wet toelating en uitzetting BES, dan wel overeenkomstige artikelen uit de wetgeving van de andere landen, te omvatten.

Art. 22b

Keuze raadslieden door belanghebbende

1. De belanghebbende is steeds bevoegd een of meer raadslieden te kiezen.
2. Daartoe is ook zijn wettige vertegenwoordiger of zijn bijzondere gemachtigde bevoegd.
3. Kan de belanghebbende zijn wil te dien aanzien niet doen blijken en heeft hij geen wettelijke vertegenwoordiger of bijzondere gemachtigde, dan is zijn echtgenoot of de meest gerede van zijn in het Koninkrijk verblijvende bloed- of aanverwanten, tot de vierde graad ingesloten, tot die keuze bevoegd.
4. De ingevolge het tweede of derde lid gekozen raadsman treedt af zodra de belanghebbende zelf een raadsman heeft gekozen.
5. Voor zover deze Rijkswet niet op andere wijze in de toevoeging voorziet, voegt een bij algemene maatregel van rijksbestuur te bepalen bevoegd orgaan aan de vreemdeling een raadsman toe.

Art. 22c

Last tot toevoeging raadsman

1. Bevoegd tot het geven van een last tot toevoeging aan het bevoegde orgaan, bedoeld in artikel 22B, vijfde lid, is de rechtbank respectievelijk het Gerecht van eerste aanleg, bedoeld in artikel 22A, eerste lid. Ingeval hoger beroep is ingesteld op grond van artikel 22A, vierde lid, is de voorzitter van de Afdeling bestuursrechtspraak van de Raad van State, dan wel de voorzitter van het Gemeenschappelijk Hof van Justitie van Aruba, Curaçao, Sint Maarten en van Bonaire, Sint Eustatius en Saba bevoegd tot het geven van de last tot toevoeging.
2. Bij of krachtens algemene maatregel van rijksbestuur kunnen nadere regels worden gesteld omtrent uitvoering van de artikelen 22A, 22B en 22C en de beloning van toegevoegde raadslieden en de vergoeding van hun onkosten.

Hoofdstuk 8
Slotbepalingen

Art. 23

Nadere regels

1. Bij of krachtens algemene maatregel van rijksbestuur kunnen nadere regels worden gesteld ter uitvoering van deze Rijkswet.
2. De verklaring van verbondenheid, bedoeld in artikel 6, tweede lid, artikel 8, eerste lid onder e en artikel 11, derde, vierde en vijfde lid, wordt afgelegd met de volgende woorden: Ik zweer (verklaar) dat ik de grondwettelijke orde van het Koninkrijk der Nederlanden, haar vrijheden en rechten respecteer en zweer (beloof) de plichten die het staatsburgerschap met zich meebrengt getrouw te vervullen. Degene die de verklaring aflegt voegt daar ter bevestiging aan toe: Zo waarlijk helpe mij God almachtig, of: Dat verklaar en beloof ik.
3. De gevallen waarin het afleggen van de verklaring, in afwijking van artikel 6, tweede lid, 6 achtste lid, 8, eerste lid onder e, 11, derde, vierde lid, 11 vijfde lid onder b, 26, derde lid en 28, derde lid, niet gevraagd zal worden of redelijkerwijs niet gevraagd kan worden en de wijze waarop deze verklaring kan worden afgelegd, worden bij of krachtens algemene maatregel van bestuur vastgesteld.

Art. 24

Citeertitel

1. Deze Rijkswet kan worden aangehaald als "Rijkswet op het Nederlanderschap". Zij treedt in werking op een door Ons te bepalen tijdstip. Wij kunnen een ander tijdstip vaststellen waarop hoofdstuk 6 in werking treedt.

Uitschakelbepaling

2. De wet van 12 december 1892, *Stb.* 268, op het Nederlanderschap en het ingezetenschap, wordt ingetrokken.

Hoofdstuk 9
Overgangsbepalingen

Art. 25
Nederlanders in de zin van deze Rijkswet zijn mede zij, die bij haar inwerkingtreding het Nederlanderschap bezitten.

Overgangsbepalingen

Art. 26
1. Het vereiste van toelating en hoofdverblijf, bedoeld in artikel 6, eerste lid, onder f, is niet van toepassing op de vreemdeling die nadat hij meerderjarig is geworden het Nederlanderschap heeft verloren als gevolg van verkrijging van een andere nationaliteit op grond van artikel 5 (oud) zoals dit luidde tot 1 maart 1964, en artikel 7, aanhef en ten eerste of ten derde, van de Wet van 12 december 1892, Stb 268, op het Nederlanderschap en het ingezetenschap, dan wel dit heeft verloren op grond van artikel 15, aanhef en onder a, indien de persoon:
a. in het land van die andere nationaliteit is geboren en daar ten tijde van de verkrijging zijn hoofdverblijf heeft gehad;
b. voor het bereiken van de meerderjarige leeftijd gedurende een onafgebroken periode van tenminste vijf jaren in het land van die andere nationaliteit zijn hoofdverblijf heeft gehad; of
c. ten tijde van de verkrijging van die andere nationaliteit gehuwd was met een persoon van die andere nationaliteit.
2. Het eerste lid is niet van toepassing op de vreemdeling die na de inwerkingtreding van deze bepaling gedurende een periode van tenminste tien jaren onderdaan is van de Staat van de andere nationaliteit.
3. Het minderjarige niet-Nederlandse kind van de vader of moeder, die de vreemdeling is, bedoeld in het eerste lid, deelt in diens verkrijging van het Nederlanderschap, indien hij in de verklaring tot dat doel is vermeld. Kinderen van een kind dat in de verkrijging deelt, delen onder dezelfde voorwaarden in die verkrijging. Een kind dat ten tijde van het afleggen van de verklaring de leeftijd van zestien jaar heeft bereikt, deelt in de verkrijging indien het daarmee uitdrukkelijk instemt, de in het tweede lid van artikel 6 bedoelde bereidverklaring daadwerkelijk aflegt en jegens hem geen vermoedens bestaan als bedoeld in het vierde lid van dat artikel. Het besluit tot bevestiging wordt niet bekend gemaakt dan nadat de verklaring van verbondenheid daadwerkelijk is afgelegd. Artikel 11, achtste lid, is van overeenkomstige toepassing.

Art. 27
1. Artikel 3 van deze Rijkswet is alleen van toepassing op kinderen geboren na de inwerkingtreding van deze Rijkswet.
2. Artikel 3, derde lid, als gewijzigd bij Rijkswet van 21 december 2000 tot wijziging van de Rijkswet op het Nederlanderschap met betrekking tot de verkrijging, de verlening en het verlies van het Nederlanderschap (Stb. 618), is alleen van toepassing op kinderen geboren na de inwerkingtreding van die Rijkswet.

Art. 28
1. De vrouw die het Nederlanderschap heeft verloren door of in verband met haar vóór de inwerkingtreding van deze Rijkswet gesloten huwelijk, verkrijgt het Nederlanderschap door het afleggen van een daartoe strekkende schriftelijke en door een bevestiging gevolgde verklaring, welke moet worden afgelegd binnen een jaar na de ontbinding van dat huwelijk of binnen een jaar nadat zij van die ontbinding heeft kunnen kennis nemen. Deze verkrijging werkt terug tot de datum van ontbinding van het huwelijk.
2. Artikel 6, derde tot en met zesde lid, is van overeenkomstige toepassing.
3. Het minderjarige niet-Nederlandse kind van het in het eerste lid genoemde persoon die moeder of adoptiefouder als bedoeld in artikel 11, achtste lid, van dit kind is deelt in die verkrijging, indien het in de verklaring tot dat doel is vermeld. Kinderen van een kind dat in de verkrijging deelt, delen onder dezelfde voorwaarden in die verkrijging. Een kind dat ten tijde van het afleggen van de verklaring de leeftijd van zestien jaar heeft bereikt, deelt in de verkrijging indien het daarmee uitdrukkelijk instemt, de in het tweede lid van artikel 6 bedoelde bereidverklaring aflegt en jegens hem geen vermoedens bestaan als bedoeld in het vierde lid van dat artikel. Het besluit tot bevestiging wordt met betrekking tot hem niet bekend gemaakt dan nadat de verklaring van verbondenheid daadwerkelijk is afgelegd.

Art. 29
Voor de toepassing van de Rijkswet op het Nederlanderschap en de daarop rustende bepalingen worden de tijdvakken van hoofdverblijf die voor de inwerkingtreding van de Rijkswet aanpassing rijkswetten aan de oprichting van de nieuwe landen zijn doorgebracht in de Nederlandse Antillen in aanmerking genomen als waren zij doorgebracht in Aruba, Curaçao, Sint Maarten of de openbare lichamen Bonaire, Saba en Sint Eustatius.

Europees Verdrag inzake nationaliteit[1]

Preambule
De Lidstaten van de Raad van Europa en de andere Staten die dit Verdrag hebben ondertekend,
Overwegende dat het doel van de Raad van Europa is het tot stand brengen van een grotere eenheid tussen zijn leden;
Indachtig de talrijke internationale akten met betrekking tot nationaliteit, meervoudige nationaliteit en staatloosheid;
Erkennende dat, in aangelegenheden betreffende nationaliteit, zowel met de legitieme belangen van Staten als met die van individuele personen rekening moet worden gehouden;
Geleid door de wens de gestage ontwikkeling te bevorderen van juridische beginselen inzake nationaliteit, alsmede de aanneming daarvan in de nationale wetgeving en geleid door de wens, voor zover mogelijk, gevallen van staatloosheid te voorkomen;
Geleid door de wens discriminatie in aangelegenheden betreffende nationaliteit te voorkomen;
Zich bewust van het recht op respect voor het familie- en gezinsleven, bedoeld in artikel 8 van het Verdrag tot bescherming van de rechten van de mens en de fundamentele vrijheden;
Gelet op de uiteenlopende benadering van de Staten van het vraagstuk van de meervoudige nationaliteit en erkennende dat elke Staat vrij is te beslissen welke gevolgen hij in zijn nationale wetgeving hecht aan het feit dat een onderdaan een andere nationaliteit verkrijgt of bezit;
Overeenstemming bereikt hebbende over de wenselijkheid dat er passende oplossingen worden gevonden voor de gevolgen van meervoudige nationaliteit en in het bijzonder inzake de rechten en plichten van onderdanen met meervoudige nationaliteit;
Overwegende dat het wenselijk is dat personen die de nationaliteit bezitten van twee of meer Staten die Partij zijn, hun militaire dienstplicht slechts ten aanzien van een van die Partijen hoeven te vervullen;
Overwegende de noodzaak de internationale samenwerking tussen de nationale autoriteiten die verantwoordelijk zijn voor nationaliteitsaangelegenheden te bevorderen,
Zijn het volgende overeengekomen:

HOOFDSTUK I
ALGEMEEN

Art. 1 Onderwerp van het Verdrag
In dit Verdrag worden beginselen en regels vastgelegd inzake de nationaliteit van natuurlijke personen, alsmede regels inzake de militaire verplichtingen in geval van meervoudige nationaliteit, waarmee de nationale wetgeving van de Staten die Partij zijn in overeenstemming moet zijn.

Art. 2 Definities
Voor de toepassing van dit Verdrag wordt verstaan onder:
a. „nationaliteit": de juridische band tussen een persoon en een Staat; deze term verwijst niet naar de etnische afkomst van de persoon;
b. „meervoudige nationaliteit": het gelijktijdig bezitten van twee of meer nationaliteiten door dezelfde persoon;
c. „kind": elke persoon beneden de leeftijd van achttien jaar, tenzij de meerderjarigheid krachtens het op het kind van toepassing zijnde recht eerder wordt bereikt;
d. „nationaal recht": alle soorten bepalingen van het nationale rechtssysteem met inbegrip van de constitutie, wetgeving, voorschriften, besluiten, jurisprudentie, gewoonterecht en gebruikelijke handelwijzen, alsmede regels die voortvloeien uit bindende internationale akten.

HOOFDSTUK II
ALGEMENE BEGINSELEN INZAKE NATIONALITEIT

Art. 3 Bevoegdheid van de Staat
1. Elke Staat bepaalt ingevolge zijn eigen wetgeving wie zijn onderdanen zijn.
2. Deze wetgeving wordt door andere Staten geaccepteerd voor zover zij overeenstemt met toepasselijke internationale verdragen, internationaal gewoonterecht en de rechtsbeginselen die in het algemeen inzake nationaliteit worden erkend.

Art. 4 Beginselen
De regels inzake nationaliteit van elke Staat die Partij is, moeten zijn gebaseerd op de volgende beginselen:

---

1   Inwerkingtredingsdatum: 01-07-2001.

a. iedereen heeft recht op een nationaliteit;
b. staatloosheid dient te worden vermeden;
c. aan niemand mag willekeurig zijn of haar nationaliteit worden ontnomen;
d. noch een huwelijk noch de ontbinding van een huwelijk tussen een onderdaan van een Staat die Partij is en een vreemdeling, noch de wijziging van nationaliteit door een van de echtgenoten tijdens het huwelijk tast automatisch de nationaliteit van de andere echtgenoot aan.

Art. 5 Non-discriminatie
1. De regels van een Staat die Partij is, inzake nationaliteit mogen geen onderscheid bevatten of gebruiken inhouden die neerkomen op discriminatie op grond van geslacht, godsdienst, ras, kleur of nationale of etnische afkomst.
2. Elke Staat die Partij is, laat zich leiden door het beginsel van non-discriminatie tussen zijn onderdanen, ongeacht het feit of zij onderdaan door geboorte zijn of de nationaliteit van die Staat later hebben verkregen.

HOOFDSTUK III
REGELS INZAKE NATIONALITEIT

Art. 6 Verkrijging van de nationaliteit
1. Elke Staat die Partij is, regelt in zijn nationale wetgeving dat zijn nationaliteit van rechtswege kan worden verkregen door de volgende personen:
a. kinderen van welke een van de ouders op het tijdstip van de geboorte van die kinderen de nationaliteit van die Staat die Partij is, bezit, behoudens eventuele uitzonderingen die in de nationale wetgeving zijn voorzien voor in het buitenland geboren kinderen. Ten aanzien van kinderen met betrekking tot welke het ouderschap is vastgesteld door erkenning, rechterlijke uitspraak of soortgelijke procedures kan elke Staat die Partij is bepalen dat het kind zijn nationaliteit verkrijgt overeenkomstig de in zijn nationale wetgeving vastgelegde procedure;
b. vondelingen die op zijn grondgebied zijn gevonden en die anders staatloos zouden zijn.
2. Elke Staat die Partij is, regelt in zijn nationale wetgeving dat zijn nationaliteit kan worden verkregen door kinderen die op zijn grondgebied worden geboren en die bij de geboorte geen andere nationaliteit verkrijgen. Deze nationaliteit wordt verleend:
a. bij de geboorte van rechtswege; of
b. daarna, aan kinderen die staatloos zijn gebleven, op verzoek of namens het desbetreffende kind, te dienen bij de daarvoor in aanmerking komende autoriteit, op de in de nationale wetgeving van de Staat die Partij is, voorgeschreven wijze. Aan dit verzoek kan de voorwaarde gesteld worden van een wettig en gewoon verblijf op zijn grondgebied van niet meer dan vijf jaar onmiddellijk voorafgaande aan de indiening van het verzoek.
3. Elke Staat die Partij is, voorziet in zijn nationale wetgeving in de mogelijkheid van naturalisatie van personen die hun wettige en gewone verblijf op zijn grondgebied hebben. Bij het bepalen van de voorwaarden voor naturalisatie voorziet hij niet in een periode van verblijf langer dan tien jaar voorafgaande aan de indiening van het verzoek.
4. Elke Staat die Partij is, vergemakkelijkt in zijn nationale wetgeving de verkrijging van zijn nationaliteit voor de volgende personen:
a. echtgenoten van zijn onderdanen;
b. kinderen van een van zijn onderdanen waarop de uitzondering van artikel 6, eerste lid, letter a, van toepassing is;
c. kinderen waarvan een van de ouders zijn nationaliteit verkrijgt of heeft verkregen;
d. kinderen die door een van zijn onderdanen zijn geadopteerd;
e. personen die op zijn grondgebied zijn geboren en daar wettig en gewoonlijk verblijven;
f. personen die hun wettige en gewone verblijf hebben op zijn grondgebied gedurende een periode die aanvangt voor de leeftijd van 18 jaar, welke periode wordt vastgesteld door de nationale wetgeving van de betrokken Staat die Partij is;
g. staatloze personen en erkende vluchtelingen die hun wettige en gewone verblijf hebben op zijn grondgebied.

Art. 7 Verlies van nationaliteit van rechtswege of op initiatief van een Staat die Partij is
1. Een Staat die Partij is, mag in zijn nationale wetgeving niet voorzien in het verlies van zijn nationaliteit van rechtswege of op initiatief van de Staat die Partij is, behoudens in de volgende gevallen:
a. vrijwillige verkrijging van een andere nationaliteit;
b. verkrijging van de nationaliteit van de Staat die Partij is, door middel van aan de aanvrager toe te schrijven bedrieglijk gedrag, valse informatie of verzwijging van enig relevant feit;
c. het vrijwillig in vreemde krijgsdienst treden;
d. gedrag dat de essentiële belangen van de Staat die Partij is, ernstig schaadt;
e. het ontbreken van een effectieve band tussen de Staat die Partij is, en een onderdaan die zijn gewone verblijf in het buitenland heeft;

f. wanneer tijdens de minderjarigheid van een kind wordt vastgesteld dat niet meer wordt voldaan aan de in de nationale wetgeving vastgestelde voorwaarden die hebben geleid tot de verkrijging van rechtswege van de nationaliteit van de Staat die Partij is;
g. adoptie van een kind indien het kind de buitenlandse nationaliteit van een of beide adoptiefouders verkrijgt of bezit.

2. Een Staat die Partij is, kan voorzien in het verlies van zijn nationaliteit door kinderen wier ouders die nationaliteit verliezen, behoudens in gevallen als bedoeld in letters c en d van het eerste lid. De kinderen verliezen die nationaliteit echter niet indien een van beide ouders deze behoudt.

3. Een Staat die Partij is, mag in zijn nationale wetgeving niet voorzien in het verlies van zijn nationaliteit ingevolge het eerste en tweede lid van dit artikel indien de betrokken persoon daardoor staatloos zou worden, behoudens in de gevallen genoemd in het eerste lid, letter b, van dit artikel.

Art. 8 Verlies van de nationaliteit op initiatief van het individu

1. Elke Staat die Partij is, staat toe dat personen afstand doen van zijn nationaliteit, mits zij daardoor niet staatloos worden.
2. Een Staat die Partij is, kan in zijn nationale wetgeving echter bepalen dat uitsluitend onderdanen die hun gewone verblijf in het buitenland hebben, afstand mogen doen.

Art. 9 Herverkrijging van de nationaliteit

Elke Staat die Partij is, vergemakkelijkt, in de gevallen en onder de voorwaarden voorzien in zijn nationale wetgeving, het herverkrijgen van zijn nationaliteit door voormalige onderdanen die hun wettige en gewone verblijf op zijn grondgebied hebben.

HOOFDSTUK IV
PROCEDURES INZAKE NATIONALITEIT

Art. 10 Behandeling van aanvragen

Elke Staat die Partij is, zorgt dat aanvragen inzake de verkrijging, het behoud, het verlies, de herverkrijging of om een verklaring van zijn nationaliteit binnen een redelijk tijdsbestek worden behandeld.

Art. 11 Besluiten

Elke Staat die Partij is, zorgt ervoor dat besluiten inzake de verkrijging, het behoud, het verlies, de herverkrijging of een verklaring van zijn nationaliteit, schriftelijk met redenen zijn omkleed.

Art. 12 Recht op toetsing

Elke Staat die Partij is, zorgt ervoor dat besluiten inzake de verkrijging, het behoud, het verlies, de herverkrijging of een verklaring van zijn nationaliteit openstaan voor een administratieve of rechterlijke toetsing conform zijn nationale wetgeving.

Art. 13 Tarieven

1. Elke Staat die Partij is, zorgt ervoor dat de tarieven voor de verkrijging, het behoud, het verlies, de herverkrijging of een verklaring van zijn nationaliteit redelijk zijn.
2. Elke Staat die Partij is, zorgt ervoor dat de tarieven voor een administratieve of rechterlijke toetsing geen belemmering voor de aanvragers vormen.

HOOFDSTUK V
MEERVOUDIGE NATIONALITEIT

Art. 14 Gevallen van meervoudige nationaliteit van rechtswege

1. Een Staat die Partij is, verleent toestemming aan:
a. kinderen met verschillende nationaliteiten die zij automatisch bij hun geboorte hebben verkregen om deze nationaliteiten te behouden;
b. zijn onderdanen om een andere nationaliteit te bezitten wanneer deze andere nationaliteit automatisch door huwelijk wordt verkregen.
2. Het behoud van de nationaliteiten genoemd in het eerste lid is onderworpen aan de desbetreffende bepalingen van artikel 7 van dit Verdrag.

Art. 15 Andere mogelijke gevallen van meervoudige nationaliteit

De bepalingen van dit Verdrag leggen geen beperking op aan het recht van een Staat die Partij is, om in zijn nationale wetgeving vast te stellen of:
a. zijn onderdanen die de nationaliteit van een andere Staat verkrijgen of bezitten, zijn nationaliteit behouden of verliezen;
b. de verkrijging of het behoud van zijn nationaliteit onderworpen is aan het doen van afstand of het verlies van een andere nationaliteit.

Art. 16 Behoud van de eerdere nationaliteit

Een Staat die Partij is, stelt het doen van afstand of het verlies van een andere nationaliteit niet als voorwaarde voor de verkrijging of het behoud van zijn nationaliteit, wanneer het doen van afstand of het verlies niet mogelijk is of niet in redelijkheid kan worden vereist.

Art. 17 Rechten en plichten inzake meervoudige nationaliteit
1. Onderdanen van een Staat die Partij is, die in het bezit zijn van een andere nationaliteit, hebben, op het grondgebied van die Staat die Partij is en waarop zij verblijven, dezelfde rechten en plichten als andere onderdanen van die Staat die Partij is.
2. De bepalingen van dit hoofdstuk doen geen afbreuk aan:
a. de regels van het internationaal recht inzake diplomatieke of consulaire bescherming door een Staat die Partij is, van een van zijn onderdanen die tegelijkertijd een andere nationaliteit bezit;
b. de toepassing van de regels van het internationaal privaatrecht van elke Staat die Partij is, in gevallen van meervoudige nationaliteit.

HOOFDSTUK VI
STATENOPVOLGING EN NATIONALITEIT

Art. 18 Beginselen
1. Bij nationaliteitsaangelegenheden in geval van statenopvolging respecteert elke betrokken Staat die Partij is, de beginselen van de voorrang van het recht, de regels inzake mensenrechten en de beginselen genoemd in artikel 4 en 5 van dit Verdrag en in het tweede lid van dit artikel, in het bijzonder om staatloosheid te voorkomen.
2. Bij beslissingen over het toekennen of het behoud van de nationaliteit in gevallen van statenopvolging houdt elke Staat die Partij is, met name rekening met:
a. de daadwerkelijke en effectieve band van de betrokken persoon met de Staat;
b. de gewone verblijfplaats van de betrokken persoon ten tijde van de statenopvolging;
c. de wil van de betrokken persoon;
d. de territoriale herkomst van de betrokken persoon.
3. Wanneer de verkrijging van de nationaliteit afhankelijk is van het verlies van een buitenlandse nationaliteit, zijn de bepalingen van artikel 16 van dit Verdrag van toepassing.

Art. 19 Regeling bij internationaal verdrag
In geval van statenopvolging trachten de betrokken Staten die Partij zijn, de nationaliteitsaangelegenheden te regelen door middel van een onderling verdrag en, waar van toepassing, in hun betrekkingen met andere betrokken Staten. In deze verdragen worden de beginselen en regels die in dit hoofdstuk worden genoemd of waarnaar in dit hoofdstuk wordt verwezen, in acht genomen.

Art. 20 Beginselen met betrekking tot niet-onderdanen
1. Elke Staat die Partij is, neemt de volgende beginselen in acht:
a. de onderdanen van een voorgangerstaat die hun gewone verblijf hebben op het grondgebied waarvan de soevereiniteit overgaat op een opvolgerstaat en die niet de nationaliteit van laatstgenoemde staat hebben verkregen, hebben het recht om in die Staat te blijven;
b. de in letter a bedoelde personen genieten dezelfde behandeling als de onderdanen van de opvolgerstaat wat de sociale en economische rechten betreft.
2. Elke Staat die Partij is, kan de in het eerste lid bedoelde personen uitsluiten van werk in overheidsdienst dat het uitoefenen van soevereine bevoegdheden met zich meebrengt.

HOOFDSTUK VII
MILITAIRE VERPLICHTINGEN IN GEVAL VAN MEERVOUDIGE NATIONALITEIT

Art. 21 Nakoming van militaire verplichtingen
1. Personen die de nationaliteit van twee of meer Staten die Partij zijn, bezitten, behoeven hun militaire verplichtingen slechts ten opzichte van een van die Staten na te komen;
2. De wijze waarop uitvoering wordt gegeven aan de bepaling van het eerste lid, kan bij bijzondere verdragen tussen belanghebbende Staten die Partij zijn, worden bepaald.
3. Voor zover bij bijzondere verdragen welke zijn of zullen worden gesloten, geen andere voorzieningen zijn getroffen, zijn de volgende bepalingen van toepassing op personen die de nationaliteit van twee of meer Staten die Partij zijn, bezitten:
a. Deze personen zijn onderworpen aan de militaire verplichtingen jegens de Staat die Partij is, en op welks grondgebied zij gewoonlijk verblijven. Evenwel staat het hen tot het bereiken van de leeftijd van 19 jaar vrij zich te onderwerpen aan de militaire verplichtingen jegens enige andere Staat die Partij is, en waarvan zij eveneens de nationaliteit bezitten, door het sluiten van een vrijwillige verbintenis tot werkelijke dienst voor een tijdvak waarvan de totale duur ten minste gelijk moet zijn aan die van de werkelijke militaire dienst bij de andere Staat die Partij is;
b. Zij die hun gewone verblijf hebben op het grondgebied van een Staat die Partij is en waarvan zij geen onderdaan zijn, of op het grondgebied van een Staat die niet Partij is, hebben de vrijheid

te kiezen bij welke van de Staten die Partij zijn en waarvan zij de nationaliteit bezitten, zij hun militaire verplichtingen wensen te vervullen;
c. Zij die overeenkomstig de regels in de letters a en b aan hun militaire verplichtingen jegens een Staat die Partij is naar de eisen van de wet van die Staat hebben voldaan, worden geacht te hebben voldaan aan de militaire verplichtingen ten opzichte van de Staat die Partij is of de Staten die Partij zijn en waarvan zij eveneens onderdaan zijn;
d. Zij die, voordat dit Verdrag tussen de Staten die Partij zijn en waarvan zij de nationaliteit bezitten in werking treedt, aan de militaire verplichtingen jegens een van die Staten overeenkomstig de wet van die Staat hebben voldaan, worden geacht te hebben voldaan aan diezelfde verplichtingen jegens de Staat die Partij is of de Staten die Partij zijn en waarvan zij eveneens onderdaan zijn;
e. Zij die overeenkomstig letter a hun werkelijke militaire dienst hebben vervuld jegens een van de Staten die Partij zijn en waarvan zij de nationaliteit bezitten, en die later hun gewone verblijf overbrengen naar het grondgebied van de andere Staat die Partij is en waarvan zij de nationaliteit bezitten, kunnen slechts jegens laatstgenoemde Staat worden onderworpen aan de militaire verplichtingen als reservist;
f. De toepassing van de bepalingen van dit artikel beïnvloedt de nationaliteit van de betrokkenen in geen enkel opzicht;
g. In geval van mobilisatie in een van de Staten die Partij zijn, zijn de verplichtingen welke uit de bepalingen van dit artikel voortvloeien niet van toepassing op die Staat.

Art. 22 Vrijstelling van militaire verplichtingen of vervangende dienst
Voor zover bij bijzondere overeenkomsten welke zijn of zullen worden gesloten, geen andere voorzieningen zijn getroffen, zijn de volgende bepalingen eveneens van toepassing op personen die de nationaliteit bezitten van twee of meer Staten die Partij zijn:
a. Artikel 21, derde lid, letter c, van dit Verdrag is van toepassing op personen die zijn vrijgesteld van hun militaire verplichtingen of vervangende dienst hebben verricht.
b. Personen die onderdaan zijn van een Staat die Partij is die geen militaire dienstplicht kent, worden geacht hun militaire verplichtingen te hebben vervuld wanneer zij hun gewone verblijf op het grondgebied van die Staat hebben. Evenwel worden zij niet geacht hun militaire verplichtingen te hebben vervuld ten opzichte van een Staat die Partij is of Staten die Partij zijn, waarvan zij eveneens onderdaan zijn en waar militaire dienst verplicht is, tenzij het genoemde gewone verblijf heeft geduurd tot een bepaalde leeftijd waarvan door elke betrokken Staat die Partij is, wordt kennisgegeven op het tijdstip van de ondertekening of bij de nederlegging van zijn akte van bekrachtiging, aanvaarding of toetreding.
c. Personen die onderdaan zijn van een Staat die Partij is die geen verplichte militaire dienst kent, worden eveneens geacht hun militaire verplichtingen te hebben vervuld wanneer zij vrijwillig werkelijke dienst hebben verricht voor een tijdvak waarvan de totale duur ten minste gelijk is aan die van de werkelijke militaire dienst van de Staat die Partij is of de Staten die Partij zijn, en waarvan zij eveneens onderdaan zijn, ongeacht waar zij hun gewone verblijf hebben.

HOOFDSTUK VIII
SAMENWERKING TUSSEN DE STATEN DIE PARTIJ ZIJN

Art. 23 Samenwerking tussen de Staten die Partij zijn
1. Met het oog op de vergemakkelijking van de samenwerking tussen de Staten die Partij zijn, verschaffen hun bevoegde autoriteiten:
a. de Secretaris-Generaal van de Raad van Europa informatie over hun nationale wetgeving inzake nationaliteit, met inbegrip van gevallen van staatloosheid en meervoudige nationaliteit, en over ontwikkelingen met betrekking tot de toepassing van het Verdrag;
b. elkaar op verzoek informatie over hun nationale wetgeving inzake nationaliteit en over ontwikkelingen met betrekking tot de toepassing van het Verdrag.
2. De Staten die Partij zijn werken onderling en met de andere Lidstaten van de Raad van Europa samen in het kader van het desbetreffende intergouvernementele orgaan van de Raad van Europa om alle relevante problemen aan te pakken en de gestage ontwikkeling van rechtsbeginselen en de rechtspraktijk inzake nationaliteit en daarmee verband houdende zaken te bevorderen.

Art. 24 Informatie-uitwisseling
Elke Staat die Partij is kan te allen tijde verklaren dat hij een andere Staat die Partij is en die dezelfde verklaring heeft afgelegd, zal informeren over de vrijwillige verkrijging van zijn nationaliteit door onderdanen van de andere Staat die Partij is, met inachtneming van de toepasselijke wetten inzake gegevensbescherming. In een dergelijke verklaring kunnen de voorwaarden worden genoemd waaronder de Staat die Partij is, zulke informatie verstrekt. De verklaring kan te allen tijde worden ingetrokken.

HOOFDSTUK IX
TOEPASSING VAN HET VERDRAG

Art. 25 Verklaringen inzake de toepassing van het Verdrag
1. Elke Staat kan bij de ondertekening of bij de nederlegging van zijn akte van bekrachtiging, aanvaarding, goedkeuring of toetreding verklaren dat hij Hoofdstuk VII uitsluit van de toepassing van het Verdrag.
2. De bepalingen van Hoofdstuk VII gelden alleen in de betrekkingen tussen de Staten die Partij zijn, en waarvoor dit hoofdstuk in werking is.
3. Elke Staat die Partij is kan op enig later tijdstip de Secretaris-Generaal van de Raad van Europa ervan in kennis stellen dat hij de bepalingen van Hoofdstuk VII, dat op het tijdstip van de ondertekening of in zijn akte van bekrachtiging, aanvaarding, goedkeuring of toetreding was uitgesloten, toepast. Deze kennisgeving wordt van kracht op de datum van ontvangst.

Art. 26 Gevolgen van dit Verdrag
1. De bepalingen van dit Verdrag doen geen afbreuk aan de bepalingen van nationale wetten en bindende internationale akten die reeds van kracht zijn of van kracht zullen worden krachtens welke gunstiger rechten op het gebied van nationaliteit aan individuen zijn of zouden worden toegekend.
2. Dit Verdrag doet geen afbreuk aan de toepassing van:
a. het Verdrag van 1963 betreffende beperking van gevallen van meervoudige nationaliteit en betreffende militaire verplichtingen in geval van meervoudige nationaliteit en zijn Protocollen;
b. andere bindende internationale akten voor zover deze verenigbaar zijn met dit Verdrag, in de betrekkingen tussen de Staten die Partij zijn en door deze akten zijn gebonden.

HOOFDSTUK X
SLOTBEPALINGEN

Art. 27 Ondertekening en inwerkingtreding
1. Dit Verdrag staat open voor ondertekening door de Lidstaten van de Raad van Europa en de niet-Lidstaten die hebben deelgenomen aan de opstelling ervan. Deze Staten kunnen hun instemming door het Verdrag te worden gebonden, tot uitdrukking brengen door:
a. ondertekening zonder voorbehoud van bekrachtiging, aanvaarding of goedkeuring; of
b. ondertekening onder voorbehoud van bekrachtiging, aanvaarding of goedkeuring, gevolgd door bekrachtiging, aanvaarding of goedkeuring.
De akten van bekrachtiging, aanvaarding of goedkeuring worden nedergelegd bij de Secretaris-Generaal van de Raad van Europa.
2. Dit Verdrag treedt in werking voor alle Staten die hun instemming door het Verdrag te worden gebonden tot uitdrukking hebben gebracht, op de eerste dag van de maand die volgt na het verstrijken van een periode van drie maanden na de datum waarop drie Lidstaten van de Raad van Europa hun instemming door het Verdrag te worden gebonden tot uitdrukking hebben gebracht overeenkomstig het bepaalde in het vorige lid.
3. Ten aanzien van iedere Staat die daarna zijn instemming door dit Verdrag te worden gebonden tot uitdrukking brengt, treedt het Verdrag in werking op de eerste dag van de maand die volgt na het verstrijken van een periode van drie maanden na de datum van ondertekening of van de nederlegging van de akte van bekrachtiging, aanvaarding of goedkeuring.

Art. 28 Toetreding
1. Nadat dit Verdrag in werking is getreden, kan het Comité van Ministers van de Raad van Europa iedere Staat die geen Lid is van de Raad van Europa en die niet heeft deelgenomen aan de opstelling van dit Verdrag, uitnodigen tot dit Verdrag toe te treden.
2. Ten aanzien van iedere toetredende Staat treedt dit Verdrag in werking op de eerste dag van de maand die volgt na het verstrijken van een periode van drie maanden na de datum van nederlegging van de akte van toetreding bij de Secretaris-Generaal van de Raad van Europa.

Art. 29 Voorbehouden
1. Ten aanzien van de bepalingen in hoofdstuk I, II en VI van dit Verdrag zijn geen voorbehouden toegestaan. Elke Staat mag op het tijdstip van ondertekening of bij de nederlegging van zijn akte van bekrachtiging, aanvaarding, goedkeuring of toetreding een of meer voorbehouden maken ten aanzien van de overige bepalingen van het Verdrag, mits zij verenigbaar zijn met het onderwerp en het doel van dit Verdrag.
2. Een Staat die een of meer voorbehouden maakt, stelt de Secretaris-Generaal van de Raad van Europa in kennis van de inhoud van zijn nationale wetgeving of van andere daarop betrekking hebbende informatie.
3. Een Staat die overeenkomstig het eerste lid een of meer voorbehouden heeft gemaakt, onderzoekt de mogelijkheid om deze geheel of gedeeltelijk in te trekken zodra de omstandigheden dat toelaten. Deze intrekking wordt gedaan door middel van een kennisgeving aan de Secretaris-

Generaal van de Raad van Europa en wordt van kracht op de datum van ontvangst van de kennisgeving.

4. Een Staat die de toepassing van dit Verdrag uitbreidt tot een grondgebied als genoemd in de verklaring bedoeld in artikel 30, tweede lid, kan met betrekking tot het betrokken grondgebied een of meer voorbehouden maken overeenkomstig het bepaalde in de voorgaande leden.

5. Een Staat die Partij is en die voorbehouden heeft gemaakt ten aanzien van een of meer van de bepalingen in Hoofdstuk VII van het Verdrag, kan geen aanspraak maken op de toepassing van genoemde bepalingen door een andere Staat die Partij is, behalve voor zover hij deze bepalingen zelf heeft aanvaard.

Art. 30 Territoriale toepassing

1. Iedere Staat kan op het tijdstip van ondertekening of bij de nederlegging van zijn akte van bekrachtiging, aanvaarding, goedkeuring of toetreding specificeren op welk grondgebied of welke grondgebieden dit Verdrag van toepassing is.

2. Iedere Staat kan op een later tijdstip door middel van een verklaring gericht aan de Secretaris-Generaal van de Raad van Europa de toepassing van dit Verdrag uitbreiden tot ieder ander grondgebied dat in de verklaring wordt genoemd en voor de internationale betrekkingen van welk grondgebied hij verantwoordelijk is of namens welk grondgebied hij bevoegd is verbintenissen aan te gaan.

Ten aanzien van dit grondgebied treedt dit Verdrag in werking op de eerste dag van de maand die volgt na het verstrijken van een periode van drie maanden na de datum van ontvangst van die verklaring door de Secretaris-Generaal.

3. Iedere verklaring die wordt gedaan uit hoofde van de twee voorgaande leden kan, met betrekking tot ieder grondgebied dat in de verklaring wordt genoemd, worden ingetrokken door middel van een aan de Secretaris-Generaal gerichte kennisgeving. De intrekking wordt van kracht op de eerste dag van de maand die volgt na het verstrijken van een periode van drie maanden na de datum van ontvangst van de kennisgeving door de Secretaris-Generaal.

Art. 31 Opzegging

1. Iedere Staat die Partij is kan dit Verdrag te allen tijde in zijn geheel of alleen Hoofdstuk VII daarvan opzeggen door middel van een aan de Secretaris-Generaal van de Raad van Europa gerichte kennisgeving.

2. Deze opzegging wordt van kracht op de eerste dag van de maand die volgt na het verstrijken van een periode van drie maanden na de datum van ontvangst van de kennisgeving door de Secretaris-Generaal.

Art. 32 Kennisgevingen door de Secretaris-Generaal

De Secretaris-Generaal van de Raad van Europa stelt de Lidstaten van de Raad van Europa, iedere ondertekenaar, iedere Partij en iedere andere Staat die is toegetreden tot dit Verdrag in kennis van:

a. iedere ondertekening;

b. de nederlegging van iedere akte van bekrachtiging, aanvaarding, goedkeuring of toetreding;

c. iedere datum van inwerkingtreding van dit Verdrag overeenkomstig de artikelen 27 en 28 van dit Verdrag;

d. ieder voorbehoud en iedere intrekking van voorbehouden gemaakt in overeenstemming met het bepaalde in artikel 29 van dit Verdrag;

e. iedere kennisgeving of verklaring gedaan ingevolge de bepalingen van de artikelen 23, 24, 25, 27, 28, 29, 30 en 31 van dit Verdrag;

f. iedere andere akte, kennisgeving of mededeling met betrekking tot dit Verdrag.

Vreemdelingenwet 2000

A40

Inhoudsopgave

Hoofdstuk 1	Inleidende bepalingen	Art. 1
Afdeling 1	Definities	Art. 1
Afdeling 2	De Adviescommissie voor Vreemdelingenzaken	Art. 2
Afdeling 3	De referent	Art. 2a
Paragraaf 1	Algemeen	Art. 2a
Paragraaf 2	Erkenning als referent	Art. 2c
Hoofdstuk 1a	Nationale visa	Art. 2i
Afdeling 1	Algemeen	Art. 2i
Paragraaf 1	Interdepartementale coördinatie	Art. 2i
Paragraaf 2	Benodigde visa	Art. 2j
Paragraaf 3	Bevoegdheid	Art. 2k
Paragraaf 4	Leges; voorschriften, beperkingen en verplichtingen	Art. 2l
Paragraaf 5	Buiten behandeling laten, hoorplicht, rechtsmiddelenclausule en motivering	Art. 2n
Afdeling 2	Machtiging tot voorlopig verblijf	Art. 2p
Paragraaf 1	Verlening en weigering	Art. 2p
Paragraaf 2	Aanvraag en afgifte	Art. 2s
Paragraaf 3	Vereiste gegevens; beslistermijn	Art. 2t
Paragraaf 4	Overige bepalingen	Art. 2v
Afdeling 3	Terugkeervisum	Art. 2w
Afdeling 4	Nadere regels	Art. 2cc
Hoofdstuk 2	Toegang	Art. 3
Hoofdstuk 3	Verblijf	Art. 8
Afdeling 1	Rechtmatig verblijf	Art. 8
Afdeling 2	De verblijfsvergunning	Art. 13
Afdeling 3	De verblijfsvergunning regulier	Art. 14
Paragraaf 1	De verblijfsvergunning voor bepaalde tijd	Art. 14
Paragraaf 2	De verblijfsvergunning voor onbepaalde tijd	Art. 20
Paragraaf 3	Procedurele bepalingen	Art. 23
Paragraaf 4	De beschikking op de aanvraag	Art. 25
Paragraaf 5	De inwilliging van de aanvraag	Art. 26
Paragraaf 6	De afwijzing van de aanvraag	Art. 27
Afdeling 4	De verblijfsvergunning asiel	Art. 28
Paragraaf 1	De verblijfsvergunning voor bepaalde tijd	Art. 28
Paragraaf 2	De verblijfsvergunning voor onbepaalde tijd	Art. 33
Paragraaf 3	Procedurele bepalingen	Art. 36
Paragraaf 4	De beschikking op de aanvraag	Art. 42
Paragraaf 5	De inwilliging van de aanvraag	Art. 44
Paragraaf 6	De afwijzing van de aanvraag	Art. 44a
Afdeling 5	De status van langdurig ingezetene	Art. 45a
Paragraaf 1	De EU-verblijfsvergunning voor langdurig ingezetenen	Art. 45a
Paragraaf 2	Procedurele bepalingen	Art. 45e
Paragraaf 3	De beschikking op de aanvraag	Art. 45g
Paragraaf 4	De inwilliging van de aanvraag	Art. 45h
Hoofdstuk 4	Handhaving	Art. 46
Afdeling 1	Toezicht op de naleving	Art. 46
Paragraaf 1	Aanwijzing	Art. 46
Paragraaf 2	Bevoegdheden	Art. 49
Paragraaf 3	Maatregelen van toezicht	Art. 54
Afdeling 2	Bestuurlijke boete	Art. 55a
Hoofdstuk 5	Vrijheidsbeperkende en vrijheidsontnemende maatregelen	Art. 56
Hoofdstuk 6	Vertrek, uitzetting en overdracht, inreisverbod en ongewenstverklaring	Art. 61
Afdeling 1	Vertrek	Art. 61
Afdeling 2	Uitzetting en overdracht	Art. 63
Afdeling 3	Inreisverbod	Art. 66a
Afdeling 4	Ongewenstverklaring	Art. 67
Hoofdstuk 7	Rechtsmiddelen	Art. 69
Afdeling 1	Algemene bepalingen	Art. 69

A40 Vreemdelingenwet 2000

Afdeling 2	Regulier	
Paragraaf 1	Algemeen	Art. 72
Paragraaf 2	Bezwaar	Art. 72
Paragraaf 3	Administratief beroep	Art. 75
Paragraaf 4	Beroep op de rechtbank	Art. 77
Afdeling 3	Asiel	Art. 78
Paragraaf 1	Algemeen	Art. 79
Paragraaf 2	Beroep op de rechtbank	Art. 79
Afdeling 4	Hoger beroep	Art. 81
Afdeling 5	Bijzondere rechtsmiddelen	Art. 83c
Hoofdstuk 8	Algemene en strafbepalingen	Art. 93
Paragraaf 1	Biometrie	Art. 106a
Paragraaf 1a	Gegevensverstrekking en -verwerking	Art. 106a
Paragraaf 2	Strafbepalingen	Art. 107
Paragraaf 3	Afwijkingen	Art. 108
Paragraaf 4	Verblijf op grond van internationale verplichtingen	Art. 109
Paragraaf 5	Bepalingen van internationaal privaatrecht en overige bepalingen	Art. 112
		Art. 113
Hoofdstuk 9	Overgangs- en slotbepalingen	Art. 115

602   Sdu

Vreemdelingenwet 2000[1]

Wet van 23 november 2000 tot algehele herziening van de Vreemdelingenwet (Vreemdelingenwet 2000)

Wij Beatrix, bij de gratie Gods, Koningin der Nederlanden, Prinses van Oranje-Nassau, enz. enz. enz.

Allen, die deze zullen zien of horen lezen, saluut! doen te weten:
Alzo Wij in overweging genomen hebben, dat het wenselijk is de bestaande wetgeving betreffende de toelating en uitzetting van vreemdelingen, het toezicht op vreemdelingen die in Nederland verblijf houden, en de grensbewaking, te herzien en daartoe een nieuwe Vreemdelingenwet vast te stellen;
Zo is het, dat Wij, de Raad van State gehoord, en met gemeen overleg der Staten-Generaal, hebben goedgevonden en verstaan, gelijk Wij goedvinden en verstaan bij deze:

Hoofdstuk 1
Inleidende bepalingen

Afdeling 1
Definities

Art. 1

In deze wet en de daarop berustende bepalingen wordt verstaan onder: **Begripsbepalingen**
aanvullend document: document waarin de aanvullende informatie is opgenomen, bedoeld in artikel 6, eerste lid, tweede alinea van de Richtlijn 2011/98/EU van het Europees Parlement en de Raad van 13 december 2011 betreffende één enkele aanvraagprocedure voor een gecombineerde vergunning voor onderdanen van derde landen om te verblijven en te werken op het grondgebied van een lidstaat, alsmede inzake een gemeenschappelijk pakket rechten voor werknemers uit derde landen die legaal in een lidstaat verblijven (PbEU 2011, L343);
ambtenaren belast met de grensbewaking: de ambtenaren, bedoeld in artikel 46;
ambtenaren belast met het toezicht op referenten: de ambtenaren, bedoeld in artikel 47a;
ambtenaren belast met het toezicht op vreemdelingen: de ambtenaren, bedoeld in artikel 47;
asiel: het verblijf van de vreemdeling in Nederland op de gronden, bedoeld in de artikelen 29 en 34;
buitengrenzen: de Nederlandse zeegrenzen, alsmede lucht- of zeehavens waar grenscontrole op personen wordt uitgeoefend;
Dublinverordening: de verordening (EU) nr. 604/2013 van het Europees Parlement en de Raad van 26 juni 2013 tot vaststelling van de criteria en instrumenten om te bepalen welke lidstaat verantwoordelijk is voor de behandeling van een verzoek om internationale bescherming dat door een onderdaan van een derde land of een staatloze bij een van de lidstaten wordt ingediend (PbEU 2013, L 180);
erkende referent: de referent die krachtens artikel 2c als zodanig is erkend;
Europese verordeningen die betrekking hebben op biometrische gegevens:
1° Verordening (EU) nr. 603/2013 van het Europees Parlement en de Raad van 26 juni 2013 betreffende de instelling van „Eurodac" voor de vergelijking van vingerafdrukken ten behoeve van een doeltreffende toepassing van Verordening (EU) nr. 604/2013 tot vaststelling van de criteria en instrumenten om te bepalen welke lidstaat verantwoordelijk is voor de behandeling van een verzoek om internationale bescherming dat door een onderdaan van een derde land of een staatloze bij een van de lidstaten wordt ingediend en betreffende verzoeken van rechtshandhavingsinstanties van de lidstaten en Europol om vergelijkingen van Eurodac-gegevens ten behoeve van rechtshandhaving, en tot wijziging van Verordening (EU) nr. 1077/2011 tot oprichting van een Europees Agentschap voor het operationeel beheer van grootschalige IT-systemen op het gebied van vrijheid, veiligheid en recht (PBEU L 180/1);
2° Verordening (EG) 767/2008 van het Europees Parlement en de Raad van 9 juli 2008 betreffende het visuminformatiesysteem (VIS) en de uitwisseling tussen de lidstaten van gegevens op het gebied van visa voor kort verblijf (PbEU L218);
3° Verordening (EG) 810/2009 van het Europees Parlement en de Raad van 13 juli 2009 tot vaststelling van een gemeenschappelijke visumcode (Pb EU L 243);

---

1   Inwerkingtredingsdatum: 01-04-2001; zoals laatstelijk gewijzigd bij: Stb. 2021, 135.

4° Verordening (EG) nr. 1030/2002 van de Raad van de Europese Unie van 13 juni 2002 betreffende de invoering van een uniform model voor verblijfstitels voor onderdanen van derde landen (PbEU L157);
gecombineerde vergunning: verblijfsvergunning regulier voor bepaalde tijd als bedoeld in artikel 14, verleend door Onze Minister onder de beperking «arbeid in loondienst», «lerend werken» of «seizoenarbeid», tevens zijnde vergunning voor het verrichten van werkzaamheden bij een specifieke werkgever, met het aanvullend document;
gemeenschapsonderdanen:
1°. onderdanen van de lidstaten van de Europese Unie die op grond van het Verdrag betreffende de werking van de Europese Unie gerechtigd zijn een andere lidstaat binnen te komen en er te verblijven;
2°. familieleden van de onder 1° genoemden die de nationaliteit van een derde staat bezitten en die uit hoofde van een ter toepassing van het Verdrag betreffende de werking van de Europese Unie genomen besluit gerechtigd zijn een lidstaat binnen te komen en er te verblijven;
3°. onderdanen van een staat die partij is bij de Overeenkomst betreffende de Europese Economische Ruimte van 2 mei 1992, die ter zake van binnenkomst en verblijf in een lidstaat rechten genieten die gelijk zijn aan die van burgers van de lidstaten van de Europese Unie;
4°. familieleden van de onder 3° genoemden die de nationaliteit van een derde staat bezitten en die krachtens bovengenoemde Overeenkomst gerechtigd zijn een lidstaat binnen te komen en er te verblijven;
5°. onderdanen van de Zwitserse Bondsstaat, indien zij verblijven op grond van de op 21 juni 1999 te Luxemburg totstandgekomen Overeenkomst tussen de Europese Gemeenschap en haar lidstaten, enerzijds, en de Zwitserse Bondsstaat, anderzijds, over het vrije verkeer van personen (Trb. 2000, 16 en 86);
6°. familieleden van de onder 5° genoemden die de nationaliteit van een derde staat bezitten en die krachtens de onder 5° genoemde Overeenkomst gerechtigd zijn een lidstaat binnen te komen en er te verblijven;
grensprocedure: de asielprocedure, bedoeld in artikel 43 van de Procedurerichtlijn;
herhaalde aanvraag: een aanvraag, die op grond van artikel 4:6, tweede lid, van de Algemene wet bestuursrecht kan worden afgewezen;
inreisverbod: het inreisverbod, bedoeld in artikel 3, punt 6, van de Terugkeerrichtlijn;
internationale bescherming: internationale bescherming als bedoeld in artikel 2, onder a, van de Kwalificatierichtlijn;
de korpschef: de korpschef, bedoeld in artikel 27 van de Politiewet 2012;
Kwalificatierichtlijn: de richtlijn nr. 2011/95/EU van het Europees Parlement en de Raad van 13 december 2011 inzake normen voor de erkenning van onderdanen van derde landen of staatlozen als personen die internationale bescherming genieten, voor een uniforme status voor vluchtelingen of voor personen die in aanmerking komen voor subsidiaire bescherming, en voor de inhoud van de verleende bescherming (PbEU 2011, L 337);
langdurig ingezetene: houder van een EU-verblijfsvergunning voor langdurig ingezetenen als bedoeld in richtlijn nr. 2003/109/EG van de Raad van de Europese Unie van 25 november 2003 betreffende de status van langdurig ingezeten onderdanen van derde landen (PbEU 2004, L16), zoals gewijzigd door richtlijn 2011/51/EU van het Europees Parlement en de Raad teneinde haar werkingssfeer uit te breiden tot personen die internationale bescherming genieten (PbEU 2011, L 132), dan wel van een door een andere lidstaat van de Europese Unie op grond van deze richtlijn afgegeven EU-verblijfsvergunning voor langdurig ingezetenen;
minderjarige: eenieder die de leeftijd van 18 jaar nog niet heeft bereikt;
Onze Minister: Onze Minister van Veiligheid en Justitie;
Opvangrichtlijn: Richtlijn 2013/33/EU van het Europees Parlement en de Raad van 26 juni 2013 tot vaststelling van normen voor de opvang van verzoekers om internationale bescherming (PbEU 2013, L 180);
opvolgende aanvraag: een volgend verzoek als bedoeld in artikel 2, onderdeel q, van de Procedurerichtlijn;
overdrachtsbesluit: het besluit, bedoeld in artikel 26 van de Dublinverordening;
persoonsgegevens en verwerking van persoonsgegevens: hetgeen daaronder wordt verstaan in artikel 4, aanhef en onder 1 en 2, van de Algemene verordening gegevensbescherming;
Procedurerichtlijn: Richtlijn 2013/32/EU van het Europees Parlement en de Raad van 26 juni 2013 betreffende gemeenschappelijke procedures voor de toekenning en intrekking van internationale bescherming (PbEU 2013, L 180);
referent: degene die overeenkomstig artikel 2a een verklaring heeft afgelegd of als zodanig is aangewezen;
richtlijn tijdelijke bescherming: richtlijn nr. 2001/55/EG van de Raad van 20 juli 2001 betreffende minimumnormen voor het verlenen van tijdelijke bescherming in geval van massale toestroom van ontheemden en maatregelen ter bevordering van een evenwicht tussen de inspanning van

de lidstaten voor de opvang en het dragen van de consequentie van de opvang van deze personen (PbEG L 212);
Schengengrenscode: Verordening (EU) 2016/399 van het Europees Parlement en de Raad van 9 maart 2016 betreffende een Uniecode voor de overschrijding van de grenzen door personen (Schengengrenscode) (PbEU, L77);
terugkeerbesluit: het terugkeerbesluit, bedoeld in artikel 3, punt 4, van de Terugkeerrichtlijn;
Terugkeerrichtlijn: Richtlijn 2008/115/EG van het Europees Parlement en de Raad van 16 december 2008 over gemeenschappelijke normen en procedures in de lidstaten voor de terugkeer van onderdanen van derde landen die illegaal op hun grondgebied verblijven (PbEU 2008, L 348);
tijdelijke bescherming: rechtmatig verblijf in de zin van artikel 8, onder f of h, van de vreemdeling wiens uitzetting in verband met een aanvraag als bedoeld in artikel 28 op grond van de richtlijn tijdelijke bescherming achterwege blijft;
(Zie ook: artt. 1.1, 1.2, 3.1 Vb; artt. 1.1, 1.2 VV; art. 2 Richtlijn 2013/32/EU)
verblijf op reguliere gronden: het verblijf van een vreemdeling in Nederland op grond van deze wet anders dan op de gronden bedoeld in de artikelen 29 en 34;
verdragsvluchteling: de vreemdeling die vluchteling is in de zin van het Vluchtelingenverdrag en op wie de bepalingen ervan van toepassing zijn;
Vluchtelingenverdrag: het Verdrag van Genève van 1951 betreffende de status van vluchtelingen (Trb. 1954, 88) en het bijbehorende Protocol van New York van 1967 (Trb. 1967, 76);
vreemdeling: ieder die de Nederlandse nationaliteit niet bezit en niet op grond van een wettelijke bepaling als Nederlander moet worden behandeld;

Art. 1a
In deze wet en de daarop berustende bepalingen wordt verstaan onder:
a. *annulering van een visum*: intrekking van een visum met terugwerkende kracht tot en met het tijdstip van de verlening;
b. *machtiging tot voorlopig verblijf*: visum voor de toegang tot Nederland voor verblijf van meer dan 90 dagen;
c. *terugkeervisum*: visum voor de toegang tot Nederland van een vreemdeling die Nederland tijdelijk zal verlaten;
d. *visum*: elk der visa voor toegang tot Nederland met het oog op verblijf van niet langer dan 90 dagen, afgegeven door of vanwege een bevoegde autoriteit als bedoeld in een bindend besluit van de Raad van de Europese Unie, van het Europees Parlement en de Raad gezamenlijk of van de Commissie van de Europese Gemeenschappen, alsmede de onder b en c bedoelde visa.
(Zie ook: art. 1.2 Vb)

Definitie visum

Art. 1b
[Vervallen]

Afdeling 2
De Adviescommissie voor Vreemdelingenzaken

Art. 2
1. Er is een Adviescommissie voor vreemdelingenzaken.

Adviescommissie vreemdelingenzaken

2. De commissie bestaat uit ten minste zeven leden. Ambtenaren die werkzaam zijn bij een ministerie of een daaronder ressorterende instelling, dienst of bedrijf, dan wel anderszins werkzaamheden verrichten in ondergeschiktheid aan Onze Ministers, worden niet tot lid benoemd.
3. Als voorzitter wordt bij voorkeur een rechterlijk ambtenaar met rechtspraak belast benoemd.
4. De commissie heeft tot taak Onze Minister te adviseren over het vreemdelingenrecht en het beleid ter zake, waaronder begrepen wijzigingen van deze wet.
5. Bij algemene maatregel van bestuur worden regels gesteld over de inrichting en de werkwijze van de commissie.
6. De commissie is bevoegd bij een ieder schriftelijk of mondeling de inlichtingen in te winnen welke zij voor de vervulling van haar taak nodig acht.
(Zie ook: art. 1.6, 1.7 Vb)

A40 art. 2a   Vreemdelingenwet 2000

Afdeling 3
De referent

Paragraaf 1
Algemeen

Art. 2a

Referent
1. Ten behoeve van het verblijf van een vreemdeling in Nederland, niet zijnde een gemeenschapsonderdaan, kan in ieder geval als referent optreden:
   a. een Nederlander, die in Nederland verblijft of met die vreemdeling in Nederland gaat verblijven;
   b. een vreemdeling, die rechtmatig in Nederland verblijft op grond van artikel 8, onder a tot en met e of l, of die voor verblijf langer dan 90 dagen in Nederland mag verblijven en met die vreemdeling in Nederland gaat verblijven;
   c. een onderneming of rechtspersoon, dan wel een vestiging daarvan, die is ingeschreven in het handelsregister, bedoeld in artikel 2 van de Handelsregisterwet 2007,
   die ten behoeve van het voorgenomen verblijf op grond van een machtiging tot voorlopig verblijf of het verblijf op grond van een verblijfsvergunning als bedoeld in artikel 14 van een vreemdeling een schriftelijke verklaring heeft afgelegd, of die door Onze Minister als referent is aangewezen.

Nadere regels
2. Bij of krachtens algemene maatregel van bestuur:
   a. worden nadere regels gesteld omtrent de natuurlijke personen en organisaties, die als referent kunnen optreden;
   b. wordt ten aanzien van referenten voorzien in zorgplichten jegens de vreemdeling;
   c. kunnen regels worden gesteld omtrent de aanwijzing als referent.
3. Onze Minister stelt het model van de verklaring, bedoeld in het eerste lid, vast.
(Zie ook: artt. 16 lid 1 sub i, 18 lid 1 sub g, 47a, 55a, 66, 108 lid 1 Vw; artt. 1.8 t/m 1.22, 3.22a, 3.23 lid 4 sub e, 3.23a lid 1 sub e, 3.23b lid 1 sub d, 3.30a, 3.30c, 3.33 lid 2 sub e, 3.39, 3.79a, 3.102 lid 4, 4.44a Vb; artt. 1.4 t/m 1.16, 4.17 t/m 4.26, 4.41 lid 1 VV; B1/2, B1/3, B1/9, B7/2 Vc)

Art. 2b

Einde referentschap
1. Het referentschap eindigt in ieder geval, indien:
   a. ten behoeve van het verblijf van de vreemdeling in Nederland een ander als referent optreedt;
   b. de verblijfsvergunning van de vreemdeling is gewijzigd;
   c. de vreemdeling in het bezit is gesteld van een verblijfsvergunning voor onbepaalde tijd als bedoeld in artikel 20;
   d. de vreemdeling Nederlander wordt of krachtens enige wet als Nederlander moet worden behandeld;
   e. de referent aan Onze Minister overeenkomstig door Onze Minister gestelde regels naar waarheid mededeling heeft gedaan van de beëindiging van diens aan het referentschap ten grondslag liggende relatie tot de vreemdeling, dan wel van het definitieve vertrek van de vreemdeling uit Nederland;
   f. de vreemdeling is overleden.
2. Onze Minister stelt de gewezen referent in kennis van de beëindiging van diens referentschap.

Nadere regels
3. Bij of krachtens algemene maatregel van bestuur worden nadere regels gesteld omtrent de beëindiging van het referentschap.
(Zie ook: art. 1.17 Vb)

Paragraaf 2
Erkenning als referent

Art. 2c

Erkenning referent
1. Onze Minister is bevoegd:
   a. de aanvraag tot erkenning als referent in te willigen, af te wijzen, dan wel niet in behandeling te nemen, en
   b. de erkenning als referent te schorsen, in te trekken dan wel te wijzigen.
2. De erkenning als referent houdt verband met het doel waarvoor de vreemdeling in Nederland wil verblijven.
3. De erkenning als referent geldt voor onbepaalde tijd.
4. De beschikking op een aanvraag omtrent de erkenning als referent wordt gegeven binnen drie maanden, welke termijn kan worden verlengd voor ten hoogste zes maanden, indien naar het oordeel van Onze Minister voor de beoordeling van de aanvraag advies van of onderzoek door derden of het openbaar ministerie, dan wel een verklaring omtrent het gedrag, afgegeven volgens de Wet justitiële en strafvorderlijke gegevens, nodig is.
5. De aanvrager is in door Onze Minister te bepalen gevallen en volgens door Onze Minister te geven regels leges verschuldigd terzake van de afdoening van een aanvraag omtrent de erkenning als referent. Artikel 4:5, vierde lid, van de Algemene wet bestuursrecht is niet van toepassing.

Vreemdelingenwet 2000   **A40 art. 2h**

6. Onze Minister houdt een openbaar register van erkende referenten.   *Register*
(Zie ook: artt. 1.18 t/m 1.22, 3.30a-c, 3.33, 3.41, 3.43, 3.71 lid 2 sub a, 3.99 Vb; artt. 1.11 t/m 1.16, 7.1g VV; B1/2 Vc)

Art. 2d
1. Gegevens en bescheiden die van belang zijn voor de aanvraag omtrent de erkenning als referent, worden niet verkregen van de aanvrager, voor zover Onze Minister die gegevens of bescheiden kan verkrijgen uit bij regeling van Onze Minister aan te wijzen administraties, tenzij hierdoor een goede uitvoering van de wet wordt belet.   *Gegevensverstrekking*
2. Overeenkomstig bij regeling van Onze Minister gestelde regels verstrekt de aanvrager Onze Minister op diens verzoek en al dan niet in persoon alsnog de gegevens en bescheiden, die van belang zijn voor de beoordeling van de aanvraag.
3. Bij regeling van Onze Minister wordt bepaald voor welke gegevens en bescheiden het eerste lid van toepassing is en kunnen administraties of delen daarvan worden aangewezen, waarvoor het eerste lid tijdelijk niet van toepassing is.
(Zie ook: artt. 24a, 107 Vw; art. 4.44b Vb; artt. 1.16, 7.1e, 7.1g VV)

Art. 2e
1. Onze Minister kan de aanvraag tot erkenning als referent of tot wijziging van de erkenning als referent afwijzen, indien: *Afwijzing aanvraag*
a. de aanvrager, voor zover vereist op grond van de Handelsregisterwet 2007, niet is ingeschreven in het handelsregister, bedoeld in artikel 2 van die wet;
b. de continuïteit en solvabiliteit van de onderneming, rechtspersoon of organisatie onvoldoende is gewaarborgd;
c. de betrouwbaarheid van de aanvrager of van de direct of indirect bij die onderneming, rechtspersoon of organisatie betrokken natuurlijke of rechtspersonen of ondernemingen onvoldoende vast staat;
d. de erkenning als referent van de aanvrager of van de direct of indirect bij die onderneming, rechtspersoon of organisatie betrokken rechtspersonen of ondernemingen binnen een periode van vijf jaar direct voorafgaand aan de aanvraag is ingetrokken;
e. de aanvrager niet voldoet aan de vereisten die verband houden met het doel waarvoor de vreemdeling in Nederland verblijft of wil verblijven, waaronder in ieder geval kan worden verstaan de aansluiting bij en naleving van een gedragscode.
2. Natuurlijke personen worden niet als referent erkend.
3. Overeenkomstig bij regeling van Onze Minister gestelde regels, legt de aanvrager desgevraagd een verklaring omtrent het gedrag over, afgegeven volgens de Wet justitiële en strafvorderlijke gegevens.
(Zie ook: artt. 1.15, 7.1g VV; B1/2 Vc)

Art. 2f
1. Onze Minister kan de erkenning als referent schorsen op grond van ernstige vermoedens dat er grond bestaat om toepassing te geven aan artikel 2g.   *Schorsing*
2. De schorsing van de erkenning als referent eindigt op de dag na de dag waarop de beschikking omtrent de intrekking is bekendgemaakt of de dag waarop sedert de schorsing drie maanden zijn verstreken.
3. De termijn, bedoeld in het tweede lid, kan worden verlengd, indien naar het oordeel van Onze Minister advies van of onderzoek door derden of het openbaar ministerie nodig is.
4. Schorsing van de erkenning heeft tot gevolg dat de referent voor de duur van de schorsing niet als erkend referent wordt aangemerkt.
(Zie ook: artt. 1.22, 3.89a, 3.91a Vb; B1.2.2 Vc)

Art. 2g
Onze Minister kan de erkenning als referent intrekken, indien: *Intrekking erkenning*
a. de erkenning is verleend op grond van onjuiste of onvolledige gegevens;
b. de erkende referent niet langer voldoet aan de voorwaarden voor erkenning;
c. de erkende referent zich niet heeft gehouden aan zijn verplichtingen als referent, of
d. de erkende referent daarom verzoekt.
(Zie ook: artt. 3.89a, 3.91a Vb; art. 1.15a VV)

Art. 2h
Bij of krachtens algemene maatregel van bestuur worden nadere regels gesteld omtrent: *Nadere regels*
a. de toepassing van deze paragraaf, waarbij beperkingen als bedoeld in artikel 14, derde lid, kunnen worden aangewezen waarvoor erkenning als referent niet mogelijk is;
b. de indiening en behandeling van een aanvraag omtrent de erkenning als referent en de door de aanvrager te verstrekken gegevens.
(Zie ook: art. 1.18 t/m 1.21 Vb; art. 1.9 t/m 1.16 VV; B1/2, B1/3 Vc)

Hoofdstuk 1a
Nationale visa

Afdeling 1
Algemeen

Paragraaf 1
Interdepartementale coördinatie

Art. 2i

Belang internationale betrekkingen bij mvv-besluit

1. Indien het belang van de internationale betrekkingen naar het oordeel van Onze Minister van Buitenlandse Zaken betrokken is bij een besluit inzake verlening van een machtiging tot voorlopig verblijf beslist Onze Minister in overeenstemming met Onze Minister van Buitenlandse Zaken.
2. Onze Minister kan aan het hoofd van de desbetreffende Nederlandse diplomatieke of consulaire vertegenwoordiging aanwijzingen geven over de uitvoering van de bij of krachtens dit hoofdstuk gestelde regels inzake de verlening van de machtiging tot voorlopig verblijf door de ambtenaren werkzaam op die vertegenwoordiging door tussenkomst van en voor zover het de buitenlandse betrekkingen kan raken in overeenstemming met Onze Minister van Buitenlandse Zaken.

Nadere regels

3. Bij of krachtens algemene maatregel van bestuur kunnen nadere regels worden gesteld over het bepaalde in het eerste en tweede lid.
(Zie ook: art. 1.23 Vb)

Paragraaf 2
Benodigde visa

Art. 2j

Benodigd visum

Een ten behoeve van de toegang tot Nederland door Onze Minister verleend visum waarvan de geldigheidsduur niet is verstreken, dan wel een door een bevoegde autoriteit van een andere staat verleend visum, dat krachtens verdrag of bindend besluit van een volkenrechtelijke organisatie daaraan is gelijkgesteld, geldt als het ingevolge artikel 3, eerste lid, onderdeel a, voor de toegang tot Nederland benodigde visum, onverminderd het overigens bij of krachtens dit hoofdstuk bepaalde.
(Zie ook: art. 1a Vw; art. 1.2 Vb; A1/4.3, A1/5 Vc)

Paragraaf 3
Bevoegdheid

Art. 2k

Bevoegdheid minister

Onze Minister is bevoegd:
a. de aanvraag tot het verlenen van een machtiging tot voorlopig verblijf dan wel terugkeervisum in te willigen, af te wijzen dan wel niet in behandeling te nemen;
b. een machtiging tot voorlopig verblijf dan wel terugkeervisum te wijzigen, hetzij op aanvraag, hetzij ambtshalve wegens veranderde omstandigheden;
c. een machtiging tot voorlopig verblijf dan wel terugkeervisum in te trekken of te annuleren.
(Zie ook: art. 1a Vw; A1/5.4, B1/3.3 Vc)

Paragraaf 4
Leges; voorschriften, beperkingen en verplichtingen

Art. 2l

Leges bij aanvraag mvv/terugkeervisum

1. Voor het behandelen, daaronder begrepen de toepassing van artikel 4:5 van de Algemene wet bestuursrecht, van een aanvraag tot verlening of wijziging van een machtiging tot voorlopig verblijf dan wel terugkeervisum, is de vreemdeling Onze Minister een bij ministeriële regeling vast te stellen vergoeding verschuldigd.
2. Het eerste lid is niet van toepassing indien op grond van de Rijkswet op de consulaire tarieven reeds een vergoeding is verschuldigd.
(Zie ook: art. 1.17 VV)

Art. 2m

Beperkingen/voorschriften mvv/terugkeervisum

1. De machtiging tot voorlopig verblijf wordt verleend onder beperkingen, verband houdend met het doel waarvoor het verblijf wordt toegestaan. Aan de machtiging kunnen voorschriften worden verbonden. Deze voorschriften kunnen in ieder geval strekken tot het stellen van zekerheid.

Vreemdelingenwet 2000

A40 art. 2r

2. Onze Minister kan het terugkeervisum met het oog op de bescherming van de belangen waarop het bepaalde bij of krachtens deze wet betrekking heeft onder beperkingen verlenen en daaraan voorschriften verbinden.
3. Onze Minister kan alsnog voorschriften aan een reeds verleende machtiging tot voorlopig verblijf of reeds verleend terugkeervisum verbinden, voorschriften die daaraan zijn verbonden wijzigen, alsnog beperkingen daaraan verbinden, beperkingen wijzigen, de geldigheidsduur inkorten dan wel de machtiging tot voorlopig verblijf of het terugkeervisum intrekken:
  a. op aanvraag;
  b. indien uit naderhand gebleken feiten en omstandigheden komt vast te staan dat verlening ervan onjuist was;
  c. indien feiten en omstandigheden zodanig zijn gewijzigd dat deze zich verzetten tegen de handhaving of ongewijzigde handhaving van het verleende; of
  d. indien de vreemdeling de op hem rustende verplichtingen krachtens deze wet niet naleeft.
4. Indien de vreemdeling nog geen toegang heeft verkregen kan Onze Minister de machtiging tot voorlopig verblijf annuleren op de gronden, vermeld in het derde lid.

Paragraaf 5
Buiten behandeling laten, hoorplicht, rechtsmiddelenclausule en motivering

Art. 2n
1. In afwijking van artikel 4:5, eerste en vierde lid, van de Algemene wet bestuursrecht kan Onze Minister een aanvraag om een machtiging tot voorlopig verblijf dan wel terugkeervisum buiten behandeling laten zonder de aanvrager in de gelegenheid te hebben gesteld de aanvraag aan te vullen indien:
  a. de door de vreemdeling ingediende aanvraag niet door de vreemdeling in persoon is ingediend;
  b. voor de aanvraag in voorkomend geval geen gebruik is gemaakt van een daartoe voorgeschreven formulier dat volledig is ingevuld en ondertekend;
  c. de aanvraag niet is gesteld in de Nederlandse, Franse of Engelse taal; of
  d. de ter afdoening van de aanvraag verschuldigde leges niet zijn betaald.
2. De artikelen 4:7 en 4:8 van de Algemene wet bestuursrecht zijn niet van toepassing.

Buiten behandeling laten aanvraag mvv/terugkeervisum

Toepasselijkheid Algemene wet bestuursrecht

Art. 2o
Indien Onze Minister overeenkomstig de aanvraag besluit, kan hij in afwijking van de artikelen 3:45 en 3:47 van de Algemene wet bestuursrecht vermelding van de mogelijkheid om bezwaar te maken en van de motivering achterwege laten.

Geen motiveringsplicht bij besluit overeenkomstig aanvraag

Afdeling 2
Machtiging tot voorlopig verblijf

Paragraaf 1
Verlening en weigering

Art. 2p
1. Onze Minister kan een machtiging tot voorlopig verblijf verlenen aan de vreemdeling ten aanzien van wie is aangetoond dat hij voldoet aan de vereisten voor toegang en verlening van een verblijfsvergunning.
2. Onze Minister kan in afwijking van het eerste lid een machtiging tot voorlopig verblijf verlenen indien daarmee een wezenlijk Nederlands belang is gediend of klemmende redenen van humanitaire aard daartoe nopen dan wel het belang van de internationale betrekkingen de verlening van een machtiging tot voorlopig verblijf vordert.

Verlening mvv

Art. 2q
1. Onze Minister kan een machtiging tot voorlopig verblijf weigeren indien ten aanzien van de vreemdeling niet is aangetoond dat deze voldoet aan de voorwaarden, bedoeld in artikel 2p, eerste lid, onverminderd het tweede lid van dat artikel.
2. Onze Minister kan een machtiging tot voorlopig verblijf voorts weigeren indien het belang van de internationale betrekkingen zich tegen verlening van de machtiging tot voorlopig verblijf verzet of de vreemdeling niet voldoet aan het overigens bij of krachtens dit hoofdstuk bepaalde.

Weigering mvv

Art. 2r
1. Indien Onze Minister besluit tot verlening van een machtiging tot voorlopig verblijf stelt hij de aanvrager daarvan schriftelijk in kennis. Een machtiging tot voorlopig verblijf kan tot uiterlijk drie maanden na de dagtekening van die kennisgeving worden afgegeven. In geval de machtiging tot voorlopig verblijf niet kan worden afgegeven in het land van herkomst of bestendig verblijf, op grond dat de Nederlandse vertegenwoordiging is gesloten of zich daar niet

Kennisgeving/afgiftetermijn mvv

A40 art. 2s — Vreemdelingenwet 2000

Geldigheidsduur mvv

of niet langer een Nederlandse vertegenwoordiging bevindt, kan Onze Minister de termijn, bedoeld in de tweede volzin, eenmaal met ten hoogste drie maanden verlengen.

2. De geldigheidsduur van een machtiging tot voorlopig verblijf bedraagt ten hoogste 90 dagen vanaf de datum van afgifte, met dien verstande dat een machtiging tot voorlopig verblijf meermalen kan worden benut voor het verkrijgen van toegang tot Nederland. De geldigheid van een machtiging tot voorlopig verblijf vervalt in elk geval met ingang van het tijdstip waarop ten behoeve van de vreemdeling een verblijfsvergunning als bedoeld in artikel 14 ambtshalve is verleend. De geldigheidsduur van een machtiging tot voorlopig verblijf kan niet worden verlengd.

3. De geldigheidsduur van een machtiging tot voorlopig verblijf kan de geldigheidsduur van het document voor grensoverschrijding van de vreemdeling niet overschrijden, met dien verstande dat het document voor grensoverschrijding na verloop van de machtiging tot voorlopig verblijf nog tenminste drie maanden geldig moet zijn. Onze Minister kan in bijzondere gevallen ontheffing verlenen van het bepaalde in de eerste volzin.
(Zie ook: art. 3.3 lid 1 sub e Vb; B1/3.3.4 Vc)

Paragraaf 2
Aanvraag en afgifte

Art. 2s

Aanvraag mvv

1. De aanvraag omtrent de machtiging tot voorlopig verblijf wordt ingediend:
   a. bij de Nederlandse diplomatieke of consulaire vertegenwoordiging in het land van herkomst of van bestendig verblijf dan wel, bij gebreke daarvan, het dichtstbijzijnde land waar wel een vertegenwoordiging is gevestigd, dan wel bij het Kabinet van de Gouverneur van de Nederlandse Antillen of het Kabinet van de Gouverneur van Aruba aldaar, door de vreemdeling, of
   b. bij Onze Minister door de referent, dan wel in bij of krachtens algemene maatregel van bestuur bepaalde gevallen door de erkende referent van de vreemdeling.

2. In afwijking van artikel 2:1 van de Algemene wet bestuursrecht en in afwijking van het eerste lid, wordt de aanvraag in bij of krachtens algemene maatregel van bestuur bepaalde gevallen ingediend door de vreemdeling of zijn wettelijk vertegenwoordiger in persoon.

3. De machtiging tot voorlopig verblijf wordt bij de vertegenwoordiging dan wel het Kabinet, bedoeld in het eerste lid, aan de vreemdeling in persoon afgegeven.

4. Onze Minister kan in overeenstemming met Onze Minister van Buitenlandse Zaken vrijstelling dan wel ontheffing verlenen van de verplichtingen, bedoeld in het eerste en tweede lid.

Paragraaf 3
Vereiste gegevens; beslistermijn

Art. 2t

Gegevensverstrekking

1. Gegevens en bescheiden worden niet verkregen van de vreemdeling of diens referent, voor zover:
   a. Onze Minister die gegevens of bescheiden kan verkrijgen uit bij regeling van Onze Minister aan te wijzen administraties, tenzij hierdoor een goede uitvoering van de wet wordt belet, of
   b. de aanvraag is ingediend door de erkende referent, en deze omtrent de gegevens en bescheiden eigen verklaringen heeft overgelegd.

2. De eigen verklaringen, bedoeld in het eerste lid, onder b, worden volledig en naar waarheid opgesteld.

3. De aanvrager verstrekt Onze Minister op diens verzoek en al dan niet in persoon alsnog de gegevens en bescheiden, die van belang zijn voor de beoordeling van de aanvraag.

4. Bij regeling van Onze Minister worden regels gesteld omtrent de gegevens en bescheiden waarop het eerste lid, onder a, van toepassing is, en kunnen regels worden gesteld omtrent:
   a. de administraties of delen daarvan waarvoor het eerste lid, onder a, tijdelijk niet van toepassing is;
   b. de eigen verklaringen, bedoeld in het eerste lid, onder b,
   c. de toepassing van het derde lid.
(Zie ook: artt. 24a, 107 Vw; art. 4.44b Vb; artt. 1.16, 7.1e, 7.1.f VV)

Art. 2u

Beslistermijn t.a.v. aanvraag mvv

1. Onze Minister beslist binnen 90 dagen na ontvangst van een aanvraag om verlening of wijziging van een machtiging tot voorlopig verblijf. Onze Minister kan deze termijn verlengen met ten hoogste drie maanden.

2. In afwijking van het eerste lid maakt Onze Minister de beslissing op een aanvraag om verlening van een machtiging tot voorlopig verblijf onder een beperking verband houdend met verblijf als houder van de Europese blauwe kaart of overplaatsing binnen een onderneming bekend binnen 90 dagen en kan die termijn niet worden verlengd.

Vreemdelingenwet 2000   **A40 art. 2y**

3. In afwijking van het eerste lid maakt Onze Minister de beslissing op een aanvraag om verlening van een machtiging tot voorlopig verblijf onder een beperking verband houdend met wetenschappelijk onderzoek, studie, lerend werken, of uitwisseling in het kader van Europees vrijwilligerswerk bekend binnen 60 dagen en kan die termijn niet worden verlengd.

Paragraaf 4
Overige bepalingen

Art. 2v   *Registratie mvv*
Onze Minister brengt de machtiging tot voorlopig verblijf aan in het document voor grensoverschrijding of op een blad waarop een visum kan worden aangebracht als bedoeld in artikel 1 van Verordening (EG) nr. 333/2002 van de Raad van de Europese Unie van 18 februari 2002 (PbEG 2002, L53/4).

Afdeling 3
Terugkeervisum

Art. 2w
1. Een terugkeervisum kan worden verleend voor de toegang tot Nederland van een vreemdeling die Nederland tijdelijk zal verlaten gedurende het tijdvak dat hij rechtmatig verblijf heeft op grond van artikel 8, aanhef en onder a tot en met h of l.   *Verlening terugkeervisum*
2. Geen terugkeervisum wordt verleend ten behoeve van de terugkeer uit het land van herkomst van de vreemdeling die rechtmatig verblijf heeft op grond van artikel 8, aanhef en onder c en d.
3. Geen terugkeervisum wordt verleend ten behoeve van de terugkeer uit het land van herkomst van de vreemdeling die een aanvraag tot het verlenen van een verblijfsvergunning als bedoeld in de artikelen 28 en 33 heeft gedaan en rechtmatig verblijf heeft op grond van artikel 8, aanhef en onder f, g of h.

Art. 2x
1. Een terugkeervisum kan worden geweigerd indien: *Weigering terugkeervisum*
a. de vreemdeling niet door overlegging van documenten aannemelijk heeft gemaakt dat sprake is van een dringende reden die geen uitstel van vertrek mogelijk maakt;
b. de vreemdeling niet zelfstandig beschikt over een geldig document voor grensoverschrijding;
c. de vreemdeling zich gedurende zijn verblijf in Nederland aan maatregelen van toezicht op grond van deze wet heeft onttrokken;
d. uit oogpunt van toezicht op grond van deze wet, opsporing of vervolging van strafbare feiten, tenuitvoerlegging van een vonnis of om andere gewichtige redenen bezwaar bestaat tegen vertrek uit Nederland van de vreemdeling;
e. het naar het oordeel van Onze Minister in de rede ligt dat binnen de geldigheidsduur van het terugkeervisum een beslissing als bedoeld in artikel 8, onderdeel f, g of h, kan worden verwacht;
f. de vreemdeling in afwachting is van de beslissing op diens aanvraag om een verblijfsvergunning als bedoeld in artikel 14 dan wel in afwachting is van de beslissing op een bezwaarschrift of een beroepsschrift tegen een dergelijke beslissing en niet heeft beschikt over de vereiste machtiging tot voorlopig verblijf, overeenkomend met het verblijfsdoel waarvoor de verblijfsvergunning is aangevraagd, dan wel niet op grond van het bepaalde bij of krachtens deze wet van de verplichting tot het beschikken over een machtiging tot voorlopig verblijf is vrijgesteld of ontheven;
g. de vreemdeling een gevaar vormt voor de openbare orde of de nationale veiligheid dan wel zich schuldig heeft gemaakt aan of verdacht wordt van terrorisme, oorlogsmisdaden, of andere misdaden tegen de menselijkheid.
2. Bij of krachtens algemene maatregel van bestuur kunnen regels worden gesteld over de toepassing van de gronden, bedoeld in het eerste lid.   *Nadere regels*
(Zie ook: art. 1.28 Vb)

Art. 2y
1. De geldigheidsduur van een terugkeervisum kan de geldigheidsduur van de aan de vreemdeling verleende verblijfsvergunning niet overschrijden en bedraagt ten hoogste een jaar. Het terugkeervisum kan worden verleend voor een of meer reizen.   *Geldigheidsduur terugkeervisum*
2. In afwijking van het eerste lid bedraagt de geldigheidsduur van een terugkeervisum ten behoeve van een vreemdeling die rechtmatig verblijf houdt op grond van artikel 8, onderdeel f, g of h, ten hoogste drie maanden en is het geldig voor één reis.
3. Onze Minister kan vrijstelling dan wel ontheffing verlenen van het eerste en tweede lid.
4. De geldigheidsduur van een terugkeervisum kan niet worden verlengd.

A40 art. 2z — Vreemdelingenwet 2000

Art. 2z
Aanvraag terugkeervisum
Een terugkeervisum wordt door de vreemdeling in persoon aangevraagd. Bij of krachtens algemene maatregel van bestuur kunnen nadere regels worden gesteld omtrent de wijze van indiening en de behandeling van een aanvraag tot verlening van een terugkeervisum.
(Zie ook: art. 1.24 t/m 1.28 Vb)

Art. 2aa
Beslistermijn t.a.v. aanvraag terugkeervisum
Onze Minister beslist binnen twee weken na ontvangst van een aanvraag om verlening van een terugkeervisum. Onze Minister kan deze termijn verlengen met ten hoogste twee weken.

Art. 2bb
Registratie terugkeervisum
Onze Minister brengt het terugkeervisum aan in het document voor grensoverschrijding of op een blad waarop een visum kan worden aangebracht als bedoeld in artikel 1 van Verordening (EG) nr. 333/2002 van de Raad van de Europese Gemeenschappen van 18 februari 2002 (PbEG 2002, L53/4).

Afdeling 4
Nadere regels

Art. 2cc
Nadere regels
1. Bij of krachtens algemene maatregel van bestuur kunnen nadere regels worden gesteld omtrent de wijze van indiening en de behandeling van een aanvraag tot verlening of wijziging van een machtiging tot voorlopig verblijf dan wel terugkeervisum, daaronder begrepen de wijze waarop beschikkingen, kennisgevingen, mededelingen of berichten ingevolge dit hoofdstuk aan de vreemdeling, de referent of aan andere belanghebbenden worden bekendgemaakt.
2. Bij of krachtens algemene maatregel van bestuur kan worden bepaald in welke gevallen aan de verplichtingen die krachtens dit hoofdstuk op de vreemdeling rusten kan worden voldaan door diens wettelijke vertegenwoordiger.
(Zie ook: art. 1.24 t/m 1.28 Vb; B1/3 Vc)

Hoofdstuk 2
Toegang

Art. 3
Toegang vreemdelingen, weigeringsgronden, grensprocedure
1. In andere dan de in de Schengengrenscode geregelde gevallen, wordt toegang tot Nederland geweigerd aan de vreemdeling die:
a. niet in het bezit is van een geldig document voor grensoverschrijding, dan wel in het bezit is van een document voor grensoverschrijding waarin het benodigde visum ontbreekt;
b. een gevaar oplevert voor de openbare orde of nationale veiligheid;
c. niet beschikt over voldoende middelen om te voorzien zowel in de kosten van verblijf in Nederland als in die van zijn reis naar een plaats buiten Nederland waar zijn toegang gewaarborgd is, of
d. niet voldoet aan de voorwaarden die bij of krachtens algemene maatregel van bestuur zijn gesteld.
2. Bij of krachtens algemene maatregel van bestuur worden regels gesteld over de weigering van toegang op grond van deze wet of ter uitvoering van de Schengengrenscode.
3. Indien een vreemdeling aan de grens te kennen geeft een aanvraag tot het verlenen van een verblijfsvergunning als bedoeld in artikel 28 te willen indienen, wordt de aanvraag in de grensprocedure getoetst aan:
a. de grond voor het niet in behandeling nemen als bedoeld in artikel 30;
b. de gronden voor niet-ontvankelijkverklaring, genoemd in artikel 30a; en
c. de gronden voor afwijzing wegens kennelijke ongegrondheid, genoemd in artikel 30b.
4. Indien de grensprocedure wordt toegepast, wordt een besluit omtrent de weigering van toegang tot Nederland uitgesteld. Een reeds genomen besluit tot weigering van toegang tot Nederland vervalt met ingang van het tijdstip waarop de vreemdeling aan de grens te kennen geeft een aanvraag als bedoeld in het derde lid te willen indienen.
5. De vreemdeling wordt onverwijld in kennis gesteld van het uitstel van het besluit tot weigering van toegang tot Nederland.
6. Indien vier weken na de kennisgeving, bedoeld in het vijfde lid, nog niet is beslist over het in behandeling nemen, de ontvankelijkheid of kennelijke ongegrondheid van de aanvraag, verkrijgt de vreemdeling van rechtswege toegang tot Nederland.
7. Bij of krachtens algemene maatregel van bestuur worden regels gesteld over de grensprocedure.
(Zie ook: artt. 5 lid 1, 6 lid 3 en 6, 94, 109 lid 5 Vw; artt. 2.1 t/m 2.1b, 2.3, 2.4, 2.9 t/m 2.11, 4.1 t/m 4.28, 8.5 t/m 8.10 Vb; art. 2.1 t/m 2.10 bijlage 2 t/m 5 VV; A1/2, A1/7 Vc; artt. 6 lid 1, 13 lid 1 Richtlijn 2003/86/EG; artt. 3.5 lid 1, 14 lid 1 Verordening 2016/399/EU)

Vreemdelingenwet 2000 — A40 art. 6a

Art. 4
1. De vervoerder door wiens tussenkomst de vreemdeling aan een buitengrens of binnen het grondgebied van Nederland wordt gebracht, neemt de nodige maatregelen en houdt het toezicht dat redelijkerwijs van hem kan worden gevorderd om te voorkomen dat door de vreemdeling niet wordt voldaan aan artikel 6, eerste lid, onder a of b, van de Schengengrenscode of aan artikel 3, eerste lid, onder a, van deze wet. *[Verplichtingen vervoersondernemingen]*
2. De vervoerder kan worden verplicht om een afschrift te nemen van het op de vreemdeling betrekking hebbende document voor grensoverschrijding en dit ter hand te stellen aan de ambtenaren belast met de grensbewaking.
3. De vervoerder, bedoeld in het eerste lid, kan ten behoeve van de grensbewaking en het tegengaan van illegale immigratie worden verplicht passagiersgegevens of gegevens omtrent de bemanning te verzamelen en te verstrekken aan de ambtenaren belast met de grensbewaking.
4. Bij of krachtens algemene maatregel van bestuur worden nadere regels gesteld omtrent de toepassing van het eerste tot en met het derde lid. Daarbij kan ter uitvoering van een verdrag of een bindende EU-rechtshandeling worden afgeweken van artikel 2:13, eerste lid, van de Algemene wet bestuursrecht.
5. Het eerste tot en met het derde lid zijn ook van toepassing op iedere vervoerder die zich buiten Nederland schuldig maakt aan schending van de in die leden bedoelde verplichtingen.
(Zie ook: artt. 5 lid 2, 65, 108 Vw; art. 2.2 t/m 2.2b Vb; artt. 2.1, 2.1a, 4.4, 4.4a, 4.5 VV; A1/9 Vc)

Art. 5
1. De vreemdeling aan wie toegang is geweigerd, dient Nederland onmiddellijk te verlaten, met inachtneming van de aanwijzingen welke hem daartoe door een ambtenaar belast met de grensbewaking, zijn gegeven. *[Vreemdeling aan wie toegang is geweigerd; verplichting land te verlaten]*
2. Indien de vreemdeling, bedoeld in het eerste lid, Nederland is binnengekomen aan boord van een vaartuig of luchtvaartuig in gebruik bij een vervoersonderneming, dient hij Nederland onmiddellijk te verlaten met dat vervoer of een hem door een ambtenaar belast met de grensbewaking aangewezen vervoermiddel.
(Zie ook: artt. 61 t/m 66, 108, 109 lid 4 Vw; artt. 6.1, 6.2 VV; A1 Vc)

Art. 6
1. De vreemdeling aan wie toegang is geweigerd kan worden verplicht zich op te houden in een door de ambtenaar belast met grensbewaking aangewezen ruimte of plaats. *[Eisen inrichting of plaats ophouding]*
2. Een ruimte of plaats, bedoeld in het eerste lid, kan worden beveiligd tegen ongeoorloofd vertrek.
3. De vreemdeling die aan de grens te kennen heeft gegeven een aanvraag tot het verlenen van een verblijfsvergunning als bedoeld in artikel 28 te willen indienen kan, zolang hij wordt aangemerkt als verzoeker in de zin van artikel 2, aanhef en onder b, van de Opvangrichtlijn, eveneens worden verplicht zich op te houden in een door de ambtenaar belast met grensbewaking aangewezen ruimte of plaats die kan worden beveiligd tegen ongeoorloofd vertrek, in het kader van een procedure om een beslissing te nemen over de toegang.
4. Bij of krachtens algemene maatregel van bestuur kunnen nadere regels worden gesteld met betrekking tot het voor de beveiligde ruimte of plaats, bedoeld in het eerste lid, geldende regime, waaronder begrepen de nodige beheersmaatregelen. Hoofdstuk 9 van de Algemene wet bestuursrecht is niet van toepassing.
5. Een krachtens het vierde lid vastgestelde algemene maatregel van bestuur wordt aan de beide kamers der Staten-Generaal overgelegd. Hij treedt in werking op een tijdstip dat, nadat vier weken na de overlegging zijn verstreken, bij koninklijk besluit wordt vastgesteld, tenzij binnen die termijn door of namens een der kamers of door ten minste een vijfde van het grondwettelijk aantal leden van een der kamers de wens te kennen wordt gegeven dat het onderwerp bij wet wordt geregeld. In dat geval wordt een daartoe strekkend voorstel van wet zo spoedig mogelijk ingediend. Indien het voorstel van wet wordt ingetrokken of indien een van beide kamers van de Staten-Generaal besluit het voorstel niet aan te nemen, wordt de algemene maatregel van bestuur ingetrokken.
6. Onze Minister kan de maatregel, bedoeld in het eerste en tweede lid, opleggen aan de vreemdeling aan wie toegang is geweigerd en op wie voorafgaand aan de toegangsweigering het derde lid van toepassing was, indien het belang van de openbare orde of de nationale veiligheid zulks vordert.
7. Bij of krachtens algemene maatregel van bestuur worden nadere regels gesteld over toepassing van het derde en het zesde lid. *[Nadere regels]*
(Zie ook: artt. 77 lid 2, 84 sub a jo 95, 93, 94 lid 1, 108 Vw; artt. 5.5, 5.6, 3.109b lid 3 Vb; art. 2.10 VV; A1/7, A2/2, A2/6, A5/3 Vc; art. 18 lid 1 Richtlijn 2005/85/EG; art. 16 lid 1 Richtlijn 2008/115/EG)

Art. 6a
1. Onze Minister kan de maatregel, bedoeld in artikel 6, eerste en tweede lid, opleggen of voortzetten met het oog op de overdracht aan een verantwoordelijke lidstaat, met inachtneming van artikel 28 van de Dublinverordening. *[Dublinclaimant, opleggen of voortzetten maatregel]*

A40 art. 7 — Vreemdelingenwet 2000

Dublinclaimant, vrijheidsontnemende maatregel

2. Bij of krachtens algemene maatregel van bestuur worden nadere regels gesteld omtrent de toepassing van het eerste lid.
(Zie ook: artt. 59a, 63a, 77 lid 2, 84 sub a jo 95, 93, 94 lid 1 Vw; artt. 5.1a, 3.109 lid 7 sub d Vb; art. 2.10 VV; A5/3, A5/6.2, C1/2.6 Vc)

Art. 7

Strafrechtelijke detentie

Indien de vreemdeling aan wie de toegang is geweigerd, op grond van de Schengengrenscode, enig wettelijk voorschrift dan wel een voor Nederland bindend besluit van een volkenrechtelijke organisatie zijn vrijheid is ontnomen, blijft de toegang geweigerd.
(Zie ook: A5/6.12, A5/6.13 Vc)

Hoofdstuk 3
Verblijf

Afdeling 1
Rechtmatig verblijf

Art. 8

Rechtmatig verblijf

De vreemdeling heeft in Nederland uitsluitend rechtmatig verblijf:
a. op grond van een verblijfsvergunning voor bepaalde tijd als bedoeld in artikel 14;
b. op grond van een verblijfsvergunning voor onbepaalde tijd als bedoeld in artikel 20, of een EU-verblijfsvergunning voor langdurig ingezetenen als bedoeld in artikel 45a indien op het aan de vreemdeling verschafte document, bedoeld in artikel 9, geen aantekening als bedoeld in artikel 45c, eerste lid, is geplaatst;
c. op grond van een verblijfsvergunning voor bepaalde tijd als bedoeld in artikel 28;
d. op grond van een verblijfsvergunning voor onbepaalde tijd als bedoeld in artikel 33, of een EU-verblijfsvergunning voor langdurig ingezetenen als bedoeld in artikel 45a indien op het aan de vreemdeling verschafte document, bedoeld in artikel 9, de aantekening, bedoeld in artikel 45c, eerste lid, is geplaatst;
e. als gemeenschapsonderdaan zolang deze onderdaan verblijf houdt op grond van een regeling krachtens het Verdrag betreffende de werking van de Europese Unie dan wel de Overeenkomst betreffende de Europese Economische Ruimte;
f. in afwachting van de beslissing op een aanvraag tot het verlenen van de verblijfsvergunning, bedoeld in de artikelen 14 en 28, terwijl bij of krachtens deze wet dan wel op grond van een rechterlijke beslissing uitzetting van de aanvrager achterwege dient te blijven totdat op de aanvraag is beslist;
g. in afwachting van de beslissing op een aanvraag tot het verlenen van de verblijfsvergunning, bedoeld in de artikelen 20, 33 en 45a, of tot het verlengen van de geldigheidsduur van de verblijfsvergunning, bedoeld in de artikelen 14 en 28, of een wijziging ervan, terwijl bij of krachtens deze wet of op grond van een rechterlijke beslissing uitzetting van de aanvrager achterwege dient te blijven totdat op de aanvraag is beslist;
h. in afwachting van de beslissing op een bezwaarschrift of een beroepschrift, terwijl bij of krachtens deze wet of op grond van een rechterlijke beslissing uitzetting van de aanvrager achterwege dient te blijven totdat op het bezwaarschrift of het beroepschrift is beslist;
i. gedurende de vrije termijn, bedoeld in artikel 12, zolang het verblijf van de vreemdeling bij of krachtens artikel 12 is toegestaan;
j. indien tegen de uitzetting beletselen bestaan als bedoeld in artikel 64;
k. gedurende de periode waarin de vreemdeling door Onze Minister in de gelegenheid wordt gesteld aangifte te doen van overtreding van artikel 273f van het Wetboek van Strafrecht;
l. indien de vreemdeling verblijfsrecht ontleent aan het Associatiebesluit 1/80 van de Associatieraad EEG/Turkije;
m. indien de aanvraag tot het verlenen van een verblijfsvergunning voor bepaalde tijd als bedoeld in artikel 28 niet in behandeling is genomen op grond van artikel 30 terwijl hij in afwachting is van de feitelijke overdracht naar een verantwoordelijke lidstaat in de zin van de Dublinverordening.
(Zie ook: artt. 2w, 16 lid 1 sub j, 17a, 45 lid 1 sub a en lid 7, 45a, 56 lid 1 sub b, 59, 59b Vw; artt. 2.10 lid 3, 2.11 lid 3, 3.1 t/m 3.3, 4.39, 8.3, 8.4 Vb; art. 3.1 t/m 3.9 VV; A3/7.7, B10/3.2 Vc; art. 7 Richtlijn 2003/109/EG; artt. 3 lid 2, 6 lid 4 Richtlijn 2008/115/EG; art. 11 Richtlijn 2011/98/EU; art. 9 Richtlijn 2013/32/EU)

Art. 9

Bescheiden rechtmatig verblijf

1. Onze Minister verschaft aan de vreemdeling, die rechtmatig verblijf heeft op grond van artikel 8, onder a tot en met d, f tot en met h en j tot en met m, en aan de vreemdeling die rechtmatig verblijf heeft op grond van artikel 8, onder e, en gemeenschapsonderdaan is als bedoeld in artikel 1, sub 2°, 4° en 6°, een document of schriftelijke verklaring, waaruit het rechtmatig verblijf blijkt.

2. Onze Minister verschaft aan de vreemdeling die rechtmatig verblijf heeft op grond van artikel 8, onder e, en gemeenschapsonderdaan is als bedoeld in artikel 1, sub 1°, 3° en 5° een document, waaruit het rechtmatig verblijf blijkt, indien de vreemdeling het duurzaam verblijfsrecht heeft verkregen als bedoeld in artikel 16 van Richtlijn nr. 2004/38/EG van het Europees Parlement en de Raad van 29 april 2004 betreffende het recht van vrij verkeer en verblijf op het grondgebied van de lidstaten voor burgers van de Unie en hun familieleden, tot wijziging van Verordening (EEG) 1612/68 en tot intrekking van Richtlijnen 64/221/EEG, 68/360/EEG, 72/194/EEG, 73/148/EEG, 75/34/EEG, 75/35/EEG, 90/364/EEG, 90/365/EEG en 93/96/EEG (PbEU L 158).
3. Onze Minister verschaft desgevraagd een dergelijk document of schriftelijke verklaring aan de vreemdeling die rechtmatig verblijf heeft op grond van artikel 8, onder i.
4. Bij de aanvraag van een beschikking anders dan op grond van deze wet legt de vreemdeling desgevraagd een kopie van het document of de schriftelijke verklaring over, dat wordt aangemerkt als een bescheid als bedoeld in artikel 4:3, tweede lid, van de Algemene wet bestuursrecht.
5. Onze Minister wijst bij ministeriële regeling de bescheiden, bedoeld in het eerste tot en met derde lid, aan en kan modellen vaststellen voor de documenten en de schriftelijke verklaring.
(Zie ook: artt. 9a, 24 lid 2, 54 lid 1 sub g Vw; artt. 3.104, 4.21, 4.22, 4.44, 8.9, 8.12 lid 4-7, 8.13 lid 2-7 Vb; B1/3.4.2 Vc; art. 14 lid 2 Richtlijn 2008/115/EG; Vo. (EG) 1030/2002)

Art. 9a
In afwijking van artikel 9, tweede lid, verschaft Onze Minister aan de vreemdeling die rechtmatig verblijf heeft op grond van artikel 8, onder e, en gemeenschapsonderdaan is als bedoeld in artikel 1, sub 1°, 3° en 5°, op aanvraag een bewijs van rechtmatig verblijf voordat de vreemdeling het duurzame verblijfsrecht heeft verkregen, indien de vreemdeling de nationaliteit heeft van een lidstaat ten aanzien waarvan Nederland de toepassing van de artikelen 1 tot en met 6 van Verordening (EU) nr. 492/2011 van het Europees Parlement en de Raad van 5 april 2011 betreffende het vrije verkeer van werknemers binnen de Unie (PbEU 2011, L 141/1) heeft opgeschort.

Uitzondering art. 9 lid 2 Vw

Art. 10
1. De vreemdeling die geen rechtmatig verblijf heeft, kan geen aanspraak maken op toekenning van verstrekkingen, voorzieningen en uitkeringen bij wege van een beschikking van een bestuursorgaan. De eerste volzin is van overeenkomstige toepassing op de bij of wet of algemene maatregel van bestuur aangewezen ontheffingen of vergunningen.
2. Van het eerste lid kan worden afgeweken indien de aanspraak betrekking heeft op het onderwijs, de verlening van medisch noodzakelijke zorg, de voorkoming van inbreuken op de volksgezondheid, of de rechtsbijstand aan de vreemdeling.
3. De toekenning van aanspraken geeft geen recht op rechtmatig verblijf.
(Zie ook: artt. 3.80 t/m 3.82, 8.3, 8.4 Vb; art. 48 Richtlijn 2013/32/EU)

Aanspraak op verstrekkingen, voorzieningen en uitkeringen

Art. 11
1. De aanspraken van de vreemdeling die rechtmatig verblijf heeft zijn in overeenstemming met de aard van het verblijf. Tenzij bij of krachtens het wettelijk voorschrift waarop de aanspraak is gegrond anders is bepaald, is daarbij het tweede lid van toepassing.
2. De vreemdeling, bedoeld in het eerste lid, kan aanspraken maken op voorzieningen, verstrekkingen en uitkeringen, indien hij:
a. rechtmatig verblijf heeft, als bedoeld in artikel 8, onder a, tot en met e en l;
b. rechtmatig verblijf heeft, als bedoeld in artikel 8, onder f, g, h, en een aanspraak wordt toegekend bij of krachtens de Wet Centraal Orgaan opvang asielzoekers, dan wel bij of krachtens een ander wettelijk voorschrift, waarin aanspraken van deze vreemdelingen zijn neergelegd;
c. rechtmatig verblijf heeft, als bedoeld in artikel 8, onder i tot en met k, voor de aanspraken die uitdrukkelijk aan deze vreemdelingen zijn toegekend.
3. Het eerste en tweede lid zijn van overeenkomstige toepassing op de bij wet of algemene maatregel van bestuur aangewezen ontheffingen of vergunningen.
(Zie ook: artt. 3.80 t/m 3.82, 8.4 Vb)

Aard aanspraken in overeenstemming aard verblijf

Art. 12
1. Het is aan de vreemdeling die bij binnenkomst heeft voldaan aan de verplichtingen waaraan een persoon bij grensoverschrijding is onderworpen, gedurende een bij algemene maatregel van bestuur te bepalen termijn toegestaan in Nederland te verblijven, zolang hij:
a. de bij of krachtens deze wet gestelde regels in acht neemt;
b. beschikt over voldoende middelen om te voorzien zowel in de kosten van zijn verblijf in Nederland als in die van zijn reis naar een plaats buiten Nederland waar zijn toegang gewaarborgd is;
c. geen arbeid voor een werkgever verricht in strijd met de Wet arbeid vreemdelingen;
d. geen gevaar oplevert voor de openbare orde of de nationale veiligheid.
2. De termijn, bedoeld in het eerste lid, wordt ten hoogste op 180 dagen bepaald. Voor bij algemene maatregel van bestuur te onderscheiden categorieën van vreemdelingen kunnen verschillende termijnen worden vastgesteld.
(Zie ook: artt. 3, 8, 109 lid 5 Vw; artt. 2.9 t/m 2.11, 3.2, 3.3, 8.5, 8.11, 8.12 Vb; A1/6 Vc)

Voorwaarden verblijf na binnenkomst

Afdeling 2
De verblijfsvergunning

Art. 13

Gronden verlening verblijfsvergunning

Een aanvraag tot het verlenen van een verblijfsvergunning wordt slechts ingewilligd indien:
a. internationale verplichtingen daartoe nopen;
b. met de aanwezigheid van de vreemdeling een wezenlijk Nederlands belang is gediend, of
c. klemmende redenen van humanitaire aard daartoe nopen.

Afdeling 3
De verblijfsvergunning regulier

Paragraaf 1
De verblijfsvergunning voor bepaalde tijd

Art. 14

Verblijf voor bepaalde tijd

1. Onze Minister is bevoegd:
a. de aanvraag tot het verlenen van een verblijfsvergunning voor bepaalde tijd in te willigen, af te wijzen dan wel niet in behandeling te nemen;
b. de aanvraag tot het verlengen van de geldigheidsduur ervan in te willigen, af te wijzen dan wel niet in behandeling te nemen;
c. een verblijfsvergunning voor bepaalde tijd op aanvraag of ambtshalve te wijzigen wegens veranderde omstandigheden;
d. een verblijfsvergunning voor bepaalde tijd in te trekken;
e. ambtshalve een verblijfsvergunning voor bepaalde tijd te verlenen dan wel de geldigheidsduur ervan te verlengen.
2. Onze Minister verleent de houder van een geldige machtiging tot voorlopig verblijf binnen twee weken nadat deze zich overeenkomstig artikel 54, eerste lid, onder e, heeft aangemeld, ambtshalve een verblijfsvergunning voor bepaalde tijd onder dezelfde beperking als die waaronder de machtiging tot voorlopig verblijf is verleend.
3. Een verblijfsvergunning voor bepaalde tijd wordt verleend onder beperkingen, verband houdende met het doel waarvoor het verblijf is toegestaan. Aan de vergunning kunnen voorschriften worden verbonden. Bij of krachtens algemene maatregel van bestuur kunnen regels worden gesteld over de ambtshalve verlening, wijziging en verlenging, de beperkingen en de voorschriften.
4. De verblijfsvergunning voor bepaalde tijd wordt verleend voor ten hoogste vijf achtereenvolgende jaren. Bij algemene maatregel van bestuur worden regels gesteld over de geldigheidsduur van de verblijfsvergunning en de verlenging van de geldigheidsduur van de verblijfsvergunning.
5. Een verblijfsvergunning regulier voor bepaalde tijd onder de beperking «arbeid in loondienst» wordt voor ten hoogste een jaar verleend of, indien die wordt verleend met toepassing van artikel 8, derde lid, onder b en c, van de Wet arbeid vreemdelingen, voor ten hoogste drie jaar.
(Zie ook: artt. 2h, 18 lid 1 sub f, 72 lid 3 Vw; artt. 3.1, 3.4 t/m 3.58, 3.80 t/m 3.89d, 8.6 t/m 8.25 Vb; artt. 3.16 t/m 3.18, 7.2b VV; B1/3 t/m B1/5 Vc)

Art. 14a

Adviesaanvraag aan UWV

Onze Minister besluit niet over de verlening, verlenging of intrekking van een gecombineerde vergunning dan nadat hij advies heeft gevraagd aan de instantie, bedoeld in artikel 5, tweede lid, van de Wet arbeid vreemdelingen. Deze instantie adviseert over de vraag of is voldaan aan de Wet arbeid vreemdelingen als bedoeld in artikel 16, eerste lid, onder f, artikel 18, eerste lid, onder g en artikel 19. Onze Minister is niet verplicht om advies te vragen indien de verblijfsvergunning wordt geweigerd of ingetrokken op grond van een andere afwijzings- of intrekkingsgrond, bedoeld in artikel 16, 18 of 19.
(Zie ook: artt. 3.91, 4.21, 4.30 t/m 4.33 Vb; Richtlijn 2011/98/EU)

Art. 15

Verblijf voor bepaalde tijd vanwege gezinshereniging

In de algemene maatregel van bestuur, bedoeld in artikel 14, tweede lid, wordt bepaald, dat de verblijfsvergunning voor bepaalde tijd, bedoeld in artikel 14, kan worden verleend onder een beperking verband houdend met verblijf als familie- of gezinslid aan gezinsleden van Nederlanders en vreemdelingen die rechtmatig verblijven als bedoeld in artikel 8, onder a tot en met e en l.
(Zie ook: artt. 3.13 t/m 3.24a, 3.50, 3.51, 3.77 lid 4, 3.90, 3.99 Vb; art. 3.17 sub c VV; B7 Vc)

Art. 16

Gronden afwijzing verblijf voor bepaalde tijd

1. Een aanvraag tot het verlenen van een verblijfsvergunning voor bepaalde tijd als bedoeld in artikel 14 kan worden afgewezen indien:

a. de vreemdeling niet beschikt over een geldige machtiging tot voorlopig verblijf die overeenkomt met het verblijfsdoel waarvoor de verblijfsvergunning is aangevraagd;
(Zie ook: art. 17, 73 lid 2 sub a Vw; artt. 3.18, 3.23a lid 1 en 2, 3.23b lid 1 en 2, 3.71 Vb; art. 2.2 en bijlage 2 VV; B1/3.3, B1/4.1, B1/5.3, B8/3.1 Vc)
b. de vreemdeling niet beschikt over een geldig document voor grensoverschrijding;
(Zie ook: art. 16a Vw; artt. 2.3, 3.19, 3.26, 3.27 lid 2, 3.49 lid 2, 3.53, 3.72, 3.102 Vb; B1/3.4.1.3, B1/4.2, B8/3.1 , B8.10.1 Vc)
c. de vreemdeling niet zelfstandig en duurzaam beschikt over voldoende middelen van bestaan dan wel, indien de persoon bij wie de vreemdeling wil verblijven, niet zelfstandig en duurzaam beschikt over voldoende middelen van bestaan;
(Zie ook: art. 16a Vw; artt. 3.22 , 3.23a lid 1 sub c, 3.26 t/m 3.31a, 3.43, 3.46 lid 4, 3.48, 3.49, 3.73 t/m 3.75 Vb; artt. 3.19, 3.20, 3.24a VV; B1/4.3, B1/8.3.4 Vc)
d. de vreemdeling een gevaar vormt voor de openbare orde of nationale veiligheid;
(Zie ook: artt. 16a, 67, 68, 73 lid 2 sub a Vw; artt. 3.1 lid 1 sub b, 3.20, 3.50 lid 3, 3.77, 3.78, 8.5, 8.6, 8.8, 9.9 Vb; artt. A1.3,, A1/4.10, A1/4.12, B1/4.4, B1/6.2.2 VC)
e. de vreemdeling niet bereid is om medewerking te verlenen aan een medisch onderzoek naar een ziekte aangewezen bij of krachtens de Wet publieke gezondheid, ter bescherming van de volksgezondheid of een medische behandeling tegen een dergelijke ziekte te ondergaan;
(Zie ook: art. 16a Vw; artt. 3.21, 3.23, 3.24a, 3.31, 3.31a, 3.56, 3.79, 4.46 Vb; artt. 3.18, bijlage 13 VV; B1/4.5, B8/3.4 Vc)
f. de vreemdeling voor een werkgever arbeid verricht, zonder dat aan de Wet arbeid vreemdelingen is voldaan;
(Zie ook: art. 16a Vw)
g. de vreemdeling niet voldoet aan de beperking, verband houdende met het doel waarvoor hij wil verblijven;
(Zie ook: B1/4.6 Vc)
h. de vreemdeling, die niet behoort tot een der categorieën, bedoeld in artikel 17, eerste lid, na verkrijging van rechtmatig verblijf in Nederland inburgeringsplichtig zou zijn op grond van de artikelen 3 en 5 van de Wet inburgering en niet beschikt over kennis op basisniveau van de Nederlandse taal en de Nederlandse maatschappij;
(Zie ook: art. 16 lid 3 Vw; artt. 3.71a, , 3.98a t/m 3.98d Vb; art. 3.10 t/m 3.13 VV; B1/4.7, B9/18.1 Vc; art. 7 lid 2 Richtlijn 2003/86/EG)
i. de vreemdeling onjuiste gegevens heeft verstrekt dan wel gegevens heeft achtergehouden terwijl die gegevens tot afwijzing van een eerdere aanvraag tot het verlenen, verlengen of wijzigen van een visum of verblijfsvergunning hebben geleid of zouden hebben geleid;
(Zie ook: artt. 3.46 lid 4, 3.48 lid 3, 3.51 lid 4 Vb; B1/4.8 Vc)
j. de vreemdeling in Nederland verblijf heeft gehouden, anders dan op grond van artikel 8.
(Zie ook: B1/4.9 Vc)
k. ten behoeve van het verblijf van de vreemdeling geen verklaring van een referent is overgelegd als bedoeld in artikel 2a, eerste lid.
(Zie ook: artt. 3.23 lid 5, 3.23a lid 5 , 3.23b lid 5, 3.30a lid 2, 3.30b lid 3, 3.30c lid 4, 3.33 lid 3, 3.42 lid 3, 3.46 lid 4, 3.79a Vb; B1.2.1 Vc)
2. Bij of krachtens algemene maatregel van bestuur kunnen regels worden gesteld over de toepassing van de gronden, bedoeld in het eerste lid.

Nadere regels

3. Het eerste lid, onder h, is niet van toepassing op de vreemdeling die de Surinaamse nationaliteit bezit en die met bij ministeriële regeling vastgestelde bescheiden heeft aangetoond in Suriname of Nederland lager onderwijs in de Nederlandse taal te hebben gevolgd.
(Zie ook: art. 3.13 VV; B9/18.1 Vc)

Art. 16a

1. De aanvraag tot het wijzigen van een verblijfsvergunning voor bepaalde tijd als bedoeld in artikel 14 kan worden afgewezen op de gronden, bedoeld in artikel 16, eerste lid, onder b tot en met g en k, alsmede indien de vreemdeling het examen, bedoeld in artikel 7, eerste lid, onderdeel a, van de Wet inburgering, of een diploma, certificaat of ander document, bedoeld in artikel 5, eerste lid, onderdeel c, van die wet, niet heeft behaald.

Afwijzing verblijf voor bepaalde tijd i.v.m. niet behalen examen/diploma/certificaat

2. Bij of krachtens algemene maatregel van bestuur kunnen regels worden gesteld over de toepassing van de gronden, bedoeld in het eerste lid.

Nadere regels

(Zie ook: artt. 3.71a, 3.80a, 3.96a, 3.98a t/m 3.98d, 3.107a Vb; art. 9.2 Besluit inburgering; artt. 3.10 t/m 3.13, 3.16, 3.48 VV; B9/18.1 Vc)

Art. 17

1. Een aanvraag tot het verlenen van een verblijfsvergunning voor bepaalde tijd als bedoeld in artikel 14 wordt niet afgewezen wegens het ontbreken van een geldige machtiging tot voorlopig verblijf, indien het betreft:
a. de vreemdeling die de nationaliteit bezit van één der door bij regeling van Onze Minister in overeenstemming met Onze Minister van Buitenlandse Zaken aan te wijzen landen;

Afwijzing verblijf voor bepaalde tijd, uitzonderingsgronden afwijzing

A40 art. 17a
Vreemdelingenwet 2000

b. de gemeenschapsonderdaan, voorzover niet reeds vrijgesteld op grond van een aanwijzing als bedoeld onder a;
c. de vreemdeling voor wie het gelet op diens gezondheidstoestand niet verantwoord is om te reizen;
d. de vreemdeling die slachtoffer of getuige-aangever is van mensenhandel;
e. de vreemdeling die onmiddellijk voorafgaande aan de aanvraag in het bezit was van een verblijfsvergunning voor bepaalde tijd als bedoeld in artikel 28 dan wel van een verblijfsvergunning voor onbepaalde tijd als bedoeld in artikel 33;
f. de vreemdeling die tijdig een aanvraag heeft ingediend tot wijziging van een verblijfsvergunning;
g. de vreemdeling die behoort tot een bij algemene maatregel van bestuur aangewezen categorie;
h. een langdurig ingezetene uit een andere EU-lidstaat, dan wel diens echtgenoot of minderjarig kind wiens het gezin reeds was gevormd in die andere lidstaat.

2. De voordracht voor een krachtens het eerste lid, onder g, vast te stellen algemene maatregel van bestuur wordt niet gedaan dan nadat een ontwerp in de Staatscourant is bekendgemaakt en aan een ieder de gelegenheid is geboden om binnen vier weken na de dag waarop de bekendmaking is geschied, wensen en bedenkingen ter kennis van Onze Minister te brengen. Gelijktijdig met de bekendmaking wordt het ontwerp aan de beide kamers der Staten-Generaal overgelegd.

(Zie ook: artt. 3.23a lid 1 en 2, 3.23b lid 1 en 2, 3.42 lid 3, 3.71 Vb; art. art 2.2 en bijlage 2 VV; B1/4.1 Vc; artt. 5 lid 1 en 3, 11 lid 1, 16 lid 1 sub a Richtlijn 2003/86/EG)

Art. 17a

Afwijzing verblijf voor bepaalde tijd, uitzonderingsgronden afwijzing

1. Een aanvraag tot het verlenen van een verblijfsvergunning voor bepaalde tijd als bedoeld in artikel 14 wordt niet afgewezen met toepassing van artikel 16, eerste lid, onderdeel j, indien het betreft:
a. de vreemdeling die direct voorafgaand aan de aanvraag rechtmatig verblijf heeft gehad op grond van artikel 8, onder j;
b. de vreemdeling die in aanmerking komt voor verblijf onder een beperking als bedoeld in artikel 15;
c. de vreemdeling die minderjarig en alleenstaand is;
d. de vreemdeling die als slachtoffer of getuige-aangever als bedoeld in artikel 17, eerste lid, onder d, direct voorafgaand aan de aanvraag verblijf heeft gehad op grond van artikel 8, onder a, en in aanmerking komt voor verblijf onder een andere beperking.

Nadere regels

2. Bij algemene maatregel van bestuur kunnen andere categorieën worden aangewezen waarin de aanvraag, bedoeld in het eerste lid, niet wordt afgewezen, op grond dat de toepassing van artikel 16, eerste lid, onder j, van een onevenredige hardheid zou kunnen getuigen.

(Zie ook: art. 3.77 lid 9 Vb)

Art. 18

Gronden afwijzing verlenging verblijf voor bepaalde tijd

1. Een aanvraag tot het verlenen van de geldigheidsduur van een verblijfsvergunning voor bepaalde tijd als bedoeld in artikel 14 kan worden afgewezen indien:
a. de houder daarvan zijn hoofdverblijf buiten Nederland heeft gevestigd;
b. de vreemdeling niet beschikt over een geldig document voor grensoverschrijding;
c. de vreemdeling onjuiste gegevens heeft verstrekt dan wel gegevens heeft achtergehouden terwijl die gegevens tot afwijzing van de oorspronkelijke aanvraag tot het verlenen of verlengen zouden hebben geleid;
d. de vreemdeling niet meer zelfstandig en duurzaam beschikt over voldoende middelen van bestaan dan wel de persoon bij wie de vreemdeling verblijft niet meer zelfstandig en duurzaam beschikt over voldoende middelen van bestaan;
e. de vreemdeling een gevaar vormt voor de openbare orde of nationale veiligheid;
f. niet wordt voldaan aan de beperking waaronder de vergunning is verleend of een voorschrift dat aan de vergunning is verbonden;
g. de vreemdeling voor een werkgever arbeid verricht, zonder dat aan de Wet arbeid vreemdelingen is voldaan;
h. ten behoeve van het verblijf van de vreemdeling geen verklaring van een referent is overgelegd als bedoeld in artikel 2a, eerste lid;
i. de vreemdeling niet heeft voldaan aan de inburgeringsplicht, bedoeld in artikel 7, eerste lid, van de Wet inburgering.

Nadere regels

2. Bij of krachtens algemene maatregel van bestuur kunnen regels worden gesteld over de toepassing van de gronden, bedoeld in het eerste lid.

(Zie ook: artt. 19, 73 lid 2 sub b Vw; artt. 3.4 lid 4, 3.80 t/m 3.82, 3.87a , 3.89a t/m 3.89d, 3.91a, 3.91e Vb; B1/5.5, B1/6, B1/8.3.5, B6/5, B8/2.2, B8/3.2, B8/4.4, B8/5.2, B8/8.2, B9/8, B9/12, B10/3.3 Vc; artt. 6 lid 2, 16 lid 1 en 2 Richtlijn 2003/86/EG)

Art. 19

Intrekking verblijfsvergunning voor bepaalde tijd

De verblijfsvergunning voor bepaalde tijd kan worden ingetrokken op de gronden bedoeld in artikel 18, eerste lid, met uitzondering van onderdeel b, en wordt ingetrokken indien aan de

houder daarvan ambtshalve een verblijfsvergunning als bedoeld in artikel 28, eerste lid, onderdeel e, wordt verleend.
(Zie ook: art. 3.90 t/m 3.91c Vb; B1/6 Vc; artt. 6, 16 lid 1 en 2 Richtlijn 2003/86/EG)

Paragraaf 2
De verblijfsvergunning voor onbepaalde tijd

Art. 20
1. Onze Minister is bevoegd:
a. de aanvraag tot het verlenen van een verblijfsvergunning voor onbepaalde tijd in te willigen, af te wijzen dan wel niet in behandeling te nemen;
b. een verblijfsvergunning voor onbepaalde tijd in te trekken;
c. ambtshalve een verblijfsvergunning voor onbepaalde tijd te verlenen aan de vreemdeling wiens EU-verblijfsvergunning voor langdurig ingezetenen op grond van artikel 45d is ingetrokken.
2. Een verblijfsvergunning voor onbepaalde tijd wordt niet onder beperkingen verleend. Aan de vergunning worden geen voorschriften verbonden.
(Zie ook: art. 45a-d Vw; artt. 3.92 t/m 3.96a, 3.99 t/m 3.104 Vb; B12 Vc)

Art. 21
1. De aanvraag tot het verlenen van een verblijfsvergunning voor onbepaalde tijd als bedoeld in artikel 20 van de vreemdeling die direct voorafgaande aan de aanvraag, gedurende vijf achtereenvolgende jaren rechtmatig verblijf heeft genoten als bedoeld in artikel 8, onder a, c, e, l, dan wel op grond van een EU-verblijfsvergunning voor langdurig ingezetenen, kan slechts worden afgewezen indien de vreemdeling:
a. al of niet tezamen met het gezinslid bij wie hij verblijft, niet zelfstandig en duurzaam beschikt over voldoende middelen van bestaan;
b. onjuiste gegevens heeft verstrekt dan wel gegevens heeft achtergehouden terwijl die gegevens tot afwijzing van de aanvraag tot het verlenen, wijzigen of verlengen zouden hebben geleid;
c. bij onherroepelijk geworden rechterlijk vonnis is veroordeeld wegens een misdrijf waartegen een gevangenisstraf van drie jaren of meer is bedreigd, dan wel hem ter zake de maatregel, bedoeld in artikel 37a van het Wetboek van Strafrecht, is opgelegd;
d. een gevaar vormt voor de nationale veiligheid;
e. zijn hoofdverblijf buiten Nederland heeft gevestigd;
f. op de dag waarop de aanvraag is ontvangen, een verblijfsrecht van tijdelijke aard heeft; of
g. het examen, bedoeld in artikel 7, eerste lid, onderdeel a, van de Wet inburgering, of een diploma, certificaat of ander document als bedoeld in artikel 5, eerste lid, onderdeel c, van die wet niet heeft behaald.
2. In afwijking van het eerste lid, wordt de aanvraag niet afgewezen op grond van het eerste lid, onder a, indien de vreemdeling gedurende een tijdvak van tien aaneengesloten jaren rechtmatig verblijf als bedoeld in artikel 8, onder a of l, of op grond van een EU-verblijfsvergunning voor langdurig ingezetenen heeft gehad.
3. In afwijking van het eerste lid, wordt de aanvraag niet afgewezen op grond van het eerste lid, onder a, indien de vreemdeling als minderjarige onder een beperking verband houdende met gezinshereniging rechtmatig verblijf heeft gehad en sindsdien zijn hoofdverblijf niet buiten Nederland heeft verplaatst en inmiddels 18 jaar is, tenzij de gezinsband werd verbroken binnen een jaar na verlening van de verblijfsvergunning, bedoeld in artikel 14.
4. Indien de vreemdeling in Nederland is geboren dan wel reeds voor zijn vierde levensjaar in Nederland verbleef en sindsdien zijn hoofdverblijf niet buiten Nederland heeft verplaatst en inmiddels 18 jaar is, kan de aanvraag in afwijking van het eerste lid slechts worden afgewezen op grond van het eerste lid, onder c en d. In afwijking van het eerste lid, behoeft het rechtmatig verblijf van de vreemdeling niet aaneengesloten te zijn. De aanvraag kan slechts worden afgewezen op grond van het eerste lid, onder c, indien de vreemdeling bij onherroepelijk geworden rechterlijk vonnis is veroordeeld tot een gevangenisstraf van meer dan 60 maanden, ter zake van handel in verdovende middelen.
5. Onder een tijdvak als bedoeld in het eerste en tweede lid van dit artikel wordt verstaan het tijdvak onmiddellijk voorafgaande aan de dag waarop de verblijfsvergunning voor onbepaalde tijd is aangevraagd. Voor de berekening van het tijdvak wordt de periode van rechtmatig verblijf in Nederland vóór het bereiken van de achtjarige leeftijd buiten beschouwing gelaten.
6. Bij of krachtens algemene maatregel van bestuur kunnen regels worden gesteld over de gronden bedoeld, in het eerste lid. Daarbij kunnen andere gevallen dan bedoeld in het eerste tot en met vierde lid worden aangewezen waarin een verblijfsvergunning voor onbepaalde tijd als bedoeld in artikel 20 kan worden verleend.
(Zie ook: art. 73 lid 2 sub c Vw; artt. 3.5 lid 4, 3.92 t/m 3.96a, 8.17 Vb; B12 Vc)

Art. 21a
[Vervallen]

Intrekking vergunning verblijf voor onbepaalde tijd

Art. 22

1. De verblijfsvergunning voor onbepaalde tijd, bedoeld in artikel 20, wordt ingetrokken indien aan de houder daarvan ambtshalve een verblijfsvergunning als bedoeld in artikel 33 wordt verleend.
2. De verblijfsvergunning voor onbepaalde tijd, bedoeld in artikel 20, kan worden ingetrokken indien:
   a. de houder daarvan zijn hoofdverblijf buiten Nederland heeft gevestigd;
   b. de vreemdeling onjuiste gegevens heeft verstrekt dan wel gegevens heeft achtergehouden terwijl die gegevens tot afwijzing van de aanvraag tot het verlenen, wijzigen of verlengen zouden hebben geleid;
   c. de houder daarvan bij onherroepelijk geworden rechterlijk vonnis is veroordeeld wegens een misdrijf waartegen een gevangenisstraf van drie jaren of meer is bedreigd, dan wel hem terzake de maatregel, bedoeld in artikel 37a van het Wetboek van Strafrecht, is opgelegd; of
   d. de vreemdeling een gevaar vormt voor de nationale veiligheid.
3. Bij of krachtens algemene maatregel van bestuur kunnen regels worden gesteld over de gronden, bedoeld in het tweede lid.
   (Zie ook: art. 73 lid 2 sub d Vw)

Paragraaf 3
Procedurele bepalingen

Aanvraag verlenen/verlengen/wijzigen verblijfsvergunning

Art. 23

1. De aanvraag tot het verlenen, verlengen of wijzigen van een verblijfsvergunning wordt ingediend door de vreemdeling, zijn wettelijk vertegenwoordiger of zijn referent.
2. In afwijking van het eerste lid wordt de aanvraag in bij of krachtens algemene maatregel van bestuur bepaalde gevallen ingediend door de vreemdeling, zijn wettelijk vertegenwoordiger of zijn erkende referent.
3. In afwijking van artikel 2:1 van de Algemene wet bestuursrecht en in afwijking van het eerste en tweede lid, wordt de aanvraag in bij of krachtens algemene maatregel van bestuur bepaalde gevallen ingediend door de vreemdeling of zijn wettelijk vertegenwoordiger in persoon.
   (Zie ook: artt. 3.1b, 3.99 Vb; artt. 3.26, 3.33 t/m 3.34d, bijlage 13 VV; B1/3.3 Vc; artt. 5 lid 1, 11 lid 1 Richtlijn 2003/86/EG)

Nadere regels

Art. 24

1. Bij of krachtens algemene maatregel van bestuur worden regels gesteld omtrent:
   a. de wijze van indiening en behandeling van een aanvraag;
   b. het al dan niet in persoon door de vreemdeling, diens wettelijk vertegenwoordiger of diens referent verstrekken van gegevens welke van belang zijn voor de aanvraag;
   c. de wijze waarop beschikkingen bij of krachtens deze wet ten aanzien van de vreemdeling gegeven, alsmede de bij of krachtens deze wet voorgeschreven kennisgevingen, mededelingen of berichten aan de vreemdeling, de referent of aan andere belanghebbenden worden bekendgemaakt. Daarbij kan worden bepaald, dat de bekendmaking van beschikkingen ook kan geschieden door middel van het toezenden of uitreiken van een document en door het stellen van aantekeningen in een daarbij aan te wijzen document.
2. De vreemdeling is, in door Onze Minister te bepalen gevallen en volgens door Onze Minister te geven regels, leges verschuldigd terzake van de afdoening van een aanvraag. Daarbij kan Onze Minister tevens bepalen dat de vreemdeling voor de afgifte van een document waaruit het rechtmatig verblijf blijkt leges verschuldigd is. Als betaling achterwege blijft, wordt de aanvraag niet in behandeling genomen dan wel het document niet afgegeven. Artikel 4:5, vierde lid, Algemene wet bestuursrecht is niet van toepassing.
   (Zie ook: artt. 1.27, 3.99 t/m 104 Vb; artt. 3.26, 3.33 t/m 3.34h VV; B1/3.3 Vc)

Gegevensverstrekking

Art. 24a

1. Gegevens en bescheiden worden niet verkregen van de vreemdeling of diens referent, voor zover:
   a. Onze Minister die gegevens of bescheiden kan verkrijgen uit bij regeling van Onze Minister aan te wijzen administraties, tenzij hierdoor een goede uitvoering van de wet wordt belet, of
   b. de aanvraag is ingediend door de erkende referent, en deze omtrent die gegevens en bescheiden eigen verklaringen heeft overgelegd.
2. De eigen verklaringen, bedoeld in het eerste lid, onder b, worden volledig en naar waarheid opgesteld.
3. De aanvrager verstrekt Onze Minister op diens verzoek en al dan niet in persoon alsnog de gegevens en bescheiden, die van belang zijn voor de beoordeling van de aanvraag. De aanvrager van een gecombineerde vergunning verstrekt Onze Minister de gegevens en bescheiden op basis waarvan kan worden beoordeeld of aan de Wet arbeid vreemdelingen is voldaan.

4. Bij regeling van Onze Minister worden regels gesteld omtrent de gegevens en bescheiden waarop het eerste lid, onder a, van toepassing is, en kunnen regels worden gesteld omtrent:
a. de administraties of delen daarvan waarvoor het eerste lid, onder a, tijdelijk niet van toepassing is;
b. de eigen verklaringen, bedoeld in het eerste lid, onder b,
c. de toepassing van het derde lid.
(Zie ook: artt. 55a, 108 lid 1 Vw; artt. 3.102, 3.102a Vb; artt. 1.16, 3.34l, 4.17 t/m 4.30 VV; art. 4 Richtlijn 2011/98/EU)

Paragraaf 4
De beschikking op de aanvraag

Art. 25
1. Binnen 90 dagen wordt een beschikking gegeven op de aanvraag tot: **Beslistermijn**
a. het verlenen van een verblijfsvergunning voor bepaalde tijd als bedoeld in artikel 14;
b. het verlengen van de geldigheidsduur ervan;
c. het wijzigen van een verblijfsvergunning voor bepaalde tijd als bedoeld in artikel 14;
d. het verlenen van een verblijfsvergunning voor onbepaalde tijd als bedoeld in artikel 20.
2. De termijn voor het geven van de beschikking, bedoeld in het eerste lid, kan ten hoogste voor zes maanden worden verlengd indien naar het oordeel van Onze Minister voor de beoordeling van de aanvraag advies van of onderzoek door derden of het openbaar ministerie, nodig is.
3. Onze Minister stelt de vreemdeling in kennis van de verlenging.
4. Indien de aanvraag tot het verlenen van een verblijfsvergunning voor bepaalde tijd als bedoeld in artikel 14 is ingediend door een langdurig ingezetene uit een andere lidstaat van de Europese Unie of diens gezinslid, wordt de beschikking in afwijking van het eerste lid gegeven binnen vier maanden, welke termijn in afwijking van het tweede lid in bijzondere gevallen verband houdende met de complexiteit van de aanvraag, voor ten hoogste drie maanden kan worden verlengd. Indien de langdurig ingezetene of het gezinslid krachtens artikel 4:5 van de Algemene wet bestuursrecht is uitgenodigd de aanvraag aan te vullen, wordt de beschikking gegeven binnen zeven maanden.
5. In afwijking van het eerste en tweede lid wordt de beschikking op een aanvraag tot het verlenen van een verblijfsvergunning als bedoeld in artikel 14 onder een beperking verband houdend met verblijf als houder van de Europese blauwe kaart of overplaatsing binnen een onderneming bekend gemaakt binnen 90 dagen en kan die termijn niet worden verlengd.
(Zie ook: artt. 5 lid 4, 11 lid 1 Richtlijn 2003/86/EG; artt. 4 lid 2, 5 lid 2 Richtlijn 2011/98/EU)
6. In afwijking van het eerste en tweede lid wordt de beschikking op een aanvraag tot het   **Beslistermijn, uitzonde-** verlenen van een verblijfsvergunning als bedoeld in artikel 14 onder een beperking verband   **ring** houdend met wetenschappelijk onderzoek, studie, lerend werken of uitwisseling in het kader van Europees vrijwilligerswerk bekendgemaakt binnen 60 dagen en kan die termijn niet worden verlengd.

Paragraaf 5
De inwilliging van de aanvraag

Art. 26
1. De verblijfsvergunning, die van rechtswege rechtmatig verblijf inhoudt, wordt verleend met   **Inwilliging** ingang van de dag waarop de vreemdeling heeft aangetoond dat hij aan alle voorwaarden voldoet, maar niet eerder dan met ingang van de dag waarop de aanvraag is ontvangen.
2. De geldigheidsduur van de verblijfsvergunning voor bepaalde tijd als bedoeld in artikel 14   **Geldigheidsduur** wordt verlengd met ingang van de dag waarop de vreemdeling heeft aangetoond dat hij aan alle voorwaarden voldoet, maar niet eerder dan met ingang van de dag na die waarop de geldigheidsduur van de verblijfsvergunning waarvoor verlenging is gevraagd afloopt.
3. Indien de vreemdeling de aanvraag tot verlenging, dan wel de gegevens waaruit blijkt dat   **Verlenging** aan de voorwaarden wordt voldaan niet tijdig heeft ingediend en hem dit niet is toe te rekenen, kan de verblijfsvergunning worden verlengd met ingang van de dag na die waarop de geldigheidsduur van de verblijfsvergunning waarvoor verlenging is gevraagd afloopt.
(Zie ook: artt. 3.57, 3.58, 3.80 t/m 3.82 Vb; B1/3.3.5.3 Vc)

A40 art. 27 — Vreemdelingenwet 2000

Paragraaf 6
De afwijzing van de aanvraag

Art. 27

Gevolgen afwijzing aanvraag verblijfsvergunning bepaalde en onbepaalde tijd

1. De beschikking waarbij een aanvraag tot het verlenen van een verblijfsvergunning voor bepaalde tijd als bedoeld in artikel 14 of een verblijfsvergunning voor onbepaalde tijd als bedoeld in artikel 20 wordt afgewezen, geldt als terugkeerbesluit, tenzij reeds eerder een terugkeerbesluit tegen de vreemdeling is uitgevaardigd en aan de daaruit voortvloeiende terugkeerverplichting niet is voldaan, en heeft van rechtswege tot gevolg dat:
    a. de vreemdeling niet langer rechtmatig verblijf heeft tenzij er een andere rechtsgrond voor rechtmatig verblijf van toepassing is;
    b. de vreemdeling Nederland uit eigen beweging dient te verlaten binnen de in artikel 62 gestelde termijn, bij gebreke waarvan de vreemdeling kan worden uitgezet, en
    c. de ambtenaren belast met het toezicht op vreemdelingen, na ommekomst van de termijn waarbinnen de vreemdeling Nederland uit eigen beweging dient te verlaten, bevoegd zijn elke plaats te betreden, daaronder begrepen een woning, zonder de toestemming van de bewoner, teneinde de vreemdeling uit te zetten.

Schakelbepaling

2. Het eerste lid is van overeenkomstige toepassing indien:
    a. ingevolge artikel 24 of ingevolge artikel 4:5 van de Algemene wet bestuursrecht is besloten dat de aanvraag niet in behandeling wordt genomen;
    b. het rechtmatig verblijf van rechtswege is geëindigd;
    c. een verblijfsvergunning is ingetrokken of de geldigheidsduur ervan niet is verlengd.
3. De gevolgen, bedoeld in het eerste lid, treden niet in indien de vreemdeling bezwaar of beroep heeft ingesteld en de werking van de beschikking is opgeschort.
4. De beschikking, bedoeld in het eerste lid, kan tevens een inreisverbod inhouden.
(Zie ook: art. 72 lid 3 Vw; A3, A4/2 Vc; artt. 3 lid 4, 6 leden 1 en 6 Richtlijn 2008/115/EG)

Afdeling 4
De verblijfsvergunning asiel

Paragraaf 1
De verblijfsvergunning voor bepaalde tijd

Art. 28

Verblijfsvergunning voor bepaalde tijd

1. Onze Minister is bevoegd:
    a. de aanvraag tot het verlenen van een verblijfsvergunning voor bepaalde tijd in te willigen, af te wijzen, niet in behandeling te nemen, niet-ontvankelijk te verklaren dan wel buiten behandeling te stellen;
    b. de aanvraag tot het verlengen van de geldigheidsduur ervan in te willigen, af te wijzen dan wel niet in behandeling te nemen;
    c. een verblijfsvergunning voor bepaalde tijd in te trekken;
    d. ambtshalve een verblijfsvergunning voor bepaalde tijd te verlenen aan de houder van een geldige machtiging tot voorlopig verblijf die voldoet aan de in artikel 29, tweede lid, gestelde voorwaarden;
    e. ambtshalve een verblijfsvergunning voor bepaalde tijd te verlenen aan de langdurig ingezetene, afkomstig uit een andere EU-lidstaat en in het bezit van een verblijfsvergunning als bedoeld in artikel 14, indien de verantwoordelijkheid voor de afgifte van het reisdocument bedoeld in artikel 2, eerste lid, onder d, van de Paspoortwet, aan de vreemdeling, is overgedragen aan Nederland op grond van de Europese Overeenkomst inzake de overdracht van verantwoordelijkheid met betrekking tot vluchtelingen van 16 oktober 1980 (Trb. 1981, 239).

Termijn verblijfsvergunning voor bepaalde tijd maximaal vijf jaar

2. De verblijfsvergunning voor bepaalde tijd wordt verleend voor ten hoogste vijf achtereenvolgende jaren. Bij algemene maatregel van bestuur kunnen de gevallen worden aangewezen waarin de verblijfsvergunning voor minder dan vijf achtereenvolgende jaren wordt verleend. Daarbij kunnen regels worden gesteld over de geldigheidsduur van de verblijfsvergunning en over de verlenging ervan.
3. De verblijfsvergunning die ambtshalve wordt verleend in de situatie bedoeld in het eerste lid, onder d, wordt verleend binnen twee weken nadat de houder van een geldige machtiging tot voorlopig verblijf zich overeenkomstig artikel 54, eerste lid, onder e, heeft aangemeld.
(Zie ook: artt. 38 lid 2, 41, 69 lid 2, 82, 114 Vw; artt. 3.1, 3.105 t/m 3.108c, 3.109b, 3.109e, 3.122, 3.123a-i Vb; artt. 3.36 t/m 3.37g, 3.41 VV; A2/12.6, C1/2, C1/4 Vc; art. 13 lid 1 en 2 Richtlijn 2003/86/EG; art. 24 Richtlijn 2011/95/EU; artt. 4 lid 1, 44 Richtlijn 2013/32/EU)

Art. 29

Verlening asielstatus

1. Een verblijfsvergunning voor bepaalde tijd als bedoeld in artikel 28 kan worden verleend aan de vreemdeling:
    a. die verdragsvluchteling is; of

b. die aannemelijk heeft gemaakt dat hij gegronde redenen heeft om aan te nemen dat hij bij uitzetting een reëel risico loopt op ernstige schade, bestaande uit:
1°. doodstraf of executie;
2°. folteringen, onmenselijke of vernederende behandelingen of bestraffingen; of
3°. ernstige en individuele bedreiging van het leven of de persoon van een burger als gevolg van willekeurig geweld in het kader van een internationaal of binnenlands gewapend conflict.
2. Een verblijfsvergunning voor bepaalde tijd als bedoeld in artikel 28 kan voorts worden verleend aan de hierna te noemen gezinsleden, indien deze op het tijdstip van binnenkomst van de in het eerste lid bedoelde vreemdeling behoorden tot diens gezin en gelijktijdig met die vreemdeling Nederland zijn ingereisd dan wel zijn nagereisd binnen drie maanden nadat aan die vreemdeling de verblijfsvergunning voor bepaalde tijd, bedoeld in artikel 28, is verleend:
a. de echtgenoot of het minderjarige kind van de in het eerste lid bedoelde vreemdeling;
b. de vreemdeling die als partner of meerderjarig kind van de in het eerste lid bedoelde vreemdeling zodanig afhankelijk is van die vreemdeling, dat hij om die reden behoort tot diens gezin;
c. de ouders van de in het eerste lid bedoelde vreemdeling, indien die vreemdeling een alleenstaande minderjarige is in de zin van artikel 2, onder f, van Richtlijn 2003/86/EG van de Raad van 22 september 2003 inzake het recht op gezinshereniging (PbEU 2003, L 251).
3. Bij of krachtens algemene maatregel van bestuur kunnen regels worden gesteld met betrekking tot het eerste lid. Daarbij wordt bepaald in welke gevallen een verblijfsvergunning wordt verleend.
4. De verblijfsvergunning voor bepaalde tijd, bedoeld in artikel 28, kan eveneens worden verleend aan een gezinslid als bedoeld in het tweede lid, dat slechts niet uiterlijk binnen drie maanden is nagereisd nadat aan de vreemdeling, bedoeld in het eerste lid, een verblijfsvergunning als bedoeld in artikel 28 is verleend, indien binnen die drie maanden door of ten behoeve van dat gezinslid een machtiging tot voorlopig verblijf is aangevraagd.
(Zie ook: artt. 3.105b t/m 3.105f, 3.106, 3.106a, 3.107, 3.122 Vb; art. 3.36 t/m 3.37g VV; B1/3.3.5.1, C1/4, C2 Vc; artt. 5, 9, 10 t/m 12 Richtlijn 2003/86/EG; art. 13 Richtlijn 2011/95/EU; art. 3 Richtlijn 2013/32/EU)

Art. 30
1. Een aanvraag tot het verlenen van een verblijfsvergunning voor bepaalde tijd als bedoeld in artikel 28 wordt niet in behandeling genomen, indien op grond van de Dublinverordening is vastgesteld dat een andere lidstaat verantwoordelijk is voor de behandeling van de aanvraag.
2. De vreemdeling wordt gehoord over zijn eventuele bezwaren tegen overdracht naar de verantwoordelijke lidstaat.
3. Bij of krachtens algemene maatregel van bestuur kunnen nadere regels worden gesteld over de toepassing van het eerste en tweede lid.
(Zie ook: artt. 3 lid 3 sub a, 6a, 8 sub m, 42 lid 6, 44a, 59a, 62b, 63a, 69 lid 2, 82 Vw; artt. 3.1, 3.6a, 3.109b, 3.109c, 5.1a, 5.1b, 6.1e, 6.1f Vb; art. 3.50 VV; C1/4.1, C2/5 Vc)

Niet in behandeling nemen aanvraag

Art. 30a
1. Een aanvraag tot het verlenen van een verblijfsvergunning voor bepaalde tijd als bedoeld in artikel 28 kan niet-ontvankelijk worden verklaard in de zin van artikel 33 van de Procedurerichtlijn, indien:
a. de vreemdeling in een andere lidstaat van de Europese Unie internationale bescherming geniet;
b. de vreemdeling erkend is als vluchteling in een derde land en hij die bescherming nog kan genieten of anderszins voldoende bescherming geniet in dat land, met inbegrip van het beginsel van non-refoulement, en opnieuw tot het grondgebied van dat land wordt toegelaten;
c. een derde land voor de vreemdeling als veilig derde land wordt beschouwd;
d. de vreemdeling een opvolgende aanvraag heeft ingediend waaraan door de vreemdeling geen nieuwe elementen of bevindingen ten grondslag zijn gelegd of waarin geen nieuwe elementen of bevindingen aan de orde zijn gekomen die relevant kunnen zijn voor de beoordeling van de aanvraag; of
e. aan de vreemdeling reeds een verblijfsvergunning is verleend op grond van artikel 29, eerste lid.
2. Het besluit een aanvraag niet-ontvankelijk te verklaren, wordt voor de toepassing van het bepaalde bij of krachtens deze wet gelijkgesteld met een afwijzing.
3. Bij of krachtens algemene maatregel van bestuur kunnen nadere regels worden gesteld over de toepassing van het eerste lid.
(Zie ook: artt. 3 lid 3 sub b, 59b, 69 lid 2, 82 lid 2, 83.0a Vw; artt. 3.1, 3.6a, 3.106a, 3.106b, 3.109b, 3.109ca, 3.113 lid 3, 6.1e Vb; artt. 3.37e, 3.37f, 3.50 VV; C2/6 Vc; artt. 33, 35, 38 lid 3, 40 Richtlijn 2013/32/EU)

Niet-ontvankelijkverklaring aanvraag

A40 art. 30b — Vreemdelingenwet 2000

Aanvraag kennelijk ongegrond

Art. 30b

1. Een aanvraag tot het verlenen van een verblijfsvergunning voor bepaalde tijd als bedoeld in artikel 28 kan worden afgewezen als kennelijk ongegrond in de zin van artikel 32, tweede lid, van de Procedurerichtlijn, indien:

   a. de vreemdeling bij de indiening van zijn aanvraag en de toelichting van de feiten alleen aangelegenheden aan de orde heeft gesteld die niet ter zake doen met betrekking tot de vraag of hij in aanmerking komt voor verlening van een verblijfsvergunning voor bepaalde tijd als bedoeld in artikel 28;

   b. de vreemdeling afkomstig is uit een veilig land van herkomst in de zin van de artikelen 36 en 37 van de Procedurerichtlijn;

   c. de vreemdeling Onze Minister heeft misleid door omtrent zijn identiteit of nationaliteit valse informatie of documenten te verstrekken of door relevante informatie of documenten die een negatieve invloed op de beslissing hadden kunnen hebben, achter te houden;

   d. de vreemdeling waarschijnlijk, te kwader trouw, een identiteits- of reisdocument dat ertoe kon bijdragen dat zijn identiteit of nationaliteit werd vastgesteld, heeft vernietigd of zich daarvan heeft ontdaan;

   e. de vreemdeling inconsequente en tegenstrijdige, kennelijk valse of duidelijk onwaarschijnlijke verklaringen heeft afgelegd die strijdig zijn met voldoende geverifieerde informatie over het land van herkomst, waardoor zijn verklaringen alle overtuigingskracht wordt ontnomen met betrekking tot de vraag of hij in aanmerking komt voor verlening van een verblijfsvergunning voor bepaalde tijd als bedoeld in artikel 28;

   f. de vreemdeling zijn aanvraag enkel heeft ingediend teneinde zijn uitzetting of overdracht uit te stellen of te verijdelen;

   g. de vreemdeling een opvolgende aanvraag heeft ingediend en deze niet overeenkomstig artikel 30a, eerste lid, onderdeel d of e, niet-ontvankelijk is verklaard;

   h. de vreemdeling Nederland onrechtmatig is binnengekomen of zijn verblijf op onrechtmatige wijze heeft verlengd en zich, gezien de omstandigheden van zijn binnenkomst, zonder gegronde reden niet zo snel mogelijk bij een ambtenaar belast met de grensbewaking of het toezicht op vreemdelingen heeft aangemeld, en daar kenbaar heeft gemaakt dat hij internationale bescherming wenst;

   i. de vreemdeling weigert te voldoen aan de verplichting zijn vingerafdrukken te laten nemen;

   j. de vreemdeling op ernstige gronden een gevaar vormt voor de openbare orde of nationale veiligheid; of

   k. de vreemdeling onder dwang is uitgezet om ernstige redenen van openbare veiligheid of openbare orde.

2. Bij of krachtens algemene maatregel van bestuur kunnen nadere regels worden gesteld over de toepassing van het eerste lid.

   (Zie ook: artt. 3 lid 3 sub c, 59b, 69 lid 2, 82 lid 2 Vw; artt. 3.1, 3.105ba, 3.106b, 3.109b, 3.109ca, 6.1e Vb; artt. 3.37e, 3.37f, 3.50 VV; C2/7 Vc; artt. 31 lid 8, 32 lid 1 Richtlijn 2013/32/EU)

Buitenbehandelingstelling aanvraag

Art. 30c

1. Een aanvraag tot het verlenen van een verblijfsvergunning voor bepaalde tijd als bedoeld in artikel 28 kan buiten behandeling worden gesteld in de zin van artikel 28 van de Procedurerichtlijn, indien:

   a. de vreemdeling heeft nagelaten te antwoorden op verzoeken om informatie te verstrekken die van wezenlijk belang is voor zijn aanvraag;

   b. de vreemdeling niet is verschenen bij een gehoor en hij niet binnen een termijn van twee weken heeft aangetoond dat dit niet aan hem is toe te rekenen; of

   c. de vreemdeling is verdwenen of zonder toestemming van Onze Minister is vertrokken en hierover toerekenbaar niet binnen een termijn van twee weken contact heeft opgenomen met de bevoegde autoriteiten.

2. Indien de vreemdeling een nieuwe aanvraag indient nadat zijn aanvraag buiten behandeling is gesteld, wordt deze behandeld als een eerste aanvraag, tenzij de vreemdeling eerder een aanvraag heeft gedaan die is afgewezen.

3. Het besluit een aanvraag buiten behandeling te stellen, wordt voor de toepassing van het bepaalde bij of krachtens deze wet gelijkgesteld met een afwijzing.

4. Bij of krachtens algemene maatregel van bestuur kunnen nadere regels worden gesteld over de toepassing van het eerste en tweede lid.

   (Zie ook: artt. 59b, 69 lid 2, 82 lid 2, 83.0a Vw; artt. 3.6a, 3.121c, 6.1e Vb; art. 3.45b VV)

Afwijzing aanvraag

Art. 31

1. Een aanvraag tot het verlenen van een verblijfsvergunning voor bepaalde tijd als bedoeld in artikel 28 wordt afgewezen als ongegrond in de zin van artikel 32, eerste lid, van de Procedurerichtlijn, indien de vreemdeling niet aannemelijk heeft gemaakt dat zijn aanvraag is gegrond op omstandigheden die, hetzij op zichzelf, hetzij in verband met andere feiten, een rechtsgrond voor verlening vormen.

2. De vreemdeling brengt alle elementen ter staving van zijn aanvraag zo spoedig mogelijk naar voren. Onze Minister beoordeelt in samenwerking met de vreemdeling de relevante elementen.
3. De elementen, bedoeld in het tweede lid, omvatten de verklaringen van de vreemdeling en alle relevante documentatie in het bezit van de vreemdeling.
4. Bij de beoordeling van de aanvraag wordt onder meer rekening gehouden met:
a. alle relevante feiten in verband met het land van herkomst op het tijdstip waarop een beslissing inzake de aanvraag wordt genomen, met inbegrip van wettelijke en bestuursrechtelijke bepalingen van het land van herkomst en de wijze waarop deze worden toegepast;
b. de door de vreemdeling afgelegde verklaring en overgelegde documenten, samen met informatie over de vraag of de vreemdeling aan vervolging in de zin van het Vluchtelingenverdrag of ernstige schade als bedoeld in artikel 29, eerste lid, onder b, blootgesteld is dan wel blootgesteld zou kunnen worden;
c. de individuele situatie en persoonlijke omstandigheden van de vreemdeling, waartoe factoren behoren als achtergrond, geslacht en leeftijd, teneinde te beoordelen of op basis van de persoonlijke omstandigheden van de vreemdeling, de daden waaraan hij blootgesteld is of blootgesteld zou kunnen worden, met vervolging in de zin van het Vluchtelingenverdrag of ernstige schade als bedoeld in artikel 29, eerste lid, onder b, overeenkomen;
d. de vraag of zijn activiteiten, sinds hij zijn land van herkomst of een land van eerder verblijf heeft verlaten, uitsluitend ten doel hadden de nodige voorwaarden te scheppen om een verzoek om internationale bescherming te kunnen indienen, teneinde na te gaan of de vreemdeling, in geval van terugkeer naar dat land, door die activiteiten aan vervolging in de zin van het Vluchtelingenverdrag of ernstige schade als bedoeld in artikel 29, eerste lid, onder b, zou worden blootgesteld;
e. de vraag of in redelijkheid kan worden verwacht dat de vreemdeling zich onder de bescherming kan stellen van een ander land waar hij zich op zijn nationaliteit kan beroepen.
5. Het feit dat de vreemdeling in het verleden reeds is blootgesteld aan vervolging in de zin van het Vluchtelingenverdrag of ernstige schade als bedoeld in artikel 29, eerste lid, onder b, of dat hij hiermee rechtstreeks is bedreigd, is een duidelijke aanwijzing dat de vrees van de vreemdeling voor die vervolging gegrond is en het risico op die ernstige schade reëel is, tenzij er goede redenen zijn om aan te nemen dat die vervolging of die ernstige schade zich niet opnieuw zal voordoen.
6. Indien de vreemdeling zijn verklaringen of een deel van zijn verklaringen niet met documenten kan onderbouwen, worden deze verklaringen geloofwaardig geacht en wordt de vreemdeling het voordeel van de twijfel gegund, wanneer aan de volgende voorwaarden is voldaan:
a. de vreemdeling heeft een oprechte inspanning geleverd om zijn aanvraag te staven;
b. alle relevante elementen waarover de vreemdeling beschikt, zijn overgelegd, en er is een bevredigende verklaring gegeven omtrent het ontbreken van andere relevante elementen;
c. de verklaringen van de vreemdeling zijn samenhangend en aannemelijk bevonden en zijn niet in strijd met beschikbare algemene en specifieke informatie die relevant is voor zijn aanvraag;
d. de vreemdeling heeft zijn aanvraag zo spoedig mogelijk ingediend, tenzij hij goede redenen kan aanvoeren waarom hij dit heeft nagelaten; en
e. vast is komen te staan dat de vreemdeling in grote lijnen als geloofwaardig kan worden beschouwd.
7. Een aanvraag wordt niet onder verwijzing naar een eerdere afwijzende beslissing afgewezen indien de door de vreemdeling bij de aanvraag aangevoerde elementen en bevindingen grond bieden voor het vermoeden dat sprake is van bijzondere, op de individuele zaak betrekking hebbende, feiten en omstandigheden die hieraan in de weg staan.
8. Een aanvraag van een gezinslid als bedoeld in artikel 29, tweede lid, tot het verlenen van een verblijfsvergunning voor bepaalde tijd als bedoeld in artikel 28 kan worden afgewezen, indien gezinshereniging mogelijk is in een derde land waarmee de vreemdeling, bedoeld in artikel 29, eerste lid, of het desbetreffende gezinslid bijzondere banden heeft.
(Zie ook: artt. 38 lid 2, 59b Vw; art. 3.1 Vb; art. 3.36 t/m 3.37f VV; C2/7 Vc; artt. 5 lid 2, 11 lid 11 Richtlijn 2003/86/EG; art. 7 lid 4 Richtlijn 2008/115/EG; artt. 4 lid 1 en 2 , 12 Richtlijn 2011/95/EU; artt. 28 lid 1, 31, 35, 36, 38 Richtlijn 2013/32/EU)
9. Bij of krachtens algemene maatregel van bestuur kunnen regels worden gesteld over de toepassing van het eerste tot en met achtste lid.

Art. 31a
[Vervallen]

Art. 32
1. De verblijfsvergunning voor bepaalde tijd als bedoeld in artikel 28 kan worden ingetrokken dan wel de aanvraag voor verlenging van de geldigheidsduur ervan kan worden afgewezen indien:

Intrekking/weigering verlenging verblijfsvergunning

A40 art. 33 — Vreemdelingenwet 2000

a. de vreemdeling onjuiste gegevens heeft verstrekt dan wel gegevens heeft achtergehouden terwijl die gegevens tot afwijzing van de oorspronkelijke aanvraag tot het verlenen of verlengen zouden hebben geleid;
b. de vreemdeling een gevaar vormt voor de openbare orde of nationale veiligheid;
c. de grond voor verlening, bedoeld in artikel 29, is komen te vervallen;
d. de vreemdeling zijn hoofdverblijf buiten Nederland heeft gevestigd;
e. het een vergunning betreft die is verleend aan een gezinslid als bedoeld in artikel 29, tweede lid, en dat gezinslid niet of niet langer een werkelijk huwelijks- of gezinsleven onderhoudt met de vreemdeling, bedoeld in het artikel 29, eerste lid.

2. Bij of krachtens algemene maatregel van bestuur kunnen regels worden gesteld met betrekking tot het eerste lid. Daarbij wordt bepaald in welke gevallen een verblijfsvergunning als bedoeld in het eerste lid die is verleend op grond van artikel 29, eerste lid, wordt ingetrokken dan wel de aanvraag voor verlenging van de geldigheidsduur van zodanige verblijfsvergunning wordt afgewezen.

(Zie ook: artt. 3.77, 3.86 Vb; C2/10 Vc; art. 6 lid 1 en 2 Richtlijn 2003/86/EG; art. 19 lid 3 Richtlijn 2003/109/EG; artt. 11, 14, 16, 19 lid 1 en 3, 21 lid 3 Richtlijn 2011/95/EU; art. 44 Richtlijn 2013/32/EU)

Paragraaf 2
De verblijfsvergunning voor onbepaalde tijd

Art. 33

Verblijfsvergunning voor onbepaalde tijd

Onze Minister is bevoegd:
a. de aanvraag tot het verlenen van een verblijfsvergunning voor onbepaalde tijd in te willigen, af te wijzen dan wel niet in behandeling te nemen;
b. een verleende verblijfsvergunning voor onbepaalde tijd in te trekken;
c. ambtshalve een verblijfsvergunning voor onbepaalde tijd te verlenen aan de vreemdeling wiens EU-verblijfsvergunning voor langdurig ingezetenen is ingetrokken, indien op het aan de vreemdeling verschafte document, bedoeld in artikel 9, de aantekening, bedoeld in artikel 45c, eerste lid, was geplaatst;
d. ambtshalve een verblijfsvergunning voor onbepaalde tijd te verlenen aan de langdurig ingezetene, afkomstig uit een andere EU-lidstaat en in het bezit van een vergunning als bedoeld in artikel 20, indien de verantwoordelijkheid voor de afgifte van het reisdocument bedoeld in artikel 2, eerste lid, onder d, van de Paspoortwet voor betrokken vreemdeling aan Nederland is overgedragen op grond van de Europese Overeenkomst inzake de overdracht van verantwoordelijkheid met betrekking tot vluchtelingen van 16 oktober 1980 (Trb. 1981, 239).

(Zie ook: artt. 41, 114 Vw; artt. 3.107a, 3.116, 3.118 Vb; artt. 3.41, 3.43b VV; art. C5 Vc; art. 3 lid 3 punt c Richtlijn 2003/109/EG)

Art. 34

Verleningsgrond

1. De aanvraag tot het verlenen van een verblijfsvergunning voor onbepaalde tijd als bedoeld in artikel 33 van de vreemdeling die direct voorafgaande aan de aanvraag, gedurende vijf achtereenvolgende jaren rechtmatig verblijf heeft genoten als bedoeld in artikel 8, onder c, kan slechts worden afgewezen indien zich op het moment waarop de geldigheidsduur van de verblijfsvergunning voor bepaalde tijd, bedoeld in artikel 28, afloopt, een grond als bedoeld in artikel 32 voordoet, dan wel indien de vreemdeling het examen, bedoeld in artikel 7, eerste lid, onderdeel a, van de Wet inburgering, of een diploma, certificaat of ander document, bedoeld in artikel 5, eerste lid, onderdeel c, van die wet, niet heeft behaald. De periode van verblijf op grond van artikel 14, van de vreemdeling aan wie op grond van artikel 28, eerste lid, onderdeel e, ambtshalve een verblijfsvergunning voor bepaalde tijd is verleend, wordt aangemerkt als rechtmatig verblijf als bedoeld in artikel 8, onder c.
2. Bij of krachtens algemene maatregel van bestuur kunnen regels worden gesteld over de toepassing van het inburgeringsvereiste, bedoeld in het eerste lid.

(Zie ook: artt. 37 lid 2, 40, 44 Vw ; art. 3.34b VV; C5 Vc)

Art. 35

Gronden intrekking verblijfsvergunning voor onbepaalde tijd

1. De verblijfsvergunning voor onbepaalde tijd als bedoeld in artikel 33 kan worden ingetrokken indien:
a. de vreemdeling onjuiste gegevens heeft verstrekt dan wel gegevens heeft achtergehouden terwijl die gegevens tot afwijzing van de aanvraag tot het verlenen of verlengen zouden hebben geleid;
b. de vreemdeling bij onherroepelijk geworden rechterlijk vonnis is veroordeeld wegens een misdrijf waartegen een gevangenisstraf van drie jaren of meer is bedreigd, dan wel hem terzake de maatregel, bedoeld in artikel 37a van het Wetboek van Strafrecht, is opgelegd;
c. de vreemdeling zijn hoofdverblijf buiten Nederland heeft gevestigd;
d. de vreemdeling een gevaar vormt voor de nationale veiligheid.

2. Bij of krachtens algemene maatregel van bestuur kunnen regels worden gesteld met betrekking tot het eerste lid.
(Zie ook: C5, C6 Vc)

Paragraaf 3
Procedurele bepalingen

Art. 36
De aanvraag tot het verlenen van: *Indiening aanvraag verblijfsvergunning voor onbepaalde tijd; afwijking art. 2:1 lid 1 Awb*
a. een verblijfsvergunning voor bepaalde tijd als bedoeld in artikel 28 of tot het verlengen van de geldigheidsduur ervan;
b. een verblijfsvergunning voor onbepaalde tijd als bedoeld in artikel 33,
wordt, in afwijking van artikel 2:1, eerste lid, van de Algemene wet bestuursrecht, ingediend door de vreemdeling of zijn wettelijke vertegenwoordiger.
(Zie ook: art. 3.108 Vb; art. 3.42 t/m 3.44 VV; C1/2.1 Vc; art. 6 Richtlijn 2005/85/EG)

Art. 37
1. Bij of krachtens algemene maatregel van bestuur worden regels gesteld omtrent: *AMvB, wijze van aanvraag (Vreemdelingenbesluit 2000)*
a. de wijze van indiening en behandeling van een aanvraag;
b. de wijze waarop het onderzoek naar de aanvraag, daaronder begrepen het horen van de vreemdeling, wordt ingericht;
c. de gegevens die de vreemdeling in persoon moet verstrekken;
d. de wijze waarop beschikkingen bij of krachtens deze wet ten aanzien van de vreemdeling gegeven, alsmede de bij of krachtens deze wet voorgeschreven kennisgevingen, mededelingen of berichten van de vreemdeling of aan andere belanghebbenden worden bekendgemaakt. Daarbij kan worden bepaald, dat de bekendmaking van beschikkingen ook kan geschieden door middel van het toezenden of uitreiken van een document en door het stellen van aantekeningen in een daarbij aan te wijzen document.
2. De vreemdeling is, volgens door Onze Minister te geven regels, leges verschuldigd terzake van de afdoening van een aanvraag tot het verlenen van de verblijfsvergunning, bedoeld in artikel 33. Daarbij kan Onze Minister bepalen dat de vreemdeling voor de afgifte van het document waaruit het rechtmatig verblijf blijkt leges verschuldigd is. Als betaling achterwege blijft, wordt de aanvraag niet in behandeling genomen dan wel het document niet afgegeven. Artikel 4:5, vierde lid, Algemene wet bestuursrecht is niet van toepassing.
3. Onze Minister kan bepalen dat de vreemdeling leges verschuldigd is voor de afgifte van een vervangend document waaruit het rechtmatig verblijf blijkt als bedoeld in artikel 8, onder c, indien het oorspronkelijke document wordt vermist, verloren is gegaan of voor identificatie ondeugdelijk is geworden. Indien betaling achterwege blijft, wordt het document niet afgegeven.
(Zie ook: art. 3.108 t/m 3.123i Vb; C1/2 Vc; artt. 5 lid 1, 11 lid 1 Richtlijn 2003/86/EG; art. 22 Richtlijn 2011/95/EU; artt. 4 lid 1 en 2, 13 lid 1 sub f, 14 lid 1, 25 lid 5 en 6 Richtlijn 2013/32/EU)

Art. 38
1. Indien de vreemdeling in de gelegenheid wordt gesteld zich omtrent de aanvraag tot het verlenen van een verblijfsvergunning of het verlengen van de geldigheidsduur ervan te doen horen, wordt de vreemdeling gehoord in een taal waarvan de vreemdeling de voorkeur geeft, tenzij er een andere taal kan worden gebruikt die hij begrijpt en waarin hij helder kan communiceren.   *Horen vreemdeling: taalkeuze/informatieplicht*
2. Bij of direct na de indiening van de aanvraag tot het verlenen van een verblijfsvergunning wijst Onze Minister de vreemdeling erop dat hij elementen en bevindingen aannemelijk moet maken die hetzij op zichzelf, hetzij in verband met andere elementen en bevindingen, een rechtsgrond voor de verlening of verlenging van de vergunning vormen. Daarbij wordt hij erop gewezen dat hij daartoe verklaringen moet afleggen en alle bewijsmiddelen waarover hij beschikt of redelijkerwijs de beschikking kan krijgen moet overleggen.
3. Bij of krachtens algemene maatregel van bestuur kunnen regels worden gesteld met betrekking tot het tweede lid.
(Zie ook: art. 3.109a Vb; C1/2.11 Vc; artt. 12, 14, 15 Richtlijn 2013/32/EU)

Art. 39
1. Indien Onze Minister voornemens is de aanvraag tot het verlenen van een verblijfsvergunning of het verlengen van de geldigheidsduur ervan af te wijzen, dan wordt de vreemdeling hiervan, onder opgave van redenen, schriftelijk mededeling gedaan. De mededeling kan eveneens betrekking hebben op het voornemen om niet ambtshalve een verblijfsvergunning voor bepaalde tijd als bedoeld in artikel 14 te verlenen dan wel op het voornemen om de uitzetting of overdracht niet op grond van artikel 64 achterwege te laten. Het schriftelijke voornemen wordt aan de vreemdeling meegedeeld door uitreiking of toezending ervan. De op de aanvraag betrekking hebbende stukken worden bij de schriftelijke mededeling gevoegd, voor zover de vreemdeling geen kennis kan hebben van de inhoud van deze stukken.   *Voornemenprocedure*

2. De vreemdeling brengt zijn zienswijze, in afwijking van artikel 4:9 van de Algemene wet bestuursrecht, schriftelijk naar voren binnen de door Onze Minister bepaalde redelijke termijn.
3. Bij de algemene maatregel van bestuur, bedoeld in artikel 37, worden regels gesteld omtrent de termijn, bedoeld in het tweede lid, alsmede de toepassing van de voorgaande leden.
(Zie ook: art. 115 t/m 3.120 Vb ; C1/2.12 Vc)

Art. 40

Termijn indiening aanvraag

De aanvraag tot het verlenen van een verblijfsvergunning voor onbepaalde tijd als bedoeld in artikel 33 kan niet eerder worden ingediend dan vier weken voordat de vreemdeling gedurende vijf achtereenvolgende jaren rechtmatig verblijf als bedoeld in artikel 8, onder c, heeft gehad.

Art. 41

Intrekking verblijfsvergunning voor bepaalde en onbepaalde tijd
Voornemen intrekking/zienswijze

1. Indien Onze Minister voornemens is om de verblijfsvergunning voor bepaalde tijd, bedoeld in artikel 28, dan wel de verblijfsvergunning voor onbepaalde tijd, bedoeld in artikel 33, in te trekken, zijn de artikelen 38 en 39 van overeenkomstige toepassing.
2. Indien Onze Minister, na ontvangst van de zienswijze van de vreemdeling, voornemens blijft de verblijfsvergunning in te trekken, dan wordt de vreemdeling in de gelegenheid gesteld zich te doen horen.
(Zie ook: art. 45 Richtlijn 2013/32/EU)

Paragraaf 4
De beschikking op de aanvraag

Art. 42

Termijn beschikking/inhoud/verlenging

1. Op de aanvraag tot het verlenen van een verblijfsvergunning voor bepaalde tijd als bedoeld in artikel 28, dan wel een verblijfsvergunning voor onbepaalde tijd als bedoeld in artikel 33, wordt binnen zes maanden na ontvangst van de aanvraag een beschikking gegeven.
2. De inwilliging van de aanvraag is mede afgestemd op het beleid dat Onze Minister na overleg met Onze Minister van Buitenlandse Zaken dienaangaande voert.
3. Indien de aanvraag wordt afgewezen, wordt in de beschikking ingegaan op de zienswijze van de vreemdeling. In de beschikking wordt tevens ingegaan op de zienswijze van de vreemdeling op het voornemen om niet ambtshalve een verblijfsvergunning voor bepaalde tijd, bedoeld in artikel 14, te verlenen, dan wel op het voornemen om de uitzetting of overdracht niet op grond van artikel 64 achterwege te laten indien hem van dat voornemen mededeling is gedaan.
4. De termijn, bedoeld in het eerste lid, kan met ten hoogste negen maanden worden verlengd, indien:
a. complexe feitelijke of juridische kwesties aan de orde zijn;
b. een groot aantal vreemdelingen tegelijk een aanvraag indient waardoor het in de praktijk zeer moeilijk is de procedure binnen de termijn van zes maanden af te ronden; of
c. de vertraging van de behandeling van de aanvraag aan de vreemdeling is toe te schrijven.
5. Indien dit noodzakelijk is met het oog op een behoorlijke en volledige behandeling van de aanvraag, kan de termijn na de verlenging, bedoeld in het vierde lid, nogmaals verlengd worden met ten hoogste drie maanden.
6. Indien in het kader van de aanvraag tot het verlenen van een verblijfsvergunning voor bepaalde tijd als bedoeld in artikel 28 wordt onderzocht of de aanvraag op grond van artikel 30 niet in behandeling dient te worden genomen, vangt de termijn, bedoeld in het eerste lid, aan op het tijdstip waarop overeenkomstig de Dublinverordening wordt vastgesteld dat Nederland verantwoordelijk is voor de behandeling van het verzoek.
7. Onze Minister stelt de vreemdeling in kennis van de verlenging van de termijn en geeft, indien de vreemdeling daarom verzoekt, informatie over de reden van de verlenging en een indicatie van het tijdsbestek waarbinnen de beschikking, bedoeld in het eerste lid, te verwachten valt.
(Zie ook: artt. 3.110 t/m 3.115, 3.120, 3.123a-i Vb; C1/2.3, C1/2.11, C1/2.13 Vc; artt. 5 lid 4, 11 lid 1 Richtlijn 2003/86/EG; art. 31 lid 3 Richtlijn 2013/32/EU)

Art. 43

Besluitmoratorium

1. Bij besluit van Onze Minister kan voor bepaalde categorieën vreemdelingen die een aanvraag tot het verlenen van een verblijfsvergunning voor bepaalde tijd als bedoeld in artikel 28 hebben ingediend, de termijn, bedoeld in artikel 42, eerste lid, worden verlengd tot ten hoogste eenentwintig maanden, indien naar verwachting voor een korte periode onzekerheid zal bestaan over de situatie in het land van herkomst en op grond daarvan redelijkerwijs niet kan worden beslist of de aanvraag op een van de gronden genoemd in artikel 29 kan worden ingewilligd.
2. Indien Onze Minister een besluit neemt als bedoeld in het eerste lid, wordt:
a. ten minste elke zes maanden de situatie in het betreffende land van herkomst beoordeeld;
b. binnen een redelijke termijn mededeling van het uitstel en de redenen voor het uitstel gedaan aan de aanvragers; en

c. binnen een redelijke termijn mededeling van het uitstel gedaan aan de Europese Commissie.
(Zie ook: artt. 45, 71, 79 lid 2, 82 lid 2 sub f Vw; art. 3.1a Vb; C3, C4 Vc; Richtlijn 2001/55/EG; art. 31 lid 4 en 5 Richtlijn 2013/32/EU)

Art. 43a

1. In afwijking van artikel 42, eerste lid, en onverminderd artikel 4:5 van de Algemene wet bestuursrecht, wordt de beschikking op de aanvraag tot het verlenen van de verblijfsvergunning voor bepaalde tijd als bedoeld in artikel 28 ten aanzien van vreemdelingen die tijdelijke bescherming genieten, op een tijdstip gelegen tussen de ontvangst van de aanvraag en zes maanden na afloop van de tijdelijke bescherming gegeven.
2. De artikelen 42, vierde lid, en 43 zijn van overeenkomstige toepassing.

(Zie ook: art. 3.1a Vb; C.3 Vc)

Tijdelijke bescherming/termijn beschikking

Paragraaf 5
De inwilliging van de aanvraag

Art. 44

1. Verlening van de verblijfsvergunning voor bepaalde tijd, bedoeld in artikel 28, die rechtmatig verblijf inhoudt, heeft van rechtswege tot gevolg de beëindiging van de verstrekkingen voorzien bij of krachtens de Wet Centraal Orgaan opvang asielzoekers of een ander wettelijk voorschrift dat soortgelijke verstrekkingen regelt. De verstrekkingen worden beëindigd op de wijze voorzien bij of krachtens de Wet Centraal Orgaan opvang asielzoekers of in het andere wettelijk voorschrift en binnen de daartoe gestelde termijn.
2. Indien de aanvraag tot het verlenen van een verblijfsvergunning voor bepaalde tijd als bedoeld in artikel 28, eerste lid, onder a, wordt ingewilligd, wordt deze verblijfsvergunning verleend met ingang van de datum waarop de aanvraag is ontvangen.
3. De verblijfsvergunning voor bepaalde tijd als bedoeld in artikel 28, eerste lid, onder e, wordt verleend met ingang van de datum waarop de verblijfsvergunning als bedoeld in artikel 14 is ingetrokken.
4. De verblijfsvergunning voor onbepaalde tijd als bedoeld in artikel 33 wordt verleend met ingang van de datum waarop de vreemdeling heeft aangetoond dat hij aan alle voorwaarden voldoet.
5. Indien de vreemdeling de aanvraag tot verlenging van de verblijfsvergunning bedoeld in artikel 28, dan wel de gegevens waaruit blijkt dat aan de voorwaarden wordt voldaan niet tijdig heeft ingediend en hem dit niet is toe te rekenen, kan de verblijfsvergunning worden verlengd met ingang van de dag na die waarop de geldigheidsduur van de verblijfsvergunning waarvoor verlenging is gevraagd afloopt. De voorgaande volzin is van overeenkomstige toepassing op de aanvraag tot het verlenen van de verblijfsvergunning, bedoeld in artikel 33.

(Zie ook: art. 3.105 Vb; C5 Vc; art. 4 lid 2 punt c Richtlijn 2003/109/EG)

Gevolgen verlening/verstrekkingen COA/ingangsdatum

Paragraaf 6
De afwijzing van de aanvraag

Art. 44a

1. Indien een aanvraag tot het verlenen van een verblijfsvergunning voor bepaalde tijd, bedoeld in artikel 28, niet in behandeling wordt genomen op grond van artikel 30, eerste lid, geldt dit besluit als overdrachtsbesluit, en heeft het van rechtswege tot gevolg dat:
a. de vreemdeling rechtmatig verblijf heeft op grond van artikel 8, onder m;
b. de ambtenaren belast met het toezicht op vreemdelingen bevoegd zijn elke plaats te betreden, daaronder begrepen een woning zonder toestemming van de bewoner, teneinde de vreemdeling over te dragen;
c. de vreemdeling Nederland uit eigen beweging dient te verlaten binnen de in artikel 62c gestelde termijn, bij gebreke waarvan de vreemdeling kan worden overgedragen.
2. Het in het eerste lid, onder b, bedoelde gevolg treedt niet in, indien de in artikel 62c bedoelde termijn nog niet is verstreken.

Gevolgen afwijzing/Dublinverordening

Art. 45

1. De beschikking waarbij een aanvraag tot het verlenen van de verblijfsvergunning voor bepaalde tijd, bedoeld in artikel 28, of voor onbepaalde tijd, bedoeld in artikel 33, wordt afgewezen, geldt als terugkeerbesluit, tenzij reeds eerder een terugkeerbesluit tegen de vreemdeling is uitgevaardigd en aan de daaruit voortvloeiende terugkeerverplichting niet is voldaan, en heeft van rechtswege tot gevolg dat:
a. de vreemdeling niet langer rechtmatig in Nederland verblijft tenzij een andere rechtsgrond voor rechtmatig verblijf als bedoeld in artikel 8 van toepassing is;
b. de vreemdeling Nederland uit eigen beweging dient te verlaten binnen de in artikel 62 gestelde termijn, bij gebreke waarvan de vreemdeling kan worden uitgezet;

Gevolgen afwijzing/terugkeerbesluit

c. de verstrekkingen voorzien bij of krachtens de Wet Centraal Orgaan opvang asielzoekers of een ander wettelijk voorschrift dat soortgelijke verstrekkingen regelt worden beëindigd op de bij of krachtens die wet of dat wettelijke voorschrift voorziene wijze en binnen de daartoe gestelde termijn;
d. de ambtenaren belast met het toezicht op vreemdelingen na ommekomst van de termijn waarbinnen de vreemdeling Nederland uit eigen beweging dient te verlaten, bevoegd zijn elke plaats te betreden, daaronder begrepen een woning zonder toestemming van de bewoner, teneinde de vreemdeling uit te zetten;
e. de ambtenaren belast met het toezicht op vreemdelingen bevoegd zijn na ommekomst van de termijn als bedoeld in onderdeel c een onroerende zaak gedwongen te ontruimen teneinde het onderdak of het verblijf in de woonruimte als verstrekking geboden, bedoeld in onderdeel c, te beëindigen.
2. Het eerste lid is van overeenkomstige toepassing indien:
a. ingevolge artikel 4:5 van de Algemene wet bestuursrecht is besloten dat de aanvraag tot het verlenen van een verblijfsvergunning voor onbepaalde tijd als bedoeld in artikel 33 niet in behandeling wordt genomen, of
b. een verblijfsvergunning is ingetrokken of niet verlengd.
3. De in het eerste lid bedoelde gevolgen van de beschikking treden niet in zolang het beroep van de vreemdeling de werking van de beschikking opschort.
4. Onze Minister kan besluiten dat, in afwijking van het eerste lid, aanhef en onder c, de verstrekkingen voorzien bij of krachtens de Wet Centraal Orgaan opvang asielzoekers of een ander wettelijk voorschrift dat soortgelijke verstrekkingen regelt, voor bepaalde categorieën vreemdelingen niet worden beëindigd, of voor de duur van het besluit opnieuw worden verleend. Het besluit wordt uiterlijk één jaar na de bekendmaking ervan ingetrokken. Na afloop van de duur van het besluit treden de opgeschorte rechtsgevolgen opnieuw in.
5. De vreemdeling op wie het besluit als bedoeld in het vierde lid van toepassing is, wordt geacht rechtmatig verblijf als bedoeld in artikel 8, onder j, te hebben.
6. De in het eerste lid bedoelde gevolgen van de beschikking treden niet in zolang de uitzetting van de vreemdeling op grond van de richtlijn tijdelijke bescherming achterwege blijft. De reeds ingetreden gevolgen worden opgeschort, indien Onze Minister heeft vastgesteld dat uitzetting op grond van de richtlijn tijdelijke bescherming achterwege blijft. De opgeschorte gevolgen, bedoeld in het eerste lid, treden opnieuw in na afloop van de tijdelijke bescherming.
7. Het verblijf van de vreemdeling, bedoeld in het zesde lid, wordt gelijkgesteld met rechtmatig verblijf in de zin van artikel 8, onder f.
8. De beschikking, bedoeld in het eerste lid, kan tevens een inreisverbod inhouden.
9. Indien de beschikking inhoudt dat de aanvraag tot het verlenen van een verblijfsvergunning voor bepaalde tijd als bedoeld in artikel 28 niet-ontvankelijk is verklaard op grond van artikel 30a, eerste lid, onderdeel a, geldt de beschikking, in afwijking van het eerste lid, aanhef, niet als terugkeerbesluit en is de vreemdeling, in afwijking van het eerste lid, onderdeel b, gehouden Nederland onmiddellijk te verlaten en zich naar het grondgebied te begeven van de lidstaat die een geldige verblijfsvergunning of andere toestemming tot verblijf heeft gegeven.
(Zie ook: artt. 71, 79 lid 2, 82 lid 2 sub f Vw ; art. 3.1a Vb; C3, C4 Vc; Richtlijn 2001/55/EG; artt. 3 lid 4, 6 leden 1, 4 en 6 Richtlijn 2008/115/EG)

Afdeling 5
De status van langdurig ingezetene

Paragraaf 1
De EU-verblijfsvergunning voor langdurig ingezetenen

Art. 45a

EU-verblijfsvergunning voor langdurig ingezetenen

1. Onze Minister is bevoegd:
a. de aanvraag tot het verlenen van een EU-verblijfsvergunning voor langdurig ingezetenen in te willigen, af te wijzen dan wel niet in behandeling te nemen;
b. een EU-verblijfsvergunning voor langdurig ingezetenen in te trekken.
2. De status van langdurig ingezetene wordt verworven door de verlening van een EU-verblijfsvergunning voor langdurig ingezetenen. De status van langdurig ingezetene is permanent, onverminderd artikel 45d.
(Zie ook: artt. 2.1a, 3.3 lid 1 sub f, 3.23a, 3.29a, 3.31 lid 3, 3.41 lid 3, 3.71 lid 2 sub r, 3.77 lid 5, 3.79 lid 2, 3.86 lid 13, 3.103a t/m 3.103b, 3.124 t/m 3.130 Vb; artt. 3.1, 3.34, 3.34a, 3.51 t/m 3.53 VV; B11, B12/2.1, D1 Vc; Richtlijn 2003/109/EG)

Vreemdelingenwet 2000

Art. 45b
1. De aanvraag tot het verlenen van een EU-verblijfsvergunning voor langdurig ingezetenen wordt afgewezen, indien de vreemdeling direct voorafgaande aan de aanvraag:
   a. een verblijfsrecht van tijdelijke aard heeft op grond van een verblijfsvergunning voor bepaalde tijd als bedoeld in artikel 14;
   b. een formeel beperkt verblijfsrecht heeft;
   c. verblijf heeft op grond van een bijzondere geprivilegieerde status;
   d. verblijf heeft op grond van een verblijfsvergunning voor bepaalde tijd als bedoeld in artikel 28, die niet is verleend op grond van artikel 29, eerste lid, onder a of b;
   e. verblijf heeft op grond van een verblijfsvergunning voor bepaalde tijd als bedoeld in artikel 28, die is verleend op grond van artikel 29, tweede lid, bij een vreemdeling die in het bezit is van een verblijfsvergunning als bedoeld in artikel 28, die niet is verleend op grond van artikel 29, eerste lid, onder a of b.

Afwijzingsgronden EU-verblijfsvergunning voor langdurig ingezetenen

2. Onverminderd het eerste lid kan de aanvraag tot het verlenen van een EU-verblijfsvergunning voor langdurig ingezetenen slechts worden afgewezen, indien de vreemdeling:
   a. niet gedurende vijf jaren ononderbroken en direct voorafgaande aan de aanvraag rechtmatig verblijf als bedoeld in artikel 8 heeft gehad, met inachtneming van het derde lid;
   b. in de periode, bedoeld onder a, zes of meer achtereenvolgende maanden of in totaal tien of meer maanden buiten Nederland heeft verbleven;
   c. al of niet tezamen met de gezinsleden bij wie hij verblijft, niet zelfstandig en duurzaam beschikt over voldoende middelen van bestaan;
   d. bij onherroepelijk geworden rechterlijk vonnis is veroordeeld wegens een misdrijf waartegen een gevangenisstraf van drie jaren of meer is bedreigd, dan wel hem ter zake de maatregel, bedoeld in artikel 37a van het Wetboek van Strafrecht, is opgelegd;
   e. een gevaar vormt voor de nationale veiligheid;
   f. niet beschikt over een toereikende ziektekostenverzekering voor hemzelf en de te zijnen laste komende gezinsleden; of
   g. het examen, bedoeld in artikel 7, eerste lid, onderdeel a van de Wet inburgering, of een diploma, certificaat of ander document als bedoeld in artikel 5, eerste lid, onderdeel c, van die wet niet heeft behaald.

3. Voor de berekening van de periode bedoeld in het tweede lid, onder a, wordt verblijf als bedoeld in het eerste lid en verblijf als bedoeld in het tweede lid, onder b, niet meegeteld, met uitzondering van verblijf voor studie of beroepsopleiding, dat voor de helft wordt meegeteld.

4. Bij of krachtens algemene maatregel van bestuur kunnen regels worden gesteld over de toepassing van het eerste en tweede lid.

Nadere regels

(Zie ook: art. 29 Vw; art. 3:124 t/m 3.126 Vb; D1 Vc; artt. 3 lid 2 sub c en d, lid 3 sub c, 4 lid 1 bis, lid 3, 8 lid 4-6, 9 lid 3 Richtlijn 2003/109/EG)

Art. 45c
1. Op het document, bedoeld in artikel 9, van de vreemdeling aan wie een EU-verblijfsvergunning voor langdurig ingezetenen is verleend, wordt de aantekening «Internationale bescherming op [datum] verleend door Nederland» geplaatst, indien:
   a. de vreemdeling direct voorafgaande aan de aanvraag in het bezit was van een verblijfsvergunning voor bepaalde tijd als bedoeld in artikel 28, die is verleend op grond van artikel 29, eerste lid, onder a of b, tenzij de grond voor die verlening is vervallen; of
   b. de vreemdeling direct voorafgaande aan de aanvraag in het bezit was van een verblijfsvergunning voor onbepaalde tijd als bedoeld in artikel 33, mits hij voordien in het bezit was van een verblijfsvergunning voor bepaalde tijd als bedoeld in artikel 28, die is verleend op grond van artikel 29, eerste lid, onder a of b.

Aantekening "Internationale bescherming"

2. Indien de EU-verblijfsvergunning voor langdurig ingezetenen wordt verleend aan een onderdaan van een derde land die reeds een verblijfsdocument bezit dat door een andere lidstaat is afgegeven met daarop de aantekening «Internationale bescherming op [datum] verleend door [lidstaat]» bevat, wordt op het document, bedoeld in artikel 9, dezelfde aantekening geplaatst, tenzij de internationale bescherming bij een definitief besluit van die andere lidstaat is ingetrokken.

3. Indien uit een verzoek van de autoriteiten van een andere lidstaat van de Europese Unie aan Onze Minister blijkt dat de internationale bescherming van de houder van een document als bedoeld in artikel 9, met daarop de aantekening als bedoeld in het eerste lid, door deze lidstaat is overgenomen alvorens deze lidstaat een EU-verblijfsvergunning voor langdurig ingezetenen heeft afgegeven, wordt de aantekening op het document, bedoeld in artikel 9, dienovereenkomstig gewijzigd.

4. Bij of krachtens algemene maatregel van bestuur kunnen nadere regels worden gesteld over het bepaalde in het eerste, tweede en derde lid.

Nadere regels

(Zie ook: artt. 3.129, 3.130 Vb; artt. 8 lid 4-6, 19 bis Richtlijn 2003/109/EG)

A40 art. 45d

Intrekking EU-verblijfsvergunning voor langdurig ingezetenen

Art. 45d

1. De EU-verblijfsvergunning voor langdurig ingezetenen kan worden ingetrokken, indien:
   a. de vreemdeling een aaneengesloten periode van twaalf maanden of langer buiten het grondgebied van de Europese Unie, dan wel zes jaar of langer buiten Nederland heeft verbleven; of
   b. de vreemdeling een actuele en ernstige bedreiging voor de openbare orde of de nationale veiligheid vormt.
2. De EU-verblijfsvergunning voor langdurig ingezetenen van de vreemdeling op wiens document, bedoeld in artikel 9, de aantekening, bedoeld in artikel 45c, eerste lid, is geplaatst, kan worden ingetrokken, indien:
   a. er ernstige redenen zijn om aan te nemen dat de vreemdeling zich schuldig heeft gemaakt aan een van de misdrijven of daden, bedoeld in artikel 1, onder F, van het Vluchtelingenverdrag dan wel heeft aangezet tot of anderszins heeft deelgenomen aan deze misdrijven of daden; of
   b. de vreemdeling feiten verkeerd heeft weergegeven of heeft achtergehouden, of valse documenten heeft gebruikt, en dit doorslaggevend is geweest voor de verlening van de verblijfsvergunning, bedoeld in artikel 28.
3. De EU-verblijfsvergunning voor langdurig ingezetenen wordt ingetrokken, indien:
   a. de vreemdeling langdurig ingezetene is geworden in een andere lidstaat van de Europese Unie; of
   b. de verblijfsvergunning op frauduleuze wijze is verkregen.

Nadere regels

4. Bij of krachtens algemene maatregel van bestuur kunnen nadere regels worden gesteld met betrekking tot het eerste, tweede en het derde lid.
(Zie ook: artt. 3.103a t/m 3.103b, 3.127, 3.128 Vb; D1/2.6 Vc; artt. 9 lid 3 bis, 12, 14 lid 3, 19 lid 3 Richtlijn 2003/109/EG)

Paragraaf 2
Procedurele bepalingen

Art. 45e

Schakelbepaling

Het bij of krachtens de artikelen 23, 24 en 24a bepaalde is van overeenkomstige toepassing op de aanvraag tot het verlenen van een EU-verblijfsvergunning voor langdurig ingezetenen.
(Zie ook: art. 3.51 t/m 3.53 VV)

Art. 45f

1. Indien Onze Minister voornemens is de aanvraag tot het verlenen van een EU-verblijfsvergunning voor langdurig ingezetenen af te wijzen en de vreemdeling in het bezit is van een verblijfsvergunning als bedoeld in artikel 28 of artikel 33, is het bij of krachtens artikel 39 bepaalde van overeenkomstige toepassing.
2. Indien Onze Minister voornemens is de aanvraag van de vreemdeling die in het bezit is van een verblijfsvergunning als bedoeld in artikel 28 of artikel 33, tot het verlenen van een EU-verblijfsvergunning voor langdurig ingezetenen in te willigen, zonder op het aan de vreemdeling te verstrekken document, bedoeld in artikel 9, de aantekening als bedoeld in artikel 45c, eerste lid, te plaatsen, is het bij of krachtens artikel 39 bepaalde van overeenkomstige toepassing.
3. Indien Onze Minister voornemens is om de EU-verblijfsvergunning voor langdurig ingezetenen met op het aan de vreemdeling verstrekte document, bedoeld in artikel 9, de aantekening als bedoeld in artikel 45c, eerste lid, in te trekken, is artikel 41 van overeenkomstige toepassing.

Paragraaf 3
De beschikking op de aanvraag

Art. 45g

Beschikking op aanvraag EU-verblijfsvergunning voor langdurig ingezetenen

1. De beschikking op de aanvraag tot het verlenen van de EU-verblijfsvergunning voor langdurig ingezetenen wordt bekendgemaakt uiterlijk zes maanden na ontvangst van de aanvraag.
2. De termijn voor de bekendmaking van de beschikking, bedoeld in het eerste lid, kan ten hoogste voor zes maanden worden verlengd, indien er naar het oordeel van Onze Minister sprake is van bijzondere omstandigheden die verband houden met het complexe karakter van de behandeling van de aanvraag.
3. Onze Minister stelt de vreemdeling in kennis van de verlenging.
4. De dag waarop de termijn, bedoeld in het eerste dan wel tweede lid, is verstreken geldt voor de toepassing van artikel 4:17, derde lid, van de Algemene wet bestuursrecht als de dag waarop de termijn voor het geven van de beschikking is verstreken.
(Zie ook: art. 7 lid 2 Richtlijn 2003/109/EG)

Vreemdelingenwet 2000

Paragraaf 4
De inwilliging van de aanvraag

Art. 45h
1. De EU-verblijfsvergunning voor langdurig ingezetenen wordt verleend met ingang van de datum waarop de vreemdeling heeft aangetoond dat hij aan alle voorwaarden voldoet.

2. Indien de vreemdeling de aanvraag tot verlening van de EU-verblijfsvergunning voor langdurig ingezetenen dan wel de gegevens waaruit blijkt dat aan de voorwaarden wordt voldaan, niet tijdig heeft ingediend en hem dit niet is toe te rekenen, wordt de EU-verblijfsvergunning voor langdurig ingezetenen verleend met ingang van de dag na die waarop de geldigheidsduur van de verblijfsvergunning, bedoeld in artikel 14 dan wel artikel 28 afloopt.
(Zie ook: art. 7 lid 3 Richtlijn 2003/109/EG)

Inwilligen aanvraag EU-verblijfsvergunning voor langdurig ingezetenen

Hoofdstuk 4
Handhaving

Afdeling 1
Toezicht op de naleving

Paragraaf 1
Aanwijzing

Art. 46
1. Met het toezicht op de naleving en de uitvoering van de Schengengrenscode en de wettelijke voorschriften met betrekking tot de grensbewaking zijn belast:
a. de ambtenaren van de Koninklijke marechaussee;
b. de ambtenaren die zijn tewerkgesteld bij de regionale eenheid in het gebied waarin de haven van Rotterdam is gelegen;
c. de directeur van een grenslogies als bedoeld in artikel 3 van het Reglement regime grenslogies;
d. de bij besluit van Onze Minister, in overeenstemming met Onze Ministers van Binnenlandse Zaken en Koninkrijksrelaties en van Defensie, aangewezen ambtenaren van politie als bedoeld in artikel 2, onder a, c en d, van de Politiewet 2012 die zijn aangesteld voor de uitvoering van de politietaak.
2. Bij algemene maatregel van bestuur worden regels gesteld omtrent:
a. de in het belang van de grensbewaking te treffen voorzieningen;
b. de verplichtingen waaraan personen zijn onderworpen met het oog op de controle in het belang van de grensbewaking.
3. De bij of krachtens het eerste lid aangewezen ambtenaren belast met de grensbewaking zijn de in artikel 2, onder 14, van de Schengengrenscode bedoelde grenswachters.
(Zie ook: artt. 84 sub a, 108 lid 3 Vw; art. 4.1 t/m 4.36 Vb; A1/2, A1/7, A2 Vc; artt. 5, 7, 8 lid 1, 16 Verordening 2016/399/EU)

Met grensbewaking belaste ambtenaren

Art. 47
1. Met het toezicht op de naleving van de wettelijke voorschriften met betrekking tot vreemdelingen zijn belast:
a. de ambtenaren van politie, bedoeld in artikel 2, onder a, c en d, van de Politiewet 2012, die zijn aangesteld voor de uitvoering van de politietaak;
b. de ambtenaren van de Koninklijke marechaussee;
c. de bij besluit van Onze Minister aangewezen ambtenaren.
2. De ambtenaren van politie, bedoeld in artikel 2, onder a, c en d, van de Politiewet 2012, die zijn aangesteld voor de uitvoering van de politietaak oefenen het toezicht op vreemdelingen uit onder leiding van de korpschef.
3. De ambtenaren van de Koninklijke marechaussee oefenen het toezicht op vreemdelingen uit onder leiding van de Commandant der Koninklijke marechaussee.
(Zie ook: art. 108 lid 3 Vw; art. 4.1 VV; A2 Vc)

Toezicht vreemdelingen

Art. 47a
1. Met het toezicht op de naleving van de wettelijke voorschriften met betrekking tot referenten zijn belast de bij besluit van Onze Minister aangewezen ambtenaren.
2. Bij algemene maatregel van bestuur kan op voordracht van Onze Minister en Onze Minister van Binnenlandse Zaken en Koninkrijksrelaties kan worden bepaald dat met het toezicht op de naleving van de wettelijke voorschriften met betrekking tot referenten tevens zijn belast de ambtenaren van politie, bedoeld in artikel 2, onder a, c en d, van de Politiewet 2012, die zijn aangesteld voor de uitvoering van de politietaak, in welk geval artikel 47, tweede lid, van overeenkomstige toepassing is.
(Zie ook: art. 2a t/m 2g Vw; artt. 4.1a, 4.1b VV)

Toezicht referenten

A40 art. 48 — Vreemdelingenwet 2000

Art. 48

Informatie/aanwijzingen

1. De korpschef en de Commandant der Koninklijke marechaussee geven Onze Minister door hem gevraagde inlichtingen over de uitvoering van deze wet en van de Schengengrenscode.
2. Onze Minister kan aan de korpschef en aan de Commandant der Koninklijke marechaussee aanwijzingen geven over de uitvoering van deze wet en van de Schengengrenscode. Onze Minister kan individuele aanwijzingen geven aan de ambtenaren, bedoeld in de artikelen 47, eerste lid, en 47a.
3. Onze Minister kan aanwijzingen geven over de inrichting van de werkprocessen en bedrijfsvoering aan:
    a. de korpschef, door tussenkomst van Onze Minister van Veiligheid en Justitie;
    b. de Commandant der Koninklijke marechaussee, door tussenkomst van de Minister van Defensie.
4. Bij algemene maatregel van bestuur kunnen nadere regels worden gesteld over het eerste, tweede en derde lid.
(Zie ook: art. 6 Vw ; art. 4.17 Vb; A2/8, A3/4.6 Vc)

Paragraaf 2
Bevoegdheden

Art. 49

Overeenkomstige toepassing artt. 5:12, 5:13 en 5:20 Awb

1. Op de uitoefening van de in deze paragraaf bedoelde bevoegdheden zijn, voor zover nodig, de artikelen 5:12, 5:13 en 5:20, eerste en tweede lid, van de Algemene wet bestuursrecht van overeenkomstige toepassing.
2. Op de uitoefening door de ambtenaren belast met de grensbewaking van de uit de Schengengrenscode voortvloeiende taken zijn de artikelen 5:12, 5:13 en 5:20, eerste en tweede lid, van de Algemene wet bestuursrecht eveneens van overeenkomstige toepassing.
(Zie ook: art. 7 Verordening 2016/399/EU)
3. Onze Minister is bevoegd tot overeenkomstige toepassing van artikel 5:20, derde lid, van de Algemene wet bestuursrecht ten aanzien van de in het eerste en tweede lid bedoelde bevoegdheden en taken.

Art. 50

Staande houden bij verdenking illegaal verblijf

1. De ambtenaren belast met de grensbewaking en de ambtenaren belast met het toezicht op vreemdelingen, zijn bevoegd, hetzij op grond van feiten en omstandigheden die, naar objectieve maatstaven gemeten, een redelijk vermoeden van illegaal verblijf opleveren hetzij ter bestrijding van illegaal verblijf na grensoverschrijding, personen staande te houden ter vaststelling van hun identiteit, nationaliteit en verblijfsrechtelijke positie. Degene die stelt Nederlander te zijn, maar dat niet kan aantonen, kan worden onderworpen aan de dwangmiddelen als bedoeld in het tweede en vijfde lid. Bij algemene maatregel van bestuur worden de documenten aangewezen waarover een vreemdeling moet beschikken ter vaststelling van zijn identiteit, nationaliteit en verblijfsrechtelijke positie.

Verhoor

2. Indien de identiteit van de staande gehouden persoon niet onmiddellijk kan worden vastgesteld, mag hij worden overgebracht naar een plaats bestemd voor verhoor. Hij wordt aldaar niet langer dan gedurende zes uren opgehouden, met dien verstande, dat de tijd tussen middernacht en negen uur voormiddags niet wordt meegerekend.
3. Indien de identiteit van de staande gehouden persoon onmiddellijk kan worden vastgesteld en indien blijkt dat deze persoon geen rechtmatig verblijf geniet, dan wel niet onmiddellijk blijkt dat hij rechtmatig verblijf heeft, mag hij worden overgebracht naar een plaats bestemd voor verhoor. Hij wordt aldaar niet langer dan gedurende zes uren opgehouden, met dien verstande, dat de tijd tussen middernacht en negen uur voormiddags niet wordt meegerekend.

Verlenging ophouding

4. Indien nog grond bestaat voor het vermoeden dat de opgehouden persoon geen rechtmatig verblijf heeft, kan de in het tweede en derde lid bepaalde termijn door de Commandant van de Koninklijke marechaussee respectievelijk door de korpschef in het belang van het onderzoek met ten hoogste acht en veertig uren worden verlengd.
5. De in het eerste lid bedoelde ambtenaren zijn bevoegd de opgehouden persoon aan diens kleding of lichaam te onderzoeken, alsmede zaken van deze persoon te doorzoeken.
6. Bij algemene maatregel van bestuur worden nadere regelen gegeven omtrent de toepassing van de voorgaande leden van dit artikel.
(Zie ook: artt. 77 lid 2, 84 sub a jo 95, 93 lid 1 Vw ; art. 4.17a t/m 4.22 Vb; artt. 3.1 t/m 3.9, 5.1 VV; A2 Vc; art. 23 Verordening 2016/399/EU; art. 31 lid 2 Richtlijn 2013/32/EU)

Art. 50a

Staande houden vreemdeling met rechtmatig verblijf

1. De ambtenaren belast met de grensbewaking en de ambtenaren belast met het toezicht op vreemdelingen, zijn bevoegd een vreemdeling die rechtmatig verblijf heeft als bedoeld in artikel 8, aanhef en onder f tot en met h en m staande te houden, over te brengen naar een plaats bestemd voor verhoor en aldaar op te houden, indien dit nodig is voor de voorbereiding van een besluit omtrent inbewaringstelling van de vreemdeling op grond van artikel 59, eerste lid, aanhef en

onder b, 59a of 59b. De ophouding duurt ten hoogste zes uren, met dien verstande dat de tijd tussen middernacht en negen uur voormiddags niet wordt meegerekend.
2. De in het eerste lid bedoelde ambtenaren zijn bevoegd de opgehouden persoon aan diens kleding of lichaam te onderzoeken, alsmede zaken van deze persoon te doorzoeken.
3. Bij algemene maatregel van bestuur worden nadere regelen gegeven omtrent de toepassing van de voorgaande leden van dit artikel.

Art. 51
1. Indien de ambtenaren belast met de grensbewaking en de ambtenaren belast met het toezicht op vreemdelingen op grond van feiten en omstandigheden, naar objectieve maatstaven gemeten, een redelijk vermoeden hebben dat met een vervoermiddel personen worden vervoerd met betrekking tot wie zij een toezichthoudende taak hebben, zijn zij bevoegd het vervoermiddel te onderzoeken. De ambtenaren zijn in dat geval bevoegd van de bestuurder van het voertuig of van de schipper van een vaartuig te vorderen dat deze zijn vervoermiddel stilhoudt en naar een door hen aangewezen plaats overbrengt teneinde het vervoermiddel te onderzoeken. **Onderzoek vervoermiddel bij redelijke verdenking**
2. Artikel 5:19, vijfde lid, van de Algemene wet bestuursrecht is van overeenkomstige toepassing op de vordering als bedoeld in het eerste lid. **Overeenkomstige toepassing art. 5:19 Awb**
3. Indien de ambtenaren belast met de grensbewaking op grond van feiten en omstandigheden, naar objectieve maatstaven gemeten, een redelijk vermoeden hebben dat met een luchtvaartuig personen worden vervoerd met betrekking tot wie zij een toezichthoudende taak hebben, zijn zij bevoegd het luchtvaartuig te onderzoeken. De ambtenaren zijn in dat geval bevoegd van de gezagvoerder van een luchtvaartuig te vorderen dat deze zijn luchtvaartuig naar een door hen aangewezen plaats overbrengt teneinde het luchtvaartuig te onderzoeken. Bij of krachtens algemene maatregel van bestuur kunnen nadere regels worden gesteld.
(Zie ook: art. 4.16 Vb)

Art. 52
1. Onze Minister, de ambtenaren, belast met de grensbewaking, en de ambtenaren belast met het toezicht op vreemdelingen, zijn bevoegd om, ter vervulling van hun taken, reis- en identiteitspapieren van personen in te nemen, tijdelijk in bewaring te nemen alsmede om hierin aantekeningen te maken. Bij of krachtens algemene maatregel van bestuur worden hierover nadere regels gesteld. **Inbewaringneming reis- en identiteitspapieren**
2. Het reis- of identiteitspapier wordt aan de vreemdeling teruggegeven indien hij te kennen geeft Nederland te willen verlaten en hij ook daadwerkelijk vertrekt. Ingeval van uitzetting kan het reis- en identiteitspapier worden overgedragen aan de persoon belast met de grensbewaking in het land waar de toelating is gewaarborgd.
(Zie ook: artt. 2.4 lid 5, 4.23 t/m 4.36 Vb; artt. 4.6 t/m 4.12, 4.14, 4.15 VV; A1/4.9, A1/7.2, A2/8, C1/1 Vc)

Art. 53
1. De ambtenaren belast met de grensbewaking en de ambtenaren belast met het toezicht op vreemdelingen zijn bevoegd een woning te betreden zonder toestemming van de bewoner, indien er op grond van feiten en omstandigheden, naar objectieve maatstaven gemeten, een redelijk vermoeden bestaat dat op deze plaats een vreemdeling verblijft die geen rechtmatig verblijf heeft. **Binnentreding woningen bij redelijke verdenking**
2. De ambtenaren, bedoeld in het eerste lid, zijn tevens bevoegd elke plaats te betreden, daaronder begrepen een woning zonder de toestemming van de bewoner, voor zover dat nodig is ter uitzetting van de vreemdeling dan wel voor de inbewaringstelling van de vreemdeling op grond van artikel 59.
(Zie ook: artt. 27 lid 1 sub c, 45 lid 1 sub d Vw; A2/9 Vc; art. 23 Verordening 2016/399/EU)

Art. 53a
1. De ambtenaren belast met de grensbewaking en de ambtenaren belast met het toezicht op vreemdelingen, zijn, na een woning te hebben betreden en na aldaar een vreemdeling staande te hebben gehouden wiens identiteit niet onmiddellijk kan worden vastgesteld, bevoegd deze woning te doorzoeken zonder toestemming van de bewoner voor zover dat redelijkerwijs noodzakelijk is voor de tijdelijke inbewaringneming van zaken waaruit de identiteit van de betrokken vreemdeling met een redelijke mate van zekerheid kan worden afgeleid. **Doorzoeken woning/bedrijfsruimte**
2. De ambtenaren zijn tevens bevoegd elke bij een onderneming behorende ruimte te betreden en te doorzoeken voor zover dat redelijkerwijs noodzakelijk is voor de in het eerste lid bedoelde zaken, indien een staande gehouden vreemdeling wiens identiteit niet onmiddellijk kan worden vastgesteld, in die onderneming werkzaam is en indien vermoed wordt dat de vreemdeling een bij de onderneming behorende ruimte als woonruimte gebruikt.
3. Tot doorzoeking voor de tijdelijke inbewaringneming van zaken waaruit de identiteit van de betrokken vreemdeling met een redelijke mate van zekerheid kan worden afgeleid wordt niet overgegaan dan nadat de vreemdeling is uitgenodigd deze vrijwillig af te geven.
4. De doorzoeking vindt slechts plaats voor zover dit redelijkerwijs leidt tot substantiële schade aan de ruimte of aan de zaken die zich in deze ruimte bevinden.

5. De doorzoeking vindt slechts plaats in aanwezigheid van een bevoegd ambtenaar, tevens hulpofficier van Justitie.
6. De ambtenaren, bedoeld in het eerste lid, zijn tevens bevoegd in afwachting van de komst van de ambtenaar, bedoeld in het vijfde lid, de maatregelen te nemen die redelijkerwijs nodig zijn om wegmaking, onbruikbaarmaking, onklaarmaking of beschadiging van de voor tijdelijke inbewaringneming vatbare voorwerpen te voorkomen. Deze maatregelen kunnen de vrijheid van de personen die zich ter plaatse bevinden beperken.

Art. 53b

Schakelbepaling

1. Artikel 10 van de Algemene wet op het binnentreden is van overeenkomstige toepassing op de bevoegdheid tot doorzoeking.
2. In aanvulling op artikel 10 van de Algemene wet op het binnentreden vermeldt de ambtenaar die de doorzoeking, bedoeld in artikel 53a, eerste en tweede lid, heeft verricht, in het schriftelijk verslag op welke gronden werd aangenomen dat deze redelijkerwijs noodzakelijk was voor de tijdelijke inbewaringneming van de zaken, bedoeld in artikel 53a, eerste en tweede lid.
3. Het verslag wordt toegezonden aan de officier van justitie.

Paragraaf 3
Maatregelen van toezicht

Art. 54

Verplichting verstrekking informatie

1. Bij of krachtens algemene maatregel van bestuur kan ten aanzien van vreemdelingen worden voorzien in een verplichting tot:
a. het kennis geven van verandering van woon- of verblijfplaats binnen Nederland en van vertrek naar het buitenland;
b. het al dan niet in persoon verstrekken van gegevens welke van belang kunnen zijn voor de toepassing van de bij of krachtens deze wet gestelde regels;
c. het verlenen van medewerking aan het vastleggen van gegevens met het oog op identificatie;
d. het verlenen van medewerking aan een medisch onderzoek naar een ziekte aangewezen bij of krachtens de Wet publieke gezondheid, ter bescherming van de volksgezondheid of in het kader van de beoordeling van een aanvraag om een verblijfsvergunning;
e. aanmelding binnen een bepaalde termijn na binnenkomst in Nederland;
f. periodieke aanmelding;
g. het inleveren van het document of schriftelijke verklaring als bedoeld in artikel 9 waaruit het rechtmatig verblijf blijkt;
h. het stellen van zekerheid;
i. het overleggen van documenten, anders dan bedoeld onder g.
2. Bij of krachtens algemene maatregel van bestuur wordt ten aanzien van referenten en gewezen referenten voorzien in verplichtingen tot:
a. het al dan niet in persoon verstrekken van gegevens en bescheiden welke van belang kunnen zijn voor de toepassing van de bij of krachtens deze wet gestelde regels, en
b. het administreren en beheren van gegevens en bescheiden als bedoeld onder a.

Individuele verplichting tot aanmelding

3. In gevallen waarin Onze Minister zulks in het belang van de openbare orde of de nationale veiligheid nodig oordeelt, kan hij aan een vreemdeling een individuele verplichting tot periodieke aanmelding bij de korpschef opleggen.
(Zie ook: artt. 2d, 2t, 24a, 55a, 106a, 108 Vw; artt. 1.31, 4.37 t/m 4.53 Vb; artt. 4.13, 4.15, 4.17 t/m 4.30, 7.1l lid 3 VV; A2/10 Vc; art. 9 lid 3 Richtlijn 2008/115/EG; art. 13 Richtlijn 2013/33/EU)

Art. 55

Beschikbaarheid aanvrager

1. De vreemdeling die rechtmatig verblijf geniet op grond van artikel 8, onder f, dient zich, in verband met het onderzoek naar de inwilligbaarheid van de aanvraag om een verblijfsvergunning beschikbaar te houden op een door Onze Minister aangewezen plaats, overeenkomstig hem daartoe door de bevoegde autoriteit gegeven aanwijzingen.
2. Ter ondersteuning van het onderzoek of een aanvraag tot het verlenen van de verblijfsvergunning als bedoeld in artikel 28 kan worden ingewilligd, zijn de ambtenaren belast met de grensbewaking en de ambtenaren belast met het toezicht op vreemdelingen bevoegd om een vreemdeling staande te houden en aan diens kleding of lichaam te onderzoeken, alsmede zijn bagage te doorzoeken met het oog op eventuele aanwezigheid van reis- of identiteitspapieren, documenten of bescheiden, die noodzakelijk zijn voor de beoordeling van zijn aanvraag. Gelijke bevoegdheid bestaat indien de vreemdeling te kennen geeft een aanvraag te willen indienen.

Onderzoek kleding, lichaam of bagage

3. De ambtenaren belast met de grensbewaking en de ambtenaren belast met het toezicht op vreemdelingen zijn bevoegd een vreemdeling die zich in verband met het onderzoek op een plaats als bedoeld in het eerste lid bevindt, dan wel een vreemdeling die zich in een verwijdercentrum bevindt, aan diens kleding of lichaam te onderzoeken, alsmede zijn bagage te doorzoeken met het oog op de veiligheid op die plaats.
(Zie ook: artt. 75, 108 Vw; art. 1.4 Vb; art. 4.16 VV; A2/10.3, A5/4 Vc; artt. 13 lid 2 sub d, 31 lid 2 Richtlijn 2013/32/EU)

Afdeling 2
Bestuurlijke boete

Art. 55a
1. Onze Minister kan bij een overtreding van de verplichtingen bij of krachtens artikelen 2a, tweede lid, onder b, 2t, tweede en derde lid, 24a, tweede en derde lid, 54, eerste lid, onder a tot en met e en g, en tweede lid, een bestuurlijke boete opleggen van ten hoogste € 3000 voor ondernemingen, rechtspersonen en andere organisaties en € 1500 voor natuurlijke personen. Bij regeling van Onze Minister kunnen nadere regels worden gesteld omtrent de hoogte van de bestuurlijke boete.
2. Het rapport vermeldt in ieder geval de bij het beboetbare feit betrokken persoon of personen.
3. Onze Minister kan de bestuurlijke boete verhogen met 50%, indien op de dag van het constateren van de overtreding nog geen 24 maanden zijn verstreken nadat een eerdere overtreding van eenzelfde wettelijke verplichting is geconstateerd.
(Zie ook: art. 108 Vw; art. 1.19 lid 1 sub b Vb; B1/9 Vc)

Bestuurlijke boete

Hoofdstuk 5
Vrijheidsbeperkende en vrijheidsontnemende maatregelen

Art. 56
1. Overeenkomstig bij algemene maatregel van bestuur te geven regels kan, indien het belang van de openbare orde of de nationale veiligheid zulks vordert, door Onze Minister de vrijheid van beweging worden beperkt van de vreemdeling die:
a. geen rechtmatig verblijf heeft;
b. rechtmatig verblijf heeft op grond van artikel 8, met uitzondering van de onderdelen b, d en e.
2. Toepassing van het eerste lid blijft achterwege wanneer en wordt beëindigd zodra de vreemdeling te kennen geeft Nederland te willen verlaten en hiertoe voor hem ook gelegenheid bestaat.
(Zie ook: artt. 75, 84 sub a jo 95, 108 Vw; art. 5.1 t/m 5.7 Vb; artt. 4.16, 5.2 VV; A5, C1/2.1 Vc; artt. 8 lid 2, 9 lid 3 Richtlijn 2008/115/EG; art. 8 Richtlijn 2013/33/EU)

Vrijheidsbeperkende maatregelen

Art. 57
1. Onze Minister kan de vreemdeling wiens aanvraag om een verblijfsvergunning als bedoeld in artikel 28 is afgewezen de aanwijzing geven zich op te houden in een bepaalde ruimte of op een bepaalde plaats en aldaar de aanwijzingen van de bevoegde autoriteit in acht te nemen, ook indien de beschikking waarbij de aanvraag is afgewezen nog niet onherroepelijk is dan wel het beroep de werking van de beschikking opschort.
2. Op aanvraag van de vreemdeling kan een andere ruimte of plaats worden aangewezen.
3. Een aanwijzing als bedoeld in het eerste lid blijft achterwege indien de vrijheid van beweging van de vreemdeling is beperkt in verband met het onderzoek naar de aanvraag om een verblijfsvergunning en de vreemdeling zich daadwerkelijk beschikbaar heeft gehouden en de beschikking tot afwijzing meer dan acht weken na de indiening van de aanvraag is gegeven.
4. De aanwijzing, bedoeld in het eerste lid, vervalt indien de beschikking waarbij de aanvraag is afgewezen is vernietigd of zodra het vertrek van de vreemdeling uit de ruimte of plaats nodig is om Nederland te verlaten.
5. De termijn, bedoeld in het derde lid, wordt opgeschort gedurende de termijn waarin de vreemdeling de beperking van zijn bewegingsvrijheid niet in acht heeft genomen.
(Zie ook: artt. 75, 84 sub a jo 95, 108 Vw; art. 5.7 Vb; artt. 4.16, 5.2 VV; A5 Vc; art. 9 lid 3 Richtlijn 2008/115/EG; art. 8 Richtlijn 2013/33/EU)

Ophouding op aangewezen plaats na afwijzing aanvraag verblijfsvergunning

Art. 58
1. Indien zulks voor de uitzetting noodzakelijk is, kan Onze Minister in het geval, bedoeld in artikel 57, eerste lid, de vreemdeling een ruimte of plaats aanwijzen, die is beveiligd tegen ongeoorloofd vertrek.
2. De artikelen 6, vierde lid, 57, tweede tot en met vijfde lid en 59, derde lid, zijn van overeenkomstige toepassing.
(Zie ook: artt. 75, 84 sub a jo 95, 108 Vw; artt. 3.112, 5.4, 5.5, 5.7 Vb; artt. 4.16, 5.2 VV; artt. 15 leden 5 en 6, 16 lid 1 Richtlijn 2008/115/EG; art. 26 lid 1 Richtlijn 2013/32/EU)

Uitzetcentrum

Art. 59
1. Indien het belang van de openbare orde of de nationale veiligheid zulks vordert kan, met het oog op de uitzetting, door Onze Minister in bewaring worden gesteld de vreemdeling die:
a. geen rechtmatig verblijf heeft;
b. die rechtmatig verblijf heeft op grond van artikel 8, onder f, g en h, niet zijnde een vreemdeling als bedoeld in artikel 59a of 59b.
2. Indien de voor de terugkeer van de vreemdeling noodzakelijke bescheiden voorhanden zijn, dan wel binnen korte termijn voorhanden zullen zijn, wordt het belang van de openbare orde

Inbewaringstelling

A40 art. 59a — Vreemdelingenwet 2000

geacht de bewaring van de vreemdeling te vorderen, tenzij de vreemdeling rechtmatig verblijf heeft gehad op grond van artikel 8, onder a tot en met e, en l.

3. Bewaring van een vreemdeling blijft achterwege indien en wordt beëindigd zodra hij te kennen geeft Nederland te willen verlaten en hiertoe voor hem ook gelegenheid bestaat.

4. Bewaring krachtens het eerste lid, onder b, of het tweede lid duurt in geen geval langer dan vier weken. Indien voorafgaande aan de beslissing op de aanvraag toepassing is gegeven aan artikel 39, duurt de bewaring krachtens het eerste lid, onder b, in geen geval langer dan zes weken.

5. Onverminderd het vierde lid duurt de bewaring krachtens het eerste lid niet langer dan zes maanden.

6. In afwijking van het vijfde lid en onverminderd het vierde lid kan de bewaring krachtens het eerste lid ten hoogste met nog eens twaalf maanden worden verlengd, indien de uitzetting, alle redelijke inspanningen ten spijt, wellicht meer tijd zal vergen, op grond dat de vreemdeling niet meewerkt aan zijn uitzetting of de daartoe benodigde documentatie uit derde landen nog ontbreekt.

7. Het vijfde en zesde lid zijn van overeenkomstige toepassing op de vreemdeling aan wie de verplichting van maatregel, bedoeld in artikel 6, eerste of tweede lid, dan wel artikel 58 is opgelegd.

8. De ambtenaren belast met de grensbewaking en de ambtenaren belast met het toezicht op vreemdelingen zijn bevoegd de in bewaring gestelde persoon aan diens kleding of lichaam te onderzoeken, alsmede zaken van deze persoon te doorzoeken, voor zover dit noodzakelijk is voor het verkrijgen van informatie omtrent de identiteit, nationaliteit en de verblijfsrechtelijke positie van de betreffende vreemdeling.

(Zie ook: artt. 73 lid 4, 84 sub a jo 95, 94 lid 2 Vw; artt. 5.1 t/m 5.6, 6.1 Vb; artt. 5.3, 5.4 VV; A3/7.6, A5, C1/2.10 Vc; artt. 8 lid 2, 15 lid 1, 2, 5 en 6, 16 lid 5 Richtlijn 2008/115/EG; art. 26 lid 1 Richtlijn 2013/32/EU)

Art. 59a

Inbewaringstelling/Dublinverordening

1. Onze Minister kan vreemdelingen op wie de Dublinverordening van toepassing is, met het oog op de overdracht aan een verantwoordelijke lidstaat in bewaring stellen met inachtneming van artikel 28 van de Dublinverordening.

2. Artikel 59, derde lid, is van overeenkomstige toepassing.

(Zie ook: artt. 3.109 lid 7 sub d, 3.117 lid 10, 5.2-5.6, 6.1 Vb; artt. 5.3, 5.4 VV; A5/6.2, C1/2.10 Vc; art. 28 Vo (EU) nr. 604/2013)

Art. 59b

Inbewaringstelling rechtmatig verblijvenden ex art. 8 f, g of h

1. De vreemdeling die rechtmatig verblijf heeft op grond van artikel 8, onder f, g of h, voor zover dit betrekking heeft op een aanvraag tot het verlenen van een verblijfsvergunning als bedoeld in artikel 28, kan door Onze Minister in bewaring worden gesteld, indien:

a. bewaring noodzakelijk is met het oog op vaststelling van de identiteit of nationaliteit van de vreemdeling;

b. bewaring noodzakelijk is met het oog op het verkrijgen van gegevens die noodzakelijk zijn voor beoordeling van een aanvraag tot het verlenen van een verblijfsvergunning voor bepaalde tijd als bedoeld in artikel 28, met name indien er sprake is van een risico op onttrekking;

c. de vreemdeling:

1°. in bewaring werd gehouden in het kader van een terugkeerprocedure uit hoofde van de Terugkeerrichtlijn;

2°. reeds de mogelijkheid van toegang tot de asielprocedure heeft gehad; en

3°. op redelijke gronden aangenomen kan worden dat hij de aanvraag louter heeft ingediend om de uitvoering van het terugkeerbesluit uit te stellen of te verijdelen; of

d. de vreemdeling een gevaar vormt voor de nationale veiligheid of openbare orde als bedoeld in artikel 8, derde lid, onderdeel e, van de Opvangrichtlijn.

2. De bewaring krachtens het eerste lid, onderdeel a, b of c, duurt niet langer dan vier weken, tenzij toepassing is gegeven aan artikel 39. In dat geval duurt de bewaring niet langer dan zes weken.

3. De bewaring krachtens het eerste lid, onderdeel a, b of c, kan worden verlengd met ten hoogste drie maanden indien de vreemdeling rechtmatig verblijf heeft op grond van artikel 8, onder h.

4. De bewaring krachtens het eerste lid, onderdeel d, duurt niet langer dan zes maanden.

5. Onze Minister kan de bewaring krachtens het eerste lid, onderdeel d, met ten hoogste negen maanden verlengen, indien er sprake is van:

a. complexe feitelijke en juridische omstandigheden die betrekking hebben op de behandeling van de aanvraag tot het verlenen van een verblijfsvergunning voor bepaalde tijd als bedoeld in artikel 28; en

b. een zwaarwegend belang van openbare orde of nationale veiligheid.

(Zie ook: art. 94 lid 7 Vw; artt. 5.1c t/m 5.6, 3.109 lid 7 sub c, 3.117 lid 1 Vb; artt. 5.3, 5.4 VV; A5/6.3, C1/2.10 Vc; art. art 26 lid 1 Richtlijn 2013/32/EU; art. 8 Richtlijn 2013/33/EU)

Vreemdelingenwet 2000 A40 art. 62a

Art. 59c
1. Onze Minister stelt een vreemdeling slechts in bewaring op grond van artikel 59, 59a of 59b, voor zover geen minder dwingende maatregelen doeltreffend kunnen worden toegepast.
Inbewaringstelling/uiterste middel
2. Bewaring van een vreemdeling blijft achterwege of wordt beëindigd, indien deze niet langer noodzakelijk is met het oog op het doel van de bewaring.
(Zie ook: artt. 8, 9 lid 1, 11 lid 2 en 3 Richtlijn 2013/33/EU)

Art. 60
Bij of krachtens algemene maatregel van bestuur worden nadere regels gegeven omtrent de toepassing van dit hoofdstuk. Daarbij kan worden voorzien in de mogelijkheid van verhaal van de kosten van bewaring op de vreemdeling zelf en, indien hij minderjarig is, op degenen die het wettig gezag over hem uitoefenen.
Nadere regels/verhaal
(Zie ook: art. 5.1 t/m 5.7 Vb)

Hoofdstuk 6
Vertrek, uitzetting en overdracht, inreisverbod en ongewenstverklaring

Afdeling 1
Vertrek

Art. 61
1. De vreemdeling die niet of niet langer rechtmatig verblijf heeft, dient Nederland uit eigen beweging te verlaten binnen de in artikel 62 bepaalde termijn.
Verplichting land te verlaten bij onrechtmatig verblijf
2. Indien de werking van de beschikking, waarbij de aanvraag of de ambtshalve verlening van de verblijfsvergunning is ingetrokken, is opgeschort, kan van de vreemdeling medewerking worden gevorderd aan de voorbereiding van het vertrek uit Nederland.
3. Het indienen van een klacht als bedoeld in artikel 9:1 van de Algemene wet bestuursrecht schort de verplichting, bedoeld in het eerste lid, niet op.
(Zie ook: art. 108 Vw; art. 4.39 Vb; A3 Vc)

Art. 62
1. Nadat tegen de vreemdeling een terugkeerbesluit is uitgevaardigd dan wel, indien het een gemeenschapsonderdaan betreft, nadat het rechtmatig verblijf van de vreemdeling is geëindigd, dient hij Nederland uit eigen beweging binnen vier weken te verlaten.
Vertrekplicht
2. Onze Minister kan de voor een vreemdeling geldende termijn, bedoeld in het eerste lid, verkorten, dan wel, in afwijking van het eerste lid, bepalen dat een vreemdeling Nederland onmiddellijk moet verlaten, indien:
a. een risico bestaat dat de vreemdeling zich aan het toezicht zal onttrekken;
b. de aanvraag van de vreemdeling tot het verlenen van een verblijfsvergunning of tot het verlengen van de geldigheidsduur van een verblijfsvergunning is afgewezen als kennelijk ongegrond of wegens het verstrekken van onjuiste of onvolledige gegevens; of
c. de vreemdeling een gevaar vormt voor de openbare orde, de openbare veiligheid of de nationale veiligheid.
3. Onze Minister kan de voor een vreemdeling geldende termijn, bedoeld in het eerste lid, verlengen, rekening houdend met de specifieke omstandigheden van het individuele geval. Bij ministeriële regeling worden regels gesteld over de duur van de verlenging en worden de gevallen aangewezen waarin de termijn kan worden verlengd.
(Zie ook: art. 27 lid 1 sub b Vw; artt. 1.4, 2.1b, 4.29 lid 1 sub j, 4.35a, 4.52a, 4.52b, 6.1, 6.1b, 6.1e Vb; art. 6.3 VV; A3/3 Vc; artt. 3 lid 8, 6 leden 1 en 5, 7 leden 1 en 4 Richtlijn 2008/115/EG)

Art. 62a
1. Onze Minister stelt de vreemdeling, niet zijnde gemeenschapsonderdaan, die niet of niet langer rechtmatig verblijf heeft, schriftelijk in kennis van de verplichting Nederland uit eigen beweging te verlaten en van de termijn waarbinnen hij aan die verplichting moet voldoen, tenzij:
Terugkeerbesluit
a. reeds eerder een terugkeerbesluit tegen de vreemdeling is uitgevaardigd en aan de daaruit voortvloeiende terugkeerverplichting niet is voldaan,
b. de vreemdeling in bezit is van een door een andere lidstaat afgegeven geldige verblijfsvergunning of andere toestemming tot verblijf, of
c. de vreemdeling door een andere lidstaat van de Europese Unie wordt teruggenomen op grond van een op 13 januari 2009 geldende bilaterale of multilaterale overeenkomst of regeling.
2. De kennisgeving, bedoeld in het eerste lid, geldt als terugkeerbesluit en kan tevens een inreisverbod inhouden.
3. De vreemdeling, bedoeld in het eerste lid, onderdeel b, wordt opgedragen zich onmiddellijk naar het grondgebied van de betrokken lidstaat te begeven. Indien dit bevel niet wordt nageleefd

of indien om redenen van openbare orde of nationale veiligheid het onmiddellijke vertrek van vreemdeling is vereist, wordt tegen de vreemdeling een terugkeerbesluit uitgevaardigd.
(Zie ook: art. 72 lid 4 Vw; artt. 4.29 lid 1 sub j, 4.35a Vb; artt. 6.1, 6.4 VV ; A3/2 Vc; artt. 3 lid 4, 6 leden 1 t/m 3 Richtlijn 2008/115/EG)

Art. 62b

Kennisgeving overdracht

1. Onze Minister stelt de vreemdeling die kan worden overgedragen op grond van de Dublinverordening schriftelijk in kennis van het besluit om hem over te dragen aan de verantwoordelijke lidstaat.
2. De kennisgeving, bedoeld in het eerste lid, geldt als een overdrachtsbesluit.
(Zie ook: art. 72 lid 4 Vw)

Art. 62c

Overdrachtsbesluit/vertrektermijn

1. Nadat tegen de vreemdeling een overdrachtsbesluit is uitgevaardigd, dient hij Nederland uit eigen beweging binnen vier weken te verlaten.
2. Artikel 62, tweede lid, is van overeenkomstige toepassing.
3. Onze Minister kan, in afwijking van het eerste en tweede lid, de voor een vreemdeling geldende termijn verkorten dan wel bepalen dat een vreemdeling Nederland onmiddellijk moet verlaten, indien dit noodzakelijk is ten behoeve van het realiseren van de overdracht binnen zes maanden na het akkoord van de verantwoordelijke lidstaat.
4. Het rechtmatig verblijf op grond van artikel 8, onder m, eindigt van rechtswege nadat de vreemdeling Nederland kennelijk uit eigen beweging heeft verlaten, dan wel de feitelijke overdracht is gerealiseerd.

Afdeling 2
Uitzetting en overdracht

Art. 63

Uitzetting

1. De vreemdeling die geen rechtmatig verblijf heeft en die niet binnen de bij deze wet gestelde termijn Nederland uit eigen beweging heeft verlaten, kan worden uitgezet.
2. Onze Minister is bevoegd tot uitzetting.
3. Indien de werking van de beschikking waarbij de aanvraag is afgewezen of de verblijfsvergunning is ingetrokken is opgeschort, kan van de vreemdeling medewerking worden gevorderd aan de voorbereiding van de uitzetting.
(Zie ook: artt. 27, 45, 53 lid 2 Vw; art. 8.13 t/m 8.15 Vb; artt. 4.11, 6.1 VV; A3/6 Vc; artt. 6 lid 1, 8 leden 1 en 2, 9 lid 2, 14 lid 1 Richtlijn 2008/115/EG)

Art. 63a

Overdracht onder dwang

De vreemdeling tegen wie een overdrachtsbesluit is uitgevaardigd en die Nederland niet binnen de in artikel 62c bedoelde termijn uit eigen beweging heeft verlaten, kan door Onze Minister worden overgedragen aan een verantwoordelijke lidstaat in de zin van de Dublinverordening.
(Zie ook: A3/6.9, A3/7.1.5 Vc)

Art. 64

Uitzetting blijft achterwege

Uitzetting blijft achterwege zolang het gelet op de gezondheidstoestand van de vreemdeling of die van een van zijn gezinsleden niet verantwoord is om te reizen.
(Zie ook: art. 8 aanhef en sub j Vw; artt. 3.4 lid 3, 3.46, 3.51, 3.109 lid 6, 6.1c, 6.1e Vb ; art. 6.1a VV; A3/7, B7/3.5, B9, C1/2.2, C2/3.3, C1/4.5 Vc; artt. 6 leden 1 en 4, 9 lid 2, 13 lid 4 Richtlijn 2008/115/EG)

Art. 65

Wijze van uitzetting

1. De vreemdeling:
a. die Nederland is binnengekomen aan boord van een vaartuig of luchtvaartuig in gebruik bij een vervoersonderneming en die Nederland onmiddellijk dient te verlaten, of
b. die met het oog op zijn uitzetting is aangehouden binnen zes maanden nadat hij is binnengekomen aan boord van een vaartuig of luchtvaartuig in gebruik bij een vervoersonderneming, kan worden uitgezet door plaatsing aan boord van een vaartuig of luchtvaartuig in gebruik bij dezelfde vervoersonderneming.
2. De vervoersonderneming vervoert op aanwijzing van een ambtenaar belast met de grensbewaking de vreemdeling, bedoeld in het eerste lid, om niet terug naar een plaats buiten Nederland en vindt daartoe zo nodig een ander middel voor de terugbrenging. Is zulks niet binnen redelijke tijd mogelijk, of, in het geval bedoeld in het eerste lid, onder b, niet binnen redelijke tijd na de aanhouding mogelijk, dan kunnen de kosten van uitzetting uit Nederland op die vervoersonderneming worden verhaald.
3. Gezagvoerders van vaartuigen en luchtvaartuigen verlenen aan de uitzetting van de vreemdeling alle medewerking die de ambtenaar belast met de grensbewaking redelijkerwijs kan vorderen.

Vreemdelingenwet 2000   **A40 art. 66b**

4. Het eerste lid, onder b, is niet van toepassing op de vreemdeling die rechtmatig verblijf geniet tot een later tijdstip dan dat van vertrek van het vaartuig of luchtvaartuig aan boord waarvan hij is binnengekomen.
(Zie ook: artt. 4, 108 Vw; artt. 6.2, 6.3 Vb; A1/9, A3/8 Vc)

Art. 66
1. Bij of krachtens algemene maatregel van bestuur worden regels gesteld omtrent de toepassing van de afdelingen 1 en 2 van dit hoofdstuk. Daarbij wordt in ieder geval voorzien in de mogelijkheid van verhaal van de kosten van uitzetting op de referent of de gewezen referent van de vreemdeling, op de vreemdeling zelf en, indien hij minderjarig is, op degenen die het wettelijk gezag over hem uitoefenen of uitoefenden.   *Nadere regels*
2. Het terzake van uitzetting verschuldigde bedrag kan worden ingevorderd bij dwangbevel.
(Zie ook: artt. 6.2, 6.4 Vb; artt. 6.2, 6.2a VV; A3/9, B1/9.2 Vc)

Afdeling 3
Inreisverbod

Art. 66a
1. Onze Minister vaardigt een inreisverbod uit tegen de vreemdeling, die geen gemeenschapsonderdaan is, op wie artikel 64 niet van toepassing is en die Nederland: *Inreisverbod*
a. onmiddellijk moet verlaten ingevolge artikel 62, tweede lid, of
b. niet uit eigen beweging binnen de daarvoor geldende termijn heeft verlaten, in welk laatste geval het inreisverbod slechts door middel van een zelfstandige beschikking wordt uitgevaardigd dan wel een beschikking die mede strekt tot wijziging van het reeds gegeven terugkeerbesluit.
2. Onze Minister kan een inreisverbod uitvaardigen tegen de vreemdeling, die geen gemeenschapsonderdaan is en die Nederland niet onmiddellijk moet verlaten.
3. De vreemdeling tegen wie een inreisverbod is uitgevaardigd wordt ter fine van weigering van de toegang en het verblijf gesignaleerd in de daartoe bij of krachtens een verdrag, een EU-verordening, -richtlijn, of -besluit of een algemene maatregel van bestuur aangewezen informatie- dan wel signaleringssystemen.
4. Het inreisverbod wordt gegeven voor een bepaalde duur, die ten hoogste vijf jaren bedraagt, tenzij de vreemdeling naar het oordeel van Onze Minister een ernstige bedreiging vormt voor de openbare orde, de openbare veiligheid of de nationale veiligheid. De duur wordt bekend met ingang van de datum waarop de vreemdeling Nederland daadwerkelijk heeft verlaten.
5. Indien de bekendmaking van de beschikking, waarbij het inreisverbod is uitgevaardigd, geschiedt door toezending, wordt van de beschikking mededeling gedaan in de Staatscourant.
6. In afwijking van artikel 8 kan de vreemdeling jegens wie een inreisverbod geldt of die is gesignaleerd ter fine van weigering van de toegang geen rechtmatig verblijf hebben, met uitzondering van het rechtmatig verblijf:
a. van de vreemdeling die een eerste aanvraag tot het verlenen van een verblijfsvergunning als bedoeld in artikel 28 heeft ingediend, zolang op die aanvraag nog niet is beslist;
b. bedoeld in artikel 8, onder j, en
c. van de vreemdeling wiens uitzetting op grond van een rechterlijke beslissing achterwege dient te blijven totdat op het bezwaarschrift of beroepschrift is beslist.
7. In afwijking van het zesde lid en artikel 8 en in uitzondering van het rechtmatig verblijf van de vreemdeling die een eerste aanvraag tot het verlenen van een verblijfsvergunning als bedoeld in artikel 28 heeft ingediend zolang op die aanvraag nog niet is beslist, kan de vreemdeling jegens wie een inreisverbod geldt geen rechtmatig verblijf hebben, in geval de vreemdeling:
a. bij onherroepelijk geworden rechtelijk vonnis is veroordeeld wegens een misdrijf waartegen een gevangenisstraf van drie jaren of meer is bedreigd dan wel hem ter zake de maatregel als bedoeld in artikel 37a van het Wetboek van Strafrecht is opgelegd;
b. een gevaar vormt voor de openbare orde of de nationale veiligheid;
c. naar het oordeel van Onze Minister een ernstige bedreiging vormt als bedoeld in het vierde lid, dan wel
d. ingevolge een verdrag of in het belang van de internationale betrekkingen van Nederland ieder verblijf dient te worden ontzegd.
8. In afwijking van het eerste lid kan Onze Minister om humanitaire of andere redenen afzien van het uitvaardigen van een inreisverbod.
(Zie ook: artt. 2.1b, 4.29 lid 1 sub j, 4.35a Vb; artt. 6.5, 6.6 VV; A4/2, B7/3.8.2 Vc; artt. 3 lid 6, 11 leden 1 t/m 3 en 5 Richtlijn 2008/115/EG)

Art. 66b
1. Onze Minister kan ambtshalve of wegens gewijzigde omstandigheden dan wel op aanvraag van de vreemdeling besluiten tot opheffing of tijdelijke opheffing van het inreisverbod.   *Opheffing inreisverbod*
2. Bij of krachtens algemene maatregel van bestuur kunnen regels worden gesteld over de toepassing van deze afdeling.
(Zie ook: art. 6.6 VV; A4/2.5 Vc)

Afdeling 4
Ongewenstverklaring

Art. 67

Ongewenstverklaring

1. Tenzij afdeling 3 van toepassing is, kan Onze Minister de vreemdeling ongewenst verklaren:
   a. indien hij niet rechtmatig in Nederland verblijft en bij herhaling een bij deze wet strafbaar gesteld feit heeft begaan;
   b. indien hij bij onherroepelijk geworden rechterlijk vonnis is veroordeeld wegens een misdrijf waartegen een gevangenisstraf van drie jaren of meer is bedreigd dan wel hem terzake de maatregel als bedoeld in artikel 37a van het Wetboek van Strafrecht is opgelegd;
   c. indien hij een gevaar vormt voor de openbare orde of nationale veiligheid en geen rechtmatig verblijf heeft als bedoeld in artikel 8, onder a tot en met e dan wel l;
   d. ingevolge een verdrag, of
   e. in het belang van de internationale betrekkingen van Nederland.
2. Indien de bekendmaking van de beschikking, waarbij de vreemdeling ongewenst wordt verklaard, geschiedt door toezending, wordt van de beschikking mededeling gedaan in de Staatscourant.
3. In afwijking van artikel 8 kan de ongewenst verklaarde vreemdeling geen rechtmatig verblijf hebben.
(Zie ook: artt. 6.6, 6.7 Vb; A4/3 Vc; artt. 3 lid 6, 11 leden 1 en 2 Richtlijn 2008/115/EG)

Art. 68

Opheffing ongewenstverklaring

1. Onze Minister kan op aanvraag van de vreemdeling besluiten tot opheffing van de ongewenstverklaring.
2. De ongewenstverklaring wordt opgeheven indien de vreemdeling tien jaren onafgebroken buiten Nederland verblijf heeft gehad en zich in die periode geen van de gronden, bedoeld in artikel 67, eerste lid, hebben voorgedaan.
3. Bij of krachtens algemene maatregel van bestuur kunnen regels worden gesteld omtrent de toepassing van deze afdeling.
(Zie ook: artt. 6.6, 6.7 Vb; A4/3.5 Vc)

Hoofdstuk 7
Rechtsmiddelen

Afdeling 1
Algemene bepalingen

Art. 69

Indieningstermijn bezwaar- en beroepschrift

1. In afwijking van artikel 6:7 van de Algemene wet bestuursrecht bedraagt de termijn voor het indienen van een bezwaar- of beroepschrift vier weken.
2. In afwijking van het eerste lid bedraagt de beroepstermijn één week, indien de aanvraag tot het verlenen van een verblijfsvergunning voor bepaalde tijd als bedoeld in artikel 28:
   a. is afgewezen binnen een bij algemene maatregel van bestuur te bepalen aantal dagen, dat niet de dagen van de rust- en voorbereidingstermijn omvat;
   b. niet in behandeling is genomen op grond van artikel 30;
   c. niet-ontvankelijk is verklaard op grond van artikel 30a;
   d. is afgewezen als kennelijk ongegrond op grond van artikel 30b; of
   e. buiten behandeling is gesteld op grond van artikel 30c.
3. In afwijking van artikel 6:7 van de Algemene wet bestuursrecht is het instellen van beroep als bedoeld in de artikelen 94 en 96 tegen een besluit als bedoeld in artikel 93 niet aan enige termijn gebonden. De termijn voor het instellen van het hoger beroep, bedoeld in artikel 95, bedraagt één week.
4. In afwijking van het eerste lid bedraagt de beroepstermijn één week, indien een overdrachtsbesluit is genomen op grond van artikel 62b.
(Zie ook: art. 7.3 Vb; B1/7 Vc; art. 43 lid 1 Richtlijn 2013/32/EU)

Art. 70

Wijze indiening bezwaar en beroep

1. In afwijking van de artikelen 2:1 en 8:24 van de Algemene wet bestuursrecht wordt het bezwaar, administratief beroep, het beroep op de rechtbank of het hoger beroep ingesteld door de vreemdeling in persoon, zijn wettelijke vertegenwoordiger, zijn bijzondere gemachtigde, zijn referent of een advocaat.
2. Indien de vreemdeling van zijn vrijheid is ontnomen kan hij het bezwaar, administratief beroep, het beroep op de rechtbank of hoger beroep ook instellen door middel van de schriftelijke verklaring, bedoeld in artikel 451a van het Wetboek van Strafvordering
(Zie ook: artt. 71a, 72a Vw; B1/7 Vc)

Vreemdelingenwet 2000   **A40** art. 73

Art. 71
Op het beroep tegen een besluit, genomen op grond van de artikelen 43 en 45, vierde lid, zijn — Schadevergoeding
de artikelen 70, eerste lid, en 89 van overeenkomstige toepassing.
(Zie ook: B1/7 Vc; art. 14 Verordening 2016/399/EU)

Art. 71a
1. In afwijking van artikel 8:89, tweede lid, van de Algemene wet bestuursrecht is de bestuurs- — Schadevergoeding
rechter bij uitsluiting bevoegd tot behandeling van een verzoek als bedoeld in artikel 8:88, eerste
lid, van die wet tot vergoeding van schade die een vreemdeling lijdt als gevolg van een onrechtmatig besluit ten aanzien van deze vreemdeling als zodanig.
2. In afwijking van artikel 8:94, eerste lid, van de Algemene wet bestuursrecht is artikel 8:10a,
eerste tot en met derde lid, van die wet niet van overeenkomstige toepassing indien het verzoek
wordt behandeld door de Afdeling bestuursrechtspraak van de Raad van State.

Afdeling 2
Regulier

Paragraaf 1
Algemeen

Art. 72
1. Deze afdeling is van toepassing indien de afdelingen 3 en 5 van dit hoofdstuk niet van toe- — Begripsbepalingen
passing zijn.
2. Een beschikking omtrent de afgifte van een visum, waaronder begrepen een machtiging tot
voorlopig verblijf, wordt voor de toepassing van dit hoofdstuk gelijkgesteld met een beschikking
omtrent een verblijfsvergunning regulier gegeven krachtens deze wet.
3. Voor de toepassing van deze afdeling wordt met een beschikking tevens gelijkgesteld een
handeling van een bestuursorgaan ten aanzien van een vreemdeling als zodanig, waaronder
begrepen het niet verlenen van de verblijfsvergunning overeenkomstig artikel 14, tweede lid
4. Voor de toepassing van deze afdeling wordt met een beschikking eveneens gelijk gesteld
een kennisgeving als bedoeld in artikel 62a, eerste lid of artikel 62b, eerste lid.

Art. 72a
Artikel 8:88, eerste lid, van de Algemene wet bestuursrecht is van overeenkomstige toepassing — Artikel 8:88, eerste lid,
op een verzoek tot vergoeding van schade die een vreemdeling lijdt als gevolg van een onrecht- Awb van overeenkomstige
matige handeling van dit bestuursorgaan ten aanzien van deze vreemdeling als zodanig. Artikel toepassing
71a is van overeenkomstige toepassing.

Art. 73
1. De werking van het besluit tot afwijzing van de aanvraag of de intrekking van de verblijfs- — Opschortende werking
vergunning wordt opgeschort totdat de termijn voor het maken van bezwaar of het instellen
van administratief beroep is verstreken of, indien bezwaar is gemaakt of administratief beroep
is ingesteld, totdat op het bezwaar of administratief beroep is beslist.
2. Het eerste lid is niet van toepassing indien de aanvraag is afgewezen dan wel de verblijfsvergunning is ingetrokken op de grond, bedoeld in artikel:
a. 16, eerste lid, onder a of d;
b. 18, eerste lid, onder e, en indien het een gecombineerde vergunning betreft, onder g;
c. 21, eerste lid, onder c of d;
d. artikel 22, tweede lid, onder c of d;
e. 45b, tweede lid, onder d of e.
3. Het eerste lid is voorts niet van toepassing indien het besluit inhoudt de afwijzing van een
herhaalde aanvraag of indien het bezwaarschrift of het administratief beroepschrift niet tijdig
is ingediend.
4. Het eerste lid is evenmin van toepassing indien de vreemdeling rechtens zijn vrijheid is of
wordt ontnomen op grond van artikel 59, 59a of 59b.
5. Het eerste lid is, voor zover het betreft de opschortende werking gedurende de termijn voor
het maken van bezwaar of het instellen van administratief beroep zolang geen bezwaar is gemaakt
of administratief beroep is ingesteld, niet van toepassing op de verplichting, bedoeld in artikel
62, eerste lid of artikel 62c, eerste lid.
(Zie ook: artt. 4.31, 7.2, 8.13 Vb; B1/7 Vc; art. 9 lid 1 Richtlijn 2008/115/EG)

Art. 74
[Vervallen]

Paragraaf 2
Bezwaar

Art. 75
[Vervallen]

Art. 76

Termijn beslissing op bezwaar

1. Indien bezwaar wordt gemaakt tegen een beschikking omtrent de afgifte van de machtiging tot voorlopig verblijf, bedoeld in artikel 1a, onderdeel b, de verblijfsvergunning, bedoeld in artikel 14 of 20, dan wel de ongewenstverklaring, bedoeld in artikel 67, wordt in afwijking van artikel 7:10, eerste lid, van de Algemene wet bestuursrecht beslist binnen negentien weken, gerekend vanaf de dag na die waarop de termijn voor het indienen van het bezwaarschrift is verstreken.
2. Onverminderd artikel 7:10, derde lid, van de Algemene wet bestuursrecht, kan de beslissing worden verdaagd voor ten hoogste dertien weken indien naar het oordeel van Onze Minister voor de beoordeling van het bezwaarschrift advies van of onderzoek door derden of het openbaar ministerie nodig is.

Paragraaf 3
Administratief beroep

Art. 77

Administratief beroep

1. Tegen een ter uitvoering van deze wet genomen beschikking die niet door of namens Onze Minister is genomen, met uitzondering van een beschikking als bedoeld in artikel 72, tweede lid, kan bij Onze Minister administratief beroep worden ingesteld.
2. In afwijking van het eerste lid staat geen administratief beroep open tegen een beschikking die is gegeven op grond van de artikelen 6, 6a en 50, tweede, derde en vierde lid, en tegen de ophouding op grond van artikel 50a, eerste lid.
(Zie ook: art. 14 Verordening 2016/399/EU; art. 6 Handvest grondrechten EU)

Paragraaf 4
Beroep op de rechtbank

Art. 78

Kortsluiting

Indien een verzoek om een voorlopige voorziening is gedaan teneinde uitzetting te voorkomen voordat is beslist op het bezwaar of het administratief beroep, dat is gericht tegen de beschikking tot afwijzing van de aanvraag of intrekking van de verblijfsvergunning, beslist de voorzieningenrechter van de rechtbank zoveel mogelijk tevens over dat bezwaar of administratief beroep.

Afdeling 3
Asiel

Paragraaf 1
Algemeen

Art. 79

Afwijkende procedure asiel

1. Deze afdeling is slechts van toepassing indien beroep wordt ingesteld tegen:
a. een besluit omtrent een verblijfsvergunning als bedoeld in de artikelen 28 en 33;
b. een besluit omtrent een EU-verblijfsvergunning voor langdurig ingezetenen van een vreemdeling die in het bezit is van een verblijfsvergunning als bedoeld in artikel 28 of artikel 33;
c. een besluit omtrent de intrekking van een EU-verblijfsvergunning voor langdurig ingezetenen van een vreemdeling op wiens document, bedoeld in artikel 9, de aantekening, bedoeld in artikel 45c, eerste lid, is geplaatst dan wel omtrent het wijzigen of schrappen van die aantekening;
d. een besluit omtrent tijdelijke bescherming of toepassing van artikel 45, vierde lid, indien de vreemdeling in de gelegenheid is gesteld zijn zienswijze over het voornemen van dat besluit te geven.
2. Deze afdeling is van overeenkomstige toepassing indien beroep wordt ingesteld tegen een besluit als bedoeld in de artikelen 43 en 45, vierde lid.
3. Deze afdeling is van overeenkomstige toepassing indien in de voornemenprocedure, bedoeld in de artikelen 39 en 41, de vreemdeling tevens in de gelegenheid is gesteld om zijn zienswijze te geven over het voornemen niet ambtshalve een verblijfsvergunning als bedoeld in artikel 14 te verlenen dan wel over het voornemen om de uitzetting of overdracht niet op grond van artikel 64 achterwege te laten.
(Zie ook: artt. 30a lid 2, 30c lid 2 Vw; art. 7.3 Vb; A5/6.9, B1/7.3, C2/11 Vc)

Art. 80

[Vervallen]

Vreemdelingenwet 2000 A40 art. 83

Paragraaf 2
Beroep op de rechtbank

Art. 81
In afwijking van de artikelen 8:41, eerste lid, en 8:82, eerste lid, van de Algemene wet bestuursrecht wordt door de griffier geen griffierecht geheven.   Griffierecht

Art. 82
1. De werking van het besluit omtrent een verblijfsvergunning wordt opgeschort totdat de beroepstermijn is verstreken of, indien beroep is ingesteld, op het beroep is beslist.   Opschortende werking
2. Het eerste lid is niet van toepassing, indien: Werkingssfeer
   a. de aanvraag niet in behandeling is genomen op grond van artikel 30;
   b. de aanvraag niet-ontvankelijk is verklaard op grond van artikel 30a, met uitzondering van artikel 30a, eerste lid, onderdeel c;
   c. de aanvraag is afwezen als kennelijk ongegrond op grond van artikel 30b, met uitzondering van artikel 30b, eerste lid, onderdeel h;
   d. de aanvraag buiten behandeling is gesteld op grond van artikel 30c;
   e. de aanvraag is afgewezen met toepassing van artikel 4:6 van de Awb, onder verwijzing naar een besluit waarin met toepassing van de Dublinverordening is vastgesteld dat een andere lidstaat verantwoordelijk is voor de behandeling van de aanvraag; of
   f. het een besluit als bedoeld in artikel 43 of 45, vierde lid, betreft.
3. Het eerste lid is niet van toepassing indien het beroepschrift niet tijdig is ingediend.
4. Het eerste lid is, voor zover het betreft de opschortende werking gedurende de beroepstermijn zolang geen beroep is ingesteld, niet van toepassing op de verplichting, bedoeld in artikel 62, eerste lid.
5. Het tweede lid, onder a en b, en het derde lid zijn niet van toepassing, indien de vreemdeling tijdelijke bescherming heeft.
6. Bij of krachtens algemene maatregel van bestuur kunnen nadere regels worden gesteld omtrent het recht om al dan niet in afwachting van de uitspraak op een verzoek om een voorlopige voorziening in Nederland te mogen verblijven.
(Zie ook: art. 7.3 Vb; A5/6.9, B1/7.3, C2/11 Vc; art. 9 lid 1 Richtlijn 2008/115/EG; artt. 43 lid 1, 46 lid 5 en 6 Richtlijn 2013/32/EU)

Art. 83
1. De rechtbank houdt bij de beoordeling van het beroep rekening met: Nagekomen feiten en omstandigheden
   a. feiten en omstandigheden die na het bestreden besluit zijn aangevoerd, en
   b. wijzigingen van beleid die na het bestreden besluit zijn bekendgemaakt.
2. Met de in het eerste lid bedoelde gegevens wordt slechts rekening gehouden indien deze relevant kunnen zijn voor:
   a. de beschikking omtrent de verblijfsvergunning, bedoeld in de artikelen 28 en 33;
   b. de beschikking omtrent de EU-verblijfsvergunning voor langdurig ingezetenen van een vreemdeling die in het bezit is van een verblijfsvergunning als bedoeld in artikel 28 of 33;
   c. een besluit omtrent de intrekking van een EU-verblijfsvergunning voor langdurig ingezetenen van een vreemdeling op wiens document, bedoeld in artikel 9, de aantekening, bedoeld in artikel 45c, eerste lid, is geplaatst dan wel omtrent het wijzigen of schrappen van die aantekening;
   d. de ambtshalve verlening van een vergunning als bedoeld in artikel 14, dan wel het achterwege laten van de uitzetting of overdracht op grond van artikel 64.
3. Met de in het eerste lid bedoelde gegevens wordt geen rekening gehouden voor zover de goede procesorde zich daartegen verzet of de afdoening van de zaak daardoor ontoelaatbaar wordt vertraagd.
4. Indien de indiener van het beroepschrift zich beroept op feiten of omstandigheden als bedoeld in het eerste lid, onderdeel a, maar deze niet aanstonds aannemelijk maakt, stelt de rechtbank hem zo nodig in de gelegenheid deze feiten of omstandigheden binnen een door de rechtbank te bepalen termijn alsnog aannemelijk te maken, tenzij de goede procesorde zich daartegen verzet of de afdoening van de zaak daardoor ontoelaatbaar wordt vertraagd.
5. Onze Minister laat de wederpartij en de rechtbank zo spoedig mogelijk schriftelijk weten of de gegevens, bedoeld in het eerste lid, aanleiding zijn voor handhaving, wijziging of intrekking van het bestreden besluit. De rechtbank kan daarvoor een termijn stellen.
6. Indien Onze Minister zich beroept op gegevens als bedoeld in het eerste lid, biedt de rechtbank de vreemdeling de gelegenheid om daarop schriftelijk te reageren.
7. Het vijfde en zesde lid zijn niet van toepassing indien:
   a. aan een schriftelijke reactie redelijkerwijs geen behoefte bestaat;
   b. deze gegevens niet relevant kunnen zijn voor de beschikking omtrent de verblijfsvergunning, bedoeld in de artikelen 28 en 33 of de EU-verblijfsvergunning voor langdurig ingezetenen van een vreemdeling die in het bezit is van een verblijfsvergunning als bedoeld in artikel 28 of 33, een beschikking omtrent de intrekking van de EU-verblijfsvergunning voor langdurig ingezetenen van een vreemdeling op wiens document, bedoeld in artikel 9, de aantekening, bedoeld

in artikel 45c, eerste lid, is geplaatst, of omtrent de ambtshalve verlening van een vergunning als bedoeld in artikel 14, dan wel het achterwege laten van de uitzetting of overdracht op grond van artikel 64;
c. de goede procesorde zich daartegen verzet of de afdoening van de zaak daardoor ontoelaatbaar wordt vertraagd.

Art. 83.0a

Herhaald besluit/omvang beroep

Indien beroep is ingesteld tegen een besluit dat een gelijke strekking heeft als een besluit dat eerder ten aanzien van de indiener van het beroepschrift is genomen, zal dit besluit, ook bij het ontbreken van nieuw gebleken feiten of veranderde omstandigheden of een relevante wijziging van het recht, worden beoordeeld als ware het een eerste afwijzing indien hier wegens bijzondere, op de individuele zaak betrekking hebbende, feiten en omstandigheden, de noodzaak toe bestaat.
(Zie ook: art. 3.118b Vb)

Art. 83a

Omvang beroep

De toetsing van de rechtbank omvat een volledig en ex nunc onderzoek naar zowel de feitelijke als de juridische gronden, met inbegrip van, indien van toepassing, een onderzoek naar de behoefte aan internationale bescherming.
(Zie ook: art. 46 lid 3 r Richtlijn 2013/32/EU)

Art. 83b

Termijn uitspraak

1. Indien de aanvraag tot het verlenen van een verblijfsvergunning voor bepaalde tijd als bedoeld in artikel 28 is afgewezen binnen een bij algemeen maatregel van bestuur te bepalen aantal dagen, dat niet de dagen van de rust- en voorbereidingstermijn omvat, doet de rechtbank binnen vier weken na het instellen van het beroep uitspraak.
2. Indien de aanvraag tot het verlenen van een verblijfsvergunning voor bepaalde tijd als bedoeld in artikel 28 is afgewezen in andere dan de in het eerste lid bedoelde gevallen, doet de rechtbank binnen drieëntwintig weken na het instellen van het beroep uitspraak.
3. In afwijking van het tweede lid doet de rechtbank binnen vier weken na het instellen van het beroep uitspraak, indien de aanvraag:
a. niet in behandeling is genomen op grond van artikel 30;
b. niet-ontvankelijk is verklaard op grond van artikel 30a;
c. is afgewezen als kennelijk ongegrond op grond van artikel 30b;
d. is afgewezen met toepassing van artikel 4:6 van de Awb, onder verwijzing naar een besluit waarin het toepassingsbereik van de Dublinverordening is vastgesteld dat een andere lidstaat verantwoordelijk is voor de behandeling van de aanvraag; of
e. buiten behandeling is gesteld op grond van artikel 30c.
4. In de gevallen, bedoeld in het eerste en derde lid, is artikel 8:52, tweede en derde lid, van de Algemene wet bestuursrecht van overeenkomstige toepassing.
(Zie ook: art. 46 lid 10 Richtlijn 2013/32/EU)

Afdeling 4
Hoger beroep

Art. 83c

Toepasselijkheid Algemene wet bestuursrecht bij hoger beroep

1. Op het hoger beroep zijn de titels 8.1 tot en met 8.3 van de Algemene wet bestuursrecht van overeenkomstige toepassing, met uitzondering van de artikelen 8:1 tot en met 8:5, 8:6, eerste lid, 8:7 tot en met 8:9, 8:10a, eerste tot en met derde lid, 8:13, 8:41, tweede lid, 8:54, tweede lid, 8:55, en 8:74, voor zover in deze wet niet anders is bepaald.
2. Artikel 8:108, eerste en derde lid, van de Algemene wet bestuursrecht is niet van toepassing.
3. Deze afdeling, met uitzondering van artikel 86, is van overeenkomstige toepassing op het incidenteel hoger beroep. Voor zover nodig in afwijking van artikel 8:110 van de Algemene wet bestuursrecht zijn de termijnen voor het instellen van incidenteel hoger beroep als bedoeld in het tweede lid van dat artikel en voor het naar voren brengen van de zienswijze, bedoeld in het derde lid van dat artikel, gelijk aan de termijn voor het instellen van hoger beroep.
4. De artikelen 8:110 tot en met 8:112 van de Algemene wet bestuursrecht zijn niet van toepassing op een hoger beroep:
a. als bedoeld in artikel 95, eerste lid;
b. inzake een terugkeerbesluit of een inreisverbod, tenzij dat besluit of verbod deel uitmaakt van of wordt opgelegd tegelijk met het besluit op een aanvraag om een verblijfsvergunning als bedoeld in artikel 14, 20, 28 of 33, dan wel ingevolge artikel 6:19 van de Algemene wet bestuursrecht wordt betrokken bij het hoger beroep tegen een dergelijk besluit.

Art. 84

Hoger beroep

In afwijking van artikel 8:104, eerste lid, van de Algemene wet bestuursrecht staat geen hoger beroep open tegen een uitspraak van de rechtbank of van de voorzieningenrechter van de rechtbank:
a. over een besluit of handeling op grond van artikel 6, eerste lid, artikel 6a, eerste lid, hoofdstuk 4 of hoofdstuk 5;

Vreemdelingenwet 2000   A40 art. 93

b. over een visum voor een verblijf van 90 dagen of minder;
c. na toepassing van artikel 78, of
d. over de toekenning van de vergoeding, bedoeld in artikel 106.
(Zie ook: art. 47 Richtlijn 2013/32/EU)

Art. 85
1. In aanvulling op artikel 6:5, onderdeel d, van de Algemene wet bestuursrecht bevat het beroepschrift een of meer grieven tegen de uitspraak van de rechtbank of de voorzieningenrechter van de rechtbank.   *Inhoud beroepschrift*
2. Een grief omschrijft het onderdeel van de uitspraak waarmee de indiener zich niet kan verenigen alsmede de gronden waarop de indiener zich daarmee niet kan verenigen.
3. Indien niet is voldaan aan het eerste of tweede lid, aan artikel 6:5 van de Algemene wet bestuursrecht of aan enig ander bij de wet gesteld vereiste voor het in behandeling nemen van het hoger beroep, wordt het hoger beroep niet-ontvankelijk verklaard. Artikel 6:6 van de Algemene wet bestuursrecht is niet van toepassing, indien niet is voldaan aan de vereisten genoemd in artikel 6:5, eerste lid, onder c en d, of aan het eerste lid of tweede lid van dit artikel

Art. 86
1. In afwijking van artikel 8:41, vijfde lid, van de Algemene wet bestuursrecht bedraagt de termijn binnen welke de bijschrijving of storting van het verschuldigde bedrag dient plaats te vinden, twee weken. De voorzitter van de Afdeling bestuursrechtspraak van de Raad van State kan een kortere termijn stellen.   *Termijn betaling griffierecht*
2. In afwijking van artikel 8:41, eerste lid, van de Algemene wet bestuursrecht wordt door de secretaris geen griffierecht geheven, indien hoger beroep wordt ingesteld tegen een uitspraak die is gedaan met toepassing van afdeling 3 van dit hoofdstuk.
3. In afwijking van artikel 8:82 van de Algemene wet bestuursrecht wordt door de secretaris geen griffierecht geheven voor een verzoek om voorlopige voorziening indien hoger beroep wordt ingesteld tegen een uitspraak die is gedaan met toepassing van afdeling 3 van dit hoofdstuk.

Art. 87-88
[Vervallen]

Art. 89
1. De Afdeling bestuursrechtspraak van de Raad van State behandelt het hoger beroep met toepassing van afdeling 8.2.3 van de Algemene wet bestuursrecht.   *Uitspraak binnen 23 weken*
2. De Afdeling bestuursrechtspraak van de Raad van State doet uiterlijk drieëntwintig weken na ontvangst van het beroepschrift uitspraak.
(Zie ook: art. 46 lid 10 Richtlijn 2013/32/EU)

Art. 90
In afwijking van artikel 8:18, eerste lid, van de Algemene wet bestuursrecht wordt een verzoek om wraking van een lid van de enkelvoudige kamer behandeld door een enkelvoudige kamer waarin de rechter wiens wraking is verzocht geen zitting heeft.   *Wraking*

Art. 91
1. De Afdeling bestuursrechtspraak van de Raad van State kan zich bij haar uitspraak beperken tot een beoordeling van de aangevoerde grieven.   *Beperking motivering*
2. Indien de Afdeling bestuursrechtspraak van de Raad van State oordeelt dat een aangevoerde grief niet tot vernietiging kan leiden, kan zij zich bij de vermelding van de gronden van haar uitspraak beperken tot dit oordeel.

Art. 92
In afwijking van artikel 8:86 van de Algemene wet bestuursrecht kan de Voorzitter van de Afdeling bestuursrechtspraak van de Raad van State bij zijn uitspraak op een verzoek om voorlopige voorziening ook onmiddellijk uitspraak in de hoofdzaak doen, indien het verzoek niet ter zitting is behandeld.   *Kortsluiting*

Art. 92a
Deze afdeling is van overeenkomstige toepassing op het hoger beroep tegen een uitspraak van de rechtbank als bedoeld in artikel 8:104, eerste lid, onder c, van de Algemene wet bestuursrecht.   *Schakelbepaling*

Afdeling 5
Bijzondere rechtsmiddelen

Art. 93
1. Een aanwijzing op grond van artikel 6, eerste, tweede of derde lid, artikel 6a, of op grond van artikel 55, eerste lid, de ophouding en de verlenging van de ophouding bedoeld in artikel 50, tweede, derde en vierde lid, de ophouding bedoeld in artikel 50a, eerste lid, en een ingevolge hoofdstuk 5 van deze wet genomen maatregel strekkende tot vrijheidsbeperking of vrijheidsontneming worden voor de toepassing van artikel 8:1 van de Algemene wet bestuursrecht gelijkgesteld met een besluit.   *Besluitkarakter ophouding, vrijheidsbeperking, vrijheidsontneming*

2. In afwijking van artikel 8:41 van de Algemene wet bestuursrecht wordt door de griffier geen griffierecht geheven.
(Zie ook: art. 69 lid 3 Vw; art. 15 lid 2 Richtlijn 2008/115/EG; art. 26 lid 2 Richtlijn 2013/32/EU)

Art. 94

Rechtsmiddelen terzake van vrijheidsontnemende maatregelen

1. Uiterlijk op de achtentwintigste dag na de bekendmaking van een besluit tot oplegging van een vrijheidsontnemende maatregel als bedoeld in de artikelen 6, 6a, 58, 59, 59a en 59b, stelt Onze Minister de rechtbank hiervan in kennis, tenzij de vreemdeling voordien zelf beroep heeft ingesteld. Zodra de rechtbank de kennisgeving heeft ontvangen wordt de vreemdeling geacht beroep te hebben ingesteld tegen het besluit tot oplegging van een vrijheidsontnemende maatregel. Het beroep strekt tevens tot een verzoek om toekenning van schadevergoeding.
2. Indien aan de vreemdeling, bedoeld in het eerste lid, een besluit tot weigering van toegang tot Nederland is uitgereikt, wordt het beroep, bedoeld in het eerste lid, geacht mede een beroep tegen dit besluit te omvatten.
3. Het tweede lid is niet van toepassing indien tussen de uitreiking van het besluit tot weigering van toegang tot Nederland en het opleggen van de vrijheidsontnemende maatregel meer dan achtentwintig dagen zijn verstreken.
4. De rechtbank bepaalt onmiddellijk het tijdstip van het onderzoek ter zitting. De zitting vindt uiterlijk op de veertiende dag na ontvangst van het beroepschrift dan wel de kennisgeving plaats. De rechtbank roept de vreemdeling op om in persoon dan wel in persoon of bij raadsman en Onze Minister om bij gemachtigde te verschijnen teneinde te worden gehoord. In afwijking van artikel 8:42, tweede lid, van de Algemene wet bestuursrecht kan de in dat artikel bedoelde termijn niet worden verlengd.
5. De rechtbank doet mondeling of schriftelijk uitspraak. De schriftelijke uitspraak wordt binnen zeven dagen na de sluiting van het onderzoek gedaan. In afwijking van artikel 8:66, tweede lid, van de Algemene wet bestuursrecht kan de in dat artikel bedoelde termijn niet worden verlengd.
6. Indien de rechtbank bij het beroep van oordeel is dat de toepassing of tenuitvoerlegging van de maatregel in strijd is met deze wet dan wel bij afweging van alle daarbij betrokken belangen niet gerechtvaardigd is, verklaart zij het beroep gegrond. In dat geval beveelt de rechtbank de opheffing van de maatregel of een wijziging van de wijze van tenuitvoerlegging daarvan.
7. Het eerste, vijfde en zesde lid zijn van overeenkomstige toepassing op een besluit tot verlenging van een vrijheidsontnemende maatregel als bedoeld in artikel 59, zesde lid, of artikel 59b, vijfde lid. In afwijking van artikel 8:57 van de Algemene wet bestuursrecht kan de rechtbank ook zonder toestemming van partijen bepalen dat het onderzoek ter zitting achterwege blijft.
(Zie ook: artt. 15 leden 1, 2 en 4, 16 lid 5 Richtlijn 2008/115/EG; artt. 26 lid 2, 28 lid 2 Richtlijn 2013/32/EU; art. 9 lid 3 Richtlijn 2013/33/EU)

Art. 95

Hoger beroep

1. In afwijking van artikel 84, onder a, staat tegen de uitspraak van de rechtbank, bedoeld in artikel 94, vijfde lid, hoger beroep open op de Afdeling bestuursrechtspraak van de Raad van State.
2. Afdeling 4 is van toepassing. In afwijking van artikel 84, onder d, strekt het hoger beroep zich ook uit over de toekenning van schadevergoeding, bedoeld in artikel 106.
3. In afwijking van de artikelen 8:41, eerste lid, en 8:82 van de Algemene wet bestuursrecht wordt door de secretaris geen griffierecht geheven.
(Zie ook: art. 69 lid 3 Vw)

Art. 96

Voortduring vrijheidsontneming

1. Indien het beroep, bedoeld in artikel 94, ongegrond is verklaard en de vreemdeling beroep instelt tegen het voortduren van de vrijheidsontneming, sluit de rechtbank het vooronderzoek binnen een week na ontvangst van het beroepschrift. In afwijking van artikel 8:57 van de Algemene wet bestuursrecht kan de rechtbank ook zonder toestemming van partijen bepalen dat het onderzoek ter zitting achterwege blijft.
2. De rechtbank doet mondeling of schriftelijk uitspraak. De schriftelijke uitspraak wordt binnen zeven dagen na de sluiting van het onderzoek gedaan. In afwijking van artikel 8:66, tweede lid, van de Algemene wet bestuursrecht kan de in dat artikel bedoelde termijn niet worden verlengd.
3. Indien de rechtbank bij het beroep van oordeel is dat de toepassing of tenuitvoerlegging van de maatregel in strijd is met deze wet dan wel bij afweging van alle daarbij betrokken belangen in redelijkheid niet gerechtvaardigd is, verklaart zij het beroep gegrond. In dat geval beveelt de rechtbank de opheffing van de maatregel of een wijziging van de wijze van tenuitvoerlegging daarvan.
(Zie ook: artt. 15 lid 1 en 3, 16 lid 5 Richtlijn 2008/115/EG)

Art. 97

AMvB, wijze horen vreemdeling

Bij of krachtens algemene maatregel van bestuur kunnen nadere regels worden gesteld ten aanzien van de wijze van horen van de vreemdeling.

Art. 98
1. In afwijking van artikel 8:24 van de Algemene wet bestuursrecht kan de vreemdeling zich bij de gehoren ingevolge de artikelen 94 en 96 uitsluitend door één of meer van zijn raadslieden doen bijstaan. *Kring van raadslieden*
2. De raadsman wordt bij het horen in de gelegenheid gesteld de nodige opmerkingen te maken.
3. Als raadsman wordt slechts toegelaten een in Nederland ingeschreven advocaat alsmede de persoon bedoeld in artikel 16b dan wel 16h van de Advocatenwet indien deze samenwerkt met een in Nederland ingeschreven advocaat, overeenkomstig het bepaalde in artikel 16e respectievelijk 16j van de Advocatenwet. Onder raadsman wordt ook verstaan de rechtshulpverlener die in dienst is van de Stichting Rechtsbijstand Asiel die terzake van de vrijheidsontnemende maatregelen relevante opleiding en ervaring bezit, en
a. aan wie door een universiteit dan wel de Open Universiteit als bedoeld in de Wet op het hoger onderwijs en wetenschappelijk onderzoek de graad Bachelor op het gebied van het recht en tevens de graad Master op het gebied van het recht is verleend, of
b. die aan een universiteit dan wel de Open Universiteit als bedoeld in de Wet op het hoger onderwijs en wetenschappelijk onderzoek het doctoraat in de rechtsgeleerdheid of het recht om de titel meester te voeren heeft verkregen.

Art. 99
1. De vreemdeling is steeds bevoegd een of meer raadslieden te kiezen. *Keuzevrijheid raadsman*
2. Daartoe is ook zijn wettige vertegenwoordiger of zijn bijzondere gemachtigde bevoegd.
3. Kan de vreemdeling zijn wil te dien aanzien niet doen blijken en heeft hij geen wettelijke vertegenwoordiger of bijzondere gemachtigde, dan is zijn echtgenoot of de meest gerede van zijn hier te lande verblijvende bloed- of aanverwanten, tot de vierde graad ingesloten, tot die keuze bevoegd. De voorzieningenrechter kan ambtshalve één of meer raadslieden toevoegen indien de in de voorgaande volzin bedoelde personen niet in staat worden geacht de keuze binnen redelijke termijn te maken.
4. De ingevolge het tweede of derde lid gekozen raadsman treedt af zodra de vreemdeling zelf een raadsman heeft gekozen.

Art. 100
1. Op verzoek van de vreemdeling wordt hem een raadsman toegevoegd zodra hem ingevolge deze wet zijn vrijheid is ontnomen. Artikel 99, derde lid, is van overeenkomstige toepassing. *Toevoeging raadsman*
2. Bevoegd tot het geven van een last tot toevoeging aan het bestuur van de raad voor rechtsbijstand is de voorzieningenrechter van de rechtbank in het rechtsgebied waarvan de vreemdeling zich bevindt. Ingeval hoger beroep is ingesteld op grond van artikel 95, is de voorzitter van de Afdeling bestuursrechtspraak van de Raad van State bevoegd tot het geven van de last tot toevoeging aan het bestuur van de raad voor rechtsbijstand.
3. Voorzover de wet niet op andere wijze in de toevoeging voorziet, kan het bestuur van de raad voor rechtsbijstand aan de vreemdeling op diens verzoek een raadsman toevoegen.
4. Een overeenkomstig het voorgaande lid gedaan verzoek wordt ingewilligd in gevallen waarin aannemelijk is dat de vreemdeling niet in staat is de kosten van een gekozen raadsman te dragen en waarin ook overigens, naar het oordeel van dat bureau, voldoende grond voor toevoeging bestaat.

Art. 101
1. Bij verhindering of ontstentenis van de toegevoegde raadsman wordt zo nodig aan de vreemdeling onverwijld een andere raadsman toegevoegd. *Vervanging raadsman*
2. Op verzoek van de toegevoegde raadsman of van de vreemdeling kan een andere raadsman worden toegevoegd.
3. Toevoeging van een andere raadsman geschiedt door het bureau bedoeld in artikel 100, tweede of derde lid.
4. Blijkt van de verhindering of ontstentenis van de raadsman pas tijdens het gehoor ingevolge de artikelen 94 en 96, dan geeft de voorzitter van de kamer last tot toevoeging van een andere raadsman aan het bureau bedoeld in artikel 100, tweede of derde lid.

Art. 102
Bij algemene maatregel van bestuur worden regelen gegeven omtrent de beloning van toegevoegde raadslieden, met inbegrip van advocaten die overeenkomstig artikel 101 als raadsman optreden, en de vergoeding van hun onkosten. *Beloning raadsman*

Art. 103
Indien Onze Minister dit wenselijk oordeelt kan hij de beloning en vergoeding van een toevoeging ingevolge de artikelen 100 of 101 verhalen op de goederen van de vreemdeling. Met betrekking tot de wijze van verhaal en de berekening van de te verhalen bedragen worden regelen gesteld bij algemene maatregel van bestuur. *Verhaal kosten raadsman*

Art. 104
De raadsman heeft vrije toegang tot de vreemdeling. Hij kan hem alleen spreken en met hem brieven wisselen zonder dat van de inhoud door anderen kennis wordt genomen, een en ander *Vrije toegang tot vreemdeling*

A40 art. 105

onder het vereiste toezicht en met in achtneming van ingevolge deze wet gestelde regelen met betrekking tot het voor de ruimte of plaats, waar de vreemdeling zich bevindt, geldende regime.

Art. 105

Toepassing Sv

Met betrekking tot de kennisgeving van gerechtelijke mededelingen ingevolge de artikelen 94 tot en met 101 zijn de artikelen 36b tot en met 36e, 36g, 36h en 36n van het Wetboek van Strafvordering van overeenkomstige toepassing.

Art. 106

Schadevergoeding

1. Indien de rechtbank de opheffing van een maatregel strekkende tot vrijheidsontneming of -beperking beveelt, dan wel de vrijheidsontneming of -beperking reeds voor de behandeling van het verzoek om opheffing van die maatregel wordt opgeheven, kan zij aan de vreemdeling een vergoeding ten laste van de Staat toekennen. Onder schade is begrepen het nadeel dat niet in vermogensschade bestaat. De artikelen 534 en 536 van het Wetboek van Strafvordering zijn van overeenkomstige toepassing. Indien de vreemdeling na het indienen van zijn verzoek is overleden, geschiedt de toekenning ten behoeve van zijn erfgenamen.

2. Het eerste lid is van overeenkomstige toepassing, indien de Afdeling bestuursrechtspraak van de Raad van State de opheffing van de maatregel strekkende tot vrijheidsontneming of -beperking beveelt.

(Zie ook: artt. 84 sub d, 95 lid 2 Vw)

Hoofdstuk 8
Algemene en strafbepalingen

Paragraaf 1
Biometrie

Art. 106a

Biometrie

1. Voor zover op grond van de Europese verordeningen die betrekking hebben op biometrische gegevens geen gezichtsopname of vingerafdrukken kunnen worden afgenomen en verwerkt, kunnen van een vreemdeling een gezichtsopname en tien vingerafdrukken worden afgenomen en verwerkt voor het vaststellen van de identiteit met het oog op de uitvoering van deze wet. De gezichtsopname en vingerafdrukken worden vergeleken met de gezichtsopnames en vingerafdrukken in de vreemdelingenadministratie.

2. Voor het verifiëren van de authenticiteit van het document, bedoeld in artikel 9, of de verificatie van de identiteit van een vreemdeling kunnen voor zover dit niet mogelijk is op grond van de Europese verordeningen die betrekking hebben op biometrische gegevens, met het oog op de uitvoering van deze wet vingerafdrukken worden afgenomen. Van deze vingerafdrukken worden één of twee en indien dit geen resultaat oplevert meer vingerafdrukken gebruikt voor vergelijking met de vingerafdrukken op het document of in de vreemdelingenadministratie.

3. Tot het afnemen en verwerken van een gezichtsopname en vingerafdrukken ten behoeve van de in het eerste en tweede lid genoemde doelen, zijn uitsluitend bevoegd Onze Minister, de ambtenaren belast met de grensbewaking, de ambtenaren belast met het toezicht op vreemdelingen en Onze Minister van Buitenlandse Zaken voor zover het gaat om het vaststellen of het verifiëren van de identiteit.

4. Het eerste lid is niet van toepassing op:
a. gemeenschapsonderdanen, en
b. de vreemdeling die behoort tot een bij algemene maatregel aangewezen categorie.

Nadere regels

5. Bij of krachtens algemene maatregel van bestuur worden nadere regels gesteld over:
a. de wijze van het afnemen en verwerken van de gezichtsopnames en de vingerafdrukken, bedoeld in het eerste en tweede lid, en
b. de maatregelen die kunnen worden getroffen in het geval geen vingerafdrukken van de vreemdeling kunnen worden verkregen.

(Zie ook: art. 1.31 Vb; art. 7.1l lid 3 VV; A2/10.1, B1/3.1 Vc)

Paragraaf 1a
Gegevensverstrekking en -verwerking

Art. 107

Vreemdelingenadministratie, inhoud

1. Er is een vreemdelingenadministratie, die wordt beheerd door Onze Minister. De vreemdelingenadministratie bevat:
a. de gezichtsopnames en vingerafdrukken, bedoeld in artikel 106a, eerste lid;
b. andere persoons- en verwijsgegevens van vreemdelingen die volgens een door Onze Minister vastgestelde werkwijze zijn geïdentificeerd en geregistreerd;
c. andere gegevens, waaronder persoonsgegevens, die van belang zijn voor de uitvoering van deze wet en de Rijkswet op het Nederlanderschap.

Vreemdelingenwet 2000   **A40 art. 107**

2. De vreemdelingenadministratie heeft tot doel de verwerking van: *Vreemdelingenadministratie, doel*
a. de in het eerste lid, onder a, bedoelde gegevens voor de uitvoering van deze wet, de Rijkswet op het Nederlanderschap en de daarop gebaseerde regelgeving;
b. de in het eerste lid, onder b en c, bedoelde gegevens, voor zover dat noodzakelijk is voor:
1°. het ter verificatie, controle en verwijzing beschikbaar stellen van de identificatie- en verwijsgegevens van vreemdelingen;
2°. de uitvoering van deze wet, de Rijkswet op het Nederlanderschap en andere, bij regeling van Onze Minister aan te wijzen wettelijke voorschriften;
3°. de evaluatie van bestaand beleid en de voorbereiding van nieuw beleid.
3. Aan een vreemdeling wordt in de vreemdelingenadministratie een uniek vreemdelingennummer toegekend.   *Vreemdelingennummer*
4. Uit de vreemdelingenadministratie worden, met uitzondering van gezichtsopnames en de vingerafdrukken, bedoeld in het eerste lid, onder a, aan bestuursorganen die gegevens en inlichtingen verstrekt, die zij behoeven voor de uitvoering van hun taak, waaronder in ieder geval gegevens omtrent de verblijfsrechtelijke positie van de vreemdeling en, indien het een gecombineerde vergunning betreft, de gegevens op basis waarvan kan worden beoordeeld of is voldaan aan de Wet arbeid vreemdelingen.
5. Onverminderd het in het tweede lid, onder a, genoemde doel, en in aanvulling op het bepaalde bij of krachtens artikel 107a, kunnen gegevens als bedoeld in het eerste lid, onder a, uitsluitend beschikbaar worden gesteld met het oog op:
a. het verstrekken van een reisdocument door een diplomatieke vertegenwoordiging ten behoeve van terugkeer;
b. de identificatie van slachtoffers van rampen en ongevallen;
c. de opsporing en vervolging van strafbare feiten;
d. de toepassing van artikel 55c van het Wetboek van Strafvordering, en
e. de uitvoering van de Wet op de inlichtingen- en veiligheidsdiensten 2017.
6. De verstrekking van gegevens betreffende de vingerafdrukken van de vreemdeling uit de vreemdelingenadministratie in de gevallen bedoeld in het vijfde lid, onderdeel c, ten behoeve van de opsporing en vervolging van strafbare feiten vindt slechts plaats in geval van een misdrijf waarvoor voorlopige hechtenis is toegelaten en na schriftelijke machtiging van de rechter-commissaris op vordering van de officier van justitie:
a. indien er een redelijk vermoeden bestaat dat de verdachte een vreemdeling is, of
b. in het belang van het onderzoek en het opsporingsonderzoek op een dood spoor is beland, dan wel snel resultaat geboden is bij de opheldering van het misdrijf.
7. Bestuursorganen zijn bevoegd uit eigen beweging en desgevraagd verplicht Onze Minister de gegevens en inlichtingen te verstrekken die Onze Minister behoeft voor de uitvoering van deze wet en voor de uitvoering van de Rijkswet op het Nederlanderschap. Deze bestuursorganen kunnen daarbij gebruik maken van het vreemdelingennummer, het burgerservicenummer, bedoeld in artikel 1, onder b, van de Wet algemene bepalingen burgerservicenummer, en van andere, bij regeling van Onze Minister aangewezen, nummers.
8. De in het vierde tot en met zevende lid bedoelde gegevensverstrekking vindt niet plaats, indien de persoonlijke levenssfeer van de betrokkene daardoor onevenredig wordt geschaad.
9. Bij of krachtens algemene maatregel van bestuur kunnen regels worden gesteld omtrent: *Nadere regels*
a. de in de vreemdelingenadministratie op te nemen gegevens, de vastlegging van die gegevens en de doorlevering van die gegevens;
b. de vernietiging van de in de vreemdelingenadministratie opgenomen gegevens, waarbij geldt dat gezichtsopnames en vingerafdrukken nooit langer worden bewaard dan tien jaar nadat de aanvraag tot het verlenen van een machtiging tot voorlopig verblijf is afgewezen, of, in geval van rechtmatig verblijf, de betrokken vreemdeling wiens rechtmatig verblijf is geëindigd, Nederland aantoonbaar heeft verlaten, dan wel, indien tegen de vreemdeling een inreisverbod is uitgevaardigd of de ongewenstverklaring ongewenst is verklaard, tien jaar na afloop van de geldigheidsduur van het inreisverbod onderscheidenlijk de ongewenstverklaring, en deze gegevens in ieder geval worden vernietigd zodra Onze Minister bekend is dat de betrokkene niet langer behoort tot de categorie vreemdelingen waarvan deze kunnen worden afgenomen;
c. de gevallen, waarin en de wijze waarop in ieder geval gegevens en inlichtingen dienen te worden verstrekt, en
d. de gevallen, waarin de verstrekking van gegevens en inlichtingen anders dan kosteloos geschiedt.
10. Voor de toepassing van het vierde en zevende lid worden met bestuursorganen gelijkgesteld instellingsbesturen van uit de openbare kas bekostigde instellingen en bevoegde gezagsorganen van uit de openbare kas bekostigde scholen en instellingen.
11. Met betrekking tot de vreemdelingenadministratie is Onze Minister de verwerkingsverantwoordelijke.
(Zie ook: art. 8.1 t/m 8.2a Vb; artt. 3.33, 3.41, 7.1, 7.1e, 7.1l lid 3 VV; A2/12 Vc)

Art. 107a

Verwerking bijzondere categorie persoonsgegevens

1. Bijzondere categorieën van persoonsgegevens en persoonsgegevens van strafrechtelijke aard als bedoeld in paragraaf 3.1 onderscheidenlijk paragraaf 3.2 van de Uitvoeringswet Algemene verordening gegevensbescherming kunnen worden verwerkt, voor zover deze gegevens noodzakelijk zijn voor de doelmatige en doeltreffende uitvoering van de visumverlening, de grensbewaking, de toelating, het verblijf en de uitzetting van vreemdelingen en het toezicht op vreemdelingen op grond van deze wet dan wel de Schengengrenscode.
2. De gegevens, bedoeld in het eerste lid, worden verwerkt door of namens Onze Minister en de in de artikelen 46 tot en met 48 aangewezen ambtenaren. Zij kunnen worden verwerkt door derden, voor zover deze betrokken zijn bij de uitvoering van deze wet of de Schengengrenscode en daartoe noodzakelijkerwijs de beschikking over deze gegevens moeten verkrijgen.
3. Bij regeling van Onze Minister worden regels gesteld ter waarborging van de persoonlijke levenssfeer. Daarbij wordt in ieder geval geregeld:
   a. op welke wijze de verwerking, bedoeld in het eerste lid, plaatsvindt;
   b. op welke wijze door passende technische en organisatorische maatregelen deze gegevens worden beveiligd tegen verlies of onrechtmatige verwerking;
   c. welke gegevens, aan welke personen of instanties, voor welk doel en op welke wijze kunnen worden verstrekt;
   d. op welke wijze wordt gewaarborgd dat de verwerkte persoonsgegevens slechts worden verwerkt voor het doel waarvoor ze zijn verzameld of voor zover het verwerken met dat doel verenigbaar is, alsmede hoe daarop wordt toegezien.

(Zie ook: art. 7.1a t/m 7.1d VV; artt. 8, 14, 39, 42 Verordening 2016/399/EU)

Paragraaf 2
Strafbepalingen

Art. 108

Strafbepalingen

1. Met hechtenis van ten hoogste zes maanden of geldboete van de tweede categorie wordt gestraft overtreding van bij ministeriële regeling aan te wijzen voorschriften vastgesteld bij of krachtens de Schengengrenscode, overtreding van een voorschrift, vastgesteld bij of krachtens de artikelen 2t, tweede en derde lid, 5, eerste en tweede lid, 24a, tweede en derde lid, 46, tweede lid, aanhef, en onder b, alsmede handelen in strijd met artikel 56, eerste lid, dan wel handelen in strijd met een verplichting opgelegd bij of krachtens de artikelen 2a, tweede lid onder b, 6, eerste of derde lid, 6a, eerste lid, 54, 55, 57, eerste lid, 58, eerste lid, of 65, derde lid.
2. Overtreding van een voorschrift, vastgesteld bij of krachtens artikel 4, eerste tot en met derde lid, wordt gestraft met hechtenis van ten hoogste zes maanden of geldboete van de vierde categorie.
3. De in het eerste en tweede lid strafbaar gestelde feiten worden beschouwd als overtredingen.
4. Met de opsporing van de in het eerste en tweede lid strafbaar gestelde feiten zijn, onverminderd artikel 141 van het Wetboek van Strafvordering, belast de ambtenaren belast met de grensbewaking en ambtenaren belast met het vreemdelingentoezicht. Deze ambtenaren zijn tevens belast met de opsporing van de feiten, strafbaar gesteld in de artikelen 179 tot en met 182 en 184 van het Wetboek van Strafrecht, voor zover deze feiten betrekking hebben op een aanwijzing, vordering of handeling, gedaan of ondernomen door henzelf.
5. In afwijking van het eerste lid wordt handelen in strijd met een verplichting, opgelegd bij of krachtens artikel 54, eerste lid, onder b, e of g, gestraft met geldboete van de tweede categorie, indien het feit wordt begaan door een gemeenschapsonderdaan. Het derde lid en de eerste volzin van het vierde lid zijn van overeenkomstige toepassing.
6. Het eerste lid is van overeenkomstige toepassing ten aanzien van de vreemdeling die in Nederland verblijft terwijl hij weet of ernstige reden heeft te vermoeden dat tegen hem een inreisverbod is uitgevaardigd, indien het inreisverbod is gegeven anders dan met toepassing van artikel 66a, zevende lid. Het derde lid en de eerste volzin van het vierde lid zijn eveneens van overeenkomstige toepassing.

(Zie ook: art. 7.1h VV; art. 5 Verordening 2016/399/EU)

Paragraaf 3
Afwijkingen

Art. 109

Afwijking wet bij AMvB

1. Bij algemene maatregel van bestuur kunnen, ter uitvoering van een voor Nederland bindend verdrag, EU-verordening, -richtlijn of -besluit, bepalingen van deze wet geheel of gedeeltelijk buiten werking worden gesteld, indien dat, naar het gevoelen van de Ministerraad, noodzakelijk is om binnen twaalf maanden uitvoering te geven aan het verdrag of het besluit en daartoe deze wet in overeenstemming moet worden gebracht met het verdrag of het besluit.

Vreemdelingenwet 2000   A40 art. 112

2. De voordracht voor een krachtens het eerste lid vast te stellen algemene maatregel van bestuur wordt niet eerder gedaan dan vier weken nadat het ontwerp aan de beide kamers der Staten-Generaal is overgelegd.
3. Onze Minister bevordert dat zo spoedig mogelijk na de vaststelling van een krachtens het eerste lid vastgestelde algemene maatregel van bestuur een voorstel van wet bij de Staten-Generaal wordt ingediend, dat ertoe strekt de wet in overeenstemming te brengen met het verdrag of besluit, bedoeld in het eerste lid. Indien het voorstel wordt ingetrokken of indien een van de beide kamers der Staten-Generaal besluit het voorstel niet aan te nemen, wordt de algemene maatregel van bestuur terstond ingetrokken. Indien het voorstel tot wet wordt verheven, vervalt de algemene maatregel van bestuur op het tijdstip van inwerkingtreding van die wet.
4. Ter uitvoering van een verdrag, EU-verordening, -richtlijn of -besluit, op grond waarvan de grenscontrole plaatsvindt aan buitengrenzen, wordt in de artikelen 5, tweede lid, 54, eerste lid, aanhef en onder a en e, 56, tweede lid, 59, derde lid, en 66a, vierde lid, onder «Nederland» mede verstaan de gebieden waarop dat verdrag, die verordening, die richtlijn of dat besluit van toepassing is.
5. Ter uitvoering van een verdrag, EU-verordening, -richtlijn of -besluit, bedoeld in het vierde lid, wordt in artikel 3, eerste lid, en artikel 12, eerste lid, onder «openbare orde» alsmede «nationale veiligheid» steeds mede verstaan de openbare orde en, onderscheidenlijk de nationale veiligheid van andere bij dat verdrag aangesloten staten.

Art. 109a
De verplichtingen die voor Nederland voortvloeien uit de Terugkeerrichtlijn, gelden niet ten aanzien van vreemdelingen: *Terugkeerrichtlijn, uitgezonderde vreemdelingen*
a. aan wie, anders dan na indiening van een aanvraag tot het verlenen van een verblijfsvergunning voor bepaalde tijd als bedoeld in artikel 28, de toegang is geweigerd overeenkomstig artikel 14 van de Schengengrenscode en die vervolgens geen rechtmatig verblijf als bedoeld in artikel 8 hebben verkregen; of
b. jegens wie een procedure van uitlevering als bedoeld in de Uitleveringswet loopt.
(Zie ook: art. 2, tweede lid Terugkeerrichtlijn Richtlijn 2008/115/EG)

Art. 110
1. Onverminderd de artikelen 7, eerste lid, en 8, eerste lid, van de Coördinatiewet uitzonderingstoestanden kan, ingeval buitengewone omstandigheden dit noodzakelijk maken, bij koninklijk besluit, op voordracht van Onze Minister-president, artikel 111 in werking worden gesteld. *Coördinatiewet uitzonderingstoestanden*
2. Wanneer het in het eerste lid bedoelde besluit is genomen, wordt onverwijld een voorstel van wet aan de Tweede Kamer gezonden omtrent het voortduren van de werking van de bij dat besluit in werking gestelde bepaling.
3. Wordt het voorstel van wet door de Staten-Generaal verworpen, dan wordt bij koninklijk besluit, op voordracht van Onze Minister-president, de bepaling die ingevolge het eerste lid in werking is gesteld, onverwijld buiten werking gesteld.
4. Bij koninklijk besluit, op voordracht van Onze Minister-president, wordt de bepaling die ingevolge het eerste lid in werking is gesteld, buiten werking gesteld, zodra de omstandigheden dit naar Ons oordeel toelaten.
5. Het besluit als bedoeld in het eerste, derde en vierde lid, wordt op de daarin te bepalen wijze bekendgemaakt. Het treedt in werking terstond na de bekendmaking.
6. Het besluit, bedoeld in het eerste, derde en vierde lid, wordt in ieder geval geplaatst in het Staatsblad.

Art. 111
Dit artikel is nog niet in werking getreden; ingeval buitengewone omstandigheden dit noodzakelijk maken kan bij koninklijk besluit, op voordracht van Onze Minister-President, dit artikel in werking treden. *Buitengewone omstandigheden*
Bij algemene maatregel van bestuur kunnen regels voor het geval van buitengewone omstandigheden worden gesteld, die afwijken van de hoofdstukken 1 tot en met 7.

Paragraaf 4
Verblijf op grond van internationale verplichtingen

Art. 112
Bij of krachtens algemene maatregel van bestuur kunnen, ter uitvoering van een verdrag, dan wel van een voor Nederland verbindend besluit van een volkenrechtelijke organisatie regels worden gesteld in verband met het rechtmatig verblijf van vreemdelingen, waarbij ten gunste van deze vreemdelingen kan worden afgeweken van deze wet. *Verblijf op grond van internationale verplichtingen*
(Zie ook: artt. 2.3 lid 4, 2.9 lid 2, 7.2, 8.5 t/m 8.14 Vb; B10 Vc)

Paragraaf 5
Bepalingen van internationaal privaatrecht en overige bepalingen

Art. 113
[Vervallen]

Art. 114

Gelijke rechtsingang
Een vreemdeling aan wie de verblijfsvergunning als bedoeld in artikel 28 of artikel 33 is verleend, geniet dezelfde behandeling als een Nederlander, wat betreft rechtsingang, waaronder begrepen rechtsbijstand en vrijstelling van de cautio judicatum solvi.

Hoofdstuk 9
Overgangs- en slotbepalingen

Art. 115

Biometrie; horizonbepaling

1. De bevoegdheid van Onze Minister om op grond van artikel 106a een gezichtsopname en vingerafdrukken van een vreemdeling af te nemen en te verwerken, vervalt twaalf jaar na de inwerkingtreding van de wet van 11 december 2013 tot wijziging van de Vreemdelingenwet 2000 in verband met de uitbreiding van biometrische kenmerken in de vreemdelingenketen in verband met het verbeteren van de identiteitsvaststelling van de vreemdeling (Stb. 2014, 2).
2. De in de vreemdelingenadministratie opgenomen gegevens, bedoeld in artikel 107, eerste lid, onderdeel a, worden twaalf jaar na de inwerkingtreding van de in het eerste lid bedoelde wet van 11 december 2013 vernietigd.
3. Onze Minister bevordert dat uiterlijk drie maanden na het tijdstip, bedoeld in het eerste en het tweede lid, een voorstel van wet bij de Tweede Kamer der Staten-Generaal wordt ingediend, waarbij de wijzigingen die in deze wet zijn aangebracht door artikel I, onderdelen A, D en E, van de in het eerste lid bedoelde wet van 11 december 2013, ongedaan worden gemaakt.

Art. 116-123
[Vervallen]

Art. 124

Citeertitel
Deze wet wordt aangehaald als: Vreemdelingenwet 2000.

Vreemdelingenbesluit 2000 A41

Inhoudsopgave

Hoofdstuk 1	Inleidende bepalingen	Art. 1.1
Afdeling 1	Definitiebepalingen	Art. 1.1
Afdeling 2	De Adviescommissie voor vreemdelingenzaken	Art. 1.5
Paragraaf 1	Aanwijzing beschikkingen waarover verplicht advies moet worden gevraagd	Art. 1.5
Paragraaf 2	Inrichting en werkwijze	Art. 1.6
Afdeling 3	De referent	Art. 1.8
Paragraaf 1	Algemeen	Art. 1.8
Paragraaf 2	Erkenning als referent	Art. 1.18
Hoofdstuk 1a	Visa	Art. 1.23
§ 1	Algemene bepalingen	Art. 1.23
§ 2	Procedurele bepalingen	Art. 1.24
§ 3	Verplichtingen in het kader van toezicht	Art. 1.29
§ 4	Overige bepalingen	Art. 1.32
Hoofdstuk 2	Toegang	Art. 2.1
Afdeling 1	Algemeen	Art. 2.1
Afdeling 2	Document voor grensoverschrijding	Art. 2.3
Afdeling 3	Openbare orde	Art. 2.9
Afdeling 4	Middelen voor kosten van verblijf	Art. 2.10
Hoofdstuk 3	Verblijf	Art. 3.1
Afdeling 1	Rechtmatig verblijf	Art. 3.1
Afdeling 2	De verblijfsvergunning voor bepaalde tijd regulier	Art. 3.4
Paragraaf 1	Verlening onder beperking en voorschriften	Art. 3.4
Subparagraaf 1	Beperkingen	Art. 3.4
Subparagraaf 2	Verblijfsrecht van tijdelijke aard	Art. 3.5
Subparagraaf 3	Ambtshalve verlening, verlenging en wijziging	Art. 3.6
Subparagraaf 4	Voorschriften	Art. 3.7
Subparagraaf 5	Verlening onder beperking	Art. 3.13
Paragraaf 2	Geldigheidsduur	Art. 3.57
Paragraaf 3	De afwijzing van de aanvraag	Art. 3.71
Paragraaf 4	Wijziging en verlenging	Art. 3.80
Paragraaf 5	Intrekking	Art. 3.90
Afdeling 3	De verblijfsvergunning voor onbepaalde tijd	Art. 3.92
Paragraaf 1	Verlening	Art. 3.92
Paragraaf 2	Afwijzing van de aanvraag	Art. 3.94
Paragraaf 3	Intrekking	Art. 3.97
Afdeling 4	Procedurele bepalingen	Art. 3.98a
Paragraaf 1	Inburgering in het buitenland	Art. 3.98a
Paragraaf 2	De aanvraag	Art. 3.99
Paragraaf 3	Te verstrekken gegevens en te verlenen medewerking	Art. 3.102
Paragraaf 4	Bekendmaking	Art. 3.104
Afdeling 5	De verblijfsvergunning asiel	Art. 3.105
Paragraaf 1	De verblijfsvergunning voor bepaalde tijd	Art. 3.105
Paragraaf 1a	De verblijfsvergunning voor onbepaalde tijd	Art. 3.107a
Paragraaf 2	Procedurele bepalingen	Art. 3.107b
Paragraaf 3	Bijzondere procedurele bepalingen bij een aanzienlijke toename van het aantal asielaanvragen	Art. 3.123a
Subparagraaf 1	Besluit omtrent de toepassing van bijzondere procedurele bepalingen	Art. 3.123a
Subparagraaf 2	De procedure bij voorzienbare inwilliging	Art. 3.123b
Subparagraaf 3	Bijzondere vervolgprocedure	Art. 3.123c
Afdeling 6	De status van langdurig ingezetene	Art. 3.124
Paragraaf 1	Verlening	Art. 3.124
Paragraaf 2	Intrekking	Art. 3.127
Paragraaf 3	Procedurele bepalingen	Art. 3.129
Hoofdstuk 4	Grensbewaking, toezicht en uitvoering	Art. 4.1
Afdeling 1	Grensbewaking	Art. 4.1
Paragraaf 1	Voorzieningen in het belang van de grensbewaking	Art. 4.1

Paragraaf 2	Algemene verplichtingen in het kader van de grensbewaking	Art. 4.4
Paragraaf 3	Verplichtingen met het oog op grensbewaking bij binnenkomst over zee	Art. 4.9
Paragraaf 4	Verplichtingen met het oog op grensbewaking bij binnenkomst door de lucht	Art. 4.15
Afdeling 2	Toepassing van bevoegdheden van ambtenaren	Art. 4.17
Afdeling 3	Verplichtingen in het kader van toezicht	Art. 4.37
Paragraaf 1	Kennisgeving van verandering van woon- of verblijfplaats en vertrek naar het buitenland	Art. 4.37
Paragraaf 2	Het verstrekken van gegevens	Art. 4.38
Paragraaf 3	Medewerking aan vastleggen van gegevens met het oog op identificatie	Art. 4.45
Paragraaf 4	Medisch onderzoek	Art. 4.46
Paragraaf 5	Aanmelding na binnenkomst in Nederland	Art. 4.47
Paragraaf 6	Periodieke aanmelding	Art. 4.51
Paragraaf 7	Documenten en het stellen van zekerheid	Art. 4.52
Paragraaf 8	Administratieplichten	Art. 4.53
Hoofdstuk 5	Vrijheidsbeperkende en vrijheidsontnemende maatregelen	Art. 5.1
Paragraaf 1	Vrijheidsbeperkende maatregelen	Art. 5.1
Paragraaf 2	Vrijheidsontnemende maatregelen	Art. 5.1a
Hoofdstuk 6	Vertrek, uitzetting, overdracht, inreisverbod en ongewenstverklaring	Art. 6.1
Afdeling 1	Vertrek, uitzetting en overdracht	Art. 6.1
Afdeling 2	Verhaal kosten van uitzetting	Art. 6.2
Afdeling 3	Inreisverbod	Art. 6.5
Afdeling 4	Ongewenstverklaring	Art. 6.6
Hoofdstuk 7	Rechtsmiddelen	Art. 7.1
Hoofdstuk 8	Algemene en strafbepalingen	Art. 8.1
Afdeling 1	Gegevensverstrekkingen	Art. 8.1
Afdeling 2	Afwijking op grond van verdragen	Art. 8.5
Paragraaf 1	Benelux	Art. 8.5
Paragraaf 2	EG/EER	Art. 8.7
Paragraaf 3	Overige verdragen	Art. 8.26
Afdeling 3	Biometrische gegevens	Art. 8.27
Hoofdstuk 9	Overgangs- en slotbepalingen	Art. 9.1

Vreemdelingenbesluit 2000[1]

Besluit van 23 november 2000 tot uitvoering van de Vreemdelingenwet 2000
(Vreemdelingenbesluit 2000)

Wij Beatrix, bij de gratie Gods, Koningin der Nederlanden, Prinses van Oranje-Nassau, enz. enz. enz.
Op de voordracht van de Staatssecretaris van Justitie van 18 augustus 2000, nr. 5077321/00/6;
Gelet op de artikelen 2, vierde lid, onder b, vijfde en zesde lid, 3, eerste lid, onder d, en tweede lid, 4, derde lid, 8, onder f en g, 10, eerste lid, 11, eerste en derde lid, 12, eerste en tweede lid, 14, tweede en derde lid, 15, 16, tweede lid, 17, eerste lid, onder g, 18, tweede lid, 21, zesde lid, 22, tweede lid, 24, eerste lid, 28, tweede lid, 29, tweede lid, 31, derde lid, 32, tweede lid, 35, tweede lid, 37, 39, derde lid, 46, tweede lid , 48, vierde lid, 50, eerste en zesde lid, 51, derde lid, 52, eerste lid, 54, eerste lid, 56, eerste lid, 60, 66, 68, derde lid, 69, tweede lid, 71, tweede lid, 82, tweede lid, onder a, 97, 102, 103, 107, vierde lid, 109, eerste lid, 111 en 112, van de Vreemdelingenwet 2000;
De Raad van State gehoord (advies van 26 oktober 2000, nr. W03.00.0379/I);
Gezien het nader rapport van de Staatssecretaris van Justitie van 21 november 2000, nr. 5059940/00/DVB;
Hebben goedgevonden en verstaan;

Hoofdstuk 1
Inleidende bepalingen

Afdeling 1
Definitiebepalingen

Art. 1.1
In dit besluit en de daarop berustende bepalingen wordt verstaan onder: Begripsbepalingen
Beneluxgebied: het gezamenlijke grondgebied in Europa van het Koninkrijk België, van het Groothertogdom Luxemburg en van het Koninkrijk der Nederlanden;
Benelux-onderdanen: de onderdanen van de staten die partij zijn bij het op 3 februari 1958 te 's-Gravenhage tot stand gekomen Verdrag tot instelling van de Benelux Economische Unie (Trb. 1958, 18);
continentaal plat: hetgeen daaronder wordt verstaan in artikel 1, onderdeel c, van de Mijnbouwwet;
cruiseschip: hetgeen daaronder in de Schengengrenscode wordt verstaan;
de Wet: de Vreemdelingenwet 2000;
Europese blauwe kaart: de verblijfsvergunning regulier voor bepaalde tijd, afgegeven ter uitvoering van artikel 7 van richtlijn 2009/50/EG, dan wel een door een andere staat die partij is bij het Verdrag betreffende de werking van de Europese Unie afgegeven verblijfsvergunning ter uitvoering van dat artikel;
EU-verblijfsvergunning voor langdurig ingezetenen: de EU-verblijfsvergunning voor langdurig ingezetenen, bedoeld in artikel 45a van de Wet;
gezinsvorming: gezinshereniging van de echtgenoot, geregistreerde partner of niet-geregistreerde partner, voor zover de gezinsband tot stand is gekomen op een tijdstip waarop de hoofdpersoon in Nederland hoofdverblijf had;
luchtvaartuig: hetgeen daaronder wordt verstaan in artikel 1, eerste lid, onder b, van de Luchtvaartwet;
mijnbouwinstallatie: hetgeen daaronder wordt verstaan in artikel 1, onderdeel o, van de Mijnbouwwet;
richtlijn langdurig ingezetenen: richtlijn nr. 2003/109/EG van de Raad van de Europese Unie van 25 november 2003 betreffende de status van langdurig ingezeten onderdanen van derde landen (PbEU 2004, L16), zoals gewijzigd door richtlijn 2011/51/EU van het Europees Parlement en de Raad teneinde haar werkingssfeer uit te breiden tot personen die internationale bescherming genieten (PbEU 2011, L 132);
richtlijn 2009/50/EG: Richtlijn 2009/50/EG van de Raad van 25 mei 2009 betreffende de voorwaarden voor toegang en verblijf van onderdanen van derde landen met het oog op een hooggekwalificeerde baan (PbEU L 155);

---

1   Inwerkingtredingsdatum: 01-04-2001; zoals laatstelijk gewijzigd bij: Stb. 2021, 250.

A41 art. 1.2 — Vreemdelingenbesluit 2000

richtlijn 2014/66/EU: richtlijn 2014/66/EU van het Europees Parlement en de Raad van 15 mei 2014 betreffende de voorwaarden voor toegang en verblijf van onderdanen van derde landen in het kader van een overplaatsing binnen een onderneming (PbEU 2014, L 157);

richtlijn (EU) 2016/801: richtlijn (EU) 2016/801 van het Europees Parlement en de Raad van 11 mei 2016 betreffende de voorwaarden voor toegang en verblijf van derdelanders met het oog op onderzoek, studie, stages, vrijwilligerswerk, scholierenuitwisseling, educatieve projecten of au-pairactiviteiten (herschikking) (PbEU 2016, L 132);

Schengeninformatiesysteem: het in artikel 1, eerste lid, van de Verordening (EG) nr. 1987/2006 van het Europees parlement en de Raad van 20 december 2006 betreffende de instelling, de werking en het gebruik van het Schengensysteem van de tweede generatie (SIS II) bedoelde informatiesysteem (PbEU 2006, L 381);

Schengen Uitvoeringsovereenkomst: de op 19 juni 1990 te Schengen tot stand gekomen Overeenkomst ter uitvoering van het tussen de regeringen van de staten van de Benelux Economische Unie, de bondsrepubliek Duitsland en de Franse republiek op 14 juni 1985 te Schengen gesloten akkoord betreffende de geleidelijke afschaffing van de controles aan de gemeenschappelijke grenzen (Trb. 1990, 145), alsmede de daarop gebaseerde Protocollen;

Schengengebied: het grondgebied van de staten waarop de Schengengrenscode en de Schengen Uitvoeringsovereenkomst van toepassing zijn;

schip: hetgeen daaronder wordt verstaan in artikel 1, eerste lid, onder b, van de Scheepvaartverkeerswet;

staatloze: de persoon die voor de toepassing van het op 28 september 1954 te New York gesloten verdrag betreffende de status van staatlozen (Trb. 1955, 42 en 1957, 22) als staatloze geldt;

tewerkstellingsvergunning: de vergunning, bedoeld in artikel 1, onder e, van de Wet arbeid vreemdelingen;

verblijfsvergunning asiel voor bepaalde tijd: de verblijfsvergunning, bedoeld in artikel 28 van de Wet;

verblijfsvergunning asiel voor onbepaalde tijd: de verblijfsvergunning, bedoeld in artikel 33 van de Wet;

verblijfsvergunning regulier voor bepaalde tijd: de verblijfsvergunning, bedoeld in artikel 14 van de Wet;

verblijfsvergunning regulier voor onbepaalde tijd: de verblijfsvergunning, bedoeld in artikel 20 van de Wet;

vliegtuig: hetgeen daaronder wordt verstaan in artikel 1, eerste lid, onder c, van de Luchtvaartwet;

vreemdelingenadministratie: de vreemdelingenadministratie, bedoeld in artikel 107 van de Wet.

zeeschip: hetgeen daaronder wordt verstaan in artikel 1, tweede lid, onder c, van de Scheepvaartverkeerswet;

(Zie ook: artt. 1, 1a Vw; art. 1.1 VV)

Art. 1.2

Visum, definitie

In dit besluit wordt verstaan onder:

a. *reisvisum*: het visum, bedoeld in artikel 2, punt 2, onder a, van de Verordening nr. 810/2009/EG van het Europees Parlement en de Raad van 13 juli 2009 tot vaststelling van een gemeenschappelijke Visumcode (Visumcode) (PbEU, L 243);

b. *doorreisvisum*: het visum, bedoeld in artikel 2, punt 2, onder b, van de Visumcode.

(Zie ook: artt. 1a, 16 Vw)

Art. 1.3

Uitbreiding begrip "Nederland"

Ter uitvoering van een verdrag of een EU-verordening, -richtlijn of -besluit, op grond waarvan de grenscontrole plaatsvindt aan de buitengrenzen van het Schengengebied, wordt in hoofdstuk 4, afdeling 1, alsmede in de artikelen 4.24 en 4.25, artikel 4.29, eerste lid, onder g, artikel 4.35a, artikel 4.52a, eerste lid, artikel 4.52b, eerste lid, artikel 6.5a, vierde lid, onder d, en artikel 6.5b, eerste en tweede lid, onder «Nederland» mede verstaan: de tot het Schengengebied behorende grondgebieden van andere staten.

(Zie ook: art. 1.2 VV)

Art. 1.4

Mandaatverlening burgemeester, korpschef of bevelhebber marechaussee

1. Onze Minister kan van zijn bevoegdheden mandaat verlenen aan de burgemeester, de korpschef en de bevelhebber van de Koninklijke marechaussee.

2. De burgemeester, de korpschef en de bevelhebber van de Koninklijke marechaussee kunnen ondermandaat verlenen aan de onder hen ressorterende ambtenaren voorzover dat in overeenstemming is met de taak en functie van de desbetreffende ambtenaar.

Afdeling 2
De Adviescommissie voor vreemdelingenzaken

Paragraaf 1
Aanwijzing beschikkingen waarover verplicht advies moet worden gevraagd

Art. 1.5
[Vervallen]

Paragraaf 2
Inrichting en werkwijze

Art. 1.6
De commissie kan haar werkwijze nader vaststellen in een reglement van orde als bedoeld in artikel 21 van de Kaderwet adviescolleges. — *Werkwijze adviescommissie*

Art. 1.7
1. De commissie adviseert schriftelijk en met redenen omkleed. — *Vormvoorschriften advies*
2. De adviezen vermelden de namen van de personen die ter vergadering aanwezig zijn geweest. Zij vermelden tevens met welke stemmenverhouding zij zijn vastgesteld.
3. Het advies wordt door de voorzitter en de secretaris ondertekend.

Afdeling 3
De referent

Paragraaf 1
Algemeen

Art. 1.8
Ten behoeve van het verblijf van een vreemdeling die in Nederland verblijft of wil verblijven als familie- of gezinslid, kan als referent optreden de hoofdpersoon bij wie de vreemdeling als familie- of gezinslid verblijft of wil verblijven. — *Familie- of gezinslid als referent*
(Zie ook: art. 1.21 Vb; artt. 4.17, 4.18, 4.25, 4.38 VV; B7/2 Vc)

Art. 1.9
1. Ten behoeve van het verblijf van een vreemdeling die in Nederland verblijft of wil verblijven voor het verrichten van arbeid als kennismigrant, kan als referent optreden de krachtens artikel 2c van de Wet als referent erkende werkgever, met wie de vreemdeling een arbeidsovereenkomst of gastovereenkomst heeft gesloten of die de vreemdeling heeft aangesteld en die, voor zover op grond van de Handelsregisterwet 2007 vereist, is ingeschreven in het handelsregister, bedoeld in artikel 2 van die wet. — *Werkgever als referent bij kennismigrant*
2. Ten behoeve van het verblijf van een vreemdeling, die in Nederland verblijft of wil verblijven als houder van de Europese blauwe kaart, kan als referent optreden de werkgever, met wie de vreemdeling een arbeidsovereenkomst of gastovereenkomst heeft gesloten of die de vreemdeling heeft aangesteld.
(Zie ook: artt. 1.16 lid 3, 3.79a, 3.89a, 3.91a Vb; artt. 1.4, 4.17, 4.18, 4.23, 4.23a, 4.26, 4.27, 4.35, 4.41, 4.42 VV)
3. Ten behoeve van het verblijf van een vreemdeling die in Nederland verblijft of wil verblijven voor een overplaatsing binnen een onderneming, kan als referent optreden de gastentiteit in de zin van artikel 3, onder d, van richtlijn 2014/66/EU.

Art. 1.10
Ten behoeve van het verblijf van een vreemdeling die in Nederland verblijft of wil verblijven voor het verrichten van seizoenarbeid of arbeid in loondienst, kan als referent optreden de werkgever, die, voor zover op grond van de Handelsregisterwet 2007 vereist, is ingeschreven in het handelsregister, bedoeld in artikel 2 van die wet, en die: — *Werkgever als referent bij seizoenarbeid/arbeid in loondienst*
a. met de vreemdeling een arbeidsovereenkomst heeft gesloten of die de vreemdeling heeft aangesteld, dan wel, indien geen sprake is van een arbeidsovereenkomst of aanstelling,
b. ten behoeve van die arbeid in het bezit is gesteld van een tewerkstellingsvergunning of een tewerkstellingsvergunning heeft aangevraagd, dan wel, indien geen tewerkstellingsvergunning is vereist,
c. de vreemdeling feitelijk tewerkstelt.
(Zie ook: artt. 4.17, 4.18, 4.22, 4.26, 4.27, 4.34, 4.41, 4.42 VV)

Art. 1.11
Ten behoeve van het verblijf van een vreemdeling die in Nederland verblijft of wil verblijven voor het verrichten van onderzoek in de zin van richtlijn (EU) 2016/801, kan als referent optreden de krachtens artikel 2c van de Wet als referent erkende onderzoeksinstelling, waarmee de vreemdeling een gastovereenkomst als bedoeld in artikel 10 van richtlijn (EU) 2016/801 heeft — *Onderzoeksinstelling als referent*

gesloten, die, voor zover op grond van de Handelsregisterwet 2007 vereist, is ingeschreven in het handelsregister, bedoeld in artikel 2 van die wet, en die:
a. een publieke onderzoeksinstelling is als bedoeld in artikel 1d, eerste lid, onder b, van het Besluit uitvoering Wet arbeid vreemdelingen en die functieprofielen zoals opgenomen in het universitaire systeem van functieordenen onder de functiefamilie «onderzoek en onderwijs» hanteert voor onderzoekers in loondienst;
b. een publieke onderzoeksinstelling is, die is opgenomen in de bijlage behorende bij de Wet op het hoger onderwijs en wetenschappelijk onderzoek;
c. een particuliere onderzoeksinstelling is, die is opgenomen in het National Academic Research and Collaborations Information System;
d. een particuliere onderzoeksinstelling is, waaraan met betrekking tot het lopende of het vorige kalenderjaar een S&O-verklaring als bedoeld in artikel 1, eerste lid, van de Wet vermindering afdracht loonbelasting en premie voor de volksverzekeringen is afgegeven.
(Zie ook: art. 89a Vb; artt. 4.17, 4.18, 4.24, 4.26 , 4.27, 4.41, 4.42 VV)

Art. 1.12

Werkgever als referent

Ten behoeve van het verblijf van een vreemdeling die in Nederland verblijft of wil verblijven voor lerend werken, kan als referent optreden de werkgever, die, voor zover op grond van de Handelsregisterwet 2007 vereist, is ingeschreven in het handelsregister, bedoeld in artikel 2 van die wet, en met wie de vreemdeling een leer-werkovereenkomst heeft gesloten of een stageovereenkomst met de elementen, genoemd in artikel 13, eerste lid, onderdeel a, onder i tot en met v, van richtlijn (EU) 2016/801.
(Zie ook: artt. 4.17, 4.18, 4.22, 4.26, 4.27, 4.41, 4.42 VV)

Art. 1.13

Onderwijsinstelling als referent

Ten behoeve van het verblijf van een vreemdeling die in Nederland verblijft of wil verblijven voor studie, kan als referent optreden de krachtens artikel 2c van de Wet als referent erkende onderwijsinstelling, waaraan de vreemdeling onderwijs volgt of wil volgen, die, voor zover op grond van de Handelsregisterwet 2007 vereist, is ingeschreven in het handelsregister, bedoeld in artikel 2 van die wet, en die:
a. geaccrediteerd hoger onderwijs aanbiedt, zoals geregistreerd in het Centraal register opleidingen hoger onderwijs, bedoeld in artikel 6.13 van de Wet op het hoger onderwijs en wetenschappelijk onderzoek;
b. voortgezet onderwijs aanbiedt als bedoeld in artikel 2 van de Wet op het voortgezet onderwijs;
c. beroepsonderwijs aanbiedt als bedoeld in artikel 1.2.1 van de Wet educatie en beroepsonderwijs;
d. opleidingen verzorgt in het kader van het ontwikkelingssamenwerkingsbeleid van het Ministerie van Buitenlandse Zaken, of
e. opleidingsactiviteiten faciliteert in het kader van de Wet op het specifiek cultuurbeleid.
(Zie ook: art. 1.16 lid 3 Vb; artt. 1.8, 1.9, 3.21 t/m 3.23, 4.17, 4.18, 4.20, 4.21, 4.26, 4.27, 4.29, 4.30, 4.41, 4.42 VV)

Art. 1.14

Uitwisselingsorganisatie als referent

Ten behoeve van het verblijf van een vreemdeling die in Nederland verblijft of wil verblijven in het kader van uitwisseling, kan als referent optreden de krachtens artikel 2c van de Wet als referent erkende uitwisselingsorganisatie, die:
a. een culturele doelstelling nastreeft;
b. ten behoeve van die vreemdeling een door Onze Minister goedgekeurd uitwisselingsprogramma als bedoeld in artikel 3.43, eerste lid, onder a, uitvoert, en
c. voor zover op grond van de Handelsregisterwet 2007 vereist, is ingeschreven in het handelsregister, bedoeld in artikel 2 van die wet, of als au-pairbureau, voor zover vereist, is ingeschreven in een handelsregister van een andere lidstaat van de Europese Unie of Europese Economische Ruimte.
(Zie ook: artt. 1.16 lid 1 en 3, 3.89a, 3.91a Vb; artt. 1.6, 3.24, 3.24a , 4.17 t/m 4.19, 4.26 t/m 4.28 , 4.41, 4.42 VV)

Art. 1.15

Onderwijsinstelling als referent

Onverminderd de artikelen 1.8 tot en met 1.14 kan een religieuze of levensbeschouwelijke organisatie slechts als referent optreden, indien zij, voor zover dit op grond van de Handelsregisterwet 2007 is vereist, is ingeschreven in het handelsregister, bedoeld in artikel 2 van die wet, en haar solvabiliteit, continuïteit en betrouwbaarheid voldoende is gewaarborgd.
(Zie ook: art. 1.16 lid 2 Vb; artt. 1.7, 1.10, 4.17, 4.18, 4.27, 4.40, 4.41, 4.42, 7.1f VV)

Art. 1.16

Taak referent

1. De referent van een vreemdeling die in Nederland verblijft in het kader van uitwisseling, draagt zorg voor de juiste uitvoering van het uitwisselingsprogramma, bedoeld in artikel 3.43, eerste lid, onder a.
2. De referent van een vreemdeling die in Nederland verblijft of wil verblijven in het kader van uitwisseling, voor arbeid als kennismigrant of voor studie, draagt zorg voor een zorgvuldige selectie en werving van de vreemdeling.

Vreemdelingenbesluit 2000 A41 art. 1.22

3. Bij ministeriële regeling kunnen nadere regels worden gesteld over de voorgaande leden. *Nadere regels*
(Zie ook: art. 2a lid 2 sub b Vw; art. 4.17 t/m 4.42 VV)

Art. 1.17
Bij ministeriële regeling kunnen nadere regels worden gesteld omtrent deze paragraaf. Daarbij kan in ieder geval: *Nadere regels, referent*
a. worden voorzien in nadere concretisering van de zorgplichten, bedoeld in artikel 1.16;
b. worden bepaald in welke gevallen de referent rechtspersoonlijkheid moet hebben, en
c. worden voorzien in nadere regels omtrent de beëindiging van het referentschap.
(Zie ook: artt. 1.4 t/m 1.16, 4.17 t/m 4.42 VV; B1/2 Vc)

Paragraaf 2
Erkenning als referent

Art. 1.18
1. Bij de beoordeling van de aanvraag om erkenning als referent worden met betrekking tot de continuïteit en solvabiliteit van de aanvrager in ieder geval gegevens betrokken uit het handelsregister, bedoeld in artikel 2 van de Handelsregisterwet 2007, dan wel uit het handelsregister van een andere lidstaat van de Europese Unie of Europese Economische Ruimte in geval van een au-pairbureau uit een dergelijke staat. *Referent, aanvraag erkenning als*
2. De aanvraag om erkenning als referent kan in ieder geval worden afgewezen, indien de aanvrager failliet is verklaard of aan hem surséance van betaling is verleend.
(Zie ook: art. 2e Vw; art. 1.12 VV; B1/2 Vc)
3. De aanvraag om erkenning als referent, verband houdend met uitwisseling als au pair, wordt niet afgewezen op de grond dat de aanvrager niet is ingeschreven in het handelsregister, bedoeld in artikel 2 van de Handelsregisterwet 2007, indien de aanvrager is ingeschreven, voor zover vereist, in een handelsregister van een andere lidstaat van de Europese Unie of Europese Economische Ruimte.

Art. 1.19
1. Bij de beoordeling van de betrouwbaarheid van de aanvrager worden in ieder geval betrokken: *Referent, betrouwbaarheid*
a. uitgesproken strafrechtelijke veroordelingen, aanvaarde transacties en uitgevaardigde strafbeschikkingen ter zake van een misdrijf, strafbaar is gesteld in de titels I, V, VII, VIII, IX, X, XI, XII, XIII, XIV, XVIII, XXIII, XXIV, XXV, XXVI, XXVIII, XXX en XXXA van het Tweede Boek van het Wetboek van Strafrecht, de artikelen 68 en 69 van de Algemene wet inzake rijksbelastingen, de Opiumwet en de Wet wapens en munitie;
b. opgelegde boetes terzake van een op grond van de artikelen 67d, 67e en 67f van de Algemene wet inzake rijksbelastingen, artikel 55a van de Vreemdelingenwet 2000, artikel 18 van de Wet arbeid vreemdelingen en artikel 18b van de Wet minimumloon en minimumvakantiebijslag beboetbaar feit;
c. op grond van artikel 28 van de Wet op de loonbelasting 1964 opgelegde verplichtingen tot het doen van een eerstedagsmelding.
2. Bij de beoordeling van de betrouwbaarheid van de aanvrager wordt tevens betrokken dat hij onjuiste gegevens heeft verstrekt dan wel gegevens heeft achtergehouden terwijl die gegevens tot afwijzing van een eerdere aanvraag tot het verlenen, verlengen of wijzigen van een visum of een verblijfsvergunning hebben geleid of zouden hebben geleid van een vreemdeling voor wie als referent werd opgetreden.
(Zie ook: art. 2e Vw; artt. 1.15, 7.1g VV)

Art. 1.20
Als referent van een vreemdeling die in Nederland verblijft of wil verblijven voor studie aan het hoger onderwijs, kan slechts worden erkend de instelling voor hoger onderwijs, die aangesloten is bij de Gedragscode internationale student hoger onderwijs. *Gedragscode internationale student hoger onderwijs*

Art. 1.21
De referent van een vreemdeling die in Nederland verblijft of wil verblijven als familie- of gezinslid, wordt niet als zodanig erkend. *Familie- of gezinslid geen referent*

Art. 1.22
Bij ministeriële regeling kunnen nadere regels worden gesteld omtrent de erkenning als referent, de schorsing en de intrekking van die erkenning en de indiening en behandeling van de aanvraag. Daarbij worden in ieder geval nadere regels gesteld omtrent: *Nadere regels, erkenning referent*
a. de continuïteit en solvabiliteit van de aanvrager, en
b. de strafrechtelijke en bestuursrechtelijke antecedenten, die bij de beoordeling van de betrouwbaarheid van de aanvrager worden betrokken.
(Zie ook: art. 1.15a VV)

Hoofdstuk 1a
Visa

§ 1
Algemene bepalingen

Art. 1.23

Belang internationale betrekkingen bij aanvraag mvv

1. Bij een besluit betreffende de machtiging tot voorlopig verblijf is het belang van de internationale betrekkingen in ieder geval betrokken, indien de aanvraag tot het verlenen van de machtiging tot voorlopig verblijf is ingediend door of ten behoeve van een vreemdeling:
   a. op wie krachtens verdrag of bindend besluit van een volkenrechtelijke organisatie rechtstreeks of indirect sancties van toepassing zijn;
   b. die in het Schengen Informatiesysteem gesignaleerd staat ter fine van weigering van de toegang in geval met de signalerende lidstaat geen overeenstemming kon worden bereikt over de opheffing van de signalering;
   c. ter deelname aan in Nederland te voeren vredesbesprekingen;
   d. die behoort tot de hoge bestuursfunctionarissen van een vreemde mogendheid;
   e. met het oog op het functioneren van een in Nederland zetelende internationale instantie.
2. In het eerste lid, onder b, wordt verstaan onder lidstaat: staat waartoe de werkingssfeer van een door Onze Minister verleend visum zich krachtens een voor Nederland verbindend verdrag, EU-verordening, -richtlijn of -besluit uitstrekt.
(Zie ook: art. 2i Vw)

§ 2
Procedurele bepalingen

Art. 1.24

Aanvraag verlenen/wijzigen mvv of terugkeervisum

1. De aanvraag tot het verlenen of wijzigen van een machtiging tot voorlopig verblijf of een terugkeervisum wordt gedaan door het indienen van een formulier, waarvan het model door Onze Minister wordt vastgesteld.
2. De aanvraag tot het verlenen of wijzigen van een terugkeervisum wordt ingediend op een door Onze Minister aan te wijzen plaats.
(Zie ook: art. 2u lid 1 Vw; art. 3.99 Vb)

Art. 1.25

Nieuwe aanvraag bij wijziging verblijfsdoel

Indien de vreemdeling, hangende de besluitvorming op een eerdere aanvraag tot het verlenen van een machtiging tot voorlopig verblijf, wijziging van het gevraagde verblijfsdoel wenst, dient hij een nieuwe aanvraag in.
(Zie ook: art. 3.100 Vb)

Art. 1.26

Overleggen documenten

1. De vreemdeling legt bij de in persoon ingediende aanvraag, bedoeld in artikel 1.24, eerste lid, in ieder geval over een geldig document voor grensoverschrijding, alsmede, voor zover redelijkerwijs mogelijk, de gegevens en bescheiden op basis waarvan kan worden vastgesteld dat wordt voldaan aan de voorwaarden voor verlening of wijziging.
2. Bij de niet in persoon door de referent ingediende aanvraag legt hij afschriften over van de in het eerste lid bedoelde gegevens en bescheiden en legt hij, of in voorkomend geval de vreemdeling, op verzoek van Onze Minister de originelen over.
3. In afwijking van het eerste lid legt de vreemdeling die niet beschikt over een geldig document voor grensoverschrijding, voor zover redelijkerwijs mogelijk, gegevens en bescheiden over waarmee wordt aangetoond dat hij vanwege de regering van het land waarvan hij onderdaan is, niet of niet meer in het bezit van een geldig document voor grensoverschrijding kan worden gesteld. In dat geval legt hij tevens aanvullende gegevens of bescheiden over omtrent zijn identiteit en nationaliteit.
(Zie ook: art. 3.102 Vb)

Art. 1.27

Toetsing aanvraag

De aanvraag, bedoeld in artikel 1.24, eerste lid, wordt getoetst aan het recht dat gold op het tijdstip waarop de aanvraag is ontvangen, tenzij uit de Wet anders voortvloeit of het recht dat geldt op het tijdstip waarop de beschikking wordt gegeven, voor de vreemdeling gunstiger is.
(Zie ook: art. 3.103 Vb)

Art. 1.28

Weigering terugkeervisum

Een terugkeervisum wordt niet geweigerd op de in artikel 2x, eerste lid, onder a, van de Wet bedoelde grond aan:
   a. de vreemdeling die naar het oordeel van Onze Minister heeft aangetoond dat hij voor zakelijke doeleinden moet reizen of wegens dwingende of dringende familieomstandigheden Nederland tijdelijk moet verlaten;

Vreemdelingenbesluit 2000 A41 art. 2.1

b. de hier te lande geboren vreemdeling, bedoeld in artikel 3.23, eerste lid, ten behoeve van wie een aanvraag is gedaan tot het verlenen van een verblijfsvergunning regulier voor bepaalde tijd ingeval beide ouders rechtmatig verblijf hebben als bedoeld in artikel 8, onder a tot en met e, dan wel l, van de Wet of als Nederlander;
c. de vreemdeling die een positieve beslissing op zijn aanvraag tot het verlenen, het verlengen van de geldigheidsduur of het wijzigen van een verblijfsvergunning heeft ontvangen, maar nog in afwachting is van afgifte van het bijbehorende verblijfsdocument;
d. de vreemdeling die in afwachting is van de beslissing op een aanvraag tot het wijzigen of het verlengen van de geldigheidsduur of de verblijfsvergunning regulier voor bepaalde tijd indien de aanvraag tijdig of naar het oordeel van Onze Minister binnen een redelijke termijn als bedoeld in artikel 3.82, eerste lid, is ontvangen.
(Zie ook: art. 2x lid 1 sub a Vw)

§ 3
Verplichtingen in het kader van toezicht

Art. 1.29
1. De vreemdeling of referent die, hangende de besluitvorming op de aanvraag, bedoeld in artikel 1.24, eerste lid, verandert van adres, woon- of verblijfplaats, meldt de verandering onmiddellijk bij de instantie waar de aanvraag is ingediend.   — Verandering van adres, woon- of verblijfplaats
2. De in het eerste lid omschreven verplichting rust ten aanzien van kinderen beneden de leeftijd van twaalf jaren op de wettelijk vertegenwoordiger. Voor kinderen van twaalf jaren en ouder kan aan deze verplichtingen ook worden voldaan door de wettelijk vertegenwoordiger.
(Zie ook: art. 2u lid 2 Vw; artt. 4.37, 4.44 a Vb; artt. 4.18 lid 1, 4.27 , 4.42 VV)

Art. 1.30
1. De vreemdeling die na binnenkomst in Nederland niet langer voldoet aan de beperking waaronder de machtiging tot voorlopig verblijf is verleend of een voorschrift dat aan de machtiging is verbonden, deelt dit binnen vier weken mee aan Onze Minister.   — Mededeling niet langer voldoen aan beperking
2. De vreemdeling wiens geldig document voor grensoverschrijding of machtiging tot voorlopig verblijf na binnenkomst in Nederland vermist wordt, verloren is gegaan of ondeugdelijk is geworden voor identificatie, doet daarvan onmiddellijk in persoon aangifte bij de korpschef. De korpschef stelt Onze Minister hiervan in kennis.   — Vermissing/verlies document voor grensoverschrijding of mvv
3. Artikel 1.29, tweede lid, is van overeenkomstige toepassing op de in het eerste en tweede lid omschreven verplichtingen.   — Schakelbepaling
(Zie ook: artt. 4.43 lid 1, 4.44 Vb)

Art. 1.31
De medewerking, bedoeld in artikel 54, eerste lid, onder c, van de Wet bestaat voor de toepassing van dit hoofdstuk uit: — Medewerking vastleggen gegevens m.h.o.o. identificatie
a. het op vordering van Onze Minister beschikbaar stellen van een goedgelijkende pasfoto;
b. het zich laten fotograferen en het laten afnemen van vingerafdrukken.
(Zie ook: art. 4.45 Vb)

§ 4
Overige bepalingen

Art. 1.32
Bij ministeriële regeling kunnen nadere regels worden gesteld omtrent de wijze van indiening en de behandeling van een aanvraag tot verlening of wijziging van een machtiging tot voorlopig verblijf dan wel een terugkeervisum, daaronder begrepen de wijze waarop beschikkingen, kennisgevingen, mededelingen of berichten ingevolge dit hoofdstuk aan de vreemdeling of de referent bekend worden gemaakt.   — Nadere regels, indiening/behandeling aanvraag

Hoofdstuk 2
Toegang

Afdeling 1
Algemeen

Art. 2.1
1. De toegang wordt geweigerd op grond van artikel 3, eerste lid, van de Wet, indien de vreemdeling het doel van het voorgenomen verblijf of de verblijfsomstandigheden onvoldoende aannemelijk heeft gemaakt, dan wel ter staving daarvan onvoldoende documenten heeft overgelegd.   — Toegang

2. Het eerste lid is niet van toepassing op de vreemdeling die rechtmatig verblijf heeft als bedoeld in artikel 8, onder e, dan wel l, van de Wet.
(Zie ook: A1/4 Vc; artt. 6 lid 1, 14 Verordening 2016/399/EU)

Art. 2.1a

Toegang Richtlijn 2003/109/EG en 2009/50/EG

1. De toegang wordt niet geweigerd, indien de vreemdeling naar Nederland terugkeert als gezinslid van een langdurig ingezetene, aan wie een EU-verblijfsvergunning voor langdurig ingezetenen is verleend en die na verblijfsbeëindiging door een andere staat die partij is bij het Verdrag betreffende de werking van de Europese Unie uit die staat naar Nederland terugkeert.
2. De toegang wordt evenmin geweigerd, indien de vreemdeling uit een andere staat die partij is bij het Verdrag betreffende de werking van de Europese Unie naar Nederland terugkeert als:
   a. houder of voormalig houder van een door Onze Minister afgegeven Europese blauwe kaart of verblijfsvergunning regulier voor bepaalde tijd onder de beperking «overplaatsing binnen een onderneming», of onder de beperking «onderzoek in de zin van richtlijn (EU) 2016/801;
   b. gezinslid van een vreemdeling als bedoeld in onderdeel a, voor zover dat gezinslid houder is of is geweest van een door Onze Minister afgegeven verblijfsvergunning regulier voor bepaalde tijd onder een beperking verband houdend met verblijf als familie- of gezinslid van die vreemdeling;
   c. houder of voormalig houder van de verblijfsvergunning regulier voor bepaalde tijd onder de beperking «studie».
(Zie ook: art. art. 22 lid 2 eerste zin Richtlijn 2003/109/EG)

Art. 2.1b

Toegang terugkeerrichtlijn

1. De toegang wordt niet geweigerd indien de vreemdeling van een andere staat als bedoeld in artikel 1.3 het bevel heeft gekregen onmiddellijk naar Nederland terug te keren, en hij op dat moment rechtmatig verblijf als bedoeld in artikel 8 van de Wet had.
2. De toegang wordt evenmin geweigerd indien Nederland op grond van een op 13 januari 2009 geldende bilaterale of multilaterale overeenkomst of regeling een vreemdeling van een andere staat als bedoeld in artikel 1.3 moet terugnemen en die vreemdeling in die andere staat verblijft zonder verblijfstitel of andere toestemming tot verblijf. In dat geval geeft Onze Minister aan die vreemdeling de kennisgeving, bedoeld in artikel 62a, eerste lid, van de Wet, tenzij de vreemdeling rechtmatig verblijf heeft als bedoeld in artikel 8, onder a tot en met e, of l, van de Wet.
(Zie ook: art. 6 leden 2 en 3 Richtlijn 2008/115/EG)

Art. 2.2

Verplichtingen vervoerder

1. De vervoerder, bedoeld in artikel 4, eerste lid, van de Wet neemt afschrift van het op de vreemdeling betrekking hebbende document voor grensoverschrijding, indien hij de vreemdeling rechtstreeks dan wel na transfer of transit naar Nederland vervoert vanaf een luchthaven die is aangewezen bij ministeriële regeling.
2. De vervoerder neemt afschrift door het maken van een duidelijke en goed leesbare afbeelding van de pagina's met de relevante gegevens van het document voor grensoverschrijding van de vreemdeling die hij vervoert. De vervoerder overhandigt het afschrift desgevraagd aan een ambtenaar belast met de grensbewaking, indien bij inreis in Nederland geen geldig document voor grensoverschrijding door de vreemdeling kan worden overgelegd.
3. Onder de relevante gegevens wordt in ieder geval verstaan:
   a. naam en voornaam of voornamen van de vreemdeling;
   b. geboortedatum van de vreemdeling;
   c. geboorteplaats van de vreemdeling;
   d. nationaliteit van de vreemdeling;
   e. plaats van uitgifte van het document voor grensoverschrijding van de vreemdeling, alsmede het nummer daarvan;
   f. geldigheidsduur van het document voor grensoverschrijding van de vreemdeling;
   g. plaats en datum van afgifte van het in het document voor grensoverschrijding van de vreemdeling aangebrachte visum voor Nederland of het Schengengebied dan wel het verblijfsdocument, alsmede de nummers daarvan;
   h. geldigheidsduur van de in het document voor grensoverschrijding aangebrachte visa of verblijfsdocumenten, ook indien een visumverklaring is afgegeven, dan wel gebruik wordt gemaakt van niet in het document voor grensoverschrijding aangebrachte verblijfsdocumenten;
   i. plaats en datum van afgifte van de in het document voor grensoverschrijding aangebrachte visa of verblijfsdocumenten voor derde landen, welke noodzakelijk zijn voor de reis naar Nederland, dan wel voor het uiteindelijke land van bestemming, ook indien die visa dan wel verblijfsdocumenten niet in het document voor grensoverschrijding zijn aangebracht, maar afzonderlijk aan de vreemdeling zijn verstrekt;
   j. het meest recente uitreisstempel voorzover dit is aangebracht door de grensbewakingautoriteiten van het land waarin de luchthaven van vertrek gelegen is, en
   k. de in het document voor grensoverschrijding aangebrachte foto.

Vreemdelingenbesluit 2000 **A41** art. 2.2b

De gegevens, bedoeld onder g, worden ook vastgelegd indien een visumverklaring is afgegeven of het verblijfsdocument als afzonderlijk document is verstrekt.

4. De afbeelding van de in het document voor grensoverschrijding aangebrachte foto, bedoeld in het derde lid, onder k, dient van zodanige kwaliteit te zijn, dat deze goed tot de houder van het geldige document voor grensoverschrijding herleidbaar is.

5. De ambtenaar belast met de grensbewaking maakt de afbeelding definitief onbruikbaar, zodra de grensbewakingsbelangen dit toestaan.

(Zie ook: artt. 4, 5 lid 2, 65 Vw; art. 2.1 VV; A1/9 Vc)

Art. 2.2a

1. De vervoerder, bedoeld in artikel 4, eerste lid, van de Wet, die passagiers vervoert door de lucht, verzamelt op vordering van een ambtenaar belast met de grensbewaking de in het derde lid, onderdelen a en b, en onderdeel c, onder 1° en 2°, bedoelde passagiersgegevens, en verstrekt deze aan het eind van de instapcontroles aan een ambtenaar belast met de grensbewaking, tezamen met de in het derde lid, onderdeel c, onder 3° en 4°, bedoelde passagiersgegevens, voor zover die gegevens aanwezig zijn in het vertrekcontrolesysteem van de vervoerder.   *Verplichtingen vervoerder luchtverkeer*

2. Het eerste lid is niet van toepassing op de vervoerder door wiens tussenkomst de vreemdeling vanuit een lidstaat van de Europese Unie of een land dat betrokken is bij de uitvoering, de toepassing en de ontwikkeling van het Schengenacquis, aan een buitengrens of binnen het grondgebied van Nederland wordt gebracht.

3. De in artikel 4, derde lid, van de Wet, bedoelde passagiersgegevens omvatten:

a. de volgende gegevens uit het document voor grensoverschrijding van de passagiers:
1°. het nummer en de aard van het reisdocument;
2°. de nationaliteit;
3°. de volledige naam;
4°. de geboortedatum;
5°. het geslacht;
6°. de staat van afgifte van het reisdocument;
7°. de vervaldatum van het reisdocument;

b. de volgende gegevens over het desbetreffende vervoermiddel:
1°. het vluchtnummer;
2°. het tijdstip van vertrek en van aankomst van het vervoermiddel;
3°. het totale aantal met dat vervoermiddel vervoerde passagiers.

c. de volgende gegevens over het desbetreffende vervoer van de passagier:
1°. de grensdoorlaatpost van binnenkomst;
2°. het eerste instappunt;
3°. de overige reisroutegegevens;
4°. de Passenger Name Record-bestandslocatie.

4. Bij ministeriële regeling kunnen gevallen worden aangewezen waarin vervoerders verplicht zijn de in het derde lid bedoelde passagiersgegevens te verzamelen en te verstrekken zonder vordering daartoe. Daarbij kunnen nadere regels worden gesteld met betrekking tot de vorm waarin de in het derde lid genoemde gegevens worden verstrekt.   *Verplichtingen vervoerder luchtverkeer, nadere regels*

5. De vervoerder vernietigt de krachtens het eerste lid verzamelde gegevens binnen 24 uur na aankomst in Nederland.

6. De vervoerder verstrekt de passagier informatie betreffende:
a. zijn identiteit;
b. de doeleinden waarvoor de gegevens worden verzameld;
c. de gegevens die worden verzameld;
d. de ontvangers van de gegevens, en
e. het bestaan van het recht om kennis te nemen van zijn gegevens en het recht om om correctie van onjuiste gegevens te verzoeken.

7. Bij ministeriële regeling worden regels gesteld over de wijze waarop de gegevens door de vervoerder worden verstrekt.   *Nadere regels*

(Zie ook: artt. 5 lid 2, 65, 108 Vw; art. 2.1a VV; A1/9 Vc)

Art. 2.2b

De ambtenaar belast met de grensbewaking vernietigt de op grond van artikel 2.2a verkregen passagiersgegevens binnen 24 uur na binnenkomst van de passagiers in Nederland, tenzij deze later nodig zijn voor de uitoefening van diens taken.   *Vernietiging passagiersgegevens*

Art. 2.2c

[Vervallen]

A41 art. 2.3 Vreemdelingenbesluit 2000

Afdeling 2
Document voor grensoverschrijding

Art. 2.3

Document grensoverschrijding

1. Onverminderd de overige terzake bij de Wet gestelde vereisten, wordt toegang tot Nederland niet geweigerd op grond van artikel 3, eerste lid, onder a, van de Wet, indien de vreemdeling in het bezit is van:
   a. een geldig document voor grensoverschrijding dat is voorzien van een geldige machtiging tot voorlopig verblijf, indien hij zich naar Nederland begeeft voor een verblijf aldaar van langer dan 90 dagen, of
   b. een door Onze Minister afgegeven verklaring die aan hem recht geeft op terugkeer naar Nederland.
2. Een afzonderlijke geldige machtiging tot voorlopig verblijf wordt gelijkgesteld met een geldig document voor grensoverschrijding, indien de vreemdeling tevens in het bezit is van het in deze machtiging vermelde document.
3. In afwijking van het eerste lid wordt toegang niet geweigerd indien de vreemdeling zich naar Nederland begeeft voor een verblijf van langer dan 90 dagen en hij in het bezit is van een geldig document voor grensoverschrijding waarin de benodigde machtiging tot voorlopig verblijf ontbreekt, mits de vreemdeling:
   a. de nationaliteit bezit van één van bij ministeriële regeling aan te wijzen staten, of
   b. behoort tot een bij ministeriële regeling aan te wijzen categorie.
4. Bij ministeriële regeling kan, ter uitvoering van een verdrag, dan wel een besluit van een volkenrechtelijke organisatie, van het eerste lid worden afgeweken ten gunste van vreemdelingen ten aanzien van het bezit van een document voor grensoverschrijding.
(Zie ook: art. 16 lid 1 sub b Vw; artt. 2.2 t/m 2.6, bijlage 2 t/m 5 VV; A1/5.3 Vc; art. 6 lid 1 en 4 Verordening 2016/399/EU)

Art. 2.4

Toegang Benelux indien reisvisum of doorreisvisum ontbreekt; vliegverkeer

1. Aan de vreemdeling, die als passagier van een vliegtuig een vliegveld aandoet en in wiens geldig document voor grensoverschrijding het voor binnenkomst in het Beneluxgebied vereiste reisvisum of doorreisvisum met oponthoud ontbreekt, kan toegang tot het Beneluxgebied worden verleend.
2. Toegang wordt slechts verleend, indien:
   a. de onderbreking plaats vindt wegens van de wil van de vreemdeling onafhankelijke omstandigheden;
   b. hij van één van de in het derde lid van dit artikel bedoelde vliegvelden zal vertrekken;
   c. hij in het bezit is van een geldig document voor grensoverschrijding en reisbiljetten op grond waarvan zijn doorreis naar en zijn toegang tot het land van bestemming vaststaat, en
   d. hij voldoet aan artikel 12, eerste lid, onder b en d, van de Wet.
3. De toegang wordt slechts verleend, indien de vreemdeling een bij ministeriële regeling aangewezen vliegveld in Nederland aandoet, dan wel een daartoe aangewezen vliegveld in België of Luxemburg.
4. De toegang wordt verleend voor de duur waarop de doorreis per eerstvolgende gelegenheid kan worden voortgezet.
5. Indien toegang wordt verleend, stelt de ambtenaar belast met de grensbewaking ter plaatse in het geldig document voor grensoverschrijding van de vreemdeling een aantekening, dan wel verstrekt hij aan de vreemdeling een afzonderlijke verklaring, waaruit het verlenen van toegang blijkt.
6. Het model van de aantekening en verklaring, bedoeld in het vijfde lid, wordt bij ministeriële regeling vastgesteld.
(Zie ook: artt. 3 lid 1 sub a, 52 lid 1 Vw; artt. 2.2 t/m 2.6, bijlage 2 t/m 5 VV; A1/7.2 Vc; art. 6 lid 1 Verordening 2016/399/EU)

Art. 2.5-2.8

[Vervallen]

Afdeling 3
Openbare orde

Art. 2.9

Weigering wegens openbare orde

1. Toegang tot Nederland wordt in ieder geval geweigerd op grond van het feit dat de vreemdeling een gevaar oplevert voor de openbare orde of de nationale veiligheid, bedoeld in artikel 3, eerste lid, onder b, van de Wet, indien:
   a. er ten aanzien de vreemdeling concrete aanwijzingen zijn dat deze een inbreuk op de openbare orde of nationale veiligheid heeft gepleegd of zal plegen, of
   b. de vreemdeling in het opsporingsregister of het Schengen Informatiesysteem ter fine van weigering staat gesignaleerd.

Vreemdelingenbesluit 2000   A41 art. 3.1

2. Het eerste lid blijft buiten toepassing, indien Onze Minister op grond van humanitaire overwegingen, om redenen van nationaal belang of wegens internationale verplichtingen een afwijking noodzakelijk acht.
3. Het eerste lid is niet van toepassing op de vreemdeling die rechtmatig verblijf heeft als bedoeld in artikel 8, onder e, dan wel l, van de Wet, en het familielid, bedoeld in artikel 8.7, tweede en derde lid, en de vreemdeling, bedoeld in artikel 8.7, vierde lid. Op deze vreemdelingen is artikel 8.8 van toepassing.
(Zie ook: artt. 52 lid 1, 109 lid 5, 109a Vw; artt. 2.11, 8.5, 8.22 Vb; art. 6 lid 1 Richtlijn 2003/86/EG)

Afdeling 4
Middelen voor kosten van verblijf

Art. 2.10
1. Bij de vaststelling of de vreemdeling beschikt over de in artikel 3, eerste lid, onderdeel c, van de Wet bedoelde middelen om te voorzien zowel in de kosten van verblijf in Nederland als in die van zijn reis naar een plaats buiten Nederland waar zijn toegang is gewaarborgd, kunnen middelen waarover de vreemdeling reeds beschikt en middelen waarover de vreemdeling kan beschikken uit wettelijk toegestane arbeid worden betrokken.

Vaststelling middelen kosten verblijf

2. Onder middelen worden in ieder geval verstaan geldelijke middelen alsmede vervoersbewijzen.
3. Het eerste lid is niet van toepassing op de vreemdeling die rechtmatig verblijf heeft als bedoeld in artikel 8, onder e, dan wel l, van de Wet, het familielid, bedoeld in artikel 8.7, tweede en derde lid, en de vreemdeling, bedoeld in artikel 8.7, vierde lid.
(Zie ook: artt. 2.11, 8.5, 8.22 Vb; A1/4.5 Vc; art. 6 lid 1 en 4 Verordening 2016/399/EU)

Art. 2.11
1. De toegang wordt geweigerd op grond van artikel 3, eerste lid, onder c en d, van de Wet, indien de vreemdeling niet voldoet aan de door de ambtenaar belast met grensbewaking gestelde voorwaarde om zekerheid te stellen voor de kosten van verblijf in Nederland en voor de kosten van zijn reis naar een plaats buiten Nederland waar zijn toegang gewaarborgd is.

Zekerheidstelling kosten verblijf

2. De zekerheid, bedoeld in het eerste lid, kan bestaan uit:
a. het deponeren van een retour-passagebiljet;
b. het deponeren van een garantiesom;
c. het stellen van een bankgarantie, of
d. een garantstelling door een derde die daartoe solvabel is.
3. Het eerste lid is niet van toepassing op de vreemdeling die rechtmatig verblijf heeft als bedoeld in artikel 8, onder e, dan wel l, van de Wet, het familielid, bedoeld in artikel 8.7, tweede en derde lid, en de vreemdeling, bedoeld in artikel 8.7, vierde lid.
4. De in het eerste lid bedoeld voorwaarde om zekerheid te stellen voor de kosten van verblijf in Nederland en voor de kosten van zijn reis naar een plaats buiten Nederland waar zijn toegang is gewaarborgd, kan, op grond van artikel 6, vierde lid, van de Schengengrenscode, ook worden gesteld ten aanzien van een onderdaan van een derde land die toegang vraagt voor een verblijf voor ten hoogste 90 dagen binnen een periode van 180 dagen.
5. Bij ministeriële regeling kunnen nadere regels worden gesteld over de zekerheidstelling.

Nadere regels

(Zie ook: artt. 8.5, 8.7 Vb; art. 2.9 VV; art. 6 lid 1 en 4 Verordening 2016/399/EU)

Hoofdstuk 3
Verblijf

Afdeling 1
Rechtmatig verblijf

Art. 3.1
1. Het indienen van een aanvraag tot het verlenen van een verblijfsvergunning anders dan bedoeld in het tweede lid alsmede het indienen van een aanvraag tot het wijzigen of verlengen van een verblijfsvergunning regulier voor bepaalde tijd of een verblijfsvergunning asiel voor bepaalde tijd heeft tot gevolg dat de uitzetting achterwege blijft, tenzij:
a. de aanvraag naar het voorlopig oordeel van Onze Minister een herhaalde aanvraag betreft; of
b. de aanvraag naar het voorlopig oordeel van Onze Minister kan worden afgewezen op de grond dat de vreemdeling een gevaar vormt voor de openbare orde of nationale veiligheid.

Schorsende werking aanvraag

2. Het indienen van een aanvraag tot het verlenen van een verblijfsvergunning asiel voor bepaalde tijd heeft tot gevolg dat de uitzetting achterwege blijft, tenzij:
a. de vreemdeling een opvolgende aanvraag heeft ingediend nadat een eerdere opvolgende aanvraag definitief is afgewezen met toepassing van artikel 4:6 van de Algemene wet bestuursrecht, definitief niet-ontvankelijk is verklaard met toepassing van artikel 30a, eerste lid, onderdeel

d, van de Wet of definitief als kennelijk ongegrond of als ongegrond is afgewezen met toepassing van artikel 30b of 31 van de Wet, en geen nieuwe elementen of bevindingen aan de orde zijn gekomen die relevant kunnen zijn voor de beoordeling van de aanvraag;
b. een eerdere aanvraag niet in behandeling is genomen op grond van artikel 30 van de Wet en geen nieuwe elementen of bevindingen aan de orde zijn gekomen die relevant kunnen zijn voor de beoordeling van de aanvraag;
c. de vreemdeling die de aanvraag heeft ingediend, wordt overgeleverd of uitgeleverd hetzij aan een andere lidstaat uit hoofde van verplichtingen overeenkomstig een Europees aanhoudingsbevel of anderszins, hetzij aan internationale strafhoven of tribunalen;
d. de vreemdeling die de aanvraag heeft ingediend, wordt overgeleverd of uitgeleverd aan een derde land; of
e. de vreemdeling een eerste opvolgende aanvraag heeft ingediend louter teneinde de uitvoering van het terugkeerbesluit te vertragen of te verhinderen en de aanvraag niet-ontvankelijk kan worden verklaard op grond van artikel 30a, eerste lid, onderdeel d, van de Wet.
3. De uitzonderingen, bedoeld in het tweede lid zijn niet van toepassing, indien uitzetting zou leiden tot een schending van het Vluchtelingenverdrag, Unierechtelijke verplichtingen, het Verdrag tot bescherming van de rechten van de mens en de fundamentele vrijheden of het Verdrag tegen foltering en andere wrede onmenselijke of onterende behandeling of bestraffing.
4. Bij de beoordeling of sprake is van een aanvraag die louter is ingediend teneinde de uitvoering van het terugkeerbesluit te vertragen of te verhinderen als bedoeld in het tweede lid, onderdeel e, worden alle omstandigheden van het geval betrokken, waaronder met name:
a. de termijn waarbinnen de vreemdeling zijn aanvraag om een verblijfsvergunning asiel voor bepaalde tijd kenbaar heeft gemaakt in het licht van zijn verklaringen hieromtrent;
b. de omstandigheden waaronder de vreemdeling is aangetroffen dan wel zijn aanvraag kenbaar heeft gemaakt;
c. of de vreemdeling in het Schengeninformatiesysteem ter zake van een inreisverbod gesignaleerd staat;
d. de gestelde nationaliteit in het licht van de toepassing van artikel 30b, eerste lid, onder b van de Wet;
e. de onderbouwing van de aanvraag.

Nadere regels
5. Bij ministeriële regeling kunnen nadere regels worden gesteld omtrent de wijze waarop wordt beoordeeld of sprake is van een situatie als bedoeld in het tweede lid en de wijze waarop een beslissing hieromtrent bekend wordt gemaakt.
(Zie ook: artt. 8, 73 lid 2, 82 lid 2 Vw; artt. 3.1a, 3.99 t/m 104, 7.3 lid 2 Vb; art. 3.49 VV; B1/3.4.1.1 Vc; artt. 9 lid 2 en 3, 41 Richtlijn 2013/32/EU)

Art. 3.1a

Schorsende werking aanvraag/tijdelijke bescherming
1. Het indienen van een aanvraag tot het verlenen van een verblijfsvergunning asiel voor bepaalde tijd heeft tot gevolg dat de uitzetting achterwege blijft zo lang een besluit als bedoeld in artikel 5, derde lid, van de richtlijn tijdelijke bescherming van kracht is, indien de vreemdeling:
a. behoort tot de specifieke groep vreemdelingen zoals omschreven in een besluit van de Raad van de Europese Unie als bedoeld in artikel 5, derde lid, van de richtlijn tijdelijke bescherming;
b. de echtgenoot is van de vreemdeling, bedoeld onder a, of de ongehuwde partner met wie die vreemdeling een duurzame relatie onderhoudt, en ten tijde van de gebeurtenissen die hebben geleid tot het in de aanhef bedoelde besluit met die vreemdeling samenwoonde;
c. het minderjarige, ongehuwde, al dan niet geadopteerde kind is van de vreemdeling, bedoeld onder a of b;
d. een ander naast familielid is van de vreemdeling, bedoeld onder a, die ten tijde van de gebeurtenissen die hebben geleid tot het in de aanhef bedoelde besluit volledig of grotendeels afhankelijk was van die vreemdeling en met het gezin samenwoonde, en wiens achterlating een schrijnende situatie zou vormen; of
e. behoort tot de bij ministeriële regeling aan te wijzen groep vreemdelingen uit hetzelfde land of dezelfde regio als de vreemdeling, bedoeld onder a, die om dezelfde reden ontheemd zijn en die niet reeds bescherming genieten in een ander land dat partij is bij het Verdrag betreffende de werking van de Europese Unie of de Overeenkomst betreffende de Europese Economische Ruimte.

Indiening aanvraag, gevallen waarin uitzetting niet achterwege blijft
2. In afwijking van het eerste lid kan Onze Minister bepalen dat uitzetting niet achterwege blijft, indien:
a. de aanvraag met toepassing van artikel 30 van de Wet niet in behandeling is genomen;
b. de vreemdeling reeds tijdelijke bescherming geniet in een ander land dat partij is bij het Verdrag betreffende de werking van de Europese Unie of de Overeenkomst betreffende de Europese Economische Ruimte;
c. de vreemdeling met toepassing van de richtlijn tijdelijke bescherming wordt overgebracht naar een ander land dat partij is bij het Verdrag betreffende de werking van de Europese Unie of de Overeenkomst betreffende de Europese Economische Ruimte;
d. de vreemdeling naar het land of regio van herkomst is teruggekeerd;

e. ernstige redenen aanwezig zijn om aan te nemen dat de vreemdeling:
1°. een misdrijf tegen de vrede, een oorlogsmisdrijf, of een misdrijf tegen de menselijkheid heeft begaan als omschreven in de internationale instrumenten die bepalingen inzake dergelijke misdrijven bevatten;
2°. buiten Nederland een ernstig niet-politiek misdrijf heeft begaan alvorens hij tijdelijke bescherming verkreeg;
3°. zich schuldig heeft gemaakt aan daden die in strijd zijn met de doeleinden en beginselen van de Verenigde Naties;
f. de vreemdeling ingevolge een onherroepelijk geworden veroordeling wegens een bijzonder ernstig misdrijf een gevaar vormt voor de Nederlandse samenleving; of
g. er redelijke gronden aanwezig zijn om de vreemdeling als gevaar voor de nationale veiligheid te beschouwen.
3. Bij de toepassing van het tweede lid, onderdeel e, onder 2°, wordt de ernst van de verwachte vervolging afgewogen tegen de aard van het misdrijf waarvan de vreemdeling wordt verdacht, en kunnen bijzonder wrede handelingen, ook indien deze met een vermeend politiek oogmerk zijn verricht, worden aangemerkt als ernstige, niet-politieke misdrijven. Dit geldt voor alle deelnemers aan het misdrijf, met inbegrip van hen die het misdrijf hebben uitgelokt.
4. Een besluit op grond van het tweede lid, onder e tot en met g, wordt met inachtneming van het evenredigheidsbeginsel gebaseerd op het persoonlijke gedrag van de vreemdeling.
(Zie ook: artt. 43a, 45 lid 6, 79 lid 1 Vw; art. 3.17a VV; C4 Vc)

Art. 3.1b

1. Het indienen van een aanvraag tot het verlenen van een Europese blauwe kaart heeft tot gevolg dat uitzetting achterwege blijft, indien de vreemdeling direct voorafgaande aan de indiening van de aanvraag houder was van een door de autoriteiten van een andere staat die partij is bij het Verdrag betreffende de werking van de Europese Unie afgegeven Europese blauwe kaart.
Schorsende werking aanvraag/blauwe kaart

2. Het indienen van een aanvraag tot het verlenen van een verblijfsvergunning voor bepaalde tijd als bedoeld in artikel 3.13, eerste lid, heeft tot gevolg dat uitzetting achterwege blijft, indien:
a. de vreemdeling de echtgenoot, de geregistreerde partner dan wel de ongehuwde partner van een houder van een Europese blauwe kaart is, dan wel het minderjarige kind van die echtgenoot, partner of houder van de Europese blauwe kaart;
b. de houder van de Europese blauwe kaart, bedoeld in onderdeel a, direct voorafgaande aan de indiening van de aanvraag houder was van een door de autoriteiten van een andere staat die partij is bij het Verdrag betreffende de werking van de Europese Unie afgegeven Europese blauwe kaart, en
c. geen sprake is van gezinsvorming.
(Zie ook: artt. 3.23b, 3.30b, 3.89b, 3.91c Vb)

Art. 3.2

Voor de toepassing van artikel 12, eerste lid, onder b en d, van de Wet zijn de artikelen 2.9, 2.10 en 2.11 van overeenkomstige toepassing.
Schakelbepaling

Art. 3.3

1. De termijn gedurende welke het aan vreemdelingen krachtens artikel 12 van de Wet is toegestaan in Nederland te verblijven is:
Termijnen verblijf

a. voor houders van een doorreisvisum en voor vreemdelingen aan wie uitsluitend voor doorreis een bijzonder doorlaatbewijs is afgegeven: de tijd welke voor de voortzetting van hun reis noodzakelijk is;
b. voor houders van een doorreisvisum met bevoegdheid tot oponthoud of van een reisvisum: de duur waarvoor het visum is afgegeven of verlengd dan wel, voorzover het een visum voor meer reizen betreft, de in het visum aangegeven duur waarvoor ononderbroken verblijf is toegestaan;
c. voor vreemdelingen die voor een verblijf van niet langer dan 90 dagen naar Nederland zijn gekomen: 90 dagen of, in geval van verlenging door Onze Minister van de termijn wegens bijzondere omstandigheden, 180 dagen;
d. voor houders van een visum voor verblijf van langere duur of een verblijfstitel als bedoeld in artikel 18, eerste lid, onderscheidenlijk artikel 21, eerste lid, van de Schengen Uitvoeringsovereenkomst: 90 dagen of, in geval van verlenging door Onze Minister van de termijn wegens bijzondere omstandigheden, 180 dagen;
e. voor houders van een geldige machtiging tot voorlopig verblijf: de tijd tot de vreemdeling rechtmatig verblijf in de zin van artikel 8, onder a, van de Wet verkrijgt, maar niet langer dan de geldigheidsduur van de machtiging;
f. voor de houder van een EU-verblijfsvergunning voor langdurig ingezetenen die is afgegeven door een andere staat die partij is bij het Verdrag betreffende de werking van de Europese Unie, dan wel voor de echtgenoot of het minderjarig kind van die houder in geval het gezin reeds was gevormd in die staat: 90 dagen;
g. voor andere vreemdelingen: acht dagen.

2. De in het eerste lid, onder b en c, bedoelde termijn verstrijkt in geen geval later dan op de achtste dag nadat zich omstandigheden hebben voorgedaan, waaruit kan worden afgeleid dat de vreemdeling het voornemen heeft langer dan 90 dagen binnen een tijdvak van 180 dagen in Nederland te verblijven.
3. In afwijking van het tweede lid verstrijkt de termijn, bedoeld in het eerste lid, onderdeel c, in geval van verlenging wegens bijzondere omstandigheden, niet later dan op de achtste dag nadat zich feiten of omstandigheden hebben voorgedaan, waaruit kan worden afgeleid dat de vreemdeling het voornemen heeft langer dan 180 dagen in Nederland te verblijven.
(Zie ook: artt. 3, 8 Vw ; artt. 8.5, 8.11, 8.12 Vb)

Termijnen verblijf, onderzoekers/studenten
4. De termijn, bedoeld in het eerste lid, onderdeel d, bedraagt 180 dagen binnen een periode van 360 dagen voor de categorie van:
   a. onderzoekers die houder zijn van een door een andere lidstaat van de Europese Unie afgegeven verblijfsvergunning voor onderzoekers in de zin van richtlijn (EU) 2016/801 die een deel van het onderzoek in Nederland uitvoeren aan een krachtens artikel 2c van de Wet als referent erkende onderzoeksinstelling;
   b. de hen vergezellende familieleden die houder zijn van een door die andere lidstaat afgegeven verblijfsvergunning voor verblijf als partner of minderjarig kind bij die onderzoeker.
5. De termijn, bedoeld in het eerste lid, onderdeel d, bedraagt 360 dagen voor de categorie van studenten die houder zijn van een door een andere lidstaat van de Europese Unie afgegeven verblijfsvergunning voor studenten die onder een uniaal of multilateraal programma met mobiliteitsmaatregelen of onder een overeenkomst tussen twee of meer instellingen voor hoger onderwijs vallen, die een deel van de studie in Nederland volgen aan een krachtens artikel 2c van de Wet als referent erkende onderwijsinstelling.
6. De in het vierde en vijfde lid bedoelde termijn verstrijkt onmiddellijk indien Onze Minister bewijs of ernstige en objectieve redenen heeft om vast te stellen dat het verblijf van de vreemdeling andere doelen dient of zou dienen dan die bedoeld in het vierde en vijfde lid.

Afdeling 2
De verblijfsvergunning voor bepaalde tijd regulier

Paragraaf 1
Verlening onder beperking en voorschriften

Subparagraaf 1
Beperkingen

Art. 3.4

Beperkingsgronden verblijfsvergunning voor bepaalde tijd
1. De in artikel 14, derde lid, van de Wet bedoelde beperkingen houden verband met:
   a. verblijf als familie- of gezinslid;
   b. verblijf als economisch niet-actieve langdurig ingezetene of vermogende vreemdeling;
   c. arbeid als zelfstandige;
   d. arbeid als kennismigrant;
   e. verblijf als houder van de Europese blauwe kaart;
   f. seizoenarbeid;
   g. overplaatsing binnen een onderneming;
   h. arbeid in loondienst;
   i. grensoverschrijdende dienstverlening;
   j. onderzoek in de zin van richtlijn (EU) 2016/801;
   k. lerend werken;
   l. arbeid als niet-geprivilegieerd militair of niet-geprivilegieerd burgerpersoneel;
   m. studie;
   n. het zoeken naar en verrichten van arbeid al dan niet in loondienst;
   o. uitwisseling, al dan niet in het kader van een verdrag;
   p. medische behandeling;
   q. tijdelijke humanitaire gronden;
   r. het afwachten van een verzoek op grond van artikel 17 van de Rijkswet op het Nederlanderschap;
   s. niet-tijdelijke humanitaire gronden.
2. De beperkingen, bedoeld in het eerste lid, kunnen nader worden omschreven bij de verlening van de verblijfsvergunning.
3. Een beroep op de algemene middelen kan in ieder geval gevolgen hebben voor het verblijfsrecht, indien de verblijfsvergunning is verleend onder één van de beperkingen, bedoeld in het eerste lid, met uitzondering van de onderdelen q, r en s. Bij ministeriële regeling kunnen regels worden gesteld over deze beperkingen. Indien een beroep op de algemene middelen gevolgen

A41 art. 3.6

kan hebben voor het verblijfsrecht, stelt Onze Minister de vreemdeling daarvan vooraf schriftelijk in kennis.
(Zie ook: artt. 3.6, 3.13, 3.23 t/m 3.56, 4.43 Vb; artt. 3.17, 3.17a, 3.19, 3.20, 7.2b VV)
4. De verblijfsvergunning regulier voor bepaalde tijd kan onder een andere beperking dan genoemd in het eerste lid worden verleend aan bij ministeriële regeling aangewezen categorieën vreemdelingen. Aanwijzing vindt slechts plaats voor zover internationale verplichtingen daartoe nopen dan wel met de aanwezigheid van de desbetreffende vreemdelingen een wezenlijk Nederlands belang is gediend. In de ministeriële regeling kunnen hierover nadere regels worden gesteld.

Subparagraaf 2
Verblijfsrecht van tijdelijke aard

Art. 3.5
1. Het verblijfsrecht op grond van de verblijfsvergunning regulier voor bepaalde tijd is tijdelijk of niet-tijdelijk. **Gronden tijdelijkheid**
2. Tijdelijk is het verblijfsrecht op grond van de verblijfsvergunning, verleend onder een beperking verband houdend met:
a. verblijf als familie- of gezinslid, indien de hoofdpersoon:
1°. tijdelijk verblijfsrecht heeft, of
2°. houder van een verblijfsvergunning asiel voor bepaalde tijd is;
b. seizoenarbeid;
c. overplaatsing binnen een onderneming;
d. grensoverschrijdende dienstverlening;
e. lerend werken;
f. studie;
g. het zoeken naar en verrichten van arbeid al dan niet in loondienst;
h. uitwisseling, al dan niet in het kader van een verdrag;
i. medische behandeling;
j. tijdelijke humanitaire gronden;
k. het afwachten van een verzoek op grond van artikel 17 van de Rijkswet op het Nederlanderschap.
3. Bij ministeriële regeling kunnen ter uitvoering van verplichtingen die voortvloeien uit verdragen of uit verbindende besluiten van volkenrechtelijke organisaties, gevallen worden aangewezen waarin het verblijfsrecht, in afwijking van het tweede lid, niet-tijdelijk van aard is.
4. Indien de verblijfsvergunning is verleend onder een andere beperking dan genoemd in het tweede lid, is het verblijfsrecht niet-tijdelijk, tenzij bij de verlening van de verblijfsvergunning anders is bepaald.
(Zie ook: art. 21 lid 1 sub f Vw; artt. 3.50, 3.91 sub a Vb; art. 7.2b VV; art. 3 lid 1 Richtlijn 2003/86/EG)

Subparagraaf 3
Ambtshalve verlening, verlenging en wijziging

Art. 3.6
1. Bij afwijzing van een aanvraag tot het verlenen van een verblijfsvergunning regulier voor **Ambtshalve verlening**
bepaalde tijd kan alsnog ambtshalve een dergelijke verblijfsvergunning worden verleend:
a. aan de vreemdeling wiens uitzetting in strijd zou zijn met artikel 8 van het Verdrag tot bescherming van de rechten van de mens en de fundamentele vrijheden;
b. onder een beperking verband houdend met tijdelijke humanitaire gronden aan de vreemdeling die slachtoffer-aangever, slachtoffer of getuige-aangever is van mensenhandel, bedoeld in artikel 3.48, eerste lid, onder a, b of c;
c. onder een beperking verband houdend met tijdelijke humanitaire gronden aan de vreemdeling die buiten zijn schuld niet uit Nederland kan vertrekken als bedoeld in artikel 3.48, tweede lid, onder a;
d. onder een beperking verband houdend met medische behandeling als bedoeld in artikel 3.46; of
e. onder een beperking verband houdend met tijdelijke humanitaire gronden als bedoeld in artikel 3.48, tweede lid, onder b.
2. Het eerste lid is uitsluitend van toepassing indien de aanvraag betrekking had op een verblijfsvergunning:
a. op grond dat de uitzetting van de vreemdeling in strijd is met artikel 8 van het Verdrag tot bescherming van de rechten van de mens en de fundamentele vrijheden;
b. onder een beperking verband houdend met medische behandeling als bedoeld in artikel 3.46;

A41 art. 3.6a

c. onder een beperking verband houdend met tijdelijke humanitaire gronden aan de vreemdeling die buiten zijn schuld niet uit Nederland kan vertrekken als bedoeld in artikel 3.48, tweede lid, onder a; of

d. onder een beperking verband houdend met tijdelijke humanitaire gronden als bedoeld in artikel 3.48, tweede lid, onder b.

3. In afwijking van het tweede lid, is het eerste lid niet van toepassing indien al eerder, bij afwijzing van een aanvraag tot het verlenen van een verblijfsvergunning regulier voor bepaalde tijd of een verblijfsvergunning asiel voor bepaalde tijd, met toepassing van het eerste lid of artikel 3.6a, eerste lid, een beslissing is genomen omtrent ambtshalve verlening van een verblijfsvergunning.

4. De verblijfsvergunning wordt verleend op de in het eerste lid als eerste genoemde van toepassing zijnde grond.

5. Het eerste, tweede en vierde lid zijn van overeenkomstige toepassing, indien de verblijfsvergunning regulier voor bepaalde tijd wordt ingetrokken of de aanvraag tot het verlengen van de geldigheidsduur ervan wordt afgewezen.

Art. 3.6a

Ambtshalve verlening/doortoetsen

1. Bij afwijzing van de eerste aanvraag tot het verlenen van een verblijfsvergunning asiel voor bepaalde tijd kan alsnog ambtshalve een verblijfsvergunning regulier voor bepaalde tijd worden verleend:

a. aan de vreemdeling wiens uitzetting in strijd zou zijn met artikel 8 van het Verdrag tot bescherming van de rechten van de mens en de fundamentele vrijheden; of

b. onder een beperking verband houdend met tijdelijke humanitaire gronden aan de vreemdeling die slachtoffer-aangever, slachtoffer of getuige-aangever is van mensenhandel, bedoeld in artikel 3.48, eerste lid, onder a, b of c.

2. Het eerste lid is niet van toepassing, indien de aanvraag niet in behandeling is genomen op grond van artikel 30 van de Wet, niet-ontvankelijk is verklaard op grond van artikel 30a van de Wet of op grond van het bepaalde in het Protocol (nr. 24) inzake asiel voor onderdanen van lidstaten van de Europese Unie, bij het Verdrag betreffende de Europese Unie, dan wel buiten behandeling is gesteld op grond van artikel 30c van de Wet.

3. Indien de vreemdeling de eerste aanvraag tot het verlenen van de verblijfsvergunning asiel voor bepaalde tijd niet binnen zes maanden na de eerste inreis in Nederland heeft ingediend, kan een verblijfsvergunning regulier voor bepaalde tijd uitsluitend op grond van het eerste lid, onder b, alsnog ambtshalve worden verleend.

4. De verblijfsvergunning wordt verleend op de in het eerste lid als eerste genoemde van toepassing zijnde grond.

5. Het eerste en het vierde lid zijn van overeenkomstige toepassing, indien de verblijfsvergunning asiel voor bepaalde tijd wordt ingetrokken of de aanvraag tot het verlengen van de geldigheidsduur ervan wordt afgewezen.

(Zie ook: C1/4.5 Vc)

Art. 3.6b

Ambtshalve verlening/reguliere verblijfsvergunning

Onverminderd de artikelen 3.6 en 3.6a kan de verblijfsvergunning regulier voor bepaalde tijd ambtshalve worden verleend:

a. onder een beperking verband houdend met medische behandeling, tijdelijke humanitaire gronden of niet-tijdelijke humanitaire gronden;

b. aan de vreemdeling met rechtmatig verblijf als bedoeld in artikel 8, onder i, van de Wet, die behoort tot een van de in artikel 17 van de Wet of in artikel 3.71, tweede lid, bedoelde categorieën en met wiens verblijf in Nederland voor een periode van langer dan 90 dagen Onze Minister binnen 90 dagen direct voorafgaande aan de aanmelding op grond van artikel 4.47 heeft ingestemd;

c. aan de vreemdeling wiens uitzetting in strijd zou zijn met artikel 8 van het Verdrag tot bescherming van de rechten van de mens en de fundamentele vrijheden.

Art. 3.6ba

Verblijfsvergunning, beslissing op eerste ingediende aanvraag

1. Tot het moment waarop de beslissing op een eerste in Nederland ingediende aanvraag tot het verlenen van een verblijfsvergunning asiel voor bepaalde tijd of een eerste in Nederland ingediende aanvraag tot het verlenen van een verblijfsvergunning regulier voor bepaalde tijd onherroepelijk is geworden, kan ambtshalve een verblijfsvergunning regulier voor bepaalde tijd worden verleend onder een andere beperking dan voorzien in artikel 3.4, eerste lid, indien sprake is van een schrijnende situatie die gelegen is in een samenstel van bijzondere omstandigheden die de vreemdeling betreffen.

2. Het eerste lid is niet van toepassing, indien ambtshalve een verblijfsvergunning regulier voor bepaalde tijd wordt verleend op grond van artikel 3.6, 3.6a of 3.6b.

Art. 3.6c

Nadere regels, ambtshalve verlening

1. Bij ministeriële regeling kunnen andere gevallen dan bedoeld in de artikel 3.6 tot en met 3.6ba worden aangewezen waarin de verblijfsvergunning regulier voor bepaalde tijd ambtshalve kan worden verleend.

Vreemdelingenbesluit 2000 — A41 art. 3.13

2. Bij ministeriële regeling kunnen regels worden gesteld omtrent de ambtshalve verlenging en wijziging van de verblijfsvergunning regulier voor bepaalde tijd.

Subparagraaf 4
Voorschriften

Art. 3.7
1. Aan de verblijfsvergunning regulier voor bepaalde tijd kan als voorschrift tot het stellen van zekerheid worden verbonden: **Voorschriften verblijfsvergunning voor bepaalde tijd**
a. het deponeren van een waarborgsom ter dekking van de kosten, verbonden aan de reis van de vreemdeling naar een plaats buiten Nederland waar zijn toegang is gewaarborgd;
b. het stellen van een bankgarantie;
c. het beschikken over een verzekering die de ziektekosten in Nederland volledig dekt.
2. In plaats van een waarborgsom kan een passagebiljet worden gedeponeerd.
3. In plaats van zekerheid kan zakelijke zekerheid worden gesteld.
4. Bij ministeriële regeling kunnen nadere regels worden gesteld over de zekerheidstelling. **Nadere regels**

Art. 3.8
De waarborgsom, bedoeld in artikel 3.7, eerste lid, onder a, wordt gedeponeerd bij Onze Minister. **Waarborgsom**

Art. 3.9
1. De waarborgsom, bedoeld in artikel 3.7, eerste lid, onder a, wordt in ieder geval door Onze Minister aan de rechthebbende teruggegeven: **Teruggave waarborgsom**
a. zodra de verblijfsvergunning regulier voor bepaalde tijd of het desbetreffende voorschrift, is ingetrokken, dan wel de geldigheidsduur van de verblijfsvergunning is verstreken;
b. zodra aan de vreemdeling een verblijfsvergunning als bedoeld in artikel 8, onder b, van de Wet, is verleend;
c. zodra de vreemdeling Nederlander wordt of krachtens enige wet als Nederlander moet worden behandeld;
d. bij overlijden van de vreemdeling, dan wel
e. uiterlijk vijf jaar nadat de waarborgsom is gestort.
2. Indien een waarborgsom wordt teruggegeven wegens het intrekken of het verstrijken van de geldigheidsduur van de verblijfsvergunning, bedoeld in het eerste lid, onder a, vindt de teruggave plaats met aftrek van de door de overheid gemaakte of te maken kosten, verbonden aan de reis van de vreemdeling naar een plaats buiten Nederland waar zijn toegang is gewaarborgd.

Art. 3.10
1. Onze Minister berekent rente over waarborgsommen, gedeponeerd krachtens artikel 3.7, eerste lid, onder a. **Rente waarborgsom**
2. De rente wordt berekend vanaf het kalenderjaar volgend op het jaar waarin de waarborgsom is gestort. Over het kalenderjaar waarin de waarborgsom is gedeponeerd, wordt geen rente vergoed. Bij de berekening van de termijn waarover rente wordt vergoed, wordt het kalenderjaar waarin de waarborgsom wordt terugbetaald als vol jaar meegeteld.

Art. 3.11
De waarborgsom wordt teruggegeven en de rente wordt uitbetaald zo spoedig mogelijk nadat één van de in artikel 3.9, eerste lid, genoemde gronden zich voordoet. **Tijdstip teruggave waarborgsom en betaling rente**

Art. 3.12
1. Verplichtingen, voortvloeiende uit het stellen van zakelijke zekerheid overeenkomstig artikel 3.7, derde lid, hebben uitsluitend betrekking op kosten, veroorzaakt binnen vijf jaren, nadat de verblijfsvergunning regulier voor bepaalde tijd is verleend. **Verplichtingen voortvloeiende uit het stellen van zakelijke zekerheid**
2. Onze Minister kan bepalen dat de in het eerste lid genoemde termijn korter is dan vijf jaren, indien:
a. op andere wijze voldoende zekerheid is gesteld;
b. de vreemdeling Nederland definitief heeft verlaten;
c. aan de vreemdeling een verblijfsvergunning onder een andere beperking of een verblijfsvergunning voor onbepaalde tijd is verleend; of
d. de vreemdeling de Nederlandse nationaliteit heeft verkregen.
(Zie ook: artt. 3.21, bijlage 6c VV)

Subparagraaf 5
Verlening onder beperking

Art. 3.13
1. De verblijfsvergunning regulier voor bepaalde tijd wordt onder een beperking verband houdend met verblijf als familie- of gezinslid, verleend aan het in artikel 3.14 genoemde gezinslid **Verblijf als familie- of gezinslid**

A41 art. 3.14 — Vreemdelingenbesluit 2000

van de in artikel 3.15 bedoelde hoofdpersoon, indien wordt voldaan aan alle in de artikelen 3.16 tot en met 3.22a genoemde voorwaarden.
2. In de overige gevallen kan de in het eerste lid bedoelde verblijfsvergunning worden verleend.
(Zie ook: art. 15 Vw; artt. 3.89d, 3.90 Vb; B7 Vc; artt. 4 lid 1, 10 lid 2 Richtlijn 2003/86/EG)

Art. 3.14

Familiebetrekkingen

De verblijfsvergunning, bedoeld in artikel 3.13, eerste lid, wordt verleend aan:
a. de vreemdeling van 21 jaar of ouder die met de hoofdpersoon een naar Nederlands internationaal privaatrecht geldig huwelijk of een naar Nederlands internationaal privaatrecht geldig geregistreerd partnerschap is aangegaan;
b. de vreemdeling van 21 jaar of ouder, die met de hoofdpersoon een naar behoren geattesteerde duurzame en exclusieve relatie onderhoudt, waarin de partners:
1°. niet tot elkaar in een zodanig nauwe relatie staan dat die naar Nederlands recht een huwelijksbeletsel zou vormen, en
2°. ongehuwd zijn en geen in Nederland geregistreerd partnerschap zijn aangegaan, tenzij het huwelijk door wettelijke beletselen waarop geen invloed kan worden uitgeoefend, niet is ontbonden; of
c. het minderjarige biologische of juridische kind van de hoofdpersoon, dat naar het oordeel van Onze Minister feitelijk behoort en reeds in het land van herkomst feitelijk behoorde tot het gezin van die hoofdpersoon en dat onder het rechtmatige gezag van die hoofdpersoon staat.
(Zie ook: artt. 1.229, 1.233 BW; art. 9.3 Vb; B7/3 Vc; art. 4 lid 1, 3 en 5 Richtlijn 2003/86/EG)

Art. 3.15

Gezinsleden

1. De verblijfsvergunning, bedoeld in artikel 3.13, eerste lid, wordt verleend aan het in artikel 3.14 bedoelde gezinslid van:
a. een Nederlander van 21 jaar of ouder, of
b. een vreemdeling van 21 jaar of ouder met rechtmatig verblijf als bedoeld in artikel 8, onder a tot en met e, dan wel l, van de Wet, dat niet-tijdelijk is in de zin van artikel 3.5.
2. Indien de vreemdeling als gezinslid in Nederland wil verblijven bij een hoofdpersoon die houder is van de verblijfsvergunning regulier voor bepaalde tijd onder de beperking verband houdend met het doorbrengen van verlof in Nederland en die hoofdpersoon werkzaam is aan boord van een Nederlands zeeschip of op een mijnbouwinstallatie op het continentaal plat, wordt de verblijfsvergunning eerst verleend, nadat deze hoofdpersoon een arbeidsverleden aan boord van een Nederlands zeeschip of op een mijnbouwinstallatie op het continentaal plat heeft van ten minste zeven jaar.
3. Indien de hoofdpersoon bij wie de vreemdeling als gezinslid in Nederland wil verblijven, houder is van de verblijfsvergunning voor bepaalde tijd wordt de verblijfsvergunning aan het gezinslid niet verleend, dan nadat de hoofdpersoon ten minste een jaar rechtmatig in Nederland heeft verbleven, tenzij:
a. de hoofdpersoon in Nederland verblijft voor een tijdelijk doel als bedoeld in artikel 2.1 van het Besluit inburgering;
b. de hoofdpersoon onder het toepassingsbereik valt van artikel 13 van Associatiebesluit nr. 1/80 van de Associatieraad EEG-Turkije betreffende de ontwikkeling van de Associatie, het Nederlands-Amerikaans Vriendschapsverdrag (Trb. 1956, 40) of het Verdrag van handel en scheepvaart tussen Nederland en Japan (Stb. 1913, 389);
c. niet-toelating als gezinslid in strijd zou zijn met de belangen van minderjarige kinderen, bedoeld in artikel 5, vijfde lid, van richtlijn 2003/86/EG van de Raad van 22 september 2003 inzake het recht op gezinshereniging (PbEG 2003, L 251).
(Zie ook: artt. 3.31b, 3.50 Vb; artt. 3 lid 1, 4 lid 5 Richtlijn 2003/86/EG)

Art. 3.16

Huwelijk of partnerschap met meerdere personen

Zolang de vreemdeling of de hoofdpersoon met meer dan één andere persoon tegelijkertijd door een huwelijk of een partnerschap is verbonden, wordt de verblijfsvergunning, bedoeld in artikel 3.13, eerste lid, slechts verleend aan één echtgenoot, geregistreerde partner of partner tegelijkertijd, alsmede aan de uit die vreemdeling geboren minderjarige kinderen.
(Zie ook: art. 4 lid 4 Richtlijn 2003/86/EG)

Art. 3.17

Vereiste samenwoning, gemeenschappelijke huishouding en inschrijving huwelijk of partnerschap in gemeentelijke basisadministratie

De verblijfsvergunning, bedoeld in artikel 3.13, eerste lid, wordt verleend, indien de vreemdeling en de hoofdpersoon samenwonen en een gemeenschappelijke huishouding voeren.

Art. 3.18

Vereiste geldige machtiging voorlopig verblijf

De verblijfsvergunning, bedoeld in artikel 3.13, eerste lid, wordt verleend, indien de vreemdeling beschikt over een geldige machtiging tot voorlopig verblijf die overeenkomt met het verblijfsdoel

Vreemdelingenbesluit 2000 A41 art. 3.23

waarvoor de verblijfsvergunning is aangevraagd of behoort tot één van de in artikel 17 van de Wet of in artikel 3.71, tweede lid, bedoelde categorieën.
(Zie ook: art. 16 lid 1 sub a Vw; B1/4.1 Vc)

Art. 3.19
De verblijfsvergunning, bedoeld in artikel 3.13, eerste lid, wordt verleend, indien de vreemdeling beschikt over een geldig document voor grensoverschrijding, dan wel naar het oordeel van Onze Minister heeft aangetoond dat hij vanwege de regering van het land waarvan hij onderdaan is, niet of niet meer in het bezit van een geldig document voor grensoverschrijding kan worden gesteld. — *Vereist geldig document grensoverschrijding dan wel aangetoond niet kunnen krijgen*
(Zie ook: art. 16 lid 1 sub b Vw; B1/4.2 Vc)

Art. 3.20
De verblijfsvergunning, bedoeld in artikel 3.13, eerste lid, wordt verleend, indien de vreemdeling geen gevaar vormt voor de openbare orde of de nationale veiligheid. De artikelen 3.77 en 3.78 zijn van toepassing. — *Openbare orde en andere redenen afwijzing vergunningverlening*
(Zie ook: art. 9.9 Vb; B1/4.4 Vc; art. 6 lid 1 Richtlijn 2003/86/EG)

Art. 3.21
De verblijfsvergunning, bedoeld in artikel 3.13, eerste lid, wordt verleend, indien de vreemdeling bereid is een onderzoek naar of behandeling voor tuberculose te ondergaan en daaraan mee te werken, dan wel de nationaliteit bezit van een van de bij ministeriële regeling vast te stellen landen. — *Vereist onderzoek naar tuberculose*
(Zie ook: artt. 3.79, 4.46 Vb; artt. 3.18, 4.12a, bijlage 13 VV; A3/7.5 Vc)

Art. 3.22
1. De verblijfsvergunning, bedoeld in artikel 3.13, eerste lid, wordt verleend, indien de hoofdpersoon duurzaam en zelfstandig beschikt over voldoende middelen van bestaan als bedoeld in artikel 3.74, eerste lid, onder a. — *Inkomen, gezinsvorming en arbeidsongeschiktheid*
2. In afwijking van het eerste lid wordt de verblijfsvergunning eveneens verleend, indien de hoofdpersoon de pensioengerechtigde leeftijd, bedoeld in artikel 7a, eerste lid, van de Algemene Ouderdomswet, heeft bereikt of naar het oordeel van Onze Minister blijvend en volledig arbeidsongeschikt is.
(Zie ook: art. 3.73 t/m 3.75 Vb; art. 3.20 VV; B1/4.3 Vc; artt. 7 lid 1 sub c, 12 lid 1 Richtlijn 2003/86/EG)

Art. 3.22a
1. De verblijfsvergunning, bedoeld in artikel 3.13, eerste lid, wordt verleend, indien de hoofdpersoon ten behoeve van het verblijf van de vreemdeling een verklaring heeft afgelegd als bedoeld in artikel 2a, eerste lid, van de Wet. — *Verklaring hoofdpersoon*
2. In afwijking van het eerste lid, wordt de verblijfsvergunning eveneens verleend, indien:
a. wordt voldaan aan de voorwaarden gesteld in hoofdstuk IV en artikel 16 van Richtlijn nr. 2003/86/EG van de Raad van 22 september 2003 inzake het recht op gezinshereniging (PbEU L 251), in welk geval Onze Minister de hoofdpersoon als referent aanwijst;
b. de hoofdpersoon bij wie de vreemdeling als gezinslid wil verblijven een Turkse werknemer is als bedoeld in artikelen 6 en 13 van Besluit 1/80 van de Associatieraad EEG-Turkije betreffende de ontwikkeling van de Associatie, in welk geval deze hoofdpersoon niet als referent wordt aangewezen.
(Zie ook: artt. 15 lid 1, 19 lid 6 Richtlijn 2009/50/EG)

Art. 3.23
1. De verblijfsvergunning, bedoeld in artikel 3.13, eerste lid, wordt verleend aan de in Nederland geboren vreemdeling, die het hoofdverblijf niet buiten Nederland heeft verplaatst en die naar het oordeel van Onze Minister feitelijk is blijven behoren tot het in Nederland gevestigde gezin van de ouder, die rechtmatig verblijf heeft als bedoeld in artikel 8, onder a tot en met e, dan wel l, van de Wet, en die sedert de geboorte van de vreemdeling het hoofdverblijf niet buiten Nederland heeft verplaatst. — *In Nederland geboren vreemdeling*
2. Indien de aanvraag is ontvangen voordat de vreemdeling de leeftijd van zes maanden heeft bereikt, wordt de verblijfsvergunning eveneens verleend aan de buiten Nederland geboren vreemdeling, die naar het oordeel van Onze Minister feitelijk is blijven behoren tot het gezin van beide ouders, die sedert de geboorte van de vreemdeling rechtmatig verblijf als bedoeld in artikel 8, onder a tot en met e, dan wel l, van de Wet, hebben en het hoofdverblijf niet buiten Nederland hebben verplaatst.
3. Indien de vader van de in het tweede lid bedoelde vreemdeling onbekend is, wordt de verblijfsvergunning verleend, indien de moeder sedert de geboorte van de vreemdeling rechtmatig verblijf op grond van artikel 8, onder a tot en met e, dan wel l, van de Wet heeft en het hoofdverblijf niet buiten Nederland heeft verplaatst.
4. De verblijfsvergunning wordt verleend, indien:
a. de vreemdeling beschikt over een geldige machtiging tot voorlopig verblijf die overeenkomt met het verblijfsdoel waarvoor de vreemdeling in Nederland wil verblijven, of behoort tot één van de in artikel 17 van de Wet of in artikel 3.71, tweede lid, bedoelde categorieën;

b. de vreemdeling beschikt over een geldig document voor grensoverschrijding, of naar het oordeel van Onze Minister heeft aangetoond dat hij vanwege de regering van het land waarvan hij onderdaan is, niet of niet meer in het bezit van een geldig document voor grensoverschrijding kan worden gesteld;
c. de vreemdeling bereid is een onderzoek naar of behandeling voor tuberculose te ondergaan en daaraan mee te werken, of de nationaliteit bezit van een van de bij ministeriële regeling vast te stellen landen;
d. de vreemdeling geen gevaar vormt voor de openbare orde als bedoeld in de artikelen 3.77 en 3.78 of voor de nationale veiligheid;
e. de hoofdpersoon ten behoeve van het verblijf van de vreemdeling een verklaring heeft afgelegd als bedoeld in artikel 2a, eerste lid, van de Wet.
5. In afwijking van het vierde lid, aanhef en onder e, wordt de verblijfsvergunning eveneens verleend, indien:
a. wordt voldaan aan de voorwaarden gesteld in hoofdstuk IV en artikel 16 van Richtlijn nr. 2003/86/EG van de Raad van 22 september 2003 inzake het recht op gezinshereniging (PbEU L 251), in welk geval Onze Minister de hoofdpersoon als referent aanwijst;
b. de hoofdpersoon bij wie de vreemdeling als gezinslid wil verblijven een Turkse werknemer is als bedoeld in artikelen 6 en 13 van Besluit 1/80 van de Associatieraad EEG-Turkije betreffende de ontwikkeling van de Associatie, in welk geval deze hoofdpersoon niet als referent wordt aangewezen.
(Zie ook: art. 3.50 Vb; art. 3.18 VV; B7/3.3 Vc)

Art. 3.23a

Echtgenoot/ geregistreerde partner/ ongehuwde partner

1. Wanneer Onze Minister een verblijfsvergunning heeft verleend aan een langdurig ingezetene uit een andere lidstaat van de Europese Unie en diens gezin reeds was gevormd in die lidstaat, wordt de verblijfsvergunning voor bepaalde tijd, bedoeld in artikel 3.13, eerste lid, verleend aan de echtgenoot, de geregistreerde partner dan wel de ongehuwde partner van de langdurig ingezetene en het minderjarige kind van die echtgenoot partner of langdurig ingezetene, indien:
a. dat kind, die echtgenoot of partner in een andere staat die partij is bij het Verdrag betreffende de werking van de Europese Unie is toegelaten als gezinslid van de langdurig ingezetene;
b. dat kind, die echtgenoot of partner beschikt over een geldig document voor grensoverschrijding;
c. dat kind, die echtgenoot of partner, al dan niet tezamen met de langdurig ingezetene, duurzaam en zelfstandig beschikt over voldoende middelen van bestaan als bedoeld in artikel 3.74, eerste lid, onder a;
d. dat kind, die echtgenoot of partner geen gevaar vormt voor de openbare orde als bedoeld in de artikelen 3.77 en 3.78 en de nationale veiligheid;
e. de hoofdpersoon ten behoeve van het verblijf van dat kind, die echtgenoot of partner een verklaring heeft afgelegd als bedoeld in artikel 2a, eerste lid, van de Wet.
2. In afwijking van het eerste lid, aanhef en onder e, wordt de verblijfsvergunning eveneens verleend, indien:
a. wordt voldaan aan hoofdstuk 3 van de richtlijn langdurig ingezetenen, in welk geval Onze Minister de hoofdpersoon als referent aanwijst;
b. de hoofdpersoon bij wie de vreemdeling als gezinslid wil verblijven een Turkse werknemer is als bedoeld in artikelen 6 en 13 van Besluit 1/80 van de Associatieraad EEG-Turkije betreffende de ontwikkeling van de Associatie, in welk geval deze hoofdpersoon niet als referent wordt aangewezen.
(Zie ook: art. 16 Richtlijn 2003/109/EG)

Art. 3.23b

Gezinslid houder blauwe kaart

1. De verblijfsvergunning voor bepaalde tijd, bedoeld in artikel 3.13, eerste lid, wordt verleend onder een beperking verband houdend met verblijf als familie- of gezinslid, aan de echtgenoot, de geregistreerde partner dan wel de ongehuwde partner van de houder van de door Onze Minister afgegeven Europese blauwe kaart, en het minderjarige kind van die echtgenoot, partner of houder van de Europese blauwe kaart, indien:
a. dat kind, die echtgenoot of die partner in een andere staat die partij is bij het Verdrag betreffende de werking van de Europese Unie gedurende ten minste achttien maanden is toegelaten als gezinslid van die houder van de Europese blauwe kaart;
b. dat kind, die echtgenoot of die partner in het bezit is van een geldig document voor grensoverschrijding of een gewaarmerkt afschrift daarvan;
c. dat kind, die echtgenoot of die partner geen gevaar voor de openbare orde als bedoeld in de artikelen 3.77 en 3.78 of de nationale veiligheid vormt;
d. de hoofdpersoon ten behoeve van het verblijf van dat kind, die echtgenoot of die partner een verklaring als bedoeld in artikel 2a, eerste lid, van de Wet heeft afgelegd.
2. De verblijfsvergunning wordt verleend, indien de houder van de Europese blauwe kaart:

a. direct voorafgaande aan de verlening van die kaart door Onze Minister houder was van een door de autoriteiten van een andere staat die partij is bij het Verdrag betreffende de werking van de Europese Unie afgegeven Europese blauwe kaart;
b. duurzaam en zelfstandig beschikt over voldoende middelen van bestaan als bedoeld in artikel 3.74, eerste lid, onder a.
3. In afwijking van het eerste lid, aanhef en onder d, wordt de verblijfsvergunning eveneens verleend, indien:
a. wordt voldaan aan de voorwaarden gesteld in richtlijn 2009/50/EG, in welk geval Onze Minister de hoofdpersoon als referent aanwijst;
b. de hoofdpersoon bij wie de vreemdeling als gezinslid wil verblijven een Turkse werknemer is als bedoeld in artikelen 6 en 13 van Besluit 1/80 van de Associatieraad EEG-Turkije betreffende de ontwikkeling van de Associatie, in welk geval deze hoofdpersoon niet als referent wordt aangewezen.
(Zie ook: artt. 2u, 25 lid 5 Vw; artt. 1.9 lid 2, 2.1a, 3.1b, 3.30b, 3.32, 3.51 lid 2, 3.71 lid 2 sub r, 3.79a, 3.84, 3.89 en c, 3.91c en d, 3.103a, 3.124, 3.127, 4.43, 5.1 Vb; artt. 3.1, 3.34, 4.23, 4.26, 4.35 VV; Richtlijn 2009/50/EG)

Art. 3.24
[Vervallen]

Art. 3.24a
1. De verblijfsvergunning regulier voor bepaalde tijd wordt onder een beperking verband houdend met verblijf als familie- of gezinslid verleend aan de bloedverwant van de eerste graad in rechtstreekse opgaande lijn van de alleenstaande minderjarige houder van een verblijfsvergunning asiel voor bepaalde tijd die niet daadwerkelijk onder de hoede staat van een krachtens wettelijk voorschrift of gewoonterecht voor hem verantwoordelijke volwassene, indien die bloedverwant: **Bloedverwanten van amv**
a. beschikt over een geldige machtiging tot voorlopig verblijf die overeenkomt met het verblijfsdoel waarvoor de verblijfsvergunning is aangevraagd, of behoort tot één van de in artikel 17 van de Wet of in artikel 3.71, tweede lid, bedoelde categorieën;
b. beschikt over een geldig document voor grensoverschrijding, of naar het oordeel van Onze Minister heeft aangetoond dat hij vanwege de regering van het land waarvan hij onderdaan is, niet of niet meer in het bezit van een geldig document voor grensoverschrijding kan worden gesteld;
c. bereid is een onderzoek naar of behandeling voor tuberculose te ondergaan en daaraan mee te werken of de nationaliteit bezit van een van de bij ministeriële regeling vast te stellen landen, en
d. geen gevaar vormt voor de openbare orde als bedoeld in de artikelen 3.77 en 3.78 of de nationale veiligheid.
2. De vergunning wordt eerst verleend, nadat de alleenstaande minderjarige heeft aangetoond duurzaam en zelfstandig te beschikken over voldoende middelen van bestaan als bedoeld in artikel 3.74, eerste lid, onder a.
(Zie ook: art. 3.5 lid 2 sub a Vb; art. 3.18 VV; B7/3.4 Vc)

Art. 3.25
[Vervallen]

Art. 3.26
1. De verblijfsvergunning regulier voor bepaalde tijd kan onder een beperking verband houdend met verblijf als familie- of gezinslid worden verleend aan de minderjarige vreemdeling, die ter adoptie wil verblijven bij een of meer Nederlanders of vreemdelingen met rechtmatig verblijf als bedoeld in artikel 8, onder a tot en met e, dan wel l, van de Wet, indien aan de vereisten van de Wet opneming buitenlandse kinderen ter adoptie is voldaan. **Adoptie**
2. De aanvraag wordt niet afgewezen op grond van artikel 16, eerste lid, onder b of c, van de Wet.
(Zie ook: art. 3.71 lid 2 sub o Vb; art. 4.38 VV; B1/4.13, B7/3.6 Vc)

Art. 3.27
1. De verblijfsvergunning regulier voor bepaalde tijd kan onder een beperking verband houdend met verblijf als familie- of gezinslid worden verleend aan de minderjarige vreemdeling die door de aspirant-adoptiefouders in een periode waarin zij hun gewone verblijfplaats in het buitenland hadden, is opgenomen en door hen aldaar is verzorgd en opgevoed, tezamen met de aspirant-adoptiefouders Nederland is ingereisd, indien: **Aspirant-adoptiefouders**
a. de aspirant-adoptiefouders Nederlanders zijn of vreemdelingen met rechtmatig verblijf als bedoeld in artikel 8, onder a tot en met e, dan wel l, van de Wet, en
b. de ouders van de vreemdeling, of indien deze zijn overleden of een onbekende verblijfplaats hebben de autoriteiten van het land van verblijf voor de komst naar Nederland, hebben ingestemd met het vertrek van de vreemdeling naar het land van verblijf vóór de komst van het gezin naar Nederland en met de opneming van de vreemdeling ter adoptie.

2. De aanvraag wordt niet afgewezen op grond van artikel 16, eerste lid, onder b of c, van de Wet.
3. Dit artikel is niet van toepassing indien de vreemdeling op het tijdstip van de inreis sinds meer dan een jaar bij de aspirant-adoptiefouders verblijft en door hen is verzorgd en opgevoed of indien het kind is geadopteerd in overeenstemming met het op 29 mei 1993 te 's-Gravenhage tot stand gekomen verdrag inzake de bescherming van kinderen en de samenwerking op het gebied van de interlandelijke adoptie (Trb. 1993, 197), welke overeenstemming blijkt uit een schriftelijke verklaring van de centrale autoriteit van de staat waar de adoptie heeft plaatsgevonden.
(Zie ook: B7/3.6.3 Vc)

Art. 3.28

Pleegkind

1. De verblijfsvergunning regulier voor bepaalde tijd kan onder een beperking verband houdend met verblijf als familie- of gezinslid worden verleend aan de minderjarige vreemdeling:
a. die als pleegkind in Nederland wil verblijven in het gezin van één of meer Nederlanders of vreemdelingen met rechtmatig verblijf, als bedoeld in artikel 8, onder a tot en met e, dan wel l, van de Wet; en
b. die naar het oordeel van Onze Minister in het land van herkomst geen aanvaardbare toekomst heeft.
2. De aspirant-pleegouders dienen in staat te zijn de vreemdeling een goede opvoeding en verzorging te geven.
3. Bij de aanvraag wordt een medische verklaring overgelegd.
4. De aanvraag wordt niet op grond van artikel 16, eerste lid, onder c, van de Wet afgewezen, indien de persoon bij wie de vreemdeling wil verblijven de pensioengerechtigde leeftijd, bedoeld in artikel 7a, eerste lid, van de Algemene Ouderdomswet, heeft bereikt of naar het oordeel van Onze Minister blijvend en volledig arbeidsongeschikt is.
(Zie ook: artt. 3.50, 3.58 Vb; B7/3.7 Vc)

Art. 3.29

[Vervallen]

Art. 3.29a

Economisch niet-actieve langdurig ingezetene

1. De verblijfsvergunning regulier voor bepaalde tijd wordt verleend onder een beperking verband houdend met verblijf als economisch niet-actieve langdurig ingezetene of vermogende vreemdeling aan de langdurig ingezetene, die:
a. beschikt over een geldig document voor grensoverschrijding;
b. duurzaam en zelfstandig beschikt over voldoende middelen van bestaan als bedoeld in artikel 3.74, eerste lid, onder a;
c. geen gevaar vormt voor de openbare orde als bedoeld in de artikelen 3.77 en 3.78; en
d. geen gevaar vormt voor de nationale veiligheid.
2. De verblijfsvergunning kan voorts worden verleend aan andere vreemdelingen dan bedoeld in het eerste lid. Bij ministeriële regeling kunnen regels worden gesteld omtrent het inkomen van de vermogende vreemdeling.
(Zie ook: B11 Vc)

Art. 3.30

Arbeid als zelfstandige

1. De verblijfsvergunning regulier voor bepaalde tijd kan onder een beperking, verband houdende met het verrichten van arbeid als zelfstandige worden verleend aan de vreemdeling die:
a. arbeid als zelfstandige verricht of gaat verrichten, waarmee naar het oordeel van Onze Minister een wezenlijk Nederlands belang is gediend;
b. uit de werkzaamheden duurzaam en zelfstandig voldoende middelen van bestaan verwerft, en
c. voldoet aan de bevoegdheidsvereisten voor de uitoefening van die arbeid en aan de vereisten voor het uitoefenen van het desbetreffende bedrijf.
2. De beoordeling van het wezenlijk Nederlands belang, bedoeld in het eerste lid, onderdeel a, van de ondernemingsactiviteiten geschiedt aan de hand van het bij ministeriële regeling in overeenstemming met Onze Minister van Economische Zaken vastgestelde puntenstelsel. In die regeling kunnen ondernemingsactiviteiten worden aangewezen waarmee geen wezenlijk Nederlands belang is gediend.
3. De aanvraag wordt niet afgewezen wegens het ontbreken van een wezenlijk Nederlands belang, indien de vreemdeling op het moment waarop de aanvraag is ontvangen een ononderbroken arbeidsverleden heeft van ten minste zeven jaar:
a. aan boord van een Nederlands zeeschip;
b. op het Nederlandse deel van het continentaal plat;
c. in de internationale binnenscheepvaart aan boord van Nederlandse schepen of daarmee gelijkgestelde inrichtingen, of
d. in het internationale wegtransport in dienst van een Nederlandse werkgever, voorzover dat transport vanuit of naar Nederland plaatsvindt.

4. Voor de toepassing van het derde lid worden niet als onderbrekingen aangemerkt tussentijdse perioden van onvrijwillige werkloosheid, voorzover die in Nederland zijn doorgebracht en elk zes maanden of korter duurden, en die perioden in totaal niet langer dan twaalf maanden bedragen.
5. De verblijfsvergunning kan aan een langdurig ingezetene worden verleend in afwijking van het eerste lid, onder a.
6. In afwijking van het eerste en tweede lid kan de verblijfsvergunning worden verleend aan de vreemdeling die een innovatieve onderneming opricht waarmee hij arbeid als zelfstandige verricht of gaat verrichten, die duurzaam beschikt over voldoende middelen van bestaan en die aannemelijk maakt dat hij binnen één jaar na verlening van de vergunning zal voldoen aan de voorwaarden, bedoeld in het eerste en tweede lid. Bij ministeriële regeling worden nadere voorwaarden gesteld aan de toepassing van de eerste volzin.
7. De aanvraag wordt niet afgewezen op grond van artikel 16, eerste lid, onder k, van de Wet.
(Zie ook: artt. 3.4 lid 1 sub c, 3.32, 3.58 lid 1 sub c, 3.71 lid 2 sub h, 3.73 lid 1 sub b, 3.74 Vb; artt. 3.19 lid 1, 3.20 t/m 3.20b, 3.34 sub c, 3.34j lid 4, 3.51 lid 2, 7.2a sub c, bijlage 8a en 8b VV; B6/2.5 Vc)

Art. 3.30a
1. De verblijfsvergunning regulier voor bepaalde tijd kan worden verleend onder een beperking verband houdend met arbeid als kennismigrant aan een vreemdeling als bedoeld in artikel 1d van van het Besluit uitvoering Wet arbeid vreemdelingen, die arbeid ten behoeve van een krachtens artikel 2c van de Wet als referent erkende werkgever verricht of wil verrichten tenzij het overeengekomen loon naar het oordeel van Onze Minister van Sociale Zaken en Werkgelegenheid niet marktconform is.   *Kennismigrant*

2. De aanvraag wordt niet afgewezen op de grond dat de werkgever niet krachtens artikel 2c van de Wet als referent is erkend of ten behoeve van het verblijf van de vreemdeling geen verklaring als bedoeld in artikel 2a, eerste lid, van de Wet heeft afgelegd, indien de vreemdeling de Turkse nationaliteit heeft. In dat geval wordt de werkgever ambtshalve als referent aangewezen.
(Zie ook: artt. 1.9, 1.16, 3.4 lid 1 sub b, 3.30d, 3.42 lid 1 sub b, 3.58 lid 1 sub d, 3.71 lid 2 sub h, 3.79a, 3.89a, 3.89c, 3.91a, 3.91d, 3.99 Vb; artt. 1.4, 3.1 lid 3, 3.34 sub d, 4.23, 4.23a, 4.26, 4.35 Vb; B6 Vc)
3. De aanvraag wordt afgewezen indien de vreemdeling in aanmerking komt voor de verblijfsvergunning regulier voor bepaalde tijd onder de beperking «overplaatsing binnen een onderneming», in welk geval laatstgenoemde verblijfsvergunning ambtshalve wordt verleend, onverminderd artikel 24a, derde lid, van de Wet.   *Kennismigrant, afwijzen aanvraag*

4. De aanvraag wordt afgewezen indien de vreemdeling onder de reikwijdte van richtlijn 2014/66/EU valt en niet in aanmerking komt voor de verblijfsvergunning regulier voor bepaalde tijd onder de beperking «overplaatsing binnen een onderneming», tenzij de vreemdeling de Turkse nationaliteit heeft.

Art. 3.30b
1. De Europese blauwe kaart wordt verleend aan een vreemdeling als bedoeld in artikel 1i van het Besluit uitvoering Wet arbeid vreemdelingen, die: *Europese blauwe kaart*
a. beschikt over een geldige arbeidsovereenkomst of een bindend aanbod van een hooggekwalificeerde baan in de zin van artikel 2, onder b, van Richtlijn 2009/50/EG voor de duur van ten minste een jaar met een werkgever in Nederland, waarmee een bruto inkomen wordt verworven dat ten minste gelijk is aan het loon, bedoeld in artikel 1i van het Besluit uitvoering Wet arbeid vreemdelingen;
b. in Nederland arbeid verricht of gaat verrichten voor een werkgever aan wie in de periode van maximaal vijf jaar direct voorafgaande aan de aanvraag geen sanctie is opgelegd wegens overtreding van artikel 2 van de Wet arbeid vreemdelingen of wegens het niet of onvoldoende afdragen van loonbelasting, premies voor de werknemersverzekeringen of premies voor de volksverzekeringen;
c. voor zover hij een gereglementeerd beroep in de zin van artikel 1 van de Algemene wet erkenning EG-beroepskwalificaties wil uitoefenen, beschikt over een erkenning van de beroepskwalificaties in de zin van artikel 5 van die wet, dan wel, voor zover hij geen gereglementeerd beroep wil uitoefenen, beschikt over dat van het beroep of de desbetreffende sector benodigde getuigschriften van hoger onderwijs in de zin van artikel 2, onder h, van richtlijn 2009/50/EG;
d. in het bezit is van een geldig document voor grensoverschrijding;
e. in het bezit is van een geldige machtiging tot voorlopig verblijf, afgegeven onder een beperking verband houdend met arbeid als houder van de Europese blauwe kaart, dan wel behoort tot een van de in artikel 17 van de Wet of artikel 3.71, tweede lid, bedoelde categorieën, en
f. geen gevaar voor de openbare orde als bedoeld in de artikelen 3.77 en 3.78 of de nationale veiligheid vormt.
2. Het eerste lid is niet van toepassing ten aanzien van de vreemdeling, die:

a. een aanvraag tot het verlenen van verblijfsvergunning asiel voor bepaalde tijd heeft ingediend waarop nog niet onherroepelijk is beslist, dan wel houder is van een zodanige verblijfsvergunning;
b. een aanvraag tot het verlenen van een verblijfsvergunning regulier voor bepaalde tijd onder een beperking verband houdend met onderzoek in de zin van richtlijn (EU) 2016/801 heeft ingediend, waarop nog niet onherroepelijk is beslist;
c. gemeenschapsonderdaan of langdurig ingezetene is;
d. in Nederland verblijft op grond van een verdrag dat de toegang en het tijdelijk verblijf van bepaalde categorieën natuurlijke personen in verband met handel en investeringen gemakkelijker maken;
e. in Nederland verblijft als seizoensarbeider of als vreemdeling die onder Richtlijn 96/71/EG van het Europees Parlement en de Raad van 16 december 1996 betreffende de terbeschikkingstelling van werknemers met het oog op het verrichten van diensten (PbEU 1997, L 18) valt en in Nederland ter beschikking is gesteld.
3. De aanvraag wordt niet afgewezen op de grond dat de werkgever niet krachtens artikel 2c van de Wet als referent is erkend of ten behoeve van het verblijf van de vreemdeling geen verklaring als bedoeld in artikel 2a, eerste lid, van de Wet heeft afgelegd, indien:
a. wordt voldaan aan de voorwaarden voor de afgifte van de Europese blauwe kaart, zoals gesteld in richtlijn 2009/50/EG, in welk geval Onze Minister de werkgever als referent aanwijst;
b. de vreemdeling de Turkse nationaliteit heeft, in welk geval de werkgever niet als referent wordt aangewezen.
4. Bij ministeriële regeling kunnen nadere regels worden gesteld omtrent de toepassing van het eerste en tweede lid.

Nadere regels

(Zie ook: artt. 2.1a, 3.1b, 3.4 lid 1 sub e, 3.23b, 3.32 , 3.51, 3.71 lid 2 sub r, 3.79a, 3.84, 3.89b, 3.91c, 3.92, 3.103, 4.43, 5.1b Vb; B6 Vc)

Art. 3.30c

Seizoenarbeid

1. De verblijfsvergunning regulier voor bepaalde tijd kan onder een beperking verband houdend met seizoenarbeid worden verleend aan een seizoenarbeider als bedoeld in artikel 3, onder b, van Richtlijn 2014/36/EU van het Europees Parlement en Raad van 26 februari 2014 betreffende de voorwaarden voor toegang en verblijf van onderdanen van derde landen met het oog op tewerkstelling als seizoenarbeider (PbEU 2014, L 94) indien geen afwijzingsgrond van toepassing is uit artikel 16 van de Wet en de artikelen 8 en 9 van de Wet arbeid vreemdelingen.
2. De verblijfsvergunning wordt afgewezen, indien de vreemdeling een risico op illegale immigratie vormt, dan wel niet voornemens is het grondgebied van de lidstaten van de Europese Unie uiterlijk op de datum van verstrijken van de verblijfsvergunning te verlaten.

Art. 3.30d

Overplaatsing binnen onderneming

1. De verblijfsvergunning regulier voor bepaalde tijd wordt onder de beperking «overplaatsing binnen een onderneming» verleend aan een vreemdeling, niet zijnde een burger van de Unie, ten behoeve van een tijdelijke overplaatsing voor beroepsactiviteiten of opleiding, naar een gastentiteit in Nederland die behoort te zijn en buiten het grondgebied van de Europese Unie gevestigde onderneming, indien is voldaan aan de volgende voorwaarden:
a. de vreemdeling voldoet aan de definitie van leidinggevende, specialist of trainee-werknemer in de zin van artikel 3, onder e, f of g, van richtlijn 2014/66/EU;
b. de gastentiteit, bedoeld in artikel 3, onder d, van richtlijn 2014/66/EU, en de in een derde land gevestigde onderneming behoren tot dezelfde onderneming of tot dezelfde groep van ondernemingen, bedoeld in artikel 3, onder l, van die richtlijn;
c. de vreemdeling is onmiddellijk voorafgaand aan de overplaatsing in dienst bij dezelfde onderneming of groep van ondernemingen voor een ononderbroken periode van drie maanden;
d. de vreemdeling beschikt over een geldige arbeidsovereenkomst met de buiten de Europese Unie gevestigde onderneming, met daarin onderstaande gegevens, en, indien deze die gegevens niet bevat, een opdrachtbrief van de werkgever, met daarin:
1°. nadere bijzonderheden over de duur van de overplaatsing en de vestigingsplaats van de gastentiteit;
2°. gegevens die aantonen dat de vreemdeling in de gastentiteit in Nederland een functie zal bekleden als leidinggevende, specialist of trainee-werknemer;
3°. de bezoldiging en de overige arbeidsvoorwaarden tijdens de overplaatsing;
4°. gegevens die aantonen dat de vreemdeling na het einde van de overplaatsing kan worden overgeplaatst naar een entiteit die tot dezelfde onderneming of groep van ondernemingen behoort en in een derde land is gevestigd;
e. de vreemdeling bezit de beroepskwalificaties en ervaring die zijn vereist in de gastentiteit waarnaar hij wordt overgeplaatst als leidinggevende of specialist, of, in het geval van een trainee-werknemer, het masterdiploma;
f. voor zover hij een gereglementeerd beroep in de zin van artikel 1 van de Algemene wet erkenning EU-beroepskwalificaties wil uitoefenen, beschikt over een erkenning van de beroepskwalificaties in de zin van artikel 5 van die wet;

g. van de te vervullen arbeidsplaats liggen de arbeidsvoorwaarden, arbeidsverhoudingen of arbeidsomstandigheden ten minste op het niveau dat wettelijk is vereist en in de desbetreffende bedrijfstak gebruikelijk is;
h. indien de vreemdeling een trainee-werknemer is, legt hij een trainee-overeenkomst over die verband houdt met de voorbereiding voor zijn toekomstige functie binnen de onderneming of groep van ondernemingen, met een beschrijving van het traineeprogramma waaruit blijkt dat het doel van het verblijf is de trainee-werknemer op te leiden voor loopbaanontwikkeling of een opleiding in bedrijfstechnieken en -methoden, de duur ervan en de wijze waarop tijdens de overplaatsing toezicht zal worden uitgeoefend op de trainee-werknemer;
i. de gastentiteit is niet opgericht met als belangrijkste doel de binnenkomst van binnen een onderneming overgeplaatste personen te vergemakkelijken;
j. Nederland is de lidstaat waar over het geheel genomen het langst durende verblijf tijdens de overplaatsing zal plaatsvinden;
k. de vreemdeling heeft op het tijdstip van de aanvraag zijn hoofdverblijf buiten de Europese Unie;
l. geen afwijzingsgrond uit artikel 16, eerste lid, onder a tot en met g, van de Wet is van toepassing.

2. De aanvraag kan worden afgewezen indien: *Overplaatsing binnen onderneming, afwijzen aanvraag*
a. aan de werkgever of de gastentiteit in de periode van maximaal vijf jaar direct voorafgaande aan de aanvraag een sanctie is opgelegd wegens overtreding van artikel 2 van de Wet arbeid vreemdelingen of wegens het niet of onvoldoende afdragen van loonbelasting, premies voor de werknemersverzekeringen of premies voor de volksverzekeringen;
b. geen economische activiteit plaatsvindt bij de werkgever of gastentiteit;
c. de vreemdeling in de periode van zes maanden direct voorafgaande aan de aanvraag in Nederland heeft verbleven voor een eerdere overplaatsing binnen een onderneming in de zin van richtlijn 2014/66/EU.

3. Het eerste lid, aanhef en onderdelen a, b, d, f, g, i en l, en tweede lid zijn van overeenkomstige toepassing op een houder van een door een andere lidstaat van de Europese Unie afgegeven verblijfsvergunning met de vermelding «ICT» die in Nederland wil verblijven voor een overplaatsing binnen een onderneming in het kader van langetermijnmobiliteit in de zin van artikel 22 van richtlijn 2014/66/EU, met dien verstande dat de aanvraag niet wordt afgewezen op artikel 16, eerste lid, onder a, van de Wet. De aanvraag wordt slechts ingewilligd indien de vreemdeling zijn hoofdverblijf in een andere lidstaat van de Europese Unie heeft. De aanvraag wordt afgewezen indien Nederland de lidstaat is waar over het geheel genomen het langst durende verblijf tijdens de overplaatsing zal plaatsvinden. De aanvraag wordt voorts afgewezen indien de gastentiteit gelijktijdig een kennisgeving voor kortetermijnmobiliteit heeft ingediend voor de vreemdeling.

4. Onze Minister besluit niet over de verlening, verlenging of intrekking van de verblijfsvergunning dan nadat hij advies heeft gevraagd aan het Uitvoeringsinstituut werknemersverzekeringen omtrent de voorwaarden, bedoeld in het eerste lid, onderdelen a tot en met i, en de afwijzingsgronden, bedoeld in het tweede lid. Onze Minister is niet verplicht om advies te vragen indien de referent erkend is of indien de verblijfsvergunning wordt geweigerd of ingetrokken op grond van het eerste lid, onder j, k of l.

(Zie ook: artt. 2u lid 2, 25 lid 5 Vw; artt. 1.9 lid 3, 2.1a lid 2 sub a, 3.4 lid 1 sub g, 3.5 lid 2 sub c, 3.30a lid 3 en 4, 3.71 sub s, 3.103a, 3.103aa Vb; artt. 1.4, 3.1 lid 3 sub n, 3.20c, 3.34, 4.23a, 4.35a VV; art. 1n Besluit Uitvoering WAV)

Art. 3.31

1. De verblijfsvergunning regulier voor bepaalde tijd kan onder de beperking «arbeid in loondienst» worden verleend indien geen afwijzingsgrond van toepassing is uit artikel 16 van de Wet en de artikelen 8 en 9 van de Wet arbeid vreemdelingen, tenzij het seizoenarbeid betreft. *Arbeid in loondienst*

2. In aanvulling op het eerste lid, wordt de verblijfsvergunning slechts verleend aan de vreemdeling die arbeid voor een religieuze of levensbeschouwelijke organisatie verricht of wil verrichten, indien de referent, voor zover vereist op grond van de Handelsregisterwet 2007, is ingeschreven in het handelsregister, bedoeld in artikel 2 van die wet, en haar solvabiliteit, continuïteit en betrouwbaarheid naar het oordeel van Onze Minister voldoende is gewaarborgd.

3. De aanvraag van een langdurig ingezetene wordt niet afgewezen op grond van artikel 16, eerste lid, onder e of k, van de Wet. Onze Minister wijst de hoofdpersoon als referent aan.

4. De verblijfsvergunning kan voorts worden verleend, aan de vreemdeling die: *Voorwaarden verlening verblijfsvergunning voor bepaalde tijd onder beperking verband houdend met verrichten van arbeid in loondienst*
a. een arbeidsverleden aan boord van een Nederlands zeeschip of op een mijnbouwinstallatie op het continentaal plat heeft van ten minste zeven jaar;
b. gedurende ten minste nog een jaar beschikt over een arbeidsplaats aan boord van een Nederlands schip of op een mijnbouwinstallatie op het continentaal plat, waarmee hij duurzaam voldoende middelen van bestaan als bedoeld in artikel 3.74, eerste lid, onder a, verwerft.

5. In andere gevallen dan bedoeld in het eerste en vierde lid, kan de verblijfsvergunning worden verleend.
(Zie ook: artt. 3.15 lid 2, 3.30 lid 2, 3.71 lid 2 sub d, 3.91 lid 1, 4.30 lid 4, 4.42 lid 2 sub c, 4.50 Vb; artt. 2.9 sub a, 3.4 lid 2, 4.10, 4.34, 4.40, 7.1f VV; B5 Vc; Richtlijn 2011/98/EU)
6. De verblijfsvergunning kan voorts worden verleend aan een vreemdeling indien is voldaan aan het gestelde bij en krachtens artikel 1o van het Besluit uitvoering Wet arbeid vreemdelingen, tenzij een afwijzingsgrond uit artikel 16 van de Wet van toepassing is.

Art. 3.31a

Grensoverschrijdende dienstverlening

1. De verblijfsvergunning regulier voor bepaalde tijd kan onder een beperking, verband houdend met werkzaamheid in het kader van grensoverschrijdende dienstverlening als bedoeld in artikel 1e van het Besluit uitvoering Wet arbeid vreemdelingen, worden verleend indien de in artikel 8 van de Wet arbeidsvoorwaarden gedetacheerde werknemers in de Europese Unie bedoelde melding is gedaan, onder verstrekking van de in dat artikel en de in artikel 11, derde lid, van het Besluit arbeidsvoorwaarden gedetacheerde werknemers in de Europese Unie voorgeschreven gegevens.
2. De aanvraag, bedoeld in het eerste lid, wordt niet afgewezen op de gronden, bedoeld in artikel 16, eerste lid, onder c, e en k, van de Wet.
(Zie ook: artt. 3.4 lid 1 sub h, 3.5 lid 1 sub c, 3.58 lid 1 sub h, 3.71 lid 2 sub f Vb; B5/3 Vc; art. 3.34 sub h VV)

Art. 3.31b

Zoeken en verrichten arbeid/Associatiebesluit nr. 1/80

De verblijfsvergunning regulier voor bepaalde tijd kan onder een beperking verband houdend met het zoeken naar en verrichten van arbeid al dan niet in loondienst in Nederland worden verleend aan de vreemdeling op wie artikel 13 van Associatiebesluit nr. 1/80 van de Associatieraad EEG-Turkije betreffende de ontwikkeling van de Associatie van toepassing is, indien:
a. diens huwelijk of geregistreerd partnerschap met een hoofdpersoon met niet-tijdelijk verblijfsrecht na drie jaar is ontwricht of ontbonden;
b. de vreemdeling op grond van dat huwelijk of geregistreerd partnerschap was toegelaten, en
c. de vreemdeling één jaar direct voorafgaande aan ontwrichting van het huwelijk of geregistreerd partnerschap rechtmatig verblijf had als bedoeld in artikel 8, onder a, van de Wet.
(Zie ook: art. 8 sub l Vw; art. 3.51 lid 8 Vb; art. 3.20a lid 4 VV)

Art. 3.32

Prostitutie

De verblijfsvergunning regulier voor bepaalde tijd wordt niet verleend onder een beperking verband houdend met het verrichten van arbeid als zelfstandige of in loondienst, waaronder begrepen verblijf als houder van de Europese blauwe kaart, indien die arbeid geheel of gedeeltelijk bestaat uit het verrichten van seksuele handelingen met derden of het verlenen van seksuele diensten aan derden.
(Zie ook: art. par. 18 Uitvoeringsregels Wav)

Art. 3.33

Onderzoeker

1. De verblijfsvergunning regulier voor bepaalde tijd wordt onder een beperking verband houdend met onderzoek in de zin van richtlijn (EU) 2016/801 verleend aan de onderzoeker in de zin van artikel 3, onder 2, van die richtlijn, die op grond van een gastovereenkomst als bedoeld in artikel 10 van die richtlijn met de bij ministeriële regeling genoemde gegevens, onderzoek in de zin van die richtlijn verricht of gaat verrichten bij een bij of krachtens artikel 2c van de Wet als referent erkende onderzoeksinstelling in de zin van die richtlijn.
2. De in het eerste lid bedoelde verblijfsvergunning wordt verleend, indien:
a. de vreemdeling beschikt over een geldige machtiging tot voorlopig verblijf die overeenkomt met het verblijfsdoel waarvoor de vreemdeling in Nederland wil verblijven, of behoort tot één van de in artikel 17 van de Wet of in artikel 3.71, tweede lid, bedoelde categorieën;
b. de vreemdeling beschikt over een geldig document voor grensoverschrijding, of naar het oordeel van Onze Minister heeft aangetoond dat hij vanwege de regering van het land waarvan hij onderdaan is, niet of niet meer in het bezit van een geldig document voor grensoverschrijding kan worden gesteld;
c. de vreemdeling bereid is een onderzoek naar of behandeling voor tuberculose te ondergaan en daaraan mee te werken of de nationaliteit bezit van een van de bij ministeriële regeling vast te stellen landen;
d. de vreemdeling geen gevaar vormt voor de openbare orde als bedoeld in de artikelen 3.77 en 3.78 of de nationale veiligheid;
e. de onderzoeksinstelling krachtens artikel 2c van de Wet als referent is erkend en ten behoeve van het verblijf van de vreemdeling een verklaring als bedoeld in artikel 2a, eerste lid, van de Wet heeft afgelegd;
f. van de te vervullen arbeidsplaats de arbeidsvoorwaarden, arbeidsverhoudingen of arbeidsomstandigheden ten minste liggen op het niveau dat wettelijk is vereist en in de desbetreffende bedrijfstak gebruikelijk is;
g. de vreemdeling duurzaam en zelfstandig beschikt over voldoende middelen van bestaan als bedoeld in artikel 3.74, eerste lid, onder a;

h. Onze Minister geen bewijs of ernstige en objectieve redenen heeft om vast te stellen dat het verblijf van de vreemdeling andere doelen dient of zou dienen dan onderzoek in de zin van richtlijn (EU) 2016/801.
3. De aanvraag wordt niet afgewezen op de grond dat de onderzoeksinstelling niet krachtens artikel 2c van de Wet als referent is erkend of ten behoeve van het verblijf van de vreemdeling geen verklaring als bedoeld in artikel 2a, eerste lid, van de Wet heeft afgelegd, indien de vreemdeling de Turkse nationaliteit heeft. In dat geval wordt de onderzoeksinstelling niet als referent aangewezen.
(Zie ook: artt. 1.11 , 3.4 lid 1 sub i, 3.42, 3.58 lid 1, 3.79a, 3.89a, 3.89c, 3.91a, 3.91d, 3.99 lid 1, 8.12 lid 1 sub c Vb; artt. 3.1 lid 3 sub j, 3.18, 3.34, 4.24, 4.26, 4.36, 7.1e VV; B6/2.4 Vc)
4. De aanvraag wordt afgewezen indien gelijktijdig de aanmelding, bedoeld in artikel 4.47, is gedaan.

Art. 3.34-3.38
[Vervallen]

Art. 3.39
De verblijfsvergunning regulier voor bepaalde tijd kan onder een beperking verband houdend met lerend werken worden verleend aan de vreemdeling:
a. die in Nederland relevante werkervaring verwerft of wil verwerven in het kader van diens arbeid of studie buiten Nederland;
b. bij wie geen afwijzingsgrond van toepassing is uit artikel 16 van de Wet en artikel 8 en 9 van de Wet arbeid vreemdelingen;
c. bij wie Onze Minister geen bewijs of ernstige en objectieve redenen heeft om vast te stellen dat het verblijf andere doelen dient of zou dienen dan lerend werken, en
d. die voldoet aan bij ministeriële regeling gestelde nadere voorwaarden.
(Zie ook: artt. 1.12, 3.4 lid 1 sub j, 3.5 lid 2 sub d, 3.39, 3.58 lid 1, 3.79a, 3.82 lid 2 sub c, 3.89c, 3.91d Vb; artt. 3.34, 4.22, 4.26, 4.33 VV; B4/2 Vc)

Lerend werken

Art. 3.40
1. De verblijfsvergunning regulier voor bepaalde tijd kan worden verleend onder een beperking verband houdend met verblijf als niet-geprivilegieerd militair of niet-geprivilegieerd burgerpersoneel aan:
a. de militair die in Nederland woonachtig is en die niet behoort tot een in Nederland gelegerde of op doortocht zijnde krijgsmacht en evenmin verbonden is aan een hier te lande gevestigd internationaal militair hoofdkwartier en niet geprivilegieerd is;
b. de vreemdeling die behoort tot het burgerpersoneel, die in Nederland woont en die in dienst is van een krijgsmacht of van een internationaal militair hoofdkwartier.
2. De aanvraag wordt niet afgewezen op de grond, bedoeld in artikel 16, eerste lid, onderdeel k, van de Wet.
(Zie ook: artt. 3.4 lid 1 k, 3.5 lid 2 sub l Vb; art. 3.34 VV; B5/4 Vc)

Niet-geprivilegieerd militair of niet-geprivilegieerd burgerpersoneel

Art. 3.41
1. De verblijfsvergunning regulier voor bepaalde tijd kan onder een beperking verband houdend met studie worden verleend aan de vreemdeling, die aan een krachtens artikel 2c van de Wet als referent erkende onderwijsinstelling is of zal worden ingeschreven en aan die instelling:
a. voltijds hoger of wetenschappelijk onderwijs volgt of gaat volgen dat is geaccrediteerd of beoordeeld in de vorm van de toets nieuwe opleiding, dan wel zich op dat onderwijs voorbereidt;
b. voltijds voortgezet onderwijs of beroepsonderwijs volgt of gaat volgen, waarvoor Nederland naar het oordeel van Onze Minister het meest aangewezen land is en waarmee de vreemdeling naar het oordeel van Onze Minister een positieve bijdrage kan leveren aan de ontwikkeling van het land van herkomst, of
c. een bij regeling van Onze Minister na overleg met Onze Minister die het aangaat aangewezen opleiding of studie volgt;
2. De verblijfsvergunning wordt slechts verleend indien Onze Minister geen bewijs of ernstige en objectieve redenen heeft om vast te stellen dat het verblijf van de vreemdeling andere doelen dient of zou dienen dan studie in de zin van richtlijn (EU) 2016/801.
3. De aanvraag wordt niet afgewezen op de grond dat het geen voltijds onderwijs betreft, indien de vreemdeling een langdurig ingezetene is en hoger onderwijs of beroepsonderwijs volgt of wil volgen.
(Zie ook: artt. 1.13, 1.16 lid 2, 1.20, 3.4 lid 1 sub l, 3.5 lid 2 sub e, 3.39, 3.41, 3.58 lid 1, 3.74 lid 2, 3.87a, 3.89a, 3.91a t/m 3.92, 3.99 Vb; artt. 1.8, 1.9, 3.19 lid 4, 3.21, 3.22, 3.34 sub l, 4.20, 4.21, 4.26, 4.29 t/m 4.31, 7.1e VV; B3 Vc; Richtlijn 2004/114/EG)

Studiedoeleinden

Art. 3.41a
[Vervallen]

Art. 3.42
1. De verblijfsvergunning regulier voor bepaalde tijd kan worden verleend onder een beperking verband houdend met het zoeken naar en verrichten van arbeid al dan niet in loondienst aan een vreemdeling die in de drie jaar direct voorafgaand aan de aanvraag:

Zoekjaar kennismigrant na studie

a. aan een Nederlandse instelling voor hoger onderwijs met goed gevolg een geaccrediteerde bachelor- of masteropleiding heeft afgerond;
b. wetenschappelijk onderzoek heeft verricht op basis van een verblijfsvergunning regulier voor bepaalde tijd onder de beperking onderzoek in de zin van richtlijn (EU) 2016/801 of onder de beperking arbeid als kennismigrant;
c. in Nederland een postdoctorale opleiding van ten minste twaalf maanden heeft afgerond;
d. een opleiding heeft afgerond in het kader van de Wet op het specifiek cultuurbeleid of een opleiding die wordt verzorgd in het kader van het ontwikkelingssamenwerkingsbeleid van het Ministerie van Buitenlandse Zaken of een Erasmus Mundus Masters Course heeft afgerond;
e. aan een bij ministeriële regeling aangewezen buitenlandse onderwijsinstelling een masteropleiding of een postdoctorale opleiding van ten minste twaalf maanden heeft afgerond of is gepromoveerd en:
1°. een minimale score heeft behaald van 6.0 bij het International English Language Testing System,
2°. een vergelijkbare minimale score heeft behaald in een Engelse taaltest zoals opgenomen in de Gedragscode internationale student hoger onderwijs,
3°. beschikt over een diploma, certificaat of document als bedoeld in artikel 2.3, eerste lid, van het Besluit inburgering, of
4°. zijn masteropleiding of postdoctorale opleiding heeft genoten in het Engels of het Nederlands;
f. een bij ministeriële regeling aangewezen hoger onderwijsopleiding heeft afgerond.
2. De verblijfsvergunning wordt niet opnieuw verleend indien de vreemdeling op grond van het afronden van diezelfde opleiding of het verrichten van datzelfde onderzoek eerder houder is geweest van een verblijfsvergunning onder een beperking verband houdend met het zoeken naar en verrichten van arbeid al dan niet in loondienst.
3. De aanvraag wordt niet afgewezen op grond van artikel 16, eerste lid, onder k, van de Wet.
(Zie ook: artt. 3.5 lid 2 sub f, 3.58 lid 1 Vb; artt. 3.23, 3.34 sub m VV; B6/2.2 Vc)

Art. 3.43

Uitwisseling

1. De verblijfsvergunning regulier voor bepaalde tijd kan onder een beperking verband houdend met uitwisseling worden verleend aan de vreemdeling:
a. die tijdelijk in Nederland verblijft of wil verblijven in het kader van een door Onze Minister na overleg met Onze Minister van Sociale Zaken en Werkgelegenheid goedgekeurd uitwisselingsprogramma van een krachtens artikel 2c van de Wet als referent erkende uitwisselingsorganisatie;
b. die voldoet aan de bij ministeriële regeling te stellen leeftijdseisen;
c. die niet eerder houder is geweest van een verblijfsvergunning onder een beperking verband houdend met uitwisseling;
d. wiens tijdige vertrek uit Nederland naar het oordeel van Onze Minister redelijkerwijs is gewaarborgd.
2. De aanvraag wordt niet afgewezen op de grond, bedoeld in het eerste lid, onder a, indien er sprake is van werkzaamheden in het kader van een Working Holiday Scheme of een Working Holiday Programme, dat in een memorandum van overeenstemming is goedgekeurd door Onze Minister en Onze Minister van Sociale Zaken en Werkgelegenheid.
3. Bij ministeriële regeling kunnen regels worden gesteld omtrent:
a. de uitwisselingsprogramma's, bedoeld in het eerste lid, onder a;
b. de verlening van de verblijfsvergunning ter uitvoering van internationale verplichtingen.
(Zie ook: artt. 1.14, 1.16, 3.4 lid 1 sub n, 3.5 lid 2 sub g, 3.58 lid 1, 3.89a, 3.91a, 3.99 lid 1 Vb; artt. 1.5, 1.6, 1.9 sub d, 3.19 lid 3, 3.24, 3.24a, 3.34, 3.34a sub f, 4.19, 4.21 lid 2, 4.26, 4.28, 4.29, 7.2b, bijlage 10a VV; B2 Vc)
4. De aanvraag wordt niet afgewezen op de gronden, bedoeld in het eerste lid, onder c en d, indien de vreemdeling Europees Vrijwilligerswerk gaat verrichten op grond van de overeenkomst als bedoeld in artikel 14, eerste lid, onder a, van richtlijn (EU) 2016/801. De verblijfsvergunning wordt slechts verleend indien Onze Minister geen bewijs of ernstige en objectieve redenen heeft om vast te stellen dat het verblijf van de vreemdeling andere doelen dient of zou dienen dan Europees Vrijwilligerswerk.

Art. 3.44-3.45

[Vervallen]

Art. 3.46

Medische behandeling

1. De verblijfsvergunning regulier voor bepaalde tijd kan onder een beperking verband houdend met het ondergaan van een medische behandeling worden verleend, indien Nederland naar het oordeel van Onze Minister het meest aangewezen land is voor het ondergaan van een noodzakelijke medische behandeling en de financiering van die medische behandeling naar het oordeel van Onze Minister deugdelijk is geregeld.
2. De verblijfsvergunning, bedoeld in het eerste lid, kan voorts worden verleend aan de vreemdeling van Surinaamse nationaliteit, die op medische indicatie en in het bezit van een daartoe afgegeven visum naar Nederland is gekomen, indien voortzetting van de medische

Vreemdelingenbesluit 2000 — A41 art. 3.50

behandeling in Nederland zes maanden na zijn inreis medisch noodzakelijk is en de financiering daarvan naar het oordeel van Onze Minister deugdelijk is geregeld.
3. De vreemdeling ondertekent een medische verklaring, ertoe strekkende dat hij toestemming verleent voor medisch onderzoek, voor zover dat onderzoek noodzakelijk is voor de toepassing van het eerste en tweede lid.
4. De aanvraag wordt niet afgewezen op grond van artikel 16, eerste lid, onder k, van de Wet. De aanvraag wordt evenmin afgewezen op grond van artikel 16, eerste lid, onder c, en evenmin op het feit dat de financiering van de medische behandeling niet deugdelijk is geregeld, indien de vreemdeling ten minste een jaar direct voorafgaande aan de aanvraag rechtmatig verblijf als bedoeld in artikel 8, onder j, van de Wet heeft gehad.
(Zie ook: artt. 3.4 lid 1 sub o, 3.5 lid 2 sub h, 3.6 lid 1 sub a, 3.51, 3.58 lid 3, 3.71 lid 2 sub n Vb; artt. 3.19 leden 3 en 5, 3.34 sub o, 4.12a VV; A3/7, B7/3.5, B8/9, B9/9, C1/2.2 Vc)

Art. 3.47
[Vervallen]

Art. 3.48
1. De verblijfsvergunning regulier voor bepaalde tijd kan onder een beperking verband houdend met tijdelijke humanitaire gronden worden verleend aan de vreemdeling die: **Tijdelijke humanitaire gronden**
a. slachtoffer-aangever is van mensenhandel, voor zover er sprake is van een strafrechtelijk opsporingsonderzoek of vervolgingsonderzoek naar of berechting in feitelijke aanleg van de verdachte van het strafbare feit waarvan aangifte is gedaan;
b. slachtoffer is van mensenhandel, voor zover er sprake is van een strafrechtelijk opsporingsonderzoek of vervolgingsonderzoek naar of berechting in feitelijke aanleg van de verdachte van het strafbare feit, bedoeld in artikel 273f van het Wetboek van Strafrecht, en het slachtoffer hieraan op andere wijze dan door het doen van aangifte medewerking verleent;
c. getuige-aangever is van mensenhandel, voor zover er sprake is van een strafrechtelijk opsporingsonderzoek of vervolgingsonderzoek naar of berechting in feitelijke aanleg van de verdachte van het strafbare feit waarvan aangifte is gedaan en het verblijf in Nederland van de getuige-aangever naar het oordeel van Onze Minister in het belang van de opsporing of vervolging van de verdachte noodzakelijk is;
d. zonder verblijfstitel slachtoffer is geworden van mensenhandel en hiervan om zwaarwegende redenen geen aangifte kan of wil doen of anderszins geen medewerking kan of wil verlenen aan de strafrechtelijke opsporing en vervolging van de mensenhandelaar;
e. zonder verblijfstitel slachtoffer is geworden of dreigt te worden van eergerelateerd geweld;
f. zonder verblijfstitel slachtoffer is geworden of dreigt te worden van huiselijk geweld; of
g. zonder verblijfstitel slachtoffer is geworden van arbeidsgerelateerde uitbuiting, dan wel als minderjarige zonder verblijfstitel is tewerkgesteld, voor zover er sprake is van een strafrechtelijk opsporingsonderzoek of vervolgingsonderzoek naar of berechting in feitelijke aanleg van de voormalig werkgever en de vreemdeling hieraan medewerking verleent, of, indien dat opsporings- of vervolgingsonderzoek reeds is afgerond, voor zover sprake is van een loonvorderingsprocedure bij de kantonrechter als bedoeld in artikel 23, vijfde lid, van de Wet arbeid vreemdelingen.
2. De verblijfsvergunning kan voorts worden verleend aan:
a. vreemdelingen die buiten hun schuld niet uit Nederland kunnen vertrekken, en
b. aan bij ministeriële regeling aangewezen categorieën vreemdelingen, anders dan bedoeld in het eerste lid en het tweede lid, onderdeel a.
3. De aanvraag wordt niet afgewezen op grond van artikel 16, eerste lid, onder c of k, van de Wet.
4. Bij ministeriële regeling kunnen nadere regels worden gesteld over de toepassing van het eerste en tweede lid. **Nadere regels**
(Zie ook: artt. 8 sub k, 17 lid 1 sub d Vw; artt. 3.4 t/m 3.6, 3.51, 3.58 lid 3, 3.109b lid 7, 3.109d, 6.5 lid 2, 7.4 Vb; artt. 3.9 lid 3, 3.34a sub m, 3.34c lid 1 sub a, 3.45a, 7.2b VV; B8/2 t/m B8/7, B8/10, B8/11, B9/10, B9/11 Vc; artt. 6 lid 5, 13 lid 4 Richtlijn 2009/52/EG)

Art. 3.49
1. De verblijfsvergunning regulier voor bepaalde tijd kan worden verleend onder een beperking verband houdend methet afwachten van een beslissing op een verzoek als bedoeld in artikel 17 van de Rijkswet op het Nederlanderschap aan de in Nederland verblijvende vreemdeling die bij de rechtbank Den Haag een verzoek heeft ingediend tot vaststelling van zijn Nederlanderschap, indien dat verzoek naar het oordeel van Onze Minister niet klaarblijkelijk van elke grond is ontbloot. **Afwachten beslissing Nederlanderschap**
2. De aanvraag wordt niet afgewezen op grond van artikel 16, eerste lid, onder b, c en k, van de Wet.
(Zie ook: artt. 3.4, 3.5, 71 lid 2 sub g Vb; B8/8 Vc)

Art. 3.50
1. De verblijfsvergunning regulier voor bepaalde tijd wordt onder een beperking verband houdend met niet-tijdelijke humanitaire gronden verleend aan de vreemdeling die: **Voortgezet verblijf**

a. als minderjarige houder is geweest van een verblijfsvergunning onder een beperking verband houdend met verblijf als familie- of gezinslid van een Nederlander of een vreemdeling met niet-tijdelijk verblijfsrecht in de zin van artikel 3.5, en
b. langer dan een jaar houder is geweest van de in onderdeel a bedoelde verblijfsvergunning, dan wel in Nederland is geboren uit ouders met niet-tijdelijk verblijfsrecht in de zin van artikel 3.5.
2. Voor de toepassing van het eerste lid wordt onder persoon met niet-tijdelijk verblijfsrecht niet verstaan de houder van de verblijfsvergunning asiel voor bepaalde tijd.
3. De verblijfsvergunning wordt verleend, tenzij:
a. de vreemdeling onjuiste gegevens heeft verstrekt dan wel gegevens heeft achtergehouden die tot afwijzing van de oorspronkelijke aanvraag tot het verlenen zouden hebben geleid;
b. de vreemdeling een gevaar voor de nationale veiligheid vormt;
c. de aanvraag met toepassing van de artikelen 3.86 of 3.87 kan worden afgewezen, of
d. de vreemdeling het hoofdverblijf buiten Nederland heeft verplaatst.
4. Indien een van de ouders in Nederland is gevestigd en de Nederlandse nationaliteit heeft, wordt de verblijfsvergunning aan de minderjarige vreemdeling verleend, tenzij de vreemdeling onjuiste gegevens heeft verstrekt dan wel gegevens heeft achtergehouden die tot afwijzing van de oorspronkelijke aanvraag tot het verlenen zouden hebben geleid, of de vreemdeling het hoofdverblijf buiten Nederland heeft verplaatst.
(Zie ook: artt. 3.4 t/m 3.6, 3.58 lid 8, 3.80a Vb; artt. 3.34 sub r, 3.34a sub p, 3.34c, 7.2b VV; B9 Vc; Richtlijn 2003/86/EG)

Art. 3.51

Voortgezet verblijf

1. De verblijfsvergunning regulier voor bepaalde tijd kan onder een beperking, verband houdend met niet-tijdelijke humanitaire gronden worden verleend aan de vreemdeling, die:
a. vijf jaar in Nederland verblijft als houder van een verblijfsvergunning onder de beperking, genoemd onder 1°, of drie jaar in Nederland verblijft onder een beperking, genoemd onder 2° of 3°:
1°. verblijf als familie- of gezinslid van een persoon met een niet-tijdelijk verblijfsrecht;
2°. medische behandeling, voor zover die medische behandeling naar het oordeel van Onze Minister gedurende ten minste nog één jaar in Nederland noodzakelijk zal zijn;
3°. tijdelijke humanitaire gronden;
b. nadat zijn uitzetting op grond van artikel 64 van de Wet gedurende een jaar achterwege is gebleven, twee jaar in Nederland verblijft als houder van een verblijfsvergunning onder een beperking verband houdend met medische behandeling, voor zover die medische behandeling naar het oordeel van Onze Minister gedurende ten minste nog één jaar in Nederland noodzakelijk zal zijn;
c. houder is geweest van een verblijfsvergunning onder een beperking verband houdend met verblijf als familie- of gezinslid van een persoon met een niet-tijdelijk verblijfsrecht, indien de relatie tussen de vreemdeling en die persoon door het overlijden van die persoon is verbroken;
d. een in Nederland geboren en getogen oud-Nederlander is;
e. een meerderjarige, buiten Nederland geboren oud-Nederlander is, voor zover deze in een ander land woont dan dat waarvan hij onderdaan is en naar het oordeel van Onze Minister bijzondere banden heeft met Nederland;
f. minderjarig is, voor zover in diens opvang en wettelijke vertegenwoordiging in Nederland is voorzien en die:
1°. tien jaren rechtmatig in Nederland heeft verbleven als bedoeld in artikel 8, onder a tot en met e, dan wel l, van de Wet, of als Nederlander;
2°. vóór indiening van de aanvraag vijf jaren rechtmatig in Nederland heeft verbleven als bedoeld in artikel 8, onder a tot en met e, dan wel l, van de Wet, of als Nederlander, voor zover Nederland naar het oordeel van Onze Minister het meest aangewezen land is voor de vreemdeling;
g. in aanmerking komt voor de terugkeeroptie op grond van artikel 8 van de Remigratiewet, mits hij niet eerder gebruik heeft gemaakt van de terugkeeroptie, zijn aanvraag tot wedertoelating is ontvangen binnen één jaar na de remigratie uit Nederland en hij direct voorafgaande aan de remigratie:
1°. als remigrant uit Nederland was geremigreerd op grond van de Remigratiewet;
2°. als meeremigrerende partner van de remigrant gedurende drie achtereenvolgende jaren rechtmatig verblijf had als bedoeld in artikel 8 van de Wet of als Nederlander;
3°. als meeremigrerend minderjarig kind van de remigrant rechtmatig verblijf had als bedoeld in artikel 8 van de Wet of als Nederlander, ongeacht de duur daarvan, en tegelijkertijd met die remigrant om wedertoelating verzoekt, of
4°. als meeremigrerend minderjarig kind van de remigrant rechtmatig verblijf had als bedoeld in artikel 8 van de Wet of als Nederlander, ongeacht de duur daarvan, en zelfstandig om wedertoelating verzoekt indien hij binnen een jaar na remigratie meerderjarig is geworden;
h. ten minste één jaar in het bezit is geweest van een verblijfsvergunning als slachtoffer van mensenhandel die hiervan om zwaarwegende redenen geen aangifte kan of wil doen of anders-

zins geen medewerking kan of wil verlenen aan de strafrechtelijke opsporing en vervolging van de mensenhandelaar;
i. ten minste één jaar in het bezit is geweest van een verblijfsvergunning als slachtoffer van eergerelateerd geweld of dreigend eergerelateerd geweld als bedoeld in artikel 3.48, eerste lid, onder e;
j. ten minste één jaar in het bezit is geweest van een verblijfsvergunning als slachtoffer van huiselijk geweld of dreigend huiselijk geweld als bedoeld in artikel 3.48, eerste lid, onder f.
2. In afwijking van het eerste lid, aanhef en onder a, ten eerste, kan de verblijfsvergunning eveneens worden verleend, indien de vreemdeling:
a. onmiddellijk voorafgaand aan de indiening van de aanvraag twee jaar rechtmatig verblijf in Nederland als bedoeld in artikel 8, onder a, van de Wet heeft gehad als gezinslid van een houder van een door Onze Minister afgegeven Europese blauwe kaart, en
b. op het tijdstip waarop de aanvraag is ontvangen of de beschikking wordt gegeven, als gezinslid van de in onderdeel a bedoelde houder van de Europese blauwe kaart ten minste vijf jaar legaal en ononderbroken verblijf heeft gehad op het grondgebied van een staat die partij is bij het Verdrag betreffende de werking van de Europese Unie.
3. De verblijfsvergunning kan voorts worden verleend aan bij ministeriële regeling aangewezen categorieën vreemdelingen, anders dan bedoeld in het eerste en tweede lid. In de ministeriële regeling kunnen hierover nadere regels worden gesteld.
4. De aanvraag wordt niet afgewezen op grond van artikel 16, eerste lid, onder c en k, van de Wet. De aanvraag wordt evenmin afgewezen op grond van artikel 16, eerste lid, onder b, van de Wet, indien de aanvraag is ingediend door de in het eerste lid, onder d, bedoelde vreemdeling.
5. Artikel 3.80a is van toepassing op de in het eerste lid, onderdeel a, ten eerste, en tweede lid bedoelde vreemdelingen.
6. Voor zover sprake is van verlening van de verblijfsvergunning, zijn de artikelen 3.77 en 3.78 niet van toepassing en zijn de artikelen 3.86 en 3.87 van overeenkomstige toepassing.
7. Voor de toepassing van het eerste lid, onderdeel a, ten eerste, en onderdeel c, wordt onder persoon met een niet-tijdelijk verblijfsrecht verstaan de houder van de verblijfsvergunning asiel voor bepaalde tijd.
8. De vergunning onder de beperking, verband houdend met niet-tijdelijke humanitaire gronden, kan voorts worden verleend aan de vreemdeling op wie artikel 13 van Associatiebesluit nr. 1/80 van de Associatieraad EEG-Turkije betreffende de ontwikkeling van de Associatie van toepassing is, indien:
a. aan hem de in artikel 3.31b bedoelde vergunning is verleend en hij uiterlijk op het moment waarop de geldigheidsduur van die vergunning verstrijkt, beschikt over een arbeidsplaats voor nog een jaar waarmee hij zelfstandig en duurzaam voldoende middelen van bestaan als bedoeld in de artikelen 3.73 tot en met 3.75 verwerft, of
b. hij drie jaar in Nederland verblijft als houder van een verblijfsvergunning onder een beperking verband houdend met verblijf als familie- of gezinslid van een persoon met een niet-tijdelijk verblijfsrecht, en is voldaan aan de voorwaarden voor het verlengen van de geldigheidsduur van de oorspronkelijke verblijfsvergunning.
(Zie ook: artt. 3.4 t/m 3.6, 3.80a Vb; artt. 3.34 sub r, 3.34a sub p, 3.34c, 7.2b VV; B9 Vc)

Art. 3.52-3.56a
[Vervallen]

Paragraaf 2
Geldigheidsduur

Art. 3.57
1. De verblijfsvergunning, die met toepassing van artikel 14, tweede lid, van de Wet ambtshalve wordt verleend, wordt verleend met ingang van de dag na de dag waarop de machtiging tot voorlopig verblijf aan de vreemdeling in persoon is afgegeven. Verblijfsvergunning, ingangsdatum
2. In afwijking van het eerste lid, kan de verblijfsvergunning worden verleend met ingang van de dag die bij de afgifte van de machtiging tot voorlopig verblijf is opgegeven als de dag waarop de vreemdeling Nederland zal inreizen.

Art. 3.58
1. Een verblijfsvergunning regulier voor bepaalde tijd voor een verblijfsdoel als bedoeld in kolom I kan in eerste instantie worden verleend voor de geldigheidsduur, bedoeld in kolom II, en kan worden verlengd, voor zover dat is bepaald in kolom III. Verblijfsvergunning, duur

I. Verblijfsdoel	II. Geldigheidsduur	III. Verlengbaar
a. «Verblijf als familie- of gezinslid»	Voor de duur van het verblijfsrecht of de geprivilegieerde status van de hoofdpersoon, maar niet langer dan vijf jaar	Telkens met ten hoogste vijf jaar
b. «Verblijf als economisch niet-actieve langdurig ingezetene of vermogende vreemdeling»	Ten hoogste vijf jaar	Telkens met ten hoogste vijf jaar
c. «Arbeid als zelfstandige»	Ten hoogste twee jaar of voor ten hoogste één jaar indien de verblijfsvergunning is verleend op grond van artikel 3.30, zesde lid	Telkens met ten hoogste vijf jaar, maar niet verlengbaar na één jaar indien de verlenging wordt gebaseerd op artikel 3.30, zesde lid
d. «Arbeid als kennismigrant»	De duur van de arbeidsovereenkomst, aanstelling, gastovereenkomst of werkzaamheden, maar niet langer dan vijf jaar	Telkens met ten hoogste vijf jaar
e. «Verblijf als houder van de Europese blauwe kaart»	De duur van de arbeidsovereenkomst, bedoeld in artikel 3.30b, eerste lid, onder a, aangevuld met drie maanden, maar tezamen niet langer dan vier jaar	Telkens met ten hoogste vier jaar
f. «Seizoenarbeid»	Ten hoogste 24 weken	Niet verlengbaar na 24 weken
g. «Overplaatsing binnen een onderneming»	Ten hoogste drie jaar in geval van een leidinggevende of specialist en ten hoogste een jaar in geval van een trainee-werknemer, met aftrek van eerder verblijf in andere lidstaten in geval van mobiliteit	Niet verlengbaar na drie jaar in geval van een leidinggevende of specialist en niet verlengbaar na één jaar in geval van een trainee-werknemer, met aftrek van eerder verblijf in andere lidstaten in geval van mobiliteit
h. «Arbeid in loondienst»	De geldigheidsduur, genoemd in artikel 14, vijfde lid, van de Wet	Telkens verlengbaar voor ten hoogste: – één jaar, – drie jaar indien met toepassing van artikel 8, derde lid, onder b en c, van de Wet arbeid vreemdelingen, of – vijf jaar, indien de vreemdeling vrij is op de arbeidsmarkt of een verdrag daartoe verplicht
i. «Grensoverschrijdende dienstverlening»	De duur van de werkzaamheden als vermeld in de krachtens artikel 1e, tweede lid, van het Besluit uitvoering Wet arbeid vreemdelingen door de dienstverrichter verstrekte verklaring, met een maximum van twee jaar	Niet verlengbaar na twee jaar
j. «Onderzoek in de zin van richtlijn (EU) 2016/801»	De duur van de arbeidsovereenkomst, aanstelling, gastovereenkomst of werkzaamheden, maar niet langer dan vijf jaar	Telkens met ten hoogste vijf jaar

I. Verblijfsdoel	II. Geldigheidsduur	III. Verlengbaar
k. «Lerend werken»	Ten hoogste één jaar	Niet verlengbaar na één jaar
l. «Arbeid als niet-geprivilegieerd militair of niet-geprivilegieerd burgerpersoneel»	De duur van de arbeidsovereenkomst, aanstelling, gastovereenkomst of werkzaamheden, maar niet langer dan vijf jaar	Telkens met ten hoogste vijf jaar
m. «Studie»	De duur van de studie met inbegrip van de voorbereiding daarop en de afronding daarvan, maar niet langer dan vijf jaar	Telkens met ten hoogste vijf jaar
n. «Het zoeken naar en verrichten van arbeid al dan niet in loondienst»	Ten hoogste één jaar, en, indien het de vergunning, bedoeld in artikel 3.31b, betreft, zoveel langer als de vreemdeling wegens het ontbreken van een verblijfsvergunning geen toegang tot de arbeidsmarkt had	Niet verlengbaar na één jaar
o. «Uitwisseling, al dan niet in het kader van een verdrag»	Ten hoogste één jaar	Niet verlengbaar na één jaar
p. «Medische behandeling»	Ten hoogste één jaar of voor vijf jaar, indien de medische behandeling naar het oordeel van Onze Minister blijvend aan Nederland gebonden is	Telkens met ten hoogste één jaar
q. «Tijdelijke humanitaire gronden»	Ten hoogste één jaar	Telkens met ten hoogste één jaar
r. «Het afwachten van een verzoek op grond van artikel 17 van de Rijkswet op het Nederlanderschap»	Ten hoogste één jaar	Telkens met ten hoogste één jaar
s. «Niet-tijdelijke humanitaire gronden»	Ten hoogste vijf jaar	Telkens met ten hoogste vijf jaar

2. In afwijking van het eerste lid, onder q, kan de verblijfsvergunning onder een beperking verband houdend met tijdelijke humanitaire gronden worden verleend voor de duur van vijf jaar aan de alleenstaande minderjarige vreemdeling:
a. die jonger was dan vijftien jaar ten tijde van de eerste verblijfsaanvraag in Nederland, en
b. voor wie naar het oordeel van Onze Minister, naar plaatselijke maatstaven gemeten, adequate opvang ontbreekt in het land van herkomst of een ander land waar hij redelijkerwijs naar toe kan gaan, dan wel deze adequate opvang buiten zijn schuld niet gerealiseerd kan worden binnen drie jaar na de eerste verblijfsaanvraag.
3. In afwijking van het eerste lid, onder o en p, kan de verblijfsvergunning onder een beperking verband houdend met medische behandeling onderscheidenlijk tijdelijke humanitaire gronden worden verleend of verlengd voor een langere geldigheidsduur dan één jaar indien tussen de aanvraag en de beschikking ten minste één jaar verstreken is. In dat geval bedraagt de geldigheidsduur van de verblijfsvergunning de periode tussen de aanvraag en de beschikking, aangevuld met één jaar.
(Zie ook: B4/3 Vc)

Art. 3.59-3.70
[Vervallen]

Paragraaf 3
De afwijzing van de aanvraag

Art. 3.71
1. De aanvraag tot het verlenen van de verblijfsvergunning regulier voor bepaalde tijd wordt afgewezen, indien de vreemdeling niet beschikt over een geldige machtiging tot voorlopig verblijf.
2. Van het vereiste van een geldige machtiging tot verblijf is, op grond van artikel 17, eerste lid, onder g, van de Wet, vrijgesteld de vreemdeling:

Mvv vereiste/uitzonderingen

a. de houder is van een door een andere staat die het Schengenacquis volledig toepast afgegeven geldige verblijfstitel die het buitenlands equivalent is van een verblijfsvergunning als bedoeld in artikel 14 of 20 van de Wet, de aanvraag via een erkende referent indient en in aanmerking komt voor een verblijfsvergunning regulier voor bepaalde tijd dan wel die als de echtgenoot, geregistreerde dan wel ongehuwde partner of het minderjarig kind van die echtgenoot, partner of houder voor verblijf bij die houder in die andere staat in het bezit is gesteld van een zodanige verblijfstitel, de aanvraag via een erkende referent indient voor verblijf als familie- of gezinslid bij die houder en in aanmerking komt voor een verblijfsvergunning regulier voor bepaalde tijd;
b. van twaalf jaar of jonger, die in Nederland is geboren en naar het oordeel van Onze Minister feitelijk is blijven behoren tot het gezin van een ouder die
1°. sedert het moment van geboorte van de vreemdeling rechtmatig verblijf in Nederland heeft op grond van artikel 8, onder a tot en met e, dan wel l, van de Wet of als Nederlander, of
2°. op het moment van de geboorte van de vreemdeling rechtmatig verblijf in Nederland had op grond van artikel 8, onder f tot en met k, van de Wet en die sedertdien aansluitend rechtmatig verblijf op grond van artikel 8, onder a tot en met e, dan wel l, van de Wet heeft, voor zover geen van beiden het hoofdverblijf buiten Nederland heeft verplaatst;
c. die in Nederland verblijft op grond van een geprivilegieerde status als gezinslid van een in Nederland geaccrediteerd personeelslid van een buitenlandse diplomatieke of consulaire post die zelf in aanmerking komt voor de verblijfsvergunning regulier voor onbepaalde tijd;
d. die ten minste zeven jaren werkzaam is of is geweest op een Nederlands zeeschip of een mijnbouwinstallatie op het continentaal plat;
e. die in aanmerking komt voor een verblijfsvergunning op grond van Besluit 1/80 van de Associatieraad EEG-Turkije betreffende de ontwikkeling van de Associatie of van wie uitzetting in strijd zou zijn met de op 12 september 1963 te Ankara gesloten Overeenkomst waarbij een associatie tot stand wordt gebracht tussen de Europese Economische Gemeenschap en Turkije (Trb. 1964, 217), het op 23 november 1970 te Brussel tot stand gekomen Aanvullend Protocol bij die overeenkomst (Trb. 1971, 70) of dat Besluit nr. 1/80;
f. die in aanmerking komt voor de verblijfsvergunning regulier voor bepaalde tijd onder een beperking verband houdend met grensoverschrijdende dienstverlening;
g. die in Nederland verblijft, bij de rechtbank Den Haag een verzoek heeft ingediend tot vaststelling van zijn Nederlanderschap dat naar het oordeel van Onze Minister niet klaarblijkelijk van elke grond ontbloot is;
h. die tijdelijke bescherming heeft en in aanmerking komt voor de verblijfsvergunning regulier voor bepaalde tijd onder een beperking verband houdend met seizoenarbeid, arbeid in loondienst, arbeid als kennismigrant of arbeid als zelfstandige;
i. die houder is van een verblijfsvergunning voor onderzoekers in de zin van richtlijn (EU) 2016/801 afgegeven door een andere staat die Partij is bij het Verdrag betreffende de werking van de Europese Unie, dan wel de echtgenoot, partner of het minderjarig kind is van die houder, tenzij sprake is van gezinsvorming;
j. die verblijf beoogt voor medische behandeling en die ten minste een jaar direct voorafgaande aan de aanvraag rechtmatig verblijf als bedoeld in artikel 8, onder j, van de Wet heeft gehad;
k. die minderjarig is, schoolgaand is en drie jaar ononderbroken hoofdverblijf in Nederland heeft en een aanvraag heeft ingediend tot het verlenen van een verblijfsvergunning regulier voor bepaalde tijd onder een beperking verband houdend met gezinshereniging bij een Nederlander of een hoofdpersoon met rechtmatig verblijf, als bedoeld in artikel 8, onder a tot en met e dan wel l, van de Wet;
l. van wie uitzetting in strijd met artikel 8 van het Verdrag tot bescherming van de rechten van de mens en de fundamentele vrijheden zou zijn;
m. die de biologische of juridische ouder is die het gezag heeft over en is ingereisd met een minderjarige vreemdeling die houder is van een verblijfsvergunning regulier voor bepaalde tijd die is verleend met toepassing van artikel 3.46 dan wel die de onder het gezag van die ouder staande minderjarige broer of zuster van die houder is en met die ouder en houder is ingereisd;
n. die de echtgenoot, geregistreerde partner of partner is, dan wel het biologische of juridische kind dat onder het rechtmatig gezag staat, van een meerderjarige vreemdeling die houder is van een verblijfsvergunning regulier voor bepaalde tijd die is verleend met toepassing van artikel 3.46, met die houder is ingereisd en bij die houder verblijft;
o. die minderjarig is, Nederland is ingereisd als houder van een geldig Nederlands nationaal paspoort en na de vaststelling dat het paspoort ten onrechte is verstrekt, alsnog een aanvraag indient voor een verblijfsvergunning regulier voor bepaalde tijd onder een beperking verband houdend met verblijf ter adoptie, tenzij onjuiste gegevens zijn verstrekt die hebben geleid tot de afgifte van dat paspoort;
p. die een minderjarig kind is van een houder van een verblijfsvergunning als bedoeld in artikel 3.48, eerste lid, onder a, b dan wel c, en onder het gezag staat van en verblijft bij die houder;
q. die in aanmerking komt voor een verblijfsvergunning als bedoeld in artikel 3.48, eerste lid, aanhef en onder d, e of f, dan wel het minderjarige kind van de vreemdeling dat onder het gezag staat van en verblijft bij die vreemdeling;

r. die houder is van een door de autoriteiten van een andere staat die Partij is bij het Verdrag betreffende de werking van de Europese Unie afgegeven Europese blauwe kaart en gedurende ten minste achttien maanden als houder van die kaart in die staat heeft verbleven;
s. die houder is van een door een andere lidstaat van de Europese Unie afgegeven verblijfsvergunning met de vermelding «ICT» die in Nederland wil verblijven voor een overplaatsing binnen een onderneming in het kader van langetermijnmobiliteit in de zin van artikel 22 van richtlijn 2014/66/EU, dan wel de echtgenoot, partner of het minderjarig kind is die zelf houder is van een door een andere lidstaat van de Europese Unie afgegeven verblijfsvergunning in het kader van gezinshereniging van die houder, tenzij sprake is van gezinsvorming.
3. Onze Minister kan het eerste lid buiten toepassing laten, voorzover toepassing daarvan naar zijn oordeel zal leiden tot een onbillijkheid van overwegende aard.
(Zie ook: artt. 16 lid 1 sub a, 17 Vw; artt. 3.1a, 3.18, 3.82, 3.83 Vb; art. 7.2b VV; B1/4.1 Vc; artt. 5 lid 1 en 3, 11 lid 1 Richtlijn 2003/86/EG)

Art. 3.71a

1. Een vreemdeling beschikt over kennis op basisniveau van de Nederlandse taal en van de Nederlandse maatschappij als bedoeld in artikel 16, eerste lid, onder h, van de Wet, indien hij binnen één jaar direct voorafgaand aan de aanvraag om de machtiging tot voorlopig verblijf het basisexamen inburgering, bedoeld in artikel 3.98a, met goed gevolg heeft afgelegd. — Basisexamen inburgering voorafgaand aan aanvraag mvv

2. De aanvraag tot het verlenen van een verblijfsvergunning regulier voor bepaalde tijd wordt niet afgewezen op grond van artikel 16, eerste lid, onder h, van de Wet, indien de vreemdeling: — Voorwaarden honoreren verblijfsvergunning voor bepaalde tijd
a. in Nederland wil verblijven als gezinslid van een houder van een verblijfsvergunning asiel voor bepaalde of onbepaalde tijd of een EU-verblijfsvergunning voor langdurig ingezetenen indien op het aan de vreemdeling verschafte document, bedoeld in artikel 9 van de Wet, de aantekening, bedoeld in artikel 45c, van de Wet is geplaatst;
b. ingevolge de wetgeving van een lidstaat van de Europese Unie of een andere staat die partij is bij de Overeenkomst betreffende de Europese Economische Ruimte heeft voldaan aan een inburgeringsvereiste om de status van langdurig ingezetene in de zin van richtlijn langdurig ingezetenen te verkrijgen;
c. gelet op bijzondere individuele omstandigheden naar het oordeel van Onze Minister van Sociale Zaken en Werkgelegenheid bij handhaving van de verplichting om het basisexamen inburgering met goed gevolg af te leggen, onmogelijk of uiterst moeilijk zijn recht op gezinshereniging kan uitoefenen.

3. Bij ministeriële regeling kunnen nadere regels worden gesteld omtrent de toepassing van het tweede lid, onderdelen a en b, en bij ministeriële regeling kunnen nadere regels worden gesteld omtrent de toepassing van het tweede lid, onderdeel c. — Nadere regels
(Zie ook: artt. 3.10, 3.13, bijlage 19 VV; B1/4.7 Vc; art. 7 lid 2 Richtlijn 2003/86/EG)

Art. 3.72

Een aanvraag tot het verlenen van de verblijfsvergunning regulier voor bepaalde tijd wordt niet op grond van artikel 16, eerste lid, onder b, van de Wet afgewezen, indien de vreemdeling naar het oordeel van Onze Minister heeft aangetoond dat hij vanwege de regering van het land waarvan hij onderdaan is, niet of niet meer in het bezit van een geldig document voor grensoverschrijding kan worden gesteld. — Ontbreken geldige documenten voor grensoverschrijding vanwege nationale regering
(Zie ook: art. 3.83 Vb; B1/4.2 Vc)

Art. 3.73

1. De in artikel 16, eerste lid, onder c, van de Wet bedoelde middelen van bestaan zijn in ieder geval zelfstandig, indien verworven uit: — Zelfstandige middelen van bestaan
a. wettelijk toegestane arbeid in loondienst, voorzover de vereiste premies en belastingen zijn afgedragen;
b. wettelijk toegestane arbeid als zelfstandige, voorzover de vereiste premies en belastingen zijn afgedragen;
c. inkomensvervangende uitkeringen krachtens een sociale verzekeringswet waarvoor premies zijn afgedragen;
d. eigen vermogen, voorzover de bron van de inkomsten niet wordt aangetast en de vereiste belastingen zijn afgedragen, of
e. in geval van verblijf voor onderzoek in de zin van richtlijn (EU) 2016/801, studie, lerend werken of uitwisseling in het kader van Europees vrijwilligerswerk: financiële ondersteuning van de referent, een subsidie, een beurs of een toelage.

2. Bij ministeriële regeling kunnen regels worden gesteld omtrent het eerste lid.
(Zie ook: art. 116 Vw ; art. 3.30 Vb; artt. 3.20 t/m 3.20 b, bijlage 8a en 8b VV; B1/4.3, B3/2.4, B6/2.4 Vc; art. 7 lid 1 sub c Richtlijn 2003/86/EG)

Art. 3.74

1. De in artikel 16, eerste lid, onder c, van de Wet bedoelde middelen van bestaan zijn in ieder geval voldoende, indien de som van het loon, bedoeld in artikel 16 van de Wet financiering sociale verzekeringen, uit arbeid in loondienst, het bruto inkomen uit een inkomensvervangende — Voldoende middelen van bestaan

A41 art. 3.75 — Vreemdelingenbesluit 2000

uitkering krachtens een socialeverzekeringswet waarvoor premies zijn afgedragen, de brutowinst uit arbeid als zelfstandige en het inkomen uit eigen vermogen ten minste gelijk is aan:
a. het minimumloon, bedoeld in de artikelen 8, eerste lid, onder a, en 14, van de Wet minimumloon en minimumvakantiebijslag, met inbegrip van de vakantiebijslag, bedoeld in artikel 15 van die wet;
b. in bij ministeriële regeling aangewezen gevallen: 150 procent van het minimumloon, bedoeld in onderdeel a.
2. De in artikel 16, eerste lid, onder c, van de Wet bedoelde middelen van bestaan zijn eveneens voldoende, indien het netto-inkomen ten minste gelijk is aan het normbedrag voor ho-studenten, bedoeld in de Wet studiefinanciering 2000, indien de vreemdeling in Nederland verblijft of wil verblijven voor studie.

Nadere regels
3. Bij ministeriële regeling kunnen nadere regels worden gesteld over de voorgaande leden. Daarbij kunnen gevallen worden vastgesteld waarin de in artikel 16, eerste lid, onder c, van de Wet bedoelde middelen van bestaan voldoende zijn, indien het inkomen ten minste gelijk is aan een combinatie van de in het eerste en tweede lid genoemde normbedragen.

Bekendmaking normbedragen
4. De normbedragen, bedoeld in de voorgaande leden, worden door Onze Minister bekendgemaakt.
(Zie ook: artt. 3.22, 3.23a lid 1 sub c Vb; artt. 3.19, 3.20, 3.22, 3.24a VV; B1/4.3 Vc; art. 7 lid 1 sub c Richtlijn 2003/86/EG)

Art. 3.75

Duurzaamheid middelen van bestaan
1. De in artikel 16, eerste lid, onder c, van de Wet bedoelde middelen van bestaan zijn in ieder geval duurzaam, indien zij nog één jaar beschikbaar zijn op het tijdstip waarop de aanvraag is ontvangen of de beschikking wordt gegeven.
2. Middelen van bestaan verkregen uit eigen vermogen zijn duurzaam, indien zij gedurende een aaneengesloten periode van een jaar beschikbaar zijn geweest en nog beschikbaar zijn op het tijdstip waarop de aanvraag is ontvangen of de beschikking wordt gegeven.
3. In afwijking van het eerste lid, zijn middelen van bestaan verkregen uit arbeid in loondienst eveneens duurzaam, indien op het tijdstip waarop de aanvraag is ontvangen of de beschikking wordt gegeven gedurende een aaneengesloten periode van drie jaren jaarlijks voldoende middelen van bestaan uit arbeid in loondienst zijn verworven en de middelen van bestaan nog beschikbaar zijn. Indien tijdens de periode van drie jaren gedurende een periode van in totaal niet langer dan zesentwintig weken een werkloosheidsuitkering is ontvangen, wordt die uitkering gelijkgesteld met inkomen uit arbeid in loondienst.

Nadere regels
4. Bij ministeriële regeling kunnen nadere regels worden gesteld ten aanzien van de duurzaamheid van middelen van bestaan.
(Zie ook: artt. 3.20, 3.24b VV; B1/4.3 Vc; art. 7 lid 1 sub c Richtlijn 2003/86/EG)

Art. 3.76

[Vervallen]

Art. 3.77

Afwijzing wegens gevaar openbare orde
1. De aanvraag tot het verlenen van een verblijfsvergunning regulier voor bepaalde tijd kan op grond van artikel 16, eerste lid, onder d, van de Wet worden afgewezen wegens gevaar voor de openbare orde, indien:
a. er ernstige redenen zijn om te veronderstellen dat de vreemdeling zich schuldig heeft gemaakt aan gedragingen als bedoeld in artikel 1F van het Vluchtelingenverdrag;
b. de vreemdeling de echtgenoot of echtgenote, het minderjarige kind, de partner of het meerderjarige kind, bedoeld in artikel 29, tweede lid, onder a en b, van de Wet, is van een in Nederland verblijvende vreemdeling ten aanzien van wie er ernstige redenen zijn om te veronderstellen dat deze zich schuldig heeft gemaakt aan gedragingen als bedoeld in artikel 1F van het Vluchtelingenverdrag, of
c. de vreemdeling terzake van een misdrijf is veroordeeld tot een onvoorwaardelijke gevangenisstraf of onvoorwaardelijke jeugddetentie, tot een onvoorwaardelijke maatregel als bedoeld in artikel 37a, 38m of 77h, vierde lid, onder a of b, van het Wetboek van Strafrecht, tot een taakstraf of tot een onvoorwaardelijke geldboete, dan wel indien hij terzake van misdrijf een transactieaanbod heeft aanvaard of jegens hem een strafbeschikking is uitgevaardigd.
2. Bij de toepassing van het eerste lid, onder c, wordt mede betrokken de buiten Nederland gepleegde inbreuk op de openbare orde, voorzover die naar Nederlands recht een misdrijf oplevert.
3. Bij de toepassing van het eerste en tweede lid komt aan gratieverlening geen betekenis toe.
4. In geval de aanvraag verband houdt met verblijf als familie- of gezinslid houdt Onze Minister bij de toepassing van het eerste lid, onder c, ten minste rekening met de aard en de hechtheid van de gezinsband van de vreemdeling en de duur van zijn verblijf, alsmede het bestaan van familiebanden of culturele of sociale banden met het land van herkomst.
5. In geval de aanvraag is ingediend door een vreemdeling die houder is van een EU-verblijfsvergunning voor langdurig ingezetenen die is afgegeven door een andere staat die partij is bij het Verdrag betreffende de werking van de Europese Unie, houdt Onze Minister bij de toepassing

van het eerste lid, onder c, mede rekening met de ernst van de inbreuk of het soort van inbreuk dat door de langdurig ingezetene of diens gezinslid op de openbare orde is gepleegd, respectievelijk met het gevaar dat van de langdurig ingezetene of dat gezinslid uitgaat.
6. Bij de toepassing van het vijfde lid houdt Onze Minister tevens rekening met de leeftijd van de vreemdeling, de gevolgen voor de vreemdeling en de leden van zijn gezin, het bestaan van banden met Nederland dan wel het ontbreken van banden met het land van herkomst.
7. De aanvraag, bedoeld in het eerste lid, kan worden afgewezen op de in artikel 16, eerste lid, onder i, van de Wet genoemde grond, tenzij de vreemdeling sinds de laatste uitzetting of het laatste gecontroleerde vertrek een ononderbroken periode van ten minste vijf jaren buiten Nederland heeft verbleven.
8. De aanvraag, bedoeld in het eerste lid, kan worden afgewezen op de in artikel 16, eerste lid, onder j, van de Wet genoemde grond, tenzij de vreemdeling sinds de laatste uitzetting of het laatste gecontroleerde vertrek een ononderbroken periode van ten minste vijf jaren buiten Nederland heeft verbleven.
9. De aanvraag, bedoeld in het eerste lid, kan eveneens worden afgewezen op grond van artikel 16, eerste lid, onder j, van de Wet, tenzij het daar bedoelde verblijf uitsluitend tijdens de minderjarigheid van de vreemdeling heeft plaatsgevonden of het betreft de vreemdeling:
a. die als echtgenoot, partner of minderjarig kind in het land van herkomst is achtergelaten door de persoon bij wie eerder verblijf was toegestaan;
b. die huiselijk geweld heeft ondervonden van de persoon bij wie eerder verblijf was toegestaan;
c. die eergerelateerd geweld heeft ondervonden;
d. die buiten zijn schuld niet kan terugkeren naar zijn land van herkomst omdat de autoriteiten van dat land daaraan niet meewerken,
e. jegens wie Onze Minister artikel 3.71, derde lid, toepast.
10. De aanvraag, bedoeld in het eerste lid, kan worden afgewezen op grond van artikel 16, eerste lid, onder i of j, van de Wet, tenzij het betreft een vreemdeling die:
a. in aanmerking komt voor een verblijfsvergunning op grond van Besluit 1/80 van de Associatieraad EEG-Turkije betreffende de ontwikkeling van de Associatie, of
b. niet wordt uitgezet om reden dat diens uitzetting in strijd zou zijn met de op 12 september 1963 te Ankara gesloten Overeenkomst waarbij een associatie tot stand wordt gebracht tussen de Europese Economische Gemeenschap en Turkije (Trb. 1964, 217), het op 23 november 1970 te Brussel tot stand gekomen Aanvullend Protocol bij die overeenkomst (Trb. 1971, 70) of dat Besluit nr. 1/80.
11. De vreemdeling van twaalf jaar of ouder ondertekent een antecedentenverklaring. Het model van de verklaring wordt bij ministeriële regeling vastgesteld.
(Zie ook: artt. 3.20, 3.54 lid 3, 3.78, 3.107 Vb; art. 3.25 VV; B1/4.4 Vc; artt. 6 lid 1, 7 lid 1 sub c Richtlijn 2003/86/EG)

Art. 3.78
Buiten de gevallen, bedoeld in artikel 3.77, kan de aanvraag tot het verlenen van een verblijfsvergunning regulier voor bepaalde tijd slechts op grond van artikel 16, eerste lid, onder d, van de Wet worden afgewezen wegens gevaar voor de openbare orde, indien zwaarwegende belangen naar het oordeel van Onze Minister daartoe nopen. — Zwaarwegende belangen; gevaar openbare orde
(Zie ook: artt. 3.20, 3.54 lid 3, 3.82 Vb; art. 6 lid 1 Richtlijn 2003/86/EG)

Art. 3.79
1. De aanvraag tot het verlenen van een verblijfsvergunning regulier voor bepaalde tijd kan slechts op grond van artikel 16, eerste lid, onder e, van de Wet worden afgewezen, indien de vreemdeling niet bereid is een onderzoek naar of behandeling voor tuberculose te ondergaan of daaraan niet meewerkt. — Tuberculose, onderzoek
2. De aanvraag kan niet op grond van artikel 16, eerste lid, onder e, van de Wet worden afgewezen, indien de vreemdeling de nationaliteit bezit van een van de bij ministeriële regeling vast te stellen landen, langdurig ingezetene is dan wel als gezinslid van een langdurig ingezetene in een andere staat die partij is bij het Verdrag betreffende de werking van de Europese Unie is toegelaten.
(Zie ook: art. 3.21 Vb; art. 3.18 VV; A3/7.5 Vc)

Art. 3.79a
1. De aanvraag tot het verlenen van een verblijfsvergunning regulier voor bepaalde tijd onder een beperking verband houdend met seizoenarbeid, lerend werken, arbeid in loondienst, arbeid als kennismigrant, verblijf als houder van de Europese blauwe kaart of onderzoek in de zin van richtlijn (EU) 2016/801 wordt niet afgewezen op de grond dat de werkgever niet krachtens artikel 2c van de Wet als referent is erkend of ten behoeve van het verblijf van de vreemdeling geen verklaring als bedoeld in artikel 2a, eerste lid, van de Wet heeft afgelegd, indien de vreemdeling de Turkse nationaliteit heeft, in welk geval de werkgever niet als referent wordt aangewezen. — Referentschap/Turkse nationaliteit
2. Bij ministeriële regeling kunnen nadere regels worden gesteld omtrent de gevallen waarin de aanvraag tot het verlenen van een verblijfsvergunning regulier voor bepaalde tijd ter uitvoe- — Nadere regels

ring van verdragen of besluiten van volkenrechtelijke organisaties niet wordt afgewezen om de reden dat ten behoeve van het verblijf van de vreemdeling geen verklaring als bedoeld in artikel 16, eerste lid, onder k, van de Wet, is overgelegd. Daarbij kunnen nadere regels worden gesteld omtrent de aanwijzing als referent.

Paragraaf 4
Wijziging en verlenging

Art. 3.80

Tijdige aanvraag wijziging of verlenging vergunning

1. De aanvraag tot het wijzigen of het verlengen van de geldigheidsduur van de verblijfsvergunning regulier voor bepaalde tijd is tijdig ingediend, indien deze is ontvangen uiterlijk op de dag voor de dag waarop de geldigheidsduur verstrijkt, dan wel, indien deze later is ontvangen, indien de termijnoverschrijding de vreemdeling niet kan worden toegerekend.
2. De niet-tijdig ingediende aanvraag tot het wijzigen of tot het verlengen van de geldigheidsduur van de verblijfsvergunning regulier voor bepaalde tijd wordt gelijkgesteld met een aanvraag tot het verlenen van de verblijfsvergunning.
(Zie ook: artt. 8 sub g, 9, 11 lid 2 sub b, 14 lid 1 sub b, 18, 28 lid 1 sub b Vw; art. 3.82 Vb; B1/5.3, B1/6, B3/4, B5/5, B6/5, B8/2.2, B8/3.2, B8/4.4, B9/17, B11/6 Vc; art. 6 lid 5 Richtlijn 2008/115/EG)

Art. 3.80a

Inburgeringsexamen

1. Een aanvraag tot het wijzigen van een verblijfsvergunning regulier voor bepaalde tijd in een verblijfsvergunning onder een beperking verband houdend met niet-tijdelijke humanitaire gronden wordt afgewezen, indien de aanvraag is ingediend door een vreemdeling als bedoeld in artikel 3.51, eerste lid, aanhef en onderdeel a, subonderdeel 1°, en tweede lid, die het examen, bedoeld in artikel 7, eerste lid, onderdeel a, van de Wet inburgering of een diploma, certificaat of ander document als bedoeld in artikel 5, eerste lid, onderdeel c, van die wet, niet heeft behaald.

Uitzonderingen

2. Het eerste lid is niet van toepassing, indien de vreemdeling:
a. minderjarig is of de pensioengerechtigde leeftijd, bedoeld in artikel 7a, eerste lid, van de Algemene Ouderdomswet, heeft bereikt;
b. ten minste acht jaren tijdens de leerplichtige leeftijd in Nederland heeft verbleven overeenkomstig het bepaalde bij en krachtens artikel 2.6 van het Besluit inburgering;
c. beschikt over een document als bedoeld in artikel 2.3, eerste lid, onder b tot en met k, en tweede lid, van het Besluit inburgering, dan wel voldoet aan het criterium, genoemd in artikel 2.5 van dat besluit;
d. beschikt over een document als bedoeld in artikel 2.3, eerste lid, onder i tot en met l, van het Besluit inburgering zoals dat luidde voor het tijdstip van inwerkingtreding van artikel I van het besluit van 25 september 2012 tot wijziging van het Besluit inburgering en enkele andere besluiten in verband met de versterking van de eigen verantwoordelijkheid van de inburgeringsplichtige (Stb. 2012, 432), dan wel voldoet aan een van de criteria, genoemd in artikel 2.5, onder a en c, van dat besluit;
e. op grond van artikel 6, eerste of tweede lid, van de Wet inburgering dan wel artikel 6, eerste lid, of artikel 31, tweede lid, van de Wet inburgering zoals die luidde voor de inwerkingtreding van de wet van 13 september 2012 tot wijziging van de Wet inburgering en enkele andere wetten in verband met de versterking van de eigen verantwoordelijkheid van de inburgeringsplichtige (Stb. 2012, 430) van de inburgeringsplicht is ontheven;
f. verblijf heeft in Nederland op basis van een afhankelijke verblijfstitel en de relatie waarop die afhankelijke titel is gebaseerd is verbroken in verband met huiselijk geweld;
g. niet inburgeringsplichtig is op grond van de artikelen 3 en 5 van de Wet inburgering en het participatieverklaringstraject, bedoeld in artikel 7, tweede lid, onderdeel a, van de Wet inburgering niet heeft afgerond maar wel de overige examenonderdelen, bedoeld in artikel 7, tweede lid, onderdelen b en c, van die wet, heeft behaald.
3. Onze Minister kan het eerste lid voorts buiten toepassing laten, indien de vreemdeling naar zijn oordeel blijkens een door deze vreemdeling overgelegd advies als bedoeld in artikel 2.8, eerste lid, van het Besluit inburgering door een psychische of lichamelijke belemmering, dan wel een verstandelijke handicap blijvend niet in staat is het examen, bedoeld in artikel 7, eerste lid, onderdeel a, van de Wet inburgering of een diploma, certificaat of ander document als bedoeld in artikel 5, eerste lid, onderdeel c, van die wet, te behalen.
4. Onze Minister kan het eerste lid voorts buiten toepassing laten, voorzover toepassing daarvan naar zijn oordeel zal leiden tot een onbillijkheid van overwegende aard.
5. Bij ministeriële regeling kunnen regels worden gesteld omtrent de afwijzing van de aanvraag om wijziging van de verblijfsvergunning in andere gevallen dan bedoeld in het eerste lid, en omtrent de toepassing van het tweede lid, onder e, en derde lid.
(Zie ook: artt. 3.16, 3.48 VV)

Art. 3.81

Wijziging beperking

Onverminderd artikel 3.80a, wordt een aanvraag tot het wijzigen van de verblijfsvergunning regulier voor bepaalde tijd beoordeeld als een aanvraag tot het verlenen van een verblijfsver-

gunning, met dien verstande dat de artikelen 3.71, 3.77, 3.78 en 3.79 niet van toepassing zijn en de artikelen 3.86 en 3.87 van overeenkomstige toepassing zijn, indien de aanvraag tijdig is ingediend.
(Zie ook: artt. 8 sub g, 9, 11 lid 2 sub b, 14 lid 1 sub b, 18, 28 lid 1 sub b Vw)

Art. 3.82
1. Indien de niet-tijdig ingediende aanvraag tot het wijzigen of het verlengen van de geldigheidsduur van de verblijfsvergunning regulier voor bepaalde tijd naar het oordeel van Onze Minister is ontvangen binnen een redelijke termijn nadat het rechtmatig verblijf, bedoeld in artikel 8, onder a tot en met e, dan wel l, van de Wet, of als Nederlander, is geëindigd, zijn de artikelen 3.71, 3.77, 3.78 en 3.79 niet van toepassing en zijn de artikelen 3.86 en 3.87 van overeenkomstige toepassing.   *Redelijke termijn*
2. Het eerste lid is niet van toepassing, indien de vreemdeling:
a. zijn hoofdverblijf buiten Nederland heeft gevestigd;
b. onjuiste gegevens heeft verstrekt dan wel gegevens heeft achtergehouden, terwijl die gegevens tot afwijzing van de oorspronkelijke aanvraag tot het verlenen of verlengen zouden hebben geleid, of
c. in Nederland wil verblijven voor het verrichten van seizoenarbeid of lerend werken.
(Zie ook: B1/6.1, B8/5.2 Vc)

Art. 3.83
De aanvraag tot het verlengen van de geldigheidsduur van een verblijfsvergunning regulier voor bepaalde tijd wordt niet op grond van artikel 18, eerste lid, onder b, van de Wet afgewezen, indien de vreemdeling naar het oordeel van Onze Minister heeft aangetoond dat hij vanwege de regering van het land waarvan hij onderdaan is, niet of niet meer in het bezit is van een geldig document voor grensoverschrijding kan worden gesteld.   *Geldig document*
(Zie ook: art. 3.102 lid 3 Vb; B1/4.2 Vc; art. 6 lid 1 sub a Richtlijn 2003/86/EG)

Art. 3.84
1. De aanvraag tot het verlengen van de geldigheidsduur van een verblijfsvergunning regulier voor bepaalde tijd wordt niet op grond van artikel 18, eerste lid, onder c, van de Wet afgewezen om reden dat de vreemdeling onjuiste gegevens heeft verstrekt dan wel gegevens heeft achtergehouden die tot afwijzing van de oorspronkelijke aanvraag tot het verlenen of verlengen zouden hebben geleid, indien er sedert de verlening, verlenging of wijziging van de verblijfsvergunning een periode van twaalf jaren is verstreken.   *Verstrijken twaalf jaren*
2. Het eerste lid is niet van toepassing, indien de houder van de Europese blauwe kaart die kaart heeft vervalst, veranderd of op frauduleuze wijze heeft verkregen.
(Zie ook: artt. 3.96, 3.97 Vb; art. 16 lid 1 sub a en lid 2 sub a Richtlijn 2003/86/EG)

Art. 3.85
1. De aanvraag tot het verlengen van de geldigheidsduur van de verblijfsvergunning regulier voor bepaalde tijd wordt niet op grond van artikel 18, eerste lid, onder d, van de Wet afgewezen, indien de vreemdeling en degene bij wie hij als gezinslid verblijft gezamenlijk zelfstandig en duurzaam beschikken over voldoende middelen van bestaan als bedoeld in artikel 3.74, eerste lid, onder a.   *Netto-inkomen*
2. De aanvraag wordt evenmin op grond van artikel 18, eerste lid, onder d, van de Wet afgewezen, indien de persoon bij wie de vreemdeling als gezinslid verblijft de pensioengerechtigde leeftijd, bedoeld in artikel 7a, eerste lid, van de Algemene Ouderdomswet, heeft bereikt of naar het oordeel van Onze Minister blijvend en volledig arbeidsongeschikt is.

Art. 3.86
1. De aanvraag tot het verlengen van de geldigheidsduur van de verblijfsvergunning regulier voor bepaalde tijd kan worden afgewezen op grond van artikel 18, eerste lid, onder e, van de Wet wegens gevaar voor de openbare orde, indien: *Afwijzing verlenging op grond openbare orde*
a. de vreemdeling met een verblijfsduur korter dan drie jaar wegens een misdrijf waartegen een gevangenisstraf van twee jaar of meer is bedreigd, bij onherroepelijk geworden rechterlijk vonnis een gevangenisstraf of jeugddetentie, een taakstraf of een maatregel als bedoeld in artikel 37a, 38m of 77h, vierde lid, onder a of b, van het Wetboek van Strafrecht is opgelegd, bij onherroepelijke strafbeschikking een taakstraf is opgelegd, dan wel het buitenlandse equivalent van een dergelijke straf of maatregel is opgelegd, en de totale duur van de onvoorwaardelijk ten uitvoer te leggen gedeelten van die straffen en maatregelen ten minste gelijk is aan de in het tweede lid, onderscheidenlijk derde lid, bedoelde norm;
b. de vreemdeling wegens een misdrijf waartegen een gevangenisstraf van drie jaar of meer is bedreigd, bij onherroepelijk geworden rechterlijk vonnis een gevangenisstraf of jeugddetentie, een taakstraf of een maatregel als bedoeld in artikel 37a, 38m of 77h, vierde lid, onder a of b, van het Wetboek van Strafrecht is opgelegd, bij onherroepelijke strafbeschikking een taakstraf is opgelegd, dan wel het buitenlandse equivalent van een dergelijke straf of maatregel is opgelegd, en de totale duur van de onvoorwaardelijk ten uitvoer te leggen gedeelten van die straffen en maatregelen ten minste gelijk is aan de in het tweede lid, onderscheidenlijk derde lid, bedoelde norm.

2. De in het eerste lid bedoelde norm bedraagt bij een gevangenisstraf wegens een misdrijf waartegen een gevangenisstraf van zes jaar of minder is bedreigd, een verblijfsduur van:

minder dan 3 jaar:	1 dag;
ten minste 3 jaar, maar minder dan 4 jaar:	5 maanden;
ten minste 4 jaar, maar minder dan 5 jaar:	7 maanden;
ten minste 5 jaar, maar minder dan 6 jaar:	15 maanden;
ten minste 6 jaar, maar minder dan 7 jaar:	18 maanden;
ten minste 7 jaar, maar minder dan 8 jaar:	22 maanden;
ten minste 8 jaar, maar minder dan 9 jaar:	27 maanden;
ten minste 9 jaar, maar minder dan 10 jaar:	33 maanden;
ten minste 10 jaar, maar minder dan 15 jaar:	40 maanden;
ten minste 15 jaar:	65 maanden.

3. De in het eerste lid bedoelde norm bedraagt bij een gevangenisstraf wegens een misdrijf waartegen een gevangenisstraf van meer dan zes jaar is bedreigd, bij een verblijfsduur van:

minder dan 3 jaar:	1 dag;
ten minste 3 jaar, maar minder dan 4 jaar:	4 maanden en 2 weken;
ten minste 4 jaar, maar minder dan 5 jaar:	6 maanden;
ten minste 5 jaar, maar minder dan 6 jaar:	12 maanden;
ten minste 6 jaar, maar minder dan 7 jaar:	15 maanden;
ten minste 7 jaar, maar minder dan 8 jaar:	18 maanden;
ten minste 8 jaar, maar minder dan 9 jaar:	22 maanden en 2 weken;
ten minste 9 jaar, maar minder dan 10 jaar:	27 maanden;
ten minste 10 jaar, maar minder dan 15 jaar:	30 maanden;
ten minste 15 jaar:	48 maanden.

4. De aanvraag kan voorts worden afgewezen op grond van artikel 18, eerste lid, onder e, van de Wet, indien de vreemdeling wegens ten minste drie misdrijven bij onherroepelijk geworden rechterlijk vonnis een gevangenisstraf of jeugddetentie, een taakstraf of een maatregel als bedoeld in artikel 37a, 38m of 77h, vierde lid, onder a of b, van het Wetboek van Strafrecht is opgelegd, bij onherroepelijke strafbeschikking een taakstraf is opgelegd, dan wel het buitenlandse equivalent van een dergelijke straf of maatregel is opgelegd, en de totale duur van de onvoorwaardelijk ten uitvoer te leggen gedeelten van die straffen en maatregelen ten minste gelijk is aan de in het vijfde lid bedoelde norm.

5. De in het vierde lid bedoelde norm bedraagt bij een verblijfsduur van:

minder dan 3 jaar:	1 dag;
ten minste 3 jaar, maar minder dan 4 jaar:	4 maanden;
ten minste 4 jaar, maar minder dan 5 jaar:	5 maanden;
ten minste 5 jaar, maar minder dan 6 jaar:	6 maanden;
ten minste 6 jaar, maar minder dan 7 jaar:	7 maanden;
ten minste 7 jaar, maar minder dan 8 jaar:	8 maanden;
ten minste 8 jaar, maar minder dan 9 jaar:	9 maanden;
ten minste 9 jaar, maar minder dan 10 jaar:	10 maanden;
ten minste 10 jaar, maar minder dan 15 jaar:	12 maanden;
ten minste 15 jaar:	14 maanden.

6. Voor de toepassing van de voorgaande leden wordt onder verblijfsduur verstaan: de duur van het rechtmatige verblijf als bedoeld in artikel 8, onder a tot en met e, dan wel l, van de Wet of als Nederlander, direct voorafgaande aan het moment waarop het misdrijf is gepleegd of aangevangen.

7. Bij de berekening van de in het tweede en vijfde lid bedoelde normen wordt betrokken:
a. indien een taakstraf is opgelegd:

Vreemdelingenbesluit 2000 A41 art. 3.87

1°. de duur van de vrijheidsstraf die de rechter heeft vastgesteld voor het geval de veroordeelde de taakstraf niet naar behoren verricht;
2°. voor iedere twee uren bij strafbeschikking opgelegde taakstraf: een dag vrijheidsstraf;
b. indien een maatregel als bedoeld in artikel 77h, vierde lid, onder b, van het Wetboek van Strafrecht is opgelegd: de duur van de vervangende jeugddetentie die de rechter heeft vastgesteld voor het geval dat de veroordeelde niet naar behoren aan de tenuitvoerlegging van de maatregel heeft meegewerkt.
8. Bij de toepassing van de voorgaande leden, wordt mede betrokken de buiten Nederland gepleegde of bestrafte inbreuk op de openbare orde, voor zover die naar Nederlands recht een misdrijf oplevert waartegen een gevangenisstraf van twee, onderscheidenlijk drie of zes jaren of meer is bedreigd en waarbij de strafmaat vergelijkbaar is met de strafmaat die in Nederland zou zijn opgelegd wanneer het feit in Nederland zou zijn gepleegd.
9. In afwijking van de voorgaande leden wordt de aanvraag niet afgewezen, indien de vreemdeling minderjarig is en één van zijn ouders met de Nederlandse nationaliteit in Nederland is gevestigd.
10. In afwijking van de voorgaande leden wordt de aanvraag niet afgewezen bij een verblijfsduur van tien jaren, tenzij er sprake is van:
a. een misdrijf als bedoeld in artikel 22b, eerste lid, van het Wetboek van Strafrecht;
b. een misdrijf uit de Opiumwet waarop naar de wettelijke omschrijving een gevangenisstraf van zes jaar of meer is gesteld.
11. In afwijking van de voorgaande leden kan de aanvraag eveneens op grond van artikel 18, eerste lid, onder e, van de Wet worden afgewezen, indien:
a. er ernstige redenen zijn om te veronderstellen dat de vreemdeling zich schuldig heeft gemaakt aan gedragingen als bedoeld in artikel 1F van het Vluchtelingenverdrag;
b. de vreemdeling de echtgenoot of de echtgenote, het minderjarige kind, de partner of het meerderjarige kind, bedoeld in artikel 29, tweede lid, onder a of b, van de Wet, is van een in Nederland verblijvende vreemdeling ten aanzien van wie er ernstige redenen zijn om te veronderstellen dat deze zich schuldig heeft gemaakt aan gedragingen als bedoeld in artikel 1F van het Vluchtelingenverdrag.
12. In geval de verblijfsvergunning is verleend onder een beperking verband houdende met verblijf als familie- of gezinslid houdt Onze Minister bij de toepassing van de voorgaande leden in ieder geval terdege rekening met de aard en de hechtheid van de gezinsband van de vreemdeling, alsmede het bestaan van familiebanden of culturele of sociale banden met het land van herkomst.
13. In geval de aanvraag is ingediend door een vreemdeling die houder is van een EU-verblijfsvergunning voor langdurig ingezetenen, houdt Onze Minister bij de toepassing van de voorgaande leden mede rekening met de ernst van de inbreuk of het soort van inbreuk dat door de langdurig ingezetene of diens gezinslid op de openbare orde of nationale veiligheid is gepleegd, respectievelijk met het gevaar dat van de langdurig ingezetene of dat gezinslid uitgaat.
14. Bij toepassing van het dertiende lid houdt Onze Minister rekening met de leeftijd van de vreemdeling, de gevolgen van verblijfsbeëindiging voor de vreemdeling en zijn gezinsleden en met de banden met Nederland en het land van herkomst.
15. In afwijking van de voorgaande leden wordt de aanvraag niet afgewezen, indien de vreemdeling verblijfsrecht ontleent aan Besluit 1/80 van de Associatieraad EEG-Turkije betreffende de ontwikkeling van de Associatie, tenzij diens persoonlijke gedrag een actuele, werkelijke en ernstige bedreiging voor een fundamenteel belang van de samenleving vormt.
16. Onverminderd het vijftiende lid, wordt de aanvraag niet afgewezen, indien uitzetting van de vreemdeling in strijd zou zijn met de op 12 september 1963 te Ankara gesloten Overeenkomst waarbij een associatie tot stand wordt gebracht tussen de Europese Economische Gemeenschap en Turkije (Trb. 1964, 217), het op 23 november 1970 te Brussel tot stand gekomen Aanvullend Protocol bij die overeenkomst (Trb. 1971, 70) of Besluit 1/80 van de Associatieraad EEG-Turkije betreffende de ontwikkeling van de Associatie.
17. De aanvraag wordt niet afgewezen, indien uitzetting van de vreemdeling in strijd zou zijn met artikel 8 van het Verdrag tot bescherming van de rechten van de mens en de fundamentele vrijheden.
18. De vreemdeling van twaalf jaar of ouder ondertekent een antecedentenverklaring, waarvan het model bij ministeriële regeling is vastgesteld.
19. Bij ministeriële regeling kunnen nadere regels worden gesteld omtrent de toepassing van het twaalfde tot en met het zestiende lid.   **Nadere regels**
(Zie ook: art. 3.54 lid 3 Vb; art. 3.25 VV; B1/4.4, B1/6.2.2, B10/2.3, C2/7.10.1 Vc; artt. 6 lid 2, 16 lid 1 sub a Richtlijn 2003/86/EG)

Art. 3.87
Buiten de gevallen, bedoeld in artikel 3.86, kan de aanvraag tot het verlengen van een verblijfsvergunning regulier voor bepaalde tijd slechts op grond van artikel 18, eerste lid, onder e, van   **Zwaarwegende belangen openbare orde**

A41 art. 3.87a   Vreemdelingenbesluit 2000

de Wet worden afgewezen wegens gevaar voor de openbare orde, indien zwaarwegende belangen naar het oordeel van Onze Minister daartoe nopen.

Art. 3.87a

Staken studie/onvoldoende studievoortgang

1. De aanvraag tot het verlengen van de geldigheidsduur van de verblijfsvergunning regulier voor bepaalde tijd die is verleend onder een beperking verband houdend met studie, kan in ieder geval op grond van artikel 18, eerste lid, onder f, van de Wet worden afgewezen, indien de houder daarvan:
   a. niet meer studeert aan een krachtens artikel 2c van de Wet als referent erkende onderwijsinstelling, of
   b. niet overeenkomstig bij ministeriële regeling vastgestelde normen voldoende studievoortgang boekt.
2. Voor de toepassing van artikel 18, eerste lid, onder a, van de Wet wordt geen verplaatsing van het hoofdverblijf buiten Nederland aangenomen als een onderzoeker of student tijdelijk verblijft in een andere lidstaat van de Europese Unie in het kader van mobiliteit in de zin van richtlijn (EU) 2016/801 en de gastovereenkomst dan wel de inschrijving als student geldig blijft.

Nadere regels

3. Bij ministeriële regeling kunnen regels worden gesteld omtrent de toepassing van het eerste lid, onder a, en het tweede lid.

Art. 3.88
[Vervallen]

Art. 3.89

Verrichten arbeid in loondienst

1. De aanvraag tot het verlengen van de geldigheidsduur van een verblijfsvergunning regulier voor bepaalde tijd die is verleend onder een beperking verband houdend met het verrichten van arbeid in loondienst, wordt niet op grond van artikel 18, eerste lid, onder f, van de Wet afgewezen op de grond dat de vreemdeling voor een periode van korter dan één jaar beschikt over arbeid in loondienst waarmee voldoende zelfstandige middelen van bestaan worden verworven. In dat geval wordt de geldigheidsduur verlengd met een periode gelijk aan de periode waarin de vreemdeling beschikt over de arbeid.
2. De in het eerste lid bedoelde aanvraag wordt evenmin afgewezen op de grond dat niet wordt voldaan aan de beperking of de vreemdeling niet meer zelfstandig en duurzaam beschikt over voldoende middelen van bestaan, indien de vreemdeling:
   a. volledig arbeidsongeschikt is en een arbeidsongeschiktheidsuitkering ontvangt, of
   b. arbeid verricht ingevolge de Wet Sociale Werkvoorziening en aanspraak heeft op een arbeidsongeschiktheidsuitkering.

Art. 3.89a

Afwijzing verlenging verblijfsvergunning onderzoeker

De aanvraag tot het verlengen van de geldigheidsduur van een verblijfsvergunning regulier voor bepaalde tijd die is verleend onder een beperking verband houdend met uitwisseling, studie, het verrichten van arbeid als kennismigrant of onderzoek in de zin van richtlijn (EU) 2016/801, wordt, indien de erkenning van de referent is geschorst of ingetrokken, niet op grond van artikel 18, eerste lid, onder f, van de Wet afgewezen, dan nadat de vreemdeling die te goeder trouw is gedurende een termijn van drie maanden in de gelegenheid is geweest om alsnog aan de beperking te voldoen.
(Zie ook: art. 3.56a Vb; artt. 3.18b, 3.18c VV; Richtlijn 2005/71/EG)

Art. 3.89b

Afwijzing verlenging blauwe kaart

1. De aanvraag tot het verlengen van de geldigheidsduur van de Europese blauwe kaart kan worden afgewezen, indien de houder niet voldoet aan de voorwaarden voor verlening van die kaart, zoals opgenomen in artikel 3.30b, met uitzondering van het eerste lid, onder e.
2. In afwijking van het eerste lid, onder a, wordt de aanvraag tot het verlengen van de geldigheidsduur van de Europese blauwe kaart niet met toepassing van artikel 18, eerste lid, onder d, van de Wet afgewezen op de grond dat de houder werkloos is, tenzij deze:
   a. langer dan drie achtereenvolgende maanden werkloos is;
   b. tijdens de geldigheidsduur van de Europese blauwe kaart eerder werkloos is geweest, of
   c. een uitkering krachtens de Participatiewet heeft aangevraagd.
3. De aanvraag tot het verlengen van de geldigheidsduur van de Europese blauwe kaart wordt niet met toepassing van artikel 18, eerste lid, onder f, van de Wet, afgewezen op grond van werkloosheid als bedoeld in het tweede lid, onder a of b.

Nadere regels

4. Bij ministeriële regeling kunnen nadere regels worden gesteld omtrent de toepassing van het eerste en tweede lid.
(Zie ook: artt. 3.1b, 3.4 lid 4, 3.23b, 3.30b, 3.91c, 4.43 lid 2 Vb; artt. 9, 12, 13 Richtlijn 2009/50/EG)

Art. 3.89c

Turkse nationaliteit

1. De aanvraag tot het verlengen van de geldigheidsduur van een verblijfsvergunning regulier voor bepaalde tijd onder een beperking verband houdend met seizoenarbeid, lerend werken of arbeid in loondienst, arbeid als kennismigrant, verblijf als houder van de Europese blauwe kaart, onderzoek in de zin van richtlijn (EU) 2016/801 wordt niet afgewezen op de grond dat de werkgever niet krachtens artikel 2c van de Wet als referent is erkend of ten behoeve van het verblijf van de vreemdeling geen verklaring als bedoeld in artikel 2a, eerste lid, van de Wet

heeft afgelegd, indien de vreemdeling de Turkse nationaliteit heeft, in welk geval de werkgever niet als referent wordt aangewezen.
2. Bij ministeriële regeling kunnen nadere regels worden gesteld omtrent de gevallen waarin de aanvraag tot het verlengen van de geldigheidsduur van een verblijfsvergunning regulier voor bepaalde tijd ter uitvoering van verdragen of besluiten van volkenrechtelijke organisaties niet wordt afgewezen om de reden dat ten behoeve van het verblijf van de vreemdeling geen verklaring als bedoeld in artikel 16, eerste lid, onder k, van de Wet, is overgelegd. Daarbij kunnen nadere regels worden gesteld omtrent de aanwijzing als referent.
(Zie ook: artt. 2f, 2g Vw)

Nadere regels

Art. 3.89d
Een aanvraag tot het verlengen van de geldigheidsduur van een verblijfsvergunning regulier voor bepaalde tijd wordt niet op grond van artikel 18, eerste lid, onder i, van de Wet afgewezen indien uitzetting van de vreemdeling in strijd zou zijn met artikel 8 van het Verdrag tot bescherming van de rechten van de mens en de fundamentele vrijheden.
(Zie ook: B7/3.8 Vc)

Uitzetting in strijd met Verdrag bescherming rechten van de mens

Paragraaf 5
Intrekking

Art. 3.90
1. De verblijfsvergunning regulier voor bepaalde tijd die is verleend onder een beperking verband houdend met verblijf als familie- of gezinslid, wordt niet ingetrokken op de enkele grond dat de samenwoning tijdelijk is verbroken, indien de vreemdeling de persoon bij wie verblijf is toegestaan wegens gewelddaden heeft verlaten.
2. Het eerste lid is niet van toepassing, indien er sedert de verbreking van de samenwoning een jaar is verstreken.
(Zie ook: art. 19 Vw; art. 3.67 lid 1 sub a Vb; B7/5 Vc; art. 16 lid 1 sub a Richtlijn 2003/86/EG)

Intrekking verblijfsvergunning

Art. 3.91
1. De beschikking tot intrekking van de gecombineerde vergunning treedt in werking drie maanden nadat zij is bekendgemaakt, tenzij de gecombineerde vergunning is ingetrokken omdat de vreemdeling een gevaar vormt voor de openbare orde of nationale veiligheid. In dat laatste geval treedt de beschikking tot intrekking van de gecombineerde vergunning in werking met ingang van de dag nadat zij is bekendgemaakt.
2. Gelijktijdig met de beschikking tot intrekking bedoeld in het eerste lid, eerste zin, vervangt Onze Minister het oude aanvullend document door een nieuw aanvullend document waarin wordt vermeld dat drie maanden kan worden gezocht naar arbeid in loondienst.
(Zie ook: art. 19 Vw; B5/5 Vc)

Inwerkingtreding intrekking

Art. 3.91a
De verblijfsvergunning regulier voor bepaalde tijd die is verleend onder een beperking verband houdend met uitwisseling, studie, het verrichten van arbeid als kennismigrant of onderzoek in de zin van richtlijn (EU) 2016/801, wordt, indien de erkenning van de referent is geschorst of ingetrokken, niet op grond van artikel 19 van de Wet, in samenhang met artikel 18, eerste lid, onder f, van de Wet, ingetrokken, dan nadat de vreemdeling die te goeder trouw is gedurende drie maanden in de gelegenheid is geweest om alsnog aan de beperking te voldoen.
(Zie ook: artt. 2f, 2g Vw)

Intrekking verblijfsvergunning onderzoeker

Art. 3.91b
1. Onverminderd artikel 3.91a kan de verblijfsvergunning regulier voor bepaalde tijd die is verleend onder een beperking verband houdend met studie, in ieder geval op grond van artikel 19 van de Wet, in samenhang met artikel 18, eerste lid, onder f, van de Wet worden ingetrokken, indien de houder daarvan:
a. niet meer studeert aan een krachtens artikel 2c van de Wet als referent erkende onderwijsinstelling, of
b. niet overeenkomstig bij ministeriële regeling vastgestelde normen voldoende studievoortgang boekt.
2. Voor de toepassing van artikel 19 in samenhang met artikel 18, eerste lid, onder a, van de Wet wordt geen verplaatsing van het hoofdverblijf buiten Nederland aangenomen als een onderzoeker of student tijdelijk verblijft in een andere lidstaat van de Europese Unie in het kader van mobiliteit in de zin van richtlijn (EU) 2016/801 en de gastovereenkomst dan wel de inschrijving als student geldig blijft.
3. Bij ministeriële regeling kunnen regels worden gesteld omtrent de toepassing van het eerste lid, onder a, en het tweede lid.
(Zie ook: artt. 2f, 2g Vw)

Intrekking verblijfsvergunning student

Nadere regels

Art. 3.91c
De Europese blauwe kaart kan worden ingetrokken op de in artikel 3.89b, eerste lid, genoemde gronden. Het tweede tot en met vierde lid van dat artikel zijn van overeenkomstige toepassing.

Intrekking Europese blauwe kaart

A41 art. 3.91d

Art. 3.91d

Referentschap Turkse nationaliteit

1. De verblijfsvergunning regulier voor bepaalde tijd die is verleend onder een beperking verband houdend met seizoenarbeid, lerend werken of arbeid in loondienst, arbeid als kennismigrant, verblijf als houder van de Europese blauwe kaart, onderzoek in de zin van richtlijn (EU) 2016/801 wordt niet ingetrokken op de grond dat de werkgever niet krachtens artikel 2c van de Wet als referent is erkend of ten behoeve van het verblijf van de vreemdeling geen verklaring als bedoeld in artikel 2a, eerste lid, van de Wet heeft afgelegd, indien de vreemdeling de Turkse nationaliteit heeft, in welk geval de werkgever niet als referent wordt aangewezen.

Nadere regels

2. Bij ministeriële regeling kunnen nadere regels worden gesteld omtrent de gevallen waarin de verblijfsvergunning regulier voor bepaalde tijd ter uitvoering van verdragen of besluiten van volkenrechtelijke organisaties niet wordt ingetrokken om de reden dat ten behoeve van het verblijf van de vreemdeling geen verklaring als bedoeld in artikel 18, eerste lid, onder h, van de Wet, is overgelegd. Daarbij kunnen nadere regels worden gesteld omtrent de aanwijzing als referent.

Art. 3.91e

Strijd met art. 8 EVRM

De verblijfsvergunning regulier voor bepaalde tijd wordt niet op grond van artikel 19 in samenhang met artikel 18, eerste lid, onder i, van de wet ingetrokken, indien uitzetting van de vreemdeling in strijd zou zijn met artikel 8 van het Verdrag tot bescherming van de rechten van de mens en de fundamentele vrijheden.

Afdeling 3
De verblijfsvergunning voor onbepaalde tijd

Paragraaf 1
Verlening

Art. 3.92

Voorwaarden verlening verblijfsvergunning voor onbepaalde tijd

1. De verblijfsvergunning regulier voor onbepaalde tijd kan worden verleend aan de meerderjarige vreemdeling die:
a. voor het negentiende levensjaar tien jaren rechtmatig verblijf als bedoeld in artikel 8, onder a tot en met e, dan wel l, van de Wet heeft gehad en wiens aanvraag is ontvangen voor het negenentwintigste levensjaar, of
b. voor het negentiende levensjaar vijf jaren rechtmatig in Nederland heeft verbleven als bedoeld in artikel 8, onder a tot en met e, dan wel l, van de Wet, en voor wie Nederland naar het oordeel van Onze Minister het meest aangewezen land is.
2. De aanvraag wordt niet afgewezen op grond van artikel 21, eerste lid, onder a, e of f, van de Wet.
(Zie ook: art. 3.53 t/m 3.55 Vb; art. 3.1 lid 3 sub e VV; B12 Vc; artt. 4, 5, 6, 9 lid 5 Richtlijn 2003/86/EG; artt. 16, 17 Richtlijn 2009/50/EG)

Art. 3.93

Voorwaarden verlening verblijfsvergunning onbepaalde tijd

1. De verblijfsvergunning regulier voor onbepaalde tijd kan worden verleend aan de meerderjarige vreemdeling die tien aaneengesloten jaren in Nederland heeft verbleven:
a. op grond van een bijzondere geprivilegieerde status, die anders dan door eigen toedoen is verloren;
b. op grond van een bijzondere geprivilegieerde status als:
1°. geaccrediteerd lid van het administratief, technisch of bedienend personeel dan wel als particulier bediende, in dienst van een buitenlandse diplomatieke of consulaire post;
2°. geaccrediteerd lid van het hoogste kader, het hoofd inbegrepen, van een internationale organisatie;
3°. geaccrediteerd lid van het administratief, technisch of bedienend personeel van een internationale organisatie, of
c. als afhankelijk gezinslid van de vreemdeling, bedoeld onder a of b.
2. In afwijking van artikel 3.94, tweede lid, zijn de middelen van bestaan van de vreemdeling als bedoeld in het eerste lid duurzaam, indien zij nog gedurende ten minste één jaar beschikbaar zijn.
3. Bij de berekening van de in het eerste lid bedoelde periode van tien achtereenvolgende jaren van verblijf worden ten aanzien van de vreemdeling als bedoeld in het eerste lid, onderdeel b, onder 2° en 3°, alsmede zijn afhankelijke gezinslid, bedoeld in onderdeel c, mede in aanmerking genomen perioden waarin die vreemdeling respectievelijk dat afhankelijke gezinslid rechtmatig verblijf als bedoeld in artikel 8, onder a tot en met e, of l, van de Wet heeft gehad.
4. De aanvraag wordt niet afgewezen op grond dat de vreemdeling niet gedurende vijf jaren ononderbroken en direct voorafgaande aan de aanvraag rechtmatig verblijf heeft gehad als bedoeld in artikel 21, eerste lid, aanhef, van de Wet, indien de internationale organisatie, bedoeld in het eerste lid, onderdeel b, onder 2° dan wel 3°, is ingesteld voor bepaalde tijd, minder dan tien jaren, en de vreemdeling als lid van die organisatie dan wel als zijn afhankelijke gezinslid,

bedoeld in het eerste lid, onderdeel c, gedurende vijf aaneengesloten jaren in Nederland heeft verbleven.
(Zie ook: B12 Vc; art. 9 lid 5 Richtlijn 2003/86/EG)

Paragraaf 2
Afwijzing van de aanvraag

Art. 3.94
1. Voor de toepassing van artikel 21, eerste lid, onder a, van de Wet zijn de artikelen 3.73, 3.74, eerste lid, aanhef en onder a, en 3.75 van overeenkomstige toepassing.   *Schakelbepaling*
2. De aanvraag tot het verlenen van een verblijfsvergunning regulier voor onbepaalde tijd wordt niet afgewezen op grond van artikel 21, eerste lid, onder a, van de Wet, indien de aanvraag is ingediend door een vreemdeling die duurzaam beschikt over een uitkering op grond van de Wet op de arbeidsongeschiktheidsverzekering op basis van arbeidsongeschiktheid van ten minste vijfenvijftig procent en op basis van een volledige werkweek, of een vergelijkbare arbeidsongeschiktheidsuitkering.   *Afwijzing aanvraag*
(Zie ook: art. 3.53 t/m 3.55 Vb; art. 9 lid 5 Richtlijn 2003/86/EG)

Art. 3.95
1. Behoudens overeenkomstige toepassing van artikel 3.87 kan de aanvraag tot het verlenen van een verblijfsvergunning regulier voor onbepaalde tijd op grond van artikel 21, eerste lid, onder c, van de Wet slechts worden afgewezen, indien de vreemdeling wegens een misdrijf waartegen een gevangenisstraf van drie jaren of meer is bedreigd bij onherroepelijk geworden rechterlijk vonnis een gevangenisstraf, een taakstraf of de maatregel, bedoeld in artikel 37a van het Wetboek van Strafrecht, dan wel het buitenlands equivalent daarvan, is opgelegd, en de duur van de straffen of maatregelen ten minste gelijk is aan de normen, bedoeld in artikel 3.86, tweede, derde en vijfde lid.   *Afwijzingsgronden*
2. Artikel 3.86 is van overeenkomstige toepassing, met uitzondering van het dertiende en veertiende lid.   *Schakelbepaling*
(Zie ook: B12/2.4 Vc; artt. 9, 12 Richtlijn 2003/86/EG)

Art. 3.96
De aanvraag tot het verlenen van een verblijfsvergunning regulier voor onbepaalde tijd wordt niet afgewezen op de in artikel 21, eerste lid, onder b, van de Wet genoemde grond dat de vreemdeling onjuiste gegevens heeft verstrekt dan wel gegevens heeft achtergehouden die tot afwijzing van de oorspronkelijke aanvraag tot het verlenen, verlengen of wijzigen van een verblijfsvergunning als bedoeld in artikel 14 zouden hebben geleid, indien sedert de verlening, verlenging of wijziging een periode van twaalf jaren is verstreken.   *Geen afwijzing bij onjuiste gegevensverstrekking*

Art. 3.96a
1. De aanvraag tot het verlenen van een verblijfsvergunning regulier voor onbepaalde tijd wordt afgewezen, indien de vreemdeling het examen, bedoeld in artikel 7, eerste lid, onderdeel a, van de Wet inburgering of een diploma, certificaat of ander document als bedoeld in artikel 5, eerste lid, onderdeel c, van die wet, niet heeft behaald.   *Afwijzen aanvraag verblijfsvergunning bij niet behalen inburgeringsexamen*
2. Het eerste lid is niet van toepassing, indien de vreemdeling: *Uitzonderingen*
a. minderjarig is of de pensioengerechtigde leeftijd, bedoeld in artikel 7a, eerste lid, van de Algemene Ouderdomswet, heeft bereikt;
b. ten minste acht jaren tijdens de leerplichtige leeftijd in Nederland heeft verbleven overeenkomstig het bepaalde bij en krachtens artikel 2.6 van het Besluit inburgering;
c. beschikt over een document als bedoeld in artikel 2.3, eerste lid, onder b tot en met k, en tweede lid, van het Besluit inburgering, dan wel voldoet aan het criterium, genoemd in artikel 2.5 van dat besluit;
d. beschikt over een document als bedoeld in artikel 2.3, eerste lid, onder i tot en met l, van het Besluit inburgering zoals dat luidde voor het tijdstip van inwerkingtreding van artikel I van het besluit van 25 september 2012 tot wijziging van het Besluit inburgering en enkele andere besluiten in verband met de versterking van de eigen verantwoordelijkheid van de inburgeringsplichtige (Stb. 2012, 432), dan wel voldoet aan een van de criteria, genoemd in artikel 2.5, onder a en c, van dat besluit;
e. op grond van artikel 6, eerste of tweede lid, van de Wet inburgering dan wel artikel 6, eerste lid, of artikel 31, tweede lid, van de Wet inburgering zoals die luidde voor de inwerkingtreding van de wet van 13 september 2012 tot wijziging van de Wet inburgering en enkele andere wetten in verband met de versterking van de eigen verantwoordelijkheid van de inburgeringsplichtige (Stb. 2012, 430) van de inburgeringsplicht is ontheven;
f. meerderjarig is en:
1°. voor het negentiende levensjaar tien jaren rechtmatig in Nederland heeft verbleven als bedoeld in artikel 8, onder a, b dan wel l, van de Wet, voor zover diens aanvraag is ontvangen voor het negenentwintigste levensjaar, of

2°. voor het negentiende levensjaar vijf jaren rechtmatig in Nederland heeft verbleven als bedoeld in artikel 8, onder a, b dan wel l, van de Wet, en voor wie Nederland naar het oordeel van Onze Minister het meest aangewezen land is;
g. oud-Nederlander is, die het Nederlanderschap heeft verloren door het afleggen van een verklaring van afstand, dan wel door intrekking van het besluit waarbij het Nederlanderschap is verleend op de grond dat hij heeft nagelaten na de totstandkoming van zijn naturalisatie al het mogelijke te doen om zijn oorspronkelijke nationaliteit te verliezen, en die voorafgaand aan de naturalisatie ten minste vijf jaren rechtmatig verblijf in Nederland als bedoeld in artikel 8, onder a tot en met e, dan wel l, van de Wet heeft gehad;
h. niet inburgeringsplichtig is op grond van de artikelen 3 en 5 van de Wet inburgering en het participatieverklaringstraject, bedoeld in artikel 7, tweede lid, onderdeel a, van de Wet inburgering niet heeft afgerond maar wel de overige examenonderdelen, bedoeld in artikel 7, tweede lid, onderdelen b en c, van die wet, heeft behaald.

3. Onze Minister kan het eerste lid voorts buiten toepassing laten, indien de vreemdeling naar zijn oordeel blijkens een door deze vreemdeling overgelegd advies als bedoeld in artikel 2.8, eerste lid, van het Besluit inburgering door een psychische of lichamelijke belemmering, dan wel een verstandelijke handicap blijvend niet in staat is het examen, bedoeld in artikel 7, eerste lid, onderdeel a, van de Wet inburgering of een diploma, certificaat of ander document als bedoeld in artikel 5, eerste lid, onderdeel c, van die wet, te behalen.

4. Onze Minister kan het eerste lid voorts buiten toepassing laten, voorzover toepassing daarvan naar zijn oordeel zal leiden tot een onbillijkheid van overwegende aard.

5. Bij ministeriële regeling kunnen regels worden gesteld omtrent de toepassing van het tweede lid, onder e, en derde lid.
(Zie ook: artt. 3.16, 3.48 VV; B12/2.6, D1/2.5 Vc)

Paragraaf 3
Intrekking

Art. 3.97

Geen intrekking bij onjuiste gegevensverstrekking

De verblijfsvergunning regulier voor onbepaalde tijd wordt niet ingetrokken op de in artikel 22, tweede lid, onder b, van de Wet genoemde grond dat de vreemdeling onjuiste gegevens heeft verstrekt dan wel gegevens heeft achtergehouden die tot afwijzing van de oorspronkelijke aanvraag tot het verlenen, verlengen of wijzigen zouden hebben geleid, indien sedert de verlening, de verlenging of de wijziging een periode van twaalf jaren is verstreken.

Art. 3.98

Intrekkingsgronden

1. De verblijfsvergunning regulier voor onbepaalde tijd kan op grond van artikel 22, tweede lid, onder c, van de Wet worden ingetrokken, indien de vreemdeling wegens een misdrijf waartegen een gevangenisstraf van drie jaren of meer is bedreigd bij onherroepelijk geworden rechterlijk vonnis een gevangenisstraf, een taakstraf of de maatregel, bedoeld in artikel 37a van het Wetboek van Strafrecht, dan wel het buitenlands equivalent daarvan, is opgelegd, en de totale duur van de straffen of maatregelen ten minste gelijk is aan de norm, bedoeld in artikel 3.86, tweede, derde dan wel vijfde lid.

Schakelbepaling

2. De artikelen 3.86 en 3.87 zijn van overeenkomstige toepassing.

Afdeling 4
Procedurele bepalingen

Paragraaf 1
Inburgering in het buitenland

Art. 3.98a

Basisexamen inburgering, vaststelling

1. Onze Minister van Sociale Zaken en Werkgelegenheid stelt het basisexamen inburgering ter beoordeling van de kennis van de Nederlandse taal en van de Nederlandse maatschappij als bedoeld in artikel 16, eerste lid, onder h, van de Wet, vast door middel van een geautomatiseerd systeem.

2. Het basisexamen inburgering omvat een onderzoek naar de Nederlandse lees-, luister- en spreekvaardigheid van de vreemdeling.

3. Onze Minister van Sociale Zaken en Werkgelegenheid stelt een examenprogramma vast voor de vereiste lees-, luister- en spreekvaardigheid. Dit examenprogramma strekt tot waarborg dat de vreemdeling die het basisexamen inburgering met goed gevolg heeft afgelegd, beschikt over de volgende vaardigheden in de Nederlandse taal op het niveau A1 van het Europees Raamwerk voor Moderne Vreemde Talen:
a. leesvaardigheid;
b. luistervaardigheid, en
c. spreekvaardigheid.

4. De normering van de onderdelen lees-, luister- en spreekvaardigheid van het basisexamen inburgering wordt gerelateerd aan een van de niveaus van het Europees Raamwerk voor Moderne Vreemde Talen.
5. Het basisexamen inburgering omvat tevens een onderzoek naar de kennis van de Nederlandse samenleving.
6. Onze Minister van Sociale Zaken en Werkgelegenheid stelt een examenprogramma vast voor de vereiste kennis van de Nederlandse samenleving. Dit examenprogramma waarborgt dat de vreemdeling die het basisexamen inburgering met goed gevolg heeft afgelegd, beschikt over elementaire praktische kennis van:
a. Nederland, waaronder topografie, geschiedenis en staatsinrichting;
b. huisvesting, onderwijs, arbeid, gezondheidszorg en inburgering in Nederland;
c. zijn rechten en zijn verplichtingen na aankomst in Nederland;
d. rechten en verplichtingen van anderen in Nederland, en
e. in Nederland gangbare omgangsregels.
7. Het basisexamen inburgering wordt afgelegd in de Nederlandse taal op een niveau dat niet hoger is dan het niveau, bedoeld in het derde lid.
8. De examenprogramma's, bedoeld in het derde en zesde lid, worden overeenkomstig door Onze Minister van Sociale Zaken en Werkgelegenheid te stellen regels en tegen een door Onze Minister van Sociale Zaken en Werkgelegenheid te stellen bedrag beschikbaar gesteld.
(Zie ook: art. 3.11 VV; art. 7 lid 2 Richtlijn 2003/86/EG)

Art. 3.98b

1. Tot het basisexamen inburgering wordt niet toegelaten de vreemdeling die: **Basisexamen inburgering, toelating**
a. niet overeenkomstig door Onze Minister van Sociale Zaken en Werkgelegenheid te stellen regels de aan het basisexamen inburgering verbonden kosten heeft voldaan dan wel via een ander heeft zorg gedragen voor het voldoen van die kosten, of
b. geen medewerking heeft verleend aan het vastleggen van gegevens met het oog op zijn identificatie.
2. Bij ministeriële regeling worden de kosten bepaald, bedoeld in het eerste lid, onder a.
3. De medewerking, bedoeld in het eerste lid, onder b, bestaat uit het zich digitaal laten fotograferen, het digitaal laten afnemen van vingerafdrukken en het laten maken van een scan van kopie van het paspoort of, indien de vreemdeling door de autoriteiten van het land waarvan hij onderdaan is, niet in het bezit kan worden gesteld van een paspoort, een ander identiteitsbewijs.
4. Onze Minister van Sociale Zaken en Werkgelegenheid stelt een examenreglement vast. Het examenreglement bevat in elk geval bepalingen omtrent: **Basisexamen inburgering, examenreglement**
a. de gang van zaken tijdens het basisexamen inburgering;
b. de maatregelen om onregelmatigheden en ordeverstoring tijdens het basisexamen inburgering te voorkomen, en
c. de maatregelen die in geval van onregelmatigheden of ordeverstoring kunnen worden getroffen.
(Zie ook: art. 3.12 VV; art. 7 lid 2 Richtlijn 2003/86/EG)

Art. 3.98c

1. Het basisexamen inburgering wordt onder toezicht van een door het hoofd van de Nederlandse diplomatieke of consulaire vertegenwoordiging aan te wijzen ambtenaar, medewerker, autoriteit of instelling afgelegd op een door dat hoofd vast te stellen tijdstip en in een door dat hoofd aan te wijzen ruimte. **Basisexamen inburgering, afleggen**
2. Het basisexamen inburgering wordt afgelegd door middel van een telefonische of digitale verbinding met een geautomatiseerd systeem, dat door een door Onze Minister van Sociale Zaken en Werkgelegenheid aan te wijzen instantie volgens door Onze Minister van Sociale Zaken en Werkgelegenheid te stellen regels wordt beheerd.
3. Onze Minister van Sociale Zaken en Werkgelegenheid beoordeelt de resultaten van het basisexamen inburgering door middel van het geautomatiseerde systeem, bedoeld in het tweede lid, met uitzondering van het onderdeel spreekvaardigheid, dat wordt beoordeeld door beoordelaars.
4. Het resultaat van het basisexamen inburgering wordt in de gevallen waarin Onze Minister van Sociale Zaken en Werkgelegenheid niet door middel van het geautomatiseerde systeem, bedoeld in het tweede lid, tot een beoordeling daarvan heeft kunnen komen, alsmede in het in artikel 3.98d, derde lid, bedoelde geval, beoordeeld door examinatoren.

Art. 3.98d

1. De resultaten van het basisexamen inburgering worden niet heroverwogen. **Basisexamen inburgering, resultaten**
2. Onverminderd artikel 3.98b, kan de vreemdeling die het basisexamen inburgering niet met goed gevolg heeft afgelegd, het examen te allen tijde opnieuw afleggen.
3. In afwijking van het eerste lid kan de betrokken examenkandidaat binnen zes weken na de bekendmaking van de beoordeling een herbeoordeling aanvragen van het onderdeel waarin

A41 art. 3.99 — Vreemdelingenbesluit 2000

luistervaardigheid en spreekvaardigheid is getoetst door door Onze Minister van Sociale Zaken en Werkgelegenheid aan te wijzen beoordelaars nadat de uitslag van dat onderdeel voor de vierde maal of vaker «niet geslaagd» heeft geluid.

Paragraaf 2
De aanvraag

Art. 3.99

Indienen aanvraag

1. De aanvraag tot het verlenen, wijzigen of verlengen van een verblijfsvergunning regulier voor bepaalde tijd wordt ingediend door de vreemdeling, zijn wettelijk vertegenwoordiger of zijn erkende referent, indien de vreemdeling in Nederland verblijft of wil verblijven in het kader van uitwisseling of studie, dan wel voor het verrichten van arbeid als kennismigrant of onderzoek in de zin van richtlijn (EU) 2016/801.

2. Ongeacht het doel waarvoor de vreemdeling in Nederland wil verblijven, wordt de aanvraag tot het verlenen, wijzigen of verlengen van een verblijfsvergunning regulier voor bepaalde tijd, zo nodig in afwijking van het eerste lid, ingediend door de vreemdeling of diens wettelijk vertegenwoordiger in persoon:

a. indien de vreemdeling niet in het bezit is van een geldige machtiging tot voorlopig verblijf die overeenkomt met het doel waarvoor de vreemdeling in Nederland wil verblijven en evenmin behoort tot een van de in artikel 17 van de Wet of artikel 3.71, tweede lid, bedoelde categorieën;
b. in de bij ministeriële regeling te bepalen gevallen.

3. Bij ministeriële regeling kan worden bepaald dat de aanvraag van een vreemdeling als bedoeld in het eerste lid wordt ingediend door tussenkomst van de erkende referent.
(Zie ook: artt. 2c, 2f, 2g Vw; artt. 3.1 t/m 3.1b, 3.102, 3.108 Vb; artt. 3.26, 3.42a VV)

Art. 3.99a

Indienen aanvraag nadere regels

Bij ministeriële regeling kunnen regels worden gesteld omtrent de gevallen waarin de vreemdeling of diens wettelijk vertegenwoordiger in persoon dient te verschijnen teneinde te voldoen aan bepaalde voorwaarden voor verlening van een verblijfsvergunning, indien het een aanvraag betreft tot:
a. het verlenen van een verblijfsvergunning op de grond dat de uitzetting van de vreemdeling in strijd is met artikel 8 van het Verdrag tot bescherming van de rechten van de mens en de fundamentele vrijheden;
b. het verlenen van een verblijfsvergunning onder een beperking verband houdend met medische behandeling als bedoeld in artikel 3.46, dan wel het wijzigen van een verblijfsvergunning regulier voor bepaalde tijd in een verblijfsvergunning met dat doel; of
c. het verlenen van een verblijfsvergunning onder een beperking verband houdend met tijdelijke humanitaire gronden als bedoeld in artikel 3.48, tweede lid.

Art. 3.99b
[Vervallen]

Art. 3.100

Wijziging verblijfsdoel hangende de aanvraagprocedure

Indien de vreemdeling, hangende de besluitvorming op een eerdere aanvraag, wijziging van het gevraagde verblijfsdoel wenst, dient hij een nieuwe aanvraag in.
(Zie ook: art. 3.1 Vb; art. 3.26 VV)

Art. 3.101

Plaats indiening aanvraag, ministeriële regeling

1. een aanvraag tot het verlenen, wijzigen of verlengen van een verblijfsvergunning regulier voor bepaalde tijd of een aanvraag tot het verlenen van een verblijfsvergunning regulier voor onbepaalde tijd of een EU-verblijfsvergunning voor langdurig ingezetenen, wordt ingediend op een door Onze Minister aan te wijzen plaats.

2. In afwijking van het eerste lid wordt, indien de vreemdeling rechtens de vrijheid is ontnomen, de aanvraag ingediend op de plaats waar de vrijheidsontneming ten uitvoer wordt gelegd.
(Zie ook: artt. 5 lid 1, 11 lid 1 Richtlijn 2003/86/EG)

Art. 3.101a

Tweede of volgende aanvraag

1. Indien de eerste aanvraag tot het verlenen van een verblijfsvergunning regulier voor bepaalde tijd is afgewezen, wordt iedere daarop volgende aanvraag tot het verlenen van een dergelijke verblijfsvergunning voor hetzelfde verblijfsdoel aangemerkt als een tweede of volgende aanvraag in de zin van artikel 5b van het Besluit vergoedingen rechtsbijstand 2000.

2. Indien na afwijzing van een aanvraag tot het verlenen van een verblijfsvergunning regulier voor bepaalde tijd ambtshalve een verblijfsvergunning is verleend op een van de gronden, bedoeld in artikel 3.6, eerste lid, dan wel na toetsing aan de gronden, bedoeld in artikel 3.6, eerste lid, niet ambtshalve een verblijfsvergunning is verleend, wordt iedere daarop volgende aanvraag tot het verlenen van een verblijfsvergunning regulier voor bepaalde tijd op een van die gronden aangemerkt als een tweede of volgende aanvraag in de zin van het Besluit vergoedingen rechtsbijstand 2000.

3. Het tweede lid is van overeenkomstige toepassing, indien na intrekking van een verblijfsvergunning regulier voor bepaalde tijd onderscheidenlijk bij afwijzing van een aanvraag tot het

verlengen van de geldigheidsduur ervan, ambtshalve een verblijfsvergunning is verleend op een van de gronden, bedoeld in artikel 3.6, eerste lid, dan wel na toetsing aan de gronden, bedoeld in artikel 3.6, eerste lid, niet ambtshalve een verblijfsvergunning is verleend.

Art. 3.101b

1. Indien na afwijzing van de eerste aanvraag tot het verlenen van een verblijfsvergunning asiel voor bepaalde tijd ambtshalve een verblijfsvergunning is verleend op een van de gronden, bedoeld in artikel 3.6a, eerste lid, dan wel na toetsing aan de gronden, bedoeld in artikel 3.6a, eerste lid, niet ambtshalve een verblijfsvergunning is verleend, wordt iedere daarop volgende aanvraag tot het verlenen van een verblijfsvergunning regulier voor bepaalde tijd op een van die gronden aangemerkt als een tweede of volgende aanvraag in de zin van artikel 5b van het Besluit vergoedingen rechtsbijstand 2000.

2. Het eerste lid is van overeenkomstige toepassing, indien na intrekking van een verblijfsvergunning asiel voor bepaalde tijd onderscheidenlijk bij afwijzing van een aanvraag tot het verlengen van de geldigheidsduur ervan, ambtshalve een verblijfsvergunning is verleend op een van de gronden, bedoeld in artikel 3.6a, eerste lid, dan wel na toetsing aan de gronden, bedoeld in artikel 3.6a, eerste lid, niet ambtshalve een verblijfsvergunning is verleend.

Art. 5b BVR 2000

Paragraaf 3
Te verstrekken gegevens en te verlenen medewerking

Art. 3.102

1. Onverminderd artikel 24a, eerste lid, onder a, van de Wet legt de vreemdeling bij de in persoon ingediende aanvraag in ieder geval over een geldig document voor grensoverschrijding, en, voor zover redelijkerwijs mogelijk, de gegevens en bescheiden op basis waarvan kan worden vastgesteld dat wordt voldaan aan de voorwaarden voor de verlening, wijziging of verlenging van de verblijfsvergunning.

2. In afwijking van het eerste lid, legt de vreemdeling die niet beschikt over een geldig document voor grensoverschrijding, voor zover redelijkerwijs mogelijk, gegevens en bescheiden over waarmee wordt aangetoond dat hij vanwege de regering van het land waarvan hij onderdaan is, niet of niet meer in het bezit van een geldig document voor grensoverschrijding kan worden gesteld. In dat geval legt hij tevens aanvullende gegevens of bescheiden over omtrent zijn identiteit en nationaliteit.

3. Bij de niet in persoon ingediende aanvraag legt de vreemdeling afschriften over van de in het eerste en tweede lid genoemde gegevens en bescheiden en legt hij op verzoek van Onze Minister de originelen over.

4. Onverminderd artikel 24a van de Wet is het derde lid van overeenkomstige toepassing, indien de aanvraag is ingediend door de referent, met dien verstande dat voor «de vreemdeling» wordt gelezen: de referent.

5. Desgevraagd bevestigt de aanvrager binnen een door Onze Minister te stellen termijn de juistheid van de gegevens, bedoeld in artikel 24a, eerste lid, onder a, van de Wet, dan wel geeft hij gemotiveerd en onder overlegging van de terzake relevante gegevens en bescheiden aan welke gegevens de juiste gegevens zijn.

6. Onze Minister kan nadere regels stellen omtrent de in het eerste lid bedoelde gegevens en bescheiden.

(Zie ook: art. 24 lid 1 sub b Vw; art. 3.83 Vb; artt: 5 lid 2, 11 lid 1 en 2 Richtlijn 2003/86/EG)

Overlegging geldig document grensoverschrijding

Nadere regels

Art. 3.102a

De medewerking van de vreemdeling, bedoeld in artikel 24, eerste lid, onderdeel b, van de Wet, bestaat uit:
a. het op vordering van Onze Minister beschikbaar stellen van een goedgelijkende pasfoto, en
b. het zich laten fotograferen en het laten afnemen van vingerafdrukken.

Medewerking verstrekking gezichtsopname en vingerafdrukken

Art. 3.102b

1. De vreemdeling legt bij de aanvraag ten minste de voor de beslissing van Onze Minister relevante medische gegevens en overige bescheiden over, indien:
a. het een aanvraag betreft tot het verlenen van een verblijfsvergunning regulier voor bepaalde tijd onder een beperking verband houdend met medische behandeling als bedoeld in artikel 3.46;
b. het een aanvraag betreft tot het wijzigen van een verblijfsvergunning regulier voor bepaalde tijd in een verblijfsvergunning onder een beperking verband houdend met medische behandeling als bedoeld in artikel 3.46,
c. de vreemdeling een beroep doet op medische redenen om vrijgesteld te worden van het vereiste van een geldige machtiging tot voorlopig verblijf.

2. De vreemdeling legt bij de aanvraag tot het verlengen van de geldigheidsduur van een verblijfsvergunning regulier voor bepaalde tijd onder een beperking verband houdend met medische behandeling als bedoeld in artikel 3.46, ten minste de voor de beslissing van Onze Minister relevante medische gegevens en overige bescheiden over.

Verstrekken medische gegevens

3. De vreemdeling legt bij de aanvraag tot het verlenen van een verblijfsvergunning regulier voor bepaalde tijd die verband houdt met niet-tijdelijke humanitaire gronden als bedoeld in artikel 3.51, eerste lid, onderdeel a, ten tweede, dan wel onderdeel b, ten minste de voor de beslissing van Onze Minister relevante medische gegevens en overige bescheiden over.
4. Indien de vreemdeling zich in verband met de intrekking van zijn verblijfsvergunning of in een bezwaarprocedure kan beroepen op medische gronden, legt hij, indien hij daartoe overgaat, ten minste de voor de beslissing van Onze Minister relevante medische gegevens en overige bescheiden over.
5. Dit artikel blijft buiten toepassing ten aanzien van de bij ministeriële regeling aan te wijzen categorieën van vreemdelingen.
(Zie ook: art. 3.33a VV)

Art. 3.103

Toetsing geldend recht tijdstip ontvangst aanvraag

De aanvraag wordt getoetst aan het recht dat gold op het tijdstip waarop de aanvraag is ontvangen, tenzij uit deWet anders voortvloeit of het recht dat geldt op het tijdstip waarop de beschikking wordt gegeven, voor de vreemdeling gunstiger is.

Art. 3.103a

Kennisgeving aan andere lidstaat

1. Indien Onze Minister een verblijfsvergunning regulier voor bepaalde tijd verleent aan of verlengt van een vreemdeling die houder is van een EU-verblijfsvergunning voor langdurig ingezetenen, afgegeven door een andere lidstaat van de Europese Unie, doet hij daarvan mededeling aan de autoriteiten van die staat.
2. Het eerste lid is van overeenkomstige toepassing indien Onze Minister besluit de verblijfsvergunning van de in het eerste lid bedoelde houder in te trekken of niet te verlengen.
3. Indien Onze Minister overweegt een vreemdeling die houder is als bedoeld in het eerste lid, uit te zetten en een staat die geen lidstaat is van de Europese Unie, raadpleegt hij de autoriteiten van de staat, bedoeld in het eerste lid. Indien Onze Minister dienovereenkomstig besluit uit te zetten, verstrekt hij die autoriteiten alle nodige informatie met betrekking tot de uitzetting.
4. Indien Onze Minister beslist op een aanvraag tot het verlenen van een Europese blauwe kaart ten behoeve van een vreemdeling die door een andere lidstaat van de Europese Unie reeds in het bezit is gesteld van een Europese blauwe kaart, doet hij daarvan mededeling aan de autoriteiten van die staat.
(Zie ook: artt. 19 lid 2, 22, 23, 25 Richtlijn 2003/109/EG)
5. Indien Onze Minister een verblijfsvergunning regulier voor bepaalde tijd onder de beperking «overplaatsing binnen een onderneming» verleent aan een vreemdeling in het kader van langetermijnmobiliteit in de zin van artikel 22 van richtlijn 2014/66/EU, doet hij daarvan mededeling bij de bevoegde instanties van de lidstaat die als eerste een verblijfsvergunning heeft afgegeven voor de binnen een onderneming overgeplaatste persoon.
6. Indien Onze Minister een verblijfsvergunning regulier voor bepaalde tijd onder de beperking onderzoek in de zin van richtlijn (EU) 2016/801 verleent in het kader van langetermijnmobiliteit in de zin van artikel 29 van richtlijn (EU) 2016/801, doet hij daarvan mededeling bij de bevoegde instanties van de lidstaat die als eerste een verblijfsvergunning heeft afgegeven voor de vreemdeling.

Art. 3.103aa

Intrekking verblijfsvergunning langdurig ingezetene/internationale bescherming

1. Indien Onze Minister besluit tot intrekking van een verblijfsvergunning regulier voor bepaalde tijd of afwijzing van een aanvraag om verlenging van de geldigheidsduur daarvan van een houder van een EU-verblijfsvergunning voor langdurig ingezetenen, afgegeven door een andere lidstaat van de Europese Unie, met de aantekening dat die staat de vreemdeling internationale bescherming heeft verleend, verzoekt Onze Minister die staat te bevestigen of de vreemdeling aldaar nog steeds internationale bescherming geniet. In het bevestigend geval zet Onze Minister de vreemdeling uit naar die staat, onverminderd het toepasselijke Unierecht en het beginsel van de eenheid van het gezin.
2. In afwijking van het eerste lid en onverminderd voor Nederland geldende internationale verplichtingen, kan Onze Minister de langdurig ingezetene uitzetten naar een andere staat dan de lidstaat die de internationale bescherming heeft verleend, indien is voldaan aan artikel 3.105c, tweede lid, onder a of b.
3. Indien de verblijfsvergunning regulier voor bepaalde tijd van een vreemdeling die houder is van een door een andere lidstaat van de Europese Unie afgegeven EU-verblijfsvergunning voor langdurig ingezetenen die de aantekening bevat dat die staat verantwoordelijk is voor de internationale bescherming van de vreemdeling, is ingetrokken of de aanvraag tot verlenging van de geldigheidsduur ervan is afgewezen, op grond dat de vreemdeling een bedreiging voor de openbare orde of de openbare veiligheid vormt, kan de vreemdeling, onverminderd de terugnameverplichting van de andere lidstaat en onverminderd de voor Nederland geldende internationale verplichtingen slechts van het grondgebied van de Europese Unie worden verwijderd, indien:
a. de internationale bescherming inmiddels is ingetrokken, of
b. is voldaan aan artikel 3.105c, tweede lid, onder a of b.

Vreemdelingenbesluit 2000 A41 art. 3.104

4. Indien Onze Minister besluit tot intrekking van een verblijfsvergunning regulier voor bepaalde tijd onder de beperking «overplaatsing binnen een onderneming» en de vreemdeling in een tweede lidstaat verblijfsrecht geniet in het kader van mobiliteit in de zin van artikel 21 of 22 van richtlijn 2014/66/EU, doet Onze Minister van die intrekking onmiddellijk mededeling bij de bevoegde instanties van de lidstaat van het tweede verblijf.
5. Indien Onze Minister besluit tot intrekking van een verblijfsvergunning regulier voor bepaalde tijd onder de beperking onderzoek in de zin van richtlijn (EU) 2016/801 of studie, doet Onze Minister in voorkomende gevallen van die intrekking onmiddellijk mededeling bij de bevoegde instanties van de lidstaat waar de vreemdeling verblijfsrecht geniet in het kader van mobiliteit in de zin van richtlijn (EU) 2016/801.

Art. 3.103b
1. Indien Onze Minister een inreisverbod uitvaardigt, registreert Onze Minister dit inreisverbod in het Schengen Informatiesysteem.   *Inreisverbod/registratie SIS*
2. Indien Onze Minister overweegt een vreemdeling die houder is van een verblijfstitel of andere toestemming tot verblijf, afgegeven door een andere staat als bedoeld in artikel 3.7, uit te zetten naar de staat waarvan de vreemdeling het bezit of bij het ontbreken van een nationaliteit naar de staat van zijn vroegere verblijfplaats, wint Onze Minister de nodige informatie in bij de autoriteiten van die andere staat. Indien Onze Minister besluit de vreemdeling uit te zetten, verstrekt hij de autoriteiten van die andere staat alle nodige informatie met betrekking tot de uitzetting.
3. Onze Minister vormt het contactpunt ter uitvoering van de Richtlijn 2008/115/EG van het Europees Parlement en de Raad van 16 december 2008 over gemeenschappelijke normen en procedures in de lidstaten voor de terugkeer van onderdanen van derde landen die illegaal op hun grondgebied verblijven (PbEU, L 348) en is verantwoordelijk voor het inwinnen en verstrekken van de informatie, bedoeld in het tweede lid.
(Zie ook: artt. 2.1b, 4.29 lid 1 sub j, 4.35a, 4.52a, 4.52b, 5.1a, 5.1b, 6.1 t/m 6.5c Vb)

Paragraaf 4
Bekendmaking

Art. 3.104
1. De beschikking, waarbij de aanvraag tot het verlenen, het wijzigen of het verlengen van de geldigheidsduur van een verblijfsvergunning als bedoeld in artikel 8, onder a of b, van de Wet, geheel of gedeeltelijk wordt ingewilligd, of waarbij de verblijfsvergunning ambtshalve wordt verleend of gewijzigd, wordt bekendgemaakt door uitreiking van het document, bedoeld in artikel 9, eerste lid, van de Wet, waaruit het rechtmatig verblijf op grond van artikel 8, onder a onderscheidenlijk onder b, van de Wet blijkt. De referent die de aanvraag heeft ingediend, wordt onverwijld in kennis gesteld van de bekendmaking.   *Bekendmaking beschikking*
2. In afwijking van het eerste lid, kan de beschikking bekend worden gemaakt door toezending van het in het eerste lid bedoelde document:
a. indien uitreiking om technische redenen, verband houdend met het aanmaken van het document, niet mogelijk is;
b. in andere bijzondere omstandigheden.
3. Indien de vreemdeling, niet zijnde gemeenschapsonderdaan, in aanmerking komt voor meer dan één verblijfsdocument wordt één document uitgereikt of toegezonden en worden de overige beschikkingen bekendgemaakt door het stellen van een aantekening op dat document.
4. De beschikking ten aanzien van een zich in het buitenland bevindende vreemdeling, waarbij de aanvraag tot het verlenen, het wijzigen of het verlengen van de geldigheidsduur van een verblijfsvergunning geheel of gedeeltelijk wordt ingewilligd, of waarbij de verblijfsvergunning ambtshalve wordt verleend of gewijzigd, wordt bekendgemaakt na zijn aankomst in Nederland. Het eerste, tweede en derde lid zijn van toepassing.
5. De beschikking, die niet of niet mede strekt tot het verlenen, wijzigen of verlengen van de geldigheidsduur van een verblijfsvergunning als bedoeld in artikel 8, onder a of b, van de Wet, wordt bekend gemaakt door uitreiking of door toezending naar het laatst bekende adres. De referent die de aanvraag heeft ingediend, wordt onverwijld in kennis gesteld van de bekendmaking.
(Zie ook: art. 24 lid 1 sub c Vw; art. 4.52 Vb)

Afdeling 5
De verblijfsvergunning asiel

Paragraaf 1
De verblijfsvergunning voor bepaalde tijd

Art. 3.105

Verblijfsvergunning asiel, termijn
De verblijfsvergunning asiel voor bepaalde tijd wordt verleend of verlengd voor vijf jaar.
(Zie ook: art. 44 Vw; art. 9.5 Vb; art. 24 Richtlijn 2004/83/EG)

Art. 3.105a

Verblijfsvergunning asiel, ingangsdatum
1. De verblijfsvergunning asiel voor bepaalde tijd die met toepassing van artikel 28, derde lid, van de Wet ambtshalve wordt verleend, wordt verleend met ingang van de dag nadat de machtiging tot voorlopig verblijf aan de vreemdeling in persoon is afgegeven.
2. In afwijking van het eerste lid, kan de verblijfsvergunning worden verleend met ingang van de dag die bij de afgifte van de machtiging tot voorlopig verblijf is opgegeven als de dag waarop de vreemdeling Nederland zal inreizen.
(Zie ook: art. 3.37 VV; artt. 4 lid 3-5, 5-10 Richtlijn 2004/83/EG)

Art. 3.105b

Nadere regels
Bij ministeriële regeling kunnen nadere regels worden gesteld met betrekking tot de beoordeling of sprake is van omstandigheden als bedoeld in artikel 31, eerste lid, van de Wet.
(Zie ook: artt. 3.36, 3.37 VV; artt. 13, 14 Richtlijn 2004/83/EG; art. 14 lid 5 Richtlijn 2011/95/EU)

Art. 3.105ba

Lijst veilige landen van herkomst
1. Bij ministeriële regeling kan een lijst worden opgesteld van veilige landen van herkomst in de zin van de artikelen 36 en 37 van de Procedurerichtlijn.
2. De beoordeling of een land een veilig land van herkomst is dient te stoelen op een reeks informatiebronnen, waaronder in het bijzonder informatie uit andere lidstaten, het Europees Ondersteuningsbureau voor asielzaken (EASO), de UNHCR, de Raad van Europa en andere relevante internationale organisaties.
3. Onze Minister onderzoekt de situatie in derde landen die zijn aangemerkt als veilige landen van herkomst als bedoeld in het eerste lid regelmatig opnieuw.
(Zie ook: artt. 3.37f lid 3, bijlage 13 VV)

Art. 3.105c

Weigeringsgronden verdragsvluchteling
Aan de vreemdeling die aannemelijk heeft gemaakt dat hij verdragsvluchteling als bedoeld in artikel 29, eerste lid, onder a, van de Wet is, kan verlening van een verblijfsvergunning asiel voor bepaalde tijd op grond van die toelatingsgrond slechts worden geweigerd, indien:
a. er goede redenen bestaan om de vreemdeling te beschouwen als een gevaar voor de nationale veiligheid; of
b. de vreemdeling bij onherroepelijk geworden rechterlijk vonnis veroordeeld is voor een bijzonder ernstig misdrijf en een gevaar vormt voor de gemeenschap.
(Zie ook: art. 3.37g VV; artt. 14 lid 3, 19 lid 3 Richtlijn 2003/109/EG; artt. 11 lid 3, 14 Richtlijn 2011/95/EU)

Art. 3.105d

Intrekkingsgronden verdragsvluchteling
1. De verblijfsvergunning asiel voor bepaalde tijd die is verleend op grond van artikel 29, eerste lid, onder a, van die wet, wordt ingetrokken dan wel de aanvraag tot het verlengen van de geldigheidsduur ervan wordt afgewezen indien sprake is van de situatie, bedoeld in artikel 32, eerste lid, onder a dan wel c, van de Wet.
2. De verblijfsvergunning asiel voor bepaalde tijd die is verleend op grond van artikel 29, eerste lid, onder a, van die wet, kan slechts op grond van artikel 32, eerste lid, onder b, van de Wet worden ingetrokken dan wel de aanvraag tot het verlengen van de geldigheidsduur ervan worden afgewezen, indien:
a. er goede redenen bestaan om de vreemdeling te beschouwen als een gevaar voor de nationale veiligheid; of
b. de vreemdeling bij onherroepelijk geworden rechterlijk vonnis veroordeeld is voor een bijzonder ernstig misdrijf en een gevaar vormt voor de gemeenschap.
3. Bij ministeriële regeling kunnen nadere regels worden gesteld met betrekking tot de beoordeling of sprake is van de situatie, bedoeld in het eerste lid.

Art. 3.105e

Uitsluitingsgronden
Aan de vreemdeling die aannemelijk heeft gemaakt dat zijn aanvraag is gegrond op omstandigheden die de rechtsgrond voor verlening, bedoeld in artikel 29, eerste lid, onder b, van de Wet, vormen, wordt een verblijfsvergunning voor bepaalde tijd als bedoeld in artikel 28 van die wet verleend, tenzij er ernstige redenen zijn om aan te nemen dat:
a. de vreemdeling een misdrijf tegen de vrede, een oorlogsmisdrijf of een misdrijf tegen de menselijkheid heeft gepleegd, zoals gedefinieerd in de internationale instrumenten waarmee wordt beoogd regelingen te treffen ten aanzien van dergelijke misdrijven;
b. de vreemdeling een ernstig misdrijf heeft gepleegd;

Vreemdelingenbesluit 2000   **A41 art. 3.106a**

c. de vreemdeling zich schuldig heeft gemaakt aan daden die in strijd zijn met de doelstellingen en beginselen van de Verenigde Naties als vervat in de preambule en de artikelen 1 en 2 van het Handvest van de Verenigde Naties;
d. de vreemdeling een gevaar vormt voor de gemeenschap of de nationale veiligheid; of
e. de vreemdeling heeft aangezet tot of anderszins heeft deelgenomen aan de onder a tot en met c vermelde misdrijven of daden,
in welk geval verlening van evenbedoelde verblijfsvergunning op voormelde grond wordt geweigerd.
(Zie ook: artt. 17 lid 1 en 2, 18 Richtlijn 2011/95/EU)

Art. 3.105f

1. De verblijfsvergunning asiel voor bepaalde tijd die is verleend op grond van artikel 29, eerste lid, onder b, van die wet wordt ingetrokken dan wel de aanvraag tot het verlengen van de geldigheidsduur ervan wordt afgewezen, indien sprake is van de situatie, bedoeld in artikel 32, eerste lid, onder a dan wel c, van de Wet.   *Einde subsidiaire beschermingsstatus*
2. De verblijfsvergunning asiel voor bepaalde tijd die is verleend op grond van artikel 29, eerste lid, onder b, van die wet wordt slechts ingetrokken dan wel de aanvraag tot het verlengen van de geldigheidsduur ervan wordt slechts afgewezen op grond van artikel 32, eerste lid, onder b, van de Wet, indien er ernstige redenen zijn om aan te nemen dat:
a. de vreemdeling een misdrijf tegen de vrede, een oorlogsmisdrijf of een misdrijf tegen de menselijkheid heeft gepleegd, zoals gedefinieerd in de internationale instrumenten waarmee wordt beoogd regelingen te treffen ten aanzien van dergelijke misdrijven;
b. de vreemdeling een ernstig misdrijf heeft gepleegd;
c. de vreemdeling zich schuldig heeft gemaakt aan daden die in strijd zijn met de doelstellingen en beginselen van de Verenigde Naties als vervat in de preambule en de artikelen 1 en 2 van het Handvest van de Verenigde Naties;
d. de vreemdeling een gevaar vormt voor de gemeenschap of voor de nationale veiligheid; of
e. de vreemdeling heeft aangezet tot of anderszins heeft deelgenomen aan de onder a tot en met c genoemde misdrijven of daden.
3. Bij ministeriële regeling kunnen nadere regels worden gesteld met betrekking tot de beoordeling of sprake is van de situatie, bedoeld in het eerste lid.
(Zie ook: artt. 14 lid 3, 19 lid 3 Richtlijn 2003/109/EG; artt. 16, 19 lid 1 en 3 Richtlijn 2011/95/EU)

Art. 3.106

1. De verblijfsvergunning asiel voor bepaalde tijd die op grond van artikel 29, tweede lid, van de Wet is verleend aan een gezinslid van een vreemdeling als bedoeld in artikel 29, eerste lid, van de Wet, wordt niet ingetrokken op grond van artikel 32, eerste lid, onder e, van de Wet, indien het huwelijks- of gezinsleven met de hoofdpersoon is verbroken door het overlijden van de hoofdpersoon dan wel omdat het gezinslid slachtoffer is geworden of dreigt te worden van eergerelateerd geweld of huiselijk geweld.   *Intrekking na verbreking gezinsband asiel*
2. De verblijfsvergunning asiel voor bepaalde tijd die is verleend op grond van artikel 29, tweede lid, van de Wet is verleend aan een op het tijdstip van verlening minderjarig gezinslid van een vreemdeling als bedoeld in artikel 29, eerste lid, van de Wet, wordt niet ingetrokken op grond van artikel 32, eerste lid, onder e, van de Wet, indien het desbetreffende gezinslid langer dan een jaar houder is geweest van de verblijfsvergunning.
3. De verblijfsvergunning asiel voor bepaalde tijd die is verleend op grond van artikel 29, eerste lid, onder e of f, van de Wet, zoals dat artikel luidde op de dag voorafgaand aan de inwerkingtreding van artikel I, onderdeel B, van de wet van 25 november 2013 tot wijziging van de Vreemdelingenwet 2000 in verband met het herschikken van de gronden voor asielverlening (Stb. 2013, 478), wordt niet ingetrokken op grond van artikel 32, eerste lid, onder e, van de Wet.
4. De aanvraag voor verlenging van de geldigheidsduur van een verblijfsvergunning voor bepaalde tijd als bedoeld in het tweede lid wordt niet afgewezen op grond van artikel 32, eerste lid, onder e, van de Wet, indien de oorspronkelijke geldigheidsduur van de vergunning eindigt binnen twee jaar na de inwerkingtreding van artikel I, onderdeel B, van de wet van 25 november 2013 tot wijziging van de Vreemdelingenwet 2000 in verband met het herschikken van de gronden voor asielverlening (Stb. 2013, 478).
(Zie ook: C1/4.5.3, C2/5.2 Vc)

Art. 3.106a

1. De aanvraag tot het verlenen van een verblijfsvergunning asiel voor bepaalde tijd wordt slechts niet-ontvankelijk verklaard op grond van artikel 30a, eerste lid, onder a, b of c, van de Wet indien, naar het oordeel van Onze Minister, alle relevante feiten en omstandigheden in aanmerking nemend, de vreemdeling in het betrokken derde land overeenkomstig de volgende beginselen zal worden behandeld: *Afwijzing aanvraag verblijfsvergunning bepaalde tijd*
a. het leven en de vrijheid worden niet bedreigd om redenen van ras, religie, nationaliteit, lidmaatschap van een bepaalde sociale groep of politieke overtuiging, en

A41 art. 3.106b Vreemdelingenbesluit 2000

b. er bestaat geen risico op ernstige schade als bedoeld in artikel 29, eerste lid, onder b, van de Wet, en
c. het beginsel van non-refoulement overeenkomstig het Vluchtelingenverdrag wordt nageleefd, en
d. het verbod op verwijdering in strijd met het recht op vrijwaring tegen foltering en andere wrede, onmenselijke of vernederende behandeling, zoals neergelegd in het internationaal recht, wordt nageleefd, en
e. de mogelijkheid bestaat om om de vluchtelingenstatus te verzoeken en, indien hij als vluchteling wordt erkend, bescherming te ontvangen overeenkomstig het Vluchtelingenverdrag.
2. De aanvraag tot het verlenen van een verblijfsvergunning asiel voor bepaalde tijd wordt slechts niet-ontvankelijk verklaard op grond van artikel 30a, eerste lid, onder a, b of c, van de Wet indien de vreemdeling een zodanige band heeft met het betrokken derde land dat het voor hem redelijk zou zijn naar dat land te gaan.
3. Bij de beoordeling of sprake is van een band als bedoeld in het tweede lid, worden alle relevante feiten en omstandigheden betrokken, waaronder begrepen de aard, duur en omstandigheden van het eerder verblijf.

Nadere regels
4. Bij ministeriële regeling worden nadere regels gesteld omtrent de toepassing van het eerste tot en met derde lid.
(Zie ook: art. 38 Richtlijn 2013/32/EU)

Art. 3.106b

Definitie veilig land van herkomst
1. Een derde land kan voor een vreemdeling alleen als een veilig land van herkomst worden aangemerkt wanneer hij:
a. ofwel de nationaliteit van dat land heeft, ofwel staatloos is en voorheen in dat land zijn gewone verblijfplaats had; en
b. niet heeft onderbouwd dat het land in zijn specifieke omstandigheden niet als een veilig land van herkomst kan worden beschouwd ten aanzien van de vraag of hij voor internationale bescherming in aanmerking komt.

Nadere regels
2. Bij ministeriële regeling worden nadere regels gesteld omtrent de toepassing van het eerste lid.
(Zie ook: artt. 3.37e, 3.37f VV; artt. 36, 37 Richtlijn 2013/32/EU)

Art. 3.107

Toepasselijkheid Vluchtelingenverdrag
1. Onder een persoon als bedoeld in artikel 1F van het Vluchtelingenverdrag wordt mede verstaan een persoon die heeft aangezet tot of anderszins heeft deelgenomen aan de in dat artikel genoemde misdrijven of daden.
2. Indien artikel 1F van het Vluchtelingenverdrag aan het verlenen van een verblijfsvergunning aan de vreemdeling op grond van artikel 29, eerste lid, onder a, van de Wet in de weg staat, wordt aan die vreemdeling evenmin een verblijfsvergunning verleend op één van de andere gronden bedoeld in artikel 29 van de Wet.
3. Aan de echtgenoot of echtgenote, het minderjarig kind, de partner of het meerderjarig kind, bedoeld in artikel 29, tweede lid, onder a of b, van de Wet, van de vreemdeling, bedoeld in het eerste lid, wordt geen verblijfsvergunning asiel voor bepaalde tijd verleend, tenzij dit gezinslid aannemelijk heeft gemaakt dat zijn aanvraag is gegrond op omstandigheden die zelfstandig een rechtsgrond voor verlening van een verblijfsvergunning op grond van artikel 29, onder a of b, van de Wet vormen.
(Zie ook: C2/7.10.2.7 Vc; art. 6 lid 1 Richtlijn 2003/86/EG; art. 12 lid 3 Richtlijn 2011/95/EU)

Paragraaf 1a
De verblijfsvergunning voor onbepaalde tijd

Art. 3.107a

Afwijzen aanvraag verblijfsvergunning bij niet behalen inburgeringsexamen
1. De aanvraag tot het verlenen van een verblijfsvergunning als bedoeld in artikel 8, onder d, van de Wet, wordt afgewezen indien de vreemdeling het examen, bedoeld in artikel 7, eerste lid, onderdeel a, van de Wet inburgering of een diploma, certificaat of ander document als bedoeld in artikel 5, eerste lid, onderdeel c, van die wet, niet heeft behaald.

Uitzonderingen
2. Het eerste lid is niet van toepassing, indien de vreemdeling:
a. minderjarig is of de pensioengerechtigde leeftijd, bedoeld in artikel 7a, eerste lid, van de Algemene Ouderdomswet, heeft bereikt;
b. ten minste acht jaren tijdens de leerplichtige leeftijd in Nederland heeft verbleven overeenkomstig het bepaalde bij en krachtens artikel 2.6 van het Besluit inburgering;
c. beschikt over een document als bedoeld in artikel 2.3, eerste lid, onder b tot en met k, en tweede lid, van het Besluit inburgering, dan wel voldoet aan het criterium, genoemd in artikel 2.5 van dat besluit;
d. beschikt over een document als bedoeld in artikel 2.3, eerste lid, onder i tot en met l, van het Besluit inburgering zoals dat luidde voor het tijdstip van inwerkingtreding van artikel I van het besluit van 25 september 2012 tot wijziging van het Besluit inburgering en enkele andere

Vreemdelingenbesluit 2000

A41 art. 3.108c

besluiten in verband met de versterking van de eigen verantwoordelijkheid van de inburgeringsplichtige (Stb. 2012, 432), dan wel voldoet aan een van de criteria, genoemd in artikel 2.5, onder a en c, van dat besluit;
e. op grond van artikel 6, eerste of tweede lid, van de Wet inburgering dan wel artikel 6, eerste lid, of artikel 31, tweede lid, van de Wet inburgering zoals die luidde voor de inwerkingtreding van de wet van 13 september 2012 tot wijziging van de Wet inburgering en enkele andere wetten in verband met de versterking van de eigen verantwoordelijkheid van de inburgeringsplichtige (Stb. 2012, 430) van de inburgeringsplicht is ontheven.
3. Onze Minister kan het eerste lid buiten toepassing laten, voor zover de vreemdeling naar zijn oordeel blijkens een door deze vreemdeling overgelegd advies als bedoeld in artikel 2.8, eerste lid, van het Besluit inburgering door een psychische of lichamelijke belemmering, dan wel een verstandelijke handicap blijvend niet in staat is het examen, bedoeld in artikel 7, eerste lid, onderdeel a, van de Wet inburgering of een diploma, certificaat of ander document als bedoeld in artikel 5, eerste lid, onderdeel c, van die wet, te behalen.
4. Onze Minister kan het eerste lid voorts buiten toepassing laten, voorzover toepassing daarvan naar zijn oordeel zal leiden tot een onbillijkheid van overwegende aard.
5. Bij ministeriële regeling kunnen regels worden gesteld omtrent de toepassing van het tweede lid, onder e, en derde lid.
(Zie ook: artt. 3.45, 3.45a, 3.48 VV)

Paragraaf 2
Procedurele bepalingen

Art. 3.107b
1. Wanneer een vreemdeling een verzoek om internationale bescherming als bedoeld in artikel 2, onder b, van de Procedurerichtlijn doet bij Onze Minister of bij een ambtenaar belast met de grensbewaking of met het toezicht op vreemdelingen, vindt de registratie plaats binnen drie werkdagen nadat het verzoek is gedaan.
2. Wanneer het verzoek wordt gedaan bij een andere autoriteit, dient de registratie plaats te vinden binnen zes werkdagen nadat het verzoek is gedaan.
(Zie ook: C1/2.1 Vc; art. 6 lid 1 Richtlijn 2013/32/EU)

Registratie bij beroep op procedurerichtlijn

Art. 3.108
1. De aanvraag tot het verlenen van een verblijfsvergunning als bedoeld in artikel 8, onder c en d, van de Wet, wordt door de vreemdeling of zijn wettelijk vertegenwoordiger in persoon ingediend op een door Onze Minister te bepalen plaats.
2. In afwijking van het eerste lid wordt, indien de vreemdeling rechtens de vrijheid is ontnomen, de aanvraag ingediend op de plaats waar de vrijheidsontneming ten uitvoer wordt gelegd.
(Zie ook: art. 36 Vw; art. 3.41 VV; C1/2.1 Vc; artt. 5 lid 1, 11 lid 1 Richtlijn 2003/86/EG; artt. 6 lid 1, 13 lid 2 sub a Richtlijn 2013/32/EU)

Plaats indiening aanvraag

Art. 3.108a
1. Op de aanvraag tot het verlengen van de geldigheidsduur van een verblijfsvergunning asiel voor bepaalde tijd wordt binnen zes maanden na ontvangst van de aanvraag een beschikking gegeven.
2. De termijn voor het geven van de beschikking, bedoeld in het eerste lid, kan ten hoogste voor zes maanden worden verlengd indien naar het oordeel van Onze Minister voor de beoordeling van de aanvraag advies van of onderzoek door derden of het openbaar ministerie nodig is.
3. De artikelen 43 en 43a van de Wet zijn van overeenkomstige toepassing.

Termijn beschikking

Schakelbepaling

Art. 3.108b
1. Voorafgaand aan of tijdens het onderzoek naar de aanvraag tot het verlenen van een verblijfsvergunning asiel voor bepaalde tijd wordt beoordeeld of de vreemdeling bijzondere procedurele waarborgen behoeft als bedoeld in artikel 24 van de Procedurerichtlijn.
2. Indien de vreemdeling bijzondere procedurele waarborgen behoeft, wordt gedurende het onderzoek passende steun geboden.
(Zie ook: art. 24 lid 1 Richtlijn 2013/32/EU)

Beoordeling bijzondere procedurele waarborgen/procedurerichtlijn

Art. 3.108c
1. De aanvraag tot het verlenen van de verblijfsvergunning asiel voor bepaalde tijd wordt door de vreemdeling onverwijld ingediend nadat hij op een door Onze Minister te bepalen wijze te kennen heeft gegeven die aanvraag in te willen dienen.
2. De vreemdeling wordt in een taal die hij begrijpt of waarvan redelijkerwijze kan worden aangenomen dat hij deze begrijpt, ingelicht over:
a. de te volgen procedure;
b. zijn rechten en verplichtingen tijdens de procedure;
c. de gevolgen die kunnen ontstaan indien hij zijn verplichtingen niet nakomt of niet met Onze Minister samenwerkt;

Wijze indienen aanvraag/informatie

d. de geldende termijnen;
e. de middelen waarover hij beschikt om te voldoen aan zijn verplichting tot het naar voren brengen van de in artikel 31, tweede tot en met vierde lid, van de Wet bedoelde elementen, en
f. de gevolgen van een intrekking van zijn aanvraag.
(Zie ook: C1/2.1 Vc; art. 12 lid 1 sub a Richtlijn 2013/32/EU)
3. Aan de vreemdeling wordt tijdig mededeling gedaan van het hem toekomende recht zich tijdens de in deze paragraaf bedoelde gehoren en de procedure te doen bijstaan.

Art. 3.108d

Aanvraag verlenen verblijfsvergunning asiel voor bepaalde tijd, aanvang aanmeldfase

1. Nadat de vreemdeling in overeenstemming met het gestelde in artikel 3.108 te kennen heeft gegeven dat hij de aanvraag bedoeld in artikel 3.108c, eerste lid, wil indienen, neemt de aanmeldfase een aanvang.

2. Van de vreemdeling worden door Onze Minister een gezichtsopname en vingerafdrukken afgenomen en verwerkt. De vreemdeling verleent hieraan zijn medewerking.

3. Tijdens de aanmeldfase kan onderzoek plaatsvinden naar de identiteit, vingerafdrukken, nationaliteit en reisroute van de vreemdeling en naar de bij de vreemdeling aangetroffen of door hem overgelegde documenten en bescheiden.

4. Tijdens de aanmeldfase wordt de vreemdeling gevraagd naar een korte opgave van zijn asielmotieven. Het doel hiervan is een efficiënte behandeling van de aanvraag mogelijk te maken.

5. Bij de beoordeling van de inwilligbaarheid van de aanvraag zullen de door de vreemdeling tijdens de aanmeldfase afgelegde verklaringen omtrent zijn asielmotieven niet worden betrokken, tenzij deze betrekking hebben op daden als bedoeld in artikel 1F van het Vluchtelingenverdrag, andere zware strafbare feiten of relevant zijn in het kader van de bescherming van de nationale veiligheid.

6. De vreemdeling wordt tijdens de aanmeldfase door Onze Minister aan een aanmeldgehoor onderworpen. Gedurende het aanmeldgehoor kunnen onder meer vragen worden gesteld omtrent de identiteit, nationaliteit, etniciteit, religie, herkomst, reisroute, documenten, eventueel verblijf in lidstaten van de Europese Unie of derde landen, en de personalia en verblijfplaats van familieleden.

7. Indien de aanvraag tot het verlenen van de verblijfsvergunning asiel voor bepaalde tijd wordt behandeld in de grensprocedure, bedoeld in artikel 3.109b, of indien de vreemdeling rechtens zijn vrijheid is of wordt ontnomen op grond van artikel 59b van de Wet of op grond van een niet-vreemdelingrechtelijke titel, is dit artikel niet van toepassing. Wel zijn het vierde en het vijfde lid van overeenkomstige toepassing en wordt de vreemdeling voorafgaand aan het gehoor, bedoeld in artikel 3.113, eerste lid, onderworpen aan een aanmeldgehoor als bedoeld in het zesde lid.

8. Na afronding van het aanmeldgehoor eindigt de aanmeldfase. Een afschrift van het verslag van het aanmeldgehoor wordt aan de vreemdeling ter kennis gebracht. De vreemdeling wordt in de gelegenheid gesteld om opmerkingen te maken of opheldering te verschaffen over verkeerd vertaalde passages of misvattingen in het verslag van het gehoor.

Art. 3.109

Rust- en voorbereidingstijd

1. Met ingang van de dag volgend op het einde van de aanmeldfase, bedoeld in artikel 3.108d, wordt de vreemdeling een rust- en voorbereidingstermijn gegeven van ten minste zes dagen. Het onderzoek, bedoeld in artikel 3.110, vangt na de rust- en voorbereidingstermijn aan.

2. Van de vreemdeling kunnen door Onze Minister een gezichtsopname en vingerafdrukken worden afgenomen en verwerkt. De vreemdeling verleent hieraan zijn medewerking.

3. Gedurende de rust- en voorbereidingstermijn kan onderzoek plaatsvinden naar onder meer de identiteit, vingerafdrukken, nationaliteit en reisroute van de vreemdeling en naar de bij de vreemdeling aangetroffen of door hem overgelegde documenten en bescheiden.

4. Gedurende de rust- en voorbereidingstermijn wordt de vreemdeling in de gelegenheid gesteld om te worden voorgelicht over het vervolg van de asielprocedure en om zich op het vervolg van de asielprocedure voor te bereiden. De vreemdeling wordt tevens in staat gesteld zich op het gehoor, bedoeld in artikel 3.113, eerste lid, voor te bereiden.

5. De vreemdeling wordt een medisch onderzoek aangeboden. Voor dit onderzoek is de schriftelijke toestemming van de vreemdeling vereist.

6. In afwijking van het eerste lid wordt geen rust- en voorbereidingstermijn gegeven indien:
a. de vreemdeling een gevaar vormt voor de openbare orde of nationale veiligheid;
b. de vreemdeling overlast veroorzaakt in een opvangvoorziening of in de omgeving daarvan;
c. de vreemdeling rechtens zijn vrijheid is ontnomen op grond van artikel 59b van de Wet dan wel op grond van een niet-vreemdelingrechtelijke titel;
d. het vermoeden bestaat dat de aanvraag mede kan worden afgewezen omdat de vreemdeling niet naar waarheid gegevens heeft verstrekt over zijn identiteit, nationaliteit, herkomst of etniciteit.

7. Indien geen rust- en voorbereidingstermijn wordt gegeven, wordt gewaarborgd dat de vreemdeling op een passend moment voorafgaand aan de aanvang van het onderzoek in de

gelegenheid wordt gesteld om te worden voorgelicht over het vervolg van de asielprocedure en om zich op het vervolg van de asielprocedure en het gehoor, bedoeld in artikel 3.113, eerste lid, voor te bereiden.
(Zie ook: art. 3.118a Vb; C1/2.2 Vc; Vo (EU) nr. 604/2013; art. 19 Richtlijn 2013/32/EU)

Art. 3.109a
1. De vreemdeling kan gebruik maken van de diensten van een tolk tijdens de in deze paragraaf bedoelde gehoren en op andere momenten waarop dat noodzakelijk is om zijn zaak voor te leggen, indien een goede communicatie zonder die diensten niet kan worden gewaarborgd.
2. De vreemdeling kan tijdens de procedure, indien gewenst, contact opnemen met de UNHCR of met een andere organisatie die juridisch advies of andere ondersteuning biedt.
3. De vreemdeling en degene die hem vertegenwoordigt hebben toegang tot de informatie in het dossier op grond waarvan een beslissing is of zal worden genomen.
4. Het derde lid is niet van toepassing wanneer de openbaarmaking van informatie of bronnen de nationale veiligheid, de veiligheid van de organisaties of personen die de informatie hebben verstrekt dan wel de veiligheid van de persoon of personen op wie de informatie betrekking heeft, in gevaar zou brengen, of wanneer het belang van het onderzoek in verband met de behandeling van aanvragen tot het verlenen van een verblijfsvergunning asiel voor bepaalde tijd door de bevoegde autoriteiten van de lidstaten of de internationale betrekkingen van de lidstaten zouden worden geschaad.
(Zie ook: art. 38 Vw; C1/2.11 Vc; artt. 12 lid 1 sub b, c en d, 23 lid 1, 25 lid 6 sub a en b, 43 Richtlijn 2013/32/EU)
5. Bij ministeriële regeling kunnen nadere regels worden gesteld over de gevallen waarin minderjarigen kunnen worden gehoord tijdens de in deze paragraaf bedoelde gehoren.

Tolk/ondersteuning/dossier

Art. 3.109b
1. Indien een vreemdeling die niet voldoet aan de voorwaarden voor toegang tot Nederland, aan de grens te kennen geeft een aanvraag tot het verlenen van een verblijfsvergunning asiel voor bepaalde tijd te willen indienen, vindt behandeling van de aanvraag in een grensprocedure plaats zolang redelijkerwijs kan worden aangenomen dat hierop kan worden besloten met toepassing van artikel 30, 30a of 30b van de Wet.
2. Indien de aanvraag tot het verlenen van de verblijfsvergunning asiel voor bepaalde tijd wordt behandeld in een grensprocedure, kan Onze Minister, in afwijking van artikel 3.109, eerste lid, het onderzoek na een kortere rust- en voorbereidingstermijn dan zes dagen aanvangen, mits de vreemdeling te kennen heeft gegeven hier prijs op te stellen.
3. Indien naar het oordeel van Onze Minister geen sprake is van een aanvraag waarop vermoedelijk zal worden besloten tot toepassing van artikel 30, 30a of 30b van de Wet, wordt de behandeling van de aanvraag voortgezet onder opheffing van de maatregel, bedoeld in artikel 6, derde lid, van de Wet.
4. Indien er sprake is van een situatie als bedoeld in het derde lid, wordt het onderzoek naar de aanvraag opgeschort.
5. Indien het onderzoek naar de aanvraag is opgeschort als bedoeld in het vierde lid, wordt ten minste een dag voor hervatting van het onderzoek daarvan mededeling gedaan aan de vreemdeling.
6. Het onderzoek wordt hervat op het punt waarop het is afgebroken.
7. Aanvragen van alleenstaande minderjarige vreemdelingen worden niet behandeld in de grensprocedure.
(Zie ook: C1/2.5 Vc)

Grensprocedure

Art. 3.109c
1. Indien de aanvraag vermoedelijk niet in behandeling zal worden genomen op grond van artikel 30 van de Wet, zijn de artikelen, 3.108d, 3.109 en 110 tot en met 3.118 niet, of indien de in artikel 3.108d bedoelde aanmeldfase reeds is aangevangen, niet langer van toepassing.
2. Van de vreemdeling kunnen door Onze Minister een gezichtsopname en vingerafdrukken worden afgenomen en verwerkt. De vreemdeling verleent hieraan zijn medewerking.
3. Na de indiening van de aanvraag, bedoeld in artikel 3.108c, eerste lid, kan onderzoek plaatsvinden naar de identiteit, vingerafdrukken, nationaliteit en reisroute van de vreemdeling en naar de bij hem aangetroffen of door hem overgelegde documenten en bescheiden.
4. De vreemdeling wordt zo spoedig mogelijk door Onze Minister gehoord over de mogelijkheid van toepassing van artikel 30 van de Wet. Tevens wordt de vreemdeling gehoord over zijn eventuele bezwaren tegen overdracht naar de verantwoordelijke lidstaat, als bedoeld in artikel 30, tweede lid, van de Wet. Tijdens het gehoor kunnen onder meer vragen worden gesteld omtrent de identiteit, nationaliteit, etniciteit, religie, herkomst, reisroute, documenten, eventueel verblijf in derde landen, en de personalia en verblijfplaats van familieleden. Voor zover het aanmeldgehoor, bedoeld in artikel 3.108d, zesde lid, al een aanvang heeft genomen, wordt dit gehoor voortgezet en aangemerkt als een gehoor als hier bedoeld.
5. Een afschrift van het in het vierde lid bedoelde gehoor wordt zo spoedig mogelijk ter kennis van de vreemdeling gebracht.

Dublinprocedure

A41 art. 3.109ca Vreemdelingenbesluit 2000

6. Het schriftelijk voornemen om de aanvraag niet in behandeling te nemen wordt meegedeeld door uitreiking of toezending daarvan.
7. Indien naar het oordeel van Onze Minister geen sprake meer is van een aanvraag waarop vermoedelijk zal worden besloten met toepassing van artikel 30 van de Wet wordt voor de verdere behandeling van de aanvraag alsnog de in artikel 3.109ca of de in de artikelen 3.109 en 3.110 tot en met 3.116 beschreven procedure gevolgd. Indien Onze Minister dit noodzakelijk acht, kan een aanmeldgehoor, als bedoeld in artikel 3.108d, zesde lid, worden gehouden.
(Zie ook: art. 3.117 lid 10 Vb; C1/2.6 Vc)
8. De vreemdeling wordt in de gelegenheid gesteld om opmerkingen te maken of opheldering te verschaffen over verkeerd vertaalde passages of misvattingen in het verslag van het gehoor, bedoeld in het vijfde lid, en nadere gegevens te verstrekken alsmede schriftelijk zijn zienswijze op het in het zesde lid bedoelde voornemen naar voren te brengen uiterlijk binnen twee weken. Indien de vreemdeling rechtens zijn vrijheid is ontnomen geldt hiervoor een termijn van een week.
9. De termijn, bedoeld in het achtste lid, vangt aan met ingang van de dag na die waarop het voornemen is uitgereikt of toegezonden.
10. De schriftelijke zienswijze is tijdig bij Onze Minister ingediend, indien deze voor het einde van de termijn is ontvangen.
11. Onze Minister houdt rekening met een na afloop van de termijn ontvangen schriftelijke zienswijze, indien de beschikking nog niet bekend is gemaakt en de afdoening van de zaak daardoor niet ontoelaatbaar wordt vertraagd. Het ontbreken van de schriftelijke zienswijze, na het verstrijken van de termijn waarbinnen de vreemdeling zijn zienswijze schriftelijk naar voren kan brengen, staat aan het geven van de beschikking niet in de weg.
12. De beschikking wordt bekendgemaakt door uitreiking of toezending ervan.

Art. 3.109ca

Procedure veilig land/bescherming andere EU-lidstaat

1. De artikelen 3.108d, 3.109 en 110 tot en met 3.116 zijn niet, of indien de in artikel 3.108d bedoelde aanmeldfase reeds is aangevangen, niet langer van toepassing, indien de aanvraag:
   a. vermoedelijk niet-ontvankelijk zal worden verklaard met toepassing van artikel 30a, eerste lid, onder a of e, van de Wet;
   b. vermoedelijk niet-ontvankelijk zal worden verklaard met toepassing van artikel 30a, eerste lid, onder b, van de Wet, voor zover bedoelde bescherming is verleend door een staat die partij is bij de Overeenkomst betreffende de Europese Economische Ruimte, niet zijnde een lidstaat van de Europese Unie, of door Zwitserland;
   c. vermoedelijk kennelijk ongegrond zal worden verklaard met toepassing van artikel 30b, eerste lid, onder b, van de Wet; of
   d. vermoedelijk niet-ontvankelijk zal worden verklaard gelet op het bepaalde in het Protocol (nr. 24) inzake asiel voor onderdanen van lidstaten van de Europese Unie, bij het Verdrag betreffende de Europese Unie.
2. Van de vreemdeling kunnen door Onze Minister een gezichtsopname en vingerafdrukken worden afgenomen en verwerkt. De vreemdeling verleent hieraan zijn medewerking.
3. Na de indiening van de aanvraag, bedoeld in artikel 3.108c, eerste lid, kan onderzoek plaatsvinden naar de identiteit, vingerafdrukken, nationaliteit en reisroute van de vreemdeling en naar de bij hem aangetroffen of door hem overgelegde documenten en bescheiden.
4. De vreemdeling wordt zo spoedig mogelijk door Onze Minister aan een gehoor onderworpen. Daarbij kunnen onder meer vragen worden gesteld omtrent de identiteit, nationaliteit, etniciteit, religie, herkomst, reisroute, documenten, eventueel verblijf in derde landen, en de personalia en verblijfplaats van familieleden. Indien Onze Minister voornemens is de aanvraag niet-ontvankelijk of kennelijk ongegrond te verklaren op de in het eerste lid bedoelde gronden, wordt de vreemdeling tijdens het gehoor in de gelegenheid gesteld zijn standpunt uiteen te zetten over de toepassing van deze gronden op zijn specifieke omstandigheden of aan te geven waarom zijn land van herkomst in zijn specifieke geval niet veilig is.
5. Een afschrift van het schriftelijk verslag van het in het vierde lid bedoelde gehoor wordt zo spoedig mogelijk ter kennis van de vreemdeling gebracht.
6. Indien Onze Minister voornemens is de aanvraag niet-ontvankelijk of kennelijk ongegrond te verklaren op de in het eerste lid bedoelde gronden, wordt het schriftelijk voornemen daartoe zo spoedig mogelijk aan de vreemdeling toegezonden of uitgereikt.
7. Indien na het in het vierde lid bedoelde gehoor niet voldoende duidelijk is dat kan worden besloten tot niet-ontvankelijkverklaring of tot kennelijk ongegrondverklaring op de in het eerste lid bedoelde gronden, wordt voor de verdere behandeling van de aanvraag alsnog de in de artikelen 3.109 en 110 tot en met 3.116 beschreven procedure gevolgd. Indien Onze Minister dit noodzakelijk acht, kan een aanmeldgehoor, als bedoeld in artikel 3.108d, zesde lid, worden gehouden.
8. De vreemdeling wordt in de gelegenheid gesteld om opmerkingen te maken of opheldering te verschaffen over verkeerd vertaalde passages of misvattingen in het verslag van het in het vierde en vijfde lid bedoelde gehoor en nadere gegevens te verstrekken en zijn zienswijze op

het in het vijfde lid bedoelde voornemen schriftelijk naar voren te brengen uiterlijk binnen een dag na de dag waarop het voornemen is uitgereikt of toegezonden.
9. De schriftelijke zienswijze is tijdig bij Onze Minister ingediend, indien deze voor het einde van de termijn is ontvangen.
10. Onze Minister houdt rekening met een na afloop van de termijn ontvangen schriftelijke zienswijze, indien de beschikking nog niet bekend is gemaakt en de afdoening van de zaak daardoor niet ontoelaatbaar wordt vertraagd. Het ontbreken van de schriftelijke zienswijze, na het verstrijken van de termijn waarbinnen de vreemdeling zijn zienswijze schriftelijk naar voren kan brengen, staat aan het geven van de beschikking niet in de weg.
11. De beschikking wordt uiterlijk op de achtste dag na het in het vierde lid bedoelde gehoor genomen en wordt bekendgemaakt door uitreiking of toezending ervan.
(Zie ook: art. 3.123a-i Vb; C1/2.7 Vc; artt. 36, 37 Richtlijn 2013/32/EU)

Art. 3.109d

1. De alleenstaande minderjarige vreemdeling wordt onmiddellijk in kennis gesteld van de aanwijzing van een persoon die hem bijstaat en vertegenwoordigt.

Procedurele verplichtingen bij alleenstaande minderjarige vreemdeling

2. Onze Minister kan in het kader van de behandeling van de aanvraag van een alleenstaande minderjarige vreemdeling tot het verlenen van een verblijfsvergunning asiel voor bepaalde tijd besluiten om door middel van een medisch onderzoek zijn gestelde minderjarigheid vast te stellen, wanneer Onze Minister, nadat er een algemene verklaring is afgelegd of andere relevante aanwijzingen zijn, twijfels heeft over diens leeftijd. Voor dit onderzoek is de schriftelijke toestemming van de vreemdeling vereist. Als het onderzoek deze twijfels niet wegneemt, wordt ervan uitgegaan dat de aanvrager minderjarig is.
3. Indien een alleenstaande minderjarige vreemdeling weigert het in het tweede lid bedoelde medisch onderzoek te ondergaan, wordt de beslissing tot afwijzing van de aanvraag niet enkel op die weigering gebaseerd.
4. Indien de aanvraag wordt ingediend door een alleenstaande minderjarige vreemdeling, wordt zijn wettelijk vertegenwoordiger, juridische adviseur of andere raadsman in de gelegenheid gesteld om bij het nader gehoor aanwezig te zijn.
5. De wettelijk vertegenwoordiger, juridische adviseur of andere raadsman is bij het gehoor aanwezig en wordt in de gelegenheid gesteld aan het einde van het nader gehoor vragen te stellen of opmerkingen te maken.
6. De aanvraag van een alleenstaande minderjarige vreemdeling kan uitsluitend met toepassing van artikel 30a, eerste lid, aanhef en onder c, van de Wet niet-ontvankelijk worden verklaard indien dit in het belang van de minderjarige is.
(Zie ook: C1/2.2 Vc; art. 25 Richtlijn 2013/32/EU)

Art. 3.109e

1. Indien Onze Minister het voor de beoordeling van de aanvraag tot het verlenen van een verblijfsvergunning asiel voor bepaalde tijd relevant acht, biedt hij ook een medisch onderzoek aan naar aanwijzingen van vroegere vervolging of ernstige schade. Dit onderzoek wordt verricht door gekwalificeerde medische beroepsbeoefenaars. De vreemdeling wordt ervan in kennis gesteld dat hij op eigen initiatief en kosten een dergelijk onderzoek kan regelen.

Aanbod medisch onderzoek

2. Het medisch onderzoek wordt niet uitgevoerd dan met toestemming van de vreemdeling.
3. Bij ministeriële regeling kunnen nadere regels worden gesteld met betrekking tot de uitvoering van het medisch onderzoek, bedoeld in het eerste lid.

Nadere regels

4. Indien de vreemdeling op eigen initiatief een medisch onderzoek naar aanwijzingen van vroegere vervolging of ernstige schade heeft laten verrichten, betrekt Onze Minister de resultaten ervan bij de beoordeling van de aanvraag.
5. De resultaten van de in het eerste en vierde lid bedoelde medische onderzoeken worden door Onze Minister beoordeeld samen met de andere elementen van de aanvraag.
6. Indien de vreemdeling een medisch onderzoek weigert of belemmert, dan wel geen inzage in het medisch onderzoek verleent aan Onze Minister, kan Onze Minister niettemin op de aanvraag beslissen.
(Zie ook: art. 3.115 lid 1 sub f Vb; art. 18 lid 1 Richtlijn 2013/32/EU)

Art. 3.110

1. Voor het onderzoek naar de aanvraag tot het verlenen van de verblijfsvergunning asiel voor bepaalde tijd zijn in een Aanmeldcentrum zes dagen beschikbaar.

Aanmeldcentrum, duur verblijf

2. Onze Minister kan de in het eerste lid genoemde termijn verlengen onder de in artikel 3.115 beschreven voorwaarden.
3. Voor de termijnen, genoemd in het eerste en tweede lid, met uitzondering van het Aanmeldcentrum Schiphol, tellen de dagen gedurende het weekeinde en de dagen die bij of krachtens de Algemene termijnenwet zijn aangemerkt als algemeen erkende feestdagen niet mee.
4. Bij ministeriële regeling kunnen, in afwijking van het derde lid, weekeinden of dagen die bij of krachtens de Algemene termijnenwet zijn aangemerkt als algemeen erkende feestdagen, worden aangewezen als dagen die wel meetellen voor de termijnen, genoemd in het eerste en

tweede lid. Die aanwijzing kan worden beperkt tot bepaalde dagen van het weekeinde, tot bepaalde weekeinden, tot bepaalde dagen die bij of krachtens de Algemene termijnenwet zijn aangemerkt als algemeen erkende feestdagen, of tot bepaalde aanmeldcentra.
5. Onze Minister bepaalt met inachtneming van artikel 3.109, eerste lid, wanneer het onderzoek als bedoeld in het eerste lid aanvangt en deelt de dag van aanvang mede aan de vreemdeling.
(Zie ook: artt. 3.42, 3.45b VV; C1/2.2 Vc)

Art. 3.111-3.112
[Vervallen]

Art. 3.113

Nader gehoor

1. Op de eerste dag wordt de vreemdeling door Onze Minister aan een nader gehoor onderworpen. Bij het afnemen van het nader gehoor wordt de vreemdeling in de gelegenheid gesteld om zo volledig mogelijk de tot staving van zijn aanvraag noodzakelijke elementen aan te voeren. Dit houdt onder meer in dat de vreemdeling in de gelegenheid wordt gesteld om uitleg te geven over eventueel ontbrekende elementen of over inconsistenties of tegenstrijdigheden in zijn verklaringen.
2. Indien Onze Minister voornemens is de aanvraag niet-ontvankelijk te verklaren op grond van artikel 30a van de Wet, wordt de vreemdeling tijdens het nader gehoor in de gelegenheid gesteld zijn standpunt uiteen te zetten over de toepassing van de in artikel 30a, eerste lid, van de Wet bedoelde gronden op zijn specifieke omstandigheden.
3. Van het nader gehoor wordt een schriftelijk verslag gemaakt. Een afschrift van het verslag van nader gehoor wordt op de eerste dag aan de vreemdeling ter kennis gebracht.
4. De vreemdeling wordt in de gelegenheid gesteld om uiterlijk op de tweede dag opmerkingen te maken of opheldering te verschaffen over verkeerd vertaalde passages of misvattingen in het verslag van het nader gehoor en nadere gegevens te verstrekken. De vreemdeling wordt daartoe volledig geïnformeerd over de inhoud van het verslag, zo nodig met bijstand van een tolk. De vreemdeling wordt verzocht uiterlijk op de tweede dag schriftelijk te bevestigen dat de inhoud van het verslag een correcte afspiegeling is van het nader gehoor. Het verslag van nader gehoor vermeldt deze termijn.
5. Indien de vreemdeling weigert te bevestigen dat de inhoud van het verslag een correcte afspiegeling van het nader gehoor vormt, worden de redenen voor deze weigering in zijn dossier opgenomen. Die weigering belet Onze Minister niet om een beslissing op de aanvraag te nemen.
6. In afwijking het tweede lid blijft een nader gehoor in een Aanmeldcentrum achterwege:
a. indien de vreemdeling om medische redenen niet aan een nader gehoor kan worden onderworpen, of
b. ten aanzien van een alleenstaande minderjarige vreemdeling beneden de leeftijd van twaalf jaar.
Bij ministeriële regeling kunnen andere gevallen worden aangewezen waarin een nader gehoor in een Aanmeldcentrum achterwege blijft.
7. Indien een nader gehoor in een Aanmeldcentrum achterwege is gebleven wordt de vreemdeling door Onze Minister zo spoedig mogelijk aan een nader gehoor onderworpen. Van het nader gehoor wordt een schriftelijk verslag gemaakt. Een afschrift van het verslag van nader gehoor wordt zo spoedig mogelijk aan de vreemdeling ter kennis gebracht. Het verslag van nader gehoor vermeldt de termijn waarbinnen de vreemdeling uit eigen beweging of desgevraagd nadere gegevens kan verstrekken. Deze termijn bedraagt ten minste twee dagen.

Nadere regels

8. Bij ministeriële regeling worden voorschriften gesteld omtrent het afnemen van het nader gehoor.
(Zie ook: C1/2 Vc; artt. 14, 16, 17 Richtlijn 2013/32/EU)

Art. 3.114

Voornemenprocedure

1. Indien Onze Minister voornemens is de aanvraag tot het verlenen van de verblijfsvergunning asiel voor bepaalde tijd af te wijzen binnen zes dagen, wordt het schriftelijk voornemen daartoe aan de vreemdeling toegezonden op de derde dag of aan de vreemdeling uitgereikt op de vierde dag.
2. De vreemdeling brengt zijn zienswijze op het in het eerste lid bedoelde voornemen schriftelijk naar voren uiterlijk op de vierde dag.
3. De schriftelijke zienswijze is tijdig bij Onze Minister ingediend, indien deze voor het einde van de termijn is ontvangen.
4. Het tijdstip van uitreiken van het voornemen en de ontvangst van de schriftelijke zienswijze worden door Onze Minister vastgelegd.
5. Onze Minister houdt rekening met een na afloop van de termijn ontvangen schriftelijke zienswijze, indien de beschikking nog niet bekend is gemaakt. Met een na afloop van de termijn ontvangen aanvulling op een eerder ingediende schriftelijke zienswijze wordt rekening gehouden, indien de beschikking nog niet bekend is gemaakt en de afdoening van de zaak daardoor niet ontoelaatbaar wordt vertraagd. Het ontbreken van de schriftelijke zienswijze, na het verstrijken van de termijn waarbinnen de vreemdeling zijn zienswijze schriftelijk naar voren kan brengen, staat aan het geven van de beschikking niet in de weg.

Vreemdelingenbesluit 2000   **A41** art. 3.115

6. Onze Minister maakt de beschikking uiterlijk op de zesde dag bekend door uitreiking of toezending ervan.
(Zie ook: C1/2.12 Vc)

Art. 3.115
1. Onze Minister kan de in artikel 3.110, eerste lid, genoemde termijn voorafgaand aan de start van het onderzoek verlengen, indien als gevolg van het onderzoek in de aanmeldfase of de rust- en voorbereidingstermijn, of als gevolg van het medisch onderzoek, bedoeld in artikel 3.109, vijfde lid, is gebleken dat: **Aanmeldcentrum, verlenging verblijf**
a. er indicaties zijn dat het onderzoek naar de afgelegde verklaringen voorzienbaar meer tijd zal vergen; of
b. de vreemdeling bijzondere procedurele waarborgen behoeft als bedoeld in artikel 3.108b, dan wel meer tijd nodig is voor het zorgvuldig doorlopen van de procedure omdat uit het medisch onderzoek, bedoeld in artikel 3.109, vijfde lid, is gebleken dat een extra dag nodig is voor het nader gehoor, bedoeld in artikel 3.113, eerste lid.
2. Onze Minister kan de in artikel 3.110, eerste lid, genoemde termijn na de start van het onderzoek verlengen:
a. in geval van overschrijding van de termijnen, bedoeld in de artikelen 113, eerste en derde lid, en 114, eerste en zesde lid, tenzij de overschrijding aan Onze Minister kan worden toegerekend;
b. in geval van overschrijding van de termijnen, bedoeld in artikelen 3.113, vierde lid, of 114, tweede lid, en de vreemdeling een met redenen omkleed verzoek om verlenging heeft ingediend, tenzij de overschrijding aan de vreemdeling kan worden toegerekend;
c. indien naar het oordeel van Onze Minister nader onderzoek naar de identiteit of nationaliteit van de vreemdeling noodzakelijk is;
d. indien de vreemdeling zijn eerder tijdens het onderzoek afgelegde verklaringen essentieel wijzigt of aanvult;
e. indien naar het oordeel van Onze Minister nader onderzoek noodzakelijk is naar omstandigheden die verband houden met de gronden, bedoeld in de artikelen 3.6a, eerste lid, en 1e;
f. indien Onze Minister een medisch onderzoek heeft aangeboden als bedoeld in artikel 3.109e; of
g. indien de vreemdeling niet is verschenen bij een gehoor, dan wel is verdwenen of vertrokken zonder toestemming van Onze Minister.
3. In de gevallen, bedoeld in het eerste lid, wordt de in artikel 3.110, eerste lid, genoemde termijn verlengd met drie dagen: een extra dag voor het nader gehoor, een extra dag voor de correcties en aanvullingen gedurende welke dag Onze Minister reeds een aanvang kan maken met het voornemen, en een extra dag voor het opstellen van de zienswijze. In de gevallen bedoeld in het tweede lid wordt de in artikel 3.110, eerste lid, genoemde termijn verlengd met ten hoogste twaalf, veertien, of twintig dagen. Indien verlenging op grond van zowel het eerste, als het tweede lid plaatsvindt, zijn voor het onderzoek in een Aanmeldcentrum ten hoogste eenentwintig, drieëntwintig of negenentwintig dagen beschikbaar.
4. De vreemdeling wordt van de verlenging schriftelijk in kennis gesteld. Bij de kennisgeving wordt de reden van de verlenging aangegeven alsmede op welk moment de verlengde termijn eindigt.
5. Indien Onze Minister de in artikel 3.110, eerste lid, genoemde termijn heeft verlengd wordt het schriftelijk voornemen aan de vreemdeling uitgereikt of toegezonden.
6. De vreemdeling brengt zijn zienswijze uiterlijk op de eerste dag, of bij toepassing van het eerste lid op de tweede dag, na de uitreiking of toezending van het voornemen naar voren, tenzij een met redenen omkleed verzoek om verlenging van deze termijn wordt ingewilligd.
7. Artikel 3.114, derde tot en met vijfde lid, is van toepassing.   **Nadere regels**
(Zie ook: C1/2 Vc)
8. Indien er sprake is van een situatie als bedoeld in het eerste lid, maakt Onze Minister de beschikking uiterlijk op de negende dag bekend door uitreiking of toezending ervan.
9. Indien er sprake is van een situatie als bedoeld in het tweede lid, onderdeel a tot en met e, maakt Onze Minister de beschikking uiterlijk op de achttiende dag bekend door uitreiking of toezending ervan. Indien er sprake is van een situatie als bedoeld in het tweede lid, onderdeel f, maakt Onze Minister de beschikking uiterlijk op de twintigste dag bekend door uitreiking of toezending ervan. Indien er sprake is van een situatie als bedoeld in het tweede lid, onderdeel g, maakt Onze Minister de beschikking uiterlijk op de zesentwintigste dag bekend door uitreiking of toezending ervan.
10. Indien er sprake is van een situatie als bedoeld in het eerste en tweede lid, maakt Onze Minister de beschikking uiterlijk op de eenentwintigste, drieëntwintigste of negenentwintigste dag bekend door uitreiking of toezending ervan.
11. Bij ministeriële regeling kunnen nadere regels gesteld worden omtrent de toepassing van het eerste en tweede lid alsmede de wijze waarop het onderzoek naar de aanvraag wordt vervolgd indien de in artikel 3.110, eerste lid, genoemde termijn wordt verlengd.

A41 art. 3.116

Voornemen, verlengde asielprocedure

Art. 3.116

1. Het schriftelijke voornemen om:
   a. de aanvraag tot het verlenen van de verblijfsvergunning asiel voor bepaalde tijd af te wijzen indien de termijnen, bedoeld in de artikelen 3.113, eerste en derde lid, of 3.114, eerste en zesde lid, dan wel de op grond van artikel 3.115, eerste of derde lid, verlengde termijn, zijn overschreden;
   b. de aanvraag tot het verlengen van de geldigheidsduur van de verblijfsvergunning asiel voor bepaalde tijd af te wijzen;
   c. de aanvraag tot het verlenen van een verblijfsvergunning als bedoeld in artikel 8, onder d, van de Wet, af te wijzen, of
   d. een verblijfsvergunning als bedoeld in artikel 8, onder c en d, van de Wet, in te trekken, wordt aan de vreemdeling meegedeeld door uitreiking of toezending ervan.
2. De termijn waarbinnen de vreemdeling zijn zienswijze schriftelijk naar voren brengt bedraagt, tenzij een met redenen omkleed verzoek om verlenging van deze termijn wordt ingewilligd:
   a. in het geval, bedoeld in het eerste lid, onder a: vier weken, en
   b. in de gevallen, bedoeld in het eerste lid, onder b, c en d: zes weken.
3. De termijn, bedoeld in het tweede lid, vangt aan met ingang van de dag na die waarop het voornemen is uitgereikt of toegezonden.
4. De schriftelijke zienswijze is tijdig bij Onze Minister ingediend, indien deze voor het einde van de termijn is ontvangen. Bij verzending per post is de zienswijze tijdig ingediend, indien deze voor het einde van de termijn ter post is bezorgd, mits deze niet later dan een week na afloop van de termijn is ontvangen.
5. De ontvangst van de schriftelijke zienswijze wordt door Onze Minister bevestigd.
6. Onze Minister houdt rekening met een na afloop van de termijn ontvangen schriftelijke zienswijze, indien de beschikking nog niet bekend is gemaakt. Met een na afloop van de termijn ontvangen aanvulling op een eerder ingediende schriftelijke zienswijze wordt rekening gehouden, indien de beschikking nog niet bekend is gemaakt en de afdoening van de zaak daardoor niet ontoelaatbaar wordt vertraagd. Het ontbreken van de schriftelijke zienswijze, na het verstrijken van de termijn waarbinnen de vreemdeling zijn zienswijze schriftelijk naar voren kan brengen, staat aan het geven van de beschikking niet in de weg.

Vreemdelingenbewaring, asielprocedure

Art. 3.117

1. De termijnen, genoemd in de artikelen 3.113, eerste, derde en vierde lid, en 3.114, zijn niet van toepassing op de aanvraag tot het verlenen van de verblijfsvergunning asiel voor bepaalde tijd van de vreemdeling aan wie rechtens zijn vrijheid is ontnomen op grond van artikel 59b van de Wet terwijl de vrijheidsontneming voortduurt, tenzij de aanvraag wordt behandeld in een Aanmeldcentrum.
2. De vreemdeling wordt door Onze Minister zo spoedig mogelijk aan een nader gehoor onderworpen, waarbij wordt voldaan aan het in artikel 3.113, derde tot en met vijfde lid, bepaalde.
3. Het verslag van het nader gehoor vermeldt de termijn waarbinnen de vreemdeling in de gelegenheid wordt gesteld te voldoen aan het in artikel 3.113, vierde lid, bepaalde.
4. Indien Onze Minister voornemens is de aanvraag af te wijzen, wordt het schriftelijk voornemen daartoe zo spoedig mogelijk uitgereikt of toegezonden.
5. De vreemdeling brengt zijn zienswijze binnen twee weken schriftelijk naar voren.
6. De termijn, bedoeld in het vijfde lid, vangt aan met ingang van de dag na die waarop het voornemen is uitgereikt of toegezonden.
7. De schriftelijke zienswijze is tijdig bij Onze Minister ingediend, indien deze voor het einde van de termijn is ontvangen.
8. Artikel 3.116, vijfde lid, is van toepassing.
9. Indien de vreemdeling rechtens zijn vrijheid is ontnomen op grond van artikel 59a, is artikel 3.109c van overeenkomstige toepassing.
(Zie ook: C1/2.10 Vc)
10. Indien de vreemdeling rechtens zijn vrijheid is ontnomen, is artikel 3.109ca van overeenkomstige toepassing.

Vreemdelingenbewaring, voornemenprocedure

Art. 3.118

1. Indien Onze Minister voornemens is om:
   a. de aanvraag tot het verlenen van de verblijfsvergunning asiel voor bepaalde tijd af te wijzen na ommekomst van de in artikel 3.110, eerste of tweede lid, genoemde termijn;
   b. de aanvraag tot het verlengen van de geldigheidsduur van de verblijfsvergunning asiel voor bepaalde tijd af te wijzen, of
   c. de aanvraag tot het verlenen van de verblijfsvergunning, bedoeld in artikel 8, onder d, van de Wet, af te wijzen, terwijl de vreemdeling rechtens zijn vrijheid is ontnomen op grond van artikel 6, 6a, 59a of 59b van de Wet en de vrijheidsontneming voortduurt, wordt het schriftelijk voornemen daartoe uitgereikt of toegezonden.
2. De artikelen 3.117, vijfde tot en met zevende lid, en 3.116, vijfde en zesde lid, zijn van toepassing. Indien de aanvraag wordt behandeld in een grensprocedure en sprake is van een situ-

atie als bedoeld in het eerste lid, onder a, bedraagt de in artikel 3.117, vijfde lid, bedoelde termijn een week.

Art. 3.118a
[Vervallen]

Art. 3.118b
1. Indien de vreemdeling reeds eerder een aanvraag tot het verlenen van een verblijfsvergunning asiel voor bepaalde tijd heeft ingediend welke is afgewezen dan wel niet in behandeling is genomen, vangt het onderzoek naar een volgende aanvraag aan nadat de vreemdeling schriftelijk, op een door Onze Minister te bepalen wijze, te kennen heeft gegeven welke redenen aan die volgende aanvraag ten grondslag liggen. Onze Minister bepaalt met inachtneming van de vorige volzin wanneer de in het tweede tot en met achtste lid beschreven procedure aanvangt en deelt de dag van aanvang mede aan de vreemdeling.

Indienen tweede aanvraag verblijfsvergunning asiel voor bepaalde tijd

2. In het geval, bedoeld in het eerste lid, zijn de artikelen 3.108d, 3.109, 3.113, eerste tot en met het achtste lid, en 3.114, eerste, tweede en zesde lid, niet van toepassing. In plaats daarvan:
   a. wordt de vreemdeling op de eerste dag door Onze Minister aan een nader gehoor onderworpen;
   b. wordt het afschrift van het verslag van het nader gehoor op de eerste dag aan de vreemdeling ter kennis gebracht;
   c. wordt, indien Onze Minister voornemens is de aanvraag af te wijzen binnen drie dagen, het schriftelijk voornemen daartoe op de eerste dag aan de vreemdeling toegezonden of uitgereikt;
   d. brengt de vreemdeling zijn zienswijze op het voornemen uiterlijk op de tweede dag naar voren, waarbij hij tevens nadere gegevens kan verstrekken;
   e. maakt Onze Minister de beschikking uiterlijk op de derde dag bekend door uitreiking of toezending ervan.
3. Behoudens in de in artikel 40, zesde lid, van de Procedurerichtlijn bedoelde gevallen, wordt het tweede lid, onder a en b, buiten toepassing gelaten indien Onze Minister de kennis omtrent de relevante feiten en de af te wegen belangen die nodig is voor het kunnen nemen van de beschikking, kan vergaren zonder nader gehoor.
4. In die gevallen waarin met toepassing van het derde lid is afgezien van een nader gehoor, kan Onze Minister naar aanleiding van nieuwe elementen of bevindingen of een andere beoordeling van reeds bekende elementen of bevindingen bepalen dat het onderzoek naar de aanvraag opnieuw aanvangt met inachtneming van het tweede lid. Onze Minister bepaalt in dat geval wanneer de procedure opnieuw aanvangt en deelt de dag van aanvang mede aan de vreemdeling.
5. Het tweede lid, onder c tot en met e, is niet van toepassing, indien zulks schriftelijk door Onze Minister aan de vreemdeling wordt meegedeeld. Bij de mededeling wordt aangegeven of het onderzoek naar de aanvraag al dan niet wordt voortgezet in een Aanmeldcentrum, dan wel de in artikel 3.109c beschreven procedure zal worden gevolgd.
6. Bij voortzetting van het onderzoek in een Aanmeldcentrum:
   a. zijn, in afwijking van artikel 3.110, eerste lid, voor het onderzoek zes dagen beschikbaar;
   b. kan de vreemdeling uit eigen beweging of desgevraagd nadere gegevens verstrekken uiterlijk op de tweede dag;
   c. wordt het schriftelijk voornemen tot afwijzing van de aanvraag toegezonden op de derde dag of uitgereikt op de vierde dag;
   d. brengt de vreemdeling zijn zienswijze op het voornemen uiterlijk op de vierde dag naar voren;
   e. maakt Onze Minister zijn beschikking uiterlijk op de zesde dag bekend door uitreiking of toezending ervan.
7. Onze Minister kan de in het zesde lid, onder a, bedoelde termijn verlengen. In dat geval zijn, in afwijking van artikel 3.110, tweede lid, voor het onderzoek in een Aanmeldcentrum ten hoogste twaalf, veertien of twintig dagen beschikbaar.
8. Indien Onze Minister de in het zesde lid, onder a, bedoelde termijn heeft verlengd:
   a. brengt de vreemdeling, in afwijking van het zesde lid, onder d, zijn zienswijze uiterlijk op de dag na de toezending van het voornemen of op de dag van de uitreiking ervan naar voren, tenzij een met redenen omkleed verzoek om verlenging van deze termijn wordt ingewilligd;
   b. maakt Onze Minister, in afwijking van het zesde lid, onder e, zijn beschikking uiterlijk op de twaalfde dag bekend door uitreiking of toezending ervan.
9. Het eerste tot en met achtste lid is van overeenkomstige toepassing, indien reeds eerder een aan de vreemdeling verleende verblijfsvergunning asiel voor bepaalde tijd is ingetrokken of reeds eerder een aanvraag tot het verlengen van de geldigheidsduur van een dergelijke verblijfsvergunning is afgewezen.
10. Dit artikel blijft buiten toepassing ten aanzien van de bij ministeriële regeling aan te wijzen categorieën vreemdelingen.
(Zie ook: art. 83.0a Vw; art. 3.50 VV; C1/2.9, C1/4.6 Vc; art. 17 Richtlijn 2013/32/EU.)

Art. 3.119
Wanneer na het uitreiken of toezenden van het voornemen feiten of omstandigheden:
a. bekend worden, of

Zienswijze bij 'nieuwe' feiten

A41 art. 3.121 — Vreemdelingenbesluit 2000

b. reeds bekend waren maar naar aanleiding van de zienswijze van de vreemdeling anders worden beoordeeld of gewogen, die voor de te nemen beslissing van aanmerkelijk belang kunnen zijn en Onze Minister voornemens blijft de aanvraag af te wijzen, wordt dit aan de vreemdeling meegedeeld en wordt hij in de gelegenheid gesteld zijn zienswijze daarover naar voren te brengen.
(Zie ook: C1/2.12 Vc)

Art. 3.120
[Vervallen]

Art. 3.121
Nadere regels
Bij ministeriële regeling worden voorschriften gesteld omtrent:
a. het verstrekken van inlichtingen aan de vreemdeling over de te volgen procedure,
b. het stellen van aantekeningen in het dossier van de vreemdeling ingeval van intrekking van diens aanvraag, en
c. de toepassing van artikel 30c van de Wet.
(Zie ook: art. 22 Richtlijn 2004/83/EG; art. 19 Richtlijn 2013/32/EU)

Art. 3.121a
Motivering afwijzing
1. Indien de aanvraag wordt afgewezen, voor wat betreft de vluchtelingenstatus of de subsidiaire beschermingsstatus, wordt dit feitelijk en juridisch gemotiveerd.
2. Indien de aanvraag mede is gedaan namens personen die ten laste van de aanvrager komen en de aanvraag op dezelfde gronden gebaseerd is, kan één beslissing worden genomen die geldt voor alle personen, tenzij dat handelen zou leiden tot de bekendmaking van specifieke omstandigheden van een aanvrager die zijn belangen zou kunnen schaden, met name in gevallen van vervolging op grond van gender, seksuele geaardheid, genderidentiteit of leeftijd.
3. Indien een vreemdeling niet wordt bijgestaan of vertegenwoordigd door een juridisch adviseur of een andere raadsman, wordt hij in een taal die hij begrijpt of waarvan redelijkerwijze kan worden aangenomen dat hij die begrijpt, in kennis gesteld van de beslissing. Daarbij wordt ook informatie verstrekt over de wijze waarop een negatieve beslissing kan worden aangevochten.
(Zie ook: artt. 11 lid 2 en 3, 12 lid 1 sub f Richtlijn 2013/32/EU)

Art. 3.122
Informatie rechten/plichten verblijfsvergunning
1. Aan de vreemdeling aan wie op grond van artikel 29, eerste lid, onder a of b, van de Wet een verblijfsvergunning voor bepaalde tijd als bedoeld in artikel 28 van die wet is verleend, wordt zo spoedig mogelijk na verlening van de verblijfsvergunning in voor hem begrijpelijke taal informatie verschaft over de rechten en plichten die verbonden zijn aan de verblijfsvergunning.
2. Bij ministeriële regeling kunnen nadere regels worden gesteld met betrekking tot de wijze waarop de informatie, bedoeld in het eerste lid, wordt verschaft.
(Zie ook: art. 3.43a VV; art. 22 Richtlijn 2011/95/EU)

Art. 3.123
Aantekening inzake internationale bescherming
Ingeval Onze Minister een verblijfsvergunning asiel voor bepaalde tijd verleent aan een vreemdeling die houder is van een EU-verblijfsvergunning voor langdurig ingezetenen, afgegeven door een andere lidstaat van de Europese Unie, wordt verzocht aan die lidstaat om een aantekening inzake internationale bescherming op te nemen dan wel te wijzigen inhoudend dat Nederland internationale bescherming heeft verleend en de datum waarop.

Paragraaf 3
Bijzondere procedurele bepalingen bij een aanzienlijke toename van het aantal asielaanvragen

Subparagraaf 1
Besluit omtrent de toepassing van bijzondere procedurele bepalingen

Art. 3.123a
Bijzondere procedure bij toename asielaanvragen
1. Indien sprake is of is geweest van een zodanige toename van het aantal asielaanvragen dat daardoor bij de behandeling van asielaanvragen een aanzienlijke vertraging is opgetreden of naar verwachting zal optreden en een substantieel deel van de asielaanvragen wordt ingediend door vreemdelingen die een bepaalde nationaliteit bezitten of behoren tot een bepaalde groep en op basis van het beschikbare bewijs voorzienbaar is dat deze voor inwilliging in aanmerking komen, kan Onze Minister besluiten dat voor de behandeling van aanvragen van deze vreemdelingen in deze paragraaf beschreven procedure wordt gevolgd.
2. Het in het eerste lid bedoelde besluit wordt genomen in overeenstemming met het gevoelen van de ministerraad en voor een in het besluit vast te stellen periode van ten hoogste één jaar.
3. De geldigheidsduur van het in het eerste lid bedoelde besluit kan, in overeenstemming met het gevoelen van de ministerraad, steeds met ten hoogste zes maanden worden verlengd voor zover nog steeds wordt voldaan aan de in het eerste lid bedoelde voorwaarden.

Vreemdelingenbesluit 2000 — A41 art. 3.123d

4. Onze Minister kan, in overeenstemming met het gevoelen van de ministerraad, het in het eerste lid bedoelde besluit op ieder moment intrekken, ook na verlenging van de geldigheidsduur ervan.
5. Voor zover dit voor een goede invoering en beëindiging van de in deze paragraaf opgenomen procedures noodzakelijk is, kunnen bij ministeriële regeling nadere regels worden gesteld omtrent de onderwerpen, bedoeld in artikel 37, eerste lid, onderdelen a en b, van de Wet, waarbij zo nodig kan worden afgeweken van het bepaalde bij of krachtens dit besluit.
(Zie ook: C1/2.8 Vc)

Subparagraaf 2
De procedure bij voorzienbare inwilliging

Art. 3.123b

1. Bij de behandeling van een aanvraag van een vreemdeling als bedoeld in artikel 3.123a, eerste lid, zijn de artikelen 3.109 en 3.110 tot en met 3.116 niet van toepassing. *Procedure bij voorzienbare inwilliging*
2. Na het indienen van de aanvraag door een vreemdeling als bedoeld in artikel 3.123a, eerste lid, kan onderzoek plaatsvinden naar de identiteit, vingerafdrukken en nationaliteit van de vreemdeling, naar de bij hem aangetroffen of door hem overgelegde documenten en bescheiden, dan wel naar de mogelijkheid van toepassing van artikel 30 of 30a, eerste lid, onderdeel a, b, c of e van de Wet.
3. Van de vreemdeling worden door Onze Minister een gezichtsopname gemaakt en vingerafdrukken afgenomen en opgeslagen. De vreemdeling verleent hieraan zijn medewerking.
4. De vreemdeling wordt zo spoedig mogelijk door Onze Minister aan een gehoor onderworpen. Daarbij worden vragen gesteld omtrent zijn personalia, zijn geboorteplaats en geboortedatum, zijn nationaliteit en etnische afkomst, de datum van zijn vertrek uit het land van herkomst, de datum van zijn aankomst in Nederland, eventueel verblijf in derde landen, het bezit van een paspoort en identiteitsdocumenten en de personalia en verblijfplaats van familieleden. Tevens wordt de vreemdeling in de gelegenheid gesteld zijn asielmotieven uiteen te zetten.
5. Het afschrift van het in het vierde lid bedoelde gehoor wordt zo spoedig mogelijk ter kennis van de vreemdeling gebracht.
6. Indien het in het vierde lid bedoelde gehoor voldoende grond biedt om de aanvraag in te willigen, wordt de beschikking zo spoedig mogelijk bekendgemaakt door uitreiking of toezending ervan.
7. Indien na het in het vierde lid bedoelde gehoor nog niet kan worden besloten tot inwilliging van de aanvraag, wordt voor de verdere behandeling van de aanvraag alsnog de in paragraaf 2 van deze Afdeling beschreven procedure gevolgd. Bij deze behandeling worden de door de vreemdeling bij het in het vierde lid bedoelde gehoor afgelegde verklaringen over zijn asielmotieven die geen betrekking hebben op daden als bedoeld in artikel 1F van het Vluchtelingenverdrag en andere zware strafbare feiten niet betrokken, tenzij de vreemdeling, na overleg met degene die hem in de rust- en voorbereidingstermijn bijstaat, aangeeft dat hij wenst dat dit wel gebeurt of de bescherming van de nationale veiligheid of de openbare orde dat vereisen.
8. Het zevende lid is niet van toepassing in de gevallen, bedoeld in artikel 3.123c, eerste lid.
9. Indien op het moment dat een besluit als bedoeld in het eerste lid van artikel 3.123a van kracht wordt, een aanvraag kan worden aangemerkt als een aanvraag van een vreemdeling als bedoeld in die bepaling en het onderzoek naar de aanvraag nog niet is gestart, wordt de in dit artikel beschreven procedure gevolgd.
10. Indien de vreemdeling op het moment dat een besluit als bedoeld in het eerste lid van artikel 3.123a wordt ingetrokken, of de geldigheidsduur ervan verstrijkt, reeds is onderworpen aan een gehoor als bedoeld in het vierde lid van dit artikel wordt de behandeling van de aanvraag voortgezet met toepassing van de in dit artikel beschreven procedure.

Subparagraaf 3
Bijzondere vervolgprocedure

Art. 3.123c

1. De bepalingen in deze subparagraaf zijn uitsluitend van toepassing in die gevallen waarin na het in artikel 3.123b, vierde lid, bedoelde gehoor blijkt dat nader onderzoek naar de identiteit, nationaliteit of het behoren tot een bepaalde groep noodzakelijk is. *Nader onderzoek*
2. Indien deze subparagraaf van toepassing is wordt het gehoor, bedoeld in artikel 3.123b, vierde lid, aangemerkt als een aanmeldgehoor en zijn voor de verdere behandeling van de aanvraag, in afwijking van de artikelen 3.109 en 3.110 tot en met 3.116, de in deze subparagraaf opgenomen bepalingen van toepassing.

Art. 3.123d

1. De vreemdeling wordt een rust- en voorbereidingstermijn gegeven van ten minste zes dagen. Het onderzoek, bedoeld in artikel 3.123e, vangt na de rust- en voorbereidingstermijn aan. *Rust- en voorbereidingstermijn*

2. Gedurende de rust- en voorbereidingstermijn wordt de vreemdeling in de gelegenheid gesteld om te worden voorgelicht over de asielprocedure en om zich op de asielprocedure voor te bereiden en zich daartoe te laten bijstaan. De vreemdeling wordt in de gelegenheid gesteld om opmerkingen te maken of opheldering te verschaffen over verkeerd vertaalde passages of misvattingen in het verslag van het aanmeldgehoor en hem wordt tijdig mededeling gedaan van de mogelijkheid zich bij een gehoor als bedoeld in artikel 3.123f, te doen bijstaan.
3. De vreemdeling wordt een medisch onderzoek aangeboden. Voor dit onderzoek is de schriftelijke toestemming van de vreemdeling vereist.
4. Artikel 3.109, zesde en zevende lid, zijn van overeenkomstige toepassing.

Art. 3.123e

Termijn aanvraag in Aanmeldcentrum

1. Voor het onderzoek naar de aanvraag tot het verlenen van de verblijfsvergunning asiel voor bepaalde tijd, zijn in een Aanmeldcentrum zes dagen beschikbaar.
2. Onze Minister kan de in de eerste lid genoemde termijn verlengen. In dat geval zijn voor het onderzoek in een Aanmeldcentrum ten hoogste veertien, zestien of tweeëntwintig dagen beschikbaar.
3. Artikel 3.110, derde en vierde lid, is van overeenkomstige toepassing.
4. Onze Minister bepaalt met inachtneming van artikel 3.123d, eerste lid, wanneer het onderzoek als bedoeld in het eerste lid aanvangt en deelt de dag van aanvang mede aan de vreemdeling.

Art. 3.123f

Nader gehoor

1. Op de eerste dag wordt de vreemdeling door Onze Minister aan een nader gehoor onderworpen. Bij het afnemen van het nader gehoor wordt de vreemdeling in de gelegenheid gesteld om zo volledig mogelijk de tot staving van zijn aanvraag noodzakelijke elementen aan te voeren. Dit houdt onder meer in dat de vreemdeling in de gelegenheid wordt gesteld om uitleg te geven over eventueel ontbrekende elementen of over inconsistenties of tegenstrijdigheden in zijn verklaringen.
2. Indien Onze Minister voornemens is de aanvraag niet-ontvankelijk te verklaren op grond van artikel 30a van de Wet, wordt de vreemdeling tijdens het nader gehoor in de gelegenheid gesteld zijn standpunt uiteen te zetten over de toepassing van de in artikel 30a, eerste lid, van de Wet bedoelde gronden op zijn specifieke omstandigheden.
3. Van het nader gehoor wordt een schriftelijk verslag gemaakt. Een afschrift van het verslag van nader gehoor wordt op de eerste dag aan de vreemdeling ter kennis gebracht.
4. De vreemdeling wordt in de gelegenheid gesteld om uiterlijk op de tweede dag opmerkingen te maken of opheldering te verschaffen over verkeerd vertaalde passages of misvattingen in het verslag van het nader gehoor en nadere gegevens te verstrekken. De vreemdeling wordt daartoe volledig geïnformeerd over de inhoud van het verslag, zo nodig met bijstand van een tolk. De vreemdeling wordt verzocht uiterlijk op de tweede dag schriftelijk te bevestigen dat de inhoud van het verslag een correcte afspiegeling is van het nader gehoor. Het verslag van nader gehoor vermeldt deze termijn.
5. Artikel 3.113, vijfde tot en met het achtste lid, is van overeenkomstige toepassing.

Art. 3.123g

Voornemen

1. Indien Onze Minister voornemens is de aanvraag tot het verlenen van de verblijfsvergunning asiel voor bepaalde tijd af te wijzen binnen zes dagen, wordt het schriftelijk voornemen daartoe aan de vreemdeling toegezonden op de derde dag of aan de vreemdeling uitgereikt op de vierde dag.
2. De vreemdeling brengt zijn zienswijze op het in het eerste lid bedoelde voornemen schriftelijk naar voren uiterlijk op de vierde dag.
3. De schriftelijke zienswijze is tijdig bij Onze Minister ingediend, indien deze voor het einde van de termijn is ontvangen.
4. Het tijdstip van uitreiken van het voornemen en de ontvangst van de schriftelijke zienswijze worden door Onze Minister vastgelegd.
5. Onze Minister houdt rekening met een na afloop van de termijn ontvangen schriftelijke zienswijze, indien de beschikking nog niet bekend is gemaakt. Met een na afloop van de termijn ontvangen aanvulling op een eerder ingediende schriftelijke zienswijze wordt rekening gehouden, indien de beschikking nog niet bekend is gemaakt en de afdoening van de zaak daardoor niet ontoelaatbaar wordt vertraagd. Het ontbreken van de schriftelijke zienswijze, na het verstrijken van de termijn waarbinnen de vreemdeling zijn zienswijze schriftelijk naar voren kan brengen, staat aan het geven van de beschikking niet in de weg.
6. Onze Minister maakt de beschikking uiterlijk op de zesde dag bekend door uitreiking of toezending ervan.

Art. 3.123h

Verlengen aanvraagtermijn

1. Onze Minister kan de in artikel 3.123e, eerste lid, genoemde termijn verlengen:
a. in geval van overschrijding van de termijnen, bedoeld in de artikelen 3.123f, eerste en derde lid, en 3.123g, eerste en zesde lid, tenzij de overschrijding aan Onze Minister kan worden toegerekend;

Vreemdelingenbesluit 2000 A41 art. 3.124

b. in geval van overschrijding van de termijnen, bedoeld in de artikelen 3.123f, vierde lid, of 3.123g, tweede lid, en de vreemdeling een met redenen omkleed verzoek om verlenging heeft ingediend, tenzij de overschrijding aan de vreemdeling kan worden toegerekend;
c. indien naar het oordeel van Onze Minister nader onderzoek naar de identiteit of nationaliteit van de vreemdeling noodzakelijk is;
d. indien de vreemdeling zijn eerder tijdens het onderzoek afgelegde verklaringen essentieel wijzigt of aanvult;
e. indien naar het oordeel van Onze Minister nader onderzoek noodzakelijk is naar omstandigheden die verband houden met de gronden, bedoeld in de artikelen 3.6a, eerste lid, en 6.1e;
f. indien Onze Minister een medisch onderzoek heeft aangeboden als bedoeld in artikel 3.109e; of
g. indien de vreemdeling niet is verschenen bij een gehoor, dan wel is verdwenen of vertrokken zonder toestemming van Onze Minister.
2. De vreemdeling wordt van de verlenging schriftelijk in kennis gesteld. Bij de kennisgeving wordt de reden van de verlenging aangegeven alsmede op welk moment de verlengde termijn eindigt.
3. Indien Onze Minister de in artikel 3.123e, eerste lid, genoemde termijn heeft verlengd en voornemens is de aanvraag tot het verlenen van de verblijfsvergunning asiel voor bepaalde tijd af te wijzen binnen veertien, zestien of tweeëntwintig dagen, wordt het schriftelijk voornemen daartoe aan de vreemdeling uitgereikt of toegezonden.
4. De vreemdeling brengt zijn zienswijze uiterlijk op de dag na de uitreiking of toezending van het voornemen naar voren, tenzij een met redenen omkleed verzoek om verlenging van deze termijn wordt ingewilligd.
5. Artikel 3.123g, derde tot en met vijfde lid, zijn van toepassing.
6. Indien er sprake is van een situatie als bedoeld in het eerste lid, onderdeel a tot en met e maakt Onze Minister de beschikking uiterlijk op de veertiende dag bekend door uitreiking of toezending ervan. Indien er sprake is van een situatie als bedoeld in het eerste lid, onderdeel f, maakt Onze Minister de beschikking uiterlijk op de zestiende dag bekend door uitreiking of toezending ervan. Indien er sprake is van een situatie als bedoeld in het eerste lid, onderdeel g, maakt Onze Minister de beschikking uiterlijk op de tweeëntwintigste dag bekend door uitreiking of toezending ervan.
7. Bij ministeriële regeling kunnen nadere regels gesteld worden omtrent de toepassing van het eerste lid alsmede de wijze waarop het onderzoek naar de aanvraag wordt vervolgd indien de in artikel 3.123e, eerste lid, genoemde termijn wordt verlengd.

Art. 3.123i
Indien de termijnen, bedoeld in de artikelen 3.123f, eerste en derde lid, of 3.123g, eerste en zesde lid, dan wel de op grond van artikel 3.123h, eerste lid, verlengde termijn, zijn overschreden, bedraagt de termijn waarbinnen de vreemdeling zijn zienswijze schriftelijk naar voren brengt vier weken, tenzij een met redenen omkleed verzoek om verlenging van deze termijn wordt ingewilligd. Artikel 3.116, derde tot zesde lid, zijn van overeenkomstige toepassing.

Overschrijding termijn

Afdeling 6
De status van langdurig ingezetene

Paragraaf 1
Verlening

Art. 3.124
1. De aanvraag tot het verlenen van een EU-verblijfsvergunning voor langdurig ingezetenen wordt niet op grond van artikel 45b, tweede lid, onder a, van de Wet afgewezen om reden dat het rechtmatig verblijf, bedoeld in artikel 8 onder a tot en met e of l, van de Wet niet vijf jaren aaneensluitend is geweest, indien:
a. de aanvraag is ingediend door een meerderjarige vreemdeling die:
1°. voor het negentiende levensjaar tien jaren rechtmatig verblijf als bedoeld in artikel 8, onder a toe en met e of l, van de Wet, heeft gehad en wiens aanvraag is ontvangen voor het negenentwintigste levensjaar, of
2°. voor het negentiende levensjaar vijf jaren rechtmatig in Nederland heeft verbleven als bedoeld in artikel 8, onder a tot en met e of l, van de Wet, en voor wie Nederland naar het oordeel van Onze Minister het meest aangewezen land is;
b. de vreemdeling niet het hoofdverblijf buiten Nederland heeft verplaatst.
2. De aanvraag wordt niet op grond van artikel 45b, tweede lid, onder a of b, van de Wet afgewezen, indien de vreemdeling:
a. buiten Nederland heeft verbleven in verband met beroepsmatige detachering in een andere lidstaat van de Europese Unie;

Verlening status langdurig ingezetene

b. als langdurig ingezetene houder is geweest van een EU-verblijfsvergunning voor langdurig ingezetenen en die vergunning heeft verloren wegens:
1°. verblijf voor studie of beroepsopleiding in een andere lidstaat van de Europese Unie, zonder in die staat de status van EU-langdurig ingezetene te hebben verworven, indien de aanvraag wordt gedaan binnen zes maanden na beëindiging van die studie of opleiding, dan wel de verblijfstitel in die staat,
2°. verblijf buiten het grondgebied van de Europese Unie gedurende een aaneengesloten periode van tenminste twaalf maanden, indien de aanvraag wordt gedaan binnen twaalf maanden na het onherroepelijk worden van het verlies, of
3°. verwerving van de status van langdurig ingezetene in een andere lidstaat van de Europese Unie, indien de aanvraag wordt gedaan binnen twaalf maanden na het onherroepelijk worden van het verlies;
c. vijf jaar legaal en ononderbroken op het grondgebied van de Europese Unie verblijft als houder van een Europese blauwe kaart, onmiddellijk voorafgaand aan de indiening van de aanvraag ten minste achttien achtereenvolgende maanden als houder van een Europese blauwe kaart in een andere lidstaat van de Europese Unie en ten minste twee achtereenvolgende jaren direct voorafgaande aan de aanvraag als houder van een door Onze Minister afgegeven Europese blauwe kaart in Nederland heeft verbleven, waarbij perioden van afwezigheid van het grondgebied van de Europese Unie geen onderbreking vormen van de termijn van vijf jaar, indien zij minder dan twaalf achtereenvolgende maanden beslaan en niet langer dan achttien maanden hebben geduurd;
d. als houder van een Europese blauwe kaart in de periode van vijf jaar niet langer dan twaalf achtereenvolgende maanden en in totaal niet langer dan achttien maanden buiten Nederland heeft verbleven.
3. In de gevallen, bedoeld in het eerste lid, wordt bij de berekening van het tijdvak van vijf jaar buiten beschouwing gelaten het gedeelte van het verblijf buiten Nederland, dat tien maanden in totaal of bij aaneengesloten verblijf buiten Nederland zes maanden te boven gaat.
(Zie ook: D1 Vc)

Art. 3.125

Schakelbepaling

1. Voor de toepassing van artikel 45b, tweede lid, onder c, van de Wet, zijn de artikelen 3.73, 3.74, eerste lid, aanhef en onder a, en 3.75 van overeenkomstige toepassing.
2. Behoudens overeenkomstige toepassing van artikel 3.87, kan de aanvraag slechts op grond van artikel 45b, tweede lid, onder d, van de Wet worden afgewezen, indien de totale duur van de straffen of maatregelen ten minste gelijk is aan de normen, bedoeld in artikel 3.86, tweede, derde dan wel vijfde lid. Artikel 3.86 is van overeenkomstige toepassing.
3. Bij de toepassing van het tweede lid houdt Onze Minister mede rekening met de ernst van de inbreuk of het soort van inbreuk dat door de vreemdeling op de openbare orde is gepleegd, respectievelijk met het gevaar dat van de vreemdeling uitgaat en het bestaan van banden met Nederland.

Art. 3.126

Op de aanvraag tot het verlenen van een EU-verblijfsvergunning voor langdurig ingezetenen is artikel 3.96a van overeenkomstige toepassing.

Paragraaf 2
Intrekking

Art. 3.127

Intrekking verblijfsvergunning langdurig ingezetene

1. De EU-verblijfsvergunning voor langdurig ingezetenen wordt niet met toepassing van artikel 45d, eerste lid, onder a, van de Wet ingetrokken, indien de vreemdeling:
a. niet het hoofdverblijf buiten Nederland heeft verplaatst;
b. aantoont dat hij langer dan zes jaar voor studie verblijft in een andere lidstaat van de Europese Unie; of
c. aantoont dat hij, in geval van verblijf gedurende een aaneengesloten periode van twaalf maanden of meer buiten het grondgebied van de Europese Unie, gedurende die periode in het Schengengebied heeft verbleven, tenzij hij langer dan zes jaar afwezig is geweest van het Nederlands grondgebied;
d. voormalig houder van een Europese blauwe kaart is, dan wel het gezinslid van een voormalig houder van een Europese blauwe kaart is, en niet langer dan een aaneengesloten periode van 24 maanden heeft verbleven buiten het Schengengebied.
2. Indien de EU-verblijfsvergunning voor langdurig ingezetenen op frauduleuze wijze is verkregen, wordt de vergunning ingetrokken op de in artikel 45d, derde lid, onder b, van de Wet genoemde grond. Indien sedert de verkrijging een periode van twaalf jaren is verstreken kan, onder intrekking van de EU-verblijfsvergunning voor langdurig ingezetenen, ingeval:
a. op het document, bedoeld in artikel 9, eerste lid, van de Wet, van de vreemdeling aan wie een EU-verblijfsvergunning voor langdurig ingezetenen is verleend, geen aantekening krachtens

Vreemdelingenbesluit 2000 A41 art. 3.129

artikel 45c, eerste lid, van de Wet is geplaatst, ambtshalve een verblijfsvergunning regulier voor onbepaalde tijd worden verleend, en,
b. op het document, bedoeld onder a, van de vreemdeling aan wie de EU-verblijfsvergunning voor langdurig ingezetenen is verleend wel een aantekening krachtens artikel 45c, eerste lid, van de Wet is geplaatst, ambtshalve een verblijfsvergunning asiel voor onbepaalde tijd worden verleend.
3. De EU-verblijfsvergunning voor langdurig ingezetenen kan met toepassing van artikel 45d, eerste lid, onder b, van de Wet worden ingetrokken op grond dat de vreemdeling een actuele en ernstige bedreiging vormt voor de openbare orde, indien de totale duur van de straffen of maatregelen ten minste gelijk is aan de toepasselijke norm, bedoeld in artikel 3.86, tweede, derde dan wel vijfde lid. De artikelen 3.86 en 3.87 zijn van overeenkomstige toepassing.
4. Indien de intrekking van de EU-verblijfsvergunning voor langdurig ingezetenen overeenkomstig het derde lid, niet leidt tot uitzetting, kan ambtshalve een verblijfsvergunning regulier voor onbepaalde tijd worden verleend ingeval op het document, bedoeld in artikel 9, eerste lid, van de Wet, van de vreemdeling aan wie de EU-verblijfsvergunning voor langdurig ingezetenen is verleend, geen aantekening krachtens artikel 45c, eerste lid, van de Wet is geplaatst.
5. Indien de intrekking van de EU-verblijfsvergunning voor langdurig ingezetenen overeenkomstig het derde lid, niet leidt tot uitzetting, kan ambtshalve een verblijfsvergunning asiel voor onbepaalde tijd worden verleend ingeval op het document, bedoeld in artikel 9, eerste lid, van de Wet, van de vreemdeling aan wie de EU-verblijfsvergunning voor langdurig ingezetenen is verleend, wel een aantekening krachtens artikel 45c, eerste lid, van de Wet is geplaatst.
(Zie ook: D/2.6 Vc)

Art. 3.128
1. Ingeval bij de toepassing van artikel 45d, eerste lid, onder b, van de Wet een andere lidstaat van de Europese Unie heeft bevestigd dat de vreemdeling nog steeds in die staat internationale bescherming geniet, zet Onze Minister de vreemdeling uit naar die staat.
2. In afwijking van het eerste lid en met inachtneming van de voor Nederland geldende internationale verplichtingen kan Onze Minister de vreemdeling, bedoeld in het eerste lid, uitzetten naar een andere staat dan de staat die de internationale bescherming heeft verleend, indien is voldaan aan artikel 3.105c, tweede lid, onder a of b.
3. Bij de verwijdering in de gevallen, bedoeld in het tweede lid en artikel 3.103aa, onder a dan wel b, wordt het beginsel geëerbiedigd van non-refoulement, met inachtneming van de voor Nederland geldende internationale verplichtingen.

Uitzetting

Paragraaf 3
Procedurele bepalingen

Art. 3.129
1. Voordat Onze Minister een aantekening krachtens artikel 45c, tweede lid, van de Wet plaatst, vraagt Onze Minister aan de eerste lidstaat van verblijf van de langdurig ingezetene of de vreemdeling nog steeds internationale bescherming geniet.
2. Onze Minister beantwoordt binnen één maand de vraag van een andere lidstaat van de Europese Unie of een houder van een door Onze Minister verschaft document als bedoeld in artikel 9 van de Wet waaruit de EU-verblijfsvergunning voor langdurig ingezetenen blijkt met de aantekening krachtens artikel 45c, eerste lid, van de Wet nog steeds internationale bescherming geniet.
3. Ingeval Onze Minister een verzoek om wijziging ontvangt van een andere lidstaat van de Europese Unie met betrekking tot een door Onze Minister afgegeven document als bedoeld in artikel 9 van de Wet waaruit de EU-verblijfsvergunning voor langdurig ingezetenen blijkt en daarop geen aantekening krachtens artikel 45c, eerste lid, van de Wet is geplaatst, teneinde daarop een aantekening krachtens artikel 45c, tweede lid, van de Wet te plaatsen, wordt binnen drie maanden een nieuw document als bedoeld in artikel 9, eerste lid, van de Wet afgegeven, voorzien van die aantekening.
4. Ingeval Onze Minister een verzoek ontvangt van een andere lidstaat van de Europese Unie met betrekking tot een door Onze Minister verschaft document waaruit een EU-verblijfsvergunning voor langdurig ingezetenen blijkt waarop een aantekening krachtens artikel 45c, eerste lid, van de Wet is geplaatst, teneinde deze aantekening te wijzigen, wordt binnen drie maanden een nieuw document verschaft, voorzien van een dienovereenkomstig gewijzigde aantekening.
5. Ingeval Onze Minister, nadat hij een document als bedoeld in artikel 9 van de Wet heeft verschaft waaruit de EU-verblijfsvergunning voor langdurig ingezetenen blijkt met daarop een krachtens artikel 45c, tweede lid, van de Wet geplaatste of gewijzigde aantekening, de verantwoordelijkheid voor de internationale bescherming van de houder ervan heeft overgenomen, verschaft hij die houder binnen drie maanden een nieuw document als bedoeld in artikel 9 van de Wet, waaruit de EU-verblijfsvergunning voor langdurig ingezetenen blijkt en waarop een aantekening krachtens artikel 45c, eerste lid, van de Wet is geplaatst.

Informatieverzoek internationale bescherming

A41 art. 3.130

Art. 3.130

Mededeling rechten en plichten

1. Bij de bekendmaking van de beschikking, waarbij wordt beslist op de aanvraag om verlening van de EU-verblijfsvergunning voor langdurig ingezetenen, wordt de aanvrager meegedeeld welke rechten en plichten hij heeft krachtens de richtlijn langdurig ingezetenen.
2. Indien Onze Minister een EU-verblijfsvergunning voor langdurig ingezetenen verleent aan een vreemdeling die houder is van een EU-verblijfsvergunning voor langdurig ingezetenen, afgegeven door een andere lidstaat van de Europese Unie, doet hij daarvan mededeling aan de autoriteiten van die staat.
3. Onze Minister vormt het contactpunt dat door een andere lidstaat van de Europese Unie kan worden geraadpleegd, ter uitvoering van de richtlijn langdurig ingezetenen en de richtlijn 2009/50/EG, en is verantwoordelijk voor het door Nederland ontvangen en toezenden van de informatie, bedoeld in de artikelen 3.103a, 3.103aa, eerste lid, 3.123 en 3.129.

Hoofdstuk 4
Grensbewaking, toezicht en uitvoering

Afdeling 1
Grensbewaking

Paragraaf 1
Voorzieningen in het belang van de grensbewaking

Art. 4.1

Grensbewaking

1. Grensbewaking als bedoeld in artikel 46 van de Wet wordt uitgeoefend met het oog op het Nederland in- en uitreizen van personen via een buitengrens.
2. Onder uitreizen wordt begrepen het zich aan boord begeven of bevinden van een schip of luchtvaartuig, dat voor de uitreis uit Nederland bestemd is.
(Zie ook: art. 1.3 Vb; A1/7 Vc; artt. 13, 22 Verordening 2016/399/EU)

Art. 4.2

Grensdoorlaatposten

1. In het belang van de grensbewaking worden aan de buitengrenzen grensdoorlaatposten ingesteld.
2. Bij ministeriële regeling worden de plaatsen aangewezen waar grensdoorlaatposten, al dan niet tijdelijk, zijn gevestigd.
3. Bij ministeriële regeling worden de tijden vastgesteld gedurende welke de grensdoorlaatposten zijn opengesteld.
(Zie ook: artt. 1.2, 2.4, 4.2 VV; A1/2, A1/7.1 Vc)

Art. 4.3

[Vervallen]

Paragraaf 2
Algemene verplichtingen in het kader van de grensbewaking

Art. 4.4

Benelux-onderdanen

Benelux-onderdanen behoeven Nederland niet in- of uit te reizen via een grensdoorlaatpost.
(Zie ook: art. 5 Verordening 2016/399/EU)

Art. 4.5

Inreizende vreemdelingen

1. De vreemdeling die Nederland inreist, is verplicht desgevorderd aan een ambtenaar, belast met de grensbewaking:
a. het in zijn bezit zijnde document voor grensoverschrijding, de benodigde machtiging tot voorlopig verblijf dan wel het benodigde reisvisum of doorreisvisum te tonen en te overhandigen;
b. inlichtingen te verstrekken over het doel en de duur van zijn voorgenomen verblijf in Nederland;
c. aan te tonen over welke middelen hij met het oog op de toegang tot Nederland beschikt of kan beschikken.
2. Het eerste lid, onder a, is van overeenkomstige toepassing op de vreemdeling die Nederland uitreist via een buitengrens.
3. Het eerste lid, onder b en c, is niet van toepassing op de vreemdeling die rechtmatig verblijf heeft als bedoeld in artikel 8, onder e, dan wel l, van de Wet, het familielid, bedoeld in artikel 8.7, tweede en derde lid, en de vreemdeling, bedoeld in artikel 8.7, vierde lid.
(Zie ook: art. 46 lid 2 jo 108 Vw)

Art. 4.6

Opvolgen aanwijzingen

Een ieder die zich op of nabij een plaats bevindt waar een grensdoorlaatpost is gevestigd, houdt zich aan de aldaar door de ambtenaren, belast met de grensbewaking, in het kader van de uitoefening van hun taak gegeven aanwijzingen.
(Zie ook: art. 46 lid 2 jo 108 Vw)

Vreemdelingenbesluit 2000　　　　　　　　　　　　　　　　　　　　　　　　　　　　**A41** art. 4.15

Art. 4.7
De Nederlander die Nederland in- of uitreist, toont en overhandigt, desgevorderd, aan een ambtenaar, belast met de grensbewaking, het in zijn bezit zijnde reis- of identiteitspapier of maakt zo nodig op andere wijze zijn Nederlanderschap aannemelijk.
(Zie ook: art. 46 lid 2 jo 108 Vw)

In- en uitreizende Nederlanders

Art. 4.8
De bestuurder van een voertuig geeft eigener beweging aan een ambtenaar, belast met de grensbewaking, kennis van de aanwezigheid in zijn voertuig van vreemdelingen ten aanzien van wie hij weet of redelijkerwijs kan vermoeden dat zij niet voldoen aan de bij de Schengengrenscode of de bij of krachtens de Wet vastgestelde verplichtingen waaraan personen bij grensoverschrijding zijn onderworpen.
(Zie ook: art. 46 lid 2 jo 108 Vw)

Verplichtingen bestuurder voertuig

Paragraaf 3
Verplichtingen met het oog op grensbewaking bij binnenkomst over zee

Art. 4.9
De gezagvoerder van een schip verleent, desgevorderd, de medewerking aan een ambtenaar, belast met de grensbewaking, welke nodig is om deze ambtenaar in staat te stellen de door hem op grond van de Schengengrenscode uit te oefenen grenscontrole uit te voeren. Deze medewerking bestaat uit:
a. het op een daartoe gegeven teken zodanig vaart verminderen en het zodanig op of bijdraaien van zijn schip, dat een dienstvaartuig behoorlijk langszij kan komen;
b. het toelaten van ambtenaren, belast met de grensbewaking, aan boord van zijn schip;
c. het op vordering van een ambtenaar, belast met de grensbewaking, tot stilstand brengen of aanleggen van zijn schip.
(Zie ook: art. 4.14 Vb; art. 4.3 VV; art. 46 lid 2 jo 108 Vw)

Gezagvoerder schip

Art. 4.10
Artikel 4.8 is van overeenkomstige toepassing op gezagvoerders van andere schepen dan zeeschepen.
(Zie ook: art. 46 lid 2 jo 108 Vw)

Schakelbepaling

Art. 4.11
1. De informatie, bedoeld in Bijlage VI, onderdelen 3.1.2, 3.1.4, 3.1.5 en 3.2.1 van de Schengengrenscode, wordt langs elektronische weg op een nader bij ministeriële regeling te bepalen wijze verstrekt aan het hoofd van de grensdoorlaatpost.
2. Paragraaf 4 van het Besluit politiegegevens is, met uitzondering van de artikelen 4:1, 4:2, eerste lid, aanhef en onder y, en 4:6, aanhef en onder a en b, van dat Besluit, niet van toepassing op persoonsgegevens die zijn verstrekt met toepassing van het eerste lid.
(Zie ook: Richtlijn 2010/65/EU; art. 4.14 Vb; art. 4.4 VV; art. 46 lid 2 jo 108 Vw)

Bemannings-/passagierslijst

Art. 4.12
De gezagvoerder krijgt op een bij ministeriële regeling te bepalen wijze van het hoofd van de grensdoorlaatpost een ontvangstbevestiging als bedoeld in Bijlage VI, onderdeel 3.1.3, van de Schengengrenscode van de informatie die hij verstrekt heeft.
(Zie ook: art. 46 lid 2 jo 108 Vw)

Ontvangstbevestiging gezagvoerder

Art. 4.13
De tijdige kennisgeving van afvaart, bedoeld in punt 3.1.5. van bijlage VI van de Schengengrenscode, wordt gedaan:
a. ten hoogste zes en ten minste drie uur vóór het daadwerkelijk vertrek van het schip;
b. indien het schip zich korter dan drie uur bevindt bij de grensdoorlaatpost waar de kennisgeving moet plaatsvinden, op een zodanig tijdstip dat de met de bediening van de grensdoorlaatpost belaste ambtenaar in staat is de door hem uit te oefenen personencontrole uit te voeren.
(Zie ook: art. 46 lid 2 jo 108 Vw)

Kennisgeving afvaart

Art. 4.14
De artikelen 4.11 tot en met 4.13, gelden niet voor gezagvoerders van zeeschepen die, zonder ligplaats in een Nederlandse haven te nemen, door de Nederlandse territoriale zee varen.

Art. 4.11 t/m 4.13 niet van toepassing

Paragraaf 4
Verplichtingen met het oog op grensbewaking bij binnenkomst door de lucht

Art. 4.15
1. De gezagvoerder van een vliegtuig verstrekt in tweevoud aan een ambtenaar, belast met de grensbewaking, de in bijlage VI, onder 2.3.1, van de Schengengrenscode bedoelde algemene verklaring en de in bijlage VII, onder 2.1, van de Schengengrenscode bedoelde gegevens over de bemanning.

Verplichtingen gezagvoerder vliegtuig bij aankomst in Nederland

Sdu　　727

2. Bij ministeriële regeling wordt het model van de bemannings- en passagierslijst aangewezen.
(Zie ook: art. 46 lid 2 jo 108 Vw ; art. 4.5 VV)

Art. 4.16

Onderzoek luchtvaartuig

De vordering aan de gezagvoerder van een luchtvaartuig, bedoeld in artikel 51, derde lid, van de Wet, wordt gedaan door tussenkomst van de luchtverkeersleiding.

Afdeling 2
Toepassing van bevoegdheden van ambtenaren

Art. 4.17

Gegevensverstrekking korpschef

1. De korpschef verstrekt periodiek ten minste de volgende gegevens aan Onze Minister:
   a. gegevens over de uitzetting van vreemdelingen, en
   b. gegevens over de uitvoering van het toezicht op vreemdelingen.
2. De bevelhebber van de Koninklijke marechaussee en, voorzover van toepassing, de korpschef verstrekken periodiek ten minste de volgende inlichtingen aan Onze Minister:
   a. gegevens over de toegangsweigering;
   b. gegevens over de controle op de zorgplicht van vervoerders;
   c. gegevens over de uitzetting van vreemdelingen, en
   d. gegevens over de uitvoering van het toezicht op vreemdelingen.

(Zie ook: art. 48 Vw ; artt. A1/3 t/m A1/6, A3/9 Vc)

Art. 4.17a

Mobiel toezicht

1. De bevoegdheid, bedoeld in artikel 50, eerste lid, van de Wet, om ter bestrijding van illegaal verblijf na grensoverschrijding personen staande te houden ter vaststelling van hun identiteit, nationaliteit en verblijfsrechtelijke positie, wordt uitsluitend uitgeoefend in het kader van toezicht op vreemdelingen:
   a. op luchthavens bij de aankomst van vluchten vanuit het Schengengebied;
   b. in treinen gedurende ten hoogste dertig minuten na het passeren van de gemeenschappelijke landgrens met België of Duitsland of, als binnen deze periode het tweede station na het passeren van de grens nog niet is bereikt, tot uiterlijk het tweede station na het passeren van de grens;
   c. op wegen en vaarwegen in een gebied tot twintig kilometer vanaf de gemeenschappelijke landgrens met België of Duitsland.
2. Het toezicht, bedoeld in het eerste lid, wordt uitgevoerd op basis van informatie of ervaringsgegevens over illegaal verblijf na grensoverschrijding. Het toezicht kan daarnaast in beperkte mate worden uitgevoerd met het oog op het verkrijgen van informatie over dergelijk illegaal verblijf.
3. Het toezicht, bedoeld in het eerste lid, onderdeel a, wordt ten hoogste zeven keer per week uitgevoerd ten aanzien van vluchten op eenzelfde vliegroute, met een maximum van eenderde van het totale aantal geplande vluchten per maand op die vliegroute. In het kader van dit toezicht wordt slechts een deel van de passagiers op een vlucht staande gehouden.
4. Het toezicht, bedoeld in het eerste lid, onderdeel b, wordt per dag in ten hoogste drie treinen per traject en ten hoogste twintig treinen in totaal uitgevoerd, met dien verstande dat het toezicht slechts mag worden uitgeoefend in een deel van de trein, en per trein in ten hoogste vier treincoupés.
5. Het toezicht, bedoeld in het eerste lid, onderdeel c, wordt op eenzelfde weg of vaarweg ten hoogste negentig uur per maand en ten hoogste zes uur per dag uitgevoerd. In het kader van dit toezicht wordt slechts een deel van de passerende vervoermiddelen stilgehouden.

Art. 4.17b

Mobiel toezicht/afwijking bij toename illegaal verblijf

1. Indien er concrete aanwijzingen zijn dat er sprake is van een aanzienlijke toename van illegaal verblijf na grensoverschrijding, dan wel indien er concrete aanwijzingen zijn dat op korte termijn een dergelijke toename kan worden verwacht, kan bij besluit van Onze Minister tijdelijk worden afgeweken van artikel 4.17a, derde, vierde en vijfde lid.
2. De geldigheidsduur van het in het eerste lid bedoelde besluit verstrijkt in ieder geval zes maanden nadat het is genomen. Onze Minister trekt het besluit onverwijld in indien het niet langer noodzakelijk is.
3. Indien een besluit als bedoeld in het eerste lid is genomen, wordt het toezicht, bedoeld in artikel 4.17a, eerste lid, onderdeel a, op eenzelfde vliegroute, ten hoogste op de helft van het aantal vluchten per dag uitgevoerd. In het kader van dit toezicht wordt slechts een deel van de passagiers op een vlucht staande gehouden.
4. Indien een besluit als bedoeld in het eerste lid is genomen, wordt het toezicht, bedoeld in artikel 4.17a, eerste lid, onderdeel b, per dag in ten hoogste zes treinen per traject en ten hoogste veertig treinen in totaal uitgevoerd, met dien verstande dat het toezicht slechts mag worden uitgeoefend in een deel van de trein, en per trein in ten hoogste vier treincoupés.
5. Indien een besluit als bedoeld in het eerste lid is genomen, wordt het toezicht, bedoeld in artikel 4.17a, eerste lid, onderdeel c, op eenzelfde weg of vaarweg ten hoogste 180 uur per maand

Vreemdelingenbesluit 2000   A41 art. 4.21

en ten hoogste 12 uur per dag uitgevoerd. In het kader van dit toezicht wordt slechts een deel van de passerende vervoermiddelen stilgehouden.

Art. 4.18
1. Aan de vreemdeling die met toepassing van artikel 50, tweede of derde lid, of artikel 50a, eerste lid, van de Wet is overgebracht naar een plaats, bestemd voor verhoor, wordt tijdig mededeling gedaan van de hem toekomende bevoegdheid zich bij het verhoor te doen bijstaan door een raadsman.   *Raadsman*

2. De in het eerste lid bedoelde vreemdeling wordt niet verder beperkt in de uitoefening van grondrechten, dan wordt gevorderd door het doel van de maatregel en de handhaving van de orde en de veiligheid op de plaats van tenuitvoerlegging.
(Zie ook: A2/4 , A5/6.5 Vc)

Art. 4.19
1. Een beslissing van de bevelhebber van de Koninklijke marechaussee of de korpschef, genomen krachtens artikel 50, vierde lid, van de Wet, wordt ten uitvoer gelegd in een cel van de Koninklijke marechaussee respectievelijk op een politiebureau. De Regeling politiecellencomplex is van overeenkomstige toepassing op de tenuitvoerlegging van de beslissing in een cel van de Koninklijke marechaussee.   *Tenuitvoerlegging verhoor*

2. De artikelen 5.3 en 5.5 zijn van overeenkomstige toepassing.

Art. 4.20
Indien de bevelhebber van de Koninklijke marechaussee of de korpschef zijn bevoegdheid, bedoeld in artikel 50, vierde lid, van de Wet, mandateert, doet hij dat niet dan aan een ambtenaar, belast met het toezicht op vreemdelingen, die tevens hulpofficier van justitie is, of de ambtenaar van politie met ter zake voldoende kennis en kunde die daartoe is aangewezen door de korpschef.   *Mandaatverlening*

Art. 4.21
1. Als documenten in de zin van artikel 50, eerste lid, laatste volzin, van de Wet, worden aangewezen: *Aanwijzing documenten*
a. voor vreemdelingen die rechtmatig verblijven als bedoeld in artikel 8, onder a tot en met d, van de Wet: een vanwege de bevoegde autoriteiten verstrekt document waaruit zulks blijkt en waarvan het model is vastgesteld bij ministeriële regeling;
b. voor vreemdelingen die rechtmatig verblijven als bedoeld in artikel 8 onder e, van de Wet: een geldig nationaal paspoort of geldige identiteitskaart, indien zij de nationaliteit van een staat bezitten als bedoeld in artikel 8.7, eerste lid, of, indien zij een zodanige nationaliteit niet bezitten:
1°. een geldig nationaal paspoort met een voor inreis benodigd visum, indien na inreis nog geen 90 dagen zijn verstreken;
2°. een stempel nationaal paspoort met een stempel van de inreis, indien voor inreis geen visum benodigd is en na inreis nog geen 90 dagen zijn verstreken;
3°. een geldig nationaal paspoort met een door de bevoegde autoriteiten afgegeven verklaring als bedoeld in artikel 8.13, vierde lid, indien na afgifte van de verklaring nog geen zes maanden zijn verstreken; of
4°. een door de bevoegde autoriteiten afgegeven verblijfsdocument als bedoeld in artikel 8.13, vijfde lid, dan wel artikel 8.20, eerste lid;
c. voor vreemdelingen die een aanvraag tot het verlenen van de verblijfsvergunning asiel voor bepaalde tijd hebben ingediend, dan wel verblijf heeft op grond van artikel 8, onderdeel m, van de Wet: een vanwege de bevoegde autoriteiten verstrekt document waaruit zulks blijkt en waarvan het model wordt vastgesteld bij ministeriële regeling;
d. voor vreemdelingen, anders dan bedoeld onder c, die rechtmatig verblijf in de zin van artikel 8, onder f, g, h, j of k, van de Wet hebben en die niet beschikken over een ingevolge de Wet vereist geldig document voor grensoverschrijding: een vanwege de bevoegde autoriteiten verstrekt document, waarvan het model wordt vastgesteld bij ministeriële regeling, dat kan worden voorzien van een inlegvel als bedoeld in artikel 4.29, derde lid, waarop de verblijfsrechtelijke positie is aangetekend;
e. voor andere vreemdelingen: een ingevolge de Wet voor het hebben van toegang tot Nederland vereist geldig document voor grensoverschrijding dan wel een document voor grensoverschrijding waarin het benodigde visum is aangetekend of waarin een aantekening omtrent de verblijfsrechtelijke positie is geplaatst.

2. Geen document, anders dan bedoeld in het eerste lid, onder a of b, wordt verstrekt aan kinderen beneden de leeftijd van twaalf jaar, tenzij zij er naar het oordeel van Onze Minister een redelijk belang bij hebben in het bezit van een document te worden gesteld.

3. Op het ingevolge het eerste lid, onder a tot en met d, afgegeven document wordt aangetekend of het de vreemdeling toegestaan is arbeid te verrichten en of voor deze arbeid ingevolge de Wet arbeid vreemdelingen een tewerkstellingsvergunning of gecombineerde vergunning is vereist.

4. Indien aan het verblijf in Nederland van de in het eerste lid, onder a en b, bedoelde vreemdelingen een beperking als bedoeld in artikel 3.4, derde lid, is verbonden, wordt op het document

de aantekening «beroep op de algemene middelen kan gevolgen hebben voor verblijfsrecht» gesteld.
(Zie ook: art. 3.1 t/m 3.3 VV ; art. A1/4 Vc ; art. 14 lid 2 Richtlijn 2008/115/EG)

Art. 4.22

Vervanging documenten

1. De documenten, bedoeld in artikel 4.21, eerste lid, onder a tot en met d, worden door Onze Minister vervangen, indien:
   a. de vreemdeling aan wie het document werd afgegeven, overeenkomstig artikel 4.44 aangifte heeft gedaan van vermissing, verlies of het voor identificatie ondeugdelijk worden van dat document, en
   b. Onze Minister heeft vastgesteld dat er gegronde redenen zijn om te veronderstellen dat de aangifte naar waarheid is gedaan.
2. Onverminderd het eerste lid worden de documenten, bedoeld in artikel 4.21, eerste lid, onder a, telkens vijf jaren na de afgifte ervan, vervangen.
(Zie ook: art. 3.34j VV)

Art. 4.23

Inbewaringneming reis- en identiteitsdocumenten

1. De ambtenaren belast met de grensbewaking of de ambtenaren belast met het toezicht op vreemdelingen, nemen op grond van artikel 52, eerste lid, van de Wet het reis- of identiteitspapier van een persoon tijdelijk in bewaring:
   a. voorzover zulks nodig is voor het verkrijgen van de gegevens, bedoeld in artikel 4.45, of voor het stellen van een aantekening als bedoeld in artikel 4.24 tot en met artikel 4.35a;
   b. indien de persoon ter vaststelling van zijn identiteit is staande gehouden en niet aanstonds blijkt dat het hem is toegestaan in Nederland te verblijven, terwijl de gelegenheid ontbreekt hem, met toepassing van artikel 50, tweede of derde lid, van de Wet naar een plaats, bestemd voor verhoor, over te brengen;
   c. gedurende de tijd dat de persoon rechtens zijn vrijheid is ontnomen, of
   d. voorzover zulks nodig is met het oog op de uitzetting of de overgave aan de buitenlandse grensautoriteiten als bedoeld in artikel 52, tweede lid, van de Wet.
2. Onze Minister kan het reis- of identiteitspapier van een persoon tijdelijk in bewaring nemen, voor zover zulks nodig is voor het verkrijgen van de gegevens, bedoeld in artikel 4.45, voor onderzoek naar de echtheid van het reis- of identiteitspapier of voor de uitzetting van de vreemdeling.
3. In het geval, bedoeld in het eerste lid, onder b, wordt het reis- of identiteitspapier aan de persoon teruggegeven, indien hij aan de korpschef of de bevelhebber van de Koninklijke marechaussee de gegevens heeft verstrekt die deze in het belang van de toepassing van de Wet vraagt, tenzij er uit andere hoofde gronden aanwezig zijn om het document in bewaring te houden.

Art. 4.24

Aantekeningen reis- en identiteitsdocumenten

1. Naast het plaatsen van de in artikel 11 en bijlage IV van de Schengengrenscode bedoelde inreis- en uitreisstempel, kunnen ambtenaren belast met de grensbewaking, op grond van artikel 52, eerste lid, van de Wet, in het reis- of identiteitspapier van de vreemdeling aantekeningen stellen omtrent:
   a. inreis in Nederland;
   b. het doel en de duur van het voorgenomen verblijf in Nederland;
   c. de middelen waarover de vreemdeling met het oog op de toegang tot Nederland beschikt of kan beschikken;
   d. aanmelding bij de korpschef;
   e. de toepassing van artikel 2.4;
   f. het weigeren van toegang tot Nederland;
   g. vertrek of uitzetting uit Nederland, of
   h. uitreis uit Nederland.
2. Elke doorhaling of vervallenverklaring van een in een reis- of identiteitspapier van een vreemdeling gestelde aantekening, wordt door de ambtenaar die de doorhaling of vervallenverklaring verricht, gedateerd en van diens paraaf voorzien.
(Zie ook: art. 1.3 Vb ; art. 4.6 t/m 4.8 VV ; A2/8 Vc; art. 11 Verordening 2016/399/EU)

Art. 4.25

Aantekeningen reis- en identiteitsdocumenten, inhoud

1. De ambtenaren belast met de grensbewaking, stellen in het reis- of identiteitspapier van de vreemdeling die toegang tot Nederland heeft en die Nederland langs een grensdoorlaatpost in- of uitreist een aantekening als bedoeld in artikel 4.24, eerste lid, onder a en h, waaruit blijkt langs welke grensdoorlaatpost en op welke datum de in- of uitreis heeft plaatsgevonden.
2. Bij de aantekening, welke ingevolge het eerste lid wordt gesteld in het reis- of identiteitspapier van een vreemdeling die Nederland inreist, wordt vermeld het aantal in gezelschap van de houder van dat document reizende vreemdelingen dat daarin is opgenomen of staat bijgeschreven. Bij inreis in Nederland van een vreemdeling, reizende in groepsverband op een collectief paspoort of op een collectieve lijst, worden de namen van de in het document opgenomen vreemdelingen die zich niet bij het gezelschap bevinden of aan wie de toegang tot Nederland wordt geweigerd, door de ambtenaar, belast met de grensbewaking, doorgehaald.

Art. 4.26
De ambtenaren belast met de grensbewaking, stellen in het reis- of identiteitspapier van een vreemdeling een aantekening als bedoeld in artikel 4.24, eerste lid, onder d, inhoudende dat de vreemdeling zich binnen drie dagen bij de korpschef, onder vermelding van de plaats, moet melden, indien daartoe naar het oordeel van de ambtenaar belast met de grensbewaking in het belang van het toezicht op vreemdelingen gegronde reden bestaat. Deze aantekening kan ook geplaatst worden in een bijzonder doorlaatbewijs.

Melden korpschef

Art. 4.27
1. De ambtenaren belast met de grensbewaking, stellen in het reis- of identiteitspapier van een vreemdeling een aantekening als bedoeld in artikel 4.24, eerste lid, onder f, indien zij vermoeden dat de vreemdeling andermaal zal trachten Nederland in te reizen zonder te voldoen aan de vereisten voor toegang, bedoeld in artikel 6 van de Schengengrenscode of artikel 3 van de Wet.
2. Uit de aantekening, bedoeld in het eerste lid, blijkt dat de toegang is geweigerd, met vermelding van de datum en zo nodig de grond waarop deze weigering berust.
(Zie ook: art. 4.7 VV)

Weigering toegang vreemdeling

Art. 4.28
1. De ambtenaren belast met de grensbewaking, stellen in het reis- of identiteitspapier van een vreemdeling een aantekening als bedoeld in artikel 4.24, eerste lid, onder g, indien zij vermoeden dat de vreemdeling zal trachten zich andermaal naar Nederland te begeven zonder te voldoen aan de vereisten voor toegang tot Nederland. Een zodanige aantekening wordt niet gesteld indien het vertrek, de uitzetting of de doorreis van de vreemdeling door of diens toegang tot een derde land daardoor wordt bemoeilijkt.
2. Uit de aantekening, bedoeld in het eerste lid, blijkt het vertrek of de uitzetting van de vreemdeling, met vermelding van de datum en zo nodig de reden van het vertrek of de uitzetting.
(Zie ook: art. 4.8 VV; art. C1/1 Vc)

Vertrek of uitzetting

Art. 4.29
1. De ambtenaren belast met het toezicht op vreemdelingen, stellen in het reis- en identiteitspapier van een vreemdeling aantekeningen omtrent:
a. aanmelding of vervoeging bij de korpschef;
b. de woon- of verblijfplaats binnen Nederland en vertrek naar het buitenland;
c. het opleggen van een individuele verplichting tot periodieke aanmelding overeenkomstig artikel 54, derde lid, van de Wet;
d. het beperken van de vrijheid van beweging overeenkomstig artikel 56 van de Wet;
e. vertrek of uitzetting uit Nederland;
f. ongewenstverklaring;
g. de datum en plaats van inreis in Nederland, en
h. [vervallen door vernummering;]
i. [vervallen door vernummering;]
j. het inreisverbod.
2. Elke doorhaling of vervallenverklaring van een in het reis- of identiteitspapier van een vreemdeling gestelde aantekening wordt door de ambtenaar die de doorhaling of vervallenverklaring verricht, gedateerd en van diens paraaf voorzien.
3. In afwijking van het eerste lid kan een aantekening op een aan de vreemdeling te verstrekken afzonderlijk inlegblad worden gesteld, indien:
a. het reis- of identiteitspapier van de vreemdeling zich niet voor het stellen van een zodanige aantekening leent;
b. de vreemdeling houder is van een buitenlands vreemdelingen- of vluchtelingenpaspoort;
c. de vreemdeling geen geldig document voor grensoverschrijding heeft, of
d. de vreemdeling houder is van een document als bedoeld in artikel 4.21, eerste lid, onder a, b, c of d, en niet in het bezit is van een geldig document voor grensoverschrijding.
(Zie ook: art. 4.30 t/m 4.35a Vb; art. 4.9 t/m 4.12 VV; A1/7.2, C1/1 Vc)

Aantekeningen toezichthoudende ambtenaren

Art. 4.30
1. De aantekeningen, bedoeld in artikel 4.29, eerste lid, onder a, hebben betrekking op de aanmelding ingevolge de artikelen 4.47 tot en met 4.51.
2. Uit de aantekening blijkt de datum van aanmelding.
3. Uit de aantekening blijkt of het de vreemdeling is toegestaan arbeid te verrichten en of voor deze arbeid ingevolge de Wet arbeid vreemdelingen een tewerkstellingsvergunning of gecombineerde vergunning vereist is.
4. Indien het betreft een vreemdeling die naar Nederland is gekomen om als zeeman werk te zoeken aan boord van een zeeschip kan de aantekening worden aangevuld met een zinsnede waaruit zulks blijkt en wordt een uiterlijke datum van verblijf opgenomen.

Aanmelding

Art. 4.31
1. De aantekening, bedoeld in artikel 4.29, eerste lid, onder e, wordt gesteld indien op grond van artikel 3.1 uitzetting van de vreemdeling achterwege blijft. De datum waarop de aanvraag

Achterwege blijven uitzetting

is ontvangen wordt eveneens aangetekend. Indien de aanvraag wordt afgewezen, wordt «vervallen» aangetekend.
2. Uit de aantekening blijkt of het de vreemdeling is toegestaan arbeid te verrichten en of voor deze arbeid ingevolge de Wet arbeid vreemdelingen een tewerkstellingsvergunning of gecombineerde vergunning vereist is.

Art. 4.32

Verandering woon- of verblijfplaats

1. Uit de aantekening, bedoeld in artikel 4.29, eerste lid, onder b, blijkt op welke datum de vreemdeling is veranderd van woon- of verblijfplaats binnen Nederland.
2. De aantekening, bedoeld in het eerste lid, wordt door de korpschef gesteld.

Art. 4.33

Periodieke aanmelding

1. Uit de aantekening, bedoeld in artikel 4.29, eerste lid, onder c, blijkt de verplichte periode van aanmelding overeenkomstig artikel 54, derde lid, van de Wet alsmede eventuele verdere bijzonderheden.
2. Nadat de vreemdeling voor de eerste maal heeft voldaan aan de verplichting tot periodieke aanmelding ingevolge artikel 4.51, kunnen de daarop volgende aanmeldingen worden aangetekend door in het reis- of identiteitspapier de datum van de aanmelding te stellen.
3. Uit de aantekening, bedoeld in het eerste en tweede lid, blijkt of het de vreemdeling is toegestaan arbeid te verrichten en of voor deze arbeid ingevolge de Wet arbeid vreemdelingen een tewerkstellingsvergunning of gecombineerde vergunning vereist is.

Art. 4.34

Vertrek of uitzetting

1. De aantekeningen, bedoeld in artikel 4.29, eerste lid, onder e, betreffen:
a. een aantekening waaruit de uiterlijke datum van vertrek blijkt, indien aan de vreemdeling overeenkomstig artikel 62 van de Wet een termijn is gegund waarbinnen hij Nederland uit eigen beweging dient te verlaten;
b. een aantekening waaruit blijkt tot welke datum uitzetting van de vreemdeling achterwege blijft ingevolge artikel 64 van de Wet;
c. een aantekening waaruit de datum van indienen van een bezwaarschrift blijkt, indien de uitzetting achterwege blijft hangende een beslissing op een door de vreemdeling ingediend bezwaar, eventueel met doorhaling van de aantekening, bedoeld onder a;
d. een aantekening omtrent uitzetting, indien naar het oordeel van de korpschef of de bevelhebber van de Koninklijke marechaussee gegronde reden bestaat om te vermoeden dat de vreemdeling zal trachten naar Nederland terug te keren zonder te voldoen aan de vereisten voor toegang tot Nederland.
2. Bij een aantekening als bedoeld in het eerste lid, onder b, wordt tevens gesteld dat arbeid niet is toegestaan.
3. De aantekening, bedoeld in het eerste lid, onder d, wordt niet gesteld, indien het vertrek, de uitzetting of de doorreis van de vreemdeling door, of diens toelating tot een derde land daardoor wordt bemoeilijkt.

Art. 4.35

Ongewenstverklaring

1. De aantekening, bedoeld in artikel 4.29, eerste lid, onder f, wordt geplaatst, indien de korpschef of de bevelhebber van de Koninklijke marechaussee vermoedt dat de vreemdeling zal trachten naar Nederland terug te keren zonder te voldoen aan de vereisten voor toegang tot Nederland. De aantekening wordt niet gesteld indien het vertrek, de uitzetting of de doorreis van de vreemdeling door, of diens toelating tot een derde land daardoor wordt bemoeilijkt.
2. Uit de aantekening blijkt de datum waarop de vreemdeling ongewenst is verklaard.

Art. 4.35a

Aantekening inreisverbod

1. De aantekening, bedoeld in artikel 4.29, eerste lid, onder j, wordt geplaatst, indien de korpschef of de bevelhebber van de Koninklijke marechaussee vermoedt dat de vreemdeling zal trachten naar Nederland terug te keren zonder te voldoen aan de vereisten voor toegang tot Nederland. De aantekening wordt niet gesteld indien het vertrek, de uitzetting of de doorreis van de vreemdeling door, of diens toegang tot een derde land, niet zijnde een andere staat als bedoeld in artikel 1.3, daardoor wordt bemoeilijkt.
2. Uit de aantekening blijken de duur van het inreisverbod en de datum waarop het is uitgevaardigd.

Art. 4.36

Model aantekeningen

Bij ministeriële regeling kunnen modellen van de aantekeningen, bedoeld in deze afdeling, worden vastgesteld.

Vreemdelingenbesluit 2000

Afdeling 3
Verplichtingen in het kader van toezicht

Paragraaf 1
Kennisgeving van verandering van woon- of verblijfplaats en vertrek naar het buitenland

Art. 4.37

1. De vreemdeling die rechtmatig verblijft als bedoeld in artikel 8, onder a tot en met h, van de Wet, is verplicht om in geval van:

a. verandering van adres binnen de gemeente waar de vreemdeling woont of verblijft, hiervan binnen vijf dagen kennis te geven aan Onze Minister;

b. verandering van woon- of verblijfplaats binnen Nederland, onder opgave van het nieuwe adres, hiervan binnen vijf dagen na aankomst in de nieuwe woon- of verblijfplaats in persoon kennis te geven aan Onze Minister;

c. vertrek naar het buitenland, zo mogelijk onder opgave van het nieuwe adres, hiervan vóór het vertrek kennis te geven aan Onze Minister.

2. De in het eerste lid bedoelde kennisgeving blijft achterwege indien de vreemdeling als ingezetene met een adres in de nieuwe woonplaats is ingeschreven in de basisregistratie personen.

3. De vreemdeling die niet rechtmatig verblijft als bedoeld in artikel 8, onder a tot en met h, van de Wet, geeft kennis van verandering van woon- of verblijfplaats binnen Nederland als bedoeld in het eerste lid, onder b, indien Onze Minister dat vordert.

4. De in het eerste en derde lid omschreven verplichtingen rusten ten aanzien van kinderen beneden de leeftijd van twaalf jaar op de wettelijke vertegenwoordiger. Voor kinderen van twaalf jaar en ouder kan aan deze verplichtingen ook worden voldaan door de wettelijke vertegenwoordiger.

5. De in het eerste en derde lid omschreven verplichtingen rusten niet op de onderdaan van een staat die partij is bij het Verdrag betreffende de werking van de Europese Unie, de Overeenkomst betreffende de Europese Economische Ruimte of de onderdaan van Zwitserland met verblijfsrecht van maximaal drie maanden als bedoeld in artikel 8.11.

6. Van vertrek naar het buitenland wordt geen kennis gegeven door de vreemdeling die rechtmatig verblijft als bedoeld in artikel 8, onder a tot en met e, van de Wet, indien de vreemdeling zijn hoofdverblijf niet naar het buitenland verplaatst.

(Zie ook: artt. 54, 55a, 108 Vw; art. 1.4 Vb)

_{Kennisgeving verandering woon- of verblijfplaats en vertrek}

Paragraaf 2
Het verstrekken van gegevens

Art. 4.38

1. De vreemdeling verstrekt op vordering van Onze Minister de gegevens, die nodig zijn voor van de toepassing van het bepaalde bij of krachtens de Wet en waarover hij redelijkerwijs kan beschikken, binnen de in de vordering aangegeven tijd.

2. Indien daartoe in het belang van het toezicht op vreemdelingen gegronde reden bestaat kan de in het voorgaande lid bedoelde vordering inhouden dat de vreemdeling de gegevens in persoon verstrekt.

3. In het belang van de vreemdelingenregistratie kan een vordering als bedoeld in het eerste lid bij algemene bekendmaking worden gedaan.

4. Indien de vreemdeling jonger is dan twaalf jaar, dan kan de vordering, bedoeld in het eerste tot en met derde lid, worden gericht tot de wettelijke vertegenwoordiger.

(Zie ook: artt. 54, 55a, 108 Vw; art. 4.16 VV; A2/10.2 Vc)

_{Gegevensverstrekking vreemdeling}

Art. 4.39

De vreemdeling die geen rechtmatig verblijf heeft, doet onmiddellijk van zijn aanwezigheid in persoon mededeling aan de korpschef.

(Zie ook: artt. 54, 55a, 61, 108 Vw; art. 4.16 VV)

_{Mededeling onrechtmatig verblijf}

Art. 4.40

Personen die nachtverblijf verschaffen aan een vreemdeling, van wie zij weten of redelijkerwijs kunnen vermoeden dat deze vreemdeling niet rechtmatig in Nederland verblijft als bedoeld in artikel 8 van de Wet, doen daarvan onmiddellijk mededeling aan de korpschef.

(Zie ook: artt. 54, 55a, 108 Vw; A2/10.2 Vc)

_{Mededeling personen die nachtverblijf verschaffen}

Art. 4.41

Werkgevers, van wie bij Onze Minister bekend is dat zij een vreemdeling in dienst hebben gehad die niet rechtmatig verbleef of aan wie het niet was toegestaan arbeid te verrichten, verstrekken aan Onze Minister, op diens vordering, onmiddellijk de gegevens omtrent de vreemdeling die

_{Mededeling werkgevers}

bij hen tewerkgesteld wordt, in dienst is of in dienst is geweest. Onze Minister kan een termijn stellen waarbinnen de gegevens worden verstrekt.
(Zie ook: artt. 54, 55a, 108 Vw; A2/10.2 Vc)

Art. 4.42

Mededeling indien vreemdeling arbeid zoekt

1. De vreemdeling die rechtmatig verblijft als bedoeld in artikel 8, onder i, van de Wet en die arbeid gaat zoeken of arbeid gaat verrichten, deelt dit onmiddellijk mee aan de korpschef.
2. Het eerste lid is niet van toepassing op de vreemdeling die:
   a. houder is van een geldige machtiging tot voorlopig verblijf afgegeven voor een verblijfsdoel waarbij het verrichten van arbeid is toegestaan;
   b. kan aantonen dat hij naar Nederland is gekomen voor het verrichten van arbeid gedurende ten hoogste 90 dagen, te rekenen vanaf het tijdstip van zijn binnenkomst;
   c. naar Nederland is gekomen om aan te monsteren of als zeeman werk te zoeken aan boord van een zeeschip, of
   d. naar Nederland is gekomen voor een verblijf op grond van artikel 3.3, vierde of vijfde lid.
3. Het tweede lid is niet van toepassing indien de arbeid geheel of gedeeltelijk bestaat uit het verrichten van seksuele handelingen met derden of het verlenen van seksuele diensten aan derden, tenzij de vreemdeling gemeenschapsonderdaan is.
(Zie ook: artt. 54, 55a, 108 Vw)

Art. 4.43

Mededeling niet langer voldoen aan beperking

1. De vreemdeling die rechtmatig verblijft als bedoeld in artikel 8, onder a, van de Wet en die niet langer voldoet aan de beperking waaronder de verblijfsvergunning is verleend, deelt dit binnen vier weken mee aan Onze Minister.
2. Onverminderd het eerste lid, stelt de houder van de door Onze Minister afgegeven Europese blauwe kaart, voor zover deze nog geen drie jaar als houder van die kaart in Nederland verblijft, Onze Minister vooraf in kennis van zijn voornemen om een arbeidsovereenkomst te sluiten met een andere werkgever. Hij stelt Onze Minister zo mogelijk vooraf in kennis van zijn werkloosheid en van andere wijzigingen die van belang kunnen zijn voor de intrekking van de Europese blauwe kaart.
(Zie ook: artt. 54, 55a, 108 Vw)

Art. 4.44

Vermissing document

De vreemdeling die rechtmatig verblijft als bedoeld in artikel 8, onder a tot en met e, dan wel l, van de Wet en wiens document, bedoeld in artikel 9 van de Wet, waaruit het rechtmatig verblijf blijkt, vermist wordt, verloren is gegaan of ondeugdelijk is geworden voor identificatie, doet daarvan onmiddellijk in persoon aangifte bij de korpschef. De korpschef stelt Onze Minister hiervan in kennis.
(Zie ook: artt. 54, 55a, 108 Vw)

Art. 4.44a

Informatieplicht referent

1. De referent die weet of redelijkerwijs kan vermoeden dat de vreemdeling, wiens referent hij is, niet langer voldoet aan de beperking waaronder de verblijfsvergunning is verleend, doet hiervan binnen vier weken mededeling aan Onze Minister.
2. De referent doet binnen vier weken mededeling aan Onze Minister van de beëindiging van diens aan het referentschap ten grondslag liggende relatie tot de vreemdeling.

Nadere regels

3. Bij ministeriële regeling worden regels gesteld omtrent de door de referent te verstrekken gegevens betreffende:
   a. de vreemdeling wiens referent hij is of is geweest;
   b. de nakoming van zijn verplichtingen als referent, en
   c. zijn positie als referent,
en kan ten aanzien van de referent worden voorzien in een verplichting tot jaarlijkse bevestiging of correctie van de gegevens die bij Onze Minister blijkens diens opgaaf bekend zijn.
4. In het belang van het toezicht op vreemdelingen of het toezicht op referenten kan Onze Minister of de ambtenaar belast met het toezicht op vreemdelingen of met het toezicht op referenten bepalen dat de referent de gegevens in persoon verstrekt.
(Zie ook: artt. 54 lid 2 sub a, 55, 108 Vw; art. 4.19 t/m 4.26 VV)

Art. 4.44b

Informatieplicht houder verblijfsvergunning

1. De houder van een verblijfsvergunning regulier voor bepaalde tijd ten behoeve van wiens verblijf geen referent optreedt, verstrekt Onze Minister gegevens die van belang zijn voor de toepassing van de wet.
2. In het belang van het toezicht op vreemdelingen kan Onze Minister of de ambtenaar belast met het toezicht op vreemdelingen bepalen dat de vreemdeling de gegevens in persoon verstrekt.

Nadere regels

3. Bij ministeriële regeling worden nadere regels worden gesteld omtrent het eerste lid.
(Zie ook: artt. 54 lid 2 sub a, 55, 108 Vw; art. 3.37 Vb)

Vreemdelingenbesluit 2000

Paragraaf 3
Medewerking aan vastleggen van gegevens met het oog op identificatie

Art. 4.45
De medewerking van de vreemdeling, bedoeld in artikel 54, eerste lid, onderdeel c, van de Wet, bestaat uit:
a. het op vordering van Onze Minister, een ambtenaar belast met de grensbewaking of een ambtenaar belast met het toezicht op vreemdelingen, beschikbaar stellen van een goedgelijkende pasfoto, en
b. het zich laten fotograferen en het laten afnemen van vingerafdrukken.

Medewerking vastlegging gegevens identificatie

Paragraaf 4
Medisch onderzoek

Art. 4.46
1. De vreemdeling die naar Nederland is gekomen voor een verblijf van langer dan 90 dagen, werkt op grond van artikel 54, eerste lid, onderdeel d, van de Wet mee aan een onderzoek naar tuberculose.
2. Het eerste lid is niet van toepassing op de vreemdeling die de nationaliteit bezit van een van de bij ministeriële regeling vast te stellen landen, langdurig ingezetene is dan wel als gezinslid van een langdurig ingezetene in een andere lidstaat van de Europese Unie is toegelaten.
(Zie ook: artt. 54, 55a, 108 Vw ; art. 4.12a VV; B1/4.5 Vc)

Verplichte medewerking medisch onderzoek

Paragraaf 5
Aanmelding na binnenkomst in Nederland

Art. 4.47
1. De vreemdeling die rechtmatig verblijft als bedoeld in artikel 8, onder i, van de Wet en die naar Nederland is gekomen voor een verblijf van langer dan 90 dagen, meldt zich binnen drie dagen na binnenkomst in Nederland in persoon aan bij Onze Minister.
2. Voor de berekening van de in het eerste lid bedoelde termijn van 90 dagen wordt eerder verblijf in Nederland binnen een tijdvak van 180 dagen, onmiddellijk voorafgaande aan de binnenkomst, mede in aanmerking genomen.
3. Indien de vreemdeling jonger is dan twaalf jaar, doet degene bij wie de vreemdeling woont of verblijft de melding.
(Zie ook: artt. 54, 55a, 108 Vw)
4. In afwijking van het eerste lid kan de aanmelding door een onderzoeker of student die naar Nederland is gekomen voor een verblijf van ten hoogste 180 binnen 360 dagen onderscheidenlijk ten hoogste 360 dagen op grond van artikel 3.3, vierde of vijfde lid, namens de vreemdeling geschieden door de erkende referent waar hij het deel van zijn onderzoek of studie gaat verrichten. In dat geval kan de aanmelding in afwijking van het eerste lid geschieden zodra de erkende referent het voornemen tot een dergelijk verblijf kent.
5. Bij ministeriële regeling kunnen regels worden gesteld met betrekking tot het al dan niet in persoon verstrekken van gegevens of bescheiden bij de aanmelding.
6. Bij ministeriële regeling kunnen gevallen worden aangewezen waarin de aanmelding schriftelijk kan geschieden.

Aanmelding binnenkomst Nederland

Aanmelding binnenkomst Nederland, student/onderzoeker

Art. 4.48
[Vervallen]

Art. 4.49
1. De vreemdeling die houder is van een visum of een document voor grensoverschrijding waarin door de daartoe bevoegde autoriteit een aantekening is gesteld omtrent aanmelding bij een vreemdelingendienst in Nederland, meldt zich binnen drie dagen na binnenkomst in Nederland in persoon aan bij de korpschef.
2. Het eerste lid is niet van toepassing op onderdanen van een staat die partij is bij het Verdrag betreffende de werking van de Europese Unie of de Overeenkomst betreffende de Europese Economische Ruimte en op onderdanen van Zwitserland.
(Zie ook: artt. 54, 55a, 108 Vw)

Aanmelden bij korpschef o.g.v. aantekening

Art. 4.50
1. De vreemdeling die naar Nederland is gekomen om als zeeman werk te zoeken aan boord van een zeeschip, meldt zich binnen drie dagen na binnenkomst in Nederland in persoon aan bij de korpschef.
2. Het eerste lid is niet van toepassing op onderdanen van een staat die partij is bij het Verdrag betreffende de werking van de Europese Unie of de Overeenkomst betreffende de Europese Economische Ruimte en op onderdanen van Zwitserland.
(Zie ook: artt. 54, 55a, 108 Vw)

Aanmelden bij korpschef; zeeman

Paragraaf 6
Periodieke aanmelding

Art. 4.51

Periodieke aanmelding

1. Tot periodieke aanmelding als bedoeld in artikel 54, eerste lid, onder f, van de Wet, bij de korpschef is verplicht de vreemdeling die:
   a. geen rechtmatig verblijf heeft en in afwachting is van de feitelijke mogelijkheid tot vertrek of uitzetting, of
   b. rechtmatig verblijft als bedoeld in artikel 8, onder f, g, h of m van de Wet.
2. De vreemdeling, bedoeld in het eerste lid, meldt zich wekelijks, tenzij Onze Minister een andere termijn stelt, dan wel ontheffing verleent.
3. Het eerste lid is niet van toepassing, indien de vreemdeling rechtens zijn vrijheid is ontnomen.
4. Het eerste lid is niet van toepassing op onderdanen van een staat die partij is bij het Verdrag betreffende de werking van de Europese Unie of de Overeenkomst betreffende de Europese Economische Ruimte en op onderdanen van Zwitserland.
(Zie ook: artt. 54, 55a, 108 Vw; art. 4.29 Vb; artt. 4.10, 4.13, 4.14 VV; A2/10.3 Vc; art. 16 lid 1 aanhef en sub a Richtlijn 2003/9/EG; artt. 7 lid 3, 9 lid 3 Richtlijn 2008/115/EG)

Paragraaf 7
Documenten en het stellen van zekerheid

Art. 4.52

Inleveren verblijfsdocument

1. De vreemdeling levert het document, bedoeld in artikel 9 van de Wet, overeenkomstig door Onze Minister gestelde regels in bij Onze Minister of de korpschef:
   a. zodra hij niet meer rechtmatig verblijft, doch uiterlijk op het moment waarop de vertrektermijn, bedoeld in artikel 62 van de Wet, verstrijkt;
   b. vóór zijn vertrek naar het buitenland, indien hij zijn hoofdverblijf buiten Nederland verplaatst;
   c. indien aan de vreemdeling een nieuw verblijfsdocument is verleend;
   d. indien aan de vreemdeling het Nederlanderschap wordt verleend.
2. De persoon die het Nederlanderschap heeft verkregen levert het document, bedoeld in artikel 9 van de Wet, overeenkomstig door Onze Minister gestelde regels in bij Onze Minister of de korpschef.
(Zie ook: artt. 54, 55a, 108 Vw; art. 4.29 Vb; art. 4.15a VV)

Art. 4.52a

Zekerheidsstelling bij vertrekplicht

1. De ambtenaar belast met de grensbewaking of het toezicht op vreemdelingen kan van de vreemdeling die Nederland ingevolge artikel 62, eerste lid, van de Wet uit eigen beweging binnen vier weken moet verlaten zekerheid verlangen, teneinde het risico te beperken dat de vreemdeling zich zal onttrekken aan het toezicht.
2. De zekerheid, bedoeld in het eerste lid, kan ook worden verlangd in geval van uitstel van vertrek of uitzetting:
   a. op grond dat het vertrek of de uitzetting in strijd zou zijn met het beginsel van non-refoulement;
   b. zolang de vreemdeling rechtmatig verblijf heeft als bedoeld in artikel 8, onder h of j, van de Wet; of
   c. wegens technische redenen, zoals het ontbreken van vervoermiddelen of het mislukken van het vertrek of de uitzetting wegens onvoldoende identificatie.
3. De zekerheid, bedoeld in het eerste lid, kan bestaan uit:
   a. de overlegging van een reis- of identiteitsdocument;
   b. de overlegging van een passagebiljet;
   c. het deponeren van een waarborgsom;
   d. een verklaring van een solvabele derde die zich voor de kosten garant stelt;
   e. de overlegging van bewijs van het beschikken over een verzekering die de ziektekosten in Nederland volledig dekt.
4. Het model van de garantverklaring wordt bij ministeriële regeling vastgesteld.
(Zie ook: artt. 7 lid 3, 9 lid 3 Richtlijn 2008/115/EG)

Art. 4.52b

Waarborgsom bij vertrekplicht

1. De waarborgsom, bedoeld in artikel 4.52a, derde lid, onder c, wordt door Onze Minister in ieder geval aan de rechthebbende teruggegeven:
   a. zodra de vreemdeling, bedoeld in artikel 4.52a, eerste lid, binnen de voor hem geldende vertrektermijn uit eigen beweging Nederland heeft verlaten zonder zich tussentijds aan het toezicht te hebben onttrokken; dan wel
   b. zodra de vreemdeling na uitstel van het vertrek of de uitzetting, bedoeld in artikel 4.52a, tweede lid, Nederland heeft verlaten of is uitgezet zonder zich tussentijds aan het toezicht te hebben onttrokken.

Vreemdelingenbesluit 2000

2. Onze Minister berekent rente over de waarborgsommen, gedeponeerd krachtens artikel 4.52a, derde lid, onder c. Artikel 3.9, tweede lid, en artikel 3.10, tweede lid zijn van overeenkomstige toepassing.
3. De waarborgsom wordt teruggegeven en de rente wordt uitbetaald zo spoedig mogelijk nadat één van de in het eerste lid genoemde gronden zich voordoet.
(Zie ook: art. 7 lid 3 Richtlijn 2008/115/EG)

Paragraaf 8
Administratieplichten

Art. 4.53
1. De referent voert overeenkomstig bij ministeriële regeling gestelde regels een administratie met gegevens met betrekking tot:
a. de vreemdeling wiens referent hij is of was;
b. de nakoming van zijn verplichtingen als referent, en
c. zijn positie als referent.
2. In de administratie, bedoeld in het eerste lid, worden in ieder geval opgenomen:
a. een kopie van het geldig document voor grensoverschrijding van de vreemdeling, tenzij Onze Minister overeenkomstig artikel 3.72 heeft geoordeeld dat die vreemdeling niet in het bezit kan worden gesteld van een dergelijk document;
b. gegevens waaruit blijkt dat de referent tijdig en volledig heeft voldaan aan zijn verplichtingen op grond van de artikelen 2a, tweede lid, onder b, 24a, eerste lid, onder a en tweede lid, en 54, tweede lid, onder a, van de Wet;
c. de bij ministeriële regeling genoemde gegevens.
3. Voor zover zulks noodzakelijk is voor de naleving van diens informatieplicht en administratieplicht, en de persoonlijke levenssfeer van de betrokkene daardoor niet onevenredig wordt geschaad, verlangt de referent van de vreemdeling opgave van gegevens die van belang zijn voor de toepassing van het bepaalde bij of krachtens de Wet en verstrekt de vreemdeling die gegevens.
4. De referent verstrekt Onze Minister of de ambtenaar belast met het toezicht op referenten overeenkomstig door Onze Minister te stellen regels gegevens uit de administratie. Gedurende vijf jaar na beëindiging van het referentschap bewaart de gewezen referent de administratie en verstrekt hij op verzoek van de ambtenaar belast met het toezicht op referenten daaruit de gegevens en bescheiden, welke van belang zijn voor het toezicht op referenten.
(Zie ook: artt. 2d, 2t, 24a, 55a Vw; artt. 1.16, 3.34l, 4.27 t/m 4.41 VV)

Administratie referent

Hoofdstuk 5
Vrijheidsbeperkende en vrijheidsontnemende maatregelen

Paragraaf 1
Vrijheidsbeperkende maatregelen

Art. 5.1
1. De maatregel van beperking van vrijheid van beweging, bedoeld in artikel 56, eerste lid, van de Wet kan bestaan uit:
a. een verplichting zich bij verblijf in Nederland in een bepaald gedeelte van Nederland te bevinden, of
b. een verplichting zich te houden aan een verbod om zich in een bepaald gedeelte of bepaalde gedeelten van Nederland te bevinden.
2. De maatregel, bedoeld in het eerste lid, wordt niet opgelegd aan de vreemdeling die rechtmatig verblijf heeft op grond van artikel 8, onderdeel e, van de Wet en houder is van een EU-verblijfsvergunning voor langdurig ingezetenen die is afgegeven door een andere staat die partij is bij het Verdrag betreffende de werking van de Europese Unie anders dan om redenen van veiligheid.
3. De maatregel wordt evenmin opgelegd aan een houder van een door Onze Minister afgegeven Europese blauwe kaart anders dan om redenen van veiligheid.
(Zie ook: art. 11 sub h Richtlijn 2003/109/EG; artt. 7 lid 3, 9 lid 3 Richtlijn 2008/115/EG; art. 14 lid 1 sub h Richtlijn 2009/50/EG)

Vrijheidsbeperkende maatregelen

A41 art. 5.1a   Vreemdelingenbesluit 2000

Paragraaf 2
Vrijheidsontnemende maatregelen

Art. 5.1a

Gronden vrijheidsontneming/inbewaringstelling

1. Een vreemdeling als bedoeld in artikel 59, eerste lid, van de Wet kan in bewaring worden gesteld op grond dat het belang van de openbare orde of nationale veiligheid zulks vordert, indien:
   a. een risico bestaat dat de vreemdeling zich aan het toezicht zal onttrekken, of
   b. de vreemdeling de voorbereiding van het vertrek of de uitzettingsprocedure ontwijkt of belemmert.
2. Een vreemdeling als bedoeld in artikel 59b, eerste lid, van de Wet kan in bewaring worden gesteld omdat het belang van de openbare orde zulks vordert, indien een van de gronden als bedoeld in artikel 59b, eerste lid van de Wet zich voordoet. Artikel 5.1c is van toepassing.
3. Een vrijheidsontnemende maatregel op grond van artikel 6, derde lid, van de Wet wordt opgelegd in het kader van het grensbewakingsbelang. Deze wordt niet opgelegd of voortgezet indien sprake is van bijzondere individuele omstandigheden die vrijheidsontneming onevenredig bezwarend maken.
4. Het eerste lid is van overeenkomstige toepassing in geval van oplegging van de vrijheidsontnemende maatregel op grond van artikel 6, zesde lid, van de Wet.
5. Met het oog op de overdracht aan een verantwoordelijke lidstaat met inachtneming van artikel 28 van de Dublinverordening, kan een vreemdeling een vrijheidsontnemende maatregel worden opgelegd of kan hij in bewaring worden gesteld, indien:
   a. een concreet aanknopingspunt bestaat voor een overdracht als bedoeld in de Dublinverordening; en
   b. een significant risico bestaat dat de vreemdeling zich aan het toezicht zal onttrekken.
(Zie ook: art. 59a Vw; art. 15 lid 1 Richtlijn 2008/115/EG; art. 28 Vo (EU) 604/2013)

Art. 5.1b

Voorwaarden vrijheidsontneming/inbewaringstelling

1. Aan de voorwaarden voor inbewaringstelling, bedoeld in artikel 5.1a, eerste lid, of voor het opleggen van een vrijheidsontnemende maatregel, bedoeld in artikel 5.1a, vierde lid, is slechts voldaan indien ten minste twee van de gronden, bedoeld in het derde en vierde lid zich voordoen.
2. Aan de voorwaarden voor inbewaringstelling of voor het opleggen van een vrijheidsontnemende maatregel, bedoeld in artikel 5.1a, vijfde lid, wordt slechts voldaan indien ten minste twee van de gronden, bedoeld in het derde en vierde lid zich voordoen, waarvan ten minste één van de gronden, bedoeld in het derde lid.
3. Er is sprake van een zware grond voor inbewaringstelling of voor het opleggen van een vrijheidsontnemende maatregel indien de vreemdeling:
   a. Nederland niet op de voorgeschreven wijze is binnengekomen, dan wel een poging daartoe heeft gedaan;
   b. zich in strijd met de Vreemdelingenwetgeving gedurende enige tijd aan het toezicht op vreemdelingen heeft onttrokken;
   c. eerder een visum, besluit, kennisgeving of aanzegging heeft ontvangen waaruit de plicht Nederland te verlaten blijkt en hij daaraan niet uit eigen beweging binnen de daarin besloten of gestelde termijn gevolg heeft gegeven;
   d. niet dan wel niet voldoende meewerkt aan het vaststellen van zijn identiteit en nationaliteit;
   e. in verband met zijn aanvraag om toelating onjuiste of tegenstrijdige gegevens heeft verstrekt met betrekking tot zijn identiteit, nationaliteit of de reis naar Nederland of een andere lidstaat;
   f. zich zonder noodzaak heeft ontdaan van zijn reis- of identiteitsdocumenten;
   g. in het Nederlandse rechtsverkeer gebruik heeft gemaakt van valse of vervalste documenten;
   h. tot ongewenst vreemdeling is verklaard als bedoeld in artikel 67 van de Wet of tegen hem een inreisverbod is uitgevaardigd met toepassing van artikel 66a, zevende lid, van de Wet;
   i. heeft te kennen gegeven dat hij geen gevolg zal geven aan zijn verplichting tot terugkeer;
   j. aan de grens te kennen heeft gegeven een aanvraag tot het verlenen van een verblijfsvergunning asiel voor bepaalde tijd te willen indienen, en zijn aanvraag met toepassing van de grensprocedure niet in behandeling is genomen, niet-ontvankelijk is verklaard of is afgewezen als kennelijk ongegrond;
   k. een overdrachtsbesluit heeft ontvangen en geen medewerking verleent aan de overdracht aan de lidstaat die verantwoordelijk is voor de behandeling van zijn asielverzoek;
   l. een overdrachtsbesluit heeft ontvangen, hem op zijn initiatief een termijn is gesteld om uit eigen beweging te vertrekken naar de lidstaat die verantwoordelijk is voor de behandeling van zijn asielverzoek, en hij niet uit eigen beweging binnen deze termijn is vertrokken, dan wel
   m. een overdrachtsbesluit heeft ontvangen en onmiddellijke overdracht of overdracht op zeer korte termijn noodzakelijk is ten behoeve van het realiseren van de overdracht binnen zes maanden na het akkoord van de lidstaat die verantwoordelijk is voor de behandeling van zijn asielverzoek.

Vreemdelingenbesluit 2000 — A41 art. 5.3

4. Er is sprake van een lichte grond voor inbewaringstelling of voor het opleggen van een vrijheidsontnemende maatregel indien de vreemdeling:
a. zich niet aan een of meer andere voor hem geldende verplichtingen van hoofdstuk 4 heeft gehouden;
b. meerdere aanvragen tot het verlenen van een verblijfsvergunning heeft ingediend die niet tot verlening van een verblijfsvergunning hebben geleid;
c. geen vaste woon- of verblijfplaats heeft;
d. niet beschikt over voldoende middelen van bestaan;
e. verdachte is van enig misdrijf dan wel daarvoor is veroordeeld; of
f. arbeid heeft verricht in strijd met de Wet arbeid vreemdelingen.
(Zie ook: art. 3 lid 7 Richtlijn 2008/115/EG)

Art. 5.1c

1. De grond voor bewaring, bedoeld in artikel 59b, eerste lid, onderdeel a, van de Wet, is aanwezig, indien de identiteit of de nationaliteit van de vreemdeling met onvoldoende zekerheid bekend is en zich ten minste twee van de gronden, bedoeld in artikel 5.1b, derde en vierde lid, voordoen. *Gronden inbewaringstelling rechtmatig verblijvenden ex art. 8 f, g of h*

2. De grond voor bewaring, bedoeld in artikel 59b, eerste lid, onderdeel b, van de Wet, is aanwezig, indien door middel van bewaring de gegevens die noodzakelijk zijn voor beoordeling van een aanvraag tot het verkrijgen van een verblijfsvergunning kunnen worden verkregen, en zich ten minste twee van de gronden, bedoeld in artikel 5.1b, derde en vierde lid, voordoen.

3. Bij de beoordeling of sprake is van een aanvraag die louter is ingediend teneinde de uitvoering van het terugkeerbesluit uit te stellen of te verijdelen als bedoeld artikel 59b, eerste lid, onderdeel c, ten derde, van de Wet worden alle omstandigheden van het geval betrokken, waaronder met name:
a. of de vreemdeling eerder een aanvraag tot het verlenen van een verblijfsvergunning asiel voor bepaalde tijd heeft gedaan;
b. de termijn waarbinnen de vreemdeling zijn aanvraag tot het verlenen van een verblijfsvergunning asiel voor bepaalde tijd kenbaar heeft gemaakt in het licht van zijn verklaringen hieromtrent;
c. de omstandigheden waaronder de vreemdeling is aangetroffen dan wel zijn aanvraag kenbaar heeft gemaakt;
d. of de vreemdeling in het Schengeninformatiesysteem ter zake van een inreisverbod gesignaleerd staat;
e. de gestelde nationaliteit in het licht van de toepassing van artikel 30b, eerste lid, onder b van de Wet;
f. de onderbouwing van de aanvraag.

4. De grond voor bewaring, bedoeld in artikel 59b, eerste lid, onderdeel d, van de Wet, is in ieder geval aanwezig, indien er is sprake van een aanvraagprocedure waarin vermoedelijk artikel 1F van het Vluchtelingenverdrag kan worden tegengeworpen.

Art. 5.2

1. Voordat de vreemdeling op grond van artikel 59, 59a of 59b van de Wet in bewaring wordt gesteld, wordt hij gehoord. *Hoor voorafgaand aan vrijheidsontnemende maatregelen*

2. Het eerste lid is niet van toepassing indien:
a. de bewaring van de vreemdeling die in bewaring is gesteld op grond van artikel 59, eerste lid, onder a, van de Wet wordt voortgezet op grond van artikel 59, eerste lid, onder b, van de Wet, of andersom; of
b. het voorafgaande gehoor van de vreemdeling niet kan worden afgewacht.

3. Slechts in het geval bedoeld in het tweede lid, onder d, wordt de vreemdeling zo spoedig mogelijk na de tenuitvoerlegging van de bewaring gehoord.

4. Van het gehoor wordt proces-verbaal opgemaakt.

5. Aan de vreemdeling wordt tijdig mededeling gedaan van de hem toekomende bevoegdheid zich bij het gehoor te doen bijstaan door zijn raadsman.
(Zie ook: A5/6.4 Vc)

Art. 5.3

1. De maatregel waarbij de bewaring op grond van artikel 59, 59a of 59b van de Wet wordt opgelegd wordt gedagtekend en ondertekend; de maatregel wordt met redenen omkleed. Aan de vreemdeling op wie de maatregel betrekking heeft, wordt onmiddellijk een afschrift daarvan uitgereikt. De vreemdeling wordt daarbij schriftelijk, in een taal die hij verstaat of waarvan redelijkerwijs kan worden aangenomen dat hij deze verstaat, op de hoogte gebracht van de redenen van bewaring en van de in het nationale recht vastgestelde procedures om het bevel tot bewaring aan te vechten, alsook van de mogelijkheid om gratis rechtsbijstand en vertegenwoordiging aan te vragen. *Vormvereisten maatregel*

2. Het eerste lid is van overeenkomstige toepassing in geval van oplegging van de vrijheidsontnemende maatregel op grond van artikel 6, derde of zesde lid, van de Wet en in situaties waarin de bewaring van de vreemdeling op een andere wettelijke grondslag wordt voortgezet.
(Zie ook: A5/6.6 Vc; art. 9 lid 4 Richtlijn 2013/33/EU)

Art. 5.4

Plaats bewaring

1. De bewaring op grond van artikel 59, 59a of 59b van de Wet wordt ten uitvoer gelegd op een politiebureau, een cel van de Koninklijke marechaussee, in een huis van bewaring of een ruimte of plaats als bedoeld in artikel 6, tweede lid, of artikel 58, eerste lid van de Wet. Bij de tenuitvoerlegging van de bewaring wordt de vreemdeling niet verder beperkt in de uitoefening van grondrechten dan wordt gevorderd door het doel van deze maatregel en de handhaving van de orde en de veiligheid op de plaats van tenuitvoerlegging.
2. Indien de tenuitvoerlegging van de bewaring een aanvang neemt op een politiebureau of in een cel van de Koninklijke marechaussee, wordt zodra dit redelijkerwijs mogelijk is de tenuitvoerlegging voortgezet in een huis van bewaring of een ruimte of plaats als bedoeld in artikel 6, tweede lid of artikel 58, eerste lid, van de Wet.
3. De bewaring wordt opgeheven zodra er geen grond meer aanwezig is.
(Zie ook: A5/6.10, A5/6.11 Vc; artt. 15 leden 2, 5 en 6, 16 leden 1 en 5 Richtlijn 2008/115/EG)

Art. 5.5

Tijdelijke verplaatsing

1. Gedurende de tenuitvoerlegging van een vrijheidsontnemende maatregel ingevolge de artikelen 6, tweede lid, 58, eerste lid, of 59, 59a of 59b, van de Wet, kan de vreemdeling voor korte duur naar elders worden gebracht, wanneer dit redelijkerwijs nodig is voor de toepassing van de Wet.
2. Van de tenuitvoerlegging van een vrijheidsontnemende maatregel als bedoeld in het eerste lid, wordt op verzoek van de vreemdeling zo spoedig mogelijk kennis gegeven aan diens naaste verwanten of aan een in Nederland gevestigde diplomatieke of consulaire vertegenwoordiging van de staat waarvan hij onderdaan is.
3. In geval van de vrijheidsontnemende maatregel een minderjarige betreft wordt daarvan, zo daartoe de gelegenheid bestaat, ambtshalve zo spoedig mogelijk kennis gegeven aan degenen die de ouderlijke macht of de voogdij over die minderjarige uitoefenen.
(Zie ook: artt. 6 lid 1 en 2, 85 sub a, 93, 94 lid 1, 95, 108 Vw ; art. 5.4 VV; A5/2.3 Vc)

Art. 5.6

Kennisgeving minister

Overeenkomstig door Onze Minister te geven algemene en bijzondere aanwijzingen stelt de korpschef of de bevelhebber van de Koninklijke marechaussee Onze Minister tijdig vóór het verstrijken van de in artikel 94, eerste lid, van de wet genoemde termijn in kennis van de bewaring dan wel het voortduren daarvan.

Art. 5.7

Aanwijzing in beschikking

1. De aanwijzing bedoeld in de artikelen 57, eerste lid, en 58, eerste lid, van Wet wordt zoveel mogelijk gegeven bij de beschikking waarbij de aanvraag tot het verlenen van de verblijfsvergunning asiel voor bepaalde tijd is afgewezen. De aanwijzing wordt met redenen omkleed.
2. Artikel 5.3 is van overeenkomstige toepassing indien de aanwijzing, bedoeld in het eerste lid, gegeven wordt bij afzonderlijke beschikking.

Hoofdstuk 6
Vertrek, uitzetting, overdracht, inreisverbod en ongewenstverklaring

Afdeling 1
Vertrek, uitzetting en overdracht

Art. 6.1

Vertrek

Een risico als bedoeld in artikel 62, tweede lid, onder a, van de Wet kan worden aangenomen indien tenminste twee van de gronden als bedoeld in artikel 5.1b, derde en vierde lid, op de vreemdeling van toepassing zijn.
(Zie ook: art. 8 lid 1 Richtlijn 2008/115/EG; art. 28 Vo (EU) nr. 604/2013)

Art. 6.1a

Uitzetting

1. Onze Minister is bevoegd om, bij de uitoefening van zijn bevoegdheid tot uitzetting als bedoeld in artikel 63, tweede lid, van de Wet alle daartoe benodigde handelingen te verrichten.
2. Bij toepassing van het eerste lid worden de grondrechten, de waardigheid en fysieke integriteit van de vreemdeling geëerbiedigd.
3. In geval van uitzetting door de lucht houdt Onze Minister rekening met de gemeenschappelijke richtsnoeren voor veiligheidsvoorzieningen voor gezamenlijke verwijdering door de lucht, bedoeld in artikel 7 van de beschikking van de Raad van de Europese Unie van 29 april 2004, nr. 2004/573/EG (PbEU, L 261).
(Zie ook: art. 62a Vw ; art. 1.4 Vb; artt. 5.1 t/m 5.4, 6.1 t/m 6.6 VV; art. 8 leden 1 en 2 Richtlijn 2008/115/EG)

Vreemdelingenbesluit 2000

Art. 6.1b
1. Ingeval de vreemdeling ingevolge artikel 62, tweede lid, van de Wet onmiddellijk moet vertrekken of niet is vertrokken binnen de voor hem geldende vertrektermijn, kan de uitzetting worden uitgesteld. Bij het uitstel wordt in ieder geval rekening gehouden met de fysieke of mentale gesteldheid van de vreemdeling en technische redenen, zoals het ontbreken van vervoermiddelen of het mislukken van de uitzetting wegens onvoldoende identificatie.
2. Ingeval de uitzetting wordt uitgesteld op grond van het eerste lid, is artikel 4.52a van overeenkomstige toepassing, onverminderd het overigens krachtens de artikelen 54 en 56 van de Wet bepaalde.
(Zie ook: art. 9 lid 2 Richtlijn 2008/115/EG)

Uitzetting, gronden voor uitstel

Art. 6.1c
De vreemdeling legt bij een verzoek om toepassing van artikel 64 van de Wet ten minste de voor de beslissing door Onze Minister relevante medische gegevens en overige bescheiden over.

Overlegging medische gegevens vreemdeling

Art. 6.1d
1. Bij afwijzing van een aanvraag tot het verlenen van de verblijfsvergunning regulier voor bepaalde tijd wordt ambtshalve beoordeeld of er reden is voor toepassing van artikel 64 van de Wet, tenzij op grond van artikel 3.6, eerste lid, of 3.6ba, eerste lid, alsnog ambtshalve een verblijfsvergunning is verstrekt.
2. Het eerste lid is uitsluitend van toepassing indien de aanvraag betrekking had op een verblijfsvergunning als bedoeld in artikel 3.6, tweede lid, en het de eerste zodanige aanvraag betrof.
3. Het eerste lid is van overeenkomstige toepassing indien de verblijfsvergunning regulier voor bepaalde tijd wordt ingetrokken of de aanvraag tot het verlengen van de geldigheidsduur ervan wordt afgewezen, met dien verstande dat in dat geval de ambtshalve beoordeling uitsluitend plaatsvindt indien de vreemdeling de voor die beoordeling relevante medische gegevens en overige bescheiden heeft overgelegd.

Ambtshalve verlening i.v.m. gezondheidstoestand, verblijfsvergunning regulier

Art. 6.1e
1. Bij afwijzing van de eerste aanvraag tot het verlenen van de verblijfsvergunning asiel voor bepaalde tijd wordt ambtshalve beoordeeld of er reden is voor toepassing van artikel 64 van de Wet, tenzij op grond van artikel 3.6a, eerste lid, of 3.6ba, eerste lid, alsnog ambtshalve een verblijfsvergunning is verstrekt.
2. Het eerste lid is niet van toepassing, indien de aanvraag niet in behandeling is genomen op grond van artikel 30 van de Wet, niet-ontvankelijk is verklaard op grond van artikel 30a van de Wet of op grond van het bepaalde in het Protocol (nr. 24) inzake asiel voor onderdanen van lidstaten van de Europese Unie, bij het Verdrag betreffende de Europese Unie, dan wel is afgewezen als kennelijk ongegrond op grond van artikel 30b, eerste lid onder g, j of k van de Wet of buiten behandeling is gesteld op grond van artikel 30c van de Wet.
3. Het eerste lid is van overeenkomstige toepassing, indien de verblijfsvergunning asiel voor bepaalde tijd wordt ingetrokken of de aanvraag tot het verlengen van de geldigheidsduur ervan wordt afgewezen, met dien verstande dat in dat geval de ambtshalve beoordeling uitsluitend plaatsvindt indien de vreemdeling de voor die beoordeling relevante medische gegevens en overige bescheiden heeft overgelegd.

Ambtshalve verlening i.v.m. gezondheidstoestand, verblijfsvergunning asiel

Art. 6.1f
Artikel 6.1a is van overeenkomstige toepassing op de overdracht, bedoeld in artikel 63a.

Schakelbepaling

Afdeling 2
Verhaal kosten van uitzetting

Art. 6.2
Onze Minister is bevoegd de kosten van uitzetting, bedoeld in de artikelen 65, tweede lid, en 66 van de Wet te verhalen op de referent of gewezen referent, de vreemdeling zelf en, indien hij minderjarig is, op degenen die het wettelijk gezag over hem uitoefenen of uitoefenden of op een vervoersonderneming.
(Zie ook: art. 1.4 Vb; A3/9 Vc)

Kostenverhaal uitzetting

Art. 6.3
1. De kosten van uitzetting van een vreemdeling welke ingevolge artikel 65, tweede lid, van de Wet op een vervoersonderneming kunnen worden verhaald, zijn verschuldigd aan het openbaar lichaam te welks laste die kosten zijn gekomen.
2. De in het voorgaande lid bedoelde kosten van uitzetting omvatten in ieder geval de kosten verbonden aan:
a. het vervoer van de uit te zetten vreemdeling per eerste gelegenheid, doch op de wijze die, gelet op de omstandigheden, de goedkoopste is, naar een plaats buiten Nederland;
b. de begeleiding van de vreemdeling naar een plaats van vertrek uit Nederland alsmede zijn begeleiding naar een plaats buiten Nederland, voorzover deze noodzakelijk is, en

Verhaal op vervoersonderneming

A41 art. 6.4 — Vreemdelingenbesluit 2000

c. het verblijf van de vreemdeling in Nederland in de periode nadat de vervoersonderneming van een ambtenaar belast met de grensbewaking de aanwijzing heeft gekregen de vreemdeling terug te vervoeren naar een plaats buiten Nederland.
(Zie ook: art. 1.4 Vb; A1/9, A3/9 Vc)

Art. 6.4

Verhaal op vreemdeling

1. De noodzakelijke kosten van uitzetting die ten laste komen van de Staat of van andere openbare lichamen kunnen door de Staat, of door het andere openbare lichaam te welks laste zij zijn gekomen, worden verhaald op de referent of gewezen referent of vreemdeling en, indien hij minderjarig is, op degenen die het wettig gezag over hem uitoefenen of uitoefenden.
2. De in het eerste lid bedoelde kosten van uitzetting omvatten de kosten, genoemd in artikel 6.3, tweede lid, onder a en b, met dien verstande dat de kosten, genoemd in artikel 6.3, tweede lid, onder b, niet worden verhaald op de referent of de gewezen referent. Bij ministeriële regeling worden regels gesteld omtrent de op de vreemdeling, diens wettelijk vertegenwoordiger en diens referent of diens gewezen referent te verhalen kosten.
3. In afwijking van het eerste lid, worden kosten van uitzetting niet verhaald op de referent of de gewezen referent, indien:
   a. die kosten ingevolge artikel 65, tweede lid, van de Wet op een vervoersonderneming kunnen worden verhaald;
   b. die kosten zijn gemaakt een jaar of langer nadat het referentschap is geëindigd;
   c. ten behoeve van het verblijf van de vreemdeling in Nederland een ander als referent optreedt;
   d. de verblijfsvergunning van de vreemdeling is gewijzigd;
   e. de vreemdeling in het bezit is gesteld van een verblijfsvergunning als bedoeld in artikel 8, onder b;
   f. de vreemdeling Nederlander wordt of krachtens enige wet als Nederlander moet worden behandeld;
   g. de vreemdeling is overleden.
4. In afwijking van het derde lid, onder b, worden de kosten van uitzetting niet verhaald op de referent of de gewezen referent van een vreemdeling, met wie die referent of gewezen referent een gastovereenkomst als bedoeld in artikel 10 van richtlijn (EU) 2016/801 of een leer-werkovereenkomst of stageovereenkomst als bedoeld in artikel 1.12 heeft gesloten, voor zover die kosten zijn gemaakt zes maanden of langer, nadat die overeenkomst is beëindigd.
5. De noodzakelijke kosten van uitzetting worden niet verhaald op de vreemdeling of, indien deze minderjarig is, op degenen die het wettig gezag over hem uitoefenen of uitoefenden, indien die kosten kunnen worden verhaald op diens referent of gewezen referent.
(Zie ook: art. 66 Vw; art. 1.4 Vb; art. 6.2a VV; A3/9 Vc)

Afdeling 3
Inreisverbod

Art. 6.5

Inreisverbod

1. Tegen een vreemdeling wordt geen inreisverbod uitgevaardigd, indien een redelijke termijn als bedoeld in artikel 3.82 nog niet is verstreken na afloop van het rechtmatig verblijf, bedoeld in artikel 8, onder a tot en met e, dan wel l, van de Wet, of als Nederlander.
2. Tegen een vreemdeling wordt geen inreisverbod uitgevaardigd, indien deze:
   a. als slachtoffer of getuige in aanmerking komt voor bedenktijd voor de aangifte van mensenhandel of mensensmokkel;
   b. als slachtoffer- of getuige-aangever in aanmerking komt voor een verblijfsvergunning regulier voor bepaalde tijd;
   c. als slachtoffer van huiselijk geweld van de persoon bij wie eerder verblijf als bedoeld in artikel 8, onder a, c dan wel e of l, van de Wet was toegestaan of als slachtoffer van eergerelateerd geweld in aanmerking komt voor een verblijfsvergunning regulier voor bepaalde tijd;
   d. als echtgenoot, partner of minderjarig kind in het land van herkomst is achtergelaten door de persoon bij wie eerder rechtmatig verblijf als bedoeld in artikel 8, onder a, c dan wel e, of l, van de Wet was toegestaan, en op die grond in aanmerking komt voor de verlening van een verblijfsvergunning regulier voor bepaalde tijd;
   e. in aanmerking komt voor een verblijfsvergunning regulier voor bepaalde tijd op grond dat hij buiten zijn schuld niet uit Nederland kan vertrekken;
   f. minderjarig is; of
   g. in aanmerking komt voor een verblijfsvergunning op grond van Besluit 1/80 van de Associatieraad EEG-Turkije betreffende de ontwikkeling van de Associatie, of niet wordt uitgezet om reden dat diens uitzetting in strijd zou zijn met de op 12 september 1963 te Ankara gesloten Overeenkomst waarbij een associatie tot stand wordt gebracht tussen de Europese Economische Gemeenschap en Turkije (Trb. 1964, 217), het op 23 november 1970 te Brussel tot stand gekomen Aanvullend Protocol bij die overeenkomst (Trb. 1971, 70) of genoemd Besluit nr. 1/80.

Vreemdelingenbesluit 2000   A41 art. 6.5b

3. Het inreisverbod wordt opgeheven, indien zich een van de gevallen, bedoeld in het tweede lid, voordoet.
4. Van het eerste tot en met derde lid kan worden afgeweken ingeval de vreemdeling een gevaar vormt voor de openbare orde, de openbare veiligheid of de nationale veiligheid.
5. Bij ministeriële regeling kunnen andere gevallen worden aangewezen waarin het inreisverbod om humanitaire of andere redenen achterwege wordt gelaten dan wel wordt opgeheven.
(Zie ook: artt. 62a, 66a, 66b Vb; art. 6.3 t/m 6.6 VV; A4/2 Vc; art. 11 lid 3 Richtlijn 2008/115/EG)

Art. 6.5a
1. De duur van het inreisverbod bedraagt ten hoogste twee jaren.   **Inreisverbod, duur**
2. In afwijking van het eerste lid, bedraagt de duur van het inreisverbod ten hoogste één jaar, indien het betreft de vreemdeling die de vrije termijn, bedoeld in artikel 3.3, heeft overschreden met meer dan drie dagen maar niet meer dan 90 dagen.
3. In afwijking van het eerste en tweede lid, bedraagt de duur van het inreisverbod ten hoogste drie jaren, indien het betreft een vreemdeling die is veroordeeld tot een vrijheidsstraf van minder dan zes maanden.
4. In afwijking van het eerste tot en met derde lid, bedraagt de duur van het inreisverbod ten hoogste vijf jaren, indien het betreft een vreemdeling die:
a. is veroordeeld tot een vrijheidsstraf van zes maanden of langer;
b. gebruik heeft gemaakt van valse of vervalste reis- of identiteitspapieren dan wel opzettelijk reis- of identiteitspapieren heeft overgelegd die niet op hem betrekking hebben;
c. reeds het onderwerp is geweest van meer dan één terugkeerbesluit, of
d. zich op het grondgebied van Nederland heeft begeven terwijl een inreisverbod van kracht was.
5. In afwijking van het eerste tot en met vierde lid, bedraagt de duur van het inreisverbod ten hoogste tien jaren, indien het betreft een vreemdeling die een ernstige bedreiging vormt voor de openbare orde of de openbare veiligheid. Deze ernstige bedreiging kan blijken uit onder meer:
a. een veroordeling naar aanleiding van een geweldsdelict of opiumdelict;
b. een veroordeling tot een vrijheidsstraf wegens een misdrijf waartegen een gevangenisstraf van meer dan zes jaren is bedreigd;
c. de omstandigheid dat hem artikel 1F van het Vluchtelingenverdrag wordt tegengeworpen, of
d. de oplegging van een maatregel als bedoeld in artikel 37a van het Wetboek van Strafrecht.
6. In afwijking van het eerste tot en met vijfde lid, bedraagt de duur van het inreisverbod ten hoogste twintig jaren, indien de vreemdeling naar het oordeel van Onze Minister een ernstige bedreiging vormt voor de nationale veiligheid of indien naar zijn oordeel zwaarwegende belangen nopen tot een duur van meer dan tien jaren.
(Zie ook: A4/2 Vc; art. 11 lid 2 Richtlijn 2008/115/EG)

Art. 6.5b
1. Onze Minister kan op aanvraag het inreisverbod dat is uitgevaardigd met toepassing van   **Inreisverbod, opheffings-** artikel 66a, tweede lid, van de Wet, opheffen indien de vreemdeling aantoont Nederland geheel   **gronden** in overeenstemming met de op hem rustende verplichting, bedoeld in artikel 61, eerste lid, van de Wet, te hebben verlaten.
2. In andere gevallen dan bedoeld in het eerste lid, kan Onze Minister op aanvraag het inreisverbod opheffen, indien de vreemdeling aantoont dat hij sinds zijn vertrek uit Nederland na het inreisverbod een ononderbroken periode van ten minste de helft van de duur van het inreisverbod buiten Nederland heeft verbleven en hij zich in die periode niet schuldig heeft gemaakt aan misdrijven en dat hij niet aan strafvervolging onderworpen is.
3. De gegevens, bedoeld in artikel 4:2, tweede lid, van de Algemene wet bestuursrecht, die de vreemdeling bij de aanvraag, bedoeld in het tweede lid, verstrekt, zijn in ieder geval:
a. een schriftelijke verklaring dat hij voldoet aan de in het tweede lid bedoelde voorwaarden voor opheffing van het inreisverbod;
b. een kopie van de documenten voor grensoverschrijding die de vreemdeling sinds zijn inreisverbod heeft gehouden;
c. een overzicht van de plaatsen waar de vreemdeling sinds zijn inreisverbod heeft verbleven, voorzien van bewijsstukken;
d. een schriftelijke verklaring, afgegeven door de daartoe bevoegde autoriteiten van de staat of staten waar de vreemdeling sinds zijn inreisverbod heeft verbleven, dat de vreemdeling zich tijdens dat verblijf niet schuldig heeft gemaakt aan misdrijven en niet aan strafvervolging onderworpen is.
4. Het derde lid, onderdeel d, is niet van toepassing op de vreemdeling ten aanzien wie van de duur van het inreisverbod is bepaald met toepassing van artikel 6.5a, eerste of tweede lid.
(Zie ook: art. 11 lid 3 Richtlijn 2008/115/EG)

Art. 6.5c

Inreisverbod, zeer uitzonderlijke/dringende gevallen

In zeer uitzonderlijke en dringende gevallen kan Onze Minister het inreisverbod tijdelijk opheffen. Aan de tijdelijke opheffing worden voorwaarden gesteld omtrent de plaats van binnenkomst en de duur van het verblijf in Nederland.

Afdeling 4
Ongewenstverklaring

Art. 6.6

Aanvraag opheffing ongewenstverklaring

1. De aanvraag om opheffing van de ongewenstverklaring, bedoeld in artikel 68, eerste lid, van de Wet, wordt ingewilligd, indien de vreemdeling niet aan strafvervolging terzake van enig misdrijf is onderworpen, en deze vreemdeling:
 a. indien hij ongewenst is verklaard wegens een geweldsdelict, een opiumdelict of een misdrijf waartegen een gevangenisstraf van meer dan zes jaren is bedreigd, na de ongewenstverklaring ten minste tien achtereenvolgende jaren buiten Nederland heeft verbleven;
 b. indien hij ongewenst is verklaard wegens andere misdrijven dan bedoeld in onderdeel a, na de ongewenstverklaring tenminste vijf achtereenvolgende jaren buiten Nederland heeft verbleven;
 c. indien hij ongewenst is verklaard op grond van artikel 67, eerste lid, onder a, van de Wet, na de ongewenstverklaring tenminste één jaar buiten Nederland heeft verbleven.
2. In afwijking van het eerste lid, aanhef en onder b, wordt de aanvraag ingewilligd nadat de daar bedoelde vreemdeling tenminste tien achtereenvolgende jaren buiten Nederland heeft verbleven, indien zwaarwegende belangen zich naar het oordeel van Onze Minister verzetten tegen opheffing van de ongewenstverklaring na vijf jaren.
3. De in het eerste lid genoemde termijnen vangen opnieuw aan, indien de vreemdeling tijdens de ongewenstverklaring:
 a. een als misdrijf strafbaar gestelde inbreuk op de openbare orde heeft gepleegd die tot ongewenstverklaring zou kunnen leiden, of
 b. zonder voorafgaande tijdelijke opheffing of in strijd met de aan die tijdelijke opheffing verbonden voorwaarden in Nederland heeft verbleven.
4. De gegevens, bedoeld in artikel 4:2, tweede lid, van de Algemene wet bestuursrecht, die de vreemdeling verstrekt zijn in ieder geval:
 a. een schriftelijke verklaring van de vreemdeling dat hij sinds zijn vertrek uit Nederland na de ongewenstverklaring tien, onderscheidenlijk vijf achtereenvolgende jaren of één jaar buiten Nederland heeft verbleven en dat hij zich in die periode niet schuldig heeft gemaakt aan misdrijven en dat hij niet aan strafvervolging onderworpen is;
 b. een kopie van de documenten voor grensoverschrijding die de vreemdeling sinds zijn ongewenstverklaring heeft gehouden;
 c. een overzicht van de plaatsen waar de vreemdeling sinds zijn ongewenstverklaring heeft verbleven, voorzien van bewijsstukken, en
 d. een schriftelijke verklaring, afgegeven door de terzake bevoegde autoriteiten van het land of de landen waar de vreemdeling sinds zijn ongewenstverklaring heeft verbleven, dat de vreemdeling zich tijdens dat verblijf niet schuldig heeft gemaakt aan misdrijven en niet aan strafvervolging onderworpen is.

(Zie ook: A4/2, A4/3 Vc; artt. 3 lid 6, 11 lid 2 Richtlijn 2008/115/EG)

Art. 6.7

Tijdelijke opheffing ongewenstverklaring

In zeer uitzonderlijke en dringende gevallen kan Onze Minister de ongewenstverklaring tijdelijk opheffen. Aan de tijdelijke opheffing worden voorwaarden gesteld omtrent de plaats van binnenkomst en de duur van het verblijf in Nederland.

(Zie ook: A4/3.7 Vc)

Hoofdstuk 7
Rechtsmiddelen

Art. 7.1

[Vervallen]

Art. 7.2

Achterwege blijven uitzetting

1. De uitzetting van de vreemdeling blijft, in afwijking van artikel 73, tweede lid, van de Wet achterwege, indien het betreft een vreemdeling, die:
 a. onderdaan is van een land dat partij is bij het Europees Vestigingsverdrag;
 b. onmiddellijk voorafgaande aan het tijdstip waarop het rechtmatig verblijf, bedoeld in artikel 8, onder a tot en met e, dan wel l, van de Wet is geëindigd, gedurende twee aaneengesloten jaren dit rechtmatig verblijf heeft gehad;
 c. zijn hoofdverblijf niet buiten Nederland heeft gevestigd, en

d. tijdig bezwaar heeft gemaakt dan wel administratief beroep heeft ingesteld tegen een beschikking waarbij het rechtmatig verblijf is beëindigd.
2. Het eerste lid blijft buiten toepassing, indien de uitzetting van de vreemdeling wegens dwingende redenen van nationale veiligheid gerechtvaardigd is.

Art. 7.3

1. Indien een verzoek om een voorlopige voorziening is gedaan teneinde uitzetting of overdracht te voorkomen voordat is beslist op een beroep gericht tegen een besluit dat is genomen naar aanleiding van een aanvraag om een verblijfsvergunning asiel voor bepaalde tijd is het de vreemdeling toegestaan de uitspraak op dit verzoek hier te lande af te wachten. *Schorsende werking voorlopige voorziening asiel*
2. Van het eerste lid kan worden afgeweken indien uitzetting niet achterwege wordt gelaten op de in artikel 3.1, tweede lid, onder a en e bedoelde gronden.
(Zie ook: artt. 41 lid 2 sub c, 46 lid 8 Richtlijn 2013/32/EU)

Art. 7.4

1. Aan een alleenstaande minderjarige vreemdeling wiens beroep geen reële kans van slagen heeft wordt alleen kosteloze rechtsbijstand onthouden, indien de vertegenwoordiger van de minderjarige overeenkomstig het nationale recht over juridische kwalificaties beschikt. *Bijzondere voorzieningen amv*
2. Indien een rechterlijke instantie oordeelt over het recht van een alleenstaande minderjarige vreemdeling om in afwachting van de beslissing op beroep in Nederland te blijven, dient de alleenstaande minderjarige vreemdeling tenminste over tolkdiensten en rechtsbijstand te beschikken en minstens een week de tijd te hebben om het daartoe strekkende verzoek op te stellen.
(Zie ook: artt. 20 lid 3, 25 lid 6 sub d Richtlijn 2013/32/EU)

Hoofdstuk 8
Algemene en strafbepalingen

Afdeling 1
Gegevensverstrekkingen

Art. 8.1

1. Onze Minister verstrekt op de wijze als beschreven in dit artikel de gegevens betreffende de verblijfsrechtelijke positie van een vreemdeling die een bestuursorgaan of een orgaan als bedoeld in artikel 107, tiende lid, van de Wet nodig hebben voor de toekenning van verstrekkingen, voorzieningen, uitkeringen, ontheffingen of vergunningen. *Gegevensverstrekking minister of korpschef*
2. De algemene gegevens betreffende de verblijfsrechtelijke positie van vreemdelingen worden door Onze Minister verstrekt aan het college van burgemeester en wethouders, met het oog op de verstrekking daarvan ingevolge de Wet basisregistratie personen aan een orgaan als bedoeld in het eerste lid. De algemene gegevens zijn de gegevens in verband met het verblijfsrecht van de vreemdeling, bedoeld in bijlage 1 bij het Besluit basisregistratie personen.
3. Een bestuursorgaan of een orgaan als bedoeld in artikel 107, tiende lid, van de Wet vraagt Onze Minister onmiddellijk nadere gegevens over de verblijfsrechtelijke positie van een vreemdeling, indien bij het bestuursorgaan of een orgaan als bedoeld in artikel 107, tiende lid, van de Wet, na raadpleging van de algemene gegevens in verband met het verblijfsrecht van een vreemdeling uit de basisregistratie personen onduidelijkheid bestaat omtrent de verblijfsrechtelijke positie van die vreemdeling, omdat:
a. de vreemdeling niet voorkomt in de basisregistratie personen, maar wel beschikt over het bescheid, bedoeld in artikel 9, tweede lid, van de Wet;
b. de verblijfsrechtelijke gegevens in de basisregistratie personen afwijken van de gegevens omtrent het verblijf van die vreemdeling op het bescheid, bedoeld in artikel 9, tweede lid, van de Wet, of
c. de verblijfsrechtelijke gegevens in de basisregistratie personen en het bescheid, bedoeld in artikel 9, tweede lid, van de Wet afwijken van andere bescheiden, waarover het bestuursorgaan beschikt, waardoor gerede twijfel over de juistheid van de gegevens over de verblijfsrechtelijke positie van de vreemdeling is ontstaan.
4. Onze Minister verstrekt het bestuursorgaan of een orgaan als bedoeld in artikel 107, tiende lid, van de Wet, in de gevallen, bedoeld in het derde lid, desgevraagd onmiddellijk de nadere gegevens over de verblijfsrechtelijke positie van de vreemdeling.
5. Indien een bestuursorgaan of een orgaan als bedoeld in artikel 107, tiende lid, van de Wet, in een individueel geval aanwijzingen heeft dat op korte termijn een wijziging in de verblijfsrechtelijke positie van een vreemdeling optreedt of recent een wijziging in de verblijfsrechtelijke positie is opgetreden en het bestuursorgaan heeft met redenen omkleed aannemelijk gemaakt dat vanwege het spoedeisende karakter bij het toekennen van een verstrekking, voorziening, uitkering, ontheffing of vergunning niet gewacht kan worden op de aanpassing van de algemene gegevens in de basisregistratie personen, verstrekt Onze Minister desgevraagd onmiddellijk

A41 art. 8.2 — Vreemdelingenbesluit 2000

nadere gegevens over een desbetreffende wijziging in de verblijfsrechtelijke positie van de vreemdeling. Het verzoek wordt schriftelijk gedaan.
(Zie ook: art. 7.1 t/m 7.1e VV)

Art. 8.2

Gegevensverstrekking bestuursorgaan

1. Een bestuursorgaan of een orgaan als bedoeld in artikel 107, tiende lid, van de Wet verstrekt Onze Minister desgevraagd de gegevens omtrent de toekenning of de beëindiging van verstrekkingen, voorzieningen, uitkeringen, ontheffingen of vergunningen aan een vreemdeling, die nodig zijn voor:
   a. de verlening, de verlenging van de geldigheidsduur van, de wijziging van het verblijfsdoel van of intrekking van een verblijfsvergunning als bedoeld in de artikelen 8, onder a tot en met d, van de Wet;
   b. de beoordeling of aan de voorwaarden en beperkingen waaronder die verblijfsvergunning is verleend, wordt voldaan, of
   c. de beoordeling of een vreemdeling als gemeenschapsonderdaan rechtmatig verblijf heeft als bedoeld in artikel 8, onder e, van de Wet.

2. Indien uit de verblijfsrechtelijke gegevens in de basisregistratie personen, dan wel uit een aantekening op het bescheid, bedoeld in artikel 9, tweede lid, van de Wet blijkt dat het verblijfsrecht is toegekend onder de beperking dat een beroep op de algemene middelen gevolgen kan hebben voor het verblijfsrecht, verstrekt een bestuursorgaan, niet zijnde een orgaan als bedoeld in artikel 107, tiende lid, van de Wet, uit eigen beweging zo spoedig mogelijk de gegevens, bedoeld in het eerste lid, die nodig zijn voor de beoordeling of aan deze beperking wordt voldaan.

3. Indien uit de verblijfsrechtelijke gegevens in de basisregistratie personen, dan wel uit een aantekening op het bescheid, bedoeld in artikel 9, tweede lid, van de Wet blijkt dat het verblijfsrecht is toegekend onder de beperking dat arbeid niet is toegestaan, dan wel arbeid uitsluitend is toegestaan bij een bepaalde werkgever, dan wel arbeid slechts is toegestaan met een gecombineerde vergunning of een tewerkstellingsvergunning, verstrekt een bestuursorgaan, niet zijnde een orgaan als bedoeld in artikel 107, tiende lid, van de Wet, belast met de verstrekking van ontheffingen of vergunningen als bedoeld in de artikelen 8.3 en 8.4, uit eigen beweging zo spoedig mogelijk de gegevens, bedoeld in het eerste lid die nodig zijn voor de beoordeling of aan deze beperking wordt voldaan.

4. Onze Minister kan, in overeenstemming met Onze Minister die het aangaat, bepalen dat de gegevens, bedoeld in dit artikel, periodiek of in gestandaardiseerde vorm worden verstrekt.
(Zie ook: art. 7.1 t/m 7.1e VV)

Art. 8.2a

Gegevensverstrekking t.b.v. vreemdelingenadministratie

1. Gegevens en inlichtingen ten behoeve van de vreemdelingenadministratie kunnen in ieder geval worden verstrekt door:
   a. de colleges van burgemeester en wethouders, voor zover deze zijn belast met de uitvoering van de Wet basisregistratie personen, de Participatiewet en aanverwante inkomensvoorzieningenwetten en de Wet inburgering;
   b. de Sociale Verzekeringsbank;
   c. het Uitvoeringsinstituut Werknemersverzekeringen;
   d. de Rijksbelastingdienst;
   e. de Minister van Binnenlandse Zaken en Koninkrijksrelaties, voor zover deze is belast met de uitvoering van de Wet basisregistratie personen;
   f. de Dienst Uitvoering Onderwijs van het Ministerie van Onderwijs, Cultuur en Wetenschap;
   g. de Gemeentelijke gezondheidsdienst, bedoeld in artikel 17 van de Wet publieke gezondheid;
   h. de Inspectie Sociale Zaken en Werkgelegenheid;
   i. de Kamer van Koophandel;
   j. de FIOD-ECD.

2. Gegevens en inlichtingen worden in ieder geval verstrekt ten behoeve van de vreemdelingenadministratie, indien zij noodzakelijk zijn voor:
   a. de voorbereiding van beschikkingen omtrent de machtiging tot voorlopig verblijf, de verblijfsvergunning en de ongewenstverklaring;
   b. de erkenning als referent, en de schorsing en intrekking van die erkenning;
   c. het toezicht op naleving van wettelijke voorschriften met betrekking tot de grensbewaking, het toezicht op vreemdelingen en het toezicht op referenten;

Nadere regels

3. Bij ministeriële regeling worden regels gesteld omtrent:
   a. de gevallen waarin en de wijze waarop in ieder geval gegevens en inlichtingen worden verstrekt;
   b. de doorlevering van gegevens en inlichtingen;
   c. de verwijdering en vernietiging van de in de vreemdelingenadministratie opgenomen gegevens;
   d. de gevallen waarin de verstrekking van gegevens en inlichtingen anders dan kosteloos geschiedt.

Vreemdelingenbesluit 2000 **A41 art. 8.7**

De regels, bedoeld onder a en b, worden gesteld in overeenstemming met Onze Minister die het mede aangaat, tenzij uit de aard van de gegevens volgt dat daaraan geen behoefte bestaat.
(Zie ook: artt. 2d, 2t, 107 Vw; artt. 1.16, 3.34l, 7.1e, 7.1f VV)

Art. 8.3
1. De vreemdeling die geen rechtmatig verblijf heeft op grond van artikel 8 van de Wet kan geen aanspraak maken op een beschikking als bedoeld in:
a. de artikelen 30b en 30h van de Wet op de kansspelen;
b. artikel 3 van de Drank- en Horecawet;
c. de artikelen 2, eerste lid, en 7 van de Wet particuliere beveiligingsorganisaties en recherchebureaus;
d. artikel 76 van de Wet personenvervoer 2000.

Onrechtmatig verblijf; geen recht op vergunningen

2. De vreemdeling, bedoeld in het eerste lid, kan geen aanspraak maken op de toekenning van vergunningen en ontheffingen door bestuursorganen van gemeenten, provincies, waterschappen en met toepassing van de Wet gemeenschappelijke regelingen ingestelde openbare lichamen of gemeenschappelijke regelingen, voorzover die vergunningen of ontheffingen betrekking hebben op standplaatsen, markten, venten, collecteren, evenementen of beroepsmatige dan wel bedrijfsmatige activiteiten.
(Zie ook: artt. 10, 11 Vw)

Art. 8.4
De vreemdeling die rechtmatig in Nederland verblijf heeft op de gronden, genoemd in artikel 8, onder f tot en met j, van de Wet, kan geen aanspraak maken op een beschikking als bedoeld in artikel 8.3.
(Zie ook: artt. 10 , 11 Vw)

Rechtmatig verblijf; geen recht op vergunningen

Afdeling 2
Afwijking op grond van verdragen

Paragraaf 1
Benelux

Art. 8.5
1. Aan een vreemdeling die onderdaan is van België of Luxemburg en die het vereiste document voor grensoverschrijding bezit, kan, in afwijking van hoofdstuk 2, de toegang tot Nederland slechts worden geweigerd, indien hij een actuele bedreiging voor de openbare orde of de nationale veiligheid vormt.

Onderdanen van België en Luxemburg

2. De ambtenaren belast met de grensbewaking of de ambtenaren belast met het toezicht op vreemdelingen, weigeren niet dan ingevolge een bijzondere aanwijzing van Onze Minister de toegang tot Nederland aan een vreemdeling als bedoeld in het eerste lid. De weigering geschiedt schriftelijk.

Art. 8.6
1. De aanvraag tot het verlenen van de verblijfsvergunning regulier voor bepaalde tijd die is ingediend door een vreemdeling die onderdaan is van België of Luxemburg die geen gemeenschapsonderdaan is, kan slechts worden afgewezen, indien de vreemdeling:
a. een actuele bedreiging voor de openbare orde of de nationale veiligheid vormt; of
b. niet over voldoende middelen van bestaan beschikt.

Verblijfsvergunning onderdaan België of Luxemburg

2. De aanvraag tot het verlengen van de geldigheidsduur van de verblijfsvergunning regulier voor bepaalde tijd die is ingediend door de in het eerste lid bedoelde vreemdeling, wordt niet afgewezen, en de verblijfsvergunning wordt niet ingetrokken, op grond van de omstandigheid dat de vreemdeling niet meer over voldoende middelen van bestaan beschikt.
3. In afwijking van artikel 21, eerste en zesde lid, van de Wet, wordt de aanvraag tot het verlenen van een verblijfsvergunning regulier voor onbepaalde tijd die is ingediend door een vreemdeling als bedoeld in het eerste lid die nog niet gedurende een tijdvak van vijf jaren rechtmatig verblijf heeft gehad, slechts afgewezen, indien hij:
a. een actuele bedreiging voor de openbare orde of de nationale veiligheid vormt; of
b. niet zelfstandig en duurzaam beschikt over voldoende middelen van bestaan.
4. In afwijking van artikel 21 van de Wet, kan de verblijfsvergunning regulier voor onbepaalde tijd die is verleend aan de vreemdeling, bedoeld in het eerste lid, slechts worden ingetrokken op de in het derde lid, onder a, bedoelde grond.

Paragraaf 2
EG/EER

Art. 8.7
1. Deze paragraaf is van toepassing op vreemdelingen die de nationaliteit bezitten van een staat die partij is bij het Verdrag betreffende de werking van de Europese Unie of bij de Over-

EG- en EER-burgers

Sdu 747

eenkomst betreffende de Europese Economische Ruimte, dan wel van Zwitserland, en die zich naar Nederland begeven of in Nederland verblijven.

2. Deze paragraaf is eveneens van toepassing op de familieleden die een vreemdeling als bedoeld in het eerste lid naar Nederland begeleiden of zich bij hem in Nederland voegen, voor zover het betreft:
a. de echtgenoot;
b. de partner, waarmee de vreemdeling een naar Nederlands internationaal privaatrecht geldig geregistreerd partnerschap is aangegaan;
c. de rechtstreekse bloedverwant in neergaande lijn, van een vreemdeling als bedoeld in het eerste lid, of van diens echtgenoot of geregistreerd partner, voor zover die bloedverwant jonger is dan 21 jaar of ten laste is van die echtgenoot of geregistreerd partner; of
d. de rechtstreekse bloedverwant in opgaande lijn die ten laste is van de vreemdeling of van het gezinslid, bedoeld onder a of b.

3. Deze paragraaf is voorts van toepassing op andere familieleden dan bedoeld in het tweede lid, die een vreemdeling als bedoeld in het eerste lid naar Nederland begeleiden of zich bij hem in Nederland voegen, in geval zij:
a. in het land van herkomst ten laste zijn van of inwonen bij die vreemdeling; of
b. vanwege ernstige gezondheidsredenen een persoonlijke verzorging door die vreemdeling strikt behoeven.

4. Deze paragraaf is eveneens van toepassing op de ongehuwde partner die een vreemdeling als bedoeld in het eerste lid naar Nederland begeleidt of zich bij hem in Nederland voegt en die een deugdelijk bewezen duurzame relatie met die vreemdeling heeft, en op de rechtstreekse bloedverwant in de neergaande lijn van een zodanige partner, voor zover die bloedverwant jonger is dan 18 jaar en die partner vergezelt of zich bij die partner in Nederland voegt.
(Zie ook: art. 7.2a VV; A1/4.10, A4/3.8, B10/2 Vc; artt. 2, 3, 7 Richtlijn 2004/38/EG)

Art. 8.8

Weigering EG- of EER-burgers

1. Aan een vreemdeling als bedoeld in artikel 8.7, die in het bezit is van een geldig document voor grensoverschrijding, kan de toegang tot Nederland slechts worden geweigerd om redenen van openbare orde of openbare veiligheid, dan wel volksgezondheid:
a. indien de vreemdeling op grond van zijn persoonlijke gedrag een actuele, werkelijke en ernstige bedreiging voor een fundamenteel belang van de samenleving vormt;
b. in het geval van potentieel epidemische ziekten zoals gedefinieerd in de relevante instrumenten van de Wereldgezondheidsorganisatie dan wel andere infectieziekten of besmettelijke parasitaire ziekten, ten aanzien waarvan in Nederland beschermende regelingen ten aanzien van Nederlanders worden getroffen;
c. indien hij om redenen van de openbare orde of openbare veiligheid uit Nederland is verwijderd en sinds de verwijdering nog geen redelijke termijn is verstreken.

2. De ambtenaren, belast met de grensbewaking of met het toezicht op vreemdelingen, weigeren niet dan ingevolge een bijzondere aanwijzing van Onze Minister de toegang tot Nederland aan een vreemdeling als bedoeld in het eerste lid. De weigering geschiedt schriftelijk.

3. Het eerste en tweede lid zijn niet van toepassing op de onderdaan van België of Luxemburg die geen gemeenschapsonderdaan is. Op deze vreemdeling is artikel 8.5 van toepassing.

4. Een vreemdeling die niet beschikt over het vereiste document voor grensoverschrijding, wordt niet uitgezet dan nadat hem gedurende een redelijke termijn in de gelegenheid is gegeven dat document te verkrijgen of op andere wijze te laten vaststellen of bewijzen dat hij het recht op vrij verkeer en verblijf geniet.
(Zie ook: artt. 5, 27, 32 Richtlijn 2004/38/EG; art. 7 lid 6 Verordening 2006/652/EG)

Art. 8.9

Toelating EG- of EER-burgers zonder geldig visum

1. Aan een vreemdeling als bedoeld in artikel 8.7, tweede, derde of vierde lid, die niet de nationaliteit bezit van een staat als bedoeld in het eerste lid van dat artikel, en die beschikt over een geldige verblijfskaart, afgegeven door de bevoegde autoriteiten van een staat als bedoeld in artikel 8.7, eerste lid, waaruit het verblijfsrecht als familielid blijkt, wordt de toegang niet geweigerd wegens het ontbreken van een geldig visum. In het paspoort wordt geen aantekening gesteld omtrent inreis in Nederland of uitreis uit Nederland.

2. Aan een vreemdeling als bedoeld in artikel 8.7, tweede, derde of vierde lid, die niet de nationaliteit bezit van een staat als bedoeld in het eerste lid van dat artikel, en die evenmin beschikt over een geldige verblijfskaart, worden alle faciliteiten verleend om de nodige visa te verkrijgen. Deze visa worden kosteloos zo spoedig mogelijk afgegeven via een versnelde procedure.
(Zie ook: art. 5 Richtlijn 2004/38/EG)

Art. 8.10

Toelating EG- of EER-burgers bij terugkeer

De toegang van een persoon die in het bezit is van een door de Nederlandse autoriteiten afgegeven Nederlands paspoort of Nederlandse identiteitskaart, en die om redenen van openbare orde, openbare veiligheid of volksgezondheid uit een andere lidstaat is verwijderd, wordt de toegang, ook indien het document is vervallen of de Nederlandse nationaliteit van de houder wordt betwist, niet geweigerd, indien deze persoon naar Nederland terugkeert uit een staat

Vreemdelingenbesluit 2000 A41 art. 8.12

waar hem verblijf was toegestaan ingevolge het Verdrag betreffende de werking van de Europese Unie, bij de Overeenkomst betreffende de Europese Economische Ruimte of ingevolge de Overeenkomst van 21 juni 1999 van de Europese Gemeenschap en haar lidstaten, enerzijds, en de Zwitserse Bondsstaat, anderzijds, over het vrije verkeer van personen (Trb. 2000, 16 en 86).
(Zie ook: art. 27 Richtlijn 2004/38/EG)

Art. 8.11
1. De vreemdeling, bedoeld in artikel 8.7, eerste lid, heeft rechtmatig verblijf gedurende een periode van drie maanden na inreis, indien hij: **Voorwaarden rechtmatig verblijf van drie maanden**
a. beschikt over een geldige identiteitskaart of een geldig paspoort; of
b. het bewijs van zijn identiteit en nationaliteit ondubbelzinnig met andere middelen levert.
2. De vreemdeling, bedoeld in artikel 8.7, tweede lid, derde of vierde lid, die niet de nationaliteit bezit van een staat als bedoeld in het eerste lid van dat artikel en beschikt over een geldig paspoort, heeft rechtmatig verblijf gedurende een periode van drie maanden na inreis.
(Zie ook: art. 6 Richtlijn 2004/38/EG)

Art. 8.12
1. De vreemdeling, bedoeld in artikel 8.7, eerste lid, heeft langer dan drie maanden na inreis rechtmatig verblijf in Nederland, indien hij: **Voorwaarden rechtmatig verblijf langer dan drie maanden**
a. in Nederland werknemer of zelfstandige is dan wel Nederland is ingereisd om werk te zoeken en kan bewijzen dat hij werk zoekt en een reële kans op werk heeft;
b. voor zichzelf en zijn familieleden beschikt over voldoende middelen van bestaan en over een verzekering die de ziektekosten in Nederland volledig dekt;
c. is ingeschreven voor een opleiding die is opgenomen in het Centraal register opleidingen hoger onderwijs, bedoeld in artikel 6.13 van de Wet op het hoger onderwijs en wetenschappelijk onderzoek, of in het Centraal register beroepsopleidingen, bedoeld in artikel 6.4.1 van de Wet educatie en beroepsonderwijs, om als hoofdbezigheid een studie of beroepsopleiding te volgen, beschikt over een verzekering die de ziektekosten in Nederland volledig dekt, en hij met een verklaring of een gelijkwaardig middel naar zijn keuze de zekerheid verschaft dat hij beschikt over voldoende middelen van bestaan voor zichzelf en zijn familieleden;
d. een familielid als bedoeld in artikel 8.7, tweede lid, is van een vreemdeling als bedoeld onder a of b;
e. de echtgenoot, de geregistreerde partner of een kind is dat ten laste is van een vreemdeling als bedoeld onder c;
f. familielid is als bedoeld in artikel 8.7, derde lid, en hij in het land van herkomst ten laste is van of inwoont bij een vreemdeling als bedoeld in het eerste lid, onder a, b of c;
g. familielid is als bedoeld in artikel 8.7, derde lid, en hij vanwege ernstige gezondheidsredenen een persoonlijke verzorging door een vreemdeling als bedoeld in het eerste lid, onder a, b of c, strikt behoeft; of
h. partner is als bedoeld in artikel 8.7, vierde lid, en hij een deugdelijk bewezen duurzame relatie heeft met een vreemdeling als bedoeld in het eerste lid, onder a, b of c, dan wel rechtstreekse bloedverwant in de neergaande lijn, jonger dan 18 jaar, is van een zodanige partner.
2. Het rechtmatig verblijf van de vreemdeling, bedoeld in het eerste lid, onder a, eindigt niet om de enkele reden dat die vreemdeling niet langer werknemer of zelfstandige is:
a. in geval van tijdelijke arbeidsongeschiktheid als gevolg van ziekte of ongeval;
b. indien hij na werkzaamheden als werknemer of zelfstandige van ten minste een jaar onvrijwillig werkloos is en als werkzoekende bij het Uitvoeringsinstituut werknemersverzekeringen is ingeschreven;
c. gedurende een periode van ten minste zes maanden, nadat hij onvrijwillige werkloos is geworden door de afloop van een arbeidsovereenkomst korter dan een jaar, dan wel nadat hij gedurende de eerste twaalf maanden onvrijwillig werkloos is geworden, indien hij als werkzoekende bij het Uitvoeringsinstituut werknemersverzekeringen is ingeschreven;
d. indien hij een beroepsopleiding gaat volgen, die, behoudens ingeval van onvrijwillige werkloosheid, verband houdt met de voorafgaande beroepsactiviteit.
3. Voor de toepassing van het eerste lid, onder b, beschikt de vreemdeling met een inkomen ter hoogte van het normbedrag dat in artikel 3.74 voor de desbetreffende categorie is vastgesteld, in ieder geval over voldoende middelen van bestaan.
4. De vreemdeling, bedoeld in het eerste lid, kan zich aanmelden bij Onze Minister ter inschrijving in de vreemdelingenadministratie, ingeval hij langer dan drie maanden in Nederland heeft verbleven dan wel beoogt langer dan drie maanden in Nederland te verblijven.
5. Bij ministeriële regeling kunnen regels worden gesteld omtrent de gegevens en bescheiden die de vreemdeling bij de in het vorige lid bedoelde melding moet verstrekken of overleggen.
6. Onze Minister verstrekt na de in het vorige lid bedoelde inschrijving onmiddellijk een verklaring van inschrijving, waarin naam en adres van de ingeschreven vreemdeling en de datum van inschrijving worden vermeld.

A41 art. 8.13 Vreemdelingenbesluit 2000

7. De in het vierde en vijfde lid omschreven verplichtingen rusten ten aanzien van kinderen beneden de leeftijd van twaalf jaar op de wettelijk vertegenwoordiger. Voor kinderen van twaalf jaar en ouder kan aan deze verplichtingen ook worden voldaan door de wettelijk vertegenwoordiger.
(Zie ook: artt. 3, 7, 8, 14 Richtlijn 2004/38/EG)

Art. 8.13

Rechtmatig verblijf bij toegelaten vreemdeling

1. De vreemdeling, bedoeld in artikel 8.7, tweede, derde of vierde lid, die niet de nationaliteit bezit van een staat als bedoeld in het eerste lid van dat artikel, heeft langer dan drie maanden na inreis rechtmatig verblijf in Nederland, voor zover hij in Nederland verblijft bij een vreemdeling als bedoeld in artikel 8.12, eerste lid, onder a, b of c.
2. De vreemdeling, bedoeld in het eerste lid, meldt zich uiterlijk binnen een maand na afloop van de in artikel 8.11, tweede lid, bedoelde periode aan bij Onze Minister, in geval hij beoogt langer dan drie maanden in Nederland te verblijven, en dient daarbij een aanvraag in tot afgifte van een verblijfsdocument.
3. Bij de indiening van de aanvraag legt de vreemdeling over:
   a. een geldig paspoort;
   b. de verklaring van inschrijving van de vreemdeling, bedoeld in artikel 8.7, eerste lid, bij wie hij in Nederland verblijft;
   c. een document waaruit de familierechtelijke relatie of duurzame relatie blijkt met de vreemdeling, bedoeld onder b; en
   d. voor zover hij in Nederland verblijft als familielid als bedoeld in artikel 8.7, tweede lid, onder c of d: bewijs dat hij een dergelijk familielid is;
   e. voor zover hij in Nederland verblijft als familielid als bedoeld in artikel 8.7, derde lid: een door de bevoegde instantie van het land van herkomst afgegeven verklaring dat hij ten laste komt van of inwoont bij de vreemdeling, bedoeld onder b, onderscheidenlijk bewijs van ernstige gezondheidsredenen die de persoonlijke zorg door die vreemdeling noodzakelijk maken;
   f. voor zover hij in Nederland verblijft als partner als bedoeld in artikel 8.7, vierde lid: een bij ministeriële regeling vast te stellen relatieverklaring;
   g. voor zover hij in Nederland verblijft als rechtstreekse bloedverwant in de neergaande lijn, jonger dan 18 jaar, van een partner als bedoeld onder f: bewijs dat is voldaan aan de artikelen 3.13 tot en met 3.22.
4. Onze Minister verstrekt onmiddellijk na de ontvangst van de aanvraag een verklaring dat de aanvraag is ingediend.
5. Onze Minister verstrekt de verblijfsgerechtigde vreemdeling binnen zes maanden na de ontvangst van de aanvraag een verblijfsdocument waarvan het model wordt vastgesteld bij ministeriële regeling. Artikel 25, tweede en derde lid, van de Wet is niet van toepassing.
6. Het verblijfsdocument wordt afgegeven met een geldigheidsduur:
   a. die gelijk is aan de duur van het voorgenomen verblijf van de vreemdeling, bedoeld in artikel 8.7, eerste lid, bij wie de vreemdeling in Nederland verblijft, indien die duur korter is dan vijf jaar;
   b. van vijf jaar in de overige gevallen.
7. De in het tweede en derde lid omschreven verplichtingen rusten ten aanzien van kinderen beneden de leeftijd van twaalf jaar op de wettelijk vertegenwoordiger. Voor kinderen van twaalf jaar en ouder kan aan deze verplichtingen ook worden voldaan door de wettelijk vertegenwoordiger.
(Zie ook: artt. 3, 7, 9 t/m 11 Richtlijn 2004/38/EG)

Art. 8.14

Einde rechtmatig verblijf

Het rechtmatig verblijf van de vreemdeling, bedoeld in artikel 8.7, tweede, derde of vierde lid, die de nationaliteit bezit van een staat als bedoeld in het eerste lid van dat artikel, eindigt niet door het overlijden of het vertrek van de vreemdeling, bedoeld in artikel 8.7, eerste lid, bij wie hij in Nederland verbleef. Het eindigt evenmin door de ontbinding of nietigverklaring van het huwelijk of de beëindiging van het geregistreerde partnerschap.
(Zie ook: art. 11 t/m 14 Richtlijn 2004/38/EG)

Art. 8.15

Behoud verblijfsrecht familieleden/niet-EU-onderdanen

1. Het rechtmatig verblijf van de vreemdeling, bedoeld in artikel 8.7, tweede, derde of vierde lid, die niet de nationaliteit bezit van een staat als bedoeld in het eerste lid van dat artikel, eindigt niet door afwezigheid uit Nederland:
   a. van ten hoogste zes maanden per jaar;
   b. om belangrijke redenen, zoals zwangerschap en bevalling, ernstige ziekte, studie of beroepsopleiding, gedurende een eenmalige periode van ten hoogste twaalf maanden;
   c. voor de vervulling van militaire verplichtingen;
   d. wegens uitzending van het verrichten van werkzaamheden.
2. Onverminderd het vijfde lid eindigt het rechtmatig verblijf evenmin door het overlijden van de vreemdeling, bedoeld in artikel 8.7, eerste lid, bij wie hij in Nederland verbleef:
   a. indien hij ten minste een jaar voor het overlijden van die vreemdeling in Nederland verbleef;

Vreemdelingenbesluit 2000

A41 art. 8.17

   b. voor voltooiing van de studie, indien hij in Nederland verbleef als het kind van die vreemdeling en voor studie is ingeschreven bij een onderwijsinstelling, dan wel indien hij de verzorgende ouder is van een zodanig kind.
3. Het tweede lid, aanhef en onder b, is van overeenkomstige toepassing bij het vertrek van de vreemdeling, bedoeld in artikel 8.7, eerste lid, bij wie de vreemdeling in Nederland verbleef.
4. Onverminderd het vijfde lid eindigt het rechtmatig verblijf evenmin door de ontbinding of nietigverklaring van het huwelijk of de beëindiging van het geregistreerde partnerschap:
   a. indien het huwelijk voor het begin van de gerechtelijke procedure tot scheiding of nietigverklaring, onderscheidenlijk het partnerschap voor beëindiging daarvan, ten minste drie jaar heeft geduurd, waarvan de vreemdeling ten minste één jaar in Nederland heeft verbleven;
   b. indien het gezag over de kinderen bij overeenkomst tussen de voormalige echtgenoten of partners, dan wel bij rechterlijke beslissing aan de vreemdeling is toegewezen;
   c. voor de duur waarvoor de omgang is voorgeschreven, indien de vreemdeling op grond van een overeenkomst of gerechtelijke beslissing het omgangsrecht met betrekking tot een minderjarig kind heeft en de omgang ingevolge een rechterlijke beslissing in Nederland moet plaatsvinden, of
   d. indien bijzonder schrijnende situaties zulks rechtvaardigen, bijvoorbeeld wanneer een familielid tijdens het huwelijk of het geregistreerd partnerschap het slachtoffer is geweest van huiselijk geweld.
5. In afwijking van het tweede lid, onder a, en het vierde lid, blijft het rechtmatig verblijf van de vreemdeling, bedoeld in artikel 8.7, tweede, derde of vierde lid, die niet de nationaliteit van een staat bezit als bedoeld in het eerste lid van dat artikel, onderworpen aan de voorwaarde dat hij voor zichzelf en zijn familieleden over voldoende middelen van bestaan beschikt om te voorkomen dat zij ten laste komen van het sociale bijstandsstelsel, tenzij hij het duurzame verblijfsrecht, bedoeld in artikel 8.17 heeft verkregen, of is aangetoond dat hij:
   a. werknemer of zelfstandige is;
   b. voor zichzelf en zijn familieleden beschikt over voldoende middelen van bestaan om te voorkomen dat zij tijdens hun verblijf in Nederland ten laste komen van de algemene middelen, en beschikt over een verzekering die de ziektekosten in Nederland volledig dekt; of
   c. gezinslid is van het reeds in Nederland gevormde gezin van een persoon die voldoet aan de voorwaarden, bedoeld onder a of b.
6. Voor de toepassing van het vijfde lid, onder b, beschikt de vreemdeling met een inkomen ter hoogte van het normbedrag dat in artikel 3.74 voor de desbetreffende categorie is vastgesteld, in ieder geval over voldoende middelen van bestaan.

Art. 8.16
1. Onverminderd de artikelen 8.22 en 8.23 eindigt het rechtmatig verblijf niet zolang de vreemdeling aan de in de artikelen 8.12 tot en met 8.15 genoemde voorwaarden voldoet. In specifieke gevallen van redelijke twijfel kan Onze Minister onderzoeken of aan de voorwaarden wordt voldaan. Het onderzoek geschiedt niet stelselmatig. Een beroep op de algemene middelen leidt niet zonder meer tot beëindiging van het rechtmatig verblijf.
2. Onverminderd de artikelen 8.22 en 8.23, eindigt het rechtmatig verblijf niet zolang de vreemdeling, bedoeld in artikel 8.7, eerste lid:
   a. werknemer of zelfstandige is; of
   b. naar Nederland is gekomen om werk te zoeken en hij kan bewijzen dat hij nog steeds werk zoekt en een reële kans op werk heeft.
(Zie ook: art. 12 t/m 15 Richtlijn 2004/38/EG)

Behoud rechtmatig verblijf

Art. 8.17
1. Duurzaam verblijfsrecht in Nederland heeft:
   a. de vreemdeling, bedoeld in artikel 8.7, eerste lid, die gedurende vijf jaar ononderbroken rechtmatig verblijf in Nederland heeft gehad;
   b. de vreemdeling, bedoeld in artikel 8.7, tweede, derde of vierde lid, die gedurende vijf jaar ononderbroken rechtmatig verblijf heeft gehad bij een vreemdeling als bedoeld onder a, waarbij mede wordt betrokken de periode waarin hij voldeed aan de voorwaarden van artikel 8.15, vijfde lid, onder a, b of c.
2. Voor de berekening van het ononderbroken verblijf, bedoeld in het eerste lid, vormt geen onderbreking een afwezigheid uit Nederland:
   a. van ten hoogste zes maanden per jaar;
   b. om belangrijke redenen, zoals zwangerschap en bevalling, ernstige ziekte, studie of beroepsopleiding, gedurende een eenmalige periode van ten hoogste twaalf achtereenvolgende maanden;
   c. voor de vervulling van militaire verplichtingen; of
   d. wegens uitzending voor het verrichten van werkzaamheden.
3. Bij de berekening van het vijf jaar ononderbroken rechtmatig verblijf, bedoeld in het eerste lid, blijft buiten beschouwing de periode die is doorgebracht gedurende de tenuitvoerlegging van een gevangenisstraf, terbeschikkingstelling, jeugddetentie of plaatsing in een inrichting voor stelselmatige daders.

Duurzaam verblijfsrecht

4. De periode van vijf jaar, bedoeld in eerste lid, geldt niet voor:
   a. de werknemer of zelfstandige die langer dan drie jaar ononderbroken in Nederland heeft gewoond, die gedurende de laatste twaalf maanden in Nederland werkzaamheden heeft verricht en die op het tijdstip waarop hij zijn werkzaamheid staakt, de pensioengerechtigde leeftijd, bedoeld in artikel 7a, eerste lid, van de Algemene Ouderdomswet, heeft bereikt;
   b. de werknemer die langer dan drie jaar ononderbroken in Nederland heeft gewoond, die gedurende de laatste twaalf maanden in Nederland werkzaamheden heeft verricht en die zijn werkzaamheden staakt ten gevolge van vervroegde uittreding;
   c. de werknemer of zelfstandige die zijn werkzaamheden na meer dan twee jaar ononderbroken verblijf in Nederland staakt als gevolg van blijvende arbeidsongeschiktheid;
   d. de werknemer of zelfstandige die in Nederland zijn werkzaamheden staakt wegens blijvende arbeidsongeschiktheid als gevolg van een arbeidsongeval of een beroepsziekte waardoor recht is ontstaan op een uitkering die geheel of ten dele ten laste komt van een Nederlandse instelling;
   e. de werknemer of zelfstandige die, na drie jaar ononderbroken in Nederland werkzaam te zijn geweest en in Nederland te hebben verbleven, werkzaam is in een andere lidstaat, zijn woning in Nederland aanhoudt en daar ten minste eenmaal per week naar terugkeert.
5. Bij de toepassing van het vierde lid worden als arbeidsperioden mede in aanmerking genomen:
   a. het naar behoren door het Uitvoeringsinstituut werknemersverzekeringen vastgestelde tijdvak van onvrijwillige werkloosheid waarin de vreemdeling wegens een niet-toerekenbare reden niet heeft gewerkt;
   b. de periode van afwezigheid van arbeidsonderbreking wegens ziekte of ongeval.
6. Bij de toepassing van het vierde lid, onder a tot en met d, worden de tijdvakken van werkzaamheid in de lidstaat waarin de betrokkene werkzaam is, aangemerkt als in Nederland vervulde tijdvakken van werkzaamheid.
7. De in het vierde lid, onder a en b, gestelde voorwaarden inzake de duur van het verblijf en van de werkzaamheid, en de in het vierde lid, onder c en d, gestelde voorwaarde inzake de duur van het verblijf, zijn niet van toepassing indien de echtgenoot of de geregistreerde partner van de werknemer of zelfstandige Nederlander is of de Nederlandse nationaliteit heeft verloren als gevolg van het huwelijk met die werknemer of zelfstandige.
8. De bij hem in Nederland verblijvende familieleden van de werknemer of zelfstandige hebben duurzaam verblijfsrecht, indien de werknemer of zelfstandige een nationaliteit als bedoeld in artikel 8.7, eerste lid, bezit en:
   a. op grond van het vierde tot en met zevende lid duurzaam verblijfsrecht in Nederland heeft verkregen; of
   b. tijdens zijn werkzame leven is overleden, voordat hij op grond van het vierde tot en met zevende lid duurzaam verblijfsrecht in Nederland verkreeg, en:
   1°. hij op het tijdstip van zijn overlijden gedurende twee jaar ononderbroken in Nederland heeft verbleven;
   2°. zijn overlijden het gevolg was van een arbeidsongeval of beroepsziekte; of
   3°. zijn echtgenoot de Nederlandse nationaliteit als gevolg van hun huwelijk heeft verloren.
(Zie ook: artt. 16, 17 Richtlijn 2004/38/EG)

Art. 8.18
Duurzaam verblijfsrecht verloren of beëindigd

1. Duurzaam verblijfsrecht kan slechts worden verloren door een afwezigheid van meer dan twee achtereenvolgende jaren uit Nederland.
2. Duurzaam verblijfsrecht kan door Onze Minister uitsluitend worden beëindigd om ernstige redenen van openbare orde of openbare veiligheid.

Art. 8.19
Verstrekking verblijfsdocument

Onze Minister verstrekt de vreemdeling, bedoeld in artikel 8.7 eerste lid, met duurzaam verblijfsrecht op aanvraag en na verificatie van de verblijfsduur een verblijfsdocument, waarvan het model wordt vastgesteld bij ministeriële regeling. Het verblijfsdocument wordt zo spoedig mogelijk verstrekt. Artikel 25 van de Wet is niet van toepassing.
(Zie ook: artt. 12, 13, 17, 19 Richtlijn 2004/38/EG)

Art. 8.20
Duurzame verblijfskaart familieleden/niet-EU-onderdanen

1. Onze Minister verstrekt de vreemdeling, bedoeld in artikel 8.7, tweede, derde of vierde lid, met duurzaam verblijfsrecht en die niet de nationaliteit bezit van een staat als bedoeld in het eerste lid van dat artikel, op aanvraag een verblijfsdocument, waarvan het model wordt vastgesteld bij ministeriële regeling. Artikel 25, tweede en derde lid, van de Wet is niet van toepassing.
2. De aanvraag, bedoeld in het eerste lid, wordt ingediend voor het verstrijken van de geldigheidsduur van het verblijfsdocument, bedoeld in artikel 8.13, vijfde lid.
(Zie ook: artt. 20, 27 Richtlijn 2004/38/EG)

Art. 8.21
Beëindiging rechtmatig verblijf; onderbreking

Beëindiging van het rechtmatig verblijf van de vreemdeling vormt een onderbreking vanaf het tijdstip waarop de vreemdeling Nederland heeft verlaten.
(Zie ook: art. 21 Richtlijn 2004/38/EG)

Art. 8.22

1. Onze Minister kan het rechtmatig verblijf ontzeggen of beëindigen, om redenen van openbare orde of openbare veiligheid, indien het persoonlijke gedrag van de vreemdeling een actuele, werkelijke en ernstige bedreiging voor een fundamenteel belang van de samenleving vormt. Alvorens hierover een besluit te nemen, houdt Onze Minister in het bijzonder rekening met de duur van het verblijf van de betrokkene in Nederland, diens leeftijd, gezondheidstoestand, gezins- en economische situatie en sociale en culturele integratie in Nederland en met de mate waarin hij bindingen heeft met zijn land van herkomst.

2. Onze Minister kan uiterlijk drie maanden na de datum van binnenkomst van de betrokkene in Nederland dan wel bij de afgifte van de verklaring van inschrijving of van het verblijfsdocument aan de lidstaat van oorsprong of andere lidstaten verzoeken om inlichtingen omtrent de gerechtelijke antecedenten.

3. Tenzij dwingende redenen van openbare veiligheid daartoe nopen, wordt het rechtmatig verblijf niet beëindigd, indien de vreemdeling:
a. in de voorafgaande tien jaar in Nederland heeft gewoond; of
b. minderjarig is, tenzij verwijdering noodzakelijk is in het belang van het kind.

4. De aanvraag tot opheffing van de ongewenstverklaring kan slechts worden gedaan nadat sinds de verwijdering om redenen van openbare orde of openbare veiligheid een redelijke termijn is verstreken of indien die verwijdering tenminste drie jaren voorafgaand aan de aanvraag heeft plaatsgevonden.

5. Binnen zes maanden wordt een beschikking gegeven op de in het vierde lid bedoelde aanvraag.

6. Indien de verwijdering niet binnen twee jaren na de ontzegging of beëindiging, bedoeld in het eerste lid, heeft plaatsgevonden, onderzoekt Onze Minister of de bedreiging, bedoeld in het eerste lid, nog werkelijk en actueel is, waarbij Onze Minister sinds die ontzegging of beëindiging eventueel opgetreden wijzigingen in materiële zin in de omstandigheden beoordeelt.

7. Bij de berekening van de tien jaar, bedoeld in het derde lid, onder a, blijft buiten beschouwing de periode die is doorgebracht gedurende de tenuitvoerlegging van een gevangenisstraf, terbeschikkingstelling, jeugddetentie of plaatsing in een inrichting voor stelselmatige daders.
(Zie ook: artt. 27, 28, 32, 33 Richtlijn 2004/38/EG)

Ontzegging/beëindiging rechtmatig verblijf; openbare orde of veiligheid

Art. 8.23

1. Onze Minister kan het rechtmatig verblijf op grond van de volksgezondheid ontzeggen of beëindigen in het geval van potentieel epidemische ziekten als gedefinieerd in de relevante instrumenten van de Wereldgezondheidsorganisatie dan wel in geval van andere infectieziekten of besmettelijke parasitaire ziekten, ten aanzien waarvan in Nederland beschermende regelingen ten aanzien van Nederlanders worden getroffen.

2. Rechtmatig verblijf wordt niet op grond van de volksgezondheid beëindigd, indien de ziekte langer dan drie maanden na inreis van de vreemdeling is opgetreden.

3. Onze Minister kan de vreemdeling binnen drie maanden na inreis onderwerpen aan een kosteloos medisch onderzoek indien ernstige aanwijzingen daartoe aanleiding geven.
(Zie ook: artt. 27, 29 Richtlijn 2004/38/EG)

Ontzegging/beëindiging rechtmatig verblijf; epidemische ziekten

Art. 8.24

1. De uitzetting van de vreemdeling, ten aanzien van wie het rechtmatig verblijf om redenen van openbare orde, openbare veiligheid of volksgezondheid is ontzegd of beëindigd, blijft, indien de vreemdeling de voorzieningenrechter heeft verzocht een voorlopige voorziening te treffen, achterwege tot op dat verzoek is beslist, tenzij het besluit:
a. met toepassing van artikel 4:6 van de Algemene wet bestuursrecht is genomen;
b. reeds door de rechtbank of de voorzieningenrechter is beoordeeld; of
c. gebaseerd is op dwingende redenen van openbare veiligheid.

2. De toegang van de vreemdeling die voor de behandeling van een bezwaarschrift, beroepschrift, dan wel een verzoek om een voorlopige voorziening, gericht tegen beëindiging van het rechtmatig verblijf, geen gemachtigde heeft gesteld, wordt niet geweigerd, tenzij:
a. zijn aanwezigheid de openbare orde of de openbare veiligheid ernstig zal verstoren; of
b. het bezwaar of beroep is gericht tegen de weigering van toegang.

3. Onze Minister kan de vertrektermijn, bedoeld in artikel 62, eerste lid, van de Wet slechts in naar behoren aangetoonde dringende gevallen verkorten tot minder dan vier weken.
(Zie ook: artt. 30, 31 Richtlijn 2004/38/EG)

Uitzetting, voorlopige voorziening procedure

Art. 8.25

Onze Minister kan het rechtmatig verblijf ontzeggen, dan wel beëindigen, in geval van rechtsmisbruik of indien de vreemdeling onjuiste gegevens heeft verstrekt dan wel gegevens heeft achtergehouden terwijl die gegevens zouden hebben geleid tot weigering van toegang of verblijf.
(Zie ook: art. 35 Richtlijn 2004/38/EG)

Einde rechtmatig verblijf; onjuiste gegevensverstrekking

Paragraaf 3
Overige verdragen

Art. 8.26

Overige verdragen

Onze Minister kan regels stellen over de rechten die vreemdelingen ontlenen aan de volgende verdragen:
a. het Europees Vestigingsverdrag (Trb. 1957, 20);
b. het Vluchtelingenverdrag (Trb. 1954, 88);
c. het Verdrag betreffende de status van staatlozen (Trb. 1955, 42);
d. de op 12 september 1963 te Ankara gesloten Overeenkomst waarbij een associatie tot stand wordt gebracht tussen de Europese Economische Gemeenschap en Turkije (Trb. 1964, 217), het op 23 november 1970 te Brussel tot stand gekomen Aanvullend Protocol bij die overeenkomst (Trb. 1971, 70), Besluit 1/80 van de Associatieraad EEG-Turkije betreffende de ontwikkeling van de Associatie;
e. het Nederlands-Duits Vestigingsverdrag (Stb. 1906, 279);
f. het Nederlands-Zwitsers Tractaat (Stb. 1878, nr. 137);
g. het Nederlands-Amerikaans Vriendschapsverdrag (Trb. 1956, 40);
h. de Overeenkomst tussen het Koninkrijk der Nederlanden en de Republiek Suriname inzake het verblijf en de vestiging van wederzijde onderdanen (1975) (Trb. 1975, 133);
i. de Overeenkomst tussen het Koninkrijk der Nederlanden en de Republiek Suriname inzake de binnenkomst en het verblijf van wederzijdse onderdanen met bijlage en protocol inzake verkregen rechten (1981) (Trb. 1981, 35);
j. de Associatieverdragen EG met Roemenië (PbEG 1994, L 357) en Bulgarije (PbEG 1994, L 358);
k. de Overeenkomst tussen de Europese Gemeenschap en haar lidstaten, enerzijds, en de Zwitserse Bondsstaat, anderzijds, over het vrije verkeer van personen (Trb. 2000, 16 en 86);
l. de Economische Partnerschapsovereenkomst tussen de CARIFORUM-staten, enerzijds, en de Europese Gemeenschap en haar lidstaten, anderzijds (Trb. 2009, 18);
m. de Handelsovereenkomst tussen de Europese Unie en haar lidstaten, enerzijds, en Colombia en Peru, anderzijds (Trb. 2012, 178);
n. het Associatieakkoord tussen de Europese Unie en de Europese Gemeenschap voor Atoomenergie en haar lidstaten, enerzijds, en Georgië, anderzijds (Trb. 2014, 210);
o. de Associatieovereenkomst tussen de Europese Unie en de Europese Gemeenschap voor Atoomenergie en haar lidstaten, enerzijds, en Oekraïne, anderzijds (Trb. 2014, 160);
p. de Associatieovereenkomst tussen de Europese Unie en de Europese Gemeenschap voor Atoomenergie en hun lidstaten, enerzijds, en de Republiek Moldavië, anderzijds (Trb. 2014, 207).

Afdeling 3
Biometrische gegevens

Art. 8.27

Vingerafdrukken, uitgezonderde groepen

De bevoegdheid om vingerafdrukken af te nemen en te verwerken als bedoeld in artikel 106a, eerste en tweede lid, van de Wet, geldt niet ten aanzien van:
a. vreemdelingen die nog niet de leeftijd van zes jaar hebben bereikt, en
b. vreemdelingen bij wie het afnemen van alle vingerafdrukken blijvend fysiek onmogelijk is.

Art. 8.28

Vingerafdrukken, t.b.v. vaststellen identiteit

Voor het vaststellen van de identiteit of de verificatie van de identiteit, op grond van artikel 106a, eerste en tweede lid, van de Wet, worden digitaal platte vingerafdrukken afgenomen.

Art. 8.29

Vingerafdrukken, opslag/wijziging/vernietiging/kopieën

1. De vingerafdrukken die zijn afgenomen voor het vaststellen van de identiteit worden opgeslagen in een daartoe door Onze Minister aangewezen bestand in de vreemdelingenadministratie.

2. Het wijzigen en vernietigen van de vingerafdrukken in de vreemdelingenadministratie vindt plaats vanuit het bestand, bedoeld in het eerste lid.
3. Bij het verifiëren van de authenticiteit van het document, bedoeld in artikel 9 van de Wet, of de verificatie van de identiteit van de vreemdeling worden de vingerafdrukken slechts opgeslagen en verwerkt voor de duur van de verificatie.
4. Van de vingerafdrukken kunnen in andere bestanden in de vreemdelingenadministratie dan het bestand, bedoeld in het eerste lid, slechts kopieën worden opgenomen.
(Zie ook: art. 7.1i VV)

Art. 8.30

Vingerafdrukken, werkwijze bij fysieke beschadiging vingers

1. Indien naar het oordeel van de ambtenaar die de vingerafdrukken afneemt, het fysiek dan wel als gevolg van een tijdelijke verhindering onmogelijk is om van de vreemdeling te verlangen dat bij hem vingerafdrukken worden afgenomen, worden in ieder geval de vingerafdrukken

afgenomen en opgeslagen van de vingers waarbij dit volgens de ambtenaar wel mogelijk is. Van de vingers waarvan geen vingerafdrukken zijn afgenomen, wordt met opgave van reden een aantekening gemaakt in de vreemdelingenadministratie.
2. De vreemdeling van wie de vingers niet blijvend fysiek beschadigd zijn, wordt uitgenodigd om op een bij ministeriële regeling bepaald moment opnieuw zijn vingerafdrukken af te laten nemen.
(Zie ook: art. 7.1j VV)

Art. 8.31
1. Een gezichtsopname als bedoeld in artikel 106a, eerste lid, van de Wet wordt in ieder geval opnieuw gemaakt en opgeslagen en tien vingerafdrukken worden in ieder geval opnieuw afgenomen en opgeslagen van vreemdelingen die de leeftijd van twaalf jaar en van vreemdelingen die de leeftijd van achttien jaar hebben bereikt.

Biometrische gegevens, opnieuw afnemen

2. Een gezichtsopname kan opnieuw worden gemaakt en opgeslagen en vingerafdrukken kunnen opnieuw worden afgenomen en opgeslagen in het geval een gezichtsopname onvoldoende gelijkenis toont of een gezichtsopname of vingerafdrukken van onvoldoende kwaliteit zijn.

Art. 8.32
1. Bij ministeriële regeling kunnen, onverminderd het bepaalde in Verordening (EG) nr. 1030/2002 van de Raad van de Europese Unie van 13 juni 2002 betreffende de invoering van een uniform model voor verblijfstitels voor onderdanen van derde landen (PbEU L 157), documenten als bedoeld in artikel 9 van de Wet worden aangewezen, waarop de vingerafdrukken van de linker- en rechterwijsvinger worden opgenomen.

Vingerafdrukken, documenten waarin vingerafdrukken worden opgenomen

2. Indien de kwaliteit van de afdrukken van de wijsvingers ontoereikend is voor opname op het document, worden vingerafdrukken van de middelvingers, ringvingers of duimen opgenomen.
3. Indien van slechts één vinger een afdruk van voldoende kwaliteit kan worden afgenomen, wordt uitsluitend de afdruk van die vinger opgenomen in het document.
(Zie ook: art. 7.1k VV)

Art. 8.33
In het geval dat bij de identiteitsvaststelling, het verifiëren van de authenticiteit van het document of de verificatie van de identiteit onduidelijkheid bestaat over de juistheid van vingerafdrukken wordt, indien dat noodzakelijk is voor de identiteitsvaststelling, het verifiëren van de authenticiteit van het document of de verificatie van de identiteit, een onderzoek door een dactyloscopisch deskundige uitgevoerd.

Vingerafdrukken, onderzoek dactyloscopisch deskundige

Art. 8.34
1. De ambtenaren die het beheer voeren over de vreemdelingenadministratie, hebben rechtstreekse toegang tot de gezichtsopnames en vingerafdrukken in de vreemdelingenadministratie, voor zover zij die toegang nodig hebben voor een goede vervulling van hun taak en Onze Minister hen daartoe heeft gemachtigd.

Biometrische gegevens, bevoegdheid tot raadplegen

2. Van de beschikbaarstelling van gezichtsopnames en vingerafdrukken aan derden wordt een aantekening gemaakt van de datum waarop en de organisatie waaraan de gegevens zijn verstrekt. Deze aantekening wordt bewaard voor de duur van vijf jaar.
3. De ambtenaren die met de uitvoering van de Wet zijn belast, kunnen de gezichtsopnames en vingerafdrukken rechtstreeks langs geautomatiseerde weg raadplegen, voor zover zij die gegevens nodig hebben voor een goede vervulling van hun taak en Onze Minister hen daartoe heeft gemachtigd.
(Zie ook: art. 7.1l VV)

Art. 8.35
De in de vreemdelingenadministratie opgenomen gezichtsopnames en vingerafdrukken worden niet langer bewaard dan:
a. vijf jaar nadat de aanvraag tot het verlenen van een machtiging tot voorlopig verblijf is afgewezen;
b. in geval van rechtmatig verblijf: vijf jaar nadat de betrokken vreemdeling, wiens rechtmatig verblijf is geëindigd, Nederland aantoonbaar heeft verlaten; of
c. indien tegen de vreemdeling een inreisverbod is uitgevaardigd of de vreemdeling ongewenst is verklaard: vijf jaar na afloop van de geldigheidsduur van het inreisverbod onderscheidenlijk de ongewenstverklaring.

Biometrische gegevens, bewaartermijn

(Zie ook: art. 7.1d VV)

Art. 8.36
Bij ministeriële regeling worden regels gesteld over:
a. het bewaken van de juistheid en volledigheid van de gezichtsopnames en vingerafdrukken in de vreemdelingenadministratie en op de documenten, bedoeld in artikel 9 van de Wet;
b. de beveiliging van de gezichtsopnames en vingerafdrukken tegen verlies of onrechtmatige verwerking;

Nadere regels

A41 art. 9.1 — Vreemdelingenbesluit 2000

c. de wijze waarop de gezichtsopnames en vingerafdrukken, op grond van artikel 107, vijfde lid, van de Wet beschikbaar worden gesteld;
d. de vernietiging van de gezichtsopnames en vingerafdrukken na afloop van de bewaartermijn, bedoeld in artikel 8.35, en
e. de verwijdering en vernietiging van de gezichtsopname en vingerafdrukken op verzoek van de vreemdeling, op grond dat deze de hoedanigheid heeft verkregen van gemeenschapsonderdaan anders dan door verkrijging van het Nederlanderschap.

Hoofdstuk 9
Overgangs- en slotbepalingen

Overgangsbepaling

Art. 9.1
Artikel 3.107a, tweede lid, onderdeel c, zoals dat luidde op 31 december 2014, blijft van overeenkomstige toepassing op aanvragen als bedoeld in artikel 3.107a, eerste lid, die zijn gediend voor 1 januari 2015.

Art. 9.2-9.8
[Vervallen]

Art. 9.9

Terbeschikkingstelling

1. Bij de toepassing van de artikelen 3.86, eerste lid, onder c,3.95 en 3.98 blijft buiten beschouwing de periode van de terbeschikkingstelling, die op het tijdstip van inwerkingtreding van de Wet reeds was beëindigd.
2. Het eerste lid is niet van toepassing, indien de vreemdeling na beëindiging van de maatregel wederom een misdrijf heeft gepleegd, waartegen een gevangenisstraf van drie jaren of meer is bedreigd.

Art. 9.10-9.11
[Vervallen]

Art. 9.12

Inwerkingtreding Vreemdelingenwet 2000 en Vreemdelingenbesluit

Indien het bij koninklijke boodschap van 16 september 1999 ingediende voorstel van wet tot algehele herziening van de Vreemdelingenwet (Vreemdelingenwet 2000) (Kamerstukken I 1999–2000, nr. 26 732, nr. 263) nadat het tot wet is verheven, in werking treedt, treedt dit besluit op hetzelfde tijdstip in werking.

Art. 9.13

Citeertitel

Dit besluit wordt aangehaald als: Vreemdelingenbesluit 2000.

Verdrag betreffende de status van vluchtelingen[1]

Preambule
De HOGE VERDRAGSLUITENDE PARTIJEN,
OVERWEGENDE, dat het Handvest van de Verenigde Naties en de op 10 December 1948 door de Algemene Vergadering goedgekeurde Universele Verklaring van de Rechten van de Mens het beginsel hebben bevestigd, dat de menselijke wezens, zonder onderscheid, de fundamentele rechten van de mens en vrijheden dienen te genieten,
OVERWEGENDE, dat de Verenigde Naties bij verschillende gelegenheden blijk hebben gegeven van haar grote bezorgdheid voor de vluchtelingen en er naar gestreefd hebben de uitoefening van deze fundamentele rechten en vrijheden door de vluchtelingen in de grootst mogelijke mate te verzekeren,
OVERWEGENDE, dat het gewenst is de vroegere internationale overeenkomsten betreffende de status van vluchtelingen te herzien en te bevestigen en aan de toepassing van die overeenkomsten en aan de daarbij verleende bescherming uitbreiding te geven door middel van een nieuwe overeenkomst,
OVERWEGENDE, dat het verlenen van asyl voor bepaalde landen onevenredig grote lasten kan medebrengen en dat derhalve een bevredigende oplossing van een vraagstuk waarvan de Verenigde Naties de internationale omvang en het internationale karakter hebben erkend, niet zonder internationale solidariteit kan worden bereikt,
DE WENS TOT UITDRUKKING BRENGENDE, dat alle Staten, het sociale en humanitaire karakter van het vluchtelingenvraagstuk erkennende, al het mogelijke zullen doen om te voorkomen, dat dit vraagstuk een oorzaak van spanningen tussen Staten wordt,
ER VAN KENNIS NEMENDE, dat de Hoge Commissaris van de Verenigde Naties voor de Vluchtelingen belast is met het toezicht op de toepassing van internationale verdragen welke voorzien in de bescherming van vluchtelingen, en erkennende, dat de doeltreffende coördinatie van de maatregelen welke worden genomen om dit vraagstuk op te lossen, zal afhangen van de samenwerking van de Staten met de Hoge Commissaris,
ZIJN HET VOLGENDE OVEREENGEKOMEN:

HOOFDSTUK I
Algemene bepalingen

Art. 1 Definitie van de term „vluchteling"
A. Voor de toepassing van dit Verdrag geldt als „vluchteling" elke persoon: *Begripsbepalingen*
(1) Die krachtens de Regelingen van 12 Mei 1926 en 30 Juni 1928 of krachtens de Overeenkomsten van 28 October 1933 en 10 Februari 1938, het Protocol van 14 September 1939 of het Statuut van de Internationale Vluchtelingenorganisatie als vluchteling werd beschouwd.
De door de Internationale Vluchtelingenorganisatie gedurende haar mandaat genomen beslissingen waarbij personen niet in aanmerking werden gebracht voor de bescherming en de hulp van die organisatie, vormen geen belemmering voor het verlenen van de status van vluchteling aan personen die aan de voorwaarden van lid 2 van deze afdeling voldoen;
(2) Die, ten gevolge van gebeurtenissen welke vóór 1 Januari 1951 hebben plaats gevonden, en uit gegronde vrees voor vervolging wegens zijn ras, godsdienst, nationaliteit, het behoren tot een bepaalde sociale groep of zijn politieke overtuiging, zich bevindt buiten het land waarvan hij de nationaliteit bezit, en die de bescherming van dat land niet kan of, uit hoofde van bovenbedoelde vrees, niet wil inroepen, of die, indien hij geen nationaliteit bezit en ten gevolge van bovenbedoelde gebeurtenissen verblijft buiten het land waar hij vroeger zijn gewone verblijfplaats had, daarheen niet kan of, uit hoofde van bovenbedoelde vrees, niet wil terugkeren.
Indien een persoon meer dan één nationaliteit bezit, betekent de term „het land waarvan hij de nationaliteit bezit" elk van de landen waarvan hij de nationaliteit bezit. Een persoon wordt niet geacht van de bescherming van het land waarvan hij de nationaliteit bezit, verstoken te zijn, indien hij, zonder geldige redenen ingegeven door gegronde vrees, de bescherming van één van de landen waarvan hij de nationaliteit bezit, niet inroept.
B.
(1) Voor de toepassing van dit Verdrag betekenen in artikel 1, afdeling A, de woorden „gebeurtenissen welke vóór 1 Januari 1951 hebben plaats gevonden" hetzij
(a) „gebeurtenissen welke vóór 1 Januari 1951 in Europa hebben plaats gevonden"; hetzij

---
1   Inwerkingtredingsdatum: 01-08-1956.

A42 art. 2 — Verdrag betreffende de status van vluchtelingen

(b) „gebeurtenissen welke vóór 1 Januari 1951 in Europa of elders hebben plaats gevonden"; elke Verdragsluitende Staat zal bij de ondertekening, bekrachtiging of toetreding een verklaring afleggen, waarin wordt te kennen gegeven, welke van deze omschrijvingen hij voornemens is toe te passen met betrekking tot zijn verplichtingen krachtens dit Verdrag.

(2) Elke Verdragsluitende Staat die de omschrijving (a) heeft aanvaard, kan te allen tijde door middel van een kennisgeving aan de Secretaris-Generaal van de Verenigde Naties zijn verplichtingen uitbreiden door omschrijving (b) te aanvaarden.

Werkingssfeer
C. Dit Verdrag houdt op van toepassing te zijn op elke persoon die valt onder de bepalingen van afdeling A, indien:
(1) Hij vrijwillig wederom de bescherming inroept van het land waarvan hij de nationaliteit bezit;
(2) Hij, indien hij zijn nationaliteit had verloren, deze vrijwillig heeft herkregen;
(3) Hij een nieuwe nationaliteit heeft verkregen en de bescherming geniet van het land waarvan hij de nieuwe nationaliteit bezit;
(4) Hij zich vrijwillig opnieuw heeft gevestigd in het land dat hij had verlaten of waarbuiten hij uit vrees voor vervolging verblijf hield;
(5) Hij niet langer kan blijven weigeren de bescherming van het land waarvan hij de nationaliteit bezit, in te roepen, omdat de omstandigheden in verband waarmede hij was erkend als vluchteling, hebben opgehouden te bestaan;
Met dien verstande echter, dat dit lid niet van toepassing is op een vluchteling die onder lid 1 van afdeling A van dit artikel valt, en die dwingende redenen, voortvloeiende uit vroegere vervolging, kan aanvoeren om te weigeren de bescherming van het land waarvan hij de nationaliteit bezit, in te roepen;
(6) Hij, indien hij geen nationaliteit bezit, kan terugkeren naar het land waar hij vroeger zijn gewone verblijfplaats had, omdat de omstandigheden in verband waarmede hij was erkend als vluchteling, hebben opgehouden te bestaan;
Met dien verstande echter, dat dit lid niet van toepassing is op een vluchteling die onder lid 1 van afdeling A van dit artikel valt, en die dwingende redenen, voortvloeiende uit vroegere vervolging, kan aanvoeren om te weigeren naar het land waar hij vroeger zijn gewone verblijfplaats had, terug te keren.
D. Dit Verdrag is niet van toepassing op personen die thans bescherming of bijstand genieten van andere organen of instellingen van de Verenigde Naties dan van de Hoge Commissaris van de Verenigde Naties voor de Vluchtelingen.
Wanneer deze bescherming of bijstand om welke reden ook is opgehouden, zonder dat de positie van zodanige personen definitief geregeld is in overeenstemming met de desbetreffende resoluties van de Algemene Vergadering van de Verenigde Naties, zullen deze personen van rechtswege onder dit Verdrag vallen.
E. Dit Verdrag is niet van toepassing op een persoon die door de bevoegde autoriteiten van het land waar hij zich heeft gevestigd, beschouwd wordt de rechten en verplichtingen te hebben, aan het bezit van de nationaliteit van dat land verbonden.
F. De bepalingen van dit Verdrag zijn niet van toepassing op een persoon ten aanzien van wie er ernstige redenen zijn om te veronderstellen, dat:
(a) hij een misdrijf tegen de vrede, een oorlogsmisdrijf of een misdrijf tegen de menselijkheid heeft begaan, zoals omschreven in de internationale overeenkomsten welke zijn opgesteld om bepalingen met betrekking tot deze misdrijven in het leven te roepen;
(b) hij een ernstig, niet-politiek misdrijf heeft begaan buiten het land van toevlucht, voordat hij tot dit land als vluchteling is toegelaten;
(c) hij zich schuldig heeft gemaakt aan handelingen welke in strijd zijn met de doelstellingen en beginselen van de Verenigde Naties.

Art. 2 Algemene verplichtingen
Vluchteling, plichten
Elke vluchteling heeft plichten tegenover het land waarin hij zich bevindt. Deze plichten brengen in het bijzonder mede, dat de vluchteling zich houdt zowel aan de wetten en voorschriften als aan de maatregelen, genomen voor de handhaving van de openbare orde.

Art. 3 Non-discriminatie
Vluchteling, non-discriminatiebeginsel
De Verdragsluitende Staten zullen zonder onderscheid naar ras, godsdienst of land van herkomst de bepalingen van dit Verdrag op vluchtelingen toepassen.

Art. 4 Godsdienst
Vluchteling, vrijheid van godsdienst
De Verdragsluitende Staten zullen op vluchtelingen op hun grondgebied ten minste even gunstig behandelen als hun onderdanen, wat betreft de vrijheid tot uitoefening van hun godsdienst en de vrijheid ten aanzien van de godsdienstige opvoeding van hun kinderen.

Art. 5 Rechten onafhankelijk van dit Verdrag verleend
Vluchteling, geen inbreuk op andere rechten
Geen der bepalingen van dit Verdrag maakt inbreuk op de rechten en voordelen, welke door een Verdragsluitende Staat onafhankelijk van dit Verdrag aan vluchtelingen zijn verleend.

Art. 6 De term „onder dezelfde omstandigheden"
Voor de toepassing van dit Verdrag houdt de term „onder dezelfde omstandigheden" in, dat een vluchteling voor de uitoefening van een recht moet voldoen aan alle eisen (waaronder begrepen die betreffende de duur van en de voorwaarden voor tijdelijk verblijf of vestiging) waaraan hij zou moeten voldoen indien hij geen vluchteling was, met uitzondering van de eisen waaraan, wegens hun aard, een vluchteling niet kan voldoen.

Vluchteling, definitie 'onder dezelfde omstandigheden'

Art. 7 Vrijstelling van de voorwaarde van wederkerigheid
1. Behoudens de gevallen dat dit Verdrag gunstiger bepalingen bevat, zal een Verdragsluitende Staat vluchtelingen op dezelfde wijze behandelen als vreemdelingen in het algemeen.
2. Na een driejarig verblijf genieten alle vluchtelingen vrijstelling van de voorwaarde van wettelijke wederkerigheid op het grondgebied van de Verdragsluitende Staten.
3. Elke Verdragsluitende Staat zal aan vluchtelingen de rechten en voordelen blijven toekennen waarop dezen, bij het ontbreken van de voorwaarde van wederkerigheid, reeds recht hadden op de datum van inwerkingtreding van dit Verdrag voor die Staat.
4. De Verdragsluitende Staten zullen in welwillende overweging nemen om aan vluchtelingen, bij het ontbreken van de voorwaarde van wederkerigheid, rechten en voordelen te verlenen buiten die waarop zij krachtens lid 2 en 3 aanspraak kunnen maken, alsmede om de vrijstelling van de voorwaarde van wederkerigheid uit te strekken tot vluchtelingen die niet aan de in lid 2 en 3 bedoelde voorwaarden voldoen.
5. De bepalingen van lid 2 en 3 zijn zowel van toepassing op de rechten en voordelen, bedoeld in de artikelen 13, 18, 19, 21 en 22 van dit Verdrag, als op de rechten en voordelen, waarin dit Verdrag niet voorziet.

Vluchteling, vrijstelling van voorwaarde van wederkerigheid

Art. 8 Vrijstelling van buitengewone maatregelen
De Verdragsluitende Staten zullen de buitengewone maatregelen welke kunnen worden, genomen tegen de persoon, de goederen of de belangen van onderdanen van een vreemde Staat, niet enkel op grond van de nationaliteit toepassen op een vluchteling die formeel een onderdaan is van die Staat. De Verdragsluitende Staten die krachtens hun wetgeving niet het in dit artikel neergelegde algemene beginsel kunnen toepassen, zullen in de daarvoor in aanmerking komende gevallen vrijstelling ten gunste van zodanige vluchtelingen verlenen.

Vluchteling, vrijstelling van buitengewone maatregelen

Art. 9 Voorlopige maatregelen
Geen der bepalingen van dit Verdrag vormt een belemmering voor een Verdragsluitende Staat om, in tijd van oorlog of andere ernstige en buitengewone omstandigheden, ten aanzien van een bepaald persoon de voorlopige maatregelen te nemen, welke deze Staat noodzakelijk acht voor zijn nationale veiligheid, in afwachting van de vaststelling door de Verdragsluitende Staat, dat die persoon werkelijk een vluchteling is en dat de handhaving van die maatregelen te zijnen aanzien noodzakelijk is in het belang van de nationale veiligheid.

Vluchteling, maatregelen in belang van nationale veiligheid

Art. 10 Ononderbroken verblijf
1. Wanneer een vluchteling gedurende de Tweede Wereldoorlog is gedeporteerd en overgebracht naar het grondgebied van een Verdragsluitende Staat en aldaar verblijft, wordt de periode van een zodanig gedwongen tijdelijk verblijf beschouwd als rechtmatig verblijf op dat grondgebied.
2. Wanneer een vluchteling gedurende de Tweede Wereldoorlog is gedeporteerd uit het grondgebied van een Verdragsluitende Staat en vóór de datum van inwerkingtreding van dit Verdrag daarheen is teruggekeerd teneinde aldaar te verblijven, wordt de periode van verblijf vóór en na deze gedwongen verplaatsing, voor alle doeleinden waarvoor ononderbroken verblijf is vereist, beschouwd als één enkele ononderbroken periode.

Vluchteling, ononderbroken verblijf op grondgebied Verdragsluitende Staat

Art. 11 Vluchtelingen-zeelieden
Indien vluchtelingen geregeld als schepeling dienst doen aan boord van een schip dat de vlag voert van een Verdragsluitende Staat, zal die Staat in welwillende overweging nemen om hen toe te staan zich op zijn grondgebied te vestigen en om hun reisdocumenten te verstrekken of hen tijdelijk toe te laten op zijn grondgebied, in het bijzonder teneinde hun vestiging in een ander land te vergemakkelijken.

Vluchteling, zeelieden

HOOFDSTUK II
Juridische status

Art. 12 Persoonlijke staat
1. De persoonlijke staat van een vluchteling wordt beheerst door de wet van het land van zijn woonplaats, of, indien hij geen woonplaats heeft, van het land van zijn verblijf.
2. De rechten welke een vluchteling vroeger heeft verkregen en welke uit de persoonlijke staat voortvloeien, in het bijzonder de rechten, voortvloeiende uit het huwelijk, zullen door een Verdragsluitende Staat worden geëerbiedigd, behoudens dat, zo nodig, de vluchteling ten aanzien van de wet van die Staat vereiste formaliteiten moet vervullen. Deze bepaling is alleen van toepassing op rechten welke door de wet van die Staat zouden zijn erkend indien de betrokkene geen vluchteling is geworden.

Vluchteling, persoonlijke staat

A42 art. 13

Verdrag betreffende de status van vluchtelingen

Art. 13 Roerende en onroerende goederen

Vluchteling, verkrijging roerende/onroerende goederen

De Verdragsluitende Staten zullen een vluchteling zo gunstig mogelijk behandelen en in elk geval niet minder gunstig dan vreemdelingen in het algemeen onder dezelfde omstandigheden, wat betreft het verkrijgen van roerende en onroerende goederen en andere daarop betrekking hebbende rechten, alsmede huur en andere overeenkomsten betreffende roerende en onroerende goederen.

Art. 14 Auteursrechten en industriële eigendom

Vluchteling, bescherming industriële eigendom en auteursrecht

Wat betreft de bescherming van de industriële eigendom, zoals uitvindingen, ontwerpen en modellen, handelsmerken, handelsnamen en de rechten op werken van letterkunde, kunst en wetenschap, geniet een vluchteling in het land waar hij zijn gewone verblijfplaats heeft, dezelfde bescherming als de onderdanen van dat land. Op het grondgebied van elke andere Verdragsluitende Staat geniet hij dezelfde bescherming als op dat grondgebied wordt verleend aan de onderdanen van het land waar hij zijn gewone verblijfplaats heeft.

Art. 15 Recht van vereniging

Vluchteling, recht van vereniging

Wat betreft niet-politieke verenigingen, verenigingen zonder het oogmerk om winst te maken en vakverenigingen, zullen de Verdragsluitende Staten aan de rechtmatig op hun grondgebied verblijvende vluchtelingen de meest gunstige behandeling verlenen, welke wordt toegekend aan onderdanen van een vreemd land onder dezelfde omstandigheden.

Art. 16 Rechtsingang

Vluchteling, rechtsingang

1. Een vluchteling heeft het genot van rechtsingang op het grondgebied van alle Verdragsluitende Staten.
2. Een vluchteling geniet in de Verdragsluitende Staat waar hij zijn gewone verblijfplaats heeft, dezelfde behandeling als een onderdaan, wat betreft rechtsingang, waaronder begrepen rechtsbijstand en vrijstelling van de *cautio judicatum solvi*.
3. In andere Verdragsluitende Staten dan die waar hij zijn gewone verblijfplaats heeft, geniet een vluchteling, wat betreft de in lid 2 bedoelde aangelegenheden, dezelfde behandeling als een onderdaan van het land waar hij zijn gewone verblijfplaats heeft.

HOOFDSTUK III
Winstgevende arbeid

Art. 17 Loonarbeid

Vluchteling, recht op verrichten loonarbeid

1. De Verdragsluitende Staten zullen aan de rechtmatig op hun grondgebied verblijvende vluchtelingen de meest gunstige behandeling verlenen, welke wordt toegekend aan onderdanen van een vreemd land onder dezelfde omstandigheden, wat betreft het recht om loonarbeid te verrichten.
2. In geen geval zullen de beperkende maatregelen welke voor vreemdelingen of voor de tewerkstelling van vreemdelingen ter bescherming van de nationale arbeidsmarkt gelden, worden toegepast op een vluchteling die er reeds van was vrijgesteld op de datum van inwerkingtreding van dit Verdrag voor de betrokken Verdragsluitende Staat, of die aan één van de volgende voorwaarden voldoet:
   (a) dat hij reeds drie jaren in het land verblijft;
   (b) dat hij gehuwd is met een persoon, die de nationaliteit bezit van het land waar hij verblijft. Een vluchteling kan zich niet op deze bepaling beroepen ingeval hij de bedoelde persoon heeft verlaten;
   (c) dat hij één of meer kinderen heeft, die de nationaliteit bezitten van het land waar hij verblijft.
3. De Verdragsluitende Staten zullen in welwillende overweging nemen, de rechten van alle vluchtelingen met betrekking tot loonarbeid gelijk te stellen met die van hun onderdanen en in het bijzonder van die vluchtelingen die hun grondgebied zijn binnengekomen ingevolge programma's van aanwerving van arbeidskrachten of ingevolge immigratieplannen.

Art. 18 Zelfstandige beroepen

Vluchteling, recht op uitoefenen zelfstandig beroep

De Verdragsluitende Staten zullen een rechtmatig op hun grondgebied verblijvende vluchteling zo gunstig mogelijk behandelen en in elk geval niet minder gunstig dan vreemdelingen in het algemeen onder dezelfde omstandigheden, wat betreft het recht om voor eigen rekening in landbouw, industrie, ambacht en handel werkzaam te zijn en commerciële of industriële vennootschappen op te richten.

Art. 19 Vrije beroepen

Vluchteling, recht op uitoefenen vrij beroep

1. Elke Verdragsluitende Staat zal de rechtmatig op zijn grondgebied verblijvende vluchtelingen die houders zijn van diploma's welke door de bevoegde autoriteiten van die Staat worden erkend, en die een vrij beroep wensen uit te oefenen, zo gunstig mogelijk behandelen en in elk geval niet minder gunstig dan vreemdelingen in het algemeen onder dezelfde omstandigheden.
2. De Verdragsluitende Staten zullen al het mogelijke doen, overeenkomstig hun wetten en grondwetten, om de vestiging van zodanige vluchtelingen in gebieden buiten het moederland, voor welker internationale betrekkingen zij verantwoordelijk zijn, te verzekeren.

HOOFDSTUK IV
Welzijn

Art. 20 Distributie
Wanneer een distributie-stelsel bestaat, dat op de gehele bevolking van toepassing is en de algemene verdeling van schaarse goederen regelt, zullen de vluchtelingen op dezelfde wijze worden behandeld als de onderdanen.

Vluchteling, distributie schaarse goederen

Art. 21 Huisvesting
Wat de huisvesting betreft, zullen de Verdragsluitende Staten, voor zover deze aangelegenheid geregeld is bij de wet of door voorschriften dan wel onderworpen is aan overheidstoezicht, de rechtmatig op hun grondgebied verblijvende vluchtelingen zo gunstig mogelijk behandelen en in elk geval niet minder gunstig dan vreemdelingen in het algemeen onder dezelfde omstandigheden.

Vluchteling, huisvesting

Art. 22 Openbaar onderwijs
1. De Verdragsluitende Staten zullen, wat het lager onderwijs betreft, de vluchtelingen op dezelfde wijze behandelen als de onderdanen.
2. De Verdragsluitende Staten zullen de vluchtelingen zo gunstig mogelijk behandelen en in elk geval niet minder gunstig dan vreemdelingen in het algemeen onder dezelfde omstandigheden, wat betreft de andere categorieën van onderwijs dan lager onderwijs en, in het bijzonder, wat betreft de toelating tot de studie, de erkenning van buitenlandse schoolcertificaten, universitaire diploma's en graden, de vermindering van studiegelden en de toekenning van beurzen.

Vluchteling, onderwijs en studie

Art. 23 Ondersteuning van overheidswege
De Verdragsluitende Staten zullen de rechtmatig op hun grondgebied verblijvende vluchtelingen, wat de ondersteuning en bijstand van overheidswege ter voorziening in het levensonderhoud betreft, op dezelfde wijze als hun onderdanen behandelen.

Vluchteling, overheidssteun levensonderhoud

Art. 24 Arbeidswetgeving en sociale zekerheid
1. De Verdragsluitende Staten zullen de rechtmatig op hun grondgebied verblijvende vluchtelingen op dezelfde wijze behandelen als de onderdanen, wat de volgende aangelegenheden betreft:
(a) Voor zover deze aangelegenheden zijn geregeld bij de wet of door voorschriften dan wel onderworpen zijn aan overheidstoezicht: beloning, niet inbegrip van gezinsuitkeringen welke daarvan deel uitmaken, werktijden, overwerk, betaald verlof, beperking van huisarbeid, minimum-leeftijd voor arbeid in loondienst, leerlingenstelsel en vakopleiding, arbeid van vrouwen en jeugdige personen, en aanspraken uit collectieve arbeidsovereenkomsten;
(b) Sociale zekerheid (wettelijke voorschriften betreffende arbeidsongevallen, beroepsziekten, moederschap, ziekte, invaliditeit, ouderdom, overlijden, werkloosheid, gezinslasten en elk ander risico dat, overeenkomstig de nationale wetgeving, valt onder een stelsel van sociale zekerheid), behoudens:
i) Passende regelingen voor de handhaving van verkregen rechten en van rechten welker verkrijging een aanvang heeft genomen;
ii) Bijzondere, door de nationale wetgeving van het land van verblijf voorgeschreven regelingen betreffende uitkeringen of gedeeltelijke uitkeringen, geheel betaalbaar uit openbare geldmiddelen, alsmede uitkeringen, gedaan aan hen die niet voldoen aan de voor de toekenning van een normale uitkering gestelde voorwaarden inzake bijdragen.
2. Het recht op schadeloosstelling wegens het overlijden van een vluchteling, veroorzaakt door een arbeidsongeval of een beroepsziekte, wordt niet aangetast door het feit, dat de rechthebbende buiten het grondgebied van de Verdragsluitende Staat is gevestigd.
3. De Verdragsluitende Staten zullen de voordelen van tussen hen gesloten of nog te sluiten overeenkomsten betreffende de handhaving van verkregen rechten of van rechten welker verkrijging een aanvang heeft genomen op het gebied van sociale zekerheid, uitstrekken tot vluchtelingen, voor zover deze voldoen aan de voorwaarden, gesteld aan de onderdanen van de Staten die partij zijn bij de overeenkomsten in kwestie.
4. De Verdragsluitende Staten zullen in welwillende overweging nemen om, voor zover mogelijk, de voordelen van soortgelijke overeenkomsten welke van kracht zijn of zullen worden tussen deze Verdragsluitende Staten en niet-Verdragsluitende Staten, uit te strekken tot vluchtelingen.

Vluchteling, arbeid en sociale zekerheid

HOOFDSTUK V
Administratieve maatregelen

Art. 25 Administratieve bijstand
1. Wanneer de uitoefening van een recht door een vluchteling normaal de medewerking zou vereisen van buitenlandse autoriteiten op wie hij geen beroep kan doen, zullen de Verdragsluitende Staten op wier grondgebied hij verblijft, zorg dragen, dat zodanige medewerking hem wordt verleend door hun eigen autoriteiten of door een internationale autoriteit.

Vluchteling, administratieve bijstand

2. De in lid 1 bedoelde autoriteit of autoriteiten zullen aan vluchtelingen de documenten of verklaringen verstrekken of onder haar toezicht doen verstrekken, welke normaal aan vreemdelingen zouden worden verstrekt door of door tussenkomst van hun nationale autoriteiten.
3. De aldus verstrekte documenten of verklaringen zullen strekken tot vervanging van de officiële bewijsstukken welke aan vreemdelingen door of door tussenkomst van hun nationale autoriteiten worden afgegeven, en zullen geloof verdienen behoudens tegenbewijs.
4. Onverminderd de uitzonderingen welke ten gunste van behoeftigen worden toegestaan, mogen de in dit artikel genoemde diensten worden belast; maar deze heffingen moeten matig zijn en evenredig aan die welke aan de onderdanen van soortgelijke diensten worden opgelegd.
5. De bepalingen van dit artikel doen geen afbreuk aan de artikelen 27 en 28.

Art. 26 Bewegingsvrijheid

Vluchteling, bewegingsvrijheid

Elke Verdragsluitende Staat zal aan de rechtmatig op zijn grondgebied vertoevende vluchtelingen het recht verlenen er hun verblijf te kiezen en zich vrij op dat grondgebied te bewegen, onverminderd de voorschriften welke op vreemdelingen in het algemeen van toepassing zijn onder dezelfde omstandigheden.

Art. 27 Identiteitspapieren

Vluchteling, identiteitspapieren

De Verdragsluitende Staten zullen identiteitspapieren verstrekken aan elke vluchteling op hun grondgebied, die niet in het bezit is van een geldig reisdocument.

Art. 28 Reisdocumenten

Vluchteling, reisdocumenten

1. De Verdragsluitende Staten zullen aan de rechtmatig op hun grondgebied verblijvende vluchtelingen reisdocumenten verstrekken voor het reizen buiten dat grondgebied, tenzij dwingende redenen van nationale veiligheid of openbare orde zich daartegen verzetten; de bepalingen van de Bijlage van dit Verdrag zijn van toepassing op deze documenten. De Verdragsluitende Staten kunnen een zodanig reisdocument verstrekken aan elke andere vluchteling op hun grondgebied; in het bijzonder zullen zij in welwillende overweging nemen, een zodanig reisdocument te verstrekken aan vluchtelingen op hun grondgebied, die niet in staat zijn een reisdocument te verkrijgen van het land van hun rechtmatig verblijf.
2. De reisdocumenten welke krachtens vroegere internationale overeenkomsten door partijen daarbij aan vluchtelingen zijn verstrekt, zullen door de Verdragsluitende Staten worden erkend en behandeld alsof zij krachtens dit artikel aan de vluchtelingen waren verstrekt.

Art. 29 Fiscale lasten

Vluchteling, belastingen

1. De Verdragsluitende Staten zullen vluchtelingen niet aan andere of hogere rechten, heffingen of belastingen, van welke benaming ook, onderwerpen dan die welke worden of kunnen worden geheven ten aanzien van hun onderdanen in soortgelijke omstandigheden.
2. Geen der bepalingen van het voorgaand lid vormt een belemmering voor de toepassing op vluchtelingen van de wetten en voorschriften betreffende de heffingen met betrekking tot de verstrekking aan vreemdelingen van administratieve documenten, waaronder begrepen identiteitspapieren.

Art. 30 Transfer van activa

Vluchteling, overmaken van activa

1. Elke Verdragsluitende Staat zal, overeenkomstig zijn wetten en voorschriften, aan vluchtelingen toestaan de activa welke zij binnen zijn grondgebied hebben gebracht, over te maken naar een ander land waar zij zijn toegelaten om zich opnieuw te vestigen.
2. Elke Verdragsluitende Staat zal de verzoeken in welwillende overweging nemen, welke worden ingediend door vluchtelingen om toestemming te verkrijgen alle andere activa over te maken, welke noodzakelijk zijn voor hun nieuwe vestiging in een ander land waar zij zijn toegelaten.

Art. 31 Illegale vluchtelingen in het land van toevlucht

Vluchteling, illegaal

1. De Verdragsluitende Staten zullen geen strafsancties, op grond van onrechtmatige binnenkomst of onrechtmatig verblijf, toepassen op vluchtelingen die, rechtstreeks komend van een grondgebied waar hun leven of vrijheid in de zin van artikel 1 werd bedreigd, zonder toestemming hun grondgebied binnenkomen of zich aldaar bevinden, mits zij zich onverwijld bij de autoriteiten melden en deze overtuigen, dat zij geldige redenen hebben voor hun onrechtmatige binnenkomst of onrechtmatige aanwezigheid.
2. De Verdragsluitende Staten zullen de bewegingsvrijheid van zodanige vluchtelingen niet verder beperken dan noodzakelijk; deze beperkingen zullen alleen worden toegepast totdat hun status in het land van toevlucht is geregeld of totdat zij er in geslaagd zijn toegelaten te worden in een ander land. De Verdragsluitende Staten zullen aan deze vluchtelingen een redelijk uitstel, alsmede de nodige faciliteiten, verlenen teneinde toelating te verkrijgen in een ander land.

Art. 32 Uitzetting

Vluchteling, uitzetting

1. De Verdragsluitende Staten zullen een rechtmatig op hun grondgebied vertoevende vluchteling niet uitzetten behoudens om redenen van nationale veiligheid of openbare orde.
2. De uitzetting van een zodanige vluchteling zal alleen mogen plaats vinden ter uitvoering van een besluit dat is genomen in overeenstemming met de wettelijk voorziene procedure. Behoudens indien dwingende redenen van nationale veiligheid zich daartegen verzetten, is het

de vluchteling toegestaan bewijs over te leggen om zich vrij te pleiten, alsmede zich te wenden tot een bevoegde autoriteit en zich te dien einde te doen vertegenwoordigen bij die autoriteit of bij één of meer speciaal door die bevoegde autoriteit aangewezen personen.

3. De Verdragsluitende Staten zullen een zodanige vluchteling een redelijk uitstel gunnen teneinde hem in staat te stellen te pogen in een ander land rechtmatig toegelaten te worden. De Verdragsluitende Staten behouden het recht, gedurende dat uitstel, zodanige interne maatregelen toe te passen als zij noodzakelijk achten.

Art. 33 Verbod tot uitzetting of teruggleiding („refoulement")

1. Geen der Verdragsluitende Staten zal, op welke wijze ook, een vluchteling uitzetten of terugleiden naar de grenzen van een grondgebied waar zijn leven of vrijheid bedreigd zou worden op grond van zijn ras, godsdienst, nationaliteit, het behoren tot een bepaalde sociale groep of zijn politieke overtuiging.   *Vluchteling, verbod op uitzetting/teruggleiding*

2. Op de voordelen van deze bepaling kan evenwel geen aanspraak worden gemaakt door een vluchteling ten aanzien van wie er ernstige redenen bestaan hem te beschouwen als een gevaar voor de veiligheid van het land waar hij zich bevindt, of die, bij gewijsde veroordeeld wegens een bijzonder ernstig misdrijf, een gevaar oplevert voor de gemeenschap van dat land.

Art. 34 Naturalisatie

De Verdragsluitende Staten zullen, voor zover mogelijk, de assimilatie en naturalisatie van vluchtelingen vergemakkelijken. Zij zullen in het bijzonder er naar streven de naturalisatieprocedure te bespoedigen en de tarieven en kosten van deze procedure zoveel mogelijk te verminderen.   *Vluchteling, naturalisatie*

HOOFDSTUK VI
Uitvoerings- en overgangsbepalingen

Art. 35 Samenwerking van de nationale autoriteiten met de Verenigde Naties

1. De Verdragsluitende Staten verbinden zich om met het Bureau van de Hoge Commissaris van de Verenigde Naties voor de Vluchtelingen, of elke andere organisatie van de Verenigde Naties die het mocht opvolgen, samen te werken in de uitoefening van zijn functie en zullen in het bijzonder zijn taak om toe te zien op de toepassing van de bepalingen van dit Verdrag vergemakkelijken.   *Uitvoeringsbepalingen*

2. Teneinde het Bureau van de Hoge Commissaris of elke andere organisatie van de Verenigde Naties die het mocht opvolgen, in staat te stellen rapporten in te dienen bij de bevoegde organen van de Verenigde Naties, verbinden de Verdragsluitende Staten zich om aan eerstgenoemde organisaties en de daarvoor in aanmerking komende vorm de gevraagde inlichtingen en statistische gegevens te verschaffen betreffende:
 (a) de status van vluchtelingen;
 (b) de tenuitvoerlegging van dit Verdrag;
 (c) de wetten, voorschriften en besluiten, welke met betrekking tot vluchtelingen van kracht zijn of van kracht zullen worden.

Art. 36 Inlichtingen betreffende de nationale wetten en voorschriften

De Verdragsluitende Staten zullen aan de Secretaris-Generaal van de Verenigde Naties mededeling doen van de wetten en voorschriften, welke zij mochten aannemen om de toepassing van dit Verdrag te verzekeren.

Art. 37 Betrekking tot vroegere overeenkomsten

Onverminderd de bepalingen van artikel 28, lid 2, vervangt dit Verdrag tussen de daarbij aangesloten partijen de Regelingen van 5 Juli 1922, 31 Mei 1924, 12 Mei 1926, 30 Juni 1928 en 30 Juli 1935, de Overeenkomsten van 28 October 1933 en 10 Februari 1938, het Protocol van 14 September 1939 en de Overeenkomst van 15 October 1946.   *Overgangsbepalingen*

HOOFDSTUK VII
Slotbepalingen

Art. 38 Beslechting van geschillen

Elk geschil tussen partijen bij dit Verdrag betreffende de uitlegging of toepassing daarvan, hetwelk niet op andere wijze kan worden beslecht, zal op verzoek van één van de partijen bij het geschil worden voorgelegd aan het Internationale Gerechtshof.   *Slotbepalingen*

Art. 39 Ondertekening, bekrachtiging en toetreding

1. Dit Verdrag staat op 28 Juli 1951 te Genève open voor ondertekening en zal nadien worden nedergelegd bij de Secretaris-Generaal van de Verenigde Naties. Het zal op het Europees Bureau van de Verenigde Naties voor ondertekening; openstaan van 28 Juli tot 31 Augustus 1951, terwijl het opnieuw voor ondertekening zal worden opengesteld op de Zetel van de Verenigde Naties van 17 September 1951 tot 31 December 1952.

2. Dit Verdrag staat voor ondertekening open voor alle Staten-Leden van de Verenigde Naties, alsmede voor elke andere Staat die werd uitgenodigd voor de Diplomatieke Conferentie betref-

fende de status van vluchtelingen en staatloze personen, dan wel tot wie de Algemene Vergadering een uitnodiging tot ondertekenen zal hebben gericht. Het zal worden bekrachtigd en de akten van bekrachtiging zullen worden nedergelegd bij de Secretaris-Generaal van de Verenigde Naties.
3. Dit Verdrag staat van 28 Juli 1951 af open voor toetreding door de Staten, bedoeld in lid 2 van dit artikel. Toetreding zal plaats vinden door de neder legging van een akte van toetreding bij de Secretaris-Generaal van de Verenigde Naties.

Art. 40 Territoriale toepassingsclausule
1. Iedere Staat mag bij de ondertekening, bekrachtiging of toetreding verklaren, dat dit Verdrag eveneens van toepassing is op het geheel of een deel der grondgebieden voor welker internationale betrekkingen die Staat verantwoordelijk is. Een zodanige verklaring zal van kracht worden op het ogenblik van inwerkingtreding van het Verdrag voor de betrokken Staat.
2. Te allen tijde nadien zal een zodanige uitbreiding geschieden door middel van een tot de Secretaris-Generaal van de Verenigde Naties gerichte kennisgeving en van kracht worden op de negentigste dag, volgend op de datum waarop de Secretaris-Generaal van de Verenigde Naties de kennisgeving heeft ontvangen of op de datum van inwerkingtreding van het Verdrag voor de betrokken Staat, indien deze datum later is.
3. Wat betreft de grondgebieden waarop dit Verdrag bij de ondertekening, bekrachtiging of toetreding niet van toepassing is, zal elke betrokken Staat de mogelijkheid onderzoeken om zo spoedig mogelijk de nodige maatregelen te nemen teneinde de toepassing van dit Verdrag uit te breiden tot bedoelde gebieden, behoudens de toestemming der regeringen van deze gebieden, in de gevallen waarin zulks om constitutionele redenen vereist mocht zijn.

Art. 41 Federale clausule
In het geval van een federale of niet-eenheidsstaat, zijn de volgende bepalingen van toepassing:
(a) Wat betreft de artikelen van dit Verdrag, welke vallen binnen de wetgevende bevoegdheid van de federale wetgevende macht zullen de verplichtingen van de federale Regering in dit opzicht dezelfde zijn als die van de Partijen die geen federale Staten zijn;
(b) Wat betreft de artikelen van dit Verdrag, welke vallen binnen de wetgevende bevoegdheid van de samenstellende staten, provincies of kantons, die krachtens het constitutionele stelsel van de federatie niet gehouden zijn wetgevende maatregelen te nemen, zal de federale Regering bedoelde artikelen zo spoedig mogelijk met een gunstige aanbeveling ter kennis brengen van de bevoegde autoriteiten der staten, provincies of kantons;
(c) Een federale Staat die partij is bij dit Verdrag, zal, op het door tussenkomst van de Secretaris-Generaal van de Verenigde Naties overgebrachte verzoek van enige andere Verdragsluitende Staat, een verklaring verstrekken van de in de federatie en haar samenstellende delen geldende wetten en gebruiken met betrekking tot enige bepaling van het Verdrag, waaruit blijkt in hoeverre door een wettelijke of andere maatregel uitvoering is gegeven aan die bepaling.

Art. 42 Voorbehouden
1. Bij de ondertekening, bekrachtiging of toetreding mag elke Staat voorbehouden ten aanzien van artikelen van dit Verdrag maken, met uitzondering van de artikelen 1, 3, 4, 16 (1), 33, 36 tot en met 46.
2. Elke Verdragsluitende Staat die overeenkomstig lid 1 van dit artikel een voorbehoud maakt, kan het voorbehoud te allen tijde intrekken door middel van een daartoe strekkende mededeling aan de Secretaris-Generaal van de Verenigde Naties.

Art. 43 Inwerkingtreding
1. Dit Verdrag zal in werking treden op de negentigste dag, volgend op de datum van nederlegging van de zesde akte van bekrachtiging of toetreding.
2. Voor elke Staat die na de nederlegging van de zesde akte van bekrachtiging of toetreding het Verdrag bekrachtigt of daartoe toetreedt, zal het Verdrag in werking treden op de negentigste dag, volgend op de datum van de nederlegging door die Staat van zijn akte van bekrachtiging of toetreding.

Art. 44 Opzegging
1. Elke Verdragsluitende Partij mag dit Verdrag te allen tijde opzeggen door middel van een tot de Secretaris-Generaal van de Verenigde Naties gerichte kennisgeving.
2. De opzegging zal voor de betrokken Staat van kracht worden één jaar na de datum waarop de kennisgeving door de Secretaris-Generaal van de Verenigde Naties is ontvangen.
3. Elke Staat die op grond van artikel 40 een verklaring of een kennisgeving heeft gedaan, mag, te allen tijde nadien, door middel van een kennisgeving aan de Secretaris-Generaal van de Verenigde Naties, verklaren, dat één jaar nadat de Secretaris-Generaal deze kennisgeving heeft ontvangen, het Verdrag niet langer van toepassing zal zijn op het in de kennisgeving aangegeven grondgebied.

Art. 45 Herziening
1. Elke Verdragsluitende Staat mag te allen tijde, door middel van een kennisgeving aan de Secretaris-Generaal van de Verenigde Naties, om herziening van dit Verdrag verzoeken.

2. De Algemene Vergadering van de Verenigde Naties zal aanbevelen welke stappen, zo nodig, naar aanleiding van dit verzoek dienen te worden genomen.

Art. 46 Kennisgevingen door de Secretaris-Generaal van de Verenigde Naties
De Secretaris-Generaal van de Verenigde Naties zal aan alle Staten-Leden van de Verenigde Naties en aan de niet-Leden, bedoeld in artikel 39, mededeling doen van:
(a) de verklaringen en kennisgevingen overeenkomstig afdeling B van artikel 1;
(b) de ondertekeningen, bekrachtigingen en toetredingen overeenkomstig artikel 39;
(c) de verklaringen en kennisgevingen overeenkomstig artikel 40;
(d) de voorbehouden, gemaakt of ingetrokken overeenkomstig artikel 42;
(e) de datum waarop dit Verdrag in werking treedt overeenkomstig artikel 43;
(f) de opzeggingen en kennisgevingen overeenkomstig artikel 44;
(g) de verzoeken tot herziening overeenkomstig artikel 45.

BIJLAGE

Paragraaf 1
1. Het in artikel 28 van dit Verdrag bedoelde reisdocument zal overeenkomen met het als bijlage hieraan gehecht model.
2. Het document zal in twee talen worden opgesteld, waarvan één de Engelse of de Franse taal moet zijn.

Paragraaf 2
Onverminderd de in het land van afgifte geldende voorschriften, mogen kinderen worden vermeld in het reisdocument van één der ouders, of, in bijzondere omstandigheden, van een andere volwassen vluchteling.

Paragraaf 3
De terzake van de afgifte van het document te heffen rechten mogen niet het laagste, voor de nationale paspoorten geldend tarief overschrijden.

Paragraaf 4
Behoudens in bijzondere of uitzonderingsgevallen, zal het document geldig moeten zijn voor het grootst mogelijke aantal landen.

Paragraaf 5
De geldigheidsduur van het document zal, ter keuze van de autoriteit die het afgeeft, één of twee jaar zijn.

Paragraaf 6
1. De vernieuwing of de verlenging van de geldigheidsduur van het document behoort tot de bevoegdheid van de autoriteit die het heeft afgegeven, zolang de houder zich niet rechtmatig op een ander grondgebied heeft gevestigd en rechtmatig verblijft op het grondgebied van genoemde autoriteit. De afgifte van een nieuw document behoort, onder dezelfde voorwaarden, tot de bevoegdheid van de autoriteit die het vorige document heeft afgegeven.
2. De speciaal voor dit doel gemachtigde diplomatieke of consulaire vertegenwoordigers zijn bevoegd de geldigheid van de door hun onderscheiden regeringen verstrekte reisdocumenten voor de duur van ten hoogste zes maanden te verlengen.
3. De Verdragsluitende Staten zullen in welwillende overweging nemen, de geldigheidsduur van reisdocumenten te hernieuwen of te verlengen of nieuwe documenten te verstrekken aan de niet langer rechtmatig op hun grondgebied verblijvende vluchtelingen die niet in staat zijn een reisdocument te verkrijgen van het land van hun regelmatig verblijf.

Paragraaf 7
De Verdragsluitende Staten zullen de geldigheid erkennen van de overeenkomstig de bepalingen van artikel 28 van dit Verdrag verstrekte reisdocumenten.

Paragraaf 8
De bevoegde autoriteiten van het land waarheen de vluchteling zich wenst te begeven, zullen, indien zij bereid zijn hem toe te laten en ingeval een visum vereist is, een visum plaatsen op het document waarvan hij de houder is.

Paragraaf 9
1. De Verdragsluitende Staten verbinden zich, transit-visa te verstrekken aan vluchtelingen die het visum voor het land van uiteindelijke bestemming hebben verkregen.
2. De verstrekking van zodanige visa kan worden geweigerd op gronden waarop weigering van een visum aan elke andere vreemdeling terecht zou geschieden.

Paragraaf 10
De rechten wegens de afgifte van visa voor vertrek, toelating of transit mogen niet het laagste, voor visa op vreemde paspoorten geldend tarief overschrijden.

Paragraaf 11
Ingeval een vluchteling zich rechtmatig op het grondgebied van een andere Verdragsluitende Staat heeft gevestigd, berust de verantwoordelijkheid voor de afgifte van een nieuw reisdocument, overeenkomstig de bepalingen en voorwaarden van artikel 28, bij de bevoegde autoriteit van dat grondgebied; de vluchteling is gerechtigd zich daartoe tot die autoriteit te wenden.

Paragraaf 12
De autoriteit die een nieuw reisdocument afgeeft, is verplicht het oude document in te trekken en terug te zenden naar het land van afgifte, indien in dat document is vermeld, dat het behoort te worden teruggezonden; is zulks niet het geval, dan zal de autoriteit die het nieuwe document afgeeft, het oude intrekken en vernietigen.

Paragraaf 13
1. Elk der Verdragsluitende Staten verbindt zich, aan de houder van een door deze Staat overeenkomstig artikel 28 van dit Verdrag verstrekt reisdocument toe te staan te allen tijde gedurende de geldigheidsduur van het document op het grondgebied van die Staaf terug te keren.
2. Onverminderd de bepalingen van het voorgaand lid, mag een Verdragsluitende Staat eisen, dat de houder van het document zich onderwerpt aan alle formaliteiten welke voorgeschreven mochten zijn met betrekking tot het verlaten van of het terugkeren naar het grondgebied van die Staat.
3. De Verdragsluitende Staten behouden zich de bevoegdheid voor, in uitzonderingsgevallen, of in de gevallen waarin aan een vluchteling voor een bepaalde tijd verblijf is toegestaan, bij de verstrekking van het document de periode gedurende welke de vluchteling mag terugkeren, te beperken tot een termijn van niet minder dan 3 maanden.

Paragraaf 14
Slechts met uitzondering van het bepaalde in paragraaf 13, doen de bepalingen van deze Bijlage op geen wijze afbreuk aan de wetten en voorschriften, regelende de voorwaarden voor doorlating naar, transit door, verblijf of vestiging op en vertrek uit de grondgebieden van de Verdragsluitende Staten.

Paragraaf 15
Noch de afgifte van het document, noch de daarop gestelde aantekeningen bepalen of beïnvloeden de status van de houder, in het bijzonder wat zijn nationaliteit betreft.

Paragraaf 16
De afgifte van het document geeft de houder generlei recht op de bescherming van de diplomatieke of consulaire vertegenwoordigers van het land van afgifte en verleent aan deze vertegenwoordigers niet het recht tot bescherming.

BIJLAGE

Model-reisdocument

Het document zal de vorm van een boekje hebben (ongeveer 15 X 10 centimeter).
Het verdient aanbeveling om het document zodanig te doen afdrukken, dat raderingen of wijzigingen met scheikundige of andere middelen gemakkelijk ontdekt kunnen worden, alsmede om de woorden „Verdrag van 28 Juli 1951" bij het afdrukken op iedere bladzijde te herhalen in de taal van het land van afgifte.

Omslag van het boekje

REISDOCUMENT

(Verdrag van 28 Juli 1951)

(1)

No. ....

REISDOCUMENT

(Verdrag van 28 Juli 1951)

Dit document verliest zijn geldigheid op ....
behoudens verlenging of hernieuwing van de geldigheidsduur.

Naam ....

Voorna(am)(men) ....

Vergezeld van .... kind(eren).

    1. Dit document is uitsluitend afgegeven teneinde de houder een reisdocument te verschaffen dat de plaats kan vervullen van een nationaal paspoort. Het document bepaalt niets omtrent de nationaliteit van de houder en is daarop niet van invloed.

    2. De houder is gerechtigd naar ....
(aanduiding van het land welks autoriteiten het document afgeven) terug te keren tot ....
tenzij een latere datum hierna is vermeld. [De periode gedurende welke de houder gerechtigd is terug te keren, mag niet minder dan drie maanden zijn].

    3. Indien de houder zich vestigt in een ander land dan dat waar dit document is afgegeven, moet hij, indien hij wederom wil reizen, een nieuw reisdocument aanvragen bij de bevoegde autoriteiten van het land van zijn verblijf. [Het oude document zal worden ingetrokken door de autoriteit die het nieuwe document afgeeft, en worden teruggezonden naar de autoriteit die het heeft afgegeven]. [1])

    (Dit document bevat .... bladzijden, de omslag niet inbegrepen).

_____

[1]) De zin tussen haken kan worden ingevoegd door de Regeringen die zulks wensen.

A42 art. 16

(2)

Geboorteplaats en -datum ....
Beroep ....
Tegenwoordige verblijfplaats ....
*) Naam (voor het huwelijk) en voorna(am)(men) van echtgenote
....
*) Naam en voorna(am)(men) van echtgenoot ....
....

Persoonsbeschrijving

Lengte ....
Haar ....
Kleur der ogen ....
Neus ....
Gelaatsvorm ....
Gelaatskleur ....
Bijzondere kentekenen ....

Kinderen die de houder vergezellen

Naam	Voorna(am)(men)	Geboorteplaats en -datum	Geslacht
....	....	....	....
....	....	....	....
....	....	....	....
....	....	....	....

*) Doorhalen wat niet van toepassing is.

(Dit document bevat .... bladzijden, de omslag niet inbegrepen).

(3)

Foto van de houder en stempel van de autoriteit die het document afgeeft.

Vingerafdrukken van de houder (indien vereist)

Handtekening van de houder ....

(Dit document bevat .... bladzijden, de omslag niet inbegrepen).

(4)

1. Dit document is geldig voor de volgende landen: ....

2. Stuk of stukken op grond waarvan dit document is afgegeven: ....

Afgegeven te ....

Datum ....

Handtekening en stempel van de autoriteit die het document afgeeft:

Betaalde leges:

(Dit document bevat .... bladzijden, de omslag niet inbegrepen).

(5)

Verlenging of hernieuwing van de geldigheidsduur

Betaalde leges: Van ....
Gegeven te .... Tot ....
Datum ....

Handtekening en stempel van de autoriteit
die de geldigheidsduur van het document
verlengt of hernieuwt:

Verlenging of hernieuwing van de geldigheidsduur

Betaalde leges: Van ....
Gegeven te .... Tot ....
Datum ....

Handtekening en stempel van de autoriteit
die de geldigheidsduur van het document
verlengt of hernieuwt:

(Dit document bevat .... bladzijden, de omslag niet inbegrepen).

Verdrag betreffende de status van vluchtelingen A42 art. 16

(6)

Verlenging of hernieuwing van de geldigheidsduur

Betaalde leges: Van ....
Gegeven te .... Tot ....
Datum ....

Handtekening en stempel van de autoriteit
die de geldigheidsduur van het document
verlengt of hernieuwt:

Verlenging of hernieuwing van de geldigheidsduur

Betaalde leges: Van ....
Gegeven te .... Tot ....
Datum ....

Handtekening en stempel van de autoriteit
die de geldigheidsduur van het document
verlengt of hernieuwt:

(Dit document bevat .... bladzijden, de omslag niet inbegrepen).

(7—32)

Visa

In elk visum moet de naam van de houder worden vermeld.

(Dit document bevat .... bladzijden, de omslag niet inbegrepen).

SLOTAKTE VAN DE CONFERENTIE VAN GEVOLMACHTIGDEN VAN DE VERENIGDE NATIES BETREFFENDE DE STATUS VAN VLUCHTELINGEN EN STAATLOZE PERSONEN

I

De Algemene Vergadering van de Verenigde Naties heeft bij resolutie 429 (V) van 14 December 1950 besloten een Conferentie van Gevolmachtigden bijeen te roepen te Genève, teneinde de opstelling te voltooien en tot ondertekening over te gaan van een Verdrag betreffende de status van vluchtelingen, alsmede van een Protocol betreffende de status van staatloze personen.
De Conferentie heeft van 2 tot 25 Juli 1951 op het Europees Bureau van de Verenigde Naties te Genève vergaderd.
De Regeringen van de volgende zes en twintig Staten hadden vertegenwoordigers afgevaardigd, die allen geldige geloofsbrieven of andere volmachten tot deelneming aan de werkzaamheden der Conferentie hebben overgelegd.

Australië
België
Bondsrepubliek Duitsland
Brazilië
Canada

Monaco
Nederland
Noorwegen
Oostenrijk
Turkije

Columbia
Denemarken
Egypte
Frankrijk
Griekenland
Heilige Stoel
Irak
Israël

Italië
Luxemburg

Venezuela
Verenigd Koninkrijk van Groot-Brittannië en Noord-Ierland
Verenigde Staten van Amerika
Zuidslavië
Zweden
Zwitserland (de Zwitserse delegatie vertegenwoordigde ook Liechtenstein)

De Regeringen van de twee volgende Staten waren door waarnemers vertegenwoordigd:
Cuba
Perzië

Overeenkomstig het verzoek van de Algemene Vergadering heeft de Hoge Commissaris van de Verenigde Naties voor de Vluchtelingen, zonder stemrecht, aan de beraadslagingen der Conferentie deelgenomen.

De Internationale Arbeidsorganisatie en de Internationale Vluchtelingenorganisatie waren op de Conferentie vertegenwoordigd, zonder stemrecht.

De Conferentie heeft de Raad van Europa uitgenodigd zich op de Conferentie te doen vertegenwoordigen, zonder stemrecht.

Vertegenwoordigers van de volgende niet-gouvernementele organisaties, die consultatieve status bij de Economische en Sociale Raad hebben, waren eveneens als waarnemers aanwezig:

Categorie A
Internationaal Verbond van Vrije Vakverenigingen
Internationale Federatie van Christelijke Vakverenigingen
Interparlementaire Unie

Categorie B
Agoedath Israël Wereld Organisatie
Caritas Internationalis
Katholieke Internationale Vereniging voor Sociaal Werk
Commissie van de Kerken voor Internationale Zaken
Raad van Advies van Joodse Organisaties
Joodse Coördinatie Commissie
Wereldconsultatiebureau der Quakers
Internationale Vereniging voor Strafrecht
Internationaal Bureau voor de Unificatie van het Strafrecht
Internationaal Comité van het Rode Kruis
Internationale Vrouwenraad
Internationale Federatie tot Behartiging van Belangen van Jonge Meisjes
Internationale Liga voor de Rechten van de Mens
Internationale Maatschappelijke Hulp
Internationale Vereniging voor Kinderbescherming
Internationale Katholieke Vrouwen Unie
Pax Romana
Internationale Vrouwenliga voor Vrede en Vrijheid
Adviescommissie voor het Joodse Wereldcongres
Wereld vereniging voor Liberale Joden
Wereldfederatie voor Jonge Vrouwen

Register
Internationaal Hulpcomité voor Intellectuelen
Liga van Rode Kruis Verenigingen
Permanente Commissie van Liefdadige Organisaties
Wereldbond van padvindsters
World University Service

De vertegenwoordigers van de niet-gouvernementele organisaties die consultatieve status bij de Economische en Sociale Raad hebben, en de vertegenwoordigers van de organisaties die door de Secretaris-Generaal zijn opgenomen in het, in paragraaf 17 van resolutie 288 B (X) van de Economische en Sociale Raad bedoelde register, hadden krachtens het door de Conferentie

aangenomen huishoudelijk reglement het recht schriftelijk of mondeling verklaringen af te leggen.
De Conferentie heeft de heer Knud Larsen, vertegenwoordiger van Denemarken, tot Voorzitter en de heer A. Herment, vertegenwoordiger van België, en de heer Talat Miras, vertegenwoordiger van Turkije, tot Vice-Voorzitters gekozen.
Op de tweede zitting heeft de Conferentie, op voorstel van de Egyptische vertegenwoordiger, met algemene stemmen besloten de Heilige Stoel uit te nodigen een gevolmachtigd vertegenwoordiger om deel te nemen aan de werkzaamheden van de Conferentie, af te vaardigen. Op 10 Juli 1951 heeft de vertegenwoordiger van de Heilige Stoel zijn plaats op de Conferentie ingenomen.
De Conferentie heeft als agenda aangenomen de voorlopig door de Secretaris-Generaal opgestelde agenda (A/CONF. 2/2/Rev. 1). Zij heeft eveneens het voorlopig, door de Secretaris-Generaal opgestelde huishoudelijk reglement aangenomen, onder toevoeging van een bepaling, op grond waarvan een vertegenwoordiger van de Raad van Europa werd gemachtigd zonder stemrecht aan de Conferentie deel te nemen en voorstellen in te dienen (A/CONF. 2/3/Rev. 1).
Overeenkomstig het huishoudelijk reglement van de Conferentie hebben de Voorzitter en de Vice-Voorzitters de geloofsbrieven van de vertegenwoordigers onderzocht en op 17 Juli 1951 van de resultaten van dit onderzoek verslag aan de Conferentie uitgebracht. De Conferentie heeft dit rapport aangenomen.
De Conferentie heeft als uitgangspunt voor haar besprekingen genomen het ontwerp-verdrag betreffende de status van vluchtelingen en het ontwerp-protocol betreffende de status van staatloze personen, opgesteld door de Commissie ad hoc betreffende vluchtelingen en staatloze personen tijdens haar tweede zitting, welke van 14 tot 25 Augustus 1950 te Genève plaats vond, met uitzondering van de preambule en artikel 1 (Definitie van de term „vluchteling") van het ontwerp-verdrag. De aan de Conferentie voorgelegde tekst van de preambule was die welke de Economische en Sociale Raad op 11 Augustus 1950 bij resolutie 319 B II (XI) had aangenomen. De aan de Conferentie voorgelegde tekst van artikel 1 was die welke de Algemene Vergadering op 14 December 1950 had aanbevolen en in de bijlage van resolutie 429 (V) is opgenomen. Deze tekst was de gewijzigde tekst welke door de Economische en Sociale Raad bij resolutie B II (XI) was aangenomen. [2]
De Conferentie heeft het Verdrag betreffende de status van vluchtelingen in twee lezingen aanvaard. Vóór de tweede lezing heeft zij een stijl-commissie ingesteld, bestaande uit de Voorzitter en de vertegenwoordigers van België, Frankrijk, Israël, Italië, het Verenigd Koninkrijk van Groot-Brittannië en Noord-Ierland en de Verenigde Staten van Amerika, tezamen met de Hoge Commissaris voor de Vluchtelingen; deze commissie koos de heer G. Warren, vertegenwoordiger van de Verenigde Staten van Amerika, tot Voorzitter. De stijl-commissie heeft de door de Conferentie in eerste lezing aangenomen tekst gewijzigd in het bijzonder uit een oogpunt van taal en in overeenstemming tussen de Engelse en Franse tekst.
Op 25 Juli werd het Verdrag met 24 tegen 0 stemmen en geen onthoudingen aangenomen. Het staat open voor ondertekening op het Europees Bureau van de Verenigde Naties van 28 Juli tot 31 Augustus 1951. Het zal wederom voor ondertekening worden opengesteld op de permanente Zetel van de Verenigde Naties te New-York van 17 September 1951 tot 31 December 1952.
De Engelse en Franse teksten van het Verdrag, welke gelijkelijk authentiek zijn, zijn aan deze Slotakte gehecht.

II

De Conferentie heeft met 17 tegen 3 stemmen en 3 onthoudingen besloten, dat de titels van de hoofdstukken en van de artikelen van het Verdrag voor practische doeleinden zijn opgenomen en geen interpretatief bestanddeel daarvan uitmaken.

III

Ten aanzien van het ontwerp-protocol betreffende de status van staatloze personen heeft de Conferentie de volgende resolutie aangenomen:
„De Conferentie,
„In beschouwing genomen hebbende het ontwerp-protocol betreffende de status van staatloze personen,
„Overwegende, dat dit onderwerp nog een diepgaande studie vereist,
„Besluit te dezer zake geen beslissing te nemen tijdens deze Conferentie en verwijst het ontwerp-protocol voor een nadere studie terug naar de daarvoor in aanmerking komende organen van de Verenigde Naties".

---

2   De in deze alinea genoemde teksten zijn vervat in document A/CONF.2/1.

IV
De Conferentie heeft met algemene stemmen de volgende aanbevelingen aangenomen:
A „De Conferentie,
„Overwegende, dat de verstrekking en erkenning van reisdocumenten noodzakelijk zijn om het reizen van vluchtelingen en, in het bijzonder, hun nieuwe vestiging te vergemakkelijken,
„Verzoekt uitdrukkelijk aan de Regeringen die partij zijn bij de op 15 October 1946 te Londen ondertekende Intergouvernementele Overeenkomst betreffende de afgifte van een reisdocument aan vluchtelingen, of die de geldigheid van de in overeenstemming met die Overeenkomst afgegeven reisdocumenten erkennen, voort te gaan zodanige reisdocumenten te verstrekken of te erkennen, en deze reisdocumenten te verstrekken aan vluchtelingen die onder de omschrijving van artikel 1 van het Verdrag betreffende de status van vluchtelingen vallen, of de aldus aan deze personen verstrekte reisdocumenten te erkennen, totdat zij de uit artikel 28 van genoemd Verdrag voortvloeiende verplichtingen op zich hebben genomen".

B „De Conferentie,
„Overwegende, dat de eenheid van het gezin - de natuurlijke en fundamentele groepseenheid van de maatschappij - een wezenlijk recht van de vluchteling is en dat deze eenheid voortdurend wordt bedreigd, en
„Met voldoening vaststellend, dat, volgens het officieel commentaar van de Commissie ad hoc betreffende de staatloosheid en aanverwante vraagstukken (E/1618, blz. 38) de aan een vluchteling verleende rechten eveneens van toepassing zijn op zijn gezinsleden,
„Beveelt de Regeringen aan, de nodige maatregelen te nemen voor de bescherming van het gezin van de vluchteling, in het bijzonder teneinde:
„1) De handhaving van de eenheid van het gezin van de vluchteling te verzekeren, in het bijzonder in de gevallen waarin het hoofd van het gezin aan de voor de toelating in een bepaald land vereiste voorwaarden heeft voldaan;
2) De bescherming van minderjarige vluchtelingen te verzekeren, in het bijzonder onbegeleide kinderen en jonge meisjes, met name wat betreft voogdij en adoptie".

C „De Conferentie,
„Overwegende, dat de vluchteling in moreel, wettelijk en materieel opzicht de steun behoeft van sociale diensten, in het bijzonder die van de bevoegde niet-gouvernementele organisaties,
„Beveelt de Regeringen en inter-gouvernementele organen aan, de werkzaamheden van de behoorlijk voor haar taak berekende organisaties te vergemakkelijken, ze te moedigen en te ondersteunen".

D „De Conferentie,
„Overwegende, dat nog velen hun land van herkomst om redenen van vervolging verlaten en dat zij op grond van hun bijzondere positie recht hebben op speciale bescherming,
„Beveelt de Regeringen aan, voort te gaan vluchtelingen op haar grondgebied op te nemen, en in een ware geest van internationale solidariteit samen te werken, opdat deze vluchtelingen asyl kunnen vinden en in staat worden gesteld zich opnieuw te vestigen".

E „De Conferentie,
„Geeft uiting aan de hoop, dat het Verdrag betreffende de status van vluchtelingen als een voorbeeld zal dienen, dat de grenzen van de contractuele betekenis van het "Verdrag zal overschrijden, en dat het alle Staten zal opwekken om de zich op hun grondgebied als vluchteling bevindende personen die niet onder de bepalingen van het Verdrag vallen, zoveel mogelijk dienovereenkomstig te behandelen".

Protocol betreffende de status van vluchtelingen[1]

De Staten welke partij zijn bij dit Protocol,
Overwegende dat het Verdrag betreffende de status van vluchtelingen, ondertekend te Genève op 28 juli 1951 (hierna te noemen „het Verdrag"), alleen van toepassing is op personen die vluchteling zijn geworden ten gevolge van gebeurtenissen welke vóór 1 januari 1951 hebben plaats gevonden,
Overwegende dat sedert de aanvaarding van het Verdrag nieuwe groepen vluchtelingen zijn ontstaan en dat hierdoor deze vluchtelingen wellicht niet onder het Verdrag vallen,
Overwegende dat het wenselijk is dat een zelfde status geldt voor alle vluchtelingen die vallen onder de begripsomschrijving zoals die in het Verdrag is opgenomen, ongeacht de grensdatum 1 januari 1951,
Zijn als volgt overeengekomen:

Art. I Algemeen
1. De Staten welke partij zijn bij dit Protocol verplichten zich de artikelen 2 tot en met 34 van het Verdrag toe te passen op vluchtelingen zoals hieronder omschreven.
2. Voor de toepassing van dit Protocol wordt onder „vluchteling" verstaan, behalve wat betreft de toepassing van het derde lid van dit artikel, elke persoon die aan de omschrijving vervat in het eerste artikel van het Verdrag voldoet, alsof de zinsneden „ten gevolge van gebeurtenissen welke vóór 1 januari 1951 hebben plaats gevonden", en „ten gevolge van bovenbedoelde gebeurtenissen" uit artikel 1 A, lid 2, waren weggelaten.
3. Dit Protocol is zonder enige geografische begrenzing van toepassing op alle Staten welke hierbij partij zijn, met dien verstande dat de verklaringen die overeenkomstig het bepaalde in artikel 1 B (1) (a) van het Verdrag zijn afgelegd door Staten die reeds partij zijn bij het Verdrag eveneens onder dit Protocol van toepassing zijn, tenzij de verplichtingen van de verklarende Staat op grond van het bepaalde in artikel 1 B (2) van het Verdrag zijn uitgebreid.

Art. II Samenwerking van de nationale autoriteiten met de Verenigde Naties
1. De Staten welke partij zijn bij dit Protocol verbinden zich om met het Bureau van de Hoge Commissaris van de Verenigde Naties voor de Vluchtelingen of elke andere organisatie van de Verenigde Naties die het mocht opvolgen samen te werken in de uitoefening van zijn functie en zullen in het bijzonder zijn taak om toe te zien op de toepassing van de bepalingen van dit Protocol vergemakkelijken.
2. Teneinde het Bureau van de Hoge Commissaris of elke andere organisatie van de Verenigde Naties die het mocht opvolgen in staat te stellen rapporten in te dienen bij de bevoegde organen van de Verenigde Naties, verbinden de Staten welke partij zijn bij dit Protocol zich om aan eerstgenoemde organisatie in de daarvoor in aanmerking komende vorm de gevraagde inlichtingen en statistische gegevens te verschaffen betreffende:
a) de status van vluchtelingen;
b) de tenuitvoerlegging van dit Protocol;
c) de wetten, voorschriften en besluiten welke met betrekking tot vluchtelingen van kracht zijn of van kracht zullen worden.

Art. III Inlichtingen betreffende de nationale wetten en voorschriften
De Staten welke partij zijn bij dit Protocol zullen aan de Secretaris-Generaal van de Verenigde Naties mededeling doen van de wetten en voorschriften welke zij mochten aannemen om de toepassing van dit Protocol te verzekeren.

Art. IV Beslechting van geschillen
Elk geschil tussen partijen bij dit Protocol betreffende de uitlegging en de toepassing daarvan en dat niet op andere wijze kan worden beslecht, zal op verzoek van een van de partijen bij het geschil aan het Internationale Gerechtshof worden voorgelegd.

Art. V Toetreding
Dit Protocol staat open voor toetreding door alle Staten welke partij zijn bij het Verdrag, alsmede door elke Staat die lid is van de Verenigde Naties of van een van de gespecialiseerde organisaties dan wel door elke Staat aan wie de Algemene Vergadering van de Verenigde Naties een uitnodiging tot toetreding tot het Protocol heeft gericht. De toetreding zal plaatsvinden door de nederlegging van een akte van toetreding bij de Secretaris-Generaal van de Verenigde Naties.

Art. VI Federale clausule
In het geval van een federale of niet-eenheidsstaat, zijn de volgende bepalingen van toepassing:

---

1 Inwerkingtredingsdatum: 29-11-1968.

a) Wat betreft de artikelen van het Verdrag die van toepassing zijn ingevolge artikel I, eerste lid, van dit Protocol en die vallen binnen de wetgevende bevoegdheid van de federale wetgevende macht zullen de verplichtingen van de federale Regering in dit opzicht dezelfde zijn als die van de partijen die geen federale Staten zijn.
b) Wat betreft de artikelen van het Verdrag die van toepassing zijn ingevolge artikel I, eerste lid, van dit Protocol en die vallen binnen de wetgevende bevoegdheid van elk van de samenstellende staten, provincies of kantons, die krachtens het constitutionele stelsel van de federatie niet gehouden zijn wetgevende maatregelen te nemen, zal de federale Regering bedoelde artikelen zo spoedig mogelijk met een gunstige aanbeveling ter kennis brengen van de bevoegde autoriteiten der staten, provincies of kantons.
c) Een federale Staat die partij is bij dit Protocol zal, op het door tussenkomst van de Secretaris-Generaal van de Verenigde Naties overgebrachte verzoek van enige andere Staat die partij is bij dit Protocol, een uiteenzetting verstrekken van de in de federatie en haar samenstellende delen geldende wetten en gebruiken met betrekking tot enige bepaling van het Verdrag die toegepast moet worden overeenkomstig artikel I, eerste lid, van dit Protocol, waaruit blijkt in hoeverre door een wettelijke of andere maatregel uitvoering is gegeven aan die bepaling.

Art. VII Voorbehouden en verklaringen

1. Bij de toetreding mag elke Staat voorbehouden maken ten aanzien van artikel IV van dit Protocol en ten aanzien van de toepassing overeenkomstig artikel I van dit Protocol, van alle bepalingen van het Verdrag, met uitzondering van de artikelen 1, 3, 4, 16 (1) en 33, mits, in het geval van een Staat welke partij is bij het Verdrag, de voorbehouden krachtens dit artikel gemaakt geen betrekking hebben op vluchtelingen op wie het Verdrag van toepassing is.
2. De voorbehouden van de Staten welke partij zijn bij het Verdrag overeenkomstig het bepaalde in artikel 42 van het Verdrag zijn, tenzij ze zijn ingetrokken, van toepassing op de verplichtingen die uit dit Protocol voortvloeien.
3. Elke Staat die overeenkomstig het bepaalde in het eerste lid van dit artikel een voorbehoud maakt kan dit te allen tijde intrekken door middel van een daartoe strekkende mededeling aan de Secretaris-Generaal van de Verenigde Naties.
4. De verklaringen overeenkomstig artikel 40, eerste en tweede lid, van het Verdrag, afgelegd door een Staat welke partij is bij het Verdrag en toetreedt tot dit Protocol, worden geacht van toepassing te zijn met betrekking tot dit Protocol, tenzij bij de toetreding de desbetreffende Staat welke partij is bij het Verdrag een daaraan tegengestelde kennisgeving richt aan de Secretaris-Generaal van de Verenigde Naties. De bepalingen van artikel 40, tweede en derde lid, en van artikel 44, derde lid, van het Verdrag worden geacht van toepassing te zijn, *mutatis mutandis*, op dit Protocol.

Art. VIII Inwerkingtreding

1. Dit Protocol zal in werking treden op de dag van de nederlegging van de zesde akte van toetreding.
2. Voor elke Staat die tot het Protocol toetreedt na de nederlegging van de zesde akte van toetreding, zal het Protocol in werking treden op de dag van de nederlegging van de akte van toetreding van die Staat.

Art. IX Opzegging

1. Elke Staat welke partij is bij dit Protocol kan dit te allen tijde opzeggen door middel van een aan de Secretaris-Generaal van de Verenigde Naties gerichte kennisgeving.
2. De opzegging zal voor de betrokken Staat van kracht worden één jaar na de datum waarop zij door de Secretaris-Generaal van de Verenigde Naties is ontvangen.

Art. X Kennisgeving door de Secretaris-Generaal van de Verenigde Naties

De Secretaris-Generaal van de Verenigde Naties zal wat dit Protocol betreft aan alle Staten bedoeld in artikel V mededeling doen van de data van inwerkingtreding, van toetreding, van nederlegging en intrekking van voorbehouden, van opzeggingen en van verklaringen en kennisgevingen die daarop betrekking hebben.

Art. XI Nederlegging van het Protocol in het archief van het Secretariaat van de Verenigde Naties

Een exemplaar van dit Protocol waarvan de Engelse, de Chinese, de Spaanse en de Russische tekst gelijkelijk authentiek zijn, ondertekend door de President van de Algemene Vergadering en door de Secretaris-Generaal van de Verenigde Naties, zal worden nedergelegd in het archief van het Secretariaat van de Organisatie. De Secretaris-Generaal zal voor eensluidend gewaarmerkte afschriften doen toekomen aan alle Lid-Staten van de Verenigde Naties en aan de andere in artikel V bedoelde Staten.

Wet inburgering[1]

Wet van 30 november 2006, houdende regels inzake inburgering in de Nederlandse samenleving (Wet inburgering)

Wij Beatrix, bij de gratie Gods, Koningin der Nederlanden, Prinses van Oranje-Nassau, enz. enz. enz.
Allen, die deze zullen zien of horen lezen, saluut! doen te weten:
Alzo Wij in overweging genomen hebben, dat het wenselijk is het huidige stelsel van inburgering in de Nederlandse samenleving te herzien door een algemene plicht tot inburgeren voor vreemdelingen en een plicht tot inburgering voor enkele categorieën Nederlanders te introduceren, alsmede het verstrekken van bepaalde verblijfsvergunningen afhankelijk te maken van het behalen van het inburgeringsexamen;
Zo is het, dat Wij, de Raad van State gehoord, en met gemeen overleg der Staten-Generaal, hebben goedgevonden en verstaan, gelijk Wij goedvinden en verstaan bij deze:

Hoofdstuk 1
Inleidende bepalingen

Art. 1
1. In deze wet en de daarop berustende bepalingen wordt verstaan onder: — *Begripsbepalingen*
a. Onze Minister: Onze Minister van Sociale Zaken en Werkgelegenheid;
b. inburgeringsplichtige: de persoon die op grond van de artikelen 3, 5 en 6 inburgeringsplichtig is;
c. leerplichtige leeftijd: de leeftijd waarop bij verblijf in Nederland sprake is van een verplichting tot inschrijving als bedoeld in artikel 3 van de Leerplichtwet 1969;
d. inburgeringsplicht: de verplichting, bedoeld in artikel 7, eerste lid;
e. geestelijke bedienaar: de persoon die een geestelijk, godsdienstig of levensbeschouwelijk ambt bekleedt, arbeid verricht als geestelijk voorganger, godsdienstleraar of zendeling, dan wel ten behoeve van een kerkgenootschap of een ander genootschap op geestelijke of levensbeschouwelijke grondslag werkzaamheden van overwegend godsdienstige, geestelijke of levensbeschouwelijke aard verricht;
f. inburgeringsexamen: het examen, bedoeld in artikel 7, eerste lid, onderdeel a;
g. burgerservicenummer: het als zodanig overeenkomstig de Wet algemene bepalingen burgerservicenummer aan een natuurlijke persoon toegekend nummer;
h. kwalificatieplicht: de plicht tot inschrijving als bedoeld in artikel 4a, eerste lid, van de Leerplichtwet 1969;
i. college: het college van burgemeesters en wethouders van de gemeente waar de inburgeringsplichtige woonplaats heeft als bedoeld in de artikelen 10, eerste lid, en 11 van Boek 1 van het Burgerlijk Wetboek.
2. Bij regeling van Onze Minister kan de geestelijke bedienaar, bedoeld in het eerste lid, onderdeel e, nader worden omschreven.

Art. 2
Een minderjarige is bekwaam de rechtshandelingen te verrichten die noodzakelijk zijn met betrekking tot de uitoefening, onderscheidenlijk de nakoming van de voor hem uit deze wet en de daarop berustende bepalingen voortvloeiende rechten en verplichtingen. — *Inburgering, rechtshandelingen minderjarige*

Hoofdstuk 2
Inburgeringsplicht

Art. 3
1. Inburgeringsplichtig is de vreemdeling, die rechtmatig verblijf verkrijgt in de zin van artikel 8, onderdelen a en c, van de Vreemdelingenwet 2000, die: — *Inburgering, verplichting*
a. anders dan voor een tijdelijk doel in Nederland verblijft, of
b. geestelijke bedienaar is.
2. Bij algemene maatregel van bestuur worden regels gesteld over het voortduren van de inburgeringsplicht in geval van tijdelijke beëindiging van de in het eerste lid bedoelde omstandigheden. — *Nadere regels*

---
1 Inwerkingtredingsdatum: 01-01-2007; zoals laatstelijk gewijzigd bij: Stb. 2020, 496.

3. Bij of krachtens algemene maatregel van bestuur worden regels gesteld omtrent het tijdelijke doel, bedoeld in het eerste lid, waarbij zo veel mogelijk wordt aangesloten bij het verblijfsrecht van tijdelijke aard, bedoeld in artikel 21, eerste lid, onderdeel f, van de Vreemdelingenwet 2000.
4. De inburgeringsplicht, bedoeld in het eerste lid, wordt niet met terugwerkende kracht gevestigd.

Art. 4
[Vervallen]

Art. 5

Inburgeringsplicht, vrijstelling

1. In afwijking van artikel 3 is niet inburgeringsplichtig degene die:
   a. jonger dan 16 jaar is dan wel de pensioengerechtigde leeftijd, bedoeld in artikel 7a, eerste lid, van de Algemene Ouderdomswet, heeft bereikt;
   b. ten minste acht jaren tijdens de leerplichtige leeftijd in Nederland heeft verbleven;
   c. beschikt over een bij of krachtens algemene maatregel van bestuur aangewezen diploma, certificaat of ander document;
   d. leerplichtig of kwalificatieplichtig is;
   e. aansluitend op de leerplicht of kwalificatieplicht een opleiding volgt waarvan de afronding leidt tot uitreiking van een krachtens onderdeel c aangewezen diploma, certificaat of ander document.
2. Evenmin is inburgeringsplichtig:
   a. de persoon die onderdaan is van een lidstaat van de Europese Unie, een andere staat die partij is bij de Overeenkomst betreffende de Europese Economische Ruimte, of Zwitserland;
   b. het familielid van de persoon, bedoeld in onderdeel a, dat onderdaan is van een derde staat en dat uit hoofde van richtlijn 2004/38/EG, de Overeenkomst betreffende de Europese Economische Ruimte dan wel de Overeenkomst tussen de Europese Gemeenschappen en haar lidstaten, enerzijds, en de Zwitserse Bondsstaat, anderzijds, over het vrije verkeer van personen, gerechtigd is Nederland binnen te komen en er te verblijven;
   c. de vreemdeling die ingevolge de wetgeving van een lidstaat van de Europese Unie of een andere Staat die partij is bij de Overeenkomst betreffende de Europese Economische Ruimte heeft voldaan aan een inburgeringsvereiste om de status van langdurig ingezetene in de zin van richtlijn 2003/109/EG van 25 november 2003 betreffende de status van langdurig ingezeten onderdanen van derde landen (PbEU L 16), gewijzigd door richtlijn 2011/51/EU van het Europees Parlement en de Raad teneinde haar werkingssfeer uit te breiden tot personen die internationale bescherming genieten (PbEU 2011, L 132) te verkrijgen;
   d. de persoon die anderszins op grond van bepalingen van verdragen of besluiten van volkenrechtelijke organisaties geen inburgeringsplicht kan worden opgelegd.
3. De inburgeringsplichtige die beschikt over een bij of krachtens algemene maatregel van bestuur aangewezen diploma, certificaat of ander document, waaruit blijkt dat hij reeds beschikt over een deel van de vaardigheden en kennis, bedoeld in artikel 7, tweede lid, onderdelen b en c, is vrijgesteld van de verplichting om dat deel van die kennis of vaardigheden te verwerven.

Nadere regels

4. Bij of krachtens algemene maatregel van bestuur kunnen regels worden gesteld omtrent:
   a. verdere gehele of gedeeltelijke vrijstelling van de inburgeringsplicht;
   b. het verblijf, bedoeld in het eerste lid, onderdeel b.
5. Onze Minister kan beleidsregels vaststellen omtrent de toepassing van het tweede lid, onderdeel d.

Art. 6

Inburgeringsplicht, ontheffing

1. Onze Minister ontheft de inburgeringsplichtige van de inburgeringsplicht, indien de inburgeringsplichtige heeft aangetoond door een psychische of lichamelijke belemmering, dan wel een verstandelijke handicap, blijvend niet in staat te zijn het inburgeringsexamen te behalen.
2. Onze Minister ontheft de inburgeringsplichtige van de onderdelen uit het inburgeringsexamen, bedoeld in artikel 7, tweede lid, onderdelen b en c, waarvan, op grond van door de inburgeringsplichtige aangetoonde geleverde inspanningen, blijkt dat hij redelijkerwijs niet aan deze onderdelen kan voldoen.

Nadere regels

3. Bij of krachtens algemene maatregel van bestuur kan worden voorzien in:
   a. verdere ontheffing van de inburgeringsplicht, en
   b. nadere regels omtrent de toepassing van het eerste en tweede lid.
4. Voor het in behandeling nemen van een aanvraag of een ontheffing als bedoeld in het eerste, tweede of derde lid, dan wel voor een medisch onderzoek ten behoeve van de ontheffing, kan bij ministeriële regeling te bepalen bedrag worden vastgesteld, dat de inburgeringsplichtige is verschuldigd. Onder de inburgeringsplichtige, bedoeld in de eerste zin, wordt mede verstaan de inburgeringsplichtige, bedoeld in artikel X, tweede lid, van de Wet van 13 september 2012 tot wijziging van de Wet inburgering en enkele wetten in verband met de versterking van de eigen verantwoordelijkheid van de inburgeringsplichtige (Stb. 2012, 430), die een ontheffing aanvraagt op grond van artikel 6, zoals dit artikel luidde op 31 december 2012.

Art. 7

1. De inburgeringsplichtige behaalt:

a. het inburgeringsexamen, of
b. een diploma, certificaat of ander document, bedoeld in artikel 5, eerste lid, onderdeel c.
2. Het inburgeringsexamen bestaat uit de volgende onderdelen:
a. het participatieverklaringstraject;
b. de examinering van mondelinge en schriftelijke vaardigheden in de Nederlandse taal op ten minste het niveau A2 van het Europese Raamwerk voor Moderne Vreemde Talen, en
c. de examinering van de kennis van de Nederlandse samenleving.
3. Het college biedt het participatieverklaringstraject, bedoeld in het tweede lid, onderdeel a, aan.
4. Onze Minister biedt de onderdelen van het inburgeringsexamen, bedoeld in het tweede lid, onderdelen b en c, aan.

Art. 7a
1. De inburgeringsplichtige rondt binnen één jaar het participatieverklaringstraject, bedoeld in artikel 7, tweede lid, onderdeel a, af.
2. De termijn van één jaar, genoemd in het eerste lid, vangt aan op het moment dat de vreemdeling inburgeringsplichtig is en ingeschreven is in de basisregistratie personen, met dien verstande dat indien hij rechtmatig verblijf heeft op grond van een verblijfsvergunning asiel bepaalde tijd als bedoeld in artikel 28 van de Vreemdelingenwet 2000, het gaat om de inschrijving in de gemeente waar hij op grond van artikel 28 van de Huisvestingswet 2014 is gehuisvest.
3. Onze Minister verlengt de termijn van één jaar, genoemd in het eerste lid, indien de inburgeringsplichtige aannemelijk maakt dat hem geen verwijt treft ter zake van het niet tijdig afronden van het participatieverklaringstraject, bedoeld in artikel 7, tweede lid, onderdeel a.
4. Het participatieverklaringstraject wordt afgesloten met het afleggen van een participatieverklaring. Deze verklaring bevat de volgende slotformule: Ik verklaar dat ik kennis heb genomen van de waarden en spelregels van de Nederlandse samenleving en dat ik deze respecteer. Ik verklaar dat ik actief een bijdrage wil leveren aan de Nederlandse samenleving en reken erop dat ik daarvoor ook de ruimte krijg van mijn medeburgers.

Art. 7b
1. De inburgeringsplichtige behaalt binnen drie jaar de onderdelen van het inburgeringsexamen, bedoeld in artikel 7, tweede lid, onderdelen b en c.
2. De termijn van drie jaar, genoemd in het eerste lid, vangt aan op het moment dat de vreemdeling inburgeringsplichtig wordt.
3. Onze Minister verlengt de termijn van drie jaar, genoemd in het eerste lid:
a. indien de inburgeringsplichtige aannemelijk maakt dat hem geen verwijt treft ter zake van het niet tijdig behalen van deze onderdelen van het inburgeringsexamen, of
b. eenmalig met ten hoogste twee jaren, indien aantoonbaar een alfabetiseringscursus wordt of is gevolgd voor het verstrijken van die termijn.

Art. 8
1. Bij of krachtens algemene maatregel van bestuur worden regels gesteld omtrent:
a. de verdere verlenging van de termijnen, bedoeld in de artikelen 7a, eerste lid, en 7b, eerste lid, en de toepassing van de artikelen 7a, derde lid, en 7b, derde lid;
b. het afnemen van het inburgeringsexamen;
c. de inhoud en vormgeving van het inburgeringsexamen;
d. de ter zake van het inburgeringsexamen verschuldigde kosten;
e. de identificatie van de persoon die aan het inburgeringsexamen deelneemt;
f. de examencommissie, en
g. het diploma.
2. Bij ministeriële regeling wordt de tekst van de participatieverklaring vastgesteld. Het ontwerp van een regeling tot wijziging van de tekst van de participatieverklaring wordt aan beide kamers der Staten-Generaal overgelegd en wordt niet eerder vastgesteld dan vier weken na de overlegging van het ontwerp.

Hoofdstuk 3
Overheidscertificering

Art. 9
1. Bij of krachtens algemene maatregel van bestuur kunnen regels worden gesteld over de afgifte van een certificaat aan een rechtspersoon of een natuurlijk persoon die in het kader van de uitoefening van beroep of bedrijf werkzaamheden verricht gericht op het toeleiden van inburgeringsplichtigen naar het inburgeringsexamen.
2. Onze Minister dan wel een door Onze Minister op grond van artikel 10 aangewezen instelling beslist op aanvraag over de afgifte van het certificaat, bedoeld in het eerste lid, en is tevens bevoegd een afgegeven certificaat in te trekken.

Inburgeringscertificaat, afgifte

A44 art. 10 — Wet inburgering

3. Een certificaat wordt afgegeven voor een beperkte tijdsduur. Aan een certificaat kunnen voorschriften worden verbonden.

Nadere regels

4. Bij of krachtens de in het eerste lid bedoelde algemene maatregel van bestuur kunnen tevens regels worden gesteld omtrent:
   a. de aanvraag en de gegevens die daarbij van de aanvrager worden verlangd;
   b. de gronden waarop en de gevallen waarin de afgifte van een certificaat kan worden geweigerd dan wel een afgegeven certificaat kan worden verlengd of ingetrokken;
   c. de vergoeding die verschuldigd is in verband met de afgifte van een certificaat en de betaling daarvan.

Art. 10

Inburgeringscertificaat, aanwijzing instelling afgifte certificaat

1. Onze Minister kan op aanvraag een instelling aanwijzen die de bevoegdheden, bedoeld in artikel 9, tweede lid, uitoefent.

2. Aan een aanwijzing krachtens het eerste lid kunnen voorschriften worden verbonden.

3. Een krachtens dit artikel aangewezen instelling verstrekt desgevraagd kosteloos aan Onze Minister de voor de uitoefening van zijn taak benodigde inlichtingen. Onze Minister kan inzage vorderen van zakelijke gegevens en bescheiden, voorzover dat voor de vervulling van zijn taak redelijkerwijs nodig is.

Nadere regels

4. Bij of krachtens algemene maatregel van bestuur kunnen regels gesteld worden voor:
   a. de gronden waarop de in het eerste lid bedoelde aanwijzing kan worden gegeven, ingetrokken dan wel gewijzigd;
   b. het opstellen van een verslag van werkzaamheden ten behoeve van Onze Minister;
   c. het toezicht op de instelling, bedoeld in het eerste lid.

Art. 11

Inburgeringscertificaat, taken instelling

1. Onze Minister kan de krachtens artikel 10 aangewezen instelling aanwijzingen geven met betrekking tot de uitoefening van haar taken. Hij treedt daarbij niet in individuele gevallen.

2. De krachtens artikel 10 aangewezen instelling is gehouden overeenkomstig de aanwijzing, bedoeld in het eerste lid, te handelen.

Art. 12

Inburgeringscertificaat, verwaarlozing taken instelling

1. Indien naar het oordeel van Onze Minister de krachtens artikel 10 aangewezen instelling zijn taak ernstig verwaarloost, kan Onze Minister de noodzakelijke voorzieningen treffen.

2. De voorzieningen worden, spoedeisende gevallen uitgezonderd, niet eerder getroffen dan nadat de krachtens artikel 10 aangewezen instelling in de gelegenheid is gesteld om binnen een door Onze Minister te stellen termijn alsnog haar taak naar behoren uit te voeren.

3. Onze Minister stelt beide kamers der Staten-Generaal onverwijld in kennis van door hem getroffen voorzieningen als bedoeld in het eerste lid.

Art. 12a

1. Zolang op grond van artikel 9 geen regels zijn gesteld over de afgifte van een certificaat verleent Onze Minister, of een door Onze Minister aangewezen instelling, een keurmerk aan cursusinstellingen.

2. Bij of krachtens algemene maatregel van bestuur kunnen regels worden gesteld omtrent de aanwijzing van een instelling en de verlening van een keurmerk aan cursusinstellingen.

Hoofdstuk 4
[Vervallen]

Art. 13-15
[Vervallen]

Hoofdstuk 5
Sociale lening

Art. 16

Inburgeringsplichtige, lening

1. Onze Minister verstrekt op aanvraag een lening aan de inburgeringsplichtige indien is voldaan aan bij of krachtens algemene maatregel van bestuur te stellen regels omtrent de voorwaarden waaronder en de wijze waarop de lening wordt verstrekt en omtrent het volgen bij een cursusinstelling van een cursus die opleidt tot het inburgeringsexamen, of een diploma, certificaat of ander document, bedoeld in artikel 5, eerste lid, onderdeel c.

2. Aanspraak op een lening bestaat niet of niet langer als de inburgeringsplichtige:
   a. na het verstrijken van de termijn, bedoeld in artikel 7a, eerste lid, of de met toepassing van artikel 7a, derde lid, of bij of krachtens artikel 8, eerste lid, aanhef en onderdeel a, gestelde regels verlengde termijn de participatieverklaring niet heeft ondertekend;

b. zes jaar na het verstrijken van de termijn, bedoeld in artikel 7b, eerste lid, of de met toepassing van artikel 7b, derde lid, of bij of krachtens artikel 8, eerste lid, aanhef en onderdeel a, gestelde regels verlengde termijn, niet aan de inburgeringsplicht heeft voldaan; of
c. niet langer inburgeringsplichtig is.
3. Het bedrag van de lening wordt betaald aan de door de inburgeringsplichtige aangewezen cursusinstelling en exameninstelling.
4. De inburgeringsplichtige of gewezen inburgeringsplichtige betaalt de lening vermeerderd met de volgens bij of krachtens algemene maatregel van bestuur te stellen regels berekende rente terug.
5. Bij of krachtens de in het eerste lid bedoelde algemene maatregel van bestuur worden tevens regels gesteld omtrent: *Nadere regels*
a. de hoogte van de lening;
b. de betaling en de terugbetaling van de lening, en
c. kwijtschelding.
6. Bij of krachtens de in het eerste lid bedoelde algemene maatregel van bestuur kunnen tevens regels worden gesteld omtrent het verstrekken van een lening aan anderen dan inburgeringsplichtigen.

Art. 17
1. De terugbetalingsperiode vangt aan zes maanden na: *Inburgeringsplichtige, terugbetalen lening*
a. het voldoen aan de inburgeringsplicht; of
b. het vervallen van de aanspraak op een lening, op grond van artikel 16, tweede lid.
2. Onze Minister kan het terug te betalen bedrag invorderen bij dwangbevel.
3. Indien de lening wordt kwijtgescholden, gaat de over het kwijtgescholden bedrag opgebouwde rente op het tijdstip van kwijtschelding teniet.

Hoofdstuk 5a
Maatschappelijke begeleiding

Art. 18
1. Het college voorziet in de maatschappelijke begeleiding van de inburgeringsplichtige die rechtmatig verblijf heeft op grond van een:
a. verblijfsvergunning asiel voor bepaalde tijd, of
b. verblijfsvergunning regulier voor bepaalde tijd, verleend onder een beperking verband houdend met verblijf als familie- of gezinslid, voor verblijf bij:
1°. een houder van een verblijfsvergunning asiel voor bepaalde tijd,
2°. een houder van een verblijfsvergunning asiel voor onbepaalde tijd, of
3°. een houder van een EU-verblijfsvergunning voor langdurig ingezetenen die is verleend met een aantekening inzake internationale bescherming als bedoeld in artikel 45c, eerste lid, van de Vreemdelingenwet 2000.
2. De maatschappelijke begeleiding vangt aan op het moment dat de vreemdeling inburgeringsplichtig is en ingeschreven is in de basisregistratie personen, met dien verstande dat indien hij rechtmatig verblijf heeft op grond van een verblijfsvergunning asiel bepaalde tijd als bedoeld in artikel 28 van de Vreemdelingenwet 2000, het gaat om de inschrijving in de gemeente waar hij op grond van artikel 28 van de Huisvestingswet 2014 is gehuisvest.
3. Bij of krachtens algemene maatregel van bestuur worden regels gesteld omtrent de inhoud en vormgeving van de maatschappelijke begeleiding.

Art. 19-24
[Vervallen]

Hoofdstuk 6
Bestuurlijke boete

Art. 25-27
[Vervallen]

Art. 28
Onze Minister legt een bestuurlijke boete op aan de inburgeringsplichtige die het participatieverklaringstraject, bedoeld in artikel 7, tweede lid, onderdeel a, niet binnen de in artikel 7a, eerste lid, genoemde termijn, of de met toepassing van artikel 7a, derde lid, of van de krachtens artikel 8, eerste lid, aanhef en onderdeel a, gestelde regels verlengde termijn, heeft afgerond.

Art. 29
Onze Minister stelt in de boetebeschikking, bedoeld in artikel 28, een nieuwe termijn van ten hoogste één jaar waarbinnen de inburgeringsplichtige na het bekendmaken van de boetebeschikking alsnog het participatieverklaringstraject, bedoeld in artikel 7, tweede lid, onderdeel a, moet afronden.

Art. 30
1. Onze Minister legt de inburgeringsplichtige die niet binnen de krachtens artikel 29 vastgestelde termijn het participatieverklaringstraject, bedoeld in artikel 7, tweede lid, onderdeel a, heeft afgerond, een bestuurlijke boete op. Artikel 29 is van overeenkomstige toepassing.
2. Zolang de inburgeringsplichtige na het verstrijken van de krachtens het eerste lid gestelde termijn het participatieverklaringstraject, bedoeld in artikel 7, tweede lid, onderdeel a, niet afrondt, legt Onze Minister ieder jaar een bestuurlijke boete op.

Art. 31
1. Onze Minister legt een bestuurlijke boete op aan de inburgeringsplichtige die de onderdelen van het inburgeringsexamen, bedoeld in artikel 7, tweede lid, onderdelen b en c, niet binnen de in artikel 7b, eerste lid, genoemde termijn, of de met toepassing van artikel 7b, derde lid, of van de krachtens artikel 8, eerste lid, aanhef en onderdeel a, gestelde regels verlengde termijn, heeft behaald.
2. In afwijking van het eerste lid, legt Onze Minister geen boete op, indien bij of krachtens artikel 18 van de Vreemdelingenwet 2000 de aanvraag tot het verlengen van de geldigheidsduur van de verblijfsvergunning voor bepaalde tijd wordt afgewezen dan wel bij of krachtens artikel 19 van die wet de verblijfsvergunning voor bepaalde tijd wordt ingetrokken.

Art. 32
Onze Minister stelt in de boetebeschikking, bedoeld in artikel 31, eerste lid, een nieuwe termijn van ten hoogste twee jaren waarbinnen de inburgeringsplichtige na het bekendmaken van de boetebeschikking alsnog de onderdelen van het inburgeringsexamen, bedoeld in artikel 7, tweede lid, onderdelen b en c, moet behalen.

Art. 33
1. Onze Minister legt de inburgeringsplichtige die niet binnen de krachtens artikel 32 vastgestelde termijn de onderdelen van het inburgeringsexamen, bedoeld in artikel 7, tweede lid, onderdelen b en c, heeft behaald, een bestuurlijke boete op. Artikel 32 is van overeenkomstige toepassing.
2. Zolang de inburgeringsplichtige na het verstrijken van de krachtens artikel 32 gestelde termijn de onderdelen van het inburgeringsexamen, bedoeld in artikel 7, tweede lid, onderdeel b en c, niet behaalt, legt Onze Minister iedere twee jaar een bestuurlijke boete op.

Art. 34
Inburgering, hoogte bestuurlijke boete
De bestuurlijke boete kan niet hoger zijn dan:
a. € 340 voor het niet naleven van artikel 7a, eerste lid;
b. € 340 voor het niet afronden van het participatieverklaringstraject, bedoeld in artikel 7, tweede lid, onderdeel a, binnen de bij of krachtens de artikelen 29 en 30 gestelde termijnen;
c. € 1.250 voor het niet naleven van artikel 7b, eerste lid;
d. € 1.250 voor het niet behalen van de onderdelen van het inburgeringsexamen, bedoeld in artikel 7, tweede lid, onderdelen b en c, binnen de bij of krachtens de artikelen 32 en 33 gestelde termijnen.

Art. 35-46
[Vervallen]

Hoofdstuk 7
Informatiebepalingen

Art. 47
Inburgering, Informatiesysteem Inburgering
1. Er is een Informatiesysteem Inburgering, beheerd door Onze Minister. Dit systeem bevat een systematisch geordende verzameling van gegevens die noodzakelijk zijn met betrekking tot de inburgering op grond van deze wet.
2. Het Informatiesysteem Inburgering heeft tot doel de verstrekking:
a. aan Onze Minister, het college en een of meer bij of krachtens algemene maatregel van bestuur aan te wijzen uitvoerende instanties van gegevens die noodzakelijk zijn voor de uitvoering van deze wet;
b. aan Onze Minister van gegevens met het oog op de evaluatie van bestaand beleid en de voorbereiding van toekomstig beleid;
c. aan Onze Minister van Veiligheid en Justitie van de gegevens die noodzakelijk zijn voor de beoordeling van een verzoek tot verkrijging van het Nederlanderschap op grond van de Rijkswet op het Nederlanderschap;
d. aan Onze Minister van Onderwijs, Cultuur en Wetenschap van de gegevens over diploma's voor het inburgeringsexamen ten behoeve van het register onderwijsdeelnemers, bedoeld in artikel 4 van de Wet register onderwijsdeelnemers;
e. aan Onze Minister van Veiligheid en Justitie van de gegevens die noodzakelijk zijn voor de uitvoering van de artikelen 16a, 18, 19, 21 en 34 van de Vreemdelingenwet 2000;
f. aan de rijksbelastingdienst van de gegevens die noodzakelijk zijn voor de uitvoering van artikel 1.6, eerste lid, onderdeel g, van de Wet kinderopvang.

Wet inburgering   A44 art. 62

3. Bij of krachtens algemene maatregel van bestuur worden regels gesteld omtrent het Informatiesysteem Inburgering. Daarbij worden in ieder geval regels gesteld met betrekking tot de in het Informatiesysteem Inburgering op te nemen gegevens en de verwerking van die gegevens.   *Nadere regels*

Art. 48
[Vervallen]

Art. 49
Onze Minister, het college en een of meer bij of krachtens algemene maatregel van bestuur aan te wijzen instanties nemen in de registratie, die zij voor de uitvoering van deze wet aanleggen, het burgerservicenummer van de geregistreerde op.   *Inburgering, registratie burgerservicenummer*

Art. 50
1. Bijzondere categorieën van persoonsgegevens en persoonsgegevens van strafrechtelijke aard als bedoeld in paragraaf 3.1 onderscheidenlijk paragraaf 3.2 van de Uitvoeringswet Algemene verordening gegevensbescherming kunnen door Onze Minister, het college en een of meer bij of krachtens algemene maatregel van bestuur aan te wijzen instanties worden verwerkt, voorzover deze gegevens noodzakelijk zijn voor de doelmatige en doeltreffende uitvoering van deze wet.   *Inburgering, bijzondere categorieën persoonsgegevens*

2. Bij regeling van Onze Minister worden regels gesteld ter waarborging van de persoonlijke levenssfeer. Daarbij wordt in ieder geval geregeld: *Inburgering, bescherming bijzondere categorieën persoonsgegevens*
a. op welke wijze de verwerking, bedoeld in het eerste lid, plaatsvindt;
b. op welke wijze door passende technische en organisatorische maatregelen deze gegevens worden beveiligd tegen verlies of onrechtmatige verwerking;
c. welke gegevens, aan welke personen of instanties, voor welk doel en op welke wijze kunnen worden verstrekt;
d. op welke wijze wordt gewaarborgd dat de verwerkte persoonsgegevens slechts worden verwerkt voor het doel waarvoor ze zijn verzameld of voor zover het verwerken met dat doel verenigbaar is, alsmede hoe daarop wordt toegezien.

Art. 51
[Vervallen]

Hoofdstuk 8
Financiële bepalingen

Art. 52
[Vervallen]

Hoofdstuk 9
Rechtsbescherming

Art. 53
[Wijzigt de Beroepswet.]

Hoofdstuk 10
Wijziging van andere wetten

Art. 54
[Wijzigt de Vreemdelingenwet 2000.]

Art. 55
[Wijzigt de Welzijnswet 1994.]

Art. 56
[Wijzigt de Wet kinderopvang.]

Art. 57
[Wijzigt de Wet verzelfstandiging Informatiseringsbank.]

Art. 58
[Wijzigt de Wet werk en bijstand.]

Art. 59
[Wijzigt de Wet inkomensvoorziening oudere en gedeeltelijk arbeidsongeschikte werkloze werknemers.]

Art. 60
[Wijzigt de Wet inkomensvoorziening oudere en gedeeltelijk arbeidsongeschikte gewezen zelfstandigen.]

Art. 61
[Wijzigt de Wet structuur uitvoeringsorganisatie werk en inkomen.]

Art. 62
[Wijzigt de Wet educatie en beroepsonderwijs.]

Hoofdstuk 11
Overgangs- en slotbepalingen

Art. 63-66
[Vervallen]

Art. 67
Op rijksbijdragen die op grond van de Wet inburgering nieuwkomers zijn verstrekt ten behoeve van tijdvakken voorafgaand aan de inwerkingtreding van deze wet, blijft het recht zoals dat voor het desbetreffende tijdvak gold van toepassing.

Art. 68
[Vervallen]

Art. 69
[Wijzigt deze wet.]

Art. 70
[Wijzigt deze wet.]

Art. 71

Inburgering, evaluatie wet
Onze Minister zendt binnen vier jaar na inwerkingtreding van deze wet, en vervolgens telkens na vijf jaar, aan de Staten-Generaal een verslag over de doeltreffendheid en de effecten van deze wet in de praktijk.

Art. 72

Uitschakelbepaling
De Wet inburgering nieuwkomers wordt ingetrokken.

Art. 73

Inwerkingtreding
Deze wet treedt in werking op een bij koninklijk besluit te bepalen tijdstip. In dat besluit kan worden bepaald dat artikel 65 terugwerkt tot en met 1 januari 2006.

Art. 74

Citeertitel
Deze wet wordt aangehaald als: Wet inburgering.

Algemeen bestuursrecht

Algemene wet bestuursrecht

Inhoudsopgave

Hoofdstuk 1	Inleidende bepalingen	Art. 1:1
Titel 1.1	Definities en reikwijdte	Art. 1:1
Titel 1.2	Uitvoering van bindende besluiten van organen van de Europese Unie	Art. 1:7
Hoofdstuk 2	Verkeer tussen burgers en bestuursorganen	Art. 2:1
Afdeling 2.1	Algemene bepalingen	Art. 2:1
Afdeling 2.2	Gebruik van de taal in het bestuurlijk verkeer	Art. 2:6
Afdeling 2.3	Verkeer langs elektronische weg	Art. 2:13
Hoofdstuk 3	Algemene bepalingen over besluiten	Art. 3:1
Afdeling 3.1	Inleidende bepalingen	Art. 3:1
Afdeling 3.2	Zorgvuldigheid en belangenafweging	Art. 3:2
Afdeling 3.3	Advisering	Art. 3:5
Afdeling 3.4	Uniforme openbare voorbereidingsprocedure	Art. 3:10
Afdeling 3.5	Samenhangende besluiten	Art. 3:19
Paragraaf 3.5.1	Algemeen	Art. 3:19
Paragraaf 3.5.2	Informatie	Art. 3:20
Paragraaf 3.5.3	Coördinatie van besluitvorming en rechtsbescherming	Art. 3:21
Afdeling 3.6	Bekendmaking en mededeling	Art. 3:40
Afdeling 3.7	Motivering	Art. 3:46
Hoofdstuk 4	Bijzondere bepalingen over besluiten	Art. 4:1
Titel 4.1	Beschikkingen	Art. 4:1
Afdeling 4.1.1	De aanvraag	Art. 4:1
Afdeling 4.1.2	De voorbereiding	Art. 4:7
Afdeling 4.1.3	Beslistermijn	Art. 4:13
§ 4.1.3.1	Beslistermijn	Art. 4:13
§ 4.1.3.2	Dwangsom bij niet tijdig beslissen	Art. 4:16
§ 4.1.3.3	Positieve fictieve beschikking bij niet tijdig beslissen	Art. 4:20a
Titel 4.2	Subsidies	Art. 4:21
Afdeling 4.2.1	Inleidende bepalingen	Art. 4:21
Afdeling 4.2.2	Het subsidieplafond	Art. 4:25
Afdeling 4.2.3	De subsidieverlening	Art. 4:29
Afdeling 4.2.4	Verplichtingen van de subsidie-ontvanger	Art. 4:37
Afdeling 4.2.5	De subsidievaststelling	Art. 4:42
Afdeling 4.2.6	Intrekking en wijziging	Art. 4:48
Afdeling 4.2.7	Betaling en terugvordering	Art. 4:52
Afdeling 4.2.8	Per boekjaar verstrekte subsidies aan rechtspersonen	Art. 4:58
Paragraaf 4.2.8.1	Inleidende bepalingen	Art. 4:58
Paragraaf 4.2.8.2	De aanvraag	Art. 4:60
Paragraaf 4.2.8.3	De subsidieverlening	Art. 4:66
Paragraaf 4.2.8.4	Verplichtingen van de subsidie-ontvanger	Art. 4:68
Paragraaf 4.2.8.5	De subsidievaststelling	Art. 4:73
Titel 4.3	Beleidsregels	Art. 4:81
Titel 4.4	Bestuursrechtelijke geldschulden	Art. 4:85
Afdeling 4.4.1	Vaststelling en inhoud van de verplichting tot betaling	Art. 4:85
Afdeling 4.4.2	Verzuim en wettelijke rente	Art. 4:97
Afdeling 4.4.3	Verjaring	Art. 4:104
Afdeling 4.4.4	Aanmaning en invordering bij dwangbevel	Art. 4:112
Paragraaf 4.4.4.1	De aanmaning	Art. 4:112
Paragraaf 4.4.4.2	Invordering bij dwangbevel	Art. 4:114
Afdeling 4.4.5	Bezwaar en beroep	Art. 4:125
Titel 4.5	Nadeelcompensatie	Art. 4:126
Hoofdstuk 5	Handhaving	Art. 5:1
Titel 5.1	Algemene bepalingen	Art. 5:1
Titel 5.2	Toezicht op de naleving	Art. 5:11
Titel 5.3	Herstelsancties	Art. 5:21
Afdeling 5.3.1	Last onder bestuursdwang	Art. 5:21
Afdeling 5.3.2	Last onder dwangsom	Art. 5:31d
Titel 5.4	Bestuurlijke boete	Art. 5:40
Afdeling 5.4.1	Algemene bepalingen	Art. 5:40

Afdeling 5.4.2	De procedure	Art. 5:48
Hoofdstuk 6	Algemene bepalingen over bezwaar en beroep	Art. 6:1
Afdeling 6.1	Inleidende bepalingen	Art. 6:1
Afdeling 6.2	Overige algemene bepalingen	Art. 6:4
Hoofdstuk 7	Bijzondere bepalingen over bezwaar en administratief beroep	Art. 7:1
Afdeling 7.1	Bezwaarschrift voorafgaand aan beroep bij de bestuursrechter	Art. 7:1
Afdeling 7.2	Bijzondere bepalingen over bezwaar	Art. 7:2
Afdeling 7.3	Bijzondere bepalingen over administratief beroep	Art. 7:16
Hoofdstuk 8	Bijzondere bepalingen over de wijze van procederen bij de bestuursrechter	Art. 8:1
Titel 8.1	Algemene bepalingen over het beroep in eerste aanleg	Art. 8:1
Afdeling 8.1.1	Bevoegdheid	Art. 8:1
Afdeling 8.1.2	Behandeling door een enkelvoudige, meervoudige of grote kamer	Art. 8:10
Afdeling 8.1.2a	Conclusie	Art. 8:12a
Afdeling 8.1.2b	Opmerkingen door anderen dan partijen	Art. 8:12b
Afdeling 8.1.3	Verwijzing, voeging en splitsing	Art. 8:13
Afdeling 8.1.4	Wraking en verschoning van rechters	Art. 8:15
Afdeling 8.1.5	Partijen	Art. 8:21
Afdeling 8.1.6	Getuigen, deskundigen en tolken	Art. 8:33
Afdeling 8.1.6a	Verkeer langs elektronische weg met de bestuursrechter	Art. 8:36a
Afdeling 8.1.7	Verzending van stukken	Art. 8:36g
Titel 8.2	Behandeling van het beroep in eerste aanleg	Art. 8:41
Afdeling 8.2.1	Griffierecht	Art. 8:41
Afdeling 8.2.1a	Algemene bepaling	Art. 8:41a
Afdeling 8.2.2	Vooronderzoek	Art. 8:42
Afdeling 8.2.2a	Bestuurlijke lus	Art. 8:51a
Afdeling 8.2.3	Versnelde behandeling	Art. 8:52
Afdeling 8.2.4	Vereenvoudigde behandeling	Art. 8:54
Afdeling 8.2.4a	Beroep bij niet tijdig handelen	Art. 8:55a
Afdeling 8.2.5	Onderzoek ter zitting	Art. 8:56
Afdeling 8.2.6	Uitspraak	Art. 8:66
Afdeling 8.2.7	Tussenuitspraak	Art. 8:80a
Titel 8.3	Voorlopige voorziening en onmiddellijke uitspraak in de hoofdzaak	Art. 8:81
Titel 8.4	Schadevergoeding	Art. 8:88
Titel 8.5	Hoger beroep	Art. 8:104
Titel 8.6	Herziening	Art. 8:119
Hoofdstuk 9	Klachtbehandeling	Art. 9:1
Titel 9.1	Klachtbehandeling door een bestuursorgaan	Art. 9:1
Afdeling 9.1.1	Algemene bepalingen	Art. 9:1
Afdeling 9.1.2	De behandeling van klaagschriften	Art. 9:4
Afdeling 9.1.3	Aanvullende bepalingen voor een klachtadviesprocedure	Art. 9:13
Titel 9.2	Klachtbehandeling door een ombudsman	Art. 9:17
Afdeling 9.2.1	Algemene bepalingen	Art. 9:17
Afdeling 9.2.2	Bevoegdheid	Art. 9:22
Afdeling 9.2.3	Procedure	Art. 9:28
Hoofdstuk 10	Bepalingen over bestuursorganen	Art. 10:1
Titel 10.1	Mandaat, delegatie en attributie	Art. 10:1
Afdeling 10.1.1	Mandaat	Art. 10:1
Afdeling 10.1.2	Delegatie	Art. 10:13
Afdeling 10.1.3	Attributie	Art. 10:22
Titel 10.2	Toezicht op bestuursorganen	Art. 10:25
Afdeling 10.2.1	Goedkeuring	Art. 10:25
Afdeling 10.2.2	Vernietiging	Art. 10:33
Afdeling 10.2.3	Schorsing	Art. 10:43
Hoofdstuk 11	Slotbepalingen	Art. 11:1

Algemene wet bestuursrecht[1]

Wet van 4 juni 1992, houdende algemene regels van bestuursrecht (Algemene wet bestuursrecht)

Wij Beatrix, bij de gratie Gods, Koningin der Nederlanden, Prinses van Oranje-Nassau, enz. enz. enz.
Allen, die deze zullen zien of horen lezen, saluut! doen te weten:
Alzo Wij in overweging genomen hebben, dat ingevolge artikel 107, tweede lid, van de Grondwet de wet algemene regels van bestuursrecht dient vast te stellen;
Zo is het, dat Wij, de Raad van State gehoord, en met gemeen overleg der Staten-Generaal, hebben goedgevonden en verstaan, gelijk Wij goedvinden en verstaan bij deze:

Hoofdstuk 1
Inleidende bepalingen

Titel 1.1
Definities en reikwijdte

Art. 1:1

1. Onder bestuursorgaan wordt verstaan: *Bestuursorgaan*
  a. een orgaan van een rechtspersoon die krachtens publiekrecht is ingesteld, of
  b. een ander persoon of college, met enig openbaar gezag bekleed.
2. De volgende organen, personen en colleges worden niet als bestuursorgaan aangemerkt: *Geen bestuursorgaan*
  a. de wetgevende macht;
  b. de kamers en de verenigde vergadering der Staten-Generaal;
  c. onafhankelijke, bij de wet ingestelde organen die met rechtspraak zijn belast, alsmede de Raad voor de rechtspraak en het College van afgevaardigden;
  d. de Raad van State en zijn afdelingen;
  e. de Algemene Rekenkamer;
  f. de Nationale ombudsman en de substituut-ombudsmannen als bedoeld in artikel 9, eerste lid, van de Wet Nationale ombudsman, en ombudsmannen en ombudscommissies als bedoeld in artikel 9:17, onderdeel b;
  g. de voorzitters, leden, griffiers en secretarissen van de in de onderdelen b tot en met f bedoelde organen, de procureur-generaal, de plaatsvervangend procureur-generaal en de advocaten-generaal bij de Hoge Raad, de besturen van de in onderdeel c bedoelde organen alsmede de voorzitters van die besturen, alsmede de commissies uit het midden van de in de onderdelen b tot en met f bedoelde organen;
  h. de commissie van toezicht op de inlichtingen- en veiligheidsdiensten en haar afdelingen, bedoeld in artikel 97 van de Wet op de inlichtingen- en veiligheidsdiensten 2017;
  i. de toetsingscommissie inzet bevoegdheden, bedoeld in artikel 32 van de Wet op de inlichtingen- en veiligheidsdiensten 2017.
3. Een ingevolge het tweede lid uitgezonderd orgaan, persoon of college wordt wel als bestuursorgaan aangemerkt voor zover het orgaan, de persoon of het college besluiten neemt of handelingen verricht ten aanzien van een persoon met betrekking tot diens in artikel 3 van de Ambtenarenwet 2017 bedoelde hoedanigheid, zijn nagelaten betrekkingen of zijn rechtverkrijgenden, met uitzondering van een voor het leven benoemde ambtenaar werkzaam bij de Raad van State en zijn afdelingen en de Algemene Rekenkamer.
(Zie ook: art. 6 Gemw; art. 1 BW Boek 2; art. 6 EVRM; art. 1 AW; art. 6 PW; art. 8:1 Awb; art. 84 Wet RO)
4. De vermogensrechtelijke gevolgen van een handeling van een bestuursorgaan treffen de rechtspersoon waartoe het bestuursorgaan behoort.

Art. 1:2

1. Onder belanghebbende wordt verstaan: degene wiens belang rechtstreeks bij een besluit is betrokken.   *Belanghebbende*
2. Ten aanzien van bestuursorganen worden de hun toevertrouwde belangen als hun belangen beschouwd.

---

[1] Inwerkingtredingsdatum: 01-01-1994; zoals laatstelijk gewijzigd bij: Stb. 2021, 135.

3. Ten aanzien van rechtspersonen worden als hun belangen mede beschouwd de algemene en collectieve belangen die zij krachtens hun doelstellingen en blijkens hun feitelijke werkzaamheden in het bijzonder behartigen.
(Zie ook: artt. 4:8, 3:10 t/m 3:13, 3:42 Awb; art. 26 BW Boek 2; artt. 3:41, 4:7, 305a BW Boek 3)

Art. 1:3

Besluit
1. Onder besluit wordt verstaan: een schriftelijke beslissing van een bestuursorgaan, inhoudende een publiekrechtelijke rechtshandeling.

Beschikking
2. Onder beschikking wordt verstaan: een besluit dat niet van algemene strekking is, met inbegrip van de afwijzing van een aanvraag daarvan.

Aanvraag
3. Onder aanvraag wordt verstaan: een verzoek van een belanghebbende, een besluit te nemen.

Beleidsregel
4. Onder beleidsregel wordt verstaan: een bij besluit vastgestelde algemene regel, niet zijnde een algemeen verbindend voorschrift, omtrent de afweging van belangen, de vaststelling van feiten of de uitleg van wettelijke voorschriften bij het gebruik van een bevoegdheid van een bestuursorgaan.
(Zie ook: art. 3:1 Awb; artt. 1:1, 4:1, 4:81, 6:2, 8:1 t/m 8:6, 33, 59 BW Boek 3; art. 30a AWR)

Art. 1:4

Bestuursrechter
1. Onder bestuursrechter wordt verstaan: een onafhankelijk, bij de wet ingesteld orgaan dat met bestuursrechtspraak is belast.
(Zie ook: art. 1:1 Awb)

Hogerberoepsrechter
2. Onder hogerberoepsrechter wordt verstaan: een bestuursrechter die in hoger beroep oordeelt.
3. Een tot de rechterlijke macht behorend gerecht wordt als bestuursrechter aangemerkt voor zover hoofdstuk 8 van de Wet administratiefrechtelijke handhaving verkeersvoorschriften - met uitzondering van hoofdstuk VIII - van toepassing of van overeenkomstige toepassing is.

Art. 1:5

Bezwaar
1. Onder het maken van bezwaar wordt verstaan: het gebruik maken van de ingevolge een wettelijk voorschrift bestaande bevoegdheid, voorziening tegen een besluit te vragen bij het bestuursorgaan dat het besluit heeft genomen.
(Zie ook: art. 7:1 Awb)

Administratief beroep
2. Onder het instellen van administratief beroep wordt verstaan: het gebruik maken van de ingevolge een wettelijk voorschrift bestaande bevoegdheid, voorziening tegen een besluit te vragen bij een ander bestuursorgaan dan hetwelk het besluit heeft genomen.
(Zie ook: art. 7:16 Awb)

Beroep in het bestuursrecht
3. Onder het instellen van beroep wordt verstaan: het instellen van administratief beroep, dan wel van beroep bij een bestuursrechter.
(Zie ook: art. 8:1 Awb; art. 17 Berw; art. 36 Wet RvS; art. 18 Wbbo; art. 26 AWR)

Art. 1:6

Reikwijdte hoofdstukken 2 tot en met 8 en 10 Algemene wet bestuursrecht
De hoofdstukken 2 tot en met 8 en 10 van deze wet zijn niet van toepassing op:
a. de opsporing en vervolging van strafbare feiten, alsmede de tenuitvoerlegging van strafrechtelijke beslissingen;
b. de tenuitvoerlegging van vrijheidsbenemende maatregelen op grond van de Vreemdelingenwet 2000;
c. de tenuitvoerlegging van andere vrijheidsbenemende maatregelen in een inrichting die in hoofdzaak bestemd is voor de tenuitvoerlegging van strafrechtelijke beslissingen;
d. besluiten en handelingen ter uitvoering van de Wet militair tuchtrecht;
e. besluiten en handelingen ter uitvoering van de Wet toetsing levensbeëindiging op verzoek en hulp bij zelfdoding.
(Zie ook: artt. 17, 67 PBW)

Titel 1.2
Uitvoering van bindende besluiten van organen van de Europese Unie

Art. 1:7

Advies en extern overleg bestuursorgaan
1. Indien door een bestuursorgaan ingevolge enig wettelijk voorschrift advies moet worden gevraagd of extern overleg moet worden gevoerd inzake een besluit alvorens een zodanig besluit kan worden genomen, geldt dat voorschrift niet indien het voorgenomen besluit uitsluitend strekt tot uitvoering van een bindend besluit van de Raad van de Europese Unie, van het Europees Parlement en de Raad gezamenlijk of van de Europese Commissie.
(Zie ook: art. 288 VWEU)
2. Het eerste lid is niet van toepassing op het horen van de Raad van State.

Art. 1:8

Voorpublicatie door bestuursorgaan bij uitvoering van Europese besluiten
1. Indien door een bestuursorgaan ingevolge enig wettelijk voorschrift van het ontwerp van een besluit kennis moet worden gegeven alvorens een zodanig besluit kan worden genomen, geldt dat voorschrift niet indien het voorgenomen besluit uitsluitend strekt tot uitvoering van een bindend besluit van de Raad van de Europese Unie, van het Europees Parlement en de Raad gezamenlijk of van de Europese Commissie.

2. Het eerste lid is niet van toepassing op de overlegging van het ontwerp van een algemene maatregel van bestuur of ministeriële regeling aan de Staten-Generaal, indien:
a. bij de wet is bepaald dat door of namens een der Kamers der Staten-Generaal of door een aantal leden daarvan de wens te kennen kan worden gegeven dat het onderwerp of de inwerkingtreding van die algemene maatregel van bestuur of ministeriële regeling bij de wet wordt geregeld, of
b. artikel 21.6, zesde lid, van de Wet milieubeheer van toepassing is.

Art. 1:9
Deze titel is van overeenkomstige toepassing op voorstellen van wet.

Wetsvoorstellen en Europese besluiten

Hoofdstuk 2
Verkeer tussen burgers en bestuursorganen

Afdeling 2.1
Algemene bepalingen

Art. 2:1
1. Een ieder kan zich ter behartiging van zijn belangen in het verkeer met bestuursorganen laten bijstaan of door een gemachtigde laten vertegenwoordigen.
(Zie ook: art. 79 BW Boek 3)
2. Het bestuursorgaan kan van een gemachtigde een schriftelijke machtiging verlangen.
(Zie ook: art. 8:24 Awb; art. 41 AWR; art. 18 GW; art. 70 VW 2000)

Vertegenwoordiging in verkeer met bestuursorganen

Art. 2:2
1. Het bestuursorgaan kan bijstand of vertegenwoordiging door een persoon tegen wie ernstige bezwaren bestaan, weigeren.
2. De belanghebbende en de in het eerste lid bedoelde persoon worden van de weigering onverwijld schriftelijk in kennis gesteld.
3. Het eerste lid is niet van toepassing ten aanzien van advocaten.
(Zie ook: art. 8:25 Awb; § 9BFB)

Weigering vertegenwoordiging door bestuursorgaan

Art. 2:3
1. Het bestuursorgaan zendt geschriften tot behandeling waarvan kennelijk een ander bestuursorgaan bevoegd is, onverwijld door naar dat orgaan, onder gelijktijdige mededeling daarvan aan de afzender.
2. Het bestuursorgaan zendt geschriften die niet voor hem bestemd zijn en die ook niet worden doorgezonden, zo spoedig mogelijk terug aan de afzender.
(Zie ook: art. 6:15 Awb)

Doorzending door bestuursorgaan

Art. 2:4
1. Het bestuursorgaan vervult zijn taak zonder vooringenomenheid.
2. Het bestuursorgaan waakt ertegen dat tot het bestuursorgaan behorende of daarvoor werkzame personen die een persoonlijk belang bij een besluit hebben, de besluitvorming beïnvloeden.
(Zie ook: art. 1:1 Awb; art. 28 Gemw)

Onpartijdigheid bestuursorgaan

Art. 2:5
1. Een ieder die is betrokken bij de uitvoering van de taak van een bestuursorgaan en daarbij de beschikking krijgt over gegevens waarvan hij het vertrouwelijke karakter kent of redelijkerwijs moet vermoeden, en voor wie niet reeds uit hoofde van ambt, beroep of wettelijk voorschrift ter zake van die gegevens een geheimhoudingsplicht geldt, is verplicht tot geheimhouding van die gegevens, behoudens voor zover enig wettelijk voorschrift hem tot mededeling verplicht of uit zijn taak de noodzaak tot mededeling voortvloeit.
2. Het eerste lid is mede van toepassing op instellingen en daartoe behorende of daarvoor werkzame personen die door een bestuursorgaan worden betrokken bij de uitvoering van zijn taak, en op instellingen en daartoe behorende of daarvoor werkzame personen die een bij of krachtens de wet toegekende taak uitoefenen.
(Zie ook: art. 272 WvSr; art. 26 RvO Min; art. 55 Gemw; art. 55 PW)

Geheimhouding betrokkenen bij bestuursorgaan

Afdeling 2.2
Gebruik van de taal in het bestuurlijk verkeer

Art. 2:6
1. Bestuursorganen en onder hun verantwoordelijkheid werkzame personen gebruiken de Nederlandse taal, tenzij bij wettelijk voorschrift anders is bepaald.

Taalgebruik bestuursorganen

A45 art. 2:13

2. In afwijking van het eerste lid kan een andere taal worden gebruikt indien het gebruik daarvan doelmatiger is en de belangen van derden daardoor niet onevenredig worden geschaad.

Art. 2:7-2:12
[Vervallen]

Afdeling 2.3
Verkeer langs elektronische weg

Art. 2:13

Elektronische verzending tussen burgers en bestuursorganen

1. In het verkeer tussen burgers en bestuursorganen kan een bericht elektronisch worden verzonden, mits de bepalingen van deze afdeling in acht worden genomen.

2. Het eerste lid geldt niet, indien:
a. dit bij of krachtens wettelijk voorschrift is bepaald, of
b. een vormvoorschrift zich tegen elektronische verzending verzet.

Art. 2:14

Elektronische verzending door bestuursorgaan

1. Een bestuursorgaan kan een bericht dat tot een of meer geadresseerden is gericht, elektronisch verzenden voor zover de geadresseerde kenbaar heeft gemaakt dat hij langs deze weg voldoende bereikbaar is.

2. Tenzij bij wettelijk voorschrift anders is bepaald, geschiedt de verzending van berichten die niet tot een of meer geadresseerden zijn gericht, niet uitsluitend elektronisch.

3. Indien een bestuursorgaan een bericht elektronisch verzendt, geschiedt dit op een voldoende betrouwbare en vertrouwelijke manier, gelet op de aard en de inhoud van het bericht en het doel waarvoor het wordt gebruikt.

Art. 2:15

Elektronische verzending naar bestuursorgaan

1. Een bericht kan elektronisch naar een bestuursorgaan worden verzonden voor zover het bestuursorgaan kenbaar heeft gemaakt dat deze weg is geopend. Het bestuursorgaan kan nadere eisen stellen aan het gebruik van de elektronische weg.

2. Een bestuursorgaan kan elektronisch verschafte gegevens en bescheiden weigeren voor zover de aanvaarding daarvan tot een onevenredige belasting voor het bestuursorgaan zou leiden.

3. Een bestuursorgaan kan een elektronisch verzonden bericht weigeren voor zover de betrouwbaarheid of vertrouwelijkheid van dit bericht onvoldoende is gewaarborgd, gelet op de aard en de inhoud van het bericht en het doel waarvoor het wordt gebruikt.

4. Het bestuursorgaan deelt een weigering op grond van dit artikel zo spoedig mogelijk aan de afzender mede.

Art. 2:16

Elektronische ondertekening

1. Aan het vereiste van ondertekening is voldaan door een elektronische handtekening, indien de methode die daarbij voor ondertekening is gebruikt, voldoende betrouwbaar is, gelet op de aard en inhoud van het elektronische bericht en het doel waarvoor het wordt gebruikt.

2. Indien de veiligheid en de betrouwbaarheid van het elektronische bericht en het doel waarvoor het wordt gebruikt dit noodzakelijk maken, kan bij wettelijk voorschrift het gebruik worden voorgeschreven van een bepaald type elektronische handtekening als bedoeld in artikel 3, onderdeel 10, van Verordening (EU) nr. 910/2014 van het Europees Parlement en de Raad van 23 juli 2014 (PbEU 2014, L257). Daarbij kunnen aanvullende eisen worden gesteld, tenzij het gaat om een geavanceerde elektronische handtekening als bedoeld in artikel 3, onderdeel 11 of een gekwalificeerde elektronische handtekening als bedoeld in artikel 3, onderdeel 12 van die verordening.

Art. 2:17

Tijdstip van verzending elektronisch bericht door bestuursorgaan

1. Als tijdstip waarop een bericht door een bestuursorgaan elektronisch is verzonden, geldt het tijdstip waarop het bericht een systeem voor gegevensverwerking bereikt waarvoor het bestuursorgaan geen verantwoordelijkheid draagt of, indien het bestuursorgaan en de geadresseerde gebruik maken van hetzelfde systeem voor gegevensverwerking, het tijdstip waarop het bericht toegankelijk wordt voor de geadresseerde.

2. Als tijdstip waarop een bericht door een bestuursorgaan elektronisch is ontvangen, geldt het tijdstip waarop het bericht zijn systeem voor gegevensverwerking heeft bereikt.

Hoofdstuk 3
Algemene bepalingen over besluiten

Afdeling 3.1
Inleidende bepalingen

Art. 3:1
1. Op besluiten, inhoudende algemeen verbindende voorschriften:
a. is afdeling 3.2 slechts van toepassing, voor zover de aard van de besluiten zich daartoe niet verzet;
b. zijn de afdelingen 3.6 en 3.7 niet van toepassing.
2. Op andere handelingen van bestuursorganen dan besluiten zijn de afdelingen 3.2 tot en met 3.4 van overeenkomstige toepassing, voor zover de aard van de handelingen zich daartegen niet verzet.
(Zie ook: art. 14 BW Boek 3)

Toepassingsbereik algemeen verbindende voorschriften

Schakelbepaling

Afdeling 3.2
Zorgvuldigheid en belangenafweging

Art. 3:2
Bij de voorbereiding van een besluit vergaart het bestuursorgaan de nodige kennis omtrent de relevante feiten en de af te wegen belangen.
(Zie ook: artt. 4:2, 4:5, 4:7 Awb)

Zorgvuldige voorbereiding besluit

Art. 3:3
Het bestuursorgaan gebruikt de bevoegdheid tot het nemen van een besluit niet voor een ander doel dan waarvoor die bevoegdheid is verleend.
(Zie ook: art. 13 BW Boek 3)

Détournement de pouvoir

Art. 3:4
1. Het bestuursorgaan weegt de rechtstreeks bij het besluit betrokken belangen af, voor zover niet uit een wettelijk voorschrift of uit de aard van de uit te oefenen bevoegdheid een beperking voortvloeit.
2. De voor een of meer belanghebbenden nadelige gevolgen van een besluit mogen niet onevenredig zijn in verhouding tot de met het besluit te dienen doelen.

Belangenafweging door bestuursorgaan

Evenredigheid nadelige gevolgen besluit

Afdeling 3.3
Advisering

Art. 3:5
1. In deze afdeling wordt verstaan onder adviseur: een persoon of college, bij of krachtens wettelijk voorschrift belast met het adviseren inzake door een bestuursorgaan te nemen besluiten en niet werkzaam onder verantwoordelijkheid van dat bestuursorgaan.
2. Deze afdeling is niet van toepassing op het horen van de Raad van State.
(Zie ook: artt. 7:13, 7:19 Awb; art. 2.17 WMB)

Adviseur bij besluiten

Art. 3:6
1. Indien aan de adviseur niet reeds bij wettelijk voorschrift een termijn is gesteld, kan het bestuursorgaan aangeven binnen welke termijn een advies wordt verwacht. Deze termijn mag niet zodanig kort zijn, dat de adviseur zijn taak niet naar behoren kan vervullen.
2. Indien het advies niet tijdig wordt uitgebracht staat het enkele ontbreken daarvan niet in de weg aan het nemen van het besluit.

Adviestermijn bij besluiten

Art. 3:7
1. Het bestuursorgaan waaraan advies wordt uitgebracht, stelt aan de adviseur, al dan niet op verzoek, de gegevens ter beschikking die nodig zijn voor een goede vervulling van diens taak.
2. Artikel 10 van de Wet openbaarheid van bestuur is van overeenkomstige toepassing.
(Zie ook: artt. 1a, 10 WOB)

Gegevensverstrekking aan adviseur door bestuursorgaan

Art. 3:8
In of bij het besluit wordt de adviseur vermeld die advies heeft uitgebracht.

Vermelding adviseur in besluit

Art. 3:9
Indien een besluit berust op een onderzoek naar feiten en gedragingen dat door een adviseur is verricht, dient het bestuursorgaan zich ervan te vergewissen dat dit onderzoek op zorgvuldige wijze heeft plaatsgevonden.

Integriteit adviseur bij besluit

Art. 3:9a
Deze afdeling is van overeenkomstige toepassing op voorstellen van wet.

Advisering bij wetsvoorstellen

Afdeling 3.4
Uniforme openbare voorbereidingsprocedure

Art. 3:10

Procedure voorbereiding besluit

1. Deze afdeling is van toepassing op de voorbereiding van besluiten indien dat bij wettelijk voorschrift of bij besluit van het bestuursorgaan is bepaald.
2. Tenzij bij wettelijk voorschrift of bij besluit van het bestuursorgaan anders is bepaald, is deze afdeling niet van toepassing op de voorbereiding van een besluit inhoudende de afwijzing van een aanvraag tot intrekking of wijziging van een besluit.
3. Afdeling 4.1.1 is mede van toepassing op andere besluiten dan beschikkingen, indien deze op aanvraag worden genomen en voorbereid overeenkomstig deze afdeling.
4. Indien deze afdeling van toepassing is op de voorbereiding van een besluit is paragraaf 4.1.3.3. niet van toepassing.

Art. 3:11

Terinzagelegging ontwerp besluit

1. Het bestuursorgaan legt het ontwerp van het te nemen besluit, met de daarop betrekking hebbende stukken die redelijkerwijs nodig zijn voor een beoordeling van het ontwerp, ter inzage, met uitzondering van stukken waarvoor bij wettelijk voorschrift mededeling op de in artikel 12 van de Bekendmakingswet bepaalde wijze is voorgeschreven.
(Zie ook: artt. 4:2, 4:5 Awb; art. 2 WOB)
2. Artikel 10 van de Wet openbaarheid van bestuur is van overeenkomstige toepassing. Indien op grond daarvan bepaalde stukken niet ter inzage worden gelegd, wordt daarvan mededeling gedaan.
(Zie ook: artt. 6:3, 7:4, 7:18 Awb)
3. De stukken liggen ter inzage gedurende de in artikel 3:16, eerste lid, bedoelde termijn.
(Zie ook: art. 3:22 Awb)

Art. 3:12

Bekendmaking ontwerp besluit

1. Voorafgaand aan de terinzagelegging geeft het bestuursorgaan in het in artikel 12 van de Bekendmakingswet voor het bestuursorgaan aangewezen publicatieblad op de in dat artikel bepaalde wijze kennis van het ontwerp.
2. In de kennisgeving wordt vermeld:
   a. wie in de gelegenheid worden gesteld om zienswijzen naar voren te brengen;
   b. op welke wijze dit kan geschieden;
   c. indien toepassing is gegeven aan artikel 3:18, tweede lid: de termijn waarbinnen het besluit zal worden genomen.

Art. 3:13

Toezending besluit aan belanghebbenden

1. Indien het besluit tot een of meer belanghebbenden zal zijn gericht, zendt het bestuursorgaan voorafgaand aan de terinzagelegging het ontwerp toe aan hen, onder wie begrepen de aanvrager.
2. Artikel 3:12, tweede lid, is van overeenkomstige toepassing.

Art. 3:14

Aanvulling stukken door bestuursorgaan

1. Het bestuursorgaan vult de ter inzage gelegde stukken aan met nieuwe relevante stukken en gegevens.
2. Artikel 3:11, tweede tot en met derde lid, is van toepassing.

Art. 3:15

Inspraak/zienswijzen belanghebbenden

1. Belanghebbenden kunnen bij het bestuursorgaan naar keuze schriftelijk of mondeling hun zienswijze over het ontwerp naar voren brengen.
2. Bij wettelijk voorschrift of door het bestuursorgaan kan worden bepaald dat ook aan anderen de gelegenheid moet worden geboden hun zienswijze naar voren te brengen.
3. Indien het een besluit op aanvraag betreft, stelt het bestuursorgaan de aanvrager zo nodig in de gelegenheid te reageren op de naar voren gebrachte zienswijzen.
4. Indien het een besluit tot wijziging of intrekking van een besluit betreft, stelt het bestuursorgaan degene tot wie het te wijzigen of in te trekken besluit is gericht zo nodig in de gelegenheid te reageren op de naar voren gebrachte zienswijzen.

Art. 3:16

Termijn voor zienswijzen belanghebbenden en advisering

1. De termijn voor het naar voren brengen van zienswijzen en het uitbrengen van adviezen als bedoeld in afdeling 3.3, bedraagt zes weken, tenzij bij wettelijk voorschrift een langere termijn is bepaald.
2. De termijn vangt aan met ingang van de dag waarop het ontwerp ter inzage is gelegd en daarvan kennis is gegeven.
3. Op schriftelijk naar voren gebrachte zienswijzen zijn de artikelen 6:9, 6:10 en 6:15 van overeenkomstige toepassing.

Art. 3:17

Verslag mondelinge zienswijzen

Van hetgeen overeenkomstig artikel 3:15 mondeling naar voren is gebracht, wordt een verslag gemaakt.

Algemene wet bestuursrecht A45 art. 3:24

Art. 3:18
1. Indien het een besluit op aanvraag betreft, neemt het bestuursorgaan het besluit zo spoedig mogelijk, doch uiterlijk zes maanden na ontvangst van de aanvraag.
2. Indien de aanvraag een zeer ingewikkeld of omstreden onderwerp betreft, kan het bestuursorgaan, alvorens een ontwerp ter inzage te leggen, binnen acht weken na ontvangst van de aanvraag de in het eerste lid bedoelde termijn met een redelijke termijn verlengen. Voordat het bestuursorgaan een besluit tot verlenging neemt, stelt het de aanvrager in de gelegenheid zijn zienswijze daarover naar voren te brengen.
3. In afwijking van het eerste lid neemt het bestuursorgaan het besluit uiterlijk twaalf weken na de terinzagelegging van het ontwerp, indien het een besluit betreft:
a. inzake intrekking van een besluit;
b. inzake wijziging van een besluit en de aanvraag is gedaan door een ander dan degene tot wie het te wijzigen besluit is gericht.
4. Indien geen zienswijzen naar voren zijn gebracht, doet het bestuursorgaan daarvan zo spoedig mogelijk nadat de termijn voor het naar voren brengen van zienswijzen is verstreken, mededeling op de wijze, bedoeld in artikel 3:12, eerste lid. In afwijking van het eerste of derde lid neemt het bestuursorgaan het besluit in dat geval binnen vier weken nadat de termijn voor het naar voren brengen van zienswijzen is verstreken.

Termijn besluit op aanvraag

Afdeling 3.5
Samenhangende besluiten

Paragraaf 3.5.1
Algemeen

Art. 3:19
Deze afdeling is van toepassing op besluiten die nodig zijn om een bepaalde activiteit te mogen verrichten en op besluiten die strekken tot het vaststellen van een financiële aanspraak met het oog op die activiteit.

Reikwijdte

Paragraaf 3.5.2
Informatie

Art. 3:20
1. Het bestuursorgaan bevordert dat een aanvrager in kennis wordt gesteld van andere op aanvraag te nemen besluiten waarvan het bestuursorgaan redelijkerwijs kan aannemen dat deze nodig zijn voor de door de aanvrager te verrichten activiteit.
2. Bij de kennisgeving wordt per besluit in ieder geval vermeld:
a. naam en adres van het bestuursorgaan, bevoegd tot het nemen van het besluit;
b. krachtens welk wettelijk voorschrift het besluit wordt genomen.

Informatieverschaffing door bestuursorgaan

Paragraaf 3.5.3
Coördinatie van besluitvorming en rechtsbescherming

Art. 3:21
1. Deze paragraaf is van toepassing op besluiten ten aanzien waarvan dit is bepaald:
a. bij wettelijk voorschrift, of
b. bij besluit van de tot het nemen van die besluiten bevoegde bestuursorganen.
2. Deze paragraaf is niet van toepassing op besluiten als bedoeld in artikel 4:21, tweede lid, of ten aanzien waarvan bij of krachtens wettelijk voorschrift een periode is vastgesteld, na afloop waarvan wordt beslist op aanvragen die in die periode zijn ingediend.

Toepasselijkheid

Art. 3:22
Bij of krachtens het in artikel 3:21, eerste lid, onderdeel a, bedoelde wettelijk voorschrift of bij het in artikel 3:21, eerste lid, onderdeel b, bedoelde besluit wordt een van de betrokken bestuursorganen aangewezen als coördinerend bestuursorgaan.

Coördinerend bestuursorgaan

Art. 3:23
1. Het coördinerend bestuursorgaan bevordert een doelmatige en samenhangende besluitvorming, waarbij de bestuursorganen bij de beoordeling van de aanvragen in ieder geval rekening houden met de onderlinge samenhang daartussen en tevens letten op de samenhang tussen de te nemen besluiten.
2. De andere betrokken bestuursorganen verlenen de medewerking die voor het welslagen van een doelmatige en samenhangende besluitvorming nodig is.

Taken coördinerend bestuursorgaan

Art. 3:24
1. De besluiten worden zoveel mogelijk gelijktijdig aangevraagd, met dien verstande dat de laatste aanvraag niet later wordt ingediend dan zes weken na ontvangst van de eerste aanvraag.

Aanvragen bij coördinerend bestuursorgaan

Sdu 795

2. De aanvragen worden ingediend bij het coördinerend bestuursorgaan. Het coördinerend bestuursorgaan zendt terstond na ontvangst van de aanvragen een afschrift daarvan aan de bevoegde bestuursorganen.
3. Indien een aanvraag voor een van de besluiten ontbreekt, stelt het coördinerend bestuursorgaan de aanvrager in de gelegenheid de ontbrekende aanvraag binnen een door het coördinerend bestuursorgaan te bepalen termijn in te dienen. Indien de ontbrekende aanvraag niet tijdig wordt ingediend, is het coördinerend bestuursorgaan bevoegd om deze paragraaf ten aanzien van bepaalde besluiten buiten toepassing te laten. In dat geval wordt voor de toepassing van bij wettelijk voorschrift geregelde termijnen het tijdstip waarop tot het buiten toepassing laten wordt beslist, gelijkgesteld met het tijdstip van ontvangst van de aanvraag.
4. Bij het in artikel 3:21, eerste lid, onderdeel a, bedoelde wettelijk voorschrift kan worden bepaald dat de aanvraag voor een besluit niet wordt behandeld indien niet tevens de aanvraag voor een ander besluit is ingediend.

Art. 3:25

Aanvang beslistermijn coördinerend bestuursorgaan

Onverminderd artikel 3:24, derde en vierde lid, vangt de termijn voor het nemen van de besluiten aan met ingang van de dag waarop de laatste aanvraag is ontvangen.

Art. 3:26

Voorbereiding besluiten coördinerend bestuursorgaan

1. Indien op de voorbereiding van een van de besluiten afdeling 3.4 van toepassing is, is die afdeling van toepassing op de voorbereiding van alle besluiten, met inachtneming van het volgende:
a. de ingevolge de artikelen 3:11 en 3:44, eerste lid, onderdeel a, vereiste terinzagelegging geschiedt in ieder geval ten kantore van het coördinerend bestuursorgaan;
b. het coördinerend bestuursorgaan draagt er zorg voor dat de gelegenheid tot het mondeling naar voren brengen van zienswijzen wordt gegeven met betrekking tot de ontwerpen van alle besluiten gezamenlijk;
c. zienswijzen kunnen in ieder geval bij het coördinerend bestuursorgaan naar voren worden gebracht;
d. indien over het ontwerp van een van de besluiten zienswijzen naar voren kunnen worden gebracht door een ieder, geldt dit eveneens met betrekking tot de ontwerpen van de andere besluiten;
e. de ingevolge die afdeling en afdeling 3.6 vereiste mededelingen, kennisgevingen en toezendingen geschieden door het coördinerend bestuursorgaan;
f. alle besluiten worden genomen binnen de termijn die geldt voor het besluit met de langste beslistermijn;
g. de dag van terinzagelegging bij het coördinerend bestuursorgaan is bepalend voor de aanvang van de beroepstermijn ingevolge artikel 6:8, vierde lid.
2. Indien afdeling 3.4 niet van toepassing is, geschiedt de voorbereiding met toepassing of overeenkomstige toepassing van afdeling 4.1.2 en de onderdelen b tot en met f van het eerste lid van dit artikel.

Art. 3:27

Toezending besluiten aan coördinerend bestuursorgaan

1. De bevoegde bestuursorganen zenden de door hen genomen besluiten toe aan het coördinerend bestuursorgaan.
2. Het coördinerend bestuursorgaan maakt de besluiten gelijktijdig bekend en legt deze gelijktijdig ter inzage.

Art. 3:28

Bezwaar en administratief beroep bij coördinerend bestuursorgaan

1. Indien tegen een van de besluiten bezwaar kan worden gemaakt of administratief beroep kan worden ingesteld, geschiedt dit door het indienen van het bezwaar- of beroepschrift bij het coördinerend bestuursorgaan. Het coördinerend bestuursorgaan zendt terstond na ontvangst van het bezwaar- of beroepschrift een afschrift daarvan aan het bevoegde bestuursorgaan.
2. De bevoegde bestuursorganen zenden de door hen genomen beslissingen op bezwaar of beroep toe aan het coördinerend bestuursorgaan. Het coördinerend bestuursorgaan maakt de beslissingen gelijktijdig bekend en doet de ingevolge artikel 7:12, derde lid, of 7:26, vierde lid, vereiste mededelingen.
3. Een beslissing op een verzoek in te stemmen met rechtstreeks beroep bij de bestuursrechter als bedoeld in artikel 7:1a, vierde lid, wordt genomen door het coördinerend bestuursorgaan. Onverminderd artikel 7:1a, tweede lid, wijst het coördinerend bestuursorgaan het verzoek in ieder geval af, indien tegen een van de andere besluiten een bezwaarschrift is ingediend waarin eenzelfde verzoek ontbreekt.

Art. 3:29

Beroep tegen besluit bekendgemaakt door coördinerend bestuursorgaan

1. Indien tegen een of meer van de besluiten beroep kan worden ingesteld bij de rechtbank, staat tegen alle besluiten beroep open bij de rechtbank binnen het rechtsgebied waarvan het coördinerend bestuursorgaan zijn zetel heeft.

Algemene wet bestuursrecht

2. Indien tegen alle besluiten beroep kan worden ingesteld bij een andere bestuursrechter dan de rechtbank, staat tegen alle besluiten beroep open bij:
a. de Afdeling bestuursrechtspraak van de Raad van State, indien tegen een of meer van de besluiten bij de Afdeling beroep kan worden ingesteld;
b. het College van Beroep voor het bedrijfsleven, indien tegen een of meer van de besluiten beroep kan worden ingesteld bij het College en onderdeel a niet van toepassing is;
c. de Centrale Raad van Beroep, indien tegen een of meer van de besluiten beroep kan worden ingesteld bij de Centrale Raad van Beroep en de onderdelen a en b niet van toepassing zijn.
3. Indien tegen de uitspraak van de rechtbank inzake een of meer besluiten hoger beroep kan worden ingesteld bij:
a. de Afdeling bestuursrechtspraak van de Raad van State, staat inzake alle besluiten hoger beroep open bij de Afdeling;
b. het College van Beroep voor het bedrijfsleven en onderdeel a niet van toepassing is, staat inzake alle besluiten hoger beroep open bij het College;
c. de Centrale Raad van Beroep en de onderdelen a en b niet van toepassing zijn, staat inzake alle besluiten hoger beroep open bij de Centrale Raad van Beroep.
4. De ingevolge het eerste lid bevoegde rechtbank of de ingevolge het tweede of derde lid bevoegde bestuursrechter kan de behandeling van de beroepen in eerste aanleg dan wel de hoger beroepen verwijzen naar een andere rechtbank onderscheidenlijk een andere bestuursrechter die voor de behandeling ervan meer geschikt wordt geacht. Artikel 8:13, tweede en derde lid, is van overeenkomstige toepassing.

Art. 3:30-3:33
[Vervallen]

Afdeling 3.6
Bekendmaking en mededeling

Art. 3:40
Een besluit treedt niet in werking voordat het is bekendgemaakt.
(Zie ook: artt. 88, 89 GW; artt. 139, 140 Gemw; art. 136 PW)

Inwerkingtreding besluit

Art. 3:41
1. De bekendmaking van besluiten die tot een of meer belanghebbenden zijn gericht, geschiedt door toezending of uitreiking aan hen, onder wie begrepen de aanvrager.
2. Indien de bekendmaking van het besluit niet kan geschieden op de wijze als voorzien in het eerste lid, geschiedt zij op een andere geschikte wijze.

Bekendmaking besluit aan belanghebbende(n)

Art. 3:42
De bekendmaking van besluiten die niet tot een of meer belanghebbenden zijn gericht, geschiedt op de in de artikelen 5 onderscheidenlijk 6 van de Bekendmakingswet bepaalde wijze.

Art. 3:43
1. Tegelijkertijd met of zo spoedig mogelijk na bekendmaking wordt van het besluit mededeling gedaan aan degenen die bij de voorbereiding ervan hun zienswijze naar voren hebben gebracht. Aan een adviseur als bedoeld in artikel 3:5 wordt in ieder geval mededeling gedaan indien van het advies wordt afgeweken.
2. Bij de mededeling van een besluit wordt tevens vermeld wanneer en hoe de bekendmaking ervan heeft plaatsgevonden.

Mededeling besluit

Art. 3:44
1. Indien bij de voorbereiding van een besluit dat tot een of meer belanghebbenden is gericht toepassing is gegeven aan afdeling 3.4, wordt kennisgegeven van de terinzagelegging van het besluit en van de op de zaak betrekking hebbende stukken:
a. met overeenkomstige toepassing van de artikelen 3:11 en 3:12, eerste lid, met dien verstande dat de stukken ter inzage liggen totdat de beroepstermijn is verstreken, en
b. door toezending van een exemplaar van het besluit aan degenen die over het ontwerp van het besluit zienswijzen naar voren hebben gebracht.
2. Indien bij de voorbereiding van een besluit dat niet tot een of meer belanghebbenden is gericht toepassing is gegeven aan afdeling 3.4, wordt gelijktijdig met de bekendmaking van het besluit kennisgegeven van de terinzagelegging van de op de zaak betrekking hebbende stukken. Het eerste lid, onderdelen a en b, is van overeenkomstige toepassing.
3. Indien bij de voorbereiding van het besluit toepassing is gegeven aan afdeling 3.4, kan het bestuursorgaan in afwijking van artikel 3:43, eerste lid:
a. indien de omvang van het besluit daartoe aanleiding geeft, volstaan met een ieder van de daar bedoelde personen de strekking van het besluit mee te delen;
b. indien een zienswijze door meer dan vijf personen naar voren is gebracht bij hetzelfde geschrift, volstaan met toezending van een exemplaar aan de vijf personen wier namen en adressen als eerste in dat geschrift zijn vermeld.

Mededeling besluit na uniforme openbare voorbereidingsprocedure

c. indien een zienswijze naar voren is gebracht door meer dan vijf personen bij hetzelfde geschrift en de omvang van het besluit daartoe aanleiding geeft, volstaan met het meedelen aan de vijf personen wier namen en adressen als eerste in dat geschrift zijn vermeld, van de strekking van het besluit;
d. indien toezending zou moeten geschieden aan meer dan 250 personen, die toezending achterwege laten.

Art. 3:45

Melding bezwaar- of beroepsmogelijkheden bij besluit

1. Indien tegen een besluit bezwaar kan worden gemaakt of beroep kan worden ingesteld, wordt daarvan bij de bekendmaking en bij de mededeling van het besluit melding gemaakt.

2. Hierbij wordt vermeld door wie, binnen welke termijn en bij welk orgaan bezwaar kan worden gemaakt of beroep kan worden ingesteld.
(Zie ook: artt. 6:7, 6:15, 6:23 Awb)

Afdeling 3.7
Motivering

Art. 3:46

Deugdelijke motivering van besluit

Een besluit dient te berusten op een deugdelijke motivering.

Art. 3:47

Vermelding motivering bij besluit

1. De motivering wordt vermeld bij de bekendmaking van het besluit.
(Zie ook: art. 3:27 Awb)

2. Daarbij wordt zo mogelijk vermeld krachtens welk wettelijk voorschrift het besluit wordt genomen.

3. Indien de motivering in verband met de vereiste spoed niet aanstonds bij de bekendmaking van het besluit kan worden vermeld, verstrekt het bestuursorgaan deze binnen een week na de bekendmaking.

4. In dat geval zijn de artikelen 3:41 tot en met 3:43 van overeenkomstige toepassing.

Art. 3:48

Geen motivering van besluit

1. De vermelding van de motivering kan achterwege blijven indien redelijkerwijs kan worden aangenomen dat daaraan geen behoefte bestaat.

2. Verzoekt een belanghebbende binnen een redelijke termijn om de motivering, dan wordt deze zo spoedig mogelijk verstrekt.

Art. 3:49

Advies als motivering besluit

Ter motivering van een besluit of een onderdeel daarvan kan worden volstaan met een verwijzing naar een met het oog daarop uitgebracht advies, indien het advies zelf de motivering bevat en van het advies kennis is of wordt gegeven.

Art. 3:50

Afwijking van advies over besluit

Indien het bestuursorgaan een besluit neemt dat afwijkt van een met het oog daarop krachtens wettelijk voorschrift uitgebracht advies, wordt zulks met de redenen voor de afwijking in de motivering vermeld.

Hoofdstuk 4
Bijzondere bepalingen over besluiten

Titel 4.1
Beschikkingen

Afdeling 4.1.1
De aanvraag

Art. 4:1

Aanvraag beschikking

Tenzij bij wettelijk voorschrift anders is bepaald, wordt de aanvraag tot het geven van een beschikking schriftelijk ingediend bij het bestuursorgaan dat bevoegd is op de aanvraag te beslissen.

Art. 4:2

Vereisten aanvraag beschikking

1. De aanvraag wordt ondertekend en bevat ten minste:
a. de naam en het adres van de aanvrager;
b. de dagtekening;
c. een aanduiding van de beschikking die wordt gevraagd.

2. De aanvrager verschaft voorts de gegevens en bescheiden die voor de beslissing op de aanvraag nodig zijn en waarover hij redelijkerwijs de beschikking kan krijgen.

Art. 4:3

Gegevensverschaffing aanvrager beschikking

1. De aanvrager kan weigeren gegevens en bescheiden te verschaffen voor zover het belang daarvan voor de beslissing van het bestuursorgaan niet opweegt tegen het belang van de eerbie-

Algemene wet bestuursrecht **A45** art. 4:8

diging van de persoonlijke levenssfeer, met inbegrip van de bescherming van medische en psychologische onderzoeksresultaten, of tegen het belang van de bescherming van bedrijfs- en fabricagegegevens.
2. Het eerste lid is niet van toepassing op bij wettelijk voorschrift aangewezen gegevens en bescheiden waarvan is bepaald dat deze dienen te worden overgelegd.
(Zie ook: art. 2:5 Awb; art. 10 GW)

Art. 4:3a
Het bestuursorgaan bevestigt de ontvangst van een elektronisch ingediende aanvraag.

Elektronische aanvraag beschikking

Art. 4:4
Het bestuursorgaan dat bevoegd is op de aanvraag te beslissen, kan voor het indienen van aanvragen en het verstrekken van gegevens een formulier vaststellen, voor zover daarin niet is voorzien bij wettelijk voorschrift.

Formulier voor aanvraag beschikking

Art. 4:5
1. Het bestuursorgaan kan besluiten de aanvraag niet te behandelen, indien:
a. de aanvrager niet heeft voldaan aan enig wettelijk voorschrift voor het in behandeling nemen van de aanvraag, of
b. de aanvraag geheel of gedeeltelijk is geweigerd op grond van artikel 2:15, of
c. de verstrekte gegevens en bescheiden onvoldoende zijn voor de beoordeling van de aanvraag of voor de voorbereiding van de beschikking,
mits de aanvrager de gelegenheid heeft gehad de aanvraag binnen een door het bestuursorgaan gestelde termijn aan te vullen.
2. Indien de aanvraag of een van de daarbij behorende gegevens of bescheiden in een vreemde taal is gesteld en een vertaling daarvan voor de beoordeling van de aanvraag of voor de voorbereiding van de beschikking noodzakelijk is, kan het bestuursorgaan besluiten de aanvraag niet te behandelen, mits de aanvrager de gelegenheid heeft gehad binnen een door het bestuursorgaan gestelde termijn de aanvraag met een vertaling aan te vullen.
3. Indien de aanvraag of een van de daarbij behorende gegevens of bescheiden omvangrijk of ingewikkeld is en een samenvatting voor de beoordeling van de aanvraag of voor de voorbereiding van de beschikking noodzakelijk is, kan het bestuursorgaan besluiten de aanvraag niet te behandelen, mits de aanvrager de gelegenheid heeft gehad binnen een door het bestuursorgaan gestelde termijn de aanvraag met een samenvatting aan te vullen.
4. Een besluit om de aanvraag niet te behandelen wordt aan de aanvrager bekendgemaakt binnen vier weken nadat de aanvraag is aangevuld of nadat de daarvoor gestelde termijn ongebruikt is verstreken.
(Zie ook: artt. 4:15, 6:2, 6:3, 6:20 Awb)

Afwijzing behandeling beschikking

Art. 4:6
1. Indien na een geheel of gedeeltelijk afwijzende beschikking een nieuwe aanvraag wordt gedaan, is de aanvrager gehouden nieuw gebleken feiten of veranderde omstandigheden te vermelden.
2. Wanneer geen nieuw gebleken feiten of veranderde omstandigheden worden vermeld, kan het bestuursorgaan zonder toepassing te geven aan artikel 4:5 de aanvraag afwijzen onder verwijzing naar zijn eerdere afwijzende beschikking.
(Zie ook: art. 68 WvSr; art. 4 EVRM)

Hernieuwde aanvraag beschikking

Afdeling 4.1.2
De voorbereiding

Art. 4:7
1. Voordat een bestuursorgaan een aanvraag tot het geven van een beschikking geheel of gedeeltelijk afwijst, stelt het de aanvrager in de gelegenheid zijn zienswijze naar voren te brengen indien:
a. de afwijzing zou steunen op gegevens over feiten en belangen die de aanvrager betreffen, en
b. die gegevens afwijken van gegevens die de aanvrager ter zake zelf heeft verstrekt.
2. Het eerste lid geldt niet indien sprake is van een afwijzing van de aanvraag die slechts van geringe betekenis voor de aanvrager kan zijn.
(Zie ook: artt. 7:2, 7:3, 7:16, 7:17 Awb)

Horen/zienswijze aanvrager beschikking

Art. 4:8
1. Voordat een bestuursorgaan een beschikking geeft waartegen een belanghebbende die de beschikking niet heeft aangevraagd naar verwachting bedenkingen zal hebben, stelt het die belanghebbende in de gelegenheid zijn zienswijze naar voren te brengen indien:
a. de beschikking zou steunen op gegevens over feiten en belangen die de belanghebbende betreffen, en
b. die gegevens niet door de belanghebbende zelf ter zake zijn verstrekt.

Horen/zienswijze

A45 art. 4:9 — Algemene wet bestuursrecht

2. Het eerste lid geldt niet indien de belanghebbende niet heeft voldaan aan een wettelijke verplichting gegevens te verstrekken.
(Zie ook: art. 49 Gemw)

Vorm van zienswijze op beschikking

Art. 4:9
Bij toepassing van de artikelen 4:7 en 4:8 kan de belanghebbende naar keuze schriftelijk of mondeling zijn zienswijze naar voren brengen.

Art. 4:10
[Vervallen]

Art. 4:11

Uitzonderingen hoorplicht

Het bestuursorgaan kan toepassing van de artikelen 4:7 en 4:8 achterwege laten voor zover:
a. de vereiste spoed zich daartegen verzet;
b. de belanghebbende reeds eerder in de gelegenheid is gesteld zijn zienswijze naar voren te brengen en zich sindsdien geen nieuwe feiten of omstandigheden hebben voorgedaan, of
c. het met de beschikking beoogde doel slechts kan worden bereikt indien de belanghebbende daarvan niet reeds tevoren in kennis is gesteld.
(Zie ook: artt. 4:7, 4:8 Awb)

Art. 4:12

Uitzonderingen hoorplicht

1. Het bestuursorgaan kan toepassing van de artikelen 4:7 en 4:8 voorts achterwege laten bij een beschikking die strekt tot het vaststellen van een financiële verplichting of aanspraak indien:
a. tegen die beschikking bezwaar kan worden gemaakt of administratief beroep kan worden ingesteld, en
b. de nadelige gevolgen na bezwaar of administratief beroep volledig ongedaan kunnen worden gemaakt.
2. Het eerste lid geldt niet bij een beschikking die strekt tot:
a. het op grond van artikel 4:35 of met toepassing van artikel 4:51 weigeren van een subsidie;
b. het op grond van artikel 4:46, tweede lid, lager vaststellen van een subsidie, of
c. het intrekken of ten nadele van de ontvanger wijzigen van een subsidieverlening of een subsidievaststelling.
(Zie ook: § 10BFB)

Afdeling 4.1.3
Beslistermijn

§ 4.1.3.1
Beslistermijn

Art. 4:13

Beslistermijn beschikking

1. Een beschikking dient te worden gegeven binnen de bij wettelijk voorschrift bepaalde termijn of, bij het ontbreken van zulk een termijn, binnen een redelijke termijn na ontvangst van de aanvraag.
2. De in het eerste lid bedoelde redelijke termijn is in ieder geval verstreken wanneer het bestuursorgaan binnen acht weken na ontvangst van de aanvraag geen beschikking heeft gegeven, noch een mededeling als bedoeld in artikel 4:14, derde lid, heeft gedaan.
(Zie ook: artt. 1:3, 6:2, 6:3 Awb; artt. 25, 42 VW 2000)

Art. 4:14

Verlenging beslistermijn beschikking

1. Indien een beschikking niet binnen de bij wettelijk voorschrift bepaalde termijn kan worden gegeven, deelt het bestuursorgaan dit aan de aanvrager mede en noemt het daarbij een zo kort mogelijke termijn waarbinnen de beschikking wel tegemoet kan worden gezien.
(Zie ook: art. 6:2 Awb)
2. Het eerste lid is niet van toepassing indien het bestuursorgaan na het verstrijken van de bij wettelijk voorschrift bepaalde termijn niet langer bevoegd is.
3. Indien, bij het ontbreken van een bij wettelijk voorschrift bepaalde termijn, een beschikking niet binnen acht weken kan worden gegeven, deelt het bestuursorgaan dit binnen deze termijn aan de aanvrager mede en noemt het daarbij een redelijke termijn binnen welke de beschikking wel tegemoet kan worden gezien.

Art. 4:15

Opschorting termijn beschikking

1. De termijn voor het geven van een beschikking wordt opgeschort met ingang van de dag na die waarop het bestuursorgaan:
a. de aanvrager krachtens artikel 4:5 uitnodigt de aanvraag aan te vullen, tot de dag waarop de aanvraag is aangevuld of de daarvoor gestelde termijn ongebruikt is verstreken, of
b. de aanvrager mededeelt dat voor de beschikking op de aanvraag redelijkerwijs noodzakelijke informatie aan een buitenlandse instantie is gevraagd, tot de dag waarop deze informatie is ontvangen of verder uitstel niet meer redelijk is.
2. De termijn voor het geven van een beschikking wordt voorts opgeschort:
a. gedurende de termijn waarvoor de aanvrager schriftelijk met uitstel heeft ingestemd,

b. zolang de vertraging aan de aanvrager kan worden toegerekend, of
c. zolang het bestuursorgaan door overmacht niet in staat is een beschikking te geven.
3. In geval van overmacht deelt het bestuursorgaan zo spoedig mogelijk aan de aanvrager mede dat de beslistermijn is opgeschort, alsmede binnen welke termijn de beschikking wel tegemoet kan worden gezien.
4. Indien de opschorting eindigt, doet het bestuursorgaan daarvan in de gevallen, bedoeld in het eerste lid, onderdeel b, of het tweede lid, onderdelen b en c, zo spoedig mogelijk mededeling aan de aanvrager, onder vermelding van de termijn binnen welke de beschikking alsnog moet worden gegeven.

§ 4.1.3.2
Dwangsom bij niet tijdig beslissen

Art. 4:16
[Vervallen]

Art. 4:17
1. Indien een beschikking op aanvraag niet tijdig wordt gegeven, verbeurt het bestuursorgaan aan de aanvrager een dwangsom voor elke dag dat het in gebreke is, doch voor ten hoogste 42 dagen. De Algemene termijnenwet is op laatstgenoemde termijn niet van toepassing.   **Dwangsom bestuursorgaan**
2. De dwangsom bedraagt de eerste veertien dagen € 23 per dag, de daaropvolgende veertien dagen € 35 per dag en de overige dagen € 45 per dag.
3. De eerste dag waarover de dwangsom verschuldigd is, is de dag waarop twee weken zijn verstreken na de dag waarop de termijn voor het geven van de beschikking is verstreken en het bestuursorgaan van de aanvrager een schriftelijke ingebrekestelling heeft ontvangen.
4. Indien de aanvraag elektronisch kon worden gedaan, is artikel 4:3a van overeenkomstige toepassing op de ingebrekestelling.
5. Beroep tegen het niet tijdig geven van de beschikking schort de dwangsom niet op.
6. Geen dwangsom is verschuldigd indien:
a. het bestuursorgaan onredelijk laat in gebreke is gesteld,
b. de aanvrager geen belanghebbende is, of
c. de aanvraag kennelijk niet-ontvankelijk of kennelijk ongegrond is.
7. Indien er meer dan één aanvrager is, is de dwangsom aan ieder van de aanvragers voor een gelijk deel verschuldigd.

Art. 4:18
Het bestuursorgaan stelt de verschuldigdheid en de hoogte van de dwangsom bij beschikking vast binnen twee weken na de laatste dag waarover de dwangsom verschuldigd was.   **Vaststelling dwangsom bestuursorgaan**

Art. 4:19
1. Het bezwaar, beroep of hoger beroep tegen de beschikking op de aanvraag heeft mede betrekking op een beschikking tot vaststelling van de hoogte van de dwangsom, voorzover de belanghebbende deze beschikking betwist.   **Bezwaar en beroep bij dwangsom bestuursorgaan**
2. De bestuursrechter kan de beslissing op het beroep of hoger beroep inzake de beschikking tot vaststelling van de hoogte van de dwangsom echter verwijzen naar een ander orgaan, indien behandeling door dit orgaan gewenst is.
3. In beroep of hoger beroep legt de belanghebbende zo mogelijk een afschrift over van de beschikking die hij betwist.
4. Het eerste tot en met het derde lid zijn van overeenkomstige toepassing op een verzoek om voorlopige voorziening.

Art. 4:20
Het bestuursorgaan kan onverschuldigd betaalde dwangsommen terugvorderen voor zover na de dag waarop de beschikking, bedoeld in artikel 4:18 is vastgesteld, nog geen vijf jaren zijn verstreken.   **Terugvordering dwangsom bestuursorgaan**

§ 4.1.3.3
Positieve fictieve beschikking bij niet tijdig beslissen

Art. 4:20a
1. Deze paragraaf is van toepassing indien dit bij wettelijk voorschrift is bepaald.   **Reikwijdte**
2. Paragraaf 4.1.3.2 is niet van toepassing indien deze paragraaf van toepassing is.

Art. 4:20b
1. Indien niet tijdig op de aanvraag tot het geven van een beschikking is beslist, is de gevraagde beschikking van rechtswege gegeven.   **Beschikking van rechtswege**
2. De verlening van rechtswege geldt als een beschikking.
3. In afwijking van artikel 3:40 treedt de beschikking in werking op de derde dag na afloop van de beslistermijn.

Art. 4:20c

Bekendmaking beschikking van rechtswege

1. Het bestuursorgaan maakt de beschikking bekend binnen twee weken nadat zij van rechtswege is gegeven.
2. Bij de bekendmaking en mededeling van de beschikking wordt vermeld dat de beschikking van rechtswege is gegeven.

Art. 4:20d

Dwangsom bij beschikking van rechtswege

1. Indien het bestuursorgaan de beschikking niet overeenkomstig artikel 4:20c binnen twee weken heeft bekendgemaakt, verbeurt het na een daarop volgende ingebrekestelling door de aanvrager een dwangsom vanaf de dag dat twee weken zijn verstreken sinds die ingebrekestelling.
2. De dwangsom wordt berekend overeenkomstig artikel 4:17, eerste en tweede lid.
3. De artikelen 4:17, vierde lid, en zesde lid, onder a en b, en 4:18 tot en met 4:20 zijn van overeenkomstige toepassing.

Art. 4:20e

Voorschriften in beschikking van rechtswege

Indien in een wettelijk voorschrift of een beleidsregel is bepaald dat in een beschikking steeds bepaalde voorschriften worden opgenomen, dan maken deze ook deel uit van de beschikking van rechtswege.

Art. 4:20f

Voorwaarden en intrekking beschikking van rechtswege

1. Het bestuursorgaan kan aan de beschikking van rechtswege alsnog voorschriften verbinden of de beschikking intrekken voor zover dit nodig is om ernstige gevolgen voor het algemeen belang te voorkomen.
2. Een beschikking als bedoeld in het eerste lid kan slechts worden genomen binnen zes weken na de bekendmaking van de beschikking van rechtswege.
3. Het bestuursorgaan vergoedt de schade die door de wijziging of intrekking bedoeld in het eerste lid wordt veroorzaakt.

Titel 4.2
Subsidies

Afdeling 4.2.1
Inleidende bepalingen

Art. 4:21

Subsidie

1. Onder subsidie wordt verstaan: de aanspraak op financiële middelen, door een bestuursorgaan verstrekt met het oog op bepaalde activiteiten van de aanvrager, anders dan als betaling voor aan het bestuursorgaan geleverde goederen of diensten.

Uitzonderingen

2. Deze titel is niet van toepassing op aanspraken of verplichtingen die voortvloeien uit een wettelijk voorschrift inzake:
a. belastingen,
b. de heffing van een premie dan wel een premievervangende belasting ingevolge de Wet financiering sociale verzekeringen, of
c. de heffing van een inkomensafhankelijke bijdrage dan wel een bijdragevervangende belasting ingevolge de Zorgverzekeringswet.
3. Deze titel is niet van toepassing op de aanspraak op financiële middelen die wordt verstrekt op grond van een wettelijk voorschrift dat uitsluitend voorziet in verstrekking aan rechtspersonen die krachtens publiekrecht zijn ingesteld.
4. Deze titel is van overeenkomstige toepassing op de bekostiging van het onderwijs en onderzoek.

Art. 4:22

Subsidieplafond

Onder subsidieplafond wordt verstaan: het bedrag dat gedurende een bepaald tijdvak ten hoogste beschikbaar is voor de verstrekking van subsidies krachtens een bepaald wettelijk voorschrift.

Art. 4:23

Subsidieverstrekking

1. Een bestuursorgaan verstrekt slechts subsidie op grond van een wettelijk voorschrift dat regelt voor welke activiteiten subsidie kan worden verstrekt.
2. Indien een zodanig wettelijk voorschrift is opgenomen in een niet op een wet berustende algemene maatregel van bestuur, vervalt dat voorschrift vier jaren nadat het in werking is getreden, tenzij voor dat tijdstip een voorstel van wet bij de Staten-Generaal is ingediend waarin de subsidie wordt geregeld.
3. Het eerste lid is niet van toepassing:
a. in afwachting van de totstandkoming van een wettelijk voorschrift gedurende ten hoogste een jaar of totdat een binnen dat jaar bij de Staten-Generaal ingediend wetsvoorstel is verworpen of tot wet is verheven en in werking is getreden;
b. indien de subsidie rechtstreeks op grond van een door de Raad van de Europese Unie, het Europees Parlement en de Raad gezamenlijk of de Europese Commissie vastgesteld programma wordt verstrekt;

Algemene wet bestuursrecht A45 art. 4:32

c. indien de begroting de subsidie-ontvanger en het bedrag waarop de subsidie ten hoogste kan worden vastgesteld, vermeldt, of
d. in incidentele gevallen, mits de subsidie voor ten hoogste vier jaren wordt verstrekt.
4. Het bestuursorgaan publiceert jaarlijks een verslag van de verstrekking van subsidies met toepassing van het derde lid, onderdelen *a* en *d*.

Art. 4:24
Indien een subsidie op een wettelijk voorschrift berust, wordt ten minste eenmaal in de vijf jaren een verslag gepubliceerd over de doeltreffendheid en de effecten van de subsidie in de praktijk, tenzij bij wettelijk voorschrift anders is bepaald.

Verslag over subsidies

Afdeling 4.2.2
Het subsidieplafond

Art. 4:25
1. Een subsidieplafond kan slechts bij of krachtens wettelijk voorschrift worden vastgesteld.
2. Een subsidie wordt geweigerd voor zover door verstrekking van de subsidie het subsidieplafond zou worden overschreden.
3. Indien niet tijdig, dan wel in bezwaar of beroep of ter uitvoering van een rechterlijke uitspraak omtrent verstrekking wordt beslist, geldt de verplichting het tweede lid slechts voor zover zij ook gold op het tijdstip, waarop de beslissing in eerste aanleg werd genomen of had moeten worden genomen.

Vaststelling subsidieplafond

Art. 4:26
1. Bij of krachtens wettelijk voorschrift wordt bepaald hoe het beschikbare bedrag wordt verdeeld.
2. Bij de bekendmaking van het subsidieplafond wordt de wijze van verdeling vermeld.

Verdeling subsidie

Art. 4:27
1. Het subsidieplafond wordt bekendgemaakt voor de aanvang van het tijdvak waarvoor het is vastgesteld.
2. Indien het subsidieplafond of een verlaging daarvan later wordt bekendgemaakt, heeft deze bekendmaking geen gevolgen voor voordien ingediende aanvragen.

Bekendmaking subsidieplafond

Art. 4:28
Artikel 4:27, tweede lid, is niet van toepassing, indien:
a. de aanvragen voor het tijdvak waarvoor het subsidieplafond is vastgesteld ingevolge wettelijk voorschrift moeten worden ingediend op een tijdstip waarop de begroting nog niet is vastgesteld of goedgekeurd;
b. het een verlaging betreft die voortvloeit uit de vaststelling of goedkeuring van de begroting, en
c. bij de bekendmaking van het subsidieplafond is gewezen op de mogelijkheid van verlaging en de gevolgen daarvan voor reeds ingediende aanvragen.

Uitzondering gevolgen verlaging subsidieplafond

Afdeling 4.2.3
De subsidieverlening

Art. 4:29
Tenzij bij wettelijk voorschrift anders is bepaald kan voorafgaand aan een subsidievaststelling een beschikking omtrent subsidieverlening worden gegeven, indien een aanvraag daartoe is ingediend voor de afloop van de activiteit of het tijdvak waarvoor de subsidie wordt gevraagd.

Subsidieverlening vóór vaststelling

Art. 4:30
1. De beschikking tot subsidieverlening bevat een omschrijving van de activiteiten waarvoor subsidie wordt verleend.
2. De omschrijving kan later worden uitgewerkt, voor zover de beschikking tot subsidieverlening dit vermeldt.

Activiteiten in beschikking tot subsidieverlening

Art. 4:31
1. De beschikking tot subsidieverlening vermeldt het bedrag van de subsidie, dan wel de wijze waarop dit bedrag wordt bepaald.
2. Indien de beschikking tot subsidieverlening het bedrag van de subsidie niet vermeldt, vermeldt zij het bedrag waarop de subsidie ten hoogste kan worden vastgesteld, tenzij bij wettelijk voorschrift anders is bepaald.

Bedrag in beschikking tot subsidieverlening

Art. 4:32
Een subsidie in de vorm van een periodieke aanspraak op financiële middelen wordt verleend voor een bepaald tijdvak, dat in de beschikking tot subsidieverlening wordt vermeld.

Periodieke aanspraak op subsidie

Algemene wet bestuursrecht

Voorwaarden voor subsidieverlening

Art. 4:33
Een subsidie kan niet worden verleend onder de voorwaarde dat uitsluitend het bestuursorgaan of uitsluitend de subsidie-ontvanger een bepaalde handeling verricht, tenzij het betreft de voorwaarde dat:
a. de subsidie-ontvanger medewerkt aan de totstandkoming van een overeenkomst ter uitvoering van de beschikking tot subsidieverlening, of
b. de subsidie-ontvanger aantoont dat een gebeurtenis, niet zijnde een handeling van het bestuursorgaan of van de subsidie-ontvanger, heeft plaatsgevonden.

Subsidie bij niet vastgestelde begroting

Art. 4:34
1. Voor zover een subsidie wordt verleend ten laste van een begroting die nog niet is vastgesteld of goedgekeurd, kan zij worden verleend onder de voorwaarde dat voldoende gelden ter beschikking worden gesteld.
2. De voorwaarde kan niet worden gesteld, voor zover zulks voortvloeit uit het wettelijk voorschrift waarop de subsidie berust.
3. De voorwaarde vervalt, indien het bestuursorgaan daarop niet binnen vier weken na de vaststelling of goedkeuring van de begroting een beroep heeft gedaan.
4. Het beroep op de voorwaarde geschiedt bij een subsidie voor een activiteit die door het bestuursorgaan ook in het voorafgaande begrotingsjaar werd gesubsidieerd door een intrekking wegens veranderde omstandigheden overeenkomstig artikel 4:50.
5. In andere gevallen geschiedt het beroep op de voorwaarde door een intrekking overeenkomstig artikel 4:48, eerste lid.

Weigering subsidie

Art. 4:35
1. De subsidieverlening kan in ieder geval worden geweigerd indien een gegronde reden bestaat om aan te nemen dat:
a. de activiteiten niet of niet geheel zullen plaatsvinden;
b. de aanvrager niet zal voldoen aan de aan de subsidie verbonden verplichtingen;
c. de aanvrager niet op een behoorlijke wijze rekening en verantwoording zal afleggen omtrent de verrichte activiteiten en de daaraan verbonden uitgaven en inkomsten, voor zover deze voor de vaststelling van de subsidie van belang zijn.
2. De subsidieverlening kan voorts in ieder geval worden geweigerd indien de aanvrager:
a. in het kader van de aanvraag onjuiste of onvolledige gegevens heeft verstrekt en de verstrekking van deze gegevens tot een onjuiste beschikking op de aanvraag zou hebben geleid, of
b. failliet is verklaard of aan hem surséance van betaling is verleend of ten aanzien van hem de schuldsaneringsregeling natuurlijke personen van toepassing is verklaard, dan wel een verzoek daartoe bij de rechtbank is ingediend.
3. De subsidieverlening wordt voorts geweigerd indien de verstrekking van subsidie naar het oordeel van het bestuursorgaan niet verenigbaar is met het bepaalde in de artikelen 107 en 108 van het Verdrag betreffende de werking van de Europese Unie.

Subsidieovereenkomst

Art. 4:36
1. Ter uitvoering van de beschikking tot subsidieverlening kan een overeenkomst worden gesloten.
2. Tenzij bij wettelijk voorschrift anders is bepaald of de aard van de subsidie zich daartegen verzet, kan in de overeenkomst worden bepaald dat de subsidie-ontvanger verplicht is de activiteiten te verrichten waarvoor de subsidie is verleend.

Afdeling 4.2.4
Verplichtingen van de subsidie-ontvanger

Verplichtingen aan subsidie

Art. 4:37
1. Het bestuursorgaan kan de subsidie-ontvanger verplichtingen opleggen met betrekking tot:
a. aard en omvang van de activiteiten waarvoor subsidie wordt verleend;
b. de administratie van aan de activiteiten verbonden uitgaven en inkomsten;
c. het vóór de subsidievaststelling verstrekken van gegevens en bescheiden die nodig zijn voor een beslissing omtrent de subsidie;
d. de te verzekeren risico's;
e. het stellen van zekerheid voor verleende voorschotten;
f. het afleggen van rekening en verantwoording omtrent de verrichte activiteiten en de daaraan verbonden uitgaven en inkomsten, voor zover deze voor de vaststelling van de subsidie van belang zijn;
g. het beperken of wegnemen van de nadelige gevolgen van de subsidie voor derden;
h. het uitoefenen van controle door een accountant als bedoeld in artikel 393, eerste lid, van Boek 2 van het Burgerlijk Wetboek op het door het bestuursorgaan gevoerde financiële beheer en de financiële verantwoording daarover.
2. Indien een verplichting als bedoeld in het eerste lid, onderdeel c, wordt opgelegd, zijn de artikelen 4:3 en 4:4 van overeenkomstige toepassing.

Algemene wet bestuursrecht

A45 art. 4:44

Art. 4:38
1. Het bestuursorgaan kan de subsidie-ontvanger ook andere verplichtingen opleggen die strekken tot verwezenlijking van het doel van de subsidie.
2. Indien de subsidie op een wettelijk voorschrift berust, worden de verplichtingen opgelegd bij wettelijk voorschrift of krachtens wettelijk voorschrift bij de subsidieverlening.
3. Indien de subsidie niet op een wettelijk voorschrift berust, kunnen de verplichtingen worden opgelegd bij de subsidieverlening.

Andere verplichtingen aan subsidie

Art. 4:39
1. Verplichtingen die niet strekken tot verwezenlijking van het doel van de subsidie kunnen slechts aan de subsidie worden verbonden voor zover dit bij wettelijk voorschrift is bepaald.
2. Verplichtingen als bedoeld in het eerste lid kunnen slechts betrekking hebben op de wijze waarop of de middelen waarmee de gesubsidieerde activiteit wordt verricht.

Niet-doelgebonden verplichtingen aan subsidie

Art. 4:40
De verplichtingen kunnen na de subsidieverlening worden uitgewerkt, voor zover de beschikking tot subsidieverlening dit vermeldt.

Uitwerking verplichtingen aan subsidie

Art. 4:41
1. In de gevallen, genoemd in het tweede lid, is de subsidie-ontvanger, voor zover het verstrekken van de subsidie heeft geleid tot vermogensvorming, daarvoor een vergoeding verschuldigd aan het bestuursorgaan, mits:
a. dit bij wettelijk voorschrift of, indien de subsidie niet op een wettelijk voorschrift berust, bij de subsidieverlening is bepaald, en
b. daarbij is aangegeven hoe de hoogte van de vergoeding wordt bepaald.
2. De vergoeding is slechts verschuldigd indien:
a. de subsidie-ontvanger voor de gesubsidieerde activiteiten gebruikte of bestemde goederen vervreemdt of bezwaart of de bestemming daarvan wijzigt;
b. de subsidie-ontvanger een schadevergoeding ontvangt voor verlies of beschadiging van voor de gesubsidieerde activiteiten gebruikte of bestemde goederen;
c. de gesubsidieerde activiteiten geheel of gedeeltelijk worden beëindigd;
d. de subsidieverlening of de subsidievaststelling wordt ingetrokken of de subsidie wordt beëindigd, of
e. de rechtspersoon die de subsidie ontving wordt ontbonden.
3. De vergoeding wordt vastgesteld binnen een jaar nadat het bestuursorgaan op de hoogte is gekomen of kon zijn van de gebeurtenis die het recht op vergoeding deed ontstaan, doch in ieder geval binnen vijf jaren na de bekendmaking van de laatste beschikking tot subsidievaststelling.

Vergoeding door subsidieontvanger

Vaststelling vergoeding subsidieontvanger

Afdeling 4.2.5
De subsidievaststelling

Art. 4:42
De beschikking tot subsidievaststelling stelt het bedrag van de subsidie vast en geeft aanspraak op betaling van het vastgestelde bedrag overeenkomstig afdeling 4.2.7.

Subsidievaststelling

Art. 4:43
1. Indien geen beschikking tot subsidieverlening is gegeven, bevat de beschikking tot subsidievaststelling een aanduiding van de activiteiten waarvoor subsidie wordt verstrekt.
2. De artikelen 4:32, 4:35, tweede en derde lid, 4:38 en 4:39 zijn van overeenkomstige toepassing.

Activiteiten in subsidievaststelling

Art. 4:44
1. Indien een beschikking tot subsidieverlening is gegeven, dient de subsidie-ontvanger na afloop van de activiteiten of het tijdvak waarvoor de subsidie is verleend een aanvraag tot vaststelling van de subsidie in, tenzij:
a. de subsidie met toepassing van artikel 4:47, onderdeel a , ambtshalve wordt vastgesteld;
b. bij wettelijk voorschrift of bij de subsidieverlening is bepaald dat de aanvraag wordt ingediend telkens na afloop van een gedeelte van het tijdvak waarvoor de subsidie is verleend, of
c. de vaststelling van de subsidie bij een overeenkomst als bedoeld in artikel 4:36, eerste lid, anders is geregeld.
2. Indien bij wettelijk voorschrift geen termijn is bepaald, wordt de aanvraag tot vaststelling ingediend binnen een bij de subsidieverlening te bepalen termijn.
3. Indien voor de indiening van de aanvraag tot vaststelling geen termijn is bepaald of de aanvraag na afloop van de daarvoor bepaalde termijn niet is ingediend kan het bestuursorgaan de subsidie-ontvanger een termijn stellen binnen welke de aanvraag moet zijn ingediend.
4. Indien na afloop van deze termijn geen aanvraag is ingediend, kan de subsidie ambtshalve worden vastgesteld.

Aanvraag tot vaststelling subsidie

Ambtshalve vaststelling subsidie

Sdu 805

Art. 4:45

Aantonen activiteiten bij subsidievaststelling

1. Bij de aanvraag tot subsidievaststelling toont de aanvrager aan dat de activiteiten hebben plaatsgevonden overeenkomstig de aan de subsidie verbonden verplichtingen, tenzij de subsidie voor de aanvang van de activiteiten wordt vastgesteld.
2. Bij de aanvraag tot subsidievaststelling legt de aanvrager rekening en verantwoording af omtrent de aan de activiteiten verbonden uitgaven en inkomsten, voor zover deze voor de vaststelling van de subsidie van belang zijn.

Art. 4:46

Subsidievaststelling

1. Indien een beschikking tot subsidieverlening is gegeven, stelt het bestuursorgaan de subsidie overeenkomstig de subsidieverlening vast.
2. De subsidie kan lager worden vastgesteld indien:
   a. de activiteiten waarvoor subsidie is verleend niet of niet geheel hebben plaatsgevonden;
   b. de subsidie-ontvanger niet heeft voldaan aan de aan de subsidie verbonden verplichtingen;
   c. de subsidie-ontvanger onjuiste of onvolledige gegevens heeft verstrekt en de verstrekking van juiste of volledige gegevens tot een andere beschikking op de aanvraag tot subsidieverlening zou hebben geleid, of
   d. de subsidieverlening anderszins onjuist was en de subsidie-ontvanger dit wist of behoorde te weten.
3. Voor zover het bedrag van de subsidie afhankelijk is van de werkelijke kosten van de activiteiten waarvoor subsidie is verleend, worden kosten die in redelijkheid niet als noodzakelijk kunnen worden beschouwd bij de vaststelling van de subsidie niet in aanmerking genomen.

Art. 4:47

Ambtshalve subsidievaststelling

Het bestuursorgaan kan de subsidie geheel of gedeeltelijk ambtshalve vaststellen, indien:
a. bij wettelijk voorschrift of bij de subsidieverlening een termijn is bepaald binnen welke de subsidie ambtshalve wordt vastgesteld;
b. toepassing wordt gegeven aan artikel 4:44, vierde lid, of
c. de beschikking tot subsidieverlening of de beschikking tot subsidievaststelling wordt ingetrokken of ten nadele van de ontvanger wordt gewijzigd.

Afdeling 4.2.6
Intrekking en wijziging

Art. 4:48

Intrekking of wijziging subsidieverlening

1. Zolang de subsidie niet is vastgesteld kan het bestuursorgaan de subsidieverlening intrekken of ten nadele van de subsidie-ontvanger wijzigen, indien:
   a. de activiteiten waarvoor subsidie is verleend niet of niet geheel hebben plaatsgevonden of zullen plaatsvinden;
   b. de subsidie-ontvanger niet heeft voldaan aan de aan de subsidie verbonden verplichtingen;
   c. de subsidie-ontvanger onjuiste of onvolledige gegevens heeft verstrekt en de verstrekking van juiste of volledige gegevens tot een andere beschikking op de aanvraag tot subsidieverlening zou hebben geleid;
   d. de subsidieverlening anderszins onjuist was en de subsidie-ontvanger dit wist of behoorde te weten, of
   e. met toepassing van artikel 4:34, vijfde lid, een beroep wordt gedaan op de voorwaarde dat voldoende gelden ter beschikking worden gesteld.
2. De intrekking of wijziging werkt terug tot en met het tijdstip waarop de subsidie is verleend, tenzij bij de intrekking of wijziging anders is bepaald.

Art. 4:49

Intrekking of wijziging subsidievaststelling

1. Het bestuursorgaan kan de subsidievaststelling intrekken of ten nadele van de ontvanger wijzigen:
   a. op grond van feiten of omstandigheden waarvan het bij de subsidievaststelling redelijkerwijs niet op de hoogte kon zijn en op grond waarvan de subsidie lager dan overeenkomstig de subsidieverlening zou zijn vastgesteld;
   b. indien de subsidievaststelling onjuist was en de subsidie-ontvanger dit wist of behoorde te weten, of
   c. indien de subsidie-ontvanger na de subsidievaststelling niet heeft voldaan aan aan de subsidie verbonden verplichtingen.
2. De intrekking of wijziging werkt terug tot en met het tijdstip waarop de subsidie is vastgesteld, tenzij bij de intrekking of wijziging anders is bepaald.
3. De subsidievaststelling kan niet meer worden ingetrokken of ten nadele van de ontvanger worden gewijzigd indien vijf jaren zijn verstreken sedert de dag waarop zij is bekendgemaakt dan wel, in het geval, bedoeld in het eerste lid, onderdeel c, sedert de dag waarop de handeling in strijd met de verplichting is verricht of de dag waarop aan de verplichting had moeten zijn voldaan.

Art. 4:50
1. Zolang de subsidie niet is vastgesteld kan het bestuursorgaan de subsidieverlening met inachtneming van een redelijke termijn intrekken of ten nadele van de subsidie-ontvanger wijzigen:
   a. voor zover de subsidieverlening onjuist is;
   b. voor zover veranderde omstandigheden of gewijzigde inzichten zich in overwegende mate tegen voortzetting of ongewijzigde voortzetting van de subsidie verzetten, of
   c. in andere bij wettelijk voorschrift geregelde gevallen.
2. Bij intrekking of wijziging op grond van het eerste lid, onderdeel a of b, vergoedt het bestuursorgaan de schade die de subsidie-ontvanger lijdt doordat hij in vertrouwen op de subsidie anders heeft gehandeld dan hij zonder subsidie zou hebben gedaan.

Termijn intrekking subsidieverlening

Vergoeding schade bij intrekking subsidieverlening

Art. 4:51
1. Indien aan een subsidie-ontvanger voor drie of meer achtereenvolgende jaren subsidie is verstrekt voor dezelfde of in hoofdzaak dezelfde voortdurende activiteiten, geschiedt gehele of gedeeltelijke weigering van de subsidie voor een daarop aansluitend tijdvak op de grond, dat veranderde omstandigheden of gewijzigde inzichten zich tegen voortzetting of ongewijzigde voortzetting van de subsidie verzetten, slechts met inachtneming van een redelijke termijn.
2. Voor zover aan het einde van het tijdvak waarvoor subsidie is verleend sedert de bekendmaking van het voornemen tot weigering voor een daarop aansluitend tijdvak nog geen redelijke termijn is verstreken, wordt de subsidie voor het resterende deel van die termijn verleend, zo nodig in afwijking van artikel 4:25, tweede lid.

Weigering voortzetting subsidie

Afdeling 4.2.7
Betaling en terugvordering

Art. 4:52
1. Het subsidiebedrag wordt overeenkomstig de subsidievaststelling betaald.
2. Indien de subsidie niet op een wettelijk voorschrift berust, kan bij de subsidieverlening, of, indien geen beschikking tot subsidieverlening is gegeven, bij de subsidievaststelling een van artikel 4:87, eerste lid, afwijkende termijn voor de betaling van het subsidiebedrag worden vastgesteld.

Betaling subsidie

Art. 4:53
1. Het subsidiebedrag kan in gedeelten worden betaald, mits bij wettelijk voorschrift is bepaald hoe de gedeelten worden berekend en op welke tijdstippen zij worden betaald.
2. Indien de subsidie niet op een wettelijk voorschrift berust, kan het subsidiebedrag in gedeelten worden betaald, mits bij de subsidieverlening, of indien geen beschikking tot subsidieverlening is gegeven, bij de subsidievaststelling, is bepaald hoe de gedeelten worden berekend en op welke tijdstippen zij worden betaald.

Betaling van subsidie in gedeelten

Art. 4:54-4:55
[Vervallen]

Art. 4:56
De verplichting tot betaling van een subsidiebedrag of een voorschot wordt opgeschort met ingang van de dag waarop het bestuursorgaan aan de subsidie-ontvanger schriftelijk kennis geeft van het ernstige vermoeden dat er grond bestaat om toepassing te geven aan artikel 4:48 of 4:49, tot en met de dag waarop de beschikking omtrent de intrekking of wijziging is bekendgemaakt of de dag waarop sedert de kennisgeving van het ernstige vermoeden dertien weken zijn verstreken.

Opschorting betaling van subsidie

Art. 4:57
1. Het bestuursorgaan kan onverschuldigd betaalde subsidiebedragen terugvorderen.

Terugvordering onverschuldigde subsidiebedragen

2. Het bestuursorgaan kan het terug te vorderen bedrag bij dwangbevel invorderen.
3. Het bestuursorgaan kan het terug te vorderen bedrag verrekenen met een aan dezelfde subsidie-ontvanger voor dezelfde activiteiten verstrekte subsidie voor een ander tijdvak.
4. Terugvordering van een subsidiebedrag of een voorschot vindt niet plaats voor zover na de dag waarop de subsidie is vastgesteld, dan wel de handeling, bedoeld in artikel 4:49, eerste lid, onderdeel c, heeft plaatsgevonden, vijf jaren zijn verstreken.

Afdeling 4.2.8
Per boekjaar verstrekte subsidies aan rechtspersonen

Paragraaf 4.2.8.1
Inleidende bepalingen

Art. 4:58

Subsidie per boekjaar

1. Deze afdeling is van toepassing op per boekjaar verstrekte subsidies, indien dat bij wettelijk voorschrift of bij besluit van het bestuursorgaan is bepaald.
2. Bij algemene maatregel van bestuur kan worden bepaald dat deze afdeling van toepassing is op daarbij aangewezen subsidies.

Art. 4:59

Toezichthouders bij subsidie

1. Het bestuursorgaan dat met toepassing van deze afdeling een subsidie verleent kan een of meer toezichthouders aanwijzen die zijn belast met het toezicht op de naleving van de aan de ontvanger van die subsidie opgelegde verplichtingen.
2. De toezichthouder beschikt niet over de bevoegdheden, vermeld in de artikelen 5:18 en 5:19.

Paragraaf 4.2.8.2
De aanvraag

Art. 4:60

Subsidieaanvraag

Tenzij bij wettelijk voorschrift anders is bepaald, wordt de aanvraag van de subsidie uiterlijk dertien weken voor de aanvang van het boekjaar ingediend.

Art. 4:61

Vereisten subsidieaanvraag

1. De aanvraag van de subsidie gaat in ieder geval vergezeld van:
   a. een activiteitenplan, tenzij redelijkerwijs kan worden aangenomen dat daaraan geen behoefte is, en
   b. een begroting, tenzij deze voor de berekening van het bedrag van de subsidie niet van belang is.
2. Indien de aanvrager beschikt over een egalisatiereserve als bedoeld in artikel 4:72, vermeldt de aanvraag de omvang daarvan.

Art. 4:62

Activiteitenplan subsidieaanvraag

Het activiteitenplan behelst een overzicht van de activiteiten waarvoor subsidie wordt gevraagd en de daarmee nagestreefde doelstellingen en vermeldt per activiteit de daarvoor benodigde personele en materiële middelen.

Art. 4:63

Begroting subsidieaanvraag

1. De begroting behelst een overzicht van de voor het boekjaar geraamde inkomsten en uitgaven van de aanvrager, voor zover deze betrekking hebben op de activiteiten waarvoor subsidie wordt gevraagd.
2. De begrotingsposten worden ieder afzonderlijk van een toelichting voorzien.
3. Tenzij voor de activiteiten waarop de aanvraag betrekking heeft nog niet eerder subsidie werd verstrekt, behelst de begroting een vergelijking met de begroting van het lopende boekjaar en de gerealiseerde inkomsten en uitgaven van het jaar, voorafgaand aan het lopende boekjaar.

Art. 4:64

Overige vereisten begroting subsidieaanvraag

1. Tenzij de aanvraag wordt ingediend door een krachtens publiekrecht ingestelde rechtspersoon, gaat deze, indien voor het jaar voorafgaand aan het subsidiejaar geen subsidie werd aangevraagd, voorts vergezeld van:
   a. een afschrift van de oprichtingsakte van de rechtspersoon dan wel van de statuten zoals deze laatstelijk zijn gewijzigd, en
   b. de laatst opgemaakte jaarrekening als bedoeld in artikel 361 van Boek 2 van het Burgerlijk Wetboek dan wel de balans en de staat van baten en lasten en de toelichting daarop of, indien deze bescheiden ontbreken, een verslag over de financiële positie van de aanvrager op het moment van de aanvraag.
2. De in het eerste lid, onderdeel b, bedoelde bescheiden dan wel het verslag over de financiële positie zijn voorzien van een van een accountant als bedoeld in artikel 393, eerste lid, van Boek 2 van het Burgerlijk Wetboek afkomstige schriftelijke verklaring omtrent de getrouwheid onderscheidenlijk een mededeling, inhoudende dat van onjuistheden niet is gebleken.
3. Bij wettelijk voorschrift of bij besluit van het bestuursorgaan kan vrijstelling of ontheffing worden verleend van het in het tweede lid bepaalde.

Art. 4:65

Verschillende subsidieaanvragen

Voor zover de aanvrager voor dezelfde begrote uitgaven tevens subsidie heeft aangevraagd bij een of meer andere bestuursorganen, doet hij daarvan mededeling in de aanvraag, onder vermelding van de stand van zaken met betrekking tot de beoordeling van die aanvraag of aanvragen.

Paragraaf 4.2.8.3
De subsidieverlening

Art. 4:66
De subsidie wordt slechts verleend aan een rechtspersoon met volledige rechtsbevoegdheid.

Subsidieverlening aan rechtspersonen

Art. 4:67
1. De subsidie wordt voor een boekjaar of voor een bepaald aantal boekjaren verleend.
2. Indien de subsidie voor twee of meer boekjaren wordt verleend, wordt aan de subsidie de verplichting verbonden tot het periodiek aan het bestuursorgaan verstrekken van de gegevens die voor de vaststelling van de subsidie van belang zijn.
3. De beschikking tot subsidieverlening vermeldt welke gegevens de subsidie-ontvanger krachtens het tweede lid moet verstrekken, alsmede op welke tijdstippen de gegevens moeten worden verstrekt.

Periode subsidieverlening aan rechtspersonen

Paragraaf 4.2.8.4
Verplichtingen van de subsidie-ontvanger

Art. 4:68
Tenzij bij wettelijk voorschrift of bij de subsidieverlening anders is bepaald, stelt de subsidie-ontvanger het boekjaar gelijk aan het kalenderjaar.

Boekjaar subsidie-ontvangende rechtspersoon

Art. 4:69
1. De subsidie-ontvanger voert een zodanig ingerichte administratie, dat daaruit te allen tijde de voor de vaststelling van de subsidie van belang zijnde rechten en verplichtingen alsmede de betalingen en de ontvangsten kunnen worden nagegaan.
2. De administratie en de daartoe behorende bescheiden worden gedurende zeven jaren bewaard.

Administratie subsidie-ontvangende rechtspersoon

Art. 4:70
Indien gedurende het boekjaar aanmerkelijke verschillen ontstaan of dreigen te ontstaan tussen de werkelijke uitgaven en inkomsten en de begrote uitgaven en inkomsten doet de subsidie-ontvanger daarvan onverwijld mededeling aan het bestuursorgaan onder vermelding van de oorzaak van de verschillen.

Afwijken van begroting door subsidie-ontvangende rechtspersoon

Art. 4:71
1. Indien dit bij wettelijk voorschrift of bij de subsidieverlening is bepaald, behoeft de subsidie-ontvanger voorafgaande toestemming van het bestuursorgaan voor:
a. het oprichten van dan wel deelnemen in een rechtspersoon;
b. het wijzigen van de statuten;
c. het in eigendom verwerven, het vervreemden of het bezwaren van registergoederen, indien zij mede zijn verworven door middel van de subsidiegelden, dan wel de lasten daarvoor mede worden bekostigd uit de subsidiegelden;
d. het aangaan en beëindigen van overeenkomsten tot verkrijging, vervreemding of bezwaring van registergoederen of tot huur, verhuur of pacht daarvan, indien deze goederen geheel of gedeeltelijk zijn verworven door middel van de subsidie dan wel de uitgaven daarvoor mede zijn bekostigd uit de subsidie;
e. het aangaan van kredietovereenkomsten en van overeenkomsten van geldlening;
f. het aangaan van overeenkomsten waarbij de subsidie-ontvanger zich verbindt tot zekerheidsstelling met inbegrip van zekerheidsstelling voor schulden van derden of waarbij hij zich als borg of hoofdelijk medeschuldenaar verbindt of zich voor een derde sterk maakt;
g. het vormen van fondsen en reserveringen;
h. het vaststellen of wijzigen van tarieven voor door de subsidie-ontvanger in de gewone uitoefening van zijn gesubsidieerde activiteiten te verrichten prestaties;
i. het ontbinden van de rechtspersoon;
j. het doen van aangifte tot zijn faillissement of het aanvragen van zijn surséance van betaling.
2. Het bestuursorgaan beslist binnen vier weken omtrent de toestemming.
3. De beslissing kan eenmaal voor ten hoogste vier weken worden verdaagd.
4. Paragraaf 4.1.3.3 is van toepassing.

Toestemming van bestuursorgaan handelingen subsidieontvanger

Art. 4:72
1. Indien dit bij wettelijk voorschrift of bij de subsidieverlening is bepaald, vormt de ontvanger een egalisatiereserve.
2. Het verschil tussen de vastgestelde subsidie en de werkelijke kosten van de activiteiten waarvoor subsidie werd verleend komt ten gunste onderscheidenlijk ten laste van de egalisatiereserve.
3. De egalisatiereserve wordt zo hoog rentend en zo veilig als redelijkerwijs mogelijk is belegd.

Egalisatiereserve subsidie-ontvangende rechtspersoon

A45 art. 4:73 — Algemene wet bestuursrecht

4. De van de egalisatiereserve genoten rente wordt aan de egalisatiereserve toegevoegd.
5. In de gevallen bedoeld in artikel 4:41, tweede lid, onderdelen c, d en e, is de subsidie-ontvanger ter zake van de egalisatiereserve vergoedingsplichtig naar evenredigheid van de mate waarin de subsidie aan de egalisatiereserve heeft bijgedragen.

Paragraaf 4.2.8.5
De subsidievaststelling

Art. 4:73
Vaststelling subsidie rechtspersoon
De subsidie wordt per boekjaar vastgesteld.

Art. 4:74
Aanvraag tot vaststelling subsidie rechtspersoon
De subsidie-ontvanger dient binnen zes maanden na afloop van het boekjaar een aanvraag tot vaststelling van de subsidie in, tenzij bij wettelijk voorschrift anders is bepaald of de subsidie met toepassing van artikel 4:67, tweede lid, voor twee of meer boekjaren is verleend.

Art. 4:75
Gegevens aanvraag subsidie rechtspersoon
1. De aanvraag tot vaststelling gaat in ieder geval vergezeld van een financieel verslag en een activiteitenverslag.
2. Indien de subsidie-ontvanger ingevolge wettelijk voorschrift verplicht is tot het opstellen van een jaarrekening als bedoeld in artikel 361 van Boek 2 van het Burgerlijk Wetboek, of indien dit bij de subsidieverlening is bepaald, legt hij in plaats van het financieel verslag de jaarrekening over, onverminderd artikel 4:45, tweede lid.

Art. 4:76
Jaarstukken bij subsidie rechtspersoon
1. Indien de subsidie-ontvanger zijn inkomsten geheel ontleent aan de subsidie omvat het financiële verslag de balans en de exploitatierekening met de toelichting en zijn het tweede tot en met vijfde lid van toepassing.
2. Het financiële verslag geeft volgens normen die in het maatschappelijk verkeer als aanvaardbaar worden beschouwd, een zodanig inzicht dat een verantwoord oordeel kan worden gevormd omtrent:
a. het vermogen en het exploitatiesaldo, en
b. voor zover de aard van het financiële verslag dat toelaat, omtrent de solvabiliteit en de liquiditeit van de subsidie-ontvanger.
3. De balans met de toelichting geeft getrouw, duidelijk en stelselmatig de grootte en de samenstelling in actief- en passiefposten van het vermogen op het einde van het boekjaar weer.
4. De exploitatierekening met de toelichting geeft getrouw, duidelijk en stelselmatig de grootte van het exploitatiesaldo van het boekjaar weer.
5. Het financiële verslag sluit aan op de begroting waarvoor subsidie is verleend en behelst een vergelijking met de gerealiseerde inkomsten en uitgaven van het jaar, voorafgaand aan het boekjaar.

Art. 4:77
Inkomen rechtspersoon overwegend uit subsidies
Indien de subsidie-ontvanger zijn inkomsten in overwegende mate ontleent aan de subsidie kan bij wettelijk voorschrift of bij de subsidieverlening worden bepaald dat artikel 4:76 van overeenkomstige toepassing is.

Art. 4:78
Accountantsonderzoek bij subsidie rechtspersoon
1. De subsidie-ontvanger geeft opdracht tot onderzoek van het financiële verslag aan een accountant als bedoeld in artikel 393, eerste lid, van Boek 2 van het Burgerlijk Wetboek.
2. De accountant onderzoekt of het financiële verslag voldoet aan de bij of krachtens de wet gestelde voorschriften en of het activiteitenverslag, voor zover hij dat verslag kan beoordelen, met het financiële verslag verenigbaar is.
3. De accountant geeft de uitslag van zijn onderzoek weer in een schriftelijke verklaring omtrent de getrouwheid van het financiële verslag.
4. De aanvraag tot vaststelling van de subsidie gaat vergezeld van de in het derde lid bedoelde verklaring.
5. Bij wettelijk voorschrift of bij de subsidieverlening kan vrijstelling of ontheffing worden verleend van het eerste tot en met het vierde lid.

Art. 4:79
Nakoming verplichtingen bij subsidie rechtspersoon
1. Bij wettelijk voorschrift of bij de subsidieverlening kan worden bepaald dat de in artikel 4:78, eerste lid, bedoelde opdracht tevens strekt tot onderzoek van de naleving van aan de subsidie verbonden verplichtingen.
2. Bij toepassing van het eerste lid gaat de opdracht vergezeld van een bij of krachtens wettelijk voorschrift of bij de subsidieverlening vast te stellen aanwijzing over de reikwijdte en de intensiteit van de controle.
3. Bij toepassing van het eerste lid, gaat het financiële verslag tevens vergezeld van een schriftelijke verklaring van de accountant over de naleving door de subsidie-ontvanger van de aan de subsidie verbonden verplichtingen.

Art. 4:80
Het activiteitenverslag beschrijft de aard en omvang van de activiteiten waarvoor subsidie werd verleend en bevat een vergelijking tussen de nagestreefde en de gerealiseerde doelstellingen en een toelichting op de verschillen.

Activiteitenverslag bij subsidie rechtspersoon

Titel 4.3
Beleidsregels

Art. 4:81
1. Een bestuursorgaan kan beleidsregels vaststellen met betrekking tot een hem toekomende of onder zijn verantwoordelijkheid uitgeoefende, dan wel door hem gedelegeerde bevoegdheid.
2. In andere gevallen kan een bestuursorgaan slechts beleidsregels vaststellen, voor zover dit bij wettelijk voorschrift is bepaald.
(Zie ook: art. 1:3 Awb)

Beleidsregels

Art. 4:82
Ter motivering van een besluit kan slechts worden volstaan met een verwijzing naar een vaste gedragslijn voor zover deze is neergelegd in een beleidsregel.
(Zie ook: art. 3:46 Awb)

Beleidsregel als motivering besluit

Art. 4:83
Bij de bekendmaking van het besluit, inhoudende een beleidsregel, wordt zo mogelijk het wettelijk voorschrift vermeld waaruit de bevoegdheid waarop het besluit, inhoudende een beleidsregel, betrekking heeft voortvloeit.

Vermelding wettelijk voorschrift bij bekendmaking beleidsregel

Art. 4:84
Het bestuursorgaan handelt overeenkomstig de beleidsregel, tenzij dat voor een of meer belanghebbenden gevolgen zou hebben die wegens bijzondere omstandigheden onevenredig zijn in verhouding tot de met de beleidsregel te dienen doelen.

Handelen conform beleidsregel

Titel 4.4
Bestuursrechtelijke geldschulden

Afdeling 4.4.1
Vaststelling en inhoud van de verplichting tot betaling

Art. 4:85
1. Deze titel is van toepassing op geldschulden die voortvloeien uit:
a. een wettelijk voorschrift dat een verplichting tot betaling uitsluitend aan of door een bestuursorgaan regelt, of
b. een besluit dat vatbaar is voor bezwaar of beroep.
2. Deze titel is niet van toepassing op verplichtingen tot betaling van een geldsom voor het in behandeling nemen van een aanvraag.
3. Deze titel is niet van toepassing op verplichtingen tot betaling die bij uitspraak van de bestuursrechter zijn opgelegd.

Bestuursrechtelijke geldschulden

Art. 4:86
1. De verplichting tot betaling van een geldsom wordt bij beschikking vastgesteld.

2. De beschikking vermeldt in ieder geval:
a. de te betalen geldsom;
b. de termijn waarbinnen de betaling moet plaatsvinden.

Vaststelling bestuursrechtelijke geldschulden

Art. 4:87
1. De betaling geschiedt binnen zes weken nadat de beschikking op de voorgeschreven wijze is bekendgemaakt, tenzij de beschikking een later tijdstip vermeldt.
2. Bij of krachtens wettelijk voorschrift kan een andere termijn voor de betaling worden vastgesteld.

Betalingstermijn bestuursrechtelijke geldschulden

Art. 4:88
1. Bij wettelijk voorschrift kan worden bepaald dat een geldsom moet worden betaald zonder dat dit bij beschikking is vastgesteld.

2. In dat geval wordt tevens bepaald binnen welke termijn de betaling moet plaatsvinden.
3. Indien de belanghebbende binnen redelijke termijn daarom verzoekt wordt de op het bestuursorgaan rustende verplichting tot betaling zo spoedig mogelijk alsnog bij beschikking vastgesteld.

Betaling bestuursrechtelijke geldschulden zonder beschikking

Art. 4:89
1. Tenzij bij wettelijk voorschrift anders is bepaald, geschiedt betaling door bijschrijving op een daartoe door de schuldeiser bestemde bankrekening.

Girale betaling bestuursrechtelijke geldschulden

A45 art. 4:90 — Algemene wet bestuursrecht

2. Betaling geschiedt in euro, tenzij bij wettelijk voorschrift of bij besluit van het bestuursorgaan anders is bepaald.
3. Betaling door bijschrijving op een bankrekening geschiedt op het tijdstip waarop de rekening van de schuldeiser wordt gecrediteerd.
4. Bij wettelijk voorschrift kan worden bepaald dat betaling aan een ander dan de schuldeiser geschiedt.

Art. 4:90
Girale betaling bestuursrechtelijke geldschulden

1. Indien girale betaling naar het oordeel van het bestuursorgaan bezwaarlijk is, kan het betaling in andere vorm ontvangen of verrichten.
2. De schuldeiser is verplicht voor iedere contante betaling een kwitantie af te geven, tenzij bij wettelijk voorschrift anders is bepaald.

Art. 4:91
Kosten betaling bestuursrechtelijke geldschulden

1. De kosten van betaling komen ten laste van de schuldenaar.
2. Indien een bestuursorgaan betaalt aan een schuldeiser buiten de Europese Unie, kunnen de daaraan verbonden kosten op het te betalen bedrag in mindering worden gebracht, tenzij bij wettelijk voorschrift anders is bepaald.

Art. 4:92
Besteding van betaalde bestuursrechtelijke geldschulden

1. Betaling ter voldoening van een bepaalde geldschuld strekt in de eerste plaats tot mindering van de kosten, vervolgens tot mindering van de verschenen rente en ten slotte tot mindering van de hoofdsom en de lopende rente.
2. Indien een schuldenaar verschillende geldschulden heeft bij dezelfde schuldeiser, kan de schuldenaar bij de betaling de geldschuld aanwijzen waaraan de betaling moet worden toegerekend.

Art. 4:93
Verrekening bestuursrechtelijke geldschulden

1. Verrekening van een geldschuld met een bestaande vordering geschiedt slechts voor zover in de bevoegdheid daartoe bij wettelijk voorschrift is voorzien.
2. Verrekening geschiedt onder vermelding van de vordering waarmee de geldschuld is verrekend alsmede de hoogte van het bedrag van de verrekening.
3. De verrekening werkt terug overeenkomstig artikel 129, eerste en tweede lid, van Boek 6 van het Burgerlijk Wetboek.
4. De schuldenaar is niet bevoegd tot verrekening voor zover beslag op de vordering van de schuldeiser nietig zou zijn.
5. Uitstel van betaling staat aan verrekening niet in de weg.

Art. 4:94
Uitstel van betaling bestuursrechtelijk geldschulden

1. Het bestuursorgaan kan de wederpartij uitstel van betaling verlenen.
2. Gedurende het uitstel kan het bestuursorgaan niet aanmanen of invorderen.
3. De beschikking tot uitstel van betaling vermeldt de termijn waarvoor het uitstel geldt.
4. Het bestuursorgaan kan aan de beschikking tot uitstel van betaling voorschriften verbinden.

Art. 4:94a
Kwijtschelden geldschulden

Tenzij bij wettelijk voorschrift anders is bepaald, kan een bestuursorgaan een geldschuld geheel of gedeeltelijk kwijtschelden indien de nadelige gevolgen van de invordering onevenredig zijn in verhouding tot de met de invordering te dienen doelen.

Art. 4:95
Voorschot op bestuursrechtelijke geldschulden

1. Het bestuursorgaan kan vooruitlopend op de vaststelling van een verplichting tot betaling van een geldsom een voorschot verlenen indien redelijkerwijs kan worden aangenomen dat een verplichting tot betaling zal worden vastgesteld, tenzij bij wettelijk voorschrift anders is bepaald.
2. In de beschikking tot verlening van een voorschot kan, in afwijking van artikel 4:86, tweede lid, onderdeel a, worden volstaan met de vermelding van de wijze waarop het bedrag van het voorschot wordt bepaald.
3. Bij de beschikking tot verlening van een voorschot kan een van artikel 4:87, eerste lid, afwijkende termijn voor de betaling van het voorschot worden vastgesteld.
4. Betaalde voorschotten worden verrekend met de te betalen geldsom. Onverschuldigd betaalde voorschotten kunnen worden teruggevorderd.
5. Het bestuursorgaan kan het terug te vorderen voorschot bij dwangbevel invorderen voor zover deze bevoegdheid ook ten aanzien van de terugvordering van de hoofdsom is toegekend.
6. Het bestuursorgaan kan aan de beschikking tot verlening van een voorschot voorschriften verbinden.

Art. 4:96
Wijziging uitstel van betaling bestuursrechtelijke geldschuld

1. Het bestuursorgaan kan de beschikking tot uitstel van betaling onderscheidenlijk tot verlening van een voorschot intrekken of wijzigen:
a. indien de voorschriften niet worden nageleefd;

b. indien de wederpartij onjuiste of onvolledige gegevens heeft verstrekt en de verstrekking van juiste of volledige gegevens tot een andere beschikking zou hebben geleid, of
c. voor zover veranderde omstandigheden zich verzetten tegen voortduring van het uitstel onderscheidenlijk tegen de verlening van het voorschot.
2. De verplichting tot betaling van een voorschot wordt opgeschort met ingang van de dag waarop het bestuursorgaan aan de wederpartij schriftelijk kennis geeft van het ernstige vermoeden dat er grond bestaat om toepassing te geven aan het eerste lid, aanhef en onder a of b, tot en met de dag waarop de beschikking omtrent intrekking of wijziging is bekendgemaakt of de dag waarop sedert de kennisgeving van het ernstige vermoeden dertien weken zijn verstreken.

Afdeling 4.4.2
Verzuim en wettelijke rente

Art. 4:97
De schuldenaar is in verzuim indien hij niet binnen de voorgeschreven termijn heeft betaald.

Verzuim betaling bestuursrechtelijke geldschuld

Art. 4:98
1. Het verzuim heeft de verschuldigdheid van wettelijke rente tot gevolg overeenkomstig de artikelen 119, eerste en tweede lid, en 120, eerste lid, van Boek 6 van het Burgerlijk Wetboek.
2. Wettelijke rente is niet verschuldigd indien het bedrag ervan bij enige of laatste betaling minder bedraagt dan € 20, dan wel, indien het bestuursorgaan de schuldenaar is, € 10.
3. Indien na het intreden van het verzuim de koers van het geld waarin de geldschuld moet worden betaald zich heeft gewijzigd, is artikel 125 van Boek 6 van het Burgerlijk Wetboek van overeenkomstige toepassing.

Wettelijke rente verzuim bestuursrechtelijke geldschuld

Art. 4:99
Het bestuursorgaan stelt het bedrag van de verschuldigde wettelijke rente bij beschikking vast.

Vaststelling wettelijke rente bestuursrechtelijke geldschuld

Art. 4:100
Indien het bestuursorgaan de beschikking tot betaling van een door hem verschuldigde geldsom niet tijdig geeft, is het wettelijke rente verschuldigd vanaf het tijdstip waarop het in verzuim zou zijn geweest indien de beschikking op de laatste dag van de daarvoor gestelde termijn zou zijn gegeven.

Verzuim van rechtswege van betaling bestuursrechtelijke geldschuld

Art. 4:101
Voor zover het bestuursorgaan uitstel van betaling heeft verleend of de rechter de verplichting tot betaling heeft geschorst, is de schuldenaar over de termijn van uitstel of schorsing wettelijke rente verschuldigd, tenzij bij het uitstel of de schorsing anders is bepaald.

Wettelijke rente bij uitstel betaling bestuursrechtelijke geldschuld

Art. 4:102
1. Indien een betaling aan het bestuursorgaan is geschied op grond van een beschikking die in bezwaar of in beroep is gewijzigd of vernietigd, is het bestuursorgaan over de termijn tussen de betaling en de terugbetaling wettelijke rente verschuldigd over het te veel betaalde bedrag.
2. Indien een afwijzende beschikking tot betaling door het bestuursorgaan als gevolg van bezwaar of beroep wordt vervangen door een beschikking tot betaling, is het bestuursorgaan wettelijke rente verschuldigd vanaf het tijdstip waarop het in verzuim zou zijn geweest indien de beschikking op de laatste dag van de daarvoor gestelde termijn zou zijn gegeven.
3. Wettelijke rente is niet verschuldigd voor zover de belanghebbende onjuiste of onvolledige gegevens heeft verstrekt, dan wel aan de belanghebbende is toe te rekenen dat onjuiste of onvolledige gegevens zijn verstrekt.
4. Dit artikel is van overeenkomstige toepassing indien het bestuursorgaan de beschikking tot betaling met terugwerkende kracht wijzigt of intrekt.

Rente bij wijziging bestuursrechtelijke geldschuld

Art. 4:103
Deze afdeling is niet van toepassing indien bij de wet een andere regeling omtrent verzuim en de gevolgen daarvan is getroffen.

Toepassingsbereik

Afdeling 4.4.3
Verjaring

Art. 4:104
1. De rechtsvordering tot betaling van een geldsom verjaart vijf jaren nadat de voorgeschreven betalingstermijn is verstreken.
2. Na voltooiing van de verjaring kan het bestuursorgaan zijn bevoegdheden tot aanmaning en verrekening en tot uitvaardiging en tenuitvoerlegging van een dwangbevel niet meer uitoefenen.

Verjaringstermijn bij bestuursrechtelijke geldschuld

Art. 4:105

Stuiting bij bestuursrechtelijke geldschuld

1. De verjaring wordt gestuit door een daad van rechtsvervolging overeenkomstig artikel 316, eerste lid, van Boek 3 van het Burgerlijk Wetboek. Artikel 316, tweede lid, van Boek 3 van het Burgerlijk Wetboek is van overeenkomstige toepassing.
2. Erkenning van het recht op betaling stuit de verjaring van de rechtsvordering tegen hem die het recht erkent.

Art. 4:106

Stuiting door aanmaning bij bestuursrechtelijke geldschuld

Het bestuursorgaan kan de verjaring ook stuiten door een aanmaning als bedoeld in artikel 4:112, een beschikking tot verrekening of een dwangbevel dan wel door een daad van tenuitvoerlegging van een dwangbevel.

Art. 4:107

Stuiting door voorbehoud bij bestuursrechtelijke geldschuld

De schuldeiser van het bestuursorgaan kan de verjaring ook stuiten door een schriftelijke aanmaning of een schriftelijke mededeling waarin hij zich ondubbelzinnig zijn recht op betaling voorbehoudt.

Art. 4:108

Recht tot verrekening bij verjaring bestuursrechtelijke geldschuld

Indien de schuldeiser van het bestuursorgaan een recht tot verrekening als bedoeld in artikel 4:93 heeft, eindigt dit recht niet door verjaring van de rechtsvordering.

Art. 4:109

Bestuursrechtelijke geldschuld van bestuursorgaan

Indien de schuldeiser van het bestuursorgaan zelf een bestuursorgaan is, zijn de artikelen 4:107 en 4:108 niet van toepassing.

Art. 4:110

Nieuwe termijn na stuiting bestuursrechtelijke geldschuld

1. Door stuiting van de verjaring begint een nieuwe verjaringstermijn te lopen met de aanvang van de volgende dag.
2. De nieuwe termijn is gelijk aan de oorspronkelijke, doch niet langer dan vijf jaren.
3. Wordt de verjaring echter gestuit door het instellen van een eis die door toewijzing wordt gevolgd, dan is artikel 324 van Boek 3 van het Burgerlijk Wetboek van overeenkomstige toepassing.

Art. 4:111

Verlenging verjaring bestuursrechtelijke geldschuld

1. De verjaringstermijn van de rechtsvordering tot betaling aan een bestuursorgaan wordt verlengd met de tijd gedurende welke de schuldenaar na de aanvang van die termijn uitstel van betaling heeft.
2. Het eerste lid is van overeenkomstige toepassing indien:
a. de schuldenaar in surseance van betaling verkeert;
b. de schuldenaar in staat van faillissement verkeert;
c. ten aanzien van de schuldenaar de schuldsaneringsregeling natuurlijke personen van toepassing is;
d. de tenuitvoerlegging van een dwangbevel is geschorst ingevolge een lopend rechtsgeding, met dien verstande dat de termijn waarmee de verjaringstermijn wordt verlengd een aanvang neemt op de dag waarop het rechtsgeding door het instellen van een vordering bij de burgerlijke rechter aanhangig wordt gemaakt.

Afdeling 4.4.4
Aanmaning en invordering bij dwangbevel

Paragraaf 4.4.4.1
De aanmaning

Art. 4:112

Aanmaning bij bestuursrechtelijke geldschuld

1. Het bestuursorgaan maant de schuldenaar die in verzuim is schriftelijk aan tot betaling binnen twee weken, gerekend vanaf de dag na die waarop de aanmaning is toegezonden.
2. Bij wettelijk voorschrift kan een andere termijn worden vastgesteld.
3. De aanmaning vermeldt dat bij niet tijdige betaling deze kan worden afgedwongen door op kosten van de schuldenaar uit te voeren invorderingsmaatregelen.

Art. 4:113

Aanmaningskosten bestuursrechtelijke geldschuld

1. Het bestuursorgaan kan voor de aanmaning een vergoeding in rekening brengen. De vergoeding bedraagt € 6 [Per 1 januari 2014: € 7] indien de schuld minder dan € 454 [Per 1 januari 2015: € 500] bedraagt en € 16 indien de schuld € 454 [Per 1 januari 2015: € 500] of meer bedraagt.
2. De aanmaning vermeldt de vergoeding die in rekening wordt gebracht.

Paragraaf 4.4.4.2
Invordering bij dwangbevel

Art. 4:114
Onder dwangbevel wordt verstaan: een schriftelijk bevel van een bestuursorgaan dat ertoe strekt de betaling van een geldsom als bedoeld in artikel 4:85 af te dwingen.

Dwangbevel tot betaling bestuursrechtelijke geldschuld

Art. 4:115
De bevoegdheid tot uitvaardiging van een dwangbevel bestaat slechts indien zij bij de wet is toegekend.

Wettelijke grondslag dwangbevel bestuursrechtelijke geldschuld

Art. 4:116
Een dwangbevel levert een executoriale titel op, die met toepassing van de voorschriften van het Wetboek van Burgerlijke Rechtsvordering kan worden tenuitvoergelegd.

Executoriale titel dwangbevel bestuursrechtelijke geldschuld

Art. 4:117
1. Een dwangbevel wordt slechts uitgevaardigd wanneer binnen de overeenkomstig artikel 4:112 gestelde aanmaningstermijn niet volledig is betaald.
2. Bij de wet kan evenwel worden bepaald dat het dwangbevel zo nodig zonder aanmaning en voor het verstrijken van bij wettelijk voorschrift gestelde of eerder gegunde betalings- of aanmaningstermijnen kan worden uitgevaardigd of tenuitvoergelegd.

Uitvaardiging dwangbevel bestuursrechtelijke geldschuld

Art. 4:118
Artikel 4:8 is niet van toepassing op de aanmaning en het dwangbevel.

Hoorplicht bij aanmaning en dwangbevel bestuursrechtelijke geldschuld

Art. 4:119
1. Bij het dwangbevel kunnen tevens de aanmaningsvergoeding, de wettelijke rente en de kosten van het dwangbevel worden ingevorderd.
2. Het dwangbevel kan betrekking hebben op verschillende verplichtingen tot betaling van een geldsom door de schuldenaar aan het bestuursorgaan.

Omvang dwangbevel bestuursrechtelijke geldschuld

Art. 4:120
1. De betekening en de tenuitvoerlegging van het dwangbevel geschieden op kosten van degene tegen wie het is uitgevaardigd.
2. De gerechtelijke kosten worden berekend met toepassing van de op grond van artikel 434a van het Wetboek van Burgerlijke Rechtsvordering vastgestelde tarieven. De buitengerechtelijke kosten worden berekend met toepassing van bij algemene maatregel van bestuur vast te stellen tarieven.
3. De kosten zijn ook verschuldigd indien het dwangbevel door betaling van verschuldigde bedragen niet of niet volledig ten uitvoer is gelegd.

Kosten dwangbevel bestuursrechtelijke geldschuld

Art. 4:121
Indien een dwangbevel dat is uitgevaardigd voor een gedeelte van een verplichting tot betaling van een geldsom ten uitvoer wordt gelegd door beslaglegging, kunnen bij datzelfde dwangbevel alle tot het tijdstip van beslaglegging vervallen termijnen van die verplichting worden ingevorderd, mits het op dat tijdstip invorderbare bedrag uit het dwangbevel is op te maken.

Dwangbevel bij in termijnen betaalbare bestuursrechtelijke geldschuld

Art. 4:122
1. Het dwangbevel vermeldt in ieder geval:
a. aan het hoofd het woord «dwangbevel»;
b. het bedrag van de invorderbare hoofdsom;
c. de beschikking of het wettelijk voorschrift waaruit de geldschuld voortvloeit;
d. de kosten van het dwangbevel, en
e. dat het op kosten van de schuldenaar ten uitvoer kan worden gelegd.
2. Het dwangbevel vermeldt, indien van toepassing:
a. het bedrag van de aanmaningsvergoeding, en
b. de ingangsdatum van de wettelijke rente.

Vormvereisten dwangbevel bestuursrechtelijke geldschuld

Art. 4:123
1. De bekendmaking van een dwangbevel geschiedt door middel van de betekening van een exploot als bedoeld in het Wetboek van Burgerlijke Rechtsvordering. De artikelen 3:41 tot en met 3:45 zijn niet van toepassing.
2. Het exploot vermeldt in ieder geval de rechtbank waarbij tegen het dwangbevel en de tenuitvoerlegging ervan overeenkomstig de artikelen 438 en 438a van het Wetboek van Burgerlijke Rechtsvordering kan worden opgekomen.

Bekendmaking dwangbevel bestuursrechtelijke geldschuld

A45 art. 4:124

Algemene wet bestuursrecht

Privaatrechtelijke bevoegdheden bij bestuursrechtelijke geldschuld

Art. 4:124
Het bestuursorgaan beschikt ten aanzien van de invordering ook over de bevoegdheden die een schuldeiser op grond van het privaatrecht heeft.

Afdeling 4.4.5
Bezwaar en beroep

Bezwaar en beroep tegen bestuursrechtelijke geldschuld

Art. 4:125
1. Het bezwaar, beroep of hoger beroep tegen de beschikking waarbij de verplichting tot betaling van een geldsom is vastgesteld, heeft mede betrekking op een bijkomende beschikking van hetzelfde bestuursorgaan omtrent verrekening, uitstel van betaling, verlening van een voorschot, vaststelling van de rente of gehele of gedeeltelijke kwijtschelding, voor zover de belanghebbende deze beschikking betwist.
2. Het bezwaar, beroep of hoger beroep tegen een bijkomende beschikking heeft mede betrekking op een latere bijkomende beschikking met betrekking tot dezelfde geldschuld, voor zover de belanghebbende deze beschikking betwist.
3. De bestuursrechter kan de beslissing op het beroep of hoger beroep inzake de bijkomende beschikking echter verwijzen naar een ander orgaan, indien behandeling door dit orgaan gewenst is.
4. In beroep of hoger beroep legt de belanghebbende zo mogelijk een afschrift over van de bijkomende beschikking die hij betwist.
5. Het eerste tot en met het vierde lid zijn van overeenkomstige toepassing op een verzoek om voorlopige voorziening.

Titel 4.5
Nadeelcompensatie

Nadeelcompensatie

Art. 4:126
1. Indien een bestuursorgaan in de rechtmatige uitoefening van zijn publiekrechtelijke bevoegdheid of taak schade veroorzaakt die uitgaat boven het normale maatschappelijke risico en die een benadeelde in vergelijking met anderen onevenredig zwaar treft, kent het bestuursorgaan de benadeelde desgevraagd een vergoeding toe.
2. Schade blijft in elk geval voor rekening van de aanvrager voor zover:
   a. hij het risico van het ontstaan van de schade heeft aanvaard;
   b. hij de schade had kunnen beperken door binnen redelijke grenzen maatregelen te nemen, die tot voorkoming of vermindering van de schade hadden kunnen leiden;
   c. de schade anderszins het gevolg is van een omstandigheid die aan de aanvrager kan worden toegerekend of
   d. de vergoeding van de schade anderszins is verzekerd.
3. Indien een schadeveroorzakende gebeurtenis als bedoeld in het eerste lid tevens voordeel voor de benadeelde heeft opgeleverd, wordt dit bij de vaststelling van de te vergoeden schade in aanmerking genomen.
4. Het bestuursorgaan kan een vergoeding toekennen in andere vorm dan betaling van een geldsom.

Nadeelcompensatie, aanvraag

Art. 4:127
De aanvraag bevat mede:
a. een aanduiding van de schadeveroorzakende gebeurtenis;
b. een opgave van de aard van de geleden of te lijden schade en, voor zover redelijkerwijs mogelijk, het bedrag van de schade en een specificatie daarvan.

Nadeelcompensatie, maximum heffing aanvraag

Art. 4:128
1. Bij wettelijk voorschrift kan worden bepaald dat van de aanvrager een recht van ten hoogste € 500 kan worden geheven voor het in behandeling nemen van de aanvraag.

2. Het in het eerste lid bedoelde wettelijk voorschrift kan voor bestuursorganen van de centrale overheid bij of krachtens algemene maatregel van bestuur worden vastgesteld.

Nadeelcompensatie, vergoeding bijkomende kosten

Art. 4:129
Indien het bestuursorgaan een vergoeding als bedoeld in artikel 4:126 toekent, vergoedt het tevens:
a. redelijke kosten ter voorkoming of beperking van schade;
b. redelijke kosten ter zake van door een derde beroepsmatig verleende rechtsbijstand of andere deskundige bijstand bij de vaststelling van de schade;
c. indien voor de indiening van de aanvraag een recht is geheven, het betaalde recht;
d. de wettelijke rente vanaf de ontvangst van de aanvraag, of indien de schade op een later tijdstip ontstaat, vanaf dat tijdstip.

Algemene wet bestuursrecht

Art. 4:130
1. Het bestuursorgaan beslist binnen acht weken of – indien een adviescommissie is ingesteld waarvan de voorzitter, dan wel het enig lid, geen deel uitmaakt van en niet werkzaam is onder verantwoordelijkheid van het bestuursorgaan – binnen zes maanden na de ontvangst van de aanvraag, tenzij bij of krachtens wettelijk voorschrift een andere termijn is bepaald.
2. Het bestuursorgaan kan de beslissing eenmaal voor ten hoogste acht weken of – indien een adviescommissie als bedoeld in het eerste lid is ingeschakeld – zes maanden verdagen. Van de verdaging wordt schriftelijk mededeling gedaan.
3. Indien de schade mede is veroorzaakt door een besluit waartegen beroep kan worden ingesteld, kan het bestuursorgaan de beslissing aanhouden totdat het besluit onherroepelijk is geworden.

Nadeelcompensatie, beslistermijn aanvraag

Art. 4:131
1. Het bestuursorgaan kan de aanvraag afwijzen indien op het tijdstip van de aanvraag vijf jaren zijn verstreken na aanvang van de dag na die waarop de benadeelde bekend is geworden zowel met de schade als met het voor de schadeveroorzakende gebeurtenis verantwoordelijke bestuursorgaan, en in ieder geval na verloop van twintig jaren nadat de schade is veroorzaakt.
2. Indien een aanvraag betrekking heeft op schade veroorzaakt door een besluit waartegen beroep kan worden ingesteld, vangt de termijn van vijf jaren niet aan voordat dit besluit onherroepelijk is geworden.

Nadeelcompensatie, verjaring

Hoofdstuk 5
Handhaving

Titel 5.1
Algemene bepalingen

Art. 5:1
1. In deze wet wordt verstaan onder overtreding: een gedraging die in strijd is met het bepaalde bij of krachtens enig wettelijk voorschrift.
2. Onder overtreder wordt verstaan: degene die de overtreding pleegt of medepleegt. *(Zie ook: § 2BBBB)*
3. Overtredingen kunnen worden begaan door natuurlijke personen en rechtspersonen. Artikel 51, tweede en derde lid, van het Wetboek van Strafrecht is van overeenkomstige toepassing.

Overtreding

Overtreder

Art. 5:2
1. In deze wet wordt verstaan onder:
a. bestuurlijke sanctie: een door een bestuursorgaan wegens een overtreding opgelegde verplichting of onthouden aanspraak;
b. herstelsanctie: een bestuurlijke sanctie die strekt tot het geheel of gedeeltelijk ongedaan maken of beëindigen van een overtreding, tot het voorkomen van herhaling van een overtreding, dan wel tot het wegnemen of beperken van de gevolgen van een overtreding;
c. bestraffende sanctie: een bestuurlijke sanctie voor zover deze beoogt de overtreder leed toe te voegen.
2. Geen bestuurlijke sanctie is de enkele last tot het verrichten van bepaalde handelingen.

Sancties in bestuursrecht

Art. 5:3
De artikelen 5:4 tot en met 5:10 zijn van toepassing op:
a. in dit hoofdstuk geregelde bestuurlijke sancties, en
b. bij wettelijk voorschrift aangewezen andere bestuurlijke sancties.

Reikwijdte

Art. 5:4
1. De bevoegdheid tot het opleggen van een bestuurlijke sanctie bestaat slechts voor zover zij bij of krachtens de wet is verleend.
2. Een bestuurlijke sanctie wordt slechts opgelegd indien de overtreding en de sanctie bij of krachtens een aan de gedraging voorafgaand wettelijk voorschrift zijn omschreven.

Legaliteit bestuurlijke sanctie

Art. 5:5
Het bestuursorgaan legt geen bestuurlijke sanctie op voor zover voor de overtreding een rechtvaardigingsgrond bestond.

Rechtvaardigingsgrond bestuurlijke sanctie

Art. 5:6
Het bestuursorgaan legt geen herstelsanctie op zolang een andere wegens dezelfde overtreding opgelegde herstelsanctie van kracht is.

Herstelsanctie door bestuursorgaan

Art. 5:7
Een herstelsanctie kan worden opgelegd zodra het gevaar voor de overtreding klaarblijkelijk dreigt.

Preventieve herstelsanctie

Art. 5:8
Indien twee of meer voorschriften zijn overtreden, kan voor de overtreding van elk afzonderlijk voorschrift een bestuurlijke sanctie worden opgelegd.

Samenloop bestuurlijke sancties

A45 art. 5:9 — Algemene wet bestuursrecht

Vormvereisten bestuurlijke sanctie

Art. 5:9
De beschikking tot oplegging van een bestuurlijke sanctie vermeldt:
a. de overtreding alsmede het overtreden voorschrift;
b. zo nodig een aanduiding van de plaats waar en het tijdstip waarop de overtreding is geconstateerd.

Bestuurlijke sanctie tot betaling van een geldsom

Art. 5:10
1. Voor zover een bestuurlijke sanctie verplicht tot betaling van een geldsom, komt deze geldsom toe aan het bestuursorgaan dat de sanctie heeft opgelegd, tenzij bij wettelijk voorschrift anders is bepaald.
2. Het bestuursorgaan kan de geldsom invorderen bij dwangbevel.

Nemo tenetur bij bestuurlijke sanctie
Cautie bij bestuurlijke sanctie

Art. 5:10a
1. Degene die wordt verhoord met het oog op het aan hem opleggen van een bestraffende sanctie, is niet verplicht ten behoeve daarvan verklaringen omtrent de overtreding af te leggen.
2. Voor het verhoor wordt aan de betrokkene medegedeeld dat hij niet verplicht is tot antwoorden.
(Zie ook: art. par. 14 BBBB)

Titel 5.2
Toezicht op de naleving

Toezichthouder in het bestuursrecht

Art. 5:11
Onder toezichthouder wordt verstaan: een persoon, bij of krachtens wettelijk voorschrift belast met het houden van toezicht op de naleving van het bepaalde bij of krachtens enig wettelijk voorschrift.

Legitimatiebewijs bestuursrechtelijke toezichthouder

Art. 5:12
1. Bij de uitoefening van zijn taak draagt een toezichthouder een legitimatiebewijs bij zich, dat is uitgegeven door het bestuursorgaan onder verantwoordelijkheid waarvan de toezichthouder werkzaam is.
2. Een toezichthouder toont zijn legitimatiebewijs desgevraagd aanstonds.
3. Het legitimatiebewijs bevat een foto van de toezichthouder en vermeldt in ieder geval diens naam en hoedanigheid. Het model van het legitimatiebewijs wordt vastgesteld bij regeling van Onze Minister van Veiligheid en Justitie.

Redelijke taakvervulling bestuursrechtelijke toezichthouder

Art. 5:13
Een toezichthouder maakt van zijn bevoegdheden slechts gebruik voor zover dat redelijkerwijs voor de vervulling van zijn taak nodig is.
(Zie ook: art. 119 Wonw)

Beperking bevoegdheden bestuursrechtelijke toezichthouder

Art. 5:14
Bij wettelijk voorschrift of bij besluit van het bestuursorgaan dat de toezichthouder als zodanig aanwijst, kunnen de aan de toezichthouder toekomende bevoegdheden worden beperkt.

Binnentreden door bestuursrechtelijke toezichthouder

Art. 5:15
1. Een toezichthouder is bevoegd, met medeneming van de benodigde apparatuur, elke plaats te betreden met uitzondering van een woning zonder toestemming van de bewoner.
2. Zo nodig verschaft hij zich toegang met behulp van de sterke arm.
3. Hij is bevoegd zich te doen vergezellen door personen die daartoe door hem zijn aangewezen.
(Zie ook: art. 119 Wonw)

Vordering inlichtingen door bestuursrechtelijke toezichthouder

Art. 5:16
Een toezichthouder is bevoegd inlichtingen te vorderen.
(Zie ook: art. 119 Wonw)

Inzage identiteitsbewijs door bestuursrechtelijke toezichthouder

Art. 5:16a
Een toezichthouder is bevoegd van personen inzage te vorderen van een identiteitsbewijs als bedoeld in artikel 1 van de Wet op de identificatieplicht.

Inzage zakelijke gegevens door bestuursrechtelijke toezichthouder

Art. 5:17
1. Een toezichthouder is bevoegd inzage te vorderen van zakelijke gegevens en bescheiden.

2. Hij is bevoegd van de gegevens en bescheiden kopieën te maken.
3. Indien het maken van kopieën niet ter plaatse kan geschieden, is hij bevoegd de gegevens en bescheiden voor dat doel voor korte tijd mee te nemen tegen een door hem af te geven schriftelijk bewijs.
(Zie ook: art. 119 Wonw)

Algemene wet bestuursrecht

Art. 5:18
1. Een toezichthouder is bevoegd zaken te onderzoeken, aan opneming te onderwerpen en daarvan monsters te nemen.
2. Hij is bevoegd daartoe verpakkingen te openen.
3. De toezichthouder neemt op verzoek van de belanghebbende indien mogelijk een tweede monster, tenzij bij of krachtens wettelijk voorschrift anders is bepaald.
4. Indien het onderzoek, de opneming of de monsterneming niet ter plaatse kan geschieden, is hij bevoegd de zaken voor dat doel voor korte tijd mee te nemen tegen een door hem af te geven schriftelijk bewijs.
5. De genomen monsters worden voor zover mogelijk teruggegeven.
6. De belanghebbende wordt op zijn verzoek zo spoedig mogelijk in kennis gesteld van de resultaten van het onderzoek, de opneming of de monsterneming.

Onderzoek zaken door bestuursrechtelijke toezichthouder

Art. 5:19
1. Een toezichthouder is bevoegd vervoermiddelen te onderzoeken met betrekking waartoe hij een toezichthoudende taak heeft.
2. Hij is bevoegd vervoermiddelen waarmee naar zijn redelijk oordeel zaken worden vervoerd met betrekking waartoe hij een toezichthoudende taak heeft, op hun lading te onderzoeken.
3. Hij is bevoegd van de bestuurder van een vervoermiddel inzage te vorderen van de wettelijk voorgeschreven bescheiden met betrekking waartoe hij een toezichthoudende taak heeft.
4. Hij is bevoegd met het oog op de uitoefening van deze bevoegdheden van de bestuurder van een voertuig of van de schipper van een vaartuig te vorderen dat deze zijn vervoermiddel stilhoudt en naar een door hem aangewezen plaats overbrengt.
5. Bij regeling van Onze Minister van Veiligheid en Justitie wordt bepaald op welke wijze de vordering tot stilhouden wordt gedaan.

Onderzoek vervoermiddelen door bestuursrechtelijke toezichthouder

Art. 5:20
1. Een ieder is verplicht aan een toezichthouder binnen de door hem gestelde redelijke termijn alle medewerking te verlenen die deze redelijkerwijs kan vorderen bij de uitoefening van zijn bevoegdheden.
2. Zij die uit hoofde van ambt, beroep of wettelijk voorschrift verplicht zijn tot geheimhouding, kunnen het verlenen van medewerking weigeren, voor zover dit uit hun geheimhoudingsplicht voortvloeit.
(Zie ook: art. 119 Wonw; artt. 45, 53a WPR)
3. Het bestuursorgaan onder verantwoordelijkheid waarvan de toezichthouder werkzaam is, is bevoegd tot oplegging van een last onder bestuursdwang ter handhaving van het eerste lid.
4. Indien de gevorderde medewerking strekt ter handhaving van het bepaalde bij of krachtens een regeling die is genoemd in hoofdstuk 2, 3 of 4 van de bij deze wet behorende Bevoegdheidsregeling bestuursrechtspraak of in de bij deze wet behorende Regeling verlaagd griffierecht, wordt de last onder bestuursdwang voor de toepassing van de twee laatstgenoemde regelingen aangemerkt als een besluit, genomen op grond van de eerstbedoelde regeling.

Medewerking aan onderzoek bestuursrechtelijke toezichthouder
Verschoning bij bestuursrechtelijke toezichthouder

Titel 5.3
Herstelsancties

Afdeling 5.3.1
Last onder bestuursdwang

Art. 5:21
Onder last onder bestuursdwang wordt verstaan: de herstelsanctie, inhoudende:
a. een last tot geheel of gedeeltelijk herstel van de overtreding, en
b. de bevoegdheid van het bestuursorgaan om de last door feitelijk handelen ten uitvoer te leggen, indien de last niet of niet tijdig wordt uitgevoerd.

Herstelsanctie Last onder bestuursdwang

Art. 5:22
[Vervallen]

Art. 5:23
Deze afdeling is niet van toepassing op optreden ter onmiddellijke handhaving van de openbare orde.

Last onder bestuursdwang bij handhaving openbare orde

Art. 5:24
1. De last onder bestuursdwang omschrijft de te nemen herstelmaatregelen.
2. De last onder bestuursdwang vermeldt de termijn waarbinnen zij moet worden uitgevoerd.
3. De last onder bestuursdwang wordt bekendgemaakt aan de overtreder, aan de rechthebbenden op het gebruik van de zaak waarop de last betrekking heeft en aan de aanvrager.

Inhoud last onder bestuursdwang

Art. 5:25

Kosten bestuursdwang

1. De toepassing van bestuursdwang geschiedt op kosten van de overtreder, tenzij deze kosten redelijkerwijze niet of niet geheel te zijnen laste behoren te komen.
2. De last vermeldt in hoeverre de kosten van bestuursdwang ten laste van de overtreder zullen worden gebracht.
3. Tot de kosten van bestuursdwang behoren de kosten van voorbereiding van bestuursdwang, voor zover deze zijn gemaakt na het verstrijken van de termijn waarbinnen de last had moeten worden uitgevoerd.
4. De kosten van voorbereiding van bestuursdwang zijn ook verschuldigd, voor zover als gevolg van het alsnog uitvoeren van de last geen bestuursdwang is toegepast.
5. Tot de kosten van bestuursdwang behoren tevens de kosten van vergoeding van schade ingevolge artikel 5:27, zesde lid.
6. Het bestuursorgaan stelt de hoogte van de verschuldigde kosten vast binnen vijf jaar nadat de bestuursdwang is toegepast.

Art. 5:26

[Vervallen]

Art. 5:27

Binnentreden bij bestuursdwang

1. Om bestuursdwang toe te passen, hebben door het bestuursorgaan aangewezen personen toegang tot elke plaats, voor zover dat redelijkerwijs voor de vervulling van hun taak nodig is.
2. Voor het binnentreden in een woning zonder toestemming van de bewoner is het bestuursorgaan dat bestuursdwang toepast bevoegd tot het geven van een machtiging als bedoeld in artikel 2 van de Algemene wet op het binnentreden.
3. Een plaats die niet bij de overtreding is betrokken, wordt niet betreden dan nadat het bestuursorgaan dit de rechthebbende ten minste achtenveertig uren tevoren schriftelijk heeft aangezegd.
4. Het derde lid geldt niet, indien tijdige aanzegging wegens de vereiste spoed niet mogelijk is. De aanzegging geschiedt dan zo spoedig mogelijk.
5. De aanzegging omschrijft de wijze waarop het betreden zal plaatsvinden.
6. Het bestuursorgaan vergoedt de schade die door het betreden van een plaats als bedoeld in het derde lid wordt veroorzaakt, voor zover deze redelijkerwijs niet ten laste van de rechthebbende behoort te komen, onverminderd het recht tot verhaal van deze schade op de overtreder ingevolge artikel 5:25, vijfde lid.

Art. 5:28

Verzegeling bij bestuursdwang

Het bestuursorgaan dat bestuursdwang toepast, is bevoegd tot het verzegelen van gebouwen, terreinen en hetgeen zich daarin of daarop bevindt.

Art. 5:29

Meevoeren en opslaan bij bestuursdwang

1. Voor zover de toepassing van bestuursdwang dit vergt, kan het bestuursorgaan zaken meevoeren en opslaan.
2. Het bestuursorgaan doet van het meevoeren en opslaan proces-verbaal opmaken. Een afschrift van het proces-verbaal wordt verstrekt aan degene die de zaken onder zijn beheer had.
3. Het bestuursorgaan draagt zorg voor de bewaring van de opgeslagen zaken en geeft deze zaken terug aan de rechthebbende.
4. Het bestuursorgaan kan de teruggave opschorten totdat de ingevolge artikel 5:25 verschuldigde kosten zijn voldaan.
5. Indien de rechthebbende niet tevens de overtreder is, kan het bestuursorgaan de teruggave opschorten totdat de kosten van bewaring zijn voldaan.

Art. 5:30

Verkoop van meegevoerde zaken bij bestuursdwang

1. Indien een meegevoerde en opgeslagen zaak niet binnen dertien weken nadat zij is meegevoerd, kan worden teruggegeven, kan het bestuursorgaan de zaak verkopen.
2. Het bestuursorgaan kan de zaak eerder verkopen, zodra de ingevolge artikel 5:25 verschuldigde kosten, vermeerderd met de voor de verkoop geraamde kosten, in verhouding tot de waarde van de zaak onevenredig hoog worden.
3. Verkoop vindt evenwel niet plaats binnen twee weken na de verstrekking van het afschrift van het proces-verbaal van meevoeren en opslaan, tenzij het gevaarlijke stoffen of eerder aan bederf onderhevige stoffen betreft.
4. Gedurende drie jaren na het tijdstip van verkoop heeft degene die op dat tijdstip eigenaar was, recht op de opbrengst van de zaak onder aftrek van de ingevolge artikel 5:25 verschuldigde kosten en de kosten van de verkoop. Na het verstrijken van deze termijn vervalt een batig saldo aan het bestuursorgaan.
5. Indien naar het oordeel van het bestuursorgaan verkoop niet mogelijk is, kan het de zaak om niet aan een derde in eigendom overdragen of laten vernietigen. Het eerste tot en met het derde lid zijn van overeenkomstige toepassing.

Algemene wet bestuursrecht

Art. 5:31
1. Een bestuursorgaan dat bevoegd is om een last onder bestuursdwang op te leggen, kan in spoedeisende gevallen besluiten dat bestuursdwang zal worden toegepast zonder voorafgaande last. Artikel 5:24, eerste en derde lid, is op dit besluit van overeenkomstige toepassing.
2. Indien de situatie zo spoedeisend is, dat een besluit niet kan worden afgewacht, kan terstond bestuursdwang worden toegepast, maar wordt zo spoedig mogelijk nadien alsnog een besluit als bedoeld in het eerste lid bekendgemaakt.

Bestuursdwang in spoedeisende situaties

Art. 5:31a
1. De aanvrager van een last onder bestuursdwang, dan wel een andere belanghebbende die door de overtreding wordt benadeeld, kan het bestuursorgaan verzoeken bestuursdwang toe te passen.
2. Het verzoek kan worden gedaan na afloop van de termijn, bedoeld in artikel 5:24, tweede lid.
3. Het bestuursorgaan beslist binnen vier weken op het verzoek. De beslissing is een beschikking.

Toepassingsbeschikking bij last onder bestuursdwang

Art. 5:31b
De beschikking omtrent de toepassing vervalt, voor zover de last onder bestuursdwang wordt ingetrokken of vernietigd.

Tijdsduur toepassingsbeschikking bestuursdwang

Art. 5:31c
1. Het bezwaar, beroep of hoger beroep tegen de last onder bestuursdwang heeft mede betrekking op een beschikking die strekt tot toepassing van bestuursdwang of op een beschikking tot vaststelling van de kosten van de bestuursdwang, voor zover de belanghebbende deze beschikking betwist.
2. De bestuursrechter kan de beslissing op het beroep of hoger beroep inzake de beschikking tot toepassing van bestuursdwang of de beschikking tot vaststelling van de kosten echter verwijzen naar een ander orgaan, indien behandeling door dit orgaan gewenst is.
3. In beroep of hoger beroep legt de belanghebbende zo mogelijk een afschrift over van de beschikking die hij betwist.
4. Het eerste tot en met het derde lid zijn van overeenkomstige toepassing op een verzoek om voorlopige voorziening.

Procedures over bijkomende beschikkingen bij bestuursdwang

Afdeling 5.3.2
Last onder dwangsom

Art. 5:31d
Onder last onder dwangsom wordt verstaan: de herstelsanctie, inhoudende:
a. een last tot geheel of gedeeltelijk herstel van de overtreding, en
b. de verplichting tot betaling van een geldsom indien de last niet of niet tijdig wordt uitgevoerd.

Last onder dwangsom

Art. 5:32
1. Een bestuursorgaan dat bevoegd is een last onder bestuursdwang op te leggen, kan in plaats daarvan aan de overtreder een last onder dwangsom opleggen.
2. Voor een last onder dwangsom wordt niet gekozen, indien het belang dat het betrokken voorschrift beoogt te beschermen, zich daartegen verzet.
3. Indien de last onder dwangsom strekt ter handhaving van een bepaling bij of krachtens een regeling die is genoemd in hoofdstuk 2, 3 of 4 van de bij deze wet behorende Bevoegdheidsregeling bestuursrechtspraak of in de bij deze wet behorende Regeling verlaagd griffierecht, wordt de last onder dwangsom voor de toepassing van de twee laatstgenoemde regelingen aangemerkt als een besluit, genomen op grond van de eerstbedoelde regeling.

Afgeleide dwangsombevoegdheid

Art. 5:32a
1. De last onder dwangsom omschrijft de te nemen herstelmaatregelen.
2. Bij een last onder dwangsom die strekt tot het ongedaan maken van een overtreding of het voorkomen van verdere overtreding, wordt een termijn gesteld gedurende welke de overtreder de last kan uitvoeren zonder dat een dwangsom wordt verbeurd.

Herstelmaatregelen in last onder dwangsom

Art. 5:32b
1. Het bestuursorgaan stelt de dwangsom vast hetzij op een bedrag ineens, hetzij op een bedrag per tijdseenheid waarin de last niet is uitgevoerd, dan wel per overtreding van de last.
2. Het bestuursorgaan stelt tevens een bedrag vast waarboven geen dwangsom meer wordt verbeurd.
3. De bedragen staan in redelijke verhouding tot de zwaarte van het geschonden belang en tot de beoogde werking van de dwangsom.

Bedrag last onder dwangsom

Art. 5:33
Een verbeurde dwangsom wordt betaald binnen zes weken nadat zij van rechtswege is verbeurd.

Verbeuren bij last onder dwangsom

Art. 5:34

Opheffen, opschorten of verminderen bij last onder dwangsom

1. Het bestuursorgaan dat een last onder dwangsom heeft opgelegd, kan op verzoek van de overtreder de last opheffen, de looptijd ervan opschorten voor een bepaalde termijn of de dwangsom verminderen ingeval van blijvende of tijdelijke gehele of gedeeltelijk onmogelijkheid voor de overtreder om aan zijn verplichtingen te voldoen.
2. Het bestuursorgaan dat een last onder dwangsom heeft opgelegd, kan op verzoek van de overtreder de last opheffen indien de beschikking een jaar van kracht is geweest zonder dat de dwangsom is verbeurd.

Art. 5:35

Verjaring bij last onder dwangsom

1. In afwijking van artikel 4:104, eerste lid, verjaart de rechtsvordering tot betaling van een verbeurde dwangsom door verloop van een jaar na de dag waarop zij is verbeurd.
2. Indien op de dag waarop de rechtsvordering verjaart, bezwaar, beroep of hoger beroep openstaat of aanhangig is tegen de last onder dwangsom, wordt de verjaringstermijn verlengd tot onherroepelijk op het bezwaar, beroep of hoger beroep is beslist.

Art. 5:36

[Vervallen]

Art. 5:37

Invorderingsbeschikking bij last onder dwangsom

1. Alvorens aan te manen tot betaling van de dwangsom, beslist het bestuursorgaan bij beschikking omtrent de invordering van een dwangsom.
2. Het bestuursorgaan geeft voorts een beschikking omtrent de invordering van de dwangsom, indien een belanghebbende daarom verzoekt.
3. Het bestuursorgaan beslist binnen vier weken op het verzoek.

Art. 5:37a

Invorderingsbeschikking dwangsom stuit verjaring

1. Een beschikking tot invordering van een dwangsom stuit de verjaring.
2. Indien op de dag waarop de rechtsvordering verjaart een verzoek als bedoeld in artikel 5:37, tweede lid, aanhangig is, wordt de verjaringstermijn verlengd tot onherroepelijk op het verzoek is beslist.
3. Indien op de dag waarop de rechtsvordering verjaart bezwaar, beroep of hoger beroep openstaat of aanhangig is tegen de afwijzing van een verzoek als bedoeld in artikel 5:37, tweede lid, of tegen het niet tijdig nemen van een beslissing op een zodanig verzoek, wordt de verjaringstermijn verlengd tot:
    a. de termijn voor het maken van bezwaar of het instellen van beroep of hoger beroep ongebruikt is verstreken;
    b. onherroepelijk op het bezwaar, beroep of hoger beroep is beslist; of
    c. het bestuursorgaan alsnog een beschikking tot invordering van een dwangsom heeft gegeven.
4. Indien op de dag waarop de rechtsvordering verjaart, de beschikking omtrent invordering ingevolge een uitspraak van de voorzieningenrechter is geschorst, wordt de verjaringstermijn verlengd met de duur van de schorsing.

Art. 5:38

Vervallen invorderingsbeschikking last onder dwangsom

1. Indien uit een beschikking tot intrekking of wijziging van de last onder dwangsom voortvloeit dat een reeds gegeven beschikking tot invordering van die dwangsom niet in stand kan blijven, vervalt die beschikking.
2. Het bestuursorgaan kan een nieuwe beschikking tot invordering geven die in overeenstemming is met de gewijzigde last onder dwangsom.

Art. 5:39

Procedures over bijkomende beschikkingen bij last onder dwangsom

1. Het bezwaar, beroep of hoger beroep tegen de last onder dwangsom heeft mede betrekking op een beschikking die strekt tot invordering van de dwangsom, voor zover de belanghebbende deze beschikking betwist.
2. De bestuursrechter kan de beslissing op het beroep of hoger beroep tegen de beschikking tot invordering echter verwijzen naar een ander orgaan, indien behandeling door dit orgaan gewenst is.
3. In beroep of hoger beroep legt de belanghebbende zo mogelijk een afschrift over van de beschikking die hij betwist.
4. Het eerste tot en met het derde lid zijn van overeenkomstige toepassing op een verzoek om voorlopige voorziening.

Titel 5.4
Bestuurlijke boete

Afdeling 5.4.1
Algemene bepalingen

Art. 5:40
1. Onder bestuurlijke boete wordt verstaan: de bestraffende sanctie, inhoudende een onvoorwaardelijke verplichting tot betaling van een geldsom.
2. Deze titel is niet van toepassing op de intrekking of wijziging van een aanspraak op financiële middelen.

Art. 5:41
Het bestuursorgaan legt geen bestuurlijke boete op voor zover de overtreding niet aan de overtreder kan worden verweten.

Art. 5:42
1. Het bestuursorgaan legt geen bestuurlijke boete op indien de overtreder is overleden.
2. Een bestuurlijke boete vervalt indien zij op het tijdstip van het overlijden van de overtreder niet onherroepelijk is. Een onherroepelijke bestuurlijke boete vervalt voorzover zij op dat tijdstip nog niet is betaald.

Art. 5:43
Het bestuursorgaan legt geen bestuurlijke boete op indien aan de overtreder wegens dezelfde overtreding reeds eerder een bestuurlijke boete is opgelegd, dan wel een kennisgeving als bedoeld in artikel 5:50, tweede lid, aanhef en onderdeel a, is bekendgemaakt.
(Zie ook: art. 67q AWR; art. par. 15 BBBB)

Art. 5:44
1. Het bestuursorgaan legt geen bestuurlijke boete op indien tegen de overtreder wegens dezelfde gedraging een strafvervolging is ingesteld en het onderzoek ter terechtzitting is begonnen, dan wel een strafbeschikking is uitgevaardigd.
2. Indien de gedraging tevens een strafbaar feit is, wordt zij aan de officier van justitie voorgelegd, tenzij bij wettelijk voorschrift is bepaald, dan wel met het openbaar ministerie is overeengekomen, dat daarvan kan worden afgezien.
3. Voor een gedraging die aan de officier van justitie moet worden voorgelegd, legt het bestuursorgaan slechts een bestuurlijke boete op indien:
 a. de officier van justitie aan het bestuursorgaan heeft medegedeeld ten aanzien van de overtreder van strafvervolging af te zien, of
 b. het bestuursorgaan niet binnen dertien weken een reactie van de officier van justitie heeft ontvangen.

Art. 5:45
1. Indien artikel 5:53 van toepassing is, vervalt de bevoegdheid tot het opleggen van een bestuurlijke boete vijf jaren nadat de overtreding heeft plaatsgevonden.
2. In de overige gevallen vervalt de bevoegdheid tot het opleggen van een bestuurlijke boete drie jaren nadat de overtreding heeft plaatsgevonden.
3. Indien tegen de bestuurlijke boete bezwaar wordt gemaakt of beroep wordt ingesteld, wordt de vervaltermijn opgeschort tot onherroepelijk op het bezwaar of beroep is beslist.
(Zie ook: art. 67pa AWR)

Art. 5:46
1. De wet bepaalt de bestuurlijke boete die wegens een bepaalde overtreding ten hoogste kan worden opgelegd.
2. Tenzij de hoogte van de bestuurlijke boete bij wettelijk voorschrift is vastgesteld, stemt het bestuursorgaan de bestuurlijke boete af op de ernst van de overtreding en de mate waarin deze aan de overtreder kan worden verweten. Het bestuursorgaan houdt daarbij zo nodig rekening met de omstandigheden waaronder de overtreding is gepleegd.
3. Indien de hoogte van de bestuurlijke boete bij wettelijk voorschrift is vastgesteld, legt het bestuursorgaan niettemin een lagere bestuurlijke boete op indien de overtreder aannemelijk maakt dat de vastgestelde bestuurlijke boete wegens bijzondere omstandigheden te hoog is.
4. Artikel 1, tweede lid, van het Wetboek van Strafrecht is van overeenkomstige toepassing.

Art. 5:47
Een bestuurlijke boete die is opgelegd wegens een gedraging die tevens een strafbaar feit is, vervalt indien het gerechtshof met toepassing van artikel 12i van het Wetboek van Strafvordering de vervolging van de overtreder voor dat feit beveelt.

Afdeling 5.4.2
De procedure

Art. 5:48

Rapport van overtreding bij bestuurlijke boete

1. Het bestuursorgaan en de voor de overtreding bevoegde toezichthouder kunnen van de overtreding een rapport opmaken.
2. Het rapport is gedagtekend en vermeldt:
   a. de naam van de overtreder;
   b. de overtreding alsmede het overtreden voorschrift;
   c. zo nodig een aanduiding van de plaats waar en het tijdstip waarop de overtreding is geconstateerd.
3. Een afschrift van het rapport wordt uiterlijk bij de bekendmaking van de beschikking tot oplegging van de bestuurlijke boete aan de overtreder toegezonden of uitgereikt.
4. Indien van de overtreding een proces-verbaal als bedoeld in artikel 152 van het Wetboek van Strafvordering is opgemaakt, treedt dit voor de toepassing van deze afdeling in de plaats van het rapport.

(Zie ook: artt. par. 11, par. 12 BBBB)

Art. 5:49

Inzagerecht bij bestuurlijke boete

1. Het bestuursorgaan stelt de overtreder desgevraagd in de gelegenheid de gegevens waarop het opleggen van de bestuurlijke boete, dan wel het voornemen daartoe, berust, in te zien en daarvan afschriften te vervaardigen.
2. Voor zover blijkt dat de verdediging van de overtreder dit redelijkerwijs vergt, draagt het bestuursorgaan er zoveel mogelijk zorg voor dat deze gegevens aan de overtreder worden medegedeeld in een voor deze begrijpelijke taal.

(Zie ook: art. par. 13 BBBB)

Art. 5:50

Horen/zienswijzen bij bestuurlijke boete

1. Indien de overtreder in de gelegenheid wordt gesteld over het voornemen tot het opleggen van een bestuurlijke boete zijn zienswijze naar voren te brengen,
   a. wordt het rapport reeds bij de uitnodiging daartoe aan de overtreder toegezonden of uitgereikt;
   b. zorgt het bestuursorgaan voor bijstand door een tolk, indien blijkt dat de verdediging van de overtreder dit redelijkerwijs vergt.
2. Indien het bestuursorgaan nadat de overtreder zijn zienswijze naar voren heeft gebracht, beslist dat:
   a. voor de overtreding geen bestuurlijke boete zal worden opgelegd, of
   b. de overtreding alsnog aan de officier van justitie zal worden voorgelegd,
   wordt dit schriftelijk aan de overtreder medegedeeld.

Art. 5:51

Beslistermijn bestuurlijke boete

1. Indien van de overtreding een rapport is opgemaakt, beslist het bestuursorgaan omtrent het opleggen van de bestuurlijke boete binnen dertien weken na de dagtekening van het rapport.
2. De beslistermijn wordt opgeschort met ingang van de dag waarop de gedraging aan het openbaar ministerie is voorgelegd, tot de dag waarop het bestuursorgaan weer bevoegd wordt een bestuurlijke boete op te leggen.

(Zie ook: art. par. 12 BBBB)

Art. 5:52

Eisen aan beschikking bestuurlijke boete

De beschikking tot oplegging van de bestuurlijke boete vermeldt:
a. de naam van de overtreder;
b. het bedrag van de boete.

Art. 5:53

Zware bestuurlijke boete

1. Dit artikel is van toepassing indien voor de overtreding een bestuurlijke boete van meer dan € 340 kan worden opgelegd, tenzij bij wettelijk voorschrift anders is bepaald.
2. In afwijking van artikel 5:48 wordt van de overtreding steeds een rapport of proces-verbaal opgemaakt.
3. In afwijking van afdeling 4.1.2 wordt de overtreder steeds in de gelegenheid gesteld zijn zienswijze naar voren te brengen.

(Zie ook: art. 67pa AWR)

Art. 5:54

Overeenkomstige toepassing

Deze titel is van overeenkomstige toepassing op andere bestraffende sancties, voor zover dit bij wettelijk voorschrift is bepaald.

Algemene wet bestuursrecht

Hoofdstuk 6
Algemene bepalingen over bezwaar en beroep

Afdeling 6.1
Inleidende bepalingen

Art. 6:1
De hoofdstukken 6 en 7 zijn van overeenkomstige toepassing indien is voorzien in de mogelijkheid van bezwaar of beroep tegen andere handelingen van bestuursorganen dan besluiten.
(Zie ook: artt. 1:5, 6:24, 8:1 Awb; art. 18 WBB)

Toepasselijkheid hoofdstukken 6 en 7 Awb

Art. 6:2
Voor de toepassing van wettelijke voorschriften over bezwaar en beroep worden met een besluit gelijkgesteld:
a. de schriftelijke weigering een besluit te nemen, en
b. het niet tijdig nemen van een besluit.
(Zie ook: artt. 1:3, 8:1 Awb; art. 18 WBB)

Gelijkstelling met besluit bij bezwaar en beroep

Art. 6:3
Een beslissing inzake de procedure ter voorbereiding van een besluit is niet vatbaar voor bezwaar of beroep, tenzij deze beslissing de belanghebbende los van het voor te bereiden besluit rechtstreeks in zijn belang treft.
(Zie ook: art. 4:11 Awb)

Bezwaar en beroep tegen voorbereiding besluit

Afdeling 6.2
Overige algemene bepalingen

Art. 6:4
1. Het maken van bezwaar geschiedt door het indienen van een bezwaarschrift bij het bestuursorgaan dat het besluit heeft genomen.
2. Het instellen van administratief beroep geschiedt door het indienen van een beroepschrift bij het beroepsorgaan.
(Zie ook: art. 6:24 Awb)
3. Het instellen van beroep bij een bestuursrechter geschiedt door het indienen van een beroepschrift bij die rechter.

Bezwaarschrift

Beroepschrift

Art. 6:5
1. Het bezwaar- of beroepschrift wordt ondertekend en bevat ten minste:
a. de naam en het adres van de indiener;
b. de dagtekening;
c. een omschrijving van het besluit waartegen het bezwaar of beroep is gericht;
d. de gronden van het bezwaar of beroep.
2. Bij het beroepschrift wordt zo mogelijk een afschrift van het besluit waarop het geschil betrekking heeft, overgelegd.
3. Indien het bezwaar- of beroepschrift in een vreemde taal is gesteld en een vertaling voor een goede behandeling van het bezwaar of beroep noodzakelijk is, dient de indiener zorg te dragen voor een vertaling.
(Zie ook: artt. 4:5, 6:6 Awb; § 11BFB)

Formele vereisten bezwaar- of beroepschrift

Art. 6:6
Het bezwaar of beroep kan niet-ontvankelijk worden verklaard, indien:
a. niet is voldaan aan artikel 6:5 of aan enig ander bij de wet gesteld vereiste voor het in behandeling nemen van het bezwaar of beroep, of
b. het bezwaar- of beroepschrift geheel of gedeeltelijk is geweigerd op grond van artikel 2:15, mits de indiener de gelegenheid heeft gehad het verzuim te herstellen binnen een hem daartoe gestelde termijn.

Niet-ontvankelijkheid bezwaar of beroep

Art. 6:7
De termijn voor het indienen van een bezwaar- of beroepschrift bedraagt zes weken.
(Zie ook: art. 69 VW 2000; art. 26 Wonw)

Indieningstermijn bezwaar en beroep

Art. 6:8
1. De termijn vangt aan met ingang van de dag na die waarop het besluit op de voorgeschreven wijze is bekendgemaakt.
2. De termijn voor het indienen van een bezwaarschrift tegen een besluit waartegen alleen door een of meer bepaalde belanghebbenden administratief beroep kon worden ingesteld, vangt aan met ingang van de dag na die waarop de beroepstermijn ongebruikt is verstreken.
3. De termijn voor het indienen van een beroepschrift tegen een besluit dat aan goedkeuring is onderworpen, vangt aan met ingang van de dag na die waarop het besluit, inhoudende de goedkeuring van dat besluit, op de voorgeschreven wijze is bekendgemaakt.
(Zie ook: artt. 3:35, 3:41 t/m 3:44, 6:11 Awb; art. 22j AWR)

Aanvang indieningstermijn bezwaar en beroep

A45 art. 6:9 — Algemene wet bestuursrecht

4. De termijn voor het indienen van een beroepschrift tegen een besluit dat tot een of meer belanghebbenden is gericht en dat is voorbereid met toepassing van afdeling 3.4 vangt aan met ingang van de dag na die waarop het besluit overeenkomstig artikel 3:44, eerste lid, onderdeel a, ter inzage is gelegd.

Art. 6:9

Ontvangsttheorie bij bezwaar en beroep

1. Een bezwaar- of beroepschrift is tijdig ingediend indien het voor het einde van de termijn is ontvangen.
2. Bij verzending per post is een bezwaar- of beroepschrift tijdig ingediend indien het voor het einde van de termijn ter post is bezorgd, mits het niet later dan een week na afloop van de termijn is ontvangen.

Art. 6:10

Ontvankelijkheid te vroeg ingediend bezwaar of beroep

1. Ten aanzien van een voor het begin van de termijn ingediend bezwaar- of beroepschrift blijft niet-ontvankelijkverklaring op grond daarvan achterwege indien het besluit ten tijde van de indiening:
   a. wel reeds tot stand was gekomen, of
   b. nog niet tot stand was gekomen, maar de indiener redelijkerwijs kon menen dat dit wel reeds het geval was.
2. De behandeling van het bezwaar of beroep kan worden aangehouden tot het begin van de termijn.
(Zie ook: art. 6:7 Awb)

Art. 6:11

Verschoonbare termijnoverschrijding bezwaar of beroep

Ten aanzien van een na afloop van de termijn ingediend bezwaar- of beroepschrift blijft niet-ontvankelijkverklaring op grond daarvan achterwege indien redelijkerwijs niet kan worden geoordeeld dat de indiener in verzuim is geweest.
(Zie ook: artt. 3:45, 6:23, 7:12 Awb; art. 6 EVRM)

Art. 6:12

Beroep tegen niet tijdig nemen besluit

1. Indien het beroep is gericht tegen het niet tijdig nemen van een besluit dan wel het niet tijdig bekendmaken van een van rechtswege verleende beschikking, is het niet aan een termijn gebonden.
2. Het beroepschrift kan worden ingediend zodra:
   a. het bestuursorgaan in gebreke is tijdig een besluit te nemen of een van rechtswege verleende beschikking bekend te maken, en
   b. twee weken zijn verstreken na de dag waarop belanghebbende het bestuursorgaan schriftelijk heeft medegedeeld dat het in gebreke is.
3. Indien redelijkerwijs niet van de belanghebbende kan worden gevergd dat hij het bestuursorgaan in gebreke stelt, kan het beroepschrift worden ingediend zodra het bestuursorgaan in gebreke is tijdig een besluit te nemen.
4. Het beroep is niet-ontvankelijk indien het beroepschrift onredelijk laat is ingediend.

Art. 6:13

Uitsluiting beroepsmogelijkheid

Geen beroep bij de bestuursrechter kan worden ingesteld door een belanghebbende aan wie redelijkerwijs kan worden verweten dat hij geen zienswijzen als bedoeld in artikel 3:15 naar voren heeft gebracht, geen bezwaar heeft gemaakt of geen administratief beroep heeft ingesteld.
(Zie ook: artt. 6:24, 8:6 Awb)

Art. 6:14

Ontvangstbevestiging van bezwaar of beroep

1. Het orgaan waarbij het bezwaar- of beroepschrift is ingediend, bevestigt de ontvangst daarvan schriftelijk.
2. Het orgaan waarbij het beroepschrift is ingediend, geeft daarvan zo spoedig mogelijk kennis aan het bestuursorgaan dat het bestreden besluit heeft genomen.
(Zie ook: artt. 6:18, 8:42 Awb)

Art. 6:15

Doorzending bij bezwaar of beroep

1. Indien het bezwaar- of beroepschrift wordt ingediend bij een onbevoegd bestuursorgaan of bij een onbevoegde bestuursrechter, wordt het, onder vermelding van de datum van ontvangst, zo spoedig mogelijk doorgezonden aan het bevoegde orgaan, onder gelijktijdige mededeling hiervan aan de afzender.
2. Het eerste lid is van overeenkomstige toepassing indien in plaats van een bezwaarschrift een beroepschrift is ingediend of omgekeerd.
3. Het tijdstip van indiening bij het onbevoegde orgaan is bepalend voor de vraag of het bezwaar- of beroepschrift tijdig is ingediend, behoudens in geval van kennelijk onredelijk gebruik van procesrecht.
(Zie ook: artt. 2:3, 8:71 Awb; art. 96a Rv)

Art. 6:16

Schorsende werking bezwaar of beroep

Het bezwaar of beroep schorst niet de werking van het besluit waartegen het is gericht, tenzij bij of krachtens wettelijk voorschrift anders is bepaald.

Algemene wet bestuursrecht

Art. 6:17
Indien iemand zich laat vertegenwoordigen, stelt het orgaan dat bevoegd is op het bezwaar of beroep te beslissen, de op de zaak betrekking hebbende stukken in ieder geval ter beschikking aan de gemachtigde.
(Zie ook: artt. 2:1, 8:24 Awb)

Doorzending aan gemachtigde bij bezwaar en beroep

Art. 6:18
[Vervallen]

Art. 6:19
1. Het bezwaar of beroep heeft van rechtswege mede betrekking op een besluit tot intrekking, wijziging of vervanging van het bestreden besluit, tenzij partijen daarbij onvoldoende belang hebben.
2. Het eerste lid geldt ook indien het bezwaar is gemaakt of het beroep is ingesteld nadat het bestuursorgaan het bestreden besluit heeft ingetrokken, gewijzigd of vervangen.
3. Het bestuursorgaan stelt het nieuwe besluit onverwijld ter beschikking aan het orgaan waarbij het beroep aanhangig is.
4. Indien een ander orgaan een bezwaar- of beroepschrift tegen het nieuwe besluit ontvangt, zendt het dit met toepassing van artikel 6:15, eerste en tweede lid, door.
5. De bestuursrechter kan het beroep tegen het nieuwe besluit echter verwijzen naar een ander orgaan, indien behandeling door dit orgaan gewenst is.
6. Intrekking of vervanging van het bestreden besluit staat niet in de weg aan vernietiging van dat besluit indien de indiener van het bezwaar- of beroepschrift daarbij belang heeft.

Vervangende besluiten hangende bezwaar en beroep

Art. 6:20
1. Indien het beroep zich richt tegen het niet tijdig nemen van een besluit, blijft het bestuursorgaan verplicht dit besluit te nemen, tenzij de belanghebbende daarbij als gevolg van de beslissing op het beroep geen belang meer heeft.
2. Het bestuursorgaan stelt een besluit als bedoeld in het eerste lid onverwijld ter beschikking aan het orgaan waarbij het beroep aanhangig is.
3. Het beroep tegen het niet tijdig nemen van een besluit heeft mede betrekking op het alsnog genomen besluit, tenzij dit geheel aan het beroep tegemoet komt.
4. De beslissing op het beroep kan echter worden verwezen naar een ander orgaan waarbij bezwaar of beroep tegen het alsnog genomen besluit aanhangig is, dan wel kan of kon worden gemaakt of ingesteld.
5. Het beroep tegen het niet tijdig nemen van een besluit kan alsnog gegrond worden verklaard, indien de indiener van het beroepschrift daarbij belang heeft.

Alsnog nemen van besluit hangende bezwaar of beroep

Art. 6:21
1. Het bezwaar of beroep kan schriftelijk worden ingetrokken.
2. Tijdens het horen kan de intrekking ook mondeling geschieden.
(Zie ook: artt. 7:7, 7:21 Awb)

Intrekken bezwaar of beroep

Art. 6:22
Een besluit waartegen bezwaar is gemaakt of beroep is ingesteld, kan, ondanks schending van een geschreven of ongeschreven rechtsregel of algemeen rechtsbeginsel, door het orgaan dat op het bezwaar of beroep beslist in stand worden gelaten indien aannemelijk is dat de belanghebbenden daardoor niet zijn benadeeld.

Passeren schending vormvoorschrift bij bezwaar of beroep

Art. 6:23
1. Indien beroep kan worden ingesteld tegen de beslissing op het bezwaar of beroep, wordt daarvan bij de bekendmaking van de beslissing melding gemaakt.
2. Hierbij wordt vermeld door wie, binnen welke termijn en bij welk orgaan beroep kan worden ingesteld.
(Zie ook: artt. 3:45, 6:15, 7:12, 7:26 Awb)

Melding beroepsmogelijkheid bij beslissing op bezwaar of beroep

Art. 6:24
Deze afdeling is met uitzondering van artikel 6:12 van overeenkomstige toepassing indien hoger beroep, incidenteel hoger beroep, beroep in cassatie of incidenteel beroep in cassatie kan worden ingesteld.

Overeenkomstige toepassing

Hoofdstuk 7
Bijzondere bepalingen over bezwaar en administratief beroep

Afdeling 7.1
Bezwaarschrift voorafgaand aan beroep bij de bestuursrechter

Art. 7:1
1. Degene aan wie het recht is toegekend beroep bij een bestuursrechter in te stellen, dient alvorens beroep in te stellen bezwaar te maken, tenzij:

Beroep bij bestuursrechter na bezwaar

A45 art. 7:1a — Algemene wet bestuursrecht

a. het besluit in bezwaar of in administratief beroep is genomen,
b. het besluit aan goedkeuring is onderworpen,
c. het besluit een goedkeuring of een weigering daarvan inhoudt,
d. het besluit is voorbereid met toepassing van afdeling 3.4,
e. het besluit is genomen op basis van een uitspraak waarin de bestuursrechter met toepassing van artikel 8:72, vierde lid, onderdeel a, heeft bepaald dat afdeling 3.4 geheel of gedeeltelijk buiten toepassing blijft,
f. het beroep zich richt tegen het niet tijdig nemen van een besluit,
g. het besluit is genomen op grond van een voorschrift als genoemd in de bij deze wet behorende Regeling rechtstreeks beroep dan wel het besluit anderszins in de regeling is omschreven.
2. Tegen de beslissing op het bezwaar kan beroep worden ingesteld met toepassing van de voorschriften die gelden voor het instellen van beroep tegen het besluit waartegen bezwaar is gemaakt.
(Zie ook: artt. 1:2, 1:5, 7:11, 8:1 t/m 8:6 Awb; art. 44 Huisvw; art. 49 Gemw; artt. 75, 77 VW 2000)

Art. 7:1a

Rechtstreeks beroep bij bestuursrechter

1. In het bezwaarschrift kan de indiener het bestuursorgaan verzoeken in te stemmen met rechtstreeks beroep bij de bestuursrechter, zulks in afwijking van artikel 7:1.
2. Het bestuursorgaan wijst het verzoek in ieder geval af, indien tegen het besluit een ander bezwaarschrift is ingediend waarin eenzelfde verzoek ontbreekt, tenzij dat andere bezwaarschrift kennelijk niet-ontvankelijk is.
3. Het bestuursorgaan kan instemmen met het verzoek indien de zaak daarvoor geschikt is.
4. Het bestuursorgaan beslist zo spoedig mogelijk op het verzoek. Een beslissing tot instemming wordt genomen zodra redelijkerwijs kan worden aangenomen dat geen nieuwe bezwaarschriften zullen worden ingediend. De artikelen 4:7 en 4:8 zijn niet van toepassing.
5. Indien het bestuursorgaan instemt met het verzoek zendt het het bezwaarschrift, onder vermelding van de datum van ontvangst, onverwijld door aan de bevoegde rechter.
6. Een na de instemming ontvangen bezwaarschrift wordt eveneens onverwijld doorgezonden aan de bevoegde rechter. Indien dit bezwaarschrift geen verzoek als bedoeld in het eerste lid bevat, wordt, in afwijking van artikel 8:41, eerste lid, geen griffierecht geheven.

Afdeling 7.2
Bijzondere bepalingen over bezwaar

Art. 7:2

Horen van belanghebbenden bij bezwaar

1. Voordat een bestuursorgaan op het bezwaar beslist, stelt het belanghebbenden in de gelegenheid te worden gehoord.
2. Het bestuursorgaan stelt daarvan in ieder geval de indiener van het bezwaarschrift op de hoogte alsmede de belanghebbenden die bij de voorbereiding van het besluit hun zienswijze naar voren hebben gebracht.
(Zie ook: artt. 44, 163 Rv; art. 25 AWR; § 12BFB)

Art. 7:3

Afzien van horen bij bezwaar

Van het horen van een belanghebbende kan worden afgezien indien:
a. het bezwaar kennelijk niet-ontvankelijk is,
b. het bezwaar kennelijk ongegrond is,
c. de belanghebbende heeft verklaard geen gebruik te willen maken van het recht te worden gehoord,
d. de belanghebbende niet binnen een door het bestuursorgaan gestelde redelijke termijn verklaart dat hij gebruik wil maken van het recht te worden gehoord, of
e. aan het bezwaar volledig tegemoet wordt gekomen en andere belanghebbenden daardoor niet in hun belangen kunnen worden geschaad.
(Zie ook: artt. 4:8, 7:12, 8:54 Awb)

Art. 7:4

Indienen nadere stukken bij bezwaar

1. Tot tien dagen voor het horen kunnen belanghebbenden nadere stukken indienen.
2. Het bestuursorgaan legt het bezwaarschrift en alle verder op de zaak betrekking hebbende stukken voorafgaand aan het horen gedurende ten minste een week voor belanghebbenden ter inzage.
3. Bij de oproeping voor het horen worden belanghebbenden gewezen op het eerste lid en wordt vermeld waar en wanneer de stukken ter inzage zullen liggen.
4. Belanghebbenden kunnen van deze stukken tegen vergoeding van ten hoogste de kosten afschriften verkrijgen.
5. Voor zover de belanghebbenden daarmee instemmen, kan toepassing van het tweede lid achterwege worden gelaten.

Algemene wet bestuursrecht A45 art. 7:11

6. Het bestuursorgaan kan, al dan niet op verzoek van een belanghebbende, toepassing van het tweede lid voorts achterwege laten, voor zover geheimhouding om gewichtige redenen is geboden. Van de toepassing van deze bepaling wordt mededeling gedaan.
7. Gewichtige redenen zijn in ieder geval niet aanwezig, voor zover ingevolge de Wet openbaarheid van bestuur de verplichting bestaat een verzoek om informatie, vervat in deze stukken, in te willigen.
8. Indien een gewichtige reden is gelegen in de vrees voor schade aan de lichamelijke of geestelijke gezondheid van een belanghebbende, kan inzage van de desbetreffende stukken worden voorbehouden aan een gemachtigde die hetzij advocaat hetzij arts is.
(Zie ook: artt. 2:5, 3:11, 4:3, 8:29, 8:32 Awb)

Art. 7:5
1. Tenzij het horen geschiedt door of mede door het bestuursorgaan zelf dan wel de voorzitter of een lid ervan, geschiedt het horen door:
a. een persoon die niet bij de voorbereiding van het bestreden besluit betrokken is geweest, of
b. meer dan een persoon van wie de meerderheid, onder wie degene die het horen leidt, niet bij de voorbereiding van het besluit betrokken is geweest.
2. Voor zover niet bij wettelijk voorschrift anders is bepaald, besluit het bestuursorgaan of het horen in het openbaar plaatsvindt.
(Zie ook: art. 25 AWR)

Betrokkenen bij horen tijdens bezwaar

Openbaarheid horen tijdens bezwaar

Art. 7:6
1. Belanghebbenden worden in elkaars aanwezigheid gehoord.
2. Ambtshalve of op verzoek kunnen belanghebbenden afzonderlijk worden gehoord, indien aannemelijk is dat gezamenlijk horen een zorgvuldige behandeling zal belemmeren of dat tijdens het horen feiten of omstandigheden bekend zullen worden waarvan geheimhouding om gewichtige redenen is geboden.
3. Wanneer belanghebbenden afzonderlijk zijn gehoord, wordt ieder van hen op de hoogte gesteld van het verhandelde tijdens het horen buiten zijn aanwezigheid.
4. Het bestuursorgaan kan, al dan niet op verzoek van een belanghebbende, toepassing van het derde lid achterwege laten, voor zover geheimhouding om gewichtige redenen is geboden. Artikel 7:4, zesde lid, tweede volzin, zevende en achtste lid, is van overeenkomstige toepassing.
(Zie ook: artt. 7:18, 7:20 Awb)

Gezamenlijk horen belanghebbenden bij bezwaar

Art. 7:7
Van het horen wordt een verslag gemaakt.
(Zie ook: art. 7:21 Awb; § 12BFB)

Verslag van horen bij bezwaar

Art. 7:8
Op verzoek van de belanghebbende kunnen door hem meegebrachte getuigen en deskundigen worden gehoord.
(Zie ook: artt. 7:22, 8:60 Awb; artt. 163, 194 Rv)

Horen van getuigen en deskundigen bij bezwaar

Art. 7:9
Wanneer na het horen aan het bestuursorgaan feiten of omstandigheden bekend worden die voor de op het bezwaar te nemen beslissing van aanmerkelijk belang kunnen zijn, wordt dit aan belanghebbenden meegedeeld en worden zij in de gelegenheid gesteld daarover te worden gehoord.
(Zie ook: artt. 7:16, 7:23 Awb)

Nieuwe feiten of omstandigheden na horen bij bezwaar

Art. 7:10
1. Het bestuursorgaan beslist binnen zes weken of – indien een commissie als bedoeld in artikel 7:13 is ingesteld – binnen twaalf weken, gerekend vanaf de dag na die waarop de termijn voor het indienen van het bezwaarschrift is verstreken.
2. De termijn wordt opgeschort gerekend vanaf de dag na die waarop de indiener is verzocht een verzuim als bedoeld in artikel 6:6 te herstellen, tot de dag waarop het verzuim is hersteld of de daarvoor gestelde termijn ongebruikt is verstreken.
3. Het bestuursorgaan kan de beslissing voor ten hoogste zes weken verdagen.
4. Verder uitstel is mogelijk voor zover:
a. alle belanghebbenden daarmee instemmen,
b. de indiener van het bezwaarschrift daarmee instemt en andere belanghebbenden daardoor niet in hun belangen kunnen worden geschaad, of
c. dit nodig is in verband met de naleving van wettelijke procedurevoorschriften.
(Zie ook: § 13BFB)
5. Indien toepassing is gegeven aan het tweede, derde of vierde lid, doet het bestuursorgaan hiervan schriftelijk mededeling aan belanghebbenden.

Termijn beslissing op bezwaar

Art. 7:11
1. Indien het bezwaar ontvankelijk is, vindt op grondslag daarvan een heroverweging van het bestreden besluit plaats.

Heroverweging besluit na bezwaar

Sdu 829

2. Voor zover de heroverweging daartoe aanleiding geeft, herroept het bestuursorgaan het bestreden besluit en neemt het voor zover nodig in de plaats daarvan een nieuw besluit.
(Zie ook: artt. 8:69, 8:70, 8:72 Awb)

Art. 7:12

Motivering beslissing op bezwaar
1. De beslissing op het bezwaar dient te berusten op een deugdelijke motivering, die bij de bekendmaking van de beslissing wordt vermeld. Daarbij wordt, indien ingevolge artikel 7:3 van het horen is afgezien, tevens aangegeven op welke grond dat is geschied.
(Zie ook: artt. 3:46, 7:26 Awb)

Bekendmaking van beslissing op bezwaar
2. De beslissing wordt bekendgemaakt door toezending of uitreiking aan degenen tot wie zij is gericht. Betreft het een besluit dat niet tot een of meer belanghebbenden is gericht, dan wordt de beslissing tevens bekendgemaakt op dezelfde wijze als waarop dat besluit bekendgemaakt is, tenzij het bestreden besluit in stand wordt gelaten.
3. Zo spoedig mogelijk na de bekendmaking van de beslissing wordt hiervan mededeling gedaan aan de belanghebbenden die in bezwaar of bij de voorbereiding van het bestreden besluit hun zienswijze naar voren hebben gebracht.
4. Bij de mededeling, bedoeld in het derde lid, is artikel 6:23 van overeenkomstige toepassing en wordt met het oog op de aanvang van de beroepstermijn zo duidelijk mogelijk aangegeven wanneer de bekendmaking van de beslissing overeenkomstig het tweede lid heeft plaatsgevonden.
(Zie ook: artt. 3:42, 7:3 Awb)

Art. 7:13

Adviescommissie bij bezwaar
1. Dit artikel is van toepassing indien ten behoeve van de beslissing op het bezwaar een adviescommissie is ingesteld:
a. die bestaat uit een voorzitter en ten minste twee leden,
b. waarvan de voorzitter geen deel uitmaakt van en niet werkzaam is onder verantwoordelijkheid van het bestuursorgaan en
c. die voldoet aan eventueel bij wettelijk voorschrift gestelde andere eisen.
2. Indien een commissie over het bezwaar zal adviseren, deelt het bestuursorgaan dit zo spoedig mogelijk mede aan de indiener van het bezwaarschrift.
3. Het horen geschiedt door de commissie. De commissie kan het horen opdragen aan de voorzitter of een lid dat geen deel uitmaakt van en niet werkzaam is onder verantwoordelijkheid van het bestuursorgaan.
4. De commissie beslist over de toepassing van artikel 7:4, zesde lid, van artikel 7:5, tweede lid, en, voor zover bij wettelijk voorschrift niet anders is bepaald, van artikel 7:3.
5. Een vertegenwoordiger van het bestuursorgaan wordt voor het horen uitgenodigd en wordt in de gelegenheid gesteld een toelichting op het standpunt van het bestuursorgaan te geven.
6. Het advies van de commissie wordt schriftelijk uitgebracht en bevat een verslag van het horen.
7. Indien de beslissing op het bezwaar afwijkt van het advies van de commissie, wordt in de beslissing de reden voor die afwijking vermeld en wordt het advies met de beslissing meegezonden.
(Zie ook: artt. 3:50, 7:5 Awb)

Art. 7:14

Niet van toepassing op bezwaar
Artikel 3:6, tweede lid, afdeling 3.4, de artikelen 3:41 tot en met 3:45, afdeling 3.7, met uitzondering van artikel 3:49 en titel 4.1, met uitzondering van de artikelen 4:14, eerste lid, en 4:15, eerste lid, onderdeel b, tweede lid, onderdelen b en c, derde lid en vierde lid en paragraaf 4.1.3.2, zijn niet van toepassing op besluiten op grond van deze afdeling.

Art. 7:14a

Bezwaar door ander dan aanvrager van besluit
Indien door een ander dan de aanvrager bezwaar is gemaakt tegen een besluit op aanvraag, wordt de aanvrager voor de toepassing van paragraaf 4.1.3.2 gelijkgesteld met de indiener van het bezwaarschrift.

Art. 7:15

Kosten behandeling bezwaar
1. Voor de behandeling van het bezwaar is geen recht verschuldigd.
2. De kosten, die de belanghebbende in verband met de behandeling van het bezwaar redelijkerwijs heeft moeten maken, worden door het bestuursorgaan uitsluitend vergoed op verzoek van de belanghebbende voorzover het bestreden besluit wordt herroepen wegens aan het bestuursorgaan te wijten onrechtmatigheid.
3. Het verzoek wordt gedaan voordat het bestuursorgaan op het bezwaar heeft beslist. Het bestuursorgaan beslist op het verzoek bij de beslissing op het bezwaar.
4. Bij algemene maatregel van bestuur worden nadere regels gesteld over de kosten waarop de vergoeding uitsluitend betrekking kan hebben en over de wijze waarop het bedrag van de kosten wordt vastgesteld.
(Zie ook: artt. 7:8, 7:28, 8:75 Awb)
5. Indien aan de belanghebbende in verband met het bezwaar een toevoeging is verleend op grond van de Wet op de rechtsbijstand, betaalt het bestuursorgaan de toe te kennen vergoeding

aan de rechtsbijstandverlener. De rechtsbijstandverlener stelt de belanghebbende zoveel mogelijk schadeloos voor de door deze voldane eigen bijdrage. De rechtsbijstandverlener doet aan de Raad voor rechtsbijstand opgave van een kostenvergoeding door het bestuursorgaan.

Afdeling 7.3
Bijzondere bepalingen over administratief beroep

Art. 7:16
1. Voordat een beroepsorgaan op het beroep beslist, stelt het belanghebbenden in de gelegenheid te worden gehoord.
2. Het beroepsorgaan stelt daarvan in ieder geval de indiener van het beroepschrift op de hoogte, alsmede het bestuursorgaan dat het besluit heeft genomen en de belanghebbenden die bij de voorbereiding van het besluit of bij de behandeling van het bezwaarschrift hun zienswijze naar voren hebben gebracht.
(Zie ook: artt. 4:7, 4:8, 7:2 Awb)

Hoor en wederhoor bij administratief beroep

Art. 7:17
Van het horen van een belanghebbende kan worden afgezien indien:
a. het beroep kennelijk niet-ontvankelijk is,
b. het beroep kennelijk ongegrond is,
c. de belanghebbende heeft verklaard geen gebruik te willen maken van het recht te worden gehoord, of
d. de belanghebbende niet binnen een door het bestuursorgaan gestelde redelijke termijn verklaart dat hij gebruik wil maken van het recht te worden gehoord.
(Zie ook: artt. 7:26, 7:27 Awb)

Afzien van horen bij administratief beroep

Art. 7:18
1. Tot tien dagen voor het horen kunnen belanghebbenden nadere stukken indienen.
2. Het beroepsorgaan legt het beroepschrift en alle verder op de zaak betrekking hebbende stukken voorafgaand aan het horen gedurende ten minste een week voor belanghebbenden ter inzage.
3. Bij de oproeping voor het horen worden belanghebbenden gewezen op het eerste lid en wordt vermeld waar en wanneer de stukken ter inzage zullen liggen.
4. Belanghebbenden kunnen van deze stukken tegen vergoeding van ten hoogste de kosten afschriften verkrijgen.
5. Voor zover de belanghebbenden daarmee instemmen, kan toepassing van het tweede lid achterwege worden gelaten.
6. Het beroepsorgaan kan, al dan niet op verzoek van een belanghebbende, toepassing van het tweede lid voorts achterwege laten, voor zover geheimhouding om gewichtige redenen is geboden. Van de toepassing van deze bepaling wordt mededeling gedaan.
7. Gewichtige redenen zijn in ieder geval niet aanwezig, voor zover ingevolge de Wet openbaarheid van bestuur de verplichting bestaat een verzoek om informatie, vervat in deze stukken, in te willigen.
8. Indien een gewichtige reden is gelegen in de vrees voor schade aan de lichamelijke of geestelijke gezondheid van een belanghebbende, kan inzage van de desbetreffende stukken worden voorbehouden aan een gemachtigde die hetzij advocaat hetzij arts is.
(Zie ook: art. 7:4 Awb)

Indienen nadere stukken bij administratief beroep

Art. 7:19
1. Het horen geschiedt door het beroepsorgaan.
2. Bij of krachtens de wet kan het horen worden opgedragen aan een adviescommissie waarin een of meer leden zitting hebben die geen deel uitmaken van en niet werkzaam zijn onder verantwoordelijkheid van het beroepsorgaan.
3. Het horen geschiedt in het openbaar, tenzij het beroepsorgaan op verzoek van een belanghebbende of om gewichtige redenen ambtshalve anders beslist.
(Zie ook: artt. 7:2, 7:3, 7:26 Awb; art. 153 Gemw; art. 149 PW)

Betrokkenen bij horen bij administratief beroep

Openbaarheid van horen bij administratief beroep

Art. 7:20
1. Belanghebbenden worden in elkaars aanwezigheid gehoord.
2. Ambtshalve of op verzoek kunnen belanghebbenden afzonderlijk worden gehoord, indien aannemelijk is dat gezamenlijk horen een zorgvuldige behandeling zal belemmeren of dat tijdens het horen feiten of omstandigheden bekend zullen worden waarvan geheimhouding om gewichtige redenen is geboden.
3. Wanneer belanghebbenden afzonderlijk zijn gehoord, wordt ieder van hen op de hoogte gesteld van het verhandelde tijdens het horen buiten zijn aanwezigheid.

Gezamenlijk horen belanghebbenden bij administratief beroep

Algemene wet bestuursrecht

4. Het beroepsorgaan kan, al dan niet op verzoek van een belanghebbende, toepassing van het derde lid achterwege laten, voor zover geheimhouding om gewichtige redenen is geboden. Artikel 7:18, zesde lid, tweede volzin, zevende en achtste lid, is van overeenkomstige toepassing.
(Zie ook: art. 7:6 Awb)

Art. 7:21

Verslag van horen bij administratief beroep

Van het horen wordt een verslag gemaakt.
(Zie ook: art. 7:7 Awb)

Art. 7:22

Horen getuigen en deskundigen bij administratief beroep

Op verzoek van de belanghebbende kunnen door hem meegebrachte getuigen en deskundigen worden gehoord.
(Zie ook: artt. 7:8, 7:28 Awb)

Art. 7:23

Nieuwe feiten of omstandigheden na horen bij administratief beroep

Wanneer na het horen aan het beroepsorgaan feiten of omstandigheden bekend worden die voor de op het beroep te nemen beslissing van aanmerkelijk belang kunnen zijn, wordt dit aan belanghebbenden meegedeeld en worden zij in de gelegenheid gesteld daarover te worden gehoord.
(Zie ook: artt. 7:9, 7:16 Awb)

Art. 7:24

Beslistermijn administratief beroep

1. Het beroepsorgaan beslist binnen zestien weken, gerekend vanaf de dag na die waarop de termijn voor het indienen van het beroepschrift is verstreken.
2. Indien het beroepsorgaan evenwel behoort tot dezelfde rechtspersoon als het bestuursorgaan tegen welks besluit het beroep is gericht, beslist het binnen zes weken of – indien een commissie als bedoeld in artikel 7:19, tweede lid, is ingesteld – binnen twaalf weken, gerekend vanaf de dag na die waarop de termijn voor het indienen van het beroepschrift is verstreken.
3. De termijn wordt opgeschort gerekend vanaf de dag na die waarop de indiener is verzocht een verzuim als bedoeld in artikel 6:6 te herstellen, tot de dag waarop het verzuim is hersteld of de daarvoor gestelde termijn ongebruikt is verstreken.
4. Het beroepsorgaan kan de beslissing voor ten hoogste tien weken verdagen.
5. In het geval, bedoeld in het tweede lid, kan het beroepsorgaan de beslissing echter voor ten hoogste zes weken verdagen.
6. Verder uitstel is mogelijk voor zover:
 a. alle belanghebbenden daarmee instemmen,
 b. de indiener van het beroepschrift daarmee instemt en andere belanghebbenden daardoor niet in hun belangen kunnen worden geschaad, of
 c. dit nodig is in verband met de naleving van wettelijke procedurevoorschriften.
7. Indien toepassing is gegeven aan het derde, vierde, vijfde of zesde lid, doet het beroepsorgaan hiervan schriftelijk mededeling aan belanghebbenden.

Art. 7:25

Vernietiging besluit na administratief beroep

Voor zover het beroepsorgaan het beroep ontvankelijk en gegrond acht, vernietigt het het bestreden besluit en neemt het voor zover nodig in de plaats daarvan een nieuw besluit.
(Zie ook: art. 7:11 Awb)

Art. 7:26

Motivering beslissing administratief beroep

1. De beslissing op het beroep dient te berusten op een deugdelijke motivering, die bij de bekendmaking van de beslissing wordt vermeld. Daarbij wordt, indien ingevolge artikel 7:17 van het horen is afgezien, tevens aangegeven op welke grond dat is geschied.
2. Indien de beslissing afwijkt van het advies van een commissie als bedoeld in artikel 7:19, tweede lid, worden in de beslissing de redenen voor die afwijking vermeld en wordt het advies met de beslissing meegezonden.
3. De beslissing wordt bekendgemaakt door toezending of uitreiking aan degenen tot wie zij is gericht. Betreft het een besluit dat niet tot een of meer belanghebbenden was gericht, dan wordt de beslissing bekendgemaakt op dezelfde wijze als waarop dat besluit bekendgemaakt is.
4. Zo spoedig mogelijk na de bekendmaking van de beslissing wordt hiervan mededeling gedaan aan het bestuursorgaan tegen welks besluit het beroep was gericht, aan degenen tot wie het bestreden besluit was gericht en aan de belanghebbenden die in beroep hun zienswijze naar voren hebben gebracht.
5. Bij de mededeling, bedoeld in het vierde lid, is artikel 6:23 van overeenkomstige toepassing en wordt met het oog op de aanvang van de beroepstermijn zo duidelijk mogelijk aangegeven wanneer de bekendmaking van de beslissing overeenkomstig het derde lid heeft plaatsgevonden.
(Zie ook: artt. 6:23, 7:12, 7:17, 7:19 Awb)

Art. 7:27

Niet van toepassing op administratief beroep

Artikel 3:6, tweede lid, afdeling 3.4, de artikelen 3:41 tot en met 3:45, afdeling 3.7, met uitzondering van artikel 3:49 en titel 4.1, met uitzondering van de artikelen 4:14, eerste lid, en 4:15, eerste lid, onderdeel b, tweede lid, onderdelen b en c, derde lid en vierde lid en paragraaf 4.1.3.2, zijn niet van toepassing op besluiten op grond van deze afdeling.

Algemene wet bestuursrecht   **A45** art. 8:4

Art. 7:27a
Indien het beroep tegen een besluit op aanvraag is ingesteld door een ander dan de aanvrager, wordt de aanvrager voor de toepassing van paragraaf 4.1.3.2 gelijkgesteld met degene die het beroep heeft ingesteld.

Administratief beroep ingesteld door ander dan aanvrager besluit

Art. 7:28
1. Voor de behandeling van het beroep is geen recht verschuldigd.

Kosten administratief beroep

2. De kosten, die de belanghebbende in verband met de behandeling van het beroep redelijkerwijs heeft moeten maken, worden door het bestuursorgaan uitsluitend vergoed op verzoek van de belanghebbende voorzover het bestreden besluit wordt herroepen wegens aan het bestuursorgaan te wijten onrechtmatigheid. In dat geval stelt het beroepsorgaan de vergoeding vast die het bestuursorgaan verschuldigd is.
3. Indien aan de belanghebbende in verband met het beroep een toevoeging is verleend op grond van de Wet op de rechtsbijstand, betaalt het bestuursorgaan de toe te kennen vergoeding aan de rechtsbijstandverlener. De rechtsbijstandverlener stelt de belanghebbende zoveel mogelijk schadeloos voor de door deze voldane eigen bijdrage. De rechtsbijstandverlener doet aan de Raad voor rechtsbijstand opgave van een kostenvergoeding door het bestuursorgaan.
4. Het verzoek wordt gedaan voordat het beroepsorgaan op het beroep heeft beslist. Het beroepsorgaan beslist op het verzoek bij de beslissing op het beroep.
5. Bij algemene maatregel van bestuur worden nadere regels gesteld over de kosten waarop de vergoeding uitsluitend betrekking kan hebben en over de wijze waarop het bedrag van de kosten wordt vastgesteld.

(Zie ook: artt. 7:15, 7:22, 8:75 Awb)

Art. 7:29
[Vervallen]

Hoofdstuk 8
Bijzondere bepalingen over de wijze van procederen bij de bestuursrechter

Titel 8.1
Algemene bepalingen over het beroep in eerste aanleg

Afdeling 8.1.1
Bevoegdheid

Art. 8:1
Een belanghebbende kan tegen een besluit beroep instellen bij de bestuursrechter.
(Zie ook: artt. 1:2, 1:3, 7:1 Awb)

Beroep bij de bestuursrechter

Art. 8:2
1. Met een besluit wordt gelijkgesteld:
a. een andere handeling van een bestuursorgaan waarbij een persoon met betrekking tot diens in artikel 3 van de Ambtenarenwet 2017 bedoelde hoedanigheid, zijn nagelaten betrekkingen of zijn rechtverkrijgenden belanghebbende zijn,
b. een andere publiekrechtelijke handeling van de Sociaal-Economische Raad.
(Zie ook: art. 1:3 Awb)
2. Met een besluit wordt gelijkgesteld de schriftelijke beslissing, inhoudende de weigering van de goedkeuring van:
a. een besluit, inhoudende een algemeen verbindend voorschrift of een beleidsregel of de intrekking of de vaststelling van de inwerkingtreding van een algemeen verbindend voorschrift of een beleidsregel,
b. een besluit ter voorbereiding van een privaatrechtelijke rechtshandeling.

Gelijkstelling met besluit bij beroep

Art. 8:3
1. Geen beroep kan worden ingesteld tegen een besluit:
a. inhoudende een algemeen verbindend voorschrift of een beleidsregel,
b. inhoudende de intrekking of de vaststelling van de inwerkingtreding van een algemeen verbindend voorschrift of een beleidsregel,
c. inhoudende de goedkeuring van een besluit, inhoudende een algemeen verbindend voorschrift of een beleidsregel of de intrekking of de vaststelling van de inwerkingtreding van een algemeen verbindend voorschrift of een beleidsregel.
(Zie ook: art. 1:3 Awb; artt. 32, 33 BW Boek 3; art. 44 Huisvw)
2. Geen beroep kan worden ingesteld tegen een besluit ter voorbereiding van een privaatrechtelijke rechtshandeling.

Beroepsmogelijkheid algemeen verbindende voorschriften en beleidsregels

Art. 8:4
1. Geen beroep kan worden ingesteld tegen een besluit:
a. inhoudende een weigering op grond van artikel 2:15,

Beroepsmogelijkheid overige besluiten

Sdu   833

b. inhoudende een aanmaning als bedoeld in artikel 4:112 of een dwangbevel,
c. als bedoeld in artikel 7:1a, vierde lid, 7:10, tweede, derde of vierde lid, of 7:24, derde tot en met zesde lid,
d. inhoudende schorsing of vernietiging van een besluit van een ander bestuursorgaan,
e. als bedoeld in artikel 3:21, eerste lid, onderdeel b,
f. inzake vergoeding van schade wegens onrechtmatig bestuurshandelen.
2. Onverminderd hoofdstuk 2 van de bij deze wet behorende Bevoegdheidsregeling bestuursrechtspraak kan geen beroep worden ingesteld tegen een besluit:
a. op grond van een in enig wettelijk voorschrift voor het geval van buitengewone omstandigheden toegekende bevoegdheid of opgelegde verplichting in deze omstandigheden genomen,
b. genomen op grond van een wettelijk voorschrift ter beveiliging van de militaire belangen van het Koninkrijk of zijn bondgenoten,
c. genomen op grond van een wettelijk voorschrift inzake de verplichte krijgsdienst, voor zover het keuring, herkeuring, werkelijke dienst, groot verlof of diensteindiging betreft, tenzij het besluit betrekking heeft op verlenging van werkelijke dienst of kostwinnersvergoeding.
3. Geen beroep kan worden ingesteld tegen een besluit:
a. tot benoeming of aanstelling, tenzij beroep wordt ingesteld door een persoon met betrekking tot diens in artikel 3 van de Ambtenarenwet 2017 bedoelde hoedanigheid, zijn nagelaten betrekkingen of zijn rechtverkrijgenden,
b. inhoudende een beoordeling van het kennen of kunnen van een kandidaat of leerling die ter zake is geëxamineerd of op enigerlei andere wijze is getoetst, dan wel inhoudende de vaststelling van opgaven, beoordelingsnormen of nadere regels voor die examinering of toetsing,
c. inhoudende een technische beoordeling van een voertuig of een luchtvaartuig, dan wel een meetmiddel, of een onderdeel daarvan of van een hulpinrichting daarvoor.
4. Geen beroep kan worden ingesteld tegen een besluit:
a. inzake de nummering van kandidatenlijsten, het verloop van de stemming, de stemopneming, de vaststelling van de stemwaarden en de vaststelling van de uitslag bij verkiezingen van de leden van vertegenwoordigende organen, de benoemdverklaring in opengevallen plaatsen, alsmede de toelating van nieuwe leden van provinciale staten, van de gemeenteraad en van het algemeen bestuur van een waterschap, alsmede de verlening van tijdelijk ontslag wegens zwangerschap en bevalling of ziekte,
b. houdende een ambtshandeling van een gerechtsdeurwaarder of notaris.

Art. 8:5

Beroepsmogelijkheid negatieve lijst

1. Geen beroep kan worden ingesteld tegen een besluit als bedoeld in artikel 1 van de bij deze wet behorende Bevoegdheidsregeling bestuursrechtspraak.
2. Geen beroep kan worden ingesteld tegen een besluit waartegen administratief beroep kan worden ingesteld of door de belanghebbende kon worden ingesteld.

Art. 8:6

Absolute bevoegdheid bestuursrechter

1. Het beroep kan worden ingesteld bij de rechtbank, tenzij een ander bestuursrechter bevoegd is ingevolge hoofdstuk 2 van de bij deze wet behorende Bevoegdheidsregeling bestuursrechtspraak dan wel ingevolge een ander wettelijk voorschrift.

Sprongberoep bij bestuursrechter

2. Bij elk van de bestuursrechters, genoemd in hoofdstuk 2 van de bij deze wet behorende Bevoegdheidsregeling bestuursrechtspraak, kan beroep worden ingesteld tegen een besluit waarover die rechter in hoger beroep oordeelt, indien hij toepassing heeft gegeven aan artikel 8:113, tweede lid.

Art. 8:7

Relatieve competentie bestuursrechter

1. Indien beroep wordt ingesteld tegen een besluit van een bestuursorgaan van een provincie, een gemeente of een waterschap dan wel tegen een besluit van een gemeenschappelijk orgaan, een bestuur van een bedrijfsvoeringsorganisatie of een bestuursorgaan van een openbaar lichaam dat is ingesteld met toepassing van de Wet gemeenschappelijke regelingen, is bevoegd de rechtbank binnen het rechtsgebied waarvan het bestuursorgaan zijn zetel heeft.
2. Indien beroep wordt ingesteld tegen een besluit van een ander bestuursorgaan, is bevoegd de rechtbank binnen het rechtsgebied waarvan de indiener van het beroepschrift zijn woonplaats in Nederland heeft. Indien de indiener van het beroepschrift geen woonplaats in Nederland heeft, is bevoegd de rechtbank binnen het rechtsgebied waarvan het bestuursorgaan zijn zetel heeft.
3. Indien beroep wordt ingesteld tegen een besluit als bedoeld in hoofdstuk 3 van de bij deze wet behorende Bevoegdheidsregeling bestuursrechtspraak, is in afwijking van het eerste en tweede lid slechts de door dat hoofdstuk aangewezen rechtbank bevoegd.
4. Het eerste en tweede lid zijn van overeenkomstige toepassing indien beroep in eerste aanleg kan worden ingesteld bij een gerechtshof.

Art. 8:8

Bevoegde rechtbank bij dubbel beroep

1. Indien tegen hetzelfde besluit bij meer dan één bevoegde rechtbank beroep is ingesteld, worden de zaken verder behandeld door de bevoegde rechtbank waarbij als eerste beroep is ingesteld. Indien gelijktijdig bij meer dan één bevoegde rechtbank als eerste beroep is ingesteld,

Algemene wet bestuursrecht   A45 art. 8:12a

worden de zaken verder behandeld door de bevoegde rechtbank die als eerste wordt genoemd in artikel 1 van de Wet op de rechterlijke indeling.
2. De andere rechtbank verwijst, onderscheidenlijk de andere rechtbanken verwijzen de daar aanhangig gemaakte zaak of zaken naar de rechtbank die de zaken verder behandelt. De op de zaak of zaken betrekking hebbende stukken worden toegezonden aan de rechtbank die de zaken verder behandelt.
3. Indien tegen hetzelfde besluit bij meer dan één rechtbank beroep is ingesteld, doet het bestuursorgaan daarvan onverwijld mededeling aan die rechtbanken.
4. Indien het bestuursorgaan ingevolge artikel 7:1a, vijfde of zesde lid, twee of meer bezwaarschriften doorzendt, zendt het bestuursorgaan deze door aan de rechtbank die ingevolge de tweede volzin van het eerste lid de zaak zal behandelen.
5. Het eerste tot en met het vierde lid zijn van overeenkomstige toepassing indien beroep in eerste aanleg kan worden ingesteld bij een gerechtshof.

Art. 8:9
De Afdeling bestuursrechtspraak van de Raad van State, de Centrale Raad van Beroep, onderscheidenlijk het College van Beroep voor het bedrijfsleven, oordelen in hoogste ressort over geschillen tussen de rechtbanken over de toepassing van artikel 8:7 in zaken tot de kennisneming waarvan zij in hoger beroep bevoegd zijn.
(Zie ook: art. 61 Wet RO)

Geschillen over competentie bestuursrechter

Afdeling 8.1.2
Behandeling door een enkelvoudige, meervoudige of grote kamer

Art. 8:10
1. De zaken die bij de rechtbank aanhangig worden gemaakt, worden in behandeling genomen door een enkelvoudige kamer.
2. Indien een zaak naar het oordeel van de enkelvoudige kamer ongeschikt is voor behandeling door één rechter, verwijst zij deze naar een meervoudige kamer. De enkelvoudige kamer kan ook in andere gevallen een zaak naar een meervoudige kamer verwijzen.
3. Indien een zaak naar het oordeel van de meervoudige kamer geschikt is voor verdere behandeling door één rechter, kan zij deze verwijzen naar een enkelvoudige kamer.
4. Verwijzing kan geschieden in elke stand van het geding. Een verwezen zaak wordt voortgezet in de stand waarin zij zich bevindt.
(Zie ook: art. 6 Wet RO; art. 36 Wet RvS; art. 17 Berw; art. 19 Wbbo)

Enkelvoudige kamer bestuursrechter
Meervoudige kamer bestuursrechter
Verwijzing naar enkelvoudige kamer bestuursrechter

Art. 8:10a
1. De zaken die bij een andere bestuursrechter dan de rechtbank aanhangig worden gemaakt, worden in behandeling genomen door een meervoudige kamer.
2. Indien een zaak naar het oordeel van de meervoudige kamer geschikt is voor verdere behandeling door één rechter, kan zij deze verwijzen naar een enkelvoudige kamer.
3. Indien een zaak naar het oordeel van de enkelvoudige kamer ongeschikt is voor behandeling door één rechter, verwijst zij deze naar een meervoudige kamer.
4. De meervoudige kamer kan een zaak voorts verwijzen naar een grote kamer, indien haar dit met het oog op de rechtseenheid of de rechtsontwikkeling geraden voorkomt. De eerste volzin geldt niet, indien de zaak aanhangig is bij een gerechtshof.
5. Verwijzing kan geschieden in elke stand van het geding. Een verwezen zaak wordt voortgezet in de stand waarin zij zich bevindt.

Meervoudige kamer bij andere bestuursrechter dan rechtbank

Verwijzen naar grote kamer bestuursrechter

Art. 8:11
1. De voorschriften omtrent de behandeling van het beroep zijn van toepassing op de behandeling door elk van de kamers, bedoeld in de artikelen 8:10 en 8:10a.
2. Degene die zitting heeft in een enkelvoudige kamer heeft tevens de bevoegdheden en de verplichtingen van de voorzitter.

Voorschriften bestuursrechter bij beroep

Art. 8:12
De bestuursrechter kan aan een rechter-commissaris opdragen het vooronderzoek of een gedeelte daarvan te verrichten.
(Zie ook: artt. 8:15, 8:19 Awb)

Rechter-commissaris in bestuursrecht

Afdeling 8.1.2a
Conclusie

Art. 8:12a
1. De voorzitter van de Afdeling bestuursrechtspraak van de Raad van State, de president van de Centrale Raad van Beroep en de president van het College van Beroep voor het bedrijfsleven

Conclusies bij hoogste bestuursrechter

kunnen in zaken die in hun college in behandeling zijn bij een meervoudige of grote kamer, een lid van het desbetreffende college verzoeken een conclusie te nemen.
2. Een dergelijk verzoek kan ook worden gericht aan een lid van een van de andere colleges in overeenstemming met de voorzitter onderscheidenlijk de president van dat college.
3. De conclusie wordt schriftelijk genomen, is met redenen omkleed en vermeldt:
a. de naam van degene die haar heeft genomen en
b. de dag waarop zij is genomen.
4. De conclusie wordt uiterlijk zes weken na sluiting van het onderzoek ter zitting ter kennis van het college gebracht en in afschrift aan partijen toegezonden. Aan artikel 8:64 behoeft daarbij geen toepassing te worden gegeven.
5. Partijen kunnen binnen twee weken na verzending van het afschrift van de conclusie hun schriftelijk commentaar daarop aan het college doen toekomen.
6. Artikel 8:79, tweede lid, is van overeenkomstige toepassing.
7. Degene die de conclusie heeft genomen, neemt geen deel aan de beraadslagingen over de zaak.
8. De conclusie bindt het college niet.

Afdeling 8.1.2b
Opmerkingen door anderen dan partijen

Art. 8:12b

Amicus curiae

1. De Afdeling bestuursrechtspraak van de Raad van State, de Centrale Raad van Beroep en het College van Beroep voor het bedrijfsleven kunnen in zaken die bij hun college in behandeling zijn bij een meervoudige of grote kamer, anderen dan partijen in de gelegenheid stellen binnen een door het college te bepalen termijn schriftelijke opmerkingen te maken.
2. De aankondiging hiervan geschiedt op een door het college te bepalen wijze.
3. Van het voornemen om toepassing te geven aan het eerste lid doet het college mededeling aan partijen. Het college kan partijen in de gelegenheid stellen om hun wensen omtrent dat voornemen binnen een door hem te bepalen termijn schriftelijk aan hem kenbaar te maken.
4. Partijen kunnen binnen vier weken na de dag van verzending aan hen van de schriftelijke opmerkingen schriftelijk hun zienswijze met betrekking tot die opmerkingen naar voren brengen. Het college kan deze termijn verlengen.
5. Het college kan degenen die schriftelijke opmerkingen hebben gemaakt, uitnodigen ter zitting te verschijnen teneinde over hun opmerkingen te worden gehoord.
6. Indien het college toepassing geeft aan het vijfde lid, wordt daarvan aan partijen mededeling gedaan in de uitnodiging, bedoeld in artikel 8:56.

Afdeling 8.1.3
Verwijzing, voeging en splitsing

Art. 8:13

Verwijzen door bestuurs-rechter

1. De rechtbank kan een bij haar aanhangig gemaakte zaak ter verdere behandeling verwijzen naar de rechtbank waar een andere zaak aanhangig is gemaakt, indien naar haar oordeel behandeling van die zaken door één rechtbank gewenst is.
2. Een verzoek tot verwijzing kan worden gedaan tot de aanvang van het onderzoek ter zitting.
3. Indien de rechtbank waarnaar een zaak is verwezen, instemt met de verwijzing, worden de op de zaak betrekking hebbende stukken aan haar ter beschikking gesteld.
(Zie ook: art. 8:8 Awb)
4. Het eerste tot en met derde lid zijn van overeenkomstige toepassing indien beroep in eerste aanleg kan worden ingesteld bij een gerechtshof.

Art. 8:13a

[Vervallen]

Art. 8:14

Voeging of splitsing door bestuursrechter

1. De bestuursrechter kan zaken over hetzelfde of een verwant onderwerp ter behandeling voegen en de behandeling van gevoegde zaken splitsen.
2. Een verzoek daartoe kan worden gedaan tot de sluiting van het onderzoek ter zitting.
(Zie ook: art. 8:8 Awb)

Afdeling 8.1.4
Wraking en verschoning van rechters

Art. 8:15
Op verzoek van een partij kan elk van de rechters die een zaak behandelen, worden gewraakt op grond van feiten of omstandigheden waardoor de rechterlijke onpartijdigheid schade zou kunnen lijden.
(Zie ook: art. 36 Rv)

Wraking van bestuursrechter

Art. 8:16
1. Het verzoek wordt gedaan zodra de feiten of omstandigheden aan de verzoeker bekend zijn geworden.
2. Het verzoek geschiedt schriftelijk en is gemotiveerd. Na de aanvang van het onderzoek ter zitting onderscheidenlijk na de aanvang van het horen van partijen of getuigen in het vooronderzoek kan het ook mondeling geschieden.
3. Alle feiten of omstandigheden moeten tegelijk worden voorgedragen.
4. Een volgend verzoek om wraking van dezelfde rechter wordt niet in behandeling genomen, tenzij feiten of omstandigheden worden voorgedragen die pas na het eerdere verzoek aan de verzoeker bekend zijn geworden.
5. Geschiedt het verzoek ter zitting, dan wordt het onderzoek ter zitting geschorst.
(Zie ook: art. 37 Rv)

Verzoek tot wraking van bestuursrechter

Art. 8:17
Een rechter wiens wraking is verzocht, kan in de wraking berusten.
(Zie ook: art. 38 Rv)

Berusting in wraking van bestuursrechter

Art. 8:18
1. Het verzoek om wraking wordt zo spoedig mogelijk ter zitting behandeld door een meervoudige kamer waarin de rechter wiens wraking is verzocht, geen zitting heeft.
2. De verzoeker en de rechter wiens wraking is verzocht, worden in de gelegenheid gesteld te worden gehoord. De bestuursrechter kan ambtshalve of op verzoek van de verzoeker of de rechter wiens wraking is verzocht, bepalen dat zij niet in elkaars aanwezigheid zullen worden gehoord.
3. De bestuursrechter beslist zo spoedig mogelijk. De bestuursrechter spreekt de beslissing in het openbaar uit. De beslissing is gemotiveerd en wordt onverwijld aan de verzoeker, de andere partijen en de rechter wiens wraking was verzocht medegedeeld.
4. In geval van misbruik kan de bestuursrechter bepalen dat een volgend verzoek niet in behandeling wordt genomen. Hiervan wordt in de beslissing melding gemaakt.
5. Tegen de beslissing staat geen rechtsmiddel open.
(Zie ook: art. 14a Wet RO; art. 39 Rv; art. 90 VW 2000)

Procedure wraking bestuursrechter

Art. 8:19
1. Op grond van feiten of omstandigheden als bedoeld in artikel 8:15 kan elk van de rechters die een zaak behandelen, verzoeken zich te mogen verschonen.
2. Het verzoek geschiedt schriftelijk en is gemotiveerd. Na de aanvang van het onderzoek ter zitting, onderscheidenlijk na de aanvang van het horen van partijen of getuigen in het vooronderzoek kan het ook mondeling geschieden.
3. Geschiedt het verzoek ter zitting, dan wordt het onderzoek ter zitting geschorst.
(Zie ook: art. 40 Rv)

Verschoning door bestuursrechter

Art. 8:20
1. Het verzoek om verschoning wordt zo spoedig mogelijk behandeld door een meervoudige kamer waarin de rechter die om verschoning heeft verzocht, geen zitting heeft.
2. De bestuursrechter beslist zo spoedig mogelijk. De beslissing is gemotiveerd en wordt onverwijld aan partijen en de rechter die om verschoning had verzocht medegedeeld.
3. Tegen de beslissing staat geen rechtsmiddel open.
(Zie ook: art. 41 Rv)

Procedure verschoning bestuursrechter

Afdeling 8.1.5
Partijen

Art. 8:21
1. Natuurlijke personen, onbekwaam om in rechte te staan, worden in het geding vertegenwoordigd door hun vertegenwoordigers naar burgerlijk recht. De wettelijke vertegenwoordiger behoeft niet de machtiging van de kantonrechter, bedoeld in artikel 349 van Boek 1 van het Burgerlijk Wetboek.
2. De in het eerste lid bedoelde personen kunnen zelf in het geding optreden, indien zij tot redelijke waardering van hun belangen in staat kunnen worden geacht.
3. Indien geen wettelijke vertegenwoordiger aanwezig is, of deze niet beschikbaar is en de zaak spoedeisend is, kan de bestuursrechter een voorlopige vertegenwoordiger benoemen. De benoe-

Vertegenwoordiging bij bestuursrechter

A45 art. 8:22 — Algemene wet bestuursrecht

ming vervalt zodra een wettelijke vertegenwoordiger aanwezig is of de wettelijke vertegenwoordiger weer beschikbaar is.

Art. 8:22

Failliete partij bij bestuursrechter

1. In geval van faillissement of surséance van betaling of toepassing van de schuldsaneringsregeling natuurlijke personen zijn de artikelen 25, 27 en 31 van de Faillissementswet van overeenkomstige toepassing.
2. De artikelen 25, tweede lid, en 27 vinden geen toepassing, indien partijen vóór de faillietverklaring zijn uitgenodigd om op een zitting van de bestuursrechter te verschijnen.

(Zie ook: artt. 25, 27, 31 FW)

Art. 8:23

Vertegenwoordiging bestuursorgaan bij bestuursrechter

1. Een bestuursorgaan dat een college is, wordt in het geding vertegenwoordigd door een of meer door het bestuursorgaan aangewezen leden.
2. De Kroon wordt in het geding vertegenwoordigd door Onze Minister wie het aangaat onderscheidenlijk door een of meer van Onze Ministers wie het aangaat.

(Zie ook: art. 1:1 Awb)

Art. 8:24

Machtiging tot bijstand of vertegenwoordiging bij bestuursrechter

1. Partijen kunnen zich laten bijstaan of door een gemachtigde laten vertegenwoordigen.
2. De bestuursrechter kan van een gemachtigde een schriftelijke machtiging verlangen.
3. Het tweede lid is niet van toepassing ten aanzien van advocaten.

(Zie ook: art. 2:1 Awb; art. 70 VW 2000)

Art. 8:25

Weigering van bijstand of vertegenwoordiging door bestuursrechter

1. De bestuursrechter kan bijstand of vertegenwoordiging door een persoon tegen wie ernstige bezwaren bestaan, weigeren.
2. De betrokken partij en de in het eerste lid bedoelde persoon worden onverwijld in kennis gesteld van de weigering en de reden daarvoor.
3. Het eerste lid is niet van toepassing ten aanzien van advocaten.

(Zie ook: art. 2:2 Awb)

Art. 8:26

Belanghebbenden als partij bij bestuursrechter

1. De bestuursrechter kan tot de sluiting van het onderzoek ter zitting ambtshalve, op verzoek van een partij of op hun eigen verzoek, belanghebbenden in de gelegenheid stellen als partij aan het geding deel te nemen.
2. Indien de bestuursrechter vermoedt dat er onbekende belanghebbenden zijn, kan hij in de *Staatscourant* doen aankondigen dat een zaak bij hem aanhangig is. Naast de aankondiging in de *Staatscourant* kan ook een ander middel voor de aankondiging worden gebruikt.

Art. 8:27

Verschijningsplicht bij bestuursrechter

1. Partijen die door de bestuursrechter zijn opgeroepen om in persoon dan wel in persoon of bij gemachtigde te verschijnen, al dan niet voor het geven van inlichtingen, zijn verplicht te verschijnen en de verlangde inlichtingen te geven. Partijen worden hierop gewezen, alsmede op artikel 8:31.
2. Indien het een rechtspersoon betreft of een bestuursorgaan dat een college is, kan de bestuursrechter een of meer bepaalde bestuurders onderscheidenlijk een of meer bepaalde leden oproepen.

(Zie ook: artt. 8:44, 8:59 Awb)

Art. 8:28

Inlichtingenplicht bij bestuursrechter

Partijen aan wie door de bestuursrechter is verzocht schriftelijk inlichtingen te geven, zijn verplicht de verlangde inlichtingen te geven. Partijen worden hierop gewezen, alsmede op artikel 8:31.

(Zie ook: artt. 8:27, 8:45 Awb)

Art. 8:28a

Nemo tenetur in bestuursrecht

Cautie

1. Indien het beroep is ingesteld tegen een bestuurlijke boete is, in afwijking van de artikelen 8:27 en 8:28, de partij aan wie de bestuurlijke boete is opgelegd, niet verplicht omtrent de overtreding verklaringen af te leggen.
2. Voor de bestuursrechter deze partij verhoort, deelt hij haar mede dat zij niet verplicht is tot antwoorden.

Art. 8:29

Geheimhouding bij bestuursrechter

1. Partijen die verplicht zijn inlichtingen te geven dan wel stukken over te leggen, kunnen, indien daarvoor gewichtige redenen zijn, het geven van inlichtingen dan wel het overleggen van stukken weigeren of de bestuursrechter mededelen dat uitsluitend hij kennis zal mogen nemen van de inlichtingen onderscheidenlijk de stukken.

Algemene wet bestuursrecht

A45 art. 8:35

2. Gewichtige redenen zijn voor een bestuursorgaan in ieder geval niet aanwezig, voor zover ingevolge de Wet openbaarheid van bestuur de verplichting zou bestaan een verzoek om informatie, vervat in de over te leggen stukken, in te willigen.
3. De bestuursrechter beslist of de in het eerste lid bedoelde weigering onderscheidenlijk de beperking van de kennisneming gerechtvaardigd is.
4. Indien de bestuursrechter heeft beslist dat de weigering gerechtvaardigd is, vervalt de verplichting.
5. Indien de bestuursrechter heeft beslist dat de beperking van de kennisneming gerechtvaardigd is, kan hij slechts met toestemming van de andere partijen mede op de grondslag van die inlichtingen onderscheidenlijk die stukken uitspraak doen. Indien de toestemming wordt geweigerd, wordt de zaak verwezen naar een andere kamer.
(Zie ook: artt. 7:4, 7:18 Awb)

Art. 8:30
Partijen zijn verplicht mee te werken aan een onderzoek als bedoeld in artikel 8:47, eerste lid. Partijen worden hierop gewezen, alsmede op artikel 8:31.
(Zie ook: artt. 8:47, 8:48 Awb)

Verplichte medewerking bij bestuursrechter

Art. 8:31
Indien een partij niet voldoet aan de verplichting te verschijnen, inlichtingen te geven, stukken over te leggen of mee te werken aan een onderzoek als bedoeld in artikel 8:47, eerste lid, kan de bestuursrechter daaruit de gevolgtrekkingen maken die hem geraden voorkomen.

Verplichtingen bij bestuursrechter niet nakomen

Art. 8:32
1. De bestuursrechter kan, indien de vrees bestaat dat kennisneming van stukken door een partij haar lichamelijke of geestelijke gezondheid zou schaden, bepalen dat deze kennisneming is voorbehouden aan een gemachtigde die advocaat of arts is dan wel daarvoor van de bestuursrechter bijzondere toestemming heeft gekregen.
2. De bestuursrechter kan, indien kennisneming van stukken door een partij de persoonlijke levenssfeer van een ander onevenredig zou schaden, bepalen dat deze kennisneming is voorbehouden aan een gemachtigde die advocaat of arts is dan wel daarvoor van de bestuursrechter bijzondere toestemming heeft gekregen.
(Zie ook: artt. 7:4, 7:18, 8:29 Awb)

Kennisgeving schadelijke stukken in bestuursrecht

Art. 8:32a
De bestuursrechter kan door partijen verschafte gegevens en bescheiden buiten beschouwing laten indien zij op zijn verzoek niet aangeven ter toelichting of staving van welke stelling de gegevens en bescheiden zijn bedoeld en welk onderdeel daartoe van belang is.

Weigeringsgrond gegevens en bescheiden

Afdeling 8.1.6
Getuigen, deskundigen en tolken

Art. 8:33
1. Ieder die door de bestuursrechter als getuige wordt opgeroepen, is verplicht aan de oproeping gevolg te geven en getuigenis af te leggen.
2. In de oproeping worden vermeld de plaats en het tijdstip waarop de getuige zal worden gehoord, de feiten waarop het horen betrekking zal hebben en de gevolgen die zijn verbonden aan het niet verschijnen.
3. De artikelen 165, tweede en derde lid, 172, 173, eerste lid, eerste volzin, tweede en derde lid, 174, eerste lid, 175, 176, eerste en derde lid, 177, eerste lid en 178 van het Wetboek van Burgerlijke Rechtsvordering zijn van overeenkomstige toepassing
4. De bestuursrechter kan bepalen dat getuigen niet zullen worden gehoord dan na het afleggen van de eed of de belofte. Zij leggen in dat geval de eed of de belofte af dat zij zullen zeggen de gehele waarheid en niets dan de waarheid.

Verplichtingen getuige bij bestuursrechter

Eed of belofte

Art. 8:34
1. De deskundige die zijn benoeming heeft aanvaard, is verplicht zijn opdracht onpartijdig en naar beste weten te vervullen.
2. Artikel 165, tweede lid, onderdeel b, en derde lid, van het Wetboek van Burgerlijke Rechtsvordering is van overeenkomstige toepassing.
(Zie ook: artt. 8:47, 8:60, 8:63 Awb)

Verplichtingen deskundige bij bestuursrechter

Art. 8:35
1. De tolk die zijn benoeming heeft aanvaard en die door de bestuursrechter wordt opgeroepen, is verplicht aan de oproeping gevolg te geven en zijn opdracht onpartijdig en naar beste weten te vervullen. De artikelen 172 en 178 van het Wetboek van Burgerlijke Rechtsvordering zijn van overeenkomstige toepassing.
2. In de oproeping worden vermeld de plaats en het tijdstip waarop de opdracht moet worden vervuld en de gevolgen die zijn verbonden aan het niet verschijnen.
(Zie ook: artt. 8:60, 8:63 Awb)

Verplichtingen tolk bij bestuursrechter

Art. 8:36

Vergoedingen bij bestuursrechter

1. Aan de door de bestuursrechter opgeroepen getuigen, deskundigen en tolken en de deskundigen die een onderzoek als bedoeld in artikel 8:47, eerste lid, hebben ingesteld, wordt ten laste van het Rijk een vergoeding toegekend. Het bij en krachtens de Wet tarieven in strafzaken bepaalde is van overeenkomstige toepassing.
2. De partij die een getuige of deskundige heeft meegebracht of opgeroepen, dan wel aan wie een verslag van een deskundige is uitgebracht, is aan deze een vergoeding verschuldigd. Het bij en krachtens de Wet tarieven in strafzaken bepaalde is van overeenkomstige toepassing.

Afdeling 8.1.6a
Verkeer langs elektronische weg met de bestuursrechter

Art. 8:36a

Beroep langs elektronische weg

[Dit artikel is in werking getreden in verband met de invoering van digitaal procederen. Zie voor de procedures en gerechten waarvoor digitaal procederen geldt het Overzicht gefaseerde inwerkingtreding op www.rijksoverheid.nl/KEI.]
1. Beroep wordt langs elektronische weg ingesteld.
2. Partijen en andere betrokkenen dienen ook de overige stukken langs elektronische weg in, tenzij de bestuursrechter anders bepaalt. Artikel 6:9 is van overeenkomstige toepassing.
3. Het eerste en het tweede lid zijn van overeenkomstige toepassing op het indienen van verzoeken en het doen van verzet.
4. Het eerste lid is van overeenkomstige toepassing indien een bestuursorgaan een bezwaarschrift doorzendt op grond van artikel 7:1a, vijfde of zesde lid.
5. Indien niet is voldaan aan de verplichtingen die voortvloeien uit het eerste tot en met derde lid of van de algemene maatregel van bestuur, bedoeld in artikel 8:36f, eerste lid, stelt de bestuursrechter de desbetreffende partij of andere betrokkene in de gelegenheid dit verzuim te herstellen binnen een door hem te bepalen termijn. Maakt de partij of andere betrokkene van deze gelegenheid geen gebruik, dan kan het beroep niet-ontvankelijk worden verklaard dan wel kan de bestuursrechter het stuk buiten beschouwing laten.

Rechter kan afwijken

6. In afwijking van het vijfde lid kan de bestuursrechter bepalen dat de procedure wordt voortgezet volgens de regels die gelden voor stukkenwisseling op papier.
7. De bestuursrechter betrekt na afloop van de termijn ingediende stukken als bedoeld in het tweede lid bij zijn beslissing indien redelijkerwijs niet kan worden geoordeeld dat de indiener in verzuim is geweest.

Art. 8:36b

Niet voor natuurlijke personen

[Dit artikel is in werking getreden in verband met de invoering van digitaal procederen. Zie voor de procedures en gerechten waarvoor digitaal procederen geldt het Overzicht gefaseerde inwerkingtreding op www.rijksoverheid.nl/KEI.]
1. De verplichting tot procederen langs elektronische weg geldt niet voor natuurlijke personen en voor verenigingen waarvan de statuten niet zijn opgenomen in een notariële akte, tenzij zij worden vertegenwoordigd door een derde die beroepsmatig rechtsbijstand verleent.
2. Bij algemene maatregel van bestuur kunnen andere uitzonderingen worden gemaakt op de verplichting tot stukkenwisseling langs elektronische weg bedoeld in artikel 8:36a.
3. Indien een partij niet verplicht is langs elektronische weg te procederen en niet langs elektronische weg procedeert, dient zij de stukken in op papier. De griffier stelt stukken en mededelingen op papier, of indien deze partij dit wenst langs elektronische weg, aan hem ter beschikking en stelt de door deze partij ingediende stukken ter beschikking van de overige partijen.

Art. 8:36c

Tijdstip indiening, ontvangstbevestiging

[Dit artikel is gewijzigd in verband met de invoering van digitaal procederen. Zie voor de procedures en gerechten waarvoor digitaal procederen geldt het Overzicht gefaseerde inwerkingtreding op www.rijksoverheid.nl/KEI.]
1. Als tijdstip waarop een bericht door de bestuursrechter langs elektronische weg is ontvangen, geldt het tijdstip waarop het bericht het digitale systeem voor gegevensverwerking van de bestuursrechter heeft bereikt. Na elke indiening langs elektronische weg ontvangt de indiener een ontvangstbevestiging in het digitale systeem voor gegevensverwerking.
2. Als tijdstip waarop een bericht dat door de bestuursrechter is geplaatst in het in het eerste lid genoemde digitale systeem voor gegevensverwerking door de geadresseerde is ontvangen, geldt het tijdstip waarop de bestuursrechter de geadresseerde hierover een kennisgeving heeft verzonden buiten het digitale systeem voor gegevensverwerking.
3. Als tijdstip waarop een bericht dat door een partij of een andere betrokkene bij de procedure is geplaatst in het in het eerste lid genoemde digitale systeem voor gegevensverwerking door de andere partijen en betrokkenen bij de procedure is ontvangen, geldt het tijdstip waarop de bestuursrechter de betrokkenen hierover een kennisgeving heeft verzonden buiten het digitale systeem voor gegevensverwerking.

4. Indien een partij of andere betrokkene bij de procedure afziet van digitale bereikbaarheid buiten het digitale systeem voor gegevensverwerking als bedoeld in het eerste lid, zodat de kennisgeving bedoeld in het tweede en derde lid niet kan worden gezonden, geldt als tijdstip waarop een bericht als bedoeld in deze leden door hem is ontvangen, het tijdstip waarop het bericht voor hem toegankelijk is geworden in het digitale systeem voor gegevensverwerking.
[Voor overige gevallen luidt het artikel als volgt:]

Artikel 8:36c.
1. Als tijdstip waarop een bericht door de bestuursrechter langs elektronische weg is ontvangen, geldt het tijdstip waarop het bericht het digitale systeem voor gegevensverwerking van de bestuursrechter heeft bereikt.
2. Als tijdstip waarop een bericht dat door de bestuursrechter is geplaatst in het in het eerste lid genoemde digitale systeem voor gegevensverwerking door de geadresseerde is ontvangen, geldt het tijdstip waarop de bestuursrechter de geadresseerde hierover een kennisgeving heeft verzonden buiten het digitale systeem voor gegevensverwerking.
3. Als tijdstip waarop een bericht dat door een partij of een andere betrokkene bij de procedure is geplaatst in het in het eerste lid genoemde digitale systeem voor gegevensverwerking door de andere partijen en betrokkenen bij de procedure is ontvangen, geldt het tijdstip waarop de bestuursrechter de betrokkenen hierover een kennisgeving heeft verzonden buiten het digitale systeem voor gegevensverwerking.
4. Indien een partij of andere betrokkene bij de procedure afziet van digitale bereikbaarheid buiten het digitale systeem voor gegevensverwerking als bedoeld in het eerste lid, zodat de kennisgeving bedoeld in het tweede en derde lid niet kan worden gezonden, geldt als tijdstip waarop een bericht als bedoeld in deze leden door hem is ontvangen, het tijdstip waarop het bericht voor hem toegankelijk is geworden in het digitale systeem voor gegevensverwerking.

Art. 8:36d
1. Waar in de hoofdstukken 6 en 8 voor het verkeer met de bestuursrechter ondertekening is voorgeschreven is aan dit vereiste voldaan indien het stuk is ondertekend met een elektronische handtekening die voldoet aan bij of krachtens algemene maatregel van bestuur te stellen eisen.
2. Een beroepschrift of verzoekschrift dat langs elektronische weg is ingediend in het digitale systeem voor gegevensverwerking van de bestuursrechter, geldt als ondertekend.

Elektronische handtekening

Art. 8:36e
De bestuursrechter kan bepalen dat een door of namens hem gemaakte beeld- of geluidsopname van een zakelijke samenvatting van:
a. het geven van inlichtingen bedoeld in artikel 8:44,
b. het maken van mondelinge opmerkingen bedoeld in artikel 8:45a, tweede lid,
c. het onderzoek ter plaatse bedoeld in de artikelen 8:50 en 8:51, en
d. de zitting bedoeld in artikel 8:61,
het proces-verbaal bedoeld in deze artikelen, dan wel de aantekening van het verhandelde ter zitting bedoeld in artikel 8:61, tweede lid, vervangt.

Beeld- of geluidsopname als PV

Art. 8:36f
1. Bij of krachtens algemene maatregel van bestuur kunnen nadere regels worden gesteld over het elektronisch verkeer met de bestuursrechter, het digitale systeem voor gegevensverwerking en de verschoonbaarheid van termijnoverschrijdingen wegens verstoring van het digitale systeem voor gegevensverwerking van de rechterlijke instanties of van de toegang tot dit systeem.
2. Bij of krachtens algemene maatregel van bestuur kunnen regels worden gesteld over de toepassing van beeld- en geluidsopnamen.
(Zie ook: Besluit digitalisering burgerlijk procesrecht en bestuursprocesrecht)

Delegatie

Afdeling 8.1.7
Verzending van stukken

Art. 8:36g
[Dit artikel is in werking getreden in verband met de invoering van digitaal procederen. Zie voor de procedures en gerechten waarvoor digitaal procederen geldt het Overzicht gefaseerde inwerkingtreding op www.rijksoverheid.nl/KEI.]
De verzending van berichten door de griffier geschiedt langs elektronische weg, met uitzondering van de berichtgeving aan een partij als bedoeld in artikel 8:36b, die te kennen heeft gegeven deze op papier te willen ontvangen.

Verzending door griffier langs elektronische weg

Art. 8:37
1. Oproepingen, de uitnodiging om op een zitting van de bestuursrechter te verschijnen, de uitnodiging om te verklaren of van het recht ter zitting te worden gehoord gebruik wordt gemaakt, alsmede de verzending van een afschrift van de uitspraak en van het proces-verbaal van de mondelinge uitspraak aan een geadresseerde voor wie de verplichting tot digitaal procederen

Verzending van stukken bestuursrechter

als bedoeld in artikel 8:36a niet geldt en die niet digitaal procedeert, geschieden door de griffier bij aangetekende brief, tenzij de bestuursrechter anders bepaalt.
2. Voor het overige geschiedt de verzending van stukken aan geadresseerden als bedoeld in het eerste lid door de griffier bij gewone brief, tenzij de bestuursrechter anders bepaalt.
3. In een brief wordt de datum van verzending vermeld.
(Zie ook: artt. 8:56, 8:79 Awb)

Art. 8:38

Terugzending stukken door griffier bestuursrechter

1. Indien de griffier een bij aangetekende brief verzonden stuk terug ontvangt en hem blijkt dat de geadresseerde op de dag van verzending of uiterlijk een week daarna in de basisregistratie personen stond ingeschreven op het op het stuk vermelde adres, dan verzendt hij het stuk zo spoedig mogelijk bij gewone brief.
2. In de overige gevallen waarin de griffier een bij aangetekende brief verzonden stuk terug ontvangt, verbetert hij, indien mogelijk, het op het stuk vermelde adres en verzendt hij het stuk opnieuw bij aangetekende brief.

Art. 8:39

Toezending stukken door griffier bestuursrechter

1. De griffier zendt de op de zaak betrekking hebbende stukken zo spoedig mogelijk aan partijen, voor zover de bestuursrechter niet op grond van de artikelen 8:29 of 8:32 anders heeft beslist.
2. De griffier kan de toezending van zeer omvangrijke stukken of van stukken die bezwaarlijk kunnen worden vermenigvuldigd, achterwege laten. Hij stelt partijen daarvan in kennis en vermeldt daarbij dat deze stukken gedurende een door hem te bepalen termijn van ten minste een week ter griffie ter inzage worden gelegd.
3. Partijen kunnen afschriften van of uittreksels uit de in het tweede lid bedoelde stukken verkrijgen. Met betrekking tot de kosten is het bij en krachtens de Wet tarieven in strafzaken bepaalde van overeenkomstige toepassing.

Art. 8:40

Oproeping bij beroepschrift meerdere personen

Indien het beroepschrift is ingediend door twee of meer personen, kan worden volstaan met verzending van de oproeping, de uitnodiging om op een zitting van de bestuursrechter te verschijnen, de op de zaak betrekking hebbende stukken en een afschrift van de uitspraak of van het proces-verbaal van de mondelinge uitspraak aan de persoon die als eerste in het beroepschrift is vermeld.

Art. 8:40a

Elektronisch verkeer bij bestuursrechter

[Dit artikel is gewijzigd in verband met de invoering van digitaal procederen. Zie voor de procedures en gerechten waarvoor digitaal procederen geldt het Overzicht gefaseerde inwerkingtreding op www.rijksoverheid.nl/KEI.]
[Vervallen.]
[Voor overige gevallen luidt het artikel als volgt:]

Artikel 8:40a
1. Afdeling 2.3 is van overeenkomstige toepassing op het verkeer met de bestuursrechter.
2. Bij of krachtens algemene maatregel van bestuur kunnen nadere regels worden gesteld over het elektronisch verkeer met de bestuursrechter.
3. Bij of krachtens algemene maatregel van bestuur kunnen nadere regels worden gesteld over de toepassing van videoconferentie.

Titel 8.2
Behandeling van het beroep in eerste aanleg

Afdeling 8.2.1
Griffierecht

Art. 8:41

Griffierechten bij bestuursrechter

1. Van de indiener van het beroepschrift wordt door de griffier een griffierecht geheven.

2. Het griffierecht bedraagt:
 a. € 49 indien door een natuurlijke persoon beroep is ingesteld tegen een besluit als omschreven in de bij deze wet behorende Regeling verlaagd griffierecht,
 b. € 181 indien door een natuurlijke persoon beroep is ingesteld tegen een ander besluit,
 c. € 360 indien anders dan door een natuurlijke persoon beroep is ingesteld.
3. Indien het een beroepschrift tegen twee of meer samenhangende besluiten dan wel van twee of meer indieners tegen hetzelfde besluit betreft, is eenmaal griffierecht verschuldigd. Dit griffierecht is gelijk aan het hoogste van de bedragen die bij toepassing van het tweede lid verschuldigd zouden zijn geweest.
4. De griffier deelt de indiener van het beroepschrift mede welk griffierecht is verschuldigd en wijst hem daarbij op het bepaalde in het vijfde en zesde lid.

5. Het griffierecht dient binnen vier weken na verzending van de mededeling van de griffier te zijn bijgeschreven op de rekening van het gerecht dan wel ter griffie te zijn gestort.
6. Indien het bedrag niet tijdig is bijgeschreven of gestort, is het beroep niet-ontvankelijk, tenzij redelijkerwijs niet kan worden geoordeeld dat de indiener in verzuim is geweest.
7. Indien het beroep wordt ingetrokken omdat het bestuursorgaan geheel of gedeeltelijk aan de indiener van het beroepschrift is tegemoetgekomen, vergoedt het bestuursorgaan aan de indiener het door deze betaalde griffierecht.
8. In andere gevallen kan het bestuursorgaan, indien het beroep wordt ingetrokken, het betaalde griffierecht geheel of gedeeltelijk vergoeden.

Afdeling 8.2.1a
Algemene bepaling

Art. 8:41a
De bestuursrechter beslecht het hem voorgelegde geschil zoveel mogelijk definitief.

Definitieve afdoening door bestuursrechter

Afdeling 8.2.2
Vooronderzoek

Art. 8:42
1. Binnen vier weken na de dag van verzending van de gronden van het beroepschrift aan het bestuursorgaan zendt dit de op de zaak betrekking hebbende stukken aan de bestuursrechter en kan het een verweerschrift indienen. Indien de bestuursrechter om een verweerschrift heeft verzocht, dient het bestuursorgaan binnen vier weken een verweerschrift in.
2. De bestuursrechter kan de in het eerste lid bedoelde termijnen verlengen.
(Zie ook: artt. 6:4, 6:14 Awb; art. 34a VW; art. 29b AWR)

Termijn verweerschrift bestuursorgaan

Art. 8:43
1. De bestuursrechter kan de indiener van het beroepschrift in de gelegenheid stellen schriftelijk te repliceren. In dat geval wordt het bestuursorgaan in de gelegenheid gesteld schriftelijk te dupliceren. De bestuursrechter stelt de termijnen voor repliek en dupliek vast.
2. De bestuursrechter stelt andere partijen dan de in het eerste lid bedoelde in de gelegenheid om ten minste eenmaal een schriftelijke uiteenzetting over de zaak te geven. Hij stelt hiervoor een termijn vast.
(Zie ook: artt. 8:26, 8:31 Awb)

Repliek en dupliek op beroepschrift

Art. 8:44
1. De bestuursrechter kan partijen oproepen om in persoon dan wel in persoon of bij gemachtigde te verschijnen om te worden gehoord, al dan niet voor het geven van inlichtingen. Indien niet alle partijen worden opgeroepen, worden de niet opgeroepen partijen in de gelegenheid gesteld het horen bij te wonen en een uiteenzetting over de zaak te geven.
2. Van het geven van inlichtingen wordt door de griffier een proces-verbaal opgemaakt.
3. Het wordt door de voorzitter en de griffier ondertekend. Bij verhindering van de voorzitter of de griffier wordt dit in het proces-verbaal vermeld.

Horen van partijen bij bestuursrechter

Art. 8:45
1. De bestuursrechter kan partijen en anderen verzoeken binnen een door hem te bepalen termijn schriftelijk inlichtingen te geven en onder hen berustende stukken in te zenden.
2. Bestuursorganen zijn, ook als zij geen partij zijn, verplicht aan het verzoek, bedoeld in het eerste lid, te voldoen. Artikel 8:29 is van overeenkomstige toepassing.
3. Werkgevers van partijen zijn, ook als zij geen partij zijn, verplicht aan het verzoek, bedoeld in het eerste lid, te voldoen. Artikel 8:29 is van overeenkomstige toepassing.
(Zie ook: art. 8:28 Awb)
4. Van het voornemen van de bestuursrechter tot het vragen van inlichtingen of advies aan de Europese Commissie krachtens artikel 15, eerste lid, van Verordening (EG) nr. 1/2003 van de Raad van 16 december 2002 betreffende de uitvoering van de mededingingsregels van de artikelen 81 en 82 van het Verdrag (PbEG 2003, L 1) wordt aan partijen mededeling gedaan. De bestuursrechter kan partijen in de gelegenheid stellen om hun wensen omtrent de te vragen inlichtingen of het te vragen advies binnen een door hem te bepalen termijn schriftelijk aan hem kenbaar te maken.
5. Op het verstrekken van inlichtingen of advies door de Europese Commissie is artikel 8:29 van overeenkomstige toepassing.
6. Partijen kunnen binnen vier weken na de dag van verzending aan hen van de inlichtingen of het advies van de Europese Commissie schriftelijk hun zienswijze met betrekking tot de inlichtingen of het advies naar voren brengen. De bestuursrechter kan deze termijn verlengen.

Schriftelijke inlichtingen aan bestuursrechter

A45 art. 8:45a
Algemene wet bestuursrecht

Art. 8:45a

Opmerkingen externe autoriteiten bij bestuursrechter

1. De Europese Commissie en de Autoriteit Consument en Markt kunnen, niet optredende als partij, schriftelijke opmerkingen maken krachtens artikel 15, derde lid, eerste alinea, van de in artikel 8:45, vierde lid, genoemde verordening indien zij de wens daartoe te kennen hebben gegeven. De bestuursrechter kan daarvoor een termijn vaststellen.
2. Met toestemming van de bestuursrechter kunnen de Europese Commissie en de Autoriteit Consument en Markt ook mondelinge opmerkingen maken. De bestuursrechter kan de Europese Commissie en de Autoriteit Consument en Markt voor het maken van mondelinge opmerkingen uitnodigen. Partijen worden in de gelegenheid gesteld daarbij aanwezig te zijn. Artikel 8:44, tweede en derde lid, is van overeenkomstige toepassing.
3. De bestuursrechter doet partijen schriftelijk mededeling van de stukken die hij krachtens artikel 15, derde lid, tweede alinea, van de verordening aan de Europese Commissie of de Autoriteit Consument en Markt verstrekt met het oog op de door hen te maken opmerkingen.
4. Partijen kunnen binnen vier weken na de dag van verzending aan hen van de opmerkingen dan wel van het proces-verbaal van de opmerkingen van de Europese Commissie of de Autoriteit Consument en Markt schriftelijk hun zienswijze met betrekking tot de opmerkingen naar voren brengen. De bestuursrechter kan deze termijn verlengen.

Art. 8:46

Getuigen bij bestuursrechter

1. De bestuursrechter kan getuigen oproepen.
2. De bestuursrechter deelt de namen en woonplaatsen van de getuigen, de plaats en het tijdstip waarop dezen zullen worden gehoord en de feiten waarop het horen betrekking zal hebben, ten minste een week tevoren aan partijen mee.
3. De artikelen 179, eerste, tweede en derde lid, eerste volzin, en 180, eerste tot en met derde en vijfde lid, van het Wetboek van Burgerlijke Rechtsvordering zijn van overeenkomstige toepassing.

Art. 8:47

Deskundigen bij bestuursrechter

1. De bestuursrechter kan een deskundige benoemen voor het instellen van een onderzoek.
2. Bij de benoeming worden vermeld de opdracht die moet worden vervuld en de termijn, bedoeld in het vierde lid.
3. Van het voornemen tot het benoemen van een deskundige als bedoeld in het eerste lid wordt aan partijen mededeling gedaan. De bestuursrechter kan partijen in de gelegenheid stellen om hun wensen omtrent het onderzoek binnen een door hem te bepalen termijn schriftelijk aan hem kenbaar te maken.
4. De bestuursrechter stelt een termijn binnen welke de deskundige aan hem een schriftelijk verslag van het onderzoek uitbrengt.
5. Partijen kunnen binnen vier weken na de dag van verzending van het verslag aan hen schriftelijk hun zienswijze met betrekking tot het verslag naar voren brengen.
6. De bestuursrechter kan de in het vijfde lid bedoelde termijn verlengen.
(Zie ook: art. 8:36 Awb; art. 194 Rv)

Art. 8:48

Inlichtingen bij arts in bestuursrecht

1. De arts die voor het instellen van een onderzoek als bedoeld in artikel 8:47, eerste lid, een persoon moet onderzoeken, kan de voor het onderzoek van belang zijnde inlichtingen over deze persoon inwinnen bij de behandelend arts of de behandelende artsen, de verzekeringsarts en de adviserend arts van het bestuursorgaan.
2. Zij verstrekken de gevraagde inlichtingen voor zover daardoor de persoonlijke levenssfeer van de betrokken persoon niet onevenredig wordt geschaad.

Art. 8:49

Tolken bij bestuursrechter

De bestuursrechter kan tolken benoemen.
(Zie ook: art. 8:35 Awb)

Art. 8:50

Descente door bestuursrechter

1. De bestuursrechter kan een onderzoek ter plaatse instellen. Hij heeft daarbij toegang tot elke plaats voor zover dat redelijkerwijs voor de vervulling van zijn taak nodig is.
2. Bestuursorganen verlenen de medewerking die in het belang van het onderzoek is vereist.
3. Van plaats en tijdstip van het onderzoek wordt aan partijen mededeling gedaan. Zij kunnen bij het onderzoek aanwezig zijn.
4. Van het onderzoek wordt door de griffier een proces-verbaal opgemaakt.
5. Het wordt door de voorzitter en de griffier ondertekend. Bij verhindering van de voorzitter of de griffier wordt dit in het proces-verbaal vermeld.
(Zie ook: art. 201 Rv)

Art. 8:51

Descente door ambtenaar bestuursrechter

1. De bestuursrechter kan aan de griffier opdragen een onderzoek ter plaatse in te stellen. Deze heeft daarbij toegang tot elke plaats voor zover dat redelijkerwijs voor de vervulling van de hem

Algemene wet bestuursrecht **A45** art. 8:53

opgedragen taak nodig is. De bestuursrechter is bevoegd tot het geven van een machtiging tot binnentreden.
2. Artikel 8:50, tweede en derde lid, is van overeenkomstige toepassing.
3. Van het onderzoek wordt door de griffier een proces-verbaal opgemaakt, dat door hem wordt ondertekend.

Afdeling 8.2.2a
Bestuurlijke lus

Art. 8:51a
1. De bestuursrechter kan het bestuursorgaan in de gelegenheid stellen een gebrek in het bestreden besluit te herstellen of te laten herstellen. De vorige volzin vindt geen toepassing, indien belanghebbenden die niet als partij aan het geding deelnemen daardoor onevenredig kunnen worden benadeeld. — Bestuurlijke lus
2. De bestuursrechter bepaalt de termijn waarbinnen het bestuursorgaan het gebrek kan herstellen. Hij kan deze termijn verlengen.

Art. 8:51b
1. Het bestuursorgaan deelt de bestuursrechter zo spoedig mogelijk mede of het gebruik maakt van de gelegenheid om het gebrek te herstellen of te laten herstellen. — Mededeling gebruik bestuurlijke lus
2. Indien het bestuursorgaan overgaat tot herstel van het gebrek, deelt het de bestuursrechter zo spoedig mogelijk schriftelijk mede op welke wijze het gebrek is hersteld.
3. Partijen kunnen binnen vier weken na verzending van de mededeling bedoeld in het tweede lid, schriftelijk hun zienswijze over de wijze waarop het gebrek is hersteld, naar voren brengen. De bestuursrechter kan deze termijn verlengen.

Art. 8:51c
De bestuursrechter deelt partijen mede op welke wijze het beroep verder wordt behandeld binnen vier weken na: — Behandeling na mededeling over bestuurlijke lus
a. ontvangst van de mededeling van het bestuursorgaan dat het geen gebruik maakt van de gelegenheid om het gebrek te herstellen of te laten herstellen;
b. het ongebruikt verstrijken van de termijn bedoeld in artikel 8:51a, tweede lid;
c. ontvangst van de zienswijzen; of
d. het ongebruikt verstrijken van de termijn bedoeld in artikel 8:51b, derde lid.

Art. 8:51d
Indien de bestuursrechter in hoogste aanleg uitspraak doet, kan hij het bestuursorgaan opdragen een gebrek in het bestreden besluit te herstellen of te laten herstellen. De artikelen 8:51a, eerste lid, tweede volzin, en tweede lid, 8:51b, tweede en derde lid, en 8:51c, aanhef en onderdelen b tot en met d, zijn van toepassing. — Bestuurlijke lus in hoogste aanleg

Afdeling 8.2.3
Versnelde behandeling

Art. 8:52
1. De bestuursrechter kan, indien de zaak spoedeisend is, bepalen dat deze versneld wordt behandeld. — Versnelde behandeling door bestuursrechter
2. In dat geval kan de bestuursrechter:
a. de in artikel 8:41, vijfde lid, bedoelde termijn verkorten,
b. de in artikel 8:42, eerste lid, bedoelde termijnen verkorten,
c. artikel 8:43, tweede lid, geheel of gedeeltelijk buiten toepassing laten,
d. artikel 8:47, derde lid, geheel of gedeeltelijk buiten toepassing laten,
e. de in artikel 8:47, vijfde lid, bedoelde termijn verkorten, en
f. de in artikel 8:58, eerste lid, bedoelde termijn verkorten.
3. Indien de bestuursrechter bepaalt dat de zaak versneld wordt behandeld, bepaalt hij tevens zo spoedig mogelijk het tijdstip waarop de zitting zal plaatsvinden en doet hij daarvan onverwijld mededeling aan partijen. Artikel 8:56 is niet van toepassing.
(Zie ook: artt. 8:41 t/m 8:43, 8:47 Awb)

Art. 8:53
Blijkt aan de bestuursrechter bij de behandeling dat de zaak niet voldoende spoedeisend is om een versnelde behandeling te rechtvaardigen of dat de zaak een gewone behandeling vordert, dan bepaalt hij dat de zaak verder op de gewone wijze wordt behandeld. — Versnelde behandeling bestuursrechter niet noodzakelijk

Afdeling 8.2.4
Vereenvoudigde behandeling

Art. 8:54

Vereenvoudigde behandeling door bestuursrechter

1. Totdat partijen zijn uitgenodigd om op een zitting van de bestuursrechter te verschijnen, kan de bestuursrechter het onderzoek sluiten, indien voortzetting van het onderzoek niet nodig is, omdat:
   a. de bestuursrechter kennelijk onbevoegd is,
   b. het beroep kennelijk niet-ontvankelijk is,
   c. het beroep kennelijk ongegrond is, of
   d. het beroep kennelijk gegrond is.
2. In de uitspraak na toepassing van het eerste lid worden partijen gewezen op artikel 8:55, eerste lid.

(Zie ook: art. 37 Wet RvS; art. 18 Berw)

Art. 8:54a

Vereenvoudigde behandeling van rechtstreeks beroep bestuursrechter

1. Totdat partijen zijn uitgenodigd om op een zitting van de bestuursrechter te verschijnen, kan de bestuursrechter het onderzoek sluiten, indien voortzetting van het onderzoek niet nodig is, omdat het bestuursorgaan kennelijk ten onrechte heeft ingestemd met rechtstreeks beroep bij de bestuursrechter.
2. In dat geval strekt de uitspraak ertoe dat het bestuursorgaan het beroepschrift als bezwaarschrift behandelt. Artikel 7:10 is van overeenkomstige toepassing.

Art. 8:55

Verzet tegen vereenvoudigde behandeling bestuursrechter

1. Tegen de uitspraak, bedoeld in artikel 8:54, tweede lid, kunnen een belanghebbende en het bestuursorgaan verzet doen bij de bestuursrechter.
2. De artikelen 6:4, derde lid, 6:5 tot en met 6:9, 6:11, 6:14, 6:15, 6:17 en 6:21 zijn van overeenkomstige toepassing.

Opschorting termijnen bij vereenvoudigde behandeling

3. Indien bij wet de werking van een uitspraak wordt opgeschort totdat de termijn voor het instellen van hoger beroep is verstreken of, indien hoger beroep is ingesteld, op het hoger beroep is beslist, wordt de werking van de uitspraak, bedoeld in artikel 8:54, tweede lid, op overeenkomstige wijze opgeschort.
4. Alvorens uitspraak te doen op het verzet, stelt de bestuursrechter de indiener van het verzetschrift die daarom heeft gevraagd, in de gelegenheid op een zitting te worden gehoord, tenzij hij van oordeel is dat het verzet gegrond is. In andere gevallen kan de bestuursrechter de indiener in de gelegenheid stellen op een zitting te worden gehoord.
5. De bestuursrechter kan ook de andere partijen in de gelegenheid stellen op de zitting, bedoeld in het vierde lid, te worden gehoord.
6. Indien de uitspraak waartegen verzet is gedaan, is gedaan door een meervoudige kamer, wordt uitspraak op het verzet gedaan door een meervoudige kamer. Van de kamer die uitspraak doet op het verzet maakt geen deel uit degene die zitting heeft gehad in de kamer die uitspraak heeft gedaan waartegen verzet is gedaan.
7. De uitspraak strekt tot:
   a. niet-ontvankelijkverklaring van het verzet,
   b. ongegrondverklaring van het verzet, of
   c. gegrondverklaring van het verzet.
8. Indien de bestuursrechter het verzet niet-ontvankelijk of ongegrond verklaart, blijft de uitspraak waartegen verzet was gedaan in stand.
9. Indien de bestuursrechter het verzet gegrond verklaart, vervalt de uitspraak waartegen verzet was gedaan en wordt het onderzoek voortgezet in de stand waarin het zich bevond.
10. Indien de bestuursrechter het verzet gegrond verklaart, kan hij tevens uitspraak doen op het beroep, mits:
    a. nader onderzoek redelijkerwijs niet kan bijdragen aan de beoordeling van de zaak, en
    b. de partijen in de gelegenheid zijn gesteld op een zitting te worden gehoord en daarbij zijn gewezen op de bevoegdheid om tevens uitspraak te doen op het beroep.

Afdeling 8.2.4a
Beroep bij niet tijdig handelen

Art. 8:55a
[Vervallen]

Art. 8:55b

Beslistermijn bij beroep tegen niet tijdig genomen besluit

1. Indien het beroep is gericht tegen het niet tijdig nemen van een besluit, doet de bestuursrechter binnen acht weken nadat het beroepschrift is ontvangen en aan de vereisten van artikel 6:5 is voldaan, uitspraak met toepassing van artikel 8:54, tenzij de bestuursrechter een onderzoek ter zitting nodig acht.

Algemene wet bestuursrecht

2. Indien de bestuursrechter een onderzoek ter zitting nodig acht, deelt hij dit zo spoedig mogelijk aan partijen mede.
3. Indien de bestuursrechter een onderzoek ter zitting nodig acht, behandelt hij het beroep zo mogelijk met toepassing van artikel 8:52. In dat geval doet de bestuursrechter zo mogelijk binnen dertien weken uitspraak.

Art. 8:55c
Indien het beroep gegrond is, stelt de bestuursrechter desgevraagd tevens de hoogte van de ingevolge afdeling 4.1.3 verbeurde dwangsom vast. De artikelen 611c en 611g van het Wetboek van Burgerlijke Rechtsvordering zijn van overeenkomstige toepassing.

Dwangsom bij niet tijdig genomen besluit

Art. 8:55d
1. Indien het beroep gegrond is en nog geen besluit is bekendgemaakt, bepaalt de bestuursrechter dat het bestuursorgaan binnen twee weken na de dag waarop de uitspraak wordt verzonden alsnog een besluit bekendmaakt.
2. De bestuursrechter verbindt aan zijn uitspraak een nadere dwangsom voor iedere dag dat het bestuursorgaan in gebreke blijft de uitspraak na te leven. De artikelen 611c en 611g van het Wetboek van Burgerlijke Rechtsvordering zijn van overeenkomstige toepassing.
3. In bijzondere gevallen of indien de naleving van andere wettelijke voorschriften daartoe noopt, kan de bestuursrechter een andere termijn bepalen of een andere voorziening treffen.

Alsnog nemen besluit

Art. 8:55e
1. Indien tegen de met toepassing van artikel 8:54 gedane uitspraak verzet wordt gedaan, beslist de bestuursrechter daarover binnen zes weken.
2. Artikel 8:55, derde lid, is niet van toepassing.
3. Indien het verzet gegrond is, beslist de bestuursrechter zo spoedig mogelijk op het beroep.

Beslistermijn bij verzet tegen vereenvoudigde behandeling

Art. 8:55f
1. Tegen het niet tijdig bekendmaken van een beschikking van rechtswege kan de belanghebbende beroep bij de bestuursrechter instellen.
2. Deze afdeling is van overeenkomstige toepassing.

Beroep tegen niet tijdig bekendmaken beschikking van rechtswege

Afdeling 8.2.5
Onderzoek ter zitting

Art. 8:56
Na afloop van het vooronderzoek worden partijen ten minste drie weken tevoren uitgenodigd om op een in de uitnodiging te vermelden plaats en tijdstip op een zitting van de bestuursrechter te verschijnen.

Uitnodiging zitting bestuursrechter

Art. 8:57
1. De bestuursrechter kan bepalen dat het onderzoek ter zitting achterwege blijft indien geen van de partijen, nadat zij zijn gewezen op hun recht ter zitting te worden gehoord, binnen een door hem gestelde redelijke termijn heeft verklaard dat zij gebruik wil maken van dit recht.
2. Is het beroep reeds ter zitting behandeld, dan kan de bestuursrechter na toepassing van artikel 8:51a bepalen dat een nader onderzoek ter zitting achterwege blijft indien:
a. het bestuursorgaan heeft medegedeeld dat het geen gebruik maakt van de gelegenheid om het gebrek te herstellen of te laten herstellen;
b. de termijn als bedoeld in artikel 8:51a, tweede lid, ongebruikt is verstreken;
c. partijen hun zienswijzen over de wijze waarop het gebrek is hersteld, naar voren hebben gebracht; of
d. de termijn als bedoeld in artikel 8:51b, derde lid, ongebruikt is verstreken, tenzij partijen daardoor kunnen worden benadeeld.
3. Als de bestuursrechter bepaalt dat het onderzoek of het nadere onderzoek ter zitting achterwege blijft, sluit hij het onderzoek.

Geen onderzoek ter zitting door bestuursrechter

Art. 8:58
1. Tot tien dagen voor de zitting kunnen partijen nadere stukken indienen.

2. Op deze bevoegdheid worden partijen in de uitnodiging, bedoeld in artikel 8:56, gewezen.
(Zie ook: artt. 6:22, 8:43 Awb)

Termijn indiening nadere stukken bij bestuursrechter

Art. 8:59
De bestuursrechter kan een partij oproepen om in persoon dan wel in persoon of bij gemachtigde te verschijnen, al dan niet voor het geven van inlichtingen.
(Zie ook: artt. 8:27, 8:43 Awb)

Oproeping partij door bestuursrechter

A45 art. 8:60 — Algemene wet bestuursrecht

Getuigen, deskundigen en tolken ter zitting bestuursrechter

Art. 8:60
1. De bestuursrechter kan getuigen oproepen en deskundigen en tolken benoemen.

2. De opgeroepen getuige en de deskundige of de tolk die zijn benoeming heeft aanvaard en door de bestuursrechter wordt opgeroepen, zijn verplicht aan de oproeping gevolg te geven. De artikelen 172 en 178 van het Wetboek van Burgerlijke Rechtsvordering zijn van overeenkomstige toepassing. In de oproeping van de deskundige worden vermeld de opdracht die moet worden vervuld, de plaats en het tijdstip waarop de opdracht moet worden vervuld en de gevolgen die zijn verbonden aan het niet verschijnen.

3. Namen en woonplaatsen van de opgeroepen getuigen en deskundigen en de feiten waarop het horen betrekking zal hebben onderscheidenlijk de opdracht die moet worden vervuld, worden bij de uitnodiging, bedoeld in artikel 8:56, aan partijen zoveel mogelijk medegedeeld.

4. Partijen kunnen getuigen en deskundigen meebrengen of bij aangetekende brief of deurwaardersexploit oproepen, mits daarvan uiterlijk tien dagen voor de dag van de zitting aan de bestuursrechter en aan de andere partijen mededeling is gedaan, met vermelding van namen en woonplaatsen. Op deze bevoegdheid worden partijen in de uitnodiging, bedoeld in artikel 8:56, gewezen.

(Zie ook: artt. 8:36, 8:46 t/m 8:49 Awb; artt. 163, 194 Rv)

Art. 8:60a

Termijn voor opmerkingen externe autoriteiten bij bestuursrechter

1. De schriftelijke opmerkingen van de Europese Commissie of de Autoriteit Consument en Markt, bedoeld in artikel 8:45a, eerste lid, kunnen tot tien dagen voor de zitting worden ingediend.

2. Indien de Europese Commissie of de Autoriteit Consument en Markt ter zitting verschijnt voor het maken van mondelinge opmerkingen, wordt dit zoveel mogelijk aan partijen meegedeeld bij de uitnodiging voor de zitting. Artikel 8:45a, derde lid, is van overeenkomstige toepassing.

Art. 8:61

Taken voorzitter en griffier bij bestuursrechter

1. De voorzitter heeft de leiding van de zitting.

2. De griffier houdt aantekening van het verhandelde ter zitting.

3. De griffier maakt van de zitting een proces-verbaal op:
a. indien de bestuursrechter dit ambtshalve of op verzoek van een partij die daarbij belang heeft, bepaalt, of
b. op verzoek van de hogerberoepsrechter of de Hoge Raad.

4. Het bevat de namen van de rechter of de rechters die de zaak behandelt onderscheidenlijk behandelen, die van partijen en van hun vertegenwoordigers of gemachtigden die op de zitting zijn verschenen en van degenen die hen hebben bijgestaan, en die van de getuigen, deskundigen en tolken die op de zitting zijn verschenen.

5. Het houdt een vermelding in van hetgeen op de zitting met betrekking tot de zaak is voorgevallen.

6. Het wordt door de voorzitter en de griffier ondertekend. Bij verhindering van de voorzitter of de griffier wordt dit in het proces-verbaal vermeld.

7. Aan het proces-verbaal kunnen overgelegde pleitnotities worden gehecht.

8. De bestuursrechter kan bepalen dat de verklaring van een partij, getuige of deskundige geheel in het proces-verbaal zal worden opgenomen. In dat geval wordt de verklaring onverwijld op schrift gesteld en aan de partij, getuige of deskundige voorgelezen. Deze mag daarin wijzigingen aanbrengen, die op schrift worden gesteld en aan de partij, getuige of deskundige worden voorgelezen. De verklaring wordt door de partij, getuige of deskundige ondertekend. Heeft ondertekening niet plaats, dan wordt de reden daarvan in het proces-verbaal vermeld.

(Zie ook: artt. 8:10, 8:11 Awb)

9. Nadat de bestuursrechter toepassing heeft gegeven aan artikel 8:36e, kan de hogerberoepsrechter of de Hoge Raad verzoeken een schriftelijke weergave van de gesproken tekst van de beeld- of geluidsopname op te stellen.

10. De griffier die een proces-verbaal opmaakt stelt dit ter beschikking aan partijen, indien het derde lid, aanhef en onder a, van toepassing is.

Art. 8:62

Openbare zitting bestuursrechter

1. De zitting is openbaar.

2. De bestuursrechter kan bepalen dat het onderzoek ter zitting geheel of gedeeltelijk zal plaatshebben met gesloten deuren:
a. in het belang van de openbare orde of de goede zeden,
b. in het belang van de veiligheid van de Staat,
c. indien de belangen van minderjarigen of de eerbiediging van de persoonlijke levenssfeer van partijen dit eisen, of

Algemene wet bestuursrecht **A45 art. 8:68**

d. indien openbaarheid het belang van een goede rechtspleging ernstig zou schaden.
(Zie ook: art. 8:61 Awb; artt. 10, 121 GW; art. 6 EVRM)

Art. 8:63
1. Op het horen van getuigen en deskundigen is artikel 179, tweede en derde lid, eerste volzin, van het Wetboek van Burgerlijke Rechtsvordering van overeenkomstige toepassing. Op het horen van getuigen is artikel 179, eerste lid, van het Wetboek van Burgerlijke Rechtsvordering van overeenkomstige toepassing. — *Horen van getuigen en deskundigen ter zitting bestuursrechter*
2. De bestuursrechter kan afzien van het horen van door een partij meegebrachte of opgeroepen getuigen en deskundigen indien hij van oordeel is dat dit redelijkerwijs niet kan bijdragen aan de beoordeling van de zaak.
3. Indien een door een partij opgeroepen getuige of deskundige niet is verschenen, kan de bestuursrechter deze oproepen. In dat geval schorst de bestuursrechter het onderzoek ter zitting.
(Zie ook: artt. 8:33, 8:34, 8:36, 8:60 Awb)

Art. 8:64
1. De bestuursrechter kan het onderzoek ter zitting schorsen. Hij kan daarbij bepalen dat het vooronderzoek wordt hervat. — *Schorsing onderzoek ter zitting bestuursrechter*
2. Indien bij de schorsing geen tijdstip van de nadere zitting is bepaald, bepaalt de bestuursrechter dit zo spoedig mogelijk. De griffier doet zo spoedig mogelijk mededeling aan partijen van het tijdstip van de nadere zitting.
3. In de gevallen waarin schorsing van het onderzoek ter zitting heeft plaatsgevonden, wordt de zaak op de nadere zitting hervat in de stand waarin zij zich bevond.
4. De bestuursrechter kan bepalen dat het onderzoek ter zitting opnieuw wordt aangevangen.
5. De bestuursrechter kan bepalen dat de nadere zitting achterwege blijft indien geen van de partijen, nadat zij zijn gewezen op hun recht ter zitting te worden gehoord, binnen een door hem gestelde redelijke termijn heeft verklaard dat zij gebruik wil maken van dit recht. Artikel 8:57, tweede en derde lid, is van toepassing.
(Zie ook: art. 8:68 Awb)

Art. 8:65
1. De bestuursrechter sluit het onderzoek ter zitting, wanneer hij van oordeel is dat het is voltooid. — *Sluiting onderzoek ter zitting bestuursrechter*
2. Voordat het onderzoek ter zitting wordt gesloten, hebben partijen het recht voor het laatst het woord te voeren.
3. Zodra het onderzoek ter zitting is gesloten, deelt de voorzitter mee wanneer uitspraak zal worden gedaan.

Afdeling 8.2.6
Uitspraak

Art. 8:66
1. Tenzij mondelinge uitspraak wordt gedaan, doet de bestuursrechter binnen zes weken na de sluiting van het onderzoek schriftelijk uitspraak. — *Termijn uitspraak bestuursrechter*
2. In bijzondere omstandigheden kan de bestuursrechter deze termijn met ten hoogste zes weken verlengen.
3. Van deze verlenging wordt aan partijen mededeling gedaan.
(Zie ook: art. 8:77 Awb)

Art. 8:67
1. De bestuursrechter kan na de sluiting van het onderzoek ter zitting onmiddellijk mondeling uitspraak doen. De uitspraak kan voor ten hoogste een week worden verdaagd onder aanzegging aan partijen van het tijdstip van de uitspraak. — *Mondelinge uitspraak bestuursrechter*
2. De mondelinge uitspraak bestaat uit de beslissing en de gronden van de beslissing.
3. Van de mondelinge uitspraak wordt door de griffier een proces-verbaal opgemaakt.
4. Het wordt door de voorzitter en de griffier ondertekend. Bij verhindering van de voorzitter of de griffier wordt dit in het proces-verbaal vermeld.
5. De bestuursrechter spreekt de beslissing, bedoeld in het tweede lid, in het openbaar uit, in tegenwoordigheid van de griffier. Daarbij wordt vermeld door wie, binnen welke termijn en bij welke bestuursrechter welk rechtsmiddel kan worden aangewend.
6. De mededeling, bedoeld in het vijfde lid, tweede volzin, wordt in het proces-verbaal vermeld.
(Zie ook: art. 8:79 Awb)

Art. 8:68
1. Indien de bestuursrechter van oordeel is dat het onderzoek niet volledig is geweest, kan hij het heropenen. De bestuursrechter bepaalt daarbij op welke wijze het onderzoek wordt voortgezet. — *Heropening onderzoek bestuursrechter*
2. De griffier doet zo spoedig mogelijk mededeling daarvan aan partijen.

A45 art. 8:69 — Algemene wet bestuursrecht

Grondslag uitspraak van bestuursrechter
Ambtshalve aanvulling

Art. 8:69
1. De bestuursrechter doet uitspraak op de grondslag van het beroepschrift, de overgelegde stukken, het verhandelde tijdens het vooronderzoek en het onderzoek ter zitting.
2. De bestuursrechter vult ambtshalve de rechtsgronden aan.
3. De bestuursrechter kan ambtshalve de feiten aanvullen.

(Zie ook: art. 7:11 Awb)

Relativiteitsregel bestuursrecht

Art. 8:69a
De bestuursrechter vernietigt een besluit niet op de grond dat het in strijd is met een geschreven of ongeschreven rechtsregel of een algemeen rechtsbeginsel, indien deze regel of dit beginsel kennelijk niet strekt tot bescherming van de belangen van degene die zich daarop beroept.

Strekking uitspraak bestuursrechter

Art. 8:70
De uitspraak strekt tot:
a. onbevoegdverklaring van de bestuursrechter,
b. niet-ontvankelijkverklaring van het beroep,
c. ongegrondverklaring van het beroep, of
d. gegrondverklaring van het beroep.

(Zie ook: art. 6:15 Awb)

Verwijzing naar civiele rechter door bestuursrechter

Art. 8:71
Voor zover uitsluitend een vordering bij de burgerlijke rechter kan worden ingesteld, wordt dit in de uitspraak vermeld. De burgerlijke rechter is aan die beslissing gebonden.

(Zie ook: art. 6:15 Awb)

Vernietiging besluit door bestuursrechter

Art. 8:72
1. Indien de bestuursrechter het beroep gegrond verklaart, vernietigt hij het bestreden besluit geheel of gedeeltelijk.
2. De vernietiging van een besluit of een gedeelte van een besluit brengt vernietiging van de rechtsgevolgen van dat besluit of van het vernietigde gedeelte daarvan mee.
3. De bestuursrechter kan bepalen dat:
a. de rechtsgevolgen van het vernietigde besluit of het vernietigde gedeelte daarvan geheel of gedeeltelijk in stand blijven, of
b. zijn uitspraak in de plaats treedt van het vernietigde besluit of het vernietigde gedeelte daarvan.
4. De bestuursrechter kan, indien toepassing van het derde lid niet mogelijk is, het bestuursorgaan opdragen een nieuw besluit te nemen of een andere handeling te verrichten met inachtneming van zijn aanwijzingen. Daarbij kan hij:
a. bepalen dat wettelijke voorschriften over de voorbereiding van het nieuwe besluit of de andere handeling geheel of gedeeltelijk buiten toepassing blijven;
b. het bestuursorgaan een termijn stellen voor het nemen van het nieuwe besluit of het verrichten van de andere handeling.
5. De bestuursrechter kan zo nodig een voorlopige voorziening treffen. Daarbij bepaalt hij het tijdstip waarop de voorlopige voorziening vervalt.
6. De bestuursrechter kan bepalen dat, indien of zolang het bestuursorgaan niet voldoet aan een uitspraak, het bestuursorgaan aan een door hem aangewezen partij een in de uitspraak vast te stellen dwangsom verbeurt. De artikelen 611a, vierde lid, 611b tot en met 611d en 611g van het Wetboek van Burgerlijke Rechtsvordering zijn van overeenkomstige toepassing.

Afdoen door bestuursrechter

Art. 8:72a
Indien de bestuursrechter een beschikking tot het opleggen van een bestuurlijke boete vernietigt, neemt hij een beslissing omtrent het opleggen van de boete en bepaalt hij dat zijn uitspraak in zoverre in de plaats treedt van de vernietigde beschikking.

Art. 8:73-8:73a
[Vervallen]

Griffierecht in uitspraak bestuursrechter

Art. 8:74
1. Indien de bestuursrechter het beroep gegrond verklaart, houdt de uitspraak tevens in dat aan de indiener van het beroepschrift het door hem betaalde griffierecht wordt vergoed door het bestuursorgaan.
2. In de overige gevallen kan de uitspraak inhouden dat het betaalde griffierecht door het bestuursorgaan geheel of gedeeltelijk wordt vergoed.

Kostenveroordeling door bestuursrechter

Art. 8:75
1. De bestuursrechter is bij uitsluiting bevoegd een partij te veroordelen in de kosten die een andere partij in verband met de behandeling van het beroep bij de bestuursrechter, en van het bezwaar of van het administratief beroep redelijkerwijs heeft moeten maken. De artikelen 7:15, tweede tot en met vierde lid, en 7:28, tweede, vierde en vijfde lid, zijn van toepassing. Een natuurlijke persoon kan slechts in de kosten worden veroordeeld in geval van kennelijk onredelijk gebruik van procesrecht. Bij algemene maatregel van bestuur worden nadere regels gesteld over

de kosten waarop een veroordeling als bedoeld in de eerste volzin uitsluitend betrekking kan hebben en over de wijze waarop bij de uitspraak het bedrag van de kosten wordt vastgesteld.
(Zie ook: art. 6:22 Awb)
2. In geval van een veroordeling in de kosten ten behoeve van een partij aan wie ter zake van het beroep bij de bestuursrechter, het bezwaar of het administratief beroep een toevoeging is verleend krachtens de Wet op de rechtsbijstand, wordt het bedrag van de kosten betaald aan de rechtsbijstandverlener. De rechtsbijstandverlener stelt de belanghebbende zoveel mogelijk schadeloos voor de door deze voldane eigen bijdrage. De rechtsbijstandverlener doet aan de Raad voor rechtsbijstand opgave van een kostenvergoeding door het bestuursorgaan.
(Zie ook: art. 6:19 Awb)

Art. 8:75a

1. In geval van intrekking van het beroep omdat het bestuursorgaan geheel of gedeeltelijk aan de indiener van het beroepschrift is tegemoetgekomen, kan het bestuursorgaan op verzoek van de indiener bij afzonderlijke uitspraak met toepassing van artikel 8:75 in de kosten worden veroordeeld. Het verzoek wordt gedaan tegelijk met de intrekking van het beroep. Indien aan dit vereiste niet is voldaan, wordt het verzoek niet-ontvankelijk verklaard.

Kostenveroordeling bestuursorgaan door bestuursrechter

2. De bestuursrechter stelt de verzoeker zo nodig in de gelegenheid het verzoek schriftelijk toe te lichten en stelt het bestuursorgaan in de gelegenheid een verweerschrift in te dienen. Hij stelt hiervoor termijnen vast. Indien het verzoek mondeling wordt gedaan, kan de bestuursrechter bepalen dat het toelichten van het verzoek en het voeren van verweer onmiddellijk mondeling geschieden.
(Zie ook: art. 37 Wet RvS; art. 20 Wbbo; art. 18 Berw)
3. Indien het toelichten van het verzoek en het voeren van verweer mondeling zijn geschied, sluit de bestuursrechter het onderzoek. In de overige gevallen zijn de afdelingen 8.2.4 en 8.2.5 van overeenkomstige toepassing.

Art. 8:76

Voor zover een uitspraak strekt tot vergoeding van griffierecht, proceskosten of schade als bedoeld in artikel 8:74, 8:75, 8:75a, 8:82, vierde lid, 8:87, derde lid, of 8:95 levert zij een executoriale titel op, die met toepassing van de voorschriften van het Wetboek van Burgerlijke Rechtsvordering kan worden tenuitvoergelegd.

Executoriale titel door uitspraak bestuursrechter

Art. 8:77

1. De schriftelijke uitspraak vermeldt:
a. de namen van partijen en van hun vertegenwoordigers of gemachtigden,
b. de gronden van de beslissing,
c. de beslissing,
d. de naam van de rechter of de namen van de rechters die de zaak heeft onderscheidenlijk hebben behandeld,
e. de dag waarop de beslissing is uitgesproken, en
f. door wie, binnen welke termijn en bij welke bestuursrechter welk rechtsmiddel kan worden aangewend.

Inhoud schriftelijke uitspraak bestuursrechter

2. Indien de uitspraak strekt tot gegrondverklaring van het beroep, wordt in de uitspraak vermeld welke geschreven of ongeschreven rechtsregel of welk algemeen rechtsbeginsel geschonden wordt geoordeeld.
3. De uitspraak wordt ondertekend door de voorzitter en de griffier. Bij verhindering van de voorzitter of de griffier wordt dit in de uitspraak vermeld.
(Zie ook: artt. 3:45, 6:8, 6:24, 8:67 Awb)

Art. 8:78

De uitspraak geschiedt in het openbaar.
(Zie ook: art. 8:77 Awb; art. 6 EVRM)

Openbare uitspraak bestuursrechter

Art. 8:79

1. Binnen twee weken na de dagtekening van de uitspraak stelt de griffier kosteloos een afschrift van de uitspraak of van het proces-verbaal van de mondelinge uitspraak ter beschikking van partijen.

Afschrift uitspraak bestuursrechter

2. Anderen dan partijen kunnen afschriften of uittreksels van de uitspraak of van het proces-verbaal van de mondelinge uitspraak verkrijgen. Met betrekking tot de kosten is het bij en krachtens de Wet tarieven in strafzaken bepaalde van overeenkomstige toepassing.
3. In afwijking van het tweede lid verstrekt de griffier, indien de uitspraak betrekking heeft op de toepassing van de artikelen 101 of 102 van het Verdrag betreffende de werking van de Europese Unie, overeenkomstig artikel 15, tweede lid, van de in artikel 8:45, vierde lid, genoemde verordening onverwijld en kosteloos een afschrift van de uitspraak of van het proces-verbaal van de mondelinge uitspraak aan de Europese Commissie. De verstrekking geschiedt door tussenkomst van de Raad voor de rechtspraak, tenzij het een uitspraak van de Hoge Raad of van de Afdeling bestuursrechtspraak van de Raad van State betreft.

Art. 8:80

1. Indien de bestuursrechter een besluit dat niet tot een of meer belanghebbenden is gericht, geheel of gedeeltelijk vernietigt, doet het bevoegde bestuursorgaan mededeling van de uitspraak op de voor de bekendmaking van dat besluit voorgeschreven wijze.
2. Het eerste lid is eveneens van toepassing indien de bestuursrechter een ander besluit geheel of gedeeltelijk vernietigt en hij daarbij toepassing geeft aan artikel 8:72, derde lid, aanhef en onder b.

Afdeling 8.2.7
Tussenuitspraak

Art. 8:80a

Tussenuitspraak bij bestuurlijke lus

1. Als de bestuursrechter artikel 8:51a toepast, doet hij een tussenuitspraak.
2. De tussenuitspraak vermeldt zoveel mogelijk op welke wijze het gebrek kan worden hersteld.
3. De artikelen 8:72, vierde lid, tweede volzin, aanhef en onder a, 8:77, 8:78, 8:79 en 8:119 zijn van overeenkomstige toepassing.

Art. 8:80b

Formaliteiten tussenuitspraak bij bestuurlijke lus

1. De bestuursrechter kan de tussenuitspraak ook doen voordat partijen zijn uitgenodigd om op een zitting van de bestuursrechter te verschijnen.
2. De bestuursrechter kan de tussenuitspraak ook mondeling doen. Artikel 8:67, tweede tot en met vijfde lid, is van overeenkomstige toepassing.
3. De bestuursrechter kan zo nodig een voorlopige voorziening treffen. In dat geval bepaalt hij wanneer de voorlopige voorziening vervalt.
4. De voorlopige voorziening als bedoeld in het derde lid, vervalt in ieder geval zodra:
a. het beroep is ingetrokken; of
b. de bestuursrechter uitspraak als bedoeld in artikel 8:66, eerste lid, heeft gedaan, tenzij bij die uitspraak een ander tijdstip is bepaald.

Titel 8.3
Voorlopige voorziening en onmiddellijke uitspraak in de hoofdzaak

Art. 8:81

Voorlopige voorziening door bestuursrechter

1. Indien tegen een besluit bij de bestuursrechter beroep is ingesteld dan wel, voorafgaand aan een mogelijk beroep bij de bestuursrechter, bezwaar is gemaakt of administratief beroep is ingesteld, kan de voorzieningenrechter van de bestuursrechter die bevoegd is of kan worden in de hoofdzaak, op verzoek een voorlopige voorziening treffen indien onverwijlde spoed, gelet op de betrokken belangen, dat vereist.
2. Indien bij de bestuursrechter beroep is ingesteld, kan een verzoek om voorlopige voorziening worden gedaan door een partij in de hoofdzaak.
3. Indien voorafgaand aan een mogelijk beroep bij de bestuursrechter bezwaar is gemaakt of administratief beroep is ingesteld, kan een verzoek om voorlopige voorziening worden gedaan door de indiener van het bezwaarschrift, onderscheidenlijk door de indiener van het beroepschrift of door de belanghebbende die geen recht heeft tot het instellen van administratief beroep.
4. De artikelen 6:4, derde lid, 6:5, 6:6, 6:14, 6:15, 6:17, 6:19 en 6:21 zijn van overeenkomstige toepassing. De indiener van het verzoekschrift die bezwaar heeft gemaakt dan wel beroep heeft ingesteld, legt daarbij een afschrift van het bezwaar- of beroepschrift over.
(Zie ook: artt. 36, 39 Wet RvS; art. 254 Rv; artt. 17, 21 Berw)
5. Indien een verzoek om voorlopige voorziening is gedaan nadat bezwaar is gemaakt of administratief beroep is ingesteld en op dit bezwaar of beroep wordt beslist voordat de zitting heeft plaatsgevonden, wordt de verzoeker in de gelegenheid gesteld beroep bij de bestuursrechter in te stellen. Het verzoek om voorlopige voorziening wordt gelijkgesteld met een verzoek dat wordt gedaan hangende het beroep bij de bestuursrechter.

Art. 8:82

Griffierecht bij voorlopige voorziening door bestuursrechter

1. Van de verzoeker wordt door de griffier een griffierecht geheven.

2. Het griffierecht is gelijk aan het griffierecht dat de verzoeker ten tijde van de indiening van het verzoek in de hoofdzaak verschuldigd is of zou zijn.
3. Artikel 8:41, derde tot en met zesde lid, is van overeenkomstige toepassing, met dien verstande dat de termijn voor de bijschrijving of storting van het griffierecht twee weken bedraagt. De voorzieningenrechter kan een kortere termijn stellen.
4. De griffier betaalt het griffierecht terug indien het verzoek wordt ingetrokken:
a. omdat het bestuursorgaan aan de voorzieningenrechter schriftelijk heeft medegedeeld de uitvoering van het bestreden besluit tijdens de procedure over de hoofdzaak op te schorten, of

b. omdat de belanghebbende tot wie het bestreden besluit is gericht, aan de voorzieningenrechter schriftelijk heeft medegedeeld de gevraagde voorlopige maatregelen te zullen nemen.

5. De uitspraak kan inhouden dat het betaalde griffierecht door het bestuursorgaan geheel of gedeeltelijk wordt vergoed.

6. In andere gevallen kan het bestuursorgaan het betaalde griffierecht geheel of gedeeltelijk vergoeden.

Art. 8:83

1. Partijen worden zo spoedig mogelijk uitgenodigd om op een in de uitnodiging te vermelden plaats en tijdstip op een zitting te verschijnen. Binnen een door de voorzieningenrechter te bepalen termijn zendt het bestuursorgaan de op de zaak betrekking hebbende stukken aan hem. De artikelen 8:45, vierde tot en met zesde lid, en 8:45a zijn van overeenkomstige toepassing, met dien verstande dat de voorzieningenrechter kan bepalen dat de in deze artikelen bedoelde zienswijzen mondeling ter zitting naar voren worden gebracht. Artikel 8:58 is van overeenkomstige toepassing, met dien verstande dat tot één dag voor de zitting nadere stukken kunnen worden ingediend. De artikelen 8:59, 8:60, 8:60a, tweede lid, en 8:61 tot en met 8:65 zijn van overeenkomstige toepassing, met dien verstande dat getuigen en deskundigen kunnen worden meegebracht of opgeroepen zonder dat de in artikel 8:60, vierde lid, eerste volzin, bedoelde mededeling is gedaan.

2. Indien administratief beroep is ingesteld, wordt het beroepsorgaan eveneens uitgenodigd om op de zitting te verschijnen. Het beroepsorgaan wordt in de gelegenheid gesteld ter zitting een uiteenzetting over de zaak te geven.

3. Indien de voorzieningenrechter kennelijk onbevoegd is of het verzoek kennelijk niet-ontvankelijk, kennelijk ongegrond of kennelijk gegrond is, kan de voorzieningenrechter uitspraak doen zonder toepassing van het eerste lid.

4. Indien onverwijlde spoed dat vereist en partijen daardoor niet in hun belangen worden geschaad, kan de voorzieningenrechter ook in andere gevallen uitspraak doen zonder toepassing van het eerste lid.

(Zie ook: artt. 8:56, 8:58 Awb)

Art. 8:84

1. De voorzieningenrechter doet zo spoedig mogelijk schriftelijk of mondeling uitspraak.

2. De uitspraak strekt tot:
a. onbevoegdverklaring van de voorzieningenrechter,
b. niet-ontvankelijkverklaring van het verzoek,
c. afwijzing van het verzoek, of
d. gehele of gedeeltelijke toewijzing van het verzoek.

3. De voorzieningenrechter kan aan de gehele of gedeeltelijke toewijzing van het verzoek de voorwaarde verbinden dat de indiener van het verzoekschrift financiële zekerheid stelt ten behoeve van de rechtspersoon waartoe het bestuursorgaan behoort.

4. De griffier zendt onverwijld een afschrift van de uitspraak of van het proces-verbaal van de mondelinge uitspraak kosteloos aan partijen.

5. De artikelen 8:67, tweede tot en met vijfde lid, 8:68, 8:69, 8:72, vierde lid, tweede volzin, aanhef en onder b, en zesde lid, 8:75, 8:75a , 8:76, 8:77, eerste en derde lid, 8:78, artikel 8:79, tweede en derde lid, en 8:80 zijn van overeenkomstige toepassing.

(Zie ook: art. 8:72 Awb; art. 37 Wet RvS; art. 20 Wbbo; art. 18 Berw)

Art. 8:85

1. De voorzieningenrechter kan in zijn uitspraak bepalen wanneer de voorlopige voorziening vervalt.

2. De voorlopige voorziening vervalt in ieder geval zodra:
a. de termijn voor het instellen van beroep bij de bestuursrechter tegen het besluit dat op bezwaar of in administratief beroep is genomen, ongebruikt is verstreken,
b. het bezwaar of het beroep is ingetrokken, of
c. de bestuursrechter uitspraak heeft gedaan.

(Zie ook: art. 8:72 Awb)

Art. 8:86

1. Indien het verzoek wordt gedaan indien beroep bij de bestuursrechter is ingesteld en de voorzieningenrechter van oordeel is dat na de zitting, bedoeld in artikel 8:83, eerste lid, nader onderzoek redelijkerwijs niet kan bijdragen aan de beoordeling van de zaak, kan hij onmiddellijk uitspraak doen in de hoofdzaak.

2. Indien de bestuursrechter in eerste en hoogste aanleg uitspraak doet, kan het eerste lid slechts worden toegepast indien partijen daarvoor toestemming hebben gegeven.

(Zie ook: artt. 36, 39 Wet RvS; artt. 17, 21 Berw; artt. 19, 22 Wbbo; art. 78 VW 2000)

Uitnodiging bij bestuursrechter voor voorlopige voorziening

Strekking uitspraak voorlopige voorziening bestuursrechter

Vervallen voorlopige voorziening bestuursrechter

Kortsluiting bij bestuursrechter

3. Partijen worden in de uitnodiging, bedoeld in artikel 8:83, eerste lid, gewezen op de bevoegdheid, bedoeld in het eerste lid, en indien de bestuursrechter in eerste en hoogste aanleg uitspraak doet, tevens op de voorwaarde, bedoeld in het tweede lid.

Art. 8:87

Wijziging voorlopige voorziening bestuursrechter

1. De voorzieningenrechter kan, ook ambtshalve, een voorlopige voorziening opheffen of wijzigen, ook als zij is getroffen met toepassing van artikel 8:72, vijfde lid.

2. De artikelen 8:81, tweede, derde en vierde lid, en 8:82 tot en met 8:86 zijn van overeenkomstige toepassing. Indien voorafgaand aan een mogelijk beroep bij de bestuursrechter bezwaar is gemaakt of administratief beroep is ingesteld, kan een verzoek om opheffing of wijziging eveneens worden gedaan door een belanghebbende die door de voorlopige voorziening rechtstreeks in zijn belang wordt getroffen, door het bestuursorgaan of door het beroepsorgaan.
3. Indien een verzoek om opheffing of wijziging is gedaan door het bestuursorgaan of het beroepsorgaan en het verzoek geheel of gedeeltelijk wordt toegewezen, kan de uitspraak inhouden dat het betaalde griffierecht door de griffier aan het bestuursorgaan wordt terugbetaald.

Titel 8.4
Schadevergoeding

Art. 8:88

Schadevergoeding bij bestuursorgaan

1. De bestuursrechter is bevoegd op verzoek van een belanghebbende een bestuursorgaan te veroordelen tot vergoeding van schade die de belanghebbende lijdt of zal lijden als gevolg van:
a. een onrechtmatig besluit;
b. een andere onrechtmatige handeling ter voorbereiding van een onrechtmatig besluit;
c. het niet tijdig nemen van een besluit;
d. een andere onrechtmatige handeling van een bestuursorgaan waarbij een persoon als bedoeld in artikel 8:2, eerste lid, onder a, zijn nagelaten betrekkingen of zijn rechtverkrijgenden belanghebbende zijn.
2. Het eerste lid is niet van toepassing indien het besluit van beroep bij de bestuursrechter is uitgezonderd.

Art. 8:89

Bevoegdheid bestuursrechter voor schadevergoedingen

1. Indien de schade wordt veroorzaakt door een besluit waarover de Centrale Raad van Beroep of de Hoge Raad in enige of hoogste aanleg oordeelt, is de bestuursrechter bij uitsluiting bevoegd.

2. In de overige gevallen is de bestuursrechter bevoegd voor zover de gevraagde vergoeding ten hoogste € 25 000 bedraagt met inbegrip van de tot aan de dag van het verzoek verschenen rente, en onverminderd het recht van de belanghebbende om op grond van andere wettelijke bepalingen schadevergoeding te vragen.
3. De bestuursrechter is in de gevallen, bedoeld in het tweede lid, niet bevoegd indien de belanghebbende het verzoek heeft ingediend nadat hij terzake van de schade een geding bij de burgerlijke rechter aanhangig heeft gemaakt.
4. Zolang het verzoek van de belanghebbende bij de bestuursrechter aanhangig is, verklaart de burgerlijke rechter een vordering tot vergoeding van de schade niet ontvankelijk.

Art. 8:90

Schriftelijk verzoek tot schadevergoeding bij bestuursrechter

1. Het verzoek wordt schriftelijk ingediend bij de bestuursrechter die bevoegd is kennis te nemen van het beroep tegen het besluit.

2. Ten minste acht weken voor het indienen van het in het eerste lid bedoelde verzoekschrift vraagt de belanghebbende het betrokken bestuursorgaan schriftelijk om vergoeding van de schade, tenzij dit redelijkerwijs niet van hem kan worden gevergd.

Art. 8:91

Samenloop schadevergoeding en beroep bij bestuursrechter

1. Indien het verzoek wordt gedaan gedurende het beroep tegen of het hoger beroep omtrent het schadeveroorzakende besluit, wordt het ingediend bij de bestuursrechter waarbij het beroep of het hoger beroep aanhangig is.
2. In dat geval is artikel 8:90, tweede lid, niet van toepassing.
3. Indien het verzoek wordt gedaan in hoger beroep beslist de hogerberoepsrechter op het verzoek, tenzij hij het verzoek naar de rechtbank verwijst omdat het naar zijn oordeel behandeling door de rechtbank behoeft.

Art. 8:92

Inhoud verzoekschrift schadevergoeding bij bestuursrechter

1. Het verzoekschrift wordt ondertekend en bevat ten minste:
a. de naam en het adres van de verzoeker;
b. de dagtekening;
c. een aanduiding van de oorzaak van de schade;
d. een opgave van de aard van de geleden of de te lijden schade en, voor zover redelijkerwijs mogelijk, het bedrag van de schade en een specificatie daarvan;

Algemene wet bestuursrecht
A45 art. 8:106

e. de gronden van het verzoek.
2. Bij het verzoekschrift worden zo mogelijk een afschrift van het schadeveroorzakende besluit waarop het verzoekschrift betrekking heeft, en van het verzoek, bedoeld in artikel 8:90, tweede lid, overgelegd.
3. Artikel 6:5, derde lid, is van overeenkomstige toepassing.

Art. 8:93
Artikel 310 van Boek 3 van het Burgerlijk Wetboek is van overeenkomstige toepassing op verzoeken om schadevergoeding op grond van deze titel. De verjaringstermijn vangt evenwel niet eerder aan dan de dag na die waarop:
a. de vernietiging van het schadeveroorzakende besluit onherroepelijk is geworden, of
b. het bestuursorgaan de onrechtmatigheid van het besluit heeft erkend.

Verjaringstermijn schadevergoeding bij bestuursrechter

Art. 8:94
1. Op het verzoek en de behandeling daarvan zijn de artikelen 6:6, 6:14, 6:15, 6:17, 6:21, 6:24, 8:8 tot en met 8:28, 8:29 tot en met 8:51, 8:52 tot en met 8:55, 8:56 tot en met 8:69, 8:71, 8:74 tot en met 8:80 en 8:81 tot en met 8:87 van overeenkomstige toepassing, met dien verstande dat hoofdstuk V van de Algemene wet inzake rijksbelastingen van overeenkomstige toepassing is indien de schade is veroorzaakt door een besluit als bedoeld in artikel 26 van die wet.
2. In afwijking van het eerste lid is bij indiening van het verzoek overeenkomstig artikel 8:91 geen griffierecht verschuldigd.

Schakelbepaling

Art. 8:95
Indien de bestuursrechter het verzoek geheel of gedeeltelijk toewijst, veroordeelt hij het bestuursorgaan tot vergoeding van schade.

Veroordeling tot schadevergoeding bestuursorgaan

Titel 8.5
Hoger beroep

Art. 8:104
1. Een belanghebbende en het bestuursorgaan kunnen hoger beroep instellen tegen:
a. een uitspraak als bedoeld in artikel 8:66, eerste lid, of artikel 8:67, eerste lid, van de rechtbank,
b. een uitspraak als bedoeld in artikel 8:86, eerste lid, van de voorzieningenrechter van de rechtbank,
c. een uitspraak van de rechtbank op een verzoek als bedoeld in artikel 8:88, eerste lid.
2. Geen hoger beroep kan worden ingesteld tegen:
a. een uitspraak van de rechtbank na toepassing van artikel 8:54, eerste lid,
b. een uitspraak van de rechtbank als bedoeld in artikel 8:54a, tweede lid,
c. een uitspraak van de rechtbank als bedoeld in artikel 8:55, zevende lid,
d. een uitspraak van de voorzieningenrechter als bedoeld in artikel 8:84, eerste lid,
e. een uitspraak van de voorzieningenrechter als bedoeld in artikel 8:75a, eerste lid, in verband met artikel 8:84, vijfde lid, en
f. een uitspraak van de voorzieningenrechter als bedoeld in artikel 8:87.
3. Tegelijkertijd met het hoger beroep tegen de in het eerste lid bedoelde uitspraak kan hoger beroep worden ingesteld tegen:
a. een tussenuitspraak als bedoeld in artikel 8:80a, of
b. een andere beslissing van de rechtbank.
4. Geen hoger beroep kan worden ingesteld tegen de voorlopige voorziening, bedoeld in artikel 8:72, vijfde lid.

Hoger beroep bij bestuursrechter

Art. 8:105
1. Het hoger beroep wordt ingesteld bij de Afdeling bestuursrechtspraak van de Raad van State, tenzij een andere hogerberoepsrechter bevoegd is ingevolge hoofdstuk 4 van de bij deze wet behorende Bevoegdheidsregeling bestuursrechtspraak dan wel ingevolge een ander wettelijk voorschrift.
2. Het hoger beroep, bedoeld in artikel 8:104, eerste lid, aanhef en onder c, wordt ingesteld bij de hogerberoepsrechter die ingevolge het eerste lid bevoegd is of zou zijn te oordelen over een uitspraak van de rechtbank omtrent het schadeveroorzakende besluit.

Bevoegde bestuursrechter in hoger beroep

Art. 8:106
1. De werking van een uitspraak van de rechtbank of van de voorzieningenrechter wordt opgeschort totdat de termijn voor het instellen van hoger beroep is verstreken of, indien hoger beroep is ingesteld, op het hoger beroep is beslist, indien:
a. de uitspraak betreft een besluit als bedoeld in artikel 9 van de bij deze wet behorende Bevoegdheidsregeling bestuursrechtspraak, of
b. tegen de uitspraak hoger beroep kan worden ingesteld bij een gerechtshof.
2. Het eerste lid geldt niet indien de uitspraak een beroep tegen het niet tijdig nemen van een besluit betreft.

Schorsende werking hoger beroep bij bestuursrechter

Art. 8:107

Melding van hoger beroep bij bestuursrechter

1. De griffier van de hogerberoepsrechter doet van het ingestelde hoger beroep zo spoedig mogelijk mededeling aan de griffier van de rechtbank die de uitspraak heeft gedaan.
2. De griffier van de rechtbank stelt de gedingstukken met de aantekeningen van de zitting, voor zover deze op de zaak betrekking hebben, en een afschrift van de uitspraak binnen een week na ontvangst van de in het eerste lid bedoelde mededeling ter beschikking aan de griffier van de hogerberoepsrechter.

Verzending proces-verbaal aan hogerberoepsrechter

3. Op verzoek van de hogerberoepsrechter stelt de griffier van de rechtbank het proces-verbaal van de zitting of de schriftelijke weergave van een in artikel 8:36e bedoelde beeld- of geluidsopname die het proces-verbaal vervangt, ter beschikking aan de griffier van de hogerberoepsrechter binnen een door de hogerberoepsrechter te bepalen termijn. De griffier van de hogerberoepsrechter stelt dit proces-verbaal of deze schriftelijke weergave ter beschikking aan partijen.

Art. 8:108

Schakelbepaling

1. Voor zover in deze titel niet anders is bepaald, zijn op het hoger beroep de titels 8.1 tot en met 8.3 van overeenkomstige toepassing, met uitzondering van de artikelen 8:1 tot en met 8:10, 8:41, tweede lid, en 8:74.
2. Op het hoger beroep, bedoeld in artikel 8:104, eerste lid, aanhef en onder c, zijn voorts de afdelingen 8.2.2a, 8.2.4a en 8.2.7 en de artikelen 8:28a, 8:70 en 8:72 niet van toepassing.
3. Indien hoger beroep kan worden ingesteld bij een gerechtshof, is voorts hoofdstuk V van de Algemene wet inzake rijksbelastingen van toepassing.

Art. 8:109

Griffierecht hoger beroep bij bestuursrechter

1. Het griffierecht voor het hoger beroep bedraagt:
a. € 134 indien door een natuurlijke persoon hoger beroep is ingesteld tegen een uitspraak omtrent een besluit als omschreven in de bij deze wet behorende Regeling verlaagd griffierecht,
b. € 270 indien door een natuurlijke persoon hoger beroep is ingesteld tegen een uitspraak omtrent een ander besluit, of
c. € 541 als anders dan door een natuurlijke persoon hoger beroep is ingesteld.
2. Indien het bestuursorgaan hoger beroep heeft ingesteld en de aangevallen uitspraak in stand blijft, wordt van het bestuursorgaan een griffierecht geheven dat gelijk is aan het in het eerste lid, onderdeel c, genoemde bedrag.

Art. 8:110

Incidenteel hoger beroep bij bestuursrechter

1. Indien hoger beroep is ingesteld, kan degene die ook hoger beroep had kunnen instellen, incidenteel hoger beroep instellen. De voorschriften omtrent het hoger beroep zijn van toepassing, tenzij in deze titel anders is bepaald.
2. Het incidenteel hoger beroep wordt ingesteld binnen zes weken nadat de hogerberoepsrechter de gronden van het hoger beroep aan de desbetreffende partij heeft verzonden.
3. Binnen vier weken nadat de hogerberoepsrechter de gronden van het incidenteel hoger beroep aan partijen heeft verzonden, kunnen deze partijen schriftelijk hun zienswijze omtrent het incidenteel hoger beroep naar voren brengen.
4. De hogerberoepsrechter kan de in het tweede en derde lid genoemde termijnen verlengen of, indien hij het hoger beroep behandelt met overeenkomstige toepassing van afdeling 8.2.3, verkorten.
5. Voor het incidenteel hoger beroep is geen griffierecht verschuldigd.

Art. 8:111

Ontvankelijkheid incidenteel hoger beroep bij bestuursrechter

1. Niet-ontvankelijkheid van het hoger beroep heeft geen gevolgen voor de ontvankelijkheid van het incidenteel hoger beroep, tenzij die niet-ontvankelijkheid het gevolg is van:
a. overschrijding van de termijn voor het instellen van hoger beroep,
b. overschrijding van de termijn voor betaling van het griffierecht, of
c. de omstandigheid dat degene die het hoger beroep heeft ingesteld daartoe niet gerechtigd was.
2. Intrekking van het hoger beroep na aanvang van de termijn voor het instellen van incidenteel hoger beroep heeft geen gevolgen voor de ontvankelijkheid van het incidenteel hoger beroep.

Art. 8:112

Voorwaardelijk incidenteel hoger beroep bij bestuursrechter

1. Incidenteel hoger beroep kan worden ingesteld onder de voorwaarde dat het hoger beroep gegrond is.
2. Een voorwaardelijk incidenteel hoger beroep vervalt als het hoger beroep niet-ontvankelijk of ongegrond is, dan wel wordt ingetrokken. In het laatste geval deelt de griffier de indiener mee dat zijn hoger beroep is vervallen.

Art. 8:113

Bevestiging uitspraak door bestuursrechter in hoger beroep

1. De hogerberoepsrechter bevestigt de uitspraak van de rechtbank, hetzij met overneming, hetzij met verbetering van de gronden, of doet, met gehele of gedeeltelijke vernietiging van de uitspraak, hetgeen de rechtbank zou behoren te doen.

Algemene wet bestuursrecht

A45 art. 8:119

2. Indien de uitspraak van de hogerberoepsrechter ertoe strekt dat het bestuursorgaan een nieuw besluit neemt, kan de uitspraak tevens inhouden dat beroep tegen dat besluit slechts kan worden ingesteld bij de hogerberoepsrechter.

Judiciële lus

Art. 8:114
1. Indien de hogerberoepsrechter de uitspraak van de rechtbank geheel of gedeeltelijk vernietigt, houdt de uitspraak tevens in dat het bestuursorgaan aan de indiener van het beroepschrift het door hem betaalde griffierecht vergoedt, tenzij de hogerberoepsrechter bepaalt dat het griffierecht door de griffier aan de indiener wordt terugbetaald.
2. In andere gevallen kan de uitspraak inhouden dat het bestuursorgaan of de griffier het betaalde griffierecht geheel of gedeeltelijk vergoedt.

Terugbetaling griffierecht na hoger beroep bij bestuursrechter

Art. 8:115
1. De hogerberoepsrechter wijst de zaak terug naar de rechtbank die deze in eerste aanleg heeft behandeld, indien:
a. de rechtbank haar onbevoegdheid of de niet-ontvankelijkheid van het beroep heeft uitgesproken en de hogerberoepsrechter deze uitspraak vernietigt met bevoegdverklaring van de rechtbank, onderscheidenlijk ontvankelijkverklaring van het beroep, of
b. de hogerberoepsrechter om andere redenen van oordeel is dat de zaak opnieuw door de rechtbank moet worden behandeld.
2. De griffier zendt de gedingstukken en een afschrift van de uitspraak zo spoedig mogelijk aan de griffier van de rechtbank.

Terugwijzing in hoger beroep bij bestuursrechter

Art. 8:116
In de gevallen, bedoeld in artikel 8:115, eerste lid, onderdeel a, kan de hogerberoepsrechter de zaak zonder terugwijzing afdoen, indien deze naar zijn oordeel geen nadere behandeling door de rechtbank behoeft.

Afdoen door bestuursrechter in hoger beroep

Art. 8:117
Indien de uitspraak is gedaan door een andere rechtbank dan de bevoegde, kan de hogerberoepsrechter de uitspraak als bevoegdelijk gedaan aanmerken.

Dekking onbevoegdheid in hoger beroep bij bestuursrechter

Art. 8:118
1. In geval van intrekking van het hoger beroep door het bestuursorgaan kan het bestuursorgaan op verzoek van een partij bij afzonderlijke uitspraak met overeenkomstige toepassing van artikel 8:75 in de kosten worden veroordeeld.
2. Indien het hoger beroep mondeling wordt ingetrokken, wordt het verzoek door de partij die daarbij aanwezig is mondeling gedaan, tegelijk met de intrekking van het hoger beroep. Indien aan dit vereiste niet is voldaan, is het verzoek niet-ontvankelijk.
3. Indien het hoger beroep schriftelijk wordt ingetrokken, wordt het verzoek schriftelijk gedaan. In dat geval zijn de artikelen 6:5 tot en met 6:9, 6:11, 6:14, 6:15, 6:17 en 6:21 van overeenkomstige toepassing.
4. Artikel 8:75a, tweede en derde lid, is van overeenkomstige toepassing.

Proceskostenvergoeding in hoger beroep bij bestuursrechter

Titel 8.6
Herziening

Art. 8:119
1. De bestuursrechter kan op verzoek van een partij een onherroepelijk geworden uitspraak herzien op grond van feiten of omstandigheden die:
a. hebben plaatsgevonden vóór de uitspraak,
b. bij de indiener van het verzoekschrift vóór de uitspraak niet bekend waren en redelijkerwijs niet bekend konden zijn, en
c. waren zij bij de bestuursrechter eerder bekend geweest, tot een andere uitspraak zouden hebben kunnen leiden.
2. Hoofdstuk 6, titel 8.1, met uitzondering van afdeling 8.1.1 en artikel 8:13, titel 8.2, met uitzondering van artikel 8:41, tweede lid, titel 8.3 en titel 8.5, met uitzondering van artikel 8:109, zijn voor zover nodig van overeenkomstige toepassing.
3. Het griffierecht is gelijk aan het griffierecht dat ten tijde van de indiening van het verzoek verschuldigd zou zijn geweest voor het beroep of hoger beroep dat heeft geleid tot de uitspraak waarvan herziening wordt gevraagd.
4. Indien de uitspraak wordt herzien, betaalt de griffier het griffierecht terug.

Herziening onherroepelijke uitspraak door bestuursrechter

Hoofdstuk 9
Klachtbehandeling

Titel 9.1
Klachtbehandeling door een bestuursorgaan

Afdeling 9.1.1
Algemene bepalingen

Art. 9:1

Klachtbehandeling door bestuursorgaan

1. Een ieder heeft het recht om over de wijze waarop een bestuursorgaan zich in een bepaalde aangelegenheid jegens hem of een ander heeft gedragen, een klacht in te dienen bij dat bestuursorgaan.
2. Een gedraging van een persoon, werkzaam onder de verantwoordelijkheid van een bestuursorgaan, wordt aangemerkt als een gedraging van dat bestuursorgaan.

Art. 9:2

Zorgvuldige behandeling van klacht door bestuursorgaan

Het bestuursorgaan draagt zorg voor een behoorlijke behandeling van mondelinge en schriftelijke klachten over zijn gedragingen en over gedragingen van bestuursorganen die onder zijn verantwoordelijkheid werkzaam zijn.

Art. 9:3

Beroepsmogelijkheid na klacht over bestuursorgaan

Tegen een besluit inzake de behandeling van een klacht over een gedraging van een bestuursorgaan kan geen beroep worden ingesteld.

Afdeling 9.1.2
De behandeling van klaagschriften

Art. 9:4

Klaagschrift over bestuursorgaan

1. Indien een schriftelijke klacht betrekking heeft op een gedraging jegens de klager en voldoet aan de vereisten van het tweede lid, zijn de artikelen 9:5 tot en met 9:12 van toepassing.
2. Het klaagschrift wordt ondertekend en bevat ten minste:
   a. de naam en het adres van de indiener;
   b. de dagtekening;
   c. een omschrijving van de gedraging waartegen de klacht is gericht.
3. Artikel 6:5, derde lid, is van overeenkomstige toepassing.
(Zie ook: art. 26 Wet RO)

Art. 9:5

Tegemoetkoming klacht door bestuursorgaan

Zodra het bestuursorgaan naar tevredenheid van de klager aan diens klacht tegemoet is gekomen, vervalt de verplichting tot het verder toepassen van deze titel.

Art. 9:6

Ontvangstbevestiging klaagschrift door bestuursorgaan

Het bestuursorgaan bevestigt de ontvangst van het klaagschrift schriftelijk.

Art. 9:7

Behandeling van klacht door bestuursorgaan

1. De behandeling van de klacht geschiedt door een persoon die niet bij de gedraging waarop de klacht betrekking heeft, betrokken is geweest.
2. Het eerste lid is niet van toepassing indien de klacht betrekking heeft op een gedraging van het bestuursorgaan zelf dan wel de voorzitter of een lid ervan.
(Zie ook: art. 10:3 Awb)

Art. 9:8

Exoneratie bestuursorgaan bij klacht

1. Het bestuursorgaan is niet verplicht de klacht te behandelen indien zij betrekking heeft op een gedraging:
   a. waarover reeds eerder een klacht is ingediend die met inachtneming van de artikelen 9:4 en volgende is behandeld;
   b. die langer dan een jaar voor indiening van de klacht heeft plaatsgevonden;
   c. waartegen door de klager bezwaar gemaakt had kunnen worden,
   d. waartegen door de klager beroep kan worden ingesteld, tenzij die gedraging bestaat uit het niet tijdig nemen van een besluit, of beroep kon worden ingesteld;
   e. die door het instellen van een procedure aan het oordeel van een andere rechterlijke instantie dan een bestuursrechter onderworpen is, dan wel onderworpen is geweest of,
   f. zolang terzake daarvan een opsporingsonderzoek op bevel van de officier van justitie of een vervolging gaande is, dan wel indien de gedraging deel uitmaakt van de opsporing of vervolging van een strafbaar feit en terzake van dat feit een opsporingsonderzoek op bevel van de officier van justitie of een vervolging gaande is.

Algemene wet bestuursrecht

2. Het bestuursorgaan is niet verplicht de klacht te behandelen indien het belang van de klager dan wel het gewicht van de gedraging kennelijk onvoldoende is.
3. Van het niet in behandeling nemen van de klacht wordt de klager zo spoedig mogelijk doch uiterlijk binnen vier weken na ontvangst van het klaagschrift schriftelijk in kennis gesteld. Artikel 9:12, tweede lid, is van overeenkomstige toepassing.
(Zie ook: artt. 7:1, 8:1 Awb)

Overeenkomstige toepassing

Art. 9:9
Aan degene op wiens gedraging de klacht betrekking heeft, wordt een afschrift van het klaagschrift alsmede van de daarbij meegezonden stukken toegezonden.

Stukken naar beklaagde bestuursorgaan

Art. 9:10
1. Het bestuursorgaan stelt de klager en degene op wiens gedraging de klacht betrekking heeft, in de gelegenheid te worden gehoord.
2. Van het horen van de klager kan worden afgezien indien:
a. de klacht kennelijk ongegrond is,
b. de klager heeft verklaard geen gebruik te willen maken van het recht te worden gehoord, of
c. de klager niet binnen een door het bestuursorgaan gestelde redelijke termijn verklaart dat hij gebruik wil maken van het recht te worden gehoord.
3. Van het horen wordt een verslag gemaakt.
(Zie ook: artt. 4:7, 4:8, 7:2, 7:3 Awb)

Hoor en wederhoor klacht bij bestuursorgaan

Art. 9:11
1. Het bestuursorgaan handelt de klacht af binnen zes weken of – indien afdeling 9.1.3 van toepassing is – binnen tien weken na ontvangst van het klaagschrift.
2. Het bestuursorgaan kan de afhandeling voor ten hoogste vier weken verdagen. Van de verdaging wordt schriftelijk mededeling gedaan aan de klager en aan degene op wiens gedraging de klacht betrekking heeft.
(Zie ook: artt. 4:13, 4:14 Awb)
3. Verder uitstel is mogelijk voor zover de klager daarmee schriftelijk instemt.

Termijn behandeling klacht door bestuursorgaan

Art. 9:12
1. Het bestuursorgaan stelt de klager schriftelijk en gemotiveerd in kennis van de bevindingen van het onderzoek naar de klacht, zijn oordeel daarover alsmede van de eventuele conclusies die het daaraan verbindt.
2. Bij de kennisgeving wordt vermeld bij welke ombudsman en binnen welke termijn de klager vervolgens een verzoekschrift kan indienen.

Motivering van behandeling klacht door bestuursorgaan

Art. 9:12a
Het bestuursorgaan draagt zorg voor registratie van de bij hem ingediende schriftelijke klachten. De geregistreerde klachten worden jaarlijks gepubliceerd.

Registratie van klacht door bestuursorgaan

Afdeling 9.1.3
Aanvullende bepalingen voor een klachtadviesprocedure

Art. 9:13
De in deze afdeling geregelde procedure voor de behandeling van klachten wordt in aanvulling op afdeling 9.1.2 gevolgd indien dat bij wettelijk voorschrift of bij besluit van het bestuursorgaan is bepaald.

Aanvullende klachtbehandeling door bestuursorgaan

Art. 9:14
1. Bij wettelijk voorschrift of bij besluit van het bestuursorgaan wordt een persoon of commissie belast met de behandeling van en de advisering over klachten.
2. Het bestuursorgaan kan de persoon of commissie slechts in het algemeen instructies geven.

Klachtencommissie bij bestuursorgaan

Art. 9:15
1. Bij bericht van ontvangst, bedoeld in artikel 9:6, wordt vermeld dat een persoon of commissie over de klacht zal adviseren.
2. Het horen geschiedt door de in artikel 9:14 bedoelde persoon of commissie. Indien een commissie is ingesteld, kan deze het horen opdragen aan de voorzitter of een lid van de commissie.
3. De persoon of commissie beslist over de toepassing van artikel 9:10, tweede lid.
4. De persoon of commissie zendt een rapport van bevindingen, vergezeld van het advies en eventuele aanbevelingen, aan het bestuursorgaan. Het rapport bevat het verslag van het horen.

Behandeling van klacht door bestuursorgaan

Art. 9:16
Indien de conclusies van het bestuursorgaan afwijken van het advies, wordt in de conclusies de reden voor die afwijking vermeld en wordt het advies meegezonden met de kennisgeving, bedoeld in artikel 9:12.
(Zie ook: art. 3:49 Awb)

Afwijken van advies bij klacht over bestuursorgaan

Titel 9.2
Klachtbehandeling door een ombudsman

Afdeling 9.2.1
Algemene bepalingen

Art. 9:17

Ombudsman

Onder ombudsman wordt verstaan:
a. de Nationale ombudsman, of
b. een ombudsman of ombudscommissie ingesteld krachtens de Gemeentewet, de Provinciewet, de Waterschapswet of de Wet gemeenschappelijke regelingen.

Art. 9:18

Taken van de ombudsman

1. Een ieder heeft het recht de ombudsman schriftelijk te verzoeken een onderzoek in te stellen naar de wijze waarop een bestuursorgaan zich in een bepaalde aangelegenheid jegens hem of een ander heeft gedragen.
2. Indien het verzoekschrift bij een onbevoegde ombudsman wordt ingediend, wordt het, nadat daarop de datum van ontvangst is aangetekend, zo spoedig mogelijk doorgezonden aan de bevoegde ombudsman, onder gelijktijdige mededeling hiervan aan de verzoeker.
3. De ombudsman is verplicht aan een verzoek als bedoeld in het eerste lid gevolg te geven, tenzij artikel 9:22, 9:23 of 9:24 van toepassing is.

Art. 9:19

Advies door ombudsman

1. Indien naar het oordeel van de ombudsman ten aanzien van de in het verzoekschrift bedoelde gedraging voor de verzoeker de mogelijkheid van bezwaar, beroep of beklag openstaat, wijst hij de verzoeker zo spoedig mogelijk op deze mogelijkheid en draagt hij het verzoekschrift, nadat daarop de datum van ontvangst is aangetekend, aan de bevoegde instantie over, tenzij de verzoeker kenbaar heeft gemaakt dat het verzoekschrift aan hem moet worden teruggezonden.
2. Artikel 6:15, derde lid, is van overeenkomstige toepassing.

Art. 9:20

Ombudsman na klachtenprocedure

1. Alvorens het verzoek aan een ombudsman te doen, dient de verzoeker over de gedraging een klacht in bij het betrokken bestuursorgaan, tenzij dit redelijkerwijs niet van hem kan worden gevergd.
2. Het eerste lid geldt niet indien het verzoek betrekking heeft op de wijze van klachtbehandeling door het betrokken bestuursorgaan.

Art. 9:21

Overeenkomstige toepassing

Op het verkeer met de ombudsman is hoofdstuk 2 van overeenkomstige toepassing, met uitzondering van artikel 2:3, eerste lid.

Afdeling 9.2.2
Bevoegdheid

Art. 9:22

Onbevoegdheid ombudsman

De ombudsman is niet bevoegd een onderzoek in te stellen of voort te zetten indien het verzoek betrekking heeft op:
a. een aangelegenheid die behoort tot het algemeen regeringsbeleid, daaronder begrepen het algemeen beleid ter handhaving van de rechtsorde, of tot het algemeen beleid van het betrokken bestuursorgaan;
b. een algemeen verbindend voorschrift;
c. een gedraging waartegen beklag kan worden gedaan of beroep kan worden ingesteld, tenzij die gedraging bestaat uit het niet tijdig nemen van een besluit, of waartegen een beklag- of beroepsprocedure aanhangig is;
d. een gedraging ten aanzien waarvan door een bestuursrechter uitspraak is gedaan;
e. een gedraging ten aanzien waarvan een procedure bij een andere rechterlijke instantie dan een bestuursrechter aanhangig is, dan wel beroep openstaat tegen een uitspraak die in een zodanige procedure is gedaan;
f. een gedraging waarop de rechterlijke macht toeziet.

Art. 9:23

Onderzoek door ombudsman

De ombudsman is niet verplicht een onderzoek in te stellen of voort te zetten indien:
a. het verzoekschrift niet voldoet aan de vereisten, bedoeld in artikel 9:28, eerste en tweede lid;
b. het verzoek kennelijk ongegrond is;
c. het belang van de verzoeker bij een onderzoek door de ombudsman dan wel het gewicht van de gedraging kennelijk onvoldoende is;
d. de verzoeker een ander is dan degene jegens wie de gedraging heeft plaatsgevonden;
e. het verzoek betrekking heeft op een gedraging waartegen bezwaar kan worden gemaakt, tenzij die gedraging bestaat uit het niet tijdig nemen van een besluit, of waartegen een bezwaarprocedure aanhangig is;

f. het verzoek betrekking heeft op een gedraging waartegen door de verzoeker bezwaar had kunnen worden gemaakt, beroep had kunnen worden ingesteld of beklag had kunnen worden gedaan;
g. het verzoek betrekking heeft op een gedraging ten aanzien waarvan door een andere rechterlijke instantie dan een bestuursrechter uitspraak is gedaan;
h. niet is voldaan aan het vereiste van artikel 9:20, eerste lid;
i. een verzoek, dezelfde gedraging betreffende, bij hem in behandeling is of – behoudens indien een nieuw feit of een nieuwe omstandigheid bekend is geworden en zulks tot een ander oordeel over de bedoelde gedraging zou hebben kunnen leiden – door hem is afgedaan;
j. ten aanzien van een gedraging van het bestuursorgaan die nauw samenhangt met het onderwerp van het verzoekschrift een procedure aanhangig is bij een rechterlijke instantie, dan wel ingevolge bezwaar, administratief beroep of beklag bij een andere instantie;
k. het verzoek betrekking heeft op een gedraging die nauw samenhangt met een onderwerp, dat door het instellen van een procedure aan het oordeel van een andere rechterlijke instantie dan een bestuursrechter onderworpen is;
l. na tussenkomst van de ombudsman naar diens oordeel alsnog naar behoren aan de grieven van de verzoeker tegemoet is gekomen;
m. het verzoek, dezelfde gedraging betreffende, ingevolge een wettelijk geregelde klachtvoorziening bij een onafhankelijke klachtinstantie niet zijnde een ombudsman in behandeling is of daardoor is afgedaan.

Art. 9:24
1. Voorts is de ombudsman niet verplicht een onderzoek in te stellen of voort te zetten, indien het verzoek wordt ingediend later dan een jaar:
a. na de kennisgeving door het bestuursorgaan van de bevindingen van het onderzoek, of
b. nadat de klachtbehandeling door het bestuursorgaan op andere wijze is geëindigd, dan wel ingevolge wettelijk voorschrift beëindigd had moeten zijn.
2. In afwijking van het eerste lid eindigt de termijn een jaar nadat de gedraging heeft plaatsgevonden, indien redelijkerwijs niet van verzoeker kan worden gevergd dat hij eerst een klacht bij het bestuursorgaan indient. Is de gedraging binnen een jaar nadat zij plaatsvond, aan het oordeel van een andere rechterlijke instantie dan een bestuursrechter onderworpen, of is daartegen bezwaar gemaakt, administratief beroep ingesteld dan wel beklag gedaan, dan eindigt de termijn een jaar na de datum waarop:
a. in die procedure een uitspraak is gedaan waartegen geen beroep meer openstaat, of
b. de procedure op een andere wijze is geëindigd.

Termijn indienen klacht bij ombudsman

Art. 9:25
1. Indien de ombudsman op grond van artikel 9:22, 9:23 of 9:24 geen onderzoek instelt of dit niet voortzet, deelt hij dit onder vermelding van de redenen zo spoedig mogelijk schriftelijk aan de verzoeker mede.
2. In het geval dat hij een onderzoek niet voortzet, doet hij de in het eerste lid bedoelde mededeling tevens aan het bestuursorgaan en, in voorkomend geval, aan degene op wiens gedraging het onderzoek betrekking heeft.

Motivering van afwijzing door ombudsman

Art. 9:26
Tenzij artikel 9:22 van toepassing is, is de ombudsman bevoegd uit eigen beweging een onderzoek in te stellen naar de wijze waarop een bestuursorgaan zich in een bepaalde aangelegenheid heeft gedragen.

Onderzoek uit eigen beweging door ombudsman

Art. 9:27
1. De ombudsman beoordeelt of het bestuursorgaan zich in de door hem onderzochte aangelegenheid al dan niet behoorlijk heeft gedragen.
2. Indien ten aanzien van de gedraging waarop het onderzoek van de ombudsman betrekking heeft door een rechterlijke instantie uitspraak is gedaan, neemt de ombudsman de rechtsgronden in acht waarop die uitspraak steunt of mede steunt.
3. De ombudsman kan naar aanleiding van het door hem verrichte onderzoek aan het bestuursorgaan aanbevelingen doen.

Beoordeling bestuursorgaan door ombudsman

Afdeling 9.2.3
Procedure

Art. 9:28
1. Het verzoekschrift wordt ondertekend en bevat ten minste:
a. de naam en het adres van de verzoeker;
b. de dagtekening;
c. een omschrijving van de gedraging waartegen het verzoek is gericht, een aanduiding van degene die zich aldus heeft gedragen en een aanduiding van degene jegens wie de gedraging heeft plaatsgevonden, indien deze niet de verzoeker is;
d. de gronden van het verzoek;

Inhoud verzoekschrift aan ombudsman

e. de wijze waarop een klacht bij het bestuursorgaan is ingediend, en zo mogelijk de bevindingen van het onderzoek naar de klacht door het bestuursorgaan, zijn oordeel daarover alsmede de eventuele conclusies die het bestuursorgaan hieraan verbonden heeft.
2. Indien het verzoekschrift in een vreemde taal is gesteld en een vertaling voor een goede behandeling van het verzoek noodzakelijk is, draagt de verzoeker zorg voor een vertaling.
3. Indien niet is voldaan aan de in dit artikel gestelde vereisten of indien het verzoekschrift geheel of gedeeltelijk is geweigerd op grond van artikel 2:15, stelt de ombudsman de verzoeker in de gelegenheid het verzuim binnen een door hem daartoe gestelde termijn te herstellen.

Art. 9:29

Uitsluiting betrokken persoon bij onderzoek ombudsman

Aan de behandeling van het verzoek wordt niet meegewerkt door een persoon die betrokken is geweest bij de gedraging waarop het verzoek betrekking heeft.

Art. 9:30

Toelichting standpunten door ombudsman

1. De ombudsman stelt het bestuursorgaan, degene op wiens gedraging het verzoek betrekking heeft, en de verzoeker in de gelegenheid hun standpunt toe te lichten.
2. De ombudsman beslist of de toelichting schriftelijk of mondeling en al dan niet in elkaars tegenwoordigheid wordt gegeven.

Art. 9:31

Inlichtingen aan ombudsman

1. Het bestuursorgaan, onder zijn verantwoordelijkheid werkzame personen – ook na het beëindigen van de werkzaamheden –, getuigen alsmede de verzoeker verstrekken de ombudsman de benodigde inlichtingen en verschijnen op een daartoe strekkende uitnodiging voor hem. Gelijke verplichtingen rusten op ieder college, met dien verstande dat het college bepaalt wie van zijn leden aan de verplichtingen zal voldoen, tenzij de ombudsman één of meer bepaalde leden aanwijst. De ombudsman kan betrokkenen die zijn opgeroepen gelasten om in persoon te verschijnen.
2. Inlichtingen die betrekking hebben op het beleid, gevoerd onder de verantwoordelijkheid van een minister of een ander bestuursorgaan, kan de ombudsman bij de daarbij betrokken personen en colleges slechts inwinnen door tussenkomst van de minister onderscheidenlijk dat bestuursorgaan. Het orgaan door tussenkomst waarvan de inlichtingen worden ingewonnen, kan zich bij het horen van de ambtenaren doen vertegenwoordigen.
3. Binnen een door de ombudsman te bepalen termijn worden ten behoeve van een onderzoek de onder het bestuursorgaan, degene op wiens gedraging het verzoek betrekking heeft, en bij anderen berustende stukken aan hem overgelegd nadat hij hierom schriftelijk heeft verzocht.
4. De ingevolge het eerste lid opgeroepen personen onderscheidenlijk degenen die ingevolge het derde lid verplicht zijn stukken over te leggen kunnen, indien daarvoor gewichtige redenen zijn, het geven van inlichtingen onderscheidenlijk het overleggen van stukken weigeren of de ombudsman mededelen dat uitsluitend hij kennis zal mogen nemen van de inlichtingen onderscheidenlijk de stukken.
5. De ombudsman beslist of de in het vierde lid bedoelde weigering onderscheidenlijk de beperking van de kennisneming gerechtvaardigd is.
6. Indien de ombudsman heeft beslist dat de weigering gerechtvaardigd is, vervalt de verplichting.

Art. 9:32

Deskundigen en tolken in onderzoek ombudsman

1. De ombudsman kan ten dienste van het onderzoek deskundigen werkzaamheden opdragen. Hij kan voorts in het belang van het onderzoek deskundigen en tolken oproepen.
2. Door de ombudsman opgeroepen deskundigen of tolken verschijnen voor hem, en verlenen onpartijdig en naar beste weten hun diensten als zodanig. Op deskundigen, tevens ambtenaren, is artikel 9:31, tweede tot en met zesde lid, van overeenkomstige toepassing.
3. De ombudsman kan bepalen dat getuigen niet zullen worden gehoord en tolken niet tot de uitoefening van hun taak zullen worden toegelaten dan na het afleggen van de eed of de belofte. Getuigen leggen in dat geval de eed of de belofte af dat zij de gehele waarheid en niets dan de waarheid zullen zeggen en tolken dat zij hun plichten als tolk met nauwgezetheid zullen vervullen.

Art. 9:33

Vergoedingen in onderzoek ombudsman

1. Aan de door de ombudsman opgeroepen verzoekers, getuigen, deskundigen en tolken wordt een vergoeding toegekend. Deze vergoeding vindt plaats ten laste van de rechtspersoon waartoe het bestuursorgaan behoort op wiens gedraging het verzoek betrekking heeft, indien het een gemeente, provincie, waterschap of gemeenschappelijke regeling betreft. In overige gevallen vindt de vergoeding plaats ten laste van het Rijk. Het bij en krachtens de Wet tarieven in strafzaken bepaalde is van overeenkomstige toepassing.
2. De in het eerste lid bedoelde personen die in openbare dienst zijn, ontvangen geen vergoeding indien zij zijn opgeroepen in verband met hun taak als zodanig.

Algemene wet bestuursrecht A45 art. 10:3

Art. 9:34
1. De ombudsman kan een onderzoek ter plaatse instellen. Hij heeft daarbij toegang tot elke plaats, met uitzondering van een woning zonder toestemming van de bewoner, voor zover dat redelijkerwijs voor de vervulling van zijn taak nodig is.
2. Bestuursorganen verlenen de medewerking die in het belang van het onderzoek, bedoeld in het eerste lid, is vereist.
3. Van het onderzoek wordt een proces-verbaal gemaakt.

Onderzoek ter plaatse door ombudsman

Art. 9:35
1. De ombudsman deelt, alvorens het onderzoek te beëindigen, zijn bevindingen schriftelijk mee aan:
a. het betrokken bestuursorgaan;
b. degene op wiens gedraging het verzoek betrekking heeft;
c. de verzoeker.
2. De ombudsman geeft hun de gelegenheid zich binnen een door hem te stellen termijn omtrent de bevindingen te uiten.

Mededeling van bevindingen ombudsman

Art. 9:36
1. Wanneer een onderzoek is afgesloten, stelt de ombudsman een rapport op, waarin hij zijn bevindingen en zijn oordeel weergeeft. Hij neemt daarbij artikel 10 van de Wet openbaarheid van bestuur in acht.
2. Indien naar het oordeel van de ombudsman de gedraging niet behoorlijk is, vermeldt hij in het rapport welk vereiste van behoorlijkheid geschonden is.
3. De ombudsman zendt zijn rapport aan het betrokken bestuursorgaan, alsmede aan de verzoeker en aan degene op wiens gedraging het verzoek betrekking heeft.
4. Indien de ombudsman aan het bestuursorgaan een aanbeveling doet als bedoeld in artikel 9:27, derde lid, deelt het bestuursorgaan binnen een redelijke termijn aan de ombudsman mee op welke wijze aan de aanbeveling gevolg zal worden gegeven. Indien het bestuursorgaan overweegt de aanbeveling niet op te volgen, deelt het dat met redenen omkleed aan de ombudsman mee.
5. De ombudsman geeft aan een ieder die daarom verzoekt, afschrift of uittreksel van een rapport als bedoeld in het eerste lid. Met betrekking tot de daarvoor in rekening te brengen vergoedingen en met betrekking tot kosteloze verstrekking is het bepaalde bij en krachtens de Wet griffierechten burgerlijke zaken van overeenkomstige toepassing. Tevens legt hij een zodanig rapport ter inzage op een door hem aan te wijzen plaats.

Rapport van onderzoek ombudsman

Hoofdstuk 10
Bepalingen over bestuursorganen

Titel 10.1
Mandaat, delegatie en attributie

Afdeling 10.1.1
Mandaat

Art. 10:1
Onder mandaat wordt verstaan: de bevoegdheid om in naam van een bestuursorgaan besluiten te nemen.

Mandaat

Art. 10:2
Een door de gemandateerde binnen de grenzen van zijn bevoegdheid genomen besluit geldt als een besluit van de mandaatgever.

Toerekening besluit aan mandaatgever

Art. 10:3
1. Een bestuursorgaan kan mandaat verlenen, tenzij bij wettelijk voorschrift anders is bepaald of de aard van de bevoegdheid zich tegen de mandaatverlening verzet.
2. Mandaat wordt in ieder geval niet verleend indien het betreft een bevoegdheid:
a. tot het vaststellen van algemeen verbindende voorschriften, tenzij bij de verlening van die bevoegdheid in mandaatverlening is voorzien;
b. tot het nemen van een besluit ten aanzien waarvan is bepaald dat het met versterkte meerderheid moet worden genomen of waarvan de aard van de voorgeschreven besluitvormingsprocedure zich anderszins tegen de mandaatverlening verzet;
c. tot het vernietigen van of tot het onthouden van goedkeuring aan een besluit van een ander bestuursorgaan.
(Zie ook: art. 77 VW 2000)
3. Mandaat tot het beslissen op een bezwaarschrift of op een verzoek als bedoeld in artikel 7:1a, eerste lid, wordt niet verleend aan degene die het besluit waartegen het bezwaar zich richt, krachtens mandaat heeft genomen.

Mandaatverlening

Geen mandaat

4. Indien artikel 5:53 van toepassing is, wordt mandaat tot het opleggen van een bestuurlijke boete niet verleend aan degene die van de overtreding een rapport of proces-verbaal heeft opgemaakt.
(Zie ook: art. 67pb AWR)

Art. 10:4

Instemming gemandateerde

1. Indien de gemandateerde niet werkzaam is onder verantwoordelijkheid van de mandaatgever, behoeft de mandaatverlening de instemming van de gemandateerde en in het voorkomende geval van degene onder wiens verantwoordelijkheid hij werkt.
2. Het eerste lid is niet van toepassing indien bij wettelijk voorschrift in de bevoegdheid tot de mandaatverlening is voorzien.

Art. 10:5

Algemeen of bijzonder mandaat

1. Een bestuursorgaan kan hetzij een algemeen mandaat hetzij een mandaat voor een bepaald geval verlenen.
2. Een algemeen mandaat wordt schriftelijk verleend. Een mandaat voor een bepaald geval wordt in ieder geval schriftelijk verleend indien de gemandateerde niet werkzaam is onder verantwoordelijkheid van de mandaatgever.

Art. 10:6

Instructie bij mandaat

1. De mandaatgever kan de gemandateerde per geval of in het algemeen instructies geven ter zake van de uitoefening van de gemandateerde bevoegdheid.
(Zie ook: art. 4:81 Awb)

Inlichtingen bij mandaat

2. De gemandateerde verschaft de mandaatgever op diens verzoek inlichtingen over de uitoefening van de bevoegdheid.

Art. 10:7

Bevoegdheid mandaatgever

De mandaatgever blijft bevoegd de gemandateerde bevoegdheid uit te oefenen.

Art. 10:8

Intrekken mandaat

1. De mandaatgever kan het mandaat te allen tijde intrekken.
2. Een algemeen mandaat wordt schriftelijk ingetrokken.

Art. 10:9

Ondermandaat

1. De mandaatgever kan toestaan dat ondermandaat wordt verleend.
2. Op ondermandaat zijn de overige artikelen van deze afdeling van overeenkomstige toepassing.

Art. 10:10

Vermelding van mandaat

Een krachtens mandaat genomen besluit vermeldt namens welk bestuursorgaan het besluit is genomen.

Art. 10:11

Ondertekening namens bestuursorgaan

1. Een bestuursorgaan kan bepalen dat door hem genomen besluiten namens hem kunnen worden ondertekend, tenzij bij wettelijk voorschrift anders is bepaald of de aard van de bevoegdheid zich hiertegen verzet.
2. In dat geval moet uit het besluit blijken, dat het door het bestuursorgaan zelf is genomen.

Art. 10:12

Overeenkomstige toepassing

Deze afdeling is van overeenkomstige toepassing indien een bestuursorgaan aan een ander, werkzaam onder zijn verantwoordelijkheid, volmacht verleent tot het verrichten van privaatrechtelijke rechtshandelingen, of machtiging verleent tot het verrichten van handelingen die noch een besluit, noch een privaatrechtelijke rechtshandeling zijn.
(Zie ook: art. 60 BW Boek 3)

Afdeling 10.1.2
Delegatie

Art. 10:13

Delegatie

Onder delegatie wordt verstaan: het overdragen door een bestuursorgaan van zijn bevoegdheid tot het nemen van besluiten aan een ander die deze onder eigen verantwoordelijkheid uitoefent.

Art. 10:14

Geen delegatie aan ondergeschikten

Delegatie geschiedt niet aan ondergeschikten.

Art. 10:15

Wettelijke basis bij delegatie

Delegatie geschiedt slechts indien in de bevoegdheid daartoe bij wettelijk voorschrift is voorzien.

Art. 10:16

Beleidsregels bij delegatie

1. Het bestuursorgaan kan ter zake van de uitoefening van de gedelegeerde bevoegdheid uitsluitend beleidsregels geven.
(Zie ook: art. 4:81 Awb)

Inlichtingen bij delegatie

2. Degene aan wie de bevoegdheid is gedelegeerd, verschaft het bestuursorgaan op diens verzoek inlichtingen over de uitoefening van de bevoegdheid.

Algemene wet bestuursrecht

A45 art. 10:29

Art. 10:17
Het bestuursorgaan kan de gedelegeerde bevoegdheid niet meer zelf uitoefenen.

Gevolg delegatie

Art. 10:18
Het bestuursorgaan kan het delegatiebesluit te allen tijde intrekken.

Intrekking delegatie

Art. 10:19
Een besluit dat op grond van een gedelegeerde bevoegdheid wordt genomen, vermeldt het delegatiebesluit en de vindplaats daarvan.

Vermelding delegatie bij besluit

Art. 10:20
1. Op de overdracht door een bestuursorgaan van een bevoegdheid van een ander bestuursorgaan tot het nemen van besluiten aan een derde is deze afdeling, met uitzondering van artikel 10:16, van overeenkomstige toepassing.
2. Bij wettelijk voorschrift of bij het besluit tot overdracht kan worden bepaald dat het bestuursorgaan wiens bevoegdheid is overgedragen beleidsregels over de uitoefening van die bevoegdheid kan geven.
3. Degene aan wie de bevoegdheid is overgedragen, verschaft het overdragende en het oorspronkelijk bevoegde bestuursorgaan op hun verzoek inlichtingen over de uitoefening van de bevoegdheid.

Overeenkomstige toepassing

Art. 10:21
Deze afdeling is van overeenkomstige toepassing indien een bestuursorgaan zijn bevoegdheid tot het verrichten van andere handelingen dan besluiten overdraagt aan een ander die deze onder eigen verantwoordelijkheid uitoefent, met dien verstande dat artikel 10:19 van overeenkomstige toepassing is voor zover de aard van de handeling zich daartegen niet verzet.

Schakelbepaling

Afdeling 10.1.3
Attributie

Art. 10:22
1. Indien een bevoegdheid tot het nemen van besluiten bij wettelijk voorschrift is toegedeeld aan een persoon of college, werkzaam onder de verantwoordelijkheid van een bestuursorgaan, kan dit bestuursorgaan per geval of in het algemeen instructies geven ter zake van de uitoefening van de toegedeelde bevoegdheid.
2. Degene aan wie de bevoegdheid is toegedeeld, verschaft het bestuursorgaan op diens verzoek inlichtingen over de uitoefening van de bevoegdheid.

Attributie

Art. 10:23
Artikel 10:22 is van overeenkomstige toepassing indien bij wettelijk voorschrift een bevoegdheid tot het verrichten van andere handelingen dan besluiten is toegedeeld aan een persoon of college, werkzaam onder de verantwoordelijkheid van een bestuursorgaan.

Overeenkomstige toepassing

Titel 10.2
Toezicht op bestuursorganen

Afdeling 10.2.1
Goedkeuring

Art. 10:25
In deze wet wordt verstaan onder goedkeuring: de voor de inwerkingtreding van een besluit van een bestuursorgaan vereiste toestemming van een ander bestuursorgaan.

Goedkeuring van besluit

Art. 10:26
Besluiten kunnen slechts aan goedkeuring worden onderworpen in bij of krachtens de wet bepaalde gevallen.
(Zie ook: art. 132 GW)

Goedkeuring door bestuursorgaan bij of krachtens de wet

Art. 10:27
De goedkeuring kan slechts worden onthouden wegens strijd met het recht of op een grond, neergelegd in de wet waarin of krachtens welke de goedkeuring is voorgeschreven.

Onthouden goedkeuring door bestuursorgaan

Art. 10:28
Aan een besluit waarover een rechter uitspraak heeft gedaan of waarbij een in kracht van gewijsde gegane uitspraak van de rechter wordt uitgevoerd, kan geen goedkeuring worden onthouden op rechtsgronden welke in strijd zijn met die waarop de uitspraak steunt of mede steunt.

Goedkeuring door bestuursorgaan na rechterlijke uitspraak

Art. 10:29
1. Een besluit kan alleen dan gedeeltelijk worden goedgekeurd, indien gedeeltelijke inwerkingtreding strookt met aard en inhoud van het besluit.
2. De goedkeuring kan noch voor bepaalde tijd of onder voorwaarden worden verleend, noch worden ingetrokken.

Onthouden goedkeuring door bestuursorgaan

Art. 10:30

Overleg over gedeeltelijke goedkeuring door bestuursorgaan

1. Gedeeltelijke goedkeuring of onthouding van goedkeuring vindt niet plaats dan nadat aan het bestuursorgaan dat het besluit heeft genomen, gelegenheid tot overleg is geboden.

2. De motivering van het goedkeuringsbesluit verwijst naar hetgeen in het overleg aan de orde is gekomen.

Art. 10:31

Termijn voor goedkeuring door bestuursorgaan

1. Tenzij bij wettelijk voorschrift anders is bepaald, wordt het besluit omtrent goedkeuring binnen dertien weken na de verzending ter goedkeuring bekend gemaakt aan het bestuursorgaan dat het aan goedkeuring onderworpen besluit heeft genomen.
2. Het nemen van het besluit omtrent goedkeuring kan eenmaal voor ten hoogste dertien weken worden verdaagd.
3. In afwijking van het tweede lid kan het nemen van het besluit omtrent goedkeuring eenmaal voor ten hoogste zes maanden worden verdaagd indien inzake dat besluit advies van een adviseur als bedoeld in artikel 3:5 is vereist.
4. Tenzij bij wettelijk voorschrift anders is bepaald, is paragraaf 4.1.3.3 van overeenkomstige toepassing.

(Zie ook: artt. 259, 266 Gemw; artt. 253, 259 PW; art. 28 WRO)

Art. 10:32

Overeenkomstige toepassing

1. Deze afdeling is van overeenkomstige toepassing indien voor het nemen van een besluit door een bestuursorgaan de toestemming van een ander bestuursorgaan is vereist.
2. Bij de toestemming kan een termijn worden gesteld waarbinnen het besluit dient te worden genomen.

Afdeling 10.2.2
Vernietiging

Art. 10:33

Spontane vernietiging door bestuursorgaan

Deze afdeling is van toepassing indien een bestuursorgaan bevoegd is buiten administratief beroep een besluit van een ander bestuursorgaan te vernietigen.

Art. 10:34

Wettelijke basis bij vernietiging door bestuursorgaan

De vernietigingsbevoegdheid kan slechts worden verleend bij de wet.
(Zie ook: art. 132 GW)

Art. 10:35

Gronden vernietiging door bestuursorgaan

Vernietiging kan alleen geschieden wegens strijd met het recht of het algemeen belang.
(Zie ook: art. 132 GW)

Art. 10:36

Gedeeltelijke vernietiging door bestuursorgaan

Een besluit kan alleen dan gedeeltelijk worden vernietigd, indien gedeeltelijke instandhouding strookt met aard en inhoud van het besluit.

Art. 10:37

Vernietiging door bestuursorgaan na rechterlijke uitspraak

Een besluit waarover de rechter uitspraak heeft gedaan of waarbij een in kracht van gewijsde gegane uitspraak van de rechter wordt uitgevoerd, kan niet worden vernietigd op rechtsgronden welke in strijd zijn met die waarop de uitspraak steunt of mede steunt.

Art. 10:38

Geen vernietiging door bestuursorgaan

1. Een besluit dat nog goedkeuring behoeft, kan niet worden vernietigd.
2. Een besluit waartegen bezwaar of beroep openstaat of aanhangig is, kan niet worden vernietigd.

Art. 10:39

Vernietiging van privaatrechtelijke handeling door bestuursorgaan

1. Een besluit tot het verrichten van een privaatrechtelijke rechtshandeling kan niet worden vernietigd, indien dertien weken zijn verstreken nadat het is bekendgemaakt.
2. Indien binnen de termijn genoemd in het eerste lid overeenkomstig artikel 10:43 schorsing heeft plaatsgevonden, blijft vernietiging binnen de duur van de schorsing mogelijk.
3. Indien een besluit als bedoeld in het eerste lid aan goedkeuring is onderworpen, vangt de in het eerste lid genoemde termijn aan nadat het goedkeuringsbesluit is bekendgemaakt. Op het goedkeuringsbesluit zijn het eerste en tweede lid van overeenkomstige toepassing.
4. Dit artikel is niet van toepassing indien vernietiging geschiedt wegens strijd met de bij of krachtens het Verdrag betreffende de werking van de Europese Unie, het Verdrag tot oprichting van de Europese Gemeenschap voor Atoomenergie of het Verdrag betreffende de Europese Unie op Nederland rustende verplichtingen.

Art. 10:40
Een besluit dat overeenkomstig artikel 10:43 is geschorst, kan, nadat de schorsing is geëindigd, niet meer worden vernietigd.

Vernietiging door bestuursorgaan na schorsing besluit

Art. 10:41
1. Vernietiging vindt niet plaats dan nadat aan het bestuursorgaan dat het besluit heeft genomen, gelegenheid tot overleg is geboden.
2. De motivering van het vernietigingsbesluit verwijst naar hetgeen in het overleg aan de orde is gekomen.

Overleg vóór vernietiging door bestuursorgaan

Art. 10:42
1. Vernietiging van een besluit strekt zich uit tot alle rechtsgevolgen waarop het was gericht.
2. In het vernietigingsbesluit kan worden bepaald dat de rechtsgevolgen van het vernietigde besluit geheel of ten dele in stand blijven.
3. Indien een besluit tot het aangaan van een overeenkomst wordt vernietigd, wordt de overeenkomst, zo zij reeds is aangegaan en voor zover bij het vernietigingsbesluit niet anders is bepaald, niet of niet verder uitgevoerd, onverminderd het recht van de wederpartij op schadevergoeding.

Gevolgen vernietiging door bestuursorgaan

Afdeling 10.2.3
Schorsing

Art. 10:43
Hangende het onderzoek of er reden is tot vernietiging over te gaan, kan een besluit door het tot vernietiging bevoegde bestuursorgaan worden geschorst.

Schorsing door bestuursorgaan

Art. 10:44
1. Het besluit tot schorsing bepaalt de duur hiervan.
2. De schorsing van een besluit kan eenmaal worden verlengd.
3. De schorsing kan ook na verlenging niet langer duren dan een jaar.
4. Indien bezwaar is gemaakt of beroep is ingesteld tegen het geschorste besluit, duurt de schorsing evenwel voort tot dertien weken nadat op het bezwaar of beroep onherroepelijk is beslist.
5. De schorsing kan worden opgeheven.

Duur van schorsing door bestuursorgaan

Art. 10:45
Op het besluit inzake schorsing zijn de artikelen 10:36, 10:37, 10:38, eerste lid, 10:39, eerste en derde lid, en 10:42, derde lid, van overeenkomstige toepassing.

Overeenkomstige toepassing

Hoofdstuk 11
Slotbepalingen

Art. 11:1
[Vervallen]

Art. 11:2
1. Het bedrag van de vergoeding, bedoeld in artikel 4:113, eerste lid, en de bedragen, vastgesteld in de artikelen 8:41, tweede lid, en 8:109, eerste lid, en krachtens de artikelen 7:15, vierde lid, 7:28, vijfde lid, en 8:75, eerste lid, worden jaarlijks met ingang van 1 januari bij regeling van Onze Minister van Veiligheid en Justitie gewijzigd voor zover de consumentenprijsindex daartoe aanleiding geeft. Daarbij worden de bedragen rekenkundig afgerond op gehele euro's.
2. De overige bij of krachtens deze wet vastgestelde bedragen kunnen bij regeling van Onze Minister van Veiligheid en Justitie worden gewijzigd voor zover de consumentenprijsindex daartoe aanleiding geeft.

Indexering in bestuursrecht

Art. 11:3
Bij een wijziging van een bijlage bij deze wet blijft de bijlage zoals deze luidde voor het tijdstip van inwerkingtreding van de wijziging van toepassing op het beroep of hoger beroep tegen een besluit dat, onderscheidenlijk een uitspraak die voor dat tijdstip is bekendgemaakt.

Wijziging van bijlage bij Awb

Art. 11:4
Deze wet wordt aangehaald als: Algemene wet bestuursrecht.

Citeertitel Awb

Bijlage 1 Regeling rechtstreeks beroep (artikel 7:1, eerste lid, onderdeel g)

Tegen een besluit, genomen op grond van een in deze regeling genoemd voorschrift dan wel anderszins in deze regeling omschreven, kan geen bezwaar worden gemaakt.
Archiefwet 1995: artikel 38, indien overeenkomstige toepassing is gegeven aan de artikelen 124, 124a en hoofdstuk XVII van de Gemeentewet
Bekendmakingswet: artikel 21, indien overeenkomstige toepassing is gegeven aan artikel 121 van de Provinciewet
Belemmeringenwet Privaatrecht: de artikelen 2, vijfde lid, en 3, tweede lid, voor zover de verplichting noodzakelijk is voor de uitvoering van werken als bedoeld in artikel 2.3, tweede lid, onderdelen a en b, van de Crisis- en herstelwet of voor de uitvoering van een of meer besluiten als bedoeld in:
 a. artikel 21, tweede lid, van de Tracéwet
 b. de artikelen 3.30, eerste lid, onder a, 3.33, eerste lid, onder a, en 3.35, eerste lid, onder b, van de Wet ruimtelijke ordening
 c. artikel 15, tweede lid, van de Spoedwet wegverbreding: de verlegging van kabels en leidingen, verband houdende met de uitvoering van een wegaanpassingsbesluit
Elektriciteitswet 1998: artikel 51
Gaswet: artikel 19
Gemeentewet:
 a. de artikelen 85, tweede lid, 124, 124a, 151d, derde lid, 155d en 268, eerste lid
 b. een beschikking tot ophouding als bedoeld in artikel 154a
 c. de artikelen 278a, vierde lid, en 281, tweede lid, indien overeenkomstige toepassing is gegeven aan de artikelen 124 en 124a
Kaderwet dienstplicht: artikel 13
Kieswet:
 a. de artikelen D 7, G 1 tot en met G 4, I 4, K 8, L 11, M 4, Q 6, S 2, X 4, derde lid, X 4a, derde lid, X 5, derde lid, X 7, vierde lid, X 7a, vierde lid, en X 8, vierde lid
 b. artikel Y 2 in samenhang met artikel D 7, G 1, G 4, I 4, K 8, L 11 of M 4
 c. de artikelen Y 32 en Y 33
Landbouwkwaliteitswet: een besluit van een tuchtgerecht of een centraal tuchtgerecht, ingesteld door een controle-instelling als bedoeld in artikel 13
Mededingingswet: de artikelen 37, eerste lid, 44, eerste lid, en 47, eerste lid
Postwet 2009: hoofdstuk 3A en artikel 58
Provinciewet:
 a. de artikelen 83, tweede lid, 121, 151d en 261, eerste lid
 b. de artikelen 271a, vierde lid, en 274, tweede lid, indien overeenkomstige toepassing is gegeven aan artikel 121
Spoorwegwet: hoofdstuk 5, paragraaf 2, en artikel 71, tweede lid
Telecommunicatiewet, voor zover het betreft een besluit van de Autoriteit Consument en Markt, genomen op grond van:
 a. hoofdstuk 5
 b. hoofdstuk 6, tenzij bezwaar kon worden ingesteld voor de inwerkingtreding van de Wet implementatie Europees regelgevingskader voor de elektronische communicatiesector 2002
 c. de hoofdstukken 6A, 6B en 12
Tijdelijke experimentenwet stembiljetten en centrale stemopneming: artikel 4
Tijdelijke wet bestuurlijke maatregelen terrorismebestrijding: de artikelen 2 tot en met 4
Uitvoeringswet EU-zeehavenverordening: artikel 7, voor zover het betreft een besluit van de Autoriteit Consument en Markt
Uitvoeringswet verordening Europees burgerinitiatief: artikel 2, aanhef en onder c
Verordening (EU) nr. 806/2014 van het Europees parlement en van de Raad van 15 juli 2014 tot vaststelling van eenvormige regels en een eenvormige procedure voor de afwikkeling van kredietinstellingen en bepaalde beleggingsondernemingen in het kader van een gemeenschappelijk afwikkelingsmechanisme en een gemeenschappelijk bankenafwikkelingsfonds en tot wijziging van Verordening (EU) nr. 1093/2010 van het Europees parlement en de Raad (PbEU 2014, L 225): de artikelen 16, 18 en 21
Verordening (EU) nr. 2017/1129 van het Europees Parlement en de Raad van 14 juni 2017 betreffende het prospectus dat moet worden gepubliceerd wanneer effecten aan het publiek worden aangeboden of tot de handel op een gereglementeerde markt worden toegelaten en tot intrekking van Richtlijn 2003/71/EG (PbEU 2017, L 168): de artikelen 20, eerste en vijfde lid, en 23, eerste lid
Vreemdelingenwet 2000:
 a. artikel 54, derde lid
 b. een aanwijzing als bedoeld in artikel 55, eerste lid
 c. een kennisgeving als bedoeld in artikel 62a, eerste lid, of 62b

Algemene wet bestuursrecht

A45 bijlage 2

d. een inreisverbod als bedoeld in artikel 66a, eerste of tweede lid, dat door middel van een zelfstandige beschikking is uitgevaardigd
e. de opheffing of tijdelijke opheffing van een inreisverbod
f. de afdelingen 3 en 5 van hoofdstuk 7
Waterschapswet: de artikelen 31, derde lid, 33, vierde lid, en 41, vijfde lid
Waterwet: artikel 3.13, derde lid, indien overeenkomstige toepassing is gegeven aan artikel 121 van de Provinciewet
Wet administratiefrechtelijke handhaving verkeersvoorschriften: artikel 32
Wet algemene bepalingen omgevingsrecht:
a. een besluit inzake een verklaring als bedoeld in artikel 2.27
b. een aanwijzingsbesluit als bedoeld in artikel 2.34 of 3.13, tweede lid
c. artikel 5.2a, eerste lid, indien overeenkomstige toepassing is gegeven aan artikel 121 van de Provinciewet
d. artikel 5.2a, tweede lid, indien overeenkomstige toepassing is gegeven aan de artikelen 124 en 124a van de Gemeentewet
e. artikel 5.2a, derde lid, indien overeenkomstige toepassing is gegeven aan hoofdstuk XVIII van de Provinciewet
f. artikel 5.2a, vierde lid, indien overeenkomstige toepassing is gegeven aan hoofdstuk XVII van de Gemeentewet
Wet gemeenschappelijke regelingen:
a. een ontslagbesluit als bedoeld in artikel 16, vierde lid
b. de artikelen 25, achtste lid, 32b, 32c, 36, eerste lid, 45a gelezen in samenhang met artikel 32b, 49 gelezen in samenhang met artikel 36, eerste lid, en 50h, eerste lid
c. de artikelen 39c, vierde lid en 39e, tweede lid, indien overeenkomstige toepassing is gegeven aan de artikelen 32b en 32c, en artikel 49 gelezen in samenhang met dit onderdeel
Wet luchtvaart: de artikelen 8.25ea, vierde lid, 8.25f, tweede, vierde en vijfde lid, 8.40f, vierde lid, en 8.40g, tweede, vierde en vijfde lid
Wet milieubeheer:
a. artikel 16.31, tweede lid
b. artikel 17.15, tweede lid, indien overeenkomstige toepassing is gegeven aan artikel 121 van de Provinciewet
Wet Naleving Europese regelgeving publieke entiteiten: de artikelen 2, eerste lid, 3 en 5
Wet op het financieel toezicht:
a. de artikelen 3A:17 tot en met 3A:19, 3A:85 en 3A:86
b. de artikelen 5:77, eerste lid, 5:81, derde lid
c. een besluit terzake van het ingevolge artikel 5:76, tweede lid, of 5:80b, vijfde lid, bepaalde, met uitzondering van een besluit tot het opleggen van een bestuurlijke boete als bedoeld in artikel 1:80
d. de artikelen 6:1 en 6:2
Wet politiegegevens: artikelen 25 en 28
Wet ruimtelijke ordening:
a. een besluit op een verzoek om een kostenvergoeding als bedoeld in artikel 6.8 of 6.9
b. een besluit omtrent herziening van een exploitatieplan, dat niet is voorbereid met toepassing van afdeling 3.4 van de Algemene wet bestuursrecht, een besluit omtrent de afrekening en herberekende exploitatiebijdragen van een exploitatieplan alsmede een besluit om geen exploitatieplan vast te stellen als bedoeld in artikel 6.12, tweede lid
c. een aanwijzingsbesluit als bedoeld in artikel 3.8, zesde lid, of artikel 3.26, tweede lid, in samenhang met artikel 3.8, zesde lid
d. een ontheffing als bedoeld in artikel 4.1a of 4.3a
Wet tijdelijk huisverbod

Bijlage 2 Bevoegdheidsregeling bestuursrechtspraak (artikelen 8:5, 8:6, 8:7, 8:105 en 8:106)

Hoofdstuk 1
Van beroep uitgezonderde besluiten (artikel 8:5)

Art. 1 Geen beroep
Tegen een besluit, genomen op grond van een in dit artikel genoemd voorschrift of anderszins in dit artikel omschreven, kan geen beroep worden ingesteld.
Archiefwet 1995:
a. artikel 38, indien overeenkomstige toepassing is gegeven aan artikel 124 van de Gemeentewet voor zover het beroep niet wordt ingesteld door het dagelijks bestuur of het algemeen bestuur van een waterschap, en indien overeenkomstige toepassing is gegeven aan artikel 124a van de Gemeentewet voor zover het beroep niet wordt ingesteld door gedeputeerde staten

A45 bijlage 2

Algemene wet bestuursrecht

  b. artikel 38, indien overeenkomstige toepassing is gegeven aan hoofdstuk XVII van de Gemeentewet, voor zover het betreft de weigering om een besluit tot vernietiging te nemen en het niet tijdig nemen van een besluit tot vernietiging en voor zover het betreft de weigering om een voordracht tot vernietiging te doen
Bekendmakingswet: artikel 21, indien overeenkomstige toepassing is gegeven artikel 121 van de Provinciewet, voor zover het beroep niet wordt ingesteld door het dagelijks bestuur of het algemeen bestuur van een waterschap
Burgerlijk Wetboek:
a. Boek 1:
1. artikel 7, eerste en tweede lid
2. titel 14, afdeling 4
b. Boek 2: de artikelen 63d, tweede lid, 156 en 266, voor zover de aanvraag is toegewezen
c. Boek 7: artikel 671a.
Elektriciteitswet 1998: de artikelen 9b, vierde lid, 9c, derde lid, 9d, tweede en derde lid, 9f, zesde lid, 20a, derde lid, 20b, derde lid, artikel 20c, tweede en derde lid en artikel 20ca
Faillissementswet: artikel 285
Financiële-verhoudingswet: artikel 9
Gaswet: de artikelen 39b, derde lid, 39c, derde lid, en 39d, tweede en derde lid
Gemeentewet:
a. artikel 49
b. artikel 85, tweede lid, voor zover het betreft de weigering om een besluit tot vernietiging te nemen en het niet tijdig nemen van een besluit tot vernietiging
c. artikel 124, voor zover het beroep niet wordt ingesteld door de raad, het college van burgemeester en wethouders, onderscheidenlijk de burgemeester
d. artikel 124a, voor zover het beroep niet wordt ingesteld door gedeputeerde staten, onderscheidenlijk de commissaris van de Koning
e. de artikelen 169, derde lid, 180, derde lid, en 234, tweede lid, onderdeel a
f. artikel 268, voor zover het betreft de weigering om een besluit tot vernietiging te nemen en het niet tijdig nemen van een besluit tot vernietiging
g. artikel 278, voor zover het betreft de weigering om een voordracht tot vernietiging te doen
h. de artikelen 278a, vierde lid, en 281, tweede lid, indien overeenkomstige toepassing is gegeven aan artikel 124 van de Gemeentewet voor zover het beroep niet wordt ingesteld door de raad, het college van burgemeester en wethouders, onderscheidenlijk de burgemeester, en indien overeenkomstige toepassing is gegeven aan artikel 124a van de Gemeentewet voor zover het beroep niet wordt ingesteld door gedeputeerde staten, onderscheidenlijk de commissaris van de Koning
Geneesmiddelenwet: artikel 17, onderdeel a
Gerechtsdeurwaarderswet: artikel 3a, tweede lid
Instellingswet Autoriteit Consument en Markt: artikel 12h, eerste lid, voor zover de aanvraag is afgewezen
Invorderingswet 1990, met uitzondering van de artikelen 30, 49 en 62a
Jeugdwet:
a. artikel 2.3, eerste lid, voor zover in het besluit wordt bepaald dat een voorziening op het gebied van jeugdhulp en verblijf niet zijnde verblijf bij een pleegouder nodig is, als bedoeld in artikel 6.1.2, vijfde lid
b. artikel 3.5, eerste lid
c. de artikelen 6.1.5, 6.1.6, tweede en derde lid, 6.1.12, vijfde lid, 6.3.1 tot en met 6.3.5, 6.3.7 en 6.4.1
Kaderwet zelfstandige bestuursorganen: artikel 21a, eerste en tweede lid
Kostenwet invordering rijksbelastingen, met uitzondering van artikel 7
Leegstandwet:
a. artikel 15, eerste lid, voor zover het betreft een weigering van de vergunning
b. artikel 15, zesde lid, voor zover het betreft een afwijzing van het verzoek tot verlenging
c. artikel 16, tiende lid, eerste volzin, en elfde lid, eerste volzin
Mijnbouwwet: de artikelen 141a, derde lid, 141b, derde lid, en 141c, tweede en derde lid
Onteigeningswet
Ontgrondingenwet: mededeling als bedoeld in artikel 10, tweede en derde lid
Participatiewet: de artikelen 52 en 81 en paragraaf 6.5
Politiewet 2012: de artikelen 18, 20, 34, 35, 36, eerste lid, 37, eerste lid, 39, derde en vijfde lid, en 52
Provinciewet:
a. artikel 49
b. artikel 83, tweede lid, voor zover het betreft de weigering om een besluit tot vernietiging te nemen en het niet tijdig nemen van een besluit tot vernietiging

c. artikel 121, voor zover het beroep niet wordt ingesteld door gedeputeerde staten, onderscheidenlijk de commissaris van de Koning
d. de artikelen 167, derde lid, en 179, derde lid
e. artikel 261, voor zover het betreft de weigering om een besluit tot vernietiging te nemen en het niet tijdig nemen van een besluit tot vernietiging
f. artikel 271, voor zover het betreft de weigering om een voordracht tot vernietiging te doen
g. de artikelen 271a, vierde lid, en 274, tweede lid, indien overeenkomstige toepassing is gegeven aan artikel 121 van de Provinciewet, voor zover het beroep niet wordt ingesteld door provinciale staten, gedeputeerde staten, onderscheidenlijk de commissaris van de Koning
Richtlijn 2008/50/EG van het Europees Parlement en de Raad van 21 mei 2008 betreffende de luchtkwaliteit en schonere lucht voor Europa (PbEU 2008, L 152): een kennisgeving als bedoeld in artikel 22, vierde lid
Rijkswet Onderzoeksraad voor veiligheid, met uitzondering van beslissingen ten aanzien van de algemeen secretaris en de medewerkers van het bureau
Telecommunicatiewet: de artikelen 3.5, 3.5a, 3.5b, 3.22 en 18.9, eerste en tweede lid
Tijdelijke experimentenwet stembiljetten en centrale stemopneming: artikel 2
Tracéwet: de artikelen 2, eerste lid, 4, eerste lid, onderdeel c, en 23, eerste lid
Uitleveringswet
Uitvoeringswet huurprijzen woonruimte: de artikelen 7, tweede, derde, vijfde, achtste en negende lid, en 7a, derde lid
Waterschapswet: artikel 156, eerste lid, voor zover het betreft de weigering om een vernietiging te bevorderen en het niet tijdig nemen van een besluit tot vernietiging
Waterwet: artikel 3.13, derde lid, indien overeenkomstige toepassing is gegeven aan artikel 121 van de Provinciewet, voor zover het beroep niet wordt ingesteld door het dagelijks bestuur of het algemeen bestuur van een waterschap
Waterwet: de artikelen: 4.1; 4.4; 4.6; 5.1, behoudens voor zover daarbij de ligging van een waterbergingsgebied of beschermingszone als bedoeld in die wet wordt vastgesteld of gewijzigd; 5.5; 6.17, tweede lid, 6.28;
Wegenverkeerswet 1994: de artikelen 132c, vijfde lid, en 132d, tweede lid
Wet administratiefrechtelijke handhaving verkeersvoorschriften
Wet algemene bepalingen omgevingsrecht:
a. de artikelen 2.27, eerste lid, en 2.34, eerste lid, met uitzondering van beroep dat wordt ingesteld door het gezag dat bevoegd is ten aanzien van de beschikking waarop de verklaring, onderscheidenlijk de aanwijzing betrekking heeft
b. artikel 5.2a, eerste lid, indien overeenkomstige toepassing is gegeven aan artikel 121 van de Provinciewet, voor zover het beroep niet wordt ingesteld door het dagelijks bestuur of het algemeen bestuur van een waterschap
c. artikel 5.2a, tweede lid, indien overeenkomstige toepassing is gegeven aan artikel 124 van de Gemeentewet, voor zover het beroep niet wordt ingesteld door het dagelijks bestuur of het algemeen bestuur van een waterschap, en indien overeenkomstige toepassing is gegeven aan artikel 124a van de Gemeentewet, voor zover het beroep niet wordt ingesteld door gedeputeerde staten
d. artikel 5.2a, derde lid, indien overeenkomstige toepassing is gegeven aan hoofdstuk XVIII van de Provinciewet, voor zover het betreft de weigering om een besluit tot vernietiging te nemen en het niet tijdig nemen van een besluit tot vernietiging en voor zover het betreft de weigering om een voordracht tot vernietiging te doen
e. artikel 5.2a, vierde lid, indien overeenkomstige toepassing is gegeven aan hoofdstuk XVII van de Gemeentewet, voor zover het betreft de weigering om een besluit tot vernietiging te nemen en het niet tijdig nemen van een besluit tot vernietiging en voor zover het betreft de weigering om een voordracht tot vernietiging te doen
f. artikel 5.8, eerste lid, laatste volzin
Wet bekostiging financieel toezicht 2019: een besluit omtrent de goedkeuring als bedoeld in de artikelen 6 en 9
Wet bodembescherming: artikel 43, voor zover het betreft de afwijzing van een verzoek
Wet College voor de rechten van de mens, met uitzondering van de artikelen 14 tot en met 18
Wet gemeenschappelijke regelingen:
a. de artikelen 32b en 45a gelezen in samenhang met artikel 32b, voor zover het beroep niet wordt ingesteld door het bestuur van het openbaar lichaam, het bestuur van de bedrijfsvoeringsorganisatie of het gemeenschappelijk orgaan
b. artikel 32c, voor zover het beroep niet wordt ingesteld door gedeputeerde staten
c. de artikelen 36, eerste lid, 49 gelezen in samenhang met artikel 36, eerste lid, en 50h, eerste lid, voor zover het betreft de weigering om een besluit tot vernietiging te nemen en het niet tijdig nemen van een besluit tot vernietiging
d. de artikelen 39b en 49 gelezen in samenhang met artikel 39b, voor zover het betreft de weigering om een voordracht tot vernietiging te doen

e. de artikelen 39c, vierde lid en 39e, tweede lid, indien overeenkomstige toepassing is gegeven aan artikel 32b voor zover het beroep niet wordt ingesteld door het bestuur van het openbaar lichaam, het bestuur van de bedrijfsvoeringsorganisatie of het gemeenschappelijk orgaan, en indien overeenkomstige toepassing is gegeven aan artikel 32c, voor zover het beroep niet wordt ingesteld door gedeputeerde staten, en artikel 49 gelezen in samenhang met dit onderdeel
Wet geurhinder en veehouderij: artikel 7
Wet gewasbeschermingsmiddelen en biociden: artikel 108
Wet luchtvaart:
a. de artikelen 8.4, 8.15 en 8.25fa
b. de artikelen 8.70, eerste lid, en 10.15, eerste lid, voor zover het betreft de luchthavens Lelystad, Rotterdam en Eindhoven
c. artikel 10.27, eerste lid, voor zover het betreft een vergunning voor burgermedegebruik door tussenkomst van een burgerexploitant voor de luchthaven Eindhoven.
Wet melding collectief ontslag
Wet milieubeheer:
a. de artikelen 4.3, 4.6, 4.9, 4.12, 4.15a, 4.16 en 4.19
b. een besluit inzake een programma als bedoeld in artikel 5.12, eerste lid, of 5.13, eerste lid, of inzake een instemming als bedoeld in artikel 5.12, dertiende lid
c. de artikelen 10.3, 11A.2, derde lid, onderdelen b en c, 11.5, 11.18 en 15.51, derde lid
d. artikel 16.24, eerste lid, met uitzondering van een besluit houdende toewijzing van broeikasgasemissierechten voor een afzonderlijke broeikasgasinstallatie
e. artikel 17.15, tweede lid, indien overeenkomstige toepassing is gegeven aan artikel 121 van de Provinciewet, voor zover het beroep niet wordt ingesteld door het dagelijks bestuur of het algemeen bestuur van een waterschap
Wet Naleving Europese regelgeving publieke entiteiten:
a. artikel 2, eerste lid, voor zover het betreft de weigering om een aanwijzing te geven
b. artikel 3, voor zover het betreft de weigering om een aanwijzing te geven
c. artikel 5, voor zover het betreft de weigering om een besluit te nemen
Wet op de expertisecentra: artikel 134, vierde lid, zolang de gemeenteraad de aanvulling nog niet heeft bekrachtigd
Wet op de rechterlijke organisatie: de artikelen 46a, eerste lid, 62a, eerste lid, en 100
Wet opheffing particuliere banken van leening: artikel 2
Wet op het financieel toezicht:
a. een bindende aanbeveling van een toezichthouder aan de andere toezichthouder
b. de artikelen 1:75, eerste en tweede lid, en 1:76, eerste en derde lid
c. artikel 3A:56
d. artikel 3A:127
e. de artikelen 6:1 en 6:2, voor zover het betreft een weigering om een besluit te nemen of het niet tijdig nemen van een besluit
Wet op het hoger onderwijs en wetenschappelijk onderzoek: artikel 7.61
Wet op het primair onderwijs: artikel 140, vierde lid, zolang de gemeenteraad de aanvulling nog niet heeft bekrachtigd
Wet op het voortgezet onderwijs: artikel 96g, vierde lid, zolang de gemeenteraad de aanvulling nog niet heeft bekrachtigd
Wet publieke gezondheid: de artikelen 31 en 35
Wet rechtspositie rechterlijke ambtenaren:
a. een besluit tot benoeming, plaatsing of aanwijzing als bedoeld in hoofdstuk 2, tenzij het beroep wordt ingesteld door een rechterlijk ambtenaar of rechterlijk ambtenaar in opleiding als zodanig, zijn nagelaten betrekkingen of zijn rechtverkrijgenden
b. een besluit van de Hoge Raad als bedoeld in hoofdstuk 6A
c. een vordering als bedoeld in artikel 46o
Wet ruimtelijke ordening:
a. de artikelen 2.1, 2.2, 2.3 en 3.7
b. de artikelen 3.30, eerste lid, 3.33, eerste lid, en 3.35, eerste lid, voor zover het betreft een aanwijzing
c. artikel 4.1, vijfde lid
d. artikel 4.2, eerste lid, tenzij de aanwijzing betrekking heeft op een daarbij concreet aangegeven locatie waarvan geen afwijking mogelijk is
e. de artikelen 4.2, derde lid, en 4.3, vierde lid
f. artikel 4.4, eerste lid, tenzij de aanwijzing betrekking heeft op een daarbij concreet aangegeven locatie waarvan geen afwijking mogelijk is
g. artikel 4.4, derde lid
h. artikel 6.15, eerste lid, voor zover de herziening uitsluitend betrekking heeft op onderdelen als bedoeld in het derde lid

Algemene wet bestuursrecht

Wet tijdelijke tolheffing Blankenburgverbinding en ViA15: artikel 4, eerste lid, en artikel 16, eerste lid
Wet toezicht financiële verslaggeving: de artikelen 2, eerste lid, 3, eerste en tweede lid, 4, 9, 12 en 30
Wet van 18 december 2008 tot wijziging van de Wet luchtvaart inzake vernieuwing van de regelgeving voor burgerluchthavens en militaire luchthavens en de decentralisatie van bevoegdheden voor burgerluchthavens naar het provinciaal bestuur (Regelgeving burgerluchthavens en militaire luchthavens) (Stb. 2008, 561): artikel X
Wet vermindering afdracht loonbelasting en premie voor de volksverzekeringen: artikel 30, tweede lid
Wet verplichte geestelijke gezondheidszorg, met uitzondering van de artikelen 5:2 en 13:4
Wet vervoer gevaarlijke stoffen: de artikelen 13, eerste lid, en 14, eerste, tweede en vierde lid
Wet windenergie op zee: artikel 9, eerste lid
Wet zorg en dwang psychogeriatrische en verstandelijk gehandicapte cliënten, met uitzondering van artikel 61
Zorgverzekeringswet:
a. artikel 9a
b. artikel 18f, eerste lid, in samenhang met artikel 18d of 18e, voor zover een besluit wordt genomen over de verschuldigdheid van de bestuursrechtelijke premie of de hoogte daarvan

Hoofdstuk 2
Beroep in eerste aanleg bij een bijzondere bestuursrechter (artikelen 8:4, tweede lid, en 8:6)

Art. 2 Beroep bij de Afdeling bestuursrechtspraak van de Raad van State
Tegen een besluit, genomen op grond van een in dit artikel genoemd voorschrift of anderszins in dit artikel omschreven, kan beroep worden ingesteld bij de Afdeling bestuursrechtspraak van de Raad van State.
Archiefwet 1995: artikel 38, indien overeenkomstige toepassing is gegeven aan:
a. artikel 124 van de Gemeentewet, voor zover het beroep wordt ingesteld door het dagelijks bestuur of het algemeen bestuur van een waterschap;
b. artikel 124a van de Gemeentewet, voor zover het beroep wordt ingesteld door gedeputeerde staten, en
c. hoofdstuk XVII van de Gemeentewet
Bekendmakingswet: artikel 21, indien overeenkomstige toepassing is gegeven artikel 121 van de Provinciewet, voor zover het beroep wordt ingesteld door het dagelijks bestuur of het algemeen bestuur van een waterschap
Belemmeringenwet Privaatrecht: de artikelen 2, vijfde lid, en 3, tweede lid, voor zover de verplichting noodzakelijk is voor de uitvoering van werken als bedoeld in artikel 2.3, tweede lid, onderdelen a en b, van de Crisis- en herstelwet of voor de uitvoering van een of meer besluiten als bedoeld in:
a. artikel 21, tweede lid, van de Tracéwet
b. de artikelen 3.30, eerste lid, onder a, 3.33, eerste lid, onder a, en 3.35, eerste lid, onder b, van de Wet ruimtelijke ordening
c. artikel 15, tweede lid, van de Spoedwet wegverbreding: de verlegging van kabels en leidingen, verband houdende met de uitvoering van een wegaanpassingsbesluit
Crisis- en herstelwet:
a. artikel 2.3, voor zover het betreft een besluit tot vaststelling van een bestemmingsplan
b. artikel 2.10, eerste lid
Experimentenwet onderwijs
Gemeentewet:
a. artikel 85, tweede lid
b. artikel 124, voor zover het beroep wordt ingesteld door de raad, het college van burgemeester en wethouders, onderscheidenlijk de burgemeester
c. artikel 124a, voor zover het beroep wordt ingesteld door gedeputeerde staten, onderscheidenlijk de commissaris van de Koning
d. artikel 125, voor zover het besluit betrekking heeft op de handhaving van het bepaalde bij of krachtens de in artikel 20.3, vierde lid, van de Wet milieubeheer, bedoelde wetten of wettelijke bepalingen dan wel de Ontgrondingenwet
e. artikel 268, eerste lid
f. de artikelen 278a, vierde lid, en 281, tweede lid, indien overeenkomstige toepassing is gegeven aan artikel 124 van de Gemeentewet voor zover het beroep wordt ingesteld door de raad, het college van burgemeester en wethouders, onderscheidenlijk de burgemeester, en indien overeenkomstige toepassing is gegeven aan artikel 124a van de Gemeentewet voor zover het beroep wordt ingesteld door gedeputeerde staten, onderscheidenlijk de commissaris van de Koning

Interimwet stad-en-milieubenadering:
a. de artikelen 2 en 3
b. een besluit omtrent goedkeuring van een besluit als bedoeld in artikel 9
Kaderwet dienstplicht: de artikelen 10, eerste lid, 11 en 13
Kernenergiewet
Kieswet:
a. de artikelen D 7, G 1 tot en met G 4, I 4, K 8, L 11, M 4, Q 6, S 2, X 4, derde lid, X 4a, derde lid X 5, derde lid, X 7, vierde lid, X 7a, vierde lid, en X 8, vierde lid
b. artikel Y 2 in samenhang met artikel D 7, G 1, G 4, I 4, K 8, L 11 of M 4
c. de artikelen Y 32 en Y 33
Mijnbouwwet:
a. een besluit dat van toepassing is op het continentaal plat, met uitzondering van een besluit krachtens de afdelingen 5.1.1, 5.1.2, 5.3, 5.4 of 5.5
b. een besluit omtrent een mijnbouwmilieuvergunning krachtens artikel 40, instemming met een winningsplan krachtens artikel 34, instemming met een winningsplan of een opslagplan krachtens artikel 39, eerste lid, en de vaststelling van een operationele strategie krachtens artikel 52d
Ontgrondingenwet: hoofdstuk II en de artikelen 26a, eerste lid, 27 en 29a, eerste lid
Participatiewet: artikel 76, eerste en tweede lid
Provinciewet:
a. artikel 83, tweede lid
b. artikel 121, voor zover het beroep wordt ingesteld door gedeputeerde staten, onderscheidenlijk de commissaris van de Koning
c. artikel 122, voor zover het besluit betrekking heeft op de handhaving van het bepaalde bij of krachtens de in artikel 20.3, eerste lid, van de Wet milieubeheer, bedoelde wetten of wettelijke bepalingen dan wel de Ontgrondingenwet
d. artikel 261, eerste lid
e. de artikelen 271a, vierde lid, en 274, tweede lid, indien overeenkomstige toepassing is gegeven aan artikel 121 van de Provinciewet, voor zover het beroep wordt ingesteld door provinciale staten, gedeputeerde staten, onderscheidenlijk de commissaris van de Koning
Reconstructiewet concentratiegebieden, voor zover het betreft een besluit tot vaststelling, wijziging of uitwerking van het reconstructieplan, alsmede een besluit dat is genomen met toepassing van de artikelen 40 tot en met 43
Spoedwet wegverbreding:
a. een plan als bedoeld in artikel 6, vijfde lid
b. de artikelen 7, eerste lid, 9, eerste lid, en 15, tweede lid, onder c
Tijdelijke experimentenwet stembiljetten en centrale stemopneming: artikelen 4
Tijdelijke wet aanwijzing bèta-opleidingen: artikel 2, eerste lid
Tracéwet: de artikelen 9, eerste lid, 20, tweede lid, en 21, tweede lid, onder c
Verordening (EG) nr. 1013/2006 van het Europees Parlement en de Raad van 14 juni 2006 betreffende de overbrenging van afvalstoffen (PbEU 2006, L 190)
Verordening (EU) nr. 600/2012 van de Commissie van 21 juni 2012 inzake de verificatie van broeikasgasemissie- en tonkilometerverslagen en de accreditatie van verificateurs krachtens Richtlijn 2003/87/EG van het Europees Parlement en de Raad (PbEU 2012, L181):
artikel 31, eerste lid, voor zover het besluiten betreft van de Nederlandse emissieautoriteit, genoemd in artikel 2.1 van de Wet milieubeheer
Verordening (EU) nr. 601/2012 van de Commissie van 21 juni 2012 inzake de monitoring en rapportage van de emissies van broeikasgassen overeenkomstig Richtlijn 2003/87/EG van het Europees Parlement en de Raad (PbEU 2012, L181):
voor zover het besluiten betreft van de Nederlandse emissieautoriteit, genoemd in artikel 2.1 van de Wet milieubeheer
Uitvoeringsverordening Europees burgerinitiatief: artikel 2, aanhef en onder c
Vreemdelingenwet 2000: de artikelen 43 en 45, vierde lid
Waterschapswet:
a. een besluit van Onze Minister van Infrastructuur en Milieu inzake de goedkeuring van een besluit als bedoeld in artikel 5
b. een besluit van het algemeen bestuur van een waterschap als bedoeld in artikel 31, derde lid
c. een besluit van het algemeen bestuur van een waterschap als bedoeld in artikel 33, vierde lid
d. artikel 21, eerste lid
e. artikel 61, voor zover het besluit betrekking heeft op de handhaving van het bepaalde bij of krachtens de in artikel 20.3, eerste lid, van de Wet milieubeheer, bedoelde wetten of wettelijke bepalingen dan wel de Ontgrondingenwet
d. artikel 156, eerste lid
Waterwet:

Algemene wet bestuursrecht   **A45** bijlage 2

a. artikel 3.13, derde lid, indien overeenkomstige toepassing is gegeven aan artikel 121 van de Provinciewet, voor zover het beroep wordt ingesteld door het dagelijks bestuur of het algemeen bestuur van een waterschap
b. de artikelen 5.7, eerste lid, en 5.8, eerste lid
c. een besluit dat met toepassing van artikel 6.27, tweede lid, gecoördineerd is voorbereid met een besluit krachtens de Kernenergiewet
Wet aanvullende regels veiligheid wegtunnels: artikel 8, eerste lid, voor zover het een vergunning betreft voor een tunnel die deel uitmaakt van een tracébesluit als bedoeld in artikel 9 van de Tracéwet
Wet algemene bepalingen omgevingsrecht:
a. artikel 5.2a, eerste lid, indien overeenkomstige toepassing is gegeven aan artikel 121 van de Provinciewet, voor zover het beroep wordt ingesteld door het dagelijks bestuur of het algemeen bestuur van een waterschap
b. artikel 5.2a, tweede lid, indien overeenkomstige toepassing is gegeven aan artikel 124 van de Gemeentewet voor zover het beroep niet wordt ingesteld door het dagelijks bestuur of het algemeen bestuur van een waterschap, en indien overeenkomstige toepassing is gegeven aan artikel 124a van de Gemeentewet voor zover het beroep wordt ingesteld door gedeputeerde staten
c. artikel 5.2a, derde lid, indien overeenkomstige toepassing is gegeven aan hoofdstuk XVIII van de Provinciewet
d. artikel 5.2a, vierde lid, indien overeenkomstige toepassing is gegeven aan hoofdstuk XVII van de Gemeentewet
Wet ammoniak en veehouderij:
a. artikel 2, eerste lid
b. een besluit tot wijziging van een besluit als bedoeld in artikel 2, eerste lid
Wet bescherming Antarctica
Wet bodembescherming, met uitzondering van artikel 43, voor zover het betreft de afwijzing van een verzoek
Wet educatie en beroepsonderwijs:
a. de artikelen 1.4.1, 1.4a.1, 1.6.1, 2.1.1, eerste lid, 2.1.2, eerste lid, onderdeel b, 2.1.3, tweede en derde lid, 2.1.5, eerste lid, 2.1.6, 2.1.7, 2.2.3, eerste en derde lid, en 2.5.9
b. artikel 2.5.10, voor zover het de overeenkomstige toepassing betreft van artikel 2.5.9
c. de artikelen 6.1.3 tot en met 6.1.6, 6.2.1 tot en met 6.2.3, 6.2.3b, 6.3.1 tot en met 6.3.3, 6.4.2, 6.4.4, 6a.1.2, 6a.1.3 en 11.1
Wet financiering sociale verzekeringen: artikel 91
Wet geluidhinder
Wet gemeenschappelijke regelingen:
a. artikel 25, achtste lid
b. de artikelen 32b en 45a gelezen in samenhang met artikel 32b, voor zover het beroep wordt ingesteld door het bestuur van het openbaar lichaam, het bestuur van de bedrijfsvoeringsorganisatie of het gemeenschappelijk orgaan
c. artikel 32c, voor zover het beroep wordt ingesteld door gedeputeerde staten
d. de artikelen 36, eerste lid, 49 gelezen in samenhang met artikel 36, eerste lid, en 50h, eerste lid
e. de artikelen 39c, vierde lid en 39e, tweede lid, indien overeenkomstige toepassing is gegeven aan artikel 32b voor zover het beroep wordt ingesteld door het bestuur van het openbaar lichaam, het bestuur van de bedrijfsvoeringsorganisatie of het gemeenschappelijk orgaan, en indien overeenkomstige toepassing is gegeven aan artikel 32c, voor zover het beroep wordt ingesteld door gedeputeerde staten, en artikel 49 gelezen in samenhang met dit onderdeel
f. de artikelen 99, eerste lid, 100, eerste lid, 103b, en 103c, eerste lid
Wet gewetensbezwaren militaire dienst:
a. hoofdstuk II, met uitzondering van artikel 4, tweede lid
b. de artikelen 15 en 16
Wet inrichting landelijk gebied:
a. de vaststelling of wijziging van een inrichtingsplan, voor zover het betreft de begrenzing van de blokken, bedoeld in artikel 17, derde lid, onderdeel b
b. de aanduiding van voorzieningen, bedoeld in artikel 17, tweede lid, onderdeel b, inhoudende de toepassing van een korting als bedoeld in artikel 56, eerste lid
c. de toewijzing van eigendom, beheer en onderhoud van voorzieningen van openbaar nut, bedoeld in artikel 28
d. de aanduiding van wegen met de daartoe behorende kunstwerken, bedoeld in artikel 33, eerste lid
e. de opname van wegen met de daartoe behorende kunstwerken als openbare weg, bedoeld in artikel 33, tweede lid
Wet inzake de luchtverontreiniging

Wet kwaliteit, klachten en geschillen zorg: de artikelen 11c, eerste en derde lid, en 11d, eerste lid
Wet langdurige zorg, voor zover het betreft een besluit van Onze Minister van Volksgezondheid, Welzijn en Sport, met uitzondering van hoofdstuk 10, § 4
Wet luchtvaart: de artikelen 8.25, tweede lid, 8.25b, 8.25c, 8.43, eerste lid, 8.64, eerste lid, 8.70, eerste en zesde lid, 8.77, eerste lid, 8a.50a, 8a.54, 10.15, eerste lid, en 10.39, ook voor zover het besluit kan worden aangemerkt als algemeen verbindend voorschrift als bedoeld in artikel 8:3, eerste lid, van de Algemene wet bestuursrecht, maar met uitzondering van een besluit op grond van de artikelen 8.70, eerste lid, en 10.15, eerste lid, voor zover het betreft de luchthavens Lelystad, Rotterdam en Eindhoven.
Wet maatschappelijke ondersteuning 2015: artikel 2.6.8
Wet milieubeheer, met inbegrip van een besluit dat betrekking heeft op handhaving, doch met uitzondering van:
a. de artikelen 1.3, eerste lid, 8.40a en 8.42
b. een besluit dat betrekking heeft op de handhaving van het bepaalde krachtens artikel 8.40
c. artikel 15.50
d. artikel 17.15, tweede lid, indien overeenkomstige toepassing is gegeven aan artikel 121 van de Provinciewet, voor zover het beroep wordt ingesteld door het dagelijks bestuur of het algemeen bestuur van een waterschap
Wet Naleving Europese regelgeving publieke entiteiten: de artikelen 2, eerste lid, 3 en 5
Wet op de expertisecentra:
a. titel IV: de afdelingen 2 en 8, een goedkeuring van rechtswege daaronder begrepen
b. de artikelen 120, tweede lid, 129 en 170
Wet op het financieel toezicht: de artikelen 6:1 en 6:2
Wet op het hoger onderwijs en wetenschappelijk onderzoek: de artikelen 2.9, derde lid, 5.8, eerste lid, 5.9, eerste en tweede lid, 5.16, eerste en derde lid, 5.17, 5.18, 5.19, eerste, tweede en derde lid, 5.20, eerste lid, 5.26, eerste lid, 5.27, eerste en tweede lid, 5.29, eerste lid, 6.5 en 15.1, eerste lid
Wet op het primair onderwijs:
a. artikel 22, vijfde lid
b. titel IV: de afdelingen 2 en 9, een goedkeuring van rechtswege daaronder begrepen
c. de artikelen 123, tweede lid, 135 en 184
d. artikel 185, tweede lid, tweede volzin, voor zover het betreft een besluit op grond van bepalingen die bij de algemene maatregel van bestuur ingevolge artikel 185, tweede lid, tweede volzin, van overeenkomstige toepassing zijn verklaard, alsmede een besluit op grond van bepalingen van de algemene maatregel van bestuur die daarmee overeenkomen
Wet op het voortgezet onderwijs:
a. titel III: de afdelingen I, met uitzondering van artikel 75a, en III
b. de artikelen 85a, 89 en 104
Wet ruimtelijke ordening:
a. een besluit omtrent vaststelling van een bestemmingsplan, een inpassingsplan of een rijksbestemmingsplan als bedoeld in artikel 10.3, eerste lid
b. artikel 3.1, derde lid
c. een besluit omtrent wijziging of uitwerking van een bestemmingsplan overeenkomstig artikel 3.6, eerste lid
d. een aanwijzingsbesluit als bedoeld in artikel 3.8, zesde lid, of artikel 3.26, tweede lid, in samenhang met artikel 3.8, zesde lid
e. de artikelen 3.30, eerste lid, onder a of b, 3.33, eerste lid, onder a of b, en 3.35, eerste lid
f. de artikelen 4.2, eerste lid, en 4.4, eerste lid, voor zover het besluit betrekking heeft op een daarbij concreet aangegeven locatie waarvan geen afwijking mogelijk is
g. de artikelen 6.8, eerste lid, en 6.9
h. een besluit omtrent vaststelling van een exploitatieplan voor gronden, begrepen in een gelijktijdig bekendgemaakt bestemmingsplan, inpassingsplan of wijzigingsplan als bedoeld in artikel 3.6, alsmede herzieningen van het desbetreffende exploitatieplan en besluiten omtrent de afrekening en hereberekende exploitatiebijdragen van het desbetreffende exploitatieplan
i. een ontheffing als bedoeld in artikel 4.1a of 4.3a, voor zover die ontheffing betrekking heeft op een bestemmingsplan of een provinciaal inpassingsplan
Wet structuur uitvoeringsorganisatie werk en inkomen: artikel 9, vijfde lid
Wet tijdelijke tolheffing Blankenburgverbinding en ViA15: artikel 2, eerste lid
Wet toelating zorginstellingen
Wet windenergie op zee: artikelen 3, eerste lid en 11, eerste lid
Woningwet: artikel 19, voor zover het betreft de intrekking van een toelating
Zorgverzekeringswet: voor zover het betreft een beschikking op grond van artikel 34a of een besluit van Onze Minister van Volksgezondheid, Welzijn en Sport of van het Zorginstituut

Nederland met uitzondering van een beschikking jegens een persoon die behoort tot het personeel van het Zorginstituut Nederland

Art. 3 Beroep bij de Centrale Raad van Beroep

Tegen een besluit, genomen op grond van een in dit artikel genoemd voorschrift of anderszins in dit artikel omschreven, kan beroep worden ingesteld bij de Centrale Raad van Beroep. Een besluit waarbij de volgende ambtenaren, hun nagelaten betrekkingen of hun rechtverkrijgenden belanghebbende zijn:
a. een rechterlijk ambtenaar als bedoeld in artikel 1, onderdeel b, van de Wet op de rechterlijke organisatie als zodanig
b. een lid van de Centrale Raad van Beroep of het College van Beroep voor het bedrijfsleven met rechtspraak belast als zodanig
c. een senior-gerechtsauditeur of gerechtsauditeur van de Centrale Raad van Beroep of het College van Beroep voor het bedrijfsleven als zodanig
d. een gewezen ambtenaar als bedoeld in onderdeel a, b of c als zodanig
Algemene pensioenwet politieke ambtsdragers
Garantiewet Burgerlijk Overheidspersoneel Indonesië, voor zover het betreft een besluit op grond van de Algemene oorlogsongevallenregeling
Liquidatiewet ongevallenwetten: artikel 24, eerste lid
Tijdelijke vergoedingsregeling psychotherapie na-oorlogse generatie
Wet buitengewoon pensioen 1940-1945
Wet buitengewoon pensioen Indisch verzet
Wet buitengewoon pensioen zeelieden-oorlogsslachtoffers
Wet uitkeringen burger-oorlogsslachtoffers 1940-1945
Wet uitkeringen vervolgingsslachtoffers 1940-1945

Art. 4 Beroep bij het College van Beroep voor het bedrijfsleven

Tegen een besluit, genomen op grond van een in dit artikel genoemd voorschrift of anderszins in dit artikel omschreven, kan beroep worden ingesteld bij het College van Beroep voor het bedrijfsleven.
Een besluit van de Sociaal-Economische Raad of van de Kamer van Koophandel, genoemd in artikel 2 van de Wet op de Kamer van Koophandel, met uitzondering van:
a. een besluit op grond van de Wet openbaarheid van bestuur
b. een besluit ten aanzien van een persoon met betrekking tot diens in artikel 3 van de Ambtenarenwet 2017 bedoelde hoedanigheid
Algemene douanewet: een beschikking ter zake van landbouwrestituties
Bankwet 1998: artikel 12, vierde lid, voor zover het een schorsing of ontheffing van een directeur betreft
Burgerlijk Wetboek, Boek 2, voor zover het besluit is bekendgemaakt voor 1 juli 2011:
a. artikel 64, derde lid, tweede volzin, voor zover het betreft een weigering om de in de eerste volzin bedoelde termijn te verlengen
b. de artikelen 68, tweede lid, en 125, tweede lid, voor zover het betreft een weigering van een verklaring
c. artikel 156, voor zover het betreft:
1. een weigering, wijziging of intrekking van een ontheffing
2. een besluit tot verlening van de ontheffing voor zover daaraan voorschriften zijn verbonden dan wel daarbij beperkingen zijn opgelegd
d. artikel 175, derde lid, tweede volzin, voor zover het betreft een afwijzing van een verzoek
e. de artikelen 179, tweede lid, en 235, tweede lid, voor zover het betreft een weigering van een verklaring
f. artikel 266, voor zover het betreft:
1. een besluit tot weigering, wijziging of intrekking van de ontheffing
2. een besluit tot verlening van de ontheffing voor zover daaraan voorschriften zijn verbonden dan wel daarbij beperkingen zijn opgelegd
Elektriciteitswet 1998, met inbegrip van een besluit van de Autoriteit Consument en Markt, genomen op grond van de artikelen 36, 37, 41, 41c, 55, 56, tweede lid, en 57, derde en vierde lid, dat kan worden aangemerkt als algemeen verbindend voorschrift als bedoeld in artikel 8:3, eerste lid, van de Algemene wet bestuursrecht en met uitzondering van een besluit op grond van de artikelen 9b, vierde lid, 9c, derde lid, 9d, tweede en derde lid, 9e, vijfde lid, 9f, zesde lid, 20a, derde lid, 20b, derde lid, 20c, tweede en derde lid, 77h en 77i
Gaswet, met inbegrip van een besluit van de Autoriteit Consument en Markt, genomen op grond van de artikelen 12f, 12g, 23, 24, tweede lid, 25, derde en vierde lid, 81, 81c en 82, dat kan worden aangemerkt als algemeen verbindend voorschrift als bedoeld in artikel 8:3, eerste lid, van de Algemene wet bestuursrecht en met uitzondering van een besluit op grond van de artikelen 16, 39b, derde lid, 39c, derde lid, 39d, tweede en derde lid, 60ac en 60ad
Gemeentewet: artikel 125, voor zover het betreft een besluit dat betrekking heeft op de handhaving van het bepaalde bij of krachtens de Winkeltijdenwet

Gezondheids- en welzijnswet voor dieren, met uitzondering van artikel 120b, eerste lid
Hamsterwet
Kaderwet EZ-subsidies
Landbouwkwaliteitswet
Landbouwwet: de artikelen 13, 15, 17 tot en met 22 en 26
Loodsenwet: de artikelen 21, derde lid, 27b, vierde lid, 27d, 27e, 27f, 27h en 27l
Marktverordening voor het wegvervoer
Meststoffenwet, met uitzondering van artikel 51
Metrologiewet
Noodwet voedselvoorziening: de artikelen 6 tot en met 10 en 29, behoudens in geval van toepassing van artikel 18
Plantgezondheidswet, met uitzondering van artikel 26
Postwet 2009: hoofdstuk 3A en artikel 58
Prijzennoodwet
Prijzenwet
Scheepvaartverkeerswet: de artikelen 14a, tweede lid, eerste volzin, en 15ba, eerste lid
Spoorwegwet: hoofdstuk 5, paragraaf 2, en artikel 71, tweede lid
Telecommunicatiewet, voor zover het betreft een besluit van de Autoriteit Consument en Markt, genomen op grond van:
a. hoofdstuk 6, tenzij beroep kon worden ingesteld voor de inwerkingtreding van de Wet implementatie Europees regelgevingskader voor de elektronische communicatiesector 2002
b. de hoofdstukken 5a, 6a, 6b en 12
c. hoofdstuk 15, met uitzondering van de artikelen 15.2, 15.2a en 15.4
Uitvoeringswet EU-zeehavenverordening: artikel 7, voor zover het betreft een besluit van de Autoriteit Consument en Markt
Uitvoeringswet verordening Europese coöperatieve vennootschap: het verzet, bedoeld in de artikelen 6, eerste lid, en 9
Uitvoeringswet verordening Europese vennootschap: het verzet, bedoeld in de artikelen 5, eerste lid, en 7
Verordening (EG) nr. 1435/2003 van de Raad van 22 juli 2003 betreffende het statuut voor een Europese Coöperatieve Vennootschap (SCE) (PbEU 2003, L 207): artikel 7, veertiende lid, tweede alinea
Verordening (EG) nr. 2157/2001 van de Raad van 8 oktober 2001 betreffende het statuut van de Europese vennootschap (SE) (PbEG 2001, L 294): artikel 8, veertiende lid, tweede alinea
Verordening (EU) nr. 806/2014 van het Europees parlement en de Raad van 15 juli 2014 tot vaststelling van eenvormige regels en een eenvormige procedure voor de afwikkeling van kredietinstellingen en bepaalde beleggingsondernemingen in het kader van een gemeenschappelijk afwikkelingsmechanisme en een gemeenschappelijk bankenafwikkelingsfonds en tot wijziging van Verordening (EU) nr. 1093/2010 van het Europees parlement en de Raad (PbEU 2014, L 225): de artikelen 16, 18 en 21
Verordening (EU) nr. 2017/1129 van het Europees Parlement en de Raad van 14 juni 2017 betreffende het prospectus dat moet worden gepubliceerd wanneer effecten aan het publiek worden aangeboden of tot de handel op een gereglementeerde markt worden toegelaten en tot intrekking van Richtlijn 2003/71/EG (PbEU 2017, L 168): de artikelen 20, eerste en vijfde lid, en 23, eerste lid
Waarborgwet 2019, met uitzondering van artikel 38
Warmtewet, met inbegrip van een op grond van artikel 5, eerste lid, genomen besluit tot vaststelling van een maximumprijs, en met uitzondering van artikel 18
Wedervergeldingswet zeescheepvaart:
a. een verlening of weigering van een vergunning of een ontheffing
b. een intrekking van een vergunning of een ontheffing krachtens artikel 7
c. een oplegging van een heffing
Wet capaciteitsbeheersing binnenvaartvloot
Wet dieren, met uitzondering van een besluit op grond van artikel 8.7
Wet geneesmiddelenprijzen, met uitzondering van artikel 11 en met inbegrip van een besluit tot vaststelling van een maximumprijs
Wet gewasbeschermingsmiddelen en biociden, met uitzondering van de artikelen 90 en 108
Wet implementatie EU-richtlijnen energie-efficiëntie, met uitzondering van de artikelen 21 en 22
Wet inkomstenbelasting 2001:
a. de artikelen 3.37, eerste lid, en 3.42, eerste lid, voor zover het betreft een besluit van Onze Minister van Economische Zaken en Klimaat, en
b. artikel 3.52a, eerste, tweede en elfde lid, voor zover het betreft een besluit van Onze Minister van Economische Zaken en Klimaat, met uitzondering van een boetebesluit als bedoeld in het

Algemene wet bestuursrecht

elfde lid en een daarmee samenhangende correctie-RDA-beschikking als bedoeld in het tweede lid
Wet langdurige zorg: artikel 11.4.1 en artikel 11.4.2
Wet luchtvaart: de artikelen 8.25ea, vierde lid, 8.25f, tweede, vierde en vijfde lid, 8.25g, eerste lid, 8.40f, vierde lid, en 8.40g, tweede, vierde en vijfde lid
Wet marktordening gezondheidszorg, met uitzondering van beschikkingen van de Nederlandse Zorgautoriteit als bedoeld in paragraaf 4 van hoofdstuk 6
Wet medewerking verdedigingsvoorbereiding
Wet nationaliteit zeeschepen in rompbevrachting
Wet op de architectentitel, met inbegrip van een besluit inzake een aanwijzing als bedoeld in de artikelen 9, eerste lid, onderdeel j, 10, eerste lid, onderdeel f, 11, eerste lid, onderdeel f, en 12, eerste lid, onderdeel f, dat kan worden aangemerkt als algemeen verbindend voorschrift als bedoeld in artikel 8:3, eerste lid, van de Algemene wet bestuursrecht, tenzij het betreft een besluit als bedoeld in artikel 8:4, derde lid, onderdeel b, van de Algemene wet bestuursrecht
Wet op het accountantsberoep
Wet op het financieel toezicht:
a. artikel 1:26, eerste en tweede lid, de artikelen 3A:17 tot en met 3A:19, 3A:85 en 3A:86 en de artikelen 5:77, eerste lid, en 5:81, derde lid
b. een besluit terzake van het ingevolge artikel 5:76, tweede lid, of 5:80b, vijfde lid, bepaalde, met uitzondering van een besluit tot het opleggen van een bestuurlijke boete als bedoeld in artikel 1:80
Wet personenvervoer 2000, met uitzondering van de artikelen 56, eerste lid, 59, eerste lid, 94, eerste lid, en 96, eerste lid
Wet terugvordering staatssteun: artikel 3
Wet uitvoering Internationaal Energieprogramma
Wet verbod pelsdierhouderij
Wet van 22 juni 1994 tot wijziging van het Burgerlijk Wetboek, het Wetboek van Burgerlijke Rechtsvordering, het Wetboek van Koophandel en de Wet nationaliteit zeeschepen in rompbevrachting (wijziging voorwaarden nationaliteitsverlening en registratie zeeschepen) (Stb. 1994, 507) : een verklaring als bedoeld in artikel V, eerste lid
Wet vermindering afdracht loonbelasting en premie voor de volksverzekeringen: een besluit genomen door een van de in artikel 30, eerste lid, genoemde bestuursorganen, tenzij toepassing of mede toepassing is gegeven aan artikel 26
Wet vervoer over zee
Wet voorraadvorming aardolieproducten 2012, met uitzondering van artikel 26 en met inbegrip van een besluit van Onze Minister van Economische Zaken en Klimaat dat is genomen op grond van een bilateraal akkoord en betrekking heeft op het niet in Nederland aanhouden van een wettelijke voorraad
Wet wegvervoer goederen
Wet windenergie op zee: artikelen 15, vierde lid, 16, 17, 21, tweede lid, en 25
Wetboek van Koophandel: artikel 311a
Winkeltijdenwet
Zaaizaad- en plantgoedwet 2005
Zorgverzekeringswet: artikel 122a

Art. 5 Beroep bij een gerechtshof

Tegen een besluit, genomen op grond van een in dit artikel genoemd voorschrift of anderszins in dit artikel omschreven, kan beroep worden ingesteld bij een gerechtshof.
Wet financiering sociale verzekeringen: een uitspraak op bezwaar als bedoeld in de artikelen 95 en 97

Hoofdstuk 3
Beroep in eerste aanleg bij een andere rechtbank (artikel 8:7, derde lid)

Art. 6 Beroep bij de rechtbank Den Haag

Tegen een besluit, genomen op grond van een in dit artikel genoemd voorschrift of anderszins in dit artikel omschreven, kan beroep worden ingesteld bij de rechtbank Den Haag.
Besluit van 20 juni 1984, houdende vaststelling van een algemene maatregel van bestuur regelende de vergoeding van motorrijtuigenbelasting voor oorlogsgetroffenen (Stb. 1984, 364)
Garantiewet Burgerlijk Overheidspersoneel Indonesië, met uitzondering van een besluit op grond van de Algemene oorlogsongevallenregeling
Garantiewet militairen K.N.I.L.
Garantiewet Surinaamse pensioenen
Wet ambtenaren defensie
de reglementen van de Stichting Maror-gelden Overheid, de Stichting Joods Humanitair Fonds, de Stichting Rechtsherstel Sinti en Roma en de Stichting Het Gebaar

Samenlooppregeling Indonesische pensioenen 1960
Toeslagregeling pensioenen Suriname en Nederlandse Antillen
Toeslagwet Indonesische pensioenen 1956
Uitkeringswet gewezen militairen
Uitkeringswet tegemoetkoming twee tot vijfjarige diensttijd veteranen
Vreemdelingenwet 2000, met uitzondering van de artikelen 43 en 45, vierde lid, en met dien verstande dat de rechtbank Den Haag het beroep kan behandelen in alle zittingsplaatsen van alle rechtbanken, bedoeld in artikel 21b, eerste en tweede lid, van de Wet op de rechterlijke organisatie
Wet arbeid vreemdelingen, met uitzondering van een besluit tot het opleggen van een bestuurlijke boete, en met dien verstande dat de rechtbank Den Haag beroepen tegen besluiten als bedoeld in die wet kan behandelen in alle zittingsplaatsen van alle rechtbanken, bedoeld in artikel 21b, eerste en tweede lid, van de Wet op de rechterlijke organisatie
Wet arbeidsongeschiktheidsvoorziening militairen
Wet bescherming oorspronkelijke topografieën van halfgeleiderprodukten, voor zover het betreft een besluit van het bureau, bedoeld in artikel 1, omtrent de inschrijving van een depot op grond van die wet
Wet Centraal Orgaan opvang asielzoekers: de in artikel 5, eerste en tweede lid, bedoelde besluiten en handelingen, met dien verstande dat de rechtbank Den Haag de beroepen kan behandelen in alle zittingsplaatsen van alle rechtbanken, bedoeld in artikel 21b, eerste en tweede lid, van de Wet op de rechterlijke organisatie
Wet financiële voorzieningen privatisering ABP
Wet milieubeheer: de artikelen 18.16a, eerste, tweede of vijfde lid, 18.16c, eerste lid, en 18.16s, eerste lid
Wet op de inlichtingen- en veiligheidsdiensten 2017: hoofdstuk 5
Wet pensioenvoorzieningen K.N.I.L.
Wet rechtspositionele voorzieningen rampbestrijders
Wet van 16 juli 2001 tot het stellen van nadere regels in verband met de introductie van een toeslagregeling ter compensatie van het gemis aan overhevelingstoeslag per 1 januari 2001 ten aanzien van de Toeslagwet Indonesische pensioenen 1956 en enkele andere overzeese pensioenwetten alsmede het actualiseren van die wetten in verband met de inwerkingtreding van de Algemene nabestaandenwet (Stb. 2001, 377)
Wet van 21 december 1951, houdende een onderstandsregeling ingevolge artikel 2 Garantiewet Burgerlijk Overheidspersoneel Indonesië (Stb. 1951, 592)

Art. 7 Beroep bij de rechtbank Rotterdam
Tegen een besluit, genomen op grond van een in dit artikel genoemd voorschrift of anderszins in dit artikel omschreven, kan beroep worden ingesteld bij de rechtbank Rotterdam.
Aanbestedingswet 2012, artikel 4.21
Aanbestedingswet op defensie- en veiligheidsgebied, artikel 3.8
Bankwet 1998: artikel 9c, eerste en tweede lid
Burgerlijk Wetboek:
a. Boek 2: de artikelen 63d, tweede lid, 156 en 266
b. Boek 8: titel 6, afdeling 5
Drinkwaterwet: artikel 50, derde lid, in samenhang met artikel 70a van de Mededingingswet
Elektriciteitswet 1998: de artikelen 77h en 77i
Gaswet: de artikelen 16, 60ac en 60ad
Gezondheids- en welzijnswet voor dieren: artikel 120b, eerste lid
Instellingswet Autoriteit Consument en Markt
Invoerings- en aanpassingswet Pensioenwet
Loodsenwet, met uitzondering van de artikelen 21, derde lid, 27b, vierde lid, 27d, 27e, 27f, 27h en 27l
Mededingingswet
Muntwet 2002: artikel 11, eerste en tweede lid
Pensioenwet
Postwet 2009, met uitzondering van hoofdstuk 3A en artikel 58
Sanctiewet 1977: de artikelen 10ba tot en met 10d
Spoorwegwet, met uitzondering van de artikelen 19 en hoofdstuk 5, paragraaf 2, en artikel 71, tweede lid
Tabaks- en rookwarenwet
Telecommunicatiewet, met inbegrip van de verordeningen genoemd in artikel 18.2a, met uitzondering van:
a. de artikelen 3.5, 3.5a, 3.5b, 3.22, 15.2, derde lid, 15.4, vierde lid, en 18.9, eerste en tweede lid
b. alsmede, voor zover het betreft een besluit van de Autoriteit Consument en Markt:
1. hoofdstuk 6, tenzij beroep kon worden ingesteld voor de inwerkingtreding van de Wet implementatie Europees regelgevingskader voor de elektronische communicatiesector 2002

2. de hoofdstukken 5a, 6a, 6b en 12
3. hoofdstuk 15, met uitzondering van de artikelen 15.2, 15.2a en 15.4.
Uitvoeringswet EU-zeehavenverordening: artikel 9, eerste lid
Verordening (EU) nr. 806/2014 van het Europees parlement en de Raad van 15 juli 2014 tot vaststelling van eenvormige regels en een eenvormige procedure voor de afwikkeling van kredietinstellingen en bepaalde beleggingsondernemingen in het kader van een gemeenschappelijk afwikkelingsmechanisme en een gemeenschappelijk bankenafwikkelingsfonds en tot wijziging van Verordening (EU) nr. 1093/2010 van het Europees parlement en de Raad (PbEU 2014, L 225), met uitzondering van de artikelen 16, 18 en 21
Warenwet
Warmtewet: artikel 18
Wet bekostiging financieel toezicht
Wet bestrijding maritieme ongevallen
Wet bestrijding ongevallen Noordzee, voor zover het betreft een beschikking van Onze Minister, genomen op een verzoek om een tegemoetkoming als bedoeld in artikel 13, eerste lid
Wet beveiliging netwerk- en informatiesystemen, voor zover het een besluit betreft dat betrekking heeft op een aanbieder van een essentiële dienst in de sectoren energie, digitale infrastructuur, bankwezen, infrastructuur voor de financiële markt, gezondheidszorg en spoor of op een digitaledienstverlener
Wet dieren: artikel 8.7
Wet financiële betrekkingen buitenland 1994
Wet geneesmiddelenprijzen: artikel 11
Wet gewasbeschermingsmiddelen en biociden: artikel 90
Wet handhaving consumentenbescherming
Wet implementatie EU-richtlijnen energie-efficiëntie: de artikelen 21 en 22
Wet informatie-uitwisseling bovengrondse en ondergrondse netten en netwerken
Wet inkomstenbelasting 2001: een boetebesluit als bedoeld in artikel 3.52a, elfde lid, en een daarmee samenhangende correctie-RDA-beschikking als bedoeld in het tweede lid van dit artikel
Wet inzake de geldtransactiekantoren, voor zover die wet nog van toepassing is op grond van artikel IX van de Wijzigingswet financiële markten 2012
Wet lokaal spoor, met uitzondering van artikel 12
Wet luchtvaart: artikel 11.24
Wet marktordening gezondheidszorg, voor zover het betreft beschikkingen van de Nederlandse Zorgautoriteit als bedoeld in paragraaf 4 van hoofdstuk 6
Wet op de inlichtingen- en veiligheidsdiensten 2017: artikel 53, zevende lid
Wet op het financieel toezicht, met uitzondering van:
a. de artikelen 5:77, eerste lid, en 5:81, derde lid
b. een besluit terzake van het ingevolge artikel 5:76, tweede lid, of 5:80b, vijfde lid, bepaalde, met uitzondering van een besluit tot het opleggen van een bestuurlijke boete als bedoeld in artikel 1:80
c. de artikelen 6:1 en 6:2
Wet personenvervoer 2000: de artikelen 56, eerste lid, 59, eerste lid, 94, eerste lid, en 96, eerste lid
Wet privatisering APB, voor zover het de overeenkomstige toepassing van de Wet verplichte deelneming in een bedrijfstakpensioenfonds 2000 betreft op grond van artikel 21, vierde lid
Wet schadefonds olietankschepen
Wet ter voorkoming van witwassen en financieren van terrorisme
Wet toezicht accountantsorganisaties
Wet toezicht financiële verslaggeving
Wet toezicht trustkantoren 2018
Wet van 12 juli 2012 tot wijziging van de Elektriciteitswet 1998 en van de Gaswet (implementatie van richtlijnen en verordeningen op het gebied van elektriciteit en gas) (Stb. 2012, 334): artikel XX
Wet van 23 november 2006 tot wijziging van de Elektriciteitswet 1998 en van de Gaswet in verband met nadere regels omtrent een onafhankelijk netbeheer (Stb. 2006, 614)
Wet vermindering afdracht loonbelasting en premie voor de volksverzekeringen: een besluit genomen door een van de in artikel 30, eerste lid, genoemde bestuursorganen, waarin toepassing of mede toepassing is gegeven aan artikel 26
Wet verplichte beroepspensioenregeling
Wet verplichte deelneming in een bedrijfstakpensioenfonds 2000

Art. 8 Overige
1. Tegen een besluit, genomen op grond van de Overgangswet elektriciteitsproductiesector, kan beroep worden ingesteld bij de rechtbank Gelderland.

A45 bijlage 2 — Algemene wet bestuursrecht

2. Tegen een besluit op grond van de afdelingen 5.1.1, 5.1.2, 5.3, 5.4 en 5.5 van de Mijnbouwwet alsmede een besluit als bedoeld in artikel 26 van de Wet voorraadvorming aardolieproducten 2012 kan beroep worden ingesteld bij de rechtbanken Noord-Nederland, Gelderland, Noord-Holland, Den Haag en Zeeland-West-Brabant in het ressort waarvan de indiener van het beroepschrift zijn woonplaats heeft. Indien de indiener van het beroepschrift geen woonplaats in Nederland heeft, kan beroep worden ingesteld bij de rechtbank binnen het rechtsgebied waarvan het bestuursorgaan zijn zetel heeft.

3. Tegen een besluit van de Raad voor rechtsbijstand, bedoeld in hoofdstuk II van de Wet op de rechtsbijstand, kan beroep worden ingesteld bij de rechtbank in het arrondissement waar de raad is gevestigd.

4. Tegen een beschikking als bedoeld in artikel 8:2, tweede lid, van de Algemene douanewet, met uitzondering van een beschikking ter zake van landbouwrestituties, kan beroep worden ingesteld bij de rechtbank Noord-Holland.

5. Tegen een beschikking als bedoeld in artikel 18, derde lid, van de Wet strategische diensten kan beroep worden ingesteld bij de rechtbank te Haarlem.

6. Tegen een besluit van de Dienst, genoemd in artikel 1 van de Kadasterwet, omtrent wijziging van een authentiek gegeven of omtrent wijziging van een ander gegeven dan een authentiek gegeven, kan beroep worden ingesteld bij de rechtbank binnen het rechtsgebied waarvan:
a. de onroerende zaak waarmee het betreffende gegeven verband houdt, geheel of grotendeels is gelegen, of
b. de Dienst, genoemd in artikel 1 van de Kadasterwet, is gevestigd indien het betreffende gegeven verband houdt met een te boek staand schip of luchtvaartuig.

7. Tegen een besluit op grond van artikel 2.3 van de Jeugdwet kan beroep worden ingesteld bij de kinderrechter binnen wiens rechtsgebied de betrokken gemeente is gelegen.

8. Tegen een besluit inzake subsidieverstrekking voor een project op grond van de Uitvoeringswet EFRO, kan beroep worden ingesteld bij de rechtbank binnen het rechtsgebied waarvan een autoriteit als bedoeld in artikel 3 van die wet die bevoegd is besluiten te nemen inzake de verstrekking van EFRO-middelen voor het project, haar zetel heeft, tenzij die autoriteit in het buitenland gevestigd is.

9. Tegen een besluit als bedoeld in hoofdstuk V, afdeling 2, van de Algemene wet inzake rijksbelastingen van een bestuursorgaan als bedoeld in artikel 8:7, tweede lid, kan beroep worden ingesteld bij:
a. de rechtbanken Noord-Holland, Den Haag en Zeeland-West-Brabant in het ressort waarvan de indiener van het beroepschrift zijn woonplaats heeft dan wel, indien de indiener van het beroepschrift geen woonplaats in Nederland heeft, bij de rechtbanken Noord-Holland, Den Haag en Zeeland-West-Brabant in het ressort waarvan het bestuursorgaan zijn zetel heeft;
b. de rechtbank Gelderland, indien de indiener van het beroepschrift zijn woonplaats heeft in het arrondissement Gelderland, het arrondissement Overijssel of het arrondissement Midden-Nederland, met uitzondering van de provincie Flevoland dan wel, indien de indiener van het beroepschrift geen woonplaats in Nederland heeft, wanneer het bestuursorgaan zijn zetel heeft in het arrondissement Gelderland, het arrondissement Overijssel of het arrondissement Midden-Nederland, met uitzondering van de provincie Flevoland;
c. de rechtbank Noord-Nederland, indien de indiener van het beroepschrift zijn woonplaats heeft in het arrondissement Noord-Nederland of de provincie Flevoland dan wel, indien de indiener van het beroepschrift geen woonplaats in Nederland heeft, wanneer het bestuursorgaan zijn zetel heeft in het arrondissement Noord-Nederland of de provincie Flevoland.

10. Tegen een besluit als bedoeld in artikel 2, derde lid, en artikel 15, eerste lid, van de Tijdelijke wet Groningen kan beroep worden ingesteld bij de rechtbank Noord-Nederland.

Hoofdstuk 4
Hoger beroep (artikelen 8:105 en 8:106, eerste lid, onder a)

Art. 9 Hoger beroep bij de Centrale Raad van Beroep, met schorsende werking

Tegen een uitspraak van de rechtbank of van de voorzieningenrechter omtrent een besluit, genomen op grond van een in dit artikel genoemd voorschrift of anderszins in dit artikel omschreven, kan hoger beroep worden ingesteld bij de Centrale Raad van Beroep.
De volgende besluiten:
a. een besluit over een gehandicaptenparkeerkaart als bedoeld in hoofdstuk IV van het Besluit administratieve bepalingen inzake het wegverkeer
b. een op grond van een gemeentelijke verordening of gemeenschappelijke regeling genomen besluit over een gehandicaptenparkeerkaart
c. een besluit over een gehandicaptenparkeerplaats voor een bepaald voertuig
Algemene Kinderbijslagwet
Algemene nabestaandenwet
Algemene Ouderdomswet

Algemene wet bestuursrecht **A45 bijlage 2**

Besluit bovenwettelijke werkloosheidsregeling voor onderwijspersoneel primair onderwijs, voor zover het betreft een besluit van Onze Minister van Onderwijs, Cultuur en Wetenschap
Besluit Werkloosheid onderwijs- en onderzoekpersoneel, voor zover het betreft een besluit van Onze Minister van Onderwijs, Cultuur en Wetenschap
Besluit ziekte en arbeidsongeschiktheid voor onderwijspersoneel primair onderwijs, voor zover het betreft een besluit van Onze Minister van Onderwijs, Cultuur en Wetenschap
Burgerlijk Wetboek: Boek 7, artikel 673e
Kaderwet SZW-subsidies, voor zover het betreft een ministeriële regeling op grond van artikel 9
Liquidatiewet Ongevallenwetten, met uitzondering van artikel 24, eerste lid
Participatiewet, met uitzondering van de artikelen 52, 76, eerste en tweede lid, en 81 en paragraaf 6.5
Tijdelijke wet beperking inkomensgevolgen arbeidsongeschiktheidscriteria
Tijdelijke wet pilot loondispensatie
Toeslagenwet
Werkloosheidswet
Wet arbeid en zorg: hoofdstuk 3, afdeling 2, en artikel 4:2b
Wet arbeidsongeschiktheidsvoorziening jonggehandicapten
Wet arbeidsongeschiktheidsvoorziening militairen
Wet arbeidsongeschiktheidsverzekering zelfstandigen
Wet financiering sociale verzekeringen, voor zover het betreft een besluit van de Sociale verzekeringsbank of het Uitvoeringsinstituut werknemersverzekeringen
Wet inkomensvoorziening oudere en gedeeltelijk arbeidsongeschikte gewezen zelfstandigen
Wet inkomensvoorziening oudere en gedeeltelijk arbeidsongeschikte werkloze werknemers
Wet inkomensvoorziening oudere werklozen
Wet Invoering en financiering Wet werk en inkomen naar arbeidsvermogen: een besluit van het Uitvoeringsinstituut werknemersverzekeringen op grond van artikel 2.3
Wet langdurige zorg, met uitzondering van:
a. besluiten van Onze Minister van Volksgezondheid, Welzijn en Sport
b. besluiten van een met het toezicht belaste ambtenaar, en
c. een beschikking op grond van artikel 11.4.1 of 11.4.2
Wet maatschappelijke ondersteuning 2015: artikel 3a.1.1
Wet milieubeheer: artikel 15.50
Wet op de arbeidsongeschiktheidsverzekering
Wet overheidspersoneel onder de werknemersverzekeringen
Wet overige OCW-subsidies: artikel 19a
Wet sociale werkvoorziening
Wet structuur uitvoeringsorganisatie werk en inkomen, met uitzondering van artikel 9, vijfde lid
Wet terugdringing beroep op de arbeidsongeschiktheidsregelingen
Wet werk en inkomen naar arbeidsvermogen
Ziektewet
Zorgverzekeringswet: de artikelen 9b, 9c, 18f, 18g, 69 en 70, behalve voor zover op grond van artikel 18f, eerste lid, in samenhang met artikel 18d of 18e, een besluit is genomen over de verschuldigdheid van de bestuursrechtelijke premie of de hoogte daarvan

Art. 10 Hoger beroep bij de Centrale Raad van Beroep, zonder schorsende werking

Tegen een uitspraak van de rechtbank of van de voorzieningenrechter omtrent een besluit, genomen op grond van een in dit artikel genoemd voorschrift of anderszins in dit artikel omschreven, kan eveneens hoger beroep worden ingesteld bij de Centrale Raad van Beroep.
Een besluit waarbij een persoon met betrekking tot diens in artikel 3 van de Ambtenarenwet 2017 bedoelde hoedanigheid, zijn nagelaten betrekkingen of zijn rechtverkrijgenden belanghebbende zijn.
Besluit van 20 juni 1984, houdende vaststelling van een algemene maatregel van bestuur regelende de vergoeding van motorrijtuigenbelasting voor oorlogsgetroffenen (Stb. 1984, 364)
Garantiewet Burgerlijk Overheidspersoneel Indonesië, met uitzondering van een besluit op grond van de Algemene oorlogsongevallenregeling
Garantiewet militairen K.N.I.L.
Garantiewet Surinaamse pensioenen
Jeugdwet: artikel 2.3 en paragraaf 8.1
Noodwet Arbeidsvoorziening
Noodwet Geneeskundigen
de reglementen van de Stichting Maror-gelden Overheid, de Stichting Joods Humanitair Fonds, de Stichting Rechtsherstel Sinti en Roma en de Stichting Het Gebaar
Samenloopregeling Indonesische pensioenen 1960
Toeslagregeling pensioenen Suriname en Nederlandse Antillen

Toeslagwet Indonesische pensioenen 1956
Uitkeringswet gewezen militairen
Uitkeringswet tegemoetkoming twee tot vijfjarige diensttijd veteranen
Wet allocatie arbeidskrachten door intermediairs, met uitzondering van artikel 15b en hoofdstuk 5
Wet educatie en beroepsonderwijs, voor zover het betreft een algemene maatregel van bestuur als bedoeld in de artikelen 4.1.2 en 4.3.2, voor zover het besluiten van Onze Minister van Onderwijs, Cultuur en Wetenschap betreft
Wet financiële voorzieningen privatisering ABP
Wet maatschappelijke ondersteuning 2015, met uitzondering van de artikelen 2.6.8 en 3a.1.1
Wet op de expertisecentra, voor zover het betreft een algemene maatregel van bestuur als bedoeld in de artikelen 33, tweede lid, en 55, voor zover het besluiten van Onze Minister van Onderwijs, Cultuur en Wetenschap betreft
Wet op de Nederlandse organisatie voor Wetenschappelijk Onderzoek, voor zover het betreft een algemene maatregel van bestuur als bedoeld in artikel 14, voor zover het besluiten van Onze Minister van Onderwijs, Cultuur en Wetenschap betreft
Wet op het hoger onderwijs en wetenschappelijk onderzoek, voor zover het betreft een algemene maatregel van bestuur als bedoeld in artikel 4.5, voor zover het besluiten van Onze Minister van Onderwijs, Cultuur en Wetenschap betreft
Wet op het primair onderwijs, voor zover het betreft een algemene maatregel van bestuur als bedoeld in de artikelen 33, tweede lid, en 52, voor zover het besluiten van Onze Minister van Onderwijs, Cultuur en Wetenschap betreft
Wet op het voortgezet onderwijs, voor zover het betreft een algemene maatregel van bestuur als bedoeld in artikel 38a, voor zover het besluiten van Onze Minister van Onderwijs, Cultuur en Wetenschap betreft
Wet pensioenvoorzieningen K.N.I.L.
Wet privatisering ABP
Wet rechtspositionele voorzieningen rampbestrijders
Wet studiefinanciering 2000
Wet tegemoetkoming onderwijsbijdrage en schoolkosten
Wet van 21 december 1951, houdende een onderstandsregeling ingevolge artikel 2 Garantiewet Burgerlijk Overheidspersoneel Indonesië (Stb. 1951, 592)
Wet van 25 mei 1962, houdende instelling van een Bijstandkorps van burgerlijke rijksambtenaren, dat bestemd is voor dienst in Nederlands-Nieuw-Guinea (Stb. 1962, 196)
Wet van 16 juli 2001 tot het stellen van nadere regels in verband met de introductie van een toeslagregeling ter compensatie van het gemis aan overhevelingstoeslag per 1 januari 2001 ten aanzien van de Toeslagwet Indonesische pensioenen 1956 en enkele andere overzeese pensioenwetten alsmede het actualiseren van die wetten in verband met de inwerkingtreding van de Algemene nabestaandenwet (Stb. 2001, 377)
Wet verevening pensioenrechten bij scheiding

Art. 11 Hoger beroep bij het College van Beroep voor het bedrijfsleven

Tegen een uitspraak van de rechtbank of van de voorzieningenrechter omtrent een besluit, genomen op grond van een in dit artikel genoemd voorschrift of anderszins in dit artikel omschreven, kan hoger beroep worden ingesteld bij het College van Beroep voor het bedrijfsleven.
Aanbestedingswet 2012, artikel 4.21
Aanbestedingswet op defensie- en veiligheidsgebied, artikel 3.8
Bankwet 1998: artikel 9c, eerste en tweede lid
Burgerlijk Wetboek: de artikelen 63d, tweede lid, 156 en 266 van Boek 2
Drinkwaterwet: artikel 50, derde lid, in samenhang met artikel 70a van de Mededingingswet
Elektriciteitswet 1998: de artikelen 77h en 77i
Gaswet: de artikelen 16, 60ac en 60ad
Gezondheids- en welzijnswet voor dieren: artikel 120b, eerste lid
Instellingswet Autoriteit Consument en Markt
Invoerings- en aanpassingswet Pensioenwet
Loodsenwet, met uitzondering van de artikelen 21, derde lid, 27b, vierde lid, 27d, 27e, 27f, 27h en 27l
Mededingingswet
Meststoffenwet: artikel 51
Muntwet 2002: artikel 11, eerste en tweede lid
Overgangswet elektriciteitsproductiesector
Pensioenwet
Plantgezondheidswet: artikel 26
Postwet 2009, met uitzondering van hoofdstuk 3A en artikel 58
Sanctiewet 1977: de artikelen 10ba tot en met 10d

Algemene wet bestuursrecht

A45 bijlage 2

Spoorwegwet, met uitzondering van de artikelen 19, 21 en hoofdstuk 5, paragraaf 2, en artikel 71, tweede lid
Tabaks- en rookwarenwet
Telecommunicatiewet, met inbegrip van de verordeningen genoemd in artikel 18.2a, met uitzondering van:
a. de artikelen 3.5, 3.5a, 3.5b, 3.22, 15.2, derde lid, 15.4, vierde lid, en 18.9, eerste en tweede lid
b. alsmede, voor zover het betreft een besluit van de Autoriteit Consument en Markt:
 1. hoofdstuk 6, tenzij beroep kon worden ingesteld voor de inwerkingtreding van de Wet implementatie Europees regelgevingskader voor de elektronische communicatiesector 2002
 2. de hoofdstukken 5a, 6a, 6b en 12
 3. hoofdstuk 15, met uitzondering van de artikelen 15.2, 15.2a en 15.4.
Uitvoeringswet EU-zeehavenverordening: artikel 9, eerste lid
Verordening (EU) nr. 806/2014 van het Europees parlement en de Raad van 15 juli 2014 tot vaststelling van eenvormige regels en een eenvormige procedure voor de afwikkeling van kredietinstellingen en bepaalde beleggingsondernemingen in het kader van een gemeenschappelijk afwikkelingsmechanisme en een gemeenschappelijk bankenafwikkelingsfonds en tot wijziging van Verordening (EU) nr. 1093/2010 van het Europees parlement en de Raad (PbEU 2014, L 225), met uitzondering van de artikelen 16, 18 en 21
Waarborgwet 2019: artikel 38
Warenwet
Warmtewet: artikel 18
Wet aanwijzing nationale accreditatie-instantie: hoofdstuk 3
Wet bekostiging financieel toezicht
Wet bestrijding maritieme ongevallen
Wet bestuurlijke boete meldingsplichten door ministers verstrekte subsidies, voor zover de boete is opgelegd ter zake van het niet voldoen aan een bijzondere meldingsplicht die is verbonden aan een krachtens de Kaderwet EZ-subsidies verstrekte subsidie
Wet beveiliging netwerk- en informatiesystemen, voor zover het een besluit betreft dat betrekking heeft op een aanbieder van een essentiële dienst in de sectoren energie, digitale infrastructuur, bankwezen, infrastructuur voor de financiële markt en spoor of op een digitaledienstverlener
Wet dieren: artikel 8.7
Wet financiële betrekkingen buitenland 1994
Wet geneesmiddelenprijzen: artikel 11
Wet gewasbeschermingsmiddelen en biociden: artikel 90
Wet handhaving consumentenbescherming
Wet implementatie EU-richtlijnen energie-efficiëntie: de artikelen 21 en 22
Wet informatie-uitwisseling bovengrondse en ondergrondse netten en netwerken
Wet inkomstenbelasting 2001: een boetebesluit als bedoeld in artikel 3.52a, elfde lid, en een daarmee samenhangende correctie-RDA-beschikking als bedoeld in het tweede lid van dit artikel
Wet inzake de geldtransactiekantoren, voor zover die wet nog van toepassing is op grond van artikel IX van de Wijzigingswet financiële markten 2012
Wet lokaal spoor, met uitzondering van artikel 12
Wet luchtvaart: artikel 11.24
Wet marktordening gezondheidszorg, voor zover het betreft een besluit van de Nederlandse Zorgautoriteit als bedoeld in hoofdstuk 6, paragraaf 4
Wet op de inlichtingen- en veiligheidsdiensten 2017: artikel 53, zevende lid
Wet op het financieel toezicht, met uitzondering van:
a. de artikelen 3A:17 tot en met 3A:19, 3A:85 en 3A:86
b. de artikelen 5:77, eerste lid, en 5:81, derde lid
c. een besluit terzake van het ingevolge artikel 5:76, tweede lid, of 5:80b, vijfde lid, bepaalde, met uitzondering van een besluit tot het opleggen van een bestuurlijke boete als bedoeld in artikel 1:80
d. de artikelen 6:1 en 6:2
Wet op het notarisambt, voor zover het de toepassing of overeenkomstige toepassing van de Wet verplichte beroepspensioenregeling betreft op grond van artikel 113c
Wet personenvervoer 2000: de artikelen 56, eerste lid, 59, eerste lid, 94, eerste lid, en 96, eerste lid
Wet privatisering APB, voor zover het de overeenkomstige toepassing van de Wet verplichte deelneming in een bedrijfstakpensioenfonds 2000 betreft op grond van artikel 21, vierde lid
Wet schadefonds olietankschepen
Wet ter voorkoming van witwassen en financieren van terrorisme
Wet toezicht accountantsorganisaties
Wet toezicht financiële verslaggeving
Wet toezicht trustkantoren 2018

Wet van 12 juli 2012 tot wijziging van de Elektriciteitswet 1998 en van de Gaswet (implementatie van richtlijnen en verordeningen op het gebied van elektriciteit en gas) (Stb. 2012, 334): artikel XX
Wet van 23 november 2006 tot wijziging van de Elektriciteitswet 1998 en van de Gaswet in verband met nadere regels omtrent een onafhankelijk netbeheer (Stb. 2006, 614)
Wet vermindering afdracht loonbelasting en premie voor de volksverzekeringen: een besluit genomen door een van de in artikel 30, eerste lid, genoemde bestuursorganen, waarin toepassing of mede toepassing is gegeven aan artikel 26
Wet verplichte beroepspensioenregeling
Wet verplichte deelneming in een bedrijfstakpensioenfonds 2000

Art. 12 Hoger beroep bij een gerechtshof

Tegen een uitspraak van de rechtbank of van de voorzieningenrechter omtrent een besluit, genomen op grond van een in dit artikel genoemd voorschrift of anderszins in dit artikel omschreven, kan hoger beroep worden ingesteld bij een gerechtshof.
Algemene douanewet: artikel 8:2, tweede lid
Algemene wet inzake rijksbelastingen: artikel 26
Mijnbouwwet: de afdelingen 5.1.1, 5.1.2, 5.3, 5.4 en 5.5
Wet strategische diensten: artikel 18, derde lid

Bijlage 3 Regeling verlaagd griffierecht (artikelen 8:41 en 8:109)

Art. 1

Het tarief, genoemd in artikel 8:41, tweede lid, onderdeel a, dan wel genoemd in artikel 8:109, eerste lid, onderdeel a, geldt indien het beroep, dan wel hoger beroep, betreft:
a. een besluit inzake een uitkering bij werkloosheid of ziekte, genomen ten aanzien van een persoon met betrekking tot diens in artikel 3 van de Ambtenarenwet 2017 bedoelde hoedanigheid;
b. een besluit inzake een uitkering op grond van blijvende arbeidsongeschiktheid op grond van een wettelijk voorschrift waarbij de natuurlijke persoon ter zake van zijn arbeidsongeschiktheid vanwege het Rijk invaliditeitspensioen is verzekerd, of een besluit, genomen op grond van artikel P9 van de Algemene burgerlijke pensioenwet;
c. een bestuurlijke boete van ten hoogste € 340;
d. een besluit waarbij de kosten van bestuursdwang op ten hoogste € 340 zijn vastgesteld.

Art. 2

Het tarief, genoemd in artikel 8:41, tweede lid, onderdeel a, dan wel genoemd in artikel 8:109, eerste lid, onderdeel a, geldt voorts indien het beroep, dan wel hoger beroep, betreft een besluit, genomen op grond van een in dit artikel genoemd voorschrift of anderszins in dit artikel omschreven.
De volgende besluiten:
a. een besluit over een gehandicaptenparkeerkaart als bedoeld in hoofdstuk IV van het Besluit administratieve bepalingen inzake het wegverkeer
b. een op grond van een gemeentelijke verordening of gemeenschappelijke regeling genomen besluit over een gehandicaptenparkeerkaart
c. een besluit over een gehandicaptenparkeerplaats voor een bepaald voertuig
Algemene bijstandswet
Algemene Kinderbijslagwet
Algemene nabestaandenwet
Algemene Ouderdomswet
Algemene wet inkomensafhankelijke regelingen
Algemene wet inzake rijksbelastingen, tenzij het beroep of hoger beroep door een natuurlijke persoon is ingesteld tegen een uitspraak inzake een besluit met betrekking tot de toepassing van:
a. de Wet op de dividendbelasting 1965
b. de Wet op de omzetbelasting 1968
c. de Wet op de belasting van personenauto's en motorrijwielen 1992
d. de Wet op de accijns
e. de Wet op de verbruiksbelasting van alcoholvrije dranken
f. de Wet belastingen op milieugrondslag
Besluit bovenwettelijke werkloosheidsregeling voor onderwijspersoneel primair onderwijs, voor zover het betreft besluiten van Onze Minister van Onderwijs, Cultuur en Wetenschap
Besluit van 20 juni 1984, houdende vaststelling van een algemene maatregel van bestuur regelende de vergoeding van motorrijtuigenbelasting voor oorlogsgetroffenen (Stb. 1984, 364)
Besluit Werkloosheid onderwijs- en onderzoekpersoneel, voor zover het betreft besluiten van Onze Minister van Onderwijs, Cultuur en Wetenschap

Algemene wet bestuursrecht

Besluit ziekte en arbeidsongeschiktheid voor onderwijspersoneel primair onderwijs, voor zover het betreft besluiten van Onze Minister van Onderwijs, Cultuur en Wetenschap
Garantiewet Burgerlijk Overheidspersoneel Indonesië, met inbegrip van een besluit op grond van de Algemene oorlogsongevallenregeling
Garantiewet Militairen K.N.I.L.
Garantiewet Surinaamse pensioenen
Kaderwet SZW-subsidies, voor zover het betreft een ministeriële regeling op grond van artikel 9
Liquidatiewet Ongevallenwetten
Mijnbouwwet: de afdelingen 5.1.1, 5.1.2, 5.3, 5.4 en 5.5
Participatiewet, met uitzondering van de artikelen 52, 76, eerste en tweede lid, en 81 en paragraaf 6.5
Reglement eenmalige uitkering silicose-vergoeding oud-mijnwerkers, vastgesteld bij besluit van het bestuur van de Stichting Silicose Oud-Mijnwerkers van 18 april 1994
de reglementen van de Stichting Maror-gelden Overheid, de Stichting Joods Humanitair Fonds, de Stichting Rechtsherstel Sinti en Roma en de Stichting Het Gebaar
Samenloopregeling Indonesische pensioenen 1960
Tijdelijke vergoedingsregeling psychotherapie na-oorlogse generatie
Tijdelijke wet beperking inkomensgevolgen arbeidsongeschiktheidscriteria
Tijdelijke wet pilot loondispensatie
Toeslagenwet
Toeslagregeling pensioenen Suriname en Nederlandse Antillen
Toeslagwet Indonesische pensioenen 1956
Uitkeringswet tegemoetkoming twee tot vijfjarige diensttijd veteranen
Werkloosheidswet
Wet arbeid en zorg: hoofdstuk 3, afdeling 2, en artikel 4:2b
Wet arbeidsongeschiktheidsvoorziening jonggehandicapten
Wet arbeidsongeschiktheidsvoorziening militairen
Wet arbeidsongeschiktheidsverzekering zelfstandigen
Wet buitengewoon pensioen 1940–1945
Wet buitengewoon pensioen Indisch verzet
Wet buitengewoon pensioen zeelieden-oorlogsslachtoffers
Wet financiering sociale verzekeringen, voor zover het betreft een besluit van de Sociale verzekeringsbank of het Uitvoeringsinstituut werknemersverzekeringen
Wet gemeentelijke schuldhulpverlening
Wet gevolgen brutering uitkeringsregelingen
Wet inburgering
Wet inkomensvoorziening oudere en gedeeltelijk arbeidsongeschikte gewezen zelfstandigen
Wet inkomensvoorziening oudere en gedeeltelijk arbeidsongeschikte werkloze werknemers
Wet inkomensvoorziening oudere werklozen
Wet Invoering en financiering Wet werk en inkomen naar arbeidsvermogen: een besluit van het Uitvoeringsinstituut werknemersverzekeringen op grond van artikel 2.3
Wet langdurige zorg, met uitzondering van een besluit van Onze Minister van Volksgezondheid, Welzijn en Sport
Wet maatschappelijke ondersteuning 2015
Wet op de arbeidsongeschiktheidsverzekering
Wet op de rechtsbijstand: een besluit van de Raad voor rechtsbijstand, indien het beroep dan wel hoger beroep wordt ingesteld door een rechtzoekende als bedoeld in artikel 1, eerste lid
Wet overheidspersoneel onder de werknemersverzekeringen
Wet pensioenvoorzieningen K.N.I.L.
Wet sociale werkvoorziening
Wet structuur uitvoeringsorganisatie werk en inkomen
Wet studiefinanciering 2000
Wet tegemoetkoming onderwijsbijdrage en schoolkosten
Wet terugdringing beroep op de arbeidsongeschiktheidsregelingen
Wet uitkeringen burger-oorlogsslachtoffers 1940–1945
Wet uitkeringen vervolgingsslachtoffers 1940–1945
Wet van 21 december 1951, houdende een onderstandsregeling ingevolge artikel 2 Garantiewet Burgerlijk Overheidspersoneel Indonesië (Stb. 1951, 592)
Wet van 16 juli 2001 tot het stellen van nadere regels in verband met de introductie van een toeslagregeling ter compensatie van het gemis aan overhevelingstoeslag per 1 januari 2001 ten aanzien van de Toeslagwet Indonesische pensioenen 1956 en enkele andere overzeese pensioenwetten alsmede het actualiseren van die wetten in verband met de inwerkingtreding van de Algemene nabestaandenwet (Stb. 2001, 377)
Wet werk en inkomen naar arbeidsvermogen

A45 bijlage 3 | **Algemene wet bestuursrecht**

Ziektewet
Zorgverzekeringswet: de artikelen 9b, 9c, 18f, 18g, 69, 70 en 118a

Wet nadeelcompensatie en schadevergoeding bij onrechtmatige besluiten

Wet van 31 januari 2013 tot aanvulling van de Algemene wet bestuursrecht met bepalingen over nadeelcompensatie en schadevergoeding bij onrechtmatige overheidsdaad (Wet nadeelcompensatie en schadevergoeding bij onrechtmatige besluiten)[1]

Wij Beatrix, bij de gratie Gods, Koningin der Nederlanden, Prinses van Oranje-Nassau, enz. enz. enz.
Allen die deze zullen zien of horen lezen, saluut! doen te weten:
Alzo Wij in overweging genomen hebben, dat het wenselijk is om de Algemene wet bestuursrecht aan te vullen met algemene bepalingen over schadevergoeding bij rechtmatig overheidshandelen alsmede met procedurele bepalingen inzake schadevergoeding bij onrechtmatige overheidsdaad;
Zo is het, dat Wij, de Raad van State gehoord, en met gemeen overleg der Staten-Generaal, hebben goedgevonden en verstaan, gelijk Wij goedvinden en verstaan bij deze:

ARTIKEL I

De Algemene wet bestuursrecht wordt gewijzigd als volgt:

A
Na artikel 4:125 wordt een nieuwe titel ingevoegd, luidende:

TITEL 4.5 NADEELCOMPENSATIE

Art. 4:126
1. Indien een bestuursorgaan in de rechtmatige uitoefening van zijn publiekrechtelijke bevoegdheid of taak schade veroorzaakt die uitgaat boven het normale maatschappelijke risico en die een benadeelde in vergelijking met anderen onevenredig zwaar treft, kent het bestuursorgaan de benadeelde desgevraagd een vergoeding toe.
2. Schade blijft in elk geval voor rekening van de aanvrager voor zover:
a. hij het risico van het ontstaan van de schade heeft aanvaard;
b. hij de schade had kunnen beperken door binnen redelijke grenzen maatregelen te nemen, die tot voorkoming of vermindering van de schade hadden kunnen leiden;
c. de schade anderszins het gevolg is van een omstandigheid die aan de aanvrager kan worden toegerekend of
d. de vergoeding van de schade anderszins is verzekerd.
3. Indien een schadeveroorzakende gebeurtenis als bedoeld in het eerste lid tevens voordeel voor de benadeelde heeft opgeleverd, wordt dit bij de vaststelling van de te vergoeden schade in aanmerking genomen.
4. Het bestuursorgaan kan een vergoeding toekennen in andere vorm dan betaling van een geldsom.

Art. 4:127
De aanvraag bevat mede:
a. een aanduiding van de schadeveroorzakende gebeurtenis;
b. een opgave van de aard van de geleden of te lijden schade en, voor zover redelijkerwijs mogelijk, het bedrag van de schade en een specificatie daarvan.

Art. 4:128
1. Bij wettelijk voorschrift kan worden bepaald dat van de aanvrager een recht van ten hoogste € 500 kan worden geheven voor het in behandeling nemen van de aanvraag.
2. Het in het eerste lid bedoelde wettelijk voorschrift kan voor bestuursorganen van de centrale overheid bij of krachtens algemene maatregel van bestuur worden vastgesteld.

Art. 4:129
Indien het bestuursorgaan een vergoeding als bedoeld in artikel 4:126 toekent, vergoedt het tevens:
a. redelijke kosten ter voorkoming of beperking van schade;
b. redelijke kosten ter zake van door een derde beroepsmatig verleende rechtsbijstand of andere deskundige bijstand bij de vaststelling van de schade;

---

[1] Inwerkingtredingsdatum: 01-07-2013; zoals laatstelijk gewijzigd bij: Stb. 2013, 226.
De inwerkingtreding voor Art. I betreft de onderdelen Aa, C, D t/m K.

c. indien voor de indiening van de aanvraag een recht is geheven, het betaalde recht;
d. de wettelijke rente vanaf de ontvangst van de aanvraag, of indien de schade op een later tijdstip ontstaat, vanaf dat tijdstip.

Art. 4:130
1. Het bestuursorgaan beslist binnen acht weken of – indien een adviescommissie is ingesteld waarvan de voorzitter, dan wel het enig lid, geen deel uitmaakt van en niet werkzaam is onder verantwoordelijkheid van het bestuursorgaan – binnen zes maanden na de ontvangst van de aanvraag, tenzij bij of krachtens wettelijk voorschrift een andere termijn is bepaald.
2. Het bestuursorgaan kan de beslissing eenmaal voor ten hoogste acht weken of – indien een adviescommissie als bedoeld in het eerste lid is ingeschakeld – zes maanden verdagen. Van de verdaging wordt schriftelijk mededeling gedaan.
3. Indien de schade mede is veroorzaakt door een besluit waartegen beroep kan worden ingesteld, kan het bestuursorgaan de beslissing aanhouden totdat het besluit onherroepelijk is geworden.

Art. 4:131
1. Het bestuursorgaan kan de aanvraag afwijzen indien op het tijdstip van de aanvraag vijf jaren zijn verstreken na aanvang van de dag na die waarop de benadeelde bekend is geworden zowel met de schade als met het voor de schadeveroorzakende gebeurtenis verantwoordelijke bestuursorgaan, en in ieder geval na verloop van twintig jaren nadat de schade is veroorzaakt.
2. Indien een aanvraag betrekking heeft op schade veroorzaakt door een besluit waartegen beroep kan worden ingesteld, vangt de termijn van vijf jaren niet aan voordat dit besluit onherroepelijk is geworden.

Aa
Het opschrift van hoofdstuk 8 komt te luiden:

HOOFDSTUK 8 BIJZONDERE BEPALINGEN OVER DE WIJZE VAN PROCEDEREN BIJ DE BESTUURSRECHTER

B
[vervallen]

C
Artikel 8:4, eerste lid, wordt gewijzigd als volgt:
1. Aan het slot van onderdeel e wordt de punt vervangen door een komma.
2. Er wordt een onderdeel toegevoegd, luidende:
f. inzake vergoeding van schade wegens onrechtmatig bestuurshandelen.

Ca
In artikel 8:6 wordt onder vernummering van het tweede lid tot derde lid een lid ingevoegd, luidende:
2. Het beroep tegen een besluit op een aanvraag als bedoeld in artikel 4:126 kan worden ingesteld bij de rechtbank, tenzij de schade is veroor-zaakt door een besluit als bedoeld in hoofdstuk 2 of 3 van de bij deze wet behorende Bevoegdheidsregeling bestuursrechtspraak of door een handeling ter uitvoering van een zodanig besluit. In dat geval kan het beroep worden ingesteld bij de bestuursrechter die ingevolge het desbetreffende hoofdstuk bevoegd is.

D
De artikelen 8:73 en 8:73a vervallen.

E
Artikel 8:75a wordt gewijzigd als volgt:
1. Het tweede lid komt te luiden:
2. De bestuursrechter stelt de verzoeker zo nodig in de gelegenheid het verzoek schriftelijk toe te lichten en stelt het bestuursorgaan in de gelegenheid een verweerschrift in te dienen. Hij stelt hiervoor termijnen vast. Indien het verzoek mondeling wordt gedaan, kan de bestuursrechter bepalen dat het toelichten van het verzoek en het voeren van verweer onmiddellijk mondeling geschieden.
2. Aan het artikel wordt een lid toegevoegd, luidende:
3. Indien het toelichten van het verzoek en het voeren van verweer mondeling zijn geschied, sluit de bestuursrechter het onderzoek. In de overige gevallen zijn de afdelingen 8.2.4 en 8.2.5 van overeenkomstige toepassing.

F
Artikel 8:76 komt te luiden:

Wet nadeelcompensatie en schadevergoeding bij onrechtmatige besluiten (deels toekomstig) A46

Art. 8:76
Voor zover een uitspraak strekt tot vergoeding van griffierecht, proceskosten of schade als bedoeld in artikel 8:74, 8:75, 8:75a, 8:82, vierde lid, 8:87, derde lid, of 8:95 levert zij een executoriale titel op, die met toepassing van de voorschriften van het Wetboek van Burgerlijke Rechtsvordering kan worden tenuitvoergelegd.

G
Na artikel 8:87 wordt een titel ingevoegd, luidende:

TITEL 8.4 SCHADEVERGOEDING

Art. 8:88
1. De bestuursrechter is bevoegd op verzoek van een belanghebbende een bestuursorgaan te veroordelen tot vergoeding van schade die de belanghebbende lijdt of zal lijden als gevolg van:
a. een onrechtmatig besluit;
b. een andere onrechtmatige handeling ter voorbereiding van een onrechtmatig besluit;
c. het niet tijdig nemen van een besluit;
d. een andere onrechtmatige handeling van een bestuursorgaan waarbij een persoon als bedoeld in artikel 8:2, eerste lid, onder a, zijn nagelaten betrekkingen of zijn rechtverkrijgenden belanghebbende zijn.
2. Het eerste lid is niet van toepassing indien het besluit van beroep bij de bestuursrechter is uitgezonderd.

Art. 8:89
1. Indien de schade wordt veroorzaakt door een besluit waarover de Centrale Raad van Beroep of de belastingkamer van de Hoge Raad in enige of hoogste instantie oordeelt, is de bestuursrechter bij uitsluiting bevoegd.
2. In de overige gevallen is de bestuursrechter bevoegd voor zover de gevraagde vergoeding ten hoogste € 25 000 bedraagt met inbegrip van de tot aan de dag van het verzoek verschenen rente, en onverminderd het recht van de belanghebbende om op grond van andere wettelijke bepalingen schadevergoeding te vragen.
3. De bestuursrechter is in de gevallen, bedoeld in het tweede lid, niet bevoegd indien de belanghebbende het verzoek heeft ingediend nadat hij terzake van de schade een geding bij de burgerlijke rechter aanhangig heeft gemaakt.
4. Zolang het verzoek van de belanghebbende bij de bestuursrechter aanhangig is, verklaart de burgerlijke rechter een vordering tot vergoeding van de schade niet ontvankelijk.

Art. 8:90
1. Het verzoek wordt schriftelijk ingediend bij de bestuursrechter die bevoegd is kennis te nemen van het beroep tegen het besluit.
2. Ten minste acht weken voor het indienen van een in het eerste lid bedoelde verzoekschrift vraagt de belanghebbende het betrokken bestuursorgaan schriftelijk om vergoeding van de schade, tenzij dit redelijkerwijs niet van hem kan worden gevergd.

Art. 8:91
1. Indien het verzoek wordt gedaan gedurende het beroep of het hoger beroep tegen het schadeveroorzakende besluit, wordt het ingediend bij de bestuursrechter waarbij het beroep of het hoger beroep aanhangig is.
2. In dat geval is artikel 8:90, tweede lid, niet van toepassing.
3. Indien het verzoek wordt gedaan in hoger beroep beslist de hogerberoepsrechter op het verzoek, tenzij hij het verzoek naar de rechtbank verwijst omdat het naar zijn oordeel behandeling door de rechtbank behoeft.

Art. 8:92
1. Het verzoekschrift wordt ondertekend en bevat ten minste:
a. de naam en het adres van de verzoeker;
b. de dagtekening;
c. een aanduiding van de oorzaak van de schade;
d. een opgave van de aard van de geleden of de te lijden schade en, voor zover redelijkerwijs mogelijk, het bedrag van de schade en een specificatie daarvan;
e. de gronden van het verzoek.
2. Bij het verzoekschrift worden zo mogelijk een afschrift van het schadeveroorzakende besluit waarop het verzoekschrift betrekking heeft, en van het verzoek, bedoeld in artikel 8:90, tweede lid, overgelegd.
3. Artikel 6:5, derde lid, is van overeenkomstige toepassing.

Art. 8:93
Artikel 310 van Boek 3 van het Burgerlijk Wetboek is van overeenkomstige toepassing op verzoeken om schadevergoeding op grond van deze titel. De verjaringstermijn vangt evenwel niet eerder aan dan de dag na die waarop:

a. de vernietiging van het schadeveroorzakende besluit onherroepelijk is geworden, of
b. het bestuursorgaan de onrechtmatigheid van het besluit heeft erkend.

Art. 8:94

1. Op het verzoek en de behandeling daarvan zijn de artikelen 6:6, 6:14, 6:15, 6:17, 6:21, 6:24, 8:8 tot en met 8:28, 8:29 tot en met 8:51, 8:52 tot en met 8:55, 8:56 tot en met 8:69, 8:71, 8:74 tot en met 8:80 en 8:81 tot en met 8:87 van overeenkomstige toepassing, met dien verstande dat hoofdstuk V van de Algemene wet inzake rijksbelastingen van overeenkomstige toepassing is indien de schade is veroorzaakt door een besluit als bedoeld in artikel 26 van die wet.
2. In afwijking van het eerste lid is bij indiening van het verzoek overeenkomstig artikel 8:91 geen griffierecht verschuldigd.

Art. 8:95

Indien de bestuursrechter het verzoek geheel of gedeeltelijk toewijst, veroordeelt hij het bestuursorgaan tot vergoeding van schade.

H

Artikel 8:104, eerste lid, wordt gewijzigd als volgt:
a. Aan het slot van onderdeel a vervalt «en».
b. Onder vervanging van de punt aan het slot van onderdeel b door een komma wordt een onderdeel toegevoegd, luidende:
c. een uitspraak van de rechtbank op een verzoekschrift als bedoeld in artikel 8:95.

I

Artikel 8:105 wordt gewijzigd als volgt:
1. Voor de tekst wordt de aanduiding «1.» geplaatst.
2. Er wordt een lid toegevoegd, luidende:
2. Het hoger beroep, bedoeld in artikel 8:104, eerste lid, aanhef en onder c, wordt ingesteld bij de hogerberoepsrechter die ingevolge het eerste lid bevoegd is of zou zijn te oordelen over een uitspraak van de rechtbank omtrent het schadeveroorzakende besluit.

J

Artikel 8:108 wordt als volgt gewijzigd:
Onder vernummering van het tweede lid tot derde lid wordt een lid ingevoegd, luidende:
2. Op het hoger beroep tegen een uitspraak als bedoeld in artikel 8:95 zijn voorts de afdelingen 8.2.2a, 8.2.4a en 8.2.7 en de artikelen 8:28a, 8:70 en 8:72 niet van toepassing.

K

In artikel 8:118, vierde lid, wordt «Artikel 8:73a» vervangen door: Artikel 8:75a.

L

In artikel 10 van bijlage 2 wordt in de alfabetische rangschikking ingevoegd:
Algemene wet bestuursrecht: artikel 4:126, voor zover het besluit betrekking heeft op schade, veroorzaakt door een besluit op grond van een ander voorschrift, genoemd in artikel 9 of 10 van deze Bevoegdheids-regeling bestuursrechtspraak, of door een handeling ter uitvoering van een zodanig besluit

M

In artikel 11 van bijlage 2 wordt in de alfabetische rangschikking ingevoegd:
Algemene wet bestuursrecht: artikel 4:126, voor zover het besluit betrekking heeft op schade, veroorzaakt door een besluit op grond van een ander voorschrift, genoemd in artikel 11 van deze Bevoegdheidsregeling bestuursrechtspraak, of door een handeling ter uitvoering van een zodanig besluit

N

In artikel 12 van bijlage 2 wordt in de alfabetische rangschikking ingevoegd:
Algemene wet bestuursrecht: artikel 4:126, voor zover het besluit betrekking heeft op schade, veroorzaakt door een besluit op grond van een ander voorschrift, genoemd in artikel 12 van deze Bevoegdheidsre-geling bestuursrechtspraak, of door een handeling ter uitvoering van een zodanig besluit

ARTIKEL II

De Algemene wet inzake rijksbelastingen wordt gewijzigd als volgt:

Wet nadeelcompensatie en schadevergoeding bij onrechtmatige besluiten (deels toekomstig) **A46**

A
In artikel 28, eerste lid, onderdeel a, en derde lid, wordt na «afdeling 8.2.6» ingevoegd: of artikel 8:104, eerste lid, onderdeel c.

B
In artikel 29 wordt «en titel 8.6» vervangen door: en de titels 8.4 en 8.6.

C
In artikel 29f, derde lid, wordt «8:73a» vervangen door: 8:75a.

ARTIKEL III

De Vreemdelingenwet 2000 wordt als volgt gewijzigd:

A
Na artikel 72 wordt een artikel ingevoegd, luidende:

Art. 72a
1. De bestuursrechter is bevoegd op verzoek een bestuursorgaan te veroordelen tot vergoeding van schade die een vreemdeling lijdt als gevolg van een onrechtmatige handeling van dit bestuursorgaan ten aanzien van deze vreemdeling als zodanig.
2. In afwijking van artikel 8:89, tweede lid, van de Algemene wet bestuursrecht is de bestuursrechter bij uitsluiting bevoegd.

B
[vervallen]

C
Na artikel 92 wordt een artikel ingevoegd, luidende:

Art. 92a
Deze afdeling is van overeenkomstige toepassing op het hoger beroep tegen een uitspraak van de rechtbank als bedoeld in artikel 8:104, eerste lid, onder c, van de Algemene wet bestuursrecht.

D
[vervallen]

E
In artikel 106 wordt na «vrijheidsontneming» telkens ingevoegd: of -beperking.

ARTIKEL IV

1. Op schade, veroorzaakt door een besluit dat werd bekendgemaakt of een handeling die werd verricht voor het tijdstip waarop deze wet voor dat besluit of die handeling in werking is getreden, blijft het recht zoals dat gold voor dat tijdstip van toepassing.
2. Op schade, veroorzaakt door een handeling ter uitvoering van een besluit dat werd bekendgemaakt voor het tijdstip waarop deze wet voor dat besluit in werking is getreden, blijft het recht zoals dat gold voor dat tijdstip van toepassing.
3. Indien het eerste besluit tot uitvoering van een activiteit is genomen voor het tijdstip waarop deze wet voor dat besluit in werking is getreden, blijft het recht zoals dat gold voor dat tijdstip ook van toepassing op schade, veroorzaakt door latere besluiten of andere handelingen ter uitvoering van diezelfde activiteit.

ARTIKEL V

1. Titel 4.5 en titel 8.4 van de Algemene wet bestuursrecht zijn niet van toepassing op schade, veroorzaakt door besluiten of andere handelingen:
a. van de Belastingdienst/Toeslagen, of
b. van andere bestuursorganen voor zover genomen of verricht in het kader van aan de Belastingdienst opgedragen taken.
2. In afwijking van artikel IV blijft het recht zoals dat gold voor het tijdstip waarop deze wet in werking is getreden, van toepassing op schade veroorzaakt door een besluit of andere handeling als bedoeld in het eerste lid.
3. Het eerste en tweede lid gelden niet voor besluiten en andere handelingen ter uitvoering van de Wet op de vennootschapsbelasting 1969.

A46 Wet nadeelcompensatie en schadevergoeding bij onrechtmatige besluiten (deels toekomstig)

4. Dit artikel vervalt drie jaren na het tijdstip van inwerkingtreding van artikel 4:126 van de Algemene wet bestuursrecht, tenzij voor het verstrijken van deze termijn een voorstel van wet is ingediend dat in het onderwerp van dit artikel voorziet.

ARTIKEL VI

1. De artikelen van deze wet treden in werking op een bij koninklijk besluit te bepalen tijdstip, dat voor de verschillende artikelen of onder-delen daarvan verschillend kan worden vastgesteld.
2. Bij koninklijk besluit kan worden bepaald dat onderdeel A van artikel I tot een bij koninklijk besluit te bepalen tijdstip buiten toepassing blijft voor de vergoeding van schade waarvoor bij wet of beleidsregel een andere regeling is getroffen.

ARTIKEL VII

Deze wet wordt aangehaald als: Wet nadeelcompensatie en schadever-goeding bij onrechtmatige besluiten.

Procesreglement bestuursrecht 2017[1]

Procesreglement met richtlijnen en aanwijzingen voor het behandelen van bestuursrechtelijke zaken bij de rechtbanken, de gerechtshoven, de Afdeling bestuursrechtspraak van de Raad van State en de Centrale Raad van Beroep.
Het reglement is als modelreglement vastgesteld door het Landelijk Overleg Vakinhoud Bestuursrecht (LOVB), het Landelijk Overleg Vakinhoud Belastingrechtrechtspraak (Gerechtshoven) (LOVBel), de Afdeling bestuursrechtspraak van de Raad van State en de Centrale Raad van Beroep.
Het procesreglement is per gerecht voor zover van toepassing vastgesteld op de hieronder genoemde data:
Gerechtsbestuur van de rechtbank Amsterdam op 11 mei 2017
Gerechtsbestuur van de rechtbank Den Haag op 16 mei 2017
Gerechtsbestuur van de rechtbank Rotterdam op 23 mei 2017
Gerechtsbestuur van de rechtbank Noord-Nederland op 23 mei 2017
Gerechtsbestuur van de rechtbank Midden-Nederland op 18 mei 2017
Gerechtsbestuur van de rechtbank Noord-Holland op 16 mei 2017
Gerechtsbestuur van de rechtbank Gelderland op 10 mei 2017
Gerechtsbestuur van de rechtbank Overijssel op 15 mei 2017
Gerechtsbestuur van de rechtbank Zeeland West Brabant op 13 mei 2017
Gerechtsbestuur van de rechtbank Oost-Brabant op 24 mei 2017
Gerechtsbestuur van de rechtbank Limburg op 17 mei 2017
Gerechtsbestuur van het Gerechtshof Amsterdam op 23 mei 2017
Gerechtsbestuur van het Gerechtshof Arnhem-Leeuwarden op 17 mei 2017
Gerechtsbestuur van het Gerechtshof 's-Hertogenbosch op 22 mei 2017
Gerechtsbestuur van het Gerechtshof Den Haag op 17 mei 2017
Gerechtsbestuur van de Centrale Raad van Beroep op 18 mei 2017
De voorzitter van de Afdeling bestuursrechtspraak van de Raad van State op 17 mei 2017

HOOFDSTUK 1
ALGEMENE BEPALINGEN

Art. 1.1 Begripsbepalingen
1. In dit reglement wordt verstaan onder
- *Awb*: de Algemene wet bestuursrecht;
- *gerecht*: de rechtbank, het gerechtshof, de Centrale Raad van Beroep en de Afdeling bestuursrechtspraak van de Raad van State;
- *een vreemdelingenzaak*: een zaak waarin de rechtbank Den Haag bevoegd is op grond van artikel 6 van de Bevoegdheidsregeling bestuursrechtspraak alsmede een zaak ingediend bij de Afdeling bestuursrechtspraak van de Raad van State waarop hoofdstuk 7 van de Vreemdelingenwet 2000 (Vw 2000) van toepassing is;
- *een vrijheidsontnemende maatregel*: een besluit tot oplegging van een vrijheidsontnemende maatregel als bedoeld in de artikelen 6, 6a, 58, 59, 59a en 59b van de (Vw 2000);
- *een 4-weken-zaak*: een vreemdelingenzaak als bedoeld in artikel 83b, eerste en derde lid, van de Vw 2000;
- *digitaal dossier*: per zaak het geheel van zaaksgegevens, persoonsgegevens en door de bestuursrechter, de griffier en partijen in het digitale systeem voor gegevensverwerking van de gerechten in een zaak ingediende, geplaatste en verzonden berichten en stukken;
- *webportaal*: de beveiligde digitale omgeving waarin procesdeelnemers toegang hebben tot het digitaal systeem van de gerechten;
- *Aansluitpunt*: het koppelvlak bestemd voor geautomatiseerd berichtenverkeer tussen procesdeelnemers en de gerechten (het Aansluitpunt Rechtspraak) onderscheidenlijk de Afdeling bestuursrechtspraak van de Raad van State (het Aansluitpunt Raad van State), waaronder het verrichten van proceshandelingen;
- *elektronisch procederen*: het voeren van een procedure op de wijze zoals bepaald in afdeling 8.1.6a van de Awb;
- *partij die op papier procedeert*: een partij die niet verplicht is tot en geen gebruik maakt van de mogelijkheid tot elektronisch procederen (artikel 8:36b van de Awb en artikel 7 van het Besluit digitalisering burgerlijk procesrecht en bestuursprocesrecht);

---

1 Inwerkingtredingsdatum: 12-06-2017.

- *werkdagen*: maandag tot en met vrijdag met uitzondering van de dagen waarop het gerecht gesloten is;
- *Centraal Inschrijfbureau Vreemdelingenzaken (CIV)*: het onderdeel van de rechtbank Den Haag (zittingsplaats Haarlem) dat is aangewezen voor het ontvangen en registreren van beroepschriften en verzoekschriften in een vreemdelingenzaak.

2. Tenzij uit dit reglement anders voortvloeit, wordt hierna méde verstaan:
- *onder bestuursrechter*: de voorzieningenrechter;
- *onder beroep*: verzoek om voorlopige voorziening, verzoek om schadevergoeding, verzet, hoger beroep, incidenteel hoger beroep en verzoek om herziening;
- *onder beroepschrift*: verzoekschrift, hogerberoepschrift, incidenteel hogerberoepschrift en verzetschrift.

Art. 1.2 Toepassingsbereik

1. Dit reglement heeft betrekking op alle zaken waarop de artikelen 8:36a en 8:36b van de Awb, na wijziging bij de wet van 13 juli 2016, Stb 2016, 288 van toepassing zijn. In afwijking hiervan is dit reglement niet van toepassing op zaken waarop de Wet administratiefrechtelijke handhaving verkeersvoorschriften van toepassing is. Het reglement is ook van toepassing in zaken waarin wordt deelgenomen aan het 'vrijwillig digitaal procederen in het bestuursrecht'.

2. Het *Reglement inzake de toegang tot en het gebruik van het digitaal systeem voor gegevensverwerking van de gerechten en het Technisch procesreglement Afdeling bestuursrechtspraak* beschrijven voor zover van toepassing:
- de technische eisen waaraan stukken en proceshandelingen moeten voldoen indien langs elektronische weg wordt geprocedeerd;
- het verstrekken van kennisgevingen als bedoeld in artikel 8:36c van de Awb;
- de aansluiting op, de voorwaarden voor gebruik en de beëindiging van het gebruik van het Aansluitpunt;
- de voorziening indien het webportaal of het Aansluitpunt niet kan worden bereikt;
- de wijze waarop op papier ingediende stukken worden verwerkt en ontsloten in het digitaal dossier.

Art. 1.3 Gevallen waarin dit reglement niet voorziet

In de gevallen waarin dit reglement niet voorziet, beslist de bestuursrechter.

Art. 1.4 Bijzondere omstandigheden

De bestuursrechter kan van dit reglement afwijken indien de omstandigheden daartoe aanleiding geven.

Art. 1.5 Communicatie met de bestuursrechter (de artikelen 8:36a tot en met 8:40 van de Awb)

De elektronische indiening van een bericht of stuk geschiedt uitsluitend via het webportaal of het Aansluitpunt op de daarvoor voorgeschreven wijze.

Art. 1.6 Indienen van berichten en stukken

1. Onverminderd het bepaalde in de artikelen 2.8 en 2.9 worden stukken die op papier zijn ingediend, door de griffier in het digitaal dossier geplaatst onder vermelding in het dossier van een nummer en titel. Deze stukken worden niet geretourneerd.

2. Wanneer een partij zich beroept op een algemeen toegankelijk stuk en de vindplaats daarvan vermeldt, hoeft hij dit stuk niet in te dienen. Het algemeen toegankelijke stuk moet tijdens de procedure toegankelijk zijn. Indien het stuk niet meer ongewijzigd toegankelijk is, kan de bestuursrechter de partij verzoeken dit stuk alsnog in te dienen.

3. Partijen die later dan om 12:00 uur op de aan de zitting voorafgaande werkdag berichten en/of stukken digitaal indienen, verstrekken op de zitting papieren exemplaren van deze berichten en stukken aan de bestuursrechter en de andere partijen.

Art. 1.7 Uitstel van een door de bestuursrechter aan een partij gestelde termijn

1. De bestuursrechter wijst een verzoek om verlenging van een door hem gestelde termijn af als dat niet is gemotiveerd of niet binnen die termijn is ingediend. Indien een partij redelijkerwijs niet in staat was een verzoek om uitstel tijdig in te dienen geeft zij de bestuursrechter daarvan bij eerste gelegenheid bericht.

2. De bestuursrechter verlengt een door hem gestelde termijn slechts in bijzondere omstandigheden. Hij deelt de beslissing op het verzoek om uitstel binnen één week na ontvangst van dit verzoek aan verzoeker mee.

3. Indien de bestuursrechter een verzoek om uitstel inwilligt, geeft hij aan de verzoeker een nadere termijn van ten hoogste vier weken na de verzending van de mededeling, bedoeld in het tweede lid.

4. De beslissing op een verzoek wordt ook aan de andere partijen medegedeeld.

5. De bestuursrechter wijst een volgend verzoek om verlenging van een gestelde termijn af als dat betrekking heeft op dezelfde aangelegenheid.

6. Indien het eerste verzoek wordt afgewezen, kan de bestuursrechter de indiener van het verzoek om verlenging een laatste termijn geven om alsnog aan het gevraagde te voldoen. In

ieder geval wordt geen laatste termijn gegeven, indien bij het stellen van de termijn is medegedeeld dat verlenging niet wordt toegestaan.

Art. 1.8 Uitsluiting van gebruik van het digitale systeem (artikelen 8:25 en 8:36a van de Awb)
De bestuursrechter kan een partij of diens gemachtigde tijdelijk of blijvend uitsluiten van gebruik van het digitale systeem indien hij aantoonbaar een gevaar vormt voor de integriteit van het digitale systeem of indien hij het digitale systeem verstoort. Een uitsluiting heeft betrekking op de lopende procedure waarin de beslissing wordt genomen.

HOOFDSTUK 2
DE PROCEDURE

AFDELING 2.1
HET BEGIN VAN DE PROCEDURE

Art. 2.1 De ontvangstbevestiging en de berichtgeving over een ingediend beroepschrift (de artikelen 6:14 en 8:42 van de Awb)
1. De griffier bevestigt binnen één werkdag de elektronische ontvangst van het beroepschrift aan de indiener. De ontvangstbevestiging kan plaats vinden door vermelding op het in het digitaal dossier opgenomen beroepschrift. Indien op papier wordt geprocedeerd, bevestigt de griffier de ontvangst van het beroepschrift aan de indiener binnen een week.
2. De griffier stelt de wederpartij(en) binnen één week op de hoogte van de ontvangst van het beroepschrift.
3. In afwijking van het tweede lid stelt het CIV in een vreemdelingenzaak het bestuursorgaan binnen één werkdag van de ontvangst op de hoogte. De zittingsplaats waaraan de zaak is toebedeeld, bericht het bestuursorgaan daarvan binnen één week.

Art. 2.2 De andere belanghebbende(n) (de artikelen 8:26 en 8:43 van de Awb)
1. Binnen een week na de ontvangst van het beroepschrift stelt de griffier de op dat moment bij hem bekende andere belanghebbenden daarvan op de hoogte.
2. De bestuursrechter kan het bestreden besluit, het beroepschrift en de gronden van beroep op papier ter beschikking stellen aan degene die in de gelegenheid wordt gesteld om als partij aan het geding deel te nemen. De bestuursrechter stelt hem een termijn van twee weken om kenbaar te maken of hij als partij aan het geding wil deelnemen.
3. Op het verzoek van een andere belanghebbende om als partij aan het geding deel te nemen beslist de bestuursrechter – eventueel voorlopig – binnen vier weken na de ontvangst. Hij past daarbij artikel 2.10, vijfde lid, toe en kan partijen in de gelegenheid stellen alsnog een beroep te doen op artikel 8:29 van de Awb.
4. Binnen twee weken nadat een belanghebbende (voorlopig) als partij in het geding is toegelaten, stelt de bestuursrechter aan hem de (overige) op de zaak betrekking hebbende stukken ter beschikking. De bestuursrechter stelt hem daarbij in de gelegenheid binnen vier weken een schriftelijke uiteenzetting over de zaak te geven.
5. De bestuursrechter verlengt de in het vierde lid genoemde termijnen voor zover dat noodzakelijk is vanwege besluitvorming over beperking van de kennisneming of geheimhouding van stukken of vanwege de feitelijke uitvoering van een beslissing die de bestuursrechter daarover heeft genomen.

Art. 2.3 Verwijzing, voeging en splitsing en overdracht aan een zittingsplaats (de artikelen 8:13 en 8:14 van de Awb)
1. De bestuursrechter beslist op een verzoek om verwijzing, voeging of splitsing als bedoeld in de artikelen 8:13, tweede lid, en 8:14, tweede lid, van de Awb binnen vier weken na ontvangst daarvan.
2. In een vreemdelingenzaak kan in iedere stand van de procedure de zittingsplaats worden gewijzigd.
3. Indien een partij in een vreemdelingenzaak verzoekt om behandeling in een andere zittingsplaats, beslist de bestuursrechter binnen vier weken op dat verzoek.

AFDELING 2.2
DE VEREISTEN VOOR DE PROCEDURE

Art. 2.4 Herstel van een verzuim en opvragen machtiging (de artikelen 6:5, 6:6, 8:24 en 8:36a van de Awb)
1. Indien sprake is van een herstelbaar verzuim als bedoeld in artikel 6:6 of 8:36a van de Awb of indien de bestuursrechter van een gemachtigde een machtiging verlangt, stelt de bestuursrechter de indiener van het beroepschrift in de gelegenheid binnen vier weken het verzuim te herstellen dan wel de machtiging in te zenden.

A47 art. 2.5 — Procesreglement bestuursrecht 2017

2. Indien de voorzieningenrechter in een met het beroep samenhangende voorlopige-voorzieningsprocedure toepassing geeft aan het eerste lid kan de bestuursrechter aan de indiener van het beroepschrift die tevens de indiener van het verzoekschrift is, een termijn gelijk aan die in de voorlopige voorziening stellen.

3. Niet-ontvankelijkverklaring van het beroep wegens een verzuim als bedoeld in het eerste lid vindt slechts plaats, indien:
a. de uitnodiging om het verzuim te herstellen bij aangetekende brief is verzonden in het geval op papier wordt geprocedeerd,
b. in de uitnodiging is medegedeeld dat het beroep niet-ontvankelijk kan worden verklaard indien het verzuim niet binnen de gestelde termijn is hersteld en het verzuim niet verschoonbaar is, en
c. binnen de termijn geen herstel heeft plaatsgevonden en dit verzuim niet verschoonbaar is.

4. Bij de toezending per gewone brief nadat de aangetekende brief is terugontvangen als bedoeld in artikel 8:38, eerste lid, van de Awb, wordt de in de aangetekende brief gestelde termijn niet verlengd.

5. Indien een indiener niet voldoet aan de verplichting om een bericht of stuk, als bedoeld in artikel 8:36a, tweede lid, van de Awb, langs elektronische weg in te dienen, stelt de bestuursrechter de desbetreffende indiener in de gelegenheid dit verzuim te herstellen door binnen één week hetzelfde bericht of stuk alsnog langs elektronische weg in te dienen of bepaalt hij dat de procedure geheel of gedeeltelijk wordt voortgezet volgens de regels die gelden voor stukkenwisseling indien op papier wordt geprocedeerd. Indien deze termijn van één week eindigt voor het einde van de beroepstermijn, wordt deze termijn verlengd tot het einde van de beroepstermijn.

6. De voorgaande leden zijn niet van toepassing indien de mogelijkheid om het verzuim te herstellen bij bijzondere wet is uitgesloten.

Art. 2.5 Het griffierecht (de artikelen 8:41 en 6:15 van de Awb)

1. Binnen twee weken na de ontvangst van het beroepschrift nodigt de griffier de indiener uit het griffierecht binnen vier weken te voldoen. De griffier verzendt deze uitnodiging per aangetekende post indien de indiener op papier procedeert. Indien het griffierecht wordt verrekend met een rekening-courantverhouding met de gerechten wordt geen uitnodiging verzonden.

2. De griffier heft, in afwijking van het eerste lid, geen griffierecht indien de bestuursrechter het beroepschrift met toepassing van artikel 6:15, tweede lid, van de Awb doorzendt aan een bestuursorgaan of een bestuursrechter van een ander gerecht.

3. Indien de bestuursrechter, nadat griffierecht is geheven, het beroepschrift doorzendt aan of de zaak verwijst naar een bestuursrechter van een ander gerecht, bericht de doorzendende of verwijzende bestuursrechter degene aan wie is doorgezonden of naar wie is verwezen zo spoedig mogelijk over de ontvangst van het griffierecht. De eerste volzin is van overeenkomstige toepassing op de overdracht van een vreemdelingenzaak.

4. De griffier betaalt het griffierecht na ontvangst terug indien griffierecht is geheven voordat:
– de bestuursrechter het beroepschrift doorzendt aan een bestuursorgaan ter behandeling als bezwaarschrift of administratief-beroepschrift;
– de bestuursrechter van een rechtbank het beroepschrift doorzendt aan een hoger beroepsrechter of een hoger beroepsrechter het beroepschrift doorzendt aan een bestuursrechter van een rechtbank ter behandeling als beroepschrift of doorzendt aan de Hoge Raad als beroepschrift in cassatie.

5. Indien het beroep niet-ontvankelijk is verklaard omdat het griffierecht niet tijdig is betaald, betaalt de griffier het eventueel na de termijn betaalde griffierecht voor dat beroep terug.

6. Indien de bestuursrechter niet bevoegd is kennis te nemen van het beroepschrift heft de griffier geen griffierecht. Is wel griffierecht betaald, dan wordt dit terugbetaald.

Art. 2.6 Beroep op betalingsonmacht griffierecht

1. De indiener van het beroepschrift kan de griffier verzoeken de heffing van griffierecht achterwege te laten wegens betalingsonmacht. Dit verzoekt hij in het beroepschrift of uiterlijk voor het einde van de betalingstermijn van het griffierecht. In zaken waarop de Vreemdelingenwet 2000 van toepassing is en waarin geen verzet mogelijk is, kan de indiener van het beroepschrift dit verzoek doen totdat op het beroep uitspraak is gedaan.

2. Naar aanleiding van dit verzoek, zendt de griffier de indiener een formulier. Dit formulier retourneert de indiener ingevuld, samen met de gevraagde gegevens binnen twee weken na de verzending.

3. Het formulier en de gevraagde gegevens worden in het digitaal dossier niet toegankelijk gemaakt.

AFDELING 2.3
HET VOORONDERZOEK

Art. 2.7 Versnelde behandeling (artikel 8:52 van de Awb)
Binnen een week na ontvangst van een gemotiveerd verzoek om versnelde behandeling beslist de bestuursrechter of het verzoek wordt ingewilligd. Bij inwilliging van het verzoek bericht de griffier de partijen zo mogelijk op welke wijze de zaak verder wordt behandeld.

Art. 2.8 De beperking van de kennisneming (artikel 8:29 van de Awb)
1. Een partij die op grond van gewichtige redenen mededeelt dat alleen de bestuursrechter van stukken dan wel van inlichtingen kennis zal mogen nemen, deelt dit gemotiveerd mede bij voorkeur in een afzonderlijk stuk.
2. Een mededeling als bedoeld in het eerste lid kan uitsluitend betrekking hebben op stukken dan wel inlichtingen die de betrokken partij volgens de wet verplicht is aan de bestuursrechter over te leggen dan wel te verstrekken. Indien de mededeling betrekking heeft op onverplicht overgelegde stukken of verstrekte inlichtingen zendt de griffier deze aan de partij terug.
3. In het digitaal dossier wordt vermeld dat een partij een beroep heeft gedaan op artikel 8:29 van de Awb en dat daarover door de bestuursrechter een beslissing wordt genomen volgens het negende lid. Het stuk of de inlichting waarop de mededeling als bedoeld in de voorgaande leden betrekking heeft, wordt niet in het digitaal dossier opgenomen.
4. De betrokken partij kan de stukken waarop de mededeling betrekking heeft uitsluitend op papier indienen. Deze stukken worden ingezonden en in een gesloten envelop bijgesloten. Linksboven op de envelop vermeldt de partij de term '8:29 van de Awb'.
5. Indien de mededeling slechts ziet op delen van een of meer stukken of inlichtingen, wijst de bestuursrechter de betrokken partij er zo nodig op dat van hem wordt verwacht dat hij een versie van de stukken of van de inlichtingen indient die aan de andere partij(en) mag worden gezonden. Indien elektronisch wordt geprocedeerd dient de betrokken partij laatstgenoemde versie met de mededeling elektronisch in.
6. Indien de mededeling betrekking heeft op (delen van) stukken waarover op grond van de Wet openbaarheid van bestuur een besluit is genomen en het beroep tegen dat besluit is gericht, handelt de bestuursrechter alsof de bestuursrechter heeft besloten dat beperking van de kennisneming gerechtvaardigd is.
7. Indien de betrokken partij wenst dat ook van (delen van) de motivering van de mededeling de kennisneming wordt beperkt, dan dient hij dit te vermelden in de mededeling als bedoeld in het eerste lid. In dat geval kan deze motivering (of delen daarvan) uitsluitend op papier worden ingediend. De motivering wordt bijgesloten in de in het vierde lid bedoelde gesloten envelop. De bestuursrechter houdt met deze mededeling slechts rekening indien de betrokken partij dat vermeldt in de mededeling en tevens een versie van de motivering van de mededeling overlegt die ook aan de andere partij(en) mag worden gezonden. Indien elektronisch wordt geprocedeerd, dient de partij laatstgenoemde versie elektronisch in.
8. De bestuursrechter kan de andere partij(en) in de gelegenheid stellen binnen een termijn van twee weken op de mededeling inzake beperking van de kennisneming te reageren. Daarbij neemt de bestuursrechter het in het zevende lid bedoelde verzoek om beperking van de kennisneming van (delen van) de motivering van de mededeling in acht.
9. De bestuursrechter beslist binnen vier weken na ontvangst van de mededeling onder vermelding van de naam/namen van de rechter(s) die de beslissing heeft/hebben genomen. Indien de bestuursrechter de partij om een nadere toelichting op de mededeling vraagt, stelt hij een termijn van twee weken en beslist hij binnen vier weken na ontvangst van de nadere toelichting. Indien toepassing wordt gegeven aan het vorige lid beslist hij binnen vier weken na ontvangst van de reactie.
10. Indien de bestuursrechter heeft beslist dat de beperking van de kennisneming niet of niet geheel gerechtvaardigd is, wordt de betrokken partij gevraagd om binnen twee weken mee te delen of deze instemt met voeging van het (gedeeltelijk) stuk of de (gedeeltelijk) inlichting of in het digitaal dossier dan wel of deze het stuk of de inlichting terug wil krijgen. Hierbij wordt de partij er op gewezen dat indien hij niet instemt, de bestuursrechter daaruit de gevolgtrekkingen kan maken die hem geraden voorkomen.
11. Indien de bestuursrechter heeft beslist dat de beperking van de kennisneming geheel of gedeeltelijk gerechtvaardigd is, stelt hij de andere partijen in de gelegenheid, voor zover niet op een eerder moment al toestemming is verleend, hem binnen twee weken te berichten of zij er in toestemmen dat de bestuursrechter uitspraak doet mede op grondslag van (delen van de) stukken of inlichtingen waarvan beperking van de kennisneming gerechtvaardigd is geacht.
12. Indien toestemming wordt verleend is kennisneming van die stukken of inlichtingen bij de beoordeling van het beroep beperkt tot de bestuursrechter. Van een eenmaal gegeven toestemming kan niet worden teruggekomen.
13. Indien de toestemming wordt geweigerd blijven de (delen van de) stukken of inlichtingen waarvan de beperking van de kennisneming gerechtvaardigd is geacht bij de beoordeling van

A47 art. 2.9

het beroep buiten beschouwing. De betreffende stukken worden aan de betrokken partij teruggezonden. De zaak wordt behandeld door een andere bestuursrechter dan degene door wie de beslissing is genomen.

14. Na de uitspraak op het beroep worden de stukken of inlichtingen waarvan de kennisneming is beperkt op grond van een beslissing van de bestuursrechter, binnen twee weken teruggezonden aan de betrokken partij.

15. Het negende en veertiende lid zijn van overeenkomstige toepassing op de in het zevende lid bedoelde motivering waarvan beperking van de kennisneming is verzocht.

Art. 2.9 De geheimhouding (artikel 8:29 van de Awb)

1. Indien een partij op grond van gewichtige redenen weigert stukken over te leggen dan wel weigert inlichtingen te verstrekken, deelt hij dit gemotiveerd mede bij voorkeur in een afzonderlijk stuk.

2. Een mededeling als bedoeld in het eerste lid kan uitsluitend betrekking hebben op stukken dan wel inlichtingen die de betrokken partij volgens de wet verplicht is aan de bestuursrechter over te leggen dan wel te verstrekken.

3. In het digitaal dossier wordt vermeld dat een partij een beroep heeft gedaan op artikel 8:29 van de Awb en dat daarover door de bestuursrechter een beslissing wordt genomen volgens het zevende lid.

4. Indien de mededeling slechts ziet op delen van een of meer stukken of inlichtingen, wijst de bestuursrechter de betrokken partij er zo nodig op dat van hem wordt verwacht dat hij een versie van de stukken of van de inlichtingen indient die aan de andere partij(en) mag worden gezonden. Indien elektronisch wordt geprocedeerd dient de betrokken partij laatstgenoemde versie met de mededeling elektronisch in.

5. Indien de betrokken partij wenst dat uitsluitend de rechter kennis neemt van (delen van) de motivering is daarop artikel 2.8 van toepassing.

6. De bestuursrechter kan de andere partij(en) in de gelegenheid stellen binnen een termijn van twee weken op de mededeling inzake geheimhouding te reageren. Daarbij neemt de bestuursrechter het in het vijfde lid bedoelde verzoek om beperking van de kennisneming van (delen van) de motivering van de mededeling in acht.

7. De bestuursrechter beslist binnen vier weken na ontvangst van de mededeling onder vermelding van de naam/namen van de rechter(s) die de beslissing heeft/hebben genomen. Indien de bestuursrechter de partij om een nadere toelichting vraagt, stelt hij hiervoor een termijn van twee weken en beslist hij binnen vier weken na ontvangst van de nadere toelichting. Indien toepassing wordt gegeven aan het vorige lid beslist hij binnen vier weken na ontvangst van de reactie.

8. Indien de bestuursrechter beslist dat de geheimhouding van de stukken of de inlichtingen (deels) gerechtvaardigd is, brengt hij in zijn beslissing tot uitdrukking dat die stukken of inlichtingen geheel of gedeeltelijk bij de beoordeling van het beroep buiten beschouwing blijven. De zaak wordt behandeld door een andere bestuursrechter dan degene door wie de beslissing is genomen.

9. Indien de bestuursrechter heeft beslist dat de weigering niet of niet geheel gerechtvaardigd is, wordt de betrokken partij gevraagd om binnen twee weken de stukken alsnog in te dienen onderscheidenlijk de inlichtingen te verstrekken. Hierbij wordt de partij er op gewezen dat indien hij niet instemt, de bestuursrechter daaruit de gevolgtrekkingen maakt die hem geraden voorkomen.

Art. 2.10 Voorbehouden kennisneming (artikel 8:32 van de Awb en artikel 88 e.v. van de Wet op de arbeidsongeschiktheidsverzekering, 103 e.v. van de Wet Werk en Inkomen naar Arbeidsvermogen, 75b van de Ziektewet e.v., 129c van de Werkloosheidswet)

1. Indien een partij wil dat de bestuursrechter bepaalt dat kennisneming van stukken is voorbehouden aan een gemachtigde die advocaat of arts is dan wel daarvoor van de bestuursrechter bijzondere toestemming heeft gekregen, geeft hij dit bij het bepalen van de documentsoort tijdens het elektronisch indienen aan.

2. Indien deze stukken op papier worden ingediend, worden deze in een aparte envelop aan de griffie bijgesloten. Linksboven op de envelop vermeldt de partij de term '8:32 van de Awb'.

3. De bestuursrechter beslist binnen twee weken na ontvangst van deze stukken.

4. Indien het beroep betrekking heeft op artikel 88 e.v. van de Wet op de arbeidsongeschiktheidsverzekering, 103 e.v. van de Wet Werk en Inkomen naar Arbeidsvermogen en 75b van de Ziektewet beoordeelt de bestuursrechter ambtshalve of artikel 8:32 moet worden toegepast.

5. Voordat de bestuursrechter beslist een andere belanghebbende als bedoeld in artikel 2.2 van dit reglement in het geding toe te laten, beoordeelt hij ambtshalve of artikel 8:32 van de Awb moet worden toegepast.

Art. 2.11 De repliek, de dupliek en de schriftelijke uiteenzetting na repliek (artikel 8:43 van de Awb)
1. Indien de bestuursrechter de indiener van het beroepschrift in de gelegenheid stelt schriftelijk te repliceren geeft hij daartoe een termijn van vier weken.
2. Na ontvangst van de repliek stelt de bestuursrechter de andere partij(en) in de gelegenheid binnen vier weken te dupliceren of een nadere schriftelijke uiteenzetting over de zaak te geven.

Art. 2.12 Het deskundigenonderzoek (de artikelen 8:47 en 8:48 van de Awb)
1. Indien de bestuursrechter partijen in de gelegenheid stelt om hun wensen kenbaar te maken over het onderzoek door de door hem te benoemen deskundige, geeft hij aan partijen een termijn van twee weken.
2. De bestuursrechter zendt het verslag van de deskundige binnen één week na ontvangst daarvan aan partijen.
3. De bestuursrechter kan de termijn van vier weken voor het naar voren brengen van zienswijzen over het verslag eenmaal met twee weken verlengen op grond van een tijdig ingediend en gemotiveerd verzoek van een partij.
4. Als de bestuursrechter beslist om de ontvangen zienswijzen voor commentaar voor te leggen aan de deskundige, doet hij dat binnen vier weken na ontvangst daarvan. Aan de deskundige wordt daarbij een termijn van ten hoogste vier weken gegeven om zijn commentaar in te dienen.

AFDELING 2.4
HET ONDERZOEK TER ZITTING

Art. 2.13 De dagbepaling van de zitting
1. De griffier kan partijen bij wijze van aankondiging mededelen wanneer de zitting plaatsvindt. Een verzoek om een andere datum kan uitsluitend worden ingewilligd indien:
- dit verzoek is gemotiveerd;
- verhinderdata binnen een periode van twee weken voor tot zes weken na de geagendeerde zittingsdatum worden vermeld; en
- het verzoek binnen een week na verzending van de aankondiging is ingediend.
2. Na een uitnodiging voor de zitting wordt een verzoek om uitstel van de behandeling ter zitting zo mogelijk schriftelijk, onder aanvoering van gewichtige redenen en tijdig, ingediend. Onder tijdig wordt verstaan: zo spoedig mogelijk na ontvangst van de uitnodiging of zo spoedig mogelijk nadat de tot uitstel vragende omstandigheid is gebleken. De partij dient in zijn verzoek om uitstel zo mogelijk zijn verhinderdata op te nemen.
3. De bestuursrechter beslist binnen een week na ontvangst van dit verzoek.
4. Een verzoek dat voldoet aan de in het tweede lid omschreven voorwaarden wordt ingewilligd, tenzij de bestuursrechter oordeelt dat zwaarder wegende bij de behandeling van de zaak betrokken belangen hieraan in de weg staan. Als zwaarder wegende belangen kunnen mede worden aangemerkt een voor de bestuursrechter geldende beslistermijn en het belang van andere bij de behandeling van de zaak betrokken belanghebbenden.
5. De griffier deelt een afwijzing van het verzoek mee aan de verzoekende partij binnen een week na ontvangst van dit verzoek.
6. De griffier stelt partijen en eventuele andere betrokkenen binnen een week na ontvangst van het verzoek in kennis van een beslissing tot uitstel van de behandeling ter zitting.

Art. 2.14 De uitnodiging of oproeping voor de zitting (de artikelen 8:56 en 8:59 van de Awb)
1. In de uitnodiging of oproeping vermeldt de griffier of de zaak door een enkelvoudige of een meervoudige kamer wordt behandeld en zo mogelijk de geplande behandeltijd. Tevens vermeldt de griffier hierin de naam, onderscheidenlijk namen van de rechter(s) of de vindplaats waar dit is gepubliceerd.
2. Indien de bestuursrechter een partij oproept om in persoon te verschijnen, vermeldt de griffier in de oproeping zo mogelijk de reden waarom de partij wordt opgeroepen. Hij stelt ook de wederpartij(en) van die redengeving in kennis. De oproeping wordt indien het desbetreffende adres bekend is aan die partij zelf gezonden. De griffier stelt de gemachtigde daarvan in kennis.
3. Indien de bestuursrechter op de zitting zaken gevoegd of gesplitst behandelt en daarvan niet eerder mededeling is gedaan, deelt de griffier dit bij voorkeur mede in de uitnodiging of oproeping.
4. Indien de bestuursrechter een partij in persoon oproept aan wie rechtens de vrijheid is ontnomen, gelast hij ambtshalve het transport.
5. Indien een partij aan wie rechtens de vrijheid is ontnomen de bestuursrechter verzoekt de zitting te mogen bijwonen, kan de bestuursrechter het transport gelasten. Dit verzoek dient uiterlijk twee weken voor de zitting, of zo snel als redelijkerwijs mogelijk bij de bestuursrechter te worden ingediend.

Art. 2.15 Bijstand door een tolk ter zitting (de artikelen 8:59 en 8:60 van de Awb)
1. Bij een eerste beroep tegen een vrijheidsontnemende maatregel zorgt de bestuursrechter voor een tolk op de zitting indien betrokkene tolkbijstand behoeft. De bestuursrechter zorgt op verzoek voor een tolk als een partij in persoon is opgeroepen of als de bestuursrechter ambtshalve getuigen en/of deskundigen wil horen en tolkbijstand daarvoor nodig is. De tweede volzin vindt geen toepassing indien betrokkene de vrijheid is ontnomen en hij uitsluitend wordt opgeroepen omdat hij heeft verzocht te worden gehoord.
2. De bestuursrechter zorgt voor een tolk op de zitting indien de zaak over een bestraffende sanctie gaat en tolkbijstand nodig is om te garanderen dat degene aan wie de bestraffende sanctie is opgelegd het verhandelde ter zitting kan volgen in een taal die hij verstaat.
3. Een verzoek om tolkbijstand dient uiterlijk twee weken voor de zitting, of zo snel als redelijkerwijs mogelijk bij de bestuursrechter te worden ingediend. De bestuursrechter beslist binnen een week op dit verzoek.

Art. 2.16 Te laat ingediende stukken
1. Indien stukken tien dagen of minder voor de zitting door de bestuursrechter zijn ontvangen, beslist de bestuursrechter of deze stukken buiten beschouwing blijven. De beslissing wordt door de bestuursrechter uiterlijk in de uitspraak kenbaar gemaakt.
2. Stukken die na de sluiting van het onderzoek ter zitting ongevraagd zijn ingediend blijven buiten beschouwing. Een uitzondering geldt voor stukken die aanleiding hebben gegeven tot heropening van het onderzoek. De beslissing wordt door de bestuursrechter uiterlijk in de uitspraak kenbaar gemaakt.
3. De stukken die buiten beschouwing blijven, blijven in het digitaal dossier opgenomen.

Art. 2.17 Verzoek tot opmaken proces-verbaal (artikel 8:61 van de Awb)
Een partij die verzoekt tot het opmaken en toezenden van een proces-verbaal van het verhandelde ter zitting vermeldt het belang dat hij daarbij heeft.

Art. 2.18 Verzoek tot verstrekking dossierstukken
De bestuursrechter wijst een verzoek van een partij om verstrekking van een dossierstuk niet zijnde het proces-verbaal van de zitting, gedaan na de uitspraak, slechts in uitzonderlijke gevallen toe.

Art. 2.19 De schorsing (artikel 8:64 van de Awb)
Indien niet alle partijen op de zitting aanwezig waren en de bestuursrechter het onderzoek ter zitting met toepassing van artikel 8:64, eerste lid, van de Awb heeft geschorst, doet de griffier binnen twee weken na die zitting mededeling aan partijen van de schorsing en van de wijze waarop het onderzoek wordt voortgezet.

Art. 2.20 De sluiting van het onderzoek zonder (nadere) zitting (de artikelen 8:57 en 8:64 van de Awb)
1. Indien de bestuursrechter voornemens is het onderzoek te sluiten zonder (nadere) zitting, wijst hij partijen op hun recht om op zitting te worden gehoord. Tevens wijst hij partijen op de mogelijkheid om binnen vier weken te verklaren dat zij gebruik willen maken van dit recht. Het derde lid is onverminderd van toepassing.
2. Indien de in het eerste lid bedoelde termijn ongebruikt is verstreken deelt de griffier de beslissing over de sluiting van het onderzoek binnen vier weken aan partijen mee.
3. De bestuursrechter kan in een tussenuitspraak het bestuursorgaan in de gelegenheid stellen of opdracht geven een gebrek in het bestreden besluit te (laten) herstellen. Indien de bestuursrechter daarna bepaalt dat een nader onderzoek achterwege blijft, deelt de griffier de beslissing over de sluiting van het onderzoek aan partijen mee. Dit doet hij binnen vier weken nadat zich één van de situaties heeft voorgedaan als bedoeld in artikel 8:57, tweede lid, van de Awb.

AFDELING 2.5
DE UITSPRAAK

Art. 2.21 De termijn voor de schriftelijke uitspraak (artikel 8:66 van de Awb)
Indien de bestuursrechter na verlenging van de uitspraaktermijn van zes weken niet binnen de aan de partijen medegedeelde termijn uitspraak doet, deelt de griffier partijen zo mogelijk mee wanneer uitspraak wordt gedaan.

Art. 2.22 De uitspraak (artikel 8:66 e.v. van de Awb)
1. De schriftelijke uitspraak geschiedt in het openbaar door het zaaknummer en de datum van de uitspraak te vermelden in het openbaar toegankelijk uitsprakenregister.
2. De schriftelijke uitspraak of het proces-verbaal van de mondelinge uitspraak wordt binnen een week nadat deze is gedaan of opgemaakt aan partijen bekendgemaakt door plaatsing in het digitaal dossier. Indien op papier wordt geprocedeerd, vindt bekendmaking ook plaats door toezending van de uitspraak op papier aan de partij die op papier procedeert.

3. De griffier verstrekt aan iedere partij op verzoek niet meer dan éénmaal een grosse van een uitspraak. Dit doet hij kosteloos en bij aangetekende brief. Daarbij worden gezamenlijk procederende personen als één partij aangemerkt.

Art. 2.23 Herstel van de uitspraak

1. De bestuursrechter kan op verzoek van een partij of ambtshalve een kennelijke fout in de beslissing of in de dragende overwegingen van een uitspraak die zich voor eenvoudig herstel leent, herstellen.
2. Voordat de bestuursrechter overgaat tot rectificatie, stelt hij partijen die niet om het herstel hebben verzocht in de gelegenheid om zich over het herstel uit te laten binnen door de hem te stellen termijn.
3. De herstelde uitspraak wordt aan partijen bekendgemaakt op de wijze van de bekendmaking van de oorspronkelijke uitspraak.

AFDELING 2.6
BEHANDELING NA VERWIJZING DOOR DE HOGE RAAD

Art. 2.24 Verwijzing door de Hoge Raad (artikel 29e van de Algemene wet rijksbelastingen)

Indien een zaak door de Hoge Raad ter verdere behandeling en beslissing met inachtneming van de uitspraak van de Hoge Raad wordt verwezen naar een ander gerecht, stelt de bestuursrechter partijen zo nodig achtereenvolgens in de gelegenheid om binnen vier weken een uiteenzetting in te dienen naar aanleiding van de uitspraak van de Hoge Raad.

HOOFDSTUK 3
HET NIET TIJDIG NEMEN VAN EEN BESLUIT

Art. 3.1 Het beroep tegen het niet tijdig nemen of bekendmaken van een besluit (de artikelen 6:2, 6:20 en 8:55b tot en met 8:55f van de Awb)

1. Dit artikel is van toepassing indien beroep is ingesteld tegen het niet tijdig nemen van een besluit of bekendmaken van een beschikking van rechtswege.
2. De bestuursrechter behandelt het beroep versneld met toepassing van artikel 8:52 van de Awb. Dit deelt de griffier partijen mee in de ontvangstbevestiging of de berichtgeving, bedoeld in artikel 2.1. In afwijking van artikel 2.5, eerste lid, nodigt de griffier de indiener uit het griffierecht binnen twee weken te voldoen.
3. Indien sprake is van een verzuim als bedoeld in artikel 6:6 van de Awb, stelt de bestuursrechter in afwijking van artikel 2.4, eerste lid, de indiener van het beroepschrift in de gelegenheid het verzuim binnen twee weken te herstellen.
4. Bij de berichtgeving, bedoeld in artikel 2.1, tweede lid, verzoekt de bestuursrechter het bestuursorgaan binnen twee weken de op de zaak betrekking hebbende stukken in te zenden. Daarbij deelt de bestuursrechter het bestuursorgaan mee dat indien het hieraan niet of niet geheel voldoet, op het beroep wordt beslist op grondslag van de beschikbare stukken.
5. Indien de bestuursrechter het beroep op de zitting behandelt, zendt de griffier ten minste twee weken voor de datum van de zitting partijen de uitnodiging of oproeping om op een zitting van de bestuursrechter te verschijnen. Binnen twee weken na de zitting doet de bestuursrechter uitspraak.
6. Indien het bestuursorgaan alsnog een besluit neemt en dat aan de bestuursrechter zendt voordat de bestuursrechter uitspraak heeft gedaan, behandelt de bestuursrechter het beroep verder op de gewone wijze. De griffier doet hiervan mededeling aan partijen.

HOOFDSTUK 4
HET VERZET

Art. 4.1 Het verzet (artikel 8:55 van de Awb)

1. Indien de bestuursrechter vaststelt dat sprake is van een herstelbaar verzuim als bedoeld in artikel 6:6 van de Awb, stelt hij in afwijking van artikel 2.4 de indiener van het verzetschrift in de gelegenheid het verzuim binnen twee weken te herstellen.
2. Indien de bestuursrechter de wederpartij de gelegenheid geeft te reageren op het verzet, stelt de bestuursrechter een termijn van twee weken.
3. Indien de bestuursrechter de indiener van het verzetschrift in de gelegenheid stelt op de zitting te worden gehoord, zendt de griffier de mededeling daarover ten minste drie weken voor de datum van de zitting aan de indiener. Hij stelt de overige partijen in de bodemzaak daarvan op de hoogte.
4. De bestuursrechter behandelt het verzet binnen dertien weken na ontvangst van het verzetschrift op de zitting of doet binnen deze termijn zonder zitting uitspraak. Indien de termijn niet kan worden gehaald, wordt daarvan binnen de termijn aan partijen mededeling gedaan.

HOOFDSTUK 5
DE VOORLOPIGE VOORZIENING

Art. 5.1 Toepassingsbereik van dit hoofdstuk
Indien dit hoofdstuk van toepassing is, zijn de artikelen 2.7, 2.20 en 2.21 niet van toepassing en kan worden afgeweken van de in hoofdstuk 2 genoemde termijnen.

Art. 5.2 De op de zaak betrekking hebbende stukken (artikel 8:83 van de Awb)
Indien de indiener van het verzoekschrift of een andere belanghebbende op papier procedeert kan de griffier het betrokken bestuursorgaan verzoeken een afschrift van de stukken tegelijkertijd ook op papier aan de andere partijen te zenden en daarvan mededeling te doen aan de griffier.

Art. 5.3 De uitnodiging of oproeping voor de zitting (artikel 8:83 van de Awb)
In de uitnodiging of oproeping vermeldt de griffier, voor zover van toepassing, de in artikel 78 van de Vw 2000 bedoelde mogelijkheid dat de voorzieningenrechter niet alleen op het verzoek om voorlopige voorziening hangende bezwaar of administratief beroep beslist, maar ook op dat bezwaar of administratief beroep.

Art. 5.4 De termijn voor de uitspraak (artikel 8:84 van de Awb)
De voorzieningenrechter doet binnen twee weken na de zitting uitspraak.

HOOFDSTUK 6
VERZOEK OM SCHADEVERGOEDING

Art. 6.1 Toe te voegen bescheiden (artikel 8:92 van de Awb)
De indiener van het verzoekschrift voegt zo mogelijk de reactie van het betrokken bestuursorgaan op zijn schriftelijke verzoek om vergoeding van de schade bij het verzoekschrift.

HOOFDSTUK 7
HET HOGER BEROEP

Art. 7.1 Hoger beroep en incidenteel hoger beroep
1. De hogerberoepsrechter stelt in aanvulling op artikel 2.1 binnen één week na het einde van de beroepstermijn de rechtbank, de andere partijen in beroep bij de rechtbank en aan de op dat moment bij de hoger beroepsrechter bekende andere belanghebbenden van de ontvangst van het hogerberoepschrift op de hoogte.
2. Binnen twee weken na ontvangst van de gronden van het hoger beroep worden de andere partijen in de gelegenheid gesteld om binnen zes weken bij afzonderlijk geschrift incidenteel hoger beroep in te stellen. Daarbij wordt voor het indienen van een uiteenzetting op het hogerberoepschrift eveneens een termijn van zes weken gegund. Een verzoek om verlenging van één van deze termijnen wordt tevens gezien als een verzoek om verlenging van de andere termijn.
3. De indiener van het hogerberoepschrift wordt in de gelegenheid gesteld binnen een termijn van zes weken een uiteenzetting op het incidenteel hoger beroep naar voren te brengen.

Art. 7.2 De andere belanghebbende(n) (de artikelen 8:26 en 8:43 van de Awb)
In aanvulling op artikel 2.2, tweede lid, stelt de hogerberoepsrechter aan de andere belanghebbende(n) tevens de aangevallen uitspraak ter beschikking.

HOOFDSTUK 8
VREEMDELINGENZAKEN

AFDELING 8.1
DE VRIJHEIDSONTNEMENDE MAATREGEL

Art. 8.1 Toepassingsbereik van deze afdeling
1. Deze afdeling is van toepassing op een zaak over een vrijheidsontnemende maatregel.
2. Indien deze afdeling van toepassing is, zijn de artikelen 2.2, 2.5, 2.6, 2.7, 2.11, 2.12, 2.13, 2.14, tweede en derde lid, 2.16, eerste lid, 2.20 en 2.21 niet van toepassing en kan worden afgeweken van de in hoofdstuk 2 genoemde termijnen. Deze afwijkende termijnen worden aan partijen medegedeeld.

Art. 8.2 De ontvangstbevestiging (artikel 6:14 van de Awb)
De griffier bevestigt binnen twee werkdagen de ontvangst van het beroepschrift aan de indiener.

Art. 8.3 De toevoeging van een raadsman (de artikelen 100 en 101 van de Vw 2000)
De bestuursrechter voegt, zowel bij een eerste beroep, als bij een vervolgberoep, ambtshalve aan de vreemdeling een raadsman toe als bedoeld in de artikelen 100 en 101 van de Vw 2000, tenzij vaststaat dat de vreemdeling zelf een raadsman heeft gekozen. Onder dit laatste wordt tevens de situatie verstaan dat de vreemdeling al wordt bijgestaan door een raadsman, die op

verzoek van die vreemdeling door het bureau rechtsbijstandvoorziening aan de vreemdeling is toegevoegd.

Art. 8.4 De op de zaak betrekking hebbende stukken in een eerste beroep (artikel 8:42 van de Awb en artikel 94 van de Vw 2000)
Indien het om een eerste beroep gaat, verzoekt de griffier het bestuursorgaan de op de zaak betrekking hebbende stukken in te zenden op zodanig tijdstip dat de griffier deze uiterlijk op de derde werkdag vóór de zitting om 16:00 uur ontvangt.

Art. 8.5 De inlichtingen betreffende een vervolgberoep (artikel 96 van de Vw 2000)
1. Indien het om een vervolgberoep gaat, zendt de griffier het beroepschrift aan het bestuursorgaan en stelt zij het bestuursorgaan in de gelegenheid binnen drie werkdagen na die verzending inlichtingen te verstrekken die van belang zijn voor de beoordeling van de zaak (de zogenoemde voortgangsrapportage).
2. Na ontvangst van de in het eerste lid bedoelde inlichtingen stelt de bestuursrechter de vreemdeling in de gelegenheid binnen twee werkdagen schriftelijk op deze inlichtingen te reageren en zich uit te laten over de noodzaak van behandeling van het vervolgberoep ter zitting. De bestuursrechter neemt een verzoek de vreemdeling in persoon op te roepen in behandeling indien de vreemdeling uiterlijk bij het geven van deze reactie daarom verzoekt.

AFDELING 8.2
DE 4-WEKEN-ZAAK

Art. 8.6 Toepassingsbereik van deze afdeling
1. Deze afdeling is van toepassing op een 4-weken-zaak.
2. Indien deze afdeling van toepassing is, zijn de artikelen 2.2, 2.4, 2.5, 2.6, 2.7, 2.11, 2.13, 2.14, tweede en derde lid, 2.16, eerste lid, 2.20 en 2.21 niet van toepassing en kan worden afgeweken van de in hoofdstuk 2 genoemde termijnen.

Art. 8.7 De ontvangstbevestiging en de uitnodiging of oproeping voor de zitting (artikel 6:14 Awb, gelezen in samenhang met artikel 8:52, tweede lid, Awb en artikel 83b, vierde lid, Vw 2000)
1. De griffier bevestigt binnen twee werkdagen de ontvangst van het beroepschrift aan de indiener.
2. De griffier nodigt de indiener van het beroepschrift daarbij uit of roept hem daarbij op voor een zitting, dan wel deelt hem mee op welke datum het beroep op de zitting wordt behandeld.

Art. 8.8 De op de zaak betrekking hebbende stukken (artikel 8:42, eerste lid, Awb gelezen in samenhang met artikel 8:52, tweede lid, Awb en artikel 83b, vierde lid, Vw 2000)
1. De bestuursrechter verzoekt het bestuursorgaan de op de zaak betrekking hebbende stukken uiterlijk op het tijdstip vermeld in de Bijlage bij hoofdstuk 8 in te dienen.
2. Indien de indiener van het beroepschrift op papier procedeert kan de griffier het bestuursorgaan verzoeken een afschrift van deze stukken tegelijkertijd met het elektronisch indienen van de stukken ook op papier aan de indiener van het beroepschrift te zenden en daarvan mededeling te doen aan de griffier.

Art. 8.9 Herstel van een verzuim (artikel 6:5 en 6:6 Awb gelezen in samenhang met artikel 8:52, tweede lid, Awb en artikel 83b, vierde lid, Vw 2000)
Indien de bestuursrechter vaststelt dat sprake is van een verzuim als bedoeld in artikel 6:6 van de Awb, stelt hij de indiener van het beroepschrift tegelijk met de in artikel 8,7, eerste lid, genoemde bevestiging in de gelegenheid het verzuim te herstellen. De termijn voor het herstel eindigt op het tijdstip vermeld in de Bijlage bij hoofdstuk 8. Deze termijn wordt niet verlengd. Daarbij vermeldt de griffier dat het beroep niet-ontvankelijk kan worden verklaard indien het verzuim niet binnen de gestelde termijn wordt hersteld.

AFDELING 8.3
VREEMDELINGENZAKEN BIJ DE AFDELING BESTUURSRECHTSPRAAK VAN DE RAAD VAN STATE

Art. 8.10 Toepassingsbereik van deze afdeling
1. Deze afdeling is van toepassing op een zaak ingediend bij de Afdeling bestuursrechtspraak van de Raad van State waarop hoofdstuk 7 van de Vw 2000 van toepassing is.
2. Indien deze afdeling van toepassing is, zijn de artikelen 2.2, 2.3, tweede en derde lid, 2.7, 2.10, 2.18 en 8.2, tweede lid, niet van toepassing en kan worden afgeweken van de in hoofdstukken 2 en 8 genoemde termijnen.

Art. 8.11 Herstel van een verzuim
1. In zaken als bedoeld in artikel 43 en 45, vierde lid, van de Vw 2000 is artikel 2.4 van overeenkomstige toepassing, met dien verstande dat de bestuursrechter de indiener van het beroep-

schrift in de gelegenheid stelt het verzuim te herstellen binnen twee weken na de datum van de verzending van de uitnodiging.
2. In overige zaken stelt de bestuursrechter de indiener in de gelegenheid binnen twee weken na de datum van de verzending van de uitnodiging het verzuim te herstellen als bedoeld in artikel 6:5, aanhef en eerste lid, onder a en b, van de Awb, dan wel het tweede of derde lid van die bepaling. Artikel 6:6 van de Awb is niet van toepassing, indien niet is voldaan aan de vereisten genoemd in artikel 6:5, eerste lid, onder c en d van de Awb.

Art. 8.12 De machtiging
Indien de bestuursrechter van een gemachtigde een machtiging verlangt, nodigt de griffier hem uit de machtiging binnen een week in te zenden.

Art. 8.13 De ontvangstbevestiging, de berichtgeving en de stukken
1. In zaken als bedoeld in artikel 43 en 45, vierde lid, van de Vw 2000 stelt de griffier in afwijking van artikel 2.1 het bestuursorgaan nadat het beroepschrift is ontvangen hiervan op de hoogte. Hij verzoekt het bestuursorgaan om binnen twee weken een verweerschrift in te dienen. Op diezelfde dag wijst de griffier het bestuursorgaan op de verplichting om binnen twee weken de op de zaak betrekking hebbende stukken in te dienen.
2. In overige zaken stelt de griffier in afwijking van artikel 2.1 de andere partij in beroep bij de rechtbank en de rechtbank op de hoogte. Hij verzoekt de andere partij om binnen twee weken een uiteenzetting op het hogerberoepschrift in te dienen.
3. In afwijking van het tweede lid is in een zaak over een vrijheidsontnemende maatregel of een 4-weken-zaak de termijn voor het indienen van een reactie ten hoogste een week.

Art. 8.14 De uitnodiging of oproeping voor de zitting
1. In aanvulling op artikel 2.13 en 2.14 kan de griffier de uitnodiging of oproeping in een zaak over een vrijheidsontnemende maatregel of een 4-weken-zaak tot twee werkdagen voor de dag van de zitting verzenden. Indien de uitnodiging of oproeping minder dan een week voor de dag van de zitting wordt verzonden, kan de uitnodiging of oproeping tevens telefonisch plaatsvinden.
2. In zaken als bedoeld in het eerste lid geldt in afwijking van artikel 2.15, eerste lid, een termijn van twee dagen.

Art. 8.15 Deskundigenonderzoek
In afwijking van artikel 2.12 kan de bestuursrechter kortere termijnen stellen.

HOOFDSTUK 9
SLOTBEPALING

Art. 9.1 Slotbepaling
1. Op de termijnen, bedoeld in dit reglement, is de Algemene termijnenwet van toepassing.
2. De tekst van dit reglement wordt in de Staatscourant geplaatst en tevens op www.rechtspraak.nl en www.raadvanstate.nl gepubliceerd.
3. Dit reglement treedt in werking op 12 juni 2017.
4. Dit reglement wordt aangehaald als: Procesreglement bestuursrecht 2017.

Procesregeling bestuursrechterlijke colleges 2014[1]

Procesregeling Afdeling bestuursrechtspraak van de Raad van State, de Centrale Raad van Beroep en het College van Beroep voor het bedrijfsleven 2014 (Procesregeling bestuursrechterlijke colleges 2014)

Art. 1 – Begripsbepalingen
1. In deze regeling wordt verstaan onder:
a. *appellant*: de indiener van het beroepschrift bij het college;
b. *Awb*: Algemene wet bestuursrecht;
c. *college*: de Afdeling bestuursrechtspraak van de Raad van State, de Centrale Raad van Beroep dan wel het College van Beroep voor het bedrijfsleven;
d. *verzoeker*: de indiener van het verzoek om schadevergoeding als bedoeld in artikel 8:88 van de Awb.
2. Tenzij uit deze regeling anders voortvloeit, wordt daarin onder beroep mede verstaan: hoger beroep en onder beroepschrift mede verstaan: hogerberoepschrift.

Art. 2 – Toepassingsbereik
1. Deze regeling is van toepassing op hoofdzaken die zijn ingeleid door middel van een beroep- of een verzoekschrift, met uitzondering van:
a. zaken waarop hoofdstuk 7 van de Vreemdelingenwet 2000 van toepassing is, en
b. tuchtzaken die worden behandeld door het College van Beroep voor het bedrijfsleven.
2. Tenzij anders is bepaald is deze regeling, voor zover mogelijk, van toepassing op het incidenteel hoger beroep.

Art. 3 – Afwijking in bijzondere omstandigheden
In geval van bijzondere omstandigheden kan het college van deze regeling afwijken.

Art. 4 – Verlenging termijnen
1. Een verzoek om verlenging van een door het college gestelde termijn wordt gemotiveerd en binnen die termijn schriftelijk ingediend.
2. Een volgend verzoek om verlenging met betrekking tot dezelfde aangelegenheid wordt niet toegewezen.
3. Op het verzoek om verlenging wordt binnen één week na de ontvangst beslist. De beslissing wordt aan de indiener van het verzoek om verlenging en bij toewijzing zo nodig ook aan de andere partijen schriftelijk medegedeeld.
4. Indien het verzoek wordt afgewezen, kan de indiener van het verzoek om verlenging een laatste termijn van één week worden gegeven om alsnog aan het gevraagde te voldoen. In ieder geval wordt geen laatste termijn gegeven, indien bij het stellen van de termijn is medegedeeld dat verlenging niet zal worden toegestaan.

Art. 5 – Bevestiging en kennisgeving ontvangst beroepschrift
1. Binnen twee weken na de ontvangst van het beroepschrift wordt:
a. een bevestiging van de ontvangst gezonden aan de appellant;
b. een kennisgeving van de ontvangst gezonden aan het bestuursorgaan dat het bestreden besluit heeft genomen, tenzij dat bestuursorgaan de appellant is;
c. indien het een hoger beroepschrift betreft mededeling gedaan aan de griffier van de rechtbank die de aangevallen uitspraak heeft gedaan.
2. Binnen vier weken na het einde van de beroepstermijn wordt een kennisgeving van de ontvangst van het beroepschrift gezonden aan de andere partijen en aan de op dat moment bij het college bekende derden-belanghebbenden.

Art. 6 – Incidenteel hoger beroep
1. Binnen twee weken na ontvangst van de gronden van het hoger beroep worden de andere partijen in de gelegenheid gesteld incidenteel hoger beroep in te stellen.
2. Incidenteel hoger beroep wordt bij voorkeur bij afzonderlijk geschrift ingediend.

Art. 7 – Bevestiging en kennisgeving ontvangst verzoekschrift
Binnen twee weken na de ontvangst van het verzoekschrift wordt:
a. een bevestiging van de ontvangst gezonden aan de verzoeker;
b. een kennisgeving van de ontvangst gezonden aan het bestuursorgaan dat de schade beweerdelijk heeft veroorzaakt.

---

1 Inwerkingtredingsdatum: 12-06-2017.

Art. 8 – Griffierecht
1. Binnen twee weken na de ontvangst van het beroepschrift of het verzoekschrift wordt de appellant/verzoeker schriftelijk uitgenodigd het griffierecht, indien het is verschuldigd, binnen vier weken te voldoen.
2. Het eerste lid is niet van toepassing, indien het beroepschrift of het verzoekschrift is ingediend door een gemachtigde die bij het college een rekening-courant aanhoudt en het griffierecht langs deze weg is verrekend.
3. Indien het college niet bevoegd is kennis te nemen van het beroepschrift of het verzoekschrift heft het geen griffierecht. Is wel griffierecht geheven, dan wordt dit gerestitueerd indien het is betaald.

Art. 9 – Herstel verzuimen
1. Het college geeft van het bestaan van een verzuim als bedoeld in artikel 6:6 van de Awb, schriftelijk kennis aan de appellant/verzoeker en nodigt deze daarbij uit het verzuim binnen vier weken te herstellen. Daarbij vermeldt het college dat het beroep of het verzoek niet-ontvankelijk wordt verklaard, indien het verzuim niet binnen de gestelde termijn wordt hersteld en het verzuim niet verschoonbaar is.
2. Indien het beroep/verzoek wordt behandeld met toepassing van artikel 8:52 van de Awb wordt, in afwijking van het eerste lid, een termijn van twee weken gehanteerd.
3. De voorgaande leden zijn niet van toepassing, indien de mogelijkheid om het verzuim te herstellen bij bijzondere wet is uitgesloten.
Dit geldt in het bijzonder voor zaken waarop artikel 1.6a van de Crisis- en herstelwet van toepassing is.

Art. 10 – Aantonen vertegenwoordigingsbevoegdheid
Indien het college een machtiging of bewijs van vertegenwoordigingsbevoegdheid verlangt, nodigt het de gemachtigde of vertegenwoordiger schriftelijk uit de machtiging of het bewijs van vertegenwoordigingsbevoegdheid binnen vier weken in te zenden.

Art. 11 – Niet-ontvankelijkverklaring beroep of verzoek
Niet-ontvankelijkverklaring van het beroep of het verzoek wegens een verzuim als bedoeld in de artikelen 8, 9 en 10 vindt slechts plaats, indien:
a. de uitnodiging het verzuim te herstellen bij aangetekende brief is verzonden,
b. in de uitnodiging is medegedeeld dat het beroep of het verzoek niet-ontvankelijk wordt verklaard, indien het verzuim niet binnen de gestelde termijn is hersteld en het verzuim niet verschoonbaar is, en
c. binnen de termijn geen herstel heeft plaatsgevonden.

Art. 12 – Partijen
1. Als partij in de (hoger) beroepsprocedure worden in ieder geval aangemerkt:
a. de appellant;
b. het bestuursorgaan dat het bestreden besluit heeft genomen;
c. het bestuursorgaan dat het aan goedkeuring onderworpen besluit heeft genomen;
d. het bestuursorgaan dat het besluit heeft genomen waarover in administratief beroep is beslist.
2. Indien het een zaak in hoger beroep betreft, wordt tevens in ieder geval de indiener van het beroepschrift in eerste aanleg als partij aangemerkt.
3. Het college stelt ambtshalve de daarvoor in aanmerking komende bij hem bekende derden-belanghebbenden een termijn van twee weken om kenbaar te maken of zij als partij aan het geding willen deelnemen.
4. Op een verzoek om een derde als partij aan het geding deel te laten nemen, beslist het college binnen vier weken na de ontvangst.
5. Van een beslissing om een derde aan het geding te laten deelnemen, kan het college op elk moment in de procedure terugkomen.
6. Als partij in de verzoekschriftprocedure wordt in ieder geval aangemerkt:
a. de verzoeker;
b. het bestuursorgaan dat de schade beweerdelijk heeft veroorzaakt.
7. De leden 2, 3, 4 en 5 zijn van overeenkomstige toepassing op de verzoekschriftprocedure als bedoeld in het zesde lid.

Art. 13 – Toezending stukken en indiening schriftelijke uiteenzetting
1. Nadat de gronden van het beroep zijn ingediend, wordt zo spoedig mogelijk een afschrift van het beroepschrift en het geschrift dat de gronden bevat aan de andere partijen gezonden.
2. Toezending als bedoeld in het eerste lid blijft achterwege, indien aanstonds blijkt dat het beroepschrift moet worden doorgezonden aan het bevoegde bestuursorgaan of de bevoegde bestuursrechter.
3. Bij zaken in eerste en enige aanleg wordt binnen twee weken na de ontvangst van de op de zaak betrekking hebbende stukken of het verweerschrift een afschrift aan de andere partijen gezonden, tenzij het zeer omvangrijke of moeilijk te vermenigvuldigen stukken betreft. Indien de partijen daardoor niet in hun belangen worden geschaad, kan de toezending van stukken waarvan de partijen eerder hebben kunnen kennisnemen achterwege blijven.

Procesregeling bestuursrechtelijke colleges 2014

4. Bij zaken in hoger beroep wordt aan de partijen binnen twee weken na de ontvangst van een verweerschrift dan wel een stuk waarin een partij een schriftelijke uiteenzetting over de zaak geeft, een afschrift daarvan gezonden.
5. Andere partijen dan de indiener van het beroepschrift, degene aan wie een verweerschrift is gevraagd en degene die reeds een schriftelijke uiteenzetting heeft gegeven, worden in de gelegenheid gesteld binnen vier weken na de uitnodiging daartoe een schriftelijke uiteenzetting over de zaak te geven.
6. Indien een partij nadere stukken indient, zendt het college binnen twee weken na de ontvangst afschrift daarvan aan de andere partijen.

Art. 14 – Beperking kennisneming
1. Een mededeling van een partij dat uitsluitend het college kennis zal mogen nemen van stukken wordt afzonderlijk en schriftelijk gedaan en gemotiveerd.
2. Een mededeling als bedoeld in het eerste lid kan uitsluitend betrekking hebben op stukken die de betrokken partij op grond van de wet verplicht is aan het college over te leggen. Een mededeling die betrekking heeft op een onverplicht overgelegd stuk, wordt niet in behandeling genomen. Het stuk waarop dat verzoek betrekking heeft, wordt aan de betrokken partij teruggezonden.
3. Indien het beroep betrekking heeft op een besluit tot weigering van openbaarmaking op grond van de Wet openbaarheid van bestuur, wordt steeds gehandeld alsof een mededeling als bedoeld in het eerste lid is gedaan en het college heeft beslist dat de beperking van de kennisneming gerechtvaardigd is.
4. Het college beslist binnen zes weken of de beperking van de kennisneming gerechtvaardigd is. De termijn vangt aan zodra aan de in het eerste lid gestelde eisen is voldaan en de stukken waarop de mededeling betrekking heeft, zijn ontvangen.
5. De partijen worden van de beslissing, bedoeld in het vierde lid, schriftelijk in kennis gesteld. De kennisgeving bevat de namen van de partijen en hun vertegenwoordigers of gemachtigden, de gronden van de beslissing, de beslissing en de samenstelling van de kamer van het college die de beslissing heeft genomen. Vindt de behandeling van de zaak ter zitting plaats binnen zes weken, dan kan de kennisgeving ook mondeling ter zitting worden gedaan.
6. Indien het college heeft beslist dat de beperking van de kennisneming niet gerechtvaardigd is, zendt het de stukken waarop de mededeling betrekking heeft binnen twee weken terug aan de betrokken partij. Het college verzoekt daarna om inzending van de desbetreffende stukken.
7. Van een eenmaal gegeven toestemming tot kennisneming door het college van stukken ten aanzien waarvan is beslist dat de beperking van de kennisneming gerechtvaardigd is, kan niet worden teruggekomen.
8. Binnen twee weken na de verzending van de uitspraak worden de stukken ten aanzien waarvan het college heeft beslist dat de beperking van de kennisgeving gerechtvaardigd is, teruggezonden aan de betrokken partij.

Art. 15 – Deskundigenonderzoek
1. Indien het college de partijen in de gelegenheid stelt om hun wensen omtrent een deskundigenonderzoek kenbaar te maken, stelt het daarvoor een termijn van twee weken.
2. Het college stelt de deskundige een termijn van ten minste vier en ten hoogste dertien weken voor het uitbrengen van een schriftelijk verslag van het onderzoek.
3. Het college zendt, behoudens toepassing van artikel 8:32 van de Awb, binnen twee weken na de ontvangst van het verslag een afschrift daarvan aan de partijen.
4. Naar aanleiding van een gemotiveerd verzoek van een partij kan het college de termijn van vier weken voor het naar voren brengen van zienswijzen met betrekking tot het verslag eenmaal met twee weken verlengen.
5. Het college kan de ontvangen zienswijzen binnen twee weken voor commentaar voorleggen aan de deskundige. Aan de deskundige wordt daarbij een termijn van ten minste twee en ten hoogste vier weken gegeven om zijn commentaar in te dienen.

Art. 16 – Versnelde behandeling
1. Een verzoek om versnelde behandeling wordt gemotiveerd en schriftelijk ingediend.
2. Binnen twee weken na de ontvangst van het verzoek deelt het college aan de indiener van het verzoek om versnelde behandeling schriftelijk mede of het verzoek wordt toegewezen.
3. Bij toewijzing van het verzoek wordt aan de partijen zo mogelijk tevens bericht op welke wijze de zaak verder wordt behandeld.

Art. 17 – Beroep tegen niet tijdig nemen van een besluit met toepassing van afdeling 8.2.4a van de Awb
1. Indien beroep is ingesteld tegen het niet tijdig nemen van een besluit, behandelt het college het beroep versneld met toepassing van artikel 8:52 van de Awb. Hiervan wordt partijen mededeling gedaan in de ontvangstbevestiging onderscheidenlijk de kennisgeving, bedoeld in artikel 6:14, eerste en tweede lid, van de Awb.
2. In afwijking van artikel 8:42, eerste lid, van de Awb verzoekt het college het bestuursorgaan de op de zaak betrekking hebbende stukken en een verweerschrift in te zenden binnen twee

weken na de verzending van het beroepschrift aan het bestuursorgaan. Daarbij deelt het college het bestuursorgaan mede dat indien het bestuursorgaan hieraan niet of niet geheel voldoet, op het beroep kan worden beslist op grondslag van de beschikbare stukken.

3. Indien het college het beroep ter zitting behandelt, wordt, in afwijking van artikel 19, eerste lid, de uitnodiging of oproeping om op een zitting te verschijnen ten minste twee weken voor de datum van de zitting aan partijen verzonden. Het college doet binnen twee weken na de zitting uitspraak.

4. Binnen één week nadat een verzet gegrond is verklaard als bedoeld in artikel 8:55e, derde lid, van de Awb geeft het college toepassing aan het derde lid.

5. Indien het bestuursorgaan alsnog een besluit neemt en dat aan het college heeft gezonden voordat het college uitspraak heeft gedaan, behandelt het college het beroep verder op de gewone wijze. Het college doet hiervan mededeling aan partijen.

6. Het eerste tot en met het vijfde lid zijn van overeenkomstige toepassing indien in hoger beroep moet worden beslist op een beroep tegen het uitblijven van een nieuw besluit op bezwaar.

Art. 18 – Verzet

1. Indien verzet als bedoeld in artikel 8:55 van de Awb is gedaan, behandelt het college het verzet binnen dertien weken na de ontvangst van het verzetschrift ter zitting of doet het binnen deze termijn zonder zitting uitspraak. Indien de termijn niet kan worden gehaald, wordt daarvan binnen de termijn mededeling gedaan.

2. De uitnodiging om op de zitting te verschijnen, wordt ten minste drie weken tevoren bij aangetekende brief verzonden.

Art. 19 – Onderzoek ter zitting en heropening onderzoek

1. De uitnodiging om op de zitting te verschijnen en de oproeping om in persoon dan wel in persoon of bij gemachtigde ter zitting te verschijnen, worden zo mogelijk zes weken tevoren bij aangetekende brief verzonden.

2. Een verzoek om uitstel van de behandeling ter zitting wordt zo mogelijk schriftelijk, onder aanvoering van gewichtige redenen en tijdig, ingediend. Onder tijdig wordt verstaan: zo spoedig mogelijk na ontvangst van de uitnodiging of zo spoedig mogelijk nadat van de tot uitstel nopende omstandigheid is gebleken.

3. Een verzoek dat voldoet aan de in het tweede lid omschreven voorwaarden wordt ingewilligd, tenzij het college oordeelt dat zwaarder wegende bij de behandeling van de zaak betrokken belangen hieraan in de weg staan. Als zwaarder wegende belangen kunnen worden aangemerkt een voor de rechter geldende beslistermijn en het belang bij afwijzing van het verzoek om uitstel van andere bij de behandeling van de zaak betrokken belanghebbenden.

4. Het college deelt partijen de beslissing op het verzoek zo spoedig mogelijk mede.

5. Indien het college besluit tot heropening van het onderzoek, wordt daarvan binnen twee weken schriftelijk mededeling gedaan.

Art. 20 – Te laat ingediende stukken

1. Stukken die tien dagen of minder voor de zitting bij het college zijn ingediend, worden teruggezonden of ter zitting teruggegeven, tenzij het college beslist dat deze stukken bij de behandeling van de zaak worden betrokken.

2. Na de sluiting van het onderzoek ter zitting ongevraagd ingediende stukken worden geweigerd en aan de betrokken partij teruggezonden.

Art. 21 – Sluiting onderzoek indien een (nadere) zitting achterwege blijft

Indien het college bepaalt dat een (nadere) zitting achterwege blijft, deelt het partijen binnen vier weken mede dat het onderzoek wordt gesloten. Indien het college toepassing geeft aan artikel 8:57, tweede lid, onderscheidenlijk artikel 8:64, vijfde lid, tweede volzin, van de Awb, deelt het college de beslissing omtrent de sluiting van het onderzoek aan partijen mede binnen vier weken na een omstandigheid als bedoeld in artikel 8:57, tweede lid, van de Awb.

Art. 22 – Uitspraaktermijn

Indien het college niet binnen de aan de partijen medegedeelde termijn uitspraak doet, worden de partijen hiervan in kennis gesteld. Daarbij kan worden medegedeeld wanneer uitspraak zal worden gedaan.

Art. 23 – Proces-verbaal en dossierstukken

1. Een verzoek van een partij tot het opmaken van een proces-verbaal van de zitting wordt gemotiveerd.

2. Een verzoek van een partij om verstrekking van een dossierstuk niet zijnde het proces-verbaal van de zitting, gedaan na de uitspraak, wordt slechts in uitzonderlijke gevallen toegewezen.

Art. 24 – Slotbepaling

1. Op de termijnen in deze regeling is de Algemene termijnenwet van overeenkomstige toepassing.

2. Deze regeling zal in de Staatscourant worden geplaatst.

3. Deze aangepaste regeling treedt in werking met ingang van 12 juni 2017.

4. Deze regeling wordt aangehaald als: Procesregeling bestuursrechterlijke colleges 2014.

Wet openbaarheid van bestuur[1]

Wet van 31 oktober 1991, houdende regelen betreffende de openbaarheid van bestuur

Wij Beatrix, bij de gratie Gods, Koningin der Nederlanden, Prinses van Oranje-Nassau, enz. enz. enz.
Allen, die deze zullen zien of horen lezen, saluut! doen te weten:
Alzo Wij in overweging genomen hebben, dat het, mede gelet op artikel 110 van de Grondwet, met het oog op een goede en democratische bestuursvoering wenselijk is gebleken de regelen met betrekking tot de openheid en openbaarheid van bestuur aan te passen en deze zoveel mogelijk in de wet op te nemen;
Zo is het, dat Wij, de Raad van State gehoord, en met gemeen overleg der Staten-Generaal, hebben goedgevonden en verstaan, gelijk Wij goedvinden en verstaan bij deze:

Hoofdstuk I
Definities

Art. 1
In deze wet en de daarop berustende bepalingen wordt verstaan onder:
a. document: een bij een bestuursorgaan berustend schriftelijk stuk of ander materiaal dat gegevens bevat; — *Document*
b. bestuurlijke aangelegenheid: een aangelegenheid die betrekking heeft op beleid van een bestuursorgaan, daaronder begrepen de voorbereiding en de uitvoering ervan; — *Bestuurlijke aangelegenheid*
c. intern beraad: het beraad over een bestuurlijke aangelegenheid binnen een bestuursorgaan, dan wel binnen een kring van bestuursorganen in het kader van de gezamenlijke verantwoordelijkheid voor een bestuurlijke aangelegenheid; — *Intern beraad*
d. niet-ambtelijke adviescommissie: een van overheidswege ingestelde instantie, met als taak het adviseren van een of meer bestuursorganen en waarvan geen ambtenaren lid zijn, die het bestuursorgaan waaronder zij ressorteren adviseren over de onderwerpen die aan de instantie zijn voorgelegd. Ambtenaren, die secretaris of adviserend lid zijn van een adviesinstantie, worden voor de toepassing van deze bepaling niet als leden daarvan beschouwd; — *Niet-ambtelijke adviescommissie*
e. ambtelijke of gemengd samengestelde adviescommissie: een instantie, met als taak het adviseren van één of meer bestuursorganen, die geheel of gedeeltelijk is samengesteld uit ambtenaren, tot wier functie behoort het adviseren van het bestuursorgaan waaronder zij ressorteren over de onderwerpen die aan de instantie zijn voorgelegd; — *Ambtelijke of gemengd samengestelde adviescommissie*
f. persoonlijke beleidsopvatting: een opvatting, voorstel, aanbeveling of conclusie van een of meer personen over een bestuurlijke aangelegenheid en de daartoe door hen aangevoerde argumenten; — *Persoonlijke beleidsopvatting*
g. milieu-informatie: hetgeen daaronder wordt verstaan in artikel 19.1a van de Wet milieubeheer.

Art. 1a
1. Deze wet is van toepassing op de volgende bestuursorganen: — *Toepassing*
a. Onze Ministers;
b. de bestuursorganen van provincies, gemeenten, waterschappen en publiekrechtelijke bedrijfsorganisatie;
c. bestuursorganen die onder de verantwoordelijkheid van de onder a en b genoemde organen werkzaam zijn;
d. andere bestuursorganen, voor zover niet bij algemene maatregel van bestuur uitgezonderd.
2. In afwijking van het eerste lid, onder d, is deze wet op de krachtens die bepaling uitgezonderde bestuursorganen van toepassing voorzover het gaat om het verstrekken van milieu-informatie.

Hoofdstuk II
Openbaarheid

Art. 2
1. Een bestuursorgaan verstrekt bij de uitvoering van zijn taak, onverminderd het elders bij wet bepaalde, informatie overeenkomstig deze wet en gaat daarbij uit van het algemeen belang van openbaarheid van informatie. — *Wettelijk vooronderstelde openbaarheid van overheidsinformatie*

---

1 Inwerkingtredingsdatum: 01-05-1992; zoals laatstelijk gewijzigd bij: Stb. 2018, 247.

A49 art. 3 — Wet openbaarheid van bestuur

2. Het bestuursorgaan draagt er zo veel mogelijk zorg voor dat de informatie die het overeenkomstig deze wet verstrekt, actueel, nauwkeurig en vergelijkbaar is.

Hoofdstuk III
Informatie op verzoek

Informatie op verzoek

Art. 3
1. Een ieder kan een verzoek om informatie neergelegd in documenten over een bestuurlijke aangelegenheid richten tot een bestuursorgaan of een onder verantwoordelijkheid van een bestuursorgaan werkzame instelling, dienst of bedrijf.

Vermelding bestuurlijke aangelegenheid

2. De verzoeker vermeldt bij zijn verzoek de bestuurlijke aangelegenheid of het daarop betrekking hebbend document, waarover hij informatie wenst te ontvangen.
3. De verzoeker behoeft bij zijn verzoek geen belang te stellen.
4. Indien een verzoek te algemeen geformuleerd is, verzoekt het bestuursorgaan de verzoeker zo spoedig mogelijk om zijn verzoek te preciseren en is het hem daarbij behulpzaam.
5. Een verzoek om informatie wordt ingewilligd met inachtneming van het bepaalde in de artikelen 10 en 11.

Art. 4

Verwijzing naar ander bestuursorgaan

Indien het verzoek betrekking heeft op gegevens in documenten die berusten bij een ander bestuursorgaan dan dat waarbij het verzoek is ingediend, wordt de verzoeker zo nodig naar dat orgaan verwezen. Is het verzoek schriftelijk gedaan, dan wordt het doorgezonden onder mededeling van de doorzending aan de verzoeker.

Art. 5

Verzoek om informatie

1. De beslissing op een verzoek om informatie wordt mondeling of schriftelijk genomen.
2. Een gehele of gedeeltelijke afwijzing van een schriftelijk verzoek om informatie vindt schriftelijk plaats. In geval van een mondeling verzoek vindt een afwijzing schriftelijk plaats, indien de verzoeker daarom vraagt. De verzoeker wordt op deze mogelijkheid gewezen.
3. De beslissing wordt eveneens schriftelijk genomen indien het verzoek om informatie een derde betreft en deze daarom heeft verzocht. In dat geval wordt tevens aan de derde de op hem betrekking hebbende informatie toegezonden.

Art. 6

Termijnen van beslissen

1. Het bestuursorgaan beslist op het verzoek om informatie zo spoedig mogelijk, doch uiterlijk binnen vier weken gerekend vanaf de dag na die waarop het verzoek is ontvangen.
2. Het bestuursorgaan kan de beslissing voor ten hoogste vier weken verdagen. Van de verdaging wordt voor de afloop van de eerste termijn schriftelijk gemotiveerd mededeling gedaan aan de verzoeker.
3. Onverminderd artikel 4:15 van de Algemene wet bestuursrecht wordt de termijn voor het geven van een beschikking opgeschort gerekend vanaf de dag na die waarop het bestuursorgaan de verzoeker meedeelt dat toepassing is gegeven aan artikel 4:8 van de Algemene wet bestuursrecht, tot de dag waarop door de belanghebbende of belanghebbenden een zienswijze naar voren is gebracht of de daarvoor gestelde termijn ongebruikt is verstreken.
4. Indien de opschorting, bedoeld in het derde lid, eindigt, doet het bestuursorgaan daarvan zo spoedig mogelijk mededeling aan de verzoeker, onder vermelding van de termijn binnen welke de beschikking alsnog moet worden gegeven.
5. Indien het bestuursorgaan heeft besloten informatie te verstrekken, wordt de informatie verstrekt tegelijk met de bekendmaking van het besluit, tenzij naar verwachting een belanghebbende bezwaar daar tegen heeft, in welk geval de informatie niet eerder wordt verstrekt dan twee weken nadat de beslissing is bekendgemaakt.

Milieu-informatie

6. Voor zover het verzoek betrekking heeft op het verstrekken van milieu-informatie:
a. bedraagt de uiterste beslistermijn in afwijking van het eerste lid twee weken indien het bestuursorgaan voornemens is de milieu-informatie te verstrekken terwijl naar verwachting een belanghebbende daar bezwaar tegen heeft;
b. kan de beslissing slechts worden verdaagd op grond van het tweede lid, indien de omvang of de gecompliceerdheid van de milieu-informatie een verlenging rechtvaardigt;
c. zijn het derde en vierde lid niet van toepassing.

Art. 7

Wijze van informatieverstrekking

1. Het bestuursorgaan verstrekt de informatie met betrekking tot de documenten die de verlangde informatie bevatten door:
a. kopie ervan te geven of de letterlijke inhoud ervan in andere vorm te verstrekken,
b. kennisneming van de inhoud toe te staan,
c. een uittreksel of een samenvatting van de inhoud te geven, of
d. inlichtingen daaruit te verschaffen.

Voorkeur verzoeker

2. Het bestuursorgaan verstrekt de informatie in de door de verzoeker verzochte vorm, tenzij:
a. het verstrekken van de informatie in die vorm redelijkerwijs niet gevergd kan worden;

b. de informatie reeds in een andere, voor de verzoeker gemakkelijk toegankelijke vorm voor het publiek beschikbaar is.

3. Indien het verzoek betrekking heeft op milieu-informatie als bedoeld in artikel 19.1a, eerste lid, onder b, van de Wet milieubeheer, verstrekt het bestuursorgaan, zo nodig, en indien deze informatie voorhanden is, tevens informatie over de methoden die zijn gebruikt bij het samenstellen van eerstbedoelde informatie.

Hoofdstuk IV
Informatie uit eigen beweging

Art. 8

1. Het bestuursorgaan dat het rechtstreeks aangaat, verschaft uit eigen beweging informatie over het beleid, de voorbereiding en de uitvoering daaronder begrepen, zodra dat in het belang is van een goede en democratische bestuursvoering. — *Informatie uit eigen beweging/voorlichting*

2. Het bestuursorgaan draagt er zorg voor dat de informatie wordt verschaft in begrijpelijke vorm, op zodanige wijze, dat belanghebbende en belangstellende burgers zoveel mogelijk worden bereikt en op zodanige tijdstippen, dat deze hun inzichten tijdig ter kennis van het bestuursorgaan kunnen brengen.

Art. 9

1. Het bestuursorgaan dat het rechtstreeks aangaat draagt zorg voor het openbaar maken, zo nodig en mogelijk met toelichting, van door niet-ambtelijke adviescommissies aan het orgaan uitgebrachte adviezen met het oog op het te vormen beleid, tezamen met de door het orgaan aan de commissies voorgelegde adviesaanvragen en voorstellen. — *Openbaarheid van adviezen van niet-ambtelijke adviescommissies*

2. Uiterlijk binnen vier weken nadat de adviezen zijn ontvangen heeft openbaarmaking plaats en wordt daarvan mededeling gedaan in de *Staatscourant* of een andere vanwege de overheid algemeen verkrijgbaar gestelde periodiek. Van een gehele of gedeeltelijke niet-openbaarmaking wordt op gelijke wijze mededeling gedaan.

3. De in het eerste lid bedoelde stukken kunnen worden openbaar gemaakt door deze:
a. op te nemen in een algemeen verkrijgbare uitgave,
b. afzonderlijk uit te geven en algemeen verkrijgbaar te stellen, of
c. ter inzage te leggen, in kopie te verstrekken of uit te lenen.

Hoofdstuk V
Uitzonderingsgronden en beperkingen

Art. 10

1. Het verstrekken van informatie ingevolge deze wet blijft achterwege voor zover dit: — *Geen informatieverstrekking, uitzonderingsgronden*
a. de eenheid van de Kroon in gevaar zou kunnen brengen;
b. de veiligheid van de Staat zou kunnen schaden;
c. bedrijfs- en fabricagegegevens betreft, die door natuurlijke personen of rechtspersonen vertrouwelijk aan de overheid zijn meegedeeld;
d. persoonsgegevens betreft als bedoeld in de artikelen 9, 10 en 87 van de Algemene verordening gegevensbescherming, tenzij de verstrekking kennelijk geen inbreuk op de persoonlijke levenssfeer maakt.

2. Het verstrekken van informatie ingevolge deze wet blijft eveneens achterwege voor zover het belang daarvan niet opweegt tegen de volgende belangen: — *Relatieve uitzonderingsgronden*
a. de betrekkingen van Nederland met andere staten en met internationale organisaties;
b. de economische of financiële belangen van de Staat, de andere publiekrechtelijke lichamen of de in artikel 1a, onder c en d, bedoelde bestuursorganen;
c. de opsporing en vervolging van strafbare feiten;
d. inspectie, controle en toezicht door bestuursorganen;
e. de eerbiediging van de persoonlijke levenssfeer;
f. het belang, dat de geadresseerde erbij heeft als eerste kennis te kunnen nemen van de informatie;
g. het voorkomen van onevenredige bevoordeling of benadeling van bij de aangelegenheid betrokken natuurlijke personen of rechtspersonen dan wel van derden.

3. Het tweede lid, aanhef en onder e, is niet van toepassing voorzover de betrokken persoon heeft ingestemd met openbaarmaking.

4. Het eerste lid, aanhef en onder c en d, het tweede lid, aanhef en onder e, en het zevende lid, aanhef en onder a, zijn niet van toepassing voorzover het milieu-informatie betreft die betrekking heeft op emissies in het milieu. Voorts blijft in afwijking van het eerste lid, aanhef en onder c, het verstrekken van milieu-informatie uitsluitend achterwege voorzover het belang van openbaarmaking niet opweegt tegen het daar genoemde belang. — *Milieu-informatie*

5. Het tweede lid, aanhef en onder b, is van toepassing op het verstrekken van milieu-informatie voor zover deze handelingen betreft met een vertrouwelijk karakter.

A49 art. 11

6. Het tweede lid, aanhef en onder g, is niet van toepassing op het verstrekken van milieu-informatie.
7. Het verstrekken van milieu-informatie ingevolge deze wet blijft eveneens achterwege voorzover het belang daarvan niet opweegt tegen de volgende belangen:
   a. de bescherming van het milieu waarop deze informatie betrekking heeft;
   b. de beveiliging van bedrijven en het voorkomen van sabotage.
8. Voorzover het vierde lid, eerste volzin, niet van toepassing is, wordt bij het toepassen van het eerste, tweede en zevende lid op milieu-informatie in aanmerking genomen of deze informatie betrekking heeft op emissies in het milieu.

Art. 11

Beperkingen van de openbaarheid

1. In geval van een verzoek om informatie uit documenten, opgesteld ten behoeve van intern beraad, wordt geen informatie verstrekt over daarin opgenomen persoonlijke beleidsopvattingen.
2. Over persoonlijke beleidsopvattingen kan met het oog op een goede en democratische bestuursvoering informatie worden verstrekt in niet tot personen herleidbare vorm. Indien degene die deze opvattingen heeft geuit of zich erachter heeft gesteld, daarmee heeft ingestemd, kan de informatie in tot personen herleidbare vorm worden verstrekt.
3. Met betrekking tot adviezen van een ambtelijke of gemengd samengestelde adviescommissie kan het verstrekken van informatie over de daarin opgenomen persoonlijke beleidsopvattingen plaatsvinden, indien het voornemen daartoe door het bestuursorgaan dat het rechtstreeks aangaat aan de leden van de adviescommissie voor de aanvang van hun werkzaamheden kenbaar is gemaakt.
4. In afwijking van het eerste lid wordt bij milieu-informatie het belang van de bescherming van de persoonlijke beleidsopvattingen afgewogen tegen het belang van openbaarmaking. Informatie over persoonlijke beleidsopvattingen kan worden verstrekt in niet tot personen herleidbare vorm. Het tweede lid, tweede volzin, is van overeenkomstige toepassing.

Hoofdstuk V-A
[Vervallen]

Art. 11a-11i
[Vervallen]

Hoofdstuk VI
Overige bepalingen

Art. 12

Nadere regeling van de kosten

Bij of krachtens algemene maatregel van bestuur kunnen voor de centrale overheid regels worden gesteld met betrekking tot in rekening te brengen vergoedingen voor het ingevolge een verzoek om informatie vervaardigen van kopieën van documenten en uittreksels of samenvattingen van de inhoud daarvan.

Art. 13
[Vervallen]

Art. 14

Nadere uitvoeringsregelingen

Nadere regels omtrent de uitvoering van het bij of krachtens deze wet bepaalde kunnen worden gesteld:
a. voor de centrale overheid bij of krachtens een besluit van Onze Minister-President in overeenstemming met het gevoelen van de ministerraad;
b. voor de provincies, gemeenten, waterschappen en de andere in artikel 1a, onder c en d, bedoelde bestuursorganen door hun besturen.

Art. 15

Uitgesloten toepassing Awb

Paragraaf 4.1.3.2 van de Algemene wet bestuursrecht is niet van toepassing op besluiten op grond van deze wet en op beslissingen op bezwaar tegen deze besluiten.

Art. 15a

Bezwaar

1. In afwijking van artikel 7:1, eerste lid, onderdeel f, van de Algemene wet bestuursrecht kan degene aan wie het recht is toegekend beroep bij de bestuursrechter in te stellen tegen het niet tijdig nemen van een besluit op grond van deze wet, alvorens beroep in te stellen bezwaar maken.
2. Het bezwaarschrift kan worden ingediend zodra het bestuursorgaan in gebreke is tijdig een besluit te nemen. Artikel 6:12, eerste en vierde lid, van de Algemene wet bestuursrecht is van overeenkomstige toepassing.
3. Artikel 6:20 van de Algemene wet bestuursrecht is van overeenkomstige toepassing, met dien verstande dat de in het eerste lid van dat artikel bedoelde verplichting niet geldt gedurende de periode dat het bezwaar aanhangig is.
4. De vergoeding van kosten op grond van artikel 7:15, tweede lid, van de Algemene wet bestuursrecht blijft achterwege, indien:

a. de indiener van het bezwaarschrift, gelet op de omvang van het verzoek, kennelijk onvoldoende heeft meegewerkt aan het bereiken van overeenstemming over een opschorting van de beslistermijn als bedoeld in artikel 4:15, tweede lid, onderdeel a, van de Algemene wet bestuursrecht, of
b. het niet tijdig nemen van een besluit kennelijk het gevolg is van de wijze van indiening van het verzoek.

Art. 15b
1. In geval van een gegrond beroep tegen het niet tijdig nemen van een besluit op grond van deze wet of een beslissing op bezwaar tegen een dergelijk besluit waarbij nog geen besluit is bekendgemaakt, bepaalt de bestuursrechter, indien de omvang van het verzoek hiertoe aanleiding geeft, in afwijking van artikel 8:55d, eerste lid, van de Algemene wet bestuursrecht de termijn waarbinnen het bestuursorgaan alsnog een besluit bekendmaakt.
2. Indien de bestuursrechter oordeelt dat het niet tijdig nemen van een besluit kennelijk het gevolg is van de wijze van indiening van het verzoek en nog geen besluit is bekendgemaakt, bepaalt de bestuursrechter, indien het verzoek hiertoe aanleiding geeft, in afwijking van artikel 8:55d, eerste lid, van de Algemene wet bestuursrecht een langere termijn waarbinnen het bestuursorgaan alsnog een besluit bekendmaakt.
3. De bestuursrechter kan artikel 8:74, eerste lid, van de Algemene wet bestuursrecht buiten toepassing laten en een proceskostenveroordeling op grond van artikel 8:75, eerste lid, van de Algemene wet bestuursrecht achterwege laten, indien de indiener van het beroepschrift, gelet op de omvang van het verzoek, onvoldoende heeft meegewerkt aan het bereiken van overeenstemming over:
a. een opschorting van de beslistermijn als bedoeld in artikel 4:15, tweede lid, onderdeel a, van de Algemene wet bestuursrecht, of
b. verder uitstel van de beslistermijn als bedoeld in artikel 7:10, vierde lid, onderdeel a of b, van de Algemene wet bestuursrecht.
4. De bestuursrechter kan eveneens artikel 8:74, eerste lid, van de Algemene wet bestuursrecht buiten toepassing laten en een proceskostenveroordeling op grond van artikel 8:75, eerste lid, van de Algemene wet bestuursrecht achterwege laten, indien hij oordeelt dat het niet tijdig nemen van een besluit kennelijk het gevolg is van de wijze van indiening van het verzoek.

Art. 16
[Vervallen]

Art. 17
Onze Minister-President, Minister van Algemene Zaken, en Onze Minister van Binnenlandse Zaken zenden binnen vijf jaar na het in werking treden van deze wet aan de Staten-Generaal een verslag over de wijze waarop zij is toegepast.

Hoofdstuk VII
Wijziging van enige wetten

Art. 18
[Bevat wijzigingen in andere regelgeving.]

Art. 19
Voor adviezen, voordrachten en andere voorstellen van de Raad van State, uitgebracht voor het tijdstip van inwerkingtreding van deze wet, blijven de op de dag voor de inwerkingtreding geldende wettelijke bepalingen van kracht.

Art. 20
[Bevat wijzigingen in andere regelgeving.]

Art. 21
Op verzoeken op grond van de Archiefwet 1962 (*Stb.* 1962, 313) tot raadpleging of gebruik van vóór de inwerkingtreding van deze wet in een archiefbewaarplaats berustende archiefbescheiden blijven de voor de inwerkingtreding van deze wet gestelde beperkingen ten aanzien van de openbaarheid van kracht.

Art. 22
[Bevat wijzigingen in andere regelgeving.]

Art. 23
[Bevat wijzigingen in andere regelgeving.]

Art. 24
[Bevat wijzigingen in andere regelgeving.]

Hoofdstuk VIII
Slotbepalingen

Art. 25
De Wet openbaarheid van bestuur (*Stb.* 1978, 581) wordt ingetrokken.

A49 art. 26 — Wet openbaarheid van bestuur

Inwerkingtreding

Art. 26
Deze wet treedt in werking op een bij koninklijk besluit te bepalen tijdstip.

Citeertitel

Art. 27
Deze wet kan worden aangehaald als Wet openbaarheid van bestuur.

Beroepswet[1]

Wet van 2 februari 1955, houdende nieuwe regeling van de organisatie en procedure van de Centrale Raad van Beroep en de raden van beroep

Wij JULIANA, bij de gratie Gods, Koningin der Nederlanden, Prinses van Oranje-Nassau, enz., enz., enz.

Allen, die deze zullen zien of horen lezen, saluut! doen te weten:

Alzo Wij in overweging genomen hebben, dat het wenselijk is de organisatie en procedure van de Centrale Raad van Beroep en de raden van beroep opnieuw te regelen;

Zo is het, dat Wij, de Raad van State gehoord, en met gemeen overleg der Staten-Generaal, hebben goedgevonden en verstaan, gelijk Wij goedvinden en verstaan bij deze:

Titel I
De Centrale Raad van Beroep

Art. 1
Er is een Centrale Raad van Beroep, gevestigd te Utrecht.

Centrale Raad van Beroep, instelling

Art. 2
1. Bij de Centrale Raad van Beroep zijn werkzaam:
a. leden met rechtspraak belast, en
b. gerechtsambtenaren.
2. De leden met rechtspraak belast, werkzaam bij de Centrale Raad van Beroep zijn:
a. senior raadsheren;
b. raadsheren;
c. raadsheren-plaatsvervangers.

Centrale Raad van Beroep, samenstelling

Art. 3
Het bepaalde bij en krachtens de afdelingen 1, 1A, 2 en 6 van hoofdstuk 2 van de Wet op de rechterlijke organisatie is, met uitzondering van de artikelen 2, 3, 9, 11, 20, tweede lid, 21, 21b en 23a, van overeenkomstige toepassing op de Centrale Raad van Beroep, met dien verstande dat:
a. het bestuur bestaat uit drie leden, waaronder de voorzitter, waarbij geldt dat twee leden, waaronder de voorzitter, leden met rechtspraak belast van de Centrale Raad van Beroep als bedoeld in artikel 2, tweede lid, onderdeel a of b, zijn;
b. de voorzitter onderscheidenlijk het andere rechterlijk lid gedurende zijn benoemingsduur als voorzitter onderscheidenlijk ander rechterlijk lid, in plaats van zijn salaris overeenkomstig het bepaalde bij en krachtens artikel 7 van de Wet rechtspositie rechterlijke ambtenaren, een bij algemene maatregel van bestuur vast te stellen salaris behorende bij de vervulling van de functie van voorzitter onderscheidenlijk ander rechterlijk lid ontvangt, en dat daarop de artikelen 6, 13 tot en met 15, 17, eerste tot en met vijfde lid, en 18 tot en met 19 van de Wet rechtspositie rechterlijke ambtenaren van overeenkomstige toepassing zijn;
c. de voorzitter onderscheidenlijk het andere rechterlijk lid na het verstrijken van een benoemingsduur van ten minste zes aaneengesloten jaren, met ingang van de datum waarop hij zijn werkzaamheden als zodanig beëindigt, gedurende drie jaren een toelage ontvangt op het salaris dat hij overeenkomstig het bepaalde bij en krachtens artikel 7 van de Wet rechtspositie rechterlijke ambtenaren geniet, waarvan het bedrag gelijk is aan het verschil tussen dat salaris en de bij algemene maatregel van bestuur voor de functie van voorzitter onderscheidenlijk ander rechterlijk lid vast te stellen salarishoogte;
d. bij algemene maatregel van bestuur nadere regels worden gesteld over het salaris van de leden van het bestuur en de onkostenvergoeding van de voorzitter en het andere rechterlijk lid;
e. de griffie alle werkdagen gedurende ten minste zes uren per dag is geopend;
f. de voorzitter en het andere rechterlijk lid tevens staatsraad of staatsraad in buitengewone dienst kunnen zijn;
g. de voorzitter en het andere rechterlijk lid van het bestuur niet tevens lid kunnen zijn van het bestuur van een rechtbank, het bestuur van een gerechtshof het bestuur van het College van Beroep voor het bedrijfsleven, behoudens in het geval van tijdelijke waarneming, en het niet-rechterlijk lid van het bestuur, naast het geval van tijdelijke waarneming, slechts in bijzondere

Centrale Raad van Beroep, toepasselijkheid Wet RO

---

1 Inwerkingtredingsdatum: 01-01-1957; zoals laatstelijk gewijzigd bij: Stb. 2018, 298.

A50 art. 3a — Beroepswet

gevallen tevens lid kan zijn van het bestuur van één rechtbank, het bestuur van één gerechtshof of het bestuur van het College van Beroep voor het bedrijfsleven.

Art. 3a

Centrale Raad van Beroep, grote kamers

De Centrale Raad van Beroep vormt en bezet op voorstel van de president grote kamers. Deze bestaan uit vijf leden, van wie een als voorzitter optreedt.

Art. 4

Centrale Raad van Beroep, toepasselijkheid Wrra

1. Op de leden met rechtspraak belast is de Wet rechtspositie rechterlijke ambtenaren, voor zover betrekking hebbend op rechterlijke ambtenaren met rechtspraak belast, met uitzondering van de artikelen 5a, 5b, 5c, vierde tot en met zesde lid, en 5g, tweede lid, onderdeel a, en vierde lid, van overeenkomstige toepassing, met dien verstande dat:
   a. het bestuur wordt aangemerkt als hun functionele autoriteit;
   b. zij met betrekking tot hun benoeming en salaris worden gelijkgesteld met degenen die hetzelfde ambt vervullen bij een gerechtshof;
   c. het bestuur de lijst van aanbeveling opmaakt bij het openvallen van een plaats van senior raadsheer, raadsheer of raadsheer-plaatsvervanger en de Raad voor de rechtspraak deze lijst telkens, onder medezending van een advies hierover, aan Onze Minister van Veiligheid en Justitie doorzendt met het oog op een voordracht voor benoeming overeenkomstig artikel 2, eerste lid, van de Wet rechtspositie rechterlijke ambtenaren;
   d. zij voor de overeenkomstige toepassing van de artikelen 6, 45 en 46 worden gelijkgesteld met bij een gerechtshof of rechtbank werkzame rechterlijke ambtenaren;
   e. zij voor de overeenkomstige toepassing van artikel 13 worden gelijkgesteld met rechterlijke ambtenaren van wie de eerste benoeming een ambt bij een gerechtshof of rechtbank betreft;
   f. het bestuur de werkzaamheden van de leden met rechtspraak belast verdeelt; en
   g. het lid met rechtspraak belast, dat tevens president is van de Centrale Raad van Beroep, ten aanzien van hen bevoegd is tot het opleggen van de disciplinaire maatregel van schriftelijke berisping, het verrichten van de beoordeling, bedoeld in artikel 44, zesde lid, en het doen van een verzoek aan de procureur-generaal bij de Hoge Raad, bedoeld in artikel 46o, tweede lid.
2. Op de senior-gerechtsauditeurs en gerechtsauditeurs is de Wet rechtspositie rechterlijke ambtenaren, voor zover betrekking hebbend op gerechtsauditeurs, met uitzondering van artikel 5b, van overeenkomstige toepassing, met dien verstande dat:
   a. het bestuur wordt aangemerkt als hun functionele autoriteit;
   b. zij voor de overeenkomstige toepassing van de artikelen 6, 45 en 46 worden gelijkgesteld met rechterlijke ambtenaren die werkzaam zijn bij een gerechtshof of rechtbank;
   c. het bestuur de werkzaamheden van de senior-gerechtsauditeurs en gerechtsauditeurs verdeelt; en
   d. zij voor de overeenkomstige toepassing van artikel 13 worden gelijkgesteld met rechterlijke ambtenaren van wie de eerste benoeming een ambt bij een gerechtshof of rechtbank betreft.

Nadere regels

3. Bij of krachtens algemene maatregel van bestuur worden regels gesteld met betrekking tot de overeenkomstige toepassing van de krachtens de Wet rechtspositie rechterlijke ambtenaren bepaalde ten aanzien van de in het eerste en tweede lid genoemde leden met rechtspraak belast, senior-gerechtsauditeurs en gerechtsauditeurs.

Art. 5

Centrale Raad van Beroep, nadere regels werkwijze

Bij algemene maatregel van bestuur kunnen regels worden gesteld over de werkwijze van de Centrale Raad van Beroep.

Art. 6

Centrale Raad van Beroep, inlichtingenplicht

De rechtbanken en hun presidenten geven inlichtingen wanneer die door de president van de Centrale Raad van Beroep voor de behandeling van een zaak noodzakelijk worden geacht.

Art. 7-16

[Vervallen]

Titel II
Slotbepalingen

Art. 17-29

[Vervallen]

Wet bestuursrechtspraak bedrijfsorganisatie[1]

Wet van 16 september 1954, houdende administratieve rechtspraak bedrijfsorganisatie

Wij JULIANA, bij de gratie Gods, Koningin der Nederlanden, Prinses van Oranje-Nassau, enz., enz., enz.
Allen, die deze zullen zien of horen lezen, saluut! doen te weten:
Alzo Wij in overweging genomen hebben, dat het wenselijk is regelen te geven omtrent het beroep tegen besluiten en handelingen van publiekrechtelijke bedrijfsorganisaties;
Zo is het, dat Wij, de Raad van State gehoord, en met gemeen overleg der Staten-Generaal, hebben goedgevonden en verstaan, gelijk Wij goedvinden en verstaan bij deze:

Titel I
[Vervallen]

Art. 1
[Vervallen]

Titel II
Het College van Beroep voor het bedrijfsleven

Art. 2
Er is een College van Beroep voor het bedrijfsleven, verder te noemen het College, gevestigd te 's-Gravenhage .

College Beroep bedrijfsleven, instelling

Art. 3
1. Bij het College zijn werkzaam:
a. leden met rechtspraak belast, en
b. gerechtsambtenaren.
2. De leden met rechtspraak belast, werkzaam bij het College zijn:
a. senior raadsheren;
b. raadsheren;
c. raadsheren-plaatsvervangers.

College Beroep bedrijfsleven, samenstelling

Art. 4
Het bepaalde bij en krachtens de afdelingen 1, 1A, 2 en 6 van hoofdstuk 2 van de Wet op de rechterlijke organisatie is, met uitzondering van de artikelen 2, 3, 9, 11, 20, tweede lid, 21, 21b en 23a, van overeenkomstige toepassing op het College, met dien verstande dat:
a. het bestuur bestaat uit drie leden, waaronder de voorzitter, waarbij geldt dat twee leden, waaronder de voorzitter, leden met rechtspraak belast van het College als bedoeld in artikel 3, tweede lid, onderdeel a of b, zijn;
b. de voorzitter onderscheidenlijk het andere rechterlijk lid gedurende zijn benoemingsduur als voorzitter onderscheidenlijk ander rechterlijk lid, in plaats van zijn salaris overeenkomstig het bepaalde bij en krachtens artikel 7 van de Wet rechtspositie rechterlijke ambtenaren, een bij algemene maatregel van bestuur vast te stellen salaris behorende bij de vervulling van de functie van voorzitter onderscheidenlijk ander rechterlijk lid ontvangt, en dat daarop de artikelen 6, 13 tot en met 15, 17, eerste tot en met vijfde lid, en 18 tot en met 19 van de Wet rechtspositie rechterlijke ambtenaren van overeenkomstige toepassing zijn;
c. de voorzitter onderscheidenlijk het andere rechterlijk lid na het verstrijken van een benoemingsduur van ten minste zes aaneengesloten jaren, met ingang van de datum waarop hij zijn werkzaamheden als zodanig beëindigd, gedurende drie jaren een toelage ontvangt op het salaris dat hij overeenkomstig het bepaalde bij en krachtens artikel 7 van de Wet rechtspositie rechterlijke ambtenaren geniet, waarvan het bedrag gelijk is aan het verschil tussen dat salaris en de bij algemene maatregel van bestuur vast te stellen salarishoogte;
d. bij algemene maatregel van bestuur nadere regels worden gesteld over het salaris van de leden van het bestuur en de onkostenvergoeding van de voorzitter en het andere rechterlijk lid;
e. de griffie alle werkdagen gedurende ten minste zes uren per dag is geopend;
f. de voorzitter en het andere rechterlijk lid tevens staatsraad of staatsraad in buitengewone dienst kunnen zijn;

College Beroep bedrijfsleven, toepasselijkheid Wet RO

---

1 Inwerkingtredingsdatum: 01-07-1955; zoals laatstelijk gewijzigd bij: Stb. 2018, 298.

g. de voorzitter en het andere rechterlijk lid van het bestuur niet tevens lid kunnen zijn van het bestuur van een rechtbank, het bestuur van een gerechtshof of het bestuur van de Centrale Raad van Beroep, behoudens het geval van tijdelijke waarneming, en het niet-rechterlijk lid van het bestuur, naast het geval van tijdelijke waarneming, slechts in bijzondere gevallen tevens lid kan zijn van het bestuur van één rechtbank, het bestuur van één gerechtshof of het bestuur van de Centrale Raad van Beroep.

Art. 4a

College Beroep bedrijfsleven, vorming kamers

Het College vormt en bezet op voorstel van de president grote kamers. Deze bestaan uit vijf leden, van wie een als voorzitter optreedt.

Art. 5

College Beroep bedrijfsleven, toepasselijkheid Wrra

1. Op de leden met rechtspraak belast is de Wet rechtspositie rechterlijke ambtenaren, voor zover betrekking hebbend op rechterlijke ambtenaren met rechtspraak belast, met uitzondering van de artikelen 5a, 5b, 5c, vierde tot en met het zesde lid, en 5g, tweede lid, onderdeel a, en vierde lid, van overeenkomstige toepassing, met dien verstande dat:
 a. het bestuur wordt aangemerkt als hun functionele autoriteit;
 b. zij met betrekking tot hun benoeming en salaris worden gelijkgesteld met degenen die hetzelfde ambt vervullen bij een gerechtshof;
 c. het bestuur de lijst van aanbeveling opmaakt bij het openvallen van een plaats van senior raadsheer, raadsheer of raadsheer-plaatsvervanger en de Raad voor de rechtspraak deze lijst telkens, onder medezending van een advies hierover, aan Onze Minister van Veiligheid en Justitie doorzendt met het oog op een voordracht voor benoeming overeenkomstig artikel 2, eerste lid, van de Wet rechtspositie rechterlijke ambtenaren;
 d. zij voor de overeenkomstige toepassing van de artikelen 6, 45 en 46 worden gelijkgesteld met bij een gerechtshof of rechtbank werkzame rechterlijke ambtenaren;
 e. zij voor de overeenkomstige toepassing van artikel 13 worden gelijkgesteld met rechterlijke ambtenaren van wie de eerste benoeming een ambt bij een gerechtshof of rechtbank betreft;
 f. het bestuur de werkzaamheden van de leden met rechtspraak belast verdeelt; en
 g. het lid met rechtspraak belast, dat tevens president is van het College, ten aanzien van hen bevoegd is tot het opleggen van de disciplinaire maatregel van schriftelijke berisping, het verrichten van de beoordeling, bedoeld in artikel 44, zesde lid, en het doen van een verzoek aan de procureur-generaal bij de Hoge Raad, bedoeld in artikel 46o, tweede lid.
2. Op de senior-gerechtsauditeurs en gerechtsauditeurs is de Wet rechtspositie rechterlijke ambtenaren, voor zover betrekking hebbend op senior-gerechtsauditeurs en gerechtsauditeurs, met uitzondering van artikel 5b, van overeenkomstige toepassing, met dien verstande dat:
 a. het bestuur wordt aangemerkt als hun functionele autoriteit;
 b. zij voor de overeenkomstige toepassing van de artikelen 6, 45 en 46 worden gelijkgesteld met rechterlijke ambtenaren die werkzaam zijn bij een gerechtshof of rechtbank;
 c. het bestuur de werkzaamheden van de senior-gerechtsauditeurs en gerechtsauditeurs verdeelt; en
 d. zij voor de overeenkomstige toepassing van artikel 13 worden gelijkgesteld met rechterlijke ambtenaren van wie de eerste benoeming een ambt bij een gerechtshof of rechtbank betreft.
3. Bij of krachtens algemene maatregel van bestuur worden regels gesteld met betrekking tot de overeenkomstige toepassing van het krachtens de Wet rechtspositie rechterlijke ambtenaren bepaalde ten aanzien van de in het eerste en tweede lid genoemde leden met rechtspraak belast, senior-gerechtsauditeurs en gerechtsauditeurs.

Art. 6

Nadere regels

Bij algemene maatregel van bestuur kunnen regels worden gesteld over de werkwijze van het College.

Art. 7

College Beroep bedrijfsleven, inlichtingen rechtbank

De rechtbanken en de presidenten geven inlichtingen wanneer die door de president van het College voor de behandeling van een zaak noodzakelijk worden geacht.

Art. 8-17

[Vervallen]

TITEL III
[Vervallen]

HOOFDSTUK I
[Vervallen]

Art. 18-19

[Vervallen]

Wet bestuursrechtspraak bedrijfsorganisatie

HOOFDSTUK II
[Vervallen]

[Vervallen]

Art. 20-30

Titel IV
Citeertitel

Art. 31
Deze wet wordt aangehaald als: Wet bestuursrechtspraak bedrijfsorganisatie.

Citeertitel

Besluit proceskosten bestuursrecht[1]

Besluit van 22 december 1993, houdende nadere regels betreffende de proceskostenveroordeling in bestuursrechtelijke procedures

Wij Beatrix, bij de gratie Gods, Koningin der Nederlanden, Prinses van Oranje-Nassau, enz. enz. enz.
Op de voordracht van Onze Minister van Justitie van 16 november 1993, Stafafdeling Wetgeving Publiekrecht, nr. 407324/93/6, gedaan mede namens Onze Minister van Binnenlandse Zaken;
Gelet op artikel 8:75 van de Algemene wet bestuursrecht;
De Raad van State gehoord (advies van 15 december 1993, nr. W03.93.0753);
Gezien het nader rapport van Onze Minister van Justitie van 17 december 1993, Stafafdeling Wetgeving Publiekrecht, nr. 417687/93/6, uitgebracht mede namens Onze Minister van Binnenlandse Zaken;
Hebben goedgevonden en verstaan:

Art. 1
Veroordeling in kosten

Een veroordeling in de kosten als bedoeld in artikel 8:75 onderscheidenlijk een vergoeding van de kosten als bedoeld in artikel 7:15, tweede lid, of 7:28, tweede lid, van de Algemene wet bestuursrecht kan uitsluitend betrekking hebben op:
a. kosten van door een derde beroepsmatig verleende rechtsbijstand,
b. kosten van een getuige of deskundige die door een partij of een belanghebbende is meegebracht of opgeroepen, dan wel van een deskundige die aan een partij verslag heeft uitgebracht,
c. kosten van een tolk die door een partij of een belanghebbende is meegebracht of opgeroepen,
d. reis- en verblijfkosten van een partij of een belanghebbende,
e. verletkosten van een partij of een belanghebbende,
f. kosten van uittreksels uit de openbare registers, telegrammen, internationale telexen, internationale telefaxen en internationale telefoongesprekken, en
g. kosten van het als gemachtigde optreden van een arts in zaken waarin enig wettelijk voorschrift verplicht tot tussenkomst van een gemachtigde die arts is.

Art. 2
Bedrag kosten

1. Het bedrag van de kosten wordt bij de uitspraak, onderscheidenlijk de beslissing op het bezwaar of het administratief beroep als volgt vastgesteld:
a. ten aanzien van de kosten, bedoeld in artikel 1, onderdeel a: overeenkomstig het in de bijlage opgenomen tarief;
b. ten aanzien van de kosten, bedoeld in artikel 1, onderdeel b: op de vergoeding die ingevolge artikel 8:36, tweede lid, van de Algemene wet bestuursrecht is verschuldigd; indien de kosten zijn gemaakt in bezwaar of administratief beroep wordt deze vergoeding vastgesteld met overeenkomstige toepassing van het bepaalde bij en krachtens de Wet tarieven in strafzaken;
c. ten aanzien van de kosten, bedoeld in artikel 1, onderdeel c: overeenkomstig een tarief dat € 44 per uur en € 1 per gereisde kilometer bedraagt;
d. ten aanzien van de kosten, bedoeld in artikel 1, onderdeel d: overeenkomstig artikel 11, eerste lid, onderdeel d, van het Besluit tarieven in strafzaken 2003;
e. ten aanzien van de kosten, bedoeld in artikel 1, onderdeel e: overeenkomstig een tarief dat, afhankelijk van de omstandigheden, tussen € 7 en € 88 per uur bedraagt;
f. ten aanzien van de kosten, bedoeld in artikel 1, onderdeel f: op de werkelijke kosten,
g. ten aanzien van de kosten, bedoeld in artikel 1, onderdeel g: met overeenkomstige toepassing van het in de bijlage opgenomen tarief, met dien verstande dat slechts de helft van het aantal uit de bijlage voortvloeiende punten wordt toegekend.
2. Indien een partij of een belanghebbende gedeeltelijk in het gelijk is gesteld, kan het op grond van het eerste lid vastgestelde bedrag worden verminderd. Het op grond van het eerste lid vastgestelde bedrag kan eveneens worden verminderd indien het beroep bij de bestuursrechter is ingetrokken omdat gedeeltelijk aan de indiener van het beroepschrift is tegemoetgekomen.
3. In bijzondere omstandigheden kan van het eerste lid worden afgeweken.

Art. 3
Samenhangende zaken

1. Samenhangende zaken worden voor de toepassing van artikel 2, eerste lid, onder a, beschouwd als één zaak.
2. Samenhangende zaken zijn: door een of meer belanghebbenden gemaakte bezwaren of ingestelde beroepen, die door het bestuursorgaan of de bestuursrechter gelijktijdig of nagenoeg

---

1   Inwerkingtredingsdatum: 01-01-1994; zoals laatstelijk gewijzigd bij: Stb. 2020, 524.

Besluit proceskosten bestuursrecht

A52 art. 6

gelijktijdig zijn behandeld, waarin rechtsbijstand als bedoeld in artikel 1, onder a, is verleend door dezelfde persoon dan wel door een of meer personen die deel uitmaken van hetzelfde samenwerkingsverband en van wie de werkzaamheden in elk van de zaken nagenoeg identiek konden zijn.

Art. 4
[Vervallen]

Art. 5
Dit besluit treedt in werking met ingang van 1 januari 1994.

Art. 6
Dit besluit wordt aangehaald als: Besluit proceskosten bestuursrecht.

Inwerkingtreding

Citeertitel

A52 bijlage

Besluit proceskosten bestuursrecht

Bijlage bij Besluit proceskosten bestuursrecht

TARIEF als bedoeld in artikel 2, eerste lid, onderdeel a, van het Besluit proceskosten bestuursrecht

Het bedrag van de kosten, bedoeld in artikel 1, onderdeel a, van het Besluit proceskosten bestuursrecht, wordt vastgesteld door aan de verrichte proceshandelingen punten toe te kennen overeenkomstig onderstaande lijst (A) en die punten te vermenigvuldigen met de waarde per punt (B) en met de toepasselijke wegingsfactoren (C).

A
Punten per proceshandeling

A1
procedures waarop hoofdstuk 8 Algemene wet bestuursrecht van toepassing of van overeenkomstige toepassing is

		punten
beroep en hoger beroep		
1.	beroepschrift/verweerschrift (artikel 6:4; 8:42)	1
2.	schriftelijk commentaar op conclusie (8:12a, vijfde lid)	0,5
3.	repliek/dupliek (8:43, eerste lid) / schriftelijke uiteenzetting (8:43, tweede lid)	0,5
4.	verschijnen (inlichtingen)comparitie (8:44)	0,5
5.	schriftelijke inlichtingen (8:45, eerste lid)	0,5
6.	schriftelijke zienswijze na inlichtingen of advies Europese Commissie (8:45, zesde lid)	0,5
7.	bijwonen mondelinge opmerkingen Europese Commissie of Autoriteit Consument en Markt (8:45a, tweede lid)	0,5
8.	schriftelijke zienswijze na opmerkingen Europese Commissie of Autoriteit Consument en Markt (8:45a, vierde lid)	0,5
9.	bijwonen getuigenverhoor (8:46)	0,5
10.	schriftelijke zienswijze na verslag deskundigenonderzoek (8:47, vijfde lid)	0,5
11.	bijwonen onderzoek ter plaatse (8:50, derde lid)	0,5
12.	schriftelijke zienswijze na bestuurlijke lus (8:51b, derde lid)	0,5
13.	verschijnen zitting (8:55, tiende lid, en 8:56)	1
14.	nadere zitting (8:64, vierde lid) na tussenuitspraak (8:80a)	1
15.	nadere zitting (8:64) anders dan na tussenuitspraak	0,5
16.	schriftelijke zienswijze na incidenteel hoger beroep (8:110, derde lid)	1
verzet		
17.	verzetschrift (8:55, eerste lid)	0,5
18.	verschijnen zitting (8:55, vierde lid)	0,5
voorlopige voorziening		
19.	verzoekschrift (8:81, 8:87)	1
20.	verschijnen zitting (8:83)	1
schadevergoeding onrechtmatig besluit		
21.	verzoekschrift (8:90, eerste lid, en 8:91)	1
herziening		
22.	verzoekschrift (8:119)	1
cassatie		
23.	beroepschrift/verweerschrift/schriftelijke zienswijze na incidenteel beroep	2
24.	repliek/dupliek	2
25.	mondelinge of schriftelijke toelichting	2
26.	schriftelijk commentaar op conclusie procureur-generaal Hoge Raad	0,5

Besluit proceskosten bestuursrecht **A52 bijlage**

A2
Prejudiciële procedures bij de Hoge Raad

1. schriftelijke opmerkingen (artikel 27gc, eerste lid, van de Algemene wet inzake rijksbelastingen)	2
2. mondelinge of schriftelijke toelichting (artikel 27gc, vierde lid, van de Algemene wet inzake rijksbelastingen)	2
3. schriftelijk commentaar op conclusie procureur-generaal Hoge Raad (artikel 27gc, zesde lid, van de Algemene wet inzake rijksbelastingen)	0,5
4. schriftelijke opmerkingen na herformulering rechtsvraag (artikel 27gc, zevende lid, van de Algemene wet inzake rijksbelastingen)	0,5
5. schriftelijke reactie op uitspraak Hoge Raad (artikel 27ge van de Algemene wet inzake rijksbelastingen)	0,5

A3
prejudiciële procedures bij het Hof van Justitie van de Europese Unie

1.	schriftelijke opmerkingen	2
2.	verschijnen mondelinge behandeling	2

A4
procedures bij het Benelux-gerechtshof

1.	memorie	2
2.	pleidooi	2

A5
Bezwaar en administratief beroep

	punten
Bezwaar en administratief beroep	
1. bezwaarschrift/beroepschrift (artikel 6:4)	1
2. verschijnen hoorzitting (artikel 7:2; 7:16)	1
3. nadere hoorzitting (artikel 7:9/7:23)	0,5

B
Waarde per punt

B1. Beroep en hoger beroep
1. 1 punt = € 534 voor besluiten genomen op grond van hoofdstuk III of IV van de Wet waardering onroerende zaken of hoofdstuk III van de Wet op de belasting van personenauto's en motorrijwielen 1992.
2. 1 punt = € 748 in de overige gevallen.

B2. Bezwaar en administratief beroep
1. 1 punt = € 265 voor besluiten genomen op grond van een wettelijk voorschrift inzake belastingen of de heffing van premies, dan wel premievervangende belasting voor de sociale verzekeringen, bedoeld in artikel 2, onderdelen a en c, van de Wet financiering sociale verzekeringen. Dit geldt tevens voor besluiten genomen op grond van een wettelijk voorschrift inzake de heffing

van de inkomensafhankelijke bijdragen, dan wel een bijdragevervangende belasting, ingevolge de Zorgverzekeringswet.
2. 1 punt = € 534 in de overige gevallen.

C
Wegingsfactoren

C1
Gewicht van de zaak

gewicht	factor
zeer licht	0,25
licht	0,5
gemiddeld	1
zwaar	1,5
zeer zwaar	2

C2
Samenhangende zaken

aantal samenhangende zaken	factor
minder dan 4	1
4 of meer	1,5

Wet bevordering integriteitsbeoordelingen door het openbaar bestuur[1]

Wet van 20 juni 2002, houdende regels inzake de bevordering van integriteitsbeoordelingen door het openbaar bestuur met betrekking tot beschikkingen of overheidsopdrachten (Wet bevordering integriteitsbeoordelingen door het openbaar bestuur)

Wij Beatrix, bij de gratie Gods, Koningin der Nederlanden, Prinses van Oranje-Nassau, enz. enz. enz.
Allen, die deze zullen zien of horen lezen, saluut! doen te weten:
Alzo Wij in overweging genomen hebben, dat het wenselijk is dat bestuursorganen over de mogelijkheid beschikken om bepaalde subsidies of vergunningen te weigeren of in te trekken indien er sprake is van gevaar dat strafbare feiten zullen worden gepleegd of van het vermoeden dat strafbare feiten zijn gepleegd, alsook om bepaalde overheidsopdrachten niet te gunnen of een overeenkomst terzake te ontbinden indien door bedrijven niet of niet meer wordt voldaan aan de vereisten inzake betrouwbaarheid, en dat bestuursorganen zich bij het nemen van die beslissingen daaromtrent kunnen laten adviseren;
Zo is het, dat Wij, de Raad van State gehoord, en met gemeen overleg der Staten-Generaal, hebben goedgevonden en verstaan, gelijk Wij goedvinden en verstaan bij deze:

Hoofdstuk 1
Algemeen

Paragraaf 1.1
Begripsbepalingen

Art. 1

1. In deze wet en de daarop berustende bepalingen wordt verstaan onder:
advies: het advies, bedoeld in artikel 9;
beschikking: een beschikking ter zake van een subsidie, alsmede een beschikking ter zake van een vergunning, toekenning, goedkeuring, erkenning, registratie, aanwijzing of ontheffing voor zover:
1°. bij de wet is bepaald dat de beschikking in het geval en onder de voorwaarden, bedoeld in artikel 3, kan worden geweigerd, dan wel ingetrokken, of
2°. bij de wet is bepaald dat bij of krachtens algemene maatregel van bestuur kan worden bepaald dat de beschikking in het geval en onder de voorwaarden, bedoeld in artikel 3, kan worden geweigerd, dan wel ingetrokken;
betrokkene: de aanvrager van een beschikking, de subsidie-ontvanger, de vergunninghouder, de gegadigde, de natuurlijke persoon of rechtspersoon aan wie een overheidsopdracht is of zal worden gegund, de onderaannemer, de natuurlijke persoon of rechtspersoon met wie een vastgoedtransactie is of zal worden aangegaan of met wie wordt onderhandeld over een dergelijke transactie, en de beoogd verkrijger van de erfpacht waarvoor toestemming is gevraagd als bedoeld in de begripsbepaling «vastgoedtransactie», onder 5°;
Bureau: het Bureau bevordering integriteitsbeoordelingen door het openbaar bestuur, bedoeld in artikel 8;
gegadigde: degene die zich heeft gemeld voor een aanbestedingsprocedure teneinde een aanbieding te doen, of heeft ingeschreven op een aanbestedingsprocedure dan wel in onderhandeling is getreden met een rechtspersoon met een overheidstaak;
onderaannemer: een derde aan wie een deel van de overheidsopdracht in onderaanneming is of zal worden gegeven door degene aan wie de overheidsopdracht is of zal worden gegund;
Onze Minister: Onze Minister van Justitie en Veiligheid;
overheidsopdracht: overheidsopdracht als bedoeld in artikel 1.1 van de Aanbestedingswet 2012;
rechtspersoon met een overheidstaak: de Staat, een provincie, een gemeente, een waterschap, een openbaar lichaam als bedoeld in artikel 8, eerste lid, van de Wet gemeenschappelijke regelingen, de politie, een openbaar lichaam voor beroep en bedrijf dan wel een ander openbaar lichaam als bedoeld in artikel 134 van de Grondwet, of een rechtspersoon met een overheidstaak als bedoeld in het tweede lid;

---

[1] Inwerkingtredingsdatum: 18-10-2002; zoals laatstelijk gewijzigd bij: Stb. 2019, 127.

vastgoedtransactie: een overeenkomst of een andere rechtshandeling met betrekking tot een onroerende zaak met als doel:
 1°. het verwerven of vervreemden van een recht op eigendom of het vestigen, vervreemden of wijzigen van een zakelijk recht;
 2°. huur of verhuur;
 3°. het verlenen van een gebruiksrecht;
 4°. de deelname, met inbegrip van de vergroting, vermindering of beëindiging daarvan, aan een rechtspersoon, een commanditaire vennootschap of een vennootschap onder firma die het recht op eigendom of een zakelijk recht met betrekking tot die onroerende zaak heeft of zal hebben of die onroerende zaak huurt, zal huren, verhuurt, of zal verhuren; of
 5°. toestemming voor vervreemding van erfpacht als bedoeld in artikel 91, eerste lid, van Boek 5 van het Burgerlijk Wetboek.
 2. Bij algemene maatregel van bestuur kunnen rechtspersonen met een overheidstaak worden aangewezen als rechtspersoon met een overheidstaak als bedoeld in artikel 1, eerste lid.
 3. De voordracht voor een krachtens het tweede lid vast te stellen algemene maatregel van bestuur wordt niet eerder gedaan dan vier weken nadat het ontwerp aan beide kamers der Staten-Generaal is overgelegd.
 4. In deze wet en de daarop berustende bepalingen wordt onder overheidsopdracht mede verstaan: een speciale-sectoropdracht als bedoeld in artikel 1.1 van de Aanbestedingswet 2012.

Art. 2

Intrekking subsidie

1. Ten aanzien van een subsidie wordt in deze wet onder intrekking tevens begrepen de vaststelling van de subsidie op een lager bedrag dan bij de verlening is bepaald, alsmede de wijziging van de subsidieverstrekking ten nadele van de subsidie-ontvanger.
2. Onder subsidie wordt in deze wet mede verstaan: de bekostiging van onderwijs en onderzoek.

Paragraaf 1.2
Weigerings- en intrekkingsgrond inzake beschikkingen

Art. 3

Weigeren/intrekken beschikking

1. Voorzover bestuursorganen bij of krachtens de wet daartoe de bevoegdheid hebben gekregen, kunnen zij weigeren een aangevraagde beschikking te geven dan wel een gegeven beschikking intrekken, indien ernstig gevaar bestaat dat de beschikking mede zal worden gebruikt om:
   a. uit gepleegde strafbare feiten verkregen of te verkrijgen, op geld waardeerbare voordelen te benutten, of
   b. strafbare feiten te plegen.
2. Voorzover het ernstig gevaar als bedoeld in het eerste lid, aanhef en onderdeel a, betreft, wordt de mate van het gevaar vastgesteld op basis van:
   a. feiten en omstandigheden die erop wijzen of redelijkerwijs doen vermoeden dat de betrokkene in relatie staat tot strafbare feiten als bedoeld in het eerste lid, onderdeel a,
   b. ingeval van vermoeden de ernst daarvan,
   c. de aard van de relatie en
   d. de grootte van de verkregen of te verkrijgen voordelen.
3. Voorzover het ernstig gevaar als bedoeld in het eerste lid, aanhef en onderdeel b, betreft, wordt de mate van het gevaar vastgesteld op basis van:
   a. feiten en omstandigheden die erop wijzen of redelijkerwijs doen vermoeden dat de betrokkene in relatie staat tot strafbare feiten die zijn gepleegd bij activiteiten die overeenkomen of samenhangen met activiteiten waarvoor de beschikking wordt aangevraagd dan wel is gegeven,
   b. ingeval van vermoeden de ernst daarvan,
   c. de aard van de relatie en
   d. het aantal van de gepleegde strafbare feiten.
4. De betrokkene staat in relatie tot strafbare feiten als bedoeld in het tweede en derde lid, indien:
   a. hij deze strafbare feiten zelf heeft begaan,
   b. hij direct of indirect leiding geeft dan wel heeft gegeven aan, zeggenschap heeft dan wel heeft gehad over of vermogen verschaft dan wel heeft verschaft aan een rechtspersoon in de zin van artikel 51 van het Wetboek van Strafrecht die deze strafbare feiten heeft begaan, of
   c. een ander deze strafbare feiten heeft gepleegd en deze persoon direct of indirect leiding geeft dan wel heeft gegeven aan, zeggenschap heeft dan wel heeft gehad over, vermogen verschaft dan wel heeft verschaft aan betrokkene, of in een zakelijk samenwerkingsverband tot hem staat of heeft gestaan.
5. De weigering dan wel intrekking, bedoeld in het eerste lid, vindt slechts plaats indien deze evenredig is met:
   a. de mate van het gevaar en
   b. voorzover het ernstig gevaar als bedoeld in het eerste lid, onderdeel b, betreft, de ernst van de strafbare feiten.

Wet BIBOB **A53 art. 5a**

6. Eenzelfde bevoegdheid tot weigering dan wel intrekking als bedoeld in het eerste lid hebben bestuursorganen, indien feiten en omstandigheden erop wijzen of redelijkerwijs doen vermoeden dat ter verkrijging of behoud van de aangevraagde dan wel gegeven beschikking een strafbaar feit is gepleegd. De weigering dan wel intrekking vindt slechts plaats, indien deze tenminste evenredig is met, ingeval van vermoedens, de ernst daarvan en met de ernst van het strafbare feit.

7. Voorzover blijkt dat geen sprake is van ernstig gevaar als bedoeld in het eerste lid, kan het bestuursorgaan bij mindere mate van gevaar aan de beschikking voorschriften verbinden. Deze voorschriften zijn gericht op het wegnemen of beperken van dergelijk gevaar. Het bestuursorgaan heeft eenzelfde bevoegdheid indien sprake is van een ernstig gevaar waarbij de ernst van de strafbare feiten weigering of intrekking van de beschikking niet rechtvaardigt. Het bestuursorgaan kan een op grond van deze bepaling gegeven voorschrift wijzigen. Indien niet wordt voldaan aan een op grond van deze bepaling gegeven voorschrift, kan het bestuursorgaan de beschikking intrekken.

8. In dit artikel wordt mede verstaan onder strafbaar feit een overtreding waarvoor een bestuurlijke boete kan worden opgelegd.

Art. 3a

1. Onder feiten en omstandigheden als bedoeld in artikel 3, tweede lid, onder a, en derde lid, onder a, die erop wijzen dat de betrokkene in relatie staat tot strafbare feiten, wordt verstaan:
   a. een veroordeling wegens een strafbaar feit;
   b. een onherroepelijke strafbeschikking;
   c. het vervallen van het recht tot strafvordering op grond van een transactie als bedoeld in artikel 74 van het Wetboek van Strafrecht;
   d. een onherroepelijke beschikking tot het opleggen van een bestuurlijke boete;
   e. een beschikking tot het opleggen van een bestuurlijke boete waartegen beroep is ingesteld, waarop de bestuursrechter in eerste aanleg uitspraak heeft gedaan.
2. Wordt een strafbaar feit niet vervolgd of de vervolging niet voortgezet, dan staat dat niet in de weg aan het geheel of ten dele op grond van dat strafbare feit vaststellen van de mate van gevaar als bedoeld in artikel 3, tweede en derde lid.
3. In geval van een rechterlijke uitspraak houdende vrijspraak of ontslag van alle rechtsvervolging, wordt de mate van gevaar als bedoeld in artikel 3, tweede en derde lid, niet op grond van dat strafbare feit vastgesteld.

Art. 4

1. Indien toepassing wordt gegeven aan artikel 7a, derde lid, wordt de weigering van de vergunninghouder of de subsidie-ontvanger om een formulier als bedoeld in artikel 7a, vijfde lid, volledig in te vullen, aangemerkt als ernstig gevaar als bedoeld in artikel 3, eerste lid.
2. Indien toepassing wordt gegeven aan artikel 12, derde lid, wordt de weigering van de aanvrager van een beschikking, de subsidie-ontvanger of de vergunninghouder om aanvullende gegevens te verschaffen, aangemerkt als een ernstig gevaar als bedoeld in artikel 3, eerste lid.

Uitbreiding 'ernstig gevaar'

Hoofdstuk 2
Overheidsopdrachten, vastgoedtransacties, subsidies, vergunningen en ontheffingen

Art. 5

1. Een gegadigde voor een overheidsopdracht waarop de richtlijnen, genoemd in artikel 9, tweede lid, niet van toepassing zijn, kan van de gunning van die opdracht of van het sluiten van de met een gunningsbeslissing beoogde overeenkomst worden uitgesloten met inachtneming van de criteria voor de kwalitatieve selectie in de zin van de richtlijnen, bedoeld in artikel 9, tweede lid, onderdeel a en b.
2. De rechtspersoon met een overheidstaak kan het Bureau om een advies vragen:
   a. voordat een beslissing wordt genomen inzake de gunning van een overheidsopdracht of het sluiten van de met een gunningsbeslissing beoogde overeenkomst;
   b. in het geval die rechtspersoon bij overeenkomst heeft bedongen dat de overeenkomst ontbonden wordt, indien zich een van de situaties, bedoeld in artikel 9, tweede lid, voordoet, alvorens zich op die ontbindende voorwaarde te beroepen;
   c. ten aanzien van een onderaannemer, uitsluitend met het oog op diens acceptatie als zodanig, indien de rechtspersoon met een overheidstaak in het bestek als voorwaarde heeft gesteld dat onderaannemers niet zonder toestemming van die rechtspersoon worden gecontracteerd en in het kader van die voorwaarde zich het recht heeft voorbehouden aan het Bureau een advies te vragen.

Aanbestedingen

Art. 5a

Een rechtspersoon met een overheidstaak kan het Bureau om een advies vragen over de betrokkene:
a. alvorens een beslissing wordt genomen over het aangaan van een vastgoedtransactie;

Advies

b. in het geval dat bij een vastgoedtransactie is bedongen dat de overeenkomst kan worden opgeschort of ontbonden dan wel de rechtshandeling kan worden beëindigd indien zich één van de situaties, bedoeld in artikel 9, derde lid, voordoet, alvorens zich op die opschortende of ontbindende voorwaarde te beroepen.

Art. 6

Subsidies

1. Een subsidie aan een rechtspersoon of aan een natuurlijke persoon kan worden geweigerd dan wel worden ingetrokken in het geval en onder de voorwaarden, bedoeld in artikel 3.
2. Voordat een beslissing als bedoeld in het eerste lid wordt genomen, kan het bestuursorgaan dat tot die beslissing bevoegd is, het Bureau om een advies vragen.

Art. 7

Vergunning

1. Een gemeentelijke vergunning die op grond van een verordening verplicht is gesteld voor een inrichting of bedrijf, kan door het college van burgemeester en wethouders respectievelijk de burgemeester worden geweigerd dan wel ingetrokken in het geval en onder de voorwaarden, bedoeld in artikel 3.
2. Voordat een beslissing als bedoeld in het eerste lid wordt genomen, kan het college van burgemeester en wethouders respectievelijk de burgemeester het Bureau om een advies vragen.
3. Het eerste en tweede lid zijn van overeenkomstige toepassing op een gemeentelijke ontheffing.

Hoofdstuk 2a
Eigen onderzoek van het bestuursorgaan of de rechtspersoon met een overheidstaak

Art. 7a

1. Indien een bestuursorgaan of rechtspersoon met een overheidstaak bevoegd is om advies te vragen aan het Bureau, kan dat orgaan of die rechtspersoon tevens zelf onderzoek verrichten naar feiten en omstandigheden als bedoeld in artikel 3, tweede tot en met zesde lid, en artikel 9, tweede en derde lid.
2. De betrokkene verschaft het bestuursorgaan of de rechtspersoon met een overheidstaak de gegevens en bescheiden om deze in staat te stellen tot het eigen onderzoek, bedoeld in het eerste lid. Deze gegevens en bescheiden omvatten in ieder geval:
a. de naam, het adres en de woonplaats of plaats van vestiging van de betrokkene;
b. de naam, het adres en de woonplaats van de persoon door wie de betrokkene zich laat vertegenwoordigen;
c. het burgerservicenummer, bedoeld in artikel 1, onder b, van de Wet algemene bepalingen burgerservicenummer, van de persoon, bedoeld in de onderdelen a en b;
d. het nummer van inschrijving bij de Kamer van Koophandel;
e. de rechtsvorm van de betrokkene;
f. de handelsnaam of handelsnamen waarvan de betrokkene gebruikmaakt of heeft gemaakt;
g. de naam, het adres en de woonplaats van de natuurlijke personen of rechtspersonen die, voor zover van toepassing:
1°. direct of indirect leiding geven of hebben gegeven aan betrokkene;
2°. direct of indirect zeggenschap hebben of hebben gehad over betrokkene;
3°. direct of indirect vermogen verschaffen of hebben verschaft aan betrokkene;
4°. onderaannemer van betrokkene zijn;
h. de wijze van financiering.
3. De betrokkene verschaft het bestuursorgaan of de rechtspersoon met een overheidstaak tevens de gegevens en bescheiden, indien onderzoek wordt gedaan met het oog op een beslissing ter zake de intrekking van een beschikking, onderscheidenlijk de ontbinding van een overeenkomst inzake een overheidsopdracht dan wel de opschorting of ontbinding van een overeenkomst of de beëindiging van een rechtshandeling inzake een vastgoedtransactie.
4. Teneinde het Bureau in staat te stellen onderzoek te verrichten als bedoeld in deze wet, zendt het bestuursorgaan dat of de rechtspersoon met een overheidstaak die het Bureau om advies verzoekt, de door de betrokkene verstrekte gegevens en bescheiden, tezamen met de bevindingen van het eigen onderzoek, toe aan het Bureau.
5. Bij ministeriële regeling worden een of meer formulieren vastgesteld voor het verstrekken van de in het tweede en derde lid bedoelde gegevens en bescheiden alsmede voor de bevindingen van het eigen onderzoek.
6. Artikel 28, tweede lid, is van overeenkomstige toepassing op de door het bestuursorgaan of de rechtspersoon met een overheidstaak van de betrokkene op grond van het tweede of derde lid verkregen gegevens alsmede op de bevindingen van het eigen onderzoek.

Art. 7b

Het bestuursorgaan of de rechtspersoon met een overheidstaak kan persoonsgegevens uit openbare bronnen en persoonsgegevens die rechtstreeks zijn te herleiden tot gegevens uit openbare bronnen, verwerken ten behoeve van het eigen onderzoek.

Hoofdstuk 3
Het Bureau bevordering integriteitsbeoordelingen door het openbaar bestuur

Paragraaf 3.1
Instelling en taak van het Bureau

Art. 8
Er is een Bureau bevordering integriteitsbeoordelingen door het openbaar bestuur. | Bureau

Art. 9
1. Het Bureau heeft tot taak aan bestuursorganen, voorzover deze bij of krachtens de wet de bevoegdheid hebben gekregen het Bureau daartoe te verzoeken, op verzoek advies uit te brengen over de mate van gevaar, bedoeld in artikel 3, eerste lid, of over de feiten en omstandigheden, bedoeld in artikel 3, zesde lid. | Taak
2. Voor zover het gaat om een overheidsopdracht, heeft het Bureau voorts tot taak rechtspersonen met een overheidstaak desgevraagd advies uit te brengen over:
   a. feiten en omstandigheden die grond kunnen opleveren voor de toepassing ten aanzien van een gegadigde of, voor zover het gaat om diens acceptatie als bedoeld in artikel 5, tweede lid, onderdeel c, een onderaannemer van artikel 57 van richtlijn 2014/24/EU van het Europees Parlement en de Raad van 26 februari 2014 betreffende het plaatsen van overheidsopdrachten en tot intrekking van Richtlijn 2004/18/EG (PbEU 2014, L 94);
   b. feiten en omstandigheden die grond kunnen opleveren voor de overeenkomstige toepassing ten aanzien van een gegadigde of, voorzover het gaat om diens acceptatie als bedoeld in artikel 5, tweede lid, onderdeel c, een onderaannemer van de in onderdeel a genoemde bepalingen, indien richtlijn 2014/25/EU van het Europees Parlement en de Raad van 26 februari 2014 betreffende het plaatsen van opdrachten in de sectoren water- en energievoorziening, vervoer en postdiensten en houdende intrekking van Richtlijn 2004/17/EG (PbEU 2014, L 94) op de aanbesteding van toepassing is;
   c. de mogelijkheid dat een gegadigde of onderaannemer wordt gefinancierd met uit gepleegde strafbare feiten verkregen of te verkrijgen, op geld waardeerbare voordelen;
   d. de mate van gevaar dat een gegadigde, indien de overheidsopdracht aan hem zou worden gegund, of de onderaannemer bij de uitvoering van die opdracht strafbare feiten zal plegen.
3. Voor zover het gaat om een vastgoedtransactie, heeft het Bureau tot taak rechtspersonen met een overheidstaak op verzoek advies uit te brengen over:
   a. de mate van gevaar dat de vastgoedtransactie mede zal worden gebruikt om uit gepleegde strafbare feiten verkregen of te verkrijgen, op geld waardeerbare voordelen te benutten;
   b. de mate van gevaar dat in of met de onroerende zaak waar de vastgoedtransactie betrekking op heeft, mede strafbare feiten zullen worden gepleegd, of
   c. de feiten en omstandigheden die er op wijzen of redelijkerwijs doen vermoeden dat ter verkrijging of behoud van een vastgoedtransactie een strafbaar feit is gepleegd.
4. Artikel 3, tweede tot en met vijfde en achtste lid, is van overeenkomstige toepassing.
5. Het Bureau kan afzien van het uitbrengen van een advies indien:
   a. het bestuursorgaan of de rechtspersoon met een overheidstaak niet de in artikel 7a, vierde lid, bedoelde informatie heeft toegezonden aan het Bureau; of
   b. uit de in artikel 7a, vierde lid, bedoelde informatie naar het oordeel van het Bureau blijkt dat het bestuursorgaan of de rechtspersoon met een overheidstaak onvoldoende gebruik heeft gemaakt van de mogelijkheden tot het verrichten van eigen onderzoek als bedoeld in artikel 7a, eerste lid.

Art. 10
Het Bureau heeft voorts tot taak bestuursorganen desgevraagd te informeren omtrent de in deze wet en in andere algemeen verbindende voorschriften neergelegde weigerings- en intrekkingsgronden inzake subsidies, vergunningen en ontheffingen. | Overige taken van het Bureau

Art. 11
Indien het Bureau beschikt over gegevens die erop duiden dat een betrokkene in relatie staat tot strafbare feiten die reeds gepleegd zijn of – naar redelijkerwijs op grond van feiten of omstandigheden kan worden vermoed – gepleegd zullen worden, kan het een bestuursorgaan of een rechtspersoon met een overheidstaak wijzen op de mogelijkheid om eigen onderzoek als bedoeld in artikel 7a, eerste lid, te doen en eventueel daarna het Bureau om een advies te vragen. In dit artikel wordt mede verstaan onder strafbaar feit een overtreding waarvoor een bestuurlijke boete kan worden opgelegd. | Informatie OvJ

Art. 11a
Het Bureau bericht een bestuursorgaan of een rechtspersoon met een overheidstaak desgevraagd in het geval waarin hij bevoegd is tot toepassing van deze wet over: | Informatieplicht Bureau
a. het feit of over de betrokkene, in de afgelopen twee jaren, een advies is uitgebracht dan wel een adviesaanvraag in behandeling is genomen, en zo ja

b. voor welke beschikking, overheidsopdracht of vastgoedtransactie het advies is uitgebracht dan wel de adviesaanvraag in behandeling is genomen, en
c. indien advies is uitgebracht: de mate van gevaar zoals dat is opgenomen in het advies.

Paragraaf 3.2
Werkwijze van het Bureau

Art. 12

Verzamelen gegevens

1. Het Bureau verzamelt en analyseert persoonsgegevens uitsluitend ten behoeve van het advies.
2. Het verzamelen van persoonsgegevens wordt beperkt tot:
   a. persoonsgegevens uit openbare bronnen,
   b. persoonsgegevens die rechtstreeks zijn te herleiden tot gegevens uit openbare bronnen,
   c. persoonsgegevens die zijn verstrekt op grond van de artikelen 7a, vierde lid, 13, 27 of 27a, en
   d. persoonsgegevens die zijn verkregen overeenkomstig artikel 6, eerste lid, aanhef en onder e, van de Algemene verordening gegevensbescherming.
3. In afwijking van het tweede lid kan het Bureau in het geval dat het door de betrokkene ingevulde formulier, bedoeld in artikel 7a, onvoldoende informatie verschaft voor het onderzoek ten behoeve van het advies, dan wel de gegevens die door middel van dat formulier en uit de verschillende bestanden of registraties zijn verkregen niet gelijkluidend zijn, de betrokkene verzoeken om nadere gegevens over:
   a. de vertegenwoordigingsbevoegdheid van degene die het formulier heeft ingevuld;
   b. de identiteit en vertegenwoordigingsbevoegdheid van personen die direct of indirect leiding geven;
   c. de identiteit van personen die direct of indirect zeggenschap uitoefenen;
   d. de identiteit van personen die direct of indirect vermogen verschaffen;
   e. de wijze van financiering;
   f. feiten en omstandigheden die van belang zijn om te beoordelen tot welke personen de betrokkene in een zakelijk samenwerkingsverband staat.

Art. 13

Buitenlandse autoriteiten

1. Voor de uitvoering van de taken, bedoeld in artikel 9, kan het Bureau de bevoegde buitenlandse autoriteiten verzoeken na te gaan of aldaar gegevens bekend zijn over natuurlijke personen of rechtspersonen tot wie zijn onderzoek zich uitstrekt. Het verzoek kan betrekking hebben op:
   a. strafrechtelijke gegevens, en
   b. gegevens over een overtreding waarvoor een bestraffende sanctie als bedoeld in artikel 5:2, eerste lid, onderdeel c, van de Algemene wet bestuursrecht kan worden opgelegd.
2. Een verzoek als bedoeld in het eerste lid, aanhef en onderdeel a, wordt uitsluitend door tussenkomst van de officier van justitie tot de bevoegde autoriteit gericht, met uitzondering van een verzoek dat is gebaseerd op het Kaderbesluit nr. 2009/315/JBZ van de Raad van de Europese Unie van 26 februari 2009 betreffende de organisatie en de inhoud van uitwisseling van gegevens uit het strafregister tussen de lidstaten (Pb EU L93/23), dat door tussenkomst van Onze Minister geschiedt.

Art. 14

Geen gegevens

1. Het Bureau neemt in het advies geen gegevens op waarvan:
   a. de verstrekker heeft aangegeven dat deze, gelet op het karakter van die gegevens, niet aan de desbetreffende persoon ter kennis mogen worden gebracht, of
   b. de officier van justitie, bedoeld in het tweede lid, heeft aangegeven dat deze niet mogen worden gebruikt in verband met een zwaarwegend strafvorderlijk belang.
2. Het College van Procureurs-Generaal wijst de officier van justitie aan, aan wie het advies, voordat dit wordt toegezonden aan het bestuursorgaan dat of de rechtspersoon met een overheidstaak die om advies hebben gevraagd, wordt voorgelegd met het oog op de beoordeling of daarin gegevens zijn opgenomen waarvan het gebruik een zwaarwegend strafvorderlijk belang schaadt.

Art. 15

Termijn

1. Het advies wordt zo spoedig mogelijk gegeven, maar in ieder geval binnen een termijn van acht weken nadat het bestuursorgaan of de rechtspersoon met een overheidstaak een advies heeft aangevraagd.
2. De in het eerste lid bedoelde termijn wordt opgeschort met ingang van de dag waarop het bestuursorgaan, de rechtspersoon met een overheidstaak of de betrokkene is verzocht om gegevens die bij de aanvraag ontbreken of om aanvullende gegevens die noodzakelijk zijn voor het advies, tot de dag waarop die gegevens zijn ontvangen.
3. Indien het advies niet binnen acht weken kan worden gegeven, stelt het Bureau het bestuursorgaan of de rechtspersoon met een overheidstaak daarvan in kennis en noemt hij daarbij een

Wet BIBOB **A53 art. 23**

termijn waarbinnen het advies wel tegemoet kan worden gezien. Deze termijn bedraagt niet meer dan vier weken.

Art. 16
1. Het Bureau brengt een bijdrage in de kosten van het advies in rekening bij het bestuursorgaan dat of de rechtspersoon met een overheidstaak die het advies heeft gevraagd.   *Kosten*
2. Bij of krachtens algemene maatregel van bestuur worden regels gegeven over de wijze waarop de in het eerste lid bedoelde bijdrage wordt vastgesteld.

Art. 17
Bij ministeriële regeling kunnen nadere regels worden gegeven over de werkwijze van het Bureau, alsmede over de totstandkoming en inrichting van het advies.   *Nadere regels*

Paragraaf 3.3
De verwerking van gegevens door het Bureau

Art. 18
Het Bureau registreert geen persoonsgegevens waarvan de verstrekker heeft aangegeven dat deze, gelet op het karakter van die gegevens, niet aan de desbetreffende persoon ter kennis mogen worden gebracht.   *Registratie*

Art. 19
Het Bureau kan persoonsgegevens die zijn verzameld of verkregen met het oog op de behandeling van een verzoek om advies, gedurende vijf jaren verwerken in verband met een ander verzoek.   *Ander advies*

Art. 20
1. Voor zoveel nodig in afwijking van hetgeen in de Wet openbaarheid van bestuur en andere wetten is bepaald ten aanzien van verstrekking van gegevens, verstrekt het Bureau aan derden geen persoonsgegevens die het heeft verkregen in het kader van zijn taak, bedoeld in artikel 9.   *Uitzondering op WoB*
2. Onder derden als bedoeld in het eerste lid worden mede begrepen andere onder de Minister van Justitie en Veiligheid ressorterende dienstonderdelen en andere overheidsdiensten en -instellingen.
3. In afwijking van het eerste lid kunnen in de volgende gevallen persoonsgegevens worden verstrekt:
a. voorzover persoonsgegevens in het advies dienen te worden opgenomen in verband met de noodzakelijke motivering daarvan;
b. in de berichtgeving, bedoeld in de artikelen 11 of 11a;
c. ten behoeve van de uitoefening van de controlerende of toezichthoudende bevoegdheid van:
1°. de Algemene Rekenkamer;
2°. de Nationale ombudsman;
3°. de Autoriteit persoonsgegevens;
d. indien toepassing wordt gegeven aan:
1°. de artikelen in het Wetboek van Strafvordering betreffende het vorderen van gegevens;
2°. artikel 39 van de Wet op de inlichtingen- en veiligheidsdiensten 2017;
e. desgevraagd, ten behoeve van kwaliteitstoetsing, wetenschappelijk onderzoek en statistiek, met dien verstande dat de resultaten daarvan geen persoonsgegevens mogen bevatten en voorzover de persoonlijke levenssfeer van de geregistreerde daardoor niet onevenredig wordt geschaad;
f. ten behoeve van rechterlijke procedures of bezwaarprocedures waarbij het Bureau partij is;
g. aan een tot oplegging van een bestuurlijke boete bevoegd bestuursorgaan ten behoeve van het melden van een overtreding;
h. aan een opsporingsambtenaar ten behoeve van het doen van aangifte van een begaan strafbaar feit.

Paragraaf 3.4
Beheer van het Bureau

Art. 21
1. De algemene leiding, de organisatie en het beheer van het Bureau berusten bij Onze Minister.   *Beheer*
2. De dagelijkse leiding berust bij de directeur van het Bureau.
3. De directeur van het Bureau rapporteert, gevraagd en ongevraagd, rechtstreeks aan Onze Minister al hetgeen van belang kan zijn.

Art. 22
Benoeming, schorsing en ontslag van de directeur van het Bureau geschiedt bij koninklijk besluit op voordracht van Onze Minister.   *Benoeming directeur*

Art. 23
Onze Minister bepaalt het budget en de formatie van het Bureau.   *Budget*

Art. 24

Verslag

Onze Minister brengt jaarlijks voor 1 mei aan beide kamers der Staten-Generaal een openbaar verslag uit van de wijze waarop het Bureau zijn taken in het afgelopen kalenderjaar heeft verricht.

Paragraaf 3.5
[Vervallen]

Art. 25
[Vervallen]

Hoofdstuk 4
Bevoegdheden, verplichtingen en procedurele bepalingen

Paragraaf 4.1
Bevoegdheid officier van justitie

Art. 26

Bevoegdheid OvJ

De officier van justitie die beschikt over gegevens die er op duiden dat een betrokkene in relatie staat tot strafbare feiten die reeds gepleegd zijn of, naar redelijkerwijs op grond van feiten of omstandigheden kan worden vermoed, gepleegd zullen worden, kan het bestuursorgaan of de rechtspersoon met een overheidstaak wijzen op de mogelijkheid van eigen onderzoek als bedoeld in artikel 7a, eerste lid, te doen en daarna eventueel het Bureau om een advies te vragen.

Paragraaf 4.2
Verplichting tot medewerking

Art. 27

Verschaffing persoonsgegevens door verwerkingsverantwoordelijken e.d.

1. De volgende bestuursorganen verstrekken het Bureau desgevraagd alle gegevens die noodzakelijk zijn voor de uitvoering van de taak, bedoeld in artikel 9:
a. Onze Minister van Financiën, voorzover het bestanden betreft waarvan de gegevens worden verwerkt door:
1°. de Belastingdienst FIOD-ECD;
2°. de rijksbelastingdienst;
b. Onze Minister, voorzover het bestanden betreft waarvan de gegevens worden verwerkt door:
1°. de Justitiële informatiedienst;
2°. het Meldpunt ongebruikelijke transacties en die ingevolge artikel 14, derde lid, van de Wet ter voorkoming van witwassen en financieren van terrorisme kunnen worden verstrekt;
3°. het openbaar ministerie;
4°. de registratie, bedoeld in artikel 1, onderdeel b, van de Wet controle op rechtspersonen;
5°. de Immigratie- en naturalisatiedienst;
c. Onze Minister van Landbouw, Natuur en Voedselkwaliteit, voorzover het bestanden betreft waarvan de gegevens worden verwerkt door de Nederlandse Voedsel- en Warenautoriteit;
d. Onze Minister van Sociale Zaken en Werkgelegenheid, voor zover het bestanden betreft waarvan de gegevens worden verwerkt door de Inspectie SZW;
e. Onze Minister van Infrastructuur en Waterstaat, voorzover het bestanden betreft waarvan de gegevens worden verwerkt door de Inspectie Leefomgeving en Transport;
f. de in artikel 1, onderdeel f, van de Wet politiegegevens bedoelde bestuursorganen, voorzover het een politieregister betreft;
g. het college van burgemeester en wethouders van een gemeente, voor zover het de verwerking van gegevens betreft voor de uitvoering van de Participatiewet, de Wet inkomensvoorziening oudere en gedeeltelijk arbeidsongeschikte werkloze werknemers en de Wet inkomensvoorziening oudere en gedeeltelijk arbeidsongeschikte gewezen zelfstandigen;
h. het Uitvoeringsinstituut werknemersverzekeringen en de Sociale verzekeringsbank;
i. op voordracht van Onze Minister, gedaan in overeenstemming met Onze Minister wie het mede aangaat, bij algemene maatregel van bestuur aangewezen bestuursorganen. De voordracht voor een krachtens dit lid vast te stellen algemene maatregel van bestuur wordt niet eerder gedaan dan vier weken nadat het ontwerp aan beide kamers der Staten-Generaal is overgelegd;
j. Onze Minister van Volksgezondheid, Welzijn en Sport, voor zover het bestanden betreft waarvan de gegevens worden verwerkt door de Inspectie gezondheidszorg en jeugd;
k. de burgemeester van een gemeente of het college van burgemeester en wethouders van een gemeente, voor zover het gegevens betreft omtrent overtredingen waarvoor een bestuurlijke boete kan worden opgelegd;
l. gedeputeerde staten van een provincie en de commissaris van de Koning van een provincie, voor zover het gegevens betreft omtrent overtredingen waarvoor een bestuurlijke boete kan worden opgelegd;

Wet BIBOB **A53** art. 28

m. de raad van bestuur van de kansspelautoriteit, bedoeld in artikel 33a van de Wet op de kansspelen;
n. de Autoriteit Consument en Markt, bedoeld in artikel 2, eerste lid, van de Instellingswet Autoriteit Consument en Markt.
2. Het eerste lid is uitsluitend van toepassing op persoonsgegevens, voor zover het persoonsgegevens betreft voor de verwerking waarvan de in het eerste lid bedoelde bestuursorganen de verwerkingsverantwoordelijke zijn in de zin van artikel 4 van de Algemene verordening gegevensbescherming dan wel de verwerkingsverantwoordelijke zijn in de zin van de Wet justitiële en strafvorderlijke gegevens of de Wet politiegegevens.
3. De gegevens, bedoeld in het eerste lid, worden niet verstrekt indien:
a. zij zijn opgenomen in een bij algemene maatregel van bestuur aangewezen bestand,
b. een zwaarwegend belang van de verstrekkende dienst of instelling aan de verstrekking in de weg staat, of
c. bij opsporingsgegevens naar het oordeel van de officier van justitie, in overleg met een daartoe door het College van Procureurs-Generaal aangewezen officier van justitie, een zwaarwegend strafvorderlijk belang aan de verstrekking in de weg staat.
4. Indien persoonsgegevens niet worden verstrekt op grond van het derde lid, onderdeel b of c, wordt de weigering die gegevens te verstrekken nader gemotiveerd door het bestuursorgaan, bedoeld in het eerste lid, onderscheidenlijk de officier van justitie.
5. De gegevensverstrekking ingevolge het eerste lid geschiedt kosteloos, voorzover bij of krachtens de wet niet anders is bepaald.
6. Bij of krachtens algemene maatregel van bestuur worden regels gegeven over de termijn waarbinnen de verstrekking van gegevens dient plaats te vinden en kunnen regels worden gegeven over de wijze van verstrekken van gegevens door de bestuursorganen, bedoeld in het eerste lid.

Art. 27a
Afschriften van rechterlijke uitspraken en processen-verbaal van de mondelinge uitspraak in bestuursrechtelijke zaken worden desgevraagd aan het Bureau verstrekt overeenkomstig de daarop van toepassing zijnde wettelijke bepalingen.

Afschriften van rechterlijke uitspraken en processen-verbaal

Paragraaf 4.3
Geheimhoudingsplicht

Art. 28
1. Een ieder die krachtens deze wet de beschikking krijgt over gegevens met betrekking tot een derde, is verplicht tot geheimhouding daarvan, behoudens voorzover een bij deze wet gegeven voorschrift mededelingen toelaat.
2. Het bestuursorgaan dat of de rechtspersoon met een overheidstaak die een advies ontvangt, geeft de daarin opgenomen gegevens niet door, behoudens aan:
a. de betrokkene, uitsluitend voorzover dit noodzakelijk is ter motivering van de naar aanleiding van het advies te nemen beslissing;
b. de derde die in de motivering, bedoeld in de onderdeel a, wordt vermeld, uitsluitend voorzover de in die motivering opgenomen gegevens hem betreffen;
c. leden van het overleg, bedoeld in artikel 13 van de Politiewet 2012, voor zover noodzakelijk voor het ondersteunen van het bestuursorgaan of de rechtspersoon met een overheidstaak bij de motivering van de naar aanleiding van het advies te nemen beslissing;
d. een andere deelnemer aan een regionaal samenwerkingsverband voor de aanpak van georganiseerde criminaliteit van bestuursorganen, de politie, het openbaar ministerie, de rijksbelastingdienst, de belastingdienst FIOD-ECD, de Sociale Inlichtingen- en Opsporingsdienst en de Koninklijke marechaussee, voorzover de gegevens noodzakelijk zijn voor het ondersteunen van het bestuursorgaan of de rechtspersoon met een overheidstaak bij het toepassen van deze wet;
e. de adviescommissie, bedoeld in artikel 7:13 van de Algemene wet bestuursrecht;
f. degene die door Onze Minister is verzocht om een kwaliteitstoetsing ten aanzien van de adviezen uit het Bureau te verrichten, of degene die wetenschappelijk onderzoek of statistische activiteiten verricht, met dien verstande dat de resultaten daarvan geen persoonsgegevens mogen bevatten en voor zover de persoonlijke levenssfeer van de betrokkene daardoor niet onevenredig wordt geschaad;
g. de Algemene Rekenkamer;
h. de Nationale Ombudsman;
i. de Autoriteit persoonsgegevens;
j. de rechter;
k. de met opsporing belaste ambtenaren indien toepassing wordt gegeven aan de artikelen in het Wetboek van Strafvordering betreffende het vorderen van gegevens;

Geheimhoudingsplicht

l. de inlichtingen- en veiligheidsdiensten indien toepassing wordt gegeven aan artikel 39 van de Wet op de inlichtingen- en veiligheidsdiensten 2017.

3. Bij de toepassing van artikel 33, eerste en tweede lid, verstrekt het bestuursorgaan of de rechtspersoon met een overheidstaak de betrokkene of de in artikel 33, eerste lid, bedoelde derde een afschrift van het advies en wijst hem daarbij schriftelijk op zijn geheimhoudingsplicht op grond van het eerste lid. De in artikel 33, eerste lid, bedoelde derde wordt het advies slechts verstrekt voor zover het op hem betrekking heeft.

4. Indien een beschikking dan wel de intrekking van een subsidie of vergunning, de weigering van een overheidsopdracht of een vastgoedtransactie dan wel de ontbinding van een overeenkomst inzake een dergelijke opdracht of transactie, in rechte wordt aangevochten, is betrokkene bevoegd de in het eerste lid bedoelde gegevens bekend te maken aan de rechter.

Art. 29

Advies aan bestuursorgaan of rechtspersoon met overheidstaak

Het bestuursorgaan dat of de rechtspersoon met een overheidstaak die een advies ontvangt, kan dat advies gedurende vijf jaren gebruiken in verband met een andere beslissing.

Paragraaf 4.4
Overige bepalingen

Art. 30

[Vervallen]

Art. 31

Opschorting wettelijke termijnen

Indien het bestuursorgaan een advies aanvraagt, wordt de wettelijke termijn waarbinnen de beschikking dient te worden gegeven, opgeschort voor de duur van de periode die begint met de dag waarop het advies is aangevraagd en eindigt met de dag waarop dat advies is ontvangen, met dien verstande dat deze opschorting niet langer duurt dan de in artikel 15, eerste en tweede lid, bedoelde termijn, vermeerderd met de duur van de eenmalige verlenging, bedoeld in artikel 15, derde lid.

Art. 32

Informatie

Het bestuursorgaan of de rechtspersoon met een overheidstaak informeert de betrokkene dat het Bureau om advies is verzocht.

Art. 33

Zienswijze

1. Voordat een bestuursorgaan aan een beschikking voorschriften verbindt als bedoeld in artikel 3, zevende lid, en voordat een bestuursorgaan een voor de betrokkene en de in de voorgenomen beschikking in verband met deze gronden genoemde derde negatieve beslissing neemt op grond van ernstig gevaar als bedoeld in artikel 3, eerste lid, dan wel op grond van feiten of omstandigheden als bedoeld in artikel 3, zesde lid, stelt het de betrokkene en de in de voorgenomen beschikking in verband met deze gronden genoemde derde in de gelegenheid zijn zienswijze naar voren te brengen.

2. Het eerste lid is van overeenkomstige toepassing op rechtspersoon met een overheidstaak die een beslissing neemt ter zake van:
a. de gunning van een overheidsopdracht of het sluiten van de met een gunningsbeslissing beoogde overeenkomst;
b. de toestemming, bedoeld in artikel 5, tweede lid, onderdeel c;
c. de ontbinding van de overeenkomst met de partij aan wie de overheidsopdracht is gegund;
d. het aangaan van een vastgoedtransactie;
e. de opschorting of ontbinding van de overeenkomst of de beëindiging van de rechtsbehandeling waarmee de vastgoedtransactie is aangegaan.

3. Voor de toepassing van het eerste en tweede lid zijn de artikelen 4:9 tot en met 4:12 van de Algemene wet bestuursrecht van overeenkomstige toepassing.

Hoofdstuk 5
Wijziging van andere wetten

Paragraaf 5.1
Persoonsregistraties

Art. 34

[Wijzigt de Wet politieregisters.]

Art. 35

[Wijzigt de Wet op de justitiële documentatie en op de verklaringen omtrent het gedrag.]

Paragraaf 5.2
Vergunningen

Art. 36
[Wijzigt de Drank- en Horecawet.]
Art. 37
[Vervallen]
Art. 38
[Wijzigt de Wet goederenvervoer over de weg.]
Art. 39
[Wijzigt de Wet personenvervoer 2000.]
Art. 40
[Wijzigt de Wet milieubeheer.]
Art. 41
[Wijzigt de Woningwet.]
Art. 42
[Wijzigt de Wet op de economische delicten.]

Hoofdstuk 6
Overgangs- en slotbepalingen

Art. 43
De bepalingen van de in hoofdstuk 5 genoemde wetten, zoals zij luiden na de inwerkingtreding van deze wet, zijn niet van toepassing op de aanvraag van een beschikking die voor die datum is ingediend, onderscheidenlijk de aanbestedingsprocedure of onderhandeling waarmee voor die datum een aanvang is gemaakt. — *Overgangsrecht*

Art. 44
[Vervallen]

Art. 45
Onze Minister zendt binnen vijf jaar na inwerkingtreding van de Evaluatie- en uitbreidingswet Bibob aan de Staten-Generaal een verslag over de doeltreffendheid en effecten van de Wet bevordering integriteitsbeoordelingen door het openbaar bestuur in de praktijk. — *Evaluatieverslag*

Art. 46
Deze wet treedt in werking op een bij koninklijk besluit te bepalen tijdstip, dat voor de verschillende artikelen of onderdelen daarvan verschillend kan worden vastgesteld. — *Inwerkingtreding*

Art. 47
Deze wet wordt aangehaald als: Wet bevordering integriteitsbeoordelingen door het openbaar bestuur. — *Citeertitel*

Richtlijn 2006/123/EG betreffende diensten op de interne markt

Richtlijn 2006/123/EG van het Europees Parlement en de Raad van 12 december 2006 betreffende diensten op de interne markt[1]

HOOFDSTUK I
ALGEMENE BEPALINGEN

Art. 1 Onderwerp

Dienstenrichtlijn, onderwerpen

1. Deze richtlijn stelt algemene bepalingen ter vergemakkelijking van de uitoefening van de vrijheid van vestiging van dienstverrichters en het vrije verkeer van diensten vast, met waarborging van een hoge kwaliteit van de diensten.
2. Deze richtlijn heeft geen betrekking op de liberalisering van diensten van algemeen economisch belang die voorbehouden zijn aan openbare of particuliere entiteiten, noch op de privatisering van openbare dienstverrichtende entiteiten.
3. Deze richtlijn heeft geen betrekking op de afschaffing van dienstverrichtende monopolies, noch op steunmaatregelen van de lidstaten die onder de communautaire mededingingsvoorschriften vallen.
Deze richtlijn doet geen afbreuk aan de vrijheid van de lidstaten om in overeenstemming met het Gemeenschapsrecht vast te stellen wat zij als diensten van algemeen economisch belang beschouwen, hoe deze diensten moeten worden georganiseerd en gefinancierd, in overeenstemming met de regels inzake staatssteun, en aan welke bijzondere verplichtingen zij onderworpen zijn.
4. Deze richtlijn doet geen afbreuk aan de maatregelen die op communautair of nationaal niveau en in overeenstemming met het Gemeenschapsrecht zijn genomen ter bescherming of bevordering van van culturele of linguïstische verscheidenheid of de pluriformiteit van de media.
5. Deze richtlijn laat het strafrecht van de lidstaten onverlet. De lidstaten mogen echter niet het vrij verrichten van diensten beperken door strafrechtelijke bepalingen toe te passen die meer bepaald de toegang tot of de uitoefening van een dienstenactiviteit regelen of hierop van invloed zijn, en aldus de in deze richtlijn neergelegde regels omzeilen.
6. Deze richtlijn laat het arbeidsrecht onverlet, dat wil zeggen alle wettelijke of contractuele bepalingen betreffende arbeids- en tewerkstellingsvoorwaarden met inbegrip van de gezondheid en veiligheid op het werk en de betrekkingen tussen werkgevers en werknemers, die de lidstaten toepassen overeenkomstig nationale wettelijke bepalingen die in overeenstemming zijn met het Gemeenschapsrecht. Evenmin is deze richtlijn van invloed op de socialezekerheidswetgeving van de lidstaten.
7. Deze richtlijn doet geen afbreuk aan de uitoefening van de grondrechten zoals die zijn erkend door de lidstaten en in het Gemeenschapsrecht. Zij doet evenmin afbreuk aan het recht om over collectieve arbeidsovereenkomsten te onderhandelen en deze te sluiten en naleving ervan af te dwingen, en om vakbondsacties te voeren overeenkomstig de nationale wetgeving en praktijken die in overeenstemming zijn met het Gemeenschapsrecht.

Art. 2 Werkingssfeer

Dienstenrichtlijn, werkingssfeer

1. Deze richtlijn is van toepassing op de diensten van dienstverrichters die in een lidstaat zijn gevestigd.
2. Deze richtlijn is niet van toepassing op de volgende activiteiten:
   a) niet-economische diensten van algemeen belang;
   b) financiële diensten, zoals bankdiensten, kredietverstrekking, verzekering en herverzekering, individuele en bedrijfspensioenen, effecten, beleggingsfondsen, betalingen en beleggingsadviezen, met inbegrip van de diensten die zijn opgenomen in bijlage I bij Richtlijn 2006/48/EG;
   c) elektronische-communicatiediensten en -netwerken en bijbehorende faciliteiten en diensten, wat de aangelegenheden betreft die vallen onder de Richtlijnen 2002/19/EG, 2002/20/EG, 2002/21/EG, 2002/22/EG en 2002/58/EG;
   d) diensten op het gebied van vervoer, met inbegrip van havendiensten, die onder de werkingssfeer van titel V van het EG-Verdrag vallen;
   e) diensten van uitzendbedrijven;
   f) diensten van de gezondheidszorg, al dan niet verleend door gezondheidszorgfaciliteiten en ongeacht de wijze waarop zij op nationaal niveau zijn georganiseerd en worden gefinancierd en ongeacht de vraag of de diensten openbaar of particulier van aard zijn;

---

1 Inwerkingtredingsdatum: 28-12-2006.

g) audiovisuele diensten, met inbegrip van cinematografische diensten, ongeacht hun wijze van productie, distributie en doorgifte, en radio-omroep;
h) gokactiviteiten die erin bestaan dat een financiële waarde wordt ingezet bij kansspelen, met inbegrip van loterijen, gokken in casino's en weddenschappen;
i) activiteiten in het kader van de uitoefening van het openbaar gezag, als bedoeld in artikel 45 van het Verdrag;
j) sociale diensten betreffende sociale huisvesting, kinderzorg en ondersteuning van gezinnen of personen in permanente of tijdelijke nood, die worden verleend door de staat, door dienstverrichters die hiervoor een mandaat gekregen van de staat, of door liefdadigheidsinstellingen die als zodanig door de staat zijn erkend;
k) particuliere beveiligingsdiensten;
l) diensten van notarissen en deurwaarders die bij een officieel overheidsbesluit zijn benoemd.
3. Deze richtlijn is niet van toepassing op het gebied van belastingen.

Art. 3 Verband met andere bepalingen van het Gemeenschapsrecht

1. Indien de bepalingen van deze richtlijn strijdig zijn met een bepaling van andere communautaire regelgeving die betrekking heeft op specifieke aspecten van de toegang tot of de uitoefening van een dienstenactiviteit in specifieke sectoren of voor specifieke beroepen dan heeft de bepaling van de andere communautaire regelgeving voorrang en is deze van toepassing op die specifieke sectoren of beroepen. Hieronder wordt begrepen:
a) Richtlijn 96/71/EG;
b) Verordening (EEG) nr. 1408/71;
c) Richtlijn 89/552/EEG van de Raad van 3 oktober 1989 betreffende de coördinatie van bepaalde wettelijke en bestuursrechtelijke bepalingen in de lidstaten inzake de uitoefening van televisieomroepactiviteiten[2];
d) Richtlijn 2005/36/EG.

Dienstenrichtlijn, verband met ander Gemeenschapsrecht

2. Deze richtlijn heeft geen betrekking op de regels van het internationaal privaatrecht, in het bijzonder regels betreffende de bepaling van het op contractuele en niet-contractuele verbintenissen toepasselijke recht, met inbegrip van de regels die waarborgen dat voor de consumenten de bescherming geldt die hen wordt geboden door de regels inzake consumentenbescherming die zijn neergelegd in de consumentenwetgeving die in hun lidstaat van kracht is.
3. De lidstaten passen deze richtlijn toe met inachtneming van de Verdragsregels over de vrijheid van vestiging en het vrije verkeer van diensten.

Art. 4 Definities

Voor de toepassing van deze richtlijn wordt verstaan onder:
1) "dienst": elke economische activiteit, anders dan in loondienst, die gewoonlijk tegen vergoeding geschiedt, zoals bedoeld in artikel 50 van het Verdrag;
2) "dienstverrichter": iedere natuurlijke persoon die onderdaan is van een lidstaat of iedere rechtspersoon in de zin van artikel 48 van het Verdrag, die in een lidstaat is gevestigd en een dienst aanbiedt of verricht;
3) "afnemer": iedere natuurlijke persoon die onderdaan is van een lidstaat of die rechten heeft die hem door communautaire besluiten zijn verleend, of iedere rechtspersoon in de zin van artikel 48 van het Verdrag die in een lidstaat is gevestigd en, al dan niet voor beroepsdoeleinden, van een dienst gebruik maakt of wil maken;
4) "lidstaat van vestiging": de lidstaat op het grondgebied waarvan de dienstverrichter is gevestigd;
5) "vestiging": de daadwerkelijke uitoefening van een economische activiteit, zoals bedoeld in artikel 43 van het Verdrag, door de dienstverrichter voor onbepaalde tijd en vanuit een duurzame infrastructuur, van waaruit daadwerkelijk diensten worden verricht;
6) "vergunningstelsel": elke procedure die voor een dienstverrichter of afnemer de verplichting inhoudt bij een bevoegde instantie stappen te ondernemen ter verkrijging van een formele of stilzwijgende beslissing over de toegang tot of de uitoefening van een dienstenactiviteit;
7) "eis": elke verplichting, verbodsbepaling, voorwaarde of beperking uit hoofde van de wettelijke en bestuursrechtelijke bepalingen van de lidstaten of voortvloeiend uit de rechtspraak, de administratieve praktijk, de regels van beroepsorden of de collectieve regels van beroepsverenigingen of andere beroepsorganisaties, die deze in het kader van de hun toegekende juridische bevoegdheden hebben vastgesteld; regels vastgelegd in collectieve arbeidsovereenkomsten waarover door de sociale partners is onderhandeld, worden als zodanig niet als eisen in de zin van deze richtlijn beschouwd;
8) "dwingende redenen van algemeen belang": redenen die als zodanig zijn erkend in de rechtspraak van het Hof van Justitie; waaronder de volgende gronden: openbare orde, openbare veiligheid, staatsveiligheid, volksgezondheid, handhaving van het financiële evenwicht van het socialezekerheidsstelsel, bescherming van consumenten, afnemers van diensten en werknemers,

Dienstenrichtlijn, begripsbepalingen
Dienst, begripsbepaling
Dienstverrichter, begripsbepaling

Afnemer, begripsbepaling

Lidstaat van vestiging, begripsbepaling

---

2 PB L 298 van 17.10.1989, blz. 23. Richtlijn gewijzigd bij Richtlijn 97/36/EG van het Europees Parlement en de Raad (PB L 202 van 30.7.1997, blz. 60).

eerlijkheid van handelstransacties, fraudebestrijding, bescherming van het milieu en het stedelijk milieu, diergezondheid, intellectuele eigendom, behoud van het nationaal historisch en artistiek erfgoed en doelstellingen van het sociaal beleid en het cultuurbeleid;
9) "bevoegde instantie": elk orgaan of autoriteit dat in een lidstaat een toezichthoudende of regelgevende rol vervult ten aanzien van dienstenactiviteiten, met name bestuurlijke instanties, met inbegrip van rechterlijke instanties die als zodanig optreden, beroepsorden en de beroepsverenigingen en -organisaties of andere beroepsorganisaties die in de uitoefening van hun juridisch autonome bevoegdheden de toegang tot of de uitoefening van dienstenactiviteiten collectief reguleren;
10) "lidstaat waar de dienst wordt verricht": de lidstaat waar de dienst wordt verleend door een dienstverrichter die in een andere lidstaat is gevestigd;
11) "gereglementeerd beroep": een beroepsactiviteit of een geheel van beroepsactiviteiten als bedoeld in artikel 3, lid 1, onder a), van Richtlijn 2005/36/EG;
12) "commerciële communicatie": elke vorm van communicatie die is bestemd voor het direct of indirect promoten van de goederen, de diensten of het imago van een onderneming, organisatie of persoon die een commerciële, industriële of ambachtelijke activiteit of een gereglementeerd beroep uitoefent. Het navolgende vormt als zodanig geen commerciële communicatie:
a) informatie die rechtstreeks toegang biedt tot de activiteit van een onderneming, organisatie of persoon, waaronder in het bijzonder een domeinnaam of een e-mailadres;
b) mededelingen over de goederen, de diensten of het imago van een onderneming, organisatie of persoon die onafhankelijk van deze zijn samengesteld, in het bijzonder wanneer ze zonder financiële tegenprestatie worden verstrekt.

HOOFDSTUK II
ADMINISTRATIEVE VEREENVOUDIGING

Art. 5 Vereenvoudiging van de procedures

Vereenvoudiging administratieve procedures

1. De lidstaten onderzoeken de procedures en formaliteiten die van toepassing zijn voor de toegang tot en de uitoefening van dienstenactiviteiten. Wanneer de krachtens dit lid onderzochte procedures en formaliteiten niet voldoende eenvoudig zijn, worden zij door de lidstaten vereenvoudigd.
2. De Commissie kan volgens de procedure van artikel 40, lid 2, op communautair niveau geharmoniseerde formulieren opstellen. Deze formulieren zijn gelijkwaardig aan certificaten, getuigschriften en andere documenten die van een dienstverrichter worden verlangd.
3. Wanneer een lidstaat een dienstverrichter of afnemer vraagt om overlegging van een certificaat, getuigschrift of enig ander document ter staving dat aan een eis is voldaan, aanvaardt hij elk document uit een andere lidstaat dat een gelijkwaardig doel heeft of waaruit blijkt dat aan de betrokken eis is voldaan. Hij verlangt voor documenten uit een andere lidstaat niet dat een origineel, een voor eensluidend gewaarmerkt afschrift of een authentieke vertaling wordt ingediend, behalve in de gevallen waarin voorzien is in andere communautaire instrumenten of wanneer een dergelijke eis gerechtvaardigd is door een dwingende reden van algemeen belang, waaronder de openbare orde en veiligheid.
De eerste alinea doet geen afbreuk aan het recht van de lidstaten een niet-gelegaliseerde vertaling van documenten in een van hun officiële talen te verlangen.
4. Lid 3 is niet van toepassing op de documenten bedoeld in artikel 7, lid 2, en artikel 50 van Richtlijn 2005/36/EG, in artikel 45, lid 3, en in de artikelen 46, 49 en 50 van Richtlijn 2004/18/EG van het Europees Parlement en de Raad van 31 maart 2004 betreffende de coördinatie van de procedures voor het plaatsen van overheidsopdrachten voor werken, leveringen en diensten[3], in artikel 3, lid 2, van Richtlijn 98/5/EG van het Europees Parlement en de Raad van 16 februari 1998 ter vergemakkelijking van de permanente uitoefening van het beroep van advocaat in een andere lidstaat dan die waar de beroepskwalificatie is verworven[4], in de Eerste Richtlijn 68/151/EEG van de Raad van 9 maart 1968 strekkende tot het coördineren van de waarborgen, welke in de lidstaten worden verlangd van de vennootschappen in de zin van de tweede alinea van artikel 58 van het Verdrag, om de belangen te beschermen zowel van de deelnemers in deze vennootschappen als van derden, zulks ten einde die waarborgen gelijkwaardig te maken[5], en in de Elfde Richtlijn 89/666/EEG van de Raad van 21 december 1989 betreffende de open-

---

3   PB L 134 van 30.4.2004, blz. 114. Richtlijn laatstelijk gewijzigd bij Verordening (EG) nr. 2083/2005 van de Commissie (PB L 333 van 20.12.2005, blz. 28).
4   PB L 77 van 14.3.1998, blz. 36. Richtlijn gewijzigd bij de Toetredingsakte van 2003.
5   PB L 65 van 14.3.1968, blz. 8. Richtlijn laatstelijk gewijzigd bij Richtlijn 2003/58/EG van het Europees Parlement en de Raad (PB L 221 van 4.9.2003, blz. 13).

baarmakingsplicht voor in een lidstaat opgerichte bijkantoren van vennootschappen die onder het recht van een andere staat vallen[6].

Art. 6 Eén-loket

1. De lidstaten zien erop toe dat een dienstverrichter de volgende procedures en formaliteiten kan afwikkelen via een één-loket:

a) alle procedures en formaliteiten die nodig zijn voor de toegang tot zijn dienstenactiviteiten, in het bijzonder alle voor de vergunning nodige verklaringen, kennisgevingen en aanvragen bij de bevoegde instanties, met inbegrip van aanvragen tot inschrijving in een register, op een rol, in een databank of bij een beroepsorde of beroepsvereniging;

b) alle vergunningaanvragen die nodig zijn voor de uitoefening van zijn dienstenactiviteiten.

2. De invoering van het één-loket doet geen afbreuk aan de verdeling van de taken en bevoegdheden tussen de verschillende instanties binnen de nationale systemen.

Art. 7 Recht op informatie

1. De lidstaten zien erop toe dat de volgende informatie voor dienstverrichters en afnemers gemakkelijk via het één-loket toegankelijk is:

a) de eisen die voor de op hun grondgebied gevestigde dienstverrichters gelden, in het bijzonder de eisen inzake de procedures en formaliteiten die afgewikkeld moeten worden om toegang te krijgen tot dienstenactiviteiten en deze uit te oefenen;

b) de adresgegevens van de bevoegde instanties, waaronder die welke bevoegd zijn op het gebied van de uitoefening van dienstenactiviteiten, zodat rechtstreeks contact met hen kan worden opgenomen;

c) de middelen en voorwaarden om toegang te krijgen tot openbare registers en databanken met gegevens over dienstverrichters en diensten;

d) de rechtsmiddelen die algemeen voorhanden zijn bij geschillen tussen de bevoegde instanties en de dienstverrichter of afnemer, tussen een dienstverrichter en een afnemer of tussen dienstverrichters onderling;

e) de adresgegevens van de verenigingen of organisaties, anders dan de bevoegde instanties, waarvan dienstverrichters of afnemers praktische bijstand kunnen krijgen.

2. De lidstaten zien erop toe dat dienstverrichters en afnemers op hun verzoek van de bevoegde instanties bijstand kunnen krijgen, die erin bestaat dat informatie wordt verstrekt over de wijze waarop de in lid 1, onder a), bedoelde eisen doorgaans worden uitgelegd en toegepast. Waar passend omvat deze bijstand een handleiding met eenvoudige, stapsgewijze informatie. De informatie wordt verstrekt in gewone en begrijpelijke taal.

3. De lidstaten zien erop toe dat de in de leden 1 en 2 bedoelde informatie en bijstand duidelijk en ondubbelzinnig worden verstrekt, dat zij gemakkelijk van op afstand en elektronisch toegankelijk zijn en dat de informatie actueel wordt gehouden.

4. De lidstaten zien erop toe dat het één-loket en de bevoegde instanties zo snel mogelijk op elk verzoek om de in de leden 1 en 2 bedoelde informatie of bijstand reageren en dat zij, wanneer het verzoek onjuist of ongegrond is, de aanvrager daarvan onverwijld in kennis stellen.

5. De lidstaten en de Commissie stellen flankerende maatregelen vast teneinde het één-loket aan te moedigen de in dit artikel bedoelde informatie in andere talen van de Gemeenschap beschikbaar te maken. Dit laat de wetgeving van lidstaten inzake het gebruik van talen onverlet.

6. De verplichting voor de bevoegde instanties om dienstverrichters en afnemers bij te staan, impliceert niet dat deze instanties in individuele gevallen juridisch advies moeten verstrekken, maar heeft alleen betrekking op algemene informatie over de manier waarop de eisen gewoonlijk worden geïnterpreteerd of toegepast.

Art. 8 Procedures via elektronische middelen

1. De lidstaten zien erop toe dat alle procedures en formaliteiten betreffende de toegang tot en de uitoefening van een dienstenactiviteit eenvoudig, op afstand en met elektronische middelen via het betrokken één-loket en met de relevante bevoegde instanties kunnen worden afgewikkeld.

2. Lid 1 is niet van toepassing op de inspectie van de plaats waar de dienst wordt verricht of van de door de dienstverrichter gebruikte uitrusting, noch op de fysieke controle van de geschiktheid of de persoonlijke integriteit van de dienstverrichter of van zijn verantwoordelijke personeelsleden.

3. De Commissie stelt volgens de procedure van artikel 40, lid 2, gedetailleerde uitvoeringsbepalingen voor lid 1 van onderhavig artikel vast, teneinde de interoperabiliteit van de informatiesystemen en het gebruik van elektronische procedures tussen lidstaten te vergemakkelijken, met inachtneming van op communautair niveau opgestelde gemeenschappelijke normen.

---

6 PB L 395 van 30.12.1989, blz. 36.

HOOFDSTUK III
VRIJHEID VAN VESTIGING VAN DIENSTVERRICHTERS

AFDELING 1
Vergunningen

Art. 9 Vergunningstelsels

Vergunningstelsels

1. De lidstaten stellen de toegang tot en de uitoefening van een dienstenactiviteit niet afhankelijk van een vergunningstelsel, tenzij aan de volgende voorwaarden is voldaan:
   a) het vergunningstelsel heeft geen discriminerende werking jegens de betrokken dienstverrichter;
   b) de behoefte aan een vergunningstelsel is gerechtvaardigd om een dwingende reden van algemeen belang;
   c) het nagestreefde doel kan niet door een minder beperkende maatregel worden bereikt, met name omdat een controle achteraf te laat zou komen om werkelijk doeltreffend te zijn.
2. In het in artikel 39, lid 1, bedoelde verslag beschrijven de lidstaten hun vergunningstelsels en geven zij de redenen aan waarom deze met lid 1 van onderhavig artikel verenigbaar zijn.
3. Deze afdeling is niet van toepassing op elementen van vergunningstelsels die direct of indirect geregeld zijn bij andere communautaire instrumenten.

Art. 10 Vergunningsvoorwaarden

Vergunningsvoorwaarden

Criteria vergunningstelsels

1. Vergunningstelsels zijn gebaseerd op criteria die beletten dat de bevoegde instanties hun beoordelingsbevoegdheid op willekeurige wijze uitoefenen.
2. De in lid 1 bedoelde criteria zijn:
   a) niet-discriminatoir;
   b) gerechtvaardigd om een dwingende reden van algemeen belang;
   c) evenredig met die reden van algemeen belang;
   d) duidelijk en ondubbelzinnig;
   e) objectief;
   f) vooraf openbaar bekendgemaakt;
   g) transparant en toegankelijk.
3. De vergunningsvoorwaarden voor een nieuwe vestiging mogen gelijkwaardige, of gezien hun doel in wezen vergelijkbare, eisen en controles waaraan de dienstverrichter al in een andere of dezelfde lidstaat onderworpen is, niet overlappen. De in artikel 28, lid 2, bedoelde contactpunten en de dienstverrichter staan de bevoegde instantie bij door over deze eisen de nodige informatie te verstrekken.
4. De vergunning biedt de dienstverrichter op het gehele nationale grondgebied het recht op toegang tot of uitoefening van de dienstenactiviteit, mede door de oprichting van agentschappen, dochterondernemingen, kantoren of bijkantoren, tenzij een vergunning voor elke afzonderlijke vestiging of een beperking van de vergunning tot een bepaald gedeelte van het grondgebied om dwingende redenen van algemeen belang gerechtvaardigd is.
5. De vergunning wordt verleend zodra na een passend onderzoek is vastgesteld dat aan de vergunningsvoorwaarden is voldaan.
6. Behalve in het geval van het verlenen van een vergunning, wordt elke beslissing van de bevoegde instanties, waaronder ook de weigering of intrekking van een vergunning, met redenen omkleed, en moet dit besluit voor de rechter of andere beroepsinstanties kunnen worden aangevochten.
7. Dit artikel doet geen afbreuk aan de toedeling van de bevoegdheden, op lokaal of regionaal niveau, van de instanties die in de betrokken lidstaat vergunningen verlenen.

Art. 11 Vergunningsduur

Vergunningsduur

1. Een aan een dienstverrichter verleende vergunning heeft geen beperkte geldigheidsduur, tenzij in gevallen waar:
   a) de vergunning automatisch wordt verlengd of alleen afhankelijk is van de voortdurende vervulling van de voorwaarden;
   b) het aantal beschikbare vergunningen beperkt is door een dwingende reden van algemeen belang; of
   c) een beperkte duur gerechtvaardigd is om een dwingende reden van algemeen belang.
2. Lid 1 heeft geen betrekking op de maximale termijn waarbinnen de dienstverrichter na ontvangst van de vergunning daadwerkelijk met zijn activiteit moet beginnen.
3. De lidstaten verplichten een dienstverrichter ertoe het in artikel 6 bedoelde één-loket in kennis te stellen van de volgende wijzigingen:
   a) de oprichting van dochterondernemingen waarvan de activiteiten onder het vergunningstelsel vallen;
   b) wijzigingen in zijn situatie waardoor niet meer aan de vergunningsvoorwaarden wordt voldaan.

4. Dit artikel laat de mogelijkheid van lidstaten onverlet om vergunningen in te trekken, wanneer niet meer aan de vergunningsvoorwaarden wordt voldaan.

Art. 12 Selectie uit diverse gegadigden
1. Wanneer het aantal beschikbare vergunningen voor een activiteit beperkt is door schaarste van de beschikbare natuurlijke hulpbronnen of de bruikbare technische mogelijkheden, maken de lidstaten een selectie uit de gegadigden volgens een selectieprocedure die alle waarborgen voor onpartijdigheid en transparantie biedt, met inbegrip van met name een toereikende bekendmaking van de opening, uitvoering en afsluiting van de procedure.

Selectie uit diverse gegadigden

2. In de in lid 1 bedoelde gevallen wordt de vergunning voor een passende beperkte duur verleend en wordt zij niet automatisch verlengd; evenmin wordt enig ander voordeel toegekend aan de dienstverrichter wiens vergunning zojuist is verlopen of aan personen die een bijzondere band met die dienstverrichter hebben.
3. Onverminderd lid 1 en de artikelen 9 en 10 mogen lidstaten bij de vaststelling van regels voor de selectieprocedure rekening houden met overwegingen die betrekking hebben op de volksgezondheid, de doelstellingen van het sociaal beleid, de gezondheid en de veiligheid van werknemers of zelfstandigen, de bescherming van het milieu, het behoud van cultureel erfgoed en andere dwingende redenen van algemeen belang, in overeenstemming met het Gemeenschapsrecht.

Art. 13 Vergunningsprocedures
1. De vergunningsprocedures en -formaliteiten zijn duidelijk, worden vooraf openbaar gemaakt en bieden de aanvragers de garantie dat hun aanvraag objectief en onpartijdig wordt behandeld.

Vergunningsprocedures, voorwaarden aan

2. De vergunningsprocedures en -formaliteiten mogen geen ontmoedigend effect hebben en de dienstverrichting niet onnodig bemoeilijken of vertragen. Zij zijn gemakkelijk toegankelijk en eventuele kosten voor de aanvragers in verband met hun aanvraag zijn redelijk en evenredig met de kosten van de vergunningsprocedures in kwestie en mogen de kosten van de procedures niet overschrijden.
3. Vergunningsprocedures en -formaliteiten bieden de aanvragers de garantie dat hun aanvraag zo snel mogelijk en in elk geval binnen een redelijke, vooraf vastgestelde en bekend gemaakte termijn wordt behandeld. Deze termijn gaat pas in op het tijdstip waarop alle documenten zijn ingediend. Indien gerechtvaardigd door de complexiteit van het onderwerp mag de termijn eenmaal voor een beperkte duur door de bevoegde instantie worden verlengd. De verlenging en de duur ervan worden met redenen omkleed en worden vóór het verstrijken van de oorspronkelijke termijn ter kennis van de aanvrager gebracht.
4. Bij het uitblijven van een antwoord binnen de overeenkomstig lid 3 vastgestelde of verlengde termijn wordt de vergunning geacht te zijn verleend. Andere regelingen kunnen niettemin worden vastgesteld, wanneer dat gerechtvaardigd is om dwingende redenen van algemeen belang, met inbegrip van een rechtmatig belang van een derde partij.
5. De ontvangst van elke vergunningsaanvraag wordt zo snel mogelijk bevestigd. De ontvangstbevestiging moet de volgende informatie bevatten:
a) de in lid 3 bedoelde termijn;
b) de beschikbare rechtsmiddelen;
c) indien van toepassing, de vermelding dat bij het uitblijven van een antwoord binnen de gespecificeerde termijn de vergunning wordt geacht te zijn verleend.
6. Wanneer een aanvraag onvolledig is, wordt de aanvrager zo snel mogelijk meegedeeld dat hij aanvullende documenten moet verstrekken en, in voorkomend geval, welke gevolgen dit heeft voor de in lid 3 bedoelde termijn.
7. Wanneer een aanvraag wordt geweigerd omdat deze niet aan de vereiste procedures of formaliteiten voldoet, wordt de betrokkene onverwijld van de weigering op de hoogte gesteld.

AFDELING 2
Verboden of aan een beoordeling onderworpen eisen

Art. 14 Verboden eisen
De lidstaten stellen de toegang tot of de uitoefening van een dienstenactiviteit op hun grondgebied niet afhankelijk van de volgende eisen:

Verboden eisen aan dienstverrichter andere lidstaat

1) discriminerende eisen die direct of indirect verband houden met de nationaliteit of, voor ondernemingen, met de plaats van de statutaire zetel, waaronder met name:
a) nationaliteitseisen voor de dienstverrichter, zijn personeel, de aandeelhouders of de leden van het toezichthoudend of het bestuursorgaan van de dienstverrichter;
b) de eis dat de dienstverrichter, zijn personeel, de aandeelhouders of de leden van het toezichthoudend of het bestuursorgaan hun verblijfplaats hebben op hun grondgebied;
2) een verbod op het hebben van een vestiging in meer dan een lidstaat of van op inschrijving in registers of bij beroepsorden of -verenigingen in meer dan een lidstaat;
3) beperkingen van de vrijheid van de dienstverrichter om tussen een hoofd- of een nevenvestiging te kiezen, met name de verplichting dat de hoofdvestiging van de dienstverrichter zich

op hun grondgebied moet bevinden, of beperkingen van de vrijheid om voor vestiging als agentschap, bijkantoor of dochteronderneming te kiezen;
4) wederkerigheidsvoorwaarden ten aanzien van de lidstaat waar de dienstverrichter al een vestiging heeft, behalve in het geval dat dergelijke voorwaarden in een communautair instrument op energiegebied zijn vastgelegd;
5) de toepassing per geval van economische criteria, waarbij de verlening van de vergunning afhankelijk wordt gesteld van het bewijs dat er een economische behoefte of marktvraag bestaat, van een beoordeling van de mogelijke of actuele economische gevolgen van de activiteit of van een beoordeling van de geschiktheid van de activiteit in relatie tot de door de bevoegde instantie vastgestelde doelen van economische planning; dit verbod heeft geen betrekking op planningseisen waarmee geen economische doelen worden nagestreefd, maar die voortkomen uit dwingende redenen van algemeen belang;
6) de directe of indirecte betrokkenheid van concurrerende marktdeelnemers, ook binnen raadgevende organen, bij de verlening van vergunningen of bij andere besluiten van de bevoegde instanties, met uitzondering van beroepsorden en van beroepsverenigingen of andere organisaties die in de hoedanigheid van bevoegde instantie optreden; dit verbod heeft geen betrekking op de raadpleging van organisaties zoals kamers van koophandel of sociale partners over andere aangelegenheden dan individuele vergunningsaanvragen, noch op een raadpleging van het grote publiek;
7) een verplichting tot het stellen van of deelnemen in een financiële waarborg of het afsluiten van een verzekering bij een op hun grondgebied gevestigde dienstverrichter of instelling. Dit belet niet dat de lidstaten een verzekering of financiële garanties als zodanig kunnen verlangen noch dat eisen inzake de deelname in een collectief waarborgfonds worden gesteld, bijvoorbeeld voor leden van een beroepsorde of -organisatie;
8) een verplichting al gedurende een bepaalde periode ingeschreven te staan in de registers die op hun grondgebied worden bijgehouden of de activiteit al gedurende bepaalde tijd op hun grondgebied te hebben uitgeoefend.

Art. 15 Aan evaluatie onderworpen eisen

Vestigingseisen, evaluatie nationaal rechtsstelsel

1. De lidstaten onderzoeken of de in hun rechtsstelsel de in lid 2 bedoelde eisen worden gesteld en zien erop toe dat eventueel bestaande eisen verenigbaar zijn met de in lid 3 bedoelde voorwaarden. De lidstaten passen hun wettelijke en bestuursrechtelijke bepalingen aan om de eisen met die voorwaarden in overeenstemming te brengen.
2. De lidstaten onderzoeken of de toegang tot of de uitoefening van een dienstenactiviteit in hun rechtsstelsel afhankelijk wordt gesteld van de volgende niet-discriminerende eisen:
   a) kwantitatieve of territoriale beperkingen, met name in de vorm van beperkingen op basis van de bevolkingsomvang of een geografische minimumafstand tussen de dienstverrichters;
   b) eisen die van de dienstverrichter verlangen dat hij een bepaalde rechtsvorm heeft;
   c) eisen aangaande het aandeelhouderschap van een onderneming;
   d) eisen, niet zijnde eisen die betrekking hebben op aangelegenheden die vallen onder Richtlijn 2005/36/EG of die in andere communautaire instrumenten zijn behandeld, die de toegang tot de betrokken dienstenactiviteit wegens de specifieke aard ervan voorbehouden aan bepaalde dienstverrichters;
   e) een verbod om op het grondgebied van dezelfde staat meer dan één vestiging te hebben;
   f) eisen die een minimum aantal werknemers vaststellen;
   g) vaste minimum- en/of maximumtarieven waaraan de dienstverrichter zich moet houden;
   h) een verplichting voor de dienstverrichter om in combinatie met zijn dienst andere specifieke diensten te verrichten.
3. De lidstaten controleren of de in lid 2 bedoelde eisen aan de volgende voorwaarden voldoen:
   a) discriminatieverbod: de eisen maken geen direct of indirect onderscheid naar nationaliteit of, voor vennootschappen, de plaats van hun statutaire zetel;
   b) noodzakelijkheid: de eisen zijn gerechtvaardigd om een dwingende reden van algemeen belang;
   c) evenredigheid: de eisen moeten geschikt zijn om het nagestreefde doel te bereiken; zij gaan niet verder dan nodig is om dat doel te bereiken en dat doel kan niet met andere, minder beperkende maatregelen worden bereikt.
4. De leden 1, 2 en 3 zijn alleen van toepassing op wetgeving op het gebied van diensten van algemeen economisch belang voor zover de toepassing van die leden de vervulling, in feite of in rechte, van de aan hen toegewezen bijzondere taak niet belemmert.
5. In het in artikel 39, lid 1, bedoelde verslag over de wederzijdse beoordeling vermelden de lidstaten:
   a) de eisen die zij willen handhaven en de redenen waarom deze eisen volgens hen voldoen aan de voorwaarden van lid 3;
   b) de eisen die zijn ingetrokken of versoepeld.
6. Uiterlijk op 28 december 2006 stellen de lidstaten geen nieuwe eisen van een in lid 2 bedoeld type, tenzij deze aan de voorwaarden van lid 3 voldoen.

7. De lidstaten stellen de Commissie in kennis van alle nieuwe wettelijke en bestuursrechtelijke bepalingen die in lid 6 bedoelde eisen bevatten, alsmede van de redenen voor die eisen. De Commissie deelt die bepalingen aan de andere lidstaten mede. Die kennisgeving belet de lidstaten niet de betrokken bepalingen vast te stellen.
Binnen drie maanden na de datum van ontvangst van de kennisgeving onderzoekt de Commissie of deze nieuwe eisen verenigbaar zijn met het Gemeenschapsrecht en stelt zij waar passend een beschikking vast waarin zij de betrokken lidstaat verzoekt van vaststelling van de eisen af te zien of deze in te trekken.
Met het kennis geven van een ontwerp van nationale wet overeenkomstig Richtlijn 98/34/EG wordt tegelijkertijd voldaan aan de kennisgevingsplicht van deze richtlijn.

HOOFDSTUK IV
VRIJ VERKEER VAN DIENSTEN

AFDELING 1
Vrij verrichten van diensten en afwijkingen in verband hiermee

Art. 16 Vrij verrichten van diensten
1. De lidstaten eerbiedigen het recht van dienstverrichters om diensten te verrichten in een andere lidstaat dan die waar zij gevestigd zijn.
De lidstaat waar de dienst wordt verricht, zorgt voor vrije toegang tot en vrije uitoefening van een dienstenactiviteit op zijn grondgebied.
De lidstaten maken de toegang tot en de uitoefening van een dienstenactiviteit op hun grondgebied niet afhankelijk van de naleving van eisen die niet aan de volgende beginselen voldoen:
a) discriminatieverbod: de eisen maken geen direct of indirect onderscheid naar nationaliteit of, voor rechtspersonen, naar lidstaat waar zij gevestigd zijn;
b) noodzakelijkheid: de eisen zijn gerechtvaardigd om redenen van openbare orde, openbare veiligheid, de volksgezondheid of de bescherming van het milieu;
c) evenredigheid: de eisen moeten geschikt zijn om het nagestreefde doel te bereiken en gaan niet verder dan wat nodig is om dat doel te bereiken.
2. De lidstaten stellen geen beperkingen aan het vrij verrichten van diensten door een in een andere lidstaat gevestigde dienstverrichter door de volgende eisen te stellen:
a) een verplichting voor de dienstverrichter een vestiging op hun grondgebied te hebben;
b) een verplichting voor de dienstverrichter bij hun bevoegde instanties een vergunning te verkrijgen of zich in te schrijven in een register of bij een beroepsorde of -vereniging op hun grondgebied, behalve wanneer deze richtlijn of een ander communautair instrument daarin voorziet;
c) een verbod voor de dienstverrichter op hun grondgebied een bepaalde vorm of soort infrastructuur, met inbegrip van een kantoor of kabinet, op te zetten om de betrokken diensten te verrichten;
d) de toepassing van een specifieke contractuele regeling tussen de dienstverrichter en de afnemer die het verrichten van diensten door zelfstandigen verhindert of beperkt;
e) een verplichting voor de dienstverrichter om specifiek voor de uitoefening van een dienstenactiviteit een door hun bevoegde instanties afgegeven identiteitsdocument te bezitten;
f) eisen, andere dan die welke noodzakelijk zijn voor de gezondheid en veiligheid op het werk, die betrekking hebben op het gebruik van uitrusting en materiaal die een integrerend deel van de dienstverrichting vormen;
g) beperkingen van het vrij verrichten van diensten zoals bedoeld in artikel 19.
3. De lidstaat waarnaar de dienstverrichter zich begeeft, wordt niet verhinderd om, in overeenstemming met lid 1, eisen aan het verrichten van een dienstenactiviteit te stellen als deze gerechtvaardigd zijn om redenen in verband met de openbare orde, de openbare veiligheid, de volksgezondheid of de bescherming van het milieu. Ook wordt die lidstaat niet verhinderd om in overeenstemming met het Gemeenschapsrecht zijn voorschriften inzake de arbeidsvoorwaarden toe te passen, waaronder die welke zijn neergelegd in collectieve arbeidsovereenkomsten.
4. Uiterlijk op 28 december 2011 doet de Commissie, na raadpleging van de lidstaten en de sociale partners op communautair niveau, het Europees Parlement en de Raad een verslag over de toepassing van dit artikel toekomen, waarin zij nagaat of het nodig is harmonisatiemaatregelen met betrekking tot de onder deze richtlijn vallende dienstenactiviteiten voor te stellen.

Art. 17 Aanvullende afwijkingen van het vrij verrichten van diensten
Artikel 16 is niet van toepassing op:
1) diensten van algemeen economisch belang die in een andere lidstaat worden verricht, onder meer:
a) in de postsector, diensten die onder Richtlijn 97/67/EG van het Europees Parlement en de Raad van 15 december 1997 betreffende gemeenschappelijke regels voor de ontwikkeling van

de interne markt voor postdiensten in de Gemeenschap en de verbetering van de kwaliteit van de dienst[7] vallen;
b) in de elektriciteitssector, diensten die onder Richtlijn 2003/54/EG van het Europees Parlement en de Raad van 26 juni 2003 betreffende gemeenschappelijke regels voor de interne markt voor elektriciteit[8] vallen;
c) in de gassector, diensten die onder Richtlijn 2003/55/EG van het Europees Parlement en de Raad van 26 juni 2003 betreffende gemeenschappelijke regels voor de interne markt voor aardgas[9] vallen;
d) watervoorziening en -distributie en afvalwaterdiensten;
e) afvalverwerking;
2) aangelegenheden die vallen onder Richtlijn 96/71/EG;
3) aangelegenheden die vallen onder Richtlijn 95/46/EG van het Europees Parlement en de Raad van 24 oktober 1995 betreffende de bescherming van natuurlijke personen in verband met de verwerking van persoonsgegevens en betreffende het vrije verkeer van die gegevens[10];
4) aangelegenheden die vallen onder Richtlijn 77/249/EEG van de Raad van 22 maart 1977 tot vergemakkelijking van de daadwerkelijke uitoefening door advocaten van het vrij verrichten van diensten[11];
5) de gerechtelijke inning van schuldvorderingen;
6) aangelegenheden die vallen onder titel II van Richtlijn 2005/36/EG, alsmede eisen in de lidstaat waar de dienst wordt verricht, die een activiteit voorbehouden aan een bepaald beroep;
7) aangelegenheden die onder Verordening (EEG) nr. 1408/71;
8) voor wat betreft administratieve formaliteiten inzake het vrije verkeer van personen en hun verblijfplaats, aangelegenheden die vallen onder de bepalingen van Richtlijn 2004/38/EG waarin de administratieve formaliteiten van de bevoegde instanties van de lidstaat waar de dienst wordt verricht waaraan de begunstigden moeten voldoen, zijn vastgesteld;
9) voor wat betreft onderdanen van derde landen die zich in het kader van een dienstverrichting naar een andere lidstaat begeven, de mogelijkheid voor lidstaten van onderdanen van derde landen op wie de regeling inzake wederzijdse erkenning van artikel 21 van de Overeenkomst ter uitvoering van het op 14 juni 1985 te Schengen gesloten akkoord betreffende de geleidelijke afschaffing van de controles aan de gemeenschappelijke grenzen[12] niet van toepassing is, te verplichten in het bezit te zijn van een visum of een verblijfsvergunning, of de mogelijkheid onderdanen van derde landen te verplichten zich bij of na hun binnenkomst in de lidstaat waar de dienst wordt verricht, te melden bij de bevoegde instanties;
10) met betrekking tot de overbrenging van afvalstoffen, aangelegenheden die vallen onder Verordening (EEG) nr. 259/93 van de Raad van 1 februari 1993 betreffende toezicht en controle op de overbrenging van afvalstoffen binnen, in en uit de Europese Gemeenschap[13];
11) auteursrechten, naburige rechten en rechten bedoeld in Richtlijn 87/54/EEG van de Raad van 16 december 1986 betreffende de rechtsbescherming van topografieën van halfgeleiderproducten[14] en Richtlijn 96/9/EG van het Europees Parlement en de Raad van 11 maart 1996 betreffende de rechtsbescherming van databanken[15] en industriëleeigendomsrechten;
12) handelingen waarvoor de wet de tussenkomst van een notaris voorschrijft;
13) aangelegenheden die vallen onder Richtlijn 2006/43/EG van het Europees Parlement en de Raad van 17 mei 2006 betreffende de wettelijke accountantscontrole van jaarrekeningen en geconsolideerde jaarrekeningen[16] van de Raad;
14) de inschrijving van voertuigen die in een andere lidstaat zijn geleased;
15) bepalingen betreffende contractuele en niet-contractuele verbintenissen, met inbegrip van de vorm van overeenkomsten, bepaald volgens de regels van het internationaal privaatrecht.

---

7   PB L 15 van 21.1.1998, blz. 14. Richtlijn laatstelijk gewijzigd bij Verordening (EG) nr. 1882/2003 (PB L 284 van 31.10.2003, blz. 1).
8   PB L 176 van 15.7.2003, blz. 37. Richtlijn laatstelijk gewijzigd bij beschikking 2006/653/EG van de Commissie (PB L 270 van 29.9.2006, blz. 72).
9   PB L 176 van 15.7.2003, blz. 57.
10 PB L 281 van 23.11.1995, blz. 31. Richtlijn laatstelijk gewijzigd bij Verordening (EG) nr. 1882/2003.
11 PB L 78 van 26.3.1977, blz. 17. Richtlijn laatstelijk gewijzigd bij de Toetredingsakte van 2003.
12 PB L 239 van 22.9.2000, blz. 19. Overeenkomst laatstelijk gewijzigd bij Verordening (EG) nr. 1160/2005 van het Europees Parlement en de Raad (PB L 191 van 22.7.2005, blz. 18).
13 PB L 30 van 6.2.1993, blz. 1. Verordening laatstelijk gewijzigd bij Verordening (EG) nr. 2557/2001 van de Commissie (PB L 349 van 31.12.2001, blz. 1).
14 PB L 24 van 27.1.1987, blz. 36.
15 PB L 77 van 27.3.1996, blz. 20.
16 PB L 157 van 9.6.2006, blz. 87.

Art. 18 Afwijkingen in specifieke gevallen

1. In afwijking van artikel 16 en alleen in uitzonderlijke omstandigheden kan een lidstaat ten aanzien van een in een andere lidstaat gevestigde dienstverrichter maatregelen nemen betreffende de veiligheid van diensten.

Vrij verrichten van diensten, afwijkingen in specifieke gevallen

2. De in lid 1 bedoelde maatregelen kunnen alleen worden genomen wanneer de in artikel 35 bedoelde procedure van wederzijdse bijstand in acht wordt genomen en aan de volgende voorwaarden is voldaan:

a) de nationale bepalingen overeenkomstig welke de maatregel wordt genomen, vallen niet onder een communautaire harmonisatiemaatregel op het gebied van de veiligheid van diensten;
b) de maatregelen bieden de afnemer meer bescherming dan de maatregel die de lidstaat van vestiging overeenkomstig zijn nationale bepalingen zou nemen;
c) de lidstaat van vestiging heeft geen maatregelen genomen of heeft maatregelen genomen die ontoereikend zijn in vergelijking met de in artikel 35, lid 2, bedoelde maatregelen;
d) de maatregelen zijn evenredig.

3. De leden 1 en 2 doen geen afbreuk aan de in communautaire instrumenten vastgestelde bepalingen die het vrije verkeer van diensten waarborgen of afwijkingen daarop toestaan.

AFDELING 2
Rechten van de afnemers van diensten

Art. 19 Verboden beperkingen

De lidstaten leggen een afnemer geen eisen op die het gebruik van een dienst van een in een andere lidstaat gevestigde dienstverrichter beperken, met name niet:

Verboden beperkingen aan afnemer dienst andere lidstaat

a) een verplichting bij hun bevoegde instanties een vergunning te verkrijgen of een verklaring af te leggen;
b) discriminerende beperkingen op het verkrijgen van financiële bijstand vanwege het feit dat de dienstverrichter in een andere lidstaat is gevestigd of vanwege de plaats waar de dienst wordt verricht.

Art. 20 Discriminatieverbod

1. De lidstaten zien erop toe dat op de afnemer geen discriminerende eisen op grond van zijn nationaliteit of verblijfplaats van toepassing zijn.

Discriminatieverbod

2. De lidstaten zien erop toe dat de algemene voorwaarden voor toegang tot een dienst, die door de dienstverrichter toegankelijk voor het publiek worden gemaakt, geen discriminatoire bepalingen in verband met de nationaliteit of verblijfplaats van de afnemer bevatten, zonder evenwel de mogelijkheid uit te sluiten om verschillende voorwaarden voor toegang te stellen wanneer die verschillen rechtstreeks door objectieve criteria worden gerechtvaardigd.

Art. 21 Bijstand aan afnemers

1. De lidstaten zien erop toe dat de afnemers in de lidstaat waarin zij hun verblijfplaats hebben toegang hebben tot de volgende informatie:

Bijstand aan afnemers

a) algemene informatie over de in andere lidstaten geldende eisen inzake de toegang tot en de uitoefening van dienstenactiviteiten, en met name die inzake consumentenbescherming;
b) algemene informatie over de beschikbare rechtsmiddelen bij geschillen tussen een dienstverrichter en een afnemer;
c) de adresgegevens van verenigingen of organisaties, met inbegrip van die van de contactpunten van het netwerk van Europese centra voor de consument (ECC-net), waar dienstverrichters en afnemers praktische bijstand kunnen krijgen.

In voorkomend geval omvat het advies van de bevoegde instanties een eenvoudige gids met stapsgewijze uitleg. De informatie en bijstand worden op duidelijke en eenduidige wijze aangeboden, zijn gemakkelijk van op afstand toegankelijk, onder meer langs elektronische weg, en worden bijgewerkt.

2. De lidstaten kunnen verantwoordelijkheid voor de in lid 1 bedoelde taak toevertrouwen aan het één-loket of aan een andere organisatie, zoals de contactpunten van het netwerk van Europese centra voor de consument (ECC-net), consumentenverenigingen of de Euro-infocentra. De lidstaten delen de namen en adresgegevens van de aangewezen organisaties aan de Commissie mede. De Commissie geeft deze informatie aan alle lidstaten door.

3. Ter uitvoering van de in de leden 1 en 2 bedoelde eisen, richt de door de afnemer benaderde organisatie zich tot de relevante organisatie van de betrokken lidstaat. Deze zendt de gevraagde informatie zo spoedig mogelijk aan de verzoekende organisatie die de informatie aan de afnemer toezendt. De lidstaten zien erop toe dat de organisaties elkaar wederzijds bijstaan en alles in het werk stellen om doeltreffend samen te werken. Samen met de Commissie stellen de lidstaten de voor de uitvoering van lid 1 noodzakelijke praktische regelingen vast.

4. De Commissie stelt volgens de procedure van artikel 40, lid 2, maatregelen tot uitvoering van de leden 1, 2 en 3 van onderhavig artikel vast; zij specificeert daarbij, met inachtneming van gemeenschappelijke standaarden, de technische mechanismen voor de uitwisseling van

informatie tussen de organisaties uit de verschillende lidstaten en met name die inzake de interoperabiliteit van de informatiesystemen.

HOOFDSTUK V
KWALITEIT VAN DE DIENSTEN

Art. 22 Informatie over dienstverrichters en hun diensten

Informatie voor afnemers over dienstverrichters en hun diensten

1. De lidstaten zien erop toe dat de dienstverrichter de afnemer de volgende gegevens ter beschikking stelt:
   a) zijn naam, rechtspositie en rechtsvorm, het geografisch adres waar hij is gevestigd, zijn adresgegevens zodat de afnemers hem snel kunnen bereiken en rechtstreeks met hem kunnen communiceren, eventueel langs elektronische weg;
   b) wanneer de dienstverrichter in een handelsregister of in een vergelijkbaar openbaar register is ingeschreven, de naam van dat register en het nummer waaronder hij is ingeschreven, of gelijkwaardige gegevens uit dat register die ter identificatie dienen;
   c) wanneer voor de activiteit een vergunningstelsel geldt, de adresgegevens van de bevoegde instantie of van het één-loket;
   d) wanneer de dienstverrichter een btw-plichtige activiteit uitoefent, het nummer bedoeld in artikel 22, lid 1, van de Zesde Richtlijn 77/388/EEG van de Raad van 17 mei 1977 betreffende de harmonisatie van de wetgevingen der lidstaten inzake omzetbelasting - Gemeenschappelijk stelsel van belasting over de toegevoegde waarde: uniforme grondslag[17];
   e) voor gereglementeerde beroepen: elke beroepsorde of vergelijkbare organisatie waarbij de dienstverrichter is ingeschreven, alsmede de beroepstitel en de lidstaat waar die is verleend;
   f) in voorkomend geval, de algemene voorwaarden en bepalingen die de dienstverrichter hanteert;
   g) het eventuele bestaan van door de dienstverrichter gehanteerde contractbepalingen betreffende het op het contract toepasselijke recht en/of betreffende de bevoegde rechter;
   h) het eventuele bestaan van niet bij wet voorgeschreven garantie na verkoop;
   i) de prijs van de dienst wanneer de dienstverrichter de prijs van een bepaalde soort dienst vooraf heeft vastgesteld;
   j) de belangrijkste kenmerken van de dienst wanneer deze niet uit de context blijken;
   k) de in artikel 23, lid 1, bedoelde verzekering of waarborgen, met name de adresgegevens van de verzekeraar of de borg en de geografische dekking.

2. De lidstaten zien erop toe dat de in lid 1 bedoelde informatie, naar keuze van de dienstverrichter:
   a) op eigen initiatief door de dienstverrichter wordt verstrekt;
   b) voor de afnemer gemakkelijk toegankelijk is op de plaats waar de dienst wordt verricht of het contract wordt gesloten;
   c) voor de afnemer gemakkelijk elektronisch toegankelijk is op een door de dienstverrichter meegedeeld adres;
   d) is opgenomen in elke door de dienstverrichter aan de afnemer verstrekte informatiedocumenten waarin zijn diensten in detail worden beschreven.

3. De lidstaten zien erop toe dat dienstverrichters de afnemer op diens verzoek de volgende aanvullende informatie verstrekt:
   a) wanneer de dienstverrichter de prijs van een bepaalde soort dienst niet vooraf heeft vastgesteld, de prijs van de dienst of, indien de precieze prijs niet kan worden gegeven, de manier waarop de prijs wordt berekend, zodat de afnemer de prijs kan controleren, of een voldoende gedetailleerde kostenraming;
   b) voor gereglementeerde beroepen, een verwijzing naar de in de lidstaat van vestiging geldende beroepsregels en de wijze waarop hierin inzage kan worden verkregen;
   c) informatie over hun multidisciplinaire activiteiten en partnerschappen die rechtstreeks verband houden met de betrokken dienst, en over de maatregelen die zij ter voorkoming van belangenconflicten hebben genomen. Deze informatie moet zijn opgenomen in elk informatiedocument waarin dienstverrichters hun diensten in detail beschrijven;
   d) gedragscodes die op dienstverrichters van toepassing zijn, alsmede het adres waar zij elektronisch kunnen worden geraadpleegd en de beschikbare talen waarin deze codes kunnen worden geraadpleegd;
   e) wanneer een dienstverrichter onder een gedragscode valt of lid is van een handelsvereniging of beroepsorde die voorziet in een regeling voor buitengerechtelijke geschillenbeslechting, wordt dienaangaande informatie verstrekt. De dienstverrichter geeft aan hoe toegang kan worden verkregen tot gedetailleerde informatie over de kenmerken en toepassingsvoorwaarden van een regeling voor buitengerechtelijke geschillenbeslechting.

---

17 PB L 145 van 13.6.1977, blz. 1. Richtlijn laatstelijk gewijzigd bij Richtlijn 2006/18/EG (PB L 51 van 22.2.2006, blz. 12).

Dienstenrichtlijn

4. De lidstaten zien erop toe dat de informatie die de dienstverrichter krachtens dit hoofdstuk moet verstrekken, helder, ondubbelzinnig en tijdig voor de sluiting van het contract of, indien er geen schriftelijk contract is, voor de verrichting van de dienst wordt meegedeeld of beschikbaar wordt gesteld.
5. De in dit hoofdstuk bedoelde informatie-eisen gelden in aanvulling op de eisen die al in het Gemeenschapsrecht zijn vervat en beletten de lidstaten niet op hun grondgebied gevestigde dienstverrichters aanvullende informatie-eisen op te leggen.
6. De Commissie kan volgens de procedure van artikel 40, lid 2, de inhoud van de in de leden 1 en 3 van onderhavig artikel bedoelde informatie nader omschrijven overeenkomstig de bijzondere kenmerken van bepaalde activiteiten en kan de praktische bepalingen specificeren voor de implementatie van lid 2 van onderhavig artikel.

Art. 23 Beroepsaansprakelijkheidsverzekering en -waarborgen

1. De lidstaten kunnen er zorg voor dragen dat dienstverrichters wier diensten een rechtstreeks, bijzonder risico behelzen voor de gezondheid of de veiligheid van de afnemer of een derde, of voor de financiële veiligheid van de afnemer, een met de aard en omvang van het risico overeenstemmende beroepsaansprakelijkheidsverzekering afsluiten, dan wel een gelijkwaardige of met betrekking tot het doel in wezen vergelijkbare waarborg of soortgelijke voorziening bieden.
2. Wanneer een dienstverrichter zich op het grondgebied van een lidstaat vestigt, verlangt deze van hem geen beroepsaansprakelijkheidsverzekering of waarborg indien de dienstverrichter in een andere lidstaat waar hij een vestiging heeft, al gedekt is door een waarborg die gelijkwaardig is of die, met betrekking tot het doel en de dekking die hij biedt wat het verzekerde risico, de verzekerde som, de maximale waarborg en de mogelijke uitzonderingen van de dekking betreft, in wezen vergelijkbaar is. Indien de waarborg slechts ten dele gelijkwaardig is, kan de lidstaat voor de nog niet gedekte elementen een aanvullende waarborg eisen.
Wanneer een lidstaat van op zijn grondgebied gevestigde dienstverleners verlangt dat zij een beroepsaansprakelijkheidsverzekering sluiten of een andere waarborg stellen, neemt deze lidstaat als bewijs hiervoor genoegen met een attest betreffende zo'n verzekerde dekking dat is afgegeven door een in een andere lidstaat gevestigde kredietinstelling of verzekeraar.
3. De leden 1 en 2 laten de regelingen inzake beroepsverzekeringen of waarborgen in andere communautaire instrumenten onverlet.
4. Ter uitvoering van lid 1 kan de Commissie volgens de regelgevingsprocedure van artikel 40, lid 2, een lijst van diensten met de in lid 1 van onderhavig artikel bedoelde kenmerken opstellen. De Commissie kan voorts volgens de in artikel 40, lid 3, bedoelde procedure maatregelen tot wijziging van nietessentiële onderdelen van de onderhavige richtlijn nemen door deze aan te vullen middels het opstellen van gemeenschappelijke criteria aan de hand waarvan kan worden bepaald of de in lid 1 van dit artikel bedoelde verzekering of waarborgen met het oog op de aard en omvang van het risico geschikt zijn.
5. Voor de toepassing van dit artikel wordt verstaan onder:
– "rechtstreeks, bijzonder risico": een risico dat rechtstreeks voortvloeit uit de verrichting van de dienst;
– "gezondheid en veiligheid": met betrekking tot de afnemer of een derde, het voorkómen van overlijden of een ernstig letsel;
– "financiële veiligheid": met betrekking tot de afnemer, het voorkómen van aanzienlijke verliezen aan geld of aan waarde van goederen;
– "beroepsaansprakelijkheidsverzekering": een door een dienstverrichter afgesloten verzekering voor de potentiële aansprakelijkheid jegens afnemers en, in voorkomend geval, jegens derden, voortvloeiend uit de verrichting van de dienst.

Art. 24 Commerciële communicatie van gereglementeerde beroepen

1. De lidstaten trekken elk algeheel verbod op commerciële communicatie van gereglementeerde beroepen in.

2. De lidstaten zien erop toe dat de commerciële communicatie van gereglementeerde beroepen in overeenstemming is met de beroepsregels, overeenkomstig het Gemeenschapsrecht, welke in het bijzonder betreffen de onafhankelijkheid, waardigheid en integriteit van het beroep evenals het beroepsgeheim, op een wijze die strookt met de specifieke aard van elk beroep. Beroepsregels inzake commerciële communicatie zijn niet-discriminatoir, om dwingende redenen van algemeen belang gerechtvaardigd en evenredig.

Art. 25 Multidisciplinaire activiteiten

1. De lidstaten zien erop toe dat op dienstverrichters geen eisen van toepassing zijn die hen ertoe verplichten uitsluitend een bepaalde specifieke activiteit uit te oefenen of die het gezamenlijk of in partnerschap uitoefenen van verschillende activiteiten beperken.
Dergelijke eisen kunnen echter wel aan de volgende dienstverrichters worden opgelegd:
a) beoefenaren van gereglementeerde beroepen, voor zover dergelijke eisen gerechtvaardigd zijn om naleving van de beroeps- en gedragsregels, die naar gelang van de specifieke kenmerken

van elk beroep verschillen, te waarborgen, en voor zover zij nodig zijn om hun onafhankelijkheid en onpartijdigheid te waarborgen;
b) dienstverrichters wier diensten bestaan uit certificering, accreditatie, technische controle, tests of proeven, voor zover dergelijke eisen gerechtvaardigd zijn om hun onafhankelijkheid en onpartijdigheid te waarborgen.

2. Wanneer multidisciplinaire activiteiten tussen de in lid 1, onder a) en b), bedoelde dienstverrichters zijn toegestaan, zien de lidstaten erop toe dat:
a) belangenconflicten en onverenigbaarheden tussen bepaalde activiteiten worden voorkomen;
b) de voor bepaalde activiteiten vereiste onafhankelijkheid en onpartijdigheid gewaarborgd zijn;
c) de beroeps- en gedragsregels voor verschillende activiteiten onderling verenigbaar zijn, met name wat het beroepsgeheim betreft.

3. In het in artikel 39, lid 1, bedoelde verslag vermelden de lidstaten aan welke dienstverrichters eisen als bedoeld in lid 1 van onderhavig artikel zijn gesteld, wat deze eisen inhouden en waarom ze volgens hen gerechtvaardigd zijn.

Art. 26 Kwaliteitsbeleid

Kwaliteitsbeleid dienstverrichters

1. De lidstaten treffen in samenwerking met de Commissie flankerende maatregelen om dienstverrichters aan te moedigen vrijwillig de kwaliteit van dienstverrichtingen te waarborgen, met name door gebruik van één van de volgende methoden:
a) hun activiteiten te laten certificeren of beoordelen door onafhankelijke of geaccrediteerde organisaties;
b) hun eigen kwaliteitshandvest op te stellen of deel te nemen aan door beroepsorden op communautair niveau opgestelde kwaliteitshandvesten of keurmerken.

2. De lidstaten zien erop toe dat dienstverrichters en afnemers gemakkelijk toegang hebben tot informatie over de betekenis van bepaalde keurmerken en over de criteria voor de aanvraag van keurmerken en andere kwaliteitsaanduidingen voor diensten.

3. De lidstaten treffen in samenwerking met de Commissie flankerende maatregelen om beroepsorden, kamers van koophandel, kamers van ambachten en consumentenorganisaties op hun grondgebied aan te moedigen op communautair niveau samen te werken om de kwaliteit van dienstverrichtingen te verbeteren, met name door het gemakkelijker te maken de bekwaamheden van dienstverrichters te beoordelen.

4. De lidstaten treffen in samenwerking met de Commissie flankerende maatregelen om de ontwikkeling van onafhankelijke beoordelingen, vooral door consumentenorganisaties, van de kwaliteit en gebreken van diensten aan te moedigen, met name door de ontwikkeling van vergelijkende proeven of tests op communautair niveau en de verspreiding van de resultaten ervan.

5. De lidstaten moedigen in samenwerking met de Commissie de ontwikkeling van vrijwillige Europese normen aan, teneinde de compatibiliteit tussen de diensten van dienstverrichters uit verschillende lidstaten, de informatie aan de afnemer en de kwaliteit van dienstverrichtingen te verbeteren.

Art. 27 Geschillenbeslechting

Geschillenbeslechting dienstverrichters en afnemers

1. De lidstaten treffen de nodige algemene maatregelen om ervoor te zorgen dat dienstverrichters adresgegevens verstrekken, met name een postadres, faxnummer of e-mailadres en een telefoonnummer, waar alle afnemers, ook die die in andere lidstaten verblijven, een klacht kunnen indienen of informatie over de verrichte dienst kunnen vragen. Dienstverrichters verstrekken hun wettelijke adres indien dit niet hun gebruikelijke correspondentieadres is.
De lidstaten treffen de nodige algemene maatregelen om ervoor te zorgen dat dienstverrichters zo snel mogelijk reageren op de in de eerste alinea bedoelde klachten en alles in het werk stellen om bevredigende oplossingen te vinden.

2. De lidstaten treffen de nodige algemene maatregelen om dienstverrichters te verplichten aan te tonen dat zij aan de in deze richtlijn vastgestelde informatieverplichtingen voldoen en dat de verstrekte informatie juist is.

3. Wanneer voor de tenuitvoerlegging van een rechterlijke beslissing een financiële waarborg is vereist, erkennen de lidstaten gelijkwaardige bij een in een andere lidstaat gevestigde kredietinstelling of verzekeraar gestelde waarborgen. Die kredietinstellingen moeten in een lidstaat erkend zijn overeenkomstig Richtlijn 2006/48/EG, en die verzekeraars overeenkomstig de Eerste Richtlijn 73/239/EEG van de Raad van 24 juli 1973 betreffende de toegang tot het directe verzekeringsbedrijf, met uitzondering van de levensverzekeringsbranche, en de uitoefening daarvan[18] dan wel Richtlijn 2002/83/EG van het Europees Parlement en de Raad van 5 november 2002 betreffende de levensverzekering[19].

---

18   PB L 228 van 16.8.1973, blz. 3. Richtlijn laatstelijk gewijzigd bij Richtlijn 2005/68/EG van het Europees Parlement en de Raad (PB L 323 van 9.12.2005, blz. 1).
19   PB L 345 van 19.12.2002, blz. 1. Richtlijn laatstelijk gewijzigd bij Richtlijn 2005/68/EG.

4. De lidstaten treffen de nodige algemene maatregelen om ervoor te zorgen dat dienstverrichters die gebonden zijn aan een gedragscode of die lid zijn van een handelsvereniging of beroepsorde die voorziet in een regeling voor buitengerechtelijke geschillenbeslechting, de afnemer hiervan op de hoogte stellen, dit vermelden in elk document waarin hun diensten in detail worden beschreven en daarbij aangeven hoe toegang kan worden verkregen tot gedetailleerde informatie over de kenmerken en toepassingsvoorwaarden van deze regeling.

HOOFDSTUK VI
ADMINISTRATIEVE SAMENWERKING

Art. 28 Wederzijdse bijstand - algemene verplichtingen

1. De lidstaten verlenen elkaar wederzijdse bijstand en nemen maatregelen om doeltreffend met elkaar samen te werken bij het toezicht op dienstverrichters en hun diensten.

Wederzijdse bijstand lidstaten, algemene verplichtingen

2. Ten behoeve van dit hoofdstuk wijzen de lidstaten een of meer contactpunten aan, waarvan zij de adresgegevens aan de andere lidstaten en de Commissie meedelen. De Commissie publiceert de lijst van contactpunten en werkt deze regelmatig bij.
3. Verzoeken om informatie en verzoeken tot het verrichten van verificaties, inspecties en onderzoeken uit hoofde van dit hoofdstuk worden naar behoren gemotiveerd, met name door vermelding van de reden voor het verzoek. De uitgewisselde informatie wordt alleen gebruikt voor de aangelegenheid waarvoor deze verzocht is.
4. Wanneer de lidstaten van de bevoegde instanties uit een andere lidstaat een verzoek om bijstand ontvangen, zien zij erop toe dat op hun grondgebied gevestigde dienstverrichters hun bevoegde instanties alle informatie verstrekken die deze nodig hebben om, met inachtneming van hun nationale wetgeving, toezicht op hun activiteiten uit te oefenen.
5. Wanneer inwilliging van een verzoek om informatie of tot het verrichten van verificaties, inspecties of onderzoeken op problemen stuit, brengt de aangezochte lidstaat de verzoekende lidstaat daarvan snel in kennis, teneinde een oplossing te vinden.
6. De lidstaten verstrekken de informatie waarom door andere lidstaten of door de Commissie is gevraagd, langs elektronische weg en binnen de kortst mogelijke termijn.
7. De lidstaten zien erop toe dat de registers waarin de dienstverrichters zijn ingeschreven en die door de bevoegde instanties op hun grondgebied kunnen worden geraadpleegd, onder dezelfde voorwaarden ook toegankelijk zijn voor de overeenkomstige bevoegde instanties van de andere lidstaten.
8. De lidstaten verstrekken de Commissie informatie over gevallen waarin andere lidstaten hun verplichting inzake wederzijdse bijstand niet nakomen. Zo nodig neemt de Commissie passende maatregelen, zoals de procedure van artikel 226 van het Verdrag, om ervoor te zorgen dat de betrokken lidstaten hun verplichting inzake wederzijdse bijstand nakomen. De Commissie informeert de lidstaten op gezette tijden over de werking van de bepalingen betreffende wederzijdse bijstand.

Art. 29 Wederzijdse bijstand - algemene verplichtingen van de lidstaat van vestiging

1. Ten aanzien van dienstverrichters die diensten in een andere lidstaat verrichten, verstrekt de lidstaat van vestiging op verzoek van een andere lidstaat informatie over op zijn grondgebied gevestigde dienstverrichters; met name bevestigt hij dat een dienstverrichter op zijn grondgebied is gevestigd en deze, voor zover hem bekend, zijn activiteiten niet op onrechtmatige wijze verricht.

Wederzijdse bijstand lidstaten, algemene verplichtingen lidstaat van vestiging

2. De lidstaat van vestiging voert de door een andere lidstaat gevraagde verificaties, inspecties en onderzoeken uit en stelt die lidstaat in kennis van de resultaten en van de eventueel genomen maatregelen. De bevoegde instanties handelen daarbij binnen de grenzen van de bevoegdheden die hen in hun lidstaat zijn toegekend. De bevoegde instanties kunnen zelf bepalen wat in ieder individueel geval de meest geschikte maatregelen zijn om aan het verzoek van een andere lidstaat te voldoen.
3. Zodra de lidstaat van vestiging daadwerkelijk kennis heeft gekregen van gedragingen of specifieke handelingen van een op zijn grondgebied gevestigde dienstverrichter die diensten verricht in andere lidstaten, die, voor zover hem bekend, ernstige schade kunnen berokkenen aan de gezondheid of veiligheid van de mens of het milieu, stelt hij alle andere lidstaten en de Commissie onverwijld daarvan in kennis.

Art. 30 Toezicht door de lidstaat van vestiging wanneer de dienstverrichter zich tijdelijk naar een andere lidstaat begeeft

1. Ten aanzien van gevallen die niet onder artikel 31, lid 1, vallen, ziet de lidstaat van vestiging erop toe dat op de naleving van zijn eigen toezicht wordt uitgeoefend in overeenstemming met de in zijn nationale wetgeving vastgestelde toezichtsbevoegdheden, in het bijzonder door toezichtsmaatregelen op de plaats van vestiging van de dienstverrichter.

Toezicht door lidstaat van vestiging wanneer dienstverrichter zich tijdelijk naar andere lidstaat begeeft

2. De lidstaat van vestiging ziet niet af van toezichts- of handhavingsmaatregelen op zijn grondgebied om reden dat de dienst in een andere lidstaat is verricht of daar schade heeft veroorzaakt.
3. De in lid 1 bedoelde verplichting brengt niet met zich mee dat de lidstaat van vestiging verplicht is daadwerkelijk verificaties en controles te verrichten op het grondgebied van de lidstaat waar de dienst wordt verricht. Die verificaties en controles worden, op verzoek van de instanties van de lidstaat van vestiging, in overeenstemming met artikel 31, verricht door de instanties van de lidstaat waar de dienstverrichter tijdelijk actief is.

Art. 31 Toezicht door de lidstaat waar de dienst wordt verricht bij een tijdelijke verplaatsing van de dienstverrichter

1. Ten aanzien van nationale eisen die eventueel uit hoofde van artikel 16 of 17 zijn gesteld, is de lidstaat waar de dienst wordt verricht, verantwoordelijk voor het toezicht op de activiteiten van de dienstverrichter op zijn grondgebied. In overeenstemming met het Gemeenschapsrecht:
a) neemt de lidstaat waar de dienst wordt verricht, alle noodzakelijke maatregelen om ervoor te zorgen dat de dienstverrichter zich aan die eisen in verband met de toegang tot en de uitvoering van de activiteit houdt;
b) voert die lidstaat de verificaties, inspecties en onderzoeken uit die nodig zijn om toezicht op de verrichte dienst uit te oefenen.
2. Wanneer een dienstverrichter zich tijdelijk naar een andere lidstaat begeeft om er een dienst te verrichten zonder er gevestigd te zijn, nemen de bevoegde instanties van die lidstaat ten aanzien van de niet in lid 1 bedoelde eisen, overeenkomstig de leden 3 en 4, deel aan het toezicht op de dienstverrichter.
3. Op verzoek van de lidstaat van vestiging voeren de bevoegde instanties van de lidstaat waar de dienst wordt verricht verificaties, inspecties en onderzoeken uit, die nodig zijn om een doeltreffend toezicht door de lidstaat van vestiging te waarborgen. De bevoegde instanties handelen daarbij binnen de grenzen van de bevoegdheden die zij in hun lidstaat hebben. De bevoegde instanties kunnen zelf bepalen wat in ieder specifiek geval de meest geschikte maatregelen zijn om aan het verzoek van de lidstaat van vestiging te voldoen.
4. De bevoegde instanties van de lidstaat waar de dienst wordt verricht, kunnen op eigen initiatief verificaties, inspecties en onderzoeken ter plaatse verrichten, mits deze niet discrimineren, ze niet plaatsvinden omdat de dienstverrichter in een andere lidstaat gevestigd is en ze evenredig zijn.

Art. 32 Alarmmechanisme

1. Wanneer een lidstaat kennis neemt van ernstige specifieke handelingen of omstandigheden met betrekking tot de dienstenactiviteit, die op zijn grondgebied of op het grondgebied van andere lidstaten ernstige schade aan de gezondheid of veiligheid van personen of aan het milieu kunnen veroorzaken, stelt hij de lidstaat van vestiging, de andere betrokken lidstaten en de Commissie hiervan onverwijld in kennis.
2. De Commissie bevordert de functionering van een Europees netwerk van instanties van de lidstaten met het oog op de tenuitvoerlegging van lid 1 en neemt hieraan deel.
3. Volgens de procedure van artikel 40, lid 2, stelt de Commissie gedetailleerde regels inzake het beheer van het in lid 2 en onderhavig artikel bedoelde netwerk vast en zorgt zij voor een regelmatige bijwerking van deze regels.

Art. 33 Gegevens over de betrouwbaarheid van dienstverrichters

1. De lidstaten verstrekken op verzoek van een bevoegde instantie van een andere lidstaat informatie overeenkomstig hun nationale recht over tuchtrechtelijke of administratieve maatregelen of strafrechtelijke sancties en over beslissingen betreffende insolventie of faillissement waarbij sprake is van frauduleuze praktijken, die door hun bevoegde instanties ten aanzien van een dienstverrichter zijn genomen en die rechtstreeks van betekenis zijn voor de bekwaamheid of de professionele betrouwbaarheid van dienstverrichter. De lidstaat die de informatie verschaft, stelt de dienstverrichter daarvan in kennis.
Een verzoek als bedoeld in de eerste alinea dient naar behoren gemotiveerd te zijn, met name ten aanzien van de redenen voor het verzoek om informatie.
2. De in lid 1 bedoelde sancties en maatregelen worden alleen meegedeeld wanneer de beslissing daartoe definitief is. Met betrekking tot andere in lid 1 bedoelde uitvoerbare beslissingen vermeldt de lidstaat die de informatie verstrekt of het gaat om een beslissing die definitief is, dan wel of beroep tegen de beslissing is ingesteld; in dat geval geeft de lidstaat in kwestie een indicatie van de datum waarop een beslissing over het beroep wordt verwacht.
Bovendien geeft die lidstaat aan op grond van welke nationale bepalingen de dienstverrichter schuldig is bevonden of hem een sanctie is opgelegd.
3. Bij toepassing van de leden 1 en 2 worden de voorschriften over de overdracht van persoonsgegevens en de rechten van personen die in de betrokken lidstaten schuldig zijn bevonden of aan wie een sanctie is opgelegd, ook indien dit is gebeurd door een beroepsorde, in acht genomen. Ter zake dienende informatie die openbaar is, moet voor de consument gemakkelijk toegankelijk zijn.

Dienstenrichtlijn

A54 art. 38

Art. 34 Flankerende maatregelen
1. De Commissie zet, in samenwerking met de lidstaten, een elektronisch systeem op voor de uitwisseling, en met inachtneming van bestaande informatiesystemen, van informatie tussen de lidstaten.
2. De lidstaten nemen, met hulp van de Commissie, flankerende maatregelen om de uitwisseling van met de uitvoering van de wederzijdse bijstand belaste ambtenaren en hun opleiding, inclusief taal- en computeropleidingen, te vergemakkelijken.
3. De Commissie gaat na of een meerjarenprogramma dient te worden opgezet om dergelijke opleidingen en uitwisselingen van ambtenaren te organiseren.

Flankerende maatregelen gegevensuitwisseling

Art. 35 Wederzijdse bijstand bij afwijkingen in specifieke gevallen
1. Wanneer een lidstaat voornemens is een maatregel als bedoeld in artikel 18 te nemen, is, onverminderd gerechtelijke procedures, waaronder inleidende procedures en handelingen die worden uitgevoerd in het kader van een strafrechtelijk onderzoek, de procedure van de leden 2 tot en met 6 van dit artikel van toepassing.
2. De in lid 1 bedoelde lidstaat vraagt de lidstaat van vestiging maatregelen tegen de betrokken dienstverrichter te nemen en verstrekt die lidstaat alle relevante informatie over de betrokken dienst en de omstandigheden terzake.
De lidstaat van vestiging gaat onverwijld na of de dienstverrichter zijn activiteiten rechtmatig uitoefent en of de aan het verzoek ten gronde liggende feiten juist zijn. Hij deelt de verzoekende lidstaat onverwijld de genomen of beoogde maatregelen mede, dan wel, in voorkomend geval, de redenen waarom hij geen maatregelen neemt.
3. Na de in lid 2, tweede alinea, bedoelde mededeling van de lidstaat van vestiging stelt de verzoekende lidstaat de Commissie en de lidstaat van vestiging in kennis van zijn voornemen maatregelen te nemen en geeft daarbij aan:
a) waarom de door de lidstaat van vestiging genomen of beoogde maatregelen naar zijn oordeel ongepast zijn;
b) waarom de door hem beoogde maatregelen naar zijn oordeel aan de in artikel 18 bedoelde voorwaarden voldoen.
4. De maatregelen kunnen niet eerder dan vijftien werkdagen na de in lid 3 bedoelde datum van kennisgeving worden genomen.
5. Onverminderd de bevoegdheid van de verzoekende lidstaat om na het verstrijken van de in lid 4 bedoelde termijn de betrokken maatregelen te nemen, gaat de Commissie onverwijld na of de maatregelen waarvan zij in kennis is gesteld, verenigbaar zijn met het Gemeenschapsrecht.\
Wanneer de Commissie tot de conclusie komt dat de maatregelen niet verenigbaar zijn met het Gemeenschapsrecht, stelt zij een beschikking vast waarin de betrokken lidstaat wordt verzocht van de beoogde maatregelen af te zien of de maatregelen in kwestie onmiddellijk te beëindigen.
6. In spoedeisende gevallen kan de lidstaat die voornemens is een maatregel te nemen, van de leden 2, 3 en 4 afwijken. De Commissie en de lidstaat van vestiging worden in dat geval onverwijld van de maatregelen in kennis gesteld, met opgave van de redenen waarom er volgens de lidstaat sprake is van een spoedeisend karakter.

Wederzijdse bijstand bij afwijkingen in specifieke gevallen

Art. 36 Uitvoeringsmaatregelen
De Commissie neemt volgens de procedure van artikel 40, lid 3, de uitvoeringsmaatregelen tot wijziging van niet-essentiële onderdelen van dit hoofdstuk, door dit aan te vullen middels de vaststelling van de in de artikelen 28 en 35 bedoelde termijnen. De Commissie stelt voorts volgens de in artikel 40, lid 2, bedoelde procedure de praktische regels voor de elektronische uitwisseling van informatie tussen de lidstaten vast, en met name de bepalingen inzake de interoperabiliteit van de informatiesystemen.

Uitvoeringsmaatregelen t.b.v. gegevensuitwisseling

HOOFDSTUK VII
CONVERGENTIEPROGRAMMA

Art. 37 Gedragscodes op communautair niveau
1. De lidstaten treffen in samenwerking met de Commissie flankerende maatregelen om de opstelling, met name door beroepsorden, -organisaties en -verenigingen, op communautair niveau van gedragscodes die gericht zijn op de vergemakkelijking van het verrichten van diensten of de vestiging van een dienstverrichter in een andere lidstaat, met inachtneming van het Gemeenschapsrecht, aan te moedigen.
2. De lidstaten zien erop toe dat de in lid 1 bedoelde gedragscodes langs elektronische weg van op afstand toegankelijk zijn.

Gedragscodes op communautair niveau

Art. 38 Aanvullende harmonisatie
De Commissie onderzoekt uiterlijk op 28 december 2010 de mogelijkheid om voorstellen voor harmonisatiebesluiten over de volgende onderwerpen in te dienen:
a) de toegang tot activiteiten betreffende de gerechtelijke inning van schuldvorderingen;

Aanvullende harmonisatie

A54 art. 39 — Dienstenrichtlijn

b) particuliere beveiligingsdiensten en geld- en waardetransporten.

Art. 39 Wederzijdse beoordeling

Wederzijdse beoordeling

1. Uiterlijk op 28 december 2009 dienen de lidstaten bij de Commissie een verslag in met de in de volgende bepalingen vermelde informatie:
   a) artikel 9, lid 2, over vergunningstelsels;
   b) artikel 15, lid 5, over aan evaluatie onderworpen eisen;
   c) artikel 25, lid 3, over multidisciplinaire activiteiten.
2. De Commissie stuurt de in lid 1 bedoelde verslagen naar de lidstaten, die binnen zes maanden na ontvangst hun opmerkingen over elk van de verslagen indienen. Binnen dezelfde termijn raadpleegt de Commissie de belanghebbenden over de verslagen.
3. De Commissie legt de verslagen en de opmerkingen van de lidstaten voor aan het in artikel 40, lid 1, bedoelde comité, dat opmerkingen kan maken.
4. In het licht van de in de leden 2 en 3 bedoelde opmerkingen dient de Commissie uiterlijk op 28 december 2010 een samenvattend verslag bij het Europees Parlement en de Raad in, in voorkomend geval vergezeld van voorstellen voor aanvullende initiatieven.
5. Uiterlijk op 28 december 2009 dienen de lidstaten bij de Commissie een verslag in over nationale eisen waarvan de toepassing onder artikel 16, lid 1, derde alinea, en artikel 16, lid 3, eerste zin, zou kunnen vallen, met opgave van de redenen waarom zij oordelen dat de toepassing van deze eisen voldoet aan de criteria, bedoeld in artikel 16, lid 1, derde alinea, en artikel 16, lid 3, eerste zin.
Vervolgens sturen de lidstaten de Commissie alle wijzigingen toe in de hierboven bedoelde eisen, met inbegrip van nieuwe eisen, alsmede de redenen daarvoor.
De Commissie deelt de toegestuurde eisen aan de andere lidstaten mede. Die mededeling belet de lidstaten niet de betrokken bepalingen vast te stellen. De Commissie verstrekt daarna op jaarbasis analyses en richtsnoeren inzake de toepassing van deze bepalingen in het kader van deze richtlijn.

Art. 40 Comitéprocedure

Comitéprocedure

1. De Commissie wordt bijgestaan door een comité.
2. Wanneer naar dit lid wordt verwezen, zijn de artikelen 5 en 7 van Besluit 1999/468/EG van toepassing, met inachtneming van artikel 8 van dat besluit. De in artikel 5, lid 6, van Besluit 1999/468/EG bedoelde termijn wordt vastgesteld op drie maanden.
3. Wanneer naar dit lid wordt verwezen, zijn artikel 5 bis, leden 1 tot en met 4 en artikel 7 van Besluit 1999/468/EG van toepassing, met inachtneming van artikel 8 van dat besluit.

Art. 41 Herzieningsclausule

Herzieningsclausule

De Commissie dient uiterlijk op 28 december 2011 en daarna om de drie jaar bij het Europees Parlement en de Raad een uitgebreid verslag in over de toepassing van deze richtlijn. In het verslag wordt overeenkomstig artikel 16, lid 4, met name de toepassing van artikel 16 behandeld. Tevens wordt nagegaan of aanvullende maatregelen nodig zijn voor aspecten die van de werkingssfeer van de richtlijn zijn uitgesloten. Het verslag gaat in voorkomend geval vergezeld van voorstellen tot wijziging van deze richtlijn, teneinde de interne markt voor diensten te voltooien.

Art. 42 Wijziging van Richtlijn 98/27/EG

Wijziging van Richtlijn 98/27/EG

[Wijzigt Richtlijn 98/27/EG.]

Art. 43 Bescherming van persoonsgegevens

Dienstenrichtlijn, bescherming persoonsgegevens

Bij de uitvoering en de toepassing van deze richtlijn en met name van de bepalingen betreffende het toezicht worden de voorschriften inzake de bescherming van persoonsgegevens nageleefd, welke zijn vervat in Richtlijn 95/46/EG en Richtlijn 2002/58/EG.

HOOFDSTUK VIII
SLOTBEPALINGEN

Art. 44 Omzetting

Dienstenrichtlijn, implementatie door lidstaten

1. De lidstaten doen de nodige wettelijke en bestuursrechtelijke bepalingen in werking treden om vóór 28 december 2009 aan deze richtlijn te voldoen.
Zij stellen de Commissie daarvan onverwijld in kennis.
Wanneer de lidstaten deze bepalingen aannemen, wordt in die bepalingen zelf of bij de officiële bekendmaking daarvan naar deze richtlijn verwezen. De regels voor deze verwijzing worden vastgesteld door de lidstaten.
2. De lidstaten delen de Commissie de tekst van de belangrijkste bepalingen van intern recht mede die zij op het onder deze richtlijn vallende gebied vaststellen.

Art. 45 Inwerkingtreding

Dienstenrichtlijn, inwerkingtreding

Deze richtlijn treedt in werking op de dag volgende op die van haar bekendmaking in het Publicatieblad van de Europese Unie.

A54 art. 46

Art. 46 Adressaten
Deze richtlijn is gericht tot de lidstaten.

Dienstenrichtlijn, adressaten

Burgerlijk Wetboek Boek 2[1]

Burgerlijk Wetboek Boek 2, Rechtspersonen

Boek 2
Rechtspersonen

Titel 1
Algemene bepalingen

Art. 1

Publiekrechtelijke rechtspersonen

1. De Staat, de provincies, de gemeenten, de waterschappen, alsmede alle lichamen waaraan krachtens de Grondwet verordenende bevoegdheid is verleend, bezitten rechtspersoonlijkheid.
2. Andere lichamen, waaraan een deel van de overheidstaak is opgedragen, bezitten slechts rechtspersoonlijkheid, indien dit uit het bij of krachtens de wet bepaalde volgt.
3. De volgende artikelen van deze titel, behalve artikel 5, gelden niet voor de in de voorgaande leden bedoelde rechtspersonen.
(Zie ook: artt. 123, 133, 134 GW)

Art. 2

Kerkgenootschappen

1. Kerkgenootschappen alsmede hun zelfstandige onderdelen en lichamen waarin zij zijn verenigd, bezitten rechtspersoonlijkheid.
2. Zij worden geregeerd door hun eigen statuut, voor zover dit niet in strijd is met de wet. Met uitzondering van artikel 5 gelden de volgende artikelen van deze titel niet voor hen; overeenkomstige toepassing daarvan is geoorloofd, voor zover deze te verenigen met hun statuut en met de aard der onderlinge verhoudingen.

Art. 3

Privaatrechtelijke rechtspersonen

Verenigingen, coöperaties, onderlinge waarborgmaatschappijen, naamloze vennootschappen, besloten vennootschappen met beperkte aansprakelijkheid en stichtingen bezitten rechtspersoonlijkheid.
(Zie ook: artt. 26, 30, 53, 64, 175, 285 BW Boek 2; art. 124 BW Boek 5)

Art. 4

Ontstaan rechtspersoon bij authentieke akte

1. Een rechtspersoon ontstaat niet bij het ontbreken van een door een notaris ondertekende akte voor zover door de wet voor de totstandkoming vereist. Het ontbreken van kracht van authenticiteit aan een door een notaris ondertekende akte verhindert het ontstaan van de rechtspersoon slechts, indien die rechtspersoon in een bij die akte gemaakte uiterste wilsbeschikking in het leven zou zijn geroepen.

Vernietiging van oprichtingshandeling rechtspersoon

2. Vernietiging van de rechtshandeling waardoor een rechtspersoon is ontstaan, tast diens bestaan niet aan. Het vervallen van de deelneming van een of meer oprichters van een rechtspersoon heeft op zichzelf geen invloed op de rechtsgeldigheid van de deelneming der overblijvende oprichters.

Vereffening vermogen van niet bestaande rechtspersoon

3. Is ten name van een niet bestaande rechtspersoon een vermogen gevormd, dan benoemt de rechter op verzoek van een belanghebbende of het openbaar ministerie een of meer vereffenaars. Artikel 22 is van overeenkomstige toepassing.
4. Het vermogen wordt vereffend als dat van een ontbonden rechtspersoon in de voorgewende rechtsvorm. Degenen die zijn opgetreden als bestuurders, zijn hoofdelijk verbonden voor de tot dit vermogen behorende schulden die opeisbaar zijn geworden in het tijdvak waarin zij dit deden. Zij zijn eveneens verbonden voor de schulden die voortspruiten uit in die tijd ten behoeve van dit vermogen verrichte rechtshandelingen, voor zover daarvoor niemand ingevolge de vorige zin verbonden is. Ontbreken personen die ingevolge de vorige twee zinnen verbonden zijn, dan zijn degenen die handelden, hoofdelijk verbonden.
(Zie ook: art. 6 BW Boek 6)
5. Indien alsnog een rechtspersoon wordt opgericht ter opvolging in het vermogen, kan de rechter desverzocht toestaan dat dit niet wordt vereffend, doch dat het in die rechtspersoon wordt ingebracht.
(Zie ook: artt. 14, 15, 21, 22, 23, 26, 30, 74, 93, 93a, 94, 94a, 185, 203, 203a, 204, 204a, 301 BW Boek 2; artt. 32, 37, 39, 53, 59 BW Boek 3; art. 124 BW Boek 5; artt. 7, 10, 12, 159, 269 BW Boek 6)

---

1 Inwerkingtredingsdatum: 01-07-1976; zoals laatstelijk gewijzigd bij: Stb. 2020, 507.

Burgerlijk Wetboek Boek 2 (uittreksel)

Art. 5
Een rechtspersoon staat wat het vermogensrecht betreft, met een natuurlijk persoon gelijk, tenzij uit de wet het tegendeel voortvloeit.
(Zie ook: art. 302 BW Boek 1; artt. 1, 11 BW Boek 2; art. 203 BW Boek 3)

Gelijkstelling rechtspersoon met natuurlijk persoon

Art. 5

Een rechtspersoon staat wat het vermogensrecht betreft, met een natuurlijk persoon gelijk, tenzij uit de wet het tegendeel voortvloeit.

(Zie ook: art. 102 BW Boek 1; art. 7, 11 BW Boek 2; art. 703 BW Boek 8.)

Gelijkstelling rechtspersoon met natuurlijk persoon

Bijzonder bestuursrecht

Algemene wet inzake rijksbelastingen[1]

Wet van 2 juli 1959, houdende regelen, welke aan een aantal rijksbelastingen gemeen zijn

Wij JULIANA, bij de gratie Gods, Koningin der Nederlanden, Prinses van Oranje-Nassau, enz., enz., enz.
Allen, die deze zullen zien of horen lezen, saluut! doen te weten:
Alzo Wij in overweging genomen hebben, dat het ter vereenvoudiging van de wetgeving inzake rijksbelastingen wenselijk is, regelen welke aan een aantal belastingen gemeen zijn, in een algemene wet samen te vatten;
Zo is het, dat Wij, de Raad van State gehoord, en met gemeen overleg der Staten-Generaal, hebben goedgevonden en verstaan gelijk Wij goedvinden en verstaan bij deze:

Hoofdstuk I
Algemene bepalingen

Art. 1
1. De bepalingen van deze wet gelden in Nederland bij de heffing van rijksbelastingen, de heffing van belastingrente, revisierente en bestuurlijke boeten welke ingevolge de belastingwet kunnen worden vastgesteld of opgelegd, alsmede bij de uitvoering van de basisregistratie inkomen, een en ander met uitzondering van de belastingen voor zover voor een belanghebbende na een door de inspecteur gedane uitspraak op bezwaar met betrekking tot deze belastingen beroep openstaat bij het Gerecht in eerste aanleg van Bonaire, Sint-Eustatius en Saba, bedoeld in hoofdstuk VIII van de Belastingwet BES. — *Reikwijdte*
2. Onder rijksbelastingen worden verstaan belastingen welke van rijkswege door de rijksbelastingdienst worden geheven. — *Rijksbelastingen*
3. Met betrekking tot de heffing van rijksbelastingen blijven titel 5.2 en afdeling 10.2.1 van de Algemene wet bestuursrecht buiten toepassing.

Art. 2
1. Deze wet verstaat onder:
a. belastingwet: zowel deze wet als andere wettelijke bepalingen betreffende de heffing van de onder artikel 1 vallende belastingen; — *Belastingwet*
b. lichamen: verenigingen en andere rechtspersonen, maat- en vennootschappen, ondernemingen van publiekrechtelijke rechtspersonen en doelvermogens. — *Lichamen*
2. Waar in de belastingwet wordt gesproken:
a. van vereniging, is daaronder begrepen de samenwerkingsvorm zonder rechtspersoonlijkheid die met een vereniging maatschappelijk gelijk kan worden gesteld; — *Vereniging*
b. met betrekking tot een lichaam van bestuurder, zijn daaronder begrepen de beherende vennoot van een maat- of vennootschap en de binnenlandse vertegenwoordiger van een niet in Nederland gevestigd lichaam, alsmede in geval van ontbinding hij die met de vereffening is belast; — *Bestuurder van lichaam*
c. van Mogendheid, wordt daaronder mede begrepen een daarmee gelijk te stellen bestuurlijke eenheid;
d. van staat, wordt daaronder mede begrepen Mogendheid;
e. van verdrag, wordt daaronder mede begrepen een regeling ter voorkoming van dubbele belasting die is overeengekomen met een in onderdeel c bedoelde bestuurlijke eenheid, alsmede een regeling ter voorkoming van dubbele belasting die is getroffen voor de relatie met een of meer landen binnen het Koninkrijk;
f. van regeling ter voorkoming van dubbele belasting, wordt daaronder mede begrepen regelen ter voorkoming van dubbele belasting die zijn overeengekomen met een in onderdeel c bedoelde bestuurlijke eenheid.
3. De belastingwet verstaat onder:
a. Onze Minister: Onze Minister van Financiën; — *Onze Minister*
b. directeur, inspecteur of ontvanger: de functionaris die als zodanig bij ministeriële regeling is aangewezen; — *Directeur, inspecteur of ontvanger*
(Zie ook: art. 5 t/m 10 Uitv.reg. Bd 2003)
c. open commanditaire vennootschap: de commanditaire vennootschap waarbij, buiten het geval van vererving of legaat, toetreding of vervanging van commanditaire vennoten kan plaats hebben zonder toestemming van alle vennoten, beherende zowel als commanditaire; — *Open commanditaire vennootschap*

---

1 Inwerkingtredingsdatum: 01-11-1961; zoals laatstelijk gewijzigd bij: Stb. 2021, 155.

A56 art. 2

Algemene wet inzake rijksbelastingen

Landsdelen

d.
1°. *Koninkrijk:* Koninkrijk der Nederlanden;
2°. *Rijk:* het land Nederland, zijnde Nederland en de BES eilanden;
3°. *Nederland:* het in Europa gelegen deel van het Koninkrijk, met dien verstande dat voor de heffing van de inkomstenbelasting, de loonbelasting, de vennootschapsbelasting en de assurantiebelasting Nederland tevens omvat de exclusieve economische zone van het Koninkrijk, bedoeld in artikel 1 van de Rijkswet instelling exclusieve economische zone, voorzover deze grenst aan de territoriale zee in Nederland;
4°. *BES eilanden:* de openbare lichamen Bonaire, Sint Eustatius en Saba, met daaronder begrepen, met inachtneming van de Rijkswet tot vaststelling van een zeegrens tussen Curaçao en Bonaire en tussen Sint Maarten en Saba, het buiten de territoriale zee van de BES eilanden gelegen deel van de zeebodem en de ondergrond daarvan, voor zover het Koninkrijk daar op grond van het internationale recht ten behoeve van de exploratie en de exploitatie van natuurlijke rijkdommen soevereine rechten mag uitoefenen, alsmede de in, op, of boven dat gebied aanwezige installaties en andere inrichtingen ten behoeve van de exploratie en exploitatie van natuurlijke rijkdommen in dat gebied;

Belastingaanslag

e. belastingaanslag: de voorlopige aanslag, de aanslag, de navorderingsaanslag en de naheffingsaanslag, alsmede de voorlopige conserverende aanslag, de conserverende aanslag en de conserverende navorderingsaanslag in de inkomstenbelasting, de schenk- en erfbelasting;

Aandeel

f. aandeel: mede de deelgerechtigdheid van een commanditaire vennoot in een open commanditaire vennootschap;

Communautair douanewetboek

g. Douanewetboek van de Unie: Verordening (EU) nr. 952/2013 van het Europees Parlement en van de Raad van 9 oktober 2013 tot vaststelling van het douanewetboek van de Unie (PbEU 2013, L 269);
h. Gedelegeerde Verordening Douanewetboek van de Unie: Gedelegeerde Verordening (EU) 2015/2446 van de Commissie van 28 juli 2015 tot aanvulling van Verordening (EU) nr. 952/2013 van het Europees Parlement en de Raad met nadere regels betreffende een aantal bepalingen van het douanewetboek van de Unie (PbEU 2015, L 343);
ha. Uitvoeringsverordening Douanewetboek van de Unie: Uitvoeringsverordening (EU) 2015/2447 van de Commissie van 24 november 2015 houdende nadere uitvoeringsvoorschriften voor enkele bepalingen van Verordening (EU) nr. 952/2013 van het Europees Parlement en de Raad tot vaststelling van het douanewetboek van de Unie (PbEU 2015, L 343);

Kind

i. kind: eerstegraads bloedverwant en aanverwant in de neergaande lijn;
j. burgerservicenummer: het nummer, bedoeld in artikel 1, onderdeel b, van de Wet algemene bepalingen burgerservicenummer;
k. [vervallen;]
l. partner: persoon als bedoeld in artikel 5a;
m. algemeen nut beogende instelling: een instelling als bedoeld in artikel 5b;
n. culturele instelling: een instelling als bedoeld in artikel 5b, vierde lid;
o. sociaal belang behartigende instelling: een instelling als bedoeld in artikel 5c;
p. steunstichting SBBI: een stichting als bedoeld in artikel 5d.
4. Het in de belastingwet genoemde bestuur van 's Rijks belastingen wordt uitgeoefend door de door Onze Minister aangewezen ambtenaren.
(Zie ook: art. 8 Uitv.reg. Bd 2003)

Conserverende aanslag

5. Hetgeen bij of krachtens deze wet wordt bepaald inzake de in het derde lid, onderdeel e, bedoelde voorlopige aanslag, aanslag of navorderingsaanslag, is van overeenkomstige toepassing met betrekking tot de in dat onderdeel bedoelde voorlopige conserverende aanslag, onderscheidenlijk conserverende aanslag of conserverende navorderingsaanslag, met dien verstande dat:
a. een voorlopige aanslag en in de belastingwet daartoe aangewezen voorheffingen niet worden verrekend met een conserverende aanslag en een voorlopige conserverende aanslag niet wordt verrekend met een aanslag;
b. een voorlopige conserverende aanslag niet wordt verrekend met een conserverende aanslag doch vervalt tegelijk met de vaststelling van de conserverende aanslag onder toerekening van het ter zake van de voorlopige conserverende aanslag verleende uitstel van betaling, de daaromtrent gestelde zekerheid, alsmede van de betalingen die op die conserverende voorlopige aanslag mochten zijn verricht, aan de conserverende aanslag.

Overeenkomstige toepassing

6. Bepalingen van de belastingwet die rechtsgevolgen verbinden aan het aangaan, het bestaan, de beëindiging of het beëindigd zijn van een huwelijk zijn van overeenkomstige toepassing op het aangaan, het bestaan, de beëindiging onderscheidenlijk het beëindigd zijn van een geregistreerd partnerschap.

Europese coöperatieve vennootschap

7. Voor de toepassing van de belastingwet en de daarop berustende bepalingen wordt een Europese coöperatieve vennootschap gelijkgesteld met een Europese naamloze vennootschap met dien verstande dat bij algemene maatregel van bestuur voor de toepassing van de in die algemene maatregel van bestuur genoemde bepalingen de rechtsvorm gelijkgesteld kan worden met een coöperatie.

Art. 3
1. De bevoegdheid van een directeur, inspecteur of ontvanger is niet bepaald naar een geografische indeling van het Rijk.   *Competentie*
2. Bij ministeriële regeling worden regels gesteld omtrent de hoofdlijnen van de inrichting van de rijksbelastingdienst alsmede omtrent de functionaris, bedoeld in artikel 2, derde lid, onderdeel b, onder wie een belastingplichtige ressorteert.
(Zie ook: art. 3 e.v. Uitv.reg. Bd 2003)

Art. 3a
1. In afwijking van artikel 2:14, eerste lid, van de Algemene wet bestuursrecht wordt in het verkeer tussen belastingplichtigen of inhoudingsplichtigen en de inspecteur of het bestuur van 's Rijks belastingen een bericht uitsluitend elektronisch verzonden.   *Elektronisch berichtenverkeer*
2. Bij ministeriële regeling wordt bepaald op welke wijze het elektronische berichtenverkeer plaatsvindt.
3. Bij ministeriële regeling kunnen berichten en groepen van belastingplichtigen of inhoudingsplichtigen worden aangewezen waarvoor, alsmede omstandigheden worden aangewezen waaronder, het berichtenverkeer kan plaatsvinden anders dan langs elektronische weg.
(Zie ook: - Regeling elektronisch berichtenverkeer Belastingdienst)

Art. 3b
1. Bij ministeriële regeling kunnen berichten, groepen van belastingplichtigen of inhoudingsplichtigen of omstandigheden worden aangewezen waarvoor, voor wie, onderscheidenlijk waaronder, geldt dat een belastingplichtige of inhoudingsplichtige berichten uitsluitend langs elektronische weg dan wel uitsluitend anders dan langs elektronische weg aan de inspecteur of het bestuur van 's Rijks belastingen verzendt.   *Verzending berichten uitsluitend langs elektronische weg of juist niet*
2. Het ontwerp van een ministeriële regeling als bedoeld in het eerste lid wordt ten minste vier weken voordat de regeling wordt vastgesteld, overgelegd aan de beide kamers der Staten-Generaal.

Art. 4
1. Waar iemand woont en waar een lichaam gevestigd is, wordt naar de omstandigheden beoordeeld.   *Woonplaats en vestigingsplaats*
2. Voor de toepassing van het eerste lid worden schepen en luchtvaartuigen welke in Nederland hun thuishaven hebben, ten opzichte van de bemanning als deel van Nederland beschouwd.   *Schepen, vliegtuigen*
3. Voor de toepassing van de wettelijke bepalingen ter uitvoering van Richtlijn 2009/133/EG van de Raad van 19 oktober 2009 betreffende de gemeenschappelijke fiscale regeling voor fusies, splitsingen, gedeeltelijke splitsingen, inbreng van activa en aandelenruil met betrekking tot vennootschappen uit verschillende lidstaten en voor de verplaatsing van de statutaire zetel van een SE of een SCE van een lidstaat naar een andere lidstaat (PbEU 2009, L 310), Richtlijn 2011/96/EU van de Raad van 30 november 2011 betreffende de gemeenschappelijke fiscale regeling voor moedermaatschappijen en dochterondernemingen uit verschillende lidstaten (PbEU 2011, L 345) of Richtlijn 2003/49/EG van de Raad van 3 juni 2003 betreffende een gemeenschappelijke belastingregeling inzake uitkeringen van interest en royalty's tussen verbonden ondernemingen van verschillende lidstaten (PbEU 2003, L 157) wordt, in afwijking in zoverre van het eerste lid en voor zover dat voortvloeit uit de genoemde richtlijnen, een lichaam geacht te zijn gevestigd in een lidstaat van de Europese Unie indien dat lichaam volgens de fiscale wetgeving van die lidstaat aldaar is gevestigd.   *Vestigingsplaats voor toepassing EG-richtlijnen*
4. Een instelling voor collectieve belegging in effecten als bedoeld in artikel 1 van Richtlijn 2009/65/EU van het Europees Parlement en de Raad van 13 juli 2009 tot coördinatie van de wettelijke en bestuursrechtelijke bepalingen betreffende instellingen voor collectieve belegging in effecten (icbe's) (PbEU 2009, L 302), wordt geacht te zijn gevestigd in de lidstaat van staat waarvan de bevoegde autoriteit de instelling overeenkomstig artikel 5 van die richtlijn heeft toegelaten.   *ICBE*
5. Een alternatieve beleggingsinstelling als bedoeld in artikel 4, eerste lid, onderdeel k, van Richtlijn 2011/61/EU van het Europees Parlement en de Raad van 8 juni 2011 inzake beheerders van alternatieve beleggingsinstellingen en tot wijziging van de Richtlijnen 2003/41/EG en 2009/65/EG en van de Verordeningen (EG) nr. 1060/2009 en (EU) nr. 1095/2010 (PbEU 2011, L 174) wordt geacht te zijn gevestigd in de lidstaat van herkomst, bedoeld in artikel 4, eerste lid, onderdeel p, van die richtlijn, indien: *Alternatieve beleggingsinstelling*
a. het lichaam is opgericht of aangegaan naar het recht van die lidstaat, en
b. het doel en de feitelijke werkzaamheid van het lichaam uitsluitend bestaan in het beleggen van vermogen, bedoeld in artikel 28 van de Wet op de vennootschapsbelasting 1969.

Art. 5
1. De vaststelling van een belastingaanslag geschiedt door het ter zake daarvan opmaken van een aanslagbiljet door de inspecteur. De dagtekening van het aanslagbiljet geldt als dagtekening van de vaststelling van de belastingaanslag. De inspecteur stelt het aanslagbiljet ter invordering van de daaruit blijkende belastingaanslag aan de ontvanger ter hand.   *Aanslagbiljet (vaststelling en dagtekening)*

2. Het eerste lid is van overeenkomstige toepassing met betrekking tot het door de inspecteur nemen van een beschikking of het doen van uitspraak strekkende tot - al dan niet nadere - vaststelling van een ingevolge de belastingwet verschuldigd of terug te geven bedrag.

Art. 5a

Partnerbegrip
1. Als partner wordt aangemerkt:
a. de echtgenoot;
b. de ongehuwde meerderjarige persoon waarmee de ongehuwde meerderjarige belastingplichtige een notarieel samenlevingscontract is aangegaan en met wie hij staat ingeschreven op hetzelfde woonadres in de basisregistratie personen of een daarmee naar aard en strekking overeenkomende registratie buiten Nederland.

2. Degene die ingevolge het eerste lid voor een deel van het kalenderjaar als partner wordt aangemerkt, wordt ook als partner aangemerkt in de andere perioden van het kalenderjaar, voor zover hij in die perioden op hetzelfde woonadres als de belastingplichtige staat ingeschreven in de basisregistratie personen of een daarmee naar aard en strekking overeenkomende registratie buiten Nederland.

3. Voor de toepassing van het eerste lid wordt een persoon die van tafel en bed is gescheiden, aangemerkt als ongehuwd. Bij ministeriële regeling kunnen nadere regels worden gesteld ten behoeve van de uitvoering van dit lid.

Einde partnerschap
4. In afwijking van het eerste lid wordt een persoon niet meer als partner aangemerkt ingeval:
a. een verzoek, zoals bedoeld in artikel 150, respectievelijk 169 van Boek 1 van het Burgerlijk Wetboek tot echtscheiding, respectievelijk tot scheiding van tafel en bed is ingediend, en
b. hij niet meer op hetzelfde woonadres in de basisregistratie personen of een daarmee naar aard en strekking overeenkomende registratie buiten Nederland staat ingeschreven als de belastingplichtige.

5. Een persoon kan op enig moment slechts één partner hebben. Ingeval een persoon meer dan één echtgenoot heeft, wordt alleen de echtgenoot uit de oudste verbintenis als partner aangemerkt. Bij meer dan één notarieel samenlevingscontract, wordt alleen het oudste samenlevingscontract in aanmerking genomen. Een notarieel samenlevingscontract met meer dan één persoon, wordt niet in aanmerking genomen.

Niet in Nederland wonen
6. Bij ministeriële regeling kunnen regels worden gesteld op basis waarvan iemand die niet in Nederland woont, geacht wordt op zijn woonadres te zijn ingeschreven in een naar aard en strekking met de basisregistratie personen overeenkomende registratie buiten Nederland.

Opname in verpleeg/verzorgingshuis
7. Personen die partners waren op grond van het eerste lid, onderdeel b, blijven als partners aangemerkt nadat de in dat onderdeel bedoelde inschrijving op hetzelfde woonadres niet langer mogelijk is als gevolg van opname in een verpleeghuis of verzorgingshuis vanwege medische redenen of ouderdom van een van hen, zolang na het einde van die inschrijving op hetzelfde woonadres ten aanzien van geen van beiden een derde persoon als partner wordt aangemerkt. De eerste volzin vindt geen toepassing meer indien één van beiden door middel van een schriftelijke kennisgeving aan de inspecteur laat weten dat zij niet langer als partners willen worden aangemerkt. Bij ministeriële regeling kunnen nadere regels worden gesteld ten behoeve van de uitvoering van dit lid.

Art. 5b

Algemeen nut beogende instelling
1. Een algemeen nut beogende instelling is:
a. een instelling – niet zijnde een vennootschap met in aandelen verdeeld kapitaal, een coöperatie, een onderlinge waarborgmaatschappij of een ander lichaam waarin bewijzen van deelgerechtigdheid kunnen worden uitgegeven – die:
1°. uitsluitend of nagenoeg uitsluitend het algemeen nut beoogt;
2°. haar gegevens op elektronische wijze via internet openbaar maakt;
3°. voldoet aan bij ministeriële regeling te stellen voorwaarden;
4°. gevestigd is in het Koninkrijk, in een andere lidstaat van de Europese Unie of in een bij ministeriële regeling aangewezen staat, en
5°. door de inspecteur als zodanig is aangemerkt;
b. een niet in het Koninkrijk, in een andere lidstaat van de Europese Unie of in een bij ministeriële regeling aangewezen staat gevestigde, door Onze Minister als zodanig aangemerkte instelling indien en zolang zij voldoet aan de door hem te stellen voorwaarden.

2. Algemeen nut beogende instellingen zijn in ieder geval:
a. de Staat, de provincies, de gemeenten en de waterschappen in Nederland alsmede daarmee vergelijkbare lichamen in een andere lidstaat van de Europese Unie of in een andere staat die partij is bij de Overeenkomst betreffende de Europese Economische Ruimte;
b. de landen Aruba, Curaçao en Sint Maarten, de openbare lichamen Bonaire, Sint Eustatius en Saba alsmede de gemeenten, waterschappen en daarmee vergelijkbare publiekrechtelijke lichamen in die landen of openbare lichamen.

Algemeen nut
3. Als algemeen nut in de zin van dit artikel wordt beschouwd:
a. welzijn;
b. cultuur;

c. onderwijs, wetenschap en onderzoek;
d. bescherming van natuur en milieu, daaronder begrepen bevordering van duurzaamheid;
e. gezondheidszorg;
f. jeugd- en ouderenzorg;
g. ontwikkelingssamenwerking;
h. dierenwelzijn;
i. religie, levensbeschouwing en spiritualiteit;
j. de bevordering van de democratische rechtsorde;
k. volkshuisvesting;
l. een combinatie van de bovengenoemde doelen, alsmede
m. het financieel of op andere wijze ondersteunen van een algemeen nut beogende instelling.
4. Een algemeen nut beogende instelling die zich uitsluitend of nagenoeg uitsluitend richt op cultuur, kan verzoeken tevens te worden aangemerkt als culturele instelling.   *Culturele instelling*
5. Een instelling die werkzaamheden verricht die gericht zijn op het bieden van volkshuisvesting als bedoeld in het derde lid, onderdeel k, kan slechts worden aangemerkt als algemeen nut beogende instelling, indien zij op de voet van artikel 19 van de Woningwet bij koninklijk besluit is toegelaten als instelling die in het belang van de volkshuisvesting werkzaam is.
6. Het aanmerken als een algemeen nut beogende instelling of als culturele instelling geschiedt op verzoek van de instelling. De inspecteur beslist op het verzoek bij voor bezwaar vatbare beschikking eventueel onder door hem te stellen voorwaarden. In afwijking van de eerste volzin kan de inspecteur een categorie instellingen dan wel een groep met elkaar verbonden instellingen bij één voor bezwaar vatbare beschikking aanmerken als instellingen als bedoeld in het eerste lid, ook zonder dat een daartoe strekkend verzoek is gedaan door die instellingen.
7. Een instelling als bedoeld in het eerste lid, wordt door de inspecteur bij voor bezwaar vatbare beschikking niet meer als zodanig aangemerkt met ingang van het tijdstip waarop deze instelling niet langer uitsluitend of nagenoeg uitsluitend een algemeen nut beogend karakter heeft, niet meer voldoet aan de bij ministeriële regeling gestelde voorwaarden dan wel niet meer is gevestigd als aangegeven in het eerste lid. Een instelling als bedoeld in het vierde lid wordt door de inspecteur bij voor bezwaar vatbare beschikking niet meer als zodanig aangemerkt met ingang van het tijdstip waarop deze instelling zich niet langer uitsluitend of nagenoeg uitsluitend richt op cultuur. Het tijdstip van intrekking kan liggen voor de datum van de dagtekening van de beschikking.   *Einde ANBI-status*
8. Een instelling als bedoeld in het eerste lid wordt eveneens door de inspecteur niet, of niet langer, als algemeen nut beogende instelling aangemerkt indien de instelling, een bestuurder van die instelling, een persoon die feitelijk leiding geeft aan die instelling of een voor die instelling gezichtsbepalende persoon door een Nederlandse rechter onherroepelijk is veroordeeld wegens het opzettelijk plegen van een misdrijf als bedoeld in artikel 67, eerste lid, van het Wetboek van Strafvordering en de artikelen 137c, eerste lid, 137d, eerste lid, en 266 van het Wetboek van Strafrecht, mits:
a. het misdrijf is gepleegd in de hoedanigheid van bestuurder, feitelijk leidinggevende of gezichtsbepalend persoon van de instelling;
b. nog geen vier kalenderjaren zijn verstreken sinds de veroordeling, en
c. het misdrijf gezien zijn aard of de samenhang met andere door de algemeen nut beogende instelling of genoemde personen begane misdrijven een ernstige inbreuk op de rechtsorde oplevert.
9. Een instelling als bedoeld in het eerste lid wordt eveneens door de inspecteur niet, of niet langer, als algemeen nut beogende instelling aangemerkt indien de inspecteur gerede twijfel heeft over de integriteit van de instelling, een bestuurder van die instelling, de persoon die feitelijk leiding geeft aan die instelling of een voor die instelling gezichtsbepalende persoon, en die instelling, onderscheidenlijk persoon, ondanks een verzoek daartoe van de inspecteur, niet binnen een termijn van zestien weken nadat dit verzoek is gedaan een verklaring omtrent het gedrag als bedoeld in artikel 28 van de Wet justitiële en strafvorderlijke gegevens overlegt.
10. Bij ministeriële regeling worden regels gesteld met betrekking tot de gegevens, bedoeld in het eerste lid, onderdeel a, onder 2°, die openbaar worden gemaakt, alsmede met betrekking tot de wijze waarop deze gegevens via internet openbaar worden gemaakt, waarbij door grotere instellingen een verplicht standaardformulier wordt gebruikt.
11. Voor de toepassing van het vierde en het zesde tot en met negende lid kunnen bij ministeriële regeling nadere regels worden gesteld.
(Zie ook: art. 1a t/m 1f Uitv.reg AWR 1994)

Art. 5c
Een sociaal belang behartigende instelling is een instelling: *Sociaal belang behartigende instelling*
a. die in overeenstemming met haar regelgeving een sociaal belang behartigt;
b. die niet aan een winstbelasting is onderworpen dan wel daarvan is vrijgesteld;

c. die aan de leden van het orgaan van de instelling dat het beleid bepaalt ter zake van de door die leden voor de instelling verrichte werkzaamheden geen andere beloning toekent dan een vergoeding voor gemaakte onkosten en een niet bovenmatig vacatiegeld;
d. die is gevestigd in het Koninkrijk, in een andere lidstaat van de Europese Unie of in een bij ministeriële regeling aangewezen staat.

Art. 5d

Steunstichting SBBI

1. Een steunstichting SBBI is een stichting die voldoet aan bij ministeriële regeling te stellen voorwaarden en die is opgericht uitsluitend met het doel geld in te zamelen ter ondersteuning van een sociaal belang behartigende instelling ten behoeve van een bij ministeriële regeling aan te wijzen doel.
2. Het ontwerp van een ministeriële regeling als bedoeld in het eerste lid wordt ten minste vier weken voordat de regeling wordt vastgesteld, overgelegd aan de beide kamers der Staten-Generaal.

Art. 5e

Vergoedingsvorderingen tussen echtgenoten

1. Indien tussen echtgenoten of gewezen echtgenoten een recht op of een plicht tot vergoeding bestaat op grond van artikel 87 van Boek 1 van het Burgerlijk Wetboek, wordt bij de echtgenoot, onderscheidenlijk de gewezen echtgenoot, met het vergoedingsrecht ter zake hiervan geen voor de belastingwet relevant belang bij het onderliggende goed of een bestanddeel daarvan aanwezig geacht.
2. Onder een recht op of een plicht tot vergoeding als bedoeld in het eerste lid wordt mede begrepen een recht op of een plicht tot vergoeding waarvan het verloop op grond van de artikelen 95 en 96 van Boek 1 van het Burgerlijk Wetboek overeenkomstig artikel 87 van Boek 1 van dat wetboek wordt bepaald.
3. Het eerste en tweede lid zijn niet van toepassing indien bij overeenkomst wordt afgeweken van artikel 87, eerste lid tot en met het derde lid, van Boek 1 van het Burgerlijk Wetboek.

Hoofdstuk II
Aangifte

Art. 6

Uitnodiging tot het doen van aangifte

1. Met betrekking tot belastingen welke ingevolge de belastingwet bij wege van aanslag worden geheven, dan wel op aangifte worden voldaan of afgedragen, kan de inspecteur degene die naar zijn mening vermoedelijk belastingplichtig of inhoudingsplichtig is uitnodigen tot het doen van aangifte. Worden door de belastingwet aangelegenheden van een derde aangemerkt als aangelegenheden van degene die vermoedelijk belastingplichtig of inhoudingsplichtig is, dan kan de inspecteur ook die derde uitnodigen tot het doen van aangifte. Bij ministeriële regeling worden regels gesteld met betrekking tot de wijze waarop het uitnodigen tot het doen van aangifte geschiedt.

Verzoek

2. Degene die een daartoe strekkend verzoek bij de inspecteur indient, wordt in elk geval uitgenodigd tot het doen van aangifte.

Verplicht verzoek

3. Bij ministeriële regeling kan degene, die in de daarbij omschreven omstandigheden verkeert, worden verplicht om binnen een te stellen termijn om uitnodiging tot het doen van aangifte te verzoeken.

(Zie ook: art. 2 Uitv.reg. AWR)

Art. 7

Opgave en verstrekking gegevens

1. In de uitnodiging tot het doen van aangifte wordt opgave verlangd van gegevens en kan overlegging of toezending worden gevraagd van bescheiden en andere gegevensdragers of de inhoud daarvan, waarvan de kennisneming voor de heffing van de belasting van belang kan zijn.

Bescheiden en gegevensdragers

2. Onder bescheiden en andere gegevensdragers worden voor de toepassing van het eerste lid niet begrepen bescheiden en andere gegevensdragers welke plegen te worden opgemaakt om te dienen als bewijs tegenover derden.

Art. 7a

Schakelbepaling

Artikel 7 is van overeenkomstige toepassing op gegevens, bescheiden en andere gegevensdragers waarvan de kennisneming van belang kan zijn voor de vaststelling van de beschikkingen, bedoeld in artikel 9.4a, eerste lid, onderdelen a en b, van de Wet inkomstenbelasting 2001.

Art. 8

Doen van aangifte

1. Ieder die is uitgenodigd tot het doen van aangifte, is gehouden aangifte te doen door:
a. de in de uitnodiging gevraagde gegevens duidelijk, stellig en zonder voorbehoud op bij ministeriële regeling te bepalen wijze in te vullen, te ondertekenen en in te leveren of toe te zenden, alsmede
b. de in de uitnodiging gevraagde bescheiden of andere gegevensdragers, dan wel de inhoud daarvan, op bij ministeriële regeling te bepalen wijze in te leveren of toe te zenden.
2. Het doen van aangifte is geen aanvraag in de zin van artikel 1:3, derde lid, van de Algemene wet bestuursrecht.

Algemene wet inzake rijksbelastingen   **A56 art. 11**

3. Bij ontvangst van de aangifte wordt desverlangd een ontvangstbevestiging afgegeven.   *Ontvangstbevestiging*
4. Bij ministeriële regeling kan worden bepaald in welke gevallen en onder welke voorwaarden de inspecteur ontheffing kan verlenen van de verplichting de in de uitnodiging tot het doen van aangifte gevraagde gegevens en bescheiden en andere gegevensdragers of de inhoud daarvan in te leveren of toe te zenden.   *Ontheffing*
(Zie ook: art. 20 Uitv.reg. AWR)

Art. 9
1. Met betrekking tot belastingen welke ingevolge de belastingwet bij wege van aanslag worden geheven, wordt de aangifte gedaan bij de inspecteur binnen een door deze gestelde termijn van ten minste een maand na het uitnodigen tot het doen van aangifte.   *Bij aanslagbelasting aangiftetermijn*
2. De inspecteur kan de door hem gestelde termijn verlengen. Hij kan aan de verlenging voorwaarden verbinden, onder meer dat vóór een door hem te bepalen datum op bij ministeriële regeling te bepalen wijze gegevens voor het opleggen van een voorlopige aanslag worden verstrekt.   *Verlenging termijn*
3. De inspecteur kan niet eerder dan na verloop van de in het eerste, onderscheidenlijk het tweede lid bedoelde termijn de belastingplichtige aanmanen binnen een door hem te stellen termijn aangifte te doen.   *Aanmaning tot doen van aangifte*
4. Indien voordat de aanslag is vastgesteld gegevens worden verstrekt zonder een aan die verstrekking van gegevens voorafgaande uitnodiging tot het doen van aangifte en die gegevens ook en op dezelfde wijze zouden moeten worden verstrekt in geval van een aan die verstrekking van gegevens voorafgaande uitnodiging tot het doen van aangifte, wordt die verstrekking van gegevens aangemerkt als het op uitnodiging doen van aangifte als bedoeld in artikel 8, eerste lid.   *Onverplichte verstrekking van gegevens aangemerkt als op uitnodiging doen van aangifte*

Art. 10
1. Met betrekking tot belastingen welke ingevolge de belastingwet op aangifte moeten worden voldaan of afgedragen, wordt de aangifte gedaan bij de inspecteur of de ontvanger die is vermeld in de uitnodiging tot het doen van aangifte.   *Aangiftebelastingen; aangiftetermijn bij tijdstipbelastingen*
2. Heeft de aangifte betrekking op een tijdvak, dan wordt zij gedaan binnen een door de inspecteur gestelde termijn van ten minste een maand na het einde van het tijdvak. Heeft de aangifte niet betrekking op een tijdvak, dan wordt zij gedaan binnen een door de inspecteur gestelde termijn van ten minste een maand.   *Aangiftebelastingen; aangiftetermijn bij tijdvakbelastingen*
3. De inspecteur kan onder door hem te stellen voorwaarden uitstel van het doen van aangifte verlenen.   *Uitstel aangifte*

Art. 10a
1. In bij algemene maatregel van bestuur aan te wijzen gevallen kunnen belastingplichtigen of inhoudingsplichtigen worden gehouden de inspecteur eigener beweging mededeling te doen van onjuistheden of onvolledigheden in voor de belastingheffing van belang zijnde gegevens en inlichtingen die hun bekend zijn of zijn geworden.   *Meldingsplicht*
2. Bij algemene maatregel van bestuur kunnen regels worden gesteld met betrekking tot het uiterste tijdstip en de wijze waarop mededeling als bedoeld in het eerste lid gedaan moet worden.
3. Bij algemene maatregel van bestuur kan het niet nakomen van de in het eerste en tweede lid bedoelde verplichting worden aangemerkt als een overtreding. Indien het niet nakomen van die verplichting is te wijten aan opzet of grove schuld van de belastingplichtige of inhoudingsplichtige, vormt dit een vergrijp ter zake waarvan de inspecteur hem een bestuurlijke boete kan opleggen van ten hoogste 100 percent van het bedrag aan belasting dat als gevolg van het niet nakomen van de in het eerste en tweede lid bedoelde verplichting niet is of zou zijn geheven.
(Zie ook: art. 12bis Uitv.besl. IB2001; artt. 8, 9 Uitv.besl. LB 1965; art. 10c Uitv.besl. Succ 1956; art. 15 Uitv.besl. OB 1968; § 28a t/m 28eBBBB)

Hoofdstuk III
Heffing van belasting bij wege van aanslag

Art. 11
1. De aanslag wordt vastgesteld door de inspecteur.   *Vaststelling aanslag*
2. De inspecteur kan bij het vaststellen van de aanslag van de aangifte afwijken, zomede de aanslag ambtshalve vaststellen.
3. De bevoegdheid tot het vaststellen van de aanslag vervalt door verloop van drie jaren na het tijdstip waarop de belastingschuld is ontstaan. Indien voor het doen van aangifte uitstel is verleend, wordt deze termijn met de duur van dit uitstel verlengd. Indien binnen zes maanden voor het einde van de termijn, bedoeld in de eerste zin, een verzoek als bedoeld in artikel 6, tweede of derde lid, wordt gedaan of gegevens als bedoeld in artikel 9, vierde lid, worden verstrekt, wordt die termijn met zes maanden verlengd.   *Vaststelling aanslag mogelijk tot drie jaar na ontstaan belastingschuld*

Sdu   967

A56 art. 12 — Algemene wet inzake rijksbelastingen

Latere vaststelling schuld
4. Voor de toepassing van het derde lid wordt belastingschuld, waarvan de grootte eerst kan worden vastgesteld na afloop van het tijdvak waarover de belasting wordt geheven, geacht te zijn ontstaan op het tijdstip waarop dat tijdvak eindigt.

Art. 12

Niet oplegging van aanslag
De inspecteur neemt het besluit om aan hem die aangifte heeft gedaan, geen aanslag op te leggen, bij voor bezwaar vatbare beschikking.

Art. 13

Voorlopige aanslag
1. Ingeval de grootte van de belastingschuld eerst kan worden vastgesteld na afloop van het tijdvak waarover de belasting wordt geheven, kan de inspecteur volgens bij ministeriële regeling te stellen regels aan de belastingplichtige een voorlopige aanslag opleggen tot ten hoogste het bedrag waarop de aanslag, met toepassing van de in artikel 15 voorgeschreven verrekening van de voorlopige aanslagen en de in de belastingwet aangewezen voorheffingen, vermoedelijk zal worden vastgesteld. Een voorlopige aanslag tot een positief bedrag wordt niet vastgesteld voor de aanvang van het tijdvak waarover de belasting wordt geheven.
(Zie ook: art. 23 Uitv.reg. AWR)

Voorlopige teruggaaf
2. Een voorlopige aanslag tot een negatief bedrag die voor of in de loop van het tijdvak wordt vastgesteld, wordt aangeduid als voorlopige teruggaaf.
(Zie ook: art. 24 Uitv.reg. AWR)

Aanvullende voorlopige aanslagen
3. Een voorlopige aanslag kan, met inachtneming van de vorige leden, door een of meer voorlopige aanslagen worden aangevuld.
4. De belastingplichtige kan de inspecteur verzoeken om een voorlopige aanslag vast te stellen. Het verzoek om een voorlopige aanslag vast te stellen is geen aanvraag in de zin van artikel 1:3, derde lid, van de Algemene wet bestuursrecht.

Afzien opleggen voorlopige aanslag
5. De inspecteur kan afzien van het opleggen van een voorlopige aanslag of een aanslag opleggen tot een ander bedrag dan volgt uit het eerste lid, indien:
a. gerede twijfel bestaat over de juistheid van het adresgegeven van de belastingplichtige of indien dit gegeven ontbreekt;
b. de belastingplichtige een vergrijp heeft begaan waarvoor hem een bestuurlijke boete is opgelegd op grond van de artikelen 67cc, 67d of 67e of op grond van artikel 40 van de Algemene wet inkomensafhankelijke regelingen of waarvoor hem een strafrechtelijke sanctie wegens een daaraan soortgelijk misdrijf is opgelegd, mits de bestuurlijke boete of strafrechtelijke sanctie binnen een periode van vijf jaren voorafgaand aan het jaar waarop de voorlopige aanslag betrekking heeft onherroepelijk is geworden;
c. de belastingplichtige niet of niet binnen de gestelde termijn aangifte voor de inkomstenbelasting heeft gedaan.

Art. 14

Voorlopige aanslagen in andere gevallen
1. In de gevallen waarin artikel 13 niet van toepassing is, kan de inspecteur na het tijdstip waarop de belastingschuld is ontstaan, volgens door Onze Minister te stellen regelen een voorlopige aanslag opleggen tot ten hoogste het bedrag waarop de aanslag vermoedelijk zal worden vastgesteld.
(Zie ook: art. 23 t/m 24a Uitv.reg AWR 1994)

Aanvullende voorlopige aanslagen
2. Een voorlopige aanslag kan met inachtneming van het in het eerste lid bepaalde, door één of meer voorlopige aanslagen worden aangevuld.

Art. 15

Verrekeningen met de aanslag
De voorlopige aanslagen en de in de belastingwet aangewezen voorheffingen worden verrekend met de aanslag, dan wel - voor zoveel nodig - bij een door de inspecteur te nemen voor bezwaar vatbare beschikking.

Art. 16

Navordering en nieuw feit
1. Indien enig feit grond oplevert voor het vermoeden dat een aanslag ten onrechte achterwege is gelaten of tot een te laag bedrag is vastgesteld, dan wel dat een in de belastingwet voorziene vermindering, ontheffing, teruggaaf of heffingskorting ten onrechte of tot een te hoog bedrag is verleend, kan de inspecteur de te weinig geheven belasting dan wel de ten onrechte of tot een te hoog bedrag verleende heffingskorting navorderen. Een feit, dat de inspecteur bekend was of redelijkerwijs bekend had kunnen zijn, kan geen grond voor navordering opleveren, behoudens in de gevallen waarin de belastingplichtige ter zake van dit feit te kwader trouw is.

Navordering zonder nieuw feit
2. Navordering kan mede plaatsvinden in alle gevallen waarin te weinig belasting is geheven, doordat:
a. een voorlopige aanslag, een voorheffing, een voorlopige teruggaaf of een voorlopige verliesverrekening ten onrechte of tot een onjuist bedrag is verrekend;
b. zich een geval voordoet als bedoeld in artikel 2.17, derde of vierde lid, van de Wet inkomstenbelasting 2001;
c. ten gevolge van een fout een aanslag ten onrechte achterwege is gelaten of ten gevolge van een fout een belastingaanslag tot een te laag bedrag is vastgesteld, hetgeen de belastingplichtige redelijkerwijs kenbaar is, waarvan in elk geval sprake is indien de te weinig geheven belasting ten minste 30 percent van de ingevolge de belastingwet verschuldigde belasting bedraagt.

3. De bevoegdheid tot het vaststellen van een navorderingsaanslag vervalt door verloop van vijf jaren na het tijdstip waarop de belastingschuld is ontstaan. Artikel 11, vierde lid, is te dezen van toepassing. Indien voor het doen van aangifte uitstel is verleend, wordt de navorderingstermijn met de duur van dit uitstel verlengd. De eerste volzin is niet van toepassing voor zover navordering plaatsvindt met toepassing van artikel 2.17, vierde lid, van de Wet inkomstenbelasting 2001. Voor zover navordering zonder toepassing van het tweede lid, onderdeel c, niet zou kunnen plaatsvinden, vervalt de bevoegdheid tot het vaststellen van een navorderingsaanslag, in afwijking in zoverre van de eerste volzin, door verloop van twee jaren na het tijdstip waarop het besluit is genomen om geen aanslag op te leggen, dan wel de belastingaanslag is vastgesteld. Navorderingstermijn

4. Indien te weinig belasting is geheven over een bestanddeel van het voorwerp van enige belasting dat in het buitenland wordt gehouden of is opgekomen, vervalt, in afwijking in zoverre van het derde lid, eerste volzin, de bevoegdheid tot navorderen door verloop van twaalf jaren na het tijdstip waarop de belastingschuld is ontstaan. Termijn buitenlands voorwerp

5. Indien binnen zes maanden voor het einde van de termijn, bedoeld in het derde lid, eerste zin, of van de termijn, bedoeld in het vierde lid, een verzoek als bedoeld in artikel 6, tweede lid van derde lid, wordt gedaan of de gegevens als bedoeld in artikel 9, vierde lid, worden verstrekt, wordt die termijn met zes maanden verlengd. Verlenging termijn vaststellen navorderingsaanslag

6. Indien een bedrag als verlies van een jaar door middel van verrekening in aanmerking is genomen in een voorafgaand jaar, en in verband daarmede een in de belastingwet voorziene vermindering of teruggaaf ten onrechte of tot een te hoog bedrag is verleend, blijft de bevoegdheid tot navorderen bestaan zolang navordering mogelijk is over het jaar waaruit het als verlies verrekende bedrag afkomstig is. Termijn bij verliesverrekening

7. Indien een heffingskorting ten onrechte of tot een te hoog bedrag is verleend aan de belastingplichtige doordat het maximale bedrag, bedoeld in de artikelen 8.9, eerste lid, of 8.9a, derde lid, van de Wet inkomstenbelasting 2001, is overschreden, blijft, na afloop van de navorderingstermijn bedoeld in het derde lid, de bevoegdheid tot navorderen bestaan tot acht weken na het tijdstip waarop een belastingaanslag van zijn partner welke relevant is voor die heffingskorting, of een beschikking dan wel uitspraak strekkende tot vermindering van een zodanige belastingaanslag van zijn partner onherroepelijk is geworden. Navordering t.z.v. heffingskorting

8. Voor de toepassing van het eerste lid worden gegevens en inlichtingen als bedoeld in artikel 8 bis ter, veertiende lid, van Richtlijn 2011/16/EU van de Raad van 15 februari 2011 betreffende de administratieve samenwerking op het gebied van de belastingen en tot intrekking van Richtlijn 77/799/EEG (PbEU 2011, L 64) die de inspecteur niet anders dan ingevolge die richtlijn bekend zijn geworden, geacht een feit te zijn dat de inspecteur niet bekend was en ook niet redelijkerwijs bekend had kunnen zijn. Navordering, meldingsplichtige grensoverschrijdende constructie

Art. 17-18
[Vervallen]

Art. 18a
1. Indien een op de voet van hoofdstuk IV van de Wet waardering onroerende zaken gegeven beschikking tot vaststelling van de waarde, welke ingevolge een wettelijk voorschrift ten grondslag heeft gelegen aan de heffing van belasting, is herzien met als gevolg dat: Herziening beschikking WOZ
a. een aanslag of navorderingsaanslag ten onrechte achterwege is gelaten of tot een te laag bedrag is vastgesteld, dan wel dat een in de belastingwet voorziene vermindering, ontheffing of teruggaaf ten onrechte of tot een te hoog bedrag is verleend, dan kan de inspecteur de te weinig geheven belasting navorderen;
b. een aanslag of navorderingsaanslag ten onrechte of tot een te hoog bedrag is vastgesteld, dan wel dat een in de belastingwet voorziene vermindering, ontheffing of teruggaaf ten onrechte niet of tot een te laag bedrag is verleend, dan vernietigt de inspecteur de ten onrechte vastgestelde aanslag of navorderingsaanslag dan wel vermindert hij de aanslag of navorderingsaanslag, onderscheidenlijk verleent hij alsnog de in de belastingwet voorziene vermindering, ontheffing of teruggaaf.

2. Het vaststellen van de navorderingsaanslag, onderscheidenlijk het nemen van de beschikking tot vernietiging, vermindering, ontheffing of teruggaaf op de voet van het eerste lid geschiedt binnen acht weken na het tijdstip waarop de beschikking of uitspraak strekkende tot de herziene vaststelling van de waarde onherroepelijk is geworden. Eerstbedoelde beschikking is voor bezwaar vatbaar. Termijn

3. Ingeval de herziening gevolgen heeft voor de toepassing van artikel 3.30a van de Wet inkomstenbelasting 2001 met betrekking tot een jaar, wordt in afwijking in zoverre van het tweede lid de termijn waarbinnen navordering mogelijk is bepaald op de voet van artikel 16 en vangt de in dat lid bedoelde termijn van acht weken niet eerder aan dan op het tijdstip waarop de belastingplichtige een verzoek heeft ingediend tot aanpassing van de aanslag of beschikking met betrekking tot dat jaar. Een verzoek tot aanpassing wordt gedaan binnen een jaar na het tijdstip waarop de beschikking of uitspraak strekkende tot de herziene vaststelling van de waarde, onherroepelijk is geworden.

Algemene wet inzake rijksbelastingen

4. Indien aan de heffing van belasting een aan een onroerende zaak toegekende waarde ten grondslag ligt en met betrekking tot die onroerende zaak voor een voor die heffing van belang zijnd kalenderjaar een waarde wordt vastgesteld op de voet van hoofdstuk IV van de Wet waardering onroerende zaken, zijn het eerste, tweede en derde lid van overeenkomstige toepassing.

Hoofdstuk IV
Heffing van belasting bij wege van voldoening of afdracht op aangifte

Art. 19

Betalingstermijn
1. In de gevallen waarin de belastingwet voldoening van in een tijdvak verschuldigd geworden of afdracht van in een tijdvak ingehouden belasting op aangifte voorschrijft, is de belastingplichtige, onderscheidenlijk de inhoudingsplichtige, gehouden de belasting binnen één maand na het einde van dat tijdvak overeenkomstig de aangifte aan de ontvanger te betalen.

Voorlopige betaling(en)
2. Bij ministeriële regeling worden regels gesteld:
a. met betrekking tot het tijdvak waarover de belasting moet worden betaald, waarbij tevens regels kunnen worden gesteld volgens welke in de loop van dat tijdvak één of meer voorlopige betalingen moeten worden gedaan;

Uitstel betaling
b. krachtens welke door de inspecteur aan de belastingplichtige, onderscheidenlijk de inhoudingsplichtige, uitstel wordt verleend voor de voldoening van in een tijdvak verschuldigd geworden belasting of de afdracht van in een tijdvak ingehouden belasting, indien met betrekking tot dat tijdvak dan wel een tijdvak dat is geëindigd vóór, tegelijk met of minder dan 34 dagen na dat tijdvak een verzoek om teruggaaf van belasting is ingediend.
(Zie ook: art. 30 Uitv.reg. AWR)

Afwijkende termijnen
3. In de niet in het eerste lid bedoelde gevallen waarin de belastingwet voldoening of afdracht van belasting op aangifte voorschrijft, is de belastingplichtige, onderscheidenlijk de inhoudingsplichtige, gehouden de belasting overeenkomstig de aangifte aan de ontvanger te betalen binnen één maand na het tijdstip waarop de belastingschuld is ontstaan.

Uitstel aangifte
4. Indien voor het doen van aangifte uitstel is verleend, wordt de in het eerste en in het derde lid genoemde termijn van één maand met de duur van dit uitstel verlengd.
5. De Algemene termijnenwet is niet van toepassing op de in het eerste en in het derde lid gestelde termijn van één maand.
(Zie ook: art. 25 t/m 30 Uitv.reg. AWR)

Art. 20

Naheffing
1. Indien belasting die op aangifte behoort te worden voldaan of afgedragen, geheel of gedeeltelijk niet is betaald, kan de inspecteur de te weinig geheven belasting naheffen. Met geheel of gedeeltelijk niet betaald zijn wordt gelijkgesteld het geval waarin, naar aanleiding van een gedaan verzoek, ten onrechte of tot een te hoog bedrag, vrijstelling of vermindering van inhouding van belasting dan wel teruggaaf van belasting is verleend.

Oplegging naheffingsaanslag
2. De naheffing geschiedt bij wege van naheffingsaanslag, die wordt opgelegd aan degene, die de belasting had behoren te betalen, dan wel aan degene aan wie ten onrechte, of tot een te hoog bedrag, vrijstelling of vermindering van inhouding dan wel teruggaaf is verleend. In gevallen waarin ten gevolge van het niet naleven van bepalingen van de belastingwet door een ander dan de belastingplichtige, onderscheidenlijk de inhoudingsplichtige, te weinig belasting is geheven, wordt de naheffingsaanslag aan die ander opgelegd.

Duur naheffingsbevoegdheid
3. De bevoegdheid tot naheffing vervalt door verloop van vijf jaren na het einde van het kalenderjaar waarin de belastingschuld is ontstaan of de teruggaaf is verleend.

Economische eigendom onroerende zaken
4. Indien de belastingschuld is ontstaan door de verkrijging van de economische eigendom van onroerende zaken of van rechten waaraan deze zijn onderworpen, bedoeld in artikel 2, tweede lid, van de Wet op belastingen van rechtsverkeer, vervalt de bevoegdheid tot naheffing, in afwijking van het derde lid, door verloop van twaalf jaren na het einde van het kalenderjaar waarin de belastingschuld is ontstaan.

Hoofdstuk IVbis
Terugvordering van staatssteun

Art. 20a

Terugvordering staatssteun
1. Indien een Commissiebesluit als bedoeld in artikel 1 van de Wet terugvordering staatssteun verplicht tot terugvordering van staatssteun die de staatssteun voortvloeit uit de toepassing van een belastingwet, vordert de inspecteur de staatssteun als belasting terug met toepassing van de voor de uitvoering van die belastingwet geldende regels.
2. Bij terugvordering op grond van het eerste lid zijn de ingevolge andere bepalingen van de belastingwet ter zake geldende verjaringstermijnen en voorwaarden niet van toepassing.
3. Artikel 4 van de Wet terugvordering staatssteun is van overeenkomstige toepassing.

Algemene wet inzake rijksbelastingen

Art. 20b

In afwijking van hoofdstuk VA wordt de rente ter zake van op grond van een terugvorderingsbesluit als bedoeld in artikel 20a, eerste lid, terug te vorderen staatssteun berekend overeenkomstig het bepaalde bij of krachtens de artikelen 16, tweede lid, en 33, onderdeel e, van Verordening (EU) 2015/1589 van de Raad van 13 juli 2015 tot vaststelling van nadere bepalingen voor de toepassing van artikel 108 van het Verdrag betreffende de werking van de Europese Unie (PbEU 2015, L 248).

Rente terug te vorderen staatssteun

Hoofdstuk IVA
Basisregistratie inkomen

Art. 21

In dit hoofdstuk en de daarop berustende bepalingen wordt verstaan onder:
a. basisregistratie: verzameling gegevens waarvan bij wet is bepaald dat deze authentieke gegevens bevat;
b. authentiek gegeven: in een basisregistratie opgenomen gegeven dat bij wettelijk voorschrift als authentiek is aangemerkt;
c. verzamelinkomen: verzamelinkomen als bedoeld in artikel 2.18 van de Wet inkomstenbelasting 2001;
d. belastbaar loon: belastbaar loon als bedoeld in artikel 9 van de Wet op de loonbelasting 1964, met uitzondering van loon dat als een eindheffingsbestanddeel in de zin van die wet is belast;
e. inkomensgegeven:
1°. indien over een kalenderjaar een aanslag of navorderingsaanslag inkomstenbelasting is of wordt vastgesteld: het na afloop van dat kalenderjaar van betrokkene over dat kalenderjaar laatst bepaalde verzamelinkomen;
2°. indien over een kalenderjaar geen aanslag of navorderingsaanslag inkomstenbelasting is of wordt vastgesteld: het na afloop van dat kalenderjaar van betrokkene over dat kalenderjaar laatst bepaalde belastbare loon;
f. afnemer: bestuursorgaan dat op grond van een wettelijk voorschrift bevoegd is tot gebruik van een inkomensgegeven;
g. betrokkene: degene op wie het inkomensgegeven betrekking heeft;
h. terugmelding: melding als bedoeld in artikel 21h, eerste lid.

Begripsbepalingen

Art. 21a

1. Er is een basisregistratie inkomen waarin inkomensgegevens met bijbehorende temporele en meta-kenmerken zijn opgenomen. Het inkomensgegeven, bedoeld in de vorige volzin, is een authentiek gegeven.
2. In de basisregistratie inkomen zijn ook bij algemene maatregel van bestuur aan te wijzen authentieke gegevens uit andere basisregistraties opgenomen.
(Zie ook: art. 5a Uitv.besl. AWR)

Basisregistratie inkomen

Art. 21b

1. De basisregistratie inkomen heeft tot doel de afnemers te voorzien van inkomensgegevens.
2. De inspecteur is belast met de uitvoering van de basisregistratie inkomen.
3. De inspecteur draagt zorg voor de juistheid, volledigheid en actualiteit van de inkomensgegevens.
4. De inspecteur draagt er zorg voor dat de weergave van een meegeleverd authentiek gegeven uit een andere basisregistratie overeenstemt met dat gegeven, als opgenomen in die andere basisregistratie.

Doel

Art. 21c

1. Bij de bepaling van het inkomensgegeven, bedoeld in artikel 21, onderdeel e, onder 1°, zijn de regels die gelden bij de heffing van de inkomstenbelasting van overeenkomstige toepassing.
2. Bij de bepaling van het inkomensgegeven, bedoeld in artikel 21, onderdeel e, onder 2°, zijn de regels die gelden bij de heffing van de loonbelasting van overeenkomstige toepassing.
3. Bij de bepaling van het inkomensgegeven blijft artikel 65 buiten toepassing.
4. Indien in het kader van de heffing van de inkomstenbelasting of de loonbelasting aan betrokkene een aanslagbiljet, een afschrift van de uitspraak op bezwaar of een afschrift van de beschikking ambtshalve vermindering wordt verstrekt, wordt het bijbehorende inkomensgegeven afzonderlijk vermeld.

Toepasselijke regels

Art. 21d

1. De inspecteur plaatst de aantekening «in onderzoek» bij een inkomensgegeven indien ten aanzien van dat inkomensgegeven:
a. een terugmelding is gedaan;
b. een bezwaar- of beroepschrift is ingediend;
c. een verzoek om ambtshalve vermindering is ingediend, of
d. overigens gerede twijfel is ontstaan omtrent de juistheid van dat gegeven.

"In onderzoek"

A56 art. 21e — Algemene wet inzake rijksbelastingen

Voor de onderdelen a en d geldt een bij ministeriële regeling te bepalen termijn waarbinnen de inspecteur bepaalt of de aantekening «in onderzoek» al dan niet wordt geplaatst.

2. De inspecteur verwijdert de aantekening «in onderzoek»:
a. na de afhandeling van het onderzoek naar aanleiding van de terugmelding;
b. nadat de beslissing op bezwaar of de rechterlijke uitspraak onherroepelijk is geworden;
c. na de afhandeling van het verzoek om ambtshalve vermindering, of
d. na de afhandeling van het onderzoek naar aanleiding van de situatie, bedoeld in het eerste lid, onderdeel d.

(Zie ook: art. 30a Uitv.reg. AWR)

Art. 21e

Gegevensverstrekking

1. De inspecteur verstrekt aan een afnemer op zijn verzoek een inkomensgegeven met bijbehorende temporele en meta-kenmerken.
2. Een inkomensgegeven waarbij de aantekening «in onderzoek» is geplaatst, wordt uitsluitend verstrekt onder mededeling van die aantekening.
3. Met een inkomensgegeven kunnen authentieke gegevens uit andere basisregistraties worden meegeleverd.
4. De inspecteur deelt, na verwijdering van de aantekening «in onderzoek», op verzoek aan een afnemer die het desbetreffende inkomensgegeven voorafgaand aan de verwijdering van de aantekening verstrekt heeft gekregen mee dat de aantekening is verwijderd en of het gegeven is gewijzigd.

Art. 21f

Gebruik inkomensgegevens

1. Een afnemer gebruikt een inkomensgegeven uitsluitend bij de uitoefening van een op grond van een wettelijk voorschrift verleende bevoegdheid tot gebruik van dit gegeven.
2. Een afnemer is niet bevoegd een inkomensgegeven verder bekend te maken dan noodzakelijk voor de uitoefening van de hem verleende bevoegdheid.
3. Voor zover een inkomensgegeven ten grondslag ligt aan een besluit van een afnemer wordt het bekendgemaakt en verenigd in één geschrift met dat besluit.

Art. 21g

Gebruik opgenomen gegevens

1. Voor zover een afnemer een op grond van een wettelijk voorschrift verleende bevoegdheid tot gebruik van het inkomensgegeven uitoefent, gebruikt hij het inkomensgegeven zoals dat ten tijde van het gebruik is opgenomen in de basisregistratie inkomen.
2. Het eerste lid is niet van toepassing indien bij het inkomensgegeven de aantekening «in onderzoek» is geplaatst.

Art. 21h

Gerede twijfel aan juistheid

1. Een afnemer die gerede twijfel heeft over de juistheid van een authentiek gegeven dat hij verstrekt heeft gekregen uit de basisregistratie inkomen meldt dit aan de inspecteur, onder opgaaf van redenen.
2. Voor zover een terugmelding betrekking heeft op een authentiek gegeven dat is overgenomen uit een andere basisregistratie, zendt de inspecteur die melding onverwijld door aan de beheerder van die andere basisregistratie en doet daarvan mededeling aan de afnemer die de terugmelding heeft gedaan.
3. Bij ministeriële regeling kunnen regels worden gesteld omtrent:
a. de gevallen waarin een terugmelding achterwege kan blijven, omdat de terugmelding niet van belang is voor het bijhouden van de basisregistratie;
b. de wijze waarop een terugmelding moet worden gedaan;
c. de termijn waarbinnen de afhandeling van het onderzoek naar aanleiding van een terugmelding over een inkomensgegeven moet plaatsvinden.

Art. 21i

Geen verplichting tot gegevensverstrekking door burger

Voor zover artikel 21g, eerste lid, van toepassing is, hoeft een betrokkene aan wie door een afnemer een inkomensgegeven wordt gevraagd dat gegeven niet te verstrekken.

Art. 21j

Rechtsmiddel

1. Met een voor bezwaar vatbare beschikking van de inspecteur wordt gelijkgesteld het inkomensgegeven, bedoeld in artikel 21, onderdeel e, onder 2°, zoals dat met het oorspronkelijke besluit van de afnemer is bekendgemaakt op grond van artikel 21f, derde lid.
2. Een bezwaarschrift tegen of verzoekschrift om wijziging van het besluit van de afnemer wordt, voor zover het gericht is tegen het inkomensgegeven, mede aangemerkt als een bezwaarschrift tegen of verzoekschrift om ambtshalve vermindering van het inkomensgegeven.
3. Een bezwaarschrift tegen of verzoekschrift om ambtshalve vermindering van het inkomensgegeven wordt, indien gericht tegen het besluit van de afnemer, mede aangemerkt als een bezwaarschrift tegen of verzoekschrift om wijziging van het besluit van die afnemer.

Art. 21ja

Herziening

Voor de toepassing van de artikelen 21d en 21j wordt onder ambtshalve vermindering mede verstaan een herziening als bedoeld in artikel 9.5, eerste lid, van de Wet inkomstenbelasting 2001.

Algemene wet inzake rijksbelastingen

Art. 21k
1. In bij ministeriële regeling aan te wijzen gevallen wordt een onjuist inkomensgegeven door de inspecteur ambtshalve verminderd. — *Ambtshalve vermindering*
2. Indien betrokkene een verzoek om ambtshalve vermindering heeft gedaan en dat verzoek geheel of gedeeltelijk wordt afgewezen, beslist de inspecteur dat bij een voor bezwaar vatbare beschikking.
3. Het met de belastingaanslag inkomstenbelasting samenhangende inkomensgegeven, bedoeld in artikel 21, onderdeel e, onder 1°, wordt voor de toepassing van dit artikel geacht onderdeel uit te maken van die belastingaanslag.
(Zie ook: art. 30b Uitv.reg. AWR)

Art. 22-22i
[Vervallen]

Hoofdstuk V
Bezwaar en beroep

Afdeling 1
Bezwaar

Art. 22j
In afwijking van artikel 6:8 van de Algemene wet bestuursrecht vangt de termijn voor het instellen van bezwaar aan: — *Aanvang bezwaartermijn*
a. met ingang van de dag na die van dagtekening van een aanslagbiljet of van het afschrift van een voor bezwaar vatbare beschikking, tenzij de dag van dagtekening gelegen is vóór de dag van de bekendmaking, dan wel
b. met ingang van de dag na die van de voldoening of de inhouding onderscheidenlijk de afdracht.

Art. 23-24
[Vervallen]

Art. 24a
1. Hij die bezwaar heeft tegen meer dan één belastingaanslag of voor bezwaar vatbare beschikking kan daartegen bezwaar maken bij één bezwaarschrift. — *Bezwaar tegen meerdere aanslagen*
2. Indien de bedragen van een belastingaanslag en van een voor bezwaar vatbare beschikking waarbij een bestuurlijke boete wordt opgelegd op één aanslagbiljet zijn vermeld, wordt een bezwaarschrift tegen de belastingaanslag geacht mede te zijn gericht tegen de boete, tenzij uit het bezwaarschrift het tegendeel blijkt.
3. Indien artikel 30j, tweede lid, eerste volzin, van toepassing is, wordt de belastingrente voor de toepassing van de wettelijke voorschriften over bezwaar en beroep geacht onderdeel uit te maken van de belastingaanslag. — *Belastingrente*
4. Het derde lid is van overeenkomstige toepassing met betrekking tot de revisierente, bedoeld in artikel 30i, het verzamelinkomen, bedoeld in artikel 2.18 van de Wet inkomstenbelasting 2001, en de betalingskorting, bedoeld in artikel 27a van de Invorderingswet 1990.
5. Indien een voor bezwaar vatbare beschikking waarbij een bestuurlijke boete als bedoeld in artikel 67r, tweede lid, in één geschrift zijn vervat, wordt een bezwaarschrift tegen de boete geacht mede te zijn gericht tegen de openbaarmaking ervan, tenzij uit het bezwaarschrift het tegendeel blijkt. — *Bezwaarschrift tegen bestuurlijke boete ook geacht gericht te zijn tegen openbaarmaking*

Art. 25
1. In afwijking van artikel 7:2 van de Algemene wet bestuursrecht wordt de belanghebbende gehoord op zijn verzoek. — *Horen op verzoek*
2. Indien omstandigheden daartoe nopen, kan het horen geschieden in afwijking van artikel 7:5 van de Algemene wet bestuursrecht.
3. Indien het bezwaar is gericht tegen een aanslag, een navorderingsaanslag, een naheffingsaanslag of een beschikking, met betrekking tot welke de vereiste aangifte niet is gedaan of sprake is van een onherroepelijk geworden informatiebeschikking als bedoeld in artikel 52a, eerste lid, wordt bij de uitspraak op het bezwaarschrift de belastingaanslag of beschikking gehandhaafd, tenzij is gebleken dat en in hoeverre die belastingaanslag of beschikking onjuist is. De eerste volzin vindt geen toepassing voor zover het bezwaar is gericht tegen een vergrijpboete. — *Omkering bewijslast*
4. Indien bezwaar is gemaakt tegen meer dan één belastingaanslag of voor bezwaar vatbare beschikking, kan de inspecteur de uitspraken vervatten in één geschrift.

Art. 25a
[Vervallen]

Art. 25b
1. Een uit een uitspraak van de inspecteur voortvloeiende teruggaaf van ingehouden of op aangifte afgedragen belasting wordt verleend aan degene die het bezwaarschrift heeft ingediend. — *Teruggaaf van ingehouden/afgedragen belasting*

2. Indien zowel de inhoudingsplichtige als degene van wie is ingehouden ter zake van dezelfde feiten een bezwaarschrift heeft ingediend, wordt, indien uit een uitspraak terzake een teruggaaf voortvloeit, die teruggaaf uitsluitend verleend aan degene van wie is ingehouden.

Afdeling 1a
Massaal bezwaar

Art. 25c

Massaal bezwaar

1. In afwijking in zoverre van het overigens bij of krachtens deze wet en de Algemene wet bestuursrecht bepaalde, zijn de bepalingen van deze afdeling van toepassing op bezwaren waarvoor een aanwijzing massaal bezwaar als bedoeld in het tweede lid is gegeven.

Aanwijzing massaal bezwaar

2. Indien naar het oordeel van Onze Minister voor de beslissing op een groot aantal bezwaarschriften de beantwoording van eenzelfde rechtsvraag van belang is, kan hij een aanwijzing massaal bezwaar geven. De aanwijzing massaal bezwaar bevat de te beantwoorden rechtsvraag, al dan niet met accessoire kwesties. Onze Minister zendt een afschrift van de aanwijzing massaal bezwaar aan de Tweede Kamer der Staten-Generaal.

3. De aanwijzing massaal bezwaar geldt voor bezwaren voor zover deze de rechtsvraag, bedoeld in het tweede lid, betreffen, mits het bezwaarschrift is ingediend tot en met de dag voorafgaande aan de dag waarop de collectieve uitspraak, bedoeld in artikel 25d, wordt gedaan, de indiening tijdig is en nog geen uitspraak op het bezwaarschrift is gedaan.

Opschorting beslistermijn

4. De termijn om te beslissen op bezwaren waarvoor de aanwijzing massaal bezwaar geldt, wordt opgeschort tot en met de dag voorafgaande aan de dag waarop de collectieve uitspraak, bedoeld in artikel 25d, wordt gedaan. Afdeling 7.2 van de Algemene wet bestuursrecht is niet van toepassing op bezwaren waarvoor de aanwijzing massaal bezwaar geldt.

Art. 25d

Selectie door inspecteur

1. Met het oog op beantwoording van de rechtsvraag, bedoeld in artikel 25c, door de bestuursrechter in belastingzaken selecteert de inspecteur een of meer zaken.

2. De inspecteur kan met de belanghebbenden in de zaken, bedoeld in het eerste lid, een vergoeding overeenkomen voor griffierecht en proceskosten in verband met de beantwoording van de rechtsvraag door de bestuursrechter in belastingzaken, alsmede voorwaarden waaronder deze vergoeding wordt betaald. In dat geval zijn de artikelen 8:74 tot en met 8:75a en titel 8.4 van de Algemene wet bestuursrecht niet van toepassing.

Art. 25e

Eén collectieve uitspraak

1. Binnen zes weken nadat de rechtsvraag, bedoeld in artikel 25c, al dan niet met accessoire kwesties, onherroepelijk is beantwoord, beslist de inspecteur door middel van één collectieve uitspraak op bezwaren waarvoor de aanwijzing massaal bezwaar geldt.

2. In afwijking in zoverre van het eerste lid kan de inspecteur, indien de bestuursrechter in belastingzaken de rechtsvraag heeft voorgelegd aan de Hoge Raad ter beantwoording bij wijze van prejudiciële beslissing, collectief uitspraak doen binnen zes weken nadat die bestuursrechter heeft beslist.

3. De collectieve uitspraak, bedoeld in het eerste of tweede lid, wordt bekendgemaakt door gelijktijdige kennisgeving ervan in de Staatscourant en op de website van de Belastingdienst. Tegen de collectieve uitspraak kan geen beroep worden ingesteld.

4. Indien de inspecteur bij de rechterlijke uitspraak, bedoeld in het eerste of tweede lid, geheel of gedeeltelijk in het ongelijk is gesteld, vermindert hij de belastingaanslagen en beschikkingen waarop bezwaren waarvoor de aanwijzing massaal bezwaar geldt betrekking hadden binnen zes maanden na de kennisgeving van de collectieve uitspraak. Indien de bezwaren waarvoor de aanwijzing massaal bezwaar geldt betrekking hebben op ingehouden of op aangifte afgedragen belasting verleent de inspecteur binnen zes maanden na de kennisgeving van de collectieve uitspraak een teruggaaf.

Art. 25f

Individuele uitspraak

1. De inspecteur beslist bij individuele uitspraak:
a. op andere bezwaren dan bezwaren waarvoor de aanwijzing massaal bezwaar, bedoeld in artikel 25c, geldt;
b. op bezwaren die de rechtsvraag, bedoeld in artikel 25c, betreffen en niet tijdig zijn ingediend.

2. Op de individuele uitspraak, bedoeld in het eerste lid, is het bij of krachtens deze wet en de Algemene wet bestuursrecht bepaalde onverkort van toepassing.

Afdeling 2
Beroep

Art. 26

Beroep bij bestuursrechter

1. In afwijking van artikel 8:1 van de Algemene wet bestuursrecht kan tegen een ingevolge de belastingwet genomen besluit slechts beroep bij de bestuursrechter worden ingesteld, indien het betreft:

Algemene wet inzake rijksbelastingen **A56 art. 27f**

a. een belastingaanslag, daaronder begrepen de in artikel 15 voorgeschreven verrekening, of
b. een voor bezwaar vatbare beschikking.
2. De voldoening of afdracht op aangifte, dan wel de inhouding door een inhoudingsplichtige, van een bedrag als belasting wordt voor de mogelijkheid van beroep gelijkgesteld met een voor bezwaar vatbare beschikking van de inspecteur. De wettelijke voorschriften inzake bezwaar en beroep tegen zodanige beschikking zijn van overeenkomstige toepassing, voorzover de aard van de voldoening, de afdracht of de inhouding zich daartegen niet verzet.

Art. 26a
1. In afwijking van artikel 8:1 van de Algemene wet bestuursrecht kan het beroep slechts worden ingesteld door: *Belanghebbende*
a. de belanghebbende aan wie de belastingaanslag is opgelegd;
b. de belanghebbende die de belasting op aangifte heeft voldaan of afgedragen of van wie de belasting is ingehouden;
c. degene tot wie de voor bezwaar vatbare beschikking zich richt;
d. de laatste bestuurder, aandeelhouder of vereffenaar in geval van een belastingaanslag die is vastgesteld met toepassing van artikel 8, tweede lid, van de Invorderingswet 1990 aan een belastingschuldige die is opgehouden te bestaan of waarvan vermoed wordt dat deze is opgehouden te bestaan.
2. Het beroep kan mede worden ingesteld door degene van wie inkomens- of vermogensbestanddelen zijn begrepen in het voorwerp van de belasting waarop de belastingaanslag of de voor bezwaar vatbare beschikking betrekking heeft.   *Uitbreiding*
(Zie ook: art. 1:2 Awb)
3. De inspecteur stelt de in het eerste of het tweede lid bedoelde belanghebbende desgevraagd op de hoogte van de gegevens met betrekking tot de belastingaanslag of de beschikking voorzover deze gegevens voor het instellen van beroep of het maken van bezwaar redelijkerwijs van belang kunnen worden geacht.

Art. 26b
1. Hij die beroep instelt tegen meer dan één uitspraak kan dat doen bij één beroepschrift.   *Beroep tegen meerdere uitspraken*
2. Artikel 24a, tweede en vijfde lid, is van overeenkomstige toepassing.

Art. 26c
In afwijking van artikel 6:8 van de Algemene wet bestuursrecht vangt de termijn voor het instellen van beroep aan met ingang van de dag na die van dagtekening van de uitspraak van de inspecteur, tenzij de dag van dagtekening is gelegen vóór de dag van de bekendmaking.   *Aanvang beroepstermijn*

Art. 27
[Vervallen]

Art. 27a
Indien het beroep is gericht tegen het niet tijdig doen van een uitspraak door de inspecteur, kan de rechtbank bepalen dat hoofdstuk VIII, afdeling 2, gedurende een daarbij te bepalen termijn van toepassing blijft.   *Niet tijdig doen uitspraak*

Art. 27b
[Vervallen]

Art. 27c
Artikel 8:62 van de Algemene wet bestuursrecht is slechts van toepassing voorzover het beroep is gericht tegen een uitspraak waarbij een bestuurlijke boete geheel of gedeeltelijk is gehandhaafd. In andere gevallen heeft het onderzoek ter zitting plaats met gesloten deuren, maar kan de rechtbank bepalen dat het onderzoek openbaar is, voorzover de belangen van partijen daardoor niet worden geschaad.   *Onderzoek met gesloten deuren*

Art. 27d
In afwijking van artikel 8:67, eerste lid, van de Algemene wet bestuursrecht bedraagt de termijn voor verdaging van de mondelinge uitspraak ten hoogste twee weken.   *Verdagingstermijn*

Art. 27e
1. Indien de vereiste aangifte niet is gedaan of sprake is van een onherroepelijk geworden informatiebeschikking als bedoeld in artikel 52a, eerste lid, verklaart de rechtbank het beroep ongegrond, tenzij is gebleken dat en in hoeverre de uitspraak op het bezwaar onjuist is.   *Omkering bewijslast*
2. Indien de rechtbank het beroep tegen een in artikel 52a, eerste lid, bedoelde informatiebeschikking ongegrond verklaart, stelt de rechtbank een nieuwe termijn voor het voldoen aan de in die beschikking bedoelde verplichtingen, in situaties waarin daar nog gevolg aan kan worden gegeven, tenzij sprake is van kennelijk onredelijk gebruik van procesrecht.
3. Dit artikel vindt geen toepassing voor zover het beroep is gericht tegen een vergrijpboete.

Art. 27f
1. Een uit een uitspraak van de rechtbank voortvloeiende teruggaaf van ingehouden of op aangifte afgedragen belasting wordt verleend aan degene die het beroep heeft ingesteld.   *Teruggaaf van belasting*

Algemene wet inzake rijksbelastingen

2. Indien zowel de inhoudingsplichtige als degene van wie is ingehouden ter zake van dezelfde feiten beroep heeft ingesteld, wordt, indien uit een uitspraak terzake een teruggaaf voortvloeit, die teruggaaf uitsluitend verleend aan degene van wie is ingehouden.

Art. 27g

Afschriften aan anderen

1. In afwijking van artikel 8:79, tweede lid, van de Algemene wet bestuursrecht geschiedt de verstrekking overeenkomstig die bepaling van afschriften of uittreksels aan anderen dan partijen met machtiging van de rechtbank.
2. Met betrekking tot schriftelijke uitspraken blijft de machtiging, bedoeld in het eerste lid, slechts achterwege indien op een voor de uitspraak gedaan verzoek van een der partijen de rechtbank oordeelt dat ook na anonimisering de geheimhouding van persoonlijke en financiële gegevens onvoldoende wordt beschermd en bovendien het belang van de openbaarheid van de rechtspraak niet opweegt tegen dit belang.

Afdeling 2a
Prejudiciële vragen aan de Hoge Raad

Art. 27ga

Prejudiciële vraag Rb aan HR

1. De rechtbank kan in de procedure op verzoek van een partij of ambtshalve de Hoge Raad een rechtsvraag voorleggen ter beantwoording bij wijze van prejudiciële beslissing, indien een antwoord op deze vraag nodig is om op het beroep te beslissen.

Hoorplicht

2. Alvorens de Hoge Raad een vraag voor te leggen, stelt de rechtbank partijen in de gelegenheid zich uit te laten over het voornemen om de Hoge Raad een vraag voor te leggen, alsmede over de inhoud van de voor te leggen vraag.
3. De beslissing waarbij de Hoge Raad een vraag wordt voorgelegd, vermeldt het onderwerp van geschil, de door de rechtbank vastgestelde feiten en de door partijen ingenomen standpunten.
4. De griffier zendt onverwijld een afschrift van de beslissing aan de Hoge Raad. De griffier zendt afschriften van de andere op de zaak betrekking hebbende stukken op diens verzoek aan de griffier van de Hoge Raad.

Schorsende werking

5. De beslissing om een vraag ter beantwoording aan de Hoge Raad voor te leggen, schorst de behandeling van de zaak totdat een afschrift van de beslissing van de Hoge Raad is ontvangen.
6. Indien in een andere lopende procedure het antwoord op een vraag rechtstreeks van belang is om in die procedure te beslissen, kan de rechtbank op verzoek van een partij of ambtshalve de behandeling van de zaak schorsen totdat de Hoge Raad uitspraak heeft gedaan. Alvorens te beslissen als bedoeld in de eerste volzin, stelt de rechtbank partijen in de gelegenheid zich daarover uit te laten.

Art. 27gb

Minister in plaats van inspecteur

In een procedure ter beantwoording van een rechtsvraag bij wijze van prejudiciële beslissing, treedt bij de Hoge Raad Onze Minister op als partij in plaats van de inspecteur.

Art. 27gc

Behandeling door HR

1. Tenzij de Hoge Raad, gehoord de procureur-generaal, aanstonds beslist overeenkomstig het achtste lid, stelt hij partijen in de gelegenheid om binnen een door de Hoge Raad te bepalen termijn schriftelijk opmerkingen te maken.
2. De Hoge Raad kan bepalen dat ook anderen dan partijen binnen een door de Hoge Raad te bepalen termijn in de gelegenheid worden gesteld om schriftelijke opmerkingen als bedoeld in het eerste lid te maken. De aankondiging hiervan geschiedt op een door de Hoge Raad te bepalen wijze.
3. Schriftelijke opmerkingen worden ter griffie van de Hoge Raad ingediend.
4. Indien het belang van de zaak dit geraden doet voorkomen, kan de Hoge Raad, hetzij ambtshalve, hetzij op een daartoe strekkend verzoek, een termijn bepalen voor mondelinge of schriftelijke toelichting door partijen. De Hoge Raad kan, indien hij een mondelinge toelichting heeft bevolen, degenen die ingevolge het tweede lid schriftelijke opmerkingen hebben gemaakt, uitnodigen ter zitting aanwezig te zijn teneinde over hun opmerkingen te worden gehoord. Artikel 29c, eerste, derde en vierde lid, is van overeenkomstige toepassing.
5. Een schriftelijke toelichting wordt door de partij getekend en ter griffie van de Hoge Raad ingediend.

Conclusie A-G

6. Nadat de toelichtingen zijn gehouden of ontvangen of, indien deze niet zijn verzocht, na het verstrijken van de termijn voor het maken van schriftelijke opmerkingen, stelt de griffier, indien de procureur-generaal bij de Hoge Raad de wens te kennen heeft gegeven om te worden gehoord, alle stukken in diens handen. De procureur-generaal brengt zijn schriftelijke conclusie ter kennis van de Hoge Raad. Partijen kunnen binnen twee weken na verzending van het afschrift van de conclusie hun schriftelijk commentaar daarop doen toekomen aan de Hoge Raad.

Uitspraak Hoge Raad

7. De uitspraak van de Hoge Raad wordt schriftelijk gedaan. De Hoge Raad kan de vraag, bedoeld in artikel 27ga, herformuleren. Tenzij de herformulering van ondergeschikte betekenis is, stelt de Hoge Raad partijen in de gelegenheid om binnen een door de Hoge Raad te bepalen termijn schriftelijke opmerkingen te maken.

Algemene wet inzake rijksbelastingen A56 art. 28

8. De Hoge Raad ziet af van beantwoording van de vraag, bedoeld in artikel 27ga, indien hij, gehoord de procureur-generaal, oordeelt dat de vraag zich niet voor beantwoording bij wijze van prejudiciële beslissing leent of dat de vraag van onvoldoende gewicht is om beantwoording te rechtvaardigen. De Hoge Raad kan zich bij de vermelding van de gronden van zijn beslissing beperken tot dit oordeel.
9. Indien het antwoord op de vraag, bedoeld in artikel 27ga, nadat deze is gesteld, niet meer nodig is om in de procedure, bedoeld in artikel 27ga, te beslissen, kan de Hoge Raad, indien hem dat geraden voorkomt, de vraag desondanks beantwoorden.
10. De griffier zendt onverwijld een afschrift van de beslissing aan de rechtbank die de vraag, bedoeld in artikel 27ga, heeft voorgelegd en aan partijen. De griffier zendt daarbij aan de rechtbank die de vraag heeft voorgelegd tevens een afschrift van:
a. de schriftelijke opmerkingen, bedoeld in het derde lid;
b. de schriftelijke toelichtingen, bedoeld in het vierde lid;
c. de conclusie van de procureur-generaal, bedoeld in het zesde lid; en
d. het schriftelijke commentaar, bedoeld in het zesde lid.
Artikel 30 is van overeenkomstige toepassing.

Art. 27gd
Bij de beantwoording van de vraag, bedoeld in artikel 27ga, zijn de artikelen 8:14 tot en met 8:25, 8:27 tot en met 8:29, 8:31 tot en met 8:40a, 8:41a, 8:44, 8:45, 8:60, 8:71 tot en met 8:79 van de Algemene wet bestuursrecht van overeenkomstige toepassing, voor zover in deze afdeling niet anders is bepaald.   Overeenkomstige toepassing Awb

Art. 27ge
Behoudens indien het antwoord op de vraag, bedoeld in artikel 27ga, niet meer nodig is om op het beroep te beslissen, beslist de rechtbank, nadat zij partijen de gelegenheid heeft gegeven zich schriftelijk over de uitspraak van de Hoge Raad uit te laten, met inachtneming van deze uitspraak.   Uitspraak door Rb

Afdeling 3
Hoger beroep

Art. 27h
1. In afwijking van artikel 8:104, eerste lid, aanhef en onder a, van de Algemene wet bestuursrecht kunnen slechts de belanghebbende die bevoegd was beroep bij de rechtbank in te stellen en de inspecteur hoger beroep instellen.   Hoger beroep
2. De artikelen 24a, tweede en vijfde lid, 26a, derde lid, 26b, eerste lid, en 27c tot en met 27ge zijn van overeenkomstige toepassing in hoger beroep.
3. De werking van de uitspraak van de rechtbank of van de voorzieningenrechter wordt opgeschort totdat de termijn voor het instellen van hoger beroep is verstreken of, indien hoger beroep is ingesteld, op het hoger beroep onherroepelijk is beslist. De eerste volzin geldt niet indien de uitspraak een beroep tegen het niet tijdig nemen van een besluit betreft.

Afdeling 4
Beroep in cassatie bij de Hoge Raad

Art. 27i-27s
[Vervallen]

Art. 28
1. De belanghebbende die bevoegd was om hoger beroep bij het gerechtshof in te stellen en Onze Minister kunnen bij de Hoge Raad beroep in cassatie instellen tegen: Cassatieberoep bij de Hoge Raad
a. een uitspraak van het gerechtshof die overeenkomstig afdeling 8.2.6 of artikel 8:104, eerste lid, onderdeel c van de Algemene wet bestuursrecht is gedaan, of
b. een uitspraak van de voorzieningenrechter van het gerechtshof die overeenkomstig artikel 8:86 van die wet is gedaan.
2. De belanghebbende en Onze Minister kunnen bij de Hoge Raad voorts beroep in cassatie instellen tegen een uitspraak van de rechtbank als bedoeld in artikel 8:55, zevende lid, onderdelen a en b, van die wet.   Uitspraak op verzet
3. Indien de belanghebbenden en Onze Minister daarmee schriftelijk instemmen, kan bij de Hoge Raad voorts beroep in cassatie worden ingesteld tegen een uitspraak van de rechtbank als bedoeld in afdeling 8.2.6 of artikel 8:104, eerste lid, onderdeel c van de Algemene wet bestuursrecht, alsmede tegen een uitspraak van de voorzieningenrechter van de rechtbank als bedoeld in artikel 8:86 van die wet.   Sprongcassatie
4. Geen beroep in cassatie kan worden ingesteld tegen:
a. een uitspraak van het gerechtshof of de rechtbank overeenkomstig artikel 8:54, eerste lid, van de Algemene wet bestuursrecht;
b. een uitspraak van de rechtbank overeenkomstig artikel 8:54a van die wet;

c. een uitspraak van de voorzieningenrechter van het gerechtshof of de rechtbank overeenkomstig artikel 8:84, tweede lid, van die wet, en
d. een uitspraak van de voorzieningenrechter van het gerechtshof of de rechtbank overeenkomstig artikel 8:75a, eerste lid, van de Algemene wet bestuursrecht, in verband met artikel 8:84, vijfde lid, van de Algemene wet bestuursrecht.
5. Tegen andere beslissingen van het gerechtshof, van de rechtbank of van de voorzieningenrechter kan slechts tegelijkertijd met het beroep in cassatie tegen de in het eerste of het tweede lid bedoelde uitspraak beroep in cassatie worden ingesteld.
6. De artikelen 24a, tweede en vijfde lid, 26a, derde lid, en 26b, eerste lid, zijn van overeenkomstige toepassing.
7. De werking van de uitspraak van het gerechtshof, de rechtbank of de voorzieningenrechter wordt opgeschort totdat de termijn voor het instellen van beroep in cassatie is verstreken of, indien beroep in cassatie is ingesteld, op het beroep in cassatie is beslist.

Art. 28a

Verplichting griffier

1. De griffier van de Hoge Raad doet van het ingestelde beroep in cassatie zo spoedig mogelijk mededeling aan de griffier van het gerecht dat de aangevallen uitspraak heeft gedaan.
2. De griffier van dit gerecht zendt een afschrift van de uitspraak en de op de uitspraak betrekking hebbende gedingstukken die onder hem berusten, onverwijld aan de griffier van de Hoge Raad.
3. De griffier maakt zo nodig onverwijld alsnog een proces-verbaal op van de zitting en zendt dit aan de griffier van de Hoge Raad. De griffier van de Hoge Raad stelt dit proces-verbaal ter beschikking aan partijen.

Art. 28b

Vervanging mondelinge uitspraak

1. Indien beroep in cassatie is ingesteld tegen een mondelinge uitspraak, wordt de mondelinge uitspraak vervangen door een schriftelijke uitspraak, tenzij het beroep in cassatie kennelijk niet-ontvankelijk is of de Hoge Raad anders bepaalt. De vervanging geschiedt binnen zes weken na de dag waarop de mededeling, bedoeld in artikel 28a, eerste lid, is gedaan. Het beroep in cassatie wordt geacht te zijn gericht tegen de schriftelijke uitspraak.
2. Het gerecht dat de mondelinge uitspraak heeft gedaan, verzendt de vervangende schriftelijke uitspraak gelijktijdig aan partijen en aan de griffier van de Hoge Raad.
3. In afwijking van artikel 6:5, eerste lid, onderdeel d, van de Algemene wet bestuursrecht kan de indiener van het beroepschrift de gronden van het beroep verstrekken of aanvullen tot zes weken na de dag waarop de schriftelijke uitspraak aan hem is verzonden.

Art. 29

Schakelbepaling Awb

Op de behandeling van het beroep in cassatie zijn de artikelen 8:14 tot en met 8:25, 8:27 tot en met 8:29, 8:31 tot en met 8:40, 8:41, met uitzondering van het tweede lid, 8:41a, 8:43 tot en met 8:45, 8:52, 8:53, 8:60, 8:70, 8:71, 8:72a, 8:75 tot en met 8:79, 8:109, 8:110, derde en vijfde lid, 8:111, 8:112, 8:113, tweede lid, 8:114 en de titels 8.4 en 8.6 van de Algemene wet bestuursrecht van overeenkomstige toepassing, voor zover in deze afdeling niet anders is bepaald.

Art. 29a

[Vervallen]

Art. 29b

Verweerschrift

1. De andere partij dan de partij die het beroep in cassatie heeft ingesteld, kan binnen acht weken na de dag van verzending van het beroepschrift:
a. een verweerschrift indienen;
b. incidenteel beroep in cassatie instellen.
2. De Hoge Raad kan de in het eerste lid en de in artikel 8:110, derde lid, van de Algemene wet bestuursrecht bedoelde termijnen verlengen.

Art. 29c

Pleidooi

1. Indien, hetzij in het beroepschrift hetzij in het verweerschrift hetzij nadien door degene die beroep in cassatie heeft ingesteld, binnen twee weken nadat het verweerschrift is verzonden, schriftelijk is verzocht de zaak mondeling te mogen toelichten, bepaalt de Hoge Raad dag en uur waarop de zaak door de advocaten van partijen zal kunnen worden bepleit. De griffier stelt beide partijen of de door hen aangewezen advocaten hiervan ten minste tien dagen tevoren in kennis.

Schriftelijke toelichting

2. De advocaten kunnen in plaats van de zaak mondeling bij pleidooi toe te lichten een schriftelijke toelichting overleggen of toezenden.
3. Artikel 8:62 van de Algemene wet bestuursrecht is van overeenkomstige toepassing voor zover het beroep in cassatie is gericht tegen een uitspraak waarbij de gehele of gedeeltelijke handhaving van een bestuurlijke boete in het geding is.
4. In andere gevallen dan in het derde lid bedoeld, heeft de mondelinge behandeling plaats met gesloten deuren, maar kan de Hoge Raad bepalen dat de behandeling openbaar is, voor zover de belangen van partijen daardoor niet worden geschaad.

Algemene wet inzake rijksbelastingen

Art. 29d
1. Nadat de toelichtingen zijn gehouden of ontvangen of, indien deze niet zijn verzocht, na indiening van de schrifturen door partijen, stelt de griffier, indien de procureur-generaal bij de Hoge Raad de wens te kennen heeft gegeven om te worden gehoord, alle stukken in diens handen.
2. De procureur-generaal brengt zijn schriftelijke conclusie ter kennis van de Hoge Raad.
3. Een afschrift van de conclusie wordt aan partijen gezonden. Partijen kunnen binnen twee weken na verzending van het afschrift van de conclusie hun schriftelijk commentaar daarop aan de Hoge Raad doen toekomen.

Conclusie procureur-generaal

Art. 29e
1. De uitspraak van de Hoge Raad wordt schriftelijk gedaan.
2. Wanneer de Hoge Raad, hetzij op de in het beroepschrift aangevoerde, hetzij op andere gronden, de uitspraak van het gerechtshof, de rechtbank of de voorzieningenrechter vernietigt, beslist hij bij dezelfde uitspraak de zaak, zoals het gerechtshof, de rechtbank of de voorzieningenrechter had behoren te doen. Indien de beslissing van de hoofdzaak afhangt van feiten die bij de vroegere behandeling niet zijn komen vast te staan, verwijst de Hoge Raad, tenzij het punten van ondergeschikte aard betreft, het geding naar een gerechtshof of een rechtbank, ter verdere behandeling en beslissing van de zaak met inachtneming van de uitspraak van de Hoge Raad.

Uitspraak Hoge Raad

Art. 29f
1. In geval van intrekking van het beroep in cassatie door Onze Minister, kan Onze Minister op verzoek van de belanghebbende bij afzonderlijke uitspraak met overeenkomstige toepassing van artikel 8:75 van de Algemene wet bestuursrecht in de kosten worden veroordeeld.
2. De griffier zendt een door hem voor eensluidend getekend afschrift van de intrekking onverwijld aan die belanghebbende.
3. De artikelen 6:5 tot en met 6:9, 6:11, 6:14, 6:15, 6:17, 6:21 en 8:75a, tweede lid, eerste en tweede volzin, van de Algemene wet bestuursrecht zijn van overeenkomstige toepassing, alsmede de artikelen 29c en 29d.

Proceskostenvergoeding

Art. 29g
[Vervallen]

Art. 29h
1. In geval van verwijzing zendt de griffier van de Hoge Raad de stukken en een afschrift van de uitspraak binnen een week aan het gerechtshof of aan de rechtbank waarheen de zaak is verwezen.
2. Indien de uitspraak geen verwijzing inhoudt, zendt de griffier de door partijen overgelegde stukken onverwijld aan hen terug.

Verwijzing

Art. 29i
1. Een uit een uitspraak van de Hoge Raad voortvloeiende teruggaaf van ingehouden of op aangifte afgedragen belasting wordt verleend aan degene die het beroep in cassatie heeft ingesteld.
2. Indien zowel de inhoudingsplichtige als degene van wie is ingehouden ter zake van dezelfde omstandigheden beroep in cassatie heeft ingesteld, wordt, indien uit een uitspraak terzake een teruggaaf voortvloeit, die teruggaaf uitsluitend verleend aan degene van wie is ingehouden.

Teruggaaf van belasting

Art. 30
1. In afwijking van artikel 8:79, tweede lid, van de Algemene wet bestuursrecht geschiedt de verstrekking overeenkomstig die bepaling van afschriften of uittreksels aan anderen dan partijen met machtiging van de Hoge Raad.
2. Artikel 27g, tweede lid, is van overeenkomstige toepassing.

Afschriften aan anderen

Art. 30a-30e
[Vervallen]

Hoofdstuk VA
Belastingrente en revisierente

Art. 30f
1. Indien met betrekking tot de inkomstenbelasting of de vennootschapsbelasting na het verstrijken van een periode van 6 maanden te rekenen vanaf het einde van het tijdvak waarover de belasting wordt geheven een voorlopige aanslag met een door de belastingplichtige te betalen bedrag aan belasting wordt vastgesteld, wordt met betrekking tot die aanslag aan de belastingplichtige rente – belastingrente – in rekening gebracht.
2. De belastingrente wordt enkelvoudig berekend over het tijdvak dat aanvangt 6 maanden te rekenen vanaf het einde van het tijdvak waarover de belasting wordt geheven en eindigt op de dag voorafgaand aan de dag waarop de voorlopige aanslag invorderbaar is ingevolge artikel 9 van de Invorderingswet 1990 en heeft als grondslag het te betalen bedrag aan belasting.
3. Ingeval de voorlopige aanslag is vastgesteld overeenkomstig een op de door de inspecteur aangegeven wijze ingediend verzoek of overeenkomstig de ingediende aangifte met betrekking

Belastingrente

tot het tijdvak waarover de belasting wordt geheven, eindigt het tijdvak waarover de belastingrente wordt berekend in afwijking in zoverre van het tweede lid, uiterlijk 14 weken na de datum van ontvangst van het verzoek, onderscheidenlijk 19 weken na de datum van ontvangst van deze aangifte.

4. Geen belastingrente wordt in rekening gebracht ingeval de voorlopige aanslag inkomstenbelasting of vennootschapsbelasting is vastgesteld overeenkomstig een op de door de inspecteur aangegeven wijze ingediend verzoek dat is ontvangen voor de eerste dag van de vijfde maand of overeenkomstig een ingediende aangifte inkomstenbelasting of vennootschapsbelasting die is ontvangen voor de eerste dag van de vijfde, onderscheidenlijk zesde, maand na afloop van het tijdvak waarover de belasting wordt geheven.

Art. 30fa

Rentevergoeding IB/VPB, voorlopige aanslag

1. Indien met betrekking tot de inkomstenbelasting of de vennootschapsbelasting na het verstrijken van een periode van 6 maanden te rekenen vanaf het einde van het tijdvak waarover de belasting wordt geheven een voorlopige aanslag tot een negatief bedrag aan te betalen belasting wordt vastgesteld, wordt met betrekking tot die aanslag aan de belastingplichtige rente – belastingrente – vergoed ingeval wordt voldaan aan de volgende voorwaarden:
 a. de voorlopige aanslag is overeenkomstig een op de door de inspecteur aangegeven wijze ingediend verzoek of overeenkomstig de ingediende aangifte met betrekking tot het tijdvak waarover de belasting wordt geheven, en
 b. tussen de datum van ontvangst van dat verzoek of die aangifte en de datum van vaststelling van de voorlopige aanslag zijn meer dan 8 weken, onderscheidenlijk meer dan 13 weken, verstreken.
2. De belastingrente wordt enkelvoudig berekend over het tijdvak dat aanvangt 8 weken na ontvangst van het verzoek, onderscheidenlijk 13 weken na ontvangst van de aangifte, doch niet eerder dan 6 maanden te rekenen vanaf het einde van het tijdvak waarover de belasting wordt geheven, en eindigt 6 weken na de dagtekening van het aanslagbiljet en heeft als grondslag het te betalen bedrag aan belasting.

Art. 30fb

Rente bij herziening voorlopige aanslag IB/VPB

1. Bij herziening van een voorlopige aanslag inkomstenbelasting of vennootschapsbelasting met een positief bedrag tot een voorlopige aanslag met een hoger positief bedrag, wordt met betrekking tot het verschil belastingrente in rekening gebracht over het tijdvak dat aanvangt 6 maanden te rekenen vanaf het tijdvak waarover de belasting wordt geheven en eindigt op de dag voorafgaand aan de dag waarop het verschil invorderbaar is ingevolge artikel 9 van de Invorderingswet 1990. Ingeval de herziening is vastgesteld overeenkomstig een op de door de inspecteur aangegeven wijze ingediend verzoek of overeenkomstig de ingediende aangifte met betrekking tot het tijdvak waarover de belasting wordt geheven, eindigt het tijdvak waarover de belastingrente wordt berekend in afwijking in zoverre van de eerste volzin, uiterlijk 14 weken na de datum van ontvangst van het verzoek, onderscheidenlijk 19 weken na ontvangst van de aangifte.
2. Bij herziening van een voorlopige aanslag inkomstenbelasting of vennootschapsbelasting met een positief bedrag tot een voorlopige aanslag met een lager positief bedrag, wordt, zo eerder ter zake van dat positieve bedrag belastingrente in rekening is gebracht, die eerder in rekening gebrachte belastingrente voor zover toerekenbaar aan het verschil, verminderd. Ter zake van het verschil in positieve bedragen wordt belastingrente vergoed ingeval wordt voldaan aan de voorwaarden van artikel 30fa, eerste lid, welke wordt berekend volgens het tweede lid van dat artikel.
3. Bij herziening van een voorlopige aanslag inkomstenbelasting of vennootschapsbelasting met een positief bedrag tot een voorlopige aanslag met een negatief bedrag, wordt, zo eerder ter zake van dat positieve bedrag belastingrente in rekening is gebracht, die eerder in rekening gebrachte belastingrente verminderd. Ter zake van het verschil tussen het positieve bedrag en het negatieve bedrag wordt belastingrente vergoed ingeval wordt voldaan aan de voorwaarden van artikel 30fa, eerste lid, welke wordt berekend volgens het tweede lid van dat artikel.
4. Bij herziening van een voorlopige aanslag inkomstenbelasting of vennootschapsbelasting met een negatief bedrag tot een voorlopige aanslag met positief bedrag, wordt met betrekking tot het verschil tussen die bedragen belastingrente in rekening gebracht over het tijdvak dat aanvangt 6 maanden te rekenen vanaf het tijdvak waarover de belasting wordt geheven en eindigt op de dag voorafgaand aan de dag waarop het verschil invorderbaar is ingevolge artikel 9 van de Invorderingswet 1990. Ingeval de herziening is vastgesteld overeenkomstig een op de door de inspecteur aangegeven wijze ingediend verzoek of overeenkomstig de ingediende aangifte met betrekking tot het tijdvak waarover de belasting wordt geheven, eindigt het tijdvak waarover de belastingrente wordt berekend in afwijking in zoverre van de eerste volzin uiterlijk 14 weken na de datum van ontvangst van het verzoek, onderscheidenlijk 19 weken na de datum van ontvangst van deze aangifte.
5. Bij herziening van een voorlopige aanslag inkomstenbelasting of vennootschapsbelasting met een negatief bedrag tot een voorlopige aanslag met een kleiner negatief bedrag wordt met

betrekking tot het verschil tussen die bedragen belastingrente in rekening gebracht over het tijdvak dat aanvangt 6 maanden te rekenen vanaf het tijdvak waarover de belasting wordt geheven en eindigt op de dag voorafgaand aan de dag waarop het verschil invorderbaar is ingevolge artikel 9 van de Invorderingswet 1990. Ingeval de herziening is vastgesteld overeenkomstig een op de door de inspecteur aangegeven wijze ingediend verzoek of overeenkomstig de ingediende aangifte met betrekking tot het tijdvak waarover de belasting wordt geheven, eindigt het tijdvak waarover de belastingrente wordt berekend in afwijking in zoverre van de eerste volzin, uiterlijk 14 weken na de datum van ontvangst van het verzoek, onderscheidenlijk 19 weken na de datum van ontvangst van de aangifte.
6. Bij herziening van een voorlopige aanslag inkomstenbelasting of vennootschapsbelasting met een negatief bedrag tot een voorlopige aanslag met een groter negatief bedrag wordt, ingeval wordt voldaan aan de voorwaarden van artikel 30fa, eerste lid, belastingrente vergoed, berekend over het tijdvak, bedoeld in het tweede lid van dat artikel, en met als grondslag het verschil tussen de twee negatieve bedragen.
7. Bij een herziening van een voorlopige aanslag als bedoeld in het eerste, vierde en vijfde lid, is artikel 30f, vierde lid, van overeenkomstige toepassing.
8. Indien naar aanleiding van een bezwaarschrift of een daaropvolgende gerechtelijke procedure een voorlopige aanslag wordt herzien overeenkomstig het tweede, derde of zesde lid, wordt geen rente vergoed. In het geval ter zake van de herziene voorlopige aanslag eerder belastingrente in rekening is gebracht, wordt deze rente verminderd overeenkomstig het tweede lid, onderscheidenlijk derde lid.

Art. 30fc
1. Indien met betrekking tot de inkomstenbelasting of vennootschapsbelasting na het verstrijken van een periode van 6 maanden te rekenen vanaf het tijdvak waarover de belasting wordt geheven een aanslag of een navorderingsaanslag met een door de belastingplichtige te betalen bedrag aan belasting wordt vastgesteld, wordt met betrekking tot die aanslag, onderscheidenlijk die navorderingsaanslag, aan de belastingplichtige rente – belastingrente – in rekening gebracht. *(Belastingrente IB/VPB (navorderings-)aanslag)*
2. De belastingrente wordt enkelvoudig berekend over het tijdvak dat aanvangt 6 maanden te rekenen vanaf het einde van het tijdvak waarover de belasting wordt geheven en eindigt op de dag voorafgaand aan de dag waarop de aanslag, onderscheidenlijk de navorderingsaanslag, invorderbaar is ingevolge artikel 9 van de Invorderingswet 1990 en heeft als grondslag het te betalen bedrag aan belasting.
3. Ingeval de aanslag is vastgesteld overeenkomstig de ingediende aangifte, eindigt het tijdvak waarover de belastingrente wordt berekend in afwijking in zoverre van het tweede lid, uiterlijk 19 weken na de datum van ontvangst van de aangifte.
4. Geen belastingrente wordt in rekening gebracht ingeval de aanslag inkomstenbelasting of vennootschapsbelasting is vastgesteld overeenkomstig een ingediende aangifte die is ontvangen voor de eerste dag van de vijfde, onderscheidenlijk zesde, maand na afloop van het tijdvak waarover de belasting wordt geheven.
5. Ingeval de navorderingsaanslag is vastgesteld naar aanleiding van een verzoek, eindigt het tijdvak waarover de belastingrente wordt berekend in afwijking in zoverre van het tweede lid, uiterlijk 12 weken na de datum van ontvangst van het verzoek.
6. Dit artikel is niet van toepassing met betrekking tot inkomstenbelasting ter zake van te conserveren inkomen als bedoeld in artikel 2.8, tweede lid, van de Wet inkomstenbelasting 2001, uitgezonderd te conserveren inkomen dat is ontstaan door toepassing van artikel 3.58, eerste lid, of artikel 3.64, zesde lid, van die wet. *(Te conserveren inkomen)*
7. Voor de toepassing van dit artikel geldt als het te betalen bedrag aan belasting: het bedrag na de verrekening ingevolge: *(Verrekening)*
a. artikel 15;
b. de artikelen 3 152, zesde lid, en 4.51, zesde lid, van de Wet inkomstenbelasting 2001;
c. artikel 21, derde lid, van de Wet op de vennootschapsbelasting 1969.

Art. 30fd
1. Indien met betrekking tot de inkomstenbelasting of de vennootschapsbelasting na het verstrijken van een periode van 6 maanden te rekenen vanaf het tijdvak waarover de belasting wordt geheven een aanslag tot een negatief bedrag aan te betalen belasting wordt vastgesteld, wordt met betrekking tot die aanslag aan de belastingplichtige rente – belastingrente – vergoed ingeval wordt voldaan aan de volgende voorwaarden: *(Rentevergoeding IB/VPB definitieve aanslag)*
a. de aanslag is overeenkomstig de ingediende aangifte, en
b. tussen de datum van ontvangst van die aangifte en de datum van vaststelling van de aanslag zijn meer dan 13 weken verstreken.
2. Artikel 30fc, zesde en zevende lid, is van overeenkomstige toepassing.
3. Ingeval met de aanslag geen voorlopige aanslag is verrekend, wordt de belastingrente enkelvoudig berekend over het tijdvak dat aanvangt 13 weken na ontvangst van de aangifte doch niet eerder dan 6 maanden te rekenen vanaf het einde van het tijdvak waarover de belasting *(Geen voorlopige aanslag)*

A56 art. 30fe

Algemene wet inzake rijksbelastingen

wordt geheven, en eindigt 6 weken na de dagtekening van het aanslagbiljet en heeft als grondslag het te betalen bedrag aan belasting.

Wel voorlopige aanslag

4. Ingeval met de aanslag wel een voorlopige aanslag is verrekend, vindt de renteberekening plaats overeenkomstig de renteberekening bij een herziening van een voorlopige aanslag inkomstenbelasting, onderscheidenlijk vennootschapsbelasting, bedoeld in artikel 30fb.

Art. 30fe

Geen rente bij vermindering krachtens bezwaar of rechterlijke procedure

1. Indien met betrekking tot de inkomstenbelasting of de vennootschapsbelasting na het verstrijken van een periode van 6 maanden te rekenen vanaf het einde van het tijdvak waarover de belasting wordt geheven naar aanleiding van een bezwaarschrift of een daaropvolgende gerechtelijke procedure een aanslag of een navorderingsaanslag wordt verminderd of wordt vernietigd, dan wel een aanslag of navorderingsaanslag ambtshalve wordt verminderd, wordt geen rente vergoed. In het geval ter zake van de verminderde of vernietigde aanslag of navorderingsaanslag eerder belastingrente in rekening is gebracht, wordt deze rente verminderd overeenkomstig de herziening van een voorlopige aanslag, bedoeld in artikel 30fb, tweede en derde lid.
2. Dit artikel vindt geen toepassing bij een vermindering van een aanslag of navorderingsaanslag die voortvloeit uit een verrekening van een verlies van een volgend jaar.

Art. 30g

Belastingrente bij erfbelasting

1. Indien met betrekking tot de erfbelasting een belastingaanslag met een door de belastingplichtige te betalen bedrag aan belasting wordt vastgesteld, wordt met betrekking tot die belastingaanslag rente – belastingrente – in rekening gebracht.
2. De belastingrente wordt enkelvoudig berekend:
   a. indien het betreft een belastingaanslag ter zake van een overlijden: over het tijdvak dat aanvangt 8 maanden na het overlijden en eindigt op de dag voorafgaand aan de dag waarop de belastingaanslag invorderbaar is ingevolge artikel 9 van de Invorderingswet 1990;
   b. indien het betreft een belastingaanslag ter zake van een verkrijging ten gevolge van de vervulling van een voorwaarde: over het tijdvak dat aanvangt acht maanden na de dag van de vervulling van de voorwaarde en eindigt op de dag voorafgaand aan de dag waarop de belastingaanslag invorderbaar is ingevolge artikel 9 van de Invorderingswet 1990;
   c. indien het betreft een belastingaanslag als bedoeld in artikel 8, vijfde lid, van de Natuurschoonwet 1928: over het tijdvak dat aanvangt op de dag dat zich een van de gevallen, bedoeld in artikel 8, eerste lid, van de Natuurschoonwet 1928, voordoet en eindigt op de dag voorafgaand aan de dag waarop de belastingaanslag invorderbaar is ingevolge artikel 9 van de Invorderingswet 1990.
   De renteberekening heeft als grondslag het te betalen bedrag aan belasting.
3. Indien de belastingaanslag is vastgesteld overeenkomstig een verzoek of overeenkomstig de aangifte, eindigt het tijdvak waarover de belastingrente wordt berekend in afwijking in zoverre van het tweede lid uiterlijk 14 weken na de datum van ontvangst van het verzoek, onderscheidenlijk 19 weken na de datum van ontvangst van de aangifte. Ingeval het betreft een navorderingsaanslag die is vastgesteld naar aanleiding van een verzoek, eindigt het tijdvak waarover de belastingrente wordt berekend in afwijking in zoverre van de eerste volzin uiterlijk 12 weken na de datum van de ontvangst van het verzoek.

Belastingrente niet van toepassing

4. Geen belastingrente wordt in rekening gebracht ingeval de belastingaanslag ter zake van een overlijden is vastgesteld overeenkomstig een verzoek of overeenkomstig een ingediende aangifte indien het verzoek, onderscheidenlijk de aangifte, is ontvangen voor de eerste dag van de negende maand na het overlijden.
5. Indien een belastingaanslag ter zake waarvan belastingrente in rekening is gebracht naar aanleiding van een bezwaarschrift, een daaropvolgende gerechtelijke procedure of een ambtshalve vermindering wordt verminderd of wordt vernietigd, wordt de eerder in rekening gebrachte rente naar evenredigheid verminderd, onderscheidenlijk vernietigd.
6. Voor de toepassing van dit artikel geldt als het te betalen bedrag aan belasting, het bedrag na de verrekening ingevolge artikel 15.
7. Met betrekking tot het tweede lid, onderdelen a en b, en het vierde lid is artikel 45, tweede en derde lid, van de Successiewet 1956 van overeenkomstige toepassing.

Art. 30h

Bedrag waarover belastingrente wordt berekend

1. Met betrekking tot naheffingsaanslagen ter zake van loonbelasting, dividendbelasting, bronbelasting, omzetbelasting, overdrachtsbelasting, belasting van personenauto's en motorrijwielen, accijns, verbruiksbelasting van alcoholvrije dranken of een in artikel 1 van de Wet belastingen op milieugrondslag genoemde belasting, wordt aan degene ten name van wie de naheffingsaanslag is gesteld, rente – belastingrente – in rekening gebracht, ingeval de naheffingsaanslag is vastgesteld na het einde van het kalenderjaar of boekjaar waarop de nageheven belasting betrekking heeft.
2. De belastingrente wordt enkelvoudig berekend over het tijdvak dat aanvangt op de dag volgend op het kalenderjaar of boekjaar waarop de nageheven belasting betrekking heeft en eindigt op de dag voorafgaand aan de dag waarop de naheffingsaanslag invorderbaar is ingevolge artikel 9 van de Invorderingswet 1990 en heeft als grondslag de nageheven belasting.

Algemene wet inzake rijksbelastingen

3. Het eerste lid vindt geen toepassing ingeval de naheffingsaanslag het gevolg is van een verbetering van een aangifte (suppletie), welke is gedaan binnen 3 maanden na het einde van het kalenderjaar of boekjaar waarop de nageheven belasting betrekking heeft. — *Suppletie*

4. Het eerste en tweede lid zijn van overeenkomstige toepassing voor zover een in het eerste lid bedoelde belasting te laat, doch voordat een naheffingsaanslag is vastgesteld, wordt betaald, behoudens ingeval de betaling plaatsvindt binnen 3 maanden na het einde van het kalenderjaar of boekjaar waarop de te laat betaalde belasting betrekking heeft. Belastingrente wordt berekend over het tijdvak dat aanvangt op de dag volgend op het kalenderjaar of boekjaar waarop de te laat betaalde belasting betrekking heeft en eindigt op de dag van betaling en heeft als grondslag het bedrag van de te laat betaalde belasting. — *Te late betaling*

5. Indien een naheffingsaanslag ter zake waarvan belastingrente in rekening is gebracht naar aanleiding van een bezwaarschrift, een daaropvolgende gerechtelijke procedure of een ambtshalve vermindering wordt verminderd of wordt vernietigd, wordt de eerder in rekening gebrachte rente naar evenredigheid verminderd, onderscheidenlijk vernietigd.

Art. 30ha

1. Met betrekking tot de in artikel 30h bedoelde belastingen wordt rente – belastingrente – vergoed ingeval een teruggaafbeschikking niet wordt vastgesteld binnen 8 weken na de ontvangst van het verzoek om die beschikking. De belastingrente wordt enkelvoudig berekend over het tijdvak dat aanvangt 8 weken na ontvangst van het verzoek, doch niet eerder dan 3 maanden na het einde van het kalenderjaar of boekjaar waarop de teruggaaf betrekking heeft en eindigt 14 dagen na de dagtekening van de teruggaafbeschikking. — *Vergoeding rente bij art. 30h-belastingen*

2. Uitgezonderd bij een vermindering van een naheffingsaanslag, wordt met betrekking tot de in artikel 30h bedoelde belastingen ook belastingrente vergoed indien recht ontstaat op een terug te geven bedrag dat verband houdt met een door de inspecteur ingenomen standpunt ter zake van de bij wege van voldoening of afdracht op aangifte verschuldigde of terug te geven belasting. De belastingrente wordt enkelvoudig berekend over het tijdvak dat aanvangt op de dag na die van de voldoening of afdracht van die belasting, doch niet eerder dan 3 maanden na het einde van het kalenderjaar of boekjaar waarop de teruggaaf betrekking heeft en eindigt 14 dagen na de dagtekening van de teruggaafbeschikking en heeft als grondslag het terug te geven bedrag.

3. Met betrekking tot de in artikel 30h bedoelde belastingen wordt ook belastingrente vergoed indien een afwijzende beschikking op een verzoek om een teruggaaf wordt vervangen door een teruggaafbeschikking. De belastingrente wordt enkelvoudig berekend over het tijdvak dat aanvangt 8 weken na de ontvangst van het verzoek om de teruggaaf, doch niet eerder dan 3 maanden na het einde van het kalenderjaar of boekjaar waarop de teruggaaf betrekking heeft en eindigt 14 dagen na de dagtekening van de teruggaafbeschikking.

4. In afwijking van het eerste lid wordt de termijn van 8 weken bij de vaststelling van een teruggaafbeschikking ter zake van dividendbelasting of bronbelasting als bedoeld in de Wet bronbelasting 2021 opgeschort met ingang van de dag waarop de inspecteur op grond van de artikelen 47 en 47a of artikel 6.2 van de Wet bronbelasting 2021 verzoekt gegevens en inlichtingen te verstrekken of boeken, bescheiden en andere gegevensdragers of de inhoud daarvan voor raadpleging ter beschikking te stellen, tot de dag waarop aan dit verzoek is voldaan.

5. Geen belastingrente wordt vergoed aan een ondernemer als bedoeld in artikel 32, onderdeel a, van de Wet op de omzetbelasting 1968 ter zake van een teruggaaf van in Nederland in rekening gebrachte omzetbelasting als bedoeld in artikel 32b van die wet.

Art. 30hb

Het percentage van de belastingrente bedraagt een bij algemene maatregel van bestuur vast te stellen percentage, dat voor verschillende belastingen verschillend kan worden vastgesteld. — *Hoogte percentage belastingrente*

Art. 30i

1. Met betrekking tot de inkomstenbelasting wordt rente – revisierente – verschuldigd, indien: — *Revisierente*
 a. door de toepassing van artikel 19b, eerste lid of tweede lid, eerste volzin, van de Wet op de loonbelasting 1964 in verbinding met artikel 3.81 van de Wet inkomstenbelasting 2001 of van artikel 3.83, eerste of tweede lid, dan wel artikel 7.2, achtste lid, van de laatstgenoemde wet de aanspraak ingevolge een pensioenregeling tot het loon wordt gerekend;
 b. ingevolge artikel 3.133, 3.136 of 7.2, tweede lid, aanhef en onderdeel g, van de Wet inkomstenbelasting 2001 premies voor een aanspraak op periodieke uitkeringen als negatieve uitgaven voor inkomensvoorzieningen in aanmerking worden genomen, behoudens voorzover artikel 3.69, eerste lid, aanhef en onderdeel b, van genoemde wet met betrekking tot deze negatieve uitgaven voor inkomensvoorzieningen toepassing vindt;
 c. ingevolge artikel 3.135 of 7.2, tweede lid, aanhef en onderdeel g, van de Wet inkomstenbelasting 2001 premies voor een aanspraak uit een pensioenregeling als bedoeld in artikel 1.7, tweede lid, onderdeel b, van die wet als negatieve uitgaven voor inkomensvoorzieningen in aanmerking worden genomen.

2. De revisierente bedraagt 20 percent van de waarde in het economisch verkeer van aanspraken als bedoeld in het eerste lid. In afwijking van de eerste volzin bedraagt de revisierente, in- — *Berekening revisierente*

A56 art. 30j

Afwijking berekening revisierente

geval artikel 3.136, tweede, derde of vierde lid, van de Wet inkomstenbelasting 2001 van toepassing is, 20% van het bedrag dat ingevolge die leden als negatieve uitgaven voor inkomensvoorzieningen in aanmerking wordt genomen.

3. Ingevolge de aanspraak is bedongen minder dan 10 jaren vóór het jaar waarin de aanspraak ingevolge een pensioenregeling of de aanspraak op periodieke uitkeringen tot loon wordt gerekend dan wel de negatieve uitgaven voor inkomensvoorzieningen worden genoten, wordt, indien de belastingplichtige dit verzoekt, in afwijking van het tweede lid, de revisierente gesteld op het door de belastingplichtige aannemelijk te maken bedrag dat ingevolge artikel 30fc aan belastingrente in rekening zou worden gebracht indien:

a. ingeval het betreft een aanspraak ingevolge een pensioenregeling of negatieve uitgaven voor inkomensvoorzieningen: de mogelijkheid zou bestaan de aftrek van de premies voor de aanspraak ongedaan te maken door navorderingsaanslagen over de jaren van die aftrek, of

b. ingeval het betreft een aanspraak op periodieke uitkeringen: de mogelijkheid zou bestaan de aanspraak tot inkomen uit werk en woning te rekenen in het jaar waarop de aanspraak is ontstaan en ter zake daarvan een navorderingsaanslag op te leggen.

Hierbij worden de bedragen van die navorderingsaanslagen gesteld op 50 percent van de premies, bedoeld in de vorige volzin onderdeel a, danwel van de aanspraak, bedoeld in de vorige volzin onderdeel b, en wordt het einde van het in artikel 30fc, tweede lid, bedoelde tijdvak gesteld op 31 december van het jaar waarin de aanspraak ingevolge een pensioenregeling of de aanspraak op periodieke uitkeringen tot loon wordt gerekend dan wel de negatieve uitgaven voor inkomensvoorzieningen worden genoten.

4. Indien revisierente wordt berekend met betrekking tot inkomstenbelasting die betrekking heeft op inkomsten die in aanmerking zijn genomen op grond van de artikelen 3.83, eerste of tweede lid, 3.133, tweede lid, onderdelen h of j, 3.136, eerste, tweede, derde, vierde of vijfde lid, of 7.2, achtste lid, van de Wet inkomstenbelasting 2001, wordt bij de toepassing van het derde lid artikel 30fc, zesde lid, buiten toepassing gelaten.

Art. 30j

Vaststelling bedrag heffingsrente

1. De inspecteur stelt het bedrag van de belastingrente vast bij voor bezwaar vatbare beschikking. Met betrekking tot deze beschikking zijn de bepalingen in de belastingwet die gelden voor de belastingaanslag ter zake waarvan belastingrente wordt berekend, van overeenkomstige toepassing.

Rente apart vermelden

2. Het bedrag van de belastingrente wordt op het aanslagbiljet of op het afschrift van de uitspraak of bij de bekendmaking afzonderlijk vermeld. Ingeval de eerste volzin geen toepassing vindt, blijkt het bedrag van de belastingrente uit het afschrift van de beschikking.

3. Met betrekking tot de revisierente bedoeld in artikel 30i zijn het eerste en tweede lid van overeenkomstige toepassing.

4. Bij ministeriële regeling kunnen regels worden gesteld voor de bij de berekening van belastingrente toe te passen afrondingen. Voorts kunnen regels worden gesteld met betrekking tot een doelmatige berekening van de belastingrente.

(Zie ook: art. 31 Uitv.reg. AWR 1994)

Art. 30k

Regeling voor onderling overleg

Onze Minister kan in het kader van een regeling voor onderling overleg op grond van het Verdrag ter afschaffing van dubbele belasting in geval van winstcorrecties tussen verbonden ondernemingen (Trb. 1990, 173), de Belastingregeling voor het Koninkrijk of een verdrag ter voorkoming van dubbele belasting, voor bepaalde gevallen of groepen van gevallen afwijkingen toestaan van de artikelen 30f tot en met 30hb.

Hoofdstuk VI
Bevordering van de richtige heffing

Art. 31

Richtige heffing; rechtshandelingen alleen om belasting te ontgaan

Voor de heffing van de directe belastingen en de inkomstenbelasting wordt geen rekening gehouden met rechtshandelingen waarvan op grond van de omstandigheid dat zij geen wezenlijke verandering van feitelijke verhoudingen hebben ten doel gehad, of op grond van andere bepaalde feiten en omstandigheden moet worden aangenomen dat zij zouden achterwege gebleven zijn indien daarmede niet de heffing van de belasting voor het vervolg geheel of ten dele zou worden onmogelijk gemaakt.

Art. 32

Beschikking t.z.v. richtige heffing

Het besluit van de inspecteur om een belastingaanslag met toepassing van artikel 31 vast te stellen, wordt genomen bij voor bezwaar vatbare beschikking en niet dan nadat Onze Minister daartoe toestemming heeft verleend.

Art. 33

Proefprocedure (verzoek om uitspraak inspecteur)

1. In geval van twijfel of een beraamde rechtshandeling onder artikel 31 zou vallen, kan de belanghebbende deze vraag onderwerpen aan het oordeel van de inspecteur. De beslissing van de inspecteur wordt genomen bij voor bezwaar vatbare beschikking.

Algemene wet inzake rijksbelastingen   **A56 art. 39**

2. Indien de inspecteur de in het eerste lid bedoelde vraag ontkennend beantwoordt, kan artikel 31 op de rechtshandeling, zo zij tot stand komt, niet worden toegepast, tenzij mocht blijken, dat de feiten niet volkomen overeenstemmen met de tevoren gegeven voorstelling.

Art. 34
In geval van beroep tegen een uitspraak op een bezwaarschrift betreffende een beschikking als bedoeld in artikel 32 of 33, handhaaft de rechtbank de uitspraak indien blijkt, dat de in de beschikking omschreven rechtshandeling voldoet aan de voor de toepassing van artikel 31 gestelde voorwaarden, en vernietigt het de uitspraak indien dit niet het geval is.   *Beroep tegen uitspraak*

Art. 35
Nadat de in artikel 32 bedoelde beschikking onherroepelijk is geworden kan daaraan uitvoering worden gegeven. Een na het onherroepelijk worden van de in de artikelen 32 of 33 bedoelde beschikking, met toepassing van artikel 31 vastgestelde belastingaanslag kan niet worden bestreden met het bezwaar, dat artikel 31 geen toepassing had mogen vinden.   *Uitvoering van onherroepelijke beschikking*

Art. 36
De termijnen van artikel 11, derde lid, artikel 16, derde en vierde lid, en artikel 20, derde lid, worden verlengd met de tijd die verloopt tussen de dagtekening van het afschrift van de in artikel 32 bedoelde beschikking en de dag welke valt een jaar na die waarop die beschikking onherroepelijk geworden dan wel vernietigd is.   *Verlenging van termijnen*

Hoofdstuk VII
Bepalingen ter voorkoming van dubbele belasting

Art. 37
1. Bij of krachtens algemene maatregel van bestuur kunnen, met inachtneming van het beginsel van wederkerigheid, regelen worden gesteld, waardoor in aansluiting aan de desbetreffende bepalingen voorkomende in de wetgeving van een ander deel van het Koninkrijk of van een andere Mogendheid dan wel in de besluiten van een volkenrechtelijke organisatie, dubbele belasting geheel of gedeeltelijk wordt voorkomen.   *Voorkoming van dubbele belasting; wel wederkerigheid*
(Zie ook: BvdB 2001)
2. Bij of krachtens algemene maatregel van bestuur kunnen ter voorkoming van dubbele belasting in gevallen waarin daaromtrent niet op andere wijze is voorzien, regels worden gesteld ten einde gehele of gedeeltelijke vrijstelling of vermindering te verlenen van de belasting die betrekking heeft op inkomen of vermogen uit de BES eilanden.   *BES-eilanden*
(Zie ook: Belastingregeling voor het land Nederland)
3. De voordracht voor een krachtens het tweede lid vast te stellen algemene maatregel van bestuur wordt niet eerder gedaan dan vier weken nadat het ontwerp aan beide kamers der Staten-Generaal is overgelegd.

Art. 38
1. Bij of krachtens algemene maatregel van bestuur kunnen ter voorkoming van dubbele belasting in gevallen waarin daaromtrent niet op andere wijze is voorzien, regelen worden gesteld ten einde gehele of gedeeltelijke vrijstelling of vermindering van belasting te verlenen, indien en voor zover het voorwerp van de belasting is onderworpen aan een belasting die vanwege een ander land van het Koninkrijk, een andere Mogendheid of een volkenrechtelijke organisatie wordt geheven.   *Voorkoming van dubbele belasting; geen wederkerigheid*
(Zie ook: Bvdb 2001)
2. Belastbaar loon uit tegenwoordige arbeid wordt voor de toepassing van het eerste lid geacht te zijn onderworpen aan een belasting die vanwege een andere Mogendheid wordt geheven, indien zij wordt genoten uit privaatrechtelijke dienstbetrekking tot een werkgever die is gevestigd in een lidstaat van de Europese Unie of in een bij ministeriële regeling aangewezen staat die partij is bij de Overeenkomst betreffende de Europese Economische Ruimte, voorzover dat loon betrekking heeft op arbeid die gedurende ten minste drie aaneengesloten maanden wordt verricht binnen het gebied van een Mogendheid waarmee Nederland geen verdrag ter voorkoming van dubbele belasting heeft gesloten en met betrekking waartoe geen regelen zijn gesteld op grond van artikel 37. Voor de toepassing van de vorige volzin omvat het gebied van een andere Mogendheid mede het gebied buiten de territoriale wateren van die Mogendheid waarin deze in overeenstemming met het internationale recht soevereine rechten kan uitoefenen. Onze Minister is bevoegd voor bepaalde gevallen of groepen van gevallen te bepalen dat loon betrekking heeft op arbeid die gedurende ten minste drie aaneengesloten maanden wordt verricht.   *Fictieve onderworpenheid*
(Zie ook: art. 31a Uitv.reg. AWR)

Art. 39
In de gevallen waarin het volkenrecht, dan wel naar het oordeel van Onze Minister het internationale gebruik, daartoe noopt, wordt vrijstelling van belasting verleend. Onze Minister is bevoegd ter zake nadere regelen te stellen.   *Volkenrechtelijke vrijstelling*
(Zie ook: art. 32 t/m 41 Uitv.reg. AWR)

Art. 40
[Vervallen]

Hoofdstuk VIII
Bijzondere bepalingen

Afdeling 1
Vertegenwoordiging buiten rechte

Art. 41
Vergezelplicht — Hij die zich, ingevolge de belastingwet opgeroepen tot het mondeling aan de inspecteur verstrekken van gegevens en inlichtingen, voor het onderhoud met de inspecteur doet vertegenwoordigen, is desgevorderd gehouden zijn vertegenwoordiger te vergezellen.

Art. 42
Vertegenwoordiging van lichamen (bestuurders) — De bevoegdheden van een lichaam kunnen worden uitgeoefend en zijn verplichtingen kunnen worden nagekomen door iedere bestuurder.

Art. 43
Wettelijke vertegenwoordigers, curatoren en bewindvoerders — De bevoegdheden en de verplichtingen van een minderjarige, een onder curatele gestelde, iemand die in staat van faillissement is verklaard of ten aanzien van wie de schuldsaneringsregeling natuurlijke personen van toepassing is, of wiens vermogen onder bewind is gesteld, kunnen worden uitgeoefend en nagekomen door hun wettelijke vertegenwoordiger, curator en bewindvoerder. Desgevorderd zijn laatstgenoemden tot nakoming van de verplichtingen gehouden.
(Zie ook: art. 4 Uitv.reg. AWR)

Art. 44
Vertegenwoordiging van erflater — 1. Na iemands overlijden kunnen zijn rechtverkrijgenden onder algemene titel in het uitoefenen van de bevoegdheden en in het nakomen van de verplichtingen, welke de overledene zou hebben gehad, ware hij in leven gebleven, worden vertegenwoordigd door een hunner, de executeur, de door de rechter benoemde vereffenaar of de bewindvoerder over de nalatenschap of de bewindvoerder over de nalatenschap. Desgevorderd is ieder der in dit lid genoemde personen tot nakoming van die verplichtingen gehouden.

Adressering stukken — 2. Stukken betreffende belastingaangelegenheden van een overledene kunnen worden gericht aan een der in het eerste lid genoemde personen.
(Zie ook: art. 4 Uitv.reg. AWR)

Art. 45
Uitsluiting van vertegenwoordiging — Om geldige redenen kan de inspecteur vertegenwoordiging uitsluiten in de nakoming van een verplichting van wie hem die zelf tot die nakoming in staat is.

Art. 46
Strafvordering — De bepalingen van deze afdeling gelden niet met betrekking tot strafvordering.

Afdeling 2
Verplichtingen ten dienste van de belastingheffing

Art. 47
Verplichting tot inlichtingenverstrekking — 1. Ieder is gehouden desgevraagd aan de inspecteur:
a. de gegevens en inlichtingen te verstrekken welke voor de belastingheffing te zijnen aanzien van belang kunnen zijn;
b. de boeken, bescheiden en andere gegevensdragers of de inhoud daarvan - zulks ter keuze van de inspecteur - waarvan de raadpleging van belang kan zijn voor de vaststelling van de feiten welke invloed kunnen uitoefenen op de belastingheffing te zijnen aanzien, voor dit doel beschikbaar te stellen.

Verplichting voor derden — 2. Ingeval belastingaangelegenheden van een derde aanmerkt als aangelegenheden van degene die vermoedelijk belastingplichtig is, gelden, voor zover het deze aangelegenheden betreft, gelijke verplichtingen voor de derde.

Identificatieplicht — 3. Een ieder die de leeftijd van veertien jaar heeft bereikt, is verplicht op vordering van de inspecteur terstond het identiteitsbewijs als bedoeld in artikel 1 van de Wet op de identificatieplicht ter inzage aan te bieden, indien dit van belang kan zijn voor de belastingheffing te zijnen aanzien.

Art. 47a
Informatieverplichting in internationale verhoudingen — 1. Met betrekking tot een vennootschap met een geheel of ten dele in aandelen verdeeld kapitaal waarin een niet in Nederland gevestigd lichaam of een niet in Nederland wonende natuurlijke persoon een belang heeft van meer dan 50 percent en met betrekking tot een ander lichaam waarover dat niet in Nederland gevestigde lichaam of die natuurlijke persoon de zeggenschap heeft, is artikel 47, eerste lid, van overeenkomstige toepassing ter zake van gegevens en inlichtingen alsmede gegevensdragers in het bezit zijn van dat niet in Nederland gevestigde lichaam of die natuurlijke persoon. De vorige volzin is van overeenkomstige toepassing in gevallen waarin twee of meer lichamen of natuurlijke personen waarvan er ten minste één niet in Neder-

land is gevestigd of woont, volgens een onderlinge regeling tot samenwerking een belang houden van meer dan 50 percent in een vennootschap met een geheel of ten dele in aandelen verdeeld kapitaal dan wel de zeggenschap hebben in een ander lichaam. Ter zake van die gegevensdragers kan worden volstaan met het voor raadpleging beschikbaar stellen van de inhoud daarvan door middel van kopieën, leesbare afdrukken of uittreksels.

2. Met betrekking tot de in het eerste lid bedoelde vennootschap en het andere lichaam is artikel 47, eerste lid, eveneens van overeenkomstige toepassing ter zake van gegevens en inlichtingen alsmede gegevensdragers die in het bezit zijn van een niet in Nederland gevestigde vennootschap met een geheel of ten dele in aandelen verdeeld kapitaal waarin met het eerste lid bedoeld niet in Nederland gevestigd lichaam of wonend natuurlijk persoon een belang heeft van meer dan 50 percent of die in het bezit zijn van een ander niet in Nederland gevestigd lichaam waarover dat niet in Nederland gevestigde lichaam of die natuurlijke persoon zeggenschap heeft. Ter zake van die gegevensdragers kan worden volstaan met het voor raadpleging beschikbaar stellen van de inhoud daarvan door middel van kopieën, leesbare afdrukken of uittreksels. — *Gelieerde vennootschap*

3. Het eerste en het tweede lid zijn niet van toepassing indien het in die leden bedoelde niet in Nederland gevestigde lichaam of de in die leden bedoelde natuurlijke persoon is gevestigd onderscheidenlijk woont in Aruba, Curaçao, Sint Maarten of een staat waarmee in de relatie met Nederland een wederkerige regeling bestaat die voorziet in inlichtingenuitwisseling met betrekking tot de belasting voor de heffing waarvan de inspecteur de gegevens, inlichtingen of gegevensdragers nodig heeft. — *Uitzondering*

4. In afwijking van het derde lid kan Onze Minister de inspecteur toestaan het eerste en het tweede lid alsnog toe te passen indien is gebleken dat bij toepassing van het derde lid de gevraagde inlichtingen niet kunnen worden verkregen. — *Machtigen inspecteur*

5. Voor een weigering om te voldoen aan de in dit artikel omschreven verplichtingen kunnen de vennootschap en het andere lichaam zich niet met vrucht beroepen op een gebrek aan medewerking van het niet in Nederland gevestigde lichaam of de niet in Nederland wonende natuurlijke persoon.

Art. 47b
Degene op wie de gegevens en inlichtingen, bedoeld in artikel 53, tweede en derde lid, betrekking hebben, is gehouden, volgens bij of krachtens de belastingwet te stellen regels, aan de administratieplichtige opgave te verstrekken van zijn burgerservicenummer. — *Verstrekken BSN*
(Zie ook: art. 43a Uitv.reg. AWR)

Art. 48
1. De in artikel 47, eerste lid, onderdeel b, bedoelde verplichting geldt onverminderd voor een derde bij wie zich gegevensdragers bevinden van degene die gehouden is deze, of de inhoud daarvan, aan de inspecteur voor raadpleging beschikbaar te stellen. — *Gegevensdragers bij derden*
2. De inspecteur stelt degene wiens gegevensdragers hij bij een derde voor raadpleging vordert, gelijktijdig hiervan in kennis. — *Kennisgeving*

Art. 49
1. De gegevens en inlichtingen dienen duidelijk, stellig en zonder voorbehoud te worden verstrekt, mondeling, schriftelijk of op andere wijze - zulks ter keuze van de inspecteur - en binnen een door de inspecteur te stellen termijn. — *Formele vereisten*
2. Toegelaten moet worden, dat kopieën, leesbare afdrukken of uittreksels worden gemaakt van de voor raadpleging beschikbaar gestelde gegevensdragers of de inhoud daarvan.

Art. 49a
Bij ministeriële regeling wordt aangewezen degene die is gehouden bij het verrichten van de in die ministeriële regeling aan te wijzen werkzaamheden het burgerservicenummer te gebruiken ten behoeve van de rijksbelastingdienst. Voor aanwijzing komt niet in aanmerking een overheidsorgaan als bedoeld in artikel 1, onderdeel c, van de Wet algemene bepalingen burgerservicenummer of degene aan wie het burgerservicenummer is toegekend. Onder werkzaamheden als bedoeld in de eerste volzin wordt mede verstaan het doen van aangifte. — *Gebruik BSN door andere gebruiker*

Art. 50
1. Degene die een gebouw of grond in gebruik heeft, is verplicht de inspecteur en de door deze aangewezen deskundigen desgevraagd toegang te verlenen tot alle gedeelten van dat gebouw en alle grond, voor zover dat voor een ingevolge de belastingwet te verrichten onderzoek nodig is. — *Toegangsverlening tot grond en gebouwen*
2. De gevraagde toegang moet worden verleend, tussen acht uur 's ochtends en zes uur 's avonds, met uitzondering van zaterdagen, zondagen en algemeen erkende feestdagen. — *Tijdstip toegang*
3. Indien het gebouw of de grond wordt gebruikt voor het uitoefenen van een bedrijf, een zelfstandig beroep of een werkzaamheid als bedoeld in artikel 52, eerste lid, wordt, voor zover het redelijkerwijs niet mogelijk is het onderzoek te doen plaatsvinden gedurende de in het tweede lid bedoelde uren, de gevraagde toegang verleend tijdens de uren waarin het gebruik voor de uitoefening van dat bedrijf, dat zelfstandig beroep of die werkzaamheid daadwerkelijk plaatsvindt.

Algemene wet inzake rijksbelastingen

Medewerking verplicht
4. De gebruiker van het gebouw of de grond is verplicht desgevraagd de aanwijzingen te geven die voor het onderzoek nodig zijn.

Art. 51
Geheimhoudingsplicht
Voor een weigering om te voldoen aan de in de artikelen 47, 47a, 47b, 48 en 49 omschreven verplichtingen kan niemand zich met vrucht beroepen op de omstandigheden dat hij uit enigerlei hoofde tot geheimhouding verplicht is, zelfs niet indien deze hem bij een wettelijke bepaling is opgelegd.

Art. 52
Administratieplicht
1. Administratieplichtigen zijn gehouden van hun vermogenstoestand en van alles betreffende hun bedrijf, zelfstandig beroep of werkzaamheid naar de eisen van dat bedrijf, dat zelfstandig beroep of die werkzaamheid op zodanige wijze een administratie te voeren en de daartoe behorende boeken, bescheiden en andere gegevensdragers op zodanige wijze te bewaren, dat te allen tijde hun rechten en verplichtingen alsmede de voor de heffing van belasting overigens van belang zijnde gegevens hieruit duidelijk blijken.

Administratieplichtigen
2. Administratieplichtigen zijn:
a. lichamen;
b. natuurlijke personen die een bedrijf of zelfstandig een beroep uitoefenen, alsmede natuurlijke personen die belastbare winst uit onderneming als bedoeld in artikel 3.3 van de Wet inkomstenbelasting 2001 genieten;
c. natuurlijke personen die inhoudingsplichtige zijn;
d. natuurlijke personen die een werkzaamheid als bedoeld in de artikelen 3.91, 3.92 en 3.92b van de Wet inkomstenbelasting 2001 verrichten.
3. Tot de administratie behoort hetgeen ingevolge andere belastingwetten wordt bijgehouden, aangetekend of opgemaakt.

Bewaarplicht (7 jaar)
4. Voorzover bij of krachtens de belastingwet niet anders is bepaald, zijn administratieplichtigen verplicht de in de voorgaande leden bedoelde gegevensdragers gedurende zeven jaar te bewaren.
5. De op een gegevensdrager aangebrachte gegevens, uitgezonderd de op papier gestelde balans en staat van baten en lasten, kunnen op een andere gegevensdrager worden overgebracht en bewaard, mits de overbrenging geschiedt met juiste en volledige weergave der gegevens en deze gegevens gedurende de volledige bewaartijd beschikbaar zijn en binnen redelijke tijd leesbaar kunnen worden gemaakt.

Inrichting administratie
6. De administratie dient zodanig te zijn ingericht en te worden gevoerd en de gegevensdragers dienen zodanig te worden bewaard, dat controle daarvan door de inspecteur binnen een redelijke termijn mogelijk is. Daartoe verleent de administratieplichtige de benodigde medewerking met inbegrip van het verschaffen van het benodigde inzicht in de opzet en de werking van de administratie.
7. Ingeval een administratieplichtige een door de inspecteur op het eerste lid gebaseerde verplichting is nagekomen maar van oordeel is dat de verplichting onrechtmatig is opgelegd, kan hij verzoeken om vergoeding van kosten die rechtstreeks verband houden met deze nakoming. De inspecteur beslist op dat verzoek bij voor bezwaar vatbare beschikking en kent een redelijke kostenvergoeding toe in geval van een onrechtmatig opgelegde verplichting.

Art. 52a
Informatiebeschikking
1. Indien met betrekking tot een op te leggen aanslag, navorderingsaanslag of naheffingsaanslag of een te nemen beschikking niet of niet volledig wordt voldaan aan de verplichtingen ingevolge artikel 41, 47, 47a, 49, 52, en, voor zover het verplichtingen van administratieplichtigen betreft ten behoeve van de heffing van de belasting waarvan de inhouding aan hen is opgedragen, aan de verplichtingen ingevolge artikel 53, eerste, tweede en derde lid, kan de inspecteur dit vaststellen bij voor bezwaar vatbare beschikking (informatiebeschikking). De inspecteur wijst in de informatiebeschikking op artikel 25, derde lid.
2. De termijn voor de vaststelling van een aanslag, navorderingsaanslag of naheffingsaanslag of het nemen van een beschikking wordt verlengd met de periode tussen de bekendmaking van de met betrekking tot die belastingaanslag of beschikking genomen informatiebeschikking waarin wordt vastgesteld dat de belastingplichtige niet of niet volledig aan zijn verplichtingen heeft voldaan en het moment waarop deze informatiebeschikking onherroepelijk komt vast te staan of wordt vernietigd.
3. Indien de inspecteur een aanslag, navorderingsaanslag of naheffingsaanslag vaststelt of een beschikking neemt voordat de met betrekking tot die belastingaanslag of beschikking genomen informatiebeschikking onherroepelijk is geworden, vervalt de informatiebeschikking.
4. Dit artikel laat onverlet de mogelijkheid voor de inspecteur om een procedure aanhangig te maken bij de burgerlijke rechter strekkende tot een veroordeling tot nakoming van de verplichtingen voortvloeiende uit deze wet op straffe van een dwangsom.

Art. 53
Administratie van bepaalde informatie
1. Met betrekking tot administratieplichtigen als bedoeld in artikel 52 zijn de in de artikelen 47 en 48 tot en met 50 geregelde verplichtingen van overeenkomstige toepassing ten behoeve van:

Algemene wet inzake rijksbelastingen A56 art. 58

a. de belastingheffing van derden;
b. de heffing van de belasting waarvan de inhouding aan hen is opgedragen.
2. Onverminderd de verplichtingen, bedoeld in het eerste lid, zijn de bij of krachtens de belastingwet aan te wijzen administratieplichtigen gehouden de bij of krachtens de belastingwet aan te wijzen gegevens en inlichtingen waarvan de kennisneming voor de heffing van de belasting van belang kan zijn eigener beweging te verstrekken aan de inspecteur volgens bij of krachtens de belastingwet te stellen regels.
(Zie ook: art. 18 Uitv.reg. Bd 2003)
3. De administratieplichtigen, bedoeld in het tweede lid, zijn gehouden bij de gegevens en inlichtingen, bedoeld in het tweede lid, het burgerservicenummer te vermelden van degene op wie de gegevens en inlichtingen betrekking hebben.
(Zie ook: art. 18 Uitv.reg. Bd 2003)
4. Het bepaalde in het eerste lid, aanhef en onderdeel a, is niet van toepassing op de personen en de lichamen als bedoeld in artikel 55, voor zover het de in dat artikel bedoelde gegevens en inlichtingen betreft.
5. Ingeval een administratieplichtige een door de inspecteur op het eerste lid, aanhef en onderdeel a, gebaseerde verplichting is nagekomen maar van oordeel is dat de verplichting onrechtmatig is opgelegd, kan hij verzoeken om vergoeding van kosten die rechtstreeks verband houden met deze nakoming. De inspecteur beslist op dat verzoek bij voor bezwaar vatbare beschikking en kent een redelijke kostenvergoeding toe in geval van een onrechtmatig opgelegde verplichting.

Art. 53a
1. Voor een weigering om te voldoen aan de verplichtingen ten behoeve van de belastingheffing van derden kunnen alleen bekleders van een geestelijk ambt, notarissen, advocaten, artsen en apothekers zich beroepen op de omstandigheid, dat zij uit hoofde van hun stand, ambt of beroep tot geheimhouding verplicht zijn.
2. Met betrekking tot de verplichtingen ten behoeve van de heffing van de belasting waarvan de inhouding aan administratieplichtigen is opgedragen, is artikel 51 van overeenkomstige toepassing.

Verschoningsrecht

Art. 54
De administratieplichtige die niet of niet volledig voldoet aan de vordering gegevensdragers, of de inhoud daarvan, voor raadpleging beschikbaar te stellen, wordt voor de toepassing van de artikelen 25 en 27e geacht niet volledig te hebben voldaan aan een bij of krachtens artikel 52 opgelegde verplichting, tenzij aannemelijk is dat de afwezigheid of onvolledigheid van de gegevensdragers of de inhoud daarvan het gevolg is van overmacht.

Niet voldoen aan verplichtingen

Art. 55
1. Onze Ministers, openbare lichamen en rechtspersonen die bij of krachtens een bijzondere wet rechtspersoonlijkheid hebben verkregen, de onder hen ressorterende instellingen en diensten, alsmede lichamen die hoofdzakelijk uitvoering geven aan het beleid van de rijksoverheid, verschaffen, mondeling, schriftelijk of op andere wijze - zulks ter keuze van de inspecteur - de gegevens en inlichtingen, en wel kosteloos, die hun door de inspecteur ter uitvoering van de belastingwet worden gevraagd.
2. Onze Minister kan, op schriftelijk verzoek, ontheffing verlenen van de in het eerste lid omschreven verplichting.

Informatieverstrekking door overheidsorganen

Ontheffing

Art. 56
De verplichtingen welke volgens deze afdeling bestaan jegens de inspecteur, gelden mede jegens iedere door Onze Minister aangewezen andere ambtenaar van de rijksbelastingdienst.
(Zie ook: art. 10 Uitv.reg. Bd 2003)

Andere ambtenaren

Art. 56a
De artikelen 47, 47b, 48, 49, 49a, 51, 52a, 53, 53a, 54, 55 en 56 zijn van overeenkomstige toepassing op gegevens en inlichtingen die van belang kunnen zijn voor de vaststelling van de beschikkingen, bedoeld in artikel 9.4a, eerste lid, onderdelen a en b, van de Wet inkomstenbelasting 2001.

Schakelbepaling

Afdeling 3
Domiciliekeuze en uitreiking van stukken

Art. 57
In bezwaar-, verzoek-, beroep-, verweer- en verzetschriften moet hij die niet in Nederland een vaste woonplaats of plaats van vestiging heeft, domicilie kiezen in Nederland.

Domiciliekeuze

Art. 58
Het uitnodigen tot het doen van aangifte van degene die niet in Nederland een vaste woonplaats of plaats van vestiging heeft, alsmede het ingevolge de belastingwet uitreiken van een stuk aan die persoon, kan ook geschieden aan de in Nederland gelegen vaste inrichting voor de uitoefening van zijn bedrijf of beroep, dan wel aan de woning of het kantoor van de in Nederland wonende of gevestigde vertegenwoordiger.

Geen vaste woonplaats of plaats van vestiging

Afdeling 4
Overschrijding van termijnen

Art. 59
[Vervallen]

Art. 60

Indiening na afloop van termijn
Ten aanzien van een na afloop van de termijn ingediend verzoekschrift is artikel 6:11 van de Algemene wet bestuursrecht van overeenkomstige toepassing.

Afdeling 5
Toekenning van bevoegdheden

Art. 61

Regels nopens in buitenland woonachtigen en gevestigden
Wij behouden Ons voor bij algemene maatregel van bestuur bepalingen vast te stellen tot verzekering van de heffing en invordering van belasting van hen die niet in Nederland een vaste woonplaats of plaats van vestiging hebben.
(Zie ook: art. 1-3 Uitv.besl. AWR)

Art. 62

Uitvoeringsregels
Onze Minister is bevoegd regelen te geven ter uitvoering van de belastingwet.
(Zie ook: Uitv.reg. AWR)

Art. 63

Hardheidsclausule
Onze Minister is bevoegd voor bepaalde gevallen of groepen van gevallen tegemoet te komen aan onbillijkheden van overwegende aard, welke zich bij de toepassing van de belastingwet mochten voordoen.

Art. 64

Doelmatig formaliseren
1. Ter bevordering van een doelmatige formalisering van de uit een belastingwet voortvloeiende schuld of van de op grond van een belastingwet op te leggen bestuurlijke boete kan de inspecteur afwijken van het overigens bij of krachtens de belastingwet bepaalde, indien:
   a. de belastingplichtige of de inhoudingsplichtige instemt met deze wijze van formaliseren, en
   b. de formalisering niet leidt tot een lagere schuld dan de schuld die zonder toepassing van dit artikel voortvloeit uit de belastingwet of tot een lagere bestuurlijke boete dan de zonder toepassing van dit artikel op grond van de belastingwet op te leggen bestuurlijke boete.
2. Bij ministeriële regeling kunnen nadere regels worden gesteld voor de toepassing van dit artikel.

Art. 65

Ambtshalve vermindering
1. Een onjuiste belastingaanslag of beschikking kan door de inspecteur ambtshalve worden verminderd. Een in de belastingwet voorziene vermindering, ontheffing of teruggaaf kan door hem ambtshalve worden verleend.
(Zie ook: § 3BBBB)

Onjuist bedrag
2. Het eerste lid is van overeenkomstige toepassing ten aanzien van degene die een onjuist bedrag op aangifte heeft voldaan of afgedragen, of van wie een onjuist bedrag is ingehouden.

Art. 66

Kwijtschelding van boete
Van de bij beschikking opgelegde bestuurlijke boete kan door Onze Minister gehele of gedeeltelijke kwijtschelding worden verleend.

Afdeling 6
Geheimhouding

Art. 67

Geheimhoudingsplicht
1. Het is een ieder verboden hetgeen hem uit of in verband met enige werkzaamheid bij de uitvoering van de belastingwet over de persoon of zaken van een ander blijkt of wordt meegedeeld, verder bekend te maken dan noodzakelijk is voor de uitvoering van de belastingwet of voor de invordering van enige rijksbelasting als bedoeld in de Invorderingswet 1990 (geheimhoudingsplicht).

Ontheffing
2. De geheimhoudingsplicht geldt niet indien:
   a. enig wettelijk voorschrift tot de bekendmaking verplicht;
   b. bij regeling van Onze Minister is bepaald dat bekendmaking noodzakelijk is voor de goede vervulling van een publiekrechtelijke taak van een bestuursorgaan;
   c. bekendmaking plaatsvindt aan degene op wie de gegevens betrekking hebben voorzover deze gegevens door of namens hem zijn verstrekt.
3. In andere gevallen dan bedoeld in het tweede lid kan Onze Minister ontheffing verlenen van de geheimhoudingsplicht.

Hoofdstuk VIIIA
Bestuurlijke boeten

Afdeling 1
Overtredingen

Paragraaf 1
Verzuimboeten

Art. 67a
1. Indien de belastingplichtige de aangifte voor een belasting welke bij wege van aanslag wordt geheven niet, dan wel niet binnen de ingevolge artikel 9, derde lid, gestelde termijn heeft gedaan, vormt dit een verzuim ter zake waarvan de inspecteur hem, uiterlijk bij de vaststelling van de aanslag, een bestuurlijke boete van ten hoogste € 5.514 kan opleggen. *Aanslagbelastingen; niet (tijdig) doen van aangifte*
(Zie ook: par. 15-21BBBB)
2. Indien over een jaar zowel een aanslag als een conserverende aanslag wordt vastgesteld, wordt de in het eerste lid bedoelde boete uitsluitend opgelegd uiterlijk bij het vaststellen van de aanslag. Wordt over een jaar uitsluitend een conserverende aanslag vastgesteld, dan wordt die boete opgelegd bij het vaststellen van de conserverende aanslag. *Boete bij conserverende aanslag*

Art. 67b
1. Indien de belastingplichtige of de inhoudingsplichtige de aangifte voor een belasting welke op aangifte moet worden voldaan of afgedragen niet, dan wel niet binnen de in artikel 10 bedoelde termijn heeft gedaan, vormt dit een verzuim ter zake waarvan de inspecteur hem een bestuurlijke boete van ten hoogste € 136 kan opleggen. *Aangiftebelastingen; niet (tijdig) doen van aangifte*
2. Indien de inhoudingsplichtige de aangifte loonbelasting niet, niet binnen de in artikel 10 bedoelde termijn, dan wel onjuist of onvolledig heeft gedaan, vormt dit, in afwijking van het eerste lid, een verzuim terzake waarvan de inspecteur hem een bestuurlijke boete van ten hoogste € 1.377 kan opleggen.
(Zie ook: par. 22BBBB)
3. De bevoegdheid tot het opleggen van de boete wegens het niet dan wel niet tijdig doen van de aangifte vervalt door verloop van vijf jaar na het einde van de termijn waarbinnen de aangifte had moeten worden gedaan. De bevoegdheid tot het opleggen van de boete wegens het doen van een onjuiste of onvolledige aangifte vervalt door verloop van vijf jaar na het einde van het kalenderjaar van het aangiftetijdvak waarop de aangifte betrekking heeft.
(Zie ook: par. 22aBBBB)

Art. 67c
1. Indien de belastingplichtige of de inhoudingsplichtige de belasting welke op aangifte moet worden voldaan of afgedragen niet, gedeeltelijk niet, dan wel niet binnen de in de belastingwet gestelde termijn heeft betaald, vormt dit een verzuim ter zake waarvan de inspecteur hem een bestuurlijke boete van ten hoogste € 5.514 kan opleggen. *Aangiftebelastingen; niet (tijdig) betalen*
2. Bij niet of gedeeltelijk niet betalen legt de inspecteur de boete op, gelijktijdig met de vaststelling van de naheffingsaanslag.
3. De bevoegdheid tot het opleggen van de boete wegens niet tijdig betalen vervalt door verloop van vijf jaren na het einde van het kalenderjaar waarin de belastingschuld is ontstaan.
(Zie ook: par. 23, 24, 24aBBBB)
4. Artikel 20, eerste lid, tweede volzin, en tweede lid, tweede volzin, is van overeenkomstige toepassing.

Art. 67ca
1. Degene die niet voldoet aan de verplichting hem opgelegd bij of krachtens: *Verzuim*
a. de artikelen 6, derde lid, 43, 44, 47b, 49, tweede lid, en 50, eerste lid;
b. artikel 7, tweede lid, van de Wet op de kansspelbelasting;
c. de artikelen 28, eerste lid, aanhef en onderdelen a, b, e en f, 29, 35d, 35e, aanhef en onderdelen a, b, d en e, 35k, 35l en 35m, aanhef en onderdelen a en c, van de Wet op de loonbelasting 1964;
d. de artikelen 4, elfde lid, en 9, eerste lid, van de Wet op de dividendbelasting 1965;
e. de artikelen 34c, eerste lid, 34e, 34g en 35a, eerste en tweede lid, van de Wet op de omzetbelasting 1968, of
f. artikel 54 van de Wet op belastingen van rechtsverkeer, begaat een verzuim ter zake waarvan de inspecteur hem een bestuurlijke boete van ten hoogste € 5.514 kan opleggen.
2. De bevoegdheid tot het opleggen van de in het eerste lid bedoelde boete vervalt door verloop van vijf jaren na het einde van het kalenderjaar waarin de verplichting is ontstaan.
(Zie ook: par. 24bBBBB)

Art. 67cb
1. De in de artikelen 67a, eerste lid, 67b, eerste en tweede lid, 67c, eerste lid, en 67ca, eerste lid, genoemde bedragen worden elke vijf jaar, met ingang van 1 januari van een jaar, bij minis- *Inflatiecorrectie per 5 jaar*

teriële regeling gewijzigd. Deze wijziging vindt voor het eerst plaats per 1 januari 2015. De artikelen 10.1 en 10.2 van de Wet inkomstenbelasting 2001 zijn van overeenkomstige toepassing, met dien verstande dat als tabelcorrectiefactor wordt genomen het product van de factoren van de laatste vijf kalenderjaren.
2. De gewijzigde bedragen vinden voor het eerst toepassing met betrekking tot verzuimen die zijn begaan na het begin van het kalenderjaar bij de aanvang waarvan de bedragen zijn gewijzigd.

Paragraaf 2
Vergrijpboeten

Art. 67cc

Opzettelijk onjuist of onvolledig verstrekken van gegevens en inlichtingen

1. Indien het aan opzet van de belastingplichtige is te wijten dat in een verzoek om het vaststellen van een voorlopige aanslag of in een verzoek om herziening als bedoeld in artikel 9.5 van de Wet inkomstenbelasting 2001 en artikel 27 van de Wet op de vennootschapsbelasting 1969 onjuiste of onvolledige gegevens of inlichtingen zijn verstrekt, vormt dit een vergrijp ter zake waarvan de inspecteur hem een bestuurlijke boete kan opleggen van ten hoogste 100 percent van de in het tweede lid omschreven grondslag voor de boete.
2. De grondslag voor de boete wordt gevormd door het bedrag aan belasting dat als gevolg van de onjuiste of onvolledige gegevens of inlichtingen ten onrechte is of zou zijn teruggegeven of ten onrechte niet is of zou zijn betaald.
3. De bevoegdheid tot het opleggen van de boete, bedoeld in het eerste lid, vervalt vijf jaren na het tijdstip waarop het verzoek is gedaan.

Art. 67d

Aanslagbelastingen; opzettelijk niet, onjuiste of onvolledige aangifte doen

1. Indien het aan opzet van de belastingplichtige is te wijten dat met betrekking tot een belasting welke bij wege van aanslag wordt geheven, de aangifte niet, dan wel onjuist of onvolledig is gedaan, vormt dit een vergrijp ter zake waarvan de inspecteur hem, gelijktijdig met de vaststelling van de aanslag, een bestuurlijke boete kan opleggen van ten hoogste 100 percent van de in het tweede lid omschreven grondslag voor de boete.
2. De grondslag voor de boete wordt gevormd door:
a. het bedrag van de aanslag, dan wel
b. indien verliezen in aanmerking zijn of worden genomen, het bedrag waarop de aanslag zou zijn berekend zonder rekening te houden met die verliezen;
een en ander voor zover dat bedrag als gevolg van de opzet van de belastingplichtige niet zou zijn geheven.
3. Indien verliezen in aanmerking zijn of worden genomen en als gevolg daarvan geen aanslag kan worden vastgesteld, kan de inspecteur de boete, bedoeld in het eerste lid, niettemin opleggen. De bevoegdheid tot het opleggen van de boete vervalt door verloop van de termijn die geldt voor het vaststellen van de aanslag, die zou kunnen zijn vastgesteld indien geen verliezen in aanmerking zouden zijn genomen.
4. Voor de toepassing van het tweede en derde lid wordt met verliezen gelijkgesteld de persoonsgebonden aftrek, bedoeld in artikel 6.1, eerste lid, onderdeel b, van de Wet inkomstenbelasting 2001.
5. Voor zover de aanslag geheel of gedeeltelijk betrekking heeft op belastbaar inkomen als bedoeld in artikel 5.1 van de Wet inkomstenbelasting 2001, bedraagt de boete, in zoverre in afwijking van het eerste lid, ten hoogste 300 percent van de daarover verschuldigde belasting zoals deze bij de aanslag is vastgesteld.
(Zie ook: par. 26BBBB)

Art. 67e

Aanslagbelastingen; door opzet of grove schuld te weinig belasting geheven

1. Indien het met betrekking tot een belasting welke bij wege van aanslag wordt geheven aan opzet of grove schuld van de belastingplichtige is te wijten dat de aanslag tot een te laag bedrag is vastgesteld of anderszins te weinig belasting is geheven, vormt dit een vergrijp ter zake waarvan de inspecteur hem, gelijktijdig met de vaststelling van de navorderingsaanslag, een bestuurlijke boete kan opleggen van ten hoogste 100 percent van de in het tweede lid omschreven grondslag voor de boete.

Grondslag boete

2. De grondslag voor de boete wordt gevormd door:
a. het bedrag van de navorderingsaanslag, dan wel
b. indien verliezen in aanmerking zijn of worden genomen, het bedrag waarop de navorderingsaanslag zou zijn berekend zonder rekening te houden met die verliezen;
een en ander voor zover dat bedrag als gevolg van de opzet of de grove schuld van de belastingplichtige niet zou zijn geheven.

Termijn

3. De inspecteur kan, in afwijking van het eerste lid, binnen zes maanden na de vaststelling van de navorderingsaanslag, een bestuurlijke boete opleggen indien de feiten of omstandigheden op grond waarvan wordt nagevorderd eerst bekend worden op of na het tijdstip dat is gelegen zes maanden vóór de afloop van de in artikel 16 bedoelde termijnen, en er tevens aanwijzingen bestaan dat het aan opzet of grove schuld van de belastingplichtige is te wijten dat de aanslag

tot een te laag bedrag is vastgesteld of anderszins te weinig belasting is geheven. Alsdan doet de inspecteur gelijktijdig met de vaststelling van de navorderingsaanslag mededeling aan de belastingplichtige dat wordt onderzocht of in verband met de navordering het opleggen van een vergrijpboete gerechtvaardigd is.
4. Indien verliezen in aanmerking zijn of worden genomen en als gevolg daarvan geen navorderingsaanslag kan worden vastgesteld, kan de inspecteur de boete, bedoeld in het eerste lid, niettemin opleggen. De bevoegdheid tot het opleggen van de boete vervalt door verloop van de termijn die geldt voor het vaststellen van de navorderingsaanslag, die zou kunnen zijn vastgesteld indien geen verliezen in aanmerking zouden zijn genomen.
5. Voor de toepassing van het tweede en vierde lid wordt met verliezen gelijkgesteld de persoonsgebonden aftrek, bedoeld in artikel 6.1, eerste lid, onderdeel b, van de Wet inkomstenbelasting 2001.   *Persoonsgebonden aftrek*
6. Voor zover de navorderingsaanslag geheel of gedeeltelijk betrekking heeft op belastbaar inkomen als bedoeld in artikel 5.1 van de Wet inkomstenbelasting 2001, bedraagt de boete, in zoverre in afwijking van het eerste lid, ten hoogste 300 percent van de daarover verschuldigde belasting zoals deze bij de navorderingsaanslag is vastgesteld.
(Zie ook: par. 27BBBB)

Art. 67f
1. Indien het aan opzet of grove schuld van de belastingplichtige of de inhoudingsplichtige is te wijten dat belasting welke op aangifte moet worden voldaan of afgedragen niet, gedeeltelijk niet, dan wel niet binnen de in de belastingwet gestelde termijn is betaald, vormt dit een vergrijp ter zake waarvan de inspecteur hem een bestuurlijke boete kan opleggen van ten hoogste 100 percent van de in het tweede lid omschreven grondslag voor de boete.   *Aangiftebelastingen; door opzet of grove schuld (gedeeltelijk) te weinig belasting betaald*
2. De grondslag voor de boete wordt gevormd door het bedrag van de belasting dat niet of niet tijdig is betaald, voor zover dat bedrag als gevolg van de opzet of de grove schuld van de belastingplichtige of de inhoudingsplichtige niet of niet tijdig is betaald.   *Grondslag boete*
3. Bij niet of gedeeltelijk niet betalen legt de inspecteur de boete op, gelijktijdig met de vaststelling van de naheffingsaanslag.
4. De bevoegdheid tot het opleggen van de boete wegens niet tijdig betalen, vervalt door verloop van vijf jaren na het einde van het kalenderjaar waarin de belastingschuld is ontstaan.   *Verjaring*
5. Artikel 67e, derde lid, is van overeenkomstige toepassing.
6. Artikel 20, eerste lid, tweede volzin, en tweede lid, tweede volzin, is van overeenkomstige toepassing.
(Zie ook: par. 28BBBB)

Art. 67fa
[Vervallen]

Afdeling 2
Aanvullende voorschriften inzake het opleggen van bestuurlijke boeten

Art. 67g
1. De inspecteur legt de bestuurlijke boete op bij voor bezwaar vatbare beschikking.   *Boetebeschikking*
2. In afwijking van artikel 5:9 van de Algemene wet bestuursrecht stelt de inspecteur de belastingplichtige of de inhoudingsplichtige, uiterlijk bij de in het eerste lid bedoelde beschikking, in kennis van de in dat artikel bedoelde gegevens.   *Mededeling gronden*

Art. 67h
Indien de grondslag voor een bestuurlijke boete wordt gevormd door het bedrag van de belasting, wordt de opgelegde boete naar evenredigheid verlaagd bij vermindering, teruggaaf, terugbetaling of kwijtschelding van belasting, voor zover deze vermindering, teruggaaf, terugbetaling of kwijtschelding het bedrag betreft waarover de boete is berekend.   *Evenredige aanpassing boete*

Art. 67i-67m
[Vervallen]

Art. 67n
1. Wanneer de belastingplichtige uiterlijk twee jaar nadat hij een onjuiste of onvolledige aangifte heeft gedaan of aangifte had moeten doen, alsnog een juiste en volledige aangifte doet, dan wel juiste en volledige inlichtingen, gegevens of aanwijzingen verstrekt vóórdat hij weet of redelijkerwijs moet vermoeden dat de inspecteur met de onjuistheid of onvolledigheid bekend is of bekend zal worden, wordt geen vergrijpboete opgelegd.   *Inkeerregeling*
2. Ook na het verstrijken van de in het eerste lid bedoelde termijn van twee jaar is het alsnog doen van een juiste en volledige aangifte, dan wel het verstrekken van juiste en volledige inlichtingen, gegevens of aanwijzingen door de belastingplichtige vóórdat hij weet of redelijkerwijs moet vermoeden dat de inspecteur met de onjuistheid of onvolledigheid bekend is of bekend zal worden, een omstandigheid die aanleiding geeft tot matiging van de vergrijpboete.

A56 art. 67o

Algemene wet inzake rijksbelastingen

Ontlopen vergrijpboete niet mogelijk bij uitzonderingen op inkeerregeling

3. Het eerste lid is niet van toepassing voor zover de juiste en volledige aangifte, dan wel de juiste en volledige inlichtingen, gegevens of aanwijzingen, bedoeld in het eerste lid, betrekking heeft, onderscheidenlijk hebben, op inkomen uit aanmerkelijk belang als bedoeld in artikel 4.12 van de Wet inkomstenbelasting 2001 of op inkomen uit sparen en beleggen als bedoeld in artikel 5.1 van die wet.

Art. 67o

Overtreder

1. In afwijking van artikel 5:1 van de Algemene wet bestuursrecht wordt onder overtreder mede verstaan:
   a. degene die de overtreding doet plegen;
   b. degene die door giften, beloften, misbruik van gezag, geweld, bedreiging, misleiding of het verschaffen van gelegenheid, middelen of inlichtingen de overtreding opzettelijk uitlokt;
   c. degene die als medeplichtige opzettelijk behulpzaam is bij of opzettelijk gelegenheid, middelen of inlichtingen verschaft tot het plegen van de overtreding.
2. De bestuurlijke boete, bedoeld in de artikelen 67a, 67b, 67c en 67ca, kan niet worden opgelegd aan een medeplichtige.
3. Indien de bestuurlijke boete, bedoeld in de artikelen 67cc, 67d, 67e en 67f, wordt opgelegd aan een medeplichtige, wordt het bedrag van de boete dat ten hoogste kan worden opgelegd met een derde verminderd.

Art. 67oa

Niet van toepassing zijnde voorwaarden

Indien aan een ander dan de belastingplichtige of inhoudingsplichtige een bestuurlijke boete wordt opgelegd, zijn niet van toepassing:
a. de voorwaarde, bedoeld in de artikelen 67c, tweede lid, 67d, eerste lid, 67e, eerste lid, en 67f, derde lid, dat de bestuurlijke boete wordt opgelegd gelijktijdig met de vaststelling van de belastingaanslag;
b. de voorwaarde, bedoeld in artikel 67a, eerste lid, dat een verzuimboete uiterlijk bij het vaststellen van de aanslag wordt opgelegd.

Art. 67ob

Vervallen door tijdsverloop van bevoegdheid om anderen te beboeten

1. De bevoegdheid om aan een ander dan de belastingplichtige of inhoudingsplichtige een bestuurlijke boete als bedoeld in de artikelen 67a, eerste lid, en 67d, eerste lid, op te leggen vervalt door verloop van drie jaren na het einde van het kalenderjaar waarin de overtreding heeft plaatsgevonden.
2. De bevoegdheid om aan een ander dan de belastingplichtige of inhoudingsplichtige een bestuurlijke boete als bedoeld in de artikelen 67c, tweede lid, 67e, eerste lid, en 67f, derde lid, op te leggen vervalt door verloop van vijf jaren na het einde van het kalenderjaar waarin de overtreding heeft plaatsgevonden.

Art. 67p

Reikwijdte

Deze afdeling is van overeenkomstige toepassing ten aanzien van anderen dan de belastingplichtige of de inhoudingsplichtige aan wie ingevolge de belastingwet een bestuurlijke boete kan worden opgelegd.

Art. 67pa

Afwijking met Awb

1. Met betrekking tot het opleggen van een verzuimboete vindt artikel 5:53 van de Algemene wet bestuursrecht geen toepassing.
2. In afwijking in zoverre van artikel 5:45 van de Algemene wet bestuursrecht vervalt de bevoegdheid om in een belastingwet geregelde verzuim- of vergrijpboete op te leggen niet na drie, onderscheidenlijk vijf jaren nadat de overtreding heeft plaatsgevonden.

Art. 67pb

Geen boete-inspecteur

In afwijking van artikel 10:3, vierde lid, van de Algemene wet bestuursrecht kan degene die de overtreding constateert ook worden belast met het opleggen van een bestuurlijke boete.

Art. 67q

Vergrijpboete na verzuimboete

1. In afwijking van artikel 5:43 van de Algemene wet bestuursrecht kan de inspecteur een vergrijpboete opleggen wegens hetzelfde feit als waarvoor eerder een verzuimboete is opgelegd, indien nieuwe bezwaren bekend zijn geworden.
2. Als nieuwe bezwaren kunnen enkel worden aangemerkt verklaringen van de belastingplichtige of inhoudingsplichtige of van derden en boeken, bescheiden en andere gegevensdragers of de inhoud daarvan, welke later bekend zijn geworden of niet zijn onderzocht.
3. Het rapport, bedoeld in artikel 5:48 van de Algemene wet bestuursrecht, vermeldt tevens waaruit de nieuwe bezwaren bestaan.
4. De eerder opgelegde verzuimboete wordt verrekend met de wegens hetzelfde feit opgelegde vergrijpboete.
5. Bij toepassing van dit artikel vervalt de voorwaarde van gelijktijdigheid, bedoeld in de artikelen 67d, eerste lid, 67e, eerste lid, en 67f, derde lid, voor zover nodig.

Afdeling 3
Openbaarmaking van de boetebeschikking

Art. 67r
1. De inspecteur maakt openbaar de voor bezwaar vatbare beschikking waarbij een bestuurlijke boete is opgelegd aan een overtreder als bedoeld in artikel 5:1, tweede lid, van de Algemene wet bestuursrecht vanwege een vergrijp als bedoeld in de artikelen 10a, 67cc, 67d, 67e of 67f of artikel 6.4 van de Wet bronbelasting 2021 dat door de overtreder opzettelijk is begaan tijdens de door hem beroepsmatig of bedrijfsmatig verleende bijstand bij het door de belastingplichtige of de inhoudingsplichtige voldoen aan diens uit een belastingwet voortvloeiende verplichtingen, binnen tien werkdagen na het laatste van de volgende momenten:

a. het moment van onherroepelijk worden van de beschikking tot openbaarmaking, bedoeld in het tweede lid;
b. het moment van onherroepelijk worden van de beschikking waarbij een bestuurlijke boete wordt opgelegd.

2. Het besluit tot openbaarmaking van de voor bezwaar vatbare beschikking waarbij een bestuurlijke boete wordt opgelegd wordt uiterlijk genomen op het moment van oplegging van die bestuurlijke boete en geschiedt bij voor bezwaar vatbare beschikking.
3. De inspecteur stelt de overtreder, bedoeld in het eerste lid, in de gelegenheid een zienswijze naar voren te brengen voordat hij besluit tot openbaarmaking als bedoeld in het eerste lid.
4. De inspecteur gaat niet over tot openbaarmaking als bedoeld in het eerste lid indien de overtreder, bedoeld in het eerste lid, daardoor onevenredig in zijn belang zou worden getroffen.
5. Bij ministeriële regeling kunnen nadere regels worden gesteld voor de toepassing van het derde en vierde lid.
6. Indien de inspecteur de voor bezwaar vatbare beschikking waarbij een bestuurlijke boete is opgelegd, bedoeld in het eerste lid, openbaar maakt, maakt hij tevens de volgende gegevens op de website van de Belastingdienst openbaar, voor zover deze niet reeds blijken uit die beschikking:

a. de naam van de overtreder;
b. de wettelijke grondslag van de boete;
c. het bedrag van de boete;
d. de dagtekening van de boete;
e. het jaar waarin de beboetbare gedraging is begaan;
f. de naam van de plaats waar de overtreder het vergrijp, bedoeld in het eerste lid, heeft begaan.

7. De voor bezwaar vatbare beschikking waarbij een bestuurlijke boete is opgelegd, bedoeld in het eerste lid, blijft gedurende een periode van vijf jaren na openbaarmaking beschikbaar op de website van de Belastingdienst.
8. De gegevens, bedoeld in het zesde lid, blijven gedurende een periode van vijf jaren na openbaarmaking beschikbaar op de website van de Belastingdienst.

Hoofdstuk IX
Strafrechtelijke bepalingen

Afdeling 1
Strafbare feiten

Art. 68
1. Degene die ingevolge de belastingwet verplicht is tot:
a. het verstrekken van inlichtingen, gegevens of aanwijzingen, en deze niet, onjuist of onvolledig verstrekt;
b. het voor raadpleging beschikbaar stellen van boeken, bescheiden, andere gegevensdragers of de inhoud daarvan, en deze niet voor dit doel beschikbaar stelt;
c. het voor raadpleging beschikbaar stellen van boeken, bescheiden, andere gegevensdragers of de inhoud daarvan, en deze in valse of vervalste vorm voor dit doel beschikbaar stelt;
d. het voeren van een administratie overeenkomstig de daaraan bij of krachtens de belastingwet gestelde eisen, en een zodanige administratie niet voert;
e. het bewaren van boeken, bescheiden of andere gegevensdragers, en deze niet bewaart;
f. het verlenen van medewerking als bedoeld in artikel 52, zesde lid, en deze niet verleent;
g. het uitreiken van een factuur of nota, en een onjuiste of onvolledige factuur of nota verstrekt;
wordt gestraft met hechtenis van ten hoogste zes maanden of geldboete van de derde categorie.
2. Degene die niet voldoet aan de verplichting, hem opgelegd bij artikel 47, derde lid, wordt gestraft met geldboete van de tweede categorie.

A56 art. 69 — Algemene wet inzake rijksbelastingen

Strafuitsluiting
3. Niet strafbaar is degene die de in artikel 47a bedoelde verplichting niet nakomt ten gevolge van een voor het niet in Nederland gevestigde lichaam of de niet in Nederland wonende natuurlijke persoon geldend wettelijk of rechterlijk verbod tot het verlenen van medewerking aan de verstrekking van de verlangde gegevens of inlichtingen of het voor raadpleging beschikbaar stellen van boeken, bescheiden, andere gegevensdragers of de inhoud daarvan, dan wel ten gevolge van een hem niet toe te rekenen weigering van het niet in Nederland gevestigde lichaam of de niet in Nederland wonende natuurlijke persoon de verlangde gegevens of inlichtingen te verstrekken of boeken, bescheiden, andere gegevensdragers of de inhoud daarvan voor raadpleging beschikbaar te stellen.

Art. 69

Delictsomschrijving misdrijven (bij opzet)
1. Degene die opzettelijk een bij de belastingwet voorziene aangifte niet doet, niet binnen de daarvoor gestelde termijn doet, dan wel een der feiten begaat, omschreven in artikel 68, eerste lid, onderdelen a, b, d, e, f of g, wordt, indien het feit ertoe strekt dat te weinig belasting wordt geheven, gestraft met gevangenisstraf van ten hoogste vier jaren of geldboete van de vierde categorie of, indien dit bedrag hoger is, ten hoogste eenmaal het bedrag van de te weinig geheven belasting.

Onjuiste aangifte
2. Degene die opzettelijk een bij de belastingwet voorziene aangifte onjuist of onvolledig doet, dan wel het feit begaat, omschreven in artikel 68, eerste lid, onderdeel c, wordt, indien het feit ertoe strekt dat te weinig belasting wordt geheven, gestraft met gevangenisstraf van ten hoogste zes jaren of geldboete van de vijfde categorie of, indien dit bedrag hoger is, ten hoogste eenmaal het bedrag van de te weinig geheven belasting, met dien verstande dat voor zover de onjuistheid in of onvolledigheid van de aangifte betrekking heeft op belastbaar inkomen als bedoeld in artikel 5.1 van de Wet inkomstenbelasting 2001 de geldboete ten hoogste driemaal het bedrag van de te weinig geheven belasting bedraagt.

Strafvervolging niet van toepassing bij inkeerregeling, wel bij uitzonderingen op inkeerregeling
3. Het recht tot strafvervolging op de voet van dit artikel vervalt, indien de schuldige alsnog een juiste en volledige aangifte doet, dan wel juiste en volledige inlichtingen, gegevens of aanwijzingen verstrekt vóórdat hij weet of redelijkerwijs moet vermoeden dat een of meer van de in artikel 80, eerste lid, bedoelde ambtenaren de onjuistheid of onvolledigheid bekend is of bekend zal worden. In afwijking van de eerste volzin vervalt het recht tot strafvervolging op de voet van dit artikel niet voor zover de schuldige alsnog een juiste en volledige aangifte doet, dan wel juiste en volledige inlichtingen, gegevens of aanwijzingen verstrekt die betrekking heeft, onderscheidenlijk hebben, op inkomen uit aanmerkelijk belang als bedoeld in artikel 4.12 van de Wet inkomstenbelasting 2001 of op inkomen uit sparen en beleggen als bedoeld in artikel 5.1 van die wet.

Uitsluiting van strafvervolging
4. Indien het feit, ter zake waarvan de verdachte kan worden vervolgd, zowel valt onder een van de bepalingen van het eerste of het tweede lid, als onder die van artikel 225, tweede lid, van het Wetboek van Strafrecht, is strafvervolging op grond van genoemd artikel 225, tweede lid, uitgesloten.

5. Artikel 68, derde lid, is van overeenkomstige toepassing.

Beroepsverbod
6. Indien de schuldige een van de strafbare feiten, omschreven in het eerste en tweede lid, in zijn beroep begaat, kan hij van de uitoefening van dat beroep worden ontzet.

Art. 69a

Niet-betalen op aangifte
1. Degene die opzettelijk de belasting welke op aangifte moet worden voldaan of afgedragen niet, gedeeltelijk niet, dan wel niet binnen de in de belastingwet gestelde termijn betaalt, wordt gestraft met gevangenisstraf van ten hoogste zes jaren of geldboete van de vijfde categorie of, indien dit bedrag hoger is, ten hoogste eenmaal het bedrag van de te weinig betaalde belasting.
2. Artikel 69, zesde lid, is van overeenkomstige toepassing.
3. Niet strafbaar is degene die de ontvanger tijdig heeft verzocht uitstel van betaling te verlenen of die onverwijld nadat gebleken is dat het lichaam niet tot betaling in staat is schriftelijk mededeling heeft gedaan aan de ontvanger.

Afdeling 1A
Strafbare feiten in algemene maatregelen van bestuur en ministeriële regelingen

Art. 70

Overtreding van AMvB
Overtreding van door Ons krachtens de belastingwet bij algemene maatregel van bestuur vastgestelde bepalingen wordt, voor zover die overtreding is aangemerkt als strafbaar feit, gestraft met geldboete van de derde categorie.

Art. 71

Overtreding van ministeriële voorschriften
Overtreding van door Onze Minister krachtens de belastingwet vastgestelde algemene voorschriften wordt, voor zover die overtreding is aangemerkt als strafbaar feit, gestraft met geldboete van de tweede categorie.

Afdeling 2
Algemene bepalingen van strafrecht

Art. 72
De bij de belastingwet strafbaar gestelde feiten waarop gevangenisstraf is gesteld, zijn misdrijven. De overige bij de belastingwet strafbaar gestelde feiten zijn overtredingen.   *Misdrijf of overtreding*

Art. 73
De Nederlandse strafwet is ook van toepassing op ieder die zich niet in Nederland schuldig maakt aan enig in de belastingwet omschreven misdrijf.   *Buiten Nederland*

Art. 74
Ter zake van bij de belastingwet strafbaar gestelde feiten vindt artikel 36e van het Wetboek van Strafrecht geen toepassing.   *Ontneming wederrechtelijk voordeel*

Art. 75
[Vervallen]

Art. 76
1. Ten aanzien van de bij de belastingwet strafbaar gestelde feiten met betrekking tot welke het proces-verbaal niet overeenkomstig artikel 80, tweede lid, in handen van de officier van justitie is gesteld, kan, in afwijking van de artikelen 257a, 257b en 257ba van het Wetboek van Strafvordering, uitsluitend het bestuur van 's Rijks belastingen een strafbeschikking uitvaardigen. Bij ministeriële regeling kunnen functionarissen worden aangewezen die deze bevoegdheid namens dat bestuur kunnen uitoefenen.   *Strafbeschikking*
2. In deze strafbeschikking kan een geldboete worden opgelegd. Voorts kan deze strafbeschikking aanwijzingen bevatten waaraan de verdachte moet voldoen. De aanwijzingen kunnen inhouden: *Transactie*
   a. afstand van voorwerpen die in beslag zijn genomen en vatbaar zijn voor verbeurdverklaring of onttrekking aan het verkeer;
   b. uitlevering, of voldoening aan de staat van de geschatte waarde, van voorwerpen die vatbaar zijn voor verbeurdverklaring;
   c. voldoening aan de Staat van een geldbedrag gelijk aan of lager dan het geschatte voordeel – met inbegrip van besparing van kosten – door de verdachte verkregen door middel van of uit het strafbare feit;
   d. het alsnog voldoen aan een bij de belastingwet gestelde verplichting.
3. Een strafbeschikking waarin een geldboete wordt opgelegd van meer dan € 2 000, wordt, in afwijking van artikel 257c, tweede lid, van het Wetboek van Strafvordering, slechts uitgevaardigd indien de verdachte daaraan voorafgaand is gehoord.   *Voorwaarden*
4. Een geldboete wordt, in zoverre in afwijking van artikel 6:1:17 van het Wetboek van Strafvordering, ingevorderd op de wijze, voorzien in de Invorderingswet 1990. Daartoe wordt een afschrift van de strafbeschikking aan de ontvanger ter hand gesteld. Het bestuur van 's Rijks belastingen of de aangewezen functionaris bepaalt voorts de termijn binnen welke aan de gegeven aanwijzingen moet zijn voldaan en zo nodig tevens de plaats waar zulks moet geschieden. De gestelde termijn kan voor de afloop daarvan eenmaal worden verlengd.
5. In afwijking van artikel 257h, tweede lid, van het Wetboek van Strafvordering verstrekt het bestuur van 's Rijks belastingen desgevraagd een afschrift van een strafbeschikking aan ieder ander dan de verdachte of zijn raadsman, tenzij verstrekking naar het oordeel van het bestuur ter bescherming van de belangen van degene ten aanzien van wie de strafbeschikking is uitgevaardigd of van de derden die in de strafbeschikking worden genoemd, geheel of gedeeltelijk dient te worden geweigerd. In het laatste geval kan het bestuur van 's Rijks belastingen een geanonimiseerd afschrift van de strafbeschikking verstrekken.
6. Indien binnen veertien dagen geen afschrift dan wel een geanonimiseerd afschrift wordt verstrekt, kan de verzoeker een klaagschrift indienen bij het bestuur van 's Rijks belastingen. Deze stelt het klaagschrift, de strafbeschikking en het proces-verbaal in handen van de officier van justitie, welke het klaagschrift en de processtukken onverwijld ter kennis brengt van de rechtbank, tenzij hij alsnog aan het verzoek tegemoetkomt. De procesdeelnemers zijn, in afwijking van artikel 23, vierde lid, van het Wetboek van Strafvordering niet bevoegd van de inhoud van de processtukken kennis te nemen dan voorzover de rechtbank zulks toestaat.
7. Artikel 552ab van het Wetboek van Strafvordering is van overeenkomstige toepassing.

Afdeling 2A
[Vervallen]

Art. 76a-76c
[Vervallen]

Afdeling 3
Algemene bepalingen van strafvordering

Art. 77

Absolute competentie rechtbank
Hoger beroep

1. De rechtbanken vonnissen in eerste aanleg over bij de belastingwet strafbaar gestelde feiten.
2. De vonnissen zijn aan hoger beroep onderworpen, voor zover zij zijn gewezen:
   a. ter zake van misdrijven;
   b. ter zake van overtredingen ten aanzien van degene die op het tijdstip waarop de vervolging tegen hem is aangevangen, de leeftijd van achttien jaren nog niet had bereikt.
3. Tegen andere vonnissen kan de verdachte hoger beroep instellen, indien hechtenis als hoofdstraf is opgelegd, een geldboete van € 113 of meer is opgelegd dan wel een verbeurdverklaring is uitgesproken; het openbaar ministerie kan hoger beroep instellen, indien het gelijke straffen heeft gevorderd.

Art. 78

(Relatieve) competentie; domicilie van lichamen

Ten aanzien van bij de belastingwet strafbaar gestelde feiten worden lichamen voor de toepassing van artikel 2 van het Wetboek van Strafvordering geacht te wonen, waar zij gevestigd zijn.

Art. 79

[Vervallen]

Art. 80

Opsporingsbevoegdheid bij fiscale delicten
Verbalisering en het verdere verloop

1. Met het opsporen van bij de belastingwet strafbaar gestelde feiten zijn, behalve de in artikel 141 van het Wetboek van Strafvordering bedoelde personen, de ambtenaren van de rijksbelastingdienst belast.
2. In afwijking van de artikel 156 van het Wetboek van Strafvordering worden alle processen-verbaal betreffende bij de belastingwet strafbaar gestelde feiten ingezonden bij het bestuur van 's Rijks belastingen. Het bestuur doet de processen-verbaal betreffende strafbare feiten,
   a. als bedoeld in de artikelen 22 en 25 van de Verordening (EU) 2017/1939 van de Raad van 12 oktober 2017 betreffende nauwere samenwerking bij de instelling van het Europees Openbaar Ministerie («EOM») (PbEU 2017, L 283), of
   b. ter zake waarvan inverzekeringstelling of voorlopige hechtenis is toegepast dan wel een woning tegen de wil van de bewoner is binnengetreden, met de inbeslaggenomen voorwerpen, onverwijld toekomen aan de bevoegde officier van justitie.
De overige processen-verbaal doet het bestuur, met de inbeslaggenomen voorwerpen, toekomen aan de officier van justitie, indien het een vervolging of verdere vervolging door deze wenselijk acht.

Afdoening door belastingdienst

3. De officier van justitie is bevoegd, de zaak ter afdoening weder in handen van het bestuur van 's Rijks belastingen te stellen, hetwelk daarmede alsdan kan handelen overeenkomstig artikel 76.

Strafvervolging

4. Het bepaalde in artikel 148, tweede lid, van het Wetboek van Strafvordering vindt geen toepassing in zaken, waarin het bestuur van 's Rijks belastingen het proces-verbaal niet aan de officier van justitie heeft doen toekomen.

Art. 81

Inbeslagneming

De ambtenaren belast met het opsporen van bij de belastingwet strafbaar gestelde feiten, zijn te allen tijde bevoegd tot inbeslagneming van de ingevolge het Wetboek van Strafvordering voor inbeslagneming vatbare voorwerpen. Zij kunnen daartoe hun uitlevering vorderen.

Art. 82

Teruggave van het inbeslaggenomene
Beklag

1. In zaken waarin het bestuur van 's Rijks belastingen het proces-verbaal niet ingevolge het bepaalde in artikel 80, tweede lid, aan de officier van justitie heeft doen toekomen, geldt ten aanzien van het bestuur van 's Rijks belastingen hetgeen in artikel 116 van het Wetboek van Strafvordering ten aanzien van het openbaar ministerie is bepaald.
2. In de zaken, bedoeld in het vorige lid, wordt bij de toepassing van de artikelen 552a en 552b van het Wetboek van Strafvordering, alvorens het gerecht ingevolge artikel 552a, zesde lid, onderscheidenlijk artikel 552ab, vierde lid, van dat wetboek een beschikking neemt, ook het bestuur van 's Rijks belastingen in de gelegenheid gesteld te worden gehoord en is, in afwijking van het bepaalde in artikel 552d van dat wetboek, niet het openbaar ministerie doch het bestuur van 's Rijks belastingen bevoegd tot het instellen van beroep in cassatie. De griffier van het gerecht hetwelk in die zaken ingevolge artikel 552a, zesde lid, of artikel 552ab, vierde lid, van dat wetboek een beschikking neemt, deelt deze onverwijld mede aan het bestuur van 's Rijks belastingen.

Art. 83

Binnentreding

Bij het opsporen van een bij de belastingwet strafbaar gesteld feit hebben de in artikel 80, eerste lid, bedoelde ambtenaren toegang tot elke plaats, voor zover dat redelijkerwijs voor de vervulling van hun taak nodig is. Zij zijn bevoegd zich door bepaalde door hen aangewezen personen te doen vergezellen.

Algemene wet inzake rijksbelastingen A56 art. 96

Art. 84
Ten dienste van de vervolging en berechting van bij de belastingwet strafbaar gestelde feiten kan Onze Minister, in overeenstemming met Onze Minister van Justitie en Veiligheid, ambtenaren van de rijksbelastingdienst aanwijzen, die het contact onderhouden met het openbaar ministerie.
(Zie ook: art. 9 Uitv.reg. Bd 2003)

Contactambtenaar

Art. 85
De griffiers verstrekken aan het bestuur van 's Rijks belastingen desgevraagd kosteloos afschrift of uittreksel van arresten of vonnissen, in belastingstrafzaken gewezen.

Informatieverstrekking aan belastingdienst

Art. 86
Met betrekking tot gerechtelijke mededelingen inzake bij de belastingwet strafbaar gestelde feiten hebben de ambtenaren van de rijksbelastingdienst de bevoegdheden bij het Wetboek van Strafvordering aan ambtenaren van politie, aangesteld voor de uitvoering van de politietaak, toegekend.

Gerechtelijke mededelingen

Art. 87
Ten aanzien van de tenuitvoerlegging van rechterlijke beslissingen inzake bij de belastingwet strafbaar gestelde feiten hebben de ambtenaren van de rijksbelastingdienst de bevoegdheid van deurwaarders.

Tenuitvoerlegging rechterlijke beslissingen

Art. 88
1. De ambtenaren van de rijksbelastingdienst zijn tevens belast met de opsporing van:
a. de misdrijven omschreven in de artikelen 179 tot en met 182 van het Wetboek van Strafrecht, welke jegens hen zijn begaan;
b. het misdrijf omschreven in artikel 184 van het Wetboek van Strafrecht, indien het bevel of de vordering is gedaan krachtens of de handeling is ondernomen ter uitvoering van de belastingwet.
2. De artikelen 152, 153, 156 en 159 van het Wetboek van Strafvordering zijn te dezen op de ambtenaren van overeenkomstige toepassing.

Opsporingsbevoegdheid niet-fiscale delicten

Afdeling 4
[Vervallen]

Art. 88a-88c
[Vervallen]

Hoofdstuk X
Overgangs- en slotbepalingen

Art. 89
[Bevat wijzigingen in andere regelgeving.]

Art. 90
De krachtens de wet van 14 Juni 1930 (*Stb.* 244), houdende bepalingen tot voorkoming van dubbele belasting, uitgevaardigde voorschriften worden geacht krachtens Hoofdstuk VII te zijn uitgevaardigd.

Voorkoming van dubbele belasting

Art. 91
De wet van 13 Januari 1922 (*Stb.* 9), betreffende het opleggen van voorlopige aanslagen in de directe belastingen, wordt ingetrokken.

Uitschakelbepalingen

Art. 92
De wet van 29 April 1925 (*Stb.* 171), tot bevordering van de richtige heffing der directe belastingen, wordt ingetrokken.

Art. 93
De wet van 28 Juni 1926 (*Stb.* 227), houdende bepalingen met betrekking tot het overschrijden van in belastingwetten gestelde termijnen, wordt ingetrokken.

Art. 94
De wet van 23 April 1952 (*Stb.* 191), houdende bepalingen inzake vervanging van het fiscale noodrecht, wordt ingetrokken, behoudens ten aanzien van begane strafbare feiten.

Art. 95
1. De bepalingen van deze wet treden in werking op een door Ons te bepalen tijdstip, dat verschillend kan zijn zowel voor de onderscheidene bepalingen van de wet als voor de onderscheidene belastingen en tijdvakken waarin of waarover deze worden geheven.
2. Voor zoverre de bepalingen van deze wet ten aanzien van enige belasting in werking zijn getreden, blijven, behoudens ten aanzien van begane strafbare feiten, de bepalingen in andere belastingwetten betreffende de onderwerpen, geregeld in eerstbedoelde bepalingen, ten aanzien van die belasting in zoverre buiten toepassing.

Inwerkingtreding

Art. 96
Deze wet kan worden aangehaald als "Algemene wet inzake rijksbelastingen".

Citeertitel

Wet ruimtelijke ordening[1]

Wet van 20 oktober 2006, houdende nieuwe regels omtrent de ruimtelijke ordening (Wet ruimtelijke ordening)

Wij Beatrix, bij de gratie Gods, Koningin der Nederlanden, Prinses van Oranje-Nassau, enz. enz. enz.
Allen, die deze zullen zien of horen lezen, saluut! doen te weten:
Alzo Wij in overweging genomen hebben, dat het, ter bevordering van een duurzame ruimtelijke kwaliteit, wenselijk is nieuwe regels te geven omtrent de ruimtelijke ordening teneinde de positie van het bestemmingsplan te versterken, de doelgerichtheid en doeltreffendheid van het ruimtelijk beleid te vergroten en de ruimtelijke regelgeving te vereenvoudigen;
Zo is het, dat Wij, de Raad van State gehoord, en met gemeen overleg der Staten-Generaal, hebben goedgevonden en verstaan, gelijk Wij goedvinden en verstaan bij deze:

Hoofdstuk 1
Algemene bepalingen

Art. 1.1

Begripsbepalingen

1. In deze wet en de daarop berustende bepalingen wordt verstaan onder:
    a. Onze Minister: Onze Minister van Volkshuisvesting, Ruimtelijke Ordening en Milieubeheer;
    b. de inspecteur: de als zodanig bij besluit van Onze Minister aangewezen ambtenaar;
    c. omgevingsvergunning: omgevingsvergunning als bedoeld in artikel 1.1, eerste lid, van de Wet algemene bepalingen omgevingsrecht;
    d. voorbereidingsbesluit: besluit als bedoeld in artikel 3.7.
2. In deze wet en de daarop berustende bepalingen wordt mede verstaan onder:
    a. grond, gronden of gebied: de onder- en bovengrond op verschillende niveaus, alsmede water, de territoriale zee en de exclusieve economische zone daaronder begrepen;
    b. vaststellen van een bestemmingsplan: herzien van een bestemmingsplan.

Hoofdstuk 2
Structuurvisies

Art. 2.1

Ruimtelijke ordening, structuurvisie gemeente

1. De gemeenteraad stelt ten behoeve van een goede ruimtelijke ordening voor het gehele grondgebied van de gemeente een of meer structuurvisies vast waarin de hoofdzaken van het door de gemeente te voeren ruimtelijk beleid zijn vastgelegd.
2. De gemeenteraad kan voor aspecten van het gemeentelijk ruimtelijk beleid een structuurvisie vaststellen.
3. Voor zover een structuurvisie ontwikkelingen omvat, gaat de structuurvisie in op de wijze waarop de gemeenteraad zich voorstelt die ontwikkelingen te doen verwezenlijken.
4. De gemeenteraad kan in samenwerking met de raden van andere gemeenten een structuurvisie vaststellen.

Art. 2.2

Ruimtelijke ordening, structuurvisie provincie

1. Provinciale staten stellen ten behoeve van een goede ruimtelijke ordening voor het gehele grondgebied van de provincie een of meer structuurvisies vast waarin de hoofdzaken van het door de provincie te voeren ruimtelijk beleid zijn vastgelegd.
2. Provinciale staten kunnen voor aspecten van het provinciaal ruimtelijk beleid een structuurvisie vaststellen.
3. Voor zover een structuurvisie ontwikkelingen omvat, gaat de structuurvisie in op de wijze waarop provinciale staten zich voorstellen die ontwikkelingen te doen verwezenlijken.
4. Provinciale staten kunnen in samenwerking met de staten van andere provincies een structuurvisie vaststellen.

Art. 2.3

Ruimtelijke ordening, structuurvisie Nederland

1. Onze Minister, in overeenstemming met Onze Ministers die het mede aangaat, stelt ten behoeve van een goede ruimtelijke ordening voor het gehele land een of meer structuurvisies vast waarin de hoofdzaken van het door het Rijk te voeren ruimtelijk beleid zijn vastgelegd.

---

1 Inwerkingtredingsdatum: 01-07-2008; zoals laatstelijk gewijzigd bij: Stb. 2020, 262.

Wet ruimtelijke ordening

A57 art. 3.1a

2. Onze Minister of Onze Minister wie het aangaat, in overeenstemming met Onze Minister, kan ten behoeve van tot zijn beleidsterrein behorende aspecten van het nationale ruimtelijk beleid een structuurvisie vaststellen.

3. Voor zover een structuurvisie ontwikkelingen omvat, gaat die structuurvisie tevens in op de wijze waarop Onze Minister zich voorstelt die ontwikkeling te doen verwezenlijken.

4. Met het vaststellen van een structuurvisie als bedoeld in het eerste en tweede lid wordt niet eerder een aanvang gemaakt, dan nadat Onze Minister of Onze Minister wie het aangaat, in overeenstemming met Onze Minister, een beschrijving van de inrichting van de voorgenomen structuurvisie aan de Tweede Kamer der Staten-Generaal heeft overgelegd en de Tweede Kamer der Staten-Generaal deze beschrijving openbaar behandeld heeft. Indien de Tweede Kamer der Staten-Generaal niet binnen vier weken besluit tot openbare behandeling van de beschrijving van de inrichting van de voorgenomen structuurvisie, dan kan met het vaststellen van de structuurvisie aangevangen worden. Onze Minister of Onze Minister wie het aangaat, in overstemming met Onze Minister, stelt de Tweede Kamer der Staten-Generaal schriftelijk op de hoogte van de gevolgtrekkingen die hij aan de behandeling verbindt.

5. Met verwezenlijking van de structuurvisie wordt niet eerder een aanvang gemaakt dan acht weken nadat Onze Minister of Onze Minister wie het aangaat haar aan de Staten-Generaal heeft toegezonden. Indien door of namens een der Kamers der Staten-Generaal binnen acht weken na toezending van de structuurvisie te kennen wordt gegeven dat zij over de visie in het openbaar wil beraadslagen wordt met verwezenlijking van de structuurvisie niet eerder een aanvang gemaakt dan zes maanden na die toezending, dan wel indien de beraadslagingen op een eerder tijdstip zijn beëindigd, na de beraadslagingen. Onze Minister of Onze Minister wie het aangaat stelt de Staten-Generaal schriftelijk op de hoogte van de gevolgtrekkingen die hij voor het nationaal ruimtelijk beleid aan de beraadslagingen verbindt.

Art. 2.4
Bij of krachtens algemene maatregel van bestuur kunnen regels worden gesteld omtrent de voorbereiding, vormgeving, inrichting en beschikbaarstelling van structuurvisies.

Nadere regels

Hoofdstuk 3
Bestemmings- en inpassingsplannen

Afdeling 3.1
Bepalingen omtrent de inhoud van het bestemmingsplan

Art. 3.1
1. De gemeenteraad stelt voor het gehele grondgebied van de gemeente een of meer bestemmingsplannen vast, waarbij ten behoeve van een goede ruimtelijke ordening de bestemming van de in het plan begrepen grond wordt aangewezen en met het oog op die bestemming regels worden gegeven. Deze regels betreffen in elk geval regels omtrent het gebruik van de grond en van de zich daar bevindende bouwwerken. Deze regels kunnen tevens strekken ten behoeve van de uitvoerbaarheid van in het plan opgenomen bestemmingen, met dien verstande dat deze regels ten aanzien van woningbouwcategorieën uitsluitend betrekking hebben op percentages gerelateerd aan het plangebied.

2. De bestemming van gronden, met inbegrip van de met het oog daarop gestelde regels, wordt binnen een periode van tien jaar, gerekend vanaf de datum van vaststelling van het bestemmingsplan, telkens opnieuw vastgesteld.

3. Telkens indien de gemeenteraad van oordeel is dat de in het bestemmingsplan aangewezen bestemmingen en de met het oog daarop gegeven regels in overeenstemming zijn met een goede ruimtelijke ordening, kan hij, in afwijking van het tweede lid, besluiten tot verlenging van de periode van tien jaar, genoemd in dat lid, met tien jaar.

4. Indien niet voor het verstrijken van de periode van tien jaar, genoemd in het tweede of het derde lid, de raad onderscheidenlijk opnieuw een bestemmingsplan heeft vastgesteld dan wel een verlengingsbesluit heeft genomen, vervalt de bevoegdheid tot het invorderen van rechten terzake van na dat tijdstip door of vanwege het gemeentebestuur verstrekte diensten die verband houden met het bestemmingsplan.

5. Van overschrijding van de in het tweede lid bedoelde periode doen burgemeester en wethouders schriftelijk mededeling. Zij leggen deze mededeling bij het bestemmingsplan waarin de bestemming van de grond laatstelijk is aangewezen, voor eenieder ter inzage. Artikel 3:12, eerste lid, van de Algemene wet bestuursrecht is van overeenkomstige toepassing.

Bestemmingsplan, vaststelling

Art. 3.1a
Artikel 3.1, tweede, vierde en vijfde lid, is niet van toepassing op bestemmingsplannen die elektronisch raadpleegbaar zijn.

Werkingssfeer

Art. 3.2

Bestemmingsplan, voorlopige bestemming
Bij een bestemmingsplan kunnen voorlopige bestemmingen worden aangewezen en met het oog hierop voorlopige regels worden gegeven. Een voorlopige bestemming geldt voor een daarbij te stellen termijn van ten hoogste vijf jaar.

Art. 3.3

Bestemmingsplan, verbod op werkzaamheden
Om te voorkomen dat in een bestemmingsplan begrepen grond minder geschikt wordt voor de verwezenlijking van de daaraan bij het plan te geven bestemming dan wel om een overeenkomstig het plan verwezenlijkte bestemming te handhaven en te beschermen, kan bij het bestemmingsplan worden bepaald, dat het verboden is om binnen een bij dat plan aangegeven gebied zonder omgevingsvergunning:
a. bepaalde werken, geen bouwwerken zijnde, of werkzaamheden uit te voeren;
b. bouwwerken te slopen.

Art. 3.4

Bestemmingsplan, afwijkend grondgebruik
Bij een bestemmingsplan kunnen, voor zover het gronden betreft waarvan het gebruik afwijkt van het plan, een of meer onderdelen worden aangewezen ten aanzien waarvan de verwezenlijking in de naaste toekomst nodig wordt geacht.

Art. 3.5

Bestemmingsplan, modernisering/vervanging bouwwerken
Bij een bestemmingsplan kunnen gebieden worden aangewezen waarbinnen de daar aanwezige bouwwerken dienen te worden gemoderniseerd of vervangen door gelijksoortige bebouwing van gelijke of nagenoeg gelijke bouwmassa. Zolang deze modernisering of vervanging niet is verwezenlijkt, wordt het gebruik van die bouwwerken aangemerkt als afwijkend van het plan.

Art. 3.6

Bestemmingsplan, bevoegdheid B&W
1. Bij een bestemmingsplan kan worden bepaald dat met inachtneming van de bij het plan te geven regels:
a. burgemeester en wethouders binnen bij het plan te bepalen grenzen het plan kunnen wijzigen;
b. burgemeester en wethouders het plan moeten uitwerken;
c. bij een omgevingsvergunning kan worden afgeweken van bij het plan aan te geven regels;
d. burgemeester en wethouders ten aanzien van in het plan omschreven onderwerpen of onderdelen nadere eisen kunnen stellen.
2. Een wijzigingsbevoegdheid als bedoeld in het eerste lid, onder a, kan mede een uitwerkingsplicht als bedoeld in het eerste lid, onder b, inhouden.
3. Een wijziging of uitwerking als bedoeld in het eerste lid, onder a of b, maakt deel uit van het plan en kan, zolang de bestemming nog niet is verwezenlijkt, worden vervangen door een nieuwe wijziging of uitwerking.
4. Belanghebbenden worden in de gelegenheid gesteld hun zienswijzen omtrent een voorgenomen nadere eis als bedoeld in het eerste lid naar voren te brengen.

Art. 3.6a

Bestemmingsplan, uitsluiten afwijking door omgevingsvergunning
Bij een bestemmingsplan kan worden uitgesloten dat daarvan voor bepaalde termijn kan worden afgeweken door middel van een omgevingsvergunning waarbij toepassing is gegeven aan artikel 2.12, eerste lid, onder a, onder 2°, van de Wet algemene bepalingen omgevingsrecht indien het belang ter bescherming waarvan een bepaalde bestemming in het plan is opgenomen zich daarmee niet verdraagt.

Afdeling 3.2
Bepalingen omtrent de procedure van het bestemmingsplan

Art. 3.7

Bestemmingsplan, voorbereiding
1. De gemeenteraad kan verklaren dat een bestemmingsplan wordt voorbereid.

2. Bij het voorbereidingsbesluit wordt bepaald voor welk gebied het geldt en met ingang van welke dag het in werking treedt.
3. Om te voorkomen dat een bij het voorbereidingsbesluit aangewezen gebied minder geschikt wordt voor de verwezenlijking van de daaraan bij het plan te geven bestemming, kan artikel 3.3 overeenkomstig worden toegepast.
4. Om te voorkomen dat een bij een voorbereidingsbesluit aangewezen gebied minder geschikt wordt voor de verwezenlijking van een daaraan bij het plan te geven bestemming, kan bij het besluit tevens worden bepaald dat het verboden is het gebruik van daarbij aangewezen gronden of bouwwerken te wijzigen. Hierbij kan mede worden bepaald dat binnen de bij het voorbereidingsbesluit te geven regels bij een omgevingsvergunning van het verbod kan worden afgeweken.
5. Een voorbereidingsbesluit vervalt, indien niet binnen een jaar na de datum van inwerkingtreding daarvan een ontwerp voor een bestemmingsplan ter inzage is gelegd.
6. Een voorbereidingsbesluit vervalt tevens op het moment waarop het bestemmingsplan ter voorbereiding waarvan het besluit is genomen, in werking treedt.
7. Een voorbereidingsbesluit wordt bekendgemaakt door terinzagelegging van dit besluit. Artikel 3:42 van de Algemene wet bestuursrecht is van toepassing.

Wet ruimtelijke ordening   **A57** art. 3.9

8. Bij of krachtens algemene maatregel van bestuur kunnen regels worden gesteld over de vormgeving, inrichting en beschikbaarstelling van het voorbereidingsbesluit.

Nadere regels

Art. 3.8

1. Op de voorbereiding van een bestemmingsplan is afdeling 3.4 van de Algemene wet bestuursrecht van toepassing, met dien verstande dat:

Bestemmingsplan, procedure vaststelling

a. de kennisgeving, bedoeld in artikel 3:12 van die wet, gelijktijdig met de daar bedoelde plaatsing langs elektronische weg wordt toegezonden aan die diensten van Rijk en provincie die belast zijn met de behartiging van belangen die in het plan in het geding zijn, aan de betrokken waterschapsbesturen en aan de besturen van bij het plan een belang hebbende gemeenten;

b. indien in het ontwerp gronden zijn aangewezen waarvan de bestemming in de naaste toekomst voor verwezenlijking in aanmerking komt, kennisgeving tevens geschiedt aan diegenen die in de basisregistratie kadaster staan vermeld als eigenaar van die gronden of als beperkt gerechtigde op die gronden;

c. door een ieder zienswijzen omtrent het ontwerp bij de gemeenteraad naar voren kunnen worden gebracht;

d. de gemeenteraad binnen twaalf weken na de termijn van terinzageligging beslist omtrent vaststelling van het bestemmingsplan.

2. Voor zover het ontwerp van een bestemmingsplan zijn grondslag vindt in een aanwijzing, die betrekking heeft op een daarbij concreet aangegeven locatie, waarvan geen afwijking mogelijk is, kunnen zienswijzen daarop geen betrekking hebben.

3. De bekendmaking van het besluit tot vaststelling van het bestemmingsplan geschiedt binnen twee weken na de vaststelling. In afwijking van artikel 3:1, eerste lid, onder b, van de Algemene wet bestuursrecht zijn op een besluit tot vaststelling van het bestemmingsplan de artikelen 3:43, 3:44 en 3:45 en afdeling 3.7 van die wet niet van toepassing.

4. In afwijking van het derde lid wordt het besluit tot vaststelling van het bestemmingsplan zes weken na de vaststelling bekendgemaakt, indien door gedeputeerde staten, Onze Minister of Onze Minister wie het aangaat een zienswijze is ingediend en deze niet volledig is overgenomen of indien de gemeenteraad bij de vaststelling van het bestemmingsplan daarin wijzigingen heeft aangebracht ten opzichte van het ontwerp, anders dan op grond van zienswijzen van gedeputeerde staten, Onze Minister of Onze Minister wie het aangaat. In zodanig geval zenden burgemeester en wethouders na de vaststelling onverwijld langs elektronische weg het raadsbesluit aan gedeputeerde staten onderscheidenlijk Onze Minister of Onze Minister wie het aangaat.

5. Het besluit tot vaststelling van het bestemmingsplan treedt in werking met ingang van de dag na die waarop de beroepstermijn afloopt, behoudens voor zover het zesde lid van toepassing is.

6. Indien aan de in het vierde lid bedoelde voorwaarden is voldaan kunnen gedeputeerde staten onderscheidenlijk Onze Minister, onverminderd andere aan hen toekomende bevoegdheden, binnen de in dat lid genoemde termijn met betrekking tot het desbetreffende onderdeel van het vastgestelde bestemmingsplan aan de gemeenteraad een aanwijzing als bedoeld in artikel 4.2, eerste lid, onderscheidenlijk artikel 4.4, eerste lid, onder a, geven, ertoe strekkende dat dat onderdeel geen deel blijft uitmaken van het bestemmingsplan zoals het is vastgesteld. Artikel 4.2, tweede tot en met vierde lid, onderscheidenlijk artikel 4.4, tweede tot en met vierde lid, zijn op deze aanwijzing niet van toepassing. Gedeputeerde staten onderscheidenlijk Onze Minister vermelden in de redengeving de aan het besluit ten grondslag liggende feiten, omstandigheden en overwegingen die de provincie onderscheidenlijk het Rijk beletten het betrokken provinciaal onderscheidenlijk nationaal belang met inzet van andere aan hen toekomende bevoegdheden te beschermen. Het besluit tot vaststelling van het bestemmingsplan wordt alsdan met uitsluiting van dat onderdeel, samen met het aanwijzingsbesluit en op gelijke wijze door burgemeester en wethouders bekendgemaakt. De in het vierde lid genoemde termijn wordt hiertoe met een week verlengd. De termijn voor indiening van een beroepschrift tegen het aanwijzingsbesluit vangt aan met ingang van de dag na die waarop dit besluit ter inzage is gelegd. Zodra het aanwijzingsbesluit onherroepelijk is geworden vervalt het vaststellingsbesluit voor dat onderdeel.

7. Van het aanwijzingsbesluit, bedoeld in het zesde lid, wordt mededeling gedaan aan diegenen die ten aanzien van het onderdeel van het bestemmingsplan dat bij dat aanwijzingsbesluit is betrokken een zienswijze naar voren hebben gebracht of een aanvraag tot vaststelling hebben ingediend.

Art. 3.9

1. Artikel 3.8 is niet van toepassing op de afwijzing van een aanvraag om een bestemmingsplan vast te stellen.

Bestemmingsplan, afwijzing

2. Tot een afwijzing als bedoeld in het eerste lid besluit de gemeenteraad zo spoedig mogelijk doch in elk geval binnen acht weken na ontvangst van de aanvraag.

A57 art. 3.9a

Wet ruimtelijke ordening

Afdeling 3.2a
Bepalingen omtrent de procedure van wijziging of uitwerking van een bestemmingsplan

Art. 3.9a

Bestemmingsplan, wijziging/uitwerking

1. Op de voorbereiding van een wijziging of uitwerking van een bestemmingsplan is afdeling 3.4 van de Algemene wet bestuursrecht van toepassing, met dien verstande dat burgemeester en wethouders binnen acht weken na afloop van de termijn van terinzagelegging omtrent de uitwerking of wijziging besluiten. Op het besluit tot vaststelling van een wijziging of uitwerking van een bestemmingsplan is artikel 3.8, derde lid, van overeenkomstige toepassing.
2. Het eerste lid is niet van toepassing op de afwijzing van een aanvraag om een wijziging of uitwerking van een bestemmingsplan vast te stellen.
3. Tot een afwijzing als bedoeld in het tweede lid besluiten burgemeester en wethouders zo spoedig mogelijk, doch in elk geval binnen acht weken na ontvangst van de aanvraag.
4. Een besluit tot vaststelling van een wijziging of uitwerking van een bestemmingsplan treedt in werking met ingang van de dag na die waarop de beroepstermijn afloopt.

Afdeling 3.3
Vaststelling bestemmingsplan of uitwerking daarvan naar aanleiding van een omgevingsvergunning

Art. 3.10

Bestemmingsplan, zienswijzen

Voor zover een ontwerp van een bestemmingsplan of de uitwerking van een bestemmingsplan als bedoeld in artikel 3.6, eerste lid, aanhef en onder b, zijn grondslag vindt in een omgevingsvergunning, waarbij met toepassing van artikel 2.12, eerste lid, onder a, onder 3°, van de Wet algemene bepalingen omgevingsrecht van het bestemmingsplan of de beheersverordening is afgeweken, kunnen zienswijzen geen betrekking hebben op dat deel van het ontwerpplan.

Art. 3.11-3.15
[Vervallen]

Afdeling 3.4
[Vervallen]

§ 3.4.1
[Vervallen]

Art. 3.16-3.19
[Vervallen]

§ 3.4.2
[Vervallen]

Art. 3.20-3.21
[Vervallen]

§ 3.4.3
[Vervallen]

Art. 3.22-3.25
[Vervallen]

Afdeling 3.5
Inpassingsplannen van provincie en Rijk

§ 3.5.1
Provinciaal inpassingsplan

Art. 3.26

Inpassingsplan, vaststelling door provinciale staten
Schakelbepaling

1. Indien sprake is van provinciale belangen kunnen provinciale staten, de betrokken gemeenteraad gehoord, voor de daarbij betrokken gronden een inpassingsplan vaststellen.

2. De afdelingen 3.1, 3.2 en 3.3 zijn van overeenkomstige toepassing, met dien verstande dat voor «bestemmingsplan» «inpassingsplan» wordt gelezen en voor «gemeentebestuur» «provinciaal bestuur», en dat met betrekking tot artikel 3.1 en afdeling 3.2 provinciale staten in de

plaats treden van de gemeenteraad, en gedeputeerde staten in de plaats treden van burgemeester en wethouders.
3. Bij inpassingsplan kan worden bepaald in hoeverre bestemmingsplannen binnen het plangebied van het inpassingsplan hun werking behouden. Voor zover de werking niet bij inpassingsplan is geregeld, wordt het inpassingsplan geacht deel uit te maken van het bestemmingsplan of de bestemmingsplannen waarop het betrekking heeft.
4. Provinciale staten kunnen bij een besluit als bedoeld in het eerste lid bepalen dat:
a. gedeputeerde staten de bevoegdheden en verplichtingen, bedoeld in artikel 3.6, eerste lid, uitoefenen,
b. gedeputeerde staten beslissen op een aanvraag om een omgevingsvergunning voor een activiteit als bedoeld in artikel 2.1, eerste lid, onder a, b, c of g, van de Wet algemene bepalingen omgevingsrecht.
Gedeputeerde staten zenden terstond een afschrift aan burgemeester en wethouders van beschikkingen die zijn gegeven met toepassing van de bevoegdheden, bedoeld in de eerste volzin.
5. De gemeenteraad is vanaf het moment waarop het ontwerp van het inpassingsplan ter inzage is gelegd, niet langer bevoegd tot vaststelling van een bestemmingsplan voor de gronden waarop dat inpassingsplan betrekking heeft. De bedoelde bevoegdheid ontstaat weer tien jaar na vaststelling van het inpassingsplan, dan wel eerder, indien het inpassingsplan dat bepaalt.

Art. 3.27
[Vervallen]

§ 3.5.2
Rijksinpassingsplan

Art. 3.28
1. Indien sprake is van nationale belangen kan Onze Minister, de gemeenteraad en provinciale staten gehoord, voor de daarbij betrokken gronden een inpassingsplan vaststellen. Het horen van de gemeenteraad en provinciale staten kan worden gecombineerd met het overleg, bedoeld in artikel 3.1.1 van het Besluit ruimtelijke ordening.   *Inpassingsplan, vaststelling door rijk*
2. De afdelingen 3.1, 3.2 en 3.3, met uitzondering van artikel 3.8, vierde en zesde lid, zijn van overeenkomstige toepassing, met dien verstande dat voor «bestemmingsplan» «inpassingsplan» wordt gelezen en voor «gemeentebestuur» «Onze Minister», en dat met betrekking tot artikel 3.1 en afdeling 3.2 Onze Minister in de plaats treedt van de gemeenteraad en van burgemeester en wethouders.   *Schakelbepaling*
3. Bij inpassingsplan kan worden bepaald in hoeverre bestemmingsplannen binnen het plangebied van het inpassingsplan hun werking behouden. Voor zover de werking niet bij inpassingsplan is geregeld, wordt het inpassingsplan geacht deel uit te maken van het bestemmingsplan of de bestemmingsplannen waarop het betrekking heeft.
4. Onze Minister kan bij een besluit als bedoeld in het eerste lid bepalen dat hij:
a. de bevoegdheden en verplichtingen, bedoeld in artikel 3.6, eerste lid, uitoefent;
b. beslist op een aanvraag om een omgevingsvergunning voor een activiteit als bedoeld in artikel 2.1, eerste lid, onder a, b, c of g, van de Wet algemene bepalingen omgevingsrecht.
Onze Minister zendt terstond een afschrift aan burgemeester en wethouders van beschikkingen die zijn gegeven met toepassing van de bevoegdheden, bedoeld in de eerste volzin.
5. De gemeenteraad is, respectievelijk provinciale staten zijn, vanaf het moment waarop het ontwerp van het inpassingsplan ter inzage is gelegd, niet langer bevoegd tot vaststelling van een bestemmingsplan respectievelijk inpassingsplan voor de gronden waarop het inpassingsplan, bedoeld in het eerste lid, betrekking heeft. De bedoelde bevoegdheid ontstaat weer tien jaar na vaststelling van het inpassingsplan, dan wel eerder, indien het inpassingsplan dat bepaalt.
6. De bevoegdheid tot het maken van provinciale verordeningen als bedoeld in artikel 4.1 blijft gehandhaafd voor zover deze verordeningen niet met een krachtens het eerste lid vastgesteld inpassingsplan in strijd zijn.
7. De bepalingen van een provinciale verordening als bedoeld in artikel 4.1 blijven buiten toepassing voor zover zij met een krachtens het eerste lid vastgesteld inpassingsplan in strijd zijn.

Art. 3.29
[Vervallen]

Afdeling 3.6
Coördinatie bij verwezenlijking van ruimtelijk beleid

§ 3.6.1
Gemeentelijke coördinatieregeling

Art. 3.30

Ruimtelijke ordening, gemeentelijke coördinatieregeling

1. Bij besluit van de gemeenteraad kunnen gevallen of categorieën van gevallen worden aangewezen waarin de verwezenlijking van een onderdeel van het gemeentelijk ruimtelijk beleid het wenselijk maakt dat:
   a. de voorbereiding en bekendmaking van nader aan te duiden, op aanvraag of ambtshalve te nemen besluiten worden gecoördineerd, of
   b. de voorbereiding en bekendmaking van een bestemmingsplan, een wijziging of uitwerking van een bestemmingsplan of een omgevingsvergunning waarbij met toepassing van artikel 2.12, eerste lid, onder a, onder 3°, van de Wet algemene bepalingen omgevingsrecht van het bestemmingsplan of de beheersverordening wordt afgeweken, wordt gecoördineerd met de voorbereiding en bekendmaking van besluiten als bedoeld onder a.
2. Bij de gecoördineerde voorbereiding en bekendmaking als bedoeld in het eerste lid, onder a of b, wordt de procedure beschreven in de artikelen 3.31 en 3.32, respectievelijk die procedure in samenhang met hetzij, in geval van een bestemmingsplan, de procedure beschreven in artikel 3.8, hetzij, in geval van een omgevingsvergunning, de uitgebreide procedure beschreven in paragraaf 3.3 van de Wet algemene bepalingen omgevingsrecht toegepast.
3. Voor zover onder de besluiten, bedoeld in het eerste lid, onder b, mede een omgevingsvergunning is begrepen wordt bij de toepassing van de artikelen 2.1, eerste lid, onder c, 2.10 en 2.11 van de Wet algemene bepalingen omgevingsrecht in plaats van bestemmingsplan gelezen: bestemmingsplan, bedoeld in het eerste lid, onder b.

Art. 3.31

Gemeentelijke coördinatieregeling, procedure

1. In door de gemeenteraad met toepassing van artikel 3.30 aangewezen gevallen bevorderen burgemeester en wethouders een gecoördineerde voorbereiding van de bij of krachtens dat artikel aangeduide besluiten. Burgemeester en wethouders kunnen andere bestuursorganen verzoeken de medewerking te verlenen, die voor het welslagen van de coördinatie nodig is. Met het oog hierop zendt een bestuursorgaan dat bevoegd is op een aanvraag voor een dergelijk besluit te beslissen hun onverwijld een afschrift van die aanvraag.
2. Ten aanzien van aanvragen als bedoeld in het eerste lid, zijn burgemeester en wethouders mede bevoegd deze in te dienen bij de bevoegde bestuursorganen.
3. Op de voorbereiding van besluiten als bedoeld in het eerste lid is afdeling 3.4 van de Algemene wet bestuursrecht van toepassing, met dien verstande dat:
   a. burgemeester en wethouders ten aanzien van de ontwerpen van de besluiten gezamenlijk toepassing kunnen geven aan artikel 3:11, eerste lid, van die wet en de kennisgevingen, bedoeld in artikel 3:12 van die wet voor verschillende onderwerpen kunnen samenvoegen in een kennisgeving, die door burgemeester en wethouders wordt gedaan;
   b. de ontwerpen van besluiten binnen een door burgemeester en wethouders in overeenstemming met het desbetreffend bevoegd gezag te bepalen termijn worden toegezonden aan burgemeester en wethouders, die zorg dragen voor de in artikel 3:13, eerste lid, van die wet bedoelde toezending;
   c. zienswijzen door een ieder naar voren kunnen worden gebracht;
   d. in afwijking van artikel 3:18 van die wet de besluiten worden genomen binnen een door burgemeester en wethouders in overeenstemming met het desbetreffend bevoegd gezag te bepalen termijn;
   e. de besluiten onverwijld worden toegezonden aan burgemeester en wethouders;
   f. burgemeester en wethouders beslissen over de toepassing van artikel 3:18, tweede lid, van die wet;
   g. de in artikel 3:44 van die wet bedoelde toezending tevens geschiedt aan burgemeester en wethouders.

Art. 3.32

Gemeentelijke coördinatieregeling, bekendmaking

Burgemeester en wethouders maken de vaststelling van het in artikel 3.30, eerste lid, bedoelde bestemmingsplan, en de andere besluiten voor zover ten aanzien van deze besluiten gezamenlijk artikel 3.31, derde lid, is toegepast, gelijktijdig bekend.

§ 3.6.2
Provinciale coördinatieregeling

Art. 3.33
1. Bij besluit van provinciale staten kunnen gevallen of categorieën van gevallen worden aangewezen waarin de verwezenlijking van een onderdeel van het provinciaal ruimtelijk beleid het wenselijk maakt dat:
Ruimtelijke ordening, provinciale coördinatieregeling

a. de voorbereiding en bekendmaking van nader aan te duiden, op aanvraag of ambtshalve te nemen besluiten worden gecoördineerd, of
b. een inpassingsplan als bedoeld in artikel 3.26 dan wel een wijziging of uitwerking van een inpassingsplan, wordt vastgesteld of een omgevingsvergunning wordt verleend waarbij met toepassing van artikel 2.12, eerste lid, onder a, onder 3°, van de Wet algemene bepalingen omgevingsrecht van het bestemmingsplan of de beheersverordening wordt afgeweken, en de voorbereiding en bekendmaking daarvan wordt gecoördineerd met de voorbereiding en bekendmaking van besluiten als bedoeld onder a.

2. Gedeputeerde staten kunnen van andere bestuursorganen, tenzij dit een bestuursorgaan van het Rijk is, de medewerking vorderen, die voor het welslagen van de coördinatie nodig is. Die bestuursorganen verlenen de van hen gevorderde medewerking.

3. In een besluit als bedoeld in de aanhef van het eerste lid kunnen provinciale staten tevens bepalen dat gedeputeerde staten, met uitsluiting van het in eerste aanleg bevoegde bestuursorgaan, tenzij dit een bestuursorgaan van het Rijk is, de voor de bedoelde verwezenlijking benodigde besluiten op aanvraag of ambtshalve nemen.

4. Bij de gecoördineerde voorbereiding en bekendmaking als bedoeld in het eerste lid, onder a of b, wordt de procedure beschreven in de artikelen 3.31 en 3.32, respectievelijk die procedure in samenhang met hetzij, in geval van een inpassingsplan, de procedure beschreven in artikel 3.8, hetzij, in geval van een omgevingsvergunning, de uitgebreide voorbereidingsprocedure beschreven in paragraaf 3.3 van de Wet algemene bepalingen omgevingsrecht toegepast, met dien verstande dat daarbij provinciale staten in de plaats treden van de gemeenteraad, en gedeputeerde staten in de plaats van burgemeester en wethouders.

5. Indien ten aanzien van de verwezenlijking van een onderdeel van het provinciaal ruimtelijk beleid het maken van een milieueffectrapport krachtens artikel 7.2 van de Wet milieubeheer verplicht is, gaat de kennisgeving, bedoeld in artikel 7.9, met betrekking tot, onderscheidenlijk de mededeling, bedoeld in artikel 7.27, eerste lid, dan wel artikel 7.24, eerste lid van die wet, vergezeld van een globale beschrijving van de gevolgen voor het ruimtelijk beleid, van de sociaal-economische gevolgen en van de gevolgen voor andere daarbij betrokken belangen, die van die verwezenlijking te verwachten zijn.

6. Artikel 3.30, derde lid, is van overeenkomstige toepassing met dien verstande dat in plaats van «bestemmingsplan» wordt gelezen: inpassingsplan.
Schakelbepaling

7. Voor zover de verwezenlijking van een onderdeel van het provinciaal ruimtelijk beleid onevenredig wordt belemmerd door bepalingen die – al dan niet krachtens de wet – bij of krachtens een regeling van een gemeente of waterschap zijn vastgesteld, kunnen die bepalingen bij het nemen en uitvoeren van de besluiten, bedoeld in het eerste lid, onder a of b, om dringende redenen buiten toepassing worden gelaten.

Art. 3.34
1. Indien een bestuursorgaan, uitgezonderd een bestuursorgaan van het Rijk, dat in eerste aanleg bevoegd is een besluit als bedoeld in artikel 3.33, eerste lid, onder a of b, te nemen, niet of niet tijdig overeenkomstig de aanvraag beslist, dan wel een beslissing neemt die naar het oordeel van gedeputeerde staten wijziging behoeft, kunnen gedeputeerde staten een beslissing nemen. In dat geval treedt dit besluit in de plaats van het besluit van het in eerste aanleg bevoegde bestuursorgaan. Indien gedeputeerde staten voornemens zijn zelf een beslissing te nemen, plegen zij overleg met het bestuursorgaan dat in eerste aanleg bevoegd is te beslissen.
Provinciale coördinatieregeling, beslissing gedeputeerde staten

2. Indien bij toepassing van het eerste lid de beslissing op een aanvraag wordt genomen door gedeputeerde staten, stort het bestuursorgaan dat in eerste aanleg bevoegd was te beslissen op de aanvraag, de ter zake ontvangen rechten in de kas van de provincie.

§ 3.6.3
Rijkscoördinatieregeling

Art. 3.35
1. Bij wet of een besluit van Onze Minister of een Onzer andere Ministers, in overeenstemming met het gevoelen van de ministerraad, kan worden bepaald dat de verwezenlijking van een onderdeel van het nationaal ruimtelijk beleid wenselijk maakt dat:
Ruimtelijke ordening, rijkscoördinatieregeling

a. een inpassingsplan als bedoeld in artikel 3.28 wordt vastgesteld of een omgevingsvergunning wordt verleend waarbij met toepassing van artikel 2.12, eerste lid, onder a, onder 3°, van de

Wet algemene bepalingen omgevingsrecht van het bestemmingsplan of de beheersverordening wordt afgeweken;
b. de voorbereiding en bekendmaking van nader aan te duiden, op aanvraag of ambtshalve te nemen besluiten wordt gecoördineerd, of
c. een inpassingsplan als bedoeld in artikel 3.28 dan wel een wijziging of uitwerking van een inpassingsplan, wordt vastgesteld of een omgevingsvergunning wordt verleend waarbij met toepassing van artikel 2.12, eerste lid, onder a, onder 3°, van de Wet algemene bepalingen omgevingsrecht of het bestemmingsplan of de beheersverordening wordt afgeweken, en de voorbereiding en bekendmaking daarvan wordt gecoördineerd met de voorbereiding en bekendmaking van besluiten als bedoeld onder b.

2. In een wet of besluit als bedoeld in de aanhef van het eerste lid strekkende tot toepassing van dat lid, onder a of c, wordt de Minister aangewezen die, in afwijking van artikel 3.28, tweede lid, in de plaats treedt van burgemeester en wethouders en gezamenlijk met Onze Minister in de plaats treedt van de gemeenteraad.

3. In een wet of besluit als bedoeld in de aanhef van het eerste lid strekkende tot toepassing van dat lid, onder b of c, wordt de Minister aangewezen die eerstverantwoordelijk is voor de gecoördineerde voorbereiding en bekendmaking. Deze Minister kan van andere bestuursorganen de medewerking vorderen, die voor het welslagen van de coördinatie nodig is. Die bestuursorganen verlenen de van hen gevorderde medewerking. Tevens kan worden bepaald dat deze Minister en Onze Minister wie het mede aangaat gezamenlijk met uitsluiting van een in eerste aanleg bevoegd bestuursorgaan, een voor bedoelde verwezenlijking benodigd besluit op aanvraag of ambtshalve nemen.

4. Bij de gecoördineerde voorbereiding en bekendmaking als bedoeld in het eerste lid, onder b of c, wordt de procedure beschreven in de artikelen 3.31 en 3.32, respectievelijk die procedure in samenhang met hetzij, in geval van een inpassingsplan, de procedure beschreven in artikel 3.8, eerste, derde en vijfde lid, hetzij, in geval van een omgevingsvergunning, de uitgebreide voorbereidingsprocedure beschreven in paragraaf 3.3 van de Wet algemene bepalingen omgevingsrecht toegepast, met dien verstande dat Onze in de wet of het besluit, bedoeld in de aanhef van het eerste lid, aangewezen Minister in de plaats treedt van burgemeester en wethouders en deze Minister en Onze Minister gezamenlijk in de plaats van de gemeenteraad. In geval van een omgevingsvergunning als bedoeld in de eerste volzin treden de betrokken besluiten in werking met ingang van de dag na die waarop de beroepstermijn afloopt.

5. Indien ten aanzien van de verwezenlijking van een onderdeel van het nationaal ruimtelijk beleid het maken van een milieueffectrapport krachtens artikel 7.2 van de Wet milieubeheer verplicht is, gaat de kennisgeving, bedoeld in artikel 7.9, eerste lid, onderscheidenlijk de mededeling, bedoeld in artikel 7.27, eerste lid, dan wel artikel 7.24, eerste lid van die wet, vergezeld van een globale beschrijving van de gevolgen voor het ruimtelijk beleid, van de sociaal-economische gevolgen en van de gevolgen voor andere daarbij betrokken belangen, die van die verwezenlijking te verwachten zijn.

6. Indien toepassing wordt gegeven aan het eerste lid, onder c, en het inpassingsplan, bedoeld in artikel 3.28 is aangewezen als plan bij de voorbereiding waarvan krachtens de artikelen 7.2 of 7.2a van de Wet milieubeheer een milieueffectrapport moet worden gemaakt, en één van de besluiten, bedoeld in het eerste lid, onder b, is aangewezen als besluit bij de voorbereiding waarvan krachtens artikel 7.2 van de Wet milieubeheer een milieueffectrapport moet worden gemaakt, vindt de raadpleging op grond van artikel 7.25 of artikel 7.27, tweede lid, van de Wet milieubeheer gelijktijdig plaats met de raadpleging op grond van artikel 7.8 van die wet respectievelijk vindt de kennisgeving op grond van artikel 7.27, derde lid, van de Wet milieubeheer gelijktijdig plaats met de kennisgeving op grond van artikel 7.9, eerste lid, van die wet. In afwijking van artikel 7.26 of artikel 7.27, zevende lid, van de Wet milieubeheer kan de termijn, bedoeld in dat artikel of dat artikellid, tweemaal met ten hoogste zes weken worden verlengd.

Schakelbepaling

7. Artikel 3.30, derde lid is van overeenkomstige toepassing met dien verstande dat in plaats van «bestemmingsplan» wordt gelezen: inpassingsplan. Voor zover een omgevingsvergunning voor een aanlegactiviteit als bedoeld in artikel 2.1, eerste lid, onder b, van de Wet algemene bepalingen omgevingsrecht is vereist, geldt die eis niet voor de uitvoering van werken of werkzaamheden ter uitvoering van een inpassingsplan of een omgevingsvergunning als bedoeld in het eerste lid, onder c, in het gebied dat in dat plan is begrepen.

8. Voor zover de verwezenlijking van een onderdeel van het nationaal ruimtelijk beleid onevenredig wordt belemmerd door bepalingen die – al dan niet krachtens de wet – bij of krachtens een regeling van een provincie, gemeente of waterschap zijn vastgesteld, kunnen die bepalingen bij het nemen en uitvoeren van de besluiten, bedoeld in het eerste lid, om dringende redenen buiten toepassing worden gelaten.

9. Een besluit als bedoeld in de aanhef van het eerste lid, wordt toegezonden aan de beide Kamers der Staten-Generaal. Aan het besluit wordt geen uitvoering gegeven dan nadat beide Kamers daarmee hebben ingestemd. Met het besluit wordt geacht te zijn ingestemd indien geen

Wet ruimtelijke ordening A57 art. 3.37

van beide Kamers binnen vier weken na de toezending van dat besluit een besluit heeft genomen omtrent de behandeling daarvan.

Art. 3.36
1. Indien een bestuursorgaan dat in eerste aanleg bevoegd is een besluit als bedoeld in artikel 3.35, eerste lid, onder b, te nemen, niet of niet tijdig overeenkomstig de aanvraag beslist, dan wel een beslissing neemt die naar het oordeel van Onze ingevolge artikel 3.35, derde lid, aangewezen Minister en Onze Minister wie het mede aangaat wijziging behoeft, kunnen Onze bedoelde Ministers gezamenlijk een beslissing nemen. In dat geval treedt dit besluit in de plaats van het besluit van het in eerste aanleg bevoegde bestuursorgaan. Indien Onze in de eerste volzin bedoelde Ministers voornemens zijn zelf een beslissing te nemen, plegen zij overleg met het bestuursorgaan dat in eerste aanleg bevoegd is te beslissen. *(Rijkscoördinatieregeling, beslissing ministers)*

2. Indien bij toepassing van het eerste lid de beslissing op een aanvraag wordt genomen door Onze in dat lid bedoelde Ministers, stort het bestuursorgaan dat in eerste aanleg bevoegd was te beslissen op de aanvraag, de ter zake ontvangen rechten in 's Rijks kas.

§ 3.6.4
Grondgebruik en grondverwerving

Art. 3.36a
1. Gevallen waarop krachtens de artikelen 3.30, 3.33 of 3.35 de artikelen 3.31 en 3.32 dan wel de artikelen 3.31 en 3.32 in samenhang met artikel 3.8 of paragraaf 3.3 van de Wet algemene bepalingen omgevingsrecht worden toegepast, worden voor de toepassing van de Belemmeringenwet Privaatrecht aangemerkt als bevattende openbare werken van algemeen nut. *(Ruimtelijke ordening, toepasselijkheid Belemmeringenwet Privaatrecht)*

2. Indien voor de uitvoering van een of meer besluiten als bedoeld in artikel 3.35, eerste lid, onder b, toepassing van de Belemmeringenwet Privaatrecht noodzakelijk is:
   a. kan Onze Minister in afwijking van artikel 2, vierde lid, van de Belemmeringenwet Privaatrecht:
   1e. een andere plaats of gemeente aanwijzen waar de zitting plaats vindt;
   2e. bepalen dat de zitting wordt geleid door een door Onze Minister van Verkeer en Waterstaat aan te wijzen persoon;
   b. worden in afwijking van de artikelen 2, zevende lid, en 3, derde lid, juncto 2, zevende lid, van de Belemmeringenwet Privaatrecht gedeputeerde staten niet gehoord.

3. Indien voor de uitvoering van een of meer besluiten als bedoeld in artikel 3.30, eerste lid, onder a, 3.33, eerste lid, onder a, of 3.35, eerste lid, onder b, toepassing van de Belemmeringenwet Privaatrecht noodzakelijk is, wordt, in afwijking van artikel 4 van die wet, de werking van een besluit als bedoeld in artikel 2, vijfde lid, of artikel 3, tweede lid, van die wet opgeschort totdat de termijn voor het indienen van een beroepschrift is verstreken.

Art. 3.36b
1. De in artikel 18, eerste lid, van de onteigeningswet bedoelde dagvaarding kan geschieden, nadat: *(Ruimtelijke ordening, toepasselijkheid dagvaardingsprocedure conform artikel 18 lid 1 Onteigeningswet)*
   a. een bestemmings- of inpassingsplan, of een omgevingsvergunning waarbij met toepassing van artikel 2.12, eerste lid, onder a, onder 3°, van de Wet algemene bepalingen omgevingsrecht van het geldende bestemmingsplan wordt afgeweken, als bedoeld in artikel 3.30, eerste lid, onder b, onderscheidenlijk de artikelen 3.33, eerste lid, onder b, of 3.35, eerste lid, onder c, is vastgesteld, respectievelijk is verleend;
   b. een bestemmings- of inpassingsplan waarbij toepassing is gegeven aan artikel 3.4, dan wel een omgevingsvergunning waarbij toepassing van artikel 2.12, eerste lid, onder a, onder 3°, van de Wet algemene bepalingen omgevingsrecht van het geldende bestemmingsplan wordt afgeweken, gelijktijdig met een exploitatieplan is bekendgemaakt.

2. Voor zover nodig in afwijking van artikel 37, tweede lid, of 54i, eerste lid, van de onteigeningswet, doet de rechtbank niet eerder uitspraak dan nadat het onderdeel van het bestemmingsplan, inpassingsplan of de omgevingsvergunning, bedoeld in het eerste lid, ter uitvoering waarvan wordt onteigend, onherroepelijk is geworden blijkens een uitspraak van de Afdeling bestuursrechtspraak van de Raad van State dan wel een verklaring van de secretaris van de Raad van State of van de griffier van de betrokken rechtbank.

Afdeling 3.7
(Nadere) regels

Art. 3.37
1. Bij of krachtens algemene maatregel van bestuur kunnen regels worden gesteld omtrent de voorbereiding, vormgeving, inrichting en beschikbaarstelling en nadere regels omtrent inhoud en uitvoerbaarheid van bestemmingsplannen en inpassingsplannen. Tevens kunnen regels worden gesteld omtrent de inhoud van de bij een plan behorende toelichting. *(Nadere regels)*

2. Bij de maatregel, bedoeld in het eerste lid, kunnen voorts regels worden gesteld omtrent het gebruik van gegevens en onderzoeken die ten grondslag liggen aan bestemmingsplannen en inpassingsplannen.

Hoofdstuk 3A
Beheersverordening

Art. 3.38

Beheersverordening, vaststelling in plaats van bestemmingsplan

1. Onverminderd de gevallen waarin bij of krachtens wettelijk voorschrift een bestemmingsplan is vereist, kan de gemeenteraad in afwijking van artikel 3.1 voor die delen van het grondgebied van de gemeente waar geen ruimtelijke ontwikkeling wordt voorzien, in plaats van een bestemmingsplan een beheersverordening vaststellen waarin het beheer van dat gebied overeenkomstig het bestaande gebruik wordt geregeld.
2. De verordening wordt in elk geval binnen tien jaar na de vaststelling herzien. Artikel 3.1, vierde lid, en vijfde lid, eerste en tweede volzin, is van overeenkomstige toepassing.
3. Om overeenkomstig de verordening bestaand gebruik te handhaven en te beschermen kan bij de verordening worden bepaald dat het verboden is om binnen daartoe aangegeven gebied zonder omgevingsvergunning:
   a. bepaalde werken, geen bouwwerken zijnde, of werkzaamheden uit te voeren;
   b. bouwwerken te slopen.
4. Bij de verordening kan worden bepaald dat, met inachtneming van de bij de verordening te geven regels, bij een omgevingsvergunning kan worden afgeweken van bij de verordening aan te geven regels.

Nadere regels

5. Bij of krachtens algemene maatregel van bestuur kunnen regels worden gesteld omtrent de vormgeving, inrichting en beschikbaarstelling en nadere regels omtrent de inhoud van de verordening.

Schakelbepaling

6. Artikel 3.6a is van overeenkomstige toepassing met dien verstande dat voor «bestemmingsplan» wordt gelezen: beheersverordening.

Art. 3.38a

Werkingssfeer

Artikel 3.38, tweede lid, is niet van toepassing op beheersverordeningen die elektronisch raadpleegbaar zijn.

Art. 3.39

Beheersverordening, verval bestemmingsplan

1. Op het tijdstip van inwerkingtreding van een beheersverordening voor een gebied waarvoor een bestemmingsplan geldt, vervalt het bestemmingsplan voor zover het op dat gebied betrekking heeft.

Bestemmingsplan, verval beheersverordening

2. Op het tijdstip van inwerkingtreding van een bestemmingsplan voor een gebied waarvoor een beheersverordening geldt, vervalt de beheersverordening voor zover zij op dat gebied betrekking heeft.

Art. 3.40-3.42
[Vervallen]

Hoofdstuk 4
Algemene regels en specifieke aanwijzingen

Afdeling 4.1
Algemene regels en aanwijzingen van de provincie

Art. 4.1

Ruimtelijke ordening, regels omtrent bestemmingsplan in provinciale verordening

1. Indien provinciale belangen dat met het oog op een goede ruimtelijke ordening noodzakelijk maken, kunnen bij of krachtens provinciale verordening regels worden gesteld omtrent de inhoud van bestemmingsplannen, van omgevingsvergunningen waarbij met toepassing van artikel 2.12, eerste lid, onderdeel a, onder 2° of 3°, van de Wet algemene bepalingen omgevingsrecht van het bestemmingsplan of de beheersverordening wordt afgeweken, omtrent de daarbij behorende toelichting of onderbouwing, alsmede omtrent de inhoud van beheersverordeningen. Daarbij kan worden bepaald dat een regel slechts geldt voor een daarbij aangegeven gedeelte van het grondgebied van de provincie.
2. Tenzij bij de verordening een andere termijn wordt gesteld, stelt de gemeenteraad binnen een jaar na inwerkingtreding van de verordening een bestemmingsplan of een beheersverordening vast met inachtneming van de verordening.
3. Bij of krachtens een verordening als bedoeld in het eerste lid kunnen regels worden gesteld die noodzakelijk zijn om te voorkomen dat in de verordening begrepen gronden of bouwwerken minder geschikt worden voor de verwezenlijking van het doel van de verordening zolang geen bestemmingsplan of beheersverordening als bedoeld in het tweede lid in werking is getreden. Bij de verordening kunnen regels worden gesteld met inachtneming waarvan bij een omgevings-

vergunning kan worden afgeweken van bij die verordening aan te geven krachtens dit lid gestelde regels.
4. Bij of krachtens algemene maatregel van bestuur kunnen regels worden gesteld omtrent de inhoud, vormgeving, inrichting en beschikbaarstelling van de provinciale verordening.
5. Provinciale staten kunnen verklaren dat een verordening wordt voorbereid. Artikel 3.7, tweede, derde, vierde, zevende en achtste lid, zijn van overeenkomstige toepassing. In de verklaring kunnen provinciale staten bepalen dat gedeputeerde staten beslissen op een aanvraag om een omgevingsvergunning voor een activiteit als bedoeld in artikel 2.1, eerste lid, onder a, b of g, van de Wet algemene bepalingen omgevingsrecht. Het besluit vervalt bij de inwerkingtreding van de verordening doch uiterlijk na zes maanden.
6. Een provinciale verordening als bedoeld in dit artikel wordt niet vastgesteld dan nadat het ontwerp in het provinciaal blad is bekendgemaakt en aan een ieder de gelegenheid is geboden om binnen een bij die bekendmaking te stellen termijn van ten minste vier weken schriftelijk of langs elektronische weg opmerkingen over het ontwerp ter kennis van provinciale staten te brengen.

Art. 4.1a

1. Bij de verordening, bedoeld in artikel 4.1, eerste lid, kan worden bepaald dat gedeputeerde staten op aanvraag van burgemeester en wethouders ontheffing kunnen verlenen van krachtens dat lid vast te stellen regels, voor zover de verwezenlijking van het gemeentelijk ruimtelijk beleid wegens bijzondere omstandigheden onevenredig wordt belemmerd in verhouding tot de met die regels te dienen provinciale belangen. Aan de ontheffing kunnen voorschriften worden verbonden indien de betrokken provinciale belangen dat met het oog op een goede ruimtelijke ordening noodzakelijk maken.

Ruimtelijke ordening, ontheffing van bestemmingsplan in provinciale verordening

2. Voor zover de ontheffing wordt aangevraagd met het oog op een voorgenomen besluit tot verlening van een omgevingsvergunning waarbij met toepassing van artikel 2.12, eerste lid, onderdeel a, onder 2° of 3°, van de Wet algemene bepalingen omgevingsrecht van het bestemmingsplan of de beheersverordening wordt afgeweken, wordt deze ontheffing aangemerkt als een verklaring van geen bedenkingen als bedoeld in artikel 2.27, eerste lid, van de Wet algemene bepalingen omgevingsrecht.

Art. 4.2

1. Indien provinciale belangen dat met het oog op een goede ruimtelijke ordening noodzakelijk maken, kunnen gedeputeerde staten aan de gemeenteraad een aanwijzing geven om binnen een daarbij te bepalen termijn een bestemmingsplan vast te stellen overeenkomstig daarbij gegeven voorschriften omtrent de inhoud van dat bestemmingsplan.

Ruimtelijke ordening, aanwijzing GS aan gemeenteraad omtrent bestemmingsplan

2. Er wordt niet overgegaan tot toepassing van het eerste lid dan na overleg met burgemeester en wethouders en niet eerder dan vier weken nadat provinciale staten in kennis zijn gesteld van het voornemen tot het nemen van het besluit.
3. Bij het toepassen van het eerste lid kunnen gedeputeerde staten tevens verklaren dat een bestemmingsplan als bedoeld in het eerste lid door de gemeente wordt voorbereid. Artikel 3.7 is van overeenkomstige toepassing. Een door gedeputeerde staten vastgesteld voorbereidingsbesluit wordt gelijkgesteld met een door de gemeenteraad vastgesteld voorbereidingsbesluit.
4. Op de voorbereiding van een besluit tot aanwijzing als bedoeld in het eerste lid is afdeling 3.4 van de Algemene wet bestuursrecht van toepassing.
5. Bij of krachtens algemene maatregel van bestuur kunnen regels worden gegeven over de vormgeving, inrichting en beschikbaarstelling van de aanwijzing.

Afdeling 4.2
Algemene regels en aanwijzingen van het Rijk

Art. 4.3

1. Indien nationale belangen dat met het oog op een goede ruimtelijke ordening noodzakelijk maken, kunnen bij of krachtens algemene maatregel van bestuur, op voordracht van Onze Minister of van Onze Minister die het aangaat in overeenstemming met Onze Minister, regels worden gesteld omtrent de inhoud van bestemmingsplannen, van provinciale inpassingsplannen en van omgevingsvergunningen waarbij met toepassing van artikel 2.12, eerste lid, onderdeel a, onder 2° of 3°, van de Wet algemene bepalingen omgevingsrecht van het bestemmingsplan of de beheersverordening wordt afgeweken, alsmede omtrent de inhoud van beheersverordeningen. Daarbij kan worden bepaald dat een regel slechts geldt voor een daarbij aangegeven gedeelte van het land. Bij de maatregel kan voorts worden bepaald onder welke voorwaarden en omstandigheden bij provinciale verordening van de krachtens dit lid gestelde regels ontheffing kan worden verleend, die regels in die verordening worden uitgewerkt of in die verordening aanvullende regels worden gesteld. Bij de vormgeving, inrichting en beschikbaarstelling van de regels wordt overeenkomstige toepassing gegeven aan de krachtens artikel 4.1, vierde lid, gestelde regels.

Ruimtelijke ordening, regels van rijk omtrent bestemmingsplan/provinciaal plan

A57 art. 4.3a Wet ruimtelijke ordening

Nadere regels

2. Tenzij bij de algemene maatregel van bestuur een andere termijn wordt gesteld, stelt de gemeenteraad binnen een jaar na inwerkingtreding van de maatregel een bestemmingsplan of een beheersverordening vast met inachtneming van de maatregel.

3. Bij of krachtens een maatregel als bedoeld in het eerste lid kunnen regels worden gesteld die noodzakelijk zijn om te voorkomen dat in de maatregel begrepen gronden of bouwwerken minder geschikt worden voor de verwezenlijking van het doel van de maatregel zolang geen bestemmingsplan of beheersverordening als bedoeld in het tweede lid in werking is getreden. Bij de algemene maatregel van bestuur kunnen regels worden gesteld met inachtneming waarvan bij een omgevingsvergunning kan worden afgeweken van bij die maatregel aan te geven krachtens dit lid gestelde regels.

4. Onze Minister of Onze Minister wie het aangaat in overeenstemming met Onze Minister, kan verklaren dat een algemene maatregel van bestuur wordt voorbereid. Artikel 3.7, tweede, derde, vierde en zevende lid, zijn van overeenkomstige toepassing. In de verklaring kan Onze Minister of Onze Minister wie het aangaat in overeenstemming met Onze Minister bepalen dat Onze Minister, in voorkomend geval gezamenlijk met Onze Minister wie het aangaat, beslist op een aanvraag om een omgevingsvergunning voor een activiteit als bedoeld in artikel 2.1, eerste lid, onder a, b of g, van de Wet algemene bepalingen omgevingsrecht. Het besluit vervalt bij de inwerkingtreding van de algemene maatregel van bestuur doch uiterlijk na negen maanden. Bij de vormgeving, inrichting en beschikbaarstelling van het voorbereidingsbesluit wordt overeenkomstige toepassing gegeven aan de krachtens artikel 3.7, achtste lid, gestelde regels.

5. De voordracht voor een krachtens dit artikel vast te stellen algemene maatregel van bestuur wordt niet gedaan dan nadat het ontwerp is overgelegd aan beide kamers der Staten-Generaal, in de Staatscourant is bekendgemaakt en aan een ieder de gelegenheid is geboden om binnen een bij de bekendmaking te stellen termijn van ten minste vier weken schriftelijk of langs elektronische weg opmerkingen over het ontwerp ter kennis van Onze Minister te brengen.

Art. 4.3a

Ruimtelijke ordening, ontheffing van bestemmingsplan/provinciaal plan

1. Bij de algemene maatregel van bestuur, bedoeld in artikel 4.3, eerste lid, kan worden bepaald dat Onze Minister of Onze Minister die het aangaat in overeenstemming met Onze Minister, op aanvraag van burgemeester en wethouders of gedeputeerde staten, ontheffing kan verlenen van krachtens dat lid vast te stellen regels, voor zover de verwezenlijking van het gemeentelijk onderscheidenlijk provinciaal ruimtelijk beleid wegens bijzondere omstandigheden onevenredig wordt belemmerd in verhouding tot de met die regels te dienen nationale belangen. Aan de ontheffing kunnen voorschriften worden verbonden indien de betrokken nationale belangen dat met het oog op een goede ruimtelijke ordening noodzakelijk maken.

2. Voor zover de ontheffing wordt aangevraagd met het oog op een voorgenomen besluit tot verlenen van een omgevingsvergunning waarbij met toepassing van artikel 2.12, eerste lid, onderdeel a, onder 2° of 3°, van de Wet algemene bepalingen omgevingsrecht van het bestemmingsplan of de beheersverordening wordt afgeweken, wordt deze ontheffing aangemerkt als een verklaring van geen bedenkingen als bedoeld in artikel 2.27, eerste lid, van de Wet algemene bepalingen omgevingsrecht.

Art. 4.4

Ruimtelijke ordening, aanwijzing rijk aan gemeenteraad/PS/GS

1. Indien nationale belangen dat met het oog op een goede ruimtelijke ordening noodzakelijk maken, kan Onze Minister of Onze Minister wie het aangaat in overeenstemming met Onze Minister:

a. een gemeenteraad een aanwijzing geven binnen een daarbij te bepalen termijn een bestemmingsplan vast te stellen overeenkomstig daarbij gegeven voorschriften omtrent de inhoud van dat bestemmingsplan;

b. provinciale staten een aanwijzing geven binnen een daarbij te bepalen termijn van ten hoogste zes maanden toepassing te geven aan artikel 4.1;

c. gedeputeerde staten een aanwijzing geven binnen een daarbij te bepalen termijn van ten hoogste drie maanden toepassing te geven aan artikel 4.2.

2. Er wordt niet overgegaan tot toepassing van het eerste lid, dan na overleg met burgemeester en wethouders onderscheidenlijk gedeputeerde staten en niet eerder dan vier weken nadat de Tweede Kamer der Staten-Generaal in kennis is gesteld van het voornemen tot het nemen van het besluit.

3. Bij de toepassing van het eerste lid kan Onze Minister of Onze Minister wie het aangaat in overeenstemming met Onze Minister, tevens verklaren dat een bestemmingsplan als bedoeld in het eerste lid door de gemeente wordt voorbereid. Artikel 3.7, eerste tot en met zevende lid, is van overeenkomstige toepassing. Bij de vormgeving en beschikbaarstelling van het voorbereidingsbesluit wordt overeenkomstige toepassing gegeven aan de krachtens artikel 3.7, achtste lid, gestelde regels. Een door Onze Minister of Onze Minister wie het aangaat in overeenstemming met Onze Minister vastgesteld voorbereidingsbesluit wordt gelijkgesteld met een door de gemeenteraad vastgesteld voorbereidingsbesluit.

Wet ruimtelijke ordening   **A57** art. 6.3

4. Op de voorbereiding van een besluit tot aanwijzing als bedoeld in het eerste lid is afdeling 3.4 van de Algemene wet bestuursrecht van toepassing.
5. De bij of krachtens de algemene maatregel van bestuur gegeven regels, bedoeld in artikel 4.2, vijfde lid, zijn van overeenkomstige toepassing.

Hoofdstuk 6
Financiële bepalingen

Afdeling 6.1
Tegemoetkoming in schade

Art. 6.1
1. Burgemeester en wethouders kennen degene die in de vorm van een inkomensderving of een vermindering van de waarde van een onroerende zaak schade lijdt of zal lijden als gevolg van een in het tweede lid genoemde oorzaak, op aanvraag een tegemoetkoming toe, voor zover de schade redelijkerwijs niet voor rekening van de aanvrager behoort te blijven en voor zover de tegemoetkoming niet voldoende anderszins is verzekerd.   *Planschade*
2. Een oorzaak als bedoeld in het eerste lid is:
a. een bepaling van een bestemmingsplan, beheersverordening of inpassingsplan, niet zijnde een bepaling als bedoeld in artikel 3.3, artikel 3.6, eerste lid, of artikel 3.38, derde of vierde lid;
b. een bepaling van een wijziging krachtens artikel 3.6, eerste lid, onder a, niet zijnde een bepaling als bedoeld in artikel 3.6, tweede lid, of van een uitwerking krachtens artikel 3.6, eerste lid, onder b, of een nadere eis krachtens artikel 3.6, eerste lid, onder d;
c. een besluit omtrent een omgevingsvergunning voor een activiteit als bedoeld in artikel 2.1, eerste lid, onder b, c of g, van de Wet algemene bepalingen omgevingsrecht;
d. de aanhouding van een besluit omtrent het verlenen van een omgevingsvergunning ingevolge artikel 3.3, eerste lid, of 3.4 van de Wet algemene bepalingen omgevingsrecht;
e. een bepaling van een provinciale verordening als bedoeld in artikel 4.1, derde lid, of van een algemene maatregel van bestuur als bedoeld in artikel 4.3, derde lid, voor zover die bepaling een weigeringsgrond bevat als bedoeld in artikel 2.10, eerste lid, onder c, of 2.11, eerste lid, van de Wet algemene bepalingen omgevingsrecht;
f. een bepaling van een exploitatieplan als bedoeld in artikel 6.12, eerste lid, voor zover die bepaling een weigeringsgrond bevat als bedoeld in artikel 2.10, eerste lid, onder c, 2.11, eerste lid, of 2.12, eerste lid, onder b, van de Wet algemene bepalingen omgevingsrecht;
g. een koninklijk besluit als bedoeld in artikel 10.4.
3. De aanvraag bevat een motivering, alsmede een onderbouwing van de hoogte van de gevraagde tegemoetkoming.
4. Een aanvraag voor een tegemoetkoming in schade ten gevolge van een oorzaak als bedoeld in het tweede lid, onder a, b, c, e, f of g, moet worden ingediend binnen vijf jaar na het moment waarop de oorzaak onherroepelijk is geworden.
5. Een aanvraag voor een tegemoetkoming in schade ten gevolge van een aanhouding als bedoeld in het tweede lid, onder d, kan eerst, en moet worden ingediend binnen vijf jaar na terinzagelegging van het vastgestelde bestemmingsplan.
6. Schade als gevolg van een bepaling als bedoeld in artikel 3.3 of artikel 3.6, eerste lid, onder c, of artikel 3.38, derde of vierde lid, wordt eerst vastgesteld op grond van een krachtens die bepalingen genomen besluit.

Art. 6.2
1. Binnen het normale maatschappelijke risico vallende schade blijft voor rekening van de aanvrager.   *Ruimtelijke ordening, schade voor rekening aanvrager*
2. In ieder geval blijft voor rekening van de aanvrager:
a. van schade in de vorm van een inkomensderving: een gedeelte gelijk aan twee procent van het inkomen onmiddellijk voor het ontstaan van de schade;
b. van schade in de vorm van een vermindering van de waarde van een onroerende zaak: een gedeelte gelijk aan twee procent van de waarde van de onroerende zaak onmiddellijk voor het ontstaan van de schade, tenzij de vermindering het gevolg is:
1°. van de bestemming van de tot de onroerende zaak behorende grond, of
2°. van op de onroerende zaak betrekking hebbende regels als bedoeld in artikel 3.1.

Art. 6.3
Met betrekking tot de voor tegemoetkoming in aanmerking komende schade betrekken burgemeester en wethouders bij hun beslissing op de aanvraag in ieder geval: *Ruimtelijke ordening, aspecten bij beslissing op aanvraag tegemoetkoming schade*
a. de voorzienbaarheid van de schadeoorzaak;
b. de mogelijkheden van de aanvrager om de schade te voorkomen of te beperken.

A57 art. 6.4

Wet ruimtelijke ordening

Art. 6.4

Ruimtelijke ordening, verschuldigd recht bij aanvraag tegemoetkoming schade

1. Van de indiener van de aanvraag heffen burgemeester en wethouders een recht.

2. Burgemeester en wethouders wijzen de indiener van de aanvraag op de verschuldigdheid van het recht en delen hem mee dat het verschuldigde bedrag binnen vier weken na de dag van verzending van de mededeling dient te zijn bijgeschreven op de rekening van de gemeente dan wel op de aangegeven plaats dient te zijn gestort. Indien het bedrag niet binnen deze termijn is bijgeschreven of gestort, verklaren zij de aanvraag niet-ontvankelijk, tenzij redelijkerwijs niet kan worden geoordeeld dat de indiener in verzuim is geweest.

3. Het recht bedraagt € 300, welk bedrag bij verordening van de gemeenteraad met ten hoogste twee derde deel kan worden verhoogd of verlaagd.

4. Indien op de aanvraag geheel of ten dele positief wordt beslist, storten burgemeester en wethouders aan de indiener het door hem betaalde recht terug.

5. Het in het derde lid genoemde bedrag kan bij algemene maatregel van bestuur worden gewijzigd voor zover het prijsindexcijfer van de gezinsconsumptie daartoe aanleiding geeft.

Art. 6.4a

Ruimtelijke ordening, overeenkomst B&W en aanvrager over tegemoetkoming schade

1. Voor zover schade die op grond van de artikelen 6.1 tot en met 6.3 voor tegemoetkoming in aanmerking zou komen, haar grondslag vindt in een besluit op een verzoek om ten behoeve van de verwezenlijking van een project bepalingen in een bestemmingsplan op te nemen of te wijzigen dan wel een omgevingsvergunning te verlenen voor een activiteit als bedoeld in artikel 2.1, eerste lid, onder c, van de Wet algemene bepalingen omgevingsrecht, anders dan bedoeld in artikel 6.8 of 6.9, kunnen burgemeester en wethouders met de verzoeker overeenkomen dat die schade geheel of gedeeltelijk voor zijn rekening komt.

2. De verzoeker die een overeenkomst als bedoeld in het eerste lid heeft gesloten, is belanghebbende bij een besluit van burgemeester en wethouders op een aanvraag om tegemoetkoming op grond van artikel 6.1 terzake van de vaststelling van het bestemmingsplan dan wel de verlening van de omgevingsvergunning waarom hij heeft verzocht.

3. Degene die een financieel belang heeft bij de vaststelling van een exploitatiebijdrage, als bedoeld in artikel 6.17, eerste lid, of de herberekening daarvan, is belanghebbende bij een besluit van burgemeester en wethouders op een aanvraag om tegemoetkoming op grond van artikel 6.1 terzake van de vaststelling van het bestemmingsplan, de wijziging of de uitwerking, dan wel terzake van een omgevingsvergunning waarbij met toepassing van artikel 2.12, eerste lid, onder a, onder 3°, van de Wet algemene bepalingen omgevingsrecht van het bestemmingsplan of de beheersverordening wordt afgeweken indien de tegemoetkoming financiële gevolgen kan hebben voor de exploitatiebijdrage of de herberekening daarvan.

Art. 6.5

Ruimtelijke ordening, vergoeding kosten bij tegemoetkoming schade

Indien burgemeester en wethouders een tegemoetkoming als bedoeld in artikel 6.1 toekennen, vergoeden burgemeester en wethouders daarbij tevens:
a. de redelijkerwijs gemaakte kosten van rechtsbijstand en andere deskundige bijstand;
b. de wettelijke rente, te rekenen met ingang van de datum van ontvangst van de aanvraag.

Art. 6.6

Ruimtelijke ordening, tegemoetkoming in schade door inpassingsplan/projectbesluit

1. Indien provinciale staten met toepassing van artikel 3.26, eerste lid, een inpassingsplan vaststellen, of gedeputeerde staten een omgevingsvergunning verlenen voor een project van provinciaal belang waarbij met toepassing van artikel 2.12, eerste lid, onder a, onder 3°, van de Wet algemene bepalingen omgevingsrecht van het bestemmingsplan of de beheersverordening wordt afgeweken, treden gedeputeerde staten voor de toepassing van de bij of krachtens deze afdeling gestelde regels in de plaats van burgemeester en wethouders.

2. Indien Onze Minister met toepassing van artikel 3.28, eerste lid, een inpassingsplan vaststelt, of een omgevingsvergunning verleent voor een project van nationaal belang waarbij met toepassing van artikel 2.12, eerste lid, onder a, onder 3°, van de Wet algemene bepalingen omgevingsrecht van het bestemmingsplan of de beheersverordening wordt afgeweken, treedt hij voor de toepassing van de bij of krachtens deze afdeling gestelde regels in de plaats van burgemeester en wethouders.

3. Indien Onze Minister gezamenlijk met Onze aangewezen Minister een besluit als bedoeld in het tweede lid neemt, treedt Onze aangewezen Minister voor de toepassing van de bij of krachtens deze afdeling gestelde regels in de plaats van burgemeester en wethouders.

4. Bij toepassing van dit artikel wordt de aanvraag voor een tegemoetkoming in de schade ingediend bij burgemeester en wethouders. Deze dragen ervoor zorg dat de aanvraag onverwijld wordt doorgezonden naar het desbetreffende bestuursorgaan dat op de aanvraag beslist. Het recht, genoemd in artikel 6.4, wordt geïnd door het beslissend bestuursorgaan; de gemeentelijke verordening, bedoeld in artikel 6.4, derde lid, is hierop niet van toepassing.

Schakelbepaling

5. Dit artikel is van overeenkomstige toepassing op tegemoetkoming in schade ten gevolge van een oorzaak als bedoeld in artikel 6.1, tweede lid, onder e.

Wet ruimtelijke ordening   A57 art. 6.12

Art. 6.7
Bij of krachtens algemene maatregel van bestuur kunnen regels worden gesteld omtrent de inrichting en behandeling, en nadere regels omtrent de indiening, de motivering en de wijze van beoordeling, van een aanvraag voor een tegemoetkoming in de schade. Die regels kunnen de verplichting voor de gemeenteraad en provinciale staten inhouden hieromtrent een verordening vast te stellen.

Nadere regels

Afdeling 6.2
Vergoeding van hogere kosten van de gemeente

Art. 6.8
1. Indien ten behoeve van belangen, uitsluitend of mede behartigd door een ander openbaar lichaam dan de gemeente, op schriftelijk verzoek van dat openbare lichaam, dan wel krachtens wettelijk voorschrift bepalingen in een bestemmingsplan of inpassingsplan, een omgevingsvergunning waarbij met toepassing van artikel 2.12, eerste lid, onder a, onder 3°, van de Wet algemene bepalingen omgevingsrecht van het bestemmingsplan wordt afgeweken, zijn opgenomen die hogere kosten voor de gemeente ten gevolge kunnen hebben en over de verdeling van deze kosten geen overeenstemming is bereikt, kunnen gedeputeerde staten op schriftelijk verzoek van burgemeester en wethouders dat openbare lichaam verplichten om aan de gemeente een vergoeding toe te kennen, voor zover:
a. de kosten redelijkerwijs niet voor rekening van de gemeente behoren te blijven,
b. de vergoeding niet voldoende anderszins is verzekerd en
c. de vergoeding niet krachtens wettelijk voorschrift is uitgesloten.
2. Het besluit op het verzoek van burgemeester en wethouders wordt genomen nadat het bestemmingsplan, inpassingsplan of de omgevingsvergunning, bedoeld in het eerste lid, in werking is getreden.
3. In afwijking van het eerste lid wordt het besluit op het verzoek genomen door Onze Minister dan wel door Onze Minister en Onze Minister wie het mede aangaat, indien het andere openbare lichaam het Rijk is.

Ruimtelijke ordening, vergoeding hogere kosten gemeente

Art. 6.9
Artikel 6.8 is van overeenkomstige toepassing indien ten behoeve van belangen, uitsluitend of mede behartigd door een ander openbaar lichaam dan de gemeente, op schriftelijk verzoek van dat openbare lichaam een omgevingsvergunning is verleend waarbij met toepassing van artikel 2.12, eerste lid, onder a, onder 2°, van de Wet algemene bepalingen omgevingsrecht tijdelijk van het bestemmingsplan wordt afgeweken, dan wel ingevolge artikel 3.3, eerste lid, van die wet is besloten tot aanhouding van de beslissing op een aanvraag om een omgevingsvergunning voor een bouw- of aanlegactiviteit als bedoeld in artikel 2.1, eerste lid, onder a of b, van die wet, met dien verstande dat het verzoek om een kostenvergoeding slechts kan worden ingediend door burgemeester en wethouders. Het verzoek kan worden ingediend binnen vier weken nadat de omgevingsvergunning, dan wel het besluit tot aanhouding, onherroepelijk is geworden

Schakelbepaling

Afdeling 6.3
[Vervallen]

Art. 6.10-6.11
[Vervallen]

Afdeling 6.4
Grondexploitatie

Art. 6.12
1. De gemeenteraad stelt een exploitatieplan vast voor gronden waarop een bij algemene maatregel van bestuur aangewezen bouwplan is voorgenomen.
2. In afwijking van het eerste lid kan de gemeenteraad bij een besluit tot vaststelling van een bestemmingsplan, een wijziging als bedoeld in artikel 3.6, eerste lid, of naar aanleiding van een omgevingsvergunning waarbij met toepassing van artikel 2.12, eerste lid, onder a, onder 2° of 3°, van de Wet algemene bepalingen omgevingsrecht van het bestemmingsplan of de beheersverordening wordt afgeweken besluiten geen exploitatieplan vast te stellen, in bij algemene maatregel van bestuur aangewezen gevallen of indien:
a. het verhaal van kosten van de grondexploitatie over de in het plan of de vergunning begrepen gronden anderszins verzekerd is;
b. het bepalen van een tijdvak of fasering als bedoeld in artikel 6.13, eerste lid, onder c, 4°, onderscheidenlijk 5°, niet noodzakelijk is, en
c. het stellen van eisen, regels, of een uitwerking van regels als bedoeld in artikel 6.13, tweede lid, onderscheidenlijk b, c of d, niet noodzakelijk is.

Grondexploitatie, vaststelling exploitatieplan

Sdu

3. Met betrekking tot een omgevingsvergunning als bedoeld in het tweede lid alsmede bij een besluit tot vaststelling van een bestemmingsplan als bedoeld in artikel 3.6, eerste lid, onder a, kan de gemeenteraad de bevoegdheden, bedoeld in het eerste en tweede lid, delegeren aan burgemeester en wethouders.
4. Een exploitatieplan wordt gelijktijdig bekendgemaakt met het bestemmingsplan of de wijziging, bedoeld in artikel 3.6, eerste lid, waarop het betrekking heeft. Een beslissing omtrent een exploitatieplan die betrekking heeft op een omgevingsvergunning wordt tegelijk met die vergunning bekendgemaakt.
5. De gemeenteraad kan in samenwerking met de raden van aangrenzende gemeenten een intergemeentelijk exploitatieplan vaststellen. Burgemeester en wethouders van deze gemeenten leggen het vastgestelde plan gelijktijdig ter inzage. In afwijking van artikel 3.8, derde lid, vangt de in dat lid genoemde termijn aan na vaststelling van het exploitatieplan door alle betrokken gemeenteraden.

Art. 6.13

Grondexploitatie, inhoud exploitatieplan

1. Een exploitatieplan bevat:
a. een kaart van het exploitatiegebied;
b. een omschrijving van de werken en werkzaamheden voor het bouwrijp maken van het exploitatiegebied, de aanleg van nutsvoorzieningen, en het inrichten van de openbare ruimte in het exploitatiegebied;
c. een exploitatieopzet, bestaande uit:
1°. voor zover nodig een raming van de inbrengwaarden van de gronden, welke inbrengwaarden voor de toepassing van deze afdeling worden beschouwd als kosten in verband met de exploitatie van die gronden;
2°. een raming van de andere kosten in verband met de exploitatie, waaronder een raming van de schade die op grond van artikel 6.1 voor vergoeding in aanmerking zou komen;
3°. een raming van de opbrengsten van de exploitatie, alsmede de peildatum van de onder 1° tot en met 3° bedoelde ramingen;
4°. een tijdvak waarbinnen de exploitatie van de gronden zal plaatsvinden;
5°. voor zover nodig een fasering van de uitvoering van werken, werkzaamheden, maatregelen en bouwplannen, en zo nodig koppelingen hiertussen;
6°. de wijze van toerekening van de te verhalen kosten aan de uit te geven gronden.
2. Een exploitatieplan kan bevatten:
a. een kaart waarop het voorgenomen grondgebruik is aangegeven en de gronden welke de gemeente beoogt te verwerven;
b. eisen voor de werken en werkzaamheden voor het bouwrijp maken van het exploitatiegebied, de aanleg van nutsvoorzieningen, en het inrichten van de openbare ruimte in het exploitatiegebied;
c. regels omtrent het uitvoeren van de onder b bedoelde werken en werkzaamheden;
d. een uitwerking van de in artikel 3.1, eerste lid, en artikel 2.22, zesde lid, van de Wet algemene bepalingen omgevingsrecht bedoelde regels met betrekking tot de uitvoerbaarheid;
e. regels met inachtneming waarvan bij een omgevingsvergunning kan worden afgeweken van bij het exploitatieplan aan te geven regels.
3. Voor gronden, waarvoor nog een uitwerking als bedoeld in artikel 3.6, eerste lid, onder b, moet worden vastgesteld, of waarvoor ingevolge de fasering geen omgevingsvergunning als bedoeld in artikel 6.17, eerste lid, kan worden verleend, kunnen de onderdelen van een exploitatieplan, bedoeld in het eerste en tweede lid, een globale inhoud hebben.
4. Voor de berekening van de kosten en opbrengsten wordt ervan uitgegaan dat het exploitatiegebied in zijn geheel in exploitatie zal worden gebracht.
5. Indien geen sprake is van onteigening wordt de inbrengwaarde van gronden vastgesteld met overeenkomstige toepassing van de artikelen 40b tot en met 40f van de onteigeningswet. Voor gronden welke onteigend zijn of waarvoor een onteigeningsbesluit is genomen, of welke op onteigeningsbasis zijn of worden verworven, is de inbrengwaarde gelijk aan de schadeloosstelling ingevolge de onteigeningswet.
6. Kosten in verband met werken, werkzaamheden en maatregelen waarvan het exploitatiegebied of een gedeelte daarvan profijt heeft, en welke toerekenbaar zijn aan het exploitatieplan worden naar evenredigheid opgenomen in de exploitatieopzet.
7. Bovenplanse kosten kunnen voor meerdere locaties of gedeeltes daarvan in de explotatieopzet worden opgenomen in de vorm van een fondsbijdrage, indien er voor deze locaties of gedeeltes daarvan een structuurvisie is vastgesteld welke aanwijzingen geeft over de bestedingen die ten laste van het fonds kunnen komen.

Nadere regels

8. Bij of krachtens algemene maatregel van bestuur worden nadere regels gesteld over de exploitatieopzet en de daarin op te nemen opbrengsten, en de verhaalbare kostensoorten.
9. Bij of krachtens algemene maatregel van bestuur kunnen regels worden gesteld omtrent de beschikbaarstelling van het exploitatieplan en nadere regels worden gesteld over:
a. de kaarten, eisen en regels, bedoeld in het eerste en tweede lid;

Wet ruimtelijke ordening A57 art. 6.18

b. de manier van opstellen en de berekeningsmethode van de exploitatieopzet, en
c. kosten, welke deel uitmaken van de exploitatieopzet.
10. De voordracht voor een krachtens het achtste lid vast te stellen algemene maatregel van bestuur wordt niet gedaan dan nadat het ontwerp is overgelegd aan beide kamers der Staten-Generaal, in de Staatscourant is bekendgemaakt en aan een ieder de gelegenheid is geboden om binnen een bij die bekendmaking te stellen termijn van ten minste vier weken schriftelijk opmerkingen over het ontwerp ter kennis van Onze Minister te brengen.

Art. 6.14
1. Op de voorbereiding van een exploitatieplan is afdeling 3.4 van de Algemene wet bestuursrecht van toepassing, met dien verstande dat de kennisgeving tevens geschiedt aan degenen die in de kadastrale registratie staan vermeld als eigenaar van gronden in het exploitatiegebied. Grondexploitatie, voorbereiding exploitatieplan
2. Burgemeester en wethouders delen binnen vier weken nadat een exploitatieplan is vastgesteld, de eigenaren van de gronden in het exploitatiegebied schriftelijk mede dat een exploitatieplan is vastgesteld. Zij doen tevens mededeling van de terinzagelegging en de termijn waarbinnen beroep kan worden ingesteld. In afwijking van artikel 3:1, eerste lid, onder b, van de Algemene wet bestuursrecht zijn op een besluit tot vaststelling van een exploitatieplan de artikelen 3:40, 3:42, 3:43, 3:44 en 3:45 en afdeling 3.7 van die wet van toepassing.

Art. 6.15
1. Een exploitatieplan wordt na inwerkingtreding ten minste eenmaal per jaar herzien totdat de in dat exploitatieplan voorziene werken, werkzaamheden en bouwwerken zijn gerealiseerd. Indien tegen een exploitatieplan beroep is ingesteld, vangt de termijn aan op de dag nadat een beslissing omtrent het exploitatieplan onherroepelijk is geworden. Grondexploitatie, herziening exploitatieplan
2. Een uitwerkingsplan als bedoeld in artikel 3.6, eerste lid, onder b, dat gronden bevat waarvoor in het exploitatieplan een globale omschrijving is vastgesteld, treedt niet in werking voordat een herziening van het exploitatieplan met betrekking tot de desbetreffende gronden is vastgesteld en bekendgemaakt.
3. Bij een herziening van een exploitatieplan is artikel 6.14, eerste lid, niet van toepassing en kan de mededeling, bedoeld in artikel 6.14, tweede lid, achterwege blijven voor zover de herziening uitsluitend betrekking heeft op:
a. een uitwerking en detaillering van de ramingen van kosten en opbrengsten;
b. een aanpassing van deze ramingen met inachtneming van de in het exploitatieplan aangegeven methoden van indexering;
c. een vervanging van de ramingen van de kosten door gerealiseerde kosten, of
d. andere niet-structurele onderdelen.

Art. 6.16
Indien in een exploitatieplan het bedrag van de aan de exploitatie verbonden kosten, verminderd met de door de gemeente in verband met die exploitatie ontvangen of te ontvangen subsidies en bijdragen van derden, hoger is dan het in het exploitatieplan opgenomen bedrag van de opbrengsten van die exploitatie, kan de gemeente die kosten slechts verhalen tot maximaal het bedrag van die opbrengsten. Grondexploitatie, verhaal kosten exploitatie

Art. 6.17
1. Burgemeester en wethouders verhalen de kosten, verbonden aan exploitatie van de gronden gelegen in een exploitatiegebied, door aan een omgevingsvergunning voor een bouwplan dat krachtens artikel 6.12, eerste lid, is aangewezen, of een omgevingsvergunning voor een gedeelte daarvan, met inachtneming van het exploitatieplan het voorschrift te verbinden dat de vergunninghouder een exploitatiebijdrage aan de gemeente verschuldigd is, tenzij de bijdrage anderszins verzekerd is of voorafgaand aan de indiening van de bouwaanvraag een exploitatiebijdrage met betrekking tot de betreffende gronden overeengekomen en verzekerd is. Grondexploitatie, betaling exploitatiebijdrage vergunninghouder aan gemeente
2. Burgemeester en wethouders stellen bij omgevingsvergunning een termijn waarbinnen de in het eerste lid bedoelde exploitatiebijdrage dient te worden betaald. Zij kunnen met betrekking tot deze bijdrage in de omgevingsvergunning een betalingsregeling opnemen, welke afhankelijk kan worden gesteld van de uitvoering van werken en bouwwerken, bedoeld in het exploitatieplan. Indien de betalingsregeling inhoudt dat gehele of gedeeltelijke betaling na de start van de bouw plaatsvindt, kunnen burgemeester en wethouders van de vergunninghouder aanvullende zekerheden met betrekking tot de betaling eisen. Hierover kunnen bij algemene maatregel van bestuur nadere regels worden gesteld.

Art. 6.18
1. Ten behoeve van het bepalen van de exploitatiebijdrage, bedoeld in artikel 6.17, eerste lid, worden in het exploitatieplan uitgiftecategorieën vastgesteld. Zo nodig wordt daarbinnen een verder onderscheid aangebracht. Grondexploitatie, vaststelling uitgiftecategorieën in exploitatieplan
2. Per onderscheiden categorie wordt een basiseenheid vastgesteld in een hoeveelheid vierkante meters grondoppervlakte, een hoeveelheid vierkante meters vloeroppervlakte, of een andere hiermee vergelijkbare maatstaf.
3. Door elke basiseenheid te vermenigvuldigen met een per categorie vastgestelde gewichtsfactor worden gewogen eenheden vastgesteld.

4. De gewogen eenheden in het exploitatiegebied worden bij elkaar opgeteld.
5. Het verhaalbare bedrag per gewogen eenheid is het ten hoogste verhaalbare bedrag, bedoeld in artikel 6.16, gedeeld door het overeenkomstig het vierde lid berekende aantal.

Art. 6.19

Grondexploitatie, berekening exploitatiebijdrage

De per omgevingsvergunning verschuldigde exploitatiebijdrage, bedoeld in artikel 6.17, eerste lid, wordt berekend door het aantal gewogen eenheden en gedeeltes van eenheden, dat in het exploitatieplan is toegedeeld aan de in de vergunningaanvraag bedoelde gronden, dan wel indien dat tot een hoger aantal leidt, het aantal gewogen eenheden dat is opgenomen in de vergunningaanvraag, te vermenigvuldigen met het verhaalbare bedrag per gewogen eenheid en dit bedrag te verminderen met:
a. de inbrengwaarde van de in de vergunningaanvraag bedoelde gronden, geraamd overeenkomstig de artikelen 40b tot en met 40f van de onteigeningswet voor zover deze niet volgens het exploitatieplan buiten het kostenverhaal blijven;
b. de kosten die in verband met de exploitatie van de betreffende gronden door de aanvrager zijn gemaakt, welke kosten voor de berekening van het te verhalen bedrag niet hoger kunnen zijn dan de raming van die kosten in het exploitatieplan.

Art. 6.20

Grondexploitatie, afrekening exploitatieplan

1. Binnen drie maanden na uitvoering van de in een exploitatieplan voorziene werken, werkzaamheden en maatregelen stellen burgemeester en wethouders een afrekening van dat exploitatieplan vast.
2. Bij de afrekening worden de betaalde exploitatiebijdragen, bedoeld in artikel 6.17, eerste lid, herberekend op grond van de totale kosten en het totale aantal gewogen eenheden in het exploitatiegebied. De basiseenheden en gewichtsfactoren, bedoeld in artikel 6.18, tweede en derde lid, die zijn toegepast bij de berekening van een betaalde exploitatiebijdrage, worden ook toegepast bij de herberekening.
3. Indien een herberekende exploitatiebijdrage meer dan vijf procent lager is dan een betaalde exploitatiebijdrage, betaalt de gemeente binnen een maand na vaststelling van de afrekening het verschil, voor zover het groter is dan vijf procent, naar evenredigheid terug met rente aan degene die ten tijde van de betaling van de bijdrage, of een gedeelte daarvan, houder was van de desbetreffende omgevingsvergunning, of diens rechtsopvolger.
4. Indien ten minste negentig procent van de in het exploitatieplan begrote kosten is gerealiseerd, wordt op verzoek van degene die ten tijde van de betaling van een exploitatiebijdrage als bedoeld in artikel 6.17, eerste lid, houder was van de desbetreffende omgevingsvergunning, of diens rechtsopvolger, met betrekking tot de desbetreffende exploitatiebijdrage een afrekening opgesteld en gevolg gegeven aan het derde lid.
5. Tegen een besluit omtrent de afrekening en de herberekende exploitatiebijdrage kan beroep worden ingesteld.

Art. 6.21

Grondexploitatie, overschrijding betalingstermijn exploitatiebijdrage

1. Burgemeester en wethouders kunnen terstond na het overschrijden van de termijn van betaling van een gedeelte of het geheel van de exploitatiebijdrage, bedoeld in artikel 6.17, eerste lid, besluiten dat het bouwen niet kan aanvangen of moet worden gestaakt totdat aan de betalingsverplichtingen is voldaan. Zij stellen de termijn, bedoeld in artikel 5:24 van de Algemene wet bestuursrecht, op ten hoogste vier weken.
2. Burgemeester en wethouders kunnen het verschuldigde bedrag, bedoeld in het eerste lid, bij dwangbevel invorderen.
3. Indien niet binnen drie maanden na het besluit, bedoeld in het eerste lid, de desbetreffende bijdrage door de gemeente is ontvangen, kunnen burgemeester en wethouders de omgevingsvergunning geheel of gedeeltelijk intrekken.

Art. 6.22

Grondexploitatie, financiële bijdrage gemeente aan vergunninghouder

1. Een gemeente verstrekt een aan de vergunninghouder verschuldigde financiële bijdrage indien de prestaties waaraan die bijdrage is gerelateerd, overeenkomstig het exploitatieplan zijn verricht en een verzoek tot betaling bij de gemeente is ingediend.
2. Op het verstrekken van een bijdrage als bedoeld in het eerste lid is titel 4.2 van de Algemene wet bestuursrecht niet van toepassing.

Art. 6.23

Grondexploitatie, vaststelling verordening

De gemeenteraad kan met betrekking tot de grondexploitatie een verordening vaststellen, welke bepalingen kan bevatten met betrekking tot de procedure voor het totstandkomen van een overeenkomst over grondexploitatie en de inhoud daarvan.

Art. 6.24

Grondexploitatie, overeenkomst

1. Bij het aangaan van een overeenkomst over grondexploitatie kunnen burgemeester en wethouders in de overeenkomst bepalingen opnemen inzake:
a. financiële bijdragen aan de grondexploitatie alsmede op basis van een vastgestelde structuurvisie, aan ruimtelijke ontwikkelingen;
b. verrekening van schade die op grond van artikel 6.1 voor vergoeding in aanmerking zou komen.

Wet ruimtelijke ordening A57 art. 7.2

2. Na vaststelling van een exploitatieplan nemen burgemeester en wethouders bij het aangaan van een overeenkomst over grondexploitatie het exploitatieplan in acht, met dien verstande dat de overeenkomst bepalingen kan bevatten over de uitwerking van onderwerpen uit het exploitatieplan, maar geen bepalingen kan bevatten over onderwerpen welke deel kunnen uitmaken van een exploitatieplan, maar daarin niet zijn opgenomen.
3. Van de overeenkomst wordt binnen twee weken na het sluiten daarvan door het college van burgemeester en wethouders kennisgegeven in het gemeenteblad.
4. Artikel 6.4a, tweede lid, is van overeenkomstige toepassing ten aanzien van degene die een overeenkomst heeft gesloten over grondexploitatie waarin een regeling van verhaal van planschade is opgenomen.   *Schakelbepaling*

Art. 6.25
1. Indien provinciale staten met toepassing van artikel 3.26, eerste lid, een inpassingsplan vaststellen, of gedeputeerde staten een omgevingsvergunning verlenen voor een project van provinciaal belang waarbij met toepassing van artikel 2.12, eerste lid, onder a, onder 3°, van de Wet algemene bepalingen omgevingsrecht van het bestemmingsplan of de beheersverordening wordt afgeweken, treden, vanaf de terinzagelegging in ontwerp van het plan of de vergunning provinciale staten voor de toepassing van de bij of krachtens deze afdeling gestelde regels in de plaats van de gemeenteraad en gedeputeerde staten in de plaats van burgemeester en wethouders en wordt in plaats van «gemeente» telkens gelezen: provincie.   *Grondexploitatie, inpassingsplan/projectbesluit*
2. Indien Onze Minister met toepassing van artikel 3.28, eerste lid, een inpassingsplan vaststelt, of een omgevingsvergunning verleent voor een project van nationaal belang waarbij met toepassing van artikel 2.12, eerste lid, onder a, onder 3°, van de Wet algemene bepalingen omgevingsrecht van het bestemmingsplan of de beheersverordening wordt afgeweken, treedt hij, vanaf de terinzagelegging in ontwerp van het plan of de vergunning voor de toepassing van de bij of krachtens deze afdeling gestelde regels in de plaats van de gemeenteraad en van burgemeester en wethouders en wordt in plaats van «de gemeente» of «een gemeente» telkens gelezen: het Rijk.
3. Indien Onze Minister, in voorkomend geval gezamenlijk met Onze aangewezen Minister, met toepassing van artikel 3.35 een inpassingsplan vaststelt, of een omgevingsvergunning verleent als bedoeld in het tweede lid, treedt, vanaf de terinzagelegging in ontwerp van het plan of de vergunning Onze Minister, in voorkomend geval gezamenlijk met Onze aangewezen Minister, voor de toepassing van de bij of krachtens deze afdeling gestelde regels in de plaats van de gemeenteraad en Onze Minister of Onze aangewezen Minister in de plaats van burgemeester en wethouders en wordt in plaats van «de gemeente» of «een gemeente» telkens gelezen: het Rijk.
4. Indien, in andere gevallen dan bedoeld in het eerste tot en met het derde lid, de omgevingsvergunning, bedoeld in artikel 6.17, door een ander orgaan dan burgemeester en wethouders wordt verleend, treedt dat orgaan voor de toepassing van de artikelen 6.17 en 6.21, derde lid, in de plaats van burgemeester en wethouders.

Hoofdstuk 7
Handhaving en toezicht op de uitvoering

Art. 7.1
1. Burgemeester en wethouders dragen zorg voor de bestuursrechtelijke handhaving van het bepaalde bij of krachtens deze wet.   *Ruimtelijke ordening, handhaving*
2. Het in artikel 5.2, eerste lid, van de Wet algemene bepalingen omgevingsrecht bedoelde bestuursorgaan heeft tot taak zorg te dragen voor bestuursrechtelijke handhaving van de op grond van het bepaalde bij of krachtens deze wet voor degene die het project, bedoeld in dat lid, uitvoert, geldende voorschriften.
3. Met betrekking tot de kwaliteit van de uitvoering en handhaving van het bepaalde bij of krachtens deze wet zijn de artikelen 5.3 tot en met 5.25 van de Wet algemene bepalingen omgevingsrecht van toepassing.

Art. 7.2
Het is verboden gronden of bouwwerken te gebruiken in strijd met: *Ruimtelijke ordening, toezicht op naleving*
a. een voorbereidingsbesluit of een verklaring als bedoeld in artikel 4.1, vijfde lid, of 4.3, vierde lid, voor zover hierbij toepassing is gegeven aan artikel 3.7, vierde lid, maar geen toepassing is gegeven aan de tweede volzin van dat lid;
b. regels die zijn gesteld krachtens deze wet voor zover de overtreding daarvan is aangemerkt als strafbaar feit en voor zover daarop artikel 2.1 van de Wet algemene bepalingen omgevingsrecht niet van toepassing is.

Art. 7.3–7.10
[Vervallen]

Sdu 1019

Hoofdstuk 8
Bezwaar en beroep

Afdeling 8.1
Bezwaar en beroep

Art. 8.1
[Vervallen]

Art. 8.2

Ruimtelijke ordening, instellen beroep tegen besluit

1. Bij een beroep tegen een besluit omtrent vaststelling van een bestemmingsplan, een inpassingsplan of een rijksbestemmingsplan als bedoeld in artikel 10.3, eerste lid, kunnen geen gronden worden aangevoerd die betrekking hebben op een aanwijzing als bedoeld in artikel 4.2, eerste lid, of artikel 4.4, eerste lid, waarop dat besluit berust, voor zover deze aanwijzing betrekking heeft op een daarbij concreet aangegeven locatie waarvan geen afwijking mogelijk is.
2. De Afdeling bestuursrechtspraak van de Raad van State beslist binnen twaalf maanden na afloop van de beroepstermijn op een beroep tegen:
   a. een besluit omtrent vaststelling van een bestemmingsplan, een inpassingsplan of een rijksbestemmingsplan als bedoeld in artikel 10.3, eerste lid,
   b. een besluit als bedoeld in artikel 3.1, derde lid,
   c. een besluit omtrent wijziging of uitwerking van een bestemmingsplan overeenkomstig artikel 3.6, eerste lid,
   d. een aanwijzingsbesluit als bedoeld in artikel 3.8, zesde lid, of artikel 3.26, tweede lid, in samenhang met artikel 3.8, zesde lid,
   e. een besluit op een verzoek om een kostenvergoeding als bedoeld in artikel 6.8 of 6.9, en
   f. een besluit omtrent vaststelling van een exploitatieplan voor gronden, begrepen in een gelijktijdig bekendgemaakt bestemmingsplan, inpassingsplan of wijzigingsplan als bedoeld in artikel 3.6, eerste lid, alsmede herzieningen van het desbetreffende exploitatieplan en besluiten omtrent de afrekening en herberekende exploitatiebijdragen van het desbetreffende exploitatieplan.
3. Indien het beroep een bestemmingsplan betreft ter uitvoering waarvan een verzoek tot onteigening is gedaan als bedoeld in artikel 78 van de onteigeningswet, dan wel een bestemmingsplan waarin ingevolge artikel 3.4 onderdelen zijn aangewezen ten aanzien waarvan de verwezenlijking in de naaste toekomst nodig wordt geacht, wordt het beroep behandeld voor andere ingestelde beroepen als bedoeld in het tweede lid.
4. Als belanghebbende bij een besluit als bedoeld in de artikelen 6.12, eerste en tweede lid, en 6.15, eerste lid, wordt in elk geval aangemerkt degene die een grondexploitatieovereenkomst heeft gesloten met betrekking tot in het desbetreffende besluit opgenomen gronden, of die de eigenaar is van die gronden.

Art. 8.3

Ruimtelijke ordening, aanmerking als één besluit

1. Voor de mogelijkheid van beroep worden als één besluit aangemerkt:
   a. indien toepassing is gegeven aan artikel 3.30, eerste lid, onder a, 3.33, eerste lid, onder a, of 3.35, eerste lid, onder b, de daarbedoelde besluiten;
   b. indien toepassing is gegeven aan artikel 3.30, eerste lid, onder b, 3.33, eerste lid, onder b, of 3.35, eerste lid, onder c, het besluit omtrent vaststelling van het daarbedoelde bestemmingsplan of inpassingsplan, wijzigings- of uitwerkingsplan dan wel de omgevingsvergunning en de daarbedoelde besluiten,
   voor zover deze besluiten met toepassing van artikel 3.32 gelijktijdig bekend zijn gemaakt.
2. De bevoegde rechter beslist op een beroep als bedoeld in het eerste lid binnen zes maanden na ontvangst van het verweerschrift.
3. Voor de mogelijkheid van beroep en de behandeling van en uitspraak op een beroep worden als één besluit aangemerkt de gelijktijdig bekendgemaakte besluiten omtrent vaststelling van een exploitatieplan en de vaststelling van een bestemmingsplan, een wijziging of uitwerking van een bestemmingsplan of de verlening van een omgevingsvergunning waarbij met toepassing van artikel 2.12, eerste lid, onder a, onder 3°, van de Wet algemene bepalingen omgevingsrecht van het bestemmingsplan of de beheersverordening wordt afgeweken.
4. Voor de mogelijkheid van beroep en de behandeling van en de uitspraak op een beroep worden de ontheffing, bedoeld in artikel 4.1a of 4.3a, en het besluit tot vaststelling van het bestemmingsplan of het provinciaal inpassingsplan ten behoeve waarvan die ontheffing is verleend, als één besluit, vastgesteld door de gemeenteraad onderscheidenlijk provinciale staten, aangemerkt.

Art. 8.4

Ruimtelijke ordening, opschorting werking besluit bij verzoek voorlopige voorziening

Indien gedurende de beroepstermijn met betrekking tot een besluit tot vaststelling van een bestemmingsplan of inpassingsplan of van een wijziging of uitwerking hiervan bij de voorzitter van de Afdeling bestuursrechtspraak van de Raad van State een verzoek om voorlopige voorziening is gedaan, wordt de werking van het besluit

Wet ruimtelijke ordening

A57 art. 8.4f

opgeschort totdat op het verzoek is beslist. Bij de toewijzing van het verzoek geeft de voorzitter aan op welke onderdelen van het bestemmingsplan of inpassingsplan of van de wijziging of uitwerking hiervan de voorlopige voorziening betrekking heeft.

Art. 8.4a
1. De gemeenteraad is bevoegd om hangende het beroep tegen het bestemmingsplan, een besluit tot wijziging van dat bestemmingsplan vast te stellen.   *Bestemmingsplan, besluit tot wijziging hangende het beroep*
2. In afwijking van artikel 3.8, eerste lid, is op het besluit, bedoeld in het eerste lid, afdeling 3.4 van de Algemene wet bestuursrecht niet van toepassing, indien het een wijziging van ondergeschikte aard betreft. Het wijzigingsbesluit, bedoeld in het eerste lid, wordt vastgesteld uiterlijk tien dagen voor de zitting, die plaatsvindt ten behoeve van de beoordeling van het bestreden besluit.
3. Artikel 7:1 van de Algemene wet bestuursrecht is niet van toepassing op het besluit, bedoeld in het eerste lid.

Art. 8.4b
1. Indien de Afdeling bestuursrechtspraak van de Raad van State van oordeel is dat het beroep tegen het bestemmingsplan gegrond is, kan zij een tussenuitspraak doen, waarbij zij de gemeenteraad in de gelegenheid stelt om de gebreken weg te nemen.   *Bestemmingsplan, tussenuitspraak RvS*
2. In haar tussenuitspraak stelt de Afdeling vast in welk opzicht het beroep gegrond is. Afdeling 8.2.6, met uitzondering van artikel 8:72, eerste lid, van de Algemene wet bestuursrecht is van overeenkomstige toepassing. De Afdeling vermeldt een termijn binnen welke de gebreken moeten zijn weggenomen. De Afdeling kan door middel van een wijziging van de tussenuitspraak de termijn op verzoek van de gemeenteraad verlengen.
3. Indien de gemeenteraad aangeeft geen gebruik te willen maken van de gelegenheid om de gebreken weg te nemen dan wel de termijn die daarvoor geldt, laat verstrijken, wordt het onderzoek geacht te zijn gesloten op de dag van ontvangst van de mededeling van de gemeenteraad dan wel op de dag dat de bedoelde termijn is verstreken.
4. De gemeenteraad stelt de Afdeling schriftelijk in kennis van de wijze waarop de gebreken zijn weggenomen.
5. De Afdeling stelt de andere partijen in de gelegenheid binnen een door haar te stellen termijn schriftelijk te reageren op de kennisgeving, bedoeld in het vierde lid.
6. Indien de Afdeling een onderzoek ter zitting nodig acht, deelt zij dit zo spoedig mogelijk aan partijen mede.

Art. 8.4c
De artikelen 8.4a tot en met 8.4b zijn van overeenkomstige toepassing op een besluit tot vaststelling van een inpassingsplan.   *Schakelbepaling*

Art. 8.4d
1. De artikelen 8.4a tot en met 8.4b zijn van overeenkomstige toepassing op een besluit tot wijziging of uitwerking van het bestemmingsplan met dien verstande dat in plaats van «artikel 3.8, eerste lid» wordt gelezen «artikel 3.6, vijfde lid».   *Schakelbepaling*
2. Het eerste lid is van overeenkomstige toepassing op een wijzigings- of uitwerkingsplan van gedeputeerde staten of Onze Minister.

Art. 8.4e
1. De artikelen 8.4a tot en met 8.4b zijn van overeenkomstige toepassing op een projectbesluit met dien verstande dat: *Schakelbepaling*
a. in plaats van «artikel 3.8, eerste lid» wordt gelezen «artikel 3.11, eerste lid»;
b. in plaats van «de Afdeling bestuursrechtspraak van de Raad van State» en «de Afdeling» telkens wordt gelezen «de bevoegde rechter in eerste instantie».
2. Het eerste lid is van overeenkomstige toepassing op een projectbesluit van provinciale staten of Onze Minister dan wel Onze Minister wie het aangaat in overeenstemming met Onze Minister.

Art. 8.4f
Indien toepassing wordt gegeven aan artikel 3.30, eerste lid, onder b, 3.33, eerste lid, onder b, of 3.35, eerste lid, onder b, zijn de artikelen 8.4a en 8.4b van overeenkomstige toepassing op de besluiten, bedoeld in artikel 3.30, eerste lid, onder a, 3.33, eerste lid, onder a, onderscheidenlijk 3.35, eerste lid, onder a, met dien verstande dat: *Schakelbepaling*
a. in plaats van «de Afdeling bestuursrechtspraak van de Raad van State» en «de Afdeling» telkens wordt gelezen «de bevoegde rechter in eerste instantie»;
b. in plaats van «de gemeenteraad» telkens wordt gelezen «het bevoegde bestuursorgaan»;
c. in plaats van «besluit tot vaststelling van een bestemmingsplan» telkens wordt gelezen «het bestreden besluit».

A57 art. 8.5 — Wet ruimtelijke ordening

Afdeling 8.2
Advisering inzake beroepen

Art. 8.5

Ruimtelijke ordening, oprichting stichting die adviseert inzake beroepen

1. Onze Minister kan namens de Staat tot oprichting overgaan van een stichting die tot doel heeft de taak te verrichten, bedoeld in artikel 8.6.

2. Wijziging van de statuten van de stichting of ontbinding van de stichting behoeft de instemming van Onze Minister. Alvorens te beslissen over de toestemming hoort Onze Minister de Afdeling bestuursrechtspraak van de Raad van State.

3. De statuten waarborgen dat de stichting haar werkzaamheden onpartijdig en onafhankelijk verricht.

Art. 8.6

Ruimtelijke ordening, taak stichting die adviseert inzake beroepen

De stichting heeft tot taak aan de bestuursrechter op diens verzoek deskundigenbericht uit te brengen inzake beroepen op grond van deze wet. Op verzoek van de bestuursrechter brengt de stichting tevens deskundigenbericht uit inzake beroepen op grond van andere wetten voor zover het onderwerpen betreft die samenhangen met de ruimtelijke ordening.

Art. 8.7

Ruimtelijke ordening, onpartijdigheid stichting die adviseert inzake beroepen

De personen die deel uitmaken van de organen van de stichting en het personeel van de stichting vervullen geen functies en betrekkingen waarvan de uitoefening ongewenst is met het oog op de handhaving van de onpartijdigheid en onafhankelijkheid van de stichting dan wel het vertrouwen daarin.

Art. 8.8

Ruimtelijke ordening, subsidie stichting die adviseert inzake beroepen

1. Indien met toepassing van artikel 8.5 een stichting is opgericht, verstrekt Onze Minister aan de stichting een subsidie overeenkomstig bij of krachtens algemene maatregel van bestuur te stellen voorschriften, voor zover dat redelijkerwijs noodzakelijk is voor een goede taakuitoefening.

2. Artikel 8:36, eerste lid, van de Algemene wet bestuursrecht is niet van toepassing.

Hoofdstuk 9
Planologische organen

Afdeling 9.1
Planologische commissies

Art. 9.1

Ruimtelijke ordening, provinciale planologische commissie

1. Er is in elke provincie een provinciale planologische commissie ten behoeve van het overleg over en de coördinatie van zaken betreffende provinciaal ruimtelijk beleid.

2. Bij provinciale verordening worden regels gesteld omtrent de benoeming, samenstelling, taak en werkwijze van de commissie.

3. Bij of krachtens algemene maatregel van bestuur kunnen regels worden gesteld terzake van de verordening, bedoeld in het tweede lid.

Art. 9.2

[Vervallen]

Afdeling 9.2
Ruimtelijk planbureau

Art. 9.3

Ruimtelijke ordening, Ruimtelijk planbureau

1. Er is een Ruimtelijk planbureau, dat ressorteert onder Onze Minister.

2. Het planbureau heeft tot taak:
a. het verkennen en signaleren van ruimtelijk relevante maatschappelijke ontwikkelingen;
b. het maken van prognoses van de behoefte aan en het gebruik van de in Nederland beschikbare ruimte en van toekomstverkenningen met betrekking tot die onderwerpen;
c. het monitoren en analyseren van ruimtelijke ontwikkelingen;
d. het analyseren van ruimtelijk relevant beleid en van besluitvormingsprocessen met betrekking tot dat beleid;
e. het ontwikkelen van beleidsvarianten en scenario's.

Nadere regels

3. Bij of krachtens algemene maatregel van bestuur worden nadere regels gesteld omtrent de taak van het planbureau en worden regels gesteld omtrent de inrichting en werkwijze van het planbureau.

Wet ruimtelijke ordening

A57 art. 10.6

Art. 9.4
1. Er is een Begeleidingscollege dat het wetenschappelijk niveau van het Ruimtelijk planbureau bewaakt.

Ruimtelijke ordening, Begeleidingscollege Ruimtelijk Planbureau

2. Bij of krachtens algemene maatregel van bestuur worden nadere regels gesteld omtrent de taak van het begeleidingscollege en worden regels gesteld omtrent de inrichting, samenstelling en werkwijze van het college.

Nadere regels

Hoofdstuk 10
Slotbepalingen

Art. 10.1
1. Burgemeester en wethouders en Onze Minister maken jaarlijks hun voornemens bekend met betrekking tot de wijze waarop in het komende jaar uitvoering zal worden gegeven aan de bestuursrechtelijke handhaving van het bepaalde bij of krachtens deze wet.

Ruimtelijke ordening, bekendmaking voornemens B&W inzake handhaving

2. Burgemeester en wethouders en Onze Minister doen jaarlijks verslag aan de gemeenteraad onderscheidenlijk de Staten-Generaal van de wijze waarop in het voorafgaande jaar uitvoering is gegeven aan de bestuursrechtelijke handhaving van het bepaalde bij of krachtens deze wet, alsmede van het door hen gevoerde beleid bij de uitvoering van de hoofdstukken 3, 3a en 4 alsmede de verlening van omgevingsvergunningen voor activiteiten als bedoeld in artikel 2.1, eerste lid, onder a, b, c en g, van de Wet algemene bepalingen omgevingsrecht. Gedeputeerde staten doen jaarlijks verslag aan provinciale staten van het door hen gevoerde beleid bij de uitvoering van de laatstgenoemde hoofdstukken. Burgemeester en wethouders en gedeputeerde staten zenden gelijktijdig met de aanbieding van het verslag aan de gemeenteraad, onderscheidenlijk provinciale staten een afschrift ervan aan de inspecteur.

Ruimtelijke ordening, jaarlijks verslag B&W/GS

Art. 10.2
1. Onderstaande personen, niet zijnde toezichthouders, hebben in de hierna genoemde gebieden toegang tot alle terreinen en gebouwen, niet zijnde woningen, voor zover dat redelijkerwijs voor de uitvoering van deze wet nodig is:
a. in het gehele land: de door Onze Minister aan te wijzen personen;
b. in een provincie: de door de Commissaris van de Koning aan te wijzen personen;
c. in een gemeente: de burgemeester en de door hem aan te wijzen personen.

Ruimtelijke ordening, toegang tot terreinen/gebouwen

2. Bij algemene maatregel van bestuur kan worden voorgeschreven dat ten aanzien van bepaalde terreinen of gebouwen de in het eerste lid bedoelde bevoegdheid slechts wordt uitgeoefend door bepaalde van de in het eerste lid genoemde personen.

Nadere regels

3. De in het eerste lid bedoelde personen verschaffen zich zo nodig toegang met behulp van de sterke arm.

Art. 10.3
1. Ten aanzien van gronden die geen deel uitmaken van het grondgebied van een gemeente of een provincie kan, voor zover zulks bij algemene maatregel van bestuur, op voordracht van Onze Minister gezamenlijk met Onze Minister van Verkeer en Waterstaat, is bepaald, een rijksbestemmingsplan worden vastgesteld.

Ruimtelijke ordening, rijksbestemmingsplan

2. Op het rijksbestemmingsplan, bedoeld in het eerste lid, zijn van hoofdstuk 3 de afdelingen 3.1, 3.2, met uitzondering van artikel 3.8, vierde en zesde lid, afdeling 3.3 en § 3.6.1 en afdeling 3.7 waar mogelijk van overeenkomstige toepassing, met dien verstande dat Onze Minister in de plaats treedt van de gemeenteraad en van burgemeester en wethouders.

3. Bij de maatregel, bedoeld in het eerste lid, kunnen regels worden gesteld ten aanzien van de bestuursorganen die de in deze wet vervatte bevoegdheden uitoefenen en ten aanzien van de bij die uitvoering te betrekken bestuursorganen.

Art. 10.4
1. Bij koninklijk besluit op voordracht van Onze Minister en Onze Minister wie het mede aangaat, kan worden bepaald dat deze wet niet van toepassing is op een bij dat besluit aan te wijzen werk of werkzaamheid ten behoeve van de landsverdediging.

Ruimtelijke ordening, werk/werkzaamheid ten behoeve van landsverdediging

2. Bij of krachtens algemene maatregel van bestuur kunnen regels worden gesteld over de vormgeving van elektronisch beschikbaar gestelde informatie over het besluit.

Art. 10.5
Alle stukken opgemaakt ter verkrijging van de beschikking door de gemeente, de provincie en het Rijk over onroerende zaken teneinde uitvoering te kunnen geven aan een bestemmingsplan, zijn vrij van kosten van legalisatie en griffiekosten.

Ruimtelijke ordening, kosten legalisatie en griffiekosten

Art. 10.6
De kosten van de gemeente of de provincie, voortvloeiende uit de medewerking aan de uitvoering van deze wet, zijn uitgaven als bedoeld in artikel 193 van de Gemeentewet onderscheidenlijk artikel 197 van de Provinciewet. Artikel 194 van de Gemeentewet onderscheidenlijk artikel 198 van de Provinciewet is van toepassing.

Ruimtelijke ordening, kosten gemeente/provincie

Art. 10.7

Ruimtelijke ordening, nakoming internationale verplichtingen

Bij of krachtens algemene maatregel van bestuur kunnen voorschriften worden gegeven met het oog op de nakoming van voor Nederland verbindende internationale verplichtingen die betrekking hebben op of samenhangen met onderwerpen waarin bij of krachtens deze wet is voorzien.

Art. 10.8

Ruimtelijke ordening, AMvB

1. Indien in deze wet geregelde onderwerpen in het belang van een goede uitvoering van deze wet nadere regeling behoeven, kan deze geschieden bij algemene maatregel van bestuur.
2. De voordracht voor een krachtens dit artikel vast te stellen algemene maatregel van bestuur wordt niet gedaan dan nadat het ontwerp is overgelegd aan beide kamers der Staten-Generaal, in de Staatscourant is bekendgemaakt en aan een ieder de gelegenheid is geboden om binnen een bij die bekendmaking te stellen termijn van ten minste vier weken schriftelijk opmerkingen over het ontwerp ter kennis van Onze Minister te brengen.

Art. 10.9

Ruimtelijke ordening, voorhangprocedure AMvB

Een in deze wet voorziene algemene maatregel van bestuur wordt, nadat zij is vastgesteld, toegezonden aan beide kamers der Staten-Generaal. Zij treedt niet eerder in werking dan met ingang van de eerste dag van de tweede kalendermaand na de dagtekening van het Staatsblad waarin zij wordt geplaatst.

Art. 10.10

Ruimtelijke ordening, evaluatie

Onze Minister zendt binnen vijf jaar na het tijdstip van inwerkingtreding van deze wet, en vervolgens telkens na vijf jaar, aan de Staten-Generaal een verslag over de doeltreffendheid en de effecten van deze wet in de praktijk.

Art. 10.11

Vormvereiste

Voor de plaatsing van deze wet in het Staatsblad stelt Onze Minister van Volkshuisvesting, Ruimtelijke Ordening en Milieubeheer de nummering en lettering van de afdelingen, paragrafen, artikelen en onderdelen van artikelen van deze wet opnieuw vast en brengt hij de in deze wet voorkomende aanhalingen daarvan met de nieuwe nummering en lettering in overeenstemming.

Art. 10.12

Inwerkingtreding

Deze wet treedt in werking op een bij koninklijk besluit te bepalen tijdstip dat voor de verschillende artikelen of onderdelen daarvan verschillend kan worden gesteld.

Art. 10.13

Citeertitel

Deze wet wordt aangehaald als: Wet ruimtelijke ordening.

Besluit ruimtelijke ordening[1]

Besluit van 21 april 2008 tot uitvoering van de Wet ruimtelijke ordening (Besluit ruimtelijke ordening)

Wij Beatrix, bij de gratie Gods, Koningin der Nederlanden, Prinses van Oranje-Nassau, enz. enz. enz.
Op de voordracht van Onze Minister van Volkshuisvesting, Ruimtelijke Ordening en Milieubeheer van 17 december 2007, nr. DJZ2007127171, Directie Juridische Zaken, Afdeling Wetgeving;
Gelet op de artikelen 2.4, 3.6, 3.7, 3.16, 3.20, 3.22, 3.23, 3.36, 3.37, 3.38, 4.1, 4.2, 4.3, 6.7, 6.11, 6.12, 9.1, 9.3, 9.4, 10.3, 10.7 en 10.8 van de Wet ruimtelijke ordening;
De Raad van State gehoord (advies van 29 februari 2008, nr. W08.07.0483/IV);
Gezien het nader rapport van Onze voornoemde Minister van 14 april 2008, nr. DJZ2008033519, Directie Juridische Zaken, Afdeling Wetgeving;
Hebben goedgevonden en verstaan:

Hoofdstuk 1
Algemene bepalingen

§ 1.1
Algemeen

Art. 1.1.1
1. In dit besluit en de hierop berustende bepalingen wordt verstaan onder: *Begripsbepalingen*
a. wet: Wet ruimtelijke ordening;
b. andere geluidsgevoelige gebouwen: andere geluidsgevoelige gebouwen als bedoeld in artikel 1 van de Wet geluidhinder;
c. geluidsgevoelige terreinen: geluidsgevoelige terreinen als bedoeld in artikel 1 van de Wet geluidhinder;
d. sociale huurwoning: huurwoning met een aanvangshuurprijs onder de grens als bedoeld in artikel 13, eerste lid, onder a, van de Wet op de huurtoeslag, waarbij de instandhouding voor de in een gemeentelijke verordening omschreven doelgroep voor ten minste tien jaar na ingebruikname is verzekerd;
e. sociale koopwoning: koopwoning met een koopprijs vrij op naam van ten hoogste € 200.000, waarbij de instandhouding voor de in een gemeentelijke verordening omschreven doelgroep voor een in de verordening vastgesteld tijdvak van ten minste een jaar en ten hoogste tien jaar na ingebruikname is verzekerd;
f. particulier opdrachtgeverschap: situatie dat de burger of een groep van burgers – in dat laatste geval georganiseerd als rechtspersoon zonder winstoogmerk of krachtens een overeenkomst – tenminste de economische eigendom verkrijgt en volledige zeggenschap heeft over en verantwoordelijkheid draagt voor het gebruik van de grond, het ontwerp en de bouw van de eigen woning;
g. geometrische plaatsbepaling: locatie van een ruimtelijk object, vastgelegd in een ruimtelijk referentiesysteem;
h. bestaand stedelijk gebied: bestaand stedenbouwkundig samenstel van bebouwing ten behoeve van wonen, dienstverlening, bedrijvigheid, detailhandel of horeca, alsmede de daarbij behorende openbare of sociaal culturele voorzieningen, stedelijk groen en infrastructuur;
i. stedelijke ontwikkeling: ruimtelijke ontwikkeling van een bedrijventerrein of zeehaventerrein, of van kantoren, detailhandel, woningbouwlocaties of andere stedelijke voorzieningen;
j. geliberaliseerde woning voor middenhuur: huurwoning met een aanvangshuurprijs van ten minste het bedrag, bedoeld in artikel 13, eerste lid, onder a, van de Wet op de huurtoeslag, en ten hoogste een in een gemeentelijke verordening bepaalde, jaarlijks te indexeren aanvangshuurprijs, waarbij de instandhouding in die verordening voor ten minste tien jaar na ingebruikname is verzekerd.
2. In dit besluit en de hierop berustende bepalingen wordt onder een bestemmingsplan mede begrepen een inpassingsplan als bedoeld in afdeling 3.5 van de wet.
3. In hoofdstuk 3 van dit besluit en de hierop berustende bepalingen wordt onder een bestemmingsplan mede begrepen een wijzigings- of uitwerkingsplan als bedoeld in artikel 3.6, eerste

---

1   Inwerkingtredingsdatum: 01-07-2008; zoals laatstelijk gewijzigd bij: Stb. 2021, 175.

A58 art. 1.1.2 — Besluit ruimtelijke ordening

lid, onder a of b, van de wet alsmede een rijksbestemmingsplan als bedoeld in artikel 10.3 van de wet.

Art. 1.1.2

Ruimtelijke ordening, geen strijdigheid met Richtlijn nr. 2006/123/EG

Bij het stellen van regels in een bestemmingsplan, wijzigings- of uitwerkingsplan als bedoeld in artikel 3.6, eerste lid, onder a of b, van de wet, rijksbestemmingsplan als bedoeld in artikel 10.3 van de wet of beheersverordening, bij de beslissing op een aanvraag om een omgevingsvergunning waarbij met toepassing van artikel 2.12 de Wet algemene bepalingen omgevingsrecht van het bestemmingsplan of de beheersverordening wordt afgeweken wordt voorkomen dat strijdigheid ontstaat met artikel 14, aanhef en onder 5, van richtlijn nr. 2006/123/EG van het Europees Parlement en de Raad van de Europese Unie van 12 december 2006 betreffende de diensten op de interne markt (PbEU L 376). Een wijziging van de richtlijn, bedoeld in de eerste volzin, gaat voor de toepassing van die volzin gelden met ingang van de dag waarop aan de betrokken wijzigingsrichtlijn uitvoering moet zijn gegeven.

§ 1.2
Bepalingen over de vormgeving, inrichting, beschikbaarstelling, bekendmaking en terinzagelegging van ruimtelijke besluiten

Art. 1.2.1

Ruimtelijke ordening, beschikbaarstelling ruimtelijke visie/plan/besluit

1. Onverminderd het bepaalde bij of krachtens de wet stellen burgemeester en wethouders, gedeputeerde staten en Onze Minister of Onze Minister wie het aangaat de volgende visies, plannen, besluiten en verordeningen, in voorkomend geval met de daarbij behorende toelichting of onderbouwing, aan eenieder elektronisch beschikbaar:
   a. structuurvisie;
   b. bestemmingsplan;
   c. wijzigings- of uitwerkingsplan;
   d. voorbereidingsbesluit;
   e. beheersverordening;
   f. provinciale verordening als bedoeld in artikel 4.1 van de wet;
   g. aanwijzing als bedoeld in artikel 4.2 of 4.4 van de wet;
   h. exploitatieplan;
   i. rijksbestemmingsplan.
2. Er is een landelijke voorziening waar de visies, plannen, besluiten en verordeningen, bedoeld in het eerste lid, raadpleegbaar zijn.
3. Voor zover een bestemmingsplan, wijzigings- of uitwerkingsplan, exploitatieplan of rijksbestemmingsplan dan wel een onderdeel daarvan:
   a. niet in werking is getreden, of
   b. onherroepelijk is,
dragen burgemeester en wethouders, gedeputeerde staten en Onze Minister of Onze Minister wie het aangaat er zorg voor dat dit bij de raadpleging van dat plan langs elektronische weg kenbaar is.
4. Burgemeester en wethouders, gedeputeerde staten en Onze Minister of Onze Minister wie het aangaat stellen eenieder in de gelegenheid een visie, plan, besluit of verordening als bedoeld in het eerste lid, in voorkomend geval met de daarbij behorende toelichting of onderbouwing, in te zien op onderscheidenlijk het gemeentehuis, provinciehuis, of op de hoofdzetel van het ministerie van Onze Minister of Onze Minister wie het aangaat, dan wel op een andere door dat bestuursorgaan te bepalen locatie. Op verzoek wordt tegen kostprijs een afschrift daarvan verstrekt.

Art. 1.2.1a

Ruimtelijke ordening, beschikbaarstelling ontwerpbesluit

Bij de voorbereiding van een bestemmingsplan, wijzigings- of uitwerkingsplan, exploitatieplan, rijksbestemmingsplan of een aanwijzing als bedoeld in artikel 4.2 of 4.4 van de wet waarop afdeling 3.4 van de Algemene wet bestuursrecht van toepassing is:
  a. wordt het ontwerpbesluit met overeenkomstige toepassing van artikel 1.2.1, eerste en tweede lid, beschikbaar gesteld;
  b. vermelden het kennisgeving als bedoeld in de artikelen 3:12 en 3:44 van de Algemene wet bestuursrecht tevens de plaats waar eenieder in de gelegenheid wordt gesteld de plannen en aanwijzingen, bedoeld onder a, langs elektronische weg te raadplegen, alsmede het identificatienummer van die stukken.

Art. 1.2.2

Ruimtelijk besluit, raadpleegbaarheid bij landelijke voorziening

Onze Minister draagt aan een of meer door hem aan te wijzen instanties het beheer op van de landelijke voorziening en kan daarvoor regels stellen.

Besluit ruimtelijke ordening   **A58** art. 2.1.2

Art. 1.2.3
1. Een visie, plan, besluit en verordening als bedoeld in artikel 1.2.1, eerste lid, in voorkomend geval met de daarbij behorende toelichting of onderbouwing, worden elektronisch vastgesteld. Van een zodanig elektronisch document wordt tevens een papieren versie gemaakt.   *Ruimtelijke visie/plan/ besluit/verordening, elektronische vaststelling*
2. Indien de inhoud van een elektronisch document als bedoeld in het eerste lid tot een andere uitleg aanleiding geeft dan de papieren versie, is het eerstgenoemde document beslissend.

Art. 1.2.4
1. Een visie, plan, besluit en verordening als bedoeld in artikel 1.2.1, eerste lid, worden vastgesteld met gebruikmaking van een of meer ondergronden. Bij het besluit tot vaststelling van de visie of het plan, dan wel bij het besluit of de verordening, wordt aangegeven welke ondergrond is gebruikt. Het betrokken bestuursorgaan stelt de ondergrond samen met een visie, plan, besluit of verordening op verzoek beschikbaar.   *Ruimtelijke visie/plan/ besluit/verordening, ondergrond*
2. Bij ministeriële regeling kunnen regels worden gesteld omtrent de vormgeving en inrichting van de te gebruiken ondergrond.   *Nadere regels*

Art. 1.2.5
1. De in artikel 1.2.1, eerste lid, bedoelde visies, plannen, besluiten en verordeningen bevatten een geometrische plaatsbepaling van het werkingsgebied.   *Ruimtelijke visie/plan/ besluit/verordening, geometrische plaatsbepaling*
2. Bij ministeriële regeling kunnen regels worden gesteld omtrent de te hanteren standaard voor de geometrische plaatsbepaling.

Art. 1.2.6
1. Bij ministeriële regeling kunnen regels worden gesteld omtrent de vormgeving en inrichting van de in artikel 1.2.1, eerste lid, bedoelde visies, plannen, besluiten en verordeningen.   *Nadere regels*
2. Bij ministeriële regeling kunnen nadere regels worden gesteld omtrent de elektronische beschikbaarstelling van een visie, plan, besluit of verordening als bedoeld in artikel 1.2.1, eerste lid, en het verstrekken van de informatie, bedoeld in artikel 1.2.1, derde lid, waarbij tevens regels kunnen worden gesteld omtrent de methoden en technieken voor het elektronisch berichtenverkeer.

§ 1.3
Voorbereiding van besluiten met betrekking tot ruimtelijke ontwikkelingen

Art. 1.3.1
1. Voor zover bij de voorbereiding van een structuurvisie of een bestemmingsplan geen milieueffectrapport als bedoeld in hoofdstuk 7 van de Wet milieubeheer wordt opgesteld, geeft een bestuursorgaan dat voornemens is op verzoek of uit eigen beweging een structuurvisie of een bestemmingsplan, waarbij sprake is van ruimtelijke ontwikkelingen, voor te bereiden, kennis van dat voornemen met overeenkomstige toepassing van artikel 3:12, eerste lid, van de Algemene wet bestuursrecht.   *Ruimtelijk besluit, kennisgeving voorbereiding*
2. In de kennisgeving wordt vermeld, of:
a. stukken betreffende het voornemen ter inzage zullen worden gelegd en waar en wanneer,
b. er gelegenheid wordt geboden zienswijzen omtrent het voornemen naar voren te brengen, aan wie, op welke wijze en binnen welke termijn en
c. een onafhankelijke instantie in de gelegenheid wordt gesteld advies uit te brengen over het voornemen.

Hoofdstuk 2
Structuurvisies

Art. 2.1.1
Bij een structuurvisie wordt aangegeven op welke wijze burgers en maatschappelijke organisaties bij de voorbereiding daarvan zijn betrokken.   *Structuurvisie, voorbereiding*

Art. 2.1.2
Bij ministeriële regeling kunnen regels worden gesteld omtrent de voorbereiding van structuurvisies.   *Nadere regels*

Hoofdstuk 3
Bestemmingsplannen

§ 3.1
Algemeen

Art. 3.1.1

Bestemmingsplan, overleg met andere bestuursorganen

1. Het bestuursorgaan dat belast is met de voorbereiding van een bestemmingsplan pleegt daarbij overleg met de besturen van betrokken gemeenten en waterschappen en met die diensten van provincie en Rijk die betrokken zijn bij de zorg voor de ruimtelijke ordening of belast zijn met de behartiging van belangen welke in het plan in het geding zijn. Artikel 3:6 van de Algemene wet bestuursrecht is van overeenkomstige toepassing.
2. Gedeputeerde staten onderscheidenlijk Onze Minister kunnen bepalen dat onder bepaalde omstandigheden of in bepaalde gevallen geen overleg is vereist met de diensten van provincie onderscheidenlijk Rijk die betrokken zijn bij de zorg voor de ruimtelijke ordening.

Art. 3.1.1a

Vaststelling bestemmingsplan, te gebruiken gegevens

Bij de vaststelling van een bestemmingsplan kan in ieder geval gebruik worden gemaakt van gegevens en onderzoeken die niet ouder zijn dan twee jaar.

Art. 3.1.2

Bestemmingsplan, inhoud

1. Ten behoeve van de uitvoerbaarheid kan een bestemmingsplan regels bevatten met betrekking tot sociale huurwoningen, geliberaliseerde woningen voor middenhuur, sociale koopwoningen of particulier opdrachtgeverschap.
2. Ten behoeve van een goede ruimtelijke ordening kan een bestemmingsplan regels bevatten:
   a. waarvan de uitleg bij de uitoefening van een daarbij aangegeven bevoegdheid, afhankelijk wordt gesteld van beleidsregels;
   b. met betrekking tot branches van detailhandel en horeca.
3. Een bestemmingsplan kan voorts regels bevatten ter wering van dreigende en tot stuiting van reeds ingetreden achteruitgang van de woon- of werkomstandigheden in en het uiterlijk aanzien van het in het plan begrepen gebied.
4. Indien een bestemmingsplan regels bevat ten aanzien van sociale koopwoningen kan de gemeenteraad na regionale afstemming een lagere koopprijsgrens vaststellen dan € 200.000.

Art. 3.1.3

Bestemmingsplan, beschrijving bestemming

Een bestemmingsplan bevat naast de bij of krachtens de wet voorgeschreven bestemmingen en regels, in elk geval een beschrijving van die bestemmingen, waarbij per bestemming het doel of de doeleinden worden aangegeven.

Art. 3.1.4

Bestemmingsplan, toekomstige ontwikkeling gebied

Een bestemmingsplan geeft voor een op grond van artikel 3.6, eerste lid, onder b, van de wet uit te werken deel van het plan op een zodanige wijze de doelstellingen aan, dat voldoende inzicht wordt verkregen in de toekomstige ontwikkeling van het desbetreffende gebied.

Art. 3.1.5

Bestemmingsplan, voorlopige bestemming

Voorlopige bestemmingen en voorlopige regels als bedoeld in artikel 3.2 van de wet kunnen slechts in samenhang met bestemmingen en gebruiksregels als bedoeld in de artikelen 3.1 en 3.6 van de wet worden aangewezen onderscheidenlijk gegeven.

Art. 3.1.6

Bestemmingsplan, inhoud toelichting

1. Een bestemmingsplan alsmede een ontwerp hiervoor gaan vergezeld van een toelichting, waarin is neergelegd:
   a. een verantwoording van de in het plan gemaakte keuze van bestemmingen;
   b. een beschrijving van de wijze waarop in het plan rekening is gehouden met de gevolgen voor de waterhuishouding;
   c. de uitkomsten van het in artikel 3.1.1 bedoelde overleg;
   d. de uitkomsten van het met toepassing van artikel 3:2 van de Algemene wet bestuursrecht verrichte onderzoek;
   e. een beschrijving van de wijze waarop burgers en maatschappelijke organisaties bij de voorbereiding van het bestemmingsplan zijn betrokken;
   f. de inzichten over de uitvoerbaarheid van het plan.
2. De toelichting bij een bestemmingsplan dat een nieuwe stedelijke ontwikkeling mogelijk maakt, bevat een beschrijving van de behoefte aan die ontwikkeling, en, indien het bestemmingsplan die ontwikkeling mogelijk maakt buiten het bestaand stedelijk gebied, een motivering waarom niet binnen het bestaand stedelijk gebied in die behoefte kan worden voorzien.
3. Indien in een bestemmingsplan als bedoeld in het tweede lid toepassing is gegeven aan artikel 3.6, eerste lid, onder a of b, van de wet kan bij dat bestemmingsplan worden bepaald dat de beschrijving van de behoefte aan een nieuwe stedelijke ontwikkeling en een motivering als bedoeld in het tweede lid eerst wordt opgenomen in de toelichting bij het wijzigings- of het uitwerkingsplan als bedoeld in dat artikel.

Besluit ruimtelijke ordening   **A58** art. 3.2.3

4. Een onderzoek naar de behoefte als bedoeld in het tweede lid, heeft, in het geval dat een bestemmingsplan als bedoeld in het tweede lid ziet op de vestiging van een dienst als bedoeld in artikel 1 van de Dienstenwet en dit onderzoek betrekking heeft op de economische behoefte, de marktvraag of de beoordeling van de mogelijke of actuele economische gevolgen van die vestiging, slechts tot doel na te gaan of de vestiging van een dienst in overeenstemming is met een goede ruimtelijke ordening.

5. Voor zover bij de voorbereiding van het bestemmingsplan geen milieueffectrapport als bedoeld in hoofdstuk 7 van de Wet milieubeheer wordt opgesteld, waarin de hierna volgende onderdelen zijn beschreven, worden in de toelichting het minste neergelegd:
a. een beschrijving van de wijze waarop met de in het gebied aanwezige cultuurhistorische waarden en in de grond aanwezige of te verwachten monumenten rekening is gehouden;
b. voor zover nodig een beschrijving van de wijze waarop rekening is gehouden met overige waarden van de in het plan begrepen gronden en de verhouding tot het aangrenzende gebied;
c. een beschrijving van de wijze waarop krachtens hoofdstuk 5 van de Wet milieubeheer vastgestelde milieukwaliteitseisen bij het plan zijn betrokken.

Art. 3.1.7
Bij ministeriële regeling kunnen nadere regels worden gesteld omtrent de voorbereiding van bestemmingsplannen.   Nadere regels

§ 3.2
Standaardregels in bestemmingsplannen

Art. 3.2.1
In een bestemmingsplan worden de volgende regels van overgangsrecht ten aanzien van bouwwerken opgenomen, met dien verstande dat het percentage genoemd in het tweede lid van die regeling lager kan worden vastgesteld: Bestemmingsplan, overgangsrecht voor bouwwerken
Overgangsrecht bouwwerken
1. Een bouwwerk dat op het tijdstip van inwerkingtreding van het bestemmingsplan aanwezig of in uitvoering is, dan wel gebouwd kan worden krachtens een omgevingsvergunning voor het bouwen, en afwijkt van het plan, mag, mits deze afwijking naar aard en omvang niet wordt vergroot,
a. gedeeltelijk worden vernieuwd of veranderd;
b. na het teniet gaan ten gevolge van een calamiteit geheel worden vernieuwd of veranderd, mits de aanvraag van de omgevingsvergunning voor het bouwen wordt gedaan binnen twee jaar na de dag waarop het bouwwerk is teniet gegaan.
2. Het bevoegd gezag kan eenmalig in afwijking van het eerste lid een omgevingsvergunning verlenen voor het vergroten van de inhoud van een bouwwerk als bedoeld in het eerste lid met maximaal 10%.
3. Het eerste lid is niet van toepassing op bouwwerken die weliswaar bestaan op het tijdstip van inwerkingtreding van het plan, maar zijn gebouwd zonder vergunning en in strijd met het daarvoor geldende plan, daaronder begrepen de overgangsbepaling van dat plan.

Art. 3.2.2
Behoudens voor zover uit de Richtlijnen 79/409/EEG en 92/43/EEG van de Raad van de Europese Gemeenschappen van 2 april 1979 inzake het behoud van de vogelstand onderscheidenlijk van 21 mei 1992 inzake de instandhouding van de natuurlijke habitats en de wilde flora en fauna beperkingen voortvloeien ten aanzien van ten tijde van de inwerkingtreding van een bestemmingsplan bestaand gebruik, worden in een bestemmingsplan de volgende regels van overgangsrecht ten aanzien van gebruik opgenomen: Bestemmingsplan, overgangsrecht voor gebruik
Overgangsrecht gebruik
1. Het gebruik van grond en bouwwerken dat bestond op het tijdstip van inwerkingtreding van het bestemmingsplan en hiermee in strijd is, mag worden voortgezet.
2. Het is verboden het met het bestemmingsplan strijdige gebruik, bedoeld in het eerste lid, te veranderen of te laten veranderen in een ander met dat plan strijdig gebruik, tenzij door deze verandering de afwijking naar aard en omvang wordt verkleind.
3. Indien het gebruik, bedoeld in het eerste lid, na het tijdstip van inwerkingtreding van het plan voor een periode langer dan een jaar wordt onderbroken, is het verboden dit gebruik daarna te hervatten of te laten hervatten.
4. Het eerste lid is niet van toepassing op het gebruik dat reeds in strijd was met het voorheen geldende bestemmingsplan, daaronder begrepen de overgangsbepalingen van dat plan.

Art. 3.2.3
Indien toepassing van het overeenkomstig artikel 3.2.2 in het plan opgenomen overgangsrecht gebruik zou kunnen leiden tot een onbillijkheid van overwegende aard voor een of meer natuurlijke personen die op het tijdstip van de inwerkingtreding van het bestemmingsplan grond en opstallen gebruikten in strijd met het voordien geldende bestemmingsplan, kan de gemeen-   Bestemmingsplan, persoonsgebonden overgangsrecht voor gebruik

A58 art. 3.2.4 — Besluit ruimtelijke ordening

teraad met het oog op beëindiging op termijn van die met het bestemmingsplan strijdige situatie, in het plan persoonsgebonden overgangsrecht opnemen.

Art. 3.2.4

Bestemmingsplan, anti-dubbeltelregel

In een bestemmingsplan wordt de volgende anti-dubbeltelregel opgenomen:

Anti-dubbeltelregel
Grond die eenmaal in aanmerking is genomen bij het toestaan van een bouwplan waaraan uitvoering is gegeven of alsnog kan worden gegeven, blijft bij de beoordeling van latere bouwplannen buiten beschouwing.

§ 3.3
Geluidszones

Art. 3.3.1

Bestemmingsplan, geluidszone

1. Voor zover de uitvoering van de Wet geluidhinder zulks vereist, geeft het bestemmingsplan aan:
   a. de ligging en de afmetingen van woningen en andere geluidsgevoelige gebouwen en van geluidsgevoelige terreinen, die gelegen zijn binnen de zone van een weg, spoorweg of industrieterrein als bedoeld in de Wet geluidhinder;
   b. de functie van de voornaamste wegen, alsmede het dwarsprofiel of het aantal rijstroken daarvan dan wel de as van de weg waarmee gerekend is, bedoeld in artikel 74 van de Wet geluidhinder.
2. Voor zover een bestemmingsplan op grond van artikel 3.6 van de wet moet worden uitgewerkt dan wel kan worden gewijzigd, kan in afwijking van het bepaalde in het eerste lid worden volstaan met het aangeven van de voor woningen, andere geluidsgevoelige gebouwen en geluidsgevoelige terreinen ten hoogste toelaatbare geluidsbelasting, welke bij de uitwerking dan wel de wijziging van het plan in acht moet worden genomen.

§ 3.4
[Vervallen]

Art. 3.4.1-3.4.2
[Vervallen]

§ 3.5
[Vervallen]

Art. 3.5.1
[Vervallen]

Hoofdstuk 4
[Vervallen]

§ 4.1
[Vervallen]

Art. 4.1.1
[Vervallen]

§ 4.2
[Vervallen]

Art. 4.2.1
[Vervallen]

Hoofdstuk 5
Andere planologische besluiten

Art. 5.1.1

Beheersverordening, overgangsrecht voor bestaand gebruik/bouwwerk

Indien in een gebied waarvoor een beheersverordening wordt vastgesteld een gebruik bestaat of een bouwwerk aanwezig is dat onder de toepassing van het in het voorafgaande bestemmingsplan opgenomen overgangsrecht valt, wordt in de beheersverordening:
a. dat gebruik of bouwwerk mede begrepen onder het beheer overeenkomstig het bestaande gebruik, of

Besluit ruimtelijke ordening **A58** art. 6.1.3.3

b. met betrekking tot dat bouwwerk of gebruik op overeenkomstige wijze als bedoeld in de artikelen 3.2.1 en 3.2.2 of in artikel 3.2.3 in overgangsrecht voorzien.

Hoofdstuk 6
Financiële bepalingen

Afdeling 6.1
Tegemoetkoming in schade

§ 6.1.1
Algemene bepalingen

Art. 6.1.1.1
In deze afdeling en de hierop berustende bepalingen wordt verstaan onder: Begripsbepalingen
a. aanvraag: aanvraag om een tegemoetkoming in de schade als bedoeld in artikel 6.1 van de wet;
b. bestuursorgaan: burgemeester en wethouders, of, indien toepassing is gegeven aan artikel 6.6, eerste lid van de wet, gedeputeerde staten, of, indien toepassing is gegeven aan artikel 6.6, tweede lid van de wet, Onze Minister dan wel Onze aangewezen Minister;
c. adviseur: een persoon of commissie, die geen deel uitmaakt van of werkzaam is onder verantwoordelijkheid van het bestuursorgaan waaraan wordt geadviseerd, en die belast is met de advisering over de op de aanvraag te nemen beschikking.

§ 6.1.2
De aanvraag

Art. 6.1.2.1
1. Burgemeester en wethouders tekenen de datum van ontvangst onverwijld aan op het geschrift   Ruimtelijke ordening, ontvangst aanvraag schadevergoeding
waarbij de aanvraag is ingediend.
2. Zij zenden de aanvrager onverwijld een bewijs van ontvangst, waarin die datum is vermeld.
3. Zij delen de aanvrager zo spoedig mogelijk mee door welk bestuursorgaan op de aanvraag zal worden beslist.

Art. 6.1.2.2
1. Onverminderd artikel 4:2, eerste lid, van de Algemene wet bestuursrecht en artikel 6.1 van   Ruimtelijke ordening, inhoud aanvraag schadevergoeding
de wet bevat de aanvraag:
a. een aanduiding van de oorzaak, bedoeld in artikel 6.1, tweede lid, van de wet, ter zake waarvan een tegemoetkoming in de schade wordt gevraagd;
b. een aanduiding van de aard van de schade;
c. een omschrijving van de wijze waarop de aan de schade naar het oordeel van de aanvrager tegemoet dient te worden gekomen indien hij geen vergoeding in geld wenst.
2. Bij ministeriële regeling kunnen nadere regels worden gegeven omtrent de aanvraag.   Nadere regels

§ 6.1.3
De behandeling en beoordeling van de aanvraag

Art. 6.1.3.1
1. Het bestuursorgaan is bevoegd de aanvraag binnen vier weken na ontvangst, onderschei-   Ruimtelijke ordening, ongegronde aanvraag schadevergoeding
denlijk binnen acht weken nadat de termijn verstreken is gedurende welke de aanvrager de aanvraag kon aanvullen, af te wijzen, indien de aanvraag kennelijk ongegrond is.
2. Een besluit om een onvolledige aanvraag niet, onderscheidenlijk niet verder in behandeling   Ruimtelijke ordening, onvolledige aanvraag schadevergoeding
te nemen, wordt aan de aanvrager bekendgemaakt binnen vier weken na ontvangst van de aanvraag, onderscheidenlijk binnen acht weken nadat de termijn is verstreken gedurende welke de aanvrager de aanvraag kon aanvullen.
3. Het bestuursorgaan kan de laatste in het tweede lid genoemde termijn eenmaal met ten hoogste vier weken verlengen.

Art. 6.1.3.2
Het bestuursorgaan wijst een adviseur aan die een advies uitbrengt over de op de aanvraag te   Ruimtelijke ordening, advies over aanvraag schadevergoeding
nemen beslissing, tenzij toepassing wordt gegeven aan artikel 6.1.3.1 of aan artikel 4:5 van de Algemene wet bestuursrecht.

Art. 6.1.3.3
1. Bij gemeentelijke verordening, provinciale verordening en bij regeling van Onze Minister   Ruimtelijke ordening, aanwijzing adviseur aanvraag schadevergoeding
worden regels gegeven over de aanwijzing van een adviseur en de wijze waarop deze tot een advies komt.
2. De regels, bedoeld in het eerste lid, hebben in ieder geval betrekking op:

A58 art. 6.1.3.4 — Besluit ruimtelijke ordening

a. de deskundigheid en onafhankelijkheid van de adviseur;
b. de gevallen waarin een commissie als adviseur wordt ingeschakeld;
c. het tijdstip waarop de adviseur wordt ingeschakeld;
d. de wijze waarop de aanvrager en eventuele andere betrokken bestuursorganen of andere belanghebbenden als bedoeld in artikel 6.4a, tweede en derde lid, van de wet vooraf in de aanwijzing van de adviseur worden gekend, dan wel deze na aanwijzing kunnen wraken;
e. de wijze waarop de aanvrager, de betrokken bestuursorganen en in voorkomend geval de belanghebbenden als bedoeld in artikel 6.4a, tweede en derde lid, van de wet door de adviseur, onder verslaglegging, worden gehoord en bij de opstelling van het advies worden betrokken, en de dienaangaande geldende termijnen.

Art. 6.1.3.4

Ruimtelijke ordening, onderzoek adviseur aanvraag schadevergoeding

1. De adviseur betrekt in zijn onderzoek in ieder geval:
a. de vraag of de door de aanvrager in zijn aanvraag gestelde schade een gevolg is of zal zijn van de in de aanvraag aangeduide schadeoorzaak;
b. de omvang van de schade, bedoeld onder a;
c. de vraag of deze schade redelijkerwijs geheel of gedeeltelijk ten laste van de benadeelde behoort te blijven, zulks met inachtneming van de artikelen 6.1, eerste lid, 6.2 en 6.3 van de wet.
2. De adviseur adviseert het bestuursorgaan over de hoogte van de toe te kennen tegemoetkoming en doet, indien het bestuursorgaan een daartoe strekkend verzoek heeft gedaan, voorstellen voor maatregelen of voorzieningen waardoor de schade, anders dan door een tegemoetkoming in geld, kan worden beperkt of ongedaan gemaakt. Heeft een schadeoorzaak als bedoeld in artikel 6.1, tweede lid, van de wet voor de benadeelde naast schade tevens voordeel opgeleverd, dan wordt dit voordeel bij het advies over de te vergoeden schade in aanmerking genomen.

Art. 6.1.3.5

1. De adviseur kan inlichtingen en adviezen inwinnen bij derden. Indien met het verstrekken van inlichtingen of het verlenen van adviezen door derden kosten gemoeid zijn, oefent de adviseur deze bevoegdheid eerst uit na instemming van het bestuursorgaan.
2. De adviseur stelt zich ter plaatse op de hoogte van de situatie, tenzij naar zijn mening uit de inhoud van de aanvraag aanstonds blijkt dat deze behoort te worden afgewezen.

Art. 6.1.3.6

Ruimtelijke ordening, beslissing op aanvraag schadevergoeding

1. Het bestuursorgaan beslist binnen acht weken na ontvangst van het advies op het verzoek en maakt dit besluit binnen deze termijn bekend aan de aanvrager.
2. Het bestuursorgaan kan de in het eerste lid bedoelde beslissing, onder opgaaf van redenen, eenmaal voor ten hoogste vier weken verdagen.

Art. 6.1.3.7

Ruimtelijke ordening, verlening voorschot schadevergoeding

1. Het bestuursorgaan kent de aanvrager op diens schriftelijke aanvraag een voorschot toe indien hij naar redelijke verwachting in aanmerking komt voor een tegemoetkoming en zijn belang naar het oordeel van het bestuursorgaan zodanig voorschot vordert. Het bestuursorgaan beslist op de aanvraag, gehoord de adviseur.
2. Een besluit tot het verlenen van een voorschot is geen erkenning van een aanspraak op een tegemoetkoming.
3. Het voorschot kan uitsluitend worden verleend indien de aanvrager van het voorschot schriftelijk de verplichting aanvaardt tot gehele en onvoorwaardelijke terugbetaling van hetgeen ten onrechte als voorschot is uitbetaald, zulks te vermeerderen met de wettelijke rente over het teveel betaalde, te rekenen vanaf de datum van betaling van het voorschot. Het bestuursorgaan kan daarvoor zekerheidstelling verlangen.

Art. 6.1.3.8

Nadere regels

Bij ministeriële regeling kunnen nadere regels worden gegeven omtrent de behandeling en beoordeling van de aanvraag.

Afdeling 6.2
Grondexploitatie

Art. 6.2.1

Grondexploitatie, aanwijzing bouwplan

Als bouwplan als bedoeld in artikel 6.12, eerste lid, van de wet, wordt aangewezen een bouwplan voor:
a. de bouw van een of meer woningen;
b. de bouw van een of meer andere hoofdgebouwen;
c. de uitbreiding van een gebouw met ten minste 1000 m² bruto-vloeroppervlakte of met een of meer woningen;
d. de verbouwing van een of meer aaneengesloten gebouwen die voor andere doeleinden in gebruik of ingericht waren, voor woondoeleinden, mits ten minste 10 woningen worden gerealiseerd;

e. de verbouwing van een of meer aaneengesloten gebouwen die voor andere doeleinden in gebruik of ingericht waren, voor detailhandel, dienstverlening, kantoor of horecadoeleinden, mits de cumulatieve oppervlakte van de nieuwe functies ten minste 1500 m² bruto-vloeroppervlakte bedraagt;
f. de bouw van kassen met een oppervlakte van ten minste 1000 m² bruto-vloeroppervlakte.

Art. 6.2.1a

Als gevallen als bedoeld in artikel 6.12, tweede lid, van de wet worden aangewezen de gevallen waarin: *Grondexploitatie, aanwijzing bouwplan*

a. het totaal der exploitatiebijdragen dat met toepassing van artikel 6.19, van de wet kan worden verhaald, minder bedraagt dan € 10.000,–;
b. er geen verhaalbare kosten zijn als bedoeld in artikel 6.2.4, onderdelen b tot en met f;
c. de verhaalbare kosten, bedoeld in artikel 6.2.4, onderdelen b tot en met f, uitsluitend de aansluiting van een bouwperceel op de openbare ruimte of de aansluiting op nutsvoorzieningen betreffen.

Art. 6.2.2

[Vervallen]

Art. 6.2.3

Tot de kosten, bedoeld in artikel 6.13, eerste lid, onder c, ten eerste, van de wet, worden, voor zover deze redelijkerwijs zijn toe te rekenen aan de inbrengwaarde van de gronden, gerekend de ramingen van: *Grondexploitatie, kosten*

a. de waarde van de gronden in het exploitatiegebied;
b. de waarde van de opstallen die in verband met de exploitatie van de gronden moeten worden gesloopt;
c. de kosten van het vrijmaken van de gronden in het exploitatiegebied van persoonlijke rechten en lasten, eigendom, bezit of beperkt recht en zakelijke lasten;
d. de kosten van sloop, verwijdering en verplaatsing van opstallen, obstakels, funderingen, kabels en leidingen in het exploitatiegebied.

Art. 6.2.4

Tot de kosten, bedoeld in artikel 6.13, eerste lid, onder c, ten tweede, van de wet, worden gerekend de ramingen van:
a. de kosten van het verrichten van onderzoek, waaronder in ieder geval begrepen grondmechanisch en milieukundig bodemonderzoek, akoestisch onderzoek, ander milieukundig onderzoek, archeologisch en cultuurhistorisch onderzoek;
b. de kosten van bodemsanering, het dempen van oppervlaktewateren, het verrichten van grondwerken, met inbegrip van het egaliseren, ophogen en afgraven;
c. de kosten van de aanleg van voorzieningen in een exploitatiegebied;
d. de kosten van maatregelen, plannen, besluiten en rechtshandelingen met betrekking tot gronden, opstallen, activiteiten en rechten in het exploitatiegebied, waaronder mede begrepen het beperken van milieuhygiënische contouren en externe veiligheidscontouren;
e. de in artikel 6.2.3 en de onder a tot en met d en g tot en met n bedoelde kosten met betrekking tot gronden buiten het exploitatiegebied, waaronder mede begrepen de kosten van de noodzakelijke compensatie van in het exploitatiegebied verloren gegane natuurwaarden, groenvoorzieningen en watervoorzieningen;
f. de in artikel 6.2.3 en de onder a tot en met d bedoelde kosten, voor zover deze noodzakelijk zijn in verband met het in exploitatie brengen van gronden die in de naaste toekomst voor bebouwing in aanmerking komen;
g. de kosten van voorbereiding en toezicht op de uitvoering, verband houdende met de aanleg van de voorzieningen en werken, bedoeld onder a tot en met f, en in artikel 6.2.3, onder c en d;
h. de kosten van het opstellen van gemeentelijke ruimtelijke plannen ten behoeve van het exploitatiegebied;
i. de kosten van het opzetten en begeleiden van gemeentelijke ontwerpcompetities en prijsvragen voor het stedenbouwkundig ontwerp van de locatie, en de kosten van vergoedingen voor deelname aan de prijsvraag;
j. de kosten van het andere door het gemeentelijk apparaat of in opdracht van de gemeente te verrichten werkzaamheden, voor zover deze werkzaamheden rechtstreeks verband houden met de in dit besluit bedoelde voorzieningen, werken, maatregelen en werkzaamheden;
k. de kosten van tijdelijk beheer van de door of vanwege de gemeente verworven gronden, verminderd met de uit het tijdelijk beheer te verwachten opbrengsten;
l. de kosten van tegemoetkoming van schade, bedoeld in artikel 6.1 van de wet;
m. niet-terugvorderbare BTW, niet-gecompenseerde compensabele BTW, of andere niet-terugvorderbare belastingen, over de kostenelementen, genoemd onder a tot en met l;
n. rente van geïnvesteerde kapitalen en overige lasten, verminderd met renteopbrengsten.

Art. 6.2.5

Grondexploitatie, voorzieningen

Tot de voorzieningen, bedoeld in artikel 6.2.4, onder c, worden gerekend:
a. nutsvoorzieningen met bijbehorende werken en bouwwerken, voor zover de aanlegkosten bij of door de gemeente in rekening worden gebracht en niet via de verbruikstarieven kunnen worden gedekt;
b. riolering met inbegrip van bijbehorende werken en bouwwerken;
c. wegen, ongebouwde openbare parkeergelegenheden, pleinen, trottoirs, voet- en rijwielpaden, waterpartijen, watergangen, voorzieningen ten behoeve van de waterhuishouding, bruggen, tunnels, duikers, kades, steigers, en andere rechtstreeks met de aanleg van deze voorzieningen verband houdende werken en bouwwerken;
d. infrastructuur voor openbaar vervoervoorzieningen met bijbehorende werken en bouwwerken, voor zover de aanlegkosten bij of door de gemeente in rekening worden gebracht en niet via de gebruikstarieven kunnen worden gedekt;
e. groenvoorzieningen, waaronder begrepen openbare parken, plantsoenen, speelplaatsen, trapvelden en speelweiden, natuurvoorzieningen en openbare niet-commerciële sportvoorzieningen;
f. openbare verlichting en brandkranen met aansluitingen;
g. straatmeubilair, speeltoestellen, sierende elementen, kunstobjecten en afrasteringen in de openbare ruimte;
h. gebouwde parkeervoorzieningen, voor zover deze leiden tot optimalisering van het grondgebruik en verbetering van de kwaliteit van de openbare ruimte, openbaar toegankelijk zijn en voornamelijk worden gebruikt door bewoners en gebruikers van het exploitatiegebied, voor zover de aanlegkosten bij of door de gemeente in rekening worden gebracht en niet via de gebruikstarieven kunnen worden gedekt;
i. uit een oogpunt van milieuhygiëne, archeologie of volksgezondheid noodzakelijke voorzieningen.

Art. 6.2.6

Nadere regels

Met betrekking tot de kostensoorten, bedoeld in artikel 6.2.4, onder a en g tot en met j, kunnen bij ministeriële regeling regels worden gesteld met betrekking tot de hoogte en de begrenzing van de via het exploitatieplan verhaalbare kosten. Bij deze regels kan een onderscheid worden gemaakt naar type locatie en de aard en omvang van een project.

Art. 6.2.7

Grondexploitatie, opbrengsten

Tot de opbrengsten van de exploitatie, bedoeld in artikel 6.13, eerste lid, onder c, ten derde, van de wet, worden gerekend de ramingen van de opbrengsten:
a. van uitgifte van de gronden in het exploitatiegebied;
b. van bijdragen en subsidies van derden;
c. welke worden verkregen of toegekend in verband met het in exploitatie brengen van gronden die in de naaste toekomst voor bebouwing in aanmerking komen.

Art. 6.2.8

Grondexploitatie, gerealiseerde kosten

In de in artikel 6.13, eerste lid, onder c, van de wet bedoelde exploitatieopzet wordt vermeld welk percentage van de totale kosten, met uitzondering van de kosten bedoeld in artikel 6.2.4, onder f, gerealiseerd is.

Art. 6.2.9

Grondexploitatie, aanbesteding werken/werkzaamheden

De in artikel 6.13, tweede lid, onder c, van de wet bedoelde regels kunnen mede betrekking hebben op het in overeenstemming met de geldende aanbestedingsregels aanbesteden van de in het exploitatieplan voorziene werken en werkzaamheden.

Art. 6.2.10

Grondexploitatie, woningen

De in artikel 6.13, tweede lid, onder d, van de wet bedoelde regels kunnen mede betrekking hebben op:
a. het aantal en de situering van sociale huurwoningen, geliberaliseerde woningen voor middenhuur, sociale koopwoningen en percelen voor particulier opdrachtgeverschap;
b. de categorieën woningzoekenden, die voor een kavel voor particulier opdrachtgeverschap in aanmerking komen;
c. de methode van toewijzing van kavels voor particulier opdrachtgeverschap;
d. de prijsvorming van kavels voor particulier opdrachtgeverschap, waarbij voor kavels in de vrije sector wordt uitgegaan van een door een onafhankelijke taxateur vastgestelde prijs die is aanvaard door de gemeente en de verkoper, of van een veiling onder toezicht van een notaris;
e. het sluiten van een overeenkomst tot vervreemding van een kavel voor particulier opdrachtgeverschap en de overdracht van de voor de kavel verstrekte bouwvergunning, tot aan het moment van voltooiing van de bouw van de woning;
f. regels betreffende het tegengaan van speculatie met betrekking tot sociale huur- en koopwoningen.

Art. 6.2.11

Exploitatieplan, inhoud toelichting

Een exploitatieplan gaat vergezeld van een toelichting, welke tenminste bevat:
a. een aanduiding van het ruimtelijk besluit, waarmee het exploitatieplan verbonden is;

Besluit ruimtelijke ordening   **A58** art. 6.2.12

b. een toelichting op de functie van het exploitatieplan, en
c. een toelichting bij de begrenzing van het exploitatiegebied;
alsmede, voor zover van toepassing, een toelichting bij:
d. de locatie-eisen;
e. de regels voor woningbouwcategorieën;
f. de overige regels in het exploitatieplan;
g. de exploitatieopzet;
h. de kosten per soort;
i. de bovenwijkse kosten;
j. de kosten voor toekomstige ontwikkelingen;
k. de opbrengstcategorieën en prijzen;
l. de wijze van toerekening, en
m. indien de exploitatieopzet een tekort vertoont, een omschrijving van de wijze waarop het tekort wordt gedekt.

Art. 6.2.12
Binnen twee weken na het sluiten van een overeenkomst als bedoeld in artikel 6.24 van de wet leggen burgemeester en wethouders een zakelijke beschrijving van de inhoud van de overeenkomst ter inzage.   *Grondexploitatie, terinzagelegging overeenkomst*

Afdeling 6.3
[Vervallen]

§ 6.3.1
[Vervallen]

Art. 6.3.1.1-6.3.1.7
[Vervallen]

§ 6.3.2
[Vervallen]

Art. 6.3.2.1
[Vervallen]

§ 6.3.3
[Vervallen]

Art. 6.3.3.1-6.3.3.3
[Vervallen]

§ 6.3.4
[Vervallen]

Art. 6.3.4.1
[Vervallen]

§ 6.3.5
[Vervallen]

Art. 6.3.5.1-6.3.5.2
[Vervallen]

§ 6.3.6
[Vervallen]

Art. 6.3.6.1-6.3.6.2
[Vervallen]

Hoofdstuk 7
Planologische organen

§ 7.1
[Vervallen]

Art. 7.1.1-7.1.11
[Vervallen]

Hoofdstuk 8
Overgangs- en slotbepalingen

§ 8.1
Overgangsbepalingen

Art. 8.1.1

Overgangsbepalingen

1. In afwijking van artikel 1.2.3, eerste en tweede lid, mogen de in artikel 1.2.1, eerste lid, bedoelde visies, plannen, besluiten en verordeningen in voorkomend geval met de daarbij behorende toelichting of onderbouwing die voor 1 januari 2010 in papieren vorm zijn vastgelegd en in ontwerp ter inzage zijn gelegd, na dat tijdstip in die vorm worden vastgesteld. In zodanig geval wordt tevens een verbeelding daarvan in elektronische vorm vastgesteld.
2. Indien de inhoud van de visies, plannen, besluiten en verordeningen op papier, bedoeld in het eerste lid, en de inhoud van de verbeelding daarvan in elektronische vorm tot verschillende uitleg aanleiding geeft, is in afwijking van artikel 1.2.3, tweede lid, de inhoud van de papieren vorm beslissend.

Art. 8.1.2

Tenzij toepassing is gegeven aan artikel 8.1.4, zijn de artikelen 1.2.1a, 1.2.3 en 1.2.4 niet van toepassing op:
a. een wijziging of uitwerking van een bestemmingsplan, mits dat bestemmingsplan in ontwerp ter inzage is gelegd voor 1 januari 2010, en
b. een herziening van een bestemmingsplan, mits dat bestemmingsplan in ontwerp ter inzage is gelegd voor 1 januari 2010 en de herziening niet betrekking heeft op het vervangen van een in dat plan voorkomende bestemming, dan wel de herziening het gevolg is van een gedeeltelijke vernietiging van dat plan.

Art. 8.1.3

Voor zover na het tijdstip van inwerkingtreding van de wet aan een bestemmingsplan gedeeltelijk goedkeuring is onthouden en voor het betrokken gedeelte een nieuw plan wordt vastgesteld, mag, in afwijking van de artikelen 1.2.3 en 1.2.4 van dit besluit, binnen een jaar na het besluit omtrent goedkeuring het nieuwe plan worden vormgegeven, ingericht en beschikbaar gesteld op de wijze waarop het bestemmingsplan, ter reparatie waarvan het nieuwe plan strekt, is vormgegeven, ingericht en beschikbaar gesteld.

Art. 8.1.3a

Voor de periode tot 1 juli 2013:
a. is artikel 1.2.1, eerste en tweede lid, niet van toepassing op een exploitatieplan;
b. is de verplichting, bedoeld in artikel 1.2.1, derde lid, niet van toepassing.

Art. 8.1.4

1. Voor de periode die aanvangt op 1 juli 2009 en eindigt op 31 december 2009, kunnen, onverminderd het bepaalde bij of krachtens de wet, burgemeester en wethouders, gedeputeerde staten en Onze Minister of Onze Minister wie het aangaat de volgende ruimtelijke visies, besluiten, verordeningen of algemene maatregelen van bestuur, op zodanige wijze beschikbaar stellen dat deze langs elektronische weg door een ieder kunnen worden verkregen:
a. structuurvisie;
b. voorbereidingsbesluit;
c. tijdelijke ontheffing;
d. beheersverordening;
e. provinciale verordening als bedoeld in artikel 4.1 van de wet;
f. algemene maatregel van bestuur als bedoeld in artikel 4.3 van de wet;
g. aanwijzing als bedoeld in artikel 4.2 of 4.4 van de wet.
Artikel 1.2.1, tweede tot en met vierde lid, is van overeenkomstige toepassing.
2. Voor de periode, bedoeld in het eerste lid, kunnen de in het eerste lid en de in artikel 1.2.1, eerste lid, bedoelde visies, plannen, besluiten en verordeningen, met de daarbij behorende toelichting of onderbouwing langs elektronische weg worden vastgelegd en in die vorm vastgesteld. Een volledige verbeelding daarvan op papier wordt gelijktijdig vastgesteld. Bij de vaststelling van de in dit lid bedoelde visies, plannen, besluiten en verordeningen, wordt aangegeven dat toepassing is gegeven aan dit artikel.

3. Indien na vaststelling de inhoud van de langs elektronische weg vastgelegde visies, plannen, besluiten en verordeningen als bedoeld in het tweede lid, en die van de verbeelding daarvan op papier tot een verschillende uitleg aanleiding geeft, is de eerstbedoelde inhoud beslissend.
4. Er is een landelijke voorziening waar in elektronische vorm de visies, plannen, besluiten en verordeningen als bedoeld in het tweede lid, en de algemene maatregelen van bestuur als bedoeld in het eerste lid, voor een ieder volledig toegankelijk en raadpleegbaar zijn.
5. Burgemeester en wethouders, gedeputeerde staten en Onze Minister of Onze Minister wie het aangaat, melden aan de landelijke voorziening de vindplaats van de visies, plannen, besluiten, en verordeningen, bedoeld in het tweede lid, en de algemene maatregelen van bestuur, bedoeld in het eerste lid.
6. De in het tweede lid bedoelde visies, plannen, besluiten en verordeningen alsmede hun aansluiting op het aangrenzende gebied, worden vastgesteld met gebruikmaking van een duidelijke ondergrond. Bij het besluit tot vaststelling wordt aangegeven welke ondergrond is gebruikt. Het betrokken bestuursorgaan toont op verzoek de visie, het plan, het besluit of de verordening op deze ondergrond.
7. De in het tweede lid bedoelde visies, plannen, besluiten en verordeningen en de in het eerste lid bedoelde algemene maatregelen van bestuur, bevatten een geometrische plaatsbepaling van het werkingsgebied en de eventueel daarin aangebrachte onderscheidingen.
8. Op de in het tweede lid bedoelde visies, plannen, besluiten en verordeningen, is de Regeling standaarden ruimtelijke ordening 2008 van toepassing, welke regeling voor de periode, bedoeld in het eerste lid, zijn grondslag vindt in dit artikel.

§ 8.2
Slotbepalingen

Art. 8.2.1
[Vervallen]

Art. 8.2.2
1. Dit besluit treedt in werking op een bij koninklijk besluit te bepalen tijdstip, dat voor verschillende artikelen of onderdelen daarvan verschillend kan worden gesteld. **Inwerkingtreding**
2. Dit besluit kan worden aangehaald als: Besluit ruimtelijke ordening. **Citeertitel**

Woningwet[1]

Wet van 29 augustus 1991 tot herziening van de Woningwet

Wij Beatrix, bij de gratie Gods, Koningin der Nederlanden, Prinses van Oranje-Nassau, enz. enz. enz.
Allen, die deze zullen zien of horen lezen, saluut! doen te weten:
Alzo Wij in overweging genomen hebben, dat het wenselijk is mede uit het oogpunt van vereenvoudiging en vermindering van regelgeving, alsmede uit het oogpunt van decentralisatie nieuwe voorschriften te geven omtrent het bouwen en de volkshuisvesting;
Zo is het, dat Wij, de Raad van State gehoord, en met gemeen overleg der Staten-Generaal, hebben goedgevonden en verstaan, gelijk Wij goedvinden en verstaan bij deze:

Hoofdstuk I
Algemene bepalingen

Art. 1

Begripsbepalingen

1. Voor de toepassing van het bij of krachtens deze wet bepaalde wordt verstaan onder:
– *autoriteit*: Autoriteit woningcorporaties, bedoeld in artikel 60, eerste lid;
– *bestemmingsplan*: bestemmingsplan als bedoeld in artikel 3.1, eerste lid, van de Wet ruimtelijke ordening, alsmede inpassingsplan als bedoeld in artikel 3.26 of 3.28 van die wet of beheersverordening als bedoeld in artikel 3.38 van die wet;
– *bevoegd gezag*: bestuursorgaan, bedoeld in artikel 1.1, eerste lid, van de Wet algemene bepalingen omgevingsrecht, dan wel, bij het ontbreken van een bestuursorgaan als bedoeld in dat artikellid, college van burgemeester en wethouders;
– *bewoner*: huurder en degene die met instemming van de huurder zijn hoofdverblijf in de woongelegenheid heeft;
– *borgingsvoorziening*: door de Staat der Nederlanden gefaciliteerde voorziening, in het leven geroepen met het oog op het door toegelaten instellingen kunnen aantrekken van leningen;
– *bouwen*: plaatsen, geheel of gedeeltelijk oprichten, vernieuwen, veranderen of vergroten;
– *compensatie*:
a. door toegelaten instellingen kunnen aantrekken van leningen met gebruikmaking van de borgingsvoorziening, of van borgstelling daarvan door overheden;
b. subsidie als bedoeld in artikel 57, eerste lid, en
c. verlaging van grondprijzen door gemeenten ten behoeve van de uitvoering door toegelaten instellingen of samenwerkingsvennootschappen van diensten van algemeen economisch belang;
– *diensten van algemeen economisch belang*: diensten van algemeen economisch belang als bedoeld in:
a. artikel 106, tweede lid, van het Verdrag betreffende de werking van de Europese Unie en
b. het besluit van de Europese Commissie van 20 december 2011 (PbEU 2012, L 7) betreffende de toepassing van dat lid op staatssteun in de vorm van compensatie voor de openbare dienst, verleend aan bepaalde met het beheer van diensten van algemeen economisch belang belaste ondernemingen;
– *gebied van de volkshuisvesting*: gebied van de volkshuisvesting, bedoeld in het bepaalde bij en krachtens artikel 45;
– *gebouw*: bouwwerk dat een voor mensen toegankelijke overdekte geheel of gedeeltelijk met wanden omsloten ruimte vormt;
– *huishoudinkomen*: gezamenlijke verzamelinkomens als bedoeld in artikel 2.3 van de Wet inkomstenbelasting 2001 van de bewoners van een woongelegenheid, met uitzondering van kinderen in de zin van artikel 4 van de Algemene wet inkomensafhankelijke regelingen, met dien verstande dat in het eerste lid van dat artikel voor «belanghebbende» telkens wordt gelezen «huurder»;
– *huurprijs*: prijs die bij huur en verhuur is verschuldigd voor het enkele gebruik van een woongelegenheid, uitgedrukt in een bedrag per maand;
– *inkomensgrens*: bij algemene maatregel van bestuur voor de toepassing van artikel 48, eerste lid, te bepalen bedrag;
– *inspecteur*: als zodanig bij besluit van Onze Minister aangewezen ambtenaar;

---

1 Inwerkingtredingsdatum: 01-01-1992; zoals laatstelijk gewijzigd bij: Stb. 2020, 507.

– *juridische scheiding:* organisatievorm van een toegelaten instelling, waarin zij uitsluitend werkzaamheden verricht die behoren tot de diensten van algemeen economisch belang, en daarnaast uitsluitend een of meer woningvennootschappen in stand houdt;
– *kwaliteitsverklaring:* schriftelijk bewijs, voorzien van een merkteken, aangewezen door Onze Minister, afgegeven door een deskundig, onafhankelijk instituut, aangewezen door Onze Minister, op grond waarvan een bouwmateriaal, bouwdeel of samenstel van bouwmaterialen of bouwdelen dan wel een bouwwijze, indien dat bouwmateriaal, bouwdeel of samenstel van bouwmaterialen of bouwdelen dan wel die bouwwijze bij het bouwen van een bouwwerk wordt toegepast, wordt geacht te voldoen aan krachtens deze wet aan dat bouwmateriaal, bouwdeel of samenstel van bouwmaterialen of bouwdelen dan wel die bouwwijze gestelde eisen;
– *norm:* document, uitgegeven door een deskundig, onafhankelijk instituut, waarin wordt omschreven aan welke eisen een bouwmateriaal, bouwdeel of bouwconstructie moet voldoen dan wel waarin een omschrijving wordt gegeven van een keurings-, meet- of berekeningsmethode;
– *omgevingsvergunning:* omgevingsvergunning als bedoeld in artikel 1.1, eerste lid, van de Wet algemene bepalingen omgevingsrecht;
– *Onze Minister:* Onze Minister van Binnenlandse Zaken en Koninkrijksrelaties;
– *overdragen van de economische eigendom:* overdragen van de economische eigendom als bedoeld in artikel 2, tweede lid, van de Wet op belastingen van rechtsverkeer;
– *raad van commissarissen:* raad van commissarissen als bedoeld in artikel 30;
– *slopen:* afbreken van een bouwwerk of van een gedeelte daarvan;
– *stadsbouwmeester:* door de gemeenteraad benoemde onafhankelijke deskundige die aan het college van burgemeester en wethouders advies uitbrengt ten aanzien van de vraag of het uiterlijk of de plaatsing van een bouwwerk, waarvoor een aanvraag om een omgevingsvergunning voor het bouwen van dat bouwwerk is ingediend, in strijd is met redelijke eisen van welstand;
– *stedelijke vernieuwing:* op stedelijk gebied gerichte inspanningen die strekken tot verbetering van de leefbaarheid en veiligheid, bevordering van een duurzame ontwikkeling en verbetering van de woon- en milieukwaliteit, versterking van het economisch draagvlak, versterking van culturele kwaliteiten, bevordering van de sociale samenhang, verbetering van de bereikbaarheid, verhoging van de kwaliteit van de openbare ruimte of anderszins tot structurele kwaliteitsverhoging van dat stedelijk gebied;
– *toegelaten instelling:* toegelaten instelling als bedoeld in artikel 19;
– *voorziening:* bouwkundige of bouwtechnische maatregel aan een gebouw die strekt tot verbetering van de indeling, het woongerief of het gebruiksgemak, waaronder begrepen de daarbij noodzakelijke opheffing van technische gebreken, of tot bouwkundige splitsing of samenvoeging;
– *welstandscommissie:* door de gemeenteraad benoemde onafhankelijke commissie die aan het college van burgemeester en wethouders advies uitbrengt ten aanzien van de vraag of het uiterlijk of de plaatsing van een bouwwerk, waarvoor een aanvraag om een omgevingsvergunning voor het bouwen van dat bouwwerk is ingediend, in strijd is met redelijke eisen van welstand;
– *wooncoöperatie:* wooncoöperatie als bedoeld in artikel 18a;
– *woongelegenheid:*
a. woning met de daarbij behorende grond of het daarbij behorende deel van de grond;
b. woonwagen, zijnde een voor bewoning bestemd gebouw dat is geplaatst op een standplaats en dat in zijn geheel of in delen kan worden verplaatst, en
c. standplaats, zijnde een kavel die is bestemd voor het plaatsen van een woonwagen, waarop voorzieningen aanwezig zijn die op het leidingnet van de openbare nutsbedrijven, van andere instellingen of van gemeenten kunnen worden aangesloten.
2. Voor de toepassing van het bij of krachtens deze wet bepaalde wordt voorts verstaan onder:
– *dochtermaatschappij:* dochtermaatschappij als bedoeld in artikel 24a van Boek 2 van het Burgerlijk Wetboek van een toegelaten instelling;
– *verbonden onderneming:* rechtspersoon, niet zijnde een vereniging van eigenaars als bedoeld in afdeling 2 van titel 9 van Boek 5 van het Burgerlijk Wetboek, of vennootschap:
a. welke een dochtermaatschappij is;
b. in welke een toegelaten instelling deelneemt in de zin van artikel 24c van Boek 2 van het Burgerlijk Wetboek, of
c. met welke een toegelaten instelling anderszins een duurzame band heeft, waaronder mede wordt begrepen het hebben van stemrechten in de algemene vergadering van die rechtspersoon;
– *woningvennootschap:* na bewerkstelliging van een juridische scheiding overeenkomstig hoofdstuk IV, afdeling 3, paragraaf 5, met een toegelaten instelling verbonden onderneming;
– *samenwerkingsvennootschap:* vennootschap onder firma of commanditaire vennootschap, door een toegelaten instelling overeenkomstig bij algemene maatregel van bestuur daaromtrent gegeven voorschriften aangegaan met een of meer andere toegelaten instellingen die alle in dezelfde gemeenten als die toegelaten instelling feitelijk werkzaam zijn, behoudens het bepaalde bij en krachtens artikel 21, vijfde lid.
3. Voor de toepassing van het bij of krachtens deze wet bepaalde wordt mede verstaan onder:

- *bouwwerk:* daarvan deel uitmakende installaties;
- *de huurder:*
  a. de medehuurder in de zin van de artikelen 266 en 267 van Boek 7 van het Burgerlijk Wetboek;
  b. de persoon, bedoeld in artikel 268 lid 2 van Boek 7 van het Burgerlijk Wetboek;
  c. degene die de woongelegenheid met toestemming van de toegelaten instelling huurt van een huurder die haar huurt van die toegelaten instelling;
- *woning:* afzonderlijk gedeelte van een gebouw, welk gedeelte tot bewoning is bestemd, met het daarbij behorende deel van de grond.

4. Voor de toepassing van het bij of krachtens deze wet bepaalde wordt, waar daarin in enigerlei bewoordingen sprake is van woongelegenheden, woningen, gebouwen of aanhorigheden die in eigendom zijn van toegelaten instellingen of met hen verbonden ondernemingen, onder die eigendom mede begrepen elke andere bevoegdheid tot het met betrekking tot woongelegenheden, woningen, gebouwen of aanhorigheden verrichten van de handelingen die volgens het burgerlijk recht tot de verantwoordelijkheid van een eigenaar behoren.

5. Voor de toepassing van het bij of krachtens deze wet bepaalde zijn, waar daarin sprake is van het vereiste van of voorschriften omtrent financiële continuïteit van een toegelaten instelling, dat vereiste en die voorschriften tevens van toepassing op de afzonderlijke onderdelen van een toegelaten instelling, aan welke baten, lasten, activa en passiva beschikbaar zijn gesteld voor de uitvoering van de diensten van algemeen economisch belang welke aan haar zijn opgedragen, respectievelijk van haar overige werkzaamheden.

6. Voor de toepassing van het bij of krachtens deze wet bepaalde vallen het boekjaar en het verslagjaar in de zin van deze wet samen met het kalenderjaar.

7. Voor de toepassing van het bij of krachtens deze wet bepaalde is een schip dat wordt gebruikt voor verblijf en is bestemd en wordt gebruikt voor de vaart geen bouwwerk.

Art. 1a

Woning, zorgplicht eigenaar bouwwerk/open erf/terrein

1. De eigenaar van een bouwwerk, open erf of terrein of degene die uit anderen hoofde bevoegd is tot het daaraan treffen van voorzieningen draagt er zorg voor dat als gevolg van de staat van dat bouwwerk, open erf of terrein geen gevaar voor de gezondheid of veiligheid ontstaat dan wel voortduurt.

2. Een ieder die een bouwwerk bouwt, gebruikt, laat gebruiken of sloopt, dan wel een open erf of terrein gebruikt of laat gebruiken, draagt er, voor zover dat in diens vermogen ligt, zorg voor dat als gevolg van dat bouwen, gebruik of slopen geen gevaar voor de gezondheid of veiligheid ontstaat dan wel voortduurt.

3. De eigenaar van een bouwwerk of degene die uit anderen hoofde bevoegd is tot het daaraan treffen van voorzieningen onderzoekt, of laat onderzoek uitvoeren naar, de staat van dat bouwwerk, voor zover dat bouwwerk behoort tot bij ministeriële regeling vast te stellen categorieën bouwwerken waarvan is vast komen te staan dat die een gevaar voor de gezondheid of de veiligheid kunnen opleveren.

Bij ministeriële regeling worden voorschriften gegeven omtrent het onderzoek.

Hoofdstuk II
Voorschriften betreffende het bouwen, de staat van bestaande bouwwerken, het gebruik, het slopen en de welstand

Afdeling 1
Voorschriften betreffende het bouwen, de staat van bestaande bouwwerken, het gebruik en het slopen

Art. 1b

Bouwen, verbod tenzij uitdrukkelijke toestemming in omgevingsvergunning

Bestaand bouwwerk, verbod op niet-naleving voorschriften

1. Tenzij een omgevingsvergunning voor het bouwen van een bouwwerk het uitdrukkelijk toestaat, is het verboden een bouwwerk te bouwen, voor zover daarbij niet wordt voldaan aan de op dat bouwen van toepassing zijnde voorschriften, bedoeld in artikel 2, eerste lid, aanhef en onderdeel a, tweede lid, aanhef en onderdeel d, derde en vierde lid.

2. Het is verboden een bestaand bouwwerk, open erf of terrein in een staat te brengen, te laten komen of te houden die niet voldoet aan de op de staat van dat bouwwerk, open erf of terrein van toepassing zijnde voorschriften, bedoeld in artikel 2, eerste lid, aanhef en onderdeel b, tweede lid, aanhef en onderdeel a, en vierde lid.

3. Het is verboden een bouwwerk, open erf of terrein in gebruik te nemen, te gebruiken of te laten gebruiken, anders dan in overeenstemming met de op de ingebruikneming of het gebruik van toepassing zijnde voorschriften, bedoeld in artikel 2, eerste lid, aanhef en onderdeel c, tweede lid, aanhef en onderdeel b, derde en vierde lid.

4. Tenzij een omgevingsvergunning voor het bouwen van een bouwwerk het uitdrukkelijk toestaat, is het verboden een bouwwerk, dan wel deel daarvan, in stand te laten voor zover bij het bouwen daarvan niet is voldaan aan de op dat bouwen van toepassing zijnde voorschriften, bedoeld in het eerste lid.

5. Het is verboden te slopen voor zover daarbij niet wordt voldaan aan de op dat slopen van toepassing zijnde voorschriften, bedoeld in artikel 2, tweede lid, aanhef en onderdelen c en d, en derde lid.

Art. 2
1. Bij of krachtens algemene maatregel van bestuur worden technische voorschriften gegeven omtrent: **Bouwbesluit**
   a. het bouwen van een bouwwerk;
   b. de staat van een bestaand bouwwerk;
   c. het in gebruik nemen of gebruiken van een bouwwerk.
2. Bij of krachtens algemene maatregel van bestuur kunnen technische voorschriften worden gegeven omtrent:
   a. de staat van een open erf of terrein;
   b. het in gebruik nemen of gebruiken van een open erf of terrein;
   c. het slopen;
   d. het uitvoeren van bouw- of sloopwerkzaamheden.
3. Bij of krachtens algemene maatregel van bestuur worden omtrent de onderwerpen, bedoeld in het eerste lid, onderdeel c, en het tweede lid, onderdelen c en d, andere dan technische voorschriften gegeven.
Tot de voorschriften omtrent het onderwerp, bedoeld in het eerste lid, onderdeel c, behoren in ieder geval:
   a. voorschriften inhoudende een verbod tot ingebruikneming of gebruik zonder het doen van een gebruiksmelding aan het bevoegd gezag;
   b. voorschriften inhoudende de bevoegdheid om bij de bouwverordening, bedoeld in artikel 8, af te wijken van het aantal personen vanaf waar bij het bieden van nachtverblijf aan die personen krachtens artikel 2.1, eerste lid, onder d, van de Wet algemene bepalingen omgevingsrecht een vergunning voor het in gebruik nemen of gebruiken van een bouwwerk is vereist.
Tot de voorschriften omtrent de onderwerpen, bedoeld in het tweede lid, onderdelen c en d, behoren in ieder geval:
   a. voorschriften inhoudende de verplichting om het voornemen te slopen aan het bevoegd gezag te melden;
   b. voorschriften inhoudende de verplichting te voldoen aan aanvullende voorschriften die door het bevoegd gezag bij beschikking kunnen worden gegeven met het oog op de lokale situatie.
Tot de voorschriften omtrent de onderwerpen, bedoeld in het eerste lid, onderdeel c, en het tweede lid, onderdeel d, kunnen behoren voorschriften omtrent de beschikbaarheid van gegevens en bescheiden. Tot de voorschriften omtrent het onderwerp, bedoeld in het tweede lid, onderdeel d, kunnen daarnaast behoren voorschriften inhoudende de verplichting om de feitelijke aanvang van het uitvoeren van bouwwerkzaamheden, voor zover daarvoor een omgevingsvergunning is verleend, of sloopwerkzaamheden aan het bevoegd gezag te melden.
4. Bij of krachtens algemene maatregel van bestuur kunnen omtrent de onderwerpen, bedoeld in het eerste lid, onderdelen a en c, en het tweede lid, onderdelen a en b, andere dan technische voorschriften worden gegeven. Tot de voorschriften omtrent de onderwerpen, bedoeld in het eerste lid, onderdelen a en c, behoren in ieder geval voorschriften inhoudende een verbod bij of krachtens die algemene maatregel van bestuur aangewezen werkzaamheden uit te voeren of te laten uitvoeren zonder dat voor het uitvoeren van die werkzaamheden wordt beschikt over een conformiteitsverklaring als bedoeld in artikel 3, tweede lid.
5. Bij algemene maatregel van bestuur kan omtrent de onderwerpen, bedoeld in het tweede lid, onderdelen c en d, in afwijking van artikel 2:15, eerste lid, van de Algemene wet bestuursrecht, worden bepaald dat, indien bij het slopen asbest of een asbesthoudend product wordt verwijderd, een melding van het voornemen te slopen langs elektronische weg wordt gedaan dan wel gegevens en bescheiden die verband houden met de verwijdering van asbest of een asbesthoudend product, langs elektronische weg worden verstrekt. Bij of krachtens de maatregel kunnen hieromtrent nadere regels worden gesteld.
6. De voorschriften, bedoeld in het eerste, tweede, derde en vierde lid, kunnen uitsluitend worden gegeven vanuit het oogpunt van veiligheid, gezondheid, bruikbaarheid, energiezuinigheid of milieu.
7. De voordracht voor een krachtens het eerste, tweede, derde, vierde of vijfde lid vast te stellen algemene maatregel van bestuur wordt niet eerder gedaan dan vier weken nadat het ontwerp aan beide kamers der Staten-Generaal is overgelegd.

Art. 3
1. Bij of krachtens een algemene maatregel van bestuur als bedoeld in artikel 2, eerste of tweede lid, kan worden verwezen naar: **Bouwbesluit, normen en kwaliteitsverklaringen**
   a. normen of delen van normen en
   b. kwaliteitsverklaringen.
2. Bij of krachtens een algemene maatregel van bestuur als bedoeld in artikel 2, vierde lid, kunnen regels worden gesteld met betrekking tot de gevallen waarin Onze Minister conformi-

teitsbeoordelingsinstanties en conformiteitsbeoordelingsdocumenten kan aanwijzen ten behoeve van het afgeven van conformiteitsverklaringen waarmee kenbaar wordt gemaakt dat gedurende een bepaalde periode een gerechtvaardigd vertrouwen bestaat dat de hierin genoemde natuurlijk personen of rechtspersonen werkzaamheden uitvoeren volgens kwaliteitseisen die opgenomen zijn in door Onze Minister aangewezen conformiteitsbeoordelingsdocumenten.
3. De Kaderwet zelfstandige bestuursorganen is niet van toepassing op conformiteitsbeoordelingsinstanties als bedoeld in het tweede lid.

Art. 4

Woningbouw, toepassing nieuwbouwvoorschriften vernieuwing/verandering/vergroting

Indien een bouwwerk gedeeltelijk wordt vernieuwd, veranderd of vergroot, zijn de voorschriften, bedoeld in artikel 2, voor zover zij betrekking hebben op dat bouwen, slechts van toepassing op die vernieuwing, verandering of vergroting.

Art. 5

Woningbouw, overeenstemming met technische voorschriften

Op de voordracht van Onze Minister wordt een algemene maatregel van bestuur als bedoeld in artikel 2, eerste lid, in overeenstemming gebracht met technische voorschriften omtrent het bouwen van een bouwwerk, die zijn of worden gegeven bij of krachtens een andere algemene maatregel van bestuur.

Art. 6

Woningbouw, afwijking/ontheffing voorschriften bij monument

1. Bij of krachtens een algemene maatregel van bestuur als bedoeld in artikel 2, eerste lid, kan worden bepaald dat van een daarbij gegeven voorschrift omtrent het bouwen van een bouwwerk bij een omgevingsvergunning voor het bouwen van een bouwwerk kan worden afgeweken tot een bij dat voorschrift aangegeven niveau of, indien sprake is van het geheel of gedeeltelijk vernieuwen of veranderen of het vergroten van een bouwwerk dat tevens kan worden aangemerkt als een activiteit met betrekking tot een monument als bedoeld in artikel 2.1, eerste lid, onder f, dan wel artikel 2.2, eerste lid, onder b, van de Wet algemene bepalingen omgevingsrecht, in het belang van de monumentenzorg.
2. Het bevoegd gezag kan van een bij of krachtens een algemene maatregel van bestuur als bedoeld in artikel 2, tweede of derde lid, gegeven voorschrift omtrent het slopen of het uitvoeren van bouw- of sloopwerkzaamheden ontheffing verlenen, voor zover dat bij of krachtens die algemene maatregel van bestuur is toegestaan.

Art. 7

Woningbouw, ontheffing bouwvoorschriften

1. Onze Minister kan op verzoek van een aanvrager om een omgevingsvergunning voor het bouwen van een bouwwerk in bijzondere gevallen ontheffing verlenen van de bij of krachtens een algemene maatregel van bestuur als bedoeld in artikel 2, eerste lid, gegeven voorschriften omtrent bouwen, met dien verstande dat, indien het verzoek betrekking heeft op voorschriften als bedoeld in artikel 5, hij de ontheffing slechts kan verlenen in overeenstemming met het bij of krachtens de desbetreffende wet daartoe bevoegd verklaarde gezag.
2. Een verzoek als bedoeld in het eerste lid, gaat vergezeld van een verklaring van het bevoegd gezag, dat het de desbetreffende omgevingsvergunning zal verlenen indien ontheffing als bedoeld in dat lid, is verkregen.
3. Aan een ontheffing als bedoeld in het eerste lid, mogen slechts voorwaarden worden verbonden ter bescherming van de belangen, waarop de voorschriften, waarvan ontheffing wordt verleend, het oog hebben.
4. Tegelijkertijd met of zo spoedig mogelijk na de bekendmaking van de beslissing op een verzoek als bedoeld in het eerste lid, doet Onze Minister daarvan mededeling aan het bevoegd gezag.
5. De verlening van de verklaring, bedoeld in het tweede lid, en de verlening van ontheffing, bedoeld in het eerste lid, worden geacht voor de mogelijkheid van beroep ingevolge hoofdstuk 8 van de Algemene wet bestuursrecht deel uit te maken van de beschikking waarop zij betrekking hebben.
6. In een geval als bedoeld in het eerste lid, dat betrekking heeft op een tunnel in het trans-Europese wegennet die langer is dan 500 meter kan Onze Minister de in het eerste lid bedoelde ontheffing slechts verlenen indien dat noodzakelijk is voor het toepassen van innovatieve veiligheidsvoorzieningen of innovatieve veiligheidsprocedures, en de in artikel 14 van richtlijn nr. 2004/54/EG van het Europees parlement en de Raad van de Europese Unie van 29 april 2004 inzake minimumveiligheidseisen voor tunnels in het trans-Europese wegennet (PbEU L 167, gerectificeerd in PbEU L 201) voorgeschreven procedure is doorlopen en op grond daarvan van rechtswege toestemming is verkregen of door de Europese Commissie toestemming is verleend.
7. In een geval als bedoeld in het zesde lid verzoekt de tunnelbeheerder, bedoeld in de Wet aanvullende regels veiligheid wegtunnels, aan Onze Minister om de ontheffing als bedoeld in het eerste lid niet te verlenen dan nadat het voornemen daartoe aan de Europese Commissie is voorgelegd.

Woningwet   **A59 art. 7ab**

8. Het eerste, derde, vierde, zesde en zevende lid zijn van overeenkomstige toepassing indien voor het bouwen op grond van artikel 2.1, derde lid, van de Wet algemene bepalingen omgevingsrecht geen omgevingsvergunning is vereist.

Art. 7a

1. Onze Minister kan met het oog op duurzaam bouwen in een bijzonder geval het bevoegd gezag toestaan door hem voorgestelde nadere voorschriften op te leggen ter voldoening aan de technische voorschriften omtrent bouwen, gegeven bij of krachtens een algemene maatregel van bestuur als bedoeld in artikel 2, eerste lid. Dit toestaan kan ook betrekking hebben op door het bevoegd gezag voorgestelde, uit het oogpunt van milieu op te leggen technische voorschriften omtrent bouwen, waarin een algemene maatregel van bestuur als bedoeld in artikel 2, eerste lid, niet voorziet. Een verzoek van het bevoegd gezag geschiedt mede aan de hand van een door Onze Minister ter beschikking gesteld formulier. Het verzoek, alsmede de daarbij voorgestelde op te leggen voorschriften zijn gemotiveerd en van een toelichting voorzien.   *Woningbouw, nadere bouwvoorschriften*

2. Onze Minister beslist binnen acht weken na ontvangst van een verzoek om toestemming. Hij kan die beslissing eenmaal voor ten hoogste vier weken verdagen. Indien toestemming wordt verleend, geldt die toestemming alleen voor het geval waarop het verzoek betrekking heeft. Aan een toestemming kunnen voorschriften worden verbonden.

3. De toestemming op een verzoek van het bevoegd gezag is van rechtswege verleend indien Onze Minister:
a. niet binnen acht weken na ontvangst van het verzoek een beslissing op dat verzoek heeft genomen,
b. niet binnen acht weken na ontvangst van het verzoek heeft besloten de beslissing op dat verzoek te verdagen, of
c. niet binnen de termijn waarmee de beslissing op het verzoek is verdaagd, een beslissing op dat verzoek heeft genomen.

Deze verlening van toestemming wordt aangemerkt als een besluit in de zin van artikel 1:3 van de Algemene wet bestuursrecht.

Afdeling 1a
Kwaliteitsborging voor het bouwen

Paragraaf 1
Instrumenten voor kwaliteitsborging

Art. 7aa

In deze afdeling wordt verstaan onder: *Begripsbepalingen*
a. instrument voor kwaliteitsborging: beoordelingsmethodiek die tot doel heeft vast te stellen of er een gerechtvaardigd vertrouwen bestaat dat het bouwen van een bouwwerk voldoet aan de voorschriften die zijn gesteld bij of krachtens een algemene maatregel van bestuur als bedoeld in artikel 2, eerste lid, aanhef en onder a, en vierde lid, of artikel 120;
b. toelatingsorganisatie: toelatingsorganisatie kwaliteitsborging bouw als bedoeld in artikel 7ak;
c. instrumentaanbieder: natuurlijk persoon of rechtspersoon die een aanvraag tot toelating van een instrument voor kwaliteitsborging tot het stelsel van kwaliteitsborging voor het bouwen indient bij de toelatingsorganisatie;
d. kwaliteitsborger: natuurlijk persoon of rechtspersoon die met toestemming van de instrumentaanbieder een toegelaten instrument voor kwaliteitsborging toepast.

Art. 7ab

1. Bij algemene maatregel van bestuur worden categorieën bouwwerken aangewezen ten aanzien waarvan het bouwen wordt onderworpen aan een instrument voor kwaliteitsborging.   *Kwaliteitsborging bouwwerken*
2. De aanwijzing van de categorieën bouwwerken geschiedt met inachtneming van de bij of krachtens de algemene maatregel van bestuur, bedoeld in het eerste lid, vastgestelde gevolgklassen voor de verschillende typen bouwwerken.
3. Voor het bouwen van een bouwwerk dat onder een categorie bouwwerken als bedoeld in het eerste lid valt, wordt door een kwaliteitsborger een door de toelatingsorganisatie tot het stelsel van kwaliteitsborging toegelaten instrument voor kwaliteitsborging toegepast dat afgestemd is op de gevolgklasse waaronder het type bouwwerk valt.
4. Onverminderd artikel 2, worden bij of krachtens de algemene maatregel van bestuur, bedoeld in het eerste lid, regels gesteld met betrekking tot het in gebruik nemen van bouwwerken als bedoeld in het eerste lid. Tot die regels behoort in ieder geval de verplichting om voor het in gebruik nemen van het bouwwerk aan het bevoegd gezag een dossier te overleggen dat inzicht geeft of het gerealiseerde bouwwerk voldoet aan de voorschriften die zijn gesteld bij of krachtens een algemene maatregel van bestuur als bedoeld in artikel 2, eerste lid, aanhef en onder a, en vierde lid, of artikel 120.

Art. 7ac

Instrument voor kwaliteitsborging

1. Een instrument voor kwaliteitsborging is gericht op de integrale beoordeling van het bouwen van een bouwwerk aan de voorschriften die zijn gesteld bij of krachtens een algemene maatregel van bestuur als bedoeld in artikel 2, eerste lid, aanhef en onder a, en vierde lid, of artikel 120, en beschrijft op welke wijze de kwaliteitsborging bij het bouwen dient te worden ingericht en uitgevoerd om ervoor te zorgen dat in overeenstemming met deze voorschriften wordt gebouwd.

2. De instrumentaanbieder ziet erop toe dat de toepassing van het instrument voor kwaliteitsborging plaatsvindt overeenkomstig de in het instrument gestelde eisen aan de beoordeling en de beschrijving, bedoeld in het eerste lid, en treft de maatregelen die nodig zijn om een onjuiste toepassing van het instrument tegen te gaan.

3. Bij of krachtens algemene maatregel van bestuur worden regels gesteld waaraan de beoordeling en de beschrijving, bedoeld in het eerste lid, minimaal dienen te voldoen. Deze regels strekken er in ieder geval toe dat in een instrument voor kwaliteitsborging wordt voorgeschreven:

a. op welke wijze de kwaliteitsborger voorziet in de beoordeling, bedoeld in het eerste lid;

b. op welke wijze de kwaliteitsborger waarborgt dat de werkzaamheden in het kader van kwaliteitsborging reproduceerbaar en transparant zijn;

c. in welke gevallen toestemming wordt verleend om het instrument voor kwaliteitsborging als kwaliteitsborger toe te passen;

d. op welke wijze de onafhankelijke uitvoering van de werkzaamheden in het kader van de kwaliteitsborging wordt gewaarborgd;

e. aan welke minimumeisen voor opleiding en ervaring de personen die de werkzaamheden in het kader van de kwaliteitsborging uitvoeren, dienen te voldoen;

f. op welke wijze de verantwoordelijkheid voor de toepassing van het instrument voor kwaliteitsborging is geregeld in de administratieve organisatie van de kwaliteitsborger;

g. welke gegevens en bescheiden beschikbaar moeten zijn voor de toelatingsorganisatie en de instrumentaanbieder in verband met het toezicht op de goede werking en de juiste toepassing van het instrument voor kwaliteitsborging;

h. welke gegevens en bescheiden bij de afronding van de werkzaamheden in het kader van de kwaliteitsborging aan de opdrachtgever dienen te worden verstrekt;

i. op welke wijze de instrumentaanbieder toeziet op de juiste toepassing van het instrument voor kwaliteitsborging en welke maatregelen worden getroffen om een onjuiste toepassing van het instrument voor kwaliteitsborging tegen te gaan.

Art. 7ad

Toelating instrument voor kwaliteitsborging

1. De toelatingsorganisatie beslist op aanvraag van de instrumentaanbieder over de toelating van een instrument voor kwaliteitsborging tot het stelsel van kwaliteitsborging voor het bouwen. Bij of krachtens algemene maatregel van bestuur worden regels gesteld met betrekking tot de wijze waarop de aanvraag om toelating van het instrument voor kwaliteitsborging wordt gedaan, de gegevens die daarbij van de instrumentaanbieder worden verlangd en de termijn waarbinnen de beschikking op de aanvraag wordt gegeven.

Weigeringsgronden toelating instrument voor kwaliteitsborging

2. De toelatingsorganisatie weigert de toelating van het instrument voor kwaliteitsborging, indien:

a. het instrument voor kwaliteitsborging niet voldoet aan de bij of krachtens artikel 7ac, derde lid, gestelde regels;

b. de instrumentaanbieder in faillissement of surseance van betaling verkeert.

3. Een beschikking tot toelating van het instrument voor kwaliteitsborging vermeldt in ieder geval de gevolgklasse en het type bouwwerk waarop het instrument is gericht.

Art. 7ae

Intrekking toelating instrument voor kwaliteitsborging

1. De toelatingsorganisatie trekt de toelating van een instrument voor kwaliteitsborging in, indien de instrumentaanbieder daarom verzoekt.

Intrekkingsgronden toelating instrument voor kwaliteitsborging

2. De toelatingsorganisatie kan de toelating van een instrument voor kwaliteitsborging intrekken, indien:

a. de gegevens die met het oog op de toelating zijn verstrekt, zodanig onjuist of onvolledig blijken, dat op de aanvraag om toelating een andere beslissing zou zijn genomen, indien bij de beoordeling daarvan de juiste omstandigheden volledig bekend waren geweest;

b. het toegelaten instrument voor kwaliteitsborging niet meer voldoet aan de bij of krachtens artikel 7ac, derde lid, gestelde regels;

c. de instrumentaanbieder handelt in strijd met het bepaalde in artikel 7ac, tweede lid, of met een of meer andere uit de toelating van een instrument voor kwaliteitsborging voortvloeiende verplichtingen;

d. de instrumentaanbieder failliet is verklaard.

3. Indien de toelating van een instrument voor kwaliteitsborging wordt ingetrokken, blijft het instrument geldig gedurende zes maanden na de datum waarop de beschikking tot intrekking van de toelating is gegeven, in de gevallen waarin de kwaliteitsborging met toepassing van dat instrument voor die datum is aangevangen. De toelatingsorganisatie kan een kortere termijn

Woningwet A59 art. 7aj

vaststellen of bepalen dat de toepassing van het instrument voor kwaliteitsborging terstond wordt beëindigd, indien de kwaliteitsborging met toepassing van het betreffende instrument leidt tot strijdigheden met de voorschriften, die zijn gesteld bij of krachtens een algemene maatregel van bestuur als bedoeld in artikel 2, eerste lid, aanhef en onder a, en vierde lid, of artikel 120.

Art. 7af

1. De toelatingsorganisatie kan de toelating van een instrument voor kwaliteitsborging schorsen voor een door haar vast te stellen termijn. *Schorsing toelating instrument voor kwaliteitsborging*

2. De toelating van een instrument voor kwaliteitsborging wordt in ieder geval geschorst, indien de instrumentaanbieder in surseance van betaling verkeert. *Schorsing toelating instrument voor kwaliteitsborging bij surseance van betaling*

3. De toelatingsorganisatie vermeldt in de beschikking tot schorsing:
a. de reden van schorsing;
b. de termijn waarbinnen geconstateerde tekortkomingen moeten zijn hersteld, en
c. de gevolgen van het achterwege blijven van herstel.

4. Het instrument voor kwaliteitsborging kan gedurende de termijn van schorsing worden toegepast in de gevallen waarin de kwaliteitsborging met toepassing van dat instrument voor de datum waarop de beschikking tot schorsing is gegeven, is aangevangen. De toelatingsorganisatie kan een kortere termijn vaststellen of bepalen dat de toepassing terstond wordt beëindigd, indien de kwaliteitsborging met toepassing van het betreffende instrument leidt tot strijdigheid met de voorschriften, die zijn gesteld bij of krachtens een algemene maatregel van bestuur als bedoeld in artikel 2, eerste lid, aanhef en onder a, en vierde lid, of artikel 120.

Art. 7ag

1. De toelatingsorganisatie kan de instrumentaanbieder een waarschuwing geven, inhoudende dat door de toelatingsorganisatie geconstateerde tekortkomingen bij de toepassing van het instrument voor kwaliteitsborging worden onderzocht en dat aan de toelatingsorganisatie wordt gerapporteerd over de oorzaken van die tekortkomingen en de wijze waarop deze worden hersteld. *Waarschuwing tekortkomingen instrument voor kwaliteitsborging*

2. In de beschikking tot het geven van de waarschuwing vermeldt de toelatingsorganisatie de termijn waarbinnen aan de waarschuwing gevolg moet zijn gegeven.

Art. 7ah

1. De instrumentaanbieder van een toegelaten instrument voor kwaliteitsborging verstrekt de toelatingsorganisatie de volgende gegevens: *Gegevensverstrekking door instrumentaanbieder kwaliteitsborging*
a. aan welke kwaliteitsborgers hij toestemming heeft verleend het instrument toe te passen;
b. welke kwaliteitsborgers een waarschuwing hebben gekregen in verband met tekortkomingen bij de toepassing van het instrument; en
c. ten aanzien van welke kwaliteitsborgers de toestemming om het instrument toe te passen is geschorst of ingetrokken.

2. De instrumentaanbieder van een toegelaten instrument voor kwaliteitsborging informeert de toelatingsorganisatie onverwijld over zijn door de rechtbank uitgesproken faillissement of surseance van betaling.

3. Bij of krachtens algemene maatregel van bestuur worden nadere regels gesteld met betrekking tot het verstrekken van de gegevens, bedoeld in het eerste lid.

Art. 7ai

1. De toelatingsorganisatie houdt een register bij van: *Register instrumentaanbieders en toegelaten instrumenten voor kwaliteitsborging*
a. toegelaten instrumenten voor kwaliteitsborging, met vermelding van de gevolgklassen en de typen bouwwerken waarop de instrumenten zijn gericht;
b. instrumentaanbieders van de toegelaten instrumenten voor kwaliteitsborging;
c. door de instrumentaanbieder bij of krachtens artikel 7ah, eerste en derde lid, verstrekte gegevens;
d. aan instrumentaanbieders krachtens artikel 7ag gegeven waarschuwingen;
e. schorsingen van de toelating van instrumenten voor kwaliteitsborging krachtens artikel 7af;
f. intrekkingen van de toelating van instrumenten voor kwaliteitsborging krachtens artikel 7ae.

2. Bij of krachtens algemene maatregel van bestuur worden nadere regels gesteld met betrekking tot de in het register op te nemen gegevens en de verwerking van die gegevens.

3. Het register wordt kosteloos langs elektronische weg ter beschikking gesteld aan een ieder.

Art. 7aj

1. De instrumentaanbieder is een vergoeding verschuldigd voor de kosten die samenhangen met: *Vergoeding kosten toelating instrument voor kwaliteitsborging*
a. het behandelen van een aanvraag om toelating van een instrument voor kwaliteitsborging tot het stelsel van kwaliteitsborging voor het bouwen als bedoeld in artikel 7ad; en
b. het bijhouden van de gegevens in het register, bedoeld in artikel 7ai, eerste lid, onder a tot en met c.

2. De instrumentaanbieder is een bijdrage verschuldigd in de kosten die verband houden met het toezicht op de naleving van het bepaalde bij of krachtens artikel 7ac en artikel 7ah.
3. De toelatingsorganisatie stelt de vergoedingen en de bijdrage, bedoeld in het eerste en tweede lid, alsmede de wijze van betaling van deze vergoedingen en bijdrage, vast.
4. Bij of krachtens algemene maatregel van bestuur worden regels gesteld met betrekking tot de toepassing van het eerste tot en met derde lid.

Paragraaf 2
Toelatingsorganisatie

Art. 7ak

Toelatingsorganisatie kwaliteitsborging bouw

1. Er is een toelatingsorganisatie kwaliteitsborging bouw.

Taken toelatingsorganisatie

2. De toelatingsorganisatie heeft de volgende taken:
a. het beslissen op aanvragen om toelating van instrumenten voor kwaliteitsborging tot het stelsel van kwaliteitsborging voor het bouwen;
b. het houden van toezicht op de naleving van het bepaalde bij of krachtens artikel 7ac en artikel 7ah;
c. het geven van waarschuwingen met betrekking tot de toepassing van toegelaten instrumenten voor kwaliteitsborging, het schorsen of het intrekken van toelatingen als bedoeld in onderdeel a;
d. het bijhouden van het register, bedoeld in artikel 7ai;
e. het vaststellen van de vergoedingen en de bijdrage, bedoeld in artikel 7aj, eerste en tweede lid;
f. het geven van voorlichting over de toepassing van de regels met betrekking tot de toelating van instrumenten voor kwaliteitsborging tot het stelsel van kwaliteitsborging voor het bouwen;
g. het monitoren en evalueren van het functioneren van het stelsel van kwaliteitsborging voor het bouwen.

3. Bij of krachtens algemene maatregel van bestuur kunnen nadere regels worden gesteld over de uitoefening van de taken, bedoeld in het tweede lid, en kunnen aan de toelatingsorganisatie andere taken dan de taken, genoemd in het eerste lid, worden opgedragen.

Art. 7al

Samenstelling toelatingsorganisatie

1. De toelatingsorganisatie bestaat uit een voorzitter en ten hoogste twee andere leden.

2. De leden worden benoemd voor een periode van ten hoogste vier jaar en kunnen eenmalig worden herbenoemd.

Art. 7am

Personeel ter beschikking van toelatingsorganisatie
Onze Minister stelt ten behoeve van de uitoefening van de in artikel 7ak, tweede lid, bedoelde taken, personeel ter beschikking van de toelatingsorganisatie.

Art. 7an

Bekostiging kosten toelatingsorganisatie voor taakuitoefening

1. De kosten van de toelatingsorganisatie die samenhangen met de uitoefening van de in artikel 7ak, tweede lid, onder a en d, bedoelde taken, worden bekostigd uit de vergoedingen, bedoeld in artikel 7aj, eerste lid.

2. De kosten van de toelatingsorganisatie die samenhangen met de uitoefening van de in artikel 7ak, tweede lid, onder b, bedoelde taak, worden deels bekostigd uit de bijdrage, bedoeld in artikel 7aj, tweede lid, en deels bekostigd door Onze Minister, volgens een bij of krachtens algemene maatregel van bestuur te bepalen verdeelsleutel.

3. De kosten van de toelatingsorganisatie die samenhangen met de uitoefening van de in artikel 7ak, tweede lid, onder c, f en g, bedoelde taken worden bekostigd door Onze Minister.

Art. 7ao

Bestuursreglement toelatingsorganisatie

1. De toelatingsorganisatie stelt een bestuursreglement vast.

2. In het bestuursreglement worden de hoofdlijnen van de inrichting en de werkwijze van de organisatie van de toelatingsorganisatie vastgesteld.

Verslaglegging functioneren stelsel van kwaliteitsborging
In het jaarverslag, bedoeld in artikel 18 van de Kaderwet zelfstandige bestuursorganen, beschrijft de toelatingsorganisatie tevens de wijze waarop het stelsel van de kwaliteitsborging voor het bouwen in dat jaar heeft gefunctioneerd.

Art. 7ap

Afdeling 2
De bouwverordening

Art. 7b

1. Tenzij een omgevingsvergunning voor het bouwen van een bouwwerk het uitdrukkelijk toestaat, is het verboden een bouwwerk te bouwen, voor zover daarbij niet wordt voldaan aan de op dat bouwen van toepassing zijnde voorschriften, bedoeld in artikel 8, tweede lid.

2. Het verbod, bedoeld in het eerste lid, heeft mede betrekking op het niet voldoen aan de voorschriften met betrekking tot het bouwen, van een bouwwerk, bedoeld in:
   a. artikel 8, zesde lid, voor zover deze voorschriften in de bouwverordening zijn opgenomen;
   b. artikel 8, zevende lid, indien en voor zover deze voorschriften op grond van het achtste lid van dat artikel rechtstreeks gelden.

3. Tenzij een omgevingsvergunning voor het bouwen van een bouwwerk het uitdrukkelijk toestaat, is het verboden een bouwwerk dan wel deel daarvan in stand te laten voor zover bij het bouwen daarvan niet is voldaan aan de op dat bouwen van toepassing zijnde voorschriften, bedoeld in het eerste of tweede lid.

Woningbouw, verbod bouwen in strijd met bouwverordening

Art. 8

1. De gemeenteraad stelt een bouwverordening vast, die uitsluitend de voorschriften, bedoeld in het tweede tot en met zesde lid, bevat.

2. De bouwverordening bevat voorschriften omtrent het tegengaan van het bouwen van een bouwwerk op verontreinigde bodem.

3. De voorschriften, bedoeld in het tweede lid, hebben uitsluitend betrekking op bouwwerken:
   a. waarin voortdurend of nagenoeg voortdurend mensen zullen verblijven,
   b. voor het bouwen waarvan een omgevingsvergunning is vereist, met uitzondering van bouwwerken die naar aard en omvang gelijk zijn aan een bouwwerk waarvoor op grond van artikel 2.1, derde lid, van de Wet algemene bepalingen omgevingsrecht een dergelijke vergunning niet is vereist, en
   c.
   1°. die de grond raken, of
   2°. ten aanzien waarvan het bestaande, niet-wederrechtelijke gebruik niet wordt gehandhaafd.

4. De voorschriften, bedoeld in het tweede lid, hebben in elk geval betrekking op:
   a. het verrichten van onderzoek naar aard en mate van verontreiniging van de bodem;
   b. aard en omvang van het onderzoek, en
   c. inrichting van het op te stellen onderzoeksrapport.

5. De bouwverordening bevat tevens voorschriften omtrent de samenstelling, inrichting en werkwijze van de welstandscommissie. Zij kan bepalen dat er in plaats van een welstandscommissie een stadsbouwmeester wordt aangesteld, in welk geval de bouwverordening voorschriften bevat over de rol en de functie van de stadsbouwmeester. Voorts kan de bouwverordening nadere voorschriften bevatten omtrent de verslagen, bedoeld in artikel 12b, derde lid.

6. Bij algemene maatregel van bestuur kan worden bepaald dat in de bouwverordening voorschriften worden gegeven omtrent andere onderwerpen dan die, genoemd in het tweede en vijfde lid.

7. Bij algemene maatregel van bestuur kunnen ter bevordering van eenheid in de bouwverordeningen regelen worden gegeven omtrent de inhoud van de voorschriften, bedoeld in het tweede tot en met zesde lid.

8. De gemeenteraad brengt binnen een jaar na het in werking treden van de krachtens het zevende lid en de krachtens artikel 120 gegeven voorschriften de bouwverordening met die voorschriften in overeenstemming. Zolang de bouwverordening niet met die voorschriften in overeenstemming is gebracht, gelden die voorschriften rechtstreeks.

Bouwverordening, inhoud bouwverordening

Bouwverordening, bodemonderzoek

Bouwverordening, welstandscommissie

Art. 9-10
[Vervallen]

Art. 11

1. Bij een in de bouwverordening gegeven voorschrift kan worden bepaald, dat daarvan kan worden afgeweken bij een omgevingsvergunning voor het bouwen van een bouwwerk.

2. Van een voorschrift dat overeenkomstig artikel 8, achtste lid, in de bouwverordening is opgenomen kan slechts worden afgeweken voor zover dat is toegestaan op grond van een algemene maatregel van bestuur krachtens artikel 8, zevende lid.

Bouwverordening, afwijking bouwvoorschriften

Afdeling 3
De welstand

Art. 12

1. Het uiterlijk van:

Bouwwerk, welstandseisen

A59 art. 12a — Woningwet

a. een bestaand bouwwerk, met uitzondering van een bouwwerk, niet zijnde een seizoensgebonden bouwwerk, waarvoor in de omgevingsvergunning voor het bouwen van dat bouwwerk is bepaald dat dit slechts voor een bepaalde periode in stand mag worden gehouden;
b. een te bouwen bouwwerk voor het bouwen waarvan op grond van artikel 2.1, derde lid, van de Wet algemene bepalingen omgevingsrecht geen omgevingsvergunning is vereist,
mag niet in ernstige mate in strijd zijn met redelijke eisen van welstand, beoordeeld naar de criteria, bedoeld in artikel 12a, eerste lid, onderdeel b.
2. De gemeenteraad kan besluiten dat, in afwijking van het eerste lid en artikel 2.10, eerste lid, onder d, van de Wet algemene bepalingen omgevingsrecht, voor een daarbij aan te wijzen gebied of voor een of meer daarbij aan te wijzen categorieën van bestaande en te bouwen bouwwerken geen redelijke eisen van welstand van toepassing zijn.
3. Voor zover de toepassing van de criteria, bedoeld in artikel 12a, eerste lid, onderdeel a, leidt tot strijd met het bestemmingsplan, blijven die criteria buiten toepassing.
4. De gemeenteraad betrekt de ingezetenen van de gemeente en belanghebbenden bij de voorbereiding van besluiten krachtens het tweede lid op de wijze voorzien in de krachtens artikel 150 van de Gemeentewet vastgestelde verordening.

Art. 12a

Bouwwerk, welstandsnota

1. De gemeenteraad stelt een welstandsnota vast, inhoudende beleidsregels waarin in ieder geval de criteria zijn opgenomen die het bevoegd gezag toepast bij de beoordeling:
a. of het uiterlijk en de plaatsing van een bouwwerk waarop de aanvraag om een omgevingsvergunning voor het bouwen van een bouwwerk betrekking heeft, zowel op zichzelf beschouwd, als in verband met de omgeving of de te verwachten ontwikkeling daarvan, in strijd zijn met redelijke eisen van welstand;
b. of het uiterlijk van een bestaand bouwwerk in ernstige mate in strijd is met redelijke eisen van welstand.
2. Artikel 12, vierde lid, is van overeenkomstige toepassing op de vaststelling of wijziging van de welstandsnota.
3. De criteria, bedoeld in het eerste lid:
a. hebben geen betrekking op bouwwerken, waarvoor in de omgevingsvergunning voor het bouwen van die bouwwerken wordt bepaald dat deze slechts voor een bepaalde periode in stand mogen worden gehouden, met uitzondering van seizoensgebonden bouwwerken;
b. zijn zoveel mogelijk toegesneden op de onderscheiden categorieën bouwwerken;
c. kunnen verschillen naargelang de plaats waar een bouwwerk is gelegen.
4. Ter bevordering van de eenheid in welstandsnota's kunnen bij algemene maatregel van bestuur voorschriften worden gegeven omtrent categorieën van bouwwerken als bedoeld in het derde lid en de daarop toe te passen criteria.
5. Een algemene maatregel van bestuur als bedoeld in het vierde lid treedt niet eerder in werking dan twee maanden na de datum van uitgifte van het Staatsblad waarin hij is geplaatst. Van de plaatsing wordt onverwijld mededeling gedaan aan de beide kamers der Staten-Generaal.

Art. 12b

Bouwwerk, advies welstandscommissie/stadsbouwmeester

1. De welstandscommissie dan wel de stadsbouwmeester baseert haar onderscheidenlijk zijn advies slechts op de criteria, bedoeld in artikel 12a, eerste lid, onderdeel a, doch betrekt daarbij, indien van toepassing, het bepaalde in artikel 12, derde lid. De adviezen van de welstandscommissie dan wel de stadsbouwmeester zijn openbaar. Een advies van de welstandscommissie dan wel stadsbouwmeester inhoudende dat een bouwplan in strijd is met redelijke eisen van welstand, wordt schriftelijk uitgebracht en deugdelijk gemotiveerd.
2. De door de welstandscommissie of stadsbouwmeester gehouden vergaderingen zijn openbaar. Een vergadering of gedeelte daarvan is niet openbaar in gevallen als bedoeld in artikel 10, eerste lid, van de Wet openbaarheid van bestuur en in gevallen waarin het belang van openbaarheid niet opweegt tegen de in artikel 10, tweede lid, van die wet genoemde belangen.
3. De welstandscommissie dan wel de stadsbouwmeester legt de gemeenteraad eenmaal per jaar een verslag voor van de door haar onderscheidenlijk hem verrichte werkzaamheden. In het verslag wordt ten minste uiteengezet op welke wijze zij onderscheidenlijk hij toepassing heeft gegeven aan de criteria, bedoeld in artikel 12a, eerste lid, onderdeel a.
4. Een voorzitter of ander lid van een welstandscommissie kan voor een termijn van ten hoogste drie jaar worden benoemd in een welstandscommissie die in de betreffende gemeente werkzaam is. Zij kunnen eenmaal voor een termijn van ten hoogste drie jaar worden herbenoemd in dezelfde commissie. De eerste en tweede volzin zijn van overeenkomstige toepassing op de stadsbouwmeester.

Art. 12c

Bouwwerk, verslaglegging door B&W

Burgemeester en wethouders leggen de gemeenteraad eenmaal per jaar een verslag voor waarin zij ten minste uiteenzetten:
a. op welke wijze zij zijn omgegaan met de adviezen van de welstandscommissie dan wel de stadsbouwmeester;

Woningwet A59 art. 13b

b. in welke gevallen waarin niet is of wordt voldaan aan artikel 12, eerste lid, zij zijn overgegaan tot oplegging van een last onder bestuursdwang of oplegging van een last onder dwangsom.

Hoofdstuk III
Bijzondere bepalingen

Art. 12d
1. Het bevoegd gezag kan, indien een vereniging van eigenaars ten behoeve van een bij haar in beheer zijnd gebouw niet beschikt over een onderhoudsplan en dat gebouw is gelegen in een gebied waarin de leefbaarheid naar het oordeel van het bevoegd gezag onder druk staat, de vereniging van eigenaars verplichten tot het binnen een door het bevoegd gezag te bepalen termijn laten opstellen van een onderhoudsplan door een deskundig persoon of een deskundige instantie en tot het van kracht laten blijven van dat plan gedurende zijn looptijd. Voor zover die looptijd langer is dan vijf jaar, omvat de in de vorige volzin bedoelde verplichting mede de verplichting het onderhoudsplan elke vijf jaar door een deskundig persoon of een deskundige instantie te laten herzien. *Woning, verplichting opstellen onderhoudsplan*

2. Het bevoegd gezag legt een verplichting als bedoeld in het eerste lid niet op dan nadat met toepassing van artikel 127a van Boek 5 van het Burgerlijk Wetboek een vergadering van eigenaars is bijeengeroepen en de vereniging van eigenaars niet binnen drie maanden nadat die vergadering heeft plaatsgevonden over een onderhoudsplan beschikt. De eerste volzin is niet van toepassing, indien redelijkerwijs voorzienbaar is dat het bijeenroepen van de vergadering van eigenaars, bedoeld in die zin, dan wel het in acht nemen van de termijn van drie maanden, bedoeld in die zin, er niet toe zal leiden dat de vereniging van eigenaars uit eigen beweging een onderhoudsplan opstelt of laat opstellen.

3. Het onderhoudsplan, bedoeld in het eerste lid, bevat ten minste:
a. de onderhouds- en herstelwerkzaamheden aan en de vernieuwingen van die gedeelten van het gebouw waarover de vereniging van eigenaars het beheer voert over een periode van vijf jaar;
b. een schatting van de aan de werkzaamheden en de vernieuwingen, bedoeld in onderdeel a, verbonden kosten en een gelijkmatige toerekening van die kosten aan de onderscheiden jaren;
c. een schatting van de benodigde jaarlijkse reservering voor andere dan de gewone jaarlijkse kosten na de periode waarop het onderhoudsplan betrekking heeft.

4. De vereniging van eigenaars zendt binnen vier weken na het opstellen van het onderhoudsplan, bedoeld in het eerste lid, een afschrift van het plan aan het bevoegd gezag.

5. Indien een machtiging tot het bijeenroepen van een vergadering van eigenaars als bedoeld in artikel 127a, eerste lid, aanhef, van Boek 5 van het Burgerlijk Wetboek wordt afgegeven binnen vijf jaar nadat een eerdere machtiging is afgegeven, kan het bevoegd gezag de betrokken vereniging van eigenaars verplichten tot het uitbesteden van het beheer aan een professionele beheerder.

Art. 13
Het bevoegd gezag kan degene die als eigenaar van een gebouw of een bouwwerk, niet zijnde een gebouw, dan wel uit anderen hoofde bevoegd is tot het daaraan treffen van voorzieningen, verplichten tot het binnen een door het bevoegd gezag te bepalen termijn treffen van voorzieningen waardoor de staat van dat gebouw of dat bouwwerk komt te liggen op een niveau dat hoger is dan het niveau dat overeenkomt met de voorschriften, bedoeld in artikel 1b, tweede lid, zonder dat dit hoger komt te liggen dan het niveau dat overeenkomt met de voorschriften, bedoeld in artikel 1b, eerste lid, mits die voorzieningen: *Woning, verplichting treffen noodzakelijke voorzieningen*
a. onderdeel zijn van een onderhoudsplan voor een gebouw als bedoeld in artikel 12d, eerste lid, en niet binnen de daarvoor in het onderhoudsplan gestelde termijn zijn uitgevoerd, dan wel
b. naar het oordeel van het bevoegd gezag anderszins noodzakelijk zijn.

Art. 13a
Indien niet wordt voldaan aan artikel 12, eerste lid, kan het bevoegd gezag, tenzij toepassing is gegeven aan het tweede lid van dat artikel, degene die als eigenaar van een bouwwerk dan wel uit anderen hoofde bevoegd is tot het treffen van voorzieningen daaraan, verplichten tot het binnen een door hem te bepalen termijn treffen van zodanige door hem daarbij aan te geven voorzieningen, dat nadien wordt voldaan aan artikel 12, eerste lid. *Woning, verplichting door bevoegd gezag tot opstellen onderhoudsplan*

Art. 13b
1. Onder beheer wordt in dit artikel verstaan het aan derden in gebruik geven van een gebouw, open erf of terrein, het innen van de huurpenningen namens de eigenaar of degene die tot ingebruikgeving bevoegd was alsmede het verrichten van alle handelingen met betrekking tot dat gebouw, open erf of terrein die volgens het burgerlijk recht tot de rechten en plichten van een eigenaar behoren met uitzondering van vervreemden en bezwaren. *Woning, in beheer geven*
2. Het bevoegd gezag kan degene die als eigenaar of uit anderen hoofde bevoegd is tot het in gebruik geven van een gebouw, open erf of terrein, verplichten om het gebouw, open erf of

Sdu 1049

A59 art. 14 — Woningwet

terrein in beheer te geven aan het bevoegd gezag, aan een persoon die uit hoofde van beroep of bedrijf op het terrein van de huisvesting werkzaam is, of aan een op dat terrein werkzame instelling, dan wel in gebruik te geven aan een andere persoon dan degene die als gevolg van een sluiting als bedoeld in onderdeel b het gebruik van het gebouw, open erf of terrein heeft moeten staken, indien:

a. ter zake van een overtreding van artikel 1a of artikel 1b die naar het oordeel van het bevoegd gezag gepaard gaat met een bedreiging van de leefbaarheid of een gevaar voor de gezondheid of de veiligheid, een opgelegde last onder dwangsom niet heeft geleid tot het ongedaan maken of beëindigen van die overtreding, of

b. het gebouw, open erf of terrein op grond van artikel 17, dan wel het gebouw op grond van artikel 174a van de Gemeentewet, een verordening als bedoeld in artikel 174 van die wet of artikel 13b van de Opiumwet is gesloten.

3. Het bevoegd gezag kan voorwaarden stellen aan de uitvoering van de verplichting een gebouw, open erf of terrein in beheer of gebruik te geven, bedoeld in het tweede lid.

4. Indien het gebouw, open erf of terrein noodzakelijke voorzieningen of aanpassingen behoeft om weer op redelijke wijze tot bewoning of gebruik te kunnen dienen, kan het bevoegd gezag besluiten, al dan niet gelijktijdig met het besluit, bedoeld in het tweede lid, dat degene aan wie het beheer is gegeven binnen een bepaalde termijn die voorzieningen of aanpassingen uitvoert. De uitvoering van deze voorzieningen of aanpassingen geschiedt op kosten van degene tot wie het in het tweede lid bedoelde besluit is gericht.

5. Het is degene tot wie een besluit als bedoeld in het tweede lid is gericht, verboden gedurende de termijn waarvoor een gebouw, open erf of terrein in beheer is gegeven beheershandelingen te verrichten.

6. Degene aan wie het beheer is gegeven, stelt na overleg met degene tot wie het in het tweede lid bedoelde besluit is gericht, de huurprijs vast op een bedrag dat redelijk is in het economische verkeer en voldoet aan de voor de betreffende huurprijs geldende wettelijke regels.

7. Indien degene ten aanzien van wie een beheermaatregel als bedoeld in het tweede lid van kracht is, artikel 1a of 1b overtreedt ten aanzien van een ander gebouw, open erf of terrein dan waarvoor de maatregel is opgelegd, en die overtreding gaat naar het oordeel van het bevoegd gezag gepaard met een bedreiging van de leefbaarheid of een gevaar voor de gezondheid of de veiligheid, kan het bevoegd gezag diegene ten aanzien van dat andere gebouw, open erf of terrein een beheermaatregel als bedoeld in het tweede lid opleggen.

8. Het bevoegd gezag beëindigt het beheer

a. zodra de overtreding van artikel 1a of artikel 1b en de bedreiging van de leefbaarheid of het gevaar voor de gezondheid of de veiligheid naar zijn oordeel zijn beëindigd;

b. indien van toepassing, de noodzakelijke voorzieningen of aanpassingen, bedoeld in het vierde lid, zijn getroffen, en

c. de beheervergoeding, bedoeld in artikel 14, tweede lid, en de verschuldigde kosten voor het treffen van de voorzieningen of aanpassingen, bedoeld in het vierde lid, zijn voldaan.

Art. 14

Woning, beheervergoeding

1. Indien een gebouw, open erf of terrein in beheer is gegeven als bedoeld in artikel 13b, tweede lid, stelt het bevoegd gezag een beheervergoeding vast die degene tot wie het in artikel 13b, tweede lid bedoelde besluit is gericht, is verschuldigd aan het bevoegd gezag ten behoeve van het beheer.

2. De beheervergoeding bestaat uit een kostendekkende vergoeding voor de uitvoering van het beheer.

3. Degene tot wie het in artikel 13b, tweede lid bedoelde besluit is gericht, betaalt de beheervergoeding en de verschuldigde kosten voor het treffen van de voorzieningen of aanpassingen, bedoeld in artikel 13b, vierde lid, aan de beheerder.

4. Het bevoegd gezag kan de beheervergoeding en de verschuldigde kosten van de voorzieningen of aanpassingen, bedoeld in artikel 13b, vierde lid, invorderen bij dwangbevel.

5. Het bevoegd gezag kan de door de beheerder geïnde huurpenningen verrekenen met de beheervergoeding en de verschuldigde kosten van de voorzieningen of aanpassingen, bedoeld in artikel 13b, vierde lid.

6. De beheerder draagt de door hem geïnde huurpenningen slechts af aan degene tot wie het in artikel 13b, tweede lid bedoelde besluit is gericht, voor zover geen geldschulden, bedoeld in het derde lid, open staan.

Art. 14a

Woning, verplichting tot voldoen aan besluit

Degene, tot wie een besluit als bedoeld in artikel 12d, 13, 13a of 13b, tweede lid, is gericht, of zijn rechtsopvolger en iedere verdere rechtsopvolger, is verplicht daaraan te voldoen.

Art. 15

Woning, bestuursdwang/last onder dwangsom bij niet-naleving verplichting

1. Het bevoegd gezag kan gelijktijdig met een besluit als bedoeld in artikel 12d, 13, 13a of 13b, tweede lid, besluiten tot oplegging van een last onder bestuursdwang of oplegging van een last onder dwangsom, gericht op naleving van het eerstgenoemde besluit. In dat geval worden beide besluiten gelijktijdig bekendgemaakt.

Woningwet

A59 art. 19

2. Indien toepassing wordt gegeven aan het eerste lid maakt het besluit tot oplegging van een last onder bestuursdwang of oplegging van een last onder dwangsom, wat betreft de mogelijkheid van bezwaar en beroep, deel uit van het in artikel 12d, 13, 13a of 13b, tweede lid, bedoelde besluit.

Art. 15a-16a
[Vervallen]

Art. 17

1. Indien herhaaldelijke overtreding van artikel 1a of artikel 1b naar het oordeel van het bevoegd gezag gepaard gaat met een bedreiging van de leefbaarheid of een gevaar voor de gezondheid of de veiligheid, kan het bevoegd gezag besluiten dat gebouw, open erf of terrein te sluiten. Het bevoegd gezag kan van de overtreder de ingevolge artikel 5:25 van de Algemene wet bestuursrecht verschuldigde kosten invorderen bij dwangbevel.
2. Het bevoegd gezag bepaalt in het besluit, bedoeld in het eerste lid, de duur van de sluiting.

Woningbouw, sluiting gebouw/open erf/gebouw

Art. 17a-17b
[Vervallen]

Art. 18

Indien het bevoegd gezag een besluit als bedoeld in artikel 13, 13a, 13b, tweede lid, of 17 heeft genomen en, nadat dat besluit is genomen, een ander bestuursorgaan ten aanzien van het betrokken bouwwerk, open erf of terrein het bevoegd gezag wordt, is artikel 5.2, tweede lid, van de Wet algemene bepalingen omgevingsrecht op een zodanig besluit van overeenkomstige toepassing.

Schakelbepaling

Hoofdstuk IIIa
Wooncoöperaties

Art. 18a

1. Een wooncoöperatie is een vereniging met volledige rechtsbevoegdheid die zich ten doel stelt om haar leden in staat te stellen zelfstandig te voorzien in het beheer en onderhoud van de door hen bewoonde woongelegenheden en de direct daaraan grenzende omgeving. Indien die woongelegenheden zijn gesplitst in appartementsrechten in de zin van artikel 106 van Boek 5 van het Burgerlijk Wetboek, betreft dat beheer en onderhoud uitsluitend die gedeelten van die woongelegenheden, welke zijn bestemd om door de leden van de wooncoöperatie als afzonderlijk geheel te worden gebruikt, onverminderd een regeling als bedoeld in artikel 112 lid 4 van dat boek.
2. Eigenaren of huurders van ten minste vijf in elkaars nabijheid gelegen woongelegenheden die financieel, administratief, bouwtechnisch, stedenbouwkundig of anderszins een eenheid vormen, kunnen een wooncoöperatie oprichten.
3. Een wooncoöperatie treft een regeling voor de behandeling van klachten en geschillen.
4. Bij algemene maatregel van bestuur worden nadere voorschriften gegeven omtrent wooncoöperaties.

Woningcoöperatie, definitie

Woningcoöperatie, oprichting

Woningcoöperatie, klachtenregeling

Nadere regels

Hoofdstuk IV
Toegelaten instellingen

Afdeling 1
Algemene bepalingen

Art. 19

1. Onze Minister kan verenigingen met volledige rechtsbevoegdheid en stichtingen die zich ten doel stellen uitsluitend op het gebied van de volkshuisvesting werkzaam te zijn en beogen hun financiële middelen uitsluitend in het belang van de volkshuisvesting in te zetten, toelaten als instellingen, uitsluitend in het belang van de volkshuisvesting werkzaam. In het daartoe strekkende verzoek vermeldt de vereniging of de stichting in elk geval de gronden voor dat verzoek, de gemeente waar zij voornemens is woonplaats te houden en de gemeenten waar zij voornemens is feitelijk werkzaam te zijn.
2. Voordat Onze Minister op het verzoek, bedoeld in het eerste lid, beslist, stelt hij de colleges van burgemeester en wethouders van de in dat lid bedoelde gemeenten, en de in het belang van de huurders van de woongelegenheden van de betrokken vereniging of stichting werkzame huurdersorganisaties en bewonerscommissies als bedoeld in artikel 1, eerste lid, onderdeel f respectievelijk g, van de Wet op het overleg huurders verhuurder in de gelegenheid hun zienswijzen daarop aan hem kenbaar te maken. Die colleges, organisaties en commissies kunnen binnen vier weken nadien hun zienswijzen aan hem doen toekomen.
3. Onze Minister kan de toelating weigeren, indien:
   a. de vereniging of de stichting niet voldoet aan het bepaalde bij of krachtens het eerste lid;

Toegelaten instelling, toelating

A59 art. 20 — Woningwet

  b. de vereniging of de stichting naar zijn oordeel niet voldoende financieel draagkrachtig is of haar financiële continuïteit niet voldoende is gewaarborgd;
  c. sprake is van gebreken in de akte van oprichting van de vereniging of de stichting;
  d. personen die ingevolge het bepaalde bij of krachtens artikel 25, tweede lid, vierde volzin, of zesde of zevende lid, of 30, derde lid, vierde volzin, of zesde of zevende lid, geen lid zouden moeten respectievelijk kunnen zijn van het bestuur respectievelijk de raad van commissarissen van een toegelaten instelling aan de statuten van de vereniging of de stichting het recht kunnen ontlenen om personen in dat bestuur of die raad te benoemen of personen voor een zodanige benoeming voor te dragen;
  e. aan de statuten van de vereniging of de stichting het recht kan worden ontleend tot het verkrijgen van de eigendom van de onroerende zaken of hun onroerende en infrastructurele aanhorigheden van de vereniging of de stichting op een wijze die met het bepaalde bij en krachtens deze wet in strijd is of
  f. die toelating naar zijn oordeel anderszins niet in het belang van de volkshuisvesting is te achten.
 4. Onze Minister kan de toelating intrekken, indien:
  a. de toegelaten instelling niet langer uitsluitend op het gebied van de volkshuisvesting werkzaam is of haar financiële middelen niet uitsluitend in het belang van de volkshuisvesting inzet, of
  b. de toegelaten instelling naar zijn oordeel het belang van de volkshuisvesting zodanige schade berokkent of bij handhaving van de toelating op korte termijn zal berokkenen, dat haar toelating niet langer in dat belang is te achten.
 5. Van een besluit tot toelating of tot intrekking van de toelating wordt mededeling gedaan in de Staatscourant.

Nadere regels
 6. Bij algemene maatregel van bestuur kunnen nadere voorschriften worden gegeven omtrent de bij het verzoek, bedoeld in het eerste lid, te verstrekken gegevens en de behandeling van dat verzoek.

Art. 20

Toegelaten instelling, intrekking
1. De Afdeling bestuursrechtspraak van de Raad van State geeft bij de behandeling van een beroep tegen een besluit tot intrekking van de toelating aanvankelijk overeenkomstige toepassing aan artikel 8:52 van de Algemene wet bestuursrecht en kan nadien overeenkomstige toepassing geven aan artikel 8:53 van die wet.
2. Nadat een besluit tot intrekking van de toelating onherroepelijk is geworden, wordt de toegelaten instelling op verzoek van Onze Minister ontbonden door de rechtbank in het arrondissement waarin zij gevestigd is.
3. De werking van een besluit tot intrekking van de toelating wordt opgeschort totdat de uitspraak tot ontbinding in kracht van gewijsde gaat.
4. De toelating eindigt:
 a. door inwerkingtreding van een besluit tot intrekking daarvan;
 b. door het in kracht van gewijsde gaan van een uitspraak tot ontbinding van de toegelaten instelling in andere bij de wet bepaalde gevallen dan dat, bedoeld in het tweede lid, of van een een beschikking als bedoeld in artikel 19a lid 2 van Boek 2 van het Burgerlijk Wetboek;
 c. door de ontbinding van de toegelaten instelling in andere bij de wet bepaalde gevallen dan die, bedoeld in de onderdelen a en b, of
 d. op het tijdstip waarop de toegelaten instelling ophoudt te bestaan als gevolg van een zuivere splitsing als bedoeld in artikel 334a lid 2 van Boek 2 van het Burgerlijk Wetboek.
5. Na ontbinding van een toegelaten instelling treedt Onze Minister of een door hem daartoe aangewezen persoon of instantie op als vereffenaar van haar vermogen. De vereffening leidt ertoe dat dat vermogen uitsluitend bestemd blijft voor het behartigen van het belang van de volkshuisvesting. Bij algemene maatregel van bestuur worden nadere voorschriften omtrent de vereffening gegeven.

Art. 21

Toegelaten instelling, verbinding
1. De toegelaten instelling verbindt zich:
 a. uitsluitend met een naamloze vennootschap als bedoeld in artikel 64 van Boek 2 van het Burgerlijk Wetboek, indien de statuten van die naamloze vennootschap uitsluitend aandelen op naam kennen, en blokkeringsregeling bevatten en niet toelaten dat met medewerking van de vennootschap certificaten aan toonder worden uitgegeven, en
 b. uitsluitend met een besloten vennootschap met beperkte aansprakelijkheid als bedoeld in artikel 175 van Boek 2 van het Burgerlijk Wetboek, indien de statuten van die besloten vennootschap een blokkeringsregeling bevatten.
2. De toegelaten instelling verbindt zich niet met een rechtspersoon of vennootschap dan nadat Onze Minister dat op een daartoe strekkend verzoek van de toegelaten instelling heeft goedgekeurd. Onze Minister onthoudt in elk geval zijn goedkeuring, indien:
 a. naar zijn oordeel de toegelaten instelling of rechtspersoon of vennootschap niet voldoet of zal voldoen aan het bepaalde bij en krachtens dit hoofdstuk;

Woningwet   A59 art. 21c

b. indien het verzoek niet inhoudt dat toepassing wordt gegeven aan artikel 50a, eerste lid: de in het belang van de huurders van haar woongelegenheden werkzame huurdersorganisaties, bedoeld in artikel 1, eerste lid, onderdeel f, van de Wet op het overleg huurders verhuurder, de toegelaten instelling niet hebben medegedeeld of zij met de verbinding instemmen;
c. de statuten van de rechtspersoon of de akte van de vennootschap met welke de toegelaten instelling voornemens is zich te verbinden niet voldoen aan artikel 23 of aan de bij algemene maatregel van bestuur daaromtrent gegeven voorschriften;
d. overeenkomstig bij of krachtens algemene maatregel van bestuur daaromtrent te geven voorschriften de financiële continuïteit van de toegelaten instelling of die rechtspersoon of vennootschap niet voldoende is gewaarborgd;
e. de toegelaten instelling voornemens is die rechtspersoon of vennootschap anderszins vermogen te verschaffen dan door middel van het storten van aandelenkapitaal of het verstrekken van een lening overeenkomstig bij of krachtens algemene maatregel van bestuur daaromtrent te geven voorschriften of
f. de toegelaten instelling voornemens is zich in enigerlei opzicht garant te stellen voor die rechtspersoon of vennootschap.
3. De goedkeuring, bedoeld in het tweede lid, is niet vereist voor een verbinding van een toegelaten instelling met een samenwerkingsvennootschap.
4. Bij of krachtens algemene maatregel van bestuur kunnen nadere voorschriften worden gegeven omtrent de bij het verzoek, bedoeld in het tweede lid, te verstrekken gegevens, de wijze waarop de toegelaten instelling degenen die een belang hebben bij de verbinding daarbij betrekt en de gronden waarop Onze Minister die verbinding kan goedkeuren dan wel zijn goedkeuring daaraan kan onthouden.
5. De toegelaten instelling kan Onze Minister verzoeken om toe te staan dat een samenwerkingsvennootschap in een andere gemeente feitelijk werkzaam is dan de gemeenten waarin die toegelaten instelling feitelijk werkzaam is, op welk verzoek Onze Minister beslist overeenkomstig bij algemene maatregel van bestuur daaromtrent te geven voorschriften.

Art. 21a

1. De toegelaten instelling verschaft een met haar verbonden onderneming niet anderszins vermogen dan door middel van het bij haar oprichting storten van aandelenkapitaal of het aan die onderneming bij haar oprichting verstrekken van een lening als bedoeld in artikel 21, tweede lid, onderdeel e. Zij stelt zich na die oprichting niet in enigerlei opzicht garant voor die onderneming.
2. De toegelaten instelling verschaft een op het tijdstip van inwerkingtreding van artikel I van de Herzieningswet toegelaten instellingen volkshuisvesting met haar verbonden onderneming geen ander vermogen dan het vermogen dat zij tot dat tijdstip aan die onderneming heeft verschaft, en stelt zich niet anderszins voor die onderneming garant dan zoals zij dat tot dat tijdstip heeft gedaan. De door haar aan een zodanige onderneming tot dat tijdstip gedane garantstellingen hebben uitsluitend betrekking op werkzaamheden van die onderneming waarvoor voor dat tijdstip een aanvang is gemaakt, of met betrekking tot welke uit schriftelijke, uitsluitend op die werkzaamheden betrekking hebbende, stukken blijkt dat het maken van die aanvang wordt beoogd. Bij of krachtens algemene maatregel van bestuur kunnen voorschriften worden gegeven omtrent de toepassing van de tweede volzin.
3. De toegelaten instelling kan Onze Minister verzoeken om een ontheffing van een verbod als bedoeld in het eerste of tweede lid, op welk verzoek Onze Minister beslist overeenkomstig bij algemene maatregel van bestuur daaromtrent te geven voorschriften.
4. Het eerste, tweede en derde lid zijn niet van toepassing op het verschaffen van vermogen aan en garantstellingen voor samenwerkingsvennootschappen.

Toegelaten instelling, vermogensverschaffing

Art. 21b
De winst van een met een toegelaten instelling verbonden besloten vennootschap met beperkte aansprakelijkheid als bedoeld in artikel 175 van Boek 2 van het Burgerlijk Wetboek komt de aandeelhouders ten goede. Van het bepaalde in de artikelen 201 en 216 van dat boek wordt niet afgeweken ten nadele van toegelaten instellingen die aandelen in die besloten vennootschap houden.

Toegelaten instelling, winstuitkering

Art. 21c
1. Bij of krachtens algemene maatregel van bestuur worden de categorieën van financiële instellingen aangewezen, met uitsluitend welke de toegelaten instelling transacties aangaat voor het verrichten van haar werkzaamheden.
2. Het door een toegelaten instelling aangaan van transacties met een instelling die behoort tot een categorie als bedoeld in het eerste lid voor het doen bouwen of verwerven van onroerende zaken of onroerende of infrastructurele aanhorigheden is niet toegestaan, voor zover daardoor het totaal van van zodanige instellingen aangetrokken financiële middelen komt te liggen boven een bij algemene maatregel van bestuur te bepalen percentage van de overeenkomstig de artikelen 17 en 18 van de Wet waardering onroerende zaken aan de onroerende zaken en hun

Toegelaten instelling, aanwijzing financiële instellingen

A59 art. 21d — Woningwet

onroerende en infrastructurele aanhorigheden van de toegelaten instelling toegekende waarde, vastgesteld overeenkomstig artikel 22, eerste lid, van die wet.

Art. 21d

Toegelaten instelling, pand-/hypotheekrecht

1. De vestiging van een recht van pand of hypotheek op zaken en daarmee verbonden rechten van een toegelaten instelling of een met haar verbonden onderneming die samenhangen met werkzaamheden op het gebied van de volkshuisvesting die niet behoren tot de diensten van algemeen economisch belang, welke vestiging geschiedt ten behoeve van het met een instelling die behoort tot een categorie als bedoeld in artikel 21c, eerste lid, kunnen aangaan van transacties voor het verrichten van zodanige werkzaamheden, wordt niet door enig beding van derden of een vestiging van zodanige rechten ten behoeve van derden beperkt. Een zodanig beding of zodanige vestiging is nietig.

2. De vestiging van een recht van pand of hypotheek op zaken en daarmee verbonden rechten van een toegelaten instelling die samenhangen met werkzaamheden op het gebied van de volkshuisvesting die behoren tot de diensten van algemeen economisch belang, welke vestiging geschiedt ten behoeve van het door de borgingsvoorziening kunnen garanderen van de door toegelaten instellingen aan te trekken leningen voor het verrichten van zodanige werkzaamheden, wordt niet beperkt door enig beding van of een vestiging van zodanige rechten ten behoeve van anderen dan de borgingsvoorziening of instellingen die behoren tot een categorie als bedoeld in artikel 21c, eerste lid. Een zodanig beding of zodanige vestiging is nietig.

3. Bedingen of vestigingen van rechten als bedoeld in het eerste of tweede lid, die tot stand zijn gekomen voor het tijdstip van inwerkingtreding van artikel I van de Herzieningswet toegelaten instellingen volkshuisvesting blijven van kracht, behoudens hun nietigheid of vernietigbaarheid ingevolge enig ander wettelijk voorschrift dan die leden.

Toegelaten instelling, uitzonderingen op pand-/hypotheekrecht

4. Het eerste lid is niet van toepassing op:
a. de in dat lid bedoelde vestigingen van rechten ten behoeve van de borgingsvoorziening, indien en zolang:
1°. de situatie, bedoeld in artikel 29, eerste lid, eerste volzin, zich voordoet en die situatie betrekking heeft op of gevolgen heeft voor het kunnen voortzetten van werkzaamheden als genoemd en bedoeld in het bepaalde bij of krachtens artikel 47, eerste lid, onderdelen a tot en met i, of
2°. bij een toegelaten instelling of een met haar verbonden onderneming de financiële middelen ontbreken om haar werkzaamheden te kunnen voortzetten, die situatie betrekking heeft op of gevolgen heeft voor het kunnen voortzetten van werkzaamheden als genoemd en bedoeld in het bepaalde bij en krachtens artikel 47, eerste lid, onderdelen a tot en met i, het bestuur heeft nagelaten die situatie onverwijld aan Onze Minister en de borgingsvoorziening te melden, en de borgingsvoorziening dit schriftelijk aan het bestuur heeft medegedeeld;
b. bedingen die strekken tot het bepaalde in onderdeel a.

Art. 21e

Toegelaten instelling, toepasselijkheid WOHV

Toegelaten instellingen, huurdersorganisaties en bewonerscommissies als bedoeld in artikel 1, eerste lid, onderdeel f respectievelijk g, van de Wet op het overleg huurders verhuurder, gemeenteraden en colleges van burgemeester en wethouders kunnen, indien zij dit raadzaam achten, besluiten ter raadpleging voorleggen aan de huurder, bedoeld in artikel 1, eerste lid, onderdeel e, van de Wet op het overleg huurders verhuurder.

Art. 21f

Toegelaten instelling, borgingsvoorziening

Bij of krachtens algemene maatregel van bestuur kunnen voorschriften worden gegeven omtrent de wijze waarop de borgingsvoorziening in compensatie als bedoeld in artikel 1, eerste lid, begripsomschrijving van compensatie, onderdeel a, voorziet en de governance van de borgingsvoorziening, alsmede omtrent toezicht door Onze Minister op de naleving van die voorschriften.

Art. 21g

Toegelaten instelling, verstrekken gegevens door Rijksbelastingdienst

De rijksbelastingdienst verstrekt Onze Minister op zijn verzoek de gegevens die naar zijn oordeel noodzakelijk zijn om de geschiktheid en de betrouwbaarheid, bedoeld in de artikelen 25, tweede lid en 30, derde lid, te beoordelen, alsmede de gegevens die naar zijn oordeel noodzakelijk zijn ten behoeve van het toezicht op de governance en de integriteit, bedoeld in artikel 61, tweede lid, onderdeel b. Bij of krachtens algemene maatregel van bestuur kunnen voorschriften worden gegeven omtrent de toepassing van dit artikel.

Woningwet

A59 art. 24

Afdeling 2
Rechtsvorm en organisatie

§ 1
Rechtsvorm

Art. 22

1. Tenzij daarvan in het bepaalde bij of krachtens dit hoofdstuk wordt afgeweken, zijn de titels 1, 7, 8, afdeling 2, en 9 van Boek 2 van het Burgerlijk Wetboek van toepassing op de toegelaten instellingen. *Toegelaten instelling, toepasselijkheid Boek 2*
2. Tenzij daarvan in deze afdeling wordt afgeweken:
   a. zijn de bepalingen van titel 2 van Boek 2 van het Burgerlijk Wetboek van toepassing op de toegelaten instellingen die verenigingen zijn, en
   b. zijn de bepalingen van titel 6 van dat boek van toepassing op de toegelaten instellingen die stichtingen zijn.
3. Toegelaten instellingen zetten zich niet in de zin van artikel 18 van Boek 2 van het Burgerlijk Wetboek om in een andere rechtsvorm dan die, genoemd in artikel 19, eerste lid.

Art. 23

1. In de statuten van een toegelaten instelling of van een met haar verbonden onderneming wordt bepaald dat zij uitsluitend respectievelijk mede werkzaam is op het gebied van de volkshuisvesting, en wordt dat gebied omschreven overeenkomstig het bepaalde bij en krachtens artikel 45. *Toegelaten instelling, statuten/akte*
2. De statuten van een naamloze vennootschap als bedoeld in artikel 64 van Boek 2 van het Burgerlijk Wetboek of een besloten vennootschap met beperkte aansprakelijkheid als bedoeld in artikel 175 van dat boek, met welke een toegelaten instelling zich verbindt in de zin van artikel 21:
   a. bevatten geen bepalingen die afwijken van artikel 89 lid 1 tweede volzin, 92 lid 1, 105 lid 1, 135 lid 4, 198 lid 1, 201 lid 1 of 245 lid 1 van dat boek;
   b. bevatten geen bepalingen als bedoeld in de artikelen 192 lid 1 aanhef en onder a en 242 lid 1 eerste volzin van dat boek;
   c. bepalen dat de voorafgaande goedkeuring van de algemene vergadering van die naamloze of besloten vennootschap is vereist voor besluiten van haar bestuur over:
   1°. dienovereenkomstige aangelegenheden als die, bedoeld in artikel 26, eerste lid, onderdelen c en i;
   2°. het oprichten van een dochtermaatschappij of het deelnemen in een rechtspersoon of vennootschap in de zin van artikel 24c van Boek 2 van het Burgerlijk Wetboek, en
   3°. het verstrekken van een lening aan of het zich in enigerlei opzicht garant stellen voor een dochtermaatschappij of een rechtspersoon of vennootschap als bedoeld onder 2° en
   d. bepalen, indien en zolang die naamloze of besloten vennootschap een dochtermaatschappij van de toegelaten instelling is, dat haar bestuur zich gedraagt naar de aanwijzingen van de algemene vergadering, welke bepaling in de statuten van die naamloze vennootschap kan worden beperkt tot aanwijzingen van die vergadering die de algemene lijnen van het te voeren beleid op nader in die statuten aangegeven terreinen betreffen.
3. De toegelaten instelling en een met haar verbonden onderneming behoeft voor de wijziging van haar statuten, respectievelijk wijzigingen van haar statuten of akte, die betrekking hebben op haar werkzaamheden op het gebied van de volkshuisvesting, de goedkeuring van Onze Minister, en legt daartoe elke voorgenomen wijziging respectievelijk zodanige wijziging aan het voor.

§ 2
Het bestuur

Art. 24

1. Het bestuur van een toegelaten instelling die een stichting is, is bevoegd de statuten te wijzigen, tenzij de statuten een ander daartoe bevoegd orgaan aanwijzen. Bij een toegelaten instelling die een vereniging is, is de algemene vergadering bevoegd de statuten te wijzigen, op voorstel van het bestuur. *Toegelaten instelling, bestuur*
2. Een bepaling in de statuten die wijziging van een statutaire bepaling uitsluit, is nietig.
3. Een bepaling in de statuten die de bevoegdheid tot wijziging van een of meer andere bepalingen van de statuten beperkt, kan slechts worden gewijzigd met inachtneming van gelijke beperking.
4. Een wijziging in de statuten komt, op straffe van nietigheid, tot stand bij notariële akte.
5. De bestuurders leggen een authentiek afschrift van de wijziging en de gewijzigde statuten neer ten kantore van het handelsregister.

Sdu

6. De artikelen 43 leden 2 tot en met 6, 44 lid 2, 291 lid 2, 293 en 294 van Boek 2 van het Burgerlijk Wetboek zijn niet van toepassing.

Art. 25

Toegelaten instelling, benoeming bestuurders

1. Bestuurders zijn natuurlijke personen. De benoeming van bestuurders geschiedt voor de eerste maal bij de akte van oprichting. Opvolgende bestuurders worden door de raad van commissarissen benoemd. Artikel 37 leden 1 tot en met 6 van Boek 2 van het Burgerlijk Wetboek is niet van toepassing.

2. Alvorens de raad van commissarissen bestuurders benoemt, verzoekt de toegelaten instelling Onze Minister om zijn zienswijze op de geschiktheid van die personen voor het lidmaatschap van het bestuur en de betrouwbaarheid van die personen aan haar kenbaar te maken. Onze Minister kan binnen vier weken zijn zienswijze aan haar doen toekomen, welke termijn hij, onder schriftelijke kennisgeving daarvan aan de toegelaten instelling voor het verstrijken van die termijn, eenmalig met een door hem daarbij te bepalen termijn van ten hoogste vier weken kan verlengen. Een benoeming als bedoeld in de eerste volzin zonder dat Onze Minister daarover een positieve zienswijze heeft uitgebracht is, indien dat niet het gevolg is van zijn handelen of nalaten, strijdig met het belang van de volkshuisvesting. Bij algemene maatregel van bestuur worden voorschriften gegeven omtrent de geschiktheid van natuurlijke personen voor het lidmaatschap van het bestuur en de betrouwbaarheid van die personen. Bij of krachtens algemene maatregel van bestuur kunnen nadere voorschriften worden gegeven omtrent de toepassing van dit lid.

3. Een bestuurder wordt benoemd voor een periode van ten hoogste vier jaar, en kan steeds voor een periode van ten hoogste vier jaar worden herbenoemd.

4. Bij de toegelaten instelling die een vereniging is, benoemt de raad van commissarissen geen bestuurders, dan nadat hij de algemene vergadering in de gelegenheid heeft gesteld om binnen een door hem aan te geven redelijke termijn, daarover een schriftelijk advies uit te brengen.

5. Indien de raad van commissarissen het advies, bedoeld in het vierde lid, geheel of gedeeltelijk niet volgt, dan deelt hij de redenen daarvoor schriftelijk mee aan de algemene vergadering.

6. Het lidmaatschap van het bestuur is onverenigbaar met:
a. het lidmaatschap van het bestuur van een andere toegelaten instelling;
b. het lidmaatschap van een ander orgaan van, en een andere functie bij, een toegelaten instelling;
c. het lidmaatschap van het bestuur van een andere rechtspersoon of vennootschap die een onderneming drijft met welke de toegelaten instelling of een met haar verbonden onderneming enigerlei banden heeft, tenzij die rechtspersoon of vennootschap:
1°. een dochtermaatschappij is, of
2°. zich blijkens haar statuten uitsluitend ten doel stelt diensten te leveren of werkzaamheden te verrichten die zijn gericht op het maatschappelijke belang, de raad van commissarissen met dat lidmaatschap heeft ingestemd en, indien van toepassing, is voldaan aan de door de raad van commissarissen daarbij gestelde voorwaarden;
d. het eerdere lidmaatschap van het bestuur of de raad van commissarissen van een toegelaten instelling of haar directe rechtsvoorganger, indien ten tijde van dat lidmaatschap in verband met een ondeugdelijke bedrijfsvoering aan die toegelaten instelling een aanwijzing als bedoeld in artikel 61d is gegeven of een maatregel als bedoeld in artikel 48, zevende lid, 61g, eerste, tweede of derde lid, 61h, eerste lid, 104a, eerste lid, 105, eerste lid, of 120b is opgelegd;
e. het lidmaatschap van een college van burgemeester en wethouders of van een orgaan van een organisatie die zich ten doel stelt de belangen van gemeenten te behartigen;
f. het lidmaatschap van een college van gedeputeerde staten of van een orgaan van een organisatie die zich ten doel stelt de belangen van provincies te behartigen;
g. het lidmaatschap van een dagelijks bestuur van een waterschap of van een orgaan van een organisatie die zich ten doel stelt de belangen van waterschappen te behartigen en
h. een functie als ambtenaar bij het Rijk, een provincie, een gemeente of een waterschap en enige andere functie, indien de aan die functie verbonden werkzaamheden meebrengen dat een betrokkenheid ontstaat of kan ontstaan bij de werkzaamheden van de toegelaten instelling of bij de ontwikkeling of de uitvoering van het overheidsbeleid op het terrein van de volkshuisvesting.

7. Degene die voor benoeming in het bestuur, of in het bestuur van een dochtermaatschappij of een samenwerkingsvennootschap, in aanmerking wenst te komen, wordt niet daarin benoemd dan nadat hij aan de instantie die tot die benoeming bevoegd is een verklaring heeft overgelegd, die inhoudt dat hij niet eerder een bestuurlijke of toezichthoudende functie heeft bekleed bij enige rechtspersoon of vennootschap die op het maatschappelijk belang gerichte werkzaamheden verricht ten aanzien waarvan, als gevolg van zijn handelen of nalaten, een aanwijzing of maatregel is opgelegd en dat hij nooit voor een financieel-economisch delict is veroordeeld.

8. Iedere bestuurder kan te allen tijde worden geschorst en ontslagen door de raad van commissarissen.

9. De statuten bevatten voorschriften omtrent de wijze waarop, in geval van ontstentenis of belet van de bestuurders, voorlopig in het bestuur wordt voorzien.

Art. 26

1. Aan de goedkeuring van de raad van commissarissen zijn, behoudens in bij algemene maatregel van bestuur bepaalde gevallen, onderworpen de besluiten van het bestuur omtrent:
   a. overdracht of overgang van de door de toegelaten instelling in stand gehouden onderneming dan wel een overwegend deel van die onderneming aan een derde;
   b. het aangaan of verbreken van duurzame samenwerking van de toegelaten instelling met een andere rechtspersoon of vennootschap dan wel als volledig aansprakelijke vennote in een commanditaire vennootschap of vennootschap onder firma, indien deze samenwerking of verbreking van ingrijpende betekenis is voor de toegelaten instelling;
   c. het doen van een investering ten behoeve van de volkshuisvesting, indien daarmee ten minste € 3 000 000,- gemoeid is;
   d. wijziging van de statuten of, bij een toegelaten instelling die een vereniging is, een voorstel daartoe;
   e. ontbinding van de toegelaten instelling of, bij een toegelaten instelling die een vereniging is, een voorstel daartoe;
   f. aangifte van faillissement en aanvraag van surseance van betaling van de toegelaten instelling;
   g. gelijktijdige beëindiging of beëindiging binnen een kort tijdsbestek van de arbeidsovereenkomst van een aanmerkelijk aantal werknemers van de toegelaten instelling;
   h. ingrijpende wijziging in de arbeidsomstandigheden van een aanmerkelijk aantal werknemers van de toegelaten instelling of van personen die als zelfstandigen of in een rechtspersoon of vennootschap daarin werkzaam zijn;
   i. het vervreemden van onroerende zaken en hun onroerende en infrastructurele aanhorigheden van de toegelaten instelling, het daarop vestigen van een recht van erfpacht, opstal of vruchtgebruik, en het overdragen van de economische eigendom daarvan, telkens indien daarmee ten minste een bij algemene maatregel van bestuur bepaald bedrag gemoeid is, welk bedrag verschillend kan worden bepaald ten aanzien van verschillende categorieën beoogde verkrijgers van die zaken en aanhorigheden;
   j. het vaststellen van het overzicht, bedoeld in artikel 43, eerste lid, en
   k. andere, in de statuten bepaalde, onderwerpen dan die, bedoeld in de onderdelen a tot en met j.
2. Bij de toegelaten instelling die een vereniging is, neemt de raad van commissarissen geen beslissing omtrent de goedkeuring, bedoeld in het eerste lid, dan nadat hij de algemene vergadering in de gelegenheid heeft gesteld om binnen een door hem aan te geven redelijke termijn, daarover een schriftelijk advies uit te brengen.
3. Indien de raad van commissarissen het advies, bedoeld in het tweede lid, geheel of gedeeltelijk niet volgt, dan deelt hij de redenen daarvoor schriftelijk mee aan de algemene vergadering.
4. Bij algemene maatregel van bestuur kunnen nadere voorschriften worden gegeven omtrent de goedkeuring, bedoeld in het eerste lid.
5. Het ontbreken van de goedkeuring van de raad van commissarissen van een besluit als bedoeld in het eerste lid tast de vertegenwoordigingsbevoegdheid van bestuur of bestuurders niet aan.

Toegelaten instelling, goedkeuring raad van commissarissen

Nadere regels

Art. 27

1. Aan de goedkeuring van Onze Minister, op een daartoe strekkend verzoek van de toegelaten instelling, zijn, behoudens in bij of krachtens algemene maatregel van bestuur bepaalde gevallen, onderworpen de besluiten van het bestuur omtrent:
   a. het vervreemden van onroerende zaken en hun onroerende en infrastructurele aanhorigheden van de toegelaten instelling, het daarop vestigen van een recht van erfpacht, opstal of vruchtgebruik, en het overdragen van de economische eigendom daarvan;
   b. het vervreemden door de toegelaten instelling van aandelen in een dochtermaatschappij en
   c. overdracht of overgang van de door de toegelaten instelling in stand gehouden onderneming dan wel een overwegend deel van die onderneming aan een derde.
2. Onze Minister kan besluiten om een besluit als bedoeld in het eerste lid, aanhef en onderdeel a of c, niet goed te keuren in het geval en onder de voorwaarden, bedoeld in artikel 3 van de Wet bevordering integriteitsbeoordelingen door het openbaar bestuur, met dien verstande dat onder betrokkene als bedoeld in artikel 1, eerste lid, van die wet wordt verstaan:
   a. voor de toepassing van de artikelen 3, 4, 12, 26, 30 en 32 van die wet wordt verstaan de wederpartij van de toegelaten instelling en
   b. voor de toepassing van de artikelen 28, derde lid, en 33 van die wet die wederpartij mede wordt verstaan.
3. Voordat Onze Minister toepassing geeft aan het tweede lid, kan hij het Bureau bevordering integriteitsbeoordelingen door het openbaar bestuur, bedoeld in artikel 8 van de Wet bevordering integriteitsbeoordelingen door het openbaar bestuur, om een advies vragen als bedoeld in artikel 9 van die wet.
4. Een besluit als bedoeld in het eerste lid, aanhef en onderdeel a of b, dat wordt genomen of uitgevoerd zonder dat Onze Minister het heeft goedgekeurd, is nietig.

Toegelaten instelling, goedkeuring Onze Minister

A59 art. 28 — Woningwet

Nadere regels

5. Bij of krachtens algemene maatregel van bestuur kunnen nadere voorschriften worden gegeven omtrent de bij het verzoek, bedoeld in het eerste lid, te verstrekken gegevens, de wijze waarop Onze Minister degenen die een belang hebben bij de goedkeuring, bedoeld in dat lid, daarbij betrekt en de gronden waarop Onze Minister zodanige besluiten kan goedkeuren dan wel zijn goedkeuring daaraan kan onthouden.

Art. 28

Toegelaten instelling, goedkeuring raad van commissarissen/algemene vergadering

Besluiten van het bestuur kunnen bij of krachtens de statuten worden onderworpen aan de goedkeuring van de raad van commissarissen en de algemene vergadering, voor zover uit de wet niet anders voortvloeit.

Art. 29

Toegelaten instelling, ontbreken financiële middelen

1. Indien naar het oordeel van het bestuur bij een toegelaten instelling of een met haar verbonden onderneming de financiële middelen ontbreken om haar werkzaamheden te kunnen voortzetten, meldt het dat onverwijld aan Onze Minister en de borgingsvoorziening. Het bestuur stelt voorts een plan voor financiële sanering van de toegelaten instelling op, indien de situatie, bedoeld in de eerste volzin, betrekking heeft op of gevolgen heeft voor het kunnen voortzetten van werkzaamheden als genoemd en bedoeld in het bepaalde bij en krachtens artikel 47, eerste lid, onderdelen a tot en met g.
2. Indien naar het oordeel van het bestuur een toegelaten instelling in enig kalenderjaar niet zal voldoen aan artikel 48, eerste lid, eerste volzin, meldt het dat onverwijld aan Onze Minister en aan degenen voor wie toepassing van artikel 48, zevende lid, tweede volzin, overigens directe gevolgen kan hebben.

Art. 29a

Toegelaten instelling, informatieplicht bestuur

1. Het bestuur van de toegelaten instelling of een dochtermaatschappij doet onverwijld, op diens verzoek of eigener beweging, aan de raad van commissarissen of Onze Minister mededeling van alle feiten en omstandigheden met betrekking tot welke het voor dat bestuur duidelijk is of redelijkerwijs duidelijk zou moeten zijn dat zij van invloed kunnen zijn op enig door hem te nemen besluit omtrent de goedkeuring van enig door dat bestuur daartoe aan hem ingevolge dit hoofdstuk voorgelegd plan of voornemen.
2. Het opzettelijk niet voldoen aan het eerste lid is een overtreding.

Art. 29b

Toegelaten instelling, eisen aan kennis/vaardigheden bestuur

Het bestuur voorziet in het behouden en ontwikkelen van de kennis en de vaardigheden die met inachtneming van het bij en krachtens deze wet bepaalde noodzakelijk zijn voor het geschikt blijven van natuurlijke personen voor het lidmaatschap van het bestuur.

§ 3
De raad van commissarissen

Art. 30

Toegelaten instelling, raad van commissarissen

1. De toegelaten instelling heeft een raad van commissarissen. De raad bestaat uit drie of meer commissarissen die natuurlijke personen zijn.
2. De benoeming van commissarissen geschiedt voor de eerste maal bij de akte van oprichting. Opvolgende commissarissen worden benoemd door de raad van commissarissen.
3. Alvorens de raad van commissarissen commissarissen benoemt, verzoekt de toegelaten instelling Onze Minister om zijn zienswijze op de geschiktheid van de betrokken personen voor het lidmaatschap van de raad van commissarissen en de betrouwbaarheid van die personen aan haar kenbaar te maken. Onze Minister kan binnen vier weken zijn zienswijze aan haar doen toekomen, welke termijn hij, onder schriftelijke kennisgeving daarvan aan de toegelaten instelling voor het verstrijken van die termijn, eenmalig met een door hem daarbij te bepalen termijn van ten hoogste vier weken kan verlengen. Een benoeming als bedoeld in de eerste volzin zonder dat Onze Minister daarover een positieve zienswijze heeft uitgebracht is, indien dat niet het gevolg is van zijn handelen of nalaten, strijdig met het belang van de volkshuisvesting. Bij algemene maatregel van bestuur worden voorschriften gegeven omtrent de geschiktheid van personen voor het lidmaatschap van de raad van commissarissen en de betrouwbaarheid van die personen. Bij of krachtens algemene maatregel van bestuur kunnen nadere voorschriften worden gegeven omtrent de toepassing van dit lid.
4. Een commissaris wordt benoemd voor een periode van ten hoogste vier jaar, en kan een maal voor ten hoogste vier jaar worden herbenoemd. De al dan niet aaneengesloten totale periode waarin een commissaris lid is van de raad van commissarissen van dezelfde toegelaten instelling is ten hoogste acht jaar. Indien een lid van de raad van commissarissen van een fuserende toegelaten instelling, na toepassing van het bepaalde in artikel 53, toetreedt tot de raad van commissarissen van de verkrijgende toegelaten instelling, dan wordt dat voor de toepassing van dit lid niet aangemerkt als een benoeming of herbenoeming.
5. De raad van commissarissen is zodanig samengesteld dat de commissarissen ten opzichte van elkaar, het bestuur en welk deelbelang dan ook onafhankelijk en kritisch kunnen opereren.

Woningwet — A59 art. 30

Een commissaris is deskundig en heeft geen persoonlijk belang in de toegelaten instelling of de met haar verbonden ondernemingen. Er is geen arbeidsovereenkomst als bedoeld in artikel 610 lid 1 van Boek 7 van het Burgerlijk Wetboek tussen een commissaris en de toegelaten instelling.

6. Het lidmaatschap van de raad van commissarissen is onverenigbaar met:
a. het lidmaatschap van een bestuur van een toegelaten instelling;
b. het eerdere lidmaatschap van het bestuur van de toegelaten instelling of haar directe rechtsvoorganger;
c. het eerdere lidmaatschap van de raad van commissarissen van een toegelaten instelling of haar directe rechtsvoorganger, indien ten tijde van dat lidmaatschap in verband met een ondeugdelijke bedrijfsvoering aan die toegelaten instelling een aanwijzing als bedoeld in artikel 61d is gegeven of een maatregel als bedoeld in artikel 48, zevende lid, 61g, eerste, tweede of derde lid, 61h, eerste lid, 104a, eerste lid, 105, eerste lid, of 120b is opgelegd;
d. het lidmaatschap van enige raad van commissarissen of dienovereenkomstige andere toezichthoudende instantie, indien een ander lid van de raad van commissarissen van de betrokken toegelaten instelling zitting heeft in die zodanige raad of instantie;
e. het lidmaatschap van een orgaan van, en een functie bij, een andere rechtspersoon of vennootschap die op het maatschappelijke belang gerichte werkzaamheden verricht, indien een bestuurder van de toegelaten instelling bestuurder is van die rechtspersoon of vennootschap;
f. het lidmaatschap van een college van burgemeester en wethouders van een gemeente waar de toegelaten instelling haar woonplaats heeft of feitelijk werkzaam is, of van een orgaan van een organisatie die zich ten doel stelt de belangen van gemeenten te behartigen;
g. het lidmaatschap van een college van gedeputeerde staten van een provincie waar de toegelaten instelling haar woonplaats heeft of feitelijk werkzaam is, of van een orgaan van een organisatie die zich ten doel stelt de belangen van provincies te behartigen;
h. het lidmaatschap van een dagelijks bestuur van een waterschap waar de toegelaten instelling haar woonplaats heeft of feitelijk werkzaam is, of van een orgaan van een organisatie die zich ten doel stelt de belangen van waterschappen te behartigen, en
i. een functie als ambtenaar bij het Rijk, een provincie, een gemeente of een waterschap en enige andere functie, indien de aan die functie verbonden werkzaamheden meebrengen dat een betrokkenheid ontstaat of kan ontstaan bij de werkzaamheden van de toegelaten instelling of bij de ontwikkeling of de uitvoering van het overheidsbeleid op het terrein van de volkshuisvesting.

7. Degene die voor benoeming in de raad van commissarissen, of in de raad van commissarissen van een dochtermaatschappij, in aanmerking wenst te komen, wordt niet daarin benoemd dan nadat hij aan de instantie die tot de benoeming bevoegd is een verklaring heeft overgelegd, die inhoudt dat hij niet eerder een bestuurlijke of toezichthoudende functie heeft bekleed bij enige rechtspersoon of vennootschap die op het maatschappelijke belang gerichte werkzaamheden verricht ten aanzien waarvan, als gevolg van zijn handelen of nalaten, een aanwijzing of maatregel is opgelegd en dat hij nooit voor een financieel-economisch delict is veroordeeld.

8. Commissarissen kunnen huurders van woongelegenheden van toegelaten instellingen zijn.

9. De statuten bepalen in elk geval, dat:
a. de in het belang van de huurders van woongelegenheden van de toegelaten instelling werkzame huurdersorganisaties als bedoeld in artikel 1, eerste lid, onderdeel f, van de Wet op het overleg huurders verhuurder gezamenlijk het recht hebben een bindende voordracht te doen voor twee of meer commissarissen, indien de raad van commissarissen uit vier of meer commissarissen bestaat, dan wel een bindende voordracht te doen voor één commissaris, indien die raad uit drie commissarissen bestaat;
b. indien er geen zodanige huurdersorganisatie is, het in onderdeel a bedoelde voordrachtsrecht berust bij de bewonerscommissies als bedoeld in artikel 1, eerste lid, onderdeel g, van de Wet op het overleg huurders verhuurder gezamenlijk;
c. indien geen voordracht als bedoeld in onderdeel a is gedaan op grond van onderdeel a of b, de raad van toezicht er zorg voor draagt dat de huurders van de woongelegenheden van de toegelaten instelling in de gelegenheid worden gesteld om een zodanige voordracht te doen;
d. de raad van commissarissen bij de benoeming van commissarissen niet aan een voordracht als bedoeld in onderdeel a voorbijgaat, tenzij door die benoeming in strijd met het bepaalde bij of krachtens dit artikel zou worden gekomen, of tenzij de algemene vergadering van een toegelaten instelling die een vereniging is het bindende karakter aan die voordracht heeft ontnomen, in welke gevallen de raad van commissarissen hetzelfde aantal commissarissen uit de kring van huurders van woongelegenheden van toegelaten instellingen of uit de kring van huurdersorganisaties als bedoeld in onderdeel a benoemt als het aantal waarop die voordracht betrekking had;
e. die algemene vergadering slechts besluit om het bindende karakter aan een voordracht als bedoeld in onderdeel a te ontnemen, indien op die vergadering een aantal stemmen kan worden

uitgebracht dat ten minste de helft bedraagt van het aantal stemmen dat door de stemgerechtigden gezamenlijk kan worden uitgebracht, en

f. indien geen voordracht als bedoeld in onderdeel a is gedaan op grond van onderdeel a, b of c, de raad van commissarissen er zorg voor draagt dat hetzelfde aantal commissarissen uit de huurders van de woongelegenheden van de toegelaten instelling wordt benoemd als waarop een zodanige voordracht betrekking zou kunnen hebben gehad, met dien verstande dat door die benoeming niet in strijd met het bepaalde bij of krachtens dit artikel mag worden gekomen.

10. Het aantal op grond van het negende lid, onderdeel a, b of c, voorgedragen commissarissen of het aantal op grond van het negende lid, onderdeel f, benoemde commissarissen, is zodanig, dat zij tezamen ten minste een derde deel en niet de meerderheid van de raad van commissarissen kunnen uitmaken.

11. De statuten bevatten voorschriften omtrent:

a. de wijze waarop, in geval van ontstentenis of belet van de commissarissen, voorlopig in de raad van commissarissen wordt voorzien,

b. het, door de raad van commissarissen onder begeleiding van personen of instanties buiten de toegelaten instelling, met een frequentie van ten minste een maal per twee jaar beoordelen van het functioneren van die raad,

c. de wijze waarop binnen de raad van commissarissen beslissingen worden genomen, met dien verstande dat het bepaalde in het vorige lid van overeenkomstige toepassing is op de onderlinge stemverhoudingen.

Art. 31

Toegelaten instelling, taak raad van commissarissen

1. Bij de vervulling van hun taak richten de commissarissen zich naar het belang van de toegelaten instelling en de door haar in stand gehouden onderneming, naar het te behartigen maatschappelijke belang en naar het belang van de betrokken belanghebbenden.

2. De raad van commissarissen voorziet in het behouden en ontwikkelen van de kennis en de vaardigheden die met inachtneming van het bij en krachtens deze wet bepaalde noodzakelijk zijn voor het geschikt blijven van personen voor het lidmaatschap van de raad van commissarissen.

3. In bij of krachtens algemene maatregel van bestuur te bepalen gevallen stelt de raad van commissarissen Onze Minister op de hoogte van zijn werkzaamheden ter uitoefening van zijn taak, bedoeld in het eerste lid.

Art. 32

[Vervallen]

Art. 33

Toegelaten instelling, ontslag/schorsing commissaris raad van commissarissen

1. De ondernemingskamer van het gerechtshof Amsterdam is exclusief bevoegd een commissaris of de raad van commissarissen te ontslaan. Zij gaat daartoe uitsluitend over op verzoek, wegens verwaarlozing van zijn taak, wegens andere gewichtige redenen of wegens ingrijpende wijziging van de omstandigheden op grond waarvan het aanblijven als commissaris of als raad van toezicht redelijkerwijs niet van de toegelaten instelling kan worden verlangd. Het verzoek kan worden ingediend door de toegelaten instelling, te dezen vertegenwoordigd door het bestuur of de raad van commissarissen, of door Onze Minister.

2. De raad van commissarissen of Onze Minister kan een commissaris schorsen. De schorsing vervalt van rechtswege, indien de toegelaten instelling of Onze Minister niet binnen een maand na de aanvang van de schorsing een verzoek tot ontslag bij de ondernemingskamer heeft ingediend.

Art. 34

[vervallen]

§ 4
De jaarrekening, het jaarverslag en het volkshuisvestingsverslag

Art. 35

Toegelaten instelling, jaarrekening

1. Het bestuur stelt jaarlijks een jaarrekening op, waarop van titel 9 van Boek 2 van het Burgerlijk Wetboek uitsluitend de afdelingen 2 tot en met 6, 8, 10, 11, 13 en 16 van overeenkomstige toepassing zijn, met uitzondering van de bepalingen van die afdelingen die gezien hun inhoud niet op verenigingen of stichtingen van toepassing kunnen zijn en van bij algemene maatregel van bestuur aangewezen bepalingen of delen van bepalingen van die afdelingen. Bij die maatregel kan, uitsluitend indien het aanwijzen van een bepaling of deel daarvan als bedoeld in de eerste volzin dat noodzakelijk maakt, worden bepaald dat bepalingen of delen van bepalingen anders worden gelezen.

2. In de jaarrekening waardeert het bestuur, overeenkomstig bij of krachtens algemene maatregel van bestuur te geven nadere voorschriften, de onroerende zaken en hun onroerende en infrastructurele aanhorigheden tegen de actuele waarde.

3. De jaarrekening wordt vastgesteld binnen zes maanden na afloop van het betrokken boekjaar van de toegelaten instelling. De vaststelling geschiedt in geval van een toegelaten instelling die

een stichting is door de raad van commissarissen en in geval van een toegelaten instelling die een vereniging is door de algemene vergadering, tenzij de statuten hiertoe de raad van commissarissen aanwijzen. Vaststelling van de jaarrekening strekt niet tot kwijting aan een bestuurder onderscheidenlijk commissaris.

4. Artikel 150 van Boek 2 van het Burgerlijk Wetboek is van overeenkomstige toepassing.
5. De artikelen 48 lid 3 en 299a van Boek 2 van het Burgerlijk Wetboek zijn niet van toepassing.
6. Bij ministeriële regeling kunnen nadere voorschriften worden gegeven omtrent de inrichting van de jaarrekening. *Nadere regels*

Art. 36

1. Het bestuur stelt, onverminderd het vierde lid, jaarlijks een jaarverslag op, waarop van titel 9 van Boek 2 van het Burgerlijk Wetboek uitsluitend de afdelingen 7, 8 en 16 van overeenkomstige toepassing zijn, met uitzondering van de bepalingen van die afdelingen die gezien hun inhoud niet op verenigingen of stichtingen van toepassing kunnen zijn, en van bij algemene maatregel van bestuur aangewezen bepalingen of delen van bepalingen van die afdelingen. Artikel 35, eerste lid, tweede volzin, is van overeenkomstige toepassing. *Toegelaten instelling, jaarverslag*
2. In het jaarverslag wordt een opgave opgenomen van de nevenfuncties van een bestuurder als bedoeld in artikel 25, eerste lid, en van een commissaris als bedoeld in artikel 30, eerste lid.
3. In het jaarverslag doet de raad van commissarissen afzonderlijk verslag van de wijze waarop hij in het verslagjaar toepassing heeft gegeven aan het bepaalde bij en krachtens de artikelen 26, 31, eerste en tweede lid, en 35, derde lid, en van de naleving in dat jaar van het bepaalde bij en krachtens artikel 30.
4. Bij de toepassing van het eerste, tweede en derde lid wordt mede, afzonderlijk, verslag gedaan ten aanzien van de met de betrokken toegelaten instelling verbonden ondernemingen, met uitzondering van de samenwerkingsvennootschappen waarin zij vennote bij wijze van geldschieting is.

Art. 36a

1. Het bestuur stelt jaarlijks een volkshuisvestingsverslag op, waaruit elke gemeente of openbaar lichaam waar de toegelaten instelling feitelijk werkzaam is kan afleiden welke gegevens met name op die gemeente of dat openbaar lichaam betrekking hebben. *Toegelaten instelling, volkshuisvestingsverslag*
2. In het volkshuisvestingsverslag wordt verslag gedaan van de wijze waarop in het verslagjaar het belang van de volkshuisvesting is gediend en van het beleid dat in het verslagjaar ten aanzien van de belanghebbenden is gevoerd, en wordt mededeling gedaan over de verwachte gang van zaken omtrent het beleid van de toegelaten instelling met het oog op dat belang.
3. Bij de bepaling van het aantal woongelegenheden dat de toegelaten instelling in het verslagjaar in eigendom had, begrijpt zij steeds mede de woongelegenheden die zij in het verslagjaar heeft verkregen als gevolg van een fusie als bedoeld in artikel 309 van Boek 2 van het Burgerlijk Wetboek.
4. De toegelaten instelling stelt een overzicht op met verantwoordingsgegevens over het verslagjaar, welk overzicht mede betrekking heeft op de met haar verbonden ondernemingen. Het overzicht wordt ingericht overeenkomstig bij ministeriële regeling te geven voorschriften, mede ter uitvoering van artikel 49, zevende lid, eerste volzin.
5. Bij algemene maatregel van bestuur worden voorschriften gegeven omtrent de inhoud van het volkshuisvestingsverslag, bedoeld in het eerste lid. *Nadere regels*

Art. 37

1. De toegelaten instelling verleent opdracht tot onderzoek van de jaarrekening, bedoeld in artikel 35, het jaarverslag, bedoeld in artikel 36, en het overzicht, bedoeld in artikel 36a, vierde lid, aan een registeraccountant of aan een Accountant-Administratieconsulent ten aanzien van wie bij de inschrijving in het in artikel 36, eerste lid, van de Wet op het accountantsberoep bedoelde register een aantekening is geplaatst als bedoeld in artikel 36, tweede lid, onderdeel i, van die wet. De opdracht kan worden verleend aan een organisatie waarin accountants die mogen worden aangewezen, samenwerken. Iedere belanghebbende kan van de toegelaten instelling nakoming van deze verplichting vorderen. *Toegelaten instelling, onderzoek jaarrekening/-verslag*
2. De bevoegdheid tot het verlenen van de opdracht berust bij de raad van commissarissen. De opdracht kan te allen tijde door hem worden ingetrokken.
3. De opdracht, bedoeld in het eerste lid, omvat het opstellen van:
   a. een verklaring omtrent de getrouwheid van de jaarrekening, bedoeld in artikel 35, welke verklaring de gebleken tekortkomingen naar aanleiding van het onderzoek van het jaarverslag, bedoeld in artikel 36, vermeldt, alsmede een oordeel bevat over de verenigbaarheid van dat jaarverslag met die jaarrekening;
   b. een assurance-rapport inzake het volkshuisvestingsverslag en het overzicht, bedoeld in artikel 36a, vierde lid, en
   c. een verslag omtrent het onderzoek, bedoeld in het eerste lid, uit te brengen aan het bestuur en de raad van commissarissen, waarbij de accountant ten minste melding maakt van zijn bevindingen met betrekking tot de betrouwbaarheid en continuïteit van de geautomatiseerde gegevensverstrekking.

4. De jaarrekening wordt niet vastgesteld, indien het daartoe bevoegde orgaan geen kennis heeft kunnen nemen van de verklaring, bedoeld in het derde lid, onderdeel a, die aan de jaarrekening moest zijn toegevoegd, tenzij onder de overige gegevens een wettige grond wordt medegedeeld waarom die verklaring ontbreekt.

Nadere regels
5. Bij ministeriële regeling worden nadere voorschriften gegeven omtrent het onderzoek, bedoeld in het eerste lid.

Art. 38

Toegelaten instelling, informatieplicht
1. De toegelaten instelling doet jaarlijks voor 1 juli aan het college van burgemeester en wethouders van de gemeente waar zij haar woonplaats heeft, aan het college van burgemeester en wethouders van de gemeenten waar zij feitelijk werkzaam is, aan Onze Minister en aan de in het belang van de huurders van haar woongelegenheden werkzame huurdersorganisaties en bewonerscommissies als bedoeld in artikel 1, eerste lid, onderdeel f respectievelijk g, van de Wet op het overleg huurders verhuurder, met overeenkomstige toepassing van het bepaalde in artikel 2 van die wet, toekomen:
a. de ingevolge de artikelen 35 tot en met 36a opgestelde stukken over het aan die datum voorafgaande kalenderjaar en
b. de verklaring, bedoeld in artikel 37, derde lid, onderdeel a.
2. De toegelaten instelling doet jaarlijks voor 1 juli aan Onze Minister toekomen:
a. het assurance-rapport, bedoeld in artikel 37, derde lid, onderdeel b;
b. het accountantsverslag, bedoeld in artikel 37, derde lid, onderdeel c, en
c. een bestuursverklaring bij de gegevens die zijn opgenomen in het overzicht, bedoeld in artikel 36a, vierde lid.
3. De toegelaten instelling doet, indien zij van gemeenten als bedoeld in het eerste lid zienswijzen ontvangt op stukken als bedoeld in onderdeel a van dat lid, die zienswijzen onverwijld aan Onze Minister toekomen.

Nadere regels
4. Onze Minister beoordeelt de stukken, bedoeld in het eerste, tweede en derde lid, en doet zijn oordeel aan de toegelaten instelling en de betrokken in de aanhef van het eerste lid bedoelde colleges toekomen. Bij of krachtens algemene maatregel van bestuur worden nadere voorschriften gegeven omtrent die beoordeling.

§ 5
Verdere bepalingen

Art. 39

Toegelaten instelling, verzoek tot instellen beleidsonderzoek
Onze Minister en de huurdersorganisaties en bewonerscommissies, bedoeld in artikel 1, eerste lid, onderdeel f respectievelijk g, van de Wet op het overleg huurders verhuurder, zijn naast degenen, genoemd in artikel 346 van Boek 2 van het Burgerlijk Wetboek, bevoegd tot het indienen van een verzoek als bedoeld in artikel 345 van dat boek.

Afdeling 3
Werkzaamheden

§ 1
Relatie met de gemeente

Art. 40

Toegelaten instelling, werkzaam in gemeenten
De toegelaten instellingen, de samenwerkingsvennootschappen en, voor zover zij werkzaam zijn op het gebied van de volkshuisvesting, de andere met toegelaten instellingen verbonden ondernemingen zijn uitsluitend feitelijk werkzaam in gemeenten in Nederland, in gemeenten in de directe nabijheid van Nederland of in de openbare lichamen Bonaire, Sint Eustatius en Saba.

Art. 41

Toegelaten instelling, vvgb gemeente
1. Indien de toegelaten instelling voornemens is feitelijk werkzaam te zijn in een gemeente in Nederland, vraagt zij een verklaring van geen bezwaar aan bij het college van burgemeester en wethouders van die gemeente waar zij haar woonplaats heeft.
2. De toegelaten instelling is niet feitelijk werkzaam in een gemeente als eerstbedoeld in het eerste lid, indien een college van burgemeester en wethouders als bedoeld in dat lid bezwaar daartegen heeft gemaakt, of zolang zij niet van elk van die colleges van burgemeester en wethouders een verklaring van geen bezwaar heeft ontvangen.
3. De toegelaten instelling doet de verklaringen van geen bezwaar toekomen aan Onze Minister met de stukken, bedoeld in artikel 38, eerste lid, voor de in dat lid bedoelde datum.
4. Indien een toegelaten instelling niet binnen twee maanden nadat zij een aanvraag als bedoeld in het eerste lid heeft ingediend van elk van de colleges van burgemeester en wethouders, bedoeld in dat lid, een verklaring van geen bezwaar heeft ontvangen, kan zij Onze Minister verzoeken

om in het belang van de volkshuisvesting het feitelijk werkzaam zijn in de gemeente, eerstbedoeld in dat lid, goed te keuren.

5. Voordat Onze Minister op het verzoek, bedoeld in het vierde lid, beslist, stelt hij de colleges van burgemeester en wethouders van de gemeenten, bedoeld in het eerste lid, die bezwaar hebben gemaakt tegen het feitelijk aldaar werkzaam zijn door de toegelaten instelling, in de gelegenheid hun zienswijzen daarop aan hem kenbaar te maken. Die colleges kunnen binnen vier weken nadien hun zienswijzen aan hem doen toekomen.

6. Het eerste tot en met vijfde lid zijn, met betrekking tot de openbare lichamen Bonaire, Sint Eustatius en Saba, van overeenkomstige toepassing op het orgaan dat in die openbare lichamen met het dagelijkse bestuur is belast.

Art. 41a
1. Indien de toegelaten instelling voornemens is feitelijk werkzaam te zijn in een gemeente in de directe nabijheid van Nederland, legt zij dat voornemen ter goedkeuring aan Onze Minister voor.   *Toegelaten instelling, gemeente in directe nabijheid Nederland*

2. Bij of krachtens algemene maatregel van bestuur kunnen voorschriften worden gegeven omtrent de goedkeuring, bedoeld in het eerste lid.   *Nadere regels*

Art. 41b
1. Onze Minister kan, op verzoek van de colleges van burgemeester en wethouders van twee of meer aan elkaar grenzende gemeenten in Nederland, goedkeuren dat, in afwijking van artikel 41, de in een of meer van die gemeenten feitelijk werkzame toegelaten instellingen en samenwerkingsvennootschappen in al die gemeenten feitelijk werkzaam mogen zijn. Van het besluit van Onze Minister wordt mededeling gedaan in de Staatscourant.   *Toegelaten instelling, aan elkaar grenzende gemeenten*

2. Onze Minister geeft uitsluitend toepassing aan het eerste lid, indien de colleges, bedoeld in dat lid, in hun verzoek aannemelijk hebben gemaakt dat zij alle gelegen zijn in hetzelfde vanuit het oogpunt van het functioneren van de woningmarkt als een geheel te beschouwen gebied.

3. Bij of krachtens algemene maatregel van bestuur kunnen nadere voorschriften worden gegeven omtrent de toepassing van het eerste lid.   *Nadere regels*

Art. 41c
1. Na toepassing van artikel 41b, eerste lid, maken de toegelaten instellingen en de samenwerkingsvennootschappen, bedoeld in dat lid, in andere gemeenten dan die, bedoeld in dat lid, geen aanvang met het doen bouwen of verwerven van woongelegenheden of aanhorigheden als bedoeld in artikel 45, tweede lid, onderdeel a, of van gebouwen of aanhorigheden als bedoeld in artikel 45, tweede lid, onderdelen d en g, en verrichten geen handelingen met het oog op het maken van die aanvang. De eerste volzin is niet van toepassing op het bouwen van haar zodanige woongelegenheden of aanhorigheden ter plaatse van haar voordien daartoe gesloopte woongelegenheden of hun onroerende of infrastructurele aanhorigheden.   *Toegelaten instelling, verbod uitbreiding werkgebied*

2. Het eerste lid is niet van toepassing, indien en zolang de toegelaten instellingen of samenwerkingsvennootschappen, bedoeld in artikel 41b, eerste lid, zich bij hun werkzaamheden in het bijzonder richten op de huisvesting van bij algemene maatregel van bestuur aangewezen categorieën van personen. Andere toegelaten instellingen als bedoeld in dat lid kunnen Onze Minister verzoeken om een ontheffing van het verbod, bedoeld in dat lid, op welk verzoek Onze Minister mede ten aanzien van de betrokken samenwerkingsvennootschappen beslist.   *Toegelaten instelling, ontheffing verbod uitbreiding werkgebied*

3. Bij of krachtens algemene maatregel van bestuur kunnen voorschriften worden gegeven omtrent het toepassingsbereik van het eerste lid en omtrent de bij het verzoek, bedoeld in het tweede lid, tweede volzin, te verstrekken gegevens, de wijze waarop de toegelaten instelling degenen die een belang hebben bij de in die volzin bedoelde ontheffing daarbij betrekt en de gronden waarop Onze Minister die ontheffing kan verlenen of weigeren.   *Nadere regels*

Art. 41d
Bij algemene maatregel van bestuur kunnen gebieden als bedoeld in artikel 41b, tweede lid, worden aangewezen, bij welke aanwijzing artikel 41c van overeenkomstige toepassing is.   *Nadere regels bij AMvB*

Art. 42
1. De toegelaten instelling draagt met haar werkzaamheden naar redelijkheid bij aan de uitvoering van het volkshuisvestingsbeleid dat geldt in de gemeenten waar zij feitelijk werkzaam is. De eerste volzin is niet van toepassing, zolang de colleges van burgemeester en wethouders van die gemeenten geen bescheiden aan de toegelaten instelling hebben verstrekt, waarin zij op hoofdlijnen een toegelicht inzicht verschaffen in hun voorgenomen volkshuisvestingsbeleid, waarover zij met betrekking tot onderwerpen waarbij andere gemeenten een rechtstreeks belang hebben overleg hebben gevoerd met de colleges van burgemeester en wethouders van die gemeenten.   *Toegelaten instelling, volkshuisvestingsbeleid*

2. De toegelaten instelling zet haar middelen bij voorrang in om te voldoen aan het eerste lid, eerste volzin, en overigens ten behoeve van de volkshuisvesting. Daartoe behoort tevens het inzetten van middelen ten behoeve van het door andere toegelaten instellingen toepassing geven aan het eerste lid, eerste volzin. Bij algemene maatregel van bestuur kunnen gevallen worden bepaald waarin de toegelaten instelling toepassing geeft aan de tweede volzin.

3. De toegelaten instelling bestemt batige saldi en andere middelen, voor zover aanhouding daarvan niet noodzakelijk is voor haar voortbestaan in financieel opzicht, uitsluitend voor werkzaamheden op het gebied van de volkshuisvesting.
4. Bij of krachtens algemene maatregel van bestuur kunnen voorschriften worden gegeven omtrent de toepassing van het tweede lid, eerste volzin, en het derde lid, en omtrent de indicatie van de middelen welke de toegelaten instelling ter beschikking staan ter uitvoering van het tweede lid, eerste volzin.

Art. 43

Toegelaten instelling, overzicht voorgenomen werkzaamheden

1. De toegelaten instelling stelt een overzicht op van voorgenomen werkzaamheden, waaruit de colleges van burgemeester en wethouders van de gemeenten waar zij feitelijk werkzaam is kunnen afleiden welke werkzaamheden op hun grondgebied zijn voorzien, en welke bijdrage daarmee is beoogd aan de uitvoering van het volkshuisvestingsbeleid dat in die gemeenten geldt. Het overzicht heeft betrekking op de eerstvolgende vijf kalenderjaren en heeft mede betrekking op de met de toegelaten instelling verbonden ondernemingen.
2. De toegelaten instelling voert overleg over het overzicht met de in het belang van de huurders van haar woongelegenheden werkzame huurdersorganisaties en bewonerscommissies als bedoeld in artikel 1, eerste lid, onderdeel f respectievelijk g, van de Wet op het overleg huurders verhuurder, met overeenkomstige toepassing van het bepaalde in artikel 2 van die wet.

Nadere regels

3. Bij algemene maatregel van bestuur worden voorschriften gegeven omtrent de inhoud van het overzicht, bedoeld in het eerste lid.

Art. 44

Toegelaten instelling, beschikbaarstelling overzicht voorgenomen werkzaamheden

1. De toegelaten instelling draagt er zorg voor dat de colleges van burgemeester en wethouders van de gemeenten waar zij feitelijk werkzaam is, en de in het belang van de huurders van haar woongelegenheden werkzame huurdersorganisaties en bewonerscommissies, bedoeld in artikel 1, eerste lid, onderdeel f respectievelijk g, van de Wet op het overleg huurders verhuurder, met overeenkomstige toepassing van het bepaalde in artikel 2 van die wet, jaarlijks op 1 juli beschikken over het overzicht, bedoeld in artikel 43, eerste lid.

Toegelaten instelling, overleg m.b.t. voorgenomen werkzaamheden

2. De toegelaten instelling verzoekt jaarlijks, tegelijk met de toezending van het overzicht, bedoeld in artikel 43, eerste lid, om een overleg met de betrokken colleges van burgemeester en wethouders en de organisaties en commissies, bedoeld in het eerste lid, met het oog op te maken afspraken over de uitvoering van het in de betrokken gemeenten geldende volkshuisvestingsbeleid in ten minste het kalenderjaar dat direct volgt op de in het eerste lid bedoelde datum.
3. Het tweede lid is niet van toepassing indien een toegelaten instelling op de in het eerste lid bedoelde datum niet beschikt over bescheiden waarin het college van burgemeester en wethouders van de gemeente op hoofdlijnen een toegelicht inzicht verschaft in het door de gemeente voorgenomen volkshuisvestingsbeleid voor het kalenderjaar, bedoeld in het tweede lid, waarover het college met betrekking tot onderwerpen waarbij andere gemeenten een rechtstreeks belang hebben overleg heeft gevoerd met de colleges van die gemeenten.
4. Indien het overleg, bedoeld in het tweede lid, niet binnen zes maanden na aanvang daarvan tot afspraken als bedoeld in dat lid leidt, leggen het college van burgemeester en wethouders, de toegelaten instelling of de organisaties en commissies, bedoeld in het tweede lid, het geschil dat aan het tot stand komen van die afspraken in de weg staat binnen vier weken na het ontstaan van het geschil schriftelijk en onderbouwd ter behandeling voor aan Onze Minister, die vervolgens een bindende uitspraak doet.
5. Onze Minister betrekt bij de behandeling, bedoeld in het vierde lid, het in de betrokken gemeente geldende volkshuisvestingsbeleid, de financiële mogelijkheden van de toegelaten instelling en de bij of krachtens deze wet gegeven voorschriften, en stelt het betrokken college van burgemeester en wethouders, de betrokken toegelaten instelling en de betrokken organisaties en commissies binnen zes weken in kennis van zijn bindende uitspraak over het geschil, bedoeld in het vierde lid.
6. Bij of krachtens algemene maatregel van bestuur kunnen voorschriften worden gegeven omtrent de toepassing van het vierde en vijfde lid.

Art. 44a

Toegelaten instelling, terbeschikkingstelling aan Onze Minister van overzicht werkzaamheden/afspraken/bestuursverklaring

1. De toegelaten instelling doet jaarlijks voor 15 december volgend op de in artikel 44, eerste lid, bedoelde datum aan Onze Minister, aan de colleges van burgemeester en wethouders van de gemeenten waar zij feitelijk werkzaam is, en aan de in het belang van de huurders van haar woongelegenheden werkzame huurdersorganisaties en bewonerscommissies als bedoeld in artikel 1, eerste lid, onderdeel f respectievelijk g, van de Wet op het overleg huurders verhuurder, met overeenkomstige toepassing van het bepaalde in artikel 2 van die wet, toekomen:
a. een overeenkomstig bij ministeriële regeling te geven voorschriften ingericht overzicht omtrent de onderwerpen, bedoeld in artikel 43, eerste lid, welk overzicht mede betrekking heeft op de met haar verbonden ondernemingen;
b. indien van toepassing: de op grond van artikel 44, tweede lid, gemaakte afspraken en
c. een bestuursverklaring bij de gegevens die zijn opgenomen in het overzicht, bedoeld in onderdeel a.

Woningwet   **A59 art. 44c**

2. Onze Minister beoordeelt het overzicht en doet zijn oordeel aan de toegelaten instelling toekomen. Bij of krachtens algemene maatregel van bestuur worden voorschriften gegeven omtrent die beoordeling.

Art. 44b

1. De toegelaten instelling verstrekt aan de colleges van burgemeester en wethouders van de gemeenten waar zij feitelijk werkzaam is, en aan de in het belang van de huurders van haar woongelegenheden werkzame huurdersorganisaties en bewonerscommissies als bedoeld in artikel 1, eerste lid, onderdeel f respectievelijk g, van de Wet op het overleg huurders verhuurder, met overeenkomstige toepassing van het bepaalde in artikel 2 van die wet: *[Toegelaten instelling, terbeschikkingstelling gegevens aan BenW/huurdersorganistaies/bewonerscommissies]*

   a. gegevens over haar werkzaamheden met betrekking tot de financiering waarvan een zodanige gemeente zich borg heeft gesteld en

   b. andere gegevens, waarvan kennisneming naar het oordeel van die colleges, organisaties of commissies wenselijk is uit het oogpunt van een goede beoordeling van de wijze waarop die toegelaten instelling bijdraagt aan of voornemens is bij te dragen aan de uitvoering van het volkshuisvestingsbeleid dat in de betrokken gemeenten geldt.

2. Het eerste lid is niet van toepassing indien en zolang het college van burgemeester en wethouders van een gemeente geen bescheiden aan de toegelaten instelling heeft verstrekt, waarin zij op hoofdlijnen een toegelicht inzicht verschaft in het door die gemeente voorgenomen volkshuisvestingsbeleid, waarover zij met betrekking tot onderwerpen waarbij andere gemeenten een rechtstreeks belang hebben overleg heeft gevoerd met de colleges van burgemeester en wethouders van die gemeenten.

Art. 44c

1. Voornemens voor door een toegelaten instelling of samenwerkingsvennootschap te verrichten werkzaamheden op het gebied van de volkshuisvesting die niet behoren tot de diensten van algemeen economisch belang zijn, behoudens in bij algemene maatregel van bestuur bepaalde gevallen, onderworpen aan de goedkeuring van Onze Minister. Zij legt daartoe die voornemens aan hem voor, nadat achtereenvolgens: *[Toegelaten instelling, voornemens voor te verrichten werkzaamheden]*

   a. de gemeenten waar zij feitelijk werkzaam is over zodanige werkzaamheden waarbij andere gemeenten een rechtstreeks belang hebben overleg hebben gevoerd met die gemeenten;

   b. de colleges van burgemeester en wethouders van de gemeente waar zij feitelijk werkzaam is, die het ter uitvoering van het volkshuisvestingsbeleid dat in die gemeente geldt noodzakelijk achten dat in die gemeente werkzaamheden als bedoeld in de aanhef worden verricht, behoudens in bij algemene maatregel van bestuur bepaalde gevallen, hebben nagegaan, in elk geval door middel van een algemene bekendmaking langs elektronische weg, of anderen dan toegelaten instellingen of samenwerkingsvennootschappen zodanige werkzaamheden zouden willen verrichten;

   c. die colleges, behoudens in bij algemene maatregel van bestuur bepaalde gevallen, schriftelijk hebben verklaard dat zij de onderdelen a en b hebben toegepast en daarbij toegelaten instellingen of samenwerkingsvennootschappen niet hebben bevoordeeld boven anderen die werkzaamheden als bedoeld in onderdeel a zouden kunnen willen verrichten;

   d. die colleges schriftelijk hebben verklaard dat er geen anderen dan toegelaten instellingen of samenwerkingsvennootschappen de werkzaamheden, bedoeld in de aanhef, tegen de daartoe door de gemeente vooraf gestelde voorwaarden willen verrichten;

   e. die colleges schriftelijk hebben verklaard dat zij het ter uitvoering van het volkshuisvestingsbeleid dat in de betrokken gemeenten geldt noodzakelijk achten dat de toegelaten instelling of samenwerkingsvennootschap bepaalde zodanige werkzaamheden verricht;

   f. die colleges, behoudens in bij algemene maatregel van bestuur bepaalde gevallen, onverwijld na de toepassing van onderdeel b, of binnen een andere bij algemene maatregel van bestuur bepaalde termijn, aan de in de gemeente feitelijk werkzame toegelaten instellingen en samenwerkingsvennootschappen, de anderen, bedoeld in onderdeel c, en Onze Minister hebben medegedeeld welke werkzaamheden als bedoeld in de aanhef naar hun oordeel door toegelaten instellingen of samenwerkingsvennootschappen zouden moeten worden verricht, vergezeld van de algemene bekendmaking, bedoeld in onderdeel b, en de verklaringen, bedoeld in de onderdelen c en e, en onder de mededeling dat die anderen, indien zij zodanige werkzaamheden wensen te verrichten, binnen vier weken nadien hun bezwaren daartegen ter kennis van Onze Minister kunnen brengen;

   g. Onze Minister niet binnen acht weken of binnen een andere bij algemene maatregel van bestuur bepaalde termijn, naar aanleiding van een bezwaar als bedoeld in onderdeel f, aan de toegelaten instelling en de colleges heeft medegedeeld dat zij of de samenwerkingsvennootschap de werkzaamheden, bedoeld in onderdeel f, niet mag verrichten;

   h. zij de werkzaamheden, bedoeld in de aanhef, nader heeft uitgewerkt en

   i. zij van de borgingsvoorziening de zienswijze op die werkzaamheden heeft ontvangen.

2. De toegelaten instelling of samenwerkingsvennootschap voegt de nadere uitwerkingen, bedoeld in het eerste lid, onderdeel h, en de zienswijze, bedoeld in het eerste lid, onderdeel i, bij de aan Onze Minister ter goedkeuring voor te leggen voornemens.

3. Onze Minister kan zijn goedkeuring aan het verrichten van werkzaamheden als bedoeld in het eerste lid, aanhef, uitsluitend onthouden, indien naar zijn oordeel:
a. niet is of wordt voldaan aan het bepaalde bij of krachtens het eerste, tweede of vierde lid of
b. bij het verrichten van die werkzaamheden, met inachtneming van de zienswijze, bedoeld in het eerste lid, onderdeel i, onvoldoende financiële middelen beschikbaar zullen zijn om de werkzaamheden van de toegelaten instelling, genoemd en bedoeld in het bepaalde bij en krachtens artikel 47, eerste lid, onderdelen a tot en met g, te kunnen verrichten.
4. Bij of krachtens algemene maatregel van bestuur kunnen nadere voorschriften worden gegeven omtrent de bij het verzoek, bedoeld in de aanhef van het eerste lid, te verstrekken gegevens, de wijze waarop de bezwaren, bedoeld in het eerste lid, onderdeel f, kenbaar dienen te worden gemaakt en de gronden waarop Onze Minister zijn goedkeuring kan onthouden aan werkzaamheden als bedoeld in het eerste lid, aanhef.

§ 2
Het gebied van de volkshuisvesting

Art. 45

Toegelaten instelling, volkshuisvestingsgebied

1. De toegelaten instellingen, de met hen verbonden ondernemingen van welke zij de enige aandeelhoudster zijn en de samenwerkingsvennootschappen zijn uitsluitend werkzaam op het gebied van de volkshuisvesting. Indien een toegelaten instelling een deel van de aandelen van een met haar verbonden onderneming houdt, is die onderneming, overeenkomstig bij of krachtens algemene maatregel van bestuur daaromtrent te geven voorschriften, ten minste naar rato van dat deel werkzaam op het gebied van de volkshuisvesting.
2. Het gebied van de volkshuisvesting omvat uitsluitend het door de toegelaten instelling of door een met haar verbonden onderneming:
a. doen bouwen en verwerven van voor permanent verblijf bedoelde woongelegenheden en hun onroerende en infrastructurele aanhorigheden, alsmede bezwaren, toewijzen, verhuren, vervreemden en doen slopen van haar zodanige woongelegenheden en aanhorigheden en die van toegelaten instellingen of met hen verbonden ondernemingen, daarop vestigen van een recht van erfpacht, opstal of vruchtgebruik, en overdragen van de economische eigendom daarvan;
b. in stand houden van en treffen van voorzieningen aan haar voor permanent verblijf bedoelde woongelegenheden en hun onroerende en infrastructurele aanhorigheden en die van toegelaten instellingen of met hen verbonden ondernemingen, en aan de direct daaraan grenzende omgeving;
c. aan bewoners van voor permanent verblijf bedoelde woongelegenheden en aan leden van wooncoöperaties aan welke zij zodanige woongelegenheden heeft vervreemd, verlenen van diensten die rechtstreeks verband houden met de bewoning, en, aan personen die haar te kennen geven een zodanige woongelegenheid te willen betrekken, verlenen van diensten die rechtstreeks verband houden met hun huisvesting;
d. doen bouwen en verwerven van gebouwen die een maatschappelijke gebruiksbestemming hebben en hun onroerende en infrastructurele aanhorigheden, alsmede bezwaren, verhuren, vervreemden en doen slopen van haar zodanige gebouwen en aanhorigheden en die van toegelaten instellingen of met hen verbonden ondernemingen, daarop vestigen van een recht van erfpacht, opstal of vruchtgebruik, en overdragen van de economische eigendom daarvan;
e. in stand houden van en treffen van voorzieningen aan haar gebouwen als bedoeld in onderdeel d en hun onroerende en infrastructurele aanhorigheden en die van toegelaten instellingen of met hen verbonden ondernemingen, en aan de direct daaraan grenzende omgeving;
f. bijdragen aan de leefbaarheid in de directe nabijheid van woongelegenheden of andere onroerende zaken van de toegelaten instelling of van woongelegenheden als bedoeld in het zevende lid, en artikel 45a of ten behoeve van de huurders van die woongelegenheden, voor zover:
1°. dat bijdragen als zodanig onderdeel uitmaakt van afspraken als bedoeld in artikel 44, tweede lid;
2°. met dat bijdragen per woongelegenheid als bedoeld in het zevende lid, onderdeel a, artikel 45a, eerste lid, onderdeel a, en artikel 47, eerste lid, onderdeel b, ten hoogste een bij algemene maatregel van bestuur te bepalen bedrag is gemoeid;
g. doen bouwen en verwerven van gebouwen die een bedrijfsmatige gebruiksbestemming hebben en hun onroerende en infrastructurele aanhorigheden, alsmede bezwaren, verhuren, vervreemden en doen slopen van haar zodanige gebouwen en aanhorigheden en die van toegelaten instellingen of met hen verbonden ondernemingen, daarop vestigen van een recht van erfpacht, opstal of vruchtgebruik, en overdragen van de economische eigendom daarvan;
h. in stand houden van en treffen van voorzieningen aan haar gebouwen als bedoeld in onderdeel g en hun onroerende en infrastructurele aanhorigheden en die van toegelaten instellingen of met hen verbonden ondernemingen, en aan de direct daaraan grenzende omgeving;

i. verrichten van de werkzaamheden die noodzakelijkerwijs voortvloeien uit het verrichten van de werkzaamheden, genoemd in de onderdelen a tot en met h, waartoe behoren het verwerven of slopen van onroerende zaken, indien dat geschiedt met het oog op het op de grond waar die zaken gelegen zijn verrichten van werkzaamheden overeenkomstig het bepaalde bij en krachtens de onderdelen a, d en g, het derde of vierde lid en het zesde lid;
j. verlenen van diensten ten behoeve van de bedrijfsvoering of administratie, waaronder mede begrepen het toewijzen van woongelegenheden en aanhorigheden, van haar verbonden ondernemingen of van toegelaten instellingen en met hen verbonden ondernemingen;
k. verlenen van diensten ten behoeve van de administratie van huurdersorganisaties of bewonerscommissies, bedoeld in artikel 1, eerste lid, onderdeel f respectievelijk g, van de Wet op het overleg huurders verhuurder.
3. Het gebied van de volkshuisvesting omvat de werkzaamheden, genoemd in het tweede lid, onderdelen d tot en met h, die behoren tot de diensten van algemeen economisch belang, en, voor zover daarmee verband houdende, de werkzaamheden, bedoeld in het tweede lid, onderdeel i, voor zover deze worden verricht in gebieden waar woongelegenheden in eigendom van toegelaten instellingen gelegen zijn, en voor zover de gebouwen, bedoeld in de onderdelen d en g van dat lid, een op een wijk, buurt of buurtschap in een zodanig gebied gerichte functie hebben.
4. Het gebied van de volkshuisvesting omvat de werkzaamheden, genoemd in het tweede lid, onderdelen a tot en met h, die niet behoren tot de diensten van algemeen economisch belang, en, voor zover daarmee verband houdende, de werkzaamheden, bedoeld in het tweede lid, onderdeel i, voor zover:
a. zij worden verricht in gebieden waar woongelegenheden in eigendom van toegelaten instellingen gelegen zijn, en voor zover de gebouwen, bedoeld in de onderdelen d en g van dat lid, een op een wijk, buurt of buurtschap in een zodanig gebied gerichte functie hebben;
b. zij worden verricht op bebouwde grond;
c. indien zij door toegelaten instellingen of samenwerkingsvennootschappen worden verricht op niet bebouwde grond: die werkzaamheden bijdragen aan de diensten van algemeen economisch belang welke aan hen ingevolge artikel 47, eerste lid, zijn opgedragen, en
d. indien werkzaamheden als genoemd in het tweede lid, onderdeel g, en, voor zover daarmee verband houdende, werkzaamheden als bedoeld in het tweede lid, onderdeel i, door andere met toegelaten instellingen verbonden ondernemingen worden verricht op niet bebouwde grond: die werkzaamheden bijdragen aan het verrichten van hun andere werkzaamheden op het gebied van de volkshuisvesting.
5. Het derde lid, het vierde lid, aanhef en onderdelen a en b, en het ten aanzien daarvan bepaalde krachtens het zesde lid, is niet van toepassing op met toegelaten instellingen verbonden ondernemingen, met uitzondering van samenwerkingsvennootschappen.
6. Bij algemene maatregel van bestuur worden nadere voorschriften gegeven omtrent het toepassingsbereik van het tweede lid, onderdelen a, b, c, d, f, g, i, j en k, en derde en vierde lid.

Nadere regels

7. Bij of krachtens algemene maatregel van bestuur kunnen gevallen worden bepaald waarin en voorwaarden worden gesteld waaronder het toegelaten instellingen, de met hen verbonden ondernemingen en de samenwerkingsvennootschappen, is toegestaan om de volgende werkzaamheden te verrichten, die alsdan tot het gebied van de volkshuisvesting behoren:
a. het toewijzen en verhuren van woongelegenheden en aanhorigheden van derden;
b. het in stand houden van en het treffen van kleinschalige voorzieningen aan gebouwen en woongelegenheden en aanhorigheden van derden;
c. het huren van gebouwen en woongelegenheden en aanhorigheden van derden, ten behoeve van het verrichten van de werkzaamheden, bedoeld in de onderdelen a en b, en
d. het verlenen van diensten ten behoeve van de bedrijfsvoering of administratie van derden, voor zover die werkzaamheden betrekking hebben op verhuur van woongelegenheden en aanhorigheden.

Art. 45a

1. Onze Minister kan toegelaten instellingen, de met hen verbonden ondernemingen van welke zij de enige aandeelhoudster zijn en de samenwerkingsvennootschappen toestemming verlenen om, naast de in artikel 45, tweede lid, genoemde werkzaamheden tevens de volgende werkzaamheden te verrichten, die alsdan tot het gebied van de volkshuisvesting behoren:
a. het toewijzen en verhuren van woongelegenheden en aanhorigheden van derden;
b. het in stand houden van en het treffen van kleinschalige voorzieningen aan gebouwen van derden, en
c. het huren van gebouwen van derden, ten behoeve van het verrichten van de werkzaamheden, bedoeld in de onderdelen a en b.

Toegelaten instelling, verhuren/onderhouden/verbouwen gebouwen van derden

2. Toestemming kan uitsluitend worden verleend indien de werkzaamheden, bedoeld in het eerste lid, zijn gericht op het huisvesten van vergunninghouders als bedoeld in artikel 28 van de Huisvestingswet 2014.
3. Onze Minister kan voor ten hoogste tien jaar toestemming verlenen.

4. Bij of krachtens algemene maatregel van bestuur kunnen nadere regels worden gesteld ten aanzien van de werkzaamheden, genoemd in het eerste lid, onderdelen a en b, alsmede over de gevallen waarin en de voorwaarden waaronder de toestemming wordt verleend.

Art. 46

Toegelaten instelling, huisvesting prioritaire groepen

1. De toegelaten instelling geeft, behoudens het bepaalde bij en krachtens de artikelen 50 en 50a en artikel II, derde lid, derde en vierde volzin, van de Herzieningswet toegelaten instellingen volkshuisvesting, voorrang aan:
   a. het huisvesten of doen huisvesten van personen die door hun inkomen of door andere omstandigheden moeilijkheden ondervinden bij het vinden van hun passende huisvesting, en
   b. de werkzaamheden, genoemd in artikel 45, tweede lid, onderdelen a, b en c, en, voor zover daarmee verband houdende, de werkzaamheden, bedoeld in artikel 45, tweede lid, onderdeel i, voor zover die te verhuren woongelegenheden betreffen met een huurprijs van ten hoogste het in artikel 13, eerste lid, onderdeel a, van de Wet op de huurtoeslag genoemde bedrag.
2. De toegelaten instelling gaat slechts overeenkomsten van huur en verhuur aan, voor zover aan ten minste een bij algemene maatregel van bestuur te bepalen percentage van huishoudens als eerstbedoeld of laatstbedoeld in artikel 20, tweede lid, van de Wet op de huurtoeslag, die in aanmerking komen voor een huurtoeslag in de zin van die wet en een bij die algemene maatregel van bestuur te bepalen huishoudinkomen hebben, woongelegenheden worden verhuurd met een huurprijs van ten hoogste het in dat lid eerstgenoemde respectievelijk laatstgenoemde bedrag. Bij algemene maatregel van bestuur kunnen nadere voorschriften worden gegeven omtrent de toepassing van de eerste volzin. Bij ministeriële regeling kunnen eisen worden gesteld aan de wijze waarop de inkomensvaststelling door de toegelaten instelling plaatsvindt.
3. Indien een toegelaten instelling met een jongere als bedoeld in artikel 274c lid 2 van Boek 7 van het Burgerlijk Wetboek een overeenkomst van huur en verhuur op grond van dat artikel is aangegaan, vervalt de inschrijving van die jongere in aanmerking om te komen voor een woning niet.

§ 3
Diensten van algemeen economisch belang

Art. 47

Toegelaten instelling, DAEB

1. Als diensten van algemeen economisch belang zijn, behoudens het bepaalde bij en krachtens de artikelen 50 en 50a en artikel II, derde lid, derde en vierde volzin van de Herzieningswet toegelaten instellingen volkshuisvesting, aan de toegelaten instellingen en aan de samenwerkingsvennootschappen opgedragen:
   a. het huisvesten of doen huisvesten van personen die door hun inkomen of door andere omstandigheden moeilijkheden ondervinden bij het vinden van hun passende huisvesting;
   b. het doen bouwen en verwerven van voor permanent verblijf bedoelde te verhuren woongelegenheden met een huurprijs van ten hoogste het in artikel 13, eerste lid, onderdeel a, van de Wet op de huurtoeslag genoemde bedrag en hun onroerende en infrastructurele aanhorigheden, alsmede bezwaren, toewijzen, verhuren, vervreemden en doen slopen van zodanige woongelegenheden en aanhorigheden, daarop vestigen van een recht van erfpacht, opstal of vruchtgebruik, en overdragen van de economische eigendom daarvan;
   c. het bezwaren, verhuren, vervreemden en doen slopen van voor permanent verblijf bedoelde te verhuren woongelegenheden die geen zelfstandige woning zijn als bedoeld in artikel 247 van Boek 7 van het Burgerlijk Wetboek met een huurprijs die hoger is dan het in artikel 13, eerste lid, onderdeel a, van de Wet op de huurtoeslag genoemde bedrag en hun onroerende en infrastructurele aanhorigheden, daarop vestigen van een recht van erfpacht, opstal of vruchtgebruik, en overdragen van de economische eigendom daarvan;
   d. het doen bouwen en verwerven van voor permanent verblijf bedoelde, anders dan in verband met verhuren toe te wijzen, woongelegenheden en hun onroerende en infrastructurele aanhorigheden, alsmede het bezwaren, toewijzen, vervreemden en doen slopen van haar zodanige woongelegenheden en aanhorigheden, daarop vestigen van een recht van erfpacht, opstal of vruchtgebruik, en overdragen van de economische eigendom daarvan;
   e. de werkzaamheden, genoemd in het bepaalde bij en krachtens artikel 45, tweede lid, onderdelen b en c, en zesde lid, voor zover zij woongelegenheden als bedoeld in onderdeel b, c of d van dit artikel of hun onroerende of infrastructurele aanhorigheden betreffen;
   f. de bij algemene maatregel van bestuur te bepalen werkzaamheden als genoemd in het bepaalde bij en krachtens artikel 45, tweede lid, onderdelen d, e en f, en derde lid;
   g. de werkzaamheden die noodzakelijkerwijs voortvloeien uit het verrichten van de werkzaamheden, genoemd en bedoeld in de onderdelen a tot en met f, waartoe behoren het verwerven of slopen van onroerende zaken, indien dat geschiedt met het oog op het op de grond waar die zaken gelegen zijn verrichten van werkzaamheden overeenkomstig het bepaalde bij en krachtens de onderdelen b, d en f en het vijfde lid;

h. de werkzaamheden, genoemd in het bepaalde bij en krachtens artikel 45, tweede lid, onderdeel j, en zesde lid, voor zover zij worden verricht ten behoeve van andere toegelaten instellingen en noodzakelijkerwijs voortvloeien uit het verrichten van de werkzaamheden, genoemd en bedoeld in de onderdelen a tot en met f, en
i. de werkzaamheden, genoemd in het bepaalde bij en krachtens artikel 45, tweede lid, onderdeel k, en zesde lid.
2. De toegelaten instellingen en de samenwerkingsvennootschappen komt uitsluitend compensatie toe voor de werkzaamheden, genoemd en bedoeld in het eerste lid. Bij algemene maatregel van bestuur worden nadere voorschriften gegeven omtrent de compensatie.
3. De opdracht, bedoeld in het eerste lid, heeft een werkingsduur van 25 jaar. Onze Minister begint uiterlijk vijf jaar voor het einde van die werkingsduur een onderzoek naar de noodzaak, de doeltreffendheid en de effecten in de praktijk van die opdracht. Hij rondt dat onderzoek uiterlijk twee jaar nadien af.
4. Indien, na het verstrijken van de werkingsduur van een opdracht als bedoeld in het eerste lid, werkzaamheden op het gebied van de volkshuisvesting niet opnieuw als diensten van algemeen economisch belang worden opgedragen, blijft het recht op compensatie voor de werkzaamheden bestaan, indien daarmee voor dat verstrijken een aanvang is gemaakt, of met betrekking tot welke uit schriftelijke, uitsluitend op die werkzaamheden betrekking hebbende, stukken blijkt dat het maken van die aanvang wordt beoogd, en zolang zij als zodanig voortduren. Bij of krachtens algemene maatregel van bestuur kunnen nadere voorschriften worden gegeven omtrent de toepassing van de eerste volzin.
5. Bij algemene maatregel van bestuur kunnen nadere voorschriften worden gegeven omtrent het toepassingsbereik van het eerste lid, onderdeel g.

Nadere regels

Art. 48
1. De toegelaten instelling gaat, behoudens het bepaalde bij en krachtens de artikelen 50 en 50a en in artikel II, derde lid, derde en vierde volzin, van de Herzieningswet toegelaten instellingen volkshuisvesting, met betrekking tot haar woongelegenheden, bedoeld in artikel 47, eerste lid, onderdelen b en c, ten aanzien van een woonruimte voor zover deze al dan niet zelfstandige woning is verhuurd, en behoudens met personen die deel uitmaken van een bij regeling van Onze Minister te bepalen groep, geen overeenkomsten van huur en verhuur voor bepaalde tijd aan voor de duur van twee jaar of korter. Met die personen gaat de toegelaten instelling geen overeenkomst van huur en verhuur aan welke een gebruik van woonruimte betreft als bedoeld in artikel 232 lid 2 van Boek 7 van het Burgerlijk Wetboek. Met betrekking tot ten minste 90% van de woongelegenheden, bedoeld in artikel 47, eerste lid, onderdelen b en c, gaat zij gedurende 25 jaar slechts overeenkomsten van huur en verhuur aan, indien het huishoudinkomen niet hoger is dan de inkomensgrens, of indien in die woongelegenheden bij algemene maatregel van bestuur te bepalen categorieën van personen worden gehuisvest. Bij ministeriële regeling worden voorschriften gegeven omtrent de in verband met de toepassing van de derde volzin aan de toegelaten instelling te verstrekken gegevens.
2. Indien de toegelaten instelling woongelegenheden als bedoeld in het eerste lid verhuurt aan of heeft ondergebracht in een rechtspersoon of vennootschap welke overeenkomsten als bedoeld in dat lid aangaat met natuurlijke personen, of een rechtspersoon of vennootschap welke zodanige woongelegenheden verhuurt aan een rechtspersoon of vennootschap welke zodanige overeenkomsten aangaat, draagt zij er, overeenkomstig bij algemene maatregel van bestuur daaromtrent te geven nadere voorschriften, zorg voor dat die rechtspersoon of vennootschap met betrekking tot die woongelegenheden het bepaalde bij en krachtens dat lid naleeft, en is de ministeriële regeling, bedoeld in de tweede volzin van dat lid, van toepassing op de aan die rechtspersoon of vennootschap te verstrekken gegevens.
3. De toegelaten instelling gaat met betrekking tot haar woongelegenheden, bedoeld in artikel 47, eerste lid, onderdelen b en c, die niet behoren tot het in het eerste lid bedoelde deel daarvan, overeenkomsten van huur en verhuur aan overeenkomstig bij algemene maatregel van bestuur daaromtrent te geven voorschriften.
4. De toegelaten instelling gebruikt gegevens met betrekking tot het huishoudinkomen uitsluitend voor de uitvoering van het eerste en derde lid, en van krachtens deze wet gegeven voorschriften, indien die zodanig zijn dat de hoogte van dat inkomen voor een goede uitvoering daarvan bepalend of medebepalend is. Zij draagt er zorg voor dat de in het tweede lid bedoelde rechtspersoon of vennootschap dienovereenkomstig handelt.
5. Een of meer toegelaten instellingen kunnen Onze Minister verzoeken voor hen een lager percentage te bepalen dan het percentage, genoemd in het eerste lid. Bij het verzoek maken de verzoekende toegelaten instelling of instellingen aannemelijk dat de verhouding tussen de vraag naar en het aanbod van woongelegenheden als bedoeld in artikel 47, eerste lid, onderdelen b en c, zodanig is dat zij het eerste lid van dit artikel redelijkerwijs niet kunnen naleven. Bij het verzoek voegen zij voorts een voorstel voor de bepaling voor een of meer andere toegelaten instellingen van een zodanig hoger percentage dan het percentage, genoemd in het eerste lid, dat de betrokken toegelaten instellingen gezamenlijk voldoen aan dat lid. Bij inwilliging van

Toegelaten instelling, huisvestingsdoelstellingen

het verzoek bepaalt Onze Minister dat lagere en dat hogere percentage op een zodanige wijze, dat de toegelaten instellingen op welke zijn besluit daartoe betrekking heeft gezamenlijk voldoen aan het eerste lid. Bij algemene maatregel van bestuur worden nadere voorschriften gegeven omtrent de toepassing van dit lid.

6. De toegelaten instelling gaat gedurende 25 jaar met betrekking tot gebouwen als bedoeld in artikel 45, tweede lid, onderdeel d, op welke de algemene maatregel van bestuur, bedoeld in artikel 47, eerste lid, onderdeel f, van toepassing is behoudens in bij algemene maatregel van bestuur bepaalde gevallen slechts overeenkomsten van huur en verhuur aan met verenigingen of stichtingen die zich blijkens hun statuten uitsluitend ten doel stellen diensten te leveren of werkzaamheden te verrichten die zijn gericht op het maatschappelijke belang, of met overheidsinstellingen.

7. Onze Minister beoordeelt jaarlijks voor 1 december of de toegelaten instelling in het aan die datum voorafgaande jaar het bepaalde bij en krachtens het eerste tot en met vierde en zesde lid heeft nageleefd of doen naleven, waarbij hij, indien van toepassing, het betrokken in het vijfde lid bedoelde percentage in aanmerking neemt, en verstrekt dat oordeel aan de toegelaten instelling. Hij kan overeenkomstig bij algemene maatregel van bestuur daaromtrent te geven voorschriften besluiten, dat de toegelaten instelling geen compensatie toekomt voor werkzaamheden die behoren tot de diensten van algemeen economisch belang. Dat besluit is een besluit in de zin van artikel 1:3 van de Algemene wet bestuursrecht.

§ 4
Administratieve scheiding en vermogensscheiding

Art. 48a

Werkingssfeer

Het bepaalde bij en krachtens deze paragraaf is slechts van toepassing, indien en zolang de toegelaten instelling geen toepassing geeft aan artikel 50a.

Art. 49

Toegelaten instelling, administratie

1. De toegelaten instellingen houden een zodanige administratie bij dat de registratie van de activa en passiva die zijn verbonden met de diensten van algemeen economisch belang welke aan hen en aan de samenwerkingsvennootschappen zijn opgedragen, respectievelijk met hun overige werkzaamheden, gescheiden is. De eerste volzin is niet van toepassing, indien en zolang:
   a. de totale nettojaaromzet, verminderd met de opbrengsten uit levering van onroerende zaken, van een toegelaten instelling minder dan € 34.249.250,90 heeft bedragen gedurende de twee laatst afgesloten boekjaren, en het aandeel in die omzet van haar werkzaamheden die niet behoren tot de diensten van algemeen economisch belang in die jaren minder was dan 5%, en
   b. in enig boekjaar het aandeel van haar investeringen in werkzaamheden die niet behoren tot de diensten van algemeen economisch belang in het totaal van haar investeringen minder is dan 10%.
Het bedrag, genoemd in de tweede volzin, wordt jaarlijks bij ministeriële regeling gewijzigd met het percentage, bedoeld in artikel 54, eerste lid, eerste zin.

2. Toegelaten instellingen die werkzaamheden verrichten welke de handel tussen lidstaten van de Europese Unie niet op merkbare wijze ongunstig kunnen beïnvloeden, van welke de totale nettojaaromzet minder dan € 40 miljoen heeft bedragen gedurende twee boekjaren, of ten aanzien van welke de door hen in enigerlei vorm ontvangen overheidssteun is vastgesteld ingevolge een open, doorzichtige en niet-discriminerende procedure houden een zodanige administratie bij dat:
   a. de registratie van de lasten en baten van hun verschillende werkzaamheden gescheiden zijn;
   b. alle lasten en baten, op grond van consequent toegepaste en objectief te rechtvaardigen beginselen inzake kostprijsadministratie, correct worden toegerekend en
   c. de beginselen inzake kostprijsadministratie volgens welke de administratie wordt gevoerd, duidelijk zijn vastgelegd.

3. De toegelaten instellingen, bedoeld in de aanhef van het tweede lid, bewaren de in de onderdelen a, b en c van dat lid bedoelde gegevens gedurende vijf jaar, gerekend vanaf het einde van het boekjaar waarop de gegevens betrekking hebben.

4. Indien de Europese Commissie verzoekt om terbeschikkingstelling van gegevens als bedoeld in het bepaalde bij en krachtens dit artikel, verstrekken de toegelaten instellingen, bedoeld in de aanhef van het tweede lid, Onze Minister op diens verzoek binnen de door hem gestelde termijn de desbetreffende gegevens. Onze Minister doet de gegevens toekomen aan de Europese Commissie.

5. Het in het tweede lid, aanhef, genoemde bedrag kan bij ministeriële regeling worden gewijzigd, indien de wijziging voortvloeit uit een bindend besluit van een instelling van de Europese Unie.

6. Bij of krachtens algemene maatregel van bestuur worden voorschriften gegeven omtrent de toepassing van het eerste lid, de wijze van scheiding door de toegelaten instellingen van baten, lasten, activa en passiva, en omtrent het beschikbaar komen van financiële middelen voor de

uitvoering van de diensten van algemeen economisch belang welke aan hen en aan de samenwerkingsvennootschappen zijn opgedragen, respectievelijk van hun overige werkzaamheden.
7. De administratie en het in artikel 36a, vierde lid, bedoelde overzicht van de toegelaten instellingen worden met inachtneming van het eerste tot en met zesde lid ingericht, behoudens het bepaalde bij en krachtens artikel 50 en artikel II, derde lid, derde en vierde volzin, van de Herzieningswet toegelaten instellingen volkshuisvesting. Bij of krachtens algemene maatregel van bestuur worden nadere voorschriften gegeven omtrent de inrichting van de administratie, bedoeld in de eerste volzin.

Art. 50
1. Onze Minister kan op verzoek van een toegelaten instelling bepalen dat werkzaamheden als genoemd en bedoeld in het bepaalde bij en krachtens artikel 47, eerste lid, onderdelen b tot en met f, ten aanzien van een toegelaten instelling of samenwerkingsvennootschap niet behoren tot de diensten van algemeen economisch belang. — *Toegelaten instelling, werkzaamheden die niet behoren tot DAEB*
2. Bij toepassing van het eerste lid:
a. is artikel 21d mede van toepassing ten aanzien van die werkzaamheden;
b. behoren de betrokken werkzaamheden niet tot de werkzaamheden waaraan de betrokken toegelaten instelling ingevolge artikel 46, aanhef en eerste lid, onderdeel b, voorrang geeft;
c. komt de betrokken toegelaten instelling of samenwerkingsvennootschap geen compensatie toe voor de betrokken werkzaamheden;
d. is artikel 48 niet van toepassing op die werkzaamheden en
e. worden de baten, lasten, activa en passiva die zijn verbonden met die werkzaamheden administratief samengevoegd met die, verbonden met de overige werkzaamheden van de betrokken toegelaten instelling of samenwerkingsvennootschap die niet behoren tot de diensten van algemeen economisch belang.
3. Bij of krachtens algemene maatregel van bestuur kunnen nadere voorschriften worden gegeven omtrent de bij het verzoek, bedoeld in het eerste lid, te verstrekken gegevens, de wijze waarop Onze Minister degenen die een belang hebben bij toepassing van dat lid daarbij betrekt en de gronden waarop Onze Minister dat lid kan toepassen dan wel van die toepassing kan afzien. — *Nadere regels*

§ 5
Juridische scheiding

Art. 50a
1. Om een juridische scheiding te bewerkstelligen brengt de toegelaten instelling haar werkzaamheden die niet behoren tot de diensten van algemeen economisch belang, en alle daarmee samenhangende baten, lasten, activa en passiva, overeenkomstig bij of krachtens algemene maatregel van bestuur te geven voorschriften onder in een of meer woningvennootschappen. Woningvennootschappen zijn naamloze vennootschappen als bedoeld in artikel 64 van Boek 2 van het Burgerlijk Wetboek of besloten vennootschappen met beperkte aansprakelijkheid als bedoeld in artikel 175 van dat boek. — *Toegelaten instelling, juridische scheiding*
2. De toegelaten instelling stelt een voorstel tot bewerkstelliging van de juridische scheiding op. Zij kan, overeenkomstig bij algemene maatregel van bestuur daaromtrent te geven voorschriften, daarin opnemen dat andere werkzaamheden en daarmee samenhangende baten, lasten, activa en passiva dan die, bedoeld in het eerste lid, eerste volzin, in een woningvennootschap worden ondergebracht. Bij toepassing van de tweede volzin van dit lid is artikel 50, tweede lid, van overeenkomstige toepassing.

Art. 50b
1. De toegelaten instelling bewerkstelligt geen juridische scheiding dan nadat Onze Minister dat heeft goedgekeurd. Zij doet daartoe het voorstel, bedoeld in artikel 50a, tweede lid, aan hem toekomen. Onze Minister neemt binnen twaalf weken na ontvangst van het voorstel een besluit omtrent de goedkeuring, welke termijn hij, onder schriftelijke kennisgeving daarvan aan de toegelaten instelling, telkens kan verlengen met een door hem daarbij te bepalen termijn van ten hoogste zes weken, van welke verlenging hij kennis geeft voor het verstrijken van de eerstgenoemde dan wel voor de laatste maal verlengde termijn. — *Toegelaten instelling, goedkeuring juridische scheiding*
2. Op een verzoek om goedkeuring van een voorgenomen juridische scheiding zijn de artikelen 21, eerste lid en tweede lid, tweede volzin, en 53, tweede lid en derde lid, aanhef en onderdeel a, van overeenkomstige toepassing.
3. Bij of krachtens algemene maatregel van bestuur kunnen nadere voorschriften worden gegeven omtrent de bij het voorstel, bedoeld in het eerste lid, te verstrekken gegevens, de wijze waarop de toegelaten instelling degenen die een belang hebben bij de juridische scheiding daarbij betrekt en de gronden waarop Onze Minister die scheiding kan goedkeuren dan wel zijn goedkeuring daaraan kan onthouden. — *Nadere regels*

A59 art. 50c

Woningwet

Toegelaten instelling, enig aandeelhouder na juridische scheiding

Art. 50c

1. De toegelaten instelling is terstond na de bewerkstelliging van een juridische scheiding de enige aandeelhoudster van de woningvennootschappen.

2. Onze Minister kan, overeenkomstig bij algemene maatregel van bestuur daaromtrent gegeven voorschriften, bepalen dat de toegelaten instelling haar aandelen in een woningvennootschap in het openbaar ter overname aanbiedt.

§ 6
Verdere bepalingen

Art. 51

Toegelaten instelling, aanbesteding werkzaamheden

De toegelaten instelling besteedt aan:
a. de werkzaamheden, genoemd in artikel 45, tweede lid, onderdeel d, voor zover zij bestaan uit doen bouwen, en
b. de werkzaamheden, genoemd in artikel 45, tweede lid, onderdeel e, voor zover zij bestaan uit treffen van voorzieningen aan haar gebouwen en hun onroerende en infrastructurele aanhorigheden.

Art. 52
[Vervallen]

Art. 53

Toegelaten instelling, fusie

1. Een toegelaten instelling gaat slechts een fusie als bedoeld in artikel 309 van Boek 2 van het Burgerlijk Wetboek aan, indien zij daarbij het vermogen van een of meer andere rechtspersonen onder algemene titel verkrijgt, of een andere toegelaten instelling daarbij haar vermogen onder algemene titel verkrijgt.

2. Een verzoek van een toegelaten instelling om goedkeuring van een voorgenomen fusie waarbij zij betrokken is, omvat in elk geval de door haar voorziene gevolgen van die fusie voor de volkshuisvesting in de gemeenten waar de toegelaten instelling die uit die fusie voortkomt voornemens is feitelijk werkzaam te zijn. Die toegelaten instelling voert overleg over dat verzoek met de colleges van burgemeester en wethouders van die gemeenten, alsmede met de in het belang van de huurders van haar woongelegenheden werkzame huurdersorganisaties als bedoeld in artikel 1, eerste lid, onderdeel f, van de Wet op het overleg huurders verhuurder. Zij dient een zodanig verzoek niet in dan nadat de in het belang van de huurders van haar woongelegenheden werkzame huurdersorganisaties als bedoeld in artikel 1, eerste lid, onderdeel f, van de Wet op het overleg huurders verhuurder, aan haar hebben medegedeeld of zij met de voorgenomen fusie instemmen. Indien die organisaties niet met de voorgenomen fusie instemmen, kan Onze Minister die fusie slechts goedkeuren, indien daardoor naar zijn oordeel wordt voorkomen dat:
a. ten aanzien van de betrokken toegelaten instelling een situatie ontstaat als bedoeld in artikel 29, eerste lid, of 57, eerste lid, onderdeel a, of
b. een toegelaten instelling niet in staat is toepassing te geven aan artikel 42, eerste lid, eerste volzin.

3. Een verzoek als bedoeld in het tweede lid gaat vergezeld van:
a. de zienswijzen daarop van de colleges, bedoeld in het tweede lid, en
b. indien hoofdstuk 5 van de Mededingingswet op de fusie van toepassing is, het oordeel daarover van de Autoriteit Consument en Markt, genoemd in artikel 2, eerste lid, van de Instellingswet Autoriteit Consument en Markt.

4. Onze Minister onthoudt in elk geval zijn goedkeuring aan de voorgenomen fusie, indien:
a. de verzoekende toegelaten instelling naar zijn oordeel niet aannemelijk heeft gemaakt dat het belang van de volkshuisvesting met die fusie beter is gediend dan met andere vormen van samenwerking tussen die toegelaten instelling en andere rechtspersonen of vennootschappen;
b. de verzoekende toegelaten instelling:
1°. voornemens is te fuseren met een toegelaten instelling die na toepassing van artikel 41b of 41d, op grond daarvan niet in dezelfde gemeenten, die zijn gelegen in het gebied, bedoeld in artikel 41b, tweede lid, als zij feitelijk werkzaam mag zijn, en
2°. naar zijn oordeel niet aannemelijk heeft gemaakt dat het belang van de volkshuisvesting met die fusie beter gediend is dan met een fusie met een toegelaten instelling die na toepassing van artikel 41b of 41d, op grond daarvan in dezelfde gemeenten, die zijn gelegen in het gebied, bedoeld in artikel 41b, tweede lid, als zij feitelijk werkzaam mag zijn;
c. naar zijn oordeel de financiële continuïteit van de toegelaten instelling die uit die fusie zou voortkomen niet voldoende is gewaarborgd;
d. naar zijn oordeel de toegelaten instelling die uit die fusie zou voortkomen zou beschikken over een zodanig bedrag aan financiële middelen dat is aangetrokken van instellingen die behoren tot een categorie als bedoeld in artikel 21c, eerste lid, dat dat bedrag zou liggen boven een bij algemene maatregel van bestuur te bepalen percentage van de overeenkomstig de arti-

kelen 17 en 18 van de Wet waardering onroerende zaken aan de onroerende zaken en hun onroerende en infrastructurele aanhorigheden van die toegelaten instelling toegekende waarde, vastgesteld overeenkomstig artikel 22, eerste lid, van die wet, of
e. het oordeel, bedoeld in het derde lid, onderdeel b, negatief is.
5. Bij of krachtens algemene maatregel van bestuur kunnen nadere voorschriften worden gegeven omtrent de bij het verzoek, bedoeld in het tweede lid, te verstrekken gegevens, de wijze waarop de toegelaten instelling degenen die een belang hebben bij de voorgenomen fusie daarbij betrekt en de gronden waarop Onze Minister die fusie kan goedkeuren dan wel zijn goedkeuring daaraan kan onthouden. Nadere regels
6. Het tweede lid, derde lid, aanhef en onderdeel a, vierde lid, onderdeel b, en vijfde lid zijn van overeenkomstige toepassing op een splitsing als bedoeld in artikel 334a van Boek 2 van het Burgerlijk Wetboek die geen juridische scheiding is.
7. Het tweede tot en met vijfde lid zijn van overeenkomstige toepassing indien een toegelaten instelling het gehele vermogen van een of meerdere andere toegelaten instellingen onder bijzondere titel verkrijgt.

Art. 53a
1. Een door Onze Minister aan te wijzen onafhankelijke instantie draagt er, door daartoe deskundige instanties aan te wijzen, zorg voor dat bij elke toegelaten instelling mede ter plaatse een onderzoek kan worden verricht naar: Toegelaten instelling, onderzoek onafhankelijke instantie
a. de resultaten van haar werkzaamheden, zowel uit het oogpunt van het belang van de volkshuisvesting als van het maatschappelijke belang van die werkzaamheden;
b. de wijze waarop de belanghebbenden in de gelegenheid zijn gesteld invloed uit te oefenen op het beleid, en
c. de kwaliteit van de governance.
2. De toegelaten instelling draagt er zorg voor dat het onderzoek, bedoeld in het eerste lid, ten minste een maal per vier jaar door de daartoe door haar te benaderen deskundige instantie, bedoeld in dat lid, wordt afgerond. De kosten van dat onderzoek komen voor haar rekening. Onze Minister kan de termijn van vier jaar, genoemd in de eerste volzin, verlengen of opschorten, indien naar zijn oordeel bijzondere omstandigheden daartoe aanleiding geven.
3. De deskundige instantie, bedoeld in het eerste lid, stelt telkens binnen zes weken na afloop van een onderzoek een rapport met haar bevindingen vast. Zij zendt het rapport onverwijld na de vaststelling daarvan aan de toegelaten instelling.
4. De toegelaten instelling zendt een rapport als bedoeld in het derde lid, vergezeld van de zienswijze van de raad van commissarissen en het bestuur daarop, binnen zes weken aan Onze Minister, alle belanghebbenden en degenen die in het kader van het onderzoek hun zienswijze hebben gegeven. Zij stelt voorts het rapport binnen die termijn langs elektronische weg algemeen verkrijgbaar.
5. Een rapport als bedoeld in het derde lid is mede onderwerp van het overleg, bedoeld in artikel 43, tweede lid, en dat, bedoeld in artikel 44, tweede lid.

Art. 54
1. De gemiddelde huurprijs van de woningen van de toegelaten instelling op 1 januari van het jaar volgend op 1 januari van enig jaar is niet hoger dan de gemiddelde huurprijs van die woningen op 1 januari van enig jaar, vermeerderd met een bij ministeriële regeling bepaald percentage. In de afspraken, bedoeld in artikel 44, tweede lid, kan voor de in de betrokken gemeente gelegen woningen ten hoogste een bij ministeriële regeling bepaald hoger percentage worden overeengekomen. Toegelaten instelling, berekening gemiddelde huurprijs
2. Bij de berekening van de gemiddelde huurprijs, bedoeld in het eerste lid, wordt geen rekening gehouden met woningen:
a. waarvoor op laatstgenoemde 1 januari-datum een huurovereenkomst als bedoeld in artikel 247 van Boek 7 van het Burgerlijk Wetboek geldt;
b. die in het betrokken jaar voor het eerst of laatstelijk door de toegelaten instelling of aan een opvolgende huurder zijn verhuurd;
c. waarvan de huurprijs in het betrokken jaar is verhoogd als gevolg van een woningverbetering als bedoeld in artikel 255 lid 1 onderdelen a en b van Boek 7 van het Burgerlijk Wetboek;
d. waarvan de huurprijs in het betrokken jaar is verhoogd als gevolg van een voorstel daartoe als bedoeld in artikel 252a lid 1 van Boek 7 van het Burgerlijk Wetboek, mits in afspraken als bedoeld in artikel 44, tweede lid, is opgenomen dat de daarmee gepaard gaande extra huurinkomsten worden ingezet voor investeringen en voor zover deze inkomsten, de in die afspraken overeengekomen investeringsbedragen niet overschrijden, of is verlaagd naar aanleiding van een voorstel daartoe als bedoeld in artikel 252b lid 1 van Boek 7 van het Burgerlijk Wetboek;
e. waarvan de huurprijs in het betrokken jaar op verzoek van de huurder niet is verhoogd respectievelijk is verlaagd anders dan overeenkomstig artikel 252, 252b of 257 van Boek 7 van het Burgerlijk Wetboek dan wel is verhoogd uit hoofde van een voorstel daartoe als bedoeld in artikel 252c onderdeel b van Boek 7 van het Burgerlijk Wetboek;
f. die een onzelfstandige woonruimte vormen.

3. Voor de toepassing van het eerste lid wordt onder woningen van de toegelaten instelling mede verstaan woningen die de toegelaten instelling verhuurt op grond van artikel 45, zevende lid, onderdeel a.

Art. 54a

Huurprijsverlaging op voorstel van woningcorporatie

1. In afwijking van artikel 246 van Boek 7 van het Burgerlijk Wetboek doet de toegelaten instelling voor 1 april 2021 aan de huurder van een zelfstandige woning als bedoeld in artikel 234 van dat boek met een inkomen dat blijkens de inkomenscategorieverklaring, bedoeld in het derde lid, niet hoger is dan het op grond van artikel 14, eerste en tweede lid, van de Wet op de huurtoeslag toepasselijke bedrag, een voorstel tot verlaging van de huurprijs tot ten hoogste het toepasselijke bedrag, genoemd in artikel 20, tweede lid, van de Wet op de huurtoeslag, tenzij op de woning een huurovereenkomst als bedoeld in artikel 247 van Boek 7 van het Burgerlijk Wetboek van toepassing is. Artikel 252, derde lid, van Boek 7 van het Burgerlijk Wetboek is niet van toepassing.

Inkomenscategorieverklaring

2. De toegelaten instelling verzoekt de inspecteur, bedoeld in artikel 252a, tweede lid, onderdeel e, van Boek 7 van het Burgerlijk Wetboek, om een inkomenscategorieverklaring ten aanzien van de huurders van haar woningen als bedoeld in het eerste lid met een geldende huurprijs die hoger is dan het in artikel 20, tweede lid, onderdeel a, van de Wet op de huurtoeslag genoemde bedrag.

3. De inspecteur, bedoeld in artikel 252a, tweede lid, onderdeel e, van Boek 7 van het Burgerlijk Wetboek, verstrekt desgevraagd aan de toegelaten instelling een inkomenscategorieverklaring ten aanzien van de huurders, bedoeld in het tweede lid. In de verklaring wordt vermeld of de door de toegelaten instelling aangeduide plaats van de woonruimte op basis van gegevens uit de basisregistratie inkomen, bedoeld in hoofdstuk IVA van de Algemene wet inzake rijksbelastingen, het inkomen over 2019 lager is dan of gelijk is aan het op grond van artikel 14, eerste en tweede lid, van de Wet op de huurtoeslag toepasselijke bedrag, dan wel hoger is dan dat bedrag en het aantal personen waaruit het huishouden volgens de registratie bestaat. Indien geen inkomensgegeven in de basisregistratie inkomen beschikbaar is, vermeldt de verklaring dat dat het geval is. Het bepaalde in de ministeriële regeling, bedoeld in artikel 252a, vierde lid, zevende zin, van Boek 7 van het Burgerlijk Wetboek, is van overeenkomstige toepassing.

Huurprijsverlaging op voorstel van woningcorporatie, tijdstip

4. In afwijking van het eerste lid doet de toegelaten instelling een voorstel als bedoeld in dat lid indien de huurder daarom voor 31 december 2021 verzoekt en aantoont dat het bruto-inkomen van de bewoners, bedoeld in artikel 54c, in de zes maanden voorafgaand aan het verzoek lager is dan of gelijk is aan de helft van het op grond van artikel 14, eerste en tweede lid, van de Wet op de huurtoeslag toepasselijke bedrag. De huurder voegt bij het verzoek, bedoeld in de eerste zin, een door hem opgestelde en ondertekende verklaring over de samenstelling van zijn huishouden op de datum van het verzoek. De toegelaten instelling doet het voorstel, bedoeld in het eerste lid, binnen drie weken na ontvangst van de in de eerste en tweede zin bedoelde gegevens.

Huurprijsverlaging op voorstel van woningcorporatie, ingangsdatum

5. De ingangsdatum van de verlaging is in afwijking van artikel 252, eerste lid, van Boek 7 van het Burgerlijk Wetboek niet later dan de eerste dag van de tweede maand na de dagtekening van het voorstel. In het kalenderjaar dat de huurprijs is verlaagd overeenkomstig het eerste lid wordt in afwijking van artikel 248 van Boek 7 van het Burgerlijk Wetboek de huur na die verlaging niet meer verhoogd. Artikel 252c van Boek 7 van het Burgerlijk Wetboek is niet van toepassing.

6. Indien de toegelaten instelling geen voorstel als bedoeld in het eerste lid doet of de huurder niet instemt met het voorstel van de toegelaten instelling kan de huurder de huurcommissie verzoeken daar uitspraak over te doen. Het verzoek wordt indien de toegelaten instelling geen voorstel doet, gedaan binnen zes weken na 1 april 2021 respectievelijk na het tijdstip, bedoeld in het vierde lid, derde zin, dan wel indien de huurder niet instemt met het voorstel binnen zes weken na het tijdstip waarop de verlaging blijkens het voorstel had moeten ingaan. De huurder voegt bij het verzoek gegevens over zijn inkomen in 2019 respectievelijk over het bruto-inkomen, bedoeld in het vierde lid, eerste zin, en de in het vierde lid, tweede zin, bedoelde verklaring indien de toegelaten instelling geen voorstel heeft gedaan dan wel de in het vierde lid, tweede zin, bedoelde verklaring indien de huurder niet instemt met het voorstel.

7. Bij de berekening, bedoeld in artikel 54, eerste lid, wordt geen rekening gehouden met de woningen waarvan de huurprijs in het betrokken jaar is verlaagd op grond van het eerste lid.

8. De toegelaten instelling informeert de huurder in 2021 niet later dan tegelijk met het jaarlijkse voorstel tot verhoging van de huurprijs over de mogelijkheden op grond van dit artikel.

9. De toegelaten instelling verstrekt de Belastingdienst/Toeslagen binnen drie weken na de datum waarop de huurverlaging is ingegaan de gewijzigde huurprijs en duidt daarbij de woonruimte aan op de wijze als voorgeschreven in de ministeriële regeling, bedoeld in artikel 252a, vierde lid, zevende zin, van Boek 7 van het Burgerlijk Wetboek.

Art. 54b

Inkomensbegrip voor verzoek huurprijsverlaging

Voor de toepassing van artikel 54a, eerste, tweede, derde en zesde lid, wordt onder inkomen verstaan: de gezamenlijke inkomensgegevens, bedoeld in artikel 21, onderdeel e, van de Alge-

Woningwet   **A59** art. 57

mene wet inzake rijksbelastingen van degenen die op het adres van de woning staan ingeschreven, met uitzondering van kinderen in de zin van artikel 4 van de Algemene wet inkomensafhankelijke regelingen jonger dan 27 jaar, met dien verstande dat in het eerste lid van dat artikel voor «de belanghebbende» telkens wordt gelezen «een bewoner».

Art. 55
1. De toegelaten instelling draagt zorg voor een sobere en doelmatige bedrijfsvoering.   *Toegelaten instelling, bedrijfsvoering*

2. De toegelaten instelling draagt zorg voor een administratie die een juist en volledig inzicht geeft in haar werkzaamheden en haar financiële aangelegenheden.
3. De administratie is zodanig, dat een juiste, volledige en tijdige vastlegging daarin is gewaarborgd van de gegevens met betrekking tot het huishoudinkomen. Die gegevens worden voor een kalenderjaar niet langer daarin bewaard dan tot het tijdstip dat de compensatie over dat kalenderjaar voor werkzaamheden van de toegelaten instelling die behoren tot de diensten van algemeen economisch belang onherroepelijk is komen vast te staan. Artikel 48, eerste lid, tweede volzin, en tweede lid, zijn van overeenkomstige toepassing.
4. De toegelaten instelling is verplicht tot geheimhouding van de gegevens met betrekking tot het huishoudinkomen, behoudens voor zover enig wettelijk voorschrift haar tot mededeling verplicht of uit haar taak de noodzaak tot mededeling voortvloeit.
5. Bij of krachtens algemene maatregel van bestuur kunnen voorschriften worden gegeven omtrent de kosten van de bedrijfsvoering, bedoeld in het eerste lid, en nadere voorschriften omtrent de toepassing van het tweede lid.

Art. 55a
1. De toegelaten instelling voert een zodanig financieel beleid en beheer, dat haar financiële continuïteit niet in gevaar wordt gebracht.   *Toegelaten instelling, financieel beleid*
2. Zij stelt daartoe een reglement op, waarin zij in elk geval opneemt binnen welke grenzen de aan haar financiële beleid en beheer verbonden risico's aanvaardbaar zijn, en welk beleid zij beoogt te voeren ingeval haar financiële continuïteit in gevaar komt of dreigt te komen. In het reglement wordt mede ingegaan op de verbonden ondernemingen. Bij of krachtens algemene maatregel van bestuur worden nadere voorschriften gegeven omtrent de inhoud van het reglement.

Art. 55b
1. De toegelaten instelling stelt reglementen op inzake: *Toegelaten instelling, reglementen*
a. slopen en het treffen van ingrijpende voorzieningen aan haar woongelegenheden en de betrokkenheid van de bewoners van die woongelegenheden daarbij en
b. de bijdragen, bedoeld in de artikelen 220 lid 5 en 275 lid 1 van Boek 7 van het Burgerlijk Wetboek, waarin in elk geval de hoogte van die bijdragen wordt bepaald.
2. De toegelaten instelling voert overleg over het reglement, bedoeld in het eerste lid, onderdeel a, met de colleges van burgemeester en wethouders van de gemeenten waar zij feitelijk werkzaam is, alsmede de in het belang van de huurders van haar woongelegenheden werkzame huurdersorganisaties en bewonerscommissies als bedoeld in artikel 1, eerste lid, onderdeel f respectievelijk g, van de Wet op het overleg huurders verhuurder, met overeenkomstige toepassing van het bepaalde in artikel 2 van die wet.
3. Bij algemene maatregel van bestuur wordt een reglement inzake de behandeling van klachten omtrent het handelen of nalaten van toegelaten instellingen aangewezen, dat op alle toegelaten instellingen van toepassing is.

Art. 56
Bij of krachtens algemene maatregel van bestuur kunnen voorschriften worden gegeven omtrent de betrokkenheid van de toegelaten instellingen bij volkshuisvesting buiten Nederland waarop artikel 40 niet van toepassing is.   *Nadere regels*

Afdeling 4
Sanering en projectsteun

Art. 57
1. Onze Minister kan, overeenkomstig bij of krachtens algemene maatregel van bestuur te geven voorschriften, subsidies aan toegelaten instellingen verstrekken: *Toegelaten instelling, subsidiëring*
a. ter bevordering van de financiële sanering van toegelaten instellingen, indien bij een toegelaten instelling de financiële middelen ontbreken om haar werkzaamheden te kunnen voortzetten, en andere maatregelen harerzijds om aan die situatie een einde te maken niet mogelijk zijn, ontoereikend zijn gebleken of leiden tot het niet kunnen voortzetten van werkzaamheden als genoemd en bedoeld in het bepaalde bij en krachtens artikel 47, eerste lid, onderdelen a tot en met g, welke subsidies worden verstrekt op grond van plannen als bedoeld in artikel 29, eerste lid, tweede volzin, die Onze Minister heeft goedgekeurd, of
b. ter tegemoetkoming in de kosten van hun werkzaamheden.
2. Onze Minister verleent ter uitvoering van het eerste lid geen garanties.

Art. 58

Toegelaten instelling, bekostiging subsidiëring

1. De subsidie, bedoeld in artikel 57, eerste lid, wordt bekostigd uit de bijdragen, bedoeld in het tweede lid.
2. Elke toegelaten instelling die op 1 januari van een kalenderjaar als zodanig bestaat, is over dat kalenderjaar een bijdrage aan Onze Minister verschuldigd. Onze Minister bepaalt de hoogte van de bijdrage overeenkomstig bij of krachtens algemene maatregel van bestuur daaromtrent te geven voorschriften.
3. Onze Minister kan, indien hij van oordeel is dat storting van een bijdrage als bedoeld in het tweede lid niet noodzakelijk is om uitvoering te geven aan het bepaalde bij en krachtens artikel 57, eerste lid, voor 1 oktober van het kalenderjaar waarover die bijdrage verschuldigd zou zijn bepalen dat een zodanige bijdrage niet verschuldigd is over dat kalenderjaar.

Art. 59

Toegelaten instelling, borgingsvoorziening

1. De borgingsvoorziening adviseert Onze Minister op diens verzoek of eigener beweging omtrent:
   a. de goedkeuring van plannen als bedoeld in artikel 29, eerste lid, tweede volzin;
   b. de gevallen waarin naar haar oordeel een sanering als bedoeld in artikel 57, eerste lid, onderdeel a, noodzakelijk is;
   c. de kosten die in een kalenderjaar met zodanige saneringen gemoeid zijn en
   d. de hoogte van het in een kalenderjaar voor die saneringen benodigde, door toepassing van artikel 58 op te brengen, bedrag.
2. Door Onze Minister kan aan de borgingsvoorziening worden gemandateerd:
   a. het nemen van de besluiten uit hoofde van de bevoegdheid, genoemd in artikel 57, eerste lid, aanhef en onderdeel a;
   b. het nemen van de besluiten uit hoofde van de bevoegdheid, genoemd in artikel 58, tweede lid, tweede volzin, voor zover die betrekking heeft op het deel van de bijdrage, bedoeld in dat lid, waaruit subsidies als bedoeld in artikel 57, eerste lid, aanhef en onderdeel a, worden bekostigd;
   c. de bevoegdheid tot het heffen van de bijdrage, bedoeld in artikel 58, tweede lid, al dan niet uitsluitend voor zover die heffing betrekking heeft op het deel van die bijdrage waaruit subsidies als bedoeld in artikel 57, eerste lid, aanhef en onderdeel a, worden bekostigd;
   d. de bevoegdheid tot het geven van een aanwijzing als bedoeld in artikel 61d, voor zover die aanwijzing betrekking heeft op de financiële sanering van de toegelaten instelling, en
   e. de bevoegdheid tot het op grond van artikel 105, eerste lid, aanhef en onderdeel c, opleggen van een last onder dwangsom.
3. In geval van een mandaat als bedoeld in het tweede lid:
   a. oefent de borgingsvoorziening de aan haar gemandateerde bevoegdheden onafhankelijk uit van haar werkzaamheden met het oog op het door toegelaten instellingen kunnen aantrekken van leningen;
   b. draagt de borgingsvoorziening er zorg voor dat de uitvoering van de in onderdeel a bedoelde categorieën van werkzaamheden in algemene zin op elkaar is afgestemd;
   c. behoeft de borgingsvoorziening voor wijzigingen van haar statuten, die betrekking hebben op de aan haar gemandateerde bevoegdheden de goedkeuring van Onze Minister en legt zij daartoe elke voorgenomen zodanige wijziging daarvan aan hem voor;
   d. past de raad van commissarissen artikel 31, vierde lid, mede toe ten aanzien van de borgingsvoorziening;
   e. past de toegelaten instelling artikel 38, eerste lid, mede toe ten aanzien van de borgingsvoorziening en
   f. zijn de artikelen 6.1, aanhef en onderdeel c, en 7.24, aanhef en onderdeel b, van de Comptabiliteitswet 2016 van overeenkomstige toepassing.
4. Voor zover een mandaat als bedoeld in het tweede lid de betrokken bevoegdheid betreft:
   a. is het eerste lid niet van toepassing;
   b. is artikel 57, tweede lid, van overeenkomstige toepassing op de borgingsvoorziening of
   c. is, in afwijking van artikel 58, tweede lid, eerste volzin, de bijdrage, bedoeld in dat lid, verschuldigd aan de borgingsvoorziening.
5. De borgingsvoorziening wordt, voor zover het haar werkzaamheden in het eerste lid, en de bevoegdheden, door haar uitgeoefend krachtens een mandaat als bedoeld in het tweede lid, betreft, bekostigd uit de bijdragen, bedoeld in artikel 58, tweede lid.

Afdeling 5
Toezicht en bewind

Art. 60

Toegelaten instelling, Autoriteit woningcorporaties

1. Er is een Autoriteit woningcorporaties, die onder Onze Minister ressorteert.

Woningwet A59 art. 61c

2. Onze Minister geeft met betrekking tot de uitoefening van de ingevolge het bij of krachtens deze wet bepaalde aan de autoriteit toekomende bevoegdheden uitsluitend in schriftelijke vorm zijn aanwijzingen, onder mededeling daarvan aan beide kamers der Staten-Generaal.
3. Het tweede lid is niet van toepassing op aanwijzingen die betrekking hebben op beheersmatige aspecten van de autoriteit.

Art. 61
1. Het toezicht op de toegelaten instellingen en de dochtermaatschappijen is opgedragen aan de autoriteit.   *Toegelaten instelling, toezicht*
2. Het toezicht richt zich op de volgende onderwerpen:
a. de rechtmatigheid van het handelen en nalaten van de toegelaten instellingen en de dochtermaatschappijen;
b. de governance en de integriteit van beleid en beheer van de toegelaten instellingen en de dochtermaatschappijen;
c. het behoud van de financiële continuïteit van de toegelaten instellingen en de dochtermaatschappijen;
d. het beschermen van het maatschappelijk bestemd vermogen van de toegelaten instellingen en de dochtermaatschappijen;
e. de solvabiliteit en de liquiditeit van de toegelaten instellingen en de dochtermaatschappijen;
f. de kwaliteit van het financieel risicomanagement, het financieel beheer, de financiële aansturing en de financiële verantwoording van de toegelaten instellingen en de dochtermaatschappijen;
g. de compensatie, waaronder mede is begrepen de naleving van artikel 48, alsmede artikel 49, eerste en tweede lid, dan wel van de artikelen 49, eerste lid, 25b, eerste lid, van de Mededingingswet, en de andere situaties waarin toegelaten instellingen of samenwerkingsvennootschappen meer compensatie zouden kunnen ontvangen dan hen toekomt.
3. Het toezicht omvat de volgende taken:
a. het risicogericht beoordelen van het beleid en beheer van de toegelaten instellingen en de dochtermaatschappijen, en het aan hen doen toekomen van dat oordeel;
b. het risicogericht beoordelen van het functioneren van de toegelaten instellingen en de dochtermaatschappijen in het algemeen;
c. het desgevraagd en uit eigen beweging informeren van Onze Minister over ontwikkelingen omtrent de toegelaten instellingen en de dochtermaatschappijen die in het belang van het toezicht zijn, en het op grond daarvan doen van voorstellen.
4. Bij of krachtens algemene maatregel van bestuur kunnen aan de autoriteit andere onderwerpen en taken worden opgedragen in het kader van het toezicht op toegelaten instellingen en de dochtermaatschappijen.   *Nadere regels*
5. Onze Minister verleent de autoriteit mandaat om de aanwijzingen te geven en de maatregelen te nemen, bedoeld in de artikelen 48, zevende lid, 53a, tweede lid, 61d tot en met 61g, 104a, eerste lid, 105, eerste lid, en 120b.
6. Indien een college van burgemeester en wethouders Onze Minister of de autoriteit verzoekt maatregelen te nemen of te bevorderen waartoe hij of zij ingevolge deze afdeling bevoegd is, is hij of zij gehouden naar aanleiding van dat verzoek een besluit te nemen.

Art. 61a
1. De autoriteit stelt jaarlijks een jaarwerkplan vast. Het jaarwerkplan behoeft de goedkeuring van Onze Minister.   *Toegelaten instelling, jaarwerkplan Autoriteit woningcorporaties*
2. Onze Minister zendt het jaarwerkplan aan de beide kamers der Staten-Generaal.

Art. 61b
1. De autoriteit oefent het toezicht onafhankelijk van de ontwikkeling en de uitvoering van het rijksbeleid op het terrein van de toegelaten instellingen en de dochtermaatschappijen uit.   *Toegelaten instelling, onafhankelijkheid Autoriteit woningcorporaties*
2. De autoriteit bepaalt zelfstandig de gegevens en inlichtingen van toegelaten instellingen en de dochtermaatschappijen die voor de uitoefening van haar taken noodzakelijk zijn.
3. Onze Minister geeft geen aanwijzingen met betrekking tot de oordelen, bedoeld in artikel 61, derde lid.
4. De autoriteit maakt de oordelen, bedoeld in artikel 61, derde lid, onderdeel a, openbaar. De oordelen, bedoeld in artikel 61, derde lid, onderdeel b, worden aan Onze Minister aangeboden en door hem onverwijld en in ongewijzigde vorm, in voorkomend geval voorzien van zijn bevindingen, aan de Tweede Kamer der Staten-Generaal gezonden of door de autoriteit zelf openbaar gemaakt.

Art. 61c
De kosten die gemoeid zijn met de uitoefening van het toezicht en met de ingevolge de artikelen 48, zevende lid, 61d tot en met 61h, 104a, eerste lid, 105, eerste lid, en 120b gegeven aanwijzingen en genomen maatregelen, komen, overeenkomstig bij algemene maatregel van bestuur daaromtrent te geven voorschriften, voor rekening van de toegelaten instellingen.   *Toegelaten instelling, kosten toezicht*

Art. 61d

Toegelaten instelling, aanwijzing door Onze Minister

1. Onze Minister kan in het belang van de volkshuisvesting een toegelaten instelling of een dochtermaatschappij een aanwijzing geven om een of meer handelingen te verrichten of na te laten. Een aanwijzing aan een toegelaten instelling kan betrekking hebben op werkzaamheden van een dochtermaatschappij of van een samenwerkingsvennootschap waarin zij volledig aansprakelijke vennote is, in welk geval zij er voor zorgdraagt dat de dochtermaatschappij of die vennootschap die aanwijzing naleeft. Een aanwijzing heeft geen betrekking op het plaatsen van opdrachten door de toegelaten instelling of haar dochtermaatschappij.
2. Een aanwijzing als bedoeld in het eerste lid omvat de gevolgen die Onze Minister verbindt aan het niet voldoen aan die aanwijzing.
3. Bij een besluit om een aanwijzing te geven, betrekt Onze Minister de situatie van de volkshuisvesting in de gemeenten waar de betrokken toegelaten instelling of dochtermaatschappij feitelijk werkzaam is.
4. Alvorens een aanwijzing te geven kan Onze Minister, indien dit naar zijn oordeel wegens de aard van de voorgenomen aanwijzing noodzakelijk is, de colleges van burgemeester en wethouders van een of meer gemeenten in de gelegenheid stellen binnen een door hem te bepalen termijn hun zienswijze over die aanwijzing aan hem kenbaar te maken.

Art. 61e

Toegelaten instelling, termijn opvolging aanwijzing door Onze Minister

1. In een aanwijzing als bedoeld in artikel 61d wordt een termijn gesteld binnen welke de toegelaten instelling of de dochtermaatschappij daaraan dient te voldoen.
2. Van een aanwijzing wordt mededeling gedaan in de *Staatscourant*.

Art. 61f

Toegelaten instelling, gedragslijn

Een verzoek van Onze Minister aan een toegelaten instelling of een dochtermaatschappij om een bepaalde gedragslijn te volgen waarin niet is aangegeven welke gevolgen hij verbindt aan het niet voldoen aan dat verzoek, is geen aanwijzing in de zin van artikel 61d.

Art. 61g

Toegelaten instelling, aanwijzing personen/instanties

1. Onze Minister kan in het belang van de volkshuisvesting bepalen dat een toegelaten instelling of een dochtermaatschappij voor een door hem te bepalen tijdvak door hem aangegeven handelingen slechts verricht na goedkeuring van een of meer door hem aangewezen personen of instanties, dan wel na zijn goedkeuring. Een gemeente wordt niet als instantie als bedoeld in de eerste volzin aangewezen. Artikel 61d, eerste lid, tweede volzin, is ten aanzien van een samenwerkingsvennootschap als bedoeld in die volzin van overeenkomstige toepassing.
2. Onze Minister kan, indien een toegelaten instelling of een dochtermaatschappij niet binnen de in artikel 61e, eerste lid, bedoelde termijn voldoet aan een aanwijzing als bedoeld in artikel 61d, die de verplichting inhoudt tot handelingen die redelijkerwijs niet kunnen worden verricht zonder dat voorafgaand daaraan een schriftelijk plan daarvoor is opgesteld, bepalen dat een of meer door hem aangewezen personen of instanties dat plan opstellen. Die toegelaten instelling of dochtermaatschappij verleent die personen of instanties alle medewerking daarbij. Een gemeente wordt niet als instantie als bedoeld in dit lid aangewezen. Artikel 61d, eerste lid, tweede volzin, is ten aanzien van een samenwerkingsvennootschap als bedoeld in die volzin van overeenkomstige toepassing.
3. Onze Minister kan, indien een toegelaten instelling of een dochtermaatschappij niet binnen de in artikel 61e, eerste lid, bedoelde termijn voldoet aan een aanwijzing als bedoeld in artikel 61d, die de verplichting inhoudt een reglement als bedoeld in artikel 55a, tweede lid, op te stellen of te wijzigen, bepalen dat een of meer door hem aangewezen personen of instanties dat reglement overeenkomstig het bepaalde bij of krachtens artikel 55a opstellen of wijzigen. Het tweede lid, tweede en derde volzin, zijn van overeenkomstige toepassing. Artikel 61d, eerste lid, tweede volzin, is ten aanzien van een samenwerkingsvennootschap als bedoeld in die volzin van overeenkomstige toepassing.
4. Onze Minister geeft geen toepassing aan het tweede of derde lid dan nadat hij de betrokken toegelaten instelling of dochtermaatschappij in de gelegenheid heeft gesteld binnen een door hem te bepalen termijn aannemelijk te maken dat zij binnen een redelijke termijn zal voldoen aan de betrokken aanwijzing.

Art. 61h

Toegelaten instelling, onderbewindstelling

1. Indien een toegelaten instelling of een dochtermaatschappij het belang van de volkshuisvesting ernstige schade berokkent, redelijkerwijs in die situatie geen verbetering te voorzien is en een andere daartegen gerichte maatregel dan het onder bewind stellen van die toegelaten instelling of dochtermaatschappij niet doeltreffender zou zijn, kan de rechtbank in het arrondissement waarin zij haar woonplaats heeft haar onder bewind stellen op een daartoe strekkend verzoek van Onze Minister. Onze Minister kan bij zijn verzoek personen voor benoeming tot bewindvoerder voordragen en voorstellen doen omtrent hun beloning. Artikel 61d, eerste lid, tweede volzin, is ten aanzien van een samenwerkingsvennootschap als bedoeld in die volzin van overeenkomstige toepassing.

2. De rechtbank behandelt het verzoek binnen twee weken nadat hij het heeft ontvangen. Hij kan inzage nemen of, door daartoe door hem aangewezen deskundigen, doen nemen van zakelijke gegevens en bescheiden van de betrokken toegelaten instelling of dochtermaatschappij.
3. Een toegelaten instelling of een dochtermaatschappij die surseance van betaling heeft aangevraagd, aan welke surseance van betaling is verleend, van welke het faillissement is aangevraagd of die failliet is verklaard wordt niet onder bewind gesteld in de zin van dit artikel.

Art. 61i

1. Bij een beslissing waarbij een toegelaten instelling of een dochtermaatschappij onder bewind wordt gesteld, benoemt de rechtbank een of meer bewindvoerders en regelt hij hun beloning. De beloning komt voor rekening van die toegelaten instelling of dochtermaatschappij.

Toegelaten instelling, benoeming bewindvoerder

2. De bewindvoerders maken onverwijld een uittreksel van de uitspraak bekend in de *Staatscourant* en in een of meer bij de uitspraak aangewezen dag-, nieuws- of huis-aan-huisbladen. Het uittreksel vermeldt naam en woonplaats van de betrokken toegelaten instelling of dochtermaatschappij en de woonplaats van het kantoor van de bewindvoerders, alsmede de datum van de uitspraak.
3. De uitspraak is uitvoerbaar bij voorraad, onverminderd enige daartegen gerichte voorziening. Gedurende acht dagen na de uitspraak kan daartegen hoger beroep worden ingesteld bij het gerechtshof in het ressort waarin de betrokken toegelaten instelling of dochtermaatschappij haar woonplaats heeft. Het gerechtshof behandelt het beroep binnen twee weken nadat het het beroepschrift heeft ontvangen.
4. Gedurende acht dagen na de uitspraak van het gerechtshof in hoger beroep kan daartegen beroep in cassatie worden ingesteld. De Hoge Raad behandelt het beroep binnen twee weken nadat hij het beroepschrift heeft ontvangen.

Art. 61j

1. De bewindvoerders oefenen bij uitsluiting alle bevoegdheden uit van de organen van de toegelaten instelling of de dochtermaatschappij, tenzij de rechtbank heeft bepaald dat een orgaan zijn bevoegdheden kan blijven uitoefenen. Zij doen voorts onverwijld aan de Kamer van Koophandel opgave van de uitspraak van de rechtbank en van de gegevens over zichzelf die over een bestuurder worden verlangd.

Toegelaten instelling, bevoegdheid bewindvoerder

2. Een rechtshandeling die door een orgaan van de betrokken toegelaten instelling of dochtermaatschappij wordt verricht na de uitspraak van de rechtbank en voor het tijdstip waarop degenen die bij de rechtshandeling een belang hebben voor het eerst van de uitspraak kennis kunnen nemen, is geldig. Het tijdstip, bedoeld in de eerste volzin, is de datum van uitgifte van de *Staatscourant* waarin een uittreksel van die uitspraak is bekendgemaakt.

Art. 61k

1. De leden van de organen van de toegelaten instelling of de dochtermaatschappij en de personen die voor haar werkzaamheden verrichten, verlenen alle door de bewindvoerders gevraagde medewerking.

Toegelaten instelling, bewindvoering

2. Indien meer dan een bewindvoerder is benoemd, is voor de geldigheid van hun handelingen toestemming van de meerderheid van de bewindvoerders of, bij staking van stemmen, een beslissing van de president van de rechtbank vereist.
3. De rechtbank kan te allen tijde een bewindvoerder ontslaan en hem door een andere bewindvoerder vervangen, dan wel aan hem een of meer bewindvoerders toevoegen, een en ander ambtshalve dan wel op verzoek van die bewindvoerder zelf, van een of meer andere bewindvoerders of van Onze Minister.
4. De bewindvoerders brengen tijdens de uitoefening van hun bevoegdheden telkens na verloop van drie maanden, alsmede na beëindiging daarvan, zo spoedig mogelijk verslag over hun werkzaamheden uit aan de rechtbank en aan Onze Minister.

Art. 61l

1. Het bewind eindigt twee jaar na de uitspraak van de rechtbank waarbij de toegelaten instelling of de dochtermaatschappij onder bewind is gesteld. Het bewind eindigt voorts met onmiddellijke ingang na het onherroepelijk worden van een benoeming van een of meer bewindvoerders in een aan die toegelaten instelling of dochtermaatschappij verleende surseance van betaling of van een of meer curatoren in haar faillissement.

Toegelaten instelling, beëindiging bewindvoering

2. Indien naar het oordeel van Onze Minister voor het tijdstip, genoemd in de eerste volzin van het eerste lid, de voorwaarden zijn geschapen waaronder de betrokken toegelaten instelling of dochtermaatschappij niet langer het belang van de volkshuisvesting ernstige schade berokkent en niet op korte termijn dat belang ernstige schade zal berokkenen, verzoekt hij de rechtbank het bewind op te heffen. Bij zijn besluit waarbij het bewind wordt opgeheven, ontslaat de rechtbank de bewindvoerders.

Art. 61la

De Algemene Rekenkamer is bevoegd, voor zover zij dit nodig acht voor het uitoefenen van haar taak, bij alle toegelaten instellingen en dochtermaatschappijen alle goederen, administraties, documenten, en andere informatiedragers op een door haar aan te geven wijze te onderzoeken. Het onderzoek bij een toegelaten instelling kan mede betrekking hebben op een samenwerkings-

Toegelaten instelling, bevoegdheid Algemene Rekenkamer

vennootschap waarin zij volledig aansprakelijke vennote is. Artikel 7.18, vijfde lid, van de Comptabiliteitswet 2016 is van overeenkomstige toepassing.

Art. 61lb

Toegelaten instelling, informatievoorziening door Onze Minister

In bij of krachtens algemene maatregel van bestuur te bepalen gevallen stelt Onze Minister de raden van toezicht van de toegelaten instellingen en de besturen van de dochtermaatschappijen op de hoogte van zijn werkzaamheden ter uitoefening van zijn taken en bevoegdheden, bedoeld in dit hoofdstuk.

Afdeling 6
Algemeenverbindendverklaring van overeenkomsten met of tussen toegelaten instellingen

Art. 61m

Toegelaten instelling, algemeenverbindendverklaring overeenkomst

1. Onze Minister kan, indien dat naar zijn oordeel in het belang van de volkshuisvesting is, op een met redenen omklede aanvraag een overeenkomst tussen toegelaten instellingen, onderling of met een of meer andere partijen, algemeen verbindend verklaren voor alle toegelaten instellingen.
2. Bij algemene maatregel van bestuur kan worden bepaald dat Onze Minister bij een besluit tot toepassing van het eerste lid artikelen van dit hoofdstuk of het bepaalde krachtens zodanige artikelen buiten werking kan stellen. In dat geval wordt tevens bepaald dat hij uitsluitend dat bepaalde buiten werking stelt in het onderwerp waarvan naar zijn oordeel, uit het oogpunt van het belang van de volkshuisvesting en de uitoefening van het toezicht, toereikend door de overeenkomst, bedoeld in het eerste lid, wordt voorzien.
3. Toepassing van het eerste lid leidt niet tot enige beperking voor Onze Minister om uitvoering en toepassing te geven aan zijn taken en bevoegdheden, bedoeld in dit hoofdstuk en de artikelen 93, 104a, 105 en 120b.

Art. 61n

Toegelaten instelling, aanvraag algemeenverbindendverklaring

1. Een aanvraag om toepassing van artikel 61m, eerste lid, kan slechts worden ingediend door ten minste tweederde van de toegelaten instellingen, die gezamenlijk de eigendom hebben van ten minste tweederde van het aantal woongelegenheden dat in eigendom van toegelaten instellingen is. Bij ministeriële regeling kunnen voorschriften worden gegeven omtrent de bij de aanvraag over te leggen gegevens.
2. Op de voorbereiding van een besluit op de aanvraag is afdeling 3.4 van de Algemene wet bestuursrecht van toepassing. In afwijking van artikel 3:15, eerste en tweede lid, van die wet kan eenieder zienswijzen naar voren brengen.
3. Onze Minister kan aan een besluit tot toepassing van artikel 61m, eerste lid, voorschriften of beperkingen verbinden. Hij gaat daartoe in elk geval over, voor zover de in dat artikel bedoelde overeenkomst ten doel heeft beroep op de rechter omtrent het in die overeenkomst bepaalde uit te sluiten, of enig onderscheid te maken tussen toegelaten instellingen die partij zijn bij die overeenkomst en de overige toegelaten instellingen.
4. Een besluit tot toepassing van artikel 61m, eerste lid, heeft geen terugwerkende kracht. Het geldt voor een daarbij aangegeven termijn van ten hoogste vijf jaar.

Art. 61o

Toegelaten instelling, besluit tot algemeenverbindendverklaring

Onze Minister neemt slechts een besluit tot toepassing van artikel 61m, eerste lid, indien:
a. uit de in dat artikel bedoelde overeenkomst blijkt voor welke periode deze geldt, en
b. voor elke toegelaten instelling door die toepassing komt vast te staan welke financiële of andere gevolgen voor haar daaruit voortvloeien.

Art. 61p

Toegelaten instelling, intrekking besluit tot algemeenverbindendverklaring

1. Onze Minister kan een besluit tot toepassing van artikel 61m, eerste lid, intrekken, indien:
a. naar zijn oordeel het van kracht blijven van dat besluit het belang van de volkshuisvesting ernstige schade zou berokkenen;
b. de bij de aanvraag om toepassing van artikel 61m, eerste lid, verstrekte gegevens zodanig onjuist zijn of onvolledig blijken, dat daarop een andere beslissing zou zijn genomen, indien bij de beoordeling daarvan de juiste of volledige gegevens bekend waren geweest, of
c. voor Nederland verbindende internationale verplichtingen, of voorschriften met het oog op de nakoming daarvan, daartoe noodzaken.
2. Alvorens een besluit tot toepassing van artikel 61m, eerste lid, in te trekken op de grond, genoemd in het eerste lid, onderdeel a, stelt Onze Minister degenen die de aanvraag om die toepassing hebben gedaan, in de gelegenheid binnen een door hem te bepalen termijn hun zienswijze naar voren te brengen.
3. Op de voorbereiding van een besluit als bedoeld in het eerste lid op een van de gronden, genoemd in onderdeel b of c van dat lid, is artikel 61n, tweede en derde lid, van overeenkomstige toepassing.
4. Een besluit tot intrekking van een besluit tot toepassing van artikel 61m, eerste lid, heeft geen terugwerkende kracht.

Woningwet

A59 art. 64

Art. 61q
Elke toegelaten instelling is tot nakoming van een voor haar geldende algemeen verbindend verklaarde overeenkomst gehouden tegenover ieder ander die bij die nakoming een redelijk belang heeft.

Toegelaten instelling, nakoming algemeenverbindendverklaring

Afdeling 7
Overige bepalingen

Art. 61s
De voordracht voor een krachtens hoofdstuk IIIA of dit hoofdstuk vast te stellen algemene maatregel van bestuur wordt niet eerder gedaan dan vier weken nadat het ontwerp aan beide kamers der Staten-Generaal is overgelegd.

Nadere regels

Art. 61t
1. Indien een spoedeisend belang vordert dat voorschriften worden gegeven met het oog op de nakoming van voor Nederland verbindende besluiten van de Raad van de Europese Unie, van het Europees Parlement en de Raad gezamenlijk of van de Europese Commissie inzake staatssteun of compensatie in de zin van het Verdrag betreffende de werking van de Europese Unie aan toegelaten instellingen, en voor een juiste uitvoering van de voorschriften regeling bij wet of bij algemene maatregel van bestuur noodzakelijk is, kunnen die voorschriften tijdelijk bij ministeriële regeling worden gegeven.
2. Een ministeriële regeling als bedoeld in het eerste lid vervalt met ingang van de dag die een jaar ligt na de datum waarop zij in werking is getreden. Zij blijft na die dag van kracht, indien op die dag een voorstel van wet bij de Staten-Generaal is ingediend dat, of een algemene maatregel van bestuur in het Staatsblad is geplaatst die in regeling van het betrokken onderwerp voorziet. Na de indiening van een zodanig wetsvoorstel of de plaatsing in het Staatsblad van een zodanige algemene maatregel van bestuur vervalt zij op het tijdstip waarop dat wetsvoorstel wordt verworpen of, na tot wet te zijn verheven, in werking treedt, respectievelijk die algemene maatregel van bestuur wordt ingetrokken of in werking treedt.
3. De werkingsduur van een ministeriële regeling als bedoeld in het eerste lid kan eenmalig met ten hoogste een jaar worden verlengd. De tweede en derde volzin van het tweede lid zijn van overeenkomstige toepassing.

Nadere regels

Hoofdstuk V
Voorziening in de woningbehoefte

Afdeling 1
Onderzoek naar de volkshuisvesting

Art. 62
1. Bij algemene maatregel van bestuur kan, ten einde gegevens te verkrijgen omtrent omvang en samenstelling van de woningvoorraad en omtrent gebruik en bezetting van woningen, worden bepaald dat een algemene woningtelling wordt gehouden. In die maatregel worden tijdstip, doel en inhoud van de woningtelling omschreven.
2. Bij of krachtens de in het eerste lid bedoelde algemene maatregel van bestuur kunnen nadere voorschriften omtrent de woningtelling worden gegeven.
3. De colleges van burgemeester en wethouders verlenen hun medewerking aan de uitvoering van de in het eerste lid bedoelde algemene maatregel van bestuur.
4. Bij de in het eerste lid bedoelde algemene maatregel van bestuur worden voorschriften gegeven omtrent de aan gemeenten uit 's Rijks kas toe te kennen vergoeding van ter zake gemaakte kosten.

Woningen, algemene woningtelling

Art. 63
1. Bij koninklijk besluit kunnen burgemeester en wethouders worden verplicht, overeenkomstig bij dat besluit te geven voorschriften, een bijzonder onderzoek naar de staat van de volkshuisvesting in te stellen.
2. Aan gemeenten kunnen financiële middelen uit 's Rijks kas worden verstrekt ter bestrijding van de kosten, verbonden aan een onderzoek als bedoeld in het eerste lid.

Woningen, bijzonder gemeentelijk onderzoek naar staat volkshuisvesting

Afdeling 2
Planning, programmering en verdeling

Art. 64
Onze Minister verstrekt eenmaal per jaar aan de Staten-Generaal een verslag van de aard en het aantal van de woningen die in het jaar, voorafgaand aan het jaar waarin het verslag wordt aangeboden, zijn gebouwd.

Woningen, jaaroverzicht nieuwbouw

A59 art. 65 — Woningwet

**Woningen, informatieverstrekking door gemeenten/provincies
Nadere regels**

Art. 65
1. Burgemeester en wethouders alsmede gedeputeerde staten verstrekken overeenkomstig bij of krachtens algemene maatregel van bestuur gegeven voorschriften informatie ten behoeve van de door Onze Minister ingevolge artikel 64 aan de Staten-Generaal te verstrekken gegevens.
2. Bij of krachtens de algemene maatregel van bestuur, bedoeld in het eerste lid, worden in elk geval voorschriften gegeven omtrent de aard en omvang van de te verstrekken informatie, de instanties die, alvorens de informatie wordt verstrekt, moeten worden gehoord, alsmede de wijze waarop, het tijdstip waarop en de instantie waaraan de informatie moet worden verstrekt.

Art. 66-68
[Vervallen]

Art. 69
AMvB, plaatsing in Staatsblad en termijn inwerkingtreding

Een algemene maatregel van bestuur als bedoeld in artikel 65, treedt niet eerder in werking dan twee maanden na de datum van uitgifte van het *Staatsblad* waarin hij is geplaatst. Van de plaatsing wordt onverwijld mededeling gedaan aan de beide kamers der Staten-Generaal.

Afdeling 3
[Vervallen]

Art. 70-70l
[Vervallen]

Afdeling 3A
[Vervallen]

Art. 71-73
[Vervallen]

Afdeling 4
Voorzieningen in het belang van de volkshuisvesting vanwege de gemeente of de provincie

Art. 74
[Vervallen]

Art. 75
Volkshuisvesting, voorzieningen van gemeentewege

1. Burgemeester en wethouders kunnen, ingeval dit noodzakelijk is voor het naar behoren uitvoeren van deze wet, besluiten rechtstreeks van gemeentewege voorzieningen in het belang van de volkshuisvesting te treffen.
2. Indien ter uitvoering van het eerste lid van gemeentewege woongelegenheden worden gebouwd, geschiedt dit slechts, indien aannemelijk is, dat door het bouwen van woongelegenheden door toegelaten instellingen niet voldoende in de woningbehoefte zal worden voorzien.

Art. 76-80
[Vervallen]

Afdeling 4a
Stedelijke vernieuwing

Art. 80a
Stedelijke vernieuwing, zorgverplichting gemeente/provincie/minister

1. Het college van burgemeester en wethouders draagt zorg voor stedelijke vernieuwing en treft maatregelen in het belang daarvan.
2. Gedeputeerde staten dragen uitsluitend zorg voor de bevordering en ondersteuning van stedelijke vernieuwing, in het bijzonder indien zij in het kader daarvan financiële middelen verstrekken.
3. Onze Minister draagt zorg voor de bevordering en ondersteuning van stedelijke vernieuwing.

Afdeling 5
Verstrekking van geldelijke steun uit 's Rijks kas

Art. 81
Geldelijke steun aan gemeenten en provincies

1. Uit 's Rijks kas kunnen aan gemeenten of provincies financiële middelen worden verstrekt voor activiteiten die passen in het rijksbeleid met betrekking tot het bouwen, het wonen en de woonomgeving.
2. Bij of krachtens algemene maatregel van bestuur worden voorschriften gegeven omtrent het verstrekken van financiële middelen, bedoeld in het eerste lid.

Woningwet

A59 art. 92a

3. Bij de algemene maatregel van bestuur, bedoeld in het tweede lid, kunnen voorschriften worden gegeven omtrent het door provincies overdragen van krachtens het tweede lid aan hen toegekende bevoegdheden en verplichtingen aan een gemeente. De voorschriften betreffen in elk geval:
   a. het geval waarin een provincie bevoegdheden en verplichtingen al dan niet dient over te dragen;
   b. de wijze waarop in geval van overdracht verantwoording aan Onze Minister wordt afgelegd.
4. Bij of krachtens de algemene maatregel van bestuur, bedoeld in het tweede lid, kan worden bepaald dat de gemeenteraad of provinciale staten voorschriften geeft of geven omtrent het door burgemeester en wethouders, of gedeputeerde staten verstrekken van subsidie ten laste van de uit 's Rijks kas aan hen verstrekte financiële middelen voor de activiteiten, bedoeld in het eerste lid.
5. Bij algemene maatregel van bestuur kunnen ter bevordering van eenheid in de voorschriften, bedoeld in het vierde lid, regelen worden gegeven omtrent de inhoud van die voorschriften.
6. De gemeenteraad of provinciale staten brengen de door hen gegeven voorschriften, bedoeld in het vierde lid, binnen zes maanden na het van kracht worden van de algemene maatregel van bestuur, bedoeld in het vijfde lid, in overeenstemming met de bij die algemene maatregel van bestuur gegeven voorschriften.

Art. 82
[Vervallen]

Art. 83
Een algemene maatregel van bestuur als bedoeld in artikel 81, treedt niet eerder in werking dan twee maanden na de datum van uitgifte van het *Staatsblad* waarin hij is geplaatst. Van de plaatsing wordt onverwijld mededeling gedaan aan de beide kamers der Staten-Generaal.

AMvB, plaatsing in Staatsblad en termijn inwerkingtreding

Art. 84
Bij of krachtens algemene maatregel van bestuur kunnen voorschriften worden gegeven omtrent het door burgemeester en wethouders, gedeputeerde staten en het dagelijks bestuur van een samenwerkingsverband van gemeenten verstrekken van voor het verstrekken van financiële middelen van belang zijnde gegevens. De financiële gevolgen van het verstrekken van die gegevens worden niet gecompenseerd.

Nadere regels

Art. 85
[Vervallen]

Art. 86
Gegevens betreffende de door het Rijk verstrekte financiële middelen en subsidie worden jaarlijks op een door Onze Minister te bepalen wijze bekend gemaakt.

Volkshuisvesting, jaaroverzicht geldelijke steun

Art. 87
Onze Minister kan volgens bij ministeriële regeling gegeven voorschriften geldelijke steun verlenen voor doeleinden, de volkshuisvesting betreffende, voor zover het geldelijke steun betreft welke onmiddellijk voorafgaand aan 22 december 2000 in een ministeriële regeling was geregeld, die met ingang van die datum is komen te berusten op de algemene maatregel van bestuur, vastgesteld krachtens artikel 9, eerste lid, van de Invoeringswet Wet stedelijke vernieuwing zoals die wet onmiddellijk voorafgaand aan haar intrekking luidde.

Volkshuisvesting, doeleinden geldelijke steun

Art. 88
[Vervallen]

Hoofdstuk VI
Bestuursrechtelijke handhaving

Art. 89-91
[Vervallen]

Art. 92
1. Het bevoegd gezag draagt zorg voor de bestuursrechtelijke handhaving van het bepaalde bij of krachtens de hoofdstukken I tot en met III.
2. Met betrekking tot de kwaliteit van de uitvoering van taken en bevoegdheden en tot de handhaving van het bepaalde bij of krachtens de hoofdstukken I tot en met III zijn de artikelen 5.2, tweede lid, en 5.3 tot en met 5.25 van de Wet algemene bepalingen omgevingsrecht van toepassing.
3. In afwijking van het eerste lid draagt Onze Minister zorg voor de bestuursrechtelijke handhaving van het bepaalde bij of krachtens artikel 3, tweede lid.

Woningbouw, bestuursrechtelijke handhaving

Art. 92a
1. Het bevoegd gezag kan een bestuurlijke boete opleggen ter zake van een overtreding van het verbod van artikel 1b, indien de overtreder minder dan twee jaar voorafgaande aan die overtreding een overtreding van artikel 1b heeft begaan.

Woningbouw, bestuurlijke boete

2. De bestuurlijke boete, bedoeld in het eerste lid, bedraagt ten hoogste het bedrag dat is vastgesteld voor de derde categorie, bedoeld in artikel 23, vierde lid, van het Wetboek van Strafrecht.
3. Indien de overtreding, bedoeld in het eerste lid, gepaard gaat met een bedreiging van de leefbaarheid of een gevaar voor de gezondheid of veiligheid kan het bevoegd gezag de bestuurlijke boete verhogen tot ten hoogste het bedrag dat is vastgesteld voor de vierde categorie, bedoeld in artikel 23, vierde lid, van het Wetboek van Strafrecht.
4. Bij algemene maatregel van bestuur kunnen nadere voorschriften worden gegeven over de hoogte van de bestuurlijke boete.

Art. 93

Woningbouw, aanwijzing toezichtambtenaren

1. Met het toezicht op de naleving van het bij en krachtens de hoofdstukken IIIA en IV bepaalde zijn belast de bij besluit van Onze Minister aangewezen bij de autoriteit werkzame ambtenaren.
2. Met het toezicht op de naleving van het bij of krachtens de hoofdstukken V tot en met IX bepaalde zijn belast de bij besluit van Onze Minister aangewezen ambtenaren.
3. Van een besluit als bedoeld in het eerste en tweede lid, wordt mededeling gedaan door plaatsing in de Staatscourant.

Art. 94
[Vervallen]

Art. 95

Woningbouw, afschrift besluiten naar inspecteur

1. Tegelijkertijd met of zo spoedig mogelijk na de bekendmaking zenden burgemeester en wethouders aan de inspecteur een afschrift van elke verordening, elk besluit of elk aan de raad overlegd verslag, de volkshuisvesting betreffende. De financiële gevolgen van het zenden van die afschriften worden niet gecompenseerd.
2. Burgemeester en wethouders geven aan de inspecteur alle door deze verlangde inlichtingen omtrent de naleving van de wetten en de krachtens die wetten gegeven voorschriften op het gebied van de volkshuisvesting.

Art. 96-97
[Vervallen]

Art. 98
[Door vernummering vervallen]

Art. 99-100e
[Vervallen]

Hoofdstuk VII
Voorzieningen in geval van buitengewone omstandigheden

Art. 101

Volkshuisvesting, voorzieningen bij buitengewone omstandigheden

1. Onverminderd de artikelen 7, eerste lid, en 8, eerste lid, van de Coördinatiewet uitzonderingstoestanden kunnen, ingeval buitengewone omstandigheden dit noodzakelijk maken, bij koninklijk besluit, op voordracht van Onze Minister-President, de artikelen 101a, 102, en 103 gezamenlijk in werking worden gesteld.
2. Wanneer het in het eerste lid bedoelde besluit is genomen wordt onverwijld een voorstel van wet aan de Tweede Kamer gezonden omtrent het voortduren van de werking van de bij dat besluit in werking gestelde bepalingen.
3. Wordt het voorstel van wet door de Staten-Generaal verworpen, dan worden bij koninklijk besluit, op voordracht van Onze Minister-President, de bepalingen die ingevolge het eerste lid in werking zijn gesteld, onverwijld buiten werking gesteld.
4. Bij koninklijk besluit, op voordracht van Onze Minister-President, worden bepalingen die ingevolge het eerste lid in werking zijn gesteld, buiten werking gesteld, zodra de omstandigheden dit naar Ons oordeel toelaten.
5. Het besluit, bedoeld in het eerste, derde en vierde lid, wordt op de daarin te bepalen wijze bekendgemaakt. Het treedt in werking terstond na de bekendmaking.
6. Het besluit, bedoeld in het eerste, derde en vierde lid, wordt in ieder geval geplaatst in het *Staatsblad*.

Art. 101a

Nadere regels

Indien schaarste dreigt te ontstaan dan wel bestaat aan arbeidskrachten, geldmiddelen of materialen, kunnen bij krachtens algemene maatregel van bestuur, zo nodig in afwijking van de in de hoofdstukken III en V of de Wet algemene bepalingen omgevingsrecht vervatte bepalingen, voorschriften worden gegeven omtrent de toepassing van die bepalingen of de verlening van een omgevingsvergunning voor het bouwen van een bouwwerk.

Art. 102

Buitengewone omstandigheden, vaststellen plan over uit voeren werken bouwnijverheid

1. Indien toepassing wordt gegeven aan artikel 101a, stelt Onze Minister, in overeenstemming met Onze andere Ministers wie het mede aangaat, overeenkomstig de bij of krachtens de in dat artikel bedoelde algemene maatregel van bestuur gegeven voorschriften, een plan vast, waarin is aangegeven aan welke werken op het gebied van de burgerlijke of utiliteitsbouw,

grond-, water- of wegenbouw of op enig ander gebied de bouwnijverheid betreffende, in het eerstkomende jaar uitvoering kan worden gegeven.
2. Het in het eerste lid bedoelde plan wordt zo spoedig mogelijk nadat dit is vastgesteld, door Onze Minister aan de Staten-Generaal verstrekt.

Art. 103
[Treedt in werking op nader te bepalen tijdstip]

Hoofdstuk VIII
Dwang- en strafbepalingen

Art. 104
Indien toepassing van bestuursdwang ter handhaving van de bij of krachtens deze wet gegeven voorschriften leidt tot het slopen van een bouwwerk, worden de overblijvende materialen door het bevoegd gezag in het openbaar verkocht, tenzij, naar redelijkerwijs is te verwachten, bij onderhandse verkoop een hogere opbrengst kan worden verkregen. De opbrengst wordt, na aftrek van de kosten van het slopen en van de verkoop, aan de rechthebbende uitgekeerd.

Woningbouw, strafbepalingen

Art. 104a
1. Onze Minister kan een toegelaten instelling aan welke compensatie niet volledig toekomt, verplichten tot betaling van een geldsom ten laste van die compensatie. Artikel 61d, eerste lid, tweede volzin, is ten aanzien van een samenwerkingsvennootschap als bedoeld in die volzin van overeenkomstige toepassing.
2. Bij algemene maatregel van bestuur kunnen nadere voorschriften worden gegeven omtrent de toepassing van het eerste lid.

Betaling geldsom ten laste van compensatie

Art. 105
1. Onze Minister kan een last onder dwangsom of een bestuurlijke boete opleggen aan een toegelaten instelling of een dochtermaatschappij:
a. ter handhaving van het bepaalde bij of krachtens hoofdstuk IIIA of IV;
b. ter handhaving van een aanwijzing als bedoeld in artikel 61d of van een maatregel als bedoeld in artikel 48, zevende lid, 61g, eerste, tweede of derde lid, of 104a, eerste lid, of
c. naar aanleiding van een plan als bedoeld in artikel 29, eerste lid, tweede volzin, of 57, eerste lid, onderdeel a, dan wel indien de toegelaten instelling een zodanig plan niet verstrekt.
2. Artikel 61d, eerste lid, tweede volzin, is ten aanzien van een samenwerkingsvennootschap als bedoeld in die volzin van overeenkomstige toepassing.
3. De bestuurlijke boete bedraagt ten hoogste het bedrag dat is vastgesteld voor de vierde categorie, bedoeld in artikel 23, vierde lid, van het Wetboek van Strafrecht.

Last onder dwangsom of bestuurlijke boete

Art. 105a-115
[Vervallen]

Hoofdstuk IX
Slot- en overgangsbepalingen

Art. 116
Op de gezamenlijke voordracht van Onze Minister en van Onze Minister die het mede aangaat, kan bij koninklijk besluit worden bepaald, dat deze wet niet van toepassing is op een in dat besluit aan te wijzen werk ten behoeve van de landsverdediging.

Overgangsbepalingen

Art. 117
[Vervallen]

Art. 118
Indien de bekendmaking van beschikkingen op grond van deze wet niet kan geschieden op de wijze als voorzien in artikel 3:41, eerste lid, van de Algemene wet bestuursrecht, geschiedt zij door openbare bekendmaking op het perceel waarop de beschikking betrekking heeft.

Openbare bekendmaking op perceel

Art. 119-119a
[Vervallen]

Art. 120
1. Bij of krachtens algemene maatregel van bestuur kunnen voorschriften worden gegeven met het oog op de nakoming van voor Nederland verbindende internationale verplichtingen die betrekking hebben op of samenhangen met onderwerpen waarin bij of krachtens deze wet is voorzien.
2. Gedragingen in strijd met voorschriften als bedoeld in het eerste lid, niet zijnde voorschriften als bedoeld in artikel 8, achtste lid, zijn verboden.

Nakoming verbindende internationale verplichtingen

Art. 120a
1. Bij of krachtens algemene maatregel van bestuur kan worden bepaald dat Onze Minister bij wege van experiment tijdelijk van bij of krachtens algemene maatregel van bestuur gegeven voorschriften kan afwijken of een zodanige afwijking kan toestaan.
2. Indien toepassing wordt gegeven aan het eerste lid, wordt in ieder geval bepaald:

Tijdelijke afwijking van bij of krachtens AMvB gegeven voorschriften

a. de wijze waarop tot een keuze voor experimenten als bedoeld in het eerste lid wordt gekomen;
b. de ten hoogste toegestane tijdsduur van een afwijking als bedoeld in het eerste lid en
c. de wijze waarop tot de vaststelling wordt gekomen of een experiment als bedoeld in het eerste lid zodanig geslaagd is, dat het wettelijk voorschrift waarvan bij wege van dat experiment is afgeweken zou moeten worden gewijzigd.

Art. 120b

Last onder bestuursdwang of bestuurlijke boete

1. Onze Minister kan een last onder bestuursdwang of een bestuurlijke boete opleggen ter zake van een overtreding van het verbod, bedoeld in artikel 120, tweede lid.

2. Voor een overtreding, begaan door een natuurlijke persoon, bedraagt de bestuurlijke boete ten hoogste het bedrag dat is vastgesteld voor de eerste categorie, bedoeld in artikel 23, vierde lid, van het Wetboek van Strafrecht. Ten aanzien van een overtreding, begaan door een rechtspersoon, is artikel 105, derde lid, van overeenkomstige toepassing.

Art. 121

Bevoegdheid gemeenteraad tot uitvaardigen verordeningen, uitzonderingen op

De bevoegdheid, de gemeenteraad toekomende overeenkomstig artikel 149 van de Gemeentewet, mag niet worden uitgeoefend ten aanzien van de onderwerpen waarin is voorzien bij of krachtens de algemene maatregelen van bestuur, bedoeld in:
a. artikel 12a, vierde lid;
b. hoofdstuk IV, voor zover die algemene maatregelen van bestuur betrekking hebben op toegelaten instellingen.

Art. 122

De gemeente kan geen rechtshandelingen naar burgerlijk recht verrichten ten aanzien van de onderwerpen waarin bij of krachtens een algemene maatregel van bestuur als bedoeld in artikel 2, is voorzien of die met betrekking tot het bouwen bij of krachtens de Wet algemene bepalingen omgevingsrecht zijn geregeld.

Art. 123

[Vervallen]

Art. 124

[Wijzigt de Woningwet 1962.]

Art. 125

Intrekking Woningwet 1962

De intrekking van de Woningwet van 12 juli 1962 heeft geen gevolgen voor de geldigheid van de krachten die wet bij koninklijk besluit dan wel door Onze Minister gegeven voorschriften, tenzij krachtens deze wet anders is bepaald.

Art. 126

Overgangsbepaling

1. Gedurende ten hoogste een jaar na het tijdstip van inwerkingtreding van hoofdstuk II, afdeling 2, blijft de op grond van de Woningwet van 12 juli 1962 geldende gemeentelijke bouwverordening, voor zover deze niet in strijd is met de bij of krachtens deze wet gegeven voorschriften, van kracht en geldt deze als de bouwverordening, genoemd in artikel 8.

2. De bouwverordening, genoemd in artikel 8, wordt vastgesteld binnen zes maanden na het tijdstip van inwerkingtreding van hoofdstuk II, afdeling 2.

Art. 127

Overgangsbepaling

1. Aanschrijvingen die op grond van de Woningwet van 12 juli 1962 zijn uitgevaardigd en waartegen geen beroep meer kan worden ingesteld, gelden als aanschrijvingen als bedoeld in deze wet.

2. Aanschrijvingen die op grond van de Woningwet van 12 juli 1962 zijn uitgevaardigd en waartegen nog beroep kan worden ingesteld dan wel beroep is ingesteld, worden afgedaan overeenkomstig genoemde wet en gelden als aanschrijvingen als bedoeld in deze wet.

Art. 128

Overgangsbepaling

1. Besluiten tot onbewoonbaarverklaring die op grond van de Woningwet van 12 juli 1962 zijn genomen en waartegen geen beroep meer kan worden ingesteld, gelden als beslissingen tot onbewoonbaarverklaring als bedoeld in deze wet.

2. Besluiten tot onbewoonbaarverklaring die op grond van de Woningwet van 12 juli 1962 zijn genomen en waartegen nog beroep kan worden ingesteld dan wel beroep is ingesteld, worden afgedaan overeenkomstig genoemde wet en gelden als beslissingen tot onbewoonbaarverklaring als bedoeld in deze wet.

Art. 129

Overgangsbepaling

1. Verzoeken om toestemming als bedoeld in artikel 46 van de Woningwet van 12 juli 1962, alsmede enig beroep, ingesteld tegen een beslissing omtrent een dergelijk verzoek, worden afgedaan overeenkomstig genoemde wet. Verzoeken als bedoeld in dit lid, gelden als aanvragen om vergunning als bedoeld in artikel 61.

2. Toestemmingen als bedoeld in artikel 46 van de Woningwet van 12 juli 1962, waartegen geen beroep meer kan worden ingesteld, gelden als vergunningen als bedoeld in artikel 61.

Art. 130

Overgangsbepaling

1. Aanvragen om bouwvergunning als bedoeld in artikel 47, eerste lid, van de Woningwet van 12 juli 1962, alsmede enig beroep, ingesteld tegen een beslissing omtrent een dergelijke aanvraag,

worden afgedaan overeenkomstig genoemde wet. Aanvragen als bedoeld in dit lid, gelden als aanvragen om bouwvergunning als bedoeld in artikel 40, eerste lid.
2. Bouwvergunningen als bedoeld in artikel 47, eerste lid, van de Woningwet van 12 juli 1962, waartegen geen beroep meer kan worden ingesteld, gelden als bouwvergunningen als bedoeld in artikel 40, eerste lid.

Art. 131*
Een toestemming verleend door Onze Minister op basis van artikel 45a van deze wet, zoals dat luidde voor de inwerkingtreding van artikel I, onderdeel E, van de Wijziging van de Woningwet in verband met het tijdelijk uitbreiden van het werkgebied van toegelaten instellingen met het oog op het huisvesten van vergunninghouders, blijft onder de voorwaarden waaronder deze destijds is verleend gelden tot het moment dat de duur waarvoor deze is verleend is verlopen. Het bepaalde bij en krachtens artikel 45a blijft op de toestemming van Onze Minister van toepassing.

Toestemming minister

Art. 131
1. Op een op het tijdstip van inwerkingtreding van de Wet verduidelijking voorschriften woonboten bestaande woonboot of bestaand ander drijvend object dat hoofdzakelijk wordt gebruikt voor verblijf zijn de artikelen 1b voor zover het de voorschriften, bedoeld in artikel 2, eerste lid, betreft, 7b en 13 niet van toepassing.
2. Indien op het tijdstip van inwerkingtreding van de Wet verduidelijking voorschriften woonboten bij of krachtens een gemeentelijke verordening voorschriften zijn gegeven over het uiterlijk van woonboten of andere drijvende objecten die hoofdzakelijk worden gebruikt voor verblijf, worden die voorschriften aangemerkt als onderdeel van een welstandsnota als bedoeld in artikel 12a, eerste lid, tot het tijdstip waarop een nieuwe welstandsnota als bedoeld in artikel 12a, eerste lid, wordt vastgesteld.

Woonboten, overgangsbepaling

Art. 132
Overtredingen van bij of krachtens de Woningwet van 12 juli 1962 gegeven voorschriften worden afgedaan overeenkomstig genoemde wet.

Overtredingen Woningwet 12 juli 1962

Art. 133
1. Voor gebieden waar op het tijdstip van inwerkingtreding van de Reparatiewet BZK 2014 een bestemmingsplan als bedoeld in de Wet ruimtelijke ordening van toepassing is, blijven de artikelen 1, eerste lid, onderdeel g, 7b, eerste lid, 8, vijfde en zevende lid, 9, 10 en 12, derde lid, zoals die laatstelijk luidden voor het tijdstip van inwerkingtreding van de Reparatiewet BZK 2014, van toepassing tot het tijdstip van wijziging van het bestemmingsplan voor het gebied, doch uiterlijk tot 1 juli 2018.
2. Voor gebieden waar op het tijdstip van inwerkingtreding van de Reparatiewet BZK 2014 geen bestemmingsplan als bedoeld in de Wet ruimtelijke ordening van toepassing is, blijven de artikelen 1, eerste lid, onderdeel g, 7b, eerste lid, 8, vijfde en zevende lid, 10 en 12, derde lid, zoals die laatstelijk luidden voor het tijdstip van inwerkingtreding van de Reparatiewet BZK 2014, van toepassing tot het tijdstip van inwerkingtreding van een bestemmingsplan voor dat gebied, doch uiterlijk tot 1 juli 2018.
3. Op een aanvraag om een omgevingsvergunning voor het bouwen van een bouwwerk, als bedoeld in artikel 2.1, eerste lid, onder a, van de Wet algemene bepalingen omgevingsrecht, ingediend voor het tijdstip van inwerkingtreding van de Reparatiewet BZK 2014, alsmede op enig bezwaar of beroep, ingesteld tegen een besluit over een dergelijke aanvraag, blijven de artikelen 1, eerste lid, onderdeel g, 7b, eerste lid, 8, vijfde en zevende lid, 9, 10 en 12, derde lid, zoals deze luidden op het tijdstip waarop de aanvraag werd ingediend, van toepassing.
4. Op een aanvraag om een omgevingsvergunning voor het bouwen van een bouwwerk, als bedoeld in artikel 2.1, eerste lid, onder a, van de Wet algemene bepalingen omgevingsrecht, ingediend op of na het tijdstip van inwerkingtreding van de Reparatiewet BZK 2014 tot 1 juli 2018, waarbij het bouwen plaatsvindt in een gebied waar op het tijdstip van indienen van de aanvraag geen bestemmingsplan als bedoeld in de Wet ruimtelijke ordening van toepassing is, alsmede op enig bezwaar of beroep, ingesteld tegen een besluit over een dergelijke aanvraag, blijven de artikelen 1, eerste lid, onderdeel g, 7b, eerste lid, 8, vijfde en zevende lid, 10 en 12, derde lid, zoals deze laatstelijk luidden voor het tijdstip van inwerkingtreding van de Reparatiewet BZK 2014, van toepassing.

Overgangsbepalingen m.b.t. Reparatiewet BZK 2014

Art. 134*
De toegelaten instellingen brengen hun statuten uiterlijk voor 1 januari 2019 in overeenstemming met de Woningwet, zoals gewijzigd door de Veegwet Wonen.

Overgangsbepaling

Art. 134
[Bevat wijzigingen in andere regelgeving.]

Art. 135
[Bevat wijzigingen in andere regelgeving.]

Art. 136
De Wederopbouwwet (*Stb.* 1950, 236) wordt ingetrokken.

Art. 137
[Bevat wijzigingen in andere regelgeving.]
Art. 138
[Bevat wijzigingen in andere regelgeving.]
Art. 139
[Vervallen]
Art. 140
Uitschakelbepaling De Wet van 11 maart 1978, houdende wijziging van de Woningwet inzake aanschrijving tot verbetering van woningen (*Stb.* 143) wordt ingetrokken.
Art. 141
[Bevat wijzigingen in andere regelgeving.]
Art. 142
[Bevat wijzigingen in andere regelgeving.]
Art. 143
[Bevat wijzigingen in andere regelgeving.]
Art. 144
[Bevat wijzigingen in andere regelgeving.]
Art. 145
[Bevat wijzigingen in andere regelgeving.]
Art. 146
[Bevat wijzigingen in andere regelgeving.]
Art. 147
De Wet geldelijke steun woonwagens (*Stb.* 1986, 264) wordt ingetrokken.
Art. 148
[Bevat wijzigingen in andere regelgeving.]
Art. 149
[Bevat wijzigingen in andere regelgeving.]
Art. 150
[Bevat wijzigingen in andere regelgeving.]
Art. 151
[Bevat wijzigingen in andere regelgeving.]
Art. 152
Overgangsbepaling Waar in voorschriften, gegeven bij of krachtens een andere wet dan de in de artikelen 149 tot en met 151 genoemde, wordt verwezen naar een artikel in de Woningwet van 12 juli 1962, wordt deze verwijzing geacht te zijn geschied naar de overeenkomstige bepalingen in deze wet.
Art. 152b
Evaluatie Onze Minister van Binnenlandse Zaken en Koninkrijksrelaties zendt binnen drie jaar na de inwerkingtreding van de wet van 25 juni 2019 tot wijziging van de Woningwet in verband met de introductie van een stelsel van certificering voor werkzaamheden aan gasverbrandingsinstallaties aan de Staten-Generaal een verslag over de doeltreffendheid en de effecten van de krachtens artikel 3, tweede en derde lid, gestelde regels.
Art. 153
Inwerkingtreding 1. De artikelen van deze wet treden in werking op een bij koninklijk besluit te bepalen tijdstip, dat voor de verschillende artikelen of onderdelen daarvan verschillend kan worden gesteld.
2. Bij het in het eerste lid bedoelde besluit kan, voor zover dat besluit voorziet in gedeeltelijke inwerkingtreding van deze wet, in afwijking in zoverre van artikel 124 worden bepaald dat verschillende artikelen of onderdelen van artikelen van de Woningwet van 12 juli 1962 van kracht blijven.
3. Indien toepassing wordt gegeven aan het eerste of tweede lid, kan in hetgeen met het oog op het in werking treden dan wel in stand blijven van de desbetreffende artikelen of onderdelen daarvan regeling behoeft, worden voorzien bij algemene maatregel van bestuur.
4. De Woningwet van 12 juli 1962 wordt vanaf het tijdstip van gehele of gedeeltelijke inwerkingtreding van deze wet aangehaald als Woningwet 1962.

Citeertitel 5. Deze wet kan worden aangehaald als Woningwet.

Huisvestingswet 2014[1]

Wet van 4 juni 2014, houdende nieuwe regels met betrekking tot de verdeling van woonruimte en de samenstelling van de woonruimtevoorraad (Huisvestingswet 2014)

Wij Willem-Alexander, bij de gratie Gods, Koning der Nederlanden, Prins van Oranje-Nassau, enz. enz. enz.
Allen, die deze zullen zien of horen lezen, saluut! doen te weten:
Alzo Wij in overweging genomen hebben, dat het wenselijk is nieuwe regels te stellen met betrekking tot de verdeling van woonruimte en de samenstelling van de woonruimtevoorraad;
Zo is het, dat Wij, de Raad van State gehoord, en met gemeen overleg der Staten-Generaal, hebben goedgevonden en verstaan, gelijk Wij goedvinden en verstaan bij deze:

Hoofdstuk 1
Algemene bepalingen

§ 1
Begripsbepalingen

Art. 1
1. In deze wet en de daarop berustende bepalingen wordt verstaan onder:
a. *digitaal platform*: degene die een dienst van de informatiemaatschappij verleent gericht op het publiceren van aanbiedingen voor toeristische verhuur;
b. *huishoudinkomen*: gezamenlijke verzamelinkomens als bedoeld in artikel 2.3 van de Wet op de inkomstenbelasting 2001 van de aanvragers van een huisvestingsvergunning voor een bij huisvestingsverordening aangewezen woonruimte, met uitzondering van kinderen in de zin van artikel 4 van de Algemene wet inkomensafhankelijke regelingen, met dien verstande dat in het eerste lid van dat artikel voor «belanghebbende» telkens wordt gelezen «aanvrager»;
c. *huisvestingsvergunning*: vergunning als bedoeld in artikel 8, eerste lid;
d. *huisvestingsverordening*: verordening als bedoeld in artikel 4;
e. *Onze Minister*: Onze Minister van Binnenlandse Zaken en Koninkrijksrelaties;
f. *standplaats*: kavel, bestemd voor het plaatsen van een woonwagen, waarop voorzieningen aanwezig zijn die op het leidingnet van de openbare nutsbedrijven, andere instellingen of van gemeenten kunnen worden aangesloten;
g. *taakstelling*: aantal in opvangcentra of op gemeentelijke opvangplaatsen verkerende vergunninghouders in wier huisvesting per gemeente per kalenderhalfjaar dient te worden voorzien;
h. *toegelaten instelling*: instelling als bedoeld in artikel 19 van de Woningwet;
i. *toeristische verhuur*: in een woonruimte tegen betaling bieden van verblijf aan personen die niet als ingezetene zijn ingeschreven met een adres in de gemeente in de basisregistratie personen;
j. *vergunninghouder*: vreemdeling die in Nederland een verblijfsvergunning asiel voor bepaalde tijd heeft aangevraagd en als gevolg daarvan een verblijfsvergunning heeft ontvangen als bedoeld in artikel 8, onderdeel a, b, c, of d, van de Vreemdelingenwet 2000;
k. *woningmarktregio*: gebied dat vanuit het oogpunt van het functioneren van de woningmarkt als een geheel kan worden beschouwd;
l. *woonruimte*:
1° besloten ruimte die, al dan niet tezamen met een of meer andere ruimten, bestemd of geschikt is voor bewoning door een huishouden, en
2° standplaats.
2. Indien de gemeenteraad bij de aanwijzing van categorieën woonruimte op grond van artikel 7 gebruik maakt van huurprijsgrenzen of koopprijsgrenzen wordt verstaan onder:
a. *huurprijs*: prijs die bij huur en verhuur is verschuldigd voor het enkele gebruik van een woonruimte, uitgedrukt in een bedrag per maand;
b. *koopprijs*: prijs die voor de enkele koop van een woonruimte daadwerkelijk is of zal worden betaald.

Begripsbepalingen

---

[1] Inwerkingtredingsdatum: 01-01-2015; zoals laatstelijk gewijzigd bij: Stb. 2020, 460.

§ 2
Toepassing bevoegdheden

Art. 2

Bevoegdheden gemeenteraad

1. De gemeenteraad maakt van zijn bevoegdheden op grond van deze wet slechts gebruik indien dat noodzakelijk en geschikt is voor het bestrijden van onevenwichtige en onrechtvaardige effecten van schaarste aan woonruimte.
2. De gemeenteraad kan van zijn bevoegdheden op grond van:
   a. de artikelen 12 en 13, alsmede, voor zover daartoe noodzakelijk, van die op grond van artikel 7, of
   b. de artikelen 23a tot en met 23c, voor zover dit noodzakelijk is voor het behoud van de leefbaarheid van de woonomgeving,
   ook gebruik maken indien daartoe geen noodzaak is vanuit het oogpunt van het bestrijden van onevenwichtige en onrechtvaardige effecten van schaarste aan woonruimte.

Art. 3

Aanwijzing woningmarktregio

1. Op verzoek van burgemeester en wethouders van een of meer gemeenten kunnen gedeputeerde staten, indien een evenwichtige regionale verdeling van woonruimte dat naar hun oordeel vereist, een woningmarktregio aanwijzen waarin de in artikel 4 gegeven bevoegdheid uitsluitend met toepassing van de Wet gemeenschappelijke regelingen kan worden uitgeoefend.
2. Complexen, straten of gebieden als bedoeld in artikel 5, eerste, tweede of derde lid, van de Wet bijzondere maatregelen grootstedelijke problematiek zijn van een aanwijzing als bedoeld in het eerste lid uitgezonderd.
3. Indien de woningmarktregio in meer dan een provincie is gelegen, wordt de aanwijzing gegeven door gedeputeerde staten van de provincie waarin de meerderheid van de bevolking van de woningmarktregio woont, na overleg met gedeputeerde staten van de andere provincie of provincies.
4. Alvorens een aanwijzing te geven plegen gedeputeerde staten overleg met burgemeester en wethouders van de gemeenten in de woningmarktregio.
5. De gemeentelijke huisvestingsverordeningen die op het tijdstip waarop de aanwijzing wordt gegeven van kracht zijn, vervallen een jaar na dat tijdstip. Deze vervaltermijn treedt in de plaats van de termijnen waarop die verordeningen waren vervallen, indien geen aanwijzing zou zijn gegeven.

§ 3
De huisvestingsverordening

Art. 4

Huisvestingsverordening

1. De gemeenteraad kan uitsluitend bij verordening voor de duur van ten hoogste vier jaar regels geven met betrekking tot:
   a. het in gebruik nemen of geven van woonruimte, en
   b. wijzigingen in de bestaande woonruimtevoorraad.
2. Het eerste lid is ten aanzien van het kunnen geven van regels met betrekking tot het in gebruik nemen of geven van voor verkoop bestemde woonruimte slechts van toepassing op de gemeenten Ameland, Schiermonnikoog, Terschelling, Texel en Vlieland.

Art. 5

Vergunningaanvraag

De gemeenteraad stelt, indien hij toepassing heeft gegeven aan artikel 7, 21 of 22, in de huisvestingsverordening regels over:
a. de wijze van aanvragen van vergunningen als bedoeld in die artikelen, en
b. de gegevens die door de aanvrager worden verstrekt bij de aanvraag van een vergunning als bedoeld in die artikelen.

Art. 6

Voorbereiding/vaststelling huisvestingsverordening

1. Bij de voorbereiding van de vaststelling of wijziging van een huisvestingsverordening plegen burgemeester en wethouders overleg met de in de gemeente werkzame toegelaten instellingen, met woonconsumentenorganisaties en met andere daarvoor naar hun oordeel in aanmerking komende organisaties.
2. Bij de voorbereiding van de vaststelling of wijziging van een huisvestingsverordening stemmen burgemeester en wethouders deze af met burgemeester en wethouders van de overige gemeenten die deel uitmaken van de woningmarktregio waarin de gemeente is gelegen.

Hoofdstuk 2
De huisvestingsvergunning

§ 1
Aanwijzing van vergunningplichtige woonruimte

Art. 7
1. In de huisvestingsverordening kan de gemeenteraad categorieën woonruimte aanwijzen die niet voor bewoning in gebruik mogen worden genomen of gegeven indien daarvoor geen huisvestingsvergunning is verleend. *(Aanwijzing vergunningplichtige woonruimte)*
2. Het eerste lid is ten aanzien van het kunnen aanwijzen van voor verkoop bestemde goedkope woonruimte slechts van toepassing op de gemeenten Ameland, Schiermonnikoog, Terschelling, Texel en Vlieland.

Art. 8
1. Het is verboden om woonruimte die is aangewezen krachtens artikel 7 voor bewoning in gebruik te nemen zonder vergunning van burgemeester en wethouders. *(Verbod op wonen zonder vergunning)*
2. Het is verboden om woonruimte die is aangewezen krachtens artikel 7 voor bewoning in gebruik te geven aan een persoon die niet beschikt over een huisvestingsvergunning.

§ 2
Criteria voor verlening van de huisvestingsvergunning

Art. 9
1. Indien de gemeenteraad toepassing heeft gegeven aan artikel 7 legt hij in de huisvestingsverordening de criteria vast voor de verlening van huisvestingsvergunningen. *(Criteria verlening huisvestingsvergunning)*
2. De criteria, bedoeld in het eerste lid:
a. hebben geen betrekking op het stellen van eisen als bedoeld in artikel 8, eerste lid, van de Wet bijzondere maatregelen grootstedelijke problematiek, behoudens in gebieden die daartoe zijn aangewezen op grond van artikel 5 van die wet;
b. hebben niet tot gevolg dat woningzoekenden met een huishoudinkomen onder een gestelde ondergrens geheel uitgesloten worden van toegang tot de woningvoorraad in de gemeente, en
c. hebben niet tot gevolg dat toegelaten instellingen die feitelijk werkzaam zijn in de gemeente belemmerd worden om bij de toewijzing van hun woongelegenheden uitvoering te geven aan het bepaalde bij of krachtens de artikelen 46, tweede lid, en 48, Woningwet.

Art. 10
1. De gemeenteraad wijst indien hij toepassing heeft gegeven aan artikel 7 in de huisvestingsverordening de categorieën woningzoekenden aan die voor het verkrijgen van een huisvestingsvergunning in aanmerking komen. *(Aanwijzing categorieën woningzoekenden)*
2. Voor een huisvestingsvergunning komen slechts in aanmerking woningzoekenden die:
a. de Nederlandse nationaliteit bezitten of op grond van een wettelijke bepaling als Nederlander worden behandeld, of
b. vreemdeling zijn en rechtmatig verblijf in Nederland hebben als bedoeld in artikel 8, onderdelen a tot en met e en l, van de Vreemdelingenwet 2000.

Art. 11
In de huisvestingsverordening kan de gemeenteraad bepalen dat voor een of meer daarbij aangewezen categorieën woonruimte in verband met de aard, grootte of prijs van die woonruimte bij het verlenen van huisvestingsvergunningen voorrang wordt gegeven aan een daarbij aangewezen gedeelte van de overeenkomstig artikel 10, eerste lid, aangewezen categorieën woningzoekenden. *(Woningzoekenden die voorrang krijgen)*

Art. 11a
In de huisvestingsverordening bepaalt de gemeenteraad dat indien een jongere als bedoeld in artikel 7:274c, tweede lid, van het Burgerlijk Wetboek een huurovereenkomst op grond van dat artikel is aangegaan, de inschrijving van die jongere om in aanmerking te komen voor een woonruimte niet vervalt. *(Inschrijving jongere vervalt niet)*

Art. 11b
In de huisvestingsverordening bepaalt de gemeenteraad dat indien een huurder een huurovereenkomst voor bepaalde tijd als bedoeld in artikel 7:271, eerste lid, tweede volzin, van het Burgerlijk Wetboek is aangegaan, de inschrijving van die huurder om in aanmerking te komen voor een woonruimte niet vervalt. *(Inschrijving huurder vervalt niet bij huurovereenkomst bepaalde tijd)*

Art. 12
1. In de huisvestingsverordening kan de gemeenteraad bepalen dat voor een of meer daarbij aangewezen categorieën woonruimte bij het verlenen van huisvestingsvergunningen voorrang wordt gegeven aan woningzoekenden waarvoor de voorziening in de behoefte aan woonruimte dringend noodzakelijk is. *(Urgentiecategorieën)*

2. De gemeenteraad legt, indien hij toepassing heeft gegeven aan het eerste lid, in de huisvestingsverordening de criteria vast volgens welke de woningzoekenden, bedoeld in dat lid, worden ingedeeld in urgentiecategorieën.
3. Woningzoekenden die verblijven in een voorziening voor tijdelijke opvang van personen, die in verband met problemen van relationele aard of geweld hun woonruimte hebben verlaten en woningzoekenden die mantelzorg als bedoeld in artikel 1.1.1, eerste lid, van de Wet maatschappelijke ondersteuning 2015 verlenen of ontvangen, behoren in ieder geval tot de woningzoekenden, bedoeld in het eerste lid.
4. Indien de gemeenteraad toepassing heeft gegeven aan het eerste lid legt hij in de huisvestingsverordening vast op welke wijze de gemeente voldoet aan de zorg voor de voorziening in de huisvesting van vergunninghouders in de gemeente overeenkomstig de voor de gemeente geldende taakstelling, behoudens in die gevallen dat burgemeester en wethouders daarin op andere wijze voorzien.

Art. 13

Indeling urgentiecategorieën

1. Burgemeester en wethouders beslissen over de indeling van woningzoekenden in de urgentiecategorieën, bedoeld in artikel 12, tweede lid. Burgemeester en wethouders kunnen van deze bevoegdheid mandaat verlenen.
2. In de huisvestingsverordening stelt de gemeenteraad regels omtrent de wijze waarop woningzoekenden kunnen verzoeken om indeling in een urgentiecategorie.

Art. 14

Voorrang bij economische of maatschappelijke binding

1. In de huisvestingsverordening kan de gemeenteraad bepalen dat bij de verlening van huisvestingsvergunningen voorrang wordt gegeven aan woningzoekenden die economisch of maatschappelijk gebonden zijn aan de woningmarktregio, de gemeente of een tot de gemeente behorende kern voor een of meer daarbij aangewezen categorieën woonruimte voor zover de gemeente als gevolg van regels gesteld bij of krachtens een algemene maatregel van bestuur als bedoeld in artikel 4.3 van de Wet ruimtelijke ordening of bij een provinciale verordening als bedoeld in artikel 4.1 van die wet geringe of geen mogelijkheden heeft tot uitbreiding van de woonruimtevoorraad.
2. In de huisvestingsverordening kan de gemeenteraad voor zover het een andere gemeente dan die, bedoeld in eerste lid, betreft, bepalen dat bij de verlening van huisvestingsvergunningen voor ten hoogste 50 procent van een of meer daarbij aangewezen categorieën woonruimte, voorrang wordt gegeven aan woningzoekenden die economisch of maatschappelijk gebonden zijn aan de woningmarktregio. Voor ten hoogste de helft van dat percentage mag bij de verlening van huisvestingsvergunningen voorrang worden gegeven aan woningzoekenden die economisch of maatschappelijk gebonden zijn aan een tot de gemeente behorende kern.
3. Voor de toepassing van het eerste en tweede lid is een woningzoekende:
   a. economisch gebonden aan de woningmarktregio, de gemeente of de kern indien hij met het oog op de voorziening in het bestaan een redelijk belang heeft zich in die woningmarktregio, die gemeente of die kern te vestigen, en
   b. maatschappelijk gebonden aan de woningmarktregio, de gemeente of de kern indien hij:
   1°. een redelijk, met de plaatselijke samenleving verband houdend belang heeft zich in die woningmarktregio, die gemeente of die kern te vestigen, of
   2°. ten minste zes jaar onafgebroken ingezetene is dan wel gedurende de voorafgaande tien jaar ten minste zes jaar onafgebroken ingezetene is geweest van die woningmarktregio, die gemeente of die kern.

§ 3
Verlening en intrekking van de huisvestingsvergunning

Art. 15

Verlening huisvestingsvergunning

1. Een huisvestingsvergunning wordt verleend indien de aanvrager behoort tot een krachtens artikel 10, eerste lid, aangewezen categorie woningzoekenden en hij voldoet aan het bepaalde in artikel 10, tweede lid.
2. Indien de woonruimte is aangewezen op grond van artikel 11, 12, eerste lid, of 14, eerste of tweede lid, kan de huisvestingsvergunning worden geweigerd indien een of meer andere woningzoekenden aan wie op grond van die artikelen voorrang kan worden gegeven in aanmerking wensen te komen voor die woonruimte.
3. Indien de woonruimte is gelegen in een op grond van artikel 5, tweede lid van de Wet bijzondere maatregelen grootstedelijke problematiek aangewezen complex, straat of gebied, kan de huisvestingsvergunning worden geweigerd, indien een of meer woningzoekenden, aan wie op grond van artikel 9 van die wet voorrang wordt gegeven, in aanmerking wensen te komen voor die woonruimte.
4. De vergunning wordt voor de woonruimte die gelegen is in een op grond van artikel 5, eerste of derde lid, van de Wet bijzondere maatregelen grootstedelijke problematiek aangewezen complex, straat of gebied, in afwijking van het eerste lid, geweigerd, indien de woningzoekende

niet voldoet aan de voorwaarden, bedoeld in artikel 8 of artikel 10 van de Wet bijzondere maatregelen grootstedelijke problematiek.
5. De vergunning kan, in afwijking van het eerste lid, worden geweigerd in het geval en onder de voorwaarden, bedoeld in artikel 3 van de Wet bevordering integriteitsbeoordelingen door het openbaar bestuur.
6. Voordat toepassing wordt gegeven aan het eerste lid, kan het Bureau bevordering integriteitsbeoordelingen door het openbaar bestuur, bedoeld in artikel 8 van de Wet bevordering integriteitsbeoordelingen door het openbaar bestuur, om een advies als bedoeld in artikel 9 van die wet worden gevraagd.

Art. 16
Artikel 15, tweede lid, is met betrekking tot een op grond van artikel 14, eerste of tweede lid, aangewezen woonruimte niet van toepassing ten aanzien van woningzoekenden die verblijven in een voorziening voor tijdelijke opvang van personen die in verband met problemen van relationele aard of geweld hun woonruimte hebben verlaten.

Toepasselijkheid

Art. 16a
[Dit artikel treedt niet meer in werking. Het artikel is ingetrokken door Stb. 2014/458 per 29-11-2014.]
1. De vergunning kan, in afwijking van artikel 16, eerste lid, worden geweigerd in het geval en onder de voorwaarden, bedoeld in artikel 3 van de Wet bevordering integriteitsbeoordelingen door het openbaar bestuur.
2. Voordat toepassing wordt gegeven aan het eerste lid, kan het Bureau bevordering integriteitsbeoordelingen door het openbaar bestuur, bedoeld in artikel 8 van de Wet bevordering integriteitsbeoordelingen door het openbaar bestuur, om een advies als bedoeld in artikel 9 van die wet worden gevraagd.

Art. 17
1. Artikel 15, tweede lid, is met betrekking tot een op grond van artikel 14, eerste of tweede lid, aangewezen woonruimte voorts niet van toepassing indien de eigenaar van de woonruimte gedurende een door de gemeenteraad in de huisvestingsverordening vastgestelde termijn de woonruimte vruchteloos heeft aangeboden aan woningzoekenden als bedoeld in dat lid, en:
a. ingeval de woonruimte te huur wordt aangeboden en onderafdeling 2 van afdeling 5 van titel 4 van Boek 7 van het Burgerlijk Wetboek op die woonruimte van toepassing is, de gevraagde huurprijs niet hoger is dan de voor die woonruimte ingevolge die onderafdeling geldende maximale huurprijsgrens;
b. ingeval de woonruimte te huur wordt aangeboden en de in onderdeel a genoemde onderafdeling op die woonruimte niet van toepassing is, de gevraagde huurprijs niet hoger is dan redelijk is, gelet op de huurprijs die in het economisch verkeer voor vergelijkbare woonruimten wordt overeengekomen, en
c. ingeval de woonruimte te koop wordt aangeboden, de koopprijs niet hoger is dan de waarde, bedoeld in artikel 17, eerste lid, van de Wet waardering onroerende zaken.
2. De gemeenteraad stelt in de huisvestingsverordening een termijn als bedoeld in het eerste lid van ten hoogste dertien weken en stelt regels met betrekking tot de wijze waarop de aanbieding, bedoeld in het eerste lid, dient plaats te vinden. De gemeenteraad kan daarbij regels stellen omtrent de wijze waarop ten genoegen van burgemeester en wethouders moet worden aangetoond dat de aanbieding in overeenstemming met het bij en krachtens deze wet bepaalde heeft plaatsgevonden, alsmede met betrekking tot de wijze waarop aan burgemeester en wethouders verslag moet worden uitgebracht over het verloop van de aanbiedingsprocedure.

Toepasselijkheid

Art. 18
1. Burgemeester en wethouders kunnen een huisvestingsvergunning intrekken indien:
a. de houder van de vergunning de in die vergunning vermelde woonruimte niet binnen de door burgemeester en wethouders bij de verlening gestelde termijn in gebruik heeft genomen, of
b. die vergunning is verleend op grond van door de houder van de vergunning verstrekte gegevens waarvan deze wist of redelijkerwijs moest vermoeden dat zij onjuist of onvolledig waren.
2. Burgemeester en wethouders kunnen een huisvestingsvergunning voorts intrekken in het geval en onder de voorwaarden, bedoeld in artikel 3 van de Wet integriteitsbeoordelingen door het openbaar bestuur.
3. Voordat toepassing wordt gegeven aan het tweede lid, kan het Bureau bevordering integriteitsbeoordelingen door het openbaar bestuur, bedoeld in artikel 8 van de Wet bevordering integriteitsbeoordelingen door het openbaar bestuur, om een advies als bedoeld in artikel 9 van die wet worden gevraagd.

Intrekking huisvestingsvergunning

Art. 19
Burgemeester en wethouders kunnen van de bevoegdheden krachtens de artikelen 15 tot en met 17 mandaat verlenen aan eigenaren of beheerders van woonruimte voor zover die woonruimte betreft.

Mandaatverlening door B&W

Hoofdstuk 3
Aanbieding van woonruimte

Aanbieding woonruimte

Art. 20
In de huisvestingsverordening kan de gemeenteraad regels stellen omtrent de wijze van bekendmaken van het aanbod van de op grond van artikel 7 aangewezen categorieën woonruimte die bestemd zijn voor verhuur.

Hoofdstuk 4
Wijzigingen in de woonruimtevoorraad

§ 1
Woonruimtevoorraadbeheer

Verbod wijziging woonruimte

Art. 21
1. Het is verboden om een woonruimte, behorend tot een met het oog op het behoud of de samenstelling van de woonruimtevoorraad door de gemeenteraad in de huisvestingsverordening aangewezen categorie woonruimte en die gelegen is in een in de huisvestingsverordening aangewezen gebied, zonder vergunning van burgemeester en wethouders:
   a. anders dan ten behoeve van de bewoning of het gebruik als kantoor of praktijkruimte door de eigenaar aan de bestemming tot bewoning te onttrekken of onttrokken te houden;
   b. anders dan ten behoeve van de bewoning of het gebruik als kantoor of praktijkruimte door de eigenaar met andere woonruimte samen te voegen of samengevoegd te houden;
   c. van zelfstandige in onzelfstandige woonruimte om te zetten of omgezet te houden;
   d. tot twee of meer woonruimten te verbouwen of in de verbouwde staat te houden.
2. De gemeenteraad kan in de huisvestingsverordening gevallen aanwijzen waarvoor een vrijstelling geldt of waarin een ontheffing kan worden verleend van een verbod als bedoeld in het eerste lid. Aan een vrijstelling of ontheffing kunnen voorschriften en beperkingen worden verbonden.

Verbod splitsing appartementsrechten

Art. 22
1. Het is verboden om een recht op een gebouw dat behoort tot een door de gemeenteraad in de huisvestingsverordening daartoe aangewezen categorie gebouwen zonder vergunning van burgemeester en wethouders te splitsen in appartementsrechten als bedoeld in artikel 106, eerste en vierde lid, van Boek 5 van het Burgerlijk Wetboek indien een of meer appartementsrechten de bevoegdheid omvatten tot het gebruik van een of meer gedeelten van het gebouw als woonruimte.
2. De gemeenteraad kan in de huisvestingsverordening gevallen aanwijzen waarvoor een vrijstelling geldt of waarin een ontheffing kan worden verleend van het verbod, bedoeld in het eerste lid. Aan een vrijstelling of ontheffing kunnen voorschriften en beperkingen worden verbonden.
3. Op het verlenen van deelnemings- of lidmaatschapsrechten of het aangaan van een verbintenis daartoe door een rechtspersoon is het eerste lid van overeenkomstige toepassing.

Aanvragen vergunning wijziging woonruimte

Art. 23
1. Een vergunning als bedoeld in artikel 21 of 22 kan slechts worden aangevraagd door de eigenaar van de woonruimte respectievelijk het gebouw.
2. In afwijking van artikel 2:15, eerste lid, van de Algemene wet bestuursrecht, stellen burgemeester en wethouders de elektronische weg open voor de aanvraag van een vergunning als bedoeld in artikel 21 of 22.

§ 1a
Toeristische verhuur van woonruimte

Toeristische verhuur woonruimte, registratieplicht

Art. 23a
1. Het is verboden om een woonruimte, behorend tot een met het oog op het behoud of de samenstelling van de woonruimtevoorraad of het behoud van de leefbaarheid van de woonomgeving door de gemeenteraad in de huisvestingsverordening aangewezen categorie woonruimte en gelegen in een in die verordening aangewezen gebied, voor een in die verordening omschreven vorm van toeristische verhuur aan te bieden zonder het registratienummer van die woonruimte te vermelden bij iedere aanbieding van die woonruimte voor toeristische verhuur.
2. Een registratienummer als bedoeld in het eerste lid, wordt aangevraagd door degene die een woonruimte aanbiedt voor toeristische verhuur.
3. Voor zover de gemeenteraad toepassing heeft gegeven aan het eerste lid, is het verboden om een aanbod tot het gebruik van een woonruimte, als bedoeld in het eerste lid, voor een in de huisvestingsverordening omschreven vorm van toeristische verhuur te publiceren zonder dat daarbij een registratienummer is vermeld.

Huisvestingswet 2014

Art. 23b
1. Indien de gemeenteraad toepassing heeft gegeven aan artikel 23a, kan hij in die huisvestingsverordening tevens bepalen dat het verboden is een op basis van dat artikel aangewezen categorie van woonruimte die gelegen is in een in die verordening aangewezen gebied voor een in de verordening omschreven vorm van toeristische verhuur meer dan een in die verordening bepaald aantal nachten per jaar in gebruik te geven voor toeristische verhuur.
2. Indien de gemeenteraad toepassing heeft gegeven aan het eerste lid, kan hij in de huisvestingsverordening bepalen dat het verboden is de woonruimte in gebruik te geven voor toeristische verhuur, zonder deze verhuring vooraf te melden bij burgemeester en wethouders.
3. Een melding als bedoeld in het tweede lid, wordt gedaan door degene die de woonruimte in gebruik geeft voor toeristische verhuur.

Toeristische verhuur woonruimte, nachtencriterium

Art. 23c
1. Indien de gemeenteraad toepassing heeft gegeven aan artikel 23a, kan hij in die huisvestingsverordening tevens bepalen dat het verboden is een op basis van dat artikel aangewezen categorie van woonruimte die gelegen is in een in de verordening aangewezen gebied voor een in de verordening omschreven vorm van toeristische verhuur in gebruik te geven indien daarvoor geen vergunning is verleend door burgemeester en wethouders.
2. De gemeenteraad kan in de huisvestingsverordening gevallen aanwijzen waarvoor een vrijstelling geldt of waarin een ontheffing kan worden verleend van het verbod, bedoeld in het eerste lid. Aan een vrijstelling of ontheffing kunnen voorschriften en beperkingen worden verbonden.
3. Indien de gemeenteraad toepassing heeft gegeven aan het eerste lid, kan hij in de huisvestingsverordening bepalen dat een vergunning als bedoeld in dat lid, slechts wordt afgegeven voor een in die verordening aangewezen termijn.
4. Een vergunning als bedoeld in het eerste lid, wordt aangevraagd door degene die de woonruimte in gebruik geeft voor toeristische verhuur.

Toeristische verhuur woonruimte, registratieplicht

Art. 23d
Voor zover de gemeenteraad toepassing heeft gegeven aan artikel 23a, eerste lid, of artikel 23b, eerste of tweede lid, informeert degene die een dienst verleent gericht op het publiceren van aanbiedingen voor toeristische verhuur van woonruimte, degene die een woonruimte aanbiedt voor toeristische verhuur over de verboden, bedoeld in artikel 23a, eerste lid en artikel 23b, eerste en tweede lid.

Toeristische verhuur woonruimte, nadere regels registratieplicht

Art. 23e
Indien de gemeenteraad toepassing heeft gegeven aan artikel 23b, eerste en tweede lid, kan hij in die huisvestingsverordening tevens verbieden dat degene die een dienst verleent gericht op het publiceren van aanbiedingen voor toeristische verhuur van woonruimte een aanbieding voor toeristische verhuur toont gedurende de rest van het jaar, indien diegene door burgemeester en wethouders ervan in kennis is gesteld dat de woonruimte die wordt aangeboden reeds voor het in de huisvestingsverordening bepaald aantal nachten in dat jaar in gebruik is gegeven voor toeristische verhuur.

Toeristische verhuur woonruimte, nadere regels meldplicht

Art. 23f
1. In afwijking van artikel 2:15, eerste lid, van de Algemene wet bestuursrecht kan het registratienummer, bedoeld in artikel 23a, uitsluitend via elektronische weg worden aangevraagd.
2. Burgemeester en wethouders zijn verantwoordelijk voor de inrichting van het systeem ten behoeve van het afgeven van het registratienummer, bedoeld in artikel 23a, en voor de verwerking van persoonsgegevens in dit systeem. Bij of krachtens algemene maatregel van bestuur worden nadere regels gesteld omtrent de inrichting van dit registratiesysteem.
3. De persoonsgegevens die verwerkt worden in het kader van de aanvraag van het registratienummer, bedoeld in artikel 23a, kunnen ook verwerkt worden voor:
a. het toezicht op de naleving van de krachtens artikel 2 van de Woningwet gegeven voorschriften vanuit het oogpunt van veiligheid, gezondheid en bruikbaarheid van de woonruimte, en
b. de heffing en invordering van de toeristenbelasting, bedoeld in artikel 224 van de Gemeentewet.

Toeristische verhuur woonruimte, aanvraag registratienummer

Art. 23g
1. In afwijking van artikel 2:15, eerste lid, van de Algemene wet bestuursrecht kan de melding, bedoeld in artikel 23b, tweede lid, uitsluitend via elektronische weg worden gedaan.
2. Burgemeester en wethouders zijn verantwoordelijk voor de inrichting van het systeem ten behoeve van de melding, bedoeld in artikel 23b, tweede lid, en voor de verwerking van persoonsgegevens in dit systeem.
3. De persoonsgegevens die verwerkt worden in het kader van de melding, bedoeld in artikel 23b, tweede lid, kunnen ook verwerkt worden voor de heffing en invordering van de toeristenbelasting, bedoeld in artikel 224 van de Gemeentewet.

Toeristische verhuur woonruimte, melding via elektronische weg

Art. 23h

Toeristische verhuur woonruimte, aanvraag vergunning via elektronische weg

In afwijking van artikel 2:15, eerste lid, van de Algemene wet bestuursrecht, stellen burgemeester en wethouders de elektronische weg open voor de aanvraag van een vergunning als bedoeld in artikel 23c, eerste lid.

§ 2
Criteria voor verlening van de vergunning

Art. 24

Criteria vergunningverlening

De gemeenteraad stelt in de huisvestingsverordening regels omtrent de gronden die tot weigering van een vergunning als bedoeld in artikel 21, artikel 22, eerste lid, of artikel 23c, eerste lid kunnen leiden en de voorwaarden en voorschriften die burgemeester en wethouders kunnen verbinden aan een vergunning als bedoeld in die artikelen.

§ 3
Verlening van de vergunning

Art. 25

1. De vergunning, bedoeld in artikel 21, artikel 22, eerste lid, of artikel 23c, eerste lid, kan worden geweigerd in het geval en onder de voorwaarden, bedoeld in artikel 3 van de Wet bevordering integriteitsbeoordelingen door het openbaar bestuur.
2. Voordat toepassing wordt gegeven aan het eerste lid, kan het Bureau bevordering integriteitsbeoordelingen door het openbaar bestuur, bedoeld in artikel 8 van de Wet bevordering integriteitsbeoordelingen door het openbaar bestuur, om een advies als bedoeld in artikel 9 van die wet worden gevraagd.
3. Burgemeester en wethouders beslissen op de aanvraag om een vergunning als bedoeld in artikel 21, artikel 22, eerste lid, of artikel 23c, eerste lid binnen acht weken na de datum van ontvangst van de aanvraag.
4. Burgemeester en wethouders kunnen de termijn, bedoeld in het derde lid, eenmaal verlengen met ten hoogste zes weken. Zij maken hun besluit daartoe bekend binnen de termijn, bedoeld in het derde lid.
5. Paragraaf 4.1.3.3 van de Algemene wet bestuursrecht is van toepassing.

Art. 26

Intrekking vergunning

1. Burgemeester en wethouders kunnen een vergunning als bedoeld in artikel 21, artikel 22, eerste lid, of artikel 23c, eerste lid intrekken indien:
   a. de houder van die vergunning niet binnen een jaar nadat die vergunning onherroepelijk is geworden is overgegaan tot:
   1°. onttrekking als bedoeld in artikel 21, onderdeel a;
   2°. samenvoeging als bedoeld in artikel 21, onderdeel b;
   3°. omzetting als bedoeld in artikel 21, onderdeel c;
   4°. verbouwing als bedoeld in artikel 21, onderdeel d;
   5°. onderscheidenlijk tot inschrijving in de openbare registers van de akte van splitsing in appartementsrechten, bedoeld in artikel 109 van Boek 5 van het Burgerlijk Wetboek, of tot het verlenen van deelnemings- of lidmaatschapsrechten, of
   6°. toeristische verhuring als bedoeld in artikel 23c, eerste lid;
   b. die vergunning is verleend op grond van door de houder van die vergunning verstrekte gegevens waarvan deze wist of redelijkerwijs moest vermoeden dat zij onjuist of onvolledig waren, of
   c. de voorwaarden of voorschriften, bedoeld in artikel 24, niet worden nageleefd.
2. De vergunning, bedoeld in artikel 21, artikel 22, eerste lid, of artikel 23c, eerste lid, kan voorts worden ingetrokken in het geval en onder de voorwaarden, bedoeld in artikel 3 van de Wet integriteitsbeoordelingen door het openbaar bestuur.
3. Voordat toepassing wordt gegeven aan het tweede lid, kan het Bureau bevordering integriteitsbeoordelingen door het openbaar bestuur, bedoeld in artikel 8 van de Wet bevordering integriteitsbeoordelingen door het openbaar bestuur, om een advies als bedoeld in artikel 9 van die wet worden gevraagd.

§ 4
Inschrijving splitsingsakte

Art. 27

Inschrijving splitsingsakte

Inschrijving in de openbare registers van een akte als bedoeld in artikel 109 van Boek 5 van het Burgerlijk Wetboek vindt alleen plaats indien onder de akte een notariële verklaring is opgenomen dat ten tijde van het verlijden van de akte een vergunning als bedoeld in artikel 22 niet was vereist dan wel onherroepelijk is geworden.

Hoofdstuk 5
Bovengemeentelijke voorschriften

§ 1
Huisvesting van vergunninghouders

Art. 28
Burgemeester en wethouders dragen zorg voor de voorziening in de huisvesting van vergunninghouders in de gemeente overeenkomstig de voor de gemeente geldende taakstelling.

Huisvesting vergunninghouders

Art. 29
1. De taakstelling, bedoeld in artikel 28, is de uitkomst, naar boven afgerond op een geheel getal, van de formule:

$$vg * \frac{iG}{iN},$$

in welke formule voorstelt:
a. *vg*: het door Onze Minister van Veiligheid en Justitie in de Staatscourant bekendgemaakte totale aantal vergunninghouders in wier huisvesting in het daarbij aangegeven kalenderhalfjaar naar verwachting voorzien zal moeten worden, welke bekendmaking ten minste dertien weken voor de aanvang van het kalenderhalfjaar geschiedt;
b. *iG*: het aantal inwoners van de gemeente volgens de door het Centraal bureau voor de statistiek gepubliceerde bevolkingscijfers op 1 januari van het kalenderjaar dat voorafgaat aan het kalenderjaar waartoe het kalenderhalfjaar, bedoeld in onderdeel a, behoort onderscheidenlijk het door gedeputeerde staten op grond van artikel 30, eerste lid, vastgestelde aantal inwoners;
c. *iN*: het aantal inwoners van Nederland volgens de door het Centraal bureau voor de statistiek gepubliceerde bevolkingscijfers op 1 januari van het kalenderjaar dat voorafgaat aan het kalenderjaar waartoe het kalenderhalfjaar, bedoeld in onderdeel a, behoort.
2. Burgemeester en wethouders van twee of meer gemeenten kunnen gezamenlijk besluiten de taakstelling die voor hun onderscheidenlijke gemeenten volgt uit de formule, genoemd in het eerste lid, te wijzigen, met dien verstande dat de som van de aantallen vergunninghouders in wier huisvesting na die wijziging in de betrokken gemeenten tezamen dient te worden voorzien niet wijzigt.

Berekening taakstelling gemeente

Art. 30
1. Gedeputeerde staten van de betrokken provincie of de betrokken provincies stellen het aantal inwoners van een gemeente op de datum, bedoeld in artikel 29, eerste lid, onderdeel a, vast voor de gemeenten die zijn betrokken bij een wijziging van de gemeentelijke indeling met ingang van 1 januari van het kalenderjaar waartoe het kalenderhalfjaar, bedoeld in artikel 29, eerste lid, onderdeel c, behoort.
2. Bij de vaststelling, bedoeld in het eerste lid, wordt zo veel mogelijk rekening gehouden met de aantallen inwoners van de samenstellende delen van de bij de wijziging van de gemeentelijke indeling betrokken gemeenten.
3. Gedeputeerde staten maken het aantal inwoners bekend voor 1 oktober van het in artikel 29, eerste lid, onderdeel a, laatstbedoelde kalenderjaar.

Vaststelling aantal inwoners gemeente

§ 2
Huisvesting bijzondere groepen

Art. 31
1. Bij ministeriële regeling kunnen categorieën van woningzoekenden worden aangewezen, wier huisvesting bijzondere zorg van rijkswege behoeft.
2. Onze Minister kan burgemeester en wethouders een aanwijzing geven met betrekking tot de voorziening in de huisvesting van een of meer personen die behoren tot een krachtens het eerste lid aangewezen categorie indien dat met het oog op de huisvesting van die persoon of personen noodzakelijk is. Alvorens een aanwijzing te geven pleegt Onze Minister overleg met burgemeester en wethouders.
3. Burgemeester en wethouders zijn verplicht aan een aanwijzing gevolg te geven.
4. Onze Minister stelt een regeling als bedoeld in het eerste lid slechts vast indien omstandigheden van bijzondere aard naar zijn oordeel daartoe aanleiding geven. De regeling geldt voor een daarbij aangegeven periode van ten hoogste twee jaar.

Huisvesting bijzondere groepen

Hoofdstuk 6
Handhaving en toezicht

§ 1
Bestuursrechtelijke handhaving

Art. 32

Bestuursrechtelijke handhaving

Burgemeester en wethouders dragen zorg voor de bestuursrechtelijke handhaving van het bij of krachtens deze wet bepaalde.

Art. 33

Toezicht

1. Met het toezicht op de naleving van het bij of krachtens deze wet bepaalde zijn belast de bij besluit van burgemeester en wethouders aangewezen ambtenaren.
2. Van een besluit als bedoeld in het eerste lid wordt mededeling gedaan door plaatsing in het gemeenteblad.

Art. 33a

Toeristische verhuur woonruimte, verbod

De gemeenteraad kan in de huisvestingsverordening bepalen dat burgemeester en wethouders:
a. een verbod tot het in gebruik geven van een woonruimte voor toeristische verhuur kunnen opleggen voor ten hoogste een jaar aan een aanbieder indien binnen een tijdvak van vijf jaar voorafgaand aan de constatering door een ambtenaar als bedoeld in artikel 33, eerste lid, van een overtreding van de bij de huisvestingsverordening aan toeristische verhuur gestelde eisen, ten minste twee maal een bestuurlijke boete is opgelegd voor overtreding van de bij de huisvestingsverordening aan toeristische verhuur gestelde eisen;
b. een aanwijzing kunnen geven aan een digitaal platform om de aanbieding voor toeristische verhuur van de aanbieder aan wie een verbod tot het in gebruik geven van een woning voor toeristische verhuur als bedoeld in het eerste lid is opgelegd te blokkeren.

Art. 33b

Toeristische verhuur woonruimte, duur verbod

De gemeenteraad kan in de huisvestingsverordening bepalen dat burgemeester en wethouders een verbod tot het in gebruik geven van een woonruimte voor toeristische verhuur kunnen opleggen voor ten hoogste een jaar aan een aanbieder indien binnen een tijdvak van vijf jaar voorafgaand aan de constatering door een ambtenaar als bedoeld in artikel 33, eerste lid, van een overtreding van de bij de huisvestingsverordening aan toeristische verhuur gestelde eisen, ten minste twee maal een bestuurlijke boete is opgelegd voor overtreding van de bij de huisvestingsverordening aan toeristische verhuur gestelde eisen.

Art. 34

Bevoegdheid tot binnentreden woning

De toezichthouder is bevoegd, met medeneming van de benodigde apparatuur, een woning binnen te treden zonder toestemming van de bewoner.

§ 2
Bestuurlijke boete

Art. 35

Bestuurlijke boete

1. De gemeenteraad kan in de huisvestingsverordening bepalen dat een bestuurlijke boete kan worden opgelegd ter zake van de overtreding van de verboden bedoeld in artikel 8, eerste en tweede lid, artikel 21, artikel 22, eerste lid, artikel 23a, eerste of derde lid, artikel 23b, eerste of tweede lid, artikel 23c, eerste lid, artikel 23d of artikel 23e, of van het handelen in strijd met de voorwaarden of voorschriften, bedoeld in artikel 26. Burgemeester en wethouders zijn bevoegd tot het opleggen van een bestuurlijke boete.
2. De op te leggen bestuurlijke boete bedraagt ten hoogste:
a. het bedrag dat is vastgesteld voor de eerste categorie, bedoeld in artikel 23, vierde lid, van het Wetboek van Strafrecht, voor overtreding van het verbod, bedoeld in artikel 8, eerste lid;
b. het bedrag dat is vastgesteld voor de derde categorie, bedoeld in artikel 23, vierde lid, van het Wetboek van Strafrecht, voor overtreding van het verbod, bedoeld in de artikelen 23a, eerste of derde lid, 23b, tweede lid, 23d of 23e;
c. het bedrag dat is vastgesteld voor de vierde categorie, bedoeld in artikel 23, vierde lid, van het Wetboek van Strafrecht, voor overtreding van de verboden, bedoeld in artikel 8, tweede lid, artikel 21, artikel 22, eerste lid, artikel 23b, eerste lid, of artikel 23c, eerste lid, of voor het handelen in strijd met de voorwaarden of voorschriften, bedoeld in artikel 26, en
d. het bedrag dat is vastgesteld voor de vijfde categorie, bedoeld in artikel 23, vierde lid, van het Wetboek van Strafrecht, voor overtreding van een verbod als bedoeld in artikel 8, tweede lid, artikel 21, artikel 23b, eerste lid, of artikel 23c, eerste lid, indien binnen een tijdvak van vier jaar voorafgaand aan de constatering door een ambtenaar als bedoeld in artikel 33, eerste lid, van die overtreding een bestuurlijke boete is opgelegd voor overtreding van hetzelfde verbod.
3. De gemeenteraad stelt in de huisvestingsverordening het bedrag vast van de bestuurlijke boete die voor de verschillende overtredingen kan worden opgelegd.

Huisvestingswet 2014

§ 3
[Vervallen]

Art. 36-38
[Vervallen]

Hoofdstuk 7
Wijziging van enkele wetten

Art. 39
[Wijzigt het Burgerlijk Wetboek Boek 7.]

Art. 40
[Dit artikel treedt niet meer in werking. Het artikel is ingetrokken door Stb. 2014/458 per 29-11-2014.]
[Wijzigt de Evaluatie- en uitbreidingswet Bibob.]

Art. 41
[Wijzigt de Leegstandwet.]

Art. 42
[Wijzigt de Uitvoeringswet huurprijzen woonruimte.]

Art. 43
[Wijzigt de Wet bijzondere maatregelen grootstedelijke problematiek.]

Art. 44
[Wijzigt de Wet Centraal Orgaan opvang asielzoekers.]

Art. 45
[Wijzigt de Wet geluidhinder.]

Art. 45a
[Wijzigt de Algemene wet bestuursrecht.]

Art. 46
[Wijzigt de Wet inkomstenbelasting 2001.]

Art. 47
[Wijzigt de Wet op de huurtoeslag.]

Art. 48
[Wijzigt de Wet op de vennootschapsbelasting 1969.]

Art. 49
[Wijzigt de Wet op het overleg huurders verhuurder.]

Art. 50
De volgende wetten worden ingetrokken:
a. de wet van 30 maart 1995 tot wijziging van de Huisvestingswet (voorziening in de huisvesting van bepaalde categorieën verblijfsgerechtigden) (Stb. 159);
b. de wet van 14 december 1995 tot wijziging van de Huisvestingswet (provinciale toets toewijzingscriteria voor woonruimte veilig stellen) (Stb. 620);
c. de wet van 1 juli 1998 tot wijziging van de Huisvestingswet, de Woningwet en enige andere wetten in verband met de integratie van de woonwagen- en woonschepenregelgeving (Stb. 459), en
d. de wet van 2 maart 2005, houdende wijziging van de Huisvestingswet (wijziging bepalingen met betrekking tot de huisvesting van verblijfsgerechtigden) (Stb. 136).

Uitschakelbepalingen

Hoofdstuk 8
Overgangs- en slotbepalingen

Art. 51
1. Indien de gemeenteraad toepassing heeft gegeven aan artikel 23a, geldt voor aanbieders die hun woonruimte al voor de inwerkingtreding van het verbod aanboden voor toeristische verhuur het verbod bedoeld in dat artikel niet eerder dan zes maanden na de inwerkingtreding ervan.
2. Indien in de huisvestingsverordening voor het tijdstip van inwerkingtreding van de wet van 7 oktober 2020 tot wijziging van de Huisvestingswet 2014 in verband met de aanpak van ongewenste neveneffecten van toeristische verhuur van woonruimte (Wet toeristische verhuur van woonruimte) regels zijn opgenomen over toeristische verhuur van woonruimte met toepassing van artikel 21:
a. vervallen deze regels één jaar na het tijdstip, bedoeld in de aanhef;
b. kan de gemeenteraad bepalen dat een vergunning voor toeristische verhuur verleend met toepassing van artikel 21, voor het tijdstip van inwerkingtreding van de huisvestingsverordening waarin toeristische verhuur van woonruimte wordt geregeld op basis van hoofdstuk 4, paragraaf 1a, wordt gelijkgesteld met een vergunning die is verleend met toepassing van artikel 23c.

Overgangsbepaling

3. Een vergunning als bedoeld in de artikelen 25 en 26, eerste en tweede lid, van de Huisvestingswet, die is verleend voor het tijdstip van inwerkingtreding van een huisvestingsverordening, wordt gelijkgesteld met een huisvestingsvergunning.
4. Een vergunning als bedoeld in de artikelen 30, eerste lid, en 33, van de Huisvestingswet, die is verleend voor het tijdstip van inwerkingtreding van een huisvestingsverordening, wordt gelijkgesteld met een vergunning die is verleend met toepassing van artikel 21 onderscheidenlijk 22.

Art. 52

Evaluatiebepaling

1. Onze Minister zendt binnen vijf jaar na het tijdstip van inwerkingtreding van deze wet aan de Staten-Generaal een verslag over de doeltreffendheid en de effecten van deze wet in de praktijk.
2. Onze Minister zendt binnen vijf jaar na het tijdstip van inwerkingtreding van de wet van 7 oktober 2020 tot wijziging van de Huisvestingswet 2014 in verband met de aanpak van ongewenste neveneffecten van toeristische verhuur van woonruimte (Wet toeristische verhuur van woonruimte) aan de Staten-Generaal een verslag over de doeltreffendheid en de effecten van die wet in de praktijk.

Art. 53

Inwerkingtreding

Deze wet treedt in werking op een bij koninklijk besluit te bepalen tijdstip.

Art. 54

Citeertitel

Deze wet wordt aangehaald als: Huisvestingswet 2014.

Onteigeningswet[1]

Wet van 28 augustus 1851, regelende de onteigening ten algemeenen nutte

Wij WILLEM III, bij de gratie Gods, Koning der Nederlanden, Prins van Oranje-Nassau, Groot-Hertog van Luxemburg, enz., enz., enz.
Allen, die deze zullen zien of hooren lezen, salut! doen te weten;
Alzoo Wij in overweging genomen hebben, dat het noodzakelijk is, de onteigening ten algemeenen nutte, in overeenstemming met art. 147 der Grondwet, bij de wet te regelen;
Zoo is het, dat Wij, den Raad van State gehoord, en met gemeen overleg der Staten-Generaal, hebben goedgevonden en verstaan, gelijk Wij goedvinden en verstaan bij deze:

Algemeene bepalingen

Art. 1
[1.] Onteigening ten algemeenen nutte kan in het publiek belang van den Staat, van eene of meer provinciën, van eene of meer gemeenten, en van een of meer waterschappen plaats hebben.
[2.] In dat publiek belang kan ook ten name van natuurlijke personen of privaatrechtelijke rechtspersonen met volledige rechtsbevoegdheid, aan wie de uitvoering van het werk, dat onteigening vordert, is toegestaan, worden onteigend.

Onteigening, publiek belang

Art. 2
De bepalingen van het Wetboek van Burgerlijke Regtsvordering zijn op het geding tot onteigening toepasselijk, voor zooveel daarvan bij deze wet niet is afgeweken.

Onteigening, toepasselijkheid Rv

Art. 3
[1.] Als eigenaar van een onroerende zaak, en als rechthebbende op een recht als in artikel 4, eerste lid, omschreven, worden zij beschouwd, die als zoodanig in de basisregistratie kadaster staan vermeld.
[2.] Desniettemin kan een ieder die beweert eigenaar te zijn, of rechthebbende op een recht als in artikel 4, eerste lid, omschreven, en niet is gedagvaard, aan de rechter verzoeken in het geding van onteigening te mogen tussenkomen, zolang de eindconclusies door partijen niet genomen zijn. Hetzelfde recht hebben derde belanghebbenden, waaronder zijn te verstaan beperkt gerechtigden, huurders, onderhuurders, pachters, onderpachters, bezitters, eigenaren in geval van mandeligheid volgens artikel 60, tweede lid, van Boek 5 van het Burgerlijk Wetboek, schuldeisers als bedoeld in artikel 252 van Boek 6 van het Burgerlijk Wetboek, en zij die op het te onteigenen goed of op een recht waaraan dat is onderworpen, beslag hebben gelegd. Deze laatsten kunnen in hun verzoek alleen worden ontvangen, indien zij daarbij een notaris of deurwaarder aanwijzen aan wie het kan worden betaald.
[3.] Bij tegenspraak der hoedanigheid van eigenaar, rechthebbende of derde belanghebbende, wordt de onteigening met de overigen voortgezet, en zal hij, die beweert gerechtigde te zijn, zijn recht alleen op de schadevergoeding kunnen uitoefenen, die in dat geval wordt geconsigneerd overeenkomstig de Wet op de consignatie van gelden.

Onteigening, eigenaar/rechthebbende/derde belanghebbende

Art. 4
[1.] Wanneer op een onroerende zaak, die toebehoort aan de onteigenende partij, een recht van opstal, erfpacht, vruchtgebruik, gebruik, bewoning, beklemming of huurkoop rust, kan dat recht afzonderlijk worden onteigend.
[2.] Overigens kan door toepassing van deze wet een zaak slechts worden bevrijd van de met betrekking tot de zaak bestaande lasten en rechten door onteigening van die zaak.
[3.] Een aandeel in een zaak of een recht kan niet afzonderlijk worden onteigend.

Onteigening, afzonderlijke onteigening op zaak berustend recht

Titel I
Over onteigening in gewone gevallen

Hoofdstuk I
[Vervallen]

Art. 5-9
[Vervallen]

---

1   Inwerkingtredingsdatum: 26-09-1851; zoals laatstelijk gewijzigd bij: Stb. 2020, 262.

Hoofdstuk II
[Vervallen]

Art. 10-16
[Vervallen]

Hoofdstuk III
Van het geding tot onteigening

Art. 17

Onteigening, minnelijke overeenkomst

De onteigenende partij tracht hetgeen onteigend moet worden bij minnelijke overeenkomst te verkrijgen.

Art. 18

Onteigening, dagvaarding

[1.] Is hetgeen onteigend moet worden niet bij minnelijke overeenkomst verkregen, dan dagvaardt de onteigenende partij de bij koninklijk besluit aangewezen eigenaar voor de rechtbank in welker rechtsgebied de te onteigenen onroerende zaak is gelegen, teneinde de onteigening te horen uitspreken en het bedrag der schadeloosstelling te horen bepalen. Betreft de onteigening een recht, dan wordt zij ingesteld tegen de bij koninklijk besluit aangewezen rechthebbende; van deze vordering wordt kennisgenomen door de rechtbank binnen welker rechtsgebied de onroerende zaak is gelegen waarop het recht rust.
[2.] Wanneer de rechtbank op grond van het voorgaande bevoegd is van een deel van de vordering kennis te nemen, is zij bevoegd van de geheele vordering kennis te nemen.
[3.] Bij onteigening van een onroerende zaak waarop blijkens de openbare registers, bedoeld in afdeling 2 van titel 1 van Boek 3 van het Burgerlijk Wetboek, een eeuwigdurende erfpacht, een beklemrecht of een recht uit huurkoop rust, worden ook de erfpachter, de beklemde meier of de huurkoper gedagvaard.
[4.] De dagvaarding wordt betekend aan degenen die als houder van op het te onteigenen goed rustende hypotheken in de openbare registers bedoeld in afdeling 2 van titel 1 van Boek 3 van het Burgerlijk Wetboek zijn ingeschreven en aan de in die registers ingeschreven beslagleggers op het te onteigenen goed.
[5.] Aan de derde belanghebbenden, als bedoeld in artikel 3, tweede lid, voor zover deze aan de onteigenende partij bekend zijn of behoren te zijn, wordt de dagvaarding bekend gemaakt dan wel wordt een afschrift van de dagvaarding gezonden bij aangetekende brief, waarvoor een bericht van ontvangst wordt verlangd. Ten aanzien van een huurder van woonruimte, als bedoeld in artikel 233 van Boek 7 van het Burgerlijk Wetboek, kan in de aangetekende brief worden volstaan met de mededeling van de uitgebrachte dagvaarding en van het daarin vervatte aanbod, voor zover dit op hem betrekking heeft. Voorts wordt mededeling gedaan van voorzieningen die de onteigenende partij voornemens is jegens hem te treffen.
[6.] De betekening of de verzending van de aangetekende brief geschiedt binnen een week na het uitbrengen van de dagvaarding.
[7.] Betekening of toezending bij aangetekende brief vindt niet plaats aan degenen die op grond van het derde lid van dit artikel zijn gedagvaard.
[8.] In het exploit van betekening van de dagvaarding aan de derde belanghebbende of in de aangetekende brief wordt vermeld op welke wijze zij, desgewenst, in het geding van onteigening kunnen tussenkomen.

Art. 19
[Vervallen]

Art. 20

Onteigening, rechten verweerder

[1.] Wanneer de verweerder buiten het Koningrijk woont, of zijne woonplaats onbekend is, wordt het geding gevoerd tegen den gevolmagtigde of bewindvoerder, indien een zoodanige binnen het Koningrijk bekend is, en, zoo ook deze onbekend is, tegen een derde, binnen het rechtsgebied van de rechtbank wonende, door deze op verzoek en ten koste der onteigenende partij, te dien einde te benoemen. De alzoo benoemde kan, bij het ophouden zijner betrekking, het loon van den bewindvoerder eens afwezige, en daarenboven de gemaakte onkosten in rekening brengen.
[2.] Desniettemin is de verweerder geregtigd ten dage, in art. 23 genoemd, op de dagvaarding, aan den gevolmagtigde, bewindvoerder of door den regter benoemde gedaan, te verschijnen, in welk geval de dagvaarding als aan hem geschied wordt beschouwd en het geding tegen hem wordt gevoerd.
[3.] Is de verweerder overleden, dan vinden de bepalingen van dit artikel overeenkomstige toepassing.

Art. 21
[Vervallen]

Onteigeningswet

A61 art. 28

Art. 22
[1.] De dagvaarding moet, op straffe van nietigheid, de som, welke als schadeloosstelling aangeboden wordt, vermelden.

Dagvaarding onteigening, vermelding schadeloosstelling

[2.] Indien er derde belanghebbenden zijn, moet uit het in de dagvaarding te vermelden aanbod blijken, welk aandeel daarvan voor de verweerder onderscheidenlijk ieder der derde belanghebbenden, voor zover dezen aan de onteigenende partij bekend zijn of behoren te zijn, als schadeloosstelling is bestemd, op straffe van veroordeling in de kosten overeenkomstig artikel 50, tweede lid.

Art. 23
Ten minste drie dagen vóór de verschijning legt de onteigenende partij, tot staving van haren eisch, ter griffie van de regtbank over:

Dagvaarding onteigening, overlegging documenten

1°. een exemplaar van de *Staatscourant*, waarin is openbaar gemaakt Ons besluit, waarbij de te onteigenen onroerende zaken en rechten worden aangewezen;
2°. en door de burgemeester van de gemeente, waar de betrokken onroerende zaken zijn gelegen, afgegeven bewijs dat de uitgewerkte plannen met de daarbij behorende kaarten en grondtekeningen binnen de betrokken gemeente ter inzage gelegen hebben.

Art. 24
De rechtbank behandelt zaken aangaande onteigening ten algemenen nutte, vóór elke andere.

Onteigening, behandeling bij rechtbank

Op de eerste roldatum, of uiterlijk twee weken daarna concluderen de verweerders voor antwoord. Indien de verweerders alsdan niet voor antwoord concluderen, worden zij geacht het aanbod te hebben verworpen. Het laatste is van overeenkomstige toepassing ten aanzien van derde belanghebbenden aan wie bij dagvaarding of aangetekende brief een aanbod is gedaan. Oproeping tot vrijwaring wordt niet toegelaten.
Indien van twee of meer gedaagden de een verschijnt, de ander niet, wordt met de verschijnende onmiddellijk voortgeprocedeerd. De uitspraak geschiedt tussen al de partijen bij een en hetzelfde vonnis, dat als een vonnis op tegenspraak gewezen wordt beschouwd, en waartegen geen verzet is toegelaten.
Uiterlijk een maand na de eerste roldatum doet de rechtbank uitspraak.
Het voorschrift vervat in het vorige lid geldt niet, indien de eigenaar de vordering als bedoeld in artikel 38 doet of de partijen der partijen pleidooi vraagt; alsdan verwijst de enkelvoudige kamer op ter zitting gedaan verzoek de zaak naar de meervoudige kamer der rechtbank.

Art. 25
De rechtbank wijst aan de onteigenende partij haar eis niet toe indien:
a. het in artikel 23, onder 1°, bedoelde exemplaar van de Staatscourant niet is overgelegd;
b. de in artikel 23, onder 2°, bedoelde terinzagelegging niet heeft plaatsgevonden.

Onteigening, afwijzingsgronden eis

Art. 26
Tegen de uitspraak des regters, houdende nietigverklaring van de dagvaarding of ontzegging van den eisch om eenige andere reden, wordt hooger beroep toegelaten.

Onteigening, hoger beroep

Art. 27
[1.] Behoudens ingeval van nietigverklaring van de dagvaarding of niet-ontvankelijkheidverklaring dan wel ontzegging van de eis, benoemt de rechtbank een of meer deskundigen in oneven getale. Zij geeft aan hen opdracht om de schadeloosstellingen te begroten van de verweerder en derde belanghebbenden, doch slechts voor zover zij het aan hen ten processe gedane aanbod niet hebben aanvaard.

Onteigening, benoeming deskundigen

[2.] Zij benoemt voorts een harer leden, om vergezeld van de griffier, als commissaris bij de opneming door deskundigen van de ligging en gesteldheid der onroerende zaken waarop de onteigening betrekking heeft, tegenwoordig te zijn en wijst een of meer nieuws- of advertentiebladen aan, waarin de aankondiging door de griffier, in het volgende artikel vermeld, moet geschieden.
[3.] Deze benoeming en aanwijzing vinden ook plaats, indien er verstek mocht zijn verleend of indien de verweerder het voor hem bestemde gedeelte van het aanbod heeft aanvaard en niet blijkt, dat de derde belanghebbenden het voor hen bestemde gedeelte van het aanbod genoegzaam achten. Tegen de verlening van verstek wordt geen verzet toegelaten.
[4.] Ingeval de verweerder of een derde belanghebbende het aan hem ten processe gedane aanbod heeft aanvaard, bepaalt de rechtbank in haar vonnis de schadeloosstelling voor de betrokkene op de som van dat aanvaarde aanbod.

Art. 28
[1.] De tijd en plaats van de opneming door deskundigen van de ligging en gesteldheid der onroerende zaken waarop de onteigening betrekking heeft, worden door de rechtercommissaris met inachtneming van de meest mogelijke spoed bepaald en medegedeeld aan de griffier. Zij worden door de griffier bekend gemaakt door een aankondiging in een of meer daartoe in het vonnis aangewezen nieuws- of advertentiebladen.

Onteigening, opneming ligging

[2.] De griffier geeft binnen acht dagen, nadat het vonnis is gewezen, aan de deskundigen kennis van hunne benoeming. Ten minste acht dagen voor den dag, waarop de opneming zal plaats hebben, zendt hij aan ieder der deskundigen een afschrift van het vonnis en roept hij partijen en deskundigen op om bij de opneming tegenwoordig te zijn.
[3.] Bij afwezigheid van de wederpartij gaat de opneming door.
[4.] Derde belanghebbenden kunnen bij de opneming tegenwoordig zijn om ook hunne schade te doen begrooten.

Art. 29

Onteigening, vervanging deskundigen

[1.] In de plaats der deskundigen, die niet opgekomen zijn of weigeren aan hun verplichtingen te voldoen, benoemt de rechter-commissaris anderen. Indien ten gevolge hiervan de opneming moet worden uitgesteld, bepaalt de rechtercommissaris daarvoor een nadere tijd waarvan de griffier mededeling doet aan partijen, derde belanghebbenden en deskundigen.
[2.] De rechtercommissaris brengt de bepalingen dezer wet omtrent de begroting der schadeloosstelling, voor zoveel ter zake vereist wordt, onder de aandacht der deskundigen.
[3.] De deskundigen nemen bij de opneming de toestand van de onroerende zaak waarop de onteigening betrekking heeft, op door foto's en tekeningen en andere daartoe geschikte middelen.

Art. 30

Onteigening, begroting schade

Partijen en derde belanghebbenden delen aan de rechtercommissaris alle feiten en omstandigheden mede, die van belang zijn voor een juiste begroting van de schade en leggen daartoe de nodige stukken over.

Art. 31

Onteigening, getuigenverhoor

[1.] Ook ambtshalve kan de regtercommissaris ten allen tijde die personen voor zich en voor de deskundigen doen verschijnen, wier inlichtingen hij tot betere beoordeeling der zaak nuttig mogt achten.
[2.] Indien deze personen schadeloosstelling vorderen, wordt die door den regtercommissaris begroot en daarvan melding gemaakt in het procesverbaal.

Art. 32

Onteigening, werkingssfeer Rv

De formaliteiten, bij het Wetboek van Burgerlijke Regtsvordering voorgeschreven omtrent het getuigenverhoor en het berigt van deskundigen, zijn ten deze niet toepasselijk.

Art. 33

Onteigening, in gebreke blijven deskundigen

[1.] Wanneer de deskundigen of de personen, wier verschijning de regtercommissaris gelast heeft, op den bepaalden tijd, schoon behoorlijk geroepen, niet opkomen, of, zonder wettige redenen, weigeren de van hen gevraagde inlichtingen te geven, worden zij door den regtercommissaris veroordeeld tot vergoeding der te vergeefs gedane onkosten; alles onverminderd hunne gehoudenheid jegens de partijen tot schadevergoeding.
2. Hij kan hen echter op hun verzet, om billijke redenen, van de tegen hen uitgesproken veroordeling vrijstellen. Het verzet wordt ingeleid door indiening van een verzoek.

Art. 34

Onteigening, proces-verbaal van opneming

[1.] De griffier maakt van de opneming een door de rechtercommissaris en hem te ondertekenen proces-verbaal op.
[2.] Hij neemt daarin de verklaringen van de bij de opneming gehoorde personen op, nadat deze verklaringen hun zijn voorgelezen en door hen zijn ondertekend.
[3.] Voorts neemt hij daarin op de punten, waarover partijen of derde belanghebbenden hebben toegezegd nadere inlichtingen te zullen geven of waaromtrent hun door de rechtercommissaris is opgedragen nadere inlichtingen te verschaffen. De rechtercommissaris bepaalt de termijn, waarbinnen die inlichtingen moeten zijn verstrekt.
[4.] De rechtercommissaris stelt tevens na overleg met de deskundigen de dag vast, waarop de nederlegging ter griffie van het deskundigenrapport zal plaats vinden, met dien verstande, dat die dag niet later wordt bepaald dan uiterlijk zes maanden na de dag van de opneming. Ingeval de rechtercommissaris een termijn heeft bepaald als bedoeld in het vorige lid, wordt die dag niet later bepaald dan uiterlijk zes maanden na afloop van die termijn. In het proces-verbaal wordt de dag van de nederlegging vermeld.
[5.] De griffier zendt een afschrift van het proces-verbaal van de opneming aan partijen, in het proces-verbaal vermelde derde belanghebbenden en deskundigen.
[6.] De rechtercommissaris kan één maal op met redenen omkleed verzoek van de deskundigen uitstel van de nederlegging toestaan. Hij stelt alsdan een nieuwe dag daarvoor vast, waarvan de griffier bericht zendt aan partijen, derde belanghebbenden en deskundigen.

Art. 35

Onteigening, begroting schadeloosstelling

[1.] De deskundigen begroten de schadeloosstellingen overeenkomstig de hun krachtens artikel 27, eerste lid, verstrekte opdracht. Zij verklaren daarbij de gronden waarop hun begroting rust.
[2.] Het rapport van de deskundigen wordt tot aan de in artikel 37, eerste lid, bedoelde zitting ter inzage van partijen en van derde belanghebbenden ter griffie nedergelegd. Van de nederlegging doet de griffier mededeling aan partijen en derde belanghebbenden. Hij geeft daarvan tevens kennis in een of meer door de rechtercommissaris aan te wijzen nieuws- of advertentiebladen.

Onteigeningswet

Art. 36
[1.] Gedurende vier weken na de dag van de nederlegging, bedoeld in artikel 35, tweede lid, kunnen partijen en derde belanghebbenden een bezwaarschrift bij de rechtercommissaris indienen. *Onteigening, bezwaarschrift tegen schadeloosstelling*

[2.] De griffier zendt onverwijld een afschrift van de bezwaarschriften aan de wederpartij, derde belanghebbenden en de deskundigen, die gedurende vier weken na de dag van de toezending een verweerschrift bij de rechtercommissaris kunnen indienen.

[3.] Indien de rechtercommissaris, na overleg met de deskundigen, zulks in het belang van een goede behandeling van de zaak gewenst acht, vindt zo spoedig mogelijk na het verstrijken van de in het voorgaande lid bedoelde termijn de behandeling van de ingediende bezwaarschriften en verweerschriften te zijnen overstaan plaats. De griffier roept partijen, derde belanghebbenden en de deskundigen op.

[4.] De griffier maakt van de behandeling van de bezwaarschriften en verweerschriften een door de rechtercommissaris en hem te ondertekenen proces-verbaal op. De griffier zendt onverwijld een afschrift van het proces-verbaal aan partijen, derde belanghebbenden en deskundigen.

Art. 36a
Indien geen bezwaarschrift is ingediend of indien later blijkt van feitelijke bezwaren, die in het ingediende bezwaarschrift niet waren vermeld, dan kan de rechtbank aan later opgekomen bezwaren de betekenis hechten, die zij geraden zal achten. Indien haar blijkt dat deze bezwaren berusten op feiten of omstandigheden, die ten tijde van de in artikel 36, eerste lid, bedoelde termijn niet bekend waren of redelijkerwijs bekend konden zijn, neemt zij deze in ieder geval in aanmerking. *Onteigening, later opgekomen bezwaren*

Art. 37
[1.] In de eerste voor de behandeling van burgerlijke zaken bestemde zitting, welke plaats heeft na verloop van vier weken na de dag van de in artikel 36 bedoelde zitting, kunnen derde belanghebbenden een conclusie nemen en, zowel als partijen, bezwaarschriften, verweerschriften en conclusies nader bij pleidooi ontwikkelen. Ingeval geen bezwaarschriften zijn ingediend, zullen de pleidooien plaats vinden uiterlijk zes weken na de dag van de nederlegging van het rapport van deskundigen. De griffier roept partijen, derde belanghebbenden zomede de deskundigen op om ter zitting aanwezig te zijn, opdat dezen desgevraagd mondelinge toelichting op het uitgebrachte advies verstrekken. *Onteigening, conclusie nemen door derde belanghebbende*

[2.] Uiterlijk binnen vier weken na de in dit artikel bedoelde zitting doet de rechtbank, indien zij geen gebruik heeft gemaakt van de haar in artikel 194, vijfde lid van het Wetboek van Burgerlijke Rechtsvordering toegekende bevoegdheid, uitspraak over de onteigening, stelt zij in haar vonnis de schadeloosstellingen vast voor de verweerder en de derde belanghebbenden en vermeldt zij tevens de schadeloosstellingen die reeds zijn bepaald ingevolge artikel 27, laatste lid. *Onteigening, uitspraak rechtbank*

Art. 38
[1.] Gebouwen, van welke een gedeelte onteigend wordt, moeten, op de vordering des eigenaars bij zijne conclusie, in art. 24 genoemd, door de onteigenende partij geheel worden overgenomen. *Onteigening, overneming gebouwen/erven*

[2.] Ditzelfde zal met erven moeten geschieden, wanneer deze door de onteigening tot een vierde hunner uitgestrektheid verminderen of kleiner dan tien aren worden.

[3.] Deze overneming kan echter niet gevorderd worden, wanneer het overgebleven stuk gronds onmiddellijk aan een ander erf van denzelfden eigenaar grenst.

Art. 39
Bij de berekening der schadevergoeding wordt niet gelet op veranderingen, welke kennelijk zijn tot stand gebracht om de schadevergoeding te verhogen; evenmin wordt gelet op veranderingen, tot stand gebracht na terinzagelegging als bedoeld in artikel 3:11 van de Algemene wet bestuursrecht, tenzij het normale of noodzakelijke veranderingen betreft die aansluiten bij de aard en de wijze van gebruik van de onroerende zaak ten tijde van die nederlegging. *Onteigening, veranderingen niet meerekenen bij schadevergoeding*

Art. 40
De schadeloosstelling vormt een volledige vergoeding voor alle schade, die de eigenaar rechtstreeks en noodzakelijk door het verlies van zijn zaak lijdt. *Onteigening, schadeloosstelling*

Art. 40a
Bij het bepalen van de schadeloosstelling wordt uitgegaan van de dag, waarop het vonnis van onteigening, bedoeld in artikel 37, tweede lid, of artikel 54t, tweede lid, wordt uitgesproken, met dien verstande, dat ingeval het vonnis, bedoeld in artikel 54i, eerste lid, binnen de in artikel 54m bedoelde termijn wordt ingeschreven in de openbare registers, wordt uitgegaan van de dag, waarop dit vonnis wordt ingeschreven. *Schadeloosstelling onteigening, bepaling*

Art. 40b
[1.] De werkelijke waarde van de onteigende zaak, niet de denkbeeldige, die de zaak uitsluitend voor de persoon van de rechthebbende heeft, wordt vergoed. *Schadeloosstelling onteigening, werkelijke waarde onteigende zaak*

Schadeloosstelling onteigening, verrekening voor- of nadelen

[2.] Bij het bepalen van de werkelijke waarde wordt uitgegaan van de prijs, tot stand gekomen bij een onderstelde koop in het vrije commerciële verkeer tussen de onteigende als redelijk handelende verkoper en de onteigenaar als redelijk handelende koper.
[3.] In bijzondere gevallen wordt de werkelijke waarde naar andere maatstaf bepaald.

Art. 40c

Bij het bepalen van de schadeloosstelling wegens verlies van een onroerende zaak wordt geen rekening gehouden met voordelen of nadelen, teweeggebracht door
1°. het werk waarvoor onteigend wordt;
2°. overheidswerken die in verband staan met het werk waarvoor onteigend wordt;
3°. de plannen voor de werken onder 1° en 2° bedoeld.

Art. 40d

Onroerende zaak, waardebepaling

[1.] Bij het bepalen van de prijs van een onroerende zaak wordt rekening gehouden:
a. met ter plaatse geldende voorschriften en gebruiken betreffende lasten en baten, welke uit de exploitatie van de zaak of van een complex, waarvan zij deel uitmaakt, naar verwachting zullen voortvloeien en betreffende de omslag daarvan, voor zover een redelijk handelend verkoper en koper hiermee rekening plegen te houden;
b. met alle bestemmingen die gelden voor zaken, die deel uitmaken van het complex, in dier voege dat elke bestemming van een zaak de waardering van alle zaken binnen het complex beïnvloedt.
[2.] Onder een complex wordt verstaan de als één geheel in exploitatie gebrachte of te brengen zaken.

Art. 40e

Waardebepaling onroerende zaak, verrekening voor- of nadelen

Bij het bepalen van de werkelijke waarde van een zaak wordt de prijs verminderd of vermeerderd met voordelen of nadelen tengevolge van
1°. bestemmingen die door het werk waarvoor onteigend wordt, tot uitvoering komen;
2°. bestemmingen, voor de feitelijke handhaving waarvan onteigend wordt,
voor zover deze voordelen of nadelen ook na toepassing van artikel 40d redelijkerwijze niet of niet geheel ten laste van de onteigende behoren te blijven.

Art. 40f

Waardebepaling, vermindering vergoeding art. 6.1 Wro

Op de prijsvermeerdering bedoeld in artikel 40e komt in mindering de vergoeding welke te dier zake op grond van artikel 6.1 van de Wet ruimtelijke ordening is toegekend.

Art. 41

Bij het bepalen van de schadeloosstelling wordt rekening gehouden met de mindere waarde, welke voor niet onteigende goederen van de onteigende het rechtstreeks en noodzakelijk gevolg van het verlies van zijn goed is.

Art. 41a

Schakelbepaling

Voor zover de volgende artikelen niet anders meebrengen, zijn de artikelen 40-41 van overeenkomstige toepassing op rechten die door de onteigening geheel of gedeeltelijk vervallen.

Art. 42

Schadeloosstelling onteigening, verhuurde bedrijfsruimte

[1.] Bij de onteigening van verhuurde bedrijfsruimte, als omschreven in artikel 309 lid 5 van Boek 7 van het Burgerlijk Wetboek, wordt door de onteigenende partij aan de huurder en de onderhuurder aan wie bevoegdelijk is onderverhuurd schadeloosstelling betaald. Bij de bepaling van de schadeloosstelling wordt rekening gehouden met de kans dat de huurverhouding bij het verstrijken van de geldigheidsduur der overeenkomst zou hebben voortgeduurd.
[2.] Bij de onteigening van een anderszins verhuurde onroerende zaak wordt door de onteigenende partij aan den huurder, wiens huurtijd nog één of meer jaren moet duren, tot schadeloosstelling eene som betaald, gelijkstaande aan den huurprijs van twee jaren.
[3.] Indien nogtans de te velde staande vruchten, of de onkosten welke de huurder aantoont gedurende de laatste twee jaren aan de onroerende zaak te hebben besteed, meer beloopen dan de in het vorige lid bedoelde tweejarige huurprijs, wordt de waarde dier vruchten of het bedrag dier onkosten als schadeloosstelling betaald. Indien de huurder minder dan een jaar huur had, wordt hem de huurprijs van een vol jaar, of de waarde der te velde staande vruchten, zoo die meer beloopt, vergoed.
[4.] Indien de verhuring na terinzagelegging als bedoeld in artikel 3:11 van de Algemene wet bestuursrecht, heeft plaats gehad, wordt door de onteigenende partij aan den huurder geene schadeloosstelling betaald, maar heeft deze eene vordering tot schadevergoeding tegen den verhuurder, ten ware anders mogt zijn overeengekomen.

Art. 42a

Schadeloosstelling onteigening, verpachte onroerende zaak

[1.] Bij de onteigening van een verpachte onroerende zaak wordt door de onteigenende partij aan de pachter schadeloosstelling betaald.
[2.] Indien de pachtovereenkomst voor de in artikel 325, eerste of tweede lid, van Boek 7 van het Burgerlijk Wetboek bedoelde duur is aangegaan of geldt, dan wel voor een kortere duur is aangegaan en nadien met zes jaren is verlengd, wordt bij de bepaling van de schadeloosstelling

rekening gehouden met de mogelijkheid, dat de pachtovereenkomst ingevolge de artikelen 325, vijfde lid, en 367 tot en met 374 van Boek 7 van het Burgerlijk Wetboek zou zijn verlengd.
[3.] Het bepaalde in het tweede lid vindt geen toepassing, indien de pachtverhouding is aangevangen, nadat een het verpachte bij een goedgekeurd bestemmingsplan een niet tot de landbouw betrekkelijke bestemming is gegeven. In dat geval wordt de pachtovereenkomst met betrekking tot een hoeve of los land, welke is aangegaan voor langer dan twaalf, onderscheidenlijk zes jaren, voor de bepaling van de schadeloosstelling geacht te zijn aangegaan voor twaalf, onderscheidenlijk zes jaren, met dien verstande, dat, indien de onteigening plaats vindt na die termijn, de overeenkomst geacht wordt telkens voor zes jaren te zijn verlengd.
[4.] Indien evenwel het verpachte sinds een tijdstip, liggend voor de goedkeuring bedoeld in het vorige lid, achtereenvolgens bij personen die ten tijde van de opvolging in het gebruik tot de voorgaande gebruiker in enige in artikel 363, eerste lid, van Boek 7 van het Burgerlijk Wetboek genoemde betrekking stonden persoonlijk in gebruik is geweest voor een tot de landbouw betrekkelijk doel, blijft het bepaalde in het tweede lid van toepassing.
[5.] Indien op het tijdstip van terinzagelegging als bedoeld in artikel 3:11 van de Algemene wet bestuursrecht de pachtovereenkomst ingevolge artikel 322 van Boek 7 van het Burgerlijk Wetboek voor onbepaalde tijd geldt, wordt voor de berekening van de schadeloosstelling uitgegaan van de overeengekomen duur, doch ingeval de overeenkomst voor onbepaalde tijd is aangegaan, nimmer van een langere dan de in artikel 325, tweede lid, van Boek 7 van het Burgerlijk Wetboek bedoelde duur. Voor de berekening van de schadeloosstelling wordt op gelijke wijze als ten aanzien van pachtovereenkomsten, waarop artikel 9 van de Pachtwet van toepassing is, aangenomen, dat de pachtovereenkomst zou kunnen worden verlengd; het derde en vierde lid vinden overeenkomstige toepassing.
[6.] Indien de verpachting na terinzagelegging als bedoeld in artikel 3:11 van de Algemene wet bestuursrecht, heeft plaats gehad, wordt door de onteigenende partij aan de pachter geen schadeloosstelling betaald, maar heeft deze een vordering tot schadevergoeding tegen de verpachter, ten ware anders mocht zijn overeengekomen.

Art. 43

[1.] De hypotheekhouder en de ingeschreven beslaglegger hebben geen recht op afzonderlijke schadevergoeding. Slechts indien zij zijn tussengekomen, kunnen zij zich jegens de onteigenaar beroepen op hun rechten uit artikel 229 van Boek 3 van het Burgerlijk Wetboek en artikel 507a van het Wetboek van Burgerlijke Rechtsvordering. Zij oefenen die rechten uit op het bedrag van de werkelijke waarde en de waardevermindering van het overblijvende, zoals dat bedrag toekomt aan de hypotheekgever, de beslagene en de beperkt gerechtigde, wiens recht niet tegen hen kan worden ingeroepen.

Schadeloosstelling onteigening, verdeling

[2.] Indien alle in het vorige lid vermelde belanghebbenden tot overeenstemming omtrent de verdeling zijn gekomen, bepaalt de rechter wat aan ieder van hen moet worden betaald. Is geen overeenstemming bereikt, dan worden de bedragen in hun geheel toegewezen aan de tussengekomen hypotheekhouder, hoogste in rang, dan wel, zo geen hypotheekhouder is tussengekomen, aan de daartoe door de eerst ingeschreven beslaglegger aangewezen notaris of deurwaarder, en vindt verdeling plaats met toepassing van de regels betreffende de verdeling van een zodanige opbrengst in het Wetboek van Burgerlijke Rechtsvordering.
[3.] Een beslaglegger behoeft voor de toepassing van het vorige lid niet tussen te komen, indien hij aan de onteigenaar bij exploit meedeelt zijn rechten uit artikel 507a van het Wetboek van Burgerlijke Rechtsvordering te bepalen tot het deel van de in het eerste lid bedoelde bedragen, dat voor de beslagene bestemd is.
[4.] Ten aanzien van het voorschot op de schadeloosstelling en de verhogingen daarvan zijn de vorige leden van overeenkomstige toepassing, met dien verstande dat bij de verdeling tussen de belanghebbenden onderling de hypotheekhouder en beslagleggers hun recht op deze bedragen uitoefenen voor zover zij kunnen worden beschouwd als een voorschot op het in het eerste lid, derde zin, bedoelde bedrag. Op verlangen van elk der partijen kan de rechter-commissaris in een rangregeling bepalen dat deze niet zal worden gesloten, voordat het vonnis waarbij de schadeloosstelling is vastgesteld in kracht van gewijsde is gegaan. In het geval van artikel 54t, derde lid, kan binnen een jaar nadat het vonnis bedoeld in artikel 54t, tweede lid, kracht van gewijsde heeft verkregen, door elk van de belanghebbenden heropening van een gesloten rangregeling worden gevraagd en kan de rechter-commissaris hen die teveel hebben ontvangen bij bevelschrift gelasten dit terug te betalen.

Art. 44

Bij de bepaling van de schadeloosstelling wegens het vervallen van een erfdienstbaarheid of een recht als bedoeld in artikel 252 van Boek 6 van het Burgerlijk Wetboek wordt rekening gehouden met hetgeen te verwachten is omtrent de wijziging of de opheffing krachtens de artikelen 78 en 79 van Boek 5, dan wel de artikelen 258 en 259 van Boek 6 van dat wetboek en de daaraan te verbinden voorwaarden. Artikel 40c mist in zoverre toepassing. Overigens wordt rekening gehouden met de mogelijkheid de erfdienstbaarheid of het recht als bedoeld in artikel

Schadeloosstelling onteigening, vervallen erfdienstbaarheid

252 van Boek 6 van dat wetboek door een andere erfdienstbaarheid of een ander recht te vervangen.

Art. 45

Schadeloosstelling onteigening, vruchtgebruik op vordering

1. De vruchtgebruiker kan zich jegens de onteigenaar slechts op verkrijging van een vruchtgebruik op de vordering tot schadeloosstelling voor de hoofdgerechtigde krachtens artikel 213 van Boek 3 van het Burgerlijk Wetboek beroepen, indien hij is tussengekomen.
2. Bij onteigening van goederen die zijn vermaakt onder een ontbindende voorwaarde en een daarbij aansluitende opschortende voorwaarde doet de bezwaarde erfgenaam de schadeloosstelling in een der schuldregisters voor geldleningen ten laste van het Rijk inschrijven.

Art. 46

Schadeloosstelling onteigening, huurkoop

Bij onteigening van een krachtens huurkoop verkochte onroerende zaak wordt uit het bedrag van de werkelijke waarde van de zaak aan de huurverkoper een schadeloosstelling toegekend wegens de aanspraken uit de huurkoopovereenkomst die hij verliest; hetgeen overblijft, komt aan de huurkoper toe.

Art. 47-49

[Vervallen]

Art. 50

Onteigening, proceskosten

[1.] De kosten van het proces komen ten laste van de onteigenende partij, met dien verstande echter dat ingeval aan de verweerder onderscheidenlijk een derde belanghebbende, die het aan hem ten processe gedane aanbod niet heeft aanvaard, niet meer wordt toegewezen dan hem werd aangeboden, de rechtbank de betrokkene kan veroordelen tot betaling van de kosten van het geding of van een door haar naar billijkheid te bepalen gedeelte van die kosten.
[2.] In afwijking van het bepaalde in het vorige lid komen de kosten van het proces steeds ten laste van de onteigenende partij, indien in de dagvaarding niet is vermeld welke som aan de verweerder onderscheidenlijk aan ieder der belanghebbenden, die aan de onteigenende partij bekend konden zijn, als schadeloosstelling wordt aangeboden.
[3.] Indien de rechtbank evenwel van oordeel is, dat de onteigenende partij tengevolge van gebrek aan medewerking aan de zijde van de verweerder of een derde belanghebbende voor de aanvang van het geding tot onteigening, onvoldoende gegevens ter beschikking heeft gehad tot het doen van een redelijk aanbod bij dagvaarding of aangetekende brief, of wanneer zij daartoe aanleiding vindt in de omstandigheden van het geding, kan zij de verweerder veroordelen in de kosten van het proces of, overeenkomstig het eerste lid van dit artikel, de betrokkene veroordelen tot betaling van een gedeelte van die kosten. Ingeval de som der kosten waarin een verweerder of derde belanghebbende is veroordeeld, hoger is dan die van de aan hem toegekende schadeloosstelling, kan de rechtbank de betrokkene veroordelen tot betaling van het verschil dier sommen.
[4.] Onder de kosten van het geding zijn mede begrepen kosten van rechtsbijstand of andere deskundige bijstand, die naar het oordeel van de rechtbank redelijkerwijs door verweerders of derde belanghebbenden zijn gemaakt.
[5.] De kosten van de bekendmakingen, bedoeld in de artikelen 28, 35, 54 en 54d, komen steeds voor rekening van de onteigenende partij.

Art. 51

Onteigening, verzet tegen verstekvonnis

Wanneer het vonnis bij verstek is gewezen, kan men daartegen binnen acht dagen na de beteekening, op de wijze, in het Wetboek van Burgerlijke Regtsvordering voorgeschreven, in verzet komen.

Art. 52

Vonnis, hoger beroep
Vonnis, cassatie

[1.] Tegen het vonnis wordt geen hooger beroep toegelaten.
[2.] De voorziening in cassatie moet binnen twee weken na de uitspraak plaats hebben.
[3.] Zij geschiedt door eene verklaring ter griffie der regtbank, die het vonnis heeft gewezen.

Art. 53

Cassatieberoep, oproeping tegenpartij

1. Deze verklaring wordt binnen zes weken na afloop van de in het vorige artikel genoemde termijn van twee weken met een uiteenzetting van de gronden waarop het cassatieberoep berust, bij of aan de tegenpartij bezorgd of betekend en gaat vergezeld van een oproepingsbericht. In afwijking van artikel 30a, derde lid, onder c, van het Wetboek van Burgerlijke Rechtsvordering ligt de dag waarop de tegenpartij uiterlijk ten laatste als verweerder kan verschijnen uiterlijk zes weken na de dag van indiening van de procesinleiding.
2. De conclusie van de eiser, bedoeld in artikel 412, eerste lid, van het Wetboek van Burgerlijke Rechtsvordering, wordt genomen op de dag van de pleidooien.

Art. 54

Vonnis, publicatie

[1.] Binnen acht dagen nadat het in artikel 37 bedoelde vonnis gezag van gewijsde heeft verkregen, doet de griffier het bij uittreksel in een of meer bij vonnis aangewezen nieuws- of advertentiebladen plaatsen.
[2.] Hetzelfde heeft, met inachtneming van denzelfden termijn, op last van de griffier bij den Hoogen Raad plaats, wanneer de voorziening in cassatie tegen het vonnis, waarbij de onteigening werd uitgesproken, verworpen is, of wanneer de Hooge Raad, het vonnis des eersten regters

vernietigende, de onteigening uitspreekt, in welk geval zijn arrest het nieuws- of advertentieblad aanwijst.

Hoofdstuk IIIa

Afdeling 1
Van de opneming door de deskundigen voor de aanvang van het geding

Art. 54a
[1.] De onteigenende partij, die voornemens is de procedure van Afdeling 2 van dit Hoofdstuk te volgen, kan zodra de ingevolge artikel 63, eerste lid, dan wel artikel 78, tweede lid, vereiste terinzagelegging, heeft plaats gevonden, aan de rechtbank voor wie de onteigening zal moeten worden gevorderd, verzoeken om de benoeming van een rechtercommissaris en van een of meer deskundigen in oneven getale, alsmede tot bepaling van de dag, waarop de opneming door de deskundigen van de ligging en gesteldheid der onroerende zaken, waarop de onteigening betrekking heeft, zal plaatsvinden.

Opneming door deskundigen, verzoek

2. Bij het verzoekschrift moeten worden overgelegd:
a. een uitgewerkt plan met uitvoerige kaarten van het werk en met grondtekeningen, waarop de te onteigenen onroerende zaken en de onroerende zaken waarop te onteigenen rechten rusten, met vermelding van hun kadastrale aanduiding zijn aangewezen;
b. een lijst van de te onteigenen onroerende zaken aangeduid met hun kadastrale aanduiding met vermelding van:
1°. de grootte volgens de basisregistratie kadaster van elk der desbetreffende percelen en, indien een te onteigenen onroerende zaak een gedeelte van een perceel uitmaakt, bovendien de grootte van dat gedeelte;
2°. de namen van de eigenaars van elk dier zaken, volgens de basisregistratie kadaster;
c. bij afzonderlijke onteigening als bedoeld in artikel 4, eerste lid, een lijst van de te onteigenen rechten met vermelding van de kadastrale aanduiding van de zaken waarop zij rusten, en de namen van de rechthebbenden op die rechten volgens de basisregistratie kadaster;
d. het bewijs, bedoeld in artikel 23, onder 2°;
e. een opgave van de hypotheekhouders of van hen, die beslag hebben gelegd met betrekking tot hetgeen onteigend moet worden, voor zover zij zijn vermeld in de openbare registers.
[3.] Het verzoekschrift bevat een opgave van de kadastrale aanduiding alsmede een omschrijving van de aard van hetgeen onteigend moet worden, benevens een opsomming van de namen en adressen van degenen die volgens de basisregistratie kadaster daarop enig recht hebben, alsmede van ieder, die aan de onteigenende partij op het tijdstip van de indiening van het verzoekschrift als derde belanghebbende, als bedoeld in artikel 3, tweede lid, bekend is, onder vermelding van de bedragen, welke de onteigenende partij aan ieder van hen voornemens is bij dagvaarding aan te bieden.
[4.] Het verzoekschrift bevat tevens indien daartoe termen zijn een verzoek tot benoeming van een derde, bedoeld in artikel 20. Tevens kan de onteigenende partij in het verzoekschrift een voorkeur uitspreken met betrekking tot het tijdvak, waarin de hiervoor bedoelde opneming zal plaatsvinden.

Art. 54b
[1.] De onteigenende partij doet binnen een week een afschrift van het verzoekschrift betekenen of zendt een afschrift van het verzoekschrift bij aangetekende brief, waarvoor een bericht van ontvangst wordt verlangd, aan degenen die in het verzoekschrift zijn vermeld. Ingeval van betekening wordt een gewaarmerkt afschrift van het exploit van betekening aan de griffier gezonden. In geval van een aangetekende brief bevestigt de onteigenende partij aan de griffier dat de aangetekende brief is verzonden en daarvoor een bericht van ontvangst is verkregen.
[2.] Ten aanzien van een huurder van woonruimte, als bedoeld in artikel 233 van Boek 7 van het Burgerlijk Wetboek, kan in de aangetekende brief worden volstaan met de mededeling van het ingediende verzoekschrift en van het daarin vermelde, voor zover dit op hem betrekking heeft.

Opneming door deskundigen, afschrift verzoekschrift aan betrokkenen

Art. 54c
[1.] De rechtbank beschikt binnen een maand op het verzoek. Indien de in artikel 54a en 54b vereiste stukken niet volledig zijn overgelegd of niet ingezonden, stelt de rechtbank een termijn van ten hoogste twee weken vast, waarbinnen de onteigenende partij alsnog tot aanvulling van die stukken kan overgaan, bij gebreke waarvan afwijzend op het verzoek wordt beschikt.
[2.] Bij toewijzing van het verzoek benoemt de rechtbank een harer leden tot rechtercommissaris alsmede een of meer deskundigen in oneven getale. Zonodig benoemt zij tevens een derde, bedoeld in artikel 20. De rechtercommissaris bepaalt met de meest mogelijke spoed de tijd en de plaats waarop de opneming door deskundigen zal plaats vinden.
[3.] Tegen de beschikking staan alleen aan de verzoeker de rechtsmiddelen van hoger beroep en beroep in cassatie open.

Onteigening, beschikking rechtbank op verzoekschrift

A61 art. 54d

Onteigeningswet

Art. 54d

Onteigening, afschrift beschikking

De griffier zendt aan degenen, die in het verzoekschrift zijn vermeld en tevens aan de deskundigen onverwijld een afschrift toe van de in het vorige artikel bedoelde beschikking; voorts deelt hij hun de tijd en de plaats van de opneming door deskundigen mede. Ook draagt hij zorg, dat de tijd en de plaats van de opneming door deskundigen worden aangekondigd in een of meer nieuws- of advertentiebladen.

Art. 54e

Schakelbepaling

[1.] De artikelen 28, derde lid, tot en met 34, derde lid, alsmede artikel 34, vijfde lid, zijn op de opneming door deskundigen van overeenkomstige toepassing.

Onteigening, voorlopig oordeel schadeloosstelling

[2.] Op verzoek van de meest gerede partij, geven de deskundigen zo mogelijk hun voorlopig oordeel over de schadeloosstelling.

Afdeling 2
Van de vervroegde uitspraak over de onteigening

Art. 54f

Onteigening, vervroegde uitspraak

De onteigenende partij kan, overeenkomstig de bepalingen van deze Afdeling, bij zijn vordering tot onteigening een vervroegde uitspraak over de onteigening vorderen. Ingeval de opneming door de deskundigen heeft plaats gehad overeenkomstig Afdeling 1 van dit Hoofdstuk, is de onteigenende partij op straffe van niet-ontvankelijkheid gehouden tot het doen van die vordering. Zodra het vonnis van onteigening kracht van gewijsde heeft verkregen, kan het in de openbare registers worden ingeschreven, voordat over de schadeloosstelling uitspraak is gedaan.

Art. 54g

Vervroegde uitspraak, uitbrengen dagvaarding

Onverminderd de artikelen 64a, vierde lid, 78, achtste lid, en 79, moet de dagvaarding waarbij de vervroegde uitspraak tot onteigening wordt gevorderd, indien de opneming door de deskundigen overeenkomstig Afdeling 1 van dit Hoofdstuk heeft plaats gevonden, worden uitgebracht binnen twee maanden na de opneming ter plaatse door de deskundigen. Indien de plaatsing in de Staatscourant, bedoeld in artikel 64a, derde lid, dan wel 78, zevende lid, nog niet is geschied op de dag van de opneming, vangt de termijn van twee maanden aan op de tweede dag na de datum van dagtekening van de Staatscourant waarin die plaatsing geschiedt.

Art. 54h

Schakelbepaling

De artikelen 17, 18, 20, 22-26 zijn van overeenkomstige toepassing, met dien verstande, dat, wanneer een vervroegde opneming door deskundigen overeenkomstig de bepalingen van Afdeling 1 van dit Hoofdstuk heeft plaats gehad, de in artikel 23 voorgeschreven terinzagelegging alleen zal betreffen het onder 1° in dat artikel bedoelde exemplaar van de Staatscourant.

Art. 54i

Schadeloosstelling onteigening, bepaling voorschot

[1.] Behoudens ingeval van nietigverklaring van de dagvaarding of niet-ontvankelijkheidverklaring dan wel ontzegging van de eis, spreekt de rechtbank de onteigening uit met bepaling van een voorschot op de schadeloosstelling voor de verweerders en bekende, niet betwiste derde belanghebbenden en van de door de onteigenende partij te treffen bijkomende voorzieningen, indien deze in het aanbod zijn opgenomen. Het voorschot wordt bepaald op het bedrag, waarover terzake tussen hen en de onteigenende partij overeenstemming bestaat blijkens gewisselde conclusies of door de verweerders en bekende derde belanghebbenden ondertekende bewijsstukken.

[2.] Indien niet blijkt, dat overeenstemming is bereikt, bepaalt de rechtbank voor ieder het bedrag van het voorschot op 90 ten honderd van de aan ieder aangeboden schadeloosstelling, tenzij zij, na desgewenst de deskundigen mondeling gehoord te hebben, aanleiding vindt het voorschot op een ander bedrag vast te stellen. Indien de rechtbank daartoe termen aanwezig acht, kan zij de uitspraak omtrent het voorschot ten hoogste veertien dagen aanhouden. Ingeval een verweerder of derde belanghebbende het aan hem ten processe gerichte aanbod heeft aanvaard, bepaalt de rechtbank voor de betrokkene geen voorschot en bepaalt zij in haar vonnis de schadeloosstelling voor de betrokkene op de som van dat aanvaarde aanbod.

Schadeloosstelling onteigening, vonnis

[3.] Ingeval alle betrokkenen het aan hen ten processe gerichte aanbod hebben aanvaard, geldt het vonnis als in het vonnis bedoeld in artikel 37.

Schadeloosstelling onteigening, zekerheid

[4.] De rechtbank bepaalt voor de onteigende partij en bekende derde belanghebbenden een som als zekerheid voor de voldoening van de aan ieder van hen verschuldigde schadeloosstelling. Deze som wordt bepaald op het bedrag, waarover overeenstemming is bereikt. Blijkt niet, dat overeenstemming is bereikt, dan wordt de som bepaald tenminste op het bedrag dat ieder is aangeboden, verminderd met het voorschot.

[5.] Indien blijkens het proces-verbaal van de opneming door de deskundigen, die plaats heeft gevonden volgens Afdeling 1 van dit Hoofdstuk, de betrokkene afstand heeft gedaan van het recht op zekerheidstelling de rechtbank voor hem het in dit lid bedoeld niet vast. Evenmin doet zij zulks ingeval haar uit gewisselde conclusies of door de verweerders of derde belanghebbenden ondertekende bewijsstukken blijkt, dat afstand van het recht op zekerheidstelling is gedaan. De rechtbank bepaalt tevens op welke wijze de zekerheidstelling zal plaats vinden.

Art. 54j

[1.] Bij het vonnis, waarbij overeenkomstig artikel 54i de onteigening is uitgesproken, benoemt de rechtbank een of meer deskundigen in oneven getale. Zij geeft aan hen opdracht om de schadeloosstellingen te begroten voor de verweerders en de derde belanghebbenden, doch slechts voor zover zij het aan hen ten processe gedane aanbod niet hebben aanvaard. Zij benoemt voorts een harer leden, om vergezeld van de griffier, als commissaris bij de opneming door de deskundigen tegenwoordig te zijn en wijst een of meer nieuws- of advertentiebladen aan, een en ander overeenkomstig artikel 27, tweede en derde lid. Artikel 28 is van overeenkomstige toepassing. Op de opneming door de deskundigen zijn de artikelen 29-34 van overeenkomstige toepassing.

Vonnis onteigening, benoeming deskundigen en rapport

[2.] Ingeval de opneming door de deskundigen reeds heeft plaats gehad overeenkomstig Afdeling 1 van dit Hoofdstuk, stelt de rechtbank een datum vast waarop de nederlegging van het deskundigenrapport zal moeten plaats vinden. De griffier draagt zorg, dat partijen, de in het proces-verbaal vermelde derde belanghebbenden en de deskundigen een afschrift van dit vonnis ontvangen. De rechtercommissaris en de deskundigen, aangewezen krachtens artikel 54c, treden in het geding als zodanig op, tenzij de rechtbank anderen in hun plaats aanwijst.

[3.] Tevens onderzoekt de rechtbank in het in het vorige lid bedoelde geval ambtshalve, of het in de dagvaarding aangeduide ter onteigening aangewezen goed hetzelfde is als dat, waarop de opneming door de deskundigen betrekking heeft gehad. Indien blijkt, dat zulks niet het geval is, beveelt de rechtbank een nieuwe opneming door de deskundigen. Alsdan zijn de artikelen 27-34 van overeenkomstige toepassing.

Art. 54k

[1.] Indien bij de opneming door de deskundigen, die plaats vindt volgens artikel 54j, eerste of derde lid, blijkt van het bestaan van derde belanghebbenden, die niet in de dagvaarding waren vermeld, draagt de rechtercommissaris op hun verzoek aan de onteigenende partij op om binnen een maand, op een door de rechtercommissaris aan te wijzen terechtzitting, alsnog een aanbod terzake van de schadeloosstelling aan die derde belanghebbenden te doen, mits hun hoedanigheid niet wordt betwist.

Schadeloosstelling onteigening, aanbod aan derde belanghebbende

[2.] Dit aanbod geschiedt bij akte ter rolle. De rechtbank doet bij vonnis uitspraak over het toe te kennen voorschot, in elk geval binnen een maand na afloop van de termijn, bedoeld in artikel 54m. Het bedrag van het voorschot wordt bepaald op het bedrag, waarover overeenstemming blijkt te bestaan blijkens door de betrokkenen ondertekende bewijsstukken. Indien niet blijkt van deze overeenstemming bepaalt de rechtbank het voorschot op 90 ten honderd van het bij akte gedane aanbod. Zonodig stelt de rechtbank een nieuwe datum vast, waarop de nederlegging van het deskundigenrapport zal moeten plaatsvinden. De griffier draagt zorg, dat deze nieuwe datum ter kennis wordt gebracht van partijen, derde belanghebbenden en deskundigen.

[3.] Ingeval de derde belanghebbende, in het geding tussengekomen, een akte heeft genomen, houdende aanvaarding van het aanbod, bepaalt de rechtbank geen voorschot en stelt zij de schadeloosstelling voor de betrokkene vast op de som van dat aanvaarde aanbod.

[4.] De rechtbank kent slechts een voorschot, als bedoeld in het tweede lid, toe, indien de betrokken belanghebbende heeft aangetoond, dat het vonnis, waarbij overeenkomstig artikel 54i de onteigening is uitgesproken, in de openbare registers is ingeschreven. Is dit vonnis niet binnen de in artikel 54m bedoelde termijn ingeschreven, dan wijst de rechtbank het verzoek af. Tenzij blijkt uit het proces-verbaal van de opneming door de deskundigen, dat de betrokkene afstand heeft gedaan van het recht op zekerheidstelling, bepaalt de rechtbank overeenkomstig artikel 54i de som als zekerheid voor de voldoening der schadeloosstelling. Tevens stelt zij de wijze vast waarop de zekerheidstelling zal plaats vinden.

[5.] Ingeval echter de rechtercommissaris de zaak daarvoor vatbaar acht en de onteigenende partij of derde belanghebbende daartegen geen bezwaar heeft, bepaalt de rechtercommissaris zelf het bedrag van het voorschot tijdens de opneming door de deskundigen, na dezen mondeling te hebben gehoord. Eveneens stelt hij in dat geval na de deskundigen mondeling te hebben gehoord voor de betrokkene de som vast als zekerheid voor de voldoening der schadeloosstelling, tenzij de betrokkene afstand van het recht op zekerheidstelling doet. Indien geen afstand van het recht op zekerheidstelling is gedaan, bepaalt hij tevens de wijze waarop de zekerheidstelling zal plaatsvinden. De onteigenende partij is slechts gehouden tot betaling van het ingevolge dit lid toegekende voorschot, nadat het vonnis, bedoeld in artikel 54i, binnen de in artikel 54m, eerste lid, bedoelde termijn is ingeschreven in de openbare registers. Het proces-verbaal van de opneming levert een voor tenuitvoerlegging vatbare titel op; tot tenuitvoerlegging kan slechts gedurende een tijdvak van een maand na afloop van de in artikel 54m, eerste lid, genoemde termijn worden overgegaan.

A61 art. 54l   Onteigeningswet

Art. 54l

Vonnis onteigening, beroep in cassatie

[1.] Tegen het vonnis, waarbij overeenkomstig artikel 54i de onteigening is uitgesproken of waarbij nadien een voorschot is vastgesteld, staat het rechtsmiddel open van beroep in cassatie. De artikelen 52 en 53 zijn van overeenkomstige toepassing, met dien verstande, dat de in artikel 53, eerste lid, genoemde termijn slechts twee weken bedraagt.

[2.] Tegen het vonnis, of de beschikking, bedoeld in artikel 54k, staat geen andere voorziening open dan beroep in cassatie in het belang der wet.

Art. 54m

Vonnis onteigening, inschrijving

[1.] Ingeval de opneming door de deskundigen volgens artikel 54j, eerste of derde lid, plaats vindt, kan het vonnis, waarbij overeenkomstig artikel 54 i de onteigening is uitgesproken, slechts worden ingeschreven in de openbare registers binnen een tijdvak van twee maanden na de opneming door de deskundigen.

[2.] Ingeval de opneming door de deskundigen reeds heeft plaats gevonden overeenkomstig Afdeling 1 van dit Hoofdstuk, vangt de termijn van twee maanden aan op de dag, dat het vonnis, bedoeld in artikel 54i, gezag van gewijsde heeft verkregen.

[3.] Wanneer na het vonnis van onteigening een voorschot krachtens artikel 54i is bepaald, vangt de termijn aan op het tijdstip waarop dat latere vonnis gezag van gewijsde heeft verkregen.

[4.] Vindt geen inschrijving plaats binnen de termijn, bedoeld in de vorige leden, dan geldt het bepaalde in de artikelen 55, tweede lid, of 59.

Art. 54n

Onteigening, bescheiden voor inschrijving vonnis

[1.] Ter inschrijving van het vonnis waarbij de onteigening overeenkomstig artikel 54i is uitgesproken, wordt overgelegd:

1. indien bij een later vonnis krachtens artikel 54i een voorschot is bepaald, dat vonnis vergezeld van een verklaring van de griffier houdende dat het in kracht van gewijsde is gegaan;
2. een afschrift van het proces-verbaal van de opneming door de deskundigen, tenzij Afdeling 1 van dit Hoofdstuk toepassing heeft gevonden;
3. bewijzen van betaling van de bij vonnis, bedoeld in artikel 54i aan de in de dagvaarding genoemde rechthebbenden, of indien overeenkomstig artikel 20 een derde is benoemd, aan die derde, toegekende voorschotten en tevens, indien geen afstand van het recht op zekerheidstelling is gedaan, de akten, strekkende tot bewijs dat de zekerheidstelling heeft plaats gehad, of de bewijzen van betaling der schadeloosstellingen, bepaald ingevolge artikel 54i, tweede lid, laatste zin.

[2.] Ten aanzien van de gevolgen van de in het vorige artikel bedoelde inschrijving gelden de artikelen 59, derde lid, en 60.

Art. 54o

Onteigening, verzoek verhoging voorschot

[1.] Een partij of derde belanghebbende, aan wie door de rechtbank een voorschot is toegekend, kan verhoging verzoeken van het bedrag van het voorschot of van de zekerheid of van beide. De griffier zendt bericht van het verzoek aan de deskundigen.

[2.] Het verzoek kan slechts eenmaal worden gedaan tot uiterlijk een maand voor de dag waarop de nederlegging ter griffie van het deskundigenrapport zal plaatsvinden.

[3.] Omtrent de verhoging van het voorschot doet de rechtbank bij vonnis uitspraak, mits de betrokken belanghebbende doet blijken, dat het vonnis, waarbij overeenkomstig artikel 54i de onteigening is uitgesproken, in de openbare registers is ingeschreven. Ingeval deze inschrijving niet heeft plaats gevonden binnen de in artikel 54m bedoelde termijn, wijst de rechtbank het verzoek af.

[4.] Zij wijst het verzoek tot verhoging slechts toe, wanneer de reeds vastgestelde som kennelijk onvoldoende is, na desgewenst de deskundigen mondeling te hebben gehoord, met dien verstande, dat het verzoek kan worden afgewezen, indien de rechtbank blijkt, dat de nederlegging van het rapport van deskundigen binnen korte tijd zal plaats vinden. Zij wijst het verzoek af, indien haar blijkt, dat de nederlegging van het rapport van deskundigen reeds heeft plaatsgevonden. Zonodig stelt de rechtbank bij toewijzing van het verhogingsverzoek een nieuwe datum vast, waarop de nederlegging van het deskundigenrapport zal moeten plaats vinden. De griffier draagt zorg, dat deze nieuwe datum ter kennis wordt gebracht van partijen, derde belanghebbenden en deskundigen.

[5.] Tegen het vonnis in dit artikel bedoeld staat geen andere voorziening open dan beroep in cassatie in het belang der wet.

[6.] De onteigenende partij geeft van de betaling van het bedrag van een krachtens dit artikel vastgestelde verhoging kennis aan de deskundigen.

Art. 54p

Schadeloosstelling onteigening, consignatie

[1.] Het voorschot op de schadeloosstelling of verhogingen daarvan worden geconsigneerd in alle gevallen, waarin volgens deze wet de schadeloosstelling zelf wordt geconsigneerd.

[2.] Treedt iemand wiens tussenkomst in het geding is toegelaten in de plaats van degene, aan wie reeds een voorschot op de schadeloosstelling was betaald, dan is deze laatste gehouden het bedrag van dit voorschot aan de onteigenende partij terug te betalen.

Onteigeningswet

Art. 54q

[1.] Indien de onteigenende partij het vonnis, bedoeld in artikel 54i, niet heeft doen inschrijven in de openbare registers binnen de in artikel 54m genoemde termijn, is de onteigenende partij schadeplichtig en hebben de wederpartij en de derde belanghebbenden de keuze een vaste schadeloosstelling of volledige schadevergoeding te vorderen. *Onteigening, schadeplichtigheid bij niet inschrijven vonnis*

[2.] De vaste schadeloosstelling, bedoeld in het voorgaande lid, is gelijk aan tien ten honderd van het voorschot, bedoeld in artikel 54i of van de schadeloosstelling bedoeld in artikel 54i, tweede lid, tweede zin.

[3.] Wordt volledige schadevergoeding gevorderd, dan worden onder de schade mede begrepen de redelijkerwijs gemaakte kosten van rechtsbijstand en andere deskundige bijstand, alsmede de wettelijke rente van het bedrag der schadevergoeding, te rekenen van de dag, na afloop van de termijn, bedoeld in artikel 54m.

[4.] Deze vordering kan slechts worden ingesteld binnen zes maanden na afloop van de termijn bedoeld in artikel 54m.

[5.] Tot kennisneming der vordering is de rechtbank bevoegd, bij welke het geding van onteigening aanhangig is gemaakt.

Art. 54r

[1.] De gestelde zekerheid vervalt, wanneer de in artikel 54m bedoelde termijn is verstreken, zonder dat de onteigenende partij van de haar toekomende bevoegdheid tot inschrijving gebruik heeft gemaakt. *Onteigening, verval zekerheidstelling*

[2.] Zij vervalt voorts, wanneer de bij onherroepelijk vonnis vastgestelde som der schadeloosstelling is betaald of aangeboden en geconsigneerd.

Art. 54s

[1.] Ingeval een voorschot of een som als zekerheid is vastgesteld overeenkomstig artikel 54k of een verhoging daarvan is vastgesteld overeenkomstig artikel 54o, kan het vonnis waarbij zulks is geschied, slechts ten uitvoer worden gelegd binnen een tijdvak van twee maanden, te rekenen van de dag, waarop het vonnis kracht van gewijsde heeft verkregen. *Onteigening, tenuitvoerlegging vonnis*

[2.] Ingeval een schadeloosstelling is bepaald overeenkomstig artikel 54k kan het vonnis, waarbij zulks is geschied, ten uitvoer worden gelegd, doch niet eerder dan nadat de inschrijving, bedoeld in artikel 54m, heeft plaats gevonden.

Art. 54t

[1.] Op de procesgang, bedoeld in deze Afdeling, zijn, nadat het rapport van deskundigen ter inzage is nedergelegd, de artikelen 35, 36, 36a, 37, eerste lid, 38-54 van overeenkomstige toepassing. *Onteigening, procesgang*

[2.] Artikel 37, tweede lid, is van overeenkomstige toepassing, met dien verstande, dat de rechtbank haar uitspraak beperkt tot de aan de verweerders en derde belanghebbenden uit te keren schadeloosstellingen, met dien verstande, dat zij tevens in haar vonnis de schadeloosstellingen vermeldt, die reeds zijn bepaald ingevolge de artikelen 54i, tweede lid, laatste zin, en 54k, derde lid.

[3.] Voor zover de rechtbank bij het vonnis, bedoeld in het vorige lid, van oordeel mocht zijn, dat iemand ten gevolge van de betaling van voorschotten, meer heeft ontvangen dan hem als schadeloosstelling toekomt, zal zij de betrokkene veroordelen tot terugbetaling van het te veel ontvangen bedrag aan de onteigenende partij.

Hoofdstuk IV
Over de betaling van de schadeloosstelling

Art. 55

[1.] Een vonnis van onteigening, bedoeld in artikel 37, vervalt, wanneer niet binnen drie maanden, nadat het kracht van gewijsde heeft verkregen, de schadeloosstellingen zijn betaald, of, in de gevallen waarin dit volgens deze wet kan geschieden, zijn geconsigneerd. *Schadeloosstelling onteigening, vervallen vonnis*

[2.] Een vonnis van onteigening, bedoeld in artikel 54i, dat niet is ingeschreven binnen de in artikel 54m genoemde termijn, vervalt, wanneer niet binnen drie maanden, nadat het vonnis, als bedoeld in artikel 54t, tweede lid, houdende uitspraak over de schadeloosstellingen kracht van gewijsde heeft verkregen, die schadeloosstellingen zijn betaald, of, in de gevallen waarin dit volgens deze wet kan geschieden, zijn geconsigneerd. Bij verval van dit vonnis van onteigening vervalt tevens het vonnis waarbij overeenkomstig artikel 54i uitsluitend voorschotten zijn bepaald.

[3.] Onder een schadeloosstelling is de wettelijke rente daarvan begrepen. De wettelijke rente loopt te rekenen van de dag van het vonnis van onteigening, bedoeld in artikel 37 of van de dag van het vonnis, bedoeld in artikel 54t. *Schadeloosstelling onteigening, wettelijke rente*

[4.] Indien het vonnis van onteigening niet wordt ingeschreven in de openbare registers, is de onteigenende partij schadeplichtig en hebben de wederpartij en de derde belanghebbenden de keuze een vaste schadeloosstelling of volledige schadevergoeding te vorderen. *Schadeloosstelling onteigening, keuze vast/volledig*

A61 art. 56

Onteigeningswet

[5.] De vaste schadeloosstelling, bedoeld in het voorgaande lid, is gelijk aan tien ten honderd van de voor ieder door de rechtbank bij het vonnis van onteigening overeenkomstig artikel 37 of artikel 54t vastgestelde of vermelde schadeloosstellingen.

[6.] Wordt volledige schadevergoeding gevorderd, dan worden onder de schade mede begrepen de redelijkerwijs gemaakte kosten van rechtsbijstand en andere deskundige bijstand, alsmede de wettelijke rente van het bedrag der schadevergoeding van de dag, waarop het vonnis van onteigening is gewezen.

[7.] Tot kennisneming der vordering is de rechtbank bevoegd, bij welke het geding van onteigening aanhangig is gemaakt.

Art. 56

Schadeloosstelling onteigening, consignatie bij weigering ontvangst

Wanneer hij aan wie de schadeloosstelling is toegewezen, weigert haar te ontvangen, en bij deurwaardersexploit deswege in gebreke is gesteld, kan de onteigenaar zodra tien dagen zijn verstreken overgaan tot consignatie overeenkomstig de Wet op de consignatie van gelden.

Art. 57

Schadeloosstelling onteigening, inbezitstelling onteigende goed

[1.] Wanneer de schadeloosstelling of het voorschot, bedoeld in artikel 54i, is betaald dan wel consignatie overeenkomstig de Tweede Afdeling van de Vierde Titel van het Vierde Boek van het Burgerlijk Wetboek daarvan heeft plaats gevonden, wordt de onteigenende partij, op bevelschrift van de voorzitter van de rechtbank, desnoods door middel van de sterke arm, in het bezit van het onteigende gesteld.

[2.] Bij haar verzoek moet de onteigenende partij aan die voorzitter overleggen een afschrift van het vonnis tot onteigening, een verklaring van de griffier, dat het vonnis gezag van gewijsde heeft verkregen, alsmede een afschrift van het proces-verbaal van de opneming door de deskundigen, indien deze opneming heeft plaats gevonden overeenkomstig artikel 54j, eerste of derde lid.

[3.] Ook het bewijs, dat de schadeloosstelling of het voorschot, bedoeld in artikel 54i, is betaald dan wel het bewijs van consignatie in de gevallen van de artikelen 3, 58 en 59, moet worden overgelegd.

Art. 58

Schadeloosstelling onteigening, consignatie beslag

Wanneer onder de onteigenende partij beslag op de schadeloosstelling of het voorschot is gelegd, doet zij het bedrag dat zij zonder het beslag aan de beslagene had moeten uitbetalen consigneren overeenkomstig de Wet op de consignatie van gelden.

Art. 59

Onteigening, inschrijving vonnis

[1.] Het vonnis van onteigening, bedoeld in artikel 37, kan slechts worden ingeschreven nadat het in kracht van gewijsde is gegaan. Ter inschrijving van het in de vorige zin bedoelde vonnis worden de bewijzen van betaling van de schadeloosstelling overgelegd. Ter inschrijving van het vonnis, bedoeld in artikel 54i, dat niet is ingeschreven binnen de in artikel 54m bedoelde termijn, worden overgelegd het vonnis bedoeld in artikel 54t, tweede lid, een verklaring van de griffier houdende dat laatstgenoemd vonnis in kracht van gewijsde is gegaan en de bewijzen van betaling van de schadeloosstelling.

[2.] Voor de toepassing van deze wet wordt met een bewijs van betaling gelijkgesteld een bewijs, dat de som der schadeloosstelling – of ingeval Afdeling 2 van Hoofdstuk IIIa toepassing heeft gevonden, de som van het voorschot – ten laste van de onteigenende partij is overgeschreven op een rekening van een tot het ontvangst gerechtigde bij een financiële onderneming die in Nederland het bedrijf van bank mag uitoefenen ingevolge de Wet op het financieel toezicht. Tevens geldt als bewijs van betaling - indien niet genoegzaam bekend is aan wie moet worden betaald, of consignatie heeft plaatsgevonden ten gevolge van de artikelen 3, 56 of 58 - een bewijs van consignatie als bedoeld in artikel 6, eerste lid, van de Wet op de consignatie van gelden.

Onteigening, overgang eigendom

[3.] In geval van onteigening van een onroerende zaak gaat door inschrijving van het vonnis de eigendom op de onteigenaar over, vrij van alle met betrekking tot de zaak bestaande lasten en rechten. In geval van onteigening als bedoeld in artikel 4, eerste lid, vervallen door de inschrijving de lasten en rechten welke bestaan met betrekking tot de zaak, waarop het onteigende recht rust. Aldus waardeloos geworden inschrijvingen van hypotheken en beslagen worden ambtshalve doorgehaald. Alleen erfdienstbaarheden kunnen op de zaak gevestigd blijven. Zij dienen daartoe in het vonnis te worden opgenomen; indien zij niet door vestiging zijn ontstaan, worden de kadastrale aanduiding van het heersende erf en een omschrijving van de inhoud van de erfdienstbaarheid opgenomen.

Art. 60

Onteigening, overgang belastingen

Waterschaps- en soortgelijke lasten en alle belastingen, hoe ook genaamd, waarmede het onteigende goed is bezwaard of die daarvan worden betaald, gaan van de dag, waarop de in artikel 59 bedoelde inschrijving heeft plaats gehad, op de onteigenende partij over.

Art. 61

Terugvordering en schadeloosstelling bij niet-realisatie

1. Indien tengevolge van oorzaken die de onteigenende partij in staat was uit de weg te ruimen, met het werk waartoe werd onteigend niet binnen drie jaar nadat het vonnis van onteigening kracht van gewijsde heeft gekregen, een aanvang is gemaakt, of de arbeid meer dan drie jaren mocht zijn gestaakt, of indien uit andere omstandigheden is aan te tonen dat het werk blijkbaar

niet tot stand zal worden gebracht, biedt de onteigenende partij aan de onteigende partij de mogelijkheid om het onteigende teruggeleverd te krijgen in de toestand waarin het zich alsdan bevindt, onder gehoudenheid om in evenredigheid tot de terugontvangen waarde de schadeloosstelling terug te geven.
2. Indien de onteigende te kennen geeft geen gebruik te maken van de ingevolge het eerste lid aangeboden mogelijkheid, kan hij een vordering indienen tot uitkering van een door de rechter naar billijkheid te bepalen schadeloosstelling boven de reeds ontvangen schadeloosstelling.
3. Indien de onteigenende partij niet binnen drie maanden na verloop van de in het eerste lid bedoelde termijn een aanbod tot teruglevering heeft gedaan, kan de onteigende partij, naar haar keuze, hetzij bij de rechter het afgestane terugvorderen in de toestand waarin het zich alsdan bevindt, onder gehoudenheid om in evenredigheid tot de terugontvangen waarde de schadeloosstelling terug te geven, hetzij een vordering indienen tot uitkering van een door de rechter naar billijkheid te bepalen schadeloosstelling boven de reeds ontvangen schadeloosstelling.
4. Onder werk waartoe werd onteigend als bedoeld in het eerste lid worden mede verstaan: niet ingrijpende aanpassingen of aanpassingen van geringe omvang van het werk ten behoeve waarvan onteigend wordt dan wel aanpassingen van het werk die passen binnen het kader ter uitvoering waarvan tot onteigening wordt overgegaan.

Titel II
Over de onteigening voor aanleg, herstel, versterking of onderhoud van waterkeringen en bouw van militaire verdedigingswerken

Art. 62
1. Onteigening van onroerende zaken of rechten ten behoeve van aanleg, het herstel, versterking of onderhoud van waterkeringen of bouw van militaire verdedigingswerken, heeft plaats uit kracht van een koninklijk besluit, de Raad van State gehoord.
2. Onder de onteigening van onroerende zaken of rechten ten behoeve van waterkeringen, bedoeld in het eerste lid, wordt mede begrepen de onteigening voor de aanleg en verbetering van de in dat lid bedoelde werken en rechtstreeks daaruit voortvloeiende bijkomende voorzieningen ter uitvoering van:
a. een bestemmingsplan als bedoeld in artikel 3.1, eerste lid, van de Wet ruimtelijke ordening;
b. een omgevingsvergunning waarbij met toepassing van artikel 2.12, eerste lid, onder a, onder 3°, van de Wet algemene bepalingen omgevingsrecht van het bestemmingsplan of de beheersverordening is afgeweken;
c. een inpassingsplan als bedoeld in artikel 3.26 of 3.28 van de Wet ruimtelijke ordening.

Art. 63
1. Op de voorbereiding van de beslissing tot onteigening is afdeling 3.4 van de Algemene wet bestuursrecht van toepassing.
2. Terinzagelegging geschiedt tevens binnen de gemeente waar de betrokken onroerende zaken zijn gelegen. In ieder geval worden ter inzage gelegd:
1°. een uitgewerkt plan met uitvoerige kaarten en met grondtekeningen waarop de te onteigenen onroerende zaken, en bij afzonderlijke onteigening als bedoeld in artikel 4, eerste lid, de onroerende zaken waarop de te onteigenen rechten rusten, met vermelding van hun kadastrale aanduiding zijn aangewezen;
2°. een lijst van te onteigenen onroerende zaken aangeduid met hun kadastrale aanduiding met vermelding van:
a. de grootte volgens de basisregistratie kadaster van elk der desbetreffende percelen en, indien een te onteigenen onroerende zaak een gedeelte van een perceel uitmaakt, bovendien de grootte van dat gedeelte;
b. de namen van de eigenaars van elk dier zaken, volgens de basisregistratie kadaster;
3°. bij afzonderlijke onteigening als bedoeld in artikel 4, eerste lid, een lijst van de te onteigenen rechten met vermelding van de kadastrale aanduiding van de zaken waarop zij rusten, en de namen van de rechthebbenden op die rechten volgens de basisregistratie kadaster.
3. Mondelinge zienswijzen kunnen naar voren worden gebracht bij Onze Minister wie het aangaat.
4. Alvorens omtrent het verzoek tot onteigening wordt beslist, worden degenen, die tijdig ingevolge artikel 3:15, eerste of tweede lid, van de Algemene wet bestuursrecht een zienswijze naar voren hebben gebracht, door Onze Minister in de gelegenheid gesteld zich te doen horen. Zo nodig kan Onze Minister ook andere belanghebbenden in de gelegenheid stellen zich te doen horen.

Art. 64
Bij het koninklijk besluit worden de te onteigenen onroerende zaken en rechten aangewezen door aanhaling van de in artikel 63, tweede lid, onder 1° bedoelde grondtekeningen en vermelding van:

1°. de kadastrale aanduiding van de onroerende zaken met vermelding van de grootte volgens de basisregistratie kadaster van elk der desbetreffende percelen en, indien een te onteigenen onroerende zaak een gedeelte van een perceel uitmaakt, bovendien de grootte van dat gedeelte;
2°. bij afzonderlijke onteigening als bedoeld in artikel 4, eerste lid, de kadastrale aanduiding van de onroerende zaken waarop de te onteigenen rechten rusten;
3°. de namen volgens de basisregistratie kadaster van de eigenaars van de te onteigenen onroerende zaken en, bij afzonderlijke onteigening als bedoeld in artikel 4, eerste lid, van de rechthebbenden op de te onteigenen rechten.

Art. 64a

Onteigeningsbesluit, termijn

1. Het koninklijk besluit wordt genomen binnen zes maanden na afloop van de termijn gedurende welke de stukken ingevolge artikel 3:11, derde lid, van de Algemene wet bestuursrecht ter inzage hebben gelegen.

Onteigeningsbesluit, bekendmaking

2. Het besluit wordt in ieder geval bekendgemaakt aan de onteigenende partij en, zo mogelijk, aan de in artikel 64 bedoelde eigenaren en andere rechthebbenden.
3. Van het besluit wordt mededeling gedaan door plaatsing in de Staatscourant. Terinzagelegging ingevolge artikel 3:44, eerste lid, onderdeel a, van de Algemene wet bestuursrecht vindt tevens plaats binnen de betrokken gemeente. In de kennisgeving van de terinzagelegging worden datum en nummer van het koninklijk besluit en van de Staatscourant waarin het is geplaatst, vermeld. Een en ander geschiedt op kosten van hen, te wier name het werk wordt uitgevoerd.

Onteigeningsbesluit, vervallen

4. Het koninklijk besluit tot onteigening vervalt, indien de onteigenende partij niet binnen twee jaar na dagtekening van het koninklijk besluit de eigendom bij minnelijke overeenkomst heeft verkregen overeenkomstig artikel 17, of de eigenaren, in het onteigeningsbesluit aangewezen, voor de rechtbank, in welker rechtsgebied de onroerende zaken waarop de onteigening betrekking heeft gelegen, heeft doen dagvaarden overeenkomstig artikel 18.

Art. 64b

Schakelbepaling
Onteigening, gedoogplicht metingen

1. De artikelen 2, 3, 4, 17 tot en met 20, en 22 tot en met 61 zijn van toepassing.
2. Wanneer gravingen, opmetingen of het stellen van tekeningen op iemands grond nodig geacht worden, moeten de gebruikers van de grond dit gedogen, mits hun dit tweemaal vierentwintig uren te voren door het gemeentebestuur schriftelijk is aangezegd.

Onteigening, schade metingen

3. De schade, daardoor veroorzaakt, wordt door de kantonrechter begroot, en door de Staat vergoed. Deze verhaalt die kosten op hen, te wier name het werk wordt uitgevoerd.

Art. 65

Onteigening, bodemmaterialen

1. Wanneer niet de grond zelf onteigend wordt, maar slechts tot het verrichten van in deze titel vermelde werken zekere bodemmaterialen nodig geacht worden, mag dit ook geschieden op grond van een besluit van gedeputeerde staten of van het dagelijks bestuur van het waterschap, dat tot onteigening overgaat.
[2.] Het besluit, door Ons of door de zooeven genoemde collegiën of besturen genomen, wijst zoo nauwkeurig mogelijk de oppervlakte aan, waarover en de diepte, tot welke de uitgraving zal plaats hebben. Het bepaalt tevens den termijn, waarbinnen het verzoekschrift, bedoeld in artikel 66, moet zijn ingediend.
[3.] Van het besluit wordt mededeling gedaan op de in artikel 12 van de Bekendmakingswet bepaalde wijze.
[4.] De schadeloosstelling bepaalt zich in dat geval tot de waarde der weggenomen speciën en de schade, door die wegneming aan den grond toegebragt, met inachtneming der bepaling van art. 41.

Art. 66

Onteigening bodemmaterialen, schadeloosstelling

[1.] Bij gebreke van minnelijke schikking benoemt de rechtbank, in het geval van het voorgaande artikel, op het verzoekschrift hetzij van hem, die onteigent, of van den eigenaar van den grond, een of meer deskundigen, in oneffen getale, om een berigt over de schadeloosstelling te geven.
[2.] Het verzoekschrift moet, op straffe van verval, worden ingediend binnen den termijn, bepaald bij het in artikel 65 bedoelde besluit. Bij het verzoekschrift moet worden overgelegd een exemplaar van het publicatieblad waarin op grond van artikel 65, derde lid, van Ons besluit, dan wel dat van Gedeputeerde Staten of van een der andere collegiën of besturen mededeling is gedaan.
[3.] De regtbank benoemt één harer leden, om als commissaris, vergezeld van den griffier, bij de opneming door de deskundigen tegenwoordig te zijn.
[4.] Zij bepaalt tevens den dag en de plaats, waar en wanneer die opneming zal geschieden. Ten minste twee maal vier en twintig uren te voren wordt dit aan de wederpartij beteekend en afschrift van het exploit ter griffie van de regtbank nedergelegd. Bij gebreke dier beteekening vervalt het vonnis.
[5.] Het vonnis wordt aan het gebouw der regtbank aangeplakt, en de griffier roept de deskundigen op.
[6.] Derde belanghebbenden kunnen bij die opneming tegenwoordig zijn, ten einde ook hunne schade te doen begrooten.

Onteigeningswet   A61 art. 72b

[7.] De regtercommissaris bepaalt bij de opneming door de deskundigen, den dag, waarop hij zijn rapport aan de regtbank zal uitbrengen. Deze dag wordt aan de wederpartij beteekend, zoo zij niet is verschenen bij de opneming door de deskundigen en afschrift van het exploit ter griffie nedergelegd. Inmiddels liggen het procesverbaal van den regtercommissaris en het advies der deskundigen op de griffie ter lezing.

[8.] Op den bepaalden dag nemen, na het rapport van den regtercommissaris, partijen en derde belanghebbenden hunne conclusien, welke zij, mits op dezelfde teregtzitting, bij pleidooi breeder kunnen ontwikkelen.

[9.] De regtbank beslist terstond of op de eerstvolgende teregtzitting.

[10.] Geenerlei andere formaliteiten behoeven hier in acht te worden genomen.

[11.] Tegen het vonnis, waarbij de onteigening is uitgesproken, wordt noch verzet, noch hooger beroep, noch beroep in cassatie toegelaten.

[12.] De artikelen 20, 24, laatste lid, 29, 33, 34, eerste en tweede lid, en 35, eerste lid, vinden op de rechtsvordering, in dit artikel omschreven, overeenkomstige toepassing.

Art. 67

[1.] De wegneming der speciën heeft niet plaats dan nadat de onteigenende partij de schadeloosstelling heeft betaald of geconsigneerd.

[2.] De artt. 55 tot 58 zijn ook hier van toepassing.

Onteigening bodemmaterialen, betaling schadeloosstelling
Schakelbepaling

Art. 68-72
[Vervallen]

Titel IIa
Over onteigening van wegen, bruggen, bermen, bermslooten en kanalen en onteigening voor aanleg en verbetering van wegen, bruggen, spoorwegwerken, kanalen, havenwerken, werken ten behoeve van de bestrijding van verontreiniging van oppervlaktewateren en terreinen en werken ten behoeve van verbetering of verruiming van rivieren

Art. 72a
[1.] Onteigening van wegen, bruggen, bermen, bermslooten en kanalen, alsmede daarop rustende zakelijke rechten als in artikel 4 bedoeld, en onteigening voor aanleg en verbetering van wegen, bruggen, spoorwegwerken, kanalen, – waaronder begrepen onteigening voor aanleg en verbetering van werken ter uitvoering van een tracébesluit als bedoeld in artikel 9, eerste lid, van de Tracéwet – havenwerken, werken ten behoeve van de bestrijding van de verontreiniging van oppervlaktewateren en terreinen en werken ten behoeve van verbetering of verruiming van rivieren kan geschieden uit kracht van een door Ons, den Raad van State gehoord, genomen besluit.

2. Onder de onteigening, bedoeld in het eerste lid, wordt mede begrepen de onteigening voor de aanleg en verbetering van de in dat lid bedoelde werken en rechtstreeks daaruit voortvloeiende bijkomende voorzieningen ter uitvoering van:
a. een bestemmingsplan als bedoeld in artikel 3.1, eerste lid, van de Wet ruimtelijke ordening;
b. een omgevingsvergunning waarbij met toepassing van artikel 2.12, eerste lid, onder a, onder 3°, van de Wet algemene bepalingen omgevingsrecht van het bestemmingsplan of de beheersverordening is afgeweken;
c. een inpassingsplan als bedoeld in artikel 3.26 of 3.28 van de Wet ruimtelijke ordening.
3. De bepalingen van de artikelen 63 tot en met 64b zijn van toepassing.

Onteigening, t.b.v. aanleg/verbetering wegen etc.

Titel IIb
Over onteigening ten behoeve van de openbare drinkwatervoorziening en van de verwijdering van afvalstoffen

Art. 72b
[1.] Onteigening van gronden en van zakelijke rechten, als bedoeld in artikel 4, waarvan de verkrijging is vereist ten behoeve van een drinkwaterbedrijf als bedoeld in artikel 1, eerste lid, van de Drinkwaterwet of van een inrichting waarin afvalstoffen die van buiten de inrichting afkomstig zijn, worden verwijderd, kan geschieden uit kracht van een door Ons, de Raad van State gehoord, genomen besluit.

[2.] De bepalingen van de artikelen 63 tot en met 64b zijn van toepassing.

Onteigening, t.b.v. drinkwatervoorziening en verwijdering afvalstoffen

Titel IIc
Over onteigening in het belang van de winning van oppervlaktedelfstoffen

Art. 72c

Onteigening, t.b.v. winning oppervlaktedelfstoffen

1. Onteigening van zaken en rechten als bedoeld in artikel 4 kan in het belang van de winning van oppervlaktedelfstoffen plaatshebben ten name van het Rijk of van de provincie:
   a. overeenkomstig een onherroepelijk geworden besluit tot vaststelling van een winplaats in een inpassingsplan;
   b. indien ter zake een vergunning tot ontgronding krachtens de Ontgrondingenwet is verleend en onherroepelijk is geworden.
2. De onteigening heeft plaats uit kracht van een door Ons, de Raad van State gehoord, genomen besluit.
3. De bepalingen van de artikelen 63 tot en met 64b zijn van overeenkomstige toepassing.

Art. 72d

Onteigening, vervreemding eigendom na beëindiging ontgronding

1. Het Rijk of de provincie of degene, die van het Rijk of van de provincie ten behoeve van een ontgronding de eigendom heeft verkregen, mag deze binnen zes jaren na beëindiging van de ontgronding, of - indien met betrekking tot de staat, waarin de zaak na ontgronding moet worden gebracht, voorwaarden aan de vergunning tot het ontgronden zijn verbonden - na oplevering in de staat als bij die vergunning voorgeschreven, niet vervreemden, alvorens de onroerende zaken aan degene, die deze als gevolg van de toepassing van deze Titel heeft verloren, te koop te hebben aangeboden tegen een prijs te bepalen in onderling overleg, dan wel bij gebreke van overeenstemming door de rechtbank van het arrondissement, bedoeld in artikel 18.
2. Het niet in acht nemen van het in het eerste lid bepaalde heeft geen gevolg ten aanzien van de geldigheid van de vervreemding.

Titel III
Over onteigening in geval van buitengewone omstandigheden

Art. 73

Onteigening, buitengewone omstandigheden

1. Wanneer in geval van brand of watersnood, ogenblikkelijke inbezitneming volstrekt noodzakelijk geacht wordt, kan deze op last van de hoogste burgerlijke overheid, ter plaatse aanwezig, geschieden.
2. Ingeval van watersnood kan ook het dagelijks bestuur van het waterschap, dat met de zorg voor de waterkering is belast, de voorzitter van dat waterschap en ieder daartoe door dat dagelijks bestuur van het waterschap aangewezen lid van dat bestuur, ter vervulling van die taak die last geven.
3. Door watersnood wordt niet enkel het geval verstaan dat dijken zijn doorgebroken of overstroomingen hebben plaats gehad, maar ook dat van dringend of dreigend gevaar voor doorbraak of overstrooming.
4. De eigendom gaat onmiddellijk op dengene over, in wiens naam de inbezitneming is geschied, vrij van alle met betrekking tot de zaak bestaande lasten en rechten. Alle in art. 60 genoemde lasten of belastingen, waarmede het onteigende is bezwaard, gaan van den dag der inbezitneming op hem over.
5. Het besluit tot inbezitneming wordt zo spoedig mogelijk in de openbare registers ingeschreven. Door het besluit waardeloos geworden inschrijvingen van hypotheken en beslagen worden ambtshalve doorgehaald. Artikel 24, eerste lid, van Boek 3 van het Burgerlijk Wetboek is niet van toepassing.

Art. 74

Onteigening in buitengewone omstandigheden, schadevergoeding

[1.] Zoodra mogelijk na de onteigening, moet degene, die haar bevolen heeft, aan de onteigenden geregtelijk eene schadevergoeding doen aanbieden, of in de gevallen, in art. 58, eerste lid, genoemd, consigneren.
[2.] Indien dit aanbod of die consignatie niet binnen drie maanden is geschied, alsmede wanneer met het aangebodene of geconsigneerde geen genoegen wordt genomen, kan de schadevergoeding in regten door de onteigenden worden gevorderd.
[3.] In het eerste geval kan de Staat, de provincie, de gemeenten of het waterschap de bedoelde schadeloosstelling van hen, die de onteigening gelast hebben, persoonlijk terugvorderen, ten ware het verzuim buiten hunne schuld mogt hebben plaats gehad.

Art. 75

Onteigening in buitengewone omstandigheden, wettelijke rente

De wettelijke interessen der verschuldigde schadevergoeding moeten van den dag der inbezitneming aan de onteigenden worden betaald.

Art. 76
Wanneer hij, in wiens naam de onteigening gelast is, den eigendom van de zaak niet langer voor het beoogde doel noodig acht, en er nog geene drie jaren sedert de onteigening verloopen zijn, is de onteigende bij voorkeur boven alle anderen tegen betaling van den prijs, door deskundigen te begrooten, tot de verkrijging daarvan geregtigd.

Onteigening in buitengewone omstandigheden, voorkeursrecht onteigende

Art. 76a
1. Onverminderd de artikelen 7, eerste lid, en 8, eerste lid, van de Coördinatiewet uitzonderingstoestanden kunnen, ingeval buitengewone omstandigheden dit noodzakelijk maken, bij koninklijk besluit, op voordracht van Onze Minister-President, de artikelen 76a bis tot en met 76f bis in werking worden gesteld.
2. Wanneer het in het eerste lid bedoelde besluit is genomen, wordt onverwijld een voorstel van wet aan de Tweede Kamer gezonden omtrent het voortduren van de werking van de bij dat besluit in werking gestelde bepalingen.
3. Wordt het voorstel van wet door de Staten-Generaal verworpen, dan worden bij koninklijk besluit, op voordracht van Onze Minister-President, de bepalingen die ingevolge het eerste lid in werking zijn gesteld, onverwijld buiten werking gesteld.
4. Bij koninklijk besluit, op voordracht van Onze Minister-President, worden bepalingen die ingevolge het eerste lid in werking zijn gesteld, buiten werking gesteld, zodra de omstandigheden dit naar Ons oordeel toelaten.
5. Het besluit, bedoeld in het eerste, derde en vierde lid, wordt op de daarin te bepalen wijze bekendgemaakt. Het treedt in werking terstond na de bekendmaking.
6. Het besluit, bedoeld in het eerste, derde en vierde lid, wordt in ieder geval geplaatst in het *Staatsblad*.

Onteigening in buitengewone omstandigheden, inwerkingstelling art. 76a bis t/m 76f bis

Art. 76a bis
Dit artikel is nog niet in werking getreden; ingeval buitengewone omstandigheden dit noodzakelijk maken kan bij koninklijk besluit, op voordracht van Onze Minister-President, dit artikel in werking treden.
1. Wanneer ogenblikkelijke inbezitneming volstrekt noodzakelijk geacht wordt, kan deze op last van de hoogste militaire autoriteit, ter plaatse aanwezig, geschieden onder zo spoedig mogelijke afgifte van een schriftelijk bewijsstuk van de inbezitneming.
2. Op de in het eerste lid bedoelde inbezitneming is het bepaalde in artikel 73, ten aanzien van de eigendomsovergang en de overschrijving in de openbare registers, van overeenkomstige toepassing.

Onteigening in buitengewone omstandigheden, ogenblikkelijke inbezitneming

Art. 76a ter
1. Door of op last van de burgemeesters kunnen, na bijzondere of algemene machtiging van Onze Minister van Economische Zaken, levensmiddelen, grondstoffen van levensmiddelen, huishoudelijke artikelen en brandstoffen onmiddellijk in bezit worden genomen onder zo spoedig mogelijke afgifte van een schriftelijk bewijsstuk van de inbezitneming.
2. De op grond van het eerste lid in bezit genomen waren worden onverwijld, op door de burgemeester te bepalen wijze, ter beschikking gesteld ten behoeve van de bevolking van de gemeente of van aldaar bestaande bedrijven, tegen prijzen, die niet te boven gaan de daarvoor door Onze voornoemde Minister bepaalde bedragen.
3. De schadeloosstelling, voor de in bezit genomen waren door de gemeente te bepalen, wordt door twee schatters, elk afzonderlijk, geschat, en een bon voor het gemiddelde van die twee schattingen wordt aan de vroegere houder van de waren gegeven.
4. Het bedrag van deze bonnen wordt als verplichte uitgave van de gemeente aangemerkt en zo spoedig mogelijk uitbetaald.
5. De schatters worden door Onze voornoemde Minister of, ingevolge diens bijzondere of algemene machtiging, door de burgemeester benoemd.
6. Artikel 75 is van toepassing.

Onteigening in buitengewone omstandigheden, inbezitneming waren

Schakelbepaling

Art. 76b
Dit artikel is nog niet in werking getreden; ingeval buitengewone omstandigheden dit noodzakelijk maken kan bij koninklijk besluit, op voordracht van Onze Minister-President, dit artikel in werking treden.
Indien degene, onder wien de burgemeester in het vorig artikel genoemde waren in bezit wil nemen, onmiddellijk ten genoegen van den burgemeester aanbiedt zelf op door dezen goedgekeurde wijze die waren ter beschikking te stellen tegen prijzen, die niet te boven gaan de daarvoor door Onzen voornoemden Minister bepaalde bedragen, kan de burgemeester de inbezitneming opschorten.

Inbezitneming waren, opschorting

Art. 76c
1. Onze voornoemde Minister kan bepalen, dat de burgemeester bepaalde soorten of hoeveelheden van genoemde waren in bezit zal nemen, alsmede dat van in bezit genomen waren gedeelten ter beschikking worden gesteld van den burgemeester eener andere gemeente tegen den prijs en op de wijze, door dien Minister te bepalen.

Inbezitneming waren, terbeschikkingstelling van andere gemeenten

2. Voldoet de burgemeester niet onmiddellijk hieraan, dan geschiedt de inbezitneming en de terbeschikkingstelling van burgemeesters van andere gemeenten door dien Minister.
3. Alsdan wordt de schadeloosstelling bepaald op de wijze, bij artikel 76a ter geregeld, met dien verstande, dat de benoeming der schatters dan steeds geschiedt door dien Minister.
4. Het vierde en het laatste lid van artikel 76a ter zijn ook in dit geval van toepassing, met dien verstande, dat de uitgave komt ten laste van de gemeente, te welker behoeve de waren zijn beschikbaar gesteld.

Art. 76e-76f
[Treedt in werking op nader te bepalen tijdstip]

Art. 76fbis

Inbezitneming waren, beschermings- en ontsmettingsmiddelen

1. Door of op last van de burgemeesters kunnen, na algemene of bijzondere machtiging van Onze Minister van Binnenlandse Zaken, in de gemeente aanwezige verbruiksartikelen, bestemd voor bescherming en ontsmetting in het belang van de bestrijding van rampen en zware ongevallen, van de beperking van de onmiddellijke gevolgen daarvan alsmede van de voorbereiding op deze bestrijding en beperking, onmiddellijk in bezit worden genomen onder zo spoedig mogelijke afgifte van een schriftelijk bewijsstuk van de inbezitneming.
2. De artikelen 76a ter, derde lid tot en met zesde lid, 76b, 76c, 76e en 76f vinden overeenkomstige toepassing.

Titel IV
Onteigening in het belang van de ruimtelijke ontwikkeling, van de Volkshuisvesting, van de openbare orde en van de handhaving van de Opiumwet

Art. 77

Ontruiming in belang van ruimtelijke ontwikkeling

1. Onteigening, bedoeld in deze titel kan plaatsvinden:
   1°. ten behoeve van de uitvoering van of ter handhaving van de feitelijke toestand overeenkomstig een bestemmingsplan of een inpassingsplan als bedoeld in artikel 3.26 of 3.28 van de Wet ruimtelijke ordening;
   2°. ten behoeve van de uitvoering van een bouwplan, dan wel een plan van werken, geen bouwwerken zijnde, of een plan van werkzaamheden voor het opheffen van een ernstig achterstallig onderhoud in het belang van de volkshuisvesting, mits een hierop betrekking hebbend besluit op grond van artikel 13 van de Woningwet dan wel een besluit tot toepassing van bestuursdwang of oplegging van een last onder dwangsom wegens overtreding van het bepaalde bij of krachtens artikel 1a, 1b, 7b of 13 van de Woningwet onherroepelijk is geworden;
   3°. ten behoeve van de uitvoering van een omgevingsvergunning waarbij met toepassing van artikel 2.12, eerste lid, onder a, onder 3°, van de Wet algemene bepalingen omgevingsrecht van het geldende bestemmingsplan is afgeweken;
   4°. ten behoeve van de ontruiming van oppervlakten in het belang van de volkshuisvesting;
   5°. ten behoeve van de verwijdering van een of meer ontruimde, onbewoonbaar verklaarde woningen of van een of meer niet meer in gebruik zijnde andere gebouwen, indien deze woningen of gebouwen dermate in verval zijn geraakt of verminkt, dat zij de omgeving in ernstige mate ontsieren;
   6°. ten behoeve van de uitvoering van een besluit als bedoeld in artikel 3.30, 3.33 of 3.35 van de Wet ruimtelijke ordening, alsmede met voorzieningen die met de uitvoering van zodanig besluit rechtstreeks verband houden;
   7°. van een gebouw als bedoeld in artikel 13b, tweede lid, van de Woningwet ten behoeve van de handhaving van de openbare orde rond dat gebouw of van de artikelen 2 en 3 van de Opiumwet in zodanig gebouw, indien de uitoefening van de bevoegdheden, bedoeld in artikel 13b, tweede lid, van de Woningwet, geen uitzicht heeft geboden op een duurzaam herstel van de openbare orde rond dat gebouw welke is verstoord door gedragingen in het gebouw, onderscheidenlijk het duurzaam achterwege blijven van een overtreding van artikel 2 of 3 van de Opiumwet in dat gebouw;
   8°. van een gebouw, een open erf of een terrein als bedoeld in artikel 17 van de Woningwet ten behoeve van het opheffen van een overtreding als bedoeld in dat artikel, indien de toepassing van de bevoegdheden, bedoeld in artikel 14, eerste lid, van de Woningwet, geen uitzicht heeft geboden op het duurzaam achterwege blijven van een zodanige overtreding.
2. In dit artikel wordt verstaan onder:
   1°. bouwplan: een project tot het plaatsen, het geheel of gedeeltelijk oprichten, vernieuwen of veranderen alsmede het vergroten van een of meer bouwwerken;
   2°. plan van werken, geen bouwwerken zijnde: een project tot het aanleggen, het geheel of gedeeltelijk vernieuwen of veranderen alsmede het vergroten van een of meer werken, geen bouwwerken zijnde;
   3°. plan van werkzaamheden: een project tot het verrichten van een of meer werkzaamheden.

Onteigeningswet   A61 art. 79

3. Een bouwplan kan mede een plan van werken, geen bouwwerken zijnde, of een plan van werkzaamheden omvatten. Een plan van werken, geen bouwwerken zijnde, kan mede een plan van werkzaamheden omvatten. — *Bouwplan, begripsbepaling*

4. In de in het eerste lid genoemde gevallen geschiedt de onteigening overeenkomstig de volgende artikelen.

Art. 78

1. Onteigening ten name van een publiekrechtelijk lichaam of van een rechtspersoon met volledige rechtsbevoegdheid, toegelaten ingevolge artikel 19 van de Woningwet, heeft op verzoek van het algemeen bestuur van dat lichaam, Onze Minister wie het aangaat of die rechtspersoon, plaats uit kracht van een koninklijk besluit. Alvorens omtrent het verzoek tot onteigening wordt beslist, wordt de Raad van State gehoord. Bij de indiening van het verzoek legt de verzoeker de stukken en gegevens, bedoeld in artikel 79, over aan Onze Minister wie het aangaat. — *Onteigeningsverzoek publiekrechtelijk lichaam*

2. Op de voorbereiding van het besluit tot onteigening is afdeling 3.4 van de Algemene wet bestuursrecht van toepassing. De kennisgeving, bedoeld in artikel 3:12 van de Algemene wet bestuursrecht, wordt in afwijking van artikel 12, eerste lid, van de Bekendmakingswet gedaan door de burgemeester van de gemeente waar de betrokken onroerende zaken zijn gelegen in het gemeenteblad. De ten behoeve van de terinzagelegging aan te wijzen locatie, bedoeld in artikel 13, eerste lid, van de Bekendmakingswet is gelegen binnen de betrokken gemeente. In ieder geval worden ter inzage gelegd de in artikel 79 bedoelde stukken en gegevens.

3. Mondelinge zienswijzen kunnen naar voren worden gebracht bij Onze Minister wie het aangaat.

4. Alvorens op het verzoek tot onteigening wordt beslist, stelt Onze Minister wie het aangaat degenen die tijdig ingevolge artikel 3:15, eerste en tweede lid, van de Algemene wet bestuursrecht een zienswijze naar voren hebben gebracht, in de gelegenheid gehoord te worden. Zo nodig kan Onze Minister ook andere belanghebbenden daartoe in de gelegenheid stellen.

5. Bij een koninklijk besluit tot onteigening worden de te onteigenen onroerende zaken en rechten aangewezen door aanhaling van de in artikel 79 bedoelde grondtekeningen en vermelding van:
1°. de kadastrale aanduiding van de onroerende zaken met vermelding van de grootte volgens de basisregistratie kadaster van elk van de desbetreffende percelen en, indien een te onteigenen onroerende zaak een gedeelte van een perceel uitmaakt, bovendien de grootte van dat gedeelte;
2°. bij afzonderlijke onteigening als bedoeld in artikel 4, eerste lid, de kadastrale aanduiding van de onroerende zaken waarop de te onteigenen rechten rusten;
3°. de namen volgens de basisregistratie kadaster van de eigenaren van de te onteigenen onroerende zaken en, bij afzonderlijke onteigening als bedoeld in artikel 4, eerste lid, van de rechthebbenden op de te onteigenen rechten.

6. Het koninklijk besluit wordt genomen binnen zes maanden na afloop van de termijn gedurende welke het ontwerpbesluit met de bijbehorende stukken ingevolge artikel 3:11, derde lid, van de Algemene wet bestuursrecht ter inzage heeft gelegen. Het besluit wordt bekendgemaakt aan de verzoeker en aan de in het vijfde lid, onder 3°, bedoelde eigenaren en andere rechthebbenden.

7. Van het besluit wordt mededeling gedaan door plaatsing in de Staatscourant. Terinzagelegging ingevolge artikel 3:44, eerste lid, onderdeel a, van de Algemene wet bestuursrecht vindt tevens plaats binnen de gemeente, bedoeld in het tweede lid. De kennisgeving van de terinzagelegging wordt in afwijking van artikel 12, eerste lid, van de Bekendmakingswet gedaan door de burgemeester van de betrokken gemeente in het gemeenteblad. In de kennisgeving worden datum en nummer van het koninklijk besluit en van de Staatscourant waarin het is geplaatst, vermeld. Een en ander geschiedt op kosten van hen ten name van wie het werk wordt uitgevoerd.

8. Het koninklijk besluit tot onteigening vervalt, indien de onteigenende partij niet binnen twee jaar na dagtekening van het koninklijk besluit de eigendom bij minnelijke overeenkomst heeft verkregen overeenkomstig artikel 17, of de in het onteigeningsbesluit aangewezen eigenaren voor de rechtbank in het arrondissement waar de betrokken onroerende zaken zijn gelegen, heeft doen dagvaarden overeenkomstig artikel 18.

Art. 79

Het besluit tot indiening van een verzoek tot onteigening vervalt indien het niet uiterlijk drie maanden na het nemen van dat besluit aan Ons is voorgedragen, vergezeld van: — *Besluit indiening onteigeningsverzoek, vervaltermijn*
1°. een uitgewerkt plan met uitvoerige kaarten en met grondtekeningen waarop de te onteigenen onroerende zaken, en bij afzonderlijke onteigening als bedoeld in artikel 4, eerste lid, de onroerende zaken waarop de te onteigenen rechten rusten, met vermelding van hun kadastrale aanduiding zijn aangewezen;
2°. een lijst van de te onteigenen onroerende zaken aangeduid met hun kadastrale aanduiding met vermelding van:
 a. de grootte volgens de basisregistratie kadaster van elk van de desbetreffende percelen en, indien een te onteigenen onroerende zaak een gedeelte van een perceel uitmaakt, bovendien de grootte van dat gedeelte;

b. de namen van de eigenaren van deze zaken, volgens de basisregistratie kadaster;
c. de kadastrale uittreksels ten tijde van het verzoek;
3°. bij afzonderlijke onteigening als bedoeld in artikel 4, eerste lid, een lijst van de te onteigenen rechten met vermelding van de kadastrale aanduiding van de zaken waarop zij rusten, en de namen van de rechthebbenden op die rechten volgens de basisregistratie kadaster;
4°. een zakelijke beschrijving ter onderbouwing van het verzoek;
5°. een overzicht van het gevoerde minnelijk overleg met bewijsstukken;
6°. een lijst van de belanghebbenden;
7°. de kaart of de kaarten behorend bij het bestemmingsplan, het inpassingsplan, of de wijziging of uitwerking daarvan, dan wel van de omgevingsvergunning ter uitvoering waarvan onteigend wordt, met daarop geprojecteerd de grondplantekening;
8°. andere documenten waaruit kan blijken welke wijze van uitvoering de verzoeker voor ogen staat.

Art. 80

Schakelbepaling, voorbereidingsprocedure

De artikelen 2, 3, 4, 17 tot en met 20, 22 tot en met 61, en 64b, tweede en derde lid, zijn op onteigeningen als bedoeld in deze titel van overeenkomstige toepassing, met dien verstande dat:
a. wanneer de onteigening geschiedt ten name van een publiekrechtelijk lichaam of een rechtspersoon als bedoeld in artikel 78, eerste lid, dat lichaam of die rechtspersoon als eisende partij optreedt;
b. het verzoek, bedoeld in artikel 54a, kan worden gedaan, zodra de terinzagelegging overeenkomstig artikel 3:44, eerste lid, onderdeel a, van de Algemene wet bestuursrecht heeft plaats gehad en bij het verzoekschrift, in plaats van de in artikel 54a, tweede lid, onder a tot en met d, genoemde stukken en gegevens een afschrift van het koninklijk besluit moet worden overgelegd.

Art. 81

Onbewoonbaar verklaard gebouw, vergoeding

1. Indien het te onteigenen gebouw onbewoonbaar is verklaard, wordt de waarde vergoed van de grond en van de bouwmaterialen, ingeval het gebouw voor geen enkel doeleinde kan worden gebruikt. Indien het gebouw voor een ander doeleinde dan bewoning kan worden gebruikt, wordt de waarde vergoed van de grond en van de bouwmaterialen, vermeerderd met zodanig bedrag als billijk kan worden geacht in verband met het voordeel dat de eigenaar uit dat andere gebruik zou kunnen trekken.
2. Indien slechts een gedeelte van het te onteigenen gebouw onbewoonbaar is verklaard, wordt daarmee rekening gehouden bij de bepaling van de waarde van het geheel. Daarbij wordt gelet op de geschiktheid of ongeschiktheid van het onbewoonbaar verklaarde deel voor andere doeleinden dan bewoning.

Art. 82

Waardebepaling, vermindering kosten art. 13 Wonw

1. Indien aan een besluit als bedoeld in artikel 13 van de Woningwet, strekkende tot het treffen van bepaalde voorzieningen aan een gebouw of een daartoe strekkend besluit tot toepassing van bestuursdwang of oplegging van een last onder dwangsom wegens niet-naleving van het bepaalde bij of krachtens artikel 1a, 1b, 7b of 13 van de Woningwet geen gevolg wordt gegeven, wordt vergoed de waarde die het gebouw zou hebben in het geval zodanige voorzieningen waren getroffen, met aftrek van de kosten van het treffen van die voorzieningen.
2. Indien het gebouw door een groter aantal personen wordt bewoond dan volgens plaatselijke verordening geoorloofd is, wordt bij het bepalen van de werkelijke waarde geen rekening gehouden met de vermeerdering van huurprijs die uit die overschrijding voortvloeit.

Art. 83-96

[Vervallen]

Titel V
Over onteigening van octrooien van uitvinding

Art. 97

Onteigening, octrooi

Onteigening van octrooien kan ten name van den Staat plaats vinden:
1°. wanneer het belang van leger of vloot vordert, dat de Staat een uitsluitend recht op eene uitvinding verkrijge;
2°. wanneer het algemeen nut vordert, dat iedereen in de gelegenheid worde gesteld de uitvinding toe te passen.

Art. 98

Onteigening octrooi, krachtens wet

[1.] De onteigening heeft plaats krachtens eene wet, waarin het te onteigenen octrooi wordt aangeduid onder vermelding of het geval van het vorige artikel sub 1°., dan wel het geval sub 2°. aanwezig is.
2. Zodra het voorstel van wet is ingediend, wordt het aan het Bureau voor de industriële eigendom, bedoeld in artikel 4 van de wet van 25 april 1963 (Stb. 221), toegezonden. Het bureau maakt in het eerstvolgende nummer van het blad, bedoeld in artikel 20, eerste lid, van de

Onteigeningswet A61 art. 104B

Rijksoctrooiwet 1995, die indiening bekend met beknopte aanduiding van het te onteigenen octrooi en met vermelding van het nummer waaronder de desbetreffende Kamerstukken zijn verschenen.

Art. 99
Onverwijld roept het in artikel 98, tweede lid, bedoelde bureau allen, die volgens zijne registers belang bij het octrooi hebben, op, om binnen een bekwamen termijn mondeling of schriftelijk, opgave te doen van de schade, welke zij van de onteigening verwachten, en hij brengt Ons van de opgaven van belanghebbenden, verslag uit.

Onteigening octrooi, opgave schade via Octrooiraad

Art. 100
De artikelen 2, 3, 17-20, 22, 24, 26-37, 43, 45 en 50-54 zijn ten deze toepasselijk, behoudens:
a. dat de poging om den eigendom van het octrooi in der minne, vrij van alle lasten en regten, te verkrijgen, eerst geschiedt nadat het in het vorige artikel gemelde verslag is ingekomen;
b. dat het geding in eersten aanleg aanhangig wordt voor de rechtbank Den Haag;
c. dat het octrooi de plaats inneemt van de te onteigenen onroerende zaak; de registers van het in artikel 98, tweede lid, bedoelde bureau, die van de basisregistratie kadaster; de licentiehouders, die van de huurders; de pandcrediteuren, die van de hypotheekhouders.

Onteigening octrooi, verkrijging eigendom

Art. 101
Ten minste drie dagen vóór de verschijning, wordt door den Staat aan de regtbank het verslag, bedoeld bij art. 99 overgelegd.

Onteigening octrooi, verslag naar rechtbank

Art. 102
[1.] Bij de berekening der schadevergoeding wordt niet gelet op licenties, verkregen nadat het wetsvoorstel tot onteigening is ingediend.
[2.] Het deel der schadevergoeding, dat den licentiehouders toegewezen is, wordt door den Staat te hunner beschikking gehouden.

Onteigening octrooi, licenties

Art. 103
[1.] Het vonnis van onteigening vervalt indien niet, binnen zes maanden nadat het in kracht van gewijsde is gegaan, de schadeloosstelling is betaald of geconsigneerd.
[2.] Op vertoon van duplicaten der quitantiën of der bewijzen van consignatie, tijdig opgemaakt, wordt het vonnis ingeschreven in de openbare registers van het in artikel 98, tweede lid, bedoelde bureau en vermeld in het in art. 98 bedoelde blad.
[3.] Door de inschrijving gaat het octrooi over op den Staat, vrij van alle met betrekking tot het octrooi bestaande lasten en rechten. Voor zoover het octrooi niet ten dienste van vloot of leger is onteigend om eigendom van den Staat te worden, vervalt het.

Onteigening octrooi, schadeloosstelling

Art. 104
[Vervallen]

Titel Va
Over de onteigening van de rechten, voortvloeiende uit eene aanvrage om octrooi

Art. 104A
1. Door Ons kan de wenschelijkheid van onteigening worden uitgesproken van de rechten, uit eene octrooi-aanvrage voortvloeiende. Afschrift van Ons desbetreffend besluit wordt aan het in artikel 98, tweede lid, bedoelde bureau toegezonden.
2. Het in artikel 98, tweede lid, bedoelde bureau wijst onverwijld na ontvangst van het afschrift, in het 1ste lid bedoeld, drie deskundigen aan die, bij gemotiveerd rapport, zoo spoedig mogelijk het bedrag der schadeloosstelling zullen vaststellen, dat den aanvrager bij onteigening zal worden uitgekeerd. Alvorens hun onderzoek aan te vangen leggen de deskundigen bij het in artikel 98, tweede lid, bedoelde bureau eene belofte tot volledige geheimhouding af. Het rapport wordt bij het in artikel 98, tweede lid, bedoelde bureau ingediend en door dezen onverwijld aan Ons aangeboden.
3. Binnen één maand na ontvangst van het rapport, in het voorgaande lid bedoeld, zal door Ons, óf de onteigening ten behoeve van den Staat worden uitgesproken, nadat de aldus vastgestelde schadeloosstelling aan den aanvrager zal zijn betaald of geconsigneerd, óf worden besloten, dat er, gelet op het in het 2de lid bedoelde rapport, tot onteigening geen aanleiding bestaat; van het besluit zal het in artikel 98, tweede lid, bedoelde bureau ten spoedigste afschrift worden gezonden.

Onteigening octrooi, rechten voortvloeiend uit octrooiaanvraag

Art. 104B
Bijaldien door Ons wordt besloten, dat er geen aanleiding bestaat tot onteigening der rechten, uit de octrooi-aanvrage voortvloeiende, zal de Staat den aanvrager, op zijn verzoek, de schade vergoeden, welke hij daardoor mocht hebben geleden; het bedrag van het te dezer zake verschuldigde wordt, tenzij dit bij minnelijke schikking kan worden bepaald, vastgesteld door de commissie van deskundigen, bedoeld in artikel 104A, 2de lid.

Onteigening octrooi, schadevergoeding rechten voortvloeiend uit octrooiaanvraag

[Vervallen]

Art. 104C

Titel VI
Over onteigening in het belang der verkrijging door landarbeiders van land met woning in eigendom of van los land in pacht

Art. 105-121
[Vervallen]

Titel VII
Over onteigening in het belang van de landinrichting

Art. 122

Onteigening, t.b.v. landinrichting

1. Onteigening kan plaatsvinden van onroerende zaken en rechten, waarover de beschikking moet worden verkregen ter verwezenlijking van een inrichtingsplan als bedoeld in artikel 17, eerste lid, van de Wet inrichting landelijk gebied of ter verwezenlijking van een reconstructieplan als bedoeld in hoofdstuk 2 van de Reconstructiewet concentratiegebieden. Onteigening geschiedt ten name van de provincie waarvan gedeputeerde staten het inrichtingsplan of reconstructieplan hebben vastgesteld.
2. Onteigening geschiedt op verzoek van gedeputeerde staten, uit kracht van een koninklijk besluit. Alvorens omtrent het verzoek tot onteigening wordt beslist, wordt de Raad van State gehoord. Gedeputeerde staten sturen het verzoek tot onteigening in bij Onze Minister van Economische Zaken en leggen daarbij de stukken en gegevens, bedoeld in artikel 63, tweede lid, over.
3. Gedeputeerde staten kunnen verzoeken dat de onteigening niet geschiedt ten name van de provincie maar ten name van het bureau beheer landbouwgronden, bedoeld in artikel 28 van de Wet agrarisch grondverkeer.

Art. 123

Schakelbepaling

De artikelen 63, eerste, tweede en vierde lid, 64, 64a en 64b zijn van toepassing, met dien verstande dat gedeputeerde staten van de provincie die het inrichtingsplan hebben vastgesteld, toepassing geven aan afdeling 3.4 van de Algemene wet bestuursrecht, en dat in artikel 63, vierde lid, telkens in plaats van «Onze Minister» wordt gelezen «gedeputeerde staten», terwijl in de slotzin van artikel 63, vierde lid, in plaats van «kan» wordt gelezen «kunnen».

Art. 124

Onteigening, verslag en zienswijzen naar minister

Gedeputeerde staten zenden het verslag bedoeld in artikel 3:17, van de Algemene wet bestuursrecht, de schriftelijk naar voren gebrachte zienswijzen als bedoeld in artikel 63, vierde lid, alsmede hun mening daaromtrent aan Onze Minister van Economische Zaken.

Titel VIIa
Evaluatie

Art. 125

Onteigening, evaluatie

1. Onze Minister van Veiligheid en Justitie en Onze Minister van Infrastructuur en Milieu zenden binnen drie jaar na de inwerkingtreding van de Crisis- en herstelwet aan de Staten-Generaal een verslag over de doeltreffendheid en effecten in de praktijk van de artikelen 3.9, 3.10, onderdeel D, 3.12, onderdeel C, 3.13, 3.14, 3.23 en 3.24, onderdeel D, van die wet.
2. Binnen vijf jaar na de inwerkingtreding van de Crisis- en herstelwet wordt een voorstel van wet tot regeling van de in het eerste lid bedoelde onderwerpen ingediend bij de Staten-Generaal.

Art. 126-140
[Vervallen]

Titel VIII
[Vervallen]

Art. 141-154
[Vervallen]

Slotbepalingen

Art. 155

Werkingssfeer

Op de gevallen, waarin volgens art. 186 der Grondwet moet worden voorzien, is deze wet niet toepasselijk.

Art. 156

Uitschakelbepaling

[1.] De wet van 29 Mei 1841 (*Staatsblad* nr. 19) is ingetrokken.
[2.] Zij blijft intusschen toepasselijk op regtsvorderingen tot onteigening vóór de afkondiging dezer wet aangevangen.

Onteigeningswet
A61 art. 157

[3.] Het zal desniettemin aan de onteigenende partij vrijstaan, van hare volgens de vorige wet aangevangen regtsvordering, zoolang nog geen vonnis in de zaak is gewezen, afstand te doen en eene nieuwe volgens deze wet in te stellen. In dat geval moet zij alle kosten, door de wederpartij tot op het doen van dien afstand gemaakt, betalen.

[4.] Zij kan tot die betaling genoodzaakt worden op het enkel bevelschrift van den voorzitter der rechtbank, gesteld aan den voet van den door de wederpartij opgemaakten staat van kosten.

[5.] Dit bevelschrift is uitvoerbaar bij voorraad.

Art. 157
Deze wet kan worden aangehaald onder den titel van "onteigeningswet".   Citeertitel

Wet voorkeursrecht gemeenten[1]

Wet van 22 april 1981, houdende regeling van een voorkeursrecht van gemeenten bij de verwerving van onroerende zaken

Wij Beatrix, bij de gratie Gods, Koningin der Nederlanden, Prinses van Oranje-Nassau, enz. enz. enz.
Allen, die deze zullen zien of horen lezen, saluut! doen te weten:
Alzo Wij in overweging genomen hebben, dat het wenselijk is, een regeling te treffen voor de totstandkoming van een voorkeursrecht van gemeenten bij de verwerving van onroerend goed;
Zo is het, dat Wij, de Raad van State gehoord, en met gemeen overleg der Staten-Generaal, hebben goedgevonden en verstaan, gelijk wij goedvinden en verstaan bij deze:

Art. 1

Begripsbepalingen

In deze wet en de daarop berustende bepalingen wordt verstaan onder:
a. bestemmingsplan: bestemmingsplan als bedoeld in artikel 3.1 van de Wet ruimtelijke ordening;
b. inpassingsplan: inpassingsplan als bedoeld in artikel 3.26 onderscheidenlijk 3.28 van de Wet ruimtelijke ordening;
c. Onze Minister: Onze Minister van Volkshuisvesting, Ruimtelijke Ordening en Milieubeheer;
d. structuurvisie: structuurvisie als bedoeld in artikel 2.1, 2.2 onderscheidenlijk 2.3 van de Wet ruimtelijke ordening;
e. vervreemder: eigenaar van een onroerende zaak of rechthebbende op een beperkt recht als bedoeld in onderdeel f die tot vervreemding wenst over te gaan, alsmede degene die bij ontbinding van een gemeenschap met de vereffening is belast en tot vervreemding wenst over te gaan;
f. vervreemding: overdracht in eigendom of verdeling van een onroerende zaak alsmede overdracht of verdeling dan wel vestiging van een recht van opstal, erfpacht, beklemming of vruchtgebruik, waaraan een onroerende zaak is onderworpen.

Art. 2

De gemeenteraad kan gronden aanwijzen waarop de artikelen 10 tot en met 15, 24 en 26 van toepassing zijn.

Art. 3

Voorkeursrecht gemeente, aanwijzing gronden opgenomen in bestemmingsplan of inpassingsplan

1. Voor aanwijzing komen in aanmerking gronden waaraan bij het bestemmingsplan of inpassingsplan een niet-agrarische bestemming is toegekend en waarvan het gebruik afwijkt van dat plan.

2. Een besluit tot aanwijzing vermeldt ten aanzien van de onroerende zaken waarop het betrekking heeft:
a. de kadastrale aanduiding;
b. de grootte van elk van de desbetreffende percelen volgens de kadastrale registratie;
c. de grootte van een perceelsgedeelte, indien de aanwijzing betrekking heeft op een gedeelte van een onroerende zaak, en
d. de namen van de eigenaren van de desbetreffende onroerende zaken en van de rechthebbenden op de beperkte rechten waaraan die zaken zijn onderworpen.
3. Bij het besluit behoort een kadastraal overzicht waarop duidelijk zijn aangegeven de gronden waarop de aanwijzing betrekking heeft en de bijbehorende percelen of perceelsgedeelten.

Art. 4

Voorkeursrecht gemeente, aanwijzing gronden begrepen in structuurvisie

1. In afwijking van artikel 3, eerste lid, komen voor aanwijzing voorts in aanmerking:
a. gronden die zijn begrepen in een structuurvisie, waarbij aanwijzingen zijn gegeven voor de bestemming en waaraan bij de structuurvisie een niet-agrarische bestemming is toegedacht en waarvan het gebruik afwijkt van de toegedachte bestemming;
b. gronden die bij een structuurvisie zijn aangewezen tot moderniseringsgebied als bedoeld in artikel 3.5 van de Wet ruimtelijke ordening, ongeacht of het gebruik van de gronden in die gebieden al dan niet afwijkt van die visie.
2. Artikel 3, tweede en derde lid, is van toepassing.

---

1 Inwerkingtredingsdatum: 06-07-1981; zoals laatstelijk gewijzigd bij: Stb. 2020, 262.

Art. 5
1. In afwijking van de artikelen 3, eerste lid, en 4, eerste lid, komen voor aanwijzing ook in aanmerking gronden die nog niet zijn opgenomen in een bestemmingsplan, inpassingsplan, of structuurvisie, maar waarbij in het besluit tot aanwijzing aan de betrokken gronden een niet-agrarische bestemming wordt toegedacht en waarvan het gebruik afwijkt van die bestemming. In het besluit tot aanwijzing wordt aangegeven of nadien nog zal worden overgegaan tot het vaststellen van een structuurvisie.

Voorkeursrecht gemeente, aanwijzing gronden niet opgenomen in bestemmingsplan of structuurvisie

2. Artikel 3, tweede en derde lid, is van toepassing.

Schakelbepaling

Art. 6
1. Burgemeester en wethouders kunnen gronden voorlopig aanwijzen, mits bij het hiertoe strekkende besluit aan die gronden een niet-agrarische bestemming is toegedacht en het gebruik afwijkt van de toegedachte bestemming. Het besluit vervalt van rechtswege drie maanden na dagtekening of zoveel eerder als een besluit van de gemeenteraad tot aanwijzing ingevolge artikel 3, 4 of 5 in werking treedt.

Voorkeursrecht gemeente, voorlopige aanwijzing gronden

2. De artikelen 3, tweede en derde lid, 10 tot en met 15, 24 en 26 zijn van overeenkomstige toepassing.
3. Indien bezwaar of beroep aanhangig is tegen een besluit tot voorlopige aanwijzing en dit besluit vervalt omdat een besluit van de gemeenteraad tot aanwijzing in werking is getreden, wordt het bezwaar of beroep mede geacht te zijn gericht tegen het besluit van de gemeenteraad.

Art. 7
1. Het besluit tot aanwijzing of voorlopige aanwijzing wordt door het college van burgemeester en wethouders bekendgemaakt. Het besluit treedt in werking de dag na dagtekening van het gemeenteblad waarin het is bekendgemaakt.

Voorkeursrecht gemeente, terinzagelegging besluit tot aanwijzing gronden

2. Van het besluit tot aanwijzing of voorlopige aanwijzing wordt door het college van burgemeester en wethouders mededeling gedaan aan ieder van de in het besluit vermelde eigenaren en beperkt gerechtigden.

Art. 8
1. Voor zover een aanwijzing niet meer voldoet aan de eisen, gesteld in artikel 3, eerste lid, 4, eerste lid, onderscheidenlijk 5, eerste lid, besluiten burgemeester en wethouders tot het intrekken van die aanwijzing. In het besluit worden vermeld de percelen of perceelsgedeelten waarop de intrekking betrekking heeft. Het besluit tot intrekking wordt gevoegd bij de ingevolge artikel 7, eerste lid, ter inzage gelegde stukken en in kopie gezonden naar de desbetreffende eigenaren en beperkt gerechtigden.

Voorkeursrecht gemeente, intrekking besluit aanwijzing gronden

2. Degene die een recht heeft op aangewezen gronden uit hoofde van eigendom of een beperkt recht als bedoeld in artikel 1, onderdeel f kan bij burgemeester en wethouders een aanvraag indienen tot intrekking van het besluit tot aanwijzing. Zij nemen een besluit uiterlijk vier weken na de dag van ontvangst van de aanvraag.
3. In geval van onherroepelijke vernietiging in beroep van het in artikel 3, eerste lid, bedoelde bestemmingsplan of inpassingsplan, geldt de in artikel 3 bedoelde aanwijzing tot een jaar na de datum van de vernietiging als zijnde in overeenstemming met de eisen gesteld in artikel 3, eerste lid, behoudens eerdere intrekking door burgemeester en wethouders.

Art. 9
1. Een besluit tot aanwijzing als bedoeld in artikel 3 of artikel 9a in samenhang met artikel 3 vervalt na negen jaar na de inwerkingtreding van het bestemmingsplan onderscheidenlijk inpassingsplan.

Voorkeursrecht gemeente, vervallen aanwijzingsbesluit

2. Een besluit tot aanwijzing als bedoeld in artikel 4, vervalt van rechtswege drie jaar na dagtekening van dat besluit, tenzij voordien een bestemmingsplan of inpassingsplan is vastgesteld.
3. Een besluit tot aanwijzing als bedoeld in artikel 5 vervalt van rechtswege drie jaar na dagtekening, tenzij voor dat tijdstip een structuurvisie, bestemmingsplan of inpassingsplan is vastgesteld.
4. Indien artikel 8, derde lid, van toepassing is, vervalt het besluit tot aanwijzing, bedoeld in artikel 3, van rechtswege na afloop van de in het derde lid van artikel 8 genoemde termijn, tenzij voor dat tijdstip voor de in de aanwijzing begrepen gronden een bestemmingsplan of inpassingsplan is vastgesteld, dat voldoet aan de in artikel 3, eerste lid, gestelde eisen. In dat geval vervalt het besluit tot aanwijzing van rechtswege tien jaar na de inwerkingtreding van het bestemmingsplan onderscheidenlijk inpassingsplan.
5. Een mededeling van het van rechtswege vervallen van een besluit tot aanwijzing wordt gevoegd bij de ingevolge artikel 7, eerste lid, ter inzage gelegde stukken en in kopie gezonden naar de desbetreffende eigenaren en beperkt gerechtigden.

Art. 9a
1. Indien provinciale staten het voornemen hebben toepassing te geven aan artikel 3.26, eerste en vierde lid, van de Wet ruimtelijke ordening kunnen zij, op gelijke wijze als de gemeenteraad, overeenkomstig artikel 2 in samenhang met artikel 3, 4 of 5, gronden aanwijzen, met dien verstande dat voor een aanwijzing in samenhang met artikel 4 uitsluitend een structuurvisie als bedoeld in artikel 2.2 van de Wet ruimtelijke ordening in aanmerking komt. In een besluit tot

Voorkeursrecht gemeente, aanwijzing door provinciale staten

A62 art. 9b

Wet voorkeursrecht gemeenten

aanwijzing overeenkomstig artikel 4 of 5 geven provinciale staten aan op welke wijze invulling gegeven zal worden aan een inpassingsplan. Gedeputeerde staten kunnen op gelijke wijze als burgemeester en wethouders overeenkomstig artikel 6 gronden voorlopig aanwijzen.

Voorkeursrecht gemeente, aanwijzing door de Minister

2. Indien Onze Minister het voornemen heeft toepassing te geven aan artikel 3.28, eerste en vierde lid, van de Wet ruimtelijke ordening kan deze, op gelijke wijze als de gemeenteraad, overeenkomstig artikel 2 in samenhang met artikel 3, 4 of 5 gronden aanwijzen, met dien verstande dat voor een aanwijzing in samenhang met artikel 4 uitsluitend een structuurvisie als bedoeld in artikel 2.3 van de Wet ruimtelijke ordening in aanmerking komt. Bij een aanwijzing overeenkomstig de artikelen 4 en 5 geeft Onze Minister aan op welke wijze invulling gegeven zal worden aan een inpassingsplan.

Schakelbepaling

3. De artikelen 6, derde lid, 7 tot en met 15, 24 en 26 zijn van overeenkomstige toepassing.
4. Bij toepassing van het eerste of tweede lid verstrekken gedeputeerde staten, onderscheidenlijk Onze Minister onverwijld een exemplaar van het besluit tot aanwijzing of voorlopige aanwijzing en de bijbehorende kadastrale kaart aan de Dienst voor het kadaster en de openbare registers, ter inschrijving van die stukken in de openbare registers en doen mededeling van de aanwijzing of voorlopige aanwijzing aan burgemeester en wethouders van de gemeente en gedeputeerde staten van de provincie waarin de gronden waarop de aanwijzing betrekking heeft zijn gelegen. Artikel 24, eerste lid, van Boek 3 van het Burgerlijk Wetboek is niet van toepassing. Evenzo doen gedeputeerde staten, onderscheidenlijk Onze Minister mededeling van het intrekken of van het van rechtswege vervallen van een besluit tot aanwijzing aan:
a. de Dienst voor het kadaster en de openbare registers;
b. de desbetreffende eigenaren en beperkt gerechtigden, en
c. burgemeester en wethouders van de gemeente waarin de gronden waarop de aanwijzing betrekking had, zijn gelegen.
5. Bij toepassing van het eerste lid worden de in de artikelen 10, 11, 12, 24, 26 en 27 geregelde bevoegdheden en verplichtingen met uitsluiting van de bevoegdheid ter zake van burgemeester en wethouders, uitgeoefend door gedeputeerde staten en neemt de provincie de plaats in van de gemeente.
6. Bij toepassing van het tweede lid worden de in de artikelen 10, 11, 12, 24, 26 en 27 geregelde bevoegdheden en verplichtingen met uitsluiting van de bevoegdheid ter zake van burgemeester en wethouders of van gedeputeerde staten uitgeoefend door Onze Minister en neemt de Staat de plaats in van de gemeente, onderscheidenlijk de provincie.

Art. 9b

Voorkeursrecht gemeente, vervallen aanwijzingsbesluit

1. Op het tijdstip van inwerkingtreding van een besluit als bedoeld in artikel 9a, eerste of tweede lid, vervalt een eerder besluit tot aanwijzing of voorlopige aanwijzing van de betrokken grond of de gemeenteraad of van burgemeester en wethouders van rechtswege, met dien verstande dat indien aan burgemeester en wethouders reeds een opgave is gedaan als bedoeld in artikel 11, eerste lid, die opgave in stand blijft en wordt aangemerkt als een opgave aan gedeputeerde staten onderscheidenlijk Onze Minister. Gedeputeerde staten nemen, onderscheidenlijk Onze Minister neemt bij de toepassing van de artikelen 11 tot en met 15 de plaats in van burgemeester en wethouders, en de provincie onderscheidenlijk de Staat de plaats van de gemeente.
2. Op het tijdstip van inwerkingtreding van een besluit als bedoeld in artikel 9a, tweede lid, vervalt een eerder besluit tot aanwijzing of voorlopige aanwijzing van de betrokken grond van provinciale staten of gedeputeerde staten van rechtswege, met dien verstande dat indien aan gedeputeerde staten reeds een opgave is gedaan als bedoeld in artikel 11, eerste lid, die opgave in stand blijft en wordt aangemerkt als een opgave aan Onze Minister. Onze Minister neemt bij de toepassing van de artikelen 11 tot en met 15 de plaats in van gedeputeerde staten, en de Staat de plaats van de provincie.
3. Bij toepassing van artikel 9a, eerste of tweede lid, kunnen de gemeenteraad en burgemeester en wethouders geen gebruik meer maken van de bevoegdheid, bedoeld in artikel 2 in samenhang met artikel 3, 4 of 5 en artikel 6.
4. Bij toepassing van artikel 9a, tweede lid, kunnen provinciale en gedeputeerde staten geen gebruik meer maken van de bevoegdheid, bedoeld in artikel 9a, eerste lid.

Art. 9c

Voorkeursrecht gemeente, geen nieuwe aanwijzing na vervallen besluit

Gronden die zijn aangewezen ingevolge artikel 2 in samenhang met artikel 3, 4 of 5, artikel 6 of of artikel 9a, eerste of tweede lid, kunnen niet binnen twee jaar na het intrekken of het van rechtswege vervallen van zodanige aanwijzing opnieuw ingevolge een zodanig besluit worden aangewezen.

Art. 10

Voorkeursrecht gemeente, vervreemding onroerende zaak

1. Een vervreemder kan eerst tot vervreemding overgaan nadat de gemeente in de gelegenheid is gesteld het desbetreffende goed te verkrijgen.

Voorkeursrecht gemeente, uitzondering

2. Het bepaalde in het vorige lid geldt niet ingeval de vervreemding geschiedt ingevolge

Wet voorkeursrecht gemeenten

a. een overeenkomst tussen bloed- of aanverwanten in de rechte lijn of in de zijlijn tot in de tweede graad of met een pleegkind. Onder pleegkind wordt verstaan degene, die duurzaam als een eigen kind is onderhouden en opgevoed;
b. verdeling van een huwelijksgemeenschap of een nalatenschap;
c. een uiterste wilsbeschikking;
d. een overeenkomst met de Staat, een provincie, een waterschap of een door Ons aan te wijzen publiekrechtelijk lichaam of in het openbaar belang werkzame rechtspersoon. Onze aanwijzing wordt in de *Staatscourant* bekendgemaakt;
e. een verkoop krachtens wetsbepaling of bevel des rechters of een executoriale verkoop, met dien verstande dat ingeval van een onderhandse executoriale verkoop als bedoeld in artikel 3: 268, tweede lid, van het Burgerlijk Wetboek de voorzieningenrechter niet beslist omtrent het verzoek tot onderhandse verkoop zolang niet het bestuursorgaan in de gelegenheid is gesteld om, gelet op het gunstiger bod, een bod te doen;
f. een overeenkomst, betrekking hebbende op gronden die zijn aangewezen bij een besluit als bedoeld in artikel 5 of 6 dan wel artikel 9a, eerste of tweede lid, in samenhang met artikel 5 of 6, gesloten met een pachter aan wie ten aanzien van deze gronden ten tijde van de inwerkingtreding van dit besluit een voorkeursrecht toekwam als bedoeld in artikel 378 van Boek 7 van het Burgerlijk Wetboek.
3. Voorts geldt het bepaalde in het eerste lid niet ingeval de vervreemding geschiedt ingevolge een overeenkomst betreffende een onroerende zaak, dan wel een overeenkomst behelzende een verplichting van de vervreemder betreffende een onroerende zaak, voorzover:
a. vervreemding geschiedt aan een in die overeenkomst met name genoemde partij, en een tegen een in die overeenkomst met name genoemde prijs, dan wel tegen een volgens die overeenkomst bepaalbare prijs, en
b. de overeenkomst is ingeschreven in de openbare registers, bedoeld in afdeling 2 van titel 1 van Boek 3 van het Burgerlijk Wetboek, voordat een besluit tot aanwijzing of voorlopige aanwijzing in werking is getreden, en
c. de vervreemding geschiedt binnen zes maanden na de dag van de inschrijving van de overeenkomst in de openbare registers als bedoeld onder b.
4. Een overeenkomst als bedoeld in het derde lid, aanhef, kan worden ingeschreven in de openbare registers, bedoeld in het derde lid, mits deze is vervat in een akte. De inschrijving heeft het rechtsgevolg dat voor de vervreemder niet de verplichting zoals bedoeld in het eerste lid ontstaat, voorzover is voldaan aan de in het derde lid, onder a, b en c, genoemde vereisten.
5. Het derde lid is telkens gedurende een periode van drie jaar op een overeenkomst als bedoeld in dat lid met betrekking tot een bepaalde onroerende zaak of een gedeelte daarvan, en de daarin met name genoemde vervreemder of verkrijger, slechts één maal van toepassing. De periode van drie jaar vangt aan op de datum van eerste inschrijving in de openbare registers. Onder verkrijger wordt in dit geval verstaan de partij waarmee een overeenkomst is gesloten.
6. Het eerste lid geldt eveneens niet indien burgemeester en wethouders op aanvraag van een vervreemder op grond van door die vervreemder aannemelijk gemaakte gewichtige redenen daartoe besluiten. Zij kunnen daarbij beperkingen opleggen.

Art. 11
1. Ter voldoening aan artikel 10, eerste lid, bericht de vervreemder aan burgemeester en wethouders bij aangetekende brief dat hij in beginsel bereid is over te gaan tot vervreemding van het desbetreffende goed aan de gemeente tegen nader overeen te komen voorwaarden.

Voorkeursrecht gemeente, kennisgeving voorgenomen vervreemding onroerende zaak

2. De opgave, bedoeld in het eerste lid, bevat een opgave van het goed dat onderwerp uitmaakt van de voorgenomen vervreemding alsmede ten aanzien van de desbetreffende onroerende zaken:
a. de kadastrale aanduiding;
b. de grootte van elk van de desbetreffende percelen volgens de kadastrale registratie;
c. de grootte van een perceelsgedeelte, indien het aanbod betrekking heeft op een gedeelte van een onroerende zaak.
3. Indien de opgave betrekking heeft op onroerende zaken die slechts ten dele in de aanwijzing of voorlopige aanwijzing zijn opgenomen maar een samenhangend geheel vormen, kan de vervreemder onverminderd afdeling 11 van titel 5 van Boek 7 van het Burgerlijk Wetboek, eisen dat dit geheel van onroerende zaken wordt betrokken in de mogelijke vervreemding aan de gemeente.
4. De vervreemder kan eisen dat in de vervreemding wordt betrokken het bedrijf of de onderneming waarin de onroerende zaken als onderdeel daarvan worden geëxploiteerd.

Art. 12
1. Burgemeester en wethouders besluiten binnen zes weken na ontvangst van de opgave of de gemeente al dan niet in beginsel bereid is het goed tegen nader overeen te komen voorwaarden te kopen of op grond van een andere titel te verkrijgen.

Voorkeursrecht gemeente, beginselbesluit aankoop door B&W

2. Indien burgemeester en wethouders binnen de termijn, genoemd in het eerste lid, beslissen niet bereid te zijn het goed te kopen of op grond van een andere titel te verkrijgen heeft de vervreemder gedurende drie jaar na die beslissing de vrijheid tot vervreemding aan derden voorzover het betreft het in zijn aanbod vermelde goed. De vervreemding betreft alle in de opgave vermelde goederen tezamen, met inbegrip van het gedeelte en van het bedrijf of de onderneming, waarvan de vervreemder bij het verstrekken van die opgave ingevolge artikel 11, derde of vierde lid, heeft geëist dat het mede in de verkoop zou worden betrokken.
3. Bij overschrijding van de termijn, genoemd in het eerste lid, is het tweede lid van overeenkomstige toepassing met dien verstande dat de in dat lid genoemde periode van drie jaar aanvangt na verloop van die termijn.

Art. 13

Voorkeursrecht gemeente, prijsbepaling door rechter

1. Indien burgemeester en wethouders en de vervreemder in onderhandeling zijn getreden ter bepaling van de vervreemdingsvoorwaarden en gehandeld is overeenkomstig de artikelen 11 en 12, eerste lid, kan de vervreemder aan burgemeester en wethouders verzoeken om binnen vier weken de rechter te verzoeken een oordeel over de prijs te geven.
2. Bij hun verzoekschrift overleggen burgemeester en wethouders een gewaarmerkt afschrift van het verzoek van de vervreemder.
3. Bij overschrijding van de in het eerste lid genoemde termijn of indien burgemeester en wethouders schriftelijk weigeren een verzoekschrift in te dienen, is artikel 12, derde lid, van overeenkomstige toepassing.
4. De rechtbank benoemt een of meer deskundigen die zo spoedig mogelijk aan de rechtbank advies over de prijs uitbrengen. Bij het ten behoeve van het advies uit te voeren onderzoek wordt onder meer de ligging en de gesteldheid van de desbetreffende onroerende zaak betrokken. De rechtbank oordeelt met overeenkomstige toepassing van de artikelen 40b tot en met 40f van de onteigeningswet.
5. De rechtbank doet binnen zes maanden na ontvangst van het verzoekschrift bij beschikking uitspraak. Van de beschikking van de rechtbank staat uitsluitend beroep in cassatie open.
6. De kosten van de rechterlijke procedure, het deskundigenadvies alsmede de redelijkerwijs door de vervreemder voor rechtsbijstand en andere deskundige bijstand gemaakte kosten komen ten laste van de gemeente. Indien de rechter daartoe termen vindt in de omstandigheden van het geval, is deze bevoegd de kosten geheel of gedeeltelijk te compenseren.
7. Indien door schriftelijke intrekking van het verzoek door burgemeester en wethouders de procedure tussentijds wordt beëindigd, heeft de vervreemder gedurende drie jaar na de intrekking de vrijheid tot vervreemding aan derden voorzover het betreft het in zijn opgave vermelde goed. De rechter beslist dan bij beschikking over de kosten, bedoeld in het zesde lid.

Art. 14

Voorkeursrecht gemeente, verplichte verkrijging

Indien de vervreemder binnen drie maanden, te rekenen van de dag van onherroepelijk worden van de beschikking, bedoeld in artikel 13, vijfde lid, bij aangetekende brief aan de gemeente verlangt dat deze het betrokken goed verkrijgt, is de gemeente verplicht haar medewerking te verlenen aan de totstandkoming van een notariële akte tot levering aan haar van het betrokken goed tegen betaling aan de vervreemder van de bij onherroepelijke rechterlijke beschikking bepaalde prijs.

Art. 15

Voorkeursrecht gemeente, verzoek vervreemder tot medewerking

1. De vervreemder kan de rechtbank verzoeken te bepalen dat de gemeente wegens de bijzondere persoonlijke omstandigheden van de vervreemder gehouden is medewerking te verlenen aan de overdracht tegen een door de rechtbank vast te stellen prijs van het goed, dat is vervat in de opgave, bedoeld in artikel 11, eventueel met inbegrip van de ingevolge het derde en vierde lid van dat artikel mede in die opgave vermelde bestanddelen.
2. Het met redenen omkleed verzoekschrift kan worden gedaan binnen twee maanden te rekenen van de dag:
a. waarop burgemeester en wethouders de termijn, bedoeld in artikel 13, eerste lid, hebben overschreden of indien zij schriftelijk weigeren een verzoekschrift in te dienen;
b. waarop de intrekking, bedoeld in artikel 13, zevende lid, van het verzoek ter griffie is ontvangen.
3. De rechtbank doet binnen zes maanden na ontvangst van het verzoekschrift bij beschikking uitspraak over het verzoek en bij toewijzing daarvan tevens over de prijs. Zij beoordeelt of het redelijk is dat vervreemding aan de gemeente, gezien de bijzondere persoonlijke omstandigheden die terzake van belang kunnen zijn, achterwege zou blijven. Van de beschikking staat uitsluitend beroep in cassatie open.
4. Bij afwijzing van het verzoek heeft de vervreemder gedurende drie jaar na het onherroepelijk worden van de rechterlijke beschikking de vrijheid tot vervreemding aan derden voorzover betreft het in zijn opgave, bedoeld in artikel 11, vermelde goed. De vervreemding betreft alle in de opgave vermelde goederen tezamen, met inbegrip van het gedeelte en van het bedrijf of de onderneming, waarvan de vervreemder bij het verstrekken van die opgave ingevolge artikel 11, derde of vierde lid, heeft geëist dat het mede in de verkoop zou worden betrokken.

5. De artikelen 13, vierde en zesde lid, en 14 zijn van overeenkomstige toepassing.

Art. 16-23
[Vervallen]

Art. 24
1. De inschrijving in de in afdeling 2 van titel 1 van Boek 3 van het Burgerlijk Wetboek bedoelde openbare registers van een akte, behelzende een vervreemding anders dan aan de gemeente, vindt alleen plaats indien op het in te schrijven stuk is opgenomen een notariële verklaring, houdende dat op de betrokken onroerende zaak geen aanwijzing of voorlopige aanwijzing in de zin van deze wet van toepassing is, hetzij dat de vervreemding niet in strijd is met deze wet. *Voorkeursrecht gemeente, inschrijving akte in openbare registers*
2. Voor de toepassing van het vorige lid wordt met de daar bedoelde notariële verklaring gelijkgesteld de verklaring van een persoon bedoeld in artikel 91 van de Overgangswet nieuw Burgerlijk Wetboek, die overeenkomstig het daar bepaalde een onderhandse akte tot levering heeft opgesteld.

Art. 25
1. Voor zover na de overdracht aan de gemeente van een onroerende zaak of van een beperkt recht waaraan zo'n zaak is onderworpen ingevolge de artikelen 10 tot en met 15, 24 en 26 vanwege een besluit tot aanwijzing overeenkomstig artikel 2 in samenhang met artikel 3 of 4, zonder dat de in artikel 3, eerste lid, of 4, eerste lid, bedoelde andere bestemming is verwezenlijkt, bij een onherroepelijk bestemmingsplan een bestemming is aangewezen waarmee de totstandkoming van de aanwijzing zou zijn uitgesloten, kan de vervreemder overeenkomstig artikel 6, voor zover de bij de overdracht betrokken onroerende zaak niet binnen de desbetreffende termijn, genoemd in artikel 6 of 9 is opgenomen in een besluit als bedoeld in artikel 5, onderscheidenlijk in een bestemmingsplan of structuurvisie, waarbij de bij de aanwijzing of voorlopige aanwijzing aan de betrokken onroerende zaak toegedachte bestemming is gehandhaafd. *Voorkeursrecht gemeente, schadevergoeding*
2. Gelijke bevoegdheid heeft de vervreemder na de overdracht ingevolge de artikelen 10 tot en met 15, 24 en 26 vanwege een besluit tot aanwijzing overeenkomstig artikel 2 in samenhang met 5, of een besluit tot voorlopige aanwijzing overeenkomstig artikel 6, voor zover de bij de overdracht betrokken onroerende zaak niet binnen de desbetreffende termijn, genoemd in artikel 6 of 9 is opgenomen in een besluit als bedoeld in artikel 5, onderscheidenlijk in een bestemmingsplan of structuurvisie, waarbij de bij de aanwijzing of voorlopige aanwijzing aan de betrokken onroerende zaak toegedachte bestemming is gehandhaafd.
3. Indien toepassing is gegeven aan artikel 9a, eerste of tweede lid, treedt voor de toepassing van het eerste of tweede lid de provincie onderscheidenlijk de Staat in de plaats van de gemeente.

Art. 26
1. Een gemeente kan de nietigheid inroepen van rechtshandelingen die zijn verricht met de kennelijke strekking afbreuk te doen aan haar in deze wet geregelde voorkeurspositie. *Voorkeursrecht gemeente, nietigheid rechtshandeling*
2. Het verzoek moet worden gedaan binnen acht weken nadat de gemeente een afschrift heeft ontvangen van de akte waarin de desbetreffende rechtshandeling is vervat bij de rechtbank van het arrondissement waarbinnen de gemeente is gelegen. De gemeente is niet ontvankelijk in haar verzoek indien zij met de desbetreffende rechtshandeling schriftelijk heeft ingestemd.

Art. 27
[Vervallen]

Art. 28
Wij geven bij algemene maatregel van bestuur nadere voorschriften voor de uitvoering van deze wet. *Nadere regels*

Art. 29
[Bevat wijzigingen in andere regelgeving.]

Art. 30
Deze wet kan worden aangehaald als "Wet voorkeursrecht gemeenten". *Citeertitel*

Crisis- en herstelwet[1]

Wet van 18 maart 2010, houdende regels met betrekking tot versnelde ontwikkeling en verwezenlijking van ruimtelijke en infrastructurele projecten (Crisis- en herstelwet)

Wij Beatrix, bij de gratie Gods, Koningin der Nederlanden, Prinses van Oranje-Nassau, enz. enz. enz.

Allen die deze zullen zien of horen lezen, saluut! doen te weten:

Alzo Wij in overweging genomen hebben, dat het wenselijk is bijzondere wettelijke voorzieningen te treffen voor een versnelde ontwikkeling en verwezenlijking van ruimtelijke en infrastructurele projecten, teneinde bij te dragen aan de bestrijding van de economische crisis alsmede met dat doel diverse wettelijke bepalingen te wijzigen;

Zo is het, dat Wij, de Raad van State gehoord, en met gemeen overleg der Staten-Generaal, hebben goedgevonden en verstaan, gelijk Wij goedvinden en verstaan bij deze:

Hoofdstuk 1
Bijzondere bepalingen voor projecten

Afdeling 1
Toepassingsbereik van dit hoofdstuk

Art. 1.1

Werkingssfeer

1. Afdeling 2 is van toepassing op:
   a. alle besluiten die krachtens enig wettelijk voorschrift zijn vereist voor de ontwikkeling of verwezenlijking van de in bijlage I bij deze wet bedoelde categorieën ruimtelijke en infrastructurele projecten dan wel voor de in bijlage II bij deze wet bedoelde ruimtelijke en infrastructurele projecten;
   b. bestemmingsplannen als bedoeld in artikel 2.3, eerste lid, alsmede de voor de uitvoering van de projecten waarop die bestemmingsplannen betrekking hebben vereiste besluiten en de voor de uitvoering van maatregelen of werken als bedoeld in artikel 2.3, tweede lid, onderdelen b en c, vereiste besluiten, en
   c. projectuitvoeringsbesluiten als bedoeld in artikel 2.10, eerste lid.
2. Afdeling 3 is van toepassing op de in bijlage II bij deze wet bedoelde ruimtelijke en infrastructurele projecten en op krachtens artikel 2.18 aangewezen projecten.

Art. 1.2

Ruimtelijke en infrastructurele projecten, toevoegingen aan bijlagen I/II/III

Bij algemene maatregel van bestuur op de voordracht van Onze Minister van Binnenlandse Zaken en Koninkrijksrelaties, in overeenstemming met Onze Minister of Onze Ministers wie het mede aangaat, kunnen categorieën van ruimtelijke en infrastructurele projecten worden toegevoegd aan bijlage I bij deze wet en kunnen ruimtelijke en infrastructurele projecten worden toegevoegd aan bijlage II bij deze wet.

Afdeling 2
Procedures

§ 2.1
Voorbereiding besluiten

Art. 1.3

Schakelbepaling

Artikel 3:9 van de Algemene wet bestuursrecht is van overeenkomstige toepassing op onderzoeken die aan een besluit ten grondslag zijn gelegd.

§ 2.2
Beperking beroepsrecht

Art. 1.4

Beroep, beperking beroepsrecht

In afwijking van artikel 8:1 van de Algemene wet bestuursrecht kan een niet tot de centrale overheid behorende rechtspersoon die krachtens publiekrecht is ingesteld of een niet tot de centrale overheid behorend bestuursorgaan geen beroep instellen tegen een besluit van een tot de centrale overheid behorend bestuursorgaan, indien dat besluit niet is gericht tot die rechts-

---

1 Inwerkingtredingsdatum: 31-03-2010; zoals laatstelijk gewijzigd bij: Stb. 2020, 262.

Crisis- en herstelwet **A63** art. 1.11

persoon of tot een orgaan van die rechtspersoon, onderscheidenlijk tot dat bestuursorgaan of tot de rechtspersoon waartoe dat bestuursorgaan behoort.

§ 2.3
[Vervallen]

[Vervallen]
Art. 1.5

§ 2.4
Beroep en hoger beroep

Art. 1.6
1. De bestuursrechter behandelt het beroep met toepassing van afdeling 8.2.3 van de Algemene wet bestuursrecht.
2. In afwijking van artikel 6:6 van de Algemene wet bestuursrecht is het beroep niet-ontvankelijk indien niet is voldaan aan artikel 6:5, eerste lid, onderdeel d, van die wet.
3. Indien de bestuursrechter het advies van de Stichting advisering bestuursrechtspraak inwint, brengt de Stichting binnen twee maanden na het verzoek advies uit.
4. De bestuursrechter doet uitspraak binnen zes maanden na afloop van de beroepstermijn.

Beroep, behandeling

Art. 1.6a
Na afloop van de termijn voor het instellen van beroep kunnen geen beroepsgronden meer worden aangevoerd.

Beroep, afloop beroepstermijn

Art. 1.7
1. Artikel 1.6, vierde lid, is niet van toepassing, indien artikel 8:51a of 8:51d van de Algemene wet bestuursrecht wordt toegepast.
2. In dat geval doet de bestuursrechter:
a. binnen zes maanden na afloop van de beroepstermijn een tussenuitspraak, en
b. binnen zes maanden na de verzending van de tussenuitspraak een einduitspraak.

Beroep, uitspraak

Art. 1.8
1. Artikel 1.6, vierde lid, is niet van toepassing, indien de bestuursrechter met toepassing van artikel 234 van het Verdrag tot oprichting van de Europese Gemeenschap prejudiciële vragen stelt.
2. In dat geval worden de vragen binnen zes maanden na afloop van de beroepstermijn bij tussenuitspraak gesteld.
3. In de tussenuitspraak beslist de rechter zoveel mogelijk ook op de beroepsgronden die niet door de vragen worden geraakt.
4. Tegen een tussenuitspraak van de rechtbank kan hoger beroep worden ingesteld tegelijk met het hoger beroep tegen de einduitspraak.

Beroep, prejudiciële vragen

Art. 1.9
[Vervallen]

Art. 1.9a
De artikelen 1.6 tot en met 1.8 zijn van overeenkomstige toepassing in hoger beroep.

Beroep, hoger beroep

§ 2.5
Na vernietiging

Art. 1.10
1. Indien een bestuursorgaan na vernietiging van een besluit door de bestuursrechter een nieuw besluit moet nemen, kan het dat besluit baseren op de feiten waarop het vernietigde besluit berustte, behoudens voor zover de onjuistheid of het onvoldoende vast staan van deze feiten een grond voor de vernietiging was.
2. Het eerste lid is van overeenkomstige toepassing indien een nieuw besluit wordt genomen ter uitvoering van een tussenuitspraak als bedoeld in artikel 8:80a van de Algemene wet bestuursrecht.

Beroep, vernietiging besluit

Afdeling 3
Milieueffectrapport

Art. 1.11
1. Indien op grond van artikel 7.2 van de Wet milieubeheer een milieueffectrapport wordt opgesteld ten behoeve van een besluit, is artikel 7.23, eerste lid, aanhef en onder d, van die wet niet van toepassing voor zover het de locatie of het tracé van de activiteit betreft als er aan dat besluit een plan als bedoeld in artikel 7.2, tweede lid, van de Wet milieubeheer ten grondslag

Ruimtelijke en infrastructurele projecten, opstellen milieueffectrapport

ligt waarin een locatie of een tracé is aangewezen en voor dat plan een milieueffectrapport is gemaakt waarin alternatieven voor die locatie of dat tracé zijn onderzocht.
2. In afwijking van artikel 7.32, vijfde lid, van de Wet milieubeheer kan het bevoegd gezag de Commissie voor de milieueffectrapportage, bedoeld in artikel 2.17 van die wet, in de gelegenheid stellen advies uit te brengen over het milieueffectrapport.

Afdeling 4
[Vervallen]

Art. 1.12
[Vervallen]

Hoofdstuk 2
Bijzondere voorzieningen

Afdeling 1
Ontwikkelingsgebieden

Art. 2.1

Begripsbepalingen

1. In deze afdeling en de daarop berustende bepalingen wordt verstaan onder:
a. *milieugebruiksruimte:* binnen een ontwikkelingsgebied aanwezige marge tussen de bestaande milieukwaliteit en de voor dat gebied geldende milieukwaliteitsnormen, die kan worden benut voor milieubelastende activiteiten;
b. *milieukwaliteitsnorm:* bij wettelijk voorschrift gestelde norm ten aanzien van de kwaliteit van een onderdeel van het milieu.
2. In deze afdeling en de daarop berustende bepalingen wordt onder bestemmingsplan mede verstaan: de bij het bestemmingsplan behorende toelichting dan wel het exploitatieplan.

Art. 2.2

Ontwikkelingsgebied, aanwijzing

Bij regeling van Onze Minister van Binnenlandse Zaken en Koninkrijksrelaties, in overeenstemming met Onze Minister of Onze Ministers wie het mede aangaat, kan bij wijze van experiment een gebied, zijnde bestaand stedelijk gebied, bestaand bedrijventerrein of gebied ter uitbreiding van de haven van Rotterdam, voor de duur van ten hoogste tien jaar worden aangewezen als ontwikkelingsgebied, indien dat met het oog op het versterken van de duurzame ruimtelijke en economische ontwikkeling van dat gebied bijzonder aangewezen is.

Art. 2.3

Ontwikkelingsgebied, bestemmingsplan

1. Een bestemmingsplan dat betrekking heeft op gronden die gelegen zijn binnen een aangewezen ontwikkelingsgebied als bedoeld in artikel 2.2, is gericht op de optimalisering van de milieugebruiksruimte met het oog op het versterken van een duurzame ruimtelijke en economische ontwikkeling van dat gebied in samenhang met het tot stand brengen van een goede milieukwaliteit.
2. Tenzij bij algemene maatregel van bestuur anders is bepaald, bevat een bestemmingsplan als bedoeld in het eerste lid:
a. de voorgenomen maatregelen, projecten en werken ten behoeve van de optimalisering van de milieugebruiksruimte binnen het ontwikkelingsgebied;
b. de noodzakelijke maatregelen, projecten en werken ter compensatie van het beslag op de milieugebruiksruimte door de in het bestemmingsplan voorziene ruimtelijke ontwikkelingen;
c. zo nodig een fasering en koppeling bij de tenuitvoerlegging van de in de onderdelen a en b bedoelde maatregelen, projecten en werken;
d. een raming van de kosten van uitvoering van het bestemmingsplan, een beschrijving van de wijze waarop daarin zal worden voorzien, alsmede een beschrijving van de wijze waarop het bereiken van de bestemmingsplan beoogde resultaten zal worden nagestreefd;
e. een overzicht van de tijdstippen waarop burgemeester en wethouders aan de gemeenteraad een rapportage uitbrengen over de voortgang en de uitvoering van de in de onderdelen a en b bedoelde maatregelen, projecten en werken, die op verzoek tevens wordt verstrekt aan Onze Minister van Binnenlandse Zaken en Koninkrijksrelaties.
3. Ten aanzien van een activiteit met betrekking tot een inrichting als bedoeld in artikel 2.1, eerste lid, onder e, van de Wet algemene bepalingen omgevingsrecht, die plaatsvindt binnen het ontwikkelingsgebied, kan of kunnen in het belang van de optimalisering van de milieugebruiksruimte binnen het ontwikkelingsgebied:
a. in het geval dat burgemeester en wethouders ingevolge artikel 2.4, eerste lid, van de Wet algemene bepalingen omgevingsrecht het bevoegd gezag zijn:
1°. onverminderd artikel 2.22, tweede lid, eerste volzin, van die wet voorschriften worden verbonden aan de omgevingsvergunning voor die activiteit;

2°. in afwijking van artikel 2.31, tweede lid, onderdeel b, en met toepassing van paragraaf 3.4 van die wet voorschriften van de omgevingsvergunning voor die activiteit worden gewijzigd, waarbij de artikelen 2.31a en 4.2 van die wet van overeenkomstige toepassing zijn;
b. in het geval dat ingevolge artikel 2.4, tweede, derde of vierde lid, van de Wet algemene bepalingen omgevingsrecht een ander bestuursorgaan het bevoegde gezag is:
1°. een omgevingsvergunning voor die activiteit niet worden verleend dan nadat burgemeester en wethouders hebben verklaard dat zij daartegen geen bedenkingen hebben, waarbij geldt dat:
aa. de verklaring slechts kan worden geweigerd in het belang van de optimalisering van de milieugebruiksruimte binnen het ontwikkelingsgebied;
bb. de artikelen 2.27, tweede, vierde en vijfde lid, 3.11 en 4.2 van die wet van overeenkomstige toepassing zijn.
2°. burgemeester en wethouders het bevoegd gezag verzoeken voorschriften van de omgevingsvergunning voor die activiteit te wijzigen, waarbij de artikelen 2.29, derde lid, 2.31, eerste lid, onderdeel a, en 2.31a en paragraaf 3.4 van die wet van overeenkomstige toepassing zijn;
c. burgemeester en wethouders categorieën van gevallen aanwijzen waarin geen verklaring van geen bedenkingen als bedoeld in onderdeel b, onder 1°, is vereist.
4. Voor zover ten aanzien van een activiteit met betrekking tot een inrichting die plaatsvindt binnen het ontwikkelingsgebied geen omgevingsvergunning als bedoeld in artikel 2.1, eerste lid, aanhef en onder e, van de Wet algemene bepalingen omgevingsrecht is vereist, kunnen burgemeester en wethouders ambtshalve in het belang van de optimalisering van de milieugebruiksruimte binnen het ontwikkelingsgebied voorschriften stellen, die afwijken van de voor die activiteit bij of krachtens artikel 8.40 van de Wet milieubeheer gestelde regels.
5. Met de bevoegdheden, bedoeld in het derde en vierde lid, kunnen rechten, die worden ontleend aan voorschriften van een omgevingsvergunning of aan regels gesteld krachtens artikel 8.40 van de Wet milieubeheer, worden gewijzigd ter optimalisering van de milieugebruiksruimte, voor zover van die rechten bij het in werking hebben van een inrichting:
a. gedurende een periode van drie jaar onder normale bedrijfsomstandigheden geen gebruik is gemaakt of
b. naar redelijke verwachting, rekeninghoudend met de binnen afzienbare tijd te verwachten wijzigingen of uitbreidingen van de inrichting of van de in de inrichting gebezigde werkwijzen, geen gebruik zal worden gemaakt.
6. Bij algemene maatregel van bestuur kunnen nadere regels worden gesteld, zo nodig per aangewezen ontwikkelingsgebied, over de wijze waarop de optimalisering van de milieugebruiksruimte kan plaatsvinden.
7. Met inachtneming van desbetreffende bindende besluiten van de Raad van de Europese Unie, van het Europees Parlement en de Raad gezamenlijk of van de Commissie van de Europese Gemeenschappen, kan het bestemmingsplan bestemmingen aanwijzen, regels stellen of maatregelen en werken toestaan in afwijking van bij algemene maatregel van bestuur aangegeven bepalingen bij of krachtens:
a. de Wet natuurbescherming;
b. de Ontgrondingenwet;
c. de Wet algemene bepalingen omgevingsrecht, voor zover het betreft een omgevingsvergunning voor een activiteit met betrekking tot een inrichting als bedoeld in artikel 2.1, eerste lid, onder e, van die wet;
d. de Wet ammoniak en veehouderij;
e. de Wet bodembescherming;
f. de Wet geluidhinder, met dien verstande dat die afwijking niet leidt tot een geluidsbelasting binnen een woning met gesloten ramen, die hoger is dan 33 dB;
g. de Wet geurhinder en veehouderij;
h. de Wet inzake de luchtverontreiniging;
i. de Wet milieubeheer met uitzondering van artikel 5.2b en titel 5.2,
met dien verstande dat uiterlijk tien jaar nadat het bestemmingsplan onherroepelijk is geworden alsnog wordt voldaan aan de bij of krachtens de wet gestelde milieukwaliteitsnormen. Indien er na deze periode niet wordt voldaan aan een milieukwaliteitsnorm geven burgemeester en wethouders aan op welke wijze alsnog aan die norm zal worden voldaan. Bij algemene maatregel van bestuur kunnen regels worden gesteld over de maximale afwijking van milieukwaliteitsnormen.
8. Het zevende lid is van overeenkomstige toepassing op besluiten die strekken ter uitvoering van het bestemmingsplan.
9. Burgemeester en wethouders nemen in bij algemene maatregel van bestuur aangegeven categorieën van gevallen geen besluit als bedoeld in het achtste lid dan nadat het bestuursorgaan dat krachtens de betrokken wet bevoegd zou zijn te beslissen, heeft verklaard dat het daartegen geen bedenkingen heeft. De artikelen 2.27, tweede tot en met vijfde lid, en 3.11 van de Wet algemene bepalingen omgevingsrecht zijn van overeenkomstige toepassing.

10. Burgemeester en wethouders dragen zorg voor het uitvoeren van de maatregelen of werken, bedoeld in het tweede lid, onderdelen a en b, binnen een in het bestemmingsplan te noemen termijn.
11. Werken opgenomen in het bestemmingsplan worden aangemerkt als openbare werken van algemeen nut in de zin van de Belemmeringenwet Privaatrecht.
12. Indien voor de uitvoering van werken als bedoeld in het tweede lid, onderdelen a en b, toepassing van de Belemmeringenwet Privaatrecht noodzakelijk is, geldt in plaats van artikel 4 van die wet dat de werking van een besluit als bedoeld in artikel 2, vijfde lid, of artikel 3, tweede lid, niet wordt opgeschort totdat de beroepstermijn is verstreken.
13. Voor zover een besluit als bedoeld in het achtste lid zijn grondslag vindt in een bestemmingsplan, kunnen de gronden in beroep daarop geen betrekking hebben.

Art. 2.3a

Ontwikkelingsgebied, provinciaal inpassingsplan

Artikel 2.3 is van overeenkomstige toepassing op een provinciaal inpassingsplan dat betrekking heeft op gronden die gelegen zijn binnen een ontwikkelingsgebied als bedoeld in artikel 2.2 met dien verstande dat:
a. in plaats van «bestemmingsplan» telkens wordt gelezen: inpassingsplan;
b. in plaats van «burgemeester en wethouders» telkens wordt gelezen: gedeputeerde staten;
c. in het tweede lid in plaats van «de gemeenteraad» wordt gelezen: provinciale staten;
d. in het zesde lid in plaats van «Burgemeester en wethouders» wordt gelezen: Gedeputeerde staten;
e. in het tiende lid in plaats van «gemeente» wordt gelezen: provincie.

Afdeling 2
Innovatie

Art. 2.4

Ruimtelijke en infrastructurele projecten, innovatie

1. Bij algemene maatregel van bestuur op de voordracht van Onze Minister van Binnenlandse Zaken en Koninkrijksrelaties, in overeenstemming met Onze Minister of Onze Ministers wie het mede aangaat, kan, met inachtneming van internationaalrechtelijke verplichtingen, op verzoek van een bestuursorgaan, bij wege van experiment worden afgeweken van het bepaalde bij of krachtens:
a. de Elektriciteitswet 1998 voor zover dat geen gevolgen heeft voor de opbrengst van de energiebelasting, bedoeld in de Wet belastingen op milieugrondslag;
b. artikel 9.1, eerste lid, van de Erfgoedwet, voor zover het betreft hoofdstuk II, paragraaf 2, met uitzondering van artikel 11, eerste lid, van de Monumentenwet 1988;
c. de Gaswet, met dien verstande dat de taken die bij of krachtens die wet aan een netbeheerder zijn opgedragen niet worden gewijzigd;
d. de Huisvestingswet 2014;
e. de Leegstandwet;
f. de Warmtewet;
g. de Waterwet, met uitzondering van hoofdstuk 5, artikel 6.5, aanhef en onder c, juncto paragraaf 2 van hoofdstuk 6;
h. de Wet algemene bepalingen omgevingsrecht;
i. de Wet ammoniak en veehouderij;
j. de Wet bodembescherming;
k. de Wet geluidhinder;
l. de Wet geurhinder en veehouderij;
m. de Wet inzake de luchtverontreiniging;
n. de Wet milieubeheer met uitzondering van artikel 5.2b en de artikelen 5.7 tot en met 5.15 en 5.17 tot en met 5.24, met dien verstande dat afwijkingen van de artikelen 5.6 en 5.16 geen gevolgen hebben voor de aanleg, het gebruik, de instandhouding, de verbetering of de vernieuwing van wegen in beheer bij het Rijk;
o. de Wet ruimtelijke ordening;
p. de Woningwet.
2. Er kan uitsluitend toepassing worden gegeven aan het eerste lid indien het experiment bijdraagt aan duurzame ontwikkeling en
a. het experiment bijdraagt aan innovatieve ontwikkelingen; of
b. uitvoering van het experiment bijdraagt aan het versterken van de economische structuur.

Nadere regels

3. Bij de algemene maatregel van bestuur, bedoeld in het eerste lid, wordt bepaald:
a. welke afwijking of afwijkingen van de betrokken in het eerste lid genoemde wet of wetten is of zijn toegestaan;
b. de ten hoogste toegestane tijdsduur van die afwijking of afwijkingen, en
c. de wijze waarop wordt vastgesteld of een afwijking aan haar doel beantwoordt, en of de tijdsduur daarvan aanpassing behoeft.
4. Bij algemene maatregel van bestuur, bedoeld in het eerste lid, kan worden bepaald:

a. aan welke eisen een verzoek voor een afwijking van de in het eerste lid genoemde wetten voldoet;
b. in welke situaties afwijkingen van de in het eerste lid genoemde wetten zijn toegestaan.
5. Bij regeling van Onze Minister van Binnenlandse Zaken en Koninkrijksrelaties, in overeenstemming met Onze Minister of Onze Ministers wie het mede aangaat, kan het toepassingsbereik van in de algemene maatregel van bestuur geregelde experimenten worden uitgebreid door daarvoor nieuwe gebieden en projecten aan te wijzen. Daarbij wordt de ten hoogste toegestane tijdsduur van de afwijking of afwijkingen aangegeven.

Afdeling 3
[Vervallen]

Art. 2.5-2.6
[Vervallen]

Afdeling 4
[vervallen]

Art. 2.7
[vervallen]

Afdeling 5
Tijdelijke verhuur te koop staande woningen

Art. 2.8
[Vervallen]

Afdeling 6
Versnelde uitvoering van bouwprojecten

Art. 2.9
1. Deze afdeling is van toepassing op de uitvoering van: *Werkingssfeer*
a. projecten die geheel of hoofdzakelijk voorzien in de bouw van ten minste 5 en ten hoogste:
1°. in geval van twee ontsluitingswegen met een gelijkmatige verkeersverdeling: 2 000 nieuwe woningen, dan wel
2°. in geval van één ontsluitingsweg: 1 500 nieuwe woningen, alsmede
b. bij algemene maatregel van bestuur op de voordracht van Onze Minister van Binnenlandse Zaken en Koninkrijksrelaties, in overeenstemming met Onze Minister of Onze Ministers wie het mede aangaat, aangewezen categorieën andere projecten van maatschappelijke betekenis.
2. Projecten als bedoeld in het eerste lid, onderdeel a, die in elkaars nabijheid liggen of zullen zijn gelegen, vallen uitsluitend onder het toepassingsbereik van deze afdeling, indien de aantallen woningen in die projecten gezamenlijk onder het toepasselijke maximum aantal woningen als bedoeld in dat onderdeel blijven.
3. Deze afdeling is niet van toepassing:
a. op projecten als bedoeld in het eerste lid, die zijn aangewezen krachtens artikel 2.18;
b. indien het project ziet op de bouw van woningen op minder dan 100 meter van een hoofdweg als bedoeld in artikel 1, eerste lid, van de Tracéwet, gemeten vanaf de as van die weg, of van een weg die overeenkomstig een daartoe krachtens de Wegenverkeerswet 1994 aangewezen model is aangeduid als route voor het vervoer van gevaarlijke stoffen dat niet is toegestaan door de krachtens artikel 3 van de Wet vervoer gevaarlijke stoffen aangewezen tunnels, gemeten vanaf de as van die weg;
c. indien het project ziet op de bouw van woningen binnen 30 meter van een krachtens artikel 2 van de Spoorwegwet aangewezen hoofdspoorweg, gemeten vanaf het hart van het buitenste spoor;
d. indien het project ziet op de bouw van woningen in of op rijkswateren of regionale wateren waaraan krachtens de artikelen 4.1 of 4.4 van de Waterwet de functie vaarweg is toegekend en die geschikt zijn voor gebruik door schepen met een laadvermogen van ten minste 400 ton.

Art. 2.10
1. Op verzoek of ambtshalve kunnen burgemeester en wethouders ten aanzien van een project als bedoeld in artikel 2.9, eerste lid, een projectuitvoeringsbesluit vaststellen, waaronder begrepen de vaststelling dat deze afdeling op het project van toepassing is. Burgemeester en wethouders kunnen een projectuitvoeringsbesluit ten aanzien van een project als bedoeld in artikel 2.9, eerste lid, onderdeel a, alleen vaststellen indien de gemeenteraad in een structuurvisie als bedoeld in artikel 2.1 van de Wet ruimtelijke ordening of een bestemmingsplan als bedoeld in artikel

Versnelde uitvoering bouwprojecten, gemeentelijk projectuitvoeringsbesluit

3.1 van die wet de gronden waarop het projectuitvoeringsbesluit betrekking heeft voor woningbouw heeft aangewezen. Indien de gronden in de structuurvisie of in het bestemmingsplan niet voor woningbouw zijn aangewezen, is de gemeenteraad bevoegd tot het nemen van het projectuitvoeringsbesluit voor een project als bedoeld in artikel 2.9, eerste lid, onderdeel a.

2. Op de ontwikkeling en verwezenlijking van een project als bedoeld in artikel 2.9, eerste lid, ten aanzien waarvan een projectuitvoeringsbesluit is vastgesteld, zijn de wettelijke voorschriften krachtens welke daarvoor een vergunning, ontheffing, vrijstelling of enig ander besluit is vereist, niet van toepassing, met uitzondering van paragraaf 5.1 van de Erfgoedwet, artikel 6.5, onderdeel c, van de Waterwet en de artikelen 4.1a en 4.3a van de Wet ruimtelijke ordening. Indien een besluit op grond van artikel 2.7 of hoofdstuk 3 van de Wet natuurbescherming is vereist, zijn de artikelen 2.27 en 2.28 van de Wet algemene bepalingen omgevingsrecht van overeenkomstige toepassing, in die zin dat de verklaring van geen bedenkingen door gedeputeerde staten wordt verleend.

3. Het projectuitvoeringsbesluit strekt ter gehele of gedeeltelijke vervanging van de besluiten die vereist zouden zijn geweest krachtens de in het tweede lid bedoelde wettelijke voorschriften.

4. Uit het projectuitvoeringsbesluit en de daarbij behorende toelichting blijkt welke gevolgen aan de uitvoering zijn verbonden en op welke wijze rekening is gehouden met de daarbij betrokken belangen, waaronder in elk geval de belangen ter bescherming waarvan de wettelijke voorschriften strekken die ingevolge het tweede lid niet van toepassing zijn en, voor zover van toepassing, hoofdstuk V, paragraaf 1, van de Monumentenwet 1988 zoals van toepassing op grond van artikel 9.1, eerste lid, van de Erfgoedwet.

5. Bij een projectuitvoeringsbesluit worden de bij of krachtens wet of verordening vastgestelde toetsingskaders toegepast en normen in acht genomen. Voor zover de wet of verordening afwijking van die toetsingskaders of normen toestaat, kan het projectuitvoeringsbesluit daarin voorzien.

6. Aan het projectuitvoeringsbesluit kunnen ter bescherming van de in het vierde lid bedoelde belangen voorschriften worden verbonden.

7. Indien een projectuitvoeringsbesluit er toe strekt een vergunning als bedoeld in artikel 11 van de Monumentenwet 1988 zoals van toepassing op grond van artikel 9.1, eerste lid, van de Erfgoedwet of artikel 2.1, eerste lid, onderdeel f, van de Wet algemene bepalingen omgevingsrecht te vervangen:

a. leggen burgemeester en wethouders, indien het een archeologisch monument betreft als bedoeld in de Erfgoedwet en in de gevallen waarin Onze Minister van Onderwijs, Cultuur en Wetenschap op grond van de Wet algemene bepalingen omgevingsrecht adviseert, het voornemen tot een projectuitvoeringsbesluit voor advies voor aan Onze Minister van Onderwijs, Cultuur en Wetenschap die binnen vier weken na ontvangst van de gegevens, bedoeld in artikel 3:7 van de Algemene wet bestuursrecht, advies uitbrengt, en

b. zenden burgemeester en wethouders aan Onze Minister van Onderwijs, Cultuur en Wetenschap en, voorzover het monument gelegen is buiten de bebouwde kom, aan gedeputeerde staten:

1°. het ontwerpbesluit, en

2°. onmiddellijk na de vaststelling een afschrift van het projectuitvoeringsbesluit.

8. Indien een projectuitvoeringsbesluit betrekking heeft op een beschermd stads- of dorpsgezicht als bedoeld in artikel 1, onderdeel g, van de Monumentenwet 1988 zoals die wet luidde voor inwerkingtreding van de Erfgoedwet zenden burgemeester en wethouders onmiddellijk na de vaststelling hiervan een afschrift aan Onze Minister van Onderwijs, Cultuur en Wetenschap.

9. Het tweede lid en het vijfde lid, tweede volzin, zijn niet van toepassing op de wettelijke voorschriften die zijn gesteld bij of krachtens de Wet luchtvaart, de Luchtvaartwet en de wet van 18 december 2008, houdende wijziging van de Wet luchtvaart inzake vernieuwing van de regelgeving voor burgerluchthavens en militaire luchthavens en de decentralisatie van bevoegdheden voor burgerluchthavens naar het provinciaal bestuur (Regelgeving burgerluchthavens en militaire luchthavens) (Stb. 561) omtrent ruimtelijke beperkingen in de omgeving van luchthavens in verband met geluidbelasting, externe veiligheid en vliegveiligheid. Voor de toepassing van de Wet luchtvaart wordt het projectuitvoeringsbesluit gelijkgesteld aan een omgevingsvergunning waarbij met toepassing van artikel 2.12, eerste lid, onder a, en onder 3°, van de Wet algemene bepalingen omgevingsrecht van het bestemmingsplan wordt afgeweken.

Art. 2.10a

Indien sprake is van provinciale belangen, kunnen provinciale staten ten behoeve van de verwezenlijking van een project als bedoeld in artikel 2.9, eerste lid, of van een onderdeel daarvan, een projectuitvoeringsbesluit vaststellen. Indien toepassing is gegeven aan de eerste volzin, is deze afdeling van overeenkomstige toepassing, met dien verstande dat burgemeester en wethouders uitvoering geven aan het bepaalde in artikel 2.17.

Art. 2.11
Op de voorbereiding van de beslissing tot vaststelling van het projectuitvoeringsbesluit, is afdeling 3.4 van de Algemene wet bestuursrecht van toepassing. Zienswijzen kunnen naar voren worden gebracht door een ieder.

Versnelde uitvoering bouwprojecten, voorbereiding projectuitvoeringsbesluit

Art. 2.12
Voor zover het projectuitvoeringsbesluit niet in overeenstemming is met het bestemmingsplan of een beheersverordening, geldt het projectuitvoeringsbesluit als een omgevingsvergunning waarbij met toepassing van artikel 2.12, eerste lid, onder a, onder 3°, van de Wet algemene bepalingen omgevingsrecht van het bestemmingsplan, het inpassingsplan of de beheersverordening wordt afgeweken. Deze vergunning kan pas worden verleend als de gemeenteraad heeft verklaard daartegen geen bedenkingen te hebben. De artikelen 2.27 en 2.28 van de Wet algemene bepalingen omgevingsrecht zijn van overeenkomstige toepassing.

Versnelde uitvoering bouwprojecten, status projectuitvoeringsbesluit

Art. 2.13
[Vervallen]

Art. 2.14
Een besluit als bedoeld in artikel 2.10, eerste lid, treedt in werking daags na afloop van de beroepstermijn. Indien gedurende die termijn beroep wordt ingesteld, wordt de inwerkingtreding opgeschort totdat de Afdeling bestuursrechtspraak van de Raad van State op het beroep heeft beslist.

Versnelde uitvoering bouwprojecten, inwerkingtreding projectuitvoeringsbesluit

Art. 2.15
Van de Wet ruimtelijke ordening zijn van overeenkomstige toepassing:
a. artikel 3.8, zesde lid;
b. afdeling 6.1;
c. afdeling 6.4, met dien verstande dat voor aanvang van de bouw van bouwplannen als bedoeld in artikel 6.12, eerste lid, van die wet een melding aan burgemeester en wethouders wordt gedaan en dat burgemeester en wethouders een beschikking met de inhoud van artikel 6.17 van die wet geven bij de start van de bouw, gericht aan een eigenaar van gronden waarop gebouwd wordt.

Schakelbepaling

Art. 2.16
Het is verboden in strijd te handelen met een projectuitvoeringsbesluit of een daaraan verbonden voorschrift.

Dwingend recht

Art. 2.17
Met het toezicht op de naleving van het bepaalde bij of krachtens deze afdeling zijn belast de bij besluit van burgemeester en wethouders aangewezen ambtenaren.

Versnelde uitvoering bouwprojecten, toezicht op naleving

Afdeling 7
Versnelde uitvoering van lokale en (boven)regionale projecten met nationale betekenis

Art. 2.18
Deze afdeling is van toepassing op bij regeling van Onze Minister van Binnenlandse Zaken en Koninkrijksrelaties, in overeenstemming met Onze Minister of Onze Ministers wie het mede aangaat, aangewezen lokale en (boven)regionale projecten met nationale betekenis.

Werkingssfeer

Art. 2.19
1. Ten aanzien van een krachtens artikel 2.18 aangewezen lokaal project met nationale betekenis stelt de gemeenteraad een structuurvisie als bedoeld in artikel 2.1, eerste lid, derde lid, van de Wet ruimtelijke ordening vast.

Versnelde uitvoering projecten met nationale betekenis, vaststelling gemeentelijke structuurvisie

2. De structuurvisie, bedoeld in het eerste lid, bevat onverminderd het elders omtrent de inhoud van een structuurvisie bepaalde, tevens:
a. een concretisering van de hoofdlijnen van de voorgenomen ontwikkeling van het betrokken gebied;
b. een beschrijving van de voorgestelde wijze van verwezenlijking van de voorgenomen ontwikkeling, bestaande uit in ieder geval de volgende onderdelen:
1°. een voorlopig overzicht van de voor de uitvoering van het project benodigde besluiten, alsmede het daarbij voorgenomen tijdpad;
2°. een financiële onderbouwing en een voorlopige opzet van de grondexploitatie;
3°. een analyse van de risico's ten aanzien van verplichtingen tot het toekennen van een tegemoetkoming in schade als bedoeld in afdeling 6.1 van de Wet ruimtelijke ordening;
4°. eventuele voornemens inzake verwerving van gronden;
5°. de vermelding dat ten aanzien van de voor de verwezenlijking van het project noodzakelijke besluiten ingevolge artikel 2.21 toepassing zal worden gegeven aan de gemeentelijke coördinatieregeling, bedoeld in paragraaf 3.6.1 van de Wet ruimtelijke ordening;

c. een samenvatting van de uitkomsten van het overeenkomstig artikel 2.20, eerste lid, gevoerde bestuurlijk overleg.
3. Indien reeds een structuurvisie is vastgesteld, is het eerste lid niet van toepassing en wordt die structuurvisie voor zover nodig aangevuld met de in het tweede lid genoemde onderdelen. Artikel 2.20 is van overeenkomstige toepassing.

Art. 2.19a

Versnelde uitvoering projecten met nationale betekenis, vaststelling provinciale structuurvisie

1. Ten aanzien van een krachtens artikel 2.18 aangewezen (boven)regionaal project met nationale betekenis stellen provinciale staten een structuurvisie als bedoeld in artikel 2.2, eerste of derde lid, van de Wet ruimtelijke ordening vast.

2. Op projecten als bedoeld in het eerste lid is deze afdeling van overeenkomstige toepassing, met dien verstande dat:
a. in de artikelen 2.19, tweede lid, onder b, onder 5°, en 2.21 in plaats van «de gemeentelijke coördinatieregeling, bedoeld in paragraaf 3.6.1 van de Wet ruimtelijke ordening» wordt gelezen: de provinciale coördinatieregeling, bedoeld in paragraaf 3.6.2 van de Wet ruimtelijke ordening;
b. in artikel 2.20, eerste lid, in plaats van «die diensten van provincie en Rijk» wordt gelezen: die diensten van Rijk;
c. in artikel 2.20, derde lid, in plaats van «de eerstverantwoordelijke gemeente» wordt gelezen: de eerstverantwoordelijke provincie;
d. in artikel 2.21 in plaats van «In afwijking van artikel 3.30, eerste lid, van de Wet ruimtelijke ordening» wordt gelezen: In afwijking van artikel 3.33, eerste lid, van de Wet ruimtelijke ordening;
e. in artikel 2.22 in plaats van «een gemeentelijke verordening» wordt gelezen: een provinciale of gemeentelijke verordening;
f. in artikel 2.23, eerste lid, in plaats van «artikel 3.10» wordt gelezen «artikel 3.27», in plaats van «kan de gemeenteraad» wordt gelezen «kunnen provinciale staten» en in plaats van «gemeentebestuur» wordt gelezen: provinciebestuur.

Art. 2.20

Versnelde uitvoering projecten met nationale betekenis, voorbereiding structuurvisie

1. Bij de voorbereiding van een structuurvisie als bedoeld in artikel 2.19, eerste lid, plegen burgemeester en wethouders overleg met de besturen van de betrokken gemeenten en waterschappen en met die diensten van provincie en Rijk die betrokken zijn bij de zorg voor de ruimtelijke ordening of belast zijn met de behartiging van belangen die in de structuurvisie in het geding zijn.
2. In afwijking van hoofdstuk 2 van de Wet ruimtelijke ordening, worden, voor zover het overleg, bedoeld in het eerste lid, leidt tot vaststelling van een structuurvisie waarmee de bestuursorganen van de betrokken gemeenten, waterschappen, provincie en Rijk instemmen, aan die structuurvisie verklaringen gehecht houdende instemming van die bestuursorganen met de in de structuurvisie voorgestelde wijze van verwezenlijking van de voorgenomen ontwikkeling.
3. Ter uitvoering van de in de structuurvisie voorgestelde wijze van verwezenlijking van de voorgenomen ontwikkeling wordt ten behoeve van een goede begeleiding en tijdige afronding van het project een projectcommissie ingesteld. In de commissie zijn de betrokken bestuursorganen, bedoeld in het tweede lid, vertegenwoordigd. De commissie staat onder voorzitterschap van een bestuurder van de eerstverantwoordelijke gemeente.

Art. 2.21

Versnelde uitvoering projecten met nationale betekenis, toepassing gemeentelijke coördinatieregeling

In afwijking van artikel 3.30, eerste lid, van de Wet ruimtelijke ordening wordt ten aanzien van op aanvraag of ambtshalve te nemen besluiten die noodzakelijk zijn voor de verwezenlijking van een krachtens artikel 2.18 aangewezen project, toepassing gegeven aan de gemeentelijke coördinatieregeling, bedoeld in paragraaf 3.6.1 van de Wet ruimtelijke ordening.

Art. 2.22

Versnelde uitvoering projecten met nationale betekenis, buiten toepassing laten gemeentelijke bepalingen

Voor zover de verwezenlijking van een krachtens artikel 2.18 aangewezen project onevenredig wordt belemmerd door bepalingen die, al dan niet krachtens de wet, bij of krachtens een gemeentelijke verordening zijn vastgesteld, kunnen die bepalingen bij het nemen en uitvoeren van de besluiten, bedoeld in artikel 2.21, om dringende redenen buiten toepassing worden gelaten.

Art. 2.23

Versnelde uitvoering projecten met nationale betekenis, stellen financiële zekerheid

1. Indien voor de verwezenlijking van een krachtens artikel 2.18 aangewezen project een omgevingsvergunning waarbij met toepassing van artikel 2.12, eerste lid, onder a, onder 3°, van de Wet algemene bepalingen omgevingsrecht van het bestemmingsplan, het inpassingsplan of de beheersverordening wordt afgeweken, wordt verleend, kan de gemeenteraad met het oog op de invordering van rechten terzake van door of vanwege het gemeentebestuur verstrekte diensten die verband houden met die omgevingsvergunning aan die omgevingsvergunning voorschriften verbinden, die de verplichting inhouden dat financiële zekerheid wordt gesteld voor het nakomen van de verplichting tot betaling van die vergunning verschuldigde rechten.
2. Indien toepassing wordt gegeven aan het eerste lid, wordt in ieder geval het bedrag aangegeven waarvoor de zekerheid in stand moet worden gehouden.

3. Bij de vergunning kunnen voorschriften worden gesteld voor gevallen waarin aan de verplichting uitvoering wordt gegeven door het sluiten en in stand houden van een verzekering. Daarbij wordt rekening gehouden met hetgeen redelijkerwijs door verzekering kan worden gedekt.

Hoofdstuk 3
Wijziging van diverse wetten

Art. 3.1
[Wijzigt de Algemene wet bestuursrecht.]
Art. 3.2
[Wijzigt de Elektriciteitswet 1998.]
Art. 3.3
[Wijzigt de Gaswet.]
Art. 3.4
[Wijzigt de Interimwet stad-en-milieubenadering.]
Art. 3.5
[Wijzigt de Invoeringswet Wet algemene bepalingen omgevingsrecht.]
Art. 3.6
[Wijzigt de Invoeringswet Wet ruimtelijke ordening.]
Art. 3.7
[Wijzigt de Mijnbouwwet.]
Art. 3.8
[Wijzigt de Natuurbeschermingswet 1998.]
Art. 3.9
[Wijzigt de Onteigeningswet.]
Art. 3.9a
[Wijzigt de Reconstructiewet concentratiegebieden.]
Art. 3.10
[Wijzigt de Spoedwet wegverbreding.]
Art. 3.11
[Wijzigt de Telecommunicatiewet.]
Art. 3.12
[Wijzigt de Tracéwet.]
Art. 3.13
[Wijzigt de Tijdelijke wet huurkoop onroerende zaken.]
Art. 3.14
[Wijzigt de Waterwet.]
Art. 3.15
[Wijzigt de Wet algemene bepalingen omgevingsrecht.]
Art. 3.16
[Wijzigt de Wet beheer rijkswaterstaatswerken.]
Art. 3.16a
[Wijzigt de Wet bereikbaarheid en mobiliteit.]
Art. 3.17
[Wijzigt de Wet bodembescherming.]
Art. 3.18
[Wijzigt de Wet geluidhinder.]
Art. 3.19
[Wijzigt de Wet luchtvaart.]
Art. 3.20
[Wijzigt de Wijzigingswet Wet luchtvaart (Regelgeving burgerluchthavens en militaire luchthavens).]
Art. 3.21
[Wijzigt de Wet milieubeheer.]
Art. 3.22
[Wijzigt de Wet op de economische delicten.]
Art. 3.23
[Wijzigt de Wet op de waterkering.]
Art. 3.24
[Wijzigt de Wet ruimtelijke ordening.]
Art. 3.24a
[Wijzigt de Wet ruimtelijke ordening.]
Art. 3.25
[Wijzigt de Wet stedelijke vernieuwing.]

Art. 3.26
[Wijzigt de Wet voorkeursrecht gemeenten.]

Hoofdstuk 4
Wijziging van lagere regelgeving

Art. 4.1
[Wijzigt het Besluit vergunningen Natuurbeschermingswet 1998.]
Art. 4.2
[Wijzigt het Besluit algemene regels voor inrichtingen milieubeheer.]
Art. 4.3
[Wijzigt het Besluit bouwvergunningsvrije en licht-bouwvergunningplichtige bouwwerken.]

Hoofdstuk 5
Overgangs- en slotbepalingen

Afdeling 1
Algemeen

Art. 5.1

Nadere regels

1. Bij of krachtens algemene maatregel van bestuur op de voordracht van Onze Minister van Binnenlandse Zaken en Koninkrijksrelaties, in overeenstemming met Onze Minister of Onze Ministers wie het mede aangaat, kunnen regels worden gegeven gericht op:
    a. een versnelling van de ontwikkeling en verwezenlijking van ruimtelijke en infrastructurele projecten, en
    b. een goede uitvoering van deze wet.
2. Het bij of krachtens de algemene maatregel van bestuur, bedoeld in het eerste lid, bepaalde is slechts van toepassing op:
    a. de projecten en categorieën van projecten, genoemd in de bijlagen I en II bij deze wet;
    b. de projecten waar deze wet bij een algemene maatregel van bestuur krachtens artikel 1.2 op van toepassing is verklaard;
    c. bestemmingsplannen als bedoeld in artikel 2.3, eerste lid, alsmede de voor de uitvoering van de projecten waarop die bestemmingsplannen betrekking hebben vereiste besluiten en de voor de uitvoering van maatregelen of werken als bedoeld in artikel 2.3, tweede lid, onderdelen b en c, vereiste besluiten, en
    d. projectuitvoeringsbesluiten als bedoeld in artikel 2.10, eerste lid.

Art. 5.2

Ruimtelijke en infrastructurele projecten, geen beroep tegen toevoeging aan bijlagen I/II/II

Tegen toevoeging als bedoeld in artikel 1.2 van categorieën van ruimtelijke en infrastructurele projecten aan bijlage I of van ruimtelijke en infrastructurele projecten aan bijlage II bij deze wet alsmede tegen de aanwijzing van een ontwikkelingsgebied als bedoeld in artikel 2.2, een verklaring als bedoeld in artikel 2.3, negende lid, of een aanwijzing van een project op grond van artikel 2.18 staat geen beroep open.

Art. 5.2a

Ruimtelijke en infrastructurele projecten, bekendmaking ontwerp-AMvB

De voordracht voor een krachtens de artikelen 1.2, 2.2, 2.4, 2.9, 2.18 of 5.1 vast te stellen algemene maatregel van bestuur wordt niet eerder gedaan dan vier weken nadat het ontwerp in de Staatscourant is bekendgemaakt en aan een ieder de gelegenheid is geboden om binnen vier weken na de dag waarop de bekendmaking is geschied, wensen en bedenkingen ter kennis van Onze Minister van Binnenlandse Zaken en Koninkrijksrelaties, en Onze Minister of Onze Ministers wie het mede aangaat, te brengen. Gelijktijdig met de bekendmaking wordt het ontwerp aan de beide kamers der Staten-Generaal overgelegd.

Afdeling 2
Overgangsrecht

Art. 5.3

Overgangsbepalingen

1. De artikelen 1.4 en 1.6 tot en met 1.9 zijn niet van toepassing indien beroep wordt ingesteld tegen een besluit dat is bekendgemaakt voor het tijdstip van inwerkingtreding van deze wet, dan wel hoger beroep wordt ingesteld tegen een uitspraak die voor dat tijdstip is bekendgemaakt.
2. De artikelen 1.4 en 1.9 zijn voorts niet van toepassing, indien hoger beroep wordt ingesteld tegen een uitspraak omtrent een besluit dat is bekendgemaakt voor het tijdstip van inwerkingtreding van deze wet.

Art. 5.4

1. Het recht zoals dat gold voor het tijdstip van inwerkingtreding van deze wet blijft van toepassing op een onteigeningsbesluit, waarvan het ontwerp ter inzage is gelegd voor dat tijdstip.

2. Een koninklijk besluit tot goedkeuring van een onteigeningsbesluit als bedoeld in artikel 79 van de onteigeningswet, zoals dat luidde voor de inwerkingtreding van deze wet, wordt gelijkgesteld met een onteigeningsbesluit als bedoeld in artikel 78 van de onteigeningswet.

Art. 5.5
De Interimwet stad-en-milieubenadering, zoals die laatstelijk luidde voor de datum van inwerkingtreding van deze wet, blijft van toepassing op een voor die datum ingesteld beroep tegen een besluit omtrent goedkeuring van een besluit als bedoeld in de artikelen 2 en 3 van die wet.

Art. 5.5a
Artikel 9, vierde, vijfde en zesde lid, van de Spoedwet wegverbreding is niet van toepassing op een wegaanpassingsbesluit dat is vastgesteld voor de inwerkingtreding van deze wet.

Art. 5.5b
Artikel 15, tiende, elfde en twaalfde lid, van de Tracéwet is niet van toepassing op een tracébesluit dat is vastgesteld voor de inwerkingtreding van deze wet.

Afdeling 3
Slotbepalingen

Art. 5.6
[Wijzigt deze wet.]

Art. 5.7
[Wijzigt deze wet.]

Art. 5.8
Afdeling 3 van hoofdstuk 2 vervalt op het tijdstip van inwerkingtreding van de krachtens artikel 4.3, eerste lid, van de Wet ruimtelijke ordening gegeven bepalingen met betrekking tot radarstations als bedoeld in die afdeling. *Slotbepalingen*

Art. 5.9
[Vervallen]

Art. 5.9a
Onze Minister van Justitie en Veiligheid zendt, in overeenstemming met Onze Minister van Binnenlandse Zaken en Koninkrijksrelaties binnen twee jaar na de inwerkingtreding van deze wet, en vervolgens na twee jaar, aan de Staten-Generaal een evaluatie van de effecten van de in Hoofdstuk 1 van deze wet opgenomen instrumenten op versnelling en op verbetering van de projecten waarop deze van toepassing zijn. *Evaluatie van effecten*

Art. 5.10
1. Deze wet vervalt op een bij koninklijk besluit te bepalen tijdstip. *Inwerkingtreding*
2. Indien het eerste besluit ter uitvoering van een project waarop deze wet van toepassing was, is genomen voor het in het eerste lid bedoelde tijdstip blijft deze wet vanaf dat tijdstip van toepassing op latere besluiten of handelingen ter uitvoering van datzelfde project.
3. Deze wet blijft vanaf het in het eerste lid bedoelde tijdstip van toepassing op:
   a. ontwikkelingsgebieden ten aanzien waarvan voor het in het eerste lid bedoelde tijdstip een gebiedsontwikkelingsplan dan wel bestemmingsplan als bedoeld in artikel 2.3 is vastgesteld;
   b. experimenten als bedoeld in artikel 2.4 die voor het in het eerste lid bedoelde tijdstip zijn aangewezen overeenkomstig dat artikel;
   c. de uitvoering van projecten als bedoeld in artikel 2.9, eerste lid, indien ten aanzien van dat project voor het in het eerste lid bedoelde tijdstip een besluit als bedoeld in artikel 2.10, eerste lid, is genomen, en
   d. de uitvoering van krachtens artikel 2.18 aangewezen projecten, indien ten aanzien van die projecten voor het in het eerste lid bedoelde tijdstip aan de structuurvisie, bedoeld in artikel 2.19, eerste lid, de in artikel 2.20, tweede lid, bedoelde verklaringen zijn gehecht.

Art. 5.11
Deze wet wordt aangehaald als: Crisis- en herstelwet. *Citeertitel*

Bijlage I Categorieën ruimtelijke en infrastructurele projecten als bedoeld in artikel 1.1, eerste lid

1
duurzame energie

1.1. aanleg of uitbreiding van productie-installaties ten behoeve van de productie van biogas, biomassa, getijdenenergie, golfenergie, hernieuwbare elektriciteit, hernieuwbaar gas of hernieuwbare warmte met behulp van aardwarmte, omgevingswarmte, osmose, rioolwaterzuiveringsgas, stortgas, waterkracht en zonne-energie

1.2. aanleg of uitbreiding van productie-installaties voor de opwekking van duurzame elektriciteit met behulp van windenergie als bedoeld in artikel 9b, eerste lid, aanhef en onderdelen a en b, en artikel 9e van de Elektriciteitswet 1998

1.3. ontwikkeling en verwezenlijking van bodemenergiesystemen als bedoeld in artikel 8, tweede lid, onder h, van de Wet bodembescherming

1.4. aanleg, wijziging of uitbreiding van installaties voor warmtekrachtkoppeling als bedoeld in artikel 1, eerste lid, onder w, van de Elektriciteitswet 1998 in de glastuinbouw, en van energienetwerken bestemd voor levering van restenergie aan op het netwerk aangesloten glastuinbouwondernemingen, dan wel levering van restwarmte van die ondernemingen aan anderen

1.5. aanleg, wijziging of uitbreiding bij agrarische bedrijven van installaties voor co-vergisting van de biologische afbraakreacties van in hoofdzaak verpompbare vaste en vloeibare uitwerpselen van dieren en een of meer stoffen, genoemd in bijlage Aa, onder IV, van de Uitvoeringsregeling Meststoffenwet

1.6. ontwikkeling en verwezenlijking van overige ruimtelijke en infrastructurele projecten ten behoeve van het transport of het leveren van duurzame energie

2
gebiedsontwikkeling en werken van provinciaal of nationaal belang

2.1. ontwikkeling en verwezenlijking van werken en gebieden krachtens afdeling 3.5 van de Wet ruimtelijke ordening

2.2. projecten ten behoeve van de inpassing in het landschap, natuurontwikkeling of recreatiedoeleinden, waar deze samenhangen met projecten ten aanzien van de in deze bijlage bedoelde projecten ten aanzien van waterstaatswerken, spoorwegen, vaarwegen, wegen of luchthavens

2.3. projecten aangewezen krachtens artikel 2.18.

2.4. ontwikkeling en verwezenlijking van rijksbufferzones

3
gebiedsontwikkeling en werken van lokaal of regionaal belang

3.1. ontwikkeling en verwezenlijking van werken en gebieden krachtens afdeling 3.1 van de Wet ruimtelijke ordening of een omgevingsvergunning waarbij met toepassing van artikel 2.12, eerste lid, onder a, onder 3°, van de Wet algemene bepalingen omgevingsrecht van het bestemmingsplan, het inpassingsplan of de beheersverordening wordt afgeweken, ten behoeve van de bouw van meer dan 11 woningen in een aaneengesloten gebied of de herstructurering van woon- en werkgebieden

3.2. projecten als bedoeld in artikel 2.9, eerste lid, waarvoor een projectuitvoeringsbesluit als bedoeld in artikel 2.10 is vastgesteld

3.3. projecten ten behoeve van de inpassing in het landschap, natuurontwikkeling of recreatiedoeleinden, waar deze samenhangen met projecten ten aanzien van de in deze bijlage bedoelde projecten ten aanzien van waterstaatswerken, spoorwegen, vaarwegen, wegen of luchthavens

3.4. ontwikkeling en verwezenlijking van werken en gebieden krachtens afdeling 3.1 van de Wet ruimtelijke ordening of een omgevingsvergunning waarbij met toepassing van artikel 2.12, eerste lid, onder a, onder 3°, van de Wet algemene bepalingen omgevingsrecht van het bestemmingsplan, het inpassingsplan of de beheersverordening wordt afgeweken, ten behoeve van de aanleg of wijziging van wegen

4
greenports

4.1. project «Innovacomplex» en «Villa Flora» voor de Floriade 2012 in greenport Klavertje 4 te Venlo (uitvoering deel 4 Nota Ruimte)

5 hoofdwegen

5.1. aanleg of wijziging van hoofdwegen als bedoeld in artikel 8 van de Tracéwet
5.2. wegaanpassingsprojecten als bedoeld in artikel 2 van de Spoedwet wegverbreding
5.3. uitvoering van onderhoud, herstel of verbetering van waterstaatswerken als bedoeld in artikel 1 van de Wet beheer rijkswaterstaatswerken

6 luchthavens

6.1. ontwikkeling en verwezenlijking van luchthavens waarvoor krachtens de Wet luchtvaart een luchthavenbesluit is vereist dan wel krachtens de Luchtvaartwet een aanwijzingsbesluit is vereist

7 natuur, water en waterstaatswerken

7.1. projecten ter uitvoering van de Nadere uitwerking rivierengebied (NURG)
7.2. werken als bedoeld in artikel 10, eerste en tweede lid, van de Wet op de waterkering, of artikel 2.7, eerste lid, van de Waterwet (inclusief zandsuppleties)
7.3. aanleg of wijziging van waterstaatswerken als bedoeld in artikel 7 van de Wet op de waterkering of artikel 5.4, eerste lid, van de Waterwet
7.4. aanleg of wijziging van zuiveringstechnische werken als bedoeld in artikel 1.1 van de Waterwet.
7.5. projecten ter uitvoering van de PKB Ruimte voor de Rivier.
7.6. flexibel peilbeheer IJsselmeer

8 spoorwegen

8.1. aanleg of wijziging van landelijke spoorwegen als bedoeld in artikel 8 van de Tracéwet
8.2. aanleg of wijziging van tramwegen of metrowegen

9 vaarwegen

9.1. aanleg of wijziging van hoofdvaarwegen als bedoeld in artikel 8 van de Tracéwet.

10 Verduurzaming landbouw

10.1. Installaties voor de verwerking van dierlijke mest.

11 duurzame mobiliteit

11.1. aanleg en uitbreiding van overdekte en niet overdekte energielaadpunten voor het opladen van voertuigen voor goederen- en personentransport
11.2. aanleg en uitbreiding van tankstations met installaties voor het afleveren van waterstof aan voertuigen voor goederen- en personentransport
11.3. aanleg en uitbreiding van tankstations met installaties voor kleinschalige productie van waterstof bijvoorbeeld via elektrolyse of steamreforming en het afleveren van de waterstof aan voertuigen voor goederen- en personen transport
11.4. aanleg en uitbreiding van tankstations met installaties voor het afleveren van CNG, LNG, L-CNG en andere alternatieve brandstoffen aan voertuigen voor goederen- en personentransport
11.5. aanleg en uitbreiding van tankstations met installaties voor het afleveren van hogere blends biobrandstoffen en andere hernieuwbare brandstoffen aan voertuigen voor goederen- en personentransport.

12 transformatie van kantoren en industriële gebouwen

12.1. transformatie van langdurig leegstaande kantoren en industriële gebouwen naar andere gebruiksmogelijkheden.

13
herstel, preventie en leefbaarheidsmaatregelen ten behoeve van aardbevingengebied Groningen

13.1. maatregelen voor het vergroten van de veiligheid en het preventief versterken van bouwwerken

13.2. waardevermeerderende maatregelen en maatregelen voor het verduurzamen van bouwwerken

13.3. aanleg, uitbreiding of wijziging van kabels, leidingen en pijpleidingen

14
Natura 2000-gebieden

14.1. besluiten over fysieke maatregelen voor verbetering of herstel van Natura 2000-gebieden.

Bijlage II Ruimtelijke en infrastructurele projecten als bedoeld in artikel 1.1, eerste en tweede lid

A. NOTA RUIMTE

nr	Omschrijving project	Omschrijving ligging of locatie	Vindplaats in MIRT projectenboek 2009	Vindplaats in Nota Ruimte Uitvoeringsbudget 2007 – 2014	Aard van het project
1	Amsterdam Noordelijke IJ-oevers	Tegenover Amsterdam CS aan de noordkant van het IJ	P 149	P 16 en 17	Integrale gebiedsontwikkeling; focus op herstructurering bedrijventerrein
2	Den Bosch Spoorzone	Gelegen rondom station	P 221	P 64 en 65	Integrale gebiedsontwikkeling; binnenstedelijke herstructurering
3	Apeldoorn Kanaalzone	Centraal gelegen zone in de stad	P 284	P 62 en 63	Integrale gebiedsontwikkeling; binnenstedelijke herstructurering
4	Den Haag Internationale Stad (onderdeel Scheveningen Boulevard) Bij Boulevard van Scheveningen	P 145		P 26 en 27	Integrale gebiedsontwikkeling + kustversterking
5	Greenports (6 tuinbouwlocaties in Zuid-Holland en Deurne)	Prov Zuid-Holland: Boomwatering; 4B-water Waalblok; Overbuurtsepolder; Bollenstreek; Boskoop; Prov Noord-Brabant: Deurne	Boskoop: P 190 Duin- en Bollenstreek: P 191 Westland – Oostland: P 192	P 68 en 69 voor Boskoop, Duin- en Bollenstreek, Westland – Oostland	Integrale gebiedsontwikkeling, focus op glastuinbouw
6	Greenport Aalsmeer/PrimaViera	Bij Aalsmeer	P189	P 68 en 69	Integrale gebiedsontwikke-

Crisis- en herstelwet   **A63** bijlage II

A. NOTA RUIMTE

nr	Omschrijving project	Omschrijving ligging of locatie	Vindplaats in MIRT projectenboek 2009	Vindplaats in Nota Ruimte Uitvoeringsbudget 2007 – 2014	Aard van het project
7	Klavertje 4 Venlo	Bij Venlo	p. 257	P 46 en 47 (en 68, 69)	ling, focus op glastuinbouw Integrale gebiedsontwikkeling, focus op glastuinbouw en op verbinding A73–A67 (Greenportlane)
8	Nijmegen Waalfront	Centrum Nijmegen aan de zuidkant van de Waal	P 264	P 54 en 55	Integrale gebiedsontwikkeling; binnenstedelijke herstructurering
9	Eindhoven A2 zuidelijke aansluiting (zie ook Eindhoven brainport)	Rondom A2 bij Eindhoven	P 256	P 44 en 45 (als A2/Brainport Eindhoven)	Integrale gebiedsontwikkeling; aanleg infrastructuur en herstructurering werklandschappen
10	Nieuwe Hollandse Waterlinie	Rijnauwen – Vechten, Linieland, Lingekwartier – Diefdijk	P 188	P 40 en 41	Integrale gebiedsontwikkeling; restauratie forten, natuurontwikkeling, verbetering infrastructuur, bouw van woningen
11	Waterdunen	In de buurt van Breskens	P 220	P 52 en 53	Integrale gebiedsontwikkeling; focus op natuurontwikkeling en recreatie, kustversterking
12	Maastricht Belvedere	Grenzend aan het centrum van Maastricht	P 214	P 66 en 67	Integrale gebiedsontwikkeling; herstructurering bedrijventerrein tot woon- en werkgebied
13	Nieuw Reijerwaard/ Westelijke Dordtse Oever	Industriegebied tussen Ridderkerk en Dordrecht	P 187	P 32 en 33 (als Hoeksche Waard of alternatieve locatie)	Integrale gebiedsontwikkeling; herstructurering bedrijventerrein
14	Zuidplaspolder	Driehoek tussen Rotterdam Zoetermeer en Gouda	P 140	P 30 en 31	Integrale gebiedsontwikkeling voor de functies wonen, werken, glas, groen,

Sdu

A. NOTA RUIMTE

nr	Omschrijving project	Omschrijving ligging of locatie	Vindplaats in MIRT projectenboek 2009	Vindplaats in Nota Ruimte Uitvoeringsbudget 2007 – 2014	Aard van het project
15	Groningen Centrale Zone	Centrum van Groningen	P 290	P 58 en 9	water en recreatie Integrale gebiedsontwikkeling; binnenstedelijke herstructurering
16	Oude Rijnzone	Strook tussen Leiden en Bodegraven	P 138	P 36 en 37	Integrale gebiedsontwikkeling; focus op herstructurering bedrijventerrein
17	Westelijke Veenweiden	Groene Hart en Laag Holland	P 148 P 193, als Westelijke Veenweiden fase 1	P 38 en 39	Integrale gebiedsontwikkeling; herstructurering van kwetsbare delen van de veenweidegebieden
18	Hengelo Hart van Zuid	Rondom centraal station Twente	P 260	P 60 en 61	Integrale gebiedsontwikkeling; binnenstedelijke herstructurering
19	IJsseldelta	Bij Kampen	P 260	P 50 en 51	Integrale gebiedsontwikkeling; «blauwe bypass» met mogelijkheden voor natuurontwikkeling en recreatie
20	IJsselsprong	Bij Zutphen	P 261	P 50 en 51	Integrale gebiedsontwikkeling met focus op woningbouw, bereikbaarheid en groene buffer
21	Mooi en Vitaal Delfland	Gebied tussen den Haag, Rotterdam en Zoetermeer	P 147	P 28 en 29	Integrale gebiedsontwikkeling met focus op herstructurering glas en groen
22	Almere Weerwaterzone	Gelegen naast het centrum van Almere	P 139 (als Schaalsprong Almere)	P 18 en 19 (als Schaalsprong Almere)	Verdiepte aanleg A6 om barrièrewerking te voorkomen en integrale gebiedsontwikkeling te faciliteren

A. NOTA RUIMTE

nr	Omschrijving project	Omschrijving ligging of locatie	Vindplaats in MIRT projectenboek 2009	Vindplaats in Nota Ruimte Uitvoeringsbudget 2007 – 2014	Aard van het project
23	Rotterdam Stadshavens	Aan noord- en zuidzijde van de Maas	P 139	P 24 en 25	Integrale gebiedsontwikkeling met focus op herstructurering van verouderde bedrijventerreinen
24	Brainport Eindhoven	Aanliggend aan de A2 ten westen van Eindhoven	P 218	P 44 en 45 (als A2/Brainport Eindhoven)	Integrale gebiedsontwikkeling; aanleg infrastructuur en herstructurering werklandschappen
25	Den Haag Internationale Stad (onderdeel Worldforum)	Bij Statenkwartier	P 145	P 26 en 27	Vestigingsplaats voor internationale bedrijven + bereikbaarheid
26	Westflank Haarlemmermeer	Strook ten oosten van Heemstede, Hillegom en Lisse	P 147	P 20 en 21	Integrale gebiedsontwikkeling; woningbouwopgave, piekwaterberging, recreatieve groenontwikkeling, versterking Groene Hart
27	Breda Centraal (t.b.v. Nieuw Sleutelproject)	Centrum Breda	p. 240	n.v.t.	Ontwikkeling openbaar vervoerterminal
28	Windmolenpark Tweede Maasvlakte	Maasvlakte	p. 186	n.v.t.	Ontwikkeling windmolenpark
29	Atalanta Emmen	Stadscentrum Emmen met drie samenhangende deelprojecten Centrum-West, Verbinding via de Hondsrugweg, en locatie Hoofdstraat	P 316	–	Integrale gebiedsontwikkeling met focus op ontwikkeling van bovenregionale recreatieve voorziening (dierenpark) en binnenstedelijke herstructurering

Aa. Overige ruimtelijke projecten

Nr.	Aanduiding project	Omschrijving ligging of locatie	Aard van het project
1	Amstelveenlijn	Het tracé loopt van Station Amsterdam Zuid via Buitenveldertselaan/Beneluxbaan	Ombouw van bestaande tramlijn(nen) tot metro alsmede aanleg nieuw metrotracé en op-

Nr.	Aanduiding project	Omschrijving ligging of locatie	Aard van het project
		naar halte Amstelveen Westwijk en via de Legmeerpolder naar de (verlengde) N201 ten zuiden van Amstelveen	stelterrein tot onderdeel van het totale metronetwerk in de stadsregio Amsterdam
2	Amsterdam VU-gebied	VU- en VUmc-terrein te Amsterdam	(Her)ontwikkeling van het terrein van de Vrije Universiteit (VU) en VU Medisch Centrum (VUmc) naar grootschalige en duurzame functies
3	Amsterdam Zuidas	Projectgebied van circa 270 hectare (ha), doorsneden door de Ringweg A10 Zuid, trein- en metrosporen	Grootschalige en hoogwaardige duurzame ontwikkeling met kantoren, woningen en voorzieningen
4	Den Haag Binckhorst	Verbinding van de verlengde Regulusweg en de Mercuriusweg	In het betreffende gebied, dat nu in gebruik is als bedrijventerrein, moet het tunnelproject Rotterdamse Baan worden gerealiseerd en wordt er gewerkt aan de vastgoedontwikkeling van diverse deelplannen. Om tijdens de bouw van de tunnel en de vastgoedontwikkeling de verkeersontsluiting van dit gebied te waarborgen, dient vooruitlopend het project Verlengde Regulusweg te worden gerealiseerd. Deze Regulusweg maakt onderdeel uit van de hoofdverkeersstructuur
5	Spoorzone Delft	Het gebied van de Spoorzone begint op het terrein van DSM/Gist in het noorden en loopt tot voorbij de Abtswoudseweg in het zuiden. Het noordelijk deel is de smalle strook van Phoenixstraat en Spoorsingel. Het middengedeelte wordt begrensd door Westvest, Coenderstraat en Van Bleijswijckstraat. Het zuidelijk deel, tussen Engelsestraat en Industriestraat, omvat onder meer het oude emplacementsterrein en het voormalige Haringterrein	Integrale herontwikkeling in van een gebied van circa 40 hectare, tussen de binnenstad van Delft en de woonwijken ten westen en zuiden daarvan
6	Ruimte voor de Vecht	Overijssels Vechtdal	Integrale gebiedsontwikkeling Overijssels Vechtdal; toekomstvast garanderen van de waterveiligheid, realisatie van de natuuropgaven en versterking van de sociaal-economische infrastructuur in het Vechtdal
7	Vossenberg-West II Tilburg	Multimodaal ontsloten logistiek bedrijventerrein in het noordwesten van Tilburg van circa 100 ha bruto (80 ha netto)	Het bestemmingsplan voor het bedrijventerrein Vossenberg-West II is gericht op grootschalige en gemengde industriële bedrijven, met name in de milieucategorie 3,4 en 5, transport-

Nr.	Aanduiding project	Omschrijving ligging of locatie	Aard van het project
8	Bedrijvenpark H2O	Bedrijvenpark H2O ligt bij knooppunt Hattemerbroek en strekt zich uit langs de oostelijke rijbaan van de A28, aan beide zijden van de A50. Het bedrijvenpark wordt aan één zijde begrensd door de A28. Het deel dat zich aan de Hattemse zijde van de A50 bevindt (± 18 hectare), wordt daarnaast begrensd door het tracé van de Hanzelijn en de Oostersedijk. Het gedeelte dat zich aan de Oldebroekse zijde van de A50 bevindt (± 52 hectare), wordt daarnaast begrensd door de Voskuilerdijk en de kern Hattemerbroek.	bedrijven en logistieke dienstverleners Bedrijvenpark H2O is een gezamenlijk ontwikkelingsproject van de gemeenten Hattem, Heerde (H2) en Oldebroek (O), die deel uitmaken van de Regio Noord-Veluwe in Gelderland, op de grens met Overijssel. Met het bedrijvenpark komen deze gemeenten tegemoet aan de vraag naar bedrijfskavels van lokaal tot internationaal georiënteerde bedrijven
9	Landschapspark Lingezegen	Park Lingezegen is een nieuw landschapspark in aanleg tussen Arnhem-Zuid, Elst, Bemmel en Nijmegen-Noord met ruimte voor recreatie, water, landbouw en natuur	Park Lingezegen bestaat uit vijf deelgebieden met elk een eigen karakter die in onderlinge samenhang zullen worden gerealiseerd: De Park, het Waterrijk, het Landbouwland, De Woerdt, De Buitens
10	Bedrijvenpark Deventer A1	Bedrijvenpark Deventer A1 is gelegen ten zuiden van de Rijksweg A1, tussen de afritten Deventer/Zutphen en Deventer Oost	Bedrijvenpark Deventer A1 is een duurzaam bedrijvenpark met veel aandacht voor landschappelijke inpassing en een volledig duurzame energievoorziening
11	Glastuinbouwcluster Withagen en Afvalverwerking VAR (Voorst)	Glastuinbouwcluster Withagen en naastgelegen afvalverwerkend bedrijf VAR, gelegen in Middengebied van de gemeente Voorst	Afvalverwerkend bedrijf VAR ontwikkelt nieuwe technieken en producten en draagt daarmee bij aan de verduurzaming van onze maatschappij. Zo produceert VAR warmte en elektriciteit uit biomassa. Glastuinbouwondernemers, zoals het plantenveredelingsbedrijf Schoneveld Breeding als eerste vestiger, en VAR krijgen de ruimte voor duurzame ontwikkeling op en nabij de nieuwe regionale glastuin-bouwclusterlocatie Withagen. De glastuinbouwondernemers nemen een deel van de restwarmte van de VAR over voor benutting in de glastuinbouw. Toepassing van de Crisis- en herstelwet ondersteunt de ontwikkeling van beide bedrijfstakken.
12	Nieuwe Driemanspolder (Zoetermeer)	Agrarisch gebied tussen Zoetermeer, Leidschendam-Voorburg en Den Haag	Transformatie van een grotendeels agrarisch gebied naar natuur-, recreatie- en waterber-

A63 bijlage II

Crisis- en herstelwet

Nr.	Aanduiding project	Omschrijving ligging of locatie	Aard van het project
			gingsgebied; het gebied maakt deel uit van de Groen-Blauwe slinger tussen het Groene Hart en Midden-Delfland
13	Gebiedsontwikkeling Luchthaven Twente	Driehoek tussen Hengelo, Oldenzaal en Enschede	Integrale gebiedsontwikkeling; transformatie van de voormalige vliegbasis Twente en herontwikkeling voormalige militaire kampen en bijbehorende gronden (ontwikkeling burgerluchthaven, natuurontwikkeling, leisure, bedrijvigheid, evenementen en woningbouw)
14	Hofbogen Rotterdam	Voormalig spoorwegviaduct Hofplein in de stedelijke omgeving van Rotterdam Noord	De langgerekte structuur van het Hofpleinviaduct doorkruist meerdere woonwijken in Rotterdam Noord en is daarmee van essentiële invloed op de kwaliteit van de leefomgeving. Dit Rijksmonument wordt daarom getransformeerd tot een (semi)publiek verblijfsgebied met creatieve shopping mall, gecombineerd met meerdere leisure functies
15	Stationsomgeving Driebergen-Zeist en landgoed de Reehorst	Het stationsgebied van Driebergen-Zeist en het aanliggende gebied Reehorst	Het stationsgebied Driebergen-Zeist staat voor een ingrijpende aanpassing om de grote aantallen reizigers en verdubbeling van de sporen op een goede manier in te passen. Het gebied zal worden getransformeerd naar een duurzaam stationsgebied in een natuurlijke omgeving, onderdeel van de landgoederenzone Stichtse Lustwarande
16	Rotterdamsebaan (Den Haag/Leidschendam-Voorburg)	De Rotterdamsebaan vormt een nieuwe wegverbinding die begint op de kruising van Mercuriusweg met de Binckhorstlaan en via een tunnel onder Voorburg-West uiteindelijk aansluit op het verkeersplein Ypenburg	De Rotterdamsebaan vormt een tweede aansluiting vanaf de A4/A13 waardoor de bereikbaarheid van Den Haag, Leidschendam-Voorburg en Rijswijk verbetert en een robuust verkeerssysteem ontstaat
17	Flevokust Lelystad	Terrein van 115 ha aan de noordzijde van Lelystad, gelegen aan de kust van het IJsselmeer	Flevokust wordt ontwikkeld tot een multimodaal bedrijventerrein met een haven, een overslag- en transportcentrum. De ontwikkeling vindt plaats in samenwerking met onder meer het Havenbedrijf Amsterdam en de provincie Flevoland.
18	Amsterdam Connecting Trade (ACT)/ A4 Zone West	Bedrijventerrein van 142 ha aan de zuidkant van Schiphol, gelegen in de gemeente Haarlemmermeer	ACT/A4 Zone West is een vestigingsplaats voor logistiek en handel met multimodale ontsluiting. Het terrein moet zich gaan onderscheiden door innovatieve en duurzame concepten voor de logistieke sector en de handelssector, die worden ontwikkeld in samenwerking tussen

1152   Sdu

Crisis- en herstelwet

A63 bijlage II

Nr.	Aanduiding project	Omschrijving ligging of locatie	Aard van het project
19	Schiphol Logistics Park (SLP)	Bedrijventerrein van 53 ha aan de zuidkant van Schiphol, gelegen in de gemeente Haarlemmermeer.	marktpartijen, overheden en kenniscentra. SLP ligt nabij Schiphol Centrum- en Zuidoost en is daarom bij uitstek geschikt voor logistieke bedrijven met veel luchtvracht. De ontwikkeling van SLP is van belang voor de positionering van Schiphol als logistiek overslagpunt (*hub*). SLP moet (internationale) logistieke bedrijven naar de Metropoolregio Amsterdam trekken.
20	Zeehaven- en industriegebied Oosterhorn	Industriegebied van 1.290 ha, gelegen in de gemeente Eemsdelta	Oosterhorn is een groot industriegebied voor zware industrie en havengebonden activiteiten en één van de grootste ontwikkelingsclusters voor chemie in Nederland.
21	Zeehaven- en industriegebied Eemshaven	Haven- en industriegebied, gelegen binnen de gemeente Het Hogeland	De Eemshaven is een multimodaal toegankelijk industriecomplex waar zich vooral bedrijven uit de sectoren chemie, energie, logistiek en recycling bevinden. Het gebied vervult een belangrijke rol in de nationale energievoorziening.
22	Eiland van Schalkwijk	Landelijk gebied tussen Lek, Lekkanaal en Amsterdam-Rijnkanaal, gelegen in de gemeente Houten	De structuurvisie voor het Eiland voorziet in behoud en versterking van het landelijk karakter en de economische structuur. Landbouw en recreatie krijgen de ruimte om zich duurzaam te ontwikkelen.
23	Dairy Campus	Internationaal onderzoeks-innovatie- en kennis-centrum, gelegen in de gemeente Leeuwarden	Doel van de campus is een bijdrage te leveren aan een verdere ontwikkeling van een toekomstbestendige melk-veehouderij en zuivelsector.
24	Valkenburg	Voormalig (militair) vliegveld, gelegen in de gemeente Katwijk	De herontwikkeling van het voormalige vliegveld omvat de bouw van maximaal 5.000 woningen, alsmede de realisatie van 20 ha hoogwaardig bedrijventerrein en grootschalige natuurontwikkeling.
25	Kickersbloem III	Uitbreiding bedrijven-terrein, gelegen in de gemeente Hellevoetsluis	Op Kickersbloem zijn vooral bedrijven gevestigd in de sectoren bouw, dienstverlening (groot)handel en logistiek. De derde fase van het bedrijventerrein levert circa 47 ha (bruto) extra bedrijfsvloer-oppervlakte op.
26	Amsterdam Zuidas-Dok	Multimodaal vervoers-project in de gemeente Amsterdam	Combinatie van stedelijke ontwikkeling en verbetering van bereikbaarheid, zowel via de weg als het openbaar vervoer. Onderdelen van het project zijn herinrichting van de A10-Zuid en de knooppunten Nieuwe

A63 bijlage II   Crisis- en herstelwet

Nr.	Aanduiding project	Omschrijving ligging of locatie	Aard van het project
			Meer en Amstel en herinrichting van de openbaar vervoerterminal.
27	Markerwadden	Natuurontwikkelingsproject in de gemeente Lelystad	Aanleg van geulenstelsel, zandwinputten en natuur-eilanden ten behoeve van de verbetering van de ecologische kwaliteit van het Markermeer.
28	Stadionpark Rotterdam	Herontwikkeling stedelijk gebied in de gemeente Rotterdam	Herontwikkeling van het gebied rondom het voetbalstadion De Kuip en enkele bestaande sportcomplexen
29	Dijckerwaal	Bouw van een tijdelijk logiesgebouw/labourhotel in de gemeente Westland	De bouw van het logiesgebouw zal voorzien in de tijdelijke huisvesting van 350 arbeidsmigranten in 's-Gravenzande.
30	Weerwater	Gebiedsontwikkeling in het centrum van Almere	Gebied van 413 ha dat geleidelijk wordt ontwikkeld naar een (boven)regionaal centrumgebied, waar bijzondere thematische concepten op het gebied van economie, leisure, recreatie, sport en zorg (of een mix daarvan) een plaats kunnen krijgen. De Floriade (2022) is daarvan een eerste invulling.
31	Icedôme Almere	Ontwikkeling en realisatie van een multifunctioneel complex voor schaats- en andere ijssporten	Nieuw multifunctioneel complex voor schaats- en andere ijssporten en aanverwante sporten in Almere Poort, direct aan de autoweg A6
32	KNSF-terrein	Herontwikkeling van terrein voormalige kruitfabriek met woningen en kantoren	Het terrein van de voormalige kruitfabriek in Muiden wordt gesaneerd en vervolgens geschikt gemaakt voor de bouw van woningen en kantoren.
33	Buitenhaven Muiden	Uitbreiding van bestaande (recreatie-)jachthaven	Ter versterking van de sociaal-economische infrastructuur in Muiden wordt de bestaande jachthaven uitgebreid.
34	Brediusterrein	Woningbouw, hotel en sportdoeleinden op terrein van 9 ha	Vanwege de voorgenomen ontwikkeling van het KNSF-terrein worden de daar gevestigde sportverenigingen verplaatst. Daarnaast worden op het terrein maximaal 50 woningen en een hotel gebouwd.
35	Wind op land 5 tot 100 MW Eemshaven	Het gebied bestaat uit het havengebied zelf en een zuidelijk en westelijk daarvan gelegen gebied zoals opgenomen in het Provinciaal Omgevingsplan en de uitbreidingsgebieden	Realisatie van windparken van 5 tot 100 MW.
36	Wind op land 5 tot 100 MW Delfzijl	Het gebied bestaat uit het havengebied en een zuidelijk daarvan gelegen gebied zoals opgenomen in het Provinciaal Omgevingsplan en de uitbreidingsgebieden	Realisatie van windparken van 5 tot 100 MW.

Nr.	Aanduiding project	Omschrijving ligging of locatie	Aard van het project
37	Wind op land 5 tot 100 MW, N33 nabij Veendam	Dit gebied ligt aan de N33 en loopt van de A7 in het Noorden langs Veendam zoals opgenomen in het Provinciaal Omgevingsplan en de uitbreidingsgebieden	Realisatie van windparken van 5 tot 100 MW.
38	Flevoport Urk	130.000 m^2 buitendijks terrein met 1.200 m kader ten zuiden van Urk	Buitendijkse maritieme servicehaven voor op- en afbouw en onderhoud van schepen
39	Harnaschpolder	50 ha netto uitgeefbaar bedrijventerrein in Den Hoorn aan de A4	Integrale gebiedsontwikkeling naar bedrijventerrein voor de vestiging van een mix van standaard- en hoogwaardige bedrijven. Voorzien zijn zowel werk- als woon/werkkavels (bedrijfspand met woonhuis).
40	Transformatorstation en kabeltracés A4-zone	Haarlemmermeer en Amsterdam	Uitbreiden van het regionale en landelijke energienetwerk bestaande uit een 150/20 kV transformatorstation en vier 150 kV kabeltracés.
41	Sprong over het IJ	Amsterdam	In verband met de grote woningbouwopgave moeten de verbindingen over het IJ, met name voor voetgangers en fietsers, sterk worden verbeterd.

B BODEMBESCHERMING EN BODEMENERGIE

nr.	Aanduiding project	Omschrijving ligging of locatie	Aard van het project
1	Havengebied Rotterdam	De haven van Rotterdam	Pilotproject voor gebiedsgerichte aanpak van grootschalige grondwaterverontreiniging
2	Utrecht biowasmachine	Utrechts Stationsgebied e.o.	Pilotproject, met combinatie van winning van bodemenergie en aanpak bodemverontreiniging

C WATERSTAATSWERKEN

nr.	Omschrijving waterstaatswerk	Aard van het project
1	Kustlijn en kustfundament Noordzee	Zandsuppleties en werken ter voorkoming of tegengaan van een landwaartse verplaatsing van de kustlijn
2	Dijkversterking Eemshaven Delfzijl en meekoppelkansen	Het versterken en aardbevingsbestendig maken van de primaire waterkering tussen de Eemshaven en Delfzijl, dijkvak 49 tot en met 57, dijkring 6, in combinatie met gebiedsgerichte initiatieven op het

C WATERSTAATSWERKEN

nr.	Omschrijving waterstaatswerk	Aard van het project
		terrein van natuur, toerisme en recreatie en duurzame energie

D LUCHTHAVENS

nr.	Omschrijving luchthaven	Omschrijving project
1	Luchthaven Twente	Ontwikkeling burgerluchthaven
2	Luchthaven Lelystad	Vaststellen gebruiksmogelijkheden
3	Luchthaven Eindhoven	Vaststellen gebruiksmogelijkheden

E WEGENPROJECTEN

nr.	Wegnummer	Omschrijving traject	Aard van het project
1	A1/A27	Utrecht – Knooppunt Eemnes – Amersfoort (Draaischijf Nederland)	Wijziging
2	A1/A6/A9	Schiphol – Amsterdam – Almere	Wijziging
3	A12	Ede – Grijsoord	Verbreding
4	A2	Passage Maastricht	Aanleg / wijziging
5	A4	Delft – Schiedam	Aanleg
6	A74	Venlo – Duitse grens	Aanleg
7	N61	Hoek – Schoondijke	Aanleg / wijziging
8	N23	Westfrisiaweg	Aanleg / wijziging
9	A6/A7	Knooppunt Joure	wijziging
10	N31	Harlingen (Flessenhals Harlingen)	wijziging
11	N35	Tussen Zwolle en Wythem en tussen Nijverdal en Wierden	Aanleg / wijziging
12		Buitenring Parkstad (incl. aansluiting Nuth en aansluiting Avantis)	Ontwikkeling en aanleg
13	A15	Tunnel bij Rotterdam (tweede westelijke oeververbinding)	Aanleg / wijziging (aanleg tunnel)
14	A7	Zuidelijke Ringweg Groningen	Aanleg / wijziging
15	N18	Varsseveld – Enschedé	Aanleg/wijziging
16	N50	Ens – Emmeloord	Wijziging
17	Knooppunt Hoevelaken	Vergroting capaciteit knooppunt Hoevelaken, verbreding A1 tussen Bunschoten en Barneveld en A28 tussen Maarn en Nijkerk.	Hoofddoel van het project is verbetering van de bereikbaarheid van Midden-Nederland en van de Randstad (A1 en A28 zijn achterlandverbindingen voor de regio's Amsterdam en Rotterdam)
18	Rijksweg A2 in Midden-Limburg tussen Stein/Geleen en Maasbracht	Verbreding van het traject 't Vonderen-Kerensheide	Verbreding vindt plaats door de spitsstroken op te waarderen tot volwaardige stroken, inclusief vluchtstroken.
19	A27 tussen Houten en Hooipolder	Vergroting van de wegcapaciteit ter verbetering van de doorstroming.	Hoofddoel van het project is de vergroting van de wegcapaciteit ter verbetering van de doorstroming.

E WEGENPROJECTEN

nr.	Wegnummer	Omschrijving traject	Aard van het project
			Nevendoelen zijn onder meer de verbetering van de luchtkwaliteit, van de geluidsituatie en van de barrièrewerking van de A27.

F BRUGGEN

nr.	Omschrijving brug		Aard van het project
1	Boogbrug Beek	A2 knooppunt Kerensheide – afslag Maastricht Airport	Renovatie
2	Brienenoordbrug (westelijke boog)	A16 Ridderkerk – Terbregseplein	Renovatie
3	Brug bij Ewijk	A50 knooppunt Valburg – knooppunt Ewijk	Renovatie
4	Calandbrug	N15 bij Rozenburg	Renovatie
5	Galecopperbrug	A12 Oude Rijn – Lunetten	Renovatie
6	Gideonsbrug	A7 Groningen – Hoogezand	Renovatie
7	Ketelbrug	A6 Emmeloord – Lelystad	Renovatie
8	Kreekrakbrug	A58 knooppunt Markiezaat – afslag Rilland	Renovatie
9	Kruiswaterbrug	A7 Sneek – afslag Bolsward	Renovatie
10	Muiderbrug	A1 knooppunt Muiderberg – knooppunt Diemen	Renovatie
11	Scharbergbrug	A76 Stein – Belgische grens	Renovatie
12	Scharsterrijnbrug	A6 Lemmer – Joure	Renovatie
13	Suurhoffbrug	N15 Emmeloord – Oostvoorne	Renovatie
14	Wantijbrug	N3 Papendrecht – Dordrecht	Renovatie

G SPOORWEGEN

nr.	Omschrijving spoorweg of emplacement	Omschrijving traject of locatie	Aard van het project
1	Emplacement Amersfoort westzijde	Vrije kruising spoorlijnen Amersfoort – Utrecht en Amersfoort – Amsterdam	ongelijkvloerse kruising (tunnelbak)
2	Vrije kruising bij Transformatorweg, Amsterdam	Vrije kruising spoorlijnen Amsterdam Centraal – Zaanlijn – Schiphollijn – Westelijk havengebied Amsterdam	ongelijkvloerse kruising (spoorviaduct)
3	Zuidtak OV SAAL Riekerpolder – Duivendrecht	Knooppunt Riekerpolder – knooppunt Duivendrecht (Zuidtak), incl. aansluitingen	wijziging naar 4 en 6 sporen (incl. ongelijkvloerse dubbele vorkaansluitingen)
4	Traject Leeuwarden – Groningen		wijziging van 1 naar 2 sporen
5	Flevolijn OV SAAL	Weesp – Lelystad	geluidmaatregelen en spoorverdubbeling bij Almere

A63 bijlage II

Crisis- en herstelwet

Ga Lightrailverbindingen

Nr.	Aanduiding project	Omschrijving ligging of locatie	Aard van het project
1	RijnGouwelijn	Het oostelijk deel van de Rijn-Gouwelijn loopt van Gouda Centraal Station via Waddinxveen, Boskoop, Alphen aan den Rijn, Rijnwoude, Zoeterwoude en Leiden tot aan het transferium bij de A44 (gemeente Oegstgeest). Het westelijk deel loopt vanaf het transferium tot in Katwijk Badstraat en naar het Palaceplein in Noordwijk	De RijnGouwelijn is een lightrailverbinding van Gouda via Alphen aan den Rijn en Leiden naar de kust in Katwijk en Noordwijk. Het is een laagdrempelige en hoogwaardige vorm van openbaar vervoer in de regio. Het heeft tot doel de bereikbaarheid en leefbaarheid in de regio op een duurzame wijze te verbeteren en tegelijk ruimtelijke ontwikkelingen te structureren

H VAARWEGEN, SLUIZEN, HAVENS

nr.	Omschrijving vaarweg	Omschrijving traject of locatie	Aard van het project
1	Lekkanaal	Lekkanaal bij de Prinses Beatrixsluizen	Verbreding / verdieping / aanleg derde sluiskolk
2	IJmond	Voorhaven IJmuiden	Lichteren bulkcarriers / aanleg nieuwe insteekhaven
3	Waal-Rijn	Weurt-Lobith	Aanleg twee overnachtingshavens

Bijlage III

[Vervallen]

Belemmeringenwet Privaatrecht[1]

Wet van 13 mei 1927, tot opheffing van privaatrechtelijke belemmeringen

Wij WILHELMINA, bij de gratie Gods, Koningin der Nederlanden, Prinses van Oranje-Nassau, enz., enz., enz.
Allen, die deze zullen zien of hooren lezen, salut! doen te weten:
Alzoo wij in overweging genomen hebben, dat er noodzakelijkheid bestaat, de mogelijkheid te openen, op meer eenvoudige wijze dan thans kan geschieden, de belemmeringen op te heffen, welke door hen, die ten aanzien van onroerende goederen eenig recht kunnen doen gelden, aan de totstandkoming en de instandhouding van werken, in het openbaar belang bevolen of ondernomen, in den weg worden gelegd;
Zoo is het, dat Wij, den Raad van State gehoord en met gemeen overleg der Staten-Generaal, hebben goedgevonden en verstaan, gelijk Wij goedvinden en verstaan bij deze:

Art. 1
Wanneer ten behoeve van openbare werken:

Gedoogplicht gebruik onroerende zaak, aanleg openbare werken

die door het Rijk, door eene provincie of ingevolge het reglement voor de instelling door een waterschap, veenschap of veenpolder worden of zijn ondernomen,
die door Ons, Onze Minister die het aangaat of door provinciale staten onderscheidenlijk gedeputeerde staten krachtens de wet zijn bevolen, die door een waterschap, veenschap of veenpolder anders dan ingevolge het reglement voor de instelling of door eene gemeente worden of zijn ondernomen of zijn bevolen terwijl het openbaar belang door Ons of van Onzentwege is erkend, die ingevolge eene door het openbaar gezag verleende concessie worden of zijn tot stand gebracht, terwijl het openbaar belang door Ons of van Onzentwege is erkend, of van welke het algemeen nut uitdrukkelijk bij de wet is erkend,
een werk noodig is, waarvoor duurzaam of tijdelijk gebruik moet worden gemaakt van onroerende zaken, kan ieder, die eenig recht heeft ten aanzien van die zaken, behoudens recht op schadevergoeding, worden verplicht te gedoogen, dat zoodanig werk wordt aangelegd en in stand gehouden, indien naar het oordeel van Onzen Minister van Waterstaat de belangen van de rechthebbenden redelijkerwijs onteigening niet vorderen en in het gebruik van de zaken niet meer belemmering wordt gebracht, dan redelijkerwijs voor den aanleg en de instandhouding van het werk noodig is.

Art. 2
1. Is met de rechthebbenden ten aanzien van enige onroerende zaak geen overeenstemming verkregen, dan worden ten verzoeke van dengene, wien het werk aangaat, door den burgemeester der gemeente, waarbinnen die zaak is gelegen, gedurende veertien dagen ten gemeentehuize ter inzage gelegd:

Gedoogplicht gebruik onroerende zaak, documenten

1°. eene beschrijving van het gedeelte van het werk, waarvoor het gebruik van die zaak verlangd wordt;
2°. eene duidelijke grondteekening van dat gedeelte van het werk.
2. Van die nederlegging wordt door den burgemeester hetzij in zijn in de gemeente verspreid wordend nieuwsblad, of, bij het ontbreken daarvan, door aanplakking in het openbaar, vooraf mededeeling gedaan. Gelijktijdig daarmede wordt door den burgemeester schriftelijk kennis gegeven aan de rechthebbenden, die in de basisregistratie kadaster als zodanig staan vermeld, zoomede aan de overige rechthebbenden, voor zoovcel deze of hun vertegenwoordigers aan den burgemeester bekend zijn en woonplaats binnen het Rijk hebben.
3. De in het vorige lid bedoelde mededeelingen en kennisgevingen vermelden tevens plaats, dag en uur van de in het volgende lid bedoelde zitting.
4. Na het einde van den in het eerste lid genoemden termijn wordt eene zitting gehouden, waar bezwaren kunnen worden ingediend en overleg kan worden gepleegd met den verzoeker. Deze zitting heeft plaats ter secretarie van de gemeente, binnen welke de onroerende zaak is gelegen, ten ware door Gedeputeerde Staten eene andere plaats of gemeente is aangewezen. De zitting wordt geleid door een lid van Gedeputeerde Staten, door dat College aangewezen, en bijgewoond door een lid van het dagelijksch bestuur der gemeente, binnen welke de onroerende zaak is gelegen, door dat bestuur aangewezen. Van het ter zitting voorgevallene wordt ten overstaan van het lid van Gedeputeerde Staten een proces-verbaal opgemaakt, dat binnen zes

Gedoogplicht gebruik onroerende zaak, bezwaar

---

[1] Inwerkingtredingsdatum: 14-06-1927; zoals laatstelijk gewijzigd bij: Stb. 2010, 715.

A64 art. 3   Belemmeringenwet Privaatrecht

weken na die zitting aan den verzoeker en de gehoorde personen ter mede-onderteekening wordt aangeboden.

Gedoogplicht gebruik onroerende zaak, opleggen verplichting

5. Is geen overeenstemming verkregen, dan kan eene verplichting, als bij artikel 1 bedoeld, bij met redenen omkleede beslissing van Onzen Minister van Waterstaat, zoo noodig onder voorwaarden te stellen aan den verzoeker, worden opgelegd.
6. Op het verzoek tot het opleggen van een verplichting als bedoeld in artikel 1 wordt beslist binnen zes maanden na ontvangst daarvan.
7. Onze Minister van Verkeer en Waterstaat beslist niet dan nadat gedeputeerde staten van de provincie, waarin de zaak is gelegen, zijn gehoord. Gedeputeerde staten maken hun standpunt kenbaar binnen zes weken na een daartoe strekkend verzoek van Onze Minister.

Art. 3

Gedoogplicht gebruik onroerende zaak, verandering openbare werken

1. Ten verzoeke van dengene, wien het werk aangaat, kunnen rechthebbenden ten aanzien van onroerende zaken, waarvan krachtens overeenstemming of krachtens beslissing, als in het voorgaande artikel bedoeld, wordt gebruik gemaakt, behoudens recht op schadevergoeding, worden verplicht te gedoogen, dat in het werk verandering wordt gebracht en dat het aldus veranderde werk in stand wordt gehouden, of ook, dat het werk naar een andere plaats van de onroerende zaak wordt overgebracht en op die plaats in stand wordt gehouden, indien naar het oordeel van Onzen Minister van Waterstaat hunne belangen redelijkerwijs onteigening niet vorderen en in het gebruik van de onroerende zaken niet meer belemmering wordt gebracht, dan redelijkerwijs voor de verandering of de overbrenging en voor de instandhouding van het werk noodig is.
2. Is met de rechthebbenden omtrent de verandering of de verplaatsing geen overeenstemming verkregen, dan kan, nadat zij in de gelegenheid zijn gesteld, hunne bezwaren te doen kennen, eene verplichting, als bedoeld bij het eerste lid van dit artikel, bij met redenen omkleede beslissing van Onzen Minister van Waterstaat, zoo noodig onder voorwaarden te stellen aan den verzoeker, worden opgelegd.
3. Op het verzoek tot het opleggen van een verplichting als bedoeld in het eerste en tweede lid, zijn artikel 2, zesde en zevende lid, van overeenkomstige toepassing.

Art. 4

Gedoogplicht gebruik onroerende zaak, terinzagelegging beslissing/verzoek tot vernietiging

1. Afschrift van eene beslissing, als bedoeld in het vijfde lid van artikel 2 of het tweede lid van artikel 3, wordt toegezonden aan den burgemeester der gemeente, binnen welke de onroerende zaak, waarop de beslissing betrekking heeft, is gelegen. Dit afschrift wordt door den burgemeester onverwijld ten gemeentehuize ter inzage gelegd en daarvan wordt mededeeling en kennisgeving gedaan op de wijze, als bepaald in het tweede lid van artikel 2. Binnen een maand, nadat het afschrift ter inzage is gelegd, kan ieder die eenig recht heeft ten aanzien van de onroerende zaak, aan het Gerechtshof, binnen het gebied waarvan die zaak gelegen is, vernietiging van de beslissing verzoeken op grond, dat daarbij ten onrechte is geoordeeld hetzij dat de belangen van de rechthebbenden ten aanzien van die zaak redelijkerwijze onteigening niet vorderen hetzij dat in het gebruik van die zaak niet meer belemmering wordt gebracht dan redelijkerwijze voor den aanleg, de instandhouding, de verandering of de overbrenging van het werk noodig is.
2. Het met redenen omkleede verzoekschrift wordt ingediend door een advocaat. Het wordt, binnen eene week na ontvangst, door den griffier van het Hof gezonden aan Onzen Minister van Waterstaat, die aan het Hof een vertoogschrift kan overleggen, onder terugzending van het verzoekschrift en bijvoeging van een afschrift van het vertoogschrift. Het afschrift wordt door den griffier onverwijld aan den advocaat gezonden.
3. Indien hetzij in het verzoekschrift, hetzij in het vertoogschrift, hetzij binnen een week na verzending van het afschrift van het laatste, is verzocht de zaak mondeling te mogen toelichten of te doen toelichten, of wel het Hof mondelinge toelichting noodig acht, worden degene, namens wien het verzoekschrift is ingediend en Onze Minister van Waterstaat of de door dezen laatste in het vertoogschrift aangewezen persoon tot dat einde door den griffier opgeroepen.
4. Het Hof kan, alvorens op het verzoek te beschikken, zich door een of meer deskundigen doen voorlichten; het kan mede eene plaatsopneming doen geschieden door een of meer zijner leden, vergezeld van den griffier. De vergoeding voor reis- en verblijfkosten der deskundigen en hunne vacatiën worden door den Voorzitter vastgesteld op den voet van het tarief van justitiekosten en salarissen in burgerlijke zaken. Deze kosten, alsmede die welke de gerechtelijke plaatsopneming medebrengt, worden door den griffier bij voorschot voldaan. De griffier verhaalt de kosten, bij vernietiging van de beslissing van Onzen Minister van Waterstaat, op dengene, wien het werk aangaat, en, bij bevestiging van de beslissing, op dengene, namens wien het verzoekschrift tot vernietiging is ingediend. De invordering geschiedt, zo nodig, op de wijze als bij de Wet griffierechten burgerlijke zaken ten aanzien van de invordering van griffierechten is bepaald.

Belemmeringenwet Privaatrecht   **A64 art. 10**

5. De beschikking van het Hof wordt met redenen omkleed en in het openbaar uitgesproken. Daartegen staat geenerlei voorziening open.

Gedoogplicht gebruik onroerende zaak, beschikking op verzoek tot vernietiging

6. Zoolang de in het eerste lid van dit artikel bedoelde termijn niet is verstreken of op het verzoekschrift nog niet is beslist, mag, behalve in de gevallen, dat naar het oordeel van Onzen Minister van Waterstaat met de uitvoering niet kan worden gewacht, aan de beslissing van dien Minister geenerlei gevolg worden gegeven.
7. Indien in de in het vorig lid bedoelde gevallen aan de beslissing van Onzen Minister van Waterstaat gevolg is gegeven voordat de in het eerste lid bedoelde termijn is verstreken of op het verzoekschrift is beslist, dan zal in het geval de beslissing van genoemden Minister door het Hof wordt vernietigd, voor zooveel van de betrokken onroerende zaak gebruik is gemaakt, alles zooveel mogelijk in den vorigen staat worden teruggebracht, onverminderd het recht op schadevergoeding van de rechthebbenden ten aanzien van die zaak.

Art. 5
1. Onze Minister van Waterstaat kan op verzoek van rechthebbenden ten aanzien van onroerende zaken, waarvan krachtens overeenstemming of krachtens beslissing, als in de voorgaande artikelen bedoeld, is of wordt gebruik gemaakt, de verplaatsing van het werk onder aan de verzoeker te stellen voorwaarden bevelen.

Gedoogplicht gebruik onroerende zaak, verplaatsing openbare werken

2. Bepaald kan onder meer worden, dat tot verplaatsing niet zal behoeven te worden overgegaan, dan nadat de daaruit voortvloeiende schade door dengene, op wiens verzoek de verplaatsing zoude geschieden, geheel of gedeeltelijk zal zijn vergoed of voor die vergoeding zekerheid zal zijn gesteld. Indien de verplaatsing der werken zoude geschieden ten behoeve van de oprichting van gebouwen of de uitvoering van andere werken, kan ook worden bepaald, dat zekerheid zal moeten worden gegeven voor vergoeding van de schade, uit de verplaatsing voortvloeiende, voor het geval de gebouwen niet, of niet binnen den bij het bevel gestelden termijn, worden opgericht, of de werken niet, of niet binnen dien termijn, worden uitgevoerd.
3. De in het eerste lid bedoelde rechthebbenden zijn in hun verzoek niet-ontvankelijk:
a. indien met hen omtrent het gebruik hunner onroerende zaken eene regeling werd getroffen en zij zich het recht om eenzijdig die regeling te doen eindigen of te wijzigen, niet uitdrukkelijk of stilzwijgend hebben voorbehouden;
b. indien het werk aanwezig is krachtens een beperkt recht waaraan de betrokken onroerende zaak onderworpen is of krachtens een beding als bedoeld in artikel 252 van Boek 6 van het Burgerlijk Wetboek, dat is ingeschreven in de openbare registers, bedoeld in afdeling 2 van titel 1 van Boek 3 van dat wetboek.
4. Op het verzoek om een bevel als bedoeld in het eerste lid wordt beslist binnen zes maanden na ontvangst daarvan.

Art. 6
De beslissingen bedoeld in het vijfde lid van artikel 2 en het tweede lid van artikel 3, zijn, met inachtneming van de ingevolge artikel 5, eerste lid, genomen beslissingen, mede van kracht voor de volgende rechthebbenden ten aanzien van de betrokken onroerende zaken.

Gedoogplicht gebruik onroerende zaak, beslissing minister

Art. 7
De kosten, voor de gemeente uit het bij het tweede lid van artikel 2 en het eerste lid van artikel 4 bepaalde voortvloeiende, worden aan deze door den verzoeker vergoed.

Gedoogplicht gebruik onroerende zaak, vergoeding kosten

Art. 8
[Vervallen]

Art. 9
1. De rechthebbenden ten aanzien van onroerende zaken, waarvan krachtens overeenstemming of krachtens beslissing, als in de voorgaande artikelen bedoeld, is gebruik gemaakt, zijn, behoudens recht op schadevergoeding, verplicht te gedoogen, dat het werk wordt opgeruimd, tenzij daaromtrent anders is overeengekomen of beslist.

Gedoogplicht gebruik onroerende zaak, opruimen openbare werken

2. Bij die opruiming zullen de onroerende zaken zooveel mogelijk in den vorigen staat worden teruggebracht, voorzoover niet met de rechthebbenden anders is overeengekomen.

Art. 10
1. Voor zoover met betrekking tot boomen en beplantingen ingevolge eene beslissing als bedoeld bij art. 2, vijfde lid, niet reeds eene verplichting tot gedoogen daarvan bestaat kunnen rechthebbenden ten aanzien van zoodanige boomen en beplantingen behoudens recht op schadevergoeding worden verplicht, deze te rooien of op te snoeien of de takken of wortels in te korten, indien en voorzoover die boomen en beplantingen hinderlijk zijn of worden voor den aanleg of het gebruik van het werk.

Gedoogplicht gebruik onroerende zaak, rooien of snoeien bomen/beplantingen

2. Is met de in het vorig lid bedoelde rechthebbenden omtrent deze werkzaamheden geen overeenstemming verkregen, dan kan, nadat zij in de gelegenheid zijn gesteld, hunne bezwaren te doen kennen, de verplichting bij beslissing van of vanwege Onzen Minister van Waterstaat, zoo noodig onder voorwaarden te stellen aan dengene, wien het werk aangaat, worden opgelegd.

A64 art. 11 — Belemmeringenwet Privaatrecht

3. Heeft de rechthebbende niet binnen den bij schriftelijke kennisgeving te stellen termijn aan de hem opgelegde verplichting voldaan, dan kunnen de werkzaamheden door dengene, wien het werk aangaat, worden verricht.

4. In spoedeischende gevallen kan, in afwijking van het bepaalde in de voorgaande drie leden van dit artikel, en behoudens het recht van de rechthebbenden op schadevergoeding, degene, wien het werk aangaat, onmiddellijk tot het verrichten van de noodzakelijke werkzaamheden overgaan. Aan de rechthebbenden wordt hiervan zoo spoedig mogelijk kennis gegeven.

Art. 11

Gedoogplicht onroerende zaak, schriftelijke aanzegging werkzaamheden

Wanneer tot het maken van het plan van eenig werk als in de voorgaande artikelen bedoeld, gravingen, opmetingen of het stellen van teekenen in of op iemands onroerende zaak noodig geacht worden, moeten de rechthebbenden ten aanzien van die zaak dit, behoudens recht op schadevergoeding, gedoogen, mits hun dit twee maal vier en twintig uren te voren door den burgemeester schriftelijk zij aangezegd.

Art. 12

Gedoogplicht gebruik onroerende zaak, toegang tot perceel

Ten behoeve van de in de voorgaande artikelen bedoelde werken en werkzaamheden hebben de daarmede belaste personen, behoudens de verplichting tot schadevergoeding, toegang tot de percelen, met inbegrip van een woning zonder toestemming van de bewoner, voor zover dat redelijkerwijs voor de vervulling van hun taak nodig is.

Art. 13

Gedoogplicht gebruik onroerende zaak, redelijkheid belemmeringen

De in de voorgaande artikelen bedoelde werken en werkzaamheden moeten in dier voege worden uitgevoerd, dat in het gebruik van de onroerende zaken niet meer belemmering wordt gebracht dan redelijkerwijs noodig is.

Art. 14

Gedoogplicht gebruik onroerende zaak, schadevergoeding

1. Alle rechtsvorderingen, tot vergoeding van schade, bedoeld in de artikelen 1, 3, 4, 5 en 9 tot en met 12, staan ter kennisneming van de rechtbank van het arrondissement, waarin de onroerende zaken, ten aanzien waarvan bij of krachtens deze wet aan rechthebbenden eene verplichting is opgelegd, geheel of gedeeltelijk zijn gelegen. De rechtsvorderingen worden behandeld en beslist door de kantonrechter van de rechtbank.
2. De bepalingen, voor burgerlijke twistgedingen geldende, zijn op de twistgedingen, in dit artikel bedoeld, van toepassing, voorzoover daarvan bij het vorige lid niet is afgeweken.
3. Ook vóórdat omtrent de schadevergoeding overeenstemming verkregen of uitspraak gedaan is, kan tot de uitvoering van de in de voorgaande artikelen bedoelde werken en werkzaamheden worden overgegaan.

Art. 15

Gedoogplicht gebruik onroerende zaak, strafmaat beletten aanleg/verandering/verplaatsing openbare werken

1. Met hechtenis van ten hoogste drie maanden of geldboete van de tweede categorie wordt gestraft hij, die den aanleg of de verandering of de verplaatsing van werken, strekkende ten behoeve van openbare werken als in artikel 1 bedoeld, belet of poogt te beletten, een en ander voor zooveel die aanleg, verandering of verplaatsing geschiedt krachtens overeenstemming of steunt op eene krachtens de artikelen 2, 3, 4 of 5 genomen beslissing, alsmede hij, die verhindert of poogt te verhinderen, dat van de bevoegdheden, bedoeld in de artikelen 10, derde en vierde lid, 11 en 12, wordt gebruik gemaakt.
2. Met dezelfde straf wordt gestraft hij, die de instandhouding van werken, strekkende ten behoeve van openbare werken als in artikel 1 bedoeld, wederrechtelijk belet of poogt te beletten, alsmede hij, die deze werken wederrechtelijk verwijdert of poogt te verwijderen.
3. De feiten, in dit artikel strafbaar gesteld, worden beschouwd als overtredingen.

Art. 16

Overgangsbepalingen

1. Alle bevoegdheid, die de Provinciale Staten, de gemeenteraden en de besturen van waterschappen, veenschappen en veenpolders vóór de totstandkoming van deze wet omtrent het in deze wet behandelde onderwerp konden ontleenen aan de uitoefening van hun wettelijk verordeningsrecht, blijft onverlet.
2. De inwerkingtreding dezer wet heeft niet tot gevolg, dat de bepalingen, door de Provinciale Staten, de gemeenteraden en de besturen van waterschappen, veenschappen en veenpolders omtrent het in deze wet behandelde onderwerp krachtens hun in het vorige lid bedoeld verordeningsrecht vastgesteld, van rechtswege ophouden te gelden.

Art. 17

Werkingssfeer

Bepalingen, in bijzondere wetten omtrent het in deze wet behandelde onderwerp voorkomende, blijven van kracht.

Art. 18

Uitschakelbepaling

1. De wet van 26 April 1918 (*Staatsblad* n°. 276) is vervallen.
2. Is de aanleg, de verplaatsing, de verandering of de instandhouding van electriciteitswerken geschied krachtens overeenstemming of krachtens beslissing, als in artikel 2, artikel 3 of artikel 5 van de in het eerste lid van dit artikel genoemde wet bedoeld, of met toepassing, als in artikel 10 dier wet bedoeld, eener provinciale verordening, dan wordt overeenstemming of beslissing geacht verkregen te zijn overeenkomstig artikel 2, artikel 3 of artikel 5 dezer wet.

Belemmeringenwet Privaatrecht **A64** art. 19

Art. 19
Deze wet kan worden aangehaald onder den naam "Belemmeringenwet Privaatrecht". **Citeertitel**

Wet milieubeheer

Inhoudsopgave

Hoofdstuk 1	Algemeen	Art. 1.1
§ 1.1	Algemeen	Art. 1.1
§ 1.2	De provinciale milieuverordening	Art. 1.2
Hoofdstuk 2	Zelfstandige bestuursorganen en adviesorganen	Art. 2.1
§ 2.1	De Nederlandse emissieautoriteit	Art. 2.1
§ 2.2	De Commissie voor de milieueffectrapportage	Art. 2.17
§ 2.3	De Commissie genetische modificatie	Art. 2.25
§ 2.4	De provinciale milieucommissie	Art. 2.41
Hoofdstuk 3	Internationale zaken	Art. 3.1
Hoofdstuk 4	Plannen	Art. 4.1
§ 4.1	Algemeen	Art. 4.1
§ 4.2	Het nationale milieubeleidsplan	Art. 4.3
§ 4.3	[Vervallen]	Art. 4.7-4.8
§ 4.4	Het provinciale milieubeleidsplan	Art. 4.9
§ 4.5	[Vervallen]	Art. 4.14-4.15
§ 4.5a	[Vervallen]	Art. 4.15a
§ 4.5b	[Vervallen]	Art. 4.15b
§ 4.6	Het gemeentelijke milieubeleidsplan	Art. 4.16
§ 4.7	[Vervallen]	Art. 4.20-4.21
§ 4.8	Het gemeentelijke rioleringsplan	Art. 4.22
Hoofdstuk 5	Milieukwaliteitseisen	Art. 5.1
Titel 5.1	Algemene bepalingen ten aanzien van milieukwaliteitseisen	Art. 5.1
Titel 5.2	Luchtkwaliteitseisen	Art. 5.6
§ 5.2.1	Algemene bepalingen	Art. 5.6
§ 5.2.2	Plannen	Art. 5.9
§ 5.2.3	Nationaal programma en overige programma's	Art. 5.12
§ 5.2.4	Uitoefening van bevoegdheden of toepassing van wettelijke voorschriften	Art. 5.16
§ 5.2.5	Beoordeling van de luchtkwaliteit	Art. 5.19
§ 5.2.6	Handhaving en internationale samenwerking	Art. 5.23
Hoofdstuk 6	Milieuzonering	Art. 6.1
Hoofdstuk 7	Milieueffectrapportage	Art. 7.1
§ 7.1	Algemeen	Art. 7.1
§ 7.2	Plannen en besluiten ten aanzien waarvan het maken van een milieueffectrapport verplicht is	Art. 7.2
§ 7.3	Het milieueffectrapport dat betrekking heeft op een plan	Art. 7.7
§ 7.4	De voorbereiding van een milieueffectrapport dat betrekking heeft op een plan	Art. 7.8
§ 7.5	Het plan	Art. 7.11
§ 7.6	Besluiten ten aanzien waarvan moet worden beoordeeld of een milieueffectrapport moet worden gemaakt	Art. 7.16
§ 7.7	Het milieueffectrapport dat betrekking heeft op een besluit	Art. 7.21
§ 7.8	De beperkte voorbereiding inzake het milieueffectrapport dat betrekking heeft op een besluit	Art. 7.24
§ 7.9	De uitgebreide voorbereiding inzake het milieueffectrapport dat betrekking heeft op een besluit	Art. 7.27
§ 7.10	Het besluit	Art. 7.28
§ 7.11	Activiteiten met mogelijke grensoverschrijdende milieugevolgen	Art. 7.38a
§ 7.12	Evaluatie	Art. 7.39
Hoofdstuk 8	Inrichtingen	Art. 8.1-8.39f
Paragraaf 8.1		Art. 8.1-8.39f
Paragraaf 8.2		Art. 8.47
Paragraaf 8.3		Art. 8.52
Hoofdstuk 9	Stoffen en produkten	Art. 9.1.1
Titel 9.1	Algemeen	Art. 9.1.1
Titel 9.2	Stoffen, mengsels en genetisch gemodificeerde organismen	Art. 9.2.1.1
§ 9.2.1	Algemeen	Art. 9.2.1.1

Wet milieubeheer   A65

§ 9.2.2	Maatregelen	Art. 9.2.2.1
Paragraaf 9.2.3	Verpakking en aanduiding	Art. 9.2.3.1
Titel 9.3	De EG-verordening registratie, evaluatie en autorisatie van chemische stoffen	Art. 9.3.1
Titel 9.3a	De EG-verordening indeling, etikettering en verpakking van stoffen en mengsels	Art. 9.3a.1
Titel 9.4	De EG-richtlijn ecologisch ontwerp energiegerelateerde producten	Art. 9.4.1
Titel 9.5	Overige bepalingen met betrekking tot stoffen, preparaten en producten	Art. 9.5.1
Titel 9.6	De EG-richtlijn ter bevordering van schone en energiezuinige wegvoertuigen	Art. 9.6.1
Titel 9.7	Hernieuwbare energie vervoer	Art. 9.7.1.1
§ 9.7.1	Algemeen	Art. 9.7.1.1
§ 9.7.2	Jaarverplichting hernieuwbare energie vervoer	Art. 9.7.2.1
§ 9.7.3	Hernieuwbare brandstofeenheden	Art. 9.7.3.1
§ 9.7.4	Inboeken hernieuwbare energie vervoer	Art. 9.7.4.1
§ 9.7.5	Register hernieuwbare energie vervoer	Art. 9.7.5.1
§ 9.7.6	Overgangsbepalingen hernieuwbare energie vervoer	Art. 9.7.6.1-9.7.6.2
Titel 9.8	Rapportage- en reductieverplichting vervoersemissies	Art. 9.8.1.1
§ 9.8.1	Algemeen	Art. 9.8.1.1
§ 9.8.2	Rapportage- en reductieverplichting	Art. 9.8.2.1
§ 9.8.3	Exploitatiereductie-eenheden en hernieuwbare brandstofeenheden	Art. 9.8.3.1
§ 9.8.4	Register rapportage- en reductieverplichting vervoersemissies	Art. 9.8.4.1
§ 9.8.5	Overgangsbepalingen	Art. 9.8.5.1
Hoofdstuk 10	Afvalstoffen	Art. 10.1
Titel 10.1	Algemeen	Art. 10.1
Titel 10.2	Het afvalbeheerplan	Art. 10.3
Titel 10.3	Hergebruik, preventie en recycling en andere nuttige toepassing	Art. 10.15-10.20
Titel 10.4	Het beheer van huishoudelijke en andere afvalstoffen	Art. 10.21
Titel 10.5	Het zich ontdoen, de inzameling en het transport van afvalwater	Art. 10.29a
Titel 10.6	Het beheer van bedrijfsafvalstoffen en gevaarlijke afvalstoffen	Art. 10.36
§ 10.6.1	De afgifte en ontvangst van bedrijfsafvalstoffen en gevaarlijke afvalstoffen	Art. 10.36
§ 10.6.2	Het vervoer van bedrijfsafvalstoffen en gevaarlijke afvalstoffen	Art. 10.44
§ 10.6.3	De inzameling van bedrijfsafvalstoffen en gevaarlijke afvalstoffen	Art. 10.45
§ 10.6.4	Verdere bepalingen omtrent het beheer van bedrijfsafvalstoffen en gevaarlijke afvalstoffen	Art. 10.50
Titel 10.7	Het overbrengen van afvalstoffen binnen, naar en uit de Europese Gemeenschap	Art. 10.56
Titel 10.8	Verdere bepalingen	Art. 10.61
Hoofdstuk 11	Geluid	Art. 11.1
Titel 11.1	Algemeen	Art. 11.1
Titel 11.2	Geluidsbelastingkaarten en actieplannen	Art. 11.4
§ 11.2.1	Algemeen	Art. 11.4
§ 11.2.2	Geluidsbelastingkaarten	Art. 11.6
§ 11.2.3	Actieplannen	Art. 11.11
§ 11.2.4	Inlichtingen aan een andere lidstaat van de Europese Unie	Art. 11.16
Titel 11.3	Wegen en spoorwegen met geluidproductieplafonds	Art. 11.17
Afdeling 11.3.1	Algemeen	Art. 11.17
Afdeling 11.3.2	Naleving en registratie van geluidproductieplafonds	Art. 11.20
§ 11.3.2.1	Naleving van de geluidproductieplafonds	Art. 11.20
§ 11.3.2.2	Het geluidregister	Art. 11.25

Afdeling 11.3.3	Vaststelling of wijziging van geluidproductieplafonds	Art. 11.26
§ 11.3.3.1	Algemeen	Art. 11.26
§ 11.3.3.2	Procedures voor vaststelling of wijziging van geluidproductieplafonds	Art. 11.31
§ 11.3.3.3	De binnenwaarde	Art. 11.38
§ 11.3.3.4	Verdere bepalingen omtrent vaststelling en wijziging van geluidproductieplafonds	Art. 11.40
Afdeling 11.3.4	Geluidproductieplafonds voor op 1 juli 2012 bestaande of geprojecteerde wegen en spoorwegen	Art. 11.44
§ 11.3.4.1	Het tot stand komen van de geluidproductieplafonds	Art. 11.44
§ 11.3.4.2	Bijzondere bepalingen met betrekking tot het wijzigen van geluidproductieplafonds die tot stand zijn gekomen met toepassing van artikel 11.45	Art. 11.47
Afdeling 11.3.5	Overschrijding van de maximale waarde	Art. 11.49
Afdeling 11.3.6	Sanering	Art. 11.56
Afdeling 11.3.7	Overige bepalingen	Art. 11.66
Hoofdstuk 11a	Andere handelingen	Art. 11a.1
Titel 11a.1	Kwaliteit van werkzaamheden en integriteit van degenen die deze werkzaamheden uitvoeren	Art. 11a.1
Hoofdstuk 12	Verslag-, registratie- en meetverplichtingen	Art. 12.1-12.9
Titel 12.1	Registers beschermde gebieden	Art. 12.1-12.9
Titel 12.2	Registratie gegevens externe veiligheid inrichtingen, transportroutes en buisleidingen	Art. 12.11
Titel 12.3	De EG-verordening PRTR en het PRTR-protocol	Art. 12.18
§ 12.3.1	Algemeen	Art. 12.18
§ 12.3.2	Rapportage door inrichtingen	Art. 12.19
§ 12.3.3	PRTR	Art. 12.25
§ 12.3.4	Aanvullende rapportageverplichtingen	Art. 12.28a
§ 12.3.5	Slotbepalingen	Art. 12.29
Titel 12.4	[Vervallen]	Art. 12.31-12.33
Hoofdstuk 13	Procedures voor vergunningen en ontheffingen	Art. 13.1
Afdeling 13.1	Algemeen	Art. 13.1
Afdeling 13.2	Bijzondere bepalingen	Art. 13.2
Afdeling 13.3	Afvalvoorzieningen categorie A met mogelijke grensoverschrijdende milieugevolgen	Art. 13.12
Hoofdstuk 14	Coördinatie	Art. 14.1
§ 14.1	Coördinatie bij aanvragen om een beschikking	Art. 14.1
§ 14.2	Coördinatie bij het maken van een milieueffectrapport	Art. 14.4a
Hoofdstuk 15	Financiële bepalingen	Art. 15.1-15.2
Titel 15.1		Art. 15.1-15.2
Titel 15.2	Verbruiksbelastingen van brandstoffen	Art. 15.3-15.4
§ 15.2.1	Grondslag en maatstaf	Art. 15.3-15.4
§ 15.2.2	Belastingplichtigen	Art. 15.5-15.6
§ 15.2.3	Vrijstelling	Art. 15.7
§ 15.2.4	Teruggaafregeling	Art. 15.8
§ 15.2.5	Tarief	Art. 15.9
§ 15.2.6	Heffing en invordering	Art. 15.10-15.11
Titel 15.3	[Vervallen]	Art. 15.12-15.19
Titel 15.4	Vergoeding van kosten en schade	Art. 15.20
Titel 15.5	Fonds Luchtverontreiniging	Art. 15.24-15.28
Titel 15.6	Regulerende verbruiksbelastingen	Art. 15.29-15.30
Titel 15.7	Keuringen	Art. 15.31
Titel 15.8	Statiegeld, retourpremies	Art. 15.32
Titel 15.9	Heffingen op gemeentelijk en provinciaal niveau	Art. 15.33
Titel 15.9A	Rechten	Art. 15.34a
Titel 15.10	Afvalbeheerbijdragen	Art. 15.35

Wet milieubeheer

Titel 15.11	Financiering van de zorg voor gesloten stortplaatsen	Art. 15.42
Titel 15.12	Financiële tegemoetkomingen	Art. 15.50
Titel 15.13	Kostenverevening reductie CO_2-emissies glastuinbouw	Art. 15.51
Hoofdstuk 16	Handel in emissierechten	Art. 16.1
Titel 16.1	Algemeen	Art. 16.1
Titel 16.2	Broeikasgassen en broeikasgasemissierechten	Art. 16.2
Afdeling 16.2.1	Broeikasgasinstallaties	Art. 16.2
Paragraaf 16.2.1.1	Algemeen	Art. 16.2
Paragraaf 16.2.1.2	Vergunning	Art. 16.5
Paragraaf 16.2.1.3	Het toewijzen en verlenen van broeikasgasemissierechten	Art. 16.23
Subparagraaf 16.2.1.3.1	Het veilen en kosteloos toewijzen van broeikasgasemissierechten	Art. 16.23
Subparagraaf 16.2.1.3.2	Wijziging van toewijzingsbesluiten	Art. 16.34a
Subparagraaf 16.2.1.3.3	Het verlenen van broeikasgasemissierechten	Art. 16.35
Paragraaf 16.2.1.4	De geldigheid van broeikasgasemissierechten, het inleveren van broeikasgasemissierechten, het annuleren van broeikasgasemissierechten en het compenseren van emissies in een ander kalenderjaar	Art. 16.36
Afdeling 16.2.2	Luchtvaartactiviteiten	Art. 16.39a
Paragraaf 16.2.2.1	Algemeen	Art. 16.39a
Paragraaf 16.2.2.2	Monitoring en verslaglegging	Art. 16.39c
Paragraaf 16.2.2.3	Het toewijzen en verlenen van broeikasgasemissierechten	Art. 16.39j
Paragraaf 16.2.2.4	De geldigheid van broeikasgasemissierechten, het inleveren van broeikasgasemissierechten, het annuleren van broeikasgasemissierechten en het compenseren van emissies in een ander kalenderjaar	Art. 16.39t
Afdeling 16.2.3	De overgang van broeikasgasemissierechten en andere eenheden	Art. 16.40
Afdeling 16.2.4	Registratie van broeikasgasemissierechten en andere eenheden	Art. 16.43
Afdeling 16.2.5	Instemming met deelname aan projectactiviteiten	Art. 16.46a
Titel 16.3	[Vervallen]	Art. 16.47-16.48
Afdeling 16.3.1	[Vervallen]	Art. 16.47-16.48
Afdeling 16.3.2	[Vervallen]	Art. 16.49
Afdeling 16.3.3	[Vervallen]	Art. 16.50
Afdeling 16.3.4	[Vervallen]	Art. 16.51-16.55
Afdeling 16.3.5	[Vervallen]	Art. 16.56-16.57
Afdeling 16.3.6	[Vervallen]	Art. 16.58-16.61
Afdeling 16.3.7	[Vervallen]	Art. 16.62
Hoofdstuk 16b	Emissie van broeikasgas door de industrie	Art. 16b.1
Titel 16b.1	Algemeen	Art. 16b.1
Titel 16b.2	Industriële jaarvracht	Art. 16b.3
Afdeling 16b.2.1	Industrieel emissieverslag	Art. 16b.3
Afdeling 16b.2.2	Industrieel monitoringsplan	Art. 16b.7
Titel 16b.3	De dispensatierechten	Art. 16b.11
Afdeling 16b.3.1	Het register dispensatierechten industrie	Art. 16b.11
Afdeling 16b.3.2	Het ontstaan van dispensatierechten	Art. 16b.16
Afdeling 16b.3.3	Overdracht van dispensatierechten	Art. 16b.25
Hoofdstuk 17	Maatregelen in bijzondere omstandigheden	Art. 17.1
Titel 17.1	Maatregelen bij een ongewoon voorval	Art. 17.1
Titel 17.1A	Maatregelen betreffende afvalvoorzieningen	Art. 17.5a
Titel 17.1B	Maatregelen in geval van niet-naleving	Art. 17.5e
Titel 17.2	Maatregelen bij milieuschade of een onmiddellijke dreiging daarvan	Art. 17.6
Titel 17.3	Maatregelen bij gevaar door stoffen, mengsels of genetisch gemodificeerde organismen	Art. 17.19

Wet milieubeheer

Hoofdstuk 18	Handhaving	Art. 18.1
Hoofdstuk 19	Openbaarheid van milieu-informatie	Art. 19.1a
Hoofdstuk 20	Inwerkingtreding en rechtsbescherming	Art. 20.1
§ 20.1	Algemeen	Art. 20.1
§ 20.2	Advisering inzake beroepen milieubeheer	Art. 20.6-20.13
Hoofdstuk 21	Verdere bepalingen	Art. 21.1
Hoofdstuk 22	Slotbepalingen	Art. 22.1

Wet milieubeheer[1]

Wet van 13 juni 1979, houdende regelen met betrekking tot een aantal algemene onderwerpen op het gebied van de milieuhygiëne

Wij Juliana, bij de gratie Gods, Koningin der Nederlanden, Prinses van Oranje-Nassau, enz., enz., enz. Allen, die deze zullen zien of horen lezen, saluut! doen te weten:
Alzo Wij in overweging genomen hebben, dat het wenselijk is, naast de wettelijke regelingen, geldende voor de onderscheidene onderdelen van het gebied van de milieuhygiëne, regelen te stellen met betrekking tot een aantal algemene onderwerpen op dat gebied;
Zo is het, dat Wij, de Raad van State gehoord, en met gemeen overleg der Staten-Generaal, hebben goedgevonden en verstaan, gelijk Wij goedvinden en verstaan bij deze:

Hoofdstuk 1
Algemeen

§ 1.1
Algemeen

Art. 1.1
1. In deze wet en de daarop berustende bepalingen wordt verstaan onder: *Begripsbepalingen*
adviseurs: bestuursorganen die krachtens wettelijk voorschrift in de gelegenheid moeten worden gesteld advies uit te brengen met betrekking tot het geven van een beschikking of het nemen van een ander besluit;
afvalbeheerplan: afvalbeheerplan, bedoeld in artikel 10.3;
afvalstoffen: alle stoffen, mengsels of voorwerpen, waarvan de houder zich ontdoet, voornemens is zich te ontdoen of zich moet ontdoen;
afvalstoffenhandelaar: natuurlijke of rechtspersoon die als verantwoordelijke optreedt bij het bedrijfsmatig aankopen en vervolgens verkopen van afvalstoffen, met inbegrip van natuurlijke of rechtspersonen die de afvalstoffen niet fysiek in hun bezit hebben;
afvalstoffenhouder: afvalstoffenproducent dan wel de natuurlijke of rechtspersoon die de afvalstoffen in zijn bezit heeft;
afvalstoffenmakelaar: natuurlijke of rechtspersoon die ten behoeve van anderen bedrijfsmatig de verwijdering of de nuttige toepassing van afvalstoffen organiseert, met inbegrip van de natuurlijke of rechtspersonen die de afvalstoffen niet fysiek in hun bezit hebben;
afvalstoffenproducent: natuurlijke of rechtspersoon wiens activiteiten afvalstoffen voortbrengen of die voorbehandelingen, vermengingen of andere bewerkingen verricht die leiden tot een wijziging in de aard of de samenstelling van die afvalstoffen;
afvalstoffenverordening: de verordening, bedoeld in artikel 10.23;
afvalvoorziening: inrichting waar uitsluitend winningsafvalstoffen worden gestort of verzameld, dan wel het gedeelte van een inrichting waar winningsafvalstoffen worden gestort of verzameld;
afvalvoorziening categorie A: afvalvoorziening, welke door het bevoegd gezag is ingedeeld in categorie A, overeenkomstig de criteria gesteld in bijlage III bij de richtlijn beheer winningsafval;
afvalwater: alle water waarvan de houder zich ontdoet, voornemens is zich te ontdoen of zich moet ontdoen;
bedrijfsafvalstoffen: afvalstoffen, niet zijnde huishoudelijke afvalstoffen of gevaarlijke afvalstoffen;
bedrijfsafvalwater: afvalwater dat vrijkomt bij door de mens bedrijfsmatig of in een omvang alsof zij bedrijfsmatig was, ondernomen bedrijvigheid, dat geen huishoudelijk afvalwater, afvloeiend hemelwater of grondwater is;
beheer van afvalstoffen: inzameling, vervoer, nuttige toepassing, met inbegrip van sortering, en verwijdering van afvalstoffen, met inbegrip van het toezicht op die handelingen en de nazorg voor stortplaatsen na sluiting en met inbegrip van de activiteiten van afvalstoffenhandelaars en afvalstoffenmakelaars;
betrokken bestuursorganen: adviseurs en andere bestuursorganen die krachtens wettelijk voorschrift worden betrokken bij de totstandkoming van de in artikel 13.1, eerste lid, bedoelde beschikkingen.
bevoegd gezag: bestuursorgaan dat bevoegd is tot het geven van een beschikking of het nemen van een ander besluit;
bijlage: bij deze wet behorende bijlage;

---

[1] Inwerkingtredingsdatum: 01-09-1980; zoals laatstelijk gewijzigd bij: Stb. 2021, 135.

bioafval: biologisch afbreekbaar tuin- en plantsoenafval, levensmiddelenafval en keukenafval afkomstig van huishoudens, kantoren, restaurants, groothandels, kantines, cateringfaciliteiten en winkels en vergelijkbare afvalstoffen van de levensmiddelenindustrie;
biochemisch zuurstofverbruik: massaconcentratie aan opgeloste zuurstof die gedurende vijf dagen wordt verbruikt door biochemische oxydatie van organische bestanddelen onder uitsluiting van ammoniumoxydatie onder omstandigheden die zijn gespecificeerd in een door Onze Minister aangewezen norm van het Nederlands Normalisatie Instituut;
broeikasgas: gas, genoemd in bijlage II bij de EG-richtlijn handel in broeikasgasemissierechten;
broeikasgasemissierecht: overeenkomstig het bepaalde bij en krachtens hoofdstuk 16 overdraagbaar recht, uitsluitend teneinde aan het bepaalde bij en krachtens dat hoofdstuk te voldoen, om gedurende een bepaalde periode een emissie van één ton kooldioxide-equivalent in de lucht te veroorzaken;
Commissie genetische modificatie: de Commissie genetische modificatie, bedoeld in artikel 2.26;
Commissie voor de milieueffectrapportage: de Commissie voor de milieueffectrapportage, bedoeld in artikel 2.17;
doelmatig beheer van afvalstoffen: zodanig beheer van afvalstoffen dat daarbij rekening wordt gehouden met het geldende afvalbeheerplan, dan wel de voor de vaststelling van het plan geldende bepalingen, dan wel de voorkeursvolgorde aangegeven in artikel 10.4, en de criteria, genoemd in artikel 10.5;
één ton kooldioxide-equivalent: een metrische ton kooldioxide of een hoeveelheid van een ander broeikasgas met een gelijkwaardig aardopwarmingsvermogen;
de EG-richtlijn handel in broeikasgasemissierechten: richtlijn nr. 2003/87/EG van het Europees Parlement en de Raad van de Europese Unie van 13 oktober 2003 tot vaststelling van een regeling voor de handel in broeikasgasemissierechten binnen de Gemeenschap en tot wijziging van Richtlijn 96/61/EG van de Raad (PbEU L 275);
EG-verordening indeling, etikettering en verpakking van stoffen en mengsels: verordening (EG) nr. 1272/2008 van het Europees Parlement en de Raad van de Europese Unie van 16 december 2008 betreffende de indeling, etikettering en verpakking van stoffen en mengsels tot wijziging en intrekking van de Richtlijnen 67/548/EEG en 1999/45/EG en tot wijziging van Verordening (EG) nr. 1907/2006 (PbEU L 353);
EG-verordening overbrenging van afvalstoffen: verordening (EG) nr. 1013/2006 van het Europees Parlement en de Raad van de Europese Unie van 14 juni 2006 betreffende de overbrenging van afvalstoffen (PbEU L 190);
EG-verordening PRTR: verordening (EG) nr. 166/2006 van het Europees Parlement en de Raad van de Europese Unie van 18 januari 2006 betreffende de instelling van een Europees register inzake de uitstoot en overbrenging van verontreinigende stoffen en tot wijziging van de Richtlijnen 91/689/EEG en 96/61/EG van de Raad (PbEU L 33);
EG-verordening registratie, evaluatie en autorisatie van chemische stoffen: verordening (EG) nr. 1907/2006 van het Europees Parlement en de Raad van 18 december 2006 inzake de registratie en beoordeling van en de autorisatie en beperkingen ten aanzien van chemische stoffen (REACH), tot oprichting van een Europees Agentschap voor chemische stoffen, houdende wijziging van Richtlijn 1999/45/EG en houdende intrekking van Verordening (EEG) nr. 793/93 van de Raad en Verordening (EG) nr. 1488/94 van de Commissie alsmede Richtlijn 76/769/EEG van de Raad en de Richtlijnen 91/155/EEG, 93/67/EEG, 93/105/EG en 2000/21/EG van de Commissie (PbEU 2007, L 136);
emissie: stoffen, trillingen, warmte, die of geluid dat direct of indirect vanuit een bron in de lucht, het water of de bodem worden, onderscheidenlijk wordt gebracht;
de emissieautoriteit: de Nederlandse emissieautoriteit, genoemd in artikel 2.1;
emissiegrenswaarde: massa gerelateerd aan bepaalde parameters, dan wel concentratie of niveau van een emissie uit een of meer bronnen, die gedurende een bepaalde periode niet mag worden overschreden;
emissiereductie-eenheid: eenheid, uitgegeven overeenkomstig artikel 6 van het Protocol van Kyoto en de overeenkomstig het Raamverdrag van de Verenigde Naties inzake klimaatverandering of het Protocol van Kyoto genomen besluiten (ERU);
gecertificeerde emissiereductie: eenheid, uitgegeven overeenkomstig artikel 12 van het Protocol van Kyoto en de overeenkomstig het Raamverdrag van de Verenigde Naties inzake klimaatverandering of het Protocol van Kyoto genomen besluiten (CER);
geluid: met het menselijk oor waarneembare luchttrillingen;
geluidhinder: gevaar, schade of hinder, als gevolg van geluid;
gemeentelijk milieubeleidsplan: het gemeentelijke milieubeleidsplan, bedoeld in artikel 4.16;
gescheiden inzameling: inzameling waarbij een afvalstoffenstroom gescheiden gehouden wordt naar soort en aard van de afvalstoffen om een specifieke behandeling te vergemakkelijken;
gevaarlijke afvalstof: afvalstof die een of meer van de in bijlage III bij de kaderrichtlijn afvalstoffen genoemde gevaarlijke eigenschappen bezit;

Wet milieubeheer
A65 art. 1.1

hergebruik: elke handeling waarbij producten of componenten die geen afvalstoffen zijn, opnieuw worden gebruikt voor hetzelfde doel als dat waarvoor zij waren bedoeld;
huishoudelijk afvalwater: afvalwater dat overwegend afkomstig is van menselijke stofwisseling en huishoudelijke werkzaamheden;
huishoudelijke afvalstoffen: afvalstoffen afkomstig uit particuliere huishoudens, behoudens voor zover het ingezamelde bestanddelen van die afvalstoffen betreft, die zijn aangewezen als gevaarlijke afvalstoffen;
inrichting: elke door de mens bedrijfsmatig of in een omvang alsof zij bedrijfsmatig was, ondernomen bedrijvigheid die binnen een zekere begrenzing pleegt te worden verricht;
inspecteur: als zodanig bij besluit van Onze Minister aangewezen ambtenaar;
inwonerequivalent: biochemisch zuurstofverbruik van 54 gram per etmaal;
inzameling: verzameling van afvalstoffen, met inbegrip van de voorlopige sortering en de voorlopige opslag van afvalstoffen, om deze daarna te vervoeren naar een afvalverwerkingsinstallatie;
kaderrichtlijn afvalstoffen: richtlijn nr. 2008/98/EG van het Europees Parlement en de Raad van de Europese Unie van 19 november 2008 betreffende afvalstoffen en tot intrekking van een aantal richtlijnen (PbEU L 312);
de kaderrichtlijn water: richtlijn nr. 2000/60/EG van het Europees Parlement en de Raad van de Europese Unie van 23 oktober 2000 tot vaststelling van een kader voor communautaire maatregelen betreffende het waterbeleid (PbEG L 327), zoals deze is gewijzigd bij beschikking nr. 2455/2001/EG van het Europees Parlement en de Raad van 20 november 2001 tot vaststelling van de lijst van prioritaire stoffen op het gebied van het waterbeleid en tot wijziging van richtlijn 2000/60/EG (PbEG L 331) en met inbegrip van wijzigingen uit hoofde van artikel 20, eerste lid, van de richtlijn, doch voor het overige naar de tekst zoals deze bij de richtlijn is vastgesteld;
luchtverontreiniging: aanwezigheid in de buitenlucht van vaste, vloeibare of gasvormige stoffen, niet zijnde splijtstoffen, ertsen of radioactieve stoffen als bedoeld in de Kernenergiewet, die op zichzelf dan wel tezamen of in verbinding met andere stoffen nadelige gevolgen voor het milieu kunnen veroorzaken;
mengsel: een mengsel of een oplossing bestaande uit twee of meer stoffen;
mer-richtlijn: Richtlijn 2011/92/EU van het Europees Parlement en de Raad van 13 december 2011 betreffende de milieueffectbeoordeling van bepaalde openbare en particuliere projecten (PbEU 2012, L 26);
nationaal milieubeleidsplan: het nationale milieubeleidsplan, bedoeld in artikel 4.3;
nuttige toepassing: elke handeling met als voornaamste resultaat dat afvalstoffen een nuttig doel dienen door hetzij in de betrokken installatie, hetzij in de ruimere economie, andere materialen te vervangen die anders voor een specifieke functie zouden zijn gebruikt, of waardoor de afvalstof voor die functie wordt klaargemaakt, tot welke handelingen in ieder geval behoren de handelingen die zijn genoemd in bijlage II bij de kaderrichtlijn afvalstoffen;
omgevingsvergunning: omgevingsvergunning als bedoeld in artikel 1.1, eerste lid, van de Wet algemene bepalingen omgevingsrecht;
omgevingsvergunning voor een inrichting: omgevingsvergunning voor een activiteit met betrekking tot een inrichting als bedoeld in artikel 2.1, eerste lid, onder e, van de Wet algemene bepalingen omgevingsrecht;
Onze Minister: Onze Minister van Infrastructuur en Milieu;
openbaar hemelwaterstelsel: voorziening voor de inzameling en verdere verwerking van afvloeiend hemelwater, niet zijnde een openbaar vuilwaterriool, in beheer bij een gemeente of een rechtspersoon die door een gemeente met het beheer is belast;
openbaar ontwateringsstelsel: voorziening voor de inzameling en verdere verwerking van grondwater, niet zijnde een openbaar vuilwaterriool, in beheer bij een gemeente of een rechtspersoon die door een gemeente met het beheer is belast;
openbaar vuilwaterriool: voorziening voor de inzameling en het transport van stedelijk afvalwater, in beheer bij een gemeente of een rechtspersoon die door een gemeente met het beheer is belast;
preventie: maatregelen die worden genomen voordat een stof, materiaal of product afvalstof is geworden, ter vermindering van:
   a. de hoeveelheden afvalstoffen, al dan niet via het hergebruik van producten of de verlenging van de levensduur van producten;
   b. de negatieve gevolgen van de geproduceerde afvalstoffen voor het milieu en de menselijke gezondheid, of
   c. het gehalte aan gevaarlijke stoffen in materialen en producten;
Protocol van Kyoto: op 11 december 1997 te Kyoto totstandgekomen Protocol van Kyoto bij het Raamverdrag van de Verenigde Naties inzake klimaatverandering (Trb. 1998, 170, en 1999, 110);
provinciaal milieubeleidsplan: het provinciale milieubeleidsplan, bedoeld in artikel 4.9;
provinciale milieucommissie: de provinciale milieucommissie, bedoeld in artikel 2.41;

provinciale milieuverordening: de verordening, bedoeld in artikel 1.2;
Raamverdrag van de Verenigde Naties inzake klimaatverandering: op 9 mei 1992 te New York totstandgekomen Raamverdrag van de Verenigde Naties inzake klimaatverandering (Trb. 1992, 189);
recycling: nuttige toepassing waardoor afvalstoffen opnieuw worden bewerkt tot producten, materialen of stoffen, voor het oorspronkelijke doel of voor een ander doel, met inbegrip van het opnieuw bewerken van organische afvalstoffen, en met uitsluiting van energieterugwinning en het opnieuw bewerken tot materialen die bestemd zijn om te worden gebruikt als brandstof of als opvulmateriaal;
regeling voor uitgebreide producentenverantwoordelijkheid: regels die ervoor zorgen of een besluit dat er voor zorgt dat degene die stoffen, mengsels of producten in de handel brengt geheel of gedeeltelijk de financiële of organisatorische verantwoordelijkheid draagt voor het beheer van de van die stoffen, mengsels of producten overgebleven afvalstoffen;
richtlijn beheer winningsafval: richtlijn nr. 2006/21/EG van het Europees Parlement en de Raad van de Europese Unie van 15 maart 2006 betreffende het beheer van afval van de winningsindustrieën en houdende wijziging van Richtlijn nr. 2004/35/EG (PbEU L 102);
stedelijk afvalwater: huishoudelijk afvalwater of een mengsel daarvan met bedrijfsafvalwater, afvloeiend hemelwater, grondwater of ander afvalwater;
stoffen: chemische elementen en de verbindingen ervan, zoals deze voorkomen in natuurlijke toestand of bij de vervaardiging ontstaan, met inbegrip van alle additieven die nodig zijn voor het behoud van de stabiliteit ervan en alle onzuiverheden ten gevolge van het toegepaste procédé, doch met uitzondering van elk oplosmiddel dat kan worden afgescheiden zonder dat de stabiliteit van de stof wordt aangetast of de samenstelling ervan wordt gewijzigd;
storten: op of in de bodem brengen van afvalstoffen om deze daar te laten;
Verordening aanpassingen kosteloze toewijzing door verandering activiteitsniveau: Uitvoeringsverordening (EU) 2019/1842 van de Commissie van 31 oktober 2019 tot vaststelling van bepalingen ter uitvoering van Richtlijn 2003/87/EG van het Europees Parlement en de Raad wat de verdere regelingen voor de aanpassingen van de kosteloze toewijzing van emissierechten als gevolg van veranderingen in het activiteitsniveau betreft (PbEU 2019, L 282);

Verordening EU-register handel in emissierechten
Verordening EU-register handel in emissierechten: registerverordening als bedoeld in artikel 19, derde lid, van de EG-richtlijn handel in broeikasgasemissierechten;

Verordening kosteloze toewijzing van emissierechten
Verordening kosteloze toewijzing van emissierechten: Gedelegeerde verordening (EU) nr. 2019/331 van de Commissie van 19 december 2018 tot vaststelling van een voor de hele Unie geldende overgangsregeling voor de geharmoniseerde kosteloze toewijzing van emissierechten overeenkomstig artikel 10bis van Richtlijn 2003/87/EG van het Europees Parlement en de Raad (PbEU 2019, L59);

Verordening monitoring en rapportage emissiehandel
Verordening monitoring en rapportage emissiehandel: Uitvoeringsverordening (EU) nr. 2018/2066 van de Commissie van 19 december 2018 inzake de monitoring en rapportage van de emissies van broeikasgassen overeenkomstig Richtlijn 2003/87/EG van het Europees Parlement en de Raad en tot wijziging van Verordening (EU) nr. 601/2012 van de Commissie (PbEU 2018, L334);

Verordening verificatie en accreditatie emissiehandel
Verordening verificatie en accreditatie emissiehandel: Uitvoeringsverordening (EU) nr. 2018/2067 van de Commissie van 19 december 2018 inzake de verificatie van gegevens en de accreditatie van verificateurs krachtens Richtlijn 2003/87/EG van het Europees Parlement en de Raad (PbEU 2018, L334);

verwerking: nuttige toepassing of verwijdering, met inbegrip van aan toepassing of verwijdering voorafgaande voorbereidende handelingen;
verwijdering: elke handeling met afvalstoffen die geen nuttige toepassing is zelfs indien de handeling er in tweede instantie toe leidt dat stoffen of energie worden teruggewonnen, tot welke handelingen in ieder geval behoren de handelingen die zijn genoemd in bijlage I bij de kaderrichtlijn afvalstoffen;
vliegtuigexploitant: vliegtuigexploitant als bedoeld in artikel 3, onder o, van de EG-richtlijn handel in broeikasgasemissierechten;
voorbereiding voor hergebruik: nuttige toepassing bestaande uit controleren, schoonmaken of repareren, waarbij producten of componenten van producten, die afvalstoffen zijn geworden, worden klaargemaakt zodat ze zullen worden hergebruikt zonder dat verdere voorbehandeling nodig is;
winningsafvalstoffen: afvalstoffen die rechtstreeks afkomstig zijn uit de prospectie, winning, behandeling en opslag van mineralen en de exploitatie van groeven, met uitzondering van afvalstoffen afkomstig van offshore-prospectie, -winning en -behandeling;
RIVM: Rijksinstituut voor volksgezondheid en milieu, genoemd in de Wet op het RIVM.
2. In deze wet en de daarop berustende bepalingen:
a. worden onder gevolgen voor het milieu in ieder geval verstaan gevolgen voor het fysieke milieu, gezien vanuit het belang van de bescherming van mensen, dieren, planten en goederen,

van water, bodem en lucht en van landschappelijke, natuurwetenschappelijke en cultuurhistorische waarden en van de beheersing van het klimaat, alsmede van de relaties daartussen;
b. worden onder gevolgen voor het milieu mede verstaan gevolgen die verband houden met een doelmatig beheer van afvalstoffen of een doelmatig beheer van afvalwater, gevolgen die verband houden met het verbruik van energie en grondstoffen, alsmede gevolgen die verband houden met het verkeer van personen of goederen van en naar de inrichting;
c. worden onder bescherming van het milieu mede verstaan de verbetering van het milieu, de zorg voor een doelmatig beheer van afvalstoffen of een doelmatig beheer van afvalwater, de zorg voor een zuinig gebruik van energie en grondstoffen, alsmede de zorg voor de beperking van de nadelige gevolgen voor het milieu van het verkeer van personen of goederen van en naar de inrichting.
3. Bij algemene maatregel van bestuur worden categorieën van inrichtingen aangewezen, die nadelige gevolgen voor het milieu kunnen veroorzaken.
4. Elders in deze wet en de daarop berustende bepalingen wordt onder inrichting verstaan een inrichting, behorende tot een categorie die krachtens het derde lid is aangewezen. Daarbij worden als één inrichting beschouwd de tot eenzelfde onderneming of instelling behorende installaties die onderling technische, organisatorische of functionele bindingen hebben en in elkaars onmiddellijke nabijheid zijn gelegen. Onze Minister kan nadere regels stellen met betrekking tot hetgeen in deze wet en de daarop berustende bepalingen onder inrichting wordt verstaan.
5. In deze wet en de daarop berustende bepalingen wordt:
a. onder het zich ontdoen van afvalstoffen mede verstaan het nuttig toepassen of verwijderen van afvalstoffen binnen de inrichting waarin deze zijn ontstaan;
b. onder het zich door afgifte ontdoen van afvalstoffen mede verstaan:
1°. het voor nuttige toepassing of verwijdering brengen van afvalstoffen vanuit een inrichting naar een elders gelegen inrichting die aan dezelfde natuurlijke of rechtspersoon behoort;
2°. het tijdelijk voor nuttige toepassing afgeven van afvalstoffen;
3°. het voor verwerking afgeven van afvalstoffen aan een afvalstoffenhandelaar.
6. Stoffen, mengsels of voorwerpen die het resultaat zijn van een productieproces dat niet in de eerste plaats is bedoeld voor de productie van die stoffen, mengsels of voorwerpen worden niet als afvalstoffen maar als bijproducten beschouwd indien wordt voldaan aan de volgende voorwaarden:
a. het is zeker dat de stoffen, mengsels of voorwerpen zullen worden gebruikt;
b. de stoffen, mengsels of voorwerpen kunnen onmiddellijk worden gebruikt zonder enige verdere behandeling anders dan die welke bij normale productie gangbaar is;
c. de stoffen, mengsels of voorwerpen worden geproduceerd als een integraal onderdeel van een productieproces; en
d. verder gebruik is rechtmatig, inhoudende dat de stoffen, mengsels of voorwerpen voldoen aan alle voorschriften inzake producten, milieu en gezondheidsbescherming voor het specifieke gebruik en dat gebruik niet zal leiden tot over het geheel genomen ongunstige effecten voor het milieu of de menselijke gezondheid.
7. Bij ministeriële regeling kan Onze Minister bepalen dat een specifieke soort stoffen, mengsels of voorwerpen niet als afvalstoffen maar als bijproducten worden beschouwd, indien wordt voldaan aan criteria voor de toepassing van de voorwaarden, bedoeld in het zesde lid, op die soort stoffen, mengsels of voorwerpen, voor zover voor die soort stoffen, mengsels of voorwerpen geen criteria zijn vastgesteld krachtens artikel 5, tweede lid, van de kaderrichtlijn afvalstoffen.
8. Afvalstoffen die een behandeling van recycling of andere nuttige toepassing hebben ondergaan, worden niet langer als afvalstoffen beschouwd, indien zij voldoen aan de volgende voorwaarden:
a. de stoffen, mengsels of voorwerpen zijn bestemd om te worden gebruikt voor specifieke doelen;
b. er is een markt voor of vraag naar de stoffen, mengsels of voorwerpen;
c. de stoffen, mengsels of voorwerpen voldoen aan de technische voorschriften voor de specifieke doelen en aan de voor producten geldende wetgeving en normen; en
d. het gebruik van de stoffen, mengsels of voorwerpen heeft over het geheel genomen geen ongunstige effecten voor het milieu of de menselijke gezondheid.
9. Bij ministeriële regeling kan Onze Minister, in overeenstemming met de in artikel 6, tweede lid, van de kaderrichtlijn afvalstoffen opgenomen vereisten, bepalen dat een specifieke soort afvalstoffen die een behandeling van recycling of andere nuttige toepassing heeft ondergaan niet langer als afvalstoffen worden beschouwd, indien wordt voldaan aan criteria voor de toepassing van de voorwaarden, bedoeld in het achtste lid, op die soort afvalstoffen, voor zover voor die soort afvalstoffen geen criteria zijn vastgesteld krachtens artikel 6, tweede lid, van de kaderrichtlijn afvalstoffen. Bij het vaststellen van de criteria wordt rekening gehouden met eventuele nadelige effecten voor het milieu en de menselijke gezondheid van de stoffen,

mengsels of voorwerpen die het resultaat zijn van de handeling van recycling of andere nuttige toepassing.

10. Bij ministeriële regeling wordt aangegeven welke stoffen, mengsels of voorwerpen in ieder geval, onverminderd het bepaalde in het achtste en negende lid, worden aangemerkt als afvalstoffen, indien de houder zich daarvan ontdoet, voornemens is zich daarvan te ontdoen of zich daarvan moet ontdoen.

11. Een afvalstof wordt in ieder geval aangemerkt als huishoudelijke afvalstof onderscheidenlijk bedrijfsafvalstof, indien die afvalstof bij algemene maatregel van bestuur als zodanig is aangewezen.

Spoedregeling beheer afvalstoffen

12. Onze Minister kan, indien naar zijn oordeel in het belang van een doelmatig beheer van afvalstoffen een onverwijlde voorziening noodzakelijk is, een regeling vaststellen van de in het elfde lid bedoelde strekking. Een zodanige regeling vervalt een jaar nadat zij in werking is getreden of, indien binnen die termijn een algemene maatregel van bestuur ter vervanging van die regeling in werking is getreden, op het tijdstip waarop die maatregel in werking treedt. Onze Minister kan de termijn bij ministeriële regeling eenmaal met ten hoogste een jaar verlengen.

Aanwijzing gevaarlijke afvalstoffen

13. Onze Minister kan nadere regels stellen omtrent de aanwijzing van gevaarlijke afvalstoffen, bedoeld in het eerste lid. Tevens kan Onze Minister of een door hem aan te wijzen instantie vaststellen dat een afvalstof, zoals die door de houder ter beoordeling wordt aangeboden:
a. niet de eigenschappen bezit op grond waarvan deze ingevolge bijlage III bij de kaderrichtlijn afvalstoffen als gevaarlijke afvalstof dient te worden aangemerkt, uitgezonderd de gevallen waarin dat het gevolg is van verdunning of vermenging, bedoeld om de concentratie van gevaarlijke stoffen onder de drempelwaarde voor gevaarlijke stoffen te brengen;
b. hoewel deze niet als gevaarlijke afvalstof is aangewezen, toch de eigenschappen bezit op grond waarvan deze ingevolge de in onderdeel a genoemde bijlage als gevaarlijke afvalstof dient te worden aangemerkt.

Inwerkingtreding EG-bepalingen

14. Bij algemene maatregel van bestuur wordt bepaald wat in deze wet en de daarop berustende bepalingen wordt verstaan onder «genetisch gemodificeerde organismen».

15. Een wijziging van de bijlagen gaat voor het toepassing van de in het eerste lid gegeven omschrijvingen van «nuttige toepassing» en «verwijdering» en voor de toepassing van het dertiende lid gelden met ingang van de dag waarop aan de desbetreffende wijziging uitvoering moet zijn gegeven, tenzij bij ministerieel besluit, dat in de Staatscourant wordt bekendgemaakt, een ander tijdstip wordt vastgesteld.

16. Een wijziging uit hoofde van artikel 20, eerste lid, van de kaderrichtlijn water gaat voor de toepassing van deze wet gelden met ingang van de dag waarop aan de betrokken wijzigingsrichtlijn uitvoering moet zijn gegeven, tenzij bij ministerieel besluit, dat in de Staatscourant of op andere geschikte wijze wordt bekendgemaakt, een ander tijdstip wordt vastgesteld.

Art. 1.1a

Algemene zorgplicht

1. Een ieder neemt voldoende zorg voor het milieu in acht.
2. De zorg, bedoeld in het eerste lid, houdt in ieder geval in dat een ieder die weet of redelijkerwijs kan vermoeden dat door zijn handelen of nalaten nadelige gevolgen voor het milieu kunnen worden veroorzaakt, verplicht is dergelijk handelen achterwege te laten voor zover zulks in redelijkheid kan worden gevergd, dan wel alle maatregelen te nemen die redelijkerwijs van hem kunnen worden gevergd teneinde die gevolgen te voorkomen of, voor zover die gevolgen niet kunnen worden voorkomen, deze zoveel mogelijk te beperken of ongedaan te maken.
3. Het bepaalde in het eerste en tweede lid laat onverlet de uit het burgerlijk recht voortvloeiende aansprakelijkheid en de mogelijkheid van rechtspersonen als bedoeld in artikel 1, boek 2, van het Burgerlijk Wetboek, om uit dien hoofde in rechte op te treden.

§ 1.2
De provinciale milieuverordening

Art. 1.2

Verplichting tot vaststelling
Inhoud

1. Provinciale staten stellen ter bescherming van het milieu een verordening vast.

2. De verordening bevat ten minste:
a. regels ter bescherming van de kwaliteit van het grondwater met het oog op de waterwinning in bij de verordening aangewezen gebieden;
b. regels inzake het voorkomen of beperken van geluidhinder in bij de verordening aangewezen gebieden.
3. Bij de verordening worden, voor zover dit naar het oordeel van provinciale staten van meer dan gemeentelijk belang is, verdere regels gesteld ter bescherming van het milieu.
4. Bij de verordening kan worden bepaald dat bij de verordening gestelde regels slechts gelden voor een of meer daarbij aan te wijzen delen van het grondgebied van de provincie.
5. De verordening bevat geen regels met betrekking tot de samenstelling of eigenschappen van producten. Ten aanzien van gebieden die door Onze Minister in overeenstemming met

Onze Minister van Landbouw, Natuur en Voedselkwaliteit zijn aangewezen, houdt de verordening geen regels in, die betrekking hebben op de agrarische bedrijfsvoering.
6. De verordening kan slechts, voor zover dit uit een oogpunt van doelmatige regelgeving bijzonder aangewezen is, regels bevatten die rechtstreeks betrekking hebben op bij die regels aangewezen categorieën van inrichtingen, voor zover:
a. ten aanzien van die inrichtingen het in artikel 2.1, eerste lid, onder e, van de Wet algemene bepalingen omgevingsrecht gestelde verbod niet geldt en die regels noodzakelijk zijn ter bescherming van de kwaliteit van het grondwater met het oog op de waterwinning in bij de verordening aangewezen gebieden, of
b. het regels betreft, inhoudende een verbod tot het oprichten of in werking hebben van dergelijke inrichtingen in gebieden als bedoeld onder a, dan wel tot het op een bij die verordening aan te geven wijze veranderen van dergelijke inrichtingen in die gebieden, of het veranderen van de werking daarvan.
7. Bij de verordening kan, voor zover het gevallen betreft als bedoeld in het zesde lid, worden bepaald dat het orgaan dat bevoegd is een omgevingsvergunning voor een inrichting te verlenen, bij het verlenen of wijzigen van de vergunning met betrekking tot de daarbij aangegeven onderwerpen in de daaraan verbonden voorschriften van bij de verordening gestelde regels kan afwijken. In dat geval wordt bij de verordening aangegeven in hoeverre het bevoegd gezag van de regels kan afwijken. Bij de verordening kan tevens worden bepaald dat de bevoegdheid tot afwijken slechts geldt in daarbij aangegeven categorieën van gevallen.
8. Bij de vaststelling van de verordening houden provinciale staten rekening met het geldende provinciale milieubeleidsplan.

Art. 1.2a
Bij de provinciale milieuverordening worden geen regels gesteld, die het naar of uit de provincie brengen van afvalstoffen beperken of uitsluiten.

Provinciegrens overschrijdend vervoer van afvalstoffen

Art. 1.3
1. Bij de provinciale milieuverordening kan worden bepaald dat daarbij aangewezen bestuursorganen in daarbij aangegeven categorieën van gevallen ontheffing kunnen verlenen van bij die verordening aangewezen regels, indien het belang van de bescherming van het milieu zich daartegen niet verzet.
2. De bevoegdheid, bedoeld in het eerste lid, geldt niet met betrekking tot inrichtingen waarvoor een omgevingsvergunning is vereist.
3. Het betrokken orgaan houdt bij de beslissing op de aanvraag om een ontheffing in ieder geval rekening met het voor hem geldende milieubeleidsplan.
4. Op de voorbereiding van een beschikking krachtens het eerste lid is afdeling 3.4 van de Algemene wet bestuursrecht van toepassing. Indien uit het oogpunt van bescherming van het milieu redelijkerwijs geen zienswijzen zijn te verwachten, kan bij de provinciale milieuverordening anders worden bepaald. Met toepassing van artikel 28, eerste lid, laatste zinsnede, van de Dienstenwet is paragraaf 4.1.3.3. van de Algemene wet bestuursrecht niet van toepassing op de aanvraag om een beschikking krachtens het eerste lid.

Ontheffing

Art. 1.3a
1. De aanvrager van een omgevingsvergunning die betrekking heeft op een project waarvan een activiteit deel uitmaakt waarvoor tevens een ontheffing als bedoeld in artikel 1.3, eerste lid, is vereist van:
a. regels ter bescherming van de kwaliteit van het grondwater als bedoeld in artikel 1.2, tweede lid, onder a,
b. regels met betrekking tot activiteiten in, op, onder of over een plaats waar de in artikel 8.49 bedoelde zorg met betrekking tot een gesloten stortplaats wordt uitgevoerd, of
c. andere bij provinciale milieuverordening daartoe aangewezen regels, draagt er zorg voor dat de aanvraag mede betrekking heeft op die activiteit.
2. Het eerste lid is niet van toepassing voor zover de activiteit is toegestaan krachtens een ontheffing als bedoeld in artikel 1.3, eerste lid, of voor de activiteit een zodanige ontheffing is aangevraagd.
3. De krachtens artikel 1.3, eerste lid, aangewezen regels gelden niet voor zover de activiteiten waarop die regels betrekking hebben, zijn toegestaan krachtens een omgevingsvergunning als bedoeld in het eerste lid.
4. Het is verboden te handelen in strijd met een voorschrift van een omgevingsvergunning dat betrekking heeft op een activiteit als bedoeld in het eerste lid.
5. Artikel 2.2 van de Wet algemene bepalingen omgevingsrecht is niet van toepassing op ontheffingen die ingevolge een provinciale milieuverordening zijn vereist.

Ontheffing omgevingsvergunning

Art. 1.3b
1. Afdeling 3.4 van de Algemene wet bestuursrecht en paragraaf 3.3 van de Wet algemene bepalingen omgevingsrecht zijn van toepassing op de voorbereiding van de beschikking op een aanvraag om een omgevingsvergunning als bedoeld in artikel 1.3a, eerste lid.

Toepasselijkheid Awb en Wabo

2. Voor zover de aanvraag om een omgevingsvergunning betrekking heeft op een activiteit als bedoeld in artikel 1.3a, eerste lid, kan de omgevingsvergunning slechts worden verleend en wordt de omgevingsvergunning geweigerd op de gronden die ten aanzien van een ontheffing voor de activiteit zijn aangegeven in de provinciale milieuverordening.
3. Indien toepassing wordt gegeven aan artikel 2.5 van de Wet algemene bepalingen omgevingsrecht, is het tweede lid van overeenkomstige toepassing op de beschikking met betrekking tot de eerste en tweede fase.
4. Voor zover de omgevingsvergunning betrekking heeft op een activiteit als bedoeld in artikel 1.3a, eerste lid, kan deze geheel of gedeeltelijk worden ingetrokken of kunnen de daaraan verbonden voorschriften worden gewijzigd, aangevuld of ingetrokken, dan wel kunnen alsnog voorschriften worden verbonden aan de omgevingsvergunning, op de gronden die ten aanzien van een ontheffing voor die activiteit zijn aangegeven in de provinciale milieuverordening.
5. Indien bij provinciale milieuverordening regels zijn aangegeven als bedoeld in artikel 1.3a, eerste lid, onder c, worden bij de verordening regels gesteld met betrekking tot de gegevens en bescheiden die door de aanvrager om een omgevingsvergunning worden verstrekt met het oog op de beslissing op de aanvraag met betrekking tot de activiteiten waarop die regels van toepassing zijn.

Art. 1.3c

Instructieverordening
1. Bij de provinciale milieuverordening kunnen regels worden gesteld inhoudende de verplichting voor het bevoegd gezag voorschriften die nodig zijn ter bescherming van het milieu en waarvan de inhoud in de verordening is aangegeven, te verbinden aan de omgevingsvergunningen voor activiteiten als bedoeld in artikel 1.3a, eerste lid, of voor inrichtingen die behoren tot een bij de verordening aangewezen categorie. Bij de verordening kan worden bepaald dat de daarbij gestelde regels slechts gelden in daarbij aangegeven categorieën van gevallen.
2. Regels als bedoeld in het eerste lid kunnen niet betrekking hebben op beslissingen inzake vergunningen ten aanzien waarvan Onze Minister of Onze Minister van Economische Zaken het bevoegd gezag is.
3. Bij de verordening wordt bepaald in hoeverre het bevoegd gezag met betrekking tot daarbij aangegeven onderwerpen van bij de verordening gestelde regels kan afwijken of nadere eisen kan stellen. Daarbij kan worden bepaald dat de bevoegdheid tot afwijken of tot het stellen van nadere eisen slechts geldt in bij de verordening aangegeven categorieën van gevallen.
4. Bij de verordening wordt voor de daarbij opgelegde verplichtingen het tijdstip aangegeven, waarop zij met betrekking tot de al verleende omgevingsvergunningen moeten zijn uitgevoerd.

Art. 1.4

Voorbereiding
1. Bij de voorbereiding van het voorstel voor een provinciale milieuverordening plegen gedeputeerde staten overleg met de niet tot de provincie behorende bestuursorganen die het aangaat.
2. Gedeputeerde staten stellen de provinciale milieucommissie in de gelegenheid over het ontwerp van een verordening advies uit te brengen.
3. Van een besluit tot vaststelling of wijziging van de verordening wordt door gedeputeerde staten mededeling gedaan door toezending aan Onze Minister.

Hoofdstuk 2
Zelfstandige bestuursorganen en adviesorganen

§ 2.1
De Nederlandse emissieautoriteit

Art. 2.1

Emissieautoriteit
Er is een Nederlandse emissieautoriteit, gevestigd te 's-Gravenhage.

Art. 2.2

Taken emissieautoriteit
1. De emissieautoriteit heeft de in de Verordening monitoring en rapportage emissiehandel, de Verordening verificatie en accreditatie emissiehandel en de in de hoofdstukken 16, 16b en 18 en de titels 9.7 en 9.8 opgedragen taken.
2. De emissieautoriteit heeft voorts tot taak:
    a. het bijhouden van gegevens en het opstellen van rapportages met betrekking tot de naleving door Nederland van een voor Nederland verbindend verdrag of een voor Nederland verbindend besluit van een volkenrechtelijke organisatie, dat de beperking van de emissies van broeikasgassen in de lucht tot doel heeft;
    b. het verzamelen van gegevens over technieken ter bepaling van de emissies van broeikasgassen waarop, titel 16.2 en hoofdstuk 16b van toepassing is;
    c. het verzamelen van andere gegevens die met het oog op de uitoefening van haar taken van belang zijn;
    d. het rapporteren aan Onze Minister van Economische Zaken en Klimaat en aan andere bij algemene maatregel van bestuur aangewezen instanties over de ontwikkeling van de onder a

Wet milieubeheer
A65 art. 2.16a

bedoelde emissies in Nederland alsmede over de overige aspecten van duurzaamheid van in Nederland te gebruiken brandstoffen en elektriciteit ten behoeve van vervoer;
e. de uitvoering van gedelegeerde handelingen en uitvoeringshandelingen die de Europese Commissie op grond van artikel 10bis, eerste en eenentwintigste lid, onderscheidenlijk artikel 28 quater van de EG-richtlijn handel in broeikasgasemissierechten heeft vastgesteld.
3. Bij algemene maatregel van bestuur kan de emissieautoriteit, voorzover die taken niet de uitoefening van openbaar gezag inhouden, worden belast met andere taken dan in het eerste of tweede lid bedoeld, in het bijzonder taken betreffende de uitvoering door Nederland van een voor Nederland verbindend verdrag of een voor Nederland verbindend besluit van een volkenrechtelijke organisatie, dat de beperking van de emissies van broeikasgassen in de lucht tot doel heeft.
4. Bij of krachtens algemene maatregel van bestuur kunnen ten aanzien van de inhoud van de taken van de emissieautoriteit nadere regels worden gesteld.

Art. 2.3
1. Het bestuur van de emissieautoriteit bestaat uit ten hoogste vijf leden. *Bestuur emissieautoriteit*
2. Onze Minister van Economische Zaken en Klimaat benoemt uit de leden een voorzitter en een plaatsvervangend voorzitter.
3. De leden worden benoemd voor een periode van vier jaren. Zij zijn aansluitend twee malen herbenoembaar.

Art. 2.4
[Vervallen]

Art. 2.5
Leden van het bestuur van de emissieautoriteit en medewerkers van de emissieautoriteit zijn direct noch indirect betrokken bij het overdragen van broeikasgasemissierechten, emissiereductie-eenheden, gecertificeerde emissiereducties, toegewezen eenheden en verwijderingseenheden, behoudens voor zover die betrokkenheid noodzakelijk is ter uitvoering van het bepaalde bij of krachtens deze wet. *Eisen aan emissieautoriteit*

Art. 2.6
[Vervallen]

Art. 2.7
1. Onze Minister van Economische Zaken en Klimaat stelt aan het bestuur van de emissieautoriteit ambtenaren ter beschikking. *Samenstelling bestuur emissieautoriteit*
2. Het bestuur van de emissieautoriteit draagt er zorg voor dat de werkzaamheden die voortvloeien uit artikel 18.2f, gescheiden worden uitgevoerd van de overige werkzaamheden. *Afbakening werkzaamheden emissieautoriteit*

Art. 2.8
De emissieautoriteit stelt een bestuursreglement vast waarin haar werkwijze wordt vastgelegd. *Bestuursreglement emissieautoriteit*

Art. 2.9
In afwijking van artikel 18, eerste lid, eerste volzin, van de Kaderwet zelfstandige bestuursorganen stelt het bestuur van de emissieautoriteit jaarlijks voor 1 juli een jaarverslag op. *Jaarverslag emissieautoriteit*

Art. 2.10-2.15
[Vervallen]

Art. 2.16
1. Het bestuur van de emissieautoriteit en het bestuursorgaan dat bevoegd is een vergunning krachtens artikel 8.1 te verlenen voor een broeikasgasinstallatie waarop hoofdstuk 16 betrekking heeft, dan wel, in geval voor een broeikasgasinstallatie waarop dat hoofdstuk betrekking heeft, het in artikel 40, tweede lid, van de Mijnbouwwet vervatte verbod geldt, Onze Minister van Economische Zaken en Klimaat, verstrekken elkaar desgevraagd of uit eigen beweging tijdig alle voor de uitoefening van hun taken redelijkerwijs benodigde inlichtingen. *Benodigde inlichtingen voor vergunning broeikasgasinstallatie*
2. Bij het verstrekken van de in het eerste lid bedoelde inlichtingen wordt waar nodig aangegeven welke gegevens een vertrouwelijk karakter dragen. Dit vertrouwelijk karakter kan voortvloeien uit de aard van de gegevens, dan wel uit het feit dat personen deze aan de bestuursorganen, bedoeld in het eerste lid, hebben verstrekt onder het beding dat zij als vertrouwelijk zullen gelden.

Art. 2.16a
1. Onverminderd artikel 16.8 van deze wet en het bepaalde krachtens artikel 5.3 van de Wet algemene bepalingen omgevingsrecht stemmen het bestuur van de emissieautoriteit en het bestuursorgaan dat bevoegd is een omgevingsvergunning te verlenen voor een broeikasgasinstallatie waarop hoofdstuk 16 van deze wet betrekking heeft, onderling de uitoefening van de taken af, waarmee zij zijn belast bij of krachtens de hoofdstukken 16 en 18 van deze wet, onderscheidenlijk de hoofdstukken 2, 3 en 5 van de Wet algemene bepalingen omgevingsrecht. *Afstemming taken emissieautoriteit en andere bestuursorganen*
2. Onverminderd artikel 16.8 stemmen het bestuur van de emissieautoriteit en Onze Minister van Economische Zaken en Klimaat ingeval voor een broeikasgasinstallatie waarop hoofdstuk 16 van deze wet betrekking heeft, het in artikel 40, tweede lid, van de Mijnbouwwet vervatte

verbod geldt, onderling de uitoefening van de taken af, waarmee zij zijn belast bij of krachtens hoofdstuk 16 van deze wet, onderscheidenlijk artikel 40 van de Mijnbouwwet.

Art. 2.16b-2.16c
[Vervallen]

§ 2.2
De Commissie voor de milieueffectrapportage

Art. 2.17

Taak commissie
1. Er is een Commissie voor de milieueffectrapportage.
2. De commissie heeft tot taak het bevoegd gezag overeenkomstig artikel 7.12, eerste lid, dan wel artikel 7.32, vijfde lid, in samenhang met artikel 7.12, eerste lid, van advies te dienen met betrekking tot milieueffectrapporten.

Art. 2.18

Jaarlijks verslag
De commissie brengt elk jaar aan Onze Minister, Onze Minister van Landbouw, Natuur en Voedselkwaliteit en Onze Minister van Onderwijs, Cultuur en Wetenschap een verslag uit van haar werkzaamheden. Onze Ministers maken het verslag openbaar.

Art. 2.19

Samenstelling
1. De commissie bestaat uit leden die deskundig zijn op het gebied van de beschrijving, de bescherming en de verontreiniging en aantasting van het milieu en op het gebied van de overeenkomstig de artikelen 7.2 en 7.6 aangewezen activiteiten.
2. De voorzitter en een of meer plaatsvervangende voorzitters van de commissie worden door Ons, op gezamenlijke voordracht van Onze Minister, Onze Minister van Landbouw, Natuur en Voedselkwaliteit en Onze Minister van Onderwijs, Cultuur en Wetenschap, benoemd en ontslagen. De voordracht tot benoeming van de voorzitter geschiedt in overeenstemming met het gevoelen van de ministerraad.
3. De voorzitter en de plaatsvervangende voorzitter of plaatsvervangende voorzitters kunnen te allen tijde ontslag nemen door een schriftelijke kennisgeving aan Onze Minister, Onze Minister van Landbouw, Natuur en Voedselkwaliteit en Onze Minister van Onderwijs, Cultuur en Wetenschap.
4. De overige leden van de commissie worden benoemd en ontslagen door de voorzitter van de commissie voor de tijd van vijf jaren en zijn terstond wederbenoembaar. Zij kunnen te allen tijde ontslag nemen door een schriftelijke kennisgeving aan de voorzitter.

Art. 2.20
[Vervallen]

Art. 2.21

Werkwijze advisering
1. Zodra de commissie in de gelegenheid wordt gesteld advies uit te brengen met betrekking tot een milieueffectrapport, stelt de voorzitter, na overleg met de plaatsvervangende voorzitters, uit de leden van de commissie een werkgroep samen, die aan het bevoegd gezag advies uitbrengt. De voorzitter of de door hem aangewezen plaatsvervangende voorzitter van de commissie is voorzitter van de werkgroep.
2. Als lid van een werkgroep worden slechts leden van de commissie aangewezen, die niet rechtstreeks betrokken zijn of zijn geweest bij de activiteit of bij de alternatieven daarvoor, als bedoeld in artikel 7.7, eerste lid, onder b, onderscheidenlijk artikel 7.23, eerste lid, onder b, of bij een plan onderscheidenlijk een besluit bij de voorbereiding waarvan het milieueffectrapport wordt of zou moeten worden gemaakt.
3. Indien een lid van een werkgroep niet meer voldoet aan het in het tweede lid gestelde vereiste, ontheft de voorzitter van de werkgroep hem, na overleg met de voorzitter van de commissie, van zijn lidmaatschap van de werkgroep.
4. De werkgroep kan zich doen bijstaan door deskundigen die geen lid zijn van de commissie. Het tweede en het derde lid zijn van overeenkomstige toepassing.
5. De voorzitter van de commissie deelt aan het bevoegd gezag en aan degene die het milieueffectrapport maakt of zou moeten maken, mede uit welke leden van de commissie de werkgroep bestaat en door welke deskundigen zij zich doet bijstaan.

Art. 2.22

Meerderheidsadvies
1. De adviezen worden uitgebracht in overeenstemming met het gevoelen van de meerderheid van de leden van de werkgroep.

Minderheidsstandpunten
2. Op verzoek van de leden die in de werkgroep een standpunt hebben verdedigd, dat afwijkt van het gevoelen van de meerderheid, wordt dat standpunt in het advies vermeld. Deze leden kunnen omtrent een zodanig standpunt een afzonderlijke nota bij het advies voegen.

Art. 2.23

Secretariaat
De commissie heeft een secretaris, die door de voorzitter wordt benoemd en ontslagen, de commissie gehoord. De commissie heeft een bureau, dat onder leiding staat van de secretaris.

Wet milieubeheer

A65 art. 2.32

Art. 2.23a
1. De kosten van de commissie en het bureau worden gedekt uit door de commissie vast te stellen en in rekening te brengen tarieven voor de uit te brengen adviezen.
2. De in het eerste lid bedoelde tarieven hebben een rechtstreeks verband met de in dat lid bedoelde adviezen en belopen niet meer dan nodig is ter dekking van de gemaakte kosten voor die adviezen.
3. De in het eerste lid bedoelde tarieven behoeven de goedkeuring van Onze Minister.
4. De artikelen 10:28 tot en met 10:31 van de Algemene wet bestuursrecht zijn van overeenkomstige toepassing op de goedkeuring, bedoeld in het derde lid.

Kosten

Art. 2.24
De commissie stelt nadere regels betreffende haar werkwijze en zendt deze aan Onze Minister.

Nadere regels werkwijze

§ 2.3
De Commissie genetische modificatie

Art. 2.25
[Vervallen]

Art. 2.26
Er is een Commissie genetische modificatie.

Commissie genetische modificatie

Art. 2.27
1. De commissie heeft tot taak:
a. Onze Minister te adviseren over kennisgevingen en aanvragen om vergunning met betrekking tot het vervaardigen van of handelen met genetisch gemodificeerde organismen en over veiligheidsmaatregelen die in het kader daarvan moeten worden getroffen ter bescherming van mens en milieu;
b. het bestuursorgaan dat belast is met het toezicht op het vervaardigen van of handelen met genetisch gemodificeerde organismen, te adviseren met betrekking tot dat toezicht.
2. Op verzoek van Onze Minister of Onze Minister wie het aangaat, of uit eigen beweging informeert de commissie Onze betrokken Minister indien aan het vervaardigen van of aan handelingen met genetisch gemodificeerde organismen ethische of maatschappelijke aspecten zijn verbonden die naar het oordeel van de commissie van belang zijn.

Taak commissie

Art. 2.28
Onze Minister en Onze Ministers wie het mede aangaat, dragen er zorg voor dat de commissie op de hoogte wordt gehouden ten aanzien van het beleid op het terrein van het vervaardigen van of van handelingen met genetisch gemodificeerde organismen.

Informatieverstrekking ministers

Art. 2.29
Telkens binnen een termijn van vier jaren brengt de commissie een rapport uit aan Onze Minister, waarin ten minste de taak, de samenstelling, de inrichting en werkwijze van de commissie aan een onderzoek worden onderworpen en voorstellen kunnen worden gedaan voor gewenste veranderingen. Onze Minister zendt dit rapport, voorzien van zijn standpunt, aan de beide kamers der Staten-Generaal.

Vierjaarlijks rapport

Art. 2.30
1. De commissie bestaat uit een voorzitter en ten minste vijftien en ten hoogste twintig andere leden.
2. De voorzitter en de andere leden van de commissie worden benoemd op grond van hun deskundigheid op het gebied van het vervaardigen van of van handelingen met genetisch gemodificeerde organismen en de mogelijke gevolgen daarvan voor mens en milieu, daarbij inbegrepen de ecologische gevolgen en de daarbij te nemen veiligheidsmaatregelen.

Samenstelling commissie

Benoeming

Art. 2.31
1. De voorzitter van de commissie wordt door Onze Minister benoemd. Onze Minister hoort de commissie alvorens hij de voorzitter benoemt.
2. Onze Minister benoemt de leden van de commissie.
3. De voorzitter en de leden worden voor de tijd van vier jaren benoemd. Zij zijn terstond weer benoembaar.
4. De voorzitter en de leden kunnen te allen tijde hun functie neerleggen door een schriftelijke kennisgeving aan Onze Minister.
5. Onze Minister kan in bijzondere gevallen de voorzitter en de andere leden in hun functie schorsen en uit hun functie ontslaan.

Benoeming voorzitter

Benoeming andere leden
Termijn; herbenoeming

Schorsing, ontslag

Art. 2.32
1. De commissie wijst uit haar midden een plaatsvervangend voorzitter aan.
2. De plaatsvervangend voorzitter kan te allen tijde zijn functie neerleggen door een schriftelijke kennisgeving aan de voorzitter.

Plaatsvervangend voorzitter

A65 art. 2.33 — Wet milieubeheer

3. In bijzondere gevallen kan de commissie de plaatsvervangend voorzitter in zijn functie schorsen en uit zijn functie ontslaan.

Art. 2.33

Secretariaat
1. De commissie wordt bijgestaan door een secretaris. Aan de secretaris kan een adjunct-secretaris worden toegevoegd.
2. De secretaris en de adjunct-secretaris worden door Onze Minister benoemd, in hun functie geschorst en uit hun functie ontslagen, de commissie gehoord.
3. De secretaris is geen lid van de commissie.
4. De secretaris is voor de uitoefening van zijn taak uitsluitend verantwoording schuldig aan de commissie.
5. Onze Minister kan voorzien in een bureau voor de commissie, dat onder leiding staat van de secretaris.

Art. 2.34

Subcommissies
1. De commissie kan voor bepaalde onderwerpen subcommissies instellen.
2. De voorzitter van een subcommissie wordt door de commissie uit haar midden benoemd.

Art. 2.35

Bijstand niet-leden
1. De commissie en haar subcommissies kunnen zich bij hun werkzaamheden doen bijstaan door personen die geen lid zijn van de commissie.

Bijwonen vergaderingen ambtenaren ministeries
2. Onze Minister en Onze Ministers van Sociale Zaken en Werkgelegenheid, van Volksgezondheid, Welzijn en Sport en van Landbouw, Natuur en Voedselkwaliteit kunnen, ieder voor hun ministerie, ambtenaren aanwijzen, die bevoegd zijn tot het bijwonen van de door de commissie en haar subcommissies te houden vergaderingen, met dien verstande dat in de vergaderingen van de commissie voor ieder van die ministeries ten hoogste één ambtenaar aanwezig is.

Art. 2.36

Openbaarheid vergaderingen
1. De vergaderingen van de commissie zijn openbaar. De commissie stelt bij haar in artikel 2.40 bedoelde besluit regels betreffende de openbaarheid van de vergaderingen van de subcommissies.
2. Een vergadering of een gedeelte daarvan is niet openbaar in gevallen als bedoeld in artikel 10, eerste lid, van de Wet openbaarheid van bestuur en in gevallen waarin het belang van openbaarheid niet opweegt tegen de in artikel 10, tweede lid, van die wet genoemde belangen.

Art. 2.37

Adviezen overeenkomstig meerderheid
1. De adviezen van de commissie worden uitgebracht overeenkomstig het gevoelen van de meerderheid van de vergadering.

Minderheidsstandpunten
2. Ter vergadering ingebrachte minderheidsstandpunten worden in of bij de adviezen vermeld.

Art. 2.38

Informatieverstrekking Minister VROM
De commissie houdt de op de door haar uitgebrachte adviezen betrekking hebbende voorbereidende stukken ter beschikking van Onze Minister en van de bestuursorganen, bedoeld in artikel 2.27, eerste lid, onder b.

Art. 2.39

Jaarlijks overleg Minister VROM
1. De voorzitter van de commissie pleegt ten minste eenmaal per jaar overleg met Onze Minister over de door de commissie voorgenomen werkzaamheden voor de komende twaalf maanden. De commissie stelt vervolgens het programma van haar werkzaamheden vast en zendt dit aan Onze Minister.

Overzicht voorgenomen werkzaamheden
2. Ten behoeve van de voorbereiding van het in het eerste lid bedoelde overleg stelt de commissie een overzicht van de door haar voorgenomen werkzaamheden op en legt dit tijdig aan Onze Minister voor. De commissie voegt bij het overzicht een raming van de met de uitvoering van de werkzaamheden gepaard gaande kosten.
3. De commissie oefent haar werkzaamheden uit binnen het raam van de middelen welke haar jaarlijks ingevolge de begrotingswet ter beschikking worden gesteld.

Art. 2.40

Nadere regels werkwijze
De commissie stelt nadere regels betreffende haar werkwijze en de werkwijze van haar subcommissies en zendt deze aan Onze Minister.

§ 2.4
De provinciale milieucommissie

Art. 2.41

Provinciale milieucommissie
1. Provinciale staten en gedeputeerde staten stellen overeenkomstig artikel 82 van de Provinciewet gezamenlijk een provinciale milieucommissie in, die door provinciale staten en gedeputeerde staten vooraf wordt gehoord over maatregelen en plannen, die van betekenis zijn voor het provinciale milieubeheer.
2. Provinciale staten en gedeputeerde staten benoemen elk een gelijk aantal leden.
3. De inspecteur is ambtshalve lid van de commissie.

Wet milieubeheer　　　　　　　　　　　　　　　　　　　　　　　　　　　　　　　　　　A65 art. 4.2

Hoofdstuk 3
Internationale zaken

Art. 3.1
[Gereserveerd.]

Hoofdstuk 4
Plannen

§ 4.1
Algemeen

Art. 4.1
In dit hoofdstuk wordt onder Onze Ministers verstaan: Onze Minister, te zamen met Onze Ministers van Verkeer en Waterstaat, van Landbouw, Natuur en Voedselkwaliteit, van Economische Zaken, en van Onderwijs, Cultuur en Wetenschap voor zover het onderdelen van het milieubeleid betreft, die tot hun verantwoordelijkheid behoren.

Begripsbepalingen

Art. 4.1a
1. Indien ter uitvoering van een voor Nederland verbindend besluit van een volkenrechtelijke organisatie een plan of programma moet worden vastgesteld waarvoor geen grondslag in de wet is opgenomen en ten aanzien waarvan ingevolge artikel 2, tweede lid, van richtlijn nr. 2003/35/EG van het Europees Parlement en de Raad van 26 mei 2003 tot voorziening in inspraak van het publiek in de opstelling van bepaalde plannen en programma's betreffende het milieu en, met betrekking tot inspraak van het publiek en toegang tot de rechter, tot wijziging van de Richtlijnen 85/337/EEG en 96/61/EG van de Raad (PbEU L 156) in inspraak van het publiek moet worden voorzien, is op de voorbereiding van dat plan of programma afdeling 3.4 van de Algemene wet bestuursrecht van toepassing. De eerste volzin is van overeenkomstige toepassing op een herziening van een plan of programma.
2. Zienswijzen als bedoeld in artikel 3:15 van de Algemene wet bestuursrecht kunnen naar voren worden gebracht door een ieder.
3. Een wijziging van de in het eerste lid genoemde richtlijn of van een bijlage bij die richtlijn gaat voor de toepassing van dit hoofdstuk gelden met ingang van de dag waarop aan de betrokken wijziging uitvoering moet zijn gegeven, tenzij bij een besluit van Onze Minister, dat in de Staatscourant wordt bekendgemaakt, een ander tijdstip wordt vastgesteld.

Toepassing Awb bij plan of programma

Art. 4.1b
1. Voorzover op de voorbereiding van een in deze wet voorzien plan of programma dat wordt genoemd in bijlage I bij richtlijn nr. 2003/35/EG van het Europees Parlement en de Raad van 26 mei 2003 tot voorziening in inspraak van het publiek in de opstelling van bepaalde plannen en programma's betreffende het milieu en, met betrekking tot inspraak van het publiek en toegang tot de rechter, tot wijziging van de Richtlijnen 85/337/EEG en 96/61/EG van de Raad (PbEU L 156), de procedure van toepassing is die is voorgeschreven in hoofdstuk 7, geldt uitsluitend die procedure en blijven de bepalingen die terzake in andere hoofdstukken, onderscheidenlijk in deze wet, zijn opgenomen, voorzover nodig buiten toepassing.
2. Een wijziging van bijlage I bij de in het eerste lid genoemde richtlijn gaat voor de toepassing van dit hoofdstuk gelden met ingang van de dag waarop aan de betrokken wijziging uitvoering moet zijn gegeven, tenzij bij een besluit van Onze Minister, dat in de Staatscourant wordt bekendgemaakt, een ander tijdstip wordt vastgesteld.

Procedure bij inspraak bij plan of programma

Art. 4.2
1. Het Planbureau voor de Leefomgeving brengt eenmaal in de vier jaar aan Onze Minister een wetenschappelijk rapport uit, waarin de ontwikkeling van de kwaliteit van het milieu wordt beschreven over een door Onze Minister aan te geven periode van ten minste de eerstvolgende tien jaar. In ieder geval wordt die ontwikkeling beschreven, uitgaande van de voor die periode meest waarschijnlijke ontwikkeling van de omstandigheden die daarvoor van belang zijn. Tevens worden in het rapport beschrijvingen opgenomen, die telkens uitgaan van andere ontwikkelingen van de omstandigheden, die zich, naar redelijkerwijs kan worden verondersteld, in de betrokken periode zouden kunnen voordoen. Het rapport wordt uitgebracht ten minste 6 maanden en ten hoogste 12 maanden voordat Onze Ministers het eerstvolgende nationale milieubeleidsplan vaststellen. Om aan deze verplichting te kunnen voldoen in gevallen waarin de geldigheidsduur van een nationaal milieubeleidsplan met toepassing van artikel 4.6, tweede lid, wordt verlengd, kan worden afgeweken van de in de eerste volzin gestelde termijn van vier jaar.

Vierjaarlijkse rapportage Minister I&M

2. Het Planbureau voor de Leefomgeving brengt eenmaal in de twee jaar aan Onze Minister een wetenschappelijk rapport uit, waarin de ontwikkeling van de kwaliteit van het milieu wordt beschreven, die het resultaat is van de uitvoering van de beleidsmaatregelen die van invloed zijn op die kwaliteit en die in de periode waarop het rapport betrekking heeft, van kracht waren. Daarbij wordt in ieder geval aangegeven in hoeverre die maatregelen hebben bijgedragen aan

Jaarlijkse rapportage Minister I&M

A65 art. 4.2a — Wet milieubeheer

de verwezenlijking van de resultaten, waarvan in het geldende nationale milieubeleidsplan is aangegeven dat zij voor de betrokken periode zijn beoogd. Tevens wordt aangegeven hoe de beschreven ontwikkeling van de kwaliteit van het milieu zich verhoudt tot de ontwikkeling daarvan die is beschreven in de overeenkomstige eerder uitgebrachte rapporten. Indien zich onvoorzien een omstandigheid voordoet die belangrijke gevolgen kan hebben voor de ontwikkeling van de kwaliteit van het milieu op langere termijn, en Onze Minister daarom verzoekt, neemt het Planbureau voor de Leefomgeving in een rapport tevens een beschrijving op van die ontwikkeling die daarvan het resultaat kan zijn.

3. Onze Minister wijst, te zamen met - ieder voor zover het hem aangaat - Onze Ministers van Verkeer en Waterstaat, van Economische Zaken, van Landbouw, Natuur en Voedselkwaliteit en van Onderwijs, Cultuur en Wetenschap, overheidsinstellingen aan, die door het Planbureau voor de Leefomgeving in ieder geval worden betrokken bij het opstellen van de rapporten. Een overheidsinstelling komt voor aanwijzing slechts in aanmerking indien zij in staat is naar organisatie, personeel en uitrusting de voor het opstellen van de rapporten nodige werkzaamheden op passend wetenschappelijk niveau te verrichten.

4. Onze Minister kan, te zamen met - ieder voor zover het hem aangaat - Onze Ministers van Verkeer en Waterstaat, van Economische Zaken, van Landbouw, Natuur en Voedselkwaliteit en van Onderwijs, Cultuur en Wetenschap, regels stellen ten aanzien van de wijze waarop de krachtens het derde lid aangewezen overheidsinstellingen bij het opstellen van de rapporten worden betrokken.

Art. 4.2a

Grondslag rapport

1. Onze Minister kan aanwijzingen geven omtrent veronderstelde ontwikkelingen die in ieder geval als grondslag voor beschrijvingen als bedoeld in artikel 4.2, eerste lid, moeten worden aangenomen. Hij kan tevens aanwijzingen geven omtrent onderwerpen die in ieder geval in een rapport, als bedoeld in dat artikellid, moeten worden beschreven.
2. Behoudens het in het artikel 4.2, tweede lid, vierde volzin, en in het eerste lid van dit artikel bepaalde, geven Onze betrokken Ministers het Planbureau voor de Leefomgeving en de krachtens artikel 4.2, derde lid, aangewezen instellingen geen aanwijzingen met betrekking tot de inhoud van de rapporten.
3. Onze Minister zendt de rapporten aan de Staten-Generaal; een rapport als bedoeld in artikel 4.2, eerste lid, voor of gelijktijdig met het eerstvolgende nationale milieubeleidsplan. Het Planbureau voor de Leefomgeving draagt ervoor zorg dat de rapporten algemeen verkrijgbaar worden gesteld.

Art. 4.2b

Gegevensverstrekking milieubeleidsplannen en milieuprogramma's

Ten behoeve van het opstellen van milieubeleidsplannen verschaffen de onderscheidene overheidsorganen elkaar desgevraagd alle inlichtingen en gegevens, waarover zij kunnen beschikken, voor zover die voor dat opstellen redelijkerwijs noodzakelijk zijn.

§ 4.2
Het nationale milieubeleidsplan

Art. 4.3

Nationaal milieubeleidsplan

1. Onze Ministers stellen ten minste eenmaal in de vier jaar een nationaal milieubeleidsplan vast, dat met het oog op de bescherming van het milieu richting geeft aan van rijkswege in de eerstvolgende vier jaar te nemen beslissingen, en dat naar verwachting tevens richting zal kunnen geven aan in de daarop volgende vier jaar te nemen beslissingen.

Inhoud

2. Het plan bevat de hoofdzaken van het door de regering te voeren milieubeleid, dat in het bijzonder is gericht op een ontwikkeling die voorziet in de behoeften van de huidige generatie, zonder daarmee voor toekomstige generaties de mogelijkheden in gevaar te brengen om ook in hun behoeften te voorzien, en op het bereiken van een zo hoog mogelijk niveau van bescherming van het milieu als redelijkerwijze te bereiken is. De mogelijke ontwikkelingen in de samenleving en de gewenste kwaliteit van het milieu op lange termijn, alsmede de daarvoor van belang zijnde internationale ontwikkelingen, worden in het plan in beschouwing genomen.
3. Tot deze hoofdzaken behoren ten minste:
    a. de in de betrokken periode en van acht jaar en, voor zover deze redelijkerwijze zijn aan te geven, de in de eerstvolgende vier jaar beoogde resultaten inzake de kwaliteit van de onderscheidene onderdelen van het milieu;
    b. de in de betrokken periode van acht jaar en, voor zover deze redelijkerwijze zijn aan te geven, de in de eerstvolgende vier jaar beoogde resultaten inzake het voorkomen, beperken of ongedaan maken van gevolgen van menselijke activiteiten die het milieu verontreinigen, aantasten of uitputten;
    c. de aanduiding van gebieden waarin de kwaliteit van het milieu of van een of meer onderdelen daarvan bijzondere bescherming behoeft;

d. de wijze waarop het bereiken en instandhouden van de onder a , b en c bedoelde resultaten zal worden nagestreefd en de termijnen die daarbij zullen worden gehanteerd, alsmede de mate van prioriteit die aan het bereiken van die resultaten wordt gegeven;
e. de redelijkerwijze te verwachten financiële, economische en ruimtelijke gevolgen van het te voeren milieubeleid.

4. In het plan geven Onze Ministers voorts aan in hoeverre het voorgenomen beleid is afgestemd op, dan wel leidt tot aanpassing van het nationale waterbeleid en het nationale natuurbeleid, en in hoeverre en binnen welke termijn zij voornemens zijn het nationale waterplan, bedoeld in artikel 4.1, eerste lid, van de Waterwet, respectievelijk de natuurvisie, bedoeld in artikel 1.5 van de Wet natuurbescherming te herzien. Met het geldende nationale milieubeleidsplan wordt tevens rekening gehouden bij de vaststelling van beleid op andere beleidsterreinen, voor zover daarbij het belang van de bescherming van het milieu wordt geraakt. — Relatie waterhuishoudingsbeleid en natuurbeleid

Art. 4.4
1. Onze Ministers betrekken bij de voorbereiding van het nationale milieubeleidsplan de naar hun oordeel bij de te behandelen onderwerpen meest belanghebbende bestuursorganen, instellingen en organisaties. Daartoe behoren in elk geval gedeputeerde staten van de provincies. — Betrokken instanties
2. Op de voorbereiding van het nationale milieubeleidsplan is afdeling 3.4 van de Algemene wet bestuursrecht van toepassing. Zienswijzen kunnen naar voren worden gebracht door een ieder.

Art. 4.5
1. Zodra het nationale milieubeleidsplan is vastgesteld, doen Onze Ministers hiervan mededeling door overlegging van het plan aan de Staten-Generaal en door toezending ervan aan gedeputeerde staten van de provincies. — Mededeling Staten-Generaal
2. Onze Minister maakt de vaststelling bekend in de *Staatscourant*. — Bekendmaking

Art. 4.6
1. Het nationale milieubeleidsplan geldt met ingang van een bij besluit van Onze Ministers vast te stellen tijdstip. Een besluit als bedoeld in de eerste volzin, wordt niet eerder genomen dan acht weken nadat het plan ingevolge artikel 4.5, eerste lid, is overgelegd aan de Staten-Generaal. Indien door of namens een der kamers der Staten-Generaal binnen acht weken nadat het plan is overgelegd, te kennen wordt gegeven dat zij over het plan in het openbaar wil beraadslagen, wordt een besluit als bedoeld in de eerste volzin, niet eerder genomen dan zes maanden na de overlegging van het plan, dan wel, indien de beraadslagingen op een eerder tijdstip zijn beëindigd, na die beraadslagingen. Onze Ministers stellen de Staten-Generaal schriftelijk op de hoogte van de gevolgtrekkingen die zij aan de beraadslagingen verbinden voor het nationale milieubeleid en voor de uitvoering van het plan. Onze Minister maakt een besluit als bedoeld in de eerste volzin, bekend in de *Staatscourant* en vermeldt daarbij de gevolgtrekkingen die aan de Staten-Generaal zijn meegedeeld. — Inwerkingtreding
2. Het plan geldt, behoudens ingeval eerder een nieuw plan is vastgesteld, voor een tijdvak van vier jaar. Onze Ministers kunnen de geldingsduur van het plan eenmaal met ten hoogste twee jaar verlengen. Onze Minister doet mededeling van een besluit als bedoeld in de tweede volzin, door overlegging van het besluit aan de Staten-Generaal en maakt het bekend in de *Staatscourant*. — Geldingsduur
3. De organen van het Rijk houden in elk geval rekening met het geldende nationale milieubeleidsplan bij het nemen van een besluit dat daartoe is aangewezen in deze wet, en bij het nemen van een besluit krachtens een wet, genoemd in bijlage 1, voor zover daarbij het belang van de bescherming van het milieu in beschouwing moet of kan worden genomen. — Rekening houden met plan
4. Het derde lid is niet van toepassing op besluiten:
a. met betrekking tot het nationale waterplan, bedoeld in artikel 4.1, eerste lid, van de Waterwet;
b. die door een orgaan van het Rijk worden genomen in de plaats van een orgaan van een ander openbaar lichaam, wegens het in gebreke blijven van dat orgaan.
5. Voor de toepassing van het derde lid worden gevolgtrekkingen die overeenkomstig het bepaalde in het eerste lid aan de Staten-Generaal zijn meegedeeld, aangemerkt als onderdeel van het plan.

§ 4.3
[Vervallen]

Art. 4.7-4.8
[Vervallen]

Wet milieubeheer

§ 4.4
Het provinciale milieubeleidsplan

Art. 4.9

Provinciaal milieubeleidsplan

1. Provinciale staten stellen ten minste eenmaal in de vier jaar een provinciaal milieubeleidsplan vast, dat met het oog op de bescherming van het milieu richting geeft aan in de eerstvolgende vier jaar te nemen beslissingen van provinciale staten en gedeputeerde staten en van bestuursorganen waaraan provinciale bevoegdheden zijn gedelegeerd bij de uitoefening waarvan met het plan rekening moet worden gehouden, en dat naar verwachting tevens richting zal kunnen geven aan in de daarop volgende vier jaar te nemen beslissingen.

Inhoud

2. Het plan bevat de hoofdzaken van het door provinciale staten en gedeputeerde staten te voeren milieubeleid.
3. Tot deze hoofdzaken behoren ten minste:
   a. de in de betrokken periode van acht jaar en, voor zover deze redelijkerwijze zijn aan te geven, de in de eerstvolgende vier jaar beoogde resultaten inzake de kwaliteit van de onderscheidene onderdelen van het milieu, mede gelet op de krachtens artikel 5.1, eerste lid, vastgestelde milieukwaliteitseisen en de in bijlage 2 opgenomen luchtkwaliteitseisen;
   b. de in de betrokken periode van acht jaar en, voor zover deze redelijkerwijze zijn aan te geven, de in de eerstvolgende vier jaar beoogde resultaten inzake het voorkomen, beperken of ongedaan maken van gevolgen van menselijke activiteiten die het milieu verontreinigen, aantasten of uitputten;
   c. de aanduiding van gebieden waarin de kwaliteit van het milieu of van een of meer onderdelen daarvan bijzondere bescherming behoeft;
   d. de wijze waarop het bereiken en instandhouden van de onder a, b en c bedoelde resultaten door de in het eerste lid bedoelde bestuursorganen zal worden nagestreefd en de termijnen die daarbij zullen worden gehanteerd, alsmede de mate van prioriteit die aan het bereiken van die resultaten wordt gegeven;
   e. de redelijkerwijze te verwachten financiële en economische gevolgen van het te voeren milieubeleid.
4. Tot de gebieden, bedoeld in het derde lid, onder c, behoren ten minste:
   a. Natura 2000-gebieden of bijzondere nationale natuurgebieden als bedoeld in de Wet natuurbescherming;
   behoudens voor zover bij die aanwijzing anders is bepaald.

Relatie waterhuishoudings-, ruimtelijk, verkeers- en vervoersbeleid

5. In het plan geven provinciale staten voorts aan in hoeverre het voorgenomen beleid is afgestemd op, dan wel leidt tot aanpassing van het regionale waterbeleid, het provinciale ruimtelijk beleid of het provinciale verkeers- en vervoersbeleid en in hoeverre en binnen welke termijn zij voornemens zijn het geldende regionale waterplan, bedoeld in artikel 4.4, eerste lid, van de Waterwet, een of meer geldende structuurvisies als bedoeld in artikel 2.2 van de Wet ruimtelijke ordening of het geldende provinciale verkeers- en vervoerplan als bedoeld in artikel 5 van de Planwet verkeer en vervoer, te herzien.

Art. 4.10

Voorbereiding GS
Betrokken instanties

1. Het provinciale milieubeleidsplan wordt voorbereid door gedeputeerde staten.
2. Gedeputeerde staten betrekken bij de voorbereiding van het plan de naar hun oordeel bij de te behandelen onderwerpen meest belanghebbende overheidsorganen. Daartoe behoren in elk geval:
   a. gedeputeerde staten van de aangrenzende provincies,
   b. de bestuursorganen waaraan provinciale bevoegdheden zijn gedelegeerd bij de uitoefening waarvan met het plan rekening moet worden gehouden, en
   c. Onze Minister.
3. Gedeputeerde staten betrekken bij de voorbereiding van het plan voorts de ingezetenen en belanghebbenden, op de wijze voorzien in de krachtens artikel 147 van de Provinciewet vastgestelde verordening.

Art. 4.11

Mededeling

1. Zodra het provinciale milieubeleidsplan is vastgesteld, doen gedeputeerde staten hiervan mededeling door toezending van het plan aan Onze Minister en aan de bestuursorganen waaraan provinciale bevoegdheden zijn gedelegeerd bij de uitoefening waarvan met het plan rekening moet worden gehouden.

Bekendmaking

2. Gedeputeerde staten maken de vaststelling bekend in het provinciaal blad.

Art. 4.12

Geldingsduur

1. Het provinciale milieubeleidsplan geldt, behoudens ingeval eerder een nieuw plan is vastgesteld, een tijdvak van vier jaar nadat de vaststelling ervan overeenkomstig artikel 4.11, tweede lid, is bekendgemaakt.

Verlenging geldingsduur

2. Provinciale staten kunnen de geldingsduur van het plan eenmaal met ten hoogste twee jaar verlengen. Gedeputeerde staten doen mededeling van een besluit als bedoeld in de eerste volzin, door toezending daarvan aan Onze Minister en aan de bestuursorganen waaraan provinciale

Wet milieubeheer **A65** art. 4.18

bevoegdheden zijn gedelegeerd bij de uitoefening waarvan met het plan rekening moet worden gehouden. Zij maken het bekend in het provinciaal blad.

3. Provinciale staten en gedeputeerde staten houden in elk geval rekening met het geldende provinciale milieubeleidsplan bij het nemen van een besluit dat daartoe is aangewezen in deze wet, en bij het nemen van een besluit krachtens een wet, genoemd in bijlage 1, voor zover daarbij het belang van de bescherming van het milieu in beschouwing moet of kan worden genomen.

Verplichting om rekening te houden met het plan

4. Het derde lid is niet van toepassing op besluiten:
   a. met betrekking tot een regionaal waterplan als bedoeld in artikel 4.4, eerste lid, van de Waterwet;
   b. die door provinciale staten of gedeputeerde staten worden genomen in de plaats van een orgaan van een ander openbaar lichaam, wegens het in gebreke blijven van dat orgaan.
5. Het derde lid is van overeenkomstige toepassing op besluiten:
   a. die door een orgaan van een ander openbaar lichaam worden genomen in de plaats van provinciale staten of gedeputeerde staten wegens het in gebreke blijven van provinciale staten onderscheidenlijk gedeputeerde staten;
   b. krachtens een provinciale bevoegdheid die aan een orgaan van een ander openbaar lichaam is overgedragen.

Art. 4.13
[Vervallen]

§ 4.5
[Vervallen]

Art. 4.14-4.15
[Vervallen]

§ 4.5a
[Vervallen]

Art. 4.15a
[Vervallen]

§ 4.5b
[Vervallen]

Art. 4.15b
[Vervallen]

§ 4.6
Het gemeentelijke milieubeleidsplan

Art. 4.16
1. De gemeenteraad kan een gemeentelijk milieubeleidsplan vaststellen, dat met het oog op de bescherming van het milieu richting geeft aan door de gemeenteraad onderscheidenlijk burgemeester en wethouders te nemen beslissingen.
2. Het plan bevat de hoofdzaken van het door de gemeenteraad onderscheidenlijk burgemeester en wethouders te voeren milieubeleid.

Gemeentelijk milieubeleidsplan

Inhoud

Art. 4.17
1. Het gemeentelijke milieubeleidsplan wordt voorbereid door burgemeester en wethouders.
2. Burgemeester en wethouders betrekken bij de voorbereiding van het plan de naar hun oordeel bij te behandelen onderwerpen meest belanghebbende bestuursorganen. Daartoe behoren in elk geval:
   a. gedeputeerde staten,
   b. burgemeester en wethouders van de aangrenzende gemeenten, en
   c. Onze Minister.
3. Burgemeester en wethouders betrekken bij de voorbereiding van het plan voorts de ingezetenen en belanghebbenden, op de wijze voorzien in de krachtens artikel 150 van de Gemeentewet vastgestelde verordening.

Voorbereiding college
Betrokken instanties

Art. 4.18
1. Zodra het gemeentelijke milieubeleidsplan is vastgesteld, doen burgemeester en wethouders hiervan mededeling door toezending van het plan aan gedeputeerde staten en aan de inspecteur.
2. Burgemeester en wethouders maken de vaststelling bekend in het gemeenteblad. Hierbij geven zij aan op welke wijze kennis kan worden gekregen van de inhoud van het plan.

Toezending

Bekendmaking

A65 art. 4.19 — Wet milieubeheer

Art. 4.19

Geldingsduur
1. Bij de vaststelling van het gemeentelijke milieubeleidsplan bepaalt de gemeenteraad het tijdvak gedurende hetwelk het geldt.

Verlenging geldingsduur
2. De gemeenteraad kan de geldingsduur eenmaal met ten hoogste twee jaar verlengen. Artikel 4.18, tweede lid, is van overeenkomstige toepassing.

Rekening houden met plan
3. Indien in de gemeente een gemeentelijk milieubeleidsplan geldt, houdt de gemeenteraad onderscheidenlijk houden burgemeester en wethouders in elk geval rekening met dat plan bij het nemen van een besluit dat daartoe is aangewezen in deze wet, en bij het nemen van een besluit krachtens een wet, genoemd in bijlage 1, voor zover daarbij het belang van de bescherming van het milieu in beschouwing moet of kan worden genomen.

4. Het derde lid is niet van toepassing op besluiten krachtens een bevoegdheid van een ander openbaar lichaam, die aan de gemeenteraad of burgemeester en wethouders is gedelegeerd.

§ 4.7
[Vervallen]

Art. 4.20-4.21
[Vervallen]

§ 4.8
Het gemeentelijke rioleringsplan

Art. 4.22

Gemeentelijk rioleringsplan
1. De gemeenteraad stelt telkens voor een daarbij vast te stellen periode een gemeentelijk rioleringsplan vast.

Inhoud
2. Het plan bevat ten minste:
a. een overzicht van de in de gemeente aanwezige voorzieningen voor de inzameling en het transport van stedelijk afvalwater als bedoeld in artikel 10.33, alsmede de inzameling en verdere verwerking van afvloeiend hemelwater als bedoeld in artikel 3.5 van de Waterwet, en maatregelen teneinde structureel nadelige gevolgen van de grondwaterstand voor de aan de grond gegeven bestemming zoveel mogelijk te voorkomen of te beperken, als bedoeld in artikel 3.6 van laatstgenoemde wet en een aanduiding van het tijdstip waarop die voorzieningen naar verwachting aan vervanging toe zijn;
b. een overzicht van de in de door het plan bestreken periode aan te leggen of te vervangen voorzieningen als bedoeld onder a;
c. een overzicht van de wijze waarop de voorzieningen, bedoeld onder a en b, worden of zullen worden beheerd;
d. de gevolgen voor het milieu van de aanwezige voorzieningen als bedoeld onder a, en van de in het plan aangekondigde activiteiten;
e. een overzicht van de financiële gevolgen van de in het plan aangekondigde activiteiten.

3. Indien in de gemeente een gemeentelijk milieubeleidsplan geldt, houdt de gemeenteraad met dat plan rekening bij de vaststelling van een gemeentelijk rioleringsplan.

4. Onze Minister kan, in overeenstemming met Onze Minister van Verkeer en Waterstaat, aan gemeenten de plicht opleggen tot prestatievergelijking ten aanzien van de uitvoering van de taak, bedoeld in artikel 10.33, alsmede de taken, bedoeld in de artikelen 3.5 en 3.6 van de Waterwet. Bij of krachtens algemene maatregel van bestuur kunnen regels worden gesteld over de frequentie, inhoud en omvang van de prestatievergelijking.

Art. 4.23

Voorbereiding college
1. Het gemeentelijke rioleringsplan wordt voorbereid door burgemeester en wethouders. Zij betrekken bij de voorbereiding van het plan in elk geval:
a. gedeputeerde staten,
b. de beheerders van de zuiveringstechnische werken waarnaar het ingezamelde afvalwater wordt getransporteerd, en
c. de beheerders van de oppervlaktewateren waarop het ingezamelde water wordt geloosd.

Mededeling
2. Zodra het plan is vastgesteld, doen burgemeester en wethouders hiervan mededeling door toezending van het plan aan de in het eerste lid, onder a tot en met c, genoemde instanties, en Onze Minister.

Bekendmaking
3. Burgemeester en wethouders maken de vaststelling bekend in het gemeenteblad. Hierbij geven zij aan op welke wijze kennis kan worden gekregen van de inhoud van het plan.

Art. 4.24
[Vervallen]

Wet milieubeheer

Hoofdstuk 5
Milieukwaliteitseisen

Titel 5.1
Algemene bepalingen ten aanzien van milieukwaliteitseisen

Art. 5.1
1. In het belang van de bescherming van het milieu kunnen, voor zover dit van meer dan provinciaal belang is, bij algemene maatregel van bestuur eisen worden gesteld ten aanzien van de kwaliteit van onderdelen van het milieu vanaf een daarbij te bepalen tijdstip. — *Milieukwaliteitseisen*
2. Bij de beslissing tot het vaststellen van een algemene maatregel van bestuur als bedoeld in het eerste lid, worden in ieder geval betrokken: — *Betrokken elementen*
a. de beschikbare wetenschappelijke en technische gegevens,
b. de beschikbare gegevens inzake de bestaande toestand van het milieu,
c. de redelijkerwijs te verwachten ontwikkelingen die van belang zijn met het oog op de bescherming van het milieu,
d. de mogelijkheid om de risico's voor het milieu als gevolg van de bij het stellen van de eis in aanmerking te nemen milieubelastende factoren zo klein als redelijkerwijze mogelijk is te maken, en
e. de redelijkerwijs te verwachten, uit de verwerkelijking van de te stellen eis voortvloeiende financiële en economische gevolgen,
voor zover deze voor de vaststelling van de milieukwaliteitseis van belang zijn en dit niet strijdig is met een op die milieukwaliteitseis betrekking hebbende EU-richtlijn of EU-verordening. In een toelichting bij de maatregel wordt aangegeven op welke wijze deze aspecten bij de voorbereiding van de maatregel zijn betrokken.
3. Bij een maatregel als bedoeld in het eerste lid, wordt ten aanzien van een daarbij gestelde milieukwaliteitseis bepaald of deze wordt aangemerkt als grenswaarde, richtwaarde dan wel andere ter uitvoering van een daarbij genoemde EU-richtlijn of EU-verordening gestelde milieukwaliteitseis, met dien verstande dat: — *Grenswaarden en richtwaarden*
a. een grenswaarde de kwaliteit aangeeft die op het in de maatregel aangegeven tijdstip ten minste moet zijn bereikt, en die, waar zij aanwezig is, ten minste moet worden in stand gehouden;
b. een richtwaarde de kwaliteit aangeeft die op het in de maatregel aangegeven tijdstip zoveel mogelijk moet zijn bereikt, en die, waar zij aanwezig is, zoveel mogelijk moet worden in stand gehouden;
c. een ter uitvoering van een EU-richtlijn of EU-verordening gestelde milieukwaliteitseis de overeenkomstig die richtlijn of verordening te bereiken kwaliteit aangeeft, met inbegrip van een met betrekking tot die eis van toepassing zijnde afwijkingsmogelijkheid.
4. Bij een maatregel als bedoeld in het eerste lid kan worden bepaald dat een daarbij gestelde milieukwaliteitseis slechts geldt voor één of meer bij of krachtens de maatregel aan te wijzen gebieden, dan wel voor gebieden die behoren tot een bij de maatregel aangegeven categorie. Een tijdstip als bedoeld in het eerste lid kan voor verschillende bij of krachtens de maatregel aan te geven gebieden of categorieën van gebieden verschillend zijn. — *Beperking bepaalde gebieden*
5. Bij een maatregel als bedoeld in het eerste lid wordt ten aanzien van de daarbij gestelde milieukwaliteitseisen een termijn bepaald, voor het verstrijken waarvan Onze Minister en, voor zover het onderdelen van het milieubeleid betreft die tot hun verantwoordelijkheid behoren, Onze Ministers van Verkeer en Waterstaat en van Landbouw, Natuur en Voedselkwaliteit dienen aan te geven in hoeverre de desbetreffende milieukwaliteitseis naar hun oordeel herziening behoeft. Indien een gestelde milieukwaliteitseis niet een zodanige waarde heeft dat redelijkerwijs kan worden aangenomen dat, indien aan die eis is voldaan, de risico's voor het milieu als gevolg van de bij het stellen van de eis in aanmerking genomen milieubelastende factoren verwaarloosbaar klein zijn, bedraagt de termijn, bedoeld in de vorige volzin, ten hoogste acht jaar. — *Periodieke herziening*

Art. 5.2
1. Bij een maatregel als bedoeld in artikel 5.1, eerste lid, worden de bevoegdheden aangewezen bij de uitoefening waarvan: — *Doorwerking*
a. de bij de maatregel gestelde grenswaarden in acht moeten worden genomen,
b. met de bij de maatregel gestelde richtwaarden rekening moet worden gehouden, of
c. de bij die maatregel ter uitvoering van een EU-richtlijn of EU-verordening gestelde milieukwaliteitseisen worden betrokken, op de bij die maatregel bepaalde wijze.
Bij de maatregel kunnen voorts regels worden gesteld met betrekking tot de wijze waarop aan de daarin opgenomen verplichtingen uitvoering moet worden gegeven.
2. Het eerste lid vindt slechts toepassing voor zover de wettelijke regeling waarop een bevoegdheid als bedoeld in dat lid berust, zich daartegen niet verzet.
3. Indien in een gebied waarvoor een milieukwaliteitseis geldt, voor het betrokken onderdeel van het milieu de kwaliteit beter is dan de eis aangeeft, treedt die kwaliteit voor de toepassing — *Bestaande kwaliteit niet omlaag*

van de krachtens het eerste lid aangewezen bevoegdheden voor dit gebied in de plaats van de in de eis aangegeven kwaliteit. In een maatregel als bedoeld in artikel 5.1, eerste lid, kan worden bepaald dat de eerste volzin ten aanzien van de daarbij gestelde milieukwaliteitseis niet van toepassing is.

4. Indien bij de uitoefening van een bevoegdheid ten aanzien waarvan krachtens het eerste lid is bepaald dat daarbij rekening moet worden gehouden met een richtwaarde, van die waarde wordt afgeweken, vermeldt de motivering van het desbetreffende besluit in ieder geval welke gewichtige redenen daartoe hebben geleid.

Art. 5.2a
[Vervallen]

Art. 5.2b

Uitvoering kaderrichtlijn water

1. Bij een maatregel als bedoeld in artikel 5.1, eerste lid, ter uitvoering van de kaderrichtlijn water, wordt aan provinciale staten opgedragen milieukwaliteitseisen, voorzover die niet zijn vastgesteld bij een maatregel op grond van artikel 5.1, eerste lid, in een provinciale milieuverordening als bedoeld in artikel 5.5, eerste lid, vast te stellen.

2. Bij ministeriële regeling kunnen nadere regels worden gesteld die provinciale staten bij de vaststelling van de eisen in de provinciale milieuverordening in daarbij aan te wijzen gevallen in acht moeten nemen. Een zodanige regeling wordt vastgesteld door Onze Minister tezamen met Onze Ministers van Verkeer en Waterstaat en van Landbouw, Natuur en Voedselkwaliteit, ieder voor zover het aangelegenheden betreft die mede tot zijn verantwoordelijkheid behoren.

3. Bij een maatregel als bedoeld in artikel 5.1, eerste lid, wordt overeenkomstig artikel 4, vierde, vijfde en zevende lid, van de kaderrichtlijn water bepaald in hoeverre en onder welke voorwaarden kan worden afgeweken van de ter uitvoering van artikel 4, eerste en tweede lid, van die richtlijn gestelde milieukwaliteitseisen en termijnen.

4. In:
a. het nationale waterplan, bedoeld in artikel 4.1, eerste lid, van de Waterwet,
b. een regionaal waterplan als bedoeld in artikel 4.4, eerste lid, van de Waterwet,
c. een beheerplan als bedoeld in artikel 4.6, eerste lid, van de Waterwet, worden de maatregelen opgenomen of uiteengezet ter voorkoming van achteruitgang van de toestand van alle oppervlaktewaterlichamen en grondwaterlichamen die in verband met de uitvoering van de verplichtingen van de kaderrichtlijn water zijn aangewezen, behoudens voor zover overeenkomstig artikel 4, zesde, zevende en achtste lid, van die richtlijn bij een algemene maatregel van bestuur als bedoeld in artikel 5.1, eerste lid, is bepaald dat achteruitgang van een toestand is toegelaten.

5. Bij of krachtens algemene maatregel van bestuur kunnen nadere regels worden gesteld met betrekking tot de toepassing van het vierde lid.

Art. 5.3

AMvB milieukwaliteitseisen

1. Bij algemene maatregel van bestuur kunnen ten aanzien van milieukwaliteitseisen regels worden gesteld met betrekking tot:
a. de wijze waarop en de frequentie waarmee de kwaliteit van de betrokken onderdelen van het milieu gemeten of berekend wordt;
b. de verantwoordelijkheid voor de onder a bedoelde metingen, onderscheidenlijk berekeningen en de wijze waarop daarvan verslag wordt gedaan en
c. de wijze van bekostiging van de onder a bedoelde metingen, onderscheidenlijk berekeningen.

2. Bij de in het eerste lid bedoelde maatregel kan worden bepaald dat de wijze van meten of berekenen en de frequentie daarvan bij ministeriële regeling worden vastgesteld.

3. Bij algemene maatregel van bestuur worden regels gesteld met betrekking tot het opstellen van programma's voor de monitoring van oppervlaktewaterlichamen en grondwaterlichamen als bedoeld in artikel 8 van de kaderrichtlijn water, waarbij voor gebieden, bedoeld in bijlage IV van die richtlijn, aanvullende verplichtingen kunnen worden gesteld welke dienen ter uitvoering van een EU-richtlijn of EU-verordening. Bij de maatregel kan ten aanzien van de milieudoelstellingen, bedoeld in artikel 4 van de kaderrichtlijn water, overeenkomstige toepassing worden gegeven aan het eerste en tweede lid.

Art. 5.4

Ministeriële regeling

Indien ter uitvoering van deze titel een ministeriële regeling als bedoeld in artikel 21.6, zesde lid, wordt vastgesteld, zijn daarop de artikelen 5.1, derde, vierde en vijfde lid, 5.2 en 5.3 van overeenkomstige toepassing.

Art. 5.5

Provinciale verordening milieukwaliteitseisen

1. Provinciale staten kunnen in de provinciale milieuverordening milieukwaliteitseisen stellen als bedoeld in artikel 5.1, eerste lid. De artikelen 5.1, derde, vierde en vijfde lid, 5.2 en 5.3 zijn van overeenkomstige toepassing op de vaststelling van milieukwaliteitseisen als bedoeld in de eerste volzin, met dien verstande, dat overeenkomstig artikel 5.2, eerste lid, geen bevoegdheden van organen van het Rijk worden aangewezen.

2. Bij een algemene maatregel van bestuur als bedoeld in artikel 5.1, eerste lid, of bij een ministeriële regeling als bedoeld in artikel 21.6, zesde lid, kan de bevoegdheid, bedoeld in het eerste lid, met betrekking tot een onderwerp ten aanzien waarvan in die maatregel of in die regeling

een milieukwaliteitseis is vastgesteld, voor zover dat in het algemeen belang geboden is, worden beperkt.

Titel 5.2
Luchtkwaliteitseisen

§ 5.2.1
Algemene bepalingen

Art. 5.6
1. In afwijking van titel 5.1 gelden ten aanzien van de kwaliteit van de buitenlucht uitsluitend deze titel, bijlage 2 en de op deze titel berustende bepalingen.   *Werkingssfeer*
2. Deze titel, bijlage 2 en de op deze titel berustende bepalingen zijn niet van toepassing op plaatsen als gedefinieerd in artikel 2 van de Richtlijn 89/654/EEG van de Raad van 30 november 1989 betreffende minimumvoorschriften inzake veiligheid en gezondheid voor arbeidsplaatsen (PbEG L 393), op welke plaatsen bepalingen betreffende gezondheid en veiligheid op de arbeidsplaats van toepassing zijn en waartoe leden van het publiek gewoonlijk geen toegang hebben.

Art. 5.7
1. In deze titel, bijlage 2 en de op deze titel berustende bepalingen met betrekking tot de kwaliteit van de buitenlucht wordt verstaan onder: *Begripsbepalingen*
acht-uurgemiddelde concentratie: concentratie in de buitenlucht, gemiddeld over acht achtereenvolgende uurgemiddelde concentraties, uitgedrukt in microgram per m^3 lucht bij een temperatuur van 293 Kelvin en een druk van 101,3 kiloPascal;
agglomeratie: stedelijk gebied met ten minste 250 000 inwoners;
alarmdrempel: kwaliteitsniveau bij het bereiken waarvan het waarschuwen van de bevolking noodzakelijk is teneinde de risico's voor de gezondheid van de mens ingeval van een kortstondige overschrijding van dat kwaliteitsniveau te beperken;
AOT40-waarde: gesommeerd verschil tussen de uurgemiddelde concentraties van ozon boven 80 microgram per m^3 en 80 microgram per m^3 tussen 08.00 uur en 20.00 uur Midden-Europese-Tijd, over een bepaalde periode, uitgedrukt in (microgram per m^3) • uur;
autosnelweg: autosnelweg als bedoeld in artikel 1, onder c, van het Reglement verkeersregels en verkeerstekens 1990;
beoordelen van de luchtkwaliteit: vaststellen van het kwaliteitsniveau en bepalen van de mate waarin een vastgesteld kwaliteitsniveau voldoet aan een grenswaarde, blootstellingsconcentratieverplichting, richtwaarde, plandrempel, alarmdrempel of informatiedrempel als bedoeld in bijlage 2;
blootstellingsconcentratieverplichting: een op grond van de gemiddelde blootstellingsindex bepaald kwaliteitsniveau met het doel de schadelijke gevolgen voor de gezondheid van de mens te verminderen, waaraan binnen een bepaalde termijn moet worden voldaan;
buitenlucht: buitenlucht in de troposfeer;
bijdragen van natuurlijke bronnen: emissies van verontreinigende stoffen die niet direct of indirect zijn veroorzaakt door menselijke activiteiten, met inbegrip van natuurverschijnselen zoals vulkanische uitbarstingen, seismische activiteiten, geothermische activiteiten, bosbranden, stormen, zeezout als gevolg van verstuivend zeewater of de atmosferische opwerveling of verplaatsing van natuurlijke deeltjes uit droge regio's;
EG-richtlijn luchtkwaliteit: richtlijn nr. 2008/50/EG van het Europees Parlement en de Raad van de Europese Unie van 21 mei 2008 betreffende de luchtkwaliteit en schonere lucht voor Europa (PbEG L 152);
gemiddelde blootstellingsindex: gemiddeld kwaliteitsniveau dat overeenkomstig de Regeling beoordeling luchtkwaliteit wordt bepaald op basis van stedelijke achtergrondlocaties verspreid over het gehele Nederlandse grondgebied en dat de blootstelling van de bevolking weergeeft;
grenswaarde: kwaliteitsniveau met als doel schadelijke gevolgen voor de menselijke gezondheid of het milieu als geheel te vermijden, te voorkomen of te verminderen en dat binnen een bepaalde termijn moet worden bereikt en, wanneer het eenmaal is bereikt, niet meer mag worden overschreden;
informatiedrempel: kwaliteitsniveau bij het bereiken waarvan het informeren van de bevolking noodzakelijk is, teneinde de risico's voor de gezondheid van bijzonder gevoelige bevolkingsgroepen ingeval van een kortstondige overschrijding van dat kwaliteitsniveau te beperken;
jaargemiddelde concentratie: concentratie in de buitenlucht, gemiddeld over vierentwintig-uurgemiddelde concentraties in een kalenderjaar, uitgedrukt in microgram per m^3 lucht bij een temperatuur van 293 Kelvin en een druk van 101,3 kiloPascal voor zwaveldioxide, stikstofdioxide, stikstofoxiden, lood en benzeen en bij heersende temperatuur en druk voor zwevende deeltjes (PM_{10}) en voor zwevende deeltjes ($PM_{2,5}$);

A65 art. 5.8 — Wet milieubeheer

kwaliteitsniveau: concentratie in de buitenlucht of de depositiesnelheid van een verontreinigende stof;
luchtverontreiniging: aanwezigheid in de buitenlucht van verontreinigende stoffen;
plandrempel: kwaliteitsniveau bij het bereiken waarvan een planmatige aanpak van de luchtverontreiniging noodzakelijk is;
richtwaarde: kwaliteitsniveau dat is vastgesteld met het doel om schadelijke gevolgen voor de menselijke gezondheid of het milieu als geheel te vermijden, te voorkomen of te verminderen en dat voor zover mogelijk binnen een bepaalde termijn moet worden bereikt;
stikstofoxiden: het totale aantal volumedelen stikstofmonoxide en stikstofdioxide per miljard volumedelen, uitgedrukt in microgrammen stikstofdioxide per m^3;
uurgemiddelde concentratie: concentratie in de buitenlucht, gemiddeld over een heel uur, uitgedrukt in microgram per m^3 lucht bij een temperatuur van 293 Kelvin en een druk van 101,3 kiloPascal;
vaststellen van het kwaliteitsniveau: door middel van meting of berekening bepalen of prognosticeren van de concentratie van een verontreinigende stof in de buitenlucht of van de depositie van die stof;
verontreinigende stof: stof die zich in de lucht bevindt en die waarschijnlijk schadelijke gevolgen voor de menselijke gezondheid of het milieu als geheel heeft;
vierentwintig-uurgemiddelde concentratie: concentratie in de buitenlucht, gemiddeld over het tijdvak van 0.00 uur tot 24.00 uur Midden-Europese-Tijd, uitgedrukt in microgram per m^3 lucht bij een temperatuur van 293 Kelvin en een druk van 101,3 kiloPascal voor zwaveldioxide en bij heersende temperatuur en druk voor zwevende deeltjes (PM_{10});
winterhalfjaargemiddelde concentratie: concentratie in de buitenlucht, gemiddeld over vierentwintig-uurgemiddelde concentraties van 1 oktober tot en met 31 maart, uitgedrukt in microgram per m^3 lucht bij een temperatuur van 293 Kelvin en een druk van 101,3 kilo Pascal;
zone: gedeelte van het Nederlandse grondgebied;
zwevende deeltjes (PM_{10}): in de buitenlucht voorkomende stofdeeltjes die een op grootte selecterende instroomopening passeren met een efficiencygrens van 50 procent bij een aërodynamische diameter van 10 micrometer;
zwevende deeltjes ($PM_{2,5}$): in de buitenlucht voorkomende stofdeeltjes die een op grootte selecterende instroomopening passeren met een efficiencygrens van 50 procent bij een aerodynamische diameter van 2,5 micrometer.
2. In afwijking van artikel 1.1, eerste lid, wordt in deze titel, bijlage 2 en de op deze titel berustende bepalingen onder *stoffen* verstaan: chemische elementen en hun verbindingen, zoals deze voorkomen in de natuur of door toedoen van de mens worden voortgebracht.

Art. 5.8
[Dit artikel treedt niet meer in werking. Het artikel is ingetrokken door Stb. 2009/158.]
1. Indien wijziging van deze titel, bijlage 2 of de op deze titel berustende bepalingen wenselijk is ter uitvoering van een richtlijn van de Raad van de Europese Unie betreffende de kwaliteit van de buitenlucht, kan Onze Minister, gehoord de Tweede Kamer der Staten-Generaal, een tijdelijke regeling vaststellen, die voor zover daarbij is aangegeven in de plaats treedt van deze titel, bijlage 2 of de op deze titel berustende bepalingen.
2. Binnen achttien maanden na het tijdstip van inwerkingtreding van die regeling wordt een voorstel van wet van gelijke strekking aanhangig gemaakt bij de Tweede Kamer der Staten-Generaal.

§ 5.2.2
Plannen

Art. 5.9
Opstellen plan door B&W
1. Burgemeester en wethouders stellen in de in bijlage 2, voorschrift 13.1, aangegeven gevallen waarin een plandrempel wordt overschreden een plan vast, waarin wordt aangegeven op welke wijze en door middel van welke maatregelen voldaan zal worden aan de desbetreffende in de bijlage genoemde grenswaarde, binnen de voor die waarde gestelde termijn. Zij dragen zorg voor de uitvoering van het plan.
2. Op de voorbereiding van een plan als bedoeld in het eerste lid, is afdeling 3.4 van de Algemene wet bestuursrecht van toepassing. Zienswijzen kunnen naar voren worden gebracht door een ieder.
3. Gedeputeerde staten, Onze Minister, Onze Ministers van Landbouw, Natuur en Voedselkwaliteit en van Verkeer en Waterstaat en andere bestuursorganen die maatregelen kunnen treffen leveren op verzoek van burgemeester en wethouders een bijdrage aan het opstellen en uitvoeren van een plan als bedoeld in het eerste lid. Daarbij geven de desbetreffende bestuursorganen in het plan gemotiveerd rekenschap van het al dan niet treffen van maatregelen. Omtrent

Wet milieubeheer A65 art. 5.12

het opstellen en uitvoeren van het plan bevorderen burgemeester en wethouders overleg met die bestuursorganen.
4. Voor 1 mei van het jaar volgend op het jaar waarin de overschrijding van de desbetreffende plandrempel, met inachtneming van de krachtens artikel 5.20 gestelde regels, is vastgesteld en gerapporteerd, stellen burgemeester en wethouders gedeputeerde staten in kennis van een vastgesteld plan als bedoeld in het eerste lid. Voor 1 juli van dat jaar stellen gedeputeerde staten Onze Minister in kennis van alle door hen ontvangen plannen.
5. Burgemeester en wethouders rapporteren eenmaal in de drie jaar, voor 1 mei van het op die periode volgende jaar, aan gedeputeerde staten omtrent de voortgang van de uitvoering van een plan of plannen als bedoeld in het eerste lid. Voor 1 juli van dat jaar stellen gedeputeerde staten Onze Minister in kennis van alle door hen ontvangen voortgangsrapportages.
6. Burgemeester en wethouders dragen er zorg voor dat het plan, bedoeld in het eerste lid, in overeenstemming is met een programma als bedoeld in artikel 5.12, eerste lid, of 5.13, eerste lid.

Art. 5.10
[Vervallen]

Art. 5.11
1. Een plan als bedoeld in artikel 5.9, eerste lid, 5.12, eerste lid, of 5.13, eerste lid, bevat ten minste de gegevens, bedoeld in bijlage XV, deel A, van de EG-richtlijn luchtkwaliteit. *Inhoud plan*
2. Een wijziging van bijlage XV, deel A, van de EG-richtlijn luchtkwaliteit geldt voor de toepassing van het eerste lid met ingang van de dag waarop aan de betrokken wijzigingsrichtlijn uitvoering moet zijn gegeven en heeft geen betrekking op een vóór die dag vastgesteld plan, tenzij uit de desbetreffende wijziging anders volgt.
3. Voor gevallen waarin ingevolge artikel 5.9, eerste lid, 5.12, eerste lid, of 5.13, eerste lid, voor meer dan één stof een plan wordt vastgesteld en uitgevoerd, draagt het betrokken bestuursorgaan zorg voor één plan voor de desbetreffende stoffen. Het eerste lid is van overeenkomstige toepassing.

§ 5.2.3
Nationaal programma en overige programma's

Art. 5.12
1. Onze Minister stelt, in overeenstemming met het gevoelen van de ministerraad en gehoord *Opstellen nationaal pro-*
de Eerste en Tweede Kamer der Staten-Generaal, met betrekking tot een in bijlage 2 opgenomen *gramma*
grenswaarde die op of na het daarbij behorende tijdstip wordt overschreden of dreigt te worden overschreden, een programma vast dat gericht is op het bereiken van die grenswaarde. Het programma heeft betrekking op een daarbij aan te geven periode van vijf jaar.
2. In het programma, bedoeld in het eerste lid, worden ten minste genoemd of beschreven de gedurende de in dat lid bedoelde periode door een of meer bestuursorganen van het Rijk te treffen generieke maatregelen ter verbetering van de luchtkwaliteit en de effecten daarvan op de luchtkwaliteit.
3. Met betrekking tot één of meer in het programma, bedoeld in het eerste lid, aangewezen gebieden omvat het programma, na overleg met de betrokken bestuursorganen, tevens:
a. een beschrijving van de in de buitenlucht aanwezige concentraties verontreinigende stoffen en de autonome ontwikkeling daarvan boven het desbetreffende gebied, op basis van de laatst beschikbare gegevens met betrekking tot de concentraties, alsmede een beschrijving van de oorzaken van een overschrijding of dreigende overschrijding van de desbetreffende grenswaarde;
b. indien op het moment van vaststelling van het programma op één of meer plaatsen binnen een aangewezen gebied een geldende grenswaarde wordt overschreden: een overzicht van alle redelijkerwijs, gedurende de in het eerste lid bedoelde periode, door de betrokken bestuursorganen te treffen maatregelen die bijdragen aan de verwezenlijking van beleid dat erop gericht is die grenswaarde te bereiken, de effecten van die maatregelen op de luchtkwaliteit alsmede het tijdstip waarop die grenswaarde naar verwachting zal zijn bereikt;
c. een beschrijving van de verwachte ontwikkelingen in het desbetreffende gebied en van de besluiten die gedurende de in het eerste lid bedoelde periode naar verwachting zullen worden genomen en die in betekenende mate bijdragen aan de concentratie in de buitenlucht in dat gebied van een stof waarvoor in bijlage 2 een grenswaarde is opgenomen, op basis van de krachtens het zevende lid verstrekte gegevens, alsmede de effecten van die ontwikkelingen en besluiten op de luchtkwaliteit;
d. een beschrijving van de door de bestuursorganen, die daartoe in het programma zijn aangewezen, te treffen overige maatregelen dan bedoeld onder b, die samenhangen met de onder c bedoelde ontwikkelingen van besluiten en die gericht zijn op het bereiken van de grenswaarde of grenswaarden in de betreffende gebieden, alsmede de effecten van die maatregelen op de luchtkwaliteit;

e. een prognose van de ontwikkeling van de onder a bedoelde concentraties, gedurende de in het eerste lid bedoelde periode, met dien verstande dat daarbij tevens wordt aangegeven hoeveel eerder als gevolg van de maatregelen, bedoeld onder b en d, en rekening houdend met de effecten van de verwachte ontwikkelingen en besluiten, bedoeld onder c, een grenswaarde in het betreffende gebied wordt bereikt dan overeenkomstig de autonome ontwikkeling, bedoeld onder a, naar verwachting het geval zou zijn.

Bij ministeriële regeling kunnen regels worden gesteld met betrekking tot de wijze van uitvoering van de onderdelen a tot en met e en van het vierde en zesde lid, met inbegrip van daarbij te hanteren uitgangspunten en criteria.

4. Bij het beschrijven van:

a. de autonome ontwikkeling, bedoeld in het derde lid, onder a, wordt mede in aanmerking genomen het gesommeerde effect van de uitoefening van bevoegdheden en de toepassing van wettelijke voorschriften die gedurende de in het eerste lid bedoelde periode naar verwachting zullen plaatsvinden en die niet in betekenende mate bijdragen aan de concentratie in de buitenlucht in dat gebied van een stof waarvoor in bijlage 2 een grenswaarde is opgenomen;

b. de effecten van de maatregelen, bedoeld in het tweede en derde lid, kunnen de effecten van sinds 1 januari 2005 ter verbetering van de luchtkwaliteit ingevoerde maatregelen mede in aanmerking worden genomen.

5. In een programma als bedoeld in het eerste lid worden geen besluiten als bedoeld in het derde lid, onder c, opgenomen, indien het aannemelijk is dat deze een overschrijding of verdere overschrijding van een geldende grenswaarde tot gevolg hebben op het tijdstip waarop, met toepassing van:

a. uitstel als bedoeld in artikel 22, eerste lid, van de EG-richtlijn luchtkwaliteit, van de tijdstippen waarop aan de in bijlage 2 opgenomen grenswaarden voor stikstofdioxide of benzeen moet worden voldaan,

b. vrijstelling als bedoeld in artikel 22, tweede lid, van de EG-richtlijn luchtkwaliteit, van de verplichting om aan de in bijlage 2 opgenomen grenswaarden voor zwevende deeltjes (PM_{10}) te voldoen,

ingevolge die richtlijn aan de desbetreffende grenswaarde moet worden voldaan.

6. Het programma, bedoeld in het eerste lid, kan in delen worden vastgesteld, met dien verstande dat:

a. alle onderscheiden delen binnen een tijdvak van ten hoogste dertien weken worden vastgesteld, tenzij bijzondere omstandigheden zich daartegen verzetten, en

b. met elkaar, vanwege de daarin opgenomen ontwikkelingen, voorgenomen besluiten of maatregelen, samenhangende delen zoveel mogelijk tegelijkertijd worden vastgesteld.

7. Na een daartoe strekkend verzoek van Onze Minister verstrekken de desbetreffende bestuursorganen hem binnen een daarbij aangegeven termijn de daarbij gevraagde gegevens over de ontwikkelingen en besluiten, bedoeld in het derde lid, onder c, en de maatregelen, bedoeld in dat lid, onder b en d.

8. Op de voorbereiding van een programma als bedoeld in het eerste lid is afdeling 3.4 van de Algemene wet bestuursrecht van toepassing. Zienswijzen kunnen naar voren worden gebracht door een ieder.

9. De daartoe bevoegde bestuursorganen dragen zorg voor de tijdige uitvoering van de maatregelen die in het programma zijn genoemd of beschreven, met dien verstande dat maatregelen die onlosmakelijk verbonden zijn met de ontwikkelingen en besluiten als bedoeld in het derde lid, onder c, ten behoeve van deze ontwikkelingen en besluiten worden uitgevoerd.

10. Onze Minister kan, in overeenstemming met het gevoelen van de ministerraad en gehoord de Eerste en Tweede Kamer der Staten-Generaal, het programma, bedoeld in het eerste lid, ambtshalve wijzigen indien naar zijn oordeel:

a. uit de rapportages, bedoeld in artikel 5.14, naar voren komt dat de in dat programma opgenomen gegevens omtrent de effecten op de luchtkwaliteit van in het programma genoemde of beschreven ontwikkelingen, voorgenomen besluiten of maatregelen, niet of niet langer in redelijkheid kunnen worden gehanteerd bij de uitoefening van de in artikel 5.16, eerste lid, aanhef en onder c en d, juncto het tweede lid van dat artikel, bedoelde bevoegdheden en de toepassing van de daar bedoelde wettelijke voorschriften;

b. het programma, de periode waarop het betrekking heeft of de daarin genoemde of beschreven ontwikkelingen, voorgenomen besluiten of maatregelen om andere redenen wijziging behoeven. Het achtste lid is van overeenkomstige toepassing.

11. De in het negende lid bedoelde plicht tot tijdige uitvoering van maatregelen blijft van kracht totdat die uitvoering of verdere uitvoering naar het oordeel van Onze Minister, in overeenstemming met het gevoelen van de ministerraad en gehoord de Eerste en Tweede Kamer der Staten-Generaal, niet langer vereist is om een grenswaarde te bereiken of daaraan te blijven voldoen.

12. Binnen een gebied als bedoeld in het derde lid kunnen bestuursorganen die het aangaat, na een daartoe strekkende melding aan Onze Minister, een of meer in het programma genoemde

Wet milieubeheer   **A65** art. 5.13

of beschreven maatregelen, ontwikkelingen of besluiten wijzigen of vervangen, of een of meer maatregelen, ontwikkelingen of besluiten aan het programma toevoegen, indien bij de betreffende melding aannemelijk wordt gemaakt dat die gewijzigde, vervangende of nieuwe maatregelen, ontwikkelingen of besluiten per saldo passen binnen of in elk geval niet in strijd zijn met het programma. Bij de melding wordt aangegeven welke maatregelen, ontwikkelingen of besluiten het betreft, welke samenhang er tussen die maatregelen, ontwikkelingen of besluiten is en op welke termijn een maatregel wordt getroffen of een besluit genomen en worden de effecten op de luchtkwaliteit met toepassing van de artikelen 5.19 en 5.20 en de daarop berustende bepalingen aangegeven. Het negende lid is van overeenkomstige toepassing.
13. De bij de melding, bedoeld in het twaalfde lid, aangegeven wijziging of wijzigingen behoeven de instemming van Onze Minister. Onze Minister beslist hieromtrent binnen zes weken na ontvangst van de melding. De instemming is van rechtswege gegeven indien Onze Minister niet binnen de genoemde termijn een beslissing heeft genomen.
14. Binnen zes weken nadat een instemming als bedoeld in het dertiende lid is verkregen, wordt door de betrokken bestuursorganen op de in artikel 12 van de Bekendmakingswet bepaalde wijze kennisgegeven van de bij de melding aangegeven wijziging of wijzigingen en van de daarmee verleende instemming.

Art. 5.12a
Indien op of na het daarbij behorende tijdstip niet wordt voldaan of dreigt te worden voldaan aan de blootstellingsconcentratieverplichting, opgenomen in voorschrift 4.6 van bijlage 2, draagt Onze Minister zorg voor het nemen van maatregelen waardoor aan die verplichting wordt voldaan. Deze maatregelen kunnen deel uitmaken van het programma, bedoeld in artikel 5.12, eerste lid.   *Blootstellingsconcentratieverplichting*

Art. 5.12b
1. Indien krachtens enig wettelijk voorschrift een besluit is vereist voor de door of vanwege Onze Minister van Verkeer en Waterstaat met betrekking tot het hoofdwegennet uit te voeren maatregelen als bedoeld in artikel 5.12, negende lid, zijn deze wettelijke voorschriften op die uitvoering niet van toepassing.   *Reikwijdte art. 5.12*
2. Het eerste lid is niet van toepassing voor zover het vereist zijn van een besluit voortvloeit uit Europeesrechtelijke of internationaalrechtelijke verplichtingen.
3. Voor zover het uitvoeren in het eerste lid bedoelde maatregelen niet in overeenstemming is met het bestemmingsplan of de beheerverordening, geldt het op die maatregelen betrekking hebbende onderdeel van het programma, bedoeld in artikel 5.12, eerste lid, als een omgevingsvergunning waarbij ten behoeve van een project van nationaal belang, met toepassing van artikel 2.12, eerste lid, onder a, onder 3°, van de Wet algemene bepalingen omgevingsrecht, van het bestemmingsplan of de beheersverordening wordt afgeweken. Bij de toepassing van artikel 2.10 van de Wet algemene bepalingen omgevingsrecht worden onder bestemmingsplan of beheersverordening mede de betrokken onderdelen van het programma, bedoeld in artikel 5.12, eerste lid, begrepen.
4. In de gevallen waarin het derde lid van toepassing is, stelt de gemeenteraad een bestemmingsplan of een beheersverordening als bedoeld in de Wet ruimtelijke ordening vast overeenkomstig de onderdelen van het programma, bedoeld in het derde lid. Dit geschiedt binnen een jaar na de datum van inwerkingtreding van de Crisis- en herstelwet of, ingeval van een wijziging van dat programma die of nieuw programma dat na die datum wordt vastgesteld, binnen een jaar nadat die wijziging of dat programma onherroepelijk is geworden.
5. Voor zover een ontwerp van een bestemmingsplan zijn grondslag vindt in de onderdelen van het programma, bedoeld in het derde lid, kunnen zienswijzen geen betrekking hebben op dat deel van het ontwerp van het bestemmingsplan.

Art. 5.13
1. Een of meerdere bestuursorganen gezamenlijk, niet zijnde bestuursorganen van het Rijk, kunnen een programma vaststellen dat gericht is op het bereiken van een in bijlage 2 opgenomen grenswaarde in een bij dat programma aan te wijzen gebied, niet zijnde een krachtens artikel 5.12, derde lid, aangewezen of aan te wijzen gebied, waar een grenswaarde wordt overschreden of dreigt te worden overschreden.   *Bestuursorganen gezamenlijk programma opstellen*
2. Bij de vaststelling van een programma op grond van het eerste lid wordt het krachtens artikel 5.12, eerste lid, vastgestelde programma in acht genomen.
3. Artikel 5.12, derde en vierde lid en achtste tot en met veertiende lid, is van overeenkomstige toepassing, met dien verstande dat de wijziging, bedoeld in het tiende lid van dat artikel, plaatsvindt in overeenstemming met de andere betrokken bestuursorganen en dat de plicht tot melding, bedoeld in het twaalfde lid van dat artikel, niet van toepassing is.
4. Het programma wordt na vaststelling of wijziging toegezonden aan Onze Minister.
5. Indien voor een gebied als bedoeld in het eerste lid geen programma als bedoeld in dat lid wordt vastgesteld, treffen de betrokken bestuursorganen onverwijld de redelijkerwijs mogelijke maatregelen die er op gericht zijn de betreffende grenswaarde te bereiken. De artikelen 5.12, negende en elfde lid, en 5.14 zijn van overeenkomstige toepassing.

Sdu

A65 art. 5.14 Wet milieubeheer

Art. 5.14
Jaarlijkse rapportage
De daartoe in een programma als bedoeld in artikel 5.12, eerste lid, of 5.13, eerste lid, aangewezen bestuursorganen rapporteren jaarlijks voor 1 juli aan Onze Minister over de voortgang en uitvoering van een programma en de daarin opgenomen maatregelen, ontwikkelingen en besluiten, alsmede over de effecten daarvan op de luchtkwaliteit.

Art. 5.15
Nadere regels
Bij of krachtens algemene maatregel van bestuur kunnen regels worden gesteld met betrekking tot:
a. de wijze waarop een programma als bedoeld in artikel 5.12, eerste lid, of 5.13, eerste lid, wordt afgestemd met andere bij of krachtens wettelijk voorschrift vast te stellen of vastgestelde plannen;
b. de voorbereiding, vormgeving, inhoud en uitvoering van een programma als bedoeld in artikel 5.12, eerste lid, of 5.13, eerste lid;
c. de verslaglegging, bedoeld in artikel 5.14.

§ 5.2.4
Uitoefening van bevoegdheden of toepassing van wettelijke voorschriften

Art. 5.16
Uitoefening bevoegdheden
1. Bestuursorganen maken bij de uitoefening van een in het tweede lid bedoelde bevoegdheid of toepassing van een daar bedoeld wettelijk voorschrift, welke uitoefening of toepassing gevolgen kan hebben voor de luchtkwaliteit, gebruik van een of meer van de volgende gronden en maken daarbij aannemelijk:
a. dat een uitoefening of toepassing, rekening houdend met de effecten op de luchtkwaliteit van onlosmakelijk met die uitoefening of toepassing samenhangende maatregelen ter verbetering van de luchtkwaliteit, niet leidt tot het overschrijden, of tot het op of na het tijdstip van ingang waarschijnlijk overschrijden, van een in bijlage 2 opgenomen grenswaarde;
b. dat, met inachtneming van het vijfde lid en de krachtens dat lid gestelde regels:
1°. de concentratie in de buitenlucht van de desbetreffende stof als gevolg van die uitoefening of toepassing per saldo verbetert of ten minste gelijk blijft, of
2°. bij een beperkte toename van de concentratie van de desbetreffende stof, door een met die uitoefening of toepassing samenhangende maatregel of door een door die uitoefening of toepassing optredend effect, de luchtkwaliteit per saldo verbetert;
c. dat een uitoefening of toepassing, rekening houdend met de effecten op de luchtkwaliteit van onlosmakelijk met die uitoefening of toepassing samenhangende maatregelen ter verbetering van de luchtkwaliteit, niet in betekenende mate bijdraagt aan de concentratie in de buitenlucht van een stof waarvoor in bijlage 2 een grenswaarde is opgenomen;
d. dat een uitoefening dan wel toepassing is genoemd of beschreven in, dan wel betrekking heeft op, de ontwikkeling of voorgenomen besluit welke is genoemd of beschreven in, dan wel past binnen of in elk geval niet in strijd is met een op grond van artikel 5.12, eerste lid, of artikel 5.13, eerste lid, vastgesteld programma.
2. De in het eerste lid bedoelde bevoegdheden of wettelijke voorschriften zijn de bevoegdheden en wettelijke voorschriften, bedoeld in:
a. de artikelen 1.2, 7.27, 7.35, 7.42 en 8.40, eerste lid;
b. de artikelen 9.5.1 en 9.5.6;
c. de artikelen 3.1, 3.26 en 3.28 van de Wet ruimtelijke ordening;
d. artikel 9, eerste lid, van de Tracéwet;
e. artikel 9 van de Spoedwet wegverbreding;
f. artikel 2 van de Interimwet stad-en-milieubenadering;
g. artikel 2.4 van de Wet algemene bepalingen omgevingsrecht, voor zover die bevoegdheid betrekking heeft op:
1°. activiteiten met betrekking tot een inrichting als bedoeld in artikel 2.1, eerste lid, onder e, van die wet;
2°. activiteiten die op grond van artikel 2.1, eerste lid, onder i, van die wet, bij algemene maatregel van bestuur zijn aangewezen, voor zover die activiteiten plaatsvinden binnen een inrichting en voor zover dat bij die maatregel is bepaald;
3°. gevallen waarin van het bestemmingsplan wordt afgeweken met toepassing van artikel 2.12, eerste lid, onder a, onder 3°, van die wet of, voor zover daartoe aangewezen bij algemene maatregel van bestuur, met toepassing van artikel 2.12, eerste lid, onder a, onder 2°, van die wet;
h. artikel 2.3 van de Crisis- en herstelwet.
3. Bij de uitoefening van een bevoegdheid of toepassing van een wettelijk voorschrift als bedoeld in het eerste lid, aanhef en onder c of d, gedurende de periode waar een programma als bedoeld in artikel 5.12, eerste lid, of 5.13, eerste lid, betrekking op heeft, vindt met betrekking tot de effecten van de desbetreffende ontwikkeling of het desbetreffende besluit op de luchtkwaliteit

Wet milieubeheer

A65 art. 5.18

geen afzonderlijke beoordeling van de luchtkwaliteit plaats voor een in bijlage 2 opgenomen grenswaarde voor die periode, noch voor enig jaar daarna.

4. Bij of krachtens algemene maatregel van bestuur kunnen regels worden gesteld omtrent het in betekenende mate bijdragen als bedoeld in het eerste lid, aanhef en onder c, waaronder begrepen het aanwijzen van categorieën van gevallen die in ieder geval al dan niet in betekenende mate bijdragen in de daar bedoelde zin.

5. Voor de toepassing van het eerste lid, aanhef en onder b, aanhef en sub 2, of onder c, voor zover het betreft de onlosmakelijk met een uitoefening of toepassing samenhangende maatregelen:
a. worden voor iedere stof afzonderlijk de positieve of negatieve effecten voor de luchtkwaliteit in beschouwing genomen;
b. is er een functionele of geografische samenhang tussen enerzijds het gebied of de gebieden waarop de uitoefening van bevoegdheden of de toepassing van wettelijke voorschriften, bedoeld in dat lid, betrekking heeft, en anderzijds de maatregel of maatregelen die in verband met die uitoefening of toepassing wordt of worden genomen;
c. worden maatregelen ter vermindering van de concentratie van een stof niet later dan gelijktijdig met de te compenseren activiteiten uitgevoerd, tenzij een gelijktijdige uitvoering een vermindering van de concentratie van die stof op de langere termijn in de weg staat of anderszins niet doelmatig is, en
d. worden waarborgen getroffen opdat de maatregelen ter vermindering van de concentratie van een stof daadwerkelijk worden uitgevoerd.
Bij ministeriële regeling kunnen nadere regels worden gesteld.

6. Buiten een periode als bedoeld in artikel 5.12, eerste lid, of een in een programma als bedoeld in artikel 5.13, eerste lid, opgenomen periode, blijft het eerste lid, aanhef en onder d, buiten toepassing, met dien verstande dat de uitoefening van een bevoegdheid of de toepassing van een wettelijk voorschrift met betrekking tot een ontwikkeling of voorgenomen besluit dat eerder was genoemd of beschreven in een programma als bedoeld in artikel 5.12, eerste lid, of 5.13, eerste lid, ook na het verstrijken van de desbetreffende periode mogelijk blijft.

Art. 5.16a

1. Bij algemene maatregel van bestuur kan worden bepaald dat de uitoefening van een bevoegdheid of de toepassing van een wettelijk voorschrift, bedoeld in artikel 5.16, eerste lid, in daarbij aangewezen categorieën van gevallen waarin een in bijlage 2 opgenomen grenswaarde op of na het tijdstip van ingang wordt overschreden of dreigt te worden overschreden, en waarin de betreffende uitoefening of toepassing betrekking heeft op een bestaand of nieuw te bouwen bouwwerk in de zin van de Woningwet, op zodanige wijze plaatsvindt dat deze niet leidt tot een toename van het aantal ter plaatse verblijvende personen met een verhoogde gevoeligheid voor de concentraties in de buitenlucht van een stof waar de betreffende grenswaarde betrekking op heeft.

Nadere inkadering bevoegdheid bij AMvB

2. Bij of krachtens de maatregel, bedoeld in het eerste lid, kunnen nadere regels worden gegeven omtrent de wijze waarop uitvoering wordt gegeven aan dat lid, met inbegrip van het beperken van een categorie tot gevallen waarin niet wordt voldaan aan daarbij gestelde eisen met betrekking tot de locatie of afstand van een bouwwerk ten opzichte van een bron of bronnen van luchtverontreiniging.

Art. 5.17

1. Bij krachtens algemene maatregel van bestuur aan te wijzen bestuursorganen stellen alle nodige maatregelen vast, gericht op het voor zover mogelijk bereiken van een in bijlage 2 opgenomen richtwaarde binnen de daarvoor gestelde termijn. Deze maatregelen kunnen deel uitmaken van een plan of programma als bedoeld in artikel 5.9, eerste lid, 5.12, eerste lid of 5.13, eerste lid, dan wel van een ander plan of programma.

Vaststellen maatregelen bij bereiken richtwaarde

2. Bij of krachtens de algemene maatregel van bestuur, bedoeld in het eerste lid, worden nadere regels gesteld met betrekking tot de in dat lid bedoelde maatregelen, waartoe in elk geval behoren regels omtrent de aard van die maatregelen.

Art. 5.18

1. De commissaris van de Koning doet van een overschrijding van een in bijlage 2 genoemde alarmdrempel of informatiedrempel in zijn provincie zo spoedig mogelijk mededeling aan het publiek. Wanneer overschrijding van een informatiedrempel of alarmdrempel voorkomt in samenhang met overschrijding van een in bijlage 2 genoemde grenswaarde voor een andere verontreinigende stof in de buitenlucht, doet de commissaris van de Koning tevens mededeling van laatstbedoelde overschrijding.

Overschrijding alarm- of informatiedrempel

2. Bij ministeriële regeling worden regels gesteld met betrekking tot de in het eerste lid bedoelde mededeling en de daarbij aan het publiek te verstrekken gegevens alsmede met betrekking tot de wijze waarop uitvoering wordt gegeven aan artikel 24 van de EG-richtlijn luchtkwaliteit.

3. Artikel 48, derde lid, van de Wet inzake de luchtverontreiniging is van overeenkomstige toepassing.

§ 5.2.5
Beoordeling van de luchtkwaliteit

Beoordeling luchtkwaliteit

Art. 5.19
1. Het beoordelen van de luchtkwaliteit vindt overeenkomstig de bij of krachtens deze paragraaf gestelde regels plaats in alle agglomeraties en zones, aangewezen krachtens artikel 5.22.
2. In afwijking van het eerste lid vindt op de volgende locaties geen beoordeling van de luchtkwaliteit plaats met betrekking tot luchtkwaliteitseisen voor de bescherming van de gezondheid van de mens, opgenomen in bijlage 2:
   a. locaties die zich bevinden in gebieden waartoe leden van het publiek geen toegang hebben en waar geen vaste bewoning is;
   b. terreinen waarop een of meer inrichtingen zijn gelegen, waar bepalingen betreffende gezondheid en veiligheid op arbeidsplaatsen als bedoeld in artikel 5.6, tweede lid, van toepassing zijn;
   c. de rijbaan van wegen en de middenberm van wegen, tenzij voetgangers normaliter toegang tot de middenberm hebben.
3. Bij het vaststellen van het kwaliteitsniveau worden bij het bepalen van de concentraties verontreinigende stoffen de concentratiebijdragen van natuurlijke bronnen, na afzonderlijk te zijn bepaald, meegerekend.
4. Bij het bepalen van de mate waarin een vastgesteld kwaliteitsniveau voldoet aan een in bijlage 2 opgenomen grenswaarde worden, indien dat kwaliteitsniveau hoger is dan die grenswaarde, de concentratiebijdragen van natuurlijke bronnen steeds in aftrek gebracht.
5. Bij ministeriële regeling kunnen nadere regels worden gesteld indien noodzakelijk voor een juiste uitvoering van het eerste tot en met vierde lid.

Nadere regels

Art. 5.20
1. Bij ministeriële regeling worden voor de toepassing van deze titel, bijlage 2 en de op deze titel berustende bepalingen regels gesteld ten aanzien van het beoordelen van de luchtkwaliteit met betrekking tot de in bijlage 2 genoemde stoffen, waartoe in elk geval kunnen behoren regels omtrent:
   a. de voor beoordeling van de luchtkwaliteit verantwoordelijke bestuursorganen;
   b. de wijze waarop en de frequentie waarmee de luchtkwaliteit wordt beoordeeld, met inbegrip van de locaties waar de luchtkwaliteit wordt beoordeeld, en de te gebruiken gegevens;
   c. de wijze waarop en de frequentie waarmee het kwaliteitsniveau gemeten of berekend wordt;
   d. de wijze van bekostiging van de metingen en berekeningen;
   e. de wijze en het tijdstip waarop verslag wordt gedaan van beoordeling van de luchtkwaliteit en de in het verslag op te nemen gegevens;
   f. de wijze waarop het bereiken van de grenswaarden, bedoeld in de artikelen 5.12 of 5.13 wordt vastgesteld;
   g. de wijze waarop de effecten van ontwikkelingen, besluiten en maatregelen als bedoeld in deze titel afzonderlijk en in samenhang worden bepaald en daarbij te gebruiken gegevens;
   h. de wijze waarop de autonome ontwikkeling als bedoeld in deze titel wordt bepaald.
2. Bij de regeling, bedoeld in het eerste lid, kan worden bepaald dat daarbij aangewezen regels van toepassing zijn dan wel buiten toepassing blijven in daarbij genoemde gevallen.
3. Bij de regeling, bedoeld in het eerste lid, kan worden bepaald dat het gebruik van andere dan de daarin genoemde methoden voor de beoordeling van de luchtkwaliteit of voor het bepalen van effecten of het gebruik van andere dan daarin genoemde gegevens niet is toegestaan dan na voorafgaande goedkeuring door Onze Minister.
4. De goedkeuring, bedoeld in het derde lid, kan worden onthouden of ingetrokken indien het gebruik van de betreffende methode of gegevens naar het oordeel van Onze Minister niet, of niet langer, leidt tot een voldoende nauwkeurige of betrouwbare beoordeling van de luchtkwaliteit of bepaling van effecten en daarvoor meer geschikte methoden of gegevens beschikbaar zijn.
5. Aan de goedkeuring kunnen voorwaarden of beperkingen worden verbonden. Deze kunnen worden gewijzigd of ingetrokken.

Taken minister

Art. 5.21
1. Onze Minister kan:
   a. de nauwkeurigheid van een meetmethode of een andere methode waarmee het kwaliteitsniveau of effecten gemeten of berekend wordt toetsen,
   b. de nauwkeurigheid van de toepassing van een onder a bedoelde methode toetsen.
2. De door middel van de toetsing verkregen resultaten treden in de plaats van eerdere of anderszins verkregen resultaten.
3. Onze Minister maakt de in het tweede lid bedoelde resultaten kenbaar aan het desbetreffende bestuursorgaan.

Wet milieubeheer

Art. 5.22
1. Onze Minister wijst voor de toepassing van deze titel, bijlage 2 en de op deze titel berustende bepalingen ten behoeve van de metingen en berekeningen van het kwaliteitsniveau zones, onderscheidenlijk agglomeraties, aan.
2. Onze Minister overweegt ten minste eenmaal in de vijf jaar in hoeverre de aanwijzing van zones en agglomeraties, bedoeld in het eerste lid, wijziging behoeft.
3. Onze Minister stelt op basis van de aanwijzing van zones en agglomeraties, bedoeld in het eerste lid, en de resultaten van de metingen en berekeningen, bedoeld in dat lid, lijsten vast als bedoeld in artikel 27 van de EG-richtlijn luchtkwaliteit en artikel 3 van richtlijn nr. 2004/107/EG van het Europees Parlement en de Raad van de Europese Unie van 15 december 2004 betreffende arseen, cadmium, kwik, nikkel en polycyclische aromatische koolwaterstoffen in de lucht (PbEG L 23).

Aanwijzing zones en agglomeraties

§ 5.2.6
Handhaving en internationale samenwerking

Art. 5.23
[Vervallen]

Art. 5.24
1. Onze Minister is belast met de organisatie van de samenwerking met andere lidstaten en met de Commissie van de Europese Gemeenschappen, ter uitvoering van de EG-richtlijn luchtkwaliteit.
2. Bij ministeriële regeling kunnen nadere regels worden gesteld omtrent de samenwerking, bedoeld in het eerste lid.

Europese samenwerking

Hoofdstuk 6
Milieuzonering

Art. 6.1
[Gereserveerd.]

Hoofdstuk 7
Milieueffectrapportage

§ 7.1
Algemeen

Art. 7.1
1. In dit hoofdstuk en de daarop berustende bepalingen wordt verstaan onder:
Onze Ministers: Onze Minister, Onze Minister van Landbouw, Natuur en Voedselkwaliteit en Onze Minister van Onderwijs, Cultuur en Wetenschap;
de commissie: de Commissie voor de milieueffectrapportage.
2. Tenzij anders is bepaald, wordt in de paragrafen 7.3 tot en met 7.5 en 7.7 tot en met 7.12 in dit hoofdstuk en de daarop berustende bepalingen verstaan onder:
a. activiteit:
1°. activiteit die is aangewezen krachtens artikel 7.2, eerste lid, onder a, krachtens artikel 7.2, eerste lid, onder b, en waarop artikel 7.18 van toepassing is, of krachtens artikel 7.6, eerste lid;
2°. activiteit als bedoeld in artikel 7.2a, eerste lid;
b. plan: plan bij de voorbereiding waarvan krachtens de artikelen 7.2, tweede lid, 7.2a, eerste lid, of 7.6, tweede lid, een milieueffectrapport moet worden gemaakt;
c. besluit: besluit bij de voorbereiding waarvan een milieueffectrapport moet worden gemaakt krachtens artikel 7.2, derde lid, krachtens artikel 7.2, vierde lid, in samenhang met artikel 7.18, of krachtens artikel 7.6, derde lid.
3. Het tweede lid, onder a, onder 2°, geldt niet indien een bepaling uitsluitend betrekking heeft op een besluit als bedoeld in dat lid, onder c.
4. In dit hoofdstuk en de daarop berustende bepalingen wordt onder bevoegd gezag verstaan het bestuursorgaan dat bevoegd is tot het voorbereiden dan wel vaststellen van een plan of een besluit.
5. In dit hoofdstuk en de daarop berustende bepalingen worden, voor zover zij niet reeds op grond van andere wettelijke bepalingen als zodanig dienen te worden aangemerkt, tevens als adviseurs aangemerkt:
a. indien het bevoegd gezag een orgaan van de centrale overheid is: een door Onze Minister aangewezen bestuursorgaan, een door Onze Minister van Landbouw, Natuur en Voedselkwaliteit aangewezen bestuursorgaan en een door Onze Minister van Onderwijs, Cultuur en Wetenschap aangewezen bestuursorgaan;

Begripsbepalingen

b. indien het bevoegd gezag een ander bestuursorgaan is:
1°. een door Onze Minister van Landbouw, Natuur en Voedselkwaliteit aangewezen bestuursorgaan en een door Onze Minister van Onderwijs, Cultuur en Wetenschap aangewezen bestuursorgaan, en
2°. de inspecteur, voor zover het betreft een activiteit met betrekking tot een inrichting als bedoeld in artikel 2.1, eerste lid, onder e, van de Wet algemene bepalingen omgevingsrecht in een geval dat behoort tot een krachtens artikel 2.26, derde lid, van die wet aangewezen categorie.
6. In afwijking van artikel 1.1, tweede lid, onder a, worden in dit hoofdstuk en de daarop berustende bepalingen onder gevolgen voor het milieu verstaan mede gevolgen voor het fysieke milieu, waaronder de kwetsbaarheid voor risico's op zware ongevallen of rampen, gezien vanuit het belang van de bescherming van:
a. de bevolking en de menselijke gezondheid;
b. de biodiversiteit, met bijzondere aandacht voor op grond van de Wet natuurbescherming beschermde habitats en soorten;
c. land, bodem, water, lucht en klimaat;
d. materiële goederen, het cultureel erfgoed en het landschap;
e. de samenhang tussen de onder a tot en met d genoemde factoren.

Art. 7.1a
[Vervallen]

§ 7.2
Plannen en besluiten ten aanzien waarvan het maken van een milieueffectrapport verplicht is

Art. 7.2

MER-plichtige plannen en besluiten

1. Bij algemene maatregel van bestuur worden de activiteiten aangewezen:
a. die belangrijke nadelige gevolgen kunnen hebben voor het milieu;
b. ten aanzien waarvan het bevoegd gezag moet beoordelen of zij belangrijke nadelige gevolgen voor het milieu kunnen hebben.
2. Terzake van de activiteiten, bedoeld in het eerste lid, worden bij de maatregel de categorieën van plannen aangewezen bij de voorbereiding waarvan een milieueffectrapport moet worden gemaakt. Een plan wordt slechts aangewezen indien het plan het kader vormt voor een besluit als bedoeld in het derde of vierde lid. Een plan vormt in elk geval het kader voor een zodanig besluit indien in dat plan:
a. een locatie of een tracé wordt aangewezen voor die activiteiten, of
b. een of meerdere locaties of tracés voor die activiteiten worden overwogen.
3. Terzake van de activiteiten, bedoeld in het eerste lid, onder a, worden de categorieën van besluiten aangewezen bij de voorbereiding waarvan een milieueffectrapport moet worden gemaakt.
4. Terzake van de activiteiten, bedoeld in het eerste lid, onder b, worden de categorieën van besluiten aangewezen in het kader waarvan het bevoegd gezag krachtens de artikelen 7.17 of 7.19 moet beoordelen of die activiteiten de in dat onderdeel bedoelde gevolgen hebben, en indien dat het geval is, bij de voorbereiding waarvan een milieueffectrapport moet worden gemaakt.
5. Bij de maatregel kan een plan worden aangemerkt als een besluit als bedoeld in het derde of vierde lid, mits dat plan voor de desbetreffende activiteit niet is aangewezen op grond van het tweede lid.
6. Tot de activiteiten, bedoeld in het eerste lid, kunnen mede activiteiten behoren, die in samenhang met andere activiteiten belangrijke nadelige gevolgen kunnen hebben voor het milieu.
7. Tot de activiteiten, bedoeld in het eerste lid, behoren activiteiten waarvoor bij de maatregel categorieën van plannen en besluiten worden aangewezen en die plaatsvinden in de exclusieve economische zone.
8. Bij de maatregel kan worden bepaald dat de aanwijzing van een activiteit, dan wel van een plan of besluit slechts geldt in daarbij aangewezen categorieën van gevallen.

Art. 7.2a

MER bij Natuurbeschermingswet

1. Een milieueffectrapport wordt gemaakt bij de voorbereiding van een op grond van een wettelijke of bestuursrechtelijke bepaling verplicht vast te stellen plan waarvoor, in verband met een daarin opgenomen activiteit, een passende beoordeling moet worden gemaakt op grond van artikel 2.8, eerste lid, van de Wet natuurbescherming.
2. Bij algemene maatregel van bestuur kunnen categorieën van gevallen worden aangewezen, waarin sprake is van kleine gebieden en kleine wijzigingen die geen aanzienlijke milieueffecten hebben, waarop de verplichting tot het maken van een milieueffectrapport, als bedoeld in het eerste lid, niet van toepassing is.
3. Tot een activiteit als bedoeld in het eerste lid behoort een activiteit als bedoeld in dat lid die plaatsvindt in de exclusieve economische zone.

Wet milieubeheer — **A65** art. 7.6

Art. 7.3
1. Bij de maatregel, bedoeld in artikel 7.2, worden geen plannen aangewezen die:
a. uitsluitend betrekking hebben op de landsverdediging of op een noodsituatie als bedoeld in de Coördinatiewet uitzonderingstoestanden;
b. betrekking hebben op de begroting of financiën van het Rijk, de provincie, de gemeente of een waterschap.
2. Artikel 7.2a is niet van toepassing met betrekking tot plannen als bedoeld in het eerste lid.

Niet-MER-plichtige plannen en besluiten

Art. 7.4
Het bevoegd gezag kan op verzoek of ambtshalve ontheffing verlenen van de verplichtingen op grond van dit hoofdstuk voor een besluit als bedoeld in artikel 7.2, derde of vierde lid, voor een activiteit of deelactiviteit die uitsluitend bestemd is voor defensiedoeleinden, of voor een activiteit die uitsluitend noodzakelijk is vanwege een noodtoestand als bedoeld in de Coördinatiewet uitzonderingstoestanden, als naar zijn oordeel toepassing van die verplichtingen in dat geval nadelige gevolgen heeft voor de defensiedoeleinden of het bestrijden van de noodtoestand.

Art. 7.5
1. Onze Minister kan voor een besluit als bedoeld in artikel 7.2, derde of vierde lid, op verzoek van degene die de activiteit wil ondernemen, ontheffing verlenen voor de verplichtingen die voortvloeien uit de artikelen 7.16 tot en met 7.27 en artikel 7.32, vijfde lid, indien de toepassing van die artikelen nadelige gevolgen heeft voor het doel van de activiteit, tenzij de activiteit belangrijke nadelige gevolgen voor een ander land kan hebben.
2. Als toepassing wordt gegeven aan het eerste lid, bepaalt Onze Minister bij de ontheffing of degene die de betrokken activiteit wil ondernemen een rapport met een andere beoordeling van de milieueffecten moet opstellen. Als Onze Minister beslist dat een rapport moet worden opgesteld wordt in de artikelen 7.28 tot en met 7.38 en de artikelen 7.39 tot en met 7.42 voor «het milieueffectrapport» telkens gelezen: het rapport, bedoeld in artikel 7.5, tweede lid, eerste zin.
3. Onze Minister geeft kennis van de ontheffing met overeenkomstige toepassing van artikel 3:12, eerste en tweede lid, van de Algemene wet bestuursrecht.
4. Onze Minister zendt tegelijk met de kennisgeving een afschrift van de ontheffing met de daarbij behorende stukken aan de Europese Commissie en doet mededeling van de verzending aan degene die de activiteit wil ondernemen.
5. Bij algemene maatregel van bestuur kunnen regels worden gesteld over de wijze waarop het verzoek om ontheffing geschiedt en de bescheiden die door de verzoeker worden verstrekt met het oog op beslissing op het verzoek.

Art. 7.6
1. Provinciale staten kunnen met het oog op de bescherming van het milieu in binnen hun provincie gelegen gebieden, niet zijnde Natura 2000-gebieden als bedoeld in de Wet natuurbescherming, die van bijzondere betekenis zijn of waarin het milieu reeds in ernstige mate is verontreinigd of aangetast in de provinciale milieuverordening activiteiten aanwijzen, die niet zijn opgenomen in een algemene maatregel van bestuur krachtens artikel 7.2, eerste lid, onder a, en die belangrijke nadelige gevolgen kunnen hebben voor het milieu in die gebieden. Artikel 7.2, zesde en achtste lid, is van overeenkomstige toepassing.
2. Terzake van die activiteiten kunnen zij de categorieën van plannen aanwijzen bij de voorbereiding waarvan een milieueffectrapport moet worden gemaakt indien die activiteiten binnen hun provincie worden uitgevoerd. De artikelen 7.2, tweede lid, tweede en derde volzin, vijfde en achtste lid, en 7.3, eerste lid, zijn van overeenkomstige toepassing.
3. Terzake van die activiteiten wijzen zij de categorieën van besluiten aan bij de voorbereiding waarvan een milieueffectrapport moet worden gemaakt indien die activiteiten binnen hun provincie worden uitgevoerd.
4. Op de voorbereiding van een besluit, houdende een aanwijzing krachtens het eerste tot en met derde lid, is afdeling 3.4 van de Algemene wet bestuursrecht van toepassing; zienswijzen kunnen naar voren worden gebracht door een ieder. Gedeputeerde staten plegen over het ontwerp overleg met burgemeester en wethouders van de gemeenten en de dagelijkse besturen van de waterschappen in hun provincie. Zij stellen de bestuursorganen, bedoeld in artikel 7.1, vijfde lid, onder b, onder 1, en Onze Minister in de gelegenheid omtrent het ontwerp advies uit te brengen.
5. Gedeputeerde staten leggen met het ontwerp van het besluit aan provinciale staten een verslag over van het gevoerde overleg, de uitgebrachte adviezen en de naar voren gebrachte zienswijzen, waarbij zij onder opgave van redenen aangeven in hoeverre daarmee rekening is gehouden.
6. Tegelijkertijd met de bekendmaking van het besluit, houdende een aanwijzing als bedoeld in het eerste tot en met derde lid, wordt daarvan mededeling gedaan door toezending van een exemplaar aan ieder van Onze Ministers en, voorzover het de aanwijzing betreft van categorieën van besluiten als bedoeld in het derde lid, aan de commissie.

Aanvullende aanwijzing provinciale verordening

Sdu   1199

§ 7.3
Het milieueffectrapport dat betrekking heeft op een plan

Art. 7.7

1. Het milieueffectrapport dat betrekking heeft op een plan, wordt opgesteld door het bevoegd gezag en bevat ten minste:
   a. een beschrijving van hetgeen met de voorgenomen activiteit wordt beoogd;
   b. een beschrijving van de voorgenomen activiteit, alsmede van de alternatieven daarvoor, die redelijkerwijs in beschouwing dienen te worden genomen, en de motivering van de keuze voor de in beschouwing genomen alternatieven;
   c. een overzicht van eerder vastgestelde plannen die betrekking hebben op de voorgenomen activiteit en de beschreven alternatieven;
   d. een beschrijving van de bestaande toestand van het milieu, voor zover de voorgenomen activiteit of de beschreven alternatieven daarvoor gevolgen kunnen hebben, alsmede van de te verwachten ontwikkeling van dat milieu, indien die activiteit noch de alternatieven worden ondernomen;
   e. een beschrijving van de gevolgen voor het milieu, die de voorgenomen activiteit, onderscheidenlijk de beschreven alternatieven kunnen hebben, alsmede een motivering van de wijze waarop deze gevolgen zijn bepaald en beschreven;
   f. een vergelijking van de ingevolge onderdeel d beschreven te verwachten ontwikkeling van het milieu met de beschreven mogelijke gevolgen voor het milieu van de voorgenomen activiteit, alsmede met de beschreven mogelijke gevolgen voor het milieu van elk der in beschouwing genomen alternatieven;
   g. een beschrijving van de maatregelen om belangrijke nadelige gevolgen op het milieu van de activiteit te voorkomen, te beperken of zoveel mogelijk teniet te doen;
   h. een overzicht van de leemten in de beschrijvingen, bedoeld in de onderdelen d en e, ten gevolge van het ontbreken van de benodigde gegevens;
   i. een samenvatting die aan een algemeen publiek voldoende inzicht geeft voor de beoordeling van het milieueffectrapport en van de daarin beschreven mogelijke gevolgen voor het milieu van de voorgenomen activiteit en van de beschreven alternatieven.
2. Het milieueffectrapport is gesteld in de Nederlandse taal. Indien een activiteit belangrijke nadelige gevolgen kan hebben voor het milieu in een ander land, zendt degene die de activiteit onderneemt, op verzoek van het bevoegd gezag binnen een bij dat verzoek te bepalen termijn een vertaling van de samenvatting in de landstaal van het gebied in het andere land waar de activiteit belangrijke nadelige gevolgen kan hebben.
3. Het bevoegd gezag:
   a. stemt het rapport, waaronder het detailniveau daarvan, af op de mate van gedetailleerdheid van het plan en op de fase van het besluitvormingsproces waarin het plan zich bevindt, alsmede, indien het plan deel uitmaakt van een hiërarchie van plannen, in het bijzonder op de plaats die het plan inneemt in die hiërarchie;
   b. mag gebruik maken van andere milieueffectrapporten die voldoen aan het bepaalde bij of krachtens dit hoofdstuk.
4. Bij algemene maatregel van bestuur kunnen regels worden gesteld met betrekking tot de wijze waarop de in het eerste lid bedoelde gegevens worden bepaald en beschreven.

§ 7.4
De voorbereiding van een milieueffectrapport dat betrekking heeft op een plan

Art. 7.8

Alvorens het milieueffectrapport op te stellen, raadpleegt het bevoegd gezag de adviseurs en de bestuursorganen die ingevolge het wettelijk voorschrift waarop het plan berust bij de voorbereiding van het plan worden betrokken over de reikwijdte en het detailniveau van de informatie die gericht is op wat relevant is voor het plan en die op grond van artikel 7.7 in het milieueffectrapport moet worden opgenomen.

Art. 7.9

1. Zo spoedig mogelijk nadat het bevoegd gezag het voornemen heeft opgevat tot het voorbereiden van een plan, maar uiterlijk op het moment dat het toepassing geeft aan artikel 7.8, geeft het kennis van dat voornemen, met overeenkomstige toepassing van artikel 3:12, eerste en tweede lid, van de Algemene wet bestuursrecht.
2. In de kennisgeving wordt vermeld:
   a. dat stukken betreffende het voornemen openbaar zullen worden gemaakt, en waar en wanneer;
   b. of er gelegenheid wordt geboden zienswijzen over het voornemen naar voren te brengen, aan wie, op welke wijze en binnen welke termijn;
   c. of de commissie of een andere onafhankelijke instantie in de gelegenheid wordt gesteld advies uit te brengen over het voornemen, en

Wet milieubeheer

d. of met betrekking tot het ontwerp van het plan toepassing moet worden gegeven aan artikel 7.11.

3. In de kennisgeving wordt voorts vermeld dat in het milieueffectrapport tevens een passende beoordeling wordt opgenomen in verband met de mogelijk significante gevolgen voor een Natura 2000-gebied als bedoeld in artikel 1, onderdeel n, van de Natuurbeschermingswet 1998 indien dat milieueffectrapport betrekking heeft op:

a. een krachtens artikel 7.2, tweede lid, aangewezen plan, en voor dat plan een passende beoordeling moet worden gemaakt in verband met de mogelijke significante gevolgen voor een Natura-2000 gebied;

b. een plan als bedoeld in artikel 7.2a, eerste lid.

4. Kennisgeving vindt plaats in een publicatie in een ander land ingeval er sprake is van mogelijke belangrijke nadelige gevolgen voor het milieu in dat andere land.

Art. 7.10

1. Een milieueffectrapport is gereed op het moment dat het ontwerp van het plan ter inzage wordt gelegd. *Termijn MER-rapport*

2. Het milieueffectrapport kan worden opgenomen bij of in het plan, mits het daarbij of daarin als zodanig herkenbaar is weergegeven. *Presentatie MER-rapport*

§ 7.5
Het plan

Art. 7.11

1. Indien de procedure tot totstandkoming van een plan er niet in voorziet dat het ontwerp van dat plan ter inzage wordt gelegd en een ieder in de gelegenheid wordt gesteld zijn zienswijze over dat ontwerp naar voren te brengen, wordt in afwijking van die procedure: *Inspraakregeling plan*

a. met betrekking tot het ontwerp van dat plan toepassing gegeven aan de artikelen 3:11 en 3:12 van de Algemene wet bestuursrecht, en

b. een ieder in de gelegenheid gesteld zijn zienswijze over het ontwerp naar voren te brengen, overeenkomstig de artikelen 3:15 en 3:16 van die wet.

2. Indien het milieueffectrapport niet is opgenomen in het ontwerp van het plan:

a. wordt bij de terinzagelegging, bedoeld in artikel 3:11, van de Algemene wet bestuursrecht, tevens het rapport ter inzage gelegd,

b. wordt bij de kennisgeving, bedoeld in artikel 3:12, van die wet, tevens kennisgegeven van het rapport, en

c. kan een zienswijze als bedoeld in artikel 3:15 van die wet tevens betrekking hebben op het rapport.

3. Indien het eerste lid, onder a, van toepassing is, wordt, indien krachtens wettelijk voorschrift een plan binnen een bepaalde termijn moet worden vastgesteld, welke termijn korter is dan de termijn, bedoeld in artikel 3:16 van de Algemene wet bestuursrecht, die termijn verlengd tot de termijn, bedoeld in artikel 3:16 van de Algemene wet bestuursrecht, vermeerderd met twee weken.

Art. 7.12

1. Indien het milieueffectrapport betrekking heeft op een krachtens artikel 7.2, tweede lid, aangewezen plan of op een plan als bedoeld in artikel 7.2a, eerste lid, wordt de commissie uiterlijk op het moment dat de in artikel 7.11 genoemde stukken ter inzage worden gelegd in de gelegenheid gesteld advies uit te brengen over dat rapport overeenkomstig de termijn die geldt voor het inbrengen van zienswijzen. *Advies commissie*

2. Indien er sprake is van mogelijke belangrijke nadelige grensoverschrijdende gevolgen voor het milieu, gaat de commissie, indien zij advies uitbrengt, daar in haar advies op in.

Art. 7.13

Het bevoegd gezag stelt een plan niet vast: *Afzien vaststellen plan*

a. dan nadat het toepassing heeft gegeven aan de paragrafen 7.3 en 7.4;

b. indien het plan ten opzichte van het ontwerp van dat plan zodanig is gewijzigd dat de gegevens die in het milieueffectrapport zijn opgenomen redelijkerwijs niet meer aan het plan ten grondslag kunnen worden gelegd.

Art. 7.14

1. In of bij het plan wordt in ieder geval vermeld: *Inhoud plan*

a. de wijze waarop rekening is gehouden met de in het milieueffectrapport beschreven mogelijke gevolgen voor het milieu van de activiteit waarop het plan betrekking heeft;

b. hetgeen is overwogen omtrent de in het milieueffectrapport beschreven alternatieven;

c. hetgeen is overwogen omtrent de bij het ontwerp van het plan terzake van het milieueffectrapport naar voren gebrachte zienswijzen;

d. hetgeen is overwogen omtrent het door de commissie overeenkomstig artikel 7.12 uitgebrachte advies.

2. Indien van toepassing wordt in het plan tevens vermeld:

a. hetgeen in het milieueffectrapport of in het advies, bedoeld in artikel 7.12, omtrent mogelijke belangrijke nadelige grensoverschrijdende milieugevolgen is overwogen;
b. hetgeen is overwogen omtrent de uitkomsten van het overleg, bedoeld in artikel 7.38a, vijfde lid.
3. Het bevoegd gezag bepaalt bij het plan de termijn of de termijnen waarop met het onderzoek, bedoeld in artikel 7.39, wordt begonnen, alsmede de wijze waarop het dat onderzoek zal verrichten.
4. Degene die in dat plan voorgenomen activiteit onderneemt, verleent aan het bevoegd gezag desgevraagd alle medewerking en verstrekt alle inlichtingen, die het redelijkerwijs voor het verrichten van het onderzoek, bedoeld in het derde lid, behoeft.

Art. 7.15

Kennisgeving plan

1. Indien de procedure van totstandkoming van een plan niet voorziet in:
a. een openbare kennisgeving van een vastgesteld plan, wordt dat plan bekend gemaakt op de wijze, voorzien in artikel 3:42 van de Algemene wet bestuursrecht;
b. mededeling door toezending van een exemplaar van een vastgesteld plan aan de commissie en degenen die bij de voorbereiding ervan hun zienswijze naar voren hebben gebracht, wordt mededeling gedaan zoals voorzien in artikel 3:43 van de Algemene wet bestuursrecht.
2. Indien het milieueffectrapport niet is opgenomen in het plan wordt van dat rapport kennisgegeven tegelijk met het plan.

§ 7.6
Besluiten ten aanzien waarvan moet worden beoordeeld of een milieueffectrapport moet worden gemaakt

Art. 7.16

Mededeling voornemen indiening aanvraag

1. Indien degene die een activiteit wil ondernemen, aangewezen krachtens artikel 7.2, eerste lid, onder b, voornemens is een verzoek in te dienen tot het nemen van een besluit als bedoeld in het vierde lid van dat artikel, deelt hij dat voornemen schriftelijk mee aan het bevoegd gezag.
2. Bij de mededeling, bedoeld in het eerste lid, wordt in ieder geval de volgende informatie verstrekt:
a. een beschrijving van de activiteit, met in het bijzonder:
1°. een beschrijving van de fysieke kenmerken van de gehele activiteit en, voor zover relevant, van sloopwerken;
2°. een beschrijving van de locatie van de activiteit, met bijzondere aandacht voor de kwetsbaarheid van het milieu in de gebieden waarop de activiteit van invloed kan zijn;
b. een beschrijving van de waarschijnlijk belangrijke gevolgen die de activiteit voor het milieu kan hebben;
c. een beschrijving, voor zover er informatie over deze gevolgen beschikbaar is, van de waarschijnlijk belangrijke gevolgen die de activiteit voor het milieu kan hebben ten gevolge van:
1°. indien van toepassing, de verwachte residuen en emissies en de productie van afvalstoffen;
2°. het gebruik van natuurlijke hulpbronnen, met name bodem, land, water en biodiversiteit.
3. Bij het verstrekken van de informatie, bedoeld in het tweede lid, houdt degene die de activiteit wil ondernemen rekening met de relevante criteria van bijlage III bij de mer-richtlijn en, voor zover relevant, met de beschikbare resultaten van andere relevante beoordelingen van gevolgen voor het milieu.
4. Bij de mededeling, bedoeld in het eerste lid, kan degene die de activiteit wil ondernemen een beschrijving verstrekken van de kenmerken van de voorgenomen activiteit en van de geplande maatregelen om waarschijnlijke belangrijke nadelige gevolgen voor het milieu te vermijden of te voorkomen.
5. Bij een mededeling als bedoeld in het eerste lid kan degene die de activiteit wil ondernemen, verklaren dat hij bij de voorbereiding van het besluit een milieueffectrapport maakt.

Art. 7.17

Termijn beslissing

1. Behoudens in het geval dat toepassing is gegeven aan artikel 7.16, vijfde lid, neemt het bevoegd gezag uiterlijk zes weken na de datum van ontvangst een beslissing omtrent de vraag of bij de voorbereiding van het betrokken besluit voor de activiteit, vanwege de belangrijke gevolgen die zij voor het milieu kan hebben, een milieueffectrapport moet worden gemaakt.
2. Indien met betrekking tot de activiteit meer dan één besluit is aangewezen, nemen de bevoegde bestuursorganen de in het eerste lid bedoelde beslissing gezamenlijk.
3. Het bevoegd gezag neemt zijn beslissing op grond van de informatie, bedoeld in artikel 7.16, tweede en vierde lid, en houdt bij zijn beslissing rekening met:
a. voor zover relevant de resultaten van eerder uitgevoerde controles of andere beoordelingen van gevolgen voor het milieu;
b. de relevante criteria van bijlage III bij de mer-richtlijn.
4. In de motivering van zijn beslissing verwijst het bevoegd gezag in ieder geval:
a. naar de relevante criteria van bijlage III bij de mer-richtlijn.

Wet milieubeheer A65 art. 7.23

b. indien is beslist dat er geen milieueffectrapport hoeft te worden gemaakt, naar de kenmerken en maatregelen, bedoeld in 7.16, vierde lid, die aan deze beslissing ten grondslag hebben gelegen of mede ten grondslag hebben gelegen en, met het oog daarop, op welk moment de maatregelen gerealiseerd dienen te zijn.
5. Het bevoegd gezag geeft kennis van zijn beslissing op de in artikel 12 van de Bekendmakingswet bepaalde wijze en, indien sprake is van mogelijke belangrijke nadelige gevolgen voor het milieu in een ander land, door middel van een publicatie in dat andere land, in welk geval artikel 12 van de Bekendmakingswet van overeenkomstige toepassing is.

Art. 7.18
Degene die een activiteit, aangewezen krachtens artikel 7.2, eerste lid, onder b, wil ondernemen, maakt een milieueffectrapport, indien:
a. het bevoegd gezag heeft beslist dat bij de voorbereiding van het betrokken besluit een milieueffectrapport moet worden gemaakt;
b. hij een verklaring gegeven heeft als bedoeld in artikel 7.16, vijfde lid.

MER bij belangrijke nadelige milieugevolgen

Art. 7.19
1. Indien het bevoegd gezag degene is die een activiteit, aangewezen krachtens artikel 7.2, eerste lid, onder b, wil ondernemen, neemt het in een zo vroeg mogelijk stadium voor de voorbereiding van het besluit dat krachtens het vierde lid van dat artikel is aangewezen een beslissing omtrent de vraag of vanwege de belangrijke nadelige gevolgen die de activiteit voor het milieu kan hebben, een milieueffectrapport moet worden gemaakt. Artikel 7.17, tweede tot en met vierde lid, is van overeenkomstige toepassing.
2. Onder een zo vroeg mogelijk stadium wordt verstaan het stadium voorafgaand aan de terinzagelegging van het ontwerp-besluit.
3. Het bevoegd gezag neemt de beslissing na overleg met de bestuursorganen die bij of krachtens een wet moeten worden betrokken bij de voorbereiding van het betrokken besluit.
4. Het bevoegd gezag geeft kennis van zijn beslissing op de in artikel 12 van de Bekendmakingswet bepaalde wijze en, indien sprake is van mogelijke belangrijke nadelige gevolgen voor het milieu in een ander land, door middel van een publicatie in dat andere land, in welk geval artikel 12 van de Bekendmakingswet van overeenkomstige toepassing is.

Bevoegd gezag onderneemt schadelijke activiteit

Betekenis zo vroeg mogelijk stadium

Art. 7.20
De artikelen 7.16 tot en met 7.19 vinden geen toepassing ten aanzien van een activiteit, aangewezen in een algemene maatregel van bestuur krachtens artikel 7.2, eerste lid, onder b, voor zover die activiteit bij een provinciale verordening krachtens artikel 7.6, eerste lid, overeenkomstig de omschrijving in die algemene maatregel van bestuur is aangewezen en het een besluit betreft dat ter zake van die activiteit bij de verordening overeenkomstig die maatregel is aangewezen.

Geen toepassing artikelen 7.16 - 7.19

Art. 7.20a
1. Indien het bevoegd gezag heeft beslist dat er geen milieueffectrapport hoeft te worden gemaakt en daarbij de kenmerken en maatregelen, bedoeld in artikel 7.16, vierde lid, van belang zijn geweest, worden, voor zover nodig in afwijking van andere wettelijke voorschriften, in ieder geval een beschrijving van de kenmerken in het besluit opgenomen en de verplichting tot het uitvoeren van bedoelde maatregelen en het tijdstip waarop die maatregelen gerealiseerd dienen te zijn als voorschrift aan het besluit, bedoeld in artikel 7.2, vierde lid, verbonden.
2. Een krachtens een andere wettelijke regeling genomen besluit geldt, ook voor zover het eerste lid daarbij wordt toegepast, geheel als krachtens die andere regeling te zijn genomen.

§ 7.7
Het milieueffectrapport dat betrekking heeft op een besluit

Art. 7.21
[Vervallen]

Art. 7.22
1. In gevallen waarin een besluit wordt genomen op verzoek van degene die de betrokken activiteit onderneemt, maakt deze het milieueffectrapport.
2. In andere dan de in het eerste lid bedoelde gevallen maakt het bevoegd gezag het milieueffectrapport.

MER opstellen door verzoeker

Art. 7.23
1. Een milieueffectrapport bevat ten minste:
a. een beschrijving van de activiteit met informatie over de locatie, het ontwerp, de omvang en andere relevante kenmerken van de activiteit;
b. een beschrijving van de, zonder de onder c bedoelde maatregelen, waarschijnlijk belangrijke gevolgen die de activiteit voor het milieu kan hebben;
c. een beschrijving van de kenmerken van de activiteit en, voor zover van toepassing, de geplande maatregelen om de waarschijnlijk belangrijke nadelige gevolgen te vermijden, te voorkomen of te beperken en, indien mogelijk, te compenseren;

Inhoud MER

Sdu 1203

A65 art. 7.24 — Wet milieubeheer

d. een beschrijving van de redelijke alternatieven, die relevant zijn voor de activiteit en de specifieke kenmerken ervan, met opgave van de belangrijkste motieven voor de gekozen optie, in het licht van de milieueffecten van de activiteit;
e. een niet-technische samenvatting van de gegevens, bedoeld onder a tot en met d; en
f. alle aanvullende informatie, bedoeld in bijlage IV van de mer-richtlijn, die van belang is voor de specifieke kenmerken van een bepaalde activiteit of activiteittype en voor de milieuaspecten die hierdoor kunnen worden beïnvloed.

2. Voor zover een advies over de reikwijdte en het detailniveau, bedoeld in artikel 7.24, tweede of derde lid, is uitgebracht, is het milieueffectrapport gebaseerd op dat advies. Het milieueffectrapport bevat de informatie die redelijkerwijs mag worden vereist om tot een gemotiveerde conclusie te komen over de waarschijnlijk belangrijke gevolgen die de activiteit voor het milieu kan hebben, waarbij rekening wordt gehouden met de bestaande kennis en beoordelingsmethoden.

3. Om overlapping van milieubeoordelingen te voorkomen wordt bij het opstellen van het milieueffectrapport rekening gehouden met andere relevante uitgevoerde beoordelingen.

4. Het milieueffectrapport is gesteld in de Nederlandse taal. Het bevoegd gezag kan aan degene die de activiteit onderneemt, bij het geven van het in artikel 7.26 onderscheidenlijk artikel 7.27 bedoelde advies toestemming verlenen het rapport in een daarbij aan te wijzen andere taal te stellen. De in het eerste lid, onder i, bedoelde samenvatting is steeds in de Nederlandse taal gesteld. Indien een activiteit bij de voorbereiding waarvan een milieueffectrapport wordt moet gemaakt, belangrijke nadelige gevolgen kan hebben voor het milieu in een ander land, zendt degene die de activiteit onderneemt, op verzoek van het bevoegd gezag binnen een bij dat verzoek te bepalen termijn een vertaling van de samenvatting in de landstaal van het gebied in het andere land waar de activiteit belangrijke nadelige gevolgen kan hebben.

5. Bij algemene maatregel van bestuur kunnen regels worden gesteld met betrekking tot de wijze waarop de in het eerste lid bedoelde gegevens worden bepaald en beschreven.

§ 7.8
De beperkte voorbereiding inzake het milieueffectrapport dat betrekking heeft op een besluit

Art. 7.24

Beperkte voorbereiding MER

1. Degene die een activiteit wil ondernemen, aangewezen krachtens de artikelen 7.2, eerste lid, onder a, onder b in samenhang met artikel 7.18, of 7.6, eerste lid, en die voornemens is een aanvraag in te dienen tot het nemen van een besluit, aangewezen krachtens artikel 7.2, derde of vierde lid, of 7.6, derde lid, en waarop afdeling 3.4 van de Algemene wet bestuursrecht en een of meer artikelen van afdeling 13.2 van toepassing zijn, deelt dat voornemen schriftelijk mee aan het bevoegd gezag.

2. Op verzoek van de aanvrager brengt het bevoegd gezag advies uit inzake de reikwijdte en het detailniveau van de informatie ten behoeve van een milieueffectrapport.

3. Bij afwezigheid van een verzoek als bedoeld in het tweede lid kan het bevoegd gezag ambtshalve advies uitbrengen.

4. In afwijking van deze paragraaf is paragraaf 7.9 van overeenkomstige toepassing op de voorbereiding van een milieueffectrapport, ten aanzien van een activiteit als bedoeld in het eerste lid, dat betrekking heeft op een besluit als bedoeld in dat lid en voor welke activiteit tevens:
a. een besluit is vereist waarvoor op grond van artikel 2.8, eerste lid, van de Wet natuurbescherming een passende beoordeling moet worden gemaakt,
b. een besluit is vereist dat mede uitvoering geeft aan artikel 2.1, eerste lid, onder c. juncto artikel 2.12, eerste lid, onder a, onder 3°, van de Wet algemene bepalingen omgevingsrecht, voor zover het betreft een geval dat behoort tot een krachtens artikel 7.2, derde of vierde lid, aangewezen categorie besluiten, of
c. een plan is vereist als bedoeld in artikel 14.4b.

Art. 7.25

Raadpleging betrokken adviseurs en bestuursorganen

Het bevoegd gezag raadpleegt de adviseurs en de bestuursorganen, die ingevolge het wettelijk voorschrift waarop het besluit berust bij de voorbereiding van het besluit worden betrokken, ten behoeve van het geven van advies als bedoeld in artikel 7.24, tweede en derde lid, en pleegt voorts overleg over dat advies met degene die de activiteit onderneemt.

Art. 7.26

Adviestermijn; zes weken

Het bevoegd gezag geeft uiterlijk zes weken na ontvangst van het verzoek dan wel bij ontstentenis daarvan uiterlijk zes weken na de mededeling van het voornemen, een advies als bedoeld in artikel 7.24. Het bevoegd gezag kan de termijn eenmaal met ten hoogste zes weken verlengen.

Art. 7.26a

Het bevoegd gezag kan de commissie in de gelegenheid stellen over het milieueffectrapport te adviseren.

Wet milieubeheer

A65 art. 7.28

§ 7.9
De uitgebreide voorbereiding inzake het milieueffectrapport dat betrekking heeft op een besluit

Art. 7.27

1. Degene die een activiteit wil ondernemen, aangewezen krachtens artikel 7.2, eerste lid, onder a, dan wel onder b, in samenhang met artikel 7.18, of 7.6, eerste lid, en die voornemens is een aanvraag in te dienen tot het nemen van een besluit, aangewezen krachtens artikel 7.2, derde of vierde lid, en waarop afdeling 3.4 van de Algemene wet bestuursrecht of een of meer artikelen van afdeling 13.2 niet van toepassing zijn, deelt dat voornemen zo spoedig mogelijk schriftelijk mee aan het bevoegd gezag.

Uitgebreide voorbereiding MER

2. Zo spoedig mogelijk na ontvangst van de mededeling, bedoeld in het eerste lid, dan wel alvorens het milieueffectrapport op te stellen, indien het bevoegd gezag degene is die de activiteit wil ondernemen, raadpleegt het bevoegd gezag de adviseurs en de bestuursorganen die ingevolge het wettelijk voorschrift waarop het besluit berust bij de voorbereiding van het besluit worden betrokken, over de reikwijdte en het detailniveau van de informatie die is gericht op wat relevant is voor het besluit en die op grond van artikel 7.23 in het milieueffectrapport moet worden opgenomen.

3. Zo spoedig mogelijk na ontvangst van de mededeling dan wel na het opvatten van het voornemen door het bevoegd gezag, maar uiterlijk op het moment dat het toepassing geeft aan het tweede lid, geeft het bevoegd gezag kennis van het voornemen, bedoeld in het eerste lid, dan wel van zijn eigen voornemen, met overeenkomstige toepassing van artikel 3:12, eerste en tweede lid, van de Algemene wet bestuursrecht.

4. In de kennisgeving, bedoeld in het derde lid, wordt vermeld of de commissie of een andere onafhankelijke instantie in de gelegenheid wordt gesteld advies uit te brengen over het voornemen.

5. De kennisgeving, bedoeld in het derde lid, vindt in ieder geval plaats in het door het bevoegd gezag uitgegeven provinciaal blad, gemeenteblad, waterschapsblad of publicatieblad van een gemeenschappelijke regeling. Als het bevoegd gezag tot de centrale overheid behoort of geen eigen publicatieblad uitgeeft, vindt de kennisgeving plaats in de Staatscourant.

6. In de kennisgeving wordt voorts vermeld indien het milieueffectrapport betrekking heeft op een krachtens artikel 7.2, derde of vierde lid, aangewezen besluit en voor de daarin voorgenomen, krachtens het eerste lid, onder a, van dat artikel aangewezen, activiteit een passende beoordeling moet worden gemaakt in verband met de mogelijke significante gevolgen voor een Natura 2000-gebied, bedoeld in artikel 1.1, eerste lid, van de Wet natuurbescherming: dat voor de activiteit een passende beoordeling moet worden gemaakt in verband met de mogelijke significante gevolgen voor een Natura 2000-gebied, bedoeld in artikel 1.1, eerste lid, van de Wet natuurbescherming.

7. Kennisgeving vindt tevens plaats in een publicatie in een ander land ingeval er sprake is van mogelijke belangrijke nadelige gevolgen voor het milieu in dat andere land. Degene die de activiteit wil ondernemen overlegt op verzoek van het bevoegd gezag binnen een bij dat verzoek te bepalen termijn een vertaling van de mededeling in de landstaal van het gebied in het andere land waar de activiteit belangrijke nadelige gevolgen kan hebben.

8. In het geval het bevoegd gezag niet degene is die de activiteit wil ondernemen, geeft het uiterlijk zes weken na ontvangst van de mededeling, een advies inzake de reikwijdte en het detailniveau van de informatie ten behoeve van een milieueffectrapport. Het bevoegd gezag kan de termijn eenmaal met ten hoogste zes weken verlengen.

§ 7.10
Het besluit

Art. 7.28

1. Het bevoegd gezag laat een aanvraag om een besluit buiten behandeling indien
a. bij het indienen van de aanvraag geen milieueffectrapport is overgelegd, tenzij van de plicht tot het opstellen van een milieueffectrapport op grond van artikel 7.5, eerste lid, ontheffing is verleend en er geen rapport met een andere beoordeling als bedoeld in artikel 7.5, tweede lid, hoeft te worden opgesteld;
b. er een ontheffing op grond van artikel 7.5, eerste lid, is verleend, een afschrift van de mededeling, bedoeld in artikel 7.5, vierde lid, ontbreekt;
c. in gevallen waarin krachtens artikel 14.5 ter voorbereiding van meer dan een besluit één milieueffectrapport wordt gemaakt, de van de aanvrager afkomstige aanvragen tot het nemen van de andere betrokken besluiten niet tegelijkertijd worden ingediend.

2. Het bevoegd gezag laat de aanvraag tevens buiten behandeling indien deze een krachtens artikel 7.2, vierde lid, aangewezen besluit betreft voor een krachtens artikel 7.2, achtste lid, aangewezen geval, dat krachtens wettelijk voorschrift op aanvraag wordt genomen, en

Buitenbehandelinglating

Sdu

1205

A65 art. 7.28a — Wet milieubeheer

a. bij het indienen van de aanvraag geen afschrift is gevoegd van de beslissing krachtens artikel 7.17, eerste lid, inhoudende dat geen milieueffectrapport behoeft te worden gemaakt, of
b. geen beslissing is genomen krachtens artikel 7.17, eerste lid, dan wel is beslist dat een milieueffectrapport moet worden gemaakt en dat rapport niet is overgelegd.
3. Het bevoegd gezag laat de aanvraag tevens buiten behandeling indien deze betreft een krachtens artikel 7.2, vierde lid, aangewezen besluit voor andere gevallen dan bedoeld in het tweede lid, en
a. bij het indienen van de aanvraag geen afschrift is gevoegd van de mededeling, bedoeld in artikel 7.16, eerste lid, of
b. indien beslist is dat een milieueffectrapport moet worden gemaakt, dat rapport niet is overgelegd.
4. Het bevoegd gezag houdt de beslissing op de aanvraag om een besluit als bedoeld in het derde lid aan zolang het niet ingevolge artikel 7.17, eerste lid, heeft beslist of er een milieueffectrapport moet worden gemaakt. Als het bevoegd gezag beslist dat een milieueffectrapport gemaakt moet worden, wordt de aanvraag afgewezen.
5. Het bevoegd gezag wijst een aanvraag om een besluit af indien het overgelegde milieueffectrapport, mede gelet op het advies wanneer dat daarover op grond van artikel 7.26 onderscheidenlijk artikel 7.27 is gegeven, niet voldoet aan artikel 7.23, dan wel onjuistheden bevat. Voordat een aanvraag wordt afgewezen, wordt de aanvrager eerst in de gelegenheid gesteld binnen een door het bevoegd gezag gestelde termijn het milieueffectrapport aan te vullen.

Art. 7.28a

Passende functiescheiding

1. Als het bevoegd gezag zelf de activiteit wil ondernemen waarvoor een milieueffectrapport moet worden gemaakt, zorgt het bevoegd gezag in ieder geval voor een passende scheiding tussen conflicterende functies bij de ambtelijke voorbereiding van het besluit.
2. Het bevoegd gezag legt de wijze waarop het zorg draagt voor een passende scheiding als bedoeld in het eerste lid vast in een beschrijving van de werkprocessen en procedures en draagt er zorg voor dat deze werkprocessen en procedures worden nageleefd.

Art. 7.29

Koppeling bekendmakingen

1. Indien van een aanvraag als bedoeld in artikel 7.28, openbaar kennis wordt gegeven, wordt van het milieueffectrapport gelijktijdig openbaar kennisgegeven.
2. In het geval er sprake is van mogelijke belangrijke nadelige gevolgen voor het milieu in een ander land, geschiedt de openbare kennisgeving van de aanvraag en het milieueffectrapport in een publicatie in dat andere land.
3. De kennisgeving, bedoeld in het eerste lid, vindt in ieder geval plaats in het door het bevoegd gezag uitgegeven provinciaal blad, gemeenteblad, waterschapsblad, of publicatieblad van een gemeenschappelijke regeling. Indien het bevoegd gezag tot de centrale overheid behoort of geen eigen publicatieblad uitgeeft, vindt de kennisgeving plaats in de Staatscourant.

Art. 7.30

Gelijktijdig openbaar maken

1. Indien de procedure van totstandkoming van het besluit voorziet in openbare kennisgeving van het ontwerp van een besluit, wordt van het milieueffectrapport gelijktijdig openbaar kennisgegeven, behoudens in gevallen als bedoeld in artikel 7.29.
2. Het eerste lid is van overeenkomstige toepassing op de openbare kennisgeving in een publicatie in een ander land in het geval er sprake is van mogelijke belangrijke nadelige gevolgen voor het milieu in dat andere land.
3. Indien de procedure van totstandkoming van het besluit niet voorziet in openbare kennisgeving van de aanvraag of het ontwerp van een besluit, wordt in afwijking van die procedure, van het milieueffectrapport gelijktijdig met het ontwerp van het besluit openbaar kennisgegeven met toepassing van artikel 3:12 van de Algemene wet bestuursrecht.
4. De kennisgeving, bedoeld in het eerste en derde lid, vindt in ieder geval plaats in het door het bevoegd gezag uitgegeven provinciaal blad, gemeenteblad, waterschapsblad, of publicatieblad van een gemeenschappelijke regeling. Indien het bevoegd gezag tot de centrale overheid behoort of geen eigen publicatieblad uitgeeft, vindt de kennisgeving plaats in de Staatscourant.

Art. 7.31

[Vervallen]

Art. 7.32

Zienswijzen MER; combinatie met aanvraag

1. Indien een aanvraag als bedoeld in artikel 7.28, dan wel het ontwerp van een besluit als bedoeld in artikel 7.30, ter inzage wordt gelegd en een ieder in de gelegenheid wordt gesteld daarover zienswijzen naar voren te brengen, kunnen zienswijzen over het milieueffectrapport gelijktijdig naar voren worden gebracht met zienswijzen over die aanvraag dan wel dat ontwerp, waarmee het milieueffectrapport ter inzage is gelegd.
2. Indien de procedure van totstandkoming van een besluit er niet in voorziet dat de aanvraag of het ontwerp van een besluit ter inzage wordt gelegd en een ieder in de gelegenheid wordt gesteld zijn zienswijze daarover naar voren te brengen, zijn in afwijking van die procedure de artikelen 3:11, 3:12, 3:15 en 3:16 van de Algemene wet bestuursrecht van toepassing. Zienswijzen over het milieueffectrapport kunnen naar voren worden gebracht door een ieder. Zienswijzen

over het milieueffectrapport kunnen gelijktijdig naar voren worden gebracht met de zienswijzen over het ontwerp van het besluit.
3. De zienswijzen op het milieueffectrapport kunnen slechts betrekking hebben op de inhoud van het milieueffectrapport, het niet voldoen van het rapport aan de bij of krachtens artikel 7.23 gestelde regels dan wel op onjuistheden die het rapport bevat.
4. Indien het eerste lid van toepassing is en de procedure van totstandkoming van een besluit voorziet in de vaststelling van een besluit binnen een bepaalde termijn, dan wordt die termijn, wanneer deze korter is dan de termijn, bedoeld in artikel 3:16 van de Algemene wet bestuursrecht, verlengd tot de termijn, bedoeld in artikel 3:16 van de Algemene wet bestuursrecht vermeerderd met twee weken.
5. Artikel 7.12 is van overeenkomstige toepassing op een besluit waarop afdeling 3.4 van de Algemene wet bestuursrecht of een of meer artikelen van afdeling 13.2, met uitzondering van artikel 13.2 niet van toepassing zijn, en op een besluit ter zake van een activiteit als bedoeld in artikel 7.24, vierde lid.

Art. 7.33-7.34
[Vervallen]

Art. 7.35
1. Bij het nemen van een besluit houdt het bevoegd gezag rekening met alle gevolgen die de activiteit waarop het besluit betrekking heeft, voor het milieu kan hebben.

Verruiming beslissingsbevoegdheid bevoegd gezag

2. Behoudens voor zover bij of krachtens het derde tot en met zesde lid anders is voorzien, is het eerste lid slechts van toepassing voor zover de wettelijke regeling waarop het besluit berust, zich daartegen niet verzet.
3. Het bevoegd gezag kan, indien ter zake van een activiteit slechts één besluit is aangewezen, ongeacht de beperkingen die ter zake in de wettelijke regeling waarop het besluit berust, zijn gesteld:
   a. naast de voorwaarden, voorschriften en beperkingen tot het opnemen waarvan het ingevolge die wettelijke regeling bevoegd is, in het besluit tevens alle andere voorwaarden, voorschriften en beperkingen opnemen, die nodig zijn ter bescherming van het milieu, waaronder monitoringsmaatregelen;
   b. een beslissing nemen, ertoe strekkende dat de activiteit niet wordt ondernomen, indien het ondernemen van de activiteit tot ontoelaatbare nadelige gevolgen voor het milieu kan leiden.
4. Op de voorbereiding van een besluit als bedoeld in het derde lid is, ongeacht hetgeen ter zake in de betrokken wettelijke regeling is bepaald, afdeling 3.4 van de Algemene wet bestuursrecht van toepassing.
5. Indien op de voorbereiding van meer dan een van de ter zake van eenzelfde activiteit aangewezen besluiten afdeling 3.4 van de Algemene wet bestuursrecht van toepassing is, wordt een van die besluiten aangewezen als het besluit waarop het derde lid van toepassing is. Bij die aanwijzing kan worden bepaald dat zij slechts geldt in daarbij aangegeven gevallen. De aanwijzing geschiedt bij algemene maatregel van bestuur.
6. Met betrekking tot het krachtens het vijfde lid aangewezen besluit is het derde lid van toepassing, met dien verstande dat slechts voorwaarden, voorschriften en beperkingen kunnen worden gesteld met betrekking tot onderwerpen waaromtrent geen voorwaarden, voorschriften en beperkingen kunnen worden gesteld bij de andere in het vijfde lid bedoelde besluiten.
7. Bij algemene maatregel van bestuur kunnen regelen worden gesteld met betrekking tot de toepassing van het derde lid.

Art. 7.36
Een krachtens een andere wettelijke regeling te nemen besluit wordt, ook voor zover daarbij artikel 7.35 wordt toegepast, geacht krachtens die regeling te worden genomen.

Art. 7.36a
Het bevoegd gezag neemt een besluit niet:
a. dan nadat het toepassing heeft gegeven aan de artikelen 7.22 en 7.23 en aan paragraaf 7.8 of 7.9;
b. indien de gegevens die in het milieueffectrapport zijn opgenomen redelijkerwijs niet meer aan het besluit ten grondslag kunnen worden gelegd.

Art. 7.37
1. In het besluit wordt in ieder geval vermeld:

Inhoud besluit

a. de wijze waarop rekening is gehouden met de in het milieueffectrapport beschreven mogelijke gevolgen voor het milieu van de activiteit waarop het besluit betrekking heeft;
b. hetgeen is overwogen omtrent de in het milieueffectrapport beschreven alternatieven;
c. hetgeen is overwogen omtrent de overeenkomstig artikel 7.32 ter zake van het milieueffectrapport naar voren gebrachte zienswijzen;
d. elke aan het besluit verbonden milieuvoorwaarde;
e. voor zover van toepassing, een beschrijving van alle kenmerken van de activiteit en de geplande maatregelen om belangrijke nadelige gevolgen voor het milieu te vermijden, te voorko-

men of te beperken en, indien mogelijk, te compenseren en, met het oog daarop, op welk moment de maatregelen gerealiseerd dienen te zijn;
f. in voorkomend geval, elke monitoringsmaatregel, procedure voor de monitoring en wijze van monitoring van die gevolgen waarvoor het bevoegd gezag monitoring noodzakelijk acht, waarbij het soort parameters dat wordt gemonitord en de looptijd van de monitoring evenredig moeten zijn met de aard, de locatie en de omvang van de activiteit en met het belang van de gevolgen voor het milieu.

2. In het besluit wordt tevens vermeld:
a. indien de commissie overeenkomstig artikel 7.32, vijfde lid, in samenhang met artikel 7.12, advies heeft uitgebracht, hetgeen is overwogen omtrent dat advies;
b. indien van toepassing, hetgeen in het milieueffectrapport omtrent mogelijke belangrijke nadelige grensoverschrijdende milieugevolgen is overwogen, en
c. indien van toepassing, hetgeen is overwogen omtrent de uitkomsten van het overleg, bedoeld in artikel 7.38a, vijfde lid.

3. Om overlapping van monitoring te vermijden kan het bevoegd gezag bepalen dat voor de monitoringsmaatregelen en de procedures voor de monitoring, bedoeld in het eerste lid, onder f, degene die de activiteit wil ondernemen, gebruik kan maken van bestaande wettelijk voorgeschreven monitoringsregelingen.

Art. 7.38

Wijze bekendmaking besluit

Indien de procedure van totstandkoming van een besluit niet voorziet in:
a. bekendmaking van een besluit, wordt dat besluit bekend gemaakt op de wijze, voorzien in afdeling 3.6 van de Algemene wet bestuursrecht;
b. mededeling door toezending van een exemplaar van een besluit aan degenen die bij de voorbereiding ervan hun zienswijze naar voren hebben gebracht en, voor zover van toepassing, aan de commissie, de adviseurs en de bestuursorganen die bij de voorbereiding worden betrokken, wordt kennisgegeven zoals voorzien in artikel 3:44 van de Algemene wet bestuursrecht.

§ 7.11
Activiteiten met mogelijke grensoverschrijdende milieugevolgen

Art. 7.38a

Autoriteiten bij grensoverschrijdende milieugevolgen

1. Nadat uit de in het kader van dit hoofdstuk verzamelde informatie duidelijk is geworden dat er sprake is van mogelijke belangrijke nadelige gevolgen voor het milieu in een ander land als gevolg van een voorgenomen activiteit, wordt de regering of een door die regering aan te wijzen autoriteit van dat andere land zo spoedig mogelijk geïnformeerd.

2. Indien een in een plan voorgenomen activiteit belangrijke nadelige gevolgen voor het milieu kan hebben in een ander land, wordt, onverminderd het eerste lid, aan de regering van dat land of aan een door die regering aan te wijzen autoriteit van dat land verstrekt:
a. het ontwerp van het plan, en, indien het milieueffectrapport is opgenomen in dat ontwerp, het milieueffectrapport, gelijktijdig met de terinzagelegging daarvan in Nederland;
b. het vastgestelde plan, en, indien het milieueffectrapport niet is opgenomen in dat plan, het milieueffectrapport, gelijktijdig met de bekendmaking daarvan in Nederland.

3. Indien een in een besluit voorgenomen activiteit belangrijke nadelige gevolgen kan hebben voor het milieu in een ander land, wordt, onverminderd het eerste lid, aan de regering van dat land of een door die regering aan te wijzen autoriteit van dat land verstrekt:
a. de aanvraag, bedoeld in artikel 7.28, onderscheidenlijk het ontwerp van het besluit alsmede de milieueffectrapportage en, indien van toepassing, een advies als bedoeld in artikel 7.26 onderscheidenlijk artikel 7.27, gelijktijdig met de terinzagelegging daarvan in Nederland;
b. het besluit en het milieueffectrapport gelijktijdig met de bekendmaking daarvan in Nederland.

4. Op de instanties die daartoe door de bevoegde autoriteit in een ander land zijn aangewezen op grond van hun specifieke verantwoordelijkheid op milieugebied zijn de artikelen 3:16, eerste en tweede lid, van de Algemene wet bestuursrecht en de artikelen 7.9, tweede lid, onder c, artikel 7.25, onderscheidenlijk artikel 7.27, vierde lid, van overeenkomstige toepassing. Tevens worden de in het tweede en derde lid bedoelde bescheiden toegezonden aan deze instanties.

5. De ingevolge het tweede of derde lid te verstrekken stukken dienen als grondslag voor het overleg met bestuursorganen in het betrokken andere land over de belangrijke nadelige gevolgen die de activiteit voor het milieu in dat andere land kan hebben, en de maatregelen die worden overwogen om die gevolgen te voorkomen of te beperken.

6. Het bevoegd gezag is belast met de taken die voortvloeien uit de toepassing van het eerste tot en met vierde lid. Het bevoegd gezag geeft informatie en zendt de ingevolge het tweede en derde lid verstrekte stukken tevens aan Onze Minister, welke stukken eveneens dienen als grondslag voor het door het bevoegd gezag te voeren overleg, bedoeld in het vijfde lid.

7. Onze Minister is in algemene zin belast met het onderhouden van contacten met de regering van het andere land en is betrokken bij overleg op regeringsniveau indien het overleg over een

Wet milieubeheer

A65 art. 7.42

voorgenomen activiteit tussen het bevoegd gezag en de bestuursorganen van dat land niet tot het gewenste resultaat heeft geleid.
8. Bij ministeriële regeling kunnen nadere regels worden gesteld met betrekking tot het bepaalde in het tweede tot en met vijfde lid.

Art. 7.38b-7.38c
[Vervallen]

Art. 7.38d
Indien een ander land belangrijke nadelige gevolgen voor het milieu meent te kunnen ondervinden van een in een plan dan wel besluit voorgenomen activiteit in Nederland, geven het bevoegd gezag, onderscheidenlijk Onze Minister op verzoek van dat land toepassing aan artikel 7.38a, eerste tot en met vijfde lid, met inachtneming van de taakverdeling tussen het bevoegd gezag en Onze Minister, bedoeld in artikel 7.38a, zesde en zevende lid.

Ander land ervaart nadelige gevolgen

Art. 7.38e
Indien een ander land belangrijke nadelige gevolgen voor het milieu kan ondervinden van een in een plan, dan wel besluit voorgenomen activiteit in Nederland kan Onze Minister bepalen dat het bevoegd gezag dat plan dan wel besluit niet vaststelt dan nadat Onze Minister gedurende dertien weken na het einde van de termijn waarbinnen zienswijzen over het ontwerp van dat plan dan wel over de aanvraag, of het ontwerp van dat besluit naar voren kunnen worden gebracht, in de gelegenheid is gesteld de uitkomsten van het overleg, bedoeld in artikel 7.38a, zevende lid, aan het bevoegd gezag te doen toekomen.

Termijn

Art. 7.38f
[Vervallen]

Art. 7.38g
Indien een voorgenomen activiteit in een ander land belangrijke nadelige gevolgen voor het milieu in Nederland kan hebben, draagt Onze Minister zorg voor het onderhouden van de contacten met dat land indien er geen contact over een voorgenomen activiteit tot stand is gekomen tussen de direct betrokken bestuursorganen in Nederland en de bestuursorganen van het andere land dan wel indien het contact niet tot het gewenste resultaat heeft geleid.

Contacten Minister VROM

§ 7.12
Evaluatie

Art. 7.39
1. Het bevoegd gezag dat een plan heeft vastgesteld, onderzoekt de gevolgen die de uitvoering van dat plan heeft voor het milieu, wanneer de in het plan voorgenomen activiteit wordt ondernomen of nadat zij is ondernomen.
2. Het bevoegd gezag stelt van het onderzoek een verslag op. Het bevoegd gezag zendt het verslag aan de adviseurs, de bestuursorganen, bedoeld in artikel 7.8, en aan de commissie. Het geeft van het verslag gelijktijdig kennis met toepassing van artikel 3:12, eerste en tweede lid, van de Algemene wet bestuursrecht.

Art. 7.40
[Vervallen]

Art. 7.41
1. Voor een besluit stelt het bevoegd gezag een verslag op over de resultaten van de monitoring, bedoeld in artikel 7.37, eerste lid, onder f.
2. Het bevoegd gezag zendt het verslag aan degene die de activiteit onderneemt, aan de bestuursorganen en aan de adviseurs. Het geeft van het verslag gelijktijdig kennis met toepassing van artikel 3:12, eerste en tweede lid, van de Algemene wet bestuursrecht.
3. Als de commissie overeenkomstig artikel 7.26a, artikel 7.32, vijfde lid, in samenhang met artikel 7.12, of artikel 1.11, tweede lid, van de Crisis- en herstelwet advies heeft uitgebracht, zendt het bevoegd gezag haar het verslag.

Onderzoeksverslag

Art. 7.42
1. Indien uit het in artikel 7.39 bedoelde onderzoek of het in artikel 7.41, eerste lid, bedoelde verslag blijkt dat de activiteit in belangrijke mate nadeliger gevolgen voor het milieu heeft dan die welke bij het vaststellen van het plan, dan wel bij het nemen van het besluit werden verwacht, neemt het bevoegd gezag, indien dat naar zijn oordeel nodig is, de hem ter beschikking staande maatregelen ten einde die gevolgen zoveel mogelijk te beperken of ongedaan te maken.
2. Indien het bevoegd gezag met betrekking tot een besluit tot het oordeel komt dat het moet worden gewijzigd of ingetrokken, zijn op die wijziging of intrekking de artikelen 7.35 en 7.36 van overeenkomstige toepassing.

Nemen maatregelen

Art. 7.43
[Vervallen]

Hoofdstuk 8
Inrichtingen

Paragraaf 8.1

Art. 8.1-8.39f
[Vervallen]

Art. 8.40

Algemene regels

1. Bij of krachtens algemene maatregel van bestuur worden regels gesteld, die nodig zijn ter bescherming van het milieu tegen de nadelige gevolgen die inrichtingen daarvoor kunnen veroorzaken. Daarbij kan worden bepaald dat daarbij gestelde regels slechts gelden in daarbij aangegeven categorieën van gevallen.

Betrokken aspecten

2. Bij de beslissing tot het vaststellen van een algemene maatregel van bestuur als bedoeld in het eerste lid, worden in ieder geval betrokken:
   a. de bestaande toestand van het milieu, voor zover inrichtingen die tot de betrokken categorieën behoren, daarvoor gevolgen kunnen veroorzaken;
   b. de gevolgen voor het milieu, die inrichtingen die tot de betrokken categorieën behoren, kunnen veroorzaken, mede in hun onderlinge samenhang bezien;
   c. de met betrekking tot inrichtingen die tot de betrokken categorieën behoren, en de omgeving waarin zodanige inrichtingen zijn of kunnen zijn gelegen, redelijkerwijs te verwachten ontwikkelingen die van belang zijn met het oog op de bescherming van het milieu;
   d. de mogelijkheden tot bescherming van het milieu, door de nadelige gevolgen voor het milieu, die inrichtingen die tot de betrokken categorieën behoren, kunnen veroorzaken, te voorkomen, dan wel zoveel mogelijk te beperken, voor zover zij niet kunnen worden voorkomen;
   e. de voor onderdelen van het milieu, waarvoor de betrokken categorieën van inrichtingen gevolgen kunnen hebben, geldende milieukwaliteitseisen, vastgesteld krachtens of overeenkomstig artikel 5.1 of bij Bijlage 2;
   f. de redelijkerwijs te verwachten financiële en economische gevolgen van de maatregel.
   In een toelichting bij de maatregel wordt aangegeven op welke wijze deze aspecten bij de voorbereiding van de maatregel zijn betrokken.

3. Ten aanzien van de regels te stellen voorschriften zijn de bij of krachtens artikel 2.22, tweede en derde lid, gestelde regels over activiteiten met betrekking tot inrichtingen als bedoeld in artikel 2.1, eerste lid, onder e, van de Wet algemene bepalingen omgevingsrecht, alsmede de artikelen 2.23, 2.30, eerste lid, 2.31, eerste lid, onder b, 2.33, eerste lid, onder b, en 4.1 van die wet van overeenkomstige toepassing, met dien verstande dat het stellen van financiële zekerheid slechts kan worden voorgeschreven in de vorm van het sluiten van een verzekering tegen aansprakelijkheid voor schade, voortvloeiend uit de nadelige gevolgen voor het milieu, die de inrichting veroorzaakt.

4. Deze paragraaf en de daarop berustende bepalingen zijn mede van toepassing op inrichtingen die gevolgen voor het milieu kunnen veroorzaken binnen de exclusieve economische zone, voor zover dat bij een algemene maatregel van bestuur als bedoeld in het eerste lid, is bepaald.

Art. 8.40a

Alternatieve maatregelen

1. Indien bij of krachtens een algemene maatregel van bestuur als bedoeld in artikel 8.40 een verplichting is opgenomen voor degene die de inrichting drijft, om daarbij aangegeven maatregelen te treffen, kan daarbij worden bepaald dat diegene in plaats daarvan andere maatregelen kan treffen, wanneer met die andere maatregelen ten minste een gelijkwaardig niveau van bescherming van het milieu wordt bereikt.

2. Degene die de inrichting drijft dient een aanvraag in tot het kunnen treffen van andere maatregelen bij het bestuursorgaan, aangegeven bij de algemene maatregel van bestuur, bedoeld in het eerste lid, welke aanvraag gegevens bevat waaruit blijkt dat met die andere maatregelen ten minste een gelijkwaardig niveau van bescherming van het milieu wordt bereikt.

3. Het bestuursorgaan, bedoeld in het tweede lid, beslist binnen acht weken over de gelijkwaardigheid van de andere maatregelen. Het bestuursorgaan kan deze termijn eenmaal met ten hoogste zes weken verlengen.

4. Indien de maatregelen waarop de aanvraag betrekking heeft, direct verband houden met activiteiten waarvoor een aanvraag om een omgevingsvergunning is ingediend of die zijn toegestaan krachtens een omgevingsvergunning, wordt de beslissing op de aanvraag afgestemd op de betrokken aanvraag om een omgevingsvergunning, onderscheidenlijk de betrokken omgevingsvergunning.

Art. 8.41

Meldingsplicht

1. Bij een algemene maatregel van bestuur krachtens artikel 8.40 kan met betrekking tot daarbij aangewezen categorieën van inrichtingen de verplichting worden opgelegd tot het melden van het oprichten of het veranderen van een inrichting waarop de maatregel betrekking heeft, dan wel van het veranderen van de werking daarvan.

2. Bij de maatregel wordt aangegeven:

Wet milieubeheer   **A65** art. 8.42a

a. het bestuursorgaan waaraan de melding wordt gericht;
b. het tijdstip, voorafgaand aan het oprichten of veranderen, waarop de melding uiterlijk moet zijn gedaan;
c. de gegevens die bij de melding moeten worden verstrekt;
d. in welke gevallen de melding geheel of gedeeltelijk elektronisch wordt verricht of in welke gevallen het bevoegd gezag geheel of gedeeltelijk elektronisch gedane meldingen in ontvangst neemt.
3. Onze Minister kan nadere regels stellen met betrekking tot de in het tweede lid, onder c, bedoelde gegevens en de wijze waarop zij moeten worden verstrekt.
4. Van de melding wordt kennisgegeven op de in artikel 12 van de Bekendmakingswet bepaalde wijze. Indien op grond van een algemene maatregel van bestuur krachtens artikel 8.40 ook anderszins gegevens moeten worden verstrekt, wordt in de melding nog niet gedaan is of de bij de melding te verstrekken gegevens niet volledig zijn, tegelijkertijd met de indiening van daarvan worden gesteld. Bij algemene maatregel van bestuur kunnen bestuursorganen worden aangewezen, waaraan een exemplaar van de melding of de anderszins verstrekte gegevens moet worden toegezonden.   *Publicatie melding*

Art. 8.41a
1. Indien activiteiten ten aanzien waarvan ingevolge het bepaalde krachtens artikel 8.41 een melding moet worden gedaan, tevens zijn aan te merken als activiteiten die behoren tot een categorie waarvoor ingevolge artikel 2.1 of 2.2, eerste lid, van de Wet algemene bepalingen omgevingsrecht een omgevingsvergunning is vereist, wordt, indien de melding nog niet gedaan is of de bij de melding te verstrekken gegevens niet volledig zijn, tegelijkertijd met de indiening van de aanvraag om een omgevingsvergunning een melding van die activiteiten overeenkomstig het bepaalde krachtens artikel 8.41 gedaan.   *Procedurele aspecten*
2. Indien niet is voldaan aan het bepaalde in het eerste lid besluit het bevoegd gezag de aanvraag niet te behandelen, mits de aanvrager de gelegenheid heeft gehad binnen de door dat bestuursorgaan gestelde termijn alsnog te melden dan wel de ontbrekende gegevens te verstrekken.
3. Een besluit om de aanvraag niet te behandelen wordt aan de aanvrager bekendgemaakt nadat de krachtens het tweede lid gestelde termijn ongebruikt is verstreken of binnen die termijn de gegevens, bedoeld in het tweede lid, niet of niet volledig zijn verstrekt.
4. In gevallen als bedoeld in het eerste lid wordt de melding gedaan bij het bestuursorgaan waarbij de aanvraag om een omgevingsvergunning wordt ingediend.
5. Indien het bestuursorgaan waaraan de melding is gedaan, niet het bestuursorgaan is waaraan ingevolge het bepaalde krachtens artikel 8.41, tweede lid, onder a, de melding moet worden gericht, zendt het eerstbedoelde bestuursorgaan onverwijld de bij die melding verstrekte gegevens door naar het bestuursorgaan, bedoeld in dat onderdeel, onder gelijktijdige mededeling daarvan aan de afzender.

Art. 8.42
1. Bij of krachtens algemene maatregel van bestuur als bedoeld in artikel 8.40 kan met betrekking tot daarbij aangegeven onderwerpen de verplichting worden opgelegd te voldoen aan voorschriften die nodig zijn ter bescherming van het milieu, gesteld door een bij die maatregel aangegeven bestuursorgaan.   *Voorschriften van bestuursorgaan*
2. Op het stellen van voorschriften als bedoeld in het eerste lid, is artikel 8.40, tweede en derde lid, van overeenkomstige toepassing.
3. Het bestuursorgaan, bedoeld in het eerste lid, kan voorschriften stellen die afwijken van de regels, gesteld bij of krachtens de maatregel, bedoeld in dat lid, indien dat bij of krachtens die maatregel is bepaald. Bij of krachtens de maatregel kan worden bepaald in welke mate de voorschriften kunnen afwijken en kan worden bepaald dat slechts kan worden afgeweken in daarbij aangegeven categorieën van gevallen.
4. Het bestuursorgaan kan de voorschriften aanvullen, wijzigen of intrekken indien dat nodig is ter bescherming van het milieu.
5. Bij of krachtens de maatregel worden categorieën van gevallen aangegeven, waarin van de beschikking waarbij het voorschrift wordt gesteld, mededeling wordt gedaan op de in artikel 12 van de Bekendmakingswet bepaalde wijze.
6. Voorschriften als bedoeld in het eerste lid die betrekking hebben op activiteiten die direct verband houden met activiteiten waarvoor een aanvraag om een omgevingsvergunning is ingediend of die zijn toegestaan krachtens een omgevingsvergunning, worden afgestemd op de betrokken aanvraag om een omgevingsvergunning, onderscheidenlijk de betrokken omgevingsvergunning.
7. Op de voorbereiding van een beschikking op de aanvraag tot het stellen van voorschriften zijn de artikelen 3.8 en 3.9, eerste en tweede lid, van de Wet algemene bepalingen omgevingsrecht van overeenkomstige toepassing, tenzij afdeling 3.4 van de Algemene wet bestuursrecht daarop van toepassing is.

Art. 8.42a
Het bevoegd gezag kan voorschriften aan een omgevingsvergunning voor een inrichting verbinden die afwijken van de regels, gesteld bij of krachtens een algemene maatregel van bestuur   *Nadere voorschriften op AMvB*

als bedoeld in artikel 8.40, indien dat bij of krachtens die maatregel is bepaald. Bij of krachtens de maatregel kan worden bepaald in welke mate de voorschriften kunnen afwijken en kan worden bepaald dat slechts kan worden afgeweken in daarbij aangegeven categorieën van gevallen.

Art. 8.42b

Provinciale/gemeentelijke verordening

1. Bij of krachtens algemene maatregel van bestuur als bedoeld in artikel 8.40 kan met betrekking tot daarbij aangegeven onderwerpen worden bepaald dat bij provinciale of gemeentelijke verordening gestelde regels omtrent die onderwerpen van de bij of krachtens de maatregel gestelde regels kunnen afwijken, in welke mate kan worden afgeweken en kan worden bepaald dat slechts kan worden afgeweken in daarbij aangegeven categorieën van gevallen.
2. Op het stellen van provinciale of gemeentelijke regels als bedoeld in het eerste lid, is artikel 8.40, tweede en derde lid, van overeenkomstige toepassing.

Art. 8.43

Tarieven in ontvangst nemen afvalstoffen

1. Inrichtingen waarin van anderen afkomstige afvalstoffen worden gestort, brengen bij het in ontvangst nemen van afvalstoffen een bedrag in rekening waarbij in ieder geval rekening wordt gehouden:
a. met de kosten van het totstandbrengen, instandhouden en in werking hebben van de inrichting,
b. met de kosten van de voorzieningen die bewerkstelligen dat de inrichting, nadat zij buiten gebruik is gesteld, geen nadelige gevolgen voor het milieu veroorzaakt, daaronder mede begrepen de kosten van de krachtens artikel 15.44, eerste lid, verschuldigde heffing, en
c. met de kosten van financiële zekerheid in categorieën van gevallen waarvoor het stellen van financiële zekerheid krachtens artikel 4.1 van de Wet algemene bepalingen omgevingsrecht is voorgeschreven.
2. Onze Minister kan nadere regels stellen met betrekking tot het eerste lid.

Art. 8.44-8.45

[Vervallen]

Art. 8.46

[Door vernummering vervallen.]

Paragraaf 8.2

Art. 8.47

Begripsbepalingen

1. In deze paragraaf en de daarop berustende bepalingen wordt verstaan onder:
a. stortplaats: inrichting waar afvalstoffen worden gestort, dan wel het gedeelte van een inrichting, waar afvalstoffen worden gestort, indien in de inrichting niet uitsluitend afvalstoffen worden gestort, met uitzondering van afvalvoorzieningen;
b. gesloten stortplaats: stortplaats ten aanzien waarvan de in het derde lid bedoelde verklaring is afgegeven;
c. bedrijfsgebonden stortplaats: stortplaats waar uitsluitend afvalstoffen worden gestort, die afkomstig zijn van binnen de inrichting waartoe de stortplaats behoort.
2. Onder stortplaats wordt mede verstaan een gesloten stortplaats. Tot de stortplaats wordt mede gerekend het gedeelte van de stortplaats waar het storten van afvalstoffen is beëindigd.

Gesloten verklaring stortplaats

3. Het bevoegd gezag verklaart een stortplaats voor gesloten, indien:
a. het storten van afvalstoffen is beëindigd,
b. voor zover een daartoe strekkend voorschrift voor de inrichting geldt, een bovenafdichting is aangebracht, en
c. een eindinspectie door het bevoegd gezag is uitgevoerd waaruit is gebleken dat aan alle voorschriften, verbonden aan de omgevingsvergunning voor de inrichting, is voldaan en dat ook geen andere maatregelen ingevolge de Wet bodembescherming getroffen dienen te worden door degene die de stortplaats drijft, in geval van verontreiniging of aantasting van de bodem onder de stortplaats.

Art. 8.47a

Informeren over verklaring

Het bevoegd gezag stelt Onze Minister zo spoedig mogelijk op de hoogte van een verklaring als bedoeld in artikel 8.47, derde lid.

Art. 8.48

Werkingssfeer

1. Deze paragraaf is van toepassing op stortplaatsen waarvoor een omgevingsvergunning is vereist, waar op of na 1 september 1996 afvalstoffen worden gestort, en
a. waarvoor een algemene maatregel van bestuur geldt als bedoeld in artikel 2.22, derde lid, van de Wet algemene bepalingen omgevingsrecht, of
b. uitsluitend baggerspecie wordt gestort.
2. Deze paragraaf is, met uitzondering van het eerste lid van dit artikel, van overeenkomstige toepassing op afvalvoorzieningen.
3. Het tweede lid is niet van toepassing op bij algemene maatregel van bestuur aangewezen categorieën van naar haar aard tijdelijke afvalvoorzieningen.

Art. 8.49
1. Met betrekking tot een gesloten stortplaats worden zodanige maatregelen getroffen dat wordt gewaarborgd dat die stortplaats geen nadelige gevolgen voor het milieu veroorzaakt, dan wel, voor zover dat redelijkerwijs niet kan worden gevergd, de grootst mogelijke bescherming wordt geboden tegen die nadelige gevolgen. *Maatregelen gesloten stortplaats*
2. Tot de maatregelen, bedoeld in het eerste lid, worden in ieder geval gerekend:
a. maatregelen strekkende tot het in stand houden en onderhouden, alsmede het herstellen, verbeteren of vervangen van voorzieningen ter bescherming van de bodem;
b. het regelmatig inspecteren van voorzieningen ter bescherming van de bodem, en
c. het regelmatig onderzoeken van de bodem onder de stortplaats.
3. Degene die een stortplaats drijft, stelt een nazorgplan op ter uitvoering van de maatregelen, bedoeld in het eerste en tweede lid. Het nazorgplan behoeft de instemming van het bevoegd gezag. Het bevoegd gezag beslist hierover binnen dertien weken na de indiening van het nazorgplan. Indien het bevoegd gezag niet binnen de gestelde termijn heeft beslist, is de instemming van rechtswege gegeven. Het bevoegd gezag maakt de instemming van rechtswege onverwijld nadat de beslistermijn is verstreken, bekend.
4. Het bevoegd gezag kan degene die een stortplaats drijft, bevelen het nazorgplan waarmee het heeft ingestemd, aan te passen gezien de ontwikkelingen op het gebied van de technische mogelijkheden tot bescherming van het milieu en de ontwikkelingen met betrekking tot de kwaliteit van het milieu, dan wel in verband met een verandering van de stortplaats sedert de datum van instemming met het nazorgplan.
5. Bij algemene maatregel van bestuur kunnen met betrekking tot de in het eerste en tweede lid bedoelde maatregelen alsmede met betrekking tot het in het derde lid bedoelde nazorgplan nadere regels worden gesteld.

Art. 8.50
1. Het bevoegd gezag is belast met de maatregelen, bedoeld in artikel 8.49. *Bevoegd gezag maatregelen gesloten stortplaats*
2. Het bevoegd gezag kan de zorg voor de uitvoering van de werkzaamheden die verband houden met de in artikel 8.49 bedoelde maatregelen, opdragen aan een daartoe door hem aangewezen rechtspersoon of instantie.
3. In afwijking van het eerste lid berust de zorg voor de uitvoering van de werkzaamheden die verband houden met de in artikel 8.49 bedoelde maatregelen met betrekking tot:
a. gesloten stortplaatsen waar baggerspecie is gestort en die worden gedreven of mede worden gedreven door Onze Minister van Verkeer en Waterstaat, bij de minister;
b. gesloten afvalvoorzieningen waarin zich een mijnbouwwerk als bedoeld in artikel 1, onder n, van de Mijnbouwwet bevindt, bij degene die de afvalvoorziening het laatst heeft gedreven.
4. Op verzoek van degene die een bedrijfsgebonden stortplaats het laatst heeft gedreven, wordt bij het al dan niet toepassen van het tweede lid rekening gehouden met de mogelijkheid die zorg aan die persoon op te dragen.

Art. 8.51
De rechthebbende ten aanzien van de plaats waar de in artikel 8.49 bedoelde zorg met betrekking tot een gesloten stortplaats wordt uitgevoerd, is verplicht te gedogen dat werkzaamheden worden verricht ten behoeve van die zorg, onverminderd zijn recht op schadevergoeding. *Gedogen werkzaamheden*

Paragraaf 8.3

Art. 8.52
Naar aanleiding van de door de provincie uitgevoerde inventarisatie van plaatsen waar afvalstoffen zijn gestort en waar dat storten voor 1 september 1996 is beëindigd, delen gedeputeerde staten van de provincie waar de desbetreffende stortplaatsen liggen, Onze Minister zo spoedig mogelijk mede welke stortplaatsen dit betreft. *Opgave gesloten stortplaatsen*

Art. 8.53
1. Onze Minister houdt een lijst bij van gesloten stortplaatsen als bedoeld in artikel 8.47, en van de stortplaatsen, bedoeld in artikel 8.52. *Bijhouden lijst*
2. Hij draagt zorg voor bekendmaking van deze lijst en doet een afschrift van de lijst alsmede de aanvullingen erop toekomen aan de ter zake van de afvalstoffenbelasting bevoegde inspecteur van de Belastingdienst.

Hoofdstuk 9
Stoffen en produkten

Titel 9.1
Algemeen

Werkingssfeer

Art. 9.1.1
Dit hoofdstuk en de daarop berustende bepalingen zijn mede van toepassing op handelingen verricht binnen de exclusieve economische zone, voor zover dat bij algemene maatregel van bestuur is bepaald.

Titel 9.2
Stoffen, mengsels en genetisch gemodificeerde organismen

§ 9.2.1
Algemeen

Werkingssfeer

Art. 9.2.1.1
Deze titel en de daarop berustende bepalingen zijn, met uitzondering van de regels die uitsluitend strekken ter uitvoering van een voor Nederland verbindend verdrag of een voor Nederland verbindend besluit van een volkenrechtelijke organisatie, niet van toepassing op voedingsmiddelen, genotmiddelen en diervoeders.

Verplichting voorkomen/beperken gevaren

Art. 9.2.1.2
Een ieder die beroepshalve een stof, mengsel of genetisch gemodificeerde organisme vervaardigt, in Nederland invoert, toepast, bewerkt, verwerkt of aan een ander ter beschikking stelt, en die weet of redelijkerwijs had kunnen vermoeden dat door zijn handelingen met die stof of dat mengsel of organisme gevaren kunnen optreden voor de gezondheid van de mens of voor het milieu, is verplicht alle maatregelen te nemen die redelijkerwijs van hem kunnen worden gevergd, teneinde die gevaren zoveel mogelijk te voorkomen of te beperken.

Informatieverplichting t.a.v. minister

Art. 9.2.1.3
1. Een ieder die beroepshalve een stof, mengsel of genetisch gemodificeerde organisme vervaardigt, in Nederland invoert, toepast, bewerkt, verwerkt of aan een ander ter beschikking stelt, verstrekt desgevraagd aan Onze Minister gegevens over die stof of dat mengsel of organisme waarover hij beschikt of redelijkerwijs kan beschikken.

Nadere regels

2. Bij algemene maatregel van bestuur kunnen nadere regels worden gesteld met betrekking tot de in het eerste lid bedoelde gegevens.

Administratieverplichting

Art. 9.2.1.4
1. Bij algemene maatregel van bestuur kan worden bepaald dat degene die beroepshalve stoffen, mengsels of genetisch gemodificeerde organismen vervaardigt, in Nederland invoert, toepast, bewerkt of verwerkt, in daarbij aangegeven categorieën van gevallen een administratie bijhoudt van de hoeveelheden die hij daarvan heeft vervaardigd, in Nederland heeft ingevoerd, heeft toegepast, bewerkt of verwerkt of aan een ander ter beschikking heeft gesteld.
2. Bij of krachtens de maatregel worden regels gesteld met betrekking tot de wijze waarop de administratie wordt bijgehouden en kunnen andere gegevens worden aangewezen die in de administratie dienen te worden opgenomen.

Vrijstelling i.v.m. landsverdediging

Art. 9.2.1.5
1. Bij algemene maatregel van bestuur kan in het belang van de landsverdediging vrijstelling worden verleend van de in artikel 9.2.3.3 , 9.3.3 of 9.3a.3 gestelde verplichtingen.
2. Bij koninklijk besluit kan in het belang van de landsverdediging ontheffing worden verleend van de bij of krachtens artikel 9.2.1.4, 9.2.2.1, 9.2.2.2, 9.2.2.6, 9.2.3.2, 9.2.3.3, 9.2.3.5, tweede lid, 9.3.3 of 9.3a.3 gestelde verboden en verplichtingen.
3. Aan een vrijstelling of ontheffing worden de voorschriften verbonden die nodig zijn in het belang van de bescherming van de gezondheid van de mens en van het milieu.
4. De voordracht voor een besluit krachtens het eerste of tweede lid wordt Ons niet gedaan dan op verzoek van Onze Minister van Defensie.

§ 9.2.2
Maatregelen

Schadelijke stoffen/producten

Art. 9.2.2.1
1. Bij algemene maatregel van bestuur kunnen, indien een redelijk vermoeden is gerezen dat door handelingen met stoffen, mengsels of genetisch gemodificeerde organismen ongewenste effecten voor de gezondheid van de mens of voor het milieu zullen ontstaan, regels worden gesteld met betrekking tot het vervaardigen, in Nederland invoeren, toepassen, bewerken,

Wet milieubeheer **A65** art. 9.2.2.2

verwerken, voorhanden hebben, aan een ander ter beschikking stellen, vervoeren, uitvoeren en zich ontdoen van deze stoffen, mengsels of organismen.

2. Hiertoe kunnen behoren regels, inhoudende:
a. een verbod een of meer van de in het eerste lid genoemde handelingen te verrichten met betrekking tot bij de maatregel aangewezen stoffen, mengsels of genetisch gemodificeerde organismen;
b. een verbod een zodanige handeling te verrichten op een bij de maatregel aangegeven wijze, voor daarbij aangegeven doeleinden, op daarbij aangegeven plaatsen of onder daarbij aangegeven omstandigheden;
c. een verbod een handeling als onder a of b bedoeld te verrichten zonder daartoe verleende vergunning;
d. een verbod een zodanige handeling te verrichten indien met betrekking tot de stoffen, mengsels of genetisch gemodificeerde organismen niet aan bij de maatregel gestelde eisen wordt voldaan;
e. een verbod een zodanige handeling te verrichten indien bij degene die die handeling verricht, niet de bij de maatregel aangegeven deskundigheid aanwezig is;
f. een verbod een zodanige handeling te verrichten met betrekking tot producten, indien deze daarbij aangewezen stoffen, mengsels of genetisch gemodificeerde organismen bevatten, of indien deze zodanige stoffen, mengsels of genetisch gemodificeerde organismen bevatten in grotere dan daarbij aangegeven hoeveelheden;
g. een verbod bij de maatregel aangewezen stoffen of mengsels toe te passen in producten die niet behoren tot een type dat bij een keuring, verricht aan de hand van de bij de maatregel daartoe vastgestelde regels, is goedgekeurd;
h. een verbod bij de maatregel aangewezen stoffen, mengsels of genetisch gemodificeerde organismen ter beschikking te stellen aan een daarbij aangewezen categorie van personen;
i. een verplichting een of meer van de in het eerste lid genoemde handelingen met betrekking tot bij de maatregel aangewezen stoffen, mengsels of genetisch gemodificeerde organismen of daarbij aangewezen categorieën van producten waarin die stoffen, mengsels of organismen voorkomen, of een voornemen tot het verrichten van die handelingen, te melden op een daarbij aangegeven wijze aan een daarbij aangewezen bestuursorgaan, of met betrekking tot die handelingen of het voornemen tot het verrichten van die handelingen op een daarbij aangegeven wijze aan een daarbij aangewezen bestuursorgaan daarbij aangewezen gegevens te verstrekken;
j. een verplichting met betrekking tot zodanige handelingen volgens bij de maatregel gestelde regels controleonderzoeken te verrichten en de resultaten van die onderzoeken op de bij de maatregel aangegeven wijze aan Onze Minister over te leggen;
k. een verplichting bij de maatregel aangewezen stoffen, mengsels of daarbij aangewezen categorieën van producten waarin die stoffen of mengsels voorkomen, na toepassing terug te zenden aan degene die de stoffen, mengsels of producten ter beschikking heeft gesteld;
l. een verplichting bij de maatregel aangewezen stoffen, mengsels of genetisch gemodificeerde organismen of daarbij aangewezen categorieën van producten waarin die stoffen, mengsels of organismen voorkomen, af te geven aan daarbij aangewezen personen of instellingen;
m. een verplichting voor degenen die bij de maatregel aangewezen stoffen, mengsels of genetisch gemodificeerde organismen of daarbij aangewezen categorieën van producten waarin die stoffen, mengsels of organismen voorkomen, vervaardigen, in Nederland invoeren of aan een ander ter beschikking stellen, voor daarbij aangewezen personen of instellingen die krachtens hoofdstuk 10 bevoegd zijn tot of vergunning hebben voor het nuttig toepassen of verwijderen van gevaarlijke afvalstoffen, dan wel voor bij de maatregel aangewezen bestuursorganen, om die stoffen, mengsels, organismen of producten in te zamelen.

3. Onze Minister kan omtrent in een maatregel krachtens het eerste lid geregelde onderwerpen nadere regels stellen. **Nadere regels**

Art. 9.2.2.1b
De regels, bedoeld in artikel 9.2.2.1, tweede lid, onder i of j, kunnen, in afwijking van artikel 2:15, eerste lid, van de Algemene wet bestuursrecht een verplichting inhouden een handeling met betrekking tot asbest of een asbesthoudend product of een voornemen tot het verrichten van die handeling langs elektronische weg te melden dan wel met betrekking tot die handeling of dat voornemen langs elektronische weg gegevens en bescheiden te verstrekken dan wel de resultaten van een controleonderzoek. **Asbest, afwijkende regels**

Art. 9.2.2.2
Een algemene maatregel van bestuur waarbij toepassing is gegeven aan artikel 9.2.2.1, tweede lid, onder b, d, g, i, j, k, l of m, kan tevens de verplichting inhouden te voldoen aan door bestuursorganen die bij de maatregel zijn aangewezen, omtrent onderwerpen die in de maatregel zijn geregeld, gestelde nadere eisen. Bij het stellen van een zodanige eis wordt tevens het tijdstip bepaald waarop ten aanzien van de eis de verplichting ingaat. **Nadere eisen**

Art. 9.2.2.3

Vergunning

1. Indien toepassing wordt gegeven aan artikel 9.2.2.1, tweede lid, onder c, worden tevens bij algemene maatregel van bestuur regels gesteld betreffende het ter zake bevoegde gezag, de wijze waarop de aanvraag om een vergunning geschiedt, en de gegevens die van de aanvrager kunnen worden verlangd.
2. De vergunning kan slechts worden geweigerd:
   a. in het belang van de bescherming van de gezondheid van de mens en van het milieu;
   b. indien de uitvoering van een voor Nederland verbindend verdrag of een voor Nederland verbindend besluit van een volkenrechtelijke organisatie daartoe noopt, of
   c. in het geval en onder de voorwaarden, bedoeld in artikel 3 van de Wet bevordering integriteitsbeoordelingen door het openbaar bestuur, indien dat bij de maatregel is bepaald.
3. Voordat toepassing wordt gegeven aan het tweede lid, aanhef en onder c, of het zesde lid, aanhef en onder c, kan het Bureau bevordering integriteitsbeoordelingen door het openbaar bestuur, bedoeld in artikel 8 van de Wet bevordering integriteitsbeoordelingen door het openbaar bestuur, om een advies als bedoeld in artikel 9 van die wet worden gevraagd.
4. Op de voorbereiding van de beschikking op de aanvraag om een vergunning zijn afdeling 3.4 van de Algemene wet bestuursrecht en afdeling 13.2 van toepassing. Bij een algemene maatregel van bestuur als bedoeld in het eerste lid kunnen categorieën van gevallen worden aangewezen, waarin afdeling 3.4 van de Algemene wet bestuursrecht en afdeling 13.2 geheel of gedeeltelijk buiten toepassing blijven.
5. Een vergunning kan in het belang van de bescherming van de gezondheid van de mens en van het milieu onder beperkingen worden verleend. Aan een vergunning kunnen in het belang van de bescherming van de gezondheid van de mens en van het milieu voorschriften worden verbonden. Deze kunnen, voorzover bij de maatregel niet anders is bepaald, de verplichting inhouden te voldoen aan door bestuursorganen die bij het voorschrift zijn aangewezen, in het belang van de bescherming van de gezondheid van de mens en van het milieu gestelde nadere eisen. Bij het stellen van een zodanige eis wordt tevens het tijdstip bepaald, waarop ten aanzien van die eis de verplichting ingaat.
6. Onverminderd artikel 5.19, eerste lid, van de Wet algemene bepalingen omgevingsrecht kan een vergunning worden ingetrokken:
   a. indien de handeling aanmerkelijk gevaar oplevert voor de gezondheid de mens of voor het milieu en wijziging of aanvulling van de aan de vergunning verbonden voorschriften redelijkerwijs geen oplossing kan bieden;
   b. indien de uitvoering van een voor Nederland verbindend verdrag of een voor Nederland verbindend besluit van een volkenrechtelijke organisatie daartoe noopt, of
   c. in het geval en onder de voorwaarden, bedoeld in artikel 3 van de Wet bevordering integriteitsbeoordelingen door het openbaar bestuur, indien dat bij de maatregel is bepaald.
7. Voor zover bij algemene maatregel van bestuur is bepaald, kan de vergunning in het belang van de bescherming van de gezondheid van de mens en van het milieu worden gewijzigd.
8. Op de voorbereiding van een intrekking of wijziging als bedoeld in het zesde lid, respectievelijk het zevende lid, zijn afdeling 3.4 van de Algemene wet bestuursrecht en afdeling 13.2 niet van toepassing, tenzij uitvoering van een voor Nederland verbindend verdrag of een voor Nederland verbindend besluit van een volkenrechtelijke organisatie daartoe noopt.

Art. 9.2.2.4

Keuring

1. Indien toepassing wordt gegeven aan artikel 9.2.2.1, tweede lid, onder g, wijst Onze Minister de instantie aan, die de in die bepaling bedoelde keuring verricht. Bij de maatregel worden regels gesteld ten aanzien van de wijze waarop een zodanige keuring plaatsheeft en de gronden waarop de in de eerste volzin bedoelde aanwijzing kan worden ingetrokken dan wel gewijzigd.
2. Indien ter uitvoering van een voor Nederland verbindend verdrag of een voor Nederland verbindend besluit van een volkenrechtelijke organisatie, toepassing wordt gegeven aan artikel 9.2.2.1, tweede lid, onder g, en het verdrag of besluit van die volkenrechtelijke organisatie niet verplicht tot aanwijzing van een instantie als bedoeld in het eerste lid, geldt in afwijking van het eerste lid geen verplichting tot aanwijzing van een instantie.

Art. 9.2.2.5

Schadevergoeding

Indien toepassing wordt gegeven aan artikel 9.2.2.1, tweede lid, onder k, l of m, kan tevens worden bepaald dat de schade, geleden door degene die de stoffen, mengsels, genetisch gemodificeerde organismen of producten moet terugzenden of afgeven, of de kosten, gemaakt door degene die is aangewezen om die stoffen, mengsels, organismen of producten in te zamelen, ten laste kunnen worden gebracht van degenen die deze stoffen, mengsels, organismen of producten hebben vervaardigd of in Nederland ingevoerd. Daarbij kunnen tevens regels worden gesteld inzake de berekening van die schade of kosten en de bepaling van degenen ten laste van wie die schade of kosten worden gebracht.

Art. 9.2.2.6

Ministeriële regeling

1. Indien de verwachte of gebleken effecten van stoffen, mengsels of genetisch gemodificeerde organismen op de gezondheid van de mens of op het milieu het stellen van regels als bedoeld

in artikel 9.2.2.1, eerste lid, naar het oordeel van Onze Minister dringend noodzakelijk maken en naar zijn oordeel de totstandkoming van een algemene maatregel van bestuur krachtens dat artikel niet kan worden afgewacht, kan hij een besluit nemen van de in dat lid bedoelde strekking. Onze Minister neemt een zodanig besluit in overeenstemming met Onze Ministers wie het mede aangaat, tenzij de vereiste spoed zich daartegen naar zijn oordeel verzet. De artikelen 9.2.2.2 tot en met 9.2.2.5 zijn van overeenkomstige toepassing.
2. Een ministeriële regeling als bedoeld in het eerste lid vervalt een jaar nadat zij in werking is getreden of indien binnen die termijn een algemene maatregel van bestuur ter vervanging van die regeling in werking is getreden, op het tijdstip waarop die maatregel in werking treedt. De termijn kan bij ministeriële regeling eenmaal met ten hoogste een jaar worden verlengd.

Art. 9.2.2.6a
1. Bij algemene maatregel van bestuur kan worden bepaald dat bij het op de markt brengen van brandstoffen ten behoeve van vervoer in bij de maatregel aangewezen gevallen wordt voldaan aan bij of krachtens de maatregel gestelde eisen van duurzaamheid, waaronder begrepen de uitstoot van broeikasgassen.
2. De eisen, bedoeld in het eerste lid, kunnen in elk geval betrekking hebben op de voor brandstoffen gebruikte grondstoffen en de omstandigheden waaronder die grondstoffen worden vervaardigd, omgezet en, al dan niet omgezet, worden overgebracht voor eindgebruik in Nederland.
3. Bij of krachtens de maatregel kunnen tevens regels worden gesteld omtrent de overlegging van gegevens waaruit blijkt dat de brandstoffen voldoen aan de krachtens het eerste lid gestelde eisen van duurzaamheid, alsmede van gegevens, waaruit blijkt in hoeverre de brandstoffen aan andere bij of krachtens algemene maatregel van bestuur aan te wijzen duurzaamheidscriteria voldoen.
4. Artikel 9.2.2.6 is van overeenkomstige toepassing.

Nadere regels

Art. 9.2.2.7
1. Onze Minister kan in bijzondere gevallen van het krachtens artikel 9.2.1.4, 9.2.2.1, 9.2.2.6 of 9.2.2.6a bepaalde op een daartoe strekkende aanvraag ontheffing verlenen, indien het belang van de bescherming van de gezondheid van de mens en van het milieu zich daartegen niet verzet.
2. Een ontheffing kan onder beperkingen worden verleend. Aan een ontheffing kunnen de voorschriften worden verbonden, die naar het oordeel van Onze Minister in het belang van de bescherming van de gezondheid van de mens en van het milieu noodzakelijk zijn.
3. Op de voorbereiding van een beschikking op een aanvraag om een ontheffing als bedoeld eerste lid, zijn afdeling 3.4 van de Algemene wet bestuursrecht en afdeling 13.2 van toepassing.
4. Een ontheffing kan door Onze Minister worden gewijzigd of ingetrokken, indien dat in het belang van de bescherming van de gezondheid van de mens en van het milieu noodzakelijk is.

Ontheffing

Paragraaf 9.2.3
Verpakking en aanduiding

Art. 9.2.3.1
[Vervallen]

Art. 9.2.3.2
Bij of krachtens algemene maatregel van bestuur kunnen regels worden gesteld met betrekking tot de aanduiding van producten waarin bepaalde stoffen of mengsels voorkomen.

Nadere regels

Art. 9.2.3.3
1. De verpakking en sluiting die een genetisch gemodificeerd organisme rechtstreeks omsluiten, zijn:
a. zodanig dat ongewild verlies van de inhoud niet kan plaatsvinden,
b. vervaardigd van materiaal dat niet door het organisme kan worden aangetast, noch hiermee een gevaarlijke reactie kan aangaan of een gevaarlijke verbinding kan vormen, en
c. zodanig dat zij niet kunnen losraken en tegen normale behandeling bestand zijn.
2. Indien de verpakking is voorzien van een sluiting die meermalen kan worden gebruikt, zijn de verpakking en sluiting zodanig dat de verpakking meermalen opnieuw kan worden afgesloten zonder dat ongewild verlies van de inhoud plaatsvindt.
3. In afwijking van het eerste lid, onder a, mogen aan de verpakking, indien nodig, een of meer ontluchtingsventielen of andersoortige veiligheidsvoorzieningen aangebracht zijn.
4. Bij of krachtens algemene maatregel van bestuur kunnen met betrekking tot de verpakking en sluiting regels worden gesteld. Daarbij kan worden bepaald dat die regels slechts gelden voor daarbij aangewezen genetisch gemodificeerde organismen of categorieën daarvan of in daarbij aangewezen gevallen.

Zorgvuldigheid verpakking ingevoerde/terbeschikking gestelde stoffen/preparaten

Art. 9.2.3.4

Verbod op misleiding
Het aanduiden van een genetisch gemodificeerd organisme op een wijze die misleidend is ten aanzien van de effecten daarvan op de gezondheid van de mens of op het milieu of ten aanzien van het krachtens artikel 9.2.2.1 of 9.2.2.6 bepaalde, is verboden.

Art. 9.2.3.5

Nadere regels
1. Bij of krachtens algemene maatregel van bestuur kan worden bepaald dat in daarbij aangewezen gevallen de artikelen 9.2.3.3 en 9.2.3.4 geheel of voor een daarbij te bepalen gedeelte niet van toepassing zijn:
   a. ter uitvoering van een krachtens het Verdrag betreffende de oprichting van de Europese Unie tot stand gekomen bindende regeling of
   b. indien het belang van de bescherming van de gezondheid van de mens en van het milieu zich daartegen niet verzet.
2. Bij of krachtens een maatregel als bedoeld in het eerste lid kunnen regels worden gesteld met betrekking tot de in de artikelen 9.2.3.3 en 9.2.3.4 geregelde onderwerpen.

Titel 9.3
De EG-verordening registratie, evaluatie en autorisatie van chemische stoffen

Art. 9.3.1
Bij of krachtens algemene maatregel van bestuur kunnen regels worden gesteld ter uitvoering van de EG-verordening registratie, evaluatie en autorisatie van chemische stoffen.

Art. 9.3.2

Bevoegdheid minister inzake EG-verordening
1. Onze Minister is de bevoegde instantie, bedoeld in de EG-verordening registratie, evaluatie en autorisatie van chemische stoffen.
2. Voor onderdelen van de verordening die betrekking hebben op beleid dat behoort tot de verantwoordelijkheid van een Onzer andere Ministers, wordt voor die onderdelen die minister als bevoegde instantie aangewezen. De aanwijzing geschiedt bij regeling van Onze Minister in overeenstemming met die minister.

Art. 9.3.3

Strijdigheid met voorschriften EG-verordening
1. Het is verboden te handelen in strijd met de volgende bepalingen van de EG-verordening registratie, evaluatie en autorisatie van chemische stoffen: de artikelen 5, 7, derde lid, 8, tweede lid, 9, vierde en zesde lid, 14, eerste, zesde en zevende lid, 31, eerste, tweede, derde, zevende en negende lid, 32, eerste en derde lid, 33, 34, 35, 37, vierde tot en met zevende lid, 38, eerste, derde en vierde lid, 39, eerste en tweede lid, 40, derde en vierde lid, 50, vierde lid, 55, 56, eerste en tweede lid, 60, tiende lid, 65 en 67, eerste lid.
2. Het is eveneens verboden te handelen in strijd met de volgende bepalingen van de EG-verordening registratie, evaluatie en autorisatie van chemische stoffen: de artikelen 6, eerste en derde lid, 7, eerste, tweede en vijfde lid, 9, tweede lid, 11, eerste lid, 13, eerste, derde en vierde lid, 17, eerste lid, 18, eerste lid, 19, eerste lid, 22, eerste, tweede en vierde lid, 24, tweede lid, 25, eerste en tweede lid, 26, eerste en derde lid, 30, eerste, tweede, derde en vierde lid, 31, vijfde en achtste lid, 32, tweede lid, 36, 37, tweede en derde lid, 41, vierde lid, 46, tweede lid, 49, 50, tweede en derde lid, 61, eerste en derde lid, 63, derde lid, 66, eerste lid en 105.
3. Het is verboden handelingen te verrichten of na te laten in strijd met andere bepalingen van de EG-verordening registratie, evaluatie en autorisatie van chemische stoffen dan genoemd in het eerste of tweede lid, voor zover die bepalingen ter uitvoering van artikel 126 van die verordening bij algemene maatregel van bestuur zijn aangewezen.

Vervaltermijn AMvB ter uitvoering artikel 126 EG-verordening
4. Een algemene maatregel van bestuur als bedoeld in het derde lid vervalt een jaar nadat hij in werking is getreden, dan wel, indien binnen die termijn een voorstel van wet tot wijziging van het eerste of tweede lid bij de Staten-Generaal is ingediend, op het tijdstip waarop dat voorstel is verworpen of, na tot wet te zijn verheven, in werking is getreden.

Werkingssfeer
5. Het eerste tot en met derde lid zijn niet van toepassing op gedragingen, voorzover daaromtrent regels zijn gesteld bij of krachtens de Warenwet.

Titel 9.3a
De EG-verordening indeling, etikettering en verpakking van stoffen en mengsels

Art. 9.3a.1

Aanwijzing orgaan
De Minister van Volksgezondheid, Welzijn en Sport wijst bij ministeriële regeling het orgaan aan dat belast is met de uitvoering van de taak, bedoeld in artikel 45, eerste lid, van de EG-verordening indeling, etikettering en verpakking van stoffen en mengsels. In de ministeriële regeling kunnen regels worden gesteld met betrekking tot de wijze van uitvoeren van die taak.

Art. 9.3a.2

Bevoegde instantie
Onze Minister van Volksgezondheid, Welzijn en Sport is de bevoegde instantie, bedoeld in artikel 43 van de EG-verordening indeling, etikettering en verpakking van stoffen en mengsels,

Wet milieubeheer   **A65** art. 9.4.1

voor zover het betreft het doen van voorstellen voor een geharmoniseerde indeling en etikettering van stoffen en mengsels.

Art. 9.3a.3

1. Het is verboden te handelen in strijd met de volgende bepalingen van de EG-verordening indeling, etikettering en verpakking van stoffen en mengsels: de artikelen 4, eerste tot en met vierde lid, zevende lid, achtste lid en tiende lid, 7, eerste tot en met derde lid, 13, 15, vierde lid, 17, eerste en tweede lid, 18, eerste tot en met derde lid, 19, eerste en tweede lid, 20, eerste en derde lid, 21, eerste en derde lid, 22, eerste en vierde lid, 23, 25, eerste, tweede en vierde tot en met zesde lid, 28, tweede en derde lid, 29, eerste en derde lid, 30, eerste lid, 31, eerste tot en met vijfde lid, 32, eerste tot en met vierde en zesde lid, 33, eerste tot en met derde lid, 35, eerste en tweede lid, en 48, eerste en tweede lid.

2. Het is eveneens verboden te handelen in strijd met de volgende bepalingen van de EG-verordening indeling, etikettering en verpakking van stoffen en mengsels: de artikelen 16, eerste lid, 26, eerste en tweede lid, 27, 28, eerste lid, 30, tweede en derde lid, 40, eerste tot en met derde lid, en 49, eerste en tweede lid.

3. Het is verboden handelingen te verrichten of na te laten in strijd met andere bepalingen van de EG-verordening indeling, etikettering en verpakking van stoffen en mengsels dan genoemd in het eerste of tweede lid, voor zover die bepalingen ter uitvoering van artikel 47 van die verordening bij algemene maatregel van bestuur zijn aangewezen.

4. Een algemene maatregel van bestuur als bedoeld in het derde lid vervalt een jaar nadat hij in werking is getreden, dan wel, indien binnen die termijn een voorstel van wet tot wijziging van het eerste of tweede lid bij de Staten-Generaal is ingediend, op het tijdstip waarop dat voorstel is verworpen of, na tot wet te zijn verheven, in werking is getreden.

Verbod handelen in strijd met verordening

Art. 9.3a.4
[Vervallen]

Titel 9.4
De EG-richtlijn ecologisch ontwerp energiegerelateerde producten

Art. 9.4.1

1. In deze titel en de daarop berustende bepalingen wordt verstaan onder:
CE-markering: markering als bedoeld in besluit nr. 93/465/EEG van de Raad van de Europese Unie van 22 juli 1993 betreffende de modules voor de verschillende fasen van de conformiteitbeoordelingsprocedures en de voorschriften inzake het aanbrengen en het gebruik van de CE-markering van overeenstemming (PbEG L 220) en bestaande uit het opschrift «CE» als weergegeven in bijlage III bij de EG-richtlijn ecologisch ontwerp energiegerelateerde producten;
componenten en subeenheden: onderdelen die bedoeld zijn om in een ingevolge een algemene maatregel van bestuur of een uitvoeringsmaatregel als bedoeld in artikel 9.4.4, tweede lid, aangewezen energiegerelateerd product te worden ingebouwd en die niet als losse onderdelen ten behoeve van gebruikers op de markt worden geïntroduceerd of in gebruik worden genomen, dan wel waarvan de milieuprestaties niet onafhankelijk van voornoemd product kunnen worden beoordeeld;
conformiteitsverklaring: document waarbij de fabrikant overeenkomstig bijlage VI bij de EG-richtlijn ecologisch ontwerp energiegerelateerde producten verklaart dat aan alle voor dat product relevante bepalingen van de toepasselijke uitvoeringsmaatregel wordt voldaan, onder verwijzing naar die uitvoeringsmaatregel;
EG-richtlijn ecologisch ontwerp energiegerelateerde producten: richtlijn nr. 2009/125/EG van het Europees Parlement en de Raad van de Europese Unie van 21 oktober 2009 betreffende de totstandbrenging van een kader voor het vaststellen van eisen inzake ecologisch ontwerp voor energiegerelateerde producten (herschikking) (PbEU L 285);
energiegerelateerd product: product dat wanneer het op de markt wordt geïntroduceerd of in gebruik is genomen, een effect heeft op het energieverbruik, met inbegrip van onderdelen die bedoeld zijn om in dat product te worden ingebouwd en die ten behoeve van gebruikers op de markt worden geïntroduceerd of in gebruik worden genomen als losse onderdelen waarvan de milieuprestaties onafhankelijk kunnen worden beoordeeld;
fabrikant: degene die een energiegerelateerd product vervaardigt met het oog op het op de markt introduceren onder zijn eigen naam of handelsmerk of voor eigen gebruik;
importeur: in de Europese Gemeenschap gevestigde persoon die in het kader van zijn commerciële activiteiten een product uit een land buiten de Europese Unie op de markt introduceert;
op de markt introduceren: op de markt aanbieden, tegen vergoeding of kosteloos, met het oog op de distributie of het gebruik ervan, ongeacht de wijze waarop dat geschiedt;
uitvoeringsmaatregel: krachtens de EG-richtlijn ecologisch ontwerp energiegerelateerde producten goedgekeurde maatregel tot vaststelling van voorschriften voor een ecologisch ontwerp voor daarin aangegeven energiegerelateerde producten.

Begripsbepalingen

Sdu   1219

A65 art. 9.4.2 — Wet milieubeheer

2. Voor de toepassing van deze titel en de daarop berustende bepalingen wordt onder *ecologisch ontwerp, ecologisch profiel, geharmoniseerde norm, materialen, milieuprestaties, productontwerp* onderscheidenlijk *verbetering van de milieuprestaties* verstaan hetgeen daaronder in artikel 2 van de EG-richtlijn ecologisch ontwerp energiegerelateerde producten wordt verstaan.

3. Bij het ontbreken van een fabrikant of importeur van een energiegerelateerd product wordt degene die dat energiegerelateerde product op de markt introduceert of in gebruik neemt, voor de toepassing van deze titel en de daarop berustende bepalingen als fabrikant aangemerkt.

4. Een wijziging van de in het tweede lid genoemde begrippen in de EG-richtlijn ecologisch ontwerp energiegerelateerde producten of van een bijlage bij die richtlijn waarnaar bij of krachtens deze titel wordt verwezen, gaat voor de toepassing van het bij of krachtens deze titel bepaalde gelden met ingang van de dag waarop aan de betrokken wijziging uitvoering moet zijn gegeven, tenzij bij een besluit van Onze Minister, dat in de Staatscourant wordt bekendgemaakt, een ander tijdstip wordt vastgesteld.

Art. 9.4.2

Machtiging voor nakomen verplichtingen fabrikant

Een fabrikant kan een persoon schriftelijk machtigen om namens hem bij of krachtens deze titel geldende verplichtingen na te komen, mits deze gemachtigde binnen de Europese Gemeenschap is gevestigd.

Art. 9.4.3

Werkingssfeer

Deze titel is niet van toepassing op middelen voor het vervoer van personen of goederen.

Art. 9.4.4

Nadere regels ecologisch ontwerp en informatieverstrekking

1. Bij of krachtens algemene maatregel van bestuur kunnen in het belang van energie-efficiëntie en bescherming van het milieu met betrekking tot het ecologisch ontwerp van een categorie van energiegerelateerde producten en de verstrekking van daarmee verband houdende informatie over die producten aan de gebruikers regels worden gesteld.

2. Het is de fabrikant onderscheidenlijk importeur van een energiegerelateerd product dat behoort tot een bij algemene maatregel van bestuur aangewezen categorie of tot een categorie, aangewezen in een uitvoeringsmaatregel die in de vorm van een verordening is gesteld, verboden dat product op de markt te introduceren of in gebruik te nemen, indien met betrekking tot dat product niet wordt voldaan aan de bij of krachtens deze titel en in de uitvoeringsmaatregel gestelde eisen.

Art. 9.4.5

Categorieaanduiding

1. De fabrikant onderscheidenlijk importeur draagt er zorg voor dat een energiegerelateerd product dat behoort tot een ingevolge een algemene maatregel van bestuur als bedoeld in artikel 9.4.4, tweede lid, aangewezen categorie of tot een categorie, aangewezen in een uitvoeringsmaatregel die in de vorm van een verordening is gesteld, alvorens dat product op de markt wordt geïntroduceerd of in gebruik wordt genomen, aan een conformiteitsbeoordeling wordt onderworpen, waarbij wordt getoetst of het voldoet aan de bij of krachtens deze titel en in de uitvoeringsmaatregel gestelde eisen. Bij algemene maatregel van bestuur kunnen regels worden gegeven met betrekking tot de wijze waarop de toetsing met betrekking tot dat product plaatsvindt.

Conformiteitsverklaring en CE-markering

2. De fabrikant maakt met betrekking tot een energiegerelateerd product dat behoort tot een ingevolge een algemene maatregel van bestuur als bedoeld in artikel 9.4.4, tweede lid, aangewezen categorie of tot een categorie, aangewezen in een uitvoeringsmaatregel die in de vorm van een verordening is gesteld, een conformiteitsverklaring op en brengt een CE-markering op het product aan. De importeur draagt er zorg voor dat hij met betrekking tot een dergelijk product beschikt over de conformiteitsverklaring en dat op het product een CE-markering is aangebracht.

Art. 9.4.6

Bewaartermijn conformiteitsbeoordeling/-verklaringen

1. De fabrikant onderscheidenlijk importeur van een energiegerelateerd product dat behoort tot een ingevolge een algemene maatregel van bestuur als bedoeld in artikel 9.4.4, tweede lid, aangewezen categorie of tot een categorie, aangewezen in een uitvoeringsmaatregel die in de vorm van een verordening is gesteld, bewaart na het in Nederland op de markt introduceren of in gebruik nemen van dat product de relevante documenten betreffende de conformiteitsbeoordeling, als bedoeld in artikel 9.4.5, eerste lid, en de daaromtrent afgegeven conformiteitsverklaringen gedurende een periode van tien jaar na beëindiging van de vervaardiging van dat product.

2. De fabrikant onderscheidenlijk importeur stelt de in het eerste lid bedoelde documenten binnen tien dagen na ontvangst van een verzoek van het bevoegd gezag, belast met het toezicht op de naleving van de wet, beschikbaar aan dat bevoegde gezag.

Informatieverstrekking geproduceerde componenten/subeenheden

3. Fabrikanten van componenten en subeenheden kunnen bij of krachtens algemene maatregel van bestuur met betrekking tot een energiegerelateerd product dat behoort tot een ingevolge een algemene maatregel van bestuur als bedoeld in artikel 9.4.4, tweede lid, aangewezen categorie of tot een categorie, aangewezen in een uitvoeringsmaatregel die in de vorm van een verordening is gesteld, worden verplicht aan de fabrikant onderscheidenlijk importeur van het product daarbij aangegeven relevante informatie te verstrekken over de materiaalsamenstelling en het verbruik van energie, materialen of hulpbronnen van de door hen geproduceerde componenten of subeenheden.

Wet milieubeheer

A65 art. 9.5.1

Art. 9.4.7
1. Het is verboden op een energiegerelateerd product een markering aan te brengen, die de gebruikers van dat product kan misleiden omtrent de betekenis of de vorm van de CE-markering.
2. Het is verboden een energiegerelateerd product dat behoort tot een ingevolge een algemene maatregel van bestuur als bedoeld in artikel 9.4.4, tweede lid, aangewezen categorie of tot een categorie, aangewezen in een uitvoeringsmaatregel die in de vorm van een verordening is gesteld, dat nog niet op de markt is geïntroduceerd en niet in overeenstemming is met het bij of krachtens deze titel bepaalde en met de toepasselijke uitvoeringsmaatregel, te tonen of te demonstreren op handelsbeurzen, tentoonstellingen of soortgelijke evenementen. Het verbod geldt niet indien duidelijk zichtbaar is aangegeven dat het product nog niet met die uitvoeringsmaatregel in overeenstemming is en niet op de markt zal worden geïntroduceerd, zolang het product nog niet met het bij of krachtens deze titel bepaalde en met de toepasselijke uitvoeringsmaatregel in overeenstemming is.

Misleidende informatie

Demonstreren niet goedgekeurde energieverbruikende producten

Art. 9.4.8
1. Een energiegerelateerd product, behorende tot een ingevolge een algemene maatregel van bestuur als bedoeld in artikel 9.4.4, tweede lid, aangewezen categorie of tot een categorie, aangewezen in een uitvoeringsmaatregel die in de vorm van een verordening is gesteld, dat van een CE-markering is voorzien, wordt vermoed te voldoen aan de voor dat product bij of krachtens deze titel en in de uitvoeringsmaatregel gestelde eisen.
2. Een energiegerelateerd product, behorende tot een ingevolge een algemene maatregel van bestuur als bedoeld in artikel 9.4.4, tweede lid, aangewezen categorie of tot een categorie, aangewezen in een uitvoeringsmaatregel die in de vorm van een verordening is gesteld, waarvoor een geharmoniseerde norm is toegepast waarvan het referentienummer in het Publicatieblad van de Europese Unie is bekendgemaakt, wordt vermoed te voldoen aan de voorschriften van de toepasselijke uitvoeringsmaatregel waarop die norm betrekking heeft.
3. Een energiegerelateerd product, behorende tot een ingevolge een algemene maatregel van bestuur als bedoeld in artikel 9.4.4, tweede lid, aangewezen categorie of tot een categorie, aangewezen in een uitvoeringsmaatregel die in de vorm van een verordening is gesteld, waarvoor overeenkomstig verordening (EG) nr. 66/2010 van het Europees Parlement en de Raad van de Europese Unie van 25 november 2009 betreffende de EU-milieukeur (PbEU L 27) de communautaire milieukeur is verleend, wordt vermoed te voldoen aan de voorschriften inzake ecologisch ontwerp van de toepasselijke uitvoeringsmaatregel voor zover de milieukeur aan die voorschriften voldoet.

Vermoeden te voldoen aan voorschriften

Titel 9.5
Overige bepalingen met betrekking tot stoffen, preparaten en producten

Art. 9.5.1
1. Bij algemene maatregel van bestuur kunnen in het belang van het voorkomen of beperken van luchtverontreiniging of geluidhinder regels worden gesteld met betrekking tot het vervaardigen, in Nederland invoeren, voorhanden hebben, aan een ander ter beschikking stellen, vervoeren en gebruiken van bij de maatregel aangewezen producten.
2. In afwijking van het eerste lid worden in het belang van het voorkomen of beperken van geluidhinder bij een maatregel als bedoeld in het eerste lid geen regels gesteld met betrekking tot luchtvaartuigen.
3. Tot de regels, bedoeld in het eerste lid, kunnen behoren regels, inhoudende een verbod met betrekking tot zodanige producten een of meer van de in het eerste lid genoemde handelingen:
 a. te verrichten;
 b. te verrichten anders dan met inachtneming van de omtrent die handelingen of die producten bij de maatregel gestelde regels;
 c. te verrichten met producten, behorende tot een bij de maatregel aangewezen categorie, op de bij de maatregel aangegeven plaatsen, op de bij de maatregel aangegeven wijze of onder de bij de maatregel aangegeven omstandigheden;
 d. te verrichten indien de producten niet voldoen aan de bij de maatregel gestelde eisen;
 e. te verrichten indien de producten niet behoren tot een type dat bij een keuring, verricht overeenkomstig bij de maatregel gestelde regels is goedgekeurd;
 f. te verrichten indien de producten niet overeenkomstig bij de maatregel gestelde regels zijn goedgekeurd.
4. Bij een maatregel als bedoeld in het eerste lid kan worden bepaald dat daarbij gestelde regels slechts gelden in bij de maatregel aangegeven categorieën van gevallen of in de bij de maatregel aangewezen gebieden.
5. Bij een maatregel als bedoeld in het eerste lid kan in het belang van de landsverdediging vrijstelling worden verleend van de krachtens het eerste lid gestelde verboden en verplichtingen. Aan een vrijstelling kunnen voorschriften worden verbonden die nodig zijn in het belang van het voorkomen of beperken van luchtverontreiniging dan wel van geluidhinder.

Nadere regels

A65 art. 9.5.2   Wet milieubeheer

6. Voor zover een maatregel als bedoeld in het eerste lid strekt tot nakoming van verplichtingen op grond van een voor Nederland verbindend verdrag of een voor Nederland verbindend besluit van een volkenrechtelijke organisatie, kunnen tot de regels, bedoeld in het eerste lid, tevens behoren regels die voorzien in:
   a. een verbod om zonder vergunning, verleend door een bij die maatregel aangewezen bestuursorgaan, handelingen te verrichten met betrekking tot de bij die maatregel aangewezen producten of categorieën daarvan;
   b. een verplichting om ten aanzien van die producten of categorieën daarvan in bij die maatregel aangegeven gevallen van het gebruik daarvan aangifte te doen bij een bestuursorgaan, dat bij die maatregel is aangewezen, dan wel te voldoen aan meetvoorschriften op een bij de maatregel te bepalen wijze;
   c. een verplichting te voldoen aan door een bestuursorgaan, dat bij de maatregel is aangewezen, gestelde nadere eisen omtrent de onderwerpen die in die maatregel zijn geregeld, op een door het bestuursorgaan te bepalen tijdstip.
7. Indien toepassing wordt gegeven aan het derde lid, onder e of f, wijst Onze Minister op grond van de bij of krachtens een maatregel als bedoeld in het eerste lid te stellen eisen de instanties aan die de in die onderdelen bedoelde keuringen verrichten. Bij of krachtens die maatregel wordt in dat geval tevens bepaald op grond waarvan Onze Minister de aanwijzing kan schorsen of intrekken en worden regels gesteld over de wijze waarop de keuringen plaatsvinden.
8. Onze Minister kan omtrent in een maatregel krachtens het eerste lid geregelde onderwerpen nadere regels stellen.

Art. 9.5.2

Nadere regels ter bescherming milieu

1. Bij algemene maatregel van bestuur kunnen ter stimulering van hergebruik, preventie, recycling en andere nuttige toepassing, van een doelmatig beheer van afvalstoffen of anderszins in het belang van de bescherming van het milieu regels worden gesteld met betrekking tot het vervaardigen, in Nederland invoeren, toepassen, voorhanden hebben, aan een ander ter beschikking stellen, in ontvangst nemen, innemen, nuttig toepassen en verwijderen van bij de maatregel aangewezen stoffen, mengsels of producten of afvalstoffen. Met betrekking tot producten worden zodanige regels niet gesteld in het belang dat artikel 9.5.1 beoogt te beschermen.
2. Tot de regels, bedoeld in het eerste lid, kunnen behoren regels, inhoudende een verbod met betrekking tot zodanige stoffen, mengsels of producten of afvalstoffen een of meer van de in het eerste lid genoemde handelingen:
   a. te verrichten;
   b. te verrichten anders dan met inachtneming van de omtrent die handelingen of die stoffen, mengsels of producten of afvalstoffen bij de maatregel gestelde regels;
   c. te verrichten op een bij de maatregel aangewezen wijze, onder daarbij aangegeven omstandigheden, of voor daarbij aangewezen doeleinden;
   d. te verrichten indien de stoffen, mengsels of producten of afvalstoffen niet voldoen aan de bij de maatregel gestelde eisen.
3. Tot de regels, bedoeld in het eerste lid, kunnen tevens behoren regels, inhoudende de verplichting voor degene die bij de maatregel aangewezen stoffen, mengsels of producten op de markt brengt:
   a. die stoffen, mengsels of producten of de verpakking ervan te voorzien van een door Onze Minister aangegeven aanduiding;
   b. om geheel of gedeeltelijk de financiële en organisatorische verantwoordelijkheid voor de inname en het beheer van die stoffen, mengsels of producten overgebleven afvalstoffen te dragen, waarbij, in het geval van een regeling voor uitgebreide producentenverantwoordelijkheid, de verplichtingen die daaruit voortvloeien tevens kunnen worden uitgevoerd door een organisatie die namens diegene de regeling voor uitgebreide producentenverantwoordelijkheid nakomt;
   c. zorg te dragen voor het treffen van voorzieningen die erop gericht zijn om die stoffen, mengsels of producten na inname op een bij de maatregel aangegeven wijze nuttig toe te passen of te verwijderen;
   d. zorg te dragen voor het, na inname, afgeven van die stoffen, mengsels of producten aan een persoon, behorende tot een bij de maatregel aangewezen categorie;
   e. openbaar beschikbare informatie te verstrekken over:
     $1°$. de mate waarin die stoffen, preparaten of producten geschikt zijn voor hergebruik en recycleerbaar zijn;
     $2°$. voorzieningen die er op gericht zijn om die stoffen, mengsels of producten in te nemen voor hergebruik of nuttig toepassing; en
     $3°$. afvalpreventiemaatregelen.
4. Tot de regels, bedoeld in het eerste lid, kunnen verder behoren regels, inhoudende de verplichting:

Wet milieubeheer **A65** art. 9.5.6

a. voor bij de maatregel aangewezen personen bij de maatregel aangewezen afvalstoffen of andere stoffen, mengsels of producten in ontvangst te nemen en vervolgens op een bij de maatregel aangegeven wijze toe te passen;
b. voor burgemeester en wethouders er zorg voor te dragen dat er op ten minste één daartoe ter beschikking gestelde plaats binnen de gemeente of binnen de gemeenten waarmee wordt samengewerkt, in voldoende mate gelegenheid wordt geboden om bij de maatregel aangewezen stoffen, mengsels of producten achter te laten die zijn ingenomen krachtens het derde lid, onder b, op een bij de maatregel aangegeven wijze.
5. Bij een maatregel als bedoeld in het eerste lid kan worden bepaald dat daarbij gestelde regels slechts gelden in bij de maatregel aangewezen categorieën van gevallen of in de bij de maatregel aangewezen gebieden.
6. Artikel 9.5.1, zesde lid, is van overeenkomstige toepassing, met dien verstande dat de regels, bedoeld in dat lid, tevens kunnen worden gesteld ten aanzien van bij de maatregel, bedoeld in het eerste lid, aangewezen stoffen en mengsels of categorieën daarvan.
7. Onze Minister kan omtrent in een maatregel krachtens het eerste lid geregelde onderwerpen nadere regels stellen.

Art. 9.5.3
Bij een algemene maatregel van bestuur, vastgesteld krachtens artikel 9.5.1, kan worden bepaald dat het gezag dat bevoegd is een vergunning krachtens artikel 8.1 voor een inrichting te verlenen, bij het verlenen van wijzigen van de vergunning met betrekking tot bij de maatregel aangewezen onderwerpen in de beperkingen waaronder de vergunning wordt verleend, of in de daaraan verbonden voorschriften van bij de maatregel of de krachtens art 9.5.1, zesde lid, gestelde regels met betrekking tot producten kan afwijken. In dat geval wordt bij de maatregel aangegeven in hoeverre het bevoegd gezag van de regels kan afwijken. Bij de maatregel kan tevens worden bepaald dat de bevoegdheid tot afwijken slechts geldt in daarbij aangegeven categorieën van gevallen.

Afwijkingsbevoegdheid

Art. 9.5.4
Onze Minister kan, indien naar zijn oordeel in het belang van het voorkomen of beperken van luchtverontreiniging of geluidhinder, dan wel in het belang van de stimulering van hergebruik, preventie, recycling of andere nuttige toepassing, van een doelmatig beheer van afvalstoffen of anderszins in het belang van de bescherming van het milieu een onverwijlde voorziening noodzakelijk is, een regeling vaststellen van de in de artikelen 9.5.1 of 9.5.2 bedoelde strekking voor een termijn van ten hoogste twee jaar.

Vaststelling regeling milieubescherming

Art. 9.5.5
1. Bij koninklijk besluit kan in het belang van de landsverdediging op verzoek van Onze Minister van Defensie ontheffing worden verleend van het bepaalde krachtens artikel 9.5.1.
2. Onze Minister kan voorts op aanvraag ontheffing verlenen van het bepaalde krachtens de artikelen 9.5.1 of 9.5.2 indien het belang dat die artikelen beogen te beschermen, zich daartegen niet verzet.
3. Bij een algemene maatregel van bestuur als bedoeld in de artikelen 9.5.1 of 9.5.2 kan worden bepaald dat een bij de maatregel aangewezen ander bestuursorgaan in plaats van Onze Minister ontheffing kan verlenen van het bepaalde krachtens deze artikelen, indien het belang dat die artikelen beogen te beschermen, zich daartegen niet verzet.
4. Aan een ontheffing als bedoeld in het eerste tot en met derde lid kunnen voorschriften en beperkingen worden verbonden in het belang dat de artikelen 9.5.1 of 9.5.2 beogen te beschermen.
5. De voorschriften en beperkingen, bedoeld in het vierde lid, kunnen worden gewijzigd, aangevuld of ingetrokken in het belang dat de artikelen 9.5.1 of 9.5.2 beogen te beschermen.
6. Een ontheffing als bedoeld in het eerste tot en met derde lid kan geheel of gedeeltelijk worden ingetrokken in het belang dat de artikelen 9.5.1 of 9.5.2 beogen te beschermen.
7. Bij algemene maatregel van bestuur krachtens artikel 9.5.2 kan worden bepaald dat in daarbij aangegeven categorieën van gevallen op de voorbereiding van een beschikking op de aanvraag om ontheffing te verlenen, afdeling 3.4 van de Algemene wet bestuursrecht van toepassing is.

Verlenen ontheffing

Nadere regels

Voorschriften en beperkingen ontheffing

Intrekking ontheffing

Nadere regels

Art. 9.5.6
1. Indien toepassing wordt gegeven aan artikel 9.5.1, zesde lid, onder a, of artikel 9.5.2, zesde lid, in samenhang met artikel 9.5.1, zesde lid, onder a, is afdeling 3.4 van de Algemene wet bestuursrecht van toepassing op de voorbereiding van een beschikking op de aanvraag om een vergunning. Artikel 8.7 is van overeenkomstige toepassing.
2. Een vergunning kan slechts worden geweigerd in het belang dat de artikelen 9.5.1 of 9.5.2 beogen te beschermen.
3. Een vergunning kan onder beperkingen worden verleend.
4. Aan een vergunning kunnen voorschriften worden verbonden. Hiertoe kan behoren het voorschrift, dat met betrekking tot in het voorschrift geregelde onderwerpen moet worden

Vergunning betreffende stoffen, preparaten en producten

voldaan aan nadere eisen, die door een bij het voorschrift aangewezen bestuursorgaan worden gesteld.
5. Bij de betrokken algemene maatregel van bestuur kunnen categorieën van gevallen worden aangewezen waarin het eerste lid niet van toepassing is.
6. Voor zover dat bij de betrokken maatregel is bepaald, kan de vergunning worden gewijzigd of ingetrokken. Op de voorbereiding van een zodanige wijziging of intrekking is afdeling 3.4 van de Algemene wet bestuursrecht van toepassing. Artikel 8.7 is van overeenkomstige toepassing.

Art. 9.5.7

Asbestvolgsysteem, elektronisch landelijk
1. Er is een elektronisch landelijk asbestvolgsysteem, waarin met betrekking tot saneringen van asbest gegevens en bescheiden worden opgenomen die betrekking hebben op handelingen die in de achtereenvolgende fasen van de asbestsanering worden verricht, in het bijzonder de inventarisatie en verwijdering van asbest, de eindbeoordeling van het resultaat van de verwijdering en de afvoer en de verwerking van het asbestafval. Hiertoe kunnen ook persoonsgegevens behoren.

Asbestvolgsysteem, taken Minister
2. Onze Minister draagt zorg voor de inrichting, instandhouding, werking, toegankelijkheid en beveiliging van het landelijk asbestvolgsysteem en voor het beheer van de daarin opgenomen gegevens en bescheiden en treft de nodige voorzieningen voor de elektronische uitwisseling van gegevens en bescheiden met betrekking tot saneringen van asbest tussen het landelijk asbestvolgsysteem en de landelijke voorziening, bedoeld in artikel 7.6 van de Wet algemene bepalingen omgevingsrecht. Onze Minister wordt tevens aangemerkt als verwerkingsverantwoordelijke voor de verwerking van de persoonsgegevens.

Asbestvolgsysteem, toegankelijkheid
3. De gegevens en bescheiden die in het landelijk asbestvolgsysteem zijn opgenomen, zijn langs elektronische weg toegankelijk voor bij algemene maatregel van bestuur aangewezen bestuursorganen, bedrijven en personen.

Asbestvolgsysteem, nadere regels
4. Bij algemene maatregel van bestuur worden de gegevens en bescheiden aangewezen die in het landelijk asbestvolgsysteem worden opgenomen en worden regels gesteld met betrekking tot de toegankelijkheid van het systeem en de periode gedurende welke de gegevens en bescheiden worden bewaard. Daarbij kunnen tevens regels worden gesteld met betrekking tot de inrichting, instandhouding, werking en beveiliging van het systeem en het beheer van de gegevens en bescheiden die daarin zijn opgenomen. Bij ministeriële regeling kunnen met het oog op een goede uitvoering nadere regels worden gesteld.

Titel 9.6
De EG-richtlijn ter bevordering van schone en energiezuinige wegvoertuigen

Art. 9.6.1

Nadere regels
Bij of krachtens algemene maatregel van bestuur worden regels gesteld om te bevorderen dat bij de aankoop van de in of bij die maatregel aangewezen wegvoertuigen rekening wordt gehouden met de energie- en milieueffecten, bedoeld in artikel 5, tweede lid, van richtlijn nr. 2009/33/EG van het Europees Parlement en de Raad van de Europese Unie van 23 april 2009 inzake de bevordering van schone en energiezuinige wegvoertuigen (PbEU L 120) door de volgende partijen:
a. aanbestedende diensten als bedoeld in artikel 4, onder 1, van die richtlijn, en
b. exploitanten als bedoeld in artikel 3, onder b, van die richtlijn.

Titel 9.7
Hernieuwbare energie vervoer

§ 9.7.1
Algemeen

Art. 9.7.1.1

Definities
In deze titel en de daarop berustende bepalingen wordt verstaan onder:
benzine: ongelode lichte olie als bedoeld in artikel 26, tweede lid, van de Wet op de accijns en minerale oliën die op grond van artikel 28, met uitzondering van het tweede en zesde lid, van die wet voor het tarief van ongelode lichte olie aan de accijns onderworpen zijn;
biobrandstof: biobrandstof als bedoeld in artikel 2, onderdeel i, van de richtlijn hernieuwbare energie;
diesel: gasolie als bedoeld in artikel 26, vierde lid, van de Wet op de accijns en minerale oliën die op grond van artikel 28, met uitzondering van het tweede lid, van die wet voor het tarief van gasolie aan de accijns onderworpen zijn;
duurzaamheidssysteem: vrijwillig systeem als bedoeld in artikel 18, vierde lid, van de richtlijn hernieuwbare energie dat door de Europese Commissie is erkend;

Wet milieubeheer

A65 art. 9.7.2.1

energie-inhoud: energie-inhoud als bedoeld in bijlage III bij de richtlijn hernieuwbare energie of, indien niet opgenomen in die bijlage, berekend volgens bij ministeriële regeling te stellen regels. In afwijking van de vorige volzin geldt voor benzine en diesel de energie-inhoud als bedoeld in bijlage I, deel 1, onderdeel 3, onder c, van richtlijn (EU) 2015/652 van de Raad van 20 april 2015 tot vaststelling van berekeningsmethoden en rapportageverplichtingen overeenkomstig Richtlijn 98/70/EG van het Europees Parlement en de Raad betreffende de kwaliteit van benzine en van dieselbrandstof (PbEU L 107);

hernieuwbare brandstof: hernieuwbare vloeibare of gasvormige transportbrandstof van niet-biologische oorsprong als bedoeld in artikel 2, onderdeel u, van de richtlijn hernieuwbare energie;

hernieuwbare brandstofeenheid: hernieuwbare brandstofeenheid als bedoeld in artikel 9.7.3.1;

hernieuwbare energie vervoer: energie uit hernieuwbare bronnen als bedoeld in artikel 2, onderdeel a, van de richtlijn hernieuwbare energie bestemd voor vervoer;

importeur: onderneming die minerale oliën invoert in Nederland, maar geen houder van een vergunning voor een accijnsgoederenplaats als bedoeld in artikel 1a, eerste lid, onderdeel b, van de Wet op de accijns voor minerale oliën of geregistreerde geadresseerde als bedoeld in artikel 1a, eerste lid, onderdeel l, van die wet voor minerale oliën is;

inboeker: onderneming die ingevolge bij of krachtens artikel 9.7.4.1 bevoegd is om een geleverde hoeveelheid hernieuwbare energie vervoer in het register in te voeren;

inboekfaciliteit: eigenschap van een rekening in het register die de inboeking van hernieuwbare energie vervoer overeenkomstig artikel 9.7.4.1 mogelijk maakt;

jaarverplichting: aantal per soort hernieuwbare brandstofeenheden dat de leverancier tot eindverbruik is verschuldigd op grond van artikel 9.7.2.1;

jaarverplichtingfaciliteit: eigenschap van een rekening in het register die een leverancier tot eindverbruik ingevolge artikel 9.7.2.2 heeft om aan zijn jaarverplichting te voldoen;

leverancier tot eindverbruik: houder van een vergunning voor een accijnsgoederenplaats als bedoeld in artikel 1a, eerste lid, onderdeel b, van de Wet op de accijns voor minerale oliën, of geregistreerde geadresseerde als bedoeld in artikel 1a, eerste lid, onderdeel l, van die wet voor minerale oliën, of importeur, met een levering tot eindverbruik;

leveren aan de Nederlandse markt voor vervoer: uitslag tot verbruik als bedoeld in artikel 2 van de Wet op de accijns aan vervoer, dan wel leveren van minerale oliën door een houder van een vergunning voor een accijnsgoederenplaats als bedoeld in artikel 1a, eerste lid, onderdeel b, van die wet aan een andere houder van een vergunning voor een accijnsgoederenplaats, voor zover de inboeker kan aantonen dat de hoeveelheid ingeboekte biobrandstof is uitgeslagen tot verbruik als bedoeld in artikel 2 van de Wet op de accijns aan vervoer;

levering tot eindverbruik: uitslag tot verbruik als bedoeld in artikel 2 van de Wet op de accijns van benzine en diesel, aan de bestemmingen, bedoeld in artikel 9.8.1.2;

minerale oliën: oliën als bedoeld in artikel 25 van de Wet op de accijns;

onderneming: onderneming als bedoeld in artikel 5 van de Handelsregisterwet 2007;

overboekfaciliteit: eigenschap van een rekening in het register die de overboeking van een hernieuwbare brandstofeenheid mogelijk maakt;

register: register hernieuwbare energie vervoer als bedoeld in artikel 9.7.5.1, eerste lid;

richtlijn hernieuwbare energie: richtlijn nr. 2009/28/EG van het Europees Parlement en de Raad van de Europese Unie van 23 april 2009 ter bevordering van het gebruik van energie uit hernieuwbare bronnen en houdende wijziging van en intrekking van Richtlijn 2001/77/EG en Richtlijn 2003/30/EG (PbEU 2009, L 140);

vervoer: alle vormen van transport over de weg, het spoor, het water en door de lucht.

Art. 9.7.1.2
Bij of krachtens algemene maatregel van bestuur kunnen categorieën leveranciers tot eindverbruik worden aangewezen waarop de in deze titel opgenomen bepalingen met betrekking tot de leverancier tot eindverbruik niet van toepassing zijn.

Kleine leveranciers

Art. 9.7.1.3
[Vervallen]

Art. 9.7.1.4
De rijksbelastingdienst verstrekt op verzoek het bestuur van de emissieautoriteit de bij ministeriële regeling vast te stellen gegevens, voor zover die gegevens voor de uitvoering van deze titel noodzakelijk zijn.

Informatieverstrekking

§ 9.7.2
Jaarverplichting hernieuwbare energie vervoer

Art. 9.7.2.1
1. De leverancier tot eindverbruik is in enig kalenderjaar het aantal per soort hernieuwbare brandstofeenheden verschuldigd dat overeenkomt met het bij algemene maatregel van bestuur

Hernieuwbare energie vervoer, jaarverplichting

vast te stellen gedeelte van de energie-inhoud van zijn levering tot eindverbruik in het direct aan dat kalenderjaar voorafgaande kalenderjaar.
2. Bij algemene maatregel van bestuur worden voor de toepassing van het eerste lid eisen gesteld aan het aantal per soort hernieuwbare brandstofeenheden.

Art. 9.7.2.2

Leverancier tot eindverbruik, rekening

De leverancier tot eindverbruik heeft een rekening met jaarverplichtingfaciliteit in het register.

Art. 9.7.2.3

Leverancier tot eindverbruik, administratie

1. De leverancier tot eindverbruik voert voor 1 maart van enig kalenderjaar zijn levering tot eindverbruik van het direct aan die datum voorafgaande kalenderjaar op zijn rekening met jaarverplichtingfaciliteit in het register in.
2. Voor de toepassing van het eerste lid wordt de uitslag tot verbruik, bedoeld in artikel 2 van de Wet op de accijns, van benzine en diesel, volgens de gegevens van de rijksbelastingdienst beschouwd als levering tot eindverbruik, tenzij de leverancier tot eindverbruik aantoont dat die uitslag tot verbruik betrekking heeft op andere bestemmingen.
3. Wijzigingen in de voor enig kalenderjaar op zijn rekening ingevoerde levering tot eindverbruik na de datum, bedoeld in het eerste lid, meldt de leverancier tot eindverbruik aan het bestuur van de emissieautoriteit.
4. Bij ministeriële regeling worden de bij het invoeren op de rekening te vermelden gegevens bepaald.
5. Bij ministeriële regeling kunnen regels worden gesteld voor het aantonen, bedoeld in het tweede lid.
6. De gegevens, bedoeld in het vierde lid, en de onderliggende stukken, worden door de leverancier tot eindverbruik bewaard tot ten minste vijf jaar na afloop van het kalenderjaar waarop die gegevens betrekking hebben.

Art. 9.7.2.4

Ambtshalve vaststelling

1. Indien een leverancier tot eindverbruik in enig kalenderjaar zijn levering tot eindverbruik niet voor 1 maart van het daarop volgende kalenderjaar heeft ingevoerd op zijn rekening met jaarverplichtingfaciliteit, kan het bestuur van de emissieautoriteit haar ambtshalve vaststellen.
2. Indien een leverancier tot eindverbruik in enig kalenderjaar zijn levering tot eindverbruik niet juist heeft ingevoerd op zijn rekening met jaarverplichtingfaciliteit, kan het bestuur van de emissieautoriteit haar tot vijf jaar na dat kalenderjaar ambtshalve vaststellen.
3. Bij algemene maatregel van bestuur worden nadere regels gesteld over de toepassing van het eerste en tweede lid.

Art. 9.7.2.5

Afschrijving HBE's

1. Op 1 april van enig kalenderjaar:
a. heeft de leverancier tot eindverbruik ten minste het aantal per soort hernieuwbare brandstofeenheden op zijn rekening, en
b. schrijft het bestuur van de emissieautoriteit van de rekening van de leverancier tot eindverbruik het aantal per soort hernieuwbare brandstofeenheden af,
dat overeenkomt met de voor die leverancier voor het direct aan die datum voorafgaande kalenderjaar geldende jaarverplichting.
2. Bij of krachtens algemene maatregel van bestuur worden regels gesteld over de afschrijving van het aantal per soort hernieuwbare brandstofeenheden, bedoeld in het eerste lid, onderdeel b.
3. Indien toepassing van artikel 9.7.2.4, tweede lid, leidt tot een verhoging van de jaarverplichting voor het betrokken kalenderjaar, schrijft het bestuur van de emissieautoriteit met inachtneming van het tweede lid het aantal per soort hernieuwbare brandstofeenheden dat overeenkomt met die verhoging af van de rekening van de leverancier tot eindverbruik.
4. Indien toepassing van artikel 9.7.2.4, tweede lid, leidt tot een verlaging van de jaarverplichting voor het betrokken kalenderjaar, schrijft het bestuur van de emissieautoriteit, met inachtneming van het tweede lid, het aantal per soort hernieuwbare brandstofeenheden dat overeenkomt met die verlaging bij op de rekening van de leverancier tot eindverbruik. Het bestuur van de emissieautoriteit houdt hierbij rekening met artikel 9.7.5.6.
5. Indien het aantal per soort hernieuwbare brandstofeenheden op de rekening van de leverancier tot eindverbruik als gevolg van de toepassing van het eerste of derde lid minder is dan nul, vult hij het tekort aan voor 1 april volgend op het kalenderjaar waarin het tekort is ontstaan.

§ 9.7.3
Hernieuwbare brandstofeenheden

Art. 9.7.3.1

HBE, soorten

1. Het register heeft drie soorten hernieuwbare brandstofeenheden:
a. een hernieuwbare brandstofeenheid conventioneel;
b. een hernieuwbare brandstofeenheid geavanceerd;

Wet milieubeheer   **A65** art. 9.7.4.2

c. een hernieuwbare brandstofeenheid overig.
2. Een hernieuwbare brandstofeenheid vertegenwoordigt een bijdrage aan de jaarverplichting van één gigajoule hernieuwbare energie vervoer.

Art. 9.7.3.2
Een hernieuwbare brandstofeenheid kan uitsluitend in het register, bedoeld in paragraaf 9.7.5 en 9.8.4, gehouden worden.   HBE, bijhouden in register

Art. 9.7.3.3
1. Een hernieuwbare brandstofeenheid is vatbaar voor overdracht indien de overdragende partij en de ontvangende partij ieder op hun naam een rekening hebben in het register.   Overdracht en overgang HBE
2. Een hernieuwbare brandstofeenheid is ook vatbaar voor andere overgang. Het eerste lid is van overeenkomstige toepassing.

Art. 9.7.3.4
1. Overdracht van een of meer hernieuwbare brandstofeenheden kan niet leiden tot een aantal hernieuwbare brandstofeenheden conventioneel, geavanceerd of overig op een rekening dat minder is dan nul.   Ondergrens HBE nihil
2. Overdracht van een of meer hernieuwbare brandstofeenheden is niet toegestaan, indien het aantal hernieuwbare brandstofeenheden conventioneel, geavanceerd of overig op een rekening minder is dan nul.

Art. 9.7.3.5
1. De voor overdracht van een hernieuwbare brandstofeenheid vereiste levering geschiedt door: Levering HBE's
a. afschrijving van de hernieuwbare brandstofeenheid van de rekening die in het register op naam staat van de partij die de hernieuwbare brandstofeenheid overdraagt, en
b. bijschrijving op de rekening die in het register op naam staat van de partij die de hernieuwbare brandstofeenheid verkrijgt.
2. Het eerste lid is van overeenkomstige toepassing op elke overgang anders dan overdracht.
3. Elke overgang anders dan overdracht werkt tegenover derden eerst nadat de overgang in het register is geregistreerd.

Art. 9.7.3.6
1. Nietigheid of vernietiging van de overeenkomst die tot de overdracht heeft geleid, of onbevoegdheid van degene die overdraagt, heeft, nadat de overdracht is voltooid, geen gevolgen voor de geldigheid van de overdracht.   Nietigheid
2. Elk voorbehoud met betrekking tot de overdracht is uitgewerkt op het moment dat de overdracht tot stand is gekomen.

Art. 9.7.3.7
1. In afwijking van artikel 228 van Boek 3 van het Burgerlijk Wetboek kan op een hernieuwbare brandstofeenheid geen recht van pand worden gevestigd.   Niet verpandbaar
2. Op een hernieuwbare brandstofeenheid kan geen recht van vruchtgebruik worden gevestigd.
3. Een hernieuwbare brandstofeenheid is niet vatbaar voor beslag.

Art. 9.7.3.8
Indien het aantal hernieuwbare brandstofeenheden op een rekening minder is dan nul, worden de bijgeschreven hernieuwbare brandstofeenheden per soort volgens bij algemene maatregel van bestuur vast te stellen regels afgeschreven.   Afschrijving, nadere regels

§ 9.7.4
Inboeken hernieuwbare energie vervoer

Art. 9.7.4.1
1. Een inboeker kan tot 1 maart van enig kalenderjaar inboeken in het register de in het direct aan de datum voorafgaande kalenderjaar door hem aan: Omzetting HBE
a. de Nederlandse markt voor vervoer geleverde vloeibare biobrandstof die voldoet aan artikel 9.7.4.2;
b. vervoer in Nederland geleverde gasvormige biobrandstof die voldoet aan artikel 9.7.4.3;
c. de Nederlandse markt voor vervoer geleverde vloeibare hernieuwbare brandstof die voldoet aan artikel 9.7.4.4, eerste lid;
d. vervoer in Nederland geleverde gasvormige hernieuwbare brandstof die voldoet aan artikel 9.7.4.4, of
e. wegvoertuigen in Nederland geleverde elektriciteit die voldoet aan bij of krachtens algemene maatregel van bestuur gestelde eisen.
2. Bij algemene maatregel van bestuur kunnen regels worden gesteld met betrekking tot de inboeker, bedoeld in het eerste lid.

Art. 9.7.4.2
De in te boeken vloeibare biobrandstof: Vloeibare biobrandstof
a. voldoet aan de eisen, gesteld krachtens artikel 9.2.2.6a,

Sdu 1227

b. bevond zich direct voorafgaand aan de levering aan de Nederlandse markt voor vervoer op een locatie van de inboeker die door het door hem gehanteerde duurzaamheidsysteem is gecertificeerd, dan wel op een andere locatie voor zover die certificering zich over die locatie uitstrekt; en
c. voldoet aan bij of krachtens algemene maatregel van bestuur gestelde eisen.

Art. 9.7.4.3

Gasvormige biobrandstof, eisen

De in te boeken gasvormige biobrandstof voldoet aan de eisen, gesteld:
a. krachtens artikel 9.2.2.6a, en
b. bij of krachtens algemene maatregel van bestuur.

Art. 9.7.4.4

Vloeibare/gasvormige hernieuwbare brandstof, eisen

1. De in te boeken vloeibare of gasvormige hernieuwbare brandstof voldoet aan bij of krachtens algemene maatregel van bestuur gestelde eisen.

2. De inboeker die een hoeveelheid vloeibare of gasvormige hernieuwbare brandstof inboekt, beschikt over een verklaring van een verificateur dat die brandstof voldoet aan de eisen, bedoeld in het eerste lid.
3. De verificateur geeft geen verklaring af indien niet is voldaan aan de eisen, bedoeld in het eerste lid.
4. De verificateur bewaart alle gegevens en documentatie met betrekking tot de verificatie gedurende ten minste vijf jaar na afloop van het kalenderjaar waarop de verificatie betrekking heeft.
5. Bij of krachtens algemene maatregel van bestuur kunnen nadere eisen worden gesteld aan de verificateur en de verificatie.

Art. 9.7.4.5

Inboeken, nadere regels

1. Bij ministeriële regeling:
a. worden regels gesteld over de bepaling van de ingeboekte hoeveelheid hernieuwbare energie vervoer;
b. wordt bepaald op welke wijze de inboeker aantoont dat is voldaan aan de artikelen 9.7.4.2, 9.7.4.3 en 9.7.4.4;
c. worden de bij het inboeken te vermelden gegevens bepaald;
d. kunnen nadere regels worden gesteld voor het inboeken van vloeibare of gasvormige hernieuwbare brandstof.
2. De gegevens, bedoeld in het eerste lid, onderdeel c, worden door de inboeker bewaard gedurende ten minste vijf jaar na het kalenderjaar waarin de inboeking plaatsvond.

Art. 9.7.4.6

Inboeken HBE

1. Het bestuur van de emissieautoriteit schrijft voor één gigajoule energie-inhoud hernieuwbare energie vervoer die is ingeboekt in het register:
a. één hernieuwbare brandstofeenheid conventioneel bij op de rekening van de inboeker, indien:
1. de geleverde biobrandstof is geproduceerd uit granen en andere zetmeelrijke gewassen, suikers en oliegewassen en uit gewassen die als hoofdgewas primair voor energiedoeleinden op landbouwgrond worden geteeld; of
2. de geleverde brandstof is geproduceerd uit de grondstof als bedoeld in bijlage IX, deel A, onderdeel d, of deel B, van de richtlijn hernieuwbare energie en de inboeker beschikt niet over een bewijs dat geen materialen doelbewust zijn gewijzigd of verwijderd opdat de levering of een deel ervan onder bijlage IX komt te vallen;
b. één hernieuwbare brandstofeenheid geavanceerd bij op de rekening van de inboeker, indien:
1. de geleverde brandstof is geproduceerd uit grondstoffen en brandstoffen als bedoel in bijlage IX, deel A, en met inachtneming van artikel 2 van de richtlijn hernieuwbare energie en de inboeker beschikt over een bewijs dat geen materialen doelbewust zijn gewijzigd of verwijderd opdat de levering of een deel ervan onder bijlage IX komt te vallen; en
2. voorzover de geleverde brandstof is geproduceerd uit de grondstof als bedoeld in bijlage IX, deel A, onderdeel d, van de richtlijn hernieuwbare energie, de grondstof voorkomt op een bij ministeriële regeling vast te stellen lijst van materialen;
c. één hernieuwbare brandstofeenheid overig bij op de rekening van de inboeker:
1. indien de geleverde biobrandstof is geproduceerd uit grondstoffen als bedoeld in bijlage IX, deel B, van de richtlijn hernieuwbare energie, voor zover de inboeker beschikt over een bewijs dat geen materialen doelbewust zijn gewijzigd of verwijderd opdat de levering of een deel ervan onder bijlage IX komt te vallen;
2. voor aan wegvoertuigen geleverde elektriciteit; of
3. indien de geleverde biobrandstof is geproduceerd uit grondstoffen, niet zijnde de grondstoffen, bedoeld in onderdeel a, sub 1, en niet zijnde de grondstoffen en brandstoffen bedoeld in bijlage IX, deel A en B.
2. De hoeveelheid ingeboekte hernieuwbare energie vervoer wordt per soort hernieuwbare brandstofeenheid naar beneden afgerond op één gigajoule.

Wet milieubeheer   **A65** art. 9.7.4.12

3. In afwijking van het eerste lid schrijft het bestuur van de emissieautoriteit een aantal hernieuwbare brandstofeenheden bij ter grootte van een bij ministeriële regeling vastgesteld gedeelte van de energie-inhoud, vermenigvuldigd met een bij die ministeriële regeling vastgestelde factor, van de hoeveelheid ingeboekte elektriciteit die is geleverd aan wegvoertuigen in Nederland.
4. In afwijking van het eerste lid schrijft het bestuur van de emissieautoriteit voor een door een importeur ingeboekte hoeveelheid hernieuwbare energie vervoer hernieuwbare brandstofeneenheden bij op de rekening van die importeur, nadat die importeur volgens bij ministeriële regeling gestelde regels heeft aangetoond dat die hoeveelheid aan de Nederlandse markt voor vervoer is geleverd.
5. Bij of krachtens algemene maatregel van bestuur worden regels gesteld met betrekking tot de grondstoffen en brandstoffen waarvoor een bewijs, bedoeld in het eerste lid, onderdeel b, sub 1, en onderdeel c, sub 1, is vereist, alsmede de voorwaarden van afgifte van het bewijs.

Art. 9.7.4.7
1. Het bestuur van de emissieautoriteit maakt ieder jaar op bij ministeriële regeling te bepalen momenten een overzicht van het aantal per soort beschikbare hernieuwbare brandstofeenheden openbaar.   *Overzicht beschikbare HBE's*
2. Bij algemene maatregel van bestuur worden nadere regels gesteld met betrekking tot het openbaar maken, bedoeld in het eerste lid.

Art. 9.7.4.8
1. Bij of krachtens algemene maatregel van bestuur kunnen categorieën biobrandstof worden aangewezen waarvan, onder bij of krachtens die maatregel te stellen voorwaarden, de energie-inhoud wordt vermenigvuldigd met een bij of krachtens die maatregel vastgestelde factor.   *Dubbeltelling*
2. De inboeker die een hoeveelheid biobrandstof als bedoeld in het eerste lid inboekt, beschikt over een verklaring van een verificateur dat die biobrandstof voldoet aan de voorwaarden, bedoeld in dat lid.
3. De verificateur geeft geen verklaring af indien niet is voldaan aan de eisen, bedoeld in het eerste lid.
4. De verificateur bewaart alle gegevens en documentatie met betrekking tot de verificatie gedurende ten minste vijf jaar na afloop van het kalenderjaar waarop de verificatie betrekking heeft.
5. Bij of krachtens algemene maatregel van bestuur kunnen nadere eisen worden gesteld aan de verificateur en de verificatie.

Art. 9.7.4.9
Voor hernieuwbare energie vervoer die tussen 1 januari en 1 april van enig kalenderjaar wordt geleverd aan de Nederlandse markt voor vervoer, aan vervoer in Nederland respectievelijk aan wegvoertuigen in Nederland en ingeboekt in het register schrijft het bestuur van de emissieautoriteit na 1 april van dat kalenderjaar de hernieuwbare brandstofeenheden bij op de rekening van de inboeker.   *Eerste kwartaal*

Art. 9.7.4.10
Een hoeveelheid hernieuwbare energie die wordt ingeboekt in het register is niet als duurzaam overgedragen en wordt niet nog een keer ingeboekt in het register.   *Doorlevering zonder duurbaarheidskenmerken*

Art. 9.7.4.11
1. Het bestuur van de emissieautoriteit kan het bijschrijven van hernieuwbare brandstofeenheden opschorten of weigeren indien het misbruik of fraude vermoedt dan wel andere redenen heeft om aan te nemen dat niet wordt voldaan aan de bij of krachtens deze paragraaf gestelde eisen.   *Bijschrijving opschorten of weigeren*
2. Bij of krachtens algemene maatregel van bestuur kunnen nadere regels worden gesteld over het opschorten of weigeren, bedoeld in het eerste lid.

Art. 9.7.4.12
1. De inboeker overlegt voor 1 april van het kalenderjaar volgend op het kalenderjaar waarin hij de hernieuwbare energie vervoer aan de Nederlandse markt voor vervoer, aan vervoer in Nederland respectievelijk aan wegvoertuigen in Nederland heeft geleverd aan het bestuur van de emissieautoriteit een verklaring van een verificateur waaruit blijkt dat, voor zover van toepassing: *Verklaring verificateur*
a. de door hem ingeboekte hernieuwbare energie vervoer voldoet aan de bij of krachtens de artikelen 9.7.4.1, tweede lid, 9.7.4.2, 9.7.4.3, 9.7.4.5, eerste lid, onderdelen a en d, of 9.7.4.9 gestelde eisen, en
b. hij heeft voldaan aan de bij of krachtens de artikelen 9.7.4.4, tweede lid, 9.7.4.5, eerste lid, onderdeel b, 9.7.4.8, tweede lid, of 9.7.4.10 gestelde eisen.
2. De verificateur geeft geen verklaring af indien niet is voldaan aan de eisen, bedoeld in het eerste lid.
3. De verificateur bewaart alle gegevens en documentatie met betrekking tot de verificatie gedurende ten minste vijf jaar na afloop van het kalenderjaar waarop de verificatie betrekking heeft.

A65 art. 9.7.4.13 — Wet milieubeheer

4. Bij of krachtens algemene maatregel van bestuur kunnen nadere eisen worden gesteld aan de verificateur en de verificatie.

Art. 9.7.4.13

Ambtshalve inboekingen

1. Indien naar het oordeel van het bestuur van de emissieautoriteit niet is voldaan aan de bij of krachtens deze paragraaf gestelde eisen voor het inboeken in het register van een hoeveelheid hernieuwbare energie vervoer of de verificatie, bedoeld in artikel 9.7.4.12, kan het bestuur die hoeveelheid, de kenmerken van die hoeveelheid of de factor, bedoeld in artikel 9.7.4.8, tot vijf jaar na het kalenderjaar van inboeken ambtshalve vaststellen.
2. Indien uit de vaststelling, bedoeld in het eerste lid, volgt dat de inboeker te veel hernieuwbare brandstofeenheden heeft ontvangen voor de geleverde hoeveelheid hernieuwbare energie vervoer, wordt het aantal per soort hernieuwbare brandstofeenheden dat die inboeker te veel heeft ontvangen, afgeschreven van de rekening van die inboeker.
3. Indien uit de vaststelling, bedoeld in het eerste lid, volgt dat de inboeker te weinig hernieuwbare brandstofeenheden heeft ontvangen voor de geleverde hoeveelheid hernieuwbare energie vervoer, wordt het aantal per soort hernieuwbare brandstofeenheden dat die inboeker te weinig heeft ontvangen, bijgeschreven op de rekening van die inboeker. Het bestuur van de emissieautoriteit houdt hierbij rekening met artikel 9.7.5.6.
4. Bij algemene maatregel van bestuur kunnen nadere regels worden gesteld over de toepassing van het eerste, tweede en derde lid.
5. Indien het aantal hernieuwbare brandstofeenheden op de rekening van de inboeker als gevolg van de toepassing van tweede lid minder is dan nul wordt het tekort door de inboeker aangevuld voor 1 april volgend op het kalenderjaar waarin het tekort is ontstaan.

Art. 9.7.4.14

Jaarlijks overzicht emissieautoriteit

1. De emissieautoriteit maakt ieder jaar een overzicht openbaar, waarin per inboeker van vloeibare biobrandstof de aard en herkomst van de door die inboeker ingeboekte vloeibare biobrandstoffen alsmede het door die inboeker gehanteerde duurzaamheidssysteem zijn opgenomen. Artikel 10 van de Wet openbaarheid van bestuur is van overeenkomstige toepassing.
2. Bij algemene maatregel van bestuur worden nadere regels gesteld omtrent de inhoud en de wijze van openbaarmaking van het overzicht, bedoeld in het eerste lid.

§ 9.7.5
Register hernieuwbare energie vervoer

Art. 9.7.5.1

Register hernieuwbare energie vervoer

1. Er is een elektronisch register hernieuwbare energie vervoer.

2. Het register wordt beheerd door de emissieautoriteit.
3. Het register bestaat uit de rekeningen, bedoeld in artikel 9.7.5.3.

Art. 9.7.5.2

Register hernieuwbare energie vervoer, nadere regels

1. Bij ministeriële regeling worden regels gesteld over de werking, organisatie, beschikbaarheid en beveiliging van het register.

2. Het bestuur van de emissieautoriteit kan voorwaarden voor het gebruik van het register vaststellen.

Art. 9.7.5.3

Faciliteiten bij rekeningen

1. Het bestuur van de emissieautoriteit opent op verzoek van de leverancier tot eindverbruik op diens naam een rekening met jaarverplichtingfaciliteit en met overboekfaciliteit.
2. Het bestuur van de emissieautoriteit opent op verzoek van een inboeker op diens naam een rekening met inboekfaciliteit en met overboekfaciliteit.
3. Het bestuur van de emissieautoriteit opent op verzoek van een andere onderneming dan die bedoeld in het eerste of tweede lid, die behoort tot een bij algemene maatregel van bestuur aangewezen categorie, op diens naam een rekening met overboekfaciliteit.
4. Het bestuur van de emissieautoriteit opent op naam van een onderneming niet meer dan één rekening. Een rekening kan alle in het eerste en tweede lid genoemde faciliteiten omvatten.
5. Bij ministeriële regeling worden regels gesteld over het openen, bijhouden en beheer van de rekeningen.

Art. 9.7.5.4

Fraude of misbruik

1. Het bestuur van de emissieautoriteit kan indien het redenen heeft om aan te nemen dat er sprake is van fraude of misbruik of dat niet wordt voldaan aan de bij of krachtens deze titel gestelde eisen voor het hebben van een rekening in het register of voor het gebruik van die rekening:

    a. weigeren een rekening te openen;
    b. een rekening of een faciliteit van die rekening blokkeren;
    c. een rekening opheffen.

Wet milieubeheer   **A65** art. 9.7.6.3

2. Het bestuur van de emissieautoriteit kan op verzoek van de rekeninghouder een rekening opheffen.
3. Bij algemene maatregel van bestuur worden nadere regels gesteld over de toepassing van het eerste lid en kunnen regels worden gesteld over de toepassing van het tweede lid.
4. De hernieuwbare brandstofeenheden op een opgeheven rekening vervallen van rechtswege.

Art. 9.7.5.5
1. Bij ministeriële regeling kan worden bepaald dat voor het openen en bijhouden van een rekening met overboekfaciliteit, inboekfaciliteit of jaarverplichtingfaciliteit een vergoeding verschuldigd is overeenkomstig de bij die regeling te stellen regels. — *Vergoeding*
2. Bij de regeling, bedoeld in het eerste lid:
a. wordt de hoogte van de vergoeding vastgesteld, welke niet hoger is dan noodzakelijk is ter dekking van de ten laste van de emissieautoriteit komende kosten van het verrichten van werkzaamheden waarvoor de vergoeding is verschuldigd, en
b. worden regels gesteld omtrent de wijze waarop de vergoeding wordt betaald.

Art. 9.7.5.6
1. Van het aantal per soort hernieuwbare brandstofeenheden op 1 april van enig kalenderjaar op de rekening van een leverancier tot eindverbruik nadat het bestuur van de emissieautoriteit toepassing heeft gegeven aan artikel 9.7.2.5, eerste lid, onderdeel b, een inboeker of een onderneming als bedoeld in artikel 9.7.5.3. derde lid, wordt een gedeelte gespaard ten behoeve van het direct daaropvolgende kalenderjaar. — *Sparen HBE's*
2. Bij algemene maatregel van bestuur worden regels gesteld omtrent het gedeelte, bedoeld in het eerste lid, en de volgorde waarin de soort hernieuwbare brandstofeenheden gespaard worden. Voor de leverancier tot eindverbruik, de inboeker of de onderneming, bedoeld in artikel 9.7.5.3, derde lid, kunnen verschillende regels worden vastgesteld omtrent het gedeelte, bedoeld in het eerste lid.
3. In afwijking van het eerste lid kunnen bij of krachtens algemene maatregel van bestuur regels worden gesteld over het gedeelte dat gespaard kan worden ten behoeve van enig ander kalenderjaar dan het direct daaropvolgende kalenderjaar.
4. Voor zover de leverancier tot eindverbruik, de inboeker of de onderneming, bedoeld in artikel 9.7.5.3, derde lid, tevens een reductieverplichting heeft als bedoeld in artikel 9.8.2.1, eerste lid, gelden de in het tweede lid bedoelde regels eerst dan nadat het bestuur van de emissieautoriteit toepassing heeft gegeven aan artikel 9.8.2.5, eerste lid, onderdeel b.
5. De hernieuwbare brandstofeenheden die niet worden gespaard, vervallen van rechtswege.

§ 9.7.6
Overgangsbepalingen hernieuwbare energie vervoer

Art. 9.7.6.1-9.7.6.2
[Vervallen]

Art. 9.7.6.3
1. Indien een leverancier tot eindverbruik die registratieplichtige als bedoeld in artikel 1 van het Besluit hernieuwbare energie vervoer was, naar het oordeel van het bestuur van de emissieautoriteit in enig kalenderjaar niet heeft voldaan aan zijn verplichting op grond van artikel 3, eerste lid, van dat besluit, kan het bestuur tot vijf jaar na dat kalenderjaar het aantal hernieuwbare brandstofeenheden conventioneel dat overeenkomt met het aandeel van de verplichting waaraan de leverancier tot eindverbruik niet heeft voldaan, afschrijven van de rekening van die leverancier tot eindverbruik. — *Geen compensatieplicht*
2. Indien een inboeker die geregistreerde als bedoeld in artikel 1 van het Besluit hernieuwbare energie vervoer was, naar het oordeel van het bestuur van de emissieautoriteit in enig kalenderjaar niet heeft voldaan aan zijn verplichting op grond van de artikelen 6, 6b of 6c van dat besluit, kan het bestuur tot vijf jaar na dat kalenderjaar het aantal hernieuwbare brandstofeenheden conventioneel dat overeenkomt met de hoeveelheid energie waarvoor de geregistreerde ten onrechte biotickets als bedoeld in artikel 1 van het Besluit hernieuwbare energie vervoer in eigendom heeft overgedragen of ten onrechte in zijn administratieve voorraad van zijn biobrandstoffenbalans als bedoeld in artikel 4 van de Regeling hernieuwbare energie vervoer had, afschrijven van de rekening van die inboeker.
3. Artikel 9.7.2.5, vijfde lid, is van overeenkomstige toepassing.

Titel 9.8
Rapportage- en reductieverplichting vervoersemissies

§ 9.8.1
Algemeen

Art. 9.8.1.1

Begripsbepalingen

In deze titel en de daarop berustende bepalingen wordt verstaan onder:

benzine: ongelode lichte olie als bedoeld in artikel 26, tweede lid, van de Wet op de accijns en andere minerale oliën die op grond van artikel 28, met uitzondering van het tweede en zesde lid, van die wet voor het tarief van ongelode lichte olie aan de accijns onderworpen zijn;

betere fossiele brandstof: brandstof van fossiele herkomst als genoemd in bijlage I, deel 2, onderdeel 5, van richtlijn (EU) 2015/652, met een broeikasgasemissie gedurende de levenscyclus die ten minste zes procent lager is dan de in bijlage II van die richtlijn bedoelde uitgangsnorm voor brandstoffen;

biobrandstof: biobrandstof als bedoeld in artikel 2, onderdeel i, van richtlijn nr. 2009/28/EG van het Europees Parlement en de Raad van 23 april 2009 ter bevordering van het gebruik van energie uit hernieuwbare bronnen en houdende wijziging van en intrekking van Richtlijn 2001/77/EG en Richtlijn 2003/30/EG (Pb EU L 140);

broeikasgasemissies gedurende de levenscyclus: broeikasgasemissies gedurende de levenscyclus als bedoeld in artikel 2, onderdeel 6, van richtlijn 98/70/EG;

diesel: gasolie als bedoeld in artikel 26, vierde lid, van de Wet op de accijns en andere minerale oliën die op grond van artikel 28, met uitzondering van het tweede lid, van die wet voor het tarief van gasolie aan de accijns onderworpen zijn;

eenheid energie: energie-inhoud van de brandstof als bedoeld in bijlage I, deel 1, onderdeel 3, onder c, van richtlijn (EU) 2015/652;

exploitatiereductie-eenheid: eenheid als bedoeld in artikel 9.8.3.1;

hernieuwbare brandstofeenheid: hernieuwbare brandstofeenheid als bedoeld in artikel 9.7.3.1, eerste lid;

importeur: onderneming die minerale oliën invoert in Nederland, maar geen houder is van een vergunning voor een accijnsgoederenplaats als bedoeld in artikel 1a, eerste lid, onderdeel b, van de Wet op de accijns voor minerale oliën, of geregistreerde geadresseerde als bedoeld in artikel 1a, eerste lid, onderdeel l, van die wet voor minerale oliën;

minerale oliën: oliën als bedoeld in artikel 25 van de Wet op de accijns;

overboekfaciliteit: eigenschap van een rekening in het register die de overboeking van een hernieuwbare brandstofeenheid mogelijk maakt;

rapportageplichtige: houder van een vergunning voor een accijnsgoederenplaats als bedoeld in artikel 1a, eerste lid, onderdeel b, van de Wet op de accijns voor minerale oliën, of geregistreerde geadresseerde als bedoeld in artikel 1a, eerste lid, onderdeel l, van die wet voor minerale oliën, of importeur, met een uitslag tot vervoersverbruik;

reductieverplichting: verplichting als bedoeld in artikel 9.8.2.1, eerste lid;

reductieverplichtingfaciliteit: eigenschap van een rekening in het register die een rapportageplichtige ingevolge artikel 9.8.2.2 heeft om aan zijn reductieverplichting te voldoen;

register: register rapportage- en reductieverplichting vervoersemissies als bedoeld in artikel 9.8.4.1;

richtlijn 98/70/EG: richtlijn nr. 98/70/EG van het Europees Parlement en de Raad van de Europese Unie van 13 oktober 1998 betreffende de kwaliteit van benzine en van dieselbrandstof en tot wijziging van Richtlijn 93/12/EEG van de Raad (PbEG L 350);

richtlijn (EU) 2015/652: richtlijn (EU) 2015/652 van de Raad van 20 april 2015 tot vaststelling van berekeningsmethoden en rapportageverplichtingen overeenkomstig Richtlijn 98/70/EG van het Europees Parlement en de Raad betreffende de kwaliteit van benzine en van dieselbrandstof (PbEU L 107);

uitslag tot vervoersverbruik: uitslag tot verbruik als bedoeld in artikel 2 van de Wet op de accijns, van benzine, diesel en betere fossiele brandstof, aan de bestemmingen, bedoeld in artikel 9.8.1.2.

Art. 9.8.1.2

Werkingssfeer titel 9.8

Deze titel is van toepassing op brandstoffen en energie voor:
a. wegvoertuigen;
b. niet voor de weg bestemde mobiele machines;
c. landbouwtrekkers;
d. bosbouwmachines, en
e. pleziervaartuigen, niet zijnde zeeschepen, wanneer die niet op zee varen.

Art. 9.8.1.3

Rapportageplichtigen, uitgezonderde

Bij of krachtens algemene maatregel van bestuur kunnen categorieën rapportageplichtigen worden aangewezen waarop de in deze titel opgenomen bepalingen niet van toepassing zijn.

Wet milieubeheer

Art. 9.8.1.4
De rijksbelastingdienst verstrekt op verzoek van het bestuur van de emissieautoriteit de bij ministeriële regeling vast te stellen gegevens, voor zover die gegevens voor de uitvoering van deze titel noodzakelijk zijn.

Gegevensverstrekking door rijksbelastingdienst

§ 9.8.2
Rapportage- en reductieverplichting

Art. 9.8.2.1
1. De rapportageplichtige vermindert de broeikasgasemissies gedurende de levenscyclus per eenheid energie volgens bijlage I, deel 2, onderdeel 5, van richtlijn (EU) 2015/652 van zijn uitslag tot verbruik van benzine en diesel aan de bestemmingen, bedoeld in artikel 9.8.1.2, voor enig kalenderjaar met een bij of krachtens algemene maatregel van bestuur vast te stellen percentage ten opzichte van de in bijlage II van die richtlijn bedoelde uitgangsnorm voor brandstoffen.
2. De rapportageplichtige voldoet aan de reductieverplichting, bedoeld in het eerste lid, met de inzet van hernieuwbare brandstofeenheden, exploitatiereductie-eenheden of betere fossiele brandstof, met inachtneming van artikel 9.7.2.1, tweede lid.
3. Bij of krachtens algemene maatregel van bestuur worden nadere regels gesteld met betrekking tot het in het eerste lid genoemde kalenderjaar.

Reductieverplichting rapportageplichtige

Art. 9.8.2.2
De rapportageplichtige heeft een rekening met reductieverplichtingfaciliteit in het register.

Rekening met reductieverplichtingfaciliteit

Art. 9.8.2.3
1. De rapportageplichtige voert voor 1 maart van enig kalenderjaar zijn uitslag tot vervoersverbruik van het direct aan die datum voorafgaande kalenderjaar op zijn rekening met reductieverplichtingfaciliteit in het register in.
2. Voor de toepassing van het eerste lid wordt de uitslag tot verbruik, bedoeld in artikel 2 van de Wet op de accijns, van benzine en diesel volgens de gegevens van de rijksbelastingdienst beschouwd als uitslag tot vervoersverbruik, tenzij de rapportageplichtige aantoont dat die uitslag tot verbruik betrekking heeft op andere bestemmingen.
3. Voor de toepassing van het eerste lid wordt de uitslag tot verbruik, bedoeld in artikel 2 van de Wet op de accijns, van betere fossiele brandstof volgens de gegevens van de rijksbelastingdienst niet beschouwd als uitslag tot vervoersverbruik, tenzij de rapportageplichtige het tegendeel aantoont.
4. Voor de toepassing van het eerste lid wordt de uitslag tot verbruik, bedoeld in artikel 2 van de Wet op de accijns, van benzine en diesel, niet aangemerkt als een betere fossiele brandstof, tenzij de rapportageplichtige het tegendeel aantoont.
5. Wijzigingen in de voor enig kalenderjaar op zijn rekening ingevoerde uitslag tot vervoersverbruik na de datum, bedoeld in het eerste lid, meldt de rapportageplichtige aan het bestuur van de emissieautoriteit.
6. Bij ministeriële regeling worden de bij het invoeren op de rekening te vermelden gegevens en te hanteren berekeningsmethode als bedoeld in richtlijn (EU) 2015/652 bepaald.
7. Bij ministeriële regeling kunnen regels worden gesteld over de wijze waarop het aantonen, bedoeld in het tweede, derde en vierde lid, plaatsvindt.
8. De gegevens, bedoeld in het zesde lid, en de onderliggende stukken worden door de rapportageplichtige bewaard tot ten minste vijf jaar na afloop van het kalenderjaar waarop die gegevens betrekking hebben.

Uitslag tot vervoersverbruik, invoer register

Art. 9.8.2.4
1. Indien een rapportageplichtige in enig kalenderjaar zijn uitslag tot vervoersverbruik niet voor 1 maart van het daaropvolgende kalenderjaar heeft ingevoerd op zijn rekening met een reductieverplichtingfaciliteit, kan het bestuur van de emissieautoriteit hem ambtshalve vaststellen.
2. Indien een rapportageplichtige in enig kalenderjaar zijn uitslag tot vervoersverbruik niet juist heeft ingevoerd op zijn rekening met een reductieverplichtingfaciliteit, kan het bestuur van de emissieautoriteit hem tot vijf jaar na dat kalenderjaar ambtshalve vaststellen.
3. Bij of krachtens algemene maatregel van bestuur worden nadere regels gesteld over de toepassing van het eerste en tweede lid.

Uitslag tot vervoersverbruik, ambtshalve vaststelling

Art. 9.8.2.5
1. Op 1 april van enig kalenderjaar:
a. heeft de rapportageplichtige ten minste het aantal per soort hernieuwbare brandstofeenheden of exploitatiereductie-eenheden op zijn rekening, en
b. schrijft het bestuur van de rekening van de rapportageplichtige het aantal per soort hernieuwbare brandstofeenheden of exploitatiereductie-eenheden af,
dat overeenkomt met de voor die rapportageplichtige voor het direct aan die datum voorafgaande kalenderjaar geldende reductieverplichting.

Afschrijving eenheden reductieverplichting

A65 art. 9.8.3.1
Wet milieubeheer

2. Bij of krachtens algemene maatregel van bestuur worden regels gesteld over de afschrijving van het aantal per soort hernieuwbare brandstofeenheden en exploitatiereductie-eenheden, bedoeld in het eerste lid, onderdeel b.
3. Indien toepassing van artikel 9.8.2.4, tweede lid, leidt tot een verhoging van de reductieverplichting voor het betrokken kalenderjaar, schrijft het bestuur van de emissieautoriteit met inachtneming van het tweede lid het aantal per soort hernieuwbare brandstofeenheden dat overeenkomt met die verhoging af van de rekening van de rapportageplichtige.
4. Indien toepassing van artikel 9.8.2.4, tweede lid, leidt tot een verlaging van de reductieverplichting voor het betrokken kalenderjaar en de rapportageplichtige met hernieuwbare brandstofeenheden aan zijn reductieverplichting voldaan heeft, schrijft het bestuur van de emissieautoriteit met inachtneming van het tweede lid het aantal per soort hernieuwbare brandstofeenheden dat overeenkomt met die verlaging bij op de rekening van de rapportageplichtige. Het bestuur van de emissieautoriteit houdt hierbij rekening met artikel 9.7.5.6.
5. Indien het aantal per soort hernieuwbare brandstofeenheden op de rekening van de rapportageplichtige als gevolg van de toepassing van het eerste of derde lid minder is dan nul, vult hij het tekort aan voor 1 april volgend op het kalenderjaar waarin het tekort is ontstaan, uitsluitend met de inzet van hernieuwbare brandstofeenheden.

§ 9.8.3
Exploitatiereductie-eenheden en hernieuwbare brandstofeenheden

Art. 9.8.3.1

Exploitatiereductie-eenheid

Een exploitatiereductie-eenheid vertegenwoordigt een bijdrage aan de reductieverplichting van één kilogram kooldioxide-equivalent.

Art. 9.8.3.2

Exploitatiereductie-eenheid, nadere regels verkrijging

1. Bij of krachtens algemene maatregel van bestuur worden regels gesteld over de verkrijging van exploitatiereductie-eenheden door de rapportageplichtige.
2. Indien naar het oordeel van het bestuur van de emissieautoriteit niet is voldaan aan de ingevolge het eerste lid gestelde regels, kan het bestuur de verkregen hoeveelheid exploitatiereductie-eenheden tot vijf jaar na het kalenderjaar van verkrijging ambtshalve vaststellen.
3. Indien uit de vaststelling, bedoeld in het tweede lid, volgt dat de rapportageplichtige te veel exploitatiereductie-eenheden heeft ontvangen, schrijft het bestuur van de emissieautoriteit een corresponderende hoeveelheid aan hernieuwbare brandstofeenheden van de rekening van die rapportageplichtige af.
4. Artikel 9.8.2.5, vijfde lid, is van overeenkomstige toepassing.

Art. 9.8.3.3

Exploitatiereductie-eenheden, niet overboeken/sparen

Exploitatiereductie-eenheden mogen niet worden overgeboekt of gespaard.

Art. 9.8.3.4

Broeikasgasemissiereductiebijdrage, jaarlijkse vaststelling

Het bestuur van de emissieautoriteit stelt jaarlijks de broeikasgasemissiereductiebijdrage van de hernieuwbare brandstofeenheid vast voor het behalen van de reductieverplichting. Bij of krachtens algemene regels van bestuur worden regels gesteld met betrekking tot de jaarlijkse vaststelling.

Art. 9.8.3.5

Exploitatiereductie-eenheid, schakelbepaling

De artikelen 9.7.3.3 tot en met 9.7.3.7 zijn van overeenkomstige toepassing op de exploitatiereductie-eenheid.

Art. 9.8.3.6

Afschrijving, nadere regels

Indien het aantal hernieuwbare brandstofeenheden op een rekening minder is dan nul, worden de bijgeschreven hernieuwbare brandstofeenheden per soort volgens bij algemene maatregel van bestuur vast te stellen regels afgeschreven.

§ 9.8.4
Register rapportage- en reductieverplichting vervoersemissies

Art. 9.8.4.1

Register rapportage- en reductieverplichting vervoersemissies

1. Er is een elektronisch register rapportage- en reductieverplichting vervoersemissies.

2. Het register wordt beheerd door de emissieautoriteit.
3. Het register bestaat uit de rekeningen, bedoeld in artikel 9.8.4.3.

Wet milieubeheer   **A65** art. 10.1

Art. 9.8.4.2
1. Bij ministeriële regeling worden regels gesteld over de werking, organisatie, beschikbaarheid en beveiliging van het register.

2. Het bestuur van de emissieautoriteit kan voorwaarden voor het gebruik van het register vaststellen.

Register rapportage- en reductieverplichting vervoersemissies, nadere regels

Art. 9.8.4.3
1. Het bestuur van de emissieautoriteit opent op verzoek van de rapportageplichtige op diens naam een rekening met reductieverplichtingfaciliteit en met overboekfaciliteit.

2. Het bestuur van de emissieautoriteit opent op naam van een onderneming niet meer dan één rekening.

3. Bij ministeriële regeling worden regels gesteld over het openen, bijhouden en beheer van de rekeningen.

Rekening met reductieverplichtingfaciliteit, openen op verzoek

Art. 9.8.4.4
1. Het bestuur van de emissieautoriteit kan bij een vermoeden van fraude of misbruik of indien niet wordt voldaan aan de bij of krachtens deze titel gestelde eisen voor het hebben van een rekening in het register of voor het gebruik van die rekening:
 a. weigeren een rekening te openen;
 b. een rekening of een faciliteit van die rekening blokkeren;
 c. een rekening opheffen.

2. Het bestuur van de emissieautoriteit kan op verzoek van de rekeninghouder een rekening opheffen.

3. Bij of krachtens algemene maatregel van bestuur worden regels gesteld over de toepassing van het eerste lid en kunnen regels worden gesteld over de toepassing van het tweede lid.

4. De hernieuwbare brandstofeenheden en exploitatiereductie-eenheden op een opgeheven rekening vervallen van rechtswege.

Rekening met reductieverplichtingfaciliteit, blokkeren/opheffen

Art. 9.8.4.5
1. Bij ministeriële regeling kan worden bepaald dat voor het openen en bijhouden van een rekening, bedoeld in artikel 9.8.4.3, eerste lid, een vergoeding verschuldigd is overeenkomstig de bij die regeling te stellen regels.

2. Bij de regeling, bedoeld in het eerste lid:
 a. wordt de hoogte van de vergoeding vastgesteld, welke niet hoger is dan noodzakelijk is ter dekking van de ten laste van de emissieautoriteit komende kosten van het verrichten van werkzaamheden waarvoor de vergoeding is verschuldigd, en
 b. worden regels gesteld omtrent de wijze waarop de vergoeding wordt betaald.

Rekening met reductieverplichtingfaciliteit, vergoeding voor openens

Art. 9.8.4.6
1. Nadat het bestuur van de emissieautoriteit toepassing heeft gegeven aan artikel 9.8.2.5, eerste lid, onderdeel b, wordt een gedeelte van het aantal per soort hernieuwbare brandstofeenheden op 1 april van enig kalenderjaar op de rekening van een rapportageplichtige gespaard ten behoeve van het direct daaropvolgende kalenderjaar, met inachtneming van artikel 9.7.5.6, eerste tot en met derde lid.

2. Bij of krachtens algemene maatregel van bestuur worden regels gesteld omtrent het gedeelte, bedoeld in het eerste lid.

3. De hernieuwbare brandstofeenheden die niet worden gespaard, vervallen van rechtswege.

Sparen HBE's rapportageplichtige

§ 9.8.5
Overgangsbepalingen

Art. 9.8.5.1
Het bepaalde bij of krachtens de artikelen 2.9, 2.9a en 5.1 van het Besluit brandstoffen luchtverontreiniging blijft van toepassing voor het onmiddellijk aan de datum van inwerkingtreding van deze titel voorafgaande kalenderjaar.

Besluit brandstoffen luchtverontreiniging, overgangsbepaling

Hoofdstuk 10
Afvalstoffen

Titel 10.1
Algemeen

Art. 10.1
1. Een ieder die handelingen met betrekking tot afvalstoffen verricht of nalaat en die weet of redelijkerwijs had kunnen weten dat daardoor nadelige gevolgen voor het milieu ontstaan of kunnen ontstaan, is verplicht alle maatregelen te nemen of na te laten die redelijkerwijs van

Zorgplicht afvalstoffen

Sdu   1235

hem kunnen worden gevergd, teneinde die gevolgen zoveel mogelijk te voorkomen of te beperken.
2. Het is een ieder bij wie afvalstoffen ontstaan, verboden handelingen met betrekking tot die afvalstoffen te verrichten of na te laten, waarvan hij weet of redelijkerwijs had kunnen weten dat daardoor nadelige gevolgen voor het milieu ontstaan of kunnen ontstaan.
3. Het is een ieder verboden bedrijfsmatig of in een omvang of op een wijze alsof deze bedrijfsmatig was, handelingen met betrekking tot afvalstoffen te verrichten, indien daardoor, naar hij weet of redelijkerwijs had kunnen weten, nadelige gevolgen voor het milieu ontstaan of kunnen ontstaan.
4. Onder handelingen als bedoeld in het derde lid wordt in ieder geval verstaan: inzamelen of anderszins in ontvangst nemen, bewaren, nuttig toepassen, verwijderen, vervoeren of verhandelen van afvalstoffen of bemiddelen bij het beheer van afvalstoffen.
5. De verboden, bedoeld in het tweede en derde lid, gelden niet voor zover deze handelingen betreffen, die degene die deze verricht, uitdrukkelijk zijn toegestaan bij of krachtens deze wet of een in artikel 13.1, tweede lid, genoemde wet of de EG-verordening overbrenging van afvalstoffen.

Art. 10.1a

Werkingssfeer hoofdstuk 10

1. Dit hoofdstuk is, met uitzondering van de artikelen 10.1, 10.2 en 10.54 en titel 10.2, niet van toepassing op de volgende stoffen, preparaten en voorwerpen:
  a. gasvormige effluenten die in de atmosfeer worden uitgestoten, alsmede kooldioxide dat wordt afgevangen en getransporteerd met het oog op geologische opslag en dat geologisch is opgeslagen overeenkomstig het bepaalde in richtlijn nr. 2009/31/EG van het Europees Parlement en de Raad van de Europese Unie van 23 april 2009 betreffende de geologische opslag van kooldioxide en tot wijziging van Richtlijn 85/337/EEG van de Raad, de Richtlijnen 2000/60/EG, 2001/80/EG, 2004/35/EG, 2006/12/EG en 2008/1/EG en Verordening (EG) nr. 1013/2006 van het Europees Parlement en de Raad (PbEU L 140), dan wel op grond van artikel 2, tweede lid, van die richtlijn buiten de werkingssfeer van die richtlijn valt;
  b. bodem met inbegrip van niet-uitgegraven verontreinigde grond en duurzaam met de bodem verbonden gebouwen;
  c. niet-verontreinigde grond en ander van nature voorkomend materiaal, afgegraven bij bouwactiviteiten, indien vaststaat dat het materiaal in natuurlijke staat zal worden gebruikt voor bouwdoeleinden op de locatie waar het werd afgegraven;
  d. radioactieve afvalstoffen;
  e. afgedankte explosieven;
  f. uitwerpselen, voor zover niet vallend onder onderdeel h, onder 1°, stro en ander natuurlijk, niet-gevaarlijk landbouw- of bosbouwmateriaal dat wordt gebruikt in de landbouw, de bosbouw of voor de productie van energie uit die biomassa door middel van processen of methoden die onschadelijk zijn voor het milieu en die de menselijke gezondheid niet in gevaar brengen;
  g. sediment dat binnen oppervlaktewater wordt verplaatst met het oog op het beheer van water en waterwegen of om overstromingen te voorkomen of de gevolgen van overstromingen en droogte te verminderen, of met het oog op landwinning, indien is aangetoond dat het sediment ongevaarlijk is;
  h. voor zover daarover bij of krachtens communautaire regelgeving regels zijn gesteld:
  1°. dierlijke bijproducten, met inbegrip van verwerkte producten, in de zin van verordening (EG) nr. 1069/2009 van het Europees Parlement en de Raad van 21 oktober 2009 tot vaststelling van gezondheidsvoorschriften inzake niet voor menselijke consumptie bestemde dierlijke bijproducten en afgeleide producten en tot intrekking van Verordening (EG) nr. 1774/2002 (verordening dierlijke bijproducten)(PbEU 2009, L 300), behalve die welke bestemd zijn om te worden verbrand of gestort of voor gebruik in een biogas- of composteerinstallatie;
  2°. kadavers van niet door slachting gestorven dieren, met inbegrip van dieren die worden gedood om een epizoötie uit te roeien en overeenkomstig de onder 1° genoemde verordening nr. 1069/2009 worden verwijderd;
  3°. stoffen die bestemd zijn voor gebruik als voedermiddelen als omschreven in artikel 3, tweede lid, onderdeel g, van Verordening (EG) nr. 767/2009 van het Europees Parlement en de Raad van 13 juli 2009 betreffende het in de handel brengen en het gebruik van diervoeders, tot wijziging van Verordening (EG) nr. 1831/2003 van het Europees Parlement en de Raad en tot intrekking van Richtlijn 79/373/EEG van de Raad, Richtlijn 80/511/EEG van de Commissie, Richtlijnen 82/471/EEG, 83/228/EEG, 93/74/EEG, 93/113/EG en 96/25/EG van de Raad en Beschikking 2004/217/EG van de Commissie (PbEU L 229) en die geen dierlijke bijproducten bevatten of daaruit bestaan.
2. Op de in het eerste lid bedoelde stoffen, preparaten en voorwerpen is, voor zover het afvalstoffen betreft, het bepaalde bij of krachtens de artikelen 15.33, 15.35 en 15.36, alsmede de artikelen 2.4, 2.22, derde lid, en 2.23, tweede lid, van de Wet algemene bepalingen omgevingsrecht, evenmin van toepassing.

Wet milieubeheer

A65 art. 10.7

Art. 10.1b
[Vervallen]

Art. 10.2
1. Het is verboden zich van afvalstoffen te ontdoen door deze - al dan niet in verpakking - buiten een inrichting te storten, anderszins op of in de bodem te brengen of te verbranden. — *Ontdoen buiten inrichting*
2. Bij of krachtens algemene maatregel van bestuur kan, indien het belang van de bescherming van het milieu zich daartegen niet verzet, voor daarbij aangegeven categorieën van gevallen vrijstelling worden verleend van het verbod, bedoeld in het eerste lid. — *Vrijstelling bij AMvB*
3. Indien toepassing is gegeven aan het tweede lid, kunnen bij of krachtens algemene maatregel van bestuur in het belang van de bescherming van het milieu regels worden gesteld met betrekking tot het zich ontdoen van afvalstoffen als bedoeld in het eerste lid.

Titel 10.2
Het afvalbeheerplan

Art. 10.3
Onze Minister stelt ten minste eenmaal in de zes jaar een afvalbeheerplan vast. — *Zesjaarlijkse vaststelling afvalbeheerplan*

Art. 10.4
1. Bij de vaststelling van het afvalbeheerplan en bij het nemen van andere maatregelen voor de preventie en het beheer van afvalstoffen hanteert Onze Minister als prioriteitsvolgorde de volgende afvalhiërarchie: — *Afvalhiërarchie*
a. preventie;
b. voorbereiding voor hergebruik;
c. recycling;
d. andere nuttige toepassing, waaronder energieterugwinning;
e. veilige verwijdering.
2. Het eerste lid is van overeenkomstige toepassing met betrekking tot het nemen van maatregelen als bedoeld in dat lid door gedeputeerde staten en burgemeester en wethouders.

Art. 10.5
Bij de vaststelling van het afvalbeheerplan en bij het nemen van andere maatregelen voor de preventie en het beheer van afvalstoffen: — *Afwijken afvalhiërarchie/doelmatig beheer*
a. kan zonodig voor bepaalde specifieke afvalstromen van de afvalhiërarchie, bedoeld in artikel 10.4, worden afgeweken, indien dit, de gehele levenscyclus in beschouwing nemende, met betrekking tot de algemene effecten van het produceren en beheren van dergelijke afvalstoffen gerechtvaardigd is;
b. houdt Onze Minister er rekening mee dat het belang van een doelmatig beheer van afvalstoffen vereist dat het beheer op effectieve en efficiënte wijze geschiedt en effectief toezicht dan wel douanecontrole op het beheer mogelijk is.

Art. 10.5a
[Vervallen]

Art. 10.6
Bij de vaststelling van het afvalbeheerplan houdt Onze Minister rekening met het geldende nationale milieubeleidsplan. — *Afvalbeheerplan en nationaal milieubeleidsplan*

Art. 10.7
1. Het afvalbeheerplan bevat de onderwerpen die ingevolge voor Nederland bindende besluiten van de instellingen van de Europese Unie moeten worden opgenomen in een zodanig plan. Het afvalbeheerplan voldoet aan het bij of krachtens de kaderrichtlijn afvalstoffen daaromtrent bepaalde, met inbegrip van hetgeen bij of krachtens die richtlijn is bepaald met betrekking tot afvalpreventieprogramma's. — *Inhoud afvalbeheerplan*
2. Het afvalbeheerplan bevat mede de afvalpreventieprogramma's als bedoeld in artikel 29 van de kaderrichtlijn afvalstoffen, met inbegrip van de doelstellingen en maatregelen, gericht op het loskoppelen van economische groei van de milieueffecten die samenhangen met de productie van afvalstoffen. Voor de bewaking en evaluatie van de in de afvalpreventieprogramma's vastgestelde doelstellingen en de daarin opgenomen afvalpreventiemaatregelen kan Onze Minister indicatoren vaststellen.
3. Het afvalbeheerplan bevat voorts in ieder geval:
a. de hoofdlijnen van het beleid ter uitvoering van deze wet met betrekking tot het voorkomen of beperken van het ontstaan van afvalstoffen en het beheer van afvalstoffen in de betrokken periode van zes jaar en, voor zover mogelijk, in de daarop volgende zes jaar;
b. een uitwerking van deze hoofdlijnen met betrekking tot daarbij aangewezen categorieën van afvalstoffen of wijzen van beheer van afvalstoffen;
c. de capaciteit die benodigd is voor de daarbij aangewezen wijzen van beheer van afvalstoffen in de betrokken periode van zes jaar en, voor zover mogelijk, in de daaropvolgende zes jaar;

A65 art. 10.8 — Wet milieubeheer

d. een beschrijving van het beleid ter uitvoering van de EG-verordening overbrenging van afvalstoffen in de betrokken periode van zes jaar.

Art. 10.8

Overleg provincies en gemeenten

1. Onze Minister stelt het onderdeel van het afvalbeheerplan, bedoeld in artikel 10.7, tweede lid, onder a, op na overleg met een instantie die representatief kan worden geacht voor de provinciebesturen en met een instantie die representatief kan worden geacht voor de gemeentebesturen.
2. Onze Minister stelt de onderdelen van het afvalbeheerplan, bedoeld in artikel 10.7, derde lid, onder b en c, op in gezamenlijk overleg met een instantie die representatief kan worden geacht voor de provinciebesturen en met een instantie die representatief kan worden geacht voor de gemeentebesturen.

Overleg andere instellingen, organisaties

3. Onze Minister betrekt voorts bij de voorbereiding van het afvalbeheerplan de naar zijn oordeel bij de te behandelen onderwerpen meest belanghebbende andere bestuursorganen, instellingen en organisaties.
4. Onze Minister kan nadere regels stellen met betrekking tot de wijze waarop uitvoering wordt gegeven aan het bepaalde in het eerste tot en met derde lid.

Art. 10.9

Schakelbepaling

1. Met betrekking tot de voorbereiding van het afvalbeheerplan is afdeling 3.4 van de Algemene wet bestuursrecht van toepassing.
2. Het ontwerp van het afvalbeheerplan wordt, gelijktijdig met de terinzagelegging ervan, overgelegd aan de beide kamers der Staten-Generaal.

Art. 10.10

Inlichtingenverstrekking bestuursorganen

Ten behoeve van het opstellen van het afvalbeheerplan verschaffen de bestuursorganen aan Onze Minister op zijn verzoek alle inlichtingen en gegevens waarover zij kunnen beschikken, voor zover die voor dat opstellen redelijkerwijs noodzakelijk zijn.

Art. 10.11

Bekendmaking en publicatie

1. Zodra het afvalbeheerplan is vastgesteld, doet Onze Minister hiervan mededeling door overlegging van het afvalbeheerplan aan de beide kamers der Staten-Generaal en door toezending ervan aan gedeputeerde staten van de provincies en burgemeester en wethouders van de gemeenten.
2. Onze Minister zendt het afvalbeheerplan tevens toe aan de bestuursorganen, instellingen en organisaties, die overeenkomstig artikel 10.8, derde lid, waren betrokken bij de voorbereiding ervan.

Art. 10.12

Inwerkingtreding

1. Het afvalbeheerplan geldt met ingang van de dag waarop vier weken zijn verstreken na de dag waarop de vaststelling van het afvalbeheerplan is bekendgemaakt in de Staatscourant. Onze Minister kan bepalen dat het afvalbeheerplan, of onderdelen daarvan, eerst op een later tijdstip gaan gelden.

Geldingsduur

2. Het afvalbeheerplan geldt, behoudens indien eerder een nieuw afvalbeheerplan is vastgesteld, voor een tijdvak van zes jaar. Onze Minister kan de geldingsduur van het afvalbeheerplan eenmaal met ten hoogste twee jaar verlengen.

Art. 10.12a-10.12b

[Vervallen]

Art. 10.13

Wijziging

1. Het afvalbeheerplan kan worden gewijzigd.
2. Met betrekking tot een wijziging van het afvalbeheerplan zijn de artikelen 10.4 tot en met 10.11 en 10.12, eerste lid, van overeenkomstige toepassing.

Art. 10.14

Bindend voor bestuursorganen

1. Ieder bestuursorgaan houdt rekening met het geldende afvalbeheerplan bij het uitoefenen van een bevoegdheid krachtens deze wet, voor zover de bevoegdheid wordt uitgeoefend met betrekking tot afvalstoffen.
2. Voor zover het afvalbeheerplan niet voorziet in het onderwerp met betrekking waartoe de bevoegdheid wordt uitgeoefend, houdt het bestuursorgaan rekening met de voorkeursvolgorde, aangegeven in artikel 10.4, en de criteria, genoemd in artikel 10.5, eerste lid.
3. Het eerste lid is van overeenkomstige toepassing bij het uitoefenen van een bevoegdheid krachtens de EG-verordening overbrenging van afvalstoffen.

Titel 10.3
Hergebruik, preventie en recycling en andere nuttige toepassing

Art. 10.15-10.20

[Vervallen]

Wet milieubeheer   A65 art. 10.26

Titel 10.4
Het beheer van huishoudelijke en andere afvalstoffen

Art. 10.21
1. De gemeenteraad en burgemeester en wethouders dragen, al dan niet in samenwerking met de gemeenteraad en burgemeester en wethouders van andere gemeenten, ervoor zorg dat ten minste eenmaal per week de huishoudelijke afvalstoffen met uitzondering van grove huishoudelijke afvalstoffen worden ingezameld bij elk binnen haar grondgebied gelegen perceel waar zodanige afvalstoffen geregeld kunnen ontstaan. *Inzameling huishoudelijk afval*
2. In aanvulling op het eerste lid kunnen, in het belang van een doelmatig beheer van afvalstoffen, bij algemene maatregel van bestuur regels worden gesteld over het zorgdragen door de gemeenteraad en burgemeesters en wethouders voor de inzameling van afval waarbij in te wijzen afvalstoffen die in aard en samenstelling vergelijkbaar zijn met huishoudelijke afvalstoffen en afkomstig zijn van daarbij aan te wijzen bronnen. *Inzameling gft-afval*
3. Indien toepassing is gegeven aan het tweede lid, worden die afvalstoffen aangemerkt als huishoudelijke afvalstoffen.
4. De gemeenteraad kan besluiten tot het afzonderlijk inzamelen van andere bestanddelen van huishoudelijke afvalstoffen.

Art. 10.22
1. Elke gemeente draagt er zorg voor: *Inzameling grof huisafval*
a. dat grove huishoudelijke afvalstoffen worden ingezameld bij elk binnen haar grondgebied gelegen perceel waar zodanige afvalstoffen ontstaan, en
b. dat er op ten minste één daartoe ter beschikking gestelde plaats binnen de gemeente of binnen de gemeenten waarmee wordt samengewerkt, in voldoende mate gelegenheid wordt geboden om grove huishoudelijke afvalstoffen achter te laten.
2. In het belang van een doelmatig beheer van grove huishoudelijke afvalstoffen kan bij algemene maatregel van bestuur worden bepaald dat het eerste lid geheel of gedeeltelijk buiten toepassing blijft met betrekking tot bij de maatregel aangewezen categorieën van grove huishoudelijke afvalstoffen, al dan niet voor zover deze vrijkomen in een hoeveelheid of een omvang die, of een gewicht dat groter is dan bij de maatregel is aangegeven.

Art. 10.22a
[Vervallen]

Art. 10.23
1. De gemeenteraad stelt in het belang van de bescherming van het milieu een afvalstoffenverordening vast. *Gemeentelijke afvalstoffenverordening*
2. Onverminderd artikel 10.14 wordt bij het vaststellen of wijzigen van de verordening rekening gehouden met het gemeentelijke milieubeleidsplan, indien in de gemeente een milieubeleidsplan geldt.
3. De afvalstoffenverordening bevat geen regels als bedoeld in artikel 10.48.

Art. 10.24
1. De afvalstoffenverordening bevat ten minste regels omtrent: *Inhoud verordening*
a. het overdragen of het ter inzameling aanbieden van huishoudelijke afvalstoffen aan een bij of krachtens de verordening aangewezen inzameldienst;
b. het overdragen van zodanige afvalstoffen aan een ander;
c. het achterlaten van zodanige afvalstoffen op een daartoe ter beschikking gestelde plaats.
2. Bij de afvalstoffenverordening kunnen voorts regels worden gesteld omtrent het inzamelen van huishoudelijke afvalstoffen. *Regels inzamelen huishoudelijk afval*

Art. 10.25
Bij de afvalstoffenverordening kunnen in ieder geval regels worden gesteld: *Regels zwerfafval*
a. ten einde te voorkomen dat afvalstoffen als zwerfafval in het milieu terechtkomen dan wel teneinde te bereiken dat zulks zo min mogelijk gebeurt;
b. omtrent het opruimen van afvalstoffen die als zwerfafval in het milieu terecht zijn gekomen;
c. omtrent het op een voor het publiek zichtbare plaats aanwezig hebben van afvalstoffen.

Art. 10.26
1. De gemeenteraad kan, in afwijking van artikel 10.21, in het belang van een doelmatig beheer van huishoudelijke afvalstoffen bij de afvalstoffenverordening bepalen dat: *Afwijkende bepalingen*
a. huishoudelijke afvalstoffen worden ingezameld nabij elk perceel; *Inzameling nabij elk perceel*
b. huishoudelijke afvalstoffen worden ingezameld met een daarbij aangegeven regelmaat; *Regelmaat inzameling*
c. in een gedeelte van het grondgebied van de gemeente geen huishoudelijke afvalstoffen worden ingezameld. *Geen inzameling*
2. De gemeenteraad betrekt bij de voorbereiding van een zodanig besluit de ingezetenen en belanghebbenden, op de wijze voorzien in de krachtens artikel 150 van de Gemeentewet vastgestelde verordening.

Art. 10.27

Afgifteplaats huishoudelijk afval

In gevallen als bedoeld in artikel 10.26, eerste lid, onder b en c, dragen de gemeenteraad en burgemeester en wethouders er zorg voor dat op ten minste één daartoe ter beschikking gestelde plaats binnen de gemeente of binnen de gemeenten waarmee wordt samengewerkt, in voldoende mate gelegenheid wordt geboden om huishoudelijke afvalstoffen achter te laten.

Art. 10.28

AMvB bestanddelen huishoudelijk afval

1. Bij algemene maatregel van bestuur kunnen regels worden gesteld met betrekking tot het opnemen in de verordening van een verplichting bestanddelen van huishoudelijke afvalstoffen te brengen naar een daartoe beschikbaar gestelde plaats.
2. Bij de maatregel kan worden aangegeven op welke wijze de gemeenteraad en burgemeester en wethouders er zorg voor dragen dat plaatsen als bedoeld in het eerste lid, binnen de gemeente in voldoende mate beschikbaar zijn.
3. Bij de maatregel kan worden bepaald dat de artikelen 10.21, eerste lid, en 10.24, eerste lid, onder a, niet van toepassing zijn met betrekking tot de inzameling van de bestanddelen van huishoudelijke afvalstoffen, die zijn aangewezen krachtens het eerste lid.

Art. 10.29

AMvB inzameling huishoudelijk afval bovengemeentelijk belang

1. Bij algemene maatregel van bestuur kunnen, voor zover het betreft gevallen waarin een doelmatig beheer van huishoudelijke afvalstoffen van meer dan gemeentelijk belang is, regels worden gesteld omtrent de inzameling van die afvalstoffen.
2. Hiertoe kunnen in ieder geval behoren regels die inhouden dat burgemeester en wethouders maatregelen treffen voor de inzameling van de afvalstoffen of daartoe voorzieningen tot stand brengen en in stand houden. Indien zulks noodzakelijk is om de nuttige toepassing van afvalstoffen te faciliteren of te verbeteren wordt bij algemene maatregel van bestuur de verplichting opgenomen om daarbij aangegeven huishoudelijke afvalstoffen gescheiden en niet gemengd met afvalstoffen of materialen die niet dezelfde eigenschappen bezitten, in te zamelen, waarbij tevens kan worden bepaald onder welke voorwaarden afwijking van die verplichting mogelijk is.

Titel 10.5
Het zich ontdoen, de inzameling en het transport van afvalwater

Art. 10.29a

Prioriteiten

Een bestuursorgaan houdt er bij het uitoefenen van een bevoegdheid krachtens deze wet, voor zover die bevoegdheid wordt uitgeoefend met betrekking tot afvalwater, rekening mee dat het belang van de bescherming van het milieu vereist dat in de navolgende voorkeursvolgorde:
a. het ontstaan van afvalwater wordt voorkomen of beperkt;
b. verontreiniging van afvalwater wordt voorkomen of beperkt;
c. afvalwaterstromen gescheiden worden gehouden, tenzij het niet gescheiden houden geen nadelige gevolgen heeft voor een doelmatig beheer van afvalwater;
d. huishoudelijk afvalwater en, voor zover doelmatig en kostenefficiënt, afvalwater dat daarmee wat biologische afbreekbaarheid betreft overeenkomt worden ingezameld en naar een inrichting als bedoeld in artikel 3.4 van de Waterwet getransporteerd;
e. ander afvalwater dan bedoeld in onderdeel d zo nodig na retentie of zuivering bij de bron, wordt hergebruikt;
f. ander afvalwater dan bedoeld in onderdeel d lokaal, zo nodig na retentie of zuivering bij de bron, in het milieu wordt gebracht en
g. ander afvalwater dan bedoeld in onderdeel d naar een inrichting als bedoeld in artikel 3.4 van de Waterwet wordt getransporteerd.

Art. 10.30

[Vervallen]

Art. 10.31

Uitzonderingsbepaling

De artikelen 10.21 tot en met 10.29 en titel 10.6 zijn niet van toepassing op het brengen van afvalwater en andere afvalstoffen in een voorziening voor de inzameling en het transport van afvalwater, het inzamelen en transporteren van afvalwater in een zodanige voorziening en het vanuit een zodanige voorziening afgeven van afvalwater aan een persoon die een zuiveringstechnisch werk beheert.

Art. 10.32

Nadere regels

Bij of krachtens algemene maatregel van bestuur kunnen in het belang van de bescherming van het milieu regels worden gesteld met betrekking tot het brengen van afvalwater en andere afvalstoffen in een voorziening voor de inzameling en het transport van afvalwater, anders dan vanuit een inrichting. Daarbij kan worden bepaald dat daarbij gestelde regels slechts gelden in daarbij aangegeven categorieën van gevallen. De artikelen 8.40, tweede lid, 8.40a, 8.41, eerste tot en met derde lid, 8.42 en 8.42b zijn van overeenkomstige toepassing met dien verstande dat voor «inrichting» gelezen wordt: het brengen van afvalwater en andere stoffen in een voorziening voor de inzameling en het transport van afvalwater, anders dan vanuit een inrichting.

Wet milieubeheer A65 art. 10.37

Art. 10.32a
1. De gemeenteraad kan bij verordening bepalen dat: *Gemeentelijke verordening*
a. bij het brengen van afvloeiend hemelwater of van grondwater op of in de bodem of in een voorziening voor de inzameling en het transport van afvalwater, wordt voldaan aan de in die verordening gestelde regels, en
b. het brengen van afvloeiend hemelwater of van grondwater in een voorziening voor de inzameling en het transport van stedelijk afvalwater binnen een in die verordening aangegeven termijn wordt beëindigd.
2. Van de mogelijkheid, bedoeld in het eerste lid, onderdeel b, wordt geen gebruikgemaakt, indien van degene bij wie afvloeiend hemelwater of grondwater vrijkomt redelijkerwijs geen andere wijze van afvoer van dat water kan worden gevergd.

Art. 10.33
1. De gemeenteraad of burgemeester en wethouders dragen zorg voor de inzameling en het transport van stedelijk afvalwater dat vrijkomt bij de binnen het grondgebied van de gemeente gelegen percelen, door middel van een openbaar vuilwaterriool naar een inrichting als bedoeld in artikel 3.4 van de Waterwet.   *Gemeentelijke zorgplicht*
2. In plaats van een openbaar vuilwaterriool en een inrichting als bedoeld in het eerste lid kunnen afzonderlijke systemen of andere passende systemen in beheer bij een gemeente, waterschap of een rechtspersoon die door een gemeente of waterschap met het beheer is belast, worden toegepast, indien met die systemen blijkens het gemeentelijk rioleringsplan eenzelfde graad van bescherming van het milieu wordt bereikt.
3. Op verzoek van burgemeester en wethouders kunnen gedeputeerde staten in het belang van de bescherming van het milieu ontheffing verlenen van de verplichting, bedoeld in het eerste lid, voor:
a. een gedeelte van het grondgebied van een gemeente, dat gelegen is buiten de bebouwde kom, en
b. een bebouwde kom van waaruit stedelijk afvalwater met een vervuilingswaarde van minder dan 2000 inwonerequivalenten wordt geloosd.
4. De ontheffing bedoeld in het derde lid kan, indien de ontwikkelingen in het gebied waarvoor de ontheffing is verleend daartoe aanleiding geven, door gedeputeerde staten worden ingetrokken. Bij de intrekking wordt aangegeven binnen welke termijn in inzameling en transport van stedelijk afvalwater wordt voorzien.

Art. 10.34
Onze Minister stelt regels over het ontwerpen, bouwen, aanpassen en onderhouden van de voorzieningen voor de inzameling en het transport van stedelijk afvalwater ter uitvoering van een voor Nederland verbindend verdrag of een voor Nederland verbindend besluit van een volkenrechtelijke organisatie.   *Ministeriële regeling voorziening inzameling en transport afvalwater*

Art. 10.35
1. Onze Minister stelt iedere twee jaar een rapport op, waarin de stand van zaken wordt beschreven met betrekking tot de inzameling en het transport van stedelijk afvalwater en de afvoer van slib dat geheel of in hoofdzaak afkomstig is van de rioolwaterzuiveringsinrichtingen die door een provincie, een gemeente of een waterschap worden beheerd.   *Rapport Minister VROM*
2. Van de vaststelling van het rapport wordt mededeling gedaan in de *Staatscourant*.
3. Bij of krachtens algemene maatregel van bestuur kunnen regels worden gesteld met betrekking tot de toepassing van het eerste lid. Deze regels kunnen voor burgemeester en wethouders de verplichting inhouden jaarlijks op een daarbij aangegeven wijze gegevens te verstrekken, die voor de opstelling van het rapport nodig zijn.

Titel 10.6
Het beheer van bedrijfsafvalstoffen en gevaarlijke afvalstoffen

§ 10.6.1
De afgifte en ontvangst van bedrijfsafvalstoffen en gevaarlijke afvalstoffen

Art. 10.36
Voor de toepassing van deze titel worden ingezamelde of afgegeven huishoudelijke afvalstoffen gelijkgesteld met bedrijfsafvalstoffen.   *Gelijkstelling ingezameld huishoudelijk afval met bedrijfsafval*

Art. 10.36a-10.36b
[Vervallen]

Art. 10.37
1. Het is verboden zich door afgifte aan een ander van bedrijfsafvalstoffen of gevaarlijke afvalstoffen te ontdoen.   *Verbod afgifte bedrijfsafval en gevaarlijk afval*
2. Het verbod geldt niet indien bedrijfsafvalstoffen of gevaarlijke afvalstoffen worden afgegeven aan een persoon: *Uitzonderingen*

Sdu   1241

A65 art. 10.38

Wet milieubeheer

a. die krachtens artikel 10.45 of 10.48 bevoegd is de betrokken afvalstoffen in te zamelen;
b. die bevoegd is de betrokken afvalstoffen nuttig toe te passen of te verwijderen:
  1°. krachtens hoofdstuk 8 of op grond van een omgevingsvergunning;
  2°. op grond van een krachtens artikel 10.2, tweede lid, verleende vrijstelling of een ontheffing krachtens artikel 10.63, eerste of tweede lid, van het verbod, bedoeld in artikel 10.2, eerste lid;
  3°. krachtens artikel 10.52;
  4°. op grond van een krachtens artikel 10.54, derde lid, verleende vrijstelling of een ontheffing krachtens artikel 10.63, tweede lid, van het verbod, bedoeld in artikel 10.54, eerste lid;
c. die krachtens artikel 10.50 is vrijgesteld van de verplichtingen, gesteld bij of krachtens de artikelen 10.38 tot en met 10.40, 10.45, 10.46 en 10.48;
d. die op grond van een krachtens de Waterwet verleende vergunning bevoegd is de betrokken afvalstoffen te lozen, dan wel aan boord van een vaartuig of luchtvaartuig te nemen met het oogmerk ze te lozen;
e. die krachtens de Waterwet bevoegd is afvalstoffen van de betrokken aard en samenstelling te brengen in oppervlaktewateren;
f. die in een ander land dan Nederland is gevestigd, en die overeenkomstig de EG-verordening overbrenging van afvalstoffen en titel 10.7 die afvalstoffen naar dat land brengt;
g. die krachtens artikel 10.55 bevoegd is de betrokken afvalstoffen te vervoeren of te verhandelen.

Art. 10.38

Registratieplicht ontdoener
1. Degene die zich van bedrijfsafvalstoffen of gevaarlijke afvalstoffen ontdoet door deze af te geven aan een persoon als bedoeld in artikel 10.37, tweede lid, onder a tot en met f, registreert met betrekking tot zodanige afgifte:
  a. de datum van afgifte;
  b. de naam en het adres van degene aan wie de afvalstoffen worden afgegeven;
  c. de gebruikelijke benaming en de hoeveelheid van die afvalstoffen;
  d. de plaats waar en de wijze waarop de afvalstoffen worden afgegeven;
  e. de voorgenomen wijze van beheer van die afvalstoffen;
  f. ingeval de afgifte geschiedt door tussenkomst van een ander die opdracht heeft de afvalstoffen te vervoeren naar degene voor wie deze zijn bestemd: diens naam en adres en de naam en het adres van degene in wiens opdracht het vervoer geschiedt.

Bewaring gegevens
2. De geregistreerde gegevens worden ten minste vijf jaar bewaard en gedurende die periode door de afvalstoffenhouder ter beschikking gehouden van degenen die zijn belast met het toezicht of de douanecontrole op de naleving van de wet en van voorgaande afvalstoffenhouders.

Melding gegevens afgifte
3. Een persoon als bedoeld in artikel 10.37, tweede lid, onder a of b, die zich van bedrijfsafvalstoffen of gevaarlijke afvalstoffen ontdoet door deze af te geven aan een andere zodanige persoon, meldt met betrekking tot een zodanige afgifte de in het eerste lid bedoelde gegevens aan een door Onze Minister aan te wijzen instantie.

Art. 10.39

Verstrekking gegevens ontdoener
1. Degene die zich van bedrijfsafvalstoffen of gevaarlijke afvalstoffen ontdoet door afgifte aan een persoon als bedoeld in artikel 10.37, tweede lid, onder a tot en met e, verstrekt:
  a. aan deze persoon een omschrijving van aard, eigenschappen en samenstelling van die afvalstoffen;
  b. aan degene die de opdracht heeft de afvalstoffen naar die persoon te vervoeren, een begeleidingsbrief.

Inhoud begeleidingsbrief
2. De begeleidingsbrief bevat ten minste de in het eerste lid, onder a, en de in artikel 10.38, eerste lid, bedoelde gegevens.

Art. 10.40

Meldingsplicht ontvanger
1. Een persoon als bedoeld in artikel 10.37, tweede lid, onder a of b, aan wie bedrijfsafvalstoffen of gevaarlijke afvalstoffen worden afgegeven, meldt met betrekking tot een zodanige afgifte, aan een door Onze Minister aan te wijzen instantie:
  a. de datum van afgifte;
  b. de naam en het adres van degene van wie de afvalstoffen afkomstig zijn;
  c. de gebruikelijke benaming en de hoeveelheid van de afvalstoffen;
  d. de plaats waar en de wijze waarop de afvalstoffen worden afgegeven;
  e. de wijze waarop de afvalstoffen nuttig worden toegepast of worden verwijderd;
  f. ingeval de afgifte geschiedt door tussenkomst van een ander die opdracht had de afvalstoffen naar hem te vervoeren: diens naam en adres en de naam en het adres van degene in wiens opdracht het vervoer geschiedt.
2. Het is een persoon als bedoeld in het eerste lid verboden bedrijfsafvalstoffen of gevaarlijke afvalstoffen in ontvangst te nemen zonder dat hem daarbij een omschrijving en een begeleidingsbrief als bedoeld in artikel 10.39, eerste lid, onder a en b, worden verstrekt.
3. Op verzoek van gedeputeerde staten van een provincie of burgemeester en wethouders van een gemeente die terzake bevoegd gezag zijn, worden de gegevens, als bedoeld in het eerste lid, aan gedeputeerde staten of burgemeester en wethouders gezonden.

Wet milieubeheer

A65 art. 10.45

Art. 10.40a
1. De in artikel 10.38 gestelde verplichting de afgifte van afvalstoffen te registreren of te melden, geldt niet voor degene die zich ontdoet van bij algemene maatregel van bestuur aangewezen afvalstoffen afkomstig van schepen.
2. Degene die bij algemene maatregel van bestuur aangewezen afvalstoffen afkomstig van schepen in ontvangst neemt, bevestigt deze ontvangst op een bij algemene maatregel van bestuur aan te geven wijze op een formulier, vastgesteld ingevolge artikel 10.1 van de Waterwet.

Uitzondering op registreren of melden m.b.t. aangewezen afval van schepen

Art. 10.41
1. Bij of krachtens algemene maatregel van bestuur worden nadere regels gesteld met betrekking tot de wijze waarop aan de artikelen 10.38 tot en met 10.40 uitvoering wordt gegeven.
2. Bij of krachtens algemene maatregel van bestuur wordt bepaald of de melding, bedoeld in de artikelen 10.38, derde lid, en 10.40, voorafgaand aan de afgifte, onderscheidenlijk de ontvangst van afvalstoffen plaatsvindt of erna. Daarbij kan een onderscheid worden gemaakt naar categorie van afvalstoffen.

AMvB

Art. 10.42
1. Bij of krachtens algemene maatregel van bestuur kan aan in artikel 10.38, eerste lid, bedoelde personen de verplichting worden opgelegd de in dat artikel bedoelde gegevens te melden aan een door Onze Minister aan te wijzen instantie.
2. De artikelen 10.40, derde lid, en 10.41 zijn van overeenkomstige toepassing.

Uitbreiding meldingsplicht

Art. 10.43
1. Bij of krachtens algemene maatregel van bestuur kunnen met betrekking tot bedrijfsafvalstoffen en gevaarlijke afvalstoffen categorieën van gevallen worden aangewezen waarvoor verplichtingen als bedoeld in de artikelen 10.38 tot en met 10.40 niet gelden.
2. Indien toepassing wordt gegeven aan het eerste lid, wordt bij of krachtens de algemene maatregel van bestuur aan personen als bedoeld in artikel 10.40, eerste lid, de verplichting opgelegd de in de betrokken bepalingen bedoelde gegevens te registreren op een daarbij aan te geven wijze.

AMvB beperking verplichtingen aangewezen categorieën afvalstoffen

Art. 10.43a
[Vervallen]

§ 10.6.2
Het vervoer van bedrijfsafvalstoffen en gevaarlijke afvalstoffen

Art. 10.44
1. Degene die bedrijfsafvalstoffen of gevaarlijke afvalstoffen vervoert, is verplicht zolang hij die afvalstoffen onder zich heeft, een begeleidingsbrief als bedoeld in artikel 10.39 bij die afvalstoffen aanwezig te hebben.
2. Hij geeft, indien een ander de afvalstoffen in ontvangst neemt, de begeleidingsbrief aan die ander af, bij dat in ontvangst nemen.
3. Bij of krachtens algemene maatregel van bestuur worden regels gesteld met betrekking tot de wijze waarop aan de verplichtingen, bedoeld in het eerste en tweede lid, uitvoering wordt gegeven. Tevens kunnen daarbij categorieën van gevallen worden aangewezen waarvoor zodanige verplichtingen niet gelden.

Begeleidingsbrief vervoerder

Art. 10.44a-10.44e
[Door vernummering vervallen]

§ 10.6.3
De inzameling van bedrijfsafvalstoffen en gevaarlijke afvalstoffen

Art. 10.45
1. Het is verboden bedrijfsafvalstoffen of gevaarlijke afvalstoffen in te zamelen:
a. zonder vermelding op een lijst van inzamelaars, of
b. ingeval de afvalstoffen tot de krachtens artikel 10.48 aangewezen categorieën behoren, zonder vergunning van Onze Minister.
2. Bij of krachtens algemene maatregel van bestuur kan, indien het belang van de bescherming van het milieu zich daartegen niet verzet, voor daarbij aangegeven categorieën van gevallen vrijstelling worden verleend van het verbod, bedoeld in het eerste lid.
3. Onze Minister wijst een instantie aan die namens hem zorg draagt voor de vermelding van inzamelaars op de in het eerste lid bedoelde lijst van inzamelaars.
4. Op aanwijzing van Onze Minister wordt de vermelding van een inzamelaar op de lijst beëindigd.
5. Onze Minister stelt regels met betrekking tot de criteria voor vermelding op de lijst en beëindiging daarvan.

Verbod inzameling bedrijfsafval en gevaarlijk afval, tenzij

Vrijstelling verbod bij AMvB

Instantie; lijst inzamelaars

A65 art. 10.46

Wet milieubeheer

Art. 10.46

AMvB inzameling bedrijfsafvalstoffen en gevaarlijke afvalstoffen

1. Bij of krachtens algemene maatregel van bestuur worden in het belang van een doelmatig beheer van bedrijfsafvalstoffen of gevaarlijke afvalstoffen regels gesteld omtrent het inzamelen van die afvalstoffen, al dan niet afkomstig van personen, behorende tot een bij of krachtens die maatregel aangewezen categorie.
2. Tot de regels behoren:
   a. regels omtrent de wijze waarop een inzamelaar zich bij de krachtens artikel 10.45, derde lid, aangewezen instantie meldt en de gegevens die daarbij worden overgelegd;
   b. regels inhoudende de verplichting een wijziging te melden in de gegevens welke bij de melding zijn overgelegd;
   c. regels omtrent het aan een ieder inzage geven van de gegevens, overgelegd bij de melding alsmede van een wijziging als bedoeld onder b;
   d. regels inhoudende de verplichting dat de inzamelaar tijdens het inzamelen daarbij aan te geven bescheiden aanwezig heeft, waaruit blijkt dat hij staat vermeld op de lijst van inzamelaars.
3. Bij de regels kan worden bepaald dat de vermelding op de lijst van inzamelaars slechts geldt voor een daarbij aangegeven termijn.

Art. 10.47

AMvB inzameling bedrijfsafvalstoffen en gevaarlijke afvalstoffen

1. Bij algemene maatregel van bestuur kunnen in het belang van een doelmatig beheer van bedrijfsafvalstoffen of gevaarlijke afvalstoffen regels worden gesteld omtrent de inzameling van die afvalstoffen.
2. Hiertoe kunnen in ieder geval behoren regels die inhouden dat:
   a. burgemeester en wethouders of gedeputeerde staten voor de inzameling van die afvalstoffen maatregelen treffen of daartoe voorzieningen tot stand brengen en in stand houden;
   b. daarbij aangewezen categorieën van bedrijfsafvalstoffen of gevaarlijke afvalstoffen die gescheiden worden afgegeven, afzonderlijk worden ingezameld.
3. Indien zulks noodzakelijk is om de nuttige toepassing van afvalstoffen te faciliteren of te verbeteren wordt bij algemene maatregel van bestuur de verplichting opgenomen om daarbij aangegeven bedrijfsafvalstoffen gescheiden en niet gemengd met afvalstoffen of materialen die niet dezelfde eigenschappen bezitten, in te zamelen, waarbij tevens kan worden bepaald onder welke voorwaarden afwijking van die verplichting mogelijk is.
4. Bij de maatregel wordt aangegeven binnen welke termijn de regels door de daarbij aangewezen bestuursorganen moeten worden uitgevoerd.

Art. 10.48

Inzamelvergunning Minister VROM

1. Bij algemene maatregel van bestuur kan in het belang van een doelmatig beheer van bedrijfsafvalstoffen of gevaarlijke afvalstoffen worden bepaald dat voor het inzamelen van daarbij aangewezen categorieën van zodanige afvalstoffen een vergunning van Onze Minister is vereist.
2. Het voor activiteiten met betrekking tot inrichtingen bij of krachtens de artikelen 2.8, 2.14, 2.20, 2.22, 2.23, 2.25, 2.26, derde en vierde lid, 2.29, 2.30, 2.31, eerste lid, onder a en b, en tweede lid, onder b, 2.33, eerste lid, onder a tot en met d, en tweede lid, onder a, b en d, 3.2, 3.10, 3.12, 3.13, 3.15 en 4.1 van de Wet algemene bepalingen omgevingsrecht bepaalde is van overeenkomstige toepassing met betrekking tot het verlenen, weigeren, wijzigen en intrekken van een vergunning als bedoeld in het eerste lid, met dien verstande dat voor de toepassing van genoemde artikelen het belang van de bescherming van het milieu beperkt wordt tot het belang van een doelmatig beheer van afvalstoffen.
3. Onze Minister kan in het belang van een doelmatig beheer van afvalstoffen de tarieven vaststellen, die ten minste dan wel ten hoogste in rekening worden gebracht bij het in ontvangst nemen van afvalstoffen door de houder van een vergunning als bedoeld in het eerste lid.

Art. 10.49

Voorschriften

1. De aan de vergunning, bedoeld in artikel 10.48, eerste lid, te verbinden voorschriften kunnen in ieder geval inhouden:
   a. dat in daarbij aangewezen categorieën van gevallen afvalstoffen niet mogen worden ingezameld zonder afzonderlijke toestemming van Onze Minister;
   b. de verplichting, daarbij aangewezen afvalstoffen, wanneer zij aan de inzamelaar worden aangeboden, in ontvangst te nemen;
   c. de verplichting, daarbij aangewezen categorieën van afvalstoffen die gescheiden worden afgegeven, afzonderlijk in te zamelen;
   d. de verplichting, daarbij aangewezen afvalstoffen, wanneer zij aan de inzamelaar worden aangeboden, op te halen;
   e. de verplichting afvalstoffen af te geven aan daarbij aangewezen personen.
2. Een vergunning geldt slechts voor degene aan wie zij is verleend. Deze draagt ervoor zorg dat de aan de vergunning verbonden voorschriften worden nageleefd.

§ 10.6.4
Verdere bepalingen omtrent het beheer van bedrijfsafvalstoffen en gevaarlijke afvalstoffen

Art. 10.50
1. Onze Minister kan, indien voor het beheer van de betrokken stoffen, mengsels of voorwerpen een verplichting deze in te nemen als bedoeld in artikel 9.5.2 of een daaraan gelijkwaardige vrijwillige inname bestaat, bij ministeriële regeling categorieën van gevallen aangeven waarin de verplichtingen, gesteld bij of krachtens de artikelen 10.38 tot en met 10.40, 10.45, 10.46 en 10.48 niet gelden. *(Uitzondering op inzamelplicht)*
2. Een ministeriële regeling als bedoeld in het eerste lid omvat de verplichting tot het registreren van daarbij aan te geven gegevens op een daarbij aan te geven wijze.

Art. 10.51
1. Bij algemene maatregel van bestuur kunnen in het belang van een doelmatig beheer van bedrijfsafvalstoffen of gevaarlijke afvalstoffen regels worden gesteld omtrent het zich ontdoen buiten een inrichting van bij de maatregel aangewezen categorieën van bedrijfsafvalstoffen of gevaarlijke afvalstoffen. *(AMvB ontdoen buiten inrichting)*
2. Bij de maatregel kunnen in ieder geval regels worden gesteld, inhoudende de verplichting:
a. die afvalstoffen te scheiden en – mede van andere stoffen en afvalstoffen – gescheiden te houden;
b. ingeval van afgifte aan een ander, die afvalstoffen gescheiden af te geven.

Art. 10.52
1. Bij algemene maatregel van bestuur kunnen in het belang van de bescherming van het milieu regels worden gesteld omtrent het beheer van bij de maatregel aangewezen categorieën van bedrijfsafvalstoffen. *(Regels m.b.t. beheer bedrijfsafvalstoffen bij AMvB)*
2. Bij de maatregel kunnen in ieder geval regels worden gesteld, inhoudende een verbod bij de maatregel aangewezen categorieën van bedrijfsafvalstoffen buiten een inrichting nuttig toe te passen of te verwijderen zonder vergunning van het bestuursorgaan dat daartoe bij de maatregel is aangewezen.
3. Bij de maatregel kan de verplichting worden opgelegd te voldoen aan nadere eisen met betrekking tot daarbij aangegeven onderwerpen. Bij de maatregel wordt het bestuursorgaan aangewezen, dat die eisen kan stellen.

Art. 10.53
Het voor activiteiten met betrekking tot inrichtingen bij of krachtens de artikelen 2.8, 2.14, 2.20, 2.22, 2.23, 2.25, 2.26, derde en vierde lid, 2.29, 2.30, 2.31, eerste lid, onder a en b, en tweede lid, onder b, 2.33, eerste lid, onder a tot en met d, en tweede lid, onder a, b en d, 3.2, 3.10, 3.12, 3.13, 3.15 en 4.1 van de Wet algemene bepalingen omgevingsrecht bepaalde is van overeenkomstige toepassing met betrekking tot het verlenen, weigeren, wijzigen en intrekken van een vergunning als bedoeld in artikel 10.52, tweede lid. *(Schakelbepaling)*

Art. 10.54
1. Het is verboden gevaarlijke afvalstoffen buiten een inrichting nuttig toe te passen of te verwijderen. *(Verbod op nuttige toepassing gevaarlijk afval buiten de inrichting)*
2. Het verbod geldt niet voor handelingen die aan degene die gevaarlijke afvalstoffen inzamelt, uitdrukkelijk zijn toegestaan krachtens artikel 10.47, 10.48 of 10.54a, tweede lid.
3. Artikel 10.2, tweede lid, is van overeenkomstige toepassing. *(Schakelbepaling)*

Art. 10.54a
1. Het is verboden gevaarlijke afvalstoffen te mengen, daaronder mede begrepen verdunnen, met andere bij ministeriële regeling aangewezen categorieën gevaarlijke afvalstoffen of met andere bij ministeriële regeling aangewezen afvalstoffen, stoffen of materialen. *(Verbod mengen gevaarlijke afvalstoffen)*
2. Het verbod, bedoeld in het eerste lid, geldt niet voor zover het mengen van gevaarlijke afvalstoffen is toegestaan krachtens een omgevingsvergunning.
3. Onze Minister bepaalt bij ministeriële regeling in welke gevallen gevaarlijke afvalstoffen die in strijd met het eerste lid zijn gemengd, gescheiden dienen te worden.

Art. 10.55
1. Het is verboden: *(Vermelding lijst vervoerder, handelaar of bemiddelaar)*
a. bedrijfsafvalstoffen of gevaarlijke afvalstoffen voor anderen tegen vergoeding te vervoeren,
b. bedrijfsafvalstoffen of gevaarlijke afvalstoffen te verhandelen,
c. ten behoeve van anderen te bemiddelen bij het beheer van bedrijfsafvalstoffen of gevaarlijke afvalstoffen,
zonder vermelding als respectievelijk vervoerder, handelaar of bemiddelaar op de lijst van vervoerders, handelaars en bemiddelaars.
2. Het verbod, bedoeld in het eerste lid, onder a, geldt niet voor degene die krachtens artikel 10.45 bevoegd is tot het inzamelen van bedrijfsafvalstoffen of gevaarlijke afvalstoffen.

A65 art. 10.56 — Wet milieubeheer

3. Onze Minister wijst een instantie aan die namens hem zorg draagt voor de vermelding van vervoerders, handelaars en bemiddelaars op de lijst, bedoeld in het eerste lid.
4. Onze Minister stelt nadere regels omtrent de vermelding van vervoerders, handelaars en bemiddelaars op de lijst, bedoeld in het eerste lid. Deze regels bevatten in ieder geval criteria voor vermelding op de lijst en voor beëindiging daarvan.
5. Een vervoerder, handelaar of bemiddelaar als bedoeld in het eerste lid registreert met betrekking tot de activiteiten, bedoeld in het eerste lid, de volgende gegevens:
a. de naam en het adres van degene:
1° van wie de afvalstoffen afkomstig zijn,
2° aan wie de afvalstoffen worden afgegeven;
b. de gebruikelijke benaming en de hoeveelheid van de afvalstoffen.
6. Artikel 10.38, tweede lid, is van overeenkomstige toepassing.
7. Onze Minister stelt regels inhoudende de verplichting dat een vervoerder als bedoeld in het eerste lid tijdens het vervoeren daarbij aan te geven bescheiden aanwezig heeft, waaruit blijkt dat hij staat vermeld op de lijst van vervoerders.

Titel 10.7
Het overbrengen van afvalstoffen binnen, naar en uit de Europese Gemeenschap

Ministeriële regeling art. 6 EG-verordening

Art. 10.56
1. Onze Minister stelt regels ter uitvoering van artikel 6 van de EG-verordening overbrenging van afvalstoffen.
2. Ter uitvoering van andere artikelen dan het in het eerste lid genoemde artikel van de EG-verordening overbrenging van afvalstoffen kan Onze Minister regels stellen.

Art. 10.57
Bij algemene maatregel van bestuur kan worden bepaald dat de titels II en VII van de EG-verordening overbrenging van afvalstoffen van overeenkomstige toepassing zijn met betrekking tot de overbrenging van afvalstoffen binnen Nederland.

Art. 10.58
Onze Minister is de bevoegde autoriteit, bedoeld in artikel 53 van de EG-verordening overbrenging van afvalstoffen.

Art. 10.59
Op een kennisgeving als bedoeld in de EG-verordening overbrenging van afvalstoffen is artikel 4:15 van de Algemene wet bestuursrecht niet van toepassing.

Verbod grensoverschrijding afvalstoffen

Art. 10.60
1. Het is verboden afvalstoffen waarop de EG-verordening overbrenging van afvalstoffen van toepassing is, binnen of buiten Nederlands grondgebied te brengen, indien de voorgenomen overbrenging, nuttige toepassing of verwijdering, naar het oordeel van Onze Minister in strijd zou zijn met het belang van de bescherming van het milieu.
2. Het is verboden handelingen te verrichten als bedoeld in artikel 2, onder 35, van de EG-verordening overbrenging van afvalstoffen.
3. Het is verboden te handelen in strijd met artikel 49, eerste lid, van de EG-verordening overbrenging van afvalstoffen.
4. Het is verboden te handelen in strijd met de voorschriften als bedoeld in de artikelen 35, vijfde lid, 37, vierde lid, of 38, zesde lid, van de EG-verordening overbrenging van afvalstoffen.
5. Het is verboden afvalstoffen over te brengen indien gehandeld wordt in strijd met een voorschrift gesteld bij:
a. artikel 13, tweede lid, 15, onder c, 16, onder a, b, c, eerste of tweede volzin, of d, 18, eerste of tweede lid, of 19 van de EG-verordening overbrenging van afvalstoffen;
b. artikel 35, eerste lid, 38, eerste lid, 42, eerste lid, 44, eerste lid, 45 in verbinding met 42, eerste lid, 46, eerste lid, 47 in verbinding met 42, eerste lid, of 48, eerste lid, in verbinding met 47 en 42, eerste lid, van de EG-verordening overbrenging van afvalstoffen, telkens in verbinding met één of meer van de onder a genoemde bepalingen;
c. artikel 55, laatste volzin, van de EG-verordening overbrenging van afvalstoffen.
6. Het is verboden afvalstoffen over te brengen indien gehandeld wordt in strijd met een voorwaarde gesteld krachtens:
a. artikel 10, eerste of tweede lid, of 13, derde lid, van de EG-verordening overbrenging van afvalstoffen;
b. artikel 35, eerste lid, 38, eerste lid, 42, eerste lid, 44, eerste lid, 45 in verbinding met 42, eerste lid, 46, eerste lid, 47 in verbinding met 42, eerste lid, of 48, eerste lid, in verbinding met 47 en 42, eerste lid, van de EG-verordening overbrenging van afvalstoffen, telkens in verbinding met één of meer van de onder a genoemde bepalingen.
7. Het is verboden afvalstoffen over te brengen indien gehandeld wordt in strijd met een voorschrift gesteld bij:

Wet milieubeheer A65 art. 11.1

a. artikel 15, onder d of e, laatste volzin, 16, onder c, laatste volzin, of onder e, of 20 van de EG-verordening overbrenging van afvalstoffen;
b. artikel 35, eerste lid, 38, eerste lid, 42, eerste lid, 44, eerste lid, 45 in verbinding met 42, eerste lid, 46, eerste lid, 47 in verbinding met 42, eerste lid, of 48, eerste lid, in verbinding met 47 en 42, eerste lid, van de EG-verordening overbrenging van afvalstoffen, telkens in verbinding met één of meer van de onder a genoemde bepalingen;
c. artikel 35, derde lid, onder c, 38, derde lid, onder b, 42, derde lid, onder c, 44, derde lid, in verbinding met 42, derde lid, onder c, 45 in verbinding met artikel 42, derde lid, onder c, 47 in verbinding met 42, derde lid, onder c, 48, eerste lid, in verbinding met 47 en 42, derde lid, onder c, of 48, tweede lid, aanhef, in verbinding met 44, derde lid, en 42, derde lid, onder c, van de EG-verordening overbrenging van afvalstoffen.

Titel 10.8
Verdere bepalingen

Art. 10.61
1. Bij algemene maatregel van bestuur kunnen, voor zover dat in het belang van een doelmatig beheer van afvalstoffen noodzakelijk is, regels worden gesteld met betrekking tot het opnemen in de afvalstoffenverordening van regels als bedoeld in de artikelen 10.21, 10.24, 10.25 en 10.26.
2. Bij een maatregel als bedoeld in het eerste lid wordt aangegeven binnen welke termijn en, indien nodig, op welke wijze die regels moeten zijn opgenomen in de verordening.

AMvB regels afvalstoffenverordening

Art. 10.62
[Vervallen]

Art. 10.63
1. Burgemeester en wethouders kunnen, indien het belang van de bescherming van het milieu zich daartegen niet verzet, ontheffing verlenen van het in artikel 10.2, eerste lid, gestelde verbod om zich van afvalstoffen te ontdoen door deze buiten een inrichting te verbranden, voorzover het geen gevaarlijke afvalstoffen betreft. Op de ontheffing, bedoeld in de vorige volzin, is paragraaf 4.1.3.3 van de Algemene wet bestuursrecht van toepassing.
2. Gedeputeerde staten kunnen, indien het belang van de bescherming van het milieu zich daartegen niet verzet, ontheffing verlenen van het in artikel 10.2, eerste lid, gestelde verbod om zich van afvalstoffen te ontdoen door deze buiten een inrichting te storten of anderszins op of in de bodem te brengen, voorzover het geen gevaarlijke afvalstoffen betreft, en, indien het belang van een doelmatig beheer van afvalstoffen zich daartegen niet verzet, ontheffing verlenen van de in de artikelen 10.37 en 10.54 gestelde verboden.
3. Onze Minister kan, indien het belang van een doelmatig beheer van afvalstoffen zich daartegen niet verzet, ontheffing verlenen van het bepaalde in een algemene maatregel van bestuur krachtens de artikelen 10.28, 10.29, 10.47, 10.51 en, indien het belang van de bescherming van het milieu zich daartegen niet verzet, van 10.52, in het bijzonder lid of krachtens een algemene maatregel van bestuur op grond van de artikelen 10.41, eerste en tweede lid, 10.42, eerste lid, 10.43, eerste lid, 10.44, derde lid, en 10.46, eerste lid, alsmede van het bepaalde in de artikelen 10.23, derde lid, en 10.48.

Ontheffing verbod lozing afvalwater buiten inrichting

Art. 10.64
1. Het voor activiteiten met betrekking tot inrichtingen bij of krachtens de artikelen 2.8, 2.14, 2.20, 2.22, 2.23, 2.25, 2.26, derde en vierde lid, 2.29, 2.30, 2.31, eerste lid, onder a en b, en tweede lid, onder b, 2.33, eerste lid, onder a tot en met d, en tweede lid, onder a, b en d, 3.2, 3.10, 3.12, 3.13, 3.15 en 4.1 van de Wet algemene bepalingen omgevingsrecht bepaalde is van overeenkomstige toepassing met betrekking tot het verlenen, weigeren, wijzigen en intrekken van een ontheffing als bedoeld in artikel 10.63, met dien verstande dat – behalve ten aanzien van een ontheffing van de in artikel 10.2, eerste lid, en artikel 10.54, eerste lid, gestelde verboden –, voor die toepassing het belang van de bescherming van het milieu wordt beperkt tot het belang van een doelmatig beheer van de betrokken categorie van afvalstoffen.
2. In afwijking van het eerste lid is afdeling 3.4 van de Algemene wet bestuursrecht niet van toepassing op een ontheffing als bedoeld in artikel 10.63, eerste lid.

Procedure ontheffing

Hoofdstuk 11
Geluid

Titel 11.1
Algemeen

Art. 11.1
1. In dit hoofdstuk en de daarop berustende bepalingen wordt verstaan onder:
beheerder: beheerder van de weg of spoorweg;

Begripsbepalingen

beheersverordening: verordening als bedoeld in artikel 3.38, eerste lid, van de Wet ruimtelijke ordening;
bestemmingsplan: bestemmingsplan als bedoeld in artikel 3.1 van de Wet ruimtelijke ordening;
binnenwaarde: binnenwaarde als bedoeld in artikel 11.2;
brongegevens: bij ministeriële regeling als zodanig aangewezen gegevens, benodigd voor de vaststelling van de geluidproductie en de geluidsbelasting vanwege een weg of spoorweg;
geluidbeperkende maatregel: bij ministeriële regeling aangewezen maatregel die de geluidproductie vanwege een weg of spoorweg beperkt, met uitzondering van een maatregel inzake het gebruik van de weg of spoorweg;
geluidplafondkaart: kaart met daarop aangegeven de wegen en spoorwegen, alsmede de geprojecteerde wegen en spoorwegen, waarop titel 11.3 en de daarop berustende bepalingen van toepassing zijn;
geluidplan: plan als bedoeld in artikel 6, vijfde lid, van de Spoedwet wegverbreding;
geluidproductie: geluidwaarde vanwege een weg of spoorweg in L_{den};
geluidproductieplafond: toegestane geluidproductie;
geluidsbelasting: geluidsbelasting in L_{den};
geluidsbelasting L_{night}: geluidsbelasting van een plaats en vanwege een bron over alle perioden van 23.00–07.00 uur van een jaar als omschreven in bijlage I, onderdeel 2, van richtlijn nr. 2002/49/EG van het Europees Parlement en de Raad van de Europese Unie van 25 juni 2002 inzake de evaluatie en de beheersing van omgevingslawaai (PbEG L 189);
geluidsgevoelig object: bij algemene maatregel van bestuur als zodanig aangewezen gebouw of terrein dat vanwege de bestemming daarvan bijzondere bescherming tegen geluid behoeft, waarbij wat betreft de bestemming wordt uitgegaan van het gebruik dat is toegestaan op grond van het bestemmingsplan, bedoeld in artikel 3.1 van de Wet ruimtelijke ordening, een inpassingsplan als bedoeld in artikel 3.26 of 3.28 van die wet daaronder mede begrepen, de beheersverordening, bedoeld in artikel 3.38 van die wet, of, indien met toepassing van artikel 2.12, eerste lid, van de Wet algemene bepalingen omgevingsrecht van het bestemmingsplan of de beheersverordening is afgeweken, de omgevingsvergunning, bedoeld in artikel 1.1, eerste lid, van laatstgenoemde wet;
geluidsgevoelige ruimte: bij algemene maatregel van bestuur als zodanig aangewezen ruimte van een geluidsgevoelig object;
geluidwerende maatregel: maatregel aan een geluidsgevoelig object die de geluidsbelasting binnen de geluidsgevoelige ruimten van dat object beperkt;
geprojecteerde weg of spoorweg: nog niet aangelegde weg of spoorweg, in de aanleg waarvan wordt voorzien door een geldend bestemmingsplan, tracébesluit, of wegaanpassingsbesluit als bedoeld in de Spoedwet wegverbreding, dan wel door een omgevingsvergunning waarbij met toepassing van artikel 2.12, eerste lid, onder a, onder 3°, van de Wet algemene bepalingen omgevingsrecht van het bestemmingsplan wordt afgeweken;
hoofdspoorweg: krachtens artikel 2 van de Spoorwegwet aangewezen hoofdspoorweg;
L_{den}: maat ter bepaling van de geluidsbelasting van een andere geluidwaarde op een plaats en vanwege een bron over alle perioden van 07.00–19.00 uur, van 19.00–23.00 uur en van 23.00–07.00 uur van een jaar als omschreven in bijlage I, onderdeel 1, van richtlijn nr. 2002/49/EG van het Europees Parlement en de Raad van de Europese Unie van 25 juni 2002 inzake de evaluatie en de beheersing van omgevingslawaai (PbEG L 189);
maximale waarde: ten hoogste toelaatbare waarde van de geluidsbelasting als bedoeld in artikel 11.2;
saneringsmaatregel: geluidbeperkende maatregel dan wel een andere als zodanig aangewezen maatregel;
saneringsobject: object als bedoeld in artikel 11.57;
spoorweg: spoorweg als bedoeld in artikel 1 van de Spoorwegwet;
tracébesluit: tracébesluit als bedoeld in de Tracéwet;
verzameling van inrichtingen:
a. inrichtingen op een industrieterrein als bedoeld in artikel 1 van de Wet geluidhinder;
b. bij algemene maatregel van bestuur aangewezen inrichtingen, die zijn gelegen binnen een daarbij aangegeven gebied;
voorkeurswaarde: voorkeurswaarde van de geluidsbelasting, als bedoeld in artikel 11.2;
weg: voor het openbaar rij- of ander verkeer openstaande weg, met inbegrip van de daarin liggende bruggen of viaducten;
woonwagenstandplaats: standplaats als bedoeld in artikel 1, onder j, van de Wet op de huurtoeslag;
2. Voor de toepassing van het bij of krachtens dit hoofdstuk bepaalde wordt mede verstaan onder:
a. bestemmingsplan: inpassingsplan als bedoeld in artikel 3.26 of artikel 3.28 van de Wet ruimtelijke ordening;

Wet milieubeheer   A65 art. 11.6

b. geluidsgevoelig object: nog niet aanwezig geluidsgevoelig object waarvoor een geldend bestemmingsplan verlening van een omgevingsvergunning voor een bouwactiviteit als bedoeld in artikel 2.1, eerste lid, onder a, van de Wet algemene bepalingen omgevingsrecht toelaat, ongeacht of deze vergunning reeds is afgegeven, dan wel waarvoor een zodanige omgevingsvergunning met afwijking van het bestemmingsplan is afgegeven;
c. weg, spoorweg of hoofdspoorweg: deel van een weg, spoorweg of hoofdspoorweg.

Art. 11.2
1. Voor de toepassing van dit hoofdstuk en de daarop berustende bepalingen gelden de in de onderstaande tabel aangegeven voorkeurswaarden, maximale waarden en binnenwaarden, in dB.   *Werkingssfeer*

Tabel voorkeurswaarden, maximale waarden en binnenwaarden

	voorkeurswaarde	maximale waarde	binnenwaarde A	binnenwaarde B
wegen	50	65	36	41
spoorwegen	55	70	36	41

2. De voorkeurswaarden en de maximale waarden hebben betrekking op de geluidsbelasting van geluidsgevoelige objecten.
3. Binnenwaarde A is van toepassing op geluidsgevoelige ruimten van:
a. geluidsgevoelige objecten, voor zover deze zijn gelegen langs:
1°. wegen die in gebruik zijn genomen op of na 1 januari 1982;
2°. spoorwegen die in gebruik zijn genomen op of na 1 juli 1987;
b. geluidsgevoelige objecten langs overige wegen of spoorwegen, indien voor de bouw van die objecten een bouwvergunning of omgevingsvergunning is afgegeven na 1 januari 1982.
4. Binnenwaarde B is van toepassing op geluidsgevoelige ruimten van andere geluidsgevoelige objecten dan bedoeld in het derde lid.

Art. 11.3
1. Bij of krachtens algemene maatregel van bestuur worden eisen gesteld met betrekking tot de akoestische kwaliteit van wegen in beheer bij het Rijk en hoofdspoorwegen.
2. De beheerder draagt er zorg voor dat een weg of spoorweg die wordt aangelegd of vervangen, ten minste voldoet aan deze eisen, tenzij overwegende bezwaren van technische aard zich hiertegen verzetten.
3. Onze Minister evalueert de eisen in 2017 en vervolgens ten minste eenmaal in de vijf jaar.

Titel 11.2
Geluidsbelastingkaarten en actieplannen

§ 11.2.1
Algemeen

Art. 11.4
1. Gedeputeerde staten melden vóór 1 april 2015 en vervolgens elke vijf jaar vóór 1 april aan Onze Minister: *Termijnstelling m.b.t. passeren motorvoertuigen en treinen*
a. op welke delen van provinciale wegen naar verwachting in het daaropvolgende kalenderjaar meer dan drie miljoen maal een motorvoertuig zal passeren;
b. op welke delen van andere spoorwegen dan hoofdspoorwegen naar verwachting in het daaropvolgende kalenderjaar meer dan 30 000 maal een trein zal passeren.
2. Onze Minister deelt vóór 30 juni 2015 en vervolgens elke vijf jaar vóór 30 juni in de Staatscourant mee welke delen van wegen en spoorwegen overeenkomstig het eerste lid zijn gemeld.

Art. 11.5
Onze Minister wijst vóór 30 juni 2015 en vervolgens elke vijf jaar vóór 30 juni als agglomeratie aan verstedelijkte gebieden met ten minste 100 000 inwoners.   *Aanwijzing agglomeratie verstedelijkte gebieden*

§ 11.2.2
Geluidsbelastingkaarten

Art. 11.6
1. Onze Minister stelt geluidsbelastingkaarten vast voor wegen in beheer bij het Rijk en hoofdspoorwegen.   *Vaststelling geluidsbelastingkaart weg/spoorweg*

2. Gedeputeerde staten stellen geluidsbelastingkaarten vast voor de krachtens artikel 11.4, tweede lid, gepubliceerde delen van wegen en spoorwegen.
3. De geluidsbelastingkaarten hebben betrekking op:
   a. de geluidsbelasting en de geluidsbelasting L_{night} van geluidsgevoelige objecten vanwege de betrokken wegen en spoorwegen;
   b. de bij algemene maatregel van bestuur of overeenkomstig de maatregel als stille gebieden aangewezen categorieën van gebieden die zijn gelegen in de omgeving van wegen en spoorwegen als bedoeld onder a.
4. Burgemeester en wethouders van gemeenten die behoren tot krachtens artikel 11.5 aangewezen agglomeraties, stellen geluidsbelastingkaarten vast die betrekking hebben op de geluidsbelasting en de geluidsbelasting L_{night} vanwege:
   a. wegen, daaronder begrepen spoorwegen die deel uitmaken van een weg;
   b. spoorwegen die niet deel uitmaken van een weg;
   c. luchthavens als bedoeld in artikel 1.1, eerste lid, van de Wet luchtvaart;
   d. de luchthaven Schiphol, bedoeld in hoofdstuk 8 van de Wet luchtvaart;
   e. inrichtingen of verzamelingen van inrichtingen.
5. De geluidsbelastingkaarten geven ten minste een weergave van:
   a. de geluidsbelasting en de geluidsbelasting L_{night} veroorzaakt door de in het eerste, tweede onderscheidenlijk vierde lid, bedoelde geluidsbronnen in het kalenderjaar voorafgaand aan dat van de vaststelling van de geluidsbelastingkaart;
   b. het aantal geluidsgevoelige objecten en bewoners van woningen die aan bepaalde waarden van de geluidsbelasting en de geluidsbelasting L_{night} worden blootgesteld.
6. Bij of krachtens algemene maatregel van bestuur worden nadere regels gesteld omtrent de inhoud, vormgeving en inrichting van geluidsbelastingkaarten, welke regels kunnen verschillen voor wegen en spoorwegen als bedoeld in het eerste en tweede lid en agglomeraties.
7. De vaststelling van de geluidsbelastingkaarten geschiedt ten minste elk vijf jaar vóór 30 juni, te rekenen vanaf 2012.

Art. 11.7

Vaststelling geluidsbelasting kaart

1. Ten behoeve van de vaststelling van een geluidsbelastingkaart als bedoeld in artikel 11.6, eerste en tweede lid, verstrekken burgemeester en wethouders aan Onze Minister onderscheidenlijk gedeputeerde staten op hun verzoek, alle inlichtingen en gegevens waarover zij kunnen beschikken, voor zover die voor het opstellen van die kaart noodzakelijk zijn.
2. Ten behoeve van de vaststelling van een geluidsbelastingkaart als bedoeld in artikel 11.6, vierde lid, verstrekken Onze Minister, gedeputeerde staten en burgemeester en wethouders aan betrokken burgemeester en wethouders op hun verzoek, alle inlichtingen en gegevens waarover zij kunnen beschikken, voor zover die voor het opstellen van die kaart noodzakelijk zijn. Op een dergelijk verzoek verstrekt Onze Minister van Defensie de contourenkaarten, bedoeld in artikel 10.23 van de Wet Luchtvaart.
3. Bij of krachtens algemene maatregel van bestuur kunnen nadere regels worden gesteld inzake de te verstrekken inlichtingen en gegevens, waaronder de wijze waarop en de termijn waarbinnen of de datum waarvoor deze verstrekt worden.

Art. 11.8

Regels geluidsbelasting

1. Ten behoeve van de bepaling van de geluidsbelasting en de geluidsbelasting L_{night} vanwege een weg, spoorweg, luchthaven, inrichting of verzameling van inrichtingen worden bij regeling van Onze Minister regels gesteld.
2. Ten behoeve van de bepaling van de geluidsbelasting en de geluidsbelasting L_{night} vanwege een luchthaven kunnen bij regeling van Onze Minister in overeenstemming met Onze Minister van Defensie regels worden gesteld.

Art. 11.9

Kennisgeving

1. Onze Minister, gedeputeerde staten onderscheidenlijk het college van burgemeester en wethouders geven binnen één maand na de vaststelling van een geluidsbelastingkaart als bedoeld in artikel 11.6, eerste, tweede en vierde lid, op de in artikel 12 van de Bekendmakingswet bepaalde wijze kennis van deze vaststelling, van die geluidbelastingkaart en van een overzicht van de belangrijkste punten van die kaart.
2. Binnen één maand na de vaststelling zenden gedeputeerde staten, onderscheidenlijk burgemeester en wethouders de geluidsbelastingkaart langs elektronische weg aan Onze Minister.
3. Bij regeling van Onze Minister kunnen nadere regels worden gesteld over de wijze waarop de geluidsbelastingkaart ter beschikking van Onze Minister wordt gesteld.

Art. 11.10

Gevolgen niet/niet-tijdige voldoening aan art. 11.6

1. Indien gedeputeerde staten niet of niet tijdig voldoen aan een verplichting als bedoeld in artikel 11.6, tweede lid, is artikel 121 van de Provinciewet van overeenkomstige toepassing met dien verstande dat Onze Minister in de plaats treedt van Onze Minister van Binnenlandse Zaken en Koninkrijksrelaties.

2. Indien burgemeester en wethouders niet of niet tijdig voldoen aan een verplichting als bedoeld in artikel 11.6, vierde lid, is artikel 124 van de Gemeentewet van overeenkomstige toepassing met dien verstande dat Onze Minister in de plaats treedt van gedeputeerde staten.

§ 11.2.3
Actieplannen

Art. 11.11

1. Onze Minister stelt vóór 18 juli 2013 aan de hand van de geluidsbelastingkaarten, bedoeld in artikel 11.6, eerste lid, een actieplan vast met betrekking tot de wegen in beheer bij het Rijk en hoofdspoorwegen. Indien er sprake is van een belangrijke ontwikkeling die van invloed is op de geluidhindersituatie, en daarnaast ten minste elke vijf jaar na de vaststelling, wordt het actieplan opnieuw overwogen en zo nodig aangepast. *Vaststelling actieplan geluidsbelasting weg/spoorweg*
2. Een actieplan bevat ten minste een beschrijving van:
a. het te voeren beleid om de geluidsbelasting en de geluidsbelasting L_{night} te beperken, en
b. de voorgenomen in de eerstvolgende vijf jaar te treffen maatregelen om overschrijding van overeenkomstig algemene maatregel van bestuur vast te stellen waarden van de geluidsbelasting of de geluidsbelasting L_{night} te voorkomen of ongedaan te maken en de te verwachten effecten van die maatregelen.
3. Het actieplan houdt rekening met de resultaten van de evaluatie, bedoeld in artikel 11.3, derde lid.
4. In het actieplan wordt aangegeven in hoeverre het voornemen bestaat om de geluidproductieplafonds voor wegen en spoorwegen aan te passen aan ontwikkelingen met betrekking tot het bronbeleid.
5. Het actieplan bevat tevens:
a. een overzicht van de geldende overschrijdingsbesluiten, bedoeld in artikel 11.49;
b. een beschrijving van de ontwikkelingen met betrekking tot het bronbeleid en andere relevante ontwikkelingen die van invloed kunnen zijn op een of meer van de geldende overschrijdingsbesluiten;
c. een motivering of de in onderdeel b bedoelde ontwikkelingen aanleiding geven tot het intrekken of wijzigen van een of meer van de geldende overschrijdingsbesluiten;
d. de planning van de sanering voor de eerstvolgende vijf jaar.

Art. 11.12

1. Gedeputeerde staten stellen vóór 18 juli 2013 aan de hand van de geluidsbelastingkaarten, bedoeld in artikel 11.6, tweede lid, een actieplan vast met betrekking tot de krachtens artikel 11.4, tweede lid, gepubliceerde delen van wegen en spoorwegen. Indien er sprake is van een belangrijke ontwikkeling die van invloed is op de geluidhindersituatie, en daarnaast ten minste elke vijf jaar na de vaststelling, wordt het actieplan opnieuw overwogen en zo nodig aangepast.
2. Het eerste lid is van overeenkomstige toepassing op burgemeester en wethouders van gemeenten die behoren tot krachtens artikel 11.5 aangewezen agglomeraties, met dien verstande dat het actieplan betrekking heeft op de in artikel 11.6, vierde lid, bedoelde geluidsbronnen.
3. Artikel 11.11, tweede lid, is van overeenkomstige toepassing.

Art. 11.13

1. Bij of krachtens algemene maatregel van bestuur worden nadere regels gesteld omtrent de inhoud, vormgeving en inrichting van actieplannen. Deze regels kunnen verschillen voor wegen en spoorwegen als bedoeld in artikel 11.6, eerste en tweede lid, en agglomeraties. *Nadere regels*
2. Een actieplan met betrekking tot een weg wordt niet vastgesteld, dan nadat daarover overleg is gevoerd met de beheerder van die weg en de verantwoordelijke voor het bronbeleid.

Art. 11.14

1. Een actieplan wordt voorbereid met overeenkomstige toepassing van de in afdeling 3.4 van de Algemene wet bestuursrecht geregelde procedure, met dien verstande dat in afwijking van artikel 3:15 van de Algemene wet bestuursrecht, een ieder zienswijzen naar voren kan brengen. *Actieplan*
2. Burgemeester en wethouders stellen een actieplan niet vast dan nadat de gemeenteraad een ontwerp van het actieplan is toegezonden en deze in de gelegenheid is gesteld zijn wensen en zienswijze ter kennis van burgemeester en wethouders te brengen.

Art. 11.15

Artikel 11.9 is van overeenkomstige toepassing op de vaststelling van actieplannen. *Schakelbepaling*

§ 11.2.4
Inlichtingen aan een andere lidstaat van de Europese Unie

Art. 11.16

1. Onze Minister, gedeputeerde staten en burgemeester en wethouders verstrekken op verzoek van een bevoegde autoriteit van een van de lidstaten van de Europese Unie alle inlichtingen en gegevens waarover zij kunnen beschikken, voor zover die voor het opstellen van een geluidsbe- *Inlichtingen aan andere lidstaat*

lastingkaart in de desbetreffende lidstaat noodzakelijk zijn. Op een dergelijk verzoek verstrekt Onze Minister van Defensie de contourenkaarten, bedoeld in artikel 10.23 van de Wet luchtvaart.
2. Artikel 11.7, derde lid, is van overeenkomstige toepassing.

Titel 11.3
Wegen en spoorwegen met geluidproductieplafonds

Afdeling 11.3.1
Algemeen

Art. 11.17

Werkingssfeer

1. Deze titel is van toepassing op de wegen in het beheer van het Rijk en de hoofdspoorwegen, alsmede de aan te leggen wegen in het beheer van het Rijk en hoofdspoorwegen, die zijn aangegeven op de geluidplafondkaart.
2. Op de geluidplafondkaart kunnen andere wegen en spoorwegen, alsmede aan te leggen wegen en spoorwegen, worden aangegeven, waarop deze titel van toepassing is.

Art. 11.18

Vaststelling geluidproductieplafond weg/spoorweg

De geluidplafondkaart wordt bij regeling van Onze Minister vastgesteld.

Art. 11.19

1. Aan weerszijden van een weg of spoorweg of een geprojecteerde weg of spoorweg bevinden zich referentiepunten.
2. Op elk referentiepunt geldt een geluidproductieplafond:
   a. dat tot stand gekomen is met toepassing van artikel 11.45;
   b. dat vastgesteld is op grond van artikel 11.27, of
   c. dat gewijzigd is op grond van artikel 11.28.
3. In bijzondere gevallen bevinden de referentiepunten zich langs een samenstel van wegen of geprojecteerde wegen dan wel langs een samenstel van spoorwegen of geprojecteerde spoorwegen. Voor de toepassing van titel 11.3 wordt onder weg of spoorweg dan wel geprojecteerde weg of geprojecteerde spoorweg een dergelijk samenstel van al dan niet geprojecteerde wegen of spoorwegen begrepen.
4. Voor de toepassing van dit hoofdstuk wordt onder een geluidproductieplafond als bedoeld in het tweede lid, onder a of b, mede begrepen een geluidproductieplafond dat is opgenomen in een tracébesluit, een wegaanpassingsbesluit als bedoeld in artikel 5 van de Spoedwet wegverbreding, of een geluidplan.

Afdeling 11.3.2
Naleving en registratie van geluidproductieplafonds

§ 11.3.2.1
Naleving van de geluidproductieplafonds

Art. 11.20

Naleving geluidproductieplafond weg/spoorweg

De beheerder draagt zorg voor de naleving van de geluidproductieplafonds.

Art. 11.21

Een maatregel die de geluidoverdracht vanwege een weg of spoorweg beperkt, wordt ten aanzien van de naleving van de geluidproductieplafonds in de beschouwing betrokken, indien zij in het geluidregister is opgenomen. De beheerder kan daartoe een verzoek doen als bedoeld in artikel 11.31, tweede lid.

Art. 11.22

Verslag; termijn

1. De beheerder zendt voor 1 oktober van het kalenderjaar, volgend op het eerste kalenderjaar waarin dit hoofdstuk het gehele jaar van toepassing is, en vervolgens elk kalenderjaar voor 1 oktober, aan Onze Minister een verslag met betrekking tot de naleving van de geluidproductieplafonds in het voorafgaande kalenderjaar.
2. Onze Minister geeft kennis van het verslag in de Staatscourant op de in artikel 12 van de Bekendmakingswet bepaalde wijze.
3. Bij of krachtens algemene maatregel van bestuur worden regels gesteld met betrekking tot de gegevens die het verslag ten minste bevat.
4. Tot de in het derde lid bedoelde gegevens behoren in elk geval:
   a. een vergelijking van de hoogte van de berekende geluidproductie op de referentiepunten met de geluidproductieplafonds zoals deze golden op 31 december van het voorafgaande kalenderjaar;

b. een overzicht van de weg- of baanvakken waar de berekende geluidproductie op een of meer referentiepunten 0,5 dB of minder onder de geluidproductieplafonds, bedoeld in onderdeel a ligt;
c. een verantwoording van de validatie van de berekende waarden voor de referentiepunten, waarbij de validatie in ieder geval plaatsvindt middels steekproefsgewijze metingen door een onafhankelijke partij.
5. Onze Minister stelt nadere regels omtrent de wijze waarop de geluidproductie, bedoeld in het vierde lid, wordt berekend.

Art. 11.23
1. Artikel 11.20 geldt niet met betrekking tot geluidproductieplafonds voor een spoorweg, die tot stand zijn gekomen met toepassing van artikel 11.45, waarvoor door de beheerder op verzoek van een gerechtigde als bedoeld in artikel 57 van de Spoorwegwet extra capaciteit is verdeeld, indien:
Uitzondering op art. 11.20 Wm

a. op die spoorweg op een of meer dagen in het kalenderjaar voorafgaand aan 1 juli 2012 een of meer goederentreinen hebben gereden tussen 23.00 en 07.00 uur, en
b. de berekende geluidproductie op de langs die spoorweg gelegen referentiepunten inclusief de extra vervoerscapaciteit niet meer bedraagt dan 60,0 dB, en
c. er langs die spoorweg geen overdrachtsmaatregelen aanwezig zijn.
2. Deze vrijstelling is eenmalig voor een termijn van vier jaren met ingang van het kalenderjaar waarin de extra capaciteit is verdeeld. De vrijstelling geldt alleen voor de referentiepunten waarvoor de geluidproductieplafonds sinds 1 juli 2012 niet zijn gewijzigd.
3. Een wijziging van een geluidproductieplafond op grond van de artikelen 11.28, vierde lid, of 11.47, eerste lid wordt voor de toepassing van het tweede lid buiten beschouwing gelaten.
4. De beheerder meldt onverwijld en gemotiveerd aan Onze Minister dat:
a. hij een verzoek als bedoeld in het eerste lid heeft ingewilligd;
b. daardoor een overschrijding optreedt van een of meer geluidproductieplafonds langs het daarbij aangegeven baanvak;
c. is voldaan aan de voorwaarden van dit artikel.
5. Onze Minister doet mededeling van de vrijstelling in de Staatscourant. De mededeling bevat ten minste de kalenderjaren waarvoor de vrijstelling geldt, alsmede een geografische omschrijving van het baanvak waarop de vrijstelling betrekking heeft.

Art. 11.24
1. Onze Minister kan op verzoek van de beheerder in verband met bijzondere omstandigheden voor een termijn van ten hoogste vijf jaar ontheffing verlenen van de verplichting tot naleving van een geluidproductieplafond.
Ontheffing; termijn

2. Onze Minister beslist binnen vier weken na ontvangst van de aanvraag. Paragraaf 4.1.3.3 van de Algemene wet bestuursrecht is van toepassing.
3. Onze Minister kan aan de ontheffing voorschriften verbinden met betrekking tot:
a. de mate en de duur van de overschrijding van het geluidproductieplafond;
b. het treffen van geluidwerende maatregelen aan de gevel van een geluidsgevoelig object, indien de ontheffing kan leiden tot een overschrijding van de binnenwaarde voor het betrokken geluidsgevoelig object met meer dan 5 dB.
4. Bij of krachtens algemene maatregel van bestuur worden regels gesteld met betrekking tot de gegevens die bij de aanvraag worden verstrekt.
5. Onze Minister kan de voorschriften die aan de ontheffing verbonden zijn, wijzigen of de ontheffing geheel of gedeeltelijk intrekken, indien gewijzigde omstandigheden daartoe aanleiding geven.
6. Onze Minister doet mededeling van de ontheffing in de Staatscourant. De mededeling bevat ten minste de kalenderjaren waarvoor de ontheffing geldt, alsmede een geografische omschrijving van het baanvak of wegvak waarop de ontheffing betrekking heeft.
7. De artikelen 11.37 en 11.39 zijn van overeenkomstige toepassing.

§ 11.3.2.2
Het geluidregister

Art. 11.25
1. Er is een openbaar geluidregister dat gegevens bevat met betrekking tot de geldende geluidproductieplafonds.
Vaststelling geluidregister weg/spoorweg

2. Voor zover in artikel 11.46, tweede lid, niet anders is bepaald, worden de gegevens in het geluidregister opgenomen op de dag van de bekendmaking van het besluit tot vaststelling of wijziging van een geluidproductieplafond of tot verlening of wijziging van een ontheffing dan wel op de dag waarop mededeling wordt gedaan van een vrijstelling dan wel op de dag waarop de mededeling van de beheerder, bedoeld in artikel 11.36, derde of vijfde lid, is ontvangen.
3. Tot de gegevens behoren ten minste voor elk geluidproductieplafond:
a. het laatstelijk genomen besluit waarbij het geluidproductieplafond is vastgesteld of gewijzigd;

b. de ligging van de referentiepunten;
c. de brongegevens;
d. indien van toepassing:
1°. de mededeling van Onze Minister, bedoeld in artikel 11.36, eerste lid, onderdeel b, en artikel 11.63, derde lid;
2°. een krachtens artikel 11.23, vijfde lid, gepubliceerde vrijstelling;
3°. een krachtens artikel 11.24, eerste lid, verleende ontheffing;
4°. een vermelding dat een vrijstelling geldt krachtens artikel 11.36, derde lid.
4. In het geluidregister wordt geregistreerd voor welke wegen en spoorwegen een saneringsplan is vastgesteld.
5. Indien de werking van een besluit tot verlaging van het geluidproductieplafond is opgeschort op grond van artikel 11.36, eerste lid, 11.36, tweede lid, of 11.63, derde lid bevat het geluidregister in afwijking van het derde lid de brongegevens met betrekking tot het geluidproductieplafond opgenomen in dat besluit.
6. Het geluidregister wordt beheerd door Onze Minister.
7. Het geluidregister is voor een ieder langs elektronische weg toegankelijk.
8. Onze Minister kan nadere regels stellen omtrent de inhoud, vorm en inrichting van het geluidregister, alsmede omtrent de wijze waarop het geluidregister wordt beheerd, bijgehouden en gecontroleerd.

Afdeling 11.3.3
Vaststelling of wijziging van geluidproductieplafonds

§ 11.3.3.1
Algemeen

Art. 11.26
[Dit artikel treedt niet meer in werking. Het artikel is ingetrokken door Stb. 2012/267.]
In deze afdeling wordt onder bevoegd gezag verstaan: het bevoegd gezag, genoemd in artikel 11 van de Tracéwet, dan wel indien de Tracéwet niet van toepassing is, de Minister van Verkeer en Waterstaat.

Art. 11.27
1. Onze Minister stelt een geluidproductieplafond vast op elk daartoe door hem aangegeven referentiepunt.
2. Het eerste lid is niet van toepassing indien op een referentiepunt reeds een geluidproductieplafond geldt, dat tot stand is gekomen met toepassing van artikel 11.45.

Art. 11.28

Wijziging geluidproductieplafond weg/spoorweg

1. Onze Minister kan een geluidproductieplafond wijzigen. Ingeval een ambtshalve wijziging geen deel uitmaakt van een tracébesluit, een wegaanpassingsbesluit als bedoeld in artikel 5 van de Spoedwet wegverbreding, of een geluidplan, zijn de artikelen 11.29, 11.30, 11.33, tweede lid, eerste volzin, en 11.38 niet van toepassing.
2. Indien de beheerder een verzoek heeft ingediend tot verhoging van een geluidproductieplafond, wordt dat geluidproductieplafond niet verhoogd indien:
a. de beheerder niet heeft voldaan aan de verplichting, bedoeld in artikel 11.3, tweede lid, of
b. het geldende geluidproductieplafond naar redelijke verwachting niet binnen een periode van tien jaar volledig zal worden benut.
3. Een geluidproductieplafond wordt niet op verzoek verlaagd indien het gewijzigde geluidproductieplafond na verlaging naar redelijke verwachting binnen een periode van minder dan tien jaar volledig zou worden benut, tenzij het een verzoek betreft als bedoeld in het vierde lid of in artikel 11.63, eerste lid.
4. Onze Minister kan op verzoek van burgemeester en wethouders van een gemeente een geluidproductieplafond verlagen, indien de gemeente voornemens is een maatregel te treffen of te bekostigen dan wel een maatregel heeft getroffen of bekostigd die de geluidsbelasting vanwege een weg of spoorweg vermindert.
5. Artikel 11.29 is bij de behandeling van een aanvraag als bedoeld in het vierde lid niet van toepassing.

Art. 11.29

Uitzondering m.b.t. geluidproductieplafond

1. Bij de voorbereiding van een besluit omtrent het vaststellen of wijzigen van een geluidproductieplafond neemt Onze Minister een geluidbeperkende maatregel niet in aanmerking, indien het treffen daarvan:
a. financieel niet doelmatig is met betrekking tot het beperken van de geluidsbelasting van een of meer geluidsgevoelige objecten, dan wel
b. stuit op overwegende bezwaren van stedenbouwkundige, verkeerskundige, vervoerskundige, landschappelijke of technische aard.

Wet milieubeheer   **A65 art. 11.33**

2. Het eerste lid, aanhef en onder a, is niet van toepassing, indien de beheerder Onze Minister uitdrukkelijk verzoekt om bij de besluitvorming rekening te houden met een door hem voorgestelde financieel niet doelmatige geluidbeperkende maatregel.
3. Op uitdrukkelijk verzoek van de beheerder houdt Onze Minister bij de voorbereiding van een besluit omtrent het vaststellen of wijzigen van een geluidproductieplafond rekening met een door de beheerder voorgestelde maatregel die niet is aangewezen als geluidbeperkende maatregel.
4. Bij of krachtens algemene maatregel van bestuur worden regels gesteld voor de toepassing van het criterium, bedoeld in het eerste lid, onder a.

Art. 11.30
1. Onze Minister stelt een geluidproductieplafond op een zodanige waarde vast dat de geluidsbelasting vanwege de weg of spoorweg niet hoger is dan de hoogste van de volgende twee waarden: *Respecteren voorkeurswaarde*
   a. de voorkeurswaarde;
   b. de geluidsbelasting die de betrokken geluidsgevoelige objecten vanwege de weg of spoorweg ondervinden bij volledige benutting van de geldende geluidproductieplafonds.
2. Bij wijziging wordt een geluidproductieplafond op een zodanige waarde vastgesteld dat de geluidsbelasting vanwege de weg of spoorweg niet hoger is dan de geluidsbelasting, die de betrokken geluidsgevoelige objecten vanwege de weg of spoorweg ondervinden bij volledige benutting van de geldende geluidproductieplafonds.
3. Het tweede lid is niet van toepassing, indien de geluidsbelasting na de wijziging van het geluidproductieplafond de voorkeurswaarde niet overschrijdt.
4. Onze Minister kan afwijken van het eerste of tweede lid, indien geen geluidbeperkende maatregelen in aanmerking komen en aan die leden te voldoen. De afwijking wordt zoveel mogelijk beperkt door het treffen van geluidbeperkende maatregelen.
5. Onze Minister kan voorts afwijken van het eerste of tweede lid, indien een geluidsgevoelig object tevens een geluidsbelasting boven de voorkeurswaarde kan ondervinden vanwege een andere geluidsbron die behoort tot een bij ministeriële regeling aangegeven categorie. Artikel 11.29, eerste lid, onder a, is niet van toepassing.
6. Bij de toepassing van het vierde en vijfde lid wordt de maximale waarde niet overschreden.
7. Het zesde lid is niet van toepassing indien in samenhang met het besluit tot het wijzigen van een geluidproductieplafond een overschrijdingsbesluit als bedoeld in artikel 11.49 wordt genomen.

§ 11.3.3.2
Procedures voor vaststelling of wijziging van geluidproductieplafonds

Art. 11.31
1. Vaststelling of wijziging van een geluidproductieplafond geschiedt ambtshalve of op verzoek.   *Grondslag vaststellen of wijzigen geluidproductieplafond*
2. Een verzoek tot vaststelling of wijziging van een geluidproductieplafond kan worden gedaan door de beheerder van de betreffende weg of spoorweg.
3. Een verzoek tot wijziging van een geluidproductieplafond kan tevens worden gedaan door burgemeester en wethouders van de gemeente:
   a. waarin het desbetreffende referentiepunt is gelegen, of
   b. waartoe gronden behoren die zijn gelegen langs de betreffende weg of spoorweg binnen de zone, bedoeld in hoofdstuk VI van de Wet geluidhinder.
4. Bij of krachtens algemene maatregel van bestuur worden regels gesteld met betrekking tot de gegevens die bij de aanvraag worden verstrekt.

Art. 11.32
Afdeling 3.4 van de Algemene wet bestuursrecht is van toepassing op de voorbereiding van een besluit tot vaststelling of wijziging van een geluidproductieplafond dat wordt genomen op een verzoek als bedoeld in artikel 11.31, tweede of derde lid. Zienswijzen kunnen naar voren worden gebracht door een ieder.   *Schakelbepaling*

Art. 11.33
1. Ter voorbereiding van een besluit tot vaststelling of wijziging van een geluidproductieplafond wordt een akoestisch onderzoek verricht.   *Akoestisch onderzoek geluidproductieplafond weg/spoorweg*

2. Het akoestisch onderzoek heeft betrekking op de geluidsbelasting die vanwege de weg of spoorweg zou kunnen worden ondervonden door geluidsgevoelige objecten, andere objecten en gebieden. Het onderzoek bevat een berekening van de geluidproductie op elk betrokken referentiepunt.

A65 art. 11.34 Wet milieubeheer

3. Bij het berekenen van de geluidproductie, bedoeld in het vorige lid, wordt uitgegaan van de gemiddelde waarden over de technische levensduur van de weg of spoorweg, welke zijn gevalideerd door metingen uitgevoerd door een onafhankelijke partij.
4. Het akoestisch onderzoek wordt uitgevoerd:
   a. bij een ambtshalve besluit: door de beheerder;
   b. bij een besluit op verzoek: door de aanvrager.
5. In afwijking van het vierde lid wordt de geluidproductie op de referentiepunten in alle gevallen berekend door de beheerder. De beheerder stelt de resultaten desgevraagd ter beschikking van een aanvrager als bedoeld in het vierde lid, onder b.
6. Degene die het akoestisch onderzoek uitvoert, doet tevens akoestisch onderzoek naar de effecten van de samenloop van de geluidsbelasting van de weg of spoorweg en een andere geluidsbron als bedoeld in artikel 11.30, vijfde lid.
7. Onze Minister stelt nadere regels omtrent:
   a. de wijze waarop het akoestisch onderzoek en de berekeningen worden uitgevoerd;
   b. de situaties waarop het akoestisch onderzoek en de berekeningen betrekking hebben;
   c. de gevallen waarin redelijkerwijs kan worden aangenomen dat geen behoefte bestaat aan een onderzoek naar de effecten van samenloop.

Art. 11.34

Verstrekking informatie Ter voorbereiding van een besluit tot ambtshalve vaststelling of wijziging van een geluidproductieplafond verstrekt de beheerder op verzoek van Onze Minister en binnen de gestelde termijn, alle inlichtingen en gegevens die hij redelijkerwijs nodig heeft ter voorbereiding van het besluit, waaronder de resultaten van het akoestisch onderzoek en de berekeningen, bedoeld in artikel 11.33.

Art. 11.35

Maatregelen In het besluit tot vaststelling of wijziging van een geluidproductieplafond wordt aangegeven welke maatregelen met toepassing van artikel 11.28, vierde lid, of artikel 11.29 bij de besluitvorming in aanmerking zijn genomen.

Art. 11.36

Verlaging geluidproductieplafond
1. De werking van een besluit tot vaststelling of wijziging van een geluidproductieplafond, waarin overeenkomstig artikel 11.35 maatregelen zijn aangegeven, wordt in afwijking van artikel 20.3 opgeschort tot de dag, volgend op die waarop:
   a. ingeval de beheerder een verzoek tot vaststelling of wijziging heeft gedaan, de beheerder aan Onze Minister heeft medegedeeld dat de werkzaamheden aan de weg of spoorweg, ter uitvoering van het besluit, zijn begonnen, of
   b. ingeval een gemeente een verzoek als bedoeld in artikel 11.28, vierde lid, heeft gedaan, Onze Minister heeft medegedeeld dat de maatregelen ten genoegen van Onze Minister zijn getroffen. Deze mededeling geschiedt op dezelfde wijze als waarop van het besluit kennis is gegeven.
2. De werking van een besluit tot vaststelling of wijziging van een geluidproductieplafond dat is opgenomen in een tracébesluit wordt in afwijking van artikel 20.3 opgeschort tot de dag, volgend op die waarop de beheerder aan Onze Minister heeft medegedeeld dat met de werkzaamheden aan de weg of spoorweg voor de uitvoering van het tracébesluit is begonnen.
3. Artikel 11.20 is niet van toepassing op de geluidproductieplafonds op referentiepunten gelegen binnen het gebied dat is aangegeven in een besluit tot vaststelling of wijziging van een geluidproductieplafond op verzoek van de beheerder, waarin overeenkomstig artikel 11.35 maatregelen zijn aangegeven, dan wel in een tracébesluit, met ingang van het kalenderjaar waarin de beheerder aan Onze Minister heeft medegedeeld dat met de werkzaamheden aan de weg of spoorweg ter uitvoering van het besluit is begonnen. Onze Minister kan regels stellen over de wijze waarop dit gebied wordt bepaald.
4. Het derde lid is van toepassing tot en met het kalenderjaar waarin de beheerder aan Onze Minister heeft medegedeeld dat de werkzaamheden aan de weg of spoorweg, of een deel van de weg of spoorweg, zijn afgerond.
5. De beheerder doet voor het einde van het kalenderjaar waarin de werkzaamheden aan de weg of spoorweg zijn afgerond, hiervan mededeling aan Onze Minister. Onverminderd de eerste volzin, kan de beheerder ook een mededeling doen als de werkzaamheden aan een deel van de weg of spoorweg zijn afgerond. Die mededeling heeft het gevolg, bedoeld in het vierde lid, voor de geluidproductieplafonds op de referentiepunten gelegen in het deel van het in het derde lid bedoelde gebied dat in de melding is aangegeven. De laatste volzin van het derde lid is van overeenkomstige toepassing.

Art. 11.37

Afschrift aan gemeente Een afschrift van het besluit tot vaststelling of wijziging van een geluidproductieplafond wordt gezonden aan burgemeester en wethouders van de gemeente:
   a. waarin het desbetreffende referentiepunt is gelegen;
   b. waartoe de gronden behoren die zijn gelegen langs de desbetreffende weg of spoorweg binnen de zone, bedoeld in hoofdstuk VI van de Wet geluidhinder.

Wet milieubeheer $\qquad$ A65 art. 11.42

§ 11.3.3.3
De binnenwaarde

Art. 11.38
1. Indien in een onherroepelijk besluit tot vaststelling of wijziging van een geluidproductieplafond toepassing is gegeven aan artikel 11.30, vierde of vijfde lid, en het geluidproductieplafond een zodanige waarde heeft dat de binnenwaarde bij volledige benutting van het geluidproductieplafond wordt overschreden, treft de beheerder geluidwerende maatregelen. — **Binnenwaarde**
2. De verplichting, bedoeld in het eerste lid, strekt ertoe dat binnen een termijn van twee jaar nadat het besluit onherroepelijk is geworden de geluidsbelasting binnen de geluidsgevoelige ruimten van het betreffende geluidsgevoelige object wordt teruggebracht tot een waarde die ten minste 3 dB is gelegen onder de binnenwaarde.
3. Onze Minister kan op verzoek van de beheerder een andere termijn vaststellen waarbinnen de maatregelen worden getroffen.
4. Indien een geluidproductieplafond wordt verlaagd, is dit artikel uitsluitend van toepassing ten aanzien van geluidsgevoelige objecten waarvan de geluidsbelasting vanwege de weg of spoorweg toeneemt bij volledige benutting van het verlaagde geluidproductieplafond.
5. Bij algemene maatregel van bestuur kan worden bepaald dat in bij die maatregel te bepalen gevallen geluidwerende maatregelen niet worden getroffen.

Art. 11.39
1. Indien de rechthebbende ten aanzien van een geluidsgevoelig object niet heeft toegestemd mee te werken aan maatregelen die moeten worden getroffen ingevolge artikel 11.38, eerste lid, verklaart Onze Minister de verplichting, bedoeld in artikel 11.38, eerste lid, vervallen. — **Ontbreken medewerking rechthebbende**
2. Bij of krachtens algemene maatregel van bestuur worden regels gesteld met betrekking tot de wijze waarop aan de rechthebbende wordt verzocht om mee te werken aan de realisatie van de maatregelen en de wijze waarop deze zijn toestemming verleent of onthoudt.
3. Onze Minister zendt een afschrift van de vervallenverklaring bij aangetekend schrijven aan de rechthebbende.
4. Onze Minister zendt onverwijld een afschrift van de vervallenverklaring aan de Dienst voor het kadaster en de openbare registers ter inschrijving van die verklaring in de openbare registers, bedoeld in afdeling 2 van titel 1 van Boek 3 van het Burgerlijk Wetboek. De artikelen 24, eerste lid, en 26 van Boek 3 van dat wetboek zijn niet van toepassing.

§ 11.3.3.4
Verdere bepalingen omtrent vaststelling en wijziging van geluidproductieplafonds

Art. 11.40
De artikelen 11.30 en 11.38 zijn niet van toepassing op: — **Uitzondering**
a. een geluidsgevoelig object ten aanzien waarvan met toepassing van de Interimwet stad- en-milieubenadering een hogere geluidsbelasting is toegestaan dan de wettelijke maximumwaarde ingevolge de Wet geluidhinder, en
b. een geluidsgevoelig object ten aanzien waarvan met toepassing van artikel 2.12, eerste lid, onder a, onder 2° of 3°, van de Wet algemene bepalingen omgevingsrecht een omgevingsvergunning is verleend waarbij voor de duur van ten hoogste tien jaar is afgeweken van het bestemmingsplan.

Art. 11.41
Bij vaststelling of wijziging van een geluidproductieplafond wordt de geluidproductie vanwege een spoorwegemplacement als bedoeld in het Besluit omgevingsrecht, bijlage I, onderdeel C, categorie 14.1, alleen betrokken voor zover op die geluidproductie de Wet algemene bepalingen omgevingsrecht en hoofdstuk 8 niet van toepassing zijn. — **Spoorwegemplacement**

Art. 11.42
1. Het tweede tot en met vijfde lid zijn van toepassing indien een verzoek tot wijziging van een geluidproductieplafond of een wijziging van een geluidproductieplafond in het kader van een tracébesluit betrekking heeft op een weg of spoorweg waarvoor de beheerder op grond van artikel 11.56, eerste lid, een verzoek tot vaststelling van een saneringsplan moet doen, en voor deze weg of spoorweg nog niet eerder een saneringsplan is vastgesteld. Bij algemene maatregel van bestuur kan worden bepaald dat het tweede tot en met het vijfde lid in bij die maatregel te bepalen gevallen niet van toepassing zijn. — **Tracébesluit**
2. In afwijking van artikel 11.30, tweede lid, wordt het geluidproductieplafond op een zodanige waarde vastgesteld dat op saneringsobjecten de geluidsbelasting vanwege de weg of spoorweg niet hoger is dan de streefwaarde, bedoeld in artikel 11.59, eerste lid, dan wel de overeenkomstig artikel 11.59, tweede lid, gereduceerde geluidsbelasting.
3. Artikel 11.30, derde tot en met zevende lid, is voor een saneringsobject van toepassing, met dien verstande dat:

a. in het vierde en vijfde lid van dat artikel in plaats van «het eerste of tweede lid» wordt gelezen: het tweede lid van artikel 11.42;
b. het zesde lid slechts van toepassing is indien toepassing van het vierde of vijfde lid ertoe leidt dat de geluidsbelasting bij volledige benutting van het gewijzigde geluidproductieplafond hoger is dan de geluidsbelasting die de betrokken geluidsgevoelige objecten ondervinden vanwege de weg of spoorweg ondervinden bij volledige benutting van het geldende geluidproductieplafond.
4. Voor saneringsobjecten zijn de artikelen 11.64 en 11.65 van overeenkomstige toepassing en is artikel 11.38 niet van toepassing.
5. In afwijking van artikel 11.64, derde lid, worden de geluidwerende maatregelen, bedoeld in artikel 11.64, eerste lid en tweede lid, getroffen uiterlijk twee jaar na het onherroepelijk worden van het besluit tot wijziging van het geluidproductieplafond.

Art. 11.43

Gelijkstellingsbepaling

1. Voor zover de in artikel 11.35 bedoelde maatregelen en het bestemmingsplan, of de beheersverordening niet met elkaar in overeenstemming zijn, geldt het besluit tot vaststelling of wijziging van het geluidproductieplafond voor de uitvoering van de daarin opgenomen maatregelen als een omgevingsvergunning waarbij met toepassing van artikel 2.12, eerste lid, onder a, onder 3°, van de Wet algemene bepalingen omgevingsrecht van het bestemmingsplan of de beheersverordening wordt afgeweken.
2. Voor zover een bestemmingsplan of een ander besluit een omgevingsvergunning voor een aanlegactiviteit als bedoeld in artikel 2.1, eerste lid, onder b, van de Wet algemene bepalingen omgevingsrecht vereist, geldt zodanige eis niet voor de uitvoering van de in het eerste lid bedoelde maatregelen.

Afdeling 11.3.4
Geluidproductieplafonds voor op 1 juli 2012 bestaande of geprojecteerde wegen en spoorwegen

§ *11.3.4.1*
Het tot stand komen van de geluidproductieplafonds

Art. 11.44

Werkingssfeer

Deze afdeling is van toepassing op geluidproductieplafonds die tot stand zijn gekomen met toepassing van artikel 11.45 voor een op 1 juli 2012 bestaande weg of spoorweg en geprojecteerde weg of spoorweg, die wordt geplaatst op de geluidplafondkaart.

Art. 11.45

Totstandkoming geluidproductieplafond weg/spoorweg

1. De geluidproductieplafonds voor de wegen of spoorwegen, bedoeld in artikel 11.44, zijn de over de door Onze Minister aangewezen referentieperiode door hem berekende heersende geluidproducties op de daartoe door hem aangegeven referentiepunten, vermeerderd met 1,5 dB.
2. In afwijking van het eerste lid zijn de geluidproductieplafonds voor bij algemene maatregel van bestuur aangewezen wegen of spoorwegen de in die maatregel aangegeven, of de op basis van de in de maatregel aangegeven gegevens door Onze Minister berekende, geluidproducties op de desbetreffende referentiepunten.
3. In afwijking van het eerste lid zijn voor een spoorweg waarvan de heersende geluidproductie op referentiepunten lager is dan 50,5 dB, en waarlangs geen geluidbeperkende maatregelen aanwezig zijn, de geluidproductieplafonds op 1 juli 2012 52,0 dB.
4. De heersende geluidproductie wordt met betrekking tot bij algemene maatregel van bestuur aangewezen wegen, bepaald op basis van de situatie waarbij een daarbij aangegeven wegdek is aangebracht.
5. Indien de heersende geluidproductie op een referentiepunt langs een weg als bedoeld in het vierde lid, blijkens het verslag hoger is dan het krachtens het vierde lid berekende geluidproductieplafond, geldt voor het betreffende referentiepunt een vrijstelling van artikel 11.20 totdat door vervanging van de wegverharding het geluidproductieplafond wordt nageleefd, maar uiterlijk tot 1 januari 2016.
6. Een vrijstelling van artikel 11.20 geldt voor geluidproductieplafonds die op grond van het tweede lid zijn bepaald met inachtneming van het effect van nog te treffen maatregelen. De vrijstelling geldt tot het moment waarop de maatregelen zijn uitgevoerd, of uiterlijk tot het moment waarop de maatregelen moeten zijn uitgevoerd ingevolge het besluit op grond waarvan zij moeten worden getroffen.

Art. 11.46

Regels voor berekening geluidproductie

1. Onze Minister stelt nadere regels omtrent de wijze waarop de geluidproductie, bedoeld in artikel 11.45, wordt berekend.
2. In afwijking van artikel 11.25, tweede en derde lid, worden ten minste de navolgende gegevens in het geluidregister opgenomen op 1 juli 2012:
a. de ligging van de referentiepunten, bedoeld in artikel 11.45, eerste tot en met derde lid;
b. de heersende geluidproductie op elk van die referentiepunten;

Wet milieubeheer

A65 art. 11.50

c. de hoogte van het geluidproductieplafond op elk van die referentiepunten;
d. een vermelding van het lid van artikel 11.45 met toepassing waarvan elk van die geluidproductieplafonds tot stand is gekomen;
e. de brongegevens die behoren bij elk van deze geluidproductieplafonds.

§ 11.3.4.2
Bijzondere bepalingen met betrekking tot het wijzigen van geluidproductieplafonds die tot stand zijn gekomen met toepassing van artikel 11.45

Art. 11.47
1. De artikelen 11.29, 11.30, 11.32, 11.33, tweede lid, eerste volzin, en 11.38 blijven buiten toepassing indien een geluidproductieplafond wordt gewijzigd omdat:
   a. onjuiste brongegevens of overige, voor de berekening van geluidproductieplafonds gebruikte, gegevens met betrekking tot de weg of spoorweg zijn opgenomen in het geluidregister, bedoeld in artikel 11.25;
   b. het geluidproductieplafond niet overeenkomt met de in het geluidregister, bedoeld in artikel 11.25, opgenomen brongegevens of overige, voor de berekening van geluidproductieplafonds gebruikte, gegevens met betrekking tot de weg of spoorweg.
2. In een geval als bedoeld in het eerste lid, kan Onze Minister besluiten dat de beheerder geluidbeperkende of geluidwerende maatregelen treft ten behoeve van geluidgevoelige objecten die geprojecteerd zijn na 1 juli 2012. De artikelen 11.29, 11.39 en 11.43 zijn van overeenkomstige toepassing.
3. Onze Minister kan een termijn stellen waarbinnen de beheerder de in het tweede lid bedoelde maatregelen treft.

Uitzondering

Art. 11.48
1. Tot 18 juli 2018 wordt een geluidproductieplafond als bedoeld in artikel 11.45, eerste lid, op verzoek van burgemeester en wethouders van een gemeente slechts verlaagd in verband met door die gemeente te treffen of te bekostigen dan wel getroffen of bekostigde maatregelen tot verlaging van de geluidsbelasting van geluidsgevoelige objecten.
2. In afwijking van het eerste lid kan verlaging van een geluidproductieplafond als bedoeld in artikel 11.45, eerste lid, op verzoek van burgemeester en wethouders van een gemeente eerder dan 18 juli 2018 plaatsvinden, indien uit de gegevens van het verslag, bedoeld in artikel 11.22, vierde lid, onder a, blijkt dat de berekende geluidproductie ten minste 5 dB lager is dan het geldende geluidproductieplafond.
3. Onze Minister overweegt in het actieplan dat in 2018 wordt vastgesteld, of de geluidproductieplafonds, bedoeld in artikel 11.45, eerste lid, gelet op de geluidproductie van de weg of spoorweg, kunnen worden verlaagd.

Verlaging geluidsbelasting

Afdeling 11.3.5
Overschrijding van de maximale waarde

Art. 11.49
1. Onze Minister kan op verzoek van de beheerder een besluit nemen, inhoudende dat het naar hun oordeel onvermijdelijk is om met toepassing van artikel 11.30, zevende lid, een geluidproductieplafond zodanig te wijzigen dat een geluidsgevoelig object vanwege een weg of spoorweg bij volledige benutting van dat plafond een geluidsbelasting ondervindt die de maximale waarde overschrijdt.
2. Een overschrijdingsbesluit als bedoeld in het eerste lid kan slechts worden genomen, indien:
   a. een geluidproductieplafond:
   1°. niet kan worden nageleefd met maatregelen die ingevolge artikel 11.29, eerste lid, in aanmerking komen;
   2°. ingevolge artikel 11.30, zesde lid, niet kan worden gewijzigd;
   3°. niet kan worden nageleefd met toepassing van de maatregelen, bedoeld in artikel 11.50, eerste lid, en
   b. voor de overschrijding van het geluidproductieplafond geen ontheffing van de verplichting tot naleving van het geluidproductieplafond, bedoeld in artikel 11.24, kan worden verleend.
3. Onze Minister kan aan een overschrijdingsbesluit voorschriften verbinden, inhoudende dat de beheerder binnen een daarbij aangegeven termijn maatregelen treft die de geluidsbelasting vanwege de weg of spoorweg beperken.
4. Toepassing van het eerste lid laat de toepasselijkheid van de artikelen 11.38 en 11.39 onverlet.

Overschrijding maximale waarde geluidproductieplafond object bij weg/spoorweg

Art. 11.50
1. In een overschrijdingsbesluit wordt gemotiveerd aangegeven op welke gronden de volgende maatregelen in het specifieke geval in redelijkheid te kostbaar zijn, of op maatschappelijke bezwaren of de bezwaren, genoemd in artikel 11.29, eerste lid, onder b, stuiten, dan wel niet ge-

Overschrijdingsbesluit; motivatie

schikt of niet voldoende zijn om de overschrijding van de maximale waarde, of een verdere toename van die overschrijding, te voorkomen:
a. een minnelijke overeenkomst met de rechthebbende over:
1°. het nemen van bouwkundige maatregelen met betrekking tot een geluidsgevoelig object of een wijziging van de bestemming of functie van het geluidsgevoelige object, tegen vergoeding van de kosten daarvan, of
2°. de aankoop van het geluidsgevoelige object;
b. het treffen van andere maatregelen tot verlaging van de geluidsbelasting dan geluidbeperkende maatregelen;
c. het treffen van geluidbeperkende maatregelen die financieel niet doelmatig zijn als bedoeld in artikel 11.29;
d. het gaan voldoen aan de akoestische kwaliteit, bedoeld in artikel 11.3, terwijl geen sprake is van aanleg of vervanging;
e. onteigening van het geluidsgevoelige object.
2. De beheerder verstrekt bij een verzoek om een overschrijdingsbesluit alle inlichtingen en gegevens die noodzakelijk zijn voor de voorbereiding en motivering van het overschrijdingsbesluit.
3. Indien het verzoek om een overschrijdingsbesluit wordt geweigerd, bevordert Onze Minister de naleving van de geldende geluidproductieplafonds door:
a. het benutten van zijn wettelijke bevoegdheden met het oog op het treffen van maatregelen als bedoeld in het eerste lid, of
b. het ter beschikking stellen van budget voor het treffen van bedoelde maatregelen, voor zover de kosten van die maatregelen redelijkerwijze niet ten laste van de beheerder behoren te komen.
4. Indien de beheerder ingevolge het derde lid van artikel 11.49 een of meer maatregelen als bedoeld in het eerste lid moet treffen, bevordert Onze Minister het treffen van die maatregelen op de wijze, aangegeven in het derde lid, onder a en b.

Art. 11.51

Schade

1. Indien een belanghebbende ten gevolge van een overschrijdingsbesluit schade lijdt of zal lijden, die redelijkerwijs niet of niet geheel te zijnen laste behoort te blijven en ten aanzien waarvan de vergoeding niet of niet voldoende anderszins is verzekerd, kent Onze Minister hem op zijn verzoek een naar billijkheid te bepalen schadevergoeding toe.
2. Bij regeling van Onze Minister kunnen regels worden gesteld omtrent de indiening en afhandeling van een verzoek om schadevergoeding.

Art. 11.52

Gelijktijdigheid besluitvorming

1. De voorbereiding en het nemen van een overschrijdingsbesluit vinden gelijktijdig plaats met de voorbereiding en het nemen tot wijziging van een geluidproductieplafond.
2. Het eerste lid is van overeenkomstige toepassing met betrekking tot het weigeren van de in dat lid bedoelde besluiten.
3. De artikelen 11.32 en 11.37 zijn van overeenkomstige toepassing.

Art. 11.53

Toezending aan kadaster

1. Onze Minister zendt onverwijld een afschrift van het overschrijdingsbesluit aan de Dienst voor het kadaster en de openbare registers ter inschrijving van dat besluit in de openbare registers, bedoeld in afdeling 2 van titel 1 van Boek 3 van het Burgerlijk Wetboek. De artikelen 24, eerste lid, en 26 van Boek 3 van dat wetboek zijn niet van toepassing.
2. Indien een overschrijdingsbesluit ingevolge een besluit of uitspraak in rechte is vernietigd, is ingetrokken of gewijzigd, doet Onze Minister daarvan mededeling aan de Dienst, bedoeld in het eerste lid. Het eerste lid is van overeenkomstige toepassing.

Art. 11.54

Wijziging, intrekking overschrijdingsbesluit

1. Onze Minister kan een overschrijdingsbesluit wijzigen of intrekken.
2. Op een besluit tot wijziging van een overschrijdingsbesluit zijn de artikelen 11.50, 11.51, 11.52 en 11.53 van overeenkomstige toepassing.
3. Op een besluit tot intrekking van een overschrijdingsbesluit zijn de artikelen 11.52 en 11.53 van overeenkomstige toepassing.

Art. 11.55

Beroep

1. Voor de mogelijkheid van beroep worden als één besluit aangemerkt het overschrijdingsbesluit en het besluit tot wijziging van het geluidproductieplafond, dan wel de weigering om deze besluiten te nemen.
2. Indien het overschrijdingsbesluit wordt vernietigd, vervalt het besluit tot wijziging van het geluidproductieplafond van rechtswege.

Afdeling 11.3.6
Sanering

Art. 11.56
1. De beheerder van een weg of spoorweg waarvoor:
a. de geluidproductieplafonds bij inwerkingtreding van de Invoeringswet geluidproductieplafonds tot stand zijn gekomen met toepassing van artikel 11.45, eerste lid, en;
b. niet eerder een saneringsplan is vastgesteld of toepassing is gegeven aan artikel 11.42, tweede tot en met vijfde lid; doet uiterlijk 31 december 2023 een verzoek aan Onze Minister tot vaststelling van een saneringsplan.
2. Het eerste lid is van overeenkomstige toepassing op een weg of spoorweg waarvoor de geluidproductieplafonds tot stand zijn gekomen met toepassing van artikel 11.45, tweede lid, voor zover dit is aangegeven bij algemene maatregel van bestuur.
3. Bij het verzoek worden ten minste overgelegd:
a. een akoestisch onderzoek naar de geluidsbelasting die vanwege de weg of spoorweg bij volledige benutting van de geluidproductieplafonds wordt ondervonden door saneringsobjecten;
b. het mede op basis van het akoestisch onderzoek opgestelde voorstel voor een saneringsplan;
c. een planning voor de uitvoering van het saneringsplan;
d. een voorstel voor de saneringsmaatregelen, bedoeld in artikel 11.59.
4. Bij algemene maatregel van bestuur worden nadere regels gesteld omtrent de gegevens die bij het verzoek worden overgelegd.
5. Op het akoestisch onderzoek is artikel 11.33, tweede en zevende lid, van overeenkomstige toepassing.
6. Dit artikel is niet van toepassing op wegen en spoorwegen met betrekking waartoe toepassing is gegeven aan artikel 11.42.

Saneringsplan geluidproductieplafond weg/spoorweg

Art. 11.57
1. Saneringsobjecten zijn geluidgevoelige objecten die vallen onder een of meer van de volgende categorieën:
a. woningen en andere geluidsgevoelige objecten langs wegen en spoorwegen die op de geluidplafondkaart zijn aangegeven, die op grond van artikel 88 van de Wet geluidhinder, zoals dat luidde voor 1 januari 2007, of artikel 4.17 van het Besluit geluidhinder bij Onze Minister tijdig zijn gemeld, voor zover deze nog niet zijn gesaneerd, en de geluidsbelasting bij volledige benutting van de geluidproductieplafonds hoger is dan 60 dB als het een weg betreft of 65 dB als het een spoorweg betreft;
b. woningen alsmede in een bestemmingsplan opgenomen ligplaatsen voor woonschepen en standplaatsen voor woonwagens, waarvan de geluidsbelasting vanwege een in artikel 11.56 bedoelde weg of spoorweg bij volledige benutting van de geluidproductieplafonds hoger is dan 65 dB als het een weg betreft of 70 dB als het een spoorweg betreft;
c. woningen alsmede in een bestemmingsplan opgenomen ligplaatsen voor woonschepen en standplaatsen voor woonwagens, waarvan de geluidsbelasting vanwege bij algemene maatregel van bestuur genoemde delen van wegen of spoorwegen bij volledige benutting van de geluidproductieplafonds hoger is dan 55 dB als het een weg betreft of 60 dB als het een spoorweg betreft.
2. Onder saneringsobjecten als bedoeld in het eerste lid worden niet verstaan:
a. geluidsgevoelige objecten ten aanzien waarvan met toepassing van de Interimwet stad-en-milieubenadering een hogere geluidsbelasting is toegestaan dan de wettelijke maximumwaarde ingevolge de Wet geluidhinder, en
b. geluidsgevoelige objecten ten aanzien waarvan met toepassing van artikel 2.12, eerste lid, onder a, onder 2° of 3°, van de Wet algemene bepalingen omgevingsrecht een omgevingsvergunning is verleend waarbij voor de duur van ten hoogste tien jaar is afgeweken van het bestemmingsplan.

Saneringsobjecten; definitie

Art. 11.58
Een saneringsplan kan betrekking hebben op een of meer delen van wegen of spoorwegen.

Saneringsplan

Art. 11.59
1. Een saneringsplan bevat voor saneringsobjecten de maatregelen die met overeenkomstige toepassing van artikel 11.29 in aanmerking zijn genomen om de geluidsbelasting vanwege de desbetreffende weg of spoorweg bij volledige benutting van de geluidproductieplafonds op de gevel van de saneringsobjecten te beperken tot de streefwaarde van 60 dB als het een weg betreft of 65 dB als het een spoorweg betreft.
2. In afwijking van het eerste lid bevat een saneringsplan de maatregelen die met overeenkomstige toepassing van artikel 11.29 in aanmerking zijn genomen om de geluidsbelasting vanwege de desbetreffende weg of spoorweg op de gevel van de saneringsobjecten die voldoen aan artikel 11.57, eerste lid, onder c, met minimaal 5 dB te reduceren, tenzij toepassing van het eerste lid leidt tot een lagere geluidsbelasting.

Inhoud saneringsplan

A65 art. 11.60 — Wet milieubeheer

3. Een saneringsplan kan voor saneringsobjecten voorts andere in aanmerking komende saneringsmaatregelen bevatten.

Art. 11.60

Minister is bevoegd

1. Een saneringsplan wordt vastgesteld door Onze Minister.
2. Op de voorbereiding van de vaststelling van een saneringsplan is afdeling 3.4 van de Algemene wet bestuursrecht van overeenkomstige toepassing. Zienswijzen kunnen naar voren worden gebracht door eenieder.
3. Bij zijn beslissing geeft Onze Minister aan binnen hoeveel tijd na het onherroepelijk worden van het saneringsplan, de saneringsmaatregelen uit het saneringsplan getroffen moeten zijn.
4. Artikel 11.37 is van overeenkomstige toepassing.

Art. 11.61

Bijzondere gevallen

In bijzondere gevallen kan Onze Minister het saneringsplan of de termijn waarbinnen de saneringsmaatregelen uit het saneringsplan getroffen moeten zijn, wijzigen.

Art. 11.62

Non-conformiteit

1. Voor zover de in een vastgesteld saneringsplan opgenomen saneringsmaatregelen en het bestemmingsplan of de beheersverordening niet met elkaar in overeenstemming zijn, geldt het besluit tot vaststelling van het saneringsplan voor de uitvoering van de daarin opgenomen saneringsmaatregelen als een omgevingsvergunning waarbij met toepassing van artikel 2.12, eerste lid, onder a, onder 3°, van de Wet algemene bepalingen omgevingsrecht van het bestemmingsplan of de beheersverordening wordt afgeweken.
2. Artikel 11.43, tweede lid, is van overeenkomstige toepassing.

Art. 11.63

Verzoek tot verlaging geluidproductieplafonds

1. Indien de saneringsmaatregelen, bedoeld in artikel 11.59, eerste of tweede lid, leiden tot een verlaging van de geluidsbelasting van de saneringsobjecten, doet de beheerder gelijktijdig met het verzoek, bedoeld in artikel 11.56, eerste lid, een verzoek tot een verlaging van de betrokken geluidproductieplafonds overeenkomstig het geluideffect van die maatregelen.
2. De voorbereiding, het nemen en het ter inzage leggen van een wijziging van een geluidproductieplafond als bedoeld in het eerste lid vinden gelijktijdig plaats met de voorbereiding, het vaststellen en het ter inzage leggen van het saneringsplan waarop die wijziging betrekking heeft.
3. In afwijking van artikel 11.36 wordt in het besluit tot verlaging bepaald dat de werking van het besluit wordt opgeschort tot het eerste van de volgende tijdstippen:
a. het tijdstip waarop Onze Minister heeft medegedeeld dat de ingevolge het saneringsplan te treffen maatregelen ten genoegen van het bevoegd gezag zijn getroffen, of
b. het tijdstip met ingang waarvan de maatregelen ingevolge artikel 11.60, derde lid, eventueel verlengd overeenkomstig artikel 11.61, getroffen moeten zijn.
4. In afwijking van het derde lid heeft een verzoek tot wijziging van een betrokken geluidproductieplafond dat wordt gedaan tussen het besluit tot verlaging, bedoeld in het tweede lid, en het tijdstip waarop de laatstgenoemde verlaging gaat werken, betrekking op de waarde van het geluidproductieplafond na het gaan werken van deze verlaging.
5. Op het besluit tot verlaging van het geluidproductieplafond zijn de artikelen 11.29, 11.30, 11.33, 11.35 en 11.38 niet van toepassing.
6. De mededeling, bedoeld in het derde lid, onder a, geschiedt op dezelfde wijze als waarop is kennisgegeven van het besluit.
7. Voor de mogelijkheid van beroep worden als één besluit aangemerkt een wijziging van een geluidproductieplafond als bedoeld in het eerste lid en het vaststellen van het saneringsplan waarop die wijziging betrekking heeft.
8. Indien een saneringsplan wordt vernietigd, vervalt het besluit tot wijziging van het geluidproductieplafond van rechtswege.

Art. 11.64

Geluidwerende maatregelen

1. Indien bij volledige benutting van het op grond van artikel 11.63 gewijzigde geluidproductieplafond de geluidsbelasting van een saneringsobject hoger is dan de in artikel 11.59, eerste lid, genoemde streefwaarde, en de binnenwaarde wordt overschreden, treft de beheerder geluidwerende maatregelen.
2. Het eerste lid is van overeenkomstige toepassing indien geen maatregelen in aanmerking komen om de geluidsbelasting van een saneringsobject te beperken tot de in artikel 11.59, eerste lid, genoemde streefwaarde, en de binnenwaarde wordt overschreden.
3. De verplichting, bedoeld in het eerste lid, strekt ertoe dat uiterlijk 31 december 2025 de geluidsbelasting binnen de geluidsgevoelige ruimten van het betreffende saneringsobject wordt teruggebracht tot een waarde die ten minste 3 dB is gelegen onder de binnenwaarde.
4. Onze Minister kan op verzoek van de beheerder een andere termijn vaststellen waarbinnen de maatregelen worden getroffen.
5. Artikel 11.39 is van overeenkomstige toepassing.
6. Bij algemene maatregel van bestuur kan worden bepaald dat in bij die maatregel te bepalen gevallen geluidwerende maatregelen niet worden getroffen.

Wet milieubeheer

Art. 11.65
1. Het tweede en derde lid zijn van toepassing op saneringsobjecten waarop de geluidsbelasting, vanwege de weg of spoorweg, de maximale waarde overschrijdt, bij volledige benutting van:
a. het geluidproductieplafond, zoals dat met toepassing van artikel 11.63 is gewijzigd, of
b. het geluidproductieplafond, indien in het saneringsplan geen maatregelen zijn opgenomen om de geluidsbelasting van het saneringsobject te beperken.
2. Onze Minister zendt onverwijld een afschrift van het besluit inzake vaststelling van het saneringsplan aan de Dienst voor het kadaster en de openbare registers ter inschrijving van dat besluit in de openbare registers, bedoeld in afdeling 2 van titel 1 van Boek 3 van het Burgerlijk Wetboek. De artikelen 24, eerste lid, en 26 van Boek 3 van dat wetboek zijn niet van toepassing.
3. Indien de geluidsbelasting vanwege de weg of spoorweg, voor een saneringsobject als bedoeld in het eerste lid niet meer de maximale waarde zal overschrijden ingevolge een besluit tot wijziging van een geluidproductieplafond, doet Onze Minister daarvan mededeling aan de Dienst, bedoeld in het tweede lid. Het tweede lid is van overeenkomstige toepassing.

Saneringsobjecten

Afdeling 11.3.7
Overige bepalingen

Art. 11.66
Onze Minister zendt uiterlijk op 1 juli 2022 aan de Staten-Generaal een verslag over de doeltreffendheid en de effecten van dit hoofdstuk in de praktijk.

Verslag doeltreffendheid; termijn

Hoofdstuk 11a
Andere handelingen

Titel 11a.1
Kwaliteit van werkzaamheden en integriteit van degenen die deze werkzaamheden uitvoeren

Art. 11a.1
In deze titel wordt, voor zover het onderdelen van het milieubeleid betreft die tot de verantwoordelijkheid behoren van Onze Minister van Verkeer en Waterstaat, onder Onze betrokken Minister verstaan: Onze Minister van Verkeer en Waterstaat.

Betrokken minister; Minister van Verkeer en Waterstaat

Art. 11a.2
1. Bij of krachtens algemene maatregel van bestuur kunnen ter bevordering van de kwaliteit van bij of krachtens de maatregel aangewezen werkzaamheden als bedoeld in het tweede lid, en ter bevordering van de integriteit van degenen die deze werkzaamheden uitvoeren, regels worden gesteld, die nodig zijn in verband met de bescherming van het milieu.
2. Werkzaamheden als bedoeld in het eerste lid zijn:
a. het verrichten van berekeningen, metingen of tellingen;
b. het nemen of analyseren van monsters of het anderszins verrichten van onderzoek naar de aard of mate van verontreinigingen in stoffen, producten, afvalstoffen, afvalwater, lucht, oppervlaktewater, grond, organismen of bodem;
c. het beperken, ongedaan maken of anderszins saneren van een verontreiniging in stoffen, producten, afvalstoffen, afvalwater, lucht, oppervlaktewater, grond of bodem;
d. het beoordelen of inspecteren van stoffen, producten, voorzieningen of installaties;
e. het toepassen of geschikt maken voor toepassing, van stoffen, producten of afvalstoffen in een werk of het uitvoeren van een werk op of in de bodem;
f. het houden van toezicht op of het voorbereiden of begeleiden van werkzaamheden als bedoeld in de onderdelen a tot en met e;
g. bemiddelen bij, beoordelen van of adviseren of rapporteren over werkzaamheden als bedoeld in de onderdelen a tot en met f;
h. het afgeven, wijzigen, schorsen, intrekken of weigeren van certificaten, of
i. werkzaamheden met betrekking tot een bodemenergiesysteem.
3. Tot de bij een maatregel krachtens het eerste lid te stellen regels kunnen behoren regels, inhoudende een verbod een aangewezen werkzaamheid uit te voeren zonder dat voor die werkzaamheid wordt beschikt over:
a. een erkenning waarmee Onze Minister, in overeenstemming met Onze betrokken Minister, of een bij de maatregel aangewezen instantie, heeft vastgesteld dat degene die een werkzaamheid als bedoeld in het eerste lid uitvoert voldoet aan bij of krachtens de maatregel gestelde eisen met betrekking tot onafhankelijkheid, deskundigheid, bekwaamheid, betrouwbaarheid, financiële draagkracht of andere eisen waarmee de kwaliteit van de werkzaamheden en de integriteit van degene die een werkzaamheid uitvoert kan worden bevorderd;
b. een certificaat waarmee een krachtens onderdeel a erkende certificeringsinstelling kenbaar heeft gemaakt dat er gedurende een bepaalde periode een gerechtvaardigd vertrouwen bestaat

Eisen terzake bepaalde werkzaamheden

Verbod op een werkzaamheid; voorwaarden

dat een natuurlijk persoon of rechtspersoon voldoet aan de voor de certificering geldende normen met betrekking tot deskundigheid, bekwaamheid, het kwaliteitssysteem, de interne kwaliteitsbewaking, werkinstructies, klachtbehandeling of andere normen waarmee de kwaliteit van de werkzaamheden kan worden bevorderd;

c. een accreditatie waarmee de Stichting Raad voor Accreditatie te Utrecht kenbaar heeft gemaakt dat er gedurende een bepaalde periode een gerechtvaardigd vertrouwen bestaat dat een certificeringsinstelling, een inspectie-instelling, een laboratorium of een andere instelling competent is voor het uitvoeren van de desbetreffende werkzaamheid en dat wordt voldaan aan eisen omtrent de onafhankelijkheid, onpartijdigheid, continuïteit of andere eisen waarmee de kwaliteit van de werkzaamheden kan worden bevorderd.

4. Tot de bij een maatregel krachtens het eerste lid te stellen regels kunnen tevens behoren regels, inhoudende de verplichting:

a. te handelen overeenkomstig de aan de erkenning verbonden voorschriften;

b. te handelen overeenkomstig het voor de desbetreffende werkzaamheid bij of krachtens de maatregel aangewezen document;

c. te handelen overeenkomstig bij of krachtens de maatregel gestelde eisen omtrent de onafhankelijkheid, deskundigheid, bekwaamheid, betrouwbaarheid, financiële draagkracht of andere eisen waarmee de kwaliteit van de werkzaamheden en de integriteit van degene die een werkzaamheid uitvoert kan worden bevorderd;

d. van een intrekking of een schorsing van een certificaat of een accreditatie een kennisgeving te doen aan Onze Minister of een bij de maatregel aangewezen instantie.

Verlening erkenning

5. Indien toepassing wordt gegeven aan het derde lid, aanhef en onderdeel a, worden bij de maatregel regels gesteld met betrekking tot:

a. de wijze waarop de aanvraag voor een erkenning moet geschieden en de gegevens die door de aanvrager moeten worden verstrekt met het oog op de beslissing op de aanvraag;

b. de gronden waarop en de voorwaarden waaronder Onze Minister, in overeenstemming met Onze betrokken Minister, of een bij de maatregel aangewezen instantie, een erkenning kan verlenen, wijzigen, weigeren, schorsen of intrekken, en

c. de termijn waarvoor een erkenning kan worden verleend of geschorst.

Integriteitsbeoordeling

6. Indien op grond van het vijfde lid, onderdeel b, bij de maatregel is bepaald dat Onze Minister, in overeenstemming met Onze betrokken Minister of een bij de maatregel aangewezen instantie, een erkenning kan weigeren dan wel intrekken in het geval en onder de voorwaarden, bedoeld in artikel 3 van de Wet bevordering integriteitsbeoordelingen door het openbaar bestuur, kan bij die maatregel worden bepaald dat voorafgaand aan de weigering of intrekking het Bureau bevordering integriteitsbeoordelingen door het openbaar bestuur, bedoeld in artikel 8 van die wet om een advies als bedoeld in artikel 9 van die wet kan worden gevraagd.

Vrijstelling erkenning

7. Onze Minister kan, in overeenstemming met Onze betrokken Minister, voor daarbij aangegeven categorieën van werkzaamheden of categorieën van natuurlijke personen, rechtspersonen of instellingen die de werkzaamheden verrichten, vrijstelling verlenen van krachtens het derde tot en met vijfde lid gestelde regels, voor zover het belang van de bescherming van het milieu zich daartegen niet verzet.

Art. 11a.3

Bijzondere handelingen

Voor zover uitvoering is gegeven aan artikel 11A.2, eerste en derde lid, kan bij de maatregel worden bepaald dat in bij de maatregel aangegeven gevallen:

a. het bevoegd gezag een aanvraag om een beschikking die bij of krachtens deze wet, dan wel bij of krachtens de in artikel 13.1, tweede lid, genoemde wetten wordt gegeven, niet in behandeling neemt indien daarbij gegevens zijn gevoegd die afkomstig zijn van een natuurlijk persoon, rechtspersoon of instelling die in strijd heeft gehandeld met artikel 11A.2, derde lid;

b. ter voldoening aan een bij of krachtens deze wet, dan wel bij of krachtens de in artikel 13.1, tweede lid, genoemde wetten geldende verplichting geen gegevens worden verstrekt die afkomstig zijn van een natuurlijk persoon, rechtspersoon of instelling die in strijd heeft gehandeld met artikel 11A.2, derde lid.

Hoofdstuk 12
Verslag-, registratie- en meetverplichtingen

Titel 12.1
Registers beschermde gebieden

Art. 12.1-12.9
[Vervallen]

Art. 12.10

Registers beschermde gebieden

1. Onze Minister, Onze Minister van Economische Zaken, provinciale besturen, gemeentebesturen alsmede beheerders als bedoeld in artikel 1.1 van de Waterwet, dragen er zorg voor dat overeenkomstig artikel 6 van de kaderrichtlijn water één of meer registers worden bijgehouden

Wet milieubeheer **A65 art. 12.12**

van de in bijlage IV van de kaderrichtlijn water bedoelde beschermde gebieden, voor zover die gebieden onder hun beheer vallen.
2. Bij of krachtens algemene maatregel van bestuur kunnen regels worden gesteld aangaande de registers. Daarbij kan, in afwijking van het eerste lid, worden voorzien in de mogelijkheid dat de registratie van beschermde gebieden wordt gedaan door provinciale besturen dan wel Onze in het eerste lid genoemde ministers, mede als het gaat om gebieden die in beheer zijn bij andere bestuursorganen.

Titel 12.2
Registratie gegevens externe veiligheid inrichtingen, transportroutes en buisleidingen

Art. 12.11
1. In deze titel en de daarop berustende bepalingen wordt verstaan onder: **Begripsbepalingen**
a. bevoegd gezag:
1°. bestuursorgaan dat bevoegd is een omgevingsvergunning voor een inrichting te verlenen;
2°. bestuursorgaan waaraan krachtens artikel 8.41, tweede lid, onder a, een melding wordt gericht;
3°. de Autoriteit, bedoeld in artikel 3, eerste lid, van de Kernenergiewet voor zover de bevoegdheid tot vergunningverlening betrekking heeft op inrichtingen als bedoeld in artikel 15, onder b, van de Kernenergiewet;
4°. Onze Minister voor openbare wegen en vaarwegen voorzover deze door het Rijk worden beheerd en voor krachtens artikel 2 van de Spoorwegwet aangewezen hoofdspoorwegen;
5°. gedeputeerde staten voor openbare wegen en vaarwegen voor zover deze door de provincie worden beheerd;
6°. burgemeester en wethouders voor openbare wegen en vaarwegen voor zover deze door de gemeente worden beheerd;
7°. dagelijks bestuur van het waterschap voor openbare wegen en vaarwegen voor zover deze door het waterschap worden beheerd;
8°. Onze Minister voor de buisleidingen die behoren tot een krachtens artikel 12.12, tweede lid, aangewezen categorie;
9°. Onze Minister van Economische Zaken voor inrichtingen waarop de Mijnbouwwet van toepassing is;
b. gevaarlijke stoffen:
1°. voor zover het betreft inrichtingen en buisleidingen: stoffen die behoren tot een of meer van de in bijlage I van de EG-verordening indeling, etikettering en verpakking van stoffen en mengsels bedoelde categorieën, alsmede splijtstoffen en radioactieve stoffen als bedoeld in artikel 1 van de Kernenergiewet;
2°. voor zover het betreft transportroutes: stoffen die ingevolge de Wet vervoer gevaarlijke stoffen als gevaarlijk zijn aangewezen;
c. transportroute: openbare weg, krachtens artikel 2 van de Spoorwegwet aangewezen hoofdspoorweg of vaarweg;
d. buisleiding: leiding bestemd of gebruikt voor het vervoer van gevaarlijke stoffen, met de daarbij behorende voorzieningen;
e. externe veiligheid: veiligheid buiten inrichtingen waar gevaarlijke stoffen aanwezig zijn of krachtens een omgevingsvergunning aanwezig mogen zijn en veiligheid buiten transportroutes en buisleidingen waarover of waardoor gevaarlijke stoffen worden vervoerd, voor zover die veiligheid kan worden beïnvloed door een ongeval waarbij gevaarlijke stoffen zijn betrokken.
2. Bij algemene maatregel van bestuur kunnen andere stoffen dan bedoeld in het eerste lid, onder b, worden aangewezen die, voor zover het betreft inrichtingen en buisleidingen, voor de toepassing van deze titel en de daarop gebaseerde bepalingen worden aangemerkt als gevaarlijke stof.

Art. 12.12
1. Er is een openbaar register dat gegevens bevat over de externe veiligheid. **Register i.v.m. externe veiligheid**
2. Bij of krachtens algemene maatregel van bestuur worden de categorieën van inrichtingen, transportroutes en buisleidingen aangewezen dan wel mede de gevallen waarover het register gegevens bevat inzake de externe veiligheid.
3. Het register wordt beheerd door een door Onze Minister aan te wijzen instantie. **RIVM als beheerder**
4. Bij of krachtens algemene maatregel van bestuur worden regels gesteld met betrekking tot de gegevens die door de instantie, bedoeld in het derde lid, in het register worden opgenomen.
5. Bij of krachtens de in het vierde lid bedoelde maatregel kunnen tevens regels worden gesteld omtrent de vorm, inrichting en de toegankelijkheid van het register en de wijze waarop het register wordt bijgehouden.

Sdu 1265

A65 art. 12.13 — Wet milieubeheer

Art. 12.13

Verstrekking gegevens aan RIVM

1. Het bevoegd gezag is verplicht gegevens over externe veiligheid aan de instantie, bedoeld in artikel 12.12, derde lid, te verstrekken, evenals de wijzigingen die in deze gegevens optreden.
2. Bij of krachtens algemene maatregel van bestuur worden regels gesteld met betrekking tot de te verstrekken gegevens.
3. Bij algemene maatregel van bestuur worden regels gesteld omtrent het tijdstip waarop de gegevens, bedoeld in het eerste lid, dienen te worden verstrekt.
4. Bij ministeriële regeling kunnen regels worden gesteld met betrekking tot de wijze waarop de gegevens door het bevoegd gezag aan de instantie, bedoeld in artikel 12.12, derde lid, worden verstrekt.

Art. 12.14

Verstrekking gegevens aan bevoegd gezag; inrichting

1. Degene die een inrichting drijft waar gevaarlijke stoffen aanwezig zijn, degene die een buisleiding gebruikt voor het vervoer van gevaarlijke stoffen of degene aan wie een concessie voor die buisleiding is verleend, verstrekt op verzoek van het bevoegd gezag de gegevens benodigd voor de uitvoering van artikel 12.13, eerste lid, en voert de voor de totstandkoming van de gegevens benodigde berekeningen uit.

Verstrekking gegevens door vervoerder

2. Het eerste lid is van overeenkomstige toepassing op degene die gevaarlijke stoffen voor vervoer aanbiedt en op degene aan wie een concessie voor het beheer van de hoofdspoorweginfrastructuur is verleend voor zover de hoofdspoorweg wordt gebruikt voor het vervoer van gevaarlijke stoffen, met dien verstande dat geen gegevens hoeven te worden verstrekt voor zover voor de totstandkoming van de gegevens berekeningen moeten worden uitgevoerd.
3. Het eerste en tweede lid blijven buiten toepassing voor zover de gegevens reeds door het bevoegd gezag zijn verkregen of door het bevoegd gezag op grond van het vijfde lid kunnen worden verkregen.
4. Tot de ingevolge het eerste lid op verzoek van het bevoegd gezag te verstrekken gegevens behoren mede de berekeningen die aan de te verstrekken gegevens ten grondslag liggen.
5. Een bestuursorgaan dat beschikt over gegevens benodigd voor de uitvoering van artikel 12.13, eerste lid, verstrekt op verzoek van het bevoegd gezag die gegevens.
6. De verstrekking van gegevens, bedoeld in het eerste lid, heeft geen betrekking op het uitvoeren van nieuwe berekeningen in verband met de vaststelling van besluiten krachtens de Wet ruimtelijke ordening die betrekking hebben op het gebied dat van belang is voor de externe veiligheid, indien reeds eerder berekeningen ingevolge het eerste lid aan het bevoegd gezag zijn verstrekt, dan wel anderszins bij dat gezag beschikbaar zijn.
7. Het verzoek om gegevens te verstrekken wordt schriftelijk gedaan en vermeldt een termijn van ten hoogste drie maanden waarbinnen aan het verzoek moet worden voldaan.
8. Bij ministeriële regeling kunnen regels worden gesteld met betrekking tot de op grond van het eerste en tweede lid te verstrekken gegevens, en de wijze waarop deze aan het bevoegd gezag worden verstrekt.

Art. 12.15

Opname in register

1. De instantie, bedoeld in artikel 12.12, derde lid, maakt de door het bevoegd gezag verstrekte gegevens zo spoedig mogelijk doch uiterlijk binnen 8 weken na ontvangst geschikt voor weergave in het register.
2. De instantie, bedoeld in artikel 12.12, derde lid, maakt de door het bevoegd gezag verstrekte gegevens in het register niet voor een ieder toegankelijk dan nadat het bevoegd gezag met de door die instantie voorgestelde weergave heeft ingestemd. Het bevoegd gezag beslist hierover binnen vier weken na ontvangst van de voorgestelde weergave. Alvorens in te stemmen met de voorgestelde weergave zendt het bevoegd gezag ten minste twee weken voordat wordt ingestemd aan degene die de inrichting drijft waar gevaarlijke stoffen aanwezig zijn, onderscheidenlijk degene die een buisleiding gebruikt voor het vervoer van gevaarlijke stoffen, onderscheidenlijk degene aan wie een concessie voor die buisleiding is verleend, een afschrift van de voorgestelde weergave.

Art. 12.16

Gegevensverstrekking op verzoek

1. Op verzoek verstrekt de instantie, bedoeld in artikel 12.12, derde lid, een afschrift van in het register opgenomen gegevens over de externe veiligheid.
2. Bij ministeriële regeling kunnen regels worden gesteld met betrekking tot de vorm en wijze van het verstrekken door de instantie, bedoeld in artikel 12.12, derde lid, van de gegevens, bedoeld in het eerste lid.
3. Bij algemene maatregel van bestuur kunnen regels worden gesteld met betrekking tot in rekening te brengen vergoedingen voor het op verzoek vervaardigen van afschriften van in het register opgenomen gegevens. De vergoeding bedraagt niet meer dan de werkelijke kosten.

Art. 12.17

Herstel fouten in register

1. Een verzoek tot herstel van een fout in het register bevat de redenen voor dat verzoek en zo mogelijk de aan te brengen wijzigingen. Het verzoek wordt gericht tot het bevoegd gezag.
2. Uiterlijk binnen acht weken na de dag van ontvangst van een verzoek als bedoeld in het eerste lid beslist het bevoegd gezag op het verzoek. Het bevoegd gezag deelt zijn beslissing mede

Wet milieubeheer

aan de verzoeker en aan degene die de betreffende inrichting drijft onderscheidenlijk degene die de betreffende buisleiding gebruikt, onderscheidenlijk degene aan wie een concessie voor die buisleiding is verleend, waarop het verzoek tot herstel van een fout betrekking heeft.
3. Op de beslissing van het bevoegd gezag tot herstel van een fout is artikel 12.13 van overeenkomstige toepassing.

Titel 12.3
De EG-verordening PRTR en het PRTR-protocol

§ 12.3.1
Algemeen

Art. 12.18
In deze titel en de daarop berustende bepalingen wordt verstaan onder: **Begripsbepalingen**
PRTR: register inzake de emissie en overbrenging van verontreinigende stoffen als bedoeld in artikel 12.25, eerste lid;
PRTR-protocol: op 21 mei 2003 te Kiev tot stand gekomen Protocol betreffende registers inzake de uitstoot en overbrenging van verontreinigende stoffen, met Bijlagen (Trb. 2003, 153, en Trb. 2007, 95);
PRTR-verslag: verslag als bedoeld in artikel 12.20, eerste lid;
verslagjaar: kalenderjaar waarover ingevolge artikel 5, eerste lid, van de EG-verordening PRTR of artikel 12.20a, eerste lid, een PRTR-verslag moet worden opgesteld.

§ 12.3.2
Rapportage door inrichtingen

Art. 12.19
1. Deze titel is van toepassing op inrichtingen waarin een of meer van de in bijlage I bij de EG-verordening PRTR genoemde activiteiten worden verricht in een mate die de ingevolge die bijlage van toepassing zijnde capaciteitsdrempelwaarde overschrijdt. **Werkingssfeer**
2. Onder inrichtingen als bedoeld in het eerste lid worden mede begrepen inrichtingen binnen de Nederlandse exclusieve economische zone.

Art. 12.20
1. Indien degene die een inrichting drijft, ingevolge artikel 5, eerste lid, van de EG-verordening PRTR met betrekking tot een kalenderjaar rapportageplichtig is, zendt hij uiterlijk op 31 maart van het kalenderjaar volgend op het verslagjaar aan de op grond van artikel 12.21 bevoegde instantie langs elektronische weg een verslag bevattende de in artikel 5, eerste en tweede lid, van de EG-verordening PRTR bedoelde gegevens. **Verslagtermijnen**
2. Het PRTR-verslag voldoet aan de in artikel 9, tweede lid, van de EG-verordening PRTR genoemde kwaliteitseisen.
3. Het eerste verslagjaar is 2007.

Art. 12.20a
1. Bij of krachtens algemene maatregel van bestuur kunnen andere gegevens dan de in artikel 5, eerste lid, van de EG-verordening PRTR bedoelde gegevens worden aangewezen, die in het PRTR-verslag moeten worden opgenomen. Als gegevens als bedoeld in de eerste volzin worden uitsluitend aangewezen gegevens omtrent de nadelige gevolgen voor het milieu die de inrichting in het verslagjaar heeft veroorzaakt, en die redelijkerwijs nodig zijn voor: **Extra gegevens**
a. de vervulling door het bestuursorgaan dat bevoegd is een omgevingsvergunning dan wel een vergunning krachtens artikel 6.2, eerste lid, van de Waterwet voor de betrokken inrichting te verlenen, van de in onderscheidenlijk artikel 18.2 van deze wet, artikel 5.2 van de Wet algemene bepalingen omgevingsrecht en artikel 8.1 van de Waterwet bedoelde taak,
b. de vaststelling van het door de bestuursorganen of andere bestuursorganen te voeren milieubeleid en de controle op de voortgang van de uitvoering van dat beleid, of
c. de uitvoering van een voor Nederland verbindend verdrag of een voor Nederland verbindend besluit van een volkenrechtelijke organisatie.
2. De artikelen 5, tweede tot en met vijfde lid, en 9, eerste en tweede lid, van de EG-verordening PRTR en artikel 12.20, eerste lid, zijn van overeenkomstige toepassing op de krachtens het eerste lid aangewezen gegevens.

Art. 12.20b
Degene die de inrichting drijft, zendt gelijktijdig met toezending van het PRTR-verslag aan de op grond van artikel 12.21 bevoegde instantie, langs elektronische weg een afschrift hiervan aan Onze Minister. **Verslag toezending aan instanties**

Art. 12.21
1. Als bevoegde instantie als bedoeld in artikel 2, onder 2, van de EG-verordening PRTR en ingevolge deze titel wordt aangewezen het bestuursorgaan dat voor de inrichting bevoegd is **Aanwijzing bevoegde instantie**

een omgevingsvergunning of een vergunning als bedoeld in artikel 6.2, eerste lid, van de Waterwet te verlenen, dan wel, in geval op de inrichting de Mijnbouwwet van toepassing is, Onze Minister van Economische Zaken.

2. In afwijking van het eerste lid wordt Onze Minister van Landbouw, Natuur en Voedselkwaliteit aangewezen als bevoegde instantie voor inrichtingen waar activiteiten worden verricht als bedoeld in bijlage I, nummer 7, onder a, bij de EG-verordening PRTR.

Art. 12.22

Kwaliteitsbeoordeling

De kwaliteitsbeoordeling van het PRTR-verslag, bedoeld in artikel 9, tweede lid, van de EG-verordening PRTR, geschiedt uiterlijk op 30 juni van het kalenderjaar volgend op het verslagjaar.

Art. 12.23

Niet voldoen aan eisen

1. De op grond van artikel 12.21 bevoegde instantie kan uiterlijk op 30 juni van het kalenderjaar volgend op het verslagjaar verklaren dat een PRTR-verslag niet voldoet aan de bij artikel 5, eerste of tweede lid, van de EG-verordening PRTR, de bij of krachtens artikel 12.20a, eerste lid, van deze wet of de bij artikel 9, tweede lid, van de EG-verordening PRTR gestelde eisen of niet is opgesteld met inachtneming van de bij artikel 5, derde of vierde lid, van de EG-verordening PRTR of de krachtens artikel 12.29, aanhef en onder a tot en met c, gestelde eisen.

2. De bevoegde instantie kan het afgeven van de in het eerste lid bedoelde verklaring voor ten hoogste drie maanden verdagen. Van de verdaging wordt uiterlijk op het in het eerste lid bedoelde tijdstip schriftelijk mededeling gedaan aan degene die de betrokken inrichting drijft.

3. De bevoegde instantie kan na het tijdstip, bedoeld in het eerste lid, onderscheidenlijk indien toepassing is gegeven aan het tweede lid, na het tijdstip dat met toepassing van het tweede lid is vastgesteld, alsnog verklaren dat het PRTR-verslag niet voldoet aan de in het eerste lid bedoelde eisen, indien:

a. het verslag onjuiste of onvolledige gegevens bevat of

b. het verslag anderszins onjuist was, en degene die het verslag heeft ingediend, dit wist of behoorde te weten.

4. De bevoegdheid, bedoeld in het derde lid, vervalt vijf jaren na afloop van het verslagjaar.

5. In gevallen waarin niet tijdig een PRTR-verslag is ingediend, is het eerste lid van overeenkomstige toepassing, met dien verstande dat de verklaring inhoudt dat geen PRTR-verslag is ingediend en dat in plaats van 30 juni wordt gelezen: 30 september. Het tweede lid is niet van toepassing.

Art. 12.24

Beoordelingsgegevens

1. De op grond van artikel 12.21 bevoegde instanties verstrekken de in de artikelen 12.20, eerste lid, en 12.20a, eerste lid, bedoelde gegevens waarvan zij overeenkomstig artikel 9, tweede lid, van de EG-verordening PRTR de kwaliteit hebben beoordeeld, aan Onze Minister. De verstrekking vindt plaats in elektronische vorm telkens uiterlijk op 30 september van het kalenderjaar volgend op het verslagjaar.

2. Het eerste lid is niet van toepassing:

a. op gegevens, opgenomen in een PRTR-verslag ten aanzien waarvan een verklaring als bedoeld in artikel 12.23, eerste lid, is afgegeven, en

b. indien een verklaring als bedoeld in artikel 12.23, vijfde lid, is afgegeven,

in welke gevallen de bevoegde instantie uiterlijk op het in het eerste lid bedoelde tijdstip aan Onze Minister meldt dat een verklaring als bedoeld onder a onderscheidenlijk b is afgegeven.

3. De bevoegde instantie kan op verzoek van degene die de inrichting drijft, of ambtshalve bepalen dat bepaalde in een PRTR-verslag opgenomen gegevens niet aan Onze Minister worden verstrekt. Artikel 10 van de Wet openbaarheid van bestuur is van overeenkomstige toepassing. Een verzoek als bedoeld in de eerste volzin wordt ingediend gelijktijdig met het toezenden van het PRTR-verslag, doch uiterlijk op 31 maart van het kalenderjaar volgend op het verslagjaar. Een ambtshalve bepaling als bedoeld in de eerste volzin vindt plaats uiterlijk op 30 september van het kalenderjaar volgend op het verslagjaar.

4. Indien toepassing is gegeven aan het derde lid, deelt de bevoegde instantie uiterlijk op het in het eerste lid, tweede volzin, genoemde tijdstip aan Onze Minister mee:

a. welk type informatie geheim is gehouden;

b. op welke grond tot geheimhouding is besloten.

5. In afwijking van het eerste lid worden gegevens ten aanzien waarvan een verzoek als bedoeld in het derde lid is afgewezen, niet eerder verstrekt dan nadat het betrokken besluit ingevolge artikel 20.3 in werking is getreden. Artikel 20.5, eerste lid, is niet van toepassing.

6. In afwijking van het tweede lid worden verklaringen als bedoeld in artikel 12.23 niet eerder gemeld dan nadat het betrokken besluit ingevolge artikel 20.3 in werking is getreden. Artikel 20.5, eerste lid, is niet van toepassing.

Wet milieubeheer A65 art. 12.29

§ 12.3.3
PRTR

Art. 12.25
1. Er is een register dat gegevens bevat over de emissie en overbrenging van verontreinigende stoffen. — PRTR
2. Het PRTR is voor een ieder langs elektronische weg toegankelijk.
3. Het PRTR wordt beheerd door Onze Minister.
4. Bij ministeriële regeling kunnen regels worden gesteld omtrent de vorm en de inrichting van het PRTR.

Art. 12.26
1. Het PRTR bevat de door de op grond van artikel 12.21 bevoegde instanties overeenkomstig artikel 12.24, eerste lid, aan Onze Minister verstrekte gegevens alsmede de overeenkomstig artikel 12.24, tweede lid, aan Onze Minister gemelde verklaringen. — Op te nemen gegevens
2. Het PRTR bevat tevens gegevens over emissies vanuit diffuse bronnen als bedoeld in artikel 2, negende lid, van het PRTR-protocol, voorzover die gegevens bij Onze Minister aanwezig zijn, die gegevens een voldoende mate van ruimtelijke detaillering bezitten en het opnemen van die gegevens in het PRTR in praktische zin mogelijk is. Indien in het PRTR gegevens over emissies vanuit diffuse bronnen worden opgenomen, wordt tevens aangegeven met behulp van welke methode die gegevens zijn vergaard.
3. Indien een bevoegde instantie bepaalde gegevens met toepassing van artikel 12.24, derde lid, niet aan Onze Minister heeft verstrekt, wordt in het PRTR aangegeven:
   a. welk type informatie geheim is gehouden;
   b. op welke grond tot geheimhouding is besloten.

Art. 12.27
1. Onze Minister maakt de in artikel 12.26 bedoelde gegevens per verslagjaar via het PRTR openbaar telkens uiterlijk op 31 maart van het tweede kalenderjaar volgend op het verslagjaar. — Openbaarmaking gegevens
2. In afwijking van het eerste lid geschiedt de openbaarmaking met betrekking tot het verslagjaar 2007 uiterlijk op 30 juni 2009.

Art. 12.28
Onze Minister is belast met de uitvoering van artikel 7, tweede lid, van de EG-verordening PRTR. — Uitvoering

§ 12.3.4
Aanvullende rapportageverplichtingen

Art. 12.28a
Bij of krachtens algemene maatregel van bestuur wordt bepaald in hoeverre een bestuursorgaan als bedoeld in artikel 12.20a, eerste lid, onder a, voorschriften aan de vergunning kan verbinden, die de verplichting inhouden andere gegevens dan die in artikel 5, eerste lid, van de EG-verordening PRTR bedoelde en de krachtens artikel 12.20a, eerste lid, aangewezen gegevens aan te wijzen, die in het PRTR-verslag moeten worden opgenomen. Als andere gegevens als bedoeld in de eerste volzin worden uitsluitend aangemerkt gegevens: — Nadere regels
a. omtrent de lokale nadelige gevolgen voor het milieu, die de inrichting in het verslagjaar heeft veroorzaakt, en
b. die redelijkerwijs nodig zijn voor de vervulling door het bestuursorgaan van de in artikel 12.20a, eerste lid, onder a, bedoelde taak.

§ 12.3.5
Slotbepalingen

Art. 12.29
Bij of krachtens algemene maatregel van bestuur kunnen in het belang van de goede werking van het PRTR en ter uitvoering van de EG-verordening PRTR regels worden gesteld met betrekking tot:
a. de voor de gegevensinzameling gebruikte methodiek, bedoeld in artikel 5, vijfde lid, van de EG-verordening PRTR;
b. de frequentie van informatievergaring, bedoeld in artikel 5, derde lid, van de EG-verordening PRTR;
c. de wijze waarop een PRTR-verslag moet worden opgesteld en de inhoud van een dergelijk verslag;
d. de geheimhouding van gegevens, bedoeld in de artikelen 12.24, derde en vierde lid, en 12.26, derde lid;
e. de wijze waarop de kwaliteitsbeoordeling van een PRTR-verslag, bedoeld in artikel 9, tweede lid, van de EG-verordening PRTR, moet worden uitgevoerd, of

A65 art. 12.30 — Wet milieubeheer

f. de informatie die mag worden gebruikt om vast te stellen of een inrichting rapportageplichtig is op grond van artikel 12.20, eerste lid, of artikel 12.20a, eerste lid.

Art. 12.30
Dwingend recht — Het is verboden te handelen in strijd met artikel 5 van de EG-verordening PRTR.

Titel 12.4
[Vervallen]

Art. 12.31-12.33
[Vervallen]

Hoofdstuk 13
Procedures voor vergunningen en ontheffingen

Afdeling 13.1
Algemeen

Art. 13.1
Toepassingbereik afdeling 13.2
1. Bij toepassing van afdeling 3.4 van de Algemene wet bestuursrecht op de voorbereiding van beschikkingen krachtens deze wet en van beschikkingen krachtens de in het tweede lid genoemde wetten of wettelijke bepalingen, wordt afdeling 13.2 in acht genomen, voor zover dat bij of krachtens de betrokken wet is bepaald.
2. De in het eerste lid bedoelde wetten of wettelijke bepalingen zijn:
de Mijnbouwwet,
de artikelen 3.1, 3.3 tot en met 3.6, 6.4 en 7.1 van de Wet dieren met betrekking tot dierlijke bijproducten,
de Kernenergiewet,
de Wet geluidhinder,
de Wet inzake de luchtverontreiniging,
de Wet bodembescherming,
de Ontgrondingenwet,
de Wet bescherming Antarctica,
de Waterwet,
de Wet algemene bepalingen omgevingsrecht.

Afdeling 13.2
Bijzondere bepalingen

Art. 13.2
Kennisgeving aanvraag bij MER-plichtige besluiten — Indien bij de voorbereiding van de beslissing op de aanvraag om een vergunning of een ontheffing een milieueffectrapport moet worden gemaakt, wordt van die aanvraag kennisgegeven. Met betrekking tot die kennisgeving zijn de artikelen 3:11, 3:12, eerste en tweede lid, en derde lid, onder a, en 3:14 van de Algemene wet bestuursrecht en de artikelen 13.4 en 13.6 van overeenkomstige toepassing.

Art. 13.3
Zienswijzen als bedoeld in artikel 3:15 van de Algemene wet bestuursrecht, kunnen naar voren worden gebracht door een ieder.

Art. 13.4
Ter-inzagelegging en kennisgeving van aanvraag — Indien de aanvraag om een vergunning of ontheffing betrekking heeft op een inrichting of werk, geschiedt de terinzagelegging, bedoeld in artikel 3:13, eerste lid, van de Algemene wet bestuursrecht, in ieder geval ter secretarie van de gemeente waarin de inrichting of het werk geheel of in hoofdzaak zal zijn gelegen.

Art. 13.5
Gebruik gegevens en onderzoeken
1. Bij het geven van een beschikking als bedoeld in artikel 13.1 kan het bevoegd gezag zich in ieder geval baseren op gegevens en onderzoeken die niet ouder zijn dan twee jaar.
2. Het eerste lid is niet van toepassing op een beschikking die krachtens de Wet bescherming Antarctica wordt genomen.

Art. 13.6
Openbaarheid — Indien de aanvrager daarom heeft verzocht, stelt het bevoegd gezag hem, voordat het stukken ter inzage legt die niet van zijn kant zijn ingebracht, in de gelegenheid die stukken in te zien met het oog op de toepassing van de artikelen 19.3 tot en met 19.5. Tot de in de eerste volzin bedoelde stukken behoren niet de verslagen, gemaakt overeenkomstig artikel 3:17, tweede lid, van de Algemene wet bestuursrecht, en afschriften van zienswijzen, door anderen dan betrokken bestuursorganen ingebracht overeenkomstig artikel 3:15 van die wet. Artikel 10 van de Wet openbaarheid van bestuur is niet van toepassing.

Wet milieubeheer   **A65 art. 14.1**

Art. 13.7
[Vervallen]

Art. 13.8
1. Indien op de voorbereiding van de beschikking op een of meerdere van de aanvragen die gecoördineerd worden behandeld met andere aanvragen artikel 31, vierde lid, van de Dienstenwet van toepassing is, is dat lid van toepassing op de voorbereiding van alle beschikkingen op die aanvragen.
2. Indien de termijn voor het geven van een beschikking op een aanvraag wordt verlengd overeenkomstig artikel 31, vierde lid, van de Dienstenwet of artikel 3:18, tweede lid, van de Algemene wet bestuursrecht, geldt die termijn tevens voor de beschikking op de andere aanvragen waarmee de aanvraag gecoördineerd wordt behandeld.

Art. 13.9
Indien een beslissing op een aanvraag om een vergunning of ontheffing of een beschikking tot wijziging daarvan niet kan worden gegeven dan nadat is voldaan aan een uit een voor Nederland verbindend verdrag of een voor Nederland verbindend besluit van een volkenrechtelijke organisatie voortvloeiende verplichting, wordt de termijn voor het geven van die beschikking opgeschort tot de ten aanzien van die verplichting geldende procedure is afgerond.   *Termijn bij internationale verplichtingen*

Art. 13.10
In gevallen waarin Onze Minister bevoegd is een vergunning of ontheffing te verlenen, kan hij in overeenstemming met Onze betrokken Minister in het belang van de veiligheid van de Staat de toepassing van afdeling 3.4 en artikel 3:44 van de Algemene wet bestuursrecht geheel of gedeeltelijk achterwege laten, voor zover dat belang zulks vereist.   *Buiten-toepassingverklaring Awb in het belang van de veiligheid van de Staat*

Art. 13.11
Het bevoegd gezag kan bepalen dat afdeling 3.4 van de Algemene wet bestuursrecht buiten toepassing blijft bij de voorbereiding van de beschikking op een aanvraag om een vergunning of ontheffing of van een beschikking tot wijziging daarvan, indien die beschikking: *Buiten-toepassingverklaring Awb in bijzondere gevallen*
a. betrekking heeft op het beheer van gevaarlijke afvalstoffen waarvan het beheer door een ongewone omstandigheid op korte termijn nodig is;
b. betrekking heeft op het beheer van andere dan gevaarlijke afvalstoffen waarvan het beheer door een ongewone omstandigheid en in verband met de hoeveelheid waarin die afvalstoffen vrijkomen, op korte termijn nodig is;
c. strekt tot uitvoering van een verplichting, opgelegd krachtens artikel 17.4

Afdeling 13.2
Afvalvoorzieningen categorie A met mogelijke grensoverschrijdende milieugevolgen

Art. 13.12
Indien de aanvraag om een omgevingsvergunning betrekking heeft op een afvalvoorziening categorie A, die belangrijke nadelige gevolgen voor het milieu kan hebben in een ander land, en over het op die aanvraag te nemen besluit overleg plaatsvindt met bestuursorganen in het betrokken andere land, wordt dit overleg in de kennisgeving vermeld.   *Afvalvoorziening categorie A met gevolgen in ander land*

Art. 13.13
1. Indien de aanvraag om een omgevingsvergunning betrekking heeft op een afvalvoorziening categorie A, die is gelegen in een ander land en die belangrijke nadelige gevolgen voor het milieu in Nederland kan hebben, wordt de aanvraag met de daarop betrekking hebbende stukken door gedeputeerde staten van de provincie waarbinnen bedoelde gevolgen zich kunnen voordoen, ter inzage gelegd.   *Ander land*
2. Artikel 3:12, derde lid, onderdelen a, b en c, van de Algemene wet bestuursrecht is van overeenkomstige toepassing.

Hoofdstuk 14
Coördinatie

§ 14.1
Coördinatie bij aanvragen om een beschikking

Art. 14.1
1. Ingeval ten behoeve van een zelfde inrichting aanvragen zijn gedaan tot het geven van met elkaar samenhangende beschikkingen en op de voorbereiding van ten minste een daarvan afdeling 3.4 van de Algemene wet bestuursrecht van toepassing is, kunnen gedeputeerde staten van de provincie waar die inrichting geheel of in hoofdzaak is of zal zijn gelegen, indien ten minste één van die aanvragen tot hen is gericht, een gecoördineerde behandeling van die aanvragen bevorderen.   *Bevordering coördinatie GS*

A65 art. 14.2 Wet milieubeheer

Verplichting coördinatie

2. Gedeputeerde staten zijn gehouden een gecoördineerde behandeling van aanvragen als bedoeld in de aanhef van het eerste lid, indien zij zijn gericht tot verschillende bestuursorganen, te bevorderen wanneer een van die organen dan wel de aanvrager of een der aanvragers hun daarom verzoekt.

3. Gedeputeerde staten zijn voorts gehouden op verzoek van degene die voornemens is een of meer aanvragen te doen als in de aanhef van het eerste lid bedoeld, indien die aanvragen zullen worden gericht tot verschillende bestuursorganen, een gecoördineerde voorbereiding van die aanvragen te bevorderen.

Beperking coördinatie niet onder paragrafen 3.5.1 t/m 3.5.5 Awb vallende beschikkingen

4. De verplichtingen, bedoeld in het tweede en derde lid, gelden, voor zover het betreft aanvragen om beschikkingen op de voorbereiding waarvan afdeling 3.4 van de Algemene wet bestuursrecht niet van toepassing is, slechts voor zover nakoming daarvan mogelijk is in verband met de wettelijke voorschriften betreffende de totstandkoming van die beschikkingen.

5. Indien gedeputeerde staten toepassing geven aan het tweede of derde lid, delen zij dit onverwijld schriftelijk mede aan de aanvragers en elk der andere bestuursorganen waartoe één of meer der aanvragen mocht zijn gericht.

Art. 14.2

Synchronisatie van datum van ontvangst bij meerdere aanvragen

1. Ten aanzien van aanvragen als bedoeld in de aanhef van artikel 14.1, eerste lid, die binnen een tijdsverloop van zes weken zijn gedaan, kunnen gedeputeerde staten, indien ten minste één van die aanvragen tot hen is gericht, bepalen dat als datum van ontvangst van die aanvragen geldt de datum waarop de laatste daarvan is ontvangen. Indien het ontwerp van de beschikking op een aanvraag al overeenkomstig artikel 3:13 eerste lid, van de Algemene wet bestuursrecht is toegezonden, blijft de eerste volzin met betrekking tot die aanvraag buiten toepassing.

2. Gedeputeerde staten zijn gehouden ten aanzien van aanvragen als bedoeld in het eerste lid een bepaling als daar bedoeld te stellen wanneer een ander bestuursorgaan waartoe één of meer der aanvragen is gericht, dan wel de aanvrager of een der aanvragers hun daarom verzoekt. Een verzoek wordt schriftelijk bij gedeputeerde staten ingediend.

3. Indien gedeputeerde staten toepassing geven aan het eerste of tweede lid, delen zij dit onverwijld mede aan de aanvragers en een elk der andere bestuursorganen waartoe één of meer der aanvragen mocht zijn gericht, onder vermelding van de datum waarop de laatste aanvraag is ontvangen.

Art. 14.3

Bevordering van onderlinge samenhang

1. In geval van gecoördineerde behandeling van aanvragen bevorderen gedeputeerde staten in ieder geval, dat bij de beoordeling van de aanvragen door de onderscheidene bestuursorganen die bevoegd zijn daarop te beslissen, rekening wordt gehouden met de onderlinge samenhang tussen de betrokken aanvragen en dat door die organen tevens gelet wordt op de samenhang tussen de beschikkingen die op de aanvragen worden gegeven.

2. Zij dragen er daarnaast ten minste zorg voor dat zoveel mogelijk:
   a. ten aanzien van de ontwerpen van de betrokken beschikkingen gezamenlijk toepassing wordt gegeven aan de artikelen 3:11, eerste lid, en 3:12 van de Algemene wet bestuursrecht en artikel 13.4;
   b. de gelegenheid tot het mondeling naar voren brengen van zienswijzen overeenkomstig artikel 3:15 van de Algemene wet bestuursrecht wordt gegeven met betrekking tot de ontwerpen van de betrokken beschikkingen te zamen;
   c. van de betrokken beschikkingen gezamenlijk overeenkomstig artikel 3:44 van de Algemene wet bestuursrecht wordt kennisgegeven.

Art. 14.4

Verplichte medewerking betrokken bestuursorganen en adviseurs

Gedeputeerde staten kunnen van de bestuursorganen die bevoegd zijn te beslissen op de aanvragen waarover het in artikel 14.1 bedoelde coördinatie zich uitstrekt, alsmede van de bij de beslissingen op die aanvragen betrokken adviseurs de medewerking vorderen, die voor het welslagen van de coördinatie nodig is. Die bestuursorganen en adviseurs zijn gehouden de van hen gevorderde medewerking te verlenen.

§ 14.2
Coördinatie bij het maken van een milieueffectrapport

Art. 14.4a

Begripsbepalingen

In deze paragraaf wordt onder activiteit, plan of besluit verstaan een activiteit, plan of besluit als bedoeld in artikel 7.1.

Art. 14.4b

Coördinatie plan en besluit

Ingeval terzake van een activiteit tegelijkertijd een besluit en een plan worden voorbereid en dat plan uitsluitend wordt voorbereid met het oog op de inpassing van die activiteit in dat plan wordt ter voorbereiding van dat besluit en dat plan één milieueffectrapport gemaakt. Het rapport wordt voorbereid met toepassing van artikel 7.10 en de paragrafen 7.9 en 7.10, met dien verstande dat de aanvraag om een besluit, het ontwerp van een besluit, het ontwerpplan en het milieuef-

Wet milieubeheer

fectrapport tegelijkertijd ter inzage worden gelegd. Het milieueffectrapport voldoet aan de artikelen 7.7 en 7.23.

Art. 14.4c
1. Ingeval terzake van een activiteit, dan wel terzake van verscheidene met elkaar samenhangende activiteiten meer dan een plan is aangewezen, bij de voorbereiding waarvan op grond van het bij of krachtens deze wet bepaalde een milieueffectrapport moet worden gemaakt, wordt ter voorbereiding van die plannen één milieueffectrapport gemaakt.   *Coördinatieplicht*

2. Buiten de gevallen, bedoeld in het eerste lid, kan, ingeval terzake van een activiteit, dan wel terzake van verscheidene met elkaar samenhangende activiteiten meer dan een plan moet worden vastgesteld, bij de voorbereiding waarvan op grond van het bij of krachtens deze wet bepaalde een milieueffectrapport moet worden gemaakt, door de bestuursorganen die die plannen moeten vaststellen, worden besloten dat ter voorbereiding van die plannen één milieueffectrapport wordt gemaakt.   *Coördinatiemogelijkheid*

Art. 14.4d
Indien voor een besluit voor een activiteit een milieueffectrapport gemaakt moet worden en op grond van artikel 2.8 van de Wet natuurbescherming ook een passende beoordeling gemaakt moet worden, worden het milieueffectrapport en de passende beoordeling tegelijkertijd door het bevoegd gezag voor het besluit waarvoor het milieueffectrapport gemaakt wordt, ter inzage gelegd.

Art. 14.5
1. Ingeval ter zake van een activiteit, dan wel ter zake van verscheidene met elkaar samenhangende activiteiten meer dan een besluit is aangewezen, bij de voorbereiding waarvan op grond van het bij of krachtens deze wet bepaalde een milieueffectrapport moet worden gemaakt, wordt ter voorbereiding van die besluiten één milieueffectrapport gemaakt, met toepassing van paragraaf 7.8 in geval op al die besluiten paragraaf 7.8 van toepassing is en met toepassing van paragraaf 7.9 in de overige gevallen.   *Coördinatieplicht*

2. Buiten de gevallen, in het eerste lid bedoeld, kan, ingeval ter zake van een activiteit, dan wel ter zake van verscheidene met elkaar samenhangende activiteiten meer dan een besluit moet worden genomen, bij de voorbereiding waarvan op grond van het bij of krachtens deze wet bepaalde een milieueffectrapport moet worden gemaakt, worden besloten dat ter voorbereiding van die besluiten één milieueffectrapport wordt gemaakt, met toepassing van paragraaf 7.9.   *Coördinatiemogelijkheid*

3. Een besluit krachtens het tweede lid wordt genomen: *Bevoegdheid*
a. indien de bevoegdheid tot het nemen van de in het tweede lid bedoelde besluiten berust bij één bestuursorgaan: door dat orgaan;
b. indien die besluiten ingevolge wettelijk voorschrift op aanvraag worden genomen en de betrokken aanvragen ingevolge artikel 14.1 gecoördineerd kunnen worden voorbereid of behandeld: door gedeputeerde staten van de betrokken provincie;
c. in andere gevallen: door de bestuursorganen die bevoegd zijn tot het nemen van de betrokken besluiten, te zamen.

4. Een besluit krachtens het tweede lid kan ambtshalve of op verzoek worden genomen. In gevallen als bedoeld in het derde lid, onder *b*, kan het besluit, indien gedeputeerde staten niet bevoegd zijn tot het nemen van een der betrokken besluiten, uitsluitend op verzoek worden genomen.

Art. 14.6
1. Degene die een activiteit onderneemt in een geval als bedoeld in artikel 14.5, kan tegelijkertijd met een mededeling als bedoeld in artikel 7.24, eerste lid, dan wel in artikel 7.27, eerste lid, verzoeken aan artikel 14.5, tweede lid, toepassing te geven.   *Verzoek tot coördinatie*

2. In gevallen als bedoeld in artikel 14.5, derde lid, onder b en c, kan een zodanig verzoek ook worden gedaan door een bestuursorgaan dat bevoegd is tot het nemen van een besluit als bedoeld in het tweede lid van dat artikel. Het wordt ingediend uiterlijk twee weken na de dag waarop met betrekking tot het milieueffectrapport de mededeling krachtens artikel 7.24, eerste lid, onderscheidenlijk artikel 7.27, eerste lid, heeft plaatsgevonden.

3. Het verzoek - waarin alle besluiten vermeld zijn, waarop het betrekking heeft - wordt schriftelijk ingediend bij het orgaan dat erover moet beslissen. In een geval als bedoeld in artikel 14.5, derde lid, onder c, wordt het verzoek ingediend bij een der bevoegde bestuursorganen; dat orgaan zendt het onverwijld aan de andere bevoegde organen.

Art. 14.7
1. Een verzoek wordt ingewilligd, tenzij het belang van een goede besluitvorming zich daartegen verzet.   *Inwilliging als regel; hoorplicht*

2. Op een verzoek wordt niet beslist dan nadat degene die de betrokken activiteit onderneemt, en de tot het nemen van de betrokken besluiten bevoegde bestuursorganen in de gelegenheid zijn gesteld hun zienswijze daarover te geven.

3. Het besluit op het verzoek wordt genomen uiterlijk vier weken na de datum van ontvangst.   *Termijn*

Art. 14.8

Aanwijzing coördinerend orgaan

In gevallen als bedoeld in artikel 14.5, derde lid, onder c, wordt bij de beslissing op het verzoek uit de bevoegde bestuursorganen het orgaan aangewezen dat met de in artikel 14.9, eerste lid, bedoelde coördinatie wordt belast.

Art. 14.9

Coördinatieplicht bij voorbereiding en behandeling

1. Indien op grond van artikel 14.5, eerste lid, een milieueffectrapport moet worden gemaakt, dan wel overeenkomstig artikel 14.5, tweede lid, is besloten tot het maken van één milieueffectrapport, wordt dat rapport gecoördineerd voorbereid en behandeld.

Aanwijzing coördinerend orgaan

2. Met de coördinatie is belast:
   a. indien de bevoegdheid tot het nemen van de betrokken besluiten berust bij één bestuursorgaan: dat orgaan;
   b. indien die besluiten ingevolge wettelijk voorschrift op aanvraag worden genomen en de betrokken aanvragen ingevolge artikel 14.1 gecoördineerd kunnen worden voorbereid of behandeld: gedeputeerde staten van de betrokken provincie;
   c. in andere gevallen: het krachtens artikel 14.8 daartoe aangewezen bestuursorgaan.

Art. 14.10

Taken coördinerend orgaan

1. Het met de coördinatie belaste orgaan bevordert dat bij het geven van de in artikel 7.26 onderscheidenlijk artikel 7.27, zevende lid, bedoelde adviezen rekening wordt gehouden met de onderlinge samenhang tussen die adviezen en dat bij het nemen van de besluiten bij de voorbereiding waarvan het milieueffectrapport wordt gemaakt, rekening wordt gehouden met de onderlinge samenhang tussen die besluiten.
2. Het met de coördinatie belaste orgaan draagt er in ieder geval zoveel mogelijk zorg voor dat:
   a. van de mededelingen van de voornemens tot het indienen van een aanvraag als bedoeld in artikel 7.24 onderscheidenlijk artikel 7.27, eerste lid, alsmede van het opvatten door het bevoegd gezag van het voornemen, als bedoeld in artikel 7.27, tweede lid, te zamen overeenkomstig artikel 7.27, derde lid, wordt kennisgegeven;
   b. de krachtens artikel 7.26 onderscheidenlijk artikel 7.27, zevende lid, te geven adviezen te zamen worden toegezonden aan degene die het milieueffectrapport maakt;
   c. het milieueffectrapport wordt toegezonden aan elk der bevoegde organen, aan de adviseurs en de bestuursorganen, bedoeld in artikel 7.25, onderscheidenlijk artikel 7.27, tweede lid;
   d. van het milieueffectrapport overeenkomstig artikel 7.29 of 7.30 wordt kennisgegeven;
   e. overigens toepassing wordt gegeven aan artikel 7.32.

Medewerkingsplicht

3. Artikel 14.4 is van overeenkomstige toepassing.

Art. 14.11

Coördinerend orgaan postadres

1. In gevallen waarin een orgaan met de coördinatie van de voorbereiding en behandeling van een milieueffectrapport is belast:
   a. kan het rapport aan dat orgaan worden overgelegd;
   b. kunnen de adviseurs en de bestuursorganen, bedoeld in artikel 7.25 onderscheidenlijk artikel 7.27, tweede lid, en de Commissie voor de milieueffectrapportage hun adviezen over het geven van adviezen inzake de inhoud van het rapport en over het rapport bij dat orgaan indienen;
   c. kan degene die gebruik maakt van de in artikel 3:15, eerste lid, van de Algemene wet bestuursrecht juncto artikel 7.32 geboden gelegenheid zijn zienswijze naar voren te brengen over het rapport, die zienswijze bij dat orgaan naar voren brengen.
2. Indien stukken met een inhoud als bedoeld in het eerste lid worden overgelegd onderscheidenlijk ingediend bij een ander bevoegd gezag, zendt het deze onverwijld aan het met de coördinatie belaste orgaan.

Art. 14.12

Coördinatie bij voorbereiding besluiten

1. Ingeval ter zake van een activiteit een besluit is aangewezen, bij de voorbereiding waarvan op grond van het bij of krachtens deze wet bepaalde een milieueffectrapport moet worden gemaakt, en ter zake van die activiteit één of meer besluiten moeten worden genomen ten aanzien waarvan artikel 14.1 niet kan worden toegepast, kan op verzoek van degene die de activiteit onderneemt, dan wel ambtshalve, worden besloten tot een gecoördineerde voorbereiding van deze besluiten.
2. Een besluit krachtens het eerste lid wordt genomen:
   a. indien de bevoegdheid tot het nemen van de in het eerste lid bedoelde besluiten berust bij één bestuursorgaan: door dat orgaan;
   b. in andere gevallen: door de bestuursorganen die bevoegd zijn tot het nemen van de betrokken besluiten, te zamen.

Art. 14.13

Schriftelijke indiening verzoek tot gecoördineerd besluit

1. Een verzoek als bedoeld in artikel 14.12, eerste lid, wordt schriftelijk bij het bevoegd gezag ingediend gelijktijdig met de mededeling, bedoeld in artikel 7.24 onderscheidenlijk artikel 7.27, eerste lid. Het verzoek vermeldt alle besluiten waarop het betrekking heeft.
2. Het bevoegd gezag zendt onverwijld een afschrift van het verzoek aan de andere bevoegde organen.

Wet milieubeheer   **A65** art. 14.16

3. Een verzoek als bedoeld in artikel 14.12, eerste lid, wordt alleen ingewilligd, indien het bevoegd gezag en de andere bevoegde organen daarmee instemmen. Artikel 14.7, tweede en derde lid, is van overeenkomstige toepassing.

Art. 14.14

1. Indien een verzoek als bedoeld in artikel 14.12, eerste lid, wordt ingewilligd, treedt het orgaan dat bevoegd is tot het nemen van het besluit bij de voorbereiding waarvan het milieueffectrapport moet worden gemaakt, op als het met de coördinatie belaste orgaan.   *Aanwijzing coördinerend orgaan*

De overige betrokken organen worden voor wat betreft de toepassing van de artikelen 7.24 tot en met 7.26, onderscheidenlijk artikel 7.27 aangemerkt als adviseur.

2. Indien ter zake van de activiteit waarop het verzoek betrekking heeft, meer dan één besluit moet worden genomen, bij de voorbereiding waarvan op grond van het bij of krachtens deze wet bepaalde een milieueffectrapport moet worden gemaakt, wordt bij de beslissing op het verzoek uit de bestuursorganen die bevoegd zijn tot het nemen van die besluiten, het met de coördinatie belaste orgaan aangewezen.

3. Het met de coördinatie belaste orgaan draagt er in ieder geval zo veel mogelijk zorg voor dat:

a. bij het geven van de in artikel 7.26 onderscheidenlijk artikel 7.27, zevende lid, bedoelde adviezen rekening wordt gehouden met de onderlinge samenhang van de besluiten waarop het verzoek betrekking heeft;

b. tussen de bevoegde bestuursorganen tijdig overleg wordt gevoerd, teneinde een zo goed mogelijke afstemming tussen de te nemen besluiten te bevorderen.

4. Artikel 14.4 is van overeenkomstige toepassing.

Art. 14.15

Met betrekking tot de termijn waarbinnen de betrokken besluiten moeten worden genomen, is artikel 7.32, vierde lid van overeenkomstige toepassing.   *Termijn*

Art. 14.16

Bij algemene maatregel van bestuur kunnen nadere regelen worden gesteld met betrekking tot de taken van het met de coördinatie belaste orgaan.   *Nadere regelen*

Hoofdstuk 15
Financiële bepalingen

Titel 15.1

Art. 15.1-15.2
[Vervallen]

Titel 15.2
Verbruiksbelastingen van brandstoffen

§ 15.2.1
Grondslag en maatstaf

Art. 15.3-15.4
[Vervallen]

§ 15.2.2
Belastingplichtigen

Art. 15.5-15.6
[Vervallen]

§ 15.2.3
Vrijstelling

Art. 15.7
[Vervallen]

§ 15.2.4
Teruggaafregeling

Art. 15.8
[Vervallen]

A65 art. 15.20 — Wet milieubeheer

§ 15.2.5
Tarief

Art. 15.9
[Vervallen]

§ 15.2.6
Heffing en invordering

Art. 15.10-15.11
[Vervallen]

Titel 15.3
[Vervallen]

Art. 15.12-15.19
[Vervallen]

Titel 15.4
Vergoeding van kosten en schade

Art. 15.20

Bestuurscompensatie geadresseerde beschikking

1. Indien degene tot wie een beschikking is gericht krachtens:
   a. artikel 9.2.2.1, eerste lid, juncto artikel 9.2.2.3, zevende lid,
   b. de artikelen 10.48 of 10.52 juncto één of meer der onder *a* genoemde bepalingen,
   c. de artikelen 13, eerste lid, onder b, juncto 16, vijfde lid, of 43, eerste lid, van de Wet inzake de luchtverontreiniging,
   d. de artikelen 30 of 31 van de Wet bodembescherming,
   zich ten gevolge daarvan voor kosten ziet gesteld dan wel schade lijdt, welke redelijkerwijs niet of niet geheel te zijnen laste behoren te blijven, kent het gezag dat de beschikking in eerste aanleg heeft gegeven, hem, voor zover op andere wijze in een redelijke vergoeding niet is of kan worden voorzien, op zijn verzoek dan wel uit eigen beweging een naar billijkheid te bepalen vergoeding toe.
2. Het eerste lid is van overeenkomstige toepassing ten aanzien van degene die tengevolge van een maatregel als bedoeld in artikel 17.19 zich voor kosten ziet gesteld dan wel daardoor schade lijdt, als in het eerste lid bedoeld.
3. Indien een beschikking als bedoeld in het eerste lid op aanvraag wordt gegeven, kan een verzoek om vergoeding worden ingediend na de toezending van een exemplaar van het ontwerp van die beschikking aan de aanvrager.
4. Indien het in het eerste lid bedoelde gezag een advies van deskundigen heeft ingewonnen omtrent een verzoek om vergoeding of omtrent het voornemen tot een toekenning daarvan uit eigen beweging zendt het een exemplaar van het advies aan de belanghebbende. Het vermeldt daarbij de termijn waarbinnen de belanghebbende zijn opvattingen omtrent het advies kenbaar kan maken.
5. Een beschikking op een verzoek om schadevergoeding wordt zo spoedig mogelijk gegeven, doch uiterlijk vier maanden na de datum waarop het verzoek is ontvangen, of, in gevallen als bedoeld in het vierde lid, uiterlijk zeven maanden na die datum.
6. Het in het eerste lid bedoelde gezag kan de beslissing, bedoeld in het vijfde lid, eenmaal voor ten hoogste twee maanden verdagen. Van de verdaging wordt schriftelijk mededeling gedaan.

Art. 15.21

AMvB, ministeriële regeling of verordening bestuurscompensatie

1. Artikel 15.20 is van overeenkomstige toepassing ten aanzien van degene op wie bepalingen van een algemene maatregel van bestuur, onderscheidenlijk een ministeriële regeling of een verordening als bedoeld in
   a. artikel 1.2 van deze wet,
   b. de artikelen 9.2.2.1 en 9.2.2.6,
   c. artikel 9.5.2, eerste lid,
   d. de artikelen 6 tot en met 11 van de Wet bodembescherming,
   van toepassing worden en die zich daardoor voor kosten ziet gesteld dan wel schade lijdt, die redelijkerwijs niet of niet geheel te zijnen laste behoren te blijven.
2. In gevallen als bedoeld in het eerste lid, beslist Onze Minister over het toekennen van de vergoeding, behoudens in gevallen als bedoeld in het eerste lid, onder *a*. In die gevallen beslissen gedeputeerde staten.

Art. 15.22

1. Voor zover de toekenning van de vergoeding niet is geschied met instemming van Onze Minister, komen de kosten daarvan ten laste van het bevoegd gezag.
2. In afwijking van het eerste lid komen in gevallen als bedoeld in artikel 4.2, eerste lid, onder a, d, f of h, van de Wet algemene bepalingen omgevingsrecht voor zover kosten zijn gemaakt in verband met de verlening van schadevergoeding vanwege het van toepassing worden van bepalingen van een provinciale milieuverordening als bedoeld in artikel 1.2, tweede lid, onder a, en de verlening van schadevergoeding niet is geschied met instemming van gedeputeerde staten, de kosten daarvan ten laste van het bevoegd gezag.

Kosten ten laste bevoegd gezag

Art. 15.23

1. Bij koninklijk besluit kan, naar aanleiding van een daartoe strekkend verzoek van het bevoegd gezag, worden bepaald dat de kosten van een toegekende vergoeding alsnog geheel of gedeeltelijk ten laste van het Rijk komen.
2. Artikel 20 van de Wet op de Raad van State is van overeenkomstige toepassing.

Kosten ten laste Rijk

Titel 15.5
Fonds Luchtverontreiniging

Art. 15.24-15.28
[Vervallen]

Titel 15.6
Regulerende verbruiksbelastingen

Art. 15.29-15.30
[Vervallen]

Titel 15.7
Keuringen

Art. 15.31

Bij of krachtens algemene maatregel van bestuur kunnen regelen worden gesteld ten aanzien van vergoedingen voor keuringen als bedoeld in
a. artikel 9.2.2.4;
b. artikel 9.5.1, derde lid, onder e en f;
c. artikel 15, tweede lid, van de Wet bodembescherming.

Vergoedingen voor keuringen

Titel 15.8
Statiegeld, retourpremies

Art. 15.32

1. Bij een algemene maatregel van bestuur als bedoeld in artikel 9.5.2, eerste lid, kunnen regels worden gesteld,
a. inhoudende een verplichting voor bij de maatregel aangewezen categorieën van personen die stoffen, mengsels of producten in Nederland op de markt brengen in bij de maatregel aangewezen verpakkingen, voor zodanige verpakkingen een bij of krachtens de maatregel te bepalen statiegeld in rekening te brengen en zodanige verpakkingen na gebruik met terugbetaling van het statiegeld in te nemen;
b. inhoudende een verplichting voor bij de maatregel aangewezen categorieën van personen die daarbij aangewezen stoffen, mengsels of producten in Nederland op de markt brengen, voor zodanige stoffen, mengsels of producten een bij of krachtens de maatregel te bepalen statiegeld in rekening te brengen en zodanige stoffen, mengsels of producten na gebruik met terugbetaling van het statiegeld in te nemen.

Statiegeld

Inleverpremie

2. Bij een algemene maatregel van bestuur als bedoeld in artikel 9.5.2, eerste lid, kunnen regels worden gesteld,
a. inhoudende een verplichting voor bij de maatregel aangewezen categorieën van personen die stoffen, mengsels of producten in Nederland op de markt brengen in bij de maatregel aangewezen verpakkingen, zodanige verpakkingen na gebruik tegen betaling van een bij of krachtens de maatregel te bepalen premie in te nemen;
b. inhoudende een verplichting voor bij de maatregel aangewezen categorieën van personen die daarbij aangewezen stoffen, mengsels of producten in Nederland op de markt brengen, deze na gebruik tegen betaling van een bij of krachtens de maatregel te bepalen premie in te nemen.
3. Indien toepassing wordt gegeven aan het eerste of tweede lid, kan worden bepaald dat daarbij aangegeven handelingen door andere dan de in het eerste en tweede lid bedoelde, bij

A65 art. 15.33 — Wet milieubeheer

die maatregel aangewezen categorieën van personen moeten worden verricht. In deze gevallen kan tevens worden bepaald dat eveneens bij de maatregel aangewezen categorieën van personen het statiegeld, bedoeld in het eerste lid, of de premie, bedoeld in het tweede lid, geheel of gedeeltelijk op een daarbij aangegeven wijze dienen af te dragen aan een of meer daarbij aangewezen andere personen.

Overgangsbepaling
4. Indien toepassing wordt gegeven aan het eerste of tweede lid, wordt een termijn bepaald, eerst bij het verstrijken waarvan die regels ten aanzien van stoffen, mengsels of produkten die bij het in werking treden van de maatregel reeds vervaardigd en in Nederland aanwezig waren, gaan gelden.

Titel 15.9
Heffingen op gemeentelijk en provinciaal niveau

Art. 15.33

Gemeentelijke heffing afvalstoffen
1. De gemeenteraad kan ter bestrijding van de kosten die voor haar verbonden zijn aan het beheer van huishoudelijke afvalstoffen een heffing instellen, waaraan kunnen worden onderworpen degenen die, al dan niet krachtens een zakelijk of persoonlijk recht, gebruik maken van een perceel ten aanzien waarvan krachtens de artikelen 10.21 en 10.22 een verplichting tot het inzamelen van huishoudelijke afvalstoffen geldt.
2. Voor de toepassing van het eerste lid, wordt:
   a. gebruikmaken van een perceel door de leden van een huishouden aangemerkt als gebruikmaken door het door de in artikel 231, tweede lid, onderdeel b, van de Gemeentewet bedoelde gemeenteambtenaar aangewezen lid van dat huishouden;
   b. gebruikmaken door degene aan wie een deel van een perceel in gebruik is gegeven, aangemerkt als gebruikmaken door degene die dat deel in gebruik heeft gegeven, met dien verstande dat degene die het deel in gebruik heeft gegeven, bevoegd is de heffing als zodanig te verhalen op degene aan wie dat deel in gebruik is gegeven;
   c. het ter beschikking stellen van een perceel voor volgtijdig gebruik aangemerkt als gebruikmaken door degene die dat perceel ter beschikking heeft gesteld, met dien verstande dat degene die het perceel ter beschikking heeft gesteld, bevoegd is de heffing als zodanig te verhalen op degene aan wie het perceel ter beschikking is gesteld.
3. Onder de in het eerste lid bedoelde kosten wordt mede verstaan de omzetbelasting die ingevolge de Wet op het BTW-compensatiefonds recht geeft op een bijdrage uit het fonds.
4. Met betrekking tot deze heffingen zijn de artikelen 216 tot en met 219 en 230 tot en met 257 van de Gemeentewet van overeenkomstige toepassing.

Art. 15.34

Provinciale heffing grondwateronttrekking
1. Voor zover kosten zijn gemaakt in verband met de verlening van schadevergoeding krachtens artikel 4.2, eerste lid, onder a, d, f of h, van de Wet algemene bepalingen omgevingsrecht of artikel 15.21, eerste lid, onder a, van deze wet, vanwege het van toepassing worden van bepalingen van een provinciale milieuverordening als bedoeld in artikel 1.2, tweede lid, onder a, kunnen provinciale staten ter bestrijding van die kosten een heffing instellen ter zake van het onttrekken van grondwater.

Belastingsubject
2. De heffing wordt geheven van houders van inrichtingen, bestemd tot het onttrekken van grondwater, niet begrepen inrichtingen welke uitsluitend dienen tot het regelen van de vrije grondwaterspiegel of van de stijghoogte van het grondwater.
3. In de verordening tot instelling van de heffing kan worden bepaald dat de heffing wordt geheven van houders van inrichtingen als bedoeld in het tweede lid in één of meer beschermingsgebieden als bedoeld in hoofdstuk VI, paragraaf 2, van de Wet bodembescherming, dan wel van houders van zodanige inrichtingen in de gehele provincie.

Grondslag
4. Als grondslag voor de heffing geldt de onttrokken hoeveelheid water.
5. Tot het instellen van een heffing wordt overgegaan binnen een jaar nadat de beschikking waarbij de in het eerste lid bedoelde schadevergoeding is verleend, ingevolge artikel 20.3 in werking is getreden.
6. De heffing wordt jaarlijks geheven gedurende een termijn van ten hoogste tien jaren. In de verordening tot instelling van de heffing kan worden bepaald dat de heffing op verzoek van de heffingplichtige voor de ten tijde van de indiening van het verzoek nog niet aangevangen jaren waarover de heffing wordt geheven, ineens kan worden voldaan volgens een in de verordening op te nemen regeling.
7. Hoofdstuk XV van de Provinciewet is van overeenkomstige toepassing.

Wet milieubeheer **A65** art. 15.38

Titel 15.9A
Rechten

Art. 15.34a
Met betrekking tot beschikkingen tot verlening, wijziging of intrekking van een vergunning of ontheffing krachtens deze wet worden geen rechten geheven.

Geen rechten op vergunningverlening of ontheffing

Titel 15.10
Afvalbeheerbijdragen

Art. 15.35
Voor de toepassing van deze titel en de daarop berustende bepalingen wordt verstaan onder:
afvalbeheerbijdrage: bijdrage in de kosten van het beheer van een afvalstof;
overeenkomst over een afvalbeheerbijdrage: schriftelijke overeenkomst tussen degenen die een stof, mengsels of product in Nederland invoeren of op de markt brengen, tot het afdragen van een afvalbeheerbijdrage.

Afvalbeheerbijdrage

Art. 15.36
1. Onze Minister kan, indien dat in het belang is van een doelmatig beheer van afvalstoffen en in overeenstemming is met artikel 8bis van de kaderrichtlijn afvalstoffen, op een met redenen omkleed verzoek, na overleg met Onze Minister van Economische Zaken een overeenkomst over een afvalbeheerbijdrage algemeen verbindend verklaren voor een ieder die die stof, dat mengsels of dat produkt in Nederland invoert of op de markt brengt.
2. Onze Minister stelt regels met betrekking tot de onderwerpen die in ieder geval in een overeenkomst over een afvalbeheerbijdrage, waarvoor een algemeen verbindend verklaring wordt gevraagd, aan de orde dienen te komen, alsmede met betrekking tot de bij een verzoek als bedoeld in het eerste lid over te leggen gegevens. Tot die gegevens behoren in ieder geval gegevens, waaruit duidelijk wordt dat redelijkerwijs is getracht te voorkomen, dat gebruikers van die stof, dat mengsels of dat produkt in de praktijk meer dan eenmaal een bijdrage voor het beheer daarvan verschuldigd zullen zijn.
3. Artikel 9.5.2, eerste lid, is van overeenkomstige toepassing, met dien verstande dat de regels, bedoeld in dat lid, tevens kunnen worden gesteld ten aanzien van de uitvoering van een regeling voor uitgebreide producentenverantwoordelijkheid die is opgelegd middels een algemeen verbindend verklaarde overeenkomst.

Algemeen verbindend verklaren van overeenkomst afvalbeheerbijdrage

Art. 15.37
1. Een verzoek als bedoeld in artikel 15.36 kan slechts worden ingediend door degenen die, onderscheidenlijk organisaties van degenen die wat betreft de gezamenlijke omzet van de betrokken stoffen, mengsels of produkten een naar het oordeel van Onze Minister belangrijke meerderheid vormen van degenen die deze stoffen, mengsels of produkten in Nederland invoeren of op de markt brengen. Onze Minister betrekt bij zijn oordeel met betrekking tot de vraag of degenen die, onderscheidenlijk de organisaties van degenen die het verzoek hebben ingediend, een belangrijke meerderheid vormen, in ieder geval het aantal van hen in verhouding met het totale aantal van degenen die deze stoffen, mengsels of produkten in Nederland invoeren of op de markt brengen.
2. Op de voorbereiding van een besluit op het verzoek is afdeling 3.4 van de Algemene wet bestuursrecht van toepassing. Zienswijzen kunnen naar voren worden gebracht door een ieder.
3. Indien een besluit niet kan worden genomen dan nadat is voldaan aan een uit een voor Nederland verbindend verdrag of een voor Nederland verbindend besluit van een volkenrechtelijke organisatie voortvloeiende verplichting, wordt de termijn voor het nemen van dat besluit opgeschort tot de ten aanzien van die verplichting geldende procedure is afgerond. Van de opschorting wordt mededeling gedaan aan de verzoeker.
4. Indien bij het besluit een overeenkomst over een afvalbeheerbijdrage algemeen verbindend wordt verklaard, wordt van de overeenkomst in de *Staatscourant* mededeling gedaan.

Aanvragers algemeenverbindendverklaring

Voorbereiding

Opschorting

Publicatie

Art. 15.38
1. Onze Minister kan van een algemeen verbindend verklaarde overeenkomst over een afvalbeheerbijdrage op een daartoe strekkend verzoek, na overleg met Onze Minister van Economische Zaken ontheffing verlenen, indien de verzoeker zorg draagt voor een zodanig beheer van de betrokken afvalstoffen dat deze naar het oordeel van Onze Minister ten minste gelijkwaardig is aan het beheer overeenkomstig de betrokken algemeen verbindend verklaarde overeenkomst over een afvalbeheerbijdrage.
2. Een ontheffing kan onder beperkingen worden verleend. Aan een ontheffing kunnen voorschriften worden verbonden.
3. Een krachtens het eerste lid verleende ontheffing kan ambtshalve of op een daartoe strekkend verzoek worden gewijzigd of ingetrokken. Artikel 15.39, tweede lid, is van overeenkomstige

Ontheffing van algemeen verbindend verklaarde overeenkomst over afvalbeheerbijdrage

A65 art. 15.39 — Wet milieubeheer

toepassing, met dien verstande dat voor het in onderdeel *b* van dat lid genoemde belang in de plaats treedt: het niet langer voldoen aan het in het eerste lid van dit artikel genoemde vereiste.
4. Op de voorbereiding van een besluit als bedoeld in het eerste en derde lid, is artikel 15.37, tweede tot en met vierde lid, van overeenkomstige toepassing. Onze Minister stelt de houder van de ontheffing, behoudens in gevallen waarin deze om wijziging of intrekking verzoekt, van zijn voornemen tot wijziging of intrekking in kennis, alvorens een besluit te nemen.

Art. 15.39

Termijn
1. Een besluit krachtens artikel 15.36, eerste lid, geldt voor een daarbij aangegeven termijn van ten hoogste vijf jaar.

Intrekking
2. Onze Minister kan een besluit krachtens artikel 15.36, eerste lid, na overleg met Onze Minister van Economische Zaken intrekken, indien:
   a. de ter zake verstrekte gegevens zodanig onjuist zijn of onvolledig blijken, dat op het verzoek een andere beslissing zou zijn genomen als bij de beoordeling daarvan de juiste gegevens bekend waren geweest;
   b. op grond van een verandering van de omstandigheden of inzichten opgetreden na het nemen van het besluit, moet worden aangenomen dat het van kracht blijven van het besluit het belang van een doelmatig beheer van afvalstoffen op onaanvaardbare wijze zou schaden;
   c. een voor Nederland verbindend verdrag of een voor Nederland verbindend besluit van een volkenrechtelijke organisatie, dan wel regels ter uitvoering daarvan, hiertoe verplichten.
3. Alvorens een besluit krachtens artikel 15.36, eerste lid, op grond van het tweede lid, onder *a*, in te trekken, stelt Onze Minister degenen die het verzoek tot algemeen verbindend verklaring hebben gedaan, in de gelegenheid hun zienswijze naar voren te brengen.
4. Op de voorbereiding van een besluit tot intrekking van een besluit krachtens artikel 15.36, eerste lid, op grond van het tweede lid, onder b of c, is artikel 15.37, tweede tot en met vierde lid, van overeenkomstige toepassing.

Art. 15.40

Nalevingsgebod
Een ieder is tot naleving van een voor hem geldende algemeen verbindend verklaarde overeenkomst over een afvalbeheerbijdrage gehouden tegenover ieder ander, die bij de naleving een redelijk belang heeft.

Art. 15.41

Onderzoek bij vermoeden van niet-naleving
Indien een of meer van degenen die een stof, mengsels of product in Nederland invoeren of op de markt brengen, waarvoor een overeenkomst over een afvalbeheerbijdrage algemeen verbindend is verklaard, het vermoeden gegrond achten dat door een of meer anderen een of meer van de algemeen verbindend verklaarde bepalingen uit die overeenkomst niet worden nageleefd, kunnen zij met het oog op het instellen van een rechtsvordering op grond van artikel 15.40 Onze Minister verzoeken een onderzoek daarnaar te doen instellen. De inspecteur stelt het onderzoek in en brengt aan Onze Minister verslag uit van hetgeen bij het onderzoek is gebleken. Onze Minister stelt het verslag ter beschikking van degene of degenen, die om het onderzoek hebben gevraagd.

Titel 15.11
Financiering van de zorg voor gesloten stortplaatsen

Art. 15.42

Begripsbepalingen
In deze titel en de daarop berustende bepalingen wordt onder «stortplaats», «gesloten stortplaats» en «bedrijfsgebonden stortplaats» verstaan hetgeen daaronder wordt verstaan in paragraaf 8.2.

Art. 15.43

Deze titel is niet van toepassing op stortplaatsen waar baggerspecie is gestort en die worden gedreven of mede worden gedreven door Onze Minister van Verkeer en Waterstaat.

Art. 15.44

Provinciale heffing
1. Provinciale staten stellen een heffing in ter bestrijding van de kosten die gemoeid zullen zijn met:
   a. de in artikel 8.49 bedoelde zorg voor de in de betrokken provincie gelegen stortplaatsen;
   b. een voor de betrokken provincie geldende verplichting tot afdracht aan een fonds als bedoeld in artikel 15.48;
   c. de door de provincie uitgevoerde inventarisatie van plaatsen waar afvalstoffen zijn gestort en waar dat storten vóór 1 september 1996 is beëindigd, en het onderzoek naar en systematische controle van aanwezigheid, aard en omvang van eventuele verontreiniging aldaar.
2. De in het eerste lid bedoelde heffing kan mede betrekking hebben op de kosten die gemoeid zullen zijn met de dekking van de aansprakelijkheid, bedoeld in artikel 176 van Boek 6 van het Burgerlijk Wetboek.
3. Met betrekking tot de heffing en invordering zijn de artikelen 227 tot en met 232h van de Provinciewet van overeenkomstige toepassing.

Art. 15.45

Heffingsplichtige
1. De heffing wordt geheven van degene die een stortplaats drijft.

Wet milieubeheer   **A65 art. 15.47**

2. Het bedrag van de heffing wordt zodanig vastgesteld dat uit de opbrengst van de heffing en de daarover verkregen rentebaten en beleggingsopbrengsten de kosten kunnen worden bestreden, die naar verwachting gemoeid zullen zijn met de uitvoering van het in artikel 8.49, derde en vierde lid, bedoelde nazorgplan waarmee gedeputeerde staten hebben ingestemd, of, indien geen nazorgplan geldt, de in artikel 8.49, eerste lid, bedoelde zorg voor die stortplaats. Indien na de vaststelling blijkt dat de opbrengst van de heffing hoger dan wel lager is dan het bedrag dat nodig is om de kosten te bestrijden die naar verwachting met die zorg van die stortplaats gemoeid zullen zijn, kan het bedrag van de heffing opnieuw worden vastgesteld. Het reeds betaalde bedrag van de heffing wordt hierop in mindering gebracht. *Vaststelling hoogte heffing*

3. In afwijking van het tweede lid kan de heffing terzake van de niet-bedrijfsgebonden stortplaatsen in de betrokken provincie worden vastgesteld aan de hand van de hoeveelheid en de aard van de afvalstoffen die op de stortplaats zijn afgegeven. Het bedrag wordt zodanig vastgesteld dat uit het totaal van de opbrengsten van de heffing en de daarover verkregen rentebaten en beleggingsopbrengsten voor de niet-bedrijfsgebonden stortplaatsen in die provincie de kosten kunnen worden bestreden die naar verwachting gemoeid zullen zijn met de zorg voor die stortplaatsen. De kosten, bedoeld in de tweede volzin, worden berekend met inachtneming van de voor die stortplaatsen geldende nazorgplannen waarmee gedeputeerde staten hebben ingestemd.

4. Het derde lid is niet van toepassing op stortplaatsen waar baggerspecie is gestort.

Art. 15.46

1. Gedeputeerde staten kunnen bepalen dat degenen die een stortplaats drijven, waarop artikel 15.45, derde lid, niet van toepassing is, financiële zekerheid stellen voor het nakomen van de krachtens de artikelen 15.44, eerste lid, onder a, en 15.45 voor hen geldende verplichting. Daarbij wordt in ieder geval aangegeven het bedrag waarvoor de zekerheid ten hoogste in stand moet worden gehouden. *Stellen financiële zekerheid*

2. De verplichting financiële zekerheid in stand te houden vervalt op het tijdstip waarop een bedrag aan heffing, als bedoeld in artikel 15.45, tweede lid, is betaald, voor zover het betreft het gedeelte dat overeenkomt met het bedrag dat is betaald.

3. Gedeputeerde staten kunnen verhaal nemen op de gestelde zekerheid, voor zover degene die de zekerheid heeft gesteld, het bedrag van de heffing, zoals dat is vastgesteld ingevolge artikel 15.45, tweede lid, niet tijdig heeft betaald.

4. Gedeputeerde staten kunnen het ingevolge het derde lid te verhalen bedrag invorderen bij dwangbevel.

5. Bij algemene maatregel van bestuur kunnen nadere regels worden gesteld omtrent de wijze waarop financiële zekerheid wordt gesteld.

Art. 15.47

1. Gedeputeerde staten van een provincie richten voor hun provincie een fonds op, bestemd voor de in artikel 8.49 bedoelde zorg voor gesloten stortplaatsen. *Fonds*

2. In afwijking van het eerste lid kunnen gedeputeerde staten van verschillende provincies gezamenlijk voor hun provincies een fonds als bedoeld in het eerste lid oprichten.

3. Een fonds is rechtspersoon.

4. Gedeputeerde staten van de betrokken provincie, onderscheidenlijk provincies zijn belast met het beheer van het in hun provincie, onderscheidenlijk provincies werkzame fonds. *Beheer*

5. Een fonds ontvangt jaarlijks: *Ontvangsten*
a. de opbrengst van de in artikel 15.44 bedoelde heffing, verminderd met het bedrag ter bestrijding van de kosten in verband met de in artikel 15.44, eerste lid, onder c, bedoelde handelingen en met het gedeelte van de heffingen, bedoeld in artikel 15.48, tweede lid;
b. de bedragen die ingevolge artikel 15.46, derde lid, worden verhaald;
c. rentebaten en beleggingsopbrengsten die via het fonds zijn verkregen;
d. het batig saldo van de laatstelijk afgesloten rekening van het fonds.

6. Een fonds is gerechtigd ook andere bedragen, bestemd voor de in artikel 8.49 bedoelde zorg, dan die, bedoeld in het vijfde lid, in ontvangst te nemen.

7. Uit het fonds worden uitsluitend bestreden de kosten die: *Uitgaven*
a. worden gemaakt in verband met de uitvoering van de in artikel 8.49 bedoelde zorg met betrekking tot gesloten stortplaatsen in de betrokken provincie of provincies;
b. zijn verbonden aan de werkzaamheden van het fonds dat in de betrokken provincie, onderscheidenlijk provincies werkzaam is;
c. worden gemaakt ter dekking van de aansprakelijkheid, bedoeld in artikel 176, vierde lid, van Boek 6 van het Burgerlijk Wetboek, doch slechts voor zover de in artikel 15.44 bedoelde heffing mede op deze kosten betrekking heeft.

8. Onder de kosten, bedoeld in het zevende lid, worden niet begrepen de kosten die in verband met de in artikel 8.49 bedoelde zorg voor gesloten stortplaatsen door de betrokken provincie, onderscheidenlijk provincies worden gemaakt ten behoeve van haar bestuurlijk apparaat.

Wet milieubeheer

Art. 15.48

Fonds voor grote financiële risico's

1. Gedeputeerde staten van provincies kunnen gezamenlijk een fonds oprichten ter dekking van grote financiële risico's in verband met de in artikel 8.49 bedoelde zorg voor gesloten stortplaatsen.
2. Het in het eerste lid bedoelde fonds ontvangt jaarlijks van die provincies een door het bestuur van dat fonds te bepalen gedeelte van de aan die provincies afgedragen heffingen als bedoeld in artikel 15.45.
3. Van artikel 15.47 zijn het derde en vierde lid, alsmede het achtste lid, in verbinding met het zevende lid, onder b, van overeenkomstige toepassing.

Art. 15.49

Aansprakelijkheid na sluiting stortplaats

1. Ter zake van door een stortplaats veroorzaakte schade, die bekend is geworden na het tijdstip waarop een verklaring als bedoeld in artikel 8.47, derde lid, met betrekking tot die stortplaats is afgegeven, doet noch het in deze titel bedoelde fonds een beroep op de aansprakelijkheid van degene die als laatste de stortplaats heeft gedreven op grond van artikel 176, vierde lid, van Boek 6 van het Burgerlijk Wetboek.
2. Indien degene die als laatste een stortplaats heeft gedreven, waarvoor een verklaring als bedoeld in artikel 8.47, derde lid, is afgegeven, aansprakelijk is voor de door die stortplaats veroorzaakte schade op grond van artikel 176, vierde lid, van Boek 6 van het Burgerlijk Wetboek, kan degene jegens wie deze aansprakelijkheid bestaat, zijn recht op schadevergoeding geldend maken tegen het in deze titel bedoelde fonds dat in de betrokken provincie werkzaam is.

Titel 15.12
Financiële tegemoetkomingen

Art. 15.50

Uitkering aan personen die door blootstelling aan asbest maligne mesothelioom hebben

1. Onze Minister kan uitkeringen verlenen aan personen bij wie ten gevolge van blootstelling aan asbest maligne mesothelioom of asbestose is vastgesteld en die niet in aanmerking kunnen komen voor een daarmee verband houdende uitkering op grond van de Kaderwet SZW-subsidies.
2. Onze Minister stelt nadere regels ter uitvoering van het eerste lid.

Titel 15.13
Kostenverevening reductie CO_2-emissies glastuinbouw

Art. 15.51

Kostenverevening overschrijding CO2-emissies

1. Op inrichtingen die:
   a. uitsluitend of in hoofdzaak zijn bestemd tot het telen van gewassen onder een permanente opstand van glas of van kunststof, of
   b. mede zijn bestemd tot het telen van gewassen onder een permanente opstand van glas of van kunststof met een minimale oppervlakte van 2 500 m^2,
   is een systeem van verevening van kosten verbonden aan het in een kalenderjaar overschrijden van de voor die inrichtingen gezamenlijk voor dat kalenderjaar vastgestelde hoeveelheid CO_2-emissies van toepassing.
2. Het eerste lid is niet van toepassing op inrichtingen:
   a. die uitsluitend of in hoofdzaak zijn bestemd tot het telen van eetbare paddenstoelen of witlof onder een opstand als bedoeld in dat lid, of
   b. waarop titel 16.2 van toepassing is.
3. Onze Minister stelt, in overeenstemming met Onze Minister van Economische Zaken, Landbouw en Innovatie, de in het eerste lid bedoelde hoeveelheid emissies vast. Het besluit tot vaststelling van die hoeveelheid emissies wordt bekendgemaakt in de Staatscourant.

Art. 15.51a

Deze titel is niet van toepassing op het telen van gewassen in kassen:
a. met een totale oppervlakte kleiner dan 2.500 m^2, indien op het terrein niet uitsluitend gewassen in kassen worden geteeld,
b. alleen:
   1°. bij een huishouden of bij uitoefenen van beroep of bedrijf aan huis,
   2°. voor educatieve doeleinden,
   3°. bij onderzoeksinstellingen, of
   4°. bij volkstuinen, of
c. voor zover het een milieubelastende activiteit met betrekking tot een broeikasgasinstallatie als bedoeld in artikel 16.1, tweede lid, betreft.

Wet milieubeheer A65 art. 16.1

Art. 15.51b
1. Voor activiteiten als bedoeld in artikel 15.51 geldt een systeem van verevening van kosten van het in een kalenderjaar overschrijden van de voor het verrichten van de activiteiten gezamenlijk voor dat kalenderjaar vastgestelde hoeveelheid CO_2-emissies.
2. Onze Minister stelt, in overeenstemming met Onze Minister van Economische Zaken, de hoeveelheid CO_2-emissies, bedoeld in het eerste lid vast. Het besluit wordt gepubliceerd in de Staatscourant.

Art. 15.52
Indien de hoeveelheid emissies, bedoeld in artikel 15.51, eerste lid, wordt overschreden, is diegene die een inrichting als bedoeld in artikel 15.51 drijft een vergoeding verschuldigd aan Onze Minister. Bij algemene maatregel van bestuur wordt de hoogte van die vergoeding dan wel de wijze van berekenen van de hoogte van die vergoeding vastgesteld.

Berekening vergoeding overschrijding CO2-emissies

Art. 15.53
Bij of krachtens algemene maatregel van bestuur worden nadere regels gesteld ten behoeve van de uitvoering van de artikelen 15.51 en 15.52.

Nadere regels

Hoofdstuk 16
Handel in emissierechten

Titel 16.1
Algemeen

Art. 16.1
1. In dit hoofdstuk en de daarop berustende bepalingen wordt verstaan onder:
EU-register voor de handel in emissierechten: register als bedoeld in artikel 4 van de Verordening EU-register handel in emissierechten;
jaarvracht: totale hoeveelheid van een emissie gedurende een kalenderjaar;
nationaal toewijzingsbesluit: besluit als bedoeld in artikel 16.24, eerste lid;
toegewezen eenheid: eenheid als bedoeld in artikel 3, van de Verordening EU-register handel in broeikasgasemissierechten (AAU);
tonkilometer: ton lading, vervoerd over een afstand van één kilometer, waarbij onder lading wordt verstaan: de totale massa aan bagage, passagiers, post en vracht die zich tijdens een vlucht aan boord van een vliegtuig bevindt;
tonkilometergegevens: gegevens betreffende de omvang van een luchtvaartactiviteit als bedoeld in bijlage I bij de EG-richtlijn handel in broeikasgasemissierechten;
verwijderingseenheid: eenheid als bedoeld in artikel 3, van de Verordening EU-register handel in emissierechten (RMU).
2. Voor de toepassing van titel 16.2 en de daarop berustende bepalingen wordt verstaan onder:
broeikasgasinstallatie: vaste technische eenheid, waarin een of meer activiteiten worden verricht, die een emissie van een broeikasgas in de lucht veroorzaken en de behoren tot een categorie die met betrekking tot het betrokken broeikasgas bij algemene maatregel van bestuur is aangewezen, alsmede andere activiteiten die met eerstbedoelde activiteiten rechtstreeks samenhangen en daarmee technisch in verband staan en die gevolgen kunnen hebben voor de emissie van het betrokken broeikasgas in de lucht.
3. Voor de toepassing van afdeling 16.2.1 onderscheidenlijk afdeling 16.2.2 wordt verstaan onder:
emissieverslag: verslag betreffende de emissies in een kalenderjaar als bedoeld in artikel 67 en bijlage X van de Verordening monitoring en rapportage emissiehandel;
handelsperiode: handelsperiode als bedoeld in artikel 3, onder 2, van de Verordening monitoring en rapportage emissiehandel;
monitoringsplan: plan als bedoeld in artikel 12 en bijlage I van de Verordening monitoring en rapportage emissiehandel;
verificateur: verificateur als bedoeld in artikel 3, onder 3, van de Verordening verificatie en accreditatie emissiehandel;
verificatie: door een verificateur uitgevoerde activiteiten om overeenkomstig de Verordening verificatie en accreditatie emissiehandel een verificatierapport uit te brengen.

Begripsbepalingen

Sdu 1283

Titel 16.2
Broeikasgassen en broeikasgasemissierechten

Afdeling 16.2.1
Broeikasgasinstallaties

Paragraaf 16.2.1.1
Algemeen

Art. 16.2

Werkingssfeer
1. Deze afdeling is van toepassing op broeikasgasinstallaties.
2. Een emissie van een broeikasgas in de lucht wordt uitgedrukt in tonnen kooldioxide-equivalent.

Art. 16.2a

Schakelbepaling
1. Deze afdeling is, met uitzondering van paragraaf 16.2.1.3, mede van toepassing op het transport van CO_2 (CCS).
2. Voor de toepassing van deze afdeling op het transport van CO_2 (CCS) wordt onder «de exploitant van de broeikasgasinstallatie» verstaan: de natuurlijke persoon of de rechtspersoon die de transportactiviteit verricht of aan wie een doorslaggevende economische zeggenschap over het technisch functioneren van die activiteit is overgedragen.

Exploitant broeikasgasinstallatie

Art. 16.2b

Schakelbepaling
1. De artikelen 16.24 tot en met 16.30a zijn van overeenkomstige toepassing op broeikasgasinstallaties die op grond van artikel 27, eerste lid of artikel 27bis, eerste lid, van de EG-richtlijn handel in broeikasgasemissierechten zijn uitgesloten van het systeem van handel in broeikasgasemissierechten.
2. Het eerste lid geldt met ingang van 1 januari van het eerste kalenderjaar van de betrokken handelsperiode.
3. Indien een broeikasgasinstallatie op grond van artikel 27, derde lid of artikel 27bis, tweede lid, van de EG-richtlijn handel in broeikasgasemissierechten weer is opgenomen in het systeem van handel in broeikasgasemissierechten omdat de door die broeikasgasinstallatie veroorzaakte emissies de in artikel 27, eerste lid, van die richtlijn opgenomen hoeveelheid overschrijden, is het eerste lid niet langer van toepassing en is deze afdeling, met uitzondering van artikel 16.37, op die broeikasgasinstallatie van toepassing met ingang van 1 januari van het kalenderjaar volgend op het kalenderjaar waarin de broeikasgasinstallatie niet meer voldoet aan de voorwaarden voor uitsluiting. Artikel 16.37 is van toepassing met ingang van 1 januari van het tweede kalenderjaar volgend op het kalenderjaar waarin de broeikasgasinstallatie niet meer aan bedoelde voorwaarden voldoet.
4. Indien een broeikasgasinstallatie op grond van artikel 27, derde lid, van de EG-richtlijn handel in broeikasgasemissierechten weer is opgenomen in het systeem van handel in broeikasgasemissierechten omdat de maatregelen die een gelijkwaardige bijdrage leveren tot emissiereductie, niet langer van toepassing zijn, is het eerste lid niet langer van toepassing en is deze afdeling, met uitzondering van artikel 16.37, op die broeikasgasinstallatie van toepassing met ingang van de dag volgend op de dag waarop bedoelde maatregelen zijn vervallen. Artikel 16.37 is van toepassing met ingang van 1 januari van het kalenderjaar volgend op het kalenderjaar waarin bedoelde maatregelen zijn vervallen.
5. Indien een broeikasgasinstallatie op grond van artikel 27, derde lid, van de EG-richtlijn handel in broeikasgasemissierechten weer is opgenomen in het systeem van handel in broeikasgasemissierechten blijft de broeikasgasinstallatie in het systeem van handel in broeikasgasemissierechten gedurende de rest van de in artikel 11, eerste lid, van de EG-richtlijn handel in broeikasgasemissierechten bedoelde periode waarin ze werd ingevoerd.

Art. 16.3

Broeikasgasinstallatie binnen de EEZ
Onder broeikasgasinstallaties worden mede begrepen broeikasgasinstallaties binnen de Nederlandse exclusieve economische zone.

Art. 16.4

Dynamische wijziging EU-recht
Een wijziging van de EG-richtlijn handel in broeikasgasemissierechten of van een bijlage bij die richtlijn gaat voor de toepassing van deze titel gelden met ingang van de dag waarop aan de betrokken wijziging uitvoering moet zijn gegeven, tenzij bij een besluit van Onze Minister van Economische Zaken en Klimaat, dat in de Staatscourant wordt bekendgemaakt, een ander tijdstip wordt vastgesteld.

Art. 16.4a

Openbaarmaking emissierechten
1. Het bestuur van de emissieautoriteit draagt er zorg voor dat alle besluiten en verslagen die verband houden met de hoeveelheid emissierechten en de toewijzing daarvan en met de bewaking, rapportage en verificatie van emissies onverwijld op passende wijze openbaar worden gemaakt.
2. Artikel 10 van de Wet openbaarheid van bestuur is van overeenkomstige toepassing.

Paragraaf 16.2.1.2
Vergunning

Art. 16.5
1. Het is verboden zonder vergunning van het bestuur van de emissieautoriteit een broeikasgasinstallatie te exploiteren.
2. Een aanvraag om een vergunning kan naar keuze van de aanvrager betrekking hebben op één of meer broeikasgasinstallaties die worden geëxploiteerd op dezelfde locatie.

Art. 16.6
1. Bij of krachtens algemene maatregel van bestuur worden regels gesteld met betrekking tot de wijze waarop de aanvraag om een vergunning moet geschieden, de gegevens en de bescheiden die door de aanvrager moeten worden verstrekt met het oog op de beslissing op de aanvraag, en de wijze waarop die gegevens moeten worden verkregen.
2. Bij of krachtens de maatregel wordt in ieder geval bepaald dat de aanvrager een monitoringsplan, alsmede de in artikel 12, eerste lid, van de Verordening monitoring en rapportage emissiehandel bedoelde ondersteunende documenten bij de aanvraagt indient.
3. Onze Minister van Economische Zaken en Klimaat kan nadere regels stellen ter uitvoering van het bepaalde krachtens het eerste of tweede lid.

Art. 16.7
Het bestuur van de emissieautoriteit beslist binnen vier maanden op de aanvraag om een vergunning.

Art. 16.8
1. Het bestuur van de emissieautoriteit zendt het monitoringsplan dat is ingediend bij de aanvraag om een vergunning krachtens artikel 16.5, aan het bestuursorgaan dat voor de broeikasgasinstallatie waarop de aanvraag betrekking heeft, bevoegd is een omgevingsvergunning te verlenen, dan wel, in geval voor de broeikasgasinstallatie het in artikel 40, tweede lid, van de Mijnbouwwet vervatte verbod geldt, Onze Minister van Economische Zaken en Klimaat.
2. Het bestuur van de emissieautoriteit stelt het betrokken andere bestuursorgaan, bedoeld in het eerste lid, gedurende vier weken in de gelegenheid advies uit te brengen over het monitoringsplan met het oog op de samenhang tussen dit plan en de betrokken omgevingsvergunning of vergunning, bedoeld in artikel 40 van de Mijnbouwwet, dan wel de betrokken aanvraag om een omgevingsvergunning of vergunning als hiervoor bedoeld.

Art. 16.9
Het bestuur van de emissieautoriteit draagt er bij de beslissing op de aanvraag zorg voor dat geen strijd ontstaat met regels die met betrekking tot de broeikasgasinstallatie gelden, gesteld bij de Verordening monitoring en rapportage emissiehandel of bij of krachtens dit hoofdstuk, hoofdstuk 8 van deze wet of de hoofdstukken 2 en 3 van de Wet algemene bepalingen omgevingsrecht.

Art. 16.10
De vergunning wordt geweigerd indien het monitoringsplan niet voldoet aan de eisen die daaraan bij of krachtens de Verordening monitoring en rapportage emissiehandel, dit hoofdstuk of, voor zover van toepassing, artikel 24, derde lid, van de EG-richtlijn handel in broeikasgasemissierechten bedoelde verordening zijn gesteld dan wel indien door verlening anderszins strijd zou ontstaan met regels die met betrekking tot de broeikasgasinstallatie gelden, gesteld bij de Verordening monitoring en rapportage emissiehandel of bij of krachtens dit hoofdstuk, of indien het bestuur van de emissieautoriteit van oordeel is dat onvoldoende is gewaarborgd dat de aanvrager in staat is het monitoringsplan naar behoren uit te voeren.

Art. 16.11
1. In een vergunning wordt duidelijk aangegeven waarop zij betrekking heeft. De vergunning vermeldt de naam en het adres van de exploitant van de broeikasgasinstallatie, waarop de vergunning betrekking heeft.
2. Het monitoringsplan maakt in ieder geval deel uit van de vergunning. De overige onderdelen van de aanvraag om de vergunning maken deel uit van de vergunning, voorzover dat in de vergunning is aangegeven.

Art. 16.11a
[Vervallen]

Art. 16.12
Bij ministeriële regeling kunnen nadere regels worden gesteld ter uitvoering van de Verordening monitoring en rapportage emissiehandel en met betrekking tot:
a. de monitoring van emissies;
b. het emissieverslag;
c. andere personen dan de vergunninghouder krachtens artikel 16.5, die bij de uitvoering van het monitoringsplan zijn betrokken.

Verbod exploitatie broeikasgasinstallatie

Aanvraag vergunning broeikasgasinstallatie

Nadere regels

Verzending monitoringsplan

Toezicht op tegenstrijdigheid regelgeving broeikasgasinstallatie

Weigeringsgronden vergunning

Inhoud vergunning

Wet milieubeheer

Art. 16.13

Aanpassing monitoringsplan

1. De vergunninghouder wijzigt het monitoringsplan zo spoedig mogelijk, indien:
   a. wijziging van de Verordening monitoring en rapportage emissiehandel daartoe aanleiding geeft;
   b. de krachtens de artikelen 16.6 of 16.12 gestelde regels daartoe aanleiding geven;
   c. het bestuur van de emissieautoriteit daarom verzoekt.
2. De vergunninghouder legt op verzoek van het bestuur van de emissieautoriteit de meest actuele versie van het monitoringsplan over.

Art. 16.13a

Nadere regels

1. Bij ministeriële regeling kunnen ter uitvoering van deze paragraaf regels gesteld met betrekking tot het melden aan het bestuur van de emissieautoriteit van:
   a. het beëindigen van de werking van een broeikasgasinstallatie;
   b. het niveau van in bedrijf zijn van een broeikasgasinstallatie.

Nadere regels

2. Bij ministeriële regeling kan ter uitvoering van deze paragraaf worden bepaald dat ook andere handelingen of omstandigheden aan het bestuur van de emissieautoriteit moeten worden gemeld.
3. Bij ministeriële regeling kunnen tevens regels worden gesteld met betrekking tot het goedkeuren van veranderingen van het monitoringsplan.

Art. 16.14

Bij ministeriële regeling kunnen regels worden gesteld ter uitvoering van de Verordening verificatie en accreditatie emissiehandel.

Art. 16.15

Verzending emissieverslag en verificatierapport

Het bestuur van de emissieautoriteit zendt op verzoek het betrokken andere bestuursorgaan, bedoeld in artikel 16.8, eerste lid, een exemplaar van het voor de betrokken broeikasgasinstallatie opgestelde emissieverslag en het bijbehorende verificatierapport.

Art. 16.16

Niet voldoen aan eisen emissieverslag

1. Het bestuur van de emissieautoriteit kan uiterlijk op 30 september van het kalenderjaar waarin het emissieverslag overeenkomstig artikel 67 van de Verordening monitoring en rapportage emissiehandel moet worden ingediend, vaststellen dat dit verslag niet voldoet aan de eisen die daaraan bij genoemde verordening of bij of krachtens dit hoofdstuk zijn gesteld. Het bestuur van de emissieautoriteit kan de beslissing voor ten hoogste drie maanden verdagen. Van de verdaging wordt voor het in de eerste volzin genoemde tijdstip schriftelijk mededeling gedaan aan degene die het emissieverslag heeft ingediend. De mededeling omvat de reden voor de verdaging.
2. Het bestuur van de emissieautoriteit kan na het tijdstip, genoemd in het eerste lid, onderscheidenlijk, indien toepassing is gegeven aan de tweede volzin van dat lid, na het tijdstip dat met toepassing van die volzin is vastgesteld alsnog vaststellen dat het emissieverslag niet voldoet aan de eisen die daaraan bij de Verordening monitoring en rapportage emissiehandel of bij of krachtens dit hoofdstuk zijn gesteld, indien:
   a. degene die overeenkomstig artikel 67 van de genoemde verordening bij het bestuur van de emissieautoriteit een emissieverslag heeft ingediend, in dat verslag onjuiste of onvolledige gegevens heeft verstrekt en verstrekking van juiste of volledige gegevens zou hebben geleid tot de vaststelling van een andere jaarvracht,
   b. het betrokken emissieverslag anderszins onjuist was en de betrokken persoon dit wist of behoorde te weten.
3. De bevoegdheid, bedoeld in het tweede lid, vervalt tien jaren na afloop van het kalenderjaar, bedoeld in het eerste lid.

Art. 16.17

Emissies door de bevoegde autoriteit

Voordat het bestuur van de emissieautoriteit toepassing geeft aan artikel 70, eerste lid, van de Verordening monitoring en rapportage emissiehandel, stelt het degene, die ingevolge artikel 67 van genoemde verordening het emissieverslag heeft ingediend of had moeten indienen, in de gelegenheid zijn zienswijze naar voren te brengen, tenzij de ambtshalve vaststelling plaatsvindt conform de door de exploitant van de broeikasgasinstallatie aangeleverde gegevens.

Art. 16.18

Inzage emissieverslag

1. Het bestuur van de emissieautoriteit geeft desgevraagd aan een ieder kosteloos inzage in en verstrekt tegen vergoeding van ten hoogste de kosten een exemplaar van een emissieverslag dat bij hem is ingediend.
2. Het bestuur van de emissieautoriteit geeft vooraf kennis van de mogelijkheid tot inzage in en van de verkrijgbaarheid van het emissieverslag. De kennisgeving wordt gedaan op zodanige wijze dat het daarmee beoogde doel zo goed mogelijk wordt bereikt.

Art. 16.19

Naleving monitoringsplan

1. Een voor een broeikasgasinstallatie verleende vergunning geldt voor een ieder die de broeikasgasinstallatie exploiteert. Deze draagt ervoor zorg dat het monitoringsplan wordt nageleefd.

2. De vergunninghouder meldt aan het bestuur van de emissieautoriteit een verandering van exploitant van de broeikasgasinstallatie en een verandering van naam of adres van de vergunninghouder of, indien dit een ander is, van de exploitant van de broeikasgasinstallatie.

Art. 16.20

1. Het bestuur van de emissieautoriteit kan de vergunning wijzigen of aanvullen, de daaraan verbonden voorschriften wijzigen, aanvullen of intrekken of voorschriften aan de vergunning verbinden, indien dit naar zijn oordeel nodig is in het belang van de goede werking van het systeem van handel in emissierechten.

Nadere voorschriften vergunning

2. Met betrekking tot de beslissing ter zake zijn de artikelen 16.7, 16.8, 16.9 en 16.11 van overeenkomstige toepassing.
3. In een geval als bedoeld in artikel 16.19, tweede lid, wijzigt het bestuur van de emissieautoriteit de vergunning overeenkomstig de melding.

Art. 16.20a

1. Op aanvraag van de vergunninghouder kan het bestuur van de emissieautoriteit de vergunning en de daaraan verbonden voorschriften wijzigen, aanvullen of intrekken of voorschriften aan de vergunning verbinden.

Wijziging vergunning op aanvraag vergunninghouder

2. Met betrekking tot de beslissing ter zake, met uitzondering van het besluit tot intrekking van de emissievergunning, zijn de artikelen 16.6 tot en met 16.12 van overeenkomstige toepassing. Op het besluit tot intrekking van de emissievergunning zijn de artikelen 16.6, 16.7 en 16.9 tot en met 16.12 van overeenkomstige toepassing.
3. De verplichting tot het indienen van een emissieverslag als bedoeld in artikel 67, eerste lid, van de Verordening monitoring en rapportage emissiehandel blijft, voor wat betreft het kalenderjaar waarin de beschikking tot intrekking van de vergunning van kracht is geworden, na intrekking van de vergunning op de laatste houder daarvan rusten, totdat aan die verplichting is voldaan, tenzij in het gehele jaar van intrekking geen broeikasgasinstallatie aanwezig is.

Art. 16.20b
[Vervallen]

Art. 16.20c

1. Het bestuur van de emissieautoriteit kan een vergunning intrekken, indien:
a. met betrekking tot de broeikasgasinstallatie een krachtens artikel 2.33 van de Wet algemene bepalingen omgevingsrecht genomen beschikking in werking is getreden;
b. deze afdeling niet meer op de broeikasgasinstallatie van toepassing is.

Intrekking vergunning

2. Met betrekking tot de beslissing ter zake is artikel 16.20a, derde lid, van overeenkomstige toepassing.

Art. 16.21

1. Bij of krachtens algemene maatregel van bestuur kunnen met betrekking tot broeikasgasinstallaties waarvoor het in artikel 16.5, vervatte verbod geldt en die behoren tot een bij onderscheidenlijk krachtens de maatregel aangewezen categorie, regels worden gesteld, die nodig zijn in het belang van de goede werking van het systeem van handel in emissierechten. Bij of onderscheidenlijk krachtens de maatregel kan worden bepaald dat bij onderscheidenlijk krachtens de maatregel gestelde regels slechts gelden in daarbij aangegeven categorieën van gevallen.

Nadere regels verboden broeikasgasinstallaties

2. Bij of krachtens de maatregel kan met betrekking tot daarbij aangegeven onderwerpen worden bepaald dat het bestuur van de emissieautoriteit bij het verlenen of wijzigen van de vergunning daaraan voorschriften kan verbinden. Artikel 8.42a is van overeenkomstige toepassing.

Art. 16.22
[Vervallen]

Paragraaf 16.2.1.3
Het toewijzen en verlenen van broeikasgasemissierechten

Subparagraaf 16.2.1.3.1
Het veilen en kosteloos toewijzen van broeikasgasemissierechten

Art. 16.23

1. Overeenkomstig artikel 10 en, in voorkomend geval, artikel 29bis van de EG-richtlijn handel in broeikasgasemissierechten worden broeikasgasemissierechten die niet overeenkomstig deze paragraaf kosteloos worden toegewezen, geveild.

Handel in broeikasgasemissierechten

2. Bij ministeriële regeling kunnen regels worden gesteld ter uitvoering van verordening (EU) nr. 1031/2010 van de Commissie van 12 november 2010 inzake de tijdstippen, het beheer en andere aspecten van de veiling van broeikasgasemissierechten overeenkomstig Richtlijn 2003/87/EG van het Europees Parlement en de Raad tot vaststelling van een regeling voor de handel in broeikasgasemissierechten binnen de Gemeenschap (PbEU L 302).

Art. 16.24

Kosteloze toewijzing broeikasgasemissierechten

1. Onverminderd artikel 16.31 beslist Onze Minister van Economische Zaken en Klimaat per handelsperiode over de kosteloze toewijzing van broeikasgasemissierechten.

2. Kosteloze toewijzing van broeikasgasemissierechten voor inrichtingen die zijn opgenomen op de lijst, bedoeld in het tweede lid, onder a, vindt in ieder geval plaats voor de productie van warmte of koeling door:
   a. stadsverwarming en
   b. hoogrenderende warmtekrachtkoppeling, zoals gedefinieerd in richtlijn nr. 2012/27/EU van het Europees Parlement en de Raad van 25 oktober 2012 betreffende energie-efficiëntie, tot wijziging van Richtlijnen 2009/125/EG en 2010/30/EU en houdende intrekking van de Richtlijnen 2004/8/EG en 2006/32/EG (PB L 315), voor een economisch aantoonbare vraag als bedoeld in artikel 2, onder 31, van die richtlijn.

3. De kosteloze toewijzing geschiedt overeenkomstig de uitvoeringsmaatregelen die de Europese Commissie op grond van artikel 10bis, eerste lid, van de EG-richtlijn handel in broeikasgasemissierechten heeft vastgesteld.

4. Bij of krachtens algemene maatregel van bestuur kunnen, ter implementatie van de EG-richtlijn handel in broeikasgasemissierechten, nadere regels worden gesteld met betrekking tot de inhoud en de totstandkoming van het nationale toewijzingsbesluit.

Art. 16.25

Berekening broeikasgasemissierechten

De berekening van de aantallen broeikasgasemissierechten met het oog op kosteloze toewijzing geschiedt overeenkomstig de uitvoeringsmaatregelen die de Europese Commissie op grond van artikel 10bis, eerste lid, van de EG-richtlijn handel in broeikasgasemissierechten heeft vastgesteld.

Art. 16.26

Lineaire factor

Bij de in artikel 16.25 bedoelde berekening wordt de in artikel 9 van de EG-richtlijn handel in broeikasgasemissierechten bedoelde lineaire factor toegepast, voor zover de in artikel 16.25 bedoelde uitvoeringsmaatregelen daartoe nopen.

Art. 16.27

Blootstelling significant weglekrisico

1. In geval een bedrijfstak of een deeltak die overeenkomstig artikel 10ter, eerste lid, van de EG-richtlijn handel in broeikasgasemissierechten geacht wordt te zijn blootgesteld aan een significant weglekrisico wordt voor de handelsperiode die aanvangt op 1 januari 2021 en de voor dat geval berekende aantallen broeikasgasemissierechten 100% kosteloos toegewezen.

2. In afwijking van het eerste lid wordt van de aantallen broeikasgasemissierechten die voor een handelsperiode zijn berekend voor broeikasgasinstallaties als bedoeld in artikel 16.2b, eerste lid, 0% kosteloos toegewezen.

3. Andere bedrijfstakken en deeltakken krijgen tot 2026 kosteloze emissierechten toegewezen ten belope van 30% van de hoeveelheid die op grond van artikel 10bis van de EG-richtlijn handel in broeikasgasemissierechten is bepaald. Na 2026 worden kosteloze toewijzingen met gelijke hoeveelheden verminderd om in 2030 een hoeveelheid kosteloze toewijzing van 0% te bereiken.

Art. 16.28

Uitzondering op kosteloze toewijzing

Geen kosteloze toewijzing van broeikasgasemissierechten vindt plaats voor:
a. het opwekken van elektriciteit, behoudens voor zover de elektriciteit met restgassen wordt geproduceerd;
b. elektriciteitsopwekkers als bedoeld in artikel 3, onder u, van de EG-richtlijn handel in broeikasgasemissierechten, tenzij het betreft een activiteit als bedoeld in artikel 16.24, derde lid, of tenzij in de uitvoeringsmaatregelen, bedoeld in artikel 16.25, anders is bepaald;
c. het afvangen van CO_2 met het oog op transport en geologische opslag op een opslaglocatie als bedoeld in artikel 3, onder 3, van richtlijn nr. 2009/31/EG van het Europees Parlement en de Raad van de Europese Unie van 23 april 2009 betreffende de geologische opslag van kooldioxide en tot wijziging van Richtlijn 85/337/EEG van de Raad, de Richtlijnen 2000/60/EG, 2001/80/EG, 2004/35/EG, 2006/12/EG en 2008/1/EG en Verordening (EG) nr. 1013/2006 van het Europees Parlement en de Raad (PbEU L 140) waarvoor op grond van hoofdstuk 3 van die richtlijn vergunning is verleend, het transporteren van CO_2 met het oog op een dergelijke opslag alsmede het geologisch opslaan van CO_2 op een dergelijke opslaglocatie.

Art. 16.29

Nadere regels

Bij ministeriële regeling kunnen regels worden gesteld met betrekking tot:
a. de kosteloze toewijzing van broeikasgasemissierechten;
b. het aanleveren van gegevens met het oog op die toewijzing;
c. de verificatie van de aan te leveren gegevens;
d. de berekening van de aantal broeikasgasemissierechten met het oog op die toewijzing;

Wet milieubeheer **A65 art. 16.34**

e. de uitvoering van gedelegeerde handelingen en uitvoeringshandelingen die de Europese Commissie op grond van artikel 10bis, eerste en eenentwintigste lid, van de EG-richtlijn handel in broeikasgasemissierechten heeft vastgesteld.

Art. 16.30
1. Op de voorbereiding van het nationale toewijzingsbesluit is afdeling 3.4 van de Algemene wet bestuursrecht van toepassing.
2. Zienswijzen kunnen naar voren worden gebracht door een ieder.
3. In afwijking van artikel 3:18 van de Algemene wet bestuursrecht wordt het nationale toewijzingsbesluit uiterlijk 9 maanden na de dag waarop de aanvraag uiterlijk moet worden ingediend vastgesteld.
4. In afwijking van artikel 3:41, eerste lid, van de Algemene wet bestuursrecht wordt het vastgestelde nationale toewijzingsbesluit bekendgemaakt in de Staatscourant. Het nationale toewijzingsbesluit wordt tevens toegezonden aan de Europese Commissie.

Bekendmaking nationale toewijzingsbesluit

Art. 16.30a
1. Indien het nationale toewijzingsbesluit naar aanleiding van de beoordeling door de Europese Commissie overeenkomstig de artikelen 10bis, vijfde lid, 11, derde lid, 27, eerste en tweede lid, en 29 bis, van de EG-richtlijn handel in broeikasgasemissierechten niet behoeft te worden gewijzigd, wordt daarvan mededeling gedaan in de Staatscourant.
2. Indien het nationale toewijzingsbesluit naar aanleiding van de in het eerste lid bedoelde beoordeling, dan wel op basis van overige aanwijzingen of aanvullingen van de Europese Commissie, geheel of gedeeltelijk moet worden gewijzigd, stelt Onze Minister van Economische Zaken en Klimaat het nationale toewijzingsbesluit opnieuw vast.
3. Artikel 16.30, eerste tot en met derde lid, is niet van toepassing. Artikel 16.30, vierde lid, eerste volzin, is van overeenkomstige toepassing.

Bekendmaking ten aanzien van wijziging Nationale toewijzingsbesluit

Art. 16.31
1. Indien de Afdeling bestuursrechtspraak van de Raad van State met toepassing van artikel 20.5a een tussenuitspraak heeft gedaan, wijzigt Onze Minister van Economische Zaken en Klimaat het nationale toewijzingsbesluit met inachtneming van die uitspraak. Op de voorbereiding van het besluit tot wijziging van het nationale toewijzingsbesluit is afdeling 3.4 van de Algemene wet bestuursrecht niet van toepassing.
2. Het besluit tot wijziging van het nationale toewijzingsbesluit wordt genomen binnen tien weken na de dag waarop de tussenuitspraak, bedoeld in artikel 20.5a, in het openbaar is uitgesproken.
3. Voor de toepassing van dit hoofdstuk vervangt een met toepassing van het eerste lid gewijzigd nationaal toewijzingsbesluit het oorspronkelijke nationale toewijzingsbesluit.

Tussenuitspraak ABRvS

Art. 16.32
1. De exploitant van de broeikasgasinstallatie, die kan worden aangemerkt als nieuwkomer als bedoeld in artikel 3, onder h, van de EG-richtlijn handel in broeikasgasemissierechten, kan Onze Minister van Economische Zaken en Klimaat verzoeken om kosteloze toewijzing van broeikasgasemissierechten. De toewijzing geschiedt overeenkomstig artikel 10bis, zevende lid, en de op grond van artikel 10bis, eerste lid, door de Europese Commissie gestelde regels en, indien het betreft een activiteit die op grond van artikel 24 van genoemde richtlijn in het systeem van handel in broeikasgasemissierechten is opgenomen, overeenkomstig artikel 24, tweede lid, van genoemde richtlijn.
2. De artikelen 16.24, tweede lid, en 16.25 tot en met 16.29 zijn van overeenkomstige toepassing.
3. Een op grond van het eerste lid genomen besluit houdende kosteloze toewijzing van broeikasgasemissierechten wordt toegezonden aan de Europese Commissie.
4. Bij ministeriële regeling kunnen regels worden gesteld omtrent de wijze waarop een verzoek als bedoeld in het eerste lid wordt gedaan en kunnen nadere regels worden gesteld omtrent de procedure met betrekking tot de behandeling van een dergelijk verzoek.

Nieuwkomer

Art. 16.33
[Vervallen]

Art. 16.33a
Indien de Europese Commissie op grond van artikel 24bis van de EG-richtlijn handel in broeikasgasemissierechten uitvoeringsmaatregelen heeft vastgesteld, kunnen bij ministeriële regeling regels worden gesteld met betrekking tot de kosteloze toewijzing en verlening van broeikasgasemissierechten voor projecten die de emissie van broeikasgassen verlagen maar waarop deze titel niet van toepassing is. Deze regels voldoen aan genoemde uitvoeringsmaatregelen.

Projecten; verlaging

Art. 16.34
Het is verboden te handelen in strijd met de artikelen 37 tot en met 42 van verordening (EU) nr. 1031/2010 van de Commissie van 12 november 2010 inzake de tijdstippen, het beheer en andere aspecten van de veiling van broeikasgasemissierechten overeenkomstig Richtlijn 2003/87/EG van het Europees Parlement en de Raad tot vaststelling van een regeling voor de handel in broeikasgasemissierechten binnen de Gemeenschap (PbEU L 302).

Verbodsbepaling

Subparagraaf 16.2.1.3.2
Wijziging van toewijzingsbesluiten

Art. 16.34a

Wijziging toewijzingsbesluit broeikasgasemissierechten ivm koolstofweglekrisico

Indien de Europese Commissie op grond van artikel 10ter van de EG-richtlijn handel in broeikasgasemissierechten de groep bedrijfstakken en deeltakken die geacht worden een koolstofweglekrisico te lopen, aanpast, en het bedrijfstakken of deeltakken betreft die in Nederland zijn gevestigd, wijzigt Onze Minister van Economische Zaken en Klimaat een overeenkomstig deze afdeling genomen besluit houdende kosteloze toewijzing van broeikasgasemissierechten overeenkomstig de uitvoeringsmaatregelen die de Europese Commissie op grond van artikel 10ter van die richtlijn heeft vastgesteld. De artikelen 16.24, tweede lid, en 16.25 tot en met 16.29 zijn van overeenkomstige toepassing.

Art. 16.34b

Wijziging of intrekking toewijzingsbesluit broeikasgasemissierechten, redenen

1. Een overeenkomstig deze afdeling genomen besluit houdende kosteloze toewijzing van broeikasgasemissierechten kan overeenkomstig de gedelegeerde handelingen en uitvoeringshandelingen die de Europese Commissie op grond van artikel 10bis, eerste en eenentwintigste lid, van de EG-richtlijn handel in broeikasgasemissierechten heeft vastgesteld, worden gewijzigd of ingetrokken:
   a. indien de werking van een broeikasgasinstallatie wordt beëindigd, tenzij de vergunninghouder ten genoegen van Onze Minister van Economische Zaken en Klimaat aantoont dat de productie binnen een concrete en redelijke termijn zal worden hervat, of
   b. indien het niveau van in bedrijf zijn van de broeikasgasinstallatie wordt verminderd of verhoogd in de zin van artikel 10bis, twintigste lid, van de EG-richtlijn handel in broeikasgasemissierechten.
2. Bij ministeriële regeling kunnen regels worden gesteld ter uitvoering van dit artikel.
3. De artikelen 16.25 tot en met 16.29 zijn van overeenkomstige toepassing.

Art. 16.34c

Wijziging of intrekking toewijzingsbesluit broeikasgasemissierechten, extra redenen

1. Een overeenkomstig deze afdeling genomen besluit houdende kosteloze toewijzing van broeikasgasemissierechten kan tevens worden gewijzigd of ingetrokken, indien:
   a. degene die de inrichting drijft, onjuiste of onvolledige gegevens heeft verstrekt en de verstrekking van juiste of volledige gegevens tot een ander besluit zou hebben geleid, of
   b. het besluit anderszins onjuist was en degene die de inrichting drijft, dit wist of behoorde te weten.
2. De artikelen 16.25 tot en met 16.29 zijn van overeenkomstige toepassing.
3. Een besluit houdende kosteloze toewijzing van broeikasgasemissierechten kan niet meer worden ingetrokken of ten nadele van de betrokken broeikasgasinstallatie worden gewijzigd indien acht jaren zijn verstreken sedert de dag waarop het besluit is bekendgemaakt.

Art. 16.34d

Terugwerkende kracht intrekking of wijziging toewijzingsbesluiten

Bij intrekking of wijziging op grond van artikel 16.34b of artikel 16.34c kan worden bepaald dat de intrekking of wijziging terugwerkt tot en met een bij dat besluit te bepalen tijdstip.

Art. 16.34e

Schakelbepaling

Op de voorbereiding van een krachtens artikel 16.34a, 16.34b of 16.34c genomen besluit, voor zover een dergelijk besluit strekt tot wijziging van het nationale toewijzingsbesluit, zijn artikel 16.30, vierde lid, van deze wet en afdeling 3.4 van de Algemene wet bestuursrecht niet van toepassing.

Subparagraaf 16.2.1.3.3
Het verlenen van broeikasgasemissierechten

Art. 16.35

Verlening broeikasgasemissierechten aan exploitant broeikasgasinstallatie

1. Broeikasgasemissierechten worden overeenkomstig de Verordening EU-register handel in emissierechten verleend aan de exploitant van de broeikasgasinstallatie. Verlening van broeikasgasemissierechten vindt slechts plaats, indien voor de betrokken broeikasgasinstallatie een vergunning als bedoeld in artikel 16.5, is verleend.
2. Het bestuur van de emissieautoriteit verleent voor een broeikasgasinstallatie als bedoeld in artikel 16.32, eerste lid, het aantal broeikasgasemissierechten dat overeenkomstig dat lid aan die broeikasgasinstallatie is toegewezen. Het eerste lid, tweede volzin, is van overeenkomstige toepassing.

Art. 16.35a-16.35b

[Vervallen]

Art. 16.35c

Terugvordering broeikasgasemissierechten

1. Het bestuur van de emissieautoriteit kan broeikasgasemissierechten die, gelet op de wijziging van het daaraan ten grondslag liggende toewijzingsbesluit, onverschuldigd zijn verleend, terugvorderen van de exploitant van de broeikasgasinstallatie. Indien de exploitant van de broeikas-

Wet milieubeheer   **A65** art. 16.39a

gasinstallatie, onvoldoende broeikasgasemissierechten bezit, kan een met de waarde van die rechten corresponderend bedrag worden teruggevorderd.
2. Het bestuur van de emissieautoriteit kan het terug te vorderen bedrag dat met de waarde van de onverschuldigd verleende broeikasgasemissierechten correspondeert, bij dwangbevel invorderen.
3. Het bestuur van de emissieautoriteit kan broeikasgasemissierechten die, gelet op de wijziging van het daaraan ten grondslag liggende toewijzingsbesluit, onverschuldigd zijn verleend, verrekenen met de hoeveelheid voor de exploitant van de broeikasgasinstallatie, te verlenen broeikasgasemissierechten voor de daarop volgende handelsperiode.
4. Terugvordering vindt niet plaats voor zover na de dag waarop het besluit houdende kosteloze toewijzing van broeikasgasemissierechten is bekendgemaakt, acht jaren zijn verstreken.
5. Bij het bepalen van de waarde van een broeikasgasemissierecht, bedoeld in het eerste lid, tweede volzin, wordt uitgegaan van de gemiddelde marktprijs van een dergelijk recht op het moment van terugvordering. Bij ministeriële regeling worden nadere regels gesteld met betrekking tot de wijze waarop de gemiddelde marktprijs van een broeikasgasemissierecht wordt bepaald.

Paragraaf 16.2.1.4
De geldigheid van broeikasgasemissierechten, het inleveren van broeikasgasemissierechten, het annuleren van broeikasgasemissierechten en het compenseren van emissies in een ander kalenderjaar

Art. 16.36
1. Een broeikasgasemissierecht dat met ingang van 1 januari 2013 is verleend, is voor onbepaalde tijd geldig.   *Periode van geldigheid broeikasgasemissierechten*

2. Een broeikasgasemissierecht dat met ingang van 1 januari 2021 is verleend, bevat een aanduiding waaruit blijkt in welke periode van tien jaar te rekenen vanaf 1 januari 2021 het is verstrekt en is geldig voor emissies met ingang van het eerste jaar van die periode.
3. Bij ministeriële regeling kunnen regels worden gesteld ter uitvoering van dit artikel.

Art. 16.37
1. Onverminderd artikel 34, tiende lid, van de Verordening EU-register handel in emissierechten, levert de exploitant van de broeikasgasinstallatie, met betrekking tot ieder kalenderjaar voor 1 mei van het daarop volgende kalenderjaar ten minste een aantal broeikasgasemissierechten, niet zijnde broeikasgasemissierechten die zijn verleend krachtens afdeling 16.2.2, in, dat overeenkomt met de hoeveelheid van de emissie, die de inrichting in het eerstbedoelde kalenderjaar heeft veroorzaakt.   *Inlevering broeikasgasemissierechten*
2. Ter bepaling van de hoeveelheid van de emissie, bedoeld in het eerste lid, worden de gegevens in acht genomen, die overeenkomstig de Verordening EU-register handel in emissierechten in het EU-register voor de handel in emissierechten zijn opgenomen.

Art. 16.37a-16.38
[Vervallen]

Art. 16.39
Indien de exploitant van de broeikasgasinstallatie, ter voldoening aan artikel 16.37, eerste lid, met betrekking tot een kalenderjaar minder broeikasgasemissierechten heeft ingeleverd dan overeenkomt met de hoeveelheid van de emissie, die de broeikasgasinstallatie gedurende dat kalenderjaar heeft veroorzaakt, wordt het aantal broeikasgasemissierechten dat hij in het daarop volgende kalenderjaar ter uitvoering van dat artikel dient in te leveren, van rechtswege verhoogd met het aantal broeikasgasemissierechten dat hij te weinig had ingeleverd.   *Compensatie broeikasgasemissierechten*

Afdeling 16.2.2
Luchtvaartactiviteiten

Paragraaf 16.2.2.1
Algemeen

Art. 16.39a
1. Deze afdeling is van toepassing op: *Werkingssfeer*
a. vliegtuigexploitanten ten aanzien waarvan Nederland verantwoordelijk is voor de administratie van de regeling voor de handel in broeikasgasemissierechten binnen de Gemeenschap en die luchtvaartactiviteiten als bedoeld in bijlage I bij de EG-richtlijn handel in broeikasgasemissierechten uitvoeren;
b. emissies van bij algemene maatregel van bestuur aangewezen broeikasgassen veroorzaakt door luchtvaartactiviteiten als bedoeld onder a.

Sdu   1291

A65 art. 16.39b   Wet milieubeheer

2. Nederland is ten aanzien van een vliegtuigexploitant administrerende lidstaat als bedoeld in het eerste lid, onder a:
a. indien de vliegtuigexploitant beschikt over een geldige vergunning als bedoeld in artikel 16 van de Luchtvaartwet die valt onder verordening (EG) nr. 1008/2008 van het Europees Parlement en de Raad van de Europese Unie van 24 september 2008 inzake gemeenschappelijke regels voor de exploitatie van luchtdiensten in de Gemeenschap (PbEU L 293);
b. in gevallen waarin de vliegtuigexploitant niet beschikt over een geldige, door een lidstaat overeenkomstig de verordening, genoemd onder a, verleende exploitatievergunning: indien aan Nederland het grootste deel van de geschatte luchtvaartemissies van door de betrokken vliegtuigexploitant in het basisjaar uitgevoerde vluchten kan worden toegeschreven als bedoeld in artikel 18bis, eerste lid, onder b, van de EG-richtlijn handel in broeikasgasemissierechten.
3. Voor de toepasselijkheid van het tweede lid, aanhef en onder b, wordt uitgegaan van de meest actuele uitgave van de door de Commissie van de Europese Gemeenschappen op grond van artikel 18bis, derde lid, van de EG-richtlijn handel in broeikasgasemissierechten gepubliceerde lijst.
4. Bij de administratie van vliegtuigexploitanten neemt het bestuur van de emissieautoriteit de richtsnoeren in acht die de Commissie van de Europese Gemeenschappen overeenkomstig artikel 18bis, vierde lid, van de EG-richtlijn handel in broeikasgasemissierechten heeft vastgesteld.

Art. 16.39b
Nadere regels
Bij ministeriële regeling worden regels gesteld met betrekking tot de interpretatie van de luchtvaartactiviteiten, bedoeld in bijlage I bij de EG-richtlijn handel in broeikasgasemissierechten. Deze regels voldoen in elk geval aan de richtsnoeren die de Commissie van de Europese Gemeenschappen op grond van artikel 3b van genoemde richtlijn heeft vastgesteld.

Paragraaf 16.2.2.2
Monitoring en verslaglegging

Art. 16.39c
[Vervallen]

Art. 16.39d
Weigeringsgronden
De ingevolge artikel 12, eerste lid, van de Verordening monitoring en rapportage emissiehandel vereiste goedkeuring wordt door het bestuur van de emissieautoriteit geweigerd, indien:
a. het monitoringsplan niet voldoet aan de eisen die daaraan gesteld zijn bij genoemde verordening of bij of krachtens dit hoofdstuk;
b. het bestuur van oordeel is dat onvoldoende is gewaarborgd dat de vliegtuigexploitant in staat is het monitoringsplan naar behoren uit te voeren.

Art. 16.39e-16.39g
[Vervallen]

Art. 16.39h
Schakelbepaling
De artikelen 16.12, 16.13, 16.14, 16.16, 16.17, 16.18 en 16.21 zijn van overeenkomstige toepassing, met dien verstande dat in artikel 16.13, eerste lid, onder b, in plaats van «de artikelen 16.6 of 16.12» wordt gelezen: artikel 16.12.

Art. 16.39i
[Vervallen]

Paragraaf 16.2.2.3
Het toewijzen en verlenen van broeikasgasemissierechten

Art. 16.39j
Aanvraag broeikasgasemissierechten
1. Een vliegtuigexploitant kan het bestuur van de emissieautoriteit verzoeken om kosteloze toewijzing van broeikasgasemissierechten met betrekking tot:
a. de periode van 1 januari 2012 tot en met 31 december 2012,
b. de periode van 1 januari 2013 tot en met 31 december 2020 en
c. periodes van acht jaar die beginnen na 31 december 2020.
2. Bij de aanvraag worden tonkilometergegevens overgelegd over de in bijlage I bij de EG-richtlijn handel in broeikasgasemissierechten opgenomen luchtvaartactiviteiten die de vliegtuigexploitant in het referentiejaar heeft uitgevoerd. De aanvraag gaat vergezeld van een verklaring van een onafhankelijke deskundige, waarin de resultaten worden weergegeven van een door hem uitgevoerde beoordeling van de tonkilometergegevens. Artikel 16.39g is van overeenkomstige toepassing.
3. De overgelegde tonkilometergegevens zijn bepaald en geregistreerd:
a. overeenkomstig een plan dat een beschrijving bevat van de wijze waarop de tonkilometergegevens worden bepaald, geregistreerd en bewaard;
b. met inachtneming van de krachtens het zevende lid, aanhef en onder a en b, gestelde regels.

Wet milieubeheer   **A65 art. 16.39n**

4. Het plan, bedoeld in het derde lid, onder a, is goedgekeurd door het bestuur van de emissieautoriteit. Artikel 16.39d is van overeenkomstige toepassing.
5. Voor de toepassing van het tweede lid wordt als referentiejaar aangemerkt:
a. ten aanzien van de in het eerste lid, onder a, bedoelde periode: 2010;
b. ten aanzien van de in het eerste lid, onder b en c, bedoelde periodes: het kalenderjaar dat eindigt 24 maanden voor het begin van de betrokken periode.
6. De aanvraag wordt ingediend:
a. ten aanzien van de in het eerste lid, onder a, bedoelde periode: uiterlijk 31 maart 2011;
b. ten aanzien van de in het eerste lid, onder b en c, bedoelde periodes: ten minste 21 maanden voor het begin van de betrokken periode.
7. Bij ministeriële regeling kunnen ter uitvoering van dit artikel regels worden gesteld met betrekking tot: *Nadere regels*
a. de wijze waarop een tonkilometer wordt berekend;
b. het bepalen en registreren van tonkilometergegevens;
c. het indienen van een ontwerp van een plan als bedoeld in het derde lid, onder a;
d. het goedkeuren van een plan als bedoeld in het derde lid, onder a;
e. het actualiseren van een plan als bedoeld in het derde lid, onder a;
f. het melden van veranderingen en afwijkingen van een plan als bedoeld in het derde lid, onder a;
g. de wijze waarop een aanvraag om toewijzing van emissierechten dient te worden gedaan en de gegevens die door de aanvrager dienen te worden verstrekt.

Art. 16.39k
1. Het bestuur van de emissieautoriteit legt aanvragen die tijdig zijn ingediend en voldoen aan artikel 16.39j, tweede lid, eerste en tweede volzin, en derde volzin voor wat betreft de eisen waaraan de onafhankelijke deskundige moet voldoen, voor aan de Commissie van de Europese Gemeenschappen.   *Aanvragen naar Commissie van de Europese Gemeenschappen*
2. De toezending geschiedt ten minste achttien maanden voor het begin van de periode waarop de aanvraag betrekking heeft of, voor wat betreft de periode, bedoeld in artikel 16.39j, eerste lid, onder a, uiterlijk 30 juni 2011.

Art. 16.39l
1. Binnen drie maanden nadat de Commissie van de Europese Gemeenschappen een besluit heeft genomen overeenkomstig artikel 3sexies, derde lid, van de EG-richtlijn handel in broeikasgasemissierechten, berekent het bestuur van de emissieautoriteit: *Berekening broeikasgasemissierechten*
a. het totale aantal broeikasgasemissierechten dat voor de betrokken periode wordt toegewezen aan de vliegtuigexploitanten wier aanvragen overeenkomstig artikel 16.39k zijn voorgelegd aan de Commissie van de Europese Gemeenschappen, en
b. het aantal broeikasgasemissierechten dat voor elk kalenderjaar binnen die periode aan de vliegtuigexploitanten, bedoeld onder a, wordt toegewezen.
2. De berekening geschiedt:
a. in het geval van het eerste lid, aanhef en onder a: door het aantal in de aanvraag opgenomen tonkilometers te vermenigvuldigen met de benchmark die de Commissie van de Europese Gemeenschappen overeenkomstig artikel 3sexies, derde lid, aanhef en onder e, van de EG-richtlijn handel in broeikasgasemissierechten heeft vastgesteld;
b. in het geval van het eerste lid, aanhef en onder b: door het met toepassing van onderdeel a berekende totale aantal broeikasgasemissierechten voor de betrokken periode te delen door het aantal jaren in die periode.
3. Een krachtens het eerste lid door het bestuur van de emissieautoriteit genomen besluit wordt bekendgemaakt binnen de in dat lid genoemde termijn van drie maanden. Van het besluit wordt mededeling gedaan in de Staatscourant.

Art. 16.39m
Voor iedere in artikel 16.39j, eerste lid, bedoelde periode wordt van het totale aantal broeikasgasemissierechten voor de luchtvaart, bedoeld in artikel 3quater van de EG-richtlijn handel in broeikasgasemissierechten, een gedeelte geveild. Dit gedeelte komt overeen met het aantal broeikasgasemissierechten dat de Commissie van de Europese Gemeenschappen voor de betrokken periode op grond van artikel 3sexies, derde lid, aanhef en onder b, van genoemde richtlijn ten aanzien van Nederland heeft vastgesteld.   *Veiling broeikasgasemissierechten*

Art. 16.39n
1. Bij het bestuur van de emissieautoriteit kan een aanvraag om kosteloze toewijzing van broeikasgasemissierechten uit de bijzondere reserve voor bepaalde vliegtuigexploitanten, bedoeld in artikel 3septies van de EG-richtlijn handel in broeikasgasemissierechten, worden ingediend door een vliegtuigexploitant: *Aanvraag kosteloze toewijzing broeikasgasemissierechten*
a. die een luchtvaartactiviteit als bedoeld in bijlage I bij genoemde richtlijn aanvangt na het jaar waarvoor tonkilometergegevens zijn overgelegd overeenkomstig artikel 16.39j, tweede lid, met betrekking tot een periode, bedoeld in artikel 16.39j, eerste lid, onder b of c, of

A65 art. 16.39o   Wet milieubeheer

b. van wie het aantal tonkilometers gemiddeld met meer dan 18% per jaar is gestegen tussen het referentiejaar, bedoeld in artikel 16.39j, vijfde lid, onder b, en het tweede kalenderjaar van de betrokken periode, bedoeld in artikel 16.39j, eerste lid, onder b of c,
en waarvan de activiteit, bedoeld onder a, of de bijkomende activiteit, bedoeld onder b, niet geheel of gedeeltelijk een voortzetting is van een eerder door een andere vliegtuigexploitant uitgevoerde luchtvaartactiviteit.

2. Bij de aanvraag worden tonkilometergegevens overgelegd over de in bijlage I bij de EG-richtlijn handel in broeikasgasemissierechten opgenomen luchtvaartactiviteiten die de vliegtuigexploitant heeft uitgevoerd in het tweede kalenderjaar van de betrokken periode. Artikel 16.39j, tweede lid, tweede en derde volzin, derde, vierde en zevende lid, is van overeenkomstige toepassing. De aanvraag bevat tevens:

a. gegevens waaruit blijkt dat aan de criteria, bedoeld in het eerste lid, onder a dan wel b, is voldaan;

b. in het geval van een vliegtuigexploitant als bedoeld in het eerste lid, aanhef en onder b: gegevens met betrekking tot de procentuele stijging en de absolute groei van het aantal door de vliegtuigexploitant gerealiseerde tonkilometers.

3. De aanvraag wordt uiterlijk 30 juni van het derde jaar van de betrokken periode ingediend.

4. Bij de beoordeling of een activiteit niet geheel of gedeeltelijk een voortzetting is van een eerder door een andere vliegtuigexploitant uitgevoerde luchtvaartactiviteit wordt tevens acht geslagen op luchtvaartactiviteiten uitgevoerd door vliegtuigexploitanten ten aanzien waarvan Nederland geen administrerende lidstaat is.

Art. 16.39o

Aanvragen naar Commissie van de Europese Gemeenschappen

1. Het bestuur van de emissieautoriteit legt overeenkomstig artikel 16.39n ingediende aanvragen die voldoen aan de bij of krachtens artikel 16.39n gestelde eisen, voor aan de Commissie van de Europese Gemeenschappen.

2. De toezending geschiedt voor 1 januari van het vierde jaar van de betrokken periode.

Art. 16.39p

Berekening aantal broeikasgasemissierechten

1. Binnen drie maanden nadat de Commissie van de Europese Gemeenschappen een besluit heeft genomen overeenkomstig artikel 3septies, vijfde lid, van de EG-richtlijn handel in broeikasgasemissierechten, berekent het bestuur van de emissieautoriteit:

a. het aantal broeikasgasemissierechten dat voor de betrokken periode uit de bijzondere reserve wordt toegewezen aan de vliegtuigexploitanten wier aanvragen overeenkomstig artikel 16.39o zijn voorgelegd aan de Commissie van de Europese Gemeenschappen;

b. het aantal broeikasgasemissierechten dat voor elk kalenderjaar binnen die periode uit de bijzondere reserve aan de vliegtuigexploitanten, bedoeld onder a, wordt toegewezen.

2. De berekening geschiedt:

a. in het geval van het eerste lid, aanhef en onder a: door de benchmark die de Commissie van de Europese Gemeenschappen overeenkomstig artikel 3septies, vijfde lid, van de EG-richtlijn handel in broeikasgasemissierechten heeft vastgesteld, te vermenigvuldigen met:

1°. in het geval van artikel 16.39n, eerste lid, aanhef en onder a: het aantal in de aanvraag opgenomen tonkilometers;

2°. in het geval van artikel 16.39n, eerste lid, aanhef en onder b: de absolute groei in tonkilometers boven het in dat onderdeel genoemde percentage;

b. in het geval van het eerste lid, aanhef en onder b: door het met toepassing van onderdeel a berekende aantal broeikasgasemissierechten te delen door het aantal volledige kalenderjaren dat resteert in de betrokken periode.

3. In het geval van het tweede lid, aanhef en onder b, bedraagt het aantal aan een vliegtuigexploitant toe te wijzen broeikasgasemissierechten in de betrokken periode ten hoogste één miljoen.

4. Een krachtens het eerste lid door het bestuur van de emissieautoriteit genomen besluit wordt bekendgemaakt binnen de in dat lid genoemde termijn van drie maanden. Van het besluit wordt mededeling gedaan in de Staatscourant.

Art. 16.39q

1. Broeikasgasemissierechten in de bijzondere reserve die niet kosteloos zijn toegewezen, worden geveild.

2. Artikel 16.23, tweede lid, is van overeenkomstige toepassing.

Art. 16.39r

Inachtneming eisen m.b.t. bijzondere reserve

Bij de toepassing van de artikelen 16.39m tot en met 16.39o neemt het bestuur van de emissieautoriteit de eisen met betrekking tot de werking van de bijzondere reserve in acht die de Commissie van de Europese Gemeenschappen overeenkomstig artikel 3septies, negende lid, van de EG-richtlijn handel in broeikasgasemissierechten heeft vastgesteld.

Art. 16.39s

Einddatum verlening broeikasgasemissierechten

Het bestuur van de emissieautoriteit verleent uiterlijk 28 februari van een kalenderjaar aan een vliegtuigexploitant het aantal broeikasgasemissierechten dat hem krachtens artikel 16.39l of artikel 16.39p voor het betrokken jaar is toegewezen.

Wet milieubeheer   **A65 art. 16.42**

Art. 16.39sa
[Vervallen]

Paragraaf 16.2.2.4
De geldigheid van broeikasgasemissierechten, het inleveren van broeikasgasemissierechten, het annuleren van broeikasgasemissierechten en het compenseren van emissies in een ander kalenderjaar

Art. 16.39t
1. Een vliegtuigexploitant levert met betrekking tot ieder kalenderjaar voor 1 mei van het daarop volgende kalenderjaar ten minste een aantal broeikasgasemissierechten in, dat overeenkomt met de hoeveelheid van de emissie gedurende het eerstbedoelde kalenderjaar van in bijlage I bij de EG-richtlijn handel in broeikasgasemissierechten opgenomen luchtvaartactiviteiten waarvoor die vliegtuigexploitant verantwoordelijk is en die op of na 1 januari 2012 hebben plaatsgevonden.   *Inlevering broeikasgasemissierechten*
2. Artikel 16.37, tweede lid, is van overeenkomstige toepassing.   *Schakelbepaling*

Art. 16.39u
[Vervallen]

Art. 16.39v
De artikelen 16.36 en 16.38 zijn van overeenkomstige toepassing.

Art. 16.39w
Indien een vliegtuigexploitant ter voldoening aan artikel 16.39t, eerste lid, minder broeikasgasemissierechten heeft ingeleverd dan overeenkomt met de hoeveelheid van de emissie, die hij gedurende het betrokken kalenderjaar heeft veroorzaakt, wordt het aantal broeikasgasemissierechten dat hij in het daarop volgende kalenderjaar ter uitvoering van dat artikellid dient in te leveren, van rechtswege verhoogd met het aantal broeikasgasemissierechten dat hij te weinig had ingeleverd.   *Verhoging aantal broeikasgasemissierechten*

Afdeling 16.2.3
De overgang van broeikasgasemissierechten en andere eenheden

Art. 16.40
1. Een broeikasgasemissierecht dat overeenkomstig de Verordening EU-register handel in emissierechten is verleend, is vatbaar voor overdracht indien alle bij de overdracht betrokken personen op hun naam een rekening hebben in het EU-register voor de handel in emissierechten. De eerste volzin is van overeenkomstige toepassing op broeikasgasemissierechten die overeenkomstig de Verordening EU-register handel in emissierechten in een andere lidstaat van de Europese Unie zijn verleend.   *Overgang broeikasgasemissierechten*
2. Bij algemene maatregel van bestuur kunnen broeikasgasemissierechten die zijn ontstaan in andere landen dan de lidstaten van de Europese Unie worden aangewezen als broeikasgasemissierechten die kunnen worden overgedragen of verkregen door een persoon op wiens naam in het EU-register voor de handel in emissierechten een rekening staat.
3. Een broeikasgasemissierecht is ook vatbaar voor andere overgang. Het eerste en tweede lid zijn van overeenkomstige toepassing.

Art. 16.41
1. De voor overdracht van een broeikasgasemissierecht vereiste levering geschiedt door: *Levering broeikasgasemissierechten*
a. afschrijving van het broeikasgasemissierecht van de rekening die in het EU-register voor de handel in emissierechten op naam staat van de persoon die het broeikasgasemissierecht overdraagt, en
b. bijschrijving op een rekening in een register als bedoeld onder a, die op naam staat van de persoon die het broeikasgasemissierecht verkrijgt.
2. Het eerste lid is van overeenkomstige toepassing op elke overgang anders dan overdracht.
3. Elke overgang anders dan overdracht werkt tegenover derden eerst nadat het bestuur van de emissieautoriteit de overgang heeft geregistreerd.

Art. 16.42
1. Nietigheid of vernietiging van de overeenkomst die tot de overdracht heeft geleid, of onbevoegdheid van degene die overdraagt, heeft, nadat de overdracht is voltooid, geen gevolgen voor de geldigheid van de overdracht.   *Inbreuk op broeikasgasemissierechten*
2. Elk voorbehoud met betrekking tot de overdracht is uitgewerkt op het moment dat de overdracht tot stand is gekomen.
3. In afwijking van artikel 228 van Boek 3 van het Burgerlijk Wetboek kan op een broeikasgasemissierecht geen recht van pand worden gevestigd.
4. Op een broeikasgasemissierecht kan geen recht van vruchtgebruik worden gevestigd.
5. Een broeikasgasemissierecht is niet vatbaar voor beslag.

A65 art. 16.42a

Wet milieubeheer

Art. 16.42a

Schakelbepaling

1. De artikelen 16.40, eerste en vierde lid, 16.41 en 16.42 zijn van overeenkomstige toepassing op de overgang van emissiereductie-eenheden, gecertificeerde emissiereducties, toegewezen eenheden en verwijderingseenheden.
2. Voorzover het betreft de overgang van emissiereductie-eenheden, gecertificeerde emissiereducties, toegewezen eenheden en verwijderingseenheden, wordt voor de toepassing van de artikelen 16.40, eerste lid, en 16.41, eerste lid, onder «een register dat door de betrokken lidstaat van de Europese Unie overeenkomstig de Verordening EU-register handel in emissierechten is ingesteld» mede verstaan: een register dat overeenkomstig artikel 7, vierde lid, van het Protocol van Kyoto en de overeenkomstig dat protocol genomen besluiten is ingesteld door een in bijlage I bij het Raamverdrag van de Verenigde Naties inzake klimaatverandering opgenomen Partij die het Protocol van Kyoto heeft bekrachtigd, zoals gespecificeerd in artikel 1, punt 7, van dat protocol.

Afdeling 16.2.4
Registratie van broeikasgasemissierechten en andere eenheden

Art. 16.43

Registratie broeikasgasemissierechten

1. Het bestuur van de emissieautoriteit wordt aangewezen als bevoegde autoriteit als bedoeld in de Verordening EU-register handel in emissierechten.
2. Het bestuur van de emissieautoriteit voert de taken die het heeft als bevoegde autoriteit voor het EU-register voor de handel in emissierechten uit in overeenstemming met de Verordening EU-register handel in emissierechten en draagt er zorg voor dat het register voldoet aan de vereisten die daaraan ingevolge de Verordening EU-register handel in emissierechten worden gesteld.
3. Als nationale administrateur als bedoeld in artikel 3, onder 22, van de Verordening EU-register handel in emissierechten wordt aangewezen een bij besluit van het bestuur van de emissieautoriteit aangewezen medewerker van de emissieautoriteit. Van een besluit als bedoeld in de eerste volzin wordt mededeling gedaan door plaatsing in de Staatscourant.
4. Onze Minister van Economische Zaken en Klimaat wordt aangewezen als betrokken instantie en desbetreffende instantie als bedoeld in de Verordening EU-register handel in emissierechten.
5. In het EU-register voor de handel in emissierechten kunnen naast broeikasgasemissierechten tevens emissiereductie-eenheden, gecertificeerde emissiereducties, toegewezen eenheden en verwijderingseenheden worden geregistreerd.

Art. 16.44

Eigenaar broeikasgasemissierechten

1. Een ieder kan broeikasgasemissierechten, emissiereductie-eenheden, gecertificeerde emissiereducties, toegewezen eenheden en verwijderingseenheden bezitten.
2. In afwijking van het eerste lid is niet toegestaan het bezit van:
a. lange-termijn gecertificeerde emissiereducties als bedoeld in artikel 3, onder 9, van de Verordening EU-register handel in emissierechten (lCER);
b. voorlopige gecertificeerde emissiereducties als bedoeld in artikel 3, onder 11, van de Verordening EU-register handel in emissierechten (tCER).

Art. 16.45

Nadere regels

Onze Minister van Economische Zaken en Klimaat kan regels stellen ter uitvoering van de Verordening EU-register handel in emissierechten.

Art. 16.46

Emissiereductie-eenheden, gecertificeerde emissiereducties en verwijderingseenheden die aan het einde van de aanvullende periode voor het voldoen aan verplichtingen, bedoeld in het overeenkomstig het Protocol van Kyoto genomen besluit 13/CMP.1, op een rekening in het register voor handel in emissierechten zijn geregistreerd, worden geannuleerd.

Afdeling 16.2.5
Instemming met deelname aan projectactiviteiten

Art. 16.46a

Projectdeelnemer

Voor de toepassing van deze afdeling en de daarop berustende bepalingen wordt verstaan onder projectdeelnemer: persoon die een verzoek om instemming als bedoeld in artikel 16.46b, derde lid indient.

Art. 16.46b

Instemming deelname projectactiviteiten

1. Dit artikel is van toepassing op projectactiviteiten in het kader van:
a. het mechanisme van gemeenschappelijke uitvoering, bedoeld in artikel 6 van het Protocol van Kyoto (JI), die buiten Nederland of buiten de Nederlandse exclusieve economische zone worden uitgevoerd;
b. het mechanisme voor schone ontwikkeling, bedoeld in artikel 12 van het Protocol van Kyoto (CDM).

Wet milieubeheer   **A65 art. 16.46b**

2. Onze Minister van Economische Zaken en Klimaat kan op verzoek van de projectdeelnemer instemming verlenen met deelname aan projectactiviteiten als bedoeld in het eerste lid en de met betrekking tot die activiteiten overeenkomstig het Protocol van Kyoto genomen besluiten.
3. De instemming wordt in ieder geval geweigerd, indien:
a. de deelname door de projectdeelnemer aan de projectactiviteit niet voldoet aan de eisen die in het Protocol van Kyoto en de overeenkomsten dat protocol genomen besluiten aan die deelname zijn gesteld;
b. de projectdeelnemer zijn hoofdvestiging niet heeft in een staat die de internationale overeenkomst, bedoeld in artikel 11ter, eerste lid, van de EG-richtlijn handel in broeikasgasemissierechten, heeft bekrachtigd, of in een staat of een subfederale of regionale entiteit die overeenkomstig artikel 25 van genoemde richtlijn aan het systeem van handel in broeikasgasemissierechten is gekoppeld, en
c. voor zover het gaat om projectactiviteiten voor het opwekken van elektriciteit door waterkracht met een opwekkingsvermogen van meer dan 20 MW: bij de projectactiviteit en de uitvoering daarvan de in artikel 11ter, zesde lid, van de EG-richtlijn handel in broeikasgasemissierechten bedoelde internationale normen en richtsnoeren, waaronder de richtlijnen van de Wereldcommissie Stuwdammen, niet in acht worden genomen.
4. Instemming kan worden geweigerd, indien:
a. van een andere projectactiviteit waarbij de projectdeelnemer is of was betrokken en waarvoor Onze Minister van Economische Zaken en Klimaat instemming heeft verleend, is gebleken dat niet is voldaan aan de eisen die in het derde lid met betrekking tot die uitvoering zijn gesteld;
b. niet wordt voldaan aan de regels, bedoeld in het vijfde lid.
5. Bij regeling van Onze Minister van Economische Zaken en Klimaat kunnen nadere regels worden gesteld met betrekking tot de instemming, bedoeld in het tweede lid, met deelname aan projectactiviteiten.
6. Een verleende instemming omvat mede de machtiging van de betrokken projectdeelnemer, voorzover een dergelijke machtiging op grond van de artikelen 6, derde lid, en 12, negende lid, van het Protocol van Kyoto en de overeenkomsten dat protocol genomen besluiten is vereist. Indien de eerste volzin van toepassing is, wordt in de beslissing op het verzoek aangegeven dat de instemming mede de machtiging omvat.
7. Een verleende instemming kan worden ingetrokken, indien niet meer wordt voldaan aan   **Nadere regels**
de eisen, gesteld in het derde lid, onder a of b, of, voor zover van toepassing, onder c, of de nadere regels, bedoeld in het vijfde lid.
8. Bij regeling van Onze Minister van Economische Zaken en Klimaat kan worden bepaald dat voor het verlenen van instemming een vergoeding is verschuldigd. In dat geval worden bij die regeling tevens nadere regels gesteld met betrekking tot de hoogte van de vergoeding en de wijze waarop deze moet worden betaald.
9. Onze Minister van Economische Zaken en Klimaat stelt bij hem berustende informatie over projectactiviteiten waarvoor hij instemming heeft verleend, voor het publiek beschikbaar. Artikel 10 van de Wet openbaarheid van bestuur is van overeenkomstige toepassing.

        Art. 16.46c
[Vervallen]

        Titel 16.3
        [Vervallen]

        Afdeling 16.3.1
        [Vervallen]

        Art. 16.47-16.48
[Vervallen]

        Afdeling 16.3.2
        [Vervallen]

        Art. 16.49
[Vervallen]

        Afdeling 16.3.3
        [Vervallen]

        Art. 16.50
[Vervallen]

Afdeling 16.3.4
[Vervallen]

Art. 16.51-16.55
[Vervallen]

Afdeling 16.3.5
[Vervallen]

Art. 16.56-16.57
[Vervallen]

Afdeling 16.3.6
[Vervallen]

Art. 16.58-16.61
[Vervallen]

Afdeling 16.3.7
[Vervallen]

Art. 16.62
[Vervallen]

Hoofdstuk 16b
Emissie van broeikasgas door de industrie

Titel 16b.1
Algemeen

Art. 16b.1
1. In dit hoofdstuk en de daarop berustende bepalingen wordt verstaan onder:
broeikasgasinstallatie: broeikasgasinstallatie als bedoeld in de artikelen 16.1, tweede lid, en 16.3;
dispensatierecht: dispensatierecht als bedoeld in artikel 71h, onderdeel d, van de Wet belasting op milieugrondslag;
historisch industrieel emissieverslag: verslag ten behoeve van het vaststellen van het historisch activiteitenniveau van afvalverbrandingsinstallaties en lachgasinstallaties;
industrieel emissieverslag: verslag betreffende de industriële jaarvracht in een kalenderjaar als bedoeld in artikel 16b.3;
industriële jaarvracht: industriële jaarvracht als bedoeld in artikel 71h, onderdeel h, van de Wet belastingen op milieugrondslag;
industrieel monitoringsplan: plan betreffende de bepaling en registratie van de industriële jaarvracht;
restgassen: afgas als bedoeld in artikel 2, elfde lid, van de Verordening kosteloze toewijzing van emissierechten.
2. Artikel 16.1, derde lid, is van toepassing.

Art. 16b.2
Dit hoofdstuk is van toepassing op de exploitant van een industriële installatie als bedoeld in artikel 71h, onderdeel g, in samenhang met de artikelen 71i en 71k, tweede lid, van de Wet belastingen op milieugrondslag.

Titel 16b.2
Industriële jaarvracht

Afdeling 16b.2.1
Industrieel emissieverslag

Art. 16b.3
1. De exploitant van een industriële installatie dient na afloop van elk jaar op uiterlijk 31 maart een industrieel emissieverslag in bij het bestuur van de emissieautoriteit.
2. Het industrieel emissieverslag bevat de industriële jaarvracht.
3. Bij ministeriële regeling kunnen regels worden gesteld met betrekking tot de bepaling en registratie van de industriële jaarvracht, het industrieel emissieverslag, het historisch industrieel emissieverslag en de verificatie van deze emissieverslagen.

Wet milieubeheer
A65 art. 16b.7

Art. 16b.4
De exploitant van een industriële installatie bepaalt de industriële jaarvracht op basis van:
a. de gegevens uit het emissieverslag dan wel de schatting hiervan door het bestuur van de emissieautoriteit als bedoeld in de artikel 70 van de Verordening monitoring en rapportage emissiehandel;
b. de gegevens uit het verslag over het activiteitsniveau, bedoeld in artikel 3, eerste lid, van de Verordening aanpassingen kosteloze toewijzing door verandering activiteitsniveau dan wel de schatting hiervan door het bestuur van de emissieautoriteit, bedoeld in de artikel 3, vierde lid, van de Verordening aanpassingen kosteloze toewijzing door verandering activiteitsniveau; of
c. de monitoring op basis van een industrieel monitoringsplan als bedoeld in afdeling 16b.2.2.

Art. 16b.5
1. Bij een warmtekrachtkoppeling wordt de industriële jaarvracht bepaald en geregistreerd op basis van het brandstofverbruik, de elektriciteitsopwekking en de warmteopwekking.
2. Bij ministeriële regeling worden regels gesteld met betrekking tot de bepaling en registratie van de industriële jaarvracht. Deze regels kunnen betrekking hebben op warmtekrachtkoppelingen, bij het gebruik van restgassen en de overdracht van warmte naar een andere industriële installatie.

Art. 16b.6
1. Het bestuur van de emissieautoriteit kan uiterlijk op 30 september van het kalenderjaar waarin het industrieel emissieverslag moet worden ingediend, vaststellen dat dit verslag niet voldoet aan de eisen die daaraan bij of krachtens dit hoofdstuk zijn gesteld. Het bestuur van de emissieautoriteit kan de beslissing voor ten hoogste drie maanden verdagen. Van de verdaging wordt voor het in de eerste volzin genoemde tijdstip schriftelijk mededeling gedaan aan degene die het industrieel emissieverslag heeft ingediend. De mededeling omvat de reden voor de verdaging.
2. Het bestuur van de emissieautoriteit kan na het tijdstip, genoemd in het eerste lid, onderscheidenlijk, indien toepassing is gegeven tweede volzin van dat lid, na het tijdstip dat met toepassing van die volzin is vastgesteld alsnog vaststellen dat het industrieel emissieverslag niet voldoet aan de eisen die daaraan bij of krachtens dit hoofdstuk zijn gesteld, indien:
a. degene die bij het bestuur van de emissieautoriteit een industrieel emissieverslag heeft ingediend, in dat verslag onjuiste of onvolledige gegevens heeft verstrekt en verstrekking van juiste of volledige gegevens zou hebben geleid tot de vaststelling van een andere industriële jaarvracht;
b. het betrokken industrieel emissieverslag anderszins onjuist was en de betrokken persoon dit wist of behoorde te weten.
3. De bevoegdheid, bedoeld in het tweede lid, vervalt tien jaren na afloop van het kalenderjaar, bedoeld in het eerste lid.
4. Het bestuur van de emissieautoriteit kan de industriële jaarvracht van een industriële installatie op basis van een conservatieve schatting ambtshalve vaststellen indien:
a. het industrieel emissieverslag niet of niet tijdig bij de emissieautoriteit is ingediend;
b. het bestuur van de emissieautoriteit heeft verklaard dat het industrieel emissieverslag niet voldoet aan de eisen die daaraan bij of krachtens dit hoofdstuk zijn gesteld.

Afdeling 16b.2.2
Industrieel monitoringsplan

Art. 16b.7
1. De exploitant stelt, voor zover dat noodzakelijk is, voor een industriële installatie een industrieel monitoringsplan op dat hij indient bij het bestuur van de emissieautoriteit.
2. Een industrieel monitoringsplan of een wijziging daarvan behoeft goedkeuring van het bestuur van de emissieautoriteit.
3. De artikelen 16.7, 16.9, 16.11, 16.18 en 16.19 zijn van overeenkomstige toepassing met dien verstande dat telkens:
a. voor «broeikasgasinstallatie» wordt gelezen «industriële installatie»;
b. voor «emissieverslag» wordt gelezen «industrieel emissieverslag»;
c. voor «monitoringsplan» wordt gelezen «industrieel monitoringsplan»;
d. voor «vergunning» wordt gelezen «goedkeuring van een industrieel monitoringsplan»;
e. voor «vergunninghouder» wordt gelezen «de exploitant»;
f. voor «bij de Verordening monitoring en rapportage emissiehandel of bij of krachtens dit hoofdstuk, hoofdstuk 8 van deze wet» wordt gelezen «bij of krachtens dit hoofdstuk, de hoofdstukken 8, 16 of 16a van deze wet».
4. Bij ministeriële regeling worden regels gesteld die nodig zijn in het belang van de goede werking van het monitoren van emissie van de industriële jaarvracht of in welke gevallen een monitoringsplan in elk geval noodzakelijk is.
5. Bij ministeriële regeling worden regels gesteld met betrekking tot de wijze waarop de aanvraag om een goedkeuring van een industrieel monitoringsplan moet geschieden, de gegevens en de

bescheiden die door de aanvrager moeten worden verstrekt met het oog op de beslissing op de aanvraag, en de wijze waarop die gegevens moeten worden verkregen.

Art. 16b.8
1. Het industrieel monitoringplan bestaat uit een gedetailleerde, volledige en transparante documentatie over de monitoringmethode voor een industriële installatie.
2. Bij ministeriële regeling worden regels gesteld aan de inhoud van het industrieel monitoringplan. De regels zijn voor zover mogelijk in overeenstemming met de Verordening monitoring en rapportage emissiehandel.

Art. 16b.9
Het bestuur van de emissieautoriteit weigert de goedkeuring van een industrieel monitoringsplan indien het industrieel monitoringsplan niet voldoet aan de eisen die daaraan gesteld zijn bij of krachtens dit hoofdstuk of indien het bestuur van de emissieautoriteit van oordeel is dat onvoldoende is gewaarborgd dat de aanvrager in staat is het industrieel monitoringsplan naar behoren uit te voeren.

Art. 16b.10
1. De exploitant wijzigt het industrieel monitoringsplan zo spoedig mogelijk, indien:
a. de regels gesteld bij of krachtens dit hoofdstuk daartoe aanleiding geven;
b. het bestuur van de emissieautoriteit daarom verzoekt.
2. De exploitant legt op verzoek van het bestuur van de emissieautoriteit de meest actuele versie van het industrieel monitoringsplan over.
3. Bij ministeriële regeling kunnen regels worden gesteld met betrekking tot:
a. het melden van een wijziging of een tijdelijke afwijking van het industrieel monitoringsplan aan het bestuur van de emissieautoriteit, en
b. het goedkeuren van een wijziging van een industrieel monitoringsplan.

Titel 16b.3
De dispensatierechten

Afdeling 16b.3.1
Het register dispensatierechten industrie

Art. 16b.11
1. Er is een elektronisch register dispensatierechten industrie.
2. Het register wordt beheerd door het bestuur van de emissieautoriteit.
3. Het register bestaat uit rekeningen als bedoeld in artikel 16b.13, eerste lid.
4. Het bestuur van de emissieautoriteit draagt er zorg voor dat alle besluiten en verslagen die verband houden met de hoeveelheid dispensatierechten onverwijld op passende wijze openbaar worden gemaakt. Artikel 10 van de Wet openbaarheid van bestuur is van overeenkomstige toepassing.

Art. 16b.12
1. Het bestuur van de emissieautoriteit kan voorwaarden aan het gebruik van het register vaststellen.
2. Bij ministeriële regeling kunnen regels worden gesteld over de werking, organisatie, beschikbaarheid en beveiliging van het register.

Art. 16b.13
1. Het bestuur van de emissieautoriteit opent ambtshalve voor iedere industriële installatie met een goedgekeurd monitoringsplan of industrieel monitoringsplan één rekening op naam van de exploitant.
2. Bij ministeriële regeling worden regels gesteld over het openen, bijhouden en beheer van de rekening.

Art. 16b.14
1. Het bestuur van de emissieautoriteit kan bij een vermoeden van fraude of misbruik of indien niet wordt voldaan aan de bij of krachtens deze titel gestelde eisen voor het hebben van een rekening in het register of voor het gebruik van die rekening:
a. een rekening blokkeren;
b. een rekening opheffen; of
c. het aantal dispensatierechten voor een of meer rekeningen terugzetten op het aantal dispensatierechten voor die rekeningen op een eerder tijdstip waarin de fraude of misbruik zich niet voordeed.
2. Bij ministeriele regeling kunnen regels worden gesteld over de toepassing van het eerste lid.

Art. 16b.15
1. Bij ministeriële regeling kan worden bepaald dat voor het openen en bijhouden van een rekening een vergoeding verschuldigd is overeenkomstig de bij die regeling te stellen regels.
2. Bij de regeling, bedoeld in het eerste lid:

a. wordt de hoogte van de vergoeding vastgesteld, welke niet hoger is dan noodzakelijk is ter dekking van de ten laste van de emissieautoriteit komende kosten van het verrichten van werkzaamheden waarvoor de vergoeding is verschuldigd, en
b. worden regels gesteld omtrent de wijze waarop de vergoeding wordt betaald.

Afdeling 16b.3.2
Het ontstaan van dispensatierechten

Art. 16b.16
1. De rekening van een exploitant voor een industriële installatie onderscheidt per kalenderjaar het aantal dispensatierechten dat voor ieder kalenderjaar voor die industriële installatie is opgebouwd.
2. Bij aanvang van ieder kalenderjaar bedraagt het aantal dispensatierechten voor dat kalenderjaar nul.
3. Het bestuur van de emissieautoriteit stort na afloop van het kalenderjaar op uiterlijk 30 april het aantal dispensatierechten op de rekening in het register dispensatierechten industrie voor dat kalenderjaar. De storting is overeenkomstig het verslag over het aantal dispensatierechten van de exploitant, bedoeld in artikel 16b.17, eerste lid.
4. Het bestuur van de emissieautoriteit stort dispensatierechten op of boekt dispensatierechten af van een rekening op basis van een ambtshalve vaststelling van de dispensatierechten als bedoeld in artikel 16b.24, eerste lid, nadat die vaststelling is onherroepelijk geworden.
5. De exploitant kan na afloop van het kalenderjaar in de periode van 1 mei tot en met 31 augustus dispensatierechten verhandelen overeenkomstig afdeling 16b.3.3.

Art. 16b.17
1. De exploitant dient uiterlijk 31 maart bij het bestuur van de emissieautoriteit een verslag in over het aantal dispensatierechten dat hij heeft berekend. Bij ministeriële regeling kunnen hierover nadere regels worden gesteld. De nadere regels kunnen betrekking hebben op de verificatie van het verslag.
2. Bij ministeriële regeling worden regels gesteld over de berekening van het aantal dispensatierechten op basis van onder andere de reductiefactor en de gegevens die zijn opgenomen in:
a. het verslag over het activiteitsniveau, bedoeld in artikel 3, eerste lid, van de Verordening aanpassingen kosteloze toewijzing door verandering activiteitsniveau dan wel de schatting hiervan door het bestuur van de emissieautoriteit als bedoeld in de artikel 3, vierde lid, van de Verordening aanpassingen kosteloze toewijzing door verandering activiteitsniveau;
b. het verslag met referentiegegevens, bedoeld in artikel 4, tweede lid, onderdeel a, in samenhang met artikel 15, eerste en tweede lid, van de Verordening kosteloze toewijzing van emissierechten;
c. het industriële emissieverslag of de ambtshalve vaststelling van de industriële jaarvracht als bedoeld in artikel 16b.6, vierde lid; of
d. het verslag over het industriële activiteitsniveau dat is gemonitord op basis van een industrieel monitoringsmethodiekplan.
3. De reductiefactor bedraagt 1,2. Bij aanvang van ieder kalenderjaar wordt de reductiefactor verlaagd met 0,057.
4. De regels zijn voor zover mogelijk in overeenstemming met het vaststellen van de voorlopige kosteloze toewijzing van broeikasgasemissierechten in de Verordening kosteloze toewijzing van emissierechten en de Verordening aanpassingen kosteloze toewijzing door verandering activiteitsniveau, in ieder geval met dien verstande dat:
a. geen dispensatierechten worden berekend voor de export van meetbare warmte voor stadsverwarming;
b. bij een product gerelateerd activiteitsniveau in aanmerking wordt genomen het actuele activiteitsniveau betreffende het kalenderjaar in plaats van het historische activiteitsniveau;
c. bij een product gerelateerd activiteitsniveau met uitwisselbaarheid van elektriciteit en brandstof voor een installatie gebruik wordt gemaakt van de voor die installatie beschikbare historische correctiefactor in de periode 2014–2018;
d. het warmte gerelateerd activiteitsniveau ook meetbare warmte kan omvatten die is geproduceerd op basis van elektriciteit;
e. bij een activiteitsniveau, anders dan onder b, in aanmerking wordt genomen:
1. het jaarlijks activiteitsniveau in plaats van het historisch activiteitsniveau; dan wel
2. het historisch activiteitsniveau indien het jaarlijks activiteitsniveau minder dan 15% lager of hoger is dan het historisch activiteitsniveau; dan wel
3. het historisch activiteitsniveau als het jaarlijks activiteitsniveau meer dan 15% lager is als het historisch activiteitsniveau als gevolg van een toename van de energie efficiëntie of reductiemaatregelen, dan wel 15% hoger is als het historische activiteitsniveau als gevolg van een afname van de energie efficiëntie of reductiemaatregelen.
f. generiek de benchmarks die volgen uit deze verordeningen met een voor alle benchmarks gelijk jaarlijks verminderingspercentage kunnen worden bijgewerkt;

g. van de regels in deze verordeningen in elk geval kan worden afgeweken indien dat wenselijk is ter voorkoming van onnodige administratieve lasten, onnodige uitvoeringshandelingen of manipulatie of misbruik van het activiteitsniveau.

Art. 16b.18
Indien een exploitant voor een industriële installatie het verslag over het aantal dispensatierechten niet of niet tijdig heeft ingediend bedraagt het aantal dispensatierechten nihil.

Art. 16b.19
1. De exploitant stelt, voor zover dat noodzakelijk is om het aantal dispensatierechten te berekenen, voor een industriële installatie een industrieel monitoringsmethodiekplan op dat hij indient bij het bestuur van de emissieautoriteit.
2. Het industrieel monitoringsmethodiekplan of een wijziging daarvan behoeft goedkeuring van het bestuur van de emissieautoriteit.
3. De artikelen 16.7, 16.9, 16.11 en 16.19 zijn van overeenkomstige toepassing met dien verstande dat telkens:
a. voor «broeikasgasinstallatie» wordt gelezen «industriële installatie»;
b. voor «emissieverslag» wordt gelezen «verslag over het industriële activiteitsniveau»;
c. voor «monitoringsplan» wordt gelezen «industrieel monitoringsmethodiekplan»;
d. voor «vergunning» wordt gelezen «goedkeuring van een industrieel monitoringsmethodiekplan»;
e. voor «vergunninghouder» wordt gelezen «de exploitant»;
f. voor «bij de Verordening monitoring en rapportage emissiehandel of bij of krachtens dit hoofdstuk, hoofdstuk 8 van deze wet» wordt gelezen «bij of krachtens dit hoofdstuk, de hoofdstukken 8, 16 of 16a van deze wet».
4. Bij ministeriële regeling worden regels gesteld over de wijze waarop de aanvraag om een goedkeuring van een industrieel monitoringsmethodiekplan moet geschieden, de gegevens en de bescheiden die door de aanvrager moeten worden verstrekt met het oog op de beslissing op de aanvraag, en de wijze waarop die gegevens moeten worden verkregen. Deze regels zijn, voor zover mogelijk, in overeenstemming met de artikelen 4, tweede lid, onderdeel b, 5, tweede lid, 8, 9 en 10 van de Verordening kosteloze toewijzing van emissierechten.

Art. 16b.20
1. Het industrieel monitoringsmethodiekplan bestaat uit een gedetailleerde, volledige en transparante documentatie over de monitoringmethodiek voor een industriële installatie.
2. Bij ministeriële regeling kunnen nadere regels worden gesteld over de inhoud van het industrieel monitoringsmethodiekplan. De regels zijn voor zover mogelijk in overeenstemming met het vaststellen van de voorlopige kosteloze toewijzing van broeikasgasemissierechten in de Verordening kosteloze toewijzing van emissierechten en de Verordening aanpassingen kosteloze toewijzing door verandering activiteitsniveau, met dien verstande dat van de regels in deze Verordeningen kan worden afgeweken indien dat wenselijk is ter voorkoming van onnodige administratieve lasten, onnodige uitvoeringshandelingen of manipulatie of misbruik van het industrieel monitoringsmethodiekplan.

Art. 16b.21
Het bestuur van de emissieautoriteit weigert de goedkeuring van een industrieel monitoringsmethodiekplan indien het industrieel monitoringsmethodiekplan niet voldoet aan de eisen die daaraan gesteld zijn bij of krachtens dit hoofdstuk of het bestuur van de emissieautoriteit van oordeel is dat onvoldoende is gewaarborgd dat de aanvrager in staat is het industrieel monitoringsmethodiekplan naar behoren uit te voeren.

Art. 16b.22
1. De exploitant wijzigt het industrieel monitoringsmethodiekplan zo spoedig mogelijk, indien:
a. de regels gesteld bij of krachtens hoofdstuk 16b daartoe aanleiding geven; of
b. het bestuur van de emissieautoriteit daarom verzoekt.
2. De exploitant legt op verzoek van het bestuur van de emissieautoriteit de meest actuele versie van het industrieel monitoringsmethodiekplan over.
3. Bij ministeriële regeling kunnen regels worden gesteld met betrekking tot:
a. het melden van een wijziging of een tijdelijke afwijking van het industrieel monitoringsmethodiekplan aan het bestuur van de emissieautoriteit; en
b. het goedkeuren van een wijziging van een industrieel monitoringsmethodiekplan.
4. Deze regels zijn, voor zover mogelijk, in overeenstemming met artikel 9 van de Verordening kosteloze toewijzing van emissierechten.

Art. 16b.23
1. Het verslag over het industriële activiteitsniveau bevat het industriële activiteitsniveau van de industriële installatie. Het maakt onderdeel uit van het verslag over het aantal dispensatierechten, bedoeld in artikel 16b.17.
2. Bij ministeriele regeling worden regels gesteld over de inhoud van het verslag over het industriële activiteitsniveau. Deze regels zijn, voor zover mogelijk, in overeenstemming met artikel 4, tweede lid, onderdeel a, van de Verordening kosteloze toewijzing van emissierechten. De

Wet milieubeheer

regels kunnen betrekking hebben op de verificatie van het verslag over het industriële activiteitsniveau.

Art. 16b.24
1. Het bestuur van de emissieautoriteit kan uiterlijk op 30 september van het kalenderjaar waarin het verslag over het aantal dispensatierechten moet worden ingediend, vaststellen dat dit verslag niet voldoet aan de eisen die daaraan bij of krachtens dit hoofdstuk zijn gesteld. Het bestuur van de emissieautoriteit kan de beslissing voor ten hoogste drie maanden verdagen. Van de verdaging wordt voor het in de eerste volzin genoemde tijdstip schriftelijk mededeling gedaan aan degene die het verslag heeft ingediend. De mededeling omvat de reden voor de verdaging.
2. Het bestuur van de emissieautoriteit kan na het tijdstip, genoemd in het eerste lid, onderscheidenlijk, indien toepassing is gegeven tweede volzin van dat lid, na het tijdstip dat met toepassing van die volzin is vastgesteld alsnog vaststellen dat het verslag niet voldoet aan de eisen die daaraan bij of krachtens dit hoofdstuk zijn gesteld, indien:
a. degene bij het bestuur van de emissieautoriteit een verslag heeft ingediend, in dat verslag onjuiste of onvolledige gegevens heeft verstrekt en verstrekking van juiste of volledige gegevens zou hebben geleid tot de vaststelling van het aantal dispensatierechten; of
b. het betrokken verslag anderszins onjuist was en de betrokken persoon dit wist of behoorde te weten.
3. De bevoegdheid, bedoeld in het tweede lid, vervalt tien jaren na afloop van het kalenderjaar, bedoeld in het eerste lid.
4. Het bestuur van de emissieautoriteit kan het aantal dispensatierechten van een industriële installatie op basis van een conservatieve schatting ambtshalve vaststellen indien het bestuur van de emissieautoriteit heeft verklaard dat het verslag over het aantal dispensatierechten niet voldoet aan de eisen die daaraan bij of krachtens dit hoofdstuk zijn gesteld.

Afdeling 16b.3.3
Overdracht van dispensatierechten

Art. 16b.25
Een dispensatierecht kan uitsluitend in het register dispensatierechten industrie worden gehouden.

Art. 16b.26
1. Een dispensatierecht is vatbaar voor overdracht indien de overdragende exploitant en de ontvangende exploitant ieder op hun naam een rekening hebben in het register.
2. De overdracht vindt uitsluitend plaats in de periode van 1 mei tot en met 31 augustus van het jaar volgend op het kalenderjaar waarover de dispensatierechten zijn ontstaan.
3. Een dispensatierecht is ook vatbaar voor andere overgang. Het eerste lid is van overeenkomstige toepassing.

Art. 16b.27
1. Overdracht van een of meer dispensatierechten kan niet leiden tot een aantal dispensatierechten dat minder is dan de industriële jaarvracht van dat kalenderjaar.
2. Overdracht van een of meer dispensatierechten is niet toegestaan, indien het aantal dispensatierechten op een rekening minder is dan de industriële jaarvracht van dat kalenderjaar.

Art. 16b.28
1. De voor overdracht van een dispensatierecht vereiste levering geschiedt door:
a. afschrijving van het dispensatierecht van de rekening die in het register op naam staat van de exploitant die de dispensatierechten overdraagt; en
b. bijschrijving op de rekening die in het register op naam staat van de exploitant die de dispensatierechten verkrijgt.
2. Het eerste lid is van overeenkomstige toepassing op elke overgang anders dan overdracht.
3. Elke overgang anders dan overdracht werkt tegenover derden eerst nadat de overgang in het register is geregistreerd.

Art. 16b.29
1. Nietigheid of vernietiging van de overeenkomst die tot de overdracht heeft geleid, of onbevoegdheid van degene die overdraagt, heeft, nadat de overdracht is voltooid, geen gevolgen voor de af- en bijschrijvingen van de dispensatierechten in het register dispensatierechten.
2. Elk voorbehoud met betrekking tot de overdracht is uitgewerkt op het moment dat de af- en bijschrijving van de dispensatierechten in het register dispensatierechten tot stand is gekomen.
3. Indien het bestuur van de emissieautoriteit ambtshalve het aantal dispensatierechten heeft vastgesteld als bedoeld in artikel 16b.24, vierde lid, heeft dat geen gevolgen voor de af- en bijschrijving van dispensatierechten die in het register dispensatierechten tot stand zijn gekomen. Deze ambtshalve vaststelling kan leiden tot een aantal dispensatierechten in het register dispensatierechten dat lager is dan de industriële jaarvracht van dat kalenderjaar.

Art. 16b.30
1. In afwijking van artikel 288 van Boek 3 van het Burgerlijk Wetboek kan op een dispensatierecht geen recht van pand worden gevestigd.
2. Op een dispensatierecht kan geen recht van vruchtgebruik worden gevestigd.
3. Een dispensatierecht is niet vatbaar voor beslag.

Hoofdstuk 17
Maatregelen in bijzondere omstandigheden

Titel 17.1
Maatregelen bij een ongewoon voorval

Art. 17.1

Calamiteitenregeling

1. Indien zich in een inrichting een ongewoon voorval voordoet of heeft voorgedaan, waardoor nadelige gevolgen voor het milieu zijn ontstaan of dreigen te ontstaan, treft degene die de inrichting drijft, onmiddellijk de maatregelen die redelijkerwijs van hem kunnen worden verlangd, om herhaling of de gevolgen van dat voorval te voorkomen of, voor zover die gevolgen niet kunnen worden voorkomen, zoveel mogelijk te beperken en ongedaan te maken.
2. Indien door het voorval direct gevaar voor de menselijke gezondheid ontstaat of dreigt te ontstaan of onmiddellijke en aanmerkelijke gevolgen voor het milieu ontstaan of dreigen te ontstaan en zolang niet kan worden gewaarborgd dat door de getroffen maatregelen, bedoeld in het eerste lid, of de aanvullende maatregelen, bedoeld in artikel 17.3, eerste lid, wordt voldaan aan de voorschriften verbonden aan een omgevingsvergunning voor de inrichting of aan de bij of krachtens een algemene maatregel van bestuur als bedoeld in artikel 8.40 voor de inrichting geldende regels, legt degene die de inrichting drijft de inrichting geheel of gedeeltelijk stil.

Art. 17.2

Meldingsplicht

1. Degene die een inrichting drijft, waarin zich een voorval, als bedoeld in artikel 17.1, voordoet of heeft voorgedaan, meldt dat voorval zo spoedig mogelijk aan het bestuursorgaan dat bevoegd is een omgevingsvergunning voor een inrichting te verlenen, dan wel ingevolge artikel 8.41, tweede lid, onder a, het orgaan is waaraan de melding wordt gericht dan wel, in andere gevallen, aan burgemeester en wethouders.

Inhoud melding

2. Hij verstrekt dat bestuursorgaan tevens, zodra zij bekend zijn, de gegevens met betrekking tot:
a. de oorzaken van het voorval en de omstandigheden waaronder het voorval zich heeft voorgedaan;
b. de ten gevolge van het voorval vrijgekomen stoffen, alsmede hun eigenschappen;
c. andere gegevens die van belang zijn om de aard en de ernst van de gevolgen voor het milieu van het voorval te kunnen beoordelen;
d. de maatregelen die zijn genomen of worden overwogen om de gevolgen van het voorval te voorkomen, te beperken of ongedaan te maken;
e. de maatregelen die zijn genomen of worden overwogen om te voorkomen dat een zodanig voorval zich nogmaals kan voordoen.

Kennisgeving van melding door ontvangend orgaan aan andere organen

3. Het bestuursorgaan dat een melding als bedoeld in het eerste of tweede lid ontvangt, geeft van die melding en de daarbij verstrekte gegevens onverwijld kennis aan:
a. de burgemeesters van de betrokken gemeenten;
b. de inspecteur;
c. de voorzitters van de betrokken veiligheidsregio's in de gevallen dat de gevolgen van het voorval zich voordoen dan wel kunnen voordoen buiten de grenzen van de gemeente waar de inrichting geheel of in hoofdzaak is gelegen;
d. gedeputeerde staten van de betrokken provincie in de gevallen dat het voorval verontreiniging of aantasting van de bodem tot gevolg heeft;
e. andere bestuursorganen of overheidsdiensten, die direct belang hebben bij een onverwijlde mededeling.

Afwijkende voorschriften

4. Het bevoegd gezag kan voor categorieën van voorvallen als bedoeld in artikel 17.1, waarvan de nadelige gevolgen voor het milieu niet significant zijn, voorschriften stellen die afwijken van de verplichting, bedoeld in het eerste lid. In deze voorschriften kan worden bepaald dat de daarbij aangegeven categorieën van voorvallen binnen een bepaalde termijn worden gemeld of worden geregistreerd. De voorschriften worden gesteld in een omgevingsvergunning voor een inrichting of, indien voor de inrichting regels gelden krachtens artikel 8.40, in een beschikking. Van laatstbedoelde beschikking wordt mededeling gedaan op de in artikel 12 van de Bekendmakingswet bepaalde wijze.
5. Indien toepassing is gegeven aan het vierde lid, zijn het tweede en derde lid, alsmede de artikelen 17.3, 17.4 en 17.5 niet van toepassing.

Kennisgeving van melding aan inspecteur

6. Het bestuursorgaan dat een melding als bedoeld in het vierde lid ontvangt, geeft van die melding kennis aan de inspecteur.

Wet milieubeheer **A65 art. 17.5c**

Art. 17.3
1. Het bevoegde bestuursorgaan verplicht degene die de inrichting drijft alle passende aanvullende maatregelen te treffen, die redelijkerwijs nodig zijn om: *Toezicht bevoegd bestuursorgaan*
a. de gevolgen van het gemelde voorval voor het milieu te beperken,
b. herhaling van het gemelde voorval te voorkomen of
c. ervoor te zorgen dat wordt voldaan aan de voorschriften verbonden aan een omgevingsvergunning voor de inrichting of aan de bij of krachtens een algemene maatregel van bestuur als bedoeld in artikel 8.40 voor de inrichting geldende regels.
2. Het bevoegde bestuursorgaan ziet erop toe dat de nodige gegevens worden verzameld om het voorval te analyseren en de oorzaken ervan te achterhalen.
3. Om herhaling te voorkomen wijzigt het bevoegde bestuursorgaan zo nodig de omgevingsvergunning, doet het daarop gerichte aanbevelingen of, indien voor de inrichting regels gelden krachtens artikel 8.40, stelt het voorschriften in een beschikking. Van laatstbedoelde beschikking wordt mededeling gedaan op de in artikel 12 van de Bekendmakingswet bepaalde wijze.
4. Met betrekking tot een beschikking tot wijziging van een omgevingsvergunning als bedoeld in het derde lid is artikel 3.15, derde lid, van de Wet algemene bepalingen omgevingsrecht van overeenkomstige toepassing. *Schakelbepaling*

Art. 17.4
1. Indien dat door een ongewoon voorval nodig is, wordt in het belang van de bescherming van het milieu een of meer van de volgende verplichtingen of het volgende verbod opgelegd aan degene bij wie afvalstoffen ontstaan of aanwezig zijn, die zijn aangewezen in de daartoe strekkende beschikking: *Opleggen verplichting of verbod door GS*
a. een verplichting die afvalstoffen te scheiden en – mede van andere stoffen en afvalstoffen – gescheiden te houden;
b. een verplichting die afvalstoffen gescheiden af te geven, wanneer zij zich daarvan ontdoen;
c. een verplichting die afvalstoffen ter plaatse waar zij zijn ontstaan, op een bij de beschikking aangegeven wijze nuttig toe te passen of te verwijderen;
d. een verbod die afvalstoffen langer onder zich te houden dan gedurende een bij de beschikking aangegeven termijn;
e. een verplichting die afvalstoffen af te geven aan een persoon behorende tot een bij de beschikking aangewezen categorie, of te brengen naar een daartoe aangewezen plaats.
2. Een verplichting of verbod als bedoeld in het eerste lid, wordt opgelegd:
a. voor zover de verplichting of het verbod betrekking heeft op een inrichting: door het bestuursorgaan dat ingevolge het bepaalde bij of krachtens artikel 2.4 van de Wet algemene bepalingen omgevingsrecht het bevoegd gezag is voor de omgevingsvergunning voor de inrichting, of, indien voor de inrichting regels gelden krachtens artikel 8.40, door het bestuursorgaan waaraan een melding als bedoeld in artikel 8.41, eerste lid, met betrekking tot die inrichting zou moeten worden gedaan of, in andere gevallen, door burgemeester en wethouders;
b. in andere gevallen: door gedeputeerde staten.
3. Het bestuursorgaan, bedoeld in het tweede lid, geeft bij zijn beschikking aan binnen welke termijn de verplichting moet worden uitgevoerd en kan aangeven op welke wijze de verplichting moet worden uitgevoerd.

Art. 17.5
[Vervallen]

Titel 17.1A
Maatregelen betreffende afvalvoorzieningen

Art. 17.5a
1. Indien zich een gebeurtenis voordoet, die gevolgen kan hebben voor de stabiliteit van een afvalvoorziening, of indien bij controle- en monitoringsprocedures met betrekking tot de voorziening blijkt dat nadelige gevolgen voor het milieu zijn ontstaan of dreigen te ontstaan, meldt degene die de afvalvoorziening drijft, dit zo spoedig mogelijk, in elk geval binnen 48 uur, aan het bestuursorgaan dat bevoegd is een omgevingsvergunning voor die inrichting te verlenen. Artikel 17.2, tweede en derde lid, is van overeenkomstige toepassing. *Melding gebeurtenis met gevolg voor afvalvoorziening*
2. Bij of krachtens algemene maatregel van bestuur worden categorieën van afvalvoorzieningen aangewezen, waarop ingevolge artikel 2, derde lid, van de richtlijn beheer winningsafval deze titel niet van toepassing is. *Nadere regels*

Art. 17.5b
Indien de situatie, bedoeld in artikel 17.5a, eerste lid, betrekking heeft op een afvalvoorziening categorie A, voert degene die de afvalvoorziening drijft, onmiddellijk het voor die afvalvoorziening voorgeschreven interne noodplan uit. *Afvalvoorziening categorie A*

Art. 17.5c
1. Het bevoegd gezag kan instructies geven met betrekking tot het treffen van de nodige preventieve of herstelmaatregelen. *Preventieve of herstelmaatregelen*

Sdu 1305

A65 art. 17.5d

Wet milieubeheer

2. Degene die de afvalvoorziening drijft, volgt de in het eerste lid bedoelde instructies op en draagt de kosten voor de getroffen preventieve of herstelmaatregelen.
3. Het bevoegd gezag kan zelf elke nodige preventieve of herstelmaatregel treffen of de uitvoering daarvan opdragen aan derden.
4. Een beslissing als bedoeld in het derde lid wordt op schrift gesteld. De schriftelijke beslissing is een beschikking.
5. In het geval het bevoegd gezag zelf maatregelen treft of de uitvoering daarvan opdraagt aan derden, verhaalt het de kosten op degene die de activiteiten verricht.
Het bevoegd gezag stelt de hoogte van de verschuldigde kosten bij beschikking vast. Het bevoegd gezag kan de kosten invorderen bij dwangbevel.

Overeenkomstige toepassing
6. Artikel 17.4 is van overeenkomstige toepassing.

Art. 17.5d
Deze titel is van overeenkomstige toepassing op gesloten afvalvoorzieningen, met uitzonderingen van die gesloten afvalvoorzieningen ten aanzien waarvan het bevoegd gezag is belast met de nazorg, bedoeld in artikel 8.49.

Titel 17.1B
Maatregelen in geval van niet-naleving

Art. 17.5e

Schakelbepaling
Titel 17.1 is van overeenkomstige toepassing op een niet onder die titel begrepen inbreuk op de voorschriften, verbonden aan een omgevingsvergunning of gesteld bij of krachtens een algemene maatregel van bestuur als bedoeld in artikel 8.40, met betrekking tot activiteiten als bedoeld in richtlijn nr. 2010/75/EU van het Europees Parlement en de Raad van 24 november 2010 inzake industriële emissies (PbEU L334), met dien verstande dat:
a. in artikel 17.1, eerste lid, in plaats van «om herhaling of de gevolgen van dat voorval te voorkomen of, voor zover die gevolgen niet kunnen worden voorkomen, zoveel mogelijk te beperken en ongedaan te maken» wordt gelezen: om ervoor te zorgen dat op een zo kort mogelijke termijn weer aan de voorschriften wordt voldaan.
b. voor de toepassing van deze titel alle overige verwijzingen in titel 17.1 naar een ongewoon voorval als verwijzingen gelden naar de in dit artikel bedoelde inbreuk.

Titel 17.2
Maatregelen bij milieuschade of een onmiddellijke dreiging daarvan

Art. 17.6

Begripsbepalingen
1. In deze titel en de daarop berustende bepalingen wordt verstaan onder:
activiteit: beroepshalve of bedrijfsmatig verrichte activiteit, ongeacht het openbare of particuliere, winstgevende of niet-winstgevende karakter daarvan;
beschermde soorten: soorten als bedoeld in artikel 2, derde lid, onder a, van EG-richtlijn milieuaansprakelijkheid;
degene die de activiteit verricht: de natuurlijke persoon of de privaatrechtelijke of publiekrechtelijke rechtspersoon die de activiteit verricht of heeft verricht, regelt of heeft geregeld, of aan wie een doorslaggevende economisch zeggenschap over het technisch functioneren van de activiteit is overgedragen, met inbegrip van de houder van een vergunning of toelating voor het verrichten van de activiteit en de persoon die de activiteit laat of heeft laten registreren of er kennisgeving van doet of heeft gedaan;
ecosysteemfuncties: functies die natuurlijke rijkdommen vervullen ten behoeve van andere natuurlijke rijkdommen of het publiek;
EG-richtlijn milieuaansprakelijkheid: richtlijn nr. 2004/35/EG van het Europees Parlement en de Raad van de Europese Unie van 21 april 2004 betreffende milieuaansprakelijkheid met betrekking tot het voorkomen en herstellen van milieuschade (PbEU L 143);
herstelmaatregelen: maatregelen of combinatie van maatregelen, met inbegrip van inperkende of tussentijdse maatregelen, gericht op herstel, rehabilitatie of vervanging van de aangetaste natuurlijke rijkdommen of ecosysteemfuncties, of op het verschaffen van een gelijkwaardig alternatief voor rijkdommen of functies als bedoeld in bijlage II bij EG-richtlijn milieuaansprakelijkheid;
kosten: kosten verbonden aan de toepassing van preventieve maatregelen of herstelmaatregelen, met inbegrip van ramingskosten van milieuschade, onmiddellijke dreiging van zulke schade en alternatieve maatregelen, alsook de administratieve, juridische en handhavingskosten, de kosten van het vergaren van gegevens en andere algemene kosten, en de kosten in verband met monitoring en toezicht;
milieuschade:

Wet milieubeheer **A65 art. 17.8**

1°. elke vorm van schade aan beschermde soorten of natuurlijke habitats die, gelet op de referentietoestand en de criteria van bijlage I bij EG-richtlijn milieuaansprakelijkheid, aanmerkelijke negatieve effecten heeft op het bereiken of handhaven van de gunstige staat van instandhouding van deze soorten of habitats;
2°. elke vorm van schade aan wateren die een aanmerkelijke negatieve invloed heeft op de ecologische, chemische of kwantitatieve toestand of het ecologisch potentieel, als omschreven in de kaderrichtlijn water, van de betrokken wateren, met uitzondering van de negatieve effecten waarop artikel 4, zevende lid, van die richtlijn van toepassing is;
3°. elke vorm van schade die een aanmerkelijke negatieve invloed heeft op de milieutoestand van de betrokken maritieme wateren, als omschreven in richtlijn 2008/56/EG van het Europees parlement en de Raad van 17 juni 2008 tot vaststelling van een kader voor communautaire maatregelen betreffende het beleid ten aanzien van het mariene milieu (Kaderrichtlijn mariene strategie) (PbEU 2008, L 164), voor zover bijzondere aspecten van de milieutoestand van het mariene milieu al niet in de kaderrichtlijn water worden behandeld;
4°. elke vorm van bodemverontreiniging die een aanmerkelijk risico inhoudt voor negatieve effecten op de menselijke gezondheid, waarbij direct of indirect op, in of onder de bodem, stoffen, preparaten, organismen of micro-organismen gebracht zijn;
milieuschade of een onmiddellijke dreiging daarvan: milieuschade of een voldoende waarschijnlijkheid dat zich in de nabije toekomst milieuschade zal voordoen;
natuurlijke habitats: habitats van de soorten, natuurlijke habitats en voortplantings- of rustplaatsen als bedoeld in artikel 2, derde lid, onder b, van EG-richtlijn milieuaansprakelijkheid;
natuurlijke regeneratie:
1°. in het geval van schade aan wateren, beschermde soorten of natuurlijke habitats: de terugkeer van aangetaste natuurlijke rijkdommen en ecosysteemfuncties tot de referentietoestand;
2°. in geval van bodemverontreiniging: het verdwijnen van een aanmerkelijk gevaar van een nadelig effect op de menselijke gezondheid;
natuurlijke rijkdommen: beschermde soorten, natuurlijke habitats, wateren of bodem;
preventieve maatregelen: maatregelen naar aanleiding van een gebeurtenis, handeling of nalatigheid waardoor een onmiddellijke dreiging van milieuschade is ontstaan, teneinde die schade te voorkomen of tot een minimum te beperken;
referentietoestand: de toestand waarin de natuurlijke rijkdommen of ecosysteemfuncties zich ten tijde van de schade zouden hebben bevonden indien zich geen milieuschade had voorgedaan, gereconstrueerd aan de hand van de beste beschikbare informatie;
schade: meetbare negatieve verandering in de natuurlijke rijkdommen of aantasting van een ecosysteemfunctie, die direct of indirect optreedt;
staat van instandhouding: staat van instandhouding als bedoeld in artikel 2, vierde lid, van EG-richtlijn milieuaansprakelijkheid;
wateren: wateren waarop de kaderrichtlijn water van toepassing is.
2. In afwijking van het bepaalde in artikel 1.1 wordt in deze titel en de daarop berustende bepalingen onder *emissie* verstaan: het als gevolg van menselijke activiteiten in het milieu brengen van stoffen, preparaten, organismen of micro-organismen.
3. Een wijziging van een van de bijlagen bij EG-richtlijn milieuaansprakelijkheid gaat voor de toepassing van deze titel en de daarop berustende bepalingen gelden met ingang van de dag waarop de desbetreffende wijziging uitvoering moet zijn gegeven, tenzij bij ministerieel besluit, dat in de Staatscourant wordt bekendgemaakt, een ander tijdstip wordt vastgesteld.
4. Onder schade aan beschermde soorten en natuurlijke habitats wordt voor de toepassing van deze titel mede begrepen schade aan deze soorten en habitats binnen de exclusieve economische zone.

Art. 17.7
Deze titel is van toepassing op: **Werkingssfeer**
a. milieuschade of een onmiddellijke dreiging daarvan die wordt veroorzaakt door activiteiten als bedoeld in bijlage III bij de EG-richtlijn milieuaansprakelijkheid;
b. milieuschade aan beschermde soorten of natuurlijke habitats of een onmiddellijke dreiging daarvan die wordt veroorzaakt door een andere activiteit dan bedoeld onder a, indien degene die de activiteit verricht schuld of nalatigheid kan worden verweten.

Art. 17.8
In afwijking van artikel 17.7 is deze titel niet van toepassing op: **Uitzonderingen**
a. milieuschade of een onmiddellijke dreiging daarvan ten gevolge van:
1°. een oorlogshandeling, vijandelijkheden, burgeroorlog of oproer;
2°. een natuurverschijnsel dat uitzonderlijk, onontkoombaar en onafwendbaar is;
3°. een gebeurtenis waarvoor de aansprakelijkheid of schadevergoeding binnen de werkingssfeer valt van een van de in bijlage IV bij EG-richtlijn milieuaansprakelijkheid genoemde verdragen, waaraan Nederland gebonden is;
4°. nucleaire risico's of een activiteit waarop het Verdrag tot oprichting van de Europese Gemeenschap voor Atoomenergie van toepassing is;

5°. een activiteit of gebeurtenis waarvoor de aansprakelijkheid of schadevergoeding binnen de werkingssfeer valt van een van de in bijlage V bij EG-richtlijn milieuaansprakelijkheid genoemde verdragen;
6°. een activiteit die hoofdzakelijk de landsverdediging of de internationale veiligheid dient, of
7°. een activiteit die uitsluitend tot doel heeft bescherming te bieden tegen natuurrampen;
b. milieuschade aan beschermde soorten of natuurlijke habitats bestaande uit de vooraf vastgestelde negatieve effecten van activiteiten waarvoor door het bevoegd gezag vergunning is verleend:
1°. in overeenstemming met bepalingen ter uitvoering van artikel 6, derde en vierde lid, of artikel 16 van richtlijn nr. 92/43/EEG van de Raad van de Europese Gemeenschappen van 21 mei 1992 inzake de instandhouding van de natuurlijke habitats en de wilde flora en fauna, artikel 9 van richtlijn nr. 2009/147/EG van het Europees Parlement en de Raad van de Europese Unie van 30 november 2009 inzake het behoud van de vogelstand, of,
2°. in het geval van niet onder het Gemeenschapsrecht vallende soorten of habitats, in overeenstemming met het bepaalde bij of krachtens artikel 3.10 van de Wet natuurbescherming;
c. milieuschade of een onmiddellijke dreiging daarvan veroorzaakt door een emissie of gebeurtenis:
1°. die voor 30 april 2007 heeft plaatsgevonden,
2°. die na 30 april 2007 heeft plaatsgevonden, indien de schade het gevolg is van een specifieke activiteit die heeft plaatsgevonden en is beëindigd voor die datum, of
3°. die meer dan 30 jaar geleden heeft plaatsgevonden.

Art. 17.9

Bevoegd gezag

1. Indien de activiteit waardoor de milieuschade of een onmiddellijke dreiging daarvan wordt veroorzaakt, wordt verricht binnen een inrichting of in het kader van het oprichten, veranderen of in werking hebben van een inrichting, is het bestuursorgaan dat bevoegd is een omgevingsvergunning voor een inrichting te verlenen, dan wel het bestuursorgaan, bedoeld in artikel 18.2, het bevoegd gezag.
2. In afwijking van het eerste lid is het bevoegd gezag, indien de milieuschade of een onmiddellijke dreiging daarvan geheel of in hoofdzaak betrekking heeft op wateren, het bestuursorgaan waarbij de betrokken wateren in beheer zijn.
3. Indien de activiteit waardoor de milieuschade of een onmiddellijke dreiging daarvan wordt veroorzaakt, wordt verricht buiten een inrichting is het bevoegd gezag voor zover de milieuschade of een onmiddellijke dreiging daarvan betrekking heeft op:
a. de bodem: het bestuursorgaan, bedoeld in artikel 95, derde en vierde lid, van de Wet bodembescherming;
b. beschermde soorten: het bestuursorgaan, bedoeld in artikel 7.2 van de Wet natuurbescherming;
c. natuurlijke habitats: het bestuursorgaan, bedoeld in artikel 2.7, tweede lid, in samenhang met artikel 1.3, of 7.2 van de Wet natuurbescherming;
d. wateren: het bestuursorgaan, waarbij de betrokken wateren in beheer zijn.
4. In afwijking van het eerste tot en met het derde lid is Onze Minister het bevoegd gezag, indien de activiteit waardoor de milieuschade of een onmiddellijke dreiging daarvan wordt veroorzaakt, betrekking heeft op genetisch gemodificeerde organismen.
5. Indien in geval van milieuschade of een onmiddellijke dreiging daarvan meer dan een bestuursorgaan als bevoegd gezag is aangewezen, of bij of krachtens deze of een andere wet aan een ander bestuursorgaan bevoegdheden zijn toegekend, wordt tussen deze bestuursorganen tijdig overleg gevoerd, teneinde een zo goed mogelijke afstemming tussen de te nemen besluiten of de te treffen maatregelen te bevorderen. De bestuursorganen stemmen onderling af welk orgaan zich met de coördinatie belast.
6. Indien in geval van milieuschade of een onmiddellijke dreiging daarvan meer dan een bestuursorgaan als bevoegd gezag is aangewezen, wordt een verzoek als bedoeld in artikel 17.13, zesde lid, of artikel 17.15, eerste lid, gecoördineerd behandeld. Bij de beslissing op een dergelijk verzoek wordt rekening gehouden met de onderlinge samenhang tussen de beschikkingen die op dit verzoek worden gegeven.
7. Indien in geval van milieuschade of een onmiddellijke dreiging daarvan bij of krachtens deze of een andere wet aan het bevoegd gezag bevoegdheden zijn toegekend, geeft het bevoegd gezag onverminderd die bevoegdheden toepassing aan deze titel en draagt het er zorg voor dat, voor zover het ook uitvoering geeft aan bedoelde bevoegdheden, er geen strijd ontstaat met het bepaalde bij of krachtens deze titel.

Art. 17.10

Meldingsplicht

1. Het bevoegd gezag kan degene die een activiteit verricht, waardoor zich milieuschade of een onmiddellijke dreiging daarvan voordoet:
a. verplichten informatie te verstrekken over een onmiddellijke dreiging van milieuschade of in gevallen waarin een dergelijke dreiging vermoed wordt;

Wet milieubeheer   **A65 art. 17.14**

b. verplichten aanvullende gegevens te verstrekken over elke milieuschade die zich heeft voorgedaan;
c. verplichten de nodige preventieve of herstelmaatregelen te treffen;
d. instructies geven met betrekking tot de maatregelen, bedoeld onder c.
2. Het bevoegd gezag kan zelf elke maatregel als bedoeld in artikel 17.13, eerste lid, alsmede de nodige preventieve of herstelmaatregelen treffen of de uitvoering daarvan opdragen aan derden.
3. Een beslissing als bedoeld in het eerste lid, onder c, of tweede lid, wordt op schrift gesteld. De schriftelijke beslissing is een beschikking. Van de beschikking wordt mededeling gedaan aan de bestuursorganen of overheidsdiensten, bedoeld in artikel 17.2, derde lid.

Art. 17.11
De rechthebbende ten aanzien van de plaats waar de activiteit wordt verricht of waar de milieuschade of een onmiddellijke dreiging daarvan zich voordoet, is verplicht te gedogen dat preventieve of herstelmaatregelen als bedoeld in deze titel worden getroffen, onverminderd zijn recht op schadevergoeding.

Preventieve of herstelmaatregelen

Art. 17.12
1. Indien door een activiteit een onmiddellijke dreiging van milieuschade ontstaat, treft degene die de activiteit verricht onmiddellijk de nodige preventieve maatregelen.
2. Hij informeert zo spoedig mogelijk het bevoegd gezag over alle relevante aspecten van de situatie. Wanneer de onmiddellijke dreiging van milieuschade ondanks de in het eerste lid bedoelde preventieve maatregelen niet is beëindigd, verstrekt degene die de activiteit verricht aanvullende informatie over de situatie. Artikel 17.2, tweede lid, is van overeenkomstige toepassing.
3. Het bevoegd gezag informeert onverwijld de bestuursorganen of overheidsdiensten, bedoeld in artikel 17.2, derde lid.
4. Het bevoegd gezag verplicht degene die de activiteit verricht onmiddellijk de nodige maatregelen te treffen.
5. Het bevoegd gezag stelt belanghebbenden, respectievelijk de bestuursorganen of overheidsdiensten, bedoeld in artikel 17.2, derde lid, in de gelegenheid hun zienswijze naar voren te brengen, respectievelijk advies uit te brengen over het ontwerp van het te nemen besluit, bedoeld in het vierde lid, tenzij de situatie zo spoedeisend is dat een zienswijze of advies niet kan worden afgewacht.
6. Het bevoegd gezag betrekt bij de beslissing, bedoeld in het vierde lid, de naar voren gebrachte zienswijzen en houdt bij die beslissing rekening met de uitgebrachte adviezen. Van de beschikking wordt mededeling gedaan aan de bestuursorganen of overheidsdiensten, bedoeld in artikel 17.2, derde lid.

Preventieve maatregelen

Art. 17.13
1. Indien door een activiteit milieuschade ontstaat, treft degene die de activiteit verricht elke haalbare maatregel om de betrokken verontreinigende stoffen of andere schadefactoren onmiddellijk onder controle te houden, in te perken, te verwijderen en anderszins te beheersen, teneinde verdere milieuschade en negatieve effecten op de menselijke gezondheid of verdere aantasting van functies te voorkomen of te beperken.
2. Hij informeert zo spoedig mogelijk het bevoegd gezag over alle relevante aspecten van de situatie. Artikel 17.2, tweede lid, is van overeenkomstige toepassing.
3. Het bevoegd gezag informeert onverwijld de bestuursorganen of overheidsdiensten, bedoeld in artikel 17.2, derde lid, alsmede in het geval de milieuschade zich voordoet of kan voordoen buiten de grenzen van Nederland Onze Minister.
4. Onze Minister informeert na ontvangst van de informatie als bedoeld in het derde lid de regering van het betrokken land of een door die regering aan te wijzen autoriteit of instantie.
5. Het bevoegd gezag verplicht degene die de activiteit verricht onmiddellijk de nodige maatregelen te treffen. Artikel 17.12, vijfde en zesde lid, is van overeenkomstige toepassing.
6. Degene die de activiteit verricht, stelt in overeenstemming met bijlage II bij EG-richtlijn milieuaansprakelijkheid potentiële herstelmaatregelen vast en legt die aan het bevoegd gezag ter instemming voor.

Herstelmaatregelen

Art. 17.14
1. Het bevoegd gezag stelt vast wie de activiteit verricht waardoor milieuschade of de onmiddellijke dreiging daarvan wordt veroorzaakt, alsmede de omvang van de milieuschade. Artikel 17.13, derde en vierde lid, is van overeenkomstige toepassing.
2. Indien niet kan worden vastgesteld wie de activiteit verricht waardoor milieuschade of de onmiddellijke dreiging daarvan wordt veroorzaakt, beslist het bevoegd gezag of het krachtens het bepaalde in deze titel maatregelen treft. Artikel 17.10, derde lid, is van overeenkomstige toepassing.
3. Het bevoegd gezag beslist op een verzoek tot instemming als bedoeld in artikel 17.13, zesde lid, welke herstelmaatregelen in overeenstemming met bijlage II bij EG-richtlijn milieuaansprakelijkheid door degene die de activiteit verricht worden getroffen. Het bevoegd gezag kan ver-

Vaststelling milieuschade

langen dat bij of ter aanvulling op dit verzoek een beoordeling van de omvang van de schade wordt verstrekt.
4. Indien zich meerdere gevallen van milieuschade voordoen en de nodige herstelmaatregelen niet gelijktijdig kunnen worden getroffen, beslist het bevoegd gezag welke schade het eerst wordt hersteld.
5. Het bevoegd gezag houdt bij het besluit, bedoeld in het tweede, derde en vierde lid, in ieder geval rekening met de aard, de omvang en de ernst van de milieuschade, en met de mogelijkheid van gevaar voor de menselijke gezondheid en van natuurlijke regeneratie. Op dit besluit is artikel 17.12, vijfde en zesde lid, van overeenkomstige toepassing.

Art. 17.15

Maatregelen

1. Belanghebbenden, alsmede de bestuursorganen of overheidsdiensten, bedoeld in artikel 17.2, derde lid, kunnen in geval van milieuschade of een onmiddellijke dreiging daarvan het bevoegd gezag verzoeken een beschikking tot het treffen van maatregelen als bedoeld in artikel 17.10, derde lid, artikel 17.12, vierde lid, of artikel 17.13, vijfde lid, te geven.
2. Onze Minister kan, indien dat in het belang van de bescherming van het milieu geboden is en indien ter zake van een geval van milieuschade of een onmiddellijke dreiging daarvan het dagelijks bestuur van een waterschap het bevoegd gezag is, vorderen dat dit bestuursorgaan binnen een door hem te stellen termijn toepassing geeft aan artikel 17.12, vierde lid, artikel 17.13, vijfde lid, of artikel 17.14, eerste, tweede en derde lid. De artikelen 121 tot en met 121f van de Provinciewet zijn van overeenkomstige toepassing.

Art. 17.16

Kosten preventieve of herstelmaatregelen

1. Degene die de activiteit verricht waardoor milieuschade of een onmiddellijke dreiging daarvan wordt veroorzaakt, draagt de kosten voor de getroffen preventieve of herstelmaatregelen, tenzij hij bewijst dat de milieuschade of de onmiddellijke dreiging daarvan:
   a. ondanks door hem getroffen passende veiligheidsmaatregelen door een derde is veroorzaakt, of
   b. het gevolg is van de opvolging van een dwingende opdracht of instructie van een bestuursorgaan, niet zijnde een opdracht of instructie naar aanleiding van een emissie of gebeurtenis die door hemzelf is veroorzaakt.
2. In het geval het bevoegd gezag zelf maatregelen treft of de uitvoering daarvan opdraagt aan derden, verhaalt het de kosten op degene die de activiteit verricht. Het bevoegd gezag stelt de hoogte van de verschuldigde kosten bij beschikking vast. Het bevoegd gezag kan de kosten invorderen bij dwangbevel.
3. Het bevoegd gezag kan afzien van kostenverhaal indien:
   a. de verhaalkosten groter zijn dan het terug te vorderen bedrag, of
   b. niet kan worden vastgesteld wie de activiteit verricht.
4. Terzake van herstelmaatregelen die uit hoofde van deze titel zijn genomen, kan het bevoegd gezag geheel of gedeeltelijk afzien van kostenverhaal, voor zover deze kosten redelijkerwijs niet of niet geheel ten laste van degene die de activiteit verricht behoren te komen, indien degene die de activiteit verricht, bewijst dat
   a. hij niet in gebreke of nalatig is geweest, en
   b. de schade is veroorzaakt door een activiteit, emissie of gebeurtenis, die op het tijdstip dat deze plaatsvond:
   1°. uitdrukkelijk was toegestaan op grond van en geheel in overeenstemming was met de aan een vergunning verbonden voorschriften, of
   2°. op grond van de stand van de wetenschappelijke en technologische kennis niet als schadelijk werd beschouwd.

Art. 17.17

Bevoegdheid kostenverhaal

De bevoegdheid tot kostenverhaal met betrekking tot de uit hoofde van deze titel genomen maatregelen vervalt vijf jaren na de dag waarop die maatregelen geheel zijn voltooid of na de dag waarop degene die de milieuschade of de onmiddellijke dreiging daarvan veroorzaakt is geïdentificeerd, indien deze dag later valt.

Art. 17.18

Opgave gegevens aan Minister

Het bevoegd gezag verstrekt Onze Minister de gegevens die hij nodig heeft ter uitvoering van de in artikel 18 van de EG-richtlijn milieuaansprakelijkheid opgelegde verplichting tot verslaglegging. Bij ministeriële regeling kunnen daaromtrent nadere regels worden gesteld.

Titel 17.3
Maatregelen bij gevaar door stoffen, mengsels of genetisch gemodificeerde organismen

Art. 17.19

Maatregelen bij onduldbaar gevaar voor mens/milieu

1. Indien stoffen, mengsels of genetisch gemodificeerde organismen, dan wel handelingen daarmee, naar het oordeel van Onze Minister onduldbaar gevaar opleveren voor de gezondheid van de mens of voor het milieu, kan hij, zo nodig met behulp van de sterke arm, alle maatregelen

Wet milieubeheer A65 art. 18.2

nemen die hij in het belang van de bescherming van de gezondheid van de mens en van het milieu noodzakelijk acht.
2. Tot de in het eerste lid bedoelde maatregelen kunnen behoren:
a. het geheel of gedeeltelijk stopzetten van het vervaardigen of in Nederland invoeren van stoffen, mengsels of genetisch gemodificeerde organismen of producten die deze bevatten;
b. het in beslag nemen en, zo nodig, vernietigen van stoffen, mengsels of genetisch gemodificeerde organismen of producten die deze bevatten;
c. het beletten dat bepaalde gebieden zonder toestemming van Onze Minister worden betreden of dat dieren, planten of goederen zonder zodanige toestemming daarbuiten of daarbuiten worden gebracht;
d. het verwijderen van personen, dieren, planten of goederen uit bepaalde gebieden.
3. Onze Minister neemt een maatregel krachtens het eerste lid in overeenstemming met Onze Ministers wie het mede aangaat, tenzij de vereiste spoed zich naar zijn oordeel daartegen verzet. In laatstgenoemd geval onderwerpt Onze Minister de maatregel zo spoedig mogelijk aan het oordeel van de Raad van Ministers. Indien deze met de maatregel niet instemt, trekt Onze Minister hem terstond in.
4. Onze Minister maakt een maatregel krachtens het eerste lid en de intrekking daarvan bekend in de Staatscourant. Daarnaast bevordert hij dat de maatregel, onderscheidenlijk de intrekking daarvan, zo spoedig mogelijk ter kennis van de betrokkenen komt.
5. Een gedraging in strijd met een krachtens het eerste lid genomen maatregel is verboden.

Hoofdstuk 18
Handhaving

Art. 18.1
[Vervallen]

Art. 18.1a
1. De artikelen 5.3 tot en met 5.16 en de artikelen 5.18 tot en met 5.26 van de Wet algemene bepalingen omgevingsrecht zijn van toepassing met betrekking tot de kwaliteit van de uitvoering en handhaving van het bepaalde bij of krachtens deze wet.   Werkingssfeer
2. Artikel 18.18 van deze wet en de artikelen 5.3 tot en met 5.16 en de artikelen 5.18 tot en met 5.26 van de Wet algemene bepalingen omgevingsrecht zijn van overeenkomstige toepassing met betrekking tot de handhaving van het bepaalde bij of krachtens:
a. de EG-verordening overbrenging van afvalstoffen;
b. de EG-verordening PRTR;
c. de EG-verordening registratie, evaluatie en autorisatie van chemische stoffen;
d. de EG-verordening indeling, etikettering en verpakking van stoffen en mengsels.
3. In afwijking van het eerste lid is artikel 5.15, aanhef en onder b, van de Wet algemene bepalingen omgevingsrecht niet van toepassing voor zover het betreft de handhaving van het bij of krachtens hoofdstuk 16 bepaalde.
4. Tot de bevoegdheid tot toepassing van bestuursdwang krachtens artikel 5.15 van de Wet algemene bepalingen omgevingsrecht behoort het in Nederland door of vanwege het bevoegde bestuursorgaan beheren van afvalstoffen in gevallen waarin die afvalstoffen in strijd met het bij of krachtens de EG-verordening overbrenging van afvalstoffen of titel 10.7 bepaalde, binnen of buiten Nederlands grondgebied worden gebracht.

Art. 18.1b
Het in artikel 5.2, eerste lid, van de Wet algemene bepalingen omgevingsrecht bedoelde bestuursorgaan heeft tot taak zorg te dragen voor de bestuursrechtelijke handhaving van de op grond van het bepaalde bij of krachtens deze wet, de EG-verordening PRTR en de EG-verordening registratie, evaluatie en autorisatie van chemische stoffen voor degene die het project, bedoeld in dat lid, uitvoert, geldende voorschriften.   Handhaving

Art. 18.2
1. Het bestuursorgaan dat ingevolge artikel 8.41, tweede lid, onder a, het orgaan is waaraan de melding wordt gericht, dan wel in andere gevallen burgemeester en wethouders van de gemeente waarin de inrichting geheel of in hoofdzaak zal zijn of is gelegen, hebben tot taak:
a. zorg te dragen voor de bestuursrechtelijke handhaving van de voorschriften die voor degene die de inrichting drijft, gelden op grond van:
1°. het bepaalde bij of krachtens deze wet en in de artikel 13.1, tweede lid, genoemde wetten, voor zover dat bij of krachtens die wetten is bepaald;
2°. de EG-verordening PRTR;
3°. de EG-verordening registratie, evaluatie en autorisatie van chemische stoffen;
4°. De EG-verordening indeling, etikettering en verpakking van stoffen en mengsels;
b. gegevens die met het oog op de uitoefening van de taak als bedoeld onder a van belang zijn te verzamelen en te registreren;

A65 art. 18.2a   Wet milieubeheer

c. klachten die betrekking hebben op de naleving van het met betrekking tot de inrichting bij of krachtens de betrokken wetten bepaalde, te behandelen.

2. Artikel 5.2, tweede lid, van de Wet algemene bepalingen omgevingsrecht is van overeenkomstige toepassing met betrekking tot een beschikking als bedoeld in dat lid die met betrekking tot een inrichting is gegeven door het krachtens het eerste lid bevoegde bestuursorgaan.

Art. 18.2a

Andere organen belast met handhaving

1. Voor zover artikel 5.2, eerste lid, onder a, van de Wet algemene bepalingen omgevingsrecht niet van toepassing is, hebben Onze betrokken Minister, gedeputeerde staten, burgemeester en wethouders en het bestuursorgaan dat tot verlening van vergunningen als bedoeld in artikel 6.2 van de Waterwet bevoegd is tot taak zorg te dragen voor de bestuursrechtelijke handhaving van de artikelen 1.1a en 10.1.
2. Gedeputeerde staten, burgemeester en wethouders en het bestuursorgaan dat tot verlening van vergunningen als bedoeld in artikel 6.2 van de Waterwet bevoegd is hebben tot taak zorg te dragen voor de bestuursrechtelijke handhaving van het bepaalde bij of krachtens de artikelen 10.2 en 10.54.
3. Onverminderd artikel 18.2, eerste lid, onder a, heeft Onze betrokken Minister tot taak zorg te dragen voor de bestuursrechtelijke handhaving van het bepaalde bij of krachtens de artikelen 11A.2 en 11A.3.

Art. 18.2b

Minister belast met handhaving

1. Onze Minister heeft tot taak zorg te dragen voor de bestuursrechtelijke handhaving van het bepaalde bij of krachtens:
   a. de titels 9.2 tot en met 9.5 en artikel 17.19;
   b. de EG-verordening registratie, evaluatie en autorisatie van chemische stoffen;
   c. de EG-verordening indeling, etikettering en verpakking van stoffen en mengsels;
   d. de EG-verordening overbrenging van afvalstoffen.
2. Onverminderd het eerste lid hebben Onze Ministers van Economische Zaken, van Sociale Zaken en Werkgelegenheid en van Volksgezondheid, Welzijn en Sport tot taak zorg te dragen voor de bestuursrechtelijke handhaving van het bepaalde bij of krachtens de titels 9.2, 9.3 en 9.3a, de EG-verordening registratie, evaluatie en autorisatie van chemische stoffen en de EG-verordening indeling, etikettering en verpakking van stoffen en mengsels voor zover het bepaalde bij of krachtens genoemde titels of verordeningen betrekking heeft op beleid dat tot hun verantwoordelijkheid behoort.
3. In afwijking van het eerste lid kan bij een amvb als bedoeld in artikel 9.2.2.1, eerste lid, worden bepaald dat gedeputeerde staten of burgemeester en wethouders in plaats van Onze Minister of Onze betrokken Minister tot taak hebben zorg te dragen voor de bestuursrechtelijke handhaving van bij de amvb gestelde regels of van daaromtrent gestelde nadere regels.
4. Onze Minister heeft tot taak zorg te dragen voor de bestuursrechtelijke handhaving van de bij of krachtens hoofdstuk 10 gestelde verplichtingen, voor zover zij betrekking hebben op:
   a. overbrengen van afvalstoffen als bedoeld in titel 10.7;
   b. het inzamelen van bedrijfsafvalstoffen of gevaarlijke afvalstoffen als bedoeld in artikel 10.45;
   c. verhandelen, bemiddelen of vervoeren als bedoeld in artikel 10.55.

Art. 18.2c

GS belast met handhaving

1. Gedeputeerde staten hebben tot taak zorg te dragen voor de bestuursrechtelijke handhaving van de bij of krachtens hoofdstuk 10 gestelde verplichtingen, voorzover zij betrekking hebben op het aanwezig hebben van een begeleidingsbrief bij het vervoer van bedrijfsafvalstoffen of gevaarlijke afvalstoffen als bedoeld in artikel 10.44.
2. Gedeputeerde staten hebben tevens tot taak zorg te dragen voor de bestuursrechtelijke handhaving buiten een inrichting van de krachtens artikel 17.4 gestelde verplichtingen.

Art. 18.2d

College belast met handhaving

1. Voor zover artikel 5.2, eerste lid, onder a, van de Wet algemene bepalingen omgevingsrecht niet van toepassing is, hebben burgemeester en wethouders tot taak zorg te dragen voor de bestuursrechtelijke handhaving van de verplichtingen, gesteld bij of krachtens:
   a. de afvalstoffenverordening;
   b. artikel 10.29;
   c. artikel 10.52.
2. Burgemeester en wethouders hebben tevens tot taak zorg te dragen voor de bestuursrechtelijke handhaving buiten een inrichting van de bij of krachtens hoofdstuk 10 gestelde verplichtingen, voor zover zij betrekking hebben op:
   a. het zich ontdoen van afvalwater als bedoeld in artikel 10.32;
   b. het zich ontdoen van bedrijfsafvalstoffen of gevaarlijke afvalstoffen als bedoeld in artikel 10.37;
   c. het zich ontdoen van bedrijfsafvalstoffen of gevaarlijke afvalstoffen als bedoeld in artikel 10.51.

Wet milieubeheer

Art. 18.2e
Bij het uitoefenen van de taak, bedoeld in de artikelen 18.2 tot en met 18.2d, wordt rekening gehouden met het voor het betrokken bestuursorgaan geldende milieubeleidsplan.

Art. 18.2f
1. De emissieautoriteit draagt zorg voor de handhaving van de bij of krachtens hoofdstukken 16 en 16b gestelde verplichtingen.
2. Onverminderd artikel 18.2b, eerste lid, draagt de emissieautoriteit zorg voor de bestuursrechtelijke handhaving van het bepaalde bij of krachtens artikel 9.2.2.6a en titels 9.7 en 9.8.

Art. 18.2g
Onze Minister van Economische Zaken en Onze Minister van Landbouw, Natuur en Voedselkwaliteit hebben tot taak zorg te dragen voor de bestuursrechtelijke handhaving van de bij of krachtens titel 12.3 en de EG-verordening PRTR gestelde verplichtingen, voor zover zij ingevolge artikel 12.21, eerste onderscheidenlijk tweede lid, als bevoegde instantie zijn aangewezen.

Bestuursrechtelijke handhaving

Art. 18.2h
[Vervallen]

Art. 18.2i
Het bevoegd gezag, bedoeld in artikel 17.9, eerste, tweede, derde of vierde lid, draagt zorg voor de bestuursrechtelijke handhaving van de bij of krachtens titel 17.2 gestelde verplichtingen.

Art. 18.2j
Onze Minister heeft tot taak zorg te dragen voor de bestuursrechtelijke handhaving van de bij of krachtens hoofdstuk 11 gestelde verplichtingen.

Art. 18.3-18.3f
[Vervallen]

Art. 18.4
1. Met het toezicht op de naleving van het bij of krachtens de hoofdstukken 16 en 16b bepaalde, alsmede de naleving van de in artikel 18.5 genoemde bepalingen van de Verordening monitoring en rapportage emissiehandel en van de in artikel 18.6 genoemde bepalingen van de Verordening verificatie en accreditatie emissiehandel, zijn belast de bij besluit van Onze Minister aangewezen ambtenaren.
2. Met het onderzoek met betrekking tot overtredingen als bedoeld in artikel 18.16a, eerste en tweede lid, zijn belast de krachtens het eerste lid aangewezen ambtenaren.
3. Ten dienste van het onderzoek beschikken zij over de bevoegdheden, bedoeld in de artikelen 5:15 tot en met 5:20, eerste lid, van de Algemene wet bestuursrecht.

Aanwijzing toezichthoudende ambtenaren

Art. 18.5
1. Het is verboden te handelen in strijd met de volgende bepalingen van de Verordening monitoring en rapportage emissiehandel: artikel 4 in verbinding met de artikelen 5 tot en met 9, en de artikelen 11, 12, 50, 51, 52, 57 en 68.

2. Het is voorts verboden te handelen in strijd met de volgende bepalingen van de Verordening monitoring en rapportage emissiehandel: de artikelen 14, 15, 16, 19 tot en met 50, 53, 54, 55, 58 tot en met 67, 69, 72 en 73.

Handelingen in strijd met Verordening monitoring en rapportage emissiehandel

Art. 18.5a
1. Het is verboden te handelen in strijd met de volgende bepalingen van de Verordening kosteloze toewijzing van emissierechten: de artikelen 4, tweede lid, onderdeel a, 5, tweede lid, en 6 tot en met 9.

2. Het is voorts verboden te handelen in strijd met de volgende bepalingen van de Verordening kosteloze toewijzing van emissierechten: artikelen 10, 11, 12, 23 en 25.

Handelingen in strijd met Verordening kosteloze toewijzing van emissierechten

Art. 18.6
1. Het is verboden te handelen in strijd met artikel 7 in verbinding met hoofdstuk II en met de artikelen 35 en 44 van de Verordening verificatie en accreditatie emissiehandel.
2. Het is voorts verboden te handelen in strijd met de artikelen 26 en 27 van de Verordening verificatie en accreditatie emissiehandel.

Dwingend recht

Art. 18.6a
1. In geval van overtreding van het bepaalde bij of krachtens artikel 16.5, artikel 16.6 artikel 16.12, artikel 16.12 in verbinding met artikel 16.39h, artikel 16.13, artikel 16.13 in verbinding met artikel 16.39h, artikel 16.13a, artikel 16.14, artikel 16.19, artikel 16.20c, tweede lid, artikel 16.21, artikel 16.21 in verbinding met artikel 16.39h, 16.29, de onderdelen b en c, artikel 16.34, of van de 18.5, 18.5a en 18.6 of van artikel 18.18, voor zover het voorschrift betreft dat is verbonden aan een vergunning krachtens hoofdstuk 16, of van artikel 67, eerste lid, van de Verordening EU-register handel in emissierechten, kan het bestuur van de emissieautoriteit een last onder dwangsom opleggen.
2. In geval van het niet tijdig terug leveren van teruggevorderde emissierechten als bedoeld in artikel 16.35c, eerste lid, eerste volzin, kan het bestuur van de emissieautoriteit een last onder dwangsom opleggen.

Last onder dwangsom

A65 art. 18.6b Wet milieubeheer

3. In geval van overtreding van het bepaalde bij of krachtens de artikelen 16b.3, 16b.5, tweede lid, 16b.7, 16b.8, 16b.10, 16b.17, eerste en tweede lid, 16b.19, 16b.20, 16b.22 of artikel 16b.23 kan het bestuur van de emissieautoriteit een last onder dwangsom opleggen.

Art. 18.6b
In geval van overtreding van het bepaalde bij of krachtens de artikelen 9.7.2.3, 9.7.2.5, 9.7.4.12, 9.7.4.13, 9.8.2.3 of 9.8.2.5, kan het bestuur van de emissieautoriteit een last onder dwangsom opleggen.

Art. 18.7-18.7a
[Vervallen]

Art. 18.8
Bevoegdheid tot bestuursdwang
Tot de bevoegdheid tot oplegging van een last onder bestuursdwang krachtens artikel 5.15 van de Wet algemene bepalingen omgevingsrecht behoort het in Nederland door of vanwege het bevoegde bestuursorgaan beheren van afvalstoffen in gevallen waarin die afvalstoffen in strijd met het bij of krachtens de EG-verordening overbrenging van afvalstoffen of titel 10.7 bepaalde, binnen of buiten Nederlands grondgebied worden gebracht.

Art. 18.8a-18.16
[Vervallen]

Art. 18.16a
Oplegging bestuurlijke boete door bestuur emissieautoriteit
1. In geval van overtreding van het bepaalde bij of krachtens de artikel 16.5, 16.12, 16.12 in verbinding met artikel 16.39h, 16.13, 16.13 in verbinding met artikel 16.39h, 16.13a, 16.14, artikel 16.19, artikel 16.20c, tweede lid, 16.21, 16.21 in verbinding met artikel 16.39h, artikel 16.29, de onderdelen b en c, artikel 16.34, of van de 18.5, 18.5a en 18.6 of van artikel 18.18, voorzover het een voorschrift betreft dat is verbonden aan een vergunning krachtens hoofdstuk 16, kan het bestuur van de emissieautoriteit de overtreder een bestuurlijke boete opleggen.
2. Het bestuur van de emissieautoriteit legt een bestuurlijke boete op in geval van overtreding van het bepaalde bij artikel 16.37, eerste lid, of artikel 16.39t, eerste lid. Artikel 5:41 van de Algemene wet bestuursrecht is niet van toepassing.

Samenloop sancties
3. In geval van overtreding van het bepaalde bij of krachtens artikel 16.21 of van artikel 18.18, voorzover het een voorschrift betreft dat is verbonden aan een vergunning krachtens hoofdstuk 16, kunnen een bestuurlijke boete en een last onder dwangsom tezamen worden opgelegd.
4. In geval van overtreding van het bepaalde bij artikel 16.37, eerste lid, wordt een bestuurlijke boete als bedoeld in het tweede lid, onderscheidenlijk een en bestuurlijke boete als bedoeld in het eerste lid worden opgelegd naast een verhoging van het aantal broeikasgasemissierechten dat degene die de betrokken inrichting drijft, met betrekking tot een kalenderjaar overeenkomstig artikel 16.39 dient in te leveren. In geval van overtreding van het bepaalde bij artikel 16.39t, eerste lid, wordt een bestuurlijke boete als bedoeld in het tweede lid en een een bestuurlijke boete als bedoeld in het eerste lid worden opgelegd naast een verhoging van het aantal broeikasgasemissierechten dat de vliegtuigexploitant met betrekking tot een kalenderjaar overeenkomstig artikel 16.39w dient in te leveren.
5. In geval van overtreding van het bepaalde bij artikel 16.37, eerste lid, of artikel 16.39t, eerste lid, neemt het bestuur van de emissieautoriteit, naast het opleggen van een bestuurlijke boete, de overtreder op in het overzicht, bedoeld in artikel 18.16p, eerste lid.

Art. 18.16b
[Vervallen]

Art. 18.16c
In geval van overtreding van het bepaalde bij of krachtens de artikelen 16b.3, 16b.4, 16b.5, 16b.7, 16b.8, 16b.10, 16b.17, eerste en tweede lid, 16b.19, 16b.20, 16b.22 of artikel 16b.23 kan het bestuur van de emissieautoriteit de overtreder een bestuurlijke boete opleggen.

Art. 18.16d
Indien de gedraging tevens een strafbaar feit is en de ernst van de overtreding of de omstandigheden waaronder zij is begaan daartoe aanleiding geven, legt het bestuur van de emissieautoriteit haar aan het openbaar ministerie voor.

Art. 18.16e
Omvang bestuurlijke boete
1. Een bestuurlijke boete als bedoeld in de artikelen 18.16a, eerste lid en 18.16c, eerste lid, bedraagt ten hoogste € 450 000 per overtreding of, indien de omzet van de betrokken onderneming in het boekjaar voorafgaand aan het jaar waarin de beschikking tot oplegging van de bestuurlijke boete is gegeven, meer dan € 4 500 000 bedraagt, ten hoogste 10% van die omzet.
2. In geval van overtreding van het bepaalde bij artikel 16.37, eerste lid, of artikel 16.39t, eerste lid, bedraagt een bestuurlijke boete als bedoeld in artikel 18.16a, tweede lid, het in artikel 16, derde lid, van de EG-richtlijn handel in broeikasgasemissierechten genoemde bedrag per ton emissie van een kooldioxide-equivalent, die meer is veroorzaakt dan overeenkomt met het aantal broeikasgasemissierechten, emissiereductie-eenheden of gecertificeerde emissiereducties dat overeenkomstig artikel 16.37, eerste lid, onderscheidenlijk artikel 16.39t, eerste lid, is ingeleverd. Artikel 5:46, derde lid, van de Algemene wet bestuursrecht is niet van toepassing.

Wet milieubeheer
A65 art. 18.16r

3. In afwijking van het tweede lid bedraagt de bestuurlijke boete, bedoeld in dat lid, met betrekking tot het kalenderjaar 2013 en daarop volgende kalenderjaren per ton emissie van een kooldioxide-equivalent het in artikel 16, derde lid, van de EG-richtlijn handel in broeikasgasemissierechten genoemde bedrag, jaarlijks verhoogd overeenkomstig de Europese consumentenprijsindex.
4. Artikel 16.4 is van overeenkomstige toepassing.
5. De berekening van de omzet, bedoeld in het eerste lid, geschiedt op de voet van het bepaalde in artikel 377, zesde lid, van Boek 2 van het Burgerlijk Wetboek voor de netto-omzet.

Art. 18.16f
[Vervallen]

Art. 18.16g
1. Artikel 5:53 van de Algemene wet bestuursrecht is van toepassing bij overtreding van het bepaalde bij of krachtens de in de artikelen 18.16a, eerste en tweede lid, eerste volzin en 18.16c, eerste lid, genoemde artikelen. — *Toepasselijkheid Awb*
2. In geval van overtreding van het bepaalde bij artikel 16.37, eerste lid, of artikel 16.39t, eerste lid, vermeldt het rapport, bedoeld in artikel 5:48, eerste lid, van de Algemene wet bestuursrecht, naast de in het tweede lid van dat artikel bedoelde gegevens, tevens het voornemen de naam van de overtreder op te nemen in het overzicht, bedoeld in artikel 18.16p, eerste lid.
3. Indien de gedraging aan het openbaar ministerie wordt voorgelegd op grond van artikel 18.16d, wordt een afschrift van het rapport aan het openbaar ministerie toegezonden.

Art. 18.16h
[Vervallen]

Art. 18.16i
In geval van overtreding van het bepaalde bij artikel 16.37, eerste lid, of artikel 16.39t, eerste lid, hebben de artikelen 5:49, 5:50, 5:51 en 5:53, derde lid, van de Algemene wet bestuursrecht mede betrekking op het opnemen van de naam van de overtreder in het overzicht, bedoeld in artikel 18.16p, eerste lid.

Art. 18.16j
[Vervallen]

Art. 18.16k
In geval van overtreding van het bepaalde bij artikel 16.37, eerste lid, of artikel 16.39t, eerste lid vermeldt de beschikking tot oplegging van de bestuurlijke boete tevens dat de naam van de overtreder wordt opgenomen in het overzicht, bedoeld in artikel 18.16p, eerste lid. — *Opleggen bestuurlijke boete*

Art. 18.16l
In afwijking van artikel 5:45, eerste lid, van de Algemene wet bestuursrecht vervalt de bevoegdheid tot het opleggen van een bestuurlijke boete op grond van de artikelen 18.16a, eerste en tweede lid en 18.16c, eerste lid, tien jaren nadat de overtreding heeft plaatsgevonden.

Art. 18.16m-18.16o
[Vervallen]

Art. 18.16p
1. Het bestuur van de emissieautoriteit stelt elk jaar voor 1 oktober een overzicht op van personen die het bepaalde bij artikel 16.37, eerste lid, of artikel 16.39t, eerste lid, hebben overtreden en ten aanzien van wie de beschikking tot oplegging van de bestuurlijke boete, bedoeld in artikel 18.16k, onherroepelijk is geworden. Het overzicht wordt gepubliceerd in de Staatscourant. — *Openbaarmaking overtreders*
2. Bij ministeriële regeling kunnen nadere regels worden gesteld omtrent het overzicht, bedoeld in het eerste lid.

Art. 18.16q
1. Het bestuur van de emissieautoriteit kan degene die jegens de in artikel 18.4, eerste of tweede lid, bedoelde personen in strijd handelt met artikel 5:20, eerste lid, van de Algemene wet bestuursrecht, een bestuurlijke boete opleggen van ten hoogste € 4 500. — *Boete bij strijdig handelen jegens toezichtsambtenaren*
2. Artikel 184 van het Wetboek van Strafrecht is niet van toepassing op de in het eerste lid bedoelde overtreding.

Art. 18.16r
1. Het bestuur van de emissieautoriteit kan de Commissie van Europese Gemeenschappen verzoeken een exploitatieverbod als bedoeld in artikel 16, tiende lid, van de EG-richtlijn handel in broeikasgasemissierechten op te leggen aan een vliegtuigexploitant die niet voldoet aan het bepaalde bij of krachtens afdeling 16.2.2, indien zulks niet met andere handhavingsmaatregelen kon worden gewaarborgd. Het verzoek voldoet in elk geval aan de in artikel 16, zesde lid, van genoemde richtlijn opgenomen eisen.
2. Bij of krachtens algemene maatregel van bestuur kunnen regels worden gesteld ter uitvoering van het eerste lid. Indien regels worden gesteld, worden in de maatregel in elk geval geregeld:
   a. de gevallen waarin een verzoek kan worden ingediend;
   b. de procedure die voorafgaand aan het indienen van het verzoek moet worden gevolgd.
3. Onze Minister kan, in overeenstemming met Onze Minister van Verkeer en Waterstaat, regels stellen met betrekking tot de eisen waaraan een verzoek overigens moet voldoen.

A65 art. 18.16s

Wet milieubeheer

4. Krachtens het tweede en derde lid gestelde regels voldoen in elk geval aan de eisen die de Commissie van de Europese Gemeenschappen op grond van artikel 16, twaalfde lid, van de EG-richtlijn handel in broeikasgasemissierechten heeft vastgesteld.
5. Het bestuur van de emissieautoriteit zendt een afschrift van een verzoek als bedoeld in het eerste lid aan Onze Minister en aan Onze Minister van Verkeer en Waterstaat. Het afschrift wordt verzonden gelijktijdig met het indienen van het verzoek bij de Commissie van de Europese Gemeenschappen.

Art. 18.16s

1. In geval van overtreding van het bepaalde bij of krachtens de artikelen 9.2.2.6a, 9.7.2.3, 9.7.2.5, 9.7.4.2 tot en met 9.7.4.5, 9.7.4.8, 9.7.4.10, 9.7.4.12, 9.7.4.13, 9.8.2.3, of 9.8.2.5, kan het bestuur van de emissieautoriteit de overtreder een bestuurlijke boete opleggen.
2. De boete, bedoeld in het eerste lid, bedraagt ten hoogste € 450 000 per overtreding, of, indien de omzet van de betrokken onderneming in het boekjaar voorafgaand aan het jaar waarin de beschikking tot oplegging van de bestuurlijke boete is gegeven meer dan € 4 500 000 bedraagt, ten hoogste 10% van die omzet.
3. Artikel 18.16e, vijfde lid, is van overeenkomstige toepassing.
4. Het bestuur van de emissieautoriteit kan, indien een inboeker drie of meer overtredingen van de artikelen 9.7.4.2 tot en met 9.7.4.5, 9.7.4.8, 9.7.4.10, 9.7.4.12 of 9.7.4.13 heeft begaan, bepalen dat die inboeker gedurende een door het bestuur te bepalen termijn geen hernieuwbare energie vervoer kan inboeken op grond van artikel 9.7.4.1.

Art. 18.16t

[Vervallen]

Art. 18.17

Intrekken vergunning

Indien binnen een periode van vier jaar aan een persoon tweemaal voor eenzelfde feit een bestuurlijke boete als bedoeld in artikel 18.16a is opgelegd en de betrokken boeten binnen die periode onherroepelijk zijn geworden, kan het bestuur van de emissieautoriteit de vergunning, bedoeld in artikel 16.5, die de betrokken persoon houdt, intrekken.

Art. 18.18

Verbod handelen in strijd voorschrift

Een gedraging in strijd met een voorschrift dat is verbonden aan een krachtens deze wet verleende vergunning of ontheffing, is verboden.

Art. 18.19

[Vervallen]

Hoofdstuk 19
Openbaarheid van milieu-informatie

Art. 19.1a

Begripsbepalingen

1. In dit hoofdstuk en de daarop berustende bepalingen wordt verstaan onder milieu-informatie: alle informatie, neergelegd in documenten, over:
a. de toestand van elementen van het milieu, zoals lucht en atmosfeer, water, bodem, land, landschap en natuurgebieden met inbegrip van vochtige biotopen, kust- en zeegebieden, biologische diversiteit en haar componenten, met inbegrip van genetisch gemodificeerde organismen, en de interactie tussen deze elementen;
b. factoren, zoals stoffen, energie, geluid, straling of afval, met inbegrip van radioactief afval, emissies, lozingen en ander vrijkomen van stoffen in het milieu die de onder a bedoelde elementen van het milieu aantasten of waarschijnlijk aantasten;
c. maatregelen, met inbegrip van bestuurlijke maatregelen, zoals beleidsmaatregelen, wetgeving, plannen, programma's, milieuakkoorden en activiteiten die op de onder a en b bedoelde elementen en factoren van het milieu een uitwerking hebben of kunnen hebben, alsmede maatregelen of activiteiten ter bescherming van die elementen;
d. verslagen over de toepassing van de milieuwetgeving;
e. kosten-baten- en andere economische analyses en veronderstellingen die worden gebruikt in het kader van de onder c bedoelde maatregelen en activiteiten;
f. de toestand van de gezondheid en veiligheid van de mens, met inbegrip van de verontreiniging van de voedselketen, indien van toepassing, de levensomstandigheden van de mens, waardevolle cultuurgebieden en bouwwerken, voorzover zij worden of kunnen worden aangetast door de onder a bedoelde toestand van elementen van het milieu of, via deze elementen, door de onder b en c bedoelde factoren, maatregelen of activiteiten.
2. Artikel 1, aanhef en onder a, van de Wet openbaarheid van bestuur is van overeenkomstige toepassing.

Art. 19.1b

Inzage van de beschikking en de bijbehorende stukken

1. Na het einde van de termijn waarbinnen beroep kan worden ingesteld tegen een beschikking als bedoeld in artikel 13.1 op de voorbereiding waarvan afdeling 3.4 van de Algemene wet bestuursrecht van toepassing is, wordt, zolang zij niet is tenietgegaan, door het bevoegd gezag aan een ieder desgevraagd kosteloos inzage gegeven in en tegen vergoeding van ten hoogste de

kosten een exemplaar verstrekt van de beschikking en voor zover mogelijk van de stukken die in verband met de totstandkoming daarvan overeenkomstig deze wet dan wel afdeling 3.4 of artikel 3:44 van de Algemene wet bestuursrecht ter inzage dienden te worden gelegd.
2. Nadat een beschikking krachtens een in het eerste lid genoemde wet tot verlening of wijziging van een vergunning die betrekking heeft op een installatie als bedoeld in Richtlijn 2010/75/EU van het Europees Parlement en de Raad van 24 november 2010 inzake industriële emissies (geïntegreerde preventie en bestrijding van verontreiniging) (PbEU 2010, L 334) onherroepelijk is geworden, doet het bevoegd gezag daarvan in afwijking van het eerste lid mededeling in het publicatieblad van het openbaar lichaam waartoe het behoort.

Art. 19.1c

Onverminderd artikel 8 van de Wet openbaarheid van bestuur verstrekt een bestuursorgaan uit eigen beweging informatie over de openbare verantwoordelijkheden en functies die het heeft alsmede de openbare diensten die het verleent met betrekking tot het milieu. — *Informatieverstrekking ten behoeve van MER*

Art. 19.2

1. In het geval van een gebeurtenis waardoor een onmiddellijke bedreiging van het leven of de gezondheid van personen, van het milieu of van grote materiële belangen is ontstaan, verstrekt de burgemeester voor zover deze informatie niet reeds ingevolge artikel 7 van de Wet veiligheidsregio's of een ander wettelijk voorschrift moet worden verstrekt, aan de personen die getroffen kunnen worden, terstond op passende wijze alle informatie over de maatregelen die zijn getroffen ter voorkoming en beperking van de bedreiging en de daaruit voortvloeiende nadelige gevolgen en de daartoe door die personen te volgen gedragslijn. In geval van een situatie als bedoeld in artikel 39 van de Wet veiligheidsregio's wordt de informatie verstrekt door de voorzitter van de veiligheidsregio. — *Informatieverstrekking bij bedreigende gebeurtenissen*
2. Bij algemene maatregel van bestuur kunnen nadere regels worden gegeven over de gevallen waarin ingevolge het eerste lid informatie wordt verstrekt, over de inhoud van de te verstrekken informatie en over de wijze waarop de informatie wordt verstrekt.

Art. 19.3

1. Indien in een stuk ten aanzien waarvan bij of krachtens deze wet of door afdeling 3.4 of 3.6 van de Algemene wet bestuursrecht openbaarmaking wordt voorgeschreven, milieu-informatie voorkomt of uit zodanig stuk milieu-informatie kan worden afgeleid, waarvan de geheimhouding op grond van artikel 10 van de Wet openbaarheid van bestuur gerechtvaardigd is, kan het bevoegd gezag op een daartoe strekkend schriftelijk verzoek van de belanghebbende toestaan dat deze ten behoeve van de openbaarmaking een, door het bevoegd gezag goedgekeurde, tweede tekst overlegt, waarin die informatie niet voorkomt, onderscheidenlijk waaruit deze niet kan worden afgeleid. Het bevoegd gezag maakt van deze bevoegdheid slechts gebruik met betrekking tot bedrijfsgeheimen en beveiligingsgegevens. Bij een algemene maatregel van bestuur krachtens deze wet kunnen ter uitvoering van een voor Nederland verbindend verdrag of een voor Nederland verbindend besluit van een volkenrechtelijke organisatie gegevens worden aangewezen waarvoor de in de eerste volzin bedoelde bevoegdheid eveneens geldt. — *Geheimhouding bedrijfsgeheimen of beveiligingsgegevens*
2. Indien in een stuk ten aanzien waarvan bij of krachtens deze wet of door afdeling 3.4 of 3.6 van de Algemene wet bestuursrecht openbaarmaking wordt voorgeschreven, milieu-informatie voorkomt of uit zodanig stuk milieu-informatie kan worden afgeleid, waarvan de openbaarmaking achterwege dient te blijven, onderscheidenlijk achterwege mag blijven, op grond van artikel 10, eerste lid, aanhef en onder b, onderscheidenlijk artikel 10, tweede lid, aanhef en onder a, van de Wet openbaarheid van bestuur, wordt op aanwijzing van Onze betrokken Minister ten behoeve van de openbaarmaking een tweede tekst overgelegd, waarin die informatie niet voorkomt, onderscheidenlijk waaruit deze niet kan worden afgeleid. — *Geheimhouding in belang veiligheid Staat of nakoming internationale verplichtingen*

Art. 19.4

1. In gevallen waarin toepassing is gegeven aan artikel 19.3, eerste lid, vult de verzoeker, indien een tweede tekst naar het oordeel van het bevoegd gezag niet voldoende gegevens zou verschaffen voor een goede beoordeling van het stuk waarop het verzoek betrekking heeft, een ander stuk in samenhang waarmee het stuk wordt ingediend, het ontwerp van het besluit of het besluit, de stukken binnen een door het bevoegd gezag te stellen termijn zoveel mogelijk aan met andere gegevens die voor die beoordeling bevorderlijk kunnen zijn. — *Aanvulling van gegevens ter bevordering van de mogelijkheid van een goede beoordeling*
2. In gevallen waarin toepassing is gegeven aan artikel 19.3, tweede lid, vult Onze betrokken Minister, indien een tweede tekst naar zijn oordeel niet voldoende gegevens zou verschaffen voor een goede beoordeling van het stuk waarop het verzoek betrekking heeft, een ander stuk in samenhang waarmee het stuk wordt ingediend, het ontwerp van het besluit of het besluit, de stukken zoveel mogelijk aan met andere gegevens die voor die beoordeling bevorderlijk kunnen zijn.
3. Op de tweede tekst stelt het bevoegd gezag een aantekening waaruit blijkt dat die tekst dient ter vervanging van de oorspronkelijke tekst waarin gegevens voorkomen, waarvan de geheimhouding gerechtvaardigd onderscheidenlijk geboden is. Indien het eerste of tweede lid toepassing heeft gevonden, vermeldt de aantekening tevens dat de stukken zijn aangevuld met gegevens als in die leden bedoeld. — *Aantekening op tweede tekst*

A65 art. 19.5 — Wet milieubeheer

Art. 19.5

Beslissing geheimhouding

1. Op een verzoek tot geheimhouding beslist het bevoegd gezag binnen vier weken na ontvangst. Van de beslissing wordt mededeling gedaan aan de betrokken bestuursorganen. Indien het verzoek in het kader van de toepassing van hoofdstuk 7 is gedaan en betrekking heeft op een plan onderscheidenlijk besluit waarover de Commissie voor de milieueffectrapportage overeenkomstig artikel 7.12 onderscheidenlijk artikel 7.32, vijfde lid, in samenhang met artikel 7.12, in de gelegenheid wordt gesteld advies uit te brengen, wordt van de beslissing tevens mededeling gedaan aan die commissie.

Opschorting behandeling

2. Indien een verzoek tot geheimhouding in het kader van de toepassing van afdeling 3.4 of 3.6 van de Algemene wet bestuursrecht indien het een besluit op aanvraag betreft of van paragraaf 7.2 of 7.8 onderscheidenlijk 7.9 is gedaan, schort het bevoegd gezag de verdere behandeling van de aanvraag op totdat, indien het verzoek wordt toegestaan, de tweede tekst is overgelegd en de stukken zijn aangevuld met de in artikel 19.4, eerste lid, bedoelde gegevens, dan wel, indien het verzoek geheel of gedeeltelijk wordt afgewezen, de beslissing op het verzoek onherroepelijk is geworden. De krachtens de artikelen 3:18 en 4:5 van de Algemene wet bestuursrecht, artikel 31 van de Dienstenwet, artikel 3.9 van de Wet algemene bepalingen omgevingsrecht en artikel 13.8 geldende termijnen lopen niet zolang de behandeling is opgeschort.

3. Indien een verzoek tot geheimhouding in het kader van de toepassing van afdeling 3.4 of 3.6 van de Algemene wet bestuursrecht indien het geen besluit op aanvraag betreft of van paragraaf 7.10 is gedaan, laat het bevoegd gezag de openbaarmaking van het stuk waarop het verzoek betrekking heeft, achterwege totdat, indien het verzoek wordt toegestaan, de tweede tekst is overgelegd en de stukken zijn aangevuld met de in artikel 19.4, eerste lid, bedoelde gegevens, dan wel, indien het verzoek geheel of gedeeltelijk wordt afgewezen, de beslissing op het verzoek onherroepelijk is geworden.

Art. 19.6

[Vervallen]

Art. 19.6a

Overeenkomstige toepassing

De artikelen 19.3 tot en met 19.5 zijn van overeenkomstige toepassing op gegevens die voorkomen in een stuk ten aanzien waarvan openbaarmaking wordt voorgeschreven of die uit zodanig stuk kunnen worden afgeleid en die niet als milieu-informatie zijn te beschouwen.

Art. 19.6b

Wet openbaarheid van bestuur

Indien bij de voorbereiding van een besluit dat is aangewezen krachtens artikel 7.2 ter zake van een activiteit bij de voorbereiding waarvan een milieueffectrapport moet worden gemaakt, dan wel van een besluit inzake een omgevingsvergunning voor een inrichting, ingevolge een wettelijk voorschrift of een besluit van het bevoegd gezag informatie openbaar wordt gemaakt, en dat wettelijk voorschrift of besluit zich op andere gronden dan voorzien in artikel 10 van de Wet openbaarheid van bestuur tegen de openbaarmaking verzet, is artikel 10 van de Wet openbaarheid van bestuur van overeenkomstige toepassing en blijft het wettelijk voorschrift of besluit dat zich tegen de openbaarmaking verzet, buiten toepassing. Indien milieu-informatie niet ter inzage wordt gelegd, wordt daarvan mededeling gedaan.

Art. 19.7

Geheimhouding gegevens; openbaarmaking afwijkend milieuverslag

1. Indien in een emissieverslag als bedoeld in artikel 16.1 of een industrieel emissieverslag als bedoeld in artikel 16b.1 milieu-informatie voorkomt of milieu-informatie daaruit kan worden afgeleid, waarvan de geheimhouding op grond van artikel 10 van de Wet openbaarheid van bestuur gerechtvaardigd is, kan het bestuur van de emissieautoriteit op een daartoe strekkend verzoek van degene die de inrichting drijft, toestaan dat een door het bestuur van de emissieautoriteit goedgekeurde, tweede tekst openbaar wordt gemaakt, waarin die informatie niet voorkomt, onderscheidenlijk waaruit die informatie niet kan worden afgeleid. Het bestuur van de emissieautoriteit maakt van deze bevoegdheid slechts gebruik met betrekking tot bedrijfsgeheimen en beveiligingsgegevens. Het in de eerste volzin bedoelde verzoek wordt gedaan uiterlijk drie maanden na afloop van het verslagjaar. Bij het verzoek wordt een tweede tekst overgelegd.

2. Indien in een emissieverslag als bedoeld in artikel 16.1 of een industrieel emissieverslag als bedoeld in artikel 16b.1 milieu-informatie voorkomt of daaruit milieu-informatie kan worden afgeleid, waarvan de openbaarmaking achterwege dient te blijven, onderscheidenlijk achterwege mag blijven, op grond van artikel 10, eerste lid, aanhef en onder b, onderscheidenlijk artikel 10, tweede lid, aanhef en onder a, van de Wet openbaarheid van bestuur, wordt een door degene die de inrichting drijft, op aanwijzing van het bestuur van de emissieautoriteit opgestelde tweede tekst openbaar gemaakt, waarin die informatie niet voorkomt, onderscheidenlijk waaruit deze niet kan worden afgeleid.

3. De artikelen 19.4 en 19.5, eerste lid, zijn van overeenkomstige toepassing, met dien verstande dat het bestuursorgaan, bedoeld in het eerste lid, wordt aangemerkt als het bevoegd gezag.

4. Indien een verzoek als bedoeld in het eerste lid is gedaan, kan openbaarmaking van het betrokken emissieverslag of industrieel emissieverslag achterwege blijven tot uiterlijk vier weken nadat op dat verzoek onherroepelijk is beslist.

Wet milieubeheer

Art. 19.8

1. Indien in de gegevens die ingevolge artikel 12.12, vierde lid, in het register, bedoeld in artikel 12.12, eerste lid, moeten worden opgenomen gegevens voorkomen of kunnen worden afgeleid waarvan de geheimhouding op grond van artikel 10, zevende lid, onder b, van de Wet openbaarheid van bestuur gerechtvaardigd is, kan het bevoegd gezag op een daartoe strekkend verzoek van degene die de inrichting drijft waar gevaarlijke stoffen aanwezig zijn, onderscheidenlijk degene die een buisleiding gebruikt voor het vervoer van gevaarlijke stoffen, onderscheidenlijk degene aan wie een concessie voor die buisleiding is verleend, of uit eigen beweging in afwijking van artikel 12.13, eerste lid, besluiten dat die gegevens niet aan de instantie, bedoeld in artikel 12.12, derde lid, worden verstrekt onderscheidenlijk niet wordt ingestemd met de voorgestelde weergave, bedoeld in artikel 12.15, tweede lid.

2. Op een verzoek tot geheimhouding beslist het bevoegd gezag binnen vier weken na ontvangst.

3. Indien een verzoek tot geheimhouding is gedaan, verstrekt het bevoegd gezag de gegevens ingevolge artikel 12.13, eerste lid, over de externe veiligheid betreffende de inrichting of buisleiding niet onderscheidenlijk geeft het bevoegd gezag geen instemming als bedoeld in artikel 12.15, tweede lid, totdat de beslissing op het verzoek onherroepelijk is geworden.

Afzien van openbaarmaking

Hoofdstuk 20
Inwerkingtreding en rechtsbescherming

§ 20.1
Algemeen

Art. 20.1

1. De Afdeling bestuursrechtspraak van de Raad van State beslist op een beroep tegen een besluit op grond van deze wet of tegen besluiten als bedoeld in artikel 20.3, eerste lid, binnen twaalf maanden na afloop van de beroepstermijn. In afwijking van de eerste volzin beslist de Afdeling op een beroep tegen een nationaal toewijzingsbesluit als bedoeld in artikel 16.24, eerste lid, of een gewijzigd nationaal toewijzingsbesluit als bedoeld in artikel 16.31, eerste lid, binnen veertig weken na afloop van de termijn voor het indienen van een beroepschrift tegen eerstbedoeld besluit.

2. Het beroep tegen een gewijzigd nationaal toewijzingsbesluit als bedoeld in artikel 16.31, eerste lid, kan uitsluitend worden ingesteld door een belanghebbende die rechtstreeks in zijn belang is getroffen door de wijzigingen die ten opzichte van het oorspronkelijke nationale toewijzingsbesluit zijn aangebracht. Artikel 6:13 van de Algemene wet bestuursrecht is van overeenkomstige toepassing.

3. In afwijking van artikel 6:8 van de Algemene wet bestuursrecht vangt de termijn voor het instellen van beroep tegen een nationaal toewijzingsbesluit als bedoeld in artikel 16.24, eerste lid, aan met ingang van de dag na die waarop in de Staatscourant van de mededeling is gedaan als bedoeld in artikel 16.30a, eerste lid, dan wel met ingang van de dag na die waarop het gewijzigd nationale toewijzingsbesluit overeenkomstig artikel 16.30a, derde lid, tweede volzin, in verbinding met artikel 16.30, vierde lid, in de Staatscourant is bekendgemaakt. In afwijking van artikel 6:7 van de Algemene wet bestuursrecht bedraagt de termijn voor het instellen van beroep tegen een gewijzigd nationaal toewijzingsbesluit als bedoeld in artikel 16.31, eerste lid, vier weken.

4. In afwijking van artikel 6:19, eerste lid, van de Algemene wet bestuursrecht wordt het beroep tegen het nationale toewijzingsbesluit als bedoeld in artikel 16.24, eerste lid, geacht mede gericht te zijn tegen het gewijzigde nationale toewijzingsbesluit als bedoeld in artikel 16.31, eerste lid.

Termijn beslissing

Wetten en wettelijke bepalingen waartegen beroep kan worden ingesteld

Art. 20.2
[Vervallen]

Art. 20.2a
In een rechterlijke procedure ten aanzien van een besluit, andere rechtshandeling of feitelijke handeling die strekt tot uitvoering van een overeenkomstig artikel 5.16, eerste lid, genomen besluit of toegepast wettelijk voorschrift, kunnen uitsluitend gevolgen voor de luchtkwaliteit worden aangevoerd voor zover deze redelijkerwijs niet in een eerdere rechterlijke procedure aan de orde zijn of hadden kunnen worden gesteld.

Gevolgen luchtkwaliteit in rechterlijke procedure

Art. 20.3

1. Een besluit op grond van:
deze wet;
de artikelen 34, 39, eerste lid, en 40 van de Mijnbouwwet, met uitzondering van een besluit omtrent een mijnbouwmilieuvergunning voor een mijnbouwwerk te plaatsen of geplaatst aan de zeezijde van de in de bijlage bij de Mijnbouwwet vastgelegde lijn en een besluit omtrent instemming met een winningsplan of opslagplan, voor zover het winnen van delfstoffen of aardwarmte dan wel het opslaan van stoffen geschiedt vanuit of in een voorkomen dat is gelegen aan de zeezijde van de in de bijlage bij de Mijnbouwwet vastgelegde lijn;
de Kernenergiewet;

Besluit wordt van kracht na afloop beroepstermijn

Sdu 1319

de Wet geluidhinder;
de Wet inzake de luchtverontreiniging;
de Wet bodembescherming;
de Wet bescherming Antarctica;
de EG-verordening overbrenging van afvalstoffen;
de artikelen 125 van de Gemeentewet, 122 van de Provinciewet, 61 van de Waterschapswet en 5:32 van de Algemene wet bestuursrecht, voor zover het besluit betrekking heeft op handhaving van het bepaalde bij of krachtens andere wetten dan de Wet algemene bepalingen omgevingsrecht waarop hoofdstuk 5 van laatstgenoemde wet van toepassing is,
waartegen ingevolge artikel 2 van de bij de Algemene wet bestuursrecht behorende Bevoegdheidsregeling bestuursrechtspraak beroep bij de Afdeling bestuursrechtspraak van de Raad van State kan worden ingesteld, treedt in werking met ingang van de dag na de dag waarop de termijn voor het indienen van een bezwaarschrift afloopt, dan wel, indien ingevolge artikel 7:1, eerste lid, onderdeel d of e, van de Algemene wet bestuursrecht geen bezwaar kan worden gemaakt, met ingang van de dag na de dag waarop de termijn voor het indienen van een beroepschrift afloopt.
Indien gedurende die termijn bij de bevoegde rechter een verzoek om voorlopige voorziening is gedaan, treedt het besluit niet in werking voordat op dat verzoek is beslist.
2. In afwijking van het eerste lid treden de volgende besluiten in werking met ingang van de dag na hun bekendmaking:
a. een besluit krachtens artikel 8.40a of 8.42, tenzij dat is voorbereid met toepassing van afdeling 3.4 van de Algemene wet bestuursrecht,
b. een bij algemene maatregel van bestuur krachtens de artikel 9.2.2.1 aan te wijzen besluit ten aanzien van genetisch gemodificeerde organismen. Een besluit wordt slechts aangewezen indien uitvoering van een voor Nederland verbindend verdrag of een voor Nederland verbindend besluit van een volkenrechtelijke organisatie daartoe noopt.
3. In afwijking van het eerste lid, eerste volzin, treedt een besluit op een aanvraag om een vergunning voor een activiteit met betrekking tot een inrichting als bedoeld in artikel 15, onder b, van de Kernenergiewet die tevens is aan te merken als een bouwactiviteit als bedoeld in artikel 2.1, eerste lid, onder a, van de Wet algemene bepalingen omgevingsrecht waarvoor een omgevingsvergunning is vereist, niet eerder in werking dan nadat de betrokken omgevingsvergunning is verleend.
4. Indien het gebruik maken van een besluit als bedoeld in het eerste lid, eerste volzin, voordat op een beroep is beslist, wegens de daaraan verbonden kosten, dan wel wegens de daardoor veroorzaakte wijziging in feitelijke omstandigheden die bij de beslissing op het beroep een rol kunnen spelen, aanmerkelijke invloed kan hebben op die beslissing, wordt een zodanige voorlopige voorziening getroffen dat die invloed zich niet kan voordoen.

Art. 20.4

Van kracht na bekendmaking

Artikel 20.3 is niet van toepassing op besluiten:
a. houdende vergunning of bezwaren krachtens de EG-verordening overbrenging van afvalstoffen;
b. krachtens de artikelen 125 van de Gemeentewet, 122 van de Provinciewet, 61 van de Waterschapswet en 5:32 van de Algemene wet bestuursrecht, voor zover het besluiten betreft die betrekking hebben op de handhaving van het bepaalde bij of krachtens de in artikel 20.3, eerste lid, eerste volzin, bedoelde wetten of wettelijke bepalingen.

Art. 20.5

Mogelijkheid van terstond-van-krachtverklaring

1. In gevallen waarin het onverwijld in werking treden van een besluit als bedoeld in artikel 20.3, eerste lid, eerste volzin, naar het oordeel van het bevoegd gezag noodzakelijk is, kan het in afwijking van dat lid in het besluit bepalen dat het terstond in werking treedt.
2. Het eerste lid is niet van toepassing op besluiten op de voorbereiding waarvan afdeling 3.4 van de Algemene wet bestuursrecht van toepassing is.

Art. 20.5a

Voeging behandeling toewijzingsbesluiten

1. De Afdeling bestuursrechtspraak van de Raad van State voegt de behandeling van bij haar aanhangige zaken over een nationaal toewijzingsbesluit als bedoeld in artikel 16.24, eerste lid, die op dezelfde handelsperiode betrekking hebben. De eerste volzin is niet van toepassing op latere wijzigingen op een nationaal toewijzingsbesluit overeenkomstig subparagraaf 16.2.1.3.2.
2. Alvorens te beslissen op een beroep tegen een nationaal toewijzingsbesluit als bedoeld in artikel 16.24, eerste lid, geeft de Afdeling, in gevallen waarin het beroep naar haar oordeel gegrond is, toepassing aan artikel 8:51d van de Algemene wet bestuursrecht, met dien verstande dat de tussenuitspraak, bedoeld in artikel 8:80a, eerste lid, van de Algemene wet bestuursrecht, wordt gedaan binnen achttien weken na afloop van de voor dat besluit geldende beroepstermijn.
3. De Afdeling voegt bij haar aanhangig gemaakte zaken met betrekking tot een naar aanleiding van een tussenuitspraak gewijzigd nationaal toewijzingsbesluit als bedoeld in artikel 16.31, eerste lid, ter behandeling met zaken over het oorspronkelijke nationale toewijzingsbesluit die reeds bij haar aanhangig zijn.

§ 20.2
Advisering inzake beroepen milieubeheer

Art. 20.6-20.13
[Vervallen]

Art. 20.14

1. Onze Minister is gemachtigd namens de Staat tot oprichting over te gaan van een stichting die tot doel heeft de taak te verrichten bedoeld in artikel 20.15.
2. Wijziging van de statuten van de stichting, dan wel ontbinding van de stichting behoeft de toestemming van Onze Minister. Alvorens te beslissen over de toestemming, hoort Onze Minister de Afdeling bestuursrechtspraak van de Raad van State.
3. De statuten van de stichting waarborgen dat de stichting haar werkzaamheden onpartijdig en onafhankelijk verricht.

Machtiging minister tot oprichting stichting

Art. 20.15

De stichting heeft tot taak aan de bestuursrechter op diens verzoek deskundigenbericht uit te brengen inzake beroepen tegen besluiten als bedoeld in artikel 20.3, eerste lid, van deze wet alsmede beroepen tegen beschikkingen krachtens de hoofdstukken 6, 7 en 8 van de Waterwet met betrekking tot het lozen of storten van stoffen en het onttrekken van grondwater als bedoeld in artikel 6.1 van die wet. Op verzoek van de bestuursrechter brengt de stichting tevens deskundigenbericht uit inzake beroepen op grond van andere wetten, voor zover het onderwerpen betreft die samenhangen met aspecten van het milieubeheer waarvoor Onze Minister verantwoordelijk is.

Taak stichting

Art. 20.16

De personen die deel uitmaken van de organen van de stichting, en het personeel van de stichting vervullen geen functies en betrekkingen, waarvan de uitoefening ongewenst is met het oog op de handhaving van de onpartijdigheid en onafhankelijkheid van de stichting dan wel van het vertrouwen daarin.

Onverenigbaarheid functies

Art. 20.17

1. Indien met toepassing van artikel 20.14 een stichting is opgericht, verstrekt Onze Minister aan de stichting subsidie overeenkomstig bij of krachtens algemene maatregel van bestuur te stellen voorschriften, voor zover dat redelijkerwijs noodzakelijk is voor een goede taakuitoefening.
2. Artikel 8:36, eerste lid, van de Algemene wet bestuursrecht is niet van toepassing.

Subsidieverstrekking aan stichting

Art. 20.18-20.21
[Vervallen]

Hoofdstuk 21
Verdere bepalingen

Art. 21.1

1. Burgemeester en wethouders, gedeputeerde staten en ieder Onzer betrokken Ministers doen jaarlijks verslag aan onderscheidenlijk de gemeenteraad, provinciale staten en de Staten-Generaal over hun beleid met betrekking tot de uitvoering van de hoofdstukken 8, 13 en 18 en paragraaf 14.1 van deze wet. Burgemeester en wethouders en gedeputeerde staten zenden het verslag gelijktijdig met de aanbieding aan de gemeenteraad, onderscheidenlijk provinciale staten, aan de inspecteur.
2. Zij vermelden in hun verslag in ieder geval:
   a. het aantal malen dat in de periode waarop het verslag betrekking heeft, de termijnen zijn overschreden, die ingevolge artikel 3:18 van de Algemene wet bestuursrecht gelden voor het geven van de beschikking, de oorzaken daarvan en de maatregelen die zij hebben getroffen of zullen treffen om het overschrijden van de termijnen zo veel mogelijk te voorkomen;
   b. afzonderlijk de wijze waarop zij de in het eerste lid genoemde hoofdstukken van deze wet hebben uitgevoerd ten aanzien van inrichtingen die geheel of gedeeltelijk gedreven worden door onderscheidenlijk de betrokken gemeente, de betrokken provincie of het rijk.
3. Gevallen ten aanzien waarvan artikel 13.10 is toegepast, worden in het verslag van Onze Minister niet vermeld.

Jaarverslag volksvertegenwoordiging

Art. 21.2

1. Onze Minister zendt - voor zover het betreft het ambtsterrein van één of meer Onzer andere Ministers, in overeenstemming met die Ministers - binnen drie jaar na het in werking treden van deze wet, en vervolgens telkens om de vijf jaar, aan de Staten-Generaal een verslag over de wijze waarop zij is toegepast.
2. Bij of krachtens algemene maatregel van bestuur kunnen regelen worden gesteld met betrekking tot de toepassing van het eerste lid. Deze regelen kunnen voor daarbij aangewezen bestuursorganen de verplichting inhouden jaarlijks op de daarbij aangegeven wijze de gegevens te verstrekken, die voor de opstelling van het in het eerste lid bedoelde verslag nodig zijn.

Verslag aan Staten-Generaal

A65 art. 21.2a — Wet milieubeheer

Art. 21.2a
Gegevensverstrekking door bestuursorgaan

Een bestuursorgaan verstrekt Onze Minister de gegevens die hij nodig heeft ter uitvoering van de in de artikelen 51, 55, 59 en 72 van richtlijn nr. 2010/75/EU van het Europees Parlement en de Raad van 24 november 2010 inzake industriële emissies (PbEU L 334) opgelegde verplichtingen tot informatieverstrekking. Bij ministeriële regeling kunnen daaromtrent nadere regels worden gesteld.

Art. 21.3
Het bevoegd gezag voor het milieueffectrapport verstrekt Onze Minister, telkens vóór een door hem te bepalen tijdstip, de bij dat gezag beschikbare gegevens, die van belang zijn voor het naleven van de in artikel 12, tweede lid, van de mer-richtlijn opgenomen verplichtingen tot informatieverstrekking.

Art. 21.4
Nadere regels

Bij algemene maatregel van bestuur kunnen bepalingen van deze wet die betrekking hebben op stoffen, van toepassing worden verklaard op micro-organismen, niet zijnde genetisch gemodificeerde organismen.

Art. 21.5
Niet-ingedeelde gebieden

Voor de uitvoering van deze wet ten aanzien van gebieden die niet deel uitmaken van een gemeente of provincie, worden, voor zover nodig, bij algemene maatregel van bestuur regels gesteld ten aanzien van de bestuursorganen die de in deze wet vervatte bevoegdheden uitoefenen en ten aanzien van de bestuursorganen die bij die uitvoering dienen te worden betrokken.

Art. 21.6
Doorwerking nationaal milieubeleidsplan in AMvB's

1. Bij de vaststelling, wijziging of intrekking van een algemene maatregel van bestuur krachtens deze wet wordt rekening gehouden met het geldende nationale milieubeleidsplan.

Voordracht AMvB's milieukwaliteitseisen

2. De voordracht voor een algemene maatregel van bestuur krachtens artikel 5.1, eerste lid, of 5.3, derde lid, wordt Ons gedaan door Onze Minister en, voor zover het onderdelen van het milieubeleid betreft die tot hun verantwoordelijkheid behoren, Onze Ministers van Verkeer en Waterstaat en van Landbouw, Natuur en Voedselkwaliteit en, voorzover het de strafrechtelijke handhaving betreft en het bepaalde bij of krachtens deze wet of de andere in artikel 18.2, eerste lid, onder a, bedoelde wetten, Onze Minister van Justitie. De voordracht van een algemene maatregel van bestuur krachtens artikel 9.2.3.2 wordt Ons gedaan door Onze Minister van Volksgezondheid, Welzijn en Sport, mede namens Onze Minister en Onze Minister van Sociale Zaken en Werkgelegenheid.

Voordracht andere AMvB's

3. De voordracht voor een algemene maatregel van bestuur krachtens paragraaf 2.2, hoofdstuk 7 of paragraaf 14.2, wordt Ons gedaan door Onze Minister, Onze Minister van Landbouw, Natuur en Voedselkwaliteit en Onze Minister van Onderwijs, Cultuur en Wetenschap. De voordracht voor een algemene maatregel van bestuur krachtens titel 12.1 wordt Ons gedaan door Onze Minister en, voor zover het onderdelen van het milieubeleid betreft die tot hun verantwoordelijkheid behoren, Onze Ministers van Verkeer en Waterstaat, van Landbouw, Natuur en Voedselkwaliteit en van Economische Zaken. Indien het een of meer inrichtingen betreft, die onder Onze Minister van Defensie ressorteren, wordt de voordracht voor een algemene maatregel van bestuur krachtens de artikelen 12.1, tweede lid, 12.4 en 12.5 Ons mede door hem gedaan.

Voorpublicatie in Staatscourant

4. Het ontwerp van een algemene maatregel van bestuur krachtens artikel 1.1, eerste, derde, zesde, zevende of achtste lid, 2.2, derde lid, 5.1, eerste lid, 5.2b, vijfde lid, 5.3, eerste lid, 7.2, eerste lid, 8.40, 8.49, vijfde lid, 9.2.1.3, tweede lid, 9.2.1.4, 9.2.2.1, eerste lid, 9.2.3.2, 9.2.3.3, vierde lid, 9.5.2, 10.2, tweede lid, 10.22, tweede lid, 10.28, eerste lid, 10.29, eerste lid, 10.32, 10.41, eerste en tweede lid, 10.42, eerste lid, 10.43, eerste lid, 10.44, derde lid, 10.46, eerste lid, 10.47, eerste lid, 10.48, eerste lid, 10.51, eerste lid, 10.52, eerste lid, 10.54, derde lid, 10.61, eerste lid, 11.1, eerste lid, 11.3, eerste lid, 11.11, tweede lid, 11.29, vierde lid, 12.10, tweede lid, 12.12, tweede en vierde lid, 12.13, tweede en derde lid, 12.16, derde lid, 12.20a, eerste lid, 12.29, 15.13, eerste lid, 15.32, eerste of tweede lid, 15.46, vijfde lid, 17.7 of 21.4 wordt overgelegd aan de beide kamers der Staten-Generaal en in de Staatscourant bekendgemaakt. Aan een ieder wordt de gelegenheid geboden binnen een bij die bekendmaking vast te stellen termijn van ten minste vier weken opmerkingen over het ontwerp schriftelijk ter kennis van Onze Minister te brengen.

Voorhangprocedure bij Staten-Generaal

5. Een algemene maatregel van bestuur als bedoeld in het vierde lid wordt, nadat hij is vastgesteld, toegezonden aan de beide kamers der Staten-Generaal. Hij treedt niet eerder in werking dan vier weken na de datum van uitgifte van het *Staatsblad* waarin hij is geplaatst. Een krachtens artikel 5.1, eerste lid, vastgestelde algemene maatregel van bestuur treedt in werking op een tijdstip dat, nadat vier weken na de toezending ervan aan de beide kamers der Staten-Generaal zijn verstreken, bij koninklijk besluit wordt vastgesteld, tenzij binnen die termijn door of namens een der kamers der Staten-Generaal of door ten minste een vijfde van het grondwettelijk aantal leden van een der kamers de wens te kennen wordt gegeven dat het in de algemene maatregel van bestuur geregelde onderwerp bij wet wordt geregeld. In dat geval wordt een daartoe strek-

Wet milieubeheer

kend voorstel van wet zo spoedig mogelijk ingediend en wordt de algemene maatregel van bestuur onverwijld ingetrokken.

6. Hetgeen ingevolge deze wet bij algemene maatregel van bestuur kan worden geregeld, wordt in afwijking daarvan bij ministeriële regeling geregeld, indien de regels uitsluitend strekken ter uitvoering van een voor Nederland verbindend verdrag of een voor Nederland verbindend besluit van een volkenrechtelijke organisatie, tenzij voor een juiste uitvoering wijziging van een algemene maatregel van bestuur of de wet noodzakelijk is. Indien wijziging van een algemene maatregel van bestuur noodzakelijk is, wordt daarvan, gelijktijdig met de voordracht aan Ons, gemotiveerd kennis gegeven aan de beide kamers der Staten-Generaal, onder korte vermelding van de inhoud van de voorgenomen algemene maatregel van bestuur. Het ontwerp van een ministeriële regeling als bedoeld in de eerste volzin wordt ten minste vier weken voordat de regeling wordt vastgesteld, toegezonden aan de beide kamers der Staten-Generaal. Op de vaststelling van een ministeriële regeling zijn het tweede en het derde lid van overeenkomstige toepassing. *(Ministeriële regeling ter uitvoering internationale verplichtingen)*

7. Het tweede tot en met vijfde lid en het zesde lid, tweede, derde en vierde volzin, gelden niet voor een algemene maatregel van bestuur krachtens artikel 8.40, voorzover deze uitsluitend betrekking heeft op inrichtingen die een krachtens artikel 1 van de Mijnbouwwet aangewezen mijnbouwwerk zijn. De voordracht voor een algemene maatregel van bestuur wordt Ons in dit geval gedaan door Onze Minister van Economische Zaken. Bij toepassing in dit geval van het zesde lid, eerste volzin, wordt de ministeriële regeling vastgesteld door Onze Minister van Economische Zaken. *(Voordracht door Minister van EZ)*

Art. 21.7
De bevoegdheid van gemeenteraden en waterschappen tot het maken van verordeningen blijft ten aanzien van het onderwerp waarin hoofdstuk 10 voorziet, gehandhaafd, voor zover deze verordeningen niet met het bij of krachtens deze wet bepaalde in strijd zijn. *(Verordeningsbevoegdheid gemeenten en waterschappen)*

Art. 21.8
Indien in deze wet geregelde onderwerpen in het belang van een goede uitvoering van deze wet nadere regeling behoeven, kan deze geschieden bij algemene maatregel van bestuur. *(Nadere regeling bij AMvB)*

Hoofdstuk 22
Slotbepalingen

Art. 22.1
1. De hoofdstukken 8 en 17 en titel 12.3 van deze wet zijn niet van toepassing op inrichtingen waarvoor een vergunning is vereist krachtens artikel 15, onder b, van de Kernenergiewet, behoudens voor zover uit de bepalingen van die wet anders blijkt. Die hoofdstukken en die titel zijn evenmin van toepassing op inrichtingen, voor zover daarvoor bij of krachtens andere dan in de eerste volzin genoemde bepalingen van die wet vergunning is vereist of algemene voorschriften gelden, behoudens voor zover uit de bij of krachtens die wet gestelde bepalingen anders blijkt. *(Inrichtingen KEW)*

2. Hoofdstuk 8 van deze wet is niet van toepassing op inrichtingen, voor zover daarvoor een vergunning of erkenning is vereist of algemene voorschriften gelden krachtens de artikelen 3.1, 3.3 tot en met 3.6, 6.4 en 7.1 van de Wet dieren met betrekking tot dierlijke bijproducten of de Waterwet, behoudens voor zover uit de bepalingen van die wetten anders blijkt. *(Inrichtingen die vallen onder de Gwwd, Wvo of Grondwaterwet)*

3. Hoofdstuk 8 van deze wet is niet van toepassing op inrichtingen waarin van buiten de inrichting afkomstige dierlijke meststoffen in de zin van de Meststoffenwet worden bewaard, bewerkt, verwerkt of vernietigd, voor zover het een doelmatig beheer van die stoffen betreft. *(Inrichtingen die meststoffen verwerken)*

4. De titels 9.2, 9.3 en 9.3a zijn niet van toepassing op gedragingen, voorzover daaromtrent regels zijn gesteld bij of krachtens de Geneesmiddelenwet, de Wet gewasbeschermingsmiddelen en biociden of de hoofdstuk 2, paragraaf 3, van de Wet dieren.

5. Titel 9.2 laat het met betrekking tot stoffen of mengsels bij of krachtens de Kernenergiewet bepaalde onverlet.

6. Titel 9.2 is niet van toepassing op het vervoeren, het ten vervoer aanbieden en het ten vervoer aannemen, het laden en het lossen en het nederleggen tijdens het vervoer van stoffen, mengsels of micro-organismen, alsmede op het laten staan en het laten liggen van een vervoermiddel waarin of waarop zich zodanige stoffen, mengsels of micro-organismen of resten daarvan bevinden, voorzover daaromtrent regels zijn gesteld bij of krachtens de Wet luchtvaart, dan wel op de handelingen, genoemd in artikel 2, eerste lid, van de Wet vervoer gevaarlijke stoffen ten aanzien van stoffen, mengsels of micro-organismen, voorzover daaromtrent regels zijn gesteld bij of krachtens die wet. In afwijking van de eerste volzin is titel 9.2 van toepassing met betrekking tot de verpakking van micro-organismen, zijnde genetisch gemodificeerde organismen, indien die organismen zich bij de handelingen, bedoeld in de eerste volzin, niet bevinden in een verpakking die voldoet aan de regels die terzake zijn gesteld bij of krachtens de Wet vervoer gevaarlijke stoffen of de Wet luchtvaart.

A65 art. 22.2 — Wet milieubeheer

7. Krachtens titel 9.2 worden geen regels gesteld met betrekking tot het zich ontdoen van stoffen en mengsels door het brengen daarvan in oppervlaktewateren, voor zover in het stellen van zodanige regels is voorzien krachtens artikel 6.6 juncto artikel 6.2 of 6.3 van de Waterwet.
8. Titel 9.5 is niet van toepassing op gedragingen, voor zover daaromtrent voorschriften gelden, die zijn gesteld bij of krachtens de Wet vervoer gevaarlijke stoffen.

Gedragingen waarop hoofdstuk 10 niet van toepassing is

9. Artikel 9.5.2 en hoofdstuk 10 zijn niet van toepassing op gedragingen, voor zover daaromtrent voorschriften gelden, die zijn gesteld bij of krachtens:
de Wet gewasbeschermingsmiddelen en biociden,
de Wet voorkoming verontreiniging door schepen,
de hoofdstuk 3, paragraaf 3, van de Wet dieren,
de Meststoffenwet,
de Scheepvaartverkeerswet,
de artikelen 3.1, 3.3 tot en met 3.6, 6.4 en 7.1 van de Wet dieren met betrekking tot dierlijke bijproducten,
de Kernenergiewet,
de Waterwet,
behoudens voor zover uit de bepalingen van die wetten of van deze wet anders blijkt.
10. Artikel 9.5.2 is niet van toepassing op gedragingen, voor zover daaromtrent voorschriften met betrekking tot diervoeders gelden, die zijn gesteld bij of krachtens de Wet dieren.

Art. 22.1a
[Vervallen]

Art. 22.2

Citeertitel Deze wet kan worden aangehaald als: Wet milieubeheer.

Art. 22.2a
[Vervallen]

Art. 22.3

Inwerkingtreding Deze wet treedt in werking op een door Ons te bepalen tijdstip.

Wet milieubeheer

A65 bijlage 2

Bijlage 1 bij de Wet milieubeheer

Wetten, als bedoeld in de artikelen 4.6, derde lid, 4.12, derde lid, en 4.19, derde lid, van de Wet milieubeheer:
Mijnbouwwet
Drinkwaterwet
Luchtvaartwet
Wet luchtvaart
Wet gewasbeschermingsmiddelen en biociden
Kernenergiewet
Ontgrondingenwet
Wet geluidhinder
Wet inzake de luchtverontreiniging
Interimwet bodemsanering
Wet voorkoming verontreiniging door schepen
Wet inrichting landelijk gebied
Wet bodembescherming
Meststoffenwet
Wet implementatie EG-richtlijnen energie-efficiëntie
Wet vervoer gevaarlijke stoffen (*Stb.* 1995, 525)
Tracéwet
Wegenverkeerswet 1994
Waterwet
Wet algemene bepalingen omgevingsrecht
Wet natuurbescherming

Bijlage 2 bij de Wet milieubeheer

Bijlage behorend bij de artikelen 4.9, 8.40 en titel 5.2 van de Wet milieubeheer

§ 1
Grenswaarden en alarmdrempel voor zwaveldioxide

Voorschrift 1.1

Voor zwaveldioxide gelden de volgende grenswaarden voor de bescherming van de gezondheid van de mens:
a. 350 microgram per m^3 als uurgemiddelde concentratie, waarbij geldt dat deze maximaal vierentwintig maal per kalenderjaar mag worden overschreden;
b. 125 microgram per m^3 als vierentwintig-uurgemiddelde concentratie, waarbij geldt dat deze maximaal drie maal per kalenderjaar mag worden overschreden.

Voorschrift 1.2

Voor zwaveldioxide gelden de volgende grenswaarden voor de bescherming van ecosystemen, in gebieden met een oppervlakte van ten minste 1000 km^2 die gelegen zijn op een afstand van ten minste 20 km van agglomeraties of op een afstand van ten minste 5 km van andere gebieden met bebouwing, van inrichtingen, van autosnelwegen of hoofdwegen waarvan per dag meer dan 50 000 motorrijtuigen als bedoeld in artikel 1 van de Wegenverkeerswet 1994 gebruik maken, waar het ecosysteem naar het oordeel van het bevoegde bestuursorgaan bijzondere bescherming behoeft:
a. 20 microgram per m^3 als jaargemiddelde concentratie;
b. 20 microgram per m^3 als winterhalfjaargemiddelde concentratie.

Voorschrift 1.3

Voor zwaveldioxide geldt 500 microgram per m^3 als uurgemiddelde concentratie gedurende drie achtereenvolgende uren, in gebieden van ten minste 100 km^2, als alarmdrempel.

A65 bijlage 2   Wet milieubeheer

§ 2
Grenswaarden, plandrempels en alarmdrempel voor stikstofdioxide

Voorschrift 2.1

1. Voor stikstofdioxide gelden de volgende grenswaarden voor de bescherming van de gezondheid van de mens:
   a. 200 microgram per m^3 als uurgemiddelde concentratie, waarbij geldt dat deze maximaal achttien maal per kalenderjaar mag worden overschreden, en
   b. 40 microgram per m^3 als jaargemiddelde concentratie, uiterlijk op 1 januari 2010.
2. Het eerste lid, onder a, is met ingang van 1 januari 2010 van toepassing bij wegen waarvan ten minste 40 000 motorvoertuigen per etmaal gebruik maken. Voor de toepassing van de eerste volzin wordt verstaan onder motorvoertuig: motorvoertuig als bedoeld in de krachtens de Wegenverkeerswet 1994 gestelde regels.
3. Tot 1 januari 2010 geldt bij de wegen, bedoeld in het tweede lid, voor stikstofdioxide een grenswaarde voor de bescherming van de gezondheid van de mens van 290 microgram per m^3 als uurgemiddelde concentratie, waarbij geldt dat deze maximaal achttien maal per kalenderjaar mag worden overschreden.
4. Indien ten gevolge van maatregelen die door één of meer bestuursorganen zijn genomen met het oog op het voorkomen of beperken van luchtverontreiniging bij de wegen, bedoeld in het tweede lid, in een kalenderjaar voor het jaar 2010 de grenswaarde wordt bereikt van 200 microgram per m^3 als uurgemiddelde concentratie, met maximaal achttien overschrijdingen per kalenderjaar, geldt, in afwijking van het tweede en derde lid, deze grenswaarde met ingang van het jaar volgend op het jaar waarin de grenswaarde, bedoeld in de eerste volzin is bereikt.

Voorschrift 2.1a

In afwijking van voorschrift 2.1 gelden voor een of meer bij algemene maatregel van bestuur aangewezen zones of agglomeraties of een gedeelte daarvan, waarvoor uitstel krachtens artikel 22, eerste lid, juncto vierde lid, van de EG-richtlijn luchtkwaliteit van toepassing is, tot een bij die maatregel genoemd tijdstip, doch uiterlijk tot 1 januari 2015, voor stikstofdioxide de volgende grenswaarden voor de bescherming van de gezondheid van de mens:
a. 300 microgram per m^3, gedefinieerd als uurgemiddelde concentratie, waarbij geldt dat deze maximaal achttien maal per kalenderjaar mag worden overschreden, en
b. 60 microgram per m^3, gedefinieerd als jaargemiddelde concentratie.

Voorschrift 2.2

Voor stikstofdioxide gelden buiten de krachtens voorschrift 2.1a aangewezen zones en agglomeraties de volgende plandrempels voor de bescherming van de gezondheid van de mens, gedefinieerd als jaargemiddelde concentraties:
a. in 2005, 50 microgram per m^3;
b. in 2006, 48 microgram per m^3;
c. in 2007, 46 microgram per m^3;
d. in 2008, 44 microgram per m^3;
e. in 2009, 42 microgram per m^3.

Voorschrift 2.3

Voor stikstofdioxide gelden buiten de krachtens voorschrift 2.1a aangewezen zones en agglomeraties bij de wegen, bedoeld in voorschrift 2.1, tweede lid, de volgende plandrempels voor de bescherming van de gezondheid van de mens, gedefinieerd als uurgemiddelde concentraties waarbij geldt dat deze maximaal achttien maal per kalenderjaar mogen worden overschreden:
a. in 2005, 250 microgram per m^3;
b. in 2006, 240 microgram per m^3;
c. in 2007, 230 microgram per m^3;
d. in 2008, 220 microgram per m^3;
e. e. in 2009, 210 microgram per m^3.

Voorschrift 2.4

Voor stikstofdioxide geldt 400 microgram per m^3 als uurgemiddelde concentratie gedurende drie achtereenvolgende uren, in gebieden met een oppervlakte van ten minste 100 km^2, als alarmdrempel.

§ 3
Grenswaarde voor stikstofoxiden

Voorschrift 3.1

Voor stikstofoxiden geldt 30 microgram per m^3 als jaargemiddelde concentratie als grenswaarde voor de bescherming van vegetatie, in gebieden met een oppervlakte van ten minste 1000 km^2 die gelegen zijn op een afstand van ten minste 20 km van agglomeraties of op een afstand van ten minste 5 km van andere gebieden met bebouwing, van inrichtingen, van autosnelwegen of hoofdwegen waarvan per dag meer dan 50 000 motorrijtuigen als bedoeld in artikel 1 van de Wegenverkeerswet 1994 gebruik maken, waar de vegetatie naar het oordeel van het bevoegde bestuursorgaan bijzondere bescherming behoeft.

§ 4
Grenswaarden voor zwevende deeltjes (PM_{10}); plandrempel, richtwaarden, grenswaarde en blootstellingsconcentratieverplichting voor zwevende deeltjes ($PM_{2,5}$)

Voorschrift 4.1

Voor zwevende deeltjes (PM_{10}) gelden de volgende grenswaarden voor de bescherming van de gezondheid van de mens:
a. 40 microgram per m^3 als jaargemiddelde concentratie;
b. 50 microgram per m^3 als vierentwintig-uurgemiddelde concentratie, waarbij geldt dat deze maximaal vijfendertig maal per kalenderjaar mag worden overschreden.

Voorschrift 4.2

In afwijking van voorschrift 4.1 gelden voor een of meer bij algemene maatregel van bestuur aangewezen zones of agglomeraties of een gedeelte daarvan, waarvoor vrijstelling krachtens artikel 22, tweede lid, juncto vierde lid, van de EG-richtlijn luchtkwaliteit van toepassing is, tot een bij die maatregel genoemd tijdstip, doch uiterlijk tot 11 juni 2011, voor zwevende deeltjes (PM_{10}) de volgende grenswaarden voor de bescherming van de gezondheid van de mens:
a. 48 microgram per m^3, gedefinieerd als jaargemiddelde concentratie, en
b. 75 microgram per m^3, gedefinieerd als vierentwintig-uurgemiddelde concentratie, waarbij geldt dat deze maximaal vijfendertig maal per kalenderjaar mag worden overschreden.

Voorschrift 4.3

Voor zwevende deeltjes ($PM_{2,5}$) geldt de volgende richtwaarde voor de bescherming van de gezondheid van de mens, die met ingang van 1 januari 2010 voor zover mogelijk moet worden bereikt:
25 microgram per m^3, gedefinieerd als jaargemiddelde concentratie.

Voorschrift 4.4

1. Voor zwevende deeltjes ($PM_{2,5}$) geldt met ingang van 1 januari 2015 de volgende grenswaarde voor de bescherming van de gezondheid van de mens: 25 microgram per m^3, gedefinieerd als jaargemiddelde concentratie.
2. Tot 1 januari 2015 blijft het eerste lid buiten toepassing bij de uitoefening van een bevoegdheid of toepassing van een wettelijk voorschrift met toepassing van artikel 5.16, eerste lid, ongeacht of de desbetreffende uitoefening of toepassing ook na de genoemde datum gevolgen voor de luchtkwaliteit heeft of kan hebben.

Voorschrift 4.5

Voor zwevende deeltjes ($PM_{2,5}$) geldt tot 1 januari 2015 de volgende plandrempel voor de bescherming van de gezondheid van de mens, gedefinieerd als jaargemiddelde concentratie: in 2008, 25 microgram per m^3, verhoogd met 20%, welk percentage op de daaropvolgende eerste januari en vervolgens iedere 12 maanden met gelijke jaarlijkse percentages wordt verminderd tot 0% op 1 januari 2015.

Voorschrift 4.6

Voor zwevende deeltjes ($PM_{2,5}$) geldt met ingang van 1 januari 2015 een blootstellingsconcentratieverplichting van ten hoogste 20 microgram per m^3, gedefinieerd als gemiddelde blootstellingsindex.

Voorschrift 4.7

a. Voor zwevende deeltjes ($PM_{2,5}$) geldt de volgende richtwaarde inzake vermindering van de blootstelling van de mens die met ingang van 1 januari 2020 voor zover mogelijk moet worden bereikt:

a. indien de gemiddelde blootstellingsindex in 2010 bedraagt:	een vermindering van de blootstelling ten opzichte van 2010 met:
8,5 $\mu g/m^3$ of minder	0%
8,5 $\mu g/m^3$ of meer maar niet meer dan 13 $\mu g/m^3$	10%
13 $\mu g/m^3$ of meer maar niet meer dan 18 $\mu g/m^3$	15%
18 $\mu g/m^3$ of meer maar niet meer dan 22 $\mu g/m^3$	20%
b. indien de gemiddelde blootstellingsindex in 2010 meer bedraagt dan 22 $\mu g/m^3$	een waarde van 18 $\mu g/m^3$ voor de gemiddelde blootstellingsindex

§ 5
Grenswaarde voor lood

Voorschrift 5.1

Voor lood geldt 0,5 microgram per m^3 als jaargemiddelde concentratie als grenswaarde voor de bescherming van de gezondheid van de mens.

§ 6
Grenswaarde voor koolmonoxide

Voorschrift 6.1

Voor koolmonoxide geldt 10 000 microgram per m^3 als acht-uurgemiddelde concentratie als grenswaarde voor de bescherming van de gezondheid van de mens.

§ 7
Grenswaarden en plandrempels voor benzeen

Voorschrift 7.1

Voor benzeen gelden de volgende grenswaarden voor de bescherming van de gezondheid van de mens, gedefinieerd als jaargemiddelde concentraties:
a. tot 1 januari 2010, 10 microgram per m^3;
b. met ingang van 1 januari 2010, 5 microgram per m^3.

Voorschrift 7.2

Voor benzeen gelden de volgende plandrempels voor de bescherming van de gezondheid van de mens, gedefinieerd als jaargemiddelde concentraties:
a. in 2006, 9 microgram per m^3;
b. in 2007, 8 microgram per m^3;
c. in 2008, 7 microgram per m^3;
d. in 2009, 6 microgram per m^3.

Wet milieubeheer

§ 8
Richtwaarden, informatiedrempel en alarmdrempel voor ozon

Voorschrift 8.1

a. Voor ozon geldt de volgende richtwaarde voor de bescherming van de gezondheid van de mens, die met ingang van 1 januari 2010 voor zover mogelijk moet worden bereikt: 120 microgram per m^3 als hoogste acht-uurgemiddelde concentratie van een dag, waarbij geldt dat deze gemiddeld over drie jaar op maximaal vijfentwintig dagen per kalenderjaar mag worden overschreden.
b. Voor ozon geldt de volgende richtwaarde voor de lange termijn voor de bescherming van de gezondheid van de mens: 120 microgram per m^3 als hoogste acht-uurgemiddelde concentratie van een dag, gedurende een kalenderjaar.

Voorschrift 8.2

a. Voor ozon geldt de volgende 18 000 (microgram per m^3) • uur als AOT40-waarde voor de periode van 1 mei tot en met 31 juli, gemiddeld over vijf jaar, als richtwaarde die met ingang van 1 januari 2010 voor zover mogelijk moet worden bereikt, ter bescherming van de vegetatie.
b. Voor ozon geldt 6 000 (microgram per m^3) • uur als AOT40-waarde voor de periode van 1 mei tot en met 31 juli van een kalenderjaar als richtwaarde voor de lange termijn, ter bescherming van de vegetatie.

Voorschrift 8.3

Voor ozon geldt een informatiedrempel van 180 microgram per m^3 als uurgemiddelde concentratie.

Voorschrift 8.4

Voor ozon geldt een alarmdrempel van 240 microgram per m^3 als uurgemiddelde concentratie.

§ 9
Richtwaarde voor arseen

Voorschrift 9.1

Voor arseen geldt 6 nanogram per m^3 als jaargemiddelde concentratie, gedefinieerd als het totale gehalte arseen in de PM_{10} fractie, als richtwaarde die met ingang van 1 januari 2013 voor zover mogelijk moet worden bereikt, voor de bescherming van de gezondheid van de mens en het milieu.

§ 10
Richtwaarde voor cadmium

Voorschrift 10.1

Voor cadmium geldt 5 nanogram per m^3 als jaargemiddelde concentratie, gedefinieerd als het totale gehalte cadmium in de PM_{10} fractie, als richtwaarde die met ingang van 1 januari 2013 voor zover mogelijk moet worden bereikt, voor de bescherming van de gezondheid van de mens en het milieu.

§ 11
Richtwaarde voor nikkel

Voorschrift 11.1

Voor nikkel geldt 20 nanogram per m^3 als jaargemiddelde concentratie, gedefinieerd als het totale gehalte nikkel in de PM_{10} fractie, als richtwaarde die met ingang van 1 januari 2013 voor zover mogelijk moet worden bereikt, voor de bescherming van de gezondheid van de mens en het milieu.

§ 12
Richtwaarde voor benzo(a)pyreen

Voorschrift 12.1

Voor benzo(a)pyreen geldt 1 nanogram per m^3 als jaargemiddelde concentratie, gedefinieerd als het totale gehalte benzo(a)pyreen in de PM$_{10}$ fractie, als richtwaarde die met ingang van 1 januari 2013 voor zover mogelijk moet worden bereikt, voor de bescherming van de gezondheid van de mens en het milieu.

§ 13
Gevallen als bedoeld in de artikelen 5.9, eerste lid, en 5.10, eerste lid, waarin een plan wordt vastgesteld en uitgevoerd.

Voorschrift 13.1

De gevallen, bedoeld in artikel 5.9, eerste lid, zijn:
a. plaatsen buiten de krachtens voorschrift 2.1a aangewezen zones en agglomeraties, waar de in de voorschriften 2.2 en 2.3 genoemde plandrempels voor stikstofdioxide worden overschreden, waarbij geldt dat in het plan wordt aangegeven op welke wijze voldaan zal worden aan de in voorschrift 2.1, eerste lid, onder b, en tweede lid, genoemde grenswaarden;
b. plaatsen waar de in voorschrift 7.2 genoemde plandrempel voor benzeen wordt overschreden, waarbij geldt dat in het plan wordt aangegeven op welke wijze voldaan zal worden aan de in voorschrift 7.1, onder b, genoemde waarde.

Activiteitenbesluit milieubeheer

Inhoudsopgave

Hoofdstuk 1	Algemeen	Art. 1
Afdeling 1.1	Begripsbepalingen, omhangbepaling, reikwijdte en procedurele bepalingen	Art. 1
§ 1.1.1	Begripsbepalingen	Art. 1.1
§ 1.1.1a	Omhangbepaling	Art. 1.3a
§ 1.1.2	Reikwijdte en andere procedurele bepalingen	Art. 1.3c
Afdeling 1.2	Melding	Art. 1.9b
Hoofdstuk 2	Algemene regels ten aanzien van alle activiteiten	Art. 2
Afdeling 2.1	Zorgplicht	Art. 2
Afdeling 2.2	Lozingen	Art. 2.1a
Afdeling 2.3	Lucht en geur	Art. 2.3a
Afdeling 2.4	Bodem	Art. 2.8b
Afdeling 2.5	Doelmatig beheer van afvalstoffen	Art. 2.11a
Afdeling 2.6	Energiebesparing	Art. 2.14c
Afdeling 2.7	Verkeer en vervoer	Art. 2.15a
Afdeling 2.8	Geluidhinder	Art. 2.16b
Afdeling 2.9	Trillinghinder	Art. 2.22a
Afdeling 2.10	Financiële zekerheid	Art. 2.23a
Afdeling 2.11	Oplosmiddelen	Art. 2.27a
Hoofdstuk 3	Bepalingen met betrekking tot activiteiten, tevens geldend voor inrichtingen type C	Art. 3
Afdeling 3.0	Reikwijdte hoofdstuk 3	Art. 3
Afdeling 3.1	Afvalwaterbeheer	Art. 3.1
§ 3.1.1	Bodemsanering en proefbronnering	Art. 3.1
§ 3.1.2	Lozen van grondwater bij ontwatering	Art. 3.2
§ 3.1.3	Lozen van hemelwater, dat niet afkomstig is van een bodembeschermende voorziening	Art. 3.3
§ 3.1.4	Behandelen van huishoudelijk afvalwater op locatie	Art. 3.4
§ 3.1.4a	Behandeling van stedelijk afvalwater	Art. 3.5a
§ 3.1.5	Lozen van koelwater	Art. 3.6
§ 3.1.6	Lozen ten gevolge van werkzaamheden aan vaste objecten	Art. 3.6.1
§ 3.1.7	Handelingen in een oppervlaktewaterlichaam	Art. 3.6c
§ 3.1.8	Lozen ten gevolge van schoonmaken drinkwaterleidingen	Art. 3.6f
§ 3.1.9	Lozen van afvalwater ten gevolge van calamiteitenoefeningen	Art. 3.6g
Afdeling 3.2	Installaties	Art. 3.7
§ 3.2.1	Het in werking hebben van een middelgrote stookinstallatie, gestookt op een standaard brandstof	Art. 3.7
§ 3.2.2	In werking hebben van een installatie voor het reduceren van aardgasdruk, meten en regelen van aardgashoeveelheid of aardgaskwaliteit	Art. 3.11
§ 3.2.3	In werking hebben van een windturbine	Art. 3.13
§ 3.2.4	In werking hebben van een installatie voor het doorvoeren, bufferen of keren van rioolwater	Art. 3.16
§ 3.2.5	In werking hebben van een natte koeltoren	Art. 3.16a
§ 3.2.6	In werking hebben van een koelinstallatie	Art. 3.16c
§ 3.2.7	In werking hebben van een wisselverwarmingsinstallatie	Art. 3.16e
§ 3.2.8	Installeren en in werking hebben van een gesloten bodemenergiesysteem	Art. 3.16g
Afdeling 3.3	Activiteiten met voertuigen, vaartuigen of luchtvaartuigen	Art. 3.17
§ 3.3.1	Afleveren van vloeibare brandstof of gecomprimeerd aardgas aan motorvoertuigen voor het wegverkeer of afleveren van vloeibare brandstof aan spoorvoertuigen	Art. 3.17
§ 3.3.2	Het uitwendig wassen en stallen van motorvoertuigen of werktuigen of van spoorvoertuigen	Art. 3.23a
§ 3.3.3	Het demonteren van autowrakken of wrakken van tweewielige motorvoertuigen en daarmee samenhangende activiteiten	Art. 3.26
§ 3.3.4	Bieden van parkeergelegenheid in een parkeergarage	Art. 3.26d

§ 3.3.5	Bieden van gelegenheid tot het afmeren van pleziervaartuigen in een jachthaven	Art. 3.26g
§ 3.3.6	Het gebruik van hefschroefvliegtuigen bij ziekenhuizen	Art. 3.26l
Afdeling 3.4	Opslaan van stoffen of het vullen van gasflessen	Art. 3.27
§ 3.4.1	Opslaan van propaan	Art. 3.27
§ 3.4.2	Opslaan in ondergrondse opslagtanks van vloeibare brandstof, afgewerkte olie, bepaalde organische oplosmiddelen of vloeibare bodembedreigende stoffen die geen gevaarlijke stoffen of CMR stoffen zijn	Art. 3.29
§ 3.4.3	Opslaan en overslaan van goederen	Art. 3.31
§ 3.4.4	[Vervallen]	Art. 3.41-3.44
§ 3.4.5	Opslaan van agrarische bedrijfsstoffen	Art. 3.45
§ 3.4.6	Opslaan van drijfmest en digestaat	Art. 3.50
§ 3.4.7	Opslaan van vloeibare bijvoedermiddelen	Art. 3.53
§ 3.4.8	Het vullen van gasflessen met propaan of butaan	Art. 3.54a
§ 3.4.9	Opslaan van gasolie, smeerolie of afgewerkte olie in een bovengrondse opslagtank	Art. 3.54c
§ 3.4.10	Opslaan of bewerken van ontplofbare stoffen of voorwerpen bij defensie-inrichtingen	Art. 3.54e
§ 3.4.11	Op- en overslaan van verwijderd asbest	Art. 3.54h
Afdeling 3.5	Agrarische activiteiten	Art. 3.55
§ 3.5.1	Telen of kweken van gewassen in een kas	Art. 3.55
§ 3.5.2	Telen en kweken van gewassen in een gebouw, anders dan in een kas	Art. 3.75
§ 3.5.3	Telen van gewassen in de open lucht	Art. 3.78
§ 3.5.4	Waterbehandeling voor agrarische activiteiten	Art. 3.89
§ 3.5.5	Aanmaken of transporteren via vaste leidingen of apparatuur van gewasbeschermingsmiddelen, biociden of bladmeststoffen	Art. 3.92
§ 3.5.6	Het behandelen van gewassen	Art. 3.96
§ 3.5.7	Composteren	Art. 3.106
§ 3.5.8	Houden van landbouwhuisdieren in dierenverblijven	Art. 3.111
§ 3.5.9	Bereiden van brijvoer voor eigen landbouwhuisdieren	Art. 3.129a
§ 3.5.10	Kleinschalig vergisten van uitsluitend dierlijke meststoffen	Art. 3.129c
Afdeling 3.6	Voedingsmiddelen	Art. 3.130
§ 3.6.1	Bereiden van voedingsmiddelen	Art. 3.130
§ 3.6.2	Slachten van dieren, uitsnijden van vlees of vis of bewerken van dierlijke bijproducten	Art. 3.133
§ 3.6.3	Industrieel vervaardigen of bewerken van voedingsmiddelen of dranken	Art. 3.137
Afdeling 3.7	Sport en recreatie	Art. 3.142
§ 3.7.1	Binnenschietbanen	Art. 3.142
§ 3.7.2	Traditioneel schieten	Art. 3.145
§ 3.7.3	Bieden van gelegenheid voor het beoefenen van sport in de buitenlucht	Art. 3.147
§ 3.7.4	Recreatieve visvijvers	Art. 3.149
§ 3.7.5	Gebruiken van gewasbeschermingsmiddelen op sport- of recreatieterreinen	Art. 3.151
Afdeling 3.8	Overige activiteiten	Art. 3.153-3.154
§ 3.8.1	[Vervallen]	Art. 3.153-3.154
§ 3.8.2	Gemeentelijke milieustraat	Art. 3.155
§ 3.8.3	Buitenschietbanen	Art. 3.157
§ 3.8.4	Coaten of lijmen van planten of onderdelen van planten	Art. 3.163
§ 3.8.5	Fokken, houden of trainen van vogels of zoogdieren	Art. 3.168
Hoofdstuk 4	Bepalingen met betrekking tot overige activiteiten geldend voor een inrichting type A of een inrichting type B	Art. 4
Afdeling 4.0	Reikwijdte hoofdstuk 4	Art. 4
Afdeling 4.1	Op- en overslaan van gevaarlijke en andere stoffen en gassen en het vullen van gasflessen	Art. 4a

§ 4.1.1	Opslaan van gevaarlijke stoffen, CMR-stoffen of bodembedreigende stoffen in verpakking, niet zijnde vuurwerk, pyrotechnische artikelen voor theatergebruik, andere ontplofbare stoffen, bepaalde organische peroxiden, asbest, gedemonteerde airbags, gordelspanners of vaste kunstmeststoffen	Art. 4a
§ 4.1.2	Opslaan van vuurwerk, pyrotechnische artikelen voor theatergebruik of andere ontplofbare stoffen	Art. 4.1a
§ 4.1.3	Opslaan van stoffen in opslagtanks	Art. 4.4a
§ 4.1.4	Parkeren van vervoerseenheden met gevaarlijke stoffen	Art. 4.6a
§ 4.1.5	Gebruik of opslag van bepaalde organische peroxiden	Art. 4.8
§ 4.1.7	Opslaan van vaste kunstmeststoffen	Art. 4.16
Afdeling 4.2	[Vervallen]	Art. 4.18-4.19
§ 4.2.1	[Vervallen]	Art. 4.18-4.19
Afdeling 4.3	Activiteiten met betrekking tot hout of kurk	Art. 4.20
§ 4.3.1	Mechanische bewerkingen van hout of kurk dan wel van houten, kurken of houtachtige voorwerpen	Art. 4.20
§ 4.3.2	Reinigen, coaten of lijmen van hout of kurk dan wel van houten, kurken of houtachtige voorwerpen	Art. 4.21b
Afdeling 4.4	Activiteiten met betrekking tot rubber of kunststof	Art. 4.27
§ 4.4.1	Mechanische bewerkingen van rubber, kunststof of rubber- of kunststofproducten	Art. 4.27
§ 4.4.2	Reinigen, coaten of lijmen van rubber, kunststof of rubber- of kunststofproducten	Art. 4.27c
§ 4.4.3	Wegen of mengen van rubbercompounds of het verwerken van rubber, thermoplastisch kunststof of polyesterhars	Art. 4.31a
Afdeling 4.5	Activiteiten met betrekking tot metaal	Art. 4.31e
§ 4.5.1	Spaanloze, verspanende of thermische bewerking of mechanische eindafwerking van metalen	Art. 4.31e
§ 4.5.2	Lassen van metalen	Art. 4.38a
§ 4.5.3	Solderen van metalen	Art. 4.43a
§ 4.5.4	Stralen van metalen	Art. 4.48a
§ 4.5.5	Reinigen, lijmen of coaten van metalen	Art. 4.52
§ 4.5.6	Aanbrengen anorganische deklagen op metalen	Art. 4.56a
§ 4.5.7	Beitsen of etsen van metalen	Art. 4.59a
§ 4.5.8	Elektrolytisch of stroomloos aanbrengen van metaallagen op metalen	Art. 4.61a
§ 4.5.9	Drogen van metalen	Art. 4.63a
§ 4.5.10	Aanbrengen van conversielagen op metalen	Art. 4.64a
§ 4.5.11	Thermisch aanbrengen van metaallagen op metalen	Art. 4.67a
§ 4.5.12	Lozen van afvalwater afkomstig van activiteiten in § 4.5.1 tot en met 4.5.11	Art. 4.69a
§ 4.5.13	Smelten en gieten van metalen	Art. 4.74.1
Afdeling 4.5a	Activiteiten met betrekking tot steen	Art. 4.74a
§ 4.5a.1	Mechanische bewerkingen van steen	Art. 4.74a
§ 4.5a.2	Aanbrengen van lijmen, harsen of coatings op steen	Art. 4.74da
§ 4.5a.3	Chemisch behandelen van steen	Art. 4.74ga
§ 4.5a.4	Het vervaardigen van betonmortel	Art. 4.74i
§ 4.5a.5	Het vormgeven van betonproducten	Art. 4.74m
§ 4.5a.6	Het breken van steenachtig materiaal	Art. 4.74q
Afdeling 4.6	Activiteiten met betrekking tot motoren, motorvoer- en vaartuigen en andere gemotoriseerde apparaten	Art. 4.74t
§ 4.6.1	Lozen van afvalwater (algemeen)	Art. 4.74t
§ 4.6.3	Afleveren van vloeibare brandstoffen aan vaartuigen	Art. 4.76
§ 4.6.4	Afleveren van vloeibare brandstof of gecomprimeerd aardgas anders dan aan motorvoertuigen voor het wegverkeer, vaartuigen of spoorvoertuigen	Art. 4.80
§ 4.6.5	Onderhouden of repareren van motoren, motorvoertuigen, spoorvoertuigen of andere gemotoriseerde apparaten of proefdraaien van verbrandingsmotoren	Art. 4.83a

§ 4.6.6	Onderhouden, repareren of afspuiten van pleziervaartuigen	Art. 4.85a
Afdeling 4.7	Activiteiten met betrekking tot grafische processen	Art. 4.88a
§ 4.7.1	Ontwikkelen of afdrukken van fotografisch materiaal	Art. 4.88a
§ 4.7.2	Zeefdrukken	Art. 4.89a
§ 4.7.3	Vellenoffset druktechniek	Art. 4.93a
§ 4.7.3a	Rotatieoffset druktechniek	Art. 4.94da
§ 4.7.3b	Flexodruk of verpakkingsdiepdruk	Art. 4.94df
Afdeling 4.7a	Activiteiten met betrekking tot papier, karton, textiel, leer of bont	Art. 4.94dj
§ 4.7a.1	Bewerken, lijmen, coaten of lamineren van papier of karton	Art. 4.94dj
§ 4.7a.2	Reinigen of wassen van textiel	Art. 4.94ga
§ 4.7a.3	Mechanische bewerking of verwerking van textiel	Art. 4.103a
§ 4.7a.4	Lassen van textiel	Art. 4.103bb
§ 4.7a.5	Lijmen, coaten of veredelen van textiel, leer of bont	Art. 4.103ca
Afdeling 4.8	Overige activiteiten	Art. 4.103g
§ 4.8.1	Inwendig reinigen of ontsmetten van transportmiddelen	Art. 4.103g
§ 4.8.2	[Vervallen]	Art. 4.105-4.108
§ 4.8.3	[Vervallen]	Art. 4.109-4.110
§ 4.8.4	[Vervallen]	Art. 4.111-4.112
§ 4.8.5	[Vervallen]	Art. 4.113
§ 4.8.5a	[Vervallen]	Art. 4.113a
§ 4.8.5b	[Vervallen]	Art. 4.113b
§ 4.8.6	In werking hebben van een acculader	Art. 4.113c
§ 4.8.7	[Vervallen]	Art. 4.115
§ 4.8.9	In werking hebben van een crematorium of het in gebruik hebben van een strooiveld	Art. 4.116
§ 4.8.10	In werking hebben van een laboratorium of een praktijkruimte	Art. 4.122
Hoofdstuk 5	Industriële emissies	Art. 5
Afdeling 5.0	Reikwijdte hoofdstuk 5	Art. 5
Afdeling 5.1	Industriële emissies	Art. 5.1
§ 5.1.1	Grote stookinstallatie	Art. 5.1
§ 5.1.2	Afvalverbrandings- of afvalmeeverbrandingsinstallatie	Art. 5.15
§ 5.1.3	Installatie voor de productie van titaandioxide	Art. 5.31
§ 5.1.4	Installatie, als onderdeel van olieraffinaderijen, voor de productie van zwavel	Art. 5.40
§ 5.1.5	Het in werking hebben van een middelgrote stookinstallatie, gestookt op een niet-standaard brandstof	Art. 5.43
§ 5.1.6	Installatie voor de productie van asfalt	Art. 5.45
§ 5.1.7	Installatie voor de op- en overslag van vloeistoffen	Art. 5.49
Afdeling 5.2	Op- en overslag van benzine	Art. 5.51
§ 5.2.1	Opslaginstallaties	Art. 5.52
§ 5.2.2	Overslaginstallaties	Art. 5.54
Afdeling 5.3	Overige installaties	Art. 5.64
§ 5.3.1	LPG-tankstations	Art. 5.64
Hoofdstuk 6	Overgangs- en slotbepalingen	Art. 6
§ 6.0	Reikwijdte hoofdstuk 6	Art. 6
§ 6.1	Algemeen overgangsrecht	Art. 6.1
§ 6.2	[Vervallen]	Art. 6.8
§ 6.3	[Vervallen]	Art. 6.9
§ 6.4	[Vervallen]	Art. 6.10-6.11
§ 6.5	[Vervallen]	Art. 6.12-6.16
§ 6.6	[Vervallen]	Art. 6.17
§ 6.7	[Vervallen]	Art. 6.18
§ 6.8	[Vervallen]	Art. 6.19
§ 6.8a	[Vervallen]	Art. 6.19a-6.19b

Activiteitenbesluit milieubeheer **A66**

§ 6.9	[Vervallen]	Art. 6.20-6.20d
§ 6.10	[Vervallen]	Art. 6.21
§ 6.10a	[Vervallen]	Art. 6.21a-6.21b
§ 6.10b	[Vervallen]	Art. 6.21c
§ 6.10c	[Vervallen]	Art. 6.21d
§ 6.11	[Vervallen]	Art. 6.22-6.22b
§ 6.11a	[Vervallen]	Art. 6.22c
§ 6.12	[Vervallen]	Art. 6.23
§ 6.13	[Vervallen]	Art. 6.24
§ 6.13a	[Vervallen]	Art. 6.24a
§ 6.13b	[Vervallen]	Art. 6.24b
§ 6.13c	[Vervallen]	Art. 6.24c
§ 6.13d	[Vervallen]	Art. 6.24d
§ 6.13e	[Vervallen]	Art. 6.24e-6.24m1
§ 6.13f	[Vervallen]	Art. 6.24n
§ 6.13g	[Vervallen]	Art. 6.24o-6.24o1
§ 6.13h	[Vervallen]	Art. 6.24o2-6.24p
§ 6.13i	[Vervallen]	Art. 6.24q
§ 6.13j	[Vervallen]	Art. 6.24r-6.24v
§ 6.13k	[Vervallen]	Art. 6.24w
§ 6.13l	[Vervallen]	Art. 6.24x
§ 6.13m	[Vervallen]	Art. 6.24y
§ 6.13n	[Vervallen]	Art. 6.24z
§ 6.14	[Vervallen]	Art. 6.25
§ 6.14a	[Vervallen]	Art. 6.25a
§ 6.15	[Vervallen]	Art. 6.26
§ 6.16	[Vervallen]	Art. 6.27
§ 6.17	[Vervallen]	Art. 6.28
§ 6.18	[Vervallen]	Art. 6.29
§ 6.19	[Vervallen]	Art. 6.30
§ 6.20	[Vervallen]	Art. 6.31
§ 6.21	[Vervallen]	Art. 6.32
§ 6.22	[Vervallen]	Art. 6.33
§ 6.22a	[Vervallen]	Art. 6.33a
§ 6.22b	[Vervallen]	Art. 6.33b
§ 6.23	[Vervallen]	Art. 6.34
§ 6.23a	[Vervallen]	Art. 6.34a
§ 6.23b	[Vervallen]	Art. 6.34b
§ 6.23c	[Vervallen]	Art. 6.34c
§ 6.24	[Vervallen]	Art. 6.35
§ 6.25	[Vervallen]	Art. 6.36
§ 6.26	[Vervallen]	Art. 6.37-6.37a
§ 6.27	[Vervallen]	Art. 6.38
§ 6.28	[Vervallen]	Art. 6.39-6.40
§ 6.29	Slotbepalingen	Art. 6.41

Activiteitenbesluit milieubeheer[1]

Besluit van 19 oktober 2007, houdende algemene regels voor inrichtingen (Besluit algemene regels voor inrichtingen milieubeheer)

Wij Beatrix, bij de gratie Gods, Koningin der Nederlanden, Prinses van Oranje-Nassau, enz. enz. enz.

Op de voordracht van Onze Minister van Volkshuisvesting, Ruimtelijke Ordening en Milieubeheer van 29 maart 2007, nr. DJZ2007031290, Directie Juridische Zaken, Afdeling Wetgeving, gedaan mede namens de Staatssecretaris van Verkeer en Waterstaat;
Gelet op de richtlijn nr. 2003/30/EG van het Europees Parlement en de Raad van de Europese Unie van 8 mei 2003 (PbEU L 123) ter bevordering van het gebruik van biobrandstoffen of andere hernieuwbare brandstoffen in het vervoer, richtlijn nr. 91/271/EEG van de Europese Gemeenschappen van 21 mei 1991 betreffende het stedelijk afvalwater (PbEG L 135), richtlijn 91/689/EEG van de Raad van de Europese Gemeenschappen van 12 december 1991 betreffende gevaarlijke afvalstoffen (PbEG L 377), richtlijn 2000/53/EG van het Europees Parlement en de Raad van de Europese Unie van 11 maart 1999 inzake de beperking van de emissie van vluchtige organische stoffen ten gevolge van het gebruik van organische oplosmiddelen bij bepaalde werkzaamheden en installaties (PbEG L 85), richtlijn 2000/59/EG van het Europees Parlement en de Raad van de Europese Unie van 27 november 2000 betreffende havenontvangstvoorzieningen voor scheepsafval en ladingresiduen (PbEG L 332), richtlijn 2000/91/EG van het Europees Parlement en de Raad van 16 december 2002 betreffende de energieprestatie van gebouwen (PbEU 1), richtlijn 2000/60/EG van 23 oktober 2000 tot vaststelling van een kader voor communautaire maatregelen betreffende het waterbeleid (PbEG L 327), richtlijn 2006/11/EG van 15 februari 2006 betreffende de verontreiniging veroorzaakt door bepaalde gevaarlijke stoffen die in het aquatisch milieu van de Gemeenschap worden geloosd (PbEG L 64), richtlijn 80/86/EEG van de Raad van 17 december 1979 betreffende de bescherming van het grondwater tegen verontreiniging veroorzaakt door de lozing van bepaalde gevaarlijke stoffen (PbEG L 20), richtlijn 2006/118/EG van het Europees Parlement en de Raad van de Europese Unie van 12 december 2006 betreffende de bescherming van het grondwater tegen verontreiniging en achteruitgang van de toestand (Pb L 371) en op de artikelen 8.1, tweede lid, 8.40, 8.41 en 8.42 van de Wet milieubeheer, en op de artikelen 2a, eerste en tweede lid, 2b en 2c, van de Wet verontreiniging oppervlaktewateren;
De Raad van State gehoord (advies van 28 juni 2007, nr. W08.07.0082/IV);
Gezien het nader rapport van Onze Minister van Volkshuisvesting, Ruimtelijke Ordening en Milieubeheer van 15 oktober 2007, nr. DJZ2007098397, Directie Juridische Zaken, Afdeling Wetgeving, uitgebracht mede namens de Staatssecretaris van Verkeer en Waterstaat;
Hebben goedgevonden en verstaan:

Hoofdstuk 1
Algemeen

Afdeling 1.1
Begripsbepalingen, omhangbepaling, reikwijdte en procedurele bepalingen

Art. 1

Werkingssfeer

1. Deze afdeling is van toepassing op degene die een inrichting type A, een inrichting type B of een inrichting type C drijft.
2. Het eerste lid is niet van toepassing op de artikelen 1.4, 1.4a en 1.4b.

§ 1.1.1
Begripsbepalingen

Art. 1.1

Begripsbepalingen

1. In dit besluit en de daarop berustende bepalingen wordt verstaan onder:
aangewezen oppervlaktewaterlichaam: oppervlaktewaterlichaam dat op grond van artikel 1.7, eerste lid, onderdeel b, is aangewezen;
aardgas: in de natuur voorkomend methaan met maximaal 20 volumeprocent inerte en andere bestanddelen;

---

[1] Inwerkingtredingsdatum: 01-01-2008; zoals laatstelijk gewijzigd bij: Stb. 2021, 175.

Activiteitenbesluit milieubeheer **A66** art. 1.1

ADR: de op 30 september 1957 te Genève totstandgekomen Europese Overeenkomst betreffende het internationale vervoer van gevaarlijke stoffen over de weg (Trb. 1959, 171);
afgewerkte olie: afgewerkte olie als bedoeld in artikel 1 van het Besluit inzamelen afvalstoffen;
afleverinstallatie: geheel van één of meer afleverzuilen, bestaande uit pompen, leidingen, meet en regelwerken, schakelaars en vulpistolen omgeven door een omkasting of daarmee direct in verbinding staand, met daaraan gekoppelde leidingen en appendages;
afvalmeeverbrandingsinstallatie: technische eenheid die in hoofdzaak is bestemd voor de opwekking van energie of de fabricage van materiële producten en waarin afvalstoffen als normale of aanvullende brandstof worden gebruikt, of waarin afvalstoffen thermisch worden behandeld ten behoeve van verwijdering door de verbranding door oxidatie van afvalstoffen alsmede andere thermische behandelingsprocessen voor zover de producten van de behandeling vervolgens worden verbrand;
afvalstoffenlijst: afvalstoffenlijst als bedoeld in artikel 1, eerste lid, van de Regeling Europese afvalstoffenlijst;
afvalverbrandingsinstallatie: technische eenheid die specifiek bestemd is voor de thermische behandeling van afvalstoffen, waarin al dan niet de opgewekte warmte wordt teruggewonnen, door de verbranding door oxidatie van afvalstoffen alsmede andere thermische behandelingsprocessen voor zover de producten van de behandeling vervolgens worden verbrand;
afvalverbrandingsresiduen: vloeibare of vaste afvalstoffen die worden geproduceerd door een afvalverbrandingsinstallatie of afvalmeeverbrandingsinstallatie;
afvangrendement: hoeveelheid damp van lichte olie die door een EU-systeem voor dampretour fase-II wordt afgevangen, vergeleken met de hoeveelheid damp van lichte olie die in de atmosfeer zou zijn uitgestoten zonder een dergelijk systeem, uitgedrukt als percentage;
agrarische activiteiten: geheel van activiteiten dat betrekking heeft op gewassen of landbouwhuisdieren voor zover deze geteeld of gekweekt onderscheidenlijk gefokt, gemest, gehouden of verhandeld worden, daaronder mede begrepen agrarisch gemechaniseerd loonwerk zoals het uitvoeren van cultuurtechnische werken, mestdistributie, grondverzet of soortgelijke dienstverlening;
agrarische bedrijfsstoffen: dierlijke meststoffen die niet verpompbaar zijn, kuilvoer, bijvoedermiddelen die niet verpompbaar zijn, gebruikt substraatmateriaal van plantaardige oorsprong en restmateriaal afkomstig van de teelt van gewassen, voor zover geen sprake is van inerte goederen;
ammoniakemissie: emissie van ammoniak, uitgedrukt in kilogram NH_3 per jaar;
assimilatiebelichting: kunstmatige belichting van gewassen, gericht op de bevordering van het groeiproces van gewassen;
autodemontagebedrijf: inrichting voor het demonteren van autowrakken;
autowrak:
1°. bedrijfsauto als bedoeld in de regeling op grond van artikel 21, eerste lid, van de Wegenverkeerswet 1994, met een gewicht van ten hoogste 3500 kilogram,
2°. personenauto als bedoeld in de regeling op grond van artikel 21, eerste lid, van de Wegenverkeerswet 1994, en
3°. bromfiets als bedoeld in de regeling op grond van artikel 21, eerste lid, van de Wegenverkeerswet 1994, niet zijnde een voertuig op twee wielen,
die een afvalstof is in de zin van artikel 1.1, eerste lid, van de wet;
autowrakkenrichtlijn: richtlijn nr. 2000/53/EG van het Europees Parlement en de Raad van de Europese Unie van 18 september 2000 betreffende autowrakken (PbEG L 269);
axiaalspuit: apparatuur voor het gebruik van gewasbeschermingsmiddelen in opgaande gewasrijen, waarbij de spuitvloeistof, met luchtondersteuning horizontaal en schuin omhoog verspoten wordt;
$B_{s,dan}$: geluidbelastingindicator inzake schietgeluid voor de dag, avond en nachtperiode, berekend overeenkomstig de berekeningsmethodiek inzake schietgeluid;
bedrijfsduurcorrectie: correctie als bedoeld in de Handleiding meten en rekenen industrielawaai, zijnde de logarithmische verhouding tussen de tijdsduur dat de geluidsbron gedurende de beoordelingstijd in werking is, en de duur van die beoordelingsperiode;
bedrijventerrein: cluster aaneengesloten percelen met overwegend bedrijfsbestemmingen, binnen een in een bestemmingsplan als bedrijventerrein aangewezen gebied, daaronder niet begrepen een gezoneerd industrieterrein;
beheerder: beheerder als bedoeld in artikel 1.1 van de Waterwet;
beperkt kwetsbaar object: beperkt kwetsbaar object als bedoeld in artikel 1, eerste lid, onderdeel b, van het Besluit externe veiligheid inrichtingen;
bijkomend gevaar: een gevaar naast de grootste gevaarseigenschap als bedoeld in het ADR;
bijvoedermiddel: plantaardig restproduct uit de land- en tuinbouw en uit de voedselbereiding en -verwerking, uitgezonderd voedselresten afkomstig van restaurants, cateringfaciliteiten en keukens, met inbegrip van centrale keukens en keukens van huishoudens;

binnenschietbaan: een schietbaan of een combinatie van schietbanen in een gebouw of een deel van een gebouw, zonder open zijden en met een gesloten afdekking;
biobrandstof: biobrandstof als bedoeld in artikel 2, onderdeel i, van Richtlijn 2009/28/EG van het Europees Parlement en de Raad van 23 april 2009 tot bevordering van het gebruik van energie uit hernieuwbare bronnen en houdende wijziging en intrekking van richtlijn 2001/77/EG en Richtlijn 2003/30/EG (PbEU 2009, L 140);
biocide: biocide als bedoeld in artikel 1, eerste lid, van de Wet gewasbeschermingsmiddelen en biociden;
biologische productiemethode: productiemethode als bedoeld in artikel 1, eerste lid, onderdeel q, van het Landbouwkwaliteitsbesluit 2007;
biomassa:
a. producten die bestaan uit plantaardig landbouw- of bosbouwmateriaal dat gebruikt kan worden als brandstof om de energetische inhoud ervan te benutten;
b. de volgende afvalstoffen:
1°. plantaardig afval uit land- of bosbouw;
2°. plantaardig afval van de levensmiddelenindustrie, indien de opgewekte warmte wordt teruggewonnen;
3°. vezelachtig plantaardig afval afkomstig van de productie van ruwe pulp en van de productie van papier uit pulp, indien het op de plaats van productie wordt meeverbrand en de opgewekte warmte wordt teruggewonnen;
4°. kurkafval;
5°. houtafval, met uitzondering van houtafval dat ten gevolge van een behandeling met houtbeschermingsmiddelen of door het aanbrengen van een beschermingslaag gehalogeneerde organische verbindingen of wel zware metalen kan bevatten;
bodem: bovenste laag van de aardkorst die begrensd is door het vaste gesteente en het aardoppervlak, bestaande uit minerale deeltjes, organisch materiaal, water, lucht en levende organismen;
bodembedreigende activiteit: bedrijfsmatige activiteit die gepaard gaat met het gebruik, de productie of de emissie van een bodembedreigende stof;
bodembedreigende stof: stof die de bodem kan verontreinigen als bedoeld in bijlage 2 van deel 3 van de NRB, en stoffen of mengsels als omschreven in artikel 3 van de EG-verordening indeling, etikettering en verpakking van stoffen en mengsels die de bodem kunnen verontreinigen;
bodembeschermende maatregel: op de gebezigde stoffen en gebruikte bodembeschermende voorziening toegesneden beheermaatregel gericht op reparatie, schoonmaak, onderhoud, actie bij incidenten, bedrijfsinterne controle, inspectie of toezicht, ter voorkoming van immissies in de bodem of herstel van de effecten van zulke immissies op de bodemkwaliteit, waarvan de uitvoering is gewaarborgd;
bodembeschermende voorziening: een vloeistofkerende voorziening, een vloeistofdichte vloer of verharding of een andere doelmatige fysieke voorziening, ter voorkoming van immissies in de bodem;
bodemzijdig vermogen: grootste hoeveelheid energie, uitgedrukt in kW, die het bodemzijdig deel van een gesloten bodemenergiesysteem bij normaal gebruik kan uitwisselen met de bodem;
bovengrondse opslagtank: opslagtank niet zijnde een ondergrondse opslagtank en niet zijnde een ladingtank van een bunkerstation;
brandcompartiment: brandcompartiment als bedoeld in artikel 1.1, eerste lid, van het Bouwbesluit 2012;
brandstof: vaste, vloeibare of gasvormige brandbare stof;
BTEX: benzeen, tolueen, ethylbenzeen en xyleen;
buitenschietbaan: een schietbaan of een combinatie van schietbanen in de buitenlucht of in een gebouw of deel van een gebouw zonder een gesloten afdekking;
buitenschietbaan met beperkte onveilige zone: buitenschietbaan met zodanige voorzieningen dat de onveilige zone wordt beperkt tot een gebied tussen het wapen en de kogelvanger;
bunkerstation: drijvend bouwsel dat wegens zijn bestemming in de regel niet wordt verplaatst en dat bestemd of in gebruik is voor de opslag of levering van brandstof voor voortstuwing van schepen;
coating: mengsel, met inbegrip van alle voor een juist gebruik benodigde organische oplosmiddelen of mengsels, dat wordt gebruikt om op een oppervlak voor een decoratief, beschermend of ander functioneel effect te zorgen;
composteren: omzetten van groenafval en hulpstoffen in een product dat geheel of grotendeels bestaat uit een of meer organische afvalstoffen die met behulp van micro-organismen zijn afgebroken en omgezet tot een zodanig stabiel eindproduct dat daarin alleen nog een langzame afbraak van humeuze verbindingen plaatsvindt;
composteringshoop: hoop van groenafval en hulpstoffen, opgezet met als doel dit materiaal te composteren;
concentratiegebied: concentratiegebied als bedoeld in artikel 1 van de Wet geurhinder en veehouderij;

Activiteitenbesluit milieubeheer   **A66 art. 1.1**

consumentenvuurwerk: consumentenvuurwerk als bedoeld in artikel 1.1.1, eerste lid, van het Vuurwerkbesluit;
CMR-stof: stof of preparaat die volgens bijlage I bij Richtlijn nr. 67/548/EEG geclassificeerd is als Kankerverwekkend categorie 1 of 2 of als Mutageen categorie 1 of 2 of als «Voor de voortplanting giftig» categorie 1 of 2;
damp/lichte olie-verhouding: verhouding tussen het volume bij atmosferische druk van damp van lichte olie die door een EU-systeem voor dampretour fase-II loopt en het volume van de geleverde lichte olie;
dampterugwinningseenheid: installatie voor de terugwinning van benzine uit damp of de omzetting naar elektrische energie of warmte uit damp, met inbegrip van eventuele buffertanksystemen van een terminal;
debiet van lichte olie: totale jaarlijkse hoeveelheid lichte olie die uit mobiele tanks aan een inrichting wordt geleverd;
demontagebedrijf voor tweewielige motorvoertuigen: inrichting voor het demonteren van wrakken van tweewielige motorvoertuigen;
diercategorie: diercategorie als bedoeld in de regeling op grond van artikel 1 van de Wet ammoniak en veehouderij;
dieren met geuremissiefactor: dieren waarvoor een geuremissiefactor is vastgesteld op grond van artikel 10 van de Wet geurhinder en veehouderij;
dieren zonder geuremissiefactor: dieren waarvoor geen emissiefactor is vastgesteld op grond van artikel 10 van de Wet geurhinder en veehouderij;
dierenverblijf: al dan niet overdekte ruimte waarbinnen landbouwhuisdieren worden gehouden;
dierlijke bijproducten: bijproducten als bedoeld in artikel 2, eerste lid, onder a, van Verordening nr. 1774/2002 van het Europees Parlement en de Raad tot vaststelling van gezondheidsvoorschriften inzake niet voor menselijke consumptie bestemde dierlijke bijproducten;
dierlijke meststoffen: dierlijke meststoffen als bedoeld in artikel 1, eerste lid, onderdeel c, van de Meststoffenwet;
dierplaats: dierplaats als bedoeld in artikel 1, eerste lid, van de Wet ammoniak en veehouderij;
dieselmotor: verbrandingsmotor die werkt volgens de dieselcyclus en die gebruik maakt van compressieontsteking om brandstof te verbranden;
diffuse emissie: emissie, in een andere vorm dan vanuit een puntbron, in de lucht, bodem of water, almede in enig product, tenzij anders vermeld in tabel 2.28a;
digestaat: restproduct dat overblijft na het vergisten van ten minste 50% dierlijke uitwerpselen met als nevenbestanddeel uitsluitend producten die krachtens artikel 5 van het Uitvoeringsbesluit Meststoffenwet zijn aangewezen;
dioxinen en furanen: 2,3,7,8 -tetrachloordibenzodioxine (tcdd), 1,2,3,7,8 -pentachloordibenzodioxine (pecdd), 1,2,3,4,7,8 -hexachloordibenzodioxine (hxcdd), 1,2,3,6,7,8 -hexachloordibenzodioxine (hxcdd), 1,2,3,7,8,9 -hexachloordibenzodioxine (hxcdd), 1,2,3,4,6,7,8 -heptachloordibenzodioxine (hpcdd), octachloordibenzodioxine (ocdd), 2,3,7,8 -tetrachloordibenzofuraan (tcdf), 2,3,4,7,8 -pentachloordibenzofuraan (pecdf), 1,2,3,7,8 -pentachloordibenzofuraan (pecdf), 1,2,3,4,7,8 -hexachloordibenzofuraan (hxcdf), 1,2,3,6,7,8 -hexachloordibenzofuraan (hxcdf), 1,2,3,7,8,9 -hexachloordibenzofuraan (hxcdf), 2,3,4,6,7,8 -hexachloordibenzofuraan (hxcdf), 1,2,3,4,6,7,8 -heptachloordibenzofuraan (hpcdf), 1,2,3,4,7,8,9 -heptachloordibenzofuraan (hpcdf), of octachloordibenzofuraan (ocdf);
doelmatig beheer van afvalwater: zodanig beheer van afvalwater dat daarbij rekening wordt gehouden met de voorkeursvolgorde aangegeven in artikel 10.29a van de wet;
donkerteperiode: periode van 1 november tot 1 april van 18.00 tot 24.00 uur en van 1 april tot 1 mei en van 1 september tot 1 november van het tijdstip van een half uur na zonsondergang tot 02.00 uur;
drainagewater: water dat wordt afgevoerd via een stelsel van geperforeerde buizen die in de grond zijn aangebracht;
drainwater: voedingswater dat bij substraatteelt niet wordt opgenomen door het gewas;
driftarme dop: spuitdop, waarvan volgens een bij ministeriële regeling aangewezen testmethode is aangetoond dat deze de drift met ten minste 50% reduceert ten opzichte van de grensdop van de klasse fijn en midden volgens de classificatie van de British Crop Protection Council (931-030-F110 bij 3 bar);
drijfmest: dierlijke meststoffen die verpompbaar zijn;
dwarsstroomspuit: apparatuur voor het gebruik van gewasbeschermingsmiddelen in opgaande gewasrijen waarbij de spuitvloeistof in de hoogte gelijkmatig en links en rechts symmetrisch wordt verdeeld;
emissiescherm: scherm ter beperking van het verwaaien van spuitvloeistof bij het toepassen van gewasbeschermingsmiddelen of bladmeststoffen;
equivalent geluidsniveau:: equivalent geluidsniveau als bedoeld in artikel 1 van de Wet geluidhinder;
etmaalwaarde: de hoogste van de volgende drie waarden:

a. de waarde van het langtijdgemiddelde beoordelingsniveau ($L_{Ar, LT}$) tussen 07.00 en 19.00 uur (dag);
b. de met 5 dB(A) verhoogde waarde van het langtijdgemiddelde beoordelingsniveau ($L_{Ar, LT}$) tussen 19.00 en 23.00 uur (avond);
c. de met 10 dB(A) verhoogde waarde van het langtijdgemiddelde beoordelingsniveau ($L_{Ar, LT}$) tussen 23.00 en 07.00 uur (nacht);

EU-richtlijn industriële emissies: EU-richtlijn industriële emissies als bedoeld in artikel 1.1, eerste lid, van het Besluit omgevingsrecht;

EU-systeem voor dampretour fase-II: apparatuur als bedoeld in artikel 2, onder 6, van richtlijn nr. 2009/126/EG van het Europees Parlement en de Raad van 21 oktober 2009 inzake fase II-benzinedampterugwinning tijdens het bijtanken van motorvoertuigen in benzinestations (PbEU L 285);

gasdrukmeet- en regelstation categorie A: gasdrukmeet- en regelstation met:
– een ontwerpcapaciteit die kleiner of gelijk aan 650 normaal kubieke meter per uur is met een maximale operationele inlaatzijdige werkdruk die kleiner of gelijk aan 0,1 bar is;
– een ontwerpcapaciteit die kleiner of gelijk aan 10 normaal kubieke meter per uur is met een maximale operationele inlaatzijdige werkdruk die kleiner of gelijk aan 16 bar is;

gasdrukmeet- en regelstation categorie B: gasdrukmeet- en regelstation met een ontwerpcapaciteit die kleiner of gelijk aan 6000 normaal kubieke meter per uur is met een maximale operationele inlaatzijdige werkdruk die kleiner of gelijk aan 16 bar is, niet zijnde een gasdrukmeet- en regelstation categorie A;

gasdrukmeet- en regelstation categorie C: gasdrukmeet- en regelstation met een maximale operationele inlaatzijdige werkdruk die kleiner of gelijk aan 100 bar is, niet zijnde een gasdrukmeet- en regelstation categorie A of gasdrukmeet- en regelstation categorie B;

gasfles: een verplaatsbare drukhouder met een waterinhoud van niet meer dan 150 liter;

gasmotor: verbrandingsmotor die werkt volgens de ottocyclus en gebruikmaakt van vonkontsteking of, in het geval van dual-fuelmotoren, compressieontsteking om brandstof te verbranden;

gasturbine: roterende machine die thermische energie in arbeid omzet, in hoofdzaak bestaande uit een compressor, een thermisch toestel waarin brandstof wordt geoxideerd om het werkmedium te verhitten en een turbine en waaronder tevens wordt begrepen een open- of gecombineerde-cyclus gasturbine en een gasturbine in warmtekrachtkoppeling, met of zonder aanvullende verbranding;

gaszak: flexibele opslagvoorziening voor gassen;

geluidsgevoelige ruimte: geluidsgevoelige ruimte als bedoeld in artikel 1 van de Wet geluidhinder;

geluidsniveau: geluidsniveau in dB(A) als bedoeld in artikel 1 van de Wet geluidhinder;

gesloten bodemenergiesysteem: installatie waarmee, zonder grondwater te onttrekken en na gebruik in de bodem terug te brengen, gebruik wordt gemaakt van de bodem voor de levering van warmte of koude ten behoeve van de verwarming of koeling van ruimten in bouwwerken, door middel van een gesloten circuit van leidingen, met inbegrip van een bijbehorende warmtepomp, circulatiepomp en regeneratievoorziening, voor zover aanwezig;

geurgevoelig object: geurgevoelig object als bedoeld in artikel 1 van de Wet geurhinder en veehouderij;

gevaarlijke stoffen: stoffen en voorwerpen, waarvan het vervoer volgens het ADR is verboden of slechts onder daarin opgenomen voorwaarden is toegestaan, dan wel stoffen, materialen en voorwerpen aangeduid in de International Maritime Dangerous Goods Code;

gevel: gevel als bedoeld in artikel 1 juncto artikel 1b, vierde lid, van de Wet geluidhinder;

gevoelige gebouwen: woningen en gebouwen die op grond van artikel 1 van de Wet geluidhinder worden aangemerkt als andere geluidsgevoelige gebouwen, met uitzondering van die gebouwen behorende bij de betreffende inrichting;

gevoelige objecten: gevoelige gebouwen en gevoelige terreinen;

gevoelige terreinen: terreinen die op grond van artikel 1 van de Wet geluidhinder worden aangemerkt als geluidsgevoelige terreinen, met uitzondering van die terreinen behorende bij de betreffende inrichting;

gewasbed: strook beteelde grond die in de breedte wordt begrensd door een strook onbeteelde grond;

gewasbeschermingsmiddel: gewasbeschermingsmiddel als bedoeld in artikel 1, eerste lid, van de Wet gewasbeschermingsmiddelen en biociden;

gezoneerd industrieterrein: industrieterrein als bedoeld in artikel 1 van de Wet geluidhinder;

glastuinbouwbedrijf: inrichting die uitsluitend of in hoofdzaak is bestemd voor het in een kas telen van gewassen, met uitzondering van een zodanige inrichting die uitsluitend of in hoofdzaak is bestemd tot het in een kas telen van eetbare paddenstoelen of witlof;

glastuinbouwgebied: cluster aaneengesloten percelen met overwegend glastuinbouwbestemmingen;

grote stookinstallatie: stookinstallatie met een totaal nominaal thermisch ingangsvermogen van 50 MW of meer, ongeacht het toegepaste brandstoftype;
helitraumacentrum: een academisch ziekenhuis dat binnen de inrichting beschikt over een voorziening voor het landen en opstijgen van hefschroefvliegtuigen en die voorziening hoofdzakelijk in gebruik heeft voor het regulier vervoeren van een mobiel medisch team;
huisvestingssysteem: gedeelte van een dierenverblijf waarin landbouwhuisdieren van één diercategorie op dezelfde wijze worden gehouden;
inerte goederen: goederen die geen bodembedreigende stoffen, gevaarlijke stoffen of CMR-stoffen zijn;
inkt: mengsel dat bij een drukactiviteit wordt gebruikt om een tekst of afbeelding op een oppervlak af te drukken;
insteek van een oppervlaktewaterlichaam: snijpunt van de raaklijnen van het talud en het horizontale maaiveld;
ISO: door de Internationale Organisatie voor Standaardisatie uitgegeven norm;
jachthaven: inrichting voor het bieden van gelegenheid tot het afmeren van pleziervaartuigen;
kantdop: spuitdop die een tophoek van maximaal 90° heeft;
ketelinstallatie: stookinstallatie, bestaande uit een ketel waarin brandstof wordt verstookt, welke verbranding in hoofdzaak is bedoeld om kracht op te wekken of om warmte over te dragen aan water, stoom of een combinatie van water of stoom;
kleefstof: mengsel dat wordt gebruikt om afzonderlijke delen van een product samen te kleven;
kleiduiven: voorwerpen die, in de lucht geschoten of geworpen, dan wel over de grond gerold of mechanisch voortbewogen, dienen als doel bij het schieten met hagelgeweren;
kleiduivenbaan: buitenschietbaan waarop wordt geschoten met hagelgeweren met als doel, kleiduiven of andere doelen in het kader van de oefening voor de jacht te raken;
koelinstallatie: een combinatie van met koudemiddel gevulde onderdelen die met elkaar zijn verbonden en die tezamen een gesloten koudemiddelcircuit vormen waarin het koudemiddel circuleert met het doel warmte op te nemen of af te staan;
kunststeen: blokken van korrels of brokken van natuursteen met bindmiddel;
kwetsbaar object: kwetsbaar object als bedoeld in artikel 1, eerste lid, onderdeel l, van het Besluit externe veiligheid inrichtingen;
L_{den}: de geluidsbelastingsindicator zoals opgenomen in artikel 3, onder f, van richtlijn nr. 2002/49/EG van het Europees Parlement en de Raad van de Europese Unie van 25 juni 2002, inzake de evaluatie en de beheersing van omgevingslawaai;
L_{night}: de geluidsbelastingsindicator zoals opgenomen in artikel 3, onder i, van richtlijn nr. 2002/49/EG van het Europees Parlement en de Raad van de Europese Unie van 25 juni 2002, inzake de evaluatie en de beheersing van omgevingslawaai;
laadportaal: laadportaal als bedoeld in artikel 2, onderdeel o, van richtlijn 94/63/EG;
lak: doorzichtige coating;
langtijdgemiddeld beoordelingsniveau: ($L_{Ar,LT}$) het gemiddelde van de afwisselende niveaus van het ter plaatse optredende geluid, gemeten in een bepaalde periode en vastgesteld en beoordeeld overeenkomstig de Handleiding meten en rekenen industrielawaai;
lassen van textiel: het door middel van warmteopwekking of warmtetoevoer aaneenhechten van textiel;
lekbak: een voorziening waarvan de bodembeschermende werking door de daarop afgestemde bodembeschermende maatregelen is gewaarborgd, en die zich rondom of onder een bodembedreigende activiteit bevindt en in staat is de bij normale bedrijfsvoering gemorste of wegspattende vloeistoffen op te vangen;
lozen: het brengen van:
1°. stoffen als bedoeld in artikel 6.1 van de Waterwet in een oppervlaktewaterlichaam;
2°. afvalwater of overige vloeistoffen op of in de bodem;
3°. afvalwater of andere afvalstoffen in een openbaar hemelwaterstelsel;
4°. afvalwater of andere afvalstoffen in een openbaar ontwateringsstelsel;
5°. afvalwater of andere afvalstoffen in een openbaar vuilwaterriool;
6°. afvalwater of andere afvalstoffen in een andere voorziening voor de inzameling en het transport van afvalwater, of
7°. water of stoffen als bedoeld in artikel 6.1 van de Waterwet met behulp van een werk, niet zijnde een openbaar vuilwaterriool, op een zuiveringtechnisch werk;
LPG: mengsel, bestaande uit hoofdzakelijk propaan, propeen, butanen en butenen;
LPG-afleverinstallatie: reservoir inclusief de leidingen, appendages en toebehoren, de afleverzuilen en het vulpunt van het reservoir;
LPG-tankstation: inrichting voor het afleveren van LPG aan motorvoertuigen voor het wegverkeer;
LPG-tankwagen: voertuig, gebouwd om LPG te vervoeren en uitgerust met één of meer vaste tanks;

LQ: Limited Quantities, gelimiteerde hoeveelheden als bedoeld in het ADR;
massastroom: massa van een bepaalde stof of stoffen die per tijdseenheid wordt geëmitteerd, uitgedrukt in massa per tijdseenheid;
maximaal geluidsniveau: (L_{Amax}) maximaal geluidsniveau gemeten in de meterstand «F» of «fast», als vastgesteld en beoordeeld overeenkomstig de Handleiding meten en rekenen industrielawaai;
maximale emissiewaarde: maximale emissiewaarde als bedoeld in artikel 1, eerste lid, van de Wet ammoniak en veehouderij;
meerjarenafspraak energie-efficiëntie: De op 1 juli 2008 tot stand gekomen meerjarenafspraak energie-efficiëntie (Stcrt. 2018, 50932);
melkrundvee: melkrundvee als bedoeld in artikel 1, eerste lid, van de Wet ammoniak en veehouderij;
mestbassin: voorziening voor het opslaan van drijfmest, niet zijnde een opslagtank of verpakking;
mestkelder: ondergronds mestbassin, voorzien van een afdekking die als vloer kan fungeren en onderdeel is van een dierenverblijf of van een voormalig dierenverblijf;
meststoffen: meststoffen als bedoeld in artikel 1, eerste lid, onderdeel d, van de Meststoffenwet;
meststoffengroep: aanduiding van de gevaarscategorie van vaste minerale anorganische meststoffen overeenkomstig de indeling van PGS 7;
mobiel medisch team: team bestaande uit in ieder geval een arts en een verpleegkundige, ieder met een specifieke opleiding en ervaring op het gebied van de pre-hospitale spoedeisende medische hulpverlening;
motorvoertuigen of werktuigen: motorvoertuigen, aanhangers, landbouwwerktuigen en -machines en carrosserieonderdelen;
munitie-QRA: beoordeling van de veiligheidssituatie en het risico van voorgenomen activiteiten in de veiligheidszones van een militaire munitieopslagplaats;
nanacht: periode van 1 november tot 1 april van 24.00 uur tot het tijdstip van zonsopgang en van 1 april tot 1 mei en van 1 september tot 1 november van 02.00 uur tot het tijdstip van zonsopgang;
natte koeltoren: installatie gebruikt voor het, middels een open constructie, afvoeren van overtollige warmte uit productieprocessen en gebouwen door middel van het vernevelen van water;
natuurlijk koudemiddel: kooldioxide, ammoniak of koolwaterstoffen niet zijnde een gefluoreerd broeikasgas als bedoeld in Verordening (EU) nr. 517/2014 van het Europees Parlement en de Raad van de Europese Unie van 16 april 2014 dan wel een gereguleerde stof als bedoeld in Verordening (EG) nr. 1005/2009 van het Europees Parlement en de Raad van de Europese Unie van 16 september 2009, voor zover toegepast als koudemiddel;
natuursteen: uit de natuur gewonnen blokken en platen van steen;
NEG: netto explosief gewicht, uitgedrukt als de massa van de explosieve stof of de massa van de explosieve stof in een ontplofbaar voorwerp;
NEN: door de Stichting Nederlands Normalisatie-instituut uitgegeven norm;
niet aangewezen oppervlaktewaterlichaam: oppervlaktewaterlichaam dat geen aangewezen oppervlaktewaterlichaam is;
niet-doorlatende ondergrond: bodembedekkende voorziening waarbij geen uitspoeling plaatsvindt naar de onderliggende bodemlaag;
Nm^3: normaal kubieke meter;
noodsignalen: noodsignalen die onder de klasse 1.3 of klasse 1.4 van het ADR vallen;
normaal kubieke meter: afgashoeveelheid bij 273,15 Kelvin en 101,3 kilo Pascal en betrokken op droge lucht;
NRB: Nederlandse Richtlijn Bodembescherming;
NTA: door de Stichting Nederlandse Normalisatie-instituut uitgegeven Nederlandse Technische Afspraak;
odour unit: Europese eenheid voor geurconcentratie volgens NEN-EN 13725;
ondergrondse opslagtank: opslagtank die geheel in de bodem ligt of ingeterpt is;
onveilige zone: gebied waarin kogels dan wel hagel afkomstig uit vuurwapens kunnen neerkomen tijdens schieten op een buitenschietbaan;
open bodemenergiesysteem: installatie waarmee van de bodem gebruik wordt gemaakt voor de levering van warmte of koude ten behoeve van de verwarming of koeling van ruimten in bouwwerken, door grondwater te onttrekken en na gebruik in de bodem terug te brengen, met inbegrip van bijbehorende bronpompen en warmtewisselaar en, voor zover aanwezig, warmtepomp en regeneratievoorziening;
oplosmiddelenhergebruik: gebruik van uit een oplosmiddeleninstallatie teruggewonnen organische oplosmiddelen voor elk technisch of commercieel doel, met inbegrip van het gebruik als brandstof maar met uitzondering van het verwijderen van deze teruggewonnen organische oplosmiddelen als afval;
oplosmiddeleninput: de hoeveelheid organische oplosmiddelen en de hoeveelheid daarvan in mengsels die tijdens het uitoefenen van een activiteit worden gebruikt, met inbegrip van de

Activiteitenbesluit milieubeheer **A66 art. 1.1**

hergebruikte oplosmiddelen, binnen en buiten de installatie, die telkens worden meegerekend wanneer zij worden gebruikt om de betrokken activiteit uit te oefenen;
oplosmiddeleninstallatie: installatie waarin activiteiten en processen als bedoeld in bijlage VII, deel 1, bij de EU-richtlijn industriële emissies plaatsvinden;
oplosmiddelenverbruik: de totale input van organische oplosmiddelen per twaalf maanden in een installatie, verminderd met eventuele vluchtige organische stoffen die voor hergebruik worden teruggewonnen;
opslagtank: een vormvaste opslagvoorziening voor gas met een inhoud van ten minste 150 liter of een vormvaste opslagvoorziening voor vloeistof met een inhoud van ten minste 300 liter, uitgezonderd een intermediate bulk container die voldoet aan hoofdstuk 6.5 van het ADR;
organisch oplosmiddel: vluchtige organische verbinding die wordt gebruikt:
a. om, alleen of in combinatie met andere stoffen en zonder een chemische verandering te ondergaan, grondstoffen, producten of afvalmaterialen op te lossen;
b. als schoonmaakmiddel om verontreinigingen op te lossen;
c. als verdunner,
d. als dispergeermiddel,
e. om de viscositeit aan te passen,
f. om de oppervlaktespanning aan te passen,
g. als weekmaker, of
h. als conserveermiddel;
overkapte beddenspuit: apparatuur voor het gebruik van gewasbeschermingsmiddelen waarbij de spuitdoppen gemonteerd zijn binnen een overkapping, die met uitzondering van de voor- en de achterzijde van de apparatuur, het gewasbed min of meer omsluit en waarbij per gewasbed een eenheid van spuitleiding en overkapping wordt gebruikt;
PAK's: som van naftaleen, anthraceen, fluorantheen, benzo(g,h,i)peryleen, benzo(a)pyreen, benzo(b)fluorantheen, benzo(k)fluorantheen en indeno(1,2,3-cd)pyreen;
PER: tetrachlooretheen;
PGS: Publicatiereeks Gevaarlijke Stoffen;
pleziervaartuig: schip bestemd of gebruikt voor sport of vrijetijdsbesteding;
pluimvee: dieren behorend tot diercategorieën E1 tot en met E5, F1 tot en met F4, G1, G2 en J1, als bedoeld in de regeling op grond van artikel 1 van de Wet ammoniak en veehouderij;
praktijkruimte: ruimte voor chemisch, natuurkundig of medisch onderwijs waarop de Wet op het hoger onderwijs en het wetenschappelijk onderzoek van toepassing is;
propaan: product, hoofdzakelijk bestaande uit propaan en propeen, met geringe hoeveelheden ethaan, butanen en butenen, voor zover de dampspanning bij 343 Kelvin (70 graden Celsius) ten hoogste 3100 kilopascal (31 bar) bedraagt;
propeen: zeer licht ontvlambaar tot vloeistof verdicht gas met UN-nummer 1077;
pyrotechnische artikelen voor theatergebruik: pyrotechnische artikelen voor theatergebruik als bedoeld in artikel 1.1.1, eerste lid, van het Vuurwerkbesluit;
raffinaderijbrandstof: vaste, vloeibare of gasvormige brandbare stof, afkomstig uit de destillatie en de omzettingsstappen bij de raffinaderij van ruwe olie, met inbegrip van raffinaderijgas, syngas, geraffineerde oliën en petroleumcokes;
recirculatie: hergebruik van opgevangen drain- of drainagewater;
recirculatiesysteem: voorziening voor het opvangen en transporteren van drain- of drainagewater, ten behoeve van hergebruik;
referentieniveau: hoogste waarde van de in de onderdelen a en b genoemde niveaus:
a. het geluidsniveau, uitgedrukt in dB(A), dat gemeten over een bepaalde periode, gedurende 95% van de tijd wordt overschreden, exclusief de bijdrage van de inrichting zelf;
b. het optredende equivalente geluidsniveau (L_{Aeq}), veroorzaakt door wegverkeerbronnen minus 10 dB(A), met dien verstande dat voor de nachtperiode van 23.00 tot 07.00 uur alleen wegverkeerbronnen in rekening mogen worden gebracht met een intensiteit van meer dan 500 motorvoertuigen gedurende die periode;
reflectiescherm: verticale constructie aan apparatuur voor het gebruik van gewasbeschermingsmiddelen, die een zodanige hoogte en breedte heeft, dat het verwaaien van spuitnevel wordt beperkt;
retourbuis van een gesloten bodemenergiesysteem: de leiding die de circulatievloeistof terug geleidt door de bodem, waardoor warmte of koude wordt afgegeven aan de bodem;
richtlijn 94/63/EG: richtlijn 94/63/EG van het Europees Parlement en de Raad van 20 december 1994 betreffende de beheersing van de uitstoot van vluchtige organische stoffen (VOS) als gevolg van de opslag van benzine en de distributie van benzine vanaf terminals naar benzinestations (PbEG 1994 L 365);
richtlijn energie-efficiëntie: Richtlijn 2012/27/EU van het Europees Parlement en de Raad van 25 oktober 2012 betreffende energie-efficiëntie, tot wijziging van Richtlijnen 2009/125/EG en 2010/30/EU en houdende intrekking van de Richtlijnen 2004/8/EG en 2006/32/EG (PbEU 2012, L 315);

rookzwak kruit: kruit dat onder de klasse 1.3 van het ADR valt;
schoorsteen: structuur met een of meer afgaskanalen voor de afvoer van afgassen met het oog op de emissie ervan in de lucht;
SPF: Seasonal Performance Factor, waarmee het rendement van een bodemenergiesysteem wordt weergegeven, uitgedrukt als de door het systeem geleverde hoeveelheden warmte en koude per jaar in MWh, gedeeld door het gemeten of berekende energieverbruik van het systeem per jaar in MWh;
spoorvoertuig: voertuig, bestemd voor het verkeer over spoorstaven met inbegrip van de carrosserieonderdelen daarvan;
spuitbus: niet-hervulbare houder van metaal, glas of kunststof die een samengeperst, vloeibaar gemaakt of opgelost gas bevat, al dan niet met een vloeibare, pasteuze of poedervormige stof, en voorzien van een aftapinrichting die het mogelijk maakt, dat de inhoud wordt uitgestoten in de vorm van een suspensie van vaste of vloeibare deeltjes in een gas, in de vorm van schuim, pasta of poeder of in vloeibare of gasvormige toestand;
spuitdop: uitstroomopening van apparatuur voor het gebruik van gewasbeschermingsmiddelen die in staat is spuitvloeistof zo te verdelen in druppels dat er op de grond of op het gewas een regelmatige verdeling ontstaat;
spuitgeweer: apparatuur voor het gebruik van gewasbeschermingsmiddelen bestaande uit een spuitleiding die is voorzien van een spuitdop die met de hand wordt vastgehouden en bediend;
stookinstallatie: technische eenheid waarin brandstoffen worden geoxideerd ten einde de aldus opgewekte warmte te gebruiken;
substraatmateriaal: materiaal, bestemd om te worden gebruikt voor het telen van gewassen los van de ondergrond;
substraatteelt: wijze van telen waarbij gewassen groeien los van de ondergrond;
teeltoppervlak: oppervlak, uitgedrukt in vierkante meter, dat wordt gebruikt voor het telen van gewassen;
teeltvrije zone: strook tussen de insteek van het oppervlaktewaterlichaam en het te telen gewas waarop, behoudens grasland, geen gewas of niet hetzelfde gewas als op de rest van het perceel wordt geteeld;
theatervuurwerk: theatervuurwerk als bedoeld in artikel 1.1.1, eerste lid, van het Vuurwerkbesluit;
totaal stikstof: de som van nitraat-, nitriet-, organisch en ammonium stikstof waarvan de emissiemetingen worden uitgevoerd, bedoeld in artikel 2.3;
tunnelspuit: apparatuur voor het gebruik van gewasbeschermingsmiddelen in een gewasrij waarbij het verwaaien van spuitnevel wordt beperkt door een constructie die de gewasrij geheel of gedeeltelijk omsluit;
tweewielig motorvoertuig: bromfiets als bedoeld in de regeling op grond van artikel 21, eerste lid, van de Wegenverkeerswet 1994, zijnde een voertuig op twee wielen of motorfiets als bedoeld in die regeling;
vanggewas: barrière van bomen, struiken of andere gewassen, die het verwaaien van spuitvloeistof bij het gebruik van gewasbeschermingsmiddelen of bladmeststoffen naar een oppervlaktewaterlichaam beperkt;
vast object: locatiegebonden constructie of gedeelte daarvan;
veehouderij: inrichting voor het kweken, fokken, mesten, houden of verhandelen van landbouwhuisdieren;
veldspuitapparatuur: mechanisch voortbewogen apparatuur voor het gebruik van gewasbeschermingsmiddelen bij de bovengrondse volveldsbehandeling in buitenteelten, die een overwegend neerwaartse uitstroming van de spuitvloeistof bewerkstelligt;
verblijfsruimten: verblijfsruimten als bedoeld in artikel 1.1, onderdeel d, van het Besluit geluidhinder;
verdichten: reduceren van het volume bij een gelijkblijvende massa of een gelijkblijvend gewicht;
vergistinggas: gasvormige brandstof, met als hoofdbestanddelen methaan en kooldioxide, dat is ontstaan door vergisting van organisch materiaal;
verkleinen: in kleinere delen opdelen;
verpakkingsgroep: een groep, waarin bepaalde stoffen op grond van hun gevaarlijkheid tijdens het vervoer conform het ADR zijn ingedeeld voor verpakkingsdoeleinden:
1°. *verpakkingsgroep I:* zeer gevaarlijke stoffen;
2°. *verpakkingsgroep II:* gevaarlijke stoffen;
3°. *verpakkingsgroep III:* minder gevaarlijke stoffen;
vervoerseenheid met gevaarlijke stoffen: een voertuig, oplegger of aanhanger met een conform het ADR voor het vervoer van gevaarlijke stoffen toegelaten tank, tankcontainer, tankbatterij, laadketel, laadruimte of laadvloer waarin gevaarlijke stoffen aanwezig zijn;
verwaarloosbaar bodemrisico: een situatie als bedoeld in de NRB waarin door een goede afstemming van voorzieningen en maatregelen het ontstaan of de toename van verontreiniging van de bodem gemeten tussen het nul- en eindsituatieonderzoek, bedoeld in artikel 2.11, eerste en

Activiteitenbesluit milieubeheer **A66** art. 1.1

derde lid, zo veel mogelijk wordt voorkomen en waarbij herstel van de bodem redelijkerwijs mogelijk is;
vloeibaar bijvoedermiddel: bijvoedermiddel dat verpompbaar is en dat is aan te merken als «inerte goederen» als bedoeld in dit artikel;
vloeibare brandstof: lichte olie, halfzware olie of gasolie als bedoeld in artikel 26 van de Wet op de accijns;
vloeistofdichte vloer of verharding: vloer of verharding direct op de bodem die waarborgt dat geen vloeistof aan de niet met vloeistof belaste zijde van die vloer of verharding kan komen;
vloeistofkerende voorziening: fysieke barrière die in staat is stoffen tijdelijk te keren;
vluchtige organische stof: organische verbinding, alsook de fractie creosoot, die bij 293,15 K een dampspanning van 0,01 kPa of meer heeft of onder specifieke gebruiksomstandigheden een vergelijkbare vluchtigheid heeft;
voedingswater: water dat aan het gewas wordt toegediend en waar eventueel meststoffen aan zijn toegevoegd;
voorziening voor het beheer van afvalwater: een openbaar vuilwaterriool, openbaar hemelwaterstelsel, openbaar ontwateringstelsel, een andere voorziening voor de inzameling en het transport van afvalwater, een zuiveringtechnisch werk of een zuiveringsvoorziening;
vuilwaterriool:
1°. een openbaar vuilwaterriool;
2°. een andere voorziening voor de inzameling en het transport van stedelijk afvalwater, aangesloten op een zuiveringsvoorziening, die blijkens een vergunning als bedoeld in artikel 6.2 van de Waterwet mede voor het zuiveren van stedelijk afvalwater is bedoeld, of aangesloten op een zuiveringtechnisch werk; of
3°. een werk, niet zijnde een voorziening voor de inzameling en het transport van afvalwater, aangesloten op een zuiveringtechnisch werk;
vuurwerk: vuurwerk als bedoeld in artikel 1.1.1, eerste lid, van het Vuurwerkbesluit;
warmtekrachtinstallatie: stookinstallatie, bestemd voor het gelijktijdig opwekken van warmte en kracht waarbij de warmte nuttig wordt aangewend;
werkzame stof: werkzame stof als bedoeld in artikel 18 van de Wet gewasbeschermingsmiddelen en biociden;
windturbine: een apparaat voor het opwekken van elektrisch of thermisch vermogen uit wind;
woning: gebouw of gedeelte van een gebouw waar bewoning is toegestaan op grond van het bestemmingsplan, de beheersverordening, bedoeld in artikel 3.38 van de Wet ruimtelijke ordening, of, indien met toepassing van artikel 2.12, eerste lid, van de Wet algemene bepalingen omgevingsrecht van het bestemmingsplan of de beheersverordening is afgeweken, de omgevingsvergunning bedoeld in artikel 1.1, eerste lid, van laatstgenoemde wet;
wrak van een tweewielig motorvoertuig: tweewielig motorvoertuig dat een afvalstof is in de zin van artikel 1.1, eerste lid, van de wet;
zeer kwetsbaar gebied: zeer kwetsbaar gebied in de zin van de Wet ammoniak en veehouderij.
ziekenhuis: algemeen, academisch of categoriaal ziekenhuis als bedoeld in categorie 23.1, onderdeel a, onderdeel C van bijlage I bij het Besluit omgevingsrecht;
zuiveringsvoorziening: werk voor het zuiveren van afvalwater, dat geen zuiveringtechnisch werk is;
zwart kruit: kruit dat onder de klasse 1.1 van het ADR valt.
2. In dit besluit en de daarop berustende bepalingen wordt ten aanzien van emissies naar de lucht, verstaan onder:
bron: emissie naar de lucht van een bewerkingseenheid al dan niet voorzien van emissiebeperkende voorzieningen en ongeacht de vraag of die emissie gecombineerd met andere emissies wordt geloosd op één of meer puntbronnen;
ERP: emissierelevante parameter: meetbare of berekenbare grootheid die in directe of indirecte relatie staat met de te beoordelen emissies, onderverdeeld in de categorieën A en B, waarbij categorie A, zo nodig na kalibratie, een kwantitatief beeld geeft van de emissie en categorie B een kwalitatief beeld;
grensmassastroom: een drempelwaarde per stofklasse, uitgedrukt in gram emissie per uur, waarboven een emissie naar de lucht als relevant beschouwd wordt;
ISO-luchtcondities: temperatuur van 288 Kelvin, een druk van 101,3 kiloPascal en een relatieve vochtigheid van 60 procent;
kosteneffectiviteit: jaarkosten van emissiebeperkende maatregelen gedeeld door de emissiereductie, uitgedrukt in euro per kilogram emissiereductie;
maximaal toelaatbaar risiconiveau: een op basis van wetenschappelijke gegevens afgeleide norm voor een stof die aangeeft bij welke concentratie in lucht:
1° voor ecosystemen geen onomkeerbaar nadelig effect te verwachten is;
2° voor de mens geen onomkeerbaar nadelig effect te verwachten is, of, met betrekking tot genotoxisch carcinogene stoffen, de kans op overlijden kleiner is dan 10^{-6} per jaar;

meetmethode: het geheel van monsterneming, monsterbehandeling en analyse ten behoeve van de kwantificering van emissies;
standaardluchtcondities: condities van de lucht bij een temperatuur van 273 K, 101,3 kPa en betrokken op droge lucht;
storingsemissie: de toename van de vracht van de emissie, uitgedrukt in g/uur, bij het falen van een reinigingstechniek of procesgeïntegreerde maatregel. Deze wordt berekend als het verschil tussen de ongereinigde massastroom en de massastroom berekend uit het debiet vermenigvuldigd met de geldende emissieconcentratie;
storingsfactor F: de storingsemissie gedeeld door de grensmassastroom;
TEQ: toxische equivalentiefactor, te hanteren voor het bepalen van de totale concentratie van dioxinen en furanen;
stofcategorie: clustering van stoffen op basis van vergelijkbare fysische of chemische eigenschappen;
stofklasse: onderverdeling binnen een stofcategorie op basis van vergelijkbare (toxicologische) eigenschappen;
ERS: stofklasse van extreem risicovolle stoffen: persistente, gemakkelijk accumuleerbare en zeer toxische stof;
gA: stofcategorie van gasvormige anorganische stoffen;
gO: stofcategorie van gasvormige organische stoffen, met uitzondering van methaan;
MVP: stofklasse van minimalisatieverplichte stoffen;
puntbron: een gefixeerd punt van gekanaliseerde en daarmee in principe kwantificeerbare emissies naar de lucht;
S: stofcategorie van zwevende deeltjes, uitgedrukt als totaal stof;
sO: stofcategorie van stofvormige organische stoffen;
sA: stofcategorie van stofvormige anorganische stoffen;
ZZS: stofcategorie van zeer zorgwekkende stoffen, onderverdeeld in de stofklassen ERS, MVP1 en MVP2.
3. Bij ministeriële regeling kunnen, in het belang van de bescherming van het milieu, regels worden gesteld over de aanwijzing van stoffen en de onderverdeling van stofklassen en stofcategorieën als bedoeld in het tweede lid.
4. Een wijziging van artikel 3, onder f en i, van richtlijn nr. 2002/49/EG van het Europees Parlement en de Raad van de Europese Unie van 25 juni 2002, inzake de evaluatie en de beheersing van omgevingslawaai, gaat voor de toepassing van de in het eerste lid gegeven omschrijving van L_{den} en L_{night} gelden met ingang van de dag waarop aan de betrokken wijzigingsrichtlijn uitvoering moet zijn gegeven, tenzij bij ministerieel besluit, dat in de Staatscourant wordt bekendgemaakt, een ander tijdstip wordt vastgesteld.

Art. 1.2

Begripsbepalingen

In dit besluit en de daarop berustende bepalingen wordt verstaan onder:
bevoegd gezag: bevoegd gezag als bedoeld in artikel 1.1 van de wet, alsmede:
a. het bestuursorgaan dat bevoegd zou zijn een omgevingsvergunning voor de betrokken inrichting te verlenen;
b. de beheerder, indien het lozen betreft als bedoeld in artikel 6.2 van de Waterwet;
c. burgemeester en wethouders, indien het lozen betreft als bedoeld in artikel 10.32 van de wet;
d. gedeputeerde staten van de provincie waar het lozen in de bodem plaatsvindt, indien dat lozen plaatsvindt anders dan vanuit een inrichting en geheel of gedeeltelijk plaatsvindt op een diepte van meer dan 10 meter beneden het maaiveld;
e. burgemeester en wethouders van de gemeente waar het lozen op of in de bodem plaatsvindt, indien dat lozen plaatsvindt anders dan vanuit een inrichting, niet zijnde lozen in de bodem als bedoeld in onderdeel d;
inrichting type A: een inrichting:
a. waarvoor geen omgevingsvergunning is vereist voor een activiteit als bedoeld in artikel 2.1, eerste lid, onder e, van de Wet algemene bepalingen omgevingsrecht;
b. waar, indien binnen een afstand van 50 meter van de grens van de inrichting gevoelige objecten aanwezig zijn, in de periode tussen 19.00 en 7.00 uur gemiddeld vier of minder transportbewegingen, als bedoeld in artikel 1.11, eerste lid, plaatsvinden met motorvoertuigen waarvan de massa van het ledig voertuig vermeerderd met het laadvermogen meer dan 3500 kilogram is;
c. waarbij mede op basis van de aard van de inrichting, niet aannemelijk is dat in enig vertrek van de inrichting het equivalente geluidsniveau (Leq) veroorzaakt door de ten gehore gebrachte muziek in de representatieve bedrijfssituatie, meer bedraagt dan:
1°. 70 dB(A), indien dit vertrek in- of aanpandig is gelegen met gevoelige gebouwen;
2°. 80 dB(A), indien onderdeel 1° niet van toepassing is;
d. waar in de buitenlucht of op een open terrein van de inrichting geen muziek ten gehore wordt gebracht;
e. waar in de buitenlucht geen oefenterrein voor motorvoertuigen aanwezig is;

Activiteitenbesluit milieubeheer

f. waar geen koelinstallatie aanwezig is die volgens de gebruiksaanwijzing behoort te zijn gevuld met meer dan 30 kilogram synthetisch koudemiddel;
g. waar geen activiteiten worden verricht met afvalstoffen die van buiten de inrichting afkomstig zijn;
h. waar geen gemotoriseerde modelvliegtuigen, modelvaartuigen of modelvoertuigen in de open lucht worden gebruikt;
i. waarbinnen geen van de bij of krachtens de hoofdstukken 3 en 4 genoemde activiteiten of slechts één of meer van de volgende activiteiten dan wel deelactiviteiten worden verricht:
1°. het vervaardigen van voedingsmiddelen voor personen die wonen of werken in de inrichting;
2°. het in werking hebben van stookinstallaties met een nominaal thermisch ingangsvermogen tot 1 MWth voor de verwarming van gebouwen of de verwarming van tapwater;
3°. het bieden van parkeergelegenheid in een parkeergarage voor maximaal 30 personenauto's;
4°. het aanwezig hebben van een noodstroomaggregaat dat niet meer dan 50 uren per jaar in werking is;
5°. het lozen van huishoudelijk afvalwater in een vuilwaterriool;
6°. het lozen van afvloeiend hemelwater dat niet afkomstig is van een bodembeschermende voorziening;
7°. het lozen van koelwater anders dan in een vuilwaterriool;
8°. het lozen van grondwater bij ontwatering, niet zijnde grondwater als bedoeld in artikel 3.1, eerste lid, op of in de bodem of met een duur van ten hoogste 48 uur;
9° het opslaan in opslagtanks van maximaal 1.000 liter gasolie of biodiesel die valt onder klasse 3 van het ADR zonder bijkomende gevaareigenschappen;
10° het opslaan in opslagtanks van stoffen niet zijnde gevaarlijke stoffen, minerale olie of biodiesel die valt onder klasse 3 van het ADR zonder bijkomende gevaareigenschappen;
11°. het opslaan van gevaarlijke stoffen als bedoeld in artikel 7.6, tweede lid en derde lid, onder a tot en met d, van het Bouwbesluit 2012;
12°. het opslaan in verpakking van maximaal 50 liter gasolie of biodiesel die valt onder klasse 3 van het ADR zonder bijkomende gevaareigenschappen;
13°. het opslaan in verpakking van stoffen, niet zijnde gevaarlijke stoffen;
14°. het lozen ten gevolge van reinigingswerkzaamheden aan vaste objecten, die periodiek worden uitgevoerd en waarbij uitsluitend vuilafzetting wordt verwijderd;
15°. het in werking hebben van een acculader;
16°. Het op- en overslaan van inerte goederen die niet stuifgevoelig zijn;
inrichting type B: een inrichting waarvoor geen omgevingsvergunning is vereist voor een activiteit als bedoeld in artikel 2.1, eerste lid, onder e, van de Wet algemene bepalingen omgevingsrecht en die geen inrichting type A is;
inrichting type C: een inrichting die behoort tot een categorie van inrichtingen die op grond van artikel 1.1, derde lid, van de Wet algemene bepalingen omgevingsrecht is aangewezen;
maatwerkvoorschrift: voorschrift als bedoeld in de artikelen 8.42, eerste lid, en 10.32 van de wet, artikel 17, derde lid, en artikel 65, eerste lid, van de Wet bodembescherming en artikel 6.6, tweede lid, van de Waterwet, inhoudende:
a. een beschikking waarbij het bevoegd gezag aanvullende eisen stelt, dan wel
b. een ontheffing waarbij het bevoegd gezag de daarbij aangewezen bepalingen niet van toepassing verklaart al dan niet onder het stellen van beperkingen of voorwaarden;
wet: de Wet milieubeheer.

Art. 1.2a
[Vervallen]

Art. 1.3
1. Met goederen als bedoeld bij of krachtens dit besluit worden gelijkgesteld desbetreffende goederen die rechtmatig zijn vervaardigd of in de handel zijn gebracht in een andere lidstaat van de Europese Unie of in een staat, niet zijnde een lidstaat van de Europese Unie, die partij is bij een tot een douane-unie strekkend Verdrag, dan wel rechtmatig zijn vervaardigd in een staat die partij is bij een tot een vrijhandelszone strekkend Verdrag dat Nederland bindt, en die voldoen aan eisen die een beschermingsniveau bieden dat ten minste gelijkwaardig is aan het niveau dat met de nationale eisen wordt nagestreefd.
2. Met keuringsverklaringen als bedoeld bij of krachtens dit besluit worden gelijkgesteld keuringsverklaringen, afgegeven door een onafhankelijke keuringsinstelling in een andere lidstaat van de Europese Unie dan wel in een staat, niet zijnde een lidstaat van de Europese Unie, die partij is bij een daartoe strekkend of mede daartoe strekkend Verdrag dat Nederland bindt, welke verklaring is afgegeven op basis van onderzoekingen die een beschermingsniveau bieden dat ten minste gelijkwaardig is aan het niveau dat met de nationale onderzoekingen wordt nagestreefd.
3. Met beroepseisen als bedoeld bij of krachtens dit besluit worden gelijkgesteld beroepseisen die worden gesteld in een andere lidstaat van de Europese Unie dan wel in een staat, niet zijnde een lidstaat van de Europese Unie, die partij is bij een daartoe strekkend of mede daartoe

strekkend Verdrag dat Nederland bindt, en die een beroepsniveau waarborgen dat ten minste gelijkwaardig is aan het niveau dat met de nationale eisen wordt nagestreefd.

4. Met een certificaat of accreditatie als bedoeld bij of krachtens dit besluit of in een bij of krachtens dit besluit genoemde niet-publiekrechtelijke regeling, de NRB, voor zover de tekst daarvan ingevolge het bepaalde krachtens artikel 1.7, derde lid, bij de toepassing van dit besluit in acht moet worden genomen, wordt gelijkgesteld een certificaat of accreditatie afgegeven door een daartoe bevoegde instelling in een andere lidstaat van de Europese Unie dan wel in een staat, niet zijnde een lidstaat van de Europese Unie, die partij is bij een daartoe strekkend of mede daartoe strekkend verdrag dat Nederland bindt, op basis van onderzoekingen of documenten die een beschermingsniveau bieden dat ten minste gelijkwaardig is aan het niveau dat met de nationale onderzoekingen of documenten wordt nagestreefd.

5. Met de bij of krachtens dit besluit genoemde niet-publiekrechtelijke regelingen, de NRB, voor zover de tekst daarvan ingevolge het bepaalde krachtens artikel 1.7, derde lid, bij de toepassing van dit besluit in acht moet worden genomen, worden gelijkgesteld regels die zijn vastgesteld en bekendgemaakt in een andere lidstaat van de Europese Unie dan wel in een staat, niet zijnde een lidstaat van de Europese Unie, die partij is bij een daartoe strekkend of mede daartoe strekkend verdrag dat Nederland bindt, en een beschermingsniveau bieden dat ten minste gelijkwaardig is aan het niveau dat met de nationale regels wordt nagestreefd.

§ 1.1.1a
Omhangbepaling

Art. 1.3a

Omhangbepaling

Dit besluit berust mede op de artikelen 8.42a, 9.2.3.2, 9.5.1 tot en met 9.5.3, 10.2, tweede lid, en 10.32 van de wet, de artikelen 6.2, eerste lid, onderdeel b, en tweede lid, onderdeel b, 6.6, 6.7 en 6.12, onderdeel e, van de Waterwet, de artikelen 78, 79 en 80 van de Wet gewasbeschermingsmiddelen en biociden, de artikelen 1.1, derde lid, 2.1, eerste lid, onderdeel i, 2.17 en 3.9, derde lid, van de Wet algemene bepalingen omgevingsrecht, de artikelen 6, 17 en 65 van de Wet bodembescherming en artikel 2, eerste lid, van de Meststoffenwet.

Art. 1.3b

Schakelbepaling

Hoofdstuk 6 van de Waterwet is mede van toepassing op handelingen waaromtrent regels zijn opgesteld bij of krachtens de Wet gewasbeschermingsmiddelen en biociden, voor zover die handelingen plaatsvinden:
a. bij het verrichten van agrarische activiteiten of activiteiten die daarmee verband houden;
b. bij het lozen van koelwater.

§ 1.1.2
Reikwijdte en andere procedurele bepalingen

Art. 1.3c

Werkingssfeer

Een bedrijfswoning, behorend tot of voorheen behorend tot een inrichting waar uitsluitend of in hoofdzaak agrarische activiteiten dan wel activiteiten die daarmee verband houden worden verricht, die op grond van het bestemmingsplan, de beheersverordening of, indien met toepassing van artikel 2.12, eerste lid, van de Wabo van het bestemmingsplan of de beheersverordening is afgeweken, de omgevingsvergunning door een derde bewoond mag worden, wordt met betrekking tot die inrichting voor de toepassing van het bij of krachtens dit besluit bepaalde beschouwd als onderdeel van die inrichting.

Art. 1.4

Een ieder die loost vanuit een inrichting type A, een inrichting type B of een inrichting type C, voldoet voor lozen als bedoeld in artikel 6.1 van de Waterwet, aan de bij of krachtens dit besluit gestelde regels, met uitzondering van afdeling 1.2.

Art. 1.4a

Degene die anders dan vanuit een inrichting loost ten gevolge van agrarische activiteiten dan wel activiteiten die daarmee verband houden, voldoet aan de voor dat lozen bij of krachtens dit besluit gestelde regels.

Art. 1.4b

Degene die nabij een oppervlaktewaterlichaam voor agrarische activiteiten dan wel activiteiten die daarmee verband houden gewasbeschermingsmiddelen en biociden gebruikt, voldoet aan de bij of krachtens dit besluit gestelde regels.

Art. 1.5

De bij of krachtens de artikelen 3.78 tot en met 3.83 gestelde regels zijn niet van toepassing op het gebruik van gewasbeschermingsmiddelen, indien op grond van of krachtens artikel 3 van de Plantenziektenwet aan dat gebruik regels zijn gesteld en voor zover die regels niet verenigbaar zijn met de bij of krachtens dit besluit gestelde regels.

Art. 1.5a
In afwijking van de artikelen 1, 1.9b, 1.22, 2.1a, 2.3a, 2.8a, 2.11a, 2.14c, 2.15a, 2.16b, 2.22a, 2.23a, 2.27a, 3, 4 en 5, voldoet degene die een stookinstallatie binnen de Nederlandse exclusieve economische zone in werking heeft, uitsluitend aan de bij of krachtens dit besluit gestelde regels en voorschriften in hoofdstuk 1, met uitzondering van artikel 1.4, en in paragraaf 3.2.1, met uitzondering van de artikelen 3.10k, 3.10n en 3.10o, en in de artikelen 5.43 en 5.44, en in hoofdstuk 6.

Art. 1.5b
De bij of krachtens de artikelen 2.3b en 2.4 gestelde regels zijn niet van toepassing voor zover die regels niet verenigbaar zijn met internationale verdragen.

Art. 1.6
1. Vrijstelling wordt verleend van de verboden, bedoeld in artikel 6.2, eerste en tweede lid, van de Waterwet voor:
a. lozen vanuit een inrichting type A of een inrichting type B voor zover aan dat lozen regels zijn gesteld bij of krachtens de artikelen 3.1 tot en met 3.5, 3.5e tot en met 3.5g, 3.6 tot en met 3.6g, 3.10k, 3.31, 3.32, 3.33, 3.34, 3.60 tot en met 3.64, 3.76 tot en met 3.91, 3.101, 3.102, 3.104, 3.105, 3.131, 3.138, 3.150, 3.152, 4.74c, 4.74k, 4.74n, 4.103g en 4.104e;
b. lozen vanuit een inrichting type C, voor zover aan dat het lozen regels zijn gesteld bij of krachtens de artikelen 3.1 tot en met 3.5, 3.5e tot en met 3.5g, 3.6 tot en met 3.6g, 3.10k, 3.31, 3.32, 3.33, 3.34, 3.60 tot en met 3.64, 3.76 tot en met 3.91, 3.101, 3.102, 3.104, 3.105, 3.131, 3.138 en 3.150 en 3.152;
c. lozen anders dan vanuit een inrichting afkomstig van agrarische activiteiten dan wel activiteiten die daarmee verband houden voor zover aan dat lozen regels zijn gesteld in de artikelen 3.3, 3.31, 3.32, 3.33, 3.34, 3.60 tot en met 3.64, 3.76 tot en met 3.91, 3.101, 3.102, 3.104, 3.105.
2. Het lozen, bedoeld in het eerste lid, waarbij niet wordt voldaan aan de bij of krachtens dit besluit gestelde regels en voorschriften is verboden.
3. Van het verbod, bedoeld in artikel 10.2, eerste lid, van de wet, wordt vrijstelling verleend voor lozen op of in de bodem anders dan vanuit een inrichting afkomstig van agrarische activiteiten dan wel activiteiten die daarmee verband houden.
4. De artikelen van dit besluit zijn, behoudens dit artikellid, niet van toepassing op het in een oppervlaktewaterlichaam:
1°. in een werk aanbrengen of houden van bouwstoffen;
2°. aanbrengen, verspreiden of tijdelijk opslaan van grond of baggerspecie alsmede het houden van die aangebrachte of tijdelijk opgeslagen grond of baggerspecie;
3°. lozen afkomstig van het toepassen van bouwstoffen, grond of baggerspecie, waarop het Besluit bodemkwaliteit van toepassing is.
5. Dit besluit is niet van toepassing op lozingen op of in de bodem waaraan regels zijn gesteld krachtens de Mijnbouwwet.

Art. 1.7
1. Bij ministeriële regeling kunnen: **Nadere regels**
a. ter bescherming van het milieu regels worden gesteld ter uitwerking van de hoofdstukken 2, 3 en 4;
b. ter uitwerking van de bij of krachtens dit besluit voor het lozen in een oppervlaktewaterlichaam gestelde regels, oppervlaktewaterlichamen worden aangewezen, die met het oog op het lozen geen bijzondere bescherming behoeven.
2. Bij ministeriële regeling kan de verplichting worden opgelegd te voldoen aan maatwerkvoorschriften die nodig zijn ter bescherming van het milieu gesteld door het bevoegd gezag met betrekking tot de regels, bedoeld in het eerste lid, onderdeel a, en kan worden bepaald in welke mate die maatwerkvoorschriften kunnen afwijken van de regels, bedoeld in onderdeel a.
3. Bij ministeriële regeling worden regels gesteld omtrent de bij de toepassing van dit besluit in acht te nemen tekst van:
a. de bij of krachtens dit besluit genoemde niet-publiekrechtelijke regelingen, en
b. de NRB.

Art. 1.8
Indien bij of krachtens dit besluit is bepaald dat een daarbij aangegeven maatregel ter bescherming van het milieu moet worden toegepast kan een andere maatregel worden toegepast indien het bevoegd gezag heeft beslist dat met die maatregel ten minste een gelijkwaardig niveau van bescherming van het milieu wordt bereikt. **Gelijkwaardig niveau bescherming milieu**

Art. 1.9
Van de beschikking waarbij bij of krachtens dit besluit een maatwerkvoorschrift wordt gesteld, wordt kennisgegeven op de in artikel 12 van de Bekendmakingswet bepaalde wijze. **Maatvoorschrift, kennisgeving**

Art. 1.9a
Met toepassing van artikel 28, eerste lid, laatste zinsnede, van de Dienstenwet, is paragraaf 4.1.3.3. van de Algemene wet bestuursrecht niet van toepassing op de aanvraag om accreditatie als bedoeld in artikel 3.20, vierde lid, onder a. **Tankstation, toepasselijkheid Algemene wet bestuursrecht**

Afdeling 1.2
Melding

Art. 1.9b

Werkingssfeer

Deze afdeling is van toepassing op degene die:
a. een inrichting type B drijft, of
b. een inrichting type C drijft, voor zover deze afdeling betrekking heeft op activiteiten die verricht worden binnen de inrichting waarop hoofdstuk 3 van toepassing is.

Art. 1.10

Inrichting, melding oprichting

1. Degene die een inrichting opricht, meldt dit ten minste vier weken voor de oprichting aan het bevoegd gezag.
2. Het eerste lid is van overeenkomstige toepassing met betrekking tot het veranderen van een inrichting en het veranderen van de werking daarvan. Deze melding is niet vereist, indien eerder een melding overeenkomstig dit artikel is gedaan en door dit veranderen geen afwijking ontstaat van de bij die melding verstrekte gegevens.
3. Bij de melding worden de volgende gegevens verstrekt:
a. het adres en het nummer van de Kamer van Koophandel van de inrichting;
b. de naam en het adres van degene die de inrichting opricht dan wel verandert of de werking daarvan verandert, en, indien dit iemand anders is, van degene die de inrichting drijft of zal drijven;
c. het tijdstip waarop de inrichting of de verandering daarvan in werking zal worden gebracht, dan wel de verandering van de werking daarvan verwezenlijkt zal zijn;
d. de aard en omvang van de activiteiten en processen in de inrichting;
e. de indeling en uitvoering van de inrichting, waarbij de grenzen van het terrein van de inrichting, de ligging en de indeling van de gebouwen, de functie van de te onderscheiden ruimten en de ligging van de bedrijfsriolering en de plaats van de lozingspunten worden aangegeven; en
f. een situatieschets, met een schaal van ten minste 1:10.000 waarop de ligging van de inrichting ten opzichte van de omgeving is aangegeven en die is voorzien van een noordpijl.
4. Het bestuursorgaan dat een melding ontvangt waarvoor een ander bestuursorgaan mede bevoegd gezag is, stuurt onverwijld een kopie van de melding aan dat andere bevoegde gezag. De melding wordt geacht mede bij dat andere bevoegde gezag te zijn gedaan.

Art. 1.10a

Inrichting, melding agrarische activiteit

1. Degene die voornemens is agrarische activiteiten of activiteiten die daarmee verband houden uit te voeren buiten een inrichting ten gevolge waarvan lozen kan plaatsvinden, meldt het lozen ten minste vier weken voordat daarmee wordt aangevangen aan het bevoegd gezag.
2. Het eerste lid is van overeenkomstige toepassing met betrekking tot het veranderen van de activiteiten, bedoeld in dat lid. Een melding is niet vereist indien:
a. eerder een melding overeenkomstig dit artikel is gedaan en door dit veranderen geen afwijking ontstaat van de bij die melding verstrekte gegevens en de artikelen 1.13 en 1.14 niet verplichten tot het verstrekken van andere gegevens, of
b. de veranderende activiteiten slechts een wijziging in teelt betreffen en de gegevens omtrent de te telen gewassen en de betreffende percelen op grond van artikel 26 van het Uitvoeringsbesluit Meststoffenwet zijn gemeld aan Onze Minister van Economische Zaken, Landbouw en Innovatie.
3. Bij de melding worden de volgende gegevens verstrekt:
a. de naam en het adres van degene die meldt;
b. de aard en omvang van de activiteiten die worden verricht;
c. het tijdstip waarop het lozen zal aanvangen en de duur van het lozen, en
d. de locatie van de percelen van waaraf het lozen plaatsvindt.
4. Het bevoegd gezag kan de krachtens artikel 26 van het Uitvoeringsbesluit Meststoffenwet gemelde gegevens gebruiken voor zover noodzakelijk met het toezicht op de naleving van de bij of krachtens dit besluit gestelde regels.
5. Onverminderd het eerste en tweede lid is een melding evenmin vereist voor het lozen als bedoeld in paragraaf 3.1.3.

Art. 1.11

Melding, akoestisch onderzoek

1. Bij de melding, bedoeld in artikel 1.10, wordt een rapport van een akoestisch onderzoek gevoegd indien tussen 19.00 en 7.00 uur naar verwachting gemiddeld meer dan vier transportbewegingen per etmaal met motorvoertuigen waarvan de massa van het ledig voertuig vermeerderd met het laadvermogen meer is dan 3.500 kilogram en binnen een afstand van 50 meter van de grens van de inrichting gevoelige objecten aanwezig zijn. Het gemiddelde als bedoeld in de eerste volzin betreft een gemiddelde gemeten over de periode van een jaar. Voor inrichtingen als bedoeld in artikel 2.17, vijfde en zesde lid, wordt in plaats van «tussen 19.00 en 7.00 uur» gelezen «tussen 19.00 en 6.00 uur». De eerste volzin is niet van toepassing op inrichtingen die uitsluitend of in hoofdzaak bestemd zijn voor de openbare verkoop aan derden

Activiteitenbesluit milieubeheer **A66 art. 1.11**

van vloeibare brandstof, mengsmering en aardgas voor het wegverkeer en inrichtingen waar uitsluitend of in hoofdzaak horeca-activiteiten plaatsvinden.
2. Bij de melding, bedoeld in artikel 1.10, wordt een rapport van een akoestisch onderzoek gevoegd indien het, mede op basis van de aard van de inrichting, aannemelijk is dat:
a. in enig vertrek van de inrichting het equivalente geluidsniveau (L_{Aeq}) veroorzaakt door de ten gehore gebrachte muziek in de representatieve bedrijfssituatie, meer bedraagt dan:
1°. 70 dB(A), indien dit vertrek in- of aanpandig is gelegen met gevoelige gebouwen;
2°. 80 dB(A), indien onderdeel 1° niet van toepassing is; of
b. in de buitenlucht of op een open terrein van de inrichting muziek ten gehore zal worden gebracht.
3. Bij een melding als bedoeld in artikel 1.10, wordt een rapport van een akoestisch onderzoek gevoegd indien:
a. de melding betrekking heeft op een of meer windturbines;
b. in de buitenlucht metalen in bulk worden overgeslagen of in de buitenlucht metalen mechanisch worden bewerkt;
c. de melding betrekking heeft op een inrichting als bedoeld in categorie 27.3 van onderdeel C, van bijlage 1, bij het Besluit omgevingsrecht;
d. airbags of gordelspanners worden geneutraliseerd door deze te ontsteken;
e. de melding betrekking heeft op een inrichting als bedoeld in categorie 11.1, onderdeel b, van onderdeel C, van bijlage 1, bij het Besluit omgevingsrecht, voor zover het een inrichting betreft voor het vervaardigen van betonmortel of betonwaren;
f. de melding betrekking heeft op een binnenschietbaan en de afstand van de binnenschietbaan tot het dichtstbijzijnde gevoelige object kleiner is dan 50 meter, of
g. de melding betrekking heeft op een buitenschietbaan.
4. Het bevoegd gezag kan besluiten dat het overleggen van een rapport van een akoestisch onderzoek als bedoeld in het eerste tot en met derde lid niet is vereist, indien aannemelijk is dat aan de waarden, bedoeld in de artikelen 2.17, 2.17a, 2.19, 2.19a, 2.20, 3.14a, 3.160, dan wel de van toepassing zijnde geluidswaarden van de omgevingsvergunning kan worden voldaan.
5. Indien er een melding is gedaan als bedoeld in artikel 1.10, eerste of tweede lid, en aannemelijk is dat, in andere gevallen dan die genoemd in het eerste tot en met derde lid, het langtijdgemiddeld beoordelingsniveau ($L_{Ar,LT}$) of het maximaal geluidsniveau (L_{Amax}) veroorzaakt door de in de inrichting aanwezige installaties en toestellen, alsmede door de in de inrichting verrichte werkzaamheden en activiteiten of veroorzaakt door de verandering daarvan, meer bedragen dan de waarden, bedoeld in de artikelen 2.17, 2.19, 2.20, 2.17a dan wel de van toepassing zijnde geluidswaarden van de omgevingsvergunning, kan het bevoegd gezag binnen vier weken na ontvangst van de melding besluiten dat binnen een door het bevoegd gezag gestelde termijn een rapport van een akoestisch onderzoek wordt overgelegd.
6. Het bevoegd gezag kan binnen vier weken na ontvangst van de melding, bedoeld in artikel 1.10, besluiten dat een rapport van een akoestisch onderzoek wordt overgelegd indien de inrichting is gelegen op een gezoneerd industrieterrein en een rapport van een akoestisch onderzoek noodzakelijk is voor zonebeheer.
7. Uit het rapport van een akoestisch onderzoek blijkt op grond van verrichte geluidsmetingen of geluidsberekeningen of aan de waarden, bedoeld in de artikelen 2.17, 2.17a, 2.19, 2.19a, 2.20, 3.14a, 3.160 dan wel de van toepassing zijnde geluidswaarden van de omgevingsvergunning kan worden voldaan. In het rapport wordt aangegeven welke voorzieningen worden getroffen om te voorkomen dat de in de eerste volzin bedoelde waarden worden overschreden.
8. Indien het een inrichting betreft als bedoeld in categorie 11.3, onderdeel c, onder 2° en 3°, van onderdeel C, van bijlage I, bij het Besluit omgevingsrecht geeft het rapport tevens een beschrijving van het langtijdgemiddelde beoordelingsniveau ($L_{Ar,LT}$) veroorzaakt door de inrichting op de zonegrens en op gevoelige objecten binnen de zone op basis waarvan het bevoegd gezag kan beoordelen of aan de geluidsvoorwaarden voor de zone kan worden voldaan.
9. Het akoestisch onderzoek wordt uitgevoerd overeenkomstig de Handleiding meten en rekenen industrielawaai.
10. In afwijking van het negende lid wordt het akoestisch onderzoek voor windturbines, een buitenschietbaan of een binnenschietbaan uitgevoerd overeenkomstig de bij ministeriële regeling te stellen eisen.
11. Indien aannemelijk is dat de geluidniveaus vanwege werkzaamheden en activiteiten bij een inrichting als bedoeld in artikel 2.17, vijfde lid, een significante bijdrage leveren aan de totale geluidsbelasting op de inrichting, kan het bevoegd gezag binnen vier weken na ontvangst van de melding besluiten dat een rapport van een akoestisch onderzoek wordt overgelegd. Het onderzoek richt zich met gebruikmaking van geluidmetingen of geluidberekeningen op de bestaande en te verwachten geluidniveaus vanwege de werkzaamheden en activiteiten. In het rapport wordt aangegeven welke technische voorzieningen worden getroffen en welke gedragsregels in acht worden genomen om deze geluidsniveaus te beperken.

Art. 1.12

Melding, lozing uit bodemsanering/proefbronnering

Indien op grond van artikel 7 van het Besluit uniforme saneringen met een sanering kan worden begonnen nadat vijf werkdagen zijn verstreken vanaf de datum van ontvangst van de melding, bedoeld in artikel 6 van dat besluit, meldt degene die voornemens is te lozen vanuit die bodemsanering als bedoeld in artikel 3.1, tweede, derde en vierde lid, in afwijking van de termijn bedoeld in artikel 1.10, eerste lid, dit ten minste vijf werkdagen voordat met het lozen wordt aangevangen.

Art. 1.13

Melding, lozing grondwater

Indien het lozen van grondwater bij ontwatering als bedoeld in artikel 3.2, derde, vijfde en zevende lid, langer dan 48 uur doch ten hoogste 8 weken duurt, meldt degene die voornemens is te lozen in afwijking van de termijn bedoeld in artikel 1.10, eerste lid, dit ten minste vijf werkdagen voordat met het lozen wordt aangevangen.

Art. 1.13a

Melding, toevoeging werkplan

Bij een melding, als bedoeld in artikel 1.10, wordt, indien de melding betreft het lozen ten gevolge van sloop-, of renovatiewerkzaamheden aan of nieuwbouw van vaste objecten, als bedoeld in artikel 3.6b, tevens een in dat artikel genoemd werkplan gevoegd.

Art. 1.14

Melding, lozing huishoudelijk afvalwater

Bij een melding als bedoeld in artikel 1.10 of artikel 1.10a worden indien sprake is van een lozing van huishoudelijk afvalwater in een oppervlaktewaterlichaam of op of in de bodem als bedoeld in artikel 3.4 de volgende gegevens gemeld:
a. het aantal inwonerequivalenten dat wordt geloosd; en
b. de wijze van behandeling van het afvalwater.

Art. 1.14a

Melding, oprichting inrichting

1. Bij een melding als bedoeld in artikel 1.10 worden:
a. indien sprake is van het gericht werken met een biologisch agens die is of wordt ingedeeld in groep 2 in een laboratorium of praktijkruimte als bedoeld in artikel 4.122, de ligging van de ruimten gemeld waar gewerkt wordt met een biologisch agens die is of wordt ingedeeld in groep 2,
b. indien sprake is van het gericht werken met een biologisch agens, anders dan dat bedoeld onder a, en dat behoort tot een soort die bij ministeriële regeling is aangewezen, gemeld tot welke soort het biologisch agens behoort.
2. Voor de groepsindeling, bedoeld in het eerste lid, onder a, wordt aangesloten bij de indeling in risico-groepen van richtlijn nr. 2000/54/EG van het Europees Parlement en de Raad van 18 september 2000 betreffende de bescherming van de werknemers tegen de risico's van blootstelling aan biologische agentia op het werk.

Art. 1.15

Melding, aanvullende gegevens

Degene die een inrichting drijft verstrekt desgevraagd aan het bevoegd gezag binnen de door dat bestuursorgaan gestelde redelijke termijn, voor zover hij daarover beschikt of redelijkerwijs kan beschikken, alle gegevens over stoffen en preparaten en producten waarin stoffen of preparaten zijn verwerkt, die het bevoegd gezag redelijkerwijs nodig heeft voor het stellen van maatwerkvoorschriften.

Art. 1.16

Melding, afvalstoffen

1. Bij een melding als bedoeld in artikel 1.10 worden, indien sprake is van het opslaan, overslaan of verwerken van afvalstoffen die van buiten de inrichting afkomstig zijn, de volgende gegevens gemeld:
a. de afvalstoffen en de activiteiten met afvalstoffen, bedoeld in onderdeel 28.10, onder 1° tot en met 34° van onderdeel C, bijlage 1, bij het Besluit omgevingsrecht, en
b. per handeling per afvalstof de maximale opslagcapaciteit en de verwerkingscapaciteit per jaar.
2. Indien de afvalstoffen, bedoeld in het eerste lid, worden ingezameld bij of worden afgegeven door een andere persoon dan degene die de inrichting drijft, wordt bij de melding een beschrijving gevoegd van de procedures van acceptatie en controle van de ontvangen afvalstoffen als bedoeld in artikel 2.14b.

Art. 1.16a

Melding, rapport luchtkwaliteit

Bij een melding als bedoeld in artikel 1.10 wordt een rapport met de onderbouwing van de gevolgen voor de luchtkwaliteit gevoegd, indien sprake is van een inrichting als bedoeld in categorie 11.1, onderdeel b, van onderdeel C, van bijlage 1, bij het Besluit omgevingsrecht, voor zover het een inrichting betreft voor het vervaardigen van betonmortel of betonwaren.

Art. 1.17

Melding, beschrijving invulling

1. Bij een melding als bedoeld in artikel 1.10, wordt indien sprake is van een zuiveringtechnisch werk, een beschrijving gevoegd hoe invulling wordt gegeven aan het bepaalde bij of krachtens artikel 3.5b en artikel 3.5d.
2. Bij een melding als bedoeld in artikel 1.10, wordt indien sprake is van een inrichting voor het vervaardigen of bewerken van voedingsmiddelen of dranken als bedoeld in artikel 3.137, een beschrijving gevoegd hoe invulling wordt gegeven aan artikel 3.140.

3. Bij een melding als bedoeld in artikel 1.10, wordt indien sprake is van een inrichting voor de verwerking van polyesterhars, een beschrijving gevoegd hoe invulling wordt gegeven aan het bepaalde bij of krachtens artikel 4.31c.
4. Het bevoegd gezag kan binnen vier weken na ontvangst van de melding, bedoeld in het eerste en tweede lid, indien onvoldoende aannemelijk is dat aan artikel 3.5b en artikel 3.5d, respectievelijk artikel 3.140 wordt voldaan, besluiten dat een rapport van een geuronderzoek wordt overgelegd.
5. Een geuronderzoek als bedoeld in het vierde lid wordt uitgevoerd overeenkomstig NTA 9065.

Art. 1.17a

Bij een melding als bedoeld in artikel 1.10 worden, indien sprake is van de oprichting van een zuiveringtechnisch werk of de wijziging van een bestaand zuiveringtechnisch werk die de lozing van dat werk op een oppervlaktewaterlichaam beïnvloedt, tevens de volgende gegevens gemeld:

Melding, aanvullende gegevens

a. de ontwerpcapaciteit, uitgedrukt in inwonerequivalenten, en de toename van de ontwerpcapaciteit tussen 1 september 1992 en het tijdstip van de melding,
b. het gemiddelde lozingsdebiet in kubieke meter per dag,
c. de maximale hydraulische aanvoer in kubieke meter per uur,
d. de te verwachten concentraties biochemisch zuurstofverbruik, chemisch zuurstofverbruik, onopgeloste stoffen, totaal fosfor en totaal stikstof in het te lozen afvalwater in milligram per liter,
e. de resultaten van een immissietoets van de concentraties totaal fosfor en totaal stikstof, uitgevoerd overeenkomstig een daartoe krachtens artikel 5.4, tweede lid, van het Besluit omgevingsrecht aangewezen BBT-informatiedocument (Handboek immissietoets: toetsing van lozingen op effecten voor het oppervlaktewater), en
f. de te verwerken afvalstoffen die per as van buiten de inrichting worden aangevoerd, de daarbij toe te passen best beschikbare verwerkingstechnieken en het acceptatie- en verwerkingsbeleid.

Art. 1.18

1. Bij een melding als bedoeld in artikel 1.10 worden, indien in de inrichting landbouwhuisdieren worden gehouden in dierenverblijven, tevens de volgende gegevens verstrekt:

Melding inrichting, aantal landbouwhuisdieren

a. per dierenverblijf het aantal landbouwhuisdieren per diercategorie en per huisvestingssysteem, genoemd in de regeling op grond van artikel 1 van de Wet ammoniak en veehouderij;
b. per dierenverblijf een beschrijving van het ventilatiesysteem;
c. per dierenverblijf waarin dieren met een geuremissiefactor worden gehouden:
1°. de inputgegevens van het verspreidingsmodel V-stacks vergunning, genoemd in de regeling op grond van artikel 10 van de Wet geurhinder en veehouderij;
2°. een plattegrondtekening overeenkomstig de beschrijving van de binnen het dierenverblijf toegepaste huisvestingssystemen, waarop de emissiepunten en de ventilatoren met hun diameter zijn aangegeven;
3°. een doorsnedetekening overeenkomstig de beschrijving van de binnen het dierenverblijf toegepaste huisvestingssystemen, waarop de goothoogte, de nokhoogte, de emissiepunten en de ventilatoren zijn aangegeven.
2. Het eerste lid is niet van toepassing op inrichtingen waar minder dan 10 schapen, 5 paarden, 10 geiten, 25 stuks pluimvee, 25 konijnen en 10 overige landbouwhuisdieren worden gehouden.

Art. 1.19

Bij een melding als bedoeld in artikel 1.10, worden de inputgegevens voor het luchtkwaliteitsmodel ISL3a verstrekt indien sprake is van het in huisvestingssystemen houden van:

Melding inrichting, inputgegevens luchtkwaliteitsmodel

a. ten minste 500 en ten hoogste 1.200 vleesrunderen, behorend tot de diercategorieën A4 tot en met A7, genoemd in de regeling op grond van artikel 1 van de Wet ammoniak en veehouderij;
b. ten minste 3.000 stuks pluimvee, voor zover er geen sprake is van een IPPC-installatie;
c. ten minste 900 varkens behorend tot de diercategorieën D1 tot en met D3, genoemd in de regeling op grond van artikel 1 van de Wet ammoniak en veehouderij, voor zover er geen sprake is van een IPPC-installatie;
d. ten minste 1.500 stuks pluimvee behorend tot de diercategorieën E1 tot en met E5, F1 tot en met F4, G1, G2 en J1, genoemd in de regeling op grond van artikel 1 van de Wet ammoniak en veehouderij, 500 gespeende biggen behorend tot de diercategorie D.1.1, genoemd in de regeling op grond van artikel 1 van de Wet ammoniak en veehouderij of 500 landbouwhuisdieren anders dan pluimvee en gespeende biggen indien binnen de inrichting landbouwhuisdieren van meer dan een hoofdcategorie als bedoeld in de regeling op grond van artikel 1 van de Wet ammoniak en veehouderij worden gehouden.

Art. 1.20

Bij een melding als bedoeld in artikel 1.10 of artikel 1.10a, worden, voor lozen als bedoeld in de artikelen 3.60, 3.61, 3.76, 3.77, 3.80, 3.83 en 3.105 afkomstig van biologische teelt, gegevens verstrekt waaruit kan worden afgeleid dat sprake is van biologische teelt.

Melding inrichting/agrarische activiteit, biologische teelt

A66 art. 1.21

Activiteitenbesluit milieubeheer

Melding, spreiding lozing over het jaar

Art. 1.21
Bij een melding als bedoeld in artikel 1.10 wordt, indien sprake is van een lozing in het vuilwaterriool van zuurstofbindende stoffen met een jaargemiddelde vervuilingswaarde van 5.000 inwonerequivalenten of meer, inzicht gegeven in de spreiding van de lozing over het jaar.

Melding, installeren van gesloten bodemenergiesystemen

Art. 1.21a
1. Bij een melding als bedoeld in artikel 1.10 worden, indien sprake is van het installeren van een gesloten bodemenergiesysteem waarop paragraaf 3.2.8 van toepassing is, tevens de volgende gegevens gemeld:
a. de naam en het adres van degene die boringen of andere werkzaamheden ten behoeve van de installatie uitvoert;
b. een situatieschets, met een schaal van ten minste 1:1.000 en voorzien van een noordpijl, waarop de ligging van het systeem ten opzichte van de omgeving is aangegeven;
c. de einddiepte waarop het systeem zal worden geïnstalleerd;
d. de x-y-coördinaten van het middelpunt van het systeem;
e. een onderbouwing waaruit blijkt dat het in werking hebben van het systeem niet leidt tot zodanige interferentie met een eerder geïnstalleerd bodemenergiesysteem dat het doelmatig functioneren van een van de desbetreffende systemen kan worden geschaad;
f. het energierendement, uitgedrukt als de SPF, dat het bodemenergiesysteem zal behalen bij voorzien gebruik van het gebouw overeenkomstig de bestemming waarvoor het systeem is ontworpen, blijkend uit een schriftelijke verklaring van de installateur;
g. het bodemzijdig vermogen van het systeem en de omvang van de behoefte aan warmte en koude waarin het systeem voorziet.
2. Bij een melding als bedoeld in artikel 1.10 die werkzaamheden als bedoeld in artikel 3.16p betreft, worden de naam en het adres vermeld van degene die de werkzaamheden verricht.
3. Indien een gesloten bodemenergiesysteem is geïnstalleerd voor het tijdstip van inwerkingtreding van paragraaf 3.2.8 en vanaf dat tijdstip vrijwillig een melding wordt gedaan van het in werking hebben van dat systeem, worden bij de melding de volgende gegevens verstrekt:
a. de naam en het adres van degene die het systeem in werking heeft;
b. een beschrijving van de kenmerken van het systeem;
c. de in het eerste lid, onderdelen b tot en met d, en g, bedoelde gegevens.

Melding, bijvoegen munitie-QRA

Art. 1.21b
1. Bij een melding als bedoeld in artikel 1.10 wordt een munitie-QRA gevoegd, die voldoet aan de regels, gesteld krachtens artikel 2.6.7, vijfde lid, van het Besluit algemene regels ruimtelijke ordening, indien sprake is van het binnen een inrichting die in gebruik is bij de Nederlandse of een bondgenootschappelijke krijgsmacht:
a. oprichten van een voorziening waarin gevaarlijke stoffen van de ADR klasse 1.1 of 1.2 of meer dan 50 kilogram NEG van klasse 1.3 worden opgeslagen;
b. uitbreiden van de hoeveelheid opgeslagen gevaarlijke stoffen van de ADR klasse 1.1 of 1.2 per opslagvoorziening;
c. uitbreiden van de hoeveelheid opgeslagen gevaarlijke stoffen van de ADR klasse 1.3 per opslagvoorziening, indien na uitbreiding meer dan 50 kilogram NEG van deze klasse aanwezig is;
d. veranderen van de bouwkundige staat van een voorziening waarin gevaarlijke stoffen van de ADR klasse 1.1 of 1.2 of meer dan 50 kilogram NEG van klasse 1.3 wordt opgeslagen.

Melding, stookinstallatie met normaal thermisch ingangsvermogen

Art. 1.21c
Bij een melding als bedoeld in artikel 1.10 worden, indien sprake van een stookinstallatie met een nominaal thermisch ingangsvermogen van 1 MW of meer en minder dan 50 MW, tevens de volgende gegevens verstrekt:
a. het nominaal thermisch ingangsvermogen (MWth) van de stookinstallatie;
b. het type stookinstallatie, onderverdeeld in gasmotor, dieselmotor, dual-fuelmotor, gasturbine, ketel, fornuis, droger, luchtverhitter of andere stookinstallatie;
c. het type gebruikte brandstoffen en het aandeel ervan, onderverdeeld naar vaste biomassa, andere vaste brandstof, gasolie, andere vloeibare brandstoffen dan gasolie, aardgas, vergistingsgas en andere gasvormige brandstoffen;
d. de sector waarin de stookinstallatie werkt of de inrichting waarin zij wordt gebruikt (4-cijferige NACE-code);
e. het verwachte aantal jaarlijkse bedrijfsuren van de stookinstallatie en de gemiddelde belasting tijdens gebruik;
f. indien het betreft een stookinstallatie als bedoeld in artikel 3.7, tweede lid, onder b, een door de exploitant ondertekende verklaring dat hij de stookinstallatie niet meer dan het in dat lid genoemde aantal uren zal exploiteren.

Hoofdstuk 2
Algemene regels ten aanzien van alle activiteiten

Afdeling 2.1
Zorgplicht

Art. 2
Deze afdeling is van toepassing op degene die: *Werkingssfeer*
a. een inrichting type A of een inrichting B drijft, of
b. een inrichting type C drijft, voor zover deze afdeling betrekking heeft op activiteiten die verricht worden binnen de inrichting waarop hoofdstuk 3 van toepassing is.

Art. 2.1
1. Degene die een inrichting drijft en weet of redelijkerwijs had kunnen weten dat door het   *Activiteit, zorgplicht*
in werking zijn dan wel het al dan niet tijdelijk buiten werking stellen van de inrichting nadelige gevolgen voor het milieu ontstaan of kunnen ontstaan, die niet of onvoldoende worden voorkomen of beperkt door naleving van de bij of krachtens dit besluit gestelde regels, voorkomt die gevolgen of beperkt die voor zover voorkomen niet mogelijk is en voor zover dit redelijkerwijs van hem kan worden gevergd.
2. Onder het voorkomen of beperken van het ontstaan van nadelige gevolgen voor het milieu als bedoeld in het eerste lid wordt verstaan:
a. een doelmatig gebruik van energie;
b. het voorkomen dan wel voor zover dat niet mogelijk is het zoveel mogelijk beperken van bodemverontreiniging;
c. het voorkomen dan wel voor zover dat niet mogelijk is het zoveel mogelijk beperken van verontreiniging van het grondwater;
d. het voorkomen dan wel voor zover dat niet mogelijk is het zoveel mogelijk beperken van de verontreiniging van een oppervlaktewaterlichaam;
e. het voorkomen dan wel voor zover dat niet mogelijk is het zoveel mogelijk beperken van luchtverontreiniging;
f. het voorkomen dan wel voor zover dat niet mogelijk is het tot een aanvaardbaar niveau beperken van geluidhinder;
g. het voorkomen dan wel voor zover dat niet mogelijk is het tot een aanvaardbaar niveau beperken van geurhinder;
h. het voorkomen dan wel voor zover dat niet mogelijk is het tot een aanvaardbaar niveau beperken van lichthinder;
i. het voorkomen dan wel voor zover dat niet mogelijk is het tot een aanvaardbaar niveau beperken van stofhinder;
j. het voorkomen dan wel voor zover dat niet mogelijk is het tot een aanvaardbaar niveau beperken van trillinghinder;
k. het voorkomen dan wel voor zover dat niet mogelijk is het beperken van de nadelige gevolgen voor het milieu van het verkeer van personen en goederen van en naar de inrichting;
l. het voorkomen van risico's voor de omgeving en ongewone voorvallen, dan wel voor zover dat niet mogelijk is het zoveel mogelijk beperken van de risico's voor de omgeving en de kans dat ongewone voorvallen zich voordoen en de gevolgen hiervan;
m. het zorgen voor een goede staat van onderhoud van de inrichting;
n. de bescherming van de doelmatige werking van de voorzieningen voor het beheer van afvalwater;
o. het doelmatig beheer van afvalwater;
p. het doelmatig beheer van afvalstoffen;
q. het beschermen van de duisternis en het donkere landschap in door het bevoegd gezag aangewezen gebieden.
3. Het eerste en tweede lid, onderdelen b, c, d, n, o en p, zijn van overeenkomstige toepassing op degene die, anders dan vanuit een inrichting, loost ten gevolge van agrarische activiteiten dan wel activiteiten die daarmee verband houden.
4. Het bevoegd gezag kan met betrekking tot de verplichting, bedoeld in het eerste en derde lid, maatwerkvoorschriften stellen voor zover het betreffende aspect bij of krachtens dit besluit niet uitputtend is geregeld. Deze maatwerkvoorschriften kunnen mede inhouden dat de door degene die de inrichting drijft dan wel degene die loost, te verrichten activiteiten worden beschreven alsmede dat metingen, berekeningen of tellingen moeten worden verricht ter bepaling van de mate waarin de inrichting dan wel het lozen, bedoeld in het derde lid, nadelige gevolgen voor het milieu veroorzaakt.

Afdeling 2.2
Lozingen

Art. 2.1a

Werkingssfeer

Deze afdeling is van toepassing op degene die:
a. een inrichting type A of een inrichting B drijft, of
b. een inrichting type C drijft, voor zover binnen de inrichting activiteiten worden verricht waarop hoofdstuk 3 van toepassing is.

Art. 2.2

Lozen afvalwater

1. Het is verboden:
a. afvalwater te lozen op of in de bodem, tenzij het lozen is toegestaan bij of krachtens de artikelen 2.2b, 3.1 tot en met 3.5, 3.6, 3.6a, 3.6f, 3.6g, 3.10k, 3.16h, 3.23d, 3.24, 3.32 tot en met 3.34, 3.47, 3.60, 3.61, 3.62, 3.77, 3.87, 3.100, 3.102, 3.105, 3.129, 3.131, 3.150, 4.74c, 4.74k, 4.104, 4.104b en 4.104c,
b. afvalwater en andere afvalstoffen te lozen in een voorziening voor de inzameling en het transport van afvalwater niet zijnde een vuilwaterriool, tenzij het lozen is toegestaan bij of krachtens de artikelen 2.2b, 3.1 tot en met 3.3, 3.6, 3.6a, 3.6f, 3.6g, 3.60, 3.61, 3.62, 3.150, 4.74c, 4.74k en 4.104e.
2. In afwijking van het eerste lid, onder a, is lozen op of in de bodem verboden, indien daarbij stoffen zonder doorsijpeling door bodem of ondergrond in het grondwater geraken.
3. Het bevoegd gezag kan bij maatwerkvoorschrift bepalen dat het eerste en tweede lid niet van toepassing zijn en dat lozen op of in de bodem of in een voorziening voor de inzameling en het transport van afvalwater niet zijnde een vuilwaterriool is toegestaan indien het belang van de bescherming van het milieu zich gelet op de samenstelling, hoeveelheid en eigenschappen van de lozing daartegen niet verzet.
4. Bij maatwerkvoorschrift als bedoeld in het derde lid kunnen voorwaarden worden gesteld met betrekking tot:
a. de samenstelling, eigenschappen of hoeveelheid van de lozing en het meten en registreren daarvan;
b. te treffen maatregelen;
c. de duur van de lozing; en
d. de plaats van het lozingspunt.
5. Het eerste lid, onder a, en het tweede lid zijn niet van toepassing op lozen in de bodem waaraan in een vergunning op grond van artikel 6.4 of artikel 6.5, onderdeel b, van de Waterwet, dan wel een vergunning op grond van een verordening van het waterschap voorschriften zijn gesteld.
6. Indien een maatwerkvoorschrift als bedoeld in het derde lid een lozing betreft die aanzienlijke gevolgen voor het milieu kan hebben, is op de voorbereiding van het maatwerkvoorschrift afdeling 3.4 van de Algemene wet bestuursrecht van toepassing.

Art. 2.2a

Lozen afvalwater, maatwerkvoorschrift bij meerdere activiteiten

Indien er sprake is van een zodanige combinatie van meerdere activiteiten, dat een scheiding van het afvalwater, afkomstig van die activiteiten, niet doelmatig is, kan het bevoegd gezag, indien het belang van de bescherming van het milieu zich daartegen niet verzet, op verzoek van de aanvrager bij maatwerkvoorschrift aan het lozen voorwaarden stellen, die afwijken van de voorwaarden die aan het lozen als gevolg van een afzonderlijke activiteit bij of krachtens hoofdstuk 3 of 4 zijn gesteld.

Art. 2.2b

Lozen afvalwater, uitzonderingen lozen spoelwater

1. In afwijking van artikel 2.2, eerste lid, is het lozen van spoelwater ten gevolge van het boren ten behoeve van een open bodemenergiesysteem op de bodem toegestaan.
2. In afwijking van artikel 2.2, eerste lid, is het lozen van spoelwater ten gevolge van het ontwikkelen en het onderhoud van een open bodemenergiesysteem in een voorziening voor de inzameling en het transport van afvalwater, niet zijnde een vuilwaterriool, toegestaan.
3. Het lozen van spoelwater ten gevolge van het ontwikkelen en het onderhoud van een open bodemenergiesysteem vindt slechts dan in een vuilwaterriool plaats, indien lozen als bedoeld in het tweede lid, redelijkerwijs niet mogelijk is.
4. In afwijking van artikel 2, onder b, is artikel 2.1 van toepassing op degene die een inrichting type C drijft ten aanzien van het lozen in een voorziening voor de inzameling en het transport van afvalwater op of in de bodem ten gevolge van een open bodemenergiesysteem.

Art. 2.3

Lozen afvalwater, emissiemeting

1. Emissiemetingen ter controle op de naleving van de emissie-eisen voor het lozen worden uitgevoerd volgens:
a. NEN 6966 of NEN-EN-ISO 17294-2 ten aanzien van arseen, barium, berylium, boor, cadmium, chroom, cobalt, ijzer, koper, molybdeen, nikkel, lood, seleen, tin, titaan, uranium, vanadium, zilver en zink, waarbij de ontsluiting van de elementen plaats vindt volgens NEN-EN-ISO 15587-1;

Activiteitenbesluit milieubeheer **A66 art. 2.4**

b. NEN-EN-ISO 12846 ten aanzien van kwik;
c. NEN-EN-ISO 14403-1 of NEN-EN-ISO 14403-2 ten aanzien van vrij cyanide in afvalwater;
d. NEN-EN-ISO 15680 ten aanzien van benzeen, tolueen, ethylbenzeen, xyleen en naftaleen;
e. NEN 6401 ten aanzien van vluchtige organohalogeenverbindingen;
f. NEN-EN-ISO 6468 ten aanzien van aromatische organohalogeenverbindingen;
g. NEN-EN-ISO 10301 ten aanzien van chlooretheen (vinylchloride), dichloormethaan, tetrachlooretheen (PER), tetrachloormethaan, trichlooretheen, trichloormethaan, 1,1-dichloorethaan, 1,2-dichloorethaan, 1,2-dichlooretheen, cis-1,2-dichlooretheen, trans-1,2-dichlooretheen 1,1,1-trichloorethaan en 1,1,2-trichloorethaan;
h. NEN 6676 ten aanzien van extraheerbare organohalogeenverbindingen;
i. NEN-EN-ISO 9377-2 ten aanzien van olie;
j. NEN-EN-ISO 17993 ten aanzien van polycyclische aromatische koolwaterstoffen;
k. ISO 5815-1/2 of NEN-EN 1899-1/2 ten aanzien van het biochemisch zuurstof verbruik;
l. NEN 6633 ten aanzien van het chemisch zuurstof verbruik;
m. NEN-EN-ISO 13395 ten aanzien van nitrietstikstof en nitraatstikstof;
n. NEN-ISO 5663 of NEN 6646 ten aanzien van organisch stikstof (Kjeldahlstikstof);
o. NEN 6646, NEN-EN-ISO 11732 of NEN-ISO 15923-1:2013 ten aanzien van ammoniumstikstof;
p. NEN-ISO 5813 of NEN-EN-ISO 5814 ten aanzien van het zuurstofgehalte;
q. NEN-EN 872 ten aanzien van onopgeloste stoffen;
r. NEN-EN-ISO 15681-1 en NEN-EN-ISO 15681-2 ten aanzien van fosfor totaal;
s. NEN 6414 ten aanzien van temperatuur;
t. NEN-ISO 11083 ten aanzien van chroom VI.
2. De monstername ten behoeve van de emissiemetingen ter controle van de naleving van de emissie-eisen voor het lozen wordt uitgevoerd volgens NEN 6600-1 en de conservering van het monster wordt uitgevoerd volgens NEN-EN-ISO 5667-3. Het monster wordt niet gefiltreerd en de onopgeloste stoffen worden meegenomen in de analyse.
3. In afwijking van het eerste en tweede lid kunnen andere methoden voor emissiemetingen, monstername en conservering worden gebruikt, indien deze gelijkwaardig zijn aan de in die leden genoemde methoden.

Afdeling 2.3
Lucht en geur

Art. 2.3a
1. Deze afdeling is van toepassing op degene die een inrichting type A, een inrichting type B of een inrichting type C drijft.
2. In afwijking van het eerste lid is deze afdeling, met uitzondering van de artikelen 2.4, tweede lid, niet van toepassing op emissies naar de lucht van een IPPC-installatie indien en voor zover voor de activiteit of het type productieproces BBT-conclusies voor deze emissies zijn vastgesteld op grond van artikel 13, vijfde en zevende lid, van de EU-richtlijn industriële emissies. Indien de BBT-conclusie van toepassing is op een groep van stoffen, geldt de eerste volzin voor alle stoffen die tot die groep van stoffen behoren.
3. In afwijking van het eerste lid is artikel 2.5, tweede, derde, vijfde en zevende lid niet van toepassing op emissies van stoffen voor zover in de hoofdstukken 3, 4 en 5 emissie-eisen aan die stoffen zijn gesteld.
4. In afwijking van het eerste lid is artikel 2.7a, eerste, tweede en vierde lid, niet van toepassing op emissies van geur voor zover in hoofdstuk 3, 4 en 5 eisen aan geurhinder zijn gesteld.
5. In afwijking van het eerste lid is artikel 2.8 niet van toepassing op stoffen waarvoor op grond van hoofdstuk 5 een monitoringsbepaling geldt.
6. In afwijking van het eerste lid zijn de artikelen 2.5, 2.6 en 2.8 niet van toepassing op emissies van vluchtige organische stoffen uit oplosmiddeleninstallaties die vallen onder afdeling 2.11.

Werkingssfeer afdeling 2.3

Art. 2.3b
1. Voor de toepassing van deze afdeling wordt onder een zeer zorgwekkende stof verstaan: een stof die voldoet aan een of meer van de criteria of voorwaarden, bedoeld in artikel 57 van EG-verordening registratie, evaluatie en autorisatie van chemische stoffen.
2. Bij ministeriële regeling worden regels gesteld over zeer zorgwekkende stoffen.

Art. 2.4
1. In afwijking van artikel 2.3a, eerste lid, is dit artikel, met uitzondering van het achtste lid, onder b, uitsluitend van toepassing op degene die een inrichting type C drijft.
2. Emissies van zeer zorgwekkende stoffen naar de lucht worden zoveel mogelijk voorkomen dan wel, indien dat niet mogelijk is, tot een minimum beperkt.
3. Degene die een inrichting drijft van waaruit emissies van zeer zorgwekkende stoffen naar de lucht plaatsvinden, overlegt elke vijf jaar informatie aan het bevoegd gezag over:
a. de mate waarin emissies van zeer zorgwekkende stoffen naar de lucht plaatsvinden;

A66 art. 2.5 — Activiteitenbesluit milieubeheer

b. de mogelijkheden om emissies van die stoffen te voorkomen dan wel, indien dat niet mogelijk is, te beperken.

4. In afwijking van het derde lid, kan het bevoegd gezag, indien het belang van de bescherming van het milieu zich daartegen niet verzet, bij maatwerkvoorschrift toestaan dat:

a. aan de informatieverplichting niet hoeft te worden voldaan indien naar het oordeel van het bevoegd gezag de bijdrage van emissies uit de inrichting aan het maximaal toelaatbaar risico, bedoeld in het vijfde lid, verwaarloosbaar is, of

b. de informatieverplichting, rekening houdend met de meest relevante zeer zorgwekkende stoffen, gefaseerd wordt uitgevoerd. Hierbij stelt het bevoegd gezag per stof een redelijke termijn vast waarbinnen die informatie wordt aangeleverd.

5. Indien bij activiteiten emissies van zeer zorgwekkende stoffen naar de lucht plaatsvinden, leiden de emissiewaarden van die stoffen, genoemd in artikel 2.5, niet tot overschrijding van het maximaal toelaatbaar risiconiveau van de immissieconcentratie van die stof.

6. Bij ministeriële regeling worden ten behoeve van de bescherming van het milieu regels gesteld over:

a. het opstellen van de programma's voor het voorkomen dan wel, indien dat niet mogelijk is, beperken van emissies van zeer zorgwekkende stoffen, bedoeld in het derde lid;
b. het maximaal toelaatbaar risiconiveau en de vaststelling daarvan;
c. de bepaling van de immissieconcentratie, bedoeld in het vijfde lid.

7. Indien voor een van de zeer zorgwekkende stoffen nog geen maximaal toelaatbaar risiconiveau is vastgesteld, is het vijfde lid niet van toepassing op die stof tot het moment waarop de vaststelling plaatsvindt.

8. Indien de geografische ligging, de plaatselijke milieuomstandigheden of de technische kenmerken van de betrokken installatie daartoe aanleiding geven, kan het bevoegd gezag, als het belang van de bescherming van het milieu en het belang van het voorkomen dan wel voor zover dat niet mogelijk is het zoveel mogelijk beperken van luchtverontreiniging zich daartegen niet verzetten, bij maatwerkvoorschrift voor de stofcategorie ZZS voor zover het betreft:

a. een inrichting type C, emissiegrenswaarden vaststellen die afwijken van de emissiewaarden, bedoeld in het vijfde lid, dan wel afwijken van de emissiewaarden in de tabellen 2.5 en 2.6 of de tijdelijk bij ministeriële regeling vastgestelde waarden als bedoeld in artikel 2.5, zesde lid, dan wel andere eisen stellen;

b. een inrichting type B, eisen stellen aan de situering en uitvoering van het afvoerpunt van emissies;

c. eisen stellen aan de emissies van diffuse bronnen.

9. Ten aanzien van de technische kenmerken, bedoeld in het achtste lid, wordt onder meer rekening gehouden met een afwijkend emissiepatroon, de kosten en baten en een integrale afweging van de mogelijkheden voor emissiebeperking.

10. Dit artikel is, met uitzondering van het tweede lid, het achtste lid en het negende lid, niet van toepassing op de stoffen genoemd in bijlage 2 bij de Wet milieubeheer.

11. De termijn van vijf jaar, genoemd in het derde lid, vangt aan:
a. op het tijdstip van het van toepassing worden van artikel 2.4. op de inrichting, of
b. in afwijking van onderdeel a, voor een inrichting waarvoor tot het toepassing worden van artikel 2.4 voor die inrichting in een vergunning een afwijkend tijdstip was vastgelegd, op dat afwijkende tijdstip.

Art. 2.5

1. Indien de som van de onder normale procesomstandigheden gedurende één uur optredende massastromen van stoffen in de stofcategorieën ZZS, sA en gO naar de lucht binnen eenzelfde stofklasse vanuit alle puntbronnen in de inrichting de in tabel 2.5 opgenomen grensmassastroom van die stofklasse overschrijdt, is de emissieconcentratie van die stofklasse per puntbron niet hoger dan de in tabel 2.5 opgenomen emissiegrenswaarde behorende bij die stofklasse.

2. Voor stofklassen S en sO geldt dat alle bronnen in de inrichting afzonderlijk:
a. ten hoogste 5 mg/Nm^3 emitteren, indien de massastroom van een stof of de som van de onder normale procesomstandigheden gedurende één uur optredende massastromen van stoffen binnen deze stofklasse vanuit al die puntbronnen, groter of gelijk is aan 200 gram per uur, of
b. ten hoogste 20 mg/Nm^3 emitteren, indien de massastroom van een stof of de som van de onder normale procesomstandigheden gedurende één uur optredende massastromen van stoffen binnen deze stofklasse vanuit al die puntbronnen, kleiner is dan 200 gram per uur.

3. Indien voor een bron geen filtrerende afscheider kan worden toegepast, emitteert deze bron in afwijking van het tweede lid, onderdeel a, afzonderlijk ten hoogste 20 mg/Nm^3.

4. Onverminderd het eerste lid is voor de stofcategorieën ZZS, sA en gO in tabel 2.5 een emissiegrenswaarde voor alle bronnen afzonderlijk van toepassing indien:
a. de gedurende één uur optredende massastromen van stoffen uit een stofklasse genoemd in tabel 2.5 samen met de gedurende hetzelfde uur optredende massastromen van stoffen uit de

eerstvolgende hogere stofklasse genoemd in die tabel, vanuit alle puntbronnen in de inrichting de in die tabel genoemde grensmassastroom van de laatstbedoelde stofklasse overschrijdt. De emissieconcentratie van deze stofklassen per puntbron is in dit geval niet hoger dan de in tabel 2.5 opgenomen emissiegrenswaarde behorende bij de hogere stofklasse;
 b. de gedurende één uur optredende massastromen van afzonderlijke stofklassen binnen één stofcategorie samen vanuit alle puntbronnen in de inrichting de in tabel 2.5 genoemde grensmassastroom van de hoogste stofklasse genoemd in die tabel van die stofcategorie overschrijdt. De emissieconcentratie van deze stofcategorie per puntbron is in dit geval niet hoger dan de in tabel 2.5 opgenomen emissiegrenswaarde behorende bij de hoogste stofklasse.
 5. Indien de onder normale procesomstandigheden gedurende één uur optredende massastromen van een stof in de stofcategorie gA naar de lucht vanuit alle puntbronnen in de inrichting de in tabel 2.5 opgenomen grensmassastroom van die stofklasse overschrijdt, is de emissieconcentratie van die stof per puntbron niet hoger dan de in tabel 2.5 opgenomen emissiegrenswaarde behorende bij die stof.
 6. Voor stoffen die in een andere stofklasse of stofcategorie worden ingedeeld kunnen, in afwijking van de waarden genoemd in tabel 2.5 en 2.6, indien het belang van de bescherming van het milieu zich daartegen niet verzet, bij ministeriële regeling voor de betreffende stof tijdelijk andere waarden worden vastgesteld.
 7. Indien in hoofdstuk 4 of bij ministeriële regeling als bedoeld in het vijfde lid, eisen zijn gesteld aan de emissie van stoffen in de stofcategorie ZZS wordt ten aanzien van de berekeningen in het eerste en vierde lid gerekend met de afwijkende massastroom en emissiegrenswaarde zoals opgenomen in de betreffende artikelen van hoofdstuk 4 of in de betreffende artikelen van de ministeriële regeling.

Tabel 2.5

Stofcategorie	Stofklasse	Grensmassastroom		Emissiegrenswaarde	
ZZS	ERS	20	mg TEQ/jaar	0,1	ng TEQ/Nm^3
	MVP1	0,15	g/uur	0,05	mg/Nm^3
	MVP2	2,5	g/uur	1	mg/Nm^3
sA	sA.1	0,25	g/uur	0,05	mg/Nm^3
	sA.2	2,5	g/uur	0,5	mg/Nm^3
	sA.3	10	g/uur	5	mg/Nm^3
gA	gA.1	2,5	g/uur	0,5	mg/Nm^3
	gA.2	15	g/uur	3	mg/Nm^3
	gA.3	150	g/uur	30	mg/Nm^3
	gA.4	2.000	g/uur	50	mg/Nm^3
	gA.5	2.000	g/uur	200	mg/Nm^3
gO	gO.1	100	g/uur	20	mg/Nm^3
	gO.2	500	g/uur	50	mg/Nm^3
	gO.3	500	g/uur	100	mg/Nm^3

Art. 2.6
Indien de massastroom van een bron op jaarbasis kleiner is dan de in tabel 2.6 genoemde vrijstellingsgrens gelden in afwijking van artikel 2.5 en de emissiegrenswaarden voor stoffen waarvoor in hoofdstuk 4 eisen aan emissies naar de lucht zijn gesteld, de daarin genoemde emissiegrenswaarden niet voor de emissie van die bron.

Tabel 2.6

Stofcategorie	Stofklasse	Vrijstellingsgrens	
ZZS	ERS	20	mg TEQ/jaar
	MVP1	0,075	kg/jaar
	MVP2	1,25	kg/jaar
S	S	100	kg/jaar
sO	sO	100	kg/jaar
sA	sA.1	0,125	kg/jaar
	sA.2	1,25	kg/jaar
	sA.3	5	kg/jaar
gA	gA.1	1,25	kg/jaar

Stofcategorie	Stofklasse	Vrijstellingsgrens
	gA.2	7,5 kg/jaar
	gA.3	75 kg/jaar
	gA.4	1.000 kg/jaar
	gA.5	1.000 kg/jaar
gO	gO.1	50 kg/jaar
	gO.2	250 kg/jaar
	gO.3	250 kg/jaar

Art. 2.7

1. Indien de geografische ligging, de plaatselijke milieuomstandigheden of de technische kenmerken van de betrokken installatie daartoe aanleiding geven, kan het bevoegd gezag de emissiegrenswaarden voor de stofcategorieën S, sO, sA, gA en gO, bedoeld in de artikelen 2.5 en 2.6, met uitzondering van de emissiegrenswaarden voor stoffen waarvoor in de hoofdstukken 3, 4 en 5 eisen aan emissies naar de lucht zijn gesteld, bij maatwerkvoorschrift niet van toepassing verklaren en andere emissiegrenswaarden vaststellen, dan wel andere eisen stellen om luchtverontreiniging te voorkomen dan wel voor zover dat niet mogelijk is zoveel mogelijk te beperken.
2. Het bevoegd gezag kan bij maatwerkvoorschrift voor de stofcategorieën S, sO, sA, gA en gO, bedoeld in de artikelen 2.5 en 2.6, eisen stellen aan emissies van diffuse bronnen.
3. Bij maatwerkvoorschriften op grond van het eerste en tweede lid worden in de inrichting ten minste de voor de inrichting in aanmerking komende beste beschikbare technieken toegepast.
4. Ten aanzien van de technische kenmerken wordt onder meer rekening gehouden met een afwijkend emissiepatroon, kosteneffectiviteit en integrale afweging van de mogelijkheden voor emissiebeperking.
5. Het bevoegd gezag stelt de kosteneffectiviteit van maatregelen vast volgens de rekenmethode in bijlage 2 en de waarden, bedoeld in het zesde tot en met achtste lid.
6. Een maatregel met betrekking tot emissies van stikstofoxiden (NO_x), zwaveldioxide (SO_2), vluchtige organische stoffen (VOS) of totaal stof is in ieder geval kosteneffectief indien de berekende waarde lager is dan de laagste waarde van het afwegingsgebied in tabel 2.7.

Tabel 2.7

	Afwegingsgebied (€/kg)
NO_x	5 – 20
SO_2	5 – 10
VOS	8 – 15
Stof	8 – 15

7. Een maatregel met betrekking tot de emissie van de stoffen, bedoeld in het zesde lid, is niet kosteneffectief indien de berekende waarde hoger is dan de hoogste waarde van het afwegingsgebied in tabel 2.7.
8. Indien de berekende kosteneffectiviteit van een maatregel, met betrekking tot de emissie van de stoffen, bedoeld in het zesde lid, binnen het afwegingsgebied van tabel 2.7 ligt, bepaalt het bevoegd gezag bij maatwerkvoorschrift of die maatregel in een individueel geval kosteneffectief is.
9. Indien een maatwerkvoorschrift, als bedoeld in het eerste lid, wordt vastgesteld kan het bevoegd gezag besluiten dat door degene die de inrichting drijft een rapport van een onderzoek naar de beschikbaarheid van maatregelen wordt overgelegd om te kunnen voldoen aan de artikelen 2.5 en 2.6.
10. Het bevoegd gezag kan tevens, in het belang van de bescherming van het milieu, maatwerkvoorschriften stellen met betrekking tot het controleren van emissies naar de lucht, bedoeld in de artikelen 2.5 en 2.6, en alle activiteiten waarvoor bij of krachtens de hoofdstukken 3 en 4 eisen aan emissies naar de lucht zijn gesteld indien:
   a. de inrichting een andere maatregel heeft gekozen dan de maatregel die is erkend op grond van de ministeriële regeling, bedoeld in artikel 1.7;

Activiteitenbesluit milieubeheer A66 art. 2.8

b. de toegepaste emissiebeperkende techniek in combinatie met de geëmitteerde stoffen leidt tot hoge storinggevoeligheid, er veel onderhoud nodig is dan wel er veel fluctuaties zijn in de aard en grootte van de emissies;
c. de grootte en aard van de emissies daartoe aanleiding geven, of
d. de grootte van de emissies die kunnen optreden bij storing aan de emissiebeperkende techniek, daartoe aanleiding geven.

11. Het bevoegd gezag kan tevens, in het belang van de bescherming van het milieu, maatwerkvoorschriften stellen met betrekking tot het onderhoud en de controle van een emissiebeperkende techniek die door degene die de inrichting drijft, wordt ingezet om aan de artikelen 2.5, 2.6, 3.26b, 3.38, 3.141, 3.143, 4.21, 4.23, 4.27a, 4.29, 4.31b, 4.33 tot en met 4.35, 4.40 tot en met 4.42, 4.44 tot en met 4.46, 4.50, 4.54, 4.54a, 4.58, 4.60, 4.62, 4.65, 4.68, 4.74b, 4.74f, 4.74j, 4.74s, 4.94, 4.94g, 4.103aa, 4.103d, 4.119 en 4.125 te voldoen indien geen of naar de mening van het bevoegd gezag onvoldoende onderhoud is verricht aan de emissiebeperkende techniek.

Art. 2.7a

1. Indien bij een activiteit emissies naar de lucht plaatsvinden, wordt daarbij geurhinder bij geurgevoelige objecten voorkomen, dan wel voor zover dat niet mogelijk is wordt de geurhinder tot een aanvaardbaar niveau beperkt.

2. Het bevoegd gezag kan, indien het redelijk vermoeden bestaat dat niet aan het eerste lid wordt voldaan, besluiten dat een rapport van een geuronderzoek wordt overgelegd. Een geuronderzoek wordt uitgevoerd overeenkomstig de NTA 9065.

3. Bij het bepalen van een aanvaardbaar niveau van geurhinder wordt ten minste rekening gehouden met de volgende aspecten:
a. de bestaande toetsingskaders, waaronder lokaal geurbeleid;
b. de geurbelasting ter plaatse van geurgevoelige objecten;
c. de aard, omvang en waardering van de geur die vrijkomt bij de betreffende inrichting;
d. de historie van de betreffende inrichting en het klachtenpatroon met betrekking geurhinder;
e. de bestaande en verwachte geurhinder van de betreffende inrichting, en
f. de kosten en baten van technische voorzieningen en gedragsregels in de inrichting.

4. Het bevoegd gezag kan, indien blijkt dat de geurhinder ter plaatse van een of meer geurgevoelige objecten een aanvaardbaar hinderniveau kan overschrijden, bij maatwerkvoorschrift:
a. geuremissiewaarden vaststellen;
b. bepalen dat bepaalde geurbelastingen ter plaatse van die objecten niet worden overschreden, of
c. bepalen dat technische voorzieningen in de inrichting worden aangebracht of gedragsregels in de inrichting in acht worden genomen om de geurhinder tot een aanvaardbaar niveau te beperken.

5. Indien een maatwerkvoorschrift als bedoeld in het vierde lid wordt vastgesteld, kan het bevoegd gezag besluiten dat door degene die de inrichting drijft een rapport van een onderzoek naar de beschikbaarheid van technische voorzieningen en gedragsregels wordt overgelegd waaruit blijkt dat aan het eerste lid wordt voldaan.

Art. 2.8

1. Indien bij ministeriële regeling op grond van artikel 1.7 is bepaald dat daarbij aangegeven maatregelen ter bescherming van het milieu kunnen worden toegepast maar degene die de inrichting drijft op een andere wijze voldoet aan de eisen ten aanzien van emissies naar de lucht van stoffen die bij of krachtens de hoofdstukken 3, 4 of 5 zijn gesteld:
a. wordt op verzoek van het bevoegd gezag eenmalig aangetoond dat de grensmassastromen zoals bedoeld in artikel 2.5 en in de hoofdstukken 3, 4 of 5 vanwege het in werking zijn van de inrichting, niet overschreden worden, of
b. wordt op verzoek van het bevoegd gezag, indien één of meer grensmassastromen als bedoeld in de hoofdstukken 3, 4, en 5 worden overschreden, eenmalig aangetoond of wordt voldaan aan de emissie-eisen dan wel een op grond van artikel 2.7, eerste lid, gestelde eis ten aanzien van stoffen waarvoor in de artikelen 3.38, 3.43, 4.21, 4.23, 4.27, 4.29, 4.33 tot en met 4.35, 4.40 tot en met 4.42, 4.44 tot en met 4.46, 4.50, 4.54, 4.54a, 4.58, 4.60, 4.62, 4.65, 4.68, 4.74b, 4.74f, 4.94, 4.94g, 4.103a, 4.103d, 4.119 en 4.125, eisen ten aanzien van emissies naar de lucht zijn gesteld door middel van een emissiemeting, dan wel door middel van een emissieberekening mits dit is goedgekeurd door het bevoegd gezag, met uitzondering van bronnen waarvan is aangetoond dat de massastroom lager is dan de vrijstellingsgrens, bedoeld in artikel 2.6.

2. Het eerste lid, onderdelen a en b, is van overeenkomstige toepassing op een verandering van de inrichting indien de verandering naar verwachting zal leiden tot een significante toename van de emissie.

3. Indien op grond van artikel 2.5 en artikel 2.6 emissiegrenswaarden gelden dan worden de emissies gecontroleerd op basis van een controleregime als bedoeld in tabel 2.8.

Tabel 2.8

storingsfactor F	Controleregime	Mogelijke controlevormen
F < 3	0	ERP's cat. B
3 < F < 30	1	Meting eenmalig + ERP's cat. B
30 < F < 300	2	Meting 1 x per 3 jaar + ERP's cat. B
300 < F < 3.000	3	Meting 1 x per jaar + ERP's cat. B
		Bij sterke fluctuaties: controleregime 4
F > 3.000	4	Continue meting of ERP's cat. A of Meting 2 x per jaar + ERP's cat. B

4. De controle van emissies wordt gebaseerd op de grootte van de storingsfactor, bedoeld in tabel 2.8. Het bevoegd gezag kan, indien het belang van de bescherming van het milieu zich daartegen niet verzet, bij maatwerkvoorschrift van de in tabel 2.8 opgenomen controlevormen afwijken.

5. Voor zover de controlevorm een ERP voorschrijft, toont de drijver van de inrichting aan:
   a. welke ERP's dienen om de emissies van een specifieke component te controleren;
   b. binnen welke grenzen van de waarden van de ERP's wordt voldaan aan de emissie-eisen.

6. De metingen van emissies waarvoor grenswaarden gelden als bedoeld in artikel 2.5 en in de hoofdstukken 3 en 4 worden uitgevoerd door een daartoe geaccrediteerde meetinstantie. Het bevoegd gezag kan, indien het belang van de bescherming van het milieu zich daartegen niet verzet, bij maatwerkvoorschrift hiervan afwijken.

7. Voor de resultaten van emissiemetingen of controle van ERP's geldt dat:
   a. deze worden vastgelegd in een rapport;
   b. de resultaten van emissiemetingen worden gerapporteerd bij standaard luchtcondities voor temperatuur en druk, en bij droog afgas;
   c. de resultaten van emissiemetingen worden gecorrigeerd voor de meetonzekerheid;
   d. emissies van verbrandingsprocessen worden herleid op afgas met een volumegehalte aan zuurstof van:
   $1°$. 6 procent, indien het een stookinstallatie met vaste brandstof betreft;
   $2°$. 3 procent, indien het een stookinstallatie met een gasvormige of vloeibare brandstof betreft, of
   $3°$. het gehalte dat het bevoegd gezag bij maatwerkvoorschrift heeft vastgelegd.
   e. het resultaat van afzonderlijke emissiemetingen de emissiegrenswaarde niet mag overschrijden;
   f. de daggemiddelde waarde van de emissieconcentratie, bepaald op basis van het resultaat van continu metingen, niet hoger mag zijn dan de emissiegrenswaarde, en
   g. geen van de halfuurgemiddelde waarden, als resultaat van continu metingen, hoger mag zijn dan het dubbele van de emissiegrenswaarde.

8. De metingen, bedoeld in het eerste lid, onder b, en in het vierde lid, met inbegrip van berekeningen en bepalingen van ERP's, de registratie en rapportage van de meting, voldoen, ten behoeve van de bescherming van het milieu, aan de bij ministeriële regeling gestelde eisen.

Art. 2.8a
Voor een inrichting type C waarvoor onmiddellijk voorafgaand aan het tijdstip van het van toepassing worden van dit besluit of een deel daarvan op een activiteit in die inrichtingen een omgevingsvergunning op grond van artikel 2.1, eerste lid, aanhef en onder e, van de Wet algemene bepalingen omgevingsrecht in werking en onherroepelijk was, worden de geurvoorschriften van die vergunning in afwijking van artikel 6.1, eerste lid, na het van toepassing worden van dit besluit of een deel daarvan op een activiteit in die inrichtingen, tot het tijdstip waarop de Omgevingswet in werking treedt aangemerkt als maatwerkvoorschriften, mits de geurvoorschriften van de vergunning vallen binnen de bevoegdheid van het bevoegd gezag tot het stellen van maatwerkvoorschriften en voor zover dit besluit op de inrichting van toepassing is.

Afdeling 2.4
Bodem

Art. 2.8b
Werkingssfeer
1. Deze afdeling is van toepassing op degene die:
   a. een inrichting type A of een inrichting type B drijft of een inrichting type C waartoe een IPPC-installatie behoort, of

Activiteitenbesluit milieubeheer **A66** art. 2.11

b. een inrichting type C drijft waartoe geen IPPC-installatie behoort, voor zover binnen de inrichting activiteiten worden verricht waarop hoofdstuk 3 van toepassing is.
2. Voor zover het betreft een inrichting type C waartoe een IPPC-installatie behoort, is in afwijking van het eerste lid, onder a, artikel 2.11, eerste lid, niet van toepassing.

Art. 2.9
1. Indien in een inrichting een bodembedreigende activiteit wordt verricht worden bodembeschermende voorzieningen en bodembeschermende maatregelen getroffen waarmee een verwaarloosbaar bodemrisico wordt gerealiseerd.
2. De bodembeschermende voorzieningen en bodembeschermende maatregelen voldoen aan de bij ministeriële regeling gestelde eisen in verband met de goede werking van die voorzieningen en maatregelen, en omtrent de controle van die eisen alsmede aan de bij ministeriële regeling gestelde eisen in verband met de mogelijkheid om bodemverontreiniging te kunnen signaleren.
3. In de bij ministeriële regeling te bepalen gevallen zendt degene die de inrichting drijft de resultaten van het onderzoek in verband met de mogelijkheid om bodemverontreiniging te kunnen signaleren, bedoeld in het tweede lid, aan het bij die regeling aangegeven bestuursorgaan.

Activiteit, bodemverontreiniging

Art. 2.9a
1. In afwijking van artikel 2.9 kan het bevoegd gezag op aanvraag bij maatwerkvoorschrift bepalen dat een aanvaardbaar bodemrisico wordt gerealiseerd, indien:
a. voor 1 januari 2008 binnen een inrichting een bodembedreigende activiteit werd uitgevoerd, of
b. tot het van toepassing worden van dit besluit of een deel daarvan, binnen een inrichting een bodembedreigende activiteit werd uitgevoerd en voor die inrichting een vergunning in werking en onherroepelijk was.
2. Een maatwerkvoorschrift als bedoeld in het eerste lid kan slechts worden gesteld indien het realiseren van een verwaarloosbaar bodemrisico redelijkerwijs niet kan worden gevergd en is voldaan aan het derde lid.
3. Bij de aanvraag, bedoeld in het eerste lid, wordt een plan van aanpak gevoegd, waarin ten minste is vastgelegd:
a. de wijze waarop het monitoringssysteem wordt uitgevoerd;
b. de bodemkwaliteit op dat moment, zoals die is onderzocht en vastgelegd door een persoon of een instelling die daartoe beschikt over een erkenning op grond van het Besluit bodemkwaliteit;
c. de wijze waarop en de termijn waarbinnen eventueel optredende verontreiniging of aantasting van de bodem wordt hersteld door een persoon of instelling die daartoe beschikt over een erkenning op grond van het Besluit bodemkwaliteit;
d. de kosten die daarvoor worden geraamd en de wijze waarop hiervoor financiële zekerheid wordt gesteld.
4. Het plan van aanpak, bedoeld in het derde lid, waarmee het bevoegd gezag heeft ingestemd maakt deel uit van het maatwerkvoorschrift.
5. Onder een aanvaardbaar bodemrisico als bedoeld in het eerste lid wordt verstaan: een situatie als bedoeld in de NRB waarin een bodemrisico aanvaardbaar is gemaakt middels een monitoringssysteem en door het anticiperen op het beperken en zoveel mogelijk ongedaan maken van eventueel optredende verontreiniging of aantasting van de bodem.
6. Het monitoringssysteem als bedoeld in het derde en vijfde lid voldoet aan bijlage 3 van deel 3 van de NRB en wordt uitgevoerd door een persoon of instelling die daartoe beschikt over een erkenning op grond van het Besluit bodemkwaliteit.

Art. 2.10
1. Om een verwaarloosbaar bodemrisico te realiseren voldoet een ondergrondse opslagtank aan de bij ministeriële regeling gestelde eisen in verband met:
a. de goede werking van die opslagtank;
b. de mogelijkheid om bodemverontreiniging te kunnen signaleren.
2. Een kathodische bescherming voldoet aan de bij ministeriële regeling gestelde eisen in verband met de goede werking van die bescherming.

Bodem, eisen ondergrondse opslagtank

Art. 2.11
1. Indien in de inrichting een bodembedreigende activiteit wordt verricht, wordt uiterlijk binnen drie maanden na oprichting van de inrichting, een rapport met de resultaten van een onderzoek naar de bodemkwaliteit toegestuurd aan het bevoegd gezag.
2. Het bevoegd gezag kan maatwerkvoorschriften stellen met betrekking tot het uitvoeren van een onderzoek naar de bodemkwaliteit bij een verandering van de inrichting, indien het gelet op de aard of de mate waarin de inrichting verandert, nodig is de bodemkwaliteit vast te leggen met het oog op een mogelijke aantasting of verontreiniging van de bodem die kan of is ontstaan door een bodembedreigende activiteit.
3. Indien in de inrichting een bodembedreigende activiteit is verricht wordt uiterlijk binnen zes maanden na beëindiging van de inrichting of de IPPC-installatie of na beëindiging van het opslaan van vloeibare brandstof, afgewerkte olie of pekel in een ondergrondse opslagtank, een

Bodem, melding bodembedreigende activiteit

rapport met de resultaten van een onderzoek naar de bodemkwaliteit toegezonden aan het bevoegd gezag. In dit rapport wordt ten minste vermeld:
a. de naam en adres van degene die het onderzoek heeft verricht;
b. de wijze waarop het onderzoek is verricht;
c. de aard en de mate van de aangetroffen verontreinigende stoffen en de herkomst daarvan;
d. de mate waarin de bodemkwaliteit is gewijzigd ten opzichte van de situatie bij de oprichting of de verandering van de inrichting voor zover die situatie is vastgelegd in een rapport;
e. de wijze waarop en de mate waarin de bodemkwaliteit wordt hersteld als bedoeld in het vijfde lid.
4. De onderzoeken en rapporten, bedoeld in het eerste, tweede en derde lid, worden uitgevoerd onderscheidenlijk opgesteld door een persoon of een instelling die daartoe beschikt over een erkenning op grond van het Besluit bodemkwaliteit.
5. Indien uit het rapport, bedoeld in het derde lid, blijkt dat de bodem als gevolg van de activiteiten in de inrichting is aangetast of verontreinigd, draagt degene die de inrichting drijft er zorg voor dat binnen zes maanden na toezending van dat rapport aan het bevoegd gezag de bodemkwaliteit is hersteld tot:
a. de situatie bij oprichting of verandering van de inrichting voor zover die situatie is vastgelegd in een rapport;
b. de achtergrondwaarden als bedoeld in het Besluit bodemkwaliteit indien er geen rapport als bedoeld in onderdeel a beschikbaar is.
Herstel vindt plaats voor zover dat met de beste beschikbare technieken redelijkerwijs haalbaar is.
6. Het herstel van de bodemkwaliteit als bedoeld in het vijfde lid geschiedt door een persoon of een instelling die beschikt over een erkenning op grond van het Besluit bodemkwaliteit.
7. Degene die de inrichting drijft meldt de aanvang en de afronding van de werkzaamheden, bedoeld in het vijfde lid, direct aan het bevoegd gezag.
8. De onderzoeken, bedoeld in het eerste tot en met derde lid, voldoen aan NEN 5740 en richten zich uitsluitend op de bodembedreigende stoffen die door de werkzaamheden ter plaatse een bedreiging voor de bodemkwaliteit vormen of vormden en op de plaatsen waar bodembedreigende activiteiten plaatsvinden, zullen plaatsvinden dan wel hebben plaatsgevonden.
9. Een aanwezige vloeistofdichte vloer of verharding wordt ten behoeve van het onderzoek, bedoeld in het eerste lid of tweede lid, niet doorboord of anderszins aangetast.
10. Bij ministeriële regeling kunnen bodembedreigende activiteiten worden aangewezen waarop dit artikel geheel of gedeeltelijk niet van toepassing is.

Afdeling 2.5
Doelmatig beheer van afvalstoffen

Art. 2.11a

Werkingssfeer
1. Deze afdeling is van toepassing op degene die een inrichting type A of een inrichting type B drijft.
2. In afwijking van het eerste lid is artikel 2.12 van toepassing op degene die een inrichting type A, een inrichting type B of een inrichting type C drijft.

Art. 2.12

Activiteit, afvalscheiding
1. Onverminderd artikel 10.54a, eerste lid, van de Wet milieubeheer is het verboden voorafgaand aan het afvalstoffenbeheer gevaarlijke afvalstoffen te mengen, daaronder mede begrepen het verdunnen, met andere categorieën van afvalstoffen of met andere stoffen of materialen.
2. Het is verboden afvalstoffen, niet zijnde gevaarlijke afvalstoffen, die binnen de inrichting zijn ontstaan, te mengen met andere categorieën van afvalstoffen, indien het gescheiden houden en gescheiden afgeven gelet op de hoeveelheden en de manier van vrijkomen van deze afvalstoffen en de kosten van het gescheiden houden en gescheiden afgeven op grond van het Landelijk afvalbeheerplan kan worden gevergd.
3. Het is verboden afvalstoffen, niet zijnde gevaarlijke afvalstoffen, afkomstig van buiten de inrichting, te mengen met andere categorieën van afvalstoffen.
4. Het eerste lid is niet van toepassing op het mengen van gevaarlijke afvalstoffen met afvalstoffen, niet zijnde gevaarlijke afvalstoffen, voor zover het mengen bij ministeriële regeling is toegestaan.
5. Het derde lid is niet van toepassing voor zover het mengen is toegestaan op grond van een omgevingsvergunning.

Nadere regels
6. Bij ministeriële regeling worden, voor toepassing van dit artikel, categorieën van afvalstoffen aangewezen.

Art. 2.13

Afval, afvalverwijdering
Degene die de inrichting drijft verwijdert zo vaak als nodig etenswaren, verpakkingen, sport- of spelmaterialen, of andere materialen die uit de inrichting afkomstig zijn of voor de inrichting zijn bestemd binnen een straal van 25 meter van de inrichting.

Activiteitenbesluit milieubeheer **A66** art. 2.15

Art. 2.14
Indien binnen een inrichting een afvalstof zijnde metaal, hout, kunststof, textiel, steenachtige materialen of gips als grondstof wordt ingezet voor het vervaardigen, samenstellen of repareren van producten of onderdelen daarvan bestaande uit metaal, hout, kunststof, textiel, steenachtige materialen of gips en de eigenschappen van de afvalstof afwijken van de gangbare grondstof kan het bevoegd gezag maatwerkvoorschriften stellen om nadelige gevolgen voor het milieu die kunnen ontstaan door het afwijken van de eigenschappen, te voorkomen of voor zover dat niet mogelijk is te beperken.

Afval, hergebruik

Art. 2.14a
1. Het is verboden afvalstoffen te verbranden.
2. Het is verboden afvalstoffen op of in de bodem te brengen met het doel ze daar te laten.
3. Het tweede lid geldt niet voor het toepassen van bouwstoffen en het toepassen van grond of baggerspecie, waarop het Besluit bodemkwaliteit van toepassing is.
4. Het tweede lid geldt niet voor het lozen op of in de bodem.
5. Het is verboden afvalstoffen voorafgaand aan nuttige toepassing langer dan drie jaren op te slaan.
6. Het is verboden afvalstoffen voorafgaand aan verwijdering langer dan een jaar op te slaan.
7. Uiterlijk binnen acht weken na de beëindiging van de inrichting worden de daarin aanwezige afvalstoffen uit de inrichting afgevoerd.
8. Het is verboden afvalstoffen te verdichten, tenzij:
a. het geen gevaarlijke afvalstof betreft, en
b. het verdichten geen belemmering vormt voor de nascheiding of recycling.

Afval, verbodsbepalingen

Art. 2.14b
1. Indien binnen een inrichting afvalstoffen worden op- of overgeslagen of verwerkt die worden ingezameld bij of afgegeven door een andere persoon dan degene die de inrichting drijft, is binnen de inrichting een actuele beschrijving aanwezig van de procedures van acceptatie en controle van de ontvangen afvalstoffen, die nodig zijn voor een doelmatig beheer van die afvalstoffen.
2. De beschrijving, bedoeld in het eerste lid, onderscheidt groepen van afvalstoffen waarvoor vanuit het oogpunt van doelmatig beheer van afvalstoffen verschillende procedures worden gehanteerd en omvat per onderscheiden groep van afvalstoffen in ieder geval de volgende elementen:
a. het type ontdoener waarvan afvalstoffen worden aangenomen, voor zover dit gevolgen heeft voor de acceptatie en controle;
b. de eisen die degene die de inrichting drijft, stelt aan de manier waarop de afvalstoffen worden aangeboden;
c. de manier waarop de afvalstoffen worden gecontroleerd bij ontvangst, en
d. de manier waarop de afvalstoffen die op een milieuhygiënisch relevante manier afwijken van wat gangbaar is voor de categorie, worden behandeld.
3. Degene die de inrichting drijft draagt er zorg voor dat:
a. de procedures van acceptatie en controle, bedoeld in het eerste lid, binnen de inrichting in acht worden genomen, en
b. de afvalstoffen binnen de inrichting uitsluitend worden ingenomen voor zover die procedures worden nageleefd.
4. Het bevoegd gezag kan in het belang van het doelmatig beheer van afvalstoffen bij maatwerkvoorschrift eisen stellen aan de invulling van de procedures, bedoeld in het eerste lid.

Afval, procedures acceptatie en controle

Afdeling 2.6
Energiebesparing

Art. 2.14c
Deze afdeling is van toepassing op degene die een inrichting type A of een inrichting type B drijft.

Werkingssfeer

Art. 2.15
1. Degene die de inrichting drijft neemt alle energiebesparende maatregelen met een terugverdientijd van vijf jaar of minder.
2. Degene die de inrichting drijft rapporteert uiterlijk op 1 juli 2019 en daarna eenmaal per vier jaar aan het bevoegd gezag welke energiebesparende maatregelen zijn getroffen.
3. Indien andere maatregelen zijn uitgevoerd dan de maatregelen die bij ministeriële regeling zijn aangewezen, voor zover deze op de inrichting van toepassing zijn, worden deze maatregelen in de rapportage omschreven.
4. Het bevoegd gezag kan bij maatwerkvoorschrift een gefaseerde uitvoering van de verplichting, bedoeld in het eerste lid, toestaan waarbij rekening wordt gehouden met de bedrijfseconomische omstandigheden van de inrichting. Hierbij stelt het bevoegd gezag per maatregel een redelijke termijn vast waarbinnen die maatregel moet zijn uitgevoerd.

Activiteit, energiebesparing

5. Indien aannemelijk is dat niet wordt voldaan aan het eerste lid, kan het bevoegd gezag degene die de inrichting drijft waarvan het energieverbruik in enig kalenderjaar groter is dan 200.000 kilowatt uur aan elektriciteit of groter is dan 75.000 kubieke meter aardgasequivalenten aan brandstoffen, verplichten om binnen een door het bevoegd gezag te bepalen termijn, onderzoek te verrichten of te laten verrichten waaruit blijkt of aan het eerste lid wordt voldaan.
6. Indien uit het onderzoek, bedoeld in het vijfde lid, blijkt dat niet wordt voldaan aan het eerste lid, neemt degene die de inrichting drijft de in het eerste lid bedoelde maatregelen binnen een door het bevoegd gezag te bepalen redelijke termijn.
7. Het eerste en tweede lid zijn niet van toepassing indien het energiegebruik in de inrichting in enig kalenderjaar kleiner is dan 50.000 kilowatt uur aan elektriciteit en kleiner is dan 25.000 kubieke meter aardgasequivalenten aan brandstoffen.
8. Het eerste en tweede lid zijn niet van toepassing op een inrichting waarop de verboden, bedoeld in artikel 16.5 van de wet, betrekking hebben en op een inrichting als bedoeld in artikel 15.51, eerste lid, van de wet.
9. Het tweede lid is niet van toepassing op degene die de inrichting drijft die is toegetreden tot de meerjarenafspraak energie-efficiëntie.
10. In afwijking van het tweede lid rapporteert degene die een inrichting drijft, die op 1 januari 2019 nog niet was opgericht, voor de eerste maal uiterlijk een jaar na oprichting van de inrichting.
11. In afwijking van het tweede lid rapporteert degene die een inrichting drijft, die onderdeel uitmaakt van een onderneming die geen kleine of middelgrote onderneming is, als bedoeld in artikel 8, vierde lid, van de richtlijn energie-efficiëntie, voor de eerste maal uiterlijk op 5 december 2019.

Afdeling 2.7
Verkeer en vervoer

Art. 2.15a

Werkingssfeer
Deze afdeling is van toepassing op degene die een inrichting type A of een inrichting type B drijft.

Art. 2.16

Activiteit, verkeer en vervoer
1. Degene die een inrichting drijft, treft ten aanzien van het vervoer van de eigen werknemers van en naar de inrichting de in de ministeriële regeling genoemde maatregelen, waarbij kan worden bepaald dat maatregelen worden getroffen die tezamen ten minste het op grond van die ministeriële regeling benodigde aantal punten behalen.
2. Indien in de inrichting meer dan 500 werknemers werkzaam zijn kan het bevoegd gezag degene die de inrichting drijft verplichten om binnen een door het bevoegd gezag te bepalen termijn onderzoek naar personenvervoer te verrichten of te laten verrichten waaruit blijkt welke aanvullende maatregelen kunnen worden toegepast. Het bevoegd gezag kan naar aanleiding van dat onderzoek bij maatwerkvoorschrift aanvullende maatregelen voorschrijven.
3. Het bevoegd gezag kan in afwijking van het eerste lid een lager aantal punten dan het in de ministeriële regeling vastgestelde puntenaantal vaststellen indien degene die de inrichting drijft aantoont dat het gezien de aard en ligging van de inrichting op geen enkele manier mogelijk is om het puntenaantal zoals opgenomen in de ministeriële regeling te bereiken.
4. Het eerste lid is niet van toepassing indien er in de inrichting minder dan 50 werknemers werkzaam zijn.

Art. 2.16a

Schakelbepaling
Tot het tijdstip waarop artikel 2.16 in werking treedt, is artikel 2.1, vierde lid, van toepassing op het vervoer van de eigen werknemers van en naar de inrichting.

Afdeling 2.8
Geluidhinder

Art. 2.16b

Werkingssfeer
Deze afdeling is van toepassing op degene die een inrichting type A of een inrichting type B drijft.

Art. 2.17

Geluidhinder
1. Voor het langtijdgemiddelde beoordelingsniveau ($L_{Ar,LT}$) en het maximaal geluidsniveau L_{Amax}, veroorzaakt door de in de inrichting aanwezige installaties en toestellen, alsmede door de in de inrichting verrichte werkzaamheden en activiteiten en laad- en losactiviteiten ten behoeve van en in de onmiddellijke nabijheid van de inrichting, geldt dat:
a. de niveaus op de in tabel 2.17a genoemde plaatsen en tijdstippen niet meer bedragen dan de in die tabel aangegeven waarden;

Tabel 2.17a

	07:00–19:00 uur	19:00–23:00 uur	23:00–07:00 uur
$L_{Ar,LT}$ op de gevel van gevoelige gebouwen	50 dB(A)	45 dB(A)	40 dB(A)
$L_{Ar,LT}$ in in- en aanpandige gevoelige gebouwen	35 dB(A)	30 dB(A)	25 dB(A)
L_{Amax} op de gevel van gevoelige gebouwen	70 dB(A)	65 dB(A)	60 dB(A)
L_{Amax} in in- en aanpandige gevoelige gebouwen	55 dB(A)	50 dB(A)	45 dB(A)

 b. de in de periode tussen 07.00 en 19.00 uur in tabel 2.17a opgenomen maximale geluidsniveaus L_{Amax} niet van toepassing zijn op laad- en losactiviteiten;
 c. de in tabel 2.17a aangegeven waarden binnen in- of aanpandige gevoelige gebouwen niet gelden indien de gebruiker van deze gevoelige gebouwen geen toestemming geeft voor het in redelijkheid uitvoeren of doen uitvoeren van geluidsmetingen;
 d. de in tabel 2.17a aangegeven waarden op de gevel ook gelden bij gevoelige terreinen op de grens van het terrein, met dien verstande dat de waarden in geval van ligplaatsen, bestemd om te worden ingenomen door een woonschip als bedoeld in artikel 1.2, derde lid, onderdeel b, van het Besluit geluidhinder, slechts gelden voor zover deze ligplaatsen als zodanig zijn bestemd op of na 1 juli 2012 en niet daarvoor in een gemeentelijke verordening waren aangewezen om door een woonschip te worden ingenomen;
 e. de in tabel 2.17a aangegeven waarden op de gevel, vermeerderd met 5 dB(A), ook gelden op de grens van het terrein in geval van ligplaatsen, bestemd om te worden ingenomen door een woonschip als bedoeld in artikel 1.2, derde lid, onderdeel b, van het Besluit geluidhinder, voor zover deze ligplaatsen:
 1°. als zodanig zijn bestemd voor 1 juli 2012, of
 2°. voor 1 juli 2012 in een gemeentelijke verordening waren aangewezen om door een woonschip te worden ingenomen en voor 1 juli 2022 als zodanig zijn bestemd;
 f. de waarden in in- en aanpandige gevoelige gebouwen slechts gelden in geluidsgevoelige ruimten en verblijfsruimten; en
 g. de in tabel 2.17a aangegeven waarden niet gelden op gevoelige objecten die zijn gelegen op een gezoneerd industrieterrein.
 2. Indien de inrichting is gelegen op een gezoneerd industrieterrein gelden de waarden van het langtijdgemiddelde beoordelingsniveau ($L_{Ar,LT}$) uit tabel 2.17a ook op een afstand van 50 meter vanaf de grens van de inrichting.
 3. In afwijking van het eerste lid geldt voor een inrichting die is gelegen op een bedrijventerrein, dat:
 a. het langtijdgemiddelde beoordelingsniveau ($L_{Ar,LT}$) en het maximaal geluidsniveau (L_{Amax}) op de in tabel 2.17c genoemde plaatsen en tijdstippen niet meer bedragen dan de in de tabel aangegeven waarden;
 b. de in de periode tussen 07:00 uur en 19:00 uur in tabel 2.17c opgenomen maximale geluidsniveaus (L_{Amax}) niet van toepassing zijn op laad- en losactiviteiten;
 c. de in tabel 2.17c aangegeven waarden binnen in- of aanpandige gevoelige gebouwen niet van toepassing zijn, indien de gebruiker van deze gevoelige gebouwen geen toestemming geeft voor het in redelijkheid uitvoeren of doen uitvoeren van geluidsmetingen;
 d. de in tabel 2.17c aangegeven waarden op de gevel ook van toepassing zijn bij gevoelige terreinen op de grens van het terrein;
 e. de waarden in in- en aanpandige gevoelige gebouwen slechts gelden in geluidsgevoelige ruimten en verblijfsruimten, en
 f. de in tabel 2.17c aangegeven waarden gelden niet op gevoelige objecten die zijn gelegen op een gezoneerd industrieterrein.

Tabel 2.17c

	07.00-19.00 uur	19.00-23.00 uur	23.00-07.00 uur
$L_{Ar,LT}$ op de gevel van gevoelige gebouwen op het bedrijventerrein	55 dB(A)	50 dB(A)	45 dB(A)
$L_{Ar,LT}$ in in- en aanpandige gevoelige gebouwen op het bedrijventerrein	35 dB(A)	30 dB(A)	25 dB(A)
L_{Amax} op de gevel van gevoelige gebouwen op het bedrijventerrein	75 dB(A)	70 dB(A)	65 dB(A)
L_{Amax} in in- en aanpandige gevoelige gebouwen op het bedrijventerrein	55 dB(A)	50 dB(A)	45 dB(A)

4. In afwijking van het eerste en het tweede lid, geldt voor het langtijdgemiddeld beoordelingsniveau ($L_{Ar,LT}$) en het maximaal geluidsniveau (L_{Amax}, bij een inrichting die uitsluitend of in hoofdzaak bestemd is voor openbare verkoop van vloeibare brandstoffen, mengsmering of aardgas aan derden voor motorvoertuigen voor het wegverkeer, dat:
a. de geluidsniveaus op de in tabel 2.17d genoemde plaatsen en tijdstippen niet meer bedragen dan de in die tabel aangegeven waarden;
b. de in de periode tussen 07.00 en 21.00 uur in tabel 2.17d opgenomen maximale geluidsniveaus L_{Amax} niet van toepassing zijn op laad- en losactiviteiten;

Tabel 2.17d

	07:00–21:00 uur	21:00–07:00 uur
$L_{Ar,LT}$ op de gevel van gevoelige gebouwen	50 dB(A)	40 dB(A)
L_{Amax} op de gevel van gevoelige gebouwen	70 dB(A)	60 dB(A)

c. de in tabel 2.17d aangegeven waarden op de gevel ook gelden bij gevoelige terreinen op de grens van het terrein, met dien verstande dat de waarden in geval van ligplaatsen, bestemd om te worden ingenomen door een woonschip als bedoeld in artikel 1.2, derde lid, onderdeel b, van het Besluit geluidhinder, slechts gelden voor zover deze ligplaatsen als zodanig zijn bestemd op of na 1 juli 2012 en niet daarvoor in een gemeentelijke verordening waren aangewezen om door een woonschip te worden ingenomen;
d. indien de inrichting is gelegen op een gezoneerd industrieterrein de waarden van het langtijdgemiddelde beoordelingsniveau ($L_{Ar,LT}$) uit tabel 2.17d ook gelden op een afstand van 50 meter vanaf de grens van de inrichting, en
e. indien de inrichting is gelegen op een gezoneerd industrieterrein en binnen een afstand van 50 meter geen gevoelige objecten, anders dan gevoelige objecten gelegen op het gezoneerde industrieterrein zijn gelegen, de waarden van het langtijdgemiddelde beoordelingsniveau ($L_{Ar,LT}$) uit tabel 2.17d gelden op een afstand van 50 meter vanaf de grens van de inrichting; en
f. de in tabel 2.17d aangegeven waarden niet gelden op gevoelige objecten die zijn gelegen op een gezoneerd industrieterrein.
5. In afwijking van het eerste, tweede en derde lid geldt voor een inrichting waar uitsluitend of in hoofdzaak agrarische activiteiten dan wel activiteiten die daarmee verband houden worden verricht, niet zijnde een glastuinbouwbedrijf dat is gelegen in een glastuinbouwgebied, dat:
a. voor het langtijdgemiddeld beoordelingsniveau ($L_{Ar,LT}$), veroorzaakt door de vast opgestelde installaties en toestellen, de niveaus op de plaatsen en tijdstippen, genoemd in tabel 2.17e, niet meer bedragen dan de in die tabel aangegeven waarden;

Activiteitenbesluit milieubeheer

A66 art. 2.17

Tabel 2.17e

	06.00–19.00 uur	19.00–22.00 uur	22.00–06.00 uur
$L_{Ar,LT}$ op de gevel van gevoelige gebouwen	45 dB(A)	40 dB(A)	35 dB(A)
$L_{Ar,LT}$ in in- en aanpandige gevoelige gebouwen	35 dB(A)	30 dB(A)	25 dB(A)

b. voor het maximaal geluidsniveau (L_{amax}), veroorzaakt door de in de inrichting aanwezige installaties en toestellen, alsmede door de in de inrichting verrichte werkzaamheden en activiteiten en laad- en losactiviteiten ten behoeve van en in de onmiddellijke nabijheid van de inrichting, de niveaus op de plaatsen en tijdstippen, genoemd in tabel 2.17f, niet meer bedragen dan de in die tabel aangegeven waarden;

Tabel 2.17f

	06:00–19:00 uur	19:00–22:00 uur	22:00–06:00 uur
L_{Amax} op de gevel van gevoelige gebouwen	70 dB(A)	65 dB(A)	60 dB(A)
L_{Amax} in in- en aanpandige gevoelige gebouwen	55 dB(A)	50 dB(A)	45 dB(A)

c. de in de periode tussen 06.00 uur en 19.00 uur in tabel 2.17f opgenomen waarden niet van toepassing zijn op laad- en losactiviteiten, alsmede op het in en uit de inrichting rijden van landbouw- of bosbouwtrekkers, motorrijtuigen met beperkte snelheid of mobiele machines;
d. de in tabel 2.17e en 2.17f aangegeven waarden binnen in- of aanpandige gevoelige gebouwen niet gelden indien de gebruiker van deze gevoelige gebouwen geen toestemming geeft voor het in redelijkheid uitvoeren van geluidmetingen;
e. de in tabel 2.17e en 2.17f aangegeven waarden op de gevel ook gelden bij gevoelige terreinen op de grens van het terrein, met dien verstande dat de waarden in geval van ligplaatsen, bestemd om te worden ingenomen door een woonschip als bedoeld in artikel 1.2, derde lid, onderdeel b, van het Besluit geluidhinder, slechts gelden voor zover deze ligplaatsen als zodanig zijn bestemd op of na 1 juli 2012 en niet daarvoor in een gemeentelijke verordening waren aangewezen om door een woonschip te worden ingenomen;
f. de in tabel 2.17e en 2.17f aangegeven waarden op de gevel, vermeerderd met 5 dB(A), ook gelden op de grens van het terrein in geval van ligplaatsen, bestemd om te worden ingenomen door een woonschip als bedoeld in artikel 1.2, derde lid, onderdeel b, van het Besluit geluidhinder, voor zover deze ligplaatsen:
1°. als zodanig zijn bestemd voor 1 juli 2012, of
2°. voor 1 juli 2012 in een gemeentelijke verordening waren aangewezen om door een woonschip te worden ingenomen en voor 1 juli 2022 als zodanig zijn bestemd;
g. de waarden binnen in- en aanpandige gevoelige gebouwen slechts gelden in geluidsgevoelige ruimten en verblijfsruimten, en
h. de in tabel 2.17e en 2.17f aangegeven waarden niet gelden op gevoelige objecten die zijn gelegen op een gezoneerd industrieterrein.
6. In afwijking van het eerste, tweede en derde lid geldt voor een glastuinbouwbedrijf binnen een glastuinbouwgebied dat:
a. voor het langtijdgemiddelde beoordelingsniveau ($L_{Ar,LT}$) en het maximaal geluidsniveau (L_{Amax}), veroorzaakt door de in de inrichting aanwezige installaties en toestellen, alsmede door de in de inrichting verrichte werkzaamheden en activiteiten en laad- en losactiviteiten ten behoeve van en in de onmiddellijke nabijheid van de inrichting, de niveaus op de in tabel 2.17g genoemde plaatsen en tijdstippen niet meer bedragen dan de in die tabel aangegeven waarden;
b. de in de periode tussen 06.00 uur en 19.00 uur in tabel 2.17g opgenomen maximale geluidsniveaus (L_{Amax}) niet van toepassing zijn op laad- en losactiviteiten;

Tabel 2.17g

	06:00–19:00 uur	19:00–22:00 uur	22:00–06:00 uur
$L_{Ar,LT}$ op de gevel van gevoelige gebouwen	50 dB(A)	45 dB(A)	40 dB(A)
$L_{Ar,LT}$ in in- en aanpandige gevoelige gebouwen	35 dB(A)	30 dB(A)	25 dB(A)
L_{Amax} op de gevel van gevoelige gebouwen	70 dB(A)	65 dB(A)	60 dB(A)
L_{Amax} in in- en aanpandige gevoelige gebouwen	55 dB(A)	50 dB(A)	45 dB(A)

c. de in tabel 2.17g aangegeven waarden binnen in- of aanpandige gevoelige gebouwen niet gelden indien de gebruiker van deze gevoelige gebouwen geen toestemming geeft voor het in redelijkheid uitvoeren of doen uitvoeren van geluidsmetingen;
d. de in tabel 2.17g aangegeven waarden op de gevel ook gelden bij gevoelige terreinen op de grens van het terrein, met dien verstande dat de waarden in geval van ligplaatsen, bestemd om te worden ingenomen door een woonschip als bedoeld in artikel 1.2, derde lid, onderdeel b, van het Besluit geluidhinder, slechts gelden voor zover deze ligplaatsen als zodanig zijn bestemd op of na 1 juli 2012 en niet daarvoor in een gemeentelijke verordening waren aangewezen om door een woonschip te worden ingenomen;
e. de in tabel 2.17g aangegeven waarden op de gevel, vermeerderd met 5 dB(A), ook gelden op de grens van het terrein in geval van ligplaatsen, bestemd om te worden ingenomen door een woonschip als bedoeld in artikel 1.2, derde lid, onderdeel b, van het Besluit geluidhinder, voor zover deze ligplaatsen:
1°. als zodanig zijn bestemd voor 1 juli 2012, of
2°. voor 1 juli 2012 in een gemeentelijke verordening waren aangewezen om door een woonschip te worden ingenomen en voor 1 juli 2022 als zodanig zijn bestemd;
f. de waarden binnen in- en aanpandige gevoelige gebouwen slechts gelden in geluidsgevoelige ruimten en verblijfsruimten, en
g. de in tabel 2.17g aangegeven waarden niet gelden op gevoelige objecten die zijn gelegen op een gezoneerd industrieterrein.
7. De waarden van het langtijdgemiddelde beoordelingsniveau ($L_{Ar,LT}$) op de gevel van gevoelige gebouwen in de tabellen 2.17e en 2.17g zijn niet van toepassing op inrichtingen die zijn gelegen in een gebied waarvoor bij of krachtens een gemeentelijke verordening regels zijn gesteld. In een dergelijk gebied bedraagt het langtijdgemiddeld beoordelingsniveau ($L_{Ar,LT}$) niet meer dan de waarden die zijn opgenomen in die gemeentelijke verordening.
8. Voor inrichtingen in een gebied als bedoeld in het zevende lid, bedragen de in de verordening vastgelegde waarden ten hoogste 5 dB(A) meer of minder dan de waarden in tabel 2.17e en voor inrichtingen als bedoeld in het zesde lid, bedragen de in de verordening vastgelegde waarden ten hoogste 5 dB(A) meer of minder dan de waarden in tabel 2.17g.
9. Bij vaststelling van de waarden, bedoeld in het zevende lid, wordt in ieder geval rekening gehouden met het in het gebied heersende referentieniveau. Indien voor inrichtingen als bedoeld in het zesde lid, waarden worden vastgelegd die hoger zijn dan de waarden in tabel 2.17g, wordt daarmee het in het gebied heersende referentieniveau niet overschreden.

Art. 2.17a

Waarden op gevel gevoelige gebouwen en grens gevoelige terreinen

1. De waarden op de gevel van gevoelige gebouwen en op de grens van gevoelige terreinen in tabel 2.17a onderscheidenlijk 2.17g worden met 5 dB(A) verhoogd indien tot het van toepassing worden van artikel 2.17 op een inrichting, op grond van een voorschrift als bedoeld in het derde lid hogere waarden golden.
2. Indien in een milieuvergunning die in werking en onherroepelijk was op het tijdstip genoemd in het op de inrichting van toepassing geweest zijnde voorschrift, genoemd in het derde lid, lagere waarden dan de waarden, bedoeld in het eerste lid, waren vastgesteld, zijn die lagere waarden van toepassing.
3. De voorschriften, bedoeld in het eerste en tweede lid, zijn: voorschrift 1.1.3 van de bijlage van het Besluit opslag- en transportbedrijven milieubeheer, voorschrift 1.1.5 van bijlage 2 van het Besluit detailhandel- en ambachtsbedrijven milieubeheer, voorschrift 1.1.7 van de bijlage van het Besluit horeca-, sport- en recreatie-inrichtingen milieubeheer, voorschrift 1.1.3 van de bijlage van het Besluit bouw- en houtbedrijven milieubeheer, voorschrift 1.1.5 van de bijlage van het Besluit woon- en verblijfsgebouwen milieubeheer, voorschrift 1.1.3 van bijlage 2 van het Besluit voorzieningen- en installaties milieubeheer, voorschrift 1.1.3 van bijlage 1 van het Besluit textielreinigingsbedrijven milieubeheer, voorschrift 1.1.3 van de bijlage van het Besluit inrichtingen voor motorvoertuigen milieubeheer, voorschrift 3.2 van bijlage 2 van het Besluit

Activiteitenbesluit milieubeheer **A66 art. 2.18**

tankstations milieubeheer, voorschrift 4.2.1 van bijlage 1 van het Besluit tandartspraktijken milieubeheer en voorschrift 1.1.3 van bijlage 2 van het Besluit glastuinbouw.
4. [Vervallen.]
5. Een gemeentelijke verordening als bedoeld in voorschrift 1.1.2 van de bijlage bij het Besluit landbouw milieubeheer, zoals dat luidde tot 1 januari 2013, berust met ingang van die datum op artikel 2.17, zevende lid.
6. Voor inrichtingen waarop tot 1 januari 2008 het Besluit horeca-, sport- en recreatie-inrichtingen milieubeheer, het Besluit detailhandel en ambachtsbedrijven milieubeheer of het Besluit woon- en verblijfsgebouwen milieubeheer van toepassing was, zijn de waarden uit artikel 2.17 niet van toepassing op de gevel van onderscheidenlijk in een dienst- of bedrijfswoning dan wel een woning die deel uitmaakt van een inrichting.

Art. 2.18
1. Bij het bepalen van de geluidsniveaus, bedoeld in de artikelen 2.17, 2.17a, 2.19, 2.19a dan wel 2.20, blijft buiten beschouwing: **Geluidhinder, bepaling geluidsniveau**
 a. het stemgeluid van personen op een onverwarmd en onoverdekt terrein, dat onderdeel is van de inrichting, tenzij dit terrein kan worden aangemerkt als een binnenterrein;
 b. het stemgeluid van bezoekers op het open terrein van een inrichting voor sport- of recreatieactiviteiten;
 c. het geluid ten behoeve van het oproepen tot het belijden van godsdienst of levensovertuiging of het bijwonen van godsdienstige of levensbeschouwelijke bijeenkomsten en lijkplechtigheden, alsmede geluid in verband met het houden van deze bijeenkomsten of plechtigheden;
 d. het geluid van het traditioneel ten gehore brengen van muziek tijdens het hijsen en strijken van de nationale vlag bij zonsopkomst en zonsondergang op militaire inrichtingen;
 e. het ten gehore brengen van muziek vanwege het oefenen door militaire muziekcorpsen in de buitenlucht gedurende de dagperiode met een maximum van twee uren per week op militaire inrichtingen;
 f. het ten gehore brengen van onversterkte muziek tenzij en voor zover daarvoor bij gemeentelijke verordening regels zijn gesteld;
 g. het traditioneel schieten, bedoeld in paragraaf 3.7.2., tenzij en voor zover daarvoor bij gemeentelijke verordening regels zijn gesteld;
 h. het stemgeluid van kinderen op een onverwarmd of onoverdekt terrein dat onderdeel is van een inrichting voor primair onderwijs, in de periode vanaf een uur voor aanvang van het onderwijs tot een uur na beëindiging van het onderwijs;
 i. het stemgeluid van kinderen op een onverwarmd of onoverdekt terrein dat onderdeel is van een instelling voor kinderopvang.
2. Bij het bepalen van de geluidsniveaus, bedoeld in artikel 2.17, 2.17a dan wel 2.20, wordt voor muziekgeluid geen bedrijfsduurcorrectie toegepast.
3. Bij het bepalen van het maximaal geluidsniveau (L_{Amax}), bedoeld in artikel 2.17, 2.17a dan wel 2.20, blijft buiten beschouwing het geluid als gevolg van:
 a. het komen en gaan van bezoekers bij inrichtingen waar uitsluitend of in hoofdzaak horeca-, sport- en recreatieactiviteiten plaatsvinden;
 b. het verrichten in de open lucht van sportactiviteiten of activiteiten die hiermee in nauw verband staan;
 c. laad- en losactiviteiten in de periode tussen 19.00 uur en 06.00 uur ten behoeve van de aan- en afvoer van producten bij inrichtingen als bedoeld in artikel 2.17, vijfde en zesde lid, voor zover dat ten hoogste een keer in de genoemde periode plaatsvindt;
 d. het verrichten van activiteiten in de periode tussen 19.00 uur en 6.00 uur ten behoeve van het wassen van kasdekken bij inrichtingen als bedoeld in artikel 2.17, vijfde en zesde lid.
4. De maximale geluidsniveaus (L_{Amax}), bedoeld in artikel 2.17, 2.17a dan wel 2.20, zijn tussen 23.00 en 7.00 uur niet van toepassing ten aanzien van aandrijfgeluid van motorvoertuigen bij laad- en losactiviteiten indien:
 a. degene die de inrichting drijft aantoont dat het voor de betreffende inrichting in die periode geldende maximale geluidsniveau (LA_{max}), niet te bereiken is door het treffen van maatregelen; en
 b. het niveau van het aandrijfgeluid op een afstand van 7,5 meter van het motorvoertuig niet hoger is van 65dB(A).
5. Bij gemeentelijke verordening kunnen ten behoeve van het voorkomen van geluidhinder regels worden gesteld met betrekking tot:
 a. het ten gehore brengen van onversterkte muziek, en
 b. het traditioneel schieten, bedoeld in paragraaf 3.7.2.
6. Bij het bepalen van het langtijdgemiddelde beoordelingsniveau ($L_{Ar,LT}$) blijft het geluid veroorzaakt door het stomen van grond met een installatie van derden buiten beschouwing.
7. Degene die een inrichting drijft, waar het stomen van grond plaatsvindt met een installatie van derden, treft maatregelen of voorzieningen die betrekking hebben op:

Sdu 1371

A66 art. 2.19

      a. de periode waarin het grondstomen plaatsvindt;
      b. de locatie waar de installatie wordt opgesteld, en
      c. het aanbrengen van geluidreducerende voorzieningen binnen de inrichting.
    8. Het bevoegd gezag kan ten behoeve van het voorkomen van geluidhinder dan wel voor zover dat niet mogelijk is het tot een aanvaardbaar niveau beperken daarvan, bij maatwerkvoorschrift eisen stellen aan de maatregelen of voorzieningen, bedoeld in het zevende lid.
    9. Voor inrichtingen waarop tot 1 januari 2008, het Besluit horeca-, sport- en recreatie-inrichtingen milieubeheer van toepassing was, en waarvoor nog geen bedrijfsduurcorrectie werd toegepast, kan het bevoegd gezag bij maatwerkvoorschrift bepalen dat het tweede lid niet van toepassing is voor de toetsing van geluidsniveaus tussen 23.00 en 07.00 uur.
    10. Indien op grond van het maatwerkvoorschrift, bedoeld in het negende lid, een bedrijfsduurcorrectie wordt toegepast, is het door de inrichting veroorzaakte geluidsniveau gedurende de bedrijfstijd tussen 23.00 en 07.00 uur niet hoger dan op grond van artikel 2.17 is toegestaan tussen 19.00 en 23.00 uur.

Art. 2.19

Geluidhinder, afwijkende geluidsnormen

1. Bij gemeentelijke verordening kunnen voorwaarden worden vastgesteld op grond waarvan krachtens de verordening gebieden worden aangewezen waarin de in de verordening opgenomen geluidsnormen gelden die afwijken van de waarden, bedoeld in artikel 2.17 indien de in dat artikel genoemde waarden gelet op de aard van de gebieden niet passend zijn.
Alvorens een gebied wordt aangewezen worden de gevolgen hiervan voor de in die gebieden gelegen inrichtingen, de bewoners van die gebieden en andere belanghebbenden in kaart gebracht.
2. In een gebied als bedoeld in het eerste lid bedragen de waarden binnen een geluidsgevoelige ruimte of een verblijfsruimte voor zover deze niet zijn gelegen op een gezoneerd industrieterrein, op de volgende tijdstippen niet meer dan de in tabel 2.19 aangegeven waarden:

Tabel 2.19

	07.00–19.00 uur	19.00–23.00 uur	23.00–07.00 uur
$L_{Ar,LT}$	35 dB(A)	30 dB(A)	25 dB(A)
$L_A$max	55 dB(A)	50 dB(A)	45 dB(A)

    3. Bij het bepalen van het maximaal geluidsniveau ($L_A$max), bedoeld in het tweede lid, blijft buiten beschouwing het geluid als gevolg van:
      a. het komen en gaan van bezoekers bij inrichtingen waar uitsluitend of in hoofdzaak horeca-, sport- en recreatieactiviteiten plaatsvinden;
      b. het verrichten in de open lucht van sportactiviteiten of activiteiten die hiermee in nauw verband staan.
    4. De in het tweede lid genoemde waarden gelden niet indien de gebruiker van deze gevoelige gebouwen geen toestemming geeft voor het in redelijkheid uitvoeren of doen uitvoeren van geluidsmetingen.
    5. In een verordening als bedoeld in het eerste lid kan worden bepaald dat het bevoegd gezag ten aanzien van een gebied dat krachtens de verordening is aangewezen overeenkomstig artikel 2.20 maatwerkvoorschriften kan stellen.

Art. 2.19a

Schakelbepaling

1. Tot de inwerkingtreding van artikel 2.19 zijn het tweede tot en met vierde lid van toepassing.
2. Artikel 2.17 is niet van toepassing op inrichtingen die zijn gelegen in een concentratiegebied voor horeca-inrichtingen of in een concentratiegebied voor detailhandel en ambachtsbedrijven, dat bij of krachtens een verordening als zodanig is aangewezen.
3. In een gebied als bedoeld in het tweede lid bedraagt het langtijdgemiddeld beoordelingsniveau, veroorzaakt door de in de inrichting aanwezige installaties en toestellen, alsmede door de in de inrichting verrichte werkzaamheden en activiteiten, in ieder geval niet meer:
      a. dan de in artikel 2.17 bedoelde waarden op de gevel of, als dat hoger is, het in dat gebied heersende referentieniveau;
      b. dan de in tabel 2.19a aangegeven waarden binnen gevoelige gebouwen.

Activiteitenbesluit milieubeheer

A66 art. 2.21

Tabel 2.19a

	07.00–19.00 uur	19.00–23.00 uur	23.00–07.00 uur
Langtijdgemiddeld beoordelingsniveau ($L_{Ar,LT}$)	35 dB(A)	30 dB(A)	25 dB(A)
Maximaal geluidsniveau	55 dB(A)	50 dB(A)	45 dB(A)

4. Voor inrichtingen waarop tot 1 januari 2008 het Besluit horeca-, sport- en recreatie-inrichtingen milieubeheer, het Besluit detailhandel en ambachtsbedrijven milieubeheer of het Besluit woon- en verblijfsgebouwen milieubeheer van toepassing was, zijn de waarden uit dit artikel niet van toepassing op de gevel van onderscheidenlijk een dienst- of bedrijfswoning dan wel een woning die deel uitmaakt van een inrichting.

Art. 2.20

1. In afwijking van de waarden, bedoeld in de artikelen 2.17, 2.17a, 2.19 dan wel 2.19a, kan het bevoegd gezag bij maatwerkvoorschrift andere waarden voor het langtijdgemiddeld beoordelingsniveau ($L_{Ar,LT}$) en het maximaal geluidsniveau L_{Amax} vaststellen. — *Geluidhinder, vaststellen afwijkende waarden*

2. Het bevoegd gezag kan slechts hogere waarden vaststellen dan de waarden, bedoeld in de artikelen 2.17, 2.17a, 2.19 dan wel 2.19a, indien binnen geluidsgevoelige ruimten dan wel verblijfsruimten van gevoelige gebouwen, die zijn gelegen binnen de akoestische invloedssfeer van de inrichting, een etmaalwaarde van maximaal 35 dB(A) wordt gewaarborgd.

3. De in het tweede lid bedoelde etmaalwaarde is niet van toepassing indien de gebruiker van deze gevoelige gebouwen geen toestemming geeft voor het in redelijkheid uitvoeren of doen uitvoeren van geluidsmetingen.

4. Het bevoegd gezag kan maatwerkvoorschriften stellen over de plaats waar de waarden, bedoeld in de artikelen 2.17, 2.17a, 2.19 dan wel 2.19a, voor een inrichting gelden.

5. Het bevoegd gezag kan bij maatwerkvoorschrift bepalen welke technische voorzieningen in de inrichting worden aangebracht en welke gedragsregels in acht worden genomen teneinde aan geldende geluidsnormen te voldoen.

6. In afwijking van de waarden, bedoeld in de artikelen 2.17, 2.17a, 2.19 dan wel 2.19a kan het bevoegd gezag bij maatwerkvoorschrift voor bepaalde activiteiten in een inrichting, anders dan festiviteiten als bedoeld in artikel 2.21, andere waarden voor het langtijdgemiddeld beoordelingsniveau ($L_{Ar,LT}$) en het maximaal geluidsniveau L_{Amax} vaststellen. Het bevoegd gezag kan daarbij voorschriften vaststellen met betrekking tot de duur van de activiteiten, het treffen van maatregelen, de tijdstippen waarop de activiteiten plaatsvinden of het vooraf melden per keer dat de activiteit plaatsvindt.

7. Het bevoegd gezag kan bij maatwerkvoorschrift bepalen welke technische voorzieningen worden aangebracht en welke gedragsregels in acht worden genomen ter beperking van het geluid als gevolg van werkzaamheden en activiteiten bij een inrichting als bedoeld in artikel 2.17, vijfde lid.

8. De etmaalwaarde die het bevoegd gezag vaststelt op grond van het eerste lid, is niet lager dan 40 dB(A) voor een inrichting:
a. waarop tot het van toepassing worden van dit artikel op die inrichting, het Besluit opslag- en transportbedrijven milieubeheer, het Besluit detailhandel- en ambachtsbedrijven milieubeheer, het Besluit horeca-, sport- en recreatie-inrichtingen milieubeheer, het Besluit bouw- en houtbedrijven milieubeheer, het Besluit woon- en verblijfsgebouwen milieubeheer, het Besluit textielreinigingsbedrijven milieubeheer, het Besluit jachthavens milieubeheer, het Besluit motorvoertuigen milieubeheer of het Besluit glastuinbouw van toepassing was, en
b. die voor de inwerkingtreding van het in onderdeel a genoemde besluit dat van toepassing was, is opgericht.

9. De etmaalwaarde die het bevoegd gezag vaststelt op grond van het eerste lid is niet lager dan 40 dB(A) voor een inrichting waarop tot 1 januari 2008 het Besluit tankstations milieubeheer of het Besluit tandartspraktijken milieubeheer van toepassing was.

Art. 2.21

1. De waarden bedoeld in de artikelen 2.17, 2.17a, 2.19, 2.19a dan wel 2.20 zijn voor zover de naleving van deze normen redelijkerwijs niet kan worden gevergd, niet van toepassing op dagen of dagdelen in verband met de viering van: — *Geluidhinder, buitentoepassingstelling waarden*
a. festiviteiten die bij of krachtens een gemeentelijke verordening zijn aangewezen, in de gebieden in de gemeente waarvoor de verordening geldt;
b. andere festiviteiten die plaatsvinden in de inrichting, waarbij het aantal bij of krachtens een gemeentelijke verordening aan te wijzen dagen of dagdelen per gebied of categorie van inrichtingen kan verschillen en niet meer mag bedragen dan twaalf per kalenderjaar.

Nadere regels

2. Bij of krachtens gemeentelijke verordening kunnen voorwaarden worden verbonden aan de festiviteiten ter voorkoming of beperking van geluidhinder.
3. Een festiviteit als bedoeld in het eerste lid die maximaal een etmaal duurt, maar die zowel voor als na 00.00 uur plaatsvindt, wordt beschouwd als plaatshebbende op één dag.

Art. 2.22

Geluidhinder, uitrukken motorvoertuigen bij brand/ongevallen/gladheid

1. Bij het bepalen van het maximaal geluidsniveau L_{Amax}, bedoeld in de artikelen 2.17, 2.17a, 2.19, 2.19a dan wel 2.20, blijft buiten beschouwing het geluid als gevolg van het uitrukken van motorvoertuigen ten behoeve van ongevallenbestrijding, spoedeisende medische hulpverlening, brandbestrijding en gladheidbestrijding en het vrijmaken van de weg na een ongeval.
2. Het bevoegd gezag kan maatwerkvoorschriften stellen met betrekking tot het treffen van technische en organisatorische maatregelen ten aanzien van het uitrukken van motorvoertuigen ten behoeve van ongevallenbestrijding, spoedeisende medische hulpverlening, brandbestrijding en gladheidbestrijding en het vrijmaken van de weg na een ongeval, indien dat bijzonder is aangewezen in het belang van het milieu.

Afdeling 2.9
Trillinghinder

Art. 2.22a

Werkingssfeer

Deze afdeling is van toepassing op degene die een inrichting type A of een inrichting type B drijft.

Art. 2.23

Trillinghinder

1. Trillingen, veroorzaakt door de tot de inrichting behorende installaties of toestellen alsmede de tot de inrichting toe te rekenen werkzaamheden of andere activiteiten, bedragen in geluidsgevoelige ruimten en verblijfsruimten, met uitzondering van geluidsgevoelige ruimten en verblijfsruimten gelegen op een gezoneerd industrieterrein, niet meer dan de trillingsterkte, genoemd in tabel 2 van de Meet- en beoordelingsrichtlijn deel B «Hinder voor personen in gebouwen» van de Stichting Bouwresearch Rotterdam, voor de gebouwfunctie wonen.
2. De waarden gelden niet indien de gebruiker van de geluidsgevoelige ruimten of verblijfsruimten geen toestemming geeft voor het in redelijkheid uitvoeren of doen uitvoeren van trillingmetingen.
3. Het bevoegd gezag kan bij maatwerkvoorschrift het eerste lid niet van toepassing verklaren en een andere trillingsterkte toelaten. Deze trillingsterkte is niet lager dan de streefwaarden die zijn gedefinieerd voor de gebouwfunctie wonen in de Meet- en beoordelingsrichtlijn deel B «Hinder voor personen in gebouwen» van de Stichting Bouwresearch Rotterdam.

Afdeling 2.10
Financiële zekerheid

Art. 2.23a

Werkingssfeer

Deze afdeling is van toepassing op degene die een inrichting type B of een inrichting type C drijft, voor zover binnen de inrichting vloeibare brandstof of afgewerkte olie in een ondergrondse opslagtank waarop artikel 3.29, eerste lid, van toepassing is, wordt opgeslagen.

Art. 2.24

Opslag vloeibare brandstof/afgewerkte olie, financiële zekerheid

1. Degene die een inrichting drijft waarin vloeibare brandstof of afgewerkte olie in een ondergrondse tank wordt opgeslagen stelt door verzekering of anderszins financiële zekerheid ter dekking van de aansprakelijkheid die voortvloeit uit verontreiniging van de bodem als gevolg van dat opslaan of het drijven van het tankstation. De eerste volzin is niet van toepassing op het Rijk.
2. De zekerheid bedraagt € 225.000 per ondergrondse tank. Bij meer dan zes ondergrondse tanks bedraagt de zekerheid in totaal € 1.361.340,65.
3. De zekerheid wordt in stand gehouden vanaf het tijdstip waarop het opslaan aanvangt tot vier weken na toezending van een rapport als bedoeld in artikel 2.11, derde lid, aan het bevoegd gezag.

Financiële zekerheid, verklaring GS

4. Indien uit een rapport als bedoeld in artikel 2.11, derde lid, blijkt dat de bodem met vloeibare brandstof of met afgewerkte olie is verontreinigd, wordt, in afwijking van het derde lid, de financiële zekerheid in stand gehouden tot het tijdstip waarop gedeputeerde staten aan degene die opslaat of een tankstation voor het wegverkeer drijft, schriftelijk hebben verklaard dat de door hen nodig geachte maatregelen zijn genomen. Degene die opslaat of een tankstation voor het wegverkeer drijft, kan gedeputeerde staten schriftelijk verzoeken om een verklaring als bedoeld in de eerste volzin. Gedeputeerde staten beslissen op het verzoek uiterlijk vier weken nadat het verzoek is verzonden.

Art. 2.25
Degene die een inrichting drijft waarin vloeibare brandstof of afgewerkte olie in een ondergrondse tank wordt opgeslagen, legt binnen acht weken nadat hij met deze activiteit is aangevangen aan het bevoegd gezag schriftelijk bewijsstukken over, waaruit blijkt dat:
a. wordt voldaan aan artikel 2.24, eerste en tweede lid;
b. voor zover sprake is van het drijven van een tankstation voor het wegverkeer kan worden voldaan aan artikel 2.24, vierde lid;
c. degene die contractueel instaat voor de financiële dekking van de aansprakelijkheid, bedoeld in artikel 2.24, eerste lid, voor zover sprake is van het drijven van een tankstation voor het wegverkeer, het bevoegd gezag zo spoedig mogelijk schriftelijk in kennis zal stellen van het tijdstip waarop die zekerheid is of zal komen te vervallen, alsmede van de opneming van uitsluitingen en andere fundamentele wijzigingen in de afgesloten overeenkomst die de gestelde zekerheid inperken; en
d. de persoon, bedoeld in onderdeel b, tot een jaar na de in dat onderdeel bedoelde schriftelijke kennisgeving garant staat voor herstel of vergoeding van schade die is ontstaan tijdens de looptijd van de financiële zekerheid.

Opslag vloeibare brandstof/afgewerkte olie, overleggen bewijsstukken

Art. 2.26
Degene die een tankstation voor het wegverkeer drijft, draagt er zorg voor dat de vorm van de financiële zekerheid en de hoedanigheid van degene die contractueel instaat voor de financiële dekking van de aansprakelijkheid, bedoeld in artikel 2.24, eerste lid, niet wordt gewijzigd dan nadat aan het bevoegd gezag een schriftelijk bewijsstuk is overgelegd, waaruit blijkt dat de gewijzigde financiële zekerheid voldoet aan artikel 2.24.

Tankstation, financiële zekerheid

Art. 2.27
Burgemeester en wethouders van de gemeenten Amsterdam, 's-Gravenhage, Rotterdam en Utrecht, van gemeenten die zijn aangewezen krachtens artikel 88, negende lid, van de Wet bodembescherming, en een regionaal openbaar bestuur als bedoeld in de Kaderwet bestuur in verandering, treden voor de toepassing van artikel 2.24, vierde lid, in de plaats van gedeputeerde staten. Een regionaal openbaar lichaam als bedoeld in de vorige volzin treedt slechts in de plaats van gedeputeerde staten, indien in dit artikel bedoelde bevoegdheden bij die algemene maatregel van bestuur zijn overgedragen.

Financiële zekerheid, verklaring B&W grote gemeenten

Afdeling 2.11
Oplosmiddelen

Art. 2.27a
Deze afdeling is van toepassing op degene die een inrichting type A, een inrichting type B, of een inrichting type C drijft.

Werkingssfeer

Art. 2.28
Deze afdeling is van toepassing op oplosmiddeleninstallaties die een of meer van de in tabel 2.28a of tabel 2.28b vermelde drempelwaarden bereiken.

Werkingssfeer

Tabel 2.28a

Activiteit	Drempelwaarde (voor oplosmiddelenverbruik in ton/jaar)	Emissiegrenswaarde (mg C/Nm³)	Diffuse-emissiegrenswaarde (percentage oplosmiddeleninput)	Totale emissiegrenswaarde	Bijzondere bepalingen
					In deze tabel wordt onder bestaande oplosmiddeleninstallatie verstaan: oplosmiddeleninstallatie die op 1 april 2002 in werking was. De in deze tabel vermelde emissiegrenswaarden, diffuse-emisiegrenswaarden en totale emissiegrens-

	Activiteit	Drempelwaarde (voor oplosmiddelenverbruik in ton/jaar)	Emissiegrenswaarde (mg C/Nm³)	Diffuse-emissiegrenswaarde (percentage oplosmiddeleninput)	Totale emissiegrenswaarde	Bijzondere bepalingen
						waarden worden gemeten bij een temperatuur van 273,15 K en een druk van 101,3 kPa.
1	Heatsetrotatie-offsetdruk	>15 >25	100 20	30% (^{1}) 30% (^{1})		(^{1}) Resten oplosmiddelen in eindproduct worden niet als onderdeel van de diffuse emissie beschouwd.
2	Illustratiediepdruk	>25	75	10% (^{1})		(^{1}) Diffuse-emissiegrenswaarde voor een bestaande oplosmiddeleninstallatie: 15%.
3	Andere rotatiediepdruk, flexografie, rotatiezeefdruk, lamineer- of lakeenheden, rotatiezeefdruk op textiel/karton	>15 >25	100 100	25% 20%		
	Rotatiezeefdruk op textiel/karton	>30	100	20%		
4	Oppervlaktereiniging (^{2})	>1 >5	20 (^{1}) 20 (^{1})	15% 10%		(^{1}) Emissiegrenswaarde in massa van de verbindingen in mg/Nm³ en niet in totale massa koolstof. (^{2}) Met de in artikel 2.30, eerste en derde lid, vermelde stoffen.
5	Overige oppervlaktereiniging	>2 >10	75 (^{1}) 75 (^{1})	20% (^{1}) 15% (^{1})		(1) Wanneer wordt aangetoond dat het gemiddelde gehalte aan organische oplosmiddelen van al het in een oplosmiddeleninstallatie gebruikte reinigingsmateriaal niet hoger ligt dan 30 gewichtsprocenten, gelden deze waarden niet voor die oplosmiddeleninstallatie.
6	Coating van voertuigen Overspuiten van voertuigen	<15 >0,5	50 (^{1}) 50 (^{1})	25% 25%		(^{1}) Naleving moet worden aangetoond op basis van metingen om de 15 minuten.
7	Bandlakken	>25	50 (^{1})	5% (^{2})		(1) Voor oplosmiddeleninstallaties die technieken gebruiken waarbij oplosmiddelenhergebruik moge-

Activiteit		Drempelwaarde (voor oplosmiddelenverbruik in ton/jaar)	Emissiegrenswaarde (mg C/Nm^3)	Diffuse-emissiegrenswaarde (percentage oplosmiddeleninput)	Totale emissiegrenswaarde	Bijzondere bepalingen
						lijk is, geldt een emissiegrenswaarde van 150. (2) Diffuse-emissiegrenswaarde voor een bestaande oplosmiddeleninstallatie: 10%
8	Andere coatingprocessen, waaronder metaal-, kunststof-, textiel-(^{5}), film- en papiercoating	>5 >15	100 (^{1}) (^{4}) 50/75 (^{2}) (^{3})(^{4})	25% (^{4}) 20% (^{4})		(^{1}) Deze emissiegrenswaarde geldt voor coating- en droogprocessen waarbij de vrijkomende vluchtige organische stoffen beheerst worden afgevangen en uitgestoten. (^{2}) De eerste emissiegrenswaarde geldt voor droogprocessen, de tweede voor coatingprocessen. (3) Voor oplosmiddeleninstallaties die genitrogeneerde oplosmiddelen gebruiken met technieken waarbij oplosmiddelenhergebruik mogelijk is, geldt een gecombineerde grenswaarde voor coating- en droogproces van 150. (^{4}) Voor coatingwerk waarbij de vrijkomende vluchtige organische stoffen niet beheerst kunnen worden afgevangen en afgestoten (zoals in de scheepsbouw, en bij schilderen van vliegtuigrompen) kan overeenkomstig artikel 2.29, vijfde lid, van deze waarden worden afgeweken. (^{5}) Rotatiezeefdruk op textiel valt onder activiteit nr. 3.
9	Coating van wikkeldraad	>5			10 g/kg (^{1})	(1) Geldt voor oplosmiddeleninstallaties met een gemiddelde

Activiteit	Drempelwaarde (voor oplosmiddelenverbruik in ton/jaar)	Emissiegrenswaarde (mg C/Nm^3)	Diffuse emissiegrenswaarde (percentage oplosmiddeleninput)	Totale emissiegrenswaarde	Bijzondere bepalingen
				5 g/kg (^{2})	draaddiameter ≤ 0,1 mm. (2) Geldt voor alle andere oplosmiddeleninstallaties.
10 Coating van hout	>15 >25	100 (^{1}) 50/75 (^{2})	25% 20%		(^{1}) Deze emissiegrenswaarde geldt voor coating- en droogprocessen waarbij de vrijkomende vluchtige organische stoffen beheerst worden afgevangen en uitgestoten. (^{2}) De eerste waarde geldt voor droogprocessen, de tweede voor coatingprocessen.
11 Chemisch reinigen				20 g/kg (^{1}) (^{2})	(^{1}) Uitgedrukt in massa uitgestoten oplosmiddel per kilogram gereinigd en gedroogd product. (^{2}) De in artikel 2.30, tweede lid, vermelde emissiegrenswaarde geldt niet voor deze sector.
12 Impregneren van hout	>25	100 (^{1})	45%	11 kg/m^3	(^{1}) De emissiegrenswaarde geldt niet voor impregneren met creosoot.
13 Coating van leer	>10 > 25 > 10 (^{1})			85 g/m^2 75 g/m^2 150 g/m^2	De emissiegrenswaarden zijn uitgedrukt in gram uitgestoten oplosmiddel per vierkante meter vervaardigd product. (^{1}) Voor coating van leer voor meubelen en bepaalde lederen goederen, die worden gebruikt als kleine consumptiegoederen zoals tassen, riemen, portefeuilles enz.
14 Fabricage van schoeisel	>5			25 g per paar	De totale emissiegrenswaarde is uitgedrukt in gram uitgestoten oplosmiddel per vervaardigd paar compleet schoeisel.

A66 art. 2.28

	Activiteit	Drempelwaarde (voor oplosmiddelenverbruik in ton/jaar)	Emissiegrenswaarde (mg C/Nm³)	Diffuseemissiegrenswaarde (percentage oplosmiddeleninput)	Totale emissiegrenswaarde	Bijzondere bepalingen
15	Lamineren van hout en kunststof	>5			30 g/m²	
16	Het aanbrengen van een lijmlaag	>5 >15	50 ([1]) 50 ([1])	25% 20%		([1]) Als technieken worden gebruikt waarbij oplosmiddelenhergebruik mogelijk is, geldt een emissiegrenswaarde van 150.
17	Vervaardigen van coatingmengsels, lak, inkt en kleefstoffen	>100 >1000	150 150	5% 3%	5% van de oplosmiddeleninput 3% van de oplosmiddeleninput	Onder de diffuseemissiegrenswaarde vallen niet de oplosmiddelen die als bestanddeel van een mengsel in een gesloten container worden verkocht.
18	Bewerking van rubber	>15	20([1])	25% ([2])	25% van de oplosmiddeleninput	([1]) Als technieken worden gebruikt waarbij oplosmiddelenhergebruik mogelijk is, geldt een emissiegrenswaarde van 150. ([2]) Onder de diffuseemissiegrenswaarde vallen niet de oplosmiddelen die als bestanddeel van een mengsel in een gesloten container worden verkocht.
19	Extractie van plantaardige oliën en van dierlijke vetten en raffinage van plantaardige oliën	>10				([1]) De totale emissiegrenswaarden voor oplosmiddelinstallaties voor de verwerking van losse partijen zaden en ander plantaardig materiaal worden door het bevoegd gezag bij maatwerkvoorschrift gegeven. ([2]) Geldt voor alle fractioneringsprocessen met uitzondering van ontgommen (het verwijderen van gom uit de olie).
	dierlijk vet				1,5 kg/ton	

	Activiteit	Drempelwaarde (voor oplosmiddelenverbruik in ton/jaar)	Emissiegrenswaarde (mg C/Nm^3)	Diffuse-emissiegrenswaarde (percentage oplosmiddeleninput)	Totale emissiegrenswaarde	Bijzondere bepalingen
	ricinus				3,0 kg/ton	(^{3}) Geldt voor ontgommen.
	raapzaad				1,0 kg/ton	
	zonnebloemzaad				1,0 kg/ton	
	sojabonen (normale maling)				0,8 kg/ton	
	sojabonen (witte vlokken)				1,2 kg/ton	
	overige zaden en ander plantaardig materiaal				3 kg/ton (^{1}) 1,5 kg/ton (^{2}) 4 kg/ton (^{3})	
20	Vervaardigen van geneesmiddelen	>50	20 (^{1})	5% (^{2}) (^{3})	5% van de oplosmiddeleninput (^{4})	(^{1}) Als technieken worden gebruikt waarbij oplosmiddelenhergebruik mogelijk is, geldt een emissiegrenswaarde van 150. (^{2}) Onder de diffuse-emissiegrenswaarde vallen niet de oplosmiddelen die als bestanddeel van een mengsel in een gesloten container worden verkocht. (^{3}) Dffuse-emissiegrenswaarde bestaande oplosmiddeleninstallatie: 15% (^{4}) Totale emissiegrenswaarde bestaande oplosmiddeleninstallatie: 15% van de oplosmiddeleninput

A66 art. 2.29

Tabel 2.28b

Activiteit in de voertuigindustrie (drempelwaarde voor oplosmiddelenverbruik in ton/jaar) (^{1})	Productie(^{2})	Totale emissiegrenswaarde (^{3})	
		Nieuwe oplosmiddeleninstallatie	Bestaande oplosmiddeleninstallatie (^{4})
Coating nieuwe auto's (> 15)	> 5000	45 g/m^2 of	60 g/m^2 of
		1,3 kg/auto + 33 g/m^2	1,9 kg/auto + 41 g/m^2
	≤ 5000 zelfdragend of	90 g/m^2 of	90 g/m^2 of
	> 3500 met chassis	1,5 kg/auto + 70 g/m^2	1,5 kg/auto + 70 g/m^2
Coating van nieuwe vrachtwagencabines (> 15)	≤ 5000	65 g/m^2	85 g/m^2
	> 5000	55 g/m^2	75 g/m^2
Coating van nieuwe bestelwagens en vrachtwagens (> 15)	≤ 2500	90 g/m^2	120 g/m^2
	> 2500	70 g/m^2	90 g/m^2
Coating van nieuwe bussen (> 15)	≤ 2000	210 g/m^2	290 g/m^2
	> 2000	150 g/m^2	225 g/m^2

(^{1}) Oplosmiddeleninstallaties voor de coating van voertuigen beneden de in deze tabel vermelde drempelwaarden voor het oplosmiddelenverbruik voldoen aan de in tabel 2.28a, onderdeel 6, vermelde eisen voor coating of overspuiten van voertuigen.
(^{2}) Geldt voor de jaarlijkse productie van gecoat materiaal.
(^{3}) De totale emissiegrenswaarden zijn uitgedrukt in gram uitgestoten oplosmiddel per m^2 vervaardigd product en in kilogram uitgestoten oplosmiddel per carrosserie.
Het oppervlak van de vermelde producten wordt als volgt gedefinieerd: het berekende oppervlak van het totale elektroforetisch coatingvlak en het oppervlak van delen die eventueel in latere fasen van het coatingproces worden toegevoegd en met dezelfde coating worden bekleed als voor het desbetreffende product wordt gebruikt, of het totale oppervlak van het in de installatie gecoate product.
Het oppervlak van het elektroforetisch coatingvlak wordt berekend met de volgende formule:
(2 maal gewicht product zonder coating)
(gemiddelde dikte metaalplaat x dichtheid metaalplaat)
Deze methode wordt ook gebruikt voor andere gecoate onderdelen van metaalplaat.
Voor de berekening van het oppervlak van de andere toegevoegde delen of het totale in de installatie gecoate oppervlak wordt gebruikgemaakt van CAD (computergestuurd ontwerp) of andere gelijkwaardige methoden.
De totale emissiegrenswaarden hebben betrekking op alle procesfasen die in dezelfde installatie worden uitgevoerd vanaf elektroforetische coating of een ander soort coatingproces tot en met het uiteindelijke in de was zetten en polijsten van de toplaag, alsmede de oplosmiddelen die bij het reinigen van procesapparatuur worden gebruikt, met inbegrip van spuitcabines en andere vaste apparatuur, zowel tijdens als buiten de productiefase.
(^{4}) In deze tabel wordt onder bestaande oplosmiddeleninstallatie verstaan: een oplosmiddeleninstallatie die op 1 april 2002 in werking was.

Art. 2.29

1. Bij het in werking hebben van een oplosmiddeleninstallatie worden:
   a. de emissiegrenswaarden en de diffuse-emissiegrenswaarden van tabel 2.28a en tabel 2.28b niet overschreden, of
   b. de totale emissiegrenswaarden van tabel 2.28a en tabel 2.28b niet overschreden.
2. Het eerste lid is niet van toepassing indien wordt voldaan aan een reductieprogramma waarmee een emissiebeperking wordt bereikt die gelijkwaardig is aan die welke bij toepassing van de in het eerste lid, onder a of b, bedoelde waarden zou zijn bereikt.

Oplosmiddelen, overschrijding emissiegrenswaarden

3. Indien een bestaande oplosmiddeleninstallatie als bedoeld in artikel 2.28 een verandering als bedoeld in artikel 1.10, tweede lid, of artikel 2.1, eerste lid, onder e, onder 2°, van de Wet algemene bepalingen omgevingsrecht ondergaat of na een verandering voor het eerst onder deze afdeling valt, wordt dat deel van de oplosmiddeleninstallatie dat de verandering heeft ondergaan aangemerkt als nieuwe oplosmiddeleninstallatie. De eerste volzin is van toepassing indien de totale emissies van de oplosmiddeleninstallatie niet hoger zijn dan indien het deel dat de verandering heeft ondergaan als een nieuwe oplosmiddeleninstallatie zou zijn aangemerkt.
4. Indien degene die een inrichting drijft waartoe een oplosmiddeleninstallatie behoort, aantoont dat het voldoen aan de diffuse-emissiegrenswaarde technisch en economisch niet haalbaar is voor die oplosmiddeleninstallatie, kan het bevoegd gezag bij maatwerkvoorschrift een andere diffuse-emissiegrenswaarde vaststellen.
5. Voor coatingprocessen als bedoeld in tabel 2.28a, onderdeel 8, kan het bevoegd gezag bij maatwerkvoorschrift voor de oplosmiddeleninstallatie andere emissiegrenswaarden of diffuse-emissiegrenswaarden vaststellen dan die welke gelden op grond van het eerste lid, indien:
   a. de vrijkomende vluchtige organische stoffen niet beheerst kunnen worden afgevangen of uitgestoten, of
   b. degene die de inrichting drijft waartoe de oplosmiddeleninstallatie behoort, aantoont dat het voldoen aan de verplichtingen uit het eerste lid technisch en economisch niet haalbaar is.

Art. 2.30

Oplosmiddelen, vervanging door minder schadelijke stoffen of mengsels

1. Stoffen of mengsels waaraan een of meer van de gevarenaanduidingen H340, H350, H350i, H360D of H360F is of zijn toegekend of die van deze aanduidingen moeten zijn voorzien wegens hun gehalte aan vluchtige organische stoffen die krachtens de EG-verordening indeling, etikettering en verpakking van stoffen en mengsels als kankerverwekkend, mutageen of giftig voor de voortplanting zijn ingedeeld, worden voor zover mogelijk binnen zo kort mogelijke tijd vervangen door naar hun aard minder schadelijke stoffen of mengsels.
2. De emissies van:
   a. vluchtige organische stoffen als bedoeld in het eerste lid en
   b. gehalogeneerde vluchtige organische stoffen waaraan de gevarenaanduidingen H341 of H351 zijn toegekend, of die van deze aanduidingen moeten zijn voorzien,
overschrijden de emissiegrenswaarden van tabel 2.30 niet. De emissiegrenswaarden gelden voor de totale massa van de betrokken stoffen.

Tabel 2.30

Stoffen of mengsels	Massastroom	Emissiegrenswaarde
H340, H350, H350i, H360D of H360F en verplichte etikettering	≥10 g/uur	2 mg/Nm³
H341 of H351 en verplichte etikettering	≥ 100 g/uur	20 mg/Nm³

3. Een oplosmiddeleninstallatie waarin twee of meer activiteiten worden verricht die elk de drempelwaarden van tabel 2.28a of tabel 2.28b overschrijden, voldoet:
   a. ten aanzien van de stoffen of mengsels, genoemd in het eerste of tweede lid, voor elke activiteit afzonderlijk aan de in de leden vermelde eisen, en
   b. ten aanzien van de andere stoffen of mengsels dan bedoeld onder a:
   1°. voor elke activiteit afzonderlijk aan artikel 2.29, eerste of tweede lid, of
   2°. aan een waarde voor de totale emissies, die niet hoger is dan bij toepassing van het onder 1° gestelde het geval zou zijn.

Art. 2.31

Oplosmiddelen, treffen van voorzorgsmaatregelen

Degene die een inrichting drijft waartoe een oplosmiddeleninstallatie behoort, neemt alle passende voorzorgsmaatregelen om de emissies van vluchtige organische stoffen bij het opstarten en stilleggen van de installatie tot een minimum te beperken.

Art. 2.32

Oplosmiddelen, monitoring /reductieprogramma/oplosmiddelenboekhouding/emissiemetingen

De monitoring van emissies, het opstellen van een reductieprogramma en een oplosmiddelenboekhouding en de emissiemetingen ter controle op de naleving van de emissiegrenswaarden voldoen aan de bij ministeriële regeling gestelde eisen.

Activiteitenbesluit milieubeheer   **A66** art. 3.1

Hoofdstuk 3
Bepalingen met betrekking tot activiteiten, tevens geldend voor inrichtingen type C

Afdeling 3.0
Reikwijdte hoofdstuk 3

Art. 3
Dit hoofdstuk is van toepassing op degene die: *Werkingssfeer*
a. een inrichting type A of een inrichting type B drijft, of
b. een inrichting type C drijft, met uitzondering van de artikelen 3.113 tot en met 3.121.

Afdeling 3.1
Afvalwaterbeheer

§ 3.1.1
Bodemsanering en proefbronnering

Art. 3.1
1. Deze paragraaf is van toepassing op een saneringsonderzoek en een bodemsanering in de zin van de Wet bodembescherming. Bij het lozen van grondwater vanuit een proefbronnering in het kader van een saneringsonderzoek of vanuit een bodemsanering wordt ten minste voldaan aan het tweede tot en met het negende lid.   *Afvalwaterbeheer, lozen grondwater bij bodemsanering/proefbronnering*
2. Het lozen in een aangewezen oppervlaktewaterlichaam of in een voorziening voor de inzameling en het transport van afvalwater, niet zijnde een vuilwaterriool, is toegestaan, indien bij het lozen:
a. geen visuele verontreiniging plaatsvindt;
b. het gehalte aan naftaleen in enig steekmonster ten hoogste 0,2 microgram per liter bedraagt;
c. het gehalte aan PAK's in enig steekmonster ten hoogste 1 microgram per liter bedraagt; en
d. in enig steekmonster de emissiewaarden van de in dit artikel opgenomen tabel 3.1a niet worden overschreden.

Tabel 3.1a

Stoffen	emissiewaarde
BTEX	50 microgram per liter
Vluchtige organohalogeenverbindingen uitgedrukt als chloor	20 microgram per liter
Aromatische organohalogeenverbindingen	20 microgram per liter
Minerale olie	500 microgram per liter
Cadmium	4 microgram per liter
Kwik	1 microgram per liter
Koper	11 microgram per liter
Nikkel	41 microgram per liter
Lood	53 microgram per liter
Zink	120 microgram per liter
Chroom	24 microgram per liter
Onopgeloste stoffen	50 milligram per liter

3. Het lozen, in een niet-aangewezen oppervlaktewaterlichaam, is toegestaan, indien bij het lozen:
a. geen visuele verontreiniging plaatsvindt;
b. het gehalte aan naftaleen in enig steekmonster ten hoogste 0,2 microgram per liter bedraagt;
c. het gehalte aan PAK's in enig steekmonster ten hoogste 1 microgram per liter bedraagt; en
d. in enig steekmonster de emissiewaarden van de in dit artikel opgenomen tabel 3.1b niet worden overschreden.

Tabel 3.1b

Stoffen	emissiewaarde
Benzeen	2 microgram per liter
Tolueen	7 microgram per liter
Ethylbenzeen	4 microgram per liter
Xyleen	4 microgram per liter
Tetrachlooretheen	3 microgram per liter
Trichlooretheen	20 microgram per liter
1,2-dichlooretheen	20 microgram per liter
1,1,1-trichloorethaan	20 microgram per liter
Vinylchloride	8 microgram per liter
Som van de vijf hier bovenstaande stoffen	20 microgram per liter
Monochloorbenzeen	7 microgram per liter
Dichloorbenzenen	3 microgram per liter
Trichloorbenzenen	1 microgram per liter
Minerale olie	50 microgram per liter
Cadmium	0,4 microgram per liter
Kwik	0,1 microgram per liter
Koper	1,1 microgram per liter
Nikkel	4,1 microgram per liter
Lood	5,3 microgram per liter
Zink	12 microgram per liter
Chroom	2,4 microgram per liter
Onopgeloste stoffen	20 milligram per liter

4. Het lozen op of in de bodem is toegestaan indien het gehalte aan stoffen in enig steekmonster niet meer bedraagt dan de streefwaarden in tabel 1 van de bijlage bij de circulaire bodemsanering per 1 juli 2013.
5. Het lozen, bedoeld in het eerste lid, in een vuilwaterriool is verboden.
6. Indien lozen als bedoeld in het eerste lid in een oppervlaktewaterlichaam, op of in de bodem of in een voorziening voor de inzameling en het transport van afvalwater, niet zijnde een vuilwaterriool, redelijkerwijs niet mogelijk is:
   a. is, in afwijking van het vijfde lid, het lozen vanuit een proefbronnering in het vuilwaterriool toegestaan indien het gehalte aan onopgeloste stoffen niet meer bedraagt dan 300 milligram per liter;
   b. kan het bevoegd gezag bij maatwerkvoorschrift het vijfde lid niet van toepassing verklaren en het lozen vanuit een bodemsanering in een vuilwaterriool toestaan, indien het belang van de bescherming van het milieu zich gelet op de samenstelling, hoeveelheid en eigenschappen van het afvalwater niet tegen het lozen in een vuilwaterriool verzet. Artikel 2.2, vierde lid, is van overeenkomstige toepassing.
7. Het bevoegd gezag kan bij maatwerkvoorschrift afwijken van:
   a. de gehalten aan naftaleen en PAK's, bedoeld in onderdelen b en c van het tweede en het derde lid, de emissiewaarden, bedoeld in onderdeel d van het tweede en het derde lid en de streefwaarden, bedoeld in het vierde lid, en hogere waarden of gehalten bepalen, indien genoemde waarden of gehalten niet door toepassing van beste beschikbare technieken kunnen worden bereikt en het belang van de bescherming van het milieu zich niet verzet tegen het lozen met een hogere waarde of een hoger gehalte;
   b. de gehalten aan naftaleen en PAK's, bedoeld in onderdelen b en c van het tweede en het derde lid, en lagere waarden bepalen, indien het belang van de bescherming van het milieu tot het stellen van een lagere waarde noodzaakt;
   c. de waarden bedoeld in het tweede lid, onderdeel d, en lagere waarden bepalen indien vanuit een voorziening bedoeld in dat lid geloosd wordt in een niet-aangewezen oppervlaktewaterlichaam, of op of in de bodem en het belang van bescherming van het milieu noodzaakt tot het stellen van een lagere waarde.
8. De lagere gehalten, bedoeld in het zevende lid, onderdeel c, worden niet lager vastgesteld dan:
   a. de waarden opgenomen in tabel 3.1b, indien geloosd wordt in een oppervlaktewaterlichaam;
   b. de streefwaarden, bedoeld in het vierde lid, indien geloosd wordt op of in de bodem.
9. Het te lozen grondwater, bedoeld in het eerste lid, kan op een doelmatige wijze worden bemonsterd.

§ 3.1.2
Lozen van grondwater bij ontwatering

Art. 3.2
1. Deze paragraaf is van toepassing op het lozen van grondwater bij ontwatering, niet zijnde: *Werkingssfeer*
   a. grondwater vanuit een proefbronnering in het kader van een saneringsonderzoek of vanuit een bodemsanering als bedoeld in artikel 3.1, eerste lid;
   b. drainagewater afkomstig van telen in een kas als bedoeld in artikel 3.70, en
   c. drainagewater als bedoeld in artikel 3.87, negende lid.
   Bij het lozen wordt ten minste voldaan aan het tweede tot en met tiende lid.
2. Het lozen op of in de bodem is toegestaan.
3. Het lozen in een oppervlaktewaterlichaam is toegestaan indien:
   a. het gehalte onopgeloste stoffen in enig steekmonster ten hoogste 50 milligram per liter bedraagt; en
   b. als gevolg van het lozen geen visuele verontreiniging optreedt.
4. Het bevoegd gezag kan met betrekking tot het lozen, bedoeld in het derde lid, bij maatwerkvoorschrift afwijken van:
   a. het gehalte, genoemd in dat lid en een hoger gehalte vaststellen, indien genoemd gehalte niet door toepassing van beste beschikbare technieken kan worden bereikt en het belang van de bescherming van het milieu zich niet tegen het lozen met een hoger gehalte verzet;
   b. bepalen dat visuele verontreiniging mag optreden, indien visuele verontreiniging niet door toepassing van beste beschikbare technieken kan worden voorkomen en het belang van de bescherming van het milieu zich niet verzet tegen het lozen, waarbij visuele verontreiniging optreedt.
5. Het lozen, in een voorziening voor de inzameling en het transport van afvalwater, niet zijnde een vuilwaterriool, is toegestaan indien het gehalte onopgeloste stoffen in enig steekmonster ten hoogste 50 milligram per liter bedraagt en het ijzergehalte in enig steekmonster ten hoogste 5 milligram per liter bedraagt.
6. Het bevoegd gezag kan met betrekking tot lozen als bedoeld in het vijfde lid bij maatwerkvoorschrift of verordening als bedoeld in artikel 10.32a van de Wet milieubeheer afwijken van:
   a. de gehalten, bedoeld in dat lid en hogere gehalten vaststellen, indien eerstgenoemde gehalten niet door toepassing van beste beschikbare technieken kunnen worden bereikt en het belang van de bescherming van het milieu zich niet verzet tegen het lozen met een hoger gehalte;
   b. het ijzergehalte, bedoeld in dat lid en een lager ijzergehalte bepalen, indien het belang van bescherming van het milieu het stellen van een lager gehalte noodzaakt.
7. Het lozen, in een vuilwaterriool is verboden, tenzij:
   a. het lozen ten hoogste 8 weken duurt;
   b. de geloosde hoeveelheid ten hoogste 5 kubieke meter per uur bedraagt; en
   c. het gehalte onopgeloste stoffen in enig steekmonster ten hoogste 300 milligram per liter bedraagt.
8. Het bevoegd gezag kan met betrekking tot de tijdsduur en de hoeveelheid, bedoeld in het zevende lid bij maatwerkvoorschrift of bij verordening als bedoeld in artikel 10.32a van de Wet milieubeheer andere waarden stellen.
9. Het te lozen grondwater kan op een doelmatige wijze worden bemonsterd.
10. De per tijdseenheid geloosde hoeveelheid grondwater kan voor de toepassing van het zevende lid op een doelmatige wijze worden bepaald.

§ 3.1.3
Lozen van hemelwater, dat niet afkomstig is van een bodembeschermende voorziening

Art. 3.3
1. Deze paragraaf is van toepassing op het lozen van afvloeiend hemelwater dat: *Afvalwaterbeheer, lozen hemelwater*
   a. niet afkomstig is van een bodembeschermende voorziening,
   b. geen hemelwater is waarop de artikelen 3.33, 3.34, 3.49 en 3.60 van toepassing zijn, of
   c. geen drainagewater is als bedoeld in artikel 3.87, negende lid.
2. Het lozen anders dan in een vuilwaterriool is toegestaan.
3. Het lozen vindt slechts dan in een vuilwaterriool plaats, indien het lozen op of in de bodem, in een openbaar hemelwaterstelsel of in een oppervlaktewaterlichaam redelijkerwijs niet mogelijk is.
4. Gewasbeschermingsmiddelen, waaronder onkruidbestrijdingsmiddelen, worden slechts op half-open en gesloten verhardingen gebruikt, indien: *Afvalwaterbeheer, toepassing gewasbeschermingsmiddelen*
   a. sprake is van pleksgewijze behandeling door middel van selectieve toepassingstechnieken; en

b. de kans op neerslag voor een periode van 24 uur na het voorgenomen gebruik niet groter is dan 40% volgens het weerbericht, bedoeld in artikel 3, eerste lid, onderdeel a, van de Wet taken meteorologie en seismologie, voor de desbetreffende regio van het land.
5. Gewasbeschermingsmiddelen, waaronder onkruidbestrijdingsmiddelen, worden niet gebruikt in of nabij straatkolken of putten.
6. Het derde lid is niet van toepassing op het lozen dat is aangevangen voor het van toepassing worden van het eerste tot en met vijfde lid op de inrichting.
7. Het bevoegd gezag kan bij maatwerkvoorschrift bepalen dat het lozen in het vuilwaterriool van afvloeiend hemelwater dat niet afkomstig is van een bodembeschermende voorziening, dat reeds plaatsvond voorafgaand aan het tijdstip, bedoeld in het zesde lid, binnen een in dat maatwerkvoorschrift gestelde termijn wordt gestaakt.

§ 3.1.4
Behandelen van huishoudelijk afvalwater op locatie

Art. 3.4

Afvalwaterbeheer, lozen huishoudelijk afvalwater

1. Deze paragraaf is van toepassing op het lozen van huishoudelijk afvalwater en het behandelen van dit afvalwater voorafgaand daaraan. Het lozen van huishoudelijk afvalwater in een oppervlaktewaterlichaam of op of in de bodem is toegestaan indien het lozen plaatsvindt buiten een bebouwde kom of binnen een bebouwde kom van waaruit stedelijk afvalwater wordt geloosd met een vervuilingswaarde van minder dan 2000 inwonerequivalenten en de afstand tot het dichtstbijzijnde vuilwaterriool of een zuiveringtechnisch werk waarop kan worden aangesloten meer bedraagt dan:
a. 40 meter bij niet meer dan 10 inwonerequivalenten;
b. 100 meter bij meer dan 10 doch minder dan 25 inwonerequivalenten;
c. 600 meter bij 25 doch minder dan 50 inwonerequivalenten;
d. 1500 meter bij 50 doch minder dan 100 inwonerequivalenten; en
e. 3.000 meter bij 100 of meer inwonerequivalenten.
2. De afstand, bedoeld in het eerste lid, wordt berekend:
a. vanaf de kadastrale grens van het perceel waar het huishoudelijk afvalwater vrijkomt; en
b. langs de kortste lijn waarlangs de afvoerleidingen zonder overwegende bezwaren kunnen worden aangelegd.
3. Indien de afstand, bedoeld in het eerste lid, minder bedraagt dan de afstanden, genoemd in dat lid, kan het bevoegd gezag indien het belang van de bescherming van de bodem of de kwaliteit van een oppervlaktewaterlichaam zich daartegen niet verzet, bij maatwerkvoorschrift het lozen op of in de bodem of in een oppervlaktewaterlichaam toestaan:
a. voor een door hem vast te stellen termijn, gebaseerd op het nog niet verstreken deel van een afschrijvingstermijn van de bij de aanleg van het vuilwaterriool of het zuiveringtechnisch werk reeds bestaande zuiveringsvoorziening; of
b. indien voor een deel van het huishoudelijk afvalwater dat vrijkomt binnen de inrichting waarvan de vervuilingswaarde niet groter is dan 3 inwonerequivalenten aansluiting op de bedrijfsriolering die op een vuilwaterriool is aangesloten niet doelmatig is, waarbij kan worden bepaald dat het afvalwater door een zuiveringsvoorziening wordt geleid.
4. In afwijking van het tweede lid, onderdeel a, wordt de afstand tot het dichtstbijzijnde vuilwaterriool of zuiveringtechnisch werk bij voortzetting van het lozen van huishoudelijk afvalwater op of in de bodem dat voor 1 juli 1990 al regelmatig plaatsvond, berekend vanaf het gedeelte van het gebouw dat het dichtst bij een vuilwaterriool of een zuiveringtechnisch werk bevindt.
5. In afwijking van het tweede lid, onderdeel a, wordt de afstand tot het dichtstbijzijnde vuilwaterriool of zuiveringtechnisch werk bij voortzetting van het lozen van huishoudelijk afvalwater in het oppervlaktewaterlichaam dat voor 1 maart 1997 al plaatsvond, berekend vanaf het gedeelte van het gebouw dat het dichtst bij een vuilwaterriool of een zuiveringtechnisch werk bevindt.

Art. 3.5

Huishoudelijk afvalwater, grenswaarden

1. Bij het lozen van huishoudelijk afvalwater op of in de bodem of in een oppervlaktewaterlichaam worden de volgende grenswaarden niet overschreden:

Tabel 3.5

Parameter	Lozen op of in de bodem en in een aangewezen oppervlaktewaterlichaam		Lozen in een niet aangewezen oppervlaktewaterlichaam	
	Representatief etmaalmonster	Steekmonster	Representatief etmaalmonster	Steekmonster
Biochemisch zuurstof verbruik	30 milligram per liter	60 milligram per liter	20 milligram per liter	40 milligram per liter
Chemisch zuurstof verbruik	150 milligram per liter	300 milligram per liter	100 milligram per liter	200 milligram per liter
Totaal stikstof			30 milligram per liter	60 milligram per liter
Ammoniumstikstof			2 milligram per liter	4 milligram per liter
Onopgeloste stoffen	30 milligram per liter	60 milligram per liter	30 milligram per liter	60 milligram per liter
Fosfor totaal			3 milligram per liter	6 milligram per liter

2. Bij lozen op of in de bodem wordt het huishoudelijk afvalwater op een zodanige wijze geloosd, dat de nadelige gevolgen voor het milieu zo veel mogelijk worden beperkt.
3. Het eerste lid is niet van toepassing op een lozing van huishoudelijk afvalwater van minder dan 6 inwonerequivalenten indien het afvalwater is geleid door een zuiveringsvoorziening die voldoet aan bij ministeriële regeling bepaalde eisen.
4. Het bevoegd gezag kan, bij lozen in een niet aangewezen oppervlaktewaterlichaam, indien het belang van de bescherming van het milieu daartoe noodzaakt bij maatwerkvoorschrift de eisen bedoeld in het derde lid niet van toepassing verklaren en daarbij bepalen dat het huishoudelijk afvalwater door een aangegeven zuiveringsvoorziening dient te worden geleid.
5. In afwijking van het eerste lid, kan het bevoegd gezag, indien het belang van de bescherming van het milieu zich daartegen niet verzet, op een daartoe strekkende aanvraag voor een door hem vast te stellen termijn bij maatwerkvoorschrift bepalen dat bij het lozen niet aan de in dat lid genoemde waarden behoeft te worden voldaan. Het bevoegd gezag kan daarbij:
a. andere waarden vaststellen;
b. bepalen dat het huishoudelijk afvalwater door een aangegeven zuiveringsvoorziening dient te worden geleid.
6. Het te lozen huishoudelijk afvalwater kan op een doelmatige wijze worden bemonsterd.

§ 3.1.4a
Behandeling van stedelijk afvalwater

Art. 3.5a
Deze paragraaf is van toepassing op zuiveringtechnische werken, voor zover het de waterlijn betreft met inbegrip van slibindikking en mechanische slibontwatering.

Stedelijk afvalwater, zuiveringstechnisch werk

Art. 3.5b
1. De geurbelasting als gevolg van een zuiveringtechnisch werk is ter plaatse van geurgevoelige objecten niet meer dan 0,5 odour unit per kubieke meter lucht als 98-percentiel.
2. In afwijking van het eerste lid is de geurbelasting als gevolg van een zuiveringtechnisch werk ter plaatse van geurgevoelige objecten gelegen op een gezoneerd industrieterrein, een bedrijventerrein danwel buiten de bebouwde kom, niet meer dan 1 odour unit per kubieke meter lucht als 98-percentiel.
3. Onverminderd het eerste en tweede lid, wordt bij een zuiveringtechnisch werk voldaan aan de bij ministeriële regeling te stellen eisen.
4. Het eerste en tweede lid zijn niet van toepassing op een zuiveringtechnisch werk dat is opgericht voor 1 februari 1996 en waarvoor op dat tijdstip een vergunning op grond van artikel 8.1 van de Wet milieubeheer in werking en onherroepelijk was.
5. Indien het vierde lid van toepassing is, dan is de geurbelasting als gevolg van een zuiveringtechnisch werk ter plaatse van geurgevoelige objecten ten hoogste 1,5 odour units per kubieke meter lucht als 98-percentiel.
6. In afwijking van het vijfde lid is de geurbelasting als gevolg van een zuiveringtechnisch werk ter plaatse van geurgevoelige objecten gelegen op een gezoneerd industrieterrein, een bedrij-

Zuiveringtechnisch werk, geurbelasting

A66 art. 3.5c

venterrein dan wel buiten de bebouwde kom ten hoogste 3,5 odour units per kubieke meter lucht als 98-percentiel.

7. Voor een zuiveringtechnisch werk waarvoor tot 1 januari 2011 een omgevingsvergunning op grond van artikel 2.1, eerste lid, aanhef en onder e, van de Wet algemene bepalingen omgevingsrecht, in werking en onherroepelijk was, zijn het eerste, tweede, vijfde en zesde lid niet van toepassing op de geurbelasting ter plaatse van geurgevoelige objecten die op het moment van verlening van de vergunning niet aanwezig waren of in de vergunning niet als geurgevoelig werden beschouwd.

8. Bij de verandering van een zuiveringtechnisch werk als bedoeld in het vierde en zevende lid is de geurbelasting ter plaatse van geurgevoelige objecten als gevolg van een zuiveringtechnisch werk niet hoger dan de geurbelasting voorafgaand aan de verandering, tenzij de waarden, bedoeld in het eerste en tweede lid niet worden overschreden.

Art. 3.5c

De geurbelasting, bedoeld in artikel 3.5b, eerste, tweede en vijfde tot en met achtste lid, wordt bepaald volgens de bij ministeriële regeling gestelde eisen.

Art. 3.5d

Zuiveringtechnisch werk, bodembescherming

1. In afwijking van artikel 2.9 worden bij het ontwerp, de aanleg en het gebruik van het gedeelte van de waterlijn, vanaf het ontvangstwerk tot de selector of beluchtingstank, alsmede van het gedeelte van het zuiveringtechnisch werk waar slibontwatering, opslag en leidingwerk met primair slib plaatsvindt, bodembeschermende voorzieningen en bodembeschermende maatregelen getroffen waarmee een aanvaardbaar bodemrisico wordt gerealiseerd.

2. De bodembeschermende voorzieningen en bodembeschermende maatregelen, bedoeld in het eerste lid, voldoen aan de bij ministeriële regeling te stellen eisen over de goede werking van die voorzieningen en maatregelen, en over de controle van die eisen alsmede aan de bij ministeriële regeling te stellen eisen over de mogelijkheid om bodemverontreiniging te kunnen signaleren en indien nodig te herstellen.

Art. 3.5e

Zuiveringtechnisch werk, eisen

1. Bij het lozen in een oppervlaktewaterlichaam wordt ten minste voldaan aan het tweede tot en met zevende lid.

2. Een zuiveringtechnisch werk wordt zodanig ontworpen, gebouwd, geëxploiteerd en onderhouden dat onder alle normale plaatselijke weersomstandigheden de doelmatige werking daarvan is gewaarborgd, ongebruikelijke situaties daarbij buiten beschouwing gelaten.

3. De plaats van de lozing en de benedenstroomse afvoer zijn van dien aard dat nadelige gevolgen voor de kwaliteit van het ontvangende oppervlaktewaterlichaam worden voorkomen dan wel voor zover dat niet mogelijk is zoveel mogelijk worden beperkt.

4. Stedelijk afvalwater met een vervuilingswaarde van 2.000 inwonerequivalenten of meer ondergaat in een zuiveringtechnisch werk een zodanige behandeling, dat het voorafgaand aan het lozen in een oppervlaktewaterlichaam ten minste voldoet aan de volgende grenswaarden:

Parameters	Grenswaarde in etmaalmonster	Grenswaarde als voortschrijdend jaargemiddelde
Biochemisch zuurstofverbruik (BZV_5 bij 20 °C) zonder nitrificatie	20 milligram O_2 per liter	
Chemisch zuurstofverbruik (CZV)	125 milligram O_2 per liter	
Totale hoeveelheid onopgeloste stoffen	30 milligram per liter	
Totaal fosfor (ontwerpcapaciteit van meer dan 100.000 inwonerequivalenten)		1,0 milligram per liter
Totaal fosfor (ontwerpcapaciteit van 2.000 tot en met 100.000 inwonerequivalenten)		2,0 milligram per liter
Totaal stikstof (ontwerpcapaciteit van 20.000 inwonerequivalenten of meer)		10 milligram per liter
Totaal stikstof (ontwerpcapaciteit van 2.000 tot 20.000 inwonerequivalenten)		15 milligram per liter

5. De beoordeling of bij het lozen wordt voldaan aan de grenswaarden, genoemd in het vierde lid, geschiedt overeenkomstig de bij ministeriële regeling gestelde eisen.

Activiteitenbesluit milieubeheer **A66** art. 3.6

6. Het bevoegd gezag kan, indien het belang van de bescherming van de kwaliteit van het oppervlaktewaterlichaam daartoe noodzaakt, bij maatwerkvoorschrift lagere grenswaarden vaststellen dan de grenswaarden, genoemd in het vierde lid.
7. Het bevoegd gezag kan bij maatwerkvoorschrift op verzoek van het openbaar lichaam of een andere rechtspersoon die krachtens artikel 3.4 van de Waterwet is belast met de zorg voor een zuiveringtechnisch werk, de grenswaarden voor de concentraties totaal fosfor en totaal stikstof, genoemd in het vierde lid, niet van toepassing verklaren en hogere grenswaarden vaststellen dan de grenswaarden, bedoeld in dat lid, indien het percentage van totaal fosfor onderscheidenlijk totaal stikstof dat uit het stedelijk afvalwater wordt verwijderd en dat op de onder de zorg van hetzelfde openbaar lichaam of dezelfde andere rechtspersoon staande gezamenlijke zuiveringtechnische werken wordt aangevoerd, ten minste 75 procent bedraagt en het een zuiveringtechnisch werk betreft:
a. dat voor 1 september 1992 in bedrijf is genomen en waarvan de ontwerpcapaciteit sinds die datum met niet meer dan 25 procent is uitgebreid, of
b. met een ontwerpcapaciteit van minder dan 20.000 inwonerequivalenten.

Art. 3.5f
1. Voor de toepassing van dit artikel wordt onder «voorzienbare bijzondere bedrijfsomstandigheden bij een zuiveringtechnisch werk» verstaan: andere dan de reguliere bedrijfsomstandigheden, niet zijnde een ongewoon voorval, zoals onderhouds- en reparatiewerkzaamheden, waardoor onderdelen van het zuiveringsproces tijdelijk buiten bedrijf worden gesteld.
2. In het geval van voorzienbare bijzondere bedrijfsomstandigheden als bedoeld in het eerste lid die gevolgen kunnen hebben voor de kwaliteit van het na zuivering te lozen afvalwater, kan het bevoegd gezag op verzoek van het openbaar lichaam of een andere rechtspersoon die krachtens artikel 3.4 van de Waterwet is belast met de zorg voor een zuiveringtechnisch werk voor een door hem vast te stellen periode bij maatwerkvoorschrift de grenswaarden, genoemd in artikel 3.5e, vierde, zesde of zevende lid, niet van toepassing verklaren en hogere grenswaarden vaststellen alsmede tijdelijk aanvullende maatregelen voorschrijven om de nadelige gevolgen voor de waterkwaliteit zoveel mogelijk te beperken.

Zuiveringtechnisch werk, bijzondere bedrijfsomstandigheden

Art. 3.5g
1. Het openbaar lichaam of een andere rechtspersoon welke krachtens artikel 3.4 van de Waterwet is belast met de zorg voor een zuiveringtechnisch werk voor de behandeling van stedelijk afvalwater met een vervuilingswaarde van 2.000 inwonerequivalenten of meer bemonstert zowel het inkomende, onbehandelde stedelijk afvalwater als het te lozen gezuiverde stedelijk afvalwater, analyseert de monsters en beoordeelt de resultaten daarvan overeenkomstig de bij ministeriële regeling gestelde eisen.
2. Het openbaar lichaam of een andere rechtspersoon als bedoeld in het eerste lid legt binnen vier maanden na afloop van ieder kalenderjaar aan Onze Minister een overzicht over van de onder zijn zorg staande zuiveringtechnische werken en van de resultaten van de bemonstering, analyse en beoordeling, bedoeld in dat lid.

Zuiveringtechnisch werk, bemonstering

§ 3.1.5
Lozen van koelwater

Art. 3.6
1. Deze paragraaf is van toepassing op het lozen van koelwater met een warmtevracht van 50.000 kilojoule of minder per seconde. Bij het lozen wordt ten minste voldaan aan het tweede tot en met het zevende lid.
2. Het lozen van koelwater waaraan geen chemicaliën zijn toegevoegd in een oppervlaktewaterlichaam of in een voorziening voor de inzameling en het transport van afvalwater niet zijnde een vuilwaterriool, is toegestaan indien de warmtevracht niet meer bedraagt dan:
a. 1000 Kilojoule per seconde, indien het een aangewezen oppervlaktewaterlichaam betreft;
b. 10 Kilojoule per seconde, indien het een niet aangewezen oppervlaktewaterlichaam betreft.
3. De warmtevracht van een koelwaterlozing wordt berekend als het product van:
a. het lozingsdebiet van koelwater in kubieke meter per seconde;
b. het verschil tussen de lozingstemperatuur en de temperatuur van het ontvangende oppervlaktewaterlichaam in graden Celsius;
c. de warmtecapaciteit van het koelwater hetgeen gelijk is aan 4190 Kilojoule per kubieke meter per graad temperatuursverhoging.
4. Het bevoegd gezag kan indien het belang van de bescherming van het milieu zich daartegen niet verzet, bij maatwerkvoorschrift het tweede lid niet van toepassing verklaren en het lozen van koelwater met een hogere warmtevracht dan bedoeld in het tweede lid of waaraan in beperkte mate chemicaliën zijn toegestaan toestaan.
5. Indien het lozen, bedoeld in het tweede lid, een temperatuurstijging zou veroorzaken die tot beperking van de warmtevracht noodzaakt, kan het bevoegd gezag bij maatwerkvoorschrift voor de warmtevracht lagere waarden vaststellen dan bedoeld in het tweede lid.

Afvalwaterbeheer, lozen koelwater

6. Het lozen van koelwater als bedoeld in het tweede lid vindt slechts dan in een vuilwaterriool plaats indien het lozen van dat koelwater in een oppervlaktewaterlichaam of in een voorziening voor de inzameling en het transport van afvalwater niet zijnde een vuilwaterriool redelijkerwijs niet mogelijk is.
7. De warmtevracht van een lozing van koelwater kan op een doelmatige wijze worden bepaald, dan wel door degene die de inrichting drijft aannemelijk worden gemaakt.

§ 3.1.6
Lozen ten gevolge van werkzaamheden aan vaste objecten

Art. 3.6.1
Deze paragraaf is van toepassing op het lozen ten gevolge van reinigingswerkzaamheden, conserveringswerkzaamheden, sloop-, en renovatiewerkzaamheden of andere onderhoudswerkzaamheden aan of nieuwbouw van vaste objecten.

Art. 3.6a

Afvalwaterbeheer, lozen ten gevolge van werkzaamheden aan vaste objecten

1. Bij het lozen ten gevolge van reinigingswerkzaamheden, conserveringswerkzaamheden of andere onderhoudswerkzaamheden aan vaste objecten wordt ten minste voldaan aan het tweede tot en met het vijfde lid.
2. Indien bij de werkzaamheden, bedoeld in het eerste lid, lozen in een oppervlaktewaterlichaam kan plaatsvinden, worden bij ministeriële regeling aangegeven maatregelen getroffen om het lozen in dat oppervlaktewaterlichaam lozen van stoffen, die bij de werkzaamheden worden gebruikt dan wel van het vast object vrijkomen, te voorkomen dan wel, voor zover dat redelijkerwijs niet mogelijk is, zoveel mogelijk te beperken. Indien voorkomen redelijkerwijs niet mogelijk is, is na het treffen van maatregelen bedoeld in de eerste volzin lozen in een oppervlaktewaterlichaam toegestaan.
3. Het lozen in een vuilwaterriool is verboden, tenzij het lozen betreft als bedoeld in het vierde lid.
4. Bij reinigingswerkzaamheden, die periodiek worden uitgevoerd en waarbij uitsluitend vuilafzetting wordt verwijderd, is het lozen van reinigingswater in een voorziening voor de inzameling en het transport van afvalwater en op of in de bodem toegestaan.
5. Het bevoegd gezag kan bij maatwerkvoorschrift afwijken van het derde lid en het lozen ten gevolge van de gevelreiniging en graffitiverwijdering in een vuilwaterriool toestaan, indien het belang van de bescherming van het milieu zich gelet op de samenstelling, hoeveelheid en eigenschappen van het afvalwater niet tegen het lozen in een vuilwaterriool verzet. Artikel 2.2, vierde lid, is van overeenkomstige toepassing.

Art. 3.6b
1. Bij het lozen in een oppervlaktewaterlichaam ten gevolge van sloop-, of renovatiewerkzaamheden aan of nieuwbouw van vaste objecten wordt ten minste voldaan aan het tweede en derde lid.
2. Het lozen, dat gelet op de locatie van de in het eerste lid bedoelde werkzaamheden redelijkerwijs niet kan worden voorkomen, is toegestaan.
3. Bij de werkzaamheden, bedoeld in het eerste lid, worden maatregelen getroffen om het lozen te voorkomen dan wel, voor zover dat niet mogelijk is, zoveel mogelijk te beperken. De maatregelen worden beschreven in een werkplan.

§ 3.1.7
Handelingen in een oppervlaktewaterlichaam

Art. 3.6c
1. Deze paragraaf is van toepassing op ontgravingen of baggerwerkzaamheden in een oppervlaktewaterlichaam.
2. Deze paragraaf is tevens van toepassing op andere werkzaamheden in een oppervlaktewaterlichaam indien die plaatsvinden door of vanwege de beheerder in het kader van het beheer van dat oppervlaktewaterlichaam.

Art. 3.6d
1. Het lozen in een oppervlaktewaterlichaam ten gevolge van ontgravingen of baggerwerkzaamheden in dat oppervlaktewaterlichaam is toegestaan.
2. Indien bij ontgravingen of baggerwerkzaamheden in een oppervlaktewaterlichaam de kwaliteit van de te baggeren of te ontgraven waterbodem een bij ministeriële regeling aan te wijzen interventiewaarde overschrijdt, worden de werkzaamheden uitgevoerd overeenkomstig een werkplan, waarin maatregelen zijn beschreven waarmee het lozen zo veel mogelijk wordt beperkt. Het werkplan bevat in ieder geval de beschrijving van de toe te passen baggertechniek en de bij het gebruik van die techniek gehanteerde werkwijze.

Activiteitenbesluit milieubeheer **A66** art. 3.7

Art. 3.6e
Het lozen in een oppervlaktewaterlichaam ten gevolge van andere werkzaamheden dan bedoeld in artikel 3.6c, is toegestaan indien die werkzaamheden plaatsvinden door of vanwege de beheerder in het kader van het beheer van dat oppervlaktewaterlichaam.

§ 3.1.8
Lozen ten gevolge van schoonmaken drinkwaterleidingen

Art. 3.6f
1. Deze paragraaf is van toepassing op het lozen ten gevolge van het schoonmaken en in gebruik nemen van de middelen voor het opslaan, transporteren en de distribueren van drinkwater of warm tapwater als bedoeld in artikel 1 van de Drinkwaterwet of van huishoudwater als bedoeld in artikel 1 van het Drinkwaterbesluit. Bij het lozen wordt ten minste voldaan aan het tweede tot en met het vijfde lid.
2. Het lozen op of in de bodem is toegestaan indien aan het drinkwater, warm tapwater of huishoudwater geen chemicaliën zijn toegevoegd en als gevolg van het lozen geen wateroverlast ontstaat.
3. Het lozen in een oppervlaktewaterlichaam of in een voorziening voor de inzameling en het transport van afvalwater, niet zijnde een vuilwaterriool, is toegestaan, indien aan het drinkwater, warm tapwater of huishoudwater geen chemicaliën zijn toegevoegd.
4. Het lozen vindt slechts dan in een vuilwaterriool plaats, indien het lozen, bedoeld in het tweede en derde lid, redelijkerwijs niet mogelijk is.
5. In afwijking van het tweede en derde lid kan het bevoegd gezag het lozen van afvalwater, bedoeld in het eerste lid, met geringe concentraties chemicaliën bij maatwerkvoorschrift toestaan indien het belang van de bescherming van het milieu zich daartegen niet verzet.

§ 3.1.9
Lozen van afvalwater ten gevolge van calamiteitenoefeningen

Art. 3.6g
1. Deze paragraaf is van toepassing op het lozen van afvalwater dat vrijkomt bij een calamiteitenoefening met uitzondering van inrichtingen voor het oefenen van brandbestrijdingstechnieken als bedoeld in categorie 26 van onderdeel C van bijlage I bij het Besluit omgevingsrecht.
2. Het lozen van afvalwater is toegestaan.

Afdeling 3.2
Installaties

§ 3.2.1
Het in werking hebben van een middelgrote stookinstallatie, gestookt op een standaard brandstof

Art. 3.7
1. Deze paragraaf is niet van toepassing op: Werkingssfeer
a. het stoken van brandstoffen in stookinstallaties die ingevolge bijlage I, onderdeel C, categorie 1.4, onder a, van het Besluit omgevingsrecht er toe leiden, dat een inrichting vergunningplichtig is;
b. stookinstallaties waarop paragraaf 5.1.1 van toepassing is;
c. stookinstallaties waarop paragraaf 5.1.2 van toepassing is;
d. stookinstallaties waarop Richtlijn 97/68/EG betrekking heeft en andere mobiele stookinstallaties;
e. technische voorzieningen die bij de voortstuwing van een voertuig, schip of vliegtuig worden gebruikt;
f. in de chemische industrie gebruikte reactoren;
g. windverhitters van hoogovens;
h. terugwinningsinstallaties in installaties voor de productie van pulp.
2. De artikelen 3.10 tot en met 3.10j en 3.10q tot en met 3.10t inzake emissies naar de lucht zijn van toepassing op het in werking hebben van een stookinstallatie, tenzij het betreft:
a. een stookinstallatie die blijkens een daarvoor aan de inrichting verleende omgevingsvergunning wordt gebruikt voor het onderzoeken, beproeven of demonstreren van experimentele verbrandingstechnieken of van technieken ter bestrijding van de uitworp van zwaveldioxide (SO_2), stikstofoxiden (NO_x) of totaal stof;
b. een stookinstallatie die ten hoogste 500 uren per jaar in gebruik is, met uitzondering van dieselmotoren die, behoudens de vanuit bedrijfszekerheid noodzakelijke testen, worden gebruikt voor de opwekking van elektriciteit terwijl het openbare net beschikbaar is. Voor zover het een

installatie betreft met een nominaal thermisch ingangsvermogen vanaf 1MW waarin een vaste brandstof wordt gestookt, voldoet deze aan een emissiegrenswaarde voor stof van 200 mg/Nm^3 indien deze voor 20 december 2018 in gebruik is genomen en voldoet deze aan een emissiegrenswaarde voor stof van 100 mg/Nm^3 indien deze op of na 20 december 2018 in gebruik is genomen;
c. technische voorzieningen voor de zuivering van afgassen door verbranding die niet als autonome stookinstallatie worden geëxploiteerd;
d. stookinstallaties waar de gasvormige producten van het stookproces worden gebruikt voor het direct verwarmen, drogen of anderzijds behandelen van voorwerpen of materialen;
e. stookinstallaties waarin de gasvormige producten van het stookproces worden gebruikt voor het direct verwarmen met gas van binnenruimten ter verbetering van de omstandigheden op de arbeidsplaats;
f. crematoria.
3. De artikelen 3.10k, 3.10n en 3.10o inzake het doelmatig beheer van afvalwater, het realiseren van een verwaarloosbaar bodemrisico en het doelmatig beheer van afval, zijn van toepassing op het in werking hebben van een stookinstallatie.
4. De artikelen 3.10l en 3.10m inzake een doelmatig gebruik van energie, zijn van toepassing op inrichtingen waarin zich geen broeikasgasinstallaties als bedoeld in artikel 16.1 van de wet bevinden en waarbij het gelijktijdig produceren van elektrische energie en thermische energie door middel van een warmtekrachtinstallatie plaatsvindt, tenzij het een warmtekrachtinstallatie betreft waarin vergistingsgas wordt gebruikt.
5. Artikel 3.10p inzake keuring en onderhoud van een stookinstallatie is van toepassing op het in werking hebben van een stookinstallatie, tenzij het betreft een stookinstallatie die blijkens een daarvoor aan de inrichting verleende omgevingsvergunning wordt gebruikt voor het onderzoeken, beproeven of demonstreren van experimentele verbrandingstechnieken of van technieken ter bestrijding van de uitworp van zwaveldioxide (SO_2), stikstofoxiden (NO_x) of totaal stof.
6. Voor de toepassing van deze paragraaf worden twee of meer stookinstallaties met een nominaal thermisch ingangsvermogen van 1 MWth of meer als één stookinstallatie aangemerkt en worden de vermogens opgeteld indien:
a. de afgassen van die stookinstallaties via één schoorsteen worden afgevoerd, of
b. de afgassen van die stookinstallaties, met inachtneming van technische en economische factoren, volgens het oordeel van het bevoegd gezag via een gemeenschappelijke schoorsteen kunnen worden uitgestoten.
Indien toepassing wordt gegeven aan onderdeel b, stelt het bevoegd gezag in een maatwerkvoorschrift vast welke stookinstallaties deel uitmaken van het samenstel van stookinstallaties.
7. Voor zover stookinstallaties onder de werkingssfeer van deze paragraaf vallen, zijn de artikelen 2.5, 2.6, 2.7 en 2.8, derde tot en met achtste lid, niet van toepassing.
8. Onverminderd de emissie-eisen in deze paragraaf kan het bevoegd gezag in het belang van de bescherming van het milieu bij maatwerkvoorschrift eisen stellen aan de emissies van een stookinstallatie.

Art. 3.8

Stookinstallatie, binnen Nederlandse exclusieve economische zone

Een stookinstallatie kan gelegen zijn binnen de Nederlandse exclusieve economische zone.

Art. 3.9

Installatie voor regeneratie glycol, emissiegrenswaarden

1. Het rookgas van een installatie voor de regeneratie van glycol voldoet aan een emissiegrenswaarde van stikstofoxiden naar de lucht van ten hoogste 80 mg/Nm^3.

2. Indien de kwaliteit van het aardgas en de technische kenmerken van de in het eerste lid genoemde installatie daartoe aanleiding geven, kan het bevoegd gezag, bij maatwerkvoorschrift een hogere emissiegrenswaarde voor stikstofoxiden dan genoemd in dat lid vaststellen. De emissiegrenswaarde voor stikstofoxiden naar de lucht is in dat geval ten hoogste 150 mg/Nm^3 indien het belang van de bescherming van het milieu zich daartegen niet verzet.
3. Ten aanzien van de technische kenmerken, bedoeld in het tweede lid, wordt onder meer rekening gehouden met de kosteneffectiviteit, bedoeld in artikel 2.7, vierde tot en met zesde lid, en met de integrale afweging van de mogelijkheden voor emissiebeperking.
4. De emissiegrenswaarden genoemd in het eerste en tweede lid zijn tot 1 januari 2019 niet van toepassing op het rookgas van een stookinstallatie voor de regeneratie van glycol die voor 1 januari 2016 in gebruik is genomen.
5. Voor installaties als bedoeld in het vierde lid blijven, in afwijking van artikel 6.1, tot 1 januari 2019 de emissiegrenswaarden van de vergunning van toepassing.

Activiteitenbesluit milieubeheer A66 art. 3.10a

Art. 3.10
1. Het rookgas van een ketelinstallatie met een nominaal thermisch ingangsvermogen vanaf 1 MWth voldoet aan de emissiegrenswaarden, genoemd in tabel 3.10.

Stookinstallatie, emissie-grenswaarden rookgas

2. In afwijking van het eerste lid voldoet een ketelinstallatie gestookt op vergistingsgas die voor 20 december 2018 in gebruik is genomen aan een emissiegrenswaarde voor zwaveldioxide (SO_2) van 200 mg/Nm³.
3. In afwijking van het eerste en tweede lid voldoet een ketelinstallatie die groter is dan 5 MWth, wordt gestookt op vergistingsgas en die voor 20 december 2018 in gebruik is genomen, vanaf 1 januari 2025 aan een emissiegrenswaarde voor zwaveldioxide (SO_2) van 170 mg/Nm³.

Tabel 3.10

Ketelinstallatie met een nominaal thermisch ingangsvermogen van 1 MWth of meer			
Brandstof/vermogen	Stikstofoxiden (NO_x) (mg per normaal kubieke meter)	Zwaveldioxide (SO_2) (mg per normaal kubieke meter)	Totaal stof (mg per normaal kubieke meter)
Brandstof in vloeibare vorm, met uitzondering van biomassa	120	200	5
Biomassa, voor zover de ketelinstallatie een vermogen van 5 MWth of minder heeft	275	200	20
Biomassa, voor zover de ketelinstallatie een vermogen van meer dan 5 MWth heeft	145	200	5
Vergistingsgas	70	100	–
Aardgas	70	–	–
Propaangas, Butaangas	140	–	–

Art. 3.10a
1. Het rookgas van een stookinstallatie anders dan een ketelinstallatie, zuigermotor, gasturbine of installatie voor de regeneratie van glycol, met een nominaal thermisch ingangsvermogen vanaf 1 MWth voldoet aan de emissiegrenswaarden, genoemd in tabel 3.10a.

Warmtekrachtinstallatie, rookgas ketelinstallatie

2. In afwijking van het eerste lid kan het bevoegd gezag voor installaties die voor 20 december 2018 in gebruik zijn genomen, indien de geografische ligging, de plaatselijke milieuomstandigheden of de technische kenmerken van de betrokken installatie daartoe aanleiding geven, bij maatwerkvoorschrift een hogere emissiegrenswaarde vaststellen tot maximaal de in tabel 3.10a tussen haakjes aangegeven waarden.
3. In afwijking van het eerste lid gelden de emissiegrenswaarden in dit artikel voor stookinstallaties die voor 20 december 2018 in bedrijf zijn genomen vanaf:
   a. 1 januari 2025 voor stookinstallaties meer dan 5 MWth;
   b. 1 januari 2030 voor stookinstallaties van 1 MWth of meer en 5 MWth of minder.
4. In afwijking van het eerste lid en onverminderd het derde lid voldoet een stookinstallatie gestookt op vergistingsgas die voor 20 december 2018 in gebruik is genomen aan een emissiegrenswaarde voor zwaveldioxide (SO_2):
   a. van 170 mg/Nm³ voor een stookinstallatie van meer dan 5 MWth;
   b. van 200 mg/Nm³ voor een stookinstallatie van 1 MWth of meer en 5 MWth of minder.

A66 art. 3.10b — Activiteitenbesluit milieubeheer

Tabel 3.10a

Stookinstallatie anders dan een ketelinstallatie, zuigermotor, gasturbine of installatie voor de regeneratie van glycol, met een nominaal thermisch ingangsvermogen van 1 MWth of meer

Brandstof/vermogen	Stikstofoxiden (NO_x) (mg per normaal kubieke meter)	Zwaveldioxide (SO_2) (mg per normaal kubieke meter)	Totaal stof (mg per normaal kubieke meter)
Brandstof in vloeibare vorm, met uitzondering van biomassa	120 (200)	200	5 (20)
Biomassa, voor zover de installatie een vermogen heeft van 5 MWth of minder	275 (650)	200	20
Biomassa, voor zover de installatie een vermogen heeft van meer dan 5 MWth	145 (650)	200	5
Vergistingsgas	80 (250)	100	–
Aardgas	80 (200)	–	–
Propaangas, Butaangas	140 (250)	–	–

Art. 3.10b

Het rookgas van een ketelinstallatie met een nominaal thermisch ingangsvermogen kleiner dan 1MWth voldoet aan de emissiegrenswaarden, genoemd in tabel 3.10b.

Tabel 3.10b

Brandstof/vermogen	Stikstofoxiden (NO_x) (mg per normaal kubieke meter)	Zwaveldioxide (SO_2) (mg per normaal kubieke meter)	Totaal stof (mg per normaal kubieke meter)
Biomassa of houtpellets	300	200	40
Brandstof in vloeibare vorm, met uitzondering van biomassa, gestookt in een ketelinstallatie van 0,4 MWth of meer	120	200	20
Aardgas, gestookt in een ketelinstallatie van 0,4 MWth of meer	70	–	–
Vergistingsgas, gestookt in een ketelinstallatie van 0,4 MWth of meer	70	200	–
Propaangas, Butaangas, gestookt in een ketelinstallatie van 0,4 MWth of meer	140	–	–

Art. 3.10c

Warmtekrachtinstallatie, gemiddelde emissiegrenswaarde

1. Bij gelijktijdig gebruik van verschillende soorten brandstof in een stookinstallatie geldt als emissiegrenswaarde voor stikstofoxiden (NO_x), zwaveldioxide (SO_2) en totaal stof, het gewogen gemiddelde van de emissiegrenswaarden die op grond van de artikelen 3.10 tot en met 3.10b voor elk van de brandstoffen afzonderlijk zouden gelden.

Activiteitenbesluit milieubeheer   **A66** art. 3.10e

2. Het in het eerste lid bedoelde gewogen gemiddelde wordt per tijdseenheid berekend naar het aandeel van elk van de brandstoffen in de energetische inhoud van de toegevoerde brandstoffen.

Art. 3.10d

1. Het rookgas van een gasturbine voldoet aan de emissiegrenswaarden, genoemd in tabel 3.10d. — *Warmtekrachtinstallatie, rookgas gasturbine*

2. In afwijking van het eerste lid kan het bevoegd gezag bij maatwerkvoorschrift een emissiegrenswaarde voor stikstofoxiden van ten hoogste 75 mg/Nm^3 vaststellen voor een gasturbine die voor 1 april 2010 is geplaatst of in gebruik is genomen, indien deze gasturbine is uitgerust met een stoom- of waterinjectie.

3. In afwijking van het eerste lid voldoet een gasturbine gelegen op een off shore olie- of gaswinningsplatform die voor 1 april 2010 in gebruik is genomen aan een emissiegrenswaarde voor stikstofoxiden van 75 mg/Nm^3.

Tabel 3.10d

Brandstof	Stikstofoxiden (NO_x) (mg per normaal kubieke meter)	Zwaveldioxide (SO_2) (mg per normaal kubieke meter)	Totaal stof (mg per normaal kubieke meter)
Brandstof in vloeibare vorm	50	65	5
Aardgas	50	–	–
Andere gasvormige brandstof	50	15	–

Art. 3.10e

1. Het rookgas van een dieselmotor voldoet aan de emissiegrenswaarden, genoemd in tabel 3.10e. — *Warmtekrachtinstallatie, rookgas dieselmotor*

2. In afwijking van het eerste lid voldoet een installatie van meer dan 5 MWth die voor 20 december 2018 in gebruik is genomen tot 1 januari 2025 aan een emissiegrenswaarde voor stof van 20 mg/Nm^3.

3. In afwijking van het eerste lid voldoet een installatie van meer dan 5 MWth en 20 MWth of minder die voor 20 december 2018 in gebruik is genomen vanaf 1 januari 2025 aan een emissiegrenswaarde voor stof van 20 mg/Nm^3.

4. In afwijking van het eerste lid kan het bevoegd gezag bij maatwerkvoorschrift een hogere emissiegrenswaarde voor stikstofoxiden vaststellen voor een dieselmotor met een nominaal thermisch ingangsvermogen van minder dan 600 kWth gelegen op een platform dat is gelegen binnen de Nederlandse exclusieve economische zone. De afwijkende emissiegrenswaarde voor stikstofoxiden bedraagt ten hoogste 930 mg/Nm^3.

5. Degene die een inrichting drijft waartoe een dieselmotor als bedoeld in het vierde lid behoort, legt elke vijf jaar ten behoeve van het maatwerkvoorschrift aan het bevoegd gezag een haalbaarheidsstudie over naar vermindering van de NOx-emissies door toepassing van emissiebeperkende maatregelen of alternatieve technieken, zoals zonne- en windenergie, gasmotoren en -turbines. Van de haalbaarheidsstudie maakt een kosteneffectiviteitsberekening deel uit.

6. In afwijking van het vijfde lid kan het bevoegd gezag bepalen dat kan worden volstaan met een kosteneffectiviteitsberekening indien de resterende levensduur van de installatie daartoe aanleiding geeft.

7. Bij de beoordeling van de kosteneffectiviteitsberekening gaat het bevoegd gezag uit van een kosteneffectiviteit als bedoeld in artikel 2.7, vierde tot en met zesde lid.

Tabel 3.10e

Vermogen	Stikstofoxiden (NO_x) (mg per normaal kubieke meter)	Zwaveldioxide (SO_2) (mg per normaal kubieke meter)	Totaal stof (mg per normaal kubieke meter)
5 MWth of minder	150	65	20
Meer dan 5 MWth	150	65	10

A66 art. 3.10f — Activiteitenbesluit milieubeheer

Art. 3.10f

Warmtekrachtinstallatie, rookgas gasmotor

1. Het rookgas van een gasmotor voldoet aan de emissiegrenswaarden, genoemd in tabel 3.10f.

2. In afwijking van het eerste lid voldoet een installatie van minder dan 2,5 MWth, die voor 20 december 2018 in gebruik is genomen en op aardgas wordt gestookt, tot 1 januari 2030 aan een emissiegrenswaarde voor stikstofoxiden (NO_x) van 115 mg/Nm^3.

3. In afwijking van het eerste lid voldoet een installatie, die voor 20 december 2018 in gebruik is genomen en wordt gestookt op vergistingsgas, aan een emissiegrenswaarde voor zwaveldioxide (SO_2) van 65 mg/Nm^3.

4. In afwijking van het eerste lid en derde lid voldoet een installatie van 5 MWth of minder, die voor 20 december 2018 in gebruik is genomen en wordt gestookt op vergistingsgas, vanaf 1 januari 2030 aan een emissiegrenswaarde voor zwaveldioxide (SO_2) van 60 mg/Nm^3.

5. In afwijking van het eerste lid en derde lid voldoet een installatie van meer dan 5 MWth, die voor 20 december 2018 in gebruik is genomen en wordt gestookt op vergistingsgas, vanaf 1 januari 2025 aan een emissiegrenswaarde voor zwaveldioxide (SO_2) van 60 mg/Nm^3.

6. In afwijking van het eerste lid kan het bevoegd gezag bij maatwerkvoorschrift een hogere emissiegrenswaarde voor onverbrande koolwaterstoffen vaststellen voor een gasmotor met een nominaal thermisch ingangsvermogen van 2,5 MWth of meer, die voor 1 april 2010 is geplaatst of in gebruik is genomen en waarin brandstof anders dan vergistingsgas wordt verbrand, indien met een motorzijdige aanpassing onvoldoende reductie van koolwaterstoffen kan worden bereikt. In het maatwerkvoorschrift wordt een einddatum opgenomen.

Tabel 3.10f

Gasmotor Brandstof/vermogen	Stikstofoxiden (NO_x) (mg per normaal kubieke meter)	Zwaveldioxide (SO_2) (mg per normaal kubieke meter)	Totaal stof (mg per normaal kubieke meter)	onverbrande koolwaterstoffen (C_xH_y) (mg per normaal kubieke meter)
Minder dan 2,5 MWth gestookt op aardgas	95	–	–	–
Minder dan 2,5 MWth, gestookt op propaangas of butaangas	115	–	–	–
2,5 MWth of meer, met uitzondering van vergistingsgas	35	–	–	500
Vergistingsgas ongeacht het vermogen	115	40	–	–

Art. 3.10g

Warmtekrachtinstallatie, storing stookinstallatie

1. Een stookinstallatie waarvan het rookgas vanwege een storing niet voldoet aan de emissiegrenswaarden die op grond van deze paragraaf voor die stookinstallatie gelden, wordt zo spoedig mogelijk opgelost en mag ten hoogste 120 achtereenvolgende uren na het optreden van de storing in gebruik blijven, met een maximum van 120 uur per kalenderjaar.

2. Indien een storing als bedoeld in het eerste lid niet binnen 120 uur op een zodanige wijze is opgeheven dat het rookgas van de stookinstallatie weer aan de van toepassing zijnde emissiegrenswaarden voldoet, wordt de stookinstallatie door de drijver van de inrichting buiten bedrijf gesteld.

3. Het tweede lid blijft buiten toepassing indien het een stookinstallatie betreft die zich binnen de Nederlandse exclusieve economische zone bevindt, de storing redelijkerwijs niet binnen het in het eerste lid genoemde aantal uren kan worden hersteld en deze omstandigheid voor het verstrijken van dat aantal uren schriftelijk en met opgave van redenen is gemeld bij het Staatstoezicht op de mijnen. Het Staatstoezicht op de mijnen stelt in dat geval een termijn waarbinnen de storing wordt hersteld. De storing wordt zo spoedig mogelijk opgelost. Indien de storing niet wordt hersteld binnen de door het Staatstoezicht op de mijnen gestelde termijn, wordt de betreffende stookinstallatie alsnog buiten bedrijf gesteld.

4. Indien een storing samenhangt met de brandstof die in een stookinstallatie wordt verstookt mag gedurende het aantal uren, genoemd in het eerste lid, een andere brandstof worden gebruikt

en blijven de emissiegrenswaarden, die gelden op grond van deze paragraaf, gedurende die uren buiten toepassing.

Art. 3.10h
Een stookinstallatie die strekt tot vervanging voor ten hoogste zes maanden van een stookinstallatie die buiten bedrijf is gesteld in verband met onderhoud, reparatie of definitieve vervanging en die is afgekoppeld van de brandstoftoevoer of van het stoom- of elektriciteitsnet waaraan zij levert, voldoet ten minste aan de emissiegrenswaarden die gelden voor de buiten bedrijf gestelde stookinstallatie.

Warmtekrachtinstallatie, vervangende stookinstallatie

Art. 3.10i
1. Voor de berekening van de uitworp van rookgas door een stookinstallatie wordt de massaconcentratie van stikstofoxiden (NO_x), zwaveldioxide (SO_2), totaal stof en onverbrande koolwaterstoffen (C_xH_y, uitgedrukt in C) in het rookgas herleid op rookgas met een volumegehalte aan zuurstof van:
   a. 15 procent, indien het een dieselmotor, gasmotor of gasturbine betreft;
   b. 6 procent, indien het een stookinstallatie met vaste brandstof betreft;
   c. 3 procent, in alle andere gevallen.
2. Voor de berekening van de uitworp van rookgas door een stookinstallatie, wordt de massaconcentratie aan stikstofoxiden (NO_x) in het rookgas berekend als massaconcentratie van stikstofdioxide.

Warmtekrachtinstallatie, berekening uitworp rookgas

Art. 3.10j
1. De concentratie aan stikstofoxiden (NO_x), zwaveldioxide (SO_2), totaal stof en onverbrande koolwaterstoffen (C_xH_y, uitgedrukt in C) in het rookgas dat wordt uitgeworpen door een stookinstallatie waarvoor in deze paragraaf emissiegrenswaarden zijn gesteld, wordt door de drijver van de inrichting bepaald door een meting.
2. In afwijking van het eerste lid behoeft geen meting te worden verricht van zwaveldioxide (SO_2), indien het in acht nemen van de emissiegrenswaarden geschiedt door het stoken van brandstof met een bekend zwavelgehalte en de stookinstallatie niet is uitgerust met apparatuur voor het reduceren van de emissie van zwaveldioxide.
3. De meting, bedoeld in het eerste lid, waaronder tevens begrepen wordt de berekening, registratie en rapportage van de meting, voldoet aan de bij ministeriële regeling gestelde eisen.

Warmtekrachtinstallatie, meting concentratie stikstof- en zwaveldioxide

Art. 3.10k
1. Het spuien van een stoomketel van een stookinstallatie geschiedt in een geschikte spuitank dan wel in een andere geschikte voorziening die ten behoeve van het doelmatig beheer van afvalwater ten minste voldoet aan de bij ministeriële regeling gestelde eisen.
2. Het lozen van spuiwater van een stoomketel of condensaat van rookgassen van een stookinstallatie op of in de bodem of in een oppervlaktewaterlichaam is toegestaan, indien niet in een vuilwaterriool kan worden geloosd.

Warmtekrachtinstallatie, spuien stoomketel

Art. 3.10l
1. Van een warmtekrachtinstallatie is het jaargemiddeld rendement ten minste 65%, berekend volgens de formule: de som van het energetisch rendement van de opwekking van kracht plus tweederde deel van het energetisch rendement van de productie van nuttig aan te wenden warmte.
2. In afwijking van het eerste lid haalt een warmtekrachtinstallatie die in gebruik is genomen voor 1 januari 2008 een jaargemiddeld rendement van ten minste 60% berekend volgens de formule, bedoeld in het eerste lid.
3. De warmtekrachtinstallatie wordt zodanig in bedrijf gehouden dat de hoeveelheid warmte die nuttig gebruikt wordt zo hoog mogelijk is en de hoeveelheid warmte die ongebruikt aan de omgeving wordt afgegeven zo klein mogelijk is. Onder ongebruikte warmte wordt mede verstaan de warmte die door de noodkoeler wordt afgegeven.

Warmtekrachtinstallatie, jaargemiddeld rendement

Art. 3.10m
1. Jaarlijks wordt het brandstofverbruik en de geproduceerde elektriciteit van een warmtekrachtinstallatie geregistreerd.
2. Indien de warmtekrachtinstallatie is aangesloten op een noodkoeler wordt jaarlijks de hoeveelheid nuttig toegepaste warmte geregistreerd.
3. Indien de warmtekrachtinstallatie niet is aangesloten op een noodkoeler wordt het thermisch rendement eenmaal per vier jaar vastgesteld.
4. De registraties, bedoeld in het eerste en tweede lid, worden gedurende vijf kalenderjaren na dagtekening bewaard en zijn in de inrichting aanwezig of binnen een termijn die wordt gesteld door het bevoegd gezag voor deze beschikbaar.

Warmtekrachtinstallatie, registratie brandstofgebruik/geproduceerde elektriciteit

Art. 3.10n
1. In afwijking van artikel 2.14a, eerste lid, is het verbranden van biomassa die tevens afvalstof is, met uitzondering van verpakkingshout, toegestaan indien:

Warmtekrachtinstallatie, verbranden biomassa

a. het de verbranding in een stookinstallatie met een nominaal thermisch ingangsvermogen van 15 MWth of minder betreft;
b. het verbranden van de biomassa materiaalhergebruik niet belemmert, en
c. de vrijkomende warmte nuttig wordt gebruikt.
2. In afwijking van artikel 2.12, tweede en derde lid, is het toegestaan verschillende categorieën van afvalstoffen, zijnde biomassa, te mengen bij de verbranding van biomassa mits wordt voldaan aan het eerste lid.

Art. 3.10o

Warmtekrachtinstallatie, eisen stookinstallatie

Een stookinstallatie waarin vloeibare brandstof wordt verbrand, voldoet ten behoeve van het realiseren van een verwaarloosbaar bodemrisico aan de bij ministeriële regeling gestelde eisen.

Art. 3.10p

Warmtekrachtinstallatie, veilig functioneren

Een stookinstallatie voldoet ten behoeve van het veilig functioneren, een optimale verbranding en energiezuinigheid van deze stookinstallatie aan de bij ministeriële regeling inzake keuring en onderhoud gestelde eisen.

Art. 3.10q

Warmtekrachtinstallatie, normen rookgas

1. In afwijking van de artikelen 3.10, 3.10d, 3.10e of 3.10f, voldoet het rookgas van een stookinstallatie die voor 1 april 2010 is geplaatst of in gebruik is genomen, voor zover die zich binnen de Nederlandse exclusieve economische zone bevindt dan wel deel uitmaakt van een inrichting waarin kooldioxide (CO_2), afkomstig van een andere inrichting, wordt ingezet ten behoeve van de bemesting van gewassen teneinde het gebruik van brandstof te verminderen, tot 1 januari 2019 aan de emissiegrenswaarden die op 31 maart 2010 voor die installatie golden ingevolge het Besluit emissie-eisen stookinstallaties milieubeheer B of het Besluit emissie-eisen stookinstallaties milieubeheer A, dan wel aan de daarvan afwijkende emissiegrenswaarden, die voor die stookinstallatie golden op grond van een daarvoor verleende omgevingsvergunning.
2. Het rookgas van een stookinstallatie als bedoeld in het eerste lid voldoet met ingang van 1 januari 2019 aan de in de artikelen 3.10, 3.10d, 3.10e of 3.10f bedoelde emissiegrenswaarden.
3. Het bevoegd gezag kan bij maatwerkbesluit voor de off shore gasplatforms G16a-A, G16a-B, K2b-A, K12-B, K12-K, K9ab-A en P6A bepalen dat de emissiegrenswaarden in de artikelen 3.10, 3.10d, 3.10e of 3.10f, niet van toepassing zijn, indien degene die de inrichting drijft voor 1 januari 2019 aan het bevoegd gezag schriftelijk kenbaar heeft gemaakt de activiteiten te beëindigen voor 1 januari 2022.
4. Op het in werking hebben van een stookinstallatie die voor 1 januari 2014 is geplaatst of in gebruik is genomen en waarop titel 16.3 van de wet van toepassing was, zijn de op grond van de artikelen 3.10 tot en met 3.10j geldende emissiegrenswaarden en meetmethoden voor stikstofoxiden (NO_x) tot 1 januari 2019 niet van toepassing. Het bevoegd gezag kan voor deze stookinstallaties tot deze datum bij maatwerkvoorschrift emissiegrenswaarden en meetmethoden voor stikstofoxiden (NO_x) in het rookgas van de stookinstallatie vaststellen, indien de lokale luchtkwaliteit dat vergt.
5. Indien ingevolge het eerste lid de emissiegrenswaarden van het Besluit emissie-eisen stookinstallaties milieubeheer A van toepassing zijn, zijn in afwijking van artikel 3.10p tevens de regels inzake keuring en onderhoud van dat besluit van toepassing.

Art. 3.10r

Warmtekrachtinstallatie, normen rookgas

1. In afwijking van artikel 3.10b, voldoet het rookgas van een ketelinstallatie met een nominaal vermogen kleiner dan 1 MWth die voor 1 januari 2013 is geplaatst of in gebruik is genomen, totdat het tweede lid van toepassing wordt, aan de emissiegrenswaarden die tot 1 januari 2013 voor die installatie golden ingevolge het Besluit typekeuring verwarmingstoestellen luchtverontreiniging stikstofoxiden, dan wel aan de daarvan afwijkende emissiegrenswaarden, die voor die stookinstallatie golden ingevolge een daarvoor verleende omgevingsvergunning of ingevolge het derde of vierde lid.
2. Het rookgas van een ketelinstallatie als bedoeld in het eerste lid, voldoet aan de in artikel 3.10b genoemde emissiegrenswaarden vanaf het tijdstip dat:
a. de branders zijn vervangen;
b. wijzigingen zijn aangebracht die met nieuwbouw van de ketelinstallatie overeenkomen, of
c. een wijziging wordt doorgevoerd, die leidt tot een toename van emissies van de stoffen, genoemd in artikel 3.10b, met meer dan 10 procent.
3. In afwijking van artikel 3.10b en onverminderd het eerste lid, voldoet het rookgas van een ketelinstallatie met een nominaal vermogen tussen 500 kWth en 1 MWth, waarin biomassa wordt verbrand of waarin houtpellets, voor zover het geen biomassa betreft worden verbrand, die is genomen tussen 1 januari 2013 en 1 januari 2015, aan een emissiegrenswaarde van 75 mg per normaal kubieke meter voor totaal stof, herleid op rookgas met een volumegehalte aan zuurstof van 6%, totdat aan een van de criteria, bedoeld in het tweede lid, wordt voldaan.
4. In afwijking van artikel 3.10b en onverminderd het eerste lid, voldoet het rookgas van een ketelinstallatie met een nominaal vermogen kleiner dan of gelijk aan 500 kWth, waarin biomassa wordt verbrand of waarin houtpellets, voor zover het geen biomassa betreft worden verbrand,

die in gebruik is genomen tussen 1 januari 2013 en 1 januari 2015, aan een emissiegrenswaarde van 150 mg per normaal kubieke meter voor normaal stof, herleid op rookgas met een volumegehalte aan zuurstof van 6%, totdat aan een van de criteria, bedoeld in het tweede lid, wordt voldaan.

Art. 3.10s
Indien aan een stookinstallatie als bedoeld in artikel 3.10q, eerste lid, of artikel 3.10r, eerste lid, voor 1 januari 2019 een wijziging van het nominaal thermisch ingangsvermogen wordt aangebracht die leidt tot een toename van emissies van de stoffen, genoemd in deze paragraaf, met meer dan 10 procent, wordt die wijziging zodanig uitgevoerd dat aan de emissiegrenswaarden, genoemd in de artikelen 3.10, 3.10a, 3.10b, 3.10d, 3.10e of 3.10f wordt voldaan. *[Warmtekrachtinstallatie, wijziging thermisch ingangsvermogen]*

Art. 3.10t
Artikel 3.10c is van overeenkomstige toepassing op het in werking hebben van een stookinstallatie als bedoeld in artikel 3.10q, eerste lid, of artikel 3.10r, eerste lid. *[Schakelbepaling]*

Art. 3.10u
Degene die de inrichting drijft houdt de perioden voor het opstarten en stilleggen van de stookinstallaties waarop deze paragraaf van toepassing is zo kort mogelijk. *[Warmtekrachtinstallatie, periode van stilleggen]*

Art. 3.10v
Onverminderd het gestelde in de artikelen 3.10g en 3.10h neemt, indien de emissiegrenswaarden genoemd in artikel 3.10 tot en met 3.10f of in maatwerkvoorschriften niet worden nageleefd, degene die de inrichting drijft de nodige maatregelen om ervoor te zorgen dat die grenswaarden zo spoedig mogelijk weer worden nageleefd. Hij meldt zo spoedig mogelijk aan het bevoegd gezag het niet naleven, de oorzaak ervan en de genomen maatregelen. *[Warmtekrachtinstallatie, naleving emissiegrenswaarden]*

Art. 3.10w
[Vervallen]

§ 3.2.2
In werking hebben van een installatie voor het reduceren van aardgasdruk, meten en regelen van aardgashoeveelheid of aardgaskwaliteit

Art. 3.11
Deze paragraaf is van toepassing op het in werking hebben van een installatie voor het reduceren van aardgasdruk, meten en regelen van aardgashoeveelheid of aardgaskwaliteit, niet zijnde een gasdrukmeet- en regelstation categorie A, indien:
a. de maximale inlaatzijdige werkdruk maximaal 10.000 kilo Pascal bedraagt;
b. geen expansieturbine aanwezig is;
c. geen drukverhogende installatie aanwezig is;
d. de gastoevoerleiding een diameter van maximaal 50,8 centimeter heeft. *[Installatie, gasdrukmeet- en regelstation]*

Art. 3.12
1. Voor inrichtingen waar gasdrukmeet- en regelstations categorie B en C in werking zijn, is een bedrijfsnoodplan of aantoonbaar een veiligheidsbeheerssysteem aanwezig. *[Gasdrukmeet- en regelstation, bedrijfsnoodplan]*
2. Het bedrijfsnoodplan omvat informatie betreffende:
a. het gebouw, de technische installaties, de locaties van gevaarlijke stoffen en de beschikbare hulpmiddelen;
b. de interne organisatie en taken en verantwoordelijkheden;
c. de actieplannen en maatregelen gebaseerd op alle reëel te achten calamiteiten en incidenten;
d. de interne en externe meldingsstructuur bij calamiteiten en incidenten;
e. het beheer van het bedrijfsnoodplan.
3. Het bedrijfsnoodplan alsmede wijzigingen daarvan wordt toegestuurd aan het bevoegd gezag.
4. Degene die de inrichting als bedoeld in het eerste lid drijft heeft op inzichtelijke wijze binnen de inrichting dan wel binnen een door het bevoegd gezag gestelde termijn, beschikbaar:
a. het algemene beheerssysteem voor milieu- en veiligheidsaspecten waarmee aan de bij of krachtens dit besluit gestelde regels wordt voldaan;
b. onderhoudsschema's en de resultaten van inspecties;
c. een actuele plattegrond en situatietekening van de inrichting.
5. Het bedienend personeel heeft toegang tot:
a. een schema van het aardgasmeet- of regelstation en de toegepaste appendages;
b. een schema van de in- en uitgaande leidingen met hun afsluiters;
c. rapporten van eerdere beproevingen.
6. Met betrekking tot de opstelplaats van een gasdrukmeet- en regelstation ten opzichte van buiten de inrichting gelegen kwetsbare objecten en beperkt kwetsbare objecten, worden de in tabel 3.12 opgenomen afstanden in acht genomen:

Tabel 3.12 veiligheidsafstanden

Categorie-indeling	Opstellingswijze	Kwetsbare objecten	Beperkt kwetsbare objecten
B	Kast	4 meter	2 meter
(semi-)Ondergronds station	4 meter	2 meter	
Kaststation	6 meter	4 meter	
Open opstelling/vrijstaand gebouw	10 meter	4 meter	
C	Alle stations t/m 40 000 normaal kubieke meter per uur aardgas	15 meter	4 meter
Alle stations boven 40 000 normaal kubieke meter per uur aardgas	25 meter		4 meter

7. De in tabel 3.12 genoemde afstanden voor een ondergronds dan wel semi-ondergronds station mogen worden gehalveerd indien het gasvoerende deel geheel ondergronds ligt. Kasten mogen tegen gebouwen worden geplaatst mits wordt voldaan aan de bepalingen van NEN 1059.
8. Onverminderd het eerste tot en met zevende lid wordt voldaan aan de bij ministeriële regeling te stellen eisen ten behoeve van het voorkomen van risico's voor de omgeving en ongewone voorvallen, dan wel voor zover dat niet mogelijk is het zoveel mogelijk beperken van de risico's voor de omgeving en de kans dat ongewone voorvallen zich voordoen en de gevolgen hiervan.
9. Het zesde lid is niet van toepassing op een gasdrukmeet- en regelstation:
 a. waarop tot 1 januari 2008 het Besluit voorzieningen en installaties milieubeheer van toepassing was, is opgericht voor 1 december 2001 en waarvoor tot laatstgenoemde datum een vergunning in werking en onherroepelijk was, of
 b. dat voor 1 januari 2008 is opgericht en waarvoor tot die datum een vergunning in werking en onherroepelijk was;
voor zover de afstanden opgenomen in de vergunning afwijken van de afstanden, bedoeld in tabel 3.12.
10. Voor een gasdrukmeet- en regelstation als bedoeld in het negende lid zijn de afstanden opgenomen in de vergunning van toepassing.
11. Het bevoegd gezag kan bij maatwerkvoorschrift eisen stellen aan de veiligheid, voor de situatie, bedoeld in het negende lid, voor zover de afstanden opgenomen in de vergunning afwijken van de afstanden, genoemd in het zesde lid, tabel 3.12.

§ 3.2.3
In werking hebben van een windturbine

Art. 3.13

Installatie, windturbine

1. Deze paragraaf is van toepassing op een windturbine of een combinatie van windturbines.
2. De artikelen 2.17 tot en met 2.22 zijn niet van toepassing op een windturbine of een combinatie van windturbines.

Art. 3.14

Windturbine, normen geluidhinder

1. Een windturbine wordt ten minste eenmaal per kalenderjaar beoordeeld op de noodzakelijke beveiligingen, onderhoud en reparaties door een deskundige op het gebied van windturbines.
2. Indien wordt geconstateerd of indien het redelijk vermoeden bestaat dat een onderdeel of onderdelen van de windturbine een gebrek bezitten, waardoor de veiligheid voor de omgeving in het geding is, wordt de windturbine onmiddellijk buiten bedrijf gesteld en het bevoegd gezag daaromtrent geïnformeerd. De windturbine wordt eerst weer in bedrijf genomen nadat alle gebreken zijn hersteld.
3. Indien een windturbine als gevolg van het in werking treden van een beveiliging buiten bedrijf is gesteld, wordt deze pas weer in werking gesteld nadat de oorzaak van het buiten werking stellen is opgeheven.

Activiteitenbesluit milieubeheer　　　　　　　　　　　　　　　　　　　　　　　　**A66** art. 3.16

4. Bij het inwerking hebben van een windturbine worden ten behoeve van het voorkomen of beperken van slagschaduw en lichtschittering de bij ministeriële regeling te stellen maatregelen toegepast.
5. Een windturbine voldoet ten behoeve van het voorkomen van risico's voor de omgeving en ongewone voorvallen, dan wel voor zover dat niet mogelijk is het zoveel mogelijk beperken van de risico's voor de omgeving en de kans dat ongewone voorvallen zich voordoen en de gevolgen hiervan aan de bij ministeriële regeling te stellen eisen.

Art. 3.14a
1. Een windturbine of een combinatie van windturbines voldoet ten behoeve van het voorkomen of beperken van geluidhinder aan de norm van ten hoogste 47 dB L_{den} en aan de norm van ten hoogste 41 dB L_{night} op de gevel van gevoelige gebouwen, tenzij deze zijn gelegen op een gezoneerd industrieterrein, en bij gevoelige terreinen op de grens van het terrein.
2. Onverminderd het eerste lid kan het bevoegd gezag bij maatwerkvoorschrift teneinde rekening te houden met cumulatie van geluid als gevolg van een andere windturbine of een andere combinatie van windturbines, normen met een lagere waarde vaststellen ten aanzien een van de windturbines of een combinatie van windturbines.
3. In afwijking van het eerste lid kan het bevoegd gezag bij maatwerkvoorschrift in verband met bijzondere lokale omstandigheden normen met een andere waarde vaststellen.
4. In verband met een windturbine of een combinatie van windturbines waarvoor tot 1 januari 2011 een vergunning in werking en onherroepelijk was dan wel een melding was gedaan op grond van artikel 1.10, kunnen bij ministeriële regeling maatregelen worden voorgeschreven die ertoe leiden dat binnen een bij die regeling te bepalen termijn aan de norm van ten hoogste 47 dB L_{den} en ten hoogste 41 dB L_{night} op de gevel van gevoelige gebouwen en bij gevoelige terreinen op de grens van het terrein wordt voldaan in die gevallen waarin uit het akoestisch onderzoek, bedoeld in artikel 1.11, negende lid, blijkt dat de geluidsbelasting die waarde overschrijdt.
5. Bij de toepassing van het tweede lid wordt geen rekening gehouden met een windturbine of een combinatie van windturbines die behoort tot een andere inrichting waarvoor tot 1 januari 2011 een vergunning in werking en onherroepelijk was dan wel een melding was gedaan op grond van artikel 1.10.

Art. 3.15
1. De metingen van de geluidemissie ter bepaling van de bronsterkte van een windturbine of een combinatie van windturbines worden uitgevoerd overeenkomstig de bij ministeriële regeling te stellen eisen.　　*Windturbine, meting geluidemissie*
2. De drijver van de inrichting registreert de bij ministeriële regeling te bepalen gegevens welke gedurende vijf kalenderjaren na dagtekening worden bewaard en ter inzage gehouden.

Art. 3.15a
1. Het plaatsgebonden risico voor een buiten de inrichting gelegen kwetsbaar object, veroorzaakt door een windturbine of een combinatie van windturbines, is niet hoger dan 10^{-6} per jaar.
2. Het plaatsgebonden risico voor een buiten de inrichting gelegen beperkt kwetsbaar object, veroorzaakt door een windturbine of een combinatie van windturbines, is niet hoger dan 10^{-5} per jaar.
3. Ten behoeve van het bepalen van het plaatsgebonden risico, bedoeld in het eerste en tweede lid, kunnen bij ministeriële regeling afstanden worden vastgesteld, die minimaal aanwezig moeten zijn tussen een windturbine of een combinatie van windturbines en een buiten de inrichting gelegen kwetsbaar dan wel beperkt kwetsbaar object.
4. Indien op grond van het derde lid afstanden zijn vastgesteld, worden die in acht genomen en zijn het eerste en tweede lid niet van toepassing.
5. Bij ministeriële regeling kunnen regels worden gesteld over de berekening van het plaatsgebonden risico.
6. Het eerste tot en met vijfde lid zijn niet van toepassing op een windturbine of een combinatie daarvan waarvoor tot 1 januari 2011 een vergunning in werking en onherroepelijk was dan wel een melding was gedaan op grond van artikel 1.10 ten aanzien van een kwetsbaar onderscheidenlijk beperkt kwetsbaar object, indien het plaatsgebonden risico ten gevolge van die windturbine of een combinatie van windturbines voor het betreffende kwetsbare onderscheidenlijk beperkt kwetsbare object voor 1 januari 2011 groter is dan 10^{-6} onderscheidenlijk 10^{-5} per jaar.

§ 3.2.4
In werking hebben van een installatie voor het doorvoeren, bufferen of keren van rioolwater

Art. 3.16
Bij het in werking hebben van een installatie voor het doorvoeren, bufferen of keren van rioolwater worden ten behoeve van het voorkomen dan wel voor zover dat niet mogelijk is het tot　　*Installatie, rioolwaterinstallatie*

A66 art. 3.16a

Activiteitenbesluit milieubeheer

een aanvaardbaar niveau beperken van geurhinder de bij ministeriële regeling te stellen maatregelen genomen.

§ 3.2.5
In werking hebben van een natte koeltoren

Art. 3.16a

Voorziening, natte koeltoren

Deze paragraaf is van toepassing op het in werking hebben van een natte koeltoren die water in aërosolvorm in de lucht kan brengen.

Art. 3.16b

Bij het in werking hebben van een natte koeltoren wordt ten behoeve van het voorkomen van risico's voor de omgeving en ongewone voorvallen, dan wel voor zover dat niet mogelijk is het zoveel mogelijk beperken van risico's voor de omgeving en de kans dat ongewone voorvallen zich voordoen en de gevolgen hiervan, ten minste voldaan aan de bij ministeriële regeling voorgeschreven maatregelen.

§ 3.2.6
In werking hebben van een koelinstallatie

Art. 3.16c

Werkingssfeer

Deze paragraaf is van toepassing op het in werking hebben van:
a. een koelinstallatie met een inhoud van ten minste 10 kilogram kooldioxide,
b. een koelinstallatie met een inhoud van ten minste 5 kilogram koolwaterstoffen, of
c. een koelinstallatie met een inhoud van ten minste 10 en ten hoogste 1.500 kilogram ammoniak.

Art. 3.16d

Koelinstallatie, eisen

1. Een koelinstallatie met een natuurlijk koudemiddel voldoet ten behoeve van het voorkomen van risico's voor de omgeving en ongewone voorvallen, dan wel voor zover dat niet mogelijk is het zoveel mogelijk beperken van de risico's voor de omgeving en de kans dat ongewone voorvallen zich voordoen en de gevolgen hiervan, ten minste aan de bij ministeriële regeling gestelde eisen.
2. Een koelinstallatie als bedoeld in het eerste lid wordt ten minste eenmaal per kalenderjaar gecontroleerd op het veilig functioneren.
3. Een controle als bedoeld in het tweede lid wordt verricht door degene die het onderhoud uitvoert en beschikt over een vakbekwaamheidscertificaat als bedoeld in:
   a. PGS 13 indien het een koelinstallatie met ammoniak als natuurlijk koudemiddel betreft,
   b. NPR 7600 indien het een koelinstallatie met koolwaterstoffen als natuurlijk koudemiddel betreft,
   c. NPR 7601 indien het een koelinstallatie met kooldioxide als natuurlijk koudemiddel betreft.
4. Van de controle wordt een rapport opgemaakt dat aan de drijver van de inrichting ter beschikking wordt gesteld.
5. In een kunstijsbaan met ammoniak als natuurlijk koudemiddel wordt een indirect koelsysteem als bedoeld in hoofdstuk 2.4 van PGS 13 toegepast.
6. Het vijfde lid is niet van toepassing op koelinstallaties bij kunstijsbanen die zijn geïnstalleerd voor 1 januari 2010.

§ 3.2.7
In werking hebben van een wisselverwarmingsinstallatie

Art. 3.16e

Werkingssfeer

Deze paragraaf is van toepassing op het in werking hebben van een wisselverwarmingsinstallatie met vloeibare bodembedreigende stoffen.

Art. 3.16f

Wisselverwarmingsinstallatie, eisen

Bij het in werking hebben van een wisselverwarmingsinstallatie wordt ten behoeve van het realiseren van een verwaarloosbaar bodemrisico voldaan aan de bij ministeriële regeling gestelde eisen.

§ 3.2.8
Installeren en in werking hebben van een gesloten bodemenergiesysteem

Art. 3.16g

Werkingssfeer

Deze paragraaf is van toepassing op het installeren en in werking hebben van een gesloten bodemenergiesysteem.

Art. 3.16h
Het lozen van spoelwater ten gevolge van het boren ten behoeve van een gesloten bodemenergiesysteem op de bodem is toegestaan.

Gesloten bodemenergiesysteem, lozen van spoelwater bij boren

Art. 3.16i
1. Indien een redelijk vermoeden bestaat dat in een gesloten bodemenergiesysteem lekkage optreedt, wordt het onmiddellijk buiten werking gesteld en wordt de circulatievloeistof daaruit onmiddellijk verwijderd, tenzij water zonder toevoegingen wordt gebruikt.
2. Bij het opslaan van circulatievloeistof in een buffertank wordt de druk in het systeem continu gemeten en worden voorzieningen toegepast waarmee drukverlagingen kunnen worden gesignaleerd.

Gesloten bodemenergiesysteem, verwijderen circulatievloeistof bij lekkage
Gesloten bodemenergiesysteem, opslag circulatievloeistof in buffertank

Art. 3.16j
1. De temperatuur van de circulatievloeistof in de retourbuis van een gesloten bodemenergiesysteem bedraagt niet minder dan –3°C en niet meer dan 30°C.
2. In afwijking van het eerste lid kan het bevoegd gezag in het belang van een doelmatig gebruik van bodemenergie bij maatwerkvoorschrift een hogere temperatuur dan 30°C toestaan, indien het belang van de bescherming van de bodem zich daartegen niet verzet.

Gesloten bodemenergiesysteem, temperatuur circulatievloeistof

Art. 3.16k
1. Een gesloten bodemenergiesysteem bereikt uiterlijk vijf jaar na de datum van ingebruikneming een moment waarop geen sprake is van een warmteoverschot en herhaalt dit telkens uiterlijk vijf jaar na het laatste moment waarop die situatie werd bereikt.
2. Van een warmteoverschot is sprake indien de hoeveelheid warmte groter is dan de hoeveelheid koude, die, uitgedrukt in MWh, vanaf de datum van ingebruikneming door het systeem aan de bodem zijn toegevoegd.
3. Het bevoegd gezag kan in het belang van een doelmatig gebruik van bodemenergie bij maatwerkvoorschrift eisen stellen ter beperking van het koudeoverschot dat het systeem mag veroorzaken.
4. In afwijking van het eerste lid kan het bevoegd gezag in het belang van een doelmatig gebruik van bodemenergie bij maatwerkvoorschrift een warmteoverschot toestaan, indien het belang van de bescherming van de bodem zich daartegen niet verzet.

Gesloten bodemenergiesysteem, warmteoverschot/koudeoverschot

Art. 3.16l
1. Het ontwerp van een gesloten bodemenergiesysteem is afgestemd op aard en omvang van de behoefte aan warmte of koude waarin het systeem voorziet.
2. Een gesloten bodemenergiesysteem levert het energierendement dat bij een doelmatig gebruik en goed onderhoud kan worden behaald.
3. Indien een gesloten bodemenergiesysteem een energierendement levert dat lager is dan in de melding bij de installatie is opgegeven, kan het bevoegd gezag de verplichting opleggen om binnen een daarbij bepaalde termijn onderzoek te verrichten of te laten verrichten waaruit blijkt of wordt voldaan aan het eerste lid, onderscheidenlijk tweede lid.
4. Indien uit het onderzoek, bedoeld in het derde lid, blijkt dat niet wordt voldaan aan het eerste lid, onderscheidenlijk tweede lid, kan het bevoegd gezag de verplichting opleggen om binnen een daarbij bepaalde termijn de daarbij aangegeven maatregelen te treffen teneinde te voldoen aan het eerste lid, voor zover dit redelijkerwijs van hem kan worden gevergd, onderscheidenlijk het tweede lid.

Gesloten bodemenergiesysteem, energierendement

Art. 3.16m
1. Het in werking hebben van een gesloten bodemenergiesysteem leidt niet tot zodanige interferentie met een eerder geïnstalleerd gesloten of open bodemenergiesysteem, dat het doelmatig functioneren van een van de desbetreffende systemen kan worden geschaad.
2. Bij de toepassing van het eerste lid wordt rekening gehouden met een eerder geïnstalleerd bodemenergiesysteem, indien:
   a. het een open bodemenergiesysteem betreft waarvoor een vergunning is verleend krachtens artikel 6.4, eerste lid, onder b, van de Waterwet, of dat aan het bevoegd gezag is gemeld krachtens artikel 6.6 van die wet;
   b. het een gesloten bodemenergiesysteem betreft, dat is geïnstalleerd:
   1°. voor het tijdstip van inwerkingtreding van paragraaf 3.2.8, indien het in werking hebben van het systeem na dat tijdstip aan het bevoegd gezag is gemeld overeenkomstig artikel 1.10 juncto artikel 1.21a, derde lid, dan wel artikel 1.10a, vijfde lid, van het Besluit lozen buiten inrichtingen;
   2°. na tijdstip van inwerkingtreding van paragraaf 3.2.8, indien de installatie overeenkomstig artikel 1.10 juncto artikel 1.21a, eerste lid, dan wel artikel 1.10a, eerste lid, van het Besluit lozen

Gesloten bodemenergiesysteem, interferentie met eerder geïnstalleerd gesloten of open bodemenergiesysteem

buiten inrichtingen aan het bevoegd gezag is gemeld of voor de installatie een omgevingsvergunning is verleend.

Art. 3.16n

Gesloten bodemenergiesysteem, registratie

1. Met betrekking tot het in werking hebben van een gesloten bodemenergiesysteem wordt een registratie bijgehouden, die de volgende gegevens bevat:
   a. de temperatuur van de circulatievloeistof in de retourbuis;
   b. de hoeveelheden warmte en koude die vanaf de datum van ingebruikneming aan de bodem zijn toegevoegd, op zodanige wijze dat daaruit de data kunnen worden afgelezen, waarop aan artikel 3.16k is voldaan;
   c. het energierendement dat het systeem jaarlijks vanaf de datum van ingebruikneming heeft geleverd.
2. Indien de geregistreerde gegevens, bedoeld in het eerste lid, betrekking hebben op een gesloten bodemenergiesysteem met een bodemzijdig vermogen van 70 kW of meer, worden zij binnen drie maanden na afloop van elk kalenderjaar toegezonden aan het bevoegd gezag.
3. Indien de geregistreerde gegevens, bedoeld in het eerste lid, betrekking hebben op een gesloten bodemenergiesysteem met een bodemzijdig vermogen van minder dan 70 kW, worden zij ten minste tien jaar in de inrichting bewaard en ter inzage gehouden.

Art. 3.16o

Gesloten bodemenergiesysteem, verrichten van werkzaamheden

Het verrichten van werkzaamheden ten behoeve van een gesloten bodemenergiesysteem vindt plaats overeenkomstig de daartoe krachtens het Besluit bodemkwaliteit aangewezen normdocumenten door een persoon of instelling die daartoe beschikt over een erkenning op grond van dat besluit.

Art. 3.16p

Gesloten bodemenergiesysteem, beëindiging van het in werking hebben

Zo spoedig mogelijk na de beëindiging van het in werking hebben van een gesloten bodemenergiesysteem wordt:
a. de circulatievloeistof uit de buizen verwijderd, en
b. het systeem, zonder daarbij het ondergrondse deel te verwijderen, zodanig opgevuld dat de werking van de oorspronkelijke waterscheidende lagen wordt hersteld.

Art. 3.16q

Deze paragraaf, met uitzondering van artikel 3.16p, is niet van toepassing op een gesloten bodemenergiesysteem dat is geïnstalleerd voor 1 juli 2013.

Afdeling 3.3
Activiteiten met voertuigen, vaartuigen of luchtvaartuigen

§ 3.3.1
Afleveren van vloeibare brandstof of gecomprimeerd aardgas aan motorvoertuigen voor het wegverkeer of afleveren van vloeibare brandstof aan spoorvoertuigen

Art. 3.17

Afleveren vloeibare brandstof/gecomprimeerd aardgas, tankstation

1. Deze paragraaf is van toepassing op een inrichting voor het afleveren van vloeibare brandstof en gecomprimeerd aardgas aan motorvoertuigen voor het wegverkeer of het afleveren van vloeibare brandstof aan spoorvoertuigen.
2. De voorschriften die bij of krachtens deze paragraaf gesteld worden aan het afleveren van vloeibare brandstof en gecomprimeerd aardgas aan motorvoertuigen voor het wegverkeer zijn tevens van toepassing op het afleveren van vloeibare brandstof en gecomprimeerd aardgas anders dan aan motorvoertuigen voor het wegverkeer, indien dit plaats vindt bij een installatie waar ook wordt afgeleverd aan motorvoertuigen voor het wegverkeer.

Art. 3.18

Aardgasafleverstation, eisen afleverzuil

1. De afleverzuil bij een aardgas-afleverstation voor het afleveren van gecomprimeerd aardgas aan motorvoertuigen voor het wegverkeer die aardgas als motorbrandstof gebruiken bevindt zich op een afstand van ten minste 10 meter van buiten de inrichting gelegen kwetsbare en beperkt kwetsbare objecten. Indien per etmaal meer dan 300 personenauto's worden gevuld, bedraagt deze afstand 15 meter. Indien per etmaal meer dan 100 autobussen worden gevuld, bedraagt deze afstand 20 meter. De bufferopslag bevindt zich op een afstand van buiten de inrichting gelegen kwetsbare en beperkt kwetsbare objecten zoals aangegeven in tabel 3.18.

Tabel 3.18

Waterinhoud bufferopslag	Afstand
Minder dan 3000 liter	10 meter
Vanaf 3000 tot 5000 liter	15 meter
Meer dan 5000 liter	20 meter

2. Een aardgas-afleverinstallatie voor het afleveren van gecomprimeerd aardgas aan motorvoertuigen voor het wegverkeer voldoet aan de bij ministeriële regeling te stellen eisen ten behoeve van het voorkomen van risico's voor de omgeving en ongewone voorvallen, dan wel voor zover dat niet mogelijk is het zoveel mogelijk beperken van de risico's voor de omgeving en de kans dat ongewone voorvallen zich voordoen en de gevolgen hiervan.

Art. 3.19
Het afleveren van vloeibare brandstof aan motorvoertuigen voor het wegverkeer of het afleveren van vloeibare brandstof aan spoorvoertuigen voldoet ten behoeve van: *Tankstation, eisen*
a. het realiseren van een verwaarloosbaar bodemrisico en het voorkomen dan wel voor zover dat niet mogelijk is het zoveel mogelijk beperken van luchtverontreiniging, aan de bij ministeriële regeling te stellen eisen; en
b. het voorkomen van risico's voor de omgeving en ongewone voorvallen, dan wel voor zover dat niet mogelijk is het zoveel mogelijk beperken van de risico's voor de omgeving en de kans dat ongewone voorvallen zich voordoen en de gevolgen hiervan, ten minste aan de bij ministeriële regeling te stellen eisen.

Art. 3.20
1. Het afleveren van lichte olie aan motorvoertuigen voor het wegverkeer vindt plaats via een EU-systeem voor dampretour fase-II, indien: *Tankstation, EU-systeem voor dampretour fase-II*
a. het debiet van lichte olie meer dan 500 kubieke meter per jaar bedraagt, of
b. het debiet van lichte olie meer dan 100 kubieke meter per jaar bedraagt en de inrichting is gelegen onder permanent in gebruik zijnde woon- of werkruimten.
2. Het eerste lid is niet van toepassing op inrichtingen die uitsluitend in verband met de vervaardiging en aflevering aan nieuwe motorvoertuigen voor het wegverkeer lichte olie afleveren.
3. Een EU-systeem voor dampretour fase-II heeft:
a. een afvangrendement van damp van lichte olie van 85%;
b. een damp/lichte olie-verhouding van ten minste 0,95 en ten hoogste 1,05.
4. Een EU-systeem voor dampretour fase-II:
a. is voorzien van een keurmerk waaruit blijkt dat het is goedgekeurd overeenkomstig de bij ministeriële regeling aangewezen testprocedure voor dampretour fase-II door een keuringsinstantie, welke daartoe door de Raad voor Accreditatie is geaccrediteerd op grond van NEN-EN-ISO/IEC 17020, en
b. voldoet aan de bij ministeriële regeling gestelde eisen ten behoeve van het voorkomen van risico's voor de omgeving en ongewone voorvallen, dan wel voor zover dat niet mogelijk is het zoveel mogelijk beperken van risico's voor de omgeving en de kans dat ongewone voorvallen zich voordoen en de gevolgen hiervan.
5. Een EU-systeem voor dampretour fase-II wordt ten minste eenmaal per jaar op de goede werking gecontroleerd overeenkomstig de testprocedure, bedoeld in het vierde lid, onder a, door een onafhankelijke inspectie-instelling of ten minste eenmaal per drie jaar wanneer een automatisch bewakingssysteem is geïnstalleerd.
6. Een automatisch bewakingssysteem als bedoeld in het vijfde lid is in staat om:
a. storingen daarin en in het functioneren van het EU-systeem voor dampretour fase-II op te sporen;
b. deze storingen te melden aan degene die de inrichting drijft, en
c. de toevoer van lichte olie naar de afleverzuil automatisch te stoppen indien de storing niet binnen zeven dagen is verholpen.
7. Indien bij de controle, bedoeld in het vijfde lid, afwijkingen worden geconstateerd, worden deze afwijkingen onverwijld opgeheven.
8. Degene die de inrichting drijft, maakt door middel van een uithangbord, sticker of andere melding in de inrichting duidelijk zichtbaar dat een EU-systeem voor dampretour fase-II is geïnstalleerd.
9. Het bevoegd gezag kan voor het afleveren van lichte olie aan motorvoertuigen voor het wegverkeer, in de gevallen dat het eerste lid niet van toepassing is, bij maatwerkvoorschrift eisen stellen ten behoeve van:
a. het voorkomen van geurhinder ten gevolge van het afleveren van lichte olie, of
b. het beperken van de emissie van benzeen ten gevolge van het afleveren van lichte olie.
10. Het eerste lid is niet van toepassing op inrichtingen voor het afleveren van lichte olie aan motorvoertuigen voor het wegverkeer, waarbij het afleveren van lichte olie plaatsvindt met een maximale afleversnelheid van 10 liter per minuut, die zijn opgericht voor 1 januari 2012, tot het moment waarop het geheel van de tanks of pompen en leidingen van de afleverinstallatie, sterk wordt gewijzigd of vernieuwd.
11. Het eerste lid is niet van toepassing op inrichtingen voor het afleveren van lichte olie aan motorvoertuigen voor het wegverkeer anders dan ten behoeve van de openbare verkoop, die zijn opgericht voor 1 januari 2012, tot moment waarop het geheel van de tanks of pompen en leidingen van de afleverinstallatie, sterk wordt gewijzigd of vernieuwd.

12. Het tiende en elfde lid zijn met ingang van 1 januari 2019 niet van toepassing op inrichtingen voor het afleveren van lichte olie aan motorvoertuigen voor het wegverkeer met een debiet van lichte olie van meer dan 3.000 kubieke meter per jaar.
13. In afwijking van het vijfde lid wordt een systeem voor dampretour fase-II bij een inrichting die is opgericht voor 1 januari 2012 ten minste eenmaal per drie jaar op de goede werking gecontroleerd overeenkomstig de testprocedure, bedoeld in het vierde lid, onderdeel a, tot het moment dat het geheel van de tanks of pompen en leidingen van de afleverinstallatie sterk wordt gewijzigd of vernieuwd.
14. Het dertiende lid is met ingang van 1 januari 2019 niet van toepassing op inrichtingen voor het afleveren van lichte olie aan motorvoertuigen voor het wegverkeer met een debiet van lichte olie van meer dan 3.000 kubieke meter per jaar.

Art. 3.20a

Tankstation, verbod inpandig afleveren lichte olie

1. Het inpandig afleveren van lichte olie vindt niet plaats.
2. Het eerste lid is niet van toepassing op inpandige afleverinstallaties voor lichte olie die zijn geïnstalleerd voor 1 januari 2012.
3. In de gevallen, bedoeld in het tweede lid, waarin het inpandig afleveren van lichte olie is toegestaan, vindt het inpandig afleveren in het belang van het voorkomen van risico's voor de omgeving en ongewone voorvallen, dan wel voor zover dat niet mogelijk is het zoveel mogelijk beperken van de risico's voor de omgeving en de kans dat ongewone voorvallen zich voordoen en de gevolgen hiervan ten minste plaats via een EU-systeem voor dampretour fase-II.
4. Op het inpandig afleveren van lichte olie, bedoeld in het derde lid, is artikel 3.20, derde tot en met achtste lid, alsmede de krachtens die leden en krachtens artikel 3.19 gestelde regels van toepassing.

Art. 3.21

[Vervallen]

Art. 3.22

Tankstation, installatieboek

1. Degene die de inrichting drijft neemt de resultaten van de metingen, keuringen en controles, bedoeld in artikel 3.20 op in een installatieboek.
2. Het installatieboek bevat tevens:
a. een plattegrond op een schaal van ten minste één of tweehonderdvijftig aanduidende de uit- en inwendige samenstelling van de inrichting en toebehoren;
b. alle bewijzen van gecertificeerde of geaccrediteerde aanleg en inspectie die op grond van dit besluit uitgevoerd worden.
3. De resultaten van de metingen, keuringen en controles worden in ieder geval tot het beschikbaar zijn van de resultaten van de eerstvolgende meting, keuring dan wel controle, maar ten minste drie jaar opgenomen in het installatieboek.
4. Het installatieboek wordt in de inrichting bewaard of binnen een termijn die wordt gesteld door het bevoegd gezag voor deze beschikbaar.
5. Het eerste lid is niet van toepassing op een inrichting voor het afleveren van lichte olie anders dan voor de openbare verkoop.

Art. 3.23

Tankstation, lozen afvalwater

1. Bij het in het vuilwaterriool lozen van afvalwater afkomstig van een vloeistofdichte vloer of verharding waarop het afleveren van vloeibare brandstof aan motorvoertuigen voor het wegverkeer of het afleveren van vloeibare brandstof aan spoorvoertuigen plaatsvindt, wordt ten minste voldaan aan het tweede tot en met het vierde lid.
2. Het afvalwater wordt geleid door een slibvangput en olieafscheider die voldoen aan en worden gebruikt conform NEN-EN 858-1 en 2.
3. Het gehalte aan olie in het afvalwater na de afscheider bedraagt niet meer dan 200 milligram per liter in enig steekmonster.
4. Het te lozen afvalwater kan op een doelmatige wijze worden bemonsterd.
5. Het tweede lid is niet van toepassing indien voor het van toepassing worden van dit besluit of een deel daarvan op een activiteit in de inrichting een slibvangput en een olieafscheider zijn geplaatst die op de hoeveelheid afvalwater zijn afgestemd.

§ 3.3.2
Het uitwendig wassen en stallen van motorvoertuigen of werktuigen of van spoorvoertuigen

Art. 3.23a

Motor-/spoorvoertuigen of werktuigen, uitwendig wassen

Deze paragraaf is van toepassing op:
a. het uitwendig wassen van motorvoertuigen of werktuigen of van spoorvoertuigen,
b. het verwijderen van graffiti van motorvoertuigen of werktuigen of van spoorvoertuigen, of
c. het stallen en uitwendig wassen van werktuigen waarmee gewasbeschermingsmiddelen zijn toegepast.

Art. 3.23b
1. Bij het in een inrichting uitwendig wassen van motorvoertuigen of werktuigen of van spoorvoertuigen wordt ten behoeve van het realiseren van een verwaarloosbaar bodemrisico voldaan aan de bij ministeriële regeling gestelde eisen.
2. Het eerste lid is niet van toepassing, indien:
a. per week ten hoogste een spoorvoertuig of een motorvoertuig of werktuig waarmee geen gewasbeschermingsmiddelen zijn toegepast, uitwendig wordt gewassen, en
b. per jaar ten hoogste twee werktuigen waarmee gewasbeschermingsmiddelen zijn toegepast, uitwendig worden gewassen.

Wassen motor-/spoorvoertuigen of werktuigen, eisen wasinrichting

Art. 3.23c
1. Bij het lozen in een vuilwaterriool van afvalwater afkomstig van een bodembeschermende voorziening als gevolg van het uitwendig wassen van motorvoertuigen of werktuigen of van spoorvoertuigen waarmee geen gewasbeschermingsmiddelen zijn toegepast, wordt ten minste voldaan aan het tweede tot en met vierde lid.
2. Het afvalwater in enig steekmonster bevat ten hoogste:
a. 20 milligram olie per liter;
b. 300 milligram onopgeloste stoffen per liter.
3. In afwijking van het tweede lid bedraagt het gehalte aan olie ten hoogste 200 milligram per liter in enig steekmonster, indien het afvalwater voorafgaand aan vermenging met ander afvalwater wordt geleid door een slibvangput en olieafscheider die:
a. voldoen aan en worden gebruikt conform NEN-EN 858-1 en 2, of
b. zijn geplaatst voor het van toepassing worden van dit besluit of een deel daarvan op een activiteit in de inrichting en op de hoeveelheid afvalwater zijn afgestemd.
4. Het te lozen afvalwater kan op een doelmatige wijze worden bemonsterd.

Wassen motor-/spoorvoertuigen of werktuigen, lozen afvalwater in vuilwaterriool

Art. 3.23d
1. Bij het lozen op of in de bodem of in een vuilwaterriool van afvalwater afkomstig van een bodembeschermende voorziening als gevolg van het uitwendig wassen van werktuigen waarmee gewasbeschermingsmiddelen zijn toegepast, wordt ten minste voldaan aan het tweede tot en met vijfde lid.
2. Het afvalwater wordt geleid door een zuiveringsvoorziening waarmee ten minste 95% van de gewasbeschermingsmiddelen wordt verwijderd.
3. Bij het lozen op of in de bodem bevat het afvalwater in enig steekmonster ten hoogste 20 milligram olie per liter en wordt het afvalwater gelijkmatig verspreid over een onverharde bodem.
4. Bij het lozen in een vuilwaterriool bevat het afvalwater in enig steekmonster ten hoogste:
a. 200 milligram olie per liter;
b. 300 milligram onopgeloste stoffen per liter.
5. Het te lozen afvalwater kan op een doelmatige wijze worden bemonsterd.

Wassen motor-/spoorvoertuigen of werktuigen, lozen afvalwater na gebruik gewasbeschermingsmiddelen

Art. 3.24
Onverminderd artikel 3.23d is het lozen op of in de bodem van afvalwater als gevolg van het uitwendig wassen van motorvoertuigen of werktuigen of van spoorvoertuigen, toegestaan:
a. indien in de inrichting per week ten hoogste een spoorvoertuig, motorvoertuig of werktuig, waarmee geen gewasbeschermingsmiddelen zijn toegepast, uitwendig wordt gewassen,
b. indien in de inrichting per jaar ten hoogste twee werktuigen waarmee gewasbeschermingsmiddelen zijn toegepast, uitwendig worden gewassen, of
c. indien het lozen plaatsvindt als gevolg van het uitwendig wassen van werktuigen waarmee gewasbeschermingsmiddelen zijn toegepast, op een perceel waar de gewasbeschermingsmiddelen zijn toegepast.

Wassen motor-/spoorvoertuigen of werktuigen, toegestaan lozen afvalwater

Art. 3.25
Onverminderd artikel 3.3, worden motorvoertuigen of werktuigen waarmee gewasbeschermingsmiddelen zijn toegepast, op een verhard oppervlak zodanig gestald, dat het te lozen hemelwater niet met de toegepaste gewasbeschermingsmiddelen kan worden verontreinigd.

Motor-/spoorvoertuigen of werktuigen, stallen

§ 3.3.3
Het demonteren van autowrakken of wrakken van tweewielige motorvoertuigen en daarmee samenhangende activiteiten

Art. 3.26
Deze paragraaf is van toepassing op:
a. het demonteren van autowrakken of wrakken van tweewielige motorvoertuigen,
b. het aftappen van vloeistoffen uit autowrakken of wrakken van tweewielige motorvoertuigen,
c. het opslaan van autowrakken of wrakken van tweewielige motorvoertuigen voorafgaand aan het demonteren en het aftappen van vloeistoffen,

Werkingssfeer

d. het opslaan van afvalstoffen die vrijkomen bij het demonteren van autowrakken of wrakken van tweewielige motorvoertuigen en het aftappen van vloeistoffen uit autowrakken of wrakken van tweewielige motorvoertuigen, en
e. het neutraliseren van airbags en gordelspanners.

Art. 3.26a

Demonteren autowrakken, eisen afvalstoffen

Bij de activiteiten, bedoeld in artikel 3.26, wordt ten behoeve van:
a. een doelmatig beheer van afvalstoffen;
b. het voorkomen van risico's voor de omgeving en ongewone voorvallen, dan wel voor zover dat niet mogelijk is het zoveel mogelijk beperken van de risico's voor de omgeving en de kans dat ongewone voorvallen zich voordoen en de gevolgen hiervan, en
c. het realiseren van een verwaarloosbaar bodemrisico;
ten minste voldaan aan de bij ministeriële regeling te stellen eisen.

Art. 3.26b

Demonteren autowrakken, airbags en gordelspanners

1. Onverminderd artikel 2.5, eerste, vierde en zesde lid, en artikel 2.6 is bij het ontsteken van airbags en gordelspanners de emissieconcentratie van stofklasse S niet meer dan:
a. 5 milligram per normaal kubieke meter, indien de massastroom van stofklasse S naar de lucht gelijk is aan of groter is dan 200 gram per uur;
b. 50 milligram per normaal kubieke meter indien de massastroom kleiner is dan 200 gram per uur.
2. Bij het ontsteken van airbags en gordelspanners worden ten behoeve van het voorkomen dan wel het beperken van diffuse emissies en het doelmatig verspreiden van emissies naar de buitenlucht, de bij ministeriële regeling voorgeschreven maatregelen toegepast.

Art. 3.26c

Demonteren autowrakken, lozen afvalwater

1. Bij het in het vuilwaterriool lozen van afvalwater afkomstig van:
a. het demonteren van autowrakken of wrakken van tweewielige motorvoertuigen,
b. het voor demontage aanwezig hebben van autowrakken of wrakken van tweewielige motorvoertuigen die vloeistoffen bevatten, of
c. het opslaan van vloeistof bevattende onderdelen van autowrakken of wrakken van tweewielige motorvoertuigen,
wordt ten minste voldaan aan het tweede tot en met vierde lid.
2. Het afvalwater bevat in enig steekmonster niet meer dan:
a. 20 milligram olie per liter;
b. 300 milligram onopgeloste stoffen per liter.
3. In afwijking van het tweede lid bedraagt het gehalte aan olie ten hoogste 200 milligram per liter, indien het afvalwater voorafgaand aan vermenging met ander afvalwater wordt geleid door een slibvangput en olieafscheider die:
a. voldoen aan en worden gebruikt conform NEN-EN 858-1 en 2, of
b. zijn geplaatst voor het van toepassing worden van dit besluit of een deel daarvan op een activiteit in de inrichting en op de hoeveelheid afvalwater zijn afgestemd.
4. Het te lozen afvalwater kan op een doelmatige wijze worden bemonsterd.

§ 3.3.4
Bieden van parkeergelegenheid in een parkeergarage

Art. 3.26d

Werkingssfeer

Deze paragraaf is van toepassing op een parkeergarage met meer dan 20 parkeerplaatsen.

Art. 3.26e

Parkeergarage, eisen

1. Bij een mechanische ventilatie in een parkeergarage met meer dan 20 parkeerplaatsen wordt ten behoeve van:
a. het doelmatig verspreiden van emissies;
b. het voorkomen dan wel beperken van geurhinder, of
c. het voorkomen dan wel beperken van luchtverontreiniging door benzeen,
voldaan aan de bij ministeriële regeling gestelde eisen.
2. Het bevoegd gezag kan bij maatwerkvoorschrift eisen stellen ten aanzien van:
a. de beperking van de emissie van benzeen uit een parkeergarage indien dit nodig is in het belang van de luchtkwaliteit, of
b. de aanzuigopeningen en uitblaasopeningen van de mechanische ventilatie van een parkeergarage en de uitvoering en het onderhoud van de ventilatoren indien dit nodig is in het belang van de luchtkwaliteit dan wel indien dit nodig is om de geurhinder te voorkomen dan wel voor zover dat niet mogelijk is te beperken.

Art. 3.26f

[Vervallen]

§ 3.3.5
Bieden van gelegenheid tot het afmeren van pleziervaartuigen in een jachthaven

Art. 3.26g
Deze paragraaf is van toepassing op een jachthaven met meer dan 50 ligplaatsen. <small>Werkingssfeer</small>

Art. 3.26h
1. Bij het in het vuilwaterriool lozen van ingenomen bilgewater van pleziervaartuigen wordt ten minste voldaan aan het tweede tot en met het vierde lid. <small>Jachthaven, lozen afvalwater</small>
2. Het afvalwater bevat in enig steekmonster niet meer dan:
   a. 20 milligram olie per liter;
   b. 300 milligram onopgeloste stoffen per liter.
3. In afwijking van het tweede lid bedraagt het gehalte aan olie ten hoogste 200 milligram per liter in enig steekmonster, indien het afvalwater voorafgaand aan vermenging met ander afvalwater wordt geleid door een slibvangput en olieafscheider die:
   a. voldoen aan en worden gebruikt conform NEN-EN 858-1 en 2, of
   b. zijn geplaatst voor het van toepassing worden van dit besluit voor een deel daarvan op een activiteit in de inrichting en op de hoeveelheid afvalwater zijn afgestemd.
4. Het te lozen afvalwater kan op een doelmatige wijze worden bemonsterd.

Art. 3.26i
1. In het belang van het doelmatig beheer van afvalstoffen worden in een jachthaven van gebruikers van de jachthaven in ieder geval de afvalstoffen, genoemd onder a tot en met d, ingenomen. <small>Jachthaven, inname afvalstoffen</small>
   a. Indien een jachthaven beschikt over meer dan 50 ligplaatsen en binnen de jachthaven het afleveren van vloeibare brandstoffen aan vaartuigen plaatsvindt, neemt de jachthaven in:
      1°. afgewerkte olie en smeervet van onderhoud aan pleziervaartuigen, en
      2°. olie- en vethoudend afval van onderhoud aan pleziervaartuigen.
   b. Indien een jachthaven beschikt over meer dan 50 ligplaatsen en binnen de jachthaven niet beroepsmatig onderhouden of repareren van pleziervaartuigen plaatsvindt, wordt in de jachthaven tevens ingenomen:
      1°. afgewerkte olie en smeervet van onderhoud aan pleziervaartuigen;
      2°. olie- en vethoudend afval van onderhoud aan pleziervaartuigen, en
      3°. afvalstoffen van reparatie- en onderhoudswerkzaamheden aan pleziervaartuigen, die niet beroepsmatig binnen de jachthaven worden uitgevoerd.
   c. Indien een jachthaven beschikt over meer dan 50 ligplaatsen, daaronder niet begrepen ligplaatsen uitsluitend bestemd voor pleziervaartuigen die geen binnenboordmotor hebben, wordt in de jachthaven tevens bilgewater ingenomen.
   d. Indien een jachthaven beschikt over meer dan 50 ligplaatsen, daaronder niet begrepen ligplaatsen uitsluitend bestemd voor pleziervaartuigen zonder een vaste afsluitbare verblijfsruimte, wordt in de jachthaven tevens huishoudelijk afvalwater en de inhoud van chemische toiletten ingenomen.
2. Indien twee of meer jachthavens in elkaars onmiddellijke nabijheid zijn gelegen, wordt voldaan aan het eerste lid indien de voorzieningen gemeenschappelijk worden aangebracht en beheerd en daartoe een overeenkomst is gesloten. De overeenkomst wordt ter goedkeuring voorgelegd aan het bevoegd gezag.
3. Indien een jachthaven in de onmiddellijke nabijheid is gelegen van een inrichting waarbinnen uitvoering wordt gegeven aan titel 10.4 van de wet, wordt voldaan aan het eerste lid indien de voorzieningen van die inrichting voldoen aan het eerste lid en gemeenschappelijk worden gebruikt op grond van een overeenkomst tussen de jachthaven en de inrichting. De overeenkomst wordt ter goedkeuring voorgelegd aan het bevoegd gezag.
4. Voor de inzameling, bedoeld in het eerste lid, wordt geen aparte financiële vergoeding gevraagd aan de gebruikers van de inrichting.
5. Indien een jachthaven niet op grond van het eerste lid behoeft te beschikken over een voorziening voor de inzameling van een bepaalde categorie afvalstoffen, wordt binnen de jachthaven duidelijk aangegeven waar de gebruikers van de jachthaven hun afvalstoffen kunnen afgeven.

Art. 3.26j
1. In afwijking van artikel 3.26i, eerste lid, worden de afvalstoffen, genoemd in dat lid, in een jachthaven die gewoonlijk wordt aangedaan door zeegaande pleziervaartuigen ingenomen ongeacht het aantal ligplaatsen in die inrichting. <small>Jachthaven, afvalstoffen zeegaande pleziervaartuigen</small>
2. Degene die een jachthaven drijft die gewoonlijk wordt aangedaan door zeegaande pleziervaartuigen, maakt bij de inning van het havengeld kenbaar welk aandeel daarvan bestemd is voor het instandhouden van de voorzieningen voor het in ontvangst nemen en verder beheren van afvalstoffen.
3. Degene die een jachthaven drijft die gewoonlijk wordt aangedaan door zeegaande pleziervaartuigen, stelt, na overleg met betrokken partijen, eens in de drie jaar een passend plan vast

voor het in ontvangst nemen en verder beheren van afvalstoffen, en legt dit plan ter goedkeuring voor aan het bevoegd gezag.

Art. 3.26k
Ten aanzien van een jachthaven die gewoonlijk wordt aangedaan door zeegaande pleziervaartuigen en is aangewezen krachtens artikel 6 van de Wet voorkoming verontreiniging door schepen, zijn de artikelen 3.26i en 3.26j niet van toepassing.

§ 3.3.6
Het gebruik van hefschroefvliegtuigen bij ziekenhuizen

Art. 3.26l
1. Deze paragraaf is van toepassing op het gebruik van hefschroefvliegtuigen bij ziekenhuizen.

2. De artikelen 2.17 tot en met 2.22 zijn niet van toepassing op het gebruik van hefschroefvliegtuigen bij ziekenhuizen.

Art. 3.26m
Degene die een helitraumacentrum drijft, draagt er zorg voor dat het geluidsvermogensniveau van hefschroefvliegtuigen die door hem worden ingezet voor het vervoer van mobiele medische teams niet hoger is dan 140 dB(A).

Art. 3.26n
Degene die een ziekenhuis, niet zijnde een helitraumacentrum, drijft, draagt er zorg voor dat zijn voorziening ten behoeve van het landen en opstijgen van hefschroefvliegtuigen uitsluitend door hefschroefvliegtuigen wordt gebruikt indien dit gebruik bijzonder is aangewezen voor:
a. het vervoer van ongevalslachtoffers en zieken die spoedeisende medische zorg behoeven, met inbegrip van apparatuur en begeleidend personeel;
b. het vervoer van pasgeboren kinderen die spoedeisende medische zorg behoeven, met inbegrip van apparatuur en begeleidend personeel;
c. het vervoer van organen of transplantatieteams in het kader van transplantatie;
d. het vervoer van een lid van een mobiel medisch team dat, nadat het mobiel medisch team met een hefschroefvliegtuig op een ongevallenlocatie is ingezet, met een ongevalslachtoffer of zieke die spoedeisende medische zorg behoeft anders dan met een hefschroefvliegtuig naar het ziekenhuis is vervoerd;
e. het verplaatsen van een hefschroefvliegtuig in verband met de opleiding en training van de piloot tot ten hoogste 20 vliegbewegingen per ziekenhuis per kalenderjaar.

Art. 3.26o
Degene die een helitraumacentrum drijft, draagt er zorg voor dat zijn voorziening ten behoeve van het landen en opstijgen van hefschroefvliegtuigen uitsluitend door hefschroefvliegtuigen wordt gebruikt indien dit gebruik bijzonder aangewezen is voor:
a. het vervoer van ongevalslachtoffers en zieken die spoedeisende medische zorg behoeven, met inbegrip van apparatuur en begeleidend personeel;
b. het vervoer van pasgeboren kinderen die spoedeisende medische zorg behoeven, met inbegrip van apparatuur en begeleidend personeel;
c. het vervoer van organen of transplantatieteams in het kader van transplantatie;
d. het vervoer van mobiele medische teams, met inbegrip van apparatuur naar en van ongevallenlocaties;
e. het verplaatsen van een hefschroefvliegtuig in verband met de komst van een ander hefschroefvliegtuig dat ongevalslachtoffers, zieken en pasgeboren kinderen die spoedeisende medische zorg behoeven, organen of transplantatieteams vervoert;
f. het verplaatsen van een hefschroefvliegtuig tot ten hoogste 400 vliegbewegingen per helitraumacentrum per kalenderjaar in verband met:
1°. onderhoud of reparatie;
2°. tankvluchten;
3°. opleiding en training van de piloot en van het mobiel medisch team.

Art. 3.26p
1. Degene die het helitraumacentrum of het ziekenhuis, niet zijnde een helitraumacentrum drijft, registreert met betrekking tot het gebruik van zijn voorziening ten behoeve van het landen en opstijgen van hefschroefvliegtuigen ten minste de volgende gegevens:
a. de reden voor het gebruik van de voorziening;
b. de tijd van vertrek;
c. de tijd van aankomst.
2. De registratie wordt binnen twee werkdagen na gebruik van de voorziening bijgewerkt en gedurende ten minste vijf jaar na het vastleggen in de registratie bewaard.

Art. 3.26q
In afwijking van artikel 3.26m is het degene die op 1 februari 2003 een helitraumacentrum dreef, tot het moment van vervanging van het hefschroefvliegtuig dat op die datum werd ingezet voor het vervoer van mobiele medische teams, toegestaan een hefschroefvliegtuig in te zetten met een geluidsvermogensniveau van ten hoogste 145 dB(A).

Afdeling 3.4
Opslaan van stoffen of het vullen van gasflessen

§ 3.4.1
Opslaan van propaan

Art. 3.27
Deze paragraaf is van toepassing op inrichtingen waarbij sprake is van het opslaan van propaan indien:
a. het opslaan van propaan geschiedt in opslagtanks elk met een inhoud van maximaal 13 kubieke meter;
b. niet meer dan twee opslagtanks binnen de inrichting aanwezig zijn; en
c. propaan uitsluitend in de gasfase aan een opslagtank wordt onttrokken behoudens het leegmaken van een opslagtank voor verplaatsing.

Propaan, opslag

Art. 3.28
1. Met betrekking tot de opstelplaats van een opslagtank met propaan, het vulpunt van een opslagtank met propaan en de opstelplaats van de tankwagen worden ten opzichte van buiten de inrichting gelegen kwetsbare en beperkt kwetsbare objecten, de in tabel 3.28 opgenomen afstanden in acht genomen, waarbij de afstanden gelden van het vulpunt en de opslagtank, gerekend vanaf de aansluitpunten van de leidingen alsmede het bovengrondse deel van de leidingen en de pomp bij de opslagtank:

Propaan, eisen opslag

Tabel 3.28 veiligheidsafstanden

	Bevoorrading tot en met 5 keer per jaar	Bevoorrading meer dan 5 keer per jaar
Opslagtank met propaan tot en met 5 kubieke meter	10 meter	20 meter
Opslagtank met propaan groter dan 5 kubieke meter tot en met 13 kubieke meter	15 meter	25 meter

2. Een opslagtank met propaan, het vulpunt van een opslagtank met propaan en de opstelplaats van de tankwagen is gelegen op ten minste de helft van de afstanden, genoemd in tabel 3.28, indien het objecten betreft waar ook een opslagtank met propaan of propeen aanwezig is.
3. In afwijking van het eerste lid worden met betrekking tot de opstelplaats van een opslagtank met propaan, het vulpunt van een opslagtank met propaan en de opstelplaats van de tankwagen ten opzichte van gebouwen bestemd voor het verblijf, al dan niet gedurende een gedeelte van de dag, van minderjarigen, ouderen, zieken of gehandicapten, dan wel gebouwen waarin doorgaans grote aantallen personen gedurende een groot gedeelte van de dag aanwezig zijn, de volgende afstanden in acht genomen:
a. bij een opslagtank met propaan tot en met 5 kubieke meter: 25 meter;
b. bij een opslagtank met propaan van meer dan 5 kubieke meter tot en met 13 kubieke meter: 50 meter.
4. Onverminderd het eerste tot en met derde lid, voldoet een opslagtank met propaan alsmede de bijbehorende leidingen en appendages ten behoeve van het voorkomen van risico's voor de omgeving en ongewone voorvallen, dan wel voor zover dat niet mogelijk is het zoveel mogelijk beperken van de risico's voor de omgeving en de kans dat ongewone voorvallen zich voordoen en de gevolgen hiervan, aan de bij ministeriële regeling te stellen eisen.

A66 art. 3.29 — Activiteitenbesluit milieubeheer

§ 3.4.2
Opslaan in ondergrondse opslagtanks van vloeibare brandstof, afgewerkte olie, bepaalde organische oplosmiddelen of vloeibare bodembedreigende stoffen die geen gevaarlijke stoffen of CMR stoffen zijn

Art. 3.29

Werkingssfeer

1. Deze paragraaf is van toepassing op het opslaan in een ondergrondse opslagtank van metaal of kunststof van maximaal 150 kubieke meter van:
   a. vloeibare brandstof;
   b. afgewerkte olie;
   c. butanon;
   d. ethanol;
   e. ethylethanoaat;
   f. 4-methyl-2-pentanon;
   g. 1-propanol;
   h. 2-propanol, of
   i. propanon.
2. Deze paragraaf is ook van toepassing op het opslaan van een vloeibare bodembedreigende stof, die geen gevaarlijke stof of CMR-stof is, in een ondergrondse opslagtank van metaal of kunststof of in een betonnen constructie die geheel of gedeeltelijk ondergronds ligt.

Art. 3.30

Ondergrondse opslagtank, eisen

Bij het in gebruik hebben en bij het beëindigen van het gebruik van een ondergrondse opslagtank of een betonnen constructie als bedoeld in artikel 3.29 die wordt of werd gebruikt voor de opslag van de stoffen, genoemd in dat artikel, wordt ten behoeve van:
a. het realiseren van een verwaarloosbaar bodemrisico;
b. het voorkomen van risico's voor de omgeving en ongewone voorvallen, dan wel voor zover dat niet mogelijk is het zoveel mogelijk beperken van de risico's voor de omgeving en de kans dat ongewone voorvallen zich voordoen en de gevolgen hiervan;
c. het voorkomen dan wel voor zover dat niet mogelijk is het zoveel mogelijk beperken van verontreiniging van het grondwater, of
d. het voorkomen dan wel voor zover dat niet mogelijk is het zoveel mogelijk beperken van luchtverontreiniging,
voldaan aan de bij ministeriële regeling gestelde eisen.

Art. 3.30a

Ondergrondse opslagtank, organische oplosmiddelen/opstelplaats tankwagen

Met betrekking tot het vulpunt van een ondergrondse opslagtank met organische oplosmiddelen of de opstelplaats van een tankwagen met organische oplosmiddelen, wordt ten opzichte van buiten de inrichting gelegen kwetsbare en beperkt kwetsbare objecten een afstand aangehouden van tenminste 20 meter.

§ 3.4.3
Opslaan en overslaan van goederen

Art. 3.31

Inerte goederen, op- en overslaan

1. Deze paragraaf is van toepassing op het op- en overslaan van inerte goederen.
2. Onverminderd het eerste lid is deze paragraaf voor zover het betreft inrichtingen type B van toepassing op het op- en overslaan van goederen, niet zijnde inerte goederen, voor zover dat niet is geregeld in de paragrafen 3.3.3, 3.4.1, 3.4.2, 3.4.5 tot en met 3.4.7, 3.4.11, 4.1.1 tot en met 4.1.4 en 4.1.7.
3. Onverminderd het eerste lid is deze paragraaf voor zover het betreft inrichtingen type C van toepassing op:
   a. het op- en overslaan van goederen, niet zijnde inerte goederen, voor zover dat niet is geregeld in de paragrafen 3.4.1, 3.4.2, 3.4.4 tot en met 3.4.7, 3.4.11, 4.1.1 tot en met 4.1.4 en 4.1.7, bij:
   1°. een autodemontagebedrijf of een demontagebedrijf voor tweewielige motorvoertuigen;
   2°. een zuiveringtechnisch werk, of
   3°. een inrichting waar uitvoering wordt gegeven aan titel 10.4 van de wet;
   b. het lozen in een aangewezen oppervlaktewaterlichaam als gevolg van het op- en overslaan van andere goederen dan inerte goederen.
4. Onverminderd het eerste tot en met derde lid is deze paragraaf van toepassing op het zeven van grond met een capaciteit daarvoor van minder dan 100.000 ton per jaar.
5. Bij ministeriële regeling worden goederen aangewezen welke in ieder geval worden aangemerkt als inerte goederen.

Art. 3.32

Op- en overslag inerte goederen, eisen

1. Goederen worden in de buitenlucht zodanig op- of overgeslagen dat:

Activiteitenbesluit milieubeheer A66 art. 3.34

a. zoveel mogelijk wordt voorkomen dat stofverspreiding optreedt die op een afstand van meer dan 2 meter van de bron met het blote oog waarneembaar is;
b. verontreiniging van de omgeving zoveel mogelijk wordt beperkt;
c. zoveel mogelijk wordt voorkomen dat goederen in een oppervlaktewaterlichaam geraken;
d. zoveel mogelijk wordt voorkomen dat goederen in een voorziening voor het beheer van afvalwater geraken.
2. Het eerste lid is van overeenkomstige toepassing op het zeven van grond.

Art. 3.33

1. Het in een voorziening voor de inzameling en het transport van afvalwater, niet zijnde een vuilwaterriool, lozen van afvalwater dat in contact is geweest met inerte goederen, is toegestaan indien het gehalte aan onopgeloste stoffen in enig steekmonster niet meer bedraagt dan 300 milligram per liter.
2. Bij het in het oppervlaktewater lozen van afvalwater dat met inerte goederen in contact is geweest, ontstaat geen visuele verontreiniging.
3. Het lozen op of in de bodem van afvalwater dat met inerte goederen in contact is geweest, is toegestaan.
4. Het in een vuilwaterriool lozen van afvalwater dat in contact is geweest met inerte goederen vindt slechts dan plaats indien het lozen, bedoeld in het eerste tot en met het derde lid, redelijkerwijs niet mogelijk is en het gehalte aan onopgeloste stoffen niet meer bedraagt dan 300 milligram per liter.
5. Het te lozen afvalwater, bedoeld in het eerste en vierde lid, kan op een doelmatige wijze worden bemonsterd.
6. Indien de opgeslagen inerte goederen worden bevochtigd, wordt afvalwater dat met opgeslagen goederen in contact is geweest, zoveel mogelijk voor dit bevochtigen gebruikt.

Op- en overslag inerte goederen, afvalwater

Art. 3.34

1. Bij het lozen van afvalwater afkomstig van het op- en overslaan van goederen, niet zijnde inerte goederen, wordt ten minste voldaan aan het tweede tot en met negende lid.
2. Indien opgeslagen goederen als bedoeld in het eerste lid worden bevochtigd, wordt afvalwater dat met die goederen in contact is geweest, zoveel mogelijk voor dit bevochtigen gebruikt.
3. Het in een aangewezen oppervlaktewaterlichaam lozen van afvalwater dat in contact is geweest met goederen als bedoeld in het eerste lid waaruit geen vloeibare bodembedreigende stoffen kunnen lekken, is toegestaan indien in enig steekmonster de emissiegrenswaarden, vermeld in tabel 3.34, niet worden overschreden.

Op- en overslag niet-inerte goederen, afvalwater

Tabel 3.34

Parameter	Emissiegrenswaarde
Chemisch zuurstof verbruik	200 milligram per liter
Som zware metalen (som van arseen, chroom, koper, lood, nikkel en zink)	1 milligram per liter
Minerale olie	20 milligram per liter
PAK's	50 microgram per liter
Extraheerbaar organisch chloor	5 microgram per liter
Totaal stikstof	10 milligram per liter
Fosfor	2 milligram per liter

4. Het bevoegd gezag kan met betrekking tot het lozen, bedoeld in het derde lid, bij maatwerkvoorschrift hogere emissiegrenswaarden vaststellen, voor zover het belang van de bescherming van het milieu zich daartegen niet verzet.
5. Bij het in een aangewezen oppervlaktewaterlichaam lozen van afvalwater dat in contact is geweest met goederen als bedoeld in het eerste lid waaruit geen vloeibare bodembedreigende stoffen kunnen lekken, ontstaat geen visuele verontreiniging.
6. Het lozen van afvalwater, bedoeld in het derde lid, in een vuilwaterriool is toegestaan indien het gehalte aan onopgeloste stoffen niet meer bedraagt dan 300 milligram per liter.
7. Het lozen van afvalwater dat in contact is geweest met goederen als bedoeld in het eerste lid in een vuilwaterriool is toegestaan indien enig steekmonster niet meer bevat dan:
a. 20 milligram olie per liter;
b. 300 milligram onopgeloste stoffen per liter.
8. In afwijking van het zevende lid bedraagt het gehalte aan olie ten hoogste 200 milligram per liter in enig steekmonster, indien het afvalwater voorafgaand aan vermenging met ander afvalwater wordt geleid door een slibvangput en olieafscheider die:
a. voldoen aan en worden gebruikt conform NEN-EN 858-1 en 2, of

Sdu 1413

A66 art. 3.35 — Activiteitenbesluit milieubeheer

b. zijn geplaatst voor het van toepassing worden van dit besluit of een deel daarvan op een activiteit in de inrichting en op de hoeveelheid afvalwater zijn afgestemd.

9. Het te lozen afvalwater, bedoeld in het derde tot en met achtste lid, kan op een doelmatige wijze worden bemonsterd.

10. Bij ministeriële regeling worden goederen aangewezen die voor de toepassing van deze paragraaf in ieder geval worden aangemerkt als goederen waaruit vloeibare bodembedreigende stoffen kunnen lekken.

Art. 3.35

Op- en overslag niet-inerte goederen, boven oppervlaktewaterlichaam

1. Het boven een oppervlaktewaterlichaam opslaan van goederen, niet zijnde inerte goederen, vindt niet plaats, tenzij het opslaan benedendeks plaatsvindt op een binnenschip.

2. Indien goederen, niet zijnde inerte goederen, boven een oppervlaktewaterlichaam aanwezig zijn, wordt ten behoeve van het voorkomen dan wel voor zover dat niet mogelijk is het zoveel mogelijk beperken van verontreiniging van een oppervlaktewaterlichaam voldaan aan de bij ministeriële regeling te stellen eisen.

Art. 3.36

Nadere regels

1. Bij het opslaan en overslaan van goederen, niet zijnde inerte goederen, wordt ten behoeve van het realiseren van een verwaarloosbaar bodemrisico, voldaan aan de bij ministeriële regeling te stellen eisen.

2. Bij het opslaan en overslaan van bederfelijke afvalstoffen wordt ten behoeve van het voorkomen dan wel beperken van geurhinder ten minste voldaan aan de bij ministeriële regeling te stellen eisen.

3. Bij het opslaan van autowrakken wordt ten behoeve van een doelmatig beheer van afvalstoffen ten minste voldaan aan de bij ministeriële regeling gestelde eisen.

Art. 3.37

Op- en overslag stuifgevoelige goederen, wind

1. Bij de volgende windsnelheden vinden afhankelijk van de stuifgevoeligheid van de goederen, behorend tot de stuifklassen volgens bijlage 3, geen overslagactiviteiten plaats:
a. S1 en S2 bij een windsnelheid groter dan 8 meter per seconde;
b. S3 bij een windsnelheid groter dan 14 meter per seconde.

2. Indien degene die de inrichting drijft aantoont dat door het treffen van maatregelen verspreiding en morsing van losse goederen ten gevolge van de weersomstandigheden wordt voorkomen kan het bevoegd gezag bij maatwerkvoorschrift het eerste lid niet van toepassing verklaren en overslagactiviteiten bij grotere windsnelheden dan aangegeven in het eerste lid onder voorwaarden toestaan. Deze voorwaarden kunnen betrekking hebben op de toe te passen maatregelen om verspreiding of morsing van goederen te voorkomen of op hogere maximale windsnelheden dan genoemd in het eerste lid, waarboven overslag niet meer is toegestaan.

Art. 3.38

Op- en overslag stuifgevoelige goederen, gesloten ruimtes

1. Het opslaan en mengen van goederen behorend tot stuifklassen S1 of S3 van bijlage 3 vindt plaats in gesloten ruimtes.

2. Onverminderd artikel 2.5, eerste, vierde en zesde lid, en artikel 2.6 is bij het opslaan, overslaan en mengen van stuifgevoelige goederen in gesloten ruimtes de emissieconcentratie van stofklasse S niet meer dan:
a. 5 milligram per normaal kubieke meter, indien de massastroom van stofklasse S gelijk is aan of groter is dan 200 gram per uur; en
b. 50 milligram per normaal kubieke meter indien de massastroom kleiner is dan 200 gram per uur.

3. Bij pneumatisch transport van stuifgevoelige goederen behorend tot stuifklasse S1 of S2 van bijlage 3 is de emissie van stofklasse S uit een container, bulktransportwagen of ander transportmiddel niet hoger dan 10 milligram per normaal kubieke meter.

Art. 3.39

Op- en overslag stuifgevoelige goederen, beperken emissie

Bij het opslaan, overslaan en mengen van stuifgevoelige goederen in gesloten ruimtes worden ten behoeve van het voorkomen dan wel beperken van diffuse emissie en om het doelmatig verspreiden van emissies naar de buitenlucht te bevorderen ten minste de bij ministeriële regeling voorgeschreven maatregelen toegepast.

Art. 3.40
[Vervallen]

§ 3.4.4
[Vervallen]

Art. 3.41-3.44
[Vervallen]

§ 3.4.5
Opslaan van agrarische bedrijfsstoffen

Art. 3.45
1. Deze paragraaf is van toepassing op het opslaan van agrarische bedrijfsstoffen met een totaal volume van meer dan 3 kubieke meter.
2. In afwijking van het eerste lid is deze paragraaf niet van toepassing op het opslaan van dierlijke meststoffen die niet verpompbaar zijn, met een totaal volume van meer dan 600 kubieke meter.

Werkingssfeer

Art. 3.46
1. Het opslaan van agrarische bedrijfsstoffen vindt plaats op ten minste:
   a. 100 meter afstand tot een geurgevoelig object dat binnen de bebouwde kom is gelegen, of
   b. 50 meter afstand tot een geurgevoelig object dat buiten de bebouwde kom is gelegen.
2. Het eerste lid is niet van toepassing op het opslaan van agrarische bedrijfsstoffen, indien de plaats waar deze bedrijfsstoffen zijn opgeslagen, is gelegen binnen een van de afstanden genoemd in dat lid, het opslaan reeds voor 1 januari 2013 plaatsvond en verplaatsing van de opgeslagen bedrijfsstoffen redelijkerwijs niet kan worden gevergd.
3. Indien het tweede lid van toepassing is:
   a. treft degene die de inrichting drijft maatregelen of voorzieningen die geurhinder voorkomen of tot een aanvaardbaar risico beperken, en
   b. geeft degene die de inrichting drijft op verzoek van het bevoegd gezag aan welke maatregelen of voorzieningen hij daartoe heeft getroffen of zal treffen.
4. Het eerste lid is niet van toepassing op het opslaan van vaste dierlijke meststoffen die niet afkomstig zijn van landbouwhuisdieren. Het opslaan van vaste dierlijke meststoffen die niet afkomstig zijn van landbouwhuisdieren vindt plaats:
   a. in een afgesloten voorziening voor een periode van ten hoogste twee weken, of
   b. op ten minste 50 meter afstand tot een geurgevoelig object.
5. In afwijking van het eerste lid vindt het opslaan van kuilvoer plaats op ten minste 25 meter afstand tot een geurgevoelig object.
6. Indien de afstand van het opslagen kuilvoer, niet zijnde knolgewassen, wortelgewassen of fruit, tot een geurgevoelig object minder dan 50 meter bedraagt, is het opslagen kuilvoer afgedekt, behoudens de periode dat veevoeder aan de veevoederopslag wordt toegevoegd of onttrokken.
7. De afstanden, genoemd in het eerste lid en vierde tot en met zesde lid, worden gemeten vanaf de buitenzijde van het geurgevoelig object tot het dichtstbijzijnde punt van de plaats waar de agrarische bedrijfsstoffen zijn opgeslagen.
8. Het bevoegd gezag kan, indien blijkt dat de geurhinder een aanvaardbaar niveau overschrijdt, onverminderd artikel 2.7a, bij maatwerkvoorschrift eisen stellen aan:
   a. de situering van de plaats van de opgeslagen bedrijfsstoffen;
   b. het afdekken van de opgeslagen agrarische bedrijfsstoffen, of
   c. de frequentie van de afvoer van de opgeslagen agrarische bedrijfsstoffen.
9. Het eerste lid en vierde tot en met zesde lid zijn niet van toepassing op in plastic folie verpakte veevoederbalen.

Opslaan agrarische bedrijfsstoffen, afstand tot geurgevoelig object

Art. 3.47
1. Het in een vuilwaterriool lozen van afvalwater afkomstig van het opslaan van kuilvoer en dierlijke meststoffen die niet verpompbaar zijn, is verboden.
2. Het bevoegd gezag kan bij maatwerkvoorschrift het eerste lid niet van toepassing verklaren en het lozen toestaan, indien het belang van de bescherming van het milieu zich niet tegen het lozen in een vuilwaterriool verzet. Artikel 2.2, vierde lid, is van overeenkomstige toepassing.
3. Het lozen van afvalwater op of in de bodem ten gevolge van het opslaan van agrarische bedrijfsstoffen is toegestaan, indien het afvalwater ten minste gelijkmatig wordt verspreid over de onverharde bodem.

Opslaan agrarische bedrijfsstoffen, lozen in vuilwaterriool

Art. 3.48
Bij het opslaan van agrarische bedrijfsstoffen wordt ten behoeve van het realiseren van een verwaarloosbaar bodemrisico alsmede ten behoeve van het voorkomen van de verontreiniging van een oppervlaktewaterlichaam, voldaan aan de bij ministeriële regeling gestelde eisen.

Opslaan agrarische bedrijfsstoffen, eisen

Art. 3.49
Agrarische bedrijfsstoffen worden op onverhard oppervlak:
a. op een afstand van ten minste 5 meter vanaf de insteek van een oppervlaktewaterlichaam opgeslagen, of
b. zodanig opgeslagen dat het te lozen hemelwater niet in contact kan komen met de opgeslagen agrarische bedrijfsstoffen.

Opslaan agrarische bedrijfsstoffen, op onverhard oppervlak

§ 3.4.6
Opslaan van drijfmest en digestaat

Art. 3.50

Werkingssfeer

1. Deze paragraaf is van toepassing op het opslaan van drijfmest in een of meer mestbassins met een gezamenlijke oppervlakte van ten hoogste 750 vierkante meter of een gezamenlijke inhoud van ten hoogste 2.500 kubieke meter.
2. Deze paragraaf is tevens van toepassing op het opslaan van stabiel digestaat in één of meer mestbassins met een gezamenlijke oppervlakte van ten hoogste 750 vierkante meter of een gezamenlijke inhoud van ten hoogste 2.500 kubieke meter.
3. Voor de berekening van de gezamenlijke oppervlakte en de gezamenlijke inhoud, bedoeld in het eerste en tweede lid, worden de inhoud en oppervlakte van mestkelders en ondergrondse mestbassins van zijn voorzien van een afdekking die als vloer kan fungeren en onderdeel zijn van een werktuigberging, opslagvoorziening of erfverharding, niet meegerekend.

Art. 3.51

Opslaan drijfmest en digestaat, afstand tot geurgevoelig object

1. Een mestbassin is gelegen op een afstand van ten minste 100 meter van een geurgevoelig object.
2. In afwijking van het eerste lid is een mestbassin gelegen op een afstand van ten minste 50 meter, indien het geurgevoelig object deel uitmaakt van een veehouderij.
3. In afwijking van het eerste en tweede lid bedragen de afstanden, genoemd in die leden 50 meter onderscheidenlijk 25 meter, indien de gezamenlijke oppervlakte van de in de inrichting aanwezige bassins minder bedraagt dan 350 vierkante meter.
4. Het eerste tot en met derde lid zijn niet van toepassing op een mestbassin dat is opgericht voor 1 januari 2013 en dat op grond van een omgevingsvergunning voor een activiteit als bedoeld in artikel 2.1, eerste lid, onderdeel e, van de Wet algemene bepalingen omgevingsrecht, dan wel op grond van het Besluit landbouw milieubeheer of het Besluit mestbassins milieubeheer op een kleinere afstand is gelegen dan de afstand die zou gelden op grond van het eerste tot en met derde lid, de afstand tot een geurgevoelig object niet is afgenomen en verplaatsing van het mestbassin redelijkerwijs niet kan worden gevergd.
5. Indien het vierde lid van toepassing is:
   a. treft degene die de inrichting drijft maatregelen of voorzieningen die geurhinder voorkomen of tot een aanvaardbaar niveau beperken, en
   b. geeft degene die de inrichting drijft op verzoek van het bevoegd gezag aan welke maatregelen of voorzieningen hij daartoe heeft getroffen of zal treffen.
6. Een mestbassin is gelegen:
   a. op een afstand van ten minste 150 meter van een zeer kwetsbaar gebied, indien de gezamenlijke oppervlakte van de mestbassins ten hoogste 350 vierkante meter bedraagt, of
   b. op een afstand van ten minste 250 meter van een zeer kwetsbaar gebied, indien de gezamenlijke oppervlakte van de mestbassins ten minste 350 vierkante meter bedraagt.
7. Het zesde lid, onderdeel a, is niet van toepassing op:
   a. een mestbassin dat is opgericht voor 1 februari 1991, en
   b. een uitbreiding van een veehouderij die is opgericht voor 1 februari 1991 met een mestbassin, indien de in dat onderdeel genoemde afstand tot een zeer kwetsbaar gebied niet of redelijkerwijs niet in acht kan worden genomen.
8. Het zesde lid is niet van toepassing, indien het mestbassin is opgericht in overeenstemming met dat lid en het mestbassin na het tijdstip van oprichting is komen te liggen binnen een van de afstanden van een zeer kwetsbaar gebied, genoemd in dat lid.
9. Het bevoegd gezag kan met betrekking tot een geval als bedoeld in het zevende lid, voor zover de bescherming van het milieu zich daartegen niet verzet, bij maatwerkvoorschrift een kleinere afstand tot een zeer kwetsbaar gebied vaststellen.
10. De afstanden, genoemd in het eerste tot en met zesde lid, worden gemeten vanaf de buitenzijde van het mestbassin tot de dichtstbijzijnde gevel van een geurgevoelig object dan wel tot de grens van een zeer kwetsbaar gebied.
11. Het eerste tot en met tiende lid is niet van toepassing op een mestkelder.
12. Het bevoegd gezag kan, indien blijkt dat de geurhinder een aanvaardbaar niveau overschrijdt, onverminderd artikel 2.7a, bij maatwerkvoorschrift eisen stellen aan:
    a. de situering van het mestbassin;
    b. het afdekken van het mestbassin, of
    c. de frequentie en het tijdstip van de aan- en afvoer van de opgeslagen drijfmest en digestaat.

Art. 3.52

Opslaan drijfmest en digestaat, eisen

Bij het opslaan van drijfmest en stabiel digestaat in een mestbassin wordt ten behoeve van:
a. het voorkomen dan wel voor zover dat niet mogelijk is het zoveel mogelijk beperken van de emissie van ammoniak, of
b. het realiseren van een verwaarloosbaar bodemrisico,

voldaan aan de bij ministeriële regeling gestelde eisen.

§ 3.4.7
Opslaan van vloeibare bijvoedermiddelen

Art. 3.53
Deze paragraaf is van toepassing op het opslaan van ten hoogste 1.000 kubieke meter van buiten de inrichting afkomstige vloeibare bijvoedermiddelen.

Werkingssfeer

Art. 3.54
Bij het opslaan van vloeibare bijvoedermiddelen wordt ten behoeve van het voorkomen dan wel voor zover dat niet mogelijk is het tot een aanvaardbaar niveau beperken van geurhinder, voldaan aan de bij ministeriële regeling gestelde eisen.

Opslaan van vloeibare bijvoedermiddelen, eisen

§ 3.4.8
Het vullen van gasflessen met propaan of butaan

Art. 3.54a
Deze paragraaf is van toepassing op het vullen met propaan of butaan van gasflessen met een inhoud van maximaal 12 liter vanuit een gasfles van maximaal 150 liter.

Werkingssfeer

Art. 3.54b
Een vulstation voor het vullen van gasflessen voldoet ten behoeve van het voorkomen van risico's voor de omgeving en ongewone voorvallen, dan wel voor zover dat niet mogelijk is het zoveel mogelijk beperken van de risico's voor de omgeving en de kans dat ongewone voorvallen zich voordoen en de gevolgen hiervan aan de bij ministeriële regeling gestelde eisen.

Vulstation gasflessen, eisen

§ 3.4.9
Opslaan van gasolie, smeerolie of afgewerkte olie in een bovengrondse opslagtank

Art. 3.54c
1. Deze paragraaf is van toepassing op het opslaan van gasolie als bedoeld in artikel 26 van de Wet op de accijns, smeerolie of afgewerkte olie in een of meer bovengrondse opslagtanks, voor zover:
a. de gezamenlijke inhoud van bovengrondse opslagtanks voor gasolie of afgewerkte olie in de buitenlucht ten hoogste 150 kubieke meter is, of
b. de gezamenlijke inhoud van bovengrondse opslagtanks voor gasolie of afgewerkte olie inpandig ten hoogste 15 kubieke meter per opslagruimte is.
2. Deze paragraaf is niet van toepassing op bovengrondse opslagtanks die zijn ingebouwd in een installatie.

Werkingssfeer

Art. 3.54d
Bij het in gebruik hebben en het beëindigen van het gebruik van een bovengrondse opslagtank die wordt dan wel werd gebruikt voor de opslag van gasolie, smeerolie of afgewerkte olie wordt ten behoeve van:
a. het realiseren van een verwaarloosbaar bodemrisico;
b. het voorkomen van risico's voor de omgeving en ongewone voorvallen, dan wel voor zover dat niet mogelijk is het zoveel mogelijk beperken van de risico's voor de omgeving en de kans dat ongewone voorvallen zich voordoen en de gevolgen hiervan, en
c. het voorkomen dan wel voor zover dat niet mogelijk is het zoveel mogelijk beperken van verontreiniging van een oppervlaktewaterlichaam,
voldaan aan de bij ministeriële regeling gestelde eisen.

Opslag gasolie/smeerolie/afgewerkte olie, eisen

§ 3.4.10
Opslaan of bewerken van ontplofbare stoffen of voorwerpen bij defensie-inrichtingen

Art. 3.54e
Deze paragraaf is van toepassing op het opslaan of bewerken van gevaarlijke stoffen van de ADR klasse 1.1, 1.2, 1.3, 1.4, 1.5 of 1.6 binnen inrichtingen die in gebruik zijn bij de Nederlandse of een bondgenootschappelijke krijgsmacht.

Art. 3.54f
Totdat voor inrichtingen die in gebruik zijn bij de Nederlandse of een bondgenootschappelijke krijgsmacht een omgevingsvergunning voor een categorie van activiteiten als bedoeld in artikel 2.2a, zevende lid, van het Besluit omgevingsrecht, is verleend, wordt voor de toepassing van artikel 3.54g uitgegaan van de munitie-QRA, die is opgesteld volgens de regels, gesteld krachtens artikel 2.6.7 van het Besluit algemene regels ruimtelijke ordening, en op grond waarvan de op

A66 art. 3.54g

Activiteitenbesluit milieubeheer

het tijdstip van inwerkingtreding van artikel 3.54g geldende, krachtens artikel 2.6.5 van het Besluit algemene regels ruimtelijke ordening aangewezen veiligheidszones, zijn berekend.

Art. 3.54g

1. Gevaarlijke stoffen van de ADR klasse 1.1, 1.2 of 1.3 worden binnen inrichtingen die in gebruik zijn bij de Nederlandse of een bondgenootschappelijke krijgsmacht zodanig opgeslagen of bewerkt dat:
a. de veiligheidszones van de activiteit niet groter zijn dan de veiligheidszones die volgen uit de munitie-QRA;
b. de hoeveelheid gevaarlijke stoffen van de ADR klasse 1.1, 1.2 of 1.3 per opslagvoorziening niet groter is dan de hoeveelheid die is gebruikt in de munitie-QRA die is ingediend bij de aanvraag voor de laatst verleende omgevingsvergunning voor die activiteit, en
c. de bouwkundige staat van de voorzieningen waarin gevaarlijke stoffen van de ADR klasse 1.1 of 1.2 of meer dan 50 kilogram NEG van klasse 1.3 worden opgeslagen gelijk is aan de staat waarvan is uitgegaan in de munitie-QRA die is ingediend bij de aanvraag voor de laatst verleende omgevingsvergunning voor die activiteit.
2. In of op elke voorziening voor het opslaan of bewerken van gevaarlijke stoffen van de ADR klasse 1.1, 1.2 of 1.3 is duidelijk zichtbaar aangegeven welke hoeveelheid NEG per ADR klasse volgens het eerste lid, onderdeel b, aanwezig mag zijn.
3. Indien sprake is van het gezamenlijk opslaan van de ADR klassen 1.1, 1.2 of 1.3, is de totale hoeveelheid NEG niet groter dan de maximaal toegestane hoeveelheid van de klasse met de meest dominante effecten, vastgesteld in de munitie-QRA die is ingediend bij de aanvraag voor de laatst verleende omgevingsvergunning voor die activiteit.
4. In afwijking van het derde lid is de totale hoeveelheid NEG van een gezamenlijke opslag van de ADR klassen 1.2 en 1.3 niet groter dan de toegestane hoeveelheid van de ADR klasse 1.1, indien de gezamenlijke opslag van de ADR klassen 1.2 en 1.3 kan reageren als ADR klasse 1.1.
5. Bij het opslaan of bewerken van gevaarlijke stoffen van de ADR klasse 1.1, 1.2, 1.3, 1.4, 1.5 of 1.6 binnen inrichtingen die in gebruik zijn bij de Nederlandse of een bondgenootschappelijke krijgsmacht wordt ten behoeve van het voorkomen van risico's voor de omgeving en ongewone voorvallen, dan wel voor zover dat niet mogelijk is het zoveel mogelijk beperken van de risico's voor de omgeving en de kans dat ongewone voorvallen zich voordoen en de gevolgen hiervan, voldaan bij ministeriële regeling gestelde eisen.

§ 3.4.11
Op- en overslaan van verwijderd asbest

Art. 3.54h

1. Deze paragraaf is van toepassing op het op- en overslaan van verwijderd asbest:
a. bij een inrichting waar uitvoering wordt gegeven aan titel 10.4 van de wet, of
b. dat afkomstig is van werkzaamheden die buiten de inrichting zijn verricht door degene die de inrichting drijft, in een hoeveelheid van ten hoogste 50 ton.
2. Deze paragraaf is van overeenkomstige toepassing op een verwijderd asbesthoudend product.

Art. 3.54i

1. In het belang van het doelmatig beheer van afvalstoffen wordt bij het op- en overslaan van asbest ten minste voldaan aan het tweede tot en met vierde lid.
2. Het op- en overslaan van asbest geeft geen stofverspreiding die met het blote oog waarneembaar is.
3. Asbest is uitsluitend aanwezig in een container en verpakt in niet luchtdoorlatend verpakkingsmateriaal van voldoende dikte en sterkte.
4. Als de inrichtinghouder asbest van verschillende saneringen samenvoegt in een container, legt hij per container vast van welke saneringen het asbest afkomstig is. De drijver van de inrichting bewaart deze gegevens gedurende ten minste vijf jaar.
5. Het vierde lid is niet van toepassing op asbest dat is ingenomen bij een inrichting waar uitvoering wordt gegeven aan titel 10.4 van de wet.

Afdeling 3.5
Agrarische activiteiten

§ 3.5.1
Telen of kweken van gewassen in een kas

Art. 3.55

Werkingssfeer Deze paragraaf is van toepassing op het telen of kweken van gewassen in een kas.

Activiteitenbesluit milieubeheer

A66 art. 3.58

Art. 3.56

1. Een kas waarin assimilatiebelichting wordt toegepast, is aan de bovenzijde voorzien van een lichtscherminstallatie waarmee ten minste 98% van de lichtuitstraling kan worden gereduceerd.
2. Het eerste lid is niet van toepassing op een kas waarin uitsluitend assimilatiebelichting wordt toegepast buiten de donkerteperiode.
3. In afwijking van het eerste lid is een kas waarin assimilatiebelichting wordt toegepast tot 1 januari 2017 aan de bovenzijde voorzien van een lichtscherminstallatie waarmee ten minste 95% van de lichtuitstraling kan worden gereduceerd, indien deze lichtscherminstallatie is aangebracht voor 1 januari 2014.
4. Het eerste lid is tot 1 januari 2018 niet van toepassing op een kas waarin assimilatiebelichting wordt toegepast en waarbij het technisch of teelttechnisch redelijkerwijs niet kan worden gevergd de bovenzijde te voorzien van een lichtscherminstallatie als bedoeld in dat lid.
5. Het eerste en tweede lid zijn tot 1 januari 2021 niet van toepassing op een kas, kleiner dan 2.500 vierkante meter, waarin assimilatiebelichting wordt toegepast.
6. Op een kas als bedoeld in het vijfde lid is tot 1 januari 2021 paragraaf 1.5 van de bijlage bij het Besluit landbouw milieubeheer zoals deze luidde tot 1 januari 2013 van toepassing.
7. Het eerste en tweede lid zijn tot 1 januari 2018 niet van toepassing op een inrichting waar kunstmatige belichting van gewassen wordt toegepast, gericht op de beïnvloeding van het groeiproces van de gewassen, waarvan het geïnstalleerde elektrische vermogen op 1 januari 2013 minder bedraagt dan 20 Watt per vierkante meter.

Telen/kweken gewassen in kas, reductie lichtuitstraling

Art. 3.57

1. Indien assimilatiebelichting met een verlichtingssterkte van ten minste 15.000 lux wordt toegepast, is vanaf het tijdstip van zonsondergang tot het tijdstip van zonsopgang de bovenzijde van de kas op een zodanige wijze afgeschermd dat ten minste 98% van de lichtuitstraling wordt gereduceerd.
2. Het bevoegd gezag kan, indien het belang van de bescherming van het milieu zich daartegen niet verzet, bij maatwerkvoorschrift een ander percentage dan het percentage, bedoeld in het eerste lid, vaststellen.
3. Het eerste en tweede lid zijn tot 1 januari 2021 niet van toepassing op een kas, kleiner dan 2.500 vierkante meter, waarin assimilatiebelichting wordt toegepast.
4. Op een kas als bedoeld in het derde lid is tot 1 januari 2021 paragraaf 1.5 van de bijlage bij het Besluit landbouw milieubeheer zoals deze luidde tot 1 januari 2013 van toepassing.
5. Het eerste en tweede lid zijn tot 1 januari 2018 niet van toepassing op een inrichting waar kunstmatige belichting van gewassen wordt toegepast, gericht op de beïnvloeding van het groeiproces van de gewassen, waarvan het geïnstalleerde elektrische vermogen op 1 januari 2013 minder bedraagt dan 20 Watt per vierkante meter.

Reductie lichtuitstraling, afscherming bovenzijde kas bij assimilatiebelichting >15.000 lux

Art. 3.58

1. Indien assimilatiebelichting met een verlichtingssterkte van minder dan 15.000 lux wordt toegepast, is:
a. gedurende de donkerteperiode die toepassing niet toegestaan, tenzij de bovenzijde op een zodanige wijze is afgeschermd dat de lichtuitstraling met ten minste 98% wordt gereduceerd, en
b. gedurende de nanacht die toepassing niet toegestaan, tenzij de bovenzijde op een zodanige wijze is afgeschermd dat de lichtuitstraling met ten minste 74% wordt gereduceerd.
2. Het bevoegd gezag kan, indien het belang van de bescherming van het milieu zich daartegen niet verzet, bij maatwerkvoorschrift een ander percentage dan het percentage in het eerste lid, onder a en b, vaststellen.
3. Het eerste lid, onderdeel b, is tot 1 januari 2018 niet van toepassing op een kas waarin assimilatiebelichting wordt toegepast en waarbij het technisch of teelttechnisch redelijkerwijs niet kan worden gevergd de bovenzijde te voorzien van een lichtscherminstallatie als bedoeld in dat onderdeel.
4. In afwijking van het eerste en tweede lid is, indien assimilatiebelichting met een verlichtingssterkte van minder dan 15.000 lux wordt toegepast, tot 1 januari 2017 gedurende de donkerteperiode die toepassing niet toegestaan, tenzij de bovenzijde op een zodanige wijze is afgeschermd dat de lichtuitstraling met ten minste 95% wordt gereduceerd.
5. Het eerste en tweede lid zijn tot 1 januari 2021 niet van toepassing op een kas, kleiner dan 2.500 vierkante meter, waarin assimilatiebelichting wordt toegepast.
6. Op een kas als bedoeld in het vijfde lid is tot 1 januari 2021 paragraaf 1.5 van de bijlage bij het Besluit landbouw milieubeheer zoals deze luidde tot 1 januari 2013 van toepassing.
7. Het eerste en tweede lid zijn tot 1 januari 2018 niet van toepassing op een inrichting waar kunstmatige belichting van gewassen wordt toegepast, gericht op de beïnvloeding van het groeiproces van de gewassen, waarvan het geïnstalleerde elektrische vermogen op 1 januari 2013 minder bedraagt dan 20 Watt per vierkante meter.

Reductie lichtuitstraling, afscherming bovenzijde kas bij assimilatiebelichting <15.000 lux

Art. 3.59

Reductie lichtuitstraling, afscherming gevel kas

Vanaf het tijdstip van zonsondergang tot het tijdstip van zonsopgang is de gevel van een kas waarin assimilatiebelichting wordt toegepast op een zodanige wijze afgeschermd dat de lichtuitstraling op een afstand van ten hoogste 10 meter van die gevel met ten minste 95% wordt gereduceerd en de gebruikte lampen buiten de inrichting niet zichtbaar zijn.

Art. 3.60

Telen/kweken gewassen in kas, lozen hemelwater

1. Bij het lozen uit het hemelwaterafvoersysteem van een kas, wordt ten minste voldaan aan het tweede tot en met vijfde lid.
2. Het lozen in een vuilwaterriool is verboden.
3. Het lozen anders dan in een vuilwaterriool is toegestaan.
4. Indien bij het lozen, bedoeld in het derde lid, een hemelwateropvangvoorziening aanwezig is die volledig is benut, wordt het hemelwater geloosd via een overstortvoorziening, die is aangebracht voorafgaand aan de hemelwateropvangvoorziening.
5. Het vierde lid is niet van toepassing, indien:
   a. de opvangvoorziening, bedoeld in dat lid, een inhoud heeft van ten minste 3500 kubieke meter per hectare teeltoppervlak;
   b. de kas zodanig is gebouwd dat condenswater niet in het hemelwaterafvoersysteem kan geraken;
   c. in de kas gewasbeschermingsmiddelen of biociden zodanig worden toegepast dat ze niet in het hemelwaterafvoersysteem kunnen geraken, of
   d. in de kas uitsluitend sprake is van biologische productiemethoden.

Art. 3.61

Telen/kweken gewassen in kas, lozen condenswater

1. Bij het lozen van condenswater afkomstig van condensvorming aan de binnenzijde van de kas dat via condensgootjes wordt verzameld, wordt ten minste voldaan aan het tweede en derde lid.
2. Het lozen in een vuilwaterriool is verboden, indien in de kas gewasbeschermingsmiddelen of biociden worden toegepast.
3. Het lozen anders dan in een vuilwaterriool is toegestaan, indien condenswater afkomstig is van een kas:
   a. waarin geen gewasbeschermingsmiddelen of biociden worden toegepast, of
   b. waarin uitsluitend sprake is van biologische productiemethoden.

Art. 3.62

Telen/kweken gewassen in kas, lozen afvalwater

1. Bij het lozen van afvalwater afkomstig van het reinigen van de buitenkant van een kas wordt ten minste voldaan aan tweede tot en met vierde lid.
2. Het lozen in een vuilwaterriool is verboden.
3. Het lozen anders dan in een vuilwaterriool is toegestaan.
4. Bij het lozen in een oppervlaktewaterlichaam vindt geen visuele verontreiniging plaats.

Art. 3.63

Telen/kweken gewassen in kas, lozen in oppervlaktewaterlichaam

1. Het in een oppervlaktewaterlichaam lozen van:
   a. spoelwater van filters van een waterdoseringsinstallatie;
   b. afvalwater dat bloemvoorbehandelingsmiddelen uitsluitend op basis van actief chloor bevat;
   c. drainagewater afkomstig van een teelt waarbij gewassen op een bodem groeien die in verbinding staat met de ondergrond;
   d. drainwater;
   e. afvalwater afkomstig van het spuiten of schrobben van vloeren, niet zijnde vloeren van ruimten waar gewasbeschermingsmiddelen of biociden worden aangemaakt;
   f. reinigingswater van leidingen, druppelaars en slangen die onderdeel uitmaken van het systeem waarmee voedingswater aan het gewas wordt toegediend;
   g. condenswater van stoomleidingen en condenswater van verwarmingsketels;
   h. condenswater van warmtekrachtinstallaties, of
   i. afvalwater dat bij opkweekbedrijven doorspoelen van substraatblokken die bestemd zijn voor de opkweek van uitgangsmateriaal;
   is toegestaan, indien ten minste:
   $1°$. het perceel waar het afvalwater vrijkomt niet is aangesloten op een vuilwaterriool of zuiveringtechnisch werk, kan worden geloosd, en de afstand tot het dichtstbijzijnde vuilwaterriool waarop kan worden aangesloten en geloosd, meer dan 40 meter bedraagt, of
   $2°$. het lozen, bedoeld onder a tot en met j, in een vuilwaterriool, waarop het perceel waar het afvalwater vrijkomt is aangesloten, gelet op de capaciteit van dat vuilwaterriool niet volledig mogelijk is.
2. De afstand, genoemd in het eerste lid, onderdeel $1°$, wordt berekend:
   a. vanaf de kadastrale grens van het perceel waar het afvalwater vrijkomt, en
   b. langs de kortste lijn waarlangs de afvoerleidingen zonder overwegende bezwaren kunnen worden aangelegd.
3. In afwijking van het eerste lid, onderdeel $1°$, kan het bevoegd gezag bij maatwerkvoorschrift een grotere afstand vaststellen dan de afstand, genoemd in dat onderdeel, waarbij de afstand

Activiteitenbesluit milieubeheer **A66 art. 3.64a**

niet meer dan 10 meter per 0,1 hectare teeltoppervlak bedraagt en wordt berekend overeenkomstig het tweede lid.
4. In een geval bedoeld in het eerste lid, onder 2°:
   a. wordt, voorafgaand aan het lozen in een oppervlaktewaterlichaam de afvoercapaciteit van het vuilwaterriool optimaal benut, en
   b. vindt lozen in dat vuilwaterriool plaats in een bij ministeriële regeling aangegeven volgorde.
5. Het bevoegd gezag kan bij maatwerkvoorschrift dan wel bij gemeentelijke verordening een andere volgorde bepalen, dan de volgorde aangegeven in de ministeriële regeling, bedoeld in het vierde lid, onderdeel b.
6. Het bevoegd gezag kan met betrekking tot het vierde lid, onderdeel a, maatwerkvoorschriften stellen ten aanzien van:
   a. de per tijdseenheid te lozen hoeveelheid;
   b. voorzieningen die gespreide afvoer in het vuilwaterriool mogelijk maken, of
   c. een buffervoorziening met een inhoud van ten hoogste 50 kubieke meter per hectare.
7. Indien met toepassing van het eerste lid, het lozen in een oppervlaktewaterlichaam is toegestaan, zijn op dat lozen de artikelen 3.66 en 3.71 van overeenkomstige toepassing.
8. In afwijking van het tweede lid, onderdeel a, wordt de afstand tot het dichtstbijzijnde vuilwaterriool of zuiveringstechnisch werk bij voortzetting van het lozen van afvalwater in het oppervlaktewaterlichaam dat voor 1 januari 2013 al plaatsvond, berekend vanaf de plaats waar het afvalwater vrijkomt.

Art. 3.64
1. Indien het op grond van artikel 3.63, eerste lid, is toegestaan drainagewater afkomstig van de teelt waarbij gewassen op materiaal groeien dat in verbinding staat met de ondergrond in een oppervlaktewaterlichaam te lozen vanaf een perceel dat voor 1 november 1994 niet voor glastuinbouwactiviteiten werd gebruikt, kan het bevoegd gezag, indien het belang van de bescherming van het milieu daartoe noodzaakt, in afwijking van artikel 3.63, eerste, derde, zesde of zevende lid, bij maatwerkvoorschrift eisen stellen waarmee het lozen wordt voorkomen of verder wordt beperkt, dan met toepassing van dat artikel het geval zou zijn. Artikel 2.2, vierde lid, is van overeenkomstige toepassing.   *Telen/kweken gewassen in kas, lozen drainagewater*
2. Indien het op grond van artikel 3.63, eerste lid, is toegestaan drainwater in een oppervlaktewaterlichaam te lozen vanaf een perceel dat voor 1 november 1994 niet voor telen of kweken van gewassen in een kas werd gebruikt, kan het bevoegd gezag, indien het belang van de bescherming van het milieu daartoe noodzaakt, in afwijking van artikel 3.63, eerste, derde, zesde of zevende lid, met betrekking tot dat lozen bij maatwerkvoorschrift eisen stellen waarmee het lozen wordt voorkomen of verder wordt beperkt, dan met toepassing van dat artikel het geval zou zijn. Artikel 2.2, vierde lid, is van overeenkomstige toepassing.
3. Voor het lozen in een oppervlaktewaterlichaam van drainagewater afkomstig van de teelt waarbij gewassen op materiaal groeien dat in verbinding staat met de ondergrond vanaf een perceel dat voor 1 november 1994 niet voor glastuinbouwactiviteiten werd gebruikt, waarvoor tot het van toepassing worden van het eerste lid op dat lozen, een vergunning op grond van artikel 1 van de Wet verontreiniging oppervlaktewateren dan wel een vergunning op grond van artikel 6.2 van de Waterwet in werking en onherroepelijk was, worden de voorschriften van die vergunning aangemerkt als maatwerkvoorschriften, mits de voorschriften van die vergunning vallen binnen de bevoegdheid van het bevoegd gezag tot het stellen van maatwerkvoorschriften op grond van het eerste lid.
4. Voor het lozen in een oppervlaktewaterlichaam van drainwater vanaf een perceel dat voor 1 november 1994 niet voor glastuinbouwactiviteiten werd gebruikt, waarvoor tot het van toepassing worden van het tweede lid op dat lozen, een vergunning op grond van artikel 1 van de Wet verontreiniging oppervlaktewateren dan wel een vergunning op grond van artikel 6.2 van de Waterwet in werking en onherroepelijk was, worden de voorschriften van die vergunning aangemerkt als maatwerkvoorschriften, mits de voorschriften van die vergunning vallen binnen de bevoegdheid van het bevoegd gezag tot het stellen van maatwerkvoorschriften op grond van het tweede lid.

Art. 3.64a
1. Drainwater, drainagewater of het spoelwater van filters van een waterdoseringsinstallatie, dat gewasbeschermingsmiddelen bevat, wordt voorafgaand aan het lozen door een zuiveringsvoorziening geleid die ten minste 95% van de werkzame stoffen die bestaan uit organische verbindingen, uit het water verwijdert.   *Drainagewater, zuiveringsvoorziening*
2. Het eerste lid is niet van toepassing indien het water na de lozing wordt geleid door een zuiveringsvoorziening die, of een zuiveringtechnisch werk dat, ten minste 95% van de werkzame stoffen die bestaan uit organische verbindingen, uit het water verwijdert.
3. De werking van de zuiveringsvoorziening of het zuiveringtechnisch werk wordt aangetoond volgens een bij ministeriële regeling aangewezen testmethode.
4. De hoeveelheid van het, in het eerste lid bedoelde, water dat wordt geloosd, wordt gemeten en geregistreerd.

5. De resultaten van de metingen en registraties worden gedurende vijf jaren bewaard.
6. Bij ministeriële regeling kunnen nadere regels worden gesteld over het meten en registreren, bedoeld in het vierde lid.
7. Het bevoegd gezag kan bij maatwerkvoorschrift afwijken van het eerste lid voor lozingen van drainagewater, afkomstig van de teelt waarbij gewassen op materiaal groeien dat in verbinding staat met de ondergrond, indien door kwel of inzijgend water het ondoelmatig is om ten minste 95% van de werkzame stoffen, die bestaan uit organische verbindingen, uit het afvalwater te verwijderen.

Drainagewater, maatwerkvoorziening zuiveringsvoorziening

Art. 3.64b
1. Het bevoegd gezag kan bij maatwerkvoorschrift bepalen dat artikel 3.64a, eerste lid, niet van toepassing is indien naar zijn oordeel aannemelijk is dat uiterlijk op 1 januari 2021 het water, bedoeld in artikel 3.64a, eerste lid, wordt geleid door een collectieve zuiveringsvoorziening die of een collectief zuiveringtechnisch werk dat ten minste 95% van de werkzame stoffen die bestaan uit organische verbindingen, uit het water verwijdert.
2. Het maatwerkvoorschrift wordt verleend tot de collectieve zuiveringsvoorziening, bedoeld in het eerste lid, is gerealiseerd of tot uiterlijk 1 januari 2021.

Telen/kweken gewassen in kas, substraatteelt

Art. 3.65
Onverminderd de artikelen 3.56 tot en met 3.64, wordt bij substraatteelt in een kas voldaan aan de artikelen 3.66 tot en met 3.69.

Telen/kweken gewassen in kas, lozen drainwater

Art. 3.66
1. Bij het lozen van drainwater wordt ten minste voldaan aan het tweede tot en met het tiende lid.
2. Voor de gietwatervoorziening:
a. is een hemelwateropvangvoorziening van ten minste 500 kubieke meter per hectare teeltoppervlak aanwezig en in gebruik, of
b. wordt water met een natriumgehalte gebruikt dat gelijkwaardig is aan dat van hemelwater.
3. Voor het recirculeren van drainwater is een recirculatiesysteem aanwezig en in gebruik.
4. De hoeveelheid totaal stikstof in het te lozen drainwater bedraagt in kilogram totaal stikstof per hectare teeltoppervlak per jaar niet meer dan de in tabel 3.66 per categorie van gewassen genoemde waarden:

Tabel 3.66 Maximale hoeveelheid totaal stikstof in het te lozen drainwater in kilogram per hectare teeltoppervlak, per categorie van gewassen, per jaar

Categorie van gewassen	2012, 2013 en 2014	2015, 2016 en 2017	2018, 2019 en 2020	2021 en volgende jaren
Categorie 1	25	25	25	12,5
Categorie 2	50	33	25	17
Categorie 3	75	50	38	25
Categorie 4	100	67	50	33
Categorie 5	125	83	67	42
Categorie 6	150	100	75	50
Categorie 7	200	133	100	67
Categorie 8	250	167	125	83
Categorie 9	300	200	150	125

Nadere regels

5. Bij ministeriële regeling wordt de indeling van gewassen in de categorieën, bedoeld in tabel 3.66, vastgesteld.
6. De hoeveelheid totaal stikstof, bedoeld in het vierde lid, wordt berekend door de in een jaar geloosde hoeveelheid drainwater te vermenigvuldigen met het daarin aanwezige gehalte aan nitraatstikstof en ammoniumstikstof. Bij ministeriële regeling kunnen nadere regels worden gesteld over het berekenen van het gehalte aan totaal stikstof.
7. Het tweede en derde lid zijn niet van toepassing indien bij het lozen van drainwater de hoeveelheid totaal stikstof, bedoeld in het vierde lid, niet meer bedraagt dan 25 kilogram.
8. Het bevoegd gezag kan bij maatwerkvoorschrift het tweede en derde lid niet van toepassing verklaren, indien de maatregelen, bedoeld in die leden niet doelmatig zijn. Artikel 2.2, vierde lid, is van overeenkomstige toepassing.
9. Het tweede, derde en vierde lid, zijn niet van toepassing, indien het totale teeltoppervlak binnen de inrichting waarop telen of kweken van gewassen in een kas plaatsvindt, kleiner is dan 2.500 vierkante meter.
10. Het te lozen drainwater kan op een doelmatige wijze worden bemonsterd.

Art. 3.67
1. De volgende gegevens worden gemeten of berekend en geregistreerd:
a. de hoeveelheid drainwater in kubieke meter die wordt geloosd en de hoeveelheid voedingswater die wordt toegediend;
b. het gehalte aan nitraatstikstof en ammoniumstikstof en totaal fosfor, natrium en de geleidingswaarde in het drainwater, en
c. het gewas of de gewassen die worden geteeld, het teeltoppervlak en de teeltperiode per gewas.
2. Indien op grond van artikel 3.63, eerste lid, drainwater zowel in het vuilwaterriool als in een oppervlaktewaterlichaam wordt geloosd, kan het bevoegd gezag bij maatwerkvoorschrift bepalen dat beide hoeveelheden worden gemeten en geregistreerd overeenkomstig het eerste lid.
3. Bij ministeriële regeling kunnen nadere regels worden gesteld over het meten, berekenen en registreren, bedoeld in het eerste lid.
4. De resultaten van de metingen, berekeningen en registraties, bedoeld in het eerste lid, en van de metingen en registraties, bedoeld in het tweede lid, worden gedurende 5 jaren bewaard en op een daartoe strekkend verzoek aan het bevoegd gezag overgelegd.

Art. 3.68
1. Jaarlijks voor 1 mei wordt aan het bevoegd gezag een rapportage met de volgende gegevens overgelegd:
a. de gegevens, bedoeld in artikel 3.67, eerste en tweede lid, over het aan die datum voorafgaande kalenderjaar;
b. de maximaal toegestane hoeveelheid totaal stikstof, bedoeld in artikel 3.66, vierde lid, over het aan die datum voorafgaande kalenderjaar, berekend aan de hand van de gegevens, bedoeld in onderdeel a;
c. de hoeveelheid totaal stikstof, bedoeld in artikel 3.66, vierde lid, over het aan die datum voorafgaande kalenderjaar, berekend aan de hand van de gegevens, bedoeld in onderdeel a, en
d. de hoeveelheid totaal fosfor in het geloosde drainwater per hectare teeltoppervlak over het aan die datum voorafgaande kalenderjaar, berekend aan de hand van de gegevens, bedoeld in onderdeel a.
2. Bij ministeriële regeling worden nadere regels gesteld over de rapportage, bedoeld in het eerste lid.

Art. 3.69
In afwijking van de artikelen 3.67 en 3.68 kan het bevoegd gezag, indien het meten, berekenen, registreren of rapporteren, bedoeld in die artikelen niet doelmatig zijn, bij maatwerkvoorschrift een andere wijze van meten, berekenen, registreren en rapporteren bepalen.

Art. 3.70
Onverminderd 3.56 tot en met 3.64b wordt bij het telen in een kas, waarbij gewassen op materiaal groeien dat in verbinding staat met de ondergrond, voldaan aan de artikelen 3.71 tot en met 3.74.

Art. 3.71
1. Voor de gietwatervoorziening:
a. is een hemelwateropvangvoorziening van ten minste 500 kubieke meter per hectare teeltoppervlak aanwezig en in gebruik, of
b. wordt water gebruikt met een natriumgehalte dat gelijkwaardig is aan dat van hemelwater.
2. Het bevoegd gezag kan bij maatwerkvoorschrift het eerste lid niet van toepassing verklaren, indien de maatregelen, bedoeld in dat lid, niet doelmatig zijn. Artikel 2.2, vierde lid, is van overeenkomstige toepassing.
3. Bij ministeriële regeling worden per gewas of gewasgroep de maximaal toegestane hoeveelheden aan totaal stikstof en totaal fosfor in kilogram per hectare per jaar vastgesteld.
4. De hoeveelheden toe te dienen water en meststoffen zijn afgestemd op de behoefte van het gewas, waarbij rekening is gehouden met de relevante specifieke teeltomstandigheden en waarbij de hoeveelheden, bedoeld in het derde lid, niet worden overschreden.
5. Voor het doorspoelen van de grond bij een volgteelt van bladgroentegewassen wordt ten hoogste 3000 kubieke meter water per hectare gestoomde grond gebruikt.
6. Bij het lozen van drainagewater geldt ten minste dat:
a. voor het recirculeren daarvan een recirculatiesysteem aanwezig en in gebruik is, en
b. het te lozen drainagewater op een doelmatige wijze kan worden bemonsterd.
7. In afwijking van het zesde lid, onderdeel a, behoeft geen recirculatiesysteem aanwezig te zijn, indien hergebruik van het drainagewater niet doelmatig is.
8. Het eerste lid en het zesde lid, onderdeel a, zijn niet van toepassing indien het totale teeltoppervlak binnen de inrichting waarop telen of kweken van gewassen in een kas plaatsvindt, kleiner is dan 2.500 vierkante meter.

A66 art. 3.72

Activiteitenbesluit milieubeheer

Art. 3.72

Telen/kweken gewassen in kas, meten/berekenen gegevens

1. De volgende gegevens ten aanzien van de teelt worden gemeten of berekend en geregistreerd:
   a. de hoeveelheid voedingswater in kubieke meter die wordt toegediend;
   b. de hoeveelheid drainagewater in kubieke meter die wordt hergebruikt;
   c. de hoeveelheid drainagewater in kubieke meter die wordt geloosd;
   d. het gehalte aan nitraatstikstof en ammoniumstikstof en totaal fosfor in het te lozen drainagewater;
   e. per gewas of groep van gewassen met eenzelfde bemestingsniveau, het gehalte aan totaal stikstof en totaal fosfor in de bodem op basis van een representatief grondmonster;
   f. na elk gebruik de hoeveelheid in kilogram per hectare toegediende meststoffen onder vermelding van de samenstelling van de meststof;
   g. het gewas of de gewassen die worden geteeld en het teeltoppervlak per gewas en de teeltperiode, en
   h. jaarlijks de op 1 januari aanwezige meststoffen onder vermelding van de merknaam zoals die op de verpakking is vermeld, de naam en het adres van de leveranciers en de hoeveelheid, uitgedrukt in kilogrammen of liters.
2. Indien op grond van artikel 3.63, eerste lid, drainagewater zowel in het vuilwaterriool als in een oppervlaktewaterlichaam wordt geloosd, kan het bevoegd gezag bij maatwerkvoorschrift bepalen dat beide hoeveelheden worden gemeten en geregistreerd overeenkomstig het eerste lid.

Nadere regels

3. Bij ministeriële regeling worden nadere regels gesteld over het meten, berekenen en registreren.
4. De resultaten van de metingen, berekeningen, en registraties, bedoeld in het eerste lid en van de metingen en registraties, bedoeld in het tweede lid, worden gedurende 5 jaren bewaard en op een daartoe strekkend verzoek aan het bevoegd gezag overgelegd.

Art. 3.73

Telen/kweken gewassen in kas, jaarlijkse rapportage

1. Jaarlijks voor 1 mei wordt aan het bevoegd gezag een rapportage met de volgende gegevens overgelegd:
   a. de gegevens, bedoeld in artikel 3.72, eerste lid, onderdelen c, d en g, en tweede lid, over het aan die datum voorafgaande kalenderjaar;
   b. de berekende hoeveelheid toegediende totaal stikstof en totaal fosfor per vierkante meter over het aan die datum voorafgaande kalenderjaar, uitgaande van de gegevens, geregistreerd op grond van artikel 3.72, eerste lid, onderdelen f en g.
   c. de berekende hoeveelheid totaal stikstof en totaal fosfor in het drainagewater die over het aan die datum voorafgaande kalenderjaar is geloosd, uitgaande van de gegevens die zijn geregistreerd op grond van artikel 3.72, eerste lid, onderdelen c, d en g.

Nadere regels

2. Bij ministeriële regeling worden nadere regels gesteld over de rapportage.
3. Op een daartoe strekkend verzoek van het bevoegd gezag wordt een verantwoording over de hoeveelheid toegediende meststoffen en water, bedoeld in artikel 3.71, vierde lid, overgelegd.
4. Het bevoegd gezag kan het met oog op de verantwoording, bedoeld in het derde lid, bij maatwerkvoorschrift aanvullende onderzoeksverplichtingen opleggen ter verantwoording van het meststoffen- en watergebruik.

Art. 3.74

Telen/kweken gewassen in kas, maatwerkvoorschrift

In afwijking van de artikelen 3.72 en 3.73 kan het bevoegd gezag, indien het meten, berekenen, registreren of rapporteren, bedoeld in die artikelen niet doelmatig is, bij maatwerkvoorschrift een andere wijze van meten, berekenen, registreren of rapporteren bepalen.

Art. 3.74a

Indien op 1 april 2002 door middel van een systeem van onderbemaling werd gerecirculeerd, en:
a. recirculatie plaatsvindt door middel van een drainagestelsel met verzamelput en afvoer naar een centrale opvang waarin het drainwater wordt verwerkt;
b. een drainagekoker gelegen is op een diepte van ten hoogste 0,25 m boven de gemiddelde grondwaterstand en ten hoogste 1,25 m onder het maaiveld;
c. ten hoogste 10% van de totale hoeveelheid drainwater naar de bodem sijpelt;
d. door een door het bevoegd gezag geaccepteerde deskundige is beoordeeld of aan de in de onderdelen a tot en met c genoemde criteria wordt voldaan en een bewijs van de beoordeling, afgegeven door of namens degene die de beoordeling heeft uitgevoerd, binnen de inrichting wordt bewaard;
wordt het lozen van drainwater in de bodem aangemerkt als het lozen van drainwater waarvoor een maatwerkvoorschrift als bedoeld in artikel 2.2, derde lid, is vastgesteld.

Activiteitenbesluit milieubeheer

§ 3.5.2
Telen en kweken van gewassen in een gebouw, anders dan in een kas

Art. 3.75
Deze paragraaf is van toepassing op het telen of kweken van gewassen in een gebouw, anders dan in een kas.

Werkingssfeer

Art. 3.76
1. Bij het lozen van afvalwater als gevolg van het telen of kweken van gewassen in een gebouw, anders dan in een kas, wordt ten minste voldaan aan het tweede tot en met vijfde lid.

Telen/kweken gewassen in gebouw, lozen afvalwater

2. Lozen in een oppervlaktewaterlichaam is toegestaan, indien:
   a. het perceel waar het afvalwater vrijkomt niet is aangesloten op een vuilwaterriool, waarop geloosd kan worden en de afstand tot het dichtstbijzijnde vuilwaterriool of zuiveringtechnisch werk waarop kan worden aangesloten en geloosd meer dan 40 meter bedraagt, of
   b. het afvalwater afkomstig is van een teelt waarbij geen gewasbeschermingsmiddelen of biociden worden gebruikt, van een ruimte waarin geen gewasbeschermingsmiddelen of biociden worden toegepast of van een ruimte waarin uitsluitend sprake is van biologische productiemethoden, en
   c. in het te lozen afvalwater, bedoeld in de onderdelen a en b:
   1°. het gehalte aan onopgeloste stoffen ten hoogste 100 milligram per liter bedraagt,
   2°. het gehalte aan chemisch zuurstof verbruik ten hoogste 300 milligram per liter bedraagt, en
   3°. het gehalte aan biochemisch zuurstof verbruik ten hoogste 60 milligram per liter bedraagt.
3. De afstand, genoemd in het tweede lid, onderdeel a, wordt berekend:
   a. vanaf de kadastrale grens van het perceel waar het afvalwater vrijkomt, en
   b. langs de kortste lijn waarlangs de afvoerleidingen zonder overwegende bezwaren kunnen worden aangelegd.
4. Bij het lozen van afvalwater in een vuilwaterriool, bedraagt het gehalte aan onopgeloste stoffen ten hoogste 300 milligram per liter.
5. Het te lozen afvalwater kan op een doelmatige wijze worden bemonsterd.
6. In afwijking van het derde lid, onderdeel a, wordt de afstand tot het dichtstbijzijnde vuilwaterriool of zuiveringstechnisch werk bij voortzetting van het lozen van afvalwater in het oppervlaktewaterlichaam dat voor 1 januari 2013 al plaatsvond, berekend vanaf de plaats waar het afvalwater vrijkomt.

Art. 3.77
1. In afwijking van artikel 3.76 wordt bij het lozen van afvalwater als gevolg van het circuleren van water door trekbakken waarin witlofpennen staan voor de groei van witlofstronken of als gevolg van het broeien van bolgewassen, ten minste voldaan aan het tweede tot en met het zesde lid.

Telen/kweken gewassen in gebouw, circuleren van water door trekbakken

2. Het afvalwater wordt hergebruikt totdat het water niet langer geschikt is om als proceswater te worden gebruikt.
3. Het lozen van afvalwater in een oppervlaktewaterlichaam is toegestaan, indien:
   a. het afvalwater afkomstig is van een teelt waarbij geen gewasbeschermingsmiddelen of biociden worden gebruikt of het proceswater afkomstig is van uitsluitend biologische productiemethoden, en
   b. het gehalte aan onopgeloste stoffen ten hoogste 100 milligram per liter bedraagt.
4. Bij het lozen van afvalwater in een vuilwaterriool bedraagt het gehalte aan onopgeloste stoffen ten hoogste 300 milligram per liter.
5. Het lozen van afvalwater op of in de bodem is toegestaan, indien het afvalwater gelijkmatig wordt verspreid over de onverharde bodem.
6. Het in een oppervlaktewaterlichaam of een vuilwaterriool te lozen afvalwater kan op een doelmatige wijze worden bemonsterd.

§ 3.5.3
Telen van gewassen in de open lucht

Art. 3.78
1. De artikelen 3.79 tot en met 3.83 zijn van toepassing op het gebruik van gewasbeschermingsmiddelen bij de teelt van gewassen in de open lucht.

Werkingssfeer

2. De artikelen 3.84, 3.85 en 3.87 zijn van toepassing op het gebruik van meststoffen bij de teelt van gewassen in de open lucht.
3. Artikel 3.88 is van toepassing op het telen van gewassen in de open lucht.
4. Voor de toepassing van deze paragraaf wordt in uiterwaarden en buitendijkse gebieden onder «oppervlaktewaterlichaam» verstaan: beddingen waarin ten tijde van het lozen een aan het aardoppervlak en de openlucht grenzende watermassa voorkomt.

Art. 3.78a

Gewasbeschermingsmiddelen, driftreductie

1. Bij het toepassen van gewasbeschermingsmiddelen bij de teelt van gewassen en op braakliggend land in de open lucht wordt een techniek gebruikt die een driftreductie bereikt van ten minste 75%, ten opzichte van een bij ministeriële regeling aangewezen referentietechniek.
2. De driftreductie van de techniek, bedoeld in het eerste lid, wordt aangetoond volgens een bij ministeriële regeling aangewezen testmethode.

Art. 3.79

Telen gewassen in open lucht, lozen gewasbeschermingsmiddelen

1. Bij het op een andere wijze dan met behulp van een werk lozen van gewasbeschermingsmiddelen in een oppervlaktewaterlichaam wordt ten minste voldaan aan het tweede tot en met achtste lid.
2. Langs een oppervlaktewaterlichaam wordt een teeltvrije zone aangehouden.
3. De teeltvrije zone wordt gemeten vanaf de insteek van een oppervlaktewaterlichaam en strekt zich, met uitzondering van de teelt van grasland, uit tot het hart van de buitenste planten van de te telen gewassen.
4. In afwijking van het tweede lid hoeft geen teeltvrije zone te worden aangehouden grenzend aan gegraven waterlopen die:
   a. van 1 april tot 1 oktober onder normale omstandigheden geen water bevatten, of
   b. geen water afvoeren ten gevolge van door of namens de beheerder geplaatste stuwen die de waterstand reguleren, voor zover die waterlopen zonder deze stuwen, waterlopen als bedoeld in de aanhef en onderdeel a, zouden zijn.
5. Binnen een teeltvrije zone worden geen gewasbeschermingsmiddelen gebruikt met apparatuur voor het druppelsgewijs gebruiken van gewasbeschermingsmiddelen, met uitzondering van pleksgewijze onkruidbestrijding met een afgeschermde spuitdop.
6. In afwijking van het vijfde lid is het gebruik van gewasbeschermingsmiddelen op overhangend loof met een maximale omvang van een halve gewasrij toegestaan, indien geen gebruik wordt gemaakt van naar een oppervlaktewaterlichaam gerichte apparatuur.
7. In afwijking van het tweede lid hoeft geen teeltvrije zone te worden aangehouden, aangrenzend aan oppervlaktewaterlichamen, anders dan de oppervlaktewaterlichamen, bedoeld in artikel 3.81, eerste lid:
   a. bij de teelt van appelen, peren en overige pit- en steenvruchten van bomen, waarvan de laagste gesteltak op 175 centimeter of hoger uit de stam ontspringt, indien binnen een afstand van ten minste 900 centimeter vanaf de insteek van een oppervlaktewaterlichaam geen gewasbeschermingsmiddelen worden toegepast, of
   b. bij teelt anders dan de teelt van appelen, peren en overige pit- en steenvruchten, indien:
   1°. sprake is van een biologische productiemethode, of
   2°. gebruik wordt gemaakt van een emissiescherm dat voldoet aan de bij ministeriële regeling gestelde eisen.
8. De toepassing van gewasbeschermingsmiddelen op het talud vindt pleksgewijs en driftvrij plaats.

Art. 3.80

Telen gewassen in open lucht, teeltvrije zone

1. De teeltvrije zone, bedoeld in artikel 3.79, tweede lid, bedraagt bij de teelt van aardappelen, uien, bloembollen en bloemknollen, aardbeien, asperges, prei, schorseneren, sla, wortelen, vaste planten, en in neerwaartse richting te bespuiten boomkwekerijgewassen:
   a. ten minste 150 centimeter;
   b. ten minste 100 centimeter, indien een techniek wordt gebruikt waarmee een driftreductie wordt bereikt van ten minste 90%, ten opzichte van een bij ministeriële regeling aangewezen referentietechniek, of
   c. ten minste 50 centimeter, indien gebruik gemaakt wordt van een handmatig aangedreven handgedragen spuit.
2. De teeltvrije zone bedraagt bij de teelt van in opwaartse of zijwaartse richting te bespuiten boomkwekerijgewassen ten minste 500 centimeter.
3. De teeltvrije zone bedraagt bij de teelt van appelen, peren en overige pit- en steenvruchten:
   a. ten minste 450 centimeter, of
   b. ten minste 300 centimeter, indien:
   1°. een techniek wordt gebruikt waarmee een driftreductie wordt bereikt van ten minste 90%, ten opzichte van een bij ministeriële regeling aangewezen referentietechniek, of
   2°. een biologische productiemethode wordt toegepast.
4. De teeltvrije zone bedraagt bij de teelt van andere gewassen dan de gewassen, genoemd in het eerste tot en met het derde lid, ten minste 50 centimeter.
5. De driftreductie van een techniek, als bedoeld in het eerste lid, onderdeel b, en het derde lid, onderdeel b, onder 1°, wordt aangetoond volgens een bij ministeriële regeling aangewezen testmethode.

Art. 3.80a

1. Tot 1 januari 2021 geldt artikel 3.78a, niet voor de teelt van in opwaartse of zijwaartse richting te bespuiten boomkwekerijgewassen.

2. Tot 1 januari 2021 geldt artikel 3.80, derde lid, niet voor de teelt van appelen, peren en overige pit- en steenvruchten waarbij een teeltvrije zone van 3 meter wordt gehanteerd, en:
a. langs het oppervlaktewater een vanggewas is geplaatst dat voldoet aan ministeriële eisen;
b. of, gebruik wordt gemaakt van een tunnelspuit.

Art. 3.81
1. In afwijking van artikel 3.80, eerste, derde lid, onderdelen a en b, en vierde lid bedraagt de teeltvrije zone langs de oppervlaktewaterlichamen, aangewezen in de bijlage bij artikel 3 van het Uitvoeringsbesluit Meststoffenwet ten minste 500 centimeter.
2. In afwijking van artikel 3.80 kan het bevoegd gezag, indien sprake is van een talud dat breder is dan 200 centimeter, bij maatwerkvoorschrift een smallere teeltvrije zone vaststellen.
3. In afwijking van artikel 3.80 kan het bevoegd gezag bij het lozen in een niet aangewezen oppervlaktewaterlichaam, indien het belang van de bescherming van het milieu daartoe noodzaakt, bij maatwerkvoorschrift een bredere teeltvrije zone vaststellen.

Art. 3.82
Op braakliggend land worden binnen een afstand van 50 centimeter vanaf de insteek van een oppervlaktewaterlichaam geen gewasbeschermingsmiddelen gebruikt.

Telen gewassen in open lucht, braakliggend land

Art. 3.83
1. Het gebruik van veldspuitapparatuur is verboden, tenzij:
a. de buitenste in gebruik zijnde spuitdop aan de zijde van het oppervlaktewaterlichaam een kantdop is die aan de zijde van het oppervlaktewaterlichaam een verticale of nagenoeg verticale neerwaartse richting van de spuitvloeistof bewerkstelligt, en
b. de apparatuur zodanig is ingesteld dat de spuitdoppen zich niet hoger dan 50 cm boven het gewas bevinden.
2. Bij het gebruik van veldspuitapparatuur wordt de spuitdruk geregistreerd door een drukregistratievoorziening.
3. Bij het op- en zijwaarts spuiten van appelen, peren en overige pit- en steenvruchten met een axiaal- of dwarsstroomspuit, waarbij spuitdoppen worden gebruikt die uitsluitend zijn aangewezen voor het gebruik bij een spuitdruk lager dan 5 bar, wordt de spuitdruk geregistreerd door een drukregistratievoorziening.
4. Een drukregistratievoorziening als bedoeld in het tweede en derde lid, voldoet aan de bij ministeriële regeling gestelde eisen.
5. Het gebruik van gewasbeschermingsmiddelen is verboden bij een windsnelheid groter dan 5 meter per seconde, gemeten op:
a. twee meter boven het grondoppervlak bij neerwaartse bespuiting;
b. of, een meter boven de gemiddelde boomhoogte bij op- of zijwaartse bespuiting;
tenzij degene die de gewasbeschermingsmiddelen gebruikt, kan aantonen dat redelijkerwijs niet anders dan door het gebruik van die middelen bij een windsnelheid groter dan 5 meter per seconde een teeltbedreigende situatie kan worden afgewend.
6. Het gebruik van een spuitgeweer dat is voorzien van een werveldop of dat gebruik maakt van een werkdruk van 5 bar of meer is verboden.
7. Het eerste tot en met vijfde lid is niet van toepassing op het gebruik van gewasbeschermingsmiddelen met een overkapte beddenspuit.

Veldspuitapparatuur, verbod op

Art. 3.84
Bij het op andere wijze dan door middel van een werk lozen van meststoffen in een oppervlaktewaterlichaam als gevolg van het gebruik van meststoffen bij het telen van gewassen in de open lucht, wordt ten minste voldaan aan artikel 3.85.

Telen gewassen in open lucht, lozen meststoffen op andere wijze

Art. 3.85
1. Binnen een teeltvrije zone als bedoeld in artikel 3.79, tweede lid, worden geen meststoffen gebruikt.

Telen gewassen in open lucht, gebruik meststoffen in teeltvrije zone

2. In afwijking van het eerste lid is het bij de teelt van opwaarts en zijwaarts te bespuiten boomkwekerijgewassen of van appelen, peren en overige pitvruchten en steenvruchten, toegestaan binnen een teeltvrije zone meststoffen te gebruiken op een afstand van ten minste 25 centimeter vanaf de insteek van een oppervlaktewaterlichaam, indien binnen die zone geen ander gewas dan gras wordt geteeld.
3. In afwijking van het eerste lid en onverminderd het zesde lid is het pleksgewijs bemesten van een vanggewas op de teeltvrije zone op een afstand van ten minste 50 centimeter vanaf de insteek van een oppervlaktewaterlichaam toegestaan, indien het vanggewas voldoet aan de bij ministeriële regeling gestelde eisen.
4. Bij het gebruik van korrelvormige of poedervormige meststoffen op de strook gelegen naast de teeltvrije zone wordt direct langs de zone gebruik gemaakt van een voorziening die de verspreiding van die meststoffen richting het oppervlaktewaterlichaam verhindert.
5. Bij het gebruik van bladmeststoffen op een strook gelegen naast de teeltvrije zone wordt direct langs de zone:

A66 art. 3.86 — Activiteitenbesluit milieubeheer

a. bij het bemesten van gewassen als bedoeld in artikel 3.80, eerste en vierde lid, gebruik gemaakt van kantdoppen die aan de zijde van het oppervlaktewaterlichaam een verticale of nagenoeg verticale neerwaartse richting van de spuitvloeistof bewerkstelligen en andere driftarme doppen die zich niet hoger dan 50 centimeter boven het gewas of de kale bodem bevinden, of
b. bij het bemesten van gewassen als bedoeld in artikel 3.80, tweede en derde lid, geen gebruik gemaakt van naar een oppervlaktewaterlichaam gerichte apparatuur.
6. Bij het gebruik van bladmeststoffen bij de teelt van een gewas waarbij ingevolge artikel 3.79, zevende lid, aanhef en onderdeel b, onder 2°, geen teeltvrije zone wordt aangehouden, wordt gebruik gemaakt van een emissiescherm, dat voldoet aan de bij ministeriële regeling gestelde eisen.
7. Het tweede en derde lid zijn niet van toepassing op het gebruik van meststoffen langs de oppervlaktewaterlichamen, aangewezen in de bijlage bij artikel 3 van het Uitvoeringsbesluit Meststoffenwet.
8. Op braakliggend land worden binnen een afstand van 50 centimeter vanaf de insteek van een oppervlaktewaterlichaam geen meststoffen gebruikt.

Art. 3.86

Schakelbepaling

De artikelen 3.87 en 3.88 zijn van toepassing op substraatteelt van gewassen anders dan in een kas of een gebouw.

Art. 3.87

Telen gewassen in open lucht, lozen afvalwater

1. Bij het lozen van afvalwater in een oppervlaktewaterlichaam, op of in de bodem of in een vuilwaterriool als gevolg van de teelt van gewassen in substraat wordt voldaan aan het tweede tot en met negende lid.
2. Het lozen van afvalwater afkomstig van de teelt van gewassen op een niet-doorlatende ondergrond is toegestaan, indien:
a. bij een teeltoppervlak van ten hoogste 500 vierkante meter bij bemesting uitsluitend gebruik wordt gemaakt van meststoffen die over langere periode de werkzame bestanddelen afgeven.
b. bij een teeltoppervlak van meer dan 500 vierkante meter:
1°. hemelwater en drainwater worden opgevangen in een opvangvoorziening van ten minste 1.200 kubieke meter per hectare teeltoppervlak;
2°. het water uit de opvangvoorziening wordt gebruikt als eerste gietwaterbron, en
3°. de bedrijfsvoering erop is gericht om na bemesting of bespuiting de eerste 50 kubieke meter hemelwater per hectare teeltoppervlak te allen tijde op te kunnen vangen in de opvangvoorziening.
3. In afwijking van het tweede lid, onderdeel b, onder 1°, kan worden volstaan met een opvangvoorziening met een capaciteit van ten minste 500 kubieke meter per hectare teeltoppervlak, indien aanvullend gietwater wordt gebruikt met een natriumgehalte dat gelijkwaardig is aan dat van hemelwater.
4. Indien de capaciteit van de opvangvoorziening, bedoeld in het tweede en derde lid, volledig is benut wordt het hemelwater geloosd via een overstortvoorziening, die is aangebracht voorafgaand aan de opvangvoorziening.
5. In afwijking van het tweede en derde lid wordt bij de buitenteelt van aardbeienplanten op trayvelden drainwater opgevangen en hergebruikt en is de bedrijfsvoering erop gericht dat na bemesting of bespuiting de eerste 30 kubieke meter hemelwater per hectare teeltoppervlak wordt opgevangen en hergebruikt.
6. Bij het lozen van afvalwater als gevolg van de teelt op een doorlatende ondergrond, wordt bij bemesting uitsluitend gebruik gemaakt van meststoffen die over langere periode de werkzame bestanddelen afgeven.
7. In afwijking van het zesde lid kan het bevoegd gezag gedurende de perioden dat het gebruik van de in dat lid bedoelde meststoffen redelijkerwijs niet mogelijk is bij de teelt van aardbeienplanten op trayvelden, bij maatwerkvoorschrift het gebruik van andere meststoffen toestaan, indien het aanbrengen van een niet-doorlatende ondergrond redelijkerwijs niet mogelijk is en het belang van de bescherming van het milieu zich daartegen niet verzet.
8. In afwijking van het zesde lid is bij de teelt waarbij bemesting plaatsvindt via een druppelsysteem, het gebruik van meststoffen als bedoeld in dat lid, niet verplicht, indien de watergift en de meststoffengift zijn afgestemd op de behoefte van het gewas, waarbij rekening is gehouden met de relevante specifieke teeltomstandigheden.
9. Het bevoegd gezag kan bij de teelt op een doorlatende ondergrond, waarbij door middel van een drainagesysteem op een oppervlaktewaterlichaam wordt geloosd, indien de bescherming van het milieu daartoe noodzaakt, bij maatwerkvoorschrift bepalen dat het drainagewater wordt opgevangen en hergebruikt.

Art. 3.88

Telen gewassen in open lucht, opvang/hergebruik drainwater

1. Bij de teelt van gewassen op stellingen of in een gotensysteem wordt drainwater opgevangen en hergebruikt.

Activiteitenbesluit milieubeheer **A66** art. 3.93

2. In afwijking van het eerste lid kan het bevoegd gezag bij maatwerkvoorschrift bepalen dat hergebruik van drainwater niet noodzakelijk is.

§ 3.5.4
Waterbehandeling voor agrarische activiteiten

Art. 3.89
Deze paragraaf is van toepassing op de waterbehandeling voor agrarische activiteiten.

Werkingssfeer

Art. 3.90
1. Bij het lozen van het afvalwater afkomstig van het voor de waterbehandeling voor agrarische activiteiten zuiveren van water door omgekeerde osmose of ionenwisselaars, wordt ten minste voldaan aan het tweede tot en met zesde lid.
2. Het lozen in een vuilwaterriool is verboden.
3. Het bevoegd gezag kan bij maatwerkvoorschrift of bij verordening bepalen dat het tweede lid niet van toepassing is en het lozen in het vuilwaterriool toestaan, indien het belang van de bescherming van het milieu zich niet tegen het lozen in een vuilwaterriool verzet. Artikel 2.2, vierde lid, is van overeenkomstige toepassing.
4. Het lozen in een oppervlaktewaterlichaam is toegestaan, indien het gehalte aan:
a. chloride ten hoogste 200 milligram per liter bedraagt;
b. ijzer ten hoogste 2 milligram per liter bedraagt.
5. Indien het belang van de bescherming van het milieu zich daartegen niet verzet, kan het bevoegd gezag bij maatwerkvoorschrift of bij verordening bepalen dat de gehalten bedoeld in het vierde lid niet van toepassing zijn en kunnen hogere gehalten worden vastgesteld.
6. Het te lozen afvalwater kan op een doelmatige wijze worden bemonsterd.
7. In afwijking van artikel 6.3, eerste lid, wordt bij een inrichting die per hectare waarop het telen of kweken van gewassen in een kas plaatsvindt beschikt over een hemelwateropvangvoorziening van ten minste 500 kubieke meter, een ontheffing die is verleend voor het in de bodem lozen van afvalwater als gevolg van het voor de waterbehandeling bij de teelt van gewassen zuiveren van water door omgekeerde osmose en die in werking en onherroepelijk was tot 1 januari 2013, tot 1 juli 2022 aangemerkt als maatwerkvoorschrift als bedoeld in artikel 2.2, derde lid.

Waterbehandeling voor agrarische activiteiten, lozen afvalwater

Art. 3.91
1. Het lozen van afvalwater als gevolg van het voor agrarische activiteiten zuiveren van water door het ontijzeren van grondwater in een oppervlaktewaterlichaam is toegestaan, indien ten minste:
a. het perceel waar het afvalwater vrijkomt niet is aangesloten op een vuilwaterriool waarop geloosd kan worden en de afstand tot het dichtstbijzijnde vuilwaterriool of zuiveringtechnisch werk waarop kan worden aangesloten en geloosd, meer dan 40 meter bedraagt, en
b. bij het lozen het gehalte aan ijzer in het afvalwater ten hoogste 5 milligram per liter bedraagt.
2. De afstand, genoemd in het eerste lid, onderdeel a, wordt berekend:
a. vanaf de kadastrale grens van het perceel waar het afvalwater vrijkomt, en
b. langs de kortste lijn waarlangs de afvoerleidingen zonder overwegende bezwaren kunnen worden aangelegd.
3. Het te lozen afvalwater kan op een doelmatige wijze worden bemonsterd.
4. In afwijking van het tweede lid, onderdeel a, wordt de afstand tot het dichtstbijzijnde vuilwaterriool of zuiveringstechnisch werk bij voortzetting van het lozen van afvalwater in het oppervlaktewaterlichaam dat voor 1 januari 2013 al plaatsvond, berekend vanaf de plaats waar het afvalwater vrijkomt.

Waterbehandeling voor agrarische activiteiten, lozen afvalwater van ontijzeren grondwater

§ 3.5.5
Aanmaken of transporteren via vaste leidingen of apparatuur van gewasbeschermingsmiddelen, biociden of bladmeststoffen

Art. 3.92
Deze paragraaf is van toepassing op het voor agrarische activiteiten aanmaken van gewasbeschermingsmiddelen, biociden of bladmeststoffen of het transporteren daarvan via vaste leidingen.

Werkingssfeer

Art. 3.93
1. Bij het uit een oppervlaktewaterlichaam vullen van apparatuur waarin gewasbeschermingsmiddelen, biociden of bladmeststoffen worden aangemaakt, wordt een voorziening getroffen die terugstroming van het mengsel van gewasbeschermingsmiddelen, biociden of bladmeststoffen en water voorkomt.
2. Bij het vullen van apparatuur waarin gewasbeschermingsmiddelen, biociden of bladmeststoffen worden aangemaakt, die niet is opgesteld boven een bodembeschermende voorziening,

Aanmaken/transporteren van gewasbeschermingsmiddelen, voorkomen terugstroming

Sdu 1429

bevindt de apparatuur zich op een afstand van ten minste twee meter van de insteek van een oppervlaktewaterlichaam.

Art. 3.94

Aanmaken/transporteren van gewasbeschermingsmiddelen, eisen

Bij het in een inrichting aanmaken van gewasbeschermingsmiddelen, biociden of bladmeststoffen of het transporteren via vaste leidingen wordt ten behoeve van:
a. het realiseren van een verwaarloosbaar bodemrisico;
b. het voorkomen dan wel voor zover dat niet mogelijk is het zoveel mogelijk beperken van verontreiniging van het grondwater, of
c. het voorkomen van risico's voor de omgeving en ongewone voorvallen, dan wel voor zover dat niet mogelijk is het zoveel mogelijk beperken van de risico's voor de omgeving en de kans dat ongewone voorvallen zich voordoen en de gevolgen hiervan;
ten minste voldaan aan de bij ministeriële regeling gestelde eisen.

Art. 3.95

Aanmaken/transporteren van gewasbeschermingsmiddelen, lozen afvalwater van reinigen apparatuur

Het lozen van afvalwater als gevolg van het inwendig reinigen van apparatuur voor het aanmaken van gewasbeschermingsmiddelen of als gevolg van het inwendig reinigen van vaste transportleidingen voor het transport van gewasbeschermingsmiddelen in een vuilwaterriool is verboden.

§ 3.5.6
Het behandelen van gewassen

Art. 3.96

Werkingssfeer

De artikelen 3.97 en 3.98 zijn van toepassing op het voor agrarische activiteiten toepassen van gewasbeschermingsmiddelen of biociden in dompelbaden en douche-installaties.

Art. 3.97

Behandelen gewassen, lozen afvalwater van dompelbaden/douche-installaties

Het lozen van afvalwater uit dompelbaden en douche-installaties waarin gewasbeschermingsmiddelen of biociden zijn toegepast in een vuilwaterriool is verboden.

Art. 3.98

Lozen afvalwater van dompelbaden/douche-installaties, eisen

Bij het toepassen van gewasbeschermingsmiddelen of biociden in dompelbaden en douche-installaties wordt, ten behoeve van het realiseren van een verwaarloosbaar bodemrisico, ten minste voldaan aan de bij ministeriële regeling gestelde eisen.

Art. 3.99

Werkingssfeer

Artikel 3.100 is van toepassing op het spoelen van fusten en verpakkingsmateriaal waarin gewassen zijn opgeslagen voor agrarische activiteiten.

Art. 3.100

Behandelen gewassen, lozen afvalwater van spoelen fusten/verpakkingsmateriaal

1. Bij het lozen van afvalwater als gevolg van het spoelen van fusten en verpakkingsmateriaal waarin gewassen zijn opgeslagen voor agrarische activiteiten, wordt ten minste voldaan aan het tweede tot en met vijfde lid.

2. Bij het lozen van afvalwater in een vuilwaterriool is het gehalte aan onopgeloste stoffen ten hoogste 300 milligram per liter.

3. Het lozen van afvalwater op onverharde bodem is toegestaan, indien het perceel waar het afvalwater vrijkomt niet is aangesloten op een vuilwaterriool waarop geloosd kan worden en de afstand tot het dichtstbijzijnde vuilwaterriool of zuiveringtechnisch werk waarop kan worden aangesloten en geloosd meer dan 40 meter bedraagt.

4. De afstand, genoemd in het derde lid, wordt berekend:
a. vanaf de kadastrale grens van het perceel waar het afvalwater vrijkomt, en
b. langs de kortste lijn waarlangs de afvoerleidingen zonder overwegende bezwaren kunnen worden aangelegd.

5. Het te lozen afvalwater kan op een doelmatige wijze worden bemonsterd.

Art. 3.101

Werkingssfeer

De artikelen 3.102 en 3.103 zijn van toepassing op het spoelen van gewassen bij agrarische activiteiten.

Art. 3.102

Behandelen gewassen, lozen afvalwater van spoelen gewassen

1. Bij het lozen van afvalwater afkomstig van het spoelen van gewassen wordt ten minste voldaan aan het tweede tot en met het elfde lid.

2. Het spoelproces is onderverdeeld in voorspoelen en naspoelen, waarbij de uitsleep van water uit het voorspoelen zo veel mogelijk wordt voorkomen en de hoeveelheid naspoelwater wordt geminimaliseerd.

3. Binnen het spoelproces vindt hergebruik van spoelwater plaats.

4. Er wordt uitsluitend naspoelwater geloosd dat niet kan worden benut voor hergebruik.

5. Bij het lozen in het vuilwaterriool bedraagt het gehalte aan onopgeloste stoffen in enig steekmonster ten hoogste 300 milligram per liter.
6. Het lozen van afvalwater in een oppervlaktewaterlichaam is toegestaan, indien:
a. het perceel waar het afvalwater vrijkomt niet is aangesloten op een vuilwaterriool waarop geloosd kan worden;
b. de afstand tot het dichtstbijzijnde vuilwaterriool of zuiveringtechnisch werk waarop kan worden aangesloten en geloosd meer dan 40 meter bedraagt, en
c. het gehalte aan onopgeloste stoffen in enig steekmonster ten hoogste 100 milligram per liter bedraagt.
7. De afstand, genoemd in het zesde lid, wordt berekend:
a. vanaf de kadastrale grens van het perceel waar het afvalwater vrijkomt, en
b. langs de kortste lijn waarlangs de afvoerleidingen zonder overwegende bezwaren kunnen worden aangelegd.
8. Bij het lozen van afvalwater op of in de bodem wordt het naspoelwater gelijkmatig verspreid over de onverharde bodem, waarop de gewassen, bedoeld in het eerste lid, zijn geteeld.
9. Het tweede, derde en vierde lid, zijn niet van toepassing op het spoelen van:
a. prei, indien voorafgaand aan het spoelen de vervuiling met de buitenste bladeren van het gewas is verwijderd, of
b. asperges.
10. Indien het lozen van afvalwater plaatsvindt in een niet aangewezen oppervlaktewaterlichaam kan het bevoegd gezag het spoelproces bij maatwerkvoorschrift aanvullende eisen stellen, indien de bescherming van het milieu daartoe noodzaakt.
11. Het te lozen afvalwater kan op een doelmatige wijze worden bemonsterd.
12. In afwijking van het zevende lid, onderdeel a, wordt de afstand tot het dichtstbijzijnde vuilwaterriool of zuiveringstechnisch werk bij voortzetting van het lozen van afvalwater in het oppervlaktewaterlichaam dat voor 1 januari 2013 al plaatsvond, berekend vanaf de plaats waar het afvalwater vrijkomt.

Art. 3.103
Bij het spoelen van bloembollen met een spoelmachine wordt, ten behoeve van het realiseren van een verwaarloosbaar bodemrisico, ten minste voldaan aan de bij ministeriële regeling gestelde eisen.

Behandelen gewassen, eisen spoelen van bloembollen

Art. 3.104
Artikel 3.105 is van toepassing op het sorteren van gewassen.

Werkingssfeer

Art. 3.105
1. Bij het lozen van afvalwater afkomstig van het sorteren van gewassen, wordt ten minste voldaan aan het tweede tot en met vijfde lid.

Werkingssfeer

Behandelen gewassen, lozen afvalwater van sorteren/transporteren gewassen

2. Het lozen van afvalwater in een oppervlaktewaterlichaam is toegestaan, indien:
a. het afvalwater afkomstig is van het sorteren van uitsluitend biologisch geteelde gewassen;
b. het gehalte aan onopgeloste stoffen in het te lozen afvalwater ten hoogste 100 milligram per liter bedraagt, en
c. in het te lozen afvalwater het chemisch zuurstofverbruik ten hoogste 300 milligram per liter en het biologisch zuurstofverbruik ten hoogste 60 milligram per liter bedraagt.
3. Het lozen van afvalwater op of in de bodem is toegestaan, indien het water gelijkmatig wordt verspreid over het land waarop een gewas wordt geteeld dat gelijk of soortgelijk is aan het gewas waarvan het afvalwater afkomstig is.
4. Het lozen van afvalwater in een vuilwaterriool is verboden, tenzij het gehalte aan onopgeloste stoffen in het te lozen afvalwater ten hoogste 300 milligram per liter bedraagt, en:
a. het afvalwater afkomstig is van het sorteren van uitsluitend biologisch geteelde gewassen, of
b. het is geleid door een zuiveringsvoorziening waarmee ten minste 95% van de gewasbeschermingsmiddelen wordt verwijderd.
5. Het te lozen afvalwater kan op een doelmatige wijze worden bemonsterd.

§ 3.5.7
Composteren

Art. 3.106
1. Deze paragraaf is van toepassing op het composteren van groenafval, dat is ontstaan bij werkzaamheden die buiten de inrichting zijn verricht door degene die de inrichting drijft of dat niet afkomstig is van buiten de inrichting, voor zover geen sprake is van gevaarlijke afvalstoffen, met een volume van ten hoogste 600 kubieke meter.
2. De artikelen 3.107 tot en met 3.109 zijn niet van toepassing op het composteren van groenafval, van ten hoogste 3 kubieke meter.

Werkingssfeer

Art. 3.107

Composteren, omzetten composteringshoop

1. Voor het realiseren van een goede afbraak wordt een composteringshoop ten minste zo vaak omgezet als nodig is om anaërobe afbraak te voorkomen.
2. Een composteringshoop bevat ten hoogste 50% aan hulpstoffen.

Art. 3.108

Composteren, afstand tot geurgevoelig object

1. Het composteren vindt plaats op ten minste:
   a. 100 meter afstand tot een geurgevoelig object, dat binnen de bebouwde kom is gelegen, of
   b. 50 meter afstand tot een geurgevoelig object, dat buiten de bebouwde kom is gelegen.
2. De afstanden, genoemd in het eerste lid, worden gemeten vanaf de buitenzijde van het geurgevoelig object tot het dichtstbijzijnde punt van de locatie waar het composteren plaatsvindt.
3. Het bevoegd gezag kan, indien blijkt dat de geurhinder een aanvaardbaar niveau overschrijdt, onverminderd artikel 2.7a, bij maatwerkvoorschrift eisen stellen aan:
   a. de situering van de composteringshoop, of
   b. het afdekken van de composteringshoop.
4. Het eerste lid is niet van toepassing indien het composteren plaatsvindt binnen een van de afstanden, bedoeld in dat lid, het composteren reeds plaatsvond voor 1 januari 2013 en verplaatsing redelijkerwijs niet kan worden gevergd.
5. Indien het vierde lid van toepassing is:
   a. treft degene die de inrichting drijft maatregelen of voorzieningen die geurhinder voorkomen of tot een aanvaardbaar niveau beperken, en
   b. geeft degene die de inrichting drijft, op verzoek van het bevoegd gezag aan welke maatregelen of voorzieningen hij daartoe heeft getroffen of zal treffen.

Art. 3.109

Composteren, eisen

Bij het composteren wordt, ten behoeve van het realiseren van een verwaarloosbaar bodemrisico, voldaan aan de bij ministeriële regeling gestelde eisen.

Art. 3.110

Composteren, afstand tot oppervlaktewaterlichaam

Een composteringshoop is gelegen op een afstand van ten minste 5 meter vanaf de insteek van een oppervlaktewaterlichaam.

§ 3.5.8
Houden van landbouwhuisdieren in dierenverblijven

Art. 3.111

Werkingssfeer

1. De artikelen 3.112 tot en met 3.129 zijn van toepassing op het houden van landbouwhuisdieren.
2. De artikelen 3.112 tot en met 3.126 zijn niet van toepassing op inrichtingen waar minder dan 10 schapen, 5 paarden, 10 geiten, 25 stuks pluimvee, 25 konijnen en 10 overige landbouwhuisdieren worden gehouden.

Art. 3.112

Houden van landbouwhuisdieren in dierenverblijven, berekenen ammoniakemissie

1. Voor de berekening van de ammoniakemissie van een inrichting wordt het aantal landbouwhuisdieren dat in de inrichting aanwezig mag zijn, vermenigvuldigd met de emissiefactoren, genoemd in de regeling op grond van artikel 1 van de Wet ammoniak en veehouderij.
2. Voor de toepassing van artikel 3.114 geldt voor een diercategorie waarvoor geen maximale emissiewaarde is vastgesteld, de emissiefactor behorende bij het betrokken huisvestingssysteem als maximale emissiewaarde.

Art. 3.113

Houden van landbouwhuisdieren in dierenverblijven, oprichten dierenverblijf

Binnen een zeer kwetsbaar gebied of in een zone van 250 meter rondom een zodanig gebied, vindt het oprichten van een dierenverblijf, indien voorafgaand aan het oprichten geen sprake is van een inrichting waar landbouwhuisdieren worden gehouden, niet plaats, tenzij het dierenverblijf bestemd is voor landbouwhuisdieren die uitsluitend of in hoofdzaak worden gehouden ten behoeve van natuurbeheer.

Art. 3.114

Houden van landbouwhuisdieren in dierenverblijven, uitbreiden aantal/categorieën dieren

1. Binnen een inrichting waar landbouwhuisdieren worden gehouden en dierenverblijf dat is gelegen binnen een zeer kwetsbaar gebied of in een zone van 250 meter rondom een zodanig gebied, vindt het uitbreiden van het aantal landbouwhuisdieren van een of meer diercategorieën niet plaats, tenzij:
   a. de ammoniakemissie na de uitbreiding niet meer bedraagt dan de ammoniakemissie uit de tot de inrichting behorende dierenverblijven die de inrichting:
   1°. voorafgaand aan de uitbreiding zou mogen veroorzaken, indien de emissie per dierplaats gelijk zou zijn aan de maximale emissiewaarde, of
   2°. voorafgaand aan de uitbreiding mocht veroorzaken, indien deze lager is dan de ammoniakemissie als bedoeld onder 1°;
   b. in de inrichting op 31 december 2001 melkrundvee werd gehouden, de uitbreiding uitsluitend melkrundvee betreft en de ammoniakemissie na de uitbreiding niet meer bedraagt dan de

ammoniakemissie die een melkrundveehouderij met 200 stuks melkvee en 140 stuks vrouwelijk jongvee in geval van oprichting zou veroorzaken, indien de ammoniakemissie per dierplaats gelijk zou zijn aan de maximale emissiewaarde;
c. de uitbreiding schapen of paarden betreft;
d. de uitbreiding dieren betreft die worden gehouden overeenkomstig de regels die krachtens artikel 2 van de Landbouwkwaliteitswet zijn gesteld ten aanzien van de biologische productiemethoden, of
e. de uitbreiding dieren betreft die worden gehouden uitsluitend of in hoofdzaak ten behoeve van natuurbeheer.
2. Het eerste lid is van overeenkomstige toepassing op het zodanig wijzigen van een huisvestingssysteem dat de ammoniakemissie per dierplaats toeneemt, tenzij de wijziging bestaat uit een aanpassing van het systeem die noodzakelijk is op grond van de wettelijke voorschriften op het gebied van dierenwelzijn en slechts voor zover het aantal dierplaatsen niet wordt uitgebreid.
3. Voor het bepalen van de ammoniakemissie uit de dierenverblijven die de inrichting voorafgaand aan de uitbreiding, bedoeld in het eerste lid, zou mogen veroorzaken, wordt de ammoniakemissie van de dieren waarvoor eerder een vergunning is verleend met toepassing van artikel 5, eerste lid, onderdelen c tot en met f, dan wel artikel 7, eerste lid, onderdelen b tot en met e, van de Wet ammoniak en veehouderij, en de ammoniakemissie van de dieren waarmee de inrichting op grond van het eerste lid, onderdelen b, c, d of e, is uitgebreid, niet meegerekend.

Art. 3.114a
Totdat met betrekking tot een inrichting die een activiteit uitvoert als bedoeld in artikel 3.111 waarvan een tot de inrichting behorend dierenverblijf geheel of gedeeltelijk is gelegen binnen een zeer kwetsbaar gebied of in een zone van 250 meter rondom een zodanig gebied een wijziging waarop artikel 3.113 of artikel 3.114 van toepassing is, is gemeld, worden binnen de inrichting niet meer landbouwhuisdieren per diercategorie gehouden en is de ammoniakemissie niet groter dan:
a. op grond van een vergunning als bedoeld in artikel 2.1, eerste lid, aanhef en onder e, van de Wet algemene bepalingen omgevingsrecht mochten worden gehouden, onderscheidenlijk mocht worden veroorzaakt tot het tijdstip waarop dit besluit op de inrichting van toepassing werd, of
b. op grond van de betrokken algemene maatregel van bestuur mochten worden gehouden, onderscheidenlijk mocht worden veroorzaakt, tot het van toepassing worden van dit besluit op de inrichting en waarvan in geval van oprichting of wijziging van de inrichting een melding als bedoeld in artikel 8.41, eerste lid, van de Wet milieubeheer was gedaan.

Art. 3.115
1. Het oprichten, uitbreiden, of wijzigen van een dierenverblijf met dieren met geuremissiefactor is verboden, indien de geurbelasting die de inrichting vanwege dierenverblijven waar dieren met geuremissiefactor worden gehouden veroorzaakt, op geurgevoelige objecten die zijn gelegen in de gebieden, bedoeld in tabel 3.115, na de oprichting, uitbreiding of wijziging meer bedraagt dan de in die tabel aangegeven waarden.

Houden van landbouwhuisdieren in dierenverblijven, geurbelasting

Tabel 3.115 geurbelasting ouE/m^3 (odour units per kubieke meter lucht)

(P98)	niet-concentratiegebied	concentratiegebied
bebouwde kom	2,0	3,0
buiten bebouwde kom	8,0	14,0

2. Het eerste lid is niet van toepassing:
a. indien het geurgevoelig object een object als bedoeld in artikel 3.116, eerste lid, onderdelen a, b of c, of tweede lid, is;
b. op de uitbreiding van een dierenverblijf indien een geurbelastingreducerende maatregel wordt toegepast en de totale geurbelasting na de uitbreiding niet meer bedraagt dan het gemiddelde van de bij de betreffende situatie behorende waarde uit tabel 3.115 en de geurbelasting die de inrichting voorafgaand aan het toepassen van de maatregel veroorzaakte, of
c. indien bij de oprichting, uitbreiding of wijziging van een dierenverblijf de geurbelasting die de inrichting op enig geurgevoelig object veroorzaakt, niet toeneemt en het aantal dieren per diercategorie met geuremissiefactor binnen de inrichting niet toeneemt.

Art. 3.116

Houden van landbouwhuisdieren in dierenverblijven, afstand tot geurgevoelig object

1. Het oprichten, uitbreiden of wijzigen van een dierenverblijf met dieren met geuremissiefactor vindt niet plaats, indien na de oprichting, uitbreiding of wijziging de afstand tussen het dierenverblijf en:
a. een geurgevoelig object dat deel uitmaakt van een andere veehouderij;
b. een geurgevoelig object dat op of na 19 maart 2000 heeft opgehouden deel uit te maken van een andere veehouderij, of
c. een woning die op of na 19 maart 2000 is gebouwd:
1°. op een kavel die op dat tijdstip in gebruik was als veehouderij;
2°. in samenhang met het geheel of gedeeltelijk buiten werking stellen van de veehouderij, en
3°. in samenhang met de sloop van de bedrijfsgebouwen die onderdeel hebben uitgemaakt van de veehouderij;
minder dan 100 meter bedraagt, indien het object, bedoeld in onderdeel a, b of c, binnen de bebouwde kom is gelegen, of
minder dan 50 meter bedraagt, indien het object, bedoeld in onderdeel a, b of c, buiten de bebouwde kom is gelegen.
2. Het eerste lid is van overeenkomstige toepassing op een geurgevoelig object dat op de kavel, bedoeld in onderdeel c van dat lid, aanwezig is.
3. Het eerste lid is niet van toepassing indien de geurbelasting op het object, bedoeld in de onderdelen a, b of c van dat lid, lager is dan de waarde die volgens artikel 3.115, eerste lid, geldt voor het gebied waarin dat object ligt.
4. Het eerste lid is eveneens niet van toepassing als bij de oprichting, uitbreiding of wijziging van een dierenverblijf de geurbelasting op een geurgevoelig object niet toeneemt, het aantal dieren per diercategorie met geuremissiefactor binnen de inrichting niet toeneemt en de afstand van het dierenverblijf tot een geurgevoelig object niet afneemt.

Art. 3.117

1. Het oprichten, uitbreiden of wijzigen van een dierenverblijf met dieren zonder geuremissiefactor vindt niet plaats, indien de afstand tussen enig binnen de inrichting gelegen dierenverblijf waar dieren zonder geuremissiefactor worden gehouden en een geurgevoelig object, na de oprichting, uitbreiding of wijziging:
a. minder dan 100 meter bedraagt, indien het geurgevoelige object binnen de bebouwde kom is gelegen, of
b. minder dan 50 meter bedraagt, indien het geurgevoelige object buiten de bebouwde kom is gelegen.
2. Het eerste lid is niet van toepassing als bij de oprichting, uitbreiding of wijziging van een dierenverblijf het aantal dieren per diercategorie zonder geuremissiefactor binnen de inrichting niet toeneemt en de afstand van het dierenverblijf tot een geurgevoelig object niet afneemt, indien die kleiner is dan de afstand, bedoeld in het eerste lid.

Art. 3.118

Schakelbepaling

1. De artikelen 3.115 tot en met 3.117 zijn niet van toepassing, voor zover bij verordening op grond van artikel 6 van de Wet geurhinder en veehouderij andere waarden of afstanden zijn vastgesteld. In dat geval vindt het oprichten, uitbreiden of wijzigen van een dierenverblijf niet plaats, indien de oprichting, uitbreiding of wijziging de geurbelasting die de inrichting vanwege dierenverblijven waar dieren met geuremissiefactor worden gehouden veroorzaakt op geurgevoelige objecten, groter is dan de in de verordening vastgestelde belasting dan wel, indien binnen de inrichting de afstand tussen enig dierenverblijf waar dieren zonder geuremissiefactor worden gehouden en een geurgevoelig object kleiner is dan in de verordening vastgestelde afstand.
2. Artikel 3.115, tweede lid, onderdeel b, is van overeenkomstige toepassing, met dien verstande dat de totale geurbelasting na de uitbreiding niet meer bedraagt dan het gemiddelde van de in de verordening vastgelegde waarde en de geurbelasting die de inrichting voorafgaand aan het toepassen van de maatregel veroorzaakte.
3. De tweede volzin van het eerste lid is niet van toepassing op het oprichten, uitbreiden of wijzigen van een dierenverblijf, indien voorafgaand aan het tijdstip waarop een aanhoudingsbesluit als bedoeld in artikel 7 van de Wet geurhinder en veehouderij is genomen, of indien een dergelijk aanhoudingsbesluit niet is genomen, voor het tijdstip dat een verordening als bedoeld in artikel 6 van die wet is vastgesteld, een vergunning op grond van artikel 2.1, eerste lid, onderdeel e, van de Wet algemene bepalingen omgevingsrecht voor die oprichting of uitbreiding onherroepelijk is geworden.
4. De tweede volzin van het eerste lid is niet van toepassing op het oprichten, uitbreiden of wijzigen van een dierenverblijf, indien:
a. bij een dierenverblijf als bedoeld in artikel 3.115 de geurbelasting die de inrichting op enig geurgevoelig object veroorzaakt niet toeneemt en het aantal dieren per diercategorie met geuremissiefactor binnen de inrichting niet toeneemt;

b. bij een dierenverblijf als bedoeld in artikel 3.116 de geurbelasting die de inrichting op enig geurgevoelig object veroorzaakt niet toeneemt en het aantal dieren per diercategorie met geuremissiefactor binnen de inrichting niet toeneemt en de afstand tot een geurgevoelig object niet afneemt, indien die kleiner is dan de afstand, bedoeld in het eerste lid, of
c. bij een dierenverblijf als bedoeld in artikel 3.117 het aantal dieren per diercategorie zonder geuremissiefactor binnen de inrichting niet toeneemt en de afstand tot een geurgevoelig object niet afneemt, indien die kleiner is dan de afstand, bedoeld in het eerste lid.

Art. 3.119
1. Onverminderd de artikelen 3.115 tot en met 3.117 is het oprichten, uitbreiden of wijzigen van een dierenverblijf verboden, indien na de oprichting, uitbreiding of wijziging de afstand van de buitenzijde van een dierenverblijf tot de dichtstbijzijnde buitenzijde van een geurgevoelig object:
a. minder dan 50 meter bedraagt, indien het geurgevoelig object binnen de bebouwde kom is gelegen, of
b. minder dan 25 meter bedraagt, indien het geurgevoelig object buiten de bebouwde kom is gelegen.
2. Het eerste lid is niet van toepassing, indien de afstand van de buitenzijde van het dierenverblijf tot de dichtstbijzijnde buitenzijde van een geurgevoelig object niet afneemt, en
a. bij een dierenverblijf als bedoeld in artikel 3.115 het aantal dieren per diercategorie met geuremissiefactor niet toeneemt en de geurbelasting die de inrichting op enig geurgevoelig object veroorzaakt niet toeneemt;
b. bij een dierenverblijf als bedoeld in artikel 3.116 het aantal dieren per diercategorie met geuremissiefactor niet toeneemt, de geurbelasting die de inrichting op enig geurgevoelig object veroorzaakt niet toeneemt en de afstand tot een geurgevoelig object niet afneemt, indien die kleiner is dan de afstand, genoemd in artikel 3.116, eerste lid, of
c. bij een dierenverblijf als bedoeld in artikel 3.117 het aantal dieren per diercategorie zonder geuremissiefactor niet toeneemt en de afstand tot een geurgevoelig object niet afneemt, indien die kleiner is dan de afstand, genoemd in artikel 3.117, eerste lid.

Art. 3.119a
1. Totdat met betrekking tot een inrichting die een activiteit verricht als bedoeld in artikel 3.111 een wijziging waarop de artikelen 3.115 tot en met 3.119 van toepassing zijn, is gemeld, worden binnen de inrichting niet meer landbouwhuisdieren per diercategorie gehouden, is de geurbelasting niet groter en is de afstand tot een geurgevoelig object niet kleiner dan:
a. op grond van een vergunning als bedoeld in artikel 2.1, eerste lid, aanhef en onder e, van de Wet algemene bepalingen omgevingsrecht mochten worden gehouden, mocht worden veroorzaakt onderscheidenlijk mocht bedragen, tot het tijdstip waarop dit besluit op de inrichting van toepassing werd, of
b. op grond van de betrokken algemene maatregel van bestuur mochten worden gehouden, mocht worden veroorzaakt onderscheidenlijk mocht bedragen, tot het van toepassing worden van dit besluit op de inrichting en waarvan in geval van oprichting of wijziging van de inrichting een melding als bedoeld in artikel 8.41, eerste lid, van de Wet milieubeheer is gedaan.
2. Het eerste lid is niet van toepassing op de afstand tot een geurgevoelig object indien deze is afgenomen anders dan door wijziging van de inrichting.

Art. 3.120
Het aantal aanwezige dieren per diersoort wordt ten minste een keer per maand geregistreerd, waarbij de perioden tussen de registraties van een vergelijkbare tijdsduur zijn. De registraties zijn binnen de inrichting aanwezig en worden gedurende tien jaren bewaard.

Houden van landbouwhuisdieren in dierenverblijven, registratie per diersoort

Art. 3.121
De geurbelasting, bedoeld in deze paragraaf, wordt bepaald en de afstanden, bedoeld in deze paragraaf, worden gemeten op de wijze die in de regeling op grond van artikel 10 van de Wet geurhinder en veehouderij is vastgesteld.

Houden van landbouwhuisdieren in dierenverblijven, meten geurbelasting

Art. 3.122
Bij het houden van landbouwhuisdieren in een dierenverblijf wordt, ten behoeve van het realiseren van een verwaarloosbaar bodemrisico, voldaan aan de bij ministeriële regeling gestelde eisen.

Houden van landbouwhuisdieren in dierenverblijven, eisen

Art. 3.123
1. Ten behoeve van de goede werking van een huisvestingssysteem en het voorkomen dan wel voor zover dat niet mogelijk is het zoveel mogelijk beperken van emissies naar de lucht, wordt ten minste voldaan aan het tweede en derde lid.

Houden van landbouwhuisdieren in dierenverblijven, voorkomen/beperken emissie naar de lucht

2. Een huisvestingssysteem is uitgevoerd overeenkomstig de bij dat huisvestingssysteem behorende technische beschrijving, bedoeld in de bijlage bij de regeling op grond van artikel 1 van de Wet ammoniak en veehouderij.

A66 art. 3.124 Activiteitenbesluit milieubeheer

3. Degene die een inrichting drijft waarin landbouwhuisdieren worden gehouden in een huisvestingssysteem, draagt er zorg voor dat het huisvestingssysteem wordt gebruikt en onderhouden overeenkomstig de voorwaarden die noodzakelijk zijn voor een goede werking van het huisvestingssysteem.

Art. 3.124

Houden van landbouwhuisdieren in dierenverblijven, werking luchtwassysteem

Indien landbouwhuisdieren worden gehouden in een huisvestingssysteem dat is voorzien van een luchtwassysteem, voldoet het luchtwassysteem, onverminderd artikel 3.123, in het belang van de goede werking van het luchtwassysteem en van het voorkomen dan wel voor zover dat niet mogelijk is het zoveel mogelijk beperken van emissies naar de lucht, ten minste aan de artikelen 3.125 en 3.126.

Art. 3.125

Houden van landbouwhuisdieren in dierenverblijven, capaciteit luchtwassysteem

Nadere regels

1. De capaciteit van het luchtwassysteem is ten minste gelijk aan de totale maximale ventilatiebehoefte van het aantal en de categorie landbouwhuisdieren die worden gehouden in het huisvestingssysteem.
2. Bij ministeriële regeling kan worden bepaald op welke wijze de capaciteit en de totale maximale ventilatiebehoefte worden vastgesteld en vastgelegd.
3. Ten behoeve van een evenredige verdeling van de stallucht door het luchtwassysteem, wordt voldaan aan de bij ministeriële regeling gestelde eisen.
4. Het luchtwassysteem is voorzien van een elektronisch monitoringssysteem, waarmee de parameters die van belang zijn voor een goede werking van het luchtwassysteem worden geregistreerd.
5. Bij ministeriële regeling worden regels gesteld over het elektronisch monitoringssysteem en wordt bepaald welke parameters in ieder geval worden geregistreerd.
6. Indien uit de registratie, bedoeld in het vijfde lid, blijkt dat de parameters worden overschreden, worden onmiddellijk maatregelen getroffen om een goede werking van het luchtwassysteem te waarborgen.
7. Ten aanzien van het gebruik en onderhoud van een luchtwassysteem, worden gedragsvoorschriften opgesteld, die ten minste voldoen aan de bij ministeriële regeling gestelde eisen.
8. Het vierde lid is tot 1 januari 2016 niet van toepassing op een luchtwassysteem dat is geïnstalleerd voor 1 januari 2013 en niet is voorzien van een elektronisch monitoringssysteem als bedoeld in dat lid.
9. Van een luchtwassysteem als bedoeld in het achtste lid worden tot 1 januari 2016 ten minste eenmaal per week de volgende gegevens geregistreerd:
   a. de zuurgraad van het waswater;
   b. de meterstand van de urenteller van de waswaterpomp;
   c. de meterstand van de watermeter van de spuiwaterproductie in kubieke meter.
10. De gegevens, genoemd in het achtste lid, worden gedurende ten minste drie jaar in de inrichting bewaard.

Art. 3.125a

1. Aan een luchtwassysteem als bedoeld in artikel 3.125, achtste lid, wordt uiterlijk 1 juli 2015 een meting naar de emissiereductie van ammoniak uitgevoerd.
2. Een meting in het eerste lid vindt plaats onder representatieve bedrijfscondities in de zomerperiode tussen 10.00 en 14.00 uur, waarbij de meting wordt uitgevoerd overeenkomstig artikel 2.8.
3. Een afschrift van de rapportage van de meting wordt in de inrichting bewaard tot ten minste het tijdstip waarop twee jaren zijn verstreken na de eerstvolgende meting.
4. Indien uit de meting blijkt dat niet wordt voldaan aan de emissiereductie van ammoniak, genoemd in de systeembeschrijving, op grond waarvan krachtens artikel 1 van de Wet ammoniak en veehouderij een emissiefactor voor dat huisvestingssysteem is vastgesteld, worden maatregelen getroffen om daar alsnog aan te voldoen en wordt binnen een jaar na het uitvoeren van de meting een herhalingsmeting uitgevoerd.

Art. 3.126

Houden van landbouwhuisdieren in dierenverblijven, lozen van spuiwater

1. Bij het lozen van spuiwater van een luchtwassysteem wordt ten minste voldaan aan het tweede tot en met vierde lid.
2. Het lozen van spuiwater afkomstig van een luchtwassysteem in een vuilwaterriool is verboden.
3. Het bevoegd gezag kan bij maatwerkvoorschrift bepalen dat het tweede lid niet van toepassing is en het lozen in een vuilwaterriool toestaan, indien het belang van de bescherming van het milieu zich niet tegen het lozen in een vuilwaterriool verzet. Artikel 2.2, vierde lid, is van overeenkomstige toepassing.
4. Het te lozen afvalwater kan op een doelmatige wijze worden bemonsterd.

Art. 3.127
1. Bij het lozen van afvalwater als gevolg van het reinigen en ontsmetten van dierenverblijven wordt ten minste voldaan aan het tweede en derde lid.

Houden van landbouwhuisdieren in dierenverblijven, lozen afvalwater van reinigen/ontsmetten dierenverblijven

2. Bij het in het vuilwaterriool lozen van afvalwater als gevolg van het reinigen en ontsmetten van dierenverblijven, bedraagt het gehalte aan onopgeloste stoffen niet meer dan 300 milligram per liter.
3. Het te lozen afvalwater kan op een doelmatige wijze worden bemonsterd.

Art. 3.128
[Vervallen]

Art. 3.129
1. Bij het lozen van afvalwater als gevolg van het wassen en spoelen bij melkwinning wordt ten minste voldaan aan het tweede en derde lid.

Houden van landbouwhuisdieren in dierenverblijven, lozen afvalwater van wassen/spoelen bij melkwinning

2. Afvalwater afkomstig van het wassen en spoelen van melkwininstallaties wordt zo veel mogelijk hergebruikt.
3. Het lozen van afvalwater op of in de bodem is toegestaan, indien het afvalwater gelijkmatig wordt verspreid over de onverharde bodem.

§ 3.5.9
Bereiden van brijvoer voor eigen landbouwhuisdieren

Art. 3.129a
Deze paragraaf is van toepassing op het bereiden van brijvoer met plantaardige bijvoedermiddelen voor landbouwhuisdieren die binnen dezelfde inrichting worden gehouden voor zover de verwerkingscapaciteit voor het bereiden van brijvoer ten hoogste 4.000 ton per jaar bedraagt.

Werkingssfeer

Art. 3.129b
Bij het bereiden van brijvoer wordt ten behoeve van het voorkomen dan wel, voor zover dat niet mogelijk is, het tot een aanvaardbaar niveau beperken van geurhinder, ten minste voldaan aan de bij ministeriële regeling gestelde eisen.

Bereiden van brijvoer voor landbouwhuisdieren, beperken geurhinder

§ 3.5.10
Kleinschalig vergisten van uitsluitend dierlijke meststoffen

Art. 3.129c
1. Deze paragraaf is van toepassing op het vergisten van dierlijke mest met een verwerkingscapaciteit van ten hoogste 25.000 kubieke meter mest per jaar.

Kleinschalig vergisten van uitsluitend dierlijke meststoffen

2. Onverminderd het eerste lid is deze paragraaf eveneens van toepassing op het voor of na het vergisten, bedoeld in het eerste lid:
a. biologisch behandelen van dierlijke meststoffen;
b. opslaan van digestaat van het vergisten van dierlijke meststoffen, zolang dat nog biologisch actief is;
c. opslaan, bewerken en transporteren van vergistingsgas met een capaciteit voor de opslag in opslagtanks van ten hoogste 20.000 liter.

Art. 3.129d
1. Een installatie voor het vergisten van dierlijke meststoffen en de opslag van digestaat dat nog biologisch actief is, is gasdicht en voorzien van een overdrukbeveiliging.
2. Het is verboden digestaat dat nog biologisch actief is buiten de inrichting te brengen of buiten de vergistingstank te mengen met andere dierlijke meststoffen.
3. Bij het vergisten van dierlijke meststoffen en de opslag van digestaat dat nog biologisch actief is, is emissie van vergistinggas verboden anders dan een emissie via de overdrukbeveiliging die plaatsvindt als gevolg van een incident of via een fakkel of andere maatregel als bedoeld in het vijfde lid.
4. Een installatie voor het vergisten van dierlijke meststoffen, het opslaan van vergistingsgas en het transporteren en bewerken van vergistingsgas is voorzien van een elektronisch monitoringssysteem dat de goede werking van de installatie controleert en de inrichtinghouder waarschuwt bij incidenten die kunnen leiden tot onveilige situaties of de emissie van vergistingsgas meldt. De inrichtinghouder draagt er zorg voor dat binnen een uur na de waarschuwing actie wordt ondernomen om incidenten die zijn gemeld door het systeem te verhelpen.

5. Het bevoegd gezag kan, indien blijkt dat de inrichtinghouder onvoldoende maatregelen treft om uitstoot van vergistinggas bij incidenten te voorkomen, bij maatwerkvoorschrift voorschrijven dat een fakkel of andere maatregel wordt toegepast om vergistinggas bij incidenten te verbranden.

Art. 3.129e
1. Vergistinggas bevat, op de plaats waar het de installatie, bedoeld in artikel 3.129d, eerste lid, verlaat, ten hoogste 430 milligram waterstofsulfide per normaal kubieke meter.
2. Onverminderd het eerste lid bevat vergistinggas dat de inrichting via een leiding verlaat ten hoogste 15 milligram ammoniak per normaal kubieke meter.
3. Een installatie voor het vergisten van dierlijke meststoffen heeft ten minste één monsternamepunt voor vergistinggas.
4. Het vergistinggas wordt bij ingebruikname van de installatie en vervolgens maandelijks bemonsterd en geanalyseerd op het gehalte waterstofsulfide en, indien het tweede lid van toepassing is, op het gehalte ammoniak.
5. De resultaten van de analyses worden ten minste vijf jaar binnen de inrichting bewaard.
6. Het bevoegd gezag kan op verzoek van de drijver van de inrichting bij maatwerkvoorschrift bepalen dat het vierde en vijfde lid niet van toepassing zijn, indien de drijver van de inrichting zorgt voor een continue registratie van het gehalte waterstofsulfide en, indien het tweede lid van toepassing is, het gehalte ammoniak. In dat geval kan het bevoegd gezag bij maatwerkvoorschrift eisen stellen aan de toegepaste meetmethode en de verwerking van de meetonnauwkeurigheid.

Art. 3.129f
1. Tussen een gaszak met vergistinggas en buiten de inrichting gelegen kwetsbare en beperkt kwetsbare objecten is de afstand ten minste 50 meter, gerekend vanaf het middelpunt van de gaszak.
2. Tussen een opslagtank voor vloeibaar biogas en buiten de inrichting gelegen kwetsbare en beperkt kwetsbare objecten is de afstand ten minste 50 meter, gerekend vanaf het aftappunt van de opslagtank.
3. Binnen de afstanden, genoemd in het eerste en tweede lid, is overnachting en recreatief verblijf door derden niet toegestaan.

Art. 3.129g
1. Een voorziening voor het biologisch behandelen van dierlijke meststoffen voor of na het vergisten ligt op een afstand van ten minste 100 meter van een geurgevoelig object dat binnen de bebouwde kom is gelegen.
2. Een voorziening voor het biologisch behandelen van dierlijke meststoffen voor of na het vergisten ligt op een afstand van ten minste 50 meter van een geurgevoelig object dat buiten de bebouwde kom is gelegen.
3. Het bevoegd gezag kan, indien blijkt dat de geurhinder als gevolg van het biologisch behandelen van dierlijke meststoffen voor of na het vergisten een aanvaardbaar niveau overschrijdt, onverminderd artikel 2.7a, bij maatwerkvoorschrift eisen stellen aan:
a. de situering van de voorziening;
b. het gesloten uitvoeren van de voorziening;
c. de ligging en afvoerhoogte van het emissiepunt, indien emissies worden afgezogen;
d. de toepassing van een doelmatige ontgeuringsinstallatie.

Art. 3.129h
Bij het vergisten van dierlijke meststoffen en de activiteiten, bedoeld in artikel 3.129c, tweede lid, wordt ten behoeve van:
a. het realiseren van een verwaarloosbaar bodemrisico;
b. het voorkomen van risico's voor de omgeving en ongewone voorvallen, dan wel, voor zover dat niet mogelijk is, het zoveel mogelijk beperken van de risico's voor de omgeving en de kans dat ongewone voorvallen zich voordoen en de gevolgen hiervan; of
c. het doelmatig verspreiden van emissies naar de buitenlucht,
ten minste voldaan aan de bij ministeriële regeling gestelde eisen.

Afdeling 3.6
Voedingsmiddelen

§ 3.6.1
Bereiden van voedingsmiddelen

Art. 3.130
Werkingssfeer Deze paragraaf is van toepassing op het bereiden van voedingsmiddelen met:
a. keukenapparatuur;
b. grootkeukenapparatuur;
c. één of meer bakkerijovens die chargegewijs beladen worden, of

Activiteitenbesluit milieubeheer   **A66** art. 3.134

d. één of meer bakkerijovens die continu beladen worden met een nominaal vermogen van ten hoogste 400 kilowatt.

Art. 3.131
1. Bij het in het vuilwaterriool lozen van afvalwater afkomstig van het bereiden van voedingsmiddelen en daarmee samenhangende activiteiten wordt ten minste voldaan aan het tweede tot en met het vijfde lid.
2. Indien niet in een vuilwaterriool geloosd kan worden, is lozen anders dan in een vuilwaterriool toegestaan, indien het afvalwater gezamenlijk met huishoudelijk afvalwater wordt geloosd en de voorzieningen voor het zuiveren van huishoudelijk afvalwater zijn berekend op het zuiveren van het afvalwater afkomstig van het bereiden van voedingsmiddelen en daarmee samenhangende activiteiten.
3. Afvalwater dat afvalstoffen bevat, die door versnijdende of vermalende apparatuur zijn versneden of vermalen, wordt niet geloosd.
4. Het vethoudende afvalwater wordt voorafgaand aan de vermenging met ander niet-vethoudend afvalwater geleid door een vetafscheider en slibvangput die voldoen aan en worden gebruikt conform NEN-EN 1825-1 en 2. In afwijking van NEN-EN 1825-1 en 2 kan met een lagere frequentie van het ledigen en reinigen dan daarin vermeld worden volstaan, indien een lagere frequentie geen nadelige gevolgen heeft voor het doelmatig functioneren van de afscheider.
5. Bij maatwerkvoorschrift kan het bevoegd gezag in afwijking van het vierde lid, het lozen zonder een vetafscheider en slibvangput toestaan, indien gelet op het vetgehalte in het te lozen afvalwater in combinatie met de hoeveelheid te lozen afvalwater, het lozen geen nadelige gevolgen heeft voor de doelmatige werking van de voorzieningen voor het beheer van afvalwater. Artikel 2.2, vierde lid, is van overeenkomstige toepassing.
6. Het vierde lid is niet van toepassing indien voor het tijdstip waarop dat artikel op de inrichting van toepassing werd een slibvangput en een vetafscheider zijn geplaatst die op de hoeveelheid afvalwater is afgestemd.
7. Indien op een inrichting voor 1 januari 2008 een besluit als bedoeld in artikel 6.43 van toepassing was en vanuit die inrichting het afvalwater van het vervaardigen of bereiden van voedingsmiddelen werd geloosd zonder behandeling in een vetafscheider en slibvangput die voldoen aan NEN-EN-1825-1 en 2 dan wel op de hoeveelheid afvalwater is afgestemd, geldt voor dat lozen een ontheffing die als maatwerkvoorschrift als bedoeld in het vijfde lid wordt aangemerkt.
8. Het zevende lid is van overeenkomstige toepassing op een inrichting waarop van 1 januari 2008 tot 1 januari 2013 het Besluit landbouw milieubeheer, het Besluit mestbassins milieubeheer of het Besluit glastuinbouw van toepassing was.

Bereiden van voedingsmiddelen, lozen afvalwater

Art. 3.132
Bij het bereiden van voedingsmiddelen wordt ten behoeve van het voorkomen dan wel voor zover dat niet mogelijk is het tot een aanvaardbaar niveau beperken van geurhinder voldaan aan de bij ministeriële regeling gestelde eisen.

Bereiden van voedingsmiddelen, eisen

§ 3.6.2
Slachten van dieren, uitsnijden van vlees of vis of bewerken van dierlijke bijproducten

Art. 3.133
1. Deze paragraaf is van toepassing op:
a. het slachten van ten hoogste 10.000 kilogram levend gewicht aan dieren per week en het broeien, koken of pekelen van daarbij vrijkomende dierlijke bijproducten;
b. het uitsnijden van vlees van karkassen of karkasdelen;
c. het uitsnijden van vis, of
d. het uitsnijden en pekelen van organen.
2. Deze paragraaf is niet van toepassing op een IPPC-installatie.

Werkingssfeer

Art. 3.134
1. Het slachten van dieren en het bewerken van dierlijke bijproducten vindt inpandig plaats.
2. Bij het in het vuilwaterriool lozen van afvalwater afkomstig van het bewerken van dierlijke bijproducten of het reinigen en desinfecteren van ruimtes waar dieren zijn geslacht, karkassen zijn bewerkt, vlees is uitgesneden van karkassen of karkasdelen, vis is uitgesneden, organen worden verwerkt of dierlijke bijproducten worden bewerkt, wordt ten minste voldaan aan het derde tot en met zevende lid.
3. Het afvalwater, bedoeld in het tweede lid, wordt voor vermenging met ander niet vethoudend afvalwater geleid door een vetafscheider en slibvangput die voldoen aan en worden gebruikt conform NEN-EN 1825-1 en 2. In afwijking van NEN-EN 1825-1 en 2 kan met een lagere frequentie van het legen en reinigen dan daar vermeld worden volstaan indien dit geen nadelige gevolgen heeft voor het doelmatig functioneren van de afscheider.

Slachten van dieren/bewerken dierlijke bijproducten, eisen

4. Het afvalwater wordt voorafgaand aan het lozen in een vuilwaterriool niet onderworpen aan een biologische behandeling.
5. Het bevoegd gezag kan, indien het belang van de bescherming van het milieu zich daartegen niet verzet, bij maatwerkvoorschrift, in afwijking van het vierde lid, een biologische behandeling toestaan voorafgaand aan het lozen in een vuilwaterriool.
6. Het derde lid is niet van toepassing op een slibvangput en een vetafscheider die zijn geplaatst binnen een inrichting voorafgaand aan het tijdstip waarop dat lid op die inrichting van toepassing werd.
7. Het derde lid is eveneens niet van toepassing op een flocculatie-afscheider die binnen een inrichting is geplaatst voorafgaand aan het tijdstip waarop die leden op die inrichting van toepassing werden.

Art. 3.135

Bewerken dierlijke bijproducten, eisen

1. Bij het broeien of koken van dierlijke bijproducten wordt ten behoeve van het voorkomen dan wel, voor zover dat niet mogelijk is, het tot een aanvaardbaar niveau beperken van geurhinder voldaan aan de bij ministeriële regeling gestelde eisen.
2. Bij het pekelen wordt ten behoeve van het realiseren van een verwaarloosbaar bodemrisico voldaan aan de bij ministeriële regeling gestelde eisen.
3. Bij het pekelen wordt:
a. ter bescherming van de doelmatige werking van voorzieningen voor het beheer van afvalwater, of
b. ten behoeve van het voorkomen dan wel, voor zover dat niet mogelijk is, het zoveel mogelijk beperken van de verontreiniging van een oppervlaktewaterlichaam,
ten minste voldaan aan de bij ministeriële regeling gestelde eisen.

Art. 3.136

Slachten van dieren, eisen

Bij het slachten van dieren wordt:
a. ten behoeve van het realiseren van een verwaarloosbaar bodemrisico voldaan aan de bij ministeriële regeling gestelde eisen, of
b. ten behoeve van het voorkomen dan wel voor zover dat niet mogelijk is het tot een aanvaardbaar niveau beperken van geurhinder ten minste voldaan aan de bij ministeriële regeling gestelde eisen.

§ 3.6.3
Industrieel vervaardigen of bewerken van voedingsmiddelen of dranken

Art. 3.137

Werkingssfeer

1. Deze paragraaf is van toepassing op het vervaardigen of bewerken van voedingsmiddelen of dranken, voor zover daarbij geen sprake is van:
a. het ambachtelijk bereiden van voedingsmiddelen of dranken;
b. het bereiden van voedingsmiddelen of dranken met:
1°. keukenapparatuur;
2°. grootkeukenapparatuur;
3°. een of meer bakkerijovens die chargegewijs beladen worden, of
4°. één of meer bakkerijovens die continu beladen worden met een nominaal vermogen van ten hoogste 400 kilowatt;
c. het slachten van dieren en het uitsnijden van vlees en vis;
d. de extractie van plantaardige oliën of veredeling van vetten;
e. de productie van zetmeel of suiker;
f. de productie van alcohol, of
g. de productie van voedingsmiddelen voor landbouwhuisdieren.
2. Deze paragraaf is niet van toepassing op een IPPC-installatie.

Art. 3.138

Vervaardigen/bewerken voedingsmiddelen of dranken, eisen

1. Het in een oppervlaktewaterlichaam lozen van afvalwater afkomstig van het vervaardigen of bewerken van voedingsmiddelen of dranken is uitsluitend toegestaan, indien daarbij ten minste wordt voldaan aan de eisen, gesteld bij of krachtens het tweede tot en met het zesde lid.
2. Het te lozen afvalwater bevat geen stoffen die op grond van het BBT-informatiedocument Algemene BeoordelingsMethodiek 2016, aangewezen krachtens artikel 5.4, eerste lid, van het Besluit omgevingsrecht, worden aangemerkt als stoffen waarvoor een:
a. saneringsinspanning Z of A geldt, of
b. saneringsinspanning B geldt, tenzij het afvalwater wordt gezuiverd door middel van biologische zuivering.
3. In afwijking van het tweede lid kan het bevoegd gezag, indien het belang van de bescherming van het milieu zich daar niet tegen verzet, bij maatwerkvoorschrift het lozen van afvalwater als bedoeld in dat lid, onder a of b, toestaan. Artikel 2.2, vierde lid, is van overeenkomstige toepassing.

4. Onverminderd het tweede en derde lid voldoet het te lozen afvalwater in enig steekmonster aan de volgende eisen:
a) het biochemisch zuurstofverbruik bedraagt ten hoogste 30 mg/l;
b) het chemisch zuurstofverbruik bedraagt ten hoogste 250 mg/l;
c) de totale hoeveelheid onopgeloste bestanddelen bedraagt ten hoogste 100 mg/l;
d) het gehalte aan zink bedraagt ten hoogste 1 mg/l;
e) het gehalte aan koper bedraagt ten hoogste 1 mg/l;
f) het gehalte aan totaalfosfor bedraagt ten hoogste 2 mg/l, en
g) het gehalte aan totaalstikstof bedraagt ten hoogste 15 mg/l.
5. In afwijking van het vierde lid kan het bevoegd gezag bij maatwerkvoorschrift:
a. lagere gehaltes of grenswaarden vaststellen indien het belang van het milieu daartoe noodzaakt, of
b. hogere gehaltes of grenswaarden vaststellen, indien het belang van de bescherming van het milieu zich daartegen niet verzet.
Artikel 2.2, vierde lid, is van overeenkomstige toepassing.
6. Het te lozen afvalwater kan op een doelmatige wijze worden bemonsterd.

Art. 3.139

1. Het lozen in een vuilwaterriool van afvalwater afkomstig van het vervaardigen of bewerken van voedingsmiddelen of dranken is toegestaan indien daarbij ten minste voldaan wordt aan de eisen, gesteld bij en krachtens het tweede tot en met het zevende lid. *[Vervaardigen/bewerken voedingsmiddelen of dranken, lozen afvalwater]*
2. Het te lozen afvalwater bevat geen stoffen die op grond van het BBT-informatiedocument Algemene BeoordelingsMethodiek 2016, aangewezen krachtens artikel 5.4, eerste lid, van het Besluit omgevingsrecht, worden aangemerkt als stoffen waarvoor een saneringsinspanning Z of A geldt.
3. In afwijking van het tweede lid kan het bevoegd gezag, indien het belang van de bescherming van het milieu zich daar niet tegen verzet, bij maatwerkvoorschrift het lozen van afvalwater, bedoeld in dat lid, toestaan. Artikel 2.2, vierde lid, is van overeenkomstige toepassing.
4. Het afvalwater wordt voorafgaand aan het lozen in een vuilwaterriool niet onderworpen aan een biologische behandeling.
5. Het bevoegd gezag kan, indien het belang van de bescherming van het milieu zich daartegen niet verzet, bij maatwerkvoorschrift, in afwijking van het vierde lid, een biologische behandeling toestaan voorafgaand aan het lozen in een vuilwaterriool.
6. Bij het in het vuilwaterriool lozen van afvalwater waarbij olie, vet, zuivel, vlees of vis wordt verwerkt, wordt het afvalwater, voor vermenging met ander niet-vethoudend afvalwater geleid door een vetafscheider en slibvangput die voldoen aan en worden gebruikt conform NEN-EN 1825-1 en -2. In afwijking van NEN-EN 1825-1 en 2 kan met een lagere frequentie van het ledigen en reinigen dan daar vermeld worden volstaan indien dit geen nadelige gevolgen heeft voor het doelmatig functioneren van de afscheider.
7. Het te lozen afvalwater kan op een doelmatige wijze worden bemonsterd.
8. Het zesde lid is niet van toepassing op een slibvangput en een vetafscheider die zijn geplaatst binnen een inrichting voorafgaand aan het tijdstip waarop dat lid op die inrichting van toepassing werd.
9. Het zesde lid is eveneens niet van toepassing op een flocculatie-afscheider die binnen een inrichting is geplaatst voorafgaand aan het tijdstip waarop die leden op die inrichting van toepassing werden.

Art. 3.140

1. Een inrichting voor het vervaardigen of bewerken van voedingsmiddelen of dranken wordt uitsluitend opgericht of uitgebreid in capaciteit voor dat vervaardigen of bewerken indien nieuwe geurhinder ter plaatse van geurgevoelige objecten door die oprichting of uitbreiding wordt voorkomen. De eerste volzin is eveneens van toepassing op het wijzigen van de inrichting, indien die wijziging leidt tot een grotere of andere geurbelasting ter plaatse van een of meer geurgevoelige objecten. *[Vervaardigen/bewerken voedingsmiddelen of dranken, geurhinder]*
2. Het bevoegd gezag kan in afwijking van het eerste lid bij maatwerkvoorschrift een bepaalde mate van nieuwe geurhinder ter plaatse van geurgevoelige objecten toestaan, indien het belang van de bescherming van het milieu zich daartegen niet verzet. Bij het opstellen van het maatwerkvoorschrift is artikel 2.7a van overeenkomstige toepassing en houdt het bevoegd gezag rekening met vastgesteld lokaal beleid ten aanzien van geurhinder.
3. Het bevoegd gezag kan, indien blijkt dat ten gevolge van het vervaardigen of bewerken van voedingsmiddelen of dranken de geurhinder ter plaatse van een of meer geurgevoelige objecten een aanvaardbaar niveau overschrijdt, onverminderd artikel 2.7a bij maatwerkvoorschrift bepalen dat een bepaalde geurbelasting ter plaatse van geurgevoelige objecten niet wordt overschreden, dan wel dat technische voorzieningen in de inrichting worden aangebracht of gedragsregels in de inrichting in acht worden genomen om de geurhinder tot een aanvaardbaar niveau te beperken.

A66 art. 3.141 — Activiteitenbesluit milieubeheer

Art. 3.141

Vervaardigen/bewerken voedingsmiddelen of dranken, stofklasse S

1. Onverminderd artikel 2.5, eerste, vierde en zesde lid, en artikel 2.6 is bij het vervaardigen of bewerken van voedingsmiddelen of dranken waarbij voedingsmiddelen of dranken of grondstoffen daarvan worden gedroogd, gemalen, gebrand of geroosterd of waarbij goederen behorend tot de stuifklasse S1, S2, S3 of S4 worden gemengd, de emissieconcentratie van stofklasse S niet meer dan:
a. 5 milligram per normaal kubieke meter, indien de massastroom van stofklasse S naar de lucht gelijk is aan of groter is dan 200 gram per uur, en
b. 50 milligram per normaal kubieke meter, indien de massastroom van stofklasse S kleiner is dan 200 gram per uur.
2. Het bevoegd gezag kan in de gevallen, bedoeld in het eerste lid, indien het gaat om een emissie van hygroscopisch stof, indien de massastroom van stofklasse S naar de lucht gelijk is aan of groter is dan 200 gram per uur, indien de toepassing van een filtrerende afscheider technisch niet haalbaar is en indien het belang van de bescherming van het milieu zich daartegen niet verzet, bij maatwerkvoorschrift een hogere emissieconcentratie van stofklasse S toestaan. De emissieconcentratie die bij maatwerkvoorschrift wordt toegestaan, bedraagt ten hoogste 50 milligram per normaal kubieke meter.
3. Bij maatwerkvoorschrift, bedoeld in het tweede lid, kunnen eisen worden gesteld met betrekking tot:
a. het controleren de emissieconcentratie van stofklasse S, of
b. het onderhoud en de controle van een emissiebeperkende techniek die in de inrichting wordt ingezet om aan het maatwerkvoorschrift te voldoen.
4. Bij het vervaardigen of bewerken van voedingsmiddelen of dranken waarbij voedingsmiddelen of dranken of grondstoffen daarvan worden gedroogd, gemalen, gebrand of geroosterd of waarbij goederen behorend tot de stuifklasse S1, S2, S3 of S4 worden gemengd, wordt ten behoeve van het voorkomen dan wel beperken van diffuse emissies en het doelmatig verspreiden van emissies naar de buitenlucht voldaan aan de bij ministeriële regeling gestelde eisen.

Afdeling 3.7
Sport en recreatie

§ 3.7.1
Binnenschietbanen

Art. 3.142

Werkingssfeer

Deze paragraaf is van toepassing op het schieten op een schietbaan of een combinatie van schietbanen in een gebouw of een deel van een gebouw, zonder open zijden en met een gesloten afdekking.

Art. 3.143

Binnenschietbanen, stofklasse S

1. Onverminderd artikel 2.5, eerste, vierde en zesde lid, en artikel 2.6 is bij het schieten op een binnenschietbaan, de emissieconcentratie van stofklasse S niet meer dan:
a. 5 milligram per normaal kubieke meter, indien de massastroom van stofklasse S naar de lucht gelijk is aan of groter is dan 200 gram per uur, en
b. 50 milligram per normaal kubieke meter, indien de massastroom van stofklasse S kleiner is dan 200 gram per uur.
2. Bij het schieten op een binnenschietbaan wordt ten behoeve van het voorkomen dan wel voor zover dat niet mogelijk is het beperken van diffuse emissies en stofhinder en het doelmatig verspreiden van emissies naar de buitenlucht, voldaan aan de bij ministeriële regeling gestelde eisen.

Art. 3.144

Binnenschietbanen, eisen

1. Bij het schieten op een binnenschietbaan wordt ten behoeve van:
a. het voorkomen van risico's voor de omgeving en ongewone voorvallen, dan wel voor zover dat niet mogelijk is het zoveel mogelijk beperken van de risico's voor de omgeving en de kans dat ongewone voorvallen zich voordoen en de gevolgen hiervan, of
b. het voorkomen dan wel, voor zover dat niet mogelijk is, zoveel mogelijk beperken van bodemverontreiniging;
ten minste voldaan aan de bij ministeriële regeling gestelde eisen.
2. Voor de bepaling van het langtijdgemiddelde beoordelingsniveau ($L_{ar,LT}$) en het maximaal geluidniveau L_{amax}, veroorzaakt door een inrichting met een binnenschietbaan, wordt voldaan aan bij ministeriële regeling gestelde eisen.

Activiteitenbesluit milieubeheer **A66** art. 3.152

§ 3.7.2
Traditioneel schieten

Art. 3.145
Deze paragraaf is van toepassing op het door schutterijen of schuttersgilden schieten met buksen of geweren vanaf een vaste standplaats op een stilstaand doel in de buitenlucht.

Werkingssfeer

Art. 3.146
Bij het traditioneel schieten wordt:
a. in afwijking van artikel 2.9, eerste lid, ten behoeve van het voorkomen dan wel, voor zover dat niet mogelijk is, het zoveel mogelijk beperken van de belasting van de bodem, of
b. ten behoeve van het voorkomen van risico's voor de omgeving en ongewone voorvallen, dan wel voor zover dat niet mogelijk is het zoveel mogelijk beperken van de risico's voor de omgeving en de kans dat ongewone voorvallen zich voordoen en de gevolgen hiervan, ten minste voldaan aan de bij ministeriële regeling gestelde eisen.

Traditioneel schieten, eisen

§ 3.7.3
Bieden van gelegenheid voor het beoefenen van sport in de buitenlucht

Art. 3.147
Deze paragraaf is van toepassing op het bieden van gelegenheid voor het beoefenen van sport in de buitenlucht waarbij terreinverlichting wordt toegepast.

Werkingssfeer

Art. 3.148
1. De verlichting bij een gelegenheid voor sportbeoefening in de buitenlucht is uitgeschakeld:
a. tussen 23.00 uur en 07.00 uur, en
b. indien er geen sport wordt beoefend noch onderhoud plaatsvindt.
2. Het eerste lid is niet van toepassing op dagen of dagdelen in verband met:
a. de viering van festiviteiten die bij of krachtens een gemeentelijke verordening zijn aangewezen, in de gebieden in de gemeente waarvoor de verordening geldt;
b. de viering van andere festiviteiten die plaatsvinden in de inrichting, waarbij het aantal bij of krachtens een gemeentelijke verordening aan te wijzen dagen of dagdelen niet meer mag bedragen dan twaalf per kalenderjaar, of
c. door het bevoegd gezag aangewezen activiteiten in een inrichting, anders dan festiviteiten als bedoeld in onderdeel b, waarbij het aantal aan te wijzen dagen of dagdelen gebaseerd op dit artikel tezamen niet meer bedraagt dan twaalf dagen per kalenderjaar.
3. Een festiviteit of activiteit als bedoeld in het tweede lid die maximaal een etmaal duurt, maar die zowel voor als na 00.00 uur plaatsvindt, wordt hierbij beschouwd als plaatshebbende op één dag.

Sportbeoefening in de buitenlucht, verlichting

§ 3.7.4
Recreatieve visvijvers

Art. 3.149
Deze paragraaf is van toepassing op het lozen van spuiwater uit recreatieve visvijvers.

Werkingssfeer

Art. 3.150
1. Het lozen van spuiwater uit recreatieve visvijvers in een oppervlaktewaterlichaam, op of in de bodem of in een voorziening voor de inzameling en het transport van afvalwater, niet zijnde een vuilwaterriool, is toegestaan.
2. Het lozen van spuiwater uit recreatieve visvijvers in een vuilwaterriool is verboden.

Recreatieve visvijvers, lozen spuiwater

§ 3.7.5
Gebruiken van gewasbeschermingsmiddelen op sport- of recreatieterreinen

Art. 3.151
Deze paragraaf is van toepassing op het gebruiken van gewasbeschermingsmiddelen op sport- of recreatieterreinen.

Werkingssfeer

Art. 3.152
1. Bij het lozen van gewasbeschermingsmiddelen in een oppervlaktewaterlichaam ten gevolge van het gebruik van gewasbeschermingsmiddelen op een sport- of recreatieterrein in de nabijheid van een oppervlaktewaterlichaam wordt ten minste voldaan aan het tweede tot en met het derde lid.
2. Binnen een afstand van een meter vanaf de insteek van een oppervlaktewaterlichaam worden gewasbeschermingsmiddelen niet gebruikt met apparatuur die bestemd is voor het druppelsgewijs gebruiken van gewasbeschermingsmiddelen, met uitzondering van pleksgewijze onkruidbestrijding met een afgeschermde spuitdop.
3. Binnen een afstand van 14 meter vanaf de insteek van een oppervlaktewaterlichaam:

Sport- of recreatieterreinen, lozen gewasbeschermingsmiddelen

a. worden gewasbeschermingsmiddelen slechts gebruikt met mechanisch voortbewogen apparatuur, indien deze uitsluitend is voorzien van driftarme doppen, en zodanig is ingesteld dat de spuitdoppen zich niet hoger dan 50 cm boven de grond bevinden;
b. wordt geen gebruik gemaakt van een spuitgeweer dat is voorzien van een wervelbop of dat gebruik maakt van een werkdruk van 5 bar of hoger;
c. worden geen gewasbeschermingsmiddelen gebruikt bij een windsnelheid van meer dan 5 meter per seconde gemeten op twee meter boven het grondoppervlak.

Afdeling 3.8
Overige activiteiten

§ 3.8.1
[Vervallen]

Art. 3.153-3.154
[Vervallen]

§ 3.8.2
Gemeentelijke milieustraat

Art. 3.155

Werkingssfeer
Deze paragraaf is van toepassing op inrichtingen waar een gemeente ter uitvoering van artikel 10.22, eerste lid, van de wet gelegenheid biedt om grove huishoudelijke afvalstoffen achter te laten.

Art. 3.156

Gemeentelijke milieustraat, eisen
1. Bij een inrichting waar een gemeente gelegenheid biedt om grove huishoudelijke afvalstoffen achter te laten wordt ten behoeve van een doelmatig beheer van afvalstoffen ten minste voldaan aan de bij ministeriële regeling gestelde eisen.
2. In afwijking van artikel 2.12 is het bij een inrichting die voldoet aan de krachtens het eerste lid gestelde eisen toegestaan afvalstoffen, zijnde grove huishoudelijke afvalstoffen, te mengen met andere categorieën van afvalstoffen.

§ 3.8.3
Buitenschietbanen

Art. 3.157

Buitenschietbanen
Deze paragraaf is van toepassing op het schieten op:
a. een buitenschietbaan die wordt gebruikt door de Nederlandse of een bondgenootschappelijke krijgsmacht waar minder dan 3 miljoen schoten per jaar worden afgevuurd;
b. een buitenschietbaan, niet zijnde een buitenschietbaan als bedoeld onder a, met beperkte onveilige zone;
c. een kleiduivenbaan.

Art. 3.158
In afwijking van artikel 2.9, eerste lid, worden bij het schieten op een buitenschietbaan ten behoeve van het voorkomen dan wel voor zover dat niet mogelijk is het zoveel mogelijk beperken van bodemverontreiniging de bij ministeriële regeling voorgeschreven maatregelen getroffen.

Art. 3.159
De artikelen 2.17 tot en met 2.22 zijn niet van toepassing op een buitenschietbaan.

Art. 3.160

Buitenschietbaan, geluidvoorschriften
1. Een buitenschietbaan voldoet ten behoeve van het voorkomen dan wel voor zover dat niet mogelijk is het tot een aanvaardbaar niveau beperken van geluidhinder aan de norm van ten hoogste 50 dB $B_{s,dan}$ op de gevel van gevoelige gebouwen en bij gevoelige terreinen op de grens van het terrein.
2. In afwijking van het eerste lid kan het bevoegd gezag in verband met nationale of operationele belangen, of indien bijzondere lokale omstandigheden daartoe aanleiding geven, bij maatwerkvoorschrift normen met een andere waarde vaststellen, echter niet hoger dan 55 dB $B_{s,dan}$.
3. De geluidvoorschriften in een omgevingsvergunning op grond van artikel 2.1, eerste lid, aanhef en onder e, van de Wet algemene bepalingen omgevingsrecht, voor een inrichting waarvan een buitenschietbaan deel uitmaakt, die in werking en onherroepelijk was tot het tijdstip van het in werking treden van het eerste lid, blijven van toepassing gedurende ten hoogste vijf jaar na dat tijdstip dan wel tot het tijdstip waarop het gebruik, het wapentype of de constructie van de buitenschietbaan wordt gewijzigd dan wel tot het tijdstip waarop een maatwerkvoorschrift als bedoeld in het tweede lid, wordt opgelegd.

4. Het bevoegd gezag kan bij maatwerkvoorschrift bepalen welke technische voorzieningen in de inrichting worden aangebracht en welke gedragsregels in acht worden genomen teneinde aan geldende geluidsnormen te voldoen.

Art. 3.161
1. De berekening van de geluidbelasting wordt uitgevoerd overeenkomstig de bij ministeriële regeling gestelde eisen.
2. De drijver van de inrichting registreert de bij ministeriële regeling te bepalen gegevens welke gedurende vijf kalenderjaren na dagtekening worden bewaard en ter inzage gehouden.

Geluidsbelasting, nadere regelgeving berekening

Art. 3.162
Bij het schieten op een buitenschietbaan wordt ten behoeve van het voorkomen van risico's voor de omgeving en ongewone voorvallen, dan wel voor zover dat niet mogelijk is het zoveel mogelijk beperken van de risico's voor de omgeving en de kans dat ongewone voorvallen zich voordoen en de gevolgen hiervan, voldaan aan de bij ministeriele regeling gestelde eisen.

Geluidsbelasting, nadere regelgeving risico's en ongewone voorvallen

§ 3.8.4
Coaten of lijmen van planten of onderdelen van planten

Art. 3.163
Deze paragraaf is van toepassing op het coaten of lijmen van planten of onderdelen van planten, anders dan hout.

Coaten/lijmen planten/onderdelen van planten, anders dan hout

Art. 3.164
Het is verboden om in de buitenlucht planten of onderdelen van planten met behulp van een nevelspuit te coaten of lijmen.

Verbod coaten of lijmen met nevelspuit

Art. 3.165
Onverminderd de artikelen 2.5, eerste, vierde en zesde lid, en 2.6 is bij het coaten of lijmen van planten of onderdelen van planten de emissieconcentratie van stofklasse S ten hoogste:
a. 5 milligram per normaal kubieke meter, indien de massastroom van stofklasse S naar de lucht gelijk is aan of groter is dan 200 gram per uur, en
b. 50 milligram per normaal kubieke meter, indien de massastroom van stofklasse S kleiner is dan 200 gram per uur.

Emissieconcentratie bij coaten of lijmen

Art. 3.166
Degene die de inrichting drijft, treft bij het coaten of lijmen van planten of onderdelen van planten de emissiereducerende maatregelen met betrekking tot vluchtige organische stoffen die zijn gesteld bij ministeriële regeling tenzij deze niet kosteneffectief of technisch uitvoerbaar zijn.

Emissiereducerende maatregelen bij coten of lijmen

Art. 3.167
Bij het coaten of lijmen van planten of onderdelen van planten worden ten behoeve van:
a. het voorkomen dan wel voor zover dat niet mogelijk is het beperken van diffuse emissies;
b. het voorkomen dan wel voor zover dat niet mogelijk is het tot een aanvaardbaar niveau beperken van stofhinder;
c. het doelmatig verspreiden van emissies naar de buitenlucht;
d. het voorkomen dan wel voor zover dat niet mogelijk is het tot een aanvaardbaar niveau beperken van geurhinder, en
e. het realiseren van een verwaarloosbaar bodemrisico,
de bij ministeriële regeling voorgeschreven maatregelen getroffen.

Coaten en lijmen, nadere regelgeving

§ 3.8.5
Fokken, houden of trainen van vogels of zoogdieren

Art. 3.168
1. Deze paragraaf is van toepassing op het fokken, houden of trainen van meer dan 25 vogels of meer dan 5 zoogdieren.
2. Deze paragraaf is niet van toepassing op het houden van landbouwhuisdieren.

Fokken, houden of trainen van vogels of zoogdieren

Art. 3.169
Bij het fokken, houden of trainen van vogels of zoogdieren wordt ten behoeve van:
a. het realiseren van een verwaarloosbaar bodemrisico, en
b. het voorkomen of voor zover dat niet mogelijk is het tot een aanvaardbaar niveau beperken van de geurhinder,
ten minste voldaan aan de bij ministeriële regeling gestelde eisen.

Fokken, houden of trainen van vogels of zoogdieren, eisen

Hoofdstuk 4
Bepalingen met betrekking tot overige activiteiten geldend voor een inrichting type A of een inrichting type B

Afdeling 4.0
Reikwijdte hoofdstuk 4

Art. 4

Werkingssfeer

Dit hoofdstuk is van toepassing op degene die een inrichting type A of een inrichting type B drijft.

Afdeling 4.1
Op- en overslaan van gevaarlijke en andere stoffen en gassen en het vullen van gasflessen

§ 4.1.1
Opslaan van gevaarlijke stoffen, CMR-stoffen of bodembedreigende stoffen in verpakking, niet zijnde vuurwerk, pyrotechnische artikelen voor theatergebruik, andere ontplofbare stoffen, bepaalde organische peroxiden, asbest, gedemonteerde airbags, gordelspanners of vaste kunstmeststoffen

Art. 4a

Werkingssfeer

Deze paragraaf is van toepassing op het opslaan van gevaarlijke stoffen, CMR-stoffen of bodembedreigende stoffen in verpakking, met uitzondering van:
a. de opslag van vuurwerk;
b. pyrotechnische artikelen voor theatergebruik;
c. andere ontplofbare stoffen;
d. stoffen van ADR klasse 5.2 type C tot en met F;
e. asbest;
f. gedemonteerde airbags;
g. gordelspanners, of
h. vaste kunstmeststoffen.

Art. 4.1

Gevaarlijke stoffen in verpakking, opslag

1. De verpakking en de opslag van gevaarlijke stoffen en CMR-stoffen in verpakking voldoen ten behoeve van het voorkomen van risico's voor de omgeving en ongewone voorvallen, dan wel voor zover dat niet mogelijk is het zoveel mogelijk beperken van de risico's voor de omgeving en de kans dat ongewone voorvallen zich voordoen en de gevolgen hiervan, ten minste aan de bij ministeriële regeling te stellen eisen.
2. Indien in een opslagvoorziening bestemd voor de opslag van gevaarlijke stoffen en CMR-stoffen in verpakking meer dan 2.500 kilogram gevaarlijke stoffen, niet zijnde gasflessen behorende tot de ADR klasse 2, aanwezig zijn, bedraagt de afstand tussen de opslagvoorziening en de dichtstbijzijnde woning van derden ten minste 20 meter.
3. Indien de opslagvoorziening bestemd voor de opslag van gevaarlijke stoffen en CMR-stoffen in verpakking is uitgevoerd als brandcompartiment of indien tussen de opslagvoorziening en de woning van derden een brandwerende voorziening van voldoende omvang aanwezig is, bedraagt de afstand, bedoeld in het tweede lid, ten minste 8 meter.
4. Het tweede en derde lid zijn niet van toepassing indien in de opslagvoorziening geen brandbare gevaarlijke stoffen aanwezig zijn.
5. Indien in een in de buitenlucht gesitueerde opslagvoorziening meer dan 1.000 liter brandbare gassen in gasflessen gemeten naar de totale waterinhoud aanwezig zijn, bedraagt de afstand tussen de opslagvoorziening en de dichtstbijzijnde woning van derden ten minste 15 meter. Indien tussen de opslagvoorziening en de woning van derden een brandwerende voorziening van voldoende omvang aanwezig is, bedraagt de afstand, bedoeld in de eerste zin, ten minste 7,5 meter.
6. Het voorhanden hebben en het gebruik van gasflessen die gevuld zijn met autogas is verboden, met uitzondering van wisselreservoirs ten behoeve van interne transportmiddelen. De eerste volzin is niet van toepassing op gedemonteerde LPG-tanks van motorvoertuigen.
7. De verpakking en de opslag van vloeibare bodembedreigende stoffen in verpakking en afvalstoffen waaruit vloeibaar bodembedreigende stoffen kunnen lekken voldoen ten behoeve van het realiseren van een verwaarloosbaar bodemrisico, aan de bij ministeriële regeling te stellen eisen.
8. Ten behoeve van het voorkomen dan wel voor zover dat niet mogelijk is het zoveel mogelijk beperken van verontreiniging van een oppervlaktewaterlichaam is het boven een oppervlaktewaterlichaam opslaan van gevaarlijke stoffen in verpakking, CMR-stoffen in verpakking, bo-

dembedreigende stoffen in verpakking en van lege, ongereinigde verpakkingen van gevaarlijke stoffen, CMR-stoffen en vloeibare bodembedreigende stoffen verboden, met uitzondering van:
a. het opslaan benedendeks op een binnenschip dat beschikt over een certificaat van onderzoek als bedoeld in artikel 6 van het Binnenvaartbesluit, of
b. het opslaan van gasflessen.
9. Indien gevaarlijke stoffen of CMR-stoffen in verpakking of vloeibare bodembedreigende stoffen in verpakking boven een oppervlaktewaterlichaam aanwezig zijn, wordt ten behoeve van het voorkomen dan wel voor zover dat niet mogelijk is het zoveel mogelijk beperken van verontreiniging van een oppervlaktewaterlichaam ten minste voldaan aan de bij ministeriële regeling te stellen eisen.
10. Het tweede tot en met zesde lid en het achtste en negende lid, zijn niet van toepassing op het opslaan van vloeibare kunstmeststoffen in verpakking, indien dat opslaan plaatsvindt in het kader van agrarische activiteiten.

§ 4.1.2
Opslaan van vuurwerk, pyrotechnische artikelen voor theatergebruik of andere ontplofbare stoffen

Art. 4.1a
1. Deze paragraaf is van toepassing op het opslaan van vuurwerk, pyrotechnische artikelen voor theatergebruik of andere ontplofbare stoffen.
2. Deze paragraaf is niet van toepassing op inrichtingen die in gebruik zijn bij de Nederlandse of een bondgenootschappelijke krijgsmacht.

Werkingssfeer

Art. 4.2
Inbeslaggenomen vuurwerk met aan consumentenvuurwerk vergelijkbare eigenschappen dat wordt opgeslagen in politiebureaus en theatervuurwerk wordt opgeslagen in een brandveiligheidsopslagkast, die voldoet aan de bij ministeriële regeling te stellen eisen ten behoeve van het voorkomen van risico's voor de omgeving en ongewone voorvallen, dan wel voor zover dat niet mogelijk is het zoveel mogelijk beperken van de risico's voor de omgeving en de kans dat ongewone voorvallen zich voordoen en de gevolgen hiervan.

Vuurwerk, opslag

Art. 4.3
1. Zwart kruit, rookzwak kruit en noodsignalen worden opgeslagen in een brandcompartiment dat voldoet aan de bij ministeriële regeling te stellen eisen ten behoeve van het voorkomen van risico's voor de omgeving en ongewone voorvallen, dan wel voor zover dat niet mogelijk is het zoveel mogelijk beperken van de risico's voor de omgeving en de kans dat ongewone voorvallen zich voordoen en de gevolgen hiervan.
2. Een brandcompartiment bestemd voor de opslag van zwart kruit of rookzwak kruit is gelegen op een afstand van ten minste 8 meter van buiten de inrichting gelegen kwetsbare of beperkt kwetsbare objecten.

Kruit en noodsignalen, opslag

Art. 4.4
1. Een voorziening voor de opslag van meer dan 10.000 patronen voor vuurwapens, dan wel onderdelen daarvan, is gelegen op een afstand van ten minste 8 meter van buiten de inrichting gelegen kwetsbare of beperkt kwetsbare objecten.
2. Het eerste lid is niet van toepassing indien de voorziening, bedoeld in dat lid, in een brandcompartiment is gesitueerd.

Munitie, opslag

§ 4.1.3
Opslaan van stoffen in opslagtanks

Art. 4.4a
1. Deze paragraaf is van toepassing op het opslaan van stoffen in een bovengrondse opslagtank van:
a. propeen, zuurstof, kooldioxide, argon, helium of stikstof;
b. stoffen van ADR klasse 5.1 of klasse 8, verpakkingsgroepen II en III, zonder bijkomend gevaar;
c. halfzware olie als bedoeld in artikel 26 van de Wet op de accijns bij een inrichting voor agrarische activiteiten;
d. PER bij een inrichting voor de reiniging van textiel;
e. polyesterhars, of
f. andere vloeibare bodembedreigende stoffen, niet zijnde:
1°. gevaarlijke stoffen;
2°. CMR-stoffen;
3°. smeerolie,
4°. afgewerkte olie, of
5°. gasolie.

Werkingssfeer

2. Deze paragraaf is niet van toepassing op bovengrondse opslagtanks die ingebouwd zijn in een installatie.

Art. 4.5

Opslag, in opslagtank

1. Bij het in gebruik hebben en het beëindigen van het gebruik van een bovengrondse opslagtank die wordt dan wel werd gebruikt voor de opslag van zuurstof, kooldioxide, argon, helium of stikstof wordt ten behoeve van het voorkomen van risico's voor de omgeving en ongewone voorvallen, dan wel voor zover dat niet mogelijk is het zoveel mogelijk beperken van de risico's voor de omgeving en de kans dat ongewone voorvallen zich voordoen en de gevolgen hiervan, ten minste voldaan aan de bij ministeriële regeling te stellen eisen.
2. Indien in een inrichting een bovengrondse opslagtank, bestemd voor de opslag van zuurstof, op een afstand van minder dan 10 meter is gelegen van een andere opslagtank, bestemd voor de opslag van propaan, propeen of een gas als bedoeld in het eerste lid, is de opslagtank bestemd voor de opslag van zuurstof gelegen op een afstand van ten minste 20 meter van buiten de inrichting gelegen kwetsbare of beperkt kwetsbare objecten.

Art. 4.5a

Opslag, veiligheidsafstanden

1. Met betrekking tot de opstelplaats van een opslagtank met propeen, het vulpunt van een opslagtank met propeen en de opstelplaats van de tankwagen worden ten opzichte van buiten de inrichting gelegen kwetsbare en beperkt kwetsbare objecten, de in tabel 4.5a opgenomen afstanden in acht genomen, waarbij de afstanden gelden van het vulpunt en de bovengrondse opslagtank, gerekend vanaf de aansluitpunten van de leidingen alsmede het bovengrondse deel van de leidingen en de pomp bij de opslagtank:

Tabel 4.5a veiligheidsafstanden

	Bevoorrading tot en met 5 keer per jaar	Bevoorrading meer dan 5 keer per jaar
Opslagtank met propeen tot en met 5 kubieke meter	10 meter	20 meter
Opslagtank met propeen groter dan 5 kubieke meter tot en met 13 kubieke meter	15 meter	25 meter

2. Een opslagtank met propeen, het vulpunt van een opslagtank met propeen en de opstelplaats van de tankwagen is gelegen op ten minste de helft van de afstanden, genoemd in tabel 4.5a, indien het objecten betreft waar ook een opslagtank met propeen of propaan aanwezig is.
3. In afwijking van het eerste lid worden met betrekking tot de opstelplaats van een opslagtank met propeen, het vulpunt van een opslagtank met propeen en de opstelplaats van de tankwagen ten opzichte van gebouwen bestemd voor het verblijf, al dan niet gedurende een gedeelte van de dag, van minderjarigen, ouderen, zieken of gehandicapten, dan wel gebouwen waarin doorgaans grote aantallen personen gedurende een groot gedeelte van de dag aanwezig zijn, de volgende afstanden in acht genomen:
a. bij een opslagtank met propeen tot en met 5 kubieke meter: 25 meter;
b. bij een opslagtank met propeen van meer dan 5 kubieke meter tot en met 13 kubieke meter: 50 meter.
4. Onverminderd het eerste tot en met derde lid, voldoet een opslagtank met propeen alsmede de bijbehorende leidingen en appendages ten behoeve van het voorkomen van risico's voor de omgeving en ongewone voorvallen, dan wel voor zover dat niet mogelijk is het zoveel mogelijk beperken van de risico's voor de omgeving en de kans dat ongewone voorvallen zich voordoen en de gevolgen hiervan, aan de bij ministeriële regeling te stellen eisen.

Art. 4.5b

Opslag, afstand tot opslagtank met polyesterhars

1. Met betrekking tot de opstelplaats van een bovengrondse opslagtank met polyesterhars, het vulpunt van een bovengrondse opslagtank met polyesterhars of de opstelplaats van de tankwagen, wordt ten opzichte van buiten de inrichting gelegen kwetsbare en beperkt kwetsbare objecten een afstand aangehouden van ten minste 20 meter.
2. Het eerste lid is niet van toepassing op een opslagtank die is geïnstalleerd voor 1 januari 2013.

Art. 4.6

Opslagtank, beëindigen gebruik

Bij het in gebruik hebben en het beëindigen van het gebruik van een bovengrondse opslagtank die wordt dan wel werd gebruikt voor de opslag van halfzware olie als bedoeld in artikel 26 van de Wet op de accijns, stoffen van ADR klasse 8 verpakkingsgroep II en III zonder bijkomend gevaar, PER, stoffen van ADR klasse 5.1, polyesterhars of andere vloeibare bodembedreigende stoffen wordt ten behoeve van:

Activiteitenbesluit milieubeheer **A66** art. 4.16

a. het realiseren van een verwaarloosbaar bodemrisico;
b. het voorkomen van risico's voor de omgeving en ongewone voorvallen, dan wel voor zover dat niet mogelijk is het zoveel mogelijk beperken van de risico's voor de omgeving en de kans dat ongewone voorvallen zich voordoen en de gevolgen hiervan;
c. het voorkomen dan wel voor zover dat niet mogelijk is het zoveel mogelijk beperken van verontreiniging van een oppervlaktewaterlichaam,
voldaan aan de bij ministeriële regeling te stellen eisen.

§ 4.1.4
Parkeren van vervoerseenheden met gevaarlijke stoffen

Art. 4.6a
Deze paragraaf is van toepassing op het parkeren van vervoerseenheden met stoffen of voorwerpen, waarvan het vervoer volgens het ADR is verboden of slechts onder daarin opgenomen voorwaarden is toegestaan, dan wel stoffen, materialen en voorwerpen aangeduid in de International Maritime Dangerous Goods Code.

Werkingssfeer

Art. 4.7
1. De afstand tussen een geparkeerde vervoerseenheid met gevaarlijke stoffen en een woning van derden bedraagt ten minste 20 meter. Deze afstand wordt gemeten vanaf de rand van de vervoerseenheid tot de gevel van de woning.
2. In een geparkeerde vervoerseenheid met gevaarlijke stoffen zijn gevaarlijke stoffen van verpakkingsgroep I en gevaarlijke stoffen van de klasse ADR 1 of 6.2, met uitzondering van categorie I3 en I4 niet aanwezig.
3. Het eerste en het tweede lid zijn niet van toepassing op het opstellen van vervoerseenheden met gevaarlijke stoffen in verband met aanmelden of andere formaliteiten, of op het opstellen van vervoerseenheden met gevaarlijke stoffen voor het verrichten van laad- of loshandelingen.
4. Met betrekking tot het parkeren van vervoerseenheden met gevaarlijke stoffen wordt ten behoeve van het voorkomen van risico's voor de omgeving en ongewone voorvallen, dan wel voor zover dat niet mogelijk is het zoveel mogelijk beperken van de risico's voor de omgeving en de kans dat ongewone voorvallen zich voordoen en de gevolgen hiervan, ten minste voldaan aan de bij ministeriële regeling te stellen eisen

Vervoerseenheid met gevaarlijke stoffen, parkeren

§ 4.1.5
Gebruik of opslag van bepaalde organische peroxiden

Art. 4.8
Deze paragraaf is van toepassing op:
a. het opslaan van stoffen van ADR klasse 5.2 behorend tot type C, D, E of F, waarvoor volgens het ADR temperatuurbeheersing niet vereist is, in een hoeveelheid van ten hoogste 1.000 kilogram per opslagvoorziening en in LQ-verpakking;
b. het opslaan van stoffen van ADR klasse 5.2 behorend tot type D, E of F, waarvoor ingevolge het ADR temperatuurbeheersing niet is vereist, in een hoeveelheid van ten hoogste 1.000 kilogram per opslagvoorziening, waarbij de verpakking niet zijnde LQ of voor zover het desinfectiemiddelen betreft of de opslag plaatsvindt bij een inrichting waar rubber of kunststof wordt verwerkt;
c. het gebruik van stoffen van ADR klasse 5.2 behorend tot type D, E of F, waarvoor ingevolge het ADR temperatuurbeheersing niet is vereist, als desinfectiemiddel of bij een inrichting waar rubber of kunststof wordt verwerkt.

Werkingssfeer

Art. 4.9
Het gebruik of de opslag in verpakking van stoffen van ADR klasse 5.2 type C tot en met F als bedoeld in artikel 4.8 voldoet ten behoeve van:
a. het voorkomen van risico's voor de omgeving en ongewone voorvallen, dan wel voor zover dat niet mogelijk is het zoveel mogelijk beperken van de risico's voor de omgeving en de kans dat ongewone voorvallen zich voordoen en de gevolgen hiervan, en
b. het realiseren van een verwaarloosbaar bodemrisico,
aan de bij ministeriële regeling gestelde eisen.

Opslaan stoffen ADR klasse 5.2 type C t/m F, eisen

Art. 4.10-4.15
[Vervallen]

§ 4.1.7
Opslaan van vaste kunstmeststoffen

Art. 4.16
Deze paragraaf is van toepassing op het opslaan van vaste kunstmeststoffen.

Werkingssfeer

A66 art. 4.17

Vaste kunstmeststof, opslag

Art. 4.17
Onverminderd paragraaf 3.4.3 wordt bij het opslaan van vaste kunstmeststoffen ten behoeve van het voorkomen van risico's voor de omgeving en ongewone voorvallen, dan wel voor zover dat niet mogelijk is het zoveel mogelijk beperken van de risico's voor de omgeving en de kans dat ongewone voorvallen zich voordoen en de gevolgen hiervan, ten minste voldaan aan de bij ministeriële regeling te stellen eisen.

Afdeling 4.2
[Vervallen]

§ 4.2.1
[Vervallen]

Art. 4.18-4.19
[Vervallen]

Afdeling 4.3
Activiteiten met betrekking tot hout of kurk

§ 4.3.1
Mechanische bewerkingen van hout of kurk dan wel van houten, kurken of houtachtige voorwerpen

Art. 4.20
Werkingssfeer
Deze paragraaf is van toepassing op mechanische bewerkingen van hout of kurk dan wel van houten, kurken of houtachtige voorwerpen.

Art. 4.21
Hout- en kurkbewerking, maximale emissieconcentratie
1. Onverminderd artikel 2.5, eerste, vierde en zesde lid, en artikel 2.6 is bij mechanische bewerkingen van hout of kurk dan wel van houten, kurken of houtachtige voorwerpen, de emissieconcentratie van stofklasse S niet meer dan:
a. 5 milligram per normaal kubieke meter indien de massastroom van stofklasse S gelijk is aan of groter is dan 200 gram per uur;
b. 50 milligram per normaal kubieke meter indien de massastroom kleiner is dan 200 gram per uur.
2. Bij de mechanische bewerkingen van hout of kurk, dan wel van houten, kurken of houtachtige voorwerpen worden ten behoeve van het voorkomen dan wel beperken van diffuse emissies en het doelmatig verspreiden van emissies naar de buitenlucht, de bij ministeriële regeling te bepalen maatregelen toegepast.
3. Het eerste en tweede lid zijn niet van toepassing op het niet beroepsmatig onderhouden en repareren van pleziervaartuigen in de buitenlucht op de winterberging bij een jachthaven.
4. Het eerste en tweede lid zijn niet van toepassing, indien bij de mechanische bewerkingen van hout of kurk in de inrichting niet meer dan 3 kubieke meter hout of kurk per jaar wordt bewerkt.

Art. 4.21a
Bij het verkleinen van hout of kurk dan wel van houten, kurken of houtachtige voorwerpen wordt ten behoeve van het realiseren van een verwaarloosbaar bodemrisico voldaan aan de bij ministeriële regeling te stellen eisen.

§ 4.3.2
Reinigen, coaten of lijmen van hout of kurk dan wel van houten, kurken of houtachtige voorwerpen

Art. 4.21b
Werkingssfeer
Deze paragraaf is van toepassing op het reinigen, coaten of lijmen van hout of kurk dan wel van houten, kurken of houtachtige voorwerpen.

Art. 4.22
Hout- en kurkbewerking, niet in buitenlucht
1. Het is verboden om in de buitenlucht hout, kurk dan wel houten, kurken of houtachtige voorwerpen met behulp van een nevelspuit te coaten of te lijmen dan wel met behulp van een nevelspuit te reinigen met vluchtige organische stoffen houdende producten.
2. Het eerste lid is niet van toepassing indien het niet mogelijk is om deze activiteiten in het inpandige deel van de inrichting te verrichten vanwege de omvang van het te bewerken object.

Art. 4.23
Hout- en kurkbewerking, maximum emissieconcentratie
1. Onverminderd artikel 2.5, eerste, vierde en zesde lid, en artikel 2.6 is bij het aanbrengen van coating of lijmlagen de emissieconcentratie van stofklasse S niet meer dan:

Activiteitenbesluit milieubeheer **A66** art. 4.27a

a. 5 milligram per normaal kubieke meter indien de massastroom van stofklasse S naar de lucht gelijk is aan of groter is dan 200 gram per uur; en
b. 50 milligram per normaal kubieke meter indien de massastroom naar de lucht van stofklasse S kleiner is dan 200 gram per uur.
2. Het eerste lid is niet van toepassing indien het coaten op grond van artikelen 4.22, tweede lid, in de buitenlucht plaatsvindt.

Art. 4.24
1. Degene die de inrichting drijft neemt bij het reinigen, coaten of lijmen van hout of kurk dan wel van houten, kurken of houtachtige voorwerpen de bij ministeriële regeling gestelde emissiereducerende maatregelen met betrekking tot vluchtige organische stoffen tenzij deze niet kosteneffectief of technisch uitvoerbaar zijn. — Hout- en kurkbewerking, emissiereductie
2. Het eerste lid is niet van toepassing indien het totaal verbruik van vluchtige organische stoffen bij de in het eerste lid genoemde activiteiten minder bedraagt dan 1.000 kilogram per jaar.
3. Het eerste lid is niet van toepassing op het verbruik van vluchtige organische stoffen waarvan het in de handel brengen is gereguleerd door het Besluit organische oplosmiddelen in verven en vernissen milieubeheer.
4. Indien de drempelwaarden, genoemd in tabel 2.28a worden overschreden, zijn het eerste tot en met derde lid niet van toepassing en is afdeling 2.11 van toepassing.

Art. 4.25
Bij het reinigen, coaten of lijmen van hout, kurk dan wel houten, kurken of houtachtige voorwerpen worden ten behoeve van: — Nadere regels
a. het voorkomen dan wel beperken van diffuse emissies;
b. het voorkomen dan wel beperken van stofhinder;
c. het doelmatig verspreiden van emissies naar de buitenlucht;
d. het voorkomen dan wel beperken van geurhinder;
e. het realiseren van een verwaarloosbaar bodemrisico,
de bij ministeriële regeling te bepalen maatregelen toegepast.

Art. 4.26
1. Bij het lozen van afvalwater afkomstig van het reinigen, coaten of lijmen van hout of kurk dan wel houten, kurken of houtachtige voorwerpen in een vuilwaterriool wordt ten minste voldaan aan het tweede tot en met vijfde lid. — Hout- en kurkbewerking, lozen afvalwater
2. Het lozen van afvalwater, bedoeld in het eerste lid, is toegestaan indien het afvalwater niet meer bevat dan 2 milligram lood per liter en 2 milligram zink per liter.
3. De in eerste lid genoemde waarden gelden voor representatieve etmaalmonsters. Voor steekmonsters gelden een factor drie hogere waarden.
4. In afwijking van het tweede lid wordt afvalwater dat meer dan 3 milligram vluchtige organohalogeenverbindingen uitgedrukt als chloor per liter in enig steekmonster bevat, niet geloosd.
5. Het te lozen afvalwater, bedoeld in het tweede lid, kan op een doelmatige wijze worden bemonsterd.

Afdeling 4.4
Activiteiten met betrekking tot rubber of kunststof

§ 4.4.1
Mechanische bewerkingen van rubber, kunststof of rubber- of kunststofproducten

Art. 4.27
Deze paragraaf is van toepassing op de mechanische bewerking van rubber, kunststof of van rubber- of kunststofproducten. — Werkingssfeer

Art. 4.27a
1. Onverminderd artikel 2.5, eerste, vierde en zesde lid, en artikel 2.6 is bij de mechanische bewerking van rubber, kunststof of van rubber- of kunststofproducten de emissieconcentratie van stofklasse S niet meer dan: — Mechanische bewerkingen rubber of kunststof, eisen
a. 5 milligram per normaal kubieke meter, indien de massastroom van stofklasse S naar de lucht gelijk is aan of groter is dan 200 gram per uur, en
b. 50 milligram per normaal kubieke meter, indien de massastroom van stofklasse S kleiner is dan 200 gram per uur.
2. Bij mechanische bewerking van rubber, kunststof of van rubber- of kunststofproducten wordt ten behoeve van het voorkomen dan wel voor zover dat niet mogelijk is het beperken van diffuse emissies en het doelmatig verspreiden van emissies naar de buitenlucht voldaan aan de bij ministeriële regeling gestelde eisen.
3. Het eerste en tweede lid zijn niet van toepassing op het niet beroepsmatig onderhouden en repareren van plezoervaartuigen in de buitenlucht bij een jachthaven.

A66 art. 4.27b   Activiteitenbesluit milieubeheer

4. Het eerste en tweede lid zijn niet van toepassing indien bij de mechanische bewerkingen van rubber, kunststof, rubber- of kunststofproducten in de inrichting niet meer dan 3 kubieke meter rubber, kunststof, rubber- of kunststofproducten per jaar wordt bewerkt.

Art. 4.27b

Kunststofbewerking, verkleinen rubber/kunststofproducten

Bij het verkleinen van rubber, kunststof of rubber- of kunststofproducten wordt ten behoeve van het realiseren van een verwaarloosbaar bodemrisico voldaan aan de bij ministeriële regeling gestelde eisen.

§ 4.4.2
Reinigen, coaten of lijmen van rubber, kunststof of rubber- of kunststofproducten

Art. 4.27c

Werkingssfeer

Deze paragraaf is van toepassing op het reinigen, coaten of lijmen van rubber, kunststof of rubber- of kunststofproducten.

Art. 4.28

Kunststofbewerking, reinigen/coaten/lijmen

1. Het is verboden om in de buitenlucht rubber, kunststof of rubber- of kunststofproducten met behulp van een nevelspuit te coaten of te lijmen dan wel met behulp van een nevelspuit te reinigen met vluchtige organische stoffen houdende producten.
2. Het eerste lid is niet van toepassing indien het niet mogelijk is om deze activiteiten in het inpandige deel van de inrichting te verrichten vanwege de omvang van het te bewerken object.

Art. 4.29

Kunststofbewerking, maximale emissieconcentratie

1. Onverminderd artikel 2.5, eerste, vierde en zesde lid, en artikel 2.6 is bij het aanbrengen van coating of lijmlagen de emissieconcentratie van stofklasse S niet meer dan:
a. 5 milligram per normaal kubieke meter, indien de massastroom van stofklasse S naar de lucht gelijk is aan of groter is dan 200 gram per uur, en
b. 50 milligram per normaal kubieke meter, indien de massastroom van stofklasse S kleiner is dan 200 gram per uur.
2. Het eerste lid is niet van toepassing indien het coaten op grond van artikel 4.28, tweede lid, in de buitenlucht plaatsvindt.

Art. 4.30

Kunststofbewerking, emissiereductie

1. Degene die de inrichting drijft neemt bij het reinigen, coaten of lijmen van rubber, kunststof of rubber- of kunststofproducten de bij ministeriële regeling gestelde emissiereducerende maatregelen met betrekking tot vluchtige organische stoffen tenzij deze niet kosteneffectief of technisch uitvoerbaar zijn.
2. Het eerste lid is niet van toepassing indien het totaal verbruik van vluchtige organische stoffen bij de in het eerste lid genoemde activiteiten minder bedraagt dan 1.000 kilogram per jaar.
3. Het eerste lid is niet van toepassing op het verbruik van vluchtige organische stoffen waarvan het in de handel brengen is gereguleerd door het Besluit organische oplosmiddelen in verven en vernissen milieubeheer.
4. indien de drempelwaarden, genoemd in tabel 2.28a worden overschreden, zijn het eerste tot en met derde lid niet van toepassing en is afdeling 2.11 van toepassing.

Art. 4.31

Nadere regels

Bij het reinigen, coaten of lijmen van rubber, kunststof of rubber- of kunststofproducten worden ten behoeve van:
a. het voorkomen dan wel beperken van diffuse emissies;
b. het voorkomen dan wel beperken van stofhinder;
c. het doelmatig verspreiden van emissies naar de buitenlucht;
d. het voorkomen dan wel beperken van geurhinder;
e. het realiseren van een verwaarloosbaar bodemrisico,
de bij ministeriële regeling te bepalen maatregelen toegepast.

§ 4.4.3
Wegen of mengen van rubbercompounds of het verwerken van rubber, thermoplastisch kunststof of polyesterhars

Art. 4.31a

Werkingssfeer

Deze paragraaf is van toepassing op het wegen of mengen van rubbercompounds of op het verwerken van rubber, thermoplastisch kunststof of polyesterhars.

Art. 4.31b

Wegen of mengen van rubbercompounds, maximum emissieconcentratie

1. Onverminderd artikel 2.5, eerste, vierde en zesde lid, en artikel 2.6 is bij het wegen of mengen van rubbercompounds de emissieconcentratie van stofklasse S niet meer dan:
a. 5 milligram per normaal kubieke meter, indien de massastroom van stofklasse S naar de lucht gelijk is aan of groter is dan 200 gram per uur, en

Activiteitenbesluit milieubeheer   **A66** art. 4.35

b. 50 milligram per normaal kubieke meter, indien de massastroom van stofklasse S kleiner is dan 200 gram per uur.
2. Onverminderd artikel 2.5 en 2.6 is bij het wegen of mengen van rubbercompounds of het verwerken van rubber of thermoplastisch kunststof de emissie van stoffen die onder een minimalisatieverplichting vallen, niet meer dan 0,05 milligram per normaal kubieke meter, indien de massastroom van stoffen met een minimalisatieverplichting meer bedraagt dan 0,15 gram per uur.
3. Bij ministeriële regeling worden stoffen als bedoeld in het tweede lid aangewezen.   *Nadere regels*
4. Bij het wegen of mengen van rubbercompounds of het verwerken van rubber, thermoplastisch kunststof of polyesterhars wordt ten behoeve van het voorkomen dan wel voor zover dat niet mogelijk is het beperken van diffuse emissies en het doelmatig verspreiden van emissies naar de buitenlucht voldaan aan de bij ministeriële regeling gestelde eisen.

Art. 4.31c
Bij het verwerken van polyesterhars wordt ten behoeve van het voorkomen of voor zover dat niet mogelijk is het tot een aanvaardbaar niveau beperken van de geurhinder, voldaan aan de bij ministeriële regeling gestelde eisen.   *Wegen of mengen van rubbercompounds, eisen verwerken polyesterhars*

Art. 4.31d
Bij het mengen van rubbercompounds, het verwerken van rubber of thermoplastisch kunststof of het verwerken van polyesterhars, wordt ten behoeve van het realiseren van een verwaarloosbaar bodemrisico voldaan aan de bij ministeriële regeling gestelde eisen.   *Mengen van rubbercompounds, eisen mengen/verwerken rubber*

Afdeling 4.5
Activiteiten met betrekking tot metaal

§ 4.5.1
Spaanloze, verspanende of thermische bewerking of mechanische eindafwerking van metalen.

Art. 4.31e
Deze paragraaf is van toepassing op spaanloze, verspanende of thermische bewerking of mechanische eindafwerking van metalen.   *Werkingssfeer*

Art. 4.32
1. Het is verboden om in de buitenlucht verspanende of thermische bewerkingen of mechanische eindafwerking van metalen uit te voeren.   *Metaalbewerking, niet in buitenlucht*
2. Het eerste lid is niet van toepassing indien het niet mogelijk is om in het inpandig deel van de inrichting verspanende of thermische bewerkingen of mechanische eindafwerking van metalen uit te voeren vanwege het volume of het gewicht van het te bewerken object.
3. Bij het uitvoeren van fijnverspanende bewerkingen aan metalen in de buitenlucht wordt ten behoeve van het voorkomen van stofhinder voldaan aan bij ministeriële regeling te stellen eisen.

Art. 4.33
1. Onverminderd artikel 2.5, eerste, vierde en zesde lid, en artikel 2.6 is bij smeden, shredderen, droogverspanende bewerkingen, thermische bewerkingen en bij mechanische eindafwerking van metalen, de emissieconcentratie van stofklasse S niet meer dan: *Metaalbewerking, emissieconcentratie*
a. 5 milligram per normaal kubieke meter, indien de massastroom van stofklasse S naar de lucht gelijk is aan of groter is dan 200 gram per uur; en
b. 50 milligram per normaal kubieke meter indien de massastroom kleiner is dan 200 gram per uur.
2. Het eerste lid is niet van toepassing indien de werkzaamheden op grond van de artikelen 4.32, tweede lid, of 4.86 in de buitenlucht worden verricht.

Art. 4.34
1. Onverminderd artikel 2.5, eerste, vierde en zesde lid, en artikel 2.6 is bij droogverspanende bewerkingen, thermische bewerkingen en bij mechanische eindafwerking van roestvast staal, de emissieconcentratie van chroom VI-verbindingen, berekend als chroom, niet meer dan 0,1 milligram per normaal kubieke meter, indien de massastroom van chroom VI-verbindingen naar de lucht, berekend als chroom, meer bedraagt dan 0,5 gram per uur.   *Metaalbewerking, roestvast staal/chroom*
2. Het eerste lid is niet van toepassing indien de werkzaamheden op grond van de artikelen 4.32, tweede lid, of 4.86 in de buitenlucht worden verricht.

Art. 4.35
1. Onverminderd artikel 2.5, eerste, vierde en zesde lid, en artikel 2.6 is bij het snijden van koper: *Metaalbewerking, koper*
a. de emissieconcentratie van koperverbindingen berekend als koper, niet meer dan 5 milligram per normaal kubieke meter indien de massastroom van koperverbindingen naar de lucht berekend als koper, meer bedraagt dan 10 gram per uur;

A66 art. 4.36 — Activiteitenbesluit milieubeheer

b. de emissieconcentratie van koperrook berekend als koper, niet meer dan 0,5 milligram per normaal kubieke meter indien de massastroom van koperrook naar de lucht berekend als koper, meer bedraagt dan 2,5 gram per uur.

2. Het eerste lid is niet van toepassing indien de werkzaamheden op grond van artikel 4.32, tweede lid, in de buitenlucht worden verricht.

Art. 4.36

Metaalbewerking, vernevelen/verdampen metaalbewerkingsvloeistoffen

Bij verspanende bewerkingen waar metaalbewerkingsvloeistoffen worden verneveld of verdampt worden maatregelen getroffen om zichtbare verspreiding van druppels en nevels die vrijkomen bij verspanende bewerkingen waarbij bewerkingsvloeistoffen worden gebruikt, in de buitenlucht te voorkomen.

Art. 4.37

Nadere regels

Bij het smeden, droogverspanende bewerkingen, thermische bewerking en mechanische eindafwerking van metalen worden ten behoeve van het voorkomen dan wel beperken van diffuse emissies en het doelmatig verspreiden van emissies naar de buitenlucht de bij ministeriële regeling te bepalen maatregelen toegepast.

Art. 4.38

Bij spaanloze, verspanende of thermische bewerkingen of mechanische eindafwerking van metalen wordt ten behoeve van het realiseren van een verwaarloosbaar bodemrisico, voldaan aan de bij ministeriële regeling te stellen eisen.

§ 4.5.2
Lassen van metalen

Art. 4.38a

Werkingssfeer

Deze paragraaf is van toepassing op het lassen van metalen.

Art. 4.39

Metaalbewerking, lassen

1. Het is verboden om in de buitenlucht laswerkzaamheden te verrichten.
2. Het eerste lid is niet van toepassing indien het niet mogelijk is om in het inpandig deel van de inrichting te lassen vanwege de omvang van het te lassen object.

Art. 4.40

Lassen, emissieconcentratie

1. Onverminderd artikel 2.5, eerste, vierde en zesde lid, en artikel 2.6 is bij laswerkzaamheden behorend tot de klassen III tot en met VII, de emissieconcentratie van stofklasse S niet meer dan:
a. 5 milligram per normaal kubieke meter, indien de massastroom van stofklasse S naar de lucht gelijk is aan of groter is dan 200 gram per uur; en
b. 50 milligram per normaal kubieke meter indien de massastroom kleiner is dan 200 gram per uur.
2. Bij ministeriële regeling wordt de indeling van laswerkzaamheden in klassen, bedoeld in het eerste lid, vastgesteld.
3. Het eerste lid is niet van toepassing indien de laswerkzaamheden op grond van de artikelen 4.39, tweede lid, of 4.86 in de buitenlucht worden verricht.

Art. 4.41

Lassen, chroom VI/berylliumverbindingen

1. Onverminderd artikel 2.5, eerste, vierde en zesde lid, en artikel 2.6 is bij het lassen van roestvast staal of Berylliumlegeringen de emissieconcentratie van:
a. chroom VI-verbindingen, berekend als chroom, niet meer dan 0,1 milligram per normaal kubieke meter, indien de massastroom van chroom VI-verbindingen naar de lucht, berekend als chroom, meer bedraagt dan 0,5 gram per uur; en
b. berylliumverbindingen, berekend als beryllium, niet meer dan 0,05 milligram per normaal kubieke meter indien de massastroom van berylliumverbindingen naar de lucht, berekend als Beryllium, meer bedraagt dan 0,15 gram per uur.
2. Het eerste lid is niet van toepassing indien de laswerkzaamheden op grond van de artikelen 4.39, tweede lid, of 4.86 in de buitenlucht worden verricht.

Art. 4.42

Lassen, loodverbindingen

1. Onverminderd artikel 2.5, eerste, vierde en zesde lid, en artikel 2.6 is bij het lassen van materialen die geverfd zijn met loodmenie de emissieconcentratie van loodverbindingen, berekend als lood, niet hoger dan 0,5 milligram per normaal kubieke meter, indien de massastroom van loodverbindingen naar de lucht, berekend als lood, meer bedraagt dan 2,5 gram per uur.
2. Het eerste lid is niet van toepassing indien de laswerkzaamheden op grond van de artikelen 4.39, tweede lid, of 4.86 in de buitenlucht worden verricht.

Art. 4.43

Lassen, beperken/verspreiden emissie

Bij het lassen van metalen worden ten behoeve van het voorkomen dan wel beperken van diffuse emissies en het doelmatig verspreiden van emissies naar de buitenlucht de bij ministeriële regeling te bepalen maatregelen toegepast.

Activiteitenbesluit milieubeheer A66 art. 4.50

§ 4.5.3
Solderen van metalen

Art. 4.43a
Deze paragraaf is van toepassing op het solderen van metalen. — Werkingssfeer

Art. 4.44
1. Onverminderd artikel 2.5, eerste, vierde en zesde lid, en artikel 2.6 is bij solderen de emissieconcentratie van stofklasse S niet meer dan: — Metaalbewerking, solderen
a. 5 milligram per normaal kubieke meter, indien de massastroom van stofklasse S naar de lucht gelijk is aan of groter is dan 200 gram per uur; en
b. niet meer dan 50 milligram per normaal kubieke meter indien de massastroom kleiner is dan 200 gram per uur.
2. Het eerste lid is niet van toepassing op zachtsolderen indien het jaarverbruik van soldeermiddel minder bedraagt dan 250 ton.

Art. 4.45
Onverminderd artikel 2.5, eerste, vierde en zesde lid, en artikel 2.6 is bij hardsolderen met cadmiumhoudend soldeermiddel de emissieconcentratie van cadmium en cadmiumverbindingen, niet meer dan 0,05 milligram per normaal kubieke meter indien de massastroom van cadmium en cadmiumverbindingen naar de lucht meer bedraagt dan 10 gram per uur. — Solderen, emissieconcentratie cadmium en cadmiumverbindingen

Art. 4.46
Onverminderd artikel 2.5, eerste, vierde en zesde lid, en artikel 2.6 is bij solderen met vloeimiddelen die leiden tot gasvormige emissies naar de lucht de emissieconcentratie van de stoffen behorend tot de stofklassen gA.1, gA.2, gA.3, gA.4, gA.5, gO.1, gO.2 en gO.3, naar de lucht niet meer dan de voor die betreffende stofklasse genoemde emissieconcentratie-eis in artikel 2.5 indien de massastroom gelijk of groter is dan de in artikel 2.5 voor de betreffende stofklasse genoemde grensmassastroom. — Solderen, emissieconcentratie stofklasse

Art. 4.47
1. Op verzoek van het bevoegd gezag overlegt degene die de inrichting drijft waar metalen worden gesoldeerd informatie ten aanzien van: — Solderen, informatieverstrekking
a. de samenstelling en het jaarverbruik van de verschillende vloeimiddelen en soldeermaterialen, gesorteerd naar de verschillende procesvormen;
b. een overzicht van de aard en omvang van de gasvormige emissies naar de lucht die bij het solderen vrijkomen.
2. Het eerste lid, onderdeel b, is niet van toepassing indien het jaarverbruik van vloeimiddelen niet meer bedraagt dan 100 kilogram.

Art. 4.48
Bij het solderen van metalen worden ten behoeve van het voorkomen dan wel beperken van diffuse emissies en het doelmatig verspreiden van emissies naar de buitenlucht, de bij ministeriële regeling te bepalen maatregelen toegepast. — Nadere regels

§ 4.5.4
Stralen van metalen

Art. 4.48a
Deze paragraaf is van toepassing op het stralen van metalen. — Werkingssfeer

Art. 4.49
1. Het is verboden om in de buitenlucht straalwerkzaamheden te verrichten. — Metaalbewerking, stralen
2. Het eerste lid is niet van toepassing indien het niet mogelijk is om in het inpandige deel van de inrichting te stralen vanwege de omvang van het te stralen object.
3. Bij het stralen in de buitenlucht wordt ten behoeve van het voorkomen van stofhinder voldaan aan bij ministeriële regeling te stellen eisen.

Art. 4.50
1. Onverminderd artikel 2.5, eerste, vierde en zesde lid, en artikel 2.6 is bij straalwerkzaamheden de emissieconcentratie van: — Stralen, emissieconcentratie
a. stofklasse S niet meer dan 5 milligram per normaal kubieke meter, indien de massastroom van stofklasse S naar de lucht gelijk is aan of groter is dan 200 gram per uur, en niet meer dan 50 milligram per normaal kubieke meter indien de massastroom kleiner is dan 200 gram per uur;
b. MVP1 stoffen niet meer dan 0,05 milligram per normaal kubieke meter, indien de massastroom van de MVP1 stoffen naar de lucht groter is dan 0,15 gram per uur;
c. sA.1 stoffen niet meer dan 0,05 milligram per normaal kubieke meter, indien de massastroom van de sA.1 stoffen naar de lucht groter is dan 0,25 gram per uur;
d. sA.2 stoffen niet meer dan 0,5 milligram per normaal kubieke meter, indien de massastroom van de sA.2 stoffen naar de lucht groter is dan 2,5 gram per uur;

A66 art. 4.51 Activiteitenbesluit milieubeheer

e. sA.3 stoffen niet meer dan 5,0 milligram per normaal kubieke meter, indien de massastroom van de sA.3 stoffen naar de lucht groter is dan 10 gram per uur;

f. sO stoffen niet meer dan 5,0 milligram per normaal kubieke meter, indien de massastroom van de sO stoffen naar de lucht gelijk is aan of groter is dan 100 gram per uur, en niet meer dan 50 milligram per normaal kubieke meter indien de massastroom kleiner is dan 100 gram per uur.

2. Het eerste lid is niet van toepassing indien de straalwerkzaamheden op grond van artikel 4.49, tweede lid, in de buitenlucht worden verricht.

3. Bij het stralen van metalen worden ten behoeve van het voorkomen dan wel beperken van diffuse emissies en het doelmatig verspreiden van emissies naar de buitenlucht, de bij ministeriële regeling te bepalen maatregelen toegepast.

Art. 4.51

Nadere regels

Bij het stralen van metalen wordt ten behoeve van het realiseren van een verwaarloosbaar bodemrisico, voldaan aan de bij ministeriële regeling te stellen eisen.

§ 4.5.5
Reinigen, lijmen of coaten van metalen

Art. 4.52

Werkingssfeer

1. Deze paragraaf is van toepassing op het reinigen, lijmen of coaten van metalen.
2. In deze paragraaf wordt onder het reinigen van metalen niet verstaan het wassen van motorvoertuigen of werktuigen, bedoeld in paragraaf 3.3.2., en het afspuiten van pleziervaartuigen, bedoeld in paragraaf 4.6.6.

Art. 4.53

Reinigen/lijmen/coaten, niet in buitenlucht

1. Het is verboden om in de buitenlucht metalen met behulp van een nevelspuit te coaten of te lijmen dan wel met behulp van een nevelspuit te reinigen met vluchtige organische stoffen houdende producten.
2. Het eerste lid is niet van toepassing indien het niet mogelijk is om deze activiteiten in het inpandige deel van de inrichting te verrichten vanwege de omvang van het te bewerken object.

Art. 4.54

Reinigen/lijmen/coaten, emissieconcentratie

1. Onverminderd artikel 2.5, eerste, vierde en zesde lid, en artikel 2.6 is bij het aanbrengen van coating of lijmlagen de emissieconcentratie van stofklasse S niet meer dan:
a. 5 milligram per normaal kubieke meter, indien de massastroom van stofklasse S naar de lucht gelijk is aan of groter is dan 200 gram per uur; en
b. 50 milligram per normaal kubieke meter indien de massastroom kleiner is dan 200 gram per uur.
2. Het eerste lid is niet van toepassing indien het coaten op grond van artikel 4.53, tweede lid, in de buitenlucht plaatsvindt.

Art. 4.54a

Reinigen/lijmen/coaten, schoonbranden van verontreinigde metalen

1. Het schoonbranden van lood, geïsoleerde kabels, oliegekoelde transformatoren en metaaloppervlakken die verontreinigd zijn met polyvinylchloride of andere halogeenverbindingen, is verboden.
2. Voordat metalen worden schoongebrand, worden deze vrijgemaakt van materialen die redelijkerwijs op andere wijze dan door schoonbranden kunnen worden verwijderd.
3. Bij het schoonbranden van metalen is de emissieconcentratie van:
a. stofklasse S niet meer dan 25 milligram per normaal kubieke meter;
b. gasvormige anorganische chloriden niet meer dan 20 milligram per normaal kubieke meter, of
c. totaal koolwaterstoffen niet meer dan 50 milligram per normaal kubieke meter.
4. Het in het vuilwaterriool lozen van afvalwater afkomstig van de behandeling van de emissie die vrijkomt bij het schoonbranden, is verboden.

Art. 4.55

Reinigen/lijmen/coaten, emissiereductie

1. Degene die de inrichting drijft neemt bij het reinigen, coaten of lijmen van metalen voorwerpen met betrekking tot vluchtige organische stoffen de bij ministeriële regeling gestelde emissiereducerende maatregelen tenzij deze niet kosteneffectief of technisch uitvoerbaar zijn.
2. Het eerste lid is niet van toepassing indien het totaal verbruik van vluchtige organische stoffen bij de in het eerste lid genoemde activiteiten minder bedraagt dan 1.000 kilogram per jaar.
3. Het eerste lid is niet van toepassing op het verbruik van vluchtige organische stoffen waarvan het in de handel brengen is gereguleerd door het Besluit organische oplosmiddelen in verven en vernissen milieubeheer.
4. Indien de drempelwaarden, genoemd in tabel 2.28a worden overschreden, zijn het eerste tot en met derde lid niet van toepassing en is afdeling 2.11 van toepassing.

Art. 4.56

Nadere regels

Bij het reinigen, coaten en lijmen van metalen worden ten behoeve van:

a. het voorkomen dan wel beperken van diffuse emissies;
b. het voorkomen dan wel beperken van stofhinder;
c. het doelmatig verspreiden van emissies naar de buitenlucht;
d. het voorkomen dan wel beperken van geurhinder;
e. het realiseren van een verwaarloosbaar bodemrisico,
de bij ministeriële regeling te bepalen maatregelen toegepast.

§ 4.5.6
Aanbrengen anorganische deklagen op metalen

Art. 4.56a
Deze paragraaf is van toepassing op het aanbrengen van anorganische deklagen op metalen.   Werkingssfeer

Art. 4.57
1. Het is verboden om in de buitenlucht anorganische deklagen op metalen aan te brengen.   Metaalbewerking, aanbrengen anorganische deklaag
2. Het eerste lid is niet van toepassing op schooperen indien het niet mogelijk is om deze werkzaamheden in het inpandige deel van de inrichting uit te voeren vanwege de omvang van het te bewerken object.

Art. 4.58
Onverminderd artikel 2.5, eerste, vierde en zesde lid, en artikel 2.6 is bij het aanbrengen van anorganische deklagen op metalen de emissieconcentratie van: Aanbrengen anorganische deklaag, emissieconcentratie
a. stofklasse S niet meer dan 5 milligram per normaal kubieke meter, indien de massastroom van stofklasse S naar de lucht gelijk is aan of groter is dan 200 gram per uur, en niet meer dan 50 milligram per normaal kubieke meter indien de massastroom van stofklasse S naar de lucht kleiner is dan 200 gram per uur;
b. MVP1 stoffen niet meer dan 0,05 milligram per normaal kubieke meter, indien de massastroom van de MVP1 stoffen naar de lucht groter is dan 0,15 gram per uur;
c. sA.1 stoffen niet meer dan 0,05 milligram per normaal kubieke meter, indien de massastroom van de sA.1 stoffen naar de lucht groter is dan 0,25 gram per uur;
d. sA.2 stoffen niet meer dan 0,5 milligram per normaal kubieke meter, indien de massastroom van de sA.2 stoffen naar de lucht groter is dan 2,5 gram per uur;
e. sA.3 stoffen niet meer dan 5,0 milligram per normaal kubieke meter, indien de massastroom van de sA.3 stoffen naar de lucht groter is dan 10 gram per uur;
f. sO stoffen niet meer dan 5,0 milligram per normaal kubieke meter, indien de massastroom van de sO stoffen naar de lucht gelijk is of groter is dan 100 gram per uur, en niet meer dan 50 milligram per normaal kubieke meter indien de massastroom kleiner is dan 100 gram per uur.

Art. 4.59
Bij het aanbrengen van anorganische deklagen van metaal worden ten behoeve van: Nadere regels
a. het voorkomen dan wel beperken van diffuse emissies;
b. het voorkomen dan wel beperken van stofhinder;
c. het doelmatig verspreiden van emissies naar de buitenlucht;
d. het voorkomen dan wel beperken van geurhinder;
e. het realiseren van een verwaarloosbaar bodemrisico,
de bij ministeriële regeling te bepalen maatregelen toegepast.

§ 4.5.7
Beitsen of etsen van metalen

Art. 4.59a
Deze paragraaf is van toepassing op het beitsen of etsen van metalen.   Werkingssfeer

Art. 4.60
1. Onverminderd artikel 2.5, eerste, vierde en zesde lid, en artikel 2.6 is bij het beitsen of etsen van metalen of metalen voorwerpen de emissieconcentratie van: Metaalbewerking, beitsen/etsen
a. waterstoffluoride niet meer dan 3 milligram per normaal kubieke meter indien de massastroom van waterstoffluoride naar de lucht groter is dan 15 gram per uur;
b. zoutzuur niet meer dan 10 milligram per normaal kubieke meter indien de massastroom van zoutzuur naar de lucht groter is dan 150 gram per uur, tenzij de concentratie aan zoutzuur in de ongereinigde massastroom kleiner is dan 1 gram per normaal kubieke meter in welk geval de emissieconcentratie van zoutzuur niet meer is dan 30 milligram per normaal kubieke meter;
c. salpeterzuur niet meer dan 30 milligram per normaal kubieke meter indien de massastroom van salpeterzuur groter is dan 150 gram per uur;
d. zwavelzuur niet meer dan 3 milligram per normaal kubieke meter indien de massastroom van zwavelzuur groter is dan 15 gram per uur;
e. azijnzuur niet meer dan 50 milligram per normaal kubieke meter indien de massastroom van azijnzuur groter is dan 500 gram per uur.

Nadere regels	2. Bij het beitsen of etsen van metalen worden ten behoeve van het voorkomen dan wel beperken van diffuse emissies en het doelmatig verspreiden van emissies naar de buitenlucht, de bij ministeriële regeling te bepalen maatregelen toegepast. **Art. 4.61** Bij het beitsen of etsen van metalen wordt ten behoeve van het realiseren van een verwaarloosbaar bodemrisico, voldaan aan de bij ministeriële regeling te stellen eisen.

§ 4.5.8
Elektrolytisch of stroomloos aanbrengen van metaallagen op metalen

Werkingssfeer	**Art. 4.61a** Deze paragraaf is van toepassing op het elektrolytisch of stroomloos aanbrengen van metaallagen op metalen.
Metaalbewerking, elektrolytisch en stroomloos aanbrengen metaallagen	**Art. 4.62** 1. Onverminderd artikel 2.5, eerste, vierde en zesde lid, en artikel 2.6 is bij het elektrolytisch of stroomloos aanbrengen van chroom en cadmiumlagen de emissieconcentratie van: a. chroom VI-verbindingen, berekend als chroom, niet meer dan 0,1 milligram per normaal kubieke meter indien de massastroom van chroom VI-verbindingen naar de lucht, berekend als chroom, groter is dan 0,5 gram per uur; b. cadmium en cadmiumverbindingen niet meer dan 0,05 milligram per normaal kubieke meter indien de massastroom van cadmium en cadmiumverbindingen groter is dan 0,25 gram per uur. 2. Bij het elektrolytisch of stroomloos aanbrengen van metaallagen op metalen worden ten behoeve van het voorkomen dan wel beperken van diffuse emissies en het doelmatig verspreiden van emissies naar de buitenlucht de bij ministeriële regeling te bepalen maatregelen toegepast.
Nadere regels	**Art. 4.63** Bij het elektrolytisch of stroomloos aanbrengen van metaallagen wordt ten behoeve van het realiseren van een verwaarloosbaar bodemrisico, voldaan aan de bij ministeriële regeling te stellen eisen.

§ 4.5.9
Drogen van metalen

Werkingssfeer	**Art. 4.63a** Deze paragraaf is van toepassing op het drogen van metalen.
Metaalbewerking, drogen	**Art. 4.64** 1. Bij het drogen van metalen is het gebruik van oplosmiddelen niet toegestaan. 2. Indien degene die de inrichting drijft aantoont dat het niet mogelijk is om anders te drogen dan met behulp van oplosmiddelen kan het bevoegd gezag bij maatwerkvoorschrift het eerste lid niet van toepassing verklaren en het gebruik van oplosmiddelen bij het drogen van metalen onder voorwaarden toestaan. Deze voorwaarden beogen de nadelige gevolgen van het drogen met behulp van oplosmiddelen te voorkomen of indien dat niet mogelijk is, zoveel mogelijk te beperken voor zover dat redelijkerwijs mogelijk is. Daarbij wordt ervan uitgegaan dat in de inrichting ten minste de voor de inrichting in aanmerking komende beste beschikbare technieken worden toegepast.

§ 4.5.10
Aanbrengen van conversielagen op metalen

Werkingssfeer	**Art. 4.64a** Deze paragraaf is van toepassing op het aanbrengen van conversielagen op metalen.
Metaalbewerking, aanbrengen conversielagen	**Art. 4.65** 1. Onverminderd artikel 2.5, eerste, vierde en zesde lid, en artikel 2.6 is bij het chroomzuuranodiseren en het zwavelzuuranodiseren de emissieconcentratie van: a. chroom VI-verbindingen berekend als chroom, niet meer dan 0,1 milligram per normaal kubieke meter indien de massastroom van chroom VI-verbindingen naar de lucht berekend als chroom, groter is dan 0,5 gram per uur; b. zwavelzuur niet meer dan 3 milligram per normaal kubieke meter indien de massastroom van zwavelzuur naar de lucht groter is dan 15 gram per uur. 2. Bij het aanbrengen van conversielagen op metalen worden ten behoeve van het voorkomen dan wel beperken van diffuse emissies en het doelmatig verspreiden van emissies naar de buitenlucht, de bij ministeriële regeling te bepalen maatregelen toegepast.

Art. 4.66
Het gebruik van perfluoroctaansulfonaten bij anodiseren is verboden.

Aanbrengen conversielagen, verbod perfluoroctaansulfonaten

Art. 4.67
Bij het aanbrengen van conversielagen op metalen wordt ten behoeve van het realiseren van een verwaarloosbaar bodemrisico, voldaan aan de bij ministeriële regeling te stellen eisen.

Nadere regels

§ 4.5.11
Thermisch aanbrengen van metaallagen op metalen

Art. 4.67a
Deze paragraaf is van toepassing op het thermisch aanbrengen van metaallagen op metalen.

Werkingssfeer

Art. 4.68
1. Onverminderd artikel 2.5, eerste, vierde en zesde lid, en artikel 2.6 is bij het thermisch aanbrengen van metaallagen op metalen:

Metaalbewerking, thermisch aanbrengen metaallaag

a. de emissieconcentratie van stofklasse S niet meer dan 5 milligram per normaal kubieke meter, indien de massastroom van stofklasse S naar de lucht gelijk is aan of groter is dan 200 gram per uur, en niet meer dan 50 milligram per normaal kubieke meter indien de massastroom naar de lucht kleiner is dan 200 gram per uur;
b. de emissieconcentratie van zinkchloride niet meer dan 5,0 milligram per normaal kubieke meter, indien de massastroom van zinkchloride naar de lucht groter is dan 10 gram per uur;
c. de emissieconcentratie van chloorverbindingen, niet zijnde zinkchloride, niet meer dan 30 milligram per normaal kubieke meter, indien de massastroom van chloorverbindingen naar de lucht groter is dan 150 gram per uur.
2. Bij het thermisch aanbrengen van metaallagen op metalen worden ten behoeve van het voorkomen dan wel beperken van diffuse emissies en het doelmatig verspreiden van emissies naar de buitenlucht, de bij ministeriële regeling te bepalen maatregelen toegepast.

Art. 4.69
Bij het thermisch aanbrengen van metaallagen op metalen wordt ten behoeve van het realiseren van een verwaarloosbaar bodemrisico, voldaan aan de bij ministeriële regeling te stellen eisen.

Nadere regels

§ 4.5.12
Lozen van afvalwater afkomstig van activiteiten in § 4.5.1 tot en met 4.5.11

Art. 4.69a
Deze paragraaf is van toepassing op activiteiten als bedoeld in de paragrafen 4.5.1. tot en met 4.5.11.

Werkingssfeer

Art. 4.70
Bij het in het vuilwaterriool lozen van afvalwater afkomstig van de activiteiten genoemd in de paragrafen 4.5.1 tot en met 4.5.11 wordt ten minste voldaan aan de artikelen 4.71 tot en met 4.74.

Metaalbewerking, lozen afvalwater

Art. 4.71
1. Het afvalwater bevat in enig steekmonster niet meer dan 20 milligram olie per liter.

Lozen afvalwater, steekmonster

2. In afwijking van het eerste lid bedraagt het gehalte aan olie ten hoogste 200 milligram per liter in enig steekmonster, indien het afvalwater voorafgaand aan vermenging met ander afvalwater wordt geleid door een slibvangput en olieafscheider die:
a. voldoen aan en worden gebruikt conform NEN-EN 858-1 en 2, of
b. zijn geplaatst voor het van toepassing worden van dit besluit of een deel daarvan op een activiteit in de inrichting en op de hoeveelheid afvalwater zijn afgestemd.
3. Het te lozen afvalwater, bedoeld in het eerste en het tweede lid, kan op een doelmatige wijze worden bemonsterd.

Art. 4.72
1. Het lozen van metalen en hulpstoffen wordt beperkt door toepassing van beste beschikbare technieken.

Lozen afvalwater, metalen en hulpstoffen

2. Het gebruik van kwik is verboden.
3. Ter beperking van het lozen van metalen en hulpstoffen wordt ten minste voldaan aan de bij ministeriële regeling te stellen eisen daaromtrent.

Art. 4.73
1. Onverminderd artikel 4.72 worden bij het lozen van afvalwater dat vrijkomt bij een of meer processen als bedoeld in de paragrafen 4.5.7, 4.5.8, 4.5.10 en 4.5.11, de emissiegrenswaarden genoemd in kolom A van tabel 4.73 niet overschreden.

Lozen afvalwater, emissiegrenswaarden

Tabel 4.73

Stof	emissiegrenswaarde in milligram per liter	
	Kolom A	Kolom B
Chroom	0,5	1,0
Chroom VI	0,1	0,1
Koper	0,5	2,0
Lood	0,5	2,0
Nikkel	0,5	2,0
Zilver	0,1	1,0
Tin	2,0	3,0
Zink	0,5	2,0
Vrij cyanide	0,2	1,0

De in tabel 4.73 genoemde waarden gelden voor representatieve etmaalmonsters. Voor steekmonsters gelden een factor drie hogere waarden.
2. Bij het lozen in het vuilwaterriool van afvalwater dat vrijkomt bij een of meer processen als bedoeld in het eerste lid bedraagt het gehalte aan vluchtige organohalogeenverbindingen uitgedrukt als chloor niet meer dan 0,1 milligram per liter.
3. Het te lozen afvalwater, bedoeld in het eerste lid, kan op een doelmatige wijze worden bemonsterd.

Art. 4.74

Lozen afvalwater, maatwerkvoorschrift

1. Bij maatwerkvoorschrift kan het bevoegd gezag artikel 4.73, eerste lid, niet van toepassing verklaren en hogere gehalten vaststellen dan de gehalten, bedoeld in dat lid.
2. Het bevoegd gezag kan een maatwerkvoorschrift als bedoeld in het eerste lid slechts vaststellen indien:
a. de som van de vrachten van de metalen chroom, koper, nikkel, lood, zink, tin en zilver na het proces maar voor de eindzuivering minder dan 200 gram per dag bedraagt, of de gehalten genoemd in kolom A van tabel 4.73 niet met de best beschikbare technieken kunnen worden bereikt, met dien verstand dat het bij maatwerkvoorschrift toegestane gehalte niet meer bedraagt dan de gehalten genoemd in kolom B van tabel 4.73;
b. aannemelijk is dat de som van de vrachten van de metalen chroom, koper, nikkel, lood, zink, tin en zilver na het proces maar voor de eindzuivering minder dan 80 gram per dag bedraagt, met dien verstande dat het bij maatwerkvoorschrift toegestane som van de gehaltes van de metalen chroom, koper, nikkel, lood, zink, tin en zilver niet meer bedraagt dan 15 milligram per liter indien het de som van de metalen in een representatief etmaalmonster betreft of niet meer dan 45 milligram per liter indien het de som van de gehaltes van deze metalen in een steekmonster betreft.
3. Het te lozen afvalwater, bedoeld in het tweede lid, kan op een doelmatige wijze worden bemonsterd.

Art. 4.74.0

In afwijking van artikel 6.2, vierde lid, kan het bevoegd gezag het lozen van afvalwater dat vrijkomt bij een of meer processen als bedoeld in de paragrafen 4.5.7, 4.5.8, 4.5.10 en 4.5.11 bij maatwerkvoorschrift voor een daarbij aangegeven termijn bepalen dat het lozen van afvalwater met een hogere waarde dan de waarden genoemd in kolom B van tabel 4.73 van artikel 4.73 is toegestaan, indien:
a. het lozen van afvalwater met een hogere waarde dan de waarden genoemd in kolom B van tabel 4.73 was toegestaan op grond van een vergunning op grond van artikel 1 van de Wet verontreiniging oppervlaktewateren dan wel artikel 2.1, eerste lid, aanhef en onder e, van de Wet algemene bepalingen omgevingsrecht, die tot het van toepassing worden van artikel 4.74 op de inrichting in werking en onherroepelijk was;
b. degene die de inrichting drijft aantoont dat bij het lozen niet aan de emissiegrenswaarden genoemd in kolom B van tabel 4.73 kan worden voldaan, en
c. het verzoek tot het stellen van het maatwerkvoorschrift binnen zes maanden na het van toepassing worden van artikel 4.74 op de inrichting bij het bevoegd gezag is gedaan.

§ 4.5.13
Smelten en gieten van metalen

Art. 4.74.1

Smelten en gieten van metalen

Deze paragraaf is van toepassing op:

a. het smelten en gieten van metalen met uitzondering van goud, zilver, platina en legeringen met ten minste 30% van deze metalen tot ten hoogste 500 kilo per jaar;
b. het maken en coaten van vormen en kernen in kleigebonden of chemisch gebonden zand ten behoeve van het gieten van metalen;
c. het maken van croning- en coldbox-kernen ten behoeve van het gieten van metalen;
d. het uitbreken en ontzanden van gietstukken;
e. de koude regeneratie van zand ten behoeve van het gieten van metalen;
f. het maken van de vorm met behulp van was, inclusief het verwijderen van de was, waaronder keramische vormen.

Art. 4.74.2
1. Ten behoeve van het voorkomen dan wel voor zover dat niet mogelijk is het zoveel mogelijk beperken van emissies van dioxines en polycyclische aromatische koolwaterstoffen naar lucht worden bij het smelten van metalen alleen metalen gesmolten die voldoen aan de bij ministeriële regeling gestelde eisen.
2. Onverminderd de artikel 2.5, eerste, vierde en zesde lid, en 2.6 is bij het smelten van metalen de emissieconcentratie van lood naar de lucht ten hoogste 0,5 milligram per normaal kubieke meter, indien de massastroom van lood naar de lucht gelijk is aan of groter is dan 2,5 gram per uur.

Art. 4.74.3
Onverminderd de artikel 2.5, eerste, vierde en zesde lid, en 2.6 is bij het maken en coaten van verloren gietvormen en kernen uit kleigebonden of chemische gebonden zand de emissieconcentratie van totaal stof ten hoogste 5 milligram per normaal kubieke meter, indien de massastroom van totaal stof naar de lucht gelijk is aan of groter is dan 200 gram per uur en ten hoogste 50 milligram per normaal kubieke meter indien de massastroom kleiner is dan 200 gram per uur;

Art. 4.74.4
Onverminderd de artikel 2.5, eerste, vierde en zesde lid, en 2.6 is bij het maken van croning- en coldbox-kernen de emissieconcentratie van:
a. totaal stof ten hoogste 20 milligram per normaal kubieke meter, indien de massastroom van totaal stof naar de lucht gelijk is aan of groter is dan 200 gram per uur en ten hoogste 50 milligram per normaal kubieke meter indien de massastroom kleiner is dan 200 gram per uur, en
b. aminen ten hoogste 5 milligram per normaal kubieke meter.

Art. 4.74.5
1. Onverminderd de artikel 2.5, eerste, vierde en zesde lid, en 2.6 is bij uitbreken van gietstukken de emissieconcentratie van totaal stof ten hoogste 5 milligram per normaal kubieke meter, indien de massastroom van totaal stof naar de lucht gelijk is aan of groter is dan 200 gram per uur en ten hoogste 50 milligram per normaal kubieke meter indien de massastroom kleiner is dan 200 gram per uur.
2. Het eerste lid is niet van toepassing indien het gietstuk inclusief zandvorm vanwege het gewicht en de omvang niet verplaatsbaar is.
3. Bij het uitbreken en ontzanden van het gietstuk, bedoeld in het tweede lid, wordt ten behoeve van het voorkomen dan wel voor zover dat niet mogelijk is het zoveel mogelijk beperken van emissies van totaal stof naar de lucht voldaan aan de bij ministeriële regeling gestelde eisen.

Art. 4.74.6
Onverminderd de artikel 2.5, eerste, vierde en zesde lid, en 2.6 is bij het koud regenereren van zand, de emissieconcentratie van totaal stof ten hoogste 5 milligram per normaal kubieke meter, indien de massastroom van totaal stof naar de lucht gelijk is aan of groter is dan 200 gram per uur en ten hoogste 50 milligram per normaal kubieke meter indien de massastroom kleiner is dan 200 gram per uur.

Art. 4.74.7
Bij de activiteiten, bedoeld in artikel 4.74.1, wordt ten behoeve van:
a. het doelmatig verspreiden van emissies naar de buitenlucht, en
b. het realiseren van een verwaarloosbaar bodemrisico,
voldaan aan de bij ministeriële regeling gestelde eisen.

Afdeling 4.5a
Activiteiten met betrekking tot steen

§ 4.5a.1
Mechanische bewerkingen van steen

Art. 4.74a
Deze paragraaf is van toepassing op mechanische bewerkingen van steen.

Art. 4.74aa
1. Het is verboden om in de buitenlucht mechanische bewerkingen van steen uit te voeren.

Werkingssfeer

Steenbewerking, verbod

2. Het eerste lid is niet van toepassing:
a. indien het vanwege de omvang van het te bewerken object niet mogelijk is om in het inpandige deel van de inrichting de mechanische bewerking uit te voeren, of
b. op het breken van steenachtig materiaal als bedoeld in paragraaf 4.5a.6.

Art. 4.74b

Steenbewerking, emissieconcentratie

Onverminderd artikel 2.5, eerste, vierde en zesde lid, en artikel 2.6 is bij mechanische bewerkingen van steen de emissieconcentratie van stofklasse S niet meer dan:
a. 5 milligram per normaal kubieke meter indien de massastroom van stofklasse S gelijk is aan of groter is dan 200 gram per uur;
b. 50 milligram per normaal kubieke meter indien de massastroom van stofklasse S kleiner is dan 200 gram per uur.

Art. 4.74c

Steenbewerking, water als koelmiddel/smeermiddel

1. Indien bij de mechanische bewerking van steen water als koel- of smeermiddel wordt toegepast, wordt gebruik gemaakt van een gesloten watercircuit, waarbij water wordt gereinigd en hergebruikt voor zover dat redelijkerwijs mogelijk is.
2. Bij het lozen van afvalwater afkomstig van het mechanisch bewerken van steen wordt ten minste voldaan aan het derde tot en met het vijfde lid.
3. Het in een oppervlaktewaterlichaam, op of in de bodem of in een voorziening voor de inzameling en het transport van afvalwater, niet zijnde een vuilwaterriool, lozen van afvalwater afkomstig van:
– het mechanisch bewerken van natuursteen of beton,
– een luchtreinigingsinstallatie voor het mechanisch bewerken van natuursteen of beton, of
– het reinigen van apparatuur of werkruimten voor het mechanisch bewerken van natuursteen of beton,
is toegestaan indien geen flocculanten zijn toegevoegd.
4. Bij het lozen als bedoeld in het derde lid bedraagt het gehalte aan onopgeloste stoffen niet meer dan 100 milligram per liter.
5. Het lozen in een vuilwaterriool van afvalwater afkomstig van:
– het mechanisch bewerken van steen,
– een luchtreinigingsinstallatie voor het mechanisch bewerken van steen, of
– het reinigen van apparatuur of werkruimten voor het mechanisch bewerken van steen,
vindt slechts plaats indien: het gehalte aan onopgeloste stoffen niet meer bedraagt dan 300 milligram per liter en de korreldiameter van onopgeloste stoffen niet meer dan 0,75 millimeter bedragen.
6. Het te lozen afvalwater kan op een doelmatige wijze worden bemonsterd.

Art. 4.74d

Steenbewerking, emissie-eisen

Bij de mechanische verwerking van steen wordt ten behoeve van het voorkomen dan wel beperken van diffuse emissies en het doelmatig verspreiden van emissies naar de buitenlucht, voldaan aan de bij ministeriële regeling te stellen eisen.

§ 4.5a.2
Aanbrengen van lijmen, harsen of coatings op steen

Art. 4.74da

Werkingssfeer

Deze paragraaf is van toepassing op het aanbrengen van lijmen, harsen of coatings op steen.

Art. 4.74e

Steenbewerking, emissie-eisen

1. Het is verboden in de buitenlucht met behulp van een nevelspuit vluchtige organische stoffen houdende lijmen, harsen of coatings aan te brengen op steen.
2. Het eerste lid is niet van toepassing indien het vanwege de omvang van het te bewerken object niet mogelijk is om deze activiteit in het inpandige deel van de inrichting te verrichten.

Art. 4.74f

Aanbrengen lijm/hars/coating op steen, emissieconcentratie stofklasse S

Onverminderd artikel 2.5, eerste, vierde en zesde lid, en artikel 2.6 is bij het aanbrengen van lijmen, harsen of coatings op steen de emissieconcentratie van stofklasse S niet meer dan:
a. 5 milligram per normaal kubieke meter, indien de massastroom van stofklasse S naar de lucht gelijk is aan of groter is dan 200 gram per uur;
b. 50 milligram per normaal kubieke meter, indien de massastroom van stofklasse S kleiner is dan 200 gram per uur.

Art. 4.74g

Aanbrengen lijm/hars/coating op steen, eisen

Bij het aanbrengen van lijmen, harsen of coatings op steen worden ten behoeve van:
a. het voorkomen dan wel beperken van diffuse emissies;
b. het voorkomen dan wel beperken van geurhinder;
c. het realiseren van een verwaarloosbaar bodemrisico;
de bij ministeriële regeling voorgeschreven maatregelen toegepast.

§ 4.5a.3
Chemisch behandelen van steen

Art. 4.74ga
Deze paragraaf is van toepassing op het chemisch behandelen van steen.   Werkingssfeer

Art. 4.74h
Bij het chemisch behandelen van steen worden ten behoeve van het realiseren van een verwaarloosbaar bodemrisico de bij ministeriële regeling voorgeschreven maatregelen toegepast.   Steen, chemische behandeling

§ 4.5a.4
Het vervaardigen van betonmortel

Art. 4.74i
Deze paragraaf is van toepassing op het vervaardigen van betonmortel.   Werkingssfeer

Art. 4.74j
1. Het doseren en mengen van goederen behorende tot stuifklasse S1 voor het vervaardigen van betonmortel, vindt plaats in gesloten ruimtes of in een gesloten systeem.   Betonmortel, vervaardigen
2. Onverminderd artikel 2.5, eerste, vierde en zesde lid, en artikel 2.6 is bij het doseren en mengen van goederen, bedoeld in het eerste lid, ten behoeve van het vervaardigen van betonmortel de emissieconcentratie van stofklasse S niet meer dan:
   a. 5 milligram per normaal kubieke meter, indien de massastroom van stofklasse S naar de lucht gelijk is aan of groter is dan 200 gram per uur, en
   b. 50 milligram per normaal kubieke meter, indien de massastroom van stofklasse S kleiner is dan 200 gram per uur.
3. Bij het doseren en mengen ten behoeve van het vervaardigen van betonmortel wordt ten behoeve van het voorkomen dan wel voor zover dat niet mogelijk is het beperken van diffuse emissies en het doelmatig verspreiden van emissies naar de buitenlucht, voldaan aan de bij ministeriële regeling gestelde eisen.

Art. 4.74k
1. Het lozen van afvalwater afkomstig van het reinigen van met beton verontreinigde installatieonderdelen is uitsluitend toegestaan indien daarbij ten minste wordt voldaan aan de eisen, gesteld bij en krachtens het tweede tot en met vijfde lid.   Betonmortel, lozen afvalwater
2. Bij het lozen in een aangewezen oppervlaktewaterlichaam of in een voorziening voor de inzameling en het transport van afvalwater, niet zijnde een vuilwaterriool, bedraagt:
   a. het gehalte aan onopgeloste stoffen in enig steekmonster niet meer dan 100 milligram per liter, en
   b. het gehalte aan chemisch zuurstofverbruik in enig steekmonster niet meer dan 200 milligram per liter.
3. Bij het lozen in een vuilwaterriool bedraagt het gehalte aan onopgeloste stoffen niet meer dan 300 milligram per liter.
4. Het te lozen afvalwater kan op doelmatige wijze worden bemonsterd.

Art. 4.74l
1. Dit artikel is van toepassing op het mengen van afvalstoffen voor het vervaardigen van betonmortel waarop het Besluit bodemkwaliteit van toepassing is.   Betonmortel, toepasselijkheid Besluit Bodemkwaliteit
2. Onverminderd artikel 2.12 voldoen afvalstoffen die worden toegepast voor het vervaardigen van betonmortel afzonderlijk aan de kwaliteitseisen van hoofdstuk 3 van het Besluit bodemkwaliteit.
3. Onverminderd artikel 2.12 kan het bevoegd gezag in afwijking van het tweede lid bepalen dat afvalstoffen die afzonderlijk niet aan de vereisten uit het Besluit bodemkwaliteit voldoen, voor het vervaardigen van betonmortel kunnen worden toegepast, indien:
   a. de nuttige toepassing van de afvalstof is toegestaan, en
   b. de toepassing van de afvalstof bijdraagt aan de fysische of bouwtechnische eigenschappen van de bouwstof en daarmee de inzet van primaire grondstoffen uitspaart.

Art. 4.74la
In afwijking van artikel 6.1, eerste lid, worden voor inrichtingen als bedoeld in categorie 11.3, onderdeel c, onder 2°, van bijlage I, bij het Besluit omgevingsrecht waarvoor tot de inwerkingtreding van deze paragraaf een vergunning op grond van artikel 2.1, eerste lid, aanhef en onder e, van de Wet algemene bepalingen omgevingsrecht in werking en onherroepelijk was, de voorschriften van die vergunning voor onbepaalde tijd aangemerkt als maatwerkvoorschriften, mits de voorschriften van de vergunning vallen binnen de bevoegdheid van het bevoegd gezag tot het stellen van maatwerkvoorschriften op grond van artikel 2.20.   Betonmortel, maatwerkvoorschriften

A66 art. 4.74m

Activiteitenbesluit milieubeheer

§ 4.5a.5
Het vormgeven van betonproducten

Art. 4.74m
Werkingssfeer — Deze paragraaf is van toepassing op het vormgeven van betonproducten.

Art. 4.74n
Vormgeven betonproducten, lozen afvalwater
1. Het lozen van afvalwater afkomstig van het uitwassen van beton is uitsluitend toegestaan indien daarbij ten minste wordt voldaan aan de eisen, gesteld bij en krachtens het tweede tot en met vijfde lid.
2. Bij het lozen van afvalwater in een aangewezen oppervlaktewaterlichaam bedraagt:
   a. het gehalte aan onopgeloste stoffen in enig steekmonster niet meer dan 100 milligram per liter, en
   b. het gehalte aan chemisch zuurstofverbruik in enig steekmonster niet meer dan 200 milligram per liter.
3. Bij het lozen van afvalwater in een vuilwaterriool bevat het afvalwater in enig steekmonster niet meer dan 300 milligram onopgeloste stoffen per liter.
4. Het te lozen afvalwater kan op doelmatige wijze worden bemonsterd.

Art. 4.74o
Vormgeven betonproducten, aanbrengen ontkistingsmiddelen
1. Bij het aanbrengen van ontkistingsmiddelen op bekisting wordt voldaan aan de bij ministeriële regeling gestelde eisen inzake de reductie van de emissie van vluchtige organische stoffen, tenzij deze niet kosteneffectief of technisch uitvoerbaar zijn.
2. Het eerste lid is niet van toepassing indien het totaal verbruik van vluchtige organische stoffen bij de activiteit, genoemd in het eerste lid, minder bedraagt dan 1.000 kilogram per jaar.

Art. 4.74p
Vormgeven betonproducten, aanbrengen ontkistingsmiddelen en uitwassen beton — Bij het op bekisting aanbrengen van ontkistingsmiddelen en het uitwassen van beton wordt ten behoeve van het realiseren van een verwaarloosbaar bodemrisico voldaan aan de bij ministeriële regeling gestelde eisen.

Art. 4.74p1
Vormgeven betonproducten, maatwerkvoorschriften — In afwijking van artikel 6.1, eerste lid, worden voor inrichtingen als bedoeld in categorie 11.3, onderdeel c, onder 2° en 3°, van bijlage I, bij het Besluit omgevingsrecht waarvoor tot de inwerkingtreding van deze paragraaf, een vergunning op grond van artikel 2.1, eerste lid, aanhef en onder e, van de Wet algemene bepalingen omgevingsrecht in werking en onherroepelijk was, de voorschriften van die vergunning in afwijking van artikel 6.1, eerste lid, voor onbepaalde tijd aangemerkt als maatwerkvoorschriften, mits de voorschriften van de vergunning vallen binnen de bevoegdheid van het bevoegd gezag tot het stellen van maatwerkvoorschriften op grond van artikel 2.20.

§ 4.5a.6
Het breken van steenachtig materiaal

Art. 4.74q
Werkingssfeer — Deze paragraaf is van toepassing op het breken van steenachtig materiaal.

Art. 4.74r
Breken van steenachtig materiaal, voorkomen verontreiniging — Bij het in de buitenlucht breken van steenachtig materiaal wordt:
a. zoveel mogelijk voorkomen dat stofverspreiding optreedt die op een afstand van meer dan 2 meter van de bron met het blote oog waarneembaar is;
b. verontreiniging van de omgeving zoveel mogelijk beperkt;
c. zoveel mogelijk voorkomen dat steenachtig materiaal in een oppervlaktewaterlichaam geraakt, en
d. zoveel mogelijk voorkomen dat steenachtig materiaal in een voorziening voor het beheer van afvalwater geraakt.

Art. 4.74s
Breken van steenachtig materiaal, maximum emissieconcentratie
1. Onverminderd artikel 2.5, eerste, vierde en zesde lid, en artikel 2.6 is bij het inpandig breken van steenachtig materiaal de emissieconcentratie van stofklasse S niet meer dan:
   a. 5 milligram per normaal kubieke meter, indien de massastroom van stofklasse S naar de lucht gelijk is aan of groter is dan 200 gram per uur, en
   b. 50 milligram per normaal kubieke meter, indien de massastroom van stofklasse S kleiner is dan 200 gram per uur.
2. Bij het inpandig breken van steenachtig materiaal wordt ten behoeve van het voorkomen dan wel voor zover dat niet mogelijk is het beperken van diffuse emissies en het doelmatig verspreiden van emissies naar de buitenlucht, voldaan aan de bij ministeriële regeling gestelde eisen.

Afdeling 4.6
Activiteiten met betrekking tot motoren, motorvoer- en vaartuigen en andere gemotoriseerde apparaten

§ 4.6.1
Lozen van afvalwater (algemeen)

Art. 4.74t
Deze paragraaf is van toepassing op activiteiten als bedoeld in de paragrafen 4.6.3., 4.6.5, en 4.6.6.

Art. 4.75
1. Bij het in het vuilwaterriool lozen van afvalwater afkomstig van een of meer activiteiten als bedoeld in de paragrafen 4.6.3, 4.6.5 en 4.6.6 wordt ten minste voldaan aan het tweede tot en met het vijfde lid.
2. In het afvalwater afkomstig van het reviseren van motoren worden de emissiegrenswaarden genoemd in tabel 4.75 niet overschreden:

Werkingssfeer

Motorvoertuigen, lozen afvalwater

Tabel 4.75

Stoffen	Emissiegrenswaarde
BTEX-som	15 milligram per liter
Vluchtige organohalogeenverbindingen uitgedrukt als chloor	100 microgram per liter
Olie	20 milligram per liter
PAK's	5 microgram per liter
Koper	1 milligram per liter
Nikkel	3 milligram per liter
Lood	3 milligram per liter
Zink	3 milligram per liter
Chroom	2 milligram per liter

3. Ander afvalwater dan het afvalwater bedoeld in het tweede lid, afkomstig van een activiteit als bedoeld in het eerste lid, wordt niet geloosd indien het in enig steekmonster meer bevat dan:
a. 20 milligram olie per liter;
b. 300 milligram onopgeloste stoffen per liter.
4. In afwijking van het derde lid bedraagt het gehalte aan olie ten hoogste 200 milligram per liter in enig steekmonster, indien het afvalwater voorafgaand aan vermenging met ander afvalwater wordt geleid door een slibvangput en olieafscheider die:
a. voldoen aan en worden gebruikt conform NEN-EN 858-1 en 2, of
b. zijn geplaatst voor het van toepassing worden van dit besluit of een deel daarvan op een activiteit in de inrichting en op de hoeveelheid afvalwater zijn afgestemd.
5. Het te lozen afvalwater, bedoeld in het tweede en derde lid, kan op een doelmatige wijze worden bemonsterd.

§ 4.6.3
Afleveren van vloeibare brandstoffen aan vaartuigen

Art. 4.76
Deze paragraaf is van toepassing op het afleveren van vloeibare brandstoffen aan vaartuigen.

Art. 4.77
1. Met betrekking tot een bunkerstation waarin lichte olie wordt opgeslagen, wordt ten opzichte van buiten de inrichting gelegen kwetsbare objecten een afstand aangehouden van 20 meter gerekend vanaf de zijden van het bunkerstation alsmede het vulpunt van het bunkerstation.
2. Met betrekking tot een op de wal geplaatste vaste afleverinstallatie voor het afleveren van lichte olie aan vaartuigen wordt ten opzichte van buiten de inrichting gelegen kwetsbare objecten een afstand aangehouden van 20 meter gerekend vanaf het afleverpunt alsmede het vulpunt van de bijbehorende opslagtank.
3. Binnen een afstand van 20 meter van een bunkerstation waarin lichte olie wordt opgeslagen gerekend vanaf de zijden van het bunkerstation alsmede het vulpunt van het bunkerstation en binnen een afstand van 20 meter van een op de wal geplaatste vaste afleverinstallatie voor het afleveren van lichte olie aan vaartuigen gerekend vanaf het afleverpunt alsmede het vulpunt van de bijbehorende opslagtank is overnachting en recreatief verblijf door derden niet toegestaan.

Lichte olie, opslag in bunkerstation

4. Indien een bunkerstation waarin geen lichte olie wordt opgeslagen, is gelegen aan een doorgaande vaarroute, wordt ten opzichte van buiten de inrichting gelegen kwetsbare objecten een afstand aangehouden van 20 meter gerekend vanaf de aan de vaarroute grenzende zijde van het bunkerstation.
5. Het eerste en tweede lid zijn niet van toepassing op bunkerstations en op de wal geplaatste vaste afleverinstallaties die zijn geïnstalleerd voor 1 januari 2011.
6. In het belang van het voorkomen van risico's voor de omgeving en ongewone voorvallen, dan wel voor zover dat niet mogelijk is het zoveel mogelijk beperken van de risico's voor de omgeving en de kans dat ongewone voorvallen zich voordoen en de gevolgen hiervan kan het bevoegd gezag bij maatwerkvoorschrift eisen stellen aan de locatie van een bunkerstation of een op de wal geplaatste vaste afleverinstallatie als bedoeld in het vijfde lid.

Art. 4.78

Lichte olie, levering aan vaartuigen

1. Bij het afleveren van vloeibare brandstoffen aan vaartuigen zijn voldoende absorptiemiddelen en andere hulpmiddelen aanwezig voor de eerste bestrijding van een waterverontreiniging ten gevolge van morsingen of een calamiteit bij het afleveren van brandstof.
2. Een installatie voor het afleveren van vloeibare brandstoffen aan vaartuigen alsmede de daarbij behorende tankinstallatie, is zodanig uitgevoerd dat bij wisselende waterstanden, voor zover deze ter plaatse optreden, als gevolg van die waterstanden geen nadelige gevolgen voor het milieu optreden.
3. Het bevoegd gezag kan, indien uit de aard en de ligging van de installatie onduidelijk zou kunnen zijn welke absorptie- en hulpmiddelen het meest zijn aangewezen, maatwerkvoorschriften stellen met betrekking tot de hoeveelheid en de soort middelen, bedoeld in het eerste lid.

Art. 4.79

Nadere regels

Bij het afleveren van vloeibare brandstoffen aan vaartuigen wordt ten behoeve van:
a. het realiseren van een verwaarloosbaar bodemrisico;
b. het voorkomen van risico's voor de omgeving en ongewone voorvallen, dan wel voor zover dat niet mogelijk is het zoveel mogelijk beperken van de risico's voor de omgeving en de kans dat ongewone voorvallen zich voordoen en de gevolgen hiervan;
c. het voorkomen dan wel voor zover dat niet mogelijk is het zoveel mogelijk beperken van verontreiniging van een oppervlaktewaterlichaam;
d. het voorkomen dan wel beperken van geurhinder,
ten minste voldaan aan de bij ministeriële regeling te stellen eisen.

§ 4.6.4
Afleveren van vloeibare brandstof of gecomprimeerd aardgas anders dan aan motorvoertuigen voor het wegverkeer, vaartuigen of spoorvoertuigen

Art. 4.80

Werkingssfeer

Deze paragraaf is van toepassing voor het afleveren van vloeibare brandstof en gecomprimeerd aardgas, indien uitsluitend wordt afgeleverd anders dan aan motorvoertuigen voor het wegverkeer, vaartuigen of spoorvoertuigen.

Art. 4.80a

Lichte olie, verbod inpandig afleveren

1. Het inpandig afleveren van lichte olie vindt niet plaats.
2. Het eerste lid is niet van toepassing op inpandige afleverinstallaties voor lichte olie die zijn geïnstalleerd voor 1 januari 2011.
3. In de gevallen, bedoeld in het tweede lid, waarin het inpandig afleveren van lichte olie is toegestaan, vindt het inpandig afleveren in het belang van het voorkomen van risico's voor de omgeving en ongewone voorvallen dan wel voor zover dat niet mogelijk is het zoveel mogelijk beperken van de risico's voor de omgeving en de kans dat ongewone voorvallen zich voordoen en de gevolgen hiervan, ten minste plaats via een EU-systeem voor dampretour fase-II.
4. Op het inpandig afleveren van lichte olie, bedoeld in het derde lid, zijn artikel 3.20, derde tot en met achtste lid, alsmede de krachtens die leden en krachtens artikel 4.83 gestelde regels van toepassing.

Art. 4.81

Aardgas-afleverinstallatie, eisen

1. De installatie voor het afleveren van gecomprimeerd aardgas, anders dan aan motorvoertuigen voor het wegverkeer en vaartuigen, bevindt zich op een afstand van ten minste 10 meter van buiten de inrichting gelegen kwetsbare en beperkt kwetsbare objecten.
2. Een aardgas-afleverinstallatie voor het afleveren van gecomprimeerd aardgas, anders dan aan motorvoertuigen voor het wegverkeer en vaartuigen voldoet ten behoeve van het voorkomen van risico's voor de omgeving en ongewone voorvallen, dan wel voor zover dat niet mogelijk is het zoveel mogelijk beperken van de risico's voor de omgeving en de kans dat ongewone voorvallen zich voordoen en de gevolgen hiervan, aan de bij ministeriële regeling te stellen eisen.

Art. 4.82

1. Bij het in het vuilwaterriool lozen van afvalwater afkomstig van een vloeistofdichte vloer of verharding waarboven het afleveren van motorbrandstof, anders dan aan motorvoertuigen voor het wegverkeer, vaartuigen of spoorvoertuigen plaatsvindt, wordt ten minste voldaan aan het tweede tot en met het vierde lid.
2. Het afvalwater wordt geleid door een slibvangput en olieafscheider die voldoen aan NEN-EN 858-1 en 2.
3. Het gehalte aan olie in het afvalwater na de afscheider bedraagt niet meer dan 200 milligram per liter in enig steekmonster bepaald overeenkomstig de bepalingsmethode.
4. Het te lozen afvalwater kan op een doelmatige wijze worden bemonsterd.
5. Het tweede lid is niet van toepassing indien voor het van toepassing worden van dit besluit of een deel daarvan op een activiteit in de inrichting een slibvangput of een olieafscheider is geplaatst die op de hoeveelheid afvalwater is afgestemd.

Vloeibare brandstof, lozen afvalwater

Art. 4.83

Bij het afleveren van vloeibare brandstof, anders dan aan motorvoertuigen voor het wegverkeer, vaartuigen of spoorvoertuigen, wordt:
a. ten behoeve van het realiseren van een verwaarloosbaar bodemrisico en het voorkomen dan wel voor zover dat niet mogelijk is het zoveel mogelijk beperken van luchtverontreiniging voldaan aan de bij ministeriële regeling te stellen eisen; en
b. ten behoeve van het voorkomen van risico's voor de omgeving en ongewone voorvallen, dan wel, voor zover dat niet mogelijk is, het zoveel mogelijk beperken van de risico's voor de omgeving en de kans dat ongewone voorvallen zich voordoen en de gevolgen hiervan, ten minste voldaan aan de bij ministeriële regeling gestelde eisen.
ten minste voldaan aan de bij ministeriële regeling te stellen eisen.

Nadere regels

§ 4.6.5
Onderhouden of repareren van motoren, motorvoertuigen, spoorvoertuigen of andere gemotoriseerde apparaten of proefdraaien van verbrandingsmotoren

Art. 4.83a

Deze paragraaf is van toepassing op het onderhouden of repareren van motoren, motorvoertuigen, spoorvoertuigen of andere gemotoriseerde apparaten of proefdraaien van verbrandingsmotoren.

Werkingssfeer

Art. 4.84

1. In een inrichting voor onderhoud en reparatie van motorvoertuigen, niet zijnde een autodemontagebedrijf of een inrichting voor het opslaan van autowrakken in het kader van hulpverlening aan kentekenhouders door een daartoe aangewezen instantie of in het kader van onderzoek door politie of justitie, zijn niet meer dan vier autowrakken aanwezig.
2. In een inrichting voor onderhoud en reparatie van motorvoertuigen, niet zijnde een demontagebedrijf voor tweewielige motorvoertuigen of een inrichting voor het opslaan van wrakken van tweewielige motorvoertuigen in het kader van hulpverlening aan kentekenhouders door een daartoe aangewezen instantie of in het kader van onderzoek door politie of justitie, zijn niet meer dan vier wrakken van tweewielige motorvoertuigen aanwezig.
3. Het is niet toegestaan, anders dan bij een autodemontagebedrijf of een demontagebedrijf voor tweewielige motorvoertuigen, een autowrak onderscheidenlijk een wrak van een tweewielig motorvoertuig en de daarin aanwezige materialen of onderdelen te verwijderen of nuttig toe te passen, tenzij het betreft:
1°. de opslag, of
2°. accessoires die worden gedemonteerd omdat de laatste eigenaar of houder van het autowrak of wrak van een tweewielig motorvoertuig hierom anders dan in de uitoefening van zijn beroep of bedrijf heeft verzocht en met als doel de accessoires opnieuw te gebruiken ten behoeve van een ander motorvoertuig waarvan hij eigenaar of houder is.
4. Het proefdraaien van verbrandingsmotoren vindt niet in de buitenlucht plaats.
5. Bij het onderhouden of repareren van motoren, motorvoertuigen, spoorvoertuigen of andere gemotoriseerde apparaten of bij het proefdraaien van verbrandingsmotoren wordt ten behoeve van:
a. het voorkomen of beperken van risico's voor de omgeving en ongewone voorvallen, dan wel voor zover dat niet mogelijk is het zoveel mogelijk beperken van de risico's voor de omgeving en de kans dat ongewone voorvallen zich voordoen en de gevolgen hiervan;
b. het voorkomen of beperken van geurhinder;
c. het doelmatig verspreiden van emissies naar de buitenlucht;
d. het realiseren van een verwaarloosbaar bodemrisico,
ten minste voldaan aan de bij ministeriële regeling te stellen eisen.

Motorvoertuigen, onderhoud/reparatie

Art. 4.85

Pleziervaartuig, proefdraaien

In afwijking van artikel 4.84, vierde lid, is het proefdraaien van motoren van pleziervaartuigen in de buitenlucht toegestaan voor zover de motor zich in het vaartuig bevindt.

§ 4.6.6
Onderhouden, repareren of afspuiten van pleziervaartuigen

Art. 4.85a

Werkingssfeer

Deze paragraaf is van toepassing op het onderhouden, repareren of afspuiten van pleziervaartuigen.

Art. 4.86

Pleziervaartuig, onderhoud/reparatie

1. In afwijking van de artikelen 4.32 en 4.39 is het niet beroepsmatig onderhouden en repareren van pleziervaartuigen in de buitenlucht bij een jachthaven toegestaan.
2. In afwijking van de artikelen 4.22, 4.28 en 4.53 vinden niet beroepsmatige verfspuitwerkzaamheden bij een jachthaven waarbij verf met een nevelspuit wordt opgebracht plaats in een daartoe bestemde ruimte.

Art. 4.87

Nadere regels

Degene die een inrichting drijft waar gelegenheid wordt geboden voor het niet beroepsmatig onderhouden, repareren of afspuiten van pleziervaartuigen voldoet ten behoeve van het voorkomen van milieuverontreiniging bij die werkzaamheden ten minste aan de bij ministeriële regeling te stellen eisen.

Art. 4.88

Bij het onderhouden, repareren of afspuiten van pleziervaartuigen wordt ten behoeve van het realiseren van een verwaarloosbaar bodemrisico voldaan aan de bij ministeriële regeling te stellen eisen.

Afdeling 4.7
Activiteiten met betrekking tot grafische processen

§ 4.7.1
Ontwikkelen of afdrukken van fotografisch materiaal

Art. 4.88a

Werkingssfeer

Deze paragraaf is van toepassing op het ontwikkelen of afdrukken van fotografisch materiaal.

Art. 4.89

Ontwikkelen fotografisch materiaal, lozen afvalwater

1. Bij het in het vuilwaterriool lozen van afvalwater afkomstig van het ontwikkelen of afdrukken van fotografisch materiaal wordt ten minste voldaan aan het tweede tot en met het vijfde lid.
2. Bij het ontwikkelen of afdrukken van fotografisch materiaal worden in goede staat verkerende afkwetsrollen gebruikt en een doelmatige zilverterugwininstallatie toegepast.
3. In afwijking van het tweede lid behoeft geen zilverterugwininstallatie te worden toegepast indien per jaar minder dan 700 liter aan gebruiksklare fixeer wordt gebruikt en in de inrichting gedragsvoorschriften aanwezig zijn en worden nageleefd gericht op de beperking van de zilveremissie.
4. Het gehalte aan zilver in het afvalwater afkomstig van het ontwikkelen of afdrukken van fotografisch materiaal bedraagt in enig steekmonster minder dan 4 milligram per liter.
5. Het te lozen afvalwater kan op een doelmatige wijze worden bemonsterd.

§ 4.7.2
Zeefdrukken

Art. 4.89a

Werkingssfeer

Deze paragraaf is van toepassing op het zeefdrukken.

Art. 4.90

Zeefdrukken, reiniging zeefdrukramen

Voor de eindreiniging van zeefdrukramen worden uitsluitend reinigingsmiddelen gebruikt met een vlampunt groter dan 55 graden Celsius of op waterbasis.

Art. 4.91

Zeefdrukken, lozen afvalwater

1. Bij het in het vuilwaterriool lozen van afvalwater afkomstig van zeefdruk wordt ten minste voldaan aan het tweede en het derde lid en in artikel 4.92.
2. Bij het reinigen van zeefdrukramen wordt het lozen van oplosmiddelen en inkten zoveel mogelijk voorkomen door het verwijderen van inkt en het strippen van de sjabloon procesmatig te scheiden. Het lozen mag uitsluitend bestaan uit het lozen van spoelwater afkomstig van het polijsten, ontvetten of ontwikkelen van het zeefdrukgaas, sjabloonverwijdering of schaduwbeeldverwijdering.
3. Het te lozen afvalwater kan op een doelmatige wijze worden bemonsterd.

Activiteitenbesluit milieubeheer   A66 art. 4.94d

Art. 4.92
Bij het lozen als bedoeld in artikel 4.91 wordt rekening gehouden met de beschikbare milieu-informatie van de stoffen die in het afvalwater kunnen geraken. Indien op grond van die informatie uit de algemene beoordelingsmethodiek voor stoffen en preparaten zoals opgenomen in het BBT-informatiedocument Algemene BeoordelingsMethodiek 2016, aangewezen krachtens artikel 5.4, eerste lid, van het Besluit omgevingsrecht blijkt dat de stof wordt aangemerkt als een stof met saneringsinspanning Z of A, wordt deze niet geloosd.

[Zeefdrukken, beschikbare milieu-informatie]

Art. 4.93
Bij het zeefdrukken wordt ten behoeve van
a. het voorkomen dan wel voor zover dat niet mogelijk is het tot een aanvaardbaar niveau beperken van geurhinder;
b. het realiseren van een verwaarloosbaar bodemrisico,
voldaan aan de bij ministeriële regeling te stellen eisen.

Nadere regels

§ 4.7.3
Vellenoffset druktechniek

Art. 4.93a
Deze paragraaf is van toepassing op het bedrukken met vellenoffset.

Werkingssfeer

Art. 4.94
Onverminderd artikel 2.5, eerste, vierde en zesde lid, en artikel 2.6 is bij het toepassen van antismetpoeder in vellenoffsetdrukpersen de emissieconcentratie van stofklasse S niet meer dan:
a. 5 milligram per normaal kubieke meter indien de massastroom van stofklasse S gelijk is aan of groter is dan 200 gram per uur;
b. 50 milligram per normaal kubieke meter indien de massastroom van stofklasse S kleiner is dan 200 gram per uur.

Offsettechnieken, stofklasse S

Art. 4.94a
1. Degene die de inrichting drijft, neemt bij het bedrukken met vellenoffset met betrekking tot vluchtige organische stoffen de bij ministeriële regeling voorgeschreven emissiereducerende maatregelen, tenzij deze niet kosteneffectief of technisch uitvoerbaar zijn.
2. Het eerste lid is niet van toepassing indien het totaal verbruik van vluchtige organische stoffen bij de in het eerste lid genoemde activiteiten minder bedraagt dan 1.000 kilogram per jaar.
3. Indien het bedrukken met vellenoffset plaatsvindt in samenhang met het coaten van het substraat en daarbij de drempelwaarden, genoemd in tabel 2.28a worden overschreden, zijn het eerste en tweede lid niet van toepassing op het bedrukken met vellenoffset en het reinigen van de daarbij gebruikte apparatuur en is afdeling 2.11 van toepassing.

Offsettechnieken, emissiereductie

Art. 4.94b
1. Bij het in het vuilwaterriool lozen van afvalwater afkomstig van:
a. het toepassen van vellenoffsettechnieken;
b. het reinigen van de daarbij gebruikte apparatuur, of
c. de vormvervaardiging exclusief fotografische processen,
wordt ten minste voldaan aan het tweede tot en met het vierde lid.
2. Het afvalwater afkomstig van het reinigen van rubberdoeken en drukvormen van vellenoffsetpersen bevat, voor vermenging met ander afvalwater, niet meer dan 200 milligram olie per liter in enig steekmonster.
3. Het te lozen afvalwater kan op een doelmatige wijze worden bemonsterd.
4. Bij het lozen, bedoeld in het eerste lid, wordt rekening gehouden met de beschikbare milieu-informatie van de stoffen die in het afvalwater kunnen geraken. Indien op grond van die informatie uit de algemene beoordelingsmethodiek voor stoffen en preparaten zoals opgenomen in het BBT-informatiedocument Algemene BeoordelingsMethodiek 2016, aangewezen krachtens artikel 5.4, eerste lid, van het Besluit omgevingsrecht, blijkt dat de stof wordt aangemerkt als een stof met saneringsinspanning Z of A, wordt deze niet geloosd.

Offsettechnieken, lozen van afvalwater

Art. 4.94c
1. Bij de vervaardiging van drukvormen voor het bedrukken met vellenoffset worden geen chroomzouthoudende ets- en correctiemiddelen toegepast.
2. Bij het ontwikkelen en naharden van kopieerlagen voor het bedrukken met vellenoffset worden geen chroomhoudende oplossingen gebruikt.

Offsettechnieken, verbod chroomzouthuodende ets- en correctiemiddelen

Art. 4.94d
Bij het bedrukken met vellenoffset worden ten behoeve van:
a. het voorkomen dan wel beperken van diffuse emissies;
b. het doelmatig verspreiden van emissies naar de buitenlucht;
c. het voorkomen dan wel beperken van geurhinder, en
d. het realiseren van een verwaarloosbaar bodemrisico,

Offsettechnieken, toepassing maatregelen ter voorkoming emissies/geurhinder

A66 art. 4.94da — Activiteitenbesluit milieubeheer

de bij ministeriële regeling voorgeschreven maatregelen toegepast.

§ 4.7.3a
Rotatieoffset druktechniek

Art. 4.94da

Werkingssfeer
Deze paragraaf is van toepassing op het bedrukken met rotatieoffset druktechniek.

Art. 4.94db

Rotatieoffset, overschrijding drempelwaarden
Indien bij het bedrukken met heatsetrotatieoffset druktechniek de drempelwaarden, genoemd in tabel 2.28a van afdeling 2.11 worden overschreden, is die afdeling van toepassing.

Art. 4.94dc

Rotatieoffset, lozen afvalwater
1. Bij het in het vuilwaterriool lozen van afvalwater afkomstig van:
a. het toepassen van rotatieoffset druktechniek;
b. het reinigen van de daarbij gebruikte apparatuur, of
c. de vormvervaardiging exclusief fotografische processen,
wordt ten minste voldaan aan het tweede tot en met vierde lid.
2. Het afvalwater afkomstig van het reinigen van rubberdoeken en drukvormen van rotatieoffset druktechniekpersen bevat, voor vermenging met ander afvalwater, niet meer dan 200 milligram olie per liter in enig steekmonster.
3. Het te lozen afvalwater kan op een doelmatige wijze worden bemonsterd.
4. Het te lozen afvalwater bevat geen stoffen die op grond van het BBT-informatiedocument Algemene BeoordelingsMethodiek 2016, aangewezen krachtens artikel 5.4, eerste lid, van het Besluit omgevingsrecht, worden aangemerkt als stoffen waarvoor een saneringsinspanning Z of A geldt.

Art. 4.94dd

Rotatieoffset, verbod chroomzouthoudende middelen
1. Bij het vervaardigen van drukvormen voor het bedrukken met rotatieoffset druktechniek worden geen chroomzouthoudende ets- en correctiemiddelen toegepast.
2. Bij het ontwikkelen en naharden van kopieerlagen voor het bedrukken met rotatieoffset druktechniek worden geen chroomhoudende oplossingen gebruikt.

Art. 4.94de

Rotatieoffset, lozen afvalwater
Bij het bedrukken met rotatieoffset druktechniek wordt ten behoeve van:
a. het voorkomen dan wel voor zover dat niet mogelijk is het beperken van diffuse emissies;
b. het voorkomen dan wel voor zover dat niet mogelijk is het beperken van geurhinder, en
c. het realiseren van een verwaarloosbaar bodemrisico,
voldaan aan de bij ministeriële regeling gestelde eisen.

§ 4.7.3b
Flexodruk of verpakkingsdiepdruk

Art. 4.94df

Werkingssfeer
Deze paragraaf is van toepassing op het bedrukken met flexodruktechniek of verpakkingsdiepdruktechniek.

Art. 4.94dg

Flexo- of verpakkingsdiepdruk, overschrijding grenswaarden
Indien bij de toepassing van flexodruktechniek of verpakkingsdiepdruktechniek de drempelwaarden, genoemd in tabel 2.28a van afdeling 2.11 worden overschreden, is die afdeling van toepassing.

Art. 4.94dh

Flexo- of verpakkingsdiepdruk, lozen afvalwater
1. Bij het in het vuilwaterriool lozen van afvalwater afkomstig van de toepassing van flexodruktechniek of verpakkingsdiepdruktechniek, waarbij gebruik wordt gemaakt van watergedragen inkten, wordt rekening gehouden met de beschikbare milieu-informatie van de stoffen die in het afvalwater kunnen geraken.
2. Het te lozen afvalwater bevat geen stoffen die op grond van het BBT-informatiedocument Algemene BeoordelingsMethodiek 2016, aangewezen krachtens artikel 5.4, eerste lid, van het Besluit omgevingsrecht, worden aangemerkt als stoffen waarvoor een saneringsinspanning Z of A geldt.

Art. 4.94di

Flexo- of verpakkingsdiepdruk, eisen
Bij het toepassen van flexodruktechniek of verpakkingsdiepdruktechniek wordt ten behoeve van:
a. het voorkomen dan wel voor zover dat niet mogelijk is het beperken van diffuse emissies;
b. het voorkomen dan wel voor zover dat niet mogelijk is het beperken van geurhinder;
c. het realiseren van een verwaarloosbaar bodemrisico, of
d. het voorkomen van risico's voor de omgeving en ongewone voorvallen, dan wel voor zover dat niet mogelijk is het zoveel mogelijk beperken van de risico's voor de omgeving en de kans dat ongewone voorvallen zich voordoen en de gevolgen hiervan;

voldaan aan de bij ministeriële regeling gestelde eisen.

Afdeling 4.7a
Activiteiten met betrekking tot papier, karton, textiel, leer of bont

§ 4.7a.1
Bewerken, lijmen, coaten of lamineren van papier of karton

Art. 4.94dj
Deze paragraaf is van toepassing op het bewerken, lijmen, coaten of lamineren van papier of karton. — *Werkingssfeer*

Art. 4.94e
1. Degene die de inrichting drijft neemt bij het lijmen, coaten of lamineren van papier of karton met betrekking tot vluchtige organische stoffen de bij ministeriële regeling voorgeschreven emissiereducerende maatregelen tenzij deze niet kosteneffectief of technisch uitvoerbaar zijn. — *Lijmen/coaten van papier/karton, emissiereductie*
2. Het eerste lid is niet van toepassing indien het totaal verbruik van vluchtige organische stoffen bij de in het eerste lid genoemde activiteiten minder bedraagt dan 1.000 kilogram per jaar.
3. Indien de drempelwaarden, genoemd in tabel 2.28a worden overschreden, zijn het eerste en tweede lid niet van toepassing en is afdeling 2.11 van toepassing.

Art. 4.94f
Bij het lijmen, coaten of lamineren van papier of karton worden ten behoeve van:
a. het voorkomen dan wel beperken van diffuse emissies;
b. het voorkomen dan wel beperken van geurhinder, en
c. het realiseren van een verwaarloosbaar bodemrisico,
de bij ministeriële regeling voorgeschreven maatregelen toegepast.

Art. 4.94g
1. Onverminderd artikel 2.5, eerste, vierde en zesde lid, en artikel 2.6 is bij het mechanisch verkleinen van papier of karton of van papieren of kartonnen producten de emissieconcentratie van stofklasse S niet meer dan:
a. 5 milligram per normaal kubieke meter, indien de massastroom van stofklasse S naar de lucht gelijk is aan of groter is dan 200 gram per uur;
b. 50 milligram per normaal kubieke meter indien de massastroom kleiner is dan 200 gram per uur.
2. Bij het mechanisch verkleinen van papier of karton of van papieren of kartonnen producten worden ten behoeve van het voorkomen dan wel beperken van diffuse emissies en het doelmatig verspreiden van emissies naar de buitenlucht de bij ministeriële regeling voorgeschreven maatregelen toegepast.
3. Bij het mechanisch verkleinen van papier of karton of van papieren of kartonnen producten wordt ten behoeve van het realiseren van een verwaarloosbaar bodemrisico, voldaan aan de bij ministeriële regeling te stellen eisen.

§ 4.7a.2
Reinigen of wassen van textiel

Art. 4.94ga
Deze paragraaf is van toepassing op het reinigen of wassen van textiel. — *Werkingssfeer*

Art. 4.95
1. Het reinigen van textiel vindt voor zover daar chemische stoffen bij worden gebruikt, uitsluitend plaats met behulp van PER of niet-gechloreerde alifatische koolwaterstoffen. — *Textielreiniging, met PER*
2. Bij ministeriële regeling kunnen andere stoffen dan genoemd in het eerste lid, worden aangewezen. — *Nadere regels*
3. Degene die een inrichting drijft waarin activiteiten worden uitgeoefend als bedoeld in het eerste lid, voert een oplosmiddelenboekhouding, overeenkomstig de bij ministeriële regeling gestelde eisen.

Art. 4.96-4.100
[Vervallen]

Art. 4.101
1. Een machine bestemd voor het reinigen met een koolwaterstof wordt zo ingesteld, gebruikt en onderhouden dat de hoeveelheid van die koolwaterstof in het gereinigde textiel en in de vrijkomende drooglucht niet meer bedraagt dan 20 gram per kilogram gereinigd textiel. — *Reinigen/wassen textiel, koolwaterstof*
2. Indien bij ministeriële regeling als bedoeld in artikel 4.95, tweede lid, een andere stof wordt aangewezen dan die genoemd in het eerste lid, kan bij die regeling tevens de ten hoogste toelaatbare hoeveelheid van die stof in het gereinigde textiel en in de vrijkomende drooglucht worden aangegeven.

A66 art. 4.102

Reinigen/wassen textiel, lozing afvalwater

3. De drijver van de inrichting bewaart het laatste keurings- en onderhoudsrapport, waaruit mede blijkt wie en wanneer de keuring of het onderhoud heeft onderscheidenlijk is verricht.

Art. 4.102

1. Bij het in het vuilwaterriool lozen van afvalwater afkomstig van het reinigen of wassen van textiel wordt ten minste voldaan aan het tweede en derde lid.
2. Afvalwater afkomstig van het wasproces bevat in enig steekmonster niet meer dan 0,1 milligram PER per liter.
3. Het te lozen afvalwater kan op een doelmatige wijze worden bemonsterd.

Art. 4.103

Reinigen/wassen textiel, verwaarloosbaar bodemrisico

Bij het reinigen of wassen van textiel wordt ten behoeve van het realiseren van een verwaarloosbaar bodemrisico, voldaan aan de bij ministeriële regeling te stellen eisen.

§ 4.7a.3
Mechanische bewerking of verwerking van textiel

Art. 4.103a

Werkingssfeer

Deze paragraaf is van toepassing op de mechanische bewerking of verwerking van textiel.

Art. 4.103aa

Mechanische verwerking textiel, emissiereductie

Onverminderd artikel 2.5, eerste, vierde en zesde lid, en artikel 2.6 is bij het geautomatiseerd weven, spinnen en breien en het verkleinen van textiel en producten van textiel, de emissieconcentratie van stofklasse S niet meer dan:
a. 5 milligram per normaal kubieke meter indien de massastroom van stofklasse S gelijk is aan of groter is dan 200 gram per uur;
b. 50 milligram per normaal kubieke meter indien de massastroom van stofklasse S kleiner is dan 200 gram per uur.

Art. 4.103b

Bij het geautomatiseerd weven, spinnen en breien en verkleinen van textiel en producten van textiel, worden ten behoeve van het voorkomen dan wel beperken van diffuse emissies en het doelmatig verspreiden van emissies naar de buitenlucht, de bij ministeriële regeling voorgeschreven maatregelen toegepast.

Art. 4.103ba

Nadere regels

Bij het verkleinen van textiel en producten van textiel wordt ten behoeve van het realiseren van een verwaarloosbaar bodemrisico voldaan aan de bij ministeriële regeling te stellen eisen.

§ 4.7a.4
Lassen van textiel

Art. 4.103bb

Werkingssfeer

Deze paragraaf is van toepassing op het lassen van textiel.

Art. 4.103c

Lassen van textiel, eisen

Bij het lassen van textiel wordt ten behoeve van het doelmatig verspreiden van emissies naar de buitenlucht ten minste voldaan aan de bij ministeriële regeling te stellen eisen.

§ 4.7a.5
Lijmen, coaten of veredelen van textiel, leer of bont

Art. 4.103ca

Werkingssfeer

Deze paragraaf is van toepassing op het lijmen of coaten of veredelen van textiel, leer of bont.

Art. 4.103d

Lijmen/coaten textiel, stofklasse S

Onverminderd artikel 2.5, eerste, vierde en zesde lid, en artikel 2.6 is bij het aanbrengen van coating of lijmlagen en het veredelen de emissieconcentratie van stofklasse S niet meer dan:
a. 5 milligram per normaal kubieke meter indien de massastroom van stofklasse S naar de lucht gelijk is of groter is dan 200 gram per uur; en
b. 50 milligram per normaal kubieke meter indien de massastroom van stofklasse S naar de lucht kleiner is dan 200 gram per uur.

Art. 4.103da

1. Bij het in een vuilwaterriool lozen van afvalwater afkomstig van het veredelen van textiel wordt ten minste voldaan aan het tweede en derde lid.
2. Het te lozen afvalwater bevat geen stoffen die op grond van het BBT-informatiedocument Algemene BeoordelingsMethodiek 2016, aangewezen krachtens artikel 5.4, eerste lid, van het Besluit omgevingsrecht, worden aangemerkt als stoffen waarvoor een saneringsinspanning Z of A geldt.
3. Het te lozen afvalwater kan op een doelmatige wijze worden bemonsterd.

Art. 4.103e
1. Degene die de inrichting drijft, neemt bij het lijmen of coaten of veredelen van textiel, leer of bont de bij ministeriële regeling voorgeschreven emissiereducerende maatregelen met betrekking tot vluchtige organische stoffen tenzij deze niet kosteneffectief of technisch uitvoerbaar zijn.
2. Het eerste lid is niet van toepassing indien het totaal verbruik van vluchtige organische stoffen bij de in het eerste lid genoemde activiteiten minder bedraagt dan 1.000 kilogram per jaar.
5. Indien de drempelwaarden, genoemd in tabel 2.28a worden overschreden, zijn het eerste en tweede lid niet van toepassing en is afdeling 2.11 van toepassing.

Lijmen/coaten textiel, maatregelen

Art. 4.103f
Bij het reinigen, lijmen of coaten of veredelen van textiel, leer of bont worden ten behoeve van:
a. het voorkomen dan wel beperken van diffuse emissies;
b. het voorkomen dan wel beperken van geurhinder;
c. het realiseren van een verwaarloosbaar bodemrisico, of
d. het beperken van het lozen van hulpstoffen,
de bij ministeriële regeling voorgeschreven maatregelen toegepast.

Afdeling 4.8
Overige activiteiten

§ 4.8.1
Inwendig reinigen of ontsmetten van transportmiddelen

Art. 4.103g
Deze paragraaf is van toepassing op het inwendig reinigen of ontsmetten van:
a. tanks,
b. tankwagens,
c. vrachtwagens,
d. andere transportmiddelen, of
e. werktuigen, waarmee gewasbeschermingsmiddelen of meststoffen zijn toegepast.

Werkingssfeer

Art. 4.103h
Bij het in een inrichting inwendig reinigen of ontsmetten van vrachtwagens of andere transportmiddelen wordt, ten behoeve van het realiseren van een verwaarloosbaar bodemrisico, voldaan aan de bij ministeriële regeling gestelde eisen.

Reinigen tanks en tankwagens, eisen

Art. 4.104
1. Bij het inwendig reinigen of ontsmetten van tanks of tankwagens wordt het in het afvalwater geraken van het daarin vervoerde product zo veel mogelijk voorkomen.
2. Indien in de inrichting afvalwater ontstaat met een soortgelijke samenstelling, afkomstig van een andere activiteit, als het afvalwater dat ontstaat bij het inwendig reinigen of ontsmetten van tanks of tankwagens, is het toegestaan laatstgenoemd afvalwater te lozen op dezelfde wijze als het afvalwater van soortgelijke samenstelling mits het afvalwater van soortgelijke samenstelling door een zuiveringsvoorziening wordt geleid, die is gedimensioneerd op de totale afvalwaterstroom.
3. Het te lozen afvalwater kan op een doelmatige wijze worden bemonsterd.

Reinigen tanks en tankwagens, lozen afvalwater

Art. 4.104a
1. Bij het in het vuilwaterriool lozen van afvalwater afkomstig van het inwendig reinigen of ontsmetten van vrachtwagens of andere transportmiddelen waarin vlees onverpakt is vervoerd, wordt ten minste voldaan aan het tweede en derde lid.
2. Het afvalwater afkomstig van het inwendig reinigen of ontsmetten van vrachtwagens of andere transportmiddelen waarin vlees onverpakt is vervoerd, wordt voor vermenging met ander niet vethoudend afvalwater, geleid door een vetafscheider en slibvangput die voldoen aan en worden gebruikt conform NEN-EN 1825-1 en 2. In afwijking van NEN-EN 1825-1 en 2 kan met een lagere frequentie van het legen en reinigen dan daarin vermeld worden volstaan, indien een lagere frequentie geen nadelige gevolgen heeft voor het doelmatig functioneren van de afscheider.
3. Het bevoegd gezag kan bij maatwerkvoorschrift het tweede lid niet van toepassing verklaren en het lozen zonder een vetafscheider en slibvangput toestaan indien, gelet op het gehalte aan vet en onopgeloste stoffen in het te lozen afvalwater in combinatie met de hoeveelheid te lozen afvalwater, het lozen geen nadelige gevolgen heeft voor de doelmatige werking van de voorzieningen voor het beheer van afvalwater. Artikel 2.2, vierde lid, is van overeenkomstige toepassing.
4. Het tweede lid is niet van toepassing op een slibvangput en een vetafscheider die zijn geplaatst binnen een inrichting voorafgaand aan het tijdstip waarop die leden op die inrichting van toepassing werden.

Reinigen tanks en tankwagens, eisen

5. Het tweede lid is eveneens niet van toepassing op een flocculatieafscheider die binnen een inrichting is geplaatst voorafgaand aan het tijdstip waarop dat artikel op de inrichting van toepassing werd.

Art. 4.104b
1. Bij het lozen van afvalwater, afkomstig van het inwendig reinigen of ontsmetten van vrachtwagens of andere transportmiddelen waarin dieren zijn vervoerd, wordt ten minste voldaan aan het tweede en derde lid.
2. Het lozen, bedoeld in het eerste lid, in een vuilwaterriool bevat in enig steekmonster ten hoogste 300 milligram onopgeloste stoffen per liter.
3. Het lozen, bedoeld in het eerste lid, op of in de bodem is toegestaan indien het afvalwater gelijkmatig wordt verspreid over de onverharde bodem.

Art. 4.104c
1. Bij het lozen van afvalwater afkomstig van het inwendig reinigen van werktuigen, waarmee gewasbeschermingsmiddelen of meststoffen zijn toegepast, wordt ten minste voldaan aan het tweede en derde lid.
2. Bij het lozen in een vuilwaterriool wordt het afvalwater afkomstig van het inwendig reinigen van werktuigen waarin gewasbeschermingsmiddelen zijn toegepast geleid door een zuiveringsvoorziening waarmee ten minste 95% van de gewasbeschermingsmiddelen wordt verwijderd.
3. Het lozen op of in de bodem is toegestaan, indien:
   a. het afvalwater gelijkmatig wordt verspreid over de onverharde bodem waarop de gewasbeschermingsmiddelen of meststoffen zijn toegepast, of
   b. het afvalwater wordt geleid door een zuiveringsvoorziening waarmee ten minste 95% van de gewasbeschermingsmiddelen wordt verwijderd en wordt verspreid over een onverharde bodem.

Art. 4.104d
Bij het in het vuilwaterriool lozen van afvalwater afkomstig van het inwendig reinigen of ontsmetten van veegwagens of vuilniswagens, geldt ten minste dat het afvalwater in enig steekmonster niet meer dan 300 milligram onopgeloste stoffen per liter bevat.

Art. 4.104e
1. Het lozen van afvalwater afkomstig van het inwendig reinigen van een transportmiddel waarin betonmortel is vervoerd is uitsluitend toegestaan indien daarbij ten minste wordt voldaan aan de eisen, gesteld bij en krachtens het tweede tot en met vijfde lid.
2. Bij het lozen in een aangewezen oppervlaktewaterlichaam of in een voorziening voor de inzameling en het transport van afvalwater, niet zijnde een vuilwaterriool, bedraagt:
   a. het gehalte aan onopgeloste stoffen in enig steekmonster niet meer dan 100 milligram per liter, en
   b. het gehalte aan chemisch zuurstofverbruik in enig steekmonster niet meer dan 200 milligram per liter.
3. Bij het lozen in een vuilwaterriool bedraagt het gehalte aan onopgeloste stoffen niet meer dan 300 milligram per liter.
4. In afwijking van het tweede lid kan het bevoegd gezag in het belang van de bescherming van het milieu bij maatwerkvoorschrift voor onopgeloste stoffen lagere gehaltes vaststellen.
5. Het te lozen afvalwater kan op een doelmatige wijze worden bemonsterd.

§ 4.8.2
[Vervallen]

Art. 4.105-4.108
[Vervallen]

§ 4.8.3
[Vervallen]

Art. 4.109-4.110
[Vervallen]

§ 4.8.4
[Vervallen]

Art. 4.111-4.112
[Vervallen]

Margin notes:

Reinigen veeg- en vuilniswagens, eisen steekmonster

Reinigen veeg- en vuilniswagens, lozen afvalwater

Activiteitenbesluit milieubeheer   A66 art. 4.120

§ 4.8.5
[Vervallen]

Art. 4.113
[Vervallen]

§ 4.8.5a
[Vervallen]

Art. 4.113a
[Vervallen]

§ 4.8.5b
[Vervallen]

Art. 4.113b
[Vervallen]

§ 4.8.6
In werking hebben van een acculader

Art. 4.113c
Deze paragraaf is van toepassing op het in werking hebben van een acculader.   Werkingssfeer

Art. 4.114
Bij het opladen van accu's die vloeibare bodembedreigende stoffen bevatten wordt ten behoeve   Acculader, bodemrisico
van het realiseren van een verwaarloosbaar bodemrisico, voldaan aan de bij ministeriële regeling
te stellen eisen.

§ 4.8.7
[Vervallen]

Art. 4.115
[Vervallen]

§ 4.8.9
In werking hebben van een crematorium of het in gebruik hebben van een strooiveld

Art. 4.116
Deze paragraaf is van toepassing op het in werking hebben van een crematorium of het in gebruik   Werkingssfeer
hebben van een strooiveld.

Art. 4.117
Het is verboden in een crematieoven kisten te verbranden die met lood of zink bekleed zijn.   Crematorium/strooiveld,
Metalen en kunststof handvatten en andere versierselen van kunststof of metaal worden voor   emissiereductie
invoer van de kist verwijderd.

Art. 4.118
Bij het in werking hebben van een crematieoven worden ten behoeve van: Crematorium/strooiveld,
a. het zo volledig mogelijk verbranden van rookgassen, en   maatregelen crematieoven
b. het zo veel mogelijk beperken van het ontstaan van stikstofoxiden,
de bij ministeriële regeling voorgeschreven maatregelen toegepast.

Art. 4.118a
Onverminderd de artikel 2.5, eerste, vierde en zesde lid, en 2.6 is bij het in werking hebben van
een crematieoven voor dieren de emissieconcentratie van stofklasse S ten hoogste:
a. 5 milligram per normaal kubieke meter, indien de massastroom van stofklasse S gelijk is aan
of groter is dan 200 gram per uur, en
b. 50 milligram per normaal kubieke meter indien de massastroom van stofklasse S kleiner is
dan 200 gram per uur.

Art. 4.119
Onverminderd artikel 2.5, eerste, vierde en zesde lid, en artikel 2.6 is bij het in werking hebben   Crematorium/strooiveld,
van een crematieoven niet zijnde een crematieoven voor dieren de emissieconcentratie van   emissieconcentratie cre-
kwik en kwikverbindingen niet meer dan 0,05 milligram per normaal kubieke meter, indien   matieoven
de massastroom van kwik naar de lucht gelijk is aan of groter is dan 0,25 gram per uur.

Art. 4.120
In afwijking van artikel 2.9, eerste lid, worden bij het verstrooien van crematie-as op een   Crematorium/strooiveld,
strooiveld ten behoeve van het voorkomen dan wel, voor zover dat niet mogelijk is, zoveel   verstrooien crematie-as

mogelijk beperken van de belasting van de bodem de bij ministeriële regeling voorgeschreven maatregelen toegepast.

§ 4.8.10
In werking hebben van een laboratorium of een praktijkruimte

Art. 4.122

Werkingssfeer

Deze paragraaf is van toepassing op inrichtingen waarbij sprake is van een laboratorium of een praktijkruimte, met uitzondering van praktijkruimten voor het middelbaar onderwijs en laboratoria ten behoeve van huisartsen, dierenartsen, apothekers, tandartsen of tandtechnici.

Art. 4.123

Laboratorium/praktijkruimte, emissiereductie

Bij het lozen van afvalwater afkomstig van een laboratorium of een praktijkruimte op het vuilwaterriool wordt ten behoeve van de bescherming van het milieu ten minste voldaan aan de bij ministeriële regeling te stellen eisen.

Art. 4.124

1. Bij het lozen van afvalwater afkomstig van een laboratorium of een praktijkruimte in een vuilwaterriool worden de emissiegrenswaarden, vermeld in tabel 4.124, niet overschreden.

Tabel 4.124

Stof	Emissiegrenswaarde in milligram per liter
Kwik	0,01
Cadmium	0,02
Overige metalen, som van 5 metalen[1]	2
Chloorkoolwaterstoffen CKW[2]	0,1
BTEX	0,1

[1] Als som van 5 willekeurige metalen uit de volgende reeks: Ni, Cr, Pb, Se, As, Mo, Ti, Sn, Ba, Be, B, U, V, Co, Ag.

[2] De 11 CKW die standaard bepaald worden in afvalwater betreffen: Dichloormethaan, Trichloormethaan, Tetrachloormethaan, Trichlooretheen, Tetrachlooretheen, 1,1-dichloorethaan, 1,2-dichloorethaan, 1,1,1-trichloorethaan, 1,1,2-trichloorethaan, cis-1,2-dichlooretheen, trans-1,2-dichlooretheen. De chloorkoolwaterstoffen worden als som bepaald.

De in tabel 4.124 genoemde emissiewaarden gelden voor steekmonsters. Indien sprake is van representatieve etmaalbemonstering geldt voor de «overige metalen, som van 5 metalen» een factor 2 lagere waarde (1 mg/l).

2. Het bevoegd gezag kan bij maatwerkvoorschrift:
a. de emissiegrenswaarden, bedoeld in het eerste lid, niet van toepassing verklaren en lagere emissiegrenswaarden vaststellen dan de emissiegrenswaarden, bedoeld in dat lid, indien het te lozen afvalwater meer dan 10.000 kubieke meter per jaar bedraagt en met toepassing van de beste beschikbare technieken aan deze lagere emissiegrenswaarden kan worden voldaan;
b. de emissiegrenswaarden, bedoeld in het eerste lid, niet van toepassing verklaren en hogere emissiegrenswaarden bepalen dan de emissiegrenswaarden, bedoeld in dat lid, indien aan de emissiegrenswaarden, bedoeld in het eerste lid met toepassing van de beste beschikbare technieken niet kan worden voldaan en het belang van de bescherming van het milieu zich niet tegen het lozen met hogere emissiegrenswaarden verzet.

3. Het te lozen afvalwater, bedoeld in het eerste lid, kan op een doelmatige wijze worden bemonsterd.

4. Het derde lid is niet van toepassing op inrichtingen waarbinnen, in overeenstemming met de vergunningvoorschriften zoals die luidden tot 1 januari 2010, geen voorzieningen zijn geplaatst voor het afzonderlijk bemonsteren van het te lozen afvalwater als bedoeld in het eerste lid.

Art. 4.125

Laboratorium/praktijkruimte stofvormige emissies

1. Onverminderd artikel 2.5, eerste, vierde en zesde lid, en artikel 2.6 is bij activiteiten die leiden tot stofvormige emissies afkomstig van een laboratorium of een praktijkruimte naar de lucht, de emissieconcentratie van de stoffen behorend tot de stofklassen S, sO, sA1, sA2 en sA3 naar de lucht niet meer dan de voor die betreffende stofklasse genoemde emissieconcentratie-eis in artikel 2.5 indien de massastroom gelijk is aan of groter is dan de in artikel 2.5 voor de betreffende stofklasse genoemde grensmassastroom.

Activiteitenbesluit milieubeheer A66 art. 5.1

2. Onverminderd artikel 2.5, eerste, vierde en zesde lid, en artikel 2.6 is bij activiteiten die leiden tot gasvormige emissies afkomstig van een laboratorium of praktijkruimte naar de lucht, de emissieconcentratie van de stoffen behorend tot de stofklassen gA.1, gA.2, gA.3, gO.1, gO.2 en gO.3, naar de lucht niet meer dan de voor die betreffende stofklasse genoemde emissieconcentratie-eis in artikel 2.5 indien de massastroom gelijk is aan of groter is dan de in artikel 2.5 voor de betreffende stofklasse genoemde grensmassastroom.
3. Indien bij activiteiten emissies van Extreem risicovolle stoffen of MVP, afkomstig van een laboratorium of praktijkruimte, kunnen vrijkomen, kan het bevoegd gezag in het belang van de luchtkwaliteit maatwerkvoorschriften stellen aan de minimalisatie van die emissies. Artikel 2.4 is van overeenkomstige toepassing.

Art. 4.126
Bij activiteiten in een laboratorium of een praktijkruimte worden ten behoeve van het realiseren van een verwaarloosbaar bodemrisico en het voorkomen dan wel beperken van diffuse emissies en het doelmatig verspreiden van die emissies naar de buitenlucht de bij ministeriële regeling voorgeschreven maatregelen toegepast.

Laboratorium/praktijkruimte, verwaarloosbaar bodemrisico

Art. 4.127
Bij het gericht werken met biologische agentia in een laboratorium of een praktijkruimte wordt ten behoeve van het voorkomen van risico's voor de omgeving en ongewone voorvallen, dan wel voor zover dat niet mogelijk is het zoveel mogelijk beperken van de risico's voor de omgeving en de kans dat ongewone voorvallen zich voordoen en de gevolgen hiervan, ten minste voldaan aan de bij ministeriële regeling te stellen eisen.

Laboratorium/praktijkruimte, voorkomen risico's voor de omgeving

Hoofdstuk 5
Industriële emissies

Afdeling 5.0
Reikwijdte hoofdstuk 5

Art. 5
1. De paragrafen 5.1.1 tot en met 5.1.3 zijn van toepassing op degene die een inrichting type C drijft, waartoe een installatie behoort als bedoeld in hoofdstuk III, IV of VI, of bijlage I van de EU-richtlijn industriële emissies.
2. De paragrafen 5.1.4 tot en met 5.1.7 zijn van toepassing op degene die een inrichting type B of C drijft, waartoe een installatie behoort als bedoeld in de paragrafen 5.1.4 tot en met 5.1.7.
3. Paragrafen 5.2.1 en 5.2.2 zijn van toepassing op degene die een inrichting type C drijft of op degene die een inrichting type B drijft waartoe een installatie behoort als bedoeld in artikel 2, onderdeel c, van richtlijn 94/63/EG.
4. Paragraaf 5.3.1 is van toepassing op degene die een inrichting type C drijft.

Werkingssfeer

Afdeling 5.1
Industriële emissies

§ 5.1.1
Grote stookinstallatie

Art. 5.1
1. Deze paragraaf is van toepassing op het in werking hebben van een grote stookinstallatie, met uitzondering van:
a. een stookinstallatie die bestemd is voor het drogen of behandelen van voorwerpen of materialen door middel van rechtstreeks contact met verbrandingsgas;
b. technische voorzieningen voor de zuivering van afgassen door verbranding die niet als autonome stookinstallatie worden geëxploiteerd;
c. het regenereren van katalysatoren voor het katalytisch kraakproces;
d. het omzetten van zwavelwaterstof in zwavel;
e. in de chemische industrie gebruikte reactoren;
f. cokesovens;
g. windverhitters van hoogovens;
h. technische voorzieningen die bij de voortstuwing van een voertuig, schip of vliegtuig worden gebruikt;
i. gasturbines en gasmotoren die op offshoreplatforms worden gebruikt;
j. stookinstallaties waarvoor emissie-eisen zijn gesteld in paragraaf 5.1.2.
2. Voor de toepassing van deze paragraaf worden twee of meer stookinstallaties met een nominaal thermisch ingangsvermogen van 15 MW of meer als één stookinstallatie aangemerkt en worden de nominale thermische ingangsvermogens opgeteld indien:
a. de afgassen van die stookinstallaties via één schoorsteen worden afgevoerd, of

Grote stookinstallatie

b. die stookinstallaties zodanig zijn gelegen dat de afgassen, naar het oordeel van het bevoegd gezag, op technisch en economisch aanvaardbare wijze via één schoorsteen kunnen worden afgevoerd.

3. Het begrip «vloeibare brandstof» is niet van toepassing op de installaties waarop deze paragraaf van toepassing is.

4. Voor de toepassing van deze paragraaf wordt onder bestaande grote stookinstallatie verstaan: grote stookinstallatie die op 30 oktober 1999, overeenkomstig de toen geldende regelgeving, in bedrijf was, of waarvoor een vergunning was verleend en die uiterlijk op 30 oktober 2000 in gebruik is genomen.

5. Voor de toepassing van deze paragraaf wordt onder uitvoeringsbesluit (EU) 2017/1442 verstaan: uitvoeringsbesluit (EU) 2017/1442 van de Commissie van 31 juli 2017 tot vaststelling van BBT-conclusies (beste beschikbare technieken) op grond van Richtlijn 2010/75/EU van het Europees Parlement en de Raad, voor grote stookinstallaties (PbEU 2017, L212).

Art. 5.2

Grote stookinstallatie, afvoer afgassen

Een grote stookinstallatie wordt op een zodanige wijze ontworpen, uitgerust, onderhouden en geëxploiteerd, met inbegrip van een op berekeningen gebaseerde hoogte van de schoorsteen, dat afgassen op gecontroleerde wijze door de schoorsteen worden afgevoerd en wordt voorkomen dat de emissies in de lucht leiden tot overschrijding van:
a. de bij of krachtens dit besluit geldende emissiegrenswaarden;
b. de in bijlage 2 van de wet opgenomen grenswaarden.

Art. 5.3

Grote stookinstallatie, emissiegrenswaarden

1. De emissiegrenswaarden, gesteld in deze paragraaf, zijn van toepassing op de emissies van alle gemeenschappelijke schoorstenen in relatie tot het totale nominale thermische ingangsvermogen van de gehele stookinstallatie.

2. Bij uitbreiding van een bestaande grote stookinstallatie zijn de emissiegrenswaarden voor grote stookinstallaties van toepassing op het uitgebreide gedeelte van de bestaande grote stookinstallatie waarop de wijziging betrekking heeft. De emissiegrenswaarden worden vastgesteld op grond van het totale nominale thermische ingangsvermogen van de gehele stookinstallatie.

3. In geval van een wijziging van een bestaande grote stookinstallatie die gevolgen kan hebben voor het milieu en die betrekking heeft op een gedeelte van een bestaande grote stookinstallatie met een nominaal thermisch ingangsvermogen van 50 MW of meer, zijn de emissiegrenswaarden voor grote stookinstallaties van toepassing op het gedeelte van de bestaande grote stookinstallatie dat is gewijzigd in relatie tot het totale nominale thermische ingangsvermogen van de gehele stookinstallatie.

4. Voor de berekening van de emissies van een grote stookinstallatie wordt de massaconcentratie aan zwaveldioxide, stikstofoxiden of totaal stof herleid op een volumegehalte aan zuurstof van:
a. ingeval het een grote stookinstallatie voor vaste brandstoffen betreft: 6 procent in afgas;
b. ingeval het een gasturbine of een gasmotor betreft: 15 procent in afgas;
c. ingeval het een andere grote stookinstallatie dan bedoeld onder a en b betreft: 3 procent in afgas.

Art. 5.4

Grote stookinstallatie, emissiegrenswaarden

1. De emissies van zwaveldioxide overschrijden de emissiegrenswaarden van tabel 5.4 niet.

Tabel 5.4

Vaste of vloeibare brandstoffen	Type stookinstallatie, type brandstof	
	– vaste biomassa	60 mg/Nm^3
	– gasturbine of dieselmotor	60 mg/Nm^3
	– bestaande grote stookinstallatie anders dan gasturbine of dieselmotor	150 mg/Nm^3
	– overig	80 mg/Nm^3
Gasvormige brandstoffen	Type stookinstallatie, type brandstof	
	– vloeibaar gemaakt gas	5 mg/Nm^3
	– cokesovengas of hoogovengas in gasmotor of gasturbine	60 mg/Nm^3
	– cokesovengas in andere stookinstallatie	220 mg/Nm^3
	– hoogovengas in andere stookinstallatie	150 mg/Nm^3
	– overig	35 mg/Nm^3

2. In afwijking van het eerste lid voldoet een stookinstallatie die voor de datum van inwerkingtreding van dit lid in bedrijf is genomen, tot 17 augustus 2021 aan de emissiegrenswaarden in tabel 5.4a.

Tabel 5.4a

Vaste of vloeibare brandstoffen	Totaal nominaal thermisch ingangsvermogen	
	50 – 300 MW	200 mg/Nm^3
	> 300 MW	150 mg/Nm^3
Gasvormige brandstoffen	Type brandstof	
	– vloeibaar gemaakt gas	5 mg/Nm^3
	– cokesovengas	400 mg/Nm^3
	– hoogovengas	150 mg/Nm^3
	– andere gasvormige brandstoffen	35 mg/Nm^3

3. In afwijking van het eerste en tweede lid stelt het bevoegd gezag bij vergunningvoorschrift voor een grote stookinstallatie een emissiegrenswaarde voor zwaveldioxide van ten hoogste 500 mg/ Nm^3 vast, indien:
a. voor de stookinstallatie voor 27 november 2002 een vergunning was verleend of een volledige aanvraag tot vergunningverlening was ingediend,
b. de stookinstallatie uiterlijk 27 november 2003, overeenkomstig de toen geldende regelgeving, in bedrijf was, en
c. de stookinstallatie gestookt wordt met gassen met lage calorische waarde, verkregen door vergassing van raffinaderijresiduen.

Art. 5.5

1. De emissies van stikstofoxiden overschrijden de emissiegrenswaarden van tabel 5.5 niet.

Grote stookinstallatie, emissie stikstofdioxide

Tabel 5.5

Vaste brandstoffen		100 mg/Nm^3
Vloeibare brandstoffen	Type stookinstallatie, type brandstof	
	– gasturbine, met inbegrip van een STEG	50 mg/Nm^3
	– bestaande grote stookinstallatie, indien wordt gestookt met vloeibare productieresiduen als niet-commerciële brandstof afkomstig uit de eigen installatie	150 mg/Nm^3
	– andere grote stookinstallatie, 50 – 100 MW	120 mg/Nm^3
	– overig	85 mg/Nm^3
Gasvormige brandstoffen	Type stookinstallatie, type brandstof	
	– gasmotor	33 mg/Nm^3
	– gasturbine, met inbegrip van een STEG; bij vergunningverlening voor 17 augustus 2017, kan het bevoegd gezag bij vergunningvoorschrift een ruimere eis tot 50 mg/Nm^3 stellen.	35 mg/Nm^3
	– bestaande grote stookinstallatie indien het een gasturbine betreft, met inbegrip van een STEG; bij een bedrijfstijd minder dan 1.500 uur per jaar kan het bevoegd gezag bij vergunningvoorschrift een ruimere eis tot 75 mg/Nm^3 stellen.	60 mg/Nm^3
	– andere grote stookinstallatie, indien wordt gestookt met aardgas	70 mg/Nm^3
	– andere bestaande grote stookinstallatie; het bevoegd gezag kan op grond van technische kenmerken bij vergunningvoorschrift een ruimere eis tot 150 mg/Nm^3 toestaan voor zover passend binnen de grenzen van het uitvoeringsbesluit (EU) 2017/1442	100 mg/Nm^3
	– andere grote stookinstallatie	80 mg/Nm^3

2. In afwijking van het eerste lid voldoet een stookinstallatie die voor de datum van inwerkingtreding van dit lid in bedrijf is genomen, tot 17 augustus 2021 aan de emissiegrenswaarden in tabel 5.5a.

Tabel 5.5a

Vaste brandstoffen		100 mg/Nm^3
Vloeibare brandstoffen	Type stookinstallatie, totaal nominaal thermisch ingangsvermogen	
	– gasturbine, met inbegrip van een STEG	50 mg/Nm^3
	– bestaande grote stookinstallatie, indien wordt gestookt met vloeibare productieresiduen als niet-commerciële brandstof afkomstig uit de eigen installatie	150 mg/Nm^3
	– andere grote stookinstallatie, 50 – 300 MW	120 mg/Nm^3
	– andere grote stookinstallatie, > 300 MW	100 mg/Nm^3
Gasvormige brandstoffen	Type stookinstallatie, type brandstof	
	– gasturbine, met inbegrip van een STEG	50 mg/Nm^3
	– gasmotor	33 mg/Nm^3
	– bestaande grote stookinstallatie indien het een gasturbine betreft, met inbegrip van een STEG, die met aardgas wordt gestookt: a. die in een systeem met warmtekrachtkoppeling wordt gebruikt met een rendement van meer dan 75%, b. die in een warmtekrachtcentrale wordt gebruikt met een gemiddeld jaarlijks totaal elektrisch rendement van meer dan 55%, of c. die voor mechanische aandrijving wordt gebruikt, waarin het rendement van de gasturbine wordt vastgesteld in ISO-basisbelastingsomstandigheden	75 mg/Nm^3
	– bestaande grote stookinstallatie indien het een gasturbine betreft, met inbegrip van een STEG, die met andere gassen wordt gestookt	75 mg/Nm^3
	– bestaande grote stookinstallatie, indien wordt gestookt met hoogovengas, cokesovengas, gassen met lage calorische waarde verkregen door vergassing van raffinageresiduen, of andere gassen, uitgezonderd een gasturbine en gasmotor	150 mg/Nm^3
	– andere grote stookinstallatie, indien wordt gestookt met hoogovengas, cokesovengas, gassen met lage calorische waarde verkregen door vergassing van raffinageresiduen, of andere gassen	100 mg/Nm^3
	– andere grote stookinstallatie, indien wordt gestookt met aardgas	70 mg/Nm^3

3. In afwijking van het eerste en tweede lid stelt het bevoegd gezag bij vergunningvoorschrift voor een bestaande grote stookinstallatie die wordt gestookt met aardgas en die niet kan voldoen aan de op grond van het eerste en tweede lid toepasselijke emissiegrenswaarde, een emissiegrenswaarde voor stikstofoxiden van ten hoogste 100 mg/Nm^3 vast, tenzij het betreft een gasturbine of gasmotor.

Art. 5.6

Grote stookinstallatie, emissie koolmonoxide

De emissies van koolmonoxide overschrijden de emissiegrenswaarden van tabel 5.6 niet.

Tabel 5.6

gasvormige brandstoffen	100 mg/Nm^3
vloeibare brandstoffen gestookt in gasturbines, met inbegrip van een STEG	100 mg/Nm^3

Art. 5.7

Grote stookinstallatie, emissie totaal stof

1. De emissies van totaal stof overschrijden de emissiegrenswaarden van tabel 5.7 niet.

Tabel 5.7

Vaste of vloeibare brandstoffen	– bestaande grote stookinstallatie indien wordt gestookt met vloeibare productieresiduen als niet-commerciële brandstof afkomstig uit de eigen installatie	20 mg/Nm^3
	– andere grote stookinstallatie	5 mg/Nm^3
Gasvormige brandstoffen	– hoogovengas	5 mg/Nm^3
	– andere gasvormige brandstoffen	5 mg/Nm^3

2. In afwijking van het eerste lid voldoet een stookinstallaties die voor de datum van inwerkingtreding van dit lid in bedrijf is genomen, tot 17 augustus 2021 aan de emissiegrenswaarden in tabel 5.7a.

Tabel 5.7a

Vaste of vloeibare brandstoffen	– bestaande grote stookinstallatie indien wordt gestookt met vloeibare productieresiduen als niet-commerciële brandstof afkomstig uit de eigen installatie	20 mg/Nm^3
	– andere grote stookinstallatie	5 mg/Nm^3
Gasvormige brandstoffen	– hoogovengas	10 mg/Nm^3
	– door de ijzer- en staalindustrie geproduceerd gas dat elders wordt gebruikt	20 mg/Nm^3
	– andere gasvormige brandstoffen	5 mg/Nm^3

Art. 5.8

Grote stookinstallatie, aanvullende eisen

1. De emissies van zoutzuur, waterstoffluoride, kwik, som van dioxinen en furanen, formaldehyde, gasvormige en vluchtige organische stoffen en ammoniak overschrijden de emissiegrenswaarden van tabel 5.8 niet.

Tabel 5.8

	Type stookinstallatie, type brandstof		
Zoutzuur	Proces brandstof uit chemische industrie		5 mg/Nm^3
		Bestaande grote stookinstallatie	9 mg/Nm^3
	Biomassa <100 MWth	Vergund voor de datum van inwerkingtreding van dit artikel	15 mg/ Nm^3
	Overige biomassa		8 mg/Nm^3
	Overige vaste brandstof		3 mg/Nm^3
Waterstoffluoride	Biomassa		1 mg/Nm^3
	Overige vaste en vloeibare brandstof		2 mg/Nm^3
Kwik	Biomassa		5 µg/Nm^3
	Overige vaste brandstof		2 µg/Nm^3
		Bestaande grote stookinstallatie	4 µg/Nm^3
Som van dioxinen en furanen, gedefinieerd als de som van de afzonderlijke dioxinen en furanen, gewogen overeenkomstig de bij	Proces brandstof uit chemische industrie		0,036 ng TEQ/Nm^3

ministeriële regeling gestelde equivalentiefactoren

Formaldehyde	Gasmotor op aardgas	15 mg/Nm^3
Gasvormige en vluchtige organische stoffen, uitgedrukt in totaal organische koolstof	Proces brandstof uit chemische industrie	12 mg/Nm^3
	Gasmotor op aardgas	500 mg/Nm^3
Ammoniak	Bij toepassing SCR of SNCR	5 mg/Nm^3

2. In afwijking van het eerste lid voldoet een stookinstallatie die voor de datum van inwerkingtreding van dit lid in bedrijf is genomen, tot 17 augustus 2021 aan de in de vergunning opgenomen emissiegrenswaarden van zoutzuur, waterstoffluoride, kwik, som van dioxinen en furanen, formaldehyde, gasvormige en vluchtige organische stoffen en ammoniak.

Art. 5.9

Grote stookinstallatie, uitzondering emissiegrenswaarden

1. Bij gelijktijdig gebruik van verschillende soorten brandstof in een grote stookinstallatie gelden als emissiegrenswaarden voor zwaveldioxide, stikstofoxiden en totaal stof de gewogen gemiddelden van de emissiegrenswaarden die op grond van de artikelen 5.4 tot en met 5.7 voor elk van de brandstoffen afzonderlijk zouden gelden.
2. Een gewogen gemiddelde als bedoeld in het eerste lid wordt per tijdseenheid berekend naar het aandeel van elk van de brandstoffen in de energetische inhoud van de toegevoerde brandstoffen.
3. In afwijking van het eerste lid stelt het bevoegd gezag bij vergunningvoorschrift voor een bestaande grote stookinstallatie een emissiegrenswaarde voor zwaveldioxide vast van gemiddeld ten hoogste 500 mg/Nm indien:
a. die installatie deel uitmaakt van een raffinaderij, en
b. die installatie destillatie- of omzettingsresiduen afkomstig van het raffineren van ruwe aardolie, alleen of in combinatie met andere brandstoffen, zelf verbruikt.
4. De emissiegrenswaarden, bedoeld in de artikelen 5.4 tot en met 5.8, gelden niet voor gasturbines, gasmotoren en dieselmotoren die blijkens de daarvoor geldende omgevingsvergunning bestemd zijn voor noodgevallen en minder dan 500 bedrijfsuren per jaar in bedrijf zijn. Degene die de inrichting drijft, registreert de bedrijfsuren van dergelijke installaties.
5. Voor de toepassing van het vierde lid wordt onder bedrijfsuren verstaan: de tijd, uitgedrukt in uren, gedurende welke een grote stookinstallatie geheel of gedeeltelijk in werking is en emissies in de lucht veroorzaakt, met uitzondering van de voor de inwerkingstelling en stillegging benodigde tijd.

Art. 5.10

Grote stookinstallatie, tekort aan brandstoffen

1. In afwijking van artikel 5.4 mag een grote stookinstallatie, waar gewoonlijk laagzwavelige brandstof wordt verstookt, gedurende 240 uur in werking blijven, indien degene die de inrichting drijft wegens een onderbreking van de voorziening met laagzwavelige brandstof ten gevolge van een ernstig tekort aan dergelijke brandstoffen niet in staat is de emissiegrenswaarden van dat artikel in acht te nemen.
2. Het bevoegd gezag kan bij maatwerkvoorschrift de periode, bedoeld in het eerste lid, verlengen tot ten hoogste zes maanden, voor zover de omstandigheid, bedoeld in het eerste lid, voortduurt en degene die de inrichting drijft daardoor redelijkerwijs niet in staat is de emissiegrenswaarden in acht te nemen.
3. Degene die de inrichting drijft, meldt onmiddellijk aan het bevoegd gezag dat zich een situatie voordoet als bedoeld in het eerste lid.
4. Het bevoegd gezag stelt Onze Minister onmiddellijk in kennis van een afwijking als bedoeld in het eerste of tweede lid.

Art. 5.11

Grote stookinstallatie, weersomstandigheden of storingen

1. Indien een grote stookinstallatie die gewoonlijk met gasvormige brandstof wordt gestookt, met een andere brandstof wordt gestookt in het geval geen levering van gas kan plaatsvinden wegens weersomstandigheden of storingen in de gastoevoer, zijn de emissiegrenswaarden, bedoeld in de artikelen 5.4 tot en met 5.7, niet van toepassing gedurende ten hoogste 240 uur per incident.
2. Degene die de inrichting drijft, meldt onmiddellijk aan het bevoegd gezag dat zich een situatie voordoet als bedoeld in het eerste lid.
3. Het bevoegd gezag stelt Onze Minister onmiddellijk in kennis van een afwijking als bedoeld in het eerste lid.

Activiteitenbesluit milieubeheer   **A66** art. 5.12b

Art. 5.12
1. Indien bij een grote stookinstallatie de afgasreinigingsapparatuur is uitgevallen en deze apparatuur niet binnen 24 uur weer normaal functioneert, wordt de grote stookinstallatie geheel of gedeeltelijk buiten gebruik gesteld of met een weinig vervuilende brandstof in bedrijf gehouden.
2. Een grote stookinstallatie mag als gevolg van storingen als bedoeld in het eerste lid gedurende ten hoogste 120 uur gedurende een periode van 12 maanden in bedrijf zijn zonder dat de afgasreinigingsapparatuur functioneert.
3. Het bevoegd gezag kan bij maatwerkvoorschrift de periode, bedoeld in het eerste of tweede lid, verlengen, indien:
a. het absoluut noodzakelijk is om de energievoorziening in stand te houden, of
b. de betreffende grote stookinstallatie anders gedurende die periode vervangen zou worden door een stookinstallatie die over het geheel genomen hogere emissies zou veroorzaken.
4. Degene die de inrichting drijft, meldt een geval als bedoeld in het eerste lid binnen 48 uur aan het bevoegd gezag.

Grote stookinstallatie, uitval afgasreinigingsapparatuur

Art. 5.12a
1. Voor de toepassing van dit artikel wordt onder «netto elektrisch rendement» verstaan: de aan het landelijk hoogspanningsnet, bedoeld in artikel 1, eerste lid, onderdeel j, van de Elektriciteitswet 1998, geleverde elektriciteit gedeeld door de energie-inhoud van de ingezette brandstoffen.
2. In het geval van levering aan een warmtenet als bedoeld in artikel 1, onderdeel c, van de Warmtewet, wordt het netto elektrisch rendement, bedoeld in het eerste lid, wat betreft:
a. de energie-inhoud van de ingezette brandstoffen gecorrigeerd voor de energie-inhoud van de brandstoffen die additioneel worden gebruikt in verband met de warmtelevering, of
b. de elektriciteitslevering berekend door de aan het landelijk hoogspanningsnet geleverde elektriciteit te verhogen met de elektriciteitsderving als gevolg van de warmtelevering.
3. Het netto elektrisch rendement van een grote stookinstallatie die met steenkool of een combinatie van steenkool en een of meer andere brandstoffen wordt gestookt is ten minste 40,00%.
4. Het netto elektrisch rendement wordt bepaald over de laatste vijf jaar dat de stookinstallatie in bedrijf is geweest of, indien de stookinstallatie minder dan vijf jaar in bedrijf is, over de periode dat die stookinstallatie elektriciteit heeft geleverd aan het landelijk hoogspanningsnet met een minimum van een jaar.
5. Op verzoek van het bevoegd gezag overlegt degene die de inrichting drijft de gegevens over het netto elektrisch rendement van de stookinstallatie.

Grote stookinstallatie, netto elektrisch rendement

Art. 5.12b
1. Afvalwater afkomstig van de reiniging van afgassen ondergaat een zodanige behandeling dat de emissiegrenswaarden van tabel 5.12b niet worden overschreden.

Grote stookinstallatie, afvalwater van reiniging afgassen

Tabel 5.12b

Verontreiniging	
Onopgeloste stoffen	30 mg/l
TOC	50 mg/l
Arseen	50 µg/l
Cadmium	5 µg/l
Chroom	50 µg/l
Koper	50 µg/l
Kwik	3 µg/l
Nikkel	50 µg/l
Lood	20 µg/l
Zink	0,2 mg/l
Fluoride (F^-)	25 mg/l
Sulfaat (SO_4^{2-})	2 g/l; geldt niet voor lozingen in zee of brakke waterlichamen
Sulfide (S^{2-})	0,2 mg/l
Sulfiet (SO_3^{2-})	20 mg/l

2. In afwijking van het eerste lid voldoet het afvalwater van de rookgasreiniging van een stookinstallatie die voor de datum van inwerkingtreding van dit artikel in bedrijf is genomen, tot 17 augustus 2021 aan de in de vergunning opgenomen emissiegrenswaarden.

3. De emissiegrenswaarden voor lozingen in water worden uitgedrukt in massaconcentratie, voor niet-gefiltreerde monsters.
4. Afvalwater wordt niet verdund om aan de in tabel 5.12b bedoelde emissiegrenswaarden te voldoen.
5. Voor de lozing van TOC geldt dat voor toetsing aan de emissiegrenswaarde de concentratie in het influent in mindering mag worden gebracht.

Art. 5.13

Grote stookinstallatie, meting emissies

De meting van de emissies, waaronder tevens begrepen wordt de berekening, registratie en rapportage van de meting, voldoet aan de bij ministeriële regeling gestelde eisen.

Art. 5.14

Overgangsbepaling

1. In afwijking van artikel 5.12a, derde lid, is het netto elektrisch rendement van een grote stookinstallatie die met steenkool of een combinatie van steenkool en een of meer andere brandstoffen wordt gestookt, tot 1 juli 2017 ten minste 38,00%.
2. Voor een grote stookinstallatie waarop onmiddellijk voorafgaand aan het tijdstip van het van toepassing worden van deze paragraaf op die grote stookinstallatie een omgevingsvergunning op grond van artikel 2.1, eerste lid, aanhef en onder e, van de Wet algemene bepalingen omgevingsrecht was verleend, blijven de voorschriften van die vergunning van toepassing, tenzij de betreffende voorschriften gelijke of minder strenge emissiegrenswaarden bevatten dan die welke gelden op grond van deze paragraaf.

§ 5.1.2
Afvalverbrandings- of afvalmeeverbrandingsinstallatie

Art. 5.15

Werkingssfeer

1. Deze paragraaf is van toepassing op het in werking hebben van een afvalverbrandings- of een afvalmeeverbrandingsinstallatie waar vaste of vloeibare afvalstoffen worden verbrand of meeverbrand.
2. Deze paragraaf is niet van toepassing op:
a. een afvalverbrandings- of afvalmeeverbrandingsinstallatie waarin uitsluitend de volgende afvalstoffen thermisch worden behandeld of producten van thermische behandeling van uitsluitend de volgende afvalstoffen worden verbrand:
1°. biomassa;
2°. radioactieve afvalstoffen;
3°. afvalstoffen ontstaan bij de exploratie en exploitatie van olie- en gasbronnen vanaf een installatie in zee en die aan boord van die installatie worden verbrand;
b. een experimentele afvalverbrandings- of afvalmeeverbrandingsinstallatie, bestemd voor onderzoek, ontwikkeling en tests ter verbetering van het thermisch behandelingsproces, waarin per kalenderjaar minder dan 50.000 kilogram afvalstoffen wordt verwerkt;
c. installaties voor vergassing of pyrolyse, voor zover de gassen die het resultaat zijn van deze thermische behandeling van afvalstoffen vóór de verbranding zodanig worden gereinigd dat bij de verbranding ervan niet meer emissies ontstaan dan bij de verbranding van aardgas.
3. Voor de toepassing van deze paragraaf omvat een afvalverbrandings- en afvalmeeverbrandingsinstallatie alle verbrandingsstraten of meeverbrandingsstraten en de voorzieningen voor ontvangst, opslag en voorbehandeling ter plaatse van het afval, de systemen voor de toevoer van afval, brandstof en lucht, stoomketels, de voorzieningen voor de behandeling van afgassen, de voorzieningen voor de behandeling of opslag van afvalverbrandingsresiduen en afvalwater, de schoorstenen, alsook de apparatuur en de systemen voor de regeling van het verbrandings- of meeverbrandingsproces en voor de registratie en monitoring van de verbrandings- of meeverbrandingsomstandigheden.
4. Indien voor de thermische behandeling van afval gebruik wordt gemaakt van andere processen van oxidatie, omvat de afvalverbrandings- of afvalmeeverbrandingsinstallatie zowel het proces voor thermische behandeling als het daaropvolgende verbrandingsproces.

Art. 5.16

Afvalverbrandingsinstallatie, afvoer afgassen

Een afvalverbrandings- en afvalmeeverbrandingsinstallatie wordt op een zodanige wijze ontworpen, uitgerust, onderhouden en geëxploiteerd, met inbegrip van de bij of krachtens dit besluit gebaseerde hoogte van de schoorsteen, dat afgassen op gecontroleerde wijze door de schoorsteen worden afgevoerd en wordt voorkomen dat de emissies in de lucht leiden tot overschrijding van:
a. de bij of krachtens dit besluit geldende emissiegrenswaarden;
b. de in bijlage 2 van de wet opgenomen grenswaarden.

Art. 5.17

Afvalverbrandingsinstallatie, in ontvangst nemen afvalstoffen

1. Degene die een inrichting drijft waarbinnen zich een afvalverbrandings- of afvalmeeverbrandingsinstallatie bevindt, draagt er zorg voor dat afvalstoffen niet in ontvangst worden genomen dan nadat:

Activiteitenbesluit milieubeheer **A66** art. 5.19

a. ten minste de massa van de afvalstoffen, voor zover mogelijk per categorie, genoemd in de afvalstoffenlijst, is bepaald en geregistreerd;
b. voor zover het gevaarlijke afvalstoffen betreft: ten minste van die afvalstoffen representatieve monsters zijn genomen, zo mogelijk voordat de lading wordt gelost, en die monsters zijn geanalyseerd, tenzij dit niet gepast is;
c. voor zover het gevaarlijke afvalstoffen betreft: hij van de ontdoener van die afvalstoffen ten minste de volgende gegevens heeft ontvangen en daarvan de gegevens, bedoeld onder 1° en 2°, heeft gecontroleerd:
1°. de begeleidingsbrieven, bedoeld in artikel 10.39, eerste lid, onder b, van de wet en, voor zover van toepassing, op grond van bijlage IB bij de EG-verordening overbrenging van afvalstoffen;
2°. de gegevens die vereist zijn bij of krachtens de Wet vervoer gevaarlijke stoffen;
3°. gegevens over de gevaarlijke eigenschappen van de gevaarlijke afvalstoffen;
4°. gegevens over de stoffen waarmee zij niet mogen worden gemengd;
5°. gegevens over de bij de behandeling van de gevaarlijke afvalstoffen te treffen voorzorgsmaatregelen;
6°. de fysische, en voor zover mogelijk, chemische samenstelling van de afvalstoffen;
7°. alle overige gegevens die nodig zijn voor de beoordeling van de geschiktheid van die stoffen voor het beoogde verbrandingsproces.
2. De monsters, bedoeld in het eerste lid, onder b, worden ten minste gedurende een maand na het thermisch behandelen van de partij waaruit de monsters zijn genomen, bewaard. De omstandigheden waaronder de monsters worden bewaard, zijn zodanig dat de fysische en chemische samenstelling ongewijzigd blijft.
3. De gegevens, bedoeld in het eerste lid, onder a en c, worden ten minste gedurende vijf jaren na het thermisch behandelen van de partij waarop de gegevens betrekking hebben, bewaard.
4. Het bevoegd gezag kan bij vergunningvoorschrift afwijken van het bepaalde in het eerste, tweede en derde lid, voor zover het een IPPC-installatie betreft waarin uitsluitend afvalstoffen thermisch worden behandeld die afkomstig zijn van diezelfde IPPC-installatie.

Art. 5.18
1. De warmte die door het proces van thermische behandeling in een afvalverbrandings- of afvalmeeverbrandingsinstallatie wordt opgewekt wordt teruggewonnen, voor zover dit technisch en economisch haalbaar is.

Afvalverbrandingsinstallatie, in ontvangst nemen afvalstoffen

2. Het ontstaan van afvalverbrandingsresiduen bij de exploitatie van een verbrandingsinstallatie en de schadelijkheid daarvan worden tot een minimum beperkt. De afvalverbrandingsresiduen worden, indien passend, in de installatie zelf of daarbuiten hergebruikt.

Art. 5.19
1. De emissies in de lucht van:
a. een afvalverbrandingsinstallatie of
b. een afvalmeeverbrandingsinstallatie wanneer daarin:
1°. meer dan 40 procent van de vrijkomende warmte afkomstig is van gevaarlijk afval, of
2°. onbehandelde of ongesorteerde huishoudelijke afvalstoffen of bedrijfsafvalstoffen die naar aard en samenstelling met zodanige afvalstoffen overeenkomen worden verbrand,
overschrijden de emissiegrenswaarden van tabel 5.19 niet.

Afvalverbrandingsinstallatie, emissie in de lucht

Tabel 5.19

	halfuur- en daggemiddelde	
Totaal stof	5 mg/Nm^3	
Gasvormige en vluchtige organische stoffen, uitgedrukt in totaal organische koolstof	10 mg/Nm^3	
Zoutzuur	8 mg/Nm^3	
Waterstoffluoride	1 mg/Nm^3	
Zwaveldioxide	40 mg/Nm^3	
	halfuur- en daggemiddelde	maandgemiddelde
Stikstofoxiden	180 mg/Nm^3	70 mg/Nm^3, uitgezonderd installaties met een totaal nominaal thermisch ingangsvermogen van minder dan 20 MW
	daggemiddelde	tienminutengemiddelde
Koolmonoxide	30 mg/Nm^3	150 mg/Nm^3

A66 art. 5.20

Kwik	0,05 mg/Nm^3
Som van cadmium en thallium	0,05 mg/Nm^3
Som van antimoon, arseen, chroom, kobalt, koper, lood, mangaan, nikkel en vanadium	0,5 mg/Nm^3
Som van dioxinen en furanen, gedefinieerd als de som van de afzonderlijke dioxinen en furanen, gewogen overeenkomstig de bij ministeriële regeling gestelde equivalentiefactoren	0,1 ng/Nm^3

2. Voor de berekening van de emissies van de in tabel 5.19 opgenomen stoffen wordt de massaconcentratie herleid tot een zuurstofgehalte van 11 procent in afgas.
3. In afwijking van het tweede lid wordt voor de berekening van de emissies van de verbranding van afgewerkte olie de massaconcentratie herleid tot een zuurstofgehalte van 3 procent in afgas.

Art. 5.20

1. De emissies in de lucht van een andere afvalmeeverbrandingsinstallatie dan die bedoeld in artikel 5.19 overschrijden de emissiegrenswaarden van tabel 5.20 niet.

Tabel 5.20

Totaal stof	Mengregel
Gasvormige en vluchtige organische stoffen, uitgedrukt in totaal organische koolstof	Mengregel
Zoutzuur	Mengregel, waarbij de C_{proces}-waarde voor grote stookinstallaties de in tabel 5.8 genoemde emissiegrenswaarde is en voor andere installaties 30 mg/Nm^3 geldt
Waterstoffluoride	Mengregel, waarbij de C_{proces}-waarde voor grote stookinstallaties de in tabel 5.8 genoemde emissiegrenswaarde is en voor andere installaties 10 mg/Nm^3 geldt
Zwaveldioxide	Mengregel
Stikstofoxiden	Mengregel
Koolmonoxide	Mengregel
Kwik	0,004 mg/Nm^3 voor grote stookinstallaties en 0,02 mg/Nm^3 voor andere stookinstallaties
Som van cadmium en thallium	0,005 mg/Nm^3 voor grote stookinstallaties en 0,015 mg/Nm^3 voor andere stookinstallaties
Som van antimoon, arseen, chroom, kobalt, koper, lood, mangaan, nikkel en vanadium	0,15 mg/Nm^3
Som van dioxinen en furanen, gedefinieerd als de som van de afzonderlijke dioxinen en furanen, gewogen overeenkomstig de bij ministeriële regeling gestelde equivalentiefactoren	0,03 ng/Nm^3 voor grote stookinstallaties en 0,1 ng/Nm^3 voor andere stookinstallaties

2. In afwijking van het eerste lid voldoet een stookinstallatie die voor de datum van inwerkingtreding van dit lid in bedrijf is genomen, tot 17 augustus 2021 aan de emissiegrenswaarden in tabel 5.20a.

Tabel 5.20a

Totaal stof	Mengregel
Gasvormige en vluchtige organische stoffen, uitgedrukt in totaal organische koolstof	Mengregel
Zoutzuur	Mengregel, waarbij voor de C_{proces}-waarde de volgende emissiegrenswaarde geldt: 30 mg/Nm^3
Waterstoffluoride	Mengregel, waarbij voor de C_{proces}-waarde de volgende emissiegrenswaarde geldt: 10 mg/Nm^3
Zwaveldioxide	Mengregel
Stikstofoxiden	Mengregel
Koolmonoxide	Mengregel
Kwik	0,02 mg/Nm^3
Som van cadmium en thallium	0,015 mg/Nm^3
Som van antimoon, arseen, chroom, kobalt, koper, lood, mangaan, nikkel en vanadium	0,15 mg/Nm^3
Som van dioxinen en furanen, gedefinieerd als de som van de afzonderlijke dioxinen en furanen, gewogen overeenkomstig de bij ministeriële regeling gestelde equivalentiefactoren	0,1 ng/Nm^3

3. Voor de berekening van emissies van de in tabel 5.20 en tabel 5.20a opgenomen stoffen wordt de massaconcentratie herleid tot een zuurstofgehalte van 6 procent in afgas.
4. In afwijking van het derde lid wordt voor de berekening van de emissies in de lucht veroorzaakt door het stoken van vloeibare of gasvormige brandstoffen de massaconcentratie herleid tot een zuurstofgehalte van 3 procent in afgas.

Art. 5.21

Voor een afvalmeeverbrandingsinstallatie waarin vaste afvalstoffen worden verstookt gelden voor kwik, in plaats van de emissiegrenswaarde, bedoeld in artikel 5.20, de volgende jaarlijkse gemiddelde inputeisen:

Emissie in de lucht, gemiddelde inputeisen

a. bij het meeverbranden van 10 massaprocent of minder afvalstoffen van de gemiddelde jaarlijkse inzet van vaste brandstoffen of biomassa: 0,4 milligram kwik per kilogram afvalstof berekend als droge stof;
b. bij het meeverbranden van meer dan 10 massaprocent afvalstoffen van de gemiddelde jaarlijkse inzet van vaste brandstoffen of biomassa: (3,5/massaprocent + 0,05) milligram kwik per kilogram afvalstof berekend als droge stof.

Art. 5.22

1. De emissies in de lucht van een cementoven die is aan te merken als een afvalmeeverbrandingsinstallatie overschrijden de emissiegrenswaarden van tabel 5.22 niet.

Emissie in de lucht, cementoven

Tabel 5.22

Totaal stof	15 mg/Nm^3
Gasvormige en vluchtige organische stoffen, uitgedrukt in totaal organische koolstof	10 mg/Nm^3
Zoutzuur	10 mg/Nm^3
Waterstoffluoride	1 mg/Nm^3
Zwaveldioxide	50 mg/Nm^3
Stikstofoxiden	500 mg/Nm^3
Kwik	0,05 mg/Nm^3
Som van cadmium en thallium	0,05 mg/Nm^3
Som van antimoon, arseen, chroom, kobalt, koper, lood, mangaan, nikkel en vanadium	0,5 mg/Nm^3
Som van dioxinen en furanen, gedefinieerd als de som van de afzonderlijke dioxinen en furanen, gewogen overeenkomstig de bij ministeriële regeling gestelde equivalentiefactoren	0,1 ng/Nm^3

2. Voor de berekening van de emissie van de in tabel 5.22 opgenomen stoffen wordt de massaconcentratie herleid tot een zuurstofgehalte van 10 procent in afgas.

Art. 5.23

Emissie in de lucht, formule mengregel

1. Indien in tabel 5.20 in plaats van een concrete emissiegrenswaarde de aanduiding «mengregel» is opgenomen, wordt voor de bepaling van de emissiegrenswaarde de volgende formule gebruikt:

$$(V_{afval} \times C_{afval} + V_{proces} \times C_{proces})/(V_{afval} + V_{proces}) = C$$

V_{afval}: volume van het afgas ten gevolge van uitsluitend de verbranding van afvalstoffen, bepaald op basis van de in de omgevingsvergunning gespecificeerde afvalstof of categorie van afvalstoffen met de laagste gemiddelde netto calorische waarde en herleid tot de emissieconcentratie bij een genormaliseerd zuurstofgehalte overeenkomstig de bij ministeriële regeling bepaalde formule, temperatuur druk en droog gas. Indien de warmte die vrijkomt bij de verbranding van gevaarlijke afvalstoffen minder dan 10 procent bedraagt van de totale in de afvalmeeverbrandingsinstallatie vrijkomende warmte, wordt V_{afval} berekend op basis van een hoeveelheid afvalstoffen die bij verbranding, bij de totale hoeveelheid vrijkomende warmte, 10 procent van de vrijkomende warmte zou opleveren.

C_{afval}: in tabel 5.19 aangegeven emissiegrenswaarde voor de desbetreffende stof. Indien er in tabel 5.19 voor een stof meerdere emissiegrenswaarden zijn opgenomen, heeft C_{afval} betrekking op de daggemiddelde emissiegrenswaarde. De C_{afval}-emissiegrenswaarde wordt omgerekend naar het zuurstofgehalte van de meeverbrandingsinstallatie.

V_{proces}: volume van het afgas ten gevolge van het in de verbrandingsinstallatie plaatshebbende proces van de verbranding van niet als afvalstoffen aan te merken brandstoffen, bepaald bij een zuurstofgehalte dat bij ministeriële regeling is vastgesteld. Indien geen voorschriften gelden met betrekking tot het volume van het afgas van de afvalmeeverbrandingsinstallatie, wordt het werkelijke zuurstofgehalte in het afgas zonder verdunning door toevoeging van voor het verbrandingsproces onnodige lucht gebruikt.

C_{proces}: emissiegrenswaarde die voor de desbetreffende stof zou gelden op grond van paragraaf 5.1.1 voor grote stookinstallaties of op grond van paragraaf 3.2.1. voor het in werking hebben van andere dan grote stookinstallaties, wanneer in het desbetreffende type installatie andere brandstoffen dan afvalstoffen zouden worden gestookt. Bij het ontbreken van zodanige regelgeving wordt de in de omgevingsvergunning vermelde emissiegrenswaarde gebruikt. Indien in de omgevingsvergunning geen emissiegrenswaarde is gesteld, wordt de werkelijke massaconcentratie gebruikt.

C: totale emissiegrenswaarde, bepaald bij een bij ministeriële regeling vastgesteld zuurstofgehalte.

2. Voor de toepassing van het eerste lid wordt onder gemiddelde netto calorische waarde verstaan: op de onderste verbrandingswaarde betrokken hoeveelheid energie die bij de verbranding van een bepaalde hoeveelheid brandstof vrijkomt.

Art. 5.24

Afvalverbrandingsinstallatie, vaststelling emissiegrenswaarden

In afwijking van artikel 5.19, eerste lid, stelt het bevoegd gezag voor een installatie die niet kan voldoen aan de op grond van dat artikellid toepasselijke emissiegrenswaarden, bij vergunningvoorschrift een emissiegrenswaarde voor koolmonoxide vast van ten hoogste:

a. een daggemiddelde van 50 mg/Nm^3 naast het tienminutengemiddelde, of,

b. met betrekking tot een afvalverbrandings- of een afvalmeeverbrandingsinstallatie waarin de wervelbedtechnologie wordt gebruikt: een uurgemiddelde van 100 mg/Nm^3.

Art. 5.25

In afwijking van artikel 5.22 kan het bevoegd gezag met betrekking tot cementovens bij vergunningvoorschrift bepalen dat de in tabel 5.22 opgenomen emissiegrenswaarden voor zwaveldioxide en vluchtige organische stoffen niet van toepassing zijn indien de emissies van zodanige stoffen in de lucht niet het gevolg zijn van de thermische behandeling van afvalstoffen.

Art. 5.26

Afvalverbrandingsinstallatie, overschrijding emissiegrenswaarden

1. Een afvalverbrandings- of afvalmeeverbrandingsinstallatie mag de bij of krachtens dit besluit gestelde emissiegrenswaarden voor emissies in de lucht slechts overschrijden indien deze overschrijdingen het gevolg zijn van technisch onvermijdelijke storingen of stilleggingen van de afgasreinigingsapparatuur of meetapparatuur of defecten aan de afgasreinigingsapparatuur of meetapparatuur.

2. Een afvalverbrandings- of afvalmeeverbrandingsinstallatie mag ingeval er sprake is van overschrijding van de bij of krachtens dit besluit gestelde emissiegrenswaarden voor emissies in de lucht in geen geval langer dan vier uur ononderbroken met de thermische behandeling van afvalstoffen voortgaan. De totale duur dat ovens van een verbrandingsinstallatie welke verbonden zijn met dezelfde afgasreinigingsinstallatie per kalenderjaar in werking mogen zijn, bedraagt ingeval er sprake is van overschrijding van de bij of krachtens dit besluit gestelde emissiegrenswaarden en:

a. er sprake is van thermische behandeling van afvalstoffen: ten hoogste 60 uur;

b. er geen sprake is van thermische behandeling van afvalstoffen: ten hoogste 120 uur verminderd met het aantal uren in het betreffende jaar dat de verbrandingsstraten onder de in de aanhef en onder a bedoelde omstandigheid in werking zijn.
3. De artikelen 5.19 tot en met 5.24 zijn, met uitzondering van de bij of krachtens deze artikelen gestelde emissiegrenswaarden voor koolmonoxide en gasvormige en vluchtige organische stoffen, gedurende de periode dat een omstandigheid als bedoeld in het tweede lid zich voordoet, niet van toepassing, met dien verstande dat de emissies van totaal stof een halfuurgemiddelde van 150 mg/Nm^3 niet overschrijden.
4. In geval van een defect van de afgasreinigingsinstallatie vermindert degene die de inrichting drijft de activiteit van de afvalverbrandings- of afvalmeeverbrandingsinstallatie zo spoedig mogelijk of legt hij deze stil totdat normale werking opnieuw mogelijk is.

Art. 5.27
1. Afvalwater afkomstig van de reiniging van afgassen ondergaat een zodanige behandeling dat de emissiegrenswaarden van tabel 5.27 niet worden overschreden.

Afvalverbrandingsinstallatie, behandeling afvalwater

Tabel 5.27

Totale hoeveelheid onopgeloste bestanddelen	95% van de meetwaarden: 30 mg/l 100% van de meetwaarden: 45 mg/l
Kwik	0,03 mg/l
Cadmium	0,05 mg/l
Thallium	0,05 mg/l
Arseen	0,15 mg/l
Lood	0,1 mg/l
Chroom	0,5 mg/l
Koper	0,5 mg/l
Nikkel	0,5 mg/l
Zink	1,0 mg/l
Antimoon	0,85 mg/l
Kobalt	0,05 mg/l
Mangaan	0,2 mg/l
Vanadium	0,5 mg/l
Tin	0,5 mg/l
Som van dioxinen en furanen, gedefinieerd als de som van de afzonderlijke dioxinen en furanen, gewogen overeenkomstig de bij ministeriële regeling gestelde equivalentiefactoren	0,1 ng/l

2. De emissiegrenswaarden voor lozingen in water worden uitgedrukt in massaconcentratie, voor niet-gefiltreerde monsters.
3. De pH-waarde van het in het eerste lid bedoelde afvalwater is kleiner dan of gelijk aan 11, doch niet kleiner dan 6,5.

Art. 5.28
Afvalwater wordt niet verdund om aan de in artikel 5.27 bedoelde emissiegrenswaarden te voldoen.

Afvalverbrandingsinstallatie, verbod verdunnen afvalwater

Art. 5.28a
1. Voor de toepassing van dit artikel wordt onder «netto elektrisch rendement» verstaan: de aan het landelijk hoogspanningsnet, bedoeld in artikel 1, eerste lid, onder j, van de Elektriciteitswet 1998, geleverde elektriciteit gedeeld door de energie-inhoud van de ingezette brandstoffen.
2. In het geval van levering aan een warmtenet als bedoeld in artikel 1, onder c, van de Warmtewet, wordt het netto elektrisch rendement, bedoeld in het eerste lid, wat betreft:
a. de energie-inhoud van de ingezette brandstoffen gecorrigeerd voor de energie-inhoud van de brandstoffen die worden gebruikt in verband met de warmteproductie, of
b. de netto elektriciteitslevering berekend door de aan het landelijk hoogspanningsnet geleverde elektriciteit te verhogen met de elektriciteitsderving als gevolg van de warmtelevering.
3. Het netto elektrisch rendement van een afvalmeeverbrandingsinstallatie met een totaal nominaal thermisch ingangsvermogen van 300 MW of meer die met steenkool of een combinatie van steenkool en een of meer andere brandstoffen wordt gestookt en die niet bestemd is

voor het drogen of behandelen van voorwerpen of materialen door middel van rechtstreeks contact met verbrandingsgas is ten minste 40,00%.

4. Het netto elektrisch rendement wordt bepaald over de laatste vijf jaar dat de stookinstallatie in bedrijf is geweest of, indien de afvalmeeverbrandingsinstallatie, bedoeld in het derde lid, minder dan vijf jaar in bedrijf is, over de periode dat de installatie elektriciteit heeft geleverd aan het landelijk hoogspanningsnet met een minimum van een jaar.

5. Op verzoek van het bevoegd gezag overlegt degene die de inrichting drijft de gegevens over het netto elektrisch rendement van de afvalmeeverbrandingsinstallatie.

Art. 5.28b
In afwijking van artikel 5.28a, derde lid, is het netto elektrisch rendement van een afvalmeeverbrandingsinstallatie als bedoeld in dat lid, tot 1 juli 2017 ten minste 38,00%.

Art. 5.29
Afvalverbrandingsinstallatie, emissiemeting

1. De meting van de emissies, waaronder tevens begrepen wordt de berekening, registratie en rapportage van de meting, voldoet aan de bij ministeriële regeling gestelde eisen.
2. Een afvalverbrandings- of een afvalmeeverbrandingsinstallatie voldoet ten behoeve van:
a. het voorkomen van risico's voor de omgeving en ongewone voorvallen, dan wel voor zover dat niet mogelijk is het zoveel mogelijk beperken van de risico's voor de omgeving en de kans dat ongewone voorvallen zich voordoen en de gevolgen hiervan,
b. het realiseren van een verwaarloosbaar bodemrisico,
c. het voorkomen van voor zover dat niet mogelijk is het zoveel mogelijk beperken van verontreiniging van het oppervlaktewater, en
d. een doelmatig beheer van afvalstoffen
aan de bij ministeriële regeling te stellen eisen.

Art. 5.30
Afvalverbrandingsinstallatie, Lepol- en lange draaiovens

1. Tot 1 januari 2016 kan het bevoegd gezag voor Lepolovens en lange draaiovens, in afwijking van artikel 5.22, voor de emissie van stikstofoxiden bij vergunningvoorschrift een emissiegrenswaarde van ten hoogste 800 mg/Nm^3 vaststellen.
2. Voor een afvalverbrandingsinstallatie of afvalmeeverbrandingsinstallatie waarop onmiddellijk voorafgaand aan het tijdstip van het van toepassing worden van deze paragraaf op die afvalverbrandingsinstallatie of afvalmeeverbrandingsinstallatie een omgevingsvergunning op grond van artikel 2.1, eerste lid, aanhef en onder e, van de Wet algemene bepalingen omgevingsrecht of een vergunning op grond van hoofdstuk 6 van de Waterwet was verleend, blijven de voorschriften van die vergunning van toepassing, tenzij de betreffende voorschriften gelijke of minder strenge emissiegrenswaarden bevatten dan die welke gelden op grond van deze paragraaf.

§ 5.1.3
Installatie voor de productie van titaandioxide

Art. 5.31
Werkingssfeer

Deze paragraaf is van toepassing op het in werking hebben van een IPPC-installatie voor de productie van titaandioxide.

Art. 5.32
Productie titaanoxide, lozen afvalstoffen

Het is verboden de volgende afvalstoffen te brengen in het oppervlaktewater, het grondwater of het zeewater:
a. vaste afvalstoffen;
b. moederlogen afkomstig uit de filtratiefase na de hydrolyse van de oplossing van titanylsulfaat van een installatie die het sulfaatproces toepast, waartoe in elk geval behoren:
1°. zure afvalstoffen die met deze logen zijn gecombineerd en die gemiddeld meer dan 0,5 procent vrij zwavelzuur en verschillende zware metalen bevatten;
2°. die moederlogen welke zijn verdund tot ze 0,5 procent of minder vrij zwavelzuur bevatten;
c. afvalstoffen afkomstig van een installatie die het chlorideproces toepast en die meer dan 0,5 procent vrij zoutzuur en verschillende zware metalen bevatten, waartoe in elk geval behoren: afvalstoffen die zijn verdund tot ze 0,5 procent of minder vrij zoutzuur bevatten;
d. filterzouten en slibvormige en vloeibare afvalstoffen die vrijkomen bij de behandeling, in de vorm van concentratie of neutralisatie, van de onder b en c genoemde afvalstoffen en die verschillende zware metalen bevatten, uitgezonderd geneutraliseerde en gefilterde of gedecanteerde afvalstoffen die slechts sporen van zware metalen bevatten en die, vóór enigerlei verdunning, een pH-waarde van meer dan 5,5 hebben.

Art. 5.33
Productie titaanoxide, overschrijding emissiegrenswaarden

De emissies in het oppervlaktewater, het grondwater of het zeewater afkomstig van een installatie die het sulfaatproces toepast, overschrijden de emissiegrenswaarden van tabel 5.33 niet.

Tabel 5.33

Stof	Emissiegrenswaarde
Sulfaat	100 kg/ton geproduceerde titaandioxide (kalenderjaargemiddelde)
Onopgeloste bestanddelen	2,5 kg/ton geproduceerde titaandioxide (kalenderjaargemiddelde) 400 mg/l (daggemiddelde)
IJzerverbindingen	0,6 kg/ton geproduceerde titaandioxide (kalenderjaargemiddelde) 150 mg/l (daggemiddelde)

Art. 5.34

1. De emissies in het oppervlaktewater, het grondwater of het zeewater van een installatie die het chlorideproces toepast, overschrijden de emissiegrenswaarden van tabel 5.34 niet.

Tabel 5.34

Stof	Toepassing	Emissiegrenswaarde
Chloride	Bij gebruik van natuurlijk rutiel	130 kg/ton geproduceerde titaandioxide (kalenderjaargemiddelde)
Chloride	Bij gebruik van synthetisch rutiel	228 kg/ton geproduceerde titaandioxide (kalenderjaargemiddelde)
Chloride	Bij gebruik van slakken voor emissies in zeewater	450 kg/ton geproduceerde titaandioxide (kalenderjaargemiddelde)
Chloride	Bij gebruik van slakken voor emissies in oppervlaktewater	330 kg/ton geproduceerde titaandioxide (kalenderjaargemiddelde)
Onopgeloste bestanddelen		2,5 kg/ton geproduceerde titaandioxide (kalenderjaargemiddelde) 400 mg/l (daggemiddelde)
IJzerverbindingen		0,6 kg/ton geproduceerde titaandioxide (kalenderjaargemiddelde) 150 mg/l (daggemiddelde)

2. Voor een installatie die het chlorideproces toepast en die meer dan één soort van de in de eerste kolom van tabel 5.34 genoemde grondstoffen gebruikt, gelden de voor die grondstoffen genoemde emissiegrenswaarden naar evenredigheid van de hoeveelheden waarin deze grondstoffen worden gebruikt.

Art. 5.35

Degene die de inrichting drijft, draagt er zorg voor dat de emissie van zuurdruppels in de lucht wordt voorkomen.

Productie titaanoxide, geen emissie zuurdruppels

Art. 5.36

De emissies in de lucht overschrijden de emissiegrenswaarden van tabel 5.36 niet.

Productie titaanoxide, overschrijding emissiegrenswaarden

Tabel 5.36

Stof		Emissiegrenswaarde
Totaal stof		0,2 kg/ton geproduceerde titaandioxide (kalenderjaargemiddelde)
	Massastroom ≥200 g/uur	5 mg/Nm^3 (uurgemiddelde)
	Massastroom <200 g/uur	20 mg/Nm^3 (uurgemiddelde)
Gasvormig zwaveldioxide en zwaveltrioxide		1,7 kg/ton geproduceerde titaandioxide (kalenderjaargemiddelde) 50 mg/Nm^3 (uurgemiddelde)

Art. 5.37
De emissies in de lucht van chloor en chloorverbindingen van een installatie die het chlorideproces toepast, overschrijden de emissiegrenswaarden van tabel 5.37 niet.

Tabel 5.37

Zoutzuur (HCl)	0,1 kg/ton geproduceerde titaandioxide (kalenderjaargemiddelde)
	10 mg/Nm^3 (daggemiddelde)
Chloor	3 mg/Nm^3 (daggemiddelde)
	40 mg/Nm^3 (momentane waarde)

Productie titaanoxide, emissiemeting

Art. 5.38
De meting van de emissies, waaronder tevens begrepen wordt de berekening, registratie en rapportage van de meting, voldoet aan de bij ministeriële regeling gestelde eisen.

Productie titaanoxide, IPPC-installatie

Art. 5.39
Voor een IPPC-installatie voor de productie van titaandioxide waarvoor onmiddellijk voorafgaand aan het tijdstip van het van toepassing worden van deze paragraaf op die installatie een omgevingsvergunning op grond van artikel 2.1, eerste lid, aanhef en onder e, van de Wet algemene bepalingen omgevingsrecht of een vergunning op grond van hoofdstuk 6 van de Waterwet was verleend, blijven de voorschriften van die vergunning van toepassing, tenzij de betreffende voorschriften gelijkwaardige of minder strenge emissiegrenswaarden bevatten dan die welke gelden op grond van deze paragraaf.

§ 5.1.4
Installatie, als onderdeel van olieraffinaderijen, voor de productie van zwavel

Art. 5.40
Deze paragraaf is, in afwijking van artikel 2.3a, tweede lid, en in afwijking van de BBT-conclusies op grond van artikel 13, vijfde en zevende lid, van de EU-richtlijn industriële emissies, van toepassing op het in werking hebben van een installatie, als onderdeel van olieraffinaderijen, voor de productie van zwavel volgens het Clausproces of modificaties van het Clausproces.

Art. 5.41
1. De omzettingsgraad van geconcentreerd waterstofsulfide (H_2S) naar elementaire zwavel van een installatie als bedoeld in artikel 5.40 is ten minste 99,8% als maandgemiddelde.
2. Een installatie als bedoeld in artikel 5.40 wordt zoveel mogelijk bedreven overeenkomstig het ontwerp.

Art. 5.42
1. In afwijking van artikel 5.41, eerste lid, geldt voor een bestaande installatie waarvoor onmiddellijk voorafgaand aan de inwerkingtreding van deze paragraaf een vergunning als bedoeld in artikel 2.1, eerste lid, aanhef en onder e, van de Wet algemene bepalingen omgevingsrecht in werking en onherroepelijk was waarin een lagere omzettingsgraad is vastgelegd dan genoemd in artikel 5.41, eerste lid, de in die vergunning voorgeschreven omzettingsgraad.
2. Indien de verwerkingscapaciteit van de totale inrichting met meer dan 50% wordt verhoogd, geldt voor de verwerking van het totale H_2S-aanbod, met inbegrip van een bestaande installatie als bedoeld in het eerste lid, een omzettingsgraad van ten minste 99,8% als maandgemiddelde.

§ 5.1.5
Het in werking hebben van een middelgrote stookinstallatie, gestookt op een niet-standaard brandstof

Art. 5.43
Deze paragraaf is van toepassing op het in werking hebben van stookinstallaties met een nominaal thermisch ingangsvermogen van 1 MWth of meer, met uitzondering van:
a. stookinstallaties waarop paragraaf 3.2.1 van toepassing is;
b. stookinstallaties waarop paragraaf 5.1.1 van toepassing is;
c. stookinstallaties waarop paragraaf 5.1.2 van toepassing is;
d. stookinstallaties waarop Richtlijn 97/68/EG betrekking heeft en andere mobiele stookinstallaties;
e. stookinstallaties op landbouwbedrijven met een totaal nominaal thermisch ingangsvermogen van 5 MWth of minder, die als brandstof uitsluitend onverwerkte mest van gevogelte gebruiken,

zoals bedoeld in artikel 9, onder a), van Verordening (EG) nr. 1069/2009 van het Europees Parlement en de Raad;
f. stookinstallaties waar de gasvormige producten van het stookproces worden gebruikt voor het direct verwarmen, drogen of anderzijds behandelen van voorwerpen of materialen;
g. stookinstallaties waarin de gasvormige producten van het stookproces worden gebruikt voor het direct verwarmen met gas van binnenruimten ter verbetering van de omstandigheden op de arbeidsplaats;
h. technische voorzieningen voor de zuivering van afgassen door verbranding die niet als autonome stookinstallatie worden geëxploiteerd;
i. technische voorzieningen die bij de voortstuwing van een voertuig, schip of vliegtuig worden gebruikt;
j. het regenereren van katalysatoren voor het katalytisch kraakproces;
k. het omzetten van zwavelwaterstof in zwavel;
l. in de chemische industrie gebruikte reactoren;
m. cokesovens;
n. windverhitters van hoogovens;
o. crematoria;
p. stookinstallaties die raffinaderijbrandstof eventueel gemengd met andere brandstof gebruiken voor de opwekking van energie binnen olie- en gasraffinaderijen;
q. terugwinningsinstallaties in installaties voor de productie van pulp.
r. stookinstallaties die blijkens een daarvoor aan de inrichting verleende omgevingsvergunning worden gebruikt voor het onderzoeken, beproeven of demonstreren van experimentele verbrandingstechnieken of van technieken ter bestrijding van de uitworp van zwaveldioxide (SO_2), stikstofoxiden (NO_x) of totaal stof.

Art. 5.44
1. De artikelen 3.7, tweede lid, onder b en zesde lid, 3.10c, 3.10g tot en met 3.10j, 3.10n en 3.10u zijn van overeenkomstige toepassing op de emissiegrenswaarden in deze paragraaf.
2. De emissiegrenswaarden in deze paragraaf gelden voor een stookinstallatie die voor 20 december 2018 in bedrijf is genomen vanaf:
a. 1 januari 2019 voor een installatie voor de regeneratie van glycol;
b. 1 januari 2025 voor een stookinstallatie anders dan een installatie voor de regeneratie van glycol, met een nominaal thermisch ingangsvermogen van meer dan 5 MWth;
c. 1 januari 2030 voor een stookinstallatie anders dan een installatie voor de regeneratie van glycol, met een nominaal thermisch ingangsvermogen van 1 MWth of meer en 5 MWth of minder.
3. Tot de datum die ingevolge het tweede lid, onder b of c, van toepassing is, gelden voor die stookinstallatie de emissiegrenswaarden in de verleende omgevingsvergunning.
4. Indien de in het derde lid bedoelde emissiegrenswaarden strenger zijn dan de emissiegrenswaarden of de emissiegrenswaarden tussen haakjes in deze paragraaf, dan blijven de emissiegrenswaarden in de verleende omgevingsvergunning ook van kracht na de in het tweede lid, onder b of c, genoemde datum.
5. Het bevoegd gezag kan op grond van een BBT-afweging een strengere emissiegrenswaarde dan de in deze paragraaf gestelde emissiegrenswaarde stellen.
6. Het toepassen van maatwerkvoorschriften als bedoeld in de artikelen 5.44a, derde lid, 5.44b, vijfde lid, 5.44c, derde lid en 5.44d, vierde lid, vindt plaats, indien de geografische ligging, de plaatselijke milieuomstandigheden of de technische kenmerken van de betrokken installatie daartoe aanleiding geven.

Art. 5.44a
1. Een stookinstallatie anders dan een zuigermotor of gasturbine voldoet aan de emissiegrenswaarden in tabel 5.44a.
2. In afwijking van het eerste lid voldoet een installatie van 5 MWth of minder die voor 20 december 2018 in gebruik is genomen en wordt gestookt op gasvormige brandstof anders dan cokesovengas aan een emissiegrenswaarde voor zwaveldioxide (SO_2) van 200 mg/Nm^3.
3. In afwijking van het eerste lid kan het bevoegd gezag bij maatwerkvoorschrift een hogere emissiegrenswaarde vaststellen tot maximaal de in tabel 5.44a tussen haakjes aangegeven waarden of voor zover het een stookinstallatie betreft die voor 20 december 2018 in gebruik is genomen en op gasvormige brandstoffen wordt gestookt tot maximaal 250 mg/Nm^3 voor NO_x.

Tabel 5.44a

Stookinstallaties anders dan zuigermotor of gasturbine			
Brandstof	Stikstofoxiden (NO_x) (mg per normaal kubieke meter)	Zwaveldioxide (SO_2) (mg per normaal kubieke meter)	Totaal stof (mg per normaal kubieke meter)
Brandstof in vaste vorm, met uitzondering van biomassa	100 (300)	200 (400)	5 (20)
Brandstof in vloeibare vorm, met uitzondering van biomassa	120 (300)	200 (350)	5 (20)
Biomassa	145 (650)	200	5
Gasvormige brandstof anders dan cokesovengas of hoogovengas	70 (200)	35	–
Cokesovengas	100 (200)	35 (400)	–
Hoogovengas	100 (200)	35 (200)	–

Art. 5.44b
1. Een gasturbine voldoet aan de emissiegrenswaarden in tabel 5.44b.
2. In afwijking van het eerste lid voldoet een installatie die voor 20 december 2018 in gebruik is genomen en wordt gestookt op cokesovengas aan een emissiegrenswaarde voor zwaveldioxide (SO_2) van 130 mg/Nm^3.
3. In afwijking van het eerste lid voldoet een installatie die voor 20 december 2018 in gebruik is genomen en wordt gestookt op hoogovengas aan een emissiegrenswaarde voor zwaveldioxide (SO_2) van 65 mg/Nm^3.
4. In afwijking van het eerste lid voldoet een installatie van 20 MWth of minder die voor 20 december 2018 in gebruik is genomen en wordt gestookt op brandstof in vloeibare vorm aan een emissiegrenswaarde voor stof voor 20 mg/Nm^3.
5. In afwijking van het eerste lid kan het bevoegd gezag bij maatwerkvoorschrift een hogere emissiegrenswaarde vaststellen tot maximaal de in tabel 5.44b tussen haakjes aangegeven waarden.

Tabel 5.44b

Gasturbine			
Brandstof	Stikstofoxiden (NO_x) (mg per normaal kubieke meter)	Zwaveldioxide (SO_2) (mg per normaal kubieke meter)	Totaal stof (mg per normaal kubieke meter)
Brandstof in vloeibare vorm	50 (75)	65 (120)	10
Gasvormige brandstof	50 (75)	15	–

Art. 5.44c
1. Een dieselmotor voldoet aan de emissiegrenswaarden in tabel 5.44c.
2. In afwijking van het eerste lid voldoet een dieselmotor van 20 MWth of minder die voor 20 december 2018 in gebruik is genomen aan een emissiegrenswaarde voor stof voor 20 mg/Nm^3.
3. In afwijking van het eerste lid kan het bevoegd gezag bij maatwerkvoorschrift een hogere emissiegrenswaarde vaststellen tot maximaal de in tabel 5.44c tussen haakjes aangegeven waarden

Activiteitenbesluit milieubeheer A66 art. 5.46

Tabel 5.44c

Dieselmotor Vermogen	Stikstofoxiden (NO_x) (mg per normaal kubieke meter)	Zwaveldioxide (SO_2) (mg per normaal kubieke meter)	Totaal stof (mg per normaal kubieke meter)
5 MWth of minder	150 (190)	65 (120)	20
Meer dan 5 MWth	150 (190)	65 (120)	10

Art. 5.44d
1. Een gasmotor voldoet aan de emissiegrenswaarden in tabel 5.44d.
2. In afwijking van het eerste lid voldoet een installatie die voor 20 december 2018 in gebruik is genomen en wordt gestookt op cokesovengas aan een emissiegrenswaarde voor zwaveldioxide (SO_2) van 130 mg/Nm^3.
3. In afwijking van het eerste lid voldoet een installatie die voor 20 december 2018 in gebruik is genomen en wordt gestookt op hoogovengas aan een emissiegrenswaarde voor zwaveldioxide (SO_2) van 65 mg/Nm^3.
4. In afwijking van het eerste lid kan het bevoegd gezag bij maatwerkvoorschrift een hogere emissiegrenswaarde vaststellen tot maximaal de in tabel 5.44d tussen haakjes aangegeven waarden.

Tabel 5.44d

Gasmotor Vermogen	Stikstofoxiden (NO_x) (mg per normaal kubieke meter)	Zwaveldioxide (SO_2) (mg per normaal kubieke meter)	Totaal stof (mg per normaal kubieke meter)
Minder dan 2,5 MWth	115 (190)	15	–
2,5 MWth of meer	35 (190)	15	–

§ 5.1.6
Installatie voor de productie van asfalt

Art. 5.45
Deze paragraaf is, in afwijking van paragraaf 3.2.1 en onverminderd artikel 3.10p, van toepassing op het in werking hebben van een installatie voor de productie van asfalt.

Art. 5.46
1. Bij de productie van asfalt is de emissiegrenswaarde van:
a. polycyclische aromatische koolwaterstoffen ten hoogste 0,05 mg/Nm^3 indien de massastroom van polycyclische aromatische koolwaterstoffen naar de lucht groter is dan 0,15 gram per uur;
b. totaal stof ten hoogste 5 mg/Nm^3, indien de massastroom van een stof of de som van de onder normale procesomstandigheden gedurende één uur optredende massastromen van stoffen binnen deze stofklasse vanuit al die bronnen, groter of gelijk is aan 200 gram per uur en ten hoogste 20 mg/Nm^3 indien de massastroom van een stof of de som van de onder normale procesomstandigheden gedurende één uur optredende massastromen van stoffen binnen deze stofklasse vanuit al die bronnen, kleiner is dan 200 gram per uur;
c. stikstofoxiden ten hoogste 50 mg/Nm^3 indien de massastroom van stikstofoxiden naar de lucht groter is dan 2.000 gram per uur;
d. zwaveloxiden ten hoogste 50 mg/Nm^3 indien de massastroom van zwaveloxiden naar de lucht groter is dan 2.000 gram per uur;

e. vluchtige organische stoffen ten hoogste 200 mg/Nm^3 indien de massastroom van vluchtige organische stoffen naar de lucht groter is dan 500 gram per uur.

2. Ten behoeve van het voorkomen dan wel, voor zover dat niet mogelijk is, het tot een aanvaardbaar niveau beperken van geurhinder bij geurgevoelige objecten, wordt bij de productie van asfalt voldaan aan artikel 2.7a.

3. In afwijking van artikel 2.8, zevende lid, onder d, worden emissies van een installatie voor de productie van asfalt herleid op afgas met een volumegehalte aan zuurstof van 17%.

Art. 5.47

Bij het in werking hebben van een installatie voor de productie van asfalt wordt, ten behoeve van de bescherming van het milieu, voldaan aan de bij ministeriële regeling gestelde eisen.

Art. 5.48

1. Artikel 5.46, eerste lid, onderdelen c en d, is niet van toepassing op een installatie voor de productie van asfalt die voor 1 januari 2009 in gebruik genomen is.

2. In de gevallen, bedoeld in het eerste lid, is bij de productie van asfalt, onverminderd de artikelen 2.5 en 2.6, de emissiegrenswaarde van:

a. stikstofoxiden ten hoogste 75 mg/Nm^3 indien de massastroom van stikstofoxiden naar de lucht groter is dan 2000 gram per uur;

b. zwaveloxiden ten hoogste 75 mg/Nm^3 indien de massastroom van zwaveloxiden naar de lucht groter is dan 2000 gram per uur.

§ 5.1.7
Installatie voor de op- en overslag van vloeistoffen

Art. 5.49

1. Deze paragraaf is van toepassing op de diffuse emissies van vluchtige organische stoffen bij het in werking hebben van een installatie voor het op- en overslaan van vloeistoffen met een capaciteit van meer dan 150 kubieke meter.

2. Deze paragraaf is niet van toepassing op installaties voor het op- en overslaan van vloeistoffen binnen raffinaderijen indien en voor zover in de BBT-conclusies, bedoeld in artikel 3 van de EU-richtlijn industriële emissies eisen zijn gesteld.

3. Deze paragraaf is niet van toepassing op installaties waarop afdeling 5.2 van toepassing is.

Art. 5.50

1. Het bevoegd gezag kan bij maatwerkvoorschrift andere eisen stellen dan bij of krachtens deze paragraaf gestelde eisen, indien het belang van de bescherming van het milieu zich daartegen niet verzet.

2. Ten behoeve van het voorkomen dan wel voor zover dat niet mogelijk is het zoveel mogelijk beperken van diffuse emissies van vluchtige organische stoffen wordt voldaan aan de bij ministeriële regeling gestelde eisen.

3. Het tweede lid is niet van toepassing op vloeistoffen met een dampspanning van ten hoogste 1 kPa.

Afdeling 5.2
Op- en overslag van benzine

Art. 5.51

1. Het begrip «vloeibare brandstof» is niet van toepassing op installaties waarop deze afdeling van toepassing is.

2. Voor de toepassing van deze afdeling wordt verstaan onder:

benzine: benzine als bedoeld in artikel 2, onderdeel a, van richtlijn 94/63/EG;

benzinedebiet: de in de drie voorgaande jaren gemeten grootste totale jaarlijkse hoeveelheid benzine die van een opslaginstallatie van een terminal is overgeslagen in een mobiele tank;

damp: damp als bedoeld in artikel 2, onderdeel b, van richtlijn 94/63/EG;

mobiele tank: mobiele tank als bedoeld in artikel 2, onderdeel e, van richtlijn 94/63/EG;

terminal: inrichting of een gedeelte van een inrichting voor de opslag of overslag van benzine in mobiele tanks;

3. Het bevoegd gezag kan bij maatwerkvoorschrift eisen stellen die strekken tot een hoger beschermingsniveau dan de voorschriften die bij of krachtens deze afdeling zijn gesteld.

§ 5.2.1
Opslaginstallaties

Art. 5.52

Deze paragraaf is van toepassing op het in werking hebben van een terminal met een opslaginstallatie als bedoeld in artikel 2, onderdeel c, van richtlijn 94/63/EG.

Art. 5.53
Degene die een terminal met opslaginstallatie drijft, voldoet ten behoeve van het verminderen van de emissie van benzinedamp naar de lucht aan de bij ministeriële regeling gestelde eisen.

§ 5.2.2
Overslaginstallaties

Art. 5.54
1. Deze paragraaf is van toepassing op het in werking hebben van een terminal met een overslaginstallatie als bedoeld in artikel 2, onderdeel n, van richtlijn 94/63/EG.
2. Deze paragraaf is niet van toepassing op terminals met een benzinedebiet van minder dan 10.000 ton per jaar die voor 31 december 1995 in werking waren of waarvoor voor 31 december 1995 een vergunning krachtens artikel 8.1 van de Wet milieubeheer was verleend en onherroepelijk was.

Art. 5.55
1. Tijdens het vullen van een mobiele tank worden verplaatsingsdampen via een dampdichte leiding teruggevoerd naar een dampterugwinningseenheid.
2. Het eerste lid is niet van toepassing op het vullen van een tankwagen langs de bovenzijde.
3. Indien het vullen langs de bovenzijde van een mobiele tank plaatsvindt, wordt het uiteinde van de vularm zoveel mogelijk onderin de mobiele tank gehouden.
4. In afwijking van het eerste lid kan een dampterugwinningseenheid worden vervangen door een dampverbrandingseenheid, indien dampterugwinning onveilig of technisch onmogelijk is vanwege de hoeveelheden retourdamp.
5. Op een terminal met een benzinedebiet van minder dan 25.000 ton per jaar kan onmiddellijke dampterugwinning op de terminal worden vervangen door voorlopige dampopslag in een tank met een vast dak op een terminal voor latere overbrenging naar en terugwinning op een andere terminal, daaronder niet begrepen de overbrenging van damp van de ene naar de andere opslaginstallatie op een terminal.

Art. 5.56
1. De gemiddelde concentratie dampen in de afvoer van een dampterugwinningseenheid, gecorrigeerd voor de verdunning tijdens de behandeling, bedraagt ten hoogste 35 g/Nm^3 gedurende één uur.
2. Dit artikel is van overeenkomstige toepassing op een dampverbrandingseenheid als bedoeld in artikel 5.55, vierde lid.

Art. 5.57
1. Bij het meten van de gemiddelde concentratie dampen wordt voldaan aan de bij ministeriële regeling gestelde eisen.
2. De nauwkeurigheid van de meting bedraagt ten minste 95 procent van de gemeten waarde.

Art. 5.58
Het normale laaddebiet van benzine per vularm op een laadportaal bedraagt ten hoogste 2.500 liter per minuut.

Art. 5.59
Bij piekbelasting van een terminal brengt het dampopvangsysteem van het laadportaal, met inbegrip van de dampterugwinningseenheid, een maximale tegendruk van 55 millibar aan de voertuigzijde van de dampopvangadapter teweeg.

Art. 5.60
1. Het vullen van een tankwagen langs de onderzijde is uitsluitend toegestaan indien het vultoelatingssignaal is gegeven door de gecombineerde aardings- en overloopbedieningseenheid.
2. Bij het vullen van een tankwagen langs de onderzijde is de dampopvangslang met de tankwagen verbonden en stroomt de verplaatste damp vrij van de tankwagen naar de dampopvangvoorziening van de terminal.
3. In geval van overloop of onderbreking van de aarding van een tankwagen sluit de bedieningseenheid van het laadportaal de vulcontroleklep aan het laadportaal.

Art. 5.61
1. Dampen die worden opgeslagen in een tank met vast dak voor voorlopige dampopslag worden via een dampdichte leiding teruggevoerd naar de mobiele tank van waaruit de benzine wordt geleverd.
2. Vulwerkzaamheden vinden alleen plaats indien de voorzieningen, bedoeld in deze paragraaf, aanwezig zijn en adequaat werken.

Art. 5.62
Een terminal met een overslaginstallatie voor het vullen van tankwagens is uitgerust met ten minste één laadportaal dat ten behoeve van het verminderen van de emissie van benzinedamp naar de lucht voldoet aan de bij ministeriële regeling gestelde eisen.

Art. 5.63
Degene die een terminal met overslaginstallatie drijft, voldoet ten behoeve van het verminderen van de emissie van benzinedamp naar de lucht aan de bij ministeriële regeling gestelde eisen.

Afdeling 5.3
Overige installaties

§ 5.3.1
LPG-tankstations

Art. 5.64
Deze paragraaf is van toepassing op LPG-tankstations waar:
a. de doorzet van LPG meer bedraagt dan 50 m^3 per jaar, en
b. de opslagcapaciteit voor LPG niet meer bedraagt dan 50 ton.

Art. 5.65
Met betrekking tot een LPG-afleverinstallatie, de aflevering van LPG aan een afnemer bij een LPG-tankstation en de opstelplaats van de LPG-tankwagen, wordt ten behoeve van het voorkomen van risico's voor de omgeving en ongewone voorvallen, dan wel voor zover dat niet mogelijk is het beperken van de risico's voor de omgeving en de kans dat ongewone voorvallen zich voordoen en de gevolgen hiervan, ten minste voldaan aan de bij ministeriële regeling gestelde eisen.

Hoofdstuk 6
Overgangs- en slotbepalingen

§ 6.0
Reikwijdte hoofdstuk 6

Art. 6
Werkingssfeer

Dit hoofdstuk is van toepassing op degene die een inrichting type A, een inrichting type B, of een inrichting type C drijft.

§ 6.1
Algemeen overgangsrecht

Art. 6.1
Overgangsbepalingen

1. Voor inrichtingen waarvoor onmiddellijk voorafgaand aan het tijdstip van het van toepassing worden van dit besluit of een deel daarvan op een activiteit in die inrichtingen, een vergunning op grond van artikel 8.1 van de Wet milieubeheer dan wel een omgevingsvergunning op grond van artikel 2.1, eerste lid, aanhef en onder e, van de Wet algemene bepalingen omgevingsrecht in werking en onherroepelijk was, worden de voorschriften van die vergunning gedurende drie jaar na het van toepassing worden van dit besluit of een deel daarvan op een activiteit in die inrichtingen, aangemerkt als maatwerkvoorschriften, mits de voorschriften van die vergunning vallen binnen de bevoegdheid van het bevoegd gezag tot het stellen van maatwerkvoorschriften en voor zover dit besluit op de inrichting van toepassing is.
2. De nadere eisen die voor een inrichting onmiddellijk voorafgaand aan het tijdstip van het van toepassing worden van dit besluit of een deel daarvan op een activiteit in die inrichting op grond van de besluiten, bedoeld in artikel 6.43 in werking en onherroepelijk waren, worden aangemerkt als maatwerkvoorschriften, mits de nadere eisen vallen binnen de bevoegdheid van het bevoegd gezag tot het stellen van maatwerkvoorschriften en voor zover dit besluit op de inrichting van toepassing is.
3. De maatwerkvoorschriften die voor een inrichting onmiddellijk voorafgaand aan het tijdstip van het van toepassing worden van dit besluit of een deel daarvan op een activiteit in die inrichting op grond van de besluiten, bedoeld in artikel 6.43 in werking en onherroepelijk waren, blijven van kracht, mits ze vallen binnen de bevoegdheid van het bevoegd gezag tot het stellen van maatwerkvoorschriften en voor zover dit besluit op die inrichting van toepassing is.
4. De voorschriften van een vergunning als bedoeld in het eerste lid dan wel de nadere eisen op grond van de besluiten, bedoeld in artikel 6.43, die voor een inrichting onmiddellijk voorafgaand aan het tijdstip van het van toepassing worden van dit besluit of een deel daarvan op een activiteit in die inrichting in werking en onherroepelijk waren en niet vallen binnen de bevoegdheid van het bevoegd gezag tot het stellen van maatwerkvoorschriften, worden indien op grond van dit besluit strengere bepalingen gelden, gedurende zes maanden aangemerkt als maatwerkvoorschriften.

5. Voor de toepassing van dit artikel worden de gegevens die in de aanvraag staan en die geacht worden onderdeel te zijn van de voorschriften van de vergunning, bedoeld in het eerste lid, aangemerkt als voorschriften van de vergunning.

Art. 6.2

1. Voor het lozen vanuit een inrichting type A of B, waarvoor onmiddellijk voorafgaand aan het tijdstip van het van toepassing worden van dit besluit of een deel daarvan op een activiteit in die inrichting een vergunning op grond van artikel 1 van de Wet verontreiniging oppervlaktewateren dan wel een vergunning op grond van artikel 6.2 van de Waterwet in werking en onherroepelijk was, worden de voorschriften van die vergunning gedurende drie jaar na het tijdstip van het van toepassing worden van dit besluit of een deel daarvan op een activiteit in die inrichting aangemerkt als maatwerkvoorschriften, mits de voorschriften van die vergunning vallen binnen de bevoegdheid van het bevoegd gezag tot het stellen van maatwerkvoorschriften.
2. Het eerste lid is van overeenkomstige toepassing bij het van toepassing worden van dit besluit of een deel daarvan, met betrekking tot het lozen vanuit een inrichting type C, voor zover het lozen betrekking heeft op de activiteiten genoemd in hoofdstuk 3.
3. De nadere eisen die onmiddellijk voorafgaand aan het tijdstip van het van toepassing worden van dit besluit of een deel daarvan op een activiteit in een inrichting golden krachtens het Lozingenbesluit Wvo huishoudelijk afvalwater, het Lozingenbesluit bodemsanering en proefbronnering of het Lozingenbesluit open teelt en veehouderij voor het lozen vanuit een inrichting, blijven na het tijdstip van het van toepassing worden van dit besluit of een deel daarvan op die inrichting gelden als maatwerkvoorschriften, mits de nadere eisen vallen binnen de reikwijdte van een maatwerkvoorschrift.
4. De voorschriften van een vergunning dan wel de nadere eisen op grond van het Lozingenbesluit Wvo huishoudelijk afvalwater, het Lozingenbesluit bodemsanering en proefbronnering of het Lozingenbesluit open teelt en veehouderij voor het lozen vanuit een inrichting, die voor een inrichting onmiddellijk voorafgaand aan het tijdstip van het van toepassing worden van dit besluit of een deel daarvan op een activiteit in die inrichting in werking en onherroepelijk waren en niet vallen binnen de bevoegdheid van het bevoegd gezag tot het stellen van maatwerkvoorschriften worden indien op grond van dit besluit strengere bepalingen gelden, gedurende zes maanden aangemerkt als maatwerkvoorschriften.
5. Voor de toepassing van dit artikel worden gegevens die in de aanvraag staan en die geacht worden onderdeel te zijn van de voorschriften van de vergunning, aangemerkt als voorschriften van de vergunning.

Art. 6.2a

1. Voor het lozen anders dan vanuit een inrichting, waarvoor onmiddellijk voorafgaand aan het tijdstip van het van toepassing worden van artikel 1.4a op dat lozen, een vergunning op grond van artikel 6.2 van de Waterwet in werking en onherroepelijk was, worden de voorschriften van die vergunning gedurende drie jaar na het tijdstip van het van toepassing worden van artikel 1.4a op dat lozen aangemerkt als maatwerkvoorschriften, mits de voorschriften van die vergunning vallen binnen de bevoegdheid van het bevoegd gezag tot het stellen van maatwerkvoorschriften.
2. De nadere eisen die onmiddellijk voorafgaand aan het tijdstip van het van toepassing worden van artikel 1.4a voor het lozen anders dan vanuit een inrichting in werking en onherroepelijk waren krachtens het Lozingenbesluit open teelt en veehouderij, blijven na het tijdstip van het van toepassing worden van artikel 1.4a op dat lozen gelden als maatwerkvoorschriften, mits de nadere eisen vallen binnen de bevoegdheid van het bevoegd gezag tot het stellen van maatwerkvoorschriften.
3. De voorschriften van een vergunning dan wel de nadere eisen op grond van het Lozingenbesluit open teelt en veehouderij voor het lozen anders dan vanuit een inrichting, die voor dat lozen onmiddellijk voorafgaand aan het tijdstip van het van toepassing worden van artikel 1.4a op dat lozen in werking en onherroepelijk waren en niet vallen binnen de bevoegdheid van het bevoegd gezag tot het stellen van maatwerkvoorschriften, worden indien op grond van dit besluit strengere bepalingen gelden, gedurende zes maanden aangemerkt als maatwerkvoorschriften.
4. Voor de toepassing van dit artikel worden gegevens die in de aanvraag staan en die worden aangemerkt als onderdeel van de voorschriften van de vergunning, aangemerkt als voorschriften van de vergunning.

Art. 6.3

1. Een ontheffing op grond van de artikelen 14, tweede lid, 24, tweede lid, en 25, tweede lid, van het Lozingenbesluit bodembescherming met betrekking tot het lozen, bedoeld in artikel 2.2, eerste lid, onder a, of tweede lid, wordt gedurende de resterende termijn van die ontheffing aangemerkt als een maatwerkvoorschrift als bedoeld in artikel 2.2, derde lid.
2. In afwijking van artikel 6.2, eerste lid, wordt een vergunning als bedoeld in artikel 1, tweede lid, van de Wet verontreiniging oppervlaktewateren dan wel een vergunning op grond van artikel 6.2 van de Waterwet met betrekking tot het lozen, bedoeld in artikel 3.1, vijfde lid, gedu-

rende de resterende termijn van die vergunning aangemerkt als een maatwerkvoorschrift als bedoeld in artikel 3.1, zesde lid, onder b.

3. Onverminderd artikel 6.2, derde en vierde lid, is het lozen vanuit een bodemsanering in het vuilwaterriool dat op het tijdstip van het van toepassing worden van dit besluit of een deel daarvan op een inrichting was toegestaan volgens het Lozingenbesluit Wvo bodemsanering en proefbronnering, in afwijking van artikel 3.1, vijfde lid, toegestaan en worden de artikelen 5, eerste lid, 6, eerste tot en met derde lid, 7, eerste lid, 8, 12, 13 en 14 van dat besluit aangemerkt als een maatwerkvoorschrift als bedoeld in artikel 3.1, zesde lid, onder b.

4. Indien op het tijdstip van het van toepassing worden van dit besluit of een deel daarvan op een inrichting het lozen van huishoudelijk afvalwater in een oppervlaktewaterlichaam was toegestaan op grond van artikel 14 van het Lozingenbesluit Wvo huishoudelijk afvalwater, blijft die toestemming gelden gedurende de termijn die volgt uit de toepassing van dat artikel.

5. Voor het lozen, bedoeld in artikel 2.2, eerste lid, onder b, waarvoor op 24 april 2013 een ontheffing gold op grond van artikel 10.63, eerste lid, van de wet, geldt gedurende de op die datum resterende termijn waarvoor de ontheffing was verleend, een maatwerkvoorschrift als bedoeld in artikel 2.2, derde lid, waarvan de inhoud overeenkomt met de ontheffing.

6. Voor de toepassing van dit artikel worden gegevens die in de aanvraag staan en die worden aangemerkt als onderdeel van de voorschriften van de ontheffing of vergunning aangemerkt als voorschriften van de ontheffing of vergunning.

Art. 6.4

1. Degene die een inrichting type B of C drijft die is opgericht voor het van toepassing worden van dit besluit of een deel daarvan op een activiteit in die inrichting en waarvoor onmiddellijk voorafgaand aan het tijdstip van het van toepassing worden van dit besluit of een deel daarvan op een activiteit in die inrichting geen vergunning als bedoeld in artikel 6.1, eerste lid, in werking en onherroepelijk was en geen melding was gedaan op grond van een van de in artikel 6.43 genoemde besluiten, meldt aan het bevoegd gezag dat hij de inrichting in werking heeft.

2. Degene die de inrichting drijft doet de melding, bedoeld in het eerste lid, binnen vier weken na het tijdstip van het van toepassing worden van dit besluit of een deel daarvan op een activiteit in die inrichting. Afdeling 1.2 is van overeenkomstige toepassing.

3. Indien op het tijdstip van het van toepassing worden van dit besluit of een deel daarvan op een activiteit in een inrichting type B ten aanzien van die inrichting nog niet is beslist op een aanvraag om een omgevingsvergunning op grond van artikel 2.1, eerste lid, aanhef en onder e, van de Wet algemene bepalingen omgevingsrecht voor een inrichting, zijn het eerste en tweede lid niet van toepassing en wordt de aanvraag om een vergunning aangemerkt als een melding overeenkomstig artikel 1.10.

Art. 6.5

Indien op het tijdstip van het van toepassing worden van dit besluit of een deel daarvan op een activiteit in een inrichting nog niet is beslist op een aanvraag om een vergunning op grond van artikel 1 van de Wet verontreiniging oppervlaktewateren dan wel een vergunning op grond van artikel 6.2 van de Waterwet en dit besluit op het betreffende lozen van toepassing is, wordt de aanvraag om de vergunning aangemerkt als:

a. een melding overeenkomstig artikel 1.10, voor zover het lozen bij of krachtens de in hoofdstuk 3 of 4 van dit besluit gestelde voorschriften is toegestaan;

b. een verzoek tot het stellen van een maatwerkvoorschrift als bedoeld in artikel 3.1, zesde lid, onderdeel b, voor zover de aanvraag lozen betreft als bedoeld in artikel 3.1, vijfde lid.

Art. 6.5a

Indien op het tijdstip van het van toepassing worden van artikel 1.4a op het lozen anders dan vanuit een inrichting, nog niet is beslist op een aanvraag om een vergunning op grond van artikel 6.2 van de Waterwet voor lozen als bedoeld in artikel 1.4a en dit besluit op het betreffende lozen van toepassing is, wordt de aanvraag om de vergunning aangemerkt als een melding overeenkomstig artikel 1.10a.

Art. 6.6

Voor de toepassing van dit besluit wordt als eerste dag van de termijn waarbinnen wordt gekeurd aangemerkt: de dag waarop voor het laatst is gekeurd.

Art. 6.7

[Vervallen]

Art. 6.7a

Maatwerkvoorschriften als bedoeld in artikel 2.2, derde lid, zoals dat luidde vóór 22 december 2009, met betrekking tot het lozen in het oppervlaktewater en gesteld vóór dat tijdstip, worden aangemerkt als een vergunning voor het brengen van stoffen in een oppervlaktewaterlichaam als bedoeld in artikel 6.2, eerste lid, van de Waterwet.

A66 art. 6.7a

[Vervallen] § 6.2 [Vervallen]

[Vervallen] Art. 6.8

[Vervallen] § 6.3 [Vervallen]

[Vervallen] Art. 6.9

[Vervallen] § 6.4 [Vervallen]

[Vervallen] Art. 6.10-6.11

[Vervallen] § 6.5 [Vervallen]

[Vervallen] Art. 6.12-6.16

[Vervallen] § 6.6 [Vervallen]

[Vervallen] Art. 6.17

[Vervallen] § 6.7 [Vervallen]

[Vervallen] Art. 6.18

[Vervallen] § 6.8 [Vervallen]

[Vervallen] Art. 6.19

[Vervallen] § 6.8a [Vervallen]

[Vervallen] Art. 6.19a-6.19b

[Vervallen] § 6.9 [Vervallen]

[Vervallen] Art. 6.20-6.20d

[Vervallen] § 6.10 [Vervallen]

[Vervallen] Art. 6.21

[Vervallen] § 6.10a [Vervallen]

[Vervallen] Art. 6.21a-6.21b

A66 art. 6.7a — Activiteitenbesluit milieubeheer

[Vervallen]	**§ 6.10b** [Vervallen]
	Art. 6.21c
[Vervallen]	**§ 6.10c** [Vervallen]
	Art. 6.21d
[Vervallen]	**§ 6.11** [Vervallen]
	Art. 6.22-6.22b
[Vervallen]	**§ 6.11a** [Vervallen]
	Art. 6.22c
[Vervallen]	**§ 6.12** [Vervallen]
	Art. 6.23
[Vervallen]	**§ 6.13** [Vervallen]
	Art. 6.24
[Vervallen]	**§ 6.13a** [Vervallen]
	Art. 6.24a
[Vervallen]	**§ 6.13b** [Vervallen]
	Art. 6.24b
[Vervallen]	**§ 6.13c** [Vervallen]
	Art. 6.24c
[Vervallen]	**§ 6.13d** [Vervallen]
	Art. 6.24d
[Vervallen]	**§ 6.13e** [Vervallen]
	Art. 6.24e-6.24m1
[Vervallen]	

A66 art. 6.7a

	§ 6.13f [Vervallen]
[Vervallen]	Art. 6.24n
	§ 6.13g [Vervallen]
[Vervallen]	Art. 6.24o-6.24o1
	§ 6.13h [Vervallen]
[Vervallen]	Art. 6.24o2-6.24p
	§ 6.13i [Vervallen]
[Vervallen]	Art. 6.24q
	§ 6.13j [Vervallen]
[Vervallen]	Art. 6.24r-6.24v
	§ 6.13k [Vervallen]
[Vervallen]	Art. 6.24w
	§ 6.13l [Vervallen]
[Vervallen]	Art. 6.24x
	§ 6.13m [Vervallen]
[Vervallen]	Art. 6.24y
	§ 6.13n [Vervallen]
[Vervallen]	Art. 6.24z
	§ 6.14 [Vervallen]
[Vervallen]	Art. 6.25
	§ 6.14a [Vervallen]
[Vervallen]	Art. 6.25a

A66 art. 6.7a

Activiteitenbesluit milieubeheer

	§ 6.15 [Vervallen]
[Vervallen]	**Art. 6.26**
	§ 6.16 [Vervallen]
[Vervallen]	**Art. 6.27**
	§ 6.17 [Vervallen]
[Vervallen]	**Art. 6.28**
	§ 6.18 [Vervallen]
[Vervallen]	**Art. 6.29**
	§ 6.19 [Vervallen]
[Vervallen]	**Art. 6.30**
	§ 6.20 [Vervallen]
[Vervallen]	**Art. 6.31**
	§ 6.21 [Vervallen]
[Vervallen]	**Art. 6.32**
	§ 6.22 [Vervallen]
[Vervallen]	**Art. 6.33**
	§ 6.22a [Vervallen]
[Vervallen]	**Art. 6.33a**
	§ 6.22b [Vervallen]
[Vervallen]	**Art. 6.33b**
	§ 6.23 [Vervallen]
[Vervallen]	**Art. 6.34**

Activiteitenbesluit milieubeheer

[Vervallen]
§ 6.23a
[Vervallen]

Art. 6.34a
[Vervallen]

§ 6.23b
[Vervallen]

Art. 6.34b
[Vervallen]

§ 6.23c
[Vervallen]

Art. 6.34c
[Vervallen]

§ 6.24
[Vervallen]

Art. 6.35
[Vervallen]

§ 6.25
[Vervallen]

Art. 6.36
[Vervallen]

§ 6.26
[Vervallen]

Art. 6.37-6.37a
[Vervallen]

§ 6.27
[Vervallen]

Art. 6.38
[Vervallen]

§ 6.28
[Vervallen]

Art. 6.39-6.40
[Vervallen]

§ 6.29
Slotbepalingen

Art. 6.41
Indien een niet-publiekrechtelijke norm waarnaar in dit besluit wordt verwezen, de NRB wijzigt kan bij ministeriële regeling overgangsrecht worden opgenomen waarbij kan worden bepaald dat de oude norm voor bestaande inrichtingen al dan niet tijdelijk blijft gelden.

Art. 6.42
Onze Minister van Volkshuisvesting, Ruimtelijke Ordening en Milieubeheer zendt in overeenstemming met Onze Minister van Verkeer en Waterstaat binnen zes jaar na de inwerkingtreding van artikel 2.1 aan de Staten-Generaal een verslag over de doeltreffendheid en de effecten van dit besluit in de praktijk.

Inrichtingen milieubeheer, evaluatie

Art. 6.43
De volgende besluiten zijn vervallen:
Besluit bouw- en houtbedrijven milieubeheer
Besluit detailhandel en ambachtsbedrijven milieubeheer
Besluit emissie-eisen middelgrote stookinstallaties milieubeheer

Uitschakelbepaling

A66 art. 6.44

Activiteitenbesluit milieubeheer

Besluit emissie-eisen titaandioxide-inrichtingen
Besluit glastuinbouw
Besluit hefschroefvliegtuigen bij ziekenhuizen milieubeheer
Besluit horeca-, sport- en recreatie-inrichtingen milieubeheer
Besluit inrichtingen voor motorvoertuigen milieubeheer
Besluit jachthavens
Besluit landbouw milieubeheer
Besluit LPG-tankstations milieubeheer
Besluit mestbassins milieubeheer
Besluit opslaan in ondergrondse tanks 1998
Besluit opslag- en transportbedrijven milieubeheer
Besluit tandartspraktijken milieubeheer
Besluit tankstations milieubeheer
Besluit textielreinigingsbedrijven milieubeheer
Besluit typekeuring verwarmingstoestellen luchtverontreiniging stikstofoxiden
Besluit verbranden afvalstoffen
Besluit voorzieningen en installaties milieubeheer
Besluit woon- en verblijfsgebouwen milieubeheer.
Lozingenbesluit bodembescherming
Lozingenbesluit open teelt en veehouderij
Lozingenbesluit Wvo huishoudelijk afvalwater
Oplosmiddelenbesluit omzetting EG-VOS-richtlijn milieubeheer

Art. 6.44

Inwerkingtreding   Dit besluit treedt in werking met ingang van een bij koninklijk besluit te bepalen tijdstip, dat voor verschillende artikelen of onderdelen en voor verschillende soorten inrichtingen verschillend kan worden vastgesteld.

Art. 6.44a

Op een bij koninklijk besluit te bepalen tijdstip vervalt artikel 1.2a.

Art. 6.45

Citeertitel   Dit besluit wordt aangehaald als: Activiteitenbesluit milieubeheer.

Wet algemene bepalingen omgevingsrecht[1]

Wet van 6 november 2008, houdende regels inzake een vergunningstelsel met betrekking tot activiteiten die van invloed zijn op de fysieke leefomgeving en inzake handhaving van regelingen op het gebied van de fysieke leefomgeving (Wet algemene bepalingen omgevingsrecht)

Wij Beatrix, bij de gratie Gods, Koningin der Nederlanden, Prinses van Oranje-Nassau, enz. enz. enz.
Allen, die deze zullen zien of horen lezen, saluut! doen te weten:
Alzo Wij in overweging genomen hebben, dat een groot aantal verschillende stelsels bestaat met betrekking tot toestemmingen van bestuursorganen, die vereist zijn voor het verrichten van activiteiten die van invloed zijn op de fysieke leefomgeving, en dat het wenselijk is die stelsels zoveel mogelijk samen te voegen, opdat een samenhangende beoordeling van die activiteiten op de betrokken aspecten mogelijk is in één procedure die leidt tot één besluit; dat het nodig is met het oog op dit nieuwe stelsel ook de handhaving daarvan te regelen en dat het wenselijk is van die gelegenheid gebruik te maken om de bestuursrechtelijke handhaving van regelingen met betrekking tot de fysieke leefomgeving – voor zover niet algemeen-bestuursrechtelijk geregeld – verder te uniformeren en in dezelfde wet onder te brengen;
Zo is het, dat Wij, de Raad van State gehoord, en met gemeen overleg der Staten-Generaal, hebben goedgevonden en verstaan, gelijk Wij goedvinden en verstaan bij deze:

Hoofdstuk 1
Begripsbepalingen

Art. 1.1
1. In deze wet en de daarop berustende bepalingen wordt verstaan onder:

activiteit: activiteit als bedoeld in artikel 2.1, eerste lid, of 2.2;
afvalstoffen: afvalstoffen als bedoeld in artikel 1.1 van de Wet milieubeheer;
beheersverordening: beheersverordening als bedoeld in artikel 3.38 van de Wet ruimtelijke ordening die van toepassing is op de plaats waar de activiteit wordt of zal worden verricht;
beschermd stads- of dorpsgezicht: beschermd stads- of dorpsgezicht als bedoeld in artikel 1, onder g, van de Monumentenwet 1988 zoals die wet luidde voor inwerkingtreding van de Erfgoedwet;
beste beschikbare technieken: voor het bereiken van een hoog niveau van bescherming van het milieu meest doeltreffende technieken om de emissies en andere nadelige gevolgen voor het milieu, die een inrichting kan veroorzaken, te voorkomen of, indien dat niet mogelijk is, zoveel mogelijk te beperken, die – kosten en baten in aanmerking genomen – economisch en technisch haalbaar zijn in de bedrijfstak waartoe de inrichting behoort, kunnen worden toegepast, en die voor degene die de inrichting drijft, redelijkerwijs in Nederland of daarbuiten te verkrijgen zijn; daarbij wordt onder technieken mede begrepen het ontwerp van de inrichting, de wijze waarop zij wordt gebouwd en onderhouden, alsmede de wijze van bedrijfsvoering en de wijze waarop de inrichting buiten gebruik wordt gesteld;
bestemmingsplan: bestemmingsplan, provinciaal inpassingsplan of rijksinpassingsplan als bedoeld in de Wet ruimtelijke ordening dat van toepassing is op de plaats waar de activiteit wordt of zal worden verricht en de krachtens dat plan gestelde nadere eisen;
bevoegd gezag: bestuursorgaan dat bevoegd is tot het nemen van een besluit ten aanzien van een aanvraag om een omgevingsvergunning of ten aanzien van een verleende omgevingsvergunning;
bouwen: plaatsen, geheel of gedeeltelijk oprichten, vernieuwen, veranderen of vergroten;
bouwverordening: bouwverordening als bedoeld in artikel 8 van de Woningwet;
exploitatieplan: plan als bedoeld in artikel 6.12, eerste lid, van de Wet ruimtelijke ordening;
gevaarlijke afvalstoffen: gevaarlijke afvalstoffen als bedoeld in artikel 1.1 van de Wet milieubeheer;
inrichting: inrichting, behorende tot een categorie die is aangewezen krachtens het derde lid;
inspecteur: als zodanig bij besluit van Onze Minister aangewezen ambtenaar;
IPPC-installatie: installatie voor industriële activiteiten als bedoeld in bijlage I van richtlijn nr. 2010/75/EU van het Europees Parlement en de Raad van 24 november 2010 inzake industriële emissies (PbEU L 334);
mijnbouwwerk: mijnbouwwerk als bedoeld in artikel 1, onder n, van de Mijnbouwwet;

Begripsbepalingen

---
1   Inwerkingtredingsdatum: 01-10-2010; zoals laatstelijk gewijzigd bij: Stb. 2020, 262.

omgevingsdienst: dienst als bedoeld in artikel 5.3, eerste lid;
omgevingsvergunning: omgevingsvergunning als bedoeld in artikel 2.1 of 2.2;
onlosmakelijke activiteit: activiteit die behoort tot verschillende categorieën activiteiten als bedoeld in de artikelen 2.1 en 2.2;
Onze Minister: Onze Minister van Volkshuisvesting, Ruimtelijke Ordening en Milieubeheer;
project: project als bedoeld in artikel 2.1, eerste lid, of 2.2;
rijksmonument: rijksmonument als bedoeld in artikel 1.1 van de Erfgoedwet met uitzondering van archeologische monumenten als bedoeld in dat artikel;
slopen: geheel of gedeeltelijk afbreken;
verklaring: verklaring van geen bedenkingen als bedoeld in artikel 2.27, eerste lid;
voorbereidingsbesluit: besluit waarbij toepassing is gegeven aan artikel 3.7 van de Wet ruimtelijke ordening;
wijzigen van voorschriften van een omgevingsvergunning: wijzigen, aanvullen of intrekken van voorschriften die aan een omgevingsvergunning zijn verbonden of alsnog verbinden van voorschriften aan een omgevingsvergunning.
2. Met betrekking tot de betekenis van de begrippen «gevolgen voor het milieu» en «bescherming van het milieu» in deze wet en de daarop berustende bepalingen is artikel 1.1, tweede lid, van de Wet milieubeheer van overeenkomstige toepassing.
3. Bij of krachtens algemene maatregel van bestuur worden categorieën inrichtingen aangewezen als bedoeld in artikel 1.1, vierde lid, van de Wet milieubeheer, waarvan het oprichten, het veranderen of veranderen van de werking of het in werking hebben moet worden onderworpen aan een voorafgaande toetsing, gezien de aard en de omvang van de nadelige gevolgen die de inrichtingen voor het milieu kunnen veroorzaken. Bij de maatregel worden als categorie in ieder geval aangewezen de inrichtingen waartoe een IPPC-installatie behoort.
4. Een wijziging van bijlage 1 bij richtlijn nr. 2010/75/EU van het Europees Parlement en de Raad van 24 november 2010 inzake industriële emissies (PbEU L 334) gaat voor de toepassing van de in het eerste lid gegeven omschrijving van «IPPC-installatie» gelden met ingang van de dag waarop aan de betrokken wijzigingsrichtlijn uitvoering moet zijn gegeven, tenzij bij ministerieel besluit, dat in de Staatscourant wordt bekendgemaakt, een ander tijdstip wordt vastgesteld.

Art. 1.1a

Begripsbepalingen

1. Een bedrijfswoning, behorend tot of voorheen behorend tot een landbouwinrichting, die op grond van het bestemmingsplan, de beheersverordening of, indien met toepassing van artikel 2.12, eerste lid, van het bestemmingsplan of de beheersverordening is afgeweken, de omgevingsvergunning door een derde bewoond mag worden, wordt met betrekking tot die inrichting voor de toepassing van deze wet en de daarop berustende bepalingen beschouwd als onderdeel van die inrichting, tenzij bij of krachtens deze wet anders is bepaald.
2. Voor de toepassing van het eerste lid wordt onder landbouwinrichting verstaan: inrichting waar uitsluitend of in hoofdzaak agrarische activiteiten, zijnde het telen of kweken van landbouwgewassen of het fokken, mesten, houden of verhandelen van landbouwhuisdieren, dan wel activiteiten die daarmee verband houden worden verricht.

Hoofdstuk 2
De omgevingsvergunning

§ 2.1
Verbodsbepalingen, bevoegd gezag, gefaseerde vergunning, deelvergunning en revisievergunning

Art. 2.1

Omgevingsvergunning, verbod uitvoeren project

1. Het is verboden zonder omgevingsvergunning een project uit te voeren, voor zover dat geheel of gedeeltelijk bestaat uit:
a. het bouwen van een bouwwerk,
b. het uitvoeren van een werk, geen bouwwerk zijnde, of van werkzaamheden, in gevallen waarin bij een bestemmingsplan, beheersverordening, exploitatieplan of voorbereidingsbesluit is bepaald,
c. het gebruiken van gronden of bouwwerken in strijd met een bestemmingsplan, een beheersverordening, een exploitatieplan, de regels gesteld krachtens artikel 4.1, derde lid, of 4.3, derde lid, van de Wet ruimtelijke ordening of een voorbereidingsbesluit voor zover toepassing is gegeven aan artikel 3.7, vierde lid, tweede volzin, van die wet,
d. het in gebruik nemen of gebruiken van een bouwwerk in met het oog op de brandveiligheid bij algemene maatregel van bestuur aangewezen categorieën gevallen,
e.
1°. het oprichten,
2°. het veranderen of veranderen van de werking of
3°. het in werking hebben

Wet algemene bepalingen omgevingsrecht   **A67** art. 2.3a

van een inrichting of mijnbouwwerk,
f. het slopen, verstoren, verplaatsen of in enig opzicht wijzigen van een rijksmonument of het herstellen, gebruiken of laten gebruiken van een rijksmonument op een wijze waardoor het wordt ontsierd of in gevaar gebracht,
g. het slopen van een bouwwerk in gevallen waarin dat in een bestemmingsplan, beheersverordening of voorbereidingsbesluit is bepaald,
h. het slopen van een bouwwerk in een beschermd stads- of dorpsgezicht of
i. het verrichten van een andere activiteit die behoort tot een bij algemene maatregel van bestuur aangewezen categorie activiteiten die van invloed kunnen zijn op de fysieke leefomgeving.
2. Bij algemene maatregel van bestuur kunnen nadere regels worden gesteld met betrekking tot hetgeen wordt verstaan onder de in het eerste lid bedoelde activiteiten.
3. Bij algemene maatregel van bestuur kan worden bepaald dat met betrekking tot daarbij aangewezen activiteiten als bedoeld in het eerste lid in daarbij aangegeven categorieën gevallen, het in dat lid gestelde verbod niet geldt.

      Nadere regels

Art. 2.2
1. Voor zover ingevolge een bepaling in een provinciale of gemeentelijke verordening een vergunning of ontheffing is vereist om:
a. [vervallen,]
b. een monument als bedoeld in een zodanige verordening:
1°. te slopen, te verstoren, te verplaatsen of in enig opzicht te wijzigen of
2°. te herstellen, te gebruiken of te laten gebruiken op een wijze waardoor het wordt ontsierd of in gevaar gebracht,
c. een bouwwerk te slopen in een krachtens een zodanige verordening aangewezen stads- of dorpsgezicht,
d. een weg aan te leggen of verandering te brengen in de wijze van aanleg van een weg, voor zover daarvoor tevens een verbod geldt als bedoeld in artikel 2.1, eerste lid, onder b,
e. een uitweg te maken, te hebben of te veranderen of het gebruik daarvan te veranderen,
f. in, op of aan een onroerende zaak een alarminstallatie te hebben die een voor de omgeving opvallend geluid of lichtsignaal kan produceren,
g. houtopstand te vellen of te doen vellen,
h. op of aan een onroerende zaak handelsreclame te maken of te voeren met behulp van een opschrift, aankondiging of afbeelding in welke vorm dan ook, die zichtbaar is vanaf een voor het publiek toegankelijke plaats,
i. als eigenaar, beperkt zakelijk gerechtigde of gebruiker van een onroerende zaak toe te staan of te gedogen dat op of aan die onroerende zaak handelsreclame wordt gemaakt of gevoerd met behulp van een opschrift, aankondiging of afbeelding in welke vorm dan ook, die zichtbaar is vanaf een voor het publiek toegankelijke plaats,
j. in een daarbij aangewezen gedeelte van de provincie of de gemeente roerende zaken op te slaan of
k. als eigenaar, beperkt zakelijk gerechtigde of gebruiker van een onroerende zaak in een daarbij aangewezen gedeelte van de provincie of de gemeente toe te staan of te gedogen dat daar roerende zaken worden opgeslagen,
geldt een zodanige bepaling als een verbod om een project voor zover dat geheel of gedeeltelijk uit die activiteiten bestaat, uit te voeren zonder omgevingsvergunning.
2. Bij provinciale, gemeentelijke of waterschapsverordening kan worden bepaald dat het in daarbij aangewezen categorieën gevallen verboden is projecten die geheel of gedeeltelijk bestaan uit andere activiteiten dan behoren tot een daarbij aangewezen categorie activiteiten die van invloed kunnen zijn op de fysieke leefomgeving, uit te voeren zonder omgevingsvergunning.

      Omgevingsvergunning, verbod in provinciale/gemeentelijke verordening

Art. 2.3
Het is verboden te handelen in strijd met een voorschrift van een omgevingsvergunning dat betrekking heeft op:
a. activiteiten als bedoeld in artikel 2.1, eerste lid, onder e;
b. activiteiten als bedoeld in artikel 2.1, eerste lid, onder a, b, c, d, f, g, h of i;
c. activiteiten als bedoeld in artikel 2.2.

      Dwingend recht

Art. 2.3a
1. Het is verboden een bouwwerk of deel daarvan dat is gebouwd zonder omgevingsvergunning in stand te laten.

      Omgevingsvergunning, verbod in stand laten bouwwerk

2. Het eerste lid blijft buiten toepassing indien voor het bouwen van het desbetreffende bouwwerk op grond van artikel 2.1, derde lid, geen omgevingsvergunning is of was vereist, met dien verstande dat indien in een dergelijk geval sprake is van een bouwwerk waarvan de aanwezigheid slechts een beperkte periode is toegestaan, het eerste lid uitsluitend buiten toepassing blijft gedurende die periode.

Art. 2.4

Omgevingsvergunning, bevoegd gezag

1. Burgemeester en wethouders van de gemeente waar het betrokken project in hoofdzaak zal worden of wordt uitgevoerd, beslissen op de aanvraag om een omgevingsvergunning, behoudens in gevallen als bedoeld in het tweede tot en met vijfde lid.

Nadere regels

2. Bij algemene maatregel van bestuur kan worden bepaald dat gedeputeerde staten van de provincie waar het betrokken project in hoofdzaak zal worden of wordt uitgevoerd, op de aanvraag beslissen ten aanzien van projecten die behoren tot een bij de maatregel aangewezen categorie projecten die van provinciaal belang zijn. Bij de maatregel kan worden bepaald dat de aanwijzing slechts geldt in daarbij aangewezen categorieën gevallen.
3. Bij algemene maatregel van bestuur kan worden bepaald dat Onze daarbij aangewezen Minister op de aanvraag beslist ten aanzien van projecten die behoren tot een bij de maatregel aangewezen categorie projecten die van nationaal belang zijn. Bij de maatregel kan worden bepaald dat de aanwijzing slechts geldt in daarbij aangewezen categorieën gevallen.
4. Onze Minister kan bepalen dat hij, in afwijking van het eerste, tweede of derde lid, beslist op de aanvraag om een omgevingsvergunning ten aanzien van een bij zijn besluit aangewezen project, indien dat geboden is in het algemeen belang.
5. Het bevoegd gezag met betrekking tot een geldende omgevingsvergunning beslist op elke aanvraag die betrekking heeft op een project dat zal worden of wordt uitgevoerd op de plaats ten aanzien waarvan die vergunning is verleend. De eerste volzin geldt niet voor burgemeester en wethouders in gevallen als bedoeld in het tweede tot en met vierde lid en gedeputeerde staten in gevallen als bedoeld in het derde en vierde lid. De eerste volzin geldt voorts niet in gevallen die behoren tot een bij algemene maatregel van bestuur aangewezen categorie.

Art. 2.5

Omgevingsvergunning, gefaseerde verlening

1. Op verzoek van de aanvrager wordt een omgevingsvergunning in twee fasen verleend. De eerste fase heeft slechts betrekking op de door de aanvrager aan te geven activiteiten.
2. Op een aanvraag om een beschikking met betrekking tot de eerste of tweede fase wordt beslist door het bestuursorgaan dat bevoegd zou zijn te beslissen op de aanvraag om een omgevingsvergunning voor het betrokken project. Een beschikking als bedoeld in de eerste volzin wordt voorbereid overeenkomstig de procedure die van toepassing zou zijn op de voorbereiding van de beschikking op de aanvraag om een omgevingsvergunning.
3. Indien een beschikking met betrekking tot de eerste of tweede fase wordt voorbereid met de uitgebreide voorbereidingsprocedure, bedoeld in paragraaf 3.3, maar geen betrekking heeft op een activiteit of geval als bedoeld in artikel 3.10, eerste lid, die niet tevens kan worden aangemerkt als een activiteit als bedoeld in het derde lid van dat artikel, geeft het bevoegd gezag de beschikking – in afwijking van artikel 3:18, eerste lid, van de Algemene wet bestuursrecht – uiterlijk veertien weken na ontvangst van de aanvraag.
4. De beschikking met betrekking tot de tweede fase wordt niet eerder gegeven dan de beschikking met betrekking tot de eerste fase. Indien daardoor de beslistermijn voor de beschikking met betrekking tot de tweede fase zou worden overschreden geeft het bevoegd gezag, in afwijking daarvan, de beschikking gelijktijdig met de beschikking met betrekking tot de eerste fase.
5. Het bevoegd gezag kan een beschikking intrekken waarbij positief is beslist op een aanvraag met betrekking tot:
   a. de eerste fase: indien niet uiterlijk twee jaar nadat de beschikking onherroepelijk is geworden een aanvraag is ingediend voor de beschikking met betrekking tot de tweede fase;
   b. de eerste of tweede fase: indien op de aanvraag met betrekking tot de andere fase negatief is beslist en niet uiterlijk twee jaar nadat de beschikking onherroepelijk is geworden een nieuwe aanvraag is ingediend.
6. De beschikking met betrekking tot de eerste fase kan bij de beschikking met betrekking tot de tweede fase worden gewijzigd voor zover dat nodig is met het oog op het verlenen van de omgevingsvergunning.
7. Het bepaalde bij of krachtens deze wet met betrekking tot een omgevingsvergunning is, met uitzondering van artikel 2.7, van overeenkomstige toepassing op de beschikkingen met betrekking tot de eerste en tweede fase.
8. De beschikkingen waarbij positief is beslist op de aanvragen met betrekking tot de eerste en tweede fase worden, als deze in werking zijn getreden, tezamen aangemerkt als een omgevingsvergunning.

Art. 2.5a

Omgevingsvergunning, overige onlosmakelijke activiteiten

Indien toepassing wordt gegeven aan artikel 2.7, eerste lid, tweede volzin, kan de omgevingsvergunning voor de activiteit, bedoeld in artikel 2.1, eerste lid, onder c, bij de beschikking waarbij wordt beslist op de aanvraag om een omgevingsvergunning voor de overige onlosmakelijke activiteiten worden gewijzigd, voor zover dat nodig is met het oog op het verlenen van die omgevingsvergunning.

Wet algemene bepalingen omgevingsrecht **A67** art. 2.9

Art. 2.6
1. Voor zover de aanvraag om een omgevingsvergunning betrekking heeft op het veranderen van een inrichting of mijnbouwwerk of van de werking daarvan, als bedoeld in artikel 2.1, eerste lid, onder e, onder 2° of 3°, en met betrekking tot die inrichting of dat mijnbouwwerk al een of meer omgevingsvergunningen zijn verleend, kan het bevoegd gezag bepalen dat een omgevingsvergunning wordt aangevraagd met betrekking tot die verandering en het in werking hebben van de betrokken inrichting of het betrokken mijnbouwwerk na die verandering.
2. Indien het bevoegd gezag heeft bepaald dat een zodanige omgevingsvergunning moet worden aangevraagd, besluit het aanvragen met betrekking tot de betrokken activiteit die daarop geen betrekking hebben, niet te behandelen.
3. Het bevoegd gezag kan de rechten die de vergunninghouder aan de al eerder verleende omgevingsvergunningen ontleende, niet wijzigen anders dan mogelijk zou zijn met toepassing van artikel 2.31 of 2.33.
4. Een met toepassing van dit artikel verleende omgevingsvergunning vervangt met ingang van het tijdstip waarop zij in werking treedt, de eerder met betrekking tot het betrokken project verleende omgevingsvergunningen, voor zover het de inrichting of het mijnbouwwerk betreft. Deze omgevingsvergunningen vervallen op het tijdstip waarop de met toepassing van dit artikel verleende omgevingsvergunning, onherroepelijk wordt.

Omgevingsvergunning, veranderen inrichting/mijnbouwwerk

§ 2.2
De aanvraag om een omgevingsvergunning

Art. 2.7
1. Onverminderd het bepaalde in de artikelen 2.10, tweede lid, en 2.11, tweede lid, draagt de aanvrager van een omgevingsvergunning er zorg voor dat de aanvraag betrekking heeft op alle onlosmakelijke activiteiten binnen het betrokken project. In afwijking van de eerste volzin en onverminderd artikel 2.5 kan, indien één van de onlosmakelijke activiteiten een activiteit is als bedoeld in artikel 2.1, eerste lid, onder c, voor die activiteit voorafgaand aan en los van de overige onlosmakelijke activiteiten een aanvraag om een omgevingsvergunning worden ingediend.
2. Een aanvraag om een omgevingsvergunning die betrekking heeft op een activiteit als bedoeld in artikel 2.1, eerste lid, onder e, mag slechts op één inrichting waartoe een IPPC-installatie behoort betrekking hebben.

Omgevingsvergunning, aanvraag

Art. 2.8
1. Bij of krachtens algemene maatregel van bestuur worden regels gesteld met betrekking tot de wijze waarop de aanvraag om een omgevingsvergunning geschiedt en de gegevens en bescheiden die door de aanvrager worden verstrekt met het oog op de beslissing op de aanvraag. Bij de regels wordt in elk geval bepaald dat in of bij een aanvraag die betrekking heeft op een activiteit met betrekking tot een inrichting als bedoeld in artikel 2.1, eerste lid, onder e, onder 1° of 3°, gegevens en bescheiden worden verstrekt over de ten behoeve van de activiteiten en processen in de inrichting toe te passen technieken, voor zover die redelijkerwijs van belang kunnen zijn voor de beoordeling van de nadelige gevolgen voor het milieu die de inrichting kan veroorzaken. Bij de maatregel kan – in afwijking van de artikelen 2:14, eerste lid, en 2:15 van de Algemene wet bestuursrecht – worden bepaald dat de aanvraag geheel of gedeeltelijk elektronisch wordt ingediend of in ontvangst wordt genomen. Daarbij kan worden bepaald dat de verplichtingen slechts gelden in daarbij aangewezen categorieën gevallen.
2. Bij een verordening als bedoeld in artikel 2.2, tweede lid, kunnen eveneens regels worden gesteld met betrekking tot de gegevens en bescheiden die door de aanvrager met betrekking tot de bij die verordening aangewezen activiteit worden verstrekt met het oog op de beslissing op de aanvraag.

Nadere regels

Art. 2.9
1. Bij of krachtens algemene maatregel van bestuur kan worden bepaald dat door daarbij aangewezen bestuursorganen van het Rijk rechten worden geheven ter zake van de behandeling van aanvragen tot verlening of gehele of gedeeltelijke intrekking van een omgevingsvergunning of wijziging van voorschriften van een omgevingsvergunning.
2. Bij algemene maatregel van bestuur kunnen regels worden gesteld met betrekking tot de berekening en de bedragen van de krachtens:
a. artikel 229, eerste lid, onder b, van de Gemeentewet;
b. artikel 223, eerste lid, onder b, van de Provinciewet; of
c. het eerste lid,
te heffen rechten ter zake van de behandeling van aanvragen tot verlening of gehele of gedeeltelijke intrekking van een omgevingsvergunning of wijziging van voorschriften van een omgevingsvergunning.

Nadere regels

A67 art. 2.9a

Aanvraag omgevingsvergunning, (geen) heffing rechten

Art. 2.9a

1. Voor zover aanvragen tot verlening of gehele of gedeeltelijke intrekking van een omgevingsvergunning of wijziging van voorschriften van een omgevingsvergunning betrekking hebben op een activiteit met betrekking tot een inrichting als bedoeld in artikel 2.1, eerste lid, onder e, worden geen rechten geheven. Bij algemene maatregel van bestuur kunnen met betrekking tot een activiteit als bedoeld in artikel 2.1, eerste lid, onder i, categorieën gevallen worden aangewezen waarin de eerste volzin van overeenkomstige toepassing is.
2. De bevoegdheid tot het invorderen van rechten terzake van door of vanwege het gemeentebestuur, provinciaal bestuur of Onze betrokken Minister verstrekte diensten die verband houden met een omgevingsvergunning waarbij met toepassing van artikel 2.12, eerste lid, onder a, onder 3°, van een bestemmingsplan of beheersverordening wordt afgeweken, wordt opgeschort tot het tijdstip waarop van dat besluit kennis is gegeven als bedoeld in artikel 3:44, eerste lid, van de Algemene wet bestuursrecht. De bevoegdheid vervalt indien de kennisgeving niet binnen twee maanden is gedaan.

§ 2.3
De beoordeling van de aanvraag

Art. 2.10

Aanvraag omgevingsvergunning, beoordeling aanvraag

1. Voor zover de aanvraag betrekking heeft op een activiteit als bedoeld in artikel 2.1, eerste lid, onder a, wordt de omgevingsvergunning geweigerd indien:
   a. de aanvraag en de daarbij verstrekte gegevens en bescheiden het naar het oordeel van het bevoegd gezag niet aannemelijk maken dat het bouwen van een bouwwerk waarop de aanvraag betrekking heeft, voldoet aan de voorschriften die zijn gesteld bij of krachtens een algemene maatregel van bestuur als bedoeld in artikel 2 of 120 van de Woningwet;
   b. de aanvraag en de daarbij verstrekte gegevens en bescheiden het naar het oordeel van het bevoegd gezag niet aannemelijk maken dat het bouwen van een bouwwerk waarop de aanvraag betrekking heeft, voldoet aan de voorschriften die zijn gesteld bij de bouwverordening of, zolang de bouwverordening daarmee nog niet in overeenstemming is gebracht, met de voorschriften die zijn gesteld bij een algemene maatregel van bestuur als bedoeld in artikel 8, achtste lid, van de Woningwet dan wel bij of krachtens een algemene maatregel van bestuur als bedoeld in artikel 120 van die wet;
   c. de activiteit in strijd is met het bestemmingsplan, de beheersverordening of het exploitatieplan, of de regels die zijn gesteld krachtens artikel 4.1, derde lid, of 4.3, derde lid, van de Wet ruimtelijke ordening, tenzij de activiteit niet in strijd is met een omgevingsvergunning die is verleend met toepassing van artikel 2.12;
   d. het uiterlijk of de plaatsing van het bouwwerk waarop de aanvraag betrekking heeft, met uitzondering van een tijdelijk bouwwerk dat geen seizoensgebonden bouwwerk is, zowel op zichzelf beschouwd als in verband met de omgeving of de te verwachten ontwikkeling daarvan, in strijd is met redelijke eisen van welstand, beoordeeld naar de criteria, bedoeld in artikel 12a, eerste lid, onder a, van de Woningwet, tenzij het bevoegd gezag van oordeel is dat de omgevingsvergunning niettemin moet worden verleend;
   e. de activiteit een wegtunnel als bedoeld in de Wet aanvullende regels veiligheid wegtunnels betreft en uit de aanvraag en de daarbij verstrekte gegevens en bescheiden blijkt dat niet wordt voldaan aan de in artikel 6, eerste lid, van die wet gestelde norm.
2. In gevallen als bedoeld in het eerste lid, onder c, wordt de aanvraag mede aangemerkt als een aanvraag om een vergunning voor een activiteit als bedoeld in artikel 2.1, eerste lid, onder c, en wordt de vergunning op de grond, bedoeld in het eerste lid, onder c, slechts geweigerd indien vergunningverlening met toepassing van artikel 2.12 niet mogelijk is.

Art. 2.11

Aanvraag omgevingsvergunning, strijd met Wro

1. Voor zover de aanvraag betrekking heeft op een activiteit als bedoeld in artikel 2.1, eerste lid, onder b, waaromtrent regels zijn gesteld in een bestemmingsplan, beheersverordening, exploitatieplan of voorbereidingsbesluit, wordt de omgevingsvergunning geweigerd indien het werk of de werkzaamheid daarmee in strijd is of in strijd is met de regels die zijn gesteld krachtens artikel 4.1, derde lid, of 4.3, derde lid, van de Wet ruimtelijke ordening.
2. Indien sprake is van strijd met de regels, bedoeld in het eerste lid, wordt de aanvraag mede aangemerkt als een aanvraag om een vergunning voor een activiteit als bedoeld in artikel 2.1, eerste lid, onder c, en wordt de vergunning slechts geweigerd indien vergunningverlening met toepassing van artikel 2.12 niet mogelijk is.

Art. 2.12

Aanvraag omgevingsvergunning, voorwaarden verlening

1. Voor zover de aanvraag betrekking heeft op een activiteit als bedoeld in artikel 2.1, eerste lid, onder c, kan de omgevingsvergunning slechts worden verleend indien de activiteit niet in strijd is met een goede ruimtelijke ordening en:
   a. indien de activiteit in strijd is met het bestemmingsplan of de beheersverordening:

1°. met toepassing van de in het bestemmingsplan of de beheersverordening opgenomen regels inzake afwijking,
2°. in de bij algemene maatregel van bestuur aangewezen gevallen, of
3°. in overige gevallen, indien de motivering van het besluit een goede ruimtelijke onderbouwing bevat;
b. indien de activiteit in strijd is met het exploitatieplan: met toepassing van de daarin opgenomen regels inzake afwijking;
c. indien de activiteit in strijd is met de regels die zijn gesteld krachtens artikel 4.1, derde lid, of 4.3, derde lid, van de Wet ruimtelijke ordening: voor zover de betrokken regels afwijking daarvan toestaan;
d. indien de activiteit in strijd is met een voorbereidingsbesluit: met toepassing van de in het voorbereidingsbesluit opgenomen regels inzake afwijking.
2. Bij of krachtens algemene maatregel van bestuur kunnen regels worden gesteld omtrent de inhoud van de ruimtelijke onderbouwing, bedoeld in het eerste lid, onder a, onder 3°.

Nadere regels

Art. 2.13
Voor zover de aanvraag betrekking heeft op een activiteit als bedoeld in artikel 2.1, eerste lid, onder d, wordt de omgevingsvergunning geweigerd indien de brandveiligheid met het oog op het voorziene gebruik van het bouwwerk niet voldoende verzekerd is.

Aanvraag omgevingsvergunning, verzekering brandveiligheid

Art. 2.14
1. Voor zover de aanvraag betrekking heeft op een activiteit als bedoeld in artikel 2.1, eerste lid, onder e:
a. betrekt het bevoegd gezag bij de beslissing op de aanvraag in ieder geval:
1°. de bestaande toestand van het milieu, voor zover de inrichting of het mijnbouwwerk daarvoor gevolgen kan veroorzaken;
2°. de gevolgen voor het milieu, mede in hun onderlinge samenhang bezien, die de inrichting of het mijnbouwwerk kan veroorzaken, mede gezien de technische kenmerken en de geografische ligging daarvan;
3°. de met betrekking tot de inrichting of het mijnbouwwerk en het gebied waar de inrichting of het mijnbouwwerk zal zijn of is gelegen, redelijkerwijs te verwachten ontwikkelingen die van belang zijn met het oog op de bescherming van het milieu;
4°. de voor het einde van de in artikel 3:16 van de Algemene wet bestuursrecht bedoelde termijn of de krachtens artikel 3.12, zesde lid, aangegeven termijn ingebrachte adviezen en zienswijzen;
5°. de mogelijkheden tot bescherming van het milieu, door de nadelige gevolgen voor het milieu, die de inrichting of het mijnbouwwerk kan veroorzaken, te voorkomen, of zoveel mogelijk te beperken, voor zover zij niet kunnen worden voorkomen;
6°. het systeem van met elkaar samenhangende technische, administratieve en organisatorische maatregelen om de gevolgen die de inrichting of het mijnbouwwerk voor het milieu veroorzaakt, te monitoren, te beheersen en, voor zover het nadelige gevolgen betreft, te verminderen, dat degene die de inrichting of het mijnbouwwerk drijft, met betrekking tot de inrichting of het mijnbouwwerk toepast, alsmede het milieubeleid dat hij met betrekking tot de inrichting of het mijnbouwwerk voert;
b. houdt het bevoegd gezag bij die beslissing in ieder geval rekening met:
1°. het voor hem geldende milieubeleidsplan;
2°. het bepaalde in de artikelen 10.14 en 10.29a van de Wet milieubeheer;
3°. de voor de onderdelen van het milieu, waarvoor de inrichting of het mijnbouwwerk gevolgen kan hebben, geldende richtwaarden, voor zover de verplichting tot het rekening houden daarmee is vastgelegd krachtens of overeenkomstig artikel 5.2 of 5.17 van de Wet milieubeheer;
c. neemt het bevoegd gezag bij die beslissing in ieder geval in acht:
1°. dat in de inrichting of het mijnbouwwerk ten minste de voor de inrichting of het mijnbouwwerk in aanmerking komende beste beschikbare technieken moeten worden toegepast;
2°. de voor de onderdelen van het milieu, waarvoor de inrichting of het mijnbouwwerk gevolgen kan hebben, geldende grenswaarden, voor zover de verplichting tot het in acht nemen daarvan is vastgelegd krachtens of overeenkomstig artikel 5.2 van de Wet milieubeheer, is vastgelegd in of krachtens artikel 5.16 van die wet, dan wel voor zover het inrichtingen betreft voortvloeit uit de artikelen 40, 44 tot en met 47, 50, 51, 53 tot en met 56, 59 tot en met 61, 63, tweede lid, 64, 65 of 66 van de Wet geluidhinder;
3°. in afwijking van onderdeel 2°, neemt het bevoegd gezag, voor zover het de geldende grenswaarden betreft, die voortvloeien uit de in dat onderdeel genoemde artikelen van de Wet geluidhinder, bij de beslissing op de aanvraag om een vergunning voor een inrichting, gelegen op een industrieterrein waarvoor een geluidreductieplan als bedoeld in artikel 67 van de Wet geluidhinder is vastgesteld, het geldende geluidreductieplan in acht;
4°. de onderdelen van het advies, bedoeld in artikel 2.26, tweede lid, ten aanzien waarvan in het advies is aangegeven dat daaraan moet worden voldaan, voor zover daardoor geen strijd ontstaat met het bepaalde in de andere onderdelen van dit lid of het tweede lid, of het bepaalde bij of krachtens artikel 2.22;

Aanvraag omgevingsvergunning, beslissing op aanvraag

A67 art. 2.15

d. en betrekt het bevoegd gezag bij die beslissing de bij een algemene maatregel van bestuur als bedoeld in artikel 5.1 van de Wet milieubeheer ter uitvoering van een EU-richtlijn of EU-verordening gestelde milieukwaliteitseisen op de bij die maatregel aangegeven wijze, voor zover de verplichting daartoe krachtens of overeenkomstig artikel 5.2 van de Wet milieubeheer is vastgelegd in die maatregel.

2. Voor zover de aanvraag om een activiteit als bedoeld in het eerste lid betrekking heeft op een inrichting waarin stoffen behorende tot een in artikel 9.2.3.1, tweede lid, van de Wet milieubeheer aangewezen categorie aanwezig kunnen zijn en die behoort tot een bij algemene maatregel van bestuur aangewezen categorie, draagt het bevoegd gezag er zorg voor dat de beslissing op de aanvraag niet tot gevolg heeft dat minder dan voldoende afstand aanwezig is tussen die inrichting en een beschermd natuurmonument of gebied dat als zodanig is aangewezen krachtens artikel 10 van de Natuurbeschermingswet 1998 of een gebied dat als zodanig is aangewezen krachtens artikel 10a van die wet of dat voorlopig als zodanig is aangewezen krachtens artikel 12 van die wet. Bij de beoordeling van de afstand betrekt het bevoegd gezag de maatregelen die zijn of worden getroffen om een voorval als bedoeld in artikel 17.1 van de Wet milieubeheer waarbij stoffen als bedoeld in de eerste volzin zijn betrokken en waardoor ernstig gevaar voor het milieu ontstaat, in de inrichting te voorkomen of de gevolgen daarvan te beperken.

3. Voor zover het een activiteit betreft als bedoeld in het eerste lid, kan de omgevingsvergunning slechts in het belang van de bescherming van het milieu worden geweigerd.

4. Het bevoegd gezag geeft in de motivering van de beslissing op de aanvraag te kennen, op welke wijze de in het eerste lid, onder a, genoemde aspecten de inhoud van het besluit hebben beïnvloed. Indien toepassing wordt gegeven aan het eerste lid, onder c, onder 3°, vermeldt het bevoegd gezag dit in de motivering.

5. In afwijking van het eerste tot en met vierde lid wordt in gevallen als bedoeld in artikel 3.10, derde lid, de omgevingsvergunning verleend indien wordt voldaan aan de in het laatstgenoemde lid gestelde voorwaarden.

Nadere regels

6. Bij of krachtens algemene maatregel van bestuur worden regels gesteld met betrekking tot de wijze waarop de voor een inrichting of mijnbouwwerk in aanmerking komende beste beschikbare technieken moeten worden bepaald. Daarbij kan worden bepaald dat de gestelde regels slechts gelden in gevallen die behoren tot een daarbij aangewezen categorie.

7. Bij de toepassing van het eerste lid worden gronden en bouwwerken in de omgeving van de inrichting in aanmerking genomen overeenkomstig het bestemmingsplan, de beheersverordening, of, indien met toepassing van artikel 2.12, eerste lid, van het bestemmingsplan of de beheersverordening is afgeweken, de omgevingsvergunning.

Art. 2.15

Aanvraag omgevingsvergunning, monument

Voor zover de aanvraag betrekking heeft op een activiteit als bedoeld in artikel 2.1, eerste lid, onder f, kan de omgevingsvergunning slechts worden verleend indien het belang van de monumentenzorg zich daartegen niet verzet. Bij de beslissing op de aanvraag houdt het bevoegd gezag rekening met het gebruik van het monument.

Art. 2.16

Omgevingsvergunning, weigering bij sloop t.b.v. ander bouwwerk

Voor zover de aanvraag betrekking heeft op een activiteit als bedoeld in artikel 2.1, eerste lid, onder g of h, kan de omgevingsvergunning worden geweigerd indien naar het oordeel van het bevoegd gezag niet aannemelijk is dat op de plaats van het te slopen bouwwerk een ander bouwwerk kan of zal worden gebouwd.

Art. 2.17

Omgevingsvergunning, verlening/weigering o.g.v. bepalingen AMvB

Voor zover de aanvraag betrekking heeft op een activiteit als bedoeld in artikel 2.1, eerste lid, onder i, kan de omgevingsvergunning slechts worden verleend of geweigerd op de gronden die zijn aangegeven in de betrokken algemene maatregel van bestuur.

Art. 2.17a

Omgevingsvergunning, verlening/weigering o.g.v. artikel 2.8 Wet natuurbescherming

Voor zover de aanvraag betrekking heeft op een activiteit als bedoeld in artikel 2.1, eerste lid, onder j, kan de omgevingsvergunning slechts worden verleend op de gronden die zijn aangegeven in artikel 2.8 van de Wet natuurbescherming.

Art. 2.17b

Omgevingsvergunning, verlening/weigering o.g.v. artikel 3.3. lid 4 Wet natuurbescherming

Voor zover de aanvraag betrekking heeft op een activiteit als bedoeld in artikel 2.1, eerste lid, onder k, en het betreft een handeling als bedoeld in artikel 3.1 van de Wet natuurbescherming kan de omgevingsvergunning slechts worden verleend op de gronden die zijn aangegeven in artikel 3.3, vierde lid, van de Wet natuurbescherming.

Art. 2.17c

Omgevingsvergunning, verlening/weigering o.g.v. artikel 3.8 lid 5 Wet natuurbescherming

Voor zover de aanvraag betrekking heeft op een activiteit als bedoeld in artikel 2.1, eerste lid, onder k, en het betreft een handeling als bedoeld in artikel 3.5 van de Wet natuurbescherming kan de omgevingsvergunning slechts worden verleend op de gronden die zijn aangegeven in artikel 3.8, vijfde lid, van de Wet natuurbescherming.

Art. 2.17d
Voor zover de aanvraag betrekking heeft op een activiteit als bedoeld in artikel 2.1, eerste lid, onder k, en het betreft een handeling als bedoeld in artikel 3.10, eerste lid, van de Wet natuurbescherming kan de omgevingsvergunning slechts worden verleend op de gronden die zijn aangegeven in artikel 3.8, vijfde lid, of 3.10, tweede lid, van de Wet natuurbescherming.

Omgevingsvergunning, verlening/weigering o.g.v. artikel 3.8 lid 5 of 3.10 lid 2 Wet natuurbescherming

Art. 2.18
Voor zover de aanvraag betrekking heeft op een activiteit als bedoeld in artikel 2.2 kan de omgevingsvergunning slechts worden verleend of geweigerd op de gronden die zijn aangegeven in de betrokken verordening.

Omgevingsvergunning, verlening/weigering o.g.v. bepalingen AMvB

Art. 2.19
Voor zover de aanvraag ingevolge een wettelijk voorschrift tevens betrekking heeft op een andere activiteit dan bedoeld in de artikelen 2.1, eerste lid, en 2.2, kan de omgevingsvergunning voor die activiteit slechts worden verleend of geweigerd op de gronden die zijn aangegeven in het betrokken wettelijk voorschrift.

Omgevingsvergunning, verlening/weigering o.g.v. bepalingen AMvB

Art. 2.20
1. Voor zover de aanvraag betrekking heeft op een activiteit als bedoeld in artikel 2.1, eerste lid, onder a, of in artikel 2.1, eerste lid, onder e, met betrekking tot een inrichting kan het bevoegd gezag de omgevingsvergunning in andere gevallen dan bedoeld in artikel 2.10, onderscheidenlijk artikel 2.14 slechts weigeren in het geval en onder de voorwaarden, bedoeld in artikel 3 van de Wet bevordering integriteitsbeoordelingen door het openbaar bestuur, met dien verstande dat voor de toepassing van artikel 3 van die wet, voor zover het deze wet betreft, onder betrokkene mede wordt verstaan degene die op grond van feiten en omstandigheden redelijkerwijs met de aanvrager van de omgevingsvergunning gelijk kan worden gesteld.
2. Voordat toepassing wordt gegeven aan het eerste lid, kan het Bureau bevordering integriteitsbeoordelingen door het openbaar bestuur, bedoeld in artikel 8 van de Wet bevordering integriteitsbeoordelingen door het openbaar bestuur, om een advies als bedoeld in artikel 9 van die wet worden gevraagd.
3. Bij algemene maatregel van bestuur kan worden bepaald dat het tweede lid van overeenkomstige toepassing is op een aanvraag om een omgevingsvergunning met betrekking tot een activiteit als bedoeld in artikel 2.1, eerste lid, onder i, waarvoor bij die maatregel is bepaald dat een omgevingsvergunning kan worden geweigerd in het geval en onder de voorwaarden, bedoeld in het eerste lid.

Omgevingsvergunning, verlening/weigering o.g.v. Wet Bibob

Nadere regels

Art. 2.20a
Voor zover de aanvraag betrekking heeft op een activiteit waarvoor voor het verlenen van de omgevingsvergunning een verklaring vereist is als bedoeld in artikel 2.27, eerste lid, wordt de omgevingsvergunning voor die activiteit geweigerd indien de verklaring is geweigerd.

Omgevingsvergunning, weigering wegens ontbreken verklaring van geen bezwaar

Art. 2.21
Indien een aanvraag betrekking heeft op een project dat uit verschillende activiteiten bestaat en de omgevingsvergunning voor dat project ingevolge de artikelen 2.10 tot en met 2.20a moet worden geweigerd, kan het bevoegd gezag op verzoek van de aanvrager de omgevingsvergunning verlenen voor de activiteiten waarvoor zij niet behoeft te worden geweigerd.

Omgevingsvergunning, gedeeltelijke weigering

§ 2.4
De omgevingsvergunning

Art. 2.22
1. In een omgevingsvergunning worden het project en de activiteiten waarop het betrekking heeft, duidelijk beschreven.
2. Aan een omgevingsvergunning worden de voorschriften verbonden, die nodig zijn met het oog op het belang dat voor de betrokken activiteit is aangegeven in het bepaalde bij of krachtens de artikelen 2.10 tot en met 2.20. Indien toepassing is gegeven aan artikel 2.27, vierde lid, worden aan een omgevingsvergunning tevens de bij de verklaring aangegeven voorschriften verbonden. De aan de omgevingsvergunning verbonden voorschriften zijn op elkaar afgestemd.
3. Bij krachtens algemene maatregel van bestuur worden voor daarbij aangewezen categorieën activiteiten of gevallen regels gesteld met betrekking tot het verbinden van voorschriften aan de omgevingsvergunning. Hiertoe kunnen behoren regels met betrekking tot:
a. voorschriften ter uitvoering van een voor Nederland verbindend verdrag of een voor Nederland verbindend besluit van een volkenrechtelijke organisatie met betrekking tot de fysieke leefomgeving;
b. voorschriften, inhoudende een verplichting om te voldoen aan nadere eisen die door een bij het voorschrift aangewezen bestuursorgaan worden gesteld;

Omgevingsvergunning, omschrijving project/activiteiten

A67 art. 2.23

Wet algemene bepalingen omgevingsrecht

c. voorschriften, inhoudende een verplichting voor het krachtens onderdeel b aangewezen bestuursorgaan om van de in dat onderdeel bedoelde eisen op een daarbij aan te geven wijze openbaar kennis te geven;
d. voorschriften die nodig zijn met het oog op het belang van de archeologische monumentenzorg;
e. voorschriften die niet aan de omgevingsvergunning kunnen worden verbonden.
4. Bij een verordening als bedoeld in artikel 2.2 kunnen voor de betrokken categorieën activiteiten eveneens regels worden gesteld met betrekking tot het verbinden van voorschriften aan de omgevingsvergunning.
5. Voor zover met betrekking tot de activiteit algemeen verbindende voorschriften gelden, kunnen de voorschriften die aan de vergunning worden verbonden daarvan alleen afwijken voor zover dat bij die regels is toegestaan. In afwijking van de eerste volzin worden aan een omgevingsvergunning die betrekking heeft op een activiteit als bedoeld in artikel 2.1, eerste lid, onder e, met betrekking tot een inrichting waartoe een IPPC-installatie behoort, voorschriften verbonden die afwijken van de algemeen verbindende voorschriften, bedoeld in de eerste volzin, voor zover met die voorschriften niet wordt voldaan aan het bepaalde bij of krachtens het tweede of derde lid van artikel 2.14.

Nadere regels
6. Bij of krachtens algemene maatregel van bestuur kunnen in daarbij aangewezen categorieën gevallen regels worden gesteld omtrent het voorbereiden, vormgeven, inrichten of beschikbaar stellen van een omgevingsvergunning of omtrent de uitvoerbaarheid daarvan.

Art. 2.23

Omgevingsvergunning voortdurende activiteit, aangegeven termijn
1. In een omgevingsvergunning voor een voortdurende activiteit kan worden bepaald dat zij, voor zover zij betrekking heeft op die activiteit, geldt voor een daarbij aangegeven termijn.

Nadere regels
2. Bij algemene maatregel van bestuur kunnen ten aanzien van activiteiten als bedoeld in het eerste lid categorieën gevallen worden aangewezen waarin in de omgevingsvergunning wordt bepaald dat zij slechts geldt voor een daarbij aangegeven termijn. Bij de maatregel kan ten aanzien van die termijn worden bepaald:
a. een maximum gedurende welke deze kan gelden, of
b. in welke categorieën gevallen deze kan worden verlengd.

Art. 2.23a

Omgevingsvergunning, aflopende activiteit
1. In een omgevingsvergunning voor een aflopende activiteit kan worden bepaald dat, voor zover zij betrekking heeft op die activiteit, de vergunninghouder na het verstrijken van een bij de omgevingsvergunning aangegeven termijn, verplicht is de voor de verlening van de omgevingsvergunning bestaande toestand hersteld te hebben.

Nadere regels
2. Bij algemene maatregel van bestuur kunnen ten aanzien van activiteiten als bedoeld in het eerste lid categorieën gevallen worden aangewezen waarin in de omgevingsvergunning wordt bepaald dat op de vergunninghouder na het verstrijken van een bij de omgevingsvergunning aangegeven termijn, een plicht rust als bedoeld in het eerste lid. Ten aanzien van die termijn is artikel 2.23, tweede lid, laatste volzin, van overeenkomstige toepassing.

Art. 2.23b

Omgevingsvergunning, van kracht blijven voorschriften
In een omgevingsvergunning kan worden bepaald dat daarbij aangewezen voorschriften nadat de vergunning haar gelding heeft verloren, gedurende een daarbij aangegeven termijn van kracht blijven.

Art. 2.24

Omgevingsvergunning, seizoensgebonden bouwwerk
1. In een omgevingsvergunning met betrekking tot een seizoensgebonden bouwwerk kan worden bepaald dat het desbetreffende bouwwerk op grond van die vergunning gedurende opeenvolgende kalenderjaren kan worden gebouwd, gebruikt en gesloopt.
2. In een omgevingsvergunning met betrekking tot een seizoensgebonden bouwwerk wordt bepaald binnen welke opeenvolgende tijdvakken van een kalenderjaar het bouwen, gebruiken en slopen van het desbetreffende bouwwerk plaatsvindt.

Art. 2.24a

Omgevingsvergunning, drijvend bouwwerk
1. Een drijvend bouwwerk waarvoor een omgevingsvergunning is verleend, kan in verband met werkzaamheden worden verplaatst en op dezelfde locatie worden teruggeplaatst met behoud van die vergunning.
2. Onverminderd het eerste lid kan in een omgevingsvergunning met betrekking tot een drijvend bouwwerk op aanvraag worden bepaald dat het bouwwerk op grond van die vergunning kan worden verplaatst en op dezelfde locatie kan worden teruggeplaatst.

Art. 2.25

Omgevingsvergunning, vergunninghouder
1. Een omgevingsvergunning geldt voor eenieder die het project uitvoert waarop zij betrekking heeft. De vergunninghouder draagt ervoor zorg dat de aan de omgevingsvergunning verbonden voorschriften worden nageleefd.
2. Indien een omgevingsvergunning zal gaan gelden voor een ander dan de aanvrager of de vergunninghouder, meldt de aanvrager, onderscheidenlijk de vergunninghouder dat ten minste

een maand voordien aan het bevoegd gezag, onder vermelding van de bij algemene maatregel van bestuur aangegeven gegevens.
3. Bij algemene maatregel van bestuur kunnen categorieën gevallen worden aangewezen, waarin de omgevingsvergunning slechts geldt voor degene aan wie zij is verleend. Daarbij kan tevens worden bepaald dat in daarbij aangewezen categorieën gevallen:
a. de omgevingsvergunning nog gedurende een daarbij aangegeven termijn blijft gelden voor rechtsopvolgers van degene aan wie zij is verleend;
b. de omgevingsvergunning ook geldt voor een rechtspersoon aan wie zij is overgedragen door een andere rechtspersoon, indien daarvoor door het bevoegd gezag toestemming is verleend.

§ 2.5
Advies en verklaring van geen bedenkingen

Art. 2.26
1. Naar aanleiding van een aanvraag die betrekking heeft op een activiteit als bedoeld in artikel 2.1, eerste lid, onder e, waarbij vanuit een inrichting of mijnbouwwerk afvalwater of andere afvalstoffen in een voorziening voor de inzameling en het transport van afvalwater worden gebracht, stelt het bevoegd gezag het bestuursorgaan dat zorg draagt voor het beheer van het zuiveringtechnisch werk, bedoeld in artikel 1.1, eerste lid, van de Waterwet, of het oppervlaktewater waarop het afvalwater vanuit die voorziening wordt gebracht, in de gelegenheid advies uit te brengen.

Omgevingsvergunning, advies bestuursorgaan

2. Indien ten gevolge van de activiteit waarvoor vergunning wordt gevraagd:
a. de doelmatige werking van het zuiveringtechnisch werk, bedoeld in artikel 1.1, eerste lid, van de Waterwet, zou worden belemmerd, of
b. de bij een algemene maatregel van bestuur als bedoeld in artikel 5.1 van de Wet milieubeheer ter uitvoering van een EU-richtlijn of een EU-verordening gestelde milieukwaliteitseisen voor oppervlaktewaterlichamen zouden worden overschreden,
kan het advies inhouden dat de daarin opgenomen voorschriften die nodig zijn om die gevolgen te voorkomen, aan de vergunning moeten worden verbonden. Indien die gevolgen niet kunnen worden voorkomen, kan het advies inhouden dat de vergunning geheel of gedeeltelijk moet worden geweigerd.
3. Het bevoegd gezag stelt de bij algemene maatregel van bestuur en, in gevallen als bedoeld in artikel 2.2, de bij de betrokken verordening aangewezen bestuursorganen of andere instanties in gevallen die behoren tot een bij die maatregel, onderscheidenlijk verordening aangewezen categorie in de gelegenheid hem advies uit te brengen over de aanvraag of het ontwerp van de beschikking op de aanvraag om een omgevingsvergunning.
4. Het bevoegd gezag kan een als adviseur aangewezen bestuursorgaan verzoeken om naar aanleiding van een aanvraag om een omgevingsvergunning advies uit te brengen over:
a. de bij de beslissing op de aanvraag te betrekken gegevens,
b. aan de vergunning te verbinden voorschriften,
met betrekking tot activiteiten die zullen plaatsvinden binnen het grondgebied van de rechtspersoon waartoe het betrokken bestuursorgaan behoort en ten aanzien waarvan dat orgaan bijzondere deskundigheid bezit.

Art. 2.27
1. In bij wet of algemene maatregel van bestuur aangewezen categorieën gevallen wordt een omgevingsvergunning niet verleend dan nadat een daarbij aangewezen bestuursorgaan heeft verklaard dat het daartegen geen bedenkingen heeft. Bij een maatregel als bedoeld in de eerste volzin worden slechts categorieën gevallen aangewezen waarin voor het verrichten van de betrokken activiteit een afzonderlijke toestemming van het aangewezen bestuursorgaan wenselijk is gezien de bijzondere deskundigheid die dat orgaan ten aanzien van die activiteit bezit of de verantwoordelijkheid die dat orgaan draagt voor het beleid dat betrekking heeft op de betrokken categorie activiteiten. Bij die maatregel kan worden bepaald dat het aangewezen bestuursorgaan categorieën gevallen kan aanwijzen waarin de verklaring niet is vereist.

Omgevingsvergunning, verklaring van geen bedenkingen

2. In afwijking van artikel 10:32 van de Algemene wet bestuursrecht is afdeling 10.2.1 van die wet, met uitzondering van artikel 10:28, van overeenkomstige toepassing met betrekking tot de verklaring.
3. De verklaring kan slechts worden gegeven of geweigerd in het belang dat in de betrokken wet of algemene maatregel van bestuur is aangegeven.
4. Het bestuursorgaan dat de verklaring geeft, bepaalt daarbij dat aan de omgevingsvergunning de daarbij aangegeven voorschriften die nodig zijn met het oog op het belang, bedoeld in het derde lid, worden verbonden.
5. De verklaring wordt vermeld in de beschikking op de aanvraag. Een exemplaar ervan wordt bij ieder exemplaar van die beschikking gevoegd.

A67 art. 2.28 — Wet algemene bepalingen omgevingsrecht

Omgevingsvergunning, één verklaring van geen bedenkingen

Art. 2.28
Indien met het oog op de beslissing op de aanvraag om een omgevingsvergunning krachtens meer dan een wettelijk voorschrift een verklaring van hetzelfde bestuursorgaan is vereist, beslist dat bestuursorgaan daarover in één verklaring.

§ 2.6
Wijziging en intrekking van de omgevingsvergunning

Omgevingsvergunning, wijziging/intrekking

Art. 2.29
1. Een bestuursorgaan dat bij de totstandkoming van de omgevingsvergunning bevoegd was een verklaring als bedoeld in artikel 2.27, eerste lid, te geven of advies uit te brengen kan het bevoegd gezag verzoeken voorschriften van de omgevingsvergunning te wijzigen of de omgevingsvergunning geheel of gedeeltelijk in te trekken. Een verzoek kan slechts worden gedaan door:
   a. het bestuursorgaan dat bevoegd was een verklaring te geven: voor zover het betreft de activiteiten waarvoor de verklaring is gegeven;
   b. een adviseur: voor zover het betreft de aspecten waarvoor hij bij de totstandkoming van de omgevingsvergunning advies kan uitbrengen.
2. Voor zover een omgevingsvergunning betrekking heeft op een activiteit met betrekking tot een inrichting als bedoeld in artikel 2.1, eerste lid, onder e, kan Onze Minister het bevoegd gezag verzoeken binnen een daarbij aangegeven termijn de omgevingsvergunning of voorschriften van de omgevingsvergunning te wijzigen, indien zich in de betrokken inrichting een voorval als bedoeld in artikel 17.1 van de Wet milieubeheer voordoet of heeft voorgedaan of, indien titel 17.1A van die wet van toepassing is, zich een gebeurtenis als bedoeld in artikel 17.5a van die wet voordoet of heeft voorgedaan.
3. Indien het bevoegd gezag gevolg geeft aan een verzoek als bedoeld in het eerste of tweede lid, zendt het een exemplaar van de beschikking tot wijziging van voorschriften van de omgevingsvergunning of wijziging of gehele of gedeeltelijke intrekking van de omgevingsvergunning aan het betrokken bestuursorgaan.

Art. 2.30
Wijziging omgevingsvergunning, controle voorschriften

1. Voor zover de omgevingsvergunning betrekking heeft op een activiteit met betrekking tot een inrichting als bedoeld in artikel 2.1, eerste lid, onder e, beziet het bevoegd gezag regelmatig of de voorschriften die aan een omgevingsvergunning zijn verbonden, nog toereikend zijn gezien de ontwikkelingen op het gebied van de technische mogelijkheden tot bescherming van het milieu en de ontwikkelingen met betrekking tot de kwaliteit van het milieu. Onder ontwikkelingen op het gebied van de technische mogelijkheden tot bescherming van het milieu wordt mede verstaan de vaststelling van nieuwe of herziene conclusies over beste beschikbare technieken, overeenkomstig artikel 13, vijfde en zevende lid, van richtlijn nr. 2010/75/EU van het Europees Parlement en de Raad van 24 november 2010 inzake industriële emissies (PbEU L 334).

Nadere regels

2. Bij algemene maatregel van bestuur kunnen in het belang van de bescherming van het milieu regels worden gesteld met betrekking tot de wijze waarop het eerste lid wordt toegepast met betrekking tot daarbij aangewezen categorieën inrichtingen. Bij de maatregel kan worden bepaald dat daarbij gestelde regels slechts gelden in daarbij aangewezen categorieën gevallen.

Art. 2.31
Wijziging omgevingsvergunning, wijziging vergunning/voorschriften

1. Het bevoegd gezag wijzigt voorschriften van de omgevingsvergunning:
   a. ter uitvoering van een verzoek als bedoeld in artikel 2.29, eerste lid, tweede volzin, onder a, of een aanwijzing als bedoeld in artikel 2.34, eerste lid;
   b. indien door toepassing van artikel 2.30, eerste lid, blijkt dat de nadelige gevolgen die de inrichting voor het milieu veroorzaakt, gezien de ontwikkeling van de technische mogelijkheden tot bescherming van het milieu, verder kunnen, of, gezien de ontwikkeling van de kwaliteit van het milieu, verder moeten worden beperkt;
   c. in gevallen waarin de omgevingsvergunning van rechtswege is verleend, voor zover dit nodig is om ernstige nadelige gevolgen voor de fysieke leefomgeving te voorkomen, of, voor zover zodanige gevolgen niet kunnen worden voorkomen, deze zoveel mogelijk te beperken;
   d. voor zover deze betrekking heeft op een activiteit als bedoeld in artikel 2.1, eerste lid, onder i, voor zover dat bij de betrokken algemene maatregel van bestuur is bepaald;
   e. voor zover deze betrekking heeft op een activiteit als bedoeld in artikel 2.2, voor zover dat bij de betrokken verordening is bepaald;
   f. voor zover deze betrekking heeft op een activiteit als bedoeld in artikel 2.19, voor zover dat bij het betrokken wettelijk voorschrift is bepaald.
2. Het bevoegd gezag kan voorschriften van een omgevingsvergunning wijzigen voor zover deze betrekking hebben op:
   a. een activiteit als bedoeld in artikel 2.1, eerste lid, onder d, voor zover dit in het belang van de brandveiligheid is met het oog op het voorziene gebruik van het bouwwerk;

Wet algemene bepalingen omgevingsrecht

A67 art. 2.33

b. een activiteit als bedoeld in artikel 2.1, eerste lid, onder e, voor zover dit in het belang van de bescherming van het milieu is;
c. een activiteit als bedoeld in artikel 2.1, eerste lid, onder i, op de gronden die zijn aangegeven in de betrokken algemene maatregel van bestuur;
d. een activiteit als bedoeld in artikel 2.2, op de gronden die zijn aangegeven in de betrokken verordening;
e. een activiteit als bedoeld in artikel 2.19, op de gronden die zijn aangegeven in het betrokken wettelijk voorschrift.

Art. 2.31a

1. Indien toepassing wordt gegeven aan artikel 2.31, eerste lid, aanhef en onder b, verbindt het bevoegd gezag voor zover nodig voorschriften aan de omgevingsvergunning die strekken tot toepassing van andere technieken dan de waaromtrent ingevolge artikel 2.8, eerste lid, tweede volzin, in of bij de aanvraag om de vergunning gegevens of bescheiden zijn verstrekt. *[Wijziging omgevingsvergunning, wijziging voorschriften t.a.v. toepassing andere technieken]*
2. Indien het bevoegd gezag voornemens is toepassing te geven aan artikel 2.31, eerste lid, aanhef en onder b, verschaft de vergunninghouder desgevraagd aan het bevoegd gezag de gegevens die voor die toepassing noodzakelijk zijn.

Art. 2.32

Onze Minister wijzigt de omgevingsvergunning of voorschriften van de omgevingsvergunning voor zover deze betrekking hebben op een activiteit met betrekking tot een inrichting als bedoeld in artikel 2.1, eerste lid, onder e, indien zich in de betrokken inrichting een voorval als bedoeld in artikel 17.1 van de Wet milieubeheer voordoet of heeft voorgedaan of, indien titel 17.1A van die wet van toepassing is, zich een gebeurtenis als bedoeld in artikel 17.5a van die wet voordoet of heeft voorgedaan en de geboden spoed een verzoek als bedoeld in artikel 2.29, tweede lid, niet toelaat of het bevoegd gezag niet aan het krachtens dat lid gedane verzoek binnen de daarbij aangegeven termijn gevolg heeft gegeven. *[Omgevingsvergunning, wijziging voorschriften door minister]*

Art. 2.33

1. Het bevoegd gezag trekt de omgevingsvergunning in, voor zover: *[Omgevingsvergunning, intrekking door bevoegd gezag]*
a. de uitvoering van een voor Nederland verbindend verdrag of een voor Nederland verbindend besluit van een volkenrechtelijke organisatie dat vereist;
b. deze betrekking heeft op een activiteit als bedoeld in artikel 2.1, eerste lid, onder e, indien door toepassing van artikel 2.31, eerste lid, aanhef en onder b, redelijkerwijs niet kan worden bereikt dat in de inrichting of het mijnbouwwerk ten minste de voor de inrichting of het mijnbouwwerk in aanmerking komende beste beschikbare technieken worden toegepast;
c. dat nodig is ter uitvoering van een verzoek als bedoeld in artikel 2.29, eerste lid, tweede volzin, onder a, of een aanwijzing als bedoeld in artikel 2.34, eerste lid;
d. de inrichting of het mijnbouwwerk ontoelaatbaar nadelige gevolgen voor het milieu veroorzaakt en toepassing van artikel 2.31 daarvoor redelijkerwijs geen oplossing biedt;
e. deze van rechtswege is verleend, indien deze betrekking heeft op een activiteit die ontoelaatbaar ernstige nadelige gevolgen voor de fysieke leefomgeving heeft of dreigt te hebben en toepassing van artikel 2.31, eerste lid, aanhef en onder c, daarvoor redelijkerwijs geen oplossing biedt;
f. deze betrekking heeft op een activiteit als bedoeld in artikel 2.1, eerste lid, onder e, indien de inrichting een stortplaats als bedoeld in artikel 8.47 van de Wet milieubeheer of een afvalvoorziening als bedoeld in artikel 1.1 van die wet is: indien de stortplaats of afvalvoorziening krachtens paragraaf 8.2 van die wet voor gesloten is verklaard;
g. deze betrekking heeft op een activiteit als bedoeld in artikel 2.19, in gevallen die in het betrokken wettelijk voorschrift zijn aangegeven.
2. Het bevoegd gezag kan de omgevingsvergunning geheel of gedeeltelijk intrekken, voor zover:
a. gedurende drie jaar, dan wel indien de vergunning betrekking heeft op een activiteit als bedoeld in artikel 2.1, eerste lid, onder a onderscheidenlijk b of g, gedurende 26 weken onderscheidenlijk de in de vergunning bepaalde termijn, geen handelingen zijn verricht met gebruikmaking van de vergunning;
b. de vergunninghouder daarom heeft verzocht;
c. deze betrekking heeft op een activiteit als bedoeld in artikel 2.1, eerste lid, onder d, indien dit in het belang van de brandveiligheid nodig is met het oog op het voorziene gebruik van het bouwwerk, en het niet mogelijk blijkt door toepassing van artikel 2.31, tweede lid, onder a, dat belang voldoende te beschermen;
d. deze betrekking heeft op een activiteit als bedoeld in artikel 2.1, eerste lid, onder e, indien:
1°. dit in het belang van een doelmatig beheer van afvalstoffen nodig is;
2°. de inrichting of het mijnbouwwerk geheel of gedeeltelijk is verwoest;
e. deze betrekking heeft op een activiteit als bedoeld in artikel 2.1, eerste lid, onder f, indien de omstandigheden aan de kant van de vergunninghouder zodanig zijn gewijzigd dat het belang van de monumentenzorg zwaarder moet wegen;
f. deze betrekking heeft op een activiteit als bedoeld in artikel 2.1, eerste lid, onder i, op de gronden die zijn aangegeven in de betrokken algemene maatregel van bestuur;

A67 art. 2.34 — Wet algemene bepalingen omgevingsrecht

g. deze betrekking heeft op een activiteit als bedoeld in artikel 2.2, op de gronden die zijn aangegeven in de betrokken verordening;
h. deze betrekking heeft op een activiteit als bedoeld in artikel 2.19, op de gronden die zijn aangegeven in het betrokken wettelijk voorschrift.
3. Voor zover een verzoek van een vergunninghouder tot gehele of gedeeltelijke intrekking van een omgevingsvergunning betrekking heeft op een activiteit als bedoeld in artikel 2.1, eerste lid, onder e, trekt het bevoegd gezag de omgevingsvergunning slechts geheel of gedeeltelijk in, indien het belang van de bescherming van het milieu zich daartegen niet verzet.

Art. 2.34

Omgevingsvergunning, aanwijzing Minister aan bevoegd gezag

1. Onze Minister kan, indien dat in het algemeen belang geboden is, aan het bevoegd gezag een aanwijzing geven ter zake van het nemen van een besluit ten aanzien van een aanvraag om een omgevingsvergunning of ten aanzien van een al verleende omgevingsvergunning ten behoeve van maatregelen ter voorkoming van overschrijding van één of meer voor hoofdspoorwegen vastgestelde risicoplafonds als bedoeld in artikel 15, derde lid, van de Wet vervoer gevaarlijke stoffen. Deze bevoegdheid geldt niet:
a. met betrekking tot activiteiten als bedoeld in artikel 2.2;
b. in gevallen waarin een Onzer andere Ministers het bevoegd gezag is;
c. met betrekking tot een verklaring van een Onzer andere Ministers en de daarbij overeenkomstig artikel 2.27, vierde lid, aangegeven of aan te geven voorschriften.
2. Voordat Onze Minister een aanwijzing geeft, bepaalt Onze Minister in overleg met de betrokken gemeenten en de spoorinfrabeheerder welke maatregelen door het rijk en deze partijen genomen zullen worden om de overschrijding van het vigerende risicoplafond zo veel als mogelijk te beperken. Hij deelt het voornemen, onder vermelding van de redenen daarvoor, mee aan de Staten-Generaal.
3. Het bevoegd gezag doet van de wijze waarop gevolg is gegeven aan de aanwijzing, schriftelijk mededeling aan Onze Minister.
4. De aanwijzing wordt vermeld in de beschikking van het bevoegd gezag, ter zake waarvan zij is gegeven. Een exemplaar ervan wordt gevoegd bij ieder exemplaar van die beschikking.
5. Indien het bevoegd gezag niet of niet volledig gevolg geeft aan een aanwijzing als bedoeld in het eerste lid kan Onze Minister een besluit als bedoeld in het eerste lid nemen voor rekening van de rechtspersoon waartoe het betrokken bestuursorgaan behoort.

Art. 2.33a

Omgevingsvergunning, geldigheid aan omgevingsvergunning verbonden voorschriften

1. In een geval behorende tot een krachtens artikel 4.1 aangewezen categorie kan een voorschrift overeenkomstig de betrokken algemene maatregel van bestuur aan een beschikking tot gehele of gedeeltelijke intrekking van de omgevingsvergunning worden verbonden.

2. In een beschikking als bedoeld in het eerste lid kan worden bepaald dat een voorschrift als bedoeld in het eerste lid, dan wel daarbij aangegeven aan de omgevingsvergunning verbonden voorschriften gedurende een daarbij aan te geven termijn blijven gelden.

Hoofdstuk 3
Voorbereidingsprocedures

§ 3.1
Algemene bepalingen over de totstandkoming van de beschikking op de aanvraag om een omgevingsvergunning

Art. 3.1

Omgevingsvergunning, voorbereidingsprocedure

1. De aanvraag om een omgevingsvergunning wordt ingediend bij burgemeester en wethouders van de gemeente waar het betrokken project in hoofdzaak zal worden of wordt uitgevoerd. Indien burgemeester en wethouders niet bevoegd zijn op de aanvraag te beslissen, kan de aanvraag bij het bevoegd gezag worden ingediend. In dat geval zendt het bevoegd gezag een afschrift van de aanvraag aan burgemeester en wethouders van de gemeente waar het betrokken project in hoofdzaak zal worden of wordt uitgevoerd.
2. Het orgaan waarbij de aanvraag is ingediend, zendt de aanvrager onverwijld een bewijs van ontvangst van de aanvraag, waarin het de datum vermeldt, waarop het de aanvraag heeft ontvangen. In afwijking van artikel 14, eerste lid, aanhef en onder b, van de Dienstenwet geldt de daarin gestelde verplichting voor zover deze betrekking heeft op het bewijs van ontvangst, bedoeld in de eerste volzin, voor het orgaan waarbij de aanvraag is ingediend. Artikel 29 van de Dienstenwet is niet van toepassing.
3. Het bevoegd gezag zendt de aanvrager nadat het de aanvraag heeft ontvangen, zo snel mogelijk een bericht waarin het vermeldt dat het bevoegd is op de aanvraag te beslissen en waarin tevens worden vermeld:
a. de procedure die ter voorbereiding van de beslissing zal worden gevolgd,
b. welke beslistermijn van toepassing is, en

Wet algemene bepalingen omgevingsrecht   A67 art. 3.3

c. de beschikbare rechtsmiddelen om tegen de beschikking op te komen.
Indien op de voorbereiding van de beslissing paragraaf 3.2 van toepassing is, vermeldt het bevoegd gezag tevens dat de gevraagde beschikking van rechtswege is gegeven, indien niet tijdig op de aanvraag is beslist.
4. Bij algemene maatregel van bestuur kunnen categorieën gevallen worden aangewezen waarin het bevoegd gezag de aanvraag of andere gegevens of bescheiden zendt aan daarbij aangewezen categorieën bestuursorganen of andere instanties.   *Nadere regels*
5. Indien bij de voorbereiding van de beslissing op de aanvraag een milieueffectrapport moet worden gemaakt, is artikel 13.2 van de Wet milieubeheer van toepassing.

Art. 3.1a
Het bevoegd gezag kan zich bij het verlenen van een omgevingsvergunning in ieder geval baseren op gegevens en onderzoeken die niet ouder zijn dan twee jaar.   *Wijziging omgevingsvergunning, wijziging voorschriften t.a.v. toepassing andere technieken*

Art. 3.2
Voor zover het belang van de veiligheid van de Staat dat vereist, kan het bevoegd gezag de toepassing van afdeling 3.4 en artikel 3:44 van de Algemene wet bestuursrecht en van de artikelen 2.26 en 3.19 geheel of gedeeltelijk achterwege laten.   *Omgevingsvergunning, toepasselijkheid Awb*

Art. 3.2a
Voor zover de aanvraag betrekking heeft op een activiteit als bedoeld in artikel 2.1, eerste lid, onder f, ter zake van een kerkelijk monument als bedoeld in artikel 1.1 van de Erfgoedwet, neemt het bevoegd gezag geen beslissing dan na overleg met de eigenaar. Voor zover het betreft een beslissing waarbij wezenlijke belangen van het belijden van de godsdienst of levensovertuiging in dat monument in het geding zijn, neemt het bevoegd gezag geen beslissing dan in overeenstemming met de eigenaar.   *Omgevingsvergunning, kerkelijk monument*

Art. 3.3
1. Indien de aanvraag betrekking heeft op een activiteit als bedoeld in artikel 2.1, eerste lid, onder a of b, houdt het bevoegd gezag, in afwijking van artikel 3.9, eerste lid, onderscheidenlijk artikel 3:18 van de Algemene wet bestuursrecht, de beslissing aan, indien er geen grond is de vergunning te weigeren maar voor het gebied waarin de activiteit zal worden verricht vóór de dag van ontvangst van de aanvraag: *Omgevingsvergunning, aanhouden beslissing*
a. een voorbereidingsbesluit in werking is getreden;
b. een bestemmingsplan in ontwerp ter inzage is gelegd;
c. een verklaring als bedoeld in artikel 4.1, vijfde lid, of 4.3, vierde lid, van de Wet ruimtelijke ordening is bekendgemaakt;
d. een bestemmingsplan is vastgesteld;
e. een bestemmingsplan na vaststelling is bekendgemaakt.
De beslissing op een aanvraag om een omgevingsvergunning voor een activiteit als bedoeld in artikel 2.1, eerste lid, onder b, die is voorgeschreven met toepassing van artikel 3.7, derde lid, van de Wet ruimtelijke ordening wordt niet aangehouden.
2. De aanhouding duurt totdat:
a. het voorbereidingsbesluit overeenkomstig artikel 3.7, vijfde of zesde lid, van de Wet ruimtelijke ordening is vervallen;
b. de termijn voor de vaststelling van het bestemmingsplan ingevolge artikel 3.8, eerste lid, onder e, van de Wet ruimtelijke ordening is overschreden;
c. de termijn voor de bekendmaking van het bestemmingsplan na de vaststelling ingevolge artikel 3.8, derde, vierde of zesde lid, van de Wet ruimtelijke ordening is overschreden;
d. het bestemmingsplan in werking is getreden dan wel in beroep is vernietigd;
e. de termijn, genoemd in artikel 4.1, vijfde lid, of 4.3, vierde lid, van de Wet ruimtelijke ordening is overschreden;
f. de verordening, bedoeld in artikel 4.1, van de Wet ruimtelijke ordening of de algemene maatregel van bestuur, bedoeld in artikel 4.3, van die wet in werking is getreden.
3. In afwijking van het eerste lid, eerste volzin, kan het bevoegd gezag de omgevingsvergunning verlenen, indien de activiteit niet in strijd is met het in voorbereiding zijnde bestemmingsplan.
4. Indien de aanvraag betrekking heeft op een activiteit als bedoeld in artikel 2.1, eerste lid, onder a of b, houdt het bevoegd gezag, in afwijking van artikel 3.9, eerste lid, onderscheidenlijk artikel 3:18 van de Algemene wet bestuursrecht, de beslissing tevens aan, indien er geen grond is de vergunning te weigeren en de aanvraag een activiteit betreft in een gebied waarvoor vóór de datum van ontvangst van de aanvraag een besluit tot aanwijzing als beschermd stads- of dorpsgezicht is bekendgemaakt en waarvoor nog geen ter bescherming daarvan strekkend bestemmingsplan of beheersverordening geldt.
5. De aanhouding, bedoeld in het vierde lid, duurt totdat een ter voldoening aan artikel 36 van de Monumentenwet 1988 zoals die wet luidde voor inwerkingtreding van de Erfgoedwet vast te stellen bestemmingsplan of beheersverordening in werking is getreden.

A67 art. 3.4   Wet algemene bepalingen omgevingsrecht

6. Het bevoegd gezag kan, in afwijking van het vierde lid, de vergunning verlenen indien de activiteit niet in strijd is met het in voorbereiding zijnde ter bescherming van het beschermde stads- of dorpsgezicht strekkende bestemmingsplan. Alvorens te besluiten hoort het bevoegd gezag Onze Minister van Onderwijs, Cultuur en Wetenschap.

Art. 3.4

Omgevingsvergunning, aanhouden beslissing

1. Indien de aanvraag betrekking heeft op een activiteit als bedoeld in artikel 2.1, eerste lid, onder g of h, kan het bevoegd gezag, in afwijking van artikel 3.9, eerste lid, onderscheidenlijk artikel 3:18 van de Algemene wet bestuursrecht de beslissing aanhouden, indien voor een bouwwerk dat zal worden gebouwd in plaats van het te slopen bouwwerk, een omgevingsvergunning is aangevraagd, maar op die aanvraag nog niet is beslist.
2. In een geval als bedoeld in het eerste lid duurt de aanhouding totdat onherroepelijk op de aanvraag om de omgevingsvergunning is beslist.

Art. 3.5

Omgevingsvergunning, aanhouden beslissing

1. Indien de aanvraag betrekking heeft op een activiteit als bedoeld in artikel 2.1, eerste lid, onder a of b, en daarop een exploitatieplan van toepassing is, houdt het bevoegd gezag, in afwijking van artikel 3.9, eerste lid, onderscheidenlijk artikel 3:18 van de Algemene wet bestuursrecht, de beslissing aan, indien er geen grond is de vergunning te weigeren en het exploitatieplan, dat voor de in de aanvraag begrepen grond is vastgesteld, nog niet onherroepelijk is.
2. De aanhouding duurt totdat een exploitatieplan onherroepelijk is.
3. In afwijking van het eerste lid kan het bevoegd gezag de omgevingsvergunning verlenen indien een ingesteld beroep geen gevolgen kan hebben voor de beoordeling van de aangevraagde activiteit of de aan de omgevingsvergunning voor die activiteit te verbinden voorschriften, dan wel indien deze gevolgen naar het oordeel van het bevoegd gezag niet opwegen tegen het belang dat met verlening van de omgevingsvergunning is gediend.

Art. 3.6

Omgevingsvergunning, melding aanhouden beslissing

1. Het bevoegd gezag doet van de aanhouding op grond van artikel 3.3 of 3.5 mededeling aan de aanvrager.
2. In gevallen waarin een beslissing op de aanvraag om een omgevingsvergunning wordt aangehouden wordt voor de toepassing van artikel 3.9, onderscheidenlijk artikel 3:18, eerste lid, van de Algemene wet bestuursrecht in plaats van de datum waarop de aanvraag is ontvangen uitgegaan van de datum waarop de aanhouding eindigt.

§ 3.2
De reguliere voorbereidingsprocedure

Art. 3.7

Omgevingsvergunning, reguliere voorbereidingsprocedure

1. Deze paragraaf is van toepassing op de voorbereiding van besluiten, tenzij paragraaf 3.3 daarop van toepassing is.
2. In afwijking van het eerste lid is deze paragraaf tevens van toepassing op de voorbereiding van een besluit als bedoeld in artikel 3.10, derde lid.

Art. 3.8

Omgevingsvergunning, kennisgeving aanvraag

Het bevoegd gezag geeft bij de toepassing van titel 4.1 van de Algemene wet bestuursrecht tevens onverwijld kennis van de aanvraag om een omgevingsvergunning op de in artikel 12 van de Bekendmakingswet bepaalde wijze. Het vermeldt daarbij de in artikel 3.1, tweede lid, bedoelde datum waarop de aanvraag is ontvangen.

Art. 3.9

Omgevingsvergunning, termijn van beslissing

1. Het bevoegd gezag beslist op de aanvraag om een omgevingsvergunning binnen acht weken na de datum van ontvangst van de aanvraag. Tegelijkertijd met of zo spoedig mogelijk na de bekendmaking:
a. doet het mededeling van die beschikking op de wijze waarop het overeenkomstig artikel 3.8 kennis heeft gegeven van de aanvraag, en
b. zendt het in bij algemene maatregel van bestuur aangewezen categorieën gevallen de daarbij aangewezen bestuursorganen een afschrift van die beschikking.
2. Het bevoegd gezag kan de in het eerste lid bedoelde termijn eenmaal met ten hoogste zes weken verlengen. Het maakt zijn besluit daartoe bekend binnen de eerstbedoelde termijn. Het doet daarvan tevens zo spoedig mogelijk mededeling op de wijze waarop het overeenkomstig artikel 3.8 kennis heeft gegeven van de aanvraag.
3. Paragraaf 4.1.3.3 van de Algemene wet bestuursrecht is, met uitzondering van de artikelen 4:20b, derde lid, en 4:20f, van toepassing op de voorbereiding van de beslissing op de aanvraag. Bij algemene maatregel van bestuur kunnen categorieën gevallen worden aangewezen waarin de voorbereiding van de beslissing op een aanvraag wegens strijd met een voor Nederland verbindend verdrag of een voor Nederland verbindend besluit van een volkenrechtelijke organisatie is uitgezonderd van de toepassing van de eerste volzin.

Wet algemene bepalingen omgevingsrecht **A67** art. 3.12

4. Het bevoegd gezag doet zo spoedig mogelijk mededeling van de bekendmaking, bedoeld in artikel 4:20c van de Algemene wet bestuursrecht, op de wijze waarop het overeenkomstig artikel 3.8 kennis heeft gegeven van de aanvraag.

§ 3.3
De uitgebreide voorbereidingsprocedure

Art. 3.10
1. Afdeling 3.4 van de Algemene wet bestuursrecht is van toepassing op de voorbereiding van de beschikking op de aanvraag om een omgevingsvergunning, indien de aanvraag geheel of gedeeltelijk betrekking heeft op:
a. een activiteit als bedoeld in artikel 2.1, eerste lid, onder c, voor zover er strijd is met het bestemmingsplan of een beheersverordening en slechts vergunning kan worden verleend met toepassing van artikel 2.12, eerste lid, onder a, onder 3°;
b. een activiteit als bedoeld in artikel 2.1, eerste lid, onder d;
c. een activiteit als bedoeld in artikel 2.1, eerste lid, onder e;
d. een activiteit als bedoeld in artikel 2.1, eerste lid, onder f, voor zover voor die activiteit krachtens artikel 2.26, derde lid, een adviseur is aangewezen;
e. een geval waarin een verklaring vereist is, als bedoeld in artikel 2.27;
f. een geval dat behoort tot een bij algemene maatregel van bestuur aangewezen categorie met mogelijk belangrijke gevolgen voor de fysieke leefomgeving of de belangen van derden;
g. een activiteit als bedoeld in artikel 2.19, voor zover dat in het betrokken wettelijk voorschrift is aangegeven.

Omgevingsvergunning, uitgebreide voorbereidingsprocedure

2. Het bevoegd gezag kan bepalen dat de toepassing van artikel 3.1 of afdeling 3.4 van de Algemene wet bestuursrecht geheel of gedeeltelijk achterwege blijft, indien:
a. de aanvraag betrekking heeft op een activiteit waarvan de uitvoering als gevolg van een ongewone omstandigheid op korte termijn nodig is;
b. de uitvoering van een voor Nederland verbindend verdrag of een voor Nederland verbindend besluit van een volkenrechtelijke organisatie dat vereist.

3. In afwijking van het eerste lid, aanhef en onder c, is afdeling 3.4 van de Algemene wet bestuursrecht niet van toepassing op de voorbereiding van de beschikking op de aanvraag om een omgevingsvergunning met betrekking tot een verandering van een inrichting of mijnbouwwerk of de werking daarvan, die niet leidt tot andere of grotere nadelige gevolgen voor het milieu dan volgens de geldende omgevingsvergunning is toegestaan, waarvoor geen verplichting bestaat tot het maken van een milieueffectrapport als bedoeld in hoofdstuk 7 van de Wet milieubeheer, en die niet leidt tot een andere inrichting of mijnbouwwerk dan waarvoor eerder een omgevingsvergunning is verleend.

4. Indien op de voorbereiding van de beschikking op de aanvraag om een omgevingsvergunning afdeling 3.4 van de Algemene wet bestuursrecht van toepassing is, zijn tevens de artikelen 13.6, 13.9 en 13.11, eerste lid, aanhef en onder c, van de Wet milieubeheer van toepassing.

Omgevingsvergunning, toepasselijkheid afd. 3.4 Awb

Art. 3.11
1. Het bevoegd gezag zendt het bestuursorgaan dat bevoegd is een verklaring te geven als bedoeld in artikel 2.27, onverwijld een exemplaar van de aanvraag en de daarbij gevoegde stukken.

Omgevingsvergunning, toezending stukken aanvraag

2. Op verzoek van het bestuursorgaan geeft het bevoegd gezag toepassing aan artikel 4:5 van de Algemene wet bestuursrecht, voor zover dat nodig is voor de beoordeling van de onderdelen van de aanvraag waaromtrent de verklaring is vereist.

3. Zienswijzen die overeenkomstig artikel 3:15 van de Algemene wet bestuursrecht naar voren worden gebracht, en adviezen van de krachtens artikel 2.26 aangewezen adviseurs kunnen mede betrekking hebben op het ontwerp van de verklaring. Voor zover dat het geval is, zendt het bevoegd gezag ze onverwijld aan het bestuursorgaan dat de verklaring geeft. Dit deelt zijn oordeel daarover mee aan het bevoegd gezag.

4. Indien dat met het oog op de voorbereiding van de verklaring nodig is, kan het bestuursorgaan dat bevoegd is de verklaring te geven, het bevoegd gezag verzoeken de termijn waarbinnen de beslissing op de aanvraag moet worden genomen, te verlengen met toepassing van artikel 3:18, tweede lid, van de Algemene wet bestuursrecht juncto artikel 3.12, achtste lid. Het bevoegd gezag verlengt de termijn overeenkomstig het verzoek.

Art. 3.12
1. Het bevoegd gezag neemt bij de toepassing van de afdelingen 3.4 en 3.6 van de Algemene wet bestuursrecht het bepaalde in de volgende leden en de artikelen 3.13 en 3.14 in acht.

Omgevingsvergunning, publicatie/terinzagelegging ontwerpbesluit

2. Een kennisgeving als bedoeld in artikel 3:12 of artikel 3:44, eerste lid, van de Algemene wet bestuursrecht worden, indien toepassing is gegeven aan artikel 2.12, eerste lid, aanhef en onderdeel a, onder 3°, gezonden aan diegenen die in de kadastrale registratie staan vermeld als eigenaar

Sdu 1523

van de in het ontwerpbesluit begrepen gronden of als beperkt gerechtigde op die gronden, voor zover dat nodig is met het oog op de toepassing van artikel 85 van de onteigeningswet.

3. In gevallen waarin een ander bestuursorgaan dan het college van burgemeester en wethouders bevoegd gezag is, is de ten behoeve van de terinzagelegging van het ontwerpbesluit en de daarop betrekking hebbende stukken die redelijkerwijs nodig zijn voor een beoordeling van het ontwerpbesluit aan te wijzen locatie, bedoeld in artikel 13, eerste lid, van de Bekendmakingswet gelegen in de gemeente waar het betrokken project in hoofdzaak zal worden of wordt uitgevoerd.

4. Het bevoegd gezag zendt het orgaan dat bevoegd is een verklaring te geven en in bij of krachtens algemene maatregel van bestuur aangewezen categorieën gevallen de daarbij aangewezen bestuursorganen het ontwerpbesluit met de daarop betrekking hebbende stukken die redelijkerwijs nodig zijn voor een beoordeling van het ontwerpbesluit, alsmede een afschrift van de beschikking op de aanvraag om een omgevingsvergunning.

5. Eenieder kan zienswijzen bij het bevoegd gezag naar voren brengen. Voor zover een ontwerpbesluit zijn grondslag vindt in een aanwijzing als bedoeld in artikel 3.13, tweede lid, die betrekking heeft op een daarbij concreet aangegeven plaats, kunnen zienswijzen daarop geen betrekking hebben.

Nadere regels

6. Bij een algemene maatregel van bestuur krachtens artikel 2.26 kan worden bepaald dat in daarbij aangewezen categorieën gevallen een andere, daarbij aan te geven termijn geldt voor het uitbrengen van advies, dan die bedoeld in artikel 3:16 van de Algemene wet bestuursrecht.

7. In afwijking van artikel 3:18, eerste lid, van de Algemene wet bestuursrecht vangt de beslistermijn, bedoeld in dat lid, aan op de dag na de datum waarop het orgaan, bedoeld in artikel 3.1, tweede lid, de aanvraag heeft ontvangen.

8. De in artikel 3:18, tweede lid, van de Algemene wet bestuursrecht bedoelde termijn voor verlenging van de termijn waarbinnen het bevoegd gezag op de aanvraag beslist, bedraagt ten hoogste zes weken. De termijn waarbinnen het bevoegd gezag op de aanvraag beslist, kan ten hoogste eenmaal worden verlengd. De verlenging en de duur daarvan wordt, met inachtneming van de in artikel 3:18, tweede lid, bedoelde termijn van acht weken, gemotiveerd aan de aanvrager medegedeeld. Artikel 31, vierde lid, van de Dienstenwet is niet van toepassing.

Art. 3.13

Omgevingsvergunning, toezending beschikking aan indiener zienswijze

1. In gevallen waarin toepassing is gegeven aan artikel 2.12, eerste lid, aanhef en onder a, onder 3°, en gedeputeerde staten of de inspecteur daaromtrent een zienswijze naar voren hebben gebracht, die niet is overgenomen, wordt de beschikking op de aanvraag hun onverwijld toegezonden en wordt zij eerst zes weken na die toezending bekendgemaakt.

2. In een geval als bedoeld in het eerste lid kunnen gedeputeerde staten, onderscheidenlijk Onze Minister, onverminderd andere aan hen toekomende bevoegdheden, binnen de in dat lid genoemde termijn met betrekking tot het betrokken onderdeel van de beschikking op de aanvraag aan het bevoegd gezag een aanwijzing als bedoeld in artikel 4.2, eerste lid, onderscheidenlijk artikel 4.4, eerste lid, onder a, van de Wet ruimtelijke ordening geven, ertoe strekkende dat het onderdeel geen deel blijft uitmaken van de beschikking op de aanvraag dan is gegeven. Artikel 4.2, tweede tot en met vierde lid, onderscheidenlijk artikel 4.4, tweede tot en met vierde lid, van die wet is op die aanwijzing niet van toepassing.

3. Gedeputeerde staten, onderscheidenlijk Onze Minister vermelden in het besluit, houdende de aanwijzing, de daaraan ten grondslag liggende feiten, omstandigheden en overwegingen die hen beletten het betrokken provinciaal, onderscheidenlijk nationaal belang met inzet van andere aan hen toekomende bevoegdheden te beschermen.

4. Indien toepassing is gegeven aan het eerste tot en met derde lid, wordt de beschikking op de aanvraag tegelijkertijd en op dezelfde wijze met het besluit, houdende de aanwijzing, bekendgemaakt. In afwijking van het eerste lid geschiedt die bekendmaking binnen zeven weken na de toezending, bedoeld in dat lid.

5. Van het besluit houdende de aanwijzing wordt mededeling gedaan aan diegenen die ten aanzien van het onderdeel van de beschikking op de aanvraag dat bij dat besluit is betrokken een zienswijze naar voren hebben gebracht. De termijn voor indiening van een beroepschrift tegen het besluit houdende de aanwijzing vangt aan met ingang van de dag na die waarop dit besluit ter inzage is gelegd.

6. Het onderdeel, bedoeld in het tweede lid, vervalt van rechtswege op het tijdstip dat het besluit, houdende de aanwijzing, onherroepelijk is geworden.

Art. 3.14

[Vervallen]

§ 3.4
Procedures voor wijziging en intrekking van de omgevingsvergunning

Art. 3.15
1. Tegelijkertijd met of zo spoedig mogelijk na de bekendmaking van een door het bevoegd gezag ambtshalve gegeven beschikking tot wijziging van een omgevingsvergunning of voorschriften van een omgevingsvergunning of tot gehele of gedeeltelijke intrekking van een omgevingsvergunning:
   a. doet het mededeling van die beschikking op de in artikel 12 van de Bekendmakingswet bepaalde wijze;
   b. zendt het in bij algemene maatregel van bestuur aangewezen categorieën gevallen de daarbij aangewezen bestuursorganen een afschrift van die beschikking.
2. Met betrekking tot een aanvraag om wijziging van voorschriften van de omgevingsvergunning of gehele of gedeeltelijke intrekking van de omgevingsvergunning zijn de artikelen 3.1, 3.8 en 3.9, eerste en tweede lid, van overeenkomstige toepassing. Indien de vergunninghouder de wijziging van voorschriften van de omgevingsvergunning of de gehele of gedeeltelijke intrekking van de omgevingsvergunning aanvraagt, zijn tevens het derde en vierde lid van artikel 3.9 van overeenkomstige toepassing.
3. In afwijking van het eerste en tweede lid is op de voorbereiding van een beschikking tot wijziging van voorschriften van een omgevingsvergunning of gehele of gedeeltelijke intrekking van een omgevingsvergunning paragraaf 3.3 van overeenkomstige toepassing indien de beschikking betrekking heeft op activiteiten of gevallen als bedoeld in artikel 3.10, eerste lid, met uitzondering van activiteiten als bedoeld in onderdeel c van dat lid met betrekking tot mijnbouwwerken en van activiteiten als bedoeld in het derde lid van dat artikel. De eerste volzin geldt niet indien toepassing wordt gegeven aan artikel 2.32 of 3.23.

Omgevingsvergunning, procedure wijziging/intrekking

§ 3.5
Coördinatie met de voorbereiding van watervergunningen

Art. 3.16
In gevallen waarin een omgevingsvergunning of een wijziging van voorschriften van een omgevingsvergunning wordt aangevraagd op de voorbereiding waarvan afdeling 3.4 van de Algemene wet bestuursrecht van toepassing is en die betrekking heeft op een activiteit als bedoeld in artikel 2.1, eerste lid, onder e, met betrekking tot een inrichting waartoe een IPPC-installatie behoort, waarbij sprake is van een handeling waarvoor een watervergunning als bedoeld in artikel 6.27, eerste lid, van de Waterwet vereist is, worden, indien op de voorbereiding van die watervergunning afdeling 3.4 van de Algemene wet bestuursrecht van toepassing is, bij de toepassing van deze wet de bepalingen van deze paragraaf in acht genomen.

Omgevingsvergunning, samenloop met watervergunning

Art. 3.17
Indien in de watervergunning een bepaling wordt opgenomen als bedoeld in artikel 2.23 over de termijn waarvoor zij geldt, kan een gelijke bepaling worden opgenomen in de omgevingsvergunning.

Omgevingsvergunning, samenloop met watervergunning inzake termijn

Art. 3.18
1. De aanvraag om een omgevingsvergunning of wijziging van voorschriften van een omgevingsvergunning overeenkomstig artikel 2.31 wordt tegelijk ingediend met de aanvraag om verlening of wijziging van de watervergunning.

Omgevingsvergunning, samenloop met indienen aanvraag watervergunning

2. Indien de aanvraag om verlening of wijziging van de watervergunning niet is ingediend binnen zes weken na het tijdstip waarop de aanvraag om de omgevingsvergunning of wijziging van voorschriften van de omgevingsvergunning is ingediend, wordt de aanvraag om de omgevingsvergunning buiten behandeling gelaten.
3. Indien de aanvraag om verlening of wijziging van de watervergunning buiten behandeling wordt gelaten, wordt de aanvraag om de omgevingsvergunning eveneens buiten behandeling gelaten.

Art. 3.19
1. Het bestuursorgaan dat tot verlening van de watervergunning bevoegd is, brengt een advies uit met het oog op de samenhang tussen de beschikkingen op de onderscheidene aanvragen. Het advies wordt uitgebracht binnen acht weken na ontvangst van de aanvraag om de omgevingsvergunning of wijziging van voorschriften van de omgevingsvergunning. Artikel 3.11, derde lid, tweede en derde volzin is van overeenkomstige toepassing.
2. Het orgaan dat tot verlening van de watervergunning bevoegd is, wordt voorts in de gelegenheid gesteld advies uit te brengen over het ontwerp van de beschikking op de aanvraag om de omgevingsvergunning of wijziging van voorschriften van de omgevingsvergunning.

Omgevingsvergunning, advies over samenloop met watervergunning

A67 art. 3.20

Wet algemene bepalingen omgevingsrecht

Omgevingsvergunning en watervergunning, aanwijzing GS aan B&W over inhoud beschikking

Art. 3.20
1. Indien burgemeester en wethouders bevoegd zijn de beschikking op de aanvraag om de omgevingsvergunning of wijziging van voorschriften van de omgevingsvergunning te verlenen, kunnen gedeputeerde staten, indien dat met het oog op de samenhang tussen de beschikkingen op de onderscheidene aanvragen in het belang van de bescherming van het milieu geboden is, en zo nodig in afwijking van regels, gesteld krachtens artikel 1.3c van de Wet milieubeheer, op een daartoe strekkend verzoek van het orgaan dat bevoegd is de watervergunning te verlenen, aan burgemeester en wethouders een aanwijzing geven ter zake van de inhoud van die beschikking.
2. Een aanwijzing wordt gegeven binnen acht weken na de dag waarop het ontwerp van de beschikking op de aanvraag overeenkomstig artikel 3:11, eerste lid, van de Algemene wet bestuursrecht ter inzage is gelegd. Zij wordt niet gegeven dan na overleg met het bevoegd gezag.
3. De aanwijzing wordt vermeld in de beschikking van het bevoegd gezag, ter zake waarvan zij is gegeven. Een exemplaar ervan wordt gevoegd bij ieder exemplaar van die beschikking.

Art. 3.21

Omgevingsvergunning en watervergunning, motivering beschikking

De motivering van de beschikking vermeldt in ieder geval de invloed die de samenhang tussen de beschikkingen op de onderscheidene aanvragen heeft gehad op de inhoud van de omgevingsvergunning of de beschikking tot wijziging van voorschriften van de omgevingsvergunning.

Art. 3.22

Schakelbepaling

Ten aanzien van een wijziging van voorschriften van een omgevingsvergunning anders dan op aanvraag zijn de artikelen 3.16, 3.17, 3.19, 3.20 en 3.21 van overeenkomstige toepassing.

Art. 3.23

Omgevingsvergunning, intrekking samen met watervergunning

Het bevoegd gezag kan een omgevingsvergunning geheel of gedeeltelijk intrekken, indien de watervergunning geheel of gedeeltelijk wordt ingetrokken.

Hoofdstuk 4
Financiële bepalingen

§ 4.1
Financiële zekerheid

Art. 4.1

Omgevingsvergunning, financiële zekerheid

1. Bij algemene maatregel van bestuur kan worden bepaald dat in daarbij aangewezen categorieën gevallen waarin een omgevingsvergunning betrekking heeft op een activiteit die ernstige nadelige gevolgen voor de fysieke leefomgeving kan hebben, degene die de activiteit verricht, verplicht is tot het stellen van financiële zekerheid:
   a. voor het nakomen van krachtens de omgevingsvergunning voor hem geldende verplichtingen;
   b. ter dekking van zijn aansprakelijkheid voor schade die voortvloeit uit door de activiteit veroorzaakte nadelige gevolgen voor de fysieke leefomgeving.
2. Bij de maatregel worden regels gesteld met betrekking tot de vorm waarin, het bedrag waarvoor en de termijn gedurende welke de zekerheid in stand wordt gehouden en over de voorwaarden waaraan moet zijn voldaan voordat de verplichting komt te vervallen.
3. In gevallen als bedoeld in het eerste lid, onder a, bepaalt het bevoegd gezag tot welk bedrag het verhaal neemt op de zekerheid bij het niet-nakomen van een verplichting. Het bevoegd gezag kan het te verhalen bedrag invorderen bij dwangbevel.

§ 4.2
Vergoeding van kosten en schade

Art. 4.2

Omgevingsvergunning, vergoeding kosten en schade

1. Het bevoegd gezag kent degene tot wie een beschikking is gericht krachtens:
   a. artikel 2.1, eerste lid, onder a, b, c of h, voor zover daaraan in het belang van de archeologische monumentenzorg voorschriften zijn verbonden,
   b. artikel 2.1, eerste lid, onder b of c, voor zover daarbij de omgevingsvergunning in het belang van de archeologische monumentenzorg is geweigerd,
   c. artikel 2.1, eerste lid, onder e, onder 2°, of onder 3°, juncto artikel 8.1, eerste lid, in gevallen waarin het tweede lid van dat artikel niet van toepassing is,
   d. artikel 2.1, eerste lid, onder f,
   e. artikel 2.1, eerste lid, onder i, voor zover dat bij de krachtens dat onderdeel vastgestelde algemene maatregel van bestuur is bepaald,
   f. artikel 2.1, eerste lid, onder e, onder 2° of 3°, met toepassing van artikel 2.6, voor zover de rechten de vergunninghouder aan al eerder krachtens die onderdelen verleende vergunningen ontleende, daarbij zijn gewijzigd,
   g. artikel 2.19, voor zover dat bij het betrokken wettelijk voorschrift is bepaald,

h. artikel 2.31, eerste lid, onder a, b of c,
i. artikel 2.31, eerste lid, onder d, voor zover dat bij het betrokken wettelijk voorschrift is bepaald,
j. artikel 2.33, eerste lid, onder a, b, c, d of e, of tweede lid, onder e of f,
k. artikel 2.33, eerste lid, onder g, voor zover dat bij het betrokken wettelijk voorschrift is bepaald,
l. artikel 2.33, tweede lid, onder f of g, voor zover dat bij de betrokken algemene maatregel van bestuur, onderscheidenlijk verordening is bepaald, of
m. artikel 2.33, tweede lid, onder h, voor zover dat bij het betrokken wettelijk voorschrift is bepaald,
en die ten gevolge daarvan kosten maakt of schade lijdt die redelijkerwijs niet of niet geheel voor zijn rekening behoren te komen op zijn verzoek of uit eigen beweging een naar billijkheid te bepalen vergoeding toe, voor zover niet op andere wijze in een redelijke vergoeding is of kan worden voorzien.
2. Indien de beschikking op de aanvraag om een vergunning met toepassing van afdeling 3.4 van de Algemene wet bestuursrecht is voorbereid, kan een verzoek om vergoeding worden ingediend na de toezending van het ontwerp van de beschikking aan de aanvrager.
3. Indien het bevoegd gezag advies heeft ingewonnen over een verzoek om vergoeding of over het voornemen tot toekenning daarvan uit eigen beweging, zendt het een exemplaar van het advies aan de belanghebbende. Het vermeldt daarbij de termijn waarbinnen deze zijn zienswijze over het advies kenbaar kan maken.

Art. 4.3
1. Voor zover Onze Minister heeft ingestemd met het toekennen van een vergoeding krachtens artikel 4.2 van kosten of schade ten gevolge van beschikkingen met betrekking tot activiteiten met betrekking tot inrichtingen als bedoeld in artikel 2.1, eerste lid, onder e, komen de kosten daarvan ten laste van het Rijk.

Omgevingsvergunning, kosten ten laste van Rijk/bestuursorgaan/provincie

2. In gevallen waarin het bevoegd gezag een beschikking als bedoeld in artikel 4.2, eerste lid, heeft gegeven ter uitvoering van een verzoek van een bestuursorgaan, als bedoeld in artikel 2.29, eerste lid, tweede volzin, onder a, komen de kosten van de vergoeding, voor zover het de uitvoering van dat verzoek betreft, ten laste van dat bestuursorgaan, voor zover Onze Minister daarmee niet heeft ingestemd.
3. Voor zover het bevoegd gezag een beschikking als bedoeld in artikel 4.2, eerste lid, heeft gegeven vanwege het van toepassing worden van bepalingen van een provinciale milieuverordening als bedoeld in artikel 1.2, tweede lid, onder a, van de Wet milieubeheer, houdende een verbod tot het in werking hebben, veranderen of veranderen van de werking van inrichtingen, met betrekking tot een inrichting die al was opgericht op het moment waarop de betrokken bepaling van toepassing werd, komen de kosten van de schadevergoeding ten laste van de provincie, voor zover gedeputeerde staten daarmee hebben ingestemd.

Hoofdstuk 5
Uitvoering en handhaving

§ 5.1
Algemene bepalingen

Art. 5.1
Dit hoofdstuk is van toepassing op de uitvoering en handhaving van het bij of krachtens deze wet bepaalde, alsmede op de uitvoering en handhaving van het bepaalde bij of krachtens de:

Omgevingsvergunning, handhaving

- Flora- en faunawet,
- Kernenergiewet,
- Monumentenwet 1988 voor zover van kracht overeenkomstig artikel 9.1 van de Erfgoedwet,
- Natuurbeschermingswet 1998,
- Ontgrondingenwet,
- Wet bescherming Antarctica,
- Wet bodembescherming,
- Wet geluidhinder,
- Wet inzake de luchtverontreiniging,
- Wet milieubeheer,
- Wet ruimtelijke ordening,
- Waterwet en
- Woningwet,

voor zover dit bij of krachtens de genoemde wetten is bepaald.

Wet algemene bepalingen omgevingsrecht

Handhaving omgevings-vergunning, taak bevoegd gezag

Art. 5.2
1. Het bevoegd gezag heeft tot taak:
a. zorg te dragen voor de bestuursrechtelijke handhaving van de op grond van het bepaalde bij of krachtens de betrokken wetten voor degene die het betrokken project uitvoert, geldende voorschriften;
b. gegevens die met het oog op de uitoefening van de taak als bedoeld onder a van belang zijn, te verzamelen en te registreren;
c. klachten te behandelen die betrekking hebben op de naleving van het bepaalde bij of krachtens de betrokken wetten met betrekking tot het uitvoeren van het betrokken project.
2. Indien met betrekking tot het uitvoeren van het betrokken project door het bevoegd gezag een beschikking tot oplegging van een last onder bestuursdwang, oplegging van een last onder dwangsom of intrekking van een vergunning op grond van artikel 5.19 is gegeven en, nadat die beschikking is gegeven, als gevolg van een verandering van het betrokken project een ander bestuursorgaan bevoegd wordt de vergunning te verlenen, blijft het bestuursorgaan dat de beschikking heeft gegeven, bevoegd met betrekking tot die beschikking totdat zij
a. onherroepelijk is geworden en is tenuitvoergelegd, of de dwangsom is ingevorderd, of
b. is ingetrokken, of de bij de beschikking opgelegde last onder dwangsom overeenkomstig artikel 5:34 van de Algemene wet bestuursrecht is opgeheven.
3. Bij het uitoefenen van de taak, bedoeld in het eerste lid, houdt het bevoegd gezag, voorzover er sprake is van een activiteit met betrekking tot een inrichting of mijnbouwwerk, rekening met het voor hem geldende milieubeleidsplan.
4. In bij wet of algemene maatregel van bestuur aangewezen categorieën gevallen heeft tevens het bestuursorgaan dat bevoegd is een verklaring te geven als bedoeld in artikel 2.27, eerste lid, tot taak zorg te dragen voor de bestuursrechtelijke handhaving, bedoeld in het eerste lid, onder a. Deze taak blijft beperkt tot de activiteiten van het project waarvoor de verklaring is vereist. Op het uitoefenen van deze taak is het derde lid van overeenkomstige toepassing.

Schakelbepaling

Art. 5.2a
1. Voor zover dit hoofdstuk bij of krachtens een in artikel 5.1 genoemde wet van toepassing is, en een orgaan van een waterschap een bij of krachtens dit hoofdstuk gevorderde beslissing niet of niet naar behoren neemt dan wel een bij of krachtens dit hoofdstuk gevorderde handeling niet of niet naar behoren verricht, zijn de artikelen 121 tot en met 121f van de Provinciewet van overeenkomstige toepassing.
2. In afwijking van het eerste lid zijn, voor zover § 5.2 bij of krachtens een in artikel 5.1 genoemde wet van toepassing is en een orgaan van een waterschap een bij of krachtens § 5.2 gevorderde beslissing niet of niet naar behoren neemt dan wel een bij of krachtens § 5.2 gevorderde handeling niet of niet naar behoren verricht, de artikelen 124, 124a en 124c tot en met 124h van de Gemeentewet van overeenkomstige toepassing.
3. Hoofdstuk XVIII van de Provinciewet is van overeenkomstige toepassing ten aanzien van door een orgaan van een waterschap bij of krachtens dit hoofdstuk genomen besluiten en niet-schriftelijke beslissingen, gericht op enig rechtsgevolg.
4. In afwijking van het derde lid is hoofdstuk XVII van de Gemeentewet van overeenkomstige toepassing ten aanzien van door een orgaan van een waterschap bij of krachtens § 5.2 genomen besluiten en niet-schriftelijke beslissingen, gericht op enig rechtsgevolg.

§ 5.2
Kwaliteitsbevordering en samenwerking

Omgevingsdienst

Art. 5.3
1. Gedeputeerde staten en burgemeester en wethouders van de gemeenten die behoren tot een regio als bedoeld in artikel 8 van de Wet veiligheidsregio's of tot een kring van daartoe bij regeling van Onze Minister en van Onze Minister van Veiligheid en Justitie aangewezen gemeenten, stellen voor die regio of kring, onderscheidenlijk voor meerdere regio's, onderscheidenlijk kringen, een omgevingsdienst in in het belang van een doelmatige en doeltreffende uitvoering en handhaving van het bepaalde bij of krachtens de betrokken wetten door gedeputeerde staten en burgemeester en wethouders van de betrokken gemeenten.
2. Het werkgebied van een omgevingsdienst komt overeen met het werkgebied van een of meer regio's als bedoeld in artikel 8 van de Wet veiligheidsregio's of met het grondgebied van een kring van aangewezen gemeenten als bedoeld in het eerste lid.
3. Een omgevingsdienst is ingesteld als openbaar lichaam, als bedoeld in artikel 8, eerste lid, juncto artikel 52, eerste lid, van de Wet gemeenschappelijke regelingen door gedeputeerde staten en burgemeester en wethouders van de betrokken gemeenten, en juncto artikel 74, eerste lid, van die wet, indien waterschappen mede een omgevingsdienst instellen.

Taken omgevingsdienst

4. Bij algemene maatregel van bestuur worden taken aangewezen die in ieder geval in het verband van een omgevingsdienst worden uitgevoerd.
Taken met betrekking tot categorieën inrichtingen:

a. waarvoor ingevolge artikel 8.40 van de Wet milieubeheer regels zijn gesteld in verband met de beheersing van gevaren van zware ongevallen waarbij gevaarlijke stoffen zijn betrokken, of
b. waartoe een installatie voor industriële activiteiten als bedoeld in bijlage I, categorie 4, van richtlijn nr. 2010/75/EU van het Europees parlement en de Raad van 24 november 2010 inzake industriële emissies (PbEU L334) behoort, worden uitsluitend door bij die maatregel aangewezen omgevingsdiensten uitgevoerd.

Art. 5.4
1. Om een goede kwaliteit van de uitvoering en handhaving van het bepaalde bij of krachtens de betrokken wetten door omgevingsdiensten te waarborgen,
a. stellen provinciale staten, gehoord Onze Minister en het College van procureurs-generaal, bij verordening regels over de uitvoering en handhaving van de taken, bedoeld in artikel 5.3, vierde lid, eerste en tweede volzin, die in opdracht van gedeputeerde staten worden uitgevoerd, en
b. stelt de gemeenteraad, gehoord gedeputeerde staten, bij verordening regels over de uitvoering en handhaving van de taken, bedoeld in artikel 5.3, vierde lid, eerste volzin, niet zijnde taken als bedoeld in de tweede volzin, die in opdracht van burgemeester en wethouders worden uitgevoerd.
2. Gedeputeerde staten dragen er zorg voor dat de regels, bedoeld in het eerste lid, onder a, uniform zijn voor de taken, bedoeld in artikel 5.3, vierde lid, tweede volzin, op het niveau van de met die taken belaste omgevingsdiensten. Gedeputeerde staten en burgemeester en wethouders dragen er zorg voor dat de regels voor de taken, bedoeld in artikel 5.3, vierde lid, eerste volzin, niet zijnde taken als bedoeld in de tweede volzin, uniform zijn op het niveau van de met die taken belaste omgevingsdienst.
3. Met het oog op de uniformiteit van de regels, bedoeld in het tweede lid, dragen de bestuursorganen die zijn belast met de voorbereiding van die regels, zorg voor de onderlinge afstemming tussen de aangewezen omgevingsdiensten, als bedoeld in artikel 5.3, vierde lid, tweede volzin, onderscheidenlijk binnen de omgevingsdienst.
4. Bij regeling van Onze Minister kunnen gevallen worden aangewezen, waarin voldoende zorg is gedragen voor uniformiteit, als bedoeld in het tweede lid, en afstemming als bedoeld in het derde lid, niet is vereist.

Nadere regels waarborging kwaliteit uitvoering en handhaving

Art. 5.5
De betrokken bestuursorganen dragen zorg voor een goede kwaliteit van de uitvoering en handhaving van het bepaalde bij of krachtens de betrokken wetten voor andere taken dan de taken, aangewezen bij of krachtens artikel 5.3, vierde lid. Provinciale staten, onderscheidenlijk de gemeenteraad, kunnen, gehoord Onze Minister en het College van procureurs-generaal, onderscheidenlijk gedeputeerde staten, regels stellen over de uitvoering en handhaving in opdracht van gedeputeerde staten, onderscheidenlijk van burgemeester en wethouders.

Handhaving omgevingsvergunning, bewaking kwaliteit uitvoering en handhaving

Art. 5.6
1. In opdracht van Onze Minister en Onze betrokken Ministers wordt iedere twee jaar onderzoek gedaan naar de doeltreffendheid van de regels bedoeld in artikel 5.4, eerste lid, en de wijze waarop wordt zorg gedragen, bedoeld in artikel 5.5.
2. Indien naar het oordeel van Onze Minister en Onze betrokken Ministers komt vast te staan dat de regels, bedoeld in artikel 5.4, eerste lid, onvoldoende doeltreffend zijn, onderscheidenlijk dat de zorg, bedoeld in artikel 5.5, onvoldoende doeltreffend is, kunnen die regels bij algemene maatregel van bestuur worden gesteld.
3. Bij de maatregel, bedoeld in het tweede lid, kan worden bepaald dat de regels slechts gelden in daarbij aangewezen categorieën van gevallen. De maatregel bevat geen regels over activiteiten als bedoeld in artikel 2.2.
4. Bij regeling van Onze Minister kunnen, in overeenstemming met Onze betrokken Ministers, nadere regels worden gesteld over het bepaalde bij de maatregel, bedoeld in het eerste lid.

Handhaving omgevingsvergunning, evaluatie doeltreffendheid kwaliteitsbewaking

Art. 5.7
1. Bij algemene maatregel van bestuur worden in het belang van een doelmatige uitvoering en handhaving van het bepaalde bij of krachtens de betrokken wetten, regels gesteld over:
a. de uitvoering en handhaving van het bepaalde bij of krachtens de betrokken wetten door de betrokken bestuursorganen;
b. een onderling afgestemde uitoefening van bevoegdheden met betrekking tot de uitvoering en handhaving, bedoeld onder a, en de daarmee samenhangende werkzaamheden tussen de bij de handhaving betrokken bestuursorganen en de onder hun gezag werkzame toezichthouders alsmede over de afstemming van deze werkzaamheden op de werkzaamheden van de instanties die belast zijn met de strafrechtelijke handhaving van het bepaalde bij of krachtens de betrokken wetten;
c. over de prioriteitstelling bij de uitvoering en handhaving voor zover die prioriteitstelling van bovenregionaal belang is.
De maatregel bevat geen regels over activiteiten als bedoeld in artikel 2.2.

Handhaving omgevingsvergunning, nadere regels bij AMvB ter

2. Bij regeling van Onze Minister kunnen, in overeenstemming met Onze betrokken Minister, nadere regels worden gesteld over het bepaalde bij de maatregel, bedoeld in het eerste lid.
3. Onze Minister draagt zorg voor de afstemming van de uitvoering van het bepaalde krachtens het eerste en tweede lid, voor zover die afstemming naar zijn oordeel van bovenprovinciaal belang is.

Art. 5.8

Handhaving omgevingsvergunning, gegevensverstrekking door bevoegd gezag i.v.m. strafrechtelijke

1. Onze Minister, Onze betrokken Ministers en de betrokken bestuursorganen verstrekken aan elkaar en, voor zover deze gegevens noodzakelijk zijn voor de strafrechtelijke handhaving van het bepaalde bij of krachtens de betrokken wetten, aan de instanties die belast zijn met de strafrechtelijke handhaving van die wetten, de gegevens waarover zij beschikken in verband met de taken, bedoeld in artikel 5.3, vierde lid.
2. Bij algemene maatregel van bestuur kunnen andere bestuursorganen en instanties dan die bedoeld in het eerste lid worden aangewezen, die bevoegd zijn uit eigen beweging en desgevraagd verplicht gegevens waarover zij beschikken in verband met de taken, bedoeld in artikel 5.3, vierde lid, te verstrekken aan Onze Minister, Onze betrokken Ministers, de betrokken bestuursorganen of de instanties die belast zijn met de strafrechtelijke handhaving van het bepaalde bij of krachtens de betrokken wetten, voor zover deze gegevens noodzakelijk zijn voor een doelmatige bestuursrechtelijke en strafrechtelijke handhaving van het bepaalde bij of krachtens die wetten.
3. Bij algemene maatregel van bestuur worden regels gesteld over:
a. de gevallen waarin in ieder geval voldaan is aan de verplichting, bedoeld in het eerste lid, tot het verstrekken van gegevens en de wijzen waarop gegevens als bedoeld in het eerste of tweede lid, worden verstrekt;
b. de verwerking van persoonsgegevens, bedoeld in artikel 4, aanhef en onder 2, van de Algemene verordening gegevensbescherming, door de bestuursorganen, toezichthouders, omgevingsdiensten en door de krachtens het tweede lid aangewezen andere organen en instanties, voor zover die gegevens noodzakelijk zijn voor de strafrechtelijke handhaving van het bepaalde bij of krachtens de betrokken wetten, en
c. tussen wie en de wijze waarop de kosten worden verdeeld, die noodzakelijk verbonden zijn aan het uitvoeren van het bepaalde bij en krachtens dit artikel.
4. Bij algemene maatregel van bestuur kan worden bepaald dat de bestuursorganen en instanties, bedoeld in het eerste en tweede lid, andere gegevens dan die waarover zij beschikken in verband met de taken, bedoeld in artikel 5.3, vierde lid, aan elkaar kunnen verstrekken. Op die gegevens zijn de regels uit het derde lid, onder b en c, van toepassing.
5. Bij regeling van Onze Minister kunnen, in overeenstemming met Onze betrokken Minister, nadere regels worden gesteld over het bepaalde bij de maatregel, bedoeld in het derde lid en vierde lid.

Art. 5.9

Handhaving omgevingsvergunning, coördinatie GS m.b.t. nadere regels bij AMvB ter

1. Gedeputeerde staten dragen binnen de provincie zorg voor de coördinatie van de uitvoering door de bevoegde bestuursorganen van het bepaalde bij of krachtens artikel 5.7.

2. Over de kwaliteit en doelmatigheid van de uitvoering en handhaving van het bepaalde bij of krachtens de betrokken wetten, bedoeld in artikel 5.7, en over de strafrechtelijke handhaving van het bepaalde bij of krachtens de betrokken wetten, in de betreffende provincie, vindt regelmatig overleg plaats.
3. Gedeputeerde staten stellen voor het in het tweede lid bedoelde overleg een of meer overlegorganen in. Op uitnodiging kunnen andere instanties, die belast zijn met de handhaving van het bepaalde bij of krachtens de betrokken wetten, deelnemen aan het overleg.

§ 5.3
Aanwijzing ambtenaren met toezichthoudende of opsporingsbevoegdheden

Art. 5.10

Handhaving omgevingsvergunning, aanwijzing toezicht-/opsporingsambtenaren

1. Met het toezicht op de naleving van het bij of krachtens de betrokken wet bepaalde, zijn belast de bij besluit van Onze betrokken Minister aangewezen ambtenaren. Ambtenaren, ressorterende onder een ander dan zijn ministerie, wijst hij niet aan dan in overeenstemming met Onze Minister onder wiens ministerie zij ressorteren.
2. Voor de krachtens het eerste lid aangewezen ambtenaren, ressorterende onder een ander ministerie dan dat van Onze betrokken Minister, worden regels betreffende de vervulling van hun in het eerste lid bedoelde taak niet gesteld dan in overeenstemming met Onze betrokken Minister.
3. Met het toezicht op de naleving van het bij of krachtens de betrokken wet bepaalde binnen hun ambtsgebied zijn eveneens belast de bij besluit van gedeputeerde staten, burgemeester en

Wet algemene bepalingen omgevingsrecht **A67 art. 5.17**

wethouders of andere met de uitvoering van de betrokken wet belaste bestuursorganen aangewezen ambtenaren.
4. Bij een besluit als bedoeld in het eerste lid kan Onze betrokken Minister gevallen of categorieën gevallen aanwijzen met betrekking waartoe, in afwijking van het derde lid bij zijn besluit aangewezen ambtenaren uitsluitend belast zijn met het toezicht op de naleving.
5. Van een besluit als bedoeld in het eerste en vierde lid, wordt mededeling gedaan door plaatsing in de Staatscourant.

Art. 5.11
1. De bij besluit van gedeputeerde staten, burgemeester en wethouders of een ander bestuursorgaan aangewezen, bij een omgevingsdienst werkzame toezichthouders zijn bevoegd toezicht uit te oefenen op de naleving van het bepaalde bij of krachtens de betrokken wetten in de regio of kring, onderscheidenlijk regio's of kringen, waarvoor die omgevingsdienst is ingesteld.
2. Onze Minister kan besluiten dat voor door hem aan te wijzen categorieën van activiteiten de bij een omgevingsdienst werkzame toezichthouders mede bevoegd zijn buiten de regio of kring toezicht uit te oefenen op de naleving van het bepaalde bij of krachtens de betrokken wetten.

Handhaving omgevingsvergunning, toezicht op naleving wetten in aangewezen regio/kring

Art. 5.12
1. Met de opsporing van de bij of krachtens de betrokken wet strafbaar gestelde feiten zijn, onverminderd artikel 141 van het Wetboek van Strafvordering, belast de in artikel 5.10 bedoelde ambtenaren, voor zover zij bij besluit van Onze Minister van Veiligheid en Justitie daartoe zijn aangewezen. Deze ambtenaren zijn tevens belast met de opsporing van de feiten, strafbaar gesteld in de artikelen 179 tot en met 182 en 184 van het Wetboek van Strafrecht, voor zover deze feiten betrekking hebben op een bevel, vordering of handeling, gedaan of ondernomen door henzelf.
2. Van een besluit als bedoeld in het eerste lid wordt mededeling gedaan door plaatsing in de Staatscourant.

Handhaving omgevingsvergunning, opsporing strafbare feiten

Art. 5.13
De ambtenaren die zijn belast met het toezicht op de naleving of de opsporing van strafbaar gestelde feiten ter zake van het bepaalde bij of krachtens:
a. deze wet met betrekking tot activiteiten als bedoeld in:
1°. artikel 2.1, eerste lid, onder a, b, c, d, e, voorzover deze betrekking hebben op gevaarlijke afvalstoffen, f, g en h,
2°. artikel 2.1, eerste lid, onder i, voor zover dat bij de betrokken algemene maatregel van bestuur is bepaald, en
3°. artikel 2.2, voor zover dat bij de betrokken verordening is bepaald,
b. de Monumentenwet 1988 zoals die wet luidde voor inwerkingtreding van de Erfgoedwet,
c. de Wet milieubeheer, ten aanzien van gevaarlijke afvalstoffen,
d. de Wet ruimtelijke ordening en
e. de hoofdstukken I tot en met III van de Woningwet,
zijn bevoegd, met medeneming van de benodigde apparatuur, een woning te betreden zonder toestemming van de bewoner.

Handhaving omgevingsvergunning, bevoegdheid toezicht-/opsporingsambtenaren

§ 5.4
Last onder bestuursdwang, last onder dwangsom en intrekking van een vergunning of ontheffing

Art. 5.14
Het bestuursorgaan dat bevoegd is tot bestuursrechtelijke handhaving is bevoegd tot oplegging van een last onder bestuursdwang ter handhaving van artikel 5:20, eerste lid, van de Algemene wet bestuursrecht, voor zover het betreft de verplichting tot het verlenen van medewerking aan de krachtens artikel 5.10 aangewezen ambtenaren.

Handhaving omgevingsvergunning, opleggen last onder bestuursdwang

Art. 5.15
Onze betrokken Minister is bevoegd tot oplegging van een last onder bestuursdwang ter handhaving van het bepaalde bij of krachtens de betrokken wet in gevallen waarin:
a. hem de zorg voor de bestuursrechtelijke handhaving daarvan is opgedragen, of
b. geen ander bestuursorgaan daartoe bevoegd is.

Handhaving omgevingsvergunning, opleggen last onder bestuursdwang

Art. 5.16
Het bestuursorgaan dat een beschikking tot oplegging van een last onder bestuursdwang of oplegging van een last onder dwangsom heeft gegeven terzake van overtreding van het bepaalde waarvoor bij of krachtens de betrokken wetten ook andere organen bevoegd zijn tot bestuursrechtelijke handhaving, zendt die organen onverwijld een exemplaar van die beschikking.

Last onder bestuursdwang/dwangsom, toezending beschikking

Art. 5.17
Een besluit tot oplegging van een last onder bestuursdwang of oplegging van een last onder dwangsom gericht op naleving van het bepaalde bij of krachtens de betrokken wet kan inhouden dat het bouwen, gebruiken of slopen van een bouwwerk wordt gestaakt of dat voorzieningen,

Last onder bestuursdwang/dwangsom, staken bouwen/gebruiken/slopen bouwwerk

Sdu   1531

A67 art. 5.18

Wet algemene bepalingen omgevingsrecht

met inbegrip van het slopen van een bouwwerk, gericht op het tegengaan of beëindigen van gevaar voor de gezondheid of de veiligheid worden getroffen.

Art. 5.18

Last onder bestuursdwang/dwangsom, rechtsopvolger

Bij een besluit tot oplegging van een last onder bestuursdwang of oplegging van een last onder dwangsom gericht op naleving van het bepaalde bij of krachtens de betrokken wet kan het bestuursorgaan dat het besluit heeft genomen bepalen dat het besluit mede geldt jegens de rechtsopvolger van degene aan wie het besluit is opgelegd alsmede jegens iedere verdere rechtsopvolger. In dat geval kan het besluit, tenzij bijzondere omstandigheden zich daartegen naar het oordeel van dat bestuursorgaan verzetten, jegens die rechtsopvolger of iedere verdere rechtsopvolger worden ten uitvoer gelegd en kunnen de kosten van die tenuitvoerlegging en een te innen dwangsom bij die rechtsopvolger of verdere rechtsopvolger worden ingevorderd.

Art. 5.19

Last onder bestuursdwang/dwangsom, intrekking vergunning/ontheffing

1. Het bestuursorgaan dat bevoegd is een vergunning of ontheffing te verlenen, kan de vergunning of ontheffing geheel of gedeeltelijk intrekken, indien:
   a. de vergunning of ontheffing ten gevolge van een onjuiste of onvolledige opgave is verleend;
   b. niet overeenkomstig de vergunning of ontheffing is of wordt gehandeld;
   c. de aan de vergunning of ontheffing verbonden voorschriften of beperkingen niet zijn of worden nageleefd;
   d. de voor de houder van de vergunning of ontheffing als zodanig geldende algemene regels niet zijn of worden nageleefd.
2. Een vergunning of ontheffing, die betrekking heeft op het beheer van gevaarlijke afvalstoffen, of van andere afvalstoffen die van elders afkomstig zijn, kan, voor zover zij het beheer van afvalstoffen betreft, tevens worden ingetrokken, indien op grond van hoofdstuk 10 van de Wet milieubeheer voor de houder geldende voorschriften niet worden nageleefd.
3. Een bestuursorgaan gaat niet tot intrekking als bedoeld in het eerste of tweede lid over dan nadat het de betrokkene de gelegenheid heeft geboden binnen een daartoe te bepalen termijn zijn handelen alsnog in overeenstemming te brengen met de vergunning of ontheffing, onderscheidenlijk de voorschriften of algemene regels, bedoeld in het eerste of tweede lid, na te leven.
4. Het bevoegd gezag kan de omgevingsvergunning tevens geheel of gedeeltelijk intrekken:
   a. in gevallen als bedoeld in artikel 2.25, derde lid, indien het project niet overeenkomstig het krachtens dat artikellid bepaalde wordt uitgevoerd door een ander dan degene aan wie de vergunning is verleend;
   b. in het geval en onder de voorwaarden, bedoeld in artikel 3 van de Wet bevordering integriteitsbeoordelingen door het openbaar bestuur; artikel 2.20, tweede lid, is in dat geval van overeenkomstige toepassing.

Art. 5.20

Last onder bestuursdwang/dwangsom, verzoek om afgeven beschikking

1. Een bestuursorgaan dat bij de totstandkoming van de vergunning of ontheffing bevoegd was een verklaring als bedoeld in artikel 2.27, eerste lid, te geven of advies uit te brengen kan een bestuursorgaan dat op grond van dit hoofdstuk bevoegd is tot oplegging van een last onder bestuursdwang, oplegging van een last onder dwangsom of intrekking van een vergunning of ontheffing, verzoeken een daartoe strekkende beschikking te geven.
2. In gevallen waarin vanuit een inrichting of mijnbouwwerk afvalwater of andere afvalstoffen in een voorziening voor de inzameling en het transport van afvalwater worden gebracht tengevolge waarvan:
   a. de doelmatige werking van het zuiveringtechnisch werk, bedoeld in artikel 1.1, eerste lid, van de Waterwet wordt belemmerd, of
   b. de bij of krachtens een algemene maatregel van bestuur als bedoeld in artikel 5.1 van de Wet milieubeheer ter uitvoering van een EU-richtlijn of EU-verordening gestelde milieukwaliteitseisen voor oppervlaktewaterlichamen worden overschreden,

kan het bestuursorgaan dat zorg draagt voor het beheer van het zuiveringtechnisch werk, bedoeld in artikel 1.1, eerste lid, van de Waterwet, of het oppervlaktewaterlichaam waarop het afvalwater vanuit de voorziening wordt gebracht, voor zover dat nodig is om die gevolgen te beperken of weg te nemen, een verzoek doen, als bedoeld in het eerste lid en geeft het bevoegde bestuursorgaan daaraan gevolg, voor zover dat niet in strijd is met het belang van de bescherming van het milieu.

Art. 5.21

Last onder bestuursdwang/dwangsom, meer dan een bestuursorgaan

1. Indien meer dan een bestuursorgaan bevoegd is tot bestuursrechtelijke handhaving geeft het bestuursorgaan waarbij een verzoek tot oplegging van een last onder bestuursdwang, oplegging van een last onder dwangsom of intrekking van een vergunning of ontheffing is ingediend, een beschikking op het verzoek.
2. Het eerste lid is niet van toepassing indien:
   a. een ander bestuursorgaan dat eveneens bevoegd is tot handhaving, schriftelijk heeft verklaard het verzoek in behandeling te willen nemen, en

Wet algemene bepalingen omgevingsrecht

A67 art. 6.1

b. het bestuursorgaan waarbij het verzoek tot oplegging van een last onder bestuursdwang is ingediend, het verzoek binnen twee weken na de datum waarop het is ontvangen, heeft doorgezonden aan dat andere bestuursorgaan.

3. In een geval als bedoeld in het tweede lid:
a. deelt het bestuursorgaan waarbij het verzoek is ingediend, onverwijld aan de afzender mede dat zijn verzoek is doorgezonden;
b. geeft het bestuursorgaan waaraan het verzoek is doorgezonden, een beschikking op het verzoek.

Art. 5.22
Indien het verzoek wordt ingewilligd, voegt het bestuursorgaan bij de bekendmaking van de beschikking aan de verzoeker een exemplaar van de beschikking tot oplegging van een last onder bestuursdwang, oplegging van een last onder dwangsom of intrekking van de vergunning of ontheffing.

Last onder bestuursdwang/dwangsom, toezending beschikking aan verzoeker

Art. 5.23
Het bestuursorgaan zendt een exemplaar van de beschikking tot oplegging van een last onder bestuursdwang, tot oplegging van een last onder dwangsom of tot intrekking van zodanige beschikkingen of van de beschikking tot intrekking van een vergunning of ontheffing aan de inspecteur en de andere bij of krachtens artikel 2.26 aangewezen adviseurs.

Last onder bestuursdwang/dwangsom, toezending beschikking aan inspecteur

§ 5.5
[Vervallen]

Art. 5.24-5.25
[Vervallen]

§ 5.6
Verhaal van kosten

Art. 5.26
1. Een overheidslichaam kan – behoudens matiging door de rechter – de te zijnen laste komende kosten van het beheer van afvalstoffen ten aanzien waarvan in strijd is gehandeld met het bij of krachtens deze wet of de Wet milieubeheer bepaalde, verhalen op degene door wiens onrechtmatige daad die kosten zijn veroorzaakt, of op degene die anderszins krachtens burgerlijk recht buiten overeenkomst aansprakelijk is voor de gevolgen daarvan.
2. Een overheidslichaam kan in een geval als bedoeld in het eerste lid, overeenkomstig de regels betreffende ongerechtvaardigde verrijking, de daar bedoelde kosten verhalen op degene die door het beheer van de betrokken afvalstoffen ongerechtvaardigd wordt verrijkt.
3. Voor de toepassing van dit artikel is niet vereist dat op het tijdstip waarop de in het eerste lid bedoelde handeling met de in dat lid bedoelde afvalstoffen zich heeft voorgedaan, al jegens de overheid onrechtmatig werd gehandeld.

Omgevingsvergunning, kostenverhaal

Hoofdstuk 6
Inwerkingtreding beschikkingen en rechtsbescherming

Art. 6.1
1. Een beschikking krachtens deze wet treedt in werking met ingang van de dag na haar bekendmaking.

Omgevingsvergunning, inwerkingtreding beschikking

2. In afwijking van het eerste lid treedt een beschikking in werking met ingang van de dag na afloop van de termijn, bedoeld in artikel 6:7 van de Algemene wet bestuursrecht, voor het indienen van:
a. een bezwaarschrift indien het een omgevingsvergunning betreft met betrekking tot een activiteit als bedoeld in artikel 2.1, eerste lid, onder b, f, g of h, of 2.2, eerste lid, onder b, c of g, of een wijziging van voorschriften van een omgevingsvergunning die betrekking hebben op een activiteit als hiervoor bedoeld;
b. een beroepschrift in gevallen waarin zij is voorbereid met toepassing van afdeling 3.4 van de Algemene wet bestuursrecht.
3. Indien in gevallen als bedoeld in het tweede lid, gedurende de daar bedoelde termijn bij de bevoegde rechter een verzoek om voorlopige voorziening is gedaan, treedt de beschikking niet in werking voordat op dat verzoek is beslist.
4. In afwijking van het eerste lid wordt de werking van een overeenkomstig artikel 3.9, derde lid, van rechtswege verleende vergunning opgeschort totdat de termijn voor het indienen van een bezwaarschrift, bedoeld in artikel 6:7 van de Algemene wet bestuursrecht, is verstreken of, indien bezwaar is gemaakt, op dit bezwaar is beslist. De vergunninghouder kan de voorzienin-

A67 art. 6.2 — Wet algemene bepalingen omgevingsrecht

genrechter van de rechtbank verzoeken de opschorting op te heffen. Titel 8.3 van de Algemene wet bestuursrecht is van overeenkomstige toepassing.

Nadere regels
5. Bij een algemene maatregel van bestuur als bedoeld in artikel 2.1, eerste lid, onder i, of een verordening als bedoeld in artikel 2.2, tweede lid, kan worden bepaald dat met betrekking tot daarbij aangewezen activiteiten het tweede en derde lid van overeenkomstige toepassing zijn in daarbij aangewezen categorieën gevallen.

Art. 6.2

Inwerkingtreding beschikking, onmiddellijke inwerkingtreding
In gevallen waarin het onverwijld in werking treden van een beschikking als bedoeld in artikel 6.1 naar het oordeel van het bevoegd gezag nodig is, kan het in afwijking van dat artikel bepalen dat zij terstond na haar bekendmaking in werking treedt.

Art. 6.2a

Inwerkingtreding beschikking, na inwerkingtreding monumentenvergunning
Onverminderd artikel 6.1 treedt een omgevingsvergunning met betrekking tot een activiteit als bedoeld in artikel 2.1, eerste lid, onder a, b, g of h, indien voor die activiteit tevens een vergunning als bedoeld in artikel 11, tweede lid, van de Monumentenwet 1988 zoals die wet luidde voor inwerkingtreding van de Erfgoedwet is vereist, niet eerder in werking dan nadat die vergunning in werking is getreden.

Art. 6.2b

Inwerkingtreding beschikking, na inwerkingtreding vergunning Kernenergiewet
Onverminderd artikel 6.1 treedt een omgevingsvergunning met betrekking tot een activiteit als bedoeld in artikel 2.1, eerste lid, onder a, indien die activiteit tevens is aan te merken als het oprichten of wijzigen van een inrichting waarvoor een vergunning als bedoeld in artikel 15, aanhef en onderdeel b, van de Kernenergiewet is vereist, niet eerder in werking dan nadat die vergunning in werking is getreden.

Art. 6.2c

Inwerkingtreding beschikking, bij bodemverontreiniging
1. Onverminderd artikel 6.1 treedt een omgevingsvergunning met betrekking tot een activiteit als bedoeld in artikel 2.1, eerste lid, onder a, indien het te bouwen bouwwerk een bouwwerk betreft als bedoeld in artikel 8, derde lid, van de Woningwet en het bevoegd gezag op basis van het onderzoeksrapport, bedoeld in artikel 8, vierde lid, onderdeel c, van die wet, dan wel uit anderen hoofde een redelijk vermoeden heeft dat ter plaatse van het bouwwerk sprake is van een vóór 1 januari 1987 ontstaan geval van ernstige verontreiniging als bedoeld in de Wet bodembescherming, niet eerder in werking dan nadat:
a. op grond van artikel 29, eerste lid, in samenhang met artikel 37, eerste lid, van de Wet bodembescherming is vastgesteld dat geen sprake is van een geval van ernstige verontreiniging ten aanzien waarvan spoedige sanering noodzakelijk is en het desbetreffende besluit in werking is getreden,
b. op grond van artikel 39, tweede lid, van de Wet bodembescherming met het saneringsplan, bedoeld in het eerste lid van dat artikel, is ingestemd en het desbetreffende besluit in werking is getreden, of
c. een melding van een voornemen tot sanering als bedoeld in artikel 39b, derde lid, van de Wet bodembescherming is gedaan en de bij of krachtens het vierde lid van dat artikel gestelde termijn is verstreken.
2. In afwijking van het eerste lid, aanhef en onder b, treedt de omgevingsvergunning in werking als in de beschikking, bedoeld in artikel 29, eerste lid, in samenhang met artikel 37, eerste lid, van de Wet bodembescherming, is vastgesteld dat:
a. sprake is van een geval van ernstige verontreiniging ten aanzien waarvan spoedige sanering noodzakelijk is,
b. geen sprake is van risico's voor de mens, en
c. het bouwen of de uitvoering van de sanering niet belemmert,
mits degene die het nader onderzoek heeft overgelegd daarbij een met redenen omkleed verzoek heeft ingediend en de beschikking, bedoeld in de aanhef van dit lid, in werking is getreden.
3. Bij de omgevingsvergunning, bedoeld in het eerste lid, vermeldt het bevoegd gezag of het een vermoeden heeft als bedoeld in dat lid.

Art. 6.3

Inwerkingtreding beschikking, eerste/tweede fase
1. Indien een vergunning met toepassing van artikel 2.5 in fasen wordt verleend, treden – in afwijking van de artikelen 6.1 en 6.2a tot en met 6.2c – de beschikkingen met betrekking tot de eerste en tweede fase op dezelfde dag in werking. Deze dag is de laatste van de dagen waarop de beschikkingen, met toepassing van de artikelen 6.1 en 6.2a tot en met 6.2c, elk afzonderlijk in werking zouden treden.
2. In gevallen waarin de vergunning met toepassing van artikel 2.5 in fasen wordt verleend en de beschikkingen in de eerste en de tweede fase tegelijkertijd in bezwaar of beroep aanhangig zijn, worden de beschikkingen voor de behandeling in bezwaar, onderscheidenlijk beroep als één besluit aangemerkt.

Art. 6.4

Omgevingsvergunning, beroep tegen beschikking
Indien in een geval als bedoeld in artikel 3.16 beroep is ingesteld tegen een beschikking op de aanvraag om een watervergunning en krachtens artikel 2.1 of 2.2 een daarmee samenhangende

beschikking is gegeven met betrekking tot een omgevingsvergunning, heeft het beroep, voor zover het die samenhang betreft, ook betrekking op de laatstbedoelde beschikking.

Art. 6.5
1. Het beroep tegen een beschikking inzake een verklaring als bedoeld in artikel 2.27 kan door het ten aanzien van de beschikking waarop de verklaring betrekking heeft, bevoegde gezag eerst worden ingesteld nadat die beschikking is bekendgemaakt.

2. In afwijking van artikel 6:8 van de Algemene wet bestuursrecht vangt de beroepstermijn in een geval als bedoeld in het eerste lid aan met ingang van de dag na de dag waarop overeenkomstig artikel 3.9, eerste of vierde lid, of artikel 3:44 van de Algemene wet bestuursrecht mededeling is gedaan onderscheidenlijk kennis is gegeven van de beschikking waarop de verklaring of het verzoek betrekking heeft. De bepalingen met betrekking tot het beroep tegen die beschikking zijn van overeenkomstige toepassing met betrekking tot het beroep tegen de beschikking inzake de verklaring of de aanwijzing.

Omgevingsvergunning, beroep tegen beschikking pas mogelijk na bekendmaking beschikking

Art. 6.5a
[Vervallen]

Art. 6.5b
1. De stichting, bedoeld in artikel 20.15 van de Wet milieubeheer, heeft tevens tot taak aan de bestuursrechter op diens verzoek deskundigenbericht uit te brengen inzake beroepen op grond van deze wet.
2. Artikel 20.17 van de Wet milieubeheer is van overeenkomstige toepassing.

Omgevingsvergunning, advies stichting ex art. 20.15 Wmb

Art. 6.6-6.10
[Vervallen]

Hoofdstuk 7
Verdere bepalingen

Art. 7.1
Voor de uitvoering van deze wet ten aanzien van gebieden die niet deel uitmaken van een provincie of gemeente, worden, voor zover nodig, bij algemene maatregel van bestuur regels gesteld ten aanzien van de bestuursorganen die de in deze wet vervatte bevoegdheden uitoefenen, en ten aanzien van de bestuursorganen die bij die uitvoering dienen te worden betrokken.

Nadere regels

Art. 7.2
1. Onze Minister zendt binnen vijf jaar nadat deze wet in werking treedt, aan de Staten-Generaal een verslag omtrent de werking van deze wet in de praktijk.
2. Bij krachtens algemene maatregel van bestuur kunnen regels worden gesteld met betrekking tot de toepassing van het eerste lid. Deze regels kunnen voor daarbij aangewezen bestuursorganen de verplichting inhouden op een daarbij aan te geven wijze de gegevens te verstrekken, die voor de opstelling van het verslag nodig zijn.

Omgevingsvergunning, evaluatie
Nadere regels

Art. 7.3
1. Indien in deze wet geregelde onderwerpen in het belang van een goede uitvoering van deze wet nadere regeling behoeven, kan deze geschieden bij algemene maatregel van bestuur.
2. De voordracht voor een krachtens het eerste lid vast te stellen algemene maatregel van bestuur wordt niet eerder gedaan dan vier weken nadat het ontwerp aan beide kamers der Staten-Generaal is overgelegd.

Nadere regels

Art. 7.4
De voordracht voor een krachtens artikel 1.1, derde lid, 2.1, eerste lid, onder d, 2.1, derde lid, 2.4, tweede of derde lid, 2.8, eerste lid, 2.9, tweede lid, 2.22, derde lid, 2.23, tweede lid, 2.24, eerste lid, 2.25, tweede of derde lid, 2.27, eerste of derde lid, 2.29, eerste lid, onder a, 3.9, eerste lid, onder b, 3.12, tweede lid, onder a, vierde of zesde lid, 4.1, eerste lid, 5.3, vierde lid, 5.6, tweede lid, 5.7, eerste lid, of 5.8, tweede en derde lid, vast te stellen algemene maatregel van bestuur wordt niet eerder gedaan dan vier weken nadat het ontwerp aan beide kamers der Staten-Generaal is overgelegd.

Nadere regels

Art. 7.5
1. Bij algemene maatregel van bestuur kan worden bepaald dat in de gevallen waarin een van Onze Ministers het bevoegd gezag is aan een provincie, gemeente of waterschap een alleenrecht als bedoeld in artikel 11 van richtlijn 2014/24/EU van het Europees Parlement en de Raad van 26 februari 2014 betreffende het plaatsen van overheidsopdrachten en tot intrekking van Richtlijn 2004/18/EG (PbEU 2014, L 94) wordt verleend met betrekking tot daarbij aangewezen categorieën werkzaamheden in het kader van de voorbereiding van een beschikking met betrekking tot een omgevingsvergunning of in het kader van bezwaar of beroep tegen een beschikking met betrekking tot een omgevingsvergunning.
2. Bij provinciale verordening kan worden bepaald dat in de gevallen waarin gedeputeerde staten het bevoegd gezag zijn aan een gemeente of waterschap een alleenrecht als bedoeld in het eerste lid wordt verleend met betrekking tot daarbij aangewezen categorieën werkzaamheden

Alleenrecht

in het kader van de voorbereiding van een beschikking met betrekking tot een omgevingsvergunning of in het kader van bezwaar of beroep tegen een beschikking met betrekking tot een omgevingsvergunning.

3. Een alleenrecht kan slechts worden verleend:
a. aan de provincie of gemeente waar een activiteit waarop de voorbereiding van de beschikking betrekking heeft, in hoofdzaak wordt verricht of zal worden verricht,
b. voor zover de voorbereiding van de beschikking betrekking heeft op een activiteit als bedoeld in artikel 2.1, eerste lid, onder e, waarbij vanuit een inrichting of mijnbouwwerk afvalwater of andere afvalstoffen in een voorziening voor de inzameling en het transport van afvalwater zijn of worden gebracht, aan het waterschap waartoe het bestuursorgaan behoort dat zorg draagt voor het beheer van het zuiveringstechnisch werk of het oppervlaktewater waarop het afvalwater vanuit die voorziening wordt gebracht.

4. Een wijziging van artikel 11 van de richtlijn, bedoeld in het eerste lid, gaat voor de toepassing van het eerste en tweede lid gelden met ingang van de dag waarop aan de betrokken wijzigingsrichtlijn uitvoering moet zijn gegeven.

Art. 7.6

Omgevingsvergunning, landelijke voorziening gegevens en bescheiden

1. Er is een landelijke voorziening waarin gegevens en bescheiden worden opgenomen die betrekking hebben op aanvragen om een omgevingsvergunning die geheel of gedeeltelijk elektronisch worden ingediend alsmede op aanvragen om daarop volgende beschikkingen.
2. Het bevoegd gezag en de bestuursorganen die zijn betrokken bij de beslissing omtrent de verlening van een omgevingsvergunning, maken gebruik van de voorziening, bedoeld in het eerste lid. Het bevoegd gezag draagt zorg voor het beheer van de in de voorziening opgenomen gegevens en bescheiden en de verstrekking daarvan aan de bestuursorganen, bedoeld in de eerste volzin. Bij of krachtens algemene maatregel van bestuur kunnen regels worden gesteld omtrent dat beheer en die verstrekking.
3. Onze Minister draagt zorg voor de inrichting, instandhouding, werking en beveiliging van de voorziening, bedoeld in het eerste lid. Bij of krachtens algemene maatregel van bestuur kunnen regels worden gesteld met betrekking tot de inrichting, instandhouding, werking en beveiliging van die voorziening.

Hoofdstuk 8
Overgangs- en slotbepalingen

Art. 8.1

Overgangsbepalingen

1. Indien voor een activiteit als bedoeld in artikel 2.1, eerste lid, onder e, met betrekking tot een inrichting, het in de aanhef van dat artikel bedoelde verbod op enig tijdstip gaat gelden, dat voor die activiteit voordien niet gold, kan de activiteit indien daarmee op dat tijdstip al was begonnen, zonder vergunning worden voortgezet tot twaalf weken na dat tijdstip en, indien binnen die termijn een aanvraag om de vereiste omgevingsvergunning is ingediend, vervolgens tot acht weken na het tijdstip waarop de beschikking op de aanvraag in werking is getreden.
2. Indien het verbod gaat gelden ten gevolge van een verandering van de activiteit, is het eerste lid niet van toepassing voor zover het die verandering betreft.
3. Indien voor de activiteit algemene regels golden voor het tijdstip waarop het verbod daarvoor ging gelden, blijven die regels voor de activiteit van toepassing gedurende de periode waarin zij zonder vergunning mag worden verricht.

Art. 8.2

Overgangsbepalingen

1. Indien bij of krachtens een wettelijk voorschrift of door een verandering van een project de bevoegdheid te beslissen op aanvragen om een omgevingsvergunning overgaat naar een ander bestuursorgaan, worden de voor dat project al verleende omgevingsvergunningen gelijkgesteld met omgevingsvergunningen, verleend door dat andere bestuursorgaan.
2. Bij algemene maatregel van bestuur kunnen regels worden gesteld met betrekking tot een overgang als bedoeld in het eerste lid.

Art. 8.2a

1. Indien voor het bouwen of gebruiken van een ander drijvend object dat hoofdzakelijk wordt gebruikt voor verblijf voor of op het tijdstip van inwerkingtreding van de Wet verduidelijking voorschriften woonboten krachtens een provinciale of een gemeentelijke verordening een vergunning of ontheffing is verleend, wordt die vergunning of ontheffing gelijkgesteld met een omgevingsvergunning als bedoeld in artikel 2.1, eerste lid, onderdeel a, c of d.
2. Een woonboot of een ander drijvend object dat hoofdzakelijk wordt gebruikt voor verblijf ten aanzien waarvan tot het tijdstip van inwerkingtreding van de Wet verduidelijking voorschriften woonboten krachtens een provinciale of een gemeentelijke verordening geen vergunning of ontheffing werd vereist voor het bouwen of gebruiken ervan, wordt met ingang van het tijdstip van inwerkingtreding van de Wet verduidelijking voorschriften woonboten gelijk-

gesteld met een bouwwerk waarvoor een omgevingsvergunning als bedoeld in de artikelen 2.1, eerste lid, onderdelen a, c of d is verleend.
3. Voorwaarden waaronder een vergunning of ontheffing als bedoeld in het eerste of tweede lid is verleend, worden gelijkgesteld met aan de omgevingsvergunning verbonden voorschriften.

Art. 8.3

1. Deze wet is, voor zover deze betrekking heeft op activiteiten als bedoeld in artikel 2.1, eerste lid, onder e, niet van toepassing op inrichtingen waarvoor een vergunning is vereist krachtens artikel 15, onder b, van de Kernenergiewet, behoudens voor zover uit de bepalingen van die wet anders blijkt. Deze wet is evenmin van toepassing op inrichtingen, voor zover daarvoor bij of krachtens andere dan in de eerste volzin genoemde bepalingen van die wet vergunning is vereist of algemene voorschriften gelden, behoudens voor zover uit de bij of krachtens die wet gestelde bepalingen anders blijkt.   *Toepasselijkheid*
2. Deze wet is, voor zover deze betrekking heeft op activiteiten als bedoeld in artikel 2.1, eerste lid, onder e, niet van toepassing op inrichtingen of mijnbouwwerken, voor zover daarvoor een vergunning is vereist of algemene voorschriften gelden krachtens de artikelen 3.1, 3.3 tot en met 3.6, 6.4 en 7.1 van de Wet dieren met betrekking tot dierlijke bijproducten of de Waterwet, behoudens voor zover uit de bepalingen van die wetten anders blijkt.
3. Deze wet is, voor zover deze betrekking heeft op activiteiten als bedoeld in artikel 2.1, eerste lid, onder e, niet van toepassing op inrichtingen waarin van buiten de inrichting afkomstige dierlijke meststoffen in de zin van de Meststoffenwet worden bewaard, bewerkt, verwerkt of vernietigd, voor zover het een doelmatig beheer van die stoffen betreft.
4. Deze wet is niet van toepassing op activiteiten als bedoeld in artikel 2.1 met betrekking tot windparken in de territoriale zee op een plaats die niet deel uitmaakt van een gemeente of een provincie en waarop de Wet windenergie op zee op van toepassing is.

Art. 8.3a

Op een aanvraag om een omgevingsvergunning voor een activiteit als bedoeld in artikel 2.1, eerste lid, onder a, ingediend voor het tijdstip van inwerkingtreding van artikel II van de Wet kwaliteitsborging voor het bouwen, alsmede op enig bezwaar of beroep tegen een beslissing op een dergelijke aanvraag, blijft artikel 2.10 van toepassing zoals dat luidde op het tijdstip waarop de aanvraag is ingediend.

Art. 8.4

Deze wet treedt in werking op een bij koninklijk besluit te bepalen tijdstip, dat voor de verschillende artikelen of onderdelen daarvan verschillend kan worden vastgesteld.   *Inwerkingtreding*

Art. 8.5

Deze wet wordt aangehaald als: Wet algemene bepalingen omgevingsrecht.   *Citeertitel*

Besluit omgevingsrecht[1]

Besluit van 25 maart 2010, houdende regels ter uitvoering van de Wet algemene bepalingen omgevingsrecht (Besluit omgevingsrecht)

Wij Beatrix, bij de gratie Gods, Koningin der Nederlanden, Prinses van Oranje-Nassau, enz. enz. enz.

Op de voordracht van Onze Minister van Volkshuisvesting, Ruimtelijke Ordening en Milieubeheer van 16 november 2009, nr. BJZ2009046833, Directie Bestuurlijke en Juridische Zaken, gedaan mede namens Onze Minister van Onderwijs, Cultuur en Wetenschap;
Gelet op de artikelen 1.1, derde lid, 2.1, eerste lid, onder d, 2.1, derde lid, 2.4, tweede en derde lid, 2.8, eerste lid, 2.12, eerste lid, onder a, onder 2°, en derde lid, 2.14, tweede en zesde lid, 2.22, derde en zesde lid, 2.23, tweede lid, 2.24, eerste lid, 2.25, tweede en derde lid, 2.26, derde lid, 2.27, eerste lid, 2.30, tweede lid, 3.1, vierde lid, 3.9, eerste lid, derde lid, 3.12, tweede lid, onder a en b, vierde en zesde lid, 3.15, eerste lid, onder b, 5.2, vierde lid, 5.3, eerste lid, 7.1, 7.6 en 8.2, tweede lid, van de Wet algemene bepalingen omgevingsrecht, artikel 1.1, derde lid, van de Wet milieubeheer, artikel 40, tweede lid, van de Mijnbouwwet en artikel 41, derde lid, van de Wet geluidhinder;
De Raad van State gehoord (advies van 13 januari 2010, nr. W08.09.0479/IV);
Gezien het nader rapport van Onze Minister van Volkshuisvesting, Ruimtelijke Ordening en Milieubeheer van 23 maart 2010, nr. BJZ2010008970, Directie Bestuurlijke en Juridische Zaken, uitgebracht mede namens de Staatssecretaris van Onderwijs, Cultuur en Wetenschap;
Hebben goedgevonden en verstaan:

Hoofdstuk 1
Algemeen

Art. 1.1 Definities

Begripsbepalingen

1. In dit besluit en de daarop berustende bepalingen wordt verstaan onder:
aanvraag: aanvraag om een omgevingsvergunning;
adviseur: bij of krachtens artikel 2.26 van de wet aangewezen bestuursorgaan of andere instantie;
BBT-conclusies: document met de conclusies over beste beschikbare technieken, vastgesteld overeenkomstig artikel 13, vijfde lid en zevende lid, van de EU-richtlijn industriële emissies;
bijlage: bij dit besluit behorende bijlage;
de betrokken wetten: de wet, de in artikel 5.1 van de wet genoemde wetten voor zover in die wetten de artikelen 5.3 tot en met 5.9 van de wet van toepassing zijn verklaard, alsmede de EG-verordening overbrenging van afvalstoffen, de EG-verordening registratie, evaluatie en autorisatie van chemische stoffen en de EG-verordening PRTR;
EU-richtlijn industriële emissies: Richtlijn 2010/75/EU van het Europees Parlement en de Raad van 24 november 2010 inzake industriële emissies (geïntegreerde preventie en bestrijding van verontreiniging) (herschikking) (PbEU L 334);
gesloten bodemenergiesysteem: installatie waarmee, zonder grondwater te onttrekken en na gebruik in de bodem terug te brengen, gebruik wordt gemaakt van de bodem voor de levering van warmte of koude ten behoeve van de verwarming of koeling van ruimten in bouwwerken, door middel van een gesloten circuit van leidingen, met inbegrip van een bijbehorende warmtepomp circulatiepomp en regeneratievoorziening, voor zover aanwezig;
landelijke voorziening: landelijke voorziening, bedoeld in artikel 7.6, eerste lid, van de wet;
open bodemenergiesysteem: installatie waarmee ten behoeve van de bodem gebruik wordt gemaakt voor de levering van warmte of koude ten behoeve van de verwarming of koeling van ruimten in bouwwerken, door grondwater te onttrekken en na gebruik in de bodem terug te brengen, met inbegrip van bijbehorende bronpompen en warmtewisselaar en, voor zover aanwezig, warmtepomp en regeneratievoorziening;
Seveso III-richtlijn: Richtlijn 2012/18/EU van het Europees Parlement en de Raad van 4 juli 2012 betreffende de beheersing van de gevaren van zware ongevallen waarbij gevaarlijke stoffen zijn betrokken, houdende wijziging en vervolgens intrekking van Richtlijn 96/82/EG van de Raad (PbEU 2012, L 197);
wet: Wet algemene bepalingen omgevingsrecht.

---

1 Inwerkingtredingsdatum: 01-10-2010; zoals laatstelijk gewijzigd bij: Stb. 2021, 175.

2. In dit besluit en de daarop berustende bepalingen wordt, behoudens voor zover daarin gesproken wordt van strafrechtelijke handhaving, onder «handhaving» verstaan bestuursrechtelijke handhaving van het bij of krachtens de betrokken wetten bepaalde.
3. In dit besluit en de daarop berustende bepalingen wordt verstaan onder onderscheidenlijk afvalstoffen, afvalwater, doelmatig beheer van afvalstoffen, EG-verordening overbrenging van afvalstoffen, EG-verordening PRTR, EG-verordening registratie, evaluatie en autorisatie van chemische stoffen, emissie, emissiegrenswaarde, hergebruik, inspecteur, kaderrichtlijn water, nuttige toepassing, preparaten, recycling, stoffen en verwijdering, hetgeen daaronder wordt verstaan in artikel 1.1 van de Wet milieubeheer.

Hoofdstuk 2
Aanwijzing van categorieën inrichtingen, vergunningplichtige en vergunningvrije activiteiten en planologische gebruiksactiviteiten en nadere regels over planologische gebruiksactiviteiten

§ 2.1
Aanwijzing van diverse categorieën inrichtingen en gevallen waarin een omgevingsvergunning is vereist

Art. 2.1 Inrichting
1. Als categorieën inrichtingen als bedoeld in artikel 1.1, derde lid, van de Wet milieubeheer worden aangewezen de categorieën inrichtingen in bijlage I, onderdeel B, en onderdeel C.

Omgevingsrecht, vergunningsplichtige inrichtingen/gevallen

2. Als categorieën vergunningplichtige inrichtingen worden aangewezen de categorieën inrichtingen waartoe een IPPC-installatie behoort en de categorieën inrichtingen die als zodanig zijn aangewezen in bijlage I, onderdeel B, en onderdeel C.
3. Als categorieën inrichtingen als bedoeld in artikel 41, derde lid, van de Wet geluidhinder, die in belangrijke mate geluidhinder kunnen veroorzaken, worden aangewezen de categorieën inrichtingen in bijlage I, onderdeel D.
4. In afwijking van het eerste lid heeft de aanwijzing geen betrekking op inrichtingen voor de uitoefening van detailhandel, voor zover die aanwijzing uitsluitend zou gelden omdat in de inrichting stoffen, preparaten of andere producten worden op- of overgeslagen, die zijn genoemd in bijlage I, onderdeel C, onder de categorieën 4.1, onder b tot en met f, 6.1, 8.1, 9.1, 11.1, met uitzondering van asbest en asbesthoudende producten, 12.1, 15 of 16.1.

Art. 2.2 Brandveilig gebruiken van een bouwwerk
1. Als categorieën gevallen als bedoeld in artikel 2.1, eerste lid, onder d, van de wet worden aangewezen:

Omgevingsrecht, brandveilig gebruik bouwwerk

a. het in gebruik nemen of gebruiken van een bouwwerk waarin bedrijfsmatig of in het kader van verzorging nachtverblijf zal worden verschaft aan meer dan 10 personen, dan wel het in afwijking daarvan bij de bouwverordening, bedoeld in artikel 8 van de Woningwet, bepaalde aantal personen;
b. het in gebruik nemen of gebruiken van een bouwwerk waarin dagverblijf zal worden verschaft aan:
1°. meer dan 10 personen jonger dan 12 jaar, of
2°. meer dan 10 lichamelijk of verstandelijk gehandicapte personen.
2. Bij de toepassing van het eerste lid wordt onder bouwwerk mede verstaan delen van een bouwwerk die zijn ontworpen of aangepast om afzonderlijk te worden gebruikt.

Art. 2.2a Activiteiten die van invloed kunnen zijn op de fysieke leefomgeving (milieu)
1. Als categorieën activiteiten als bedoeld in artikel 2.1, eerste lid, onder i, van de wet, voor zover deze plaatsvinden binnen een inrichting als bedoeld in artikel 1.1, derde lid, van de Wet milieubeheer worden aangewezen:

Omgevingsrecht, vergunningsplichtige activiteiten met invloed op milieu

a. de activiteit, bedoeld in categorie 18.4, 22.2, 32.1, 32.2, 32.3, 32.5, 32.7, 32.8, 35, 36, 37.1, 37.2, 38.1, 38.2, 38.3 en 41.1 van onderdeel D van de bijlage bij het Besluit milieueffectrapportage, met dien verstande dat deze aanwijzing niet van toepassing is in de gevallen waarin artikel 7.18 van de Wet milieubeheer van toepassing is;
b. de activiteit, bedoeld in categorie 18.8 van onderdeel D van de bijlage bij het Besluit milieueffectrapportage, met dien verstande dat deze aanwijzing niet van toepassing is in de gevallen waarin artikel 7.18 van de Wet milieubeheer van toepassing is;
c. de activiteit, bedoeld in categorie 14, van onderdeel D van de bijlage bij het Besluit milieueffectrapportage, in de gevallen waarin ten minste 51 en ten hoogste 100 paarden of pony's, behorend tot de diercategorieën genoemd in kolom 2, onder 12°, van categorie 14, worden gehouden, waarbij het aantal bijbehorende dieren in opfok jonger dan drie jaar niet wordt meegeteld, met dien verstande dat deze aanwijzing niet van toepassing is in de gevallen waarin artikel 7.18 van de Wet milieubeheer van toepassing is;

d. de activiteit, bedoeld in categorie 14, van onderdeel D van de bijlage bij het Besluit milieueffectrapportage, in de gevallen waarin ten minste 51 en ten hoogste 2.000 schapen of geiten, behorend tot de diercategorieën genoemd in kolom 2, onder 11°, van categorie14, worden gehouden, met dien verstande dat deze aanwijzing niet van toepassing is in de gevallen waarin artikel 7.18 van de Wet milieubeheer van toepassing is;
e. de activiteit, bedoeld in categorie 14, van onderdeel D van de bijlage bij het Besluit milieueffectrapportage, in de gevallen waarin ten minste 2.500 en ten hoogste 40.000 stuks pluimvee behorend tot de diercategorieën genoemd in kolom 2, onder 1°, van categorie 14, worden gehouden, met dien verstande dat deze aanwijzing niet van toepassing is in de gevallen waarin artikel 7.18 van de Wet milieubeheer van toepassing is;
f. de activiteit, bedoeld in categorie 14, van onderdeel D van de bijlage bij het Besluit milieueffectrapportage, in de gevallen waarin ten minste 51 en ten hoogste 2000 mestvarkens behorend tot de diercategorieën genoemd in kolom 2, onder 2°, van categorie 14, worden gehouden, met dien verstande dat deze aanwijzing niet van toepassing is in de gevallen waarin artikel 7.18 van de Wet milieubeheer van toepassing is;
g. de activiteit, bedoeld in categorie 14, van onderdeel D van de bijlage bij het Besluit milieueffectrapportage, in de gevallen waarin ten minste 51 en ten hoogste 750 zeugen behorend tot de diercategorieën genoemd in kolom 2, onder 3°, van categorie 14, worden gehouden, met dien verstande dat deze aanwijzing niet van toepassing is in de gevallen waarin artikel 7.18 van de Wet milieubeheer van toepassing is;
h. de activiteit, bedoeld in categorie 14, van onderdeel D, van de bijlage bij het Besluit milieueffectrapportage, in de gevallen waarin ten minste 500 en ten hoogste 3.750 gespeende biggen behorend tot de diercategorieën genoemd in kolom 2, onder 4°, van categorie 14, worden gehouden, met dien verstande dat deze aanwijzing niet van toepassing is in de gevallen waarin artikel 7.18 van de Wet milieubeheer van toepassing is;
i. de activiteit, bedoeld in categorie 14, van onderdeel D van de bijlage bij het Besluit milieueffectrapportage, in de gevallen waarin ten minste 51 en ten hoogste 1.200 vleesrunderen, behorend tot de diercategorieën genoemd in kolom 2, onder 10°, van categorie 14, worden gehouden, met dien verstande dat deze aanwijzing niet van toepassing is in de gevallen waarin artikel 7.18 van de Wet milieubeheer van toepassing is.
2. Als categorieën activiteiten als bedoeld in artikel 2.1, eerste lid, onder i, van de wet, voor zover deze plaatsvinden binnen een inrichting als bedoeld in artikel 1.1, derde lid, van de Wet milieubeheer worden tevens aangewezen:
a. het opslaan, verdichten, herverpakken, verkleinen en ontwateren van afvalstoffen voor zover daarmee uitvoering wordt gegeven aan titel 10.4 van de Wet milieubeheer en voor zover deze activiteiten zijn gericht op de verwijdering van afvalstoffen alsmede het mengen van gevaarlijke afvalstoffen met andere categorieën afvalstoffen voor zover daarmee uitvoering wordt gegeven aan titel 10.4 van de Wet milieubeheer en waarop artikel 10.54a, eerste lid, van die wet van toepassing is;
b. het opslaan van de volgende afvalstoffen afkomstig van de gezondheidszorg bij mens en dier en afkomstig van buiten de inrichting:
1°. infectueuze afvalstoffen,
2°. lichaamsdelen en organen, en
3°. afvalstoffen van cytotoxische en cytostatische geneesmiddelen;
c. het opslaan van ten hoogste 10.000 ton van buiten de inrichting afkomstige afvalstoffen, zijnde banden van voertuigen;
d. het demonteren van autowrakken als bedoeld in artikel 1.1, eerste lid, van het Activiteitenbesluit milieubeheer, anders dan de activiteiten met autowrakken, bedoeld in artikel 4.84, derde lid, van dat besluit;
e. het opslaan en opbulken van ten hoogste 10.000 ton kunststofafval, ingezameld bij of afgegeven door een andere persoon dan degene die de inrichting drijft, voor zover er geen sprake is van:
1°. kunststof die binnen de inrichting geschikt wordt gemaakt voor materiaalhergebruik, en
2°. activiteiten waarmee uitvoering wordt gegeven aan titel 10.4 van de Wet milieubeheer;
f. het mengen van afvalstoffen voor het vervaardigen van betonmortel of betonwaren binnen een inrichting als bedoeld in categorie 11.1, onder b, van onderdeel C van bijlage I;
g. het demonteren van wrakken van tweewielige motorvoertuigen, bedoeld in artikel 1.1, eerste lid, van het Activiteitenbesluit milieubeheer, anders dan de activiteiten met wrakken van tweewielige motorvoertuigen als bedoeld in artikel 4.84, derde lid, van dat besluit;
h. het opslaan van ten hoogste 50 ton verwijderd asbest en verwijderde asbesthoudende producten, ontstaan bij werkzaamheden die buiten de inrichting zijn verricht door degene die de inrichting drijft.
3. Als categorie activiteiten als bedoeld in artikel 2.1, eerste lid, onder i, van de wet, voor zover deze plaatsvinden binnen een inrichting als bedoeld in artikel 1.1, derde lid, van de Wet milieubeheer, wordt tevens aangewezen het oprichten, het veranderen of veranderen van de werking

of het in werking hebben van een inrichting als bedoeld in categorie 11.3, onderdeel c, onder 2° en 3°, van onderdeel C, van bijlage I.

4. Als categorieën activiteiten als bedoeld in artikel 2.1, eerste lid, onder i, van de wet, voor zover deze plaatsvinden binnen een inrichting als bedoeld in artikel 1.1, derde lid, van de Wet milieubeheer, niet zijnde een inrichting als bedoeld in artikel 1.1, derde lid, van de wet, wordt tevens aangewezen:

a. het oprichten of wijzigen van een dierenverblijf voor het houden van landbouwhuisdieren of het uitbreiden van het aantal landbouwhuisdieren in een of meer diercategorieën als bedoeld in de regeling op grond van artikel 1 van de Wet ammoniak en veehouderij voor zover sprake is van het houden van:

1°. ten minste 500 en ten hoogste 1.200 vleesrunderen behorend tot de diercategorieën A4 tot en met A7;
2°. ten minste 3.000 stuks pluimvee behorend tot de diercategorieën E1 tot en met E5, F1 tot en met F4, G1, G2 en J1;
3°. ten minste 900 varkens behorend tot de diercategorieën D1 tot en met D3, of
4°. ten minste 1.500 stuks pluimvee behorend tot de diercategorieën E1 tot en met E5, F1 tot en met F4, G1, G2 en J1, 500 gespeende biggen behorend tot de diercategorie D.1.1, of 500 landbouwhuisdieren anders dan pluimvee en gespeende biggen indien binnen de inrichting landbouwhuisdieren van meer dan een hoofdcategorie als bedoeld in de regeling op grond van artikel 1 van de Wet ammoniak en veehouderij worden gehouden;

b. het aanvangen met of het veranderen van het vervaardigen van betonmortel, het vervaardigen en bewerken van betonproducten en daarbij de op- en overslag van grind, zand, cement en vulstof en het breken van restproducten ten behoeve van de vervaardiging van betonmortel.

5. Als categorie activiteiten als bedoeld in artikel 2.1, eerste lid, onder i, van de wet, voor zover deze plaatsvinden binnen een inrichting als bedoeld in artikel 1.1, derde lid, van de Wet milieubeheer, wordt tevens aangewezen:

a. het aanvangen met de verwerking van polyesterhars,
b. verhogen van de capaciteit voor de verwerking van polyesterhars, of
c. veranderen van de manier van verwerking van polyesterhars.

6. Als categorie activiteiten als bedoeld in artikel 2.1, eerste lid, onder i, van de wet wordt tevens aangewezen het installeren van een gesloten bodemenergiesysteem met een bodemzijdig vermogen van 70 kW of meer, dan wel een gesloten bodemenergiesysteem met een bodemzijdig vermogen van minder dan 70 kW dat is gelegen binnen een interferentiegebied dat is aangewezen krachtens artikel 2.2b.

7. Als categorieën activiteiten als bedoeld in artikel 2.1, eerste lid, onder i, van de wet, voor zover deze plaatsvinden binnen een inrichting als bedoeld in artikel 1.1, derde lid, van de Wet milieubeheer, die in gebruik is bij de Nederlandse of een bondgenootschappelijke krijgsmacht, worden tevens aangewezen:

a. het oprichten van een voorziening waarin gevaarlijke stoffen van de ADR klasse 1.1 of 1.2 of meer dan 50 kilogram netto explosief gewicht van klasse 1.3 worden opgeslagen;
b. het uitbreiden van de hoeveelheid opgeslagen gevaarlijke stoffen van de ADR klasse 1.1 of 1.2 per opslagvoorziening;
c. het uitbreiden van de hoeveelheid opgeslagen gevaarlijke stoffen van de ADR klasse 1.3 per opslagvoorziening, indien na uitbreiding meer dan 50 kilogram netto explosief gewicht van deze klasse aanwezig is;
d. het veranderen van de bouwkundige staat van een voorziening waarin gevaarlijke stoffen van de ADR klasse 1.1 of 1.2 of meer dan 50 kilogram netto explosief gewicht van klasse 1.3 worden opgeslagen.

8. Als categorie activiteiten als bedoeld in artikel 2.1, eerste lid, onder i, van de wet, voor zover deze plaatsvinden binnen een inrichting als bedoeld in artikel 1.1, derde lid van de Wet milieubeheer, wordt tevens aangewezen het oprichten van een installatie voor het vergisten van uitsluitend dierlijke mest met een verwerkingscapaciteit van ten hoogste 25.000 kubieke meter per jaar, alsmede het uitbreiden van de capaciteit van de installatie, het uitbreiden van de opslagcapaciteit voor vergistinggas of het wijzigen of uitbreiden van de bewerking van vergistinggas bij een dergelijke installatie.

9. Het eerste tot en met het achtste lid zijn niet van toepassing indien de activiteit deel uitmaakt van een IPPC-installatie.

Art. 2.2aa Activiteiten die van invloed kunnen zijn op de fysieke leefomgeving (Natura 2000-activiteiten en flora- en fauna-activiteiten)

Als categorie activiteiten als bedoeld in artikel 2.1, eerste lid, onder i, van de wet, worden tevens aangewezen:

a. het realiseren van een project als bedoeld in artikel 2.7, tweede lid, van de Wet natuurbescherming, behoudens de gevallen, bedoeld in de artikelen 2.9, eerste en tweede lid, of 9.4, eerste, achtste of negende lid, van die wet, artikel 9, vijfde lid, van de Spoedwet wegverbreding of artikel 13, achtste lid, van de Tracéwet, voor zover dat project, onderscheidenlijk die handeling bestaat

Omgevingsrecht, vergunningsplichtige Natura 2000-activiteiten en flora- en fauna-activiteiten

uit een activiteit waarop het verbod, bedoeld in artikel 2.1, eerste lid, onderdelen a tot en met h of in artikel 2.2 van de wet, of bedoeld in artikel 2.1, eerste lid, onderdeel i, van de wet in samenhang met artikel 2.2a van toepassing is en voor zover voor dat project geen vergunning als bedoeld in artikel 2.7, tweede lid, van de Wet natuurbescherming is aangevraagd of verleend;

b. het verrichten van een handeling als bedoeld in de artikelen 3.1, 3.5 of 3.10, eerste lid, van de Wet natuurbescherming, behoudens de gevallen, bedoeld in de artikelen 3.3, tweede of zevende lid, 3.8, tweede of zevende lid, 3.10, tweede of derde lid, of 3.31, eerste lid, voor zover die handeling bestaat uit een activiteit waarop het verbod, bedoeld in artikel 2.1, eerste lid, onderdelen a tot en met h of in artikel 2.2 van de wet, of bedoeld in artikel 2.1, eerste lid, onderdeel i, van de wet in samenhang met artikel 2.2a van toepassing is en voor zover voor die handeling geen ontheffing als bedoeld in artikel 3.3, eerste lid, 3.8, eerste lid of 3.10, tweede lid in samenhang met 3.8, eerste lid, is aangevraagd of verleend.

Art. 2.2b

Omgevingsrecht, aanwijzing interferentiegebied

1. Ter voorkoming van interferentie tussen gesloten of open bodemenergiesystemen onderling of anderszins ter bevordering van een doelmatig gebruik van bodemenergie, kan bij gemeentelijke verordening een interferentiegebied als bedoeld in artikel 2.2a, zesde lid, worden aangewezen.
2. In afwijking van het eerste lid kan een interferentiegebied bij provinciale verordening worden aangewezen indien zulks bijzonder aangewezen is uit een oogpunt van provinciaal beleid met betrekking tot doelmatig gebruik van bodemenergie.

§ 2.2
Aanwijzing van categorieën gevallen waarin geen omgevingsvergunning is vereist

Art. 2.3 Bouwen en planologische gebruiksactiviteiten

Omgevingsrecht, vergunningsvrije inrichtingen/gevallen

1. In afwijking van artikel 2.1, eerste lid, aanhef en onder a, van de wet is geen omgevingsvergunning vereist voor de categorieën gevallen in artikel 3 in samenhang met artikel 5 van bijlage II.
2. In afwijking van artikel 2.1, eerste lid, aanhef en onder a of c, van de wet is geen omgevingsvergunning vereist voor de categorieën gevallen in artikel 2 in samenhang met artikel 5 en artikel 8 van bijlage II.

Art. 2.4 Veranderen van een inrichting

Vergunningsvrije inrichtingen/gevallen, verandering

1. In afwijking van artikel 2.1, eerste lid, aanhef en onder e, onder 2°, van de wet is geen omgevingsvergunning vereist met betrekking tot veranderingen van de inrichting of van de werking daarvan die in overeenstemming zijn met de voor de inrichting verleende vergunning en de daaraan verbonden voorschriften.
2. In afwijking van artikel 2.1, eerste lid, aanhef en onder e, onder 2°, van de wet is geen omgevingsvergunning vereist met betrekking tot veranderingen van de inrichting of van de werking daarvan voor zover die veranderingen betrekking hebben op een activiteit die geen deel uitmaakt van een IPPC-installatie en op die activiteit hoofdstuk 3 van het Activiteitenbesluit milieubeheer van toepassing is, tenzij het betreft veranderingen:
a. waarop paragraaf 3.5.8 van dat besluit van toepassing is, of
b. van een activiteit, aangewezen in bijlage I, onderdeel C, categorie 1.4, onder a.

Art. 2.5 Mijnbouwwerken

Vergunningsvrije inrichtingen/gevallen, mijnbouwwerken

In afwijking van artikel 2.1, eerste lid, aanhef en onder e, van de wet is geen omgevingsvergunning vereist met betrekking tot mijnbouwwerken als bedoeld in artikel 4, eerste lid, van het Besluit algemene regels milieu mijnbouw, met uitzondering van installaties:
a. waarmee een boorgat wordt aangelegd, gewijzigd of uitgebreid of
b. die zijn geplaatst bij of verbonden met een voor winning bestemd mijnbouwwerk.

Art. 2.5a Monumenten

Vergunningsvrije inrichtingen/gevallen, monumenten

In afwijking van artikel 2.1, eerste lid, aanhef en onder f, van de wet is geen omgevingsvergunning vereist voor de categorieën gevallen in artikel 3a van bijlage II.

Art. 2.6 Slopen

Vergunningsvrije inrichtingen/gevallen, slopen

In afwijking van artikel 2.1, eerste lid, aanhef en onder g en h, van de wet is geen omgevingsvergunning vereist voor het slopen van:
a. bouwwerken waarvoor ingevolge artikel 2.3 geen vergunning voor het bouwen daarvan is vereist;
b. seizoensgebonden bouwwerken.

§ 2.3
Aanwijzing van categorieën planologische gebruiksactiviteiten waarvoor een omgevingsvergunning kan worden verleend als bedoeld in artikel 2.12, eerste lid, onder a, onder 2°, van de wet en waarvoor een beoordeling van de gevolgen voor de luchtkwaliteit is vereist

Art. 2.7 Planologische gebruiksactiviteiten
Als categorieën gevallen als bedoeld in artikel 2.12, eerste lid, onder a, onder 2°, van de wet worden aangewezen de categorieën gevallen in artikel 4 van bijlage II.

Omgevingsrecht, planologische gebruiksactiviteiten

Art. 2.8 Luchtkwaliteit
Als categorieën gevallen als bedoeld in artikel 5.16, tweede lid, onder g, van de Wet milieubeheer waarbij bij het verlenen van een omgevingsvergunning met toepassing van artikel 2.12, eerste lid, onder a, onder 2°, van de wet een beoordeling van de gevolgen voor de luchtkwaliteit als bedoeld in artikel 5.16, eerste lid, van de Wet milieubeheer is vereist, worden aangewezen de categorieën gevallen, bedoeld in artikel 4, onderdelen 9 en 11, van bijlage II.

Omgevingsvergunning, beoordeling gevolgen luchtkwaliteit

§ 2.4
Nadere regels over planologische gebruiksactiviteiten

Art. 2.9 Strijdige planologische gebruiksactiviteiten bij bouw bijbehorend bouwwerk
Bij de vaststelling of het bouwen van een bijbehorend bouwwerk als bedoeld in artikel 1, eerste lid, van bijlage II in achtererfgebied als bedoeld in dat artikellid al dan niet in strijd is met het bestemmingsplan of de beheersverordening, worden reeds aanwezige bijbehorende bouwwerken in het bebouwingsgebied, bedoeld in dat artikellid, in mindering gebracht op het door het bestemmingsplan of de beheersverordening toegestane maximum van die bouwwerken.

Achtererfgebied, maximum aantal bouwwerken

Hoofdstuk 3
Bevoegd gezag

Art. 3.1 Ruimtelijke ordening
Gedeputeerde staten van de provincie waar het project in hoofdzaak zal worden of wordt uitgevoerd, zijn bevoegd te beslissen op een aanvraag indien het project bestaat uit activiteiten als bedoeld in:
a. artikel 2.1, eerste lid, onder a, b, c of g, van de wet in gevallen waarin toepassing is gegeven aan artikel 3.26, vierde lid, van de Wet ruimtelijke ordening;
b. artikel 2.1, eerste lid, onder c, van de wet en waarbij ten behoeve van de verwezenlijking van een project van provinciaal belang, met toepassing van artikel 2.12, eerste lid, onder a, onder 2°, voor zover het betreft de opvang van asielzoekers of andere categorieën vreemdelingen, en onder 3°, van de wet, van het bestemmingsplan of de beheersverordening wordt afgeweken.

Bevoegd gezag, ruimtelijke ordening

Art. 3.2 Ruimtelijke ordening
Onze Minister of Onze Minister wie het aangaat in overeenstemming met Onze Minister, is bevoegd te beslissen op een aanvraag indien het project bestaat uit activiteiten als bedoeld in:
a. artikel 2.1, eerste lid, onder a, b, c of g, van de wet in gevallen waarin toepassing is gegeven aan artikel 3.28, vierde lid, van de Wet ruimtelijke ordening;
b. artikel 2.1, eerste lid, onder c, en waarbij ten behoeve van de verwezenlijking van een project van nationaal belang, met toepassing van artikel 2.12, eerste lid, onder a, onder 2°, voor zover het betreft de opvang van asielzoekers of andere categorieën vreemdelingen, en onder 3°, van de wet, van het bestemmingsplan of de beheersverordening wordt afgeweken.

Art. 3.3 Inrichting en mijnbouwwerk
1. Gedeputeerde staten van de provincie waar het betrokken project in hoofdzaak zal worden of wordt uitgevoerd, zijn bevoegd te beslissen op:
a. elke aanvraag die betrekking heeft op activiteiten met betrekking tot een inrichting waarop het Besluit risico's zware ongevallen 2015 van toepassing is of waartoe een installatie behoort voor een industriële activiteit als bedoeld in bijlage I, categorie 4, van richtlijn 2010/75/EU van het Europees Parlement en de Raad van 24 november 2010 inzake industriële emissies (PbEU L334);
b. overige aanvragen die betrekking hebben op activiteiten met betrekking tot inrichtingen die behoren tot een categorie ten aanzien waarvan dat in bijlage I, onderdeel C, is bepaald, voor zover het betreft activiteiten met betrekking tot een inrichting waartoe een IPPC-installatie behoort.

Bevoegd gezag, inrichting en mijnbouwwerk

2. Onze Minister is bevoegd te beslissen op een aanvraag die betrekking heeft op:
a. activiteiten met betrekking tot een inrichting als bedoeld in categorie 29.3 van bijlage I, onderdeel C;

b. activiteiten als bedoeld in artikel 2.1, eerste lid, onder e, van de wet, met betrekking tot een inrichting als bedoeld in categorie 29.1 van bijlage I, onderdeel C;
c. een categorie activiteiten als bedoeld in artikel 2.2a, zevende lid.

3. Onze Minister van Verkeer en Waterstaat is bevoegd, in overeenstemming met Onze Minister, te beslissen op een aanvraag die betrekking heeft op activiteiten met betrekking tot een inrichting die behoort tot een categorie die in bijlage I, onderdeel C, is aangewezen en die geheel of in hoofdzaak zal zijn of is gelegen op of in de territoriale zee op een plaats die niet deel uitmaakt van een gemeente of provincie, tenzij het vierde lid van toepassing is.

4. Onze Minister van Economische Zaken is bevoegd te beslissen op een aanvraag die betrekking heeft op:
a. een inrichting die in hoofdzaak een mijnbouwwerk is, en
b. mijnbouwwerken, niet zijnde inrichtingen.

Art. 3.3a
[Vervallen]

Art. 3.4 Gesloten stortplaats

Bevoegd gezag, gesloten stortplaats

Gedeputeerde staten van de provincie waar het project in hoofdzaak zal worden of wordt uitgevoerd, zijn bevoegd te beslissen op een aanvraag die betrekking heeft op een activiteit in, op, onder of over een plaats waar de in artikel 8.49 van de Wet milieubeheer bedoelde zorg met betrekking tot een gesloten stortplaats wordt uitgevoerd.

Art. 3.5 Gevallen waarin het bevoegd gezag wijzigt

Bevoegd gezag, wijziging

Indien de bevoegdheid te beslissen op een aanvraag overgaat naar een ander bestuursorgaan, zendt het bestuursorgaan dat het bevoegd gezag wordt, hiervan een kennisgeving aan de aanvrager of de vergunninghouder.

Hoofdstuk 4
De aanvraag

§ 4.1
Wijze waarop een aanvraag wordt ingediend

Art. 4.1 Aanvraag

Omgevingsvergunning, indienen aanvraag

1. Een aanvraag kan langs elektronische weg worden ingediend op een bij ministeriële regeling voorgeschreven wijze.

Art. 4.2 Schriftelijke aanvraag

Omgevingsvergunning, schriftelijk indienen aanvraag

1. Indien een aanvraag niet langs elektronische weg wordt ingediend, wordt gebruik gemaakt van een door Onze Minister vastgesteld formulier. Het bevoegd gezag stelt op verzoek van de aanvrager het formulier aan hem ter beschikking.
2. Het bevoegd gezag bepaalt het aantal exemplaren dat van de aanvraag en de daarbij te overleggen gegevens en bescheiden wordt ingediend, met een maximum van vier.
3. In gevallen waarin ingevolge hoofdstuk 6 meer dan twee adviezen of verklaringen van geen bedenkingen zijn voorgeschreven, verstrekt de aanvrager op verzoek van het bevoegd gezag even zoveel extra exemplaren van de aanvraag en de daarbij te verstrekken gegevens en bescheiden.

Art. 4.3 Elektronische aanvraag

Omgevingsvergunning, elektronisch indienen aanvraag

1. In afwijking van artikel 2:15, eerste en tweede lid, van de Algemene wet bestuursrecht, neemt het bevoegd gezag een aanvraag die langs elektronische weg wordt ingediend, in ontvangst.
2. Indien een aanvraag langs elektronische weg wordt ingediend, worden de daarbij te verstrekken gegevens en bescheiden eveneens langs elektronische weg verstrekt. De aanvrager kan de gegevens en bescheiden op schriftelijke wijze verstrekken, voor zover het bevoegd gezag daarvoor toestemming heeft gegeven.

Nadere regels

3. Bij ministeriële regeling worden nadere regels gesteld met betrekking tot de wijze waarop een aanvraag langs elektronische weg wordt ingediend alsmede met betrekking tot het beheer van de in de landelijke voorziening opgenomen gegevens en bescheiden.
4. Bij ministeriële regeling kunnen regels worden gesteld met betrekking tot de inrichting, instandhouding, werking en beveiliging van de landelijke voorziening.

§ 4.2
Gegevens en bescheiden

Art. 4.4 Algemeen

Omgevingsvergunning, verstrekken gegevens/bescheiden bij aanvraag

1. Onverminderd artikel 4:2, tweede lid, van de Algemene wet bestuursrecht en voor zover dat naar het oordeel van het bevoegd gezag nodig is voor het nemen van de beslissing op de aanvraag, verstrekt de aanvrager bij de aanvraag de bij ministeriële regeling aangewezen gegevens

en bescheiden ten aanzien van de activiteiten binnen het project waarop de aanvraag betrekking heeft.
2. De in het eerste lid bedoelde gegevens en bescheiden behoeven niet te worden verstrekt voor zover het bevoegd gezag reeds over die gegevens of bescheiden beschikt.
3. De gegevens en bescheiden worden door de aanvrager gekenmerkt als behorende bij de aanvraag.

Art. 4.5 Gefaseerde aanvraag
1. Indien de aanvrager het bevoegd gezag heeft verzocht de omgevingsvergunning in twee fasen te verlenen, kan hij bij de aanvraag om een beschikking voor de eerste onderscheidenlijk tweede fase volstaan met het verstrekken van de gegevens en bescheiden die betrekking hebben op de activiteiten waarop de betrokken aanvraag ziet. *(Omgevingsvergunning, gefaseerde aanvraag)*
2. Bij de aanvraag om een beschikking met betrekking tot de eerste fase vermeldt de aanvrager uit welke activiteiten het gehele project zal bestaan.
3. Indien ten behoeve van een omgevingsvergunning een milieueffectrapport moet worden opgesteld als bedoeld in hoofdstuk 7 van de Wet milieubeheer, wordt dit milieueffectrapport ingediend bij de aanvraag om een beschikking met betrekking tot de eerste fase. *(Omgevingsvergunning, milieueffectrapport)*

Art. 4.6 Inrichtingen waarop BRZO van toepassing is
Indien de aanvraag betrekking heeft op een lagedrempelinrichting als bedoeld in artikel 1, eerste lid, van het Besluit risico's zware ongevallen 2015, kan Onze Minister in overeenstemming met Onze Ministers van Binnenlandse Zaken en Koninkrijksrelaties en van Sociale Zaken en Werkgelegenheid nadere regels stellen met betrekking tot de gegevens en bescheiden die bij de aanvraag worden verstrekt. *(Omgevingsvergunning, lagedrempelinrichting BRZO)*

Art. 4.7 Uitgestelde gegevensverstrekking
1. Aan de omgevingsvergunning voor een bij ministeriële regeling aangewezen activiteit kunnen, indien gegevens en bescheiden niet nodig waren met het oog op het nemen van de beslissing op de aanvraag, voorschriften worden verbonden met betrekking tot het alsnog verstrekken van die gegevens en bescheiden binnen een bij die regeling aangegeven termijn. *(Omgevingsvergunning voor activiteit, uitgestelde gegevensverstrekking bij aanvraag)*
2. Bij ministeriële regeling kunnen nadere regels worden gesteld met betrekking tot de toepassing van het eerste lid. *(Nadere regels)*

§ 4.3
Gegevens bij de overgang van een omgevingsvergunning

Art. 4.8 Melding
Bij een melding als bedoeld in artikel 2.25, tweede lid, van de wet, vermeldt de aanvrager onderscheidenlijk de vergunninghouder: *(Overgang omgevingsvergunning, aanvraaggegevens)*
a. zijn naam en adres;
b. de omgevingsvergunning of omgevingsvergunningen krachtens welke de activiteiten worden verricht;
c. de naam, het adres en het telefoonnummer van degene voor wie de omgevingsvergunning zal gaan gelden;
d. een contactpersoon van degene voor wie de omgevingsvergunning zal gaan gelden;
e. het beoogde tijdstip dat de omgevingsvergunning zal gaan gelden voor de onder c bedoelde persoon.

§ 4.4
Heffen van rechten

Art. 4.9 Rechten
Bij ministeriële regeling kunnen regels worden gesteld omtrent het heffen van rechten als bedoeld in artikel 2.9 van de wet, in gevallen waarin het Onzer ministers bevoegd gezag is. *(Nadere regels)*

Art. 4.10 (vrijstelling heffing rechten voor aanvraag omgevingsvergunning voor activiteiten als bedoeld in artikel 2.1, eerste lid, onder i, van de wet)
Als categorieën gevallen als bedoeld in artikel 2.9a, eerste lid, van de wet worden aangewezen de activiteiten, bedoeld in artikel 2.2a. *(Omgevingsvergunning, vrijstelling rechten voor aanvraag)*

Hoofdstuk 5
De inhoud van de omgevingsvergunning

§ 5.1
Regels met betrekking tot bouwen en archeologische monumentenzorg

Art. 5.1 Bouwen

Omgevingsvergunning voor bouwwerk, voorschriften i.v.m. oprichting/gebruik/sloop

Voor zover de aanvraag betrekking heeft op het bouwen van een seizoensgebonden bouwwerk, wordt aan de omgevingsvergunning in ieder geval het voorschrift verbonden, inhoudende een verplichting het bouwwerk binnen daarbij aan te geven tijdvakken onderscheidenlijk op te richten, te gebruiken en te slopen.

Art. 5.2 Archeologische monumentenzorg

Omgevingsvergunning voor activiteit, voorschriften i.v.m. archeologische monumentenzorg

1. Voor zover de aanvraag betrekking heeft op een activiteit als bedoeld in artikel 2.1, eerste lid, onder a, van de wet, kunnen, indien dit bij het bestemmingsplan is bepaald, in het belang van de archeologische monumentenzorg in ieder geval voorschriften aan de omgevingsvergunning worden verbonden, inhoudende een verplichting:
   a. tot het treffen van technische maatregelen waardoor monumenten in de bodem kunnen worden behouden,
   b. tot het verrichten van een opgraving als bedoeld in artikel 1.1 van de Erfgoedwet, of
   c. de activiteit die tot bodemverstoring leidt, te laten begeleiden door een deskundige op het terrein van de archeologische monumentenzorg die voldoet aan bij die voorschriften te stellen kwalificaties.
2. Voor zover de aanvraag betrekking heeft op een activiteit als bedoeld in artikel 2.1, eerste lid, onder b of c, van de wet, kunnen in het belang van de archeologische monumentenzorg in ieder geval voorschriften aan de omgevingsvergunning worden verbonden, inhoudende een verplichting:
   a. tot het treffen van technische maatregelen waardoor monumenten in de bodem kunnen worden behouden,
   b. tot het verrichten van een opgraving als bedoeld in artikel 1.1 van de Erfgoedwet, of
   c. de activiteit die tot bodemverstoring leidt, te laten begeleiden door een deskundige op het terrein van de archeologische monumentenzorg die voldoet aan bij die voorschriften te stellen kwalificaties.
3. Voor zover de aanvraag betrekking heeft op een activiteit als bedoeld in artikel 2.1, eerste lid, onder h, van de wet, kunnen in het belang van de archeologische monumentenzorg voorschriften worden verbonden met betrekking tot de wijze van slopen.

§ 5.2
Regels met betrekking tot inrichtingen en mijnbouwwerken

§ 5.2.1
Aan een vergunning te verbinden voorschriften

Art. 5.3 Begripsbepaling

Omgevingsvergunning voor inrichtingen/mijnbouwwerken, voorschriften

1. Deze subparagraaf heeft betrekking op een omgevingsvergunning voor een activiteit als bedoeld in artikel 2.1, eerste lid, onder e, van de wet.

2. In deze paragraaf wordt onder bevoegd gezag verstaan: bestuursorgaan dat bevoegd is tot het nemen van een besluit ten aanzien van een aanvraag om een omgevingsvergunning of ten aanzien van een al verleende omgevingsvergunning, dan wel, in gevallen waarin een vergunning krachtens artikel 6.2 van de Waterwet is aangevraagd, bestuursorgaan dat bevoegd is die vergunning te verlenen.

Art. 5.4 Bepalen van de beste beschikbare technieken

Omgevingsvergunning voor inrichtingen/mijnbouwwerken, best beschikbare technieken

1. Het bevoegd gezag houdt bij de bepaling van de voor een inrichting of met betrekking tot een lozing in aanmerking komende beste beschikbare technieken rekening met BBT-conclusies en bij ministeriële regeling aangewezen informatiedocumenten over beste beschikbare technieken.
2. Indien op een activiteit of op een type productieproces binnen de inrichting, waarvoor een vergunning is aangevraagd, geen BBT-conclusies of informatiedocumenten als bedoeld in het eerste lid van toepassing zijn, of indien de van toepassing zijnde BBT-conclusies of informatiedocumenten niet alle mogelijke milieueffecten van de activiteit of het proces behandelen, stelt het bevoegd gezag de beste beschikbare technieken vast.
3. Bij het vaststellen van de beste beschikbare technieken houdt het bevoegd gezag in ieder geval rekening met:
   a. de toepassing van technieken die weinig afvalstoffen veroorzaken;

Besluit omgevingsrecht A68 art. 5.5

b. de toepassing van stoffen die minder gevaarlijk zijn dan stoffen of mengsels als omschreven in artikel 3 van de EG-verordening indeling, etikettering en verpakking van stoffen en mengsels;
c. de ontwikkeling, waar mogelijk, van technieken voor de terugwinning en het opnieuw gebruiken van de bij de processen in de inrichting uitgestoten en gebruikte stoffen en van afvalstoffen;
d. vergelijkbare processen, apparaten of wijzen van bedrijfsvoering die met succes in de praktijk zijn beproefd;
e. de vooruitgang van de techniek en de ontwikkeling van de wetenschappelijke kennis;
f. de aard, de effecten en de omvang van de betrokken emissies;
g. de data waarop de installaties in de inrichting in gebruik zijn of worden genomen;
h. de tijd die nodig is om een betere techniek toe te gaan passen;
i. het verbruik en de aard van de grondstoffen, met inbegrip van water, en de energie-efficiëntie;
j. de noodzaak om het algemene effect van de emissies op en de risico's voor het milieu te voorkomen of tot een minimum te beperken;
k. de noodzaak ongevallen te voorkomen en de gevolgen daarvan voor het milieu te beperken.
4. Bij regeling van Onze Minister worden nadere regels gesteld omtrent de wijze waarop aan dit artikel uitvoering wordt gegeven.

Art. 5.4a Geologische opslag van kooldioxide
1. Voor zover de aanvraag om een omgevingsvergunning betrekking heeft op een stookinstallatie met een nominaal elektrisch vermogen van 300 MW of meer, beoordeelt het bevoegd gezag of het afvangen en comprimeren van kooldioxide en het transporteren daarvan naar een geschikte opslaglocatie in technisch en economisch opzicht haalbaar is. Bij de beoordeling worden de belangen van de bescherming van het milieu en de volksgezondheid in acht genomen. Omgevingsvergunning voor inrichtingen/mijnbouwwerken, geologische opslag kooldioxide
2. Indien het bevoegd gezag van oordeel is dat het afvangen, comprimeren en transporteren van kooldioxide haalbaar is, verbindt het aan de vergunning het voorschrift dat binnen de inrichting geschikte ruimte wordt vrijgemaakt of vrijgehouden om kooldioxide af te vangen, te comprimeren en te transporteren.

Art. 5.5 Doelvoorschriften
1. De voorschriften die aan een omgevingsvergunning worden verbonden, geven de doeleinden aan die de vergunninghouder in het belang van de bescherming van het milieu dient te verwezenlijken op een door hem te bepalen wijze. Omgevingsvergunning voor inrichtingen/mijnbouwwerken, doelvoorschriften
2. Bij de voorschriften worden emissiegrenswaarden gesteld voor de stoffen, genoemd in bijlage II bij de EU-richtlijn industriële emissies, en voor andere stoffen die in aanmerkelijke hoeveelheden uit de inrichting kunnen vrijkomen en die direct of door overdracht tussen milieucompartimenten nadelige gevolgen voor het milieu kunnen veroorzaken.
3. Bij het vaststellen van de emissiegrenswaarden wordt uitgegaan van de emissies op het punt waar zij de bron, in voorkomend geval na reiniging, verlaten, tenzij dat redelijkerwijs niet mogelijk is. De emissiegrenswaarden worden vastgesteld zonder rekening te houden met een mogelijke voorafgaande verdunning. Bij het vaststellen van emissiegrenswaarden voor afvalwater dat in een voorziening voor de inzameling en het transport van afvalwater wordt gebracht, kan rekening worden gehouden met het effect van een zuiveringstechnisch werk waarop die voorziening is aangesloten, voor zover daarvan geen nadeliger gevolgen voor het milieu zijn te verwachten.
4. Aan een omgevingsvergunning kunnen voorschriften worden verbonden, en voor zover die vergunning betrekking heeft op een IPPC-installatie worden daaraan in ieder geval voorschriften verbonden, inhoudende dat:
a. door monitoring of op een andere wijze wordt bepaald of aan de vergunningvoorschriften, bedoeld in het eerste en tweede lid, wordt voldaan, waarbij:
1°. de wijze van bepaling wordt aangegeven, die ten minste betrekking heeft op de methode en frequentie van de bepaling en de procedure voor de beoordeling van de bij die bepaling verkregen gegevens, en die tevens betrekking kan hebben op de organisatie van die bepalingen en beoordelingen en op de registratie van die gegevens en de resultaten van die beoordeling;
2°. monitoringseisen worden gebaseerd op voor die IPPC-installatie relevante BBT-conclusies en bij ministeriële regeling aangewezen informatiedocumenten over beste beschikbare technieken;
b. de bij die bepaling verkregen gegevens aan het bevoegd gezag regelmatig en ten minste jaarlijks moeten worden gemeld of ter inzage gegeven of anderszins ter beschikking moeten worden gesteld van het bevoegd gezag.
5. In afwijking van het vierde lid, onder b, worden geen voorschriften aan de omgevingsvergunning verbonden met betrekking tot het ter beschikking stellen van gegevens als bedoeld in dat onderdeel, voor zover die gegevens krachtens titel 12.3 van de Wet milieubeheer moeten worden opgenomen in een PRTR-verslag dat ten behoeve van een bestuursorgaan moet worden opgesteld, of daardoor anderszins strijd ontstaat met het gestelde bij of krachtens die titel.

6. De ingevolge het tweede of derde lid vastgestelde emissiegrenswaarden waarborgen dat de emissies onder normale bedrijfsomstandigheden niet hoger zijn dan de met de beste beschikbare technieken geassocieerde emissieniveaus zoals vastgesteld in BBT-conclusies.

7. In afwijking van het zesde lid kan het bevoegd gezag in specifieke gevallen minder strenge emissiegrenswaarden vaststellen, indien het halen van de met de beste beschikbare technieken geassocieerde emissieniveaus zoals vastgesteld in de BBT-conclusies zou leiden tot buitensporig hogere kosten in verhouding tot de milieuvoordelen, als gevolg van:
a. de geografische ligging van de betrokken inrichting,
b. de lokale milieuomstandigheden, of
c. de technische kenmerken van de betrokken installatie.

8. Voor de toepassing van het zesde en zevende lid wordt onder met de beste beschikbare technieken geassocieerde emissieniveaus verstaan: bandbreedte van emissieniveaus verkregen in normale bedrijfsomstandigheden met gebruikmaking van een beste beschikbare techniek of een combinatie van beste beschikbare technieken als omschreven in de BBT-conclusies, uitgedrukt als een gemiddelde over een bepaalde periode, in specifieke referentieomstandigheden.

Art. 5.6 Technische maatregelen

Omgevingsvergunning voor inrichtingen/mijnbouwwerken, technische maatregelen

1. Het bevoegd gezag verbindt op basis van de aanvraag aan de omgevingsvergunning voorschriften, inhoudende de verplichting tot het treffen van technische maatregelen of de naleving van gelijkwaardige parameters. Voor zover die voorschriften betrekking hebben op een IPPC-installatie, wordt daarbij niet het gebruik van bepaalde technieken of technologieën voorgeschreven.

2. Indien voorschriften als bedoeld in het eerste lid aan de omgevingsvergunning worden verbonden in plaats van voorschriften als bedoeld in artikel 5.5, eerste en tweede lid, leiden de technische maatregelen of gelijkwaardige parameters tot een gelijkwaardige bescherming van het milieu.

3. Voor zover aan een omgevingsvergunning voorschriften worden verbonden als bedoeld in het eerste lid, kunnen daaraan in ieder geval ook voorschriften worden verbonden, inhoudende dat:
a. over de uitvoering van technische maatregelen waartoe die voorschriften verplichten, verslag wordt gedaan aan het bevoegd gezag;
b. daarbij aangegeven metingen, berekeningen of tellingen moeten worden verricht ter bepaling van de mate waarin de inrichting de nadelige gevolgen voor het milieu veroorzaakt, ter voorkoming of beperking waarvan die voorschriften zijn bedoeld.

Schakelbepaling

4. Voor zover aan een omgevingsvergunning voorschriften worden verbonden als bedoeld in het derde lid, is artikel 5.5, vierde lid, aanhef en onder b, van overeenkomstige toepassing.

Art. 5.7 Overige voorschriften

Omgevingsvergunning voor inrichtingen/mijnbouwwerken, milieubeschermende voorschriften

1. Aan de omgevingsvergunning worden in ieder geval de in aanmerking komende voorschriften verbonden met betrekking tot:
a. een doelmatig gebruik van energie en grondstoffen;
b. de bescherming van bodem en grondwater, alsmede het regelmatig bijhouden en bewaken van maatregelen die worden genomen ter voorkoming van emissies in de bodem en het grondwater, gebaseerd op een systematische evaluatie van het risico op nadelige gevolgen voor het milieu;
c. het voorkomen van het ontstaan van afvalstoffen en afvalwater en, voor zover dat niet mogelijk is, het doelmatig beheer alsmede de monitoring van afvalstoffen en afvalwater;
d. het beperken van de nadelige gevolgen voor het milieu van het verkeer van personen of goederen in en naar de inrichting;
e. het voorkomen dan wel zo veel mogelijk beperken van door de inrichting veroorzaakte grootschalige of grensoverschrijdende verontreinigingen;
f. het voorkomen dan wel zo veel mogelijk beperken van de nadelige gevolgen voor het milieu, die kunnen worden veroorzaakt door opstarten, lekken, storingen, korte stilleggingen, definitieve bedrijfsbeëindiging of andere bijzondere bedrijfsomstandigheden;
g. het voorkomen van ongevallen en het beperken van de gevolgen van ongevallen;
h. het treffen van maatregelen om bij definitieve beëindiging van de inrichting of de IPPC-installatie de nadelige gevolgen die de inrichting onderscheidenlijk de IPPC-installatie heeft veroorzaakt voor het terrein waarop zij was gevestigd, ongedaan te maken of te beperken voor zover dat nodig is om dat terrein weer geschikt te maken voor een volgende functie;
i. voorwaarden voor het beoordelen van de naleving van de emissiegrenswaarden of een verwijzing naar de elders omschreven toepasselijke eisen.

2. Aan de omgevingsvergunning kunnen in het belang van de bescherming van het milieu andere voorschriften worden verbonden. Die voorschriften kunnen in ieder geval inhouden:
a. dat daarbij aangegeven metingen, berekeningen of tellingen – andere dan bedoeld in de artikelen 5.5 en 5.6 – moeten worden verricht ter bepaling van de mate waarin de inrichting nadelige gevolgen voor het milieu veroorzaakt;

Besluit omgevingsrecht   **A68** art. 5.8

b. dat in een mate als bij het voorschrift aangegeven, onderzoek moet worden verricht naar mogelijkheden tot verdergaande bescherming van het milieu dan waarin de andere aan de omgevingsvergunning verbonden voorschriften voorzien;
c. dat de uitkomsten van daarbij aangegeven metingen, berekeningen, tellingen of onderzoeken moeten worden geregistreerd en bewaard dan wel moeten worden gemeld of ter beschikking gesteld van bij het voorschrift aangewezen bestuursorganen;
d. dat moet worden voldaan aan daarbij aangegeven eisen ten aanzien van de vakbekwaamheid van in de inrichting werkzame personen;
e. dat aan de in de inrichting werkzame personen schriftelijk instructies worden gegeven om handelen in strijd met de omgevingsvergunning, de daaraan verbonden voorschriften of bij of krachtens artikel 8.40 van de Wet milieubeheer gestelde regels tegen te gaan, en dat toezicht wordt gehouden op het naleven van die instructies;
f. dat met betrekking tot in het voorschrift geregelde, daarbij aangegeven onderwerpen moet worden voldaan aan nadere eisen die door een bij het voorschrift aangewezen bestuursorgaan worden gesteld;
g. dat van daarbij aangegeven veranderingen van de inrichting of van de werking daarvan, binnen een in het voorschrift te bepalen termijn schriftelijk mededeling wordt gedaan aan het bevoegd gezag of een door hem aangewezen instantie;
h. dat met het oog op het kunnen voldoen aan de andere aan de omgevingsvergunning verbonden voorschriften voor de betrokken activiteiten omtrent de inrichting, daarbij aangegeven organisatorische en administratieve maatregelen moeten worden getroffen;
i. dat met betrekking tot een bij het voorschrift aangegeven onderwerp waarover geen andere voorschriften aan de omgevingsvergunning zijn verbonden, voldoende zorg in acht moet worden genomen.
3. Indien vanuit een inrichting of mijnbouwwerk afvalwater of andere afvalstoffen in een voorziening voor de inzameling en het transport van afvalwater worden gebracht, kunnen aan de omgevingsvergunning in het belang van de bescherming van het milieu voorschriften worden verbonden omtrent:
a. de doelmatige werking van het zuiveringstechnisch werk, of
b. de krachtens hoofdstuk 5 van de Wet milieubeheer gestelde grenswaarden voor de kwaliteit van het oppervlaktewater.
4. In afwijking van het tweede lid, onder c, worden geen voorschriften aan de omgevingsvergunning verbonden met betrekking tot het melden of ter beschikking stellen van uitkomsten als bedoeld in dat onderdeel, indien die uitkomsten als gegevens krachtens titel 12.3 van de Wet milieubeheer moeten worden opgenomen in een PRTR-verslag dat ten behoeve van een bestuursorgaan moet worden opgesteld, of daardoor anderszins strijd ontstaat met het gestelde bij of krachtens die titel.
5. Bij een voorschrift inzake nadere eisen als bedoeld in het tweede lid, onder f, kan worden aangegeven hoe van die eisen door het aangewezen bestuursorgaan openbaar wordt kennisgegeven.
6. Indien maatregelen als bedoeld in het eerste lid, onderdeel h, zijn getroffen, stelt het bevoegd gezag voor het publiek relevante informatie over die maatregelen voor eenieder elektronisch beschikbaar.

Art. 5.8 Nuttige toepassing of verwijdering van afvalstoffen

1. Indien een omgevingsvergunning betrekking heeft op een inrichting waarin afvalstoffen nuttig worden toegepast of worden verwijderd, bevat de omgevingsvergunning ten minste de verplichtingen:
a. tot het registreren van:
1°. daarbij aangewezen afvalstoffen die in de inrichting nuttig worden toegepast of worden verwijderd: naar hoeveelheid, aard en oorsprong;
2°. stoffen die bij de nuttige toepassing of verwijdering van die afvalstoffen worden gebruikt of verbruikt: naar aard en hoeveelheid;
3°. stoffen, preparaten en andere producten, hieronder mede begrepen afvalstoffen, die bij de nuttige toepassing of verwijdering ontstaan: naar aard en hoeveelheid;
4°. de wijze waarop de onder 3° bedoelde afvalstoffen nuttig worden toegepast of worden verwijderd;
5°. stoffen, preparaten en andere producten die de inrichting verlaten, voor zover deze bij de nuttige toepassing of verwijdering zijn ontstaan: naar aard en hoeveelheid, en
b. tot het bewaren van de geregistreerde gegevens gedurende ten minste vijf jaren.
2. Onze Minister kan regels stellen omtrent de wijze waarop de registratie plaatsvindt.

Omgevingsvergunning voor inrichtingen/mijnbouwwerken, nuttige toepassing/ verwijdering afvalstoffen

Art. 5.9 Afwijkende geldingsduur voorschriften

Omgevingsvergunning voor inrichtingen/mijnbouwwerken, afwijkende geldingsduur voorschriften

1. In een omgevingsvergunning kan worden bepaald dat daarbij aangewezen voorschriften niet gelden gedurende een termijn van ten hoogste negen maanden voor het testen of gebruiken van technieken in opkomst.

2. Onder techniek in opkomst wordt verstaan: nieuwe techniek die, als zij commercieel zou worden ontwikkeld, hetzij een hoger algemeen beschermingsniveau voor het milieu, hetzij ten minste hetzelfde beschermingsniveau voor het milieu, en grotere kostenbesparingen kan opleveren dan de voor de desbetreffende activiteit bestaande beste beschikbare technieken.

Art. 5.10 Actualisatieplicht

Omgevingsvergunning voor inrichtingen/mijnbouwwerken, actualisatieplicht

1. Binnen vier jaar na de publicatie in het Publicatieblad van de Europese Unie van, voor de hoofdactiviteit van de betreffende IPPC-installatie, relevante BBT-conclusies:
a. toetst het bevoegd gezag of de vergunningvoorschriften voldoen aan deze nieuwe BBT-conclusies, aan overige relevante BBT-conclusies en aan bij ministeriële regeling aangewezen informatiedocumenten over beste beschikbare technieken, die sinds het verlenen van de vergunning of de laatste toetsing zijn vastgesteld of herzien,
b. actualiseert het bevoegd gezag, indien noodzakelijk, de vergunningvoorschriften, en
c. controleert het bevoegd gezag dat de inrichting na actualisatie van de vergunningvoorschriften aan die voorschriften voldoet.
2. Binnen een jaar nadat het afvalbeheerplan, bedoeld in artikel 10.3 van de Wet milieubeheer is gaan gelden:
a. toetst het bevoegd gezag of de vergunning voldoet aan de minimale hoogwaardigheid van verwerking van afzonderlijke afvalstoffen of categorieën afvalstoffen zoals beschreven in het afvalbeheerplan, en
b. actualiseert het bevoegd gezag, indien noodzakelijk, de vergunningvoorschriften.
3. Het bevoegd gezag geeft voorts in ieder geval toepassing aan het bepaalde in artikel 2.30, eerste lid, en artikel 2.31, eerste lid, aanhef en onder b, van de wet indien:
a. de door de inrichting of onderdelen daarvan veroorzaakte verontreiniging van dien aard is dat de emissiegrenswaarden die zijn vastgesteld in de aan de vergunning verbonden voorschriften, gewijzigd moeten worden of daarin nieuwe emissiegrenswaarden vastgesteld moeten worden;
b. geen BBT-conclusies van toepassing zijn, maar belangrijke veranderingen in de beste beschikbare technieken een aanmerkelijke beperking van de emissies mogelijk maken;
c. de noodzaak om ongevallen te voorkomen en de gevolgen daarvan voor het milieu te beperken de toepassing van andere technieken vereist;
d. aan een nieuwe of herziene grenswaarde als bedoeld in artikel 2.14, eerste lid, onder c, sub 2°, van de wet moet worden voldaan.

Art. 5.11 Relatie BRZO – bedrijven – natuurgebieden

Als categorie inrichtingen als bedoeld in artikel 2.14, tweede lid, van de wet, worden aangewezen de inrichtingen waarop het Besluit risico's zware ongevallen 2015 van toepassing is.

§ 5.2.2
Verbod om bepaalde voorschriften aan een omgevingsvergunning te verbinden

Art. 5.12 Broeikasgasemissies of energiegebruik

Omgevingsvergunning voor activiteit, broeikasgasemissies/energiegebruik

1. Aan een omgevingsvergunning voor een activiteit als bedoeld in artikel 2.1, eerste lid, onder e, van de wet, worden, indien het een inrichting betreft waarop tevens de in artikel 16.5 van de Wet milieubeheer vervatte verboden betrekking hebben, geen voorschriften verbonden:
a. inhoudende een emissiegrenswaarde voor de directe emissie van broeikasgassen, tenzij zulks noodzakelijk is om te verzekeren dat geen significante gevolgen voor het milieu in de onmiddellijke omgeving van de inrichting worden veroorzaakt;
b. ter bevordering van een zuinig gebruik van energie in de inrichting.
2. Voor zover aan een omgevingsvergunning die betrekking heeft op een inrichting als bedoeld in het eerste lid voorschriften zijn verbonden als in dat lid bedoeld, vervallen die voorschriften.

Art. 5.12a energieverbruik

Omgevingsvergunning voor activiteit, energieverbruik

1. Aan een omgevingsvergunning voor een activiteit als bedoeld in artikel 2.1, eerste lid, onder e, van de wet, worden, indien het een inrichting betreft als bedoeld in artikel 15.51 van de Wet milieubeheer, geen voorschriften verbonden:
a. inhoudende een emissiegrenswaarde voor de directe emissie van CO_2, tenzij zulks noodzakelijk is om te verzekeren dat geen significante gevolgen voor het milieu in de onmiddellijke omgeving van de inrichting worden veroorzaakt;
b. ter bevordering van een zuinig gebruik van energie in de inrichting.
2. Voor zover aan een omgevingsvergunning die betrekking heeft op een inrichting als bedoeld in het eerste lid voorschriften zijn verbonden als in dat lid bedoeld, vervallen die voorschriften.

Besluit omgevingsrecht   **A68** art. 5.13b

Art. 5.13 Overbrenging van afval naar of uit de provincie
Aan een omgevingsvergunning voor een activiteit als bedoeld in artikel 2.1, eerste lid, onder e, van de wet, worden geen voorschriften verbonden, die het naar of uit de provincie brengen van afvalstoffen beperken of uitsluiten.

Omgevingsvergunning voor activiteit, overbrenging afval naar/uit provincie

Art. 5.13a
Aan een omgevingsvergunning voor een activiteit die is aangewezen in artikel 2.2a worden geen voorschriften verbonden.

Omgevingsvergunning voor activiteit, geen voorschriften

§ 5.2.2a
Gronden tot verlening of weigering

Art. 5.13b Weigeringsgronden omgevingsvergunning voor activiteiten als bedoeld in artikel 2.2a

1. Een omgevingsvergunning voor de categorieën activiteiten, bedoeld in artikel 2.2a, eerste lid, onder a tot en met i, wordt geweigerd indien het bevoegd gezag op grond van artikel 7.17, eerste lid, van de Wet milieubeheer, heeft beslist dat een milieueffectrapport moet worden gemaakt.

Omgevingsvergunning voor activiteit, weigering vergunning

2. Een omgevingsvergunning voor de categorieën activiteiten, bedoeld in artikel 2.2a, tweede lid, onderdelen a tot en met h, kan worden geweigerd in het belang van het doelmatig beheer van afvalstoffen.
3. Een omgevingsvergunning voor de categorieën activiteiten, bedoeld in artikel 2.2a, derde lid, wordt geweigerd indien de activiteit niet voldoet aan de grenswaarden voor geluid, bedoeld in artikel 2.14, eerste lid, onder c, onder 2° en 3°, van de wet.
4. Een omgevingsvergunning voor de categorieën activiteiten, bedoeld in artikel 2.2a, eerste lid, onder b, en tweede lid, onder c tot en met f, kan worden geweigerd in het geval en onder de voorwaarden, bedoeld in artikel 3 van de Wet bevordering integriteitsbeoordelingen door het openbaar bestuur, met dien verstande dat voor de toepassing van artikel 3 van die wet, voor zover het de wet betreft, onder betrokkene mede wordt verstaan degene die op grond van feiten en omstandigheden redelijkerwijs met de aanvrager van de omgevingsvergunning gelijk kan worden gesteld.
5. Voordat toepassing wordt gegeven aan het vierde lid, kan het Bureau bevordering integriteitsbeoordelingen door het openbaar bestuur, bedoeld in artikel 8 van de Wet bevordering integriteitsbeoordelingen door het openbaar bestuur, om een advies als bedoeld in artikel 9 van die wet worden gevraagd.
6. Een omgevingsvergunning voor de categorieën activiteiten, bedoeld in artikel 2.2a, vierde lid, onder a, wordt geweigerd, indien de activiteit leidt tot overschrijding van de grenswaarden voor zwevende deeltjes (PM10), bedoeld in bijlage 2, voorschrift 4.1, van de Wet milieubeheer, voor zover de verplichting tot het in acht nemen daarvan is vastgelegd bij of krachtens artikel 5.16 van die wet.
7. Een omgevingsvergunning voor de categorieën activiteiten, bedoeld in artikel 2.2a, vierde lid, onder b, wordt geweigerd, indien de activiteit leidt tot overschrijding van de grenswaarden, bedoeld in bijlage 2 van de Wet milieubeheer, voor zover de verplichting tot het in acht nemen daarvan is vastgelegd bij of krachtens artikel 5.16 van die wet.
8. Een omgevingsvergunning voor de categorieën activiteiten, bedoeld in artikel 2.2a, vijfde lid, wordt geweigerd, indien de activiteit leidt tot een niet aanvaardbaar niveau van geurhinder.
9. Een omgevingsvergunning voor de categorie activiteiten, bedoeld in artikel 2.2a, zesde lid, wordt geweigerd indien het bodemenergiesysteem zodanige interferentie kan veroorzaken met een ander bodemenergiesysteem, met inbegrip van een open bodemenergiesysteem waarvoor een vergunning krachtens artikel 6.4, eerste lid, onder b, van de Waterwet is vereist, dat het doelmatig functioneren van een van de desbetreffende systemen kan worden geschaad dan wel anderszins sprake is van een ondoelmatig gebruik van bodemenergie.
10. Een omgevingsvergunning voor de categorieën activiteiten, bedoeld in artikel 2.2a, zevende lid, wordt geweigerd indien de activiteit leidt tot het ontstaan of het vergroten van een of meer veiligheidszones ten opzichte van de krachtens artikel 2.6.5, tweede lid, van het Besluit algemene regels ruimtelijke ordening aangewezen veiligheidszones waardoor een nieuwe inbreuk op een veiligheidszone ontstaat of het plaatsgebonden risico bij een bestaande inbreuk op een veiligheidszone groter wordt dan 10^{-5}.
11. Een omgevingsvergunning voor de categorie activiteiten, bedoeld in artikel 2.2a, achtste lid, wordt geweigerd, indien de activiteit leidt tot een onaanvaardbaar risico voor de leefomgeving, waarbij in ieder geval wordt betrokken:
a. de ligging van de risicocontour;
b. de invloed van risicovolle activiteiten in de omgeving op de installatie, en

c. de kans op gevolgen van incidenten bij de installatie en de mogelijke gevolgen daarvan voor de leefomgeving.

§ 5.2.3
Voorschriften ter uitvoering van een verdrag

Art. 5.14

Nadere regels

1. Bij ministeriële regeling kunnen voor daarbij aangewezen categorieën activiteiten of gevallen regels worden gesteld met betrekking tot het verbinden van voorschriften aan de omgevingsvergunning voor activiteiten met betrekking tot een inrichting als bedoeld in artikel 2.1, eerste lid, onder e, van de wet, mits die regels uitsluitend strekken ter uitvoering van een voor Nederland verbindend verdrag of een voor Nederland verbindend besluit van een volkenrechtelijke organisatie.
2. Het ontwerp van een ministeriële regeling als bedoeld in het eerste lid wordt ten minste vier weken voordat de regeling wordt vastgesteld toegezonden aan de beide kamers der Staten-Generaal.

§ 5.3
Voorschriften ten aanzien van activiteiten in provinciale milieuverordeningen

Art. 5.15

Schakelbepaling

Indien de omgevingsvergunning betrekking heeft op een activiteit als bedoeld in artikel 1.3a, eerste lid, van de Wet milieubeheer, zijn de bepalingen die ten aanzien van het verbinden van voorschriften aan een ontheffing voor die activiteit zijn opgenomen in de provinciale milieuverordening, bedoeld in artikel 1.2, eerste lid, van de wet, van overeenkomstige toepassing.

§ 5.4
Aanwijzing van categorieën gevallen waarin:

Art. 5.16 Bouwen

Omgevingsvergunning voor bouwwerk, tijdelijkheid/persoonsgebondenheid

1. In een omgevingsvergunning voor het bouwen, bedoeld in artikel 2.1, eerste lid, onder a, van de wet, voor een tijdelijk bouwwerk als bedoeld in artikel 1.1, eerste lid, van het Bouwbesluit 2012, wordt bepaald dat de vergunninghouder na het verstrijken van een bij omgevingsvergunning aangegeven termijn van ten hoogste vijftien jaar verplicht is de voor de verlening van de omgevingsvergunning bestaande toestand hersteld te hebben.
2. Indien de in de omgevingsvergunning aangegeven termijn korter is dan vijftien jaar, kan die termijn worden verlengd tot ten hoogste vijftien jaar.

Art. 5.17
[Vervallen]

Art. 5.18 Planologische gebruiksactiviteiten

Omgevingsvergunning voor activiteit, recreatiewoning

Als geval als bedoeld in artikel 2.25, derde lid, van de wet waarin de omgevingsvergunning slechts geldt voor degene aan wie zij is verleend, wordt aangewezen de omgevingsvergunning voor het bewonen van een recreatiewoning die met toepassing van artikel 2.12, eerste lid, onder a, onder 2°, van de wet in samenhang met artikel 4, onderdeel 10, van bijlage II is verleend. In een omgevingsvergunning als bedoeld in de eerste volzin wordt bepaald dat zij slechts geldt voor de termijn gedurende welke degene aan wie de vergunning is verleend de desbetreffende recreatiewoning onafgebroken bewoont.

Art. 5.19
[Vervallen]

§ 5.5
Regels met betrekking tot planologische gebruiksactiviteiten

Art. 5.20 Inhoud en ruimtelijke onderbouwing

Schakelbepaling

Voor zover de omgevingsvergunning wordt verleend met toepassing van artikel 2.12, eerste lid, onder a, onder 3°, van de wet zijn de artikelen 3.1.2, 3.1.6 en 3.3.1, eerste lid, van het Besluit ruimtelijke ordening van overeenkomstige toepassing.

§ 5.6
Regels met betrekking tot Natura 2000-activiteiten en flora- en fauna-activiteiten

Art. 5.21 Regels voor de beoordeling van een aanvraag

1. Voor zover de aanvraag betrekking heeft op een activiteit als bedoeld in artikel 2.2aa, onderdeel a, kan de omgevingsvergunning slechts worden verleend op de gronden die zijn aangegeven in de artikelen 2.8 en 5.5, derde lid, van de Wet natuurbescherming, het bepaalde krachtens artikel 2.9, vierde lid, van die wet en artikel 2.14 van het Besluit natuurbescherming. *(Omgevingsvergunning, aanvraag m.b.t. Natura 2000-activiteiten en flora- en fauna-activiteiten)*
2. Voor zover de aanvraag betrekking heeft op een activiteit als bedoeld in artikel 2.2aa, onderdeel b, en het betreft een handeling als bedoeld in artikel 3.1 van de Wet natuurbescherming kan de omgevingsvergunning slechts worden verleend op de gronden die zijn aangegeven in artikel 3.3, vierde lid, van de Wet natuurbescherming.
3. Voor zover de aanvraag betrekking heeft op een activiteit als bedoeld in artikel 2.2aa, onderdeel b, en het betreft een handeling als bedoeld in artikel 3.5 van de Wet natuurbescherming kan de omgevingsvergunning slechts worden verleend op de gronden die zijn aangegeven in artikel 3.8, vijfde lid, van de Wet natuurbescherming.
4. Voor zover de aanvraag betrekking heeft op een activiteit als bedoeld in artikel 2.2aa, onderdeel b, en het betreft een handeling als bedoeld in artikel 3.10, eerste lid, van de Wet natuurbescherming kan de omgevingsvergunning slechts worden verleend op de gronden die zijn aangegeven in artikel 3.8, vijfde lid, of 3.10, tweede lid, van de Wet natuurbescherming.

Art. 5.22 Regels met betrekking tot aan een vergunning te verbinden voorschriften

1. Aan een omgevingsvergunning voor een activiteit als bedoeld in artikel 2.2aa, onderdeel a, wordt, ingeval toepassing wordt gegeven aan artikel 5.21, eerste lid in samenhang met artikel 2.8, vierde lid, van de Wet natuurbescherming, het voorschrift verbonden dat compenserende maatregelen als bedoeld in artikel 2.8, vierde lid, onder c, van die wet worden getroffen. Behoudens gevallen waarin artikel 6.10a, tweede lid, van toepassing is, melden gedeputeerde staten de compenserende maatregelen aan Onze Minister van Economische Zaken, die de Europese Commissie van de maatregelen op de hoogte stelt. *(Omgevingsvergunning, te verbinden voorschriften)*
2. Aan een omgevingsvergunning voor een activiteit als bedoeld in artikel 2.2aa, onderdeel b, voor zover het betreft een handeling als bedoeld in artikel 3.1 van de Wet natuurbescherming, worden voorschriften verbonden als bedoeld in artikel 3.3, vijfde lid, van de Wet natuurbescherming.

Art. 5.23 Regels over de wijziging van de voorschriften van een vergunning, bedoeld in artikel 2.31 van de wet

1. Het bevoegd gezag wijzigt voorschriften van de omgevingsvergunning die betrekking hebben op een activiteit als bedoeld in artikel 2.2aa, onderdeel a, op de grond die is aangegeven in artikel 5.4, tweede lid, van de Wet natuurbescherming. *(Omgevingsvergunning, wijziging voorschriften)*
2. Het bevoegd gezag kan voorschriften van de omgevingsvergunning die betrekking hebben op een activiteit als bedoeld in artikel 2.2aa, onderdeel a, wijzigen op de gronden die zijn aangegeven in artikel 5.4, eerste lid, onderdelen c en d, van de Wet natuurbescherming.
3. Het bevoegd gezag kan voorschriften van de omgevingsvergunning die betrekking hebben op een activiteit als bedoeld in artikel 2.2aa, onderdeel b, wijzigen op de gronden die zijn aangegeven in artikel 5.4, eerste, onderdelen c en d, van de Wet natuurbescherming.

Art. 5.24 Regels over de intrekking van een vergunning, bedoeld in artikel 2.33 van de wet

1. Het bevoegd gezag trekt een omgevingsvergunning voor zover die betrekking heeft op een activiteit als bedoeld in artikel 2.2aa, onderdeel a, geheel of gedeeltelijk in op de grond die is aangegeven in artikel 5.4, tweede lid, van de Wet natuurbescherming. *(Omgevingsvergunning, intrekking)*
2. Het bevoegd gezag kan een omgevingsvergunning voor zover die betrekking heeft op een activiteit als bedoeld in artikel 2.2aa, onderdeel a, geheel of gedeeltelijk intrekken op de gronden die zijn aangegeven in artikel 5.4, eerste lid, onderdelen c en d, van de Wet natuurbescherming.
3. Het bevoegd gezag kan een omgevingsvergunning voor zover die betrekking heeft op een activiteit als bedoeld in artikel 2.2aa, onderdeel b, geheel of gedeeltelijk intrekken op de gronden die zijn aangegeven in artikel 5.4, eerste lid, onderdelen c en d, van de Wet natuurbescherming.

Hoofdstuk 5a
Uitgebreide voorbereidingsprocedure

Art. 5a.1 Aanvullende aanwijzing van categorieën gevallen waarin afdeling 3.4 van de Algemene wet bestuursrecht van toepassing is

Als categorie als bedoeld in artikel 3.10, eerste lid, onderdeel f, van de wet worden aangewezen gevallen als bedoeld in artikel 6.10a, derde lid. *(Toepasselijkheid Awb)*

Hoofdstuk 6
Advies, verklaring van geen bedenkingen en bijzondere bestuurlijke verplichtingen

§ 6.1
Advies over de aanvraag

Art. 6.1 B&W of GS

Aanvraag omgevingsvergunning, aanwijzing adviseur

1. Met betrekking tot een aanvraag worden als adviseur aangewezen burgemeester en wethouders van de gemeente waar het project geheel of gedeeltelijk zal worden of wordt uitgevoerd.

Aanvraag omgevingsvergunning voor activiteit, aanwijzing adviseur

2. Met betrekking tot een aanvraag ten aanzien van een activiteit als bedoeld in artikel 1.3a, eerste lid, van de Wet milieubeheer worden als adviseur aangewezen gedeputeerde staten van de provincie waar het project geheel of gedeeltelijk zal worden of wordt uitgevoerd, alsmede de bestuursorganen en instanties die ingevolge de provinciale milieuverordening zijn aangewezen om advies uit te brengen omtrent een ontheffing voor die activiteit.

3. Met betrekking tot een aanvraag ten aanzien van een mijnbouwwerk, indien die aanvraag betrekking heeft op de aanleg, wijziging of uitbreiding van een boorgat of het winnen van delfstoffen of aardwarmte waarvoor Onze Minister van Economische Zaken het bevoegd gezag is, wordt als adviseur aangewezen gedeputeerde staten van de provincie waar het project geheel of gedeeltelijk zal worden of wordt uitgevoerd.

Art. 6.2 Welstand

Aanvraag omgevingsvergunning voor activiteit, advies welstandscommissie/stadsbouwmeester

1. Met betrekking tot een aanvraag ten aanzien van activiteiten als bedoeld in artikel 2.1, eerste lid, onder a, van de wet vragen burgemeester en wethouders, ingeval zij het inwinnen van advies noodzakelijk achten om te kunnen beoordelen of het uiterlijk of de plaatsing van het bouwwerk waarop de aanvraag betrekking heeft in strijd is met redelijke eisen van welstand als bedoeld in artikel 2.10, eerste lid, onder d, van de wet, advies aan de welstandscommissie dan wel de stadsbouwmeester.

2. In gevallen waarin burgemeester en wethouders niet het bevoegd gezag zijn, betrekken zij, indien zij toepassing hebben gegeven aan het eerste lid, het advies van de welstandscommissie dan wel de stadsbouwmeester bij het advies dat zij ingevolge artikel 2.26, derde of vierde lid, van de wet uitbrengen aan het bevoegd gezag.

Art. 6.3 Inrichting of mijnbouwwerk

Aanvraag omgevingsvergunning voor activiteit, aanwijzing adviseur i.v.m. inrichtingen/mijnbouwwerken

1. Met betrekking tot een aanvraag ten aanzien van activiteiten als bedoeld in artikel 2.1, eerste lid, onder e, van de wet, in gevallen waarin burgemeester en wethouders het bevoegd gezag zijn, worden als adviseur aangewezen:
a. het bestuur van de veiligheidsregio binnen wiens gebied de betrokken inrichting geheel of in hoofdzaak zal zijn of is gelegen, indien de aanvraag betrekking heeft op een inrichting die behoort tot een categorie die is genoemd in bijlage I, onderdeel C, onder 3.1 of 17;
b. gedeputeerde staten van de provincie, waarin de inrichting geheel of in hoofdzaak zal zijn of is gelegen, indien de inrichting of een onderdeel daarvan is gelegen in een gebied, waarvoor bij provinciale milieuverordening regels zijn gesteld ter bescherming van de kwaliteit van het grondwater met het oog op de waterwinning;
c. gedeputeerde staten van de provincie waarin de betrokken inrichting geheel of in hoofdzaak zal zijn of is gelegen, indien de inrichting is gelegen op een industrieterrein waaromheen ingevolge hoofdstuk V van de Wet geluidhinder een zone is vastgesteld en waarvan is bepaald dat het van regionaal belang als bedoeld in artikel 163, tweede lid, van de Wet geluidhinder is.

2. Met betrekking tot het ontwerp van een beschikking op een aanvraag ten aanzien van activiteiten als bedoeld in artikel 2.1, eerste lid, onder e, van de wet wordt de inspecteur als adviseur aangewezen, indien de aanvraag betrekking heeft op een inrichting die behoort tot een van de in bijlage III aangewezen categorieën.

3. Met betrekking tot een aanvraag ten aanzien van activiteiten als bedoeld in artikel 2.1, eerste lid, onder e, van de wet, in gevallen waarin gedeputeerde staten het bevoegd gezag zijn, wordt als adviseur aangewezen het bestuur van de veiligheidsregio binnen wiens gebied de betrokken inrichting geheel of in hoofdzaak zal zijn of is gelegen, indien de aanvraag betrekking heeft op een inrichting die behoort tot een categorie die is genoemd in bijlage I, onderdeel C, onder 3.5.

4. Met betrekking tot een aanvraag ten aanzien van activiteiten als bedoeld in artikel 3.3, vierde lid, wordt als adviseur aangewezen de inspecteur-generaal der mijnen.

Art. 6.4 Monumenten

Aanvraag omgevingsvergunning voor activiteit, aanwijzing adviseur i.v.m. monumenten

1. Met betrekking tot een aanvraag ten aanzien van een activiteit als bedoeld in artikel 2.1, eerste lid, onder f, van de wet, worden als adviseurs aangewezen:
a. Onze Minister van Onderwijs, Cultuur en Wetenschap, indien de activiteit betrekking heeft op:
1°. het slopen van een rijksmonument of een deel daarvan voor zover van ingrijpende aard,

2°. het ingrijpend wijzigen van een rijksmonument of een belangrijk deel daarvan, voor zover de gevolgen voor de waarde van het rijksmonument vergelijkbaar zijn met de gevolgen van het geval, bedoeld onder 1°,
3°. het reconstrueren van een rijksmonument of een belangrijk deel daarvan, waarbij de staat van het monument wordt teruggebracht naar een eerdere staat of een veronderstelde eerdere staat van dat monument, of
4°. het geven van een nieuwe bestemming aan een rijksmonument of een belangrijk deel daarvan;
b. gedeputeerde staten, indien het rijksmonument buiten de krachtens de Wegenverkeerswet 1994 vastgestelde bebouwde kom ligt en het een activiteit betreft als bedoeld in onderdeel a, onder 1° tot en met 4°.
2. Indien de adviseurs, bedoeld in het eerste lid, advies uitbrengen, geschiedt dit schriftelijk binnen acht weken nadat het bevoegd gezag de gegevens, bedoeld in artikel 3:7 van de Algemene wet bestuursrecht, ter beschikking heeft gesteld.
3. Met betrekking tot een aanvraag ten aanzien van een activiteit als bedoeld in artikel 2.2, eerste lid, onder b, van de wet, worden gedeputeerde staten als adviseur aangewezen, indien het een monument betreft dat krachtens een provinciale verordening is aangewezen dan wel een monument waarop, voordat het is aangewezen, een zodanige verordening van overeenkomstige toepassing is.

§ 6.2
Verklaring van geen bedenkingen

Art. 6.5 Afwijken bestemmingsplan of beheersverordening
1. Voor zover een aanvraag betrekking heeft op een activiteit als bedoeld in artikel 2.1, eerste lid, onder c, van de wet, wordt de omgevingsvergunning, waarbij met toepassing van artikel 2.12, eerste lid, onder a, of 3°, van de wet wordt afgeweken van het bestemmingsplan of de beheersverordening, niet verleend dan nadat de gemeenteraad van de gemeente waar het project geheel of in hoofdzaak zal worden of wordt uitgevoerd, heeft verklaard dat hij daartegen geen bedenkingen heeft, tenzij artikel 3.2, aanhef en onder b, van dit besluit of artikel 3.36 van de Wet ruimtelijke ordening van toepassing is.
2. De verklaring kan slechts worden geweigerd in het belang van een goede ruimtelijke ordening.
3. De gemeenteraad kan categorieën gevallen aanwijzen waarin een verklaring niet is vereist.
4. In gevallen waarin artikel 3.1, aanhef en onder b, van dit besluit of artikel 3.34 van de Wet ruimtelijke ordening van toepassing is, wordt in het eerste lid in plaats van «gemeenteraad van de gemeente» gelezen «provinciale staten van de provincie» en wordt in het derde lid in plaats van «De gemeenteraad kan» gelezen: De provinciale staten kunnen.

Art. 6.6 Afwijken van regels gesteld krachtens artikel 4.1, derde lid, of 4.3, derde lid, van de Wet ruimtelijke ordening
1. Voor zover een aanvraag betrekking heeft op een activiteit als bedoeld in artikel 2.1, eerste lid, onder c, van de wet, wordt de omgevingsvergunning, waarbij met toepassing van artikel 2.12, eerste lid, onder c, van de wet wordt afgeweken van regels gesteld krachtens artikel 4.1, derde lid, of 4.3, derde lid, van de Wet ruimtelijke ordening, niet verleend dan nadat gedeputeerde staten hebben verklaard dat zij daartegen geen bedenkingen hebben, onderscheidenlijk Onze Minister of Onze Minister wie het aangaat in overeenstemming met Onze Minister, heeft verklaard dat hij daartegen geen bedenkingen heeft.
2. De verklaring kan slechts worden geweigerd indien de betrokken activiteiten niet in strijd komen met de regels inzake afwijking die zijn opgenomen in de betrokken provinciale verordening of algemene maatregel van bestuur.

Art. 6.7
[Vervallen]

Art. 6.8 Opslaan afvalstoffen of gevaarlijke stoffen
1. Voor zover een aanvraag als bedoeld in artikel 3.3, vierde lid, onder a, waarvoor Onze Minister van Economische Zaken bevoegd is te beslissen, betrekking heeft op het ondergronds opslaan van afvalstoffen die van buiten het betrokken mijnbouwwerk afkomstig zijn, dan wel gevaarlijke stoffen, wordt de omgevingsvergunning niet verleend dan nadat gedeputeerde staten van de provincie waar het project geheel of in hoofdzaak zal worden of wordt uitgevoerd, hebben verklaard dat zij daartegen geen bedenkingen hebben.
2. De verklaring kan slechts worden geweigerd in het belang van de bescherming van het milieu.

Art. 6.9 Inrichting tevens mijnbouwwerk
1. Voor zover een aanvraag betrekking heeft op een inrichting die tevens een mijnbouwwerk is en waarop artikel 3.3, vierde lid, onder a, niet van toepassing is, wordt de omgevingsvergunning niet verleend dan nadat Onze Minister van Economische Zaken heeft verklaard dat hij daartegen, voor zover het de mijnbouwactiviteiten betreft, geen bedenkingen heeft.
2. De verklaring kan slechts worden geweigerd in het belang van de bescherming van het milieu.

Aanvraag omgevingsvergunning voor activiteit, verklaring van geen bedenkingen

3. In gevallen als bedoeld in het eerste lid heeft Onze Minister van Economische Zaken mede tot taak zorg te dragen voor de bestuursrechtelijke handhaving, bedoeld in artikel 5.2, eerste lid, onder a, van de wet.

Art. 6.10

Werkingssfeer

De artikelen 6.8 en 6.9 zijn niet van toepassing in gevallen als bedoeld in 3.10, derde lid, van de wet.

Art. 6.10a Natura 2000- en flora- en fauna-activiteiten

1. Voor zover een aanvraag betrekking heeft op een activiteit als bedoeld in artikel 2.2aa, onderdeel a of b, wordt de omgevingsvergunning niet verleend dan nadat gedeputeerde staten als bedoeld in artikel 1.3, eerste lid, van de Wet natuurbescherming hebben verklaard dat zij daartegen geen bedenkingen hebben.
2. Indien de activiteit betrekking heeft op een project of handeling behorend tot een in artikel 1.3, eerste lid, van het Besluit natuurbescherming aangewezen categorie van projecten en handelingen, wordt in het eerste lid in plaats van «gedeputeerde staten als bedoeld in artikel 1.3, eerste lid, van de Wet natuurbescherming hebben verklaard dat zij daartegen geen bedenkingen hebben» gelezen «Onze Minister van Economische Zaken heeft verklaard dat hij daartegen geen bedenkingen heeft».
3. Het eerste lid, al dan niet in samenhang met het tweede lid, is niet van toepassing indien gedeputeerde staten als bedoeld in het eerste lid tevens het bevoegd gezag zijn, onderscheidenlijk indien Onze Minister van Economische Zaken tevens het bevoegd gezag is, om te beslissen op de desbetreffende aanvraag om een omgevingsvergunning.
4. Een verklaring kan slechts worden gegeven:
a. voor zover de aanvraag betrekking heeft op een activiteit als bedoeld in artikel 2.aa, onderdeel a: op de gronden, die zijn aangegeven in artikel 2.8 en artikel 5.5, derde lid, van de Wet natuurbescherming, het bepaalde krachtens artikel 2.9, vierde lid, van die wet en artikel 2.14 van het Besluit natuurbescherming.
b. voor zover de aanvraag betrekking heeft op een activiteit als bedoeld in artikel 2.2aa, onderdeel b:
1°. voor zover het betreft een handeling als bedoeld in artikel 3.1 van de Wet natuurbescherming: op de gronden, aangegeven in artikel 3.3, vierde lid, van de Wet natuurbescherming;
2°. voor zover het betreft een handeling als bedoeld in artikel 3.5 van de Wet natuurbescherming: op de gronden, aangegeven in artikel 3.8, vijfde lid, van de Wet natuurbescherming;
3°. voor zover het betreft een handeling als bedoeld in artikel 3.10, eerste lid, van de Wet natuurbescherming: op de gronden, aangegeven in artikel 3.8, vijfde lid, of 3.10, tweede lid, van de Wet natuurbescherming.
5. Ingeval de aanvraag betrekking heeft op een activiteit als bedoeld in artikel 2.2aa, onderdeel a, wordt in voorkomend geval in de verklaring opgenomen hoeveel ontwikkelingsruimte overeenkomstig artikel 2.7, eerste lid, aanhef en onderdeel d, van het Besluit natuurbescherming wordt toegedeeld aan het project.

Art. 6.10b Verplicht verzoek vvgb-orgaan tot intrekking of wijziging omgevingsvergunningen voor Natura 2000-activiteiten

Voor zover een omgevingsvergunning betrekking heeft op een activiteit als bedoeld in artikel 2.2aa, onderdeel a, geeft een bestuursorgaan als bedoeld in artikel 6.10a, eerste of tweede lid, toepassing aan artikel 2.29, eerste lid, van de wet in het geval, bedoeld in artikel 5.4, tweede lid, van de Wet natuurbescherming.

§ 6.3
Bijzondere gevallen van bestuurlijke verplichtingen

Art. 6.11 Aanvraag

Aanvraag omgevingsvergunning voor inrichting, afschrift aan andere EU-lidstaten

1. Indien een inrichting belangrijke nadelige gevolgen voor het milieu in een andere lidstaat van de Europese Unie kan veroorzaken, dan wel indien een andere lidstaat van de Europese Unie die belangrijke nadelige gevolgen voor het milieu van een inrichting kan ondervinden, daarom verzoekt, verstrekt het bevoegd gezag een afschrift van de aanvraag met de daarbij behorende gegevens en bescheiden aan die lidstaat op het tijdstip waarop daarvan in Nederland kennis wordt gegeven dan wel de aanvraag met de daarbij behorende gegevens en bescheiden in Nederland ter inzage wordt gelegd.

Aanvraag omgevingsvergunning bij defensieterreinen, afschrift aan de minister van Defensie

2. In gevallen als bedoeld in het derde lid verstrekt het bevoegd gezag een afschrift van de aanvraag met de daarbij behorende gegevens en bescheiden aan Onze Minister van Defensie op het tijdstip waarop:
a. kennis wordt gegeven van de aanvraag, of
b. de aanvraag met de daarbij behorende gegevens en bescheiden ter inzage wordt gelegd.
3. Het tweede lid is van toepassing op een aanvraag voor een activiteit als bedoeld in artikel 2.1, eerste lid, onder c, van de wet:

Besluit omgevingsrecht   **A68** art. 6.14

a. die plaatsvindt in een in het bestemmingsplan of de beheersverordening opgenomen obstakelbeheergebied rondom een militaire luchthaven en betrekking heeft op een antenne-installatie als bedoeld in artikel 4, onderdeel 5, van bijlage II;
b. die plaatsvindt in een A- of B-veiligheidszone rondom een munitieopslag en betrekking heeft op:
1°. een bijbehorend bouwwerk of uitbreiding daarvan als bedoeld in artikel 4, onderdeel 1, van bijlage II, voor zover het betreft huisvesting in verband met mantelzorg als bedoeld in artikel 1, eerste lid, van die bijlage;
2°. het gebruiken van bouwwerken, eventueel in samenhang met bouwactiviteiten die de bebouwde oppervlakte of het bouwvolume niet vergroten, en van bij die bouwwerken aansluitend terrein, bedoeld in artikel 4, onderdeel 9, van bijlage II, voor zover het betreft een buiten de bebouwde kom gelegen logiesfunctie voor werknemers;
3°. ander gebruik van gronden of bouwwerken voor een termijn van ten hoogste tien jaar als bedoeld in artikel 4, onderdeel 11, van bijlage II, voor zover dat gebruik strekt tot het mogelijk maken van het verblijf van personen.

Art. 6.12 Toezenden ontwerpbesluit
1. Met betrekking tot een aanvraag ten aanzien van activiteiten als bedoeld in artikel 2.1, eerste lid, onder c, van de wet, waarbij toepassing wordt gegeven aan artikel 2.12, eerste lid, onder a, onder 3°, of onder c, van de wet, zendt het bevoegd gezag het ontwerpbesluit met de daarop betrekking hebbende stukken die redelijkerwijs nodig zijn voor de beoordeling van het ontwerp, toe aan gedeputeerde staten en de inspecteur.
Omgevingsvergunning voor activiteit, zenden afschrift aanvraag aan provincie/inspecteur

2. Met betrekking tot een aanvraag ten aanzien van activiteiten als bedoeld in artikel 2.1, eerste lid, onder e, van de wet, die op het grondgebied van twee of meer provincies plaatsvinden, in gevallen waarin gedeputeerde staten het bevoegd gezag zijn, zenden zij het ontwerpbesluit met de daarop betrekking hebbende stukken die redelijkerwijs nodig zijn voor een beoordeling van het ontwerp, toe aan gedeputeerde staten van de provincies waarin de betrokken inrichting gedeeltelijk zal zijn of is gelegen.
3. Met betrekking tot een aanvraag ten aanzien van activiteiten als bedoeld in artikel 2.1, eerste lid, onder e, van de wet, in gevallen waarin Onze Minister van Economische Zaken het bevoegd gezag is, zendt deze het ontwerpbesluit met de daarop betrekking hebbende stukken die redelijkerwijs nodig zijn voor een beoordeling van het ontwerp, toe aan gedeputeerde staten van de provincie waarin de betrokken inrichting geheel of gedeeltelijk zal zijn of is gelegen.
4. Met betrekking tot een aanvraag ten aanzien van een activiteit als bedoeld in artikel 2.1, eerste lid, onder f, van de wet, zendt het bevoegd gezag het ontwerpbesluit met de daarop betrekking hebbende stukken die redelijkerwijs nodig zijn voor een beoordeling van het ontwerp, toe aan Onze Minister van Onderwijs, Cultuur en Wetenschap.

Art. 6.13 Toezenden afschrift beschikking
1. Het bevoegd gezag zendt een afschrift van de beschikking op de aanvraag toe aan de personen of bestuursorganen, bedoeld in de artikelen 6.1, 6.3, 6.4 en 6.12.
Omgevingsvergunning voor activiteit, zenden afschrift aanvraag aan betrokken personen/bestuursorganen

2. Met betrekking tot een aanvraag ten aanzien van een activiteit als bedoeld in artikel 2.1, eerste lid, onder a of b, van de wet, welke betrekking heeft op een beschermd stads- of dorpsgezicht als bedoeld in de Monumentenwet 1988, zoals die wet luidde voor inwerkingtreding van de Erfgoedwet, zendt het bevoegd gezag gelijktijdig met de toezending aan de aanvrager een afschrift van de beschikking toe aan Onze Minister van Onderwijs, Cultuur en Wetenschap.
3. Met betrekking tot een aanvraag ten aanzien van een activiteit als bedoeld in artikel 2.1, eerste lid, onder f of h, van de wet, zendt het bevoegd gezag gelijktijdig met de toezending aan de aanvrager een afschrift van de beschikking toe aan Onze Minister van Onderwijs, Cultuur en Wetenschap.
4. Met betrekking tot een aanvraag ten aanzien van een activiteit als bedoeld in artikel 2.1, eerste lid, onder e, van de wet met betrekking tot een inrichting als bedoeld in bijlage I, onderdeel C, onder 3.6, onder a of b, zendt het bevoegd gezag langs elektronische weg gelijktijdig met de toezending aan de aanvrager een afschrift van de beschikking toe aan Onze Minister. Bij ministeriële regeling worden nadere regels gesteld met betrekking tot de wijze waarop het afschrift wordt verzonden.
5. Het eerste tot en met vierde lid is van overeenkomstige toepassing op ambtshalve gegeven beschikkingen tot wijziging van een omgevingsvergunning of voorschriften van een omgevingsvergunning of tot gehele of gedeeltelijke intrekking van een omgevingsvergunning, met dien verstande dat in het tweede tot en met vierde lid in plaats van «aanvrager» wordt gelezen «degenen tot wie de beschikking is gericht».

Art. 6.14 Kennisgeving besluit verlening omgevingsvergunning
1. Een kennisgeving als bedoeld in de artikelen 3:12 en 3:44 van de Algemene wet bestuursrecht wordt, voor zover het betreft een besluit tot verlening van een omgevingsvergunning waarbij

sprake is van een geval als bedoeld in artikel 2.12, eerste lid, aanhef en onderdeel a, onder 3°, van de wet, aan eenieder beschikbaar gesteld op de landelijke voorziening, bedoeld in artikel 1.2.1, tweede lid, van het Besluit ruimtelijke ordening.
2. Bij ministeriële regeling kunnen regels worden gesteld over de wijze waarop de kennisgeving, bedoeld in het eerste lid, wordt gedaan of beschikbaar wordt gesteld.

Art. 6.15 BRZO-inrichting

BZRO-inrichting

1. Voor zover een aanvraag betrekking heeft op activiteiten als bedoeld in artikel 2.1, eerste lid, onder e, van de wet, binnen een hogedrempelinrichting als bedoeld in artikel 1, eerste lid, Besluit risico's zware ongevallen 2015, zendt het bevoegd gezag uiterlijk twee weken na ontvangst van de aanvraag, een afschrift daarvan en van de daarbij behorende gegevens en bescheiden, aan:
    a. Onze Minister;
    b. de daartoe door Onze Minister van Sociale Zaken en Werkgelegenheid aangewezen toezichthouder, bedoeld in artikel 1, derde lid, onderdeel d, van de Arbeidsomstandighedenwet;
    c. de burgemeester van de gemeente waar de inrichting geheel of gedeeltelijk zal zijn of is gelegen;
    d. het bestuur van de veiligheidsregio binnen wier gebied de inrichting geheel of gedeeltelijk zal zijn of is gelegen;
    e. voor zover de onderdelen van het veiligheidsrapport betrekking hebben op de risico's voor een oppervlaktewaterlichaam: het bestuursorgaan dat bevoegd is tot het verlenen van de vergunning krachtens artikel 6.2 van de Waterwet, behoudens in een geval als bedoeld in artikel 3.16 van de wet.
2. In gevallen als bedoeld in het eerste lid zendt het bevoegd gezag uiterlijk twee weken na de bekendmaking van de omgevingsvergunning een afschrift daarvan aan:
    a. Onze Minister;
    b. de daartoe door Onze Minister van Sociale Zaken en Werkgelegenheid aangewezen toezichthouder, bedoeld in artikel 1, derde lid, onderdeel d, van de Arbeidsomstandighedenwet;
    c. de arbeidsinspectie;
    d. het college van burgemeester en wethouders van de gemeente waarin de inrichting geheel of gedeeltelijk is gelegen;
    e. het bestuur van de veiligheidsregio.
3. Het bevoegd gezag zendt, indien tijdens de behandeling van de aanvraag een aanvulling op het veiligheidsrapport, bedoeld in artikel 1, eerste lid, Besluit risico's zware ongevallen 2015, is ontvangen, deze aanvulling uiterlijk twee weken na ontvangst aan de in het eerste lid genoemde bestuursorganen en aan de daar bedoelde toezichthouder.
4. Het bevoegd gezag stelt het bestuursorgaan dat zorg draagt voor het beheer van een zuiveringstechnisch werk waarop, of van een oppervlaktewaterlichaam waarin als gevolg van een zwaar ongeval, al dan niet door middel van een voorziening voor de inzameling en het transport van afvalwater of een ander werk, kan worden geloosd, in de gelegenheid advies uit te brengen over de onderdelen van het veiligheidsrapport, die betrekking hebben op de risico's voor dat zuiveringstechnisch werk of dat oppervlaktewaterlichaam.

Art. 6.16 Samenvatting van de risicoanalyse

Omgevingsvergunning voor activiteit, samenvatting risicoanalyse

Het bevoegd gezag zendt in een geval als bedoeld in bijlage I, categorie 21, 28.4, onder g, of 29.1, onder k, met het oog op de voorbereiding van de bestrijding van rampen en zware ongevallen een exemplaar van de schriftelijke samenvatting van de risicoanalyse aan:
a. de burgemeester van de gemeente waar de inrichting geheel of in hoofdzaak zal zijn of is gelegen;
b. de commissaris van de Koningin in de provincie waar een gemeente als bedoeld onder a is gelegen;
c. het bestuur van de veiligheidsregio waar een gemeente als bedoeld onder a is gelegen.

Art. 6.17 Veiligheidsrapport

Omgevingsvergunning voor activiteit, aanvulling veiligheidsrapport

1. Het bevoegd gezag zendt in een geval als bedoeld in artikel 6.15 met het oog op de voorbereiding van de bestrijding van rampen en zware ongevallen de daarin bedoelde onderdelen van het veiligheidsrapport en, indien tijdens de behandeling van de aanvraag een aanvulling op het veiligheidsrapport is ontvangen, deze aanvulling aan:
    a. de burgemeester van de gemeente die kan worden getroffen door een zwaar ongeval bij een inrichting waarop het veiligheidsrapport betrekking heeft;
    b. de commissaris van de Koningin in de provincie waar een gemeente is gelegen waarin de inrichting geheel of gedeeltelijk zal zijn of is gelegen;
    c. de commissaris van de Koningin in de provincie waarin een gemeente als bedoeld onder a is gelegen;
    d. het bestuur van de veiligheidsregio binnen wier gebied een gemeente als bedoeld onder a of c is gelegen.
2. Het bevoegd gezag zendt een exemplaar van de stukken, bedoeld in het eerste lid, aan de aangrenzende staat, indien een zwaar ongeval bij de inrichting waarop het veiligheidsrapport

Besluit omgevingsrecht   **A68 art. 7.1**

betrekking heeft de aangrenzende staat kan treffen. In dat geval zendt hij tevens een exemplaar aan Onze Minister van Veiligheid en Justitie.
3. In afwijking van het tweede lid zendt het bevoegd gezag, indien krachtens artikel 19.3 van de Wet milieubeheer een tweede tekst is overgelegd, een exemplaar van deze tekst aan de betrokken staat.

Art. 6.18 Overlegverplichting planologische gebruiksactiviteiten
Op de voorbereiding van een omgevingsvergunning die wordt verleend met toepassing van artikel 2.12, eerste lid, onder a, onder 3°, van de wet is artikel 3.1.1 van het Besluit ruimtelijke ordening van overeenkomstige toepassing.

Schakelbepaling

§ 6.4
Bijzondere procedurevoorschriften

Art. 6.19
Als categorie van gevallen als bedoeld in artikel 3.9, derde lid, tweede volzin, van de wet wordt aangewezen de beslissing op een aanvraag om een omgevingsvergunning voor activiteiten als bedoeld in artikel 2.2a, eerste lid, onder a tot en met i, tweede lid, onder a, b en h, vierde en vijfde lid.

Omgevingsvergunning, procedurevoorschriften

Hoofdstuk 7
Uitvoering en handhaving

§ 7.1
Basistaken omgevingsdienst

Art. 7.1 Taken van de omgevingsdienst
1. Gedeputeerde staten en burgemeester en wethouders dragen er zorg voor dat in ieder geval de volgende taken voor de in bijlage IV aangewezen omgevingsvergunningen en activiteiten waarvoor zij bevoegd gezag zijn door een omgevingsdienst worden uitgevoerd:
a. het voorbereiden van beschikkingen tot het verlenen, wijzigen, intrekken of weigeren van omgevingsvergunningen die zijn aangewezen in de categorieën 1 tot en met 4 van bijlage IV voor de projecten en activiteiten die zijn aangewezen in die categorieën;
b. het beoordelen van meldingen als bedoeld in artikel 8.41, eerste lid, van de Wet milieubeheer, het voorbereiden van beschikkingen als bedoeld in artikel 8.40a, eerste lid, van de Wet milieubeheer en het stellen van voorschriften als bedoeld in artikel 8.42, eerste lid, van de Wet milieubeheer ten aanzien van activiteiten die zijn aangewezen in categorie 6 van bijlage IV alsmede het beoordelen van meldingen ten aanzien van activiteiten die zijn aangewezen in categorie 9 van bijlage IV;
c. het toezicht op de naleving van:
1°. de omgevingsvergunningen en de daaraan verbonden voorschriften die zijn aangewezen in de categorieën 1 tot en met 4 van bijlage IV voor de projecten en activiteiten die zijn aangewezen in die categorieën alsmede de verboden, bedoeld in de artikelen 2.1, 2.2, 2.3 en 2.3a van de wet voor die projecten en activiteiten;
2°. de voorschriften gesteld bij of krachtens het Activiteitenbesluit milieubeheer die gelden voor de activiteiten die zijn aangewezen in categorie 6 van bijlage IV;
3°. de voorschriften gesteld bij of krachtens de wet, de Wet milieubeheer en de Wet bodembescherming, die van toepassing zijn op de projecten en activiteiten die zijn aangewezen in de categorieën 1 tot en met 10 van bijlage IV en op het ketentoezicht op de activiteiten die zijn aangewezen in categorie 11 van bijlage IV;
d. het voorbereiden van beschikkingen tot handhaving van de voorschriften en in omgevingsvergunningen en de daarin opgenomen voorschriften, alsmede van de verboden, bedoeld in de onderdelen a tot en met c.
2. Onder het voorbereiden van beschikkingen, bedoeld in het eerste lid, onderdeel a, valt niet de toepassing van de Wet bevordering integriteitsbeoordelingen door het openbaar bestuur.
3. De taken voor de in bijlage IV aangewezen omgevingsvergunningen en activiteiten, bedoeld in het eerste lid, worden voor de categorieën van inrichtingen, bedoeld in artikel 5.3, vierde lid, van de wet, uitsluitend door de in bijlage V aangewezen omgevingsdiensten uitgevoerd.
4. Een naamswijziging van een in bijlage V aangewezen omgevingsdienst gaat, totdat een overeenkomstige wijziging van die bijlage in werking treedt, voor dit besluit gelden nadat een door Onze Minister daarover genomen besluit bekend is gemaakt in de Staatscourant.

Omgevingsdienst, taken

§ 7.2
Procescriteria

Art. 7.2 Uitvoerings- en handhavingsbeleid

Uitvoerings- en handhavingsbeleid, vaststelling door omgevingsdienst

1. De bestuursorganen die bevoegd gezag zijn en belast zijn met de bestuursrechtelijke uitvoering en handhaving van het bepaalde bij de wet en bij of krachtens de betrokken wetten en met het toezicht op de naleving door de onder hun gezag werkzame toezichthouders, stellen ieder voor zich voor de taken, niet zijnde de taken, bedoeld in het tweede lid, het uitvoerings- en handhavingsbeleid vast in een of meer documenten waarin gemotiveerd wordt aangegeven welke doelen zij zichzelf stellen bij de uitvoering en handhaving en welke activiteiten zij daartoe zullen uitvoeren. Voordat een document wordt vastgesteld wordt, indien nodig, onderling afgestemd. Het handhavingsbeleid wordt ook afgestemd met de organen die belast zijn met de strafrechtelijke handhaving.
2. De bestuursorganen, bedoeld in het eerste lid, die deelnemen in een omgevingsdienst dragen er gezamenlijk zorg voor dat een uniform uitvoerings- en handhavingsbeleid voor de taken, bedoeld in artikel 7.1, eerste lid, wordt vastgesteld in een of meer documenten waarin gemotiveerd wordt aangegeven welke doelen de omgevingsdienst moet behalen bij de uitvoering en handhaving en welke activiteiten daartoe door de omgevingsdienst worden uitgevoerd en stemmen dit, indien nodig, gezamenlijk af met andere bestuursorganen en met de organen die zijn belast met de strafrechtelijke handhaving. Het handhavingsbeleid wordt vastgesteld in overeenstemming met het Openbaar Ministerie.
3. Het uitvoerings- en handhavingsbeleid, bedoeld in het eerste en tweede lid, dient mede ter uitvoering van het bovenregionale handhavingsbeleid.
4. Het uitvoeringsbeleid is gebaseerd op toepasselijke algemeen verbindende voorschriften, beleidskaders en een analyse van inzichten, technieken en werkwijzen die gebruikt kunnen worden voor de uitvoering.
5. Het handhavingsbeleid is gebaseerd op een analyse van de problemen die zich kunnen voordoen met betrekking tot de naleving van het bij of krachtens de wet en de betrokken wetten bepaalde in de gevallen waarin de zorg voor de handhaving daarvan aan hen is opgedragen.
6. Het uitvoerings- en handhavingsbeleid geeft ten minste inzicht in:
a. de prioriteitenstelling met betrekking tot de uitvoering van de krachtens het eerste en tweede lid voorgenomen activiteiten;
b. de methodiek die de bestuursorganen gebruiken om te bepalen of de krachtens het eerste en tweede lid gestelde doelen worden bereikt;
c. de daarin opgenomen objectieve criteria voor het beoordelen van aanvragen voor en beslissen over een omgevingsvergunning en het afhandelen van meldingen, en
d. de werkwijze bij vergunningverlening en het afhandelen van meldingen.
7. Het handhavingsbeleid geeft voorts inzicht in:
a. de afspraken die door de bestuursorganen onderling en met de organen die belast zijn met de strafrechtelijke handhaving zijn gemaakt, over de samenwerking bij en de afstemming van de werkzaamheden;
b. de wijze waarop het toezicht op de naleving van het bij of krachtens de betrokken wetten bepaalde wordt uitgeoefend om de krachtens het eerste en tweede lid gestelde doelen te bereiken;
c. de rapportage van de bevindingen van degenen die toezicht hebben uitgeoefend en het vervolg dat aan die bevindingen wordt gegeven, waarbij tevens aandacht wordt besteed aan de aard van de geconstateerde overtredingen;
d. de wijze waarop bestuurlijke sancties alsmede de termijnen die bij het geven en uitvoeren daarvan worden gehanteerd en de strafrechtelijke handhaving onderling worden afgestemd, waarbij tevens aandacht wordt besteed aan de aard van de geconstateerde overtredingen;
e. de wijze waarop de bestuursorganen handelen na overtredingen die zijn begaan door of in naam van de bestuursorganen of van andere organen behorende tot de overheid.
8. De bestuursorganen, bedoeld in het eerste en tweede lid, bezien regelmatig maar in ieder geval naar aanleiding van de evaluatie, bedoeld in artikel 7.7, tweede lid, het op grond van het eerste en tweede lid vastgestelde beleid en passen dit in ieder geval bij gebleken noodzaak zo spoedig mogelijk aan.
9. Burgemeester en wethouders, gedeputeerde staten en het dagelijks bestuur van een waterschap geven kennis van het uitvoerings- en handhavingsbeleid aan de gemeenteraad en provinciale staten onderscheidenlijk het algemeen bestuur van het waterschap.

Art. 7.3 Uitvoeringsprogramma

Uitvoeringsprogramma

1. De bestuursorganen, bedoeld in artikel 7.2, eerste en tweede lid, werken jaarlijks het uitvoerings- en handhavingsbeleid uit in een uitvoeringsprogramma voor de desbetreffende rechtspersoon waarin wordt aangegeven welke van de vastgestelde activiteiten zij het komende jaar zullen uitvoeren. Daarbij houden ze rekening met de krachtens die leden gestelde doelen en de krachtens artikel 7.2, zesde lid, onder a, gestelde prioriteiten.

2. De bestuursorganen stemmen het uitvoeringsprogramma af met de organen die belast zijn met de strafrechtelijke handhaving.
3. De bestuursorganen, bedoeld in artikel 7.2, tweede lid, dragen zorg voor een uniform uitvoeringsprogramma voor de taken, bedoeld in artikel 7.1, eerste lid, op het niveau van de met die taken belaste omgevingsdienst.
4. Burgemeester en wethouders, gedeputeerde staten en het dagelijks bestuur van een waterschap maken het uitvoeringsprogramma bekend aan de gemeenteraad, provinciale staten onderscheidenlijk het algemeen bestuur van het waterschap.

Art. 7.4 Uitvoeringsorganisatie

1. De bestuursorganen, bedoeld in artikel 7.2, eerste en tweede lid, richten hun organisaties zodanig in dat een goede uitvoering van het uitvoerings- en handhavingsbeleid, bedoeld in artikel 7.2, en de uitvoeringsprogramma's, bedoeld in artikel 7.3, gewaarborgd is. *Uitvoeringsorganisatie*
2. De bestuursorganen dragen er in ieder geval zorg voor dat:
a. de personeelsformatie ten behoeve van de uitvoering en de handhaving en de bij de onderscheiden functies behorende taken, bevoegdheden en verantwoordelijkheden worden vastgelegd;
b. de personen die zijn belast met de voorbereiding van besluiten ten aanzien van aanvragen om een omgevingsvergunning voor zover deze betrekking hebben op activiteiten met betrekking tot een inrichting als bedoeld in artikel 2.1, eerste lid, onder e, en categorieën activiteiten als bedoeld in onderdeel C van bijlage 1 bij dit besluit en artikel 2.2a, van de wet of met de voorbereiding van beschikkingen als bedoeld in artikel 8.40a, eerste lid, van de Wet milieubeheer of het stellen van voorschriften als bedoeld in artikel 8.42, eerste lid, van de Wet milieubeheer niet worden belast met:
1°. het toezicht op de naleving van het bij of krachtens de wet of de betrokken wetten bepaalde met betrekking tot een inrichting, en
2°. het voorbereiden of uitvoeren van bestuurlijke sancties met betrekking tot een inrichting;
c. een krachtens de artikelen 5.10 of 5.11 van de wet aangewezen ambtenaar niet voortdurend feitelijk wordt belast met het uitoefenen van toezicht op de naleving van het bij of krachtens de wet of de betrokken wetten bepaalde met betrekking tot dezelfde inrichting;
d. de organisatie van de bestuursorganen en van de omgevingsdienst ook buiten de gebruikelijke kantooruren bereikbaar en beschikbaar is.
3. De bestuursorganen, bedoeld in artikel 7.2, eerste en tweede lid, dragen er tevens zorg voor dat:
a. een beschrijving van de werkprocessen, de procedures en de bijbehorende informatievoorziening inzake de uitvoerings- en handhavingstaken van het bij of krachtens de wet of de betrokken wetten bepaalde en het voorbereiden, geven en uitvoeren van bestuurlijke sancties wordt vastgesteld;
b. de uit te voeren werkzaamheden plaatsvinden overeenkomstig deze beschrijving.

Art. 7.5 Borging van middelen

De bestuursorganen, bedoeld in artikel 7.2, eerste en tweede lid, dragen er zorg voor dat: *Borging middelen*
a. de voor het bereiken van de krachtens die leden gestelde doelen en de voor het uitvoeren van de daarin bedoelde activiteiten benodigde en beschikbare financiële en personele middelen inzichtelijk worden gemaakt en in de begroting van de desbetreffende rechtspersonen en van de omgevingsdienst worden gewaarborgd;
b. de wijze van berekening van de benodigde financiële en personele middelen, bedoeld onder a, inzichtelijk wordt gemaakt;
c. voor de uitvoering van de uitvoeringsprogramma's, bedoeld in artikel 7.3, eerste en derde lid, voldoende financiële en personele middelen beschikbaar zijn en dat deze middelen zo nodig worden aangevuld of de uitvoeringsprogramma's zo nodig worden aangepast.

Art. 7.6 Monitoring

1. De bestuursorganen, bedoeld in artikel 7.2, eerste en tweede lid, bewaken de resultaten en de voortgang van: *Monitoring*
a. het bereiken van de krachtens die leden gestelde doelen;
b. de uitvoering van de uitvoeringsprogramma's, bedoeld in artikel 7.3, eerste en derde lid.
2. De bestuursorganen dragen zorg voor de registratie van gegevens die zijn verkregen in het kader van de uitvoering en handhaving.

Art. 7.7 Rapportage

1. De bestuursorganen, bedoeld in artikel 7.2, eerste en tweede lid, rapporteren periodiek over: *Rapportage*
a. het bereiken van de krachtens die leden gestelde doelen;
b. de uitvoering van de voorgenomen activiteiten, bedoeld in die leden, in verhouding tot de prioriteitenstelling, bedoeld in artikel 7.2, zesde lid, onder a;
c. de uitvoering van de afspraken, bedoeld in artikel 7.2, zevende lid, onder a.
2. De bestuursorganen evalueren jaarlijks of de activiteiten die zijn opgenomen in de uitvoeringsprogramma's, bedoeld in artikel 7.3, eerste en derde lid, zijn uitgevoerd en in hoeverre deze activiteiten hebben bijgedragen aan het bereiken van de krachtens artikel 7.2, eerste en tweede lid, gestelde doelen.

A68 art. 7.8

Besluit omgevingsrecht

3. Burgemeester en wethouders, gedeputeerde staten en het dagelijks bestuur van een waterschap delen de rapportage, bedoeld in het eerste lid, en het verslag van de evaluatie, bedoeld in het tweede lid, mee aan de gemeenteraad, provinciale staten, onderscheidenlijk het algemeen bestuur van het waterschap.

§ 7.3
Inspectieview Milieu

Art. 7.8 Verplichte aansluiting

Inspectieview Milieu, verplichte aansluiting

Aan de verplichting, bedoeld in artikel 5.8, eerste lid, van de wet is in ieder geval voldaan, indien Onze Minister, Onze Minister van Veiligheid en Justitie en het algemeen bestuur van de omgevingsdiensten de gegevens die zij beheren in verband met de uitvoering van de taken, bedoeld in artikel 7.1, eerste lid, via het beveiligd digitaal systeem voor informatie-uitwisseling, voor de toepassing van dit besluit Inspectieview Milieu geheten, raadpleegbaar maken.

Art. 7.9 Aanwijzing andere bestuursorganen

Andere bestuursorganen art. 5.8, tweede lid, aanwijzing

Als andere bestuursorganen als bedoeld in artikel 5.8, tweede lid, van de wet, worden aangewezen:
a. Onze Minister van Economische Zaken,
b. Onze Minister van Sociale Zaken en Werkgelegenheid,
c. de korpschef, bedoeld in artikel 27 van de Politiewet 2012, en
d. het Openbaar Ministerie.

Art. 7.10 Verplichtingen voor aangeslotenen

Inspectieview Milieu, verplichtingen aangeslotenen

1. De bestuursorganen, bedoeld in de artikelen 7.8 en 7.9, maken gegevens in een gestandaardiseerde set toegankelijk.
2. Ten behoeve van de strafrechtelijke handhaving van het bepaalde bij of krachtens de wet, wordt bij het verstrekken van persoonsgegevens gebruik gemaakt van het burgerservicenummer.
3. Onverminderd de Algemene verordening gegevensbescherming, de artikelen 32 en 33 van de Uitvoeringswet Algemene verordening gegevensbescherming en artikel 2:5 van de Algemene wet bestuursrecht, treffen de bestuursorganen, ten behoeve van de verwerking van de gegevens die zij via Inspectieview Milieu toegankelijk maken dan wel raadplegen, maatregelen met betrekking tot het autoriseren van personen die onder hun verantwoordelijkheid werkzaam zijn.

Art. 7.11 Verwerkingsverantwoordelijke

Inspectieview Milieu, verantwoordelijke

1. Onze Minister is de voor Inspectieview Milieu verwerkingsverantwoordelijke.

2. Inspectieview Milieu voldoet aan de principes van de Nederlandse Overheid Referentie Architectuur.
3. Onverminderd de Algemene verordening gegevensbescherming en de artikelen 32 en 33 van de Uitvoeringswet Algemene verordening gegevensbescherming richt de verwerkingsverantwoordelijke Inspectieview Milieu zowel procedureel als technisch zodanig in dat:
a. zoveel mogelijk vooraf door middel van een gestandaardiseerde set van gegevens als bedoeld in artikel 7.10, eerste lid, is bepaald welke gegevens nodig zijn om het doel waarvoor de gegevens toegankelijk worden gemaakt te bereiken en deze gegevens toereikend, relevant en niet bovenmatig zijn;
b. het doel waarvoor de gegevens die toegankelijk worden gemaakt door een bestuursorgaan verenigbaar is met het doel waarvoor deze gegevens door dat bestuursorgaan zijn verkregen;
c. gegevens die verplicht gedeeld worden uitsluitend door middel van Inspectieview Milieu toegankelijk worden gemaakt indien geen wettelijke bepaling daaraan in de weg staat;
d. er geen gegevens toegankelijk worden gemaakt door een bestuursorgaan of strafrechtelijke instantie waarvoor dat bestuursorgaan een geheimhoudingsplicht heeft;
e. er geen gegevens op een centrale plaats worden opgeslagen en bewaard;
f. alleen geautoriseerde personen die vallen onder de verantwoordelijkheid van de bestuursorganen, bedoeld in de artikelen 7.8 en 7.9 of organen die belast zijn met de strafrechtelijke handhaving of met de opsporing van economische delicten die gegevens opvragen, toegang tot die gegevens hebben;
g. de toegang tot gegevens voor specifiek vooraf aangewezen en getoetste doeleinden voorbehouden is aan de daartoe geautoriseerde personen die vallen onder de verantwoordelijkheid van de bestuursorganen, bedoeld in de artikelen 7.8 en 7.9, of organen die belast zijn met de strafrechtelijke handhaving of met de opsporing van economische delicten die gegevens opvragen;
h. het informatiebeveiligingsniveau «departementaal vertrouwelijk» is en voor gegevens verkregen uit processen-verbaal dan wel een opsporingsonderzoek «staatsgeheim confidentieel».

Art. 7.12 Kostenverdeling

Inspectieview Milieu, kostenverdeling

1. De jaarlijkse beheerkosten van Inspectieview Milieu komen voor rekening van Onze Minister.

Besluit omgevingsrecht

A68 art. 8.2

2. De bestuursorganen, bedoeld in de artikelen 7.8 en 7.9, en organen die zijn belast met de strafrechtelijke handhaving die op Inspectieview Milieu zijn aangesloten, betalen jaarlijks een bedrag voor het technisch- en applicatie beheer aan Onze Minister.

Hoofdstuk 8
Overgangs- en slotbepalingen

Art. 8.1 Tijdstip inwerkingtreding
1. Dit besluit treedt in werking op een bij koninklijk besluit te bepalen tijdstip dat voor de diverse artikelen of onderdelen daarvan verschillend kan worden vastgesteld.
2. Op een bij koninklijk besluit te bepalen tijdstip dat voor de diverse artikelen of onderdelen daarvan verschillend kan worden vastgesteld vervalt:
 a. in artikel 2.1, eerste lid, «onderdeel B, onder 2, en»,
 b. artikel 3.3a,
 c. artikel 6.3, eerste lid, onder d,
 d. artikel 6.7,
 e. in artikel 6.10 «6.7, eerste, tweede en vierde lid,»,
 f. in bijlage I, onderdeel B, onderdeel 2, en de aanduiding «1.» voor onderdeel 1.
3. Op het moment, bedoeld in het tweede lid, aanhef en onder b en c wordt in artikel 6.3, eerste lid, onder c, de komma aan het slot vervangen door een punt.
4. Artikel 5.10, vierde lid, vervalt met ingang van de eerste dag waarop twee jaar zijn verstreken na de datum van inwerkingtreding van dat artikel.

Inwerkingtreding

Art. 8.2 Citeertitel
Dit besluit wordt aangehaald als: Besluit omgevingsrecht.

Citeertitel

Bijlage I Behorende bij de artikelen 2.1, 3.3, 6.3 en 6.16

Aanwijzing van categorieën inrichtingen en van vergunningplichtige inrichtingen, alsmede van gevallen waarin een ander bestuursorgaan dan burgemeester en wethouders het bevoegd gezag is

Onderdeel A

In deze bijlage wordt verstaan onder:
ADR: op 30 september 1957 te Genève totstandgekomen Europese overeenkomst betreffende het internationale vervoer van gevaarlijke stoffen over de weg (Trb. 1959, 71);
autowrak: autowrak als bedoeld in artikel 1.1, eerste lid, van het Besluit algemene regels voor inrichtingen milieubeheer;
biomassa:
– producten die bestaan uit plantaardig landbouw- of bosbouwmateriaal dat gebruikt kan worden als brandstof om de energetische inhoud ervan te benutten;
– de volgende afvalstoffen:
1°. plantaardig afval uit land- of bosbouw;
2°. plantaardig afval van de levensmiddelenindustrie, indien de opgewekte warmte wordt teruggewonnen;
3°. vezelachtig plantaardig afval afkomstig van de productie van ruwe pulp en van de productie van papier uit pulp, indien het op de plaats van productie wordt meeverbrand en de opgewekte warmte wordt teruggewonnen;
4°. kurkafval, en
5°. houtafval, met uitzondering van houtafval dat ten gevolge van een behandeling met houtbeschermingsmiddelen of door het aanbrengen van een beschermingslaag gehalogeneerde organische verbindingen dan wel zware metalen kan bevatten;
bovengrondse opslagtank: opslagtank niet zijnde een ondergrondse opslagtank en niet zijnde een ladingtank van een bunkerstation;
bunkerstation: bunkerstation als bedoeld in artikel 1 van het Binnenvaartbesluit;
CMR-stof: stof of preparaat die volgens bijlage I bij richtlijn nr. 67/548/EEG geclassificeerd is als Kankerverwekkend categorie 1 of 2 of als Mutageen categorie 1 of 2 of als «Voor de voortplanting vergiftig» categorie 1 of 2;
EG-verordening dierlijke bijproducten: verordening (EG) nr. 1069/2009 van het Europees Parlement en de Raad van de Europese Unie van 21 oktober 2009 (PbEU L 300) tot vaststelling van gezondheidsvoorschriften inzake niet voor menselijke consumptie bestemde dierlijke bijproducten en afgeleide producten en tot intrekking van Verordening (EG) nr. 1774/2002;
gaszak: gaszak als bedoeld in artikel 1.1 van het Activiteitenbesluit milieubeheer;
gevaarlijke stoffen: stoffen en voorwerpen, waarvan het vervoer volgens het ADR is verboden of slechts onder daarin opgenomen voorwaarden is toegestaan, dan wel stoffen, materialen en voorwerpen aangeduid in de International Maritime Dangerous Goods Code;
meststoffengroep: aanduiding van de gevaarcategorie van vaste minerale anorganische meststoffen overeenkomstig de indeling van PGS 7;
micro-organismen, organismen en genetisch gemodificeerde organismen: hetgeen daaronder wordt verstaan in het Besluit genetisch gemodificeerde organismen milieubeheer 2013;
ondergrondse opslagtank: opslagtank die geheel in de bodem ligt of ingeterpt is;
opslagtank: vormvaste opslagvoorziening voor gas met een inhoud van ten minste 150 liter of een vormvaste opslagvoorziening voor vloeistof met een inhoud van ten minste 300 liter, uitgezonderd een intermediate bulk container die voldoet aan hoofdstuk 6.5 van het ADR;
overig voertuigwrak: motorrijtuig op meer dan twee wielen dat een afvalstof is in de zin van artikel 1.1, eerste lid, van de Wet milieubeheer, niet zijnde een autowrak;
stookinstallatie: stookinstallatie als bedoeld in artikel 1.1, eerste lid, van het Activiteitenbesluit milieubeheer;
tijdelijke opslag: opslag van verpakte gevaarlijke stoffen of CMR-stoffen die zijn geadresseerd aan derden en, voorafgaand aan of aansluitend op transport, buiten een opslagvoorziening voor verpakte gevaarlijke stoffen of CMR-stoffen verblijven;
vervoerseenheid met gevaarlijke stoffen: voertuig, oplegger of aanhanger met een conform het ADR voor het vervoer van gevaarlijke stoffen toegelaten tank, tankcontainer, tankbatterij, laadketel, laadruimte of laadvloer waarin gevaarlijke stoffen aanwezig zijn;
vloeibare brandstof: lichte olie, halfzware olie of gasolie als bedoeld in artikel 26 van de Wet op de accijns;
wrak van een tweewielig motorvoertuig: wrak van een tweewielig motorvoertuig als bedoeld in artikel 1.1, eerste lid, van het Activiteitenbesluit milieubeheer.

Besluit omgevingsrecht   **A68** bijlage I

Onderdeel B

1. Onverminderd het bepaalde in onderdeel C van deze bijlage, worden als categorieën vergunningplichtige inrichtingen als bedoeld in artikel 2.1, tweede lid, van dit besluit, aangewezen:
a. inrichtingen waarop een van de onderstaande besluiten en regelingen van toepassing is:
- Besluit externe veiligheid inrichtingen;
- Besluit informatie inzake rampen en crises;
- Besluit risico's zware ongevallen 2015;
- Regeling grenswaarde VCM-luchtemissies-PVC-inrichtingen milieubeheer;
- Regeling grenswaarden luchtemissies VCM-inrichtingen milieubeheer;
- Regeling stortplaatsen voor baggerspecie op land;

b. inrichtingen voor activiteiten die zijn aangewezen krachtens artikel 7.2, eerste lid, van de Wet milieubeheer voor zover de ter zake van die activiteiten krachtens het derde en vierde lid, van dat artikel aangewezen categorieën de besluiten zijn waarop afdeling 3.4 van de Algemene wet bestuursrecht en een of meer artikelen van afdeling 13.2 van de Wet milieubeheer van toepassing zijn, met uitzondering van de categorieën 14, 18.4, 18.8, 22.2, 32.1, 32.2, 32.3, 32.5, 32.7, 32.8, 35, 36, 37.1, 37.2, 38.1, 38.2, 38.3 en 41.1 van onderdeel D van de bijlage bij het Besluit milieueffectrapportage waarop artikel 7.18 van de Wet milieubeheer niet van toepassing is;
c. inrichtingen in, op, onder of over een plaats waar de in artikel 8.49 van de Wet milieubeheer bedoelde zorg met betrekking tot een gesloten stortplaats wordt uitgevoerd;
d. inrichtingen als bedoeld in artikel 3.3, derde en vierde lid, van het besluit.
2. Als categorie vergunningplichtige inrichtingen als bedoeld in artikel 2.1, tweede lid, worden aangewezen inrichtingen voor het houden van landbouwhuisdieren waarvan op basis van de rapportage bedoeld in artikel 5.14 van de Wet milieubeheer en de beoordeling van de luchtkwaliteit bedoeld in artikel 5.20, eerste lid, van de Wet milieubeheer is gebleken dat ze een overschrijding veroorzaken of dreigen te veroorzaken van een of meer van de grenswaarden voor zwevende deeltjes (PM10), voor zover deze inrichtingen voorkomen op een jaarlijks, aan de hand van deze rapportage en beoordeling, door Onze Minister vastgestelde en bekendgemaakte lijst.

Onderdeel C

Categorie 1

1.1. Inrichtingen waar:
a. een of meer elektromotoren aanwezig zijn met een vermogen of een gezamenlijk vermogen groter dan 1,5 kW, met dien verstande, dat bij de berekening van het gezamenlijk vermogen een elektromotor met een vermogen van 0,25 kW of minder buiten beschouwing blijft;
b. een of meer verbrandingsmotoren aanwezig zijn met een vermogen of een gezamenlijk vermogen groter dan 1,5 kW, met dien verstande, dat bij de berekening van het gezamenlijk vermogen een verbrandingsmotor met een vermogen van 0,25 kW of minder buiten beschouwing blijft;
c. een of meer voorzieningen of installaties aanwezig zijn voor het verstoken van brandstoffen met een thermisch vermogen of een gezamenlijk vermogen groter dan 130 kW.
1.2. Voor de toepassing van onderdeel 1.1 blijven buiten beschouwing:
a. elektromotoren, verbrandingsmotoren en installaties voor het verstoken van brandstoffen die tijdelijk in een bepaalde omgeving aanwezig zijn;
b. elektromotoren, die in een gebouw of een gedeelte van een gebouw dat voor bewoning wordt gebruikt of daartoe is bestemd, ten behoeve van dat gebouw worden aangewend;
c. elektromotoren van bruggen, viaducten, verkeerstunnels en andere ondergronds gelegen bouwwerken voor vervoer van personen of goederen en beweegbare waterkeringen.
1.3. Gedeputeerde Staten zijn bevoegd te beslissen op een aanvraag om een omgevingsvergunning ten aanzien van inrichtingen, behorende tot deze categorie, voor zover het betreft inrichtingen:
a. waar een of meer elektromotoren of verbrandingsmotoren aanwezig zijn met een totaal geïnstalleerd motorisch vermogen van 15 MW of meer;
b. voor het verstoken van brandstoffen met een thermisch vermogen van 50 MW of meer;
c. voor het beproeven van:
1°. verbrandingsmotoren waarbij voorzieningen of installaties aanwezig zijn voor het afremmen van een gezamenlijk motorisch vermogen van 1 MW of meer;
2°. straalmotoren of -turbines met een stuwkracht van 9 kN of meer;
3°. straalmotoren of -turbines met een op as overgebracht vermogen van 250 kW of meer;
d. voor het vervaardigen van petrochemische producten of chemicaliën met een niet in een gesloten gebouw geïnstalleerd motorisch vermogen van 1 MW of meer.

1.4. Als categorieën vergunningplichtige inrichtingen als bedoeld in artikel 2.1, tweede lid, worden inrichtingen aangewezen:
  a. waar een of meer stookinstallaties met een nominaal vermogen groter dan 20 kilowatt aanwezig zijn, waarin een andere stof wordt verstookt dan:
  – aardgas;
  – propaangas;
  – butaangas;
  – vloeibare brandstoffen, met dien verstande dat voor zover het biodiesel betreft, het gaat om biodiesel die voldoet aan NEN-EN 14214;
  – biomassa, voor zover het verstoken plaatsvindt in stookinstallatie met een thermisch vermogen kleiner dan 15 megawatt;
  – houtpellets, voor zover het geen biomassa betreft en voor zover het verstoken plaatsvindt in stookinstallatie met een thermisch vermogen kleiner dan 15 megawatt, of
  – vergistingsgas als bedoeld in artikel 1.1, eerste lid, van het Activiteitenbesluit milieubeheer;
  b. voor het beproeven van verbrandingsmotoren waarbij voorzieningen of installaties aanwezig zijn voor het afremmen van een gezamenlijk motorisch vermogen van 1 megawatt of meer;
  c. waar een of meer elektromotoren of verbrandingsmotoren aanwezig zijn met een totaal geïnstalleerd motorisch vermogen van 15 MW of meer met uitzondering van windturbines;
  d. voor het beproeven van straalmotoren of -turbines.

Categorie 2

2.1 Inrichtingen:
  a. voor het vervaardigen, bewerken, verwerken, opslaan of overslaan van gassen of gasmengsels, al of niet in samengeperste tot vloeistof verdichte of onder druk in vloeistof opgeloste toestand;
  b. voor het regelen of meten van de druk of stroming van gas of gasstromen;
  c. waar een installatie aanwezig is waarin gassen worden gemengd en tot ontbranding worden gebracht met als doel het opwekken van een schokgolf.
2.2. Voor de toepassing van onderdeel 2.1, onderdelen a en b, blijven buiten beschouwing:
  a. een of meer bovengrondse drukhouders of insluitsystemen met een inhoud of een gezamenlijke inhoud kleiner dan 0,025 m^3 voor het opslaan van licht ontvlambare, ontvlambare, schadelijke of irriterende gassen of gasmengsels, al of niet in samengeperste tot vloeistof verdichte of onder druk in vloeistof opgeloste toestand;
  b. ten hoogste twee bovengrondse, niet op een bouwplaats opgestelde drukhouders of insluitsystemen, elk met een inhoud van 0,15 m^3 of minder voor het opslaan van propaan ten behoeve van ruimteverwarming, warmwatervoorziening, het bereiden van voedingsmiddelen of huishoudelijk gebruik;
  c. een of meer drukhouders of insluitsystemen met een inhoud of een gezamenlijke inhoud kleiner dan 1 m^3 voor het opslaan van andere dan de onder a of b genoemde gassen of gasmengsels of zuurstof, al of niet in samengeperste tot vloeistof verdichte of onder druk in vloeistof opgeloste toestand, met uitzondering van ontplofbare, zeer licht ontvlambare, zeer vergiftige, vergiftige, oxyderende, corrosieve, carcinogene, mutagene of teratogene gassen of gasmengsels.
2.3. Voor de toepassing van onderdeel 2.1, onder b, blijven buiten beschouwing inrichtingen met een nominale belasting van 10 Nm^3/uur of minder bij een aanvoerdruk van ten hoogste 800 kPa of met een nominale belasting van 500 Nm^3/uur of minder bij een aanvoerdruk van ten hoogste 20 kPa.
2.4. Voor de toepassing van onderdeel 2.2, onder b, wordt onder propaan een product verstaan dat hoofdzakelijk bestaat uit propaan en propeen, met geringe hoeveelheden ethaan, butanen en butenen, voor zover de dampspanning bij 70°C ten hoogste 3100 kPa bedraagt.
2.5. Onderdeel 2.2, onder b, is niet van toepassing indien de drukhouder of het insluitsysteem respectievelijk de drukhouders of insluitsystemen zijn opgesteld in een inrichting waar andere stationaire drukhouders of insluitsystemen voor de opslag van tot vloeistof verdichte gassen aanwezig zijn.
2.6. Gedeputeerde Staten zijn bevoegd te beslissen op een aanvraag om een omgevingsvergunning ten aanzien van inrichtingen, behorende tot deze categorie, voor zover het betreft:
  a. inrichtingen voor opslag en overslag van koolwaterstoffen in gasvormige toestand met een capaciteit voor de opslag van deze stoffen of producten van 100.000 m^3 of meer;
  b. aardgasbehandelingsinstallaties en gasverzamelinrichtingen, met een capaciteit ten aanzien daarvan van 10.000.000 m^3 per dag (bij 1 bar en 273 K) of meer;
  c. luchtscheidingsbedrijven, met een benodigde hoeveelheid lucht ten behoeve van het eindproduct van 10.000 kg per uur of meer.
2.7. Als categorieën vergunningplichtige inrichtingen als bedoeld in artikel 2.1, tweede lid, van dit besluit, worden inrichtingen aangewezen:
  a. voor de opslag van meer dan 1.500 liter ammoniak in gasflessen;

Besluit omgevingsrecht A68 bijlage I

b. voor de opslag van meer dan 1.500 liter ethyleenoxide in gasflessen;
c. voor de opslag van gevaarlijke stoffen of CMR-stoffen in gasflessen met een andere inhoud dan ammoniak, ethyleenoxide, verstikkende, oxiderende of brandbare gassen, samengeperste lucht of koelgas;
d. voor de opslag van propaan of propeen in meer dan twee opslagtanks;
e. voor de opslag van propaan of propeen in een opslagtank met een inhoud van meer dan 13.000 liter;
f. voor de opslag van propaan of propeen waarbij het gas, behoudens voor het leegmaken voor verplaatsing van het reservoir, niet uitsluitend in de gasfase aan een reservoir wordt onttrokken;
g. voor de opslag van zuurstof in één of meer opslagtanks met een gezamenlijke inhoud van meer dan 100 m^3;
h. voor de opslag van vergistinggas in een of meer opslagtanks met een gezamenlijke inhoud van meer dan 20.000 liter;
i. voor de opslag van andere gassen dan propaan, propeen, zuurstof, vergistinggas, kooldioxide, lucht, argon, helium of stikstof in één of meer opslagtanks;
j. voor de opslag van andere gassen dan propaan in ondergrondse opslagtanks;
k. voor de opslag van andere gassen dan vergistinggas in een gaszak;
l. voor de opslag van gassen, anders dan in gasflessen, gaspatronen, spuitbussen, gaszakken of opslagtanks van metaal of kunststof;
m. voor het afleveren van LPG;
n. voor het vullen van gasflessen van ADR klasse 2, met uitzondering van het vullen van:
1°. gasflessen met propaan of butaan vanuit een gasfles van maximaal 150 liter van gasflessen met een inhoud kleiner dan 12 liter;
2°. gasflessen met verstikkende gassen;
3°. het vullen van gasflessen met perslucht;
4°. het vullen van een gasfles met een inhoud van maximaal 2 liter met zuurstof vanuit een concentrator;
5°. het vullen van gasflessen met een inhoud van maximaal 3 liter en met een druk van maximaal 1,6 bar, met diep gekoelde vloeibare zuurstof vanuit een gasfles met een inhoud van maximaal 60 liter met een druk van maximaal 1,6 bar;
o. voor het vullen van spuitbussen, uitgezonderd het niet geautomatiseerd afvullen met stoffen anders dan drijfgassen;
p. waar warmtepompen, koelinstallaties of vriesinstallaties aanwezig zijn, met een inhoud per installatie van meer dan 1.500 kilogram ammoniak of 100 kg propaan, butaan of een mengsel van propaan en butaan;
q. voor het reduceren van aardgasdruk of het meten van aardgashoeveelheid, voorzover de maximale inlaatzijdige werkdruk meer dan 10.000 kPa bedraagt of een gasexpansieturbine aanwezig is of drukverhogende installaties aanwezig zijn of de gastoevoerleiding een grotere diameter heeft dan 50,8 cm;
r. voor het begassen of ontgassen van containers;
s. waar een installatie aanwezig is waarin gassen worden gemengd en tot ontbranding worden gebracht met als doel het opwekken van een schokgolf.

Categorie 3

3.1. Inrichtingen waar ontplofbare stoffen, preparaten of producten worden vervaardigd, bewerkt, verwerkt, verpakt of herverpakt, opgeslagen of overgeslagen, waarbij onder ontplofbare stoffen worden verstaan de stoffen of preparaten als bedoeld in artikel 2 van het Besluit verpakking en aanduiding milieugevaarlijke stoffen en preparaten, dan wel de stoffen, preparaten of andere producten, die zijn ingedeeld in de internationale transportgevarenklasse 1 als bedoeld in bijlage 1 van het Regeling vervoer over land van gevaarlijke stoffen (VLG), alsmede nitrocellulose.
3.2. Voor de toepassing van onderdeel 3.1 blijft het opslaan van ten hoogste de volgende hoeveelheden buiten beschouwing:
a. 10.000 tot gevarengroep 1.4 van het VLG behorende patronen dan wel onderdelen daarvan voor vuurwapens met een kaliber van niet meer dan 13,2 mm of voor schietgereedschap;
b. 1 kg tot gevarengroep 1.1 van het VLG behorend zwart buskruit;
c. 3 kg tot gevarengroep 1.3 van het VLG behorend rookzwak buskruit;
d. 10 kg tot gevarengroep 1.4 van het VLG behorend pyrotechnisch speelgoed;
e. 25 kg tot gevarengroep 1.4 van het VLG behorend consumentenvuurwerk in de zin van het Vuurwerkbesluit.
3.3. Voor de toepassing van onderdeel 3.1 blijft buiten beschouwing het herladen van patronen als bedoeld in artikel 17 van de Regeling wapens en munitie.
3.4. Indien sprake is van gelijktijdig opslaan van zwart en rookzwak buskruit, als bedoeld in onderdeel 3.2, onder b en c, dient voor de berekening van de hoeveelheden die dan ten hoogste

mogen worden opgeslagen de hoeveelheid zwart buskruit, vermenigvuldigd met twee, te worden opgeteld bij de hoeveelheid rookzwart buskruit; de zo berekende hoeveelheid mag de hoeveelheid van 3 kg niet te boven gaan, met dien verstande dat de hoeveelheid zwart buskruit de hoeveelheid van 1 kg niet te boven gaat.

3.5. Gedeputeerde Staten zijn bevoegd te beslissen op een aanvraag om een omgevingsvergunning ten aanzien van inrichtingen, behorende tot deze categorie, voor zover het betreft inrichtingen waar:

a. meer dan 10 000 kg consumentenvuurwerk in de zin van het Vuurwerkbesluit wordt opgeslagen of consumentenvuurwerk wordt bewerkt in de zin van het Vuurwerkbesluit;

b. professioneel vuurwerk of pyrotechnische artikelen voor theatergebruik al dan niet tezamen met consumentenvuurwerk in de zin van het Vuurwerkbesluit worden opgeslagen of bewerkt in de zin van het Vuurwerkbesluit, tenzij sprake is van opslag van uitsluitend theatervuurwerk als bedoeld in artikel 1.1.1 van het Vuurwerkbesluit in een hoeveelheid van ten hoogste 25 kg;

c. meer dan 25 kg, maar niet meer dan ten hoogste 50 000 kg in beslag genomen vuurwerk of pyrotechnische artikelen voor theatergebruik in de zin van het Vuurwerkbesluit worden opgeslagen.

3.6. Als categorieën vergunningplichtige inrichtingen als bedoeld in artikel 2.1, tweede lid, van dit besluit, worden inrichtingen aangewezen voor de opslag van ontplofbare stoffen van de klasse 1 van het ADR, indien sprake is van:

a. meer dan 25 kg theatervuurwerk als bedoeld in artikel 1.1.1 van het Vuurwerkbesluit, waarbij voor de bepaling van de hoeveelheid vuurwerk wordt uitgegaan van het gewicht van het vuurwerk als zijnde onverpakt vuurwerk als bedoeld in artikel 1.1.1, vijfde lid, onder b, van het Vuurwerkbesluit;

b. meer dan 10.000 kg consumentenvuurwerk, waarbij voor de bepaling van de hoeveelheid vuurwerk wordt uitgegaan van het gewicht van het vuurwerk, bedoeld in artikel 1.1.1, vijfde lid, onder b, van het Vuurwerkbesluit;

c. meer dan 25 kg in beslag genomen vuurwerk met aan consumentenvuurwerk vergelijkbare eigenschappen in een politiebureau;

d. meer dan 1 kg zwart kruit;

e. meer dan 50 kg rookzwak kruit;

f. meer dan 50 kg netto explosieve massa noodsignaal;

g. meer dan 250.000 munitiepatronen of hagelpatronen dan wel onderdelen daarvan voor vuurwapens;

h. meer dan 250.000 patronen ten behoeve van schiethamers, of

i. andere ontplofbare stoffen dan de hierboven genoemde stoffen en anders dan pyrotechnisch speelgoed.

3.7. Voor de toepassing van categorie 3.6 blijft buiten beschouwing het bewerken, verwerken, verpakken of herverpakken, opslaan of overslaan van ontplofbare stoffen binnen inrichtingen die worden gebruikt door de Nederlandse of een bondgenootschappelijke krijgsmacht.

Categorie 4

4.1. Inrichtingen voor het vervaardigen, bewerken, verwerken, opslaan of overslaan van de volgende stoffen, preparaten of producten:

a. stoffen en preparaten die zijn ingedeeld krachtens het Besluit verpakking en aanduiding milieugevaarlijke stoffen en preparaten in een categorie als bedoeld in artikel 9.2.3.1, tweede lid, van de Wet milieubeheer;

b. producten, waarin stoffen of preparaten, als bedoeld onder a, zijn verwerkt;

c. cosmetische of farmaceutische producten;

d. geurstoffen of smaakstoffen;

e. producten op basis van elastomeren of kunststoffen;

f. andere stoffen, preparaten of producten, die zijn genoemd in onderdeel 4.3.

4.2. Voor de toepassing van onderdeel 4.1 blijven apotheken en praktijken voor de uitoefening van de geneeskunst als huisarts en de diergeneeskunst buiten beschouwing.

4.3. Gedeputeerde Staten zijn bevoegd te beslissen op een aanvraag om een omgevingsvergunning ten aanzien van inrichtingen, behorende tot deze categorie, voor zover het betreft inrichtingen voor het vervaardigen van:

a. een of meer van de volgende stoffen of producten, met een capaciteit ten aanzien daarvan van 5.000.000 kg per jaar of meer:

1°. ammoniak;

2°. azijnzuur of azijnzuuranhydride;

3°. benzeen, tolueen, xyleen of naftaleen;

4°. chloor;

5°. ethanol met een gehalte van ten minste 94%;

6°. fenol of cresol;

Besluit omgevingsrecht **A68** bijlage I

7°. fosfor- of stikstofhoudende kunstmeststoffen;
8°. fosforzuur;
9°. isocyanaten;
10°. onverzadigde organische verbindingen met een moleculmassa van 110 of minder;
11°. rayon of viscose;
12°. salpeterzuur;
13°. synthetische organische polymeren;
14°. titaandioxide, vanadiumpentoxide, zinkoxide, molybdeenoxide of loodoxide;
15°. zoutzuur;
16°. zwavel, zwavelzuur, zwavelig zuur of zwaveldioxide;
b. een of meer van de volgende stoffen of producten, met een capaciteit ten aanzien daarvan van 10.000 kg per jaar of meer:
1°. aminen;
2°. calciumcarbide (carbid) of siliciumcarbide (carborundum);
3°. carbonblack;
4°. carbonilchloride (fosgeen);
5°. fosfor;
6°. koolstofdisulfide;
7°. organische sulfiden (thioethers) of organische disulfiden;
8°. thiolen (mercaptanen);
c. gehalogeneerde organische verbindingen met een capaciteit ten aanzien daarvan van 1.000.000 kg per jaar of meer;
d. methanol met een capaciteit ten aanzien daarvan van 100.000.000 kg per jaar of meer;
e. alle volgende stoffen of producten, met een totale capaciteit ten aanzien daarvan van 1.000.000 kg per jaar of meer:
1°. aromatische aldehyden;
2°. esters van alifatische monocarbonzuren;
3°. eugenolderivaten;
4°. fenolische esters;
5°. ketonen met een moleculmassa groter dan 150;
6°. terpentijnoliederivaten.
4.4. Als categorieën vergunningplichtige inrichtingen als bedoeld in artikel 2.1, tweede lid, van dit besluit, worden inrichtingen aangewezen:
a. voor het blazen, expanderen of schuimen van kunststof met een blaasmiddel anders dan lucht, kooldioxide of stikstof;
b. voor het vervaardigen van gevaarlijke stoffen of voor het vervaardigen van verf, lak, drukinkt, lijm, waspoeder of enzymen;
c. voor de opslag van polyesterhars en stoffen van ADR klasse 5.1 of klasse 8, verpakkingsgroepen II en III, zonder bijkomend gevaar, in bovengrondse opslagtanks met een inhoud van meer dan 10 m^3;
d. voor de opslag van gevaarlijke stoffen of CMR-stoffen anders dan propaan, vloeibare brandstoffen, afgewerkte olie als bedoeld in artikel 1 van het Besluit inzamelen afvalstoffen, butanon, ethanol, ethylethanoaat, 4-methyl-2-pentanon, 1-propanol, 2-propanol of propanon in ondergrondse opslagtanks, uitgezonderd de opslag van condensaat bij een inrichting voor het reduceren van aardgasdruk of het meten van aardgashoeveelheid;
e. voor de opslag van gevaarlijke stoffen of CMR-stoffen, anders dan vloeibare brandstoffen, in opslagtanks op een bunkerstation, of in de ladingtanks van een bunkerstation;
f. voor de opslag van gevaarlijke stoffen of CMR-stoffen anders dan gassen, gasolie, afgewerkte olie, polyesterhars of stoffen van ADR klasse 5.1 of klasse 8, verpakkingsgroepen II en III, zonder bijkomend gevaar, in bovengrondse opslagtanks, uitgezonderd ten hoogste 15 m^3 opslag van PER bij een inrichting voor de reiniging van textiel, ten hoogste 5 m^3 opslag van tetrahydrothiofeen bij een inrichting waar aardgasdruk wordt gereduceerd of aardgashoeveelheid wordt gemeten en ten hoogste 1,5 m^3 opslag van halfzware olie bij een inrichting als bedoeld in artikel 2 van het Besluit landbouw milieubeheer dan wel een glastuinbouwbedrijf als bedoeld in artikel 2, onderdeel a, van het Besluit glastuinbouw zoals deze artikelen luidden onmiddellijk voor het tijdstip waarop deze artikelen zijn vervallen;
g. voor de opslag in verpakking van stoffen van ADR klasse 5.2, uitgezonderd:
1°. stoffen behorende tot type C, D, E of F van ADR klasse 5.2, waarvoor volgens het ADR temperatuurbeheersing niet vereist is, in een hoeveelheid van ten hoogste dan 1.000 kilogram per opslagvoorziening en in LQ-verpakking;
2°. stoffen behorende tot type D, E of F van ADR klasse 5.2, waarvoor volgens het ADR temperatuurbeheersing niet vereist is, in een hoeveelheid van ten hoogste 1.000 kilogram per opslagvoorziening, in andere verpakking dan LQ en voor zover het desinfectiemiddelen betreft of de opslag plaatsvindt bij een inrichting waar rubber of kunststof wordt verwerkt;

3°. stoffen behorende tot type G van ADR klasse 5.2;
h. voor de opslag van andere gevaarlijke stoffen in verpakking dan genoemd in categorie 2.7, 3.6 of 4.4, onder g, uitgezonderd:
1°. stoffen van de klasse 3, 5.1, 7 en 9 van het ADR;
2°. stoffen van de klasse 4.1, verpakkingsgroep II en III, en klasse 4.2 en 4.3, verpakkingsgroep I, II en III, van het ADR;
3°. stoffen van de klasse 6.2 van het ADR;
4°. stoffen van de klasse 6.1 van het ADR, verpakkingsgroep II en III;
5°. stoffen van de klasse 6.1 van het ADR, verpakkingsgroep I tot 1.000 kg;
6°. stoffen van de klasse 8, verpakkingsgroep I zonder aanvullend etiket nummer 6.1 en verpakkingsgroep II en III, van het ADR;
7°. stoffen van de klasse 8, verpakkingsgroep I met aanvullend etiket nummer 6.1, van het ADR tot 1.000 kg;
i. voor de opslag van vloeibare of vaste gevaarlijke stoffen of CMR-stoffen anders dan in verpakking, in opslagtanks van metaal of kunststof of in de ladingstanks van een bunkerstation;
j. waar:
1°. in een opslagvoorziening voor verpakte gevaarlijke stoffen, anders dan kunstmeststoffen van meststoffengroep 1 of 2, of CMR-stoffen meer dan 10.000 kg van deze stoffen wordt opgeslagen, of
2°. op enig moment in een brandcompartiment tijdelijke opslag plaats vindt van in totaal meer dan 10.000 kg gevaarlijke stoffen in verpakking of CMR-stoffen in verpakking;
k. waar een praktijkruimte of laboratorium aanwezig is, waar gericht wordt gewerkt met biologische agentia, uitgezonderd een praktijkruimte of laboratorium waar gewerkt wordt met biologische agentia die ingedeeld zijn of worden in groep 1 of groep 2 ingevolge de indeling van risicogroepen van richtlijn 2000/54/EG van het Europees Parlement en de Raad van 18 september 2000 betreffende de bescherming van de werknemers tegen de risico's van blootstelling aan biologische agentia op het werk;
l. voor het afleveren van waterstof;
m. voor het afleveren van vloeibaar aardgas.

Categorie 5

5.1. Inrichtingen voor het vervaardigen, bewerken, verwerken, opslaan of overslaan van zeer licht ontvlambare, licht ontvlambare, ontvlambare of brandbare vloeistoffen.
5.2. Voor de toepassing van onderdeel 5.1 blijven buiten beschouwing:
a. een of meer houders of insluitsystemen met een inhoud of een gezamenlijke inhoud van ten hoogste 0,02 m^3 voor het opslaan van licht ontvlambare vloeistoffen, waarvan het vlampunt lager is gelegen dan 21°C;
b. een of meer houders of insluitsystemen met een inhoud of een gezamenlijke inhoud van ten hoogste 0,2 m^3 voor het opslaan van ontvlambare vloeistoffen, waarvan het vlampunt gelijk of hoger is gelegen dan 21°C doch lager dan 55°C;
c. een of meer houders of insluitsystemen met een inhoud of een gezamenlijke inhoud van ten hoogste 1 m^3 voor het opslaan van brandbare vloeistoffen, waarvan het vlampunt gelijk of hoger is gelegen dan 55°C.
5.3. Gedeputeerde Staten zijn bevoegd te beslissen op een aanvraag om een omgevingsvergunning ten aanzien van inrichtingen, behorende tot deze categorie, voor zover het betreft inrichtingen voor:
a. het opslaan of overslaan van aardolie of koolwaterstoffen in vloeibare toestand met een capaciteit voor de opslag van deze stoffen of producten van 100.000 m^3 of meer;
b. het raffineren, kraken of vergassen van aardolie of aardoliefracties met een capaciteit ten aanzien daarvan van 1.000.000.000 kg per jaar of meer.
5.4. Als categorieën vergunningplichtige inrichtingen als bedoeld in artikel 2.1, tweede lid, van dit besluit, worden inrichtingen aangewezen voor:
a. het opslaan van vloeibare brandstoffen, afgewerkte olie als bedoeld in artikel 1 van het Besluit inzamelen afvalstoffen, butanon, ethanol, ethylethanoaat, 4-methyl-2-pentanon, 1-propanol, 2-propanol of propanon in ondergrondse opslagtanks met een inhoud van meer dan 150 kubieke meter;
b. het opslaan van gasolie of afgewerkte olie als bedoeld in artikel 1 van het Besluit inzamelen afvalstoffen in bovengrondse opslagtanks in de buitenlucht met een gezamenlijke inhoud van meer dan 150 m^3;
c. het opslaan van gasolie of afgewerkte olie als bedoeld in artikel 1 van het Besluit inzamelen afvalstoffen in bovengrondse opslagtanks inpandig met een gezamenlijke inhoud van meer dan 15 m^3 per opslagruimte;

Besluit omgevingsrecht **A68** bijlage I

d. het opslaan van vloeibare brandstoffen in de ladingtanks van een bunkerstation met een inhoud van meer dan 25 kubieke meter, indien de inhoud voor een deel uit lichte olie bestaat;
e. het afleveren van vloeibare brandstoffen ten behoeve van openbare verkoop voor motorvoertuigen voor het wegverkeer door een afleverzuil waar aflevering zonder direct toezicht mogelijk is en waarbij er minder dan 20 meter afstand is tussen de afleverzuil en een van de volgende objecten, mits dat object geen onderdeel uitmaakt van de inrichting: woning, sporthal, zwembad, winkel, hotel, restaurant, kantoorgebouw, bedrijfsgebouw, speeltuin, sportveld, camping, volkstuinencomplex, recreatieterrein, bejaardenoord, verpleeginrichting, ziekenhuis, sanatorium, zwakzinnigeninrichting, gezinsvervangend tehuis, school, telefooncentrale, gebouw met vluchtleidingsapparatuur, elektriciteitscentrale, hoofdschakelstation van de hoofdspoorweginfrastructuur, bedoeld in de Spoorwegwet, object met een hoge infrastructurele waarde, installatie en bovengrondse opslagtank voor brandbare, explosieve of giftige stoffen, en een plaats ten behoeve van de bewaring van gasflessen waarvan de gezamenlijke inhoud meer dan 2.500 liter (waterinhoud) bedraagt;
f. het aftappen van LPG uit LPG-tanks.

Categorie 6

6.1. Inrichtingen voor het vervaardigen, bewerken, verwerken, opslaan of overslaan van harsen, dierlijke of plantaardige oliën of vetten.
6.2. Gedeputeerde Staten zijn bevoegd te beslissen op een aanvraag om een omgevingsvergunning ten aanzien van inrichtingen, behorende tot deze categorie, voor zover het betreft inrichtingen voor het vervaardigen van:
a. oliën of vetten uit dierlijke of plantaardige grondstoffen met een capaciteit ten aanzien daarvan 250.000.000 kg per jaar of meer;
b. vetzuren of alkanolen uit dierlijke of plantaardige oliën of vetten met een capaciteit ten aanzien daarvan van 50.000.000 kg per jaar of meer.
6.3. Als categorieën vergunningplichtige inrichtingen als bedoeld in artikel 2.1, tweede lid, van dit besluit, worden de inrichtingen aangewezen voor het vervaardigen of bewerken van dierlijke of plantaardige oliën of vetten en voor het opslaan van dierlijke of plantaardige oliën of vetten in opslagtanks met een gezamenlijke inhoud groter dan 150 m^3.

Categorie 7

7.1. Inrichtingen voor:
a. het bewerken, verwerken, opslaan of overslaan van dierlijke of overige organische meststoffen;
b. het vervaardigen, bewerken, opslaan of overslaan van anorganische nitraathoudende meststoffen.
7.2. Voor de toepassing van onderdeel 7.1, onder a, blijft buiten beschouwing het opslaan van 10 m^3 of minder dierlijke of andere organische vaste meststoffen.
7.3. Voor de toepassing van onderdeel 7.1, onder b, blijft buiten beschouwing het opslaan of overslaan van 1.000 kg of minder anorganische nitraathoudende meststoffen die als gevolg van hun ammoniumnitraatgehalte niet kunnen ontploffen.
7.4. Gedeputeerde Staten zijn bevoegd te beslissen op een aanvraag om een omgevingsvergunning ten aanzien van inrichtingen, behorende tot deze categorie, voor zover het betreft inrichtingen voor het bewerken of verwerken van van buiten de inrichting afkomstige dierlijke meststoffen met een capaciteit ten aanzien daarvan van 25.000 m^3 per jaar of meer.
7.5. Als categorieën vergunningplichtige inrichtingen als bedoeld in artikel 2.1, tweede lid, van dit besluit, worden inrichtingen aangewezen voor:
a. het vervaardigen of bewerken van anorganische nitraathoudende kunstmeststoffen;
b. het opslaan van meststoffen behorende tot meststoffengroep 3 of meststoffengroep 4;
c. het opslaan van meer dan 50.000 kilogram meststoffen behorende tot meststoffengroep 2;
d. het opslaan van meer dan 600 kubieke meter vaste dierlijke mest;
e. het drogen van dierlijke mest anders dan pluimveemest;
f. het drogen van pluimveemest indien dat geen onderdeel uitmaakt van een huisvestingssysteem waarvoor krachtens de Wet ammoniak en veehouderij een emissiefactor is vastgesteld;
g. het indampen van dunne mest of van digestaat dat overblijft na het vergisten van dierlijke mest;
h. het verwerken van dierlijke of overige organische meststoffen of van digestaat dat overblijft na het vergisten van dierlijke mest, uitgezonderd het vergisten van uitsluitend dierlijke meststoffen zonder andere producten en met een capaciteit van ten hoogste 25.000 kubieke meter per jaar;

i. het opslaan van dierlijke meststoffen die verpompbaar zijn in een of meer mestbassins met een gezamenlijke oppervlakte groter dan 750 vierkante meter of een gezamenlijke inhoud groter dan 2.500 kubieke meter;
j. het opslaan van digestaat dat overblijft na het vergisten van ten minste 50% dierlijke uitwerpselen met als nevenbestanddeel uitsluitend producten die krachtens artikel 5 van het Uitvoeringsbesluit Meststoffenwet zijn aangewezen, in een of meer mestbassins met een gezamenlijke oppervlakte groter dan 750 vierkante meter of een gezamenlijke inhoud groter dan 2.500 kubieke meter.
7.6. Voor de berekening van de gezamenlijke oppervlakte en de gezamenlijke inhoud, bedoeld in onderdeel 7.5, onderdeel i en j, worden de inhoud en oppervlakte van ondergrondse mestbassins die zijn voorzien van een afdekking die als vloer kan fungeren en onderdeel zijn van een dierenverblijf, een voormalig dierenverblijf, werktuigberging, opslagvoorziening of erfverharding, niet meegerekend.

Categorie 8

8.1. Inrichtingen voor:
a. het kweken, fokken, mesten, houden, verhandelen, verladen of wegen van dieren;
b. het slachten van dieren;
c. het vervaardigen, bewerken, verwerken, opslaan of overslaan van huiden, bont, leer of lederhalffabrikaten;
d. het bewerken, verwerken, opslaan of overslaan van producten, die bij het slachten van dieren vrijkomen;
e. het verrichten van activiteiten als bedoeld in artikel 24, eerste lid, van de EG-verordening dierlijke bijproducten.
8.2. Gedeputeerde Staten zijn bevoegd te beslissen op een aanvraag om een omgevingsvergunning ten aanzien van inrichtingen, behorende tot deze categorie, voor zover het betreft:
a. inrichtingen voor het vervaardigen van vet, lijm, as, kool, proteïne of gelatine uit beenderen of huiden met een capaciteit ten aanzien daarvan van 5.000.000 kg per jaar of meer;
b. inrichtingen als bedoeld in onderdeel 8.3, onder o en p.
8.3. Als categorieën vergunningplichtige inrichtingen als bedoeld in artikel 2.1, tweede lid, van dit besluit, worden inrichtingen aangewezen voor:
a. het kweken en houden van schaal- en schelpdieren in het oppervlaktewater;
b. het kweken van maden van vliegende insecten;
c. het kweken van consumptievis;
d. het houden van meer dan 1.200 vleesrunderen, behorend tot de diercategorieën A4 tot en met A7, genoemd in de regeling op grond van artikel 1 van de Wet ammoniak en veehouderij;
e. het houden van meer dan 2.000 schapen, behorend tot de diercategorie B1, genoemd in de regeling op grond van artikel 1 van de Wet ammoniak en veehouderij, of geiten, behorend tot de diercategorieën C1 tot en met C3, genoemd in de regeling op grond van artikel 1 van de Wet ammoniak en veehouderij;
f. het houden van meer dan 3.750 gespeende biggen, behorend tot de diercategorie D.1.1, genoemd in de regeling op grond van artikel 1 van de Wet ammoniak en veehouderij;
g. het houden van meer dan 200 stuks melkrundvee, behorend tot de diercategorie A.1 en A.2, genoemd in de regeling op grond van artikel 1 van de Wet ammoniak en veehouderij, waarbij het aantal stuks vrouwelijk jongvee tot 2 jaar niet wordt meegeteld;
h. het houden van meer dan 340 stuks vrouwelijk jongvee, behorend tot de diercategorie A.3, genoemd in de regeling op grond van artikel 1 van de Wet ammoniak en veehouderij, of indien het totaal aantal gehouden stuks vrouwelijk jongvee tot 2 jaar en overig melkvee meer dan 340 stuks bedraagt;
i. het houden van meer dan 100 paarden, behorend tot de diercategorieën K1 tot en met K4, genoemd in de regeling op grond van artikel 1 van de Wet ammoniak en veehouderij, waarbij het aantal bijbehorende dieren in opfok jonger dan 3 jaar niet wordt meegeteld;
j. het houden van meer dan 50 landbouwhuisdieren, behorend tot de diercategorieën genoemd in de regeling op grond van artikel 1 van de Wet ammoniak en veehouderij of dieren die op vergelijkbare wijze worden gehouden, anders dan bedoeld in de onderdelen e tot en met j en anders dan pluimvee, vleesvarkens of zeugen, tenzij de inrichting een kinderboerderij betreft;
k. het houden van pelsdieren;
l. het slachten van meer dan 10.000 kilogram levend gewicht aan dieren per week;
m. het verwerken van dierlijke bijproducten tot eiwit, olie, vet, gelatine, collageen, dicalciumfosfaat, bloedproducten of farmaceutische producten;
n. het ontharen of looien van huiden;
o. de verwerking van dierlijke bijproducten, bedoeld in artikel 24, eerste lid, onder a, van de EG-verordening dierlijke bijproducten, voor zover het betreft categorie 1- en categorie 2-materiaal als bedoeld in artikel 8 respectievelijk artikel 9 van die verordening;

p. de verwijdering van dierlijke bijproducten en afgeleide producten, bedoeld in artikel 24, eerste lid, onder b en c, van de EG-verordening dierlijke bijproducten.

Categorie 9

9.1. Inrichtingen voor:
a. het vervaardigen, bewerken, verwerken, opslaan of overslaan van vlees of vleeswaren;
b. het bewerken, verwerken, opslaan of overslaan van vis, weekdieren, schaaldieren of producten, die bij de bewerking of verwerking daarvan vrijkomen;
c. het vervaardigen van brood, banket, chocoladeproducten, beschuit, koek of biscuit;
d. het vervaardigen, bewerken of verwerken van voedingsmiddelen, genotmiddelen of grondstoffen daarvoor;
e. het vervaardigen, bewerken, verwerken, opslaan of overslaan van voedingsmiddelen voor dieren of grondstoffen daarvoor;
f. het telen, behandelen, verhandelen, opslaan of overslaan van landbouwproducten.
9.2. Voor de toepassing van onderdeel 9.1, onder e en f, blijven buiten beschouwing inrichtingen voor het opslaan van:
a. tot balen geperst of gebundeld hooi, stro of vlas met een droge stofgehalte van meer dan 30%,
b. bieten of aardappelen met een capaciteit ten behoeve daarvan van niet meer dan 750 m^3.
9.3. Gedeputeerde Staten zijn bevoegd te beslissen op een aanvraag om een omgevingsvergunning ten aanzien van inrichtingen, behorende tot deze categorie, voor zover het betreft inrichtingen voor:
a. het vervaardigen van melkpoeder, weipoeder of andere gedroogde zuivelproducten met een capaciteit ten aanzien daarvan van 1.500 kg per uur of meer;
b. het vervaardigen van consumptiemelk, consumptiemelkproducten of geëvaporiseerde melk of melkproducten met een melkverwerkingscapaciteit ten aanzien daarvan van 55.000.000 kg per jaar of meer;
c. het concentreren van melk of melkproducten door middel van indamping met een waterverdampingscapaciteit ten aanzien daarvan van 20.000 kg per uur of meer;
d. het vervaardigen van veevoeder met een capaciteit ten aanzien daarvan van 100.000 kg per uur of meer;
e. het drogen van groenvoer met een waterverdampingscapaciteit ten aanzien daarvan van 10.000 kg per uur of meer;
f. het opslaan of overslaan van veevoeder met een verwerkingscapaciteit ten aanzien daarvan van 500.000 kg per uur of meer;
g. het vervaardigen van suiker uit suikerbieten met een capaciteit ten aanzien daarvan van 2.500.000 kg suikerbieten per dag of meer;
h. het vervaardigen van gist met een capaciteit ten aanzien daarvan van 5.000.000 kg per jaar of meer;
i. het vervaardigen van zetmeel of zetmeelderivaten met een capaciteit ten aanzien daarvan van 10.000 kg per uur of meer;
j. het opslaan of overslaan van granen, meelsoorten, zaden, gedroogde peulvruchten, maïs, of derivaten daarvan met een verwerkingscapaciteit ten aanzien daarvan van 500.000 kg per uur of meer.
9.4. Als categorieën vergunningplichtige inrichtingen als bedoeld in artikel 2.1, tweede lid, van dit besluit, worden inrichtingen aangewezen voor:
a. het vervaardigen of bewerken van voedingsmiddelen voor landbouwhuisdieren met uitzondering van het vervaardigen of bewerken van voedingsmiddelen voor landbouwhuisdieren die binnen die inrichting worden gehouden;
b. het pasteuriseren van compost voor de champignonteelt;
c. het kweken van algen;
d. de productie van zetmeel of suiker;
e. de productie van alcohol.

Categorie 10

10.1. Inrichtingen waar gewasbeschermingsmiddelen of biociden, als bedoeld in artikel 1 van de Wet gewasbeschermingsmiddelen en biociden, worden vervaardigd, bewerkt, opgeslagen of overgeslagen.
10.2. Voor de toepassing van onderdeel 10.1 blijven buiten beschouwing het opslaan van 10 kg of minder gewasbeschermingsmiddelen of biociden, tenzij bij het opslaan van de gewasbeschermingsmiddelen of biociden sprake is of zou zijn van het aanwezig hebben van een gevaarlijke stof, in een hoeveelheid gelijk aan of hoger dan de hoeveelheden genoemd in kolom 3 van deel 1 of in kolom 3 van deel 2 van bijlage I bij de Seveso III-richtlijn.

Categorie 11

11.1. Inrichtingen voor het winnen, vervaardigen, bewerken, verwerken, opslaan of overslaan van:
a. keramische producten, bak-, sier- of bestratingstenen, dakpannen, porselein, aardewerk, kalkzandsteen, cement, cementmortel, cementwaren of kalk;
b. betonmortel of betonwaren;
c. ertsen, mineralen, derivaten van ertsen of mineralen, minerale producten of mergel;
d. asbest of asbesthoudende producten;
e. glas of glazen voorwerpen;
f. asfalt of asfalthoudende producten;
g. steen, gesteente of stenen voorwerpen, niet zijnde puin;
h. zand of grind;
i. grond.

11.2. Voor de toepassing van onderdeel 11.1, onder a en e, blijven buiten beschouwing inrichtingen met een of meer ovens met een thermisch vermogen of een gezamenlijk thermisch vermogen van 5 kW of minder, die bestemd zijn voor de vervaardiging of bewerking van genoemde producten.

11.3. Gedeputeerde Staten zijn bevoegd te beslissen op een aanvraag om een omgevingsvergunning ten aanzien van inrichtingen, behorende tot deze categorie, voor zover het betreft inrichtingen voor:
a. het opslaan of overslaan van ertsen, mineralen of derivaten van ertsen of mineralen met een oppervlakte voor de opslag daarvan van 2000 m^2 of meer;
b. het malen, roosten, pelletiseren of doen sinteren van ertsen of derivaten daarvan met een capaciteit ten aanzien daarvan van 1.000.000 kg per jaar of meer;
c. het vervaardigen van:
1°. cement of cementklinker met een capaciteit ten aanzien daarvan van 100.000.000 kg per jaar of meer;
2°. cement- of betonmortel met een capaciteit ten aanzien daarvan van 100.000 kg per uur of meer;
3°. cement- of betonwaren met behulp van persen, triltafels of bekistingstrillers met een capaciteit ten aanzien daarvan van 100.000 kg per dag of meer;
4°. glasvezel, glazuren, emailles, glaswol of steenwol met een capaciteit ten aanzien daarvan van 5.000.000 kg per jaar of meer;
5°. asfalt of asfaltproducten in een buiten opgestelde eenheid, met een capaciteit ten aanzien daarvan van 100.000 kg per uur of meer;
6°. cokes uit steenkool met een capaciteit ten aanzien daarvan van 100.000.000 kg per jaar of meer;
d. het vergassen van steenkool met een capaciteit ten aanzien daarvan van 100.000.000 kg per jaar of meer;
e. het vervaardigen, bewerken of verwerken van glas of glazen voorwerpen met een capaciteit ten aanzien daarvan van 10.000 kg per uur of meer;
f. het bewerken of verwerken van gesteente, afkomstig uit kolenmijnen, met een capaciteit ten aanzien daarvan van 10.000.000 kg per jaar of meer;
g. het winnen van steen, met uitzondering van grind en mergel, met een capaciteit ten aanzien daarvan van 100.000 kg per uur of meer;
h. het winnen, breken, malen, zeven of drogen van mergel;
i. het winnen van zand of grind met een capaciteit ten aanzien daarvan van 100.000 kg per uur of meer;
j. het breken, malen, zeven of drogen van zand, grond, grind of steen, met uitzondering van mergel, met een capaciteit ten aanzien daarvan van 100.000.000 kg per jaar of meer, indien zodanige inrichting een inrichting is voor zand- of grindwinning waarvoor op grond van artikel 3 van de Ontgrondingenwet een vergunning is vereist;
k. het breken, malen, zeven of drogen van:
1°. zand, grond, grind of steen, met uitzondering van puin en mergel;
2°. kalkzandsteen, kalk;
3°. steenkolen of andere mineralen of derivaten daarvan,
met een capaciteit ten aanzien daarvan van 100.000.000 kg per jaar of meer, indien zodanige inrichting niet een inrichting is voor zand- of grindwinning, waarvoor op grond van artikel 3 van de Ontgrondingenwet een vergunning is vereist;
l. het vervaardigen van asfalt of asfaltproducten in een inpandig opgestelde eenheid, met een capaciteit ten aanzien daarvan van 100.000 kg per uur of meer.

11.4. Als categorieën vergunningplichtige inrichtingen als bedoel in artikel 2.1, tweede lid, van dit besluit, worden inrichtingen aangewezen voor:

Besluit omgevingsrecht A68 bijlage I

a. het vervaardigen of bewerken met apparaten met een individuele nominale belasting op bovenwaarde van meer dan 130 kW of een aansluitwaarde van meer dan 130 kW van keramische producten, bakstenen, sierstenen of bestratingstenen, dakpannen, porselein of aardewerk;
b. het opslaan of overslaan van steenkool en ertsen of derivaten van ertsen;
c. het malen, roosten, pelletiseren of doen sinteren van ertsen of derivaten daarvan;
d. het vervaardigen van cement of cementklinker;
e. het vervaardigen of bewerken met apparaten met een individuele nominale belasting op bovenwaarde van meer dan 130 kW of een aansluitwaarde van meer dan 130 kW van glas of glazen voorwerpen;
f. het vervaardigen van glasvezel, glazuren, emailles, glaswol of steenwol;
g. het vervaardigen van asfalt of asfaltproducten;
h. het vervaardigen van cokes uit steenkool;
i. het vergassen van steenkool;
j. het bewerken of verwerken van gesteente, afkomstig uit kolenmijnen;
k. het winnen van steen, mergel, zand, grind, kalk, steenkolen of andere mineralen;
l. het breken, malen, zeven of drogen van mergel, zand, grind, kalk, steenkolen of andere mineralen of derivaten daarvan, met een capaciteit ten aanzien daarvan van 100.000.000 kilogram per jaar of meer;
m. het vervaardigen of drogen van kalkzandsteen en cellenbeton.

Categorie 12

12.1. Inrichtingen voor het vervaardigen, bewerken, verwerken, opslaan of overslaan van metalen, metalen voorwerpen of schroot dan wel behandelen van de oppervlakte van metalen of metalen voorwerpen.

12.2. Gedeputeerde Staten zijn bevoegd te beslissen op een aanvraag om een omgevingsvergunning ten aanzien van inrichtingen, behorende tot deze categorie, voor zover het betreft inrichtingen:
a. voor het vervaardigen van ruw ijzer, ruw staal of primaire non-ferrometalen met een capaciteit ten aanzien daarvan van 1.000.000 kg per jaar of meer;
b. waar een of meer warmband- of koudwalsen aanwezig zijn voor het tot platen omvormen van metalen of hun legeringen, waarvan het smeltpunt hoger is dan 800 K, en waarbij de dikte van het aangevoerde materiaal groter is dan 1 mm en waar het productieoppervlak ten aanzien daarvan 2.000 m^2 of meer bedraagt;
c. waar een of meer wals- en trekinstallaties aanwezig zijn voor het tot profiel- of stafmateriaal omvormen van metalen of hun legeringen, waarvan het smeltpunt hoger is dan 800 K en waar het productieoppervlak ten aanzien daarvan 2.000 m^2 of meer bedraagt;
d. waar een of meer wals-, trek- of lasinstallaties aanwezig zijn voor het produceren van metalen buizen en waar het productieoppervlak ten aanzien daarvan 2.000 m^2 of meer bedraagt;
e. voor het smeden van ankers of kettingen en waar het productieoppervlak ten aanzien daarvan 2000 m^2 of meer bedraagt;
f. voor het produceren, renoveren of schoonmaken van metalen ketels, vaten, tanks of containers en waar het productieoppervlak ten aanzien daarvan 2.000 m^2 of meer bedraagt;
g. voor het samenvoegen van plaat-, profiel-, staf- of buismaterialen door middel van smeden, klinken, lassen of monteren en waar het niet in een gesloten gebouw ondergebrachte productieoppervlak ten aanzien daarvan 2000 m^2 of meer bedraagt;
h. voor het smelten of gieten van metalen of hun legeringen met een capaciteit ten aanzien daarvan van 4.000.000 kg per jaar of meer;
i. voor het smelten van lood met een capaciteit ten aanzien daarvan van 2.500.000 kg per jaar of meer.

12.3. Als categorieën vergunningplichtige inrichtingen als bedoeld in artikel 2.1, tweede lid, van dit besluit, worden inrichtingen aangewezen voor:
a. het vervaardigen van ruw ijzer, ruw staal, of primaire non-ferro metalen;
b. het gieten van metalen anders dan:
1°. aluminium en legeringen van aluminium met lood, zink, tin, koper, nikkel, ten hoogste 19% silicium, ten hoogste 1% mangaan, ten hoogste 5,5% magnesium, ten hoogste 1,5% ijzer, ten hoogste 1% titanium of ten hoogste 1% chroom;
2°. koper en legeringen van koper met lood, zink, tin, aluminium, nikkel, ten hoogste 5% silicium, ten hoogste 13% mangaan, ten hoogste 6% ijzer of ten hoogste 0,1% fosfor;
3°. lood, zink, tin en legeringen van deze metalen met nikkel;
4°. goud, zilver, platina en legeringen met ten minste 30% van deze metalen tot ten hoogste 500 kilo per jaar;
c. het toepassen van de verloren wasmethode als onderdeel van het gieten van metalen waarbij meer dan 500 kilogram was per jaar wordt verbruikt.

d. het toepassen van de lost foam methode als onderdeel van het gieten van metalen;
e. het thermisch regenereren van vormzand als onderdeel van het gieten van metalen;
f. het harden of gloeien van metalen of het diffunderen van stoffen in het metaaloppervlak, indien daarbij zouten, oliën of gassen anders dan inerte gassen of koolzuurgas worden toegepast;
g. het aanbrengen van metaallagen met cyanidehoudende baden, met een totale badinhoud van meer dan 100 liter.

12.4. Als categorieën vergunningplichtige inrichtingen als bedoeld in artikel 2.1, tweede lid, van dit besluit, worden tevens aangewezen de inrichtingen als bedoeld in onderdeel 12.2, onder b tot en met g.

Categorie 13

13.1. Inrichtingen voor:
a. het vervaardigen, onderhouden, repareren, behandelen van de oppervlakte, keuren, reinigen, verhandelen, verhuren of proefdraaien van:
1°. vliegtuigen;
2°. motoren, motorvoertuigen of -vaartuigen;
3°. caravans;
4°. landbouwwerktuigen;
5°. bromfietsen;
b. het parkeren van 3 of meer voor het vervoer van goederen langs de weg bestemde motorvoertuigen, gelede motorvoertuigen, aanhangwagens of opleggers, waarvan de massa van het ledige voertuig, vermeerderd met het laadvermogen, meer bedraagt dan 3500 kg.

13.2. Voor de toepassing van onderdeel 13.1, onder b, blijven buiten beschouwing parkeerterreinen die deel uitmaken van openbare wegen of weggedeelten en parkeerterreinen die voor het openbaar verkeer openstaan.

13.3. Gedeputeerde Staten zijn bevoegd te beslissen op een aanvraag om een omgevingsvergunning ten aanzien van inrichtingen, behorende tot deze categorie, voor zover het betreft inrichtingen voor:
a. het vervaardigen of assembleren van automobielen of motoren voor automobielen met een productieoppervlak ten aanzien daarvan van 10.000 m² of meer;
b. voor het bouwen, onderhouden, repareren of het behandelen van de oppervlakte van metalen schepen met een langs de waterlijn te meten lengte van 25 m of meer;
c. het reinigen van tankschepen.

13.4. Als categorieën vergunningplichtige inrichtingen als bedoeld in artikel 2.1, tweede lid, van dit besluit, worden inrichtingen aangewezen voor:
a. het vervaardigen, repareren, proefdraaien of uitwendig reinigen van vliegtuigen;
b. het bouwen van metalen pleziervaartuigen met een langs de waterlijn te meten lengte van 25 meter of meer;
c. het vervaardigen, onderhouden, repareren of het behandelen van de oppervlakte van schepen anders dan pleziervaartuigen;
d. het overslaan van schip naar schip;
e. het reinigen van tankschepen;
f. het voor meer dan 24 uur parkeren van vervoerseenheden met gevaarlijke stoffen;
g. het parkeren van meer dan 3 vervoerseenheden met gevaarlijke stoffen.

Categorie 14

14.1. Inrichtingen
a. voor het onderhouden, repareren, behandelen van de oppervlakte, keuren, reinigen, verhandelen, verhuren of proefdraaien van spoorvoertuigen of onderdelen daarvan;
b. waarbij sprake is van een spoorwegemplacement.

14.2. Gedeputeerde Staten zijn bevoegd te beslissen op een aanvraag om een omgevingsvergunning ten aanzien van inrichtingen, behorende tot deze categorie, voor zover de inrichtingen zijn bestemd voor het samenstellen van treinen of treindelen door middel van het stoten of heuvelen van spoorvoertuigen, bestemd voor goederenvervoer.

14.3. Als categorieën vergunningplichtige inrichtingen als bedoeld in artikel 2.1, tweede lid, van dit besluit, worden aangewezen:
a. de inrichtingen, bedoeld in categorie 14.1, onderdeel a, voor zover het betreft het onderhouden, repareren, behandelen van de oppervlakte, keuren, reinigen, verhandelen, verhuren of proefdraaien van spoorvoertuigen bestemd voor het vervoer over krachtens artikel 2 van de Spoorwegwet aangewezen hoofdspoorwegen, of onderdelen daarvan;
b. de inrichtingen, bedoeld in categorie 14.1, onderdeel b.

Categorie 15

15.1. Inrichtingen voor het vervaardigen, bewerken, verwerken, behandelen, opslaan of overslaan van hout of kurk dan wel van houten, kurken of houtachtige voorwerpen.
15.2. Als categorieën vergunningplichtige inrichtingen als bedoeld in artikel 2.1, tweede lid, van dit besluit, worden inrichtingen aangewezen voor het impregneren van hout door middel van spuiten, sproeien of de vacuümdrukmethode.

Categorie 16

16.1. Inrichtingen voor:
a. het vervaardigen, bewerken, verwerken, opslaan, overslaan of reinigen van textiel, woningtextiel, textielgrondstoffen, bont, leer, vlas of producten hiervan;
b. het vervaardigen, bewerken, verwerken, opslaan of overslaan van papierstof, papier of producten hiervan;
c. toepassen van grafische technieken.
16.2. Voor de toepassing van onderdeel 16.1 blijven buiten beschouwing inrichtingen voor het opslaan van gebundeld vlas met een drogestofgehalte van meer dan 30%.
16.3. Gedeputeerde Staten zijn bevoegd te beslissen op een aanvraag om een omgevingsvergunning ten aanzien van inrichtingen, behorende tot deze categorie, voor zover het betreft inrichtingen:
a. waar 50 of meer mechanisch aangedreven weefgetouwen aanwezig zijn;
b. voor het vervaardigen van papier of celstof met een capaciteit ten aanzien daarvan van 3.000 kg per uur of meer.
16.4. Als categorieën vergunningplichtige inrichtingen als bedoeld in artikel 2.1, tweede lid, van dit besluit, worden inrichtingen aangewezen voor:
a. het vervaardigen van textiel of producten hiervan waar 50 of meer mechanisch aangedreven weefgetouwen aanwezig zijn;
b. het vervaardigen van tapijt of linoleum;
c. het vervaardigen van papierstof, papier of karton, het bleken van papier en het vervaardigen van hygiënische papierproducten;
d. het aanbrengen van een lijmlaag op plakband of zelfklevend tape;
e. het toepassen van de volgende drukprocessen: illustratiediepdruk of rotatiezeefdruk.

Categorie 17

17.1. Inrichtingen waar met vuurwapens wordt geschoten of met ontvlambare of ontplofbare voorwerpen wordt geworpen.
17.2. Voor de toepassing van onderdeel 17.1 blijven buiten beschouwing inrichtingen waarop door de Nederlandse of een bondgenootschappelijke krijgsmacht uitsluitend met niet-scherpe patronen wordt geschoten.
17.3. Als categorieën vergunningplichtige inrichtingen als bedoeld in artikel 2.1, tweede lid, van dit besluit, worden inrichtingen aangewezen voor schieten met vuurwapens of werpen met ontvlambare of ontplofbare voorwerpen, met uitzondering van:
a. inrichtingen voor het traditioneel schieten;
b. inrichtingen die worden gebruikt door de Nederlandse of een bondgenootschappelijke krijgsmacht of inrichtingen die worden gebruikt ten behoeve van overige openbare diensten;
c. inrichtingen waar in een gebouw, zonder open zijden en met een gesloten afdekking wordt geschoten met vuurwapens met een kaliber van 0,5 inch of minder of historische vuurwapens als bedoeld in artikel 18, eerste lid, onderdelen b tot en met d, van de Regeling wapens en munitie;
d. inrichtingen voor sportief en recreatief gebruik.

Categorie 18

18.1. Hotels, restaurants, pensions, cafés, cafetaria's, snackbars en discotheken, alsmede aanverwante inrichtingen waar tegen vergoeding logies worden verstrekt, dranken worden geschonken of spijzen voor directe consumptie worden bereid of verstrekt.
18.2. Voor de toepassing van onderdeel 18.1 blijven buiten beschouwing inrichtingen waar:
a. voorzieningen aanwezig zijn voor het gelijktijdig kunnen verstrekken van uitsluitend logies en ontbijt aan ten hoogste 15 personen, of
b. ten hoogste 15 standplaatsen voor kampeermiddelen aanwezig zijn.

Categorie 19

19.1. Inrichtingen waar:
a. drie of meer speelautomaten aanwezig zijn die zijn opgesteld voor gebruik door anderen dan de eigenaar of de houder;
b. waar een of meer voorzieningen aanwezig zijn voor het dansen, alsmede dansscholen;
c. waar een of meer voorzieningen of installaties aanwezig zijn voor het beoefenen van sport, alsmede sportscholen en sporthallen;
d. waar een of meer voorzieningen aanwezig zijn voor het beoefenen van muziek, alsmede muziekscholen en muziekoefenlokalen;
e. waar een of meer voorzieningen aanwezig zijn voor recreatieve doeleinden en waar een geluidsinstallatie is opgesteld, alsmede sportterreinen en openluchttheaters;
f. gelegenheid wordt geboden tot zwemmen;
g. waar gelegenheid wordt geboden tot het gebruiken van:
1°. gemotoriseerde modelvliegtuigen, -vaartuigen of -voertuigen;
2°. bromfietsen, motorvoertuigen of andere gemotoriseerde voer- of vaartuigen in wedstrijdverband, ter voorbereiding van wedstrijden of voor recreatieve doeleinden;
h. tien of meer ligplaatsen voor pleziervaartuigen aanwezig zijn in een jachthaven als bedoeld in artikel 1.1, eerste lid, van het Activiteitenbesluit milieubeheer;
i. waar met bogen of boogwapens of met wapens, werkend met luchtdruk of gasdruk, wordt geschoten.
19.2. Gedeputeerde Staten zijn bevoegd te beslissen op een aanvraag om een omgevingsvergunning ten aanzien van inrichtingen, behorende tot categorie 19.1, onder g, 2°, voor zover het betreft terreinen, geen openbare weg zijnde, die bestemd of ingericht zijn voor het in wedstrijdverband, ter voorbereiding van wedstrijden of voor recreatieve doeleinden rijden met gemotoriseerde voertuigen voorzien van verbrandingsmotoren, en die daartoe acht uren per week of meer opengesteld zijn.
19.3. Voor de toepassing van onderdeel 19.2 blijven buiten beschouwing terreinen die langer zijn opengesteld, indien dit een gevolg is van ruimere openingstijden gedurende ten hoogste drie weekeinden per kalenderjaar, met het oog op het houden van wedstrijden op die terreinen of het voorbereiden van zodanige wedstrijden. Tot het weekeinde worden gerekend: zaterdagen, zondagen en algemeen erkende feestdagen of daarmee gelijkgestelde dagen als bedoeld in artikel 3 van de Algemene termijnenwet, die op een vrijdag of op een maandag vallen.
19.4. Als categorieën vergunningplichtige inrichtingen als bedoeld in artikel 2.1, tweede lid, van dit besluit, worden inrichtingen aangewezen voor:
a. open lucht attractieparken die per jaar 500.000 bezoekers of meer trekken;
b. het gebruiken van bromfietsen, motorvoertuigen of andere gemotoriseerde voertuigen of vaartuigen in wedstrijdverband of voor recreatieve doeleinden in de open lucht;
c. het in de buitenlucht beoefenen van wedstrijdsport waar permanente voorzieningen zijn voor de gelijktijdige aanwezigheid van meer dan 6.000 bezoekers;
d. het geven van muziekuitvoeringen in de buitenlucht waar tegelijk meer dan 5.000 bezoekers aanwezig kunnen zijn.

Categorie 20

20.1. Inrichtingen:
a. voor het omzetten van:
1°. windenergie in mechanische, elektrische of thermische energie;
2°. hydrostatische energie in elektrische of thermische energie;
3°. elektrische energie in stralingsenergie;
4°. thermische energie in elektrische energie;
b. transformatorstations, met niet in een gesloten gebouw ondergebrachte transformatoren, met een maximaal gelijktijdig in te schakelen elektrisch vermogen van 200 MVA of meer..
20.2. Voor de toepassing van onderdeel 20.1, onder a, 1°, blijven buiten beschouwing windmolens of windturbines met een rotordiameter kleiner dan 2 m.
20.3. Voor de toepassing van onderdeel 20.1, onder a, 3°, blijven buiten beschouwing inrichtingen met een elektrisch vermogen of gezamenlijk vermogen voor de omzetting van die elektrische energie kleiner dan 4 kW.
20.4. Voor de toepassing van onderdeel 20.1, onder a, 4°, blijven buiten beschouwing inrichtingen met een elektrisch vermogen of gezamenlijk vermogen kleiner dan 1,5 kW.
20.5. Gedeputeerde Staten zijn bevoegd te beslissen op een aanvraag om een omgevingsvergunning ten aanzien van inrichtingen als bedoeld in onderdeel 20.1, onder b.
20.6. Als categorieën vergunningplichtige inrichtingen als bedoeld in artikel 2.1, tweede lid, van het besluit, worden tevens aangewezen de inrichtingen, bedoeld in:
a. onderdeel 20.1, onder a, 2° en 3°, met inachtneming van onderdeel 20.3, en

b. onderdeel 20.1, onder b.

Categorie 21

21.1 Inrichtingen bestemd voor ingeperkt gebruik als bedoeld in het Besluit genetisch gemodificeerde organismen milieubeheer 2013.
21.2 Onder de in onderdeel 21.1 bedoelde activiteiten worden niet verstaan activiteiten met betrekking tot uitsluitend een of meer van de navolgende typen genetisch gemodificeerde organismen:
a. activiteiten met genetisch gemodificeerde organismen als bedoeld in artikel 2.1 van het Besluit genetisch gemodificeerde organismen milieubeheer 2013;
b. activiteiten met genetisch gemodificeerde organismen die door Onze Minister zijn aangewezen.
21.3. Als categorieën vergunningplichtige inrichtingen als bedoeld in artikel 2.1, tweede lid, van dit besluit, worden de inrichtingen aangewezen als bedoeld in onderdeel 21.1.

Categorie 22

Inrichtingen voor het opslaan of overslaan van andere stuk- of bulkgoederen dan de stoffen, preparaten of producten, die in een andere in deze bijlage opgenomen categorie worden genoemd, met een oppervlakte voor de opslag daarvan van 2.000 m^2 of meer.

Categorie 23

23.1. Inrichtingen zijnde:
a. algemene, academische of categoriale ziekenhuizen;
b. inrichtingen voor het bieden van medische behandeling, verpleging, of huisvesting tezamen met verzorging.
23.2. Voor de toepassing van onderdeel 23.1 blijven buiten beschouwing praktijken voor de uitoefening van de geneeskunst als huisarts en van de diergeneeskunst.

Categorie 24

24.1. Inrichtingen voor het vervaardigen van koolelektroden.
24.2. Gedeputeerde Staten zijn bevoegd te beslissen op een aanvraag om een omgevingsvergunning ten aanzien van inrichtingen, behorende tot deze categorie, voor zover het betreft inrichtingen met een capaciteit ten aanzien daarvan van 50.000.000 kg per jaar of meer.
24.3. Als categorieën vergunningplichtige inrichtingen als bedoeld in artikel 2.1, tweede lid, van dit besluit, worden de inrichtingen aangewezen als bedoeld in onderdeel 24.1.

Categorie 25

25.1. Inrichtingen voor het reinigen van drukhouders, insluitsystemen, ketels, vaten, mobiele tanks, tankauto's, tank- of bulkcontainers.
25.2. Als categorieën vergunningplichtige inrichtingen als bedoeld in artikel 2.1, tweede lid, van dit besluit, worden inrichtingen aangewezen voor het inwendig reinigen van:
a. van buiten de inrichting afkomstige gebruikte drukhouders, insluitsystemen, ketels of vaten;
b. mobiele tanks, tankwagens, tankcontainers of bulkcontainers waarin gevaarlijke stoffen, preparaten of producten zijn vervoerd;
c. mobiele tanks, tankwagens, tank- of bulkcontainers die niet in de inrichting zijn geladen of gelost.

Categorie 26

26.1. Inrichtingen voor het oefenen van brandbestrijdingstechnieken.
26.2. Als categorieën vergunningplichtige inrichtingen als bedoeld in artikel 2.1, tweede lid, van dit besluit, worden de inrichtingen aangewezen als bedoeld in onderdeel 26.1.

Categorie 27

27.1. Inrichtingen voor het opslaan, behandelen of reinigen van afvalwater.
27.2. Voor de toepassing van onderdeel 27.1 blijft buiten beschouwing het opslaan van afvalwater in septic-tanks.
27.3. Gedeputeerde Staten zijn bevoegd te beslissen op een aanvraag om een omgevingsvergunning ten aanzien van inrichtingen, behorende tot deze categorie, voor zover het betreft inrich-

tingen voor het reinigen van afvalwater door middel van waterstraal- of oppervlaktebeluchters met een capaciteit van 120.000 of meer vervuilingseenheden als bedoeld in artikel 7.3, tweede lid, onderdeel a, van de Waterwet.

27.4. Als categorieën vergunningplichtige inrichtingen als bedoeld in artikel 2.1, tweede lid, van dit besluit, worden aangewezen bedrijfsafvalwaterzuiveringen die zelfstandig een inrichting vormen.

Categorie 28

28.1. Inrichtingen voor:
a. het opslaan van:
1°. huishoudelijke afvalstoffen, die ten aanzien daarvan een capaciteit hebben van 5 m^3 of meer;
2°. bedrijfsafvalstoffen, die ten aanzien daarvan een capaciteit hebben van 5 m^3 of meer;
3°. 5 of meer autowrakken en overige voertuigwrakken;
4°. gevaarlijke afvalstoffen;
b. het verwerken, vernietigen of overslaan van afvalstoffen;
c. het storten van afvalstoffen;
d. het anderszins op of in de bodem brengen van afvalstoffen.

28.2. Voor de toepassing van onderdeel 28.1 worden onder huishoudelijke afvalstoffen of bedrijfsafvalstoffen niet begrepen dierlijke of overige organische meststoffen, niet zijnde zuiveringsslib, tenzij sprake is van het verbranden of vernietigen van die meststoffen dan wel het storten van die meststoffen.

28.3. Voor de toepassing van onderdeel 28.1 blijven buiten beschouwing:
a. inrichtingen voor het uitsluitend opslaan, behandelen of reinigen van afvalwater;
b. inrichtingen voor zover het betreft werken waarbij, anders dan voor het opslaan:
1°. minder dan 1 m^3 huishoudelijke afvalstoffen op of in de bodem worden gebracht;
2°. minder dan 50 m^3 bedrijfsafvalstoffen op of in de bodem worden gebracht;
c. inrichtingen voor zover het betreft toepassingen van bouwstoffen, grond of baggerspecie waarop het Besluit bodemkwaliteit van toepassing is;
d. inrichtingen voor het opslaan van autowrakken en overige voertuigwrakken in het kader van hulpverlening aan kentekenhouders door een daartoe aangewezen organisatie of instantie of in het kader van onderzoek door politie of justitie;
e. inrichtingen voor het boven- of ondergronds opslaan, al dan niet in combinatie met verdichting, van huishoudelijke of bedrijfsafvalstoffen in containers met een capaciteit of gezamenlijke capaciteit van ten hoogste 35 m^3;
f. inrichtingen voor het op of in de bodem of oever van een oppervlaktewaterlichaam brengen van onderhoudsspecie van de klasse 0, 1 of 2, overeenkomstig de classificatie krachtens het Besluit vrijstellingen stortverbod buiten inrichtingen, indien deze onderhoudsspecie ten hoogste dezelfde klasse heeft als de bodem of oever van een oppervlaktewaterlichaam waarin de onderhoudsspecie wordt gebracht, met uitzondering van inrichtingen die niet in open verbinding staan met een ander oppervlaktewaterlichaam;
g. inrichtingen voor het reinigen van drukhouders, insluitsystemen, ketels, vaten, mobiele tanks, tankauto's of tank- of bulkcontainers.

28.4. Gedeputeerde Staten zijn bevoegd te beslissen op een aanvraag om een omgevingsvergunning ten aanzien van inrichtingen, behorende tot deze categorie, voor zover het betreft inrichtingen voor:
a. het opslaan van de volgende afvalstoffen:
1°. van buiten de inrichting afkomstige ingezamelde of afgegeven huishoudelijke afvalstoffen met een capaciteit ten aanzien daarvan van 35 m^3 of meer;
2°. van buiten de inrichting afkomstige zuiveringsslib, kolenreststoffen of afvalgips met een capaciteit ten aanzien daarvan van 1.000 m^3 of meer;
3°. van buiten de inrichting afkomstige verontreinigde grond, waaronder begrepen verontreinigde baggerspecie, met een capaciteit ten aanzien daarvan van 10.000 m^3 of meer;
4°. 5 of meer autowrakken en overige voertuigwrakken;
5°. van buiten de inrichting afkomstige gevaarlijke afvalstoffen;
6°. andere dan onder 1° tot en met 5° genoemde van buiten de inrichting afkomstige afvalstoffen met een capaciteit ten aanzien daarvan van 1.000 m^3 of meer;
b. het overslaan van van buiten de inrichting afkomstige:
1°. huishoudelijke afvalstoffen of van buiten de inrichting afkomstige bedrijfsafvalstoffen met een opslagcapaciteit ten aanzien daarvan van 1.000 m^3 of meer;
2°. gevaarlijke afvalstoffen;
c.
1°. het ontwateren, microbiologisch of anderszins biologisch of chemisch omzetten, agglomereren, deglomereren, mechanisch, fysisch of chemisch scheiden, mengen, verdichten of thermisch

Besluit omgevingsrecht   **A68 bijlage I**

behandelen – anders dan verbranden – van van buiten de inrichting afkomstige huishoudelijke afvalstoffen of bedrijfsafvalstoffen met een capaciteit ten aanzien daarvan van 15.000.000 kg per jaar of meer;
2°. hetverwerken of vernietigen – anders dan verbranden – van van buiten de inrichting afkomstige gevaarlijke afvalstoffen;
d. het verwerken of vernietigen van autowrakken en overige voertuigwrakken;
e. het verbranden van:
1°. van buiten de inrichting afkomstige huishoudelijke afvalstoffen;
2°. van buiten de inrichting afkomstige bedrijfsafvalstoffen;
3°. van buiten de inrichting afkomstige gevaarlijke afvalstoffen;
f. het op of in de bodem brengen van huishoudelijke afvalstoffen, bedrijfsafvalstoffen of gevaarlijke afvalstoffen om deze stoffen daar te laten;
g. het geheel of gedeeltelijk vernietigen van van buiten de inrichting afkomstige genetisch gemodificeerde organismen als afvalstoffen of voorkomend in afvalstoffen.
28.5. Gedeputeerde Staten zijn bevoegd te beslissen op een aanvraag om een omgevingsvergunning ten aanzien van inrichtingen, behorende tot deze categorie, voor zover het betreft inrichtingen voor het verdichten, scheuren, knippen of breken van schroot van ferro- of non-ferrometalen door middel van mechanische werktuigen met een motorisch vermogen of een gezamenlijk motorisch vermogen van 25 kW of meer.
28.6. Gedeputeerde Staten zijn bevoegd te beslissen op een aanvraag om een omgevingsvergunning ten aanzien van inrichtingen, behorende tot deze categorie, voor zover het betreft werken waarbij, anders dan voor het opslaan:
a. 1 m^3 of meer huishoudelijke afvalstoffen op of in de bodem worden gebracht, tenzij het werk deel uitmaakt van een inrichting en de afvalstoffen uit die inrichting afkomstig zijn;
b. 50 m^3 of meer bedrijfsafvalstoffen op of in de bodem worden gebracht, tenzij het werk deel uitmaakt van een inrichting en de afvalstoffen uit die inrichting afkomstig zijn;
c. gevaarlijke afvalstoffen op of in de bodem worden gebracht.
28.7. Voor de toepassing van onderdeel 28.4, onder a, 1°, 2°, 3° en 6°, en onder c, 1°, blijven buiten beschouwing inrichtingen voor het uitsluitend opslaan, verwerken of vernietigen – anders dan verbranden van de volgende afvalstoffen:
a. papier;
b. textiel;
c. ferro- of non-ferrometalen;
d. schroot;
e. glas.
28.8. Voor de toepassing van onderdeel 28.4, onder a, 1°, 5° en 6°, blijven buiten beschouwing inrichtingen voor het opslaan, ter uitvoering van een verplichting tot inname van afvalstoffen, opgelegd bij een algemene maatregel van bestuur krachtens artikel 10.17 of artikel 15.32, eerste en tweede lid, van de Wet milieubeheer, van de betrokken afvalstoffen, voorzover die afvalstoffen zijn afgegeven door of ingezameld bij particuliere huishoudens of naar aard en hoeveelheid met die van particuliere huishoudens vergelijkbaar zijn.
28.9. Voor de toepassing van onderdeel 28.4, onder a, 5°, blijven buiten beschouwing:
a. inrichtingen waar uitsluitend gevaarlijke afvalstoffen worden opgeslagen, die zijn afgegeven door of ingezameld bij particuliere huishoudens, voor zover deze bestaan uit producten die gelijksoortig zijn aan de producten die door degene die de inrichting drijft, aan particulieren ter beschikking worden gesteld;
b. inrichtingen waar uitsluitend gevaarlijke afvalstoffen worden opgeslagen, die zijn ontstaan bij bouw-, onderhouds-, of herstelwerkzaamheden die buiten de inrichting zijn verricht door degene die de inrichting drijft;
c. inrichtingen waar uitsluitend gevaarlijke afvalstoffen worden opgeslagen, die zijn afgegeven door of ingezameld bij particuliere huishoudens, met een capaciteit ten aanzien daarvan van minder dan 35 m^3.
28.10. Als categorieën vergunningplichtige inrichtingen als bedoeld in artikel 2.1, tweede lid, van dit besluit, worden aangewezen de inrichtingen voor nuttige toepassing of verwijdering van afvalstoffen, met de volgende uitzonderingen:
1°. het opslaan van afvalstoffen voorafgaand aan inzameling op de plaats van productie;
2a°. het opslaan van ten hoogste 10.000 ton:
1°. hemelwater;
2°. grondwater;
3°. huishoudelijk afvalwater;
4°. afvalwater dat wat biologische afbreekbaarheid betreft met huishoudelijk afvalwater overeen komt;
5°. inhoud van chemische toiletten;
2b°. het lozen van:

1°. afvalwater of overige vloeistoffen op of in de bodem;
2°. afvalwater of andere afvalstoffen in een openbaar hemelwaterstelsel;
3°. afvalwater of andere afvalstoffen in een openbaar ontwateringstelsel;
4°. afvalwater of andere afvalstoffen in een openbaar vuilwaterriool;
5°. afvalwater of andere afvalstoffen in een andere voorziening voor de inzameling en het transport van afvalwater;
2c°. het in werking hebben van een voorziening voor het beheer van afvalwater als bedoeld in artikel 1.1, eerste lid, van het Activiteitenbesluit milieubeheer;
3°. het mechanisch ontwateren van zuiveringsslib, voor zover geen sprake is van gevaarlijke afvalstoffen;
4a°. het opslaan, herverpakken, verkleinen en ontwateren van afvalstoffen voor zover daarmee uitvoering wordt gegeven aan titel 10.4 van de Wet milieubeheer;
4b°. het opslaan, herverpakken, verkleinen en ontwateren van afvalstoffen die ontstaan zijn bij het schoonhouden van de openbare ruimte;
5°. het opslaan van afval van gezondheidszorg bij mens en dier en van gebruikte hygiënische producten;
6°. het opslaan van ten hoogste 10.000 ton banden van voertuigen en het voor producthergebruik geschikt maken hiervan;
7°. het opslaan en verkleinen van metaal, het gieten van metaal, voor zover dit niet valt onder categorie 12.3, en het schoonbranden van spoelen uit een elektromotor, voor zover de capaciteit voor het opslaan niet groter is dan 50.000 ton, de capaciteit voor het shredderen van metalen niet groter is dan 50 ton per dag en voor zover geen sprake is van gevaarlijke afvalstoffen;
8°. het, met een maximale opslagcapaciteit van 50 ton voor vloeibare gevaarlijke afvalstoffen en 1.000 gedemonteerde airbags en gordelspanners, demonteren van autowrakken of demonteren van wrakken van tweewielige motorvoertuigen en daarbij het:
a. aftappen van vloeistoffen uit autowrakken of wrakken van tweewielige motorvoertuigen;
b. opslaan van autowrakken of wrakken van tweewielige motorvoertuigen;
c. opslaan van bij het demonteren van autowrakken of wrakken van tweewielige motorvoertuigen en het aftappen van vloeistoffen uit autowrakken of wrakken van tweewielige motorvoertuigen vrijkomende afvalstoffen;
d. neutraliseren van airbags en gordelspanners niet zijnde het ontsteken van mechanische airbags buiten het autowrak of wrak van een tweewielig motorvoertuig;
e. aftanken van bij het demonteren van autowrakken of wrakken van tweewielige motorvoertuigen vrijkomende vloeibare brandstofresten ten behoeve van eigen gebruik;
9°. het opslaan van ten hoogste 100 kubieke meter afgedankte apparatuur als bedoeld in artikel 1, eerste lid, onderdeel c, van de Regeling afgedankte elektrische en elektronische apparatuur die overeenkomstig artikel 3, tweede lid, artikel 4 en artikel 5 van die regeling zijn ingenomen;
10a°. het opslaan van ten hoogste 5 kubieke meter batterijen;
10b°. het opslaan van ten hoogste 5 kubieke meter spaarlampen en gasontladingslampen;
10c°. het opslaan en bijvullen van ten hoogste 5 kubieke meter inkt- en tonercassettes;
11°. het bij een inrichting voor het voor recycling als product geschikt maken opslaan van sieren gebruiksvoorwerpen, zijnde gevaarlijke afvalstoffen met een maximale opslagoppervlakte van 1.000 vierkante meter en het voor recycling als product geschikt maken hiervan voor zover die voorwerpen niet worden ontmanteld en de oppervlakte voor reparatie niet groter is dan 1.000 vierkante meter;
12°. het opslaan van ten hoogste de volgende hoeveelheid van de daarbij bedoelde afvalstoffen die zijn ontstaan bij werkzaamheden die buiten de inrichting zijn verricht door degene die de inrichting drijft:
a. ten hoogste 50 ton totaal van de volgende gevaarlijke afvalstoffen:
1°. smeervet, afgewerkte olie en olie- en vethoudend afval van onderhoud aan voorzieningen en installaties;
2°. teerhoudend of bitumineus dakafval, composieten van teerhoudend of bitumineus dakafval, dakgrind verkleefd met teer of bitumen;
3°. brandblussers;
4°. organische niet-halogeenhoudende oplosmiddelen;
5°. lege ongereinigde verpakkingen van verf, lijm, kit of hars en van overige gevaarlijke stoffen;
6°. vloeibare brandstoffen;
7°. verwijderd asbest en verwijderde asbesthoudende producten;
b. afvalstoffen, niet zijnde gevaarlijke afvalstoffen, gescheiden gehouden in stromen die wat betreft aard, samenstelling en concentraties vergelijkbaar zijn, in hoeveelheden van ten hoogste 45 kubieke meter per stroom;
c. ten hoogste 45 kubieke meter gemengd bouw- en sloopafval, voor zover geen sprake is van gevaarlijk afval;
12a°. het bij een inrichting, waar olie, vet, verf, lijm, kit, hars, gewasbeschermingsmiddelen, biociden en gevaarlijke stoffen in verpakking worden opgeslagen om te worden verkocht of

geleverd aan professionele gebruikers en voor zover de lege ongereinigde verpakkingen zijn ingenomen van die professionele gebruikers opslaan van:
a. ten hoogste 50 ton lege ongereinigde verpakkingen, zijnde gevaarlijke afvalstoffen, en
b. ten hoogste 45 kubieke meter lege ongereinigde verpakkingen, niet zijnde gevaarlijke afvalstoffen en niet zijnde huishoudelijke afvalstoffen;
13°. het opslaan van ingenomen smeervet, afgewerkte olie als bedoeld in artikel 1 van het Besluit inzamelen afvalstoffen, olie- en vethoudend afval van onderhoud aan pleziervaartuigen en bilgewater bij een inrichting waar gelegenheid wordt geboden voor het afmeren van pleziervaartuigen met een maximale opslagcapaciteit van 50 ton;
14.° het op een bunkerstation voor de binnenvaart opslaan van afgewerkte olie als bedoeld in artikel 1 van het Besluit inzamelen afvalstoffen, smeervet, olie- en vethoudend afval van onderhoud aan vaartuigen ingenomen van personen die brandstof, smeerolie of smeervet bij het bunkerstation aanschaffen met een maximale opslagcapaciteit van 50 ton;
15°. het scheiden van de olie- en waterfractie van ingenomen bilgewater bij een inrichting waar gelegenheid wordt geboden voor het afmeren van pleziervaartuigen met een slibvangput en olieafscheider met een maximale nominale grootte van 20 volgens NEN-EN 858-1 en 2;
16°. het opslaan en conform artikel 4.84 van het Activiteitenbesluit milieubeheer bewerken van ten hoogste vier autowrakken en overige voertuigwrakken en ten hoogste vier wrakken van tweewielige motorvoertuigen bij inrichtingen voor onderhoud en reparatie van motorvoertuigen;
17°. het opslaan van autowrakken, wrakken van tweewielige motorvoertuigen en overige voertuigwrakken in het kader van hulpverlening aan kentekenhouders door een daartoe aangewezen instantie of in het kader van onderzoek door politie of justitie;
17a°. het opslaan van munitie en explosieven bij inrichtingen die worden gebruikt door de Nederlandse of een bondgenootschappelijke krijgsmacht;
18°. het opslaan van metalen met aanhangende olie of emulsie en het afscheiden van de oliefractie met een maximale opslagcapaciteit van 50 ton voor de afgescheiden oliefractie;
19°. het opslaan van ten hoogste 30 ton loodzuuraccu's;
20°. het bij een inrichting voor het scheiden en bewerken van metaal- of kunststofafval opslaan van ten hoogste 10 ton:
a°. sier- en gebruiksvoorwerpen voor zover sprake is van gevaarlijke afvalstoffen, anders dan batterijen, spaarlampen en gasontladingslampen en loodzuuraccu's;
b°. lege, ongereinigde verpakkingen van verf, lijm, kit of hars en van overige gevaarlijke stoffen;
21°. het opslaan van:
1°. ten hoogste 10.000 ton bouwstoffen in de zin van artikel 1 van het Besluit bodemkwaliteit die binnen dat besluit toepasbaar zijn;
2°. ten hoogste 10.000 ton textiel;
3°. ten hoogste 10.000 ton verpakkingsglas;
4°. ten hoogste 10.000 ton vlakglas;
5°. ten hoogste 10.000 ton voedingsmiddelen afkomstig van detail- en groothandel, voor zover geen sprake is van gevaarlijke afvalstoffen;
22°. het opslaan, verkleinen en tot plaatmateriaal verwerken van hout, voor zover geen sprake is van geïmpregneerd hout of anderszins van gevaarlijke afvalstoffen en met een maximale opslagcapaciteit van 10.000 ton;
23°. het opslaan en verkleinen van papier en karton, voor zover geen sprake is van gevaarlijke afvalstoffen en met een maximale opslagcapaciteit van 10.000 ton;
24°. het opslaan, verkleinen, reinigen, extruderen en spuitgieten van kunststof, voor zover geen sprake is van gevaarlijke afvalstoffen en met een maximale opslagcapaciteit van 10.000 ton;
25°. het opslaan van sier- en gebruiksvoorwerpen en tweedehands bouwmaterialen niet zijnde gevaarlijke afvalstoffen met een maximale opslagoppervlakte van 6.000 vierkante meter, het voor recycling als product geschikt maken hiervan voor zover de oppervlakte voor reparatie niet groter is dan 1.000 vierkante meter en het ten behoeve van recycling als materiaal scheiden, strippen en mechanisch verkleinen van ten hoogste 50 ton per dag sier- en gebruiksvoorwerpen voor zover die uitsluitend bestaan uit een combinatie van metaal, hout, kunststof, textiel, papier of karton en die geen elektronica bevatten;
26°. het toepassen van bouwstoffen, grond of baggerspecie, waarop het Besluit bodemkwaliteit van toepassing is;
27°. het opslaan van ten hoogste 10.000 kubieke meter grond en baggerspecie die voldoet aan de eisen van de artikelen 39, 59 of 60 van het Besluit bodemkwaliteit;
28a°. het opslaan van ten hoogste 600 kubieke meter groenafval voor zover geen sprake is van gevaarlijke afvalstoffen;
28b°. het composteren van ten hoogste 600 kubieke meter groenafval ontstaan bij werkzaamheden die buiten de inrichting zijn verricht door degene die de inrichting drijft of niet afkomstig van buiten de inrichting, voor zover geen sprake is van gevaarlijke afvalstoffen;

28c°. het versnipperen van groenafval ontstaan bij werkzaamheden die buiten de inrichting zijn verricht door degene die de inrichting drijft of niet afkomstig van buiten de inrichting, voor zover geen sprake is van gevaarlijke afvalstoffen;

29°. het als grondstof inzetten van een niet gevaarlijke afvalstof zijnde metaal, hout, rubber, kunststof, papier, karton, textiel, bont, leer, steenachtig materiaal of gips voor het vervaardigen, samenstellen of repareren van producten of onderdelen daarvan bestaande uit metaal, hout, rubber, kunststof, papier, karton, textiel, bont, leer, steenachtig materiaal of gips met een maximale capaciteit van 10.000 ton per jaar;

30°. het opslaan van ten hoogste 1.000 kubieke meter en het als diervoeder binnen de inrichting gebruiken en voor dit gebruik geschikt maken van plantaardige restproducten uit de land- en tuinbouw en uit de voedselbereiding en -verwerking uitgezonderd voedselresten afkomstig van restaurants, cateringfaciliteiten en keukens, met een maximale capaciteit van 4.000 ton per jaar;

31°. het als grondstof inzetten van afvalstoffen voor het vervaardigen van betonmortel of betonwaren binnen een inrichting als bedoeld in categorie 11.1, onder b van onderdeel C van bijlage I;

32°. het verbranden van biomassa in een stookinstallatie met een thermisch vermogen van 15 megawatt of kleiner, waarbij de vrijkomende warmte nuttig wordt gebruikt, en de verbranding materiaalhergebruik niet belemmert;

33°. Het opslaan van ten hoogste 1 kubieke meter gebruikte frituurvetten of -oliën, niet zijnde gevaarlijke afvalstoffen;

34°. het verdichten van de onder 1 tot en met 33 genoemde categorieën van afvalstoffen binnen de aangegeven grenzen voor zover het niet gevaarlijke afvalstoffen betreft;

35°. het overslaan en scheiden en opbulken van de onder 1 tot en met 33 genoemde categorieën van afvalstoffen binnen de aangegeven grenzen.

36°. het mengen van afvalstoffen binnen de onder 1 tot en met 33 genoemde categorieën, waarbij bij de categorieën 10a° tot en met 10c° alleen het mengen voorafgaand aan afvalstoffenbeheer wordt bedoeld;

37°. het mengen van afvalstoffen, niet zijnde gevaarlijke afvalstoffen, van de onder 1 tot en met 33 genoemde categorieën binnen de aangegeven grenzen met andere stoffen of materialen, niet zijnde afvalstoffen, mits het mengen van de onder 1 tot en met 31 en 33 genoemde categorieën plaatsvindt ten behoeve van recycling als product of materiaal.

Categorie 29

29.1. Inrichtingen zijnde:
a. vlootbases die in hoofdzaak worden gebruikt door de Nederlandse of een bondgenootschappelijke krijgsmacht;
b. militaire luchthavens, die in hoofdzaak worden gebruikt door de Nederlandse of een bondgenootschappelijke krijgsmacht;
c. kazernes die in hoofdzaak worden gebruikt door parate eenheden van de Nederlandse of een bondgenootschappelijke krijgsmacht;
d. bestemd voor het transporteren of het opslaan van brandstoffen, die van essentieel belang zijn voor de Nederlandse of een bondgenootschappelijke krijgsmacht;
e. munitiecomplexen die in hoofdzaak bestemd zijn voor het opslaan of bewerken van ontplofbare stoffen en voorwerpen ten behoeve van de Nederlandse of een bondgenootschappelijke krijgsmacht;
f. verbindings- en commandocentra ten behoeve van de Nederlandse of een bondgenootschappelijke krijgsmacht;
g. schietkampen, schietranges, schietgebieden, schietterreinen, schietbanen, springterreinen of handgranaatbanen die in hoofdzaak worden gebruikt door de Nederlandse of een bondgenootschappelijke krijgsmacht;
h. bestemd voor het vervaardigen, onderhouden, repareren of opslaan van materieel of materialen ten behoeve van de Nederlandse of een bondgenootschappelijke krijgsmacht, die van essentieel belang zijn voor de logistieke ondersteuning van de Nederlandse of een bondgenootschappelijke krijgsmacht;
i. laboratoria, bestemd voor het ontwikkelen en beproeven van genetisch gemodificeerde organismen, van welke activiteiten met toepassing van het Besluit genetisch gemodificeerde organismen milieubeheer 2013 is vastgesteld dat deze uitsluitend mogen plaatsvinden met toepassing van voorzieningen en voorschriften, die gelden voor het hoogste krachtens dat besluit bij ministeriële regeling aangewezen niveau;
j. inrichtingen waar meer dan 50 000 kg in beslag genomen vuurwerk of pyrotechnische artikelen voor theatergebruik in de zin van het Vuurwerkbesluit mogen worden opgeslagen.

29.2. Voor de toepassing van onderdeel 29.1 onder g, blijven buiten beschouwing inrichtingen waarop uitsluitend met niet-scherpe patronen wordt geschoten.

Besluit omgevingsrecht

29.3. Als categorieën vergunningplichtige inrichtingen als bedoeld in artikel 2.1, tweede lid, van dit besluit, worden inrichtingen aangewezen:
a. als bedoeld in categorie 29.1 onderdelen a, b, i en j;
b. als bedoeld in categorie 29.1 onderdeel g voor zover:
  i. jaarlijks meer dan 3 miljoen schoten worden afgevuurd;
  ii. explosieven uit luchtvaartuigen worden geworpen;
  iii. het springterreinen en handgranaatbanen betreft.

Onderdeel D

1. Als categorieën inrichtingen als bedoeld in artikel 41 van de Wet geluidhinder, die in belangrijke mate geluidhinder kunnen veroorzaken, worden aangewezen de categorieën inrichtingen die als zodanig zijn aangewezen in bijlage I, onderdeel C, onder:
a. 1.3, onder a, voor zover deze motoren gelijktijdig in gebruik zijn, en onder b, voor zover het thermisch vermogen 75 MW of meer bedraagt, c, onder 1° en 2°, en d, waarbij voor de toepassing van onderdeel 1.3 veiligheidsfakkels ten behoeve van de opsporing en winning van aardgas buiten beschouwing blijven,
b. 2.6, onder b, voor zover het betreft aardgasbehandelingsinstallaties bij aardgaswinputten en gasverzamelinrichtingen, en c,
c. 4.3, onder d,
d. 5.3, onder b,
e. 6.2, voor zover de capaciteit ten aanzien daarvan 250.000 ton per jaar of meer bedraagt,
f. 9.3, waarbij de onderdelen f en j alleen van toepassing zijn voor zover gebruik wordt gemaakt van pneumatische elevatoren,
g. 11.3, onder a tot en met e, met uitzondering van c, onder 6° onder g en onder k,
h. 12.2, onder a tot en met g,
i. 12.2, onder h, voor zover het smeltpunt van de metalen of hun legeringen hoger is dan 800 K,
j. 13.3, onder b, voor zover metaalbewerkende activiteiten plaatsvinden in de open lucht of het proefdraaien van motoren in de avond- of nachtperiode,
k. 14.2, voor zover een rangeerheuvel aanwezig is,
l. 16.3,
m. 19.2,
n. 20.1, onder b,
o. 24.2 en
2. Voor de toepassing van het eerste lid, onderdeel 1.3, onder b, voor zover het thermisch vermogen 75 MW of meer bedraagt, blijven buiten beschouwing inrichtingen voor het verstoken van biomassa waarvan het equivalente geluidsniveau (LAr, LT), veroorzaakt door de in de inrichting aanwezige vast opgestelde toestellen en installaties, alsmede door de in de inrichting verrichte werkzaamheden en activiteiten op de grens van het bedrijventerrein niet meer bedraagt dan:
a. 50 dB(A) tussen 07.00 en 19.00 uur;
b. 45 dB(A) tussen 19.00 en 23.00 uur;
c. 40 dB(A) tussen 23.00 en 07.00 uur.

Bijlage II Behorende bij de artikelen 2.3, 2.5a en 2.7

Aanwijzing van categorieën gevallen waarin:
– voor bouwactiviteiten, planologische gebruiksactiviteiten en activiteiten met betrekking tot een rijksmonument geen omgevingsvergunning is vereist,
– voor planologische gebruiksactiviteiten een omgevingsvergunning als bedoeld in artikel 2.12, eerste lid, onder a, onder 2°, van de wet kan worden verleend

Hoofdstuk I
Algemene bepalingen

Artikel 1

1. In deze bijlage wordt verstaan onder:
achtererfgebied: erf achter de lijn die het hoofdgebouw doorkruist op 1 m achter de voorkant en van daaruit evenwijdig loopt met het aangrenzend openbaar toegankelijk gebied, zonder het hoofdgebouw opnieuw te doorkruisen of in het erf achter het hoofdgebouw te komen;
antennedrager: antennemast of andere constructie bedoeld voor de bevestiging van een antenne;

antenne-installatie: installatie bestaande uit een antenne, een antennedrager, de bedrading en de al dan niet in een of meer techniekkasten opgenomen apparatuur, met de daarbij behorende bevestigingsconstructie;
bebouwingsgebied: achtererfgebied alsmede de grond onder het hoofdgebouw, uitgezonderd de grond onder het oorspronkelijk hoofdgebouw;
bijbehorend bouwwerk: uitbreiding van een hoofdgebouw dan wel functioneel met een zich op hetzelfde perceel bevindend hoofdgebouw verbonden, daar al dan niet tegen aangebouwd gebouw, of ander bouwwerk, met een dak;
daknok: hoogste punt van een schuin dak;
dakvoet: laagste punt van een schuin dak;
erf: al dan niet bebouwd perceel, of een gedeelte daarvan, dat direct is gelegen bij een hoofdgebouw en dat in feitelijk opzicht is ingericht ten dienste van het gebruik van dat gebouw, en, voor zover een bestemmingsplan of een beheersverordening van toepassing is, deze die inrichting niet verbieden;
hoofdgebouw: gebouw, of gedeelte daarvan, dat noodzakelijk is voor de verwezenlijking van de geldende of toekomstige bestemming van een perceel en, indien meer gebouwen op het perceel aanwezig zijn, gelet op die bestemming het belangrijkst is;
huisvesting in verband met mantelzorg: huisvesting in of bij een woning van één huishouden van maximaal twee personen, van wie ten minste één persoon mantelzorg verleent aan of ontvangt van een bewoner van de woning;
mantelzorg: intensieve zorg of ondersteuning, die niet in het kader van een hulpverlenend beroep wordt geboden aan een hulpbehoevende, ten behoeve van zelfredzaamheid of participatie, rechtstreeks voortvloeiend uit een tussen personen bestaande sociale relatie, die de gebruikelijke hulp van huisgenoten voor elkaar overstijgt, en waarvan de behoefte met een verklaring van een huisarts, wijkverpleegkundige of andere door de gemeente aangewezen sociaal-medisch adviseur kan worden aangetoond;
openbaar toegankelijk gebied: weg als bedoeld in artikel 1, eerste lid, onder b, van de Wegenverkeerswet 1994, alsmede pleinen, parken, plantsoenen, openbaar vaarwater en ander openbaar gebied dat voor publiek algemeen toegankelijk is, met uitzondering van wegen uitsluitend bedoeld voor de ontsluiting van percelen door langzaam verkeer;
voorerfgebied: erf dat geen onderdeel is van het achtererfgebied;
voorgevelrooilijn: voorgevelrooilijn als bedoeld in het bestemmingsplan, de beheersverordening dan wel de gemeentelijke bouwverordening;
woonwagen: voor bewoning bestemd gebouw dat in zijn geheel of in delen kan worden verplaatst en op een daartoe bestemd perceel is geplaatst.
2. Tenzij anders bepaald, worden de waarden die in deze bijlage in m of m² zijn uitgedrukt op de volgende wijze gemeten:
a. afstanden loodrecht,
b. hoogten vanaf het aansluitend afgewerkt terrein, waarbij plaatselijke, niet bij het verdere verloop van het terrein passende, ophogingen of verdiepingen aan de voet van het bouwwerk, anders dan noodzakelijk voor de bouw daarvan, buiten beschouwing blijven, en
c. maten buitenwerks, waarbij uitstekende delen van ondergeschikte aard tot maximaal 0,5 m buiten beschouwing blijven.
3. Bij de toepassing van het tweede lid, aanhef en onderdeel b, wordt een bouwwerk, voor zover dit zich bevindt op een erf- of perceelgrens, gemeten aan de kant waar het aansluitend afgewerkt terrein het hoogst is.
4. Voor de toepassing van deze bijlage wordt huisvesting in verband met mantelzorg aangemerkt als functioneel verbonden met het hoofdgebouw.

Hoofdstuk II
Categorieën gevallen waarin voor bouwactiviteiten en planologische gebruiksactiviteiten geen omgevingsvergunning is vereist

Artikel 2

Een omgevingsvergunning voor activiteiten als bedoeld in artikel 2.1, eerste lid, onder a of c, van de wet is niet vereist, indien deze activiteiten betrekking hebben op:
1. gewoon onderhoud van een bouwwerk, voor zover detaillering, profilering en vormgeving van dat bouwwerk niet wijzigen;
2. werkzaamheden ingevolge een besluit als bedoeld in artikel 13, 13a of 13b van de Woningwet;
3. een op de grond staand bijbehorend bouwwerk of uitbreiding daarvan in achtererfgebied, mits wordt voldaan aan de volgende eisen:
a. voor zover op een afstand van niet meer dan 4 m van het oorspronkelijk hoofdgebouw, niet hoger dan:
1°. 5 m,

Besluit omgevingsrecht

2°. 0,3 m boven de bovenkant van de scheidingsconstructie met de tweede bouwlaag van het hoofdgebouw, en
3°. het hoofdgebouw,
b. voor zover op een afstand van meer dan 4 m van het oorspronkelijk hoofdgebouw:
1°. indien hoger dan 3 m: voorzien van een schuin dak, de dakvoet niet hoger dan 3 m, de daknok gevormd door twee of meer schuine dakvlakken, met een hellingshoek van niet meer dan 55°, en waarbij de hoogte van de daknok niet meer is dan 5 m en verder wordt begrensd door de volgende formule:
maximale daknokhoogte [m] = (afstand daknok tot de perceelsgrens [m] x 0,47) + 3;
2°. functioneel ondergeschikt aan het hoofdgebouw, tenzij het betreft huisvesting in verband met mantelzorg,
c. op een afstand van meer dan 1 m vanaf openbaar toegankelijk gebied, tenzij geen redelijke eisen van welstand van toepassing zijn,
d. de ligging van een verblijfsgebied als bedoeld in artikel 1.1, eerste lid, van het Bouwbesluit 2012, in geval van meer dan een bouwlaag, uitsluitend op de eerste bouwlaag,
e. niet voorzien van een dakterras, balkon of andere niet op de grond gelegen buitenruimte,
f. de oppervlakte van al dan niet met vergunning gebouwde bijbehorende bouwwerken in het bebouwingsgebied bedraagt niet meer dan:
1°. in geval van een bebouwingsgebied kleiner dan of gelijk aan 100 m^2: 50% van dat bebouwingsgebied,
2°. in geval van een bebouwingsgebied groter dan 100 m^2 en kleiner dan of gelijk aan 300 m^2: 50 m^2, vermeerderd met 20% van het deel van het bebouwingsgebied dat groter is dan 100 m^2,
3°. in geval van een bebouwingsgebied groter dan 300 m^2: 90 m^2, vermeerderd met 10% van het deel van het bebouwingsgebied dat groter is dan 300 m^2, tot een maximum van in totaal 150 m^2,
g. niet aan of bij:
1°. een woonwagen,
2°. een hoofdgebouw waarvoor in de omgevingsvergunning voor het bouwen daarvan is bepaald dat de vergunninghouder na het verstrijken van een bij die vergunning aangegeven termijn verplicht is de voor de verlening van de vergunning bestaande toestand hersteld te hebben,
3°. een bouwwerk ten behoeve van recreatief nachtverblijf door één huishouden;
4. een dakkapel in het achterdakvlak of een niet naar openbaar toegankelijk gebied gekeerd zijdakvlak, mits wordt voldaan aan de volgende eisen:
a. voorzien van een plat dak,
b. gemeten vanaf de voet van de dakkapel niet hoger dan 1,75 m,
c. onderzijde meer dan 0,5 m en minder dan 1 m boven de dakvoet,
d. bovenzijde meer dan 0,5 m onder de daknok,
e. zijkanten meer dan 0,5 m van de zijkanten van het dakvlak, en
f. niet op:
1°. een woonwagen,
2°. een gebouw waarvoor in de omgevingsvergunning voor het bouwen daarvan is bepaald dat het slechts voor een bepaalde periode in stand mag worden gehouden, of
3°. een bouwwerk ten behoeve van recreatief nachtverblijf door één huishouden;
5. een dakraam, daklicht, lichtstraat of soortgelijke daglichtvoorziening in een dak, mits wordt voldaan aan de volgende eisen:
a. indien in het achterdakvlak, een niet naar openbaar toegankelijk gebied gekeerd zijdakvlak of een plat dak, de constructie niet meer dan 0,6 m buiten het dakvlak respectievelijk het platte dak uitsteekt,
b. indien in een ander dakvlak dan bedoeld in onderdeel a,
1°. de constructie niet buiten het dakvlak uitsteekt, of
2°. ingeval geen redelijke eisen van welstand van toepassing zijn, de constructie niet meer dan 0,6 m buiten het dakvlak uitsteekt, en
c. zijkanten, onder- en bovenzijde meer dan 0,5 m van de randen van het dakvlak of het platte dak;
6. een collector voor warmteopwekking of een paneel voor elektriciteitsopwekking op een dak, mits wordt voldaan aan de volgende eisen:
a. indien op een schuin dak:
1°. binnen het dakvlak,
2°. in of direct op het dakvlak, en
3°. hellingshoek gelijk aan hellingshoek dakvlak,
b. indien op een plat dak: afstand tot de zijkanten van het dak ten minste gelijk aan hoogte collector of paneel, en

c. indien de collector of het paneel niet één geheel vormt met de installatie voor het opslaan van het water of het omzetten van de opgewekte elektriciteit: die installatie aan de binnenzijde van een bouwwerk is geplaatst;

7. een kozijn, kozijninvulling of gevelpaneel, mits in de achtergevel, of een niet naar openbaar toegankelijk gebied gekeerde zijgevel van een hoofdgebouw, dan wel in een gevel van een bijbehorend bouwwerk, voor zover die gevel is gelegen in achtererfgebied op een afstand van meer dan 1 m vanaf openbaar toegankelijk gebied, tenzij geen redelijke eisen van welstand van toepassing zijn;

8. een zonwering, rolhek, luik of rolluik aan of in een gebouw, mits bij een rolhek, luik of rolluik in een voorgevel of een naar openbaar toegankelijk gebied gekeerde zijgevel van een ander hoofdgebouw dan een woning of woongebouw, wordt voldaan aan de volgende eisen:
a. geplaatst aan de binnenzijde van de uitwendige scheidingsconstructie, en
b. voor ten minste 75% voorzien van glasheldere doorkijkopeningen;

9. een afscheiding tussen balkons of dakterrassen;

10. tuinmeubilair, mits niet hoger dan 2,5 m;

11. een sport- of speeltoestel voor uitsluitend particulier gebruik, mits wordt voldaan aan de volgende eisen:
a. niet hoger dan 2,5 m, en
b. uitsluitend functionerend met behulp van de zwaartekracht of de fysieke kracht van de mens;

12. een erf- of perceelafscheiding, mits wordt voldaan aan de volgende eisen:
a. niet hoger dan 1 m, of
b. niet hoger dan 2 m, en
1°. op een erf of perceel waarop al een gebouw staat waarmee de erf- of perceelafscheiding in functionele relatie staat,
2°. achter de voorgevelrooilijn, en
3°. op meer dan 1 m van openbaar toegankelijk gebied, tenzij geen redelijke eisen van welstand van toepassing zijn;

13. een constructie voor het overbruggen van een terreinhoogteverschil van niet meer dan 1 m die niet hoger is dan het aansluitende afgewerkte terrein;

14. een vlaggenmast op een erf, mits wordt voldaan aan de volgende eisen:
a. niet hoger dan 6 m, en
b. maximaal één mast per erf;

15. een antenne-installatie ten behoeve van mobiele telecommunicatie op of aan een bouwwerk, met inbegrip van een hekwerk ter beveiliging van een zodanige antenne-installatie op of aan een bouwwerk als bedoeld in onderdeel a, mits wordt voldaan aan de volgende eisen:
a. indien op of aan een hoogspanningsmast, wegportaal, reclamezuil, lichtmast, windmolen, sirenemast dan wel een niet van een bouwwerk deel uitmakende schoorsteen, of op een antenne-installatie als bedoeld in onderdeel 16 dan wel een antenne-installatie voor het bouwen waarvan een vergunning als bedoeld in artikel 2.1, eerste lid, onder a, van de wet is vereist:
1°. de antenne, met antennedrager, gemeten vanaf de voet, niet hoger dan 5 m, en
2°. de antenne hoger geplaatst dan 3 m, gemeten vanaf het bij het bouwwerk aansluitende afgewerkt terrein;
b. indien op of aan een ander bouwwerk, dan bedoeld in onderdeel a:
1°. de antenne, met antennedrager, gemeten vanaf de voet, niet hoger dan 0,5 m, of
2°. de antenne, met antennedrager, gemeten vanaf de voet, of indien bevestigd aan een gevel van een gebouw, gemeten vanaf het punt waarop de antenne, met antennedrager, het dakvlak kruist, niet hoger dan 5 m, en:
a. de antenne, met antennedrager, hoger geplaatst dan 9 m, gemeten vanaf het bij het bouwwerk aansluitende afgewerkt terrein,
b. de bedrading in direct langs de antennedrager of inpandig is aangebracht, dan wel in een kabelgoot, mits deze kabelgoot meer dan 1 m achter de voorgevel is geplaatst, en
c. de antennedrager bij plaatsing op het dak van een gebouw:
1°. aan of bij een op het dak aanwezig object geplaatst,
2°. in het midden van het dak geplaatst, of
3°. elders op het dak geplaatst, mits de afstand in m tot de voorgevel van het bouwwerk ten minste gelijk is aan: 18 gedeeld door de hoogte waarop de antenne, met antennedrager, is geplaatst, gemeten vanaf het bij het gebouw aansluitende afgewerkt terrein tot aan de voet van de antenne, met antennedrager;

16. een antenne-installatie met bijbehorend opstelpunt ten behoeve van de C2000-infrastructuur voor de mobiele communicatie door hulpverleningsdiensten;

17. een andere antenne-installatie dan bedoeld in de onderdelen 15 en 16, mits wordt voldaan aan de volgende eisen:
a. de antenne-installatie achter het voorerfgebied geplaatst,
b. indien het een schotelantenne betreft:
1°. de doorsnede van de antenne niet meer dan 2 m, en

Besluit omgevingsrecht **A68 bijlage II**

2°. de antenne, met antennedrager, gemeten vanaf de voet, niet hoger dan 3 m, of
c. indien het een andere antenne betreft dan bedoeld in onderdeel b: de antenne, met antennedrager, gemeten vanaf de voet, of indien deze is bevestigd aan de gevel, gemeten vanaf het punt waarop de antenne, met antennedrager, het dakvlak kruist, niet hoger dan 5 m;
18. een bouwwerk ten behoeve van een infrastructurele of openbare voorziening, voor zover het betreft:
a. een bouwwerk ten behoeve van een nutsvoorziening, de waterhuishouding, het meten van de luchtkwaliteit, het telecommunicatieverkeer, het openbaar vervoer of het weg-, spoorweg-, water- of luchtverkeer, mits wordt voldaan aan de volgende eisen:
1°. niet hoger dan 3 m, en
2°. de oppervlakte niet meer dan 15 m^2,
b. een bouwwerk, geen gebouw zijnde, ten behoeve van het weren van voorwerpen die de veiligheid van het weg-, spoorweg-, water- of luchtverkeer in gevaar kunnen brengen, ten behoeve van de beveiliging van een weg, spoor- of waterweg of een spoorweg- of luchtvaartterrein, of ten behoeve van verkeersregeling, verkeersgeleiding, handhaving van de verkeersregels, wegaanduiding, het opladen van accu's van voertuigen, verlichting, tolheffing of het verschaffen van toegang tot het openbaar vervoer of openbaar vervoersgebouwen,
c. bovenleidingen met de bijbehorende draagconstructies of seinpalen,
d. ondergrondse buis- en leidingstelsels, met uitzondering van een buisleiding als bedoeld in artikel 1, eerste lid, van het Besluit externe veiligheid buisleidingen,
e. een container voor het inzamelen van huishoudelijke afvalstoffen als bedoeld in artikel 1.1, eerste lid, van de Wet milieubeheer, mits wordt voldaan aan de volgende eisen:
1°. niet hoger dan 2 m, en
2°. indien bovengronds geplaatst: de oppervlakte niet meer dan 4 m^2,
f. een elektronische sirene ten behoeve van het waarschuwen van de bevolking bij calamiteiten of de dreiging daarvan, alsmede de daarbij behorende bevestigingsconstructie,
g. straatmeubilair;
19. een magazijnstelling die uitsluitend steunt op een vloer van het gebouw waarin zij wordt geplaatst, mits wordt voldaan aan de volgende eisen:
a. niet lager dan 3 m en niet hoger dan 8,5 m, en
b. de magazijnstelling niet is voorzien van een verdiepingsvloer of loopbrug;
20. een bouwkeet, bouwbord, steiger, heistelling, hijskraan, damwand of andere hulpconstructie die functioneel is voor een bouw-, onderhouds- of sloopactiviteit, een tijdelijke werkzaamheid in de grond-, weg- of waterbouw of een tijdelijke werkzaamheid op land waarop het Besluit algemene regels milieu mijnbouw van toepassing is, mits geplaatst op of in de onmiddellijke nabijheid van het terrein waarop die activiteit of werkzaamheid wordt uitgevoerd;
21. een ander bouwwerk in voor- of achtererfgebied, mits wordt voldaan aan de volgende eisen:
a. niet hoger dan 1 m, en
b. de oppervlakte niet meer dan 2 m^2;
22. het gebruiken van een bestaand bouwwerk voor huisvesting in verband met mantelzorg.

Hoofdstuk III
Categorieën gevallen waarin voor bouwactiviteiten geen omgevingsvergunning is vereist

Artikel 3

Een omgevingsvergunning voor een activiteit als bedoeld in artikel 2.1, eerste lid, onder a, van de wet is niet vereist, indien deze activiteit betrekking heeft op:
1. een op de grond staand bijbehorend bouwwerk of uitbreiding daarvan in achtererfgebied, mits wordt voldaan aan de volgende eisen:
a. niet hoger dan 5 m,
b. op een afstand van meer dan 1 m vanaf openbaar toegankelijk gebied, tenzij geen redelijke eisen van welstand van toepassing zijn,
c. de ligging van een verblijfsgebied als bedoeld in artikel 1.1, eerste lid, van het Bouwbesluit 2012, in geval van meer dan een bouwlaag, uitsluitend op de eerste bouwlaag, en
d. niet voorzien van een dakterras, balkon of andere niet op de grond gelegen buitenruimte;
2. een op de grond staand bouwwerk ten behoeve van recreatief nachtverblijf, mits wordt voldaan aan de volgende eisen:
a. niet hoger dan 5 m, en
b. de oppervlakte niet meer dan 70 m^2;
3. een dakkapel in het voordakvlak, een naar openbaar toegankelijk gebied gekeerd zijdakvlak of, voor zover het betreft een bouwwerk als bedoeld in artikel 2, onderdeel 4, onder f, het achterdakvlak, mits wordt voldaan aan de volgende eisen:

a. redelijke eisen van welstand zijn niet van toepassing;
b. voorzien van een plat dak,
c. gemeten vanaf de voet van de dakkapel niet hoger dan 1,75 m,
d. onderzijde meer dan 0,5 m en minder dan 1 m boven de dakvoet,
e. bovenzijde meer dan 0,5 m onder de daknok, en
f. zijkanten meer dan 0,5 m van de zijkanten van het dakvlak;
4. een sport- of speeltoestel anders dan voor uitsluitend particulier gebruik, mits wordt voldaan aan de volgende eisen:
a. niet hoger dan 4 m, en
b. uitsluitend functionerend met behulp van de zwaartekracht of de fysieke kracht van de mens;
5. een zwembad, bubbelbad of soortgelijke voorziening, dan wel vijver op het erf bij een woning of woongebouw, mits deze niet van een overkapping is voorzien;
6. een bouwwerk, geen gebouw zijnde, in achtererfgebied ten behoeve van agrarische bedrijfsvoering, voor zover het betreft:
a. een silo, of
b. een ander bouwwerk niet hoger dan 2 m;
7. een buisleiding waarop artikel 2, onderdeel 18, niet van toepassing is;
8. een verandering van een bouwwerk, mits wordt voldaan aan de volgende eisen:
a. geen verandering van de draagconstructie,
b. geen verandering van de brandcompartimentering of beschermde subbrandcompartimentering,
c. geen uitbreiding van de bebouwde oppervlakte, en
d. geen uitbreiding van het bouwvolume.

Hoofdstuk IIIa
Categorieën gevallen waarin voor activiteiten met betrekking tot een rijksmonument geen omgevingsvergunning is vereist

Artikel 3a

Een omgevingsvergunning voor een activiteit als bedoeld in artikel 2.1, eerste lid, onder f, van de wet is niet vereist, indien deze activiteit betrekking heeft op:
1. gewoon onderhoud als bedoeld in artikel 2, onderdeel 1, voor zover ook materiaalsoort en kleur niet wijzigen, en bij een tuin, park of andere aanleg, de aanleg niet wijzigt, of
2. een activiteit die uitsluitend leidt tot inpandige veranderingen van een onderdeel van het monument dat uit het oogpunt van monumentenzorg geen waarde heeft.

Hoofdstuk IV
Categorieën gevallen waarin voor planologische gebruiksactiviteiten een omgevingsvergunning als bedoeld in artikel 2.12, eerste lid, onder a, onder 2°, van de wet kan worden verleend

Artikel 4

Voor verlening van een omgevingsvergunning voor een activiteit als bedoeld in artikel 2.1, eerste lid, onder c, van de wet waarbij met toepassing van artikel 2.12, eerste lid, onder a, onder 2°, van de wet van het bestemmingsplan of de beheersverordening wordt afgeweken, komen in aanmerking:
1. een bijbehorend bouwwerk of uitbreiding daarvan, mits, voor zover gelegen buiten de bebouwde kom, wordt voldaan aan de volgende eisen:
a. niet hoger dan 5 m, tenzij sprake is van een kas of bedrijfsgebouw van lichte constructie ten dienste van een agrarisch bedrijf,
b. de oppervlakte niet meer dan 150 m^2;
2. een gebouw ten behoeve van een infrastructurele of openbare voorziening als bedoeld in artikel 2, onderdeel 18, onder a, dat niet voldoet aan de in dat subonderdeel genoemd eisen, mits wordt voldaan aan de volgende eisen:
a. niet hoger dan 5 m, en
b. de oppervlakte niet meer dan 50 m^2;
3. een bouwwerk, geen gebouw zijnde, of een gedeelte van een dergelijk bouwwerk, mits wordt voldaan aan de volgende eisen:
a. niet hoger dan 10 m, en
b. de oppervlakte niet meer dan 50 m^2;
4. een dakterras, balkon of andere niet op de grond gelegen buitenruimte aan of op een gebouw, een dakkapel, dakopbouw of gelijksoortige uitbreiding van een gebouw, de uitbreiding van een

bouwwerk met een bouwdeel van ondergeschikte aard dan wel voorzieningen gericht op het isoleren van een gebouw;
5. een antenne-installatie, mits niet hoger dan 40 m;
6. een installatie bij een glastuinbouwbedrijf voor warmtekrachtkoppeling als bedoeld in artikel 1, eerste lid, onder w, van de Elektriciteitswet 1998;
7. een installatie bij een agrarisch bedrijf waarmee duurzame energie wordt geproduceerd door het bewerken van uitwerpselen van dieren tot krachtens artikel 5, tweede lid, van het Uitvoeringsbesluit Meststoffenwet aangewezen eindproducten van een krachtens dat artikellid omschreven bewerkingsprocedé dat ziet op het vergisten van ten minste 50 gewichtsprocenten uitwerpselen van dieren met in de omschrijving van dat procedé genoemde nevenbestanddelen;
8. het gebruiken van gronden voor een niet-ingrijpende herinrichting van openbaar gebied;
9. het gebruiken van bouwwerken, eventueel in samenhang met bouwactiviteiten die de bebouwde oppervlakte of het bouwvolume niet vergroten, en van bij die bouwwerken aansluitend terrein, mits, voor zover gelegen buiten de bebouwde kom, het uitsluitend betreft een logiesfunctie voor werknemers of de opvang van asielzoekers of andere categorieën vreemdelingen;
10. het gebruiken van een recreatiewoning voor bewoning, mits wordt voldaan aan de volgende eisen:
a. de recreatiewoning voldoet aan de bij of krachtens de Woningwet aan een bestaande woning gestelde eisen;
b. de bewoning niet in strijd is met de bij of krachtens de Wet milieubeheer, de Wet geluidhinder, de Wet ammoniak en veehouderij en de Wet geurhinder en veehouderij gestelde regels of de Reconstructiewet concentratiegebieden;
c. de bewoner op 31 oktober 2003 de recreatiewoning als woning in gebruik had en deze sedertdien onafgebroken bewoont, en
d. de bewoner op 31 oktober 2003 meerderjarig was;
11. ander gebruik van gronden of bouwwerken dan bedoeld in de onderdelen 1 tot en met 10, voor een termijn van ten hoogste tien jaar.

Hoofdstuk V
Bijzondere bepalingen

Artikel 4a

1. Onverminderd artikel 5, zijn de artikelen 2 en 3 slechts van toepassing op een activiteit die plaatsvindt in, aan, op of bij een rijksmonument als bedoeld in artikel 1.1 van de Erfgoedwet, een monument of archeologisch monument waarop artikel 9.1, eerste lid, onderdeel b, van de Erfgoedwet van toepassing is, een krachtens een provinciale of gemeentelijke verordening aangewezen monument dan wel een monument waarop, voordat het is aangewezen, een zodanige verordening van overeenkomstige toepassing is, voor zover het een activiteit betreft als bedoeld in:
a. artikel 2, onderdelen 1 en 2, of
b. artikel 2, onderdelen 4 tot en met 21, of artikel 3, onderdelen 4 tot en met 8:
1°. in, aan of op een onderdeel van het monument dat uit het oogpunt van monumentenzorg geen waarde heeft, of
2°. bij een monument.
2. Onverminderd artikel 5, zijn de artikelen 2 en 3 slechts van toepassing op een activiteit die plaatsvindt in een beschermd stads- of dorpsgezicht, voor zover het een activiteit betreft als bedoeld in:
a. artikel 2, onderdelen 1 en 2, of
b. artikel 2, onderdelen 4 tot en met 21, of artikel 3 voor zover het betreft:
1°. inpandige veranderingen,
2°. een verandering van een achtergevel of achterdakvlak, mits die gevel of dat dakvlak niet naar openbaar toegankelijk gebied is gekeerd,
3°. een bouwwerk op erf aan de achterkant van een hoofdgebouw, mits dat erf niet ook deel uitmaakt van het erf aan de zijkant van dat gebouw en niet naar openbaar toegankelijk gebied is gekeerd, of
4°. een bouwwerk op gronden die onderdeel zijn van openbaar toegankelijk gebied.

Artikel 5

1. Bij de toepassing van de artikelen 2, 3 en 4 blijft het aantal woningen gelijk. Deze eis is niet van toepassing op de gevallen, bedoeld in:
a. de artikelen 2, onderdelen 3 en 22, en 3, onderdeel 1, voor zover het betreft huisvesting in verband met mantelzorg;
b. artikel 4, onderdeel 1, voor zover het betreft huisvesting in verband met mantelzorg;

c. artikel 4, onderdelen 9 en 11.
2. De artikelen 2 en 3 zijn niet van toepassing op een activiteit die plaatsvindt in, aan, op of bij een bouwwerk dat in strijd met artikel 2.1 van de wet is gebouwd of wordt gebruikt.
3. Artikel 2, onderdelen 3 en 22, is evenmin van toepassing op een activiteit die plaatsvindt in:
a. een in het bestemmingsplan of de beheersverordening opgenomen veiligheidszone, getypeerd als A-zone of B-zone, rondom een munitieopslag of een inrichting voor activiteiten met ontplofbare stoffen;
b. een gebied waarin die activiteit op grond van het bestemmingsplan of de beheersverordening niet is toegestaan vanwege het overschrijden van het plaatsgebonden risico van 10^{-6} per jaar als gevolg van de aanwezigheid van een inrichting, transportroute of buisleiding dan wel vanwege de ligging in een belemmeringenstrook ten behoeve van het onderhoud van een buisleiding;
c. een gebied dat is gelegen binnen een van toepassing zijnde afstand als bedoeld in artikel 3.12, 3.18, 3.28, 3.30a, 4.3, 4.4, 4.5, 4.5a, 4.5b, 4.77 of 4.81 van het Activiteitenbesluit milieubeheer.
4. Artikel 3, onderdelen 1 en 2, is evenmin van toepassing voor zover voor het bouwwerk waarop de activiteit betrekking heeft krachtens het bestemmingsplan regels gelden die met toepassing van artikel 40 van de Monumentenwet 1988, zoals die wet luidde voor inwerkingtreding van de Erfgoedwet, in het belang van de archeologische monumentenzorg zijn gesteld, tenzij de oppervlakte van het bouwwerk minder dan 50 m^2 bedraagt.
5. Artikel 3, onderdeel 8, is evenmin van toepassing op een activiteit die tevens een activiteit is als bedoeld in artikel 2, onderdelen 2 tot en met 21, of 3, onderdelen 1 tot en met 7, maar niet voldoet aan de in die artikelen ten aanzien van die activiteit gestelde eisen.
6. Artikel 4, onderdelen 9 en 11, is niet van toepassing op een activiteit als bedoeld in onderdeel C of D van de bijlage bij het Besluit milieueffectrapportage.

Artikel 6

Indien op een perceel meer gebouwen aanwezig zijn die noodzakelijk zijn voor de verwezenlijking van de geldende of toekomstige bestemming of indien het hoofdgebouw geen woning is, maar op het perceel wel een of meer op de grond staande woningen aanwezig zijn, wordt het achtererfgebied bepaald door het hoofdgebouw, de woning of een van de andere hiervoor bedoelde gebouwen, waarvan de voorkant het dichtst is gelegen bij openbaar toegankelijk gebied.

Artikel 7

1. Indien een bijbehorend bouwwerk als bedoeld in artikel 2, onderdeel 3, bestaat uit een deel dat op meer, en een deel dat op minder dan 4 m van het oorspronkelijk hoofdgebouw is gelegen en zich geen inwendige scheidingsconstructie bevindt tussen beide delen, is op het deel dat op minder dan 4 m van het oorspronkelijk hoofdgebouw is gelegen artikel 2, onderdeel 3, onder b, onderdeel 2°, van overeenkomstige toepassing.
2. Als een bijbehorend bouwwerk als bedoeld in artikel 2, onderdeel 3, wordt gebruikt voor huisvesting in verband met mantelzorg, is onderdeel f van artikel 2, onderdeel 3, niet van toepassing, mits wordt voldaan aan de volgende eisen:
a. in zijn geheel of in delen verplaatsbaar,
b. de oppervlakte niet meer dan 100 m^2, en
c. buiten de bebouwde kom.

Hoofdstuk VI
Overgangsrecht

Artikel 8

1. Een omgevingsvergunning voor activiteiten als bedoeld in artikel 2.1, eerste lid, onder a en c, van de wet is niet vereist, indien die activiteiten betrekking hebben op het bouwen van een bouwwerk dat reeds was aangevangen voor de inwerkingtreding van de wet en op het tijdstip waarop met dat bouwen is begonnen daarvoor krachtens de Woningwet geen bouwvergunning was vereist.
2. Een omgevingsvergunning voor een activiteit als bedoeld in artikel 2.1, eerste lid, onder a, c of f, van de wet is niet vereist, indien met die activiteit reeds was aangevangen voor het tijdstip van inwerkingtreding van een besluit tot wijziging van dit besluit en op het tijdstip van die aanvang geen omgevingsvergunning als bedoeld in artikel 2.1, eerste lid, onder a, c of f, voor die activiteit was vereist.
3. Op een aanvraag om een omgevingsvergunning voor een activiteit waarvoor met toepassing van artikel 2.12, eerste lid, onder a, onder 3°, van de wet een omgevingsvergunning kan worden verleend die is ingediend voor het tijdstip van inwerkingtreding van een besluit tot wijziging

van dit besluit, waarop op dat tijdstip nog niet onherroepelijk is beslist, en betrekking heeft op een activiteit die bij die wijziging als activiteit als bedoeld in artikel 4 van deze bijlage is aangewezen, blijft het recht zoals dat voor dat tijdstip gold van toepassing.

Bijlage III Behorende bij artikel 6.3, tweede lid

Aanwijzing van categorieën inrichtingen ten aanzien waarvan de inspecteur in de gelegenheid wordt gesteld advies uit te brengen over het ontwerp van de beschikking op de aanvraag om een omgevingsvergunning

In deze bijlage wordt verstaan onder:
a. productie-, verwerkings-, waterverdampings- of smeltcapaciteit:
1°. in de omgevingsvergunning voor de betrokken inrichting omschreven productie-, verwerkings-, waterverdampings- of smeltcapaciteit, onderscheidenlijk
2°. indien een omgevingsvergunning geen omschrijving als bedoeld onder 1° bevat: maximale productie-, verwerkings-, waterverdampings- of smeltcapaciteit van de in de betrokken inrichting opgestelde installaties en voorzieningen;
b. jaarproductie: totaal gerealiseerde productie over het kalenderjaar, voorafgaand aan het verslagjaar.
1. Inrichtingen die behoren tot de categorieën inrichtingen, genoemd in bijlage I onder:
2.6, onder b;
5.3, onder b;
6.2, onder a of b;
7.4;
8.2, onder a of b;
9.3, onder g of h;
11.3, onder c, onder 1°, 4° of 6°, of onder d;
12.2, onder a;
16.3, onder b;
24.2;
28.4, onder e of f.
2. Pomp- en distributiestations ten behoeve van aardolie- of aardgaswinning die behoren tot de categorie inrichtingen, genoemd onder 1.3, onder a, van bijlage I.
3. Elektriciteitscentrales voor zover het betreft inrichtingen waarin brandstoffen worden verstookt in één of meerdere installaties, met in totaal een thermisch vermogen van 300 Mw of meer, waarbij onder thermisch vermogen wordt verstaan: warmte-inhoud van de maximale hoeveelheid brandstoffen die per tijdseenheid kan worden toegevoerd aan een stookinstallatie.
4. Luchtvaartterreinen als bedoeld in artikel 1, onder g, van de Luchtvaartwet, die behoren tot de categorie inrichtingen, genoemd onder 1.3, onder c, van bijlage I .
5. Inrichtingen voor het vervaardigen van:
a. organische chemicaliën,
b. anorganische chemicaliën, of
c. fosfaat-, stikstof- of kaliumhoudende meststoffen
met een verwerkings- of productiecapaciteit van 100.000 ton of meer.
6. Inrichtingen voor het vervaardigen van:
a. producten voor gewasbescherming en biociden,
b. farmaceutische producten, die via een chemisch of biologisch procedé tot stand komen, of
c. explosieven,
met een verwerkings- of productiecapaciteit van 20.000 ton per jaar of meer.
7. Inrichtingen bestemd voor het bewerken of verwerken van chemische producten, met inbegrip van elastomeren, peroxiden, alkenen en stikstofverbindingen, met een productiecapaciteit van 50.000 ton per jaar of meer.
8. Bierbrouwerijen die behoren tot de categorie inrichtingen, genoemd onder 1.3, onder a of b, of onder 27.3, van bijlage I.
9. Inrichtingen die behoren tot de categorie inrichtingen, genoemd onder 9.3, onder a, van bijlage I met een waterverdampingscapaciteit van 250.000 ton per jaar of meer.
10. Inrichtingen die behoren tot de categorie inrichtingen, genoemd onder 9.3, onder i, van bijlage I met een productiecapaciteit van 25 ton per uur of meer.
11. Inrichtingen die behoren tot de categorie inrichtingen, genoemd onder 11.3, onder b, van bijlage I met een capaciteit van 100.000 ton per jaar of meer.
12. Inrichtingen die behoren tot de categorie inrichtingen, genoemd onder 11.3, onder e, van bijlage I met een smeltcapaciteit van 150.000 ton per jaar of meer.
13. Inrichtingen voor de secundaire vervaardiging van non-ferrometalen of legeringen daarvan met een productiecapaciteit van 100.000 ton per jaar of meer.

14. Inrichtingen die behoren tot de categorieën inrichtingen, genoemd onder 12.2, onder b, c, e, f of g, van bijlage I met een productieoppervlak van 250.000 m² of meer.
15. Inrichtingen die behoren tot de categorie inrichtingen, genoemd onder 12.2, onder d, van bijlage I met een productieoppervlak van 250.000 m² of meer.
16. Inrichtingen die behoren tot de categorie inrichtingen, genoemd onder 12.2, onder h, van bijlage I:
– voor het smelten van non-ferrometalen of legeringen daarvan met een productiecapaciteit van 15.000 ton per jaar of meer en een jaarproductie van 5.000 ton of meer,
– voor het gieten van ijzer met een jaarproductie van 5.000 ton of meer, of
– voor het gieten van non-ferrometalen met een jaarproductie van 4.000 ton of meer.
17. Inrichtingen die behoren tot de categorie inrichtingen, genoemd onder 12.2, onder i, van bijlage I met een productiecapaciteit van 100.000 ton per jaar of meer.
18. Inrichtingen die behoren tot de categorie inrichtingen, genoemd onder 13.3, onder a, van bijlage I met een jaarproductie voor het vervaardigen of assembleren van 10.000 of meer automobielen of motoren voor automobielen.
19. Inrichtingen die behoren tot de categorie inrichtingen, genoemd onder 13.3, onder b, van bijlage I, voor zover het betreft scheepswerven met een doklengte van 200 meter of meer, waar straal- of conserveringswerkzaamheden in de open lucht plaatsvinden.
20. Inrichtingen die behoren tot de categorie inrichtingen, genoemd onder 16.1, onder a, van bijlage I en die tevens behoren tot de categorie inrichtingen, genoemd onder 1.3, onder b, van bijlage I.
21. Inrichtingen die behoren tot de categorie inrichtingen, genoemd onder 27.3 van bijlage I met een capaciteit van 250.000 inwonerequivalenten of meer.
22. Inrichtingen waarin zich een verbrandingsinstallatie bevindt als bedoeld in artikel 12, tweede lid, eerste volzin, van richtlijn nr. 2000/76/EG van het Europees Parlement en de Raad van de Europese Unie van 4 december 2000 betreffende de verbranding van afval (PbEG L 332).
23. Inrichtingen als bedoeld in artikel 1, eerste lid, van het Besluit risico's zware ongevallen 2015.

Bijlage IV Behorende bij artikel 7.1, eerste lid

Aanwijzing van omgevingsvergunningen, inrichtingen en activiteiten behorend bij de taken, bedoeld in artikel 7.1, eerste lid

Categorie 1

Een omgevingsvergunning voor een project dat in ieder geval bestaat uit een activiteit als bedoeld in artikel 2.1, eerste lid, onder e, van de wet met betrekking tot een inrichting waartoe een IPPC-installatie behoort of die behoort tot een categorie van inrichtingen als bedoeld in bijlage I, onderdeel B of C, waarvoor gedeputeerde staten het bevoegd gezag zijn.

Categorie 2

Een omgevingsvergunning voor een project dat in ieder geval bestaat uit een activiteit als bedoeld in artikel 2.1, eerste lid, onder c, van de wet ten behoeve van de verwezenlijking van een project van provinciaal ruimtelijk belang waarvoor gedeputeerde staten het bevoegd gezag zijn.

Categorie 3

Een omgevingsvergunning voor een activiteit als bedoeld in artikel 2.1, eerste lid, onder e, van de wet, met betrekking tot een inrichting waartoe een IPPC-installatie behoort of die behoort tot een categorie van inrichtingen als bedoeld in bijlage I, onderdeel B of C, waarvoor burgemeester en wethouders het bevoegd gezag zijn.

Categorie 4

Een omgevingsvergunning voor een of meer categorieën activiteiten als bedoeld in artikel 2.1, eerste lid, onder i, van de wet, die zijn aangewezen in artikel 2.2a.

Categorie 5

Activiteiten met stoffen, preparaten, genetisch gemodificeerde organismen, producten en toestellen waarvoor voorschriften zijn gesteld bij of krachtens de Wet milieubeheer en de Wet bodembescherming, met uitzondering van activiteiten door particulieren.

Categorie 6

Een of meer van de volgende activiteiten uit het Activiteitenbesluit milieubeheer die plaatsvinden binnen een inrichting type B of inrichting type C als bedoeld in dat besluit:
a. het lozen van grondwater vanuit een proefbronnering in het kader van een saneringsonderzoek of vanuit een bodemsanering, bedoeld in paragraaf 3.1.1,
b. de behandeling van stedelijk afvalwater, bedoeld in paragraaf 3.1.4a,
c. handelingen in een oppervlaktewaterlichaam als bedoeld in paragraaf 3.1.7,
d. het lozen ten gevolge van schoonmaken drinkwaterleidingen, bedoeld in paragraaf 3.1.8,
e. het lozen van afvalwater ten gevolge van calamiteitenoefeningen, bedoeld in paragraaf 3.1.9,
f. het in werking hebben van een warmtekrachtinstallatie, bedoeld in paragraaf 3.2.1,
g. het in werking hebben van een windturbine, bedoeld in paragraaf 3.2.3,
h. het in werking hebben van een natte koeltoren, bedoeld in paragraaf 3.2.5,
i. het in een koel- en vrieshuis en bij een permanente ijsbaan en skihelling in werking hebben van een koelinstallatie, bedoeld in paragraaf 3.2.6,
j. [vervallen,]
k. het demonteren van autowrakken of wrakken van tweewielige motorvoertuigen en daarmee samenhangende activiteiten, bedoeld in paragraaf 3.3.3,
l. het bieden van gelegenheid tot het afmeren van pleziervaartuigen, bedoeld in paragraaf 3.3.5,
m. het opslaan of bewerken van ontplofbare stoffen of voorwerpen bij defensie-inrichtingen, bedoeld in paragraaf 3.4.10,
n. het op- en overslaan van verwijderd asbest, bedoeld in paragraaf 3.4.11,
o. het telen of kweken van gewassen in een kas, bedoeld paragraaf 3.5.1,
p. het telen of kweken van gewassen in een gebouw, anders dan in een kas, bedoeld in paragraaf 3.5.2,
q. het telen van gewassen in de open lucht, bedoeld in paragraaf 3.5.3,
r. het houden van landbouwhuisdieren in dierenverblijven, bedoeld in paragraaf 3.5.8, met uitzondering van melkrundvee,
s. het verrichten van agrarische activiteiten, bedoeld in afdeling 3.5, door middel van gemechaniseerd loonwerk,
t. het bereiden van brijvoer voor eigen landbouwhuisdieren, bedoeld in paragraaf 3.5.9,
u. het kleinschalig vergisten van uitsluitend dierlijke meststoffen, bedoeld in paragraaf 3.5.10,
v. activiteiten met betrekking tot het industrieel vervaardigen of bewerken van voedingsmiddelen of dranken, bedoeld in paragraaf 3.6.3,
w. het schieten op binnenschietbanen, bedoeld in paragraaf 3.7.1,
x. het schieten op buitenschietbanen, bedoeld in paragraaf 3.8.3,
y. het coaten of lijmen van planten of onderdelen van planten, bedoeld in paragraaf 3.8.4,
z. het fokken, houden of trainen van vogels of zoogdieren, bedoeld in paragraaf 3.8.5,
aa. het opslaan en bewerken van afval, voor zover daarover regels zijn gesteld in afdeling 3.4, paragraaf 3.8.2 of in afdeling 4.1,
bb. het opslaan van vuurwerk, pyrotechnische artikelen voor theatergebruik of andere ontplofbare stoffen, bedoeld in paragraaf 4.1.2,
cc. het gebruik of de opslag van bepaalde organische peroxiden, bedoeld in paragraaf 4.1.5,
dd. het reinigen, coaten of lijmen van hout of kurk dan wel houten, kurken of houtachtige voorwerpen, bedoeld in paragraaf 4.3.2,
ee. activiteiten met betrekking tot rubber of kunststof als bedoeld in afdeling 4.4,
ff. activiteiten met betrekking tot metaal als bedoeld in afdeling 4.5,
gg. het chemisch behandelen van steen, bedoeld in paragraaf 4.5a.3,
hh. het vervaardigen van betonmortel, bedoeld in paragraaf 4.5a.4,
ii. het vormgeven van betonproducten, bedoeld in paragraaf 4.5a.5,
jj. het afleveren van vloeibare brandstoffen aan vaartuigen, bedoeld in paragraaf 4.6.3,
kk. activiteiten met betrekking tot papier, karton, textiel, leer of bont als bedoeld in paragraaf 4.7a,
ll. het ontwikkelen of afdrukken van fotografisch materiaal, bedoeld in paragraaf 4.7.1,
mm. vellenoffset druktechniek als bedoeld in paragraaf 4.7.3,
nn. rotatieoffset druktechniek als bedoeld in paragraaf 4.7.3a,
oo. flexodruk en verpakkingsdiepdruk als bedoeld in paragraaf 4.7.3b
pp. het in werking hebben van een crematorium of het in gebruik hebben van een strooiveld, bedoeld in paragraaf 4.8.9,

qq. het in werking hebben van een laboratorium of een praktijkruimte, bedoeld in paragraaf 4.8.10.

Categorie 7

Bedrijfsmatige activiteiten met betrekking tot de opsporing en winning van natuurlijke hulpbronnen.

Categorie 8

Bedrijfsmatige activiteiten die verbonden zijn met het tot stand brengen en beheren van werken en infrastructurele voorzieningen door bedrijven of instellingen.

Categorie 9

Bedrijfsmatige activiteiten als bedoeld in het Besluit bodemkwaliteit.

Categorie 10

Het saneren van de bodem en bedrijfsterreinen en het lozen van grondwater vanuit een proefbronnering in het kader van een saneringsonderzoek of vanuit een bodemsanering.

Categorie 11

Bedrijfsmatige activiteiten met betrekking tot:
- gevaarlijke afvalstoffen;
- bedrijfsafvalstoffen;
- ingezamelde huishoudelijke afvalstoffen;
- asbest;
- vuurwerk;
- bouwstoffen;
- grond;
- baggerspecie;
- meststoffen;
- dierlijke vetten;
- radioactief schroot;
- destructiemateriaal;
- explosieven voor civiel gebruik, of
- andere gevaarlijke stoffen.

Bijlage V Behorende bij artikel 7.1, derde lid

Aanwijzing van omgevingsdiensten als bedoeld in artikel 7.1, derde lid

1. Omgevingsdienst Groningen;
2. Omgevingsdienst Regio Nijmegen;
3. Omgevingsdienst Noordzeekanaalgebied;
4. DCMR Milieudienst Rijnmond;
5. Omgevingsdienst Midden- en West Brabant;
6. RUD Zuid Limburg.

Regeling omgevingsrecht[1]

Regeling van de Minister van Volkshuisvesting, Ruimtelijke Ordening en Milieubeheer van 30 maart 2010, nr. BJZ2010008979, houdende nadere regels ter uitvoering van de Wet algemene bepalingen omgevingsrecht en van het Besluit omgevingsrecht (Regeling omgevingsrecht)

De Minister van Volkshuisvesting, Ruimtelijke Ordening en Milieubeheer,
Handelende in overeenstemming met de Staatssecretaris van Onderwijs, Cultuur en Wetenschap;
Gelet op de artikelen 5.3, vierde lid, en 5.11, derde lid, van de Wet algemene bepalingen omgevingsrecht en de artikelen 4.3, derde lid, 4.4, eerste lid, 4.7 en 5.4, tweede lid, van het Besluit omgevingsrecht;
Gelet op richtlijn nr. 2008/1/EG van het Europees Parlement en de Raad van 15 januari 2008 inzake geïntegreerde preventie en bestrijding van verontreiniging (Gecodificeerde versie) (*PbEG* L 24);
Besluit:

Hoofdstuk 1
Algemene indieningsvereisten

Art. 1.1 Begripsomschrijvingen
In deze regeling wordt verstaan onder: Begripsbepalingen
besluit: Besluit omgevingsrecht;
bouwactiviteit: activiteit als bedoeld in artikel 2.1, eerste lid, onder a, van de wet;
BRL: door het Centraal College van Deskundigen van InstallQ vastgestelde Nationale Beoordelingsrichtlijn;
bruto-inhoud: bruto-inhoud als bedoeld in NEN 2580;
bruto-vloeroppervlakte: bruto-vloeroppervlakte als bedoeld in NEN 2580;
detailtekening: getekende uitwerking die een ondubbelzinnige aanduiding geeft van een groep van gelijksoortige constructieonderdelen in hun vorm, afmetingen, materiaalgebruik en overige gestelde eisen en waarvan de plaats eenduidig vastligt;
gebruiksoppervlakte: gebruiksoppervlakte als bedoeld in artikel 1.1, eerste lid, van het Bouwbesluit 2012;
groepsrisico: cumulatieve kansen per jaar dat ten minste 10, 100 of 1000 personen overlijden als rechtstreeks gevolg van hun aanwezigheid in het invloedsgebied van een inrichting en een ongewoon voorval binnen die inrichting waarbij een gevaarlijke stof betrokken is;
invloedsgebied: gebied waarin volgens door Onze Minister bij ministeriële regeling op grond van artikel 15, eerste lid, van het Besluit externe veiligheid inrichtingen te stellen regels personen worden meegeteld voor de berekening van het groepsrisico;
ISO: een door de International Organization for Standardization opgestelde norm;
NEN: een door de Stichting Nederlands Normalisatie-instituut uitgegeven Nederlandse norm;
NEN-EN: door de Europese Commissie voor Normalisatie geharmoniseerde norm;
oprichten of in werking hebben van een inrichting of mijnbouwwerk: activiteit als bedoeld in artikel 2.1, eerste lid, onder e, onder 1° of 3°, van de wet;
plaatsgebonden risico: risico op een plaats buiten een inrichting, uitgedrukt als de kans per jaar dat een persoon die onafgebroken en onbeschermd op die plaats zou verblijven, overlijdt als rechtstreeks gevolg van een ongewoon voorval binnen die inrichting waarbij een gevaarlijke stof betrokken is;
straatpeil: de hoogteligging van het bouwwerk ten opzichte van:
1°. de hoogte van de weg ter plaatse van de hoofdtoegang, voor een bouwwerk waarvan de hoofdtoegang direct aan de weg grenst voor een bouwwerk, of
2°. de hoogte van het terrein ter plaatse van de hoofdtoegang bij voltooiing van de bouw voor een bouwwerk waarvan de hoofdtoegang niet direct aan de weg grenst;
veranderen van een inrichting of mijnbouwwerk of veranderen van de werking daarvan: activiteit als bedoeld in artikel 2.1, eerste lid, onder e, onder 2°, van de wet;
vergunning: omgevingsvergunning als bedoeld in artikel 1.1 van de wet.

---

1 Inwerkingtredingsdatum: 01-10-2010; zoals laatstelijk gewijzigd bij: Stcrt. 2020, 66972.

A69 art. 1.2

Omgevingsvergunning, elektronische aanvraag formulieren

Art. 1.2 Elektronisch aanvraagformulier en landelijke voorziening
1. Een aanvraag langs elektronische weg wordt gedaan met gebruikmaking van het elektronische formulier dat op de datum van indiening van de aanvraag beschikbaar is via de landelijke voorziening, bedoeld in artikel 7.6 van de wet.
2. De minister stelt een systeembeschrijving vast voor de landelijke voorziening.
3. Het bevoegd gezag is verantwoordelijk voor het beheer van de gegevens die zijn opgenomen in het deel van de landelijke voorziening dat hem ter beschikking staat. Dit beheer omvat in elk geval de verlening en beperking van toegang tot de gegevens omtrent een aanvraag en de zorg voor de archiefbescheiden.
4. Ten aanzien van de verwerking van persoonsgegevens in de landelijke voorziening zijn de minister respectievelijk het bevoegd gezag, ieder voor zover die verwerking onder zijn verantwoordelijkheid plaatsvindt, verwerkingsverantwoordelijke.

Omgevingsvergunning, aanvraaggegevens

Art. 1.3 Indieningsvereisten bij iedere aanvraag
1. In de aanvraag vermeldt de aanvrager:
a. de naam, het adres en de woonplaats van de aanvrager, alsmede het elektronisch adres van de aanvrager, indien de aanvraag met een elektronisch formulier wordt ingediend;
b. het adres, de kadastrale aanduiding dan wel de ligging van het project;
c. een omschrijving van de aard en omvang van het project;
d. indien de aanvraag wordt ingediend door een gemachtigde: zijn naam, adres en woonplaats, alsmede het elektronisch adres van de gemachtigde, indien de aanvraag met een elektronisch formulier wordt ingediend;
e. indien het project wordt uitgevoerd door een ander dan de aanvrager: zijn naam, adres en woonplaats.
2. De aanvrager voorziet de aanvraag van een aanduiding van de locatie van de aangevraagde activiteit of activiteiten. Deze aanduiding geschiedt met behulp van een situatietekening, kaart, foto's of andere geschikte middelen.
3. De aanvrager doet bij de aanvraag een opgave van de kosten van de te verrichten werkzaamheden.

Omgevingsvergunning, digitale indiening gegevens/bescheiden bij aanvraag

Art. 1.4 Vereisten aan digitale indiening van gegevens en bescheiden
1. Gegevens en bescheiden die langs elektronische weg bij de aanvraag worden verstrekt, worden aangeleverd in een van de volgende archiefwaardige bestandsformaten:
a. foto's: PNG en JPG
b. scans: TIFF, JPG, PDF/A-1a, PDF/A-1b en PDF 1.4
c. officedocumenten: PDF/A-1a en PDF 1.4
d. tekeningen: PDF/X en PDF 1.4
2. Indien de bestanden langs elektronische weg worden aangeleverd, worden deze uitsluitend als 'read-only' (alleen lezen) gekenmerkt.

Omgevingsvergunning, vermelden tijdelijkheid activiteit bij aanvraag

Art. 1.5 Vermelding van tijdelijkheid van een activiteit
Indien de activiteit waarvoor de vergunning wordt aangevraagd naar haar aard tijdelijk is, vermeldt de aanvrager dit in de aanvraag. Hij vermeldt daarbij tevens zo mogelijk het tijdstip waarop de activiteit of activiteiten uiterlijk zal of zullen worden beëindigd.

Hoofdstuk 2
Indieningsvereisten vanwege bouwactiviteiten

§ 2.1
Gegevens en bescheiden over bouwactiviteiten

Omgevingsvergunning bouwactiviteit, algemene aanvraaggegevens

Art. 2.1 Algemene vereisten
1. Ten aanzien van de gegevens en bescheiden bij de aanvraag om een vergunning voor een bouwactiviteit maakt de aanvrager de samenhang kenbaar tussen deze gegevens en bescheiden onderling en met de overige gegevens en bescheiden die bij de aanvraag zijn gevoegd.
2. Indien de aanvraag om een vergunning voor een bouwactiviteit betrekking heeft op een woonwagen kan aan de eisen met betrekking tot het aanleveren van de gegevens en bescheiden, bedoeld in artikel 2.2, eerste tot en met vijfde lid, worden voldaan door het indienen van documentatie van de leverancier, mits de bedoelde gegevens en bescheiden duidelijk kenbaar zijn.

Omgevingsvergunning bouwactiviteit, toetsing aanvraag aan Bouwbesluit 2012

Art. 2.2 Bouwbesluit 2012
In of bij de aanvraag om een vergunning voor een bouwactiviteit verstrekt de aanvrager de volgende gegevens en bescheiden ten behoeve van toetsing aan de voorschriften van het Bouwbesluit 2012:
1. uit het oogpunt van veiligheid:
a. gegevens en bescheiden waaruit blijkt dat het te bouwen of te wijzigen bouwwerk voldoet aan de gestelde eisen in relatie tot:
$1°$. belastingen en belastingcombinaties (sterkte en stabiliteit) van alle (te wijzigen) constructieve delen van het bouwwerk, alsmede van het bouwwerk als geheel;

2°. de uiterste grenstoestand van de bouwconstructie en onderdelen van de bouwconstructie.
Indien de aanvraag betrekking heeft op de wijziging of uitbreiding van een bestaand bouwwerk blijkt uit de aangeleverde gegevens tevens wat de opbouw van de bestaande constructie is (tekeningen en berekeningen) en wat de toegepaste materialen zijn;
b. een schriftelijke toelichting op het ontwerp van de constructies, waaruit met name blijkt:
1°. de aangehouden belastingen en belastingcombinaties;
2°. de constructieve samenhang;
3°. het stabiliteitsprincipe;
4°. de omschrijving van de bouwconstructie en de weerstand tegen bezwijken bij brand hiervan;
c. de detaillering van trappen, hellingbanen en vloerafscheidingen (inclusief hekwerken);
d. de draairichting van beweegbare constructieonderdelen;
e. de brandveiligheid en rookproductie van toegepaste materialen;
f. de brandcompartimentering. De opgave bevat tevens gegevens betreffende deuren en daglichtopeningen in uitwendige scheidingsconstructies. Voor zover van belang voor het vluchten bij brand, worden tevens de deuren en daglichtopeningen in inwendige scheidingsconstructies opgegeven;
g. de vluchtroutes en de daarbij behorende mate van bescherming alsmede de aard en plaats van brandveiligheidsvoorzieningen;
h. de inbraakwerendheid van bereikbare gevelelementen;
2. uit het oogpunt van gezondheid:
a. de karakteristieke geluidwering van de uitwendige scheidingsconstructie, de bescherming tegen geluid van installaties, de geluidsabsorptie van gemeenschappelijke verkeersruimten, gangen en trappenhuizen ingeval het bouwwerk een woonfunctie heeft, de geluidwering tussen niet-gemeenschappelijke verblijfsruimten van dezelfde gebruiksfunctie en de geluidwering tussen ruimten van verschillende gebruiksfuncties;
b. de wateropname van toegepaste materialen van vloer, wand en plafond in sanitaire ruimten;
c. de lucht- en waterdichtheid, de factor van de temperatuur en vochtwerende voorzieningen van inwendige en uitwendige scheidingsconstructies;
d. de ventilatievoorzieningen van ruimten en voorzieningen betreffende de afvoer van rookgas en toevoer van verbrandingslucht;
e. gegevens en bescheiden over het weren van ratten en muizen;
f. de daglichttoetreding;
3. uit het oogpunt van bruikbaarheid:
a. de aanduiding van de gebruiksfunctie, verblijfsgebieden, verblijfsruimten en de afmetingen en de bezetting van alle ruimten inclusief totaaloppervlakten per gebruiksfunctie;
b. de aanduiding van bad- of toiletruimte, liften, buitenberging en buitenruimte;
c. gegevens en bescheiden over de integrale toegankelijkheid van het bouwwerk en in het bouwwerk gelegen ruimten;
d. de aanduiding van de vloerpeilen ten opzichte van het aansluitende terrein;
e. de aanduiding van de opstelplaats van het aanrecht en van kook-, stook- en warmwatertoestellen;
f. indien het bouwwerk een utiliteitsgebouw betreft: de aanduiding van de stallingruimte voor fietsen;
4. uit het oogpunt van energiezuinigheid en milieu:
a. gegevens en bescheiden over de waarden voor energiebehoefte en primair fossiel energiegebruik en het aandeel hernieuwbare energie, de thermische eigenschappen van de toegepaste uitwendige scheidingsconstructie en de beperking van luchtdoorlatendheid;
b. gegevens en bescheiden over de milieubelasting van het gebouw door de toe te passen materialen, bepaald volgens de Bepalingsmethode Milieuprestatie Gebouwen en GWW-werken van 1 januari 2019 met inbegrip van het wijzigingsblad van 1 juli 2019;
5. inzake installaties:
a. gegevens en bescheiden over de noodstroomvoorziening en -verlichting;
b. het leidingplan en aansluitpunten van gas-, elektra- en waterleiding;
c. de aansluitpunten van de drinkwater- en warmwatervoorziening;
d. het leidingplan en aansluitpunten van riolering en hemelwaterafvoeren;
e. gegevens en bescheiden over de aard en plaats van brandveiligheidinstallaties alsmede van de vluchtrouteaanduiding;
f. een tekening van de inrichting van het bij het bouwwerk behorende terrein met daarop aangegeven de voorzieningen voor de bereikbaarheid en de plaats van bluswatervoorzieningen en opstelplaatsen van brandweervoertuigen;
g. gegevens en bescheiden waaruit blijkt dat wordt voldaan aan de aanvullende regels voor tunnelveiligheid uit het Bouwbesluit 2012;
h. indien het een woongebouw betreft: gegevens en bescheiden over zelfsluitende deuren, spreekinstallaties, signaalvoorzieningen en deuropeners ter voorkoming van veel voorkomende criminaliteit;

i. gegevens en bescheiden over gebouwgebonden veiligheidsvoorzieningen ten behoeve van veilig onderhoud middels de Checklist Veilig onderhoud op en aan gebouwen 2012;
j. gegevens en bescheiden over technische bouwsystemen en de daarbij behorende waarde voor de energieprestatie;
6. uit het oogpunt van het voorkomen van onveilige situaties en het beperken van hinder tijdens het bouwen: een veiligheidsplan als bedoeld in artikel 8.7 van het Bouwbesluit 2012;
7. overige vereisten:
a. kwaliteitsverklaringen en CE-markeringen en gegevens en bescheiden ten behoeve van een beroep op de gelijkwaardigheid;
b. eventuele extra gegevens en bescheiden ten behoeve van het verlenen van een ontheffing van de voorschriften van het Bouwbesluit 2012 als bedoeld in artikel 7 van de Woningwet, waaronder gegevens en bescheiden waaruit blijkt dat toestemming als bedoeld in artikel 14 van de richtlijn 2004/54/EG van het Europees Parlement en de Raad van 29 april 2004 inzake minimumveiligheidseisen voor tunnels in het transeuropese wegennet (PbEU 2004, L 167, gerectificeerd in PbEU 2004, L 201) is verkregen om van eisen van die richtlijn af te wijken.

Art. 2.3 Planologische voorschriften en stedenbouwkundige voorschriften bouwverordening

Omgevingsvergunning bouwactiviteit, aanvraaggegevens t.b.v. toetsing aan bouwverordening

In of bij de aanvraag om een vergunning voor een bouwactiviteit verstrekt de aanvrager de volgende gegevens en bescheiden ten behoeve van de toetsing aan het bestemmingsplan of de beheersverordening, en, voor zover van toepassing, de stedenbouwkundige voorschriften van de bouwverordening:
a. de plattegronden van alle verdiepingen en een doorsnedetekening voor de nieuwe situatie en, voor zover daarvan sprake is, de bestaande situatie;
b. het beoogde en het huidige gebruik van het bouwwerk en de bijbehorende gronden waarop de aanvraag betrekking heeft;
c. een opgave van de bruto inhoud in m^3 en de bruto vloeroppervlakte in m^2 van het (deel van het) bouwwerk waarop de aanvraag betrekking heeft;
d. een situatietekening van de bestaande toestand en een situatietekening van de nieuwe toestand met daarop de afmetingen van het perceel en bebouwd oppervlak, alsmede de situering van het bouwwerk ten opzichte van de perceelsgrenzen en de wegzijde, de wijze waarop het terrein ontsloten wordt, de aangrenzende terreinen en de daarop voorkomende bebouwing en het beoogd gebruik van de gronden behorende bij het voorgenomen bouwwerk;
e. de hoogte van het bouwwerk ten opzichte van het straatpeil en het aantal bouwlagen;
f. de inrichting van parkeervoorzieningen op het eigen terrein;
g. gegevens en bescheiden welke samenhangen met een uit te brengen advies van de Agrarische Adviescommissie in geval van een aanvraag voor een bouwactiviteit in een gebied met een agrarische bestemming;
h. overige gegevens en bescheiden welke samenhangen met een eventueel benodigde toetsing aan een bestemmingsplan, beheersverordening dan wel een besluit als bedoeld in artikel 4.1, derde lid, of 4.3, derde lid, van de Wet ruimtelijke ordening;
i. indien dat is voorgeschreven in het bestemmingsplan: een rapport waarin de archeologische waarde van het terrein dat blijkens de aanvraag zal worden verstoord in voldoende mate is vastgesteld;
j. gegevens en bescheiden welke samenhangen met een eventueel benodigde toetsing aan een exploitatieplan.

Art. 2.4 Overige voorschriften bouwverordening

In of bij de aanvraag om een vergunning voor een bouwactiviteit verstrekt de aanvrager ten behoeve van toetsing aan de overige voorschriften van de bouwverordening een onderzoeksrapport betreffende verontreiniging van de bodem, gebaseerd op onderzoek dat is uitgevoerd door een persoon of een instelling die daartoe is erkend op grond van het Besluit bodemkwaliteit.

Art. 2.5 Redelijke eisen van welstand

Omgevingsvergunning bouwactiviteit, aanvraaggegevens t.b.v. toetsing aan eisen van welstand

In of bij de aanvraag om een vergunning voor een bouwactiviteit verstrekt de aanvrager de volgende gegevens en bescheiden ten behoeve van de toetsing aan de criteria uit de welstandsnota, bedoeld in artikel 12a, eerste lid, van de Woningwet:
a. tekeningen van alle gevels van het bouwwerk, inclusief de gevels van belendende bebouwing, waaruit blijkt hoe het geplande bouwwerk in de directe omgeving past;
b. principedetails van gezichtsbepalende delen van het bouwwerk;
c. kleurenfoto's van de bestaande situatie en de omliggende bebouwing;
d. opgave van de toe te passen bouwmaterialen en de kleur daarvan (uitwendige scheidingsconstructie). In ieder geval worden opgegeven het materiaal en de kleur van de gevels, het voegwerk, kozijnen, ramen en deuren, balkonhekken, dakgoten en boeideln en de dakbedekking.

Art. 2.6 Overige eisen voor wegtunnels

Omgevingsvergunning bouwactiviteit, wegtunnels

In of bij de aanvraag om een vergunning voor een bouwactiviteit voor een wegtunnel als bedoeld in de Wet aanvullende regels veiligheid wegtunnels, verstrekt de aanvrager de volgende gegevens ten behoeve van de toetsing aan de voorschriften van die wet:

Regeling omgevingsrecht   A69 art. 2.9

a. een toelichting waaruit blijkt dat het ontwerp van de tunnel voldoet aan de norm van artikel 6, eerste lid, van die wet;
b. indien er een gestandaardiseerde uitrusting wordt toegepast, een toelichting waaruit blijkt dat het ontwerp aansluit bij de standaarduitrusting van de tunnel waarvoor op grond van artikel 6b van die wet is gekozen.

§ 2.2
Op een later tijdstip aan te leveren gegevens en bescheiden

Art. 2.7 Uitgestelde indieningsvereisten omtrent het bouwen
1. In de vergunning voor een bouwactiviteit wordt, indien de aanvrager een verzoek tot latere aanlevering heeft ingediend, bepaald dat de volgende gegevens en bescheiden uiterlijk binnen een termijn van drie weken voor de start van de uitvoering van de desbetreffende handeling worden overgelegd:
a. gegevens en bescheiden met betrekking tot belastingen en belastingcombinaties (sterkte en stabiliteit) en de uiterste grenstoestand van alle (te wijzigen) constructieve delen van het bouwwerk alsmede van het bouwwerk als geheel, voor zover het niet de hoofdlijn van de constructie dan wel het constructieprincipe betreft;
b. gegevens en bescheiden met betrekking tot de details van de in of ten behoeve van het bouwwerk toegepaste installaties, voor zover het niet de gegevens met betrekking tot de hoofdlijn dan wel het principe van de toegepaste installaties betreft; de hoofdlijn betreft onder meer de wijze van verwarming, koeling en luchtbehandeling, de plaats en wijze van verticaal transport en de locatie en het type brandveiligheidinstallatie.
2. Het eerste lid is niet van toepassing voor zover de gegevens en bescheiden betrekking hebben op tekeningen of berekeningen waaruit het constructieprincipe blijkt voor de nieuwe situatie en, voor zover daarvan sprake is, voor de bestaande situatie. Dit betreft:
a. tekeningen van de definitieve hoofdopzet van de constructie van alle verdiepingen inclusief globale maatvoering;
b. schematisch funderingsoverzicht of palenplan met globale plaatsing, aantallen en paalpuntniveaus, inclusief globaal grondonderzoek waaruit de draagkracht van de ondergrond blijkt;
c. plattegronden van vloeren en daken, inclusief globale maatvoering;
d. overzichtstekeningen van constructies in staal, hout en geprefabriceerd beton, inclusief stabiliteitsvoorzieningen en dilataties; principedetails van karakteristieke constructieonderdelen (1:20/1:10/1:5), inclusief maatvoering;
e. een schriftelijke toelichting op het ontwerp van de constructies als bedoeld in artikel 2.2, eerste lid, onderdeel b.
3. Indien de aard van het bouwplan naar het oordeel van het bevoegd gezag daartoe aanleiding geeft, kan in de vergunning worden bepaald dat gegevens en bescheiden, genoemd in de artikelen 2.2, eerste lid, onderdelen c tot en met h, en tweede tot en met zesde lid, 2.3, onderdeel i, en 2.4 en 2.5, binnen een termijn van drie weken voor de start van de uitvoering van de desbetreffende handeling worden overgelegd.

Omgevingsvergunning bouwactiviteit, aanvraaggegevens i.v.m. latere aanlevering

§ 2.3
Nadere vereisten aan gegevens en bescheiden

Art. 2.8 Algemene vereisten aan tekeningen
1. De aanvrager voorziet de tekeningen bij de aanvraag om een vergunning voor een bouwactiviteit van een duidelijke maatvoering en schaalaanduiding.

Omgevingsvergunning bouwactiviteit, vereisten aan tekeningen bij aanvraag

2. Tenzij artikel 5.8 van toepassing is, geldt voor de volgende tekeningen de daarbij genoemde maximaal toe te passen schaal:
a. situatietekeningen: 1:1000;
b. geveltekeningen, plattegronden en doorsneden:
1°. bouwwerken kleiner dan 10.000 m² bruto vloeroppervlakte: 1:100;
2°. bouwwerken 10.000 m² of groter bruto vloeroppervlakte: 1:200;
c. detailtekeningen: 1:5 of 1:10 of 1:20.
3. Uit de situatietekening blijkt de oriëntatie van het bouwwerk op het perceel en ten opzichte van omliggende bebouwing en wegen (noordpijl).

Art. 2.9 Vereisten aan plattegronden, doorsneden en aanzichten
1. Een plattegrond bij de aanvraag om een omgevingsvergunning voor een bouwactiviteit betreft een doorsnede van een bouwlaag op 1200 mm boven vloerniveau waarop zijn aangegeven:
a. uitwendige en inwendige scheidingsconstructies (inclusief materiaalaanduiding);
b. peilmaten van de vloer;
c. trappen en hellingbanen;

Omgevingsvergunning bouwactiviteit, vereisten aan plattegronden/aanzichten bij aanvraag

d. binnen- en buitenkozijnen;
e. kokers, schachten, kanalen en schoorstenen;
f. alle oppervlakken die een directe relatie hebben met of behoren tot:
 1°. gebruiksfuncties;
 2°. gebruiksoppervlakten en vloeroppervlakten;
 3°. verwarmde en onverwarmde zones;
 4°. gebruiksgebieden, functiegebieden en verblijfsgebieden;
 5°. verkeersruimten;
 6°. toegankelijkheidssectoren;
g. overige gegevens die zich ervoor lenen om aan te duiden op plattegronden, zoals toiletruimten, badruimten, buitenbergingen, buitenruimten, liften, stallingsruimten, technische ruimten, opslagruimten en opstelplaatsen van het aanrecht en kook-, stook- en warmwatertoestellen.
2. De vloerpeilen ten opzichte van het straatpeil en de hoogte van het maaiveld zijn aangeduid ter plaatse van de entree van het bouwwerk.
3. Ten behoeve van de beoordeling van de bruikbaarheid, de gebruiksoppervlakte en het verblijfsgebied zijn de relevante doorsneden, inclusief 1500 – 2400 – 2600 mm hoogtelijn en voorzien van maatvoering, getekend.
4. Alle aanzichten (geveltekeningen) worden in loodrechte verticale projectie weergegeven. Alle dichte delen en kozijnen die een directe koppeling met de berekeningen hebben, zijn als zodanig traceerbaar in berekening, rapportage of renvooi.

Art. 2.10 Algemene vereisten in verband met berekeningen

Omgevingsvergunning bouwactiviteit, vereisten aan berekeningen bij aanvraag

1. Berekeningen die worden uitgevoerd vanwege de aanvraag van de vergunning voor een bouwactiviteit voldoen aan de volgende eisen:
a. voorzien van naam en versie van de gebruikte rekenprogramma's;
b. invoergegevens en handberekeningen zijn gegeven op doorlopend genummerde bladen;
c. voorzien van de herkomst van basis- of invoergegevens;
d. symbolen en afkortingen weergegeven conform de voor de verschillende berekeningen geldende NEN-normen. Indien in de toegepaste rekenprogramma's afwijkende symbolen of afkortingen zijn gebruikt, zijn deze separaat toegelicht;
e. numerieke gegevens zijn weergegeven in SI-eenheden (internationale standaard van het Système International).
2. De volgende informatie betreffende de toegepaste rekensoftware blijkt uit de gegevens en bescheiden bij de aanvraag om een vergunning voor een bouwactiviteit:
a. beschrijving toegepaste rekensoftware;
b. beschrijving rekenmethode;
c. beschrijving toepassingsgebied;
d. aanduiding betekenis gepresenteerde waarden;
e. aanduiding nauwkeurigheid resultaten;
f. beschrijving gekozen assenstelsel;
g. verklaring gebruikte symbolen en grootheden.

Art. 2.11 Vereisten aan constructieve berekeningen

Constructieve berekeningen die worden uitgevoerd vanwege de aanvraag van de vergunning voor een bouwactiviteit, voldoen aan de volgende eisen:
a. schematisering onder toepassing van de van toepassing zijnde NEN- en NEN-EN-norm(en), inclusief te hanteren belastingschema's;
b. toerekening materiaaleigenschappen conform van toepassing zijnde NEN- en NEN-EN-norm(en);
c. doorsnedegrootheden die per constructie-onderdeel zijn gemotiveerd, in de vorm van een berekening;
d. verantwoording eigenschappen ondersteuningen;
e. berekeningsresultaten per belastingschema uitgewerkt volgens de van toepassing zijnde NEN- en NEN-EN-norm(en);
f. voorzien van maatgevende waarden.

Art. 2.12 Vereisten aan overige berekeningen

1. Berekeningen van de mechanische ventilatie die worden uitgevoerd vanwege de aanvraag van de vergunning voor een bouwactiviteit, bevatten minimaal de volgende informatie:
a. strangenschema's met diameters en lengten;
b. gegevens over drukverlies;
c. merk en type toe te passen installatie.
2. Berekeningen van de thermische isolatie en energieprestatie die worden uitgevoerd vanwege de aanvraag van de vergunning voor een bouwactiviteit, bevatten minimaal de volgende informatie:
a. totale oppervlakte kozijnen, ramen, deuren, dichte delen en daarmee gelijk te stellen constructiedelen;
b. oppervlakte van iedere toegepaste glassoort en de thermische eigenschappen hiervan;

c. tekening waarop gehanteerde woningen voor de berekening van de waarden, bedoeld in artikel 5.2, eerste lid, van het Bouwbesluit 2012 zijn aangegeven;
d. de begrenzing van de waarden, bedoeld in artikel 5.2, eerste lid, van het Bouwbesluit 2012 voor woningen of woongebouw (door middel van arcering op plattegrondtekening);
e. gebouwfunctie en energiesectoren (op tekening voor niet tot bewoning bestemde gebouwen, gearceerd);
f. invoergegevens voor de berekening van de waarden, bedoeld in artikel 5.2, eerste lid, van het Bouwbesluit 2012 (bouwfysische eigenschappen bouwwerk, installaties en gehanteerd rekenprogramma).
3. De in het tweede lid bedoelde berekening van de energieprestatie wordt uitgevoerd met behulp van geattesteerde software als bedoeld in BRL 9501 van 15 april 2020, inclusief wijzigingsblad van 15 december 2020.

Art. 2.13
Een aanvraag voor een vergunning voor een bouwactiviteit voor een wegtunnel als bedoeld in de Wet aanvullende regels veiligheid wegtunnels wordt uitgevoerd overeenkomstig bijlage 2, onderdeel B2, bij de Regeling aanvullende regels veiligheid wegtunnels.

Omgevingsvergunning bouwactiviteit, vereisten wegtunnels

Hoofdstuk 3
Indieningsvereisten vanwege aanleg- of gebruiksactiviteiten

Art. 3.1 Uitvoeren van werk of werkzaamheden
1. In of bij de aanvraag om een vergunning voor een aanlegactiviteit als bedoeld in artikel 2.1, eerste lid, onder b, van de wet verstrekt de aanvrager bij de omschrijving van de aard, omvang en effecten van de activiteit gegevens en bescheiden over:
a. de specifieke locatie waar het werk of de werkzaamheid zal worden uitgevoerd;
b. de afmetingen van het werk of de omvang van de werkzaamheden;
c. de te gebruiken materialen;
d. in hoeverre sprake is van afvoer van grond naar een andere locatie;
e. de aanwezigheid van obstakels die in de weg staan voor het uitvoeren van het werk of de werkzaamheid.
2. Indien dat is voorgeschreven in het bestemmingsplan verstrekt de aanvrager een rapport waarin de archeologische waarde van het terrein dat blijkens de aanvraag zal worden verstoord, in voldoende mate is vastgesteld.

Omgevingsvergunning aanlegactiviteit, aanvraaggegevens

Art. 3.2 Gebruiken van gronden of bouwwerken in strijd met planologische voorschriften
In of bij de aanvraag om een vergunning voor het gebruiken van gronden of bouwwerken, bedoeld in artikel 2.1, eerste lid, onder c, van de wet, verstrekt de aanvrager gegevens en bescheiden over:
a. het beoogde en het huidige gebruik van de gronden en de bouwwerken waarop de aanvraag betrekking heeft;
b. de gevolgen van het beoogde gebruik voor de ruimtelijke ordening;
c. indien dat met toepassing van artikel 41 van de Monumentenwet 1988, zoals die wet luidde voor inwerkingtreding van de Erfgoedwet, is verplicht door het bevoegd gezag, een rapport waarin de archeologische waarde van het terrein dat blijkens de aanvraag zal worden verstoord in voldoende mate is vastgesteld;
d. een situatietekening van de bestaande toestand en een situatietekening van de nieuwe toestand met daarop de afmetingen van het perceel en bebouwd oppervlak, alsmede situering van bouwwerken ten opzichte van de perceelsgrenzen en de wegzijde, de wijze waarop het terrein ontsloten wordt, de aangrenzende terreinen en de daarop voorkomende bebouwing en het beoogd gebruik van het terrein behorende bij het voorgenomen bouwwerk;
e. de reden waarom en de mate waarin wordt afgeweken van het exploitatieplan.

Omgevingsvergunning aanlegactiviteit, aanvraaggegevens gebruik gronden/bouwwerken

Art. 3.3 Brandveilig gebruiken van een bouwwerk
1. In of bij de aanvraag om een vergunning voor het brandveilig gebruiken van een bouwwerk, bedoeld in artikel 2.1, eerste lid, onder d, van de wet, verstrekt de aanvrager:
a. een situatieschets met noordpijl met een schaal die niet kleiner is dan 1:1000;
b. per bouwlaag een plattegrond die voldoet aan de volgende eisen:
– schaal maximaal 1:100 bij een bouwlaag kleiner dan 10.000 m^2 bruto vloeroppervlakte;
– schaal maximaal 1:200 bij een bouwlaag van 10.000 m^2 bruto vloeroppervlakte of meer.
2. De plattegrond of een bijlage daarvan met betrekking tot het brandveilig gebruik bevat de volgende gegevens:
a. aanduiding van de schaal van de plattegrond;
b. per bouwlaag:
– hoogte van de vloer boven het meetniveau;
– gebruiksoppervlakte;
– maximaal aantal personen;

Omgevingsvergunning brandveilig gebruik bouwwerk, aanvraaggegevens

c. per ruimte:
- vloeroppervlakte;
- gebruiksbestemming;
- bij ruimten voor meer dan 25 personen, de hoogste bezetting van die ruimte, en opstelling van inventaris en van inrichtingselementen als bedoeld in de artikelen 7.13 en 7.14 van het Bouwbesluit 2012;

d. met aanduidingen van de plaats van, voor zover deze aanwezig zijn:
- brand- en rookwerende scheidingsconstructies;
- vluchtroutes;
- draairichting van deuren;
- zelfsluitende deuren als bedoeld in artikel 7.3 van het Bouwbesluit 2012;
- sluitwerk van deuren als bedoeld in artikel 6.25, zesde lid, van het Bouwbesluit 2012;
- vluchtrouteaanduidingen;
- noodverlichting;
- oriëntatieverlichting als bedoeld in artikel 6.5 van het Bouwbesluit 2012;
- brandmeldcentrale en brandmeldpaneel;
- brandslanghaspels;
- mobiele brandblusapparaten;
- droge blusleidingen;
- brandweeringang;
- sleutelkluis of -buis;
- brandweerlift, en

e. gegevens en bescheiden over de aard en de plaats van de brandveiligheidsinstallaties. De aanduidingen zijn conform NEN 1413: 2007, voor zover deze niet daarin voorziet.

3. Bij de toepassing van een gelijkwaardige oplossing als bedoeld in artikel 1.3, eerste lid, van het Bouwbesluit 2012 verstrekt de aanvrager tevens gegevens en bescheiden waarmee de gelijkwaardigheid voldoende aannemelijk wordt gemaakt.

Hoofdstuk 4
Indieningsvereisten vanwege het oprichten, veranderen of in werking hebben van een inrichting of mijnbouwwerk

§ 4.1
Oprichten en in werking hebben van een inrichting

§ 4.1.1
Regels voor alle categorieën van gevallen

Art. 4.1 Algemene vereisten omtrent een inrichting

Omgevingsvergunning oprichting/beheer inrichting, algemene aanvraaggegevens

1. In of bij de aanvraag om een vergunning met betrekking tot het oprichten of in werking hebben van een inrichting, verstrekt de aanvrager de volgende gegevens en bescheiden:
a. de indeling, de uitvoering, de activiteiten en de processen in de inrichting en de ten behoeve daarvan toe te passen technieken of installaties, waaronder begrepen de wijze van energievoorziening, voor zover die redelijkerwijs van belang kunnen zijn voor de beoordeling van de nadelige gevolgen voor het milieu, die de inrichting kan veroorzaken;
b. de voor de activiteiten en de processen, bedoeld onder a, kenmerkende gegevens met betrekking tot grondstoffen, tussen-, neven- en eindproducten;
c. de maximale capaciteit van de inrichting en het totale nominale motorische of thermische ingangsvermogen van de tot de inrichting behorende installaties;
d. de tijden in dagen, dan wel perioden waarop de inrichting of de te onderscheiden onderdelen daarvan, in bedrijf zullen zijn;
e. de aard en omvang van de belasting van het milieu die de inrichting tijdens normaal bedrijf kan veroorzaken, daaronder begrepen een overzicht van de belangrijke nadelige gevolgen voor het milieu die daardoor kunnen worden veroorzaakt;
f. de maatregelen of voorzieningen ten behoeve van:
1°. het nuttig toepassen dan wel het geschikt maken voor nuttig toepassing van de afvalstoffen die in de inrichting ontstaan;
2°. het opslaan van de afvalstoffen in de inrichting;
3°. het zich ontdoen van de afvalstoffen die in de inrichting ontstaan;
g. de andere maatregelen of voorzieningen die zijn of worden getroffen om de nadelige gevolgen voor het milieu die de inrichting kan veroorzaken, te voorkomen of te beperken;
h. de wijze waarop gedurende het in werking zijn van de inrichting de belasting van het milieu, die de inrichting veroorzaakt, wordt vastgesteld en geregistreerd;
i. de voor de aanvrager redelijkerwijs te verwachten ontwikkelingen met betrekking tot de inrichting die voor de beslissing op de aanvraag van belang kunnen zijn;

j. voor zover het betreft inrichtingen waartoe IPPC-installaties behoren: een beknopte beschrijving van de belangrijkste door de aanvrager bestudeerde alternatieven voor de voorgestelde technologie, technieken en maatregelen.

2. De aanvraag gaat vergezeld van een niet-technische samenvatting van de in het eerste lid bedoelde gegevens.

Art. 4.2 Ongewone voorvallen
De aanvrager verstrekt in of bij de aanvraag gegevens over:
a. ongewone voorvallen als bedoeld in artikel 17.1 van de Wet milieubeheer, die redelijkerwijs mogelijk zijn te achten;
b. de belasting van het milieu, die die voorvallen kunnen veroorzaken;
c. de aard en de omvang van de bij die voorvallen te onderscheiden vormen van belasting van het milieu;
d. de maatregelen die worden getroffen om de belasting van het milieu, die de inrichting ten gevolge van die voorvallen kan veroorzaken, te voorkomen of te beperken.

Omgevingsvergunning oprichting/beheer inrichting, aanvraaggegevens i.v.m. ongewone voorvallen

Art. 4.3 Bodemkwaliteit
1. De aanvrager verstrekt in of bij de aanvraag de resultaten van een onderzoek naar de kwaliteit van de bodem op de plaats waar de inrichting zal zijn of is gelegen.

Omgevingsvergunning oprichting/beheer inrichting, aanvraaggegevens bodemkwaliteit

2. De aanvrager verstrekt in of bij de aanvraag een rapport als bedoeld in artikel 2.11, eerste lid, van het Activiteitenbesluit milieubeheer. Het in het rapport opgenomen onderzoek voldoet aan de normbladen NEN 5725[2] en NEN 5740[3].

§ 4.1.2
Aanvullende regels voor bepaalde categorieën gevallen

Art. 4.4 Indien een ander bestuursorgaan dan burgemeester en wethouders het bevoegd gezag is
Indien de aanvraag betrekking heeft op een inrichting, die behoort tot een categorie waarvoor gedeputeerde staten, Onze Minister, Onze Minister van Economische Zaken of Onze Minister van Verkeer en Waterstaat bevoegd zijn te beslissen op de aanvraag, vermeldt de aanvrager in of bij de aanvraag tevens de maatregelen die worden getroffen om de belasting van het milieu, die de inrichting of het mijnbouwwerk kan veroorzaken, te voorkomen of te beperken tijdens het in werking zijn van de inrichting dan wel mijnbouwwerk of de te onderscheiden onderdelen daarvan, waarbij, voor zover van toepassing, onderscheid wordt gemaakt tussen proefdraaien, normaal bedrijf, schoonmaak-, onderhouds- en herstelwerkzaamheden.

Omgevingsvergunning inrichting, aanvraaggegevens i.v.m. maatregelen bevoegd gezag

Art. 4.5 Geluid
Indien de aanvraag betrekking heeft op een inrichting die behoort tot een categorie, die is genoemd in bijlage I, onder 11.1, 12.1, 13.1, onder a, onder 1° en 2°, 17.1, 18 of 19 van het besluit, of die behoort tot een categorie, waarvoor gedeputeerde staten, Onze Minister, Onze Minister van Economische Zaken of Onze Minister van Verkeer en Waterstaat bevoegd zijn te beslissen op de aanvraag, verstrekt de aanvrager in of bij de aanvraag tevens gegevens over:
a. de aard van de geluiden en hoogte van de te verwachten geluidsbelasting welke de inrichting binnen een door het bevoegd gezag aangegeven gebied buiten de inrichting kan veroorzaken;
b. de tijden waarop die geluidsbelasting zich zal voordoen;
c. de methode waarmee de aard van de geluiden en hoogte van de geluidsbelasting zijn vastgesteld.

Omgevingsvergunning inrichting, aanvraaggegevens i.v.m. geluidsaspecten

Art. 4.6 Bijzondere deskundigheden en andere vereisten bij bepaalde inrichtingen
Indien de aanvraag betrekking heeft op een inrichting die behoort tot een categorie, die is genoemd in bijlage I, onder 21, 28.4, onder g, of 29.1, onder k, van het besluit, verstrekt de aanvrager in of bij de aanvraag tevens gegevens en bescheiden met betrekking tot:
a. de namen van degenen die verantwoordelijk zijn voor de activiteiten met de genetisch gemodificeerde organismen en voor het toezicht op en de controle van de veiligheid daarvan;
b. het eventuele bestaan van biologische veiligheidscomités of subcomités;
c. het gewenste aantal van elk van de aangevraagde categorieën van fysische inperking, als bedoeld in artikel 2.55, eerste lid, onder b, c en d, van het Besluit genetisch gemodificeerde organismen milieubeheer 2013;

Omgevingsvergunning inrichting, aanvraaggegevens

---

2   Nederlandse norm voor Bodem – Landbodem – Strategie voor het uitvoeren van milieuhygiënisch vooronderzoek.
3   Nederlandse norm voor Bodem – Landbodem – Strategie voor het uitvoeren van verkennend bodemonderzoek – Onderzoek naar de milieuhygiënische kwaliteit van bodem en grond.

d. een plattegrond van de inrichting, waarop is ingetekend het ggo-gebied als bedoeld in het Besluit genetisch gemodificeerde organismen milieubeheer 2013 en waarop is aangegeven waar de onderscheiden categorieën van fysische inperking zullen zijn gelegen.

Art. 4.7 Beheer van afvalstoffen

Omgevingsvergunning inrichting, aanvraaggegevens i.v.m. beheer afvalstoffen

Indien de aanvraag betrekking heeft op een inrichting, die behoort tot een categorie, die is genoemd in bijlage I, onder 28.4 of 28.5 van het besluit, verstrekt de aanvrager in of bij de aanvraag tevens gegevens en bescheiden met betrekking tot:
a. de aard, de samenstelling, de hoeveelheid en de herkomst van de inkomende afvalstoffen;
b. de procedures van acceptatie en controle van de inkomende afvalstoffen;
c. de wijze van financiering van de activiteiten, alsmede een schatting van de omvang van de investeringen die worden gedaan;
d. de tarieven die de aanvrager voor het nuttig toepassen of verwijderen wil vaststellen alsmede de wijze waarop de tarieven zijn samengesteld;
e. de beschikbaarheid en vakbekwaamheid van de in de inrichting werkzame personen;
f. de wijze waarop de inkomende afvalstoffen worden geregistreerd;
g. de wijze waarop de bij het proces van nuttig toepassen of verwijderen ontstane stoffen, preparaten of andere producten of afvalstoffen worden afgezet, afgevoerd, nuttig toegepast of verwijderd, alsmede de wijze van registratie daarvan;
h. de ondernemings- en organisatiestructuur, alsmede de regeling van de feitelijke leiding van de activiteiten in de inrichting;
i. de naam en het adres van degene die de feitelijke leiding van de activiteiten heeft in de inrichting.

Art. 4.8 Afvalstoffen op of in de bodem

Indien de aanvraag betrekking heeft op een inrichting die behoort tot een categorie, die is genoemd in bijlage I, onder 28.6, van het besluit, vermeldt de aanvrager in of bij de aanvraag tevens de aard, de samenstelling, de hoeveelheid en de herkomst van de betrokken afvalstoffen.

Art. 4.9 Storten van afvalstoffen

Omgevingsvergunning inrichting, aanvraaggegevens i.v.m. storten afvalstoffen

1. Indien de aanvraag betrekking heeft op een inrichting die behoort tot een categorie, die is genoemd in bijlage I, onder 28.1, onder c, onder 28.4, onder f, of 28.4, onder g, van het besluit, in gevallen waarin sprake is van het storten van afvalstoffen, verstrekt de aanvrager in of bij de aanvraag tevens gegevens en bescheiden met betrekking tot:
a. de kwaliteit van de bodem op de plaats waar de inrichting zal zijn of is gelegen;
b. de bodemkundige gesteldheid en geohydrologische omstandigheden op de plaats waar de inrichting zal zijn of is gelegen, waaronder ten minste gegevens met betrekking tot:
1°. voor zover van toepassing de gemiddelde grondwaterstand, vastgesteld door metingen volgens de door het Nederlands Normalisatie Instituut uitgeven norm NEN 5766, uitgave 1990, welke metingen tenminste tweemaal per maand op de 14e en 28e van die maand, gedurende een periode van tenminste een jaar voorafgaand aan de indiening van de aanvraag zijn verricht;
2°. de grondwaterstroming;
3°. de doorlatendheid, dikte, samenstelling en zetting van de bodemlagen;
c. de vormen van belasting van het milieu alsmede de aard, de omvang en de duur daarvan die de inrichting naar verwachting kan veroorzaken na de beëindiging van de werking van de inrichting of de sluiting daarvan;
d. de wijze waarop na beëindiging van het op of in de bodem brengen van de afvalstoffen het milieuhygiënische beheer van die stoffen en van de milieubeschermende voorzieningen is geregeld;
e. een exploitatie-, toezicht- en controleplan dat ten minste de gegevens, bedoeld in de onderdelen a, b, c, d en h van artikel 4.1, alsmede de gegevens, bedoeld in de onderdelen a tot en met h van artikel 4.7, bevat.
2. In of bij een aanvraag die betrekking heeft op een inrichting als bedoeld in het eerste lid, toont de aanvrager aan dat financiële zekerheid is of wordt gesteld, voor het nakomen van de voorschriften met betrekking tot:
a. de bovenafdichting van een stortplaats, niet zijnde een stortplaats waar uitsluitend baggerspecie wordt gestort;
b. het zo nodig aanbrengen van een geohydrologisch isolatiesysteem, of het zo nodig aanbrengen van een afdeklaag op een stortplaats, zijnde een stortplaats waar uitsluitend baggerspecie wordt gestort.
3. Indien een gemeente-, een provincie- of een waterschapsbestuur, dan wel het Rijk, vergunninghouder zal zijn, kan in afwijking van het tweede lid in plaats van het stellen van financiële zekerheid een daaraan gelijkwaardige voorziening zijn of worden getroffen.
4. Indien de aanvraag betrekking heeft op een inrichting als bedoeld in het eerste lid in gevallen waarin sprake is van het storten van afvalstoffen in de diepe ondergrond, gaat zij tevens vergezeld van een rapport, inhoudende een veiligheidsbeoordeling die voldoet aan onderdeel 2.5 van de bijlage bij de beschikking nr. 2003/33/EG van de Raad van de Europese Unie van 19 december 2002 tot vaststelling van criteria en procedures voor het aanvaarden van afvalstoffen op stort-

plaatsen overeenkomstig artikel 16 en bijlage II van richtlijn 1999/31/EG betreffende het storten van afvalstoffen (PbEG L11).
5. Indien de aanvraag betrekking heeft op een inrichting als bedoeld in het eerste lid en er sprake is van het opslaan of storten van metallisch kwik, voldoet deze tevens aan artikel 4, eerste lid, van verordening (EG) nr. 1102/2008 van het Europees Parlement en de Raad van 22 oktober 2008 inzake het verbod op de uitvoer van metallisch kwik en andere kwikverbindingen en -mengsels en de veilige opslag van metallisch kwik (PbEU L 304/75).
6. Een wijziging van de bijlage, bedoeld in het vierde lid, gaat voor de toepassing van dat lid gelden met ingang van de dag waarop aan de betrokken wijziging uitvoering moet zijn gegeven, tenzij bij ministerieel besluit, dat in de Staatscourant wordt bekendgemaakt, een ander tijdstip wordt vastgesteld.

Art. 4.10 Afvalvoorziening

1. Indien de aanvraag betrekking heeft op een afvalvoorziening, gaat de aanvraag vergezeld van een door degene die de afvalvoorziening drijft, opgesteld winningsafvalbeheersplan als bedoeld in artikel 3 van het Besluit beheer winningsafvalstoffen. *Omgevingsvergunning inrichting afvalvoorziening, aanvraaggegevens*
2. In of bij een aanvraag die betrekking heeft op een afvalvoorziening, toont de aanvrager aan dat:
a. de afvalvoorziening geschikt gelegen is, in het bijzonder gelet op verplichtingen ten aanzien van beschermde gebieden en geologische, hydrologische en hydrogeologische, seismische en geotechnische factoren;
b. de afvalvoorziening zo is ontworpen dat voldaan wordt aan de noodzakelijke voorwaarden om:
1°. verontreiniging van de bodem, de lucht, het grondwater of een oppervlaktewaterlichaam, rekening houdende met in het bijzonder richtlijn 2006/11/EG, het Lozingenbesluit bodembescherming en de kaderrichtlijn water, te voorkomen,
2°. te verzekeren dat verontreinigd water en percolaat op doelmatige wijze kunnen worden verzameld, en
3°. erosie door water of wind wordt tegengegaan voor zover dat technisch mogelijk en economisch haalbaar is;
c. de afvalvoorziening passend is gebouwd, wordt beheerd en onderhouden teneinde:
1°. haar fysieke stabiliteit te verzekeren,
2°. verontreiniging of besmetting van de bodem, de lucht, een oppervlaktewaterlichaam of het grondwater te voorkomen, en
3°. schade aan het landschap zoveel mogelijk te voorkomen of te beperken.
d. passende plannen en regelingen zijn getroffen voor:
1°. een periodieke monitoring en inspectie van de afvalvoorziening door binnen de inrichting werkzame personen, die beschikken over de voor die werkzaamheden benodigde vakbekwaamheid;
2°. het treffen van maatregelen indien de resultaten van die monitoring en de inspectie wijzen op instabiliteit of verontreiniging van het water of de bodem;
e. passende regelingen zijn getroffen voor:
1°. de rehabilitatie en de sluiting van de afvalvoorziening;
2°. de fase na de sluiting van de afvalvoorziening;
f. in het ontwerp en bij de bouw van die afvalvoorziening rekening is gehouden met de noodzakelijke voorwaarden om een zwaar ongeval als bedoeld in artikel 1, eerste lid, van het Besluit risico's zware ongevallen 2015 te voorkomen en de nadelige gevolgen van een dergelijk ongeval voor de gezondheid van de mens of het milieu zoveel mogelijk te voorkomen of te beperken, met inbegrip van de grensoverschrijdende gevolgen;
g. financiële zekerheid is of wordt gesteld, voor het nakomen van de voorschriften die ingevolge het Besluit beheer winningsafvalstoffen aan de vergunning worden verbonden, alsmede voor het nakomen van paragraaf 8.2 van de Wet milieubeheer, en dat het bedrag waarvoor de zekerheid in stand wordt gehouden is berekend overeenkomstig beschikking nr. 2009/335/EG van de Commissie van de Europese Gemeenschappen van 20 april 2009 inzake technische richtsnoeren voor het stellen van de financiële zekerheid overeenkomstig Richtlijn 2006/21/EG van het Europees Parlement en de Raad betreffende het beheer van afval van winningsindustrieën (PbEU L 101).

Art. 4.11 Verbranden van afvalstoffen

Indien de aanvraag betrekking heeft op een inrichting waarop paragraaf 5.2 van het Activiteitenbesluit milieubeheer van toepassing is, vermeldt of verstrekt de aanvrager in of bij de aanvraag tevens: *Omgevingsvergunning inrichting verbranding afvalstoffen, aanvraaggegevens*
a. de maatregelen of voorzieningen ten behoeve van terugwinning van de als gevolg van thermische behandeling van afvalstoffen opgewekte warmte;
b. de gegevens, bedoeld in artikel 4.1, eerste lid, onder a, per onderscheiden afvalsoort in de afvalstoffenlijst als bedoeld in artikel 1, eerste lid, van de Regeling Europese afvalstoffenlijst, en voor gevaarlijke afvalstoffen voorts een specificatie van de minimale en maximale toevoer,

de laagste en hoogste calorische waarde, alsmede de maximumgehalten aan PCB's, pentachloorfenol, chloor, fluor, zwavel, zware metalen en andere verontreinigende stoffen per onderscheiden afvalsoort in de afvalstoffenlijst;
c. een nadere omschrijving van de meest ongunstige bedrijfsomstandigheden.

Art. 4.12 Vuurwerk

Omgevingsvergunning inrichting opslag vuurwerk, aanvraaggegevens

1. Indien de aanvraag betrekking heeft op een inrichting waar ten hoogste 10.000 kilogram consumentenvuurwerk als bedoeld in het Vuurwerkbesluit wordt opgeslagen, vermeldt de aanvrager in of bij de aanvraag tevens de maximale hoeveelheid consumentenvuurwerk in de zin van het Vuurwerkbesluit die in de inrichting wordt opgeslagen.

2. Indien de aanvraag betrekking heeft op een inrichting die behoort tot een categorie die is genoemd in bijlage I, onder 3.5, van het Besluit omgevingsrecht, verstrekt de aanvrager in of bij de aanvraag:
a. de maximale hoeveelheden stoffen en voorwerpen behorend tot transport-gevarenklasse 1 als bedoeld in bijlage 1 van de Regeling vervoer over land van gevaarlijke stoffen, onderscheiden naar gevarensubklasse en compatibiliteitsgroep, die in de inrichting worden opgeslagen;
b. de maximale hoeveelheid consumenten- en professioneel vuurwerk dan wel pyrotechnische artikelen voor theatergebruik in de zin van het Vuurwerkbesluit die in de inrichting wordt opgeslagen;
c. de namen van degenen door wie of onder voortdurend toezicht van wie handelingen met professioneel vuurwerk of pyrotechnische artikelen voor theatergebruik worden verricht, voor zover de aanvraag betrekking heeft op het bewerken van professioneel vuurwerk onderscheidenlijk pyrotechnische artikelen voor theatergebruik;
d. gegevens over de vakbekwaamheid van de in de inrichting werkzame personen, voor zover de aanvraag betrekking heeft op het bewerken van professioneel vuurwerk of pyrotechnische artikelen voor theatergebruik.

Art. 4.13 BRZO

Omgevingsvergunning inrichting, aanvraaggegevens t.b.v. toetsing aan Brzo 1999

1. Indien de aanvraag betrekking heeft op een hogedrempelinrichting als bedoeld in artikel 1, eerste lid, van het Besluit risico's zware ongevallen 2015, gaat zij vergezeld van die onderdelen van het veiligheidsrapport, bedoeld in artikel 10 van dat besluit, die betrekking hebben op de risico's voor personen buiten de inrichting en voor het milieu.

2. In een geval als bedoeld in het eerste lid vermeldt de aanvrager in of bij de aanvraag, per categorie van stoffen en mengsels genoemd in bijlage I, deel 1, bij Richtlijn 2012/18/EU van het Europees Parlement en de Raad van 4 juli 2012 betreffende de beheersing van de gevaren van zware ongevallen waarbij gevaarlijke stoffen zijn betrokken, houdende wijziging en vervolgens intrekking van Richtlijn 96/82/EG van de Raad (PbEU 2012, L 197) en per stof, genoemd in bijlage I, deel 2, bij voornoemde richtlijn, de maximale hoeveelheid waarvoor vergunning wordt aangevraagd.

3. Indien de aanvraag betrekking heeft op een lagedrempelinrichting als bedoeld in artikel 1, eerste lid, van het Besluit risico's zware ongevallen 2015, verstrekt de aanvrager in of bij de aanvraag, de volgende gegevens:
a. de naam en de functie van de met de feitelijke leiding van de inrichting belaste persoon, indien deze een ander is dan degene die de inrichting drijft;
b. de aard van de in de inrichting aanwezige gevaarlijke stoffen;
c. per categorie van stoffen en mengsels, genoemd in bijlage I, deel 1, bij de richtlijn, bedoeld in het tweede lid en per stof, genoemd in bijlage I, deel 2, bij de richtlijn, bedoeld in het tweede lid:
1°. de maximale hoeveelheid waarvoor vergunning wordt gevraagd;
2°. de hoeveelheid die bij een normale bedrijfsvoering in de inrichting aanwezig is;
3°. de fysische vorm van de betrokken gevaarlijke stof of stoffen;
d. met het oog op de vaststelling van domino-effecten, voor gevaarlijke stoffen behorend tot de categorie ontplofbaar, ontvlambaar, licht ontvlambaar of zeer licht ontvlambaar, bedoeld in bijlage I, deel 1, bij de richtlijn, genoemd in het tweede lid:
1°. een aanduiding van het grootste insluitsysteem;
2°. de maximale hoeveelheid van de betrokken gevaarlijke stof die daarin aanwezig kan zijn;
3°. een aanduiding van de betrokken gevaarlijke stof alsmede een aanduiding van de categorie waartoe die stof behoort;
4°. de plaats van het insluitsysteem in de inrichting;
5°. de druk en de temperatuur van de betrokken stoffen en preparaten in het insluitsysteem;
e. de activiteiten die in de inrichting worden uitgeoefend;
f. de met de onmiddellijke omgeving van de inrichting samenhangende omstandigheden die een zwaar ongeval kunnen veroorzaken of de gevolgen daarvan ernstiger kunnen maken.

Regeling omgevingsrecht

Art. 4.14 Geologische opslag van kooldioxide
Indien de aanvraag betrekking heeft op een inrichting waar een stookinstallatie met een nominaal elektrisch vermogen van 300 MW of meer aanwezig is, verstrekt de aanvrager in of bij de aanvraag tevens gegevens en bescheiden met betrekking tot:
a. de aanwezigheid van een geschikt CO_2-opslagcomplex als bedoeld in artikel 1 van de Mijnbouwwet;
b. de technische en economische haalbaarheid van faciliteiten voor het transport van kooldioxide naar een CO_2-opslagcomplex;
c. de technische en economische haalbaarheid van aanpassing van de stookinstallatie voor de afvang van CO_2.

Omgevingsvergunning inrichting, aanvraaggegevens i.v.m. stookinstallaties

Art. 4.15 Indirecte lozingen
In of bij een aanvraag om een vergunning met betrekking tot het oprichten of het in werking hebben van een inrichting, van waaruit afvalwater of andere afvalstoffen in een voorziening voor de inzameling en het transport van afvalwater worden gebracht, verstrekt de aanvrager de volgende gegevens en bescheiden:
a. een karakterisering naar aard, samenstelling, eigenschappen, hoeveelheid en herkomst van de afvalstoffen, verontreinigende of schadelijke stoffen, die in de voorziening wordt gebracht, waarbij in ieder geval wordt vermeld of het afvalwater continu dan wel discontinu in de voorziening wordt gebracht, met welke regelmaat dit plaatsvindt, de wijze waarop dit plaatsvindt en de activiteiten waaruit het afvalwater afkomstig is;
b. een beschrijving van de technische gegevens van het rioolstelsel en een aanduiding van de plaats waar het afvalwater of andere afvalstoffen in de voorziening worden gebracht, met toelichtende tekeningen, die in ieder geval bestaan uit een rioleringstekening;
c. een processchema van de opzet en een beschrijving van de capaciteit van elke installatie waardoor of waarin processen plaatsvinden die leiden of kunnen leiden tot het in een oppervlaktewaterlichaam brengen van afvalstoffen, verontreinigende of schadelijke stoffen, waarbij wordt aangegeven welke afvalstoffen, verontreinigende of schadelijke stoffen waar en in welke mate vrijkomen;
d. een beschrijving van de maatregelen of voorzieningen die zijn of worden getroffen om te voorkomen of te beperken dat afvalwater of andere afvalstoffen in de voorziening worden gebracht, met toelichtende tekening;
e. de voorzieningen en de maatregelen die zijn voorzien om extra lozingen ten gevolge van storingen, ongewone voorvallen, proefdraaien, in gebruik stellen, buiten bedrijf nemen, schoonmaak- of herstelwerkzaamheden te voorkomen of te beperken;
f. een beschrijving van de maatregelen die worden getroffen bij definitieve stopzetting van de activiteiten, om te voorkomen of te beperken dat afvalwater of andere afvalstoffen in de voorziening worden gebracht;
g. een beschrijving van de aard en omvang van de gevolgen voor de doelmatige werking van het zuiveringstechnisch werk dat het afvalwater of de andere afvalstoffen ontvangt. Indien de inrichting of het mijnbouwwerk over een eigen afvalwaterzuivering beschikt, wordt in of bij de aanvraag tevens het gehalte BZV/N-totaal in het effluent van deze afvalwaterzuivering aangegeven;
h. een beschrijving van de aard en omvang van de belasting van de kwaliteit van het oppervlaktewaterlichaam ten gevolge van het lozen van het afvalwater of andere afvalstoffen, daaronder begrepen een overzicht van de belangrijke nadelige effecten op het watermilieu;
i. een beschrijving van de wijze waarop de lozing wordt vastgesteld en geregistreerd en de wijze waarop over de lozing wordt gerapporteerd;
j. een opgave van de voor de aanvrager redelijkerwijs te verwachten ontwikkelingen met betrekking tot de lozing die voor de beslissing op de aanvraag van belang kunnen zijn;
k. een niet-technische samenvatting van de in dit artikel bedoelde gegevens.

Omgevingsvergunning oprichting/beheer inrichting, aanvraaggegevens i.v.m. indirecte lozingen afvalwater

Art. 4.16 Registratie externe veiligheid
1. Indien de aanvraag betrekking heeft op het oprichten of het in werking hebben van een inrichting als bedoeld in artikel 3, onderdelen b, e, f, g en h, of artikel 4, onder b, e en f, van het Registratiebesluit externe veiligheid vermeldt de aanvrager in of bij de aanvraag de volgende gegevens:
a. de ligging van zowel de 10^{-5} per jaar contour als de 10^{-6} per jaar contour van het plaatsgebonden risico en, indien beschikbaar, de 10^{-8} per jaar contour van het plaatsgebonden risico, dan wel de afstanden die overeenkomen met deze waarden voor het plaatsgebonden risico indien deze afstanden door Onze Minister zijn voorgeschreven;
b. de grootte van het groepsrisico, uitgedrukt in een grafiek met op de horizontale as het aantal dodelijke slachtoffers en op de verticale as de cumulatieve kansen per jaar op ten minste dat aantal slachtoffers, dan wel voor inrichtingen waarvoor geen veiligheidsrapport verplicht is gesteld op grond van het Besluit risico's zware ongevallen 2015, indien bekend de op grond

Omgevingsvergunning oprichting/beheer inrichting, aanvraaggegevens i.v.m. externe veiligheid

van de oriënterende waarde voor het groepsrisico gemiddeld toelaatbare dichtheid van personen binnen het invloedsgebied rond de inrichting.
2. Voor inrichtingen waarop het Besluit LPG-tankstations milieubeheer of het Vuurwerkbesluit van toepassing zijn, blijft het eerste lid buiten toepassing.
3. Bij de berekening van de in de onderdelen a en b van het eerste lid bedoelde gegevens wordt uitgegaan van de in de aanvraag genoemde maximale hoeveelheid gevaarlijke stof.

§ 4.2
Veranderen van een inrichting of de werking daarvan en de revisievergunning

Art. 4.17 Algemene vereisten

Omgevingsvergunning verandering inrichting/werking inrichting, aanvraaggegevens

1. In of bij de aanvraag om een vergunning voor het veranderen van een inrichting of van de werking daarvan, vermeldt de aanvrager:
a. de beoogde verandering van de inrichting of van de werking daarvan;
b. op welke gegevens en bescheiden die eerder zijn verstrekt in het kader van de aanvraag van de vergunning of vergunningen krachtens welke de inrichting is opgericht dan wel in werking is, de verandering van invloed is, met een aanduiding van de door de verandering veroorzaakte wijzigingen daarvan.
2. De artikelen 4.1 tot en met 4.15 zijn van overeenkomstige toepassing.

Art. 4.18 Veranderingen in combinatie met BRZO 2015

Omgevingsvergunning verandering inrichting/werking inrichting, aanvraaggegevens i.v.m. BRZO 2015

1. Indien de aanvraag betrekking heeft op het veranderen van een inrichting of van de werking daarvan en indien sprake is van een hogedrempelinrichting als bedoeld in artikel 1, eerste lid, van het Besluit risico's zware ongevallen 2015, verstrekt de aanvrager in of bij de aanvraag tevens de volgende gegevens en bescheiden:
a. een rapport als bedoeld in artikel 4.13, eerste lid, indien het Besluit risico's zware ongevallen 2015 voor de eerste maal van toepassing wordt ten gevolge van het veranderen van de inrichting of het veranderen van de werking ervan, of
b. een herzien rapport als bedoeld in artikel 4.13, eerste lid.
2. Op een aanvraag als bedoeld in het eerste lid is artikel 4.13, tweede lid, van overeenkomstige toepassing.
3. Indien de aanvraag betrekking heeft op het veranderen van een inrichting of van de werking daarvan en indien sprake is van een lagedrempelinrichting als bedoeld in artikel 1, eerste lid, van het Besluit risico's zware ongevallen 2015, verstrekt de aanvrager in of bij de aanvraag tevens de volgende gegevens en bescheiden:
a. de gegevens, bedoeld in artikel 4.13, derde lid, indien het Besluit risico's zware ongevallen 2015 voor de eerste maal van toepassing wordt ten gevolge van het veranderen van de inrichting of van de werking daarvan, of
b. herziene gegevens als bedoeld in artikel 4.13, derde lid

Art. 4.19 Registratie externe veiligheid

Omgevingsvergunning verandering inrichting/werking inrichting, aanvraaggegevens i.v.m. externe veiligheid

1. Indien de aanvraag betrekking heeft op het veranderen van een inrichting of van de werking daarvan, vermeldt de aanvrager in of bij de aanvraag, onverminderd hetgeen is bepaald in enig ander artikel van dit hoofdstuk, de gegevens, bedoeld in artikel 4.16, indien de aanvraag ten gevolge van het veranderen van de inrichting of het veranderen van de werking ervan, voor de eerste maal betrekking heeft op een inrichting als bedoeld in artikel 3, onderdelen b, e, f, g en h, of artikel 4, onderdelen b, e en f, van het Registratiebesluit externe veiligheid.
2. Indien de aanvraag betrekking heeft op het veranderen van een inrichting of van de werking daarvan, vermeldt de aanvrager in of bij de aanvraag de herziene gegevens, bedoeld in artikel 4.16.

Art. 4.20 Revisievergunning

Schakelbepaling

Met betrekking tot een aanvraag als bedoeld in artikel 2.6, eerste lid, van de wet, zijn de artikelen 4.1 tot en met 4.17 van overeenkomstige toepassing.

§ 4.3
Verandering van de inrichting of de werking daarvan, die niet tot andere of grotere nadelige gevolgen leidt en die niet tot een andere inrichting leidt

Art. 4.21 Beperkte verandering inrichting

Omgevingsvergunning beperkte verandering inrichting/werking inrichting, aanvraaggegevens

Bij een aanvraag om een vergunning als bedoeld in artikel 3.10, derde lid, van de wet, vermeldt de vergunninghouder:
a. de vergunning of vergunningen krachtens welke de inrichting is opgericht dan wel in werking is;
b. de beoogde verandering van de inrichting of van de werking daarvan;
c. gegevens waaruit blijkt van welke onderdelen en in welke mate van de onder a bedoelde vergunning of vergunningen en de daaraan verbonden beperkingen en voorschriften wordt afgeweken;

Regeling omgevingsrecht   A69 art. 5.2

d. het tijdstip waarop beoogd wordt de voorgenomen verandering te verwezenlijken;
e. gegevens waaruit blijkt dat:
1°. de beoogde verandering van de inrichting of van de werking daarvan niet leidt tot andere of grotere nadelige gevolgen voor het milieu dan volgens de geldende vergunning is toegestaan;
2°. geen verplichting bestaat tot het maken van een milieueffectrapport als bedoeld in hoofdstuk 7 van de Wet milieubeheer;
3°. het veranderen niet leidt tot een andere inrichting dan waarvoor eerder een vergunning is verleend.

§ 4.4
Indieningsvereisten met betrekking tot een mijnbouwwerk

Art. 4.22 Mijnbouwwerken
1. De artikelen 4.1 tot en met 4.20 van deze regeling zijn van overeenkomstige toepassing op de aanvraag om een vergunning met betrekking tot het oprichten of in werking hebben van een mijnbouwwerk of tot het veranderen van een mijnbouwwerk of van de werking daarvan.   *Schakelbepaling*
2. Indien bij een aanvraag om een vergunning als bedoeld in het eerste lid, een plaats, traject of gebied moet worden vermeld, wordt dit uitgedrukt in: *Omgevingsvergunning oprichting/beheer mijnbouwwerk, aanvraaggegevens*
a. het coördinatenstelsel van de Rijksdriehoeksmeting, indien de plaats, het traject of het gebied zich aan de landzijde van de in de bijlage bij de Mijnbouwwet vastgelegde lijn bevindt, en
b. geografische coördinaten, berekend volgens het stelsel van de Europese vereffening, indien de plaats, het traject of het gebied zich aan de zeezijde van de in de bijlage bij de Mijnbouwwet vastgelegde lijn bevindt.
3. Van een gebied wordt het oppervlak vermeld, uitgedrukt in km^2.
4. Een plaats of een traject wordt, onder vermelding van de coördinaten daarvan, aangegeven op een kaart.
5. De ligging van een gebied wordt, onder vermelding van de coördinaten van de hoekpunten daarvan, aangegeven op een kaart.
6. De kaarten, bedoeld in het derde en vierde lid, zijn getekend op een schaal van 1:50.000.

Hoofdstuk 5
Indieningsvereisten vanwege activiteiten met betrekking tot een rijksmonument

§ 5.1
Gegevens en bescheiden over activiteiten met betrekking tot een rijksmonument

Art. 5.1 Slopen rijksmonument
In of bij de aanvraag om een vergunning voor het slopen van een rijksmonument verstrekt de aanvrager de volgende gegevens en bescheiden: *Omgevingsvergunning sloop beschermd monument, aanvraaggegevens*
a. het monumentnummer en, voor zover daarvan sprake is, de naam van het monument;
b. cultuurhistorische rapporten, daaronder begrepen rapporten inzake architectuurhistorie, bouwhistorie, interieurhistorie of tuinhistorie;
c. overzichts- en detailfoto's die een duidelijke indruk geven van het monument in relatie tot de voorgenomen sloop;
d. opnametekeningen van de bestaande toestand en slooptekeningen;
e. de sloopmethode;
f. de aard en hoeveelheid vrijkomend materiaal.

Art. 5.2 Verstoren rijksmonument
In of bij de aanvraag om een vergunning voor het verstoren van een rijksmonument verstrekt de aanvrager de volgende gegevens en bescheiden: *Omgevingsvergunning verstoren beschermd monument, aanvraaggegevens*
a. het monumentnummer en, voor zover daarvan sprake is, de toponiem of plaatselijke aanduiding van het monument;
b. het huidige gebruik van het monument en het gebruik van het monument na voltooiing van de voorgenomen verstoring;
c. een omschrijving van de activiteit, met per afzonderlijke ingreep een vermelding van:
1°. de plaats en de omvang;
2°. de diepte, uitgedrukt in centimeters ten opzichte van het maaiveld;
d. een gemotiveerde opgave of de verstoring is afgestemd op kwaliteitseisen of uitvoeringsvoorschriften die op het monument van toepassing zijn;
e. ingeval de verstoring gepaard gaat met het uitvoeren van een werk of werkzaamheid of de aanleg van een weg, niet zijnde een aanlegactiviteit als bedoeld in de artikelen 3.1 of 7.1, definitief bestek en bestektekeningen;

f. een topografische kaart of GBKN-kaart met per ingreep de exacte plaats en omvang, onder vermelding van de schaal, met een maximum van 1:5000, en voorzien van noordpijl en minimaal twee RD-coördinatenparen.

Art. 5.3 Verplaatsen rijksmonument

Omgevingsvergunning verplaatsing beschermd monument, aanvraaggegevens

In of bij de aanvraag om een vergunning voor het verplaatsen van een rijksmonument verstrekt de aanvrager de volgende gegevens en bescheiden:
a. het monumentnummer en, voor zover daarvan sprake is, de naam van het monument;
b. het huidige gebruik van het monument en het gebruik van het monument na voltooiing van de voorgenomen verplaatsing;
c. een gemotiveerde opgave of de verplaatsing is afgestemd op kwaliteitseisen of uitvoeringsvoorschriften die op het monument van toepassing zijn;
d. cultuurhistorische rapporten, daaronder begrepen rapporten inzake architectuurhistorie, bouwhistorie, interieurhistorie, kleurhistorie en tuinhistorie;
e. technische rapporten, daaronder begrepen rapporten inzake constructieve en preventieve aspecten;
f. een bestek of werkomschrijving van de wijze van verplaatsen en indien van toepassing van de toe te passen constructies, materialen, afwerkingen en kleuren alsmede van de wijze van verwerking daarvan;
g. de volgende foto's die een duidelijke indruk geven van het monument in relatie tot de voorgenomen verplaatsing:
1°. overzichtsfoto's van de bestaande situatie;
2°. overzichtsfoto's van de nieuwe locatie;
3°. detailfoto's van de bestaande toestand;
h. de volgende tekeningen:
1°. opnametekeningen van de bestaande toestand;
2°. plantekeningen van de nieuwe toestand;
3°. aanvullende tekeningen van de bestaande en de nieuwe toestand, waaronder begrepen detailtekeningen en doorsnedetekeningen;
i. ingeval van een molen een rapport inzake de molenbiotoop van de bestaande en van de nieuwe situatie;
j. voor zover daarvan sprake is, een opgave bij welke instantie voor de voorgenomen verplaatsing een aanvraag om subsidie of een financiële bijdrage is of zal worden gedaan.

Art. 5.4 Wijzigen rijksmonument door bouwactiviteit

Omgevingsvergunning wijziging beschermd monument, aanvraaggegevens i.v.m. bouwactiviteit

In of bij de aanvraag om een vergunning voor een wijziging van een rijksmonument, zijnde tevens een bouwactiviteit, verstrekt de aanvrager, naast de in hoofdstuk 2 genoemde gegevens en bescheiden:
a. het monumentnummer en, voor zover daarvan sprake is, de naam van het monument;
b. het huidige gebruik van het monument en het gebruik van het monument na voltooiing van de voorgenomen wijziging;
c. een gemotiveerde opgave of de wijziging is afgestemd op kwaliteitseisen of uitvoeringsvoorschriften die op het monument van toepassing zijn;
d. cultuurhistorische rapporten, daaronder begrepen rapporten inzake architectuurhistorie, bouwhistorie, interieurhistorie, kleurhistorie of tuinhistorie;
e. bouwtechnische rapporten, daaronder begrepen rapporten inzake bouwfysische, constructieve, materiaaltechnische of preventieve aspecten;
f. een beschrijving van de technische staat van het monument;
g. een bestek of werkomschrijving per onderdeel van de toe te passen constructies, materialen, afwerkingen en kleuren alsmede van de wijze van verwerking daarvan;
h. overzichts- en detailfoto's die een duidelijke indruk geven van het onderdeel van het monument waar de voorgenomen wijziging zal plaatsvinden;
i. de volgende tekeningen:
1°. opnametekeningen van de bestaande toestand en gebrekentekeningen;
2°. plantekeningen van de nieuwe toestand en van de voorgenomen werkzaamheden, voor zover van toepassing daaronder begrepen de te vervangen of te veranderen onderdelen en de te verhelpen gebreken;
3°. aanvullende tekeningen van bestaande en nieuwe toestand, waaronder begrepen detailtekeningen en doorsnedetekeningen;
j. voor zover daarvan sprake is, een opgave bij welke instantie voor de voorgenomen wijziging een aanvraag om subsidie of een financiële bijdrage is of zal worden gedaan.

Art. 5.5 Wijzigen rijksmonument door aanlegactiviteit

Omgevingsvergunning wijziging beschermd monument, aanvraaggegevens i.v.m. aanlegactiviteit

In of bij de aanvraag om een vergunning voor een wijziging van een rijksmonument, zijnde tevens een aanlegactiviteit als bedoeld in de artikelen 3.1 of 7.1, verstrekt de aanvrager, naast de in die artikelen genoemde gegevens en bescheiden:
a. het monumentnummer en, voor zover daarvan sprake is, de naam van het monument;
b. een tuinhistorisch rapport of een beheerplan;

Regeling omgevingsrecht A69 art. 5.8

c. overzichts- en detailfoto's die een duidelijke indruk geven van het monument in relatie tot de voorgenomen wijziging;
d. de volgende tekeningen:
1°. opnametekeningen van de bestaande toestand;
2°. plantekeningen van de nieuwe toestand;
e. voor zover daarvan sprake is, een opgave bij welke instantie voor de voorgenomen wijziging een aanvraag om subsidie of een financiële bijdrage is of zal worden gedaan.

Art. 5.6 Overige wijzigingen rijksmonument of herstellen rijksmonument waardoor het wordt ontsierd of in gevaar gebracht

In of bij de aanvraag om een vergunning voor het wijzigen van een rijksmonument, anders dan door een activiteit als bedoeld in de artikelen 5.1 tot en met 5.5, of voor het herstellen van een rijksmonument op een wijze waardoor het wordt ontsierd of in gevaar gebracht, verstrekt de aanvrager de volgende gegevens en bescheiden:
Omgevingsvergunning wijziging rijksmonument, aanvraaggegevens i.v.m. wijziging/herstel

a. het monumentnummer en, voor zover daarvan sprake is, de naam van het monument;
b. het huidige gebruik van het monument en het gebruik van het monument na voltooiing van de voorgenomen wijziging of het voorgenomen herstel;
c. een gemotiveerde opgave of de wijziging of het herstel is afgestemd op kwaliteitseisen of uitvoeringsvoorschriften die op het monument van toepassing zijn;
d. cultuurhistorische rapporten, daaronder begrepen rapporten inzake architectuurhistorie, bouwhistorie, interieurhistorie, kleurhistorie en tuinhistorie;
e. technische rapporten, daaronder begrepen rapporten inzake bouwfysische, materiaaltechnische en preventieve aspecten;
f. in geval van een tuin- of parkaanleg, een beheerplan;
g. een beschrijving van de technische staat van het monument;
h. een bestek of werkomschrijving;
i. overzichts- en detailfoto's die een duidelijke indruk geven van het onderdeel van het monument waar de voorgenomen wijziging of het voorgenomen herstel zal plaatsvinden;
j. de volgende tekeningen:
1°. opnametekeningen van de bestaande toestand en gebrekentekeningen;
2°. plantekeningen van de nieuwe toestand en van de voorgenomen werkzaamheden;
3°. aanvullende tekeningen van de bestaande en nieuwe toestand, waaronder begrepen detailtekeningen en doorsnedetekeningen;
k. voor zover daarvan sprake is, een opgave bij welke instantie voor de voorgenomen wijziging of het voorgenomen herstel een aanvraag om subsidie of een financiële bijdrage is of zal worden gedaan.

Art. 5.7 Gebruiken of laten gebruiken rijksmonument waardoor het wordt ontsierd of in gevaar gebracht

In of bij de aanvraag om een vergunning voor het gebruiken of laten gebruiken van een rijksmonument op een wijze waardoor het wordt ontsierd of in gevaar gebracht, verstrekt de aanvrager de volgende gegevens en bescheiden:
Omgevingsvergunning gebruik beschermd monument, aanvraaggegevens i.v.m. aantasting

a. het monumentnummer en, voor zover daarvan sprake is, de naam van het monument;
b. het huidige gebruik en indien daarvan afwijkend het voorgenomen gebruik van het monument;
c. een motivering van het gebruik of indien daarvan afwijkend het voorgenomen gebruik;
d. een opgave van de effecten van het gebruik of indien daarvan afwijkend het voorgenomen gebruik voor het monument.

§ 5.2
Vereisten aan tekeningen

Art. 5.8
1. Voor de tekeningen bij de aanvraag om een vergunning voor een activiteit met betrekking tot een rijksmonument is de maximaal toe te passen schaal:
Omgevingsvergunning gebruik beschermd monument, vereisten aan tekeningen bij aanvraag

a. situatietekeningen: 1:1000;
b. geveltekeningen:
1°. algemeen: 1:100;
2°. bij ingrijpende wijzigingen: 1:20 of 1:50;
c. plattegronden, doorsneden en dakaanzichten: 1:100;
d. detailtekeningen 1:2 of 1:5.
2. Uit de situatietekening blijkt de oriëntatie van het monument op het perceel en ten opzichte van omliggende bebouwing en wegen (noordpijl).
3. Plattegronden en doorsneden bevatten de volgende historische gegevens:
a. balklagen:
1°. gestippeld aangegeven in plattegronden van ruimten onder de balklagen;
2°. getekend aangegeven in doorsneden met aanduiding van de afmetingen;

b. geornamenteerde (stuc)plafonds, gestippeld aangegeven in plattegronden van de desbetreffende ruimten;
c. houtafmeting, balklagen en kapconstructie, aangegeven in doorsnedetekeningen van de bestaande toestand;
d. bijzondere ruimten of bouwdelen, direct of indirect betrokken bij de activiteit, aangegeven in plattegronden.

Hoofdstuk 6
Indieningsvereisten vanwege sloopactiviteiten

Art. 6.1 Slopen in geval van een planologisch verbod

Omgevingsvergunning voor sloop bouwwerk, vervangend bouwwerk

In of bij de aanvraag om een vergunning voor het slopen van een bouwwerk als bedoeld in artikel 2.1, eerste lid, onder g, van de wet, maakt de aanvrager aannemelijk dat op de plaats van het te slopen bouwwerk een ander bouwwerk kan of zal worden gebouwd.

Art. 6.2 Slopen in een beschermd stads- of dorpsgezicht

Omgevingsvergunning sloop in beschermd stads- of dorpsgezicht, vervangend bouwwerk

1. In of bij de aanvraag om een vergunning voor het slopen van een bouwwerk als bedoeld in artikel 2.1, eerste lid, onder h, van de wet maakt de aanvrager aannemelijk dat op de plaats van het te slopen bouwwerk een ander bouwwerk kan of zal worden gebouwd.

2. Indien dat met toepassing van artikel 41 van de Monumentenwet 1988, zoals die wet luidde voor inwerkingtreding van de Erfgoedwet, is verplicht door het bevoegd gezag verstrekt de aanvrager in of bij de aanvraag, bedoeld in het eerste lid, een rapport waarin de archeologische waarde van de bodem onder het te slopen bouwwerk in voldoende mate is vastgesteld.

Hoofdstuk 6a
Indieningsvereisten vanwege bij algemene maatregel van bestuur als bedoeld in artikel 2.1, eerste lid, onder i, van de wet aangewezen activiteiten

Art. 6.3 Activiteiten als bedoeld in artikel 2.2a van het besluit

Omgevingsvergunning, indieningsvereisten vanwege aangewezen activiteiten

1. In of bij de aanvraag om een vergunning voor een activiteit als bedoeld in artikel 2.2a, eerste tot en met vijfde en zevende lid, van het besluit verstrekt de aanvrager de gegevens, bedoeld in artikel 1.10 van het Activiteitenbesluit milieubeheer alsmede in de gevallen, bedoeld in de artikelen 1.11, vijfde lid, 1.16, 1.18, 1.19, en 1.21b, van dat besluit, de in betrokken bepalingen bedoelde gegevens.

2. In of bij de aanvraag om een vergunning voor een activiteit als bedoeld in artikel 2.2a, zesde lid, van het besluit, verstrekt de aanvrager de volgende gegevens:
a. ingeval sprake is van het installeren van een gesloten bodemenergiesysteem binnen een inrichting als bedoeld in artikel 1.1, derde lid, van de Wet milieubeheer: de gegevens, bedoeld in de artikel 1.10 en 1.21a van het Activiteitenbesluit milieubeheer;
b. ingeval sprake is van het installeren van een gesloten bodemenergiesysteem buiten een inrichting als bedoeld in artikel 1.1, derde lid, van de Wet milieubeheer: de gegevens, bedoeld in artikel 1.10a, derde lid, van het Besluit lozen buiten inrichtingen.

Hoofdstuk 7
Indieningsvereisten vanwege activiteiten krachtens een provinciale of gemeentelijke verordening

§ 7.1
Gegevens en bescheiden over activiteiten als bedoeld in artikel 2.2, eerste lid, van de wet

Art. 7.1 Activiteit met betrekking tot een monument, slopen in een aangewezen stads- of dorpsgezicht en aanlegactiviteit

Schakelbepaling

Met betrekking tot de aanvraag om een vergunning voor een activiteit als bedoeld in artikel 2.2, eerste lid, onder b, c of d, van de wet zijn respectievelijk hoofdstuk 5, artikel 6.2 en artikel 3.1 van overeenkomstige toepassing.

Art. 7.2
[Vervallen]

Art. 7.3 Uitweg

Omgevingsvergunning activiteit, aanvraaggegevens i.v.m. uitweg bij activiteit

In of bij de aanvraag om een vergunning voor een activiteit als bedoeld in artikel 2.2, eerste lid, onder e, van de wet, verstrekt de aanvrager gegevens met betrekking tot;
a. de locatie van de uitweg aan het voor-, zij- dan wel achtererf;
b. de afmeting van de nieuwe uitweg, dan wel van de te veranderen bestaande uitweg en de beoogde verandering daarvan;
c. de te gebruiken materialen;

d. de aanwezigheid van obstakels die in de weg staan voor het aanleggen of voor het gebruik van de uitweg, zoals bomen, lantaarnpalen en nutsvoorzieningen.

Art. 7.4 Alarminstallatie
In of bij de aanvraag om een vergunning voor een activiteit als bedoeld in artikel 2.2, eerste lid, onder f, van de wet, verstrekt de aanvrager gegevens over:
a. de aard en de werking van de signalering;
b. twee waarschuwingsadressen, inclusief telefoonnummers en namen van contactpersonen.

Omgevingsvergunning activiteit, aanvraaggegevens i.v.m. alarminstallatie

Art. 7.5 Vellen van houtopstand
1. In of bij de aanvraag om een vergunning voor een activiteit als bedoeld in artikel 2.2, eerste lid, onder g, van de wet, identificeert de aanvrager op de aanduiding, bedoeld in artikel 1.3, tweede lid, iedere houtopstand waarop de aanvraag betrekking heeft met een nummer.
2. In of bij de aanvraag, bedoeld in het eerste lid, vermeldt de aanvrager per genummerde houtopstand:
a. de soort houtopstand;
b. de locatie van de houtopstand op het voor-, zij- dan wel achtererf;
c. de diameter in centimeters, gemeten op 1,30 meter vanaf het maaiveld;
d. de mogelijkheid tot herbeplanten, alsmede het eventuele voornemen om op een daarbij te vermelden locatie tot herbeplanten van een daarbij te vermelden aantal soorten over te gaan.

Omgevingsvergunning activiteit, aanvraaggegevens i.v.m. houtopstand

Art. 7.6 Handelsreclame
1. In of bij de aanvraag om een vergunning voor een activiteit als bedoeld in artikel 2.2, eerste lid, onder h en i, van de wet, verstrekt de aanvrager gegevens over:
a. het aantal en de afmetingen van de reclame;
b. de hoogte van de reclame, gemeten vanaf maaiveld tot de onderkant;
c. de te gebruiken materialen, kleuren en verlichting;
d. de tekst van de reclame.
2. Indien een ander dan de eigenaar, beperkt zakelijk gerechtigde of gebruiker van de onroerende zaak met diens toestemming handelsreclame maakt of voert, vermeldt de aanvrager in de aanvraag de naam, het adres en de woonplaats van die ander.

Omgevingsvergunning activiteit, aanvraaggegevens i.v.m. handelsreclame

Art. 7.7 Opslaan roerende zaken
1. In of bij de aanvraag om een vergunning voor een activiteit als bedoeld in artikel 2.2, eerste lid, onder j en k, van de wet, verstrekt de aanvrager gegevens over:
a. de aard van de roerende zaken;
b. de omvang van de opslag van de roerende zaken.
2. Indien een ander dan de eigenaar, beperkt zakelijk gerechtigde of gebruiker van de onroerende zaak met diens toestemming roerende zaken opslaat, vermeldt de aanvrager in de aanvraag de naam, het adres en de woonplaats van die ander.

Omgevingsvergunning activiteit, aanvraaggegevens i.v.m. opslag roerende zaken

§ 7.2
Gegevens en bescheiden over overige activiteiten

Art. 7.8 Gebieden ter bescherming van grondwater
Indien de aanvraag betrekking heeft op een activiteit als bedoeld in artikel 1.3a, eerste lid, onder a, van de Wet milieubeheer, verstrekt de aanvrager de volgende gegevens:
a. een beschrijving van de activiteit, daaronder begrepen gegevens omtrent constructie, afmetingen en het gebruik van installaties of andere werken alsmede de reden van de activiteit;
b. een of meer kaarten op een zodanige schaal dat een duidelijk beeld wordt verkregen van de plaats waar de gedraging zal plaatsvinden;
c. een opgave van de hoeveelheid, de aard en de samenstelling van stoffen ten aanzien waarvan redelijkerwijs kan worden aangenomen dat deze van belang zijn voor de nadelige gevolgen voor het milieu die de gedraging kan veroorzaken, alsmede van de te verwachten emissies;
d. een beschrijving van de maatregelen die worden getroffen om de nadelige gevolgen voor bodem en grondwater tegen te gaan.

Omgevingsvergunning activiteit, aanvraaggegevens i.v.m. bescherming grondwater/ bodem

Art. 7.9 Gesloten stortplaats
Indien de aanvraag betrekking heeft op een activiteit als bedoeld in artikel 3.4 van het besluit, verstrekt de aanvrager de volgende gegevens:
a. het voorgenomen gebruik van de gesloten stortplaats en van het gebied waarin de nazorgvoorzieningen zijn gelegen;
b. een kadastrale kaart, waarop het grondgebied van het voorgenomen gebruik als bedoeld onder a is aangegeven;
c. de naam en het adres van een ieder die een zakelijk of een persoonlijk recht heeft op het grondgebied, bedoeld onder b;
d. een overzicht van de benodigde vergunningen, meldingen en toestemmingen om het voorgenomen gebruik te kunnen realiseren;
e. de maatregelen die worden getroffen om:
1°. de bereikbaarheid van de nazorgvoorzieningen te garanderen;

Omgevingsvergunning activiteit, aanvraaggegevens i.v.m. bescherming gesloten stortplaats

2°. aantasting van de nazorgvoorzieningen te voorkomen;
3°. anderszins de uitvoering van de nazorg niet te belemmeren;
f. de wijze van evaluatie van en rapportage over de uitvoering van de onder e bedoelde maatregelen.

Hoofdstuk 8
Indieningsvereisten met betrekking tot de gebieds- en soortenbescherming

Art. 8.1 Natura 2000-activiteiten

1. In of bij de aanvraag van een omgevingsvergunning voor een activiteit als bedoeld in artikel 2.2aa, onderdeel a, van het besluit, vermeldt de aanvrager voor welk Natura 2000-gebied de activiteit gevolgen kan hebben. Als de activiteit gevolgen kan hebben voor meer dan één gebied, worden alle gebieden vermeld. Daarbij vermeldt de aanvrager wat de precieze afstand van de activiteit tot het gebied is en voegt deze op kaartbeeld de locatie van de activiteit in relatie tot de betreffende gebieden bij.

2. In of bij de aanvraag om een vergunning als bedoeld in het eerste lid vermeldt de aanvrager naast de omschrijving van de aard en de omvang van de activiteit tevens de periodes waarbinnen de activiteit plaatsvindt.

3. Ingeval de activiteit een andere handeling is als bedoeld in artikel 2.7, derde lid, onderdeel b, van de Wet natuurbescherming is, dient de aanvrager bij een aanvraag als bedoeld in het eerste lid, naast de gegevens, bedoeld in artikel 1.3 van deze regeling, een verslag van een onderzoek en de uitkomsten daarvan naar de mogelijkheid dat de andere handeling, gelet op de instandhoudingsdoelstellingen voor de desbetreffende Natura 2000-gebieden, de kwaliteit van de natuurlijke habitats of de habitats van soorten in dat gebied kan verslechteren of een significant verstorend effect kan hebben op de soorten waarvoor dat gebied is aangewezen.

4. Ingeval de activiteit een project is als bedoeld in artikel 2.7, derde lid, onderdeel a, van de Wet natuurbescherming, dient de aanvrager bij een aanvraag als bedoeld in het eerste lid, naast de gegevens, bedoeld in artikel 1.3 van deze regeling, een passende beoordeling als bedoeld in artikel 2.8, eerste lid, van die wet in. De passende beoordeling bevat in elk geval de volgende gegevens:
a. een gebiedsbeschrijving met inbegrip van de instandhoudingsdoelstellingen voor de desbetreffende gebieden, bedoeld in artikel 2.1, vierde lid, van de Wet natuurbescherming;
b. voor welke specifieke instandhoudingsdoelstellingen het project een mogelijk negatief of positief gevolg heeft en voor welke specifieke instandhoudingsdoelstellingen het project geen gevolg heeft;
c. een zo nauwkeurig mogelijke beschrijving van de gevolgen per individuele instandhoudingsdoelstelling;
d. een beschrijving van de concrete maatregelen die genomen kunnen worden om de negatieve gevolgen te verzachten of te voorkomen (mitigerende maatregelen);
e. of, en zo ja in welke mate de gevolgen van het project op de instandhoudingsdoelstellingen de gevolgen van andere projecten of plannen op diezelfde instandhoudingsdoelstellingen versterken.

5. Ingeval de activiteit een project is als bedoeld in artikel 2.7, derde lid, onderdeel a, van de Wet natuurbescherming waarop artikel 2.8, vierde lid, van die wet van toepassing is, dient de aanvrager bij de aanvraag tevens de uitkomsten van de 'adc-toets' in. Deze adc-toets bevat in elk geval de volgende gegevens:
a. een omschrijving van alternatieve oplossingen voor hetgeen beoogd wordt met het project, waarbij voldoende aannemelijk wordt gemaakt waarom het toch beter is dat de door de aanvrager voorgestelde uitvoering wordt gekozen;
b. een omschrijving van de dwingende reden van groot openbaar belang als bedoeld in artikel 2.8, vierde lid, onderdeel b, van de Wet natuurbescherming die met het project wordt gediend;
c. een omschrijving van de compenserende maatregelen als bedoeld in artikel 2.8, vierde lid, onderdeel c, van de Wet natuurbescherming.

6. Voor zover een aanvraag betrekking heeft op het veroorzaken van stikstofdepositie op een voor stikstof gevoelig habitat of habitat van voor stikstof gevoelige soorten waarvoor een instandhoudingsdoelstelling geldt in een Natura 2000-gebied dat in het programma aanpak stikstof, bedoeld in artikel 2.1, eerste lid, van het Besluit natuurbescherming is opgenomen:
a. verstrekt de aanvrager in of bij de aanvraag een afschrift van de berekening van de stikstofdepositie die het project of de handeling op een Natura 2000-gebied veroorzaakt met gebruikmaking van AERIUS Calculator als bedoeld in artikel 2.1 van de Regeling natuurbescherming en de gegevens waarop die berekening is gebaseerd;
b. bestaat het onderzoek, bedoeld in het derde lid, dan wel de passende beoordeling, bedoeld in het vierde lid, slechts uit een verwijzing naar dat programma aanpak stikstof.

Regeling omgevingsrecht

Art. 8.2 Flora- en fauna-activiteiten

1. In of bij de aanvraag van een omgevingsvergunning voor een activiteit als bedoeld in artikel 2.2aa, onderdeel b, van het besluit, vermeldt de aanvrager:
a. een beschrijving van de handelingen die uitgevoerd zullen worden;
b. het doel en belang van de handelingen die zullen plaatsvinden;
c. voor welke beschermde soorten een omgevingsvergunning wordt aangevraagd, zowel met de Nederlandse naam als de wetenschappelijke naam van de beschermde soorten;
d. voor welke handelingen, bedoeld in artikel 3.1, 3.5 of 3.10 van de Wet natuurbescherming de vergunning wordt aangevraagd.

2. In of bij de aanvraag, bedoeld in het eerste lid, dient de aanvrager een activiteitenplan in, dat bestaat uit de volgende onderdelen en gegevens:
a. een beschrijving van het gebied waarin de locatie van de handelingen is gelegen;
b. een beschrijving van de staat van instandhouding en de verspreiding op en nabij het gebied van vogels als bedoeld in artikel 3.1 van de Wet natuurbescherming, dieren en planten van soorten als bedoeld in artikel 3.5, eerste lid, van die wet en dieren en planten van soorten als bedoeld in artikel 3.10, eerste lid, onderdeel a, van die wet;
c. in voorkomend geval een beschrijving van de functies van in dat gebied voorkomende nesten of rustplaatsen voor vogels als bedoeld in artikel 3.1 van de Wet natuurbescherming, voortplantingsplaatsen of rustplaatsen van dieren van soorten als bedoeld in artikel 3.5, eerste lid, van die wet of vaste voortplantingsplaatsen of rustplaatsen van dieren van soorten als bedoeld in artikel 3.10, eerste lid, onderdeel a, van die wet en hoe essentieel deze zijn voor de staat van instandhouding van de desbetreffende soorten;
d. een beschrijving van de manier waarop de aanvrager de handelingen wil uitvoeren;
e. de periode waarin de handelingen uitgevoerd zullen worden;
f. de planning van de handelingen en de onderbouwing daarvan;
g. een beschrijving van alternatieven met een gemotiveerde toelichting waarom een eventuele andere mogelijke bevredigende oplossing niet is gekozen;
h. een beschrijving van de effecten van de voorgenomen handelingen op de staat van instandhouding van de onder b genoemde soorten, voor dieren mede aan de hand van de onder c genoemde aanwezige essentiële functies voor die beschermde soorten.
i. een verantwoording van het onderzoek dat naar de effecten van de voorgenomen handelingen is gedaan;
j. een verantwoording van het onderzoek dat naar de verspreiding van de beschermde soorten is gedaan;
k. een beschrijving van de eventuele maatregelen om schade aan de beschermde soort te voorkomen (mitigerende maatregelen);
l. een beschrijving van de eventuele maatregelen om onvermijdelijke schade aan de beschermde soort te herstellen (compenserende maatregelen);
m. een ingetekende topografische kaart met de locatie van de handelingen, de verspreiding van de beschermde soorten en de locatie van de mitigerende of compenserende maatregelen;
n. al naar gelang de handeling gevolgen heeft voor vogels, voor dieren of planten van soorten als bedoeld in artikel 3.5, eerste lid, van de Wet natuurbescherming of voor dieren of planten van soorten als bedoeld in artikel 3.10, eerste lid, van die wet, een onderbouwing vanwege welk belang de handeling nodig is, genoemd in artikel 3.3, vierde lid, onderdeel b, onderscheidenlijk artikel 3.8, vijfde lid, onderdeel b, onderscheidenlijk artikel 3.10, tweede lid, al dan niet in samenhang met artikel 3.8, vijfde lid, onderdeel b, van die wet.

Hoofdstuk 9
Bijzondere gevallen van bestuurlijke verplichtingen

§ 9.1
Gegevensverstrekking aan de inspecteur-generaal VROM

Art. 9.1 Gegevensverstrekking aan inspectoraat-generaal VROM

1. Het bevoegd gezag verstrekt de gegevens, bedoeld in het tweede lid, zo spoedig mogelijk na het tijdstip waarop het de beschikking daarover heeft gekregen, aan de inspecteur ten aanzien van inrichtingen of inrichtingen behorende tot een categorie waarvan de inspecteur schriftelijk heeft aangegeven te willen ontvangen. De inspecteur geeft het tijdstip aan tot wanneer hij de gegevens wil ontvangen.

2. Onder gegevens worden verstaan:
a. een afschrift van het milieueffectrapport, bedoeld in hoofdstuk 7 van de Wet milieubeheer, en de gegevens die daarop betrekking hebben;
b. een afschrift van een vergunning en de gegevens die betrekking hebben op het verlenen, wijzigen en intrekken van een vergunning;
c. afschriften van vergunningen als bedoeld in artikel 3.10, derde lid, van de wet;

Omgevingsvergunning, bijzondere bestuurlijke verplichtingen

d. afschriften van meldingen als bedoeld in artikel 8.41, eerste lid, van de Wet milieubeheer, met betrekking tot het oprichten of het veranderen van een inrichting of van de werking daarvan;
e. afschriften van besluiten met betrekking tot voorschriftenals bedoeld in artikel 8.42 van de Wet milieubeheer;
f. afschriften van toezichtrapporten;
g. afschriften van correspondentie met de houder van een inrichting over de naleving van het bij of krachtens de wet gestelde;
h. afschriften van gedoogbeschikkingen en ontwerpen daarvan;
i. afschriften van handhavingsbeschikkingen en ontwerpen daarvan.
3. In afwijking van het eerste lid kan de inspecteur schriftelijk aangeven dat hij met betrekking tot de daarbij aangegeven inrichtingen of een categorie van inrichtingen slechts een daarbij aangegeven deel van de gegevens, genoemd in het tweede lid, wil ontvangen.
4. Eenmaal per kwartaal zendt het bevoegd gezag een overzicht van de bij hem binnengekomen klachten over de inrichtingen, bedoeld in het eerste lid, aan de inspecteur.

§ 9.2
Bepaling beste beschikbare technieken

Art. 9.2

Omgevingsvergunning inrichting/lozing, best beschikbare technieken

Het bevoegd gezag, dan wel, in gevallen waarin een vergunning krachtens artikel 6.2 van de Waterwet is aangevraagd, het bestuursorgaan dat bevoegd is die vergunning te verlenen, houdt bij de bepaling van de voor de inrichting of met betrekking tot een lozing in aanmerking komende beste beschikbare technieken en monitoringeisen rekening met de relevante BBT-conclusies en Nederlandse informatiedocumenten over beste beschikbare technieken, die zijn opgenomen in de bij deze regeling behorende bijlage.

Art. 9.3

Omgevingsvergunning inrichting/lozing, vergunningvoorschriften

1. Indien het bevoegd gezag vergunningvoorschriften vaststelt op basis van een beste beschikbare techniek die niet in een van de desbetreffende BBT-conclusies staat beschreven:
a. zorgt hij ervoor dat de techniek wordt bepaald rekening houdend met artikel 5.4, derde lid, van het besluit, en
b. is artikel 5.5, zesde en zevende lid, van het besluit van overeenkomstige toepassing.
2. Indien de in het eerste lid genoemde BBT-conclusies geen met de beste beschikbare technieken geassocieerde emissieniveaus bevatten, zorgt het bevoegd gezag ervoor dat de in het eerste lid bedoelde methode een niveau van milieubescherming garandeert dat gelijkwaardig is aan dat van de beste beschikbare technieken als beschreven in de BBT-conclusies.

Art. 9.4

Omgevingsvergunning inrichting/lozing, emissiegrenswaarden

1. Door het bevoegd gezag vastgestelde emissiegrenswaarden worden uitgedrukt voor dezelfde of kortere perioden en voor dezelfde referentieomstandigheden als die welke gelden voor met de beste beschikbare technieken geassocieerde emissieniveaus van de relevante BBT-conclusies.
2. Indien het bevoegd gezag in afwijking van het eerste lid emissiegrenswaarden vaststelt met andere waarden, perioden of referentieomstandigheden:
a. verbindt het bevoegd gezag aan de vergunning als eisen voor de monitoring van de desbetreffende emissies de verplichting dat de resultaten van de monitoring:
1°. beschikbaar zijn voor dezelfde termijn en referentieomstandigheden als voor de met de beste beschikbare technieken geassocieerde emissieniveaus;
2°. regelmatig of ten minste jaarlijks worden gemeld aan het bevoegd gezag in een overzicht dat een vergelijking mogelijk maakt met de met de beste beschikbare technieken geassocieerde emissieniveaus;
3°. worden weergegeven in een zodanig overzicht dat een vergelijking mogelijk is met de met de beste beschikbare technieken geassocieerde emissieniveaus;
b. beoordeelt het bevoegd gezag ten minste jaarlijks de resultaten van de monitoring van deze emissies, teneinde na te gaan of de emissies in normale bedrijfsomstandigheden niet hoger zouden zijn dan de met de beste beschikbare technieken geassocieerde emissieniveaus.

Hoofdstuk 10
Uitvoering en handhaving

§ 10.1
Kwaliteitseisen uitvoering en handhaving

Art. 10.1 Begripsomschrijvingen

Begripsbepalingen

1. In deze paragraaf wordt verstaan onder:
bestuursorgaan: bestuursorgaan als bedoeld in artikel 7.2, eerste en tweede lid, van het besluit;
bepaalde bij of krachtens de wet: bepaalde bij of krachtens de wet met betrekking tot activiteiten met betrekking tot een inrichting.

2. In deze paragraaf wordt, behoudens voor zover wordt gesproken van strafrechtelijke handhaving, onder 'handhaving' verstaan: bestuursrechtelijke handhaving van het bepaalde bij of krachtens de wet of het bij of krachtens de betrokken wetten bepaalde.

Art. 10.2 Reikwijdte
Deze afdeling is van toepassing op de uitvoering en handhaving van het bepaalde bij of krachtens de wet of de betrokken wetten.

Werkingssfeer

Art. 10.3 Handhavingsbeleid
1. De analyse van inzichten, bedoeld in artikel 7.2, vierde lid, van het besluit en de analyse van de problemen, bedoeld in artikel 7.2, vijfde lid, van het besluit geven in ieder geval inzicht in:
a. de gevolgen voor de fysieke leefomgeving van overtredingen van het bepaalde bij of krachtens de wet of het bij of krachtens de betrokken wetten bepaalde;
b. de kansen dat overtredingen als bedoeld onder a zullen plaatsvinden.

Omgevingsrecht, kwaliteitseisen bij handhavingsbeleid

2. Tot de afspraken, bedoeld in artikel 7.2, zevende lid, onderdeel a, van het besluit, behoren in ieder geval de afspraken die zijn gemaakt over:
a. de uitvoering van artikelen 18.2a, eerste lid, en 18.2b, eerste lid, van de Wet milieubeheer en artikel 95, derde lid, van de Wet bodembescherming;
b. de handhaving van het bij of krachtens de betrokken wetten bepaalde omtrent handelingen met betrekking tot stoffen, preparaten of andere producten;
c. de uitwisseling van gegevens betreffende de bestuursrechtelijke en strafrechtelijke handhaving.
3. Tot de onderwerpen met betrekking waartoe de strategie, bedoeld in artikel 7.2, vierde lid, van het besluit, inzicht geeft, behoren voorts:
a. de wijze waarop de naleving van het bepaalde bij of krachtens de wet of het bij of krachtens de betrokken wetten bepaalde wordt bevorderd;
b. de voorlichting aan personen die een inrichting drijven, inzake de voor hen krachtens het bepaalde bij of krachtens de wet of de betrokken wetten geldende voorschriften.
4. Tot de in artikel 7.2, zevende lid, onderdeel b, van het besluit bedoelde wijze waarop het toezicht op de naleving van het bepaalde bij of krachtens de wet of het bij of krachtens de betrokken wetten bepaalde, wordt uitgeoefend, behoort in ieder geval:
a. de wijze waarop de controle ter plaatse wordt voorbereid, uitgaande van een register van inrichtingen waarin in ieder geval de IPPC-installaties zijn opgenomen;
b. de wijze waarop de controle ter plaatse wordt uitgeoefend;
c. de frequentie waarmee routinematige controlebezoeken worden afgelegd, waarbij die frequentie voor IPPC-installaties, afhankelijk van de milieurisico's, het nalevingsgedrag en de aanwezigheid van een gecertificeerd milieuzorgsysteem, ten minste één controlebezoek per drie jaar bij beperkte milieurisico's en ten minste één controlebezoek per jaar bij grote milieurisico's is;
d. de wijze waarop zakelijke gegevens en bescheiden worden gecontroleerd;
e. de wijze waarop het toezicht wordt uitgeoefend op de naleving van het bepaalde bij of krachtens de wet of het bij of krachtens de betrokken wetten bepaalde ten aanzien van stoffen, trillingen, en warmte die of geluid dat, direct of indirect vanuit een bron in de lucht, het water of de bodem, worden onderscheidenlijk wordt gebracht;
f. de wijze waarop de controle en verificatie plaatsvinden van de resultaten van de controles die zijn uitgevoerd door personen die een inrichting drijven.
5. Onverminderd de frequentie, bedoeld in het vierde lid, onderdeel c, worden bij IPPC-installaties niet-routinematige controlebezoeken uitgevoerd:
a. vóór de verlening of verandering van een vergunning;
b. om zo spoedig mogelijk ernstige klachten, ernstige ongewone voorvallen of overtredingen te onderzoeken;
c. indien bij een controle een ernstige overtreding is vastgesteld, binnen zes maanden na de vaststelling.
6. Na elk controlebezoek bij een IPPC-installatie:
a. stelt het bevoegd gezag een verslag op waarin de relevante bevindingen over de naleving en de conclusies over de eventuele noodzaak van verdere maatregelen worden neergelegd;
b. zendt het bevoegd gezag het verslag, bedoeld onder a, binnen twee maanden aan de vergunninghouder;
c. stelt het bevoegd gezag het verslag binnen vier maanden voor eenieder op verzoek beschikbaar, waarbij de artikelen 19.3 tot en met 19.5 van de Wet milieubeheer van overeenkomstige toepassing zijn.

Art. 10.4 Uitvoeringsprogramma
Het bestuursorgaan werkt het uitvoeringsprogramma, bedoeld in artikel 7.3, eerste lid, van het besluit, uit in werkplannen voor de betrokken onderdelen van zijn organisatie.

Omgevingsrecht, uitvoering handhavingsbeleid

Art. 10.5 Uitvoeringsorganisatie
Ter waarborging van een adequate en objectieve uitvoering van het uitvoerings- en handhavingsbeleid, bedoeld in artikel 7.4, eerste en tweede lid, van het besluit, draagt het bestuursorgaan er zorg voor dat:

Omgevingsrecht, uitvoeringsorganisatie handhavingsbeleid

A69 art. 10.6

a. adequate technische, juridische en administratieve voorzieningen beschikbaar zijn;
b. instrumenten en apparaten die bij de handhaving worden gebruikt in een goede staat van onderhoud verkeren en deze zonodig worden gekalibreerd.

Art. 10.6 Monitoring

Omgevingsrecht, monitoring handhavingsbeleid

Tot de in artikel 7.6, tweede lid, van het besluit bedoelde gegevens ten behoeve van de uitvoering en handhaving behoren in ieder geval gegevens betreffende het aantal:
a. uitgevoerde controles;
b. geconstateerde overtredingen;
c. opgelegde bestuurlijke sancties;
d. processen-verbaal;
e. over mogelijke overtredingen ontvangen klachten.

Art. 10.7 Kringen van gemeenten

De gemeenten in de volgende onderdelen die deelnemen aan de in die onderdelen genoemde omgevingsdienst worden aangewezen als een kring van gemeenten als bedoeld in artikel 5.3, eerste lid, van de wet:

a. Noord-Veluwe: Elburg, Ermelo, Harderwijk, Hattem, Heerde, Nunspeet, Oldebroek en Putten;
b. Veluwe IJssel: Apeldoorn, Brummen, Epe en Voorst;
c. Achterhoek: Aalten, Berkelland, Bronckhorst, Doetinchem, Lochem, Montferland, Oost Gelre, Oude IJsselstreek, Winterswijk en Zutphen;
d. de Vallei: Barneveld, Ede, Nijkerk, Scherpenzeel en Wageningen;
e. Regio Arnhem: Arnhem, Doesburg, Duiven, Lingewaard, Overbetuwe, Renkum, Rheden, Rijnwaarden, Rozendaal, Westervoort en Zevenaar;
f. Rivierenland: Buren, Culemborg, Geldermalsen, Lingewaal, Maasdriel, Neder-Betuwe, Neerijnen, Tiel, West Maas en Waal en Zaltbommel;
g. Regio Nijmegen: Berg en Dal, Beuningen, Druten, Heumen, Nijmegen en Wijchen;
h. Regio Utrecht: Bunnik, De Bilt, De Ronde Venen, Montfoort, Oudewater, Renswoude, Rhenen, Stichtse Vecht, Utrechtse Heuvelrug, Veenendaal, Vianen, Wijk bij Duurstede, Woerden, IJsselstein en Zeist;
i. RUD Utrecht: Amersfoort, Baarn, Bunschoten, Eemnes, Houten, Leusden, Lopik, Nieuwegein, Soest, Utrecht en Woudenberg;
j. IJmond: Beemster, Beverwijk, Haarlem, Heemskerk, Purmerend, Uitgeest en Velsen;
k. Noordzeekanaalgebied: Aalsmeer, Amstelveen, Amsterdam, Diemen, Haarlemmermeer, Ouder-Amstel, Uithoorn en Zaanstad;
l. Midden-Holland: Alphen aan den Rijn, Bodegraven-Reeuwijk, Gouda, Krimpenerwaard, Zuidplas en Waddinxveen;
m. West-Holland: Hillegom, Kaag en Braassem, Katwijk, Leiden, Leiderdorp, Lisse, Nieuwkoop, Noordwijk, Oegstgeest, Teylingen, Voorschoten en Zoeterwoude;
n. Midden-West Brabant: Aalburg, Alphen-Chaam, Baarle-Nassau, Bergen op Zoom, Breda, Dongen, Drimmelen, Etten-Leur, Geertruidenberg, Gilze-Rijen, Goirle, Halderberge, Heusden, Hilvarenbeek, Loon op Zand, Moerdijk, Oisterwijk, Oosterhout, Roosendaal, Rucphen, Steenbergen, Tilburg, Waalwijk, Werkendam, Woensdrecht, Woudrichem, Zundert.

Hoofdstuk 11
Slotbepalingen

Art. 11.1 Inwerkingtreding

Inwerkingtreding

Deze regeling treedt in werking op het tijdstip waarop het besluit in werking treedt.

Art. 11.2 Citeertitel

Deze regeling wordt aangehaald als: Regeling omgevingsrecht.

Regeling omgevingsrecht

A69 bijlage

Bijlage behorende bij artikel 9.2 van de Regeling omgevingsrecht: Nederlandse informatiedocumenten over BBT

Naam document	jaartal	vindplaats
NRB 2012; Nederlandse richtlijn bodembescherming	maart 2012	rwsleefomgeving.nl
Handreiking methaanreductie stortplaatsen	april 2007	rwsleefomgeving.nl
Beleidslijn IPPC-omgevingstoetsing ammoniak en veehouderij	juni 2007	InfoMil.nl
Publicatiereeks Gevaarlijke Stoffen (PGS)		
PGS 7: Opslag van vaste minerale anorganische meststoffen	oktober 2007	publicatiereeksgevaarlijkestoffen.nl
PGS 8: Organische peroxiden: Opslag	december 2011	publicatiereeksgevaarlijkestoffen.nl
PGS 9: Cryogene gassen: opslag van 0,125 m^3 – 100 m^3	april 2014	publicatiereeksgevaarlijkestoffen.nl
PGS 12: Ammoniak: opslag en verlading	april 2014	publicatiereeksgevaarlijkestoffen.nl
PGS 13: Ammoniak: toepassing als koudemiddel voor koelinstallaties en warmtepompen	februari 2009	publicatiereeksgevaarlijkestoffen.nl
PGS 15: Opslag van verpakte gevaarlijke stoffen	september 2016	publicatiereeksgevaarlijkestoffen.nl
PGS 16: LPG: Afleverinstallaties	september 2010	publicatiereeksgevaarlijkestoffen.nl
PGS 18: LPG: depots	december 2013	publicatiereeksgevaarlijkestoffen.nl
PGS 19: Propaan en butaan: opslag	oktober 2013	publicatiereeksgevaarlijkestoffen.nl
PGS 22: Toepassing van propaan	september 2008	publicatiereeksgevaarlijkestoffen.nl
PGS 23: LPG: Vulstations voor flessen en ballonvaarttanks	december 2013	publicatiereeksgevaarlijkestoffen.nl
PGS 25: Aardgas-afleverinstallaties voor motorvoertuigen	december 2012	publicatiereeksgevaarlijkestoffen.nl
PGS 28: Vloeibare brandstoffen – ondergrondse tankinstallaties en afleverinstallaties	december 2011	publicatiereeksgevaarlijkestoffen.nl
PGS 29: Richtlijn voor bovengrondse opslag van brandbare vloeistoffen in verticale cilindrische tanks	december 2016	publicatiereeksgevaarlijkestoffen.nl
PGS 30: Vloeibare brandstoffen – bovengrondse tankinstallaties en afleverinstallaties	december 2011	publicatiereeksgevaarlijkestoffen.nl
PGS 31: Overige gevaarlijke vloeistoffen: opslag in ondergrondse en bovengrondse tankinstallaties	oktober 2018	www.publicatiereeksgevaarlijkestoffen.nl
PGS 32: Explosieven voor civiel gebruik: bovengrondse opslag	oktober 2016	publicatiereeksgevaarlijkestoffen.nl
PGS 35:Waterstof: Afleverinstallaties van waterstof voor wegvoertuigen Afleverinstallaties van waterstof voor wegvoertuigen	april 2015	publicatiereeksgevaarlijkestoffen.nl
PGS 33-1: Aardgas: afleverinstallaties van vloeibaar aardgas (LNG) voor motorvoertuigen	juni 2013	publicatiereeksgevaarlijkestoffen.nl
BBT-documenten water		
Landbouw		
Beoordelingsmethode emissiereducerende maatregelen Lozingsbesluit open teelt en veehouderij	maart 2003	Helpdeskwater.nl/ciw

Naam document	jaartal	vindplaats
Recirculeren van spoelwater; Gevolgen voor de microbiologische kwaliteit van spoelwater	september 2003	Helpdeskwater.nl/ciw
Goed gietwater; Beoordelingskader voor verplichte aanleg van een gietwatervoorziening bij grondgebonden glastuinbouwbedrijven	januari 2004	Helpdeskwater.nl/ciw
Achtergronddocument glastuinbouw t.b.v. KRW-decembernota 2005, eindversie	augustus 2005	Helpdeskwater.nl/ciw
Bodemsanering + bagger		
Lozingen uit tijdelijke baggerspeciedepots	april 1998	Helpdeskwater.nl/ciw
Riooloverstorten		
Riooloverstorten deel 1: Knelpuntcriteria riooloverstorten	juni 2001	Helpdeskwater.nl/ciw
Riooloverstorten deel 2: Eenduidige basisinspanning	juni 2001	Helpdeskwater.nl/ciw
Riooloverstorten deel 3: Model voor vergunningverlening riooloverstorten	december 2001	Helpdeskwater.nl/ciw
Riooloverstorten deel 4a: Nadere uitwerking monitoring riooloverstorten, spoor 1	september 2002	Helpdeskwater.nl/ciw
Riooloverstorten deel 4b: Nadere uitwerking monitoring riooloverstorten, fase B	januari 2003	Helpdeskwater.nl/ciw
Industriële activiteiten		
Integrale aanpak van risico's van onvoorziene lozingen	februari 2000	Helpdeskwater.nl/ciw
Verwerking waterfractie gevaarlijke en niet-gevaarlijke afvalstoffen	april 2001	Helpdeskwater.nl/ciw
Offshore	februari 2002	Helpdeskwater.nl/ciw
Integrale bedrijfstakstudie tankautoreiniging	april 2002	Helpdeskwater.nl/ciw
Instrumentarium		
Meten en bemonsteren van afvalwater	maart 1998	Helpdeskwater.nl/ciw
Algemene BeoordelingsMethodiek 2016:	maart 2016	www.infomil.nl/ABMwater
Normen voor het Waterbeheer	mei 2000	Helpdeskwater.nl/ciw
Handboek Immissietoets	oktober 2019	www.infomil.nl/Immissiewater
Milieunormen in perspectief	september 2002	Helpdeskwater.nl/ciw
Lozingseisen Wvo-vergunningen	november 2005	Helpdeskwater.nl/ciw
Warmtelozing		
CIW beoordelingssystematiek warmtelozingen	november 2004	Helpdeskwater.nl/ciw

Waterwet[1]

Wet van 29 januari 2009, houdende regels met betrekking tot het beheer en gebruik van watersystemen (Waterwet)

Wij Beatrix, bij de gratie Gods, Koningin der Nederlanden, Prinses van Oranje-Nassau, enz. enz. enz.

Allen, die deze zullen zien of horen lezen, saluut! doen te weten:

Alzo Wij in overweging genomen hebben, dat de overheid zich bij de zorg voor de bewoonbaarheid van het land alsmede de bescherming en verbetering van het milieu, waar die zorg gestalte krijgt in het waterbeheer, voor grote opgaven gesteld ziet, en dat het met het oog op een doeltreffende en doelmatige aanpak van het waterbeheer wenselijk is om het wettelijke instrumentarium te stroomlijnen en te moderniseren en daarbij het integraal beheer van watersystemen centraal te stellen;

Zo is het, dat Wij, de Raad van State gehoord, en met gemeen overleg der Staten-Generaal, hebben goedgevonden en verstaan, gelijk Wij goedvinden en verstaan bij deze:

Hoofdstuk 1
Algemene bepalingen

§ 1
Begripsbepalingen

Art. 1.1

1. In deze wet en de daarop berustende bepalingen wordt, tenzij anders bepaald, verstaan onder: **Begripsbepalingen**
beheer: overheidszorg met betrekking tot een of meer afzonderlijke watersystemen of onderdelen daarvan, gericht op de in artikel 2.1 genoemde doelstellingen;
beheerder: bevoegd bestuursorgaan van het overheidslichaam dat belast is met het beheer;
bergingsgebied: krachtens de Wet ruimtelijke ordening voor waterstaatkundige doeleinden bestemd gebied, niet zijnde een oppervlaktewaterlichaam of onderdeel daarvan, dat dient ter verruiming van de bergingscapaciteit van een of meer watersystemen en ook als bergingsgebied op de legger is opgenomen;
beschermingszone: aan een waterstaatswerkgrenzende zone, waarin ter bescherming van dat werk voorschriften en beperkingen kunnen gelden;
bevoegd gezag: tot verlening van een watervergunning bevoegd bestuursorgaan, in voorkomend geval met toepassing van artikel 6.17;
buitenwater: water van een oppervlaktewaterlichaam waarvan de waterstand direct invloed ondergaat bij hoge stormvloed, bij hoog opperwater van een van de grote rivieren, bij hoog water van het IJsselmeer of het Markermeer, dan wel bij een combinatie daarvan, alsmede het Volkerak-Zoommeer, het Grevelingenmeer, het getijdedeel van de Hollandsche IJssel en de Veluwerandmeren;
deltafonds: fonds, bedoeld in artikel 7.22a;
deltaprogramma: programma, bedoeld in artikel 4.9;
dijktraject: gedeelte van een primaire waterkering dat afzonderlijk genormeerd is;
faalkans: kans op verlies van waterkerend vermogen van een dijktraject waardoor de hydraulische belasting op een achterliggend dijktraject substantieel wordt verhoogd;
grondwater: water dat vrij onder het aardoppervlak voorkomt, met de daarin aanwezige stoffen;
grondwaterlichaam: samenhangende grondwatermassa;
infiltreren van water: in de bodem brengen van water, ter aanvulling van het grondwater, in samenhang met het onttrekken van grondwater;
kaderrichtlijn water: richtlijn nr. 2000/60/EG van het Europees Parlement en de Raad van de Europese Unie van 23 oktober 2000 tot vaststelling van een kader voor communautaire maatregelen betreffende het waterbeleid (PbEG L 327);
legger: legger als bedoeld in artikel 5.1;
onttrekken van grondwater: onttrekken van grondwater door middel van een onttrekkingsinrichting;
onttrekkingsinrichting: inrichting of werk, bestemd voor het onttrekken van grondwater;
Onze Minister: Onze Minister van Infrastructuur en Waterstaat;

---

1 Inwerkingtredingsdatum: 22-12-2009; zoals laatstelijk gewijzigd bij: Stb. 2020, 262.

Onze Ministers: Onze Minister van Infrastructuur en Waterstaat tezamen met Onze Minister van Landbouw, Natuur en Voedselkwaliteit, ieder voor zover het aangelegenheden betreft die mede tot zijn verantwoordelijkheid behoren;
openbaar vuilwaterriool: voorziening voor de inzameling en het transport van stedelijk afvalwater, in beheer bij een gemeente of een rechtspersoon die door een gemeente met het beheer is belast;
oppervlaktewaterlichaam: samenhangend geheel van vrij aan het aardoppervlak voorkomend water, met de daarin aanwezige stoffen, alsmede de bijbehorende bodem, oevers en, voor zover uitdrukkelijk aangewezen krachtens deze wet, drogere oevergebieden, alsmede flora en fauna;
overstromingskans: kans op verlies van waterkerend vermogen van een dijktraject waardoor het door het dijktraject beschermde gebied zodanig overstroomt dat dit leidt tot dodelijke slachtoffers of substantiële economische schade;
primaire waterkering: waterkering die beveiliging biedt tegen overstroming door buitenwater;
regionale wateren: watersystemen of onderdelen daarvan die niet in beheer zijn bij het Rijk;
rijkswateren: watersystemen of onderdelen daarvan die in beheer zijn bij het Rijk;
stedelijk afvalwater: huishoudelijk afvalwater of een mengsel daarvan met bedrijfsafvalwater, afvloeiend hemelwater, grondwater of ander afvalwater;
stroomgebiedbeheerplan: plan als bedoeld in artikel 13 van de kaderrichtlijn water;
stroomgebieddistrict: gebied als bedoeld in artikel 2, onderdeel 15, van de kaderrichtlijn water;
VN-Zeerechtverdrag: het op 10 december 1982 te Montego-Bay totstandgekomen Verdrag inzake het recht van de zee (Trb. 1983, 83);
waterbeheer: de overheidszorg die is gericht op de in artikel 2.1 genoemde doelstellingen;
waterstaatswerk: oppervlaktewaterlichaam, bergingsgebied, waterkering of ondersteunend kunstwerk;
watersysteem: samenhangend geheel van een of meer oppervlaktewaterlichamen en grondwaterlichamen, met bijbehorende bergingsgebieden, waterkeringen en ondersteunende kunstwerken;
watervergunning: vergunning als bedoeld in de artikelen 6.2, 6.3, 6.4, 6.5, 6.13, 6.18 of 6.19;
zee: mariene wateren, met uitzondering van de binnenwateren van staten, met inbegrip van de zeebodem en ondergrond daarvan;
zuiveringtechnisch werk: werk voor het zuiveren van stedelijk afvalwater, in exploitatie bij een waterschap of gemeente, dan wel een rechtspersoon die door het bestuur van een waterschap met de zuivering van stedelijk afvalwater is belast, met inbegrip van het bij dat werk behorende werk voor het transport van stedelijk afvalwater.
2. Voor de toepassing van deze wet en de daarop berustende bepalingen worden onttrekkingsinrichtingen die een samenhangend geheel vormen, als één onttrekkingsinrichting aangemerkt.
3. Voor de toepassing van deze wet en de daarop berustende bepalingen ten aanzien van de zee wordt onder oppervlaktewaterlichaam mede begrepen de ondergrond van de zeebodem.

§ 2
Geografische bepalingen

Art. 1.2

Water, stroomgebieddistrict

1. Voor de toepassing van het begrip stroomgebieddistrict in deze wet en de daarop berustende bepalingen wordt het Nederlandse grondgebied ingedeeld in de op Nederlands grondgebied gelegen delen van de stroomgebieddistricten Eems, Maas, Rijn en Schelde. Onder het Nederlandse grondgebied wordt in dit artikel en de daarop berustende bepalingen mede verstaan de territoriale zee, voor zover die is gelegen aan de landzijde van de lijn waarvan elk punt zich bevindt op een afstand van een internationale zeemijl, gemeten zeewaarts vanaf de laagwaterlijn, bedoeld in artikel 1 van de Wet grenzen Nederlandse territoriale zee of de basislijn, bedoeld in artikel 2 van die wet.
2. De onderlinge grenzen van de Nederlandse delen van de stroomgebieddistricten worden vastgesteld bij of krachtens algemene maatregel van bestuur. Daarbij wordt tevens voorzien in de toedeling van de grondwaterlichamen aan de stroomgebieddistricten.
3. Bij de voorbereiding van de maatregel horen Onze Ministers gedeputeerde staten van de betrokken provincies en de beheerders alsmede de bevoegde autoriteiten van de andere staten in het stroomgebieddistrict.

Art. 1.3

Water, dijkring en primaire waterkering

1. De primaire waterkeringen en de dijktrajecten worden aangegeven op de landkaarten in bijlage I.
2. Een dijktraject wordt aan twee zijden begrensd door een lijn loodrecht op het dijktraject door een punt waarvan de rijksdriehoekscoördinaten zijn opgenomen in bijlage IA.
3. De in het eerste lid bedoelde bijlage kan worden gewijzigd bij algemene maatregel van bestuur. Bij de voorbereiding van de maatregel worden gedeputeerde staten en beheerders die bevoegd zijn voor de betreffende primaire waterkeringen gehoord.

Waterwet

A70 art. 2.4

4. Een algemene maatregel van bestuur als bedoeld in het derde lid treedt niet eerder in werking dan drie maanden na de datum waarop deze aan beide Kamers der Staten-Generaal is toegezonden.

Art. 1.4
Deze wet is mede van toepassing in de Nederlandse exclusieve economische zone.

Werkingssfeer

Hoofdstuk 2
Doelstellingen en normen

§ 1
Doelstellingen

Art. 2.1
1. De toepassing van deze wet is gericht op:
a. voorkoming en waar nodig beperking van overstromingen, wateroverlast en waterschaarste, in samenhang met
b. bescherming en verbetering van de chemische en ecologische kwaliteit van watersystemen en
c. vervulling van maatschappelijke functies door watersystemen.
2. De toepassing van deze wet is mede gericht op andere doelstellingen dan genoemd in het eerste lid, voor zover dat elders in deze wet is bepaald.

Doelstellingen

§ 2
Normen waterkering

Art. 2.2
1. In de bij deze wet behorende bijlage II wordt voor elk dijktraject, met uitzondering van dijktraject 16-5, vermeld in bijlage I, een signaleringswaarde vastgesteld.
De signaleringswaarde is voor:
a. een dijktraject, niet zijnde een dijktraject als bedoeld in onderdeel b, de overstromingskans per jaar waarvan overschrijding op grond van artikel 2.12, vijfde lid, wordt gemeld aan Onze Minister;
b. de dijktrajecten 201, 204a, 204b, 206, 208 tot en met 212, 214 tot en met 219 en 222 tot en met 225, vermeld in bijlage I, de faalkans per jaar waarvan overschrijding op grond van artikel 2.12, vijfde lid, wordt gemeld aan Onze Minister.
2. In de bij deze wet behorende bijlage III wordt voor elk dijktraject een ondergrens vastgesteld.
De ondergrens is voor:
a. een dijktraject als bedoeld in het eerste lid, tweede zin, onderdeel a, de overstromingskans per jaar waarop het dijktraject ten minste berekend moet zijn;
b. een dijktraject, genoemd in het eerste lid, tweede zin, onderdeel b, de faalkans per jaar waarop het dijktraject ten minste berekend moet zijn;
c. dijktraject 16-5, vermeld in bijlage I, indien dit hydraulische belasting ondervindt door het overstromen van het door een voorliggend dijktraject beschermde gebied, de overstromingskans waarop het dijktraject dan ten minste berekend moet zijn.
3. Onverminderd het tweede lid vermeldt bijlage III voor:
a. een dijktraject dat een toename van hydraulische belasting kan ondervinden ten gevolge van een maatregel gericht op het vergroten van de afvoer- of bergingscapaciteit van een watersysteem, de overstromingskans waarop het dijktraject ten minste berekend moet zijn, indien een zodanige toename optreedt;
b. de dijktrajecten 208 tot en met 210 en 225 de kans op niet-sluiten waaraan de stormvloedkering ten minste moet voldoen, indien deze gesloten moet worden.

Signaleringswaarde

Art. 2.3
1. Ten behoeve van de beoordeling van de veiligheid van een dijktraject worden bij ministeriële regeling regels gesteld voor het bepalen van de hydraulische belasting en de sterkte.
2. De in het eerste lid bedoelde ministeriële regeling wordt telkens voor maximaal twaalf jaren vastgesteld. Bij de voorbereiding van de regeling worden de besturen van de waterschappen gehoord.

Nadere regels, veiligheid dijktraject

Art. 2.4
1. Bij algemene maatregel van bestuur, gedeputeerde staten gehoord, of provinciale verordening wordt voor daarbij aan te wijzen andere dan primaire waterkeringen in beheer bij het Rijk, onderscheidenlijk een andere beheerder, een veiligheidsnorm vastgesteld.
2. In afwijking van het eerste lid wordt de veiligheidsnorm voor andere dan primaire waterkeringen die ingevolge artikel 1.3, eerste lid, zoals dat luidde op 31 december 2016, werden aangemerkt als primaire waterkeringen, voor 1 januari 2019 vastgesteld. Tot die vaststelling moeten

Nadere regels, veiligheidsnorm

A70 art. 2.5 — Waterwet

de desbetreffende keringen ten minste gelijke veiligheid bieden als het geval was op 1 januari 2017.

Art. 2.5

Nadere regels, bepaling waterkerend vermogen

Bij ministeriële regeling, gedeputeerde staten gehoord, dan wel bij of krachtens provinciale verordening wordt ten aanzien van daarbij aan te wijzen andere dan primaire waterkeringen in beheer bij het Rijk, onderscheidenlijk een andere beheerder, voor daarbij aan te geven plaatsen vastgesteld welke relatie tussen waterstanden en overschrijdingskansen daarvan uitgangspunt is bij de bepaling van het waterkerend vermogen daarvan. Bij die vaststelling kunnen tevens waarden worden vastgesteld van andere zodanige factoren.

Art. 2.6

Primaire waterkering, technische leidraad

Onze Minister draagt zorg voor de totstandkoming en verkrijgbaarstelling van technische leidraden voor het ontwerp, het beheer en het onderhoud van primaire waterkeringen. Deze leidraden strekken de beheerders tot aanbeveling.

Art. 2.7

Kustlijn, landwaartse verplaatsing

1. Landwaartse verplaatsing van de kustlijn wordt van rijkswege voorkomen of tegengegaan, voor zover dat naar het oordeel van Onze Minister noodzakelijk is vanwege de ingevolge deze wet te handhaven normen voor dijktrajecten.

Kustlijn, verkrijgbaarstelling kaart

2. De in het eerste lid bedoelde kustlijn wordt aangegeven op een door Onze Minister kosteloos verkrijgbaar gestelde kaart die telkens na zes jaren wordt herzien. Van de verkrijgbaarstelling wordt mededeling gedaan in de Staatscourant.

§ 3
Normen waterkwantiteit, waterkwaliteit en functievervulling

Art. 2.8

Waterkwantiteit, normstelling

Bij provinciale verordening worden, met het oog op de bergings- en afvoercapaciteit waarop regionale wateren moeten zijn ingericht, normen gesteld met betrekking tot de gemiddelde kans per jaar op overstroming van daarbij aan te wijzen gebieden.

Art. 2.9

Nadere regels

1. Bij algemene maatregel van bestuur wordt de rangorde van maatschappelijke en ecologische behoeften vastgesteld, die bij watertekorten of dreigende watertekorten bepalend is voor de verdeling van het beschikbare oppervlaktewater.
2. Bij of krachtens de maatregel en, in de gevallen bij die maatregel bepaald, provinciale verordening kunnen nadere regels worden gesteld met betrekking tot de in het eerste lid bedoelde rangorde. Deze regels kunnen mede voorzien in de overeenkomstige toepassing van de rangorde op het beschikbare grondwater.

Art. 2.10

Waterkwaliteit, normstelling

Normen voor de chemische en ecologische kwaliteit van watersystemen worden vastgesteld krachtens hoofdstuk 5 van de Wet milieubeheer, in overeenstemming met het stelsel van milieudoelstellingen, opgenomen in artikel 4 van de kaderrichtlijn water.

Art. 2.11

Nadere regels

Bij of krachtens algemene maatregel van bestuur kunnen voor rijkswateren en, met het oog op internationale verplichtingen of bovenregionale belangen, voor regionale wateren normen worden vastgesteld voor de overeenkomstig hoofdstuk 4 aan watersystemen toe te kennen functies. Voor regionale wateren kunnen zodanige normen voorts worden gesteld bij of krachtens provinciale verordening.

§ 4
Meten en beoordelen

Art. 2.12

Primaire waterkering, waterstaatkundige toestand

1. Iedere twaalf jaren brengt de beheerder verslag uit aan Onze Minister over de algemene waterstaatkundige toestand van de primaire waterkering.
2. Iedere twaalf jaren brengt de beheerder van het buitenwater, zijnde de grote rivieren, verslag uit aan Onze Minister over de mate waarin voldaan wordt aan de voor deze wateren opgestelde legger, mede in het licht van de regels voor het bepalen van de hydraulische belasting en de sterkte, bedoeld in artikel 2.3, eerste lid.
3. Onze Minister brengt telkens voor de in het eerste en tweede lid genoemde periode verslag uit aan de beide Kamers der Staten-Generaal.
4. Het in het eerste lid bedoelde verslag bevat een beoordeling van de veiligheid. Die beoordeling geschiedt onder meer in het licht van de voor een dijktraject in bijlage II en III vastgestelde norm of normen, de ingevolge artikel 2.3, eerste lid, vastgestelde regels voor het bepalen van de hydraulische belasting en de sterkte, de in artikel 2.6, eerste lid, bedoelde technische leidraden en de legger. Bij ministeriële regeling worden nadere regels gesteld over de beoordeling. Bij de voorbereiding van de regeling worden de besturen van de waterschappen gehoord.

5. Overschrijding van een in bijlage II vastgestelde norm wordt door de beheerder aan Onze Minister gemeld in het in het eerste lid bedoelde verslag.
6. Indien de beoordeling van de veiligheid, bedoeld in het vierde lid, daartoe aanleiding geeft, bevat het in het eerste lid bedoelde verslag een omschrijving van de voorzieningen die op een daarbij aan te geven termijn nodig worden geacht.
7. De eerstvolgende toezending van een verslag als bedoeld in het derde lid vindt plaats voor 1 januari 2024.

Art. 2.13
1. Onze Minister zendt elke twaalf jaar aan de beide Kamers der Staten-Generaal een verslag over de doeltreffendheid en de effecten van de in bijlagen II en III aangegeven normen voor dijktrajecten. *Veiligheidsnorm, verslag over doeltreffendheid en effecten*
2. De eerstvolgende toezending van een verslag als bedoeld in het eerste lid vindt plaats voor 1 januari 2037.

Art. 2.14
Onverminderd artikel 2.12 kunnen bij of krachtens algemene maatregel van bestuur dan wel bij of krachtens provinciale verordening, regels worden gesteld ten aanzien van het periodiek door de beheerder meten van daarbij aan te geven grootheden en het aan de hand van de meetresultaten beoordelen van de mate van verwezenlijking van de normen, bedoeld in de paragrafen 2 en 3, voor zover het betreft normen die van rijkswege, onderscheidenlijk op provinciaal niveau, zijn vastgesteld. *Nadere regels*

Hoofdstuk 3
Organisatie van het waterbeheer

§ 1
Toedeling beheer en zorgplichten

Art. 3.1
1. Bij of krachtens algemene maatregel van bestuur worden de watersystemen aangewezen die volledig dan wel met uitzondering van daarbij aangewezen onderdelen bij het Rijk in beheer zijn. *Waterbeheer, toedeling en zorgplicht*
2. Bij of krachtens algemene maatregel van bestuur wordt voor de onder de aanwijzing vallende oppervlaktewaterlichamen tevens de begrenzing vastgesteld. Daarbij wordt voor de begrenzing van de oppervlaktewaterlichamen van de rivieren de buitenkruinlijn van de primaire waterkering voor zover die primaire waterkering is aangegeven op de kaarten die als bijlage I bij deze wet behoren, dan wel, waar deze ontbreekt, de daarbij vast te stellen lijn van de hoogwaterkerende gronden, als richtlijn gehanteerd.
3. Bij of krachtens algemene maatregel van bestuur kunnen gronden binnen een oppervlaktewaterlichaam worden aangewezen als drogere oevergebieden als bedoeld in de begripsomschrijving van oppervlaktewaterlichaam in artikel 1.1.
4. De voordracht voor de maatregel, bedoeld in het eerste lid, wordt gedaan nadat gedeputeerde staten van alle provincies alsmede alle waterschapsbesturen zijn geraadpleegd over de inhoud daarvan.
5. De voordracht voor een algemene maatregel van bestuur houdende wijziging van de in het eerste lid bedoelde aanwijzing kan slechts worden gedaan indien over een daarin besloten liggende overdracht dan wel overneming van het beheer door Onze Minister overeenstemming is bereikt met de betrokken andere beheerder en gedeputeerde staten.
6. Bij ministeriële regeling kunnen niet tot het Rijk behorende overheidslichamen worden aangewezen die geheel of gedeeltelijk zijn belast met het beheer van daarbij aangewezen rijkswateren. De aanwijzing gebeurt in overeenstemming met het desbetreffende bestuursorgaan. *Nadere regels*

Art. 3.2
1. Bij provinciale verordening worden voor de regionale wateren overheidslichamen aangewezen die geheel of gedeeltelijk zijn belast met het beheer, met inachtneming van artikel 2, tweede lid, van de Waterschapswet. *Waterbeheer, aanwijzing overheidslichamen*
2. Voor zover bij provinciale verordening andere lichamen dan waterschappen worden belast met beheer, zijn de artikelen 4.6, 5.1, 7.2, 8.1 en 8.3 van deze wet niet van toepassing voor de betrokken beheerders, en indien het provincies en gemeenten betreft, evenmin artikel 5.29, behoudens voor zover dat artikel bij of krachtens die verordening van toepassing wordt verklaard voor daarbij aan te wijzen waterstaatswerken, in verband met de bijzondere betekenis van die waterstaatswerken. *Werkingssfeer*
3. Artikel 3.1, derde lid, is van overeenkomstige toepassing. *Schakelbepaling*

Art. 3.2a
Het waterschap draagt zo goed mogelijk zorg voor het voorkomen van schade aan waterstaatswerken veroorzaakt door muskus- en beverratten. *Waterbeheer, bestrijding muskus- en beverratten*

Art. 3.3

Waterkering, alarmeringspeil

1. In het belang van het tijdig nemen van maatregelen bij hoog water dat gevaar voor een tot directe kering van het buitenwater bestemde primaire waterkering kan opleveren, draagt Onze Minister er zorg voor dat:
   a. informatie beschikbaar is over de verwachte afwijkingen van de daartoe door Onze Minister gepubliceerde hoogwaterstanden;
   b. waarschuwingen en verdere inlichtingen worden verschaft aan de beheerders van primaire waterkeringen en colleges van gedeputeerde staten die het betreft, zodra te verwachten is dat bij hoge stormvloed, hoog oppervlakte van een van de grote rivieren, hoog water van het IJsselmeer of het Markermeer of, ten gevolge van een combinatie daarvan, de hoogwaterstand het alarmeringspeil overschrijdt.
2. Alarmeringspeilen als bedoeld in het eerste lid, onderdeel b, worden door Onze Minister telkens voor zes jaren vastgesteld bij in de Staatscourant bekend te maken besluit.

Art. 3.4

Waterbeheer, zuivering stedelijk afvalwater

1. Zuivering van stedelijk afvalwater gebracht in een openbaar vuilwaterriool geschiedt in een daartoe bestemde inrichting onder de zorg van een waterschap. Een zodanige inrichting kan worden geëxploiteerd door het waterschap zelf dan wel door een rechtspersoon die door het bestuur van het waterschap met die zuivering is belast.
2. In afwijking van het eerste lid kunnen het bestuur van het betrokken waterschap en de raad van een betrokken gemeente op voorstel van één van beide partijen besluiten, dat de zuivering van daarbij aangewezen stedelijk afvalwater in die gemeente, vanaf een daarbij te bepalen tijdstip, geschiedt in een daartoe bestemde inrichting onder de zorg van die gemeente. Een besluit als bedoeld in de vorige volzin kan slechts worden genomen op grond dat zulks aantoonbaar doelmatiger is voor de zuivering van stedelijk afvalwater.
3. Het bestuur van het waterschap en de raad van de betrokken gemeente beslissen op een voorstel als bedoeld in het tweede lid, binnen één jaar na de dag waarop het door de raad van de betrokken gemeente dan wel door het bestuur van het waterschap is ontvangen. Bij gebreke van overeenstemming binnen die termijn beslissen, de beide partijen gehoord, gedeputeerde staten.

Art. 3.5

Waterbeheer, inzameling afvloeiend hemelwater

1. De gemeenteraad en het college van burgemeester en wethouders dragen zorg voor een doelmatige inzameling van het afvloeiend hemelwater, voor zover van degene die zich daarvan ontdoet, voornemens is zich te ontdoen of zich moet ontdoen, redelijkerwijs niet kan worden gevergd het afvloeiend hemelwater op of in de bodem of in het oppervlaktewater te brengen.
2. De gemeenteraad en het college van burgemeester en wethouders dragen tevens zorg voor een doelmatige verwerking van het ingezamelde hemelwater. Onder het verwerken van hemelwater kunnen in ieder geval de volgende maatregelen worden begrepen: de berging, het transport, de nuttige toepassing, het, al dan niet na zuivering, terugbrengen op of in de bodem of in het oppervlaktewater van ingezameld hemelwater, en het afvoeren naar een zuiveringtechnisch werk.

Art. 3.6

Waterbeheer, beperking nadelige gevolgen grondwaterstand

1. De gemeenteraad en het college van burgemeester en wethouders dragen zorg voor het in het openbaar gemeentelijke gebied treffen van maatregelen teneinde structureel nadelige gevolgen van de grondwaterstand voor de aan de grond gegeven bestemming zoveel mogelijk te voorkomen of te beperken, voor zover het treffen van die maatregelen doelmatig is en niet tot de zorg van de beheerder of de provincie behoort.
2. De maatregelen, bedoeld in het eerste lid, omvatten mede de verwerking van het ingezamelde grondwater, waaronder in ieder geval worden begrepen de berging, het transport, de nuttige toepassing en het, al dan niet na zuivering, op of in de bodem of in het oppervlaktewater brengen van ingezameld grondwater, en het afvoeren naar een zuiveringtechnisch werk.

§ 1a
De deltacommissaris

Art. 3.6a

Deltacommissaris, aanwijzing

1. Er is een rechtstreeks onder Onze Minister ressorterende regeringscommissaris voor het deltaprogramma. Deze draagt de titel «deltacommissaris».
2. De deltacommissaris wordt aangewezen bij koninklijk besluit, in overeenstemming met het gevoelen van de ministerraad.
3. De deltacommissaris wordt aangewezen voor een periode van ten hoogste zeven jaren en kan nog een maal aangewezen worden voor een periode van ten hoogste zeven jaren. De aanwijzing eindigt van rechtswege met ingang van de datum dat de uitoefening van de functie van deltacommissaris geen onderdeel meer uitmaakt van de werkzaamheden van de betreffende ambtenaar.

Waterwet

Art. 3.6b
De deltacommissaris bevordert de totstandkoming en uitvoering van het deltaprogramma.
Daartoe:
- doet hij jaarlijks een voorstel voor het deltaprogramma en legt dit voor aan Onze Ministers;
- bevordert hij overleg met betrokken bestuursorganen, bedrijven en maatschappelijke organisaties;
- bewaakt hij de voortgang van de uitvoering van het deltaprogramma en rapporteert en adviseert daarover aan Onze Ministers.

Deltacommissaris, taak

Art. 3.6c
De deltacommissaris verkrijgt ten behoeve van de totstandkoming en de uitvoering van het deltaprogramma desgevraagd van Onze Ministers de gegevens die aan hen bij of krachtens de wet dienen te worden verschaft.

Deltacommissaris, gegevensverstrekking

Art. 3.6d
1. Ter uitvoering van artikel 3.6b voert de deltacommissaris regelmatig overleg met betrokken bestuursorganen van provincies, waterschappen en gemeenten.
2. Aan het overleg kunnen, op uitnodiging, ook andere betrokken bestuursorganen deelnemen.
3. In het overleg worden in ieder geval besproken de voortgang van de uitvoering van het deltaprogramma en voorstellen voor maatregelen en voorzieningen in het kader van het deltaprogramma.

Deltacommissaris, overleg

Art. 3.6e
De deltacommissaris is op het terrein van waterbeheer, natuur, milieu of ruimtelijke kwaliteit niet werkzaam in een andere publiek-bestuurlijke of ambtelijke functie of in de private sector.

Deltacommissaris, uitsluiting andere functies

§ 2
Interbestuurlijke samenwerking

Art. 3.7
1. Beheerders van binnen hetzelfde stroomgebieddistrict gelegen watersystemen stellen, voor zover nodig met het oog op een samenhangend en doelmatig waterbeheer, waterakkoorden vast waarin zij de hun beheersgebied overstijgende aspecten van het beheer ten opzichte van elkaar regelen.
2. Beheerders kunnen een ander openbaar gezag uitnodigen aan het waterakkoord deel te nemen, indien dat gezag een waterstaatkundige taak vervult die niet door hen wordt vervuld.
3. Bij of krachtens algemene maatregel van bestuur of, ten aanzien van waterakkoorden die uitsluitend betrekking hebben op regionale wateren, provinciale verordening kunnen nadere regels met betrekking tot waterakkoorden worden gesteld.

Waterbeheer, waterakkoord

Nadere regels

Art. 3.8
Waterschappen en gemeenten dragen zorg voor de met het oog op een doelmatig en samenhangend waterbeheer benodigde afstemming van taken en bevoegdheden waaronder het zelfstandige beheer van inname, inzameling en zuivering van afvalwater.

Waterbeheer, afstemming taken/bevoegdheden

§ 3
Toezicht door hoger gezag

Art. 3.9
Onze Minister oefent het toezicht uit op de primaire waterkeringen.

Primaire waterkering, toezicht minister

Art. 3.10
1. Bij of krachtens provinciale verordening kunnen met het oog op een samenhangend en doelmatig regionaal waterbeheer regels worden gesteld omtrent de door besturen van waterschappen te verstrekken informatie.
2. Indien internationale verplichtingen of bovenregionale belangen dat noodzakelijk maken, kunnen bij of krachtens algemene maatregel van bestuur regels worden gesteld omtrent de door besturen van provincies, waterschappen of gemeenten met betrekking tot het waterbeheer te verstrekken informatie.

Nadere regels

Art. 3.11
1. Bij of krachtens provinciale verordening kunnen met het oog op een samenhangend en doelmatig regionaal waterbeheer regels worden gesteld met betrekking tot de voorbereiding, vaststelling, wijziging en inhoud van door besturen van waterschappen vast te stellen plannen, besluiten of waterakkoorden als bedoeld in artikel 3.7, eerste lid.
2. Indien internationale verplichtingen of bovenregionale belangen dat noodzakelijk maken, kunnen bij of krachtens algemene maatregel van bestuur regels worden gesteld met betrekking tot de voorbereiding, vaststelling, wijziging en inhoud van door besturen van provincies of waterschappen in het kader van het waterbeheer vast te stellen plannen, besluiten of waterakkoorden als bedoeld in artikel 3.7, eerste lid.

Art. 3.12

Waterbeheer, aanwijzing door GS

1. Gedeputeerde staten kunnen, indien een samenhangend en doelmatig regionaal waterbeheer dat vordert, het bestuur van een waterschap een aanwijzing geven omtrent de uitoefening van bevoegdheden of de uitvoering van taken. Indien het een waterschap betreft waarvan het gebied in twee of meer provincies is gelegen, wordt de aanwijzing gegeven door gedeputeerde staten van de provincie of provincies waaraan het toezicht op het waterschap is opgedragen.
2. Bij de aanwijzing wordt een termijn gesteld waarbinnen uitvoering wordt gegeven aan de aanwijzing.
3. Een aanwijzing wordt niet gegeven dan nadat het bestuur van het waterschap in de gelegenheid is gesteld van zijn gevoelens omtrent het voornemen tot het geven van de aanwijzing te doen blijken, tenzij spoedeisende omstandigheden zich daartegen verzetten.
4. Wanneer het bestuur van een waterschap niet, niet tijdig of niet naar behoren gevolg geeft aan de aanwijzing, zijn gedeputeerde staten bevoegd daarin namens dat bestuur en ten laste van dat waterschap te voorzien. Indien gedeputeerde staten gebruikmaken van deze bevoegdheid, melden zij dit onverwijld aan Onze Minister.

Art. 3.13

Waterbeheer, aanwijzing door Minister

1. Onze Minister kan, indien internationale verplichtingen of bovenregionale belangen dat noodzakelijk maken, gedeputeerde staten of het bestuur van een waterschap een aanwijzing geven omtrent de uitoefening van bevoegdheden of de uitvoering van taken in het kader van het waterbeheer. Artikel 3.12, tweede lid, is van overeenkomstige toepassing.
2. Een aanwijzing wordt niet gegeven dan nadat het betrokken bestuursorgaan en, indien de aanwijzing is gericht tot het bestuur van een waterschap, gedeputeerde staten van de provincie of provincies waaraan het toezicht op dat waterschap is opgedragen, in de gelegenheid zijn gesteld van hun gevoelens omtrent het voornemen tot het geven van de aanwijzing te doen blijken, tenzij spoedeisende omstandigheden zich daartegen verzetten.
3. Wanneer het bestuur van een waterschap een krachtens het eerste lid gevorderde beslissing niet of niet naar behoren neemt dan wel een krachtens het eerste lid gevorderde handeling niet of niet naar behoren verricht of anderszins een krachtens het eerste lid gevorderd resultaat niet, niet tijdig of niet naar behoren tot stand brengt, besluit Onze Minister daarin te voorzien ten laste van het waterschap. De artikelen 121, tweede en vierde lid, 121a tot en met 121e van de Provinciewet zijn van overeenkomstige toepassing.

Art. 3.14

Waterbeheer, verdeling kosten hoogwaterbescherming

1. Onze Minister ziet toe op een evenwichtige onderlinge verdeling van de kosten omtrent hoogwaterbescherming voor waterschappen.
2. Onze Minister informeert beide Kamers der Staten-Generaal van een voorgenomen wijziging in de verdeling van de kosten, bedoeld in het eerste lid.

Hoofdstuk 4
Plannen

§ 1
Het nationale waterplan

Art. 4.1

Nationaal waterplan, inhoud

1. Onze Ministers leggen in een nationaal waterplan de hoofdlijnen vast van het nationale waterbeleid en de daartoe behorende aspecten van het nationale ruimtelijke beleid. Het plan is voor de ruimtelijke aspecten tevens een structuurvisie als bedoeld in artikel 2.3, tweede lid, van de Wet ruimtelijke ordening.
2. De hoofdlijnen omvatten in ieder geval:
a. een aanduiding, in het licht van de wettelijke doelstellingen en normen, van de gewenste ontwikkeling, werking en bescherming van de watersystemen, alsmede van de bijbehorende termijnen;
b. een uiteenzetting van de maatregelen en voorzieningen, die met het oog op die ontwikkeling, werking en bescherming nodig zijn;
c. een aanduiding van de redelijkerwijze te verwachten financiële en economische gevolgen van het te voeren beleid;
d. een visie op de gewenste ontwikkelingen in verband met het voorkoming en waar nodig beperking van overstromingen en waterschaarste, voor een periode van ten minste veertig jaren mede in verband met de verwachte klimaatveranderingen.
3. In het plan worden voorts opgenomen:
a. de stroomgebiedbeheerplannen voor de stroomgebieddistricten Rijn, Maas, Schelde en Eems, voor zover die betrekking hebben of mede betrekking hebben op het Nederlandse grondgebied;
b. het Noordzeebeleid;
c. de functies van de rijkswateren.

Art. 4.2
Onze Ministers zenden het vastgestelde nationale waterplan aan de Staten-Generaal.

Nationaal waterplan, verzending naar Staten-Generaal

Art. 4.3
1. Bij of krachtens algemene maatregel van bestuur worden regels gesteld omtrent de voorbereiding, inrichting en inhoud van het nationale waterplan, met inbegrip van de stroomgebiedbeheerplannen voor de stroomgebieddistricten Rijn, Maas, Schelde en Eems, voor zover die betrekking hebben of mede betrekking hebben op het Nederlandse grondgebied. Deze regels voorzien in elk geval in:
a. de wijze waarop het ontwerp van het plan in gemeenschappelijk overleg met vertegenwoordigers uit de kring van de besturen van alle provincies, waterschappen en gemeenten wordt voorbereid;
b. raadpleging van de bevoegde autoriteiten van de andere staten in de stroomgebieddistricten Rijn, Maas, Schelde en Eems;
c. met betrekking tot het Noordzeebeleid: raadpleging van de bevoegde autoriteiten van andere betrokken staten en
d. inspraak van ingezetenen en belanghebbenden.
2. Onze Ministers brengen de ontvangen zienswijzen over het ontwerp voor een internationaal stroomgebiedbeheerplan, voor zover die zienswijzen niet uitsluitend betrekking hebben op het Nederlandse deel van dat plan, ter kennis van de bevoegde autoriteiten van de betrokken staten.

Nadere regels

§ 2
Regionale waterplannen

Art. 4.4
1. Provinciale staten leggen in een of meer regionale waterplannen de hoofdlijnen vast van het in de provincie te voeren waterbeleid en de daartoe behorende aspecten van het provinciale ruimtelijke beleid. Deze plannen zijn voor de ruimtelijke aspecten tevens structuurvisies als bedoeld in artikel 2.2, tweede lid, van de Wet ruimtelijke ordening.
2. De hoofdlijnen omvatten in ieder geval:
a. de vastlegging van de functies van de regionale wateren;
b. een aanduiding, in het licht van de wettelijke doelstellingen en normen en in samenhang met de onder a bedoelde functies, van de gewenste ontwikkeling, werking en bescherming van de regionale wateren, alsmede van de bijbehorende termijnen;
c. een uiteenzetting van de maatregelen en voorzieningen die met het oog op de onder b bedoelde ontwikkeling, werking en bescherming nodig zijn;
d. een aanduiding van de redelijkerwijze te verwachten financiële en economische gevolgen van het te voeren beleid.
3. Provinciale staten dragen er in samenwerking met de staten van aangrenzende provincies zorg voor, dat de regionale waterplannen tezamen betrekking hebben op het totale grondgebied van alle provincies.

Regionaal waterplan, inhoud

Art. 4.5
1. Provinciale staten stellen bij verordening regels met betrekking tot de voorbereiding, vormgeving en inrichting van het regionale waterplan. Zij stellen daarbij in elk geval regels met betrekking tot:
a. de wijze waarop het ontwerp van het plan in gemeenschappelijk overleg met de beheerders van de watersystemen in de provincie, alsmede de gemeentebesturen wordt voorbereid;
b. de raadpleging van Onze Minister, gedeputeerde staten van de aangrenzende provincies en, met betrekking tot grensvormende of grensoverschrijdende watersystemen, de ten aanzien van die watersystemen bevoegde Duitse of Belgische autoriteiten;
c. de inspraak van belanghebbenden en ingezetenen van de provincie.
2. Een vastgesteld regionaal waterplan wordt toegezonden aan Onze Minister.

Regionaal waterplan, voorbereiding/vormgeving/inrichting

Regionaal waterplan, verzending aan minister

§ 3
Beheerplannen

Art. 4.6
1. Een beheerder stelt met betrekking tot de watersystemen onder zijn beheer een beheerplan vast. Daarbij wordt voor regionale wateren rekening gehouden met het regionale waterplan dat betrekking heeft op die regionale wateren, en dient de afstemming op beheerplannen van andere beheerders, indien sprake is of zou kunnen zijn van samenhang tussen de onderscheidene watersystemen, te zijn gewaarborgd.
2. Het plan bevat:

Beheerplan, vaststelling

Beheerplan, inhoud

a. het programma van de maatregelen en voorzieningen die, in aanvulling op en ter uitwerking van hetgeen in het nationale of regionale plan is opgenomen over maatregelen, nodig zijn met het oog op de ontwikkeling, werking en bescherming van rijkswateren, onderscheidenlijk regionale wateren, onder vermelding van de bijbehorende termijnen;
b. aanvullende toekenning van functies aan rijkswateren of regionale wateren, voor zover het nationale, onderscheidenlijk regionale, plan voorziet in de mogelijkheid daartoe;
c. de voornemens voor de wijze waarop het beheer wordt gevoerd;
d. een overzicht van de financiële middelen, die voor de uitvoering van het programma en het te voeren beheer nodig zijn.

Art. 4.7

Nadere regels

1. Bij of krachtens algemene maatregel van bestuur of provinciale verordening worden regels gesteld omtrent de voorbereiding, alsmede de vormgeving en inrichting van beheerplannen betreffende rijkswateren, onderscheidenlijk regionale wateren. Deze regels hebben in elk geval betrekking op:
a. de raadpleging van de in artikel 4.6, eerste lid, bedoelde beheerders alsmede gedeputeerde staten van de provincies en de besturen van de veiligheidsregio's waarbinnen de watersystemen of onderdelen daarvan zijn gelegen, alsmede de ten aanzien van grensvormende of grensoverschrijdende wateren bevoegde Belgische, Duitse of Britse autoriteiten;
b. inspraak van belanghebbenden en ingezetenen van het beheersgebied.
2. Bij de maatregel of verordening, bedoeld in het eerste lid, wordt voorzien in toezending of kennisgeving van een vastgesteld beheerplan aan de ingevolge het eerste lid geraadpleegde instanties alsmede Onze Minister.

§ 4
Periodieke herziening van plannen

Art. 4.8

Plannen, herziening

1. De in dit hoofdstuk bedoelde plannen worden eenmaal in de zes jaren herzien. Voorts is tussentijdse herziening van de plannen mogelijk.
2. Bij algemene maatregel van bestuur kunnen regels worden gesteld met betrekking tot de termijn waarbinnen de herziening van een plan operationeel moet zijn.

Hoofdstuk 4a
Deltaprogramma

Art. 4.9

Deltaprogramma, inhoud

1. Er is een deltaprogramma.
2. Het deltaprogramma bevat, in verband met de opgaven op het gebied van waterveiligheid en zoetwatervoorziening:
a. maatregelen en voorzieningen van nationaal belang ter voorkoming en waar nodig beperking van overstromingen en waterschaarste;
b. maatregelen en voorzieningen ter bescherming of verbetering van de chemische of ecologische kwaliteit van watersystemen, voor zover deze onderdeel uitmaken van de opgaven.
3. Het deltaprogramma kan tevens ambities op andere beleidsterreinen bevatten, mits deze niet ten koste gaan van de opgaven, bedoeld in het tweede lid.
4. Van het deltaprogramma kunnen tevens deel uitmaken onderzoeken ten behoeve van de in het tweede en derde lid bedoelde maatregelen en voorzieningen.
5. In het deltaprogramma wordt jaarlijks voor de eerstvolgende zes jaren zo gedetailleerd als redelijkerwijs mogelijk is aangegeven welke maatregelen en voorzieningen in die periode zullen worden uitgevoerd en welke middelen daarvoor beschikbaar worden gesteld voor:
a. opgaven als bedoeld in het tweede lid, onderdeel a respectievelijk onderdeel b, waarbij onderscheid wordt gemaakt tussen beheer en onderhoud enerzijds en aanleg anderzijds;
b. ambities als bedoeld in het derde lid, waarbij wordt aangegeven hoe deze ambities worden gefinancierd;
c. onderzoeken als bedoeld in het vierde lid.
Tevens geeft het indicatief aan welke maatregelen of soorten van maatregelen in de daaropvolgende twaalf jaren worden voorzien en welke middelen daarvoor vermoedelijk beschikbaar zijn bij ongewijzigd beleid.
6. Het deltaprogramma maakt zichtbaar op welke wijze daarmee bijgedragen wordt aan het bereiken van de doelstellingen van het nationale waterplan op het gebied van waterveiligheid en zoetwatervoorziening.
7. In het deltaprogramma wordt aangegeven op welke wijze rekening is gehouden met het voorstel en de adviezen, bedoeld in artikel 3.6b.

## Art. 4.10

1. Onze Minister biedt jaarlijks, gelijktijdig met de begroting van het deltafonds voor het nieuwe jaar het deltaprogramma aan de Staten-Generaal aan.   *Deltaprogramma, Staten-Generaal*
2. Onze Minister stelt de Staten-Generaal schriftelijk op de hoogte van de gevolgtrekkingen die hij aan de beraadslagingen in de Staten-Generaal over het deltaprogramma verbindt voor de uitvoering van dat programma.
3. Gevolgtrekkingen als bedoeld in het tweede lid worden aangemerkt als onderdeel van het deltaprogramma.

Hoofdstuk 5
Aanleg en beheer van waterstaatswerken

§ 1
Algemene bepalingen

Art. 5.1

1. De beheerder draagt zorg voor de vaststelling van een legger, waarin is omschreven waaraan waterstaatswerken naar ligging, vorm, afmeting en constructie moeten voldoen. Van de legger maakt deel uit een overzichtskaart, waarop de ligging van waterstaatswerken en daaraan grenzende beschermingszones staat aangegeven.   *Waterstaatswerk, vaststelling legger*
2. De legger gaat vergezeld van een technisch beheersregister met betrekking tot primaire waterkeringen dan wel waterkeringen ten aanzien waarvan toepassing is gegeven aan artikel 2.4, waarin de voor het behoud van het waterkerend vermogen kenmerkende gegevens van de constructie en de feitelijke toestand nader zijn omschreven.
3. Bij of krachtens provinciale verordening of, ten aanzien van waterstaatswerken in beheer bij het Rijk, algemene maatregel van bestuur kunnen nadere voorschriften worden gegeven ten aanzien van de inhoud, vorm en periodieke herziening van de legger voor daarbij te onderscheiden categorieën van waterstaatswerken. Voorts kan daarbij vrijstelling worden verleend van de in het eerste lid bedoelde verplichtingen met betrekking tot bepaalde waterstaatswerken die zich naar hun aard of functie niet lenen voor het omschrijven van die elementen dan wel van geringe afmetingen zijn.   *Nadere regels*

Art. 5.2

1. Een beheerder is verplicht voor daartoe aan te wijzen oppervlaktewater- of grondwaterlichamen onder zijn beheer één of meer peilbesluiten vast te stellen.   *Waterbeheer, vaststelling peilbesluit*
2. In een peilbesluit worden waterstanden of bandbreedten waarbinnen waterstanden kunnen variëren vastgesteld, die gedurende daarbij aangegeven perioden zoveel mogelijk worden gehandhaafd.
3. De aanwijzing vindt plaats bij of krachtens algemene maatregel van bestuur dan wel bij of krachtens provinciale verordening voor zover het betreft rijkswateren onderscheidenlijk regionale wateren. Bij de maatregel of de verordening kunnen ten aanzien van rijkswateren onderscheidenlijk regionale wateren nadere regels worden gesteld met betrekking tot het peilbesluit.

Art. 5.3

De beheerder neemt, met inachtneming van de bij of krachtens hoofdstuk 2 gestelde regels, ten aanzien van de waterstaatswerken onder zijn beheer de nodige maatregelen voor het veilig en doelmatig gebruik daarvan, overeenkomstig de krachtens hoofdstuk 4 aan die waterstaatswerken toegekende functies.   *Waterstaatswerk, veilig/doelmatig gebruik*

Art. 5.4

1. De aanleg of wijziging van een waterstaatswerk door of vanwege de beheerder geschiedt overeenkomstig een daartoe door hem vast te stellen projectplan. Met de aanleg of wijziging van een waterstaatswerk wordt gelijkgesteld de uitvoering van een werk tot beïnvloeding van een grondwaterlichaam.   *Waterstaatswerk, aanleg conform projectplan*
2. Het plan bevat ten minste een beschrijving van het betrokken werk en de wijze waarop dat zal worden uitgevoerd, alsmede een beschrijving van de te treffen voorzieningen, gericht op het ongedaan maken of beperken van de nadelige gevolgen van de uitvoering van het werk. Voor in bij algemene maatregel van bestuur te bepalen gevallen bevat het plan een inventarisatie van maatschappelijke functies en ambities en mogelijke innovaties waarmee de aanleg of wijziging van een waterstaatswerk gecombineerd zou kunnen worden, inclusief de mogelijkheden om het desbetreffende werk middels een concessie voor werken of andere vorm van publiek-private samenwerking te realiseren.
3. Bij of krachtens de algemene maatregel van bestuur, bedoeld in het tweede lid, kunnen regels worden gesteld over de wijze waarop de inventarisatie wordt uitgevoerd en private partijen daarbij betrokken worden.
4. De voordracht voor een krachtens het tweede lid vast te stellen algemene maatregel van bestuur wordt niet eerder gedaan dan vier weken nadat het ontwerp aan beide kamers der Staten-Generaal is overgelegd.

A70 art. 5.5   **Waterwet**

5. Indien het plan de verlegging van een primaire waterkering betreft, kan het voorts voorzieningen bevatten met betrekking tot de inpassing in de omgeving van het gebied tussen de plaats waar de oorspronkelijke primaire waterkering is gelegen, en de plaats waar de nieuwe primaire waterkering komt te liggen.
6. Het eerste lid is niet van toepassing, indien ten aanzien van een in dat lid bedoeld werk de Tracéwet of de Spoedwet wegverbreding van toepassing is, of indien ten aanzien van dat werk toepassing wordt gegeven aan afdeling 3.5 van de Wet ruimtelijke ordening.

§ 2
Projectprocedure voor waterstaatswerken

Art. 5.5

Waterstaatswerk, projectprocedure

Deze paragraaf is van toepassing op projectplannen tot aanleg, verlegging of versterking van primaire waterkeringen en, in de gevallen bij of krachtens provinciale verordening bepaald, op projectplannen van besturen van waterschappen voor de aanleg of wijziging van andere waterkeringen dan primaire waterkeringen en op andere waterstaatswerken van bovenlokale betekenis die met spoed en op gecoördineerde wijze tot stand moeten worden gebracht.

Art. 5.6

Projectplan, toepasselijkheid Awb

1. Op de voorbereiding van het projectplan is afdeling 3.4 van de Algemene wet bestuursrecht van toepassing.
2. De terinzagelegging, bedoeld in artikel 3:11 van de Algemene wet bestuursrecht, geschiedt tevens ten kantore van de betrokken bestuursorganen. Zienswijzen kunnen naar voren worden gebracht door een ieder.

Primaire waterkering, vaststelling projectplan

3. De beheerder stelt een projectplan tot aanleg, verlegging of versterking van een primaire waterkering vast binnen twaalf weken nadat de termijn voor het naar voren brengen van zienswijzen is verstreken. Na vaststelling zendt hij het plan onverwijld aan gedeputeerde staten.

Art. 5.7

Projectplan, goedkeuring

1. Het projectplan behoeft de goedkeuring van gedeputeerde staten van de provincie op wier grondgebied het wordt uitgevoerd. De goedkeuring kan slechts worden onthouden wegens strijd met het recht of het algemeen belang.
2. Indien het een waterstaatswerk betreft dat in meer dan één provincie is gelegen, kunnen gedeputeerde staten van de desbetreffende provincies bij overeenstemmende besluiten bepalen dat gedeputeerde staten van de provincie waarin het waterstaatswerk in hoofdzaak is gelegen, belast zijn met de goedkeuring van het projectplan.
3. In afwijking van artikel 10:31, tweede en derde lid, van de Algemene wet bestuursrecht kan het nemen van een besluit omtrent de goedkeuring van een projectplan tot aanleg, verlegging of versterking van een primaire waterkering niet worden verdaagd.

Art. 5.8

Projectplan, coördinatie voorbereiding besluiten

1. Gedeputeerde staten bevorderen een gecoördineerde voorbereiding van de besluiten die nodig zijn ter uitvoering van het projectplan.
2. Gedeputeerde staten kunnen van andere betrokken bestuursorganen de medewerking vorderen die voor het welslagen van de coördinatie nodig is. Die bestuursorganen verlenen de van hen gevorderde medewerking.
3. Indien het een waterstaatswerk betreft dat in meer dan één provincie is gelegen, kunnen gedeputeerde staten van de desbetreffende provincies bij overeenstemmende besluiten bepalen dat gedeputeerde staten van een van die provincies de coördinatie van de voorbereiding van de in het eerste lid bedoelde besluiten bevorderen.
4. Ten aanzien van aanvragen tot het nemen van besluiten als bedoeld in het eerste lid is de beheerder mede bevoegd deze in te dienen bij de bevoegde bestuursorganen.

Art. 5.9

Voorbereiding projectplan, toepasselijkheid Awb

Op de voorbereiding van de in artikel 5.8, eerste lid, bedoelde besluiten is afdeling 3.4 van de Algemene wet bestuursrecht van toepassing, met dien verstande dat:
a. de ontwerpen van de besluiten binnen een door gedeputeerde staten te bepalen termijn worden toegezonden aan gedeputeerde staten, die zorg dragen voor de in artikel 3:13, eerste lid, van die wet bedoelde toezending;
b. gedeputeerde staten ten aanzien van de ontwerpen van de besluiten gezamenlijk toepassing kunnen geven aan de artikelen 3:11, eerste lid, en 3:12 van die wet;
c. zienswijzen naar voren kunnen worden gebracht door een ieder;
d. in afwijking van artikel 3:18 van die wet de besluiten worden genomen binnen een door gedeputeerde staten te bepalen termijn;
e. de besluiten onverwijld worden gezonden aan gedeputeerde staten;
f. gedeputeerde staten beslissen over de toepassing van artikel 3:18, tweede lid, van die wet.

Art. 5.10
Voor zover een bestemmingsplan voor de uitvoering van werken en werkzaamheden een omgevingsvergunning voor een aanlegactiviteit als bedoeld in artikel 2.1, eerste lid, onder b, van de Wet algemene bepalingen omgevingsrecht vereist, geldt zodanige eis niet in het gebied dat is begrepen in een vastgesteld projectplan.

Projectplan, vervallen eis omgevingsvergunning voor aanlegactiviteit

Art. 5.11
1. Indien een bestuursorgaan, niet zijnde een bestuursorgaan van het Rijk, dat in eerste aanleg bevoegd is te beslissen op een aanvraag tot het nemen van een besluit dat nodig is ter uitvoering van het projectplan, niet of niet tijdig een ontwerp-besluit op de aanvraag aan gedeputeerde staten zendt, dan wel niet, niet tijdig of niet in overeenstemming met het projectplan beslist of een beslissing neemt die naar het oordeel van gedeputeerde staten wijziging behoeft, kunnen gedeputeerde staten een beslissing op de aanvraag nemen. In het laatste geval treedt hun besluit in de plaats van het besluit van het in eerste aanleg bevoegde bestuursorgaan. Indien gedeputeerde staten voornemens zijn zelf een beslissing op de aanvraag te nemen, plegen zij overleg met het bestuursorgaan dat in eerste aanleg bevoegd is te beslissen.

Projectplan, beslissing GS op aanvraag besluiten ter uitvoering projectplan

2. Het eerste lid is van overeenkomstige toepassing op ambtshalve te nemen besluiten ter uitvoering van het projectplan en andere besluiten dan die ter uitvoering van het projectplan, welke zijn gericht op de realisering van de in het projectplan opgenomen voorzieningen.

Schakelbepaling

3. Indien bij de toepassing van het eerste lid de in dat lid bedoelde beslissing op een aanvraag tot het nemen van een besluit wordt genomen door gedeputeerde staten, draagt het bestuursorgaan dat in eerste aanleg bevoegd was te beslissen op de aanvraag de ter zake ontvangen leges over aan gedeputeerde staten.

Art. 5.12
De in artikel 5.8, eerste lid, bedoelde besluiten worden, voor zover zij gecoördineerd zijn voorbereid, gelijktijdig door gedeputeerde staten bekendgemaakt.

Projectplan, bekendmaking besluiten

Art. 5.13
1. Tegen een besluit als bedoeld in artikel 5.7, eerste lid, kan geen beroep bij de bestuursrechter worden ingesteld door een belanghebbende aan wie redelijkerwijze kan worden verweten dat hij geen zienswijzen als bedoeld in artikel 3:15 van de Algemene wet bestuursrecht naar voren heeft gebracht tegen het ontwerp van het projectplan waarop de goedkeuring betrekking heeft.

Projectplan, beroep tegen goedkeuring

2. In afwijking van artikel 6:8 van de Algemene wet bestuursrecht vangt de termijn voor het indienen van een beroepschrift tegen de besluiten, bedoeld in artikel 5.8, eerste lid, aan met ingang van de dag na die waarop de in artikel 5.12 bedoelde bekendmaking is geschied.

Art. 5.14
1. Onteigening ingevolge titel II of IIa van de onteigeningswet kan mede geschieden ter uitvoering van de in een projectplan opgenomen voorzieningen, bedoeld in artikel 5.4, tweede of vijfde lid.

Projectplan, onteigening

2. De in artikel 18, eerste lid, van de onteigeningswet bedoelde dagvaarding kan geschieden nadat het projectplan door gedeputeerde staten is goedgekeurd. De rechtbank spreekt de onteigening niet uit dan nadat het projectplan onherroepelijk is geworden.

§ 3
Bijzondere bepalingen met betrekking tot verontreiniging van de bodem en oever van oppervlaktewaterlichamen

Art. 5.15
1. Indien ten gevolge van een ongewoon voorval de bodem of oever van een oppervlaktewaterlichaam zodanig is of dreigt te worden verontreinigd of aangetast dat de kwaliteit van die bodem of oever een belemmering kan vormen voor het bereiken van de gewenste gebiedskwaliteit, neemt de beheerder onverwijld de naar zijn oordeel noodzakelijke maatregelen ten einde de oorzaak van de verontreiniging of aantasting weg te nemen en de verontreiniging of de aantasting en de directe gevolgen daarvan te beperken en zoveel mogelijk ongedaan te maken.

Oppervlaktewaterlichaam, verontreiniging bodem/oever

2. De artikelen 30, tweede tot en met het vierde lid, en 74 van de Wet bodembescherming zijn van overeenkomstige toepassing, met dien verstande dat voor «gedeputeerde staten» wordt gelezen: de beheerder.

Schakelbepaling

Art. 5.16
1. De beheerder kan rechthebbenden ten aanzien van gronden, waarin zich een verontreiniging bevindt die een belemmering kan vormen voor het bereiken van de gewenste gebiedskwaliteit en die zijn gelegen in of deel uitmaken van de bodem of oever van een oppervlaktewaterlichaam, bevelen op daarbij aangegeven wijze onderzoek te verrichten naar die verontreiniging.

Verontreiniging bodem/oever, maatregelen beheerder

2. De beheerder kan degene, door wiens handelen een verontreiniging van de bodem of oever van een oppervlaktewaterlichaam is veroorzaakt, bevelen op daarbij aangegeven wijze onderzoek te verrichten naar die verontreiniging.

3. De beheerder kan rechthebbenden ten aanzien van gronden, waarin zich een verontreiniging bevindt die een belemmering vormt voor het bereiken van de gewenste gebiedskwaliteit en die zijn gelegen in of deel uitmaken van de bodem of oever van een oppervlaktewaterlichaam, bevelen op daarbij aangegeven wijze tijdelijke beveiligingsmaatregelen te treffen.
4. De in het eerste en derde lid bedoelde bevelen worden slechts gegeven aan rechthebbenden ten aanzien van gronden, die zij in gebruik hebben of hebben gehad in de uitoefening van een bedrijf.

Art. 5.17

Verontreiniging bodem/oever, reikwijdte maatregelen

1. Indien de beheerder maatregelen of voorzieningen als bedoeld in artikel 4.6, tweede lid, onder a, treft in verband met een verontreiniging of aantasting van de bodem of oever van een oppervlaktewaterlichaam die een belemmering vormt voor het bereiken van de gewenste gebiedskwaliteit, en deze verontreiniging of aantasting zich niet beperkt tot die bodem of oever, hebben die maatregelen of voorzieningen tevens betrekking op de bodem die niet behoort tot de bodem of oever van het oppervlaktewaterlichaam, voor zover:
a. de bron van de verontreiniging of aantasting in de bodem of oever van het oppervlaktewaterlichaam is gelegen, en
b. de verontreiniging of aantasting van de bodem die niet tot de bodem of oever van een oppervlaktewaterlichaam behoort tot ernstige risico's leidt.
2. In een geval als bedoeld in het eerste lid pleegt de beheerder, alvorens de maatregelen of voorzieningen te treffen, ter zake overleg met het bevoegde bestuursorgaan ingevolge de Wet bodembescherming.

Verontreiniging bodem/oever, toepasselijkheid Wet bodembescherming

3. Paragraaf 3 van hoofdstuk IV van de Wet bodembescherming is niet van toepassing op maatregelen of voorzieningen als bedoeld in het eerste lid die de beheerder treft in de bodem die niet behoort tot de bodem of oever van een oppervlaktewaterlichaam.

Art. 5.18

Verontreiniging bodem/oever, overleg met bevoegd bestuursorgaan

Indien een verontreiniging of aantasting van de bodem of oever van een oppervlaktewaterlichaam als bedoeld in artikel 6.8 zich niet beperkt tot die bodem of oever, pleegt de beheerder, alvorens van zijn bevoegdheden gebruik te maken, ter zake overleg met het bevoegde bestuursorgaan ingevolge de Wet bodembescherming.

Art. 5.19

Nadere regels

Bij of krachtens algemene maatregel van bestuur kan worden bepaald in welke gevallen de kwaliteit van de bodem of oever van een oppervlaktewaterlichaam een belemmering vormt voor het realiseren van de gewenste gebiedskwaliteit. Bij of krachtens die maatregel kan worden bepaald in welke gevallen een ingreep in de bodem of oever van een oppervlaktewaterlichaam zonder meer is vereist.

§ 4
Gedoogplichten en bijzondere bevoegdheden

Art. 5.20

Waterbeheer, gedoogplicht

1. De met de inspectie van watersystemen of onderdelen daarvan belaste personen, werkzaam onder verantwoordelijkheid van de beheerder, zijn bevoegd, met medeneming van de benodigde apparatuur, elke plaats te betreden met uitzondering van woningen zonder toestemming van de bewoner.
2. Onze Minister of het bestuur van een waterschap is bevoegd tot het geven van een machtiging als bedoeld in artikel 3, tweede lid, van de Algemene wet op het binnentreden, tot het zonder toestemming van de bewoner binnentreden in een woning door een of meer daartoe bij besluit van Onze Minister of dat bestuur aangewezen personen, voor zover die woning deel uitmaakt van een waterstaatswerk of daarmee rechtstreeks in verbinding staat.

Schakelbepaling

3. De artikelen 5:13, 5:15, tweede en derde lid, 5:16 en 5:20 van de Algemene wet bestuursrecht zijn van overeenkomstige toepassing.

Art. 5.21

Gedoogplicht, onderzoek gronden

1. De beheerder of, in voorkomende gevallen, gedeputeerde staten kunnen, voor zover dat voor de vervulling van hun taken redelijkerwijs nodig is, rechthebbenden ten aanzien van gronden de verplichting opleggen om op of in die gronden onderzoeken en daarmee verband houdende werkzaamheden te gedogen.
2. Spoedeisende gevallen uitgezonderd, wordt de beschikking waarbij de gedoogplicht wordt opgelegd, ten minste twee weken voor aanvang van het onderzoek aan de rechthebbenden bekendgemaakt.

Art. 5.22

Gedoogplicht, opleggen

1. Degene die ter verkrijging van gegevens, benodigd voor de aanvraag of wijziging van een watervergunning of ter voldoening aan een andere op grond van deze wet, dan wel een verordening van waterschap of provincie in het kader van het waterbeheer, op hem rustende verplichting, onderzoek moet verrichten op of in gronden ten aanzien waarvan hem de nodige bevoegdheid ontbreekt, kan, indien de rechthebbenden ten aanzien van die gronden geen toe-

Waterwet   **A70** art. 5.30

stemming verlenen, de beheerder of het op grond van hoofdstuk 6 bevoegde gezag verzoeken de rechthebbenden daartoe een gedoogplicht overeenkomstig artikel 5.21 op te leggen.
2. De beheerder, onderscheidenlijk het bevoegde gezag, stelt bij het opleggen van de gedoogplicht zodanige voorwaarden dat de vergoeding van schade aan de rechthebbenden op voldoende wijze is verzekerd.

Art. 5.23
1. Rechthebbenden ten aanzien van onroerende zaken zijn gehouden onderhouds- en herstelwerkzaamheden aan waterstaatswerken te gedogen, voorzover die werkzaamheden geschieden door of onder toezicht van de beheerder.   *Gedoogplicht, onderhouds- en herstelwerkzaamheden*
2. Rechthebbenden ten aanzien van gronden, gelegen aan of in een oppervlaktewaterlichaam waarvan het onderhoud geschiedt door of onder toezicht van een beheerder, zijn gehouden op die gronden specie en maaisel te ontvangen, die tot regulier onderhoud van dat oppervlaktewaterlichaam worden verwijderd.
3. De beheerder stelt de rechthebbenden ten minste achtenveertig uur van tevoren schriftelijk in kennis van de voorgenomen werkzaamheden.

Art. 5.24
1. De beheerder kan, voor zover dat voor de vervulling van zijn taken redelijkerwijs nodig is, rechthebbenden ten aanzien van onroerende zaken de verplichting opleggen om de aanleg of wijziging van een waterstaatswerk en de daarmee verband houdende werkzaamheden te gedogen, wanneer naar zijn oordeel de belangen van die rechthebbenden onteigening niet vorderen.   *Gedoogplicht, aanleg/wijziging waterstaatswerk*
2. Artikel 5.21, tweede lid, is van toepassing.   *Schakelbepaling*

Art. 5.25
1. Rechthebbenden ten aanzien van onroerende zaken zijn gehouden te gedogen dat op of aan die zaken door of vanwege de beheerder meetmiddelen, seinen, merken of andere tekens worden aangebracht en in stand gehouden, indien dat naar het oordeel van de beheerder nodig is in verband met de functievervulling van een waterstaatswerk.   *Gedoogplicht, aanbrengen meetmiddelen/seinen/merken*
2. Het eerste lid is van overeenkomstige toepassing op verkeerstekens die door of vanwege het op grond van de Scheepvaartverkeerswet bevoegde gezag worden aangebracht en in stand gehouden.

Art. 5.26
Rechthebbenden ten aanzien van onroerende zaken, gelegen in of deel uitmakend van een oppervlaktewaterlichaam of bergingsgebied, zijn gehouden wateroverlast en overstromingen ten gevolge van de afvoer of tijdelijke berging van oppervlaktewater te dulden.   *Gedoogplicht, dulden wateroverlast en overstromingen*

Art. 5.27
Rechthebbenden ten aanzien van gronden waarin het grondwater invloed ondergaat door het onttrekken van grondwater of het infiltreren van water krachtens een watervergunning, zijn, onverminderd artikel 7.18, gehouden dat onttrekken of infiltreren te gedogen.   *Gedoogplicht, onttrekken of infiltreren van grondwater*

§ 5
Gevaar voor waterstaatswerken

Art. 5.28
1. In deze paragraaf wordt verstaan onder gevaar: omstandigheden waardoor de goede staat van een of meer waterstaatswerken onmiddellijk en ernstig in het ongerede is of dreigt te geraken.   *Waterstaatswerken, gevaar*
2. Artikel 5.29, eerste lid, tweede volzin, is niet van toepassing op gevaar dat uitgaat van een wrak in de zin van de Wet bestrijding maritieme ongevallen dat zich bevindt in de Noordzee dan wel wordt veroorzaakt door voorvallen of omstandigheden als bedoeld in artikel 16 of 18 van die wet.   *Gevaar, ongeval als bedoeld in Wet bestrijding ongevallen Noordzee*

Art. 5.29
1. De beheerder draagt zorg voor het houden van oefeningen in doeltreffend optreden bij gevaar. Tevens stelt hij voor de waterstaatswerken onder zijn beheer een calamiteitenplan vast, dat voldoet aan bij of krachtens algemene maatregel van bestuur te stellen regels.   *Gevaar, vaststellen calamiteitenplan*
2. In het calamiteitenplan wordt de afstemming op crisisplannen en voor het waterbeheer van belang zijnde rampbestrijdingsplannen, vastgesteld voor het gebied waarin de waterstaatswerken zijn gelegen, gewaarborgd.
3. Het ontwerp van een calamiteitenplan wordt in elk geval voor commentaar gezonden aan de besturen van de veiligheidsregio's waarbinnen de waterstaatswerken zijn gelegen.

Art. 5.30
1. De beheerder is in geval van gevaar, zolang de daardoor ontstane situatie zulks noodzakelijk maakt, bevoegd de maatregelen te treffen die hij nodig oordeelt, zo nodig in afwijking van wettelijke voorschriften, met dien verstande dat hij geen maatregelen treft die in strijd zijn met de Grondwet of met internationaalrechtelijke verplichtingen.   *Gevaar, bevoegdheid beheerder*
2. Indien het bestuur van een waterschap gebruik heeft gemaakt van de bevoegdheid, bedoeld in het eerste lid, meldt hij dit onverwijld aan gedeputeerde staten.

3. Indien het bestuur van een waterschap in verband met gevaar voor een primaire waterkering gebruik heeft gemaakt van de bevoegdheid, bedoeld in het eerste lid, meldt hij dit, in afwijking van het tweede lid, onverwijld aan Onze Minister.
4. De beheerder brengt, zodra de feitelijke omstandigheden op grond waarvan toepassing is gegeven aan het eerste lid, dat toelaten, het waterstaatswerk weer zoveel mogelijk in overeenstemming met de in de legger voorgeschreven staat.
5. De beheerder draagt zorg voor een evaluatie van het optreden en verder handelen bij toepassing van het vierde lid. Hij zendt in elk geval een exemplaar van deze evaluatie ter kennisneming aan gedeputeerde staten, alsmede aan de besturen van de veiligheidsregio's waarbinnen de waterstaatswerken zijn gelegen.
6. Indien de evaluatie betrekking heeft op zijn optreden en verder handelen in verband met gevaar voor een primaire waterkering, zendt de beheerder, in afwijking van het vijfde lid, in elk geval een exemplaar van de evaluatie ter kennisneming aan Onze Minister, alsmede aan de besturen van de veiligheidsregio's waarbinnen de primaire waterkering is gelegen.

Art. 5.31

Gevaar, bevoegdheid GS

1. Gedeputeerde staten kunnen, indien naar hun oordeel het bestuur van een waterschap niet of niet voldoende optreedt bij gevaar, overeenkomstige toepassing geven aan artikel 3.12.
2. Indien de omstandigheden geen voorafgaande bijeenroeping van gedeputeerde staten gedogen, is Onze Commissaris in de provincie bevoegd tot uitoefening van de in het eerste lid bedoelde bevoegdheid, zolang het gevaar voortduurt en totdat gedeputeerde staten van die bevoegdheid gebruik maken.

Schakelbepaling

3. Onze Minister kan, indien naar zijn oordeel gedeputeerde staten of Onze Commissaris in de provincie ten onrechte niet of niet voldoende gebruik maken van de bevoegdheid, bedoeld in het eerste of tweede lid, overeenkomstige toepassing geven aan artikel 3.13.
4. In afwijking van het eerste lid, kan Onze Minister, indien naar zijn oordeel het bestuur van een waterschap niet of niet voldoende optreedt bij gevaar voor een primaire waterkering, overeenkomstige toepassing geven aan artikel 3.13.

Art. 5.32

Gedoogplicht, watersnood BES-eilanden

1. Onze Minister is in de openbare lichamen Bonaire, Sint Eustatius en Saba in geval van een watersnood, zolang de daardoor ontstane situatie zulks noodzakelijk maakt, bevoegd maatregelen te treffen die hij nodig oordeelt, zo nodig in afwijking van wettelijke voorschriften, met dien verstande dat hij geen maatregelen treft die in strijd zijn met de Grondwet of met internationaalrechtelijke verplichtingen.
2. Onder watersnood wordt mede verstaan een dringend of dreigend gevaar voor overstroming.
3. Onze Minister draagt zorg voor het houden van oefeningen in doeltreffend optreden bij watersnood.
4. Onze Minister draagt zorg voor een evaluatie van het optreden en verder handelen bij toepassing van het eerste lid.

Hoofdstuk 6
Handelingen in watersystemen

§ 1
Watervergunning en algemene regels

Art. 6.1

Begripsbepalingen

In dit hoofdstuk en de daarop berustende bepalingen wordt, tenzij anders bepaald, verstaan onder:
lozen: brengen van stoffen in een oppervlaktewaterlichaam of brengen van water of stoffen op een zuiveringtechnisch werk;
revisievergunning: vergunning die wordt verleend krachtens artikel 6.18, eerste lid, of 6.19, eerste lid;
stoffen: afvalstoffen, verontreinigende of schadelijke stoffen;
storten van stoffen: zich in zee of op zee ontdoen van stoffen of van vaartuigen, luchtvaartuigen of op de zeebodem opgerichte werken, op een wijze als bedoeld in artikel 6.3, eerste lid, onderdeel a, in samenhang met artikel 6.12, onderdeel b, dan wel als bedoeld in artikel 6.3, eerste lid, onderdeel b, of derde lid.

Art. 6.2

Watervergunning, brengen van stoffen in oppervlaktewaterlichaam

1. Het is verboden om stoffen te brengen in een oppervlaktewaterlichaam, tenzij:
a. een daartoe strekkende vergunning is verleend door Onze Minister of, ten aanzien van regionale wateren, het bestuur van het betrokken waterschap;
b. daarvoor vrijstelling is verleend bij of krachtens algemene maatregel van bestuur;
c. artikel 6.3, eerste tot en met derde lid, van toepassing is.
2. Het is verboden met behulp van een werk, niet zijnde een openbaar vuilwaterriool, water of stoffen te brengen op een zuiveringtechnisch werk, tenzij:

a. een daartoe strekkende vergunning is verleend door het bestuur van het in artikel 3.4 bedoelde waterschap;
b. daarvoor vrijstelling is verleend bij of krachtens algemene maatregel van bestuur.
3. Voor de toepassing van het eerste lid worden de gronden binnen een oppervlaktewaterlichaam die ingevolge artikel 3.1 of 3.2 zijn aangewezen als drogere oevergebieden, niet tot dat oppervlaktewaterlichaam gerekend.
4. Het eerste lid is niet van toepassing op het lozen ten gevolge van het gebruik van meststoffen op agrarische gronden in uiterwaarden en buitendijkse gebieden in het kader van de normale agrarische bedrijfsuitoefening, voor zover daaromtrent regels zijn gesteld bij of krachtens de Meststoffenwet.

Art. 6.3
1. Het is zonder daartoe strekkende vergunning van Onze Minister verboden: Watervergunning, ontdoen van stoffen vanuit (lucht)vaartuig
a. zich van stoffen te ontdoen door deze vanaf of vanuit een vaartuig dan wel een luchtvaartuig in zee te brengen of op zee te verbranden;
b. zich in zee te ontdoen van vaartuigen, luchtvaartuigen of op de zeebodem opgerichte werken;
c. stoffen aan boord van een vaartuig of luchtvaartuig te nemen met het oogmerk zich daarvan op een wijze als bedoeld in onderdeel a te ontdoen of die stoffen in zee te brengen ten behoeve van een activiteit als bedoeld in onderdeel d, dan wel met dat oogmerk stoffen af te geven of op te slaan;
d. stoffen in zee te brengen vanaf of vanuit een vaartuig, luchtvaartuig of op de zeebodem opgericht werk ten behoeve van een activiteit waarbij bewust wordt ingegrepen in het mariene milieu om natuurlijke processen te beïnvloeden en die als zodanig is aangewezen in bijlage 4 bij het op 7 november 1996 te Londen tot stand gekomen Protocol bij het Verdrag inzake de voorkoming van verontreiniging van de zee ten gevolge van het storten van afval en andere stoffen van 1972 (Trb. 1998, 134).
2. Het eerste lid is mede van toepassing op handelingen die plaatsvinden op in Nederland geregistreerde vaartuigen en luchtvaartuigen die zich bevinden buiten Nederland en de Nederlandse exclusieve economische zone.
3. Het eerste lid, onderdeel a, is van overeenkomstige toepassing op het zich ontdoen van stoffen door deze vanaf of vanuit een op de zeebodem opgericht werk in zee te brengen of op zee te verbranden, tenzij die handelingen samenhangen met of voortvloeien uit het normale gebruik van dat werk, mits dat gebruik niet ten doel heeft het zich ontdoen van stoffen.
4. Het eerste lid, onderdelen a tot en met c, en het tweede en derde lid zijn niet van toepassing op:
a. het plaatsen van vaste substanties of voorwerpen met een ander oogmerk dan het zich er enkel van ontdoen;
b. het achterlaten van vaste substanties of voorwerpen die aanvankelijk in zee zijn geplaatst met een ander oogmerk dan het zich ervan ontdoen.

Art. 6.4
1. Het is verboden zonder daartoe strekkende vergunning van gedeputeerde staten grondwater te onttrekken of water te infiltreren: Watervergunning, onttrekken of infiltreren van grondwater
a. ten behoeve van industriële toepassingen, indien de te onttrekken hoeveelheid water meer dan 150 000 m³ per jaar bedraagt;
b. ten behoeve van de openbare drinkwatervoorziening of een bodemenergiesysteem.
2. Bij provinciale verordening kan worden bepaald dat het eerste lid niet van toepassing is voor onttrekkingen waarbij de te onttrekken hoeveelheid ten hoogste 10 m³ per uur bedraagt.

Art. 6.5
Bij of krachtens algemene maatregel van bestuur kan voor rijkswateren en, met het oog op internationale verplichtingen of bovenregionale belangen, voor regionale wateren worden bepaald dat het verboden is zonder daartoe strekkende vergunning van Onze Minister, onderscheidenlijk het bestuur van het waterschap: Nadere regels
a. water te brengen in of te onttrekken aan een oppervlaktewaterlichaam;
b. grondwater te onttrekken of water te infiltreren in andere gevallen dan als bedoeld in artikel 6.4;
c. gebruik te maken van een waterstaatswerk of een daartoe behorende beschermingszone door, anders dan in overeenstemming met de functie, daarin, daarop, daarboven, daarover of daaronder werkzaamheden te verrichten, werken te maken of te behouden, dan wel vaste substanties of voorwerpen te storten, te plaatsen of neer te leggen, of deze te laten staan of liggen.

Art. 6.5a
Een verbod bij of krachtens algemene maatregel van bestuur als bedoeld in artikel 6.5, aanhef en onderdeel c, is niet van toepassing op windparken waarop de Wet windenergie op zee van toepassing is.

Art. 6.6
1. Bij of krachtens algemene maatregel van bestuur kunnen regels worden gesteld met betrekking tot het verrichten van handelingen als bedoeld in de artikelen 6.2 tot en met 6.5, met dien

verstande dat voor regionale wateren, voor zover het handelingen als bedoeld in artikel 6.4 of 6.5 betreft, slechts regels worden gesteld met het oog op internationale verplichtingen of bovenregionale belangen.

2. Bij of krachtens de maatregel kan met betrekking tot daarbij aangegeven handelingen de verplichting worden opgelegd te voldoen aan voorschriften, gesteld door een bij of krachtens die maatregel aangewezen bestuursorgaan. Daarbij kan worden bepaald dat deze voorschriften mogen afwijken van de krachtens het eerste lid gestelde regels.

3. Bij de maatregel kan voorts worden bepaald dat bij verordening van een waterschap of bij provinciale verordening, dan wel in de aan een watervergunning te verbinden voorschriften, mag worden afgeweken van de krachtens het eerste lid gestelde regels.

Art. 6.7

De in artikel 6.6, eerste lid, bedoelde regels kunnen mede een vrijstelling van een verbod als bedoeld in artikel 6.3, 6.4 of 6.5 inhouden of een verbod op het verrichten van daarbij aangegeven handelingen, alsmede de verplichting om, met inachtneming van bij of krachtens algemene maatregel van bestuur te stellen regels, het verrichten van handelingen te melden, metingen uit te voeren, gegevens te registreren en daarvan opgave te doen aan een daarbij aangewezen bestuursorgaan.

Art. 6.8

Verontreinigen/aantasten oppervlaktewaterlichaam, nemen van maatregelen

Ieder die handelingen verricht of nalaat en die weet of redelijkerwijs had kunnen vermoeden dat door die handelingen de bodem of oever van een oppervlaktewaterlichaam kan worden verontreinigd of aangetast, is verplicht alle maatregelen te nemen die redelijkerwijs van hem kunnen worden gevergd om die verontreiniging of aantasting te voorkomen, dan wel indien die verontreiniging of aantasting zich voordoet, de verontreiniging of de aantasting en de directe gevolgen daarvan te beperken en zoveel mogelijk ongedaan te maken. Indien de verontreiniging of aantasting het gevolg is van een ongewoon voorval, worden de maatregelen onverwijld genomen.

Art. 6.9

Verontreinigen/aantasten oppervlaktewaterlichaam, melding

1. Degene die handelingen verricht als bedoeld in artikel 6.8 en daarbij kennis neemt van een verontreiniging of aantasting van de bodem of oever van een oppervlaktewaterlichaam die door die handelingen wordt veroorzaakt, maakt zo spoedig mogelijk melding van de verontreiniging of aantasting bij de beheerder. Hij geeft daarbij aan welke maatregelen als bedoeld in artikel 6.8 hij voornemens is te treffen of reeds heeft getroffen.

2. De beheerder kan aanwijzingen geven met betrekking tot de te nemen maatregelen, bedoeld in artikel 6.8.

Art. 6.10

Waterstaatswerk, verbieden/beperken toegang

1. Onze Minister kan de toegang tot een waterstaatswerk in beheer bij het Rijk geheel of gedeeltelijk verbieden of beperken door een daartoe strekkende bekendmaking ter plaatse, dan wel gedaan op een andere geschikte wijze.

2. Het eerste lid is niet van toepassing op het gebruik door het openbaar verkeer, tenzij het verbod of de beperking van de toegang betrekking heeft op een veiligheidszone rondom een werk in de exclusieve economische zone die is ingesteld in overeenstemming met artikel 60 van het VN-Zeerechtverdrag, dan wel rondom een werk in de territoriale zee.

Art. 6.11

Watervergunning, toepassing bevoegdheden

1. De in dit hoofdstuk gegeven bevoegdheden kunnen ten aanzien van handelingen als bedoeld in artikel 6.5, onderdeel c, die plaatsvinden in de Nederlandse exclusieve economische zone, mede worden toegepast ter bescherming van andere belangen dan waarin artikel 2.1 voorziet, voor zover daarin niet bij of krachtens andere wet is voorzien.

2. De in dit hoofdstuk gegeven bevoegdheden kunnen ten aanzien van handelingen als bedoeld in artikel 6.2, tweede lid, mede worden toegepast ter bescherming van de doelmatige werking van een zuiveringtechnisch werk.

Art. 6.12

Werkingssfeer

Dit hoofdstuk is niet van toepassing op:

a. handelingen waaromtrent regels zijn gesteld bij of krachtens de Kernenergiewet of de Wet voorkoming verontreiniging door schepen;

b. handelingen aan boord van vaartuigen of luchtvaartuigen in zee, voor zover die handelingen samenhangen met of voortvloeien uit het normale gebruik van het vaartuig of luchtvaartuig, mits dat gebruik niet ten doel heeft het zich ontdoen van stoffen;

c. handelingen aan boord van oorlogsschepen, marinehulpschepen en andere schepen die in gebruik zijn voor de uitvoering van de militaire taak, ongeacht hun nationaliteit;

d. handelingen in zee waaromtrent regels zijn gesteld bij of krachtens de Mijnbouwwet alsmede het onttrekken van grondwater bij of ten behoeve van het opsporen of winnen van delfstoffen of aardwarmte in de zin van artikel 1 van die wet, voor zover het onttrekken op een diepte van meer dan 500 meter beneden de oppervlakte van de aardbodem plaatsvindt;

e. handelingen waaromtrent regels zijn gesteld bij of krachtens de Wet gewasbeschermingsmiddelen en biociden, voor zover bij algemene maatregel van bestuur niet anders wordt bepaald.

Waterwet

A70 art. 6.18

§ 2
Nadere bepalingen omtrent de watervergunning

Art. 6.13
Deze paragraaf is mede van toepassing op de krachtens verordening van een waterschap vereiste vergunningen, voor zover deze betrekking hebben op handelingen in een watersysteem of beschermingszone. Met een vergunning wordt gelijkgesteld een krachtens zodanige verordening vereiste ontheffing.

Art. 6.14
1. Bij of krachtens algemene maatregel van bestuur worden regels gesteld met betrekking tot de wijze waarop de aanvraag om een watervergunning geschiedt en de gegevens en bescheiden die door de aanvrager worden verstrekt met het oog op de beslissing op de aanvraag. Bij die maatregel kan, in afwijking van artikel 2:15, eerste en tweede lid, van de Algemene wet bestuursrecht, worden bepaald dat de aanvraag geheel of gedeeltelijk elektronisch wordt ingediend, of dat het bevoegd gezag geheel of gedeeltelijk elektronisch ingediende aanvragen in ontvangst neemt. Daarbij kan worden bepaald dat de verplichtingen slechts gelden in daarbij aangewezen categorieën van gevallen.
2. Bij een verordening als bedoeld in artikel 6.13, kunnen eveneens regels worden gesteld met betrekking tot de gegevens over de bij die verordening aangewezen handeling, die door de aanvrager worden verstrekt met het oog op de beslissing op de aanvraag.

Nadere regels

Art. 6.15
1. De aanvraag om vergunning wordt ingediend bij burgemeester en wethouders van de gemeente waar de handeling geheel of in hoofdzaak wordt verricht. Tevens kan, in afwijking van de eerste volzin, de aanvraag bij het bevoegd gezag worden ingediend. In dat geval zendt het bevoegd gezag een afschrift van de aanvraag aan burgemeester en wethouders van de gemeente waar de handeling geheel of in hoofdzaak wordt verricht.
2. Het orgaan waarbij de aanvraag is ingediend, zendt de aanvrager onverwijld een bewijs van ontvangst van de aanvraag, waarin het de datum vermeldt, waarop het de aanvraag heeft ontvangen.
3. Het bevoegd gezag zendt de aanvrager nadat het de aanvraag heeft ontvangen, onverwijld een bericht waarin het vermeldt dat het bevoegd is op de aanvraag te beslissen en welke procedure ter voorbereiding van die beslissing zal worden gevolgd.

Watervergunning, indienen aanvraag

Art. 6.16
1. Op de voorbereiding van een beschikking tot verlening, wijziging of intrekking van een vergunning voor het lozen van stoffen of, in de gevallen bedoeld in artikel 6.4, het onttrekken van grondwater of infiltreren van water, zijn, tenzij bij algemene maatregel van bestuur anders wordt bepaald, de afdelingen 3.4 van de Algemene wet bestuursrecht en 13.2 van de Wet milieubeheer van toepassing. Bij de toepassing van afdeling 3.4 van de Algemene wet bestuursrecht worden de stukken als bedoeld in artikel 3:11 van die wet tevens ter inzage gelegd in de gemeente waar de handeling geheel of in hoofdzaak wordt verricht.
2. Een vergunning voor het onttrekken van grondwater of infiltreren van water als bedoeld in artikel 6.4, wordt niet verleend of gewijzigd dan nadat het bestuur van het betrokken waterschap door gedeputeerde staten in de gelegenheid is gesteld advies te geven omtrent de aanvraag of het ontwerp van de op aanvraag te nemen beschikking.
3. Bij algemene maatregel van bestuur kunnen bestuursorganen worden aangewezen, die door het bevoegd gezag in de gelegenheid worden gesteld advies uit te brengen omtrent het ontwerp van de beschikking tot verlening of wijziging van een vergunning.

Watervergunning, voorbereiden verlening/wijziging/intrekking

Nadere regels

Art. 6.17
1. Indien een aanvraag om vergunning betrekking heeft op een handeling of samenstel van handelingen ten aanzien waarvan meer dan één bestuursorgaan bevoegd is, wordt de aanvraag in behandeling genomen en wordt daarop beslist door het bestuursorgaan met het hoogste gezag. Ontbreekt een hoogste gezag, dan wordt de aanvraag in behandeling genomen en wordt daarop beslist door het bestuursorgaan op wiens grondgebied de handeling of het samenstel van handelingen in hoofdzaak wordt verricht.
2. In afwijking van het eerste lid kunnen de betrokken bestuursorganen gezamenlijk uit hun midden een ander bestuursorgaan aanwijzen dat de aanvraag in behandeling zal nemen en daarop zal beslissen. De bevoegdheid tot aanwijzing kan steeds in mandaat worden uitgeoefend.
3. Op een aanvraag als bedoeld in het eerste lid wordt niet beslist dan nadat de medebetrokken bestuursorganen in de gelegenheid zijn gesteld advies te geven omtrent de aanvraag of het ontwerp van de op de aanvraag te nemen beschikking.
4. Het eerste tot en met derde lid zijn van overeenkomstige toepassing op aanvragen tot wijziging van een vergunning waardoor het aantal betrokken bestuursorganen toeneemt.

Watervergunning, in behandeling nemen aanvraag

Art. 6.18
1. Indien een wijziging wordt aangevraagd van een vergunning die betrekking heeft op een handeling die deel uitmaakt van een samenstel van handelingen van de aanvrager waarvoor

Watervergunning, revisievergunning

ook reeds een of meer andere watervergunningen van kracht zijn, kan het bevoegd gezag, in overeenstemming met de andere bevoegde bestuursorganen, in het belang van een doelmatige uitvoering en handhaving van de betrokken vergunningen bepalen dat een watervergunning moet worden aangevraagd die betrekking heeft op alle handelingen die behoren tot het samenstel en daarbij voorziet in de aangevraagde wijziging.

2. Indien overeenkomstig het eerste lid is bepaald dat een revisievergunning moet worden aangevraagd, besluiten de bevoegde bestuursorganen tot het buiten behandeling laten van aanvragen voor het wijzigen van afzonderlijke watervergunningen die van kracht zijn voor handelingen die behoren tot het betrokken samenstel.

3. Het bevoegd gezag voor de ingevolge het eerste lid te verlenen revisievergunning kan bij de verlening van die vergunning de rechten die de aanvrager aan de al eerder verleende vergunningen ontleent, niet wijzigen anders dan mogelijk zou zijn ingevolge artikel 6.22, in samenhang met de artikelen 2.1, 6.11 en 6.20.

4. Een ingevolge het eerste lid verleende revisievergunning vervangt met ingang van het tijdstip waarop zij in werking treedt, de eerder voor het betrokken samenstel van handelingen verleende vergunningen. Deze vergunningen vervallen op het tijdstip waarop de revisievergunning onherroepelijk wordt.

Art. 6.19

Watervergunning, toepassing op alle handelingen behorende tot samenstel

1. Indien voor een samenstel van handelingen verschillende watervergunningen van kracht zijn, kan een van de bevoegde gezagen, in overeenstemming met de andere bevoegde bestuursorganen, in het belang van een doelmatige uitvoering en handhaving van de betrokken vergunningen ambtshalve een vergunning verlenen die betrekking heeft op alle handelingen die behoren tot het samenstel.

Schakelbepaling

2. Artikel 6.18, tweede lid, is van overeenkomstige toepassing zodra het ontwerp van de in het eerste lid bedoelde revisievergunning is toegezonden aan de houders van de in het eerste lid bedoelde vergunningen. Voorts zijn artikel 6.18, derde en vierde lid, van overeenkomstige toepassing.

Art. 6.20

Watervergunning, toepassing op alle handelingen behorende tot samenstel

1. Aan een vergunning kunnen voorschriften en beperkingen worden verbonden. De aan de vergunning te verbinden voorschriften kunnen mede betrekking hebben op:
a. financiële zekerheidsstelling voor de nakoming van krachtens de vergunning geldende verplichtingen of voor de dekking van aansprakelijkheid voor schade, voortvloeiend uit door de vergunde handeling of het staken van die handeling veroorzaakte nadelige gevolgen voor het watersysteem;
b. het na het staken van de vergunde handeling wegnemen, compenseren of beperken van door de vergunde handeling of het staken van die handeling veroorzaakte nadelige gevolgen voor het watersysteem.

Schakelbepaling

2. Bij of krachtens algemene maatregel van bestuur kunnen nadere regels worden gesteld omtrent de aan een vergunning te verbinden voorschriften en beperkingen.

Dwingend recht

3. Gedragingen in strijd met de aan een vergunning verbonden voorschriften zijn verboden.

Art. 6.21

Watervergunning, weigering

Een vergunning wordt geweigerd, voor zover verlening daarvan niet verenigbaar is met de doelstellingen in artikel 2.1 of de belangen, bedoeld in artikel 6.11.

Art. 6.22

Watervergunning, wijziging/aanvulling
Watervergunning, intrekking

1. Het bevoegd gezag kan een vergunning en de daaraan verbonden voorschriften en beperkingen wijzigen of aanvullen.
2. Het bevoegd gezag kan een vergunning geheel of gedeeltelijk intrekken, indien de vergunning gedurende drie achtereenvolgende jaren niet is gebruikt.
3. Het bevoegd gezag trekt de vergunning geheel of gedeeltelijk in:
a. op aanvraag de vergunninghouder, voor zover de doelstellingen en belangen, bedoeld in de artikelen 2.1 en 6.11, zich hiertegen niet verzetten;
b. indien zich omstandigheden of feiten voordoen waardoor de handeling of handelingen waarvoor de vergunning is verleend, niet langer toelaatbaar worden geacht met het oog op de in de artikelen 2.1 en 6.11 bedoelde doelstellingen en belangen;
c. indien een voor Nederland verbindend verdrag of besluit van een volkenrechtelijke organisatie, dan wel een wettelijk voorschrift ter uitvoering daarvan, daartoe verplicht.
4. Het bevoegd gezag gaat in een geval als bedoeld in het derde lid, onderdeel b of c, niet tot intrekking over, voor zover kan worden volstaan met wijziging of aanvulling van de aan de vergunning verbonden voorschriften of beperkingen.

Art. 6.23

Watervergunning, beëindiging betrokkenheid bevoegd gezag

1. Indien door wijziging of gedeeltelijke intrekking van een met toepassing van artikel 6.17 verleende vergunning de betrokkenheid van het bestuursorgaan dat de vergunning als bevoegd gezag heeft verleend eindigt, wordt tegelijk met het besluit tot wijziging of gedeeltelijke intrekking aan de vergunninghouder medegedeeld welk bestuursorgaan nadat het besluit onherroepelijk

Waterwet   A70 art. 6.27

is geworden, bevoegd gezag is. Zo nodig wordt door overgebleven bestuursorganen overeenkomstige toepassing gegeven aan artikel 6.17.
2. Het eerste lid is van overeenkomstige toepassing, indien de betrokkenheid van het bevoegd gezag eindigt door de gedeeltelijke weigering van een vergunning.

Art. 6.24
1. Een vergunning geldt tevens voor de rechtsopvolgers van de vergunninghouder, tenzij bij de vergunning anders is bepaald.

Watervergunning, rechtsopvolger vergunninghouder

2. De rechtsopvolger van de vergunninghouder doet binnen vier weken nadat de vergunning voor hem is gaan gelden, daarvan mededeling aan het bevoegd gezag.

§ 3
Bijzondere bepalingen met betrekking tot verontreiniging

Art. 6.25
1. De artikelen 8.40, tweede en derde lid, en 8.40a van de Wet milieubeheer zijn, voor zover een krachtens artikel 6.6 vast te stellen algemene maatregel van bestuur betrekking heeft op het lozen of storten van stoffen, op die maatregel van overeenkomstige toepassing.

Waterverontreiniging, toepasselijkheid Wet milieubeheer

2. De voordracht voor een krachtens artikel 6.6 vast te stellen algemene maatregel van bestuur wordt, voor zover die maatregel betrekking heeft op het lozen of storten van stoffen, niet gedaan dan nadat het ontwerp in de Staatscourant is bekendgemaakt en aan een ieder de gelegenheid is geboden om binnen vier weken na de dag waarop de bekendmaking is geschied, wensen en bedenkingen ter kennis van Onze Minister te brengen. Gelijktijdig met de bekendmaking wordt het ontwerp aan de beide Kamers der Staten-Generaal overgelegd.

Art. 6.26
1. Op vergunningen voor het lozen of storten van stoffen zijn de volgende bepalingen van de Wet algemene bepalingen omgevingsrecht van overeenkomstige toepassing:
a. 2.14, eerste lid en derde tot en met zesde lid,
b. 2.22, vijfde lid, eerste en tweede volzin, met dien verstande dat aan de watervergunning voorschriften worden verbonden die strengere eisen bevatten dan de algemeen verbindende voorschriften, bedoeld in de eerste volzin van dat lid, voor zover deze eisen naar het oordeel van het bevoegd gezag noodzakelijk zijn ter verwezenlijking van de voor het desbetreffende oppervlaktewaterlichaam in het beheerplan, bedoeld in hoofdstuk 4, paragraaf 3, van deze wet, opgenomen maatregelen;

Lozen/storten stoffen, voorwaarden vergunningverlening

c. 2.25, eerste lid, 2.30, 2.31, eerste lid, aanhef en onder b, 2.33, tweede lid, aanhef en onder b, en 8.1, met dien verstande dat voor «omgevingsvergunning» wordt gelezen «vergunning» dat voor «milieu» wordt gelezen «chemische en ecologische kwaliteit van watersystemen» en voor «een inrichting of mijnbouwwerk of de werking daarvan»: het storten of lozen van stoffen.
2. In afwijking van artikel 6.16, eerste lid, is afdeling 3.4 van de Algemene wet bestuursrecht niet van toepassing op de voorbereiding van een beschikking op de aanvraag tot wijziging van een vergunning voor het lozen van stoffen, die niet leidt tot andere of grotere nadelige gevolgen voor de chemische en ecologische kwaliteit van watersystemen dan volgens de geldende vergunning zijn toegestaan. De artikelen 3.8 en 3.9, eerste lid, onderdeel a, en tweede tot en met vierde lid, van de Wet algemene bepalingen omgevingsrecht zijn van overeenkomstige toepassing op de voorbereiding, bedoeld in de eerste volzin, met dien verstande dat voor «omgevingsvergunning» wordt gelezen: vergunning.
3. Een vergunning voor het infiltreren van water wordt slechts verleend, indien er geen gevaar is voor verontreiniging van het grondwater. Bij de beoordeling van dat gevaar worden de krachtens artikel 12 van de Wet bodembescherming gestelde regels in acht genomen.
4. Onverminderd artikel 6.20 worden aan een vergunning als bedoeld in het derde lid voorschriften verbonden volgens de krachtens artikel 12 van de Wet bodembescherming gestelde regels. Aan de vergunning worden in ieder geval voorschriften verbonden ter verzekering van de controle op de kwaliteit van het grondwater.
5. Het derde en vierde lid zijn van overeenkomstige toepassing op de aan een vergunning voor het onttrekken van grondwater te verbinden voorschriften, voor zover die voorschriften betrekking hebben op het infiltreren van water.

§ 4
Coördinatie met Wet algemene bepalingen omgevingsrecht of Kernenergiewet

Art. 6.27
1. Een aanvraag tot verlening of wijziging van een watervergunning, met uitzondering van een krachtens artikel 6.5, aanhef en onder c, of op grond van een verordening als bedoeld in artikel 6.13 vereiste vergunning voor het gebruik van een waterstaatswerk of een bijbehorende beschermingszone, die betrekking heeft op:

Waterverontreiniging, coördinatie Wet algemene bepalingen omgevingsrecht/Kernenergiewet

Sdu   1643

A70 art. 6.28 — Waterwet

a. een inrichting waartoe een IPPC-installatie als bedoeld in artikel 1.1, eerste lid, van de Wet algemene bepalingen omgevingsrecht behoort, of

b. een inrichting als bedoeld in artikel 15, onder b, van de Kernenergiewet, wordt gelijktijdig ingediend met een aanvraag tot verlening of wijziging van een omgevingsvergunning voor een activiteit als bedoeld in artikel 2.1, eerste lid, onder e, van de Wet algemene bepalingen omgevingsrecht of een vergunning krachtens de Kernenergiewet.

2. De beslissing op een in het eerste lid bedoelde aanvraag om een watervergunning wordt overeenkomstig hoofdstuk 14 van de Wet milieubeheer gecoördineerd voorbereid met de beslissing op de betrokken aanvraag krachtens de Wet algemene bepalingen omgevingsrecht of de Kernenergiewet. Daarbij worden in ieder geval de in artikel 14.3, tweede lid, van de Wet milieubeheer genoemde handelingen gelijktijdig verricht.

3. De in het eerste lid bedoelde aanvraag om een watervergunning wordt in ieder geval buiten behandeling gelaten, indien niet binnen zes weken na het tijdstip van indiening ervan tevens een aanvraag krachtens de Wet algemene bepalingen omgevingsrecht of de Kernenergiewet is ingediend, dan wel de aanvraag krachtens die wetten buiten behandeling wordt gelaten.

4. Het orgaan dat krachtens de betrokken wet bevoegd is op de aanvraag om een vergunning te beslissen, brengt binnen acht weken na ontvangst van de in het eerste lid eerstbedoelde aanvraag advies uit met het oog op de samenhang tussen de beschikkingen op de onderscheidene aanvragen. Dat orgaan wordt voorts in de gelegenheid gesteld advies uit te brengen over het ontwerp van de beschikking op de aanvraag. In geval als bedoeld in artikel 3:18, tweede lid, van de Algemene wet bestuursrecht kan het bevoegd gezag besluiten de in de eerste volzin bedoelde termijn met een bij zijn besluit te bepalen redelijke termijn te verlengen. Indien artikel 30, vierde lid, van de Dienstenwet op de aanvraag van toepassing is, wordt de verlengingstermijn afgestemd op de duur waarmee ingevolge dat artikellid de termijn voor het geven van de beschikking op de aanvraag kan worden verlengd.

5. Wordt in de vergunning krachtens de Wet algemene bepalingen omgevingsrecht een bepaling opgenomen over de termijn waarvoor zij geldt, dan wordt in de watervergunning een gelijke bepaling opgenomen.

6. Wordt een betrokken vergunning krachtens de Wet algemene bepalingen omgevingsrecht of de Kernenergiewet ingetrokken, dan kan de watervergunning eveneens worden ingetrokken.

7. Het tweede, vierde en vijfde lid en de artikelen 6.28 en 6.29 zijn van overeenkomstige toepassing op een ambtshalve wijziging van een in het eerste lid bedoelde vergunning. Voorts dragen gedeputeerde staten er ten minste zorg voor dat de betrokken beschikkingen gezamenlijk worden bekendgemaakt en daarvan gezamenlijk mededeling wordt gedaan.

8. Wordt in een geval als bedoeld in artikel 3.16 van de Wet algemene bepalingen omgevingsrecht, dan wel in de Kernenergiewet juncto dat artikel, beroep ingesteld tegen een beschikking inzake een vergunning krachtens een van die wetten, dan kan de uitspraak in beroep ook betrekking hebben op een daarmee samenhangende, inzake een watervergunning gegeven beschikking.

9. Dit artikel is niet van toepassing indien op de voorbereiding van de in het eerste lid bedoelde watervergunning, de omgevingsvergunning voor een activiteit als bedoeld in artikel 2.1, eerste lid, onder e, van de Wet algemene bepalingen omgevingsrecht of de vergunning krachtens de Kernenergiewet afdeling 3.4 van de Algemene wet bestuursrecht niet van toepassing is.

Art. 6.28

Waterverontreiniging, aanwijzing GS/Minister

1. In een geval als bedoeld in artikel 6.27, eerste lid, waarin gedeputeerde staten of een van Onze Ministers bevoegd zijn de krachtens de betrokken wet vereiste vergunning te verlenen, kunnen gedeputeerde staten, onderscheidenlijk Onze betrokken Minister, indien dat met het oog op de samenhang tussen de beschikkingen op de onderscheiden aanvragen in het belang van de bescherming van het milieu geboden is, en zo nodig in afwijking van regels, gesteld krachtens een provinciale verordening als bedoeld in artikel 1.2 van de Wet milieubeheer, aan het bevoegd gezag een aanwijzing geven ter zake van de inhoud van die beschikking.

2. Een aanwijzing wordt gegeven binnen acht weken na de dag waarop het ontwerp van de beschikking op de aanvraag overeenkomstig artikel 3:11, eerste lid, van de Algemene wet bestuursrecht ter inzage is gelegd. Zij wordt niet gegeven dan na overleg met het bevoegd gezag.

3. De aanwijzing wordt vermeld in de beschikking van het bevoegd gezag, ter zake waarvan zij is gegeven. Een exemplaar ervan wordt gevoegd bij ieder exemplaar van die beschikking.

Art. 6.29

Schakelbepaling

In een geval als bedoeld in artikel 6.27, eerste lid, waarin burgemeester en wethouders bevoegd zijn de krachtens de betrokken wet vereiste vergunning te verlenen, is artikel 6.28 van overeenkomstige toepassing, met dien verstande dat gedeputeerde staten op een daartoe strekkend verzoek van burgemeester en wethouders een aanwijzing kunnen geven aan het bevoegd gezag.

Waterwet   **A70 art. 7.2**

§ 5
Landelijke voorziening voor elektronische aanvraag

Art. 6.30
Het bevoegd gezag en de bestuursorganen die zijn betrokken bij de beslissing op de aanvraag om een watervergunning, maken gebruik van de voorziening, bedoeld in artikel 7.6, eerste lid, van de Wet algemene bepalingen omgevingsrecht. Artikel 7.6, tweede lid, tweede en derde volzin, van die wet zijn van overeenkomstige toepassing.   *Watervergunning, elektronische aanvraag*

Hoofdstuk 7
Financiële bepalingen

§ 1
Heffingen

Art. 7.1
1. In dit hoofdstuk en de daarop berustende bepalingen wordt, tenzij anders bepaald, verstaan onder: *Begripsbepalingen*
Algemene wet: Algemene wet inzake rijksbelastingen;
bedrijfsruimte: een naar zijn aard en inrichting als afzonderlijk geheel te beschouwen ruimte of terrein, niet zijnde een woonruimte, een zuiveringtechnisch werk of een openbaar vuilwaterriool;
gebouwde onroerende zaak: gebouwde onroerende zaak als bedoeld in artikel 117, eerste lid, onder d, van de Waterschapswet;
heffingsambtenaar: ambtenaar, bedoeld in artikel 123, derde lid, onder b, van de Waterschapswet onderscheidenlijk ambtenaar, bedoeld in artikel 7.10, vierde lid, die voor de toepassing van de Algemene wet in de plaats treedt van de inspecteur;
ingezetene: ingezetene als bedoeld in artikel 116, onder a, van de Waterschapswet;
lozen: het brengen van afvalstoffen, verontreinigende of schadelijke stoffen in een oppervlaktewaterlichaam;
woonruimte: een ruimte die blijkens zijn inrichting bestemd is om als een afzonderlijk geheel te voorzien in woongelegenheid en waarvan de delen blijkens de inrichting van die ruimte niet bestemd zijn om afzonderlijk in gebruik te worden gegeven.
2. Voor de toepassing van de paragrafen 1 en 2:
a. worden de gronden binnen een oppervlaktewaterlichaam die ingevolge artikel 3.1 of 3.2 zijn aangewezen als drogere oevergebieden, niet tot dat oppervlaktewaterlichaam gerekend en
b. wordt de exclusieve economische zone niet tot enig oppervlaktewaterlichaam gerekend.

Art. 7.2
1. Onder de naam verontreinigingsheffing vindt een heffing plaats ter zake van lozen op een oppervlaktewaterlichaam in beheer bij het Rijk.   *Waterbeheer, verontreinigingsheffing*
2. Ter zake van lozen in een oppervlaktewaterlichaam in beheer bij een waterschap kan het algemeen bestuur van dat waterschap onder de naam verontreinigingsheffing een heffing instellen.
3. Aan de heffing kunnen worden onderworpen:
a. ter zake van lozen vanuit een bedrijfsruimte of woonruimte: degene die het gebruik heeft van die ruimte;
b. ter zake van lozen met behulp van een riolering of een zuiveringtechnisch werk: degene bij wie die riolering of dat zuiveringtechnisch werk in beheer is;
c. ter zake van andere lozingen dan als bedoeld in onderdeel a of b: degene die loost.
4. Ter zake van de verontreinigingsheffing van een waterschap wordt voor de toepassing van het derde lid, onderdeel a:
a. gebruik van een woonruimte door de leden van een huishouden aangemerkt als gebruik door het door de heffingsambtenaar aangewezen lid van dat huishouden;
b. gebruik door degene aan wie een deel van een bedrijfsruimte in gebruik is gegeven, aangemerkt als gebruik door degene die dat deel in gebruik heeft gegeven, met dien verstande dat degene die het deel in gebruik heeft gegeven, bevoegd is de heffing als zodanig te verhalen op degene aan wie dat deel in gebruik is gegeven;
c. het ter beschikking stellen van een woonruimte of bedrijfsruimte voor volgtijdig gebruik aangemerkt als gebruik door degene die die ruimte ter beschikking heeft gesteld, met dien verstande dat degene die de ruimte ter beschikking heeft gesteld, bevoegd is de heffing als zodanig te verhalen op degene aan wie de ruimte ter beschikking is gesteld.
5. De opbrengst van de verontreinigingsheffing komt ten goede aan de bekostiging van het beheer van het watersysteem van de beheerder.

Art. 7.3

Verontreinigingsheffing, vervuilingseenheid

1. Voor de verontreinigingsheffing geldt als grondslag de hoeveelheid en hoedanigheid van de stoffen die in een kalenderjaar worden geloosd. Als heffingsmaatstaf geldt de vervuilingswaarde van de stoffen die in een kalenderjaar worden geloosd, uitgedrukt in vervuilingseenheden.
2. Eén vervuilingseenheid vertegenwoordigt met betrekking tot:
het zuurstofverbruik: het jaarlijks verbruik van 54,8 kilogram zuurstof.

Art. 7.4

[Vervallen]

Art. 7.5

Verontreinigingsheffing, berekening vervuilingseenheid

1. Het aantal vervuilingseenheden wordt berekend met behulp van door de heffingplichtige, gedurende elk etmaal van het kalenderjaar ondernomen meting, bemonstering en analyse verkregen gegevens, overeenkomstig bij ministeriële regeling, onderscheidenlijk belastingverordening te stellen regels.
2. Op aanvraag van de heffingplichtige staat de heffingsambtenaar onder nader te stellen voorwaarden toe dat van de frequentie van meting, bemonstering en analyse, bedoeld in het eerste lid, wordt afgeweken indien door de heffingplichtige aannemelijk wordt gemaakt dat voor de berekening van de vervuilingswaarde met gegevens over meting, bemonstering en analyse van een beperkt aantal etmalen kan worden volstaan. Deze beslissing wordt genomen bij voor bezwaar vatbare beschikking.
3. De bepaling van het zuurstofverbruik van de stoffen welke in een kalenderjaar worden geloosd, geschiedt op basis van de som van het chemisch zuurstofverbruik en het zuurstofverbruik door omzetting van stikstofverbindingen.
4. Indien de uitkomst van de methode tot bepaling van het chemisch zuurstofverbruik in belangrijke mate is beïnvloed door biologisch niet of nagenoeg niet afbreekbare stoffen, wordt op die uitkomst een correctie toegepast, overeenkomstig bij ministeriële regeling, onderscheidenlijk belastingverordening te stellen regels.

Schakelbepaling

5. Artikel 122h, eerste, vijfde en zesde lid, en artikel 122i tot en met 122k van de Waterschapswet zijn van overeenkomstige toepassing. Artikel 122i, eerste lid, van de Waterschapswet is eveneens van overeenkomstige toepassing op lozingen vanuit een zuiveringtechnisch werk.

Art. 7.6

Verontreinigingsheffing, tarief

1. Het tarief van de heffing ter zake van lozingen op een oppervlaktewaterlichaam in beheer bij het Rijk bedraagt € 37,28 per vervuilingseenheid.
2. In afwijking van het eerste lid bedraagt het tarief per vervuilingseenheid van de heffing ter zake van lozingen op een oppervlaktewaterlichaam in beheer bij het Rijk vanuit een zuiveringtechnisch werk voor het biologisch zuiveren van huishoudelijk afvalwater 50% van het in het eerste lid genoemde bedrag.
3. Het tarief van de heffing ter zake van lozingen op een oppervlaktewaterlichaam in beheer bij een waterschap is gelijk aan het door dat waterschap voor het desbetreffende belastingjaar vastgestelde tarief van de zuiveringsheffing, bedoeld in artikel 122d van de Waterschapswet.
4. In afwijking van het eerste lid is van heffing vrijgesteld de in het tweede lid bedoelde lozing indien deze plaatsvindt anders dan door de beheerder, mits de hoeveelheid afvalstoffen, verontreinigende of schadelijke stoffen niet is toegenomen.

Art. 7.7

Provinciale grondwaterheffing

1. Provinciale staten zijn, onder de naam grondwaterheffing, bevoegd bij wijze van belasting een heffing in te stellen wegens onttrekken van grondwater, ter bestrijding van de ten laste van de provincie komende kosten:
a. van maatregelen, direct verband houdende met het voorkomen en tegengaan van nadelige gevolgen van het onttrekken van grondwater en het infiltreren van water;
b. in verband met voor het grondwaterbeleid noodzakelijke onderzoekingen;
c. in verband met het houden van een register ter zake van het onttrekken van grondwater en het infiltreren van water;
d. in verband met de vergoeding ingevolge artikel 7.14, eerste lid, van schade, voortvloeiend uit de uitvoering van artikel 6.4;
e. in verband met de uitvoering van artikel 7.19.
2. Aan de heffing worden onderworpen de bij provinciale verordening aan te wijzen houders van inrichtingen of werken, bestemd tot het onttrekken van grondwater.
3. Als de houder van de inrichting of het werk wordt aangemerkt:
a. indien krachtens deze wet of de Waterschapswet bevoegde gezag een vergunning heeft verleend voor de onttrekking van het grondwater: degene aan wie deze vergunning is verleend;
b. indien ter zake van de onttrekking van het grondwater de krachtens deze wet of de Waterschapswet voorgeschreven melding is gedaan: degene die deze melding heeft gedaan;
c. in overige gevallen: degene ten behoeve van wie de onttrekking plaatsvindt.
4. Als grondslag voor de heffing geldt de onttrokken hoeveelheid grondwater. Indien op grond van vergunningvoorschriften water wordt geïnfiltreerd, wordt voor het vaststellen van de

grondslag de geïnfiltreerde hoeveelheid volgens bij provinciale verordening te stellen nadere regels in mindering gebracht op de onttrokken hoeveelheid grondwater.

Art. 7.8
1. Van verontreinigingsheffing zijn vrijgesteld:
   a. lozingen die plaatsvinden met behulp van een openbaar vuilwaterriool;
   b. lozingen van stoffen vanuit een zuiveringtechnisch werk door een beheerder op een oppervlaktewaterlichaam dat bij hem in beheer is;
   c. lozingen van stoffen afkomstig uit een zuiveringtechnisch werk anders dan door de beheerder, mits het lozen plaatsvindt op een oppervlaktewaterlichaam dat bij die beheerder in beheer is en de hoeveelheid afvalstoffen, verontreinigende of schadelijke stoffen niet is toegenomen.

2. Bij algemene maatregel van bestuur kan worden bepaald dat het bij die maatregel aan te geven onttrekken van grondwater is vrijgesteld van grondwaterheffing.

3. Voorts kunnen bij of krachtens algemene maatregel van bestuur onderscheidenlijk bij belastingverordening nadere regels worden gesteld met betrekking tot de verontreinigingsheffing. Nadere regels met betrekking tot de kosten, bedoeld in artikel 7.7, eerste lid, onderdeel b, kunnen worden gesteld bij algemene maatregel van bestuur.

Verontreinigingsheffing, vrijstelling

Nadere regels

Art. 7.9
Van de aanvrager kunnen, volgens bij ministeriële regeling te stellen regels, door Onze Minister rechten worden geheven ter dekking van de kosten van het door hem in behandeling nemen van een aanvraag tot het nemen van een beschikking op grond van hoofdstuk 5 of 6 van deze wet.

Verontreinigingsheffing, leges

§ 2
Verontreinigingsheffing door het Rijk

Art. 7.10
1. De verontreinigingsheffing ter zake van lozen op een oppervlaktewaterlichaam in beheer bij het Rijk wordt door Onze Minister bij wege van aanslag geheven. De heffing wordt geheven over het kalenderjaar.

2. Onverminderd het overigens in deze paragraaf bepaalde, wordt de in het eerste lid bedoelde heffing geheven met overeenkomstige toepassing van de Algemene wet, met uitzondering van de artikelen 2, vierde lid, 37 tot en met 39, 47a, 48, 52, 53, 54, 76, 80, tweede, derde en vierde lid, 82, 84, 86 en 87 van die wet.

3. Voor de toepassing van de Algemene wet treedt Onze Minister in de plaats van Onze Minister van Financiën.

4. Voorts treden voor de toepassing van de Algemene wet de daartoe bij besluit van Onze Minister aangewezen ambtenaar of ambtenaren in de plaats van het bestuur van 's Rijksbelastingen en van de inspecteur, onderscheidenlijk van de ambtenaren van de rijksbelastingdienst.

5. Van een besluit als bedoeld in het vierde lid wordt mededeling gedaan door plaatsing in de Staatscourant.

Verontreinigingsheffing, Rijk

Schakelbepaling

Art. 7.11
1. Indien een bedrijfs- of woonruimte of een zuiveringstechnisch werk bij meer dan één persoon in gebruik of beheer is, kan de heffingsambtenaar een belastingaanslag inzake de in artikel 7.10, eerste lid, bedoelde heffing ter zake van die ruimte of van dat zuiveringstechnisch werk ten name van één van die personen stellen.

2. De heffingsambtenaar is bevoegd voor een zelfde in artikel 7.2, derde lid, bedoelde heffingplichtige, bestemde belastingaanslagen van dezelfde soort op één aanslagbiljet te verenigen.

Verontreinigingsheffing, tenaamstelling belastingaanslag

Art. 7.12
De door Onze Minister aangewezen ambtenaren die voor de toepassing van de Algemene wet in de plaats treden van de ambtenaren van de rijksbelastingdienst, zijn, voor zover dit voor het heffen van de in artikel 7.10, eerste lid, bedoelde heffing redelijkerwijs nodig is, bevoegd:
   a. elke plaats met medeneming van de benodigde apparatuur, zo nodig met behulp van de sterke arm, met uitzondering van een woonruimte zonder toestemming van de gebruiker of de gebruikers, te betreden;
   b. monsters te nemen ter zake van lozingen op oppervlaktewaterlichamen in beheer bij het Rijk.

Verontreinigingsheffing, bevoegdheid ambtenaren

Art. 7.13
1. De heffing ter zake van lozen op een oppervlaktewaterlichaam in beheer bij het Rijk wordt ingevorderd met toepassing van de Invorderingswet 1990 en de Kostenwet invordering rijksbelastingen als was deze heffing een rijksbelasting in de zin van artikel 2, eerste lid, onderdeel a, van de Invorderingswet 1990 en geschiedt door de zorg van de ontvanger, bedoeld in artikel 2, eerste lid, onderdeel i, van die wet, alsmede door de overige in die wet genoemde functionarissen.

2. Een voorlopige aanslag voor de in het eerste lid bedoelde heffing waarvan het aanslagbiljet een dagtekening heeft die ligt in het jaar waarover deze is vastgesteld, is invorderbaar in zoveel

Verontreinigingsheffing, invordering

gelijke termijnen als er na de maand die in de dagtekening van het aanslagbiljet is vermeld, nog maanden van het jaar overblijven. De eerste termijn vervalt één maand na de dagtekening van het aanslagbiljet en elk van de volgende termijnen telkens een maand later.
3. Indien toepassing van het tweede lid niet leidt tot meer dan twee maandelijkse termijnen, is de in dat lid bedoelde belastingaanslag twee maanden na de dagtekening van het aanslagbiljet invorderbaar.

§ 3
Schadevergoeding

Art. 7.14

Waterbeheer, schadevergoeding

1. Aan degene die als gevolg van de rechtmatige uitoefening van een taak of bevoegdheid in het kader van het waterbeheer schade lijdt of zal lijden, wordt op zijn verzoek door het betrokken bestuursorgaan een vergoeding toegekend, voor zover de schade redelijkerwijze niet of niet geheel te zijnen laste behoort te blijven en voor zover de vergoeding niet of niet voldoende anderszins is verzekerd.
2. Het verzoek tot vergoeding van de schade bevat een motivering, alsmede een onderbouwing van de hoogte van de gevraagde schadevergoeding. Bij of krachtens algemene maatregel van bestuur dan wel verordening van provincie of waterschap kunnen regels worden gesteld omtrent de inrichting, indiening en motivering van een verzoek tot schadevergoeding.
3. Het bestuursorgaan kan het verzoek afwijzen, indien vijf jaren zijn verlopen na de dag waarop de schade zich heeft geopenbaard dan wel nadat de benadeelde redelijkerwijs op de hoogte had kunnen zijn van de schade, doch in elk geval na verloop van twintig jaren na de schadeveroorzakende gebeurtenis. Bij of krachtens de in het tweede lid bedoelde algemene maatregel van bestuur dan wel verordening van provincie of waterschap kunnen regels worden gesteld omtrent de behandeling en de wijze van beoordeling van een verzoek tot schadevergoeding.
4. Het besluit inzake de toekenning van de vergoeding wordt genomen bij afzonderlijke beschikking.

Nadere regels

5. Bij of krachtens algemene maatregel van bestuur kunnen, onverminderd artikel 7.15, nadere regels worden gesteld met betrekking tot de schade die krachtens het eerste lid voor vergoeding in aanmerking komt.

Art. 7.15

Schadevergoeding, definitie schade

Voor de toepassing van artikel 7.14 wordt onder schade mede verstaan schade in verband met wateroverlast of overstromingen, voor zover deze het gevolg zijn van de verlegging van een waterkering of van andere maatregelen, gericht op het vergroten van de afvoer- of bergingscapaciteit van watersystemen.

Art. 7.16

Schade, toepasselijkheid art. 6.1 Wro

Afdeling 6.1 van de Wet ruimtelijke ordening blijft buiten toepassing, voor zover een belanghebbende met betrekking tot de schade een beroep doet of kan doen op een schadevergoeding als bedoeld in artikel 7.14, eerste lid.

Art. 7.17

Schade uit op aanvraag genomen besluit

1. Indien de door een bestuursorgaan uit hoofde van artikel 7.14 vergoede schade voortvloeit uit een op aanvraag genomen besluit, kan het bestuursorgaan deze schade bij beschikking in rekening brengen bij de aanvrager van dat besluit.
2. Indien door een bestuursorgaan, niet zijnde Onze Minister, een vergoeding als bedoeld in artikel 7.14 wordt toegekend in verband met de noodzakelijke behartiging van een openbaar belang waarvan de behartiging niet of niet geheel tot de taak van dat bestuursorgaan behoort, kan Onze Minister op verzoek van dat bestuursorgaan aan het openbaar lichaam welks belang geheel of gedeeltelijk wordt behartigd, de verplichting opleggen de met de toepassing van artikel 7.14 gemoeide kosten die het gevolg zijn van die belangenbehartiging, geheel of gedeeltelijk te vergoeden.
3. Een verplichting als bedoeld in het tweede lid wordt niet opgelegd dan nadat het openbaar lichaam welks belang geheel of gedeeltelijk wordt behartigd, en overige rechtstreeks betrokkenen in de gelegenheid zijn gesteld daaromtrent hun zienswijzen naar voren te brengen.
4. Van het besluit tot oplegging van een verplichting als bedoeld in het tweede lid wordt mededeling gedaan door plaatsing in de Staatscourant.

Art. 7.18

Schade, ondervangen door vergunninghouder

1. De schade aan een onroerende zaak, veroorzaakt door het onttrekken van grondwater of het infiltreren van water krachtens een watervergunning, wordt, voorzover dit redelijkerwijze kan worden gevergd, door de vergunninghouder ondervangen.
2. Voorzover de schade niet is ondervangen, is de vergunninghouder desgevorderd verplicht jegens ieder die enig recht op het gebruik of het genot van de onroerende zaak heeft, die schade te vergoeden.

3. Niettemin kan een eigenaar van de onroerende zaak, indien door de aard of de omvang van de schade de eigendom van die zaak voor hem van te geringe betekenis is geworden, vorderen dat de vergunninghouder de onroerende zaak in eigendom overneemt. De vordering kan worden gedaan zowel bij niet-aanvaarding van een als schadevergoeding aangeboden som als na aanvaarding daarvan.
4. Vorderingen, op grond van dit artikel staan ter kennisneming van de rechtbank binnen wier rechtsgebied de onroerende zaak of het grootste gedeelte daarvan is gelegen.

Art. 7.19

1. Hij, die op grond van artikel 7.18, eerste, tweede of derde lid, een vordering kan doen met betrekking tot schade in verband met een watervergunning voor het onttrekken van grondwater of het infiltreren van water als bedoeld in artikel 6.4 of 6.5, onderdeel b, dan wel krachtens een verordening van een waterschap, kan eerst aan gedeputeerde staten van de provincie waarin de in artikel 7.18 bedoelde onroerende zaak geheel of grotendeels is gelegen verzoeken een onderzoek in te stellen. *(Schade, instellen onderzoek)*
2. Indien een onroerende zaak is gelegen in een gebied waarin de grondwaterstand invloed ondergaat van meer dan één onttrekking en blijkens het onderzoek niet of niet binnen redelijke termijn is vast te stellen door welke onttrekking de schade die de onroerende zaak ondervindt wordt veroorzaakt, kennen gedeputeerde staten de rechthebbende ten aanzien van die onroerende zaak op zijn verzoek een vergoeding van de kosten van ondervanging van de schade dan wel een schadevergoeding toe. De rechthebbende is in dat geval gehouden tot overdracht van de rechten welke hij tegenover derden mocht kunnen doen gelden.

Art. 7.20

1. Ingeval de rechtbank de vordering, bedoeld in artikel 7.18, derde lid, gegrond acht, veroordeelt zij de vergunninghouder tot overneming en tot betaling van de overnemingssom. Tegen het vonnis staat geen ander rechtsmiddel open dan beroep in cassatie. Het beroep in cassatie moet op straffe van niet-ontvankelijkheid binnen acht dagen na het instellen ervan worden ingeschreven in de registers, bedoeld in artikel 433 van het Wetboek van Burgerlijke Rechtsvordering. *(Schade, vonnis rechtbank)*
2. Op de vaststelling van de overnemingssom zijn de artikelen 27, eerste en tweede lid, 28, eerste, tweede en derde lid, 29 tot en met 35 en 37, eerste lid, van de onteigeningswet van overeenkomstige toepassing, met dien verstande, dat de rechtbank in plaats van één of een oneven aantal deskundigen ook twee deskundigen kan benoemen.
3. Het vonnis waarbij de vergunninghouder tot overneming is veroordeeld, kan worden ingeschreven in de openbare registers, bedoeld in afdeling 2 van titel 1 van Boek 3 van het Burgerlijk Wetboek, nadat het in kracht van gewijsde is gegaan. Door inschrijving van het vonnis gaat de eigendom op de vergunninghouder over.

§ 4
Schade aan waterstaatswerken

Art. 7.21

1. De kosten wegens schade, toegebracht aan waterstaatswerken in beheer of onderhoud bij een beheerder, waarvoor eigenaren of gebruikers van vaartuigen wettelijk aansprakelijk zijn, worden door de daartoe door de beheerder aangewezen ambtenaar geraamd en vermeld in een proces-verbaal dat zo mogelijk aan de schipper in afschrift wordt meegedeeld. *(Schade aan waterstaatswerken)*
2. Indien het geraamde bedrag aan de betrokken ambtenaar niet tot zekerheid wordt betaald of niet tot diens genoegen zekerheid wordt gesteld voor betaling daarvan binnen redelijke termijn, is deze ambtenaar bevoegd, desnoods met behulp van de sterke arm, het voortzetten van de reis, het ondernemen van de terugtocht of het aanvangen van een nieuwe reis, ook indien het vaartuig inmiddels buiten zijn ambtsgebied is gebracht, te beletten.
3. Onverminderd het recht op vergoeding van de schade is het betrokken publiekrechtelijk lichaam bevoegd het betaalde bedrag aan te wenden tot herstel van de schade. Indien blijkt dat de werkelijke kosten wegens schade minder bedragen dan het betaalde bedrag, wordt het overschot, met de wettelijke rente daarvan vanaf de dag der betaling, uitgekeerd aan degene die heeft betaald.
4. Dit artikel is niet van toepassing op de kosten van lokaliseren, markeren en opruimen van een wrak in de zin van de Wet bestrijding maritieme ongevallen.

Art. 7.22

1. De Staat kan – behoudens matiging door de rechter – de ten laste van het Rijk komende kosten van onderzoek naar verontreiniging of aantasting van de bodem of oever van een oppervlaktewaterlichaam en van maatregelen als bedoeld in artikel 4.6, tweede lid, onder a, of artikel 5.15, eerste lid, in verband met verontreiniging of aantasting van de bodem of oever van een oppervlaktewaterlichaam die een belemmering vormt voor het bereiken van de gewenste gebiedskwaliteit, verhalen op degene door wiens onrechtmatige daad die verontreiniging of aan- *(Schade, kosten onderzoek)*

tasting in het betrokken geval is veroorzaakt en die deswege of anderszins buiten overeenkomst jegens enige overheid krachtens burgerlijk recht aansprakelijk is voor de gevolgen daarvan.
2. De Staat kan, indien de kosten bedoeld in het eerste lid mede ten laste komen van een waterschap, ook deze kosten overeenkomstig dat lid verhalen.
3. De Staat kan ten laste van het Rijk komende kosten als bedoeld in het eerste lid overeenkomstig de regels betreffende ongerechtvaardigde verrijking verhalen op degene die door dat onderzoek of die maatregelen ongerechtvaardigd wordt verrijkt. Het tweede lid is van overeenkomstige toepassing.
4. De bevoegdheden, bedoeld in het eerste en derde lid, komen toe aan het waterschap in gevallen waarin kosten als bedoeld in het eerste lid geheel te haren laste komen, alsmede in gevallen waarin de Staat niet van deze bevoegdheid gebruik maakt, voor zover zodanige kosten te haren laste komen.

Schakelbepaling 5. Artikel 75, vijfde lid, van de Wet bodembescherming is van overeenkomstige toepassing.

§ 4a
Het deltafonds

Art. 7.22a

Deltafonds, doel
1. Er is een deltafonds.
2. Het deltafonds heeft ten doel de financiering en bekostiging van:
   a. maatregelen en voorzieningen ter voorkoming en waar nodig beperking van overstromingen, wateroverlast en waterschaarste;
   b. maatregelen en voorzieningen ter bescherming of verbetering van de chemische of ecologische kwaliteit van watersystemen;
   c. het inwinnen, bewerken en verspreiden van met de onderdelen a en b samenhangende gegevens en het verrichten van met de onderdelen a en b samenhangende onderzoeken.

Art. 7.22b

Deltafonds, begrotings-fonds
1. Het deltafonds is een begrotingsfonds als bedoeld in artikel 2.11, eerste lid, van de Comptabiliteitswet 2016.
2. Onze Minister beheert het deltafonds.

Art. 7.22c

Deltafonds, ontvangsten
De ontvangsten van het deltafonds zijn:
a. een bijdrage ten laste van de begroting van het Ministerie van Infrastructuur en Waterstaat;
b. bijdragen ten laste van andere begrotingen van het Rijk;
c. bijdragen van derden;
d. andere ontvangsten in het kader van het bereiken van de doelen van het deltafonds.

Art. 7.22d

Deltafonds, uitgaven
1. Ten laste van het deltafonds komen de uitgaven ten behoeve van:
   a. aanleg, verbetering, beheer, onderhoud en bediening van waterstaatswerken die bij het Rijk in beheer zijn of zullen zijn, ter voorkoming en waar nodig beperking van overstromingen en waterschaarste;
   b. maatregelen en voorzieningen ter bescherming of verbetering van de chemische of ecologische kwaliteit van watersystemen;
   c. het inwinnen, bewerken en verspreiden van met de onderdelen a en b samenhangende gegevens;
   d. met de onderdelen a en b samenhangende onderzoeken.
2. Onze Minister kan uit het deltafonds subsidies verstrekken ten behoeve van:
   a. aanleg, verbetering, beheer, onderhoud en bediening van waterstaatswerken die niet bij het Rijk in beheer zijn of zullen zijn, ter voorkoming en waar nodig beperking van overstromingen en waterschaarste;
   b. maatregelen en voorzieningen ter bescherming of verbetering van de chemische of ecologische kwaliteit van watersystemen;
   c. met de onderdelen a en b samenhangende onderzoeken.
3. Op subsidies die ten laste komen van het deltafonds zijn de artikelen 2 en 4 tot en met 7 van de Kaderwet subsidies I en M van toepassing.
4. Subsidies als bedoeld in het tweede lid die worden verleend ten laste van een begroting die nog niet is vastgesteld, worden verleend onder de voorwaarde, bedoeld in artikel 4:34, eerste lid, van de Algemene wet bestuursrecht.
5. Ten laste van het deltafonds kunnen eveneens uitgaven worden gebracht ten behoeve van maatregelen en voorzieningen als bedoeld in artikel 7.22a, tweede lid, onderdelen a en b, alsmede ten behoeve van het inwinnen, verspreiden en bewerken van gegevens en het doen van onderzoek als bedoeld in artikel 7.22a, tweede lid, onderdeel c, met betrekking tot buiten het Nederlandse grondgebied gelegen delen van de stroomgebieddistricten Eems, Maas, Rijn en Schelde.

6. Ten laste van het deltafonds komen tevens uitgaven ten behoeve van het bureau ter ondersteuning van de werkzaamheden van de deltacommissaris, de huisvestingskosten van het bureau en verdere aan de taakvervulling van de deltacommissaris verbonden uitgaven.
7. Ten laste van het deltafonds komen voorts andere uitgaven en subsidies in het kader van het bereiken van de doelen van dat fonds.

§ 5
Financiering en bekostiging maatregelen primaire waterkeringen

Art. 7.23
1. Onze Minister verleent aan de beheerder op aanvraag een subsidie voor het treffen van maatregelen, indien: — *Primaire waterkering, subsidie*
a. de maatregelen nodig zijn vanwege:
1°. wijziging van bijlage III dan wel de krachtens artikel 2.3 gestelde regels;
2°. de overgang van de op grond van artikel 2.2 dan wel krachtens artikel 2.3 of 2.12, vierde lid, gestelde regels, zoals die luidden op 31 december 2016, naar de normen in bijlage III dan wel de krachtens artikel 2.3 gestelde regels; of
3°. wijziging van de krachtens artikel 2.3 of 2.12, vierde lid, gestelde regels, zoals deze artikelen luidden op 31 december 2016;
b. de maatregelen voor het kalenderjaar waarin de subsidie wordt verstrekt zijn opgenomen in een jaarlijks door Onze Minister vast te stellen programma; en
c. bij maatregelen die betrekking hebben op een dijktraject als bedoeld in artikel 2.2, eerste lid, tweede zin, en nodig zijn vanwege het eerste lid, onderdeel a, onder 1° of 2°, de norm, vermeld in bijlage II, is overschreden.
2. De subsidie, bedoeld in het eerste lid, wordt verleend voor negentig procent van de geraamde kosten van een sober en doelmatig ontwerp van de maatregelen. Bij ministeriële regeling worden nadere regels gesteld met betrekking tot de kostenraming en de subsidiabele kosten.
3. De artikelen 2 en 4 tot en met 7 van de Kaderwet subsidies I en M zijn van toepassing.
4. Bij de voorbereiding van het programma, bedoeld in het eerste lid, en van de regeling, bedoeld in het tweede lid, worden de besturen van de waterschappen gehoord.
5. Bij algemene maatregel van bestuur worden de maatregelen aangewezen waarvoor in afwijking van het tweede lid subsidie wordt verleend voor honderd procent van de kosten van uitvoering. Daarbij worden de aard en omvang van deze maatregelen aangeduid en de locaties en de betrokken beheerders vermeld.

Art. 7.24
1. Een waterschap is een jaarlijkse bijdrage aan Onze Minister verschuldigd ter bestrijding van de kosten verbonden aan de verstrekking van subsidies voor maatregelen die nodig zijn vanwege: — *Primaire waterkering, berekening jaarlijkse bijdrage*
a. wijziging van bijlage III dan wel de krachtens artikel 2.3 gestelde regels;
b. de overgang van de op grond van artikel 2.2 dan wel krachtens artikel 2.3 of 2.12, vierde lid, gestelde regels, zoals die luidden op 31 december 2016, naar de normen in bijlage III dan wel de krachtens artikel 2.3 gestelde regels; of
c. wijziging van de krachtens artikel 2.3 of 2.12, vierde lid, gestelde regels, zoals deze artikelen luidden op 31 december 2016.
2. De jaarlijkse bijdrage wordt berekend volgens de formule:
$B = 0{,}50 \times R1\ (I/IT + WG/WGT) + 0{,}40 \times R2\ (I/IT + WG/WGT)$, waarin
B voorstelt: de te berekenen bijdrage in euro's;
R1 voorstelt: een bedrag in euro's dat gelijk is aan het bedrag dat ten laste van een begroting als bedoeld in artikel 7.22c, eerste lid, onder a of b, ten bate van de begroting van het desbetreffende jaar wordt toegevoegd aan het deltafonds ten behoeve van subsidies voor de maatregelen die zijn aangewezen krachtens artikel 7.23, vijfde lid, en dat tezamen met R2 niet hoger is dan het in het vierde lid genoemde maximum;
R2 voorstelt: een bedrag in euro's dat gelijk is aan het bedrag dat ten laste van een begroting als bedoeld in artikel 7.22c, eerste lid, onder a of b, ten bate van de begroting van het desbetreffende jaar wordt toegevoegd aan het deltafonds ten behoeve van subsidies voor maatregelen als bedoeld in het eerste lid, die niet zijn aangewezen krachtens artikel 7.23, vijfde lid, en dat tezamen met R1 niet hoger is dan het in het vierde lid genoemde maximum;
I voorstelt: het aantal ingezetenen in het gebied van het waterschap op de peildatum;
IT voorstelt: het aantal ingezetenen in de gebieden van de waterschappen tezamen op de peildatum;
WG voorstelt: de som van de op basis van hoofdstuk IV van de Wet waardering onroerende zaken vastgestelde waarden van de gebouwde onroerende zaken in het gebied van het waterschap op de peildatum;

WGT voorstelt: de som van de op basis van hoofdstuk IV van de Wet waardering onroerende zaken vastgestelde waarden van de gebouwde onroerende zaken in de gebieden van de waterschappen tezamen op de peildatum.

3. De peildatum, bedoeld in het tweede lid, is 1 januari 2010 voor de jaarlijkse bijdrage voor de kalenderjaren 2011 tot en met 2014 en voor elke daaropvolgende aaneengesloten periode van vier kalenderjaren telkens 1 januari van het laatste kalenderjaar dat voorafgaat aan de betrokken periode.

4. Het in het tweede lid aan de som van R1 en R2 gestelde maximum bedraagt in 2014 131 x 10^6 euro's en vanaf 2015 181 x 10^6 euro's, met dien verstande dat met ingang van 2016 het laatstgenoemde bedrag ten opzichte van het loon- en prijspeil van 2011 jaarlijks wordt geïndexeerd volgens de Index Bruto Overheidsinvesteringen, zoals toegepast door Onze Minister van Financiën in de Voorjaarsnota.

5. Middelen die bestemd zijn voor subsidies ten behoeve van maatregelen als bedoeld in het eerste lid, kunnen tevens worden besteed aan:
a. uitgaven van het Rijk ten behoeve van zodanige maatregelen, mits deze uitgaven de kosten van een subsidie voor zodanige maatregelen niet te boven gaan;
b. uitgaven of subsidies ten behoeve van een of meer andere maatregelen, al dan niet zijnde waterbeheermaatregelen, die tezamen een vergelijkbaar beschermingsniveau bieden, indien een maatregel als bedoeld in het eerste lid zeer kostbaar of maatschappelijk zeer ingrijpend is en de uitgaven of subsidies voor dergelijke andere maatregelen de kosten van een subsidie voor een maatregel als bedoeld in het eerste lid niet te boven gaan, waarbij zo nodig kan worden afgeweken van de artikelen 7.22a en 7.22d;
c. eenmalige subsidies voor maatregelen die nodig zijn om bij algemene maatregel van bestuur aan te wijzen andere dan primaire waterkeringen in overeenstemming te brengen met de veiligheidsnormen, bedoeld in artikel 2.4.

Art. 7.25

Primaire waterkering, hoogte jaarlijkse bijdrage

Ten behoeve van de vaststelling van de hoogte van de bijdrage, bedoeld in artikel 7.24, verschaft het dagelijks bestuur van een waterschap Onze Minister voor 1 maart van het kalenderjaar dat volgt op het kalenderjaar waarin de peildatum valt, de volgende gegevens:
a. het aantal ingezetenen in het gebied van het waterschap op de peildatum, en
b. de som van de op basis van hoofdstuk IV van de Wet waardering onroerende zaken vastgestelde waarden van de gebouwde onroerende zaken in het gebied van het waterschap op de peildatum.

Art. 7.26

Primaire waterkering, vaststelling jaarlijkse bijdrage

1. Onze Minister stelt de verplichting tot betaling van de bijdrage, bedoeld in artikel 7.24, jaarlijks voor 1 mei vast.

2. Indien de slotwet van de begroting van het deltafonds daartoe aanleiding geeft, wordt de verplichting tot betaling door Onze Minister gewijzigd.

3. Indien de verplichting tot betaling op grond van het tweede lid wordt gewijzigd, is over de te betalen of terug te betalen geldsom geen wettelijke rente verschuldigd.

4. Krachtens het eerste of tweede lid verschuldigde geldsommen kunnen door Onze Minister worden ingevorderd bij dwangbevel.

5. Onze Minister kan een aan een waterschap terug te betalen geldsom verrekenen met een van hetzelfde waterschap krachtens het eerste of tweede lid te vorderen geldsom voor een ander kalenderjaar.

Hoofdstuk 8
Handhaving

Art. 8.1

Waterbeheer, handhaving

1. De beheerder heeft tot taak:
a. zorg te dragen voor de bestuursrechtelijke handhaving van het bij of krachtens de hoofdstukken 5 en 6 of krachtens artikel 10.1 bepaalde, voor zover betrekking hebbend op de door hem beheerde watersystemen en de daarbij behorende beschermingszones en van het bij of krachtens titel 12.3 van de Wet milieubeheer bepaalde met betrekking tot het brengen van stoffen in een oppervlaktewaterlichaam;
b. gegevens die met het oog op de uitoefening van de onder a bedoelde taak van belang zijn, te verzamelen en te registreren;
c. klachten te behandelen die betrekking hebben op de naleving van de in onderdeel a bedoelde voorschriften.

2. Met de beheerder worden voor de toepassing van het eerste lid gelijkgesteld gedeputeerde staten, ter zake van handelingen als bedoeld in artikel 6.4.

Art. 8.2

In afwijking van artikel 8.1, eerste lid, rusten de daarin bedoelde taken ten aanzien van:

a. een vergunningplichtige handeling waarop artikel 6.17, eerste of tweede lid, van toepassing is: op het bestuursorgaan dat op de vergunningaanvraag beslist;
b. een handeling waarvoor krachtens artikel 6.7 een meldings-, meet-, registratie- of opgaveverplichting geldt: op het ingevolge dat artikel aangewezen bestuursorgaan.

Art. 8.3

1. Met het toezicht op de naleving van het bij of krachtens de hoofdstukken 5 en 6 of krachtens artikel 10.1 bepaalde zijn belast de bij besluit van Onze Minister aangewezen ambtenaren. Indien de aanwijzing ambtenaren betreft, ressorterende onder een ander ministerie dan dat van Onze Minister, wordt het desbetreffende besluit genomen in overeenstemming met Onze Minister wie het mede aangaat. *Handhaving, aanwijzing toezichtambtenaren*
2. Van een besluit als bedoeld in het eerste lid wordt mededeling gedaan door plaatsing in de Staatscourant.
3. Onze Minister kan regels stellen ten aanzien van de vervulling van de in het eerste lid bedoelde taak. Voor krachtens het eerste lid aangewezen ambtenaren die ressorteren onder een ander ministerie dan dat van Onze Minister, worden zodanige regels gesteld in overeenstemming met Onze betrokken Minister. *Nadere regels*
4. Met het toezicht op de naleving van het bij of krachtens de hoofdstukken 5 en 6 of krachtens artikel 10.1 bepaalde zijn binnen hun ambtsgebied eveneens belast de ambtenaren die daartoe worden aangewezen bij besluit van de beheerder, niet zijnde Onze Minister, of een ander met de uitvoering van deze wet belast bestuursorgaan.

Art. 8.4

1. Het op grond van hoofdstuk 6 bevoegde gezag kan een watervergunning geheel of gedeeltelijk intrekken, indien: *Handhaving, intrekken vergunning*
a. in strijd met de vergunning of de daaraan verbonden voorschriften wordt gehandeld, dan wel de met betrekking tot de vergunde handeling geldende wettelijke voorschriften niet worden nageleefd;
b. te der verkrijging van de vergunning verstrekte gegevens zodanig onjuist of onvolledig blijken te zijn, dat op de aanvraag voor de vergunning een andere beslissing zou zijn genomen indien bij de beoordeling daarvan de juiste gegevens bekend zouden zijn geweest.
2. Het bevoegd gezag gaat in een geval als bedoeld in het eerste lid, onderdeel a, niet tot intrekking over dan nadat het de vergunninghouder een redelijke termijn heeft gesteld om zijn handelen alsnog in overeenstemming te brengen met de vergunning en de daaraan verbonden voorschriften, onderscheidenlijk de geldende wettelijke voorschriften na te leven.

Art. 8.5

Onze Minister is bevoegd tot het toepassen van bestuursdwang ter handhaving van het bij of krachtens deze wet bepaalde in gevallen waarin hem de zorg voor de bestuursrechtelijke handhaving daarvan is opgedragen. *Handhaving, toepassen bestuursdwang*

Art. 8.6

Met betrekking tot de kwaliteit van de uitvoering en handhaving van het bij of krachtens de hoofdstukken 5 en 6 of krachtens artikel 10.1 bepaalde zijn de artikelen 5.7 en 5.8 van de Wet algemene bepalingen omgevingsrecht van toepassing. *Handhaving, intrekking vergunning*

Art. 8.7

Het bestuursorgaan waaraan de zorg voor bestuursrechtelijke handhaving van het bij of krachtens de hoofdstukken 5 en 6 of krachtens artikel 10.1 bepaalde is opgedragen, is bevoegd tot het toepassen van bestuursdwang ter handhaving van artikel 5:20, eerste lid, van de Algemene wet bestuursrecht, voor zover het betreft de verplichting tot het verlenen van medewerking aan de krachtens artikel 8.3 aangewezen ambtenaren. *Handhaving, toepassing bestuursdwang door bestuursorgaan*

Art. 8.8

De ambtenaren van de rijksbelastingdienst, bevoegd inzake douane, geven geen toestemming tot vertrek van een vaartuig of luchtvaartuig uit Nederland indien zij ernstige redenen hebben om te vermoeden dat in strijd met een van de in artikel 6.3 omschreven verboden is of zal worden gehandeld. *Handhaving, geen toestemming vertrek (lucht)vaartuig*

Art. 8.9

1. Onverminderd het recht van andere staten om overeenkomstig het VN-Zeerechtverdrag tot rechtsvervolging over te gaan, is de Nederlandse strafwet toepasselijk op ieder die zich in of boven de exclusieve economische zone schuldig maakt aan overtreding van de voorschriften, gesteld bij of krachtens deze wet. *Handhaving, VN-Zeerechtverdrag*
2. Bij de opsporing en vervolging van strafbare feiten als bedoeld in het eerste lid wordt afdeling 7 van Deel XII van het VN-Zeerechtverdrag in acht genomen.

Art. 8.10

Onze Minister en de toezichthouders nemen bij de toepassing van artikel 8.5, onderscheidenlijk bij de uitoefening van het toezicht op de naleving van het bij of krachtens deze wet bepaalde, afdeling 7 van Deel XII van het VN-Zeerechtverdrag in acht.

A70 art. 10.1 — Waterwet

Hoofdstuk 9
[Vervallen]

Art. 9.1-9.5
[Vervallen]

Hoofdstuk 10
Slotbepalingen

Art. 10.1
Slotbepalingen Bij of krachtens algemene maatregel van bestuur kunnen ter uitvoering van internationale verplichtingen die betrekking hebben op waterbeheer, alsmede ten behoeve van een goede uitvoering van deze wet nadere regels worden gesteld met betrekking tot de in deze wet geregelde onderwerpen.

Art. 10.2
Een wijziging van de kaderrichtlijn water of van een andere op grond van deze wet uitgevoerde richtlijn van een of meer instellingen van de Europese Unie alleen of gezamenlijk gaat voor de toepassing van deze wet gelden met ingang van de dag waarop aan de betrokken wijzigingsrichtlijn uitvoering moet zijn gegeven, tenzij bij ministerieel besluit, dat in de Staatscourant wordt bekendgemaakt, een ander tijdstip wordt vastgesteld.

Art. 10.2a
1. Een wijziging van bijlage 4 bij het op 7 november 1996 te Londen tot stand gekomen Protocol bij het Verdrag inzake de voorkoming van verontreiniging van de zee ten gevolge van het storten van afval en andere stoffen van 1972 (Trb. 1998, 134) gaat voor de toepassing van artikel 6.3, eerste lid, aanhef en onderdeel d, gelden met ingang van de dag waarop die wijziging internationaal in werking treedt, tenzij bij ministerieel besluit, dat in de Staatscourant wordt bekendgemaakt, een ander tijdstip wordt vastgesteld.
2. Indien voorafgaand de dag, waarop artikel 6.3, eerste lid, aanhef en onderdeel d, van toepassing wordt op een activiteit voor die activiteit een watervergunning is verleend, berust deze op artikel 6.3, eerste lid, aanhef en onderdeel d, mits de activiteit in bijlage 4 bij het op 7 november 1996 te Londen tot stand gekomen Protocol bij het Verdrag inzake de voorkoming van verontreiniging van de zee ten gevolge van het storten van afval en andere stoffen van 1972 (Trb. 1998, 134) is aangemerkt als een activiteit waarvoor een vergunning kan worden verleend.

Art. 10.3
Indien voorafgaand aan de inwerkingtreding van de wet van 14 maart 2018 tot wijziging van de Waterwet en van de Wet maritiem beheer BES in verband met de uitvoering van de wijziging van het Protocol van 1996 bij het Verdrag inzake de voorkoming van verontreiniging van de zee ten gevolge van het storten van afval en andere stoffen van 1972 (mariene geo-engineering) (Stb. 98) voor een activiteit als bedoeld in artikel 6.3, eerste lid, onderdeel d, een watervergunning is verleend, berust deze op artikel 6.3, eerste lid, aanhef en onderdeel d, mits de activiteit in bijlage 4 bij het op 7 november 1996 te Londen tot stand gekomen Protocol bij het Verdrag inzake de voorkoming van verontreiniging van de zee ten gevolge van het storten van afval en andere stoffen van 1972 (Trb. 1998, 134) is aangemerkt als een activiteit waarvoor een vergunning kan worden verleend.

Art. 10.4
1. Onze Minister zendt binnen vijf jaar na de volledige inwerkingtreding van deze wet aan de Staten-Generaal een verslag over de doeltreffendheid en de effecten van deze wet.
2. Onverminderd het eerste lid zendt Onze Minister vóór 1 januari 2025 aan de Staten-Generaal een verslag over de doeltreffendheid en de effecten van de artikelen 2.2, 2.3, 2.12, 3.9 en 7.23 tot en met 7.26.

Art. 10.5
Inwerkingtreding De artikelen van deze wet treden in werking op een bij koninklijk besluit te bepalen tijdstip, dat voor de verschillende artikelen of onderdelen daarvan verschillend kan worden vastgesteld.

Art. 10.6
Citeertitel Deze wet wordt aangehaald als: Waterwet.

Waterwet **A70** bijlage I

Bijlage I Primaire waterkeringen en dijktrajecten als bedoeld in artikel 1.3, eerste lid

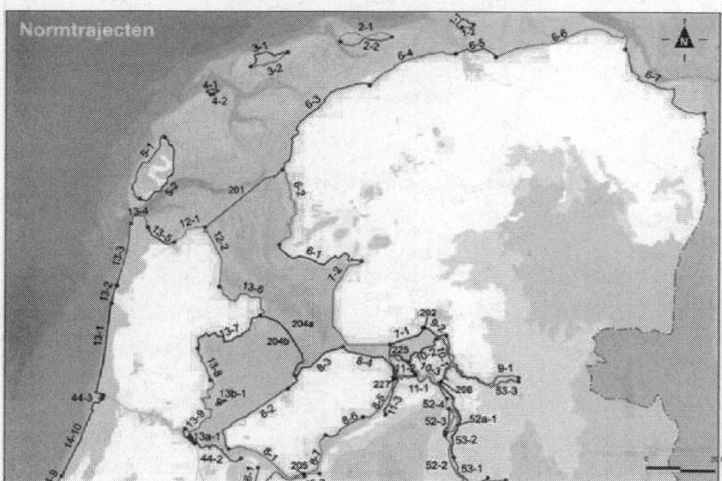

Kaart 1: Noord-Nederland

A70 bijlage I   **Waterwet**

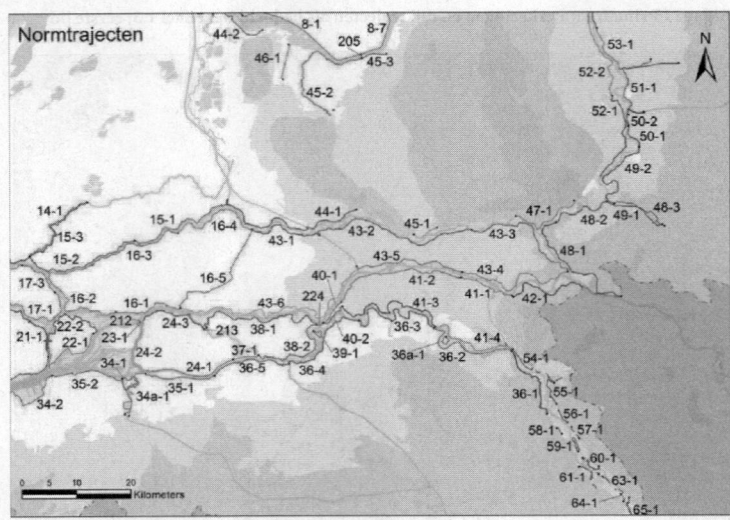

Kaart 2: Midden-Nederland

Waterwet **A70** bijlage I

Kaart 3: Zuid-West Nederland

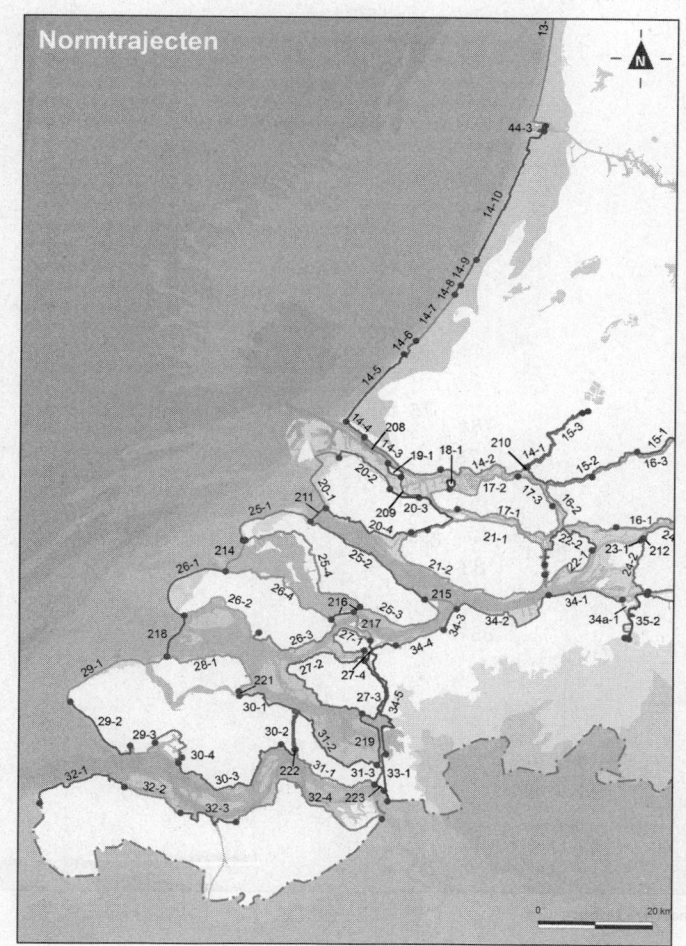

A70 bijlage IA   Waterwet

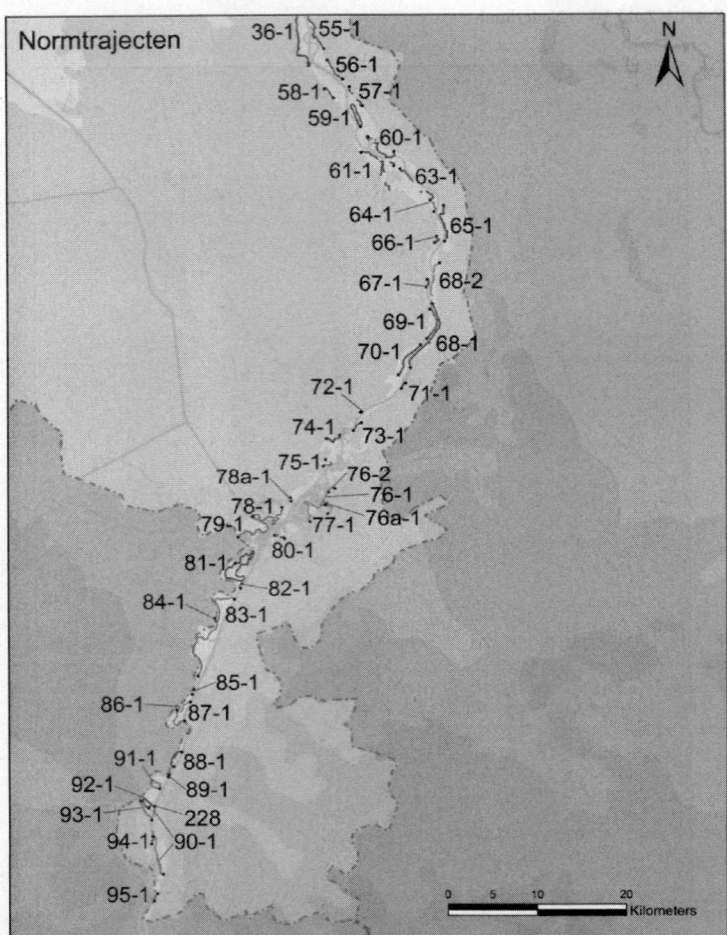

Kaart 4: Limburg

Bijlage IA Rijksdriehoekscoördinaten begrenzingen dijktrajecten als bedoeld in artikel 1.3, tweede lid

Traject	Beginpunt X	Y	Eindpunt X	Y
1-1	209653	610745	206219	609839
1-2	206219	609839	209653	610745
2-1	185760	606974	170840	605505
2-2	170840	605505	185760	606974
3-1	155445	602424	144741	598119
3-2	144742	598119	155445	602424
4–1	133.163	589.773	134.096	590.085
4–2	134.096	590.085	133.163	589.773
5-1	112567	558327	119733	576775

Waterwet

A70 bijlage IA

Traject	Beginpunt X	Y	Eindpunt X	Y	
5-2	119733	576775	112567	558327	
6-1	177262	539619	153258	544493	
6-2	153258	544493	154105	567249	
6-3	154105	567249	179480	592644	
6-4	179480	592644	204405	601934	
6-5	204405	601934	216161	601054	
6-6	216161	601054	253851	603456	
6-7	253851	603456	276791	584521	
7-1	195173	519105	185608	514144	
7-2	185608	514144	177263	539622	
8-1	160680	475073	138779	482584	
8-2	138779	482584	155909	500652	
8-3	155909	500652	171994	513513	
8-4	171994	513513	186770	503645	
8-5	186770	503645	177821	492155	
8-6	177821	492155	167033	486659	
8-7	167033	486659	160680	475073	
9-1	223120	504085	201902	516879	
9-2	201.902	516.879	195.317	519.225	
10-1	200190	502567	199187	515698	
10-2	199187	515698	191128	508821	
10-3	191128	508821	200190	502567	
11-1	202254	497760	187519	503868	
11-2	193009	505087	193009	505087	(gesloten traject)
11-3	187519	503868	184503	492932	
12-1	122746	545196	131682	549716	
12-2	131682	549716	135858	531917	
13-1	102162	498527	104555	526714	
13-2	104555	526714	106093	532122	
13-3	106093	532122	110007	550827	
13-4	110007	550827	114952	549715	
13-5	114952	549715	122746	545196	
13-6	135858	531917	147789	522936	
13-7	147789	522936	129694	512795	
13-8	129694	512795	133452	503197	
13-9	133452	503197	126138	488518	
13a-1	129369	484290	129369	484290	(gesloten traject)
13b-1	136234	496309	136234	496309	(gesloten traject)
14-1	109982	446912	99230	436695	
14-2	99230	436695	84432	436197	
14-3	84432	436197	71043	441849	
14-4	71043	441849	67837	444644	
14-5	67837	444644	77756	456910	
14-6	77756	456910	79853	459315	
14-7	79853	459315	86592	467952	
14-8	86592	467952	87622	469672	
14-9	87622	469672	90297	474328	
14-10	90297	474328	101923	497548	
15-1	135883	447236	118596	439655	
15-2	118596	439655	99456	436741	
15-3	99456	436741	109982	446912	
16-1	127067	426810	115089	426090	
16-2	115089	426090	110825	435075	
16-3	110825	435075	126731	441023	
16-4	126731	441023	140327	441632	
16-5	140327	441632	127067	426810	
17-1	103936	429891	87353	429164	
17-2	87353	429164	97847	435094	
17-3	97847	435094	103936	429891	
18-1	85998	432719	85998	432719	(gesloten traject)
19-1	77476	434792	77476	434792	(gesloten traject)

Sdu

1659

A70 bijlage IA Waterwet

Traject	Beginpunt X	Y	Eindpunt X	Y	
20-1	64432	429234	66654	438200	
20-2	66654	438200	75533	432676	
20-3	75533	432676	79292	424880	
20-4	79292	424880	64432	429234	
21-1	82193	425313	102631	417657	
21-2	102631	417657	82193	425313	
22-1	110911	421984	102666	419360	
22-2	102666	419360	110911	421984	
23-1	119764	424127	119764	424127	(gesloten traject)
24-1	136718	416981	120742	414799	
24-2	120742	414799	119831	424128	
24-3	119831	424128	131431	422736	
25-1	50187	423075	61809	426798	
25-2	61809	426798	81755	413105	
25-3	81755	413105	70445	411726	
25-4	70445	411726	50187	423075	
26-1	47016	417935	39836	409941	
26-2	39836	409941	52832	406943	
26-3	52832	406943	65464	409401	
26-4	65464	409401	47016	417935	
27-1	72311	405585	71261	403770	
27-2	71261	403770	70970	392499	
27-3	71280	401961	70970	392499	
27-4	72311	405585	71280	401961	
28-1	49374	396428	36840	402588	
29-1	36840	402588	20067	394383	
29-2	20067	394383	30502	386511	
29-3	30502	386511	34921	387049	
29-4	34921	387049	39584	384436	
30-1	49557	395609	59287	385942	
30-2	59287	385942	56848	386903	
30-3	56848	386903	39007	383426	
30-4	39007	383426	39584	384436	
31-1	73211	379721	59363	385948	
31-2	59363	385948	73614	383309	
31-3	73614	383309	73211	379721	
32-1	14829	376195	29538	379138	
32-2	29538	379138	39383	374562	
32-3	39383	374562	49087	372961	
32-4	49087	372961	74526	373616	
33-1	75178	385198	74875	378665	
34-1	116711	406448	103347	414028	
34-2	103347	414028	87346	411453	
34-3	87346	411453	85158	407600	
34-4	85158	407600	76741	404715	
34-5	76741	404715	75178	385198	
34a-1	116265	413379	116265	413379	(gesloten traject)
35-1	133353	413856	120590	414313	
35-2	120590	414313	117472	406225	
36-1	194776	406311	188281	418489	
36-2	188281	418489	173995	422801	
36-3	173995	422801	160100	424249	
36-4	160100	424249	147185	416146	
36-5	147185	416146	133353	413856	
36a-1	176268	421159	176268	421159	(gesloten traject)
37-1	136.718	416.981	141.524	417.788	
38-1	131982	423063	152240	423529	
38-2	152.240	423.529	141.524	417.788	
39-1	151648	422304	151648	422304	(gesloten traject)
40-1	156762	427809	153475	423826	
40-2	153475	423826	157057	426954	

Waterwet

A70 bijlage IA

Traject	Beginpunt		Eindpunt		
	X	Y	X	Y	
41-1	188437	429004	179024	432495	
41-2	179024	432495	156762	427809	
41-3	157057	426954	174242	423107	
41-4	174242	423107	188549	418869	
42-1	201472	430613	188637	428760	
43-1	140327	441632	152879	440541	
43-2	152879	440541	181026	441462	
43-3	181026	441462	198792	433566	
43-4	198792	433566	179281	433453	
43-5	179281	433453	159698	434666	
43-6	159698	434666	127067	426810	
44-1	159724	445337	135883	447236	
44-2	126138	488518	142448	479755	
44-3	101.293	499.175	102.030	497.588	
45-1	174665	441898	170286	440653	
45-2	154906	463364	160892	474315	
45-3	160892	474315	165407	475139	
46-1	147367	476951	146261	470296	
47-1	189183	444062	200034	446939	
48-1	208669	428833	196600	442843	
48-2	196600	442843	206063	446733	
48-3	206063	446733	216660	442082	
49-1	216220	442421	207390	446304	
49-2	207390	446304	212047	457222	
50-1	212047	457222	210107	461154	
50-2	210107	461154	212966	463772	
51-1	212925	463941	219480	473284	
52a-1	202081	487555	202081	487555	(gesloten traject)
52-1	204945	451730	207141	466939	
52-2	207141	466939	201740	486557	
52-3	201740	486557	202849	494718	
52-4	202849	494718	202254	497760	
53-1	214277	474030	204320	480019	
53-2	204320	480019	200247	502522	
53-3	200247	502522	223095	503033	
54-1	188.473	418.796	199.502	414.044	
55-1	196514	408294	196107	412299	
56-1	198.600	404.749	196.906	406.964	
57-1	200805	401651	199362	403853	
58-1	197562	402562	196559	403624	
59-1	200.592	399.194	200.592	399.194	(gesloten traject)
60-1	204317	396354	201451	397996	
61-1	204290	394684	200650	396222	
63-1	205024	394303	208375	390752	
64-1	208814	389363	208375	390752	
65-1	209965	385965	209861	390107	
66-1	208.840	385.801	209.094	386.525	
67-1	207.898	380.745	207.982	381.629	
68-1	206047	371417	208554	378793	
68-2	208554	378793	209422	383535	
69-1	208277	378117	207921	374808	
70-1	204683	370579	207228	374077	
71-1	205042	369008	205474	369641	
72-1	200430	366239	200544	366331	
73-1	199624	364130	200498	365031	
74-1	196533	363209	198066	363575	
75-1	196240	359983	196463	360760	
76-1	196568	355447	196814	356790	
76-2	196814	356790	197507	357256	
76a-1	196387	355283	196387	355283	(gesloten traject)
77-1	194708	353336	196682	354266	

Sdu

1661

A70 bijlage IA

Waterwet

Traject	Beginpunt X	Y	Eindpunt X	Y	
78-1	188262	354004	191587	355019	
78a-1	192597	355730	192545	356136	
79-1	188222	353922	186634	351562	
80-1	190683	351761	191854	351385	
81-1	186301	348601	186301	348601	(gesloten traject)
82-1	186854	345661	186993	346140	
83-1	182024	335563	186136	344319	
84-1	183.885	342.125	183.885	342.125	(gesloten traject)
85-1	181373	333439	181572	333937	
86-1	179697	331607	179697	331607	(gesloten traject)
87-1	180503	330368	181184	332548	
88-1	179298	325217	180215	326880	
89-1	178661	324033	178792	324312	
90-1	178064	312736	177147	320508	
91-1	177690	322649	177690	322649	(gesloten traject)
92-1	176455	320388	176455	320388	(gesloten traject)
93-1	176764	318968	175495	321230	
94-1	176728	316261	176894	317096	
95-1	177054	309624	177395	310485	
201	154105	567249	131682	549716	
202	195.173	519.105	195.317	519.225	
204a	147798	522938	158288	504524	
204b	147798	522938	158288	504524	
205	160680	475073	160892	474315	
206	200190	502567	200247	502522	
208	71046	441844	75202	437260	
209	80598	431187	77484	434797	
210	99456	436741	99230	436695	
211	64432	429234	61801	426806	
212	119764	424127	119831	424128	
213	131982	423063	131431	422736	
214	50187	423075	47016	417935	
215	87357	411458	81758	413108	
216	65464	409401	70445	411726	
217	69404	410732	72311	405585	
218	39836	409941	36840	402588	
219	70970	392499	73614	383309	
221	49557	395609	49374	396428	
222	59287	385942	59363	385948	
223	75465	376811	73211	379721	
224	153475	423826	152240	423529	
225	191128	508821	185608	514144	
226	186686	506469	187005	506522	
227	187519	503868	186770	503645	
228	177.147	320.508	177.077	320.508	

A70 bijlage II

Bijlage II Normen voor dijktrajecten als bedoeld in artikel 2.2, eerste lid (signaleringswaarden)

Traject	Overstromingskans als bedoeld in artikel 2.2 eerste lid, tweede zin, aanhef en onderdeel a	Faalkans als bedoeld in artikel 2.2, eerste lid, tweede zin, aanhef en onderdeel b
1-1	1:1000	
1-2	1:1000	
2-1	1:1000	
2-2	1:1000	
3-1	1:3000	
3-2	1:1000	
4-1	1:300	
4-2	1:1000	
5-1	1:3000	
5-2	1:3000	
6-1	1:3000	
6-2	1:3000	
6-3	1:3000	
6-4	1:3000	
6-5	1:3000	
6-6	1:3000	
6-7	1:10000	
7-1	1:3000	
7-2	1:3000	
8-1	1:30000	
8-2	1:30000	
8-3	1:30000	
8-4	1:30000	
8-5	1:3000	
8-6	1:3000	
8-7	1:3000	
9-1	1:1000	
9-2	1:3000	
10-1	1:3000	
10-2	1:3000	
10-3	1:10000	
11-1	1:3000	
11-2	1:3000	
11-3	1:300	
12-1	1:1000	
12-2	1:3000	
13-1	1:3000	
13-2	1:3000	
13-3	1:3000	
13-4	1:3000	
13-5	1:3000	
13-6	1:3000	
13-7	1:3000	
13-8	1:3000	
13-9	1:3000	
13a-1	1:300	
13b-1	1:300	
14-1	1:30000	
14-2	1:100000	
14-3	1:10000	
14-4	1:10000	
14-5	1:30000	
14-6	1:30000	
14-7	1:30000	
14-8	1:30000	
14-9	1:30000	
14-10	1:30000	

A70 bijlage II

Traject	Overstromingskans als bedoeld in artikel 2.2 eerste lid, tweede zin, aanhef en onderdeel a	Faalkans als bedoeld in artikel 2.2, eerste lid, tweede zin, aanhef en onderdeel b
15-1	1:30000	
15-2	1:10000	
15-3	1:10000	
16-1	1:100000	
16-2	1:30000	
16-3	1:30000	
16-4	1:30000	
17-1	1:3000	
17-2	1:3000	
17-3	1:100000	
18-1	1:10000	
19-1	1:100000	
20-1	1:30000	
20-2	1:10000	
20-3	1:30000	
20-4	1:1000	
21-1	1:3000	
21-2	1:300	
22-1	1:3000	
22-2	1:10000	
23-1	1:3000	
24-1	1:10000	
24-2	1:1000	
24-3	1:10000	
25-1	1:3000	
25-2	1:1000	
25-3	1:300	
25-4	1:300	
26-1	1:3000	
26-2	1:3000	
26-3	1:10000	
26-4	1:1000	
27-1	1:3000	
27-2	1:10000	
27-3	1:3000	
27-4	1:1000	
28-1	1:1000	
29-1	1:3000	
29-2	1:10000	
29-3	1:100000	
29-4	1:1000	
30-1	1:3000	
30-2	1:100000	
30-3	1:3000	
30-4	1:1000000	
31-1	1:30000	
31-2	1:10000	
31-3	1:300	
32-1	1:1000	
32-2	1:1000	
32-3	1:3000	
32-4	1:3000	
33-1	1:300	
34-1	1:1000	
34-2	1:1000	
34-3	1:3000	
34-4	1:1000	
34-5	1:300	
34a-1	1:3000	
35-1	1:10000	

Waterwet

Traject	Overstromingskans als bedoeld in artikel 2.2 eerste lid, tweede zin, aanhef en onderdeel a	Faalkans als bedoeld in artikel 2.2, eerste lid, tweede zin, aanhef en onderdeel b
35-2	1:3000	
36-1	1:10000	
36-2	1:30000	
36-3	1:30000	
36-4	1:10000	
36-5	1:10000	
36a-1	1:3000	
37-1	1:10000	
38-1	1:30000	
38-2	1:10000	
39-1	1:3000	
40-1	1:30000	
40-2	1:10000	
41-1	1:30000	
41-2	1:10000	
41-3	1:3000	
41-4	1:10000	
42-1	1:10000	
43-1	1:30000	
43-2	1:10000	
43-3	1:30000	
43-4	1:30000	
43-5	1:30000	
43-6	1:30000	
44-1	1:30000	
44-2	1:300	
44-3	1:30000	
45-1	1:100000	
45-2	1:300	
45-3	1:300	
46-1	1:300	
47-1	1:3000	
48-1	1:30000	
48-2	1:10000	
48-3	1:10000	
49-1	1:300	
49-2	1:10000	
50-1	1:30000	
50-2	1:3000	
51-1	1:1000	
52a-1	1:3000	
52-1	1:3000	
52-2	1:3000	
52-3	1:3000	
52-4	1:3000	
53-1	1:3000	
53-2	1:10000	
53-3	1:10000	
54-1	1:1000	
55-1	1:1000	
56-1	1:300	
57-1	1:300	
58-1	1:300	
59-1	1:300	
60-1	1:300	
61-1	1:300	
62-1	1:300	
63-1	1:300	
64-1	1:300	
65-1	1:300	

Traject	Overstromingskans als bedoeld in artikel 2.2 eerste lid, tweede zin, aanhef en onderdeel a	Faalkans als bedoeld in artikel 2.2, eerste lid, tweede zin, aanhef en onderdeel b
66-1	1:300	
67-1	1:300	
68-1	1:1000	
68-2	1:300	
69-1	1:1000	
70-1	1:300	
71-1	1:300	
72-1	1:300	
73-1	1:300	
74-1	1:300	
75-1	1:300	
76-1	1:300	
76-2	1:300	
76a-1	1:300	
77-1	1:300	
78-1	1:300	
78a-1	1:300	
79-1	1:300	
80-1	1:300	
81-1	1:300	
82-1	1:300	
83-1	1:300	
84-1	1:300	
85-1	1:300	
86-1	1:300	
87-1	1:1000	
88-1	1:300	
89-1	1:300	
90-1	1:3000	
91-1	1:300	
92-1	1:300	
93-1	1:1000	
94-1	1:300	
95-1	1:300	
201		1:10000
202	1:10000	
204a		1:10000
204b		1:1000
205		1:3000
206		1:10000
208		1:100000
209		1:100000
210		1:100000
211		1:3000
212		1:10000
213	1:10000	
214		1:3000
215		1:30000
216		1:3000
217		1:30000
218		1:30000
219		1:30000
221	1:10000	
222		1:30000
223		1:30000
224		1:30000

A70 bijlage III

Traject	Overstromingskans als bedoeld in artikel 2.2 eerste lid, tweede zin, aanhef en onderdeel a	Faalkans als bedoeld in artikel 2.2, eerste lid, tweede zin, aanhef en onderdeel b
225		1:30000
226		1:3000
227		1:3000
228	1:3000	

Bijlage III Normen voor dijktrajecten als bedoeld in artikel 2.2, tweede en derde lid (ondergrenzen)

Traject	Overstromingskans als bedoeld in artikel 2.2, tweede lid, tweede zin, aanhef en onderdeel a	Faalkans als bedoeld in artikel 2.2, tweede lid, tweede zin, aanhef en onderdeel b	Overstromingskans als bedoeld in artikel 2.2, tweede lid, tweede zin, aanhef en onderdeel c	Overstromingskans als bedoeld in artikel 2.2, derde lid, aanhef en onderdeel a	Kans op niet-sluiten als bedoeld in artikel 2.2, derde lid, aanhef en onderdeel b
1-1	1:1000				
1-2	1:1000				
2-1	1:300				
2-2	1:1000				
3-1	1:3000				
3-2	1:1000				
4-1	1:300				
4-2	1:300				
5-1	1:1000				
5-2	1:3000				
6-1	1:1000				
6-2	1:1000				
6-3	1:1000				
6-4	1:1000				
6-5	1:1000				
6-6	1:1000				
6-7	1:3000				
7-1	1:1000				
7-2	1:1000				
8-1	1:10000				
8-2	1:10000				
8-3	1:10000				
8-4	1:10000				
8-5	1:1000				
8-6	1:1000				
8-7	1:1000				
9-1	1:300				
9-2	1:1000				
10-1	1:1000				
10-2	1:1000				
10-3	1:3000				
11-1	1:1000				
11-2	1:1000				
11-3	1:100				
12-1	1:1000				
12-2	1:1000				
13-1	1:1000				
13-2	1:3000				

Traject	Overstromingskans als bedoeld in artikel 2.2, tweede lid, tweede zin, aanhef en onderdeel a	Faalkans als bedoeld in artikel 2.2, tweede lid, tweede zin, aanhef en onderdeel b	Overstromingskans als bedoeld in artikel 2.2, tweede lid, tweede zin, aanhef en onderdeel c	Overstromingskans als bedoeld in artikel 2.2, derde lid, aanhef en onderdeel a	Kans op nietsluiten als bedoeld in artikel 2.2, derde lid, aanhef en onderdeel b
13-3	1:1000				
13-4	1:1000				
13-5	1:1000				
13-6	1:1000				
13-7	1:1000				
13-8	1:1000				
13-9	1:1000				
13a-1	1:100				
13b-1	1:100				
14-1	1:10000				
14-2	1:30000				
14-3	1:10000				
14-4	1:3000				
14-5	1:10000				
14-6	1:10000				
14-7	1:10000				
14-8	1:10000				
14-9	1:30000				
14-10	1:30000				
15-1	1:10000				
15-2	1:3000				
15-3	1:3000				
16-1	1:30000				
16-2	1:10000				
16-3	1:10000				
16-4	1:10000				
16-5			1:10		
17-1	1:1000				
17-2	1:1000				
17-3	1:30000				
18-1	1:3000				
19-1	1:30000				
20-1	1:10000				
20-2	1:10000				
20-3	1:10000				
20-4	1:300				
21-1	1:1000				
21-2	1:100				
22-1	1:1000				
22-2	1:3000				
23-1	1:1000				
24-1	1:3000				
24-2	1:300				
24-3	1:10000				
25-1	1:1000				
25-2	1:300				
25-3	1:100			1:10	
25-4	1:300				
26-1	1:1000				
26-2	1:1000				
26-3	1:3000				
26-4	1:1000				
27-1	1:3000				
27-2	1:10000				
27-3	1:1000			1:10	

A70 bijlage III

Traject	Overstromingskans als bedoeld in artikel 2.2, tweede lid, tweede zin, aanhef en onderdeel a	Faalkans als bedoeld in artikel 2.2, tweede lid, tweede zin, aanhef en onderdeel b	Overstromingskans als bedoeld in artikel 2.2, tweede lid, tweede zin, aanhef en onderdeel c	Overstromingskans als bedoeld in artikel 2.2, derde lid, aanhef en onderdeel a	Kans op niet-sluiten als bedoeld in artikel 2.2, derde lid, aanhef en onderdeel b
27-4	1:300			1:10	
28-1	1:300				
29-1	1:1000				
29-2	1:3000				
29-3	1:30000				
29-4	1:1000				
30-1	1:1000				
30-2	1:100000				
30-3	1:1000				
30-4	1:1000000				
31-1	1:10000				
31-2	1:3000				
31-3	1:100			1:10	
32-1	1:300				
32-2	1:300				
32-3	1:1000				
32-4	1:1000				
33-1	1:100			1:10	
34-1	1:300				
34-2	1:300				
34-3	1:1000			1:10	
34-4	1:300			1:10	
34-5	1:100			1:10	
34a-1	1:1000				
35-1	1:3000				
35-2	1:1000				
36-1	1:3000				
36-2	1:10000				
36-3	1:10000				
36-4	1:3000				
36-5	1:3000				
36a-1	1:1000				
37-1	1:3000				
38-1	1:10000				
38-2	1:3000				
39-1	1:3000				
40-1	1:30000				
40-2	1:3000				
41-1	1:10000				
41-2	1:3000				
41-3	1:3000				
41-4	1:3000				
42-1	1:3000				
43-1	1:10000				
43-2	1:3000				
43-3	1:10000				
43-4	1:10000				
43-5	1:10000				
43-6	1:10000				
44-1	1:10000				
44-2	1:100				
44-3	1:10000				
45-1	1:30000				
45-2	1:100				
45-3	1:100				

A70 bijlage III — Waterwet

Traject	Overstromingskans als bedoeld in artikel 2.2, tweede lid, tweede zin, aanhef en onderdeel a	Faalkans als bedoeld in artikel 2.2, tweede lid, tweede zin, aanhef en onderdeel b	Overstromingskans als bedoeld in artikel 2.2, tweede lid, tweede zin, aanhef en onderdeel c	Overstromingskans als bedoeld in artikel 2.2, derde lid, aanhef en onderdeel a	Kans op niet-sluiten als bedoeld in artikel 2.2, derde lid, aanhef en onderdeel b
46-1	1:100				
47-1	1:1000				
48-1	1:10000				
48-2	1:3000				
48-3	1:3000				
49-1	1:100				
49-2	1:3000				
50-1	1:10000				
50-2	1:1000				
51-1	1:300				
52a-1	1:1000				
52-1	1:1000				
52-2	1:1000				
52-3	1:1000				
52-4	1:1000				
53-1	1:1000				
53-2	1:3000				
53-3	1:3000				
54-1	1:300				
55-1	1:300				
56-1	1:100				
57-1	1:100				
58-1	1:100				
59-1	1:100				
60-1	1:100				
61-1	1:100				
62-1	1:100				
63-1	1:100				
64-1	1:100				
65-1	1:100				
66-1	1:100				
67-1	1:100				
68-1	1:300				
68-2	1:100				
69-1	1:300				
70-1	1:100				
71-1	1:100				
72-1	1:100				
73-1	1:100				
74-1	1:100				
75-1	1:100				
76-1	1:100				
76-2	1:100				
76a-1	1:100				
77-1	1:100				
78-1	1:100				
78a-1	1:100				
79-1	1:100				
80-1	1:100				
81-1	1:100				
82-1	1:100				
83-1	1:100				
84-1	1:100				
85-1	1:100				
86-1	1:100				

Waterwet
A70 bijlage III

Traject	Overstromingskans als bedoeld in artikel 2.2, tweede lid, tweede zin, aanhef en onderdeel a	Faalkans als bedoeld in artikel 2.2, tweede lid, tweede zin, aanhef en onderdeel b	Overstromingskans als bedoeld in artikel 2.2, tweede lid, tweede zin, aanhef en onderdeel c	Overstromingskans als bedoeld in artikel 2.2, derde lid, aanhef en onderdeel a	Kans op niet-sluiten als bedoeld in artikel 2.2, derde lid, aanhef en onderdeel b
87-1	1:300				
88-1	1:100				
89-1	1:100				
90-1	1:1000				
91-1	1:300				
92-1	1:100				
93-1	1:300				
94-1	1:100				
95-1	1:100				
201		1:3000			
202	1:3000				
204a		1:3000			
204b		1:300			
205		1:1000			
206		1:3000			
208		1:30000		1:100	
209		1:30000		1:10	
210		1:30000		1:200	
211		1:1000			
212		1:3000			
213	1:3000				
214		1:1000			
215		1:10000			
216		1:1000			
217		1:10000			
218		1:10000			
219		1:10000			
221	1:3000				
222		1:1000			
223		1:10000			
224		1:10000			
225		1:10000		1:100	
226		1:1000			
227		1:1000			
228	1:1000				

Besluit milieueffectrapportage[1]

Besluit van 4 juli 1994, houdende uitvoering van het hoofdstuk Milieu-effectrapportage van de Wet milieubeheer

Wij Beatrix, bij de gratie Gods, Koningin der Nederlanden, Prinses van Oranje-Nassau, enz. enz. enz.

Op de voordracht van Onze Minister van Volkshuisvesting, Ruimtelijke Ordening en Milieubeheer, gedaan mede namens de Staatssecretaris van Landbouw, Natuurbeheer en Visserij, van 13 mei 1993, nr. MJZ13593014, Centrale Directie Juridische Zaken, afdeling Wetgeving;

Gelet op het op 25 februari 1991 te Espoo tot stand gekomen Verdrag inzake milieu-effectrapportage in grensoverschrijdend verband met aanhangsel (*Trb.* 1991, 104 en 174);

Gelet op richtlijn nr. 85/337/EEG van de Raad van de Europese Gemeenschappen van 27 juni 1985 betreffende milieu-effectbeoordeling van bepaalde openbare en particuliere projecten (*PbEG*, L 175/40);

Gelet op artikel II van de wet van 23 april 1986 houdende uitbreiding van de Wet algemene bepalingen milieuhygiëne (Regelen met betrekking tot milieu-effectrapportage) en op de artikelen 7.2, 7.4, 7.5, achtste lid, 7.8e en 7.35, vierde lid, van de Wet milieubeheer;

Gezien de adviezen van de Raad voor het milieubeheer (25 november 1992, kenmerk ABJ-92/1108), de Natuurbeschermingsraad (9 november 1992, kenmerk 92814), en de Raad van advies voor de ruimtelijke ordening (27 november 1992, kenmerk CL/362);

De Raad van State gehoord (advies van 28 maart 1994, no. W08.93 0297);

Gezien het nader rapport van Onze Minister van Volkshuisvesting, Ruimtelijke Ordening en Milieubeheer, uitgebracht mede namens de Staatssecretaris van Landbouw, Natuurbeheer en Visserij, van 24 juni 1994, nr. MJZ 24694038, Centrale Directie Juridische Zaken, afdeling Wetgeving;

Hebben goedgevonden en verstaan:

Hoofdstuk 1
Begripsbepalingen

Art. 1

Begripsbepalingen

In dit besluit wordt verstaan onder:
de wet: de Wet milieubeheer;
de bijlage: de bij dit besluit behorende bijlage.

Hoofdstuk 2
Activiteiten, plannen en besluiten ten aanzien waarvan het maken van een milieueffectrapport verplicht is of ten aanzien waarvan de artikelen 7.16 tot en met 7.19 van de wet moeten worden toegepast

Art. 2

M.e.r., m.e.r.-plichtige activiteiten

1. Als activiteiten als bedoeld in artikel 7.2, eerste lid, onder a, van de wet worden aangewezen de activiteiten die behoren tot een categorie die in onderdeel C van de bijlage is omschreven, met uitzondering van activiteiten die uitsluitend of hoofdzakelijk dienen voor het ontwikkelen en beproeven van nieuwe methoden of producten en die niet langer dan twee jaar worden gebruikt.

2. Als activiteiten als bedoeld in artikel 7.2, eerste lid, onder b, van de wet worden aangewezen de activiteiten die behoren tot een categorie die in onderdeel D van de bijlage is omschreven, alsmede activiteiten die in onderdeel C van de bijlage zijn omschreven en die uitsluitend of hoofdzakelijk dienen voor het ontwikkelen en beproeven van nieuwe methoden of producten en die niet langer dan twee jaar worden gebruikt.

Indien een activiteit behoort tot een categorie van activiteiten die zowel in onderdeel C als in onderdeel D van de bijlage omschreven is en zij tevens voldoet aan de in de daarbij aangegeven categorieën van gevallen genoemde criteria, behoort zij tot de in onderdeel C omschreven categorie van activiteiten.

M.e.r., m.e.r.-plichtige plannen

3. Als categorieën van plannen als bedoeld in artikel 7.2, tweede lid, van de wet, worden aangewezen de categorieën die in kolom 3 van onderdeel C onderscheidenlijk onderdeel D van de bijlage zijn omschreven, voor zover die plannen een kader vormen voor een besluit dat behoort

---

[1] Inwerkingtredingsdatum: 01-09-1994; zoals laatstelijk gewijzigd bij: Stb. 2020, 528.

Besluit milieueffectrapportage   **A71** art. 4

tot een categorie die is aangewezen op grond van het vierde lid, en voor zover die plannen niet zijn aangewezen als categorieën van besluiten als bedoeld in dat lid.
4. Als categorieën van besluiten als bedoeld in artikel 7.2, derde en vierde lid, van de wet, worden aangewezen de categorieën die in kolom 4 van onderdeel C onderscheidenlijk onderdeel D van de bijlage zijn omschreven.   *M.e.r., m.e.r.-plichtige besluiten*
5. Voor zover in de bijlage, onderdeel C, bij een categorie van activiteiten categorieën van gevallen zijn aangegeven, geldt de verplichting tot het maken van een milieueffectrapport in zodanige gevallen. Voor zover in de bijlage, onderdeel D, bij een categorie van activiteiten categorieën van gevallen zijn aangegeven, geldt:
a. de verplichting tot het toepassen van de artikelen 7.16 tot en met 7.19 en 7.20a van de wet in zodanige gevallen, en
b. de verplichting tot het toepassen van de artikelen 7.16, 7.17, eerste tot en met vierde lid, 7.18, 7.19, eerste en tweede lid, en 7.20a van de wet in overige gevallen, uitgezonderd de gevallen, bedoeld in de categorieën D 49.1, D 49.2 en D 49.3 van de bijlage bij dit besluit.
6. Voor de vaststelling of een activiteit valt binnen de in het vijfde lid bedoelde categorieën van gevallen, wordt de totale activiteit beschouwd, inclusief eventuele grensoverschrijdende onderdelen.

         Art. 3
1. Als categorieën van gevallen als bedoeld in artikel 7.2a, tweede lid, van de wet, worden aangewezen de vaststelling of wijziging van een plan waarvoor bij de voorbereiding een passende beoordeling moet worden gemaakt op grond van artikel 2.8, eerste lid, van de Wet natuurbescherming en: *M.e.r., m.e.r.-plichtige gevallen*
a. dat het gebruik bepaalt van kleine gebieden indien:
1°. voor dat plan een bestuursorgaan van een gemeente het bevoegd gezag is;
2°. de omvang van het gebied in verhouding tot het totale grondgebied van de gemeente klein is; en
3°. het bevoegd gezag heeft beoordeeld dat de vaststelling of wijziging van dat plan geen aanzienlijke milieueffecten heeft; of
b. waarbij sprake is van kleine wijzigingen van een plan en het bevoegd gezag heeft beoordeeld dat die wijzigingen geen aanzienlijke milieueffecten hebben.
2. Het eerste lid is niet van toepassing op een plan dat betrekking heeft op een activiteit, aangewezen krachtens artikel 7.2, eerste lid, onder a, van de wet.
3. Het bevoegd gezag houdt bij de beoordeling, bedoeld in het eerste lid, onder a, onder 3°, en onder b, rekening met de criteria van bijlage II bij Richtlijn 2001/42/EG van het Europees Parlement en de Raad van 27 juni 2001 betreffende de beoordeling van de gevolgen voor het milieu van bepaalde plannen en programma's (PbEG 2001, L 197) en raadpleegt daarvoor: *M.e.r., bevoegd gezag*
a. de bestuursorganen en instanties die op grond van een wettelijk voorschrift adviseren over de besluiten, aangewezen op grond van artikel 7.2, derde of vierde lid, van de wet waarop het plan betrekking heeft; en
b. Onze Minister van Infrastructuur en Waterstaat, Onze Minister van Landbouw, Natuur en Voedselkwaliteit, Onze Minister van Onderwijs, Cultuur en Wetenschap of in plaats van de betrokken minister een door hem aangewezen bestuursorgaan.
4. Het bevoegd gezag betrekt bij de beoordeling, bedoeld in het eerste lid, onder b, de context van het plan dat wordt gewijzigd en de mate van waarschijnlijkheid dat de wijzigingen aanzienlijke milieueffecten zullen hebben.
5. Het bevoegd gezag neemt het resultaat van de beoordeling, bedoeld in het eerste lid, onder a, onder 3°, en onder b, met de bijbehorende motivering op in het plan.

         Hoofdstuk 3
         Regels over een verzoek om ontheffing

         Art. 4
In of bij een verzoek om ontheffing als bedoeld in artikel 7.5, eerste lid, van de wet verstrekt degene die de activiteit wil ondernemen in ieder geval: *Ontheffingsverzoek, inhoud*
a. een beschrijving van de voorgenomen activiteit,
b. een beschrijving van de omstandigheden waaronder de activiteit zal worden uitgevoerd,
c. de redenen voor het verzoek, en
d. een aanduiding van de mogelijke belangrijke nadelige gevolgen voor het milieu.
         Art. 5-7
[Vervallen]

A71 art. 8 — Besluit milieueffectrapportage

Hoofdstuk 4
Aanwijzing van besluiten waarop artikel 7.35, derde lid, van de wet van toepassing is

M.e.r., toepassing artikel 7.35, derde lid, Wet milieubeheer

Art. 8
In gevallen waarin achter een activiteit onder de categorie-omschrijving in de onderdelen C en D van de bijlage meer dan één besluit waarop afdeling 3.4 van de Algemene wet bestuursrecht en afdeling 13.2 van de wet van toepassing zijn, als besluit is vermeld, bij de voorbereiding waarvan een milieueffectrapport moet worden gemaakt, en tot die besluiten behoort:
a. de beslissing omtrent het verlenen van de vergunning, bedoeld in de artikelen 15 en 29 van de Kernenergiewet,
b. de beslissing omtrent het verlenen van de omgevingsvergunning voor een inrichting of mijnbouwwerk,
c. de beslissing omtrent het verlenen van de vergunning, bedoeld in artikel 6.2 van de Waterwet, is artikel 7.35, derde lid, van de wet bij uitsluiting van toepassing op de eerste van de onder *a* tot en met *c* genoemde beslissingen die in het desbetreffende geval nodig is.

Hoofdstuk 5
Overgangs- en slotbepalingen

Art. 9-12
[Vervallen]

Art. 13

Overgangsbepalingen
Een verzoek als bedoeld in artikel 5, eerste of tweede lid, van het Besluit milieu-effectrapportage dat is ingediend voor het tijdstip waarop dit besluit in werking treedt, wordt gelijkgesteld met een verzoek dat wordt ingediend op grond van artikel 5, eerste of tweede lid, van dit besluit.

Art. 14
[Vervallen]

Art. 15

Uitschakelbepaling
Het Besluit milieu-effectrapportage wordt ingetrokken.

Art. 16

Inwerkingtreding
Dit besluit treedt in werking met ingang van 1 september 1994.

Art. 17

Citeertitel
Dit besluit wordt aangehaald als: Besluit milieueffectrapportage.

Besluit milieueffectrapportage

A71 bijlage

Bijlage behorende bij het Besluit milieueffectrapportage

Onderdeel A
Begripsbepaling

1. In deze bijlage wordt verstaan onder:
autoweg:
a. een voor autoverkeer bestemde weg die alleen toegankelijk is via knooppunten of door verkeerslichten geregelde kruispunten en waarop het is verboden te stoppen en te parkeren, of
b. een weg als bedoeld in artikel 1, onder d, van het Reglement verkeersregels en verkeerstekens 1990;
binnenvaarweg: binnenwater welke kan worden bevaren door schepen;
installatie: een of meer installaties binnen een inrichting voor zover het de activiteit betreft als bedoeld in kolom 1 van de onderdelen C en D;
plan als bedoeld in artikel 3.1 van de Wet ruimtelijke ordening:
een plan als bedoeld in artikel 3.1, eerste lid, en artikel 3.1, derde lid, van de Wet ruimtelijke ordening, met uitzondering van een plan dat zijn grondslag vindt in een omgevingsvergunning die is verleend met toepassing van artikel 2.12, eerste lid, onder a, onder 3°, van de Wet algemene bepalingen omgevingsrecht, en met inbegrip van:
a. een inpassingsplan als bedoeld in de artikelen 3.26 en 3.28 van die wet, met uitzondering van een plan dat zijn grondslag vindt in een omgevingsvergunning die is verleend met toepassing van artikel 2.12, eerste lid, onder a, onder 3°, van de Wet algemene bepalingen omgevingsrecht;
b. een rijksbestemmingsplan als bedoeld in artikel 10.3, eerste lid, van die wet;
c. een beheersverordening als bedoeld in artikel 3.38 van die wet;
d. voor zover het plan wordt genoemd in kolom 3 van de onderdelen C onderscheidenlijk D:
1° een aanwijzing als bedoeld in artikel 4.2, eerste lid, van die wet, tenzij die volgt uit een aanwijzing ingevolge artikel 4.4, eerste lid, onder c, van die wet, welke een concrete locatie aanwijst, waarvan niet kan worden afgeweken,
2° een aanwijzing als bedoeld in artikel 4.4, eerste lid, onder a, van die wet, en
3° een aanwijzing als bedoeld in artikel 4.4, eerste lid, onder c, van die wet, voor zover deze een concrete locatie aanwijst, waarvan niet kan worden afgeweken;
e. voor zover het plan wordt genoemd in kolom 4 van de onderdelen C onderscheidenlijk D:
een omgevingsvergunning waarbij van het bestemmingsplan of de beheersverordening wordt afgeweken met toepassing van artikel 2.12, eerste lid, onder a, onder 3°, van de Wet algemene bepalingen omgevingsrecht.
gevoelig gebied:
a. een gebied dat krachtens artikel 2.1, eerste lid, van de Wet natuurbescherming is aangewezen als Natura 2000-gebied;
b. een kerngebied, begrensd natuurontwikkelingsgebied of begrensde verbindingszone, dat deel uitmaakt van de ecologische hoofdstructuur, zoals die structuur is vastgelegd in een geldend bestemmingsplan of, bij het ontbreken daarvan, in een geldende structuurvisie als bedoeld in artikel 2.2 van de Wet ruimtelijke ordening, of, bij het ontbreken daarvan, zoals die structuur voorkomt op de kaart Ecologische Hoofdstructuur, behorend bij deel 4 van het Structuurschema Groene Ruimte (LNV-kenmerk GRR-95194);
c. een gebied met behoud en herstel van de bestaande landschapskwaliteit, zoals dat gebied is vastgelegd in een geldend bestemmingsplan of, bij het ontbreken daarvan, in een geldende structuurvisie als bedoeld in artikel 2.2 van de Wet ruimtelijke ordening, of, bij het ontbreken daarvan, zoals dat gebied voorkomt op de kaart Landschap, behorend bij deel 4 van het Structuurschema Groene Ruimte;
d. een krachtens artikel 1.2, tweede lid, onder a, van de wet bij provinciale verordening aangewezen gebied met uitzondering van de zones waar het met het oog op de bescherming van het diepe grondwater is verboden te boren;
e. een gebied dat krachtens artikel 3.1 van de Erfgoedwet is aangewezen als rijksmonument;
f. een Belvedere-gebied als bedoeld in de bijlage «Gebieden» bij de nota «Belvedere, beleidsnota over de relatie tussen cultuurhistorie en ruimtelijke inrichting» (Kamerstukken II 1998/99, 26 663, nr. 2) voorzover dat is vastgelegd in een geldende structuurvisie als bedoeld in artikel 2.2 van de Wet ruimtelijke ordening of geldend bestemmingsplan;
weidevogelgebied: een weidevogelgebied dat voorkomt op de kaart Belangrijke gebieden voor weidevogels, behorend bij deel 4 van het Structuurschema Groene Ruimte;
primaire waterkering: hetgeen daaronder wordt verstaan in artikel 1.1 van de Waterwet;
rivierdijk:
a. een primaire waterkering in het benedenrivierengebied langs of in de Hollandsche IJssel, de Lek, de Boven Merwede, de Beneden Merwede, de Nieuwe Merwede, de Biesbosch, het Steurgat, de Bergsche Maas, de Amer, de Noord, de Dordtse Kil, het Wantij, de Oude Maas, de Nieuwe Maas of het Spui;

A71 bijlage

Besluit milieueffectrapportage

 b. een andere dan in onderdeel a genoemde primaire waterkering, met uitzondering van zee- of deltadijken;
stroomgebied: het stroomgebied van de Eems, Rijn, Maas of Schelde;
oppervlaktedelfstof: een delfstof die voorkomt in de bodem en die kan worden gewonnen zonder ondergrondse mijnbouw;
continentaal plat: hetgeen daaronder wordt verstaan in artikel 1, onderdeel c, van de Mijnbouwwet;
windturbinepark: park bestaande uit ten minste drie windturbines.
2. In deze bijlage wordt mede verstaan onder:
wijziging: een reconstructie of verandering anderszins van aangelegde werken, ingerichte gebieden of bestaande inrichtingen;
uitbreiding: het opnieuw in gebruik nemen van aangelegde werken, ingerichte gebieden of bestaande inrichtingen;
oprichting van een inrichting: een uitbreiding van een inrichting door de oprichting van een nieuwe installatie;
capaciteit: een redelijkerwijs binnen afzienbare tijd voorzienbare uitbreiding van de capaciteit;
oppervlakte: een redelijkerwijs binnen afzienbare tijd voorzienbare uitbreiding van de oppervlakte.

Onderdeel B

[Vervallen.]

Onderdeel C
Activiteiten, plannen en besluiten, ten aanzien waarvan het maken van een milieueffectrapportage verplicht is

Kolom 1 Activiteiten	Kolom 2 Gevallen	Kolom 3 Plannen	Kolom 4 Besluiten
C 1.1			
C 1.2 De aanleg van een autosnelweg of autoweg.		Het plan, bedoeld in de artikelen 5 en 8 j° 9, tweede lid, van de Planwet verkeer en vervoer, de structuurvisie, bedoeld in de artikelen 2.1, 2.2 en 2.3 van de Wet ruimtelijke ordening en het plan, bedoeld in de artikelen 3.1, eerste lid, 3.6, eerste lid, onderdelen a en b, van die wet.	De vaststelling van het tracé op grond van de Tracéwet of de Spoedwet wegverbreding door de Minister van Infrastructuur en Waterstaat dan wel het plan, bedoeld in artikel 3.6, eerste lid, onderdelen a en b, van de Wet ruimtelijke ordening dan wel bij het ontbreken daarvan van het plan, bedoeld in artikel 3.1, eerste lid, van die wet.
C 1.3 De aanleg, wijziging of uitbreiding van een weg bestaande uit vier of meer rijstroken, of verlegging of verbreding van bestaande wegen van twee rijstroken of minder tot wegen met vier of meer rijstroken niet zijnde een autosnelweg of autoweg.	In gevallen waarin de activiteit betrekking heeft op een weg met een tracélengte van 10 kilometer of meer.	Het plan, bedoeld in de artikelen 5 en 8 j° 9, tweede lid, van de Planwet verkeer en vervoer, de structuurvisie, bedoeld in de artikelen 2.1 en 2.2 en 2.3 van de Wet ruimtelijke ordening en het plan, bedoeld in de artikelen 3.1, eerste lid, 3.6, eerste lid, on-	De vaststelling van het tracé op grond van de Tracéwet door de Minister van Infrastructuur en Waterstaat, dan wel het plan, bedoeld in artikel 3.6, eerste lid, onderdelen a en b, van de Wet ruimtelijke ordening dan wel bij het ontbreken daarvan van het plan, bedoeld in ar-

Besluit milieueffectrapportage **A71** bijlage

	Kolom 1 Activiteiten	Kolom 2 Gevallen	Kolom 3 Plannen	Kolom 4 Besluiten
C 1.4			derdelen a en b, van die wet.	tikel 3.1, eerste lid, van die wet.
C 1.5				
C 2	De aanleg, wijziging of uitbreiding van een spoorweg voor spoorverkeer over lange afstand.		De structuurvisie, bedoeld in de artikelen 2.1, 2.2, 2.3 van de Wet ruimtelijke ordening en het plan, bedoeld in de artikelen 3.1, eerste lid, 3.6, eerste lid, onderdelen a en b, van die wet.	De vaststelling van het tracé op grond van de Tracéwet door de Minister van Infrastructuur en Waterstaat dan wel het plan, bedoeld in artikel 3.6, eerste lid, onderdelen a en b, van de Wet ruimtelijke ordening dan wel bij het ontbreken daarvan van het plan, bedoeld in artikel 3.1, eerste lid, van die wet.
C 2.2				
C 2.3				
C 3	De aanleg, wijziging of uitbreiding van een binnenvaarweg.	In gevallen waarin: a. de aanleg betrekking heeft op een binnenvaarweg die kan worden bevaren door schepen met een laadvermogen van meer dan 1.350 ton of b. de wijziging of uitbreiding betrekking heeft op: 1°. een vergroting van het ruimte-oppervlak met 20% of meer van een binnenvaarweg die kan worden bevaren door schepen met een laadvermogen van meer dan 1.350 ton, 2°. een structurele verdieping waarbij meer dan 5 miljoen	De structuurvisie, bedoeld in de artikelen 2.1, 2.2 en 2.3 van de Wet ruimtelijke ordening, en het plan, bedoeld in de artikelen 3.1, eerste lid, 3.6, eerste lid, onderdelen a en b, van die wet.	De vaststelling van het tracé op grond van de Tracéwet door de Minister van Infrastructuur en Waterstaat dan wel het projectplan, bedoeld in artikel 5.4, eerste lid, van de Waterwet, of, indien artikel 5.4, zesde lid, van die wet van toepassing is, het plan, bedoeld in artikel 3.6, eerste lid, onderdelen a en b, van de Wet ruimtelijke ordening dan wel bij het ontbreken daarvan van het plan, bedoeld in artikel 3.1, eerste lid, van die wet, dan wel bij het ontbreken daarvan de besluiten waarop afdeling 3.4 van de Algemene wet bestuursrecht en een of meer artikelen van afdeling 13.2 van de wet van toepassing zijn.

A71 bijlage

Besluit milieueffectrapportage

Kolom 1 Activiteiten	Kolom 2 Gevallen	Kolom 3 Plannen	Kolom 4 Besluiten
	m³ grond wordt verzet, of 3°. een verlegging van het zomerbed over een oppervlakte van 50 hectare of meer.		
C 3.2			
C 3.3			
C 3.4			
C 4 De aanleg, wijziging of uitbreiding van: a. een haven voor de binnenscheepvaart, b. een zeehandelshaven, of c. een met het land verbonden en buiten een haven gelegen pier voor lossen en laden, met uitzondering van pieren voor veerboten.	In gevallen waarin: a. de aanleg betrekking heeft op: 1°. een haven die bevaarbaar is voor schepen met een laadvermogen van 1.350 ton of meer, of 2°. een pier die schepen kan ontvangen met een laadvermogen van meer dan 1.350 ton of b. de wijziging of uitbreiding betrekking heeft op een oppervlakte van 100 hectare of meer.	De structuurvisie, bedoeld in de artikelen 2.1, 2.2 en 2.3 van de Wet ruimtelijke ordening en het plan, bedoeld in de artikelen 3.1, eerste lid, 3.6, eerste lid, onderdelen a en b, van die wet.	De vaststelling van het plan, bedoeld in artikel 3.6, eerste lid, onderdelen a en b, van de Wet ruimtelijke ordening dan wel bij het ontbreken daarvan van het plan, bedoeld in artikel 3.1, eerste lid, van die wet.
C 4.2			
C 5.1 t/m C 5.4			
C 6.1 De aanleg, de inrichting of het gebruik van een luchthaven als bedoeld in de Wet luchtvaart.	In gevallen waarin de activiteit betrekking heeft op een luchthaven die de beschikking krijgt over een start- of landingsbaan met een lengte van 2.100 meter of meer.	De structuurvisie, bedoeld in de artikelen 2.2 en 2.3 van de Wet ruimtelijke ordening.	Ten aanzien van de luchthaven Schiphol een luchthavenindelingbesluit of een luchthavenverkeerbesluit als bedoeld in respectievelijk de artikelen 8.4 en 8.15 van de Wet luchtvaart. Ten aanzien van een andere luchthaven een luchthavenbesluit als bedoeld in de Wet luchtvaart.
C 6.2			
C 7			
C 8.1 De aanleg, wijziging of uitbreiding van een buisleiding voor het transport van gas, olie, chemicaliën of voor het transport van kooldioxide (CO_2) stromen ten be-	In gevallen waarin de activiteit betrekking heeft op een buisleiding met een diameter van meer dan 80 centimeter en een lengte van meer dan 40 kilometer.	De structuurvisie, bedoeld in de artikelen 2.1, 2.2 en 2.3 van de Wet ruimtelijke ordening, en het plan, bedoeld in de artikelen 3.1, eerste lid, 3.6, eer-	Het besluit, bedoeld in de artikelen 94, eerste lid, en 95 van het Mijnbouwbesluit dan wel, bij het ontbreken daarvan, het plan, bedoeld in artikel 3.6, eerste lid,

Besluit milieueffectrapportage — A71 bijlage

	Kolom 1 Activiteiten	Kolom 2 Gevallen	Kolom 3 Plannen	Kolom 4 Besluiten
	hoeve van geologische opslag, inclusief de desbetreffende pompstations.		ste lid, onderdelen a en b, van die wet.	onderdelen a en b, van de Wet ruimtelijke ordening dan wel bij het ontbreken daarvan het plan, bedoeld in artikel 3.1, eerste lid, van die wet.
C 8.2	De oprichting van opslaglocaties overeenkomstig Richtlijn 2009/31/EG van het Europees Parlement en de Raad van 23 april 2009 betreffende de geologische opslag van kooldioxide (PbEG L 140).		De structuurvisie, bedoeld in de artikelen 2.1, 2.2 en 2.3 van de Wet ruimtelijke ordening, en het plan, bedoeld in artikel 3.1, eerste lid, van die wet.	De besluiten waarop afdeling 3.4 van de Algemene wet bestuursrecht en een of meer artikelen van afdeling 13.2 van de wet van toepassing zijn.
C 8.3	De oprichting, wijziging of uitbreiding van een installatie voor het afvangen van CO_2-stromen met het oog op geologische opslag overeenkomstig Richtlijn 2009/31/EG (PbEG L 140).	Indien de CO_2-stromen afkomstig zijn van onder onderdeel C van deze bijlage vallende installaties, of wanneer de totale jaarlijkse afvang van CO_2 1,5 megaton of meer bedraagt.	De structuurvisie, bedoeld in de artikelen 2.1, 2.2 en 2.3 van de Wet ruimtelijke ordening, en het plan, bedoeld in artikel 3.1, eerste lid, van die wet.	De besluiten waarop afdeling 3.4 van de Algemene wet bestuursrecht en een of meer artikelen van afdeling 13.2 van de wet van toepassing zijn.
C 9 C 10.1 t/m 10.3 C 11.1 t/m 11.4 C 12.1, 12.2 C 13				
C 14	De oprichting, wijziging of uitbreiding van een installatie voor het fokken, mesten of houden van pluimvee of varkens.	In gevallen waarin de activiteit betrekking heeft op meer dan: 1°. 85.000 stuks mesthoenders (Rav [1] cat. E 3 t/m 5), 2°. 60.000 stuks hennen (Rav cat. E 1 en E2), 3°. 3.000 stuks mestvarkens (Rav cat. D3) of 4°. 900 stuks zeugen (Rav cat. D 1.2, D 1.3 en D 3 voor zo-	De structuurvisie, bedoeld in de artikelen 2.1, 2.2 en 2.3 van de Wet ruimtelijke ordening, en het plan, bedoeld in de artikelen 3.1, eerste lid, 3.6, eerste lid, onderdelen a en b, van die wet, de vaststelling van het inrichtingsplan, bedoeld in artikel 17 van de Wet inrichting landelijk gebied, het reconstructieplan, be-	De besluiten waarop afdeling 3.4 van de Algemene wet bestuursrecht en een of meer artikelen van afdeling 13.2 van de wet van toepassing zijn.

	Kolom 1 Activiteiten	Kolom 2 Gevallen	Kolom 3 Plannen	Kolom 4 Besluiten
		ver het opfokzeugen betreft).	doeld in artikel 11 van de Reconstructiewet concentratiegebieden en het plan bedoeld in artikel 18 van de Reconstructiewet concentratiegebieden.	
C 15.1	De infiltratie van water in de bodem of onttrekking van grondwater aan de bodem alsmede de wijziging of uitbreiding van bestaande infiltraties en onttrekkingen.	In gevallen waarin de activiteit betrekking heeft op een hoeveelheid water van 10 miljoen m³ of meer per jaar.	De structuurvisie, bedoeld in de artikelen 2.1, 2.2 en 2.3 van de Wet ruimtelijke ordening, en het plan, bedoeld in de artikelen 3.1, eerste lid, 3.6, eerste lid, onderdelen a en b, van die wet en het plan, bedoeld in de artikelen 4.1 en 4.4 van de Waterwet.	Het besluit, bedoeld in de artikelen 6.4 of 6.5, aanhef en onderdeel b, van de Waterwet, dan wel het besluit tot vergunningverlening bedoeld in een verordening van een waterschap.
C 15.2	De aanleg, wijziging of uitbreiding van een stuwdam of andere installatie voor het stuwen of permanent opslaan van water.	In gevallen waarin de activiteit betrekking heeft op een stuwdam of andere installatie met een capaciteit van meer dan 10 miljoen m³.	De structuurvisie, bedoeld in de artikelen 2.1, 2.2 en 2.3 van de Wet ruimtelijke ordening, en het plan, bedoeld in de artikelen 3.1, eerste lid, van die wet en het plan, bedoeld in de artikelen 4.1 en 4.4 van de Waterwet.	Het projectplan, bedoeld in artikel 5.4, eerste lid, van de Waterwet, of, indien artikel 5.4, zesde lid, van die wet van toepassing is, de vaststelling van het tracé op grond van de Tracéwet of de Spoedwet wegverbreding door de Minister van Infrastructuur en Waterstaat, dan wel bij het ontbreken daarvan de vaststelling van het plan, bedoeld in artikel 3.6, eerste lid, onderdelen a en b, van de Wet ruimtelijke ordening dan wel bij het ontbreken daarvan van het plan, bedoeld in artikel 3.1, eerste lid, van die wet.
C 16.1	De ontginning dan wel wijziging of uitbreiding van de ontginning van steengroeven of dagbouwmijnen, met inbegrip van de winning van oppervlaktedelfstoffen uit de landbo-	In gevallen waarin de activiteit betrekking heeft op een terreinoppervlakte van meer dan 25 hectare.	De structuurvisie, bedoeld in de artikelen 2.1, 2.2 en 2.3 van de Wet ruimtelijke ordening, en het plan, bedoeld in de artikelen 3.1, eerste lid, 3.6, eerste lid, onderdelen a en b, van die wet.	Het besluit, bedoeld in artikel 3 van de Ontgrondingenwet.

Besluit milieueffectrapportage

A71 bijlage

	Kolom 1 Activiteiten	Kolom 2 Gevallen	Kolom 3 Plannen	Kolom 4 Besluiten
	dem, anders dan bedoeld in categorie 16.2 of 16.4 van onderdeel C van deze bijlage.			
C 16.2	De winning dan wel wijziging of uitbreiding van de winning van oppervlaktedelfstoffen op de Noordzee (territoriale zee en continentaal plat), met uitzondering van oppervlaktedelfstoffen als bedoeld in categorie 16.4 van onderdeel C van deze bijlage.	In gevallen waarin de activiteit betrekking heeft op: 1°. een winplaats van 500 hectare of meer dan wel het winnen van 10.000.000 m^3 of meer, of 2°. enkele winplaatsen, die tezamen 500 hectare of meer omvatten, dan wel 10.000.000 m^3 of meer betreffen en in elkaars nabijheid liggen.	De structuurvisie, bedoeld in artikel 2.3 van de Wet ruimtelijke ordening en het plan, bedoeld in artikel 4.1 van de Waterwet.	Het besluit, bedoeld in artikel 3 van de Ontgrondingenwet.
C 16.3				
C 16.4	De turfwinning dan wel wijziging of uitbreiding daarvan.	In gevallen waarin de activiteit betrekking heeft op een terreinoppervlakte van meer dan 150 hectare.	De structuurvisie, bedoeld in de artikelen 2.1 en 2.2 van de Wet ruimtelijke ordening, en het plan, bedoeld in de artikelen 3.1, eerste lid, 3.6, eerste lid, onderdelen a en b, van die wet.	Het besluit, bedoeld in artikel 3 van de Ontgrondingenwet.
C 17.1				
C 17.2	De winning van aardolie en aardgas dan wel de wijziging of uitbreiding daarvan.	In gevallen waarin de activiteit betrekking heeft op een gewonnen hoeveelheid van: 1°. meer dan 500 ton aardolie per dag, of 2°. meer dan 500.000 m^3 aardgas per dag.	De structuurvisie, bedoeld in de artikelen 2.1, 2.2 en 2.3 van de Wet ruimtelijke ordening, en het plan, bedoeld in de artikelen 3.1, eerste lid, 3.6, eerste lid, onderdelen a en b, van die wet.	Het besluit, bedoeld in artikel 40, tweede lid, eerste volzin, van de Mijnbouwwet of een ander besluit waarop afdeling 3.4 van de Algemene wet bestuursrecht en een of meer artikelen van afdeling 13.2 van de wet van toepassing zijn.
C 18.1				
C 18.2	De oprichting van een installatie bestemd voor de verbranding, de chemische behandeling, het storten of het in de diepe ondergrond brengen van gevaarlijke afvalstoffen.		Het plan, bedoeld in artikel 10.3 van de wet, de structuurvisie, bedoeld in de artikelen 2.1, 2.2 en 2.3 van de Wet ruimtelijke ordening, en het plan, bedoeld in de artikelen 3.1, eerste	De besluiten waarop afdeling 3.4 van de Algemene wet bestuursrecht en een of meer artikelen van afdeling 13.2 van de wet van toepassing zijn.

A71 bijlage

Besluit milieueffectrapportage

	Kolom 1 Activiteiten	Kolom 2 Gevallen	Kolom 3 Plannen	Kolom 4 Besluiten
C 18.3			lid, 3.6, eerste lid, onderdelen a en b, van die wet.	
C 18.4	De oprichting, wijziging of uitbreiding van een installatie bestemd voor de verbranding of de chemische behandeling van niet-gevaarlijke afvalstoffen.	In gevallen waarin de activiteit betrekking heeft op een capaciteit van meer dan 100 ton per dag.	Het plan, bedoeld in artikel 10.3 van de wet, de structuurvisie, bedoeld in de artikelen 2.1 en 2.2 van de Wet ruimtelijke ordening, en het plan, bedoeld in de artikelen 3.1, eerste lid, 3.6, eerste lid, onderdelen a en b, van die wet.	De besluiten waarop afdeling 3.4 van de Algemene wet bestuursrecht en een of meer artikelen van afdeling 13.2 van de wet van toepassing zijn.
C 18.5				
C 18.6	De oprichting, wijziging of uitbreiding van een rioolwaterzuiveringsinstallatie die deel uitmaakt van een inrichting als bedoeld in artikel 3.4, eerste lid, van de Waterwet.	In gevallen waarin de activiteit betrekking heeft op een capaciteit van meer dan 150.000 inwonerequivalenten.	De structuurvisie, bedoeld in de artikelen 2.1, 2.2 en 2.3 van de Wet ruimtelijke ordening, en het plan, bedoeld in de artikelen 3.1, eerste lid, 3.6, eerste lid, onderdelen a en b, van die wet, en het plan, bedoeld in de artikelen 4.1 en 4.4 van de Waterwet.	De besluiten waarop afdeling 3.4 van de Algemene wet bestuursrecht en een of meer artikelen van afdeling 13.2 van de wet van toepassing zijn.
C 19.1	De aanleg, wijziging of uitbreiding van werken voor de overbrenging van water tussen stroomgebieden die tot doel heeft eventuele waterschaarste te voorkomen, met uitzondering van overbrenging van via leidingen aangevoerd drinkwater.	In gevallen waarin de activiteit betrekking heeft op een hoeveelheid overgebracht water van meer dan 100 miljoen m^3 per jaar.	Het plan, bedoeld in artikel 4.1 van de Waterwet.	Het besluit, bedoeld in artikel 6.5, aanhef en onderdeel c, van de Waterwet, dan wel het projectplan, bedoeld in artikel 5.4, eerste lid, van de Waterwet, of, indien artikel 5.4, zesde lid, van die wet van toepassing is, de vaststelling van het tracé op grond van de Tracéwet of de Spoedwet wegverbreding door de Minister van Infrastructuur en Waterstaat, dan wel het besluit, bedoeld in een verordening van een waterschap.
C 19.2	De aanleg, wijziging of uitbreiding van werken voor	In gevallen waarin: 1°. het meerjarig gemiddelde jaarde-	Het plan, bedoeld in artikel 4.1 van de Waterwet.	Het besluit, bedoeld in artikel 6.5, aanhef en onder-

Besluit milieueffectrapportage

A71 bijlage

Kolom 1 Activiteiten	Kolom 2 Gevallen	Kolom 3 Plannen	Kolom 4 Besluiten
de overbrenging van water tussen stroomgebieden die niet tot doel heeft eventuele waterschaarste te voorkomen, met uitzondering van overbrenging van via leidingen aangevoerd drinkwater.	biet van het bekken waaraan het water wordt onttrokken meer dan 2.000 miljoen m^3 bedraagt, en 2°. de hoeveelheid overgebracht water 5% van dit debiet overschrijdt.		deel c, van de Waterwet, dan wel het projectplan, bedoeld in artikel 5.4, eerste lid, van de Waterwet, of, indien artikel 5.4, zesde lid, van die wet van toepassing is, de vaststelling van het tracé op grond van de Tracéwet of de Spoedwet wegverbreding door de Minister van Infrastructuur en Waterstaat, dan wel het besluit, bedoeld in een verordening van een waterschap.
C 20.1	De oprichting van een industriële installatie bestemd voor het vervaardigen van papierpulp uit hout of andere vezelstoffen.		De structuurvisie, bedoeld in de artikelen 2.1, 2.2 en 2.3 van de Wet ruimtelijke ordening, en het plan, bedoeld in de artikelen 3.1, eerste lid, 3.6, eerste lid, onderdelen a en b, van die wet.	De besluiten waarop afdeling 3.4 van de Algemene wet bestuursrecht en een of meer artikelen van afdeling 13.2 van de wet van toepassing zijn.
C 20.2	De oprichting, wijziging of uitbreiding van een industriële installatie bestemd voor het vervaardigen van papier of karton.	In gevallen waarin de activiteit betrekking heeft op een productiecapaciteit van meer dan 200 ton per dag.	De structuurvisie, bedoeld in de artikelen 2.1, 2.2 en 2.3 van de Wet ruimtelijke ordening, en het plan, bedoeld in de artikelen 3.1, eerste lid, 3.6, eerste lid, onderdelen a en b, van die wet.	De besluiten waarop afdeling 3.4 van de Algemene wet bestuursrecht en een of meer artikelen van afdeling 13.2 van de wet van toepassing zijn.
C 21.1	De oprichting van een installatie bestemd voor de raffinage van ruwe aardolie, met uitzondering van installaties die uitsluitend smeermiddelen uit ruwe olie vervaardigen.		De structuurvisie, bedoeld in de artikelen 2.1, 2.2 en 2.3 van de Wet ruimtelijke ordening, en het plan, bedoeld in de artikelen 3.1, eerste lid, 3.6, eerste lid, onderdelen a en b, van die wet.	De besluiten waarop afdeling 3.4 van de Algemene wet bestuursrecht en een of meer artikelen van afdeling 13.2 van de wet van toepassing zijn.
C 21.2				
C 21.3	De oprichting van een geïntegreerde hoogoveninstallatie bestemd voor de productie van ruw ijzer of staal.		De structuurvisie, bedoeld in de artikelen 2.1, 2.2 en 2.3 van de Wet ruimtelijke ordening, en het plan, bedoeld in de artikelen 3.1, eerste lid, 3.6, eer-	De besluiten waarop afdeling 3.4 van de Algemene wet bestuursrecht en een of meer artikelen van afdeling 13.2 van de wet van toepassing zijn.

A71 bijlage

Besluit milieueffectrapportage

Kolom 1 Activiteiten	Kolom 2 Gevallen	Kolom 3 Plannen	Kolom 4 Besluiten
C 21.4 De oprichting van een installatie bestemd voor de winning van ruwe non-ferrometalen uit erts, concentraat of secundaire grondstoffen met metallurgische, chemische of elektrolytische procédés.		ste lid, onderdelen a en b, van die wet. De structuurvisie, bedoeld in de artikelen 2.1, 2.2 en 2.3 van de Wet ruimtelijke ordening, en het plan, bedoeld in de artikelen 3.1, eerste lid, 3.6, eerste lid, onderdelen a en b, van die wet.	De besluiten waarop afdeling 3.4 van de Algemene wet bestuursrecht en een of meer artikelen van afdeling 13.2 van de wet van toepassing zijn.
C 21.5 De oprichting van een installatie bestemd voor de winning van asbest alsmede de oprichting, wijziging of uitbreiding van een installatie bestemd voor de winning, bewerking of verwerking van asbest of asbesthoudende producten.	In gevallen waarin de activiteit betrekking heeft op: 1°. de bewerking of verwerking van asbestcement met een capaciteit van meer dan 20.000 ton eindproduct per jaar, 2°. de bewerking of verwerking van remvoeringen met een capaciteit van meer dan 50 ton eindproduct per jaar of meer, of 3°. de bewerking of verwerking van andere asbesthoudende producten met een verbruik van meer dan 200 ton asbest per jaar.	De structuurvisie, bedoeld in de artikelen 2.1, 2.2 en 2.3 van de Wet ruimtelijke ordening, en het plan, bedoeld in de artikelen 3.1, eerste lid, 3.6, eerste lid, onderdelen a en b, van die wet.	De besluiten waarop afdeling 3.4 van de Algemene wet bestuursrecht en een of meer artikelen van afdeling 13.2 van de wet van toepassing zijn.
C 21.6 De oprichting van een geïntegreerde chemische installatie, dat wil zeggen een installatie voor de fabricage op industriële schaal van stoffen door chemische omzetting, waarin verscheidene eenheden naast elkaar bestaan en functioneel met elkaar verbonden zijn, bestemd voor de fabricage van: a. organische basischemicaliën, b. anorganische basischemicaliën, c. fosfaat-, stikstof- of kaliumhou-		De structuurvisie, bedoeld in de artikelen 2.1, 2.2 en 2.3 van de Wet ruimtelijke ordening, en het plan, bedoeld in de artikelen 3.1, eerste lid, 3.6, eerste lid, onderdelen a en b, van die wet.	De besluiten waarop afdeling 3.4 van de Algemene wet bestuursrecht en een of meer artikelen van afdeling 13.2 van de wet van toepassing zijn.

Besluit milieueffectrapportage — A71 bijlage

	Kolom 1 Activiteiten	Kolom 2 Gevallen	Kolom 3 Plannen	Kolom 4 Besluiten
	dende meststoffen (enkelvoudige of samengestelde meststoffen), d. basisproducten voor gewasbescherming en van biociden, e. farmaceutische basisproducten met een chemisch of biologisch procédé, of f. explosieven.			
C 22.1	De oprichting, wijziging of uitbreiding van thermische centrales en andere verbrandingsinstallaties.	In gevallen waarin de activiteit betrekking heeft op een inrichting met een vermogen van 300 megawatt (thermisch) of meer.	De structuurvisie, bedoeld in de artikelen 2.1, 2.2 en 2.3 van de Wet ruimtelijke ordening, en het plan, bedoeld in de artikelen 3.1, eerste lid, 3.6, eerste lid, onderdelen a en b, van die wet.	De besluiten waarop afdeling 3.4 van de Algemene wet bestuursrecht en een of meer artikelen van afdeling 13.2 van de wet van toepassing zijn.
C 22.2	De oprichting, wijziging of uitbreiding van een windturbinepark.	In gevallen waarin de activiteit betrekking heeft op 20 windturbines of meer.	De structuurvisie, bedoeld in de artikelen 2.1, 2.2 en 2.3 van de Wet ruimtelijke ordening, en het plan, bedoeld in de artikelen 3.1, eerste lid, 3.6, eerste lid, onderdelen a en b, van die wet.	Het besluit bedoeld in artikel 6.5, aanhef en onderdeel c, van de Waterwet, het besluit, bedoeld in artikel 3, eerste lid, van de Wet windenergie op zee of de besluiten waarop afdeling 3.4 van de Algemene wet bestuursrecht en een of meer artikelen van afdeling 13.2 van de wet van toepassing zijn.
C 22.3	De oprichting van een kerncentrale en andere kernreactoren, met inbegrip van de buitengebruikstelling of ontmanteling van dergelijke centrales of reactoren, met uitzondering van onderzoekinstallaties voor de productie en verwerking van splijt- en kweekstoffen, met een constant vermogen van ten hoogste 1 thermische kW.		De structuurvisie, bedoeld in de artikelen 2.1, 2.2 en 2.3 van de Wet ruimtelijke ordening, en het plan, bedoeld in de artikelen 3.1, eerste lid, 3.6, eerste lid, onderdelen a en b, van die wet.	De besluiten waarop afdeling 3.4 van de Algemene wet bestuursrecht en een of meer artikelen van afdeling 13.2 van de wet van toepassing zijn.
C 22.4	De oprichting van een installatie be-		De structuurvisie, bedoeld in de arti-	De besluiten waarop afdeling 3.4

A71 bijlage

Besluit milieueffectrapportage

Kolom 1 Activiteiten	Kolom 2 Gevallen	Kolom 3 Plannen	Kolom 4 Besluiten
stemd voor de opwerking van bestraalde splijtstoffen.		kelen 2.1, 2.2 en 2.3 van de Wet ruimtelijke ordening, en het plan, bedoeld in de artikelen 3.1, eerste lid, 3.6, eerste lid, onderdelen a en b, van die wet.	van de Algemene wet bestuursrecht en een of meer artikelen van afdeling 13.2 van de wet van toepassing zijn.
C 22.5 De oprichting van een installatie bestemd voor de productie of de verrijking van splijtstoffen.		De structuurvisie, bedoeld in de artikelen 2.1, 2.2 en 2.3 van de Wet ruimtelijke ordening, en het plan, bedoeld in de artikelen 3.1, eerste lid, 3.6, eerste lid, onderdelen a en b, van die wet.	De besluiten waarop afdeling 3.4 van de Algemene wet bestuursrecht en een of meer artikelen van afdeling 13.2 van de wet van toepassing zijn.
C 23 De oprichting van een installatie bestemd voor: a. de behandeling van bestraalde splijtstoffen of hoog radioactief afval, b. de definitieve verwijdering van bestraalde splijtstoffen, c. uitsluitend de definitieve verwijdering van radioactief afval, of d. uitsluitend de opslag van bestraalde splijtstoffen of radioactief afval op een andere plaats dan het productieterrein.	Wat betreft de onder d genoemde activiteit in gevallen waarin de activiteit betrekking heeft op de opslag van afval voor een periode van langer dan 10 jaar.	De structuurvisie, bedoeld in de artikelen 2.1, 2.2 en 2.3 van de Wet ruimtelijke ordening, en het plan, bedoeld in de artikelen 3.1, eerste lid, 3.6, eerste lid, onderdelen a en b, van die wet.	De besluiten waarop afdeling 3.4 van de Algemene wet bestuursrecht en een of meer artikelen van afdeling 13.2 van de wet van toepassing zijn.
C 24 De aanleg, wijziging of uitbreiding van een bovengrondse hoogspanningsleiding.	In gevallen waarin de activiteit betrekking heeft op een leiding met: 1°. een spanning van 220 kilovolt of meer, en 2°. een lengte van 15 kilometer of meer.	De structuurvisie, bedoeld in de artikelen 2.1, 2.2 en 2.3 van de Wet ruimtelijke ordening, en het plan, bedoeld in de artikelen 3.1, eerste lid, 3.6, eerste lid, onderdelen a en b, van die wet.	Het plan, bedoeld in artikel 3.6, eerste lid, onderdelen a en b, van de Wet ruimtelijke ordening dan wel bij het ontbreken daarvan van het plan, bedoeld in artikel 3.1, eerste lid, van die wet.
C 25 De oprichting, wijziging of uitbreiding van een installatie bestemd voor de opslag van aardolie, petrochemische of chemische producten.	In gevallen waarin de activiteit betrekking heeft op een opslagcapaciteit van 200.000 ton of meer.	De structuurvisie, bedoeld in de artikelen 2.1, 2.2 en 2.3 van de Wet ruimtelijke ordening, en het plan, bedoeld in de artikelen 3.1, eerste lid, 3.6, eer-	De besluiten waarop afdeling 3.4 van de Algemene wet bestuursrecht en een of meer artikelen van afdeling 13.2 van de wet van toepassing zijn.

Besluit milieueffectrapportage   **A71** bijlage

Kolom 1 Activiteiten	Kolom 2 Gevallen	Kolom 3 Plannen	Kolom 4 Besluiten
		ste lid, onderdelen a en b, van die wet.	
C 26 De oprichting, wijziging of uitbreiding van een installatie bestemd voor steenkoolvergassing of vloeibaarmaking.	In gevallen waarin de activiteit betrekking heeft op een installatie met een verwerkingscapaciteit van 500 ton steenkolen of bitumineuze schisten per dag of meer.	De structuurvisie, bedoeld in de artikelen 2.1, 2.2 en 2.3 van de Wet ruimtelijke ordening, en het plan, bedoeld in de artikelen 3.1, eerste lid, 3.6, eerste lid, onderdelen a en b, van die wet.	De besluiten waarop afdeling 3.4 van de Algemene wet bestuursrecht en een of meer artikelen van afdeling 13.2 van de wet van toepassing zijn.
C 27.1			
C 27.2			
C 27.3			
C 28			

[1] Rav= Regeling ammoniak en veehouderij. Dit is een Regeling op grond van artikel 1 van de Wet ammoniak en veehouderij.

Onderdeel D
Activiteiten, plannen en besluiten, ten aanzien waarvan de procedure als bedoeld in de artikelen 7.16 tot en met 7.20 van de wet van toepassing is

Kolom 1 Activiteiten	Kolom 2 Gevallen	Kolom 3 Plannen	Kolom 4 Besluiten
D 1.1 De wijziging of uitbreiding van een autosnelweg of autoweg.	In gevallen waarin de activiteit betrekking heeft op een weg met een tracélengte van 5 kilometer of meer.	Het plan, bedoeld in de artikelen 5 en 8 j° 9, tweede lid, van de Planwet verkeer en vervoer en de structuurvisie, bedoeld in de artikelen 2.1, 2.2 en 2.3 van de Wet ruimtelijke ordening, en de plannen, bedoeld in de artikelen 3.1, eerste lid, 3.6, eerste lid, onderdelen a en b, van die wet.	De vaststelling van het tracé op grond van de Tracéwet of de Spoedwet wegverbreding door de Minister van Infrastructuur en Waterstaat, dan wel het plan, bedoeld in artikel 3.6, eerste lid, onderdelen a en b, van de Wet ruimtelijke ordening dan wel bij het ontbreken daarvan van het plan, bedoeld in artikel 3.1, eerste lid, van die wet.
D 1.2 De wijziging of uitbreiding van een weg bestaande uit vier of meer rijstroken, of verlegging of verbreding van bestaande wegen van twee rijstroken of minder tot wegen met vier of	In gevallen waarin de activiteit betrekking heeft op een weg met een tracélengte van 5 kilometer of meer.	Het plan, bedoeld in de artikelen 5 en 8 j° 9, tweede lid, van de Planwet verkeer en vervoer, de structuurvisie, bedoeld in de artikelen 2.1 en 2.2 en 2.3 van de Wet ruimtelijke ordening en	De vaststelling van het tracé op grond van de Tracéwet door de Minister van Infrastructuur en Waterstaat, dan wel het plan, bedoeld in artikel 3.6, eerste lid, onderdelen a en b, van de

A71 bijlage

Besluit milieueffectrapportage

	Kolom 1 Activiteiten	Kolom 2 Gevallen	Kolom 3 Plannen	Kolom 4 Besluiten
	meer rijstroken niet zijnde een, autosnelweg of autoweg.		het plan, bedoeld in de artikelen 3.1, eerste lid, 3.6, eerste lid, onderdelen a en b, van die wet.	Wet ruimtelijke ordening dan wel bij het ontbreken daarvan van het plan, bedoeld in artikel 3.1, eerste lid, van die wet.
D 2.1	De aanleg, wijziging of uitbreiding van overladingsstations of faciliteiten voor de overlading tussen vervoerswijzen.	In gevallen waarin de activiteit betrekking heeft op een oppervlakte van 25 hectare of meer.	De structuurvisie, bedoeld in de artikelen 2.1, 2.2 en 2.3 van de Wet ruimtelijke ordening en het plan, bedoeld in artikel 3.1, eerste lid, van die wet.	De vaststelling van het plan, bedoeld in artikel 3.6, eerste lid, onderdelen a en b, van de Wet ruimtelijke ordening dan wel bij het ontbreken daarvan van het plan, bedoeld in artikel 3.1, eerste lid, van die wet.
D 2.2	Aanleg, wijziging of uitbreiding van een tramrails, boven- en ondergrondse spoorwegen, zweefspoor en dergelijke bijzondere constructies.	In gevallen waarin de activiteit betrekking heeft op: a. de aanleg van een nieuwe trambaan, boven- of ondergrondse spoorweg, zweefspoor of andere bijzondere constructie die over een lengte van 500 meter of meer op een afstand van 25 meter of meer is gelegen van de grens van de voor tram- of spoorwegdoeleinden aangewezen bestemming, voor zover deze is gelegen in een gevoelig gebied als bedoeld onder a of b van onderdeel A van deze bijlage; b. de wijziging of uitbreiding van een trambaan, boven- of ondergrondse spoorweg, zweefspoor of andere bijzondere constructie indien deze bestaat uit een uitbreiding van de tram- of spoorweg met één of meer sporen met een aaneengesloten tracélengte van 5 kilometer of meer en voor zover deze is gelegen in een	De structuurvisie, bedoeld in de artikelen 2.1, 2.2 en 2.3 van de Wet ruimtelijke ordening en het plan, bedoeld in de artikelen 3.1, eerste lid, 3.6, eerste lid, onderdelen a en b, van die wet.	De vaststelling van het tracé door de Minister van Infrastructuur en Waterstaat dan wel van het plan, bedoeld in artikel 3.6, eerste lid, onderdelen a en b, van de Wet ruimtelijke ordening dan wel bij het ontbreken daarvan van het plan, bedoeld in artikel 3.1, eerste lid, van die wet.

Besluit milieueffectrapportage

A71 bijlage

Kolom 1 Activiteiten	Kolom 2 Gevallen	Kolom 3 Plannen	Kolom 4 Besluiten
D 3.1 De aanleg, wijziging of uitbreiding van een binnenvaarweg.	gevoelig gebied als bedoeld onder a of b van onderdeel A van deze bijlage. In gevallen waarin de activiteit betrekking heeft op een binnenvaarweg die: 1° kan worden bevaren door schepen met een laadvermogen van 900 ton of meer of 2° een oppervlakte van 25 hectare of meer heeft.	De structuurvisie, bedoeld in de artikelen 2.1, 2.2 en 2.3 van de Wet ruimtelijke ordening en het plan, bedoeld in artikel 3.1, eerste lid, van die wet.	De vaststelling van het tracé op grond van de Tracéwet door de Minister van Infrastructuur en Waterstaat dan wel het projectplan, bedoeld in artikel 5.4, eerste lid, van de Waterwet, of, indien artikel 5.4, zesde lid, van die wet van toepassing is, het plan, bedoeld in artikel 3.6, eerste lid, onderdelen a en b, van de Wet ruimtelijke ordening dan wel bij het ontbreken daarvan het plan, bedoeld in artikel 3.1, eerste lid, van die wet, dan wel bij het ontbreken daarvan de besluiten waarop afdeling 3.4 van de Algemene wet bestuursrecht en een of meer artikelen van afdeling 13.2 van de wet van toepassing zijn.
D 3.2 De aanleg, wijziging of uitbreiding van werken inzake kanalisering of ter beperking van overstromingen, met inbegrip van primaire waterkeringen en rivierdijken.		De structuurvisie, bedoeld in de artikelen 2.1, 2.2 en 2.3 van de Wet ruimtelijke ordening, en de plannen, bedoeld in de artikelen 3.1, eerste lid, 3.6, eerste lid, onderdelen a en b, van die wet en het plan, bedoeld in de artikelen 4.1 en 4,4 van de Waterwet.	De goedkeuring van gedeputeerde staten van het projectplan, bedoeld in artikel 5.7, eerste lid, van de Waterwet of, bij het ontbreken daarvan, het projectplan, bedoeld in artikel 5.4, eerste lid, van die wet, of, indien artikel 5.4, zesde lid, van die wet van toepassing is, de vaststelling van het tracé op grond van de Tracéwet of de Spoedwet wegverbreding door de Minister van Infrastructuur en Waterstaat of het plan,

A71 bijlage

Besluit milieueffectrapportage

	Kolom 1 Activiteiten	Kolom 2 Gevallen	Kolom 3 Plannen	Kolom 4 Besluiten
				bedoeld in artikel 3.6, eerste lid, onderdelen a en b, van de Wet ruimtelijke ordening dan wel bij het ontbreken daarvan van het plan, bedoeld in artikel 3.1, eerste lid, van die wet.
D 4	De aanleg, wijziging of uitbreiding van: a. een haven voor de binnenscheepvaart, b. een zeehandelshaven, c. een visserijhaven of d. de wijziging of uitbreiding van een met het land verbonden en buiten een haven gelegen pier voor lossen en laden, met uitzondering van pieren voor veerboten.	In gevallen waarin: a. de aanleg betrekking heeft op een haven die bevaarbaar is voor schepen met een laadvermogen van 900 ton of meer of b. de wijziging of uitbreiding betrekking heeft op een oppervlakte van 100 hectare of meer.	De structuurvisie, bedoeld in de artikelen 2.1, 2.2 en 2.3 van de Wet ruimtelijke ordening, en de plannen, bedoeld in de artikelen 3.1, eerste lid, 3.6, eerste lid, onderdelen a en b, van die wet.	De vaststelling van het besluit tot aanleg dan wel, bij het ontbreken daarvan het plan, bedoeld in artikel 3.6, eerste lid, onderdelen a en b, van de Wet ruimtelijke ordening dan wel bij het ontbreken daarvan van het plan, bedoeld in artikel 3.1, eerste lid, van die wet.
D 4.2 D 5	Landwinning in zee of de wijziging of uitbreiding daarvan.	In gevallen waarin de activiteit betrekking heeft op een oppervlakte van 250 hectare of meer.	De structuurvisie, bedoeld in artikel 2.3 van de Wet ruimtelijke ordening en het plan, bedoeld in artikel 4.1 van de Waterwet.	Het besluit, bedoeld in artikel 6.5, aanhef en onderdeel c, van de Waterwet, dan wel het projectplan, bedoeld in artikel 5.4, eerste lid, van de Waterwet, of, indien artikel 5.4, zesde lid, van die wet van toepassing is, de vaststelling van het tracé op grond van de Tracéwet of de Spoedwet wegverbreding door de Minister van Infrastructuur en Waterstaat of het plan, bedoeld in artikel 3.6, eerste lid, onderdelen a en b, van de Wet ruimtelijke ordening dan wel bij het ontbreken daarvan van het plan, bedoeld in artikel 3.1, eerste lid, van die wet, dan wel het

Besluit milieueffectrapportage

A71 bijlage

	Kolom 1 Activiteiten	Kolom 2 Gevallen	Kolom 3 Plannen	Kolom 4 Besluiten
				besluit, bedoeld in een verordening van een waterschap.
D 5.1				
D 5.2				
D 5.3				
D 5.4				
D 6.1	De aanleg, de inrichting of het gebruik van een luchthaven als bedoeld in de Wet luchtvaart.	In gevallen waarin de activiteit betrekking heeft op een luchthaven die: 1. de beschikking krijgt over een start- of landingsbaan met een lengte van 1.000 meter of meer of 2. uitsluitend geschikt is voor het starten of landen van helikopters.	De structuurvisie, bedoeld in de artikelen 2.2 en 2.3 van de Wet ruimtelijke ordening.	Een luchthavenbesluit als bedoeld in de Wet luchtvaart.
D 6.2	De wijziging in de ligging van een start- of landingsbaan, de verlenging, verbreding of verharding daarvan, of de intensivering of wijziging van het gebruik van de luchthaven dan wel de wijziging van de vliegroutes. De wijziging van het gebruik van de luchthaven of van het banenstelsel, dan wel de wijziging van de luchtverkeerwegen of de wijziging van de vliegroutes.	In gevallen waarin de activiteit betrekking heeft op een start- of landingsbaan met een lengte van 1000 meter of meer dan wel een luchthaven die uitsluitend geschikt is voor het starten of landen van helikopters, en een wijziging omvat van: 1°. het beperkingengebied, bedoeld in hoofdstuk 8 of artikel 10.17 van de Wet luchtvaart, voor zover dit is vastgesteld op grond van het externe-veiligheidsrisico of geluidbelasting, of 2°. de grenswaarden, bedoeld in artikel 8.17, vijfde lid, onder a tot en met c, artikel 8.44, eerste lid, onder a, of artikel 8.70, tweede lid, juncto artikel 8.44, eerste lid, onder a, of de grenswaarden voor geluidsbelasting, bedoeld in artikel 10.17, tweede lid,	De structuurvisie, bedoeld in de artikelen 2.2 en 2.3 van de Wet ruimtelijke ordening.	Ten aanzien van de luchthaven Schiphol een besluit tot vaststelling of wijziging van een luchthavenindelingbesluit of een luchthavenverkeerbesluit als bedoeld in respectievelijk de artikelen 8.4 en 8.15 van de Wet luchtvaart. Ten aanzien van een andere luchthaven een besluit tot vaststelling of wijziging van een luchthavenbesluit als bedoeld in die wet.

A71 bijlage

Besluit milieueffectrapportage

	Kolom 1 Activiteiten	Kolom 2 Gevallen	Kolom 3 Plannen	Kolom 4 Besluiten
		van de Wet luchtvaart, tenzij: a. de voorgenomen wijziging leidt tot een beperkingengebied als bedoeld onder 1° dat valt op of binnen het geldende beperkingengebied of tot grenswaarden als bedoeld onder 2° die een gelijk of beter beschermingsniveau bieden dan de geldende grenswaarden, of b. het beperkingengebied vervalt.		
D 7 D 8.1	De aanleg, wijziging of uitbreiding van een buisleiding voor het transport van gas, olie of CO_2-stromen ten behoeve van geologische opslag of de wijziging of uitbreiding van een buisleiding voor het transport van chemicaliën.	In gevallen waarin de activiteit betrekking heeft op een buisleiding die is gelegen of geprojecteerd in een gevoelig gebied als bedoeld onder a, b of d, van punt 1 van onderdeel A van deze bijlage, over een lengte van: 1°. 1 kilometer of meer, in geval van het transport van olie, CO_2-stromen of gas, niet zijnde aardgas, 2°. 5 kilometer of meer, in geval van het transport van aardgas.	De structuurvisie, bedoeld in de artikelen 2.1, 2.2 en 2.3 van de Wet ruimtelijke ordening, en het plan, bedoeld in de artikelen 3.1, eerste lid, of 3.6, eerste lid, onderdelen a en b, van die wet.	Het besluit, bedoeld in de artikelen 94, eerste lid, en 95 van het Mijnbouwbesluit, dan wel, bij het ontbreken daarvan, het plan, bedoeld in artikel 3.6, eerste lid, onderdelen a en b, van de Wet ruimtelijke ordening dan wel bij het ontbreken daarvan, het plan, bedoeld in artikel 3.1, eerste lid, van die wet.
D 8.2	De wijziging of uitbreiding van opslaglocaties overeenkomstig Richtlijn 2009/31/EG van het Europees Parlement en de Raad van 23 april 2009 betreffende de geologische opslag van kooldioxide (PbEG L 140).		De structuurvisie, bedoeld in de artikelen 2.1, 2.2 en 2.3 van de Wet ruimtelijke ordening, en het plan, bedoeld in artikel 3.1, eerste lid, van die wet.	De besluiten waarop afdeling 3.4 van de Algemene wet bestuursrecht en een of meer artikelen van afdeling 13.2 van de wet van toepassing zijn.
D 8.3	De oprichting, wijziging of uitbreiding van een installatie voor het afvangen van CO_2-stromen met het oog op geologische opslag overeenkomstig Richtlijn	Indien de CO_2-stromen afkomstig zijn van installaties, die niet onder onderdeel C van deze bijlage vallen.	De structuurvisie, bedoeld in de artikelen 2.1, 2.2 en 2.3 van de Wet ruimtelijke ordening, en het plan, bedoeld in artikel 3.1, eerste lid, van die wet.	De besluiten waarop afdeling 3.4 van de Algemene wet bestuursrecht en een of meer artikelen van afdeling 13.2 van de wet van toepassing zijn.

Besluit milieueffectrapportage **A71** bijlage

	Kolom 1 Activiteiten	Kolom 2 Gevallen	Kolom 3 Plannen	Kolom 4 Besluiten
	2009/31/EG (PbEG L 140).			
D 8.4	De aanleg, wijziging of uitbreiding van een buisleiding voor transport van 1°. warm water of stoom.	In gevallen waarin de activiteit betrekking heeft op: 1°. Een buisleiding met een diameter van 1 meter of meer, en 2°. Een lengte van 10 kilometer of meer.	De structuurvisie, bedoeld in de artikelen 2.1, 2.2 en 2.3 van de Wet ruimtelijke ordening, en het plan, bedoeld in artikel 3.1, eerste lid, van die wet.	De vaststelling van het plan, bedoeld in artikel 3.6, eerste lid, onderdelen a en b, van de Wet ruimtelijke ordening dan wel, bij het ontbreken daarvan, het plan, bedoeld in artikel 3.1, eerste lid, van die wet dat in de aanleg, wijziging of uitbreiding voorziet.
D 9	Een landinrichtingsproject dan wel een wijziging of uitbreiding daarvan.	In gevallen waarin de activiteit betrekking heeft op 1°. een functiewijziging met een oppervlakte van 125 hectare of meer van water, natuur, recreatie of landbouw of 2°. vestiging van een glastuinbouwgebied of bloembollenteeltgebied van 50 hectare of meer.	De structuurvisie, bedoeld in de artikelen 2.1, 2.2 en 2.3 van de Wet ruimtelijke ordening, en de plannen, bedoeld in de artikelen 3.1, eerste lid, 3.6, eerste lid, onderdelen a en b, van die wet, de vaststelling van het inrichtingsplan, bedoeld in artikel 17 van de Wet inrichting landelijk gebied, het plan, bedoeld in artikel 11 van de Reconstructiewet concentratiegebieden en het plan bedoeld in artikel 18 van de Reconstructiewet concentratiegebieden.	De vaststelling van het inrichtingsplan, bedoeld in artikel 17 van de Wet inrichting landelijk gebied dan wel een plan bedoeld in artikel 18 van de Reconstructiewet concentratiegebieden dan wel bij het ontbreken daarvan het plan bedoeld in artikel 3.6, eerste lid, onderdelen a en b, van de Wet ruimtelijke ordening dan wel bij het ontbreken daarvan van het plan, bedoeld in artikel 3.1, eerste lid, van die wet.
D 10	De aanleg, wijziging of uitbreiding van: a. skihellingen, skiliften, kabelspoorwegen en bijbehorende voorzieningen; b. jachthavens. c. vakantiedorpen en hotelcomplexen buiten stedelijke zones met bijbehorende voorzieningen, d. permanente kampeer- en caravanterreinen, of	In gevallen waarin de activiteit betrekking heeft op: 1°. 250.000 bezoekers of meer per jaar, 2°. een oppervlakte van 25 hectare of meer, 3°. 100 ligplaatsen of meer of 4°. een oppervlakte van 10 hectare of meer in een gevoelig gebied.	De structuurvisie, bedoeld in de artikelen 2.1, 2.2 en 2.3 van de Wet ruimtelijke ordening, en de plannen, bedoeld in de artikelen 3.1, eerste lid, 3.6, eerste lid, onderdelen a en b, van die wet, de vaststelling van het inrichtingsplan, bedoeld in artikel 17 van de Wet inrichting landelijk gebied, het reconstructieplan, be-	De vaststelling van het inrichtingsplan, bedoeld in artikel 17 van de Wet inrichting landelijk gebied dan wel een plan bedoeld in artikel 18 van de Reconstructiewet concentratiegebieden dan wel bij het ontbreken daarvan het plan bedoeld in artikel 3.6, eerste lid, onderdelen a en b, van de Wet ruimtelijke ordening dan wel bij het

Sdu

A71 bijlage

Besluit milieueffectrapportage

Kolom 1 Activiteiten	Kolom 2 Gevallen	Kolom 3 Plannen	Kolom 4 Besluiten
e. themaparken.		doeld in artikel 11 van de Reconstructiewet concentratiegebieden en het plan bedoeld in artikel 18 van de Reconstructiewet concentratiegebieden.	ontbreken daarvan van het plan, bedoeld in artikel 3.1, eerste lid, van die wet.
D 10.2			
D 10.3			
D 11.1			
D 11.2	De aanleg, wijziging of uitbreiding van een stedelijk ontwikkelingsproject met inbegrip van de bouw van winkelcentra of parkeerterreinen.	In gevallen waarin de activiteit betrekking heeft op: 1°. een oppervlakte van 100 hectare of meer, 2°. een aaneengesloten gebied en 2000 of meer woningen omvat, of 3°. een bedrijfsvloeroppervlakte van 200.000 m² of meer.	De structuurvisie, bedoeld in de artikelen 2.1, 2.2 en 2.3 van de Wet ruimtelijke ordening, en het plan, bedoeld in artikel 3.1, eerste lid, van die wet.	De vaststelling van het plan, bedoeld in artikel 3.6, eerste lid, onderdelen a en b, van de Wet ruimtelijke ordening dan wel bij het ontbreken daarvan van het plan, bedoeld in artikel 3.1, eerste lid, van die wet.
D 11.3	De aanleg, wijziging of uitbreiding van een industrieterrein.	In gevallen waarin de activiteit betrekking heeft op een oppervlakte van 75 hectare of meer.	De structuurvisie, bedoeld in de artikelen 2.1, 2.2 en 2.3 van de Wet ruimtelijke ordening, en het plan, bedoeld in artikel 3.1, eerste lid, van die wet.	De vaststelling van het plan, bedoeld in artikel 3.6, eerste lid, onderdelen a en b, van de Wet ruimtelijke ordening dan wel bij het ontbreken daarvan van het plan, bedoeld in artikel 3.1, eerste lid, van die wet.
D 11.4	De aanleg, wijziging of uitbreiding van een project voor het gebruik van niet in cultuur gebrachte gronden of semi-natuurlijke gebieden voor intensieve landbouw.		De structuurvisie, bedoeld in de artikelen 2.1, 2.2 en 2.3 van de Wet ruimtelijke ordening, en het plan, bedoeld in artikel 3.1, eerste lid, van die wet.	De vaststelling van het plan, bedoeld in artikel 3.6, eerste lid, onderdelen a en b, van de Wet ruimtelijke ordening dan wel bij het ontbreken daarvan van het plan, bedoeld in artikel 3.1, eerste lid, van die wet.
D 11.5				
D 12	De aanleg, wijziging of uitbreiding van kustwerken om erosie te bestrijden, van maritieme werken die de kust		De structuurvisie, bedoeld in de artikelen 2.1, 2.2 en 2.3 van de Wet ruimtelijke ordening, en het plan, bedoeld in	De goedkeuring van gedeputeerde staten van het projectplan, bedoeld in artikel 5.7, eerste lid, van de Water-

Kolom 1 Activiteiten	Kolom 2 Gevallen	Kolom 3 Plannen	Kolom 4 Besluiten
kunnen wijzigen door de aanleg van onder meer dijken, pieren, havenhoofden en van andere kustverdedigingswerken, met uitzondering van het onderhoud of herstel van deze werken.		de artikelen 3.1, eerste lid, 3.6, eerste lid, onderdelen a en b, van die wet en het plan, bedoeld in de artikelen 4.1 en 4.4 van de Waterwet.	wet of, bij het ontbreken daarvan, het projectplan, bedoeld in artikel 5.4, eerste lid, van de Waterwet of, indien artikel 5.4, zesde lid, van die wet van toepassing is, de vaststelling van het tracé op grond van de Tracéwet door de Minister van Infrastructuur en Waterstaat dan wel bij het ontbreken daarvan het plan, bedoeld in artikel 3.6, eerste lid, onderdelen a en b, van de Wet ruimtelijke ordening dan wel bij het ontbreken daarvan van het plan, bedoeld in artikel 3.1, eerste lid, van die wet dan wel, bij het ontbreken daarvan, de besluiten waarop afdeling 3.4 van de Algemene wet bestuursrecht en een of meer artikelen van afdeling 13.2 van de wet van toepassing zijn.
D 12.2			
D 13 De aanleg, wijziging of uitbreiding van een waterbeheersingsproject voor landbouwdoeleinden, met inbegrip van irrigatie- en drooglegggingsprojecten.	In gevallen waarin de activiteit betrekking heeft op een oppervlakte van 100 hectare of meer.	De structuurvisie, bedoeld in de artikelen 2.1, 2.2 en 2.3 van de Wet ruimtelijke ordening, en de plannen, bedoeld in de artikelen 3.1, eerste lid, 3.6, eerste lid, onderdelen a en b, van die wet.	Het besluit tot vergunningverlening, bedoeld in een verordening van een waterschap, dan wel, bij het ontbreken daarvan, het besluit tot vergunningverlening, bedoeld in artikel 6.5, aanhef en onderdeel c, van de Waterwet, dan wel het projectplan, bedoeld in artikel 5.4, eerste lid, van de Waterwet of, indien artikel 5.4, zesde lid, van die wet van toepassing is, de vaststelling van het tracé op

A71 bijlage

Besluit milieueffectrapportage

Kolom 1 Activiteiten	Kolom 2 Gevallen	Kolom 3 Plannen	Kolom 4 Besluiten
			grond van de Tracéwet of de Spoedwet wegverbreding door de Minister van Infrastructuur en Waterstaat of het plan, bedoeld in artikel 3.6, eerste lid, onderdelen a en b, van de Wet ruimtelijke ordening dan wel bij het ontbreken daarvan van het plan, bedoeld in artikel 3.1, eerste lid, van die wet.
D 14 De oprichting, wijziging of uitbreiding van een installatie voor het fokken, mesten of houden van dieren.	In gevallen waarin de activiteit betrekking heeft op meer dan: 1°. 40.000 stuks pluimvee (Rav[1] cat. E, F, G en J), 2°. 2000 stuks mestvarkens (Rav cat. D.3), 3°. 750 stuks zeugen (Rav cat. D.1.2, D.1.3 en D.3 voor zover het opfokzeugen betreft), 4°. 3750 stuks gespeende biggen (biggenopfok) (Rav cat. D.1.1), 5°. 5000 stuks pelsdieren (fokteven) (Rav cat. H.1 t/m H.3), 6°. 1000 stuks voedsters of 6000 vlees- en opfokkonijnen tot dekleeftijd (Rav cat. I.1 en I.2), 7°. 200 stuks melk-, kalf- of zoogkoeien ouder dan 2 jaar (Rav cat. A.1 en A.2), 8°. 340 stuks vrouwelijk jongvee tot 2 jaar (Rav cat. A 3), 9°. 340 stuks melk-, kalf- en zoogkoeien ouder dan 2 jaar en vrouwlijk jongvee tot 2 jaar (Rav cat. A 1, A 2 en A 3),	De structuurvisie, bedoeld in de artikelen 2.1, 2.2 en 2.3 van de Wet ruimtelijke ordening, en de plannen, bedoeld in de artikelen 3.1, eerste lid, 3.6, eerste lid, onderdelen a en b, van die wet, de vaststelling van het inrichtingsplan, bedoeld in artikel 17 van de Wet inrichting landelijk gebied, het reconstructieplan, bedoeld in artikel 11 van de Reconstructiewet concentratiegebieden en het plan bedoeld in artikel 18 van de Reconstructiewet concentratiegebieden.	Een besluit waarop afdeling 3.4 van de Algemene wet bestuursrecht en een of meer artikelen van afdeling 13.2 van de wet van toepassing zijn dan wel waarop titel 4.1 van de Algemene wet bestuursrecht van toepassing is.

Besluit milieueffectrapportage A71 bijlage

Kolom 1 Activiteiten	Kolom 2 Gevallen	Kolom 3 Plannen	Kolom 4 Besluiten
	10°. 1200 stuks vleesrunderen (Rav cat. A.4 t/m A.7), 11°. 2000 stuks schapen of geiten (Rav cat. B.1 en C.1 t/m C.3), 12°. 100 stuks paarden of pony's (Rav cat. K.1 en K.3), waarbij het aantal bijbehorende dieren in opfok jonger dan 3 jaar niet wordt meegeteld. (Rav cat. K.2 en K.4), of 13°. 1000 stuks struisvogels (Rav cat. L.1 t/m L.3).		
D 15.1			
D 15.2	De aanleg, wijziging of uitbreiding van werken voor het onttrekken of kunstmatig aanvullen van grondwater.	In gevallen waarin de activiteit betrekking heeft op een hoeveelheid water van 1,5 miljoen m^3 of meer per jaar.	De structuurvisie, bedoeld in de artikelen 2.1, 2.2 en 2.3 van de Wet ruimtelijke ordening, en de plannen, bedoeld in de artikelen 3.1, eerste lid, 3.6, eerste lid, onderdelen a en b, van die wet en het plan, bedoeld in de artikelen 4.1 en 4.4 van de Waterwet.	Het besluit, bedoeld in de artikelen 6.4 of 6.5, onderdeel b, van de Waterwet, dan wel van het besluit tot vergunningverlening bedoeld in een verordening van een waterschap.
D 15.3	De aanleg, wijziging of uitbreiding van een stuwdam of andere installatie voor het stuwen van of voor de lange termijn opslaan van water.	In gevallen waarin de activiteit betrekking heeft op een hoeveelheid water van 5 miljoen m^3 of meer.	De structuurvisie, bedoeld in de artikelen 2.1, 2.2 en 2.3 van de Wet ruimtelijke ordening en het plan, bedoeld in artikel 3.1, eerste lid, van die wet, en het plan, bedoeld in de artikelen 4.1 en 4.4 van de Waterwet.	Het projectplan, bedoeld in artikel 5.4, eerste lid, van de Waterwet of, indien artikel 5.4, zesde lid, van die wet van toepassing is, de vaststelling van het tracé op grond van de Tracéwet of de Spoedwet wegverbreding door de Minister van Infrastructuur en Waterstaat, dan wel bij het ontbreken daarvan de vaststelling van het plan, bedoeld in artikel 3.6, eerste lid, onderdelen a en b, van de Wet ruimtelijke ordening dan wel bij het ontbre-

Sdu 1697

A71 bijlage

Besluit milieueffectrapportage

	Kolom 1 Activiteiten	Kolom 2 Gevallen	Kolom 3 Plannen	Kolom 4 Besluiten
D 16.1	De ontginning dan wel wijziging of uitbreiding van de ontginning van steengroeven of dagbouwmijnen, met inbegrip van de winning van oppervlaktedelfstoffen uit de landbodem, anders dan bedoeld onder D 16.2.	In gevallen waarin de activiteit betrekking heeft op een terreinoppervlakte van 12,5 hectare of meer.	De structuurvisie, bedoeld in de artikelen 2.1, 2.2, en 2.3 van de Wet ruimtelijke ordening en de plannen, bedoeld in de artikelen 3.1, eerste lid, 3.6, eerste lid, onderdelen a en b, van die wet.	ken daarvan van het plan, bedoeld in artikel 3.1, eerste lid, van die wet. Het besluit, bedoeld in artikel 3 van de Ontgrondingenwet.
D 16.2	De turfwinning dan wel wijziging of uitbreiding daarvan.	In gevallen waarin de activiteit betrekking heeft op een terreinoppervlakte van 75 hectare of meer.	De structuurvisie, bedoeld in de artikelen 2.1, 2.2 en 2.3 van de Wet ruimtelijke ordening en de plannen, bedoeld in de artikelen 3.1, eerste lid, 3.6, eerste lid, onderdelen a en b, van die wet.	Het besluit, bedoeld in artikel 3 van de Ontgrondingenwet.
D 17.1	De wijziging of uitbreiding van de winning van aardolie of aardgas.	In gevallen waarin de activiteit betrekking heeft op reeds bestaande installaties, plaatsvindt in een gevoelig gebied als bedoeld onder a, b of d, van punt 1 van onderdeel A van deze bijlage en betrekking heeft op: 1°. een uitbreiding van de terreinoppervlakte met 5 hectare of meer, of 2°. het bijplaatsen of wijzigen van een stikstofscheidingsinstallatie of een ontzwavelingsinstallatie.	De structuurvisie, bedoeld in de artikelen 2.1, 2.2 en 2.3 van de Wet ruimtelijke ordening, en de plannen, bedoeld in de artikelen 3.1, eerste lid, 3.6, eerste lid, onderdelen a en b, van die wet.	Het besluit, bedoeld in artikel 40, tweede lid, eerste volzin, van de Mijnbouwwet of een ander besluit waarop afdeling 3.4 van de Algemene wet bestuursrecht en een of meer artikelen van afdeling 13.2 van de wet van toepassing zijn.
D 17.2	Diepboringen dan wel een wijziging of uitbreiding daarvan, in het bijzonder: a. geothermische boringen, b. boringen in verband met de opslag van kernafval,		De structuurvisie, bedoeld in de artikelen 2.1, 2.2 en 2.3 van de Wet ruimtelijke ordening en de plannen, bedoeld in de artikelen 3.1, eerste lid, 3.6, eerste lid, onderdelen a en b, van die wet.	Het besluit, bedoeld in artikel 40, tweede lid, eerste volzin, van de Mijnbouwwet, dan wel, de instemming, bedoeld in artikel 5a, van het Besluit algemene regels milieu mijn-

A71 bijlage

Kolom 1 Activiteiten	Kolom 2 Gevallen	Kolom 3 Plannen	Kolom 4 Besluiten
c. boringen voor watervoorziening, met uitzondering van boringen voor het onderzoek naar de stabiliteit van de grond.			bouw waarop titel 4.1 van de Algemene wet bestuursrecht van toepassing is, een ander besluit waarop afdeling 3.4 van de Algemene wet bestuursrecht en een of meer artikelen van afdeling 13.2 van de wet van toepassing zijn, dan wel, bij het ontbreken daarvan, de vaststelling van het plan, bedoeld in artikel 3.6, eerste lid, onderdelen a en b, van de Wet ruimtelijke ordening dan wel bij het ontbreken daarvan van het plan, bedoeld in artikel 3.1, eerste lid, van die wet.
D 17.3	De oprichting, wijziging of uitbreiding van oppervlakte-installaties van bedrijven voor de winning van steenkool, ertsen en bitumineuze schisten alsmede de oprichting van oppervlakte-installaties van bedrijven voor de winning van aardolie, of aardgas.		De structuurvisie, bedoeld in de artikelen 2.1, 2.2 en 2.3 van de Wet ruimtelijke ordening, en de plannen, bedoeld in de artikelen 3.1, eerste lid, 3.6, eerste lid, onderdelen a en b, van die wet.	Het besluit, bedoeld in artikel 40, tweede lid, eerste volzin, van de Mijnbouwwet of een ander besluit waarop afdeling 3.4 van de Algemene wet bestuursrecht en een of meer artikelen van afdeling 13.2 van de wet van toepassing.
D 18.1	De oprichting, wijziging of uitbreiding van een installatie voor de verwijdering van afval, anders dan bedoeld onder D 18.3, D 18.6 of D 18.7.	In gevallen waarin de activiteit betrekking heeft op een installatie met een capaciteit van 50 ton per dag of meer.	Het plan, bedoeld in artikel 10.3 van de wet, de structuurvisie, bedoeld in de artikelen 2.1, 2.2 en 2.3 van de Wet ruimtelijke ordening, en de plannen, bedoeld in de artikelen 3.1, eerste lid, 3.6, eerste lid, onderdelen a en b, van die wet.	De besluiten waarop afdeling 3.4 van de Algemene wet bestuursrecht en een of meer artikelen van afdeling 13.2 van de wet van toepassing zijn.
D 18.2				
D 18.3	De oprichting, wijziging of uitbreiding van een inrichting bestemd voor het storten van slib	In gevallen waarin de activiteit betrekking heeft op: 1°. het storten of in de diepe onder-	Het plan, bedoeld in artikel 10.3 van de wet, de structuurvisie, bedoeld in de artikelen 2.1,	De besluiten waarop afdeling 3.4 van de Algemene wet bestuursrecht en een of meer arti-

A71 bijlage

Besluit milieueffectrapportage

Kolom 1 Activiteiten	Kolom 2 Gevallen	Kolom 3 Plannen	Kolom 4 Besluiten
	en baggerspecie, of het in de diepe ondergrond brengen van niet-gevaarlijke afvalstoffen.	grond brengen van baggerspecie van klasse B als bedoeld in het Besluit bodemkwaliteit in een hoeveelheid van 250.000 m³ of meer, 2°. het storten of in de diepe ondergrond brengen van zuiveringsslib in een hoeveelheid van 5.000 ton droge stof per jaar of meer, 3°. het storten of in de diepe ondergrond brengen van ander slib dan bedoeld onder 1° of 2°, in een hoeveelheid van 250.000 m³ of meer, of 4°. een inrichting met een capaciteit van 100 ton per dag of meer.	2.2 en 2.3 van de Wet ruimtelijke ordening, en het plan, bedoeld in de artikelen 3.1, eerste lid, 3.6, eerste lid, onderdelen a en b, van die wet.	kelen van afdeling 13.2 van de wet van toepassing zijn.
D 18.4	De oprichting, wijziging of uitbreiding van een rioolwaterzuiveringsinstallatie die deel uitmaakt van een inrichting als bedoeld in artikel 3.4, eerste lid, van de Waterwet.	In gevallen waarin de activiteit betrekking heeft op een capaciteit van 50.000 inwonerequivalenten of meer.	De structuurvisie, bedoeld in de artikelen 2.1, 2.2 en 2.3 en van de Wet ruimtelijke ordening, en de plannen, bedoeld in de artikelen 3.1, eerste lid, 3.6, eerste lid, onderdelen a en b, van die wet.	De besluiten waarop afdeling 3.4 van de Algemene wet bestuursrecht en een of meer artikelen van afdeling 13.2 van de wet van toepassing zijn dan wel waarop titel 4.1 van de Algemene wet bestuursrecht van toepassing is.
D 18.5				
D 18.6	De wijziging of uitbreiding van een een installatie bestemd voor de verbranding of de chemische behandeling dan wel het in de diepe ondergrond brengen van gevaarlijke afvalstoffen.		Het plan, bedoeld in artikel 10.3 van de wet, de structuurvisie, bedoeld in de artikelen 2.1, 2.2 en 2.3 en van de Wet ruimtelijke ordening, en de plannen, bedoeld in de artikelen 3.1, eerste lid, 3.6, eerste lid, onderdelen a en b, van die wet.	De besluiten waarop afdeling 3.4 van de Algemene wet bestuursrecht en een of meer artikelen van afdeling 13.2 van de wet van toepassing zijn.
D 18.7	De oprichting, wijziging of uitbreiding van een installatie bestemd voor de verbranding of	In gevallen waarin de activiteit betrekking heeft op een installatie met een capaciteit van 50	Het plan, bedoeld in artikel 10.3 van de wet, de structuurvisie, bedoeld in de artikelen 2.1,	De besluiten waarop afdeling 3.4 van de Algemene wet bestuursrecht en een of meer arti-

Besluit milieueffectrapportage   **A71** bijlage

Kolom 1 Activiteiten	Kolom 2 Gevallen	Kolom 3 Plannen	Kolom 4 Besluiten
	de chemische behandeling van niet-gevaarlijke afvalstoffen.	ton per dag of meer.	2.2 en 2.3 en van de Wet ruimtelijke ordening, en de plannen, bedoeld in de artikelen 3.1, eerste lid, 3.6, eerste lid, onderdelen a en b, van die wet.	kelen van afdeling 13.2 van de wet van toepassing zijn.
D 18.8	De oprichting, wijziging of uitbreiding van een inrichting voor de opslag van schroot, met inbegrip van autowrakken.	In gevallen waarin de activiteit betrekking heeft op een inrichting met een opslagcapaciteit van: 1^e. 10.000 ton of meer, of 2^e. 10.000 autowrakken of meer.	Het plan, bedoeld in artikel 10.3 van de wet, de structuurvisie, bedoeld in de artikelen 2.1, 2.2 en 2.3 en van de Wet ruimtelijke ordening, en de plannen, bedoeld in de artikelen 3.1, eerste lid, 3.6, eerste lid, onderdelen a en b, van die wet.	De besluiten waarop afdeling 3.4 van de Algemene wet bestuursrecht en een of meer artikelen van afdeling 13.2 van de wet van toepassing zijn dan wel waarop titel 4.1 van de Algemene wet bestuursrecht van toepassing is.
D 19	De aanleg, wijziging of uitbreiding van werken voor de overbrenging van water tussen stroomgebieden.	Indien doel is om eventuele waterschaarste te voorkomen: In gevallen waarin de activiteit betrekking heeft op een hoeveelheid overgebracht water van 75 miljoen m^3 per jaar of meer. Indien doel niet is om waterschaarste te voorkomen: In gevallen waarin: 1°. het meerjarig gemiddelde jaardebiet van het bekken waaraan het water wordt onttrokken meer dan 2.000 miljoen m^3 bedraagt, en 2°. de hoeveelheid overgebracht water 3% van dit debiet overschrijdt.	Het plan, bedoeld in de artikelen 4.1 en 4.4 van de Waterwet.	Het besluit, bedoeld in artikel 6.5, aanhef en onderdeel c, van de Waterwet, dan wel het projectplan, bedoeld in artikel 5.4, eerste lid, van de Waterwet, of, indien artikel 5.4, zesde lid, van die wet van toepassing is, de vaststelling van het tracé op grond van de Tracéwet of de Spoedwet wegverbreding door de Minister van Infrastructuur en Waterstaat, dan wel het besluit, bedoeld in een verordening van een waterschap.
D 19.2				
D 20.1	De wijziging of uitbreiding van een industriële installatie bestemd voor het vervaardigen van papierpulp uit hout of andere vezelstoffen.	In gevallen waarin de activiteit betrekking heeft op een productiecapaciteit van 100 ton per dag of meer.	De structuurvisie, bedoeld in de artikelen 2.1, 2.2 en 2.3 van de Wet ruimtelijke ordening, en de plannen, bedoeld in de artikelen 3.1, eerste lid, 3.6, eerste lid, onderdelen a en b, van die wet.	De besluiten waarop afdeling 3.4 van de Algemene wet bestuursrecht en een of meer artikelen van afdeling 13.2 van de wet van toepassing zijn.

Sdu

A71 bijlage

Besluit milieueffectrapportage

	Kolom 1 Activiteiten	Kolom 2 Gevallen	Kolom 3 Plannen	Kolom 4 Besluiten
D 20.2	De oprichting, wijziging of uitbreiding van een industriële installatie bestemd voor het vervaardigen van papier of karton.	In gevallen waarin de activiteit betrekking heeft op een productiecapaciteit van 100 ton per dag of meer.	De structuurvisie, bedoeld in de artikelen 2.1, 2.2 en 2.3 van de Wet ruimtelijke ordening, en de plannen, bedoeld in de artikelen 3.1, eerste lid, 3.6, eerste lid, onderdelen a en b, van die wet.	De besluiten waarop afdeling 3.4 van de Algemene wet bestuursrecht en een of meer artikelen van afdeling 13.2 van de wet van toepassing zijn.
D 20.3	De oprichting, wijziging of uitbreiding van een installatie bestemd voor het vervaardigen en bewerken van celstof.	In gevallen waarin de activiteit betrekking heeft op een productiecapaciteit van 100 ton per dag of meer.	De structuurvisie, bedoeld in de artikelen 2.1, 2.2 en 2.3 van de Wet ruimtelijke ordening, en de plannen, bedoeld in de artikelen 3.1, eerste lid, 3.6, eerste lid, onderdelen a en b, van die wet.	De besluiten waarop afdeling 3.4 van de Algemene wet bestuursrecht en een of meer artikelen van afdeling 13.2 van de wet van toepassing zijn.
D 21.1	De wijziging of uitbreiding van een installatie bestemd voor de raffinage van ruwe aardolie, met uitzondering van inrichtingen die uitsluitend smeermiddelen uit ruwe olie vervaardigen.	In gevallen waarin de activiteit betrekking heeft op: 1°. een installatie voor de vervaardiging van benzinecomponenten door katalytische conversie met een productiecapaciteit van 500.000 ton per jaar of meer, 2°. een thermische of katalytische kraakinstallatie voor fracties met een kookpunt hoger dan 370° C met een verwerkingscapaciteit van 1 miljoen ton per jaar of meer, met uitzondering van installaties voor de verlaging van het viscositeitsgehalte, 3°. een installatie voor de vergassing van residuale oliën met een verwerkingscapaciteit van 100.000 ton per jaar of meer of 4°. een toename van de verwerkingscapaciteit van ruwe olie met 20% of meer dan wel met 2 miljoen ton of meer per jaar.	De structuurvisie, bedoeld in de artikelen 2.1, 2.2 en 2.3 van de Wet ruimtelijke ordening, en de plannen, bedoeld in de artikelen 3.1, eerste lid, 3.6, eerste lid, onderdelen a en b, van die wet.	De besluiten waarop afdeling 3.4 van de Algemene wet bestuursrecht en een of meer artikelen van afdeling 13.2 van de wet van toepassing zijn.
D 21.2	De oprichting, wijziging of uitbreiding van een installatie bestemd voor		De structuurvisie, bedoeld in de artikelen 2.1, 2.2 en 2.3 van de Wet ruimte-	De besluiten waarop afdeling 3.4 van de Algemene wet bestuursrecht

Besluit milieueffectrapportage   **A71** bijlage

Kolom 1 Activiteiten	Kolom 2 Gevallen	Kolom 3 Plannen	Kolom 4 Besluiten
het roosten of doen sinteren van ertsen of de productie van cokes uit steenkool.		lijke ordening, en de plannen, bedoeld in de artikelen 3.1, eerste lid, 3.6, eerste lid, onderdelen a en b, van die wet.	en een of meer artikelen van afdeling 13.2 van de wet van toepassing zijn.
D 21.3 De wijziging of uitbreiding van een geïntegreerde hoogoveninstallatie bestemd voor de productie van ruw ijzer of staal en de oprichting, wijziging of uitbreiding van een installatie bestemd voor de productie van ruw ijzer of staal, met inbegrip van continugieten.	In gevallen waarin de activiteit betrekking heeft op een smeltcapaciteit van 15.000 ton per jaar of meer.	De structuurvisie, bedoeld in de artikelen 2.1, 2.2 en 2.3 van de Wet ruimtelijke ordening, en de plannen, bedoeld in de artikelen 3.1, eerste lid, 3.6, eerste lid, onderdelen a en b, van die wet.	De besluiten waarop afdeling 3.4 van de Algemene wet bestuursrecht en een of meer artikelen van afdeling 13.2 van de wet van toepassing zijn.
D 21.4 De wijziging of uitbreiding van een installatie bestemd voor de winning van ruwe non-ferrometalen uit erts, concentraat of secundaire grondstoffen met metallurgische, chemische of elektrolytische procédés.	In gevallen waarin de activiteit betrekking heeft op een smeltcapaciteit van 15.000 ton per jaar of meer.	De structuurvisie, bedoeld in de artikelen 2.1, 2.2 en 2.3 van de Wet ruimtelijke ordening, en de plannen, bedoeld in de artikelen 3.1, eerste lid, 3.6, eerste lid, onderdelen a en b, van die wet.	De besluiten waarop afdeling 3.4 van de Algemene wet bestuursrecht en een of meer artikelen van afdeling 13.2 van de wet van toepassing zijn.
D 21.5 De oprichting, wijziging of uitbreiding van een installatie bestemd voor de winning van asbest of de vervaardiging, van asbesthoudende producten alsmede de wijziging of uitbreiding van een installatie bestemd voor de bewerking of verwerking van asbest of asbesthoudende producten.	In gevallen waarin de activiteit betrekking heeft op: 1°. de vervaardiging, bewerking of verwerking van asbestcement met een capaciteit van 10.000 ton eindproduct per jaar of meer, 2°. de vervaardiging van remvoeringen met een capaciteit van 25 ton eindproduct per jaar of meer, of 3°. de vervaardiging, bewerking of verwerking van andere asbesthoudende producten met een verbruik van 100 ton asbest per jaar of meer.	De structuurvisie, bedoeld in de artikelen 2.1, 2.2 en 2.3 van de Wet ruimtelijke ordening, en de plannen, bedoeld in de artikelen 3.1, eerste lid, 3.6, eerste lid, onderdelen a en b, van die wet.	De besluiten waarop afdeling 3.4 van de Algemene wet bestuursrecht en een of meer artikelen van afdeling 13.2 van de wet van toepassing zijn.
D 21.6 De wijziging of uitbreiding van een	In gevallen waarin de verwerkingscapa-	De structuurvisie, bedoeld in de artike-	De besluiten waarop afdeling 3.4

Sdu   1703

A71 bijlage

Besluit milieueffectrapportage

	Kolom 1 Activiteiten	Kolom 2 Gevallen	Kolom 3 Plannen	Kolom 4 Besluiten
	geïntegreerde chemische installatie, dat wil zeggen een installatie voor de fabricage op industriële schaal van stoffen door chemische omzetting, waarin verscheidene eenheden naast elkaar bestaan en functioneel met elkaar verbonden zijn, bestemd voor de fabricage van: a. organische basischemicaliën, b. anorganische basischemicaliën, c. fosfaat-, stikstof- of kaliumhoudende meststoffen (enkelvoudige of samengestelde meststoffen), d. basisproducten voor gewasbescherming en van biociden, e. farmaceutische basisproducten met een chemisch of biologisch procédé, of f. explosieven.	citeit van de installatie toeneemt met: 1°. 100.000 ton per jaar of meer door de in onderdeel a omschreven activiteit, 2°. 100.000 ton per jaar of meer door de in onderdeel b omschreven activiteit, 3°. 100.000 ton per jaar of meer door de in onderdeel c omschreven activiteit, 4°. 20.000 ton per jaar of meer door de in onderdeel d omschreven activiteit, of 5°. 20.000 ton per jaar of meer door de in onderdeel e omschreven activiteit.	len 2.1, 2.2 en 2.3 van de Wet ruimtelijke ordening, en de plannen, bedoeld in de artikelen 3.1, eerste lid, 3.6, eerste lid, onderdelen a en b, van die wet.	van de Algemene wet bestuursrecht en een of meer artikelen van afdeling 13.2 van de wet van toepassing zijn.
D 22.1	De oprichting, wijziging of uitbreiding van een industriële installatie bestemd voor de productie van elektriciteit, stoom en warm water.	In gevallen waarin de activiteit betrekking heeft op een elektriciteitscentrale met een vermogen van 200 megawatt (thermisch) of meer en, indien het een wijziging of uitbreiding betreft, 1°. het vermogen met 20% of meer toeneemt, of 2°. de inzet van een andere brandstof tot doel heeft.	De structuurvisie, bedoeld in de artikelen 2.1, 2.2 en 2.3 van de Wet ruimtelijke ordening, en de plannen, bedoeld in de artikelen 3.1, eerste lid, 3.6, eerste lid, onderdelen a en b, van die wet.	De besluiten waarop afdeling 3.4 van de Algemene wet bestuursrecht en een of meer artikelen van afdeling 13.2 van de wet van toepassing zijn.
D 22.2	De oprichting, wijziging of uitbreiding van een windturbinepark.	In gevallen waarin de activiteit betrekking heeft op: 1°. een gezamenlijk vermogen van 15 megawatt (elektrisch) of meer, of	De structuurvisie, bedoeld in de artikelen 2.1, 2.2 en 2.3 van de Wet ruimtelijke ordening, en de plannen, bedoeld in de artike-	Het besluit bedoeld in artikel 6.5, onderdeel c, van de Waterwet, het besluit, bedoeld in artikel 3, eerste lid, van de Wet windenergie

Besluit milieueffectrapportage

A71 bijlage

	Kolom 1 Activiteiten	Kolom 2 Gevallen	Kolom 3 Plannen	Kolom 4 Besluiten
		2°. 10 windturbines of meer.	len 3.1, eerste lid, 3.6, eerste lid, onderdelen a en b, van die wet.	op zee of de besluiten waarop afdeling 3.4 van de Algemene wet bestuursrecht en een of meer artikelen van afdeling 13.2 van de wet van toepassing zijn dan wel waarop titel 4.1 van de Algemene wet bestuursrecht van toepassing is.
D 22.3	De wijziging of uitbreiding van een kerncentrale en andere kernreactoren, met inbegrip van de buitengebruikstelling of ontmanteling van dergelijke centrales of reactoren, met uitzondering van onderzoeksinstallaties voor de productie en verwerking van splijt- en kweekstoffen, met een constant vermogen van ten hoogste 1 thermische kW.	In gevallen waarin de activiteit betrekking heeft op: 1°. een wijziging van de soort, hoeveelheid of verrijkingsgraad van de splijtstof, 2°. een vergroting van de lozing van radioactieve stoffen, 3°. een vergroting van de opslagcapaciteit van gebruikte splijtstof, 4°. het aanbrengen van systemen ter voorkoming of beheersing van ernstige ongevallen, of 5°. een wijziging van het tijdstip van de buitengebruikstelling of ontmanteling van meer dan 5 jaar.	De structuurvisie, bedoeld in de artikelen 2.1, 2.2 en 2.3 van de Wet ruimtelijke ordening, en de plannen, bedoeld in de artikelen 3.1, eerste lid, 3.6, eerste lid, onderdelen a en b, van die wet.	De besluiten waarop afdeling 3.4 van de Algemene wet bestuursrecht en een of meer artikelen van afdeling 13.2 van de wet van toepassing zijn.
D 22.4	De wijziging of uitbreiding van een installatie bestemd voor de opwerking van bestraalde splijtstoffen.		De structuurvisie, bedoeld in de artikelen 2.1, 2.2 en 2.3 van de Wet ruimtelijke ordening, en de plannen, bedoeld in de artikelen 3.1, eerste lid, 3.6, eerste lid, onderdelen a en b, van die wet.	De besluiten waarop afdeling 3.4 van de Algemene wet bestuursrecht en een of meer artikelen van afdeling 13.2 van de wet van toepassing zijn.
D 22.5	De wijziging of uitbreiding van een installatie bestemd voor de productie of verrijking van splijtstoffen.	In gevallen waarin de activiteit betrekking heeft op een vergroting van de verrijkingscapaciteit op jaarbasis van	De structuurvisie, bedoeld in de artikelen 2.1, 2.2 en 2.3 van de Wet ruimtelijke ordening, en de plannen, be-	De besluiten waarop afdeling 3.4 van de Algemene wet bestuursrecht en een of meer artikelen van afdeling

Sdu

1705

A71 bijlage

Besluit milieueffectrapportage

	Kolom 1 Activiteiten	Kolom 2 Gevallen	Kolom 3 Plannen	Kolom 4 Besluiten
		500 tSW per jaar of meer.	doeld in de artikelen 3.1, eerste lid, 3.6, eerste lid, onderdelen a en b, van die wet.	13.2 van de wet van toepassing zijn.
D 22.6	De wijziging of uitbreiding van thermische centrales en andere verbrandingsinstallaties.	In gevallen waarin de activiteit betrekking heeft op een vermogen van 200 megawatt (thermisch) of meer, en 1°. het vermogen met 20% of meer toeneemt, of 2°. de inzet van een andere brandstof tot doel heeft.	De structuurvisie, bedoeld in de artikelen 2.1, 2.2 en 2.3 van de Wet ruimtelijke ordening, en het plan, bedoeld in de artikelen 3.1, eerste lid, 3.6, eerste lid, onderdelen a en b, van die wet.	De besluiten waarop afdeling 3.4 van de Algemene wet bestuursrecht en een of meer artikelen van afdeling 13.2 van de wet van toepassing zijn.
D 23.1	De wijziging of uitbreiding van een installatie bestemd voor: a. de behandeling van bestraalde splijtstoffen of hoog radioactief afval, b. de definitieve verwijdering van bestraalde splijtstoffen, c. uitsluitend de definitieve verwijdering van radioactief afval, of d. uitsluitend de opslag van bestraalde splijtstoffen of radioactief afval op een andere plaats dan het productieterrein.	In gevallen waarin de activiteit betrekking heeft op: 1°. een vergroting van de behandelingscapaciteit van bestraalde splijtstoffen of hoog radioactief afval met meer dan 50%, of 2°. een vergroting van de totale opslagcapaciteit met meer dan 50% of met meer dan 10.000 m³.	De structuurvisie, bedoeld in de artikelen 2.1, 2.2 en 2.3 van de Wet ruimtelijke ordening, en de plannen, bedoeld in de artikelen 3.1, eerste lid, 3.6, eerste lid, onderdelen a en b, van die wet.	De besluiten waarop afdeling 3.4 van de Algemene wet bestuursrecht en een of meer artikelen van afdeling 13.2 van de wet van toepassing zijn.
D 23.2	De oprichting, wijziging of uitbreiding van één of meer met elkaar samenhangende installaties voor de behandeling en de opslag van radioactief afval, anders dan bedoeld in D 23.1.		De structuurvisie, bedoeld in de artikelen 2.1, 2.2 en 2.3 van de Wet ruimtelijke ordening, en de plannen, bedoeld in de artikelen 3.1, eerste lid, 3.6, eerste lid, onderdelen a en b, van die wet.	De besluiten waarop afdeling 3.4 van de Algemene wet bestuursrecht en een of meer artikelen van afdeling 13.2 van de wet van toepassing zijn.
D 24.1	De aanleg, wijziging of uitbreiding van een bovengrondse hoogspanningsleiding.	In gevallen waarin de activiteit betrekking heeft op een leiding met: 1°. een spanning van 150 kilovolt of meer, en 2°. een lengte van 5 kilometer of meer	De structuurvisie, bedoeld in de artikelen 2.1, 2.2 en 2.3 van de Wet ruimtelijke ordening, en het plan, bedoeld in de artikelen 3.1, eerste lid, 3.6, eer-	Het plan, bedoeld in artikel 3.6, eerste lid, onderdelen a en b, van de Wet ruimtelijke ordening dan wel bij het ontbreken daarvan van het plan, bedoeld in artikel 3.1,

Besluit milieueffectrapportage A71 bijlage

	Kolom 1 Activiteiten	Kolom 2 Gevallen	Kolom 3 Plannen	Kolom 4 Besluiten
D 24.2	De aanleg, wijziging of uitbreiding van een ondergrondse hoogspanningsleiding.	In gevallen waarin de activiteit betrekking heeft op een leiding met: 1° een spanning van 150 kilovolt of meer, en 2° een lengte van 5 kilometer of meer in een gevoelig gebied als bedoeld onder a, b of d van punt 1 van onderdeel A van deze bijlage.	in een gevoelig gebied. De structuurvisie, bedoeld in de artikelen 2.1, 2.2 en 2.3 van de Wet ruimtelijke ordening, en de plannen, bedoeld in de artikelen 3.1, eerste lid, 3.6, eerste lid, onderdelen a en b, van die wet.	ste lid, onderdelen a en b, van die wet. Het plan, bedoeld in artikel 3.6, eerste lid, onderdelen a en b, van de Wet ruimtelijke ordening dan wel bij het ontbreken daarvan van het plan, bedoeld in artikel 3.1, eerste lid, van die wet of het besluit, bedoeld in artikel 6.5, onderdeel c, van de Waterwet.
D 25.1	De oprichting, wijziging of uitbreiding van een installatie bestemd voor de opslag van aardolie, petrochemische of chemische producten.	In gevallen waarin de activiteit betrekking heeft op een opslagcapaciteit van 100.000 ton of meer.	De structuurvisie, bedoeld in de artikelen 2.1, 2.2 en 2.3 van de Wet ruimtelijke ordening, en de plannen, bedoeld in de artikelen 3.1, eerste lid, 3.6, eerste lid, onderdelen a en b, van die wet.	De besluiten waarop afdeling 3.4 van de Algemene wet bestuursrecht en een of meer artikelen van afdeling 13.2 van de wet van toepassing zijn.
D 25.2	De oprichting, wijziging of uitbreiding van een installatie bestemd voor de bovengrondse opslag van aardgas.	In gevallen waarin de activiteit betrekking heeft op een opslagcapaciteit van 100.000 m^3 of meer.	De structuurvisie, bedoeld in de artikelen 2.1, 2.2 en 2.3 van de Wet ruimtelijke ordening, en de plannen, bedoeld in de artikelen 3.1, eerste lid, 3.6, eerste lid, onderdelen a en b, van die wet.	De besluiten waarop afdeling 3.4 van de Algemene wet bestuursrecht en een of meer artikelen van afdeling 13.2 van de wet van toepassing zijn.
D 25.3	De oprichting, wijziging of uitbreiding van een installatie bestemd voor de ondergrondse opslag van gasvormige brandstoffen.	In gevallen waarin ten behoeve van de opslag een ruimte wordt gecreëerd van 1 miljoen m^3 of meer.	De structuurvisie, bedoeld in de artikelen 2.1, 2.2 en 2.3 van de Wet ruimtelijke ordening, en de plannen, bedoeld in de artikelen 3.1, eerste lid, 3.6, eerste lid, onderdelen a en b, van die wet.	Het besluit, bedoeld in artikel 40, tweede lid, eerste volzin, van de Mijnbouwwet of een ander besluit waarop afdeling 3.4 van de Algemene wet bestuursrecht en een of meer artikelen van afdeling 13.2 van de wet van toepassing zijn.
D 25.4	De oprichting, wijziging of uitbreiding van een installatie bestemd voor bovengrondse opslag van fossiele brandstoffen.	In gevallen waarin de activiteit betrekking heeft op een oppervlakte van 50 hectare of meer.	De structuurvisie, bedoeld in de artikelen 2.1, 2.2 en 2.3 van de Wet ruimtelijke ordening, en de plannen, bedoeld in de artikelen 3.1, eerste lid, 3.6, eerste lid, on-	De besluiten waarop afdeling 3.4 van de Algemene wet bestuursrecht en een of meer artikelen van afdeling 13.2 van de wet van toepassing zijn.

A71 bijlage

Besluit milieueffectrapportage

	Kolom 1 Activiteiten	Kolom 2 Gevallen	Kolom 3 Plannen	Kolom 4 Besluiten
D 26	De wijziging of uitbreiding van een installatie bestemd voor vergassing of vloeibaarmaking van steenkool of bitumineuze schisten.	In gevallen waarin de activiteit betrekking heeft op een installatie met een verwerkingscapaciteit van 250 ton steenkolen of bitumineuze schisten per dag of meer.	De structuurvisie, bedoeld in de artikelen 2.1, 2.2 en 2.3 van de Wet ruimtelijke ordening, en de plannen, bedoeld in de artikelen 3.1, eerste lid, 3.6, eerste lid, onderdelen a en b, van die wet.	De besluiten waarop afdeling 3.4 van de Algemene wet bestuursrecht en een of meer artikelen van afdeling 13.2 van de wet van toepassing zijn.
D 27	De eerste bebossing of de ontbossing dan wel de wijziging of uitbreiding daarvan met het oog op een andere ruimtelijke functie van de grond.	In gevallen waarin de activiteit betrekking heeft op: 1°. gronden met een agrarische bestemming en een oppervlakte van 100 hectare of meer, of 2°. gronden met een andere dan een agrarische bestemming en een oppervlakte van 10 hectare of meer.	De structuurvisie, bedoeld in de artikelen 2.1, 2.2 en 2.3 van de Wet ruimtelijke ordening, en de plannen, bedoeld in de artikelen 3.1, eerste lid, 3.6, eerste lid, onderdelen a en b, van die wet	Het besluit, bedoeld in artikel 4.5, derde lid, van de Wet natuurbescherming, dan wel bij het ontbreken daarvan de vaststelling van het plan, bedoeld in artikel 3.6, eerste lid, onderdelen a en b, van de Wet ruimtelijke ordening dan wel bij het ontbreken daarvan van het plan, bedoeld in artikel 3.1, eerste lid, van die wet.
D 28	Intensieve aquacultuur van vis dan wel de wijziging of uitbreiding daarvan.	In gevallen waarin de activiteit betrekking heeft op een productiecapaciteit van 1.000 ton vis per jaar of meer.	De structuurvisie, bedoeld in de artikelen 2.1, 2.2 en 2.3 van de Wet ruimtelijke ordening, en de plannen, bedoeld in de artikelen 3.1, eerste lid, 3.6, eerste lid, onderdelen a en b, van die wet.	De besluiten waarop afdeling 3.4 van de Algemene wet bestuursrecht en een of meer artikelen van afdeling 13.2 van de wet van toepassing zijn dan wel, bij het ontbreken daarvan, van het plan, bedoeld in artikel 3.6, eerste lid, onderdelen a en b, van de Wet ruimtelijke ordening dan wel bij het ontbreken daarvan van het plan, bedoeld in artikel 3.1, eerste lid, van die wet.
D 29.1	De oprichting, wijziging of uitbreiding van een installatie bestemd voor de ondergrondse mijnbouw.	In gevallen waarin de activiteit plaatsvindt in een gevoelig gebied als bedoeld onder a, b of d van punt 1 onderdeel A van deze bijlage.	De structuurvisie, bedoeld in de artikelen 2.1, 2.2 en 2.3 van de Wet ruimtelijke ordening, en de plannen, bedoeld in de artikelen 3.1, eerste lid, 3.6, eerste lid, on-	De besluiten waarop afdeling 3.4 van de Algemene wet bestuursrecht en een of meer artikelen van afdeling 13.2 van de wet van toepassing zijn.

Besluit milieueffectrapportage **A71** bijlage

Kolom 1 Activiteiten	Kolom 2 Gevallen	Kolom 3 Plannen	Kolom 4 Besluiten
D 29.2 De winning van mineralen door afbaggering van de zee-, meer- of rivierbodem dan wel de wijziging of uitbreiding daarvan.	In gevallen waarin de activiteit betrekking heeft op een oppervlakte van 50 hectare of meer en plaatsvindt in een gevoelig gebied als bedoeld onder a, b of d, van punt 1, onderdeel A, van deze bijlage.	De structuurvisie, bedoeld in de artikelen 2.1, 2.2 en 2.3 van de Wet ruimtelijke ordening, en de plannen, bedoeld in de artikelen 3.1, eerste lid, 3.6, eerste lid, onderdelen a en b, van die wet. derdelen a en b, van die wet.	De besluiten waarop afdeling 3.4 van de Algemene wet bestuursrecht en een of meer artikelen van afdeling 13.2 van de wet van toepassing zijn.
D 29.3 De oprichting, wijziging of uitbreiding van een installatie bestemd voor het industrieel briketteren van steenkool of bruinkool.		De structuurvisie, bedoeld in de artikelen 2.1, 2.2, en 2.3 van de Wet ruimtelijke ordening, en de plannen, bedoeld in de artikelen 3.1, eerste lid, 3.6, eerste lid, onderdelen a en b, van die wet.	De besluiten waarop afdeling 3.4 van de Algemene wet bestuursrecht en een of meer artikelen van afdeling 13.2 van de wet van toepassing zijn.
D 29.4			
D 30 De oprichting, wijziging of uitbreiding van een installatie bestemd voor het vervaardigen van cement.	In gevallen waarin de activiteit betrekking heeft op een productiecapaciteit van 100.000 ton per jaar of meer.	De structuurvisie, bedoeld in de artikelen 2.1, 2.2 en 2.3 van de Wet ruimtelijke ordening, en de plannen, bedoeld in de artikelen 3.1, eerste lid, 3.6, eerste lid, onderdelen a en b, van die wet.	De besluiten waarop afdeling 3.4 van de Algemene wet bestuursrecht en een of meer artikelen van afdeling 13.2 van de wet van toepassing zijn.
D 31 De oprichting, wijziging of uitbreiding van een installatie bestemd voor de vervaardiging van hydro-elektrische energie.	In gevallen waarin de activiteit betrekking heeft op een vermogen van 2,5 megawatt (elektrisch) of meer.	De structuurvisie, bedoeld in de artikelen 2.1, 2.2, en 2.3 van de Wet ruimtelijke ordening, en de plannen, bedoeld in de artikelen 3.1, eerste lid, 3.6, eerste lid, onderdelen a en b, van die wet.	De besluiten waarop afdeling 3.4 van de Algemene wet bestuursrecht en een of meer artikelen van afdeling 13.2 van de wet van toepassing zijn.
D 32.1 De oprichting, wijziging of uitbreiding van een installatie bestemd voor het smelten, met inbegrip van het legeren, van non-ferrometalen, met uitzondering van edele metalen, en met inbegrip van terugwinningsproducten.	In gevallen waarin de activiteit betrekking heeft op een smeltcapaciteit van 15.000 ton per jaar of meer.	De structuurvisie, bedoeld in de artikelen 2.1, 2.2 en 2.3 van de Wet ruimtelijke ordening, en de plannen, bedoeld in de artikelen 3.1, eerste lid, 3.6, eerste lid, onderdelen a en b, van die wet.	De besluiten waarop afdeling 3.4 van de Algemene wet bestuursrecht en een of meer artikelen van afdeling 13.2 van de wet van toepassing zijn dan wel waarop titel 4.1 van de Algemene wet bestuursrecht van toepassing is.

A71 bijlage

Besluit milieueffectrapportage

	Kolom 1 Activiteiten	Kolom 2 Gevallen	Kolom 3 Plannen	Kolom 4 Besluiten
D 32.2	De oprichting, wijziging of uitbreiding van een installatie bestemd voor verwerking van ferrometalen door warmwalsen, het smeden met hamers, of het aanbrengen van deklagen van gesmolten metaal.	In gevallen waarin de activiteit betrekking heeft op een productiecapaciteit van 15.000 ton per jaar of meer.	De structuurvisie, bedoeld in de artikelen 2.1, 2.2, en 2.3 van de Wet ruimtelijke ordening, en de plannen, bedoeld in de artikelen 3.1, eerste lid, 3.6, eerste lid, onderdelen a en b, van die wet.	De besluiten waarop afdeling 3.4 van de Algemene wet bestuursrecht en een of meer artikelen van afdeling 13.2 van de wet van toepassing zijn dan wel waarop titel 4.1 van de Algemene wet bestuursrecht van toepassing is.
D 32.3	De oprichting, wijziging of uitbreiding van een installatie bestemd voor de oppervlaktebehandeling van metalen en plastic materiaal door middel van een elektrolytisch of chemisch procédé.	In gevallen waarin de activiteit betrekking heeft op een productieoppervlak van 10.000 m² of meer op een industrieterrein dan wel 5.000 m² of meer op een ander terrein.	De structuurvisie, bedoeld in de artikelen 2.1, 2.2 en 2.3 van de Wet ruimtelijke ordening, en de plannen, bedoeld in de artikelen 3.1, eerste lid, 3.6, eerste lid, onderdelen a en b, van die wet.	De besluiten waarop afdeling 3.4 van de Algemene wet bestuursrecht en een of meer artikelen van afdeling 13.2 van de wet van toepassing zijn dan wel waarop titel 4.1 van de Algemene wet bestuursrecht van toepassing is.
D 32.4	De oprichting, wijziging of uitbreiding van een smelterij van ferrometalen.	In gevallen waarin de activiteit betrekking heeft op een productieoppervlak van 50.000 m² of meer in een gesloten gebouw dan wel 10.000 m² of meer buiten een gesloten gebouw.	De structuurvisie, bedoeld in de artikelen 2.1, 2.2, en 2.3 van de Wet ruimtelijke ordening, en de plannen, bedoeld in de artikelen 3.1, eerste lid, 3.6, eerste lid, onderdelen a en b, van die wet.	De besluiten waarop afdeling 3.4 van de Algemene wet bestuursrecht en een of meer artikelen van afdeling 13.2 van de wet van toepassing zijn.
D 32.5	De oprichting, wijziging of uitbreiding van een installatie bestemd voor het vervaardigen van motorvoertuigen, motoren voor motorvoertuigen of het assembleren van motorvoertuigen.	In gevallen waarin de activiteit betrekking heeft op een productiecapaciteit van 1.000 motorvoertuigen of motoren voor motorvoertuigen per jaar of meer.	De structuurvisie, bedoeld in de artikelen 2.1, 2.2 en 2.3 van de Wet ruimtelijke ordening, en de plannen, bedoeld in de artikelen 3.1, eerste lid, 3.6, eerste lid, onderdelen a en b, van die wet.	De besluiten waarop afdeling 3.4 van de Algemene wet bestuursrecht en een of meer artikelen van afdeling 13.2 van de wet van toepassing zijn dan wel waarop titel 4.1 van de Algemene wet bestuursrecht van toepassing is.
D 32.6	De oprichting, wijziging of uitbreiding van een installatie bestemd voor het bouwen, onderhouden, repareren of behandelen van de oppervlakte van metalen schepen.	In gevallen waarin de activiteit betrekking heeft op een productieoppervlak van 50.000 m² of meer.	De structuurvisie, bedoeld in de artikelen 2.1, 2.2 en 2.3 van de Wet ruimtelijke ordening, en de plannen, bedoeld in de artikelen 3.1, eerste lid, 3.6, eerste lid, onderdelen a en b, van die wet.	De besluiten waarop afdeling 3.4 van de Algemene wet bestuursrecht en een of meer artikelen van afdeling 13.2 van de wet van toepassing zijn.
D 32.7	De oprichting, wijziging of uitbreiding van testban-	In gevallen waarin de activiteit betrekking heeft op:	De structuurvisie, bedoeld in de artikelen 2.1, 2.2 en 2.3	De besluiten waarop afdeling 3.4 van de Algemene

Besluit milieueffectrapportage A71 bijlage

Kolom 1 Activiteiten	Kolom 2 Gevallen	Kolom 3 Plannen	Kolom 4 Besluiten
ken voor motoren, turbines of reactoren of van installaties voor de bouw en reparatie van luchtvaartuigen.	1°. het beproeven buiten een gesloten gebouw van motoren, reactoren of turbines met een stuwkracht van 500 kilonewton of meer dan wel met een vermogen van 10 megawatt of meer, of 2°. een productieoppervlak van 250.000 m² of meer van een inrichting bestemd voor de bouw of reparatie van vliegtuigen.	van de Wet ruimtelijke ordening, en de plannen, bedoeld in de artikelen 3.1, eerste lid, 3.6, eerste lid, onderdelen a en b, van die wet.	wet bestuursrecht en een of meer artikelen van afdeling 13.2 van de wet van toepassing zijn dan wel waarop titel 4.1 van de Algemene wet bestuursrecht van toepassing is.
D 32.8	De oprichting, wijziging of uitbreiding van een spoorwegmaterieelfabriek.	In gevallen waarin de activiteit betrekking heeft op een productieoppervlak van 50.000 m² of meer in een gesloten gebouw dan wel 10.000 m² of meer buiten een gesloten gebouw.	De structuurvisie, bedoeld in de artikelen 2.1, 2.2, en 2.3 van de Wet ruimtelijke ordening, en de plannen, bedoeld in de artikelen 3.1, eerste lid, 3.6, eerste lid, onderdelen a en b, van die wet.	Een besluit waarop afdeling 3.4 van de Algemene wet bestuursrecht en een of meer artikelen van afdeling 13.2 van de wet van toepassing zijn dan wel waarop titel 4.1 van de Algemene wet bestuursrecht van toepassing is.
D 32.9	De oprichting, wijziging of uitbreiding van een installatie bestemd voor het uitstampen van metalen door middel van springstoffen.		De structuurvisie, bedoeld in de artikelen 2.1, 2.2 en 2.3 van de Wet ruimtelijke ordening, en de plannen, bedoeld in de artikelen 3.1, eerste lid, 3.6, eerste lid, onderdelen a en b, van die wet.	De besluiten waarop afdeling 3.4 van de Algemene wet bestuursrecht en een of meer artikelen van afdeling 13.2 van de wet van toepassing zijn.
D 33	De oprichting, wijziging of uitbreiding van een installatie bestemd voor het vervaardigen van glas met inbegrip van glasvezels.	In gevallen waarin de activiteit betrekking heeft op een productiecapaciteit van 10.000 ton per jaar of meer.	De structuurvisie, bedoeld in de artikelen 2.1, 2.2 en 2.3 van de Wet ruimtelijke ordening, en de plannen, bedoeld in de artikelen 3.1, eerste lid, 3.6, eerste lid, onderdelen a en b, van die wet.	De besluiten waarop afdeling 3.4 van de Algemene wet bestuursrecht en een of meer artikelen van afdeling 13.2 van de wet van toepassing zijn.
D 34.1	De oprichting, wijziging of uitbreiding van een installatie bestemd voor het vervaardigen van bestrijdingsmiddelen als bedoeld in artikel 1 van de Wet gewas-	In gevallen waarin de activiteit betrekking heeft op een productiecapaciteit van 20.000 ton per jaar of meer.	De structuurvisie, bedoeld in de artikelen 2.1, 2.2 en 2.3 van de Wet ruimtelijke ordening, en de plannen, bedoeld in de artikelen 3.1, eerste lid, 3.6, eerste lid, on-	De besluiten waarop afdeling 3.4 van de Algemene wet bestuursrecht en een of meer artikelen van afdeling 13.2 van de wet van toepassing zijn.

	Kolom 1 Activiteiten	Kolom 2 Gevallen	Kolom 3 Plannen	Kolom 4 Besluiten
	beschermingsmiddelen en biociden, voor zover niet omschreven in onderdeel d van categorie 21.6 van onderdeel D van deze bijlage.		derdelen a en b, van die wet.	
D 34.2	De oprichting, wijziging of uitbreiding van een installatie bestemd voor het vervaardigen van farmaceutische producten, voor zover niet omschreven in onderdeel e van categorie 21.6 van onderdeel D van deze bijlage.	In gevallen waarin de activiteit betrekking heeft op een productiecapaciteit van 20.000 ton per jaar of meer.	De structuurvisie, bedoeld in de artikelen 2.1, 2.2 en 2.3 van de Wet ruimtelijke ordening, en de plannen, bedoeld in de artikelen 3.1, eerste lid, 3.6, eerste lid, onderdelen a en b, van die wet.	De besluiten waarop afdeling 3.4 van de Algemene wet bestuursrecht en een of meer artikelen van afdeling 13.2 van de wet van toepassing zijn.
D 34.3	De oprichting, wijziging of uitbreiding van een installatie bestemd voor het vervaardigen van verven en vernissen, voor zover niet omschreven in categorie 21.6 van onderdeel D van deze bijlage.	In gevallen waarin de activiteit betrekking heeft op een productiecapaciteit van 100.000 ton per jaar of meer.	De structuurvisie, bedoeld in de artikelen 2.1, 2.2 en 2.3 van de Wet ruimtelijke ordening, en de plannen, bedoeld in de artikelen 3.1, eerste lid, 3.6, eerste lid, onderdelen a en b, van die wet.	De besluiten waarop afdeling 3.4 van de Algemene wet bestuursrecht en een of meer artikelen van afdeling 13.2 van de wet van toepassing zijn.
D 34.4	De oprichting, wijziging of uitbreiding van een installatie, behorend tot de chemische industrie, bestemd voor de behandeling van tussenproducten en vervaardiging van chemicaliën.	In gevallen waarin de activiteit betrekking heeft op een productiecapaciteit van 100.000 ton per jaar of meer.	De structuurvisie, bedoeld in de artikelen 2.1, 2.2, en 2.3 van de Wet ruimtelijke ordening, en de plannen, bedoeld in de artikelen 3.1, eerste lid, 3.6, eerste lid, onderdelen a en b, van die wet.	De besluiten waarop afdeling 3.4 van de Algemene wet bestuursrecht en een of meer artikelen van afdeling 13.2 van de wet van toepassing zijn.
D 34.5	De oprichting, wijziging of uitbreiding van een chemische installatie bestemd voor het vervaardigen van farmaceutische producten, met inbegrip van elastomeren, en peroxiden dan wel bij een rubberverwerkende inrichting de vervaardiging en behandeling van producten op basis van elastomeren, voor zover niet omschreven in de catego-	In gevallen waarin de activiteit betrekking heeft op een productiecapaciteit van 50.000 ton per jaar of meer.	De structuurvisie, bedoeld in de artikelen 2.1, 2.2 en 2.3 van de Wet ruimtelijke ordening, en de plannen, bedoeld in de artikelen 3.1, eerste lid, 3.6, eerste lid, onderdelen a en b, van die wet.	De besluiten waarop afdeling 3.4 van de Algemene wet bestuursrecht en een of meer artikelen van afdeling 13.2 van de wet van toepassing zijn.

Besluit milieueffectrapportage   A71 bijlage

	Kolom 1 Activiteiten	Kolom 2 Gevallen	Kolom 3 Plannen	Kolom 4 Besluiten
	rieën 21.6 of 34.1 tot en met 34.3 van onderdeel D van deze bijlage.			
D 35	De oprichting, wijziging of uitbreiding van een installatie bestemd voor: a. het vervaardigen van dierlijke of plantaardige oliën of vetten, b. het vervaardigen van vismeel of visolie, of c. het vervaardigen van conserven van dierlijke en plantaardige producten.	In gevallen waarin de activiteit betrekking heeft op: 1°. een productiecapaciteit van 40.000 ton per jaar of meer in een inrichting als bedoeld onder a, of 2°. een productiecapaciteit van 10.000 ton per jaar of meer in een inrichting als bedoeld onder b of c.	De structuurvisie, bedoeld in de artikelen 2.1, 2.2 en 2.3 van de Wet ruimtelijke ordening, en de plannen, bedoeld in de artikelen 3.1, eerste lid, 3.6, eerste lid, onderdelen a en b, van die wet.	Een besluit waarop afdeling 3.4 van de Algemene wet bestuursrecht en een of meer artikelen van afdeling 13.2 van de wet van toepassing zijn dan wel waarop titel 4.1 van de Algemene wet bestuursrecht van toepassing is.
D 36	De oprichting, wijziging of uitbreiding van een installatie van een zuivelfabriek.	In gevallen waarin de activiteit betrekking heeft op een productiecapaciteit van 30.000 ton per jaar of meer.	De structuurvisie, bedoeld in de artikelen 2.1, 2.2 en 2.3 van de Wet ruimtelijke ordening, en de plannen, bedoeld in de artikelen 3.1, eerste lid, 3.6, eerste lid, onderdelen a en b, van die wet.	Een besluit waarop afdeling 3.4 van de Algemene wet bestuursrecht en een of meer artikelen van afdeling 13.2 van de wet van toepassing zijn dan wel waarop titel 4.1 van de Algemene wet bestuursrecht van toepassing is.
D 37.1	De oprichting, wijziging of uitbreiding van een installatie van een bierbrouwerij.	In gevallen waarin de activiteit betrekking heeft op een productiecapaciteit van 75 miljoen liter per jaar of meer.	De structuurvisie, bedoeld in de artikelen 2.1, 2.2, en 2.3 van de Wet ruimtelijke ordening, en de plannen, bedoeld in de artikelen 3.1, eerste lid, 3.6, eerste lid, onderdelen a en b, van die wet.	Een besluit waarop afdeling 3.4 van de Algemene wet bestuursrecht en een of meer artikelen van afdeling 13.2 van de wet van toepassing zijn dan wel waarop titel 4.1 van de Algemene wet bestuursrecht van toepassing is.
D 37.2	De oprichting, wijziging of uitbreiding van een installatie van een mouterij.	In gevallen waarin de activiteit betrekking heeft op een productiecapaciteit van 40.000 ton per jaar of meer.	De structuurvisie, bedoeld in de artikelen 2.1, 2.2 en 2.3 van de Wet ruimtelijke ordening, en de plannen, bedoeld in de artikelen 3.1, eerste lid, 3.6, eerste lid, onderdelen a en b, van die wet.	Een besluit waarop afdeling 3.4 van de Algemene wet bestuursrecht en een of meer artikelen van afdeling 13.2 van de wet van toepassing zijn dan wel waarop titel 4.1 van de Algemene wet bestuursrecht van toepassing is.
D 38.1	De oprichting, wijziging of uitbreiding van een installatie van een suikerfabriek.	In gevallen waarin de activiteit betrekking heeft op een productiecapaciteit van 12.500 ton per dag of meer.	De structuurvisie, bedoeld in de artikelen 2.1, 2.2 en 2.3 van de Wet ruimtelijke ordening, en de plannen, be-	Een besluit waarop afdeling 3.4 van de Algemene wet bestuursrecht en een of meer artikelen van afdeling 13.2

A71 bijlage — Besluit milieueffectrapportage

Kolom 1 Activiteiten	Kolom 2 Gevallen	Kolom 3 Plannen	Kolom 4 Besluiten
		doeld in de artikelen 3.1, eerste lid, 3.6, eerste lid, onderdelen a en b, van de wet.	van de wet van toepassing zijn dan wel waarop titel 4.1 van de Algemene wet bestuursrecht van toepassing is.
D 38.2	De oprichting, wijziging of uitbreiding van een installatie van een siroopfabriek.	In gevallen waarin de activiteit betrekking heeft op een productiecapaciteit van 20 miljoen liter per jaar of meer.	De structuurvisie, bedoeld in de artikelen 2.1, 2.2 en 2.3 van de Wet ruimtelijke ordening, en de plannen, bedoeld in de artikelen 3.1, eerste lid, 3.6, eerste lid, onderdelen a en b, van die wet.	Een besluit waarop afdeling 3.4 van de Algemene wet bestuursrecht en een of meer artikelen van afdeling 13.2 van de wet van toepassing zijn dan wel waarop titel 4.1 van de Algemene wet bestuursrecht van toepassing is.
D 38.3	De oprichting, wijziging of uitbreiding van een installatie van een suikerwarenfabriek.	In gevallen waarin de activiteit betrekking heeft op een productiecapaciteit van 15.000 ton per jaar of meer.	De structuurvisie, bedoeld in de artikelen 2.1, 2.2 en 2.3 van de Wet ruimtelijke ordening, en de plannen, bedoeld in de artikelen 3.1, eerste lid, 3.6, eerste lid, onderdelen a en b, van die wet.	Een besluit waarop afdeling 3.4 van de Algemene wet bestuursrecht en een of meer artikelen van afdeling 13.2 van de wet van toepassing zijn dan wel waarop titel 4.1 van de Algemene wet bestuursrecht van toepassing is.
D 39.1	De oprichting, wijziging of uitbreiding van een installatie bestemd voor het slachten van dieren.	In gevallen waarin de activiteit betrekking heeft op een productiecapaciteit van 25.000 ton vlees per jaar of meer.	De structuurvisie, bedoeld in de artikelen 2.1, 2.2 en 2.3 van de Wet ruimtelijke ordening, en de plannen, bedoeld in de artikelen 3.1, eerste lid, 3.6, eerste lid, onderdelen a en b, van die wet.	De besluiten waarop afdeling 3.4 van de Algemene wet bestuursrecht en een of meer artikelen van afdeling 13.2 van de wet van toepassing zijn.
D 39.2	Oprichting, wijziging of uitbreiding van een installatie bestemd voor het verwerken van kadavers van landbouwhuisdieren en delen daarvan, die niet door slachting voor menselijke consumptie zijn gedood, met het doel deze te verwijderen.		De structuurvisie, bedoeld in de artikelen 2.1, 2.2 en 2.3 van de Wet ruimtelijke ordening, en de plannen, bedoeld in de artikelen 3.1, eerste lid, 3.6, eerste lid, onderdelen a en b, van die wet.	De besluiten waarop afdeling 3.4 van de Algemene wet bestuursrecht en een of meer artikelen van afdeling 13.2 van de wet van toepassing zijn.
D 40	De oprichting, wijziging of uitbreiding van een installatie van een zetmeelfabriek.	In gevallen waarin de activiteit betrekking heeft op een productiecapaciteit van 25.000 kilo-	De structuurvisie, bedoeld in de artikelen 2.1, 2.2 en 2.3 van de Wet ruimtelijke ordening, en de plannen, be-	De besluiten waarop afdeling 3.4 van de Algemene wet bestuursrecht en een of meer artikelen van afdeling

Besluit milieueffectrapportage   **A71** bijlage

Kolom 1 Activiteiten	Kolom 2 Gevallen	Kolom 3 Plannen	Kolom 4 Besluiten
	gram per uur of meer.	doel in de artikelen 3.1, eerste lid, 3.6, eerste lid, onderdelen a en b, van die wet.	13.2 van de wet van toepassing zijn.
D 41.1	De oprichting, wijziging of uitbreiding van een installatie bestemd voor de voorbehandeling of het verven van vezels of textiel.	In gevallen waarin de activiteit betrekking heeft op een afvalwaterstroom van 2.500 inwonerequivalenten per jaar of meer.	De structuurvisie, bedoeld in de artikelen 2.1, 2.2 en 2.3 van de Wet ruimtelijke ordening, en de plannen, bedoeld in de artikelen 3.1, eerste lid, 3.6, eerste lid, onderdelen a en b, van die wet.	De besluiten waarop afdeling 3.4 van de Algemene wet bestuursrecht en een of meer artikelen van afdeling 13.2 van de wet van toepassing zijn dan wel waarop titel 4.1 van de Algemene wet bestuursrecht van toepassing is.
D 41.2	De oprichting, wijziging of uitbreiding van een installatie voor het looien van huiden.	In gevallen waarin de activiteit betrekking heeft op een afvalwaterstroom van 1.000 inwonerequivalenten per jaar of meer.	De structuurvisie, bedoeld in de artikelen 2.1, 2.2 en 2.3 van de Wet ruimtelijke ordening, en de plannen, bedoeld in de artikelen 3.1, eerste lid, 3.6, eerste lid, onderdelen a en b, van die wet.	De besluiten waarop afdeling 3.4 van de Algemene wet bestuursrecht en een of meer artikelen van afdeling 13.2 van de wet van toepassing zijn.
D 43	De aanleg, wijziging of uitbreiding van permanente race- en testbanen voor gemotoriseerde voertuigen.	In gevallen waarin de activiteit betrekking heeft op: 1. een openstelling van acht uren of meer per week of 2. een oppervlakte van 5 hectare of meer.	De structuurvisie, bedoeld in de artikelen 2.1, 2.2 en 2.3 van de Wet ruimtelijke ordening, en de plannen, bedoeld in de artikelen 3.1, eerste lid, 3.6, eerste lid, onderdelen a en b, van die wet.	De besluiten waarop afdeling 3.4 van de Algemene wet bestuursrecht en een of meer artikelen van afdeling 13.2 van de wet van toepassing zijn, dan wel bij het ontbreken daarvan het plan, bedoeld in artikel 3.6, eerste lid, onderdelen a en b, van de Wet ruimtelijke ordening dan wel bij het ontbreken daarvan van het plan, bedoeld in artikel 3.1, eerste lid, van die wet.
D 44 D 45	De oprichting, wijziging of uitbreiding van een installatie bestemd voor de terugwinning of vernietiging van explosieve stoffen.		De structuurvisie, bedoeld in de artikelen 2.1, 2.2 en 2.3 van de Wet ruimtelijke ordening, en de plannen, bedoeld in de artikelen 3.1, eerste lid, 3.6, eerste lid, onderdelen a en b, van die wet.	De besluiten waarop afdeling 3.4 van de Algemene wet bestuursrecht en een of meer artikelen van afdeling 13.2 van de wet van toepassing zijn.

Besluit milieueffectrapportage

	Kolom 1 Activiteiten	Kolom 2 Gevallen	Kolom 3 Plannen	Kolom 4 Besluiten
D 46	De oprichting, wijziging of uitbreiding van een installatie bestemd voor het smelten van minerale stoffen, met inbegrip van installaties voor de fabricage van mineraalvezels.	In gevallen waarin de activiteit betrekking heeft op een productiecapaciteit van 100 ton per dag of meer.	De structuurvisie, bedoeld in de artikelen 2.1, 2.2 en 2.3 van de Wet ruimtelijke ordening, en de plannen, bedoeld in de artikelen 3.1, eerste lid, 3.6, eerste lid, onderdelen a en b, van die wet.	De besluiten waarop afdeling 3.4 van de Algemene wet bestuursrecht en een of meer artikelen van afdeling 13.2 van de wet van toepassing zijn.
D 47	De oprichting, wijziging of uitbreiding van een installatie bestemd voor het vervaardigen van keramische producten door middel van bakken, in het bijzonder dakpannen, bakstenen, vuurvaste stenen, tegels, aardewerk of porselein.	In gevallen waarin de activiteit betrekking heeft op een productiecapaciteit van 100 ton per dag of meer.	De structuurvisie, bedoeld in de artikelen 2.1, 2.2 en 2.3 van de Wet ruimtelijke ordening, en de plannen, bedoeld in de artikelen 3.1, eerste lid, 3.6, eerste lid, onderdelen a en b, van die wet.	De besluiten waarop afdeling 3.4 van de Algemene wet bestuursrecht en een of meer artikelen van afdeling 13.2 van de wet van toepassing zijn.
D 48	De aanleg, wijziging of uitbreiding van een aquaduct over lange afstand.	In gevallen waarin de activiteit betrekking heeft op een lengte van 1 kilometer of meer.	De structuurvisie, bedoeld in de artikelen 2.1, 2.2 en 2.3 van de Wet ruimtelijke ordening, en het plan, bedoeld in artikel 3.1, eerste lid, van die wet.	De vaststelling van het plan, bedoeld in artikel 3.6, eerste lid, onderdelen a en b, van de Wet ruimtelijke ordening dan wel bij het ontbreken daarvan van het plan, bedoeld in artikel 3.1, eerste lid, van die wet.
D 49.1	De wijziging in de Maatgevende Peil Verwachting voor de sluiting van de Oosterscheldekering.	In gevallen waarin de activiteit betrekking heeft op een wijziging van 16 centimeter of meer.	Het plan, bedoeld in de artikelen 4.1 en 4.6 van de Waterwet.	Het peilbesluit op grond van artikel 5.2 van de Waterwet.
D 49.2	De wijziging van het (streef-)peil in: a. het Veerse Meer, b. de Grevelingen, c. het Haringvliet, of d. het IJsselmeer, het Markermeer en de randmeren.	In gevallen waarin de activiteit betrekking heeft op een wijziging van 16 centimeter of meer.	Het plan, bedoeld in de artikelen 4.1 en 4.6 van de Waterwet.	Het peilbesluit op grond van artikel 5.2 van de Waterwet.
D 49.3	De structurele verlaging van het	In gevallen waarin de activiteit:	Het plan, bedoeld in de artikelen 4.1,	Het peilbesluit op grond van artikel

Besluit milieueffectrapportage

A71 bijlage

Kolom 1 Activiteiten	Kolom 2 Gevallen	Kolom 3 Plannen	Kolom 4 Besluiten
(streef-)peil van een oppervlaktewater.	1°. betrekking heeft op een verlaging van 16 centimeter of meer, 2°. plaatsvindt in een gevoelig gebied of een weidevogelgebied, en 3°. betrekking heeft op een oppervlakte van 200 hectare of meer.	4.4 en 4.6 van de Waterwet.	5.2 van de Waterwet.

[1] Rav= Regeling ammoniak en veehouderij. Dit is de Regeling op grond van artikel 1 van de Wet ammoniak en veehouderij.

Omgevingswet (geconsolideerde versie d.d. 22-04-2021)

Dit document bevat een geconsolideerde versie van de Omgevingswet (Ow), zoals gewijzigd door de Invoeringswet Omgevingswet en andere in het Staatsblad gepubliceerde wijzigingen. Hierin zijn opgenomen:

1.
Omgevingswet (Stb. 2016, 156) - Kst 33 962
2.
Invoeringswet Omgevingswet (Stb. 2020, 172) - Kst 34 986
3.
Aanvullingswet geluid Omgevingswet (Stb. 2020, 83) - Kst 35 054
4.
Aanvullingswet bodem Omgevingswet (Stb. 2020, 87) - Kst 34 864
5.
Aanvullingswet natuur Omgevingswet (Stb. 2020, 310) - Kst 34 985
6.
Aanvullingswet grondeigendom (Stb. 2020, 112) - Kst 35 133
7.
Spoedwet aanpak stikstof (Stb. 2019, 517) - Kst 35 347
8.
Wet elektronische publicaties (Stb. 2020, 262) - Kst 35 218, (zoals gewijzigd door Stb. 2020, 211 - Kst 35 395)
9.
Verzamelwet I&W 2019 (Stb. 2020, 455) - Kst 35 319
10.
Verzamelwet LNV 2021 (Stb. 2021, 27) – Kst 35 643
11.
Wet tot wijziging van de Algemene wet bestuursrecht en enkele andere wetten in verband met het nieuwe omgevingsrecht en nadeelcompensatierecht (Stb. 2021, 135) - Kst 35 256
12.
Wet tot wijziging van de Wet natuurbescherming en de Omgevingswet (stikstofreductie en natuurverbetering) (Stb. 2021, 140) – Kst 35 600

In de verschillende wetten die de Omgevingswet wijzigen zijn samenloopbepalingen opgenomen die de onderlinge afstemming regelen. Voorbeelden zijn de artikelen 3.14 en 3.15 van de Aanvullingswet natuur en de artikelen 4a.1 tot en met 4a.4 van de Aanvullingswet grondeigendom. In deze geconsolideerde versie is het resultaat van deze samenloopbepalingen al verwerkt. Dit is mogelijk aangezien de wijzigingen van de Omgevingswet op hetzelfde moment in werking treden, waarbij in het inwerkingtredings-KB de onderlinge volgorde van de wijzigingen zal worden bepaald. Afgezien van enkele onderdelen is dat de volgorde waarin de wetten hierboven zijn weergegeven.

HOOFDSTUK 1
ALGEMENE BEPALINGEN

AFDELING 1.1
BEGRIPSBEPALINGEN

Begripsbepalingen, toepassingsgebied en doelen

Art. 1.1 (begripsbepalingen)
1. De bijlage bij deze wet bevat begripsbepalingen voor de toepassing van deze wet en de daarop berustende bepalingen.
2. Begripsbepalingen die zijn opgenomen in een bijlage bij een algemene maatregel van bestuur op grond van deze wet zijn ook van toepassing op een ministeriële regeling op grond van deze wet, tenzij in die regeling anders is bepaald.

Omgevingswet (toekomstig)

AFDELING 1.2
TOEPASSINGSGEBIED EN DOELEN

Art. 1.2 (fysieke leefomgeving)
1. Deze wet gaat over:
a. de fysieke leefomgeving, en
b. activiteiten die gevolgen hebben of kunnen hebben voor de fysieke leefomgeving.
2. De fysieke leefomgeving omvat in ieder geval:
a. bouwwerken,
b. infrastructuur,
c. watersystemen,
d. water,
e. bodem,
f. lucht,
g. landschappen,
h. natuur,
i. cultureel erfgoed,
j. werelderfgoed.
3. Als gevolgen voor de fysieke leefomgeving worden in ieder geval aangemerkt gevolgen die kunnen voortvloeien uit:
a. het wijzigen van onderdelen van de fysieke leefomgeving of het gebruik daarvan,
b. het gebruik van natuurlijke hulpbronnen,
c. activiteiten waardoor emissies, hinder of risico's worden veroorzaakt,
d. het nalaten van activiteiten.
Als gevolgen voor de fysieke leefomgeving worden ook aangemerkt gevolgen voor de mens, voor zover deze wordt of kan worden beïnvloed door of via onderdelen van de fysieke leefomgeving.

Art. 1.3 (maatschappelijke doelen van de wet)
Deze wet is, met het oog op duurzame ontwikkeling, de bewoonbaarheid van het land en de bescherming en verbetering van het leefmilieu, gericht op het in onderlinge samenhang:
a. bereiken en in stand houden van een veilige en gezonde fysieke leefomgeving en een goede omgevingskwaliteit, ook vanwege de intrinsieke waarde van de natuur, en
b. doelmatig beheren, gebruiken en ontwikkelen van de fysieke leefomgeving ter vervulling van maatschappelijke behoeften.

Art. 1.4 (verhouding tot andere wetgeving)
Deze wet is niet van toepassing op onderwerpen met betrekking tot de fysieke leefomgeving of onderdelen daarvan, die bij of krachtens een andere wet uitputtend zijn geregeld, tenzij uit de bepalingen van deze wet anders blijkt.

Art. 1.5 (toepassing in de exclusieve economische zone en internationaal)
1. Deze wet is van toepassing in de exclusieve economische zone, met uitzondering van artikel 5.1, eerste lid, aanhef en onder a en b, en tweede lid, aanhef en onder a.
2. Een op grond van deze wet bij algemene maatregel van bestuur of ministeriële regeling gestelde regel is van toepassing in de exclusieve economische zone als dat bij die regel is bepaald.
3. Een bij of krachtens deze wet gestelde regel over stortingsactiviteiten op zee is ook van toepassing op in Nederland geregistreerde vaartuigen en luchtvaartuigen die zich buiten Nederland en de exclusieve economische zone bevinden.
4. Een bij of krachtens deze wet gestelde regel over het vangen, doden of verwerken van walvissen is ook van toepassing op in Nederland geregistreerde vaartuigen die zich buiten Nederland en de exclusieve economische zone bevinden.

AFDELING 1.3
ZORG VOOR DE FYSIEKE LEEFOMGEVING

Art. 1.6 (zorgplicht voor een ieder)
Een ieder draagt voldoende zorg voor de fysieke leefomgeving.

Art. 1.7 (activiteit met nadelige gevolgen)
Een ieder die weet of redelijkerwijs kan vermoeden dat zijn activiteit nadelige gevolgen kan hebben voor de fysieke leefomgeving, is verplicht:
a. alle maatregelen te nemen die redelijkerwijs van hem kunnen worden gevraagd om die gevolgen te voorkomen,
b. voor zover die gevolgen niet kunnen worden voorkomen: die gevolgen zoveel mogelijk te beperken of ongedaan te maken,
c. als die gevolgen onvoldoende kunnen worden beperkt: die activiteit achterwege te laten voor zover dat redelijkerwijs van hem kan worden gevraagd.

A72

Omgevingswet (toekomstig)

Art. 1.7a (verbod activiteit met aanzienlijke nadelige gevolgen)
1. Het is verboden een activiteit te verrichten of na te laten als door het verrichten of nalaten daarvan aanzienlijke nadelige gevolgen voor de fysieke leefomgeving ontstaan of dreigen te ontstaan.
2. Bij algemene maatregel van bestuur wordt de toepassing van het eerste lid uitgewerkt of begrensd. De uitwerking of begrenzing strekt in ieder geval ter uitvoering van de richtlijn milieustrafrecht en heeft betrekking op:
   a. de omvang van de nadelige gevolgen voor de fysieke leefomgeving,
   b. de gevallen waarin het eerste lid van toepassing is.

Art. 1.8 (verhouding tot specifieke regels)
1. Aan de verplichtingen, bedoeld in de artikelen 1.6 en 1.7, wordt in ieder geval voldaan, voor zover bij wettelijk voorschrift of besluit specifieke regels zijn gesteld met het oog op de doelen van de wet, en die regels worden nageleefd.
2. Artikel 1.7a is niet van toepassing voor zover bij wettelijk voorschrift of besluit specifieke regels zijn gesteld met het oog op de doelen van de wet.

HOOFDSTUK 2
TAKEN EN BEVOEGDHEDEN VAN BESTUURSORGANEN

AFDELING 2.1
ALGEMENE BEPALINGEN

Art. 2.1 (uitoefening taken en bevoegdheden)

Taken en bevoegdheden bestuursorganen

1. Een bestuursorgaan van een gemeente, een provincie of het Rijk of, met inachtneming van de Waterschapswet, van een waterschap oefent zijn taken en bevoegdheden op grond van deze wet uit met het oog op de doelen van de wet, tenzij daarover specifieke regels zijn gesteld.
2. Het bestuursorgaan houdt daarbij rekening met de samenhang van de relevante onderdelen en aspecten van de fysieke leefomgeving en van de rechtstreeks daarbij betrokken belangen.
3. Bij de op grond van deze wet gestelde regels kan de toepassing van het eerste en tweede lid worden uitgewerkt of begrensd. Deze uitwerking of begrenzing kan in ieder geval betrekking hebben op:
   a. het waarborgen van de veiligheid,
   b. het beschermen van de gezondheid,
   c. het beschermen van het milieu,
   d. het duurzaam veiligstellen van de openbare drinkwatervoorziening,
   e. het beschermen van landschappelijke of stedenbouwkundige waarden,
   f. het behoud van cultureel erfgoed,
   g. het behoud van de uitzonderlijke universele waarde van werelderfgoed,
   h. de natuurbescherming,
   i. het tegengaan van klimaatverandering,
   j. de kwaliteit van bouwwerken,
   k. een evenwichtige toedeling van functies aan locaties,
   l. het behoeden van de staat en werking van infrastructuur voor nadelige gevolgen van activiteiten,
   m. het beheer van infrastructuur,
   n. het beheer van watersystemen,
   o. het beheer van geobiologische en geothermische systemen en ecosystemen,
   p. het beheer van natuurlijke hulpbronnen,
   q. het beheer van natuurgebieden,
   r. het gebruik van bouwwerken,
   s. het bevorderen van de toegankelijkheid van de openbare buitenruimte voor personen.
4. Onverminderd het derde lid wordt bij het stellen van regels met het oog op een evenwichtige toedeling van functies aan locaties in ieder geval rekening gehouden met het belang van het beschermen van de gezondheid.

Art. 2.2 (afstemming en samenwerking)
1. Een bestuursorgaan houdt bij de uitoefening van zijn taken en bevoegdheden op grond van deze wet rekening met de taken en bevoegdheden van andere bestuursorganen en stemt zonodig met deze andere bestuursorganen af.
2. Bestuursorganen kunnen taken en bevoegdheden gezamenlijk uitoefenen. Daarbij wordt niet voorzien in een overdracht van taken of bevoegdheden.
3. Een bestuursorgaan treedt bij de uitoefening van zijn taken en bevoegdheden slechts in de taken en bevoegdheden van een ander bestuursorgaan voor zover dat nodig is voor de uitoefening van zijn eigen taken en bevoegdheden.

Omgevingswet (toekomstig)

Art. 2.3 (algemene criteria verdeling van taken en bevoegdheden)
1. De uitoefening van de taken en bevoegdheden op grond van deze wet wordt overgelaten aan de bestuursorganen van een gemeente, tenzij daarover andere regels zijn gesteld.
2. Een bestuursorgaan van een provincie oefent een taak of bevoegdheid, als dat bij de regeling daarvan is bepaald, alleen uit als dat nodig is:
a. met het oog op een provinciaal belang en dat belang niet op een doelmatige en doeltreffende wijze door het gemeentebestuur kan worden behartigd, of
b. voor een doelmatige en doeltreffende uitoefening van de taken en bevoegdheden op grond van deze wet of de uitvoering van een internationaalrechtelijke verplichting.
3. Een bestuursorgaan van het Rijk oefent een taak of bevoegdheid, als dat bij de regeling daarvan is bepaald, alleen uit als dat nodig is:
a. met het oog op een nationaal belang en dat belang niet op een doelmatige en doeltreffende wijze door het provinciebestuur of gemeentebestuur kan worden behartigd, of
b. voor een doelmatige en doeltreffende uitoefening van de taken en bevoegdheden op grond van deze wet of de uitvoering van een internationaalrechtelijke verplichting.
4. Bestuursorganen van het Rijk oefenen ook de taken en bevoegdheden uit voor het niet provinciaal en gemeentelijk ingedeelde gebied.

AFDELING 2.2
OMGEVINGSPLAN, WATERSCHAPSVERORDENING EN OMGEVINGSVERORDENING

Art. 2.4 (omgevingsplan)
De gemeenteraad stelt voor het gehele grondgebied van de gemeente één omgevingsplan vast waarin regels over de fysieke leefomgeving worden opgenomen.

Art. 2.5 (waterschapsverordening)
Het algemeen bestuur van het waterschap stelt één waterschapsverordening vast waarin regels over de fysieke leefomgeving worden opgenomen.

Art. 2.6 (omgevingsverordening)
Provinciale staten stellen één omgevingsverordening vast waarin regels over de fysieke leefomgeving worden opgenomen.

Art. 2.7 (verplicht opnemen en uitsluiten van decentrale regels)
1. Bij algemene maatregel van bestuur kunnen gevallen worden aangewezen waarin regels over de fysieke leefomgeving alleen in het omgevingsplan, de waterschapsverordening of de omgevingsverordening mogen worden opgenomen.
2. Bij algemene maatregel van bestuur kunnen gevallen worden aangewezen waarin regels over de fysieke leefomgeving niet in het omgevingsplan, de waterschapsverordening of de omgevingsverordening mogen worden opgenomen.

Art. 2.8 (delegatie)
De gemeenteraad, het algemeen bestuur van een waterschap of provinciale staten kunnen de bevoegdheid tot het vaststellen van delen van het omgevingsplan, de waterschapsverordening of de omgevingsverordening delegeren aan het college van burgemeester en wethouders, het dagelijks bestuur van het waterschap respectievelijk gedeputeerde staten.

AFDELING 2.3
OMGEVINGSWAARDEN

§ 2.3.1
Algemene bepalingen

Art. 2.9 (omgevingswaarden)
1. Op grond van deze afdeling worden omgevingswaarden vastgesteld met het oog op de doelen van de wet.
2. Een omgevingswaarde bepaalt voor de fysieke leefomgeving of een onderdeel daarvan:
a. de gewenste staat of kwaliteit,
b. de toelaatbare belasting door activiteiten,
c. de toelaatbare concentratie of depositie van stoffen.
3. Een omgevingswaarde wordt uitgedrukt in meetbare of berekenbare eenheden of anderszins in objectieve termen.

Art. 2.10 (aard, termijn en locaties van omgevingswaarden en onderbouwing)
1. Bij de vaststelling van een omgevingswaarde wordt bepaald:
a. of deze waarde een resultaatverplichting, inspanningsverplichting of andere, daarbij te omschrijven verplichting met zich brengt,
b. de locaties waarop de omgevingswaarde van toepassing is.

Omgevingswet (toekomstig)

2. Bij de vaststelling van een omgevingswaarde kan een termijn worden gesteld waarbinnen aan de verplichting, bedoeld in het eerste lid, onder a, moet zijn voldaan.
3. Bij de vaststelling van een omgevingswaarde wordt onderbouwd welke taken en bevoegdheden op grond van deze of een andere wet in ieder geval worden ingezet om de omgevingswaarde te verwezenlijken.
4. In afwijking van het eerste lid, aanhef en onder a, en het tweede lid kunnen bij algemene maatregel van bestuur regels worden gesteld over de aard en de termijn als de omgevingswaarde een geluidproductieplafond is.

§ 2.3.2
Omgevingswaarden gemeente

Art. 2.11 (omgevingswaarden gemeente)
1. Bij omgevingsplan kunnen omgevingswaarden worden vastgesteld.
2. Bij omgevingsplan kunnen geen omgevingswaarden worden vastgesteld in aanvulling op of in afwijking van de bij omgevingsverordening, bij algemene maatregel van bestuur, bij besluit als bedoeld in artikel 2.12a, eerste lid, 2.13a, eerste lid, of 2.15, tweede lid, of in deze wet zijn vastgesteld, tenzij bij de omgevingsverordening, de maatregel, het besluit of, als omgevingswaarden in deze wet zijn vastgesteld, bij algemene maatregel van bestuur anders is bepaald.

Art. 2.11a (verplichte omgevingswaarden gemeente voor geluidproductie industrieterreinen)
Bij omgevingsplan worden in ieder geval als omgevingswaarden geluidproductieplafonds vastgesteld rondom industrieterreinen waar bij algemene maatregel van bestuur aangewezen activiteiten kunnen worden verricht die in aanzienlijke mate geluid kunnen veroorzaken.

§ 2.3.3
Omgevingswaarden provincie

Art. 2.12 (omgevingswaarden provincie)
1. Bij omgevingsverordening kunnen, met inachtneming van de grenzen van artikel 2.3, tweede lid, omgevingswaarden worden vastgesteld.
2. Bij omgevingsverordening kunnen geen omgevingswaarden worden vastgesteld in aanvulling op of in afwijking van omgevingswaarden die bij algemene maatregel van bestuur, bij besluit als bedoeld in artikel 2.15, tweede lid, of in deze wet zijn vastgesteld, tenzij bij de maatregel, het besluit of, als omgevingswaarden in deze wet zijn vastgesteld, bij algemene maatregel van bestuur anders is bepaald.

Art. 2.12a (omgevingswaarden provincie voor geluidproductie industrieterreinen)
1. Bij omgevingsverordening kunnen, met inachtneming van de grenzen van artikel 2.3, tweede lid, industrieterreinen worden aangewezen waarvoor provinciale staten bij besluit als omgevingswaarden geluidproductieplafonds vaststellen.
2. Provinciale staten kunnen de bevoegdheid tot het bij besluit als omgevingswaarden vaststellen van geluidproductieplafonds delegeren aan gedeputeerde staten.

Art. 2.13 (verplichte omgevingswaarden provincie voor watersystemen)
1. Bij omgevingsverordening worden met het oog op het waarborgen van de veiligheid en het voorkomen of beperken van wateroverlast in ieder geval omgevingswaarden vastgesteld voor:
a. de veiligheid van bij de verordening aangewezen andere dan primaire waterkeringen, voor zover die niet bij het Rijk in beheer zijn,
b. de gemiddelde kans op overstroming per jaar van bij de verordening aangewezen gebieden met het oog op de bergings- en afvoercapaciteit waarop regionale wateren moeten zijn ingericht.
2. Bij of krachtens de verordening worden voor de toepassing van het eerste lid, onder a, voor daarbij aan te geven locaties nadere regels gesteld over de vaststelling van het waterkerend vermogen van de daar bedoelde waterkeringen.

Art. 2.13a (verplichte omgevingswaarden provincie voor geluidproductie wegen en lokale spoorwegen)
1. Provinciale staten stellen bij besluit als omgevingswaarden geluidproductieplafonds vast aan weerszijden van bij omgevingsverordening aangewezen:
a. wegen in beheer bij de provincie,
b. lokale spoorwegen, voor zover gelegen buiten de gebieden die op grond van artikel 20, derde lid, van de Wet personenvervoer 2000 zijn aangewezen.
2. Provinciale staten kunnen deze bevoegdheid delegeren aan gedeputeerde staten.

Omgevingswet (toekomstig) **A72**

§ 2.3.4
Omgevingswaarden Rijk

Art. 2.14 (omgevingswaarden Rijk)
Bij algemene maatregel van bestuur kunnen, met inachtneming van de grenzen van artikel 2.3, derde lid, omgevingswaarden worden vastgesteld.

Art. 2.15 (verplichte omgevingswaarden Rijk)
1. Bij algemene maatregel van bestuur worden met het oog op het waarborgen van de veiligheid, het beschermen van de gezondheid, het beschermen van het milieu en het beheer van natuurlijke hulpbronnen in ieder geval omgevingswaarden vastgesteld voor:
a. de kwaliteit van de buitenlucht, waaronder de depositie en concentraties van verontreinigende stoffen in de buitenlucht, ook in verband met de blootstelling van de mens aan die stoffen, ter uitvoering van de richtlijn luchtkwaliteit en de richtlijn gevaarlijke stoffen in de lucht,
b. de chemische en ecologische kwaliteit van oppervlaktewaterlichamen en de chemische kwaliteit en kwantitatieve toestand van grondwaterlichamen, ter uitvoering van de kaderrichtlijn water, de grondwaterrichtlijn en de richtlijn prioritaire stoffen,
c. de kwaliteit van zwemwater, ter uitvoering van de zwemwaterrichtlijn,
d. de veiligheid van primaire waterkeringen,
e. de veiligheid van andere dan primaire waterkeringen, voor zover die in beheer zijn bij het Rijk.
2. Onze Minister van Infrastructuur en Waterstaat stelt bij besluit als omgevingswaarden geluidproductieplafonds vast aan weerszijden van bij ministeriële regeling aangewezen:
a. wegen in beheer bij het Rijk,
b. hoofdspoorwegen.
3. Als uitgangspunt voor het vaststellen van de omgevingswaarden, bedoeld in het eerste lid, onder d, geldt ten minste een beschermingsniveau waarmee in 2050 de kans om te overlijden als gevolg van een overstroming achter de primaire waterkering niet groter is dan 1 op 100.000 per jaar.
Een hoger beschermingsniveau wordt geboden op plaatsen waar sprake kan zijn van:
a. grote groepen dodelijke slachtoffers,
b. substantiële economische schade, of
c. ernstige schade door uitval van vitale en kwetsbare infrastructuur van nationaal belang.
4. Voor de toepassing van het eerste lid, onder d en e, worden bij ministeriële regeling:
a. voor daarbij aan te geven locaties nadere regels gesteld over het bepalen van de hydraulische belasting en de sterkte van de waterkering, en
b. de locaties begrensd waarop de omgevingswaarden van toepassing zijn.
5. De nadere regels, bedoeld in het vierde lid, onder a, worden voor primaire waterkeringen steeds na ten hoogste twaalf jaar herzien.

Art. 2.15a (omgevingswaarden stikstofdepositie)
1. Het percentage van het areaal van de voor stikstof gevoelige habitats in Natura 2000-gebieden waarop de depositie van stikstof niet groter is dan de hoeveelheid in mol per hectare per jaar waarboven verslechtering van de kwaliteit van die habitats niet op voorhand is uit te sluiten, bedraagt:
a. in 2025: ten minste 40%;
b. in 2030: ten minste 50%;
c. in 2035: ten minste 74%.
2. De in het eerste lid bedoelde omgevingswaarden zijn resultaatsverplichtingen.
3. In elk geval in 2028 wordt bezien of met het programma kan worden voldaan aan de omgevingswaarde voor 2035.
4. Uiterlijk in 2033 en vervolgens steeds uiterlijk twee jaar voor het verstrijken van de termijn waarbinnen aan de omgevingswaarde, bedoeld in het eerste lid, onder c, moet zijn voldaan, dient de regering een voorstel van wet in tot wijziging van het eerste lid ten behoeve van de vaststelling van de omgevingswaarde voor de volgende periode, zodat de depositie op termijn wordt verminderd tot een niveau dat nodig is voor een gunstige staat van instandhouding van de betrokken natuurlijke habitats en soorten op landelijk niveau.

AFDELING 2.4
TOEDELING VAN TAKEN EN AANWIJZING VAN LOCATIES

§ 2.4.1
Toedeling van specifieke taken aan gemeenten, waterschappen, provincies en Rijk

Art. 2.16 (gemeentelijke taken voor de fysieke leefomgeving)
1. Bij het gemeentebestuur berusten, naast de elders in deze wet en op grond van andere wetten aan dat bestuur toegedeelde taken voor de fysieke leefomgeving, de volgende taken:

a. op het gebied van het beheer van watersystemen en waterketenbeheer:
1°. de doelmatige inzameling van afvloeiend hemelwater, voor zover de houder het afvloeiend hemelwater redelijkerwijs niet op of in de bodem of een oppervlaktewaterlichaam kan brengen, en het transport en de verwerking daarvan,
2°. het treffen van maatregelen in het openbaar gemeentelijke gebied om structureel nadelige gevolgen van de grondwaterstand voor de op grond van deze wet aan de fysieke leefomgeving toegedeelde functies zoveel mogelijk te voorkomen of te beperken, voor zover het treffen van die maatregelen doelmatig is en niet op grond van artikel 2.17, 2.18 of 2.19 tot de taak van een waterschap, een provincie of het Rijk behoort,
3°. de inzameling en het transport van stedelijk afvalwater,
4°. het beheer van watersystemen, voor zover toegedeeld bij omgevingsverordening als bedoeld in artikel 2.18, tweede lid, of bij ministeriële regeling als bedoeld in artikel 2.20, derde lid,
5°. de zuivering van stedelijk afvalwater, in gevallen waarin toepassing is gegeven aan artikel 2.17, derde lid,
b. het behoeden van de staat en werking van openbare wegen, voor zover niet in beheer bij een waterschap, een provincie of het Rijk, voor nadelige gevolgen van activiteiten op of rond die wegen,
c. de beheersing van geluid afkomstig van wegen in beheer bij de gemeente, lokale spoorwegen, voor zover deze niet zijn aangewezen op grond van artikel 2.13a, eerste lid, aanhef en onder b, en industrieterreinen, voor zover deze niet zijn aangewezen op grond van artikel 2.12a, eerste lid.
2. Op grond van het eerste lid, onder a, onder 3°, wordt stedelijk afvalwater ingezameld en getransporteerd naar een zuiveringtechnisch werk als dat vrijkomt:
a. op de percelen, gelegen binnen een bebouwde kom van waaruit stedelijk afvalwater met een vervuilingswaarde van ten minste tweeduizend inwonerequivalenten als bedoeld in de richtlijn stedelijk afvalwater wordt geloosd, door middel van een openbaar vuilwaterriool,
b. op andere percelen, voor zover dit doelmatig kan worden uitgevoerd door middel van een openbaar vuilwaterriool.
3. In plaats van een openbaar vuilwaterriool en een zuiveringtechnisch werk kunnen andere passende systemen in beheer bij een gemeente, een waterschap of een rechtspersoon die door een gemeente of waterschap met het beheer is belast, worden toegepast, als daarmee hetzelfde niveau van het beschermen van het milieu wordt bereikt.

Art. 2.17 (waterschapstaken voor de fysieke leefomgeving)
1. Bij het waterschapsbestuur berusten, naast de elders in deze wet en op grond van andere wetten aan dat bestuur toegedeelde taken voor de fysieke leefomgeving, de volgende taken:
a. op het gebied van het beheer van watersystemen en het waterketenbeheer:
1°. het beheer van watersystemen, voor zover aan het waterschap toegedeeld bij provinciale verordening als bedoeld in artikel 2.18, tweede lid, of bij ministeriële regeling als bedoeld in artikel 2.20, derde lid,
2°. de zuivering van stedelijk afvalwater, gebracht in een openbaar vuilwaterriool, in een zuiveringtechnisch werk,
b. het behoeden van de staat en werking van openbare wegen voor nadelige gevolgen van activiteiten op of rond die wegen, voor zover het beheer van die wegen bij provinciale verordening is toegedeeld aan het waterschap,
c. de beheersing van geluid afkomstig van wegen als bedoeld onder b.
2. Het waterschapsbestuur kan een andere rechtspersoon belasten met de exploitatie van een zuiveringtechnisch werk.
3. Het waterschapsbestuur en het gemeentebestuur kunnen, in afwijking van het eerste lid, bij gezamenlijk besluit bepalen dat de zuiveringstaak, bedoeld in het eerste lid, onder a, onder 2°, tot de taak van de gemeente behoort, als dat doelmatiger is voor de zuivering van het stedelijk afvalwater.

Art. 2.18 (provinciale taken voor de fysieke leefomgeving)
1. Bij het provinciebestuur berusten, naast de elders in deze wet en op grond van andere wetten aan dat bestuur toegedeelde taken voor de fysieke leefomgeving, de volgende taken:
a. met inachtneming van de grenzen van artikel 2.3, tweede lid: de gebiedsgerichte coördinatie van de uitoefening van taken en bevoegdheden door gemeenten en waterschappen,
b. het voorkomen of beperken van geluid in stiltegebieden,
c. het beschermen van de kwaliteit van het grondwater in grondwaterbeschermingsgebieden, in verband met de winning daarvan voor de bereiding van voor menselijke consumptie bestemd water,
d. op het gebied van het beheer van watersystemen en het zwemwaterbeheer:
1°. het beheer van watersystemen, voor zover dat aan de provincie is toegedeeld bij omgevingsverordening als bedoeld in het tweede lid of bij ministeriële regeling als bedoeld in artikel 2.20, derde lid,

2°. het houden van toezicht op het beheer van watersystemen voor zover dat is toegedeeld aan de waterschappen, met uitzondering van het beheer van primaire waterkeringen,
3°. het beheer van de zwemwaterkwaliteit, in ieder geval door het nemen van beheersmaatregelen als bedoeld in artikel 2, zevende lid, van de zwemwaterrichtlijn, voor zover deze taak niet op grond van artikel 2.16, 2.17 of 2.19 berust bij een gemeente, een waterschap of het Rijk,
e. het behoeden van de staat en werking van de volgende infrastructuur voor nadelige gevolgen van activiteiten op of rond die infrastructuur:
1°. burgerluchthavens van regionale betekenis,
2°. lokale spoorweginfrastructuur,
3°. wegen in beheer bij de provincie,
f. de beheersing van geluid afkomstig van wegen en lokale spoorwegen die zijn aangewezen op grond van artikel 2.13a, eerste lid, en van industrieterreinen als toepassing is gegeven aan artikel 2.12a,
g. op het gebied van natuur:
1°. het behoud of herstel van dier- en plantensoorten die van nature in Nederland in het wild voorkomen, van hun biotopen en habitats, en van in Nederland voorkomende typen natuurlijke habitats, in overeenstemming met de internationaalrechtelijke verplichtingen,
2°. het zorg dragen voor het nemen van maatregelen:
– voor Natura 2000-gebieden, in overeenstemming met de vogelrichtlijn en de habitatrichtlijn, met uitzondering van Natura 2000-gebieden of gedeelten daarvan in bij algemene maatregel van bestuur aangewezen gevallen, en
– voor bijzondere nationale natuurgebieden, die nodig zijn voor het bereiken van de instandhoudingsdoelstellingen voor de onderscheiden gebieden, in bij algemene maatregel van bestuur aangewezen gevallen,
3°. de preventie en beheersing van de introductie en verspreiding van invasieve uitheemse soorten, in bij algemene maatregel van bestuur aangewezen gevallen.
2. Bij provinciale verordening wordt, met inachtneming van artikel 2, tweede lid, van de Waterschapswet, het beheer van regionale wateren toegedeeld aan waterschappen. Bij omgevingsverordening kan:
a. het beheer van regionale wateren worden toegedeeld aan andere openbare lichamen,
b. het beheer van vaarwegen worden toegedeeld aan waterschappen.
3. In afwijking van het eerste lid berust de taak, bedoeld in het eerste lid, onder e, aanhef en onder 2°, in gebieden die op grond van artikel 20, derde lid, van de Wet personenvervoer 2000 zijn aangewezen bij het dagelijks bestuur van het openbaar lichaam, bedoeld in dat lid.

Art. 2.19 (rijkstaken voor de fysieke leefomgeving)
1. Bij Onze Minister die het aangaat berusten, naast de elders in deze wet en op grond van andere wetten aan het Rijk toegedeelde taken voor de fysieke leefomgeving, de in het tweede tot en met vijfde lid genoemde taken.
2. De volgende taken voor watersystemen berusten bij Onze Minister van Infrastructuur en Waterstaat:
a. het beheer van rijkswateren,
b. het voorkomen of tegengaan van landwaartse verplaatsing van de kustlijn, voor zover dat volgens die minister nodig is om te voldoen aan een omgevingswaarde voor de veiligheid van primaire waterkeringen als bedoeld in artikel 2.15, eerste lid, onder d,
c. het houden van toezicht op het beheer van primaire waterkeringen door een waterschap of een ander openbaar lichaam,
d. het tot stand brengen en beschikbaar stellen van technische leidraden voor het ontwerp en het beheer van primaire waterkeringen.
3. De volgende taken voor infrastructuur en andere voorzieningen berusten bij Onze daarbij genoemde Minister:
a. bij Onze Minister van Infrastructuur en Waterstaat: het behoeden van de staat en werking van de volgende infrastructuur voor nadelige gevolgen van activiteiten op of rond die infrastructuur:
1°. de luchthaven Schiphol en overige burgerluchthavens van nationale betekenis,
2°. hoofdspoorweginfrastructuur en bijzondere spoorweginfrastructuur,
3°. wegen in beheer bij het Rijk,
4°. communicatie-, navigatie- en radarapparatuur buiten luchthavens als bedoeld onder 1°,
b. bij Onze Minister van Infrastructuur en Waterstaat: de beheersing van geluid afkomstig van wegen in beheer bij het Rijk en hoofdspoorwegen die zijn aangewezen op grond van artikel 2.15, tweede lid,
c. bij Onze Minister van Defensie: het behoeden van de staat en werking van de volgende infrastructuur van andere voorzieningen voor defensie en de nationale veiligheid voor nadelige gevolgen van activiteiten op of rond die infrastructuur of andere voorzieningen:
1°. militaire luchthavens,
2°. laagvliegroutes voor jacht- en transportvliegtuigen,

3°. militaire terreinen,
4°. munitieopslagplaatsen,
5°. radarstations en zend- en ontvangstinstallaties buiten militaire luchthavens.
4. Bij Onze Minister van Binnenlandse Zaken en Koninkrijksrelaties berust de taak van het houden van toezicht op de uitoefening van taken door een waterschap voor het digitaal stelsel, bedoeld in afdeling 20.5.
5. De volgende taken op het gebied van natuur berusten bij Onze daarbij genoemde Minister:
a. bij Onze Minister van Landbouw, Natuur en Voedselkwaliteit:
1°. het zorg dragen voor het nemen van maatregelen als bedoeld in artikel 2.18, eerste lid, onder g, onder 2°, tweede streep, voor bijzondere nationale natuurgebieden, behalve in de gevallen die zijn aangewezen bij algemene maatregel van bestuur als bedoeld in laatstgenoemd artikelonderdeel,
2°. het voor zover mogelijk opstellen van een kwantificering van de instandhoudingsdoelstellingen voor de in Natura 2000-gebieden en bijzondere nationale natuurgebieden te beschermen habitats en soorten,
3°. het opstellen van rode lijsten die inzicht geven in het uitroeiing bedreigde of speciaal gevaar lopende dier- en plantensoorten die van nature in Nederland voorkomen,
4°. de preventie en beheersing van de introductie en verspreiding van invasieve uitheemse soorten, met uitzondering van de gevallen die zijn aangewezen op grond van artikel 2.18, eerste lid, onder g, onder 3°,
b. bij Onze bij algemene maatregel van bestuur aangewezen Minister: het zorg dragen voor het nemen van maatregelen als bedoeld in artikel 2.18, eerste lid, onder g, onder 2°, eerste streep, voor Natura 2000-gebieden of gedeelten daarvan:
1°. die een oppervlaktewaterlichaam zijn dat in beheer is bij het Rijk,
2°. die voor militaire doeleinden worden gebruikt,
3°. die in beheer zijn bij een van Onze andere Ministers dan Onze Minister van Landbouw, Natuur en Voedselkwaliteit, of eigendom zijn van de Staat der Nederlanden, in bij algemene maatregel van bestuur aangewezen gevallen.

§ 2.4.2
Aanwijzing van locaties

Art. 2.20 (aanwijzing en begrenzing van rijkswateren)
1. Bij algemene maatregel van bestuur worden voor de toepassing van deze wet, met inachtneming van de grenzen van artikel 2.3, derde lid, de waterkeringen en oppervlaktewaterlichamen of onderdelen daarvan aangewezen die behoren tot de rijkswateren.
2. Bij ministeriële regeling worden de waterkeringen en oppervlaktewaterlichamen of onderdelen daarvan die behoren tot de rijkswateren geometrisch begrensd.
3.
Bij ministeriële regeling kunnen rijkswateren worden aangewezen waarvan het beheer, in afwijking van het eerste lid, geheel of gedeeltelijk berust bij daarbij aangegeven niet tot het Rijk behorende openbare lichamen.

Art. 2.21 (grondslag aanwijzing en begrenzing van andere locaties)
1. Bij ministeriële regeling kunnen voor de toepassing van deze wet, met inachtneming van de grenzen van artikel 2.3, derde lid, andere locaties dan bedoeld in artikel 2.20 worden aangewezen en geometrisch begrensd.
2. Op grond van het eerste lid worden in ieder geval de volgende locaties aangewezen:
a. de Nederlandse delen van de stroomgebiedsdistricten Rijn, Maas, Schelde en Eems, met inbegrip van de toedeling van grondwaterlichamen aan die stroomgebiedsdistricten, bedoeld in de kaderrichtlijn water,
b. de zones en agglomeraties, bedoeld in de richtlijn omgevingslawaai, de richtlijn luchtkwaliteit en de richtlijn gevaarlijke stoffen in de lucht.

Art. 2.21a (aanwijzing en begrenzing van beperkingengebieden)
1. Op grond van artikel 2.21, eerste lid, worden in ieder geval aangewezen en geometrisch begrensd de beperkingengebieden met betrekking tot:
a. wegen in beheer bij het Rijk,
b. waterstaatswerken in beheer bij het Rijk,
c. hoofdspoorweginfrastructuur,
d. installaties in een waterstaatswerk, anders dan mijnbouwinstallaties.
2. Zolang geen toepassing is gegeven aan het eerste lid, bestaan de beperkingengebieden uit de locatie van het werk of object waarvoor het beperkingengebied wordt aangewezen en de locaties die binnen een bij algemene maatregel van bestuur bepaalde afstand rond dat werk of object liggen.
3. Het beperkingengebied met betrekking tot een mijnbouwinstallatie in een waterstaatswerk bestaat uit de mijnbouwinstallatie en de locaties die binnen een bij algemene maatregel van

bestuur, in overeenstemming met artikel 2, onder 26, van de richtlijn offshore veiligheid, bepaalde afstand rond die installatie liggen.

AFDELING 2.5
INSTRUCTIEREGELS EN INSTRUCTIES

§ 2.5.1
Doorwerking van beleid door instructieregels

Art. 2.22 (grondslag algemene instructieregels provincie)
1. Bij omgevingsverordening kunnen, met inachtneming van de grenzen van artikel 2.3, tweede lid, regels worden gesteld over de uitoefening van taken of bevoegdheden door bestuursorganen om te voldoen aan bij omgevingsverordening vastgestelde omgevingswaarden of voor het bereiken van andere doelstellingen voor de fysieke leefomgeving.
2. In plaats van provinciale staten kunnen gedeputeerde staten in de omgevingsverordening regels stellen over:
a. de geometrische begrenzing van locaties of concretisering van de uitoefening van een taak of bevoegdheid waarop de regel ziet, of
b. uitvoeringstechnische, administratieve en meet- of rekenvoorschriften.

Art. 2.23 (inhoud instructieregels provincie)
1. Regels op grond van artikel 2.22 kunnen alleen worden gesteld over:
a. de inhoud of motivering van:
1°. een programma van gedeputeerde staten als bedoeld in de artikelen 3.4 en 3.8 of een programma als bedoeld in artikel 3.6, 3.7 of paragraaf 3.2.4 dat niet door een bestuursorgaan van het Rijk wordt vastgesteld,
2°. een omgevingsplan of waterschapsverordening,
3°. een maatwerkvoorschrift,
4°. een projectbesluit van gedeputeerde staten of het dagelijks bestuur van het waterschap,
5°. een besluit tot het buiten toepassing laten van regels als bedoeld in artikel 5.53, derde lid,
6°. een legger, met inbegrip van een technisch beheerregister, of peilbesluit als bedoeld in artikel 2.39 of 2.41, die of dat niet door een bestuursorgaan van het Rijk wordt vastgesteld,
b. de uitoefening van een taak als bedoeld in artikel 2.16, 2.17 of 2.18.
2. De regels kunnen dienen ter uitvoering van een programma van gedeputeerde staten als bedoeld in paragraaf 3.2.4.
3. Regels over de inhoud of motivering van een omgevingsplan of waterschapsverordening kunnen alleen worden gesteld over:
a. de uitoefening van taken als bedoeld in paragraaf 2.4.1, waaronder regels over op te nemen of opgenomen omgevingswaarden, omgevingsvergunningen voor een omgevingsplanactiviteit en omgevingsvergunningen als bedoeld in artikel 5.3,
b. in een omgevingsplan opgenomen andere dan onder a bedoelde omgevingswaarden,
c. op te nemen of opgenomen regels:
1°. in een omgevingsplan als bedoeld in artikel 4.2, eerste lid,
2°. als bedoeld in artikel 4.6,
3°. over monitoring als bedoeld in de artikelen 20.1 en 20.2 en gegevensverzameling als bedoeld in artikel 20.6
4. Bij de regels kan een termijn worden gesteld waarbinnen uitvoering moet zijn gegeven aan de regels.
5. Bij de regels wordt bepaald in welke gevallen en onder welke voorwaarden van de regels kan worden afgeweken als de toepassing van de regels niet toereikend is voor, of in de weg staat aan, het bereiken van de doelen van de wet.

Art. 2.24 (grondslag algemene instructieregels Rijk)
1. Bij algemene maatregel van bestuur kunnen, met inachtneming van de grenzen van artikel 2.3, derde lid, regels worden gesteld over de uitoefening van taken of bevoegdheden door bestuursorganen om te voldoen aan bij algemene maatregel van bestuur of in deze wet vastgestelde omgevingswaarden of voor het bereiken van andere doelstellingen voor de fysieke leefomgeving.
2. In afwijking van het eerste lid kunnen de regels bij ministeriële regeling worden gesteld als deze inhouden:
a. de aanwijzing of begrenzing van een locatie of anderszins de geometrische begrenzing of concretisering van de uitoefening van een taak of bevoegdheid waarop de regel ziet, of
b. uitvoeringstechnische, administratieve en meet- of rekenvoorschriften.
3. Regels als bedoeld in het eerste en tweede lid kunnen ook betrekking hebben op de uitoefening van de taak, bedoeld in artikel 2.19, derde lid, onder b, door de beheerder, bedoeld in artikel 1, eerste lid, van de Spoorwegwet.

Art. 2.25 (inhoud instructieregels Rijk)
1. Regels op grond van artikel 2.24 kunnen alleen worden gesteld over:

a. de inhoud of motivering van:
1°. een programma als bedoeld in paragraaf 3.2.2, artikel 3.14a of paragraaf 3.2.4,
2°. een omgevingsplan, waterschapsverordening of omgevingsverordening,
3°. een maatwerkvoorschrift,
4°. een projectbesluit,
5°. een besluit tot het buiten toepassing laten van regels als bedoeld in artikel 5.53, derde of vierde lid,
6°. een legger, met inbegrip van een technisch beheerregister, of peilbesluit als bedoeld in artikel 2.39 of 2.41,
7°. een calamiteitenplan als bedoeld in artikel 19.14,
8°. een monitoringsprogramma als bedoeld in artikel 20.2, vierde lid,
9°. een besluit tot vaststelling van geluidproductieplafonds als omgevingswaarden als bedoeld in artikel 2.12a, eerste lid, 2.13a, eerste lid, of 2.15, tweede lid, of een besluit tot vaststelling van geluidwerende maatregelen als bedoeld in artikel 2.43,
10°. een besluit tot aanwijzing van natuurgebieden als bedoeld in artikel 2.44,
11°. een besluit tot erkenning op grond van artikel 4.32, tweede lid, onder a,
12°. een plan als bedoeld in artikel 16.53c,
13°. een handeling of besluit als bedoeld in artikel 2.46, eerste of derde lid,
b. de uitoefening van een taak als bedoeld in paragraaf 2.4.1, de uitoefening van een bevoegdheid als bedoeld in artikel 2.44, eerste tot en met vierde lid, 2.38 of 2.45 of het treffen van maatregelen als bedoeld in artikel 3.10, tweede lid, onder b, onder 2°.
2. De regels kunnen dienen ter uitvoering van een programma van Onze Minister die het aangaat als bedoeld in paragraaf 3.2.4.
3. Regels over de inhoud of motivering van een omgevingsplan, waterschapsverordening of omgevingsverordening kunnen alleen worden gesteld over:
a. de uitoefening van taken als bedoeld in paragraaf 2.4.1, waaronder regels over op te nemen of opgenomen omgevingswaarden, omgevingsvergunningen voor een omgevingsplanactiviteit en omgevingsvergunningen als bedoeld in artikel 5.3 of 5.4,
b. in een omgevingsplan of omgevingsverordening opgenomen andere dan onder a bedoelde omgevingswaarden,
c. op te nemen of opgenomen regels:
1°. in een omgevingsverordening als bedoeld in artikel 2.22, 5.19, eerste lid, 5.34, derde lid, onder c, onder 1°, 8.1, vierde lid, of 8.2, vierde lid,
2°. in een omgevingsplan als bedoeld in artikel 4.2, eerste lid,
3°. in een omgevingsplan over bouwactiviteiten,
4°. in een omgevingsplan als bedoeld in artikel 16.55, vierde lid,
5°. als bedoeld in artikel 4.6,
6°. over monitoring als bedoeld in de artikelen 20.1 en 20.2 en gegevensverzameling als bedoeld in artikel 20.6.
4. Bij de regels kan een termijn worden gesteld waarbinnen uitvoering moet zijn gegeven aan de regels.
5. Bij de regels wordt bepaald in welke gevallen en onder welke voorwaarden van de regels kan worden afgeweken als de toepassing van de regels niet toereikend is voor, of in de weg staat aan, het bereiken van de doelen van de wet.
6. Onverminderd het derde lid, onder c, kunnen de regels over een omgevingsverordening inhouden dat bij die verordening:
a. afwijkende regels kunnen worden gesteld,
b. nadere regels worden of kunnen worden gesteld.

Art. 2.26 (verplichte instructieregels Rijk programma's)
1. Regels op grond van artikel 2.24 worden met het oog op het waarborgen van de veiligheid, het beschermen van de gezondheid, het beschermen van het milieu, de natuurbescherming en het beheer van watersystemen en natuurgebieden in ieder geval gesteld over programma's als bedoeld in paragraaf 3.2.2 die voortvloeien uit internationaalrechtelijke verplichtingen.
2. De regels strekken mede ter voorkoming of beperking van achteruitgang van de staat of kwaliteit van de fysieke leefomgeving.
3. De regels strekken in ieder geval tot uitvoering van de:
a. grondwaterrichtlijn,
b. habitatrichtlijn,
c. kaderrichtlijn mariene strategie,
d. kaderrichtlijn maritieme ruimtelijke planning,
e. kaderrichtlijn water,
f. nec-richtlijn,
g. richtlijn luchtkwaliteit,
h. richtlijn omgevingslawaai,
i. richtlijn overstromingsrisico's,

j. vogelrichtlijn.

Art. 2.27 (verplichte instructieregels Rijk omgevingsverordening)
Regels op grond van artikel 2.24 worden in ieder geval gesteld over omgevingsverordeningen met het oog op:
a. het behoud van cultureel erfgoed,
b. het behoud van de uitzonderlijke universele waarde van werelderfgoed, in ieder ter uitvoering van het werelderfgoedverdrag,
c. het beschermen van de gezondheid en het beschermen van het milieu, met betrekking tot het voorkomen of beperken van geluid in stiltegebieden,
d. het beschermen van de gezondheid, het beschermen van het milieu, het beheer van natuurlijke hulpbronnen en het duurzaam veiligstellen van de openbare drinkwatervoorziening, met betrekking tot het beschermen van de kwaliteit van regionale wateren waaruit water voor de bereiding van voor menselijke consumptie bestemd water wordt gewonnen, in ieder geval ter uitvoering van de kaderrichtlijn water,
e. het behoeden van de staat en werking van:
1°. burgerluchthavens van regionale betekenis,
2°. lokale spoorweginfrastructuur buiten de gebieden die op grond van artikel 20, derde lid, van de Wet personenvervoer 2000 zijn aangewezen en voor zover voor die infrastructuur geen toepassing is gegeven aan artikel 4, derde lid, van de Wet lokaal spoor, voor nadelige gevolgen van activiteiten op of rond die infrastructuur,
f. het beschermen van de gezondheid, met betrekking tot de beheersing van geluid afkomstig van wegen en lokale spoorwegen.

Art. 2.28 (verplichte instructieregels Rijk omgevingsplan en projectbesluit)
Regels op grond van artikel 2.24 worden in ieder geval gesteld over omgevingsplannen en projectbesluiten met het oog op:
a. het behoud van cultureel erfgoed, met inbegrip van bekende of aantoonbaar te verwachten archeologische monumenten, in ieder geval ter uitvoering van het Europees landschapsverdrag, het verdrag van Granada en het verdrag van Valletta,
b. het behoud van de uitzonderlijke universele waarde van wereld-erfgoed, in ieder geval ter uitvoering van het werelderfgoedverdrag,
c. het waarborgen van de veiligheid, het beschermen van de gezondheid en het beschermen van het milieu, met betrekking tot de externe veiligheidsrisico's van opslag, productie, gebruik en vervoer van gevaarlijke stoffen, in ieder geval ter uitvoering van de Seveso-richtlijn,
d. het beschermen van de gezondheid, met betrekking tot de beheersing van geluid afkomstig van wegen, spoorwegen en industrieterreinen,
e. het behoeden van de staat en werking van de infrastructuur of voorzieningen, bedoeld in artikel 2.19, derde lid, onder a, onder 4°, en onder c, onder 2° tot en met 5°, voor nadelige gevolgen van activiteiten op of rond die infrastructuur of voorzieningen,
f. het behoeden van de staat en werking van lokale spoorweginfrastructuur binnen de gebieden die op grond van artikel 20, derde lid, van de Wet personenvervoer 2000 zijn aangewezen voor nadelige gevolgen van activiteiten op of rond die infrastructuur,
g. het bij nieuwe ontwikkelingen bevorderen van de toegankelijkheid van de openbare buitenruimte voor personen,
h. het uitsluiten van het gebruik van locaties op de Waddeneilanden en in de Waddenzee voor een mijnbouwwerk voor het opsporen of winnen van delfstoffen,
i. het beschermen van de gezondheid en het milieu, met betrekking tot het beschermen van de bodem of het voorkomen van onaanvaardbare risico's voor de gezondheid vanwege het gebruik van de bodem,
j. het aanwijzen van locaties waarbinnen:
1°. de jacht niet mag worden uitgeoefend met gebruikmaking van een geweer,
2°. de in artikel 4.3 bedoelde regels over het vellen van houtopstanden niet van toepassing zijn.

Art. 2.29 (verplichte instructieregels Rijk omgevingsplan en projectbesluit voor luchthavens)
1. Regels op grond van artikel 2.24 worden in ieder geval gesteld over omgevingsplannen en projectbesluiten met het oog op het waarborgen van de veiligheid en het beschermen van de gezondheid rond luchthavens, het behoeden van de staat en werking van luchthavens en een evenwichtige toedeling van functies aan locaties in de directe omgeving daarvan. De regels worden in ieder geval gesteld ter uitvoering van het verdrag van Chicago.
2. De regels gaan in ieder geval over:
a. het in het omgevingsplan of projectbesluit opnemen van het luchthavengebied behorend bij:
1°. de luchthaven Schiphol,
2°. de overige burgerluchthavens van nationale betekenis waarvoor een luchthavenbesluit geldt,
3°. de militaire luchthavens waarvoor een luchthavenbesluit geldt,

b. de functie en activiteiten van de grond binnen het luchthavengebied, bedoeld onder a, voor zover die regels nodig zijn voor het gebruik van het gebied als luchthaven,
c. het in het omgevingsplan of projectbesluit opnemen van het beperkingengebied behorend bij de luchthavens, bedoeld onder a, en het beperkingengebied, bedoeld in artikel 8a.54 in samenhang met artikel 8a.55 van de Wet luchtvaart, behorend bij buitenlandse luchthavens,
d. de beperkingen voor de functie en activiteiten binnen het beperkingengebied, bedoeld onder c, voor zover die regels nodig zijn met het oog op de vliegveiligheid of in verband met het externe veiligheidsrisico en het geluid veroorzaakt door het luchthavenluchtverkeer.
3. In afwijking van artikel 2.25, eerste en derde lid, kunnen de regels over burgerluchthavens van regionale betekenis waarvoor een luchthavenbesluit geldt ook een opdracht bevatten tot het in het luchthavenbesluit overnemen van die regels of het in het luchthavenbesluit stellen van nadere regels.

Art. 2.29a (verplichte instructieregels Rijk geluidproductieplafonds)
Regels op grond van artikel 2.24 worden in ieder geval gesteld over besluiten tot vaststelling van geluidproductieplafonds als omgevingswaarden met het oog op het beschermen van de gezondheid.

Art. 2.30 (verplichte instructieregels Rijk zwemlocaties)
Regels op grond van artikel 2.24 worden met het oog op het waarborgen van de veiligheid en het beschermen van de gezondheid in ieder geval gesteld over:
a. de aanwijzing van zwemlocaties ter uitvoering van de zwemwaterrichtlijn,
b. de uitoefening van de taken voor zwemlocaties, bedoeld in artikel 2.18, eerste lid, onder d, onder 3°, en de bevoegdheid, bedoeld in artikel 2.38,
c. de vaststelling door gedeputeerde staten van het badseizoen, bedoeld in artikel 2, onder 6, van de zwemwaterrichtlijn.

Art. 2.31 (verplichte instructieregels Rijk stedelijk afvalwater)
1. Regels op grond van artikel 2.24 worden met het oog op het beschermen van de gezondheid en het beheer van watersystemen in ieder geval gesteld over het ontwerp, de bouw en het onderhoud van openbare vuilwaterriolen.
2. De regels worden in ieder geval gesteld ter uitvoering van de richtlijn stedelijk afvalwater.

Art. 2.31a (verplichte instructieregels Rijk natuurgebieden, flora en fauna)
1. Regels op grond van artikel 2.24 worden met het oog op de bescherming, het herstel en de ontwikkeling van natuur en landschap in ieder geval gesteld over:
a. het behoud of herstel van de staat van instandhouding van diersoorten, plantensoorten, biotopen en habitats ter voldoening aan internationaalrechtelijke verplichtingen,
b. de aanwijzing, de instandhoudingsdoelstellingen en de bescherming van Natura 2000-gebieden,
c. de aanwijzing, de instandhoudingsdoelstellingen en de bescherming van bijzondere nationale natuurgebieden, voor zover noodzakelijk ter uitvoering van de vogelrichtlijn en de habitatrichtlijn,
d. de aanwijzing en bescherming van gebieden, behorende tot het natuurnetwerk Nederland, voor zover noodzakelijk ter voldoening aan internationaalrechtelijke verplichtingen,
e. de aanwijzing van nationale parken,
f. de vaststelling door bestuursorganen van plannen als bedoeld in artikel 6, derde lid, van de habitatrichtlijn.
2. Regels als bedoeld in artikel 2.25, eerste lid, onder a, onder 13°, kunnen met het oog op de bescherming, het herstel en de ontwikkeling van natuur of met het oog op andere maatschappelijke behoeften worden gesteld over:
a. het registreren van stikstofdepositieruimte,
b. het reserveren en toedelen van stikstofdepositieruimte voor Natura 2000-activiteiten.

Art. 2.32 (ontheffing instructieregels)
1. Bij een regel op grond van artikel 2.22, eerste lid, kan worden bepaald dat gedeputeerde staten, op verzoek van een bestuursorgaan van een gemeente of waterschap, ontheffing kunnen verlenen van die regel.
2. Bij een regel op grond van artikel 2.24, eerste lid, kan worden bepaald dat Onze Minister die het aangaat, op verzoek van een bestuursorgaan van een gemeente, waterschap of provincie, ontheffing kan verlenen van die regel. Bij de regel kan worden bepaald dat voor het besluit tot het verlenen van een ontheffing overeenstemming is vereist met Onze Minister die het aangaat of Onze Minister van Binnenlandse Zaken en Koninkrijksrelaties.
3. Bij een regel op grond van artikel 2.24, eerste lid, kan worden bepaald dat gedeputeerde staten, op verzoek van een bestuursorgaan van een gemeente of waterschap, ontheffing kunnen verlenen van die regel, als de aanwijzing of begrenzing van een locatie waarop die regel ziet, wordt bepaald in een bestuursorgaan van de provincie.
4. Als bij een regel als bedoeld in artikel 2.25, zesde lid, is bepaald dat bij omgevingsverordening van een regel kan worden afgeweken of nadere regels worden of kunnen worden gesteld, kan

Omgevingswet (toekomstig)   A72

daarbij ook worden bepaald dat gedeputeerde staten op verzoek van een bestuursorgaan van een gemeente of waterschap ontheffing kunnen verlenen van die regel of nadere regels.
5. Een ontheffing wordt alleen verleend als de uitoefening van de taak of bevoegdheid waarvoor ontheffing wordt gevraagd onevenredig wordt belemmerd in verhouding tot het belang dat wordt gediend met de regel waarvan ontheffing is gevraagd.
6. Aan een ontheffing kunnen voorschriften worden verbonden. In de ontheffing kan worden bepaald dat deze geldt voor een daarbij gestelde termijn.

§ 2.5.2
Doorwerking van beleid door instructies

Art. 2.33 (grondslag instructie provincie)
1. Gedeputeerde staten kunnen, met inachtneming van de grenzen van artikel 2.3, tweede lid, de gemeenteraad of het waterschapsbestuur waarvan het beheergebied geheel of grotendeels in de betrokken provincie is gelegen een instructie geven over de uitoefening van een taak of bevoegdheid.
2. Een instructie kan alleen worden gegeven aan:
a. de gemeenteraad over het stellen van regels in een omgevingsplan als bedoeld in artikel 4.2, eerste lid, als dat nodig is met het oog op een evenwichtige toedeling van functies aan locaties,
b. het waterschapsbestuur, als dat nodig is voor een doelmatige beheersing van het geluid afkomstig van wegen als bedoeld in artikel 2.17, eerste lid, onder c,
c. het waterschapsbestuur, als dat nodig is voor een samenhangend en doelmatig regionaal waterbeheer,
d. het dagelijks bestuur van het waterschap over een projectbesluit, als dat nodig is met het oog op een evenwichtige toedeling van functies aan locaties.
3. Op het geven van een instructie is artikel 2.23, tweede en vierde lid, van overeenkomstige toepassing.
4. Een instructie kan niet worden gegeven als toepassing kan worden gegeven aan:
a. artikel 124, 124a of 273a van de Gemeentewet, of
b. artikel 156, eerste lid, van de Waterschapswet.

Art. 2.34 (grondslag instructie Rijk)
1. Onze Minister die het aangaat, in overeenstemming met Onze Minister van Binnenlandse Zaken en Koninkrijksrelaties, kan, met inachtneming van de grenzen van artikel 2.3, derde lid, een instructie geven aan het provinciebestuur, het gemeentebestuur of het waterschapsbestuur over de uitoefening van een taak of bevoegdheid.
2. Een instructie kan alleen worden gegeven aan:
a. provinciale staten over het stellen van regels in een omgevingsverordening als bedoeld in artikel 2.22 of 4.1, eerste lid, als dat nodig is met het oog op een evenwichtige toedeling van functies aan locaties,
b. gedeputeerde staten over een projectbesluit, als dat nodig is met het oog op een evenwichtige toedeling van functies aan locaties,
c. provinciale staten over een besluit tot vaststelling van geluidproductieplafonds als omgevingswaarden rondom industrieterreinen waarop zich voorzieningen voor defensie bevinden, als toepassing is gegeven aan artikel 2.12a, eerste lid.
d. de gemeenteraad over het stellen van regels in een omgevingsplan als bedoeld in artikel 4.2, eerste lid, als dat nodig is met het oog op een evenwichtige toedeling van functies aan locaties,
e. het dagelijks bestuur van het waterschap over een projectbesluit, als dat nodig is met het oog op een evenwichtige toedeling van functies aan locaties.
3. In aanvulling op het tweede lid kan Onze Minister van Infrastructuur en Waterstaat een instructie geven aan het provinciebestuur of het waterschapsbestuur over de uitoefening van een taak of bevoegdheid op het gebied van het beheer van watersystemen of het waterketenbeheer, als dat nodig is voor een samenhangend en doelmatig waterbeheer.
4. In aanvulling op het tweede lid kan Onze Minister van Onderwijs, Cultuur en Wetenschap, in overeenstemming met Onze Minister van Binnenlandse Zaken en Koninkrijksrelaties, een instructie geven aan de gemeenteraad tot het in het omgevingsplan voor een locatie opnemen van de functie-aanduiding rijksbeschermd stads- of dorpsgezicht en tot het daarbij bepalen dat wordt voorzien in het beschermen van het stads- of dorpsgezicht, als dat nodig is voor het behoud van cultureel erfgoed.
5. Op het geven van een instructie is artikel 2.25, tweede en vierde lid, van overeenkomstige toepassing.
6. Een instructie kan niet worden gegeven als toepassing kan worden gegeven aan:
a. artikel 124a, 124b of 268 van de Gemeentewet,
b. artikel 121 of 261 van de Provinciewet, of
c. de Wet Naleving Europese regelgeving publieke entiteiten.

Art. 2.35 (toepassing instructie)
1. Een instructie kan niet worden gegeven als deze is bedoeld voor herhaalde uitvoering door verschillende bestuursorganen.
2. Een instructie met het oog op een belang als bedoeld in artikel 2.3, tweede lid, onder a, of derde lid, onder a, kan alleen worden gegeven als het belang is aangegeven in een door een bestuursorgaan van de provincie of het Rijk openbaar gemaakt document.

§ 2.5.3
Indeplaatstreding en vernietiging waterschapsbeslissingen

Art. 2.36 (bevoegdheid tot indeplaatstreding)
1. Gedeputeerde staten kunnen namens het waterschapsbestuur en ten laste van het waterschap voorzien in het gevorderde als het waterschapsbestuur:
   a. niet binnen de daarvoor gestelde termijn uitvoering geeft aan een instructie op grond van artikel 2.33 of artikel 12.18,
   b. een bij of krachtens afdeling 18.3 gevorderde beslissing niet of niet naar behoren neemt of een bij of krachtens die afdeling gevorderde handeling niet of niet naar behoren verricht.
2. Onze Minister die het aangaat kan namens het waterschapsbestuur en ten laste van het waterschap voorzien in het gevorderde als het waterschapsbestuur:
   a. niet binnen de daarvoor gestelde termijn uitvoering geeft aan een instructie op grond van artikel 2.34,
   b. een bij of krachtens hoofdstuk 18 gevorderde beslissing niet of niet naar behoren neemt of een bij of krachtens hoofdstuk 18 gevorderde handeling niet of niet naar behoren verricht,
   c. niet of niet naar behoren uitvoering geeft aan een op grond van afdeling 20.5 opgedragen taak.
3. Op de uitoefening van de bevoegdheid, bedoeld in het tweede lid, zijn de artikelen 121, tweede en vierde lid, en 121a tot en met 121e van de Provinciewet van overeenkomstige toepassing.

Art. 2.37 (vernietiging waterschapsbeslissingen door het Rijk)
1. Een besluit of een niet-schriftelijke beslissing gericht op enig rechtsgevolg van het waterschapsbestuur kan bij koninklijk besluit worden vernietigd als het besluit of de beslissing is genomen in strijd met:
   a. een regel op grond van artikel 2.24 of een instructie op grond van artikel 2.34,
   b. het bepaalde bij of krachtens hoofdstuk 18.
2. Op een vernietiging zijn de artikelen 266 tot en met 274a van de Provinciewet van overeenkomstige toepassing. Op de vernietiging van een niet-schriftelijke beslissing gericht op enig rechtsgevolg zijn de afdelingen 10.2.2 en 10.2.3 van de Algemene wet bestuursrecht van overeenkomstige toepassing.

AFDELING 2.6
BIJZONDERE TAKEN EN BEVOEGDHEDEN

§ 2.6.1
Bijzondere beheertaken en -bevoegdheden water, waterstaatswerken en wegen

Art. 2.38 (zwemverbod en negatief zwemadvies)
Gedeputeerde staten zijn bevoegd voor oppervlaktewaterlichamen een negatief zwemadvies te geven of een zwemverbod in te stellen met het oog op het waarborgen van de veiligheid of het beschermen van de gezondheid.

Art. 2.39 (legger)
1. De beheerder van waterstaatswerken stelt een legger vast, waarin is omschreven waaraan die waterstaatswerken naar ligging, vorm, afmeting en constructie moeten voldoen.
2. Het eerste lid is niet van toepassing op waterstaatswerken die op grond van artikel 2.18, tweede lid, of 2.20, derde lid, in beheer zijn bij een ander openbaar lichaam dan een waterschap of het Rijk.
3. Als bijlage bij de legger wordt voor primaire waterkeringen of waterkeringen waarvoor omgevingswaarden zijn vastgesteld als bedoeld in artikel 2.13, eerste lid, onder a, of 2.15, eerste lid, onder e, een technisch beheerregister opgenomen, waarin de voor het behoud van het waterkerend vermogen kenmerkende gegevens van de constructie en de feitelijke toestand nader zijn omschreven.
4. Bij of krachtens omgevingsverordening of, voor waterstaatswerken in beheer bij het Rijk, algemene maatregel van bestuur, kan vrijstelling worden verleend van de in het eerste lid bedoelde verplichtingen voor waterstaatswerken die zich naar hun aard of functie niet lenen voor het omschrijven van die elementen, of die geringe afmetingen hebben.

Art. 2.40 (toegangsverbod waterstaatswerken en wegen)
1. Onze Minister van Infrastructuur en Waterstaat kan de toegang tot een waterstaatswerk of een weg in beheer bij het Rijk beperken of verbieden door dat ter plaatse, of op een andere geschikte wijze, bekend te maken.
2. Het eerste lid is niet van toepassing op het gebruik door het openbaar verkeer.

Art. 2.41 (peilbesluit)
1. Het waterschapsbestuur of het bevoegde bestuursorgaan van een ander openbaar lichaam waarbij op grond van artikel 2.18, tweede lid, watersystemen in beheer zijn, stelt een of meer peilbesluiten vast voor de bij omgevingsverordening aangewezen oppervlaktewaterlichamen, grondwaterlichamen of onderdelen daarvan die deel uitmaken van die watersystemen.
2. Onze Minister van Infrastructuur en Waterstaat stelt een of meer peilbesluiten vast voor bij algemene maatregel van bestuur aangewezen oppervlaktewaterlichamen, grondwaterlichamen of onderdelen daarvan, die behoren tot de rijkswateren.
3. Een peilbesluit voorziet in de vaststelling van waterstanden of bandbreedten waarbinnen waterstanden kunnen variëren, die gedurende daarbij aangegeven perioden of omstandigheden zoveel mogelijk in stand worden gehouden.

Art. 2.42 (rangorde bij waterschaarste)
1. Bij algemene maatregel van bestuur wordt de rangorde van maatschappelijke en ecologische behoeften vastgesteld, die bij waterschaarste of dreigende waterschaarste bepalend is voor de verdeling van het beschikbare oppervlaktewater.
2. Bij of krachtens de maatregel en, als dat bij de maatregel is bepaald, bij omgevingsverordening kunnen nadere regels over de rangorde worden gesteld. Bij die regels kan de rangorde van overeenkomstige toepassing worden verklaard op het beschikbare grondwater.

§ 2.6.2
Bijzondere bevoegdheden geluid

Art. 2.43 (geluidwerende maatregelen aan gebouwen)
1. Het college van burgemeester en wethouders, het dagelijks bestuur van het waterschap, gedeputeerde staten en Onze Minister van Infrastructuur en Waterstaat bepalen bij besluit of, en zo ja, welke maatregelen aan een gebouw worden getroffen ter beperking van het geluid in het gebouw. De eerste zin is alleen van toepassing in bij algemene maatregel van bestuur aangewezen gevallen.
2. Het besluit wordt ingetrokken in gevallen of op gronden die bij algemene maatregel van bestuur worden bepaald.

§ 2.6.3
Bijzondere bevoegdheden natuur en landschap

Art. 2.44 (aanwijzing natuurgebieden en landschappen)
1. Onze Minister van Landbouw, Natuur en Voedselkwaliteit wijst ter uitvoering van de vogelrichtlijn of de habitatrichtlijn Natura 2000-gebieden aan en stelt daarbij instandhoudingsdoelstellingen voor die gebieden vast.
2. Onze Minister van Landbouw, Natuur en Voedselkwaliteit kan ter uitvoering van de vogelrichtlijn of de habitatrichtlijn bijzondere nationale natuurgebieden aanwijzen en instandhoudingsdoelstellingen voor die gebieden vaststellen.
3. Onze Minister van Landbouw, Natuur en Voedselkwaliteit kan nationale parken aanwijzen.
4. Bij omgevingsverordening worden de gebieden aangewezen die behoren tot het natuurnetwerk Nederland.
5. Bij omgevingsverordening kunnen gebieden, met uitzondering van Natura 2000- gebieden of gebieden als bedoeld in het vierde lid, worden aangewezen als bijzondere provinciale natuurgebieden en bijzondere provinciale landschappen.

Art. 2.45 (toegangsbeperking natuurgebieden)
1. Gedeputeerde staten kunnen de toegang tot een Natura 2000-gebied geheel of gedeeltelijk beperken of verbieden.
2. De bevoegdheid, bedoeld in het eerste lid, berust bij Onze Minister van Landbouw, Natuur en Voedselkwaliteit als een Natura 2000-gebied geheel of gedeeltelijk wordt beheerd door een van Onze andere Ministers dan Onze Minister van Landbouw, Natuur en Voedselkwaliteit.
3. Onze Minister van Landbouw, Natuur en Voedselkwaliteit kan de toegang tot een bijzonder nationaal natuurgebied geheel of gedeeltelijk beperken of verbieden.
4. De bevoegdheid, bedoeld in het derde lid, berust bij gedeputeerde staten in gevallen waarin dat bij algemene maatregel van bestuur is bepaald.

A72

Omgevingswet (toekomstig)

Art. 2.46 (stikstofdepositieruimte)
1. Onze Minister van Landbouw, Natuur en Voedselkwaliteit of een door hem aangewezen bestuursorgaan, kan stikstofdepositieruimte registreren die beschikbaar is voor toedeling aan Natura 2000-activiteiten die stikstofdepositie veroorzaken.
2. Stikstofdepositieruimte wordt alleen geregistreerd als aanvullende maatregelen zijn getroffen ten opzichte van de in het beheerplan voor het desbetreffende Natura 2000-gebied opgenomen maatregelen, die de belasting van de natuur door stikstof verminderen of de staat van instandhouding verbeteren.
3. Het bestuursorgaan dat bevoegd is te beslissen op een aanvraag om een omgevingsvergunning voor een Natura 2000-activiteit die stikstofdepositie veroorzaakt, kan geregistreerde stikstofdepositieruimte toedelen aan een Natura 2000-activiteit.
4. Stikstofdepositieruimte wordt alleen toegedeeld als zij voor elke locatie van de voor stikstof gevoelige habitats in het Natura 2000-gebied waarop door de Natura 2000-activiteit stikstofdepositie zal worden veroorzaakt, gelijk is aan of groter is dan de door de activiteit te veroorzaken toename van de stikstofdepositie.

HOOFDSTUK 3
OMGEVINGSVISIES EN PROGRAMMA'S

AFDELING 3.1
OMGEVINGSVISIES

Omgevingsvisies en programma's

Art. 3.1 (vaststellen omgevingsvisie)
1. De gemeenteraad stelt een gemeentelijke omgevingsvisie vast.
2. Provinciale staten stellen een provinciale omgevingsvisie vast.
3. Onze Minister van Binnenlandse Zaken en Koninkrijksrelaties stelt, in overeenstemming met Onze Ministers die het aangaat, een nationale omgevingsvisie vast.

Art. 3.2 (inhoud omgevingsvisie)
Een omgevingsvisie bevat, mede voor de uitoefening van de taken en bevoegdheden, bedoeld in artikel 2.1, eerste lid:
a. een beschrijving van de hoofdlijnen van de kwaliteit van de fysieke leefomgeving,
b. de hoofdlijnen van de voorgenomen ontwikkeling, het gebruik, het beheer, de bescherming en het behoud van het grondgebied,
c. de hoofdzaken van het voor de fysieke leefomgeving te voeren integrale beleid.

Art. 3.3 (doorwerking beginselen)
In een omgevingsvisie wordt rekening gehouden met het voorzorgsbeginsel, het beginsel van preventief handelen, het beginsel dat milieuaantastingen bij voorrang aan de bron dienen te worden bestreden en het beginsel dat de vervuiler betaalt.

AFDELING 3.2
PROGRAMMA'S

§ 3.2.1
Algemene bepalingen

Art. 3.4 (vaststellen programma)
Het college van burgemeester en wethouders, het algemeen bestuur van het waterschap, gedeputeerde staten en Onze Minister die het aangaat kunnen programma's vaststellen.

Art. 3.5 (inhoud programma)
Een programma bevat, mede voor de uitoefening van de taken en bevoegdheden, bedoeld in artikel 2.1, eerste lid, voor een of meer onderdelen van de fysieke leefomgeving:
a. een uitwerking van het te voeren beleid voor de ontwikkeling, het gebruik, het beheer, de bescherming of het behoud daarvan,
b. maatregelen om aan een of meer omgevingswaarden te voldoen of een of meer andere doelstellingen voor de fysieke leefomgeving te bereiken.

§ 3.2.2
Verplichte programma's

Art. 3.6 (verplichte programma's gemeente)
1. Het college van burgemeester en wethouders van een gemeente, gelegen in een door Onze Minister van Infrastructuur en Waterstaat aangewezen agglomeratie als bedoeld in artikel 3, onder k, van de richtlijn omgevingslawaai, stelt het actieplan, bedoeld in artikel 8 van die richtlijn, vast voor de volgende geluidbronnen:

Omgevingswet (toekomstig)

a. wegen en daarin gelegen spoorwegen,
b. andere spoorwegen,
c. luchthavens,
d. een activiteit of een samenstel van activiteiten, waarvoor een regel als bedoeld in artikel 2.22, eerste lid, of 2.24, eerste lid, of paragraaf 4.1.1 voor het geluid is gesteld.
2. Het actieplan wordt vastgesteld aan de hand van de voor die geluidbronnen op grond van artikel 20.17 vastgestelde geluidbelastingkaarten.

Art. 3.7 (verplichte programma's waterschap)
Het algemeen bestuur van het waterschap stelt voor de watersystemen die bij het waterschap in beheer zijn een waterbeheerprogramma vast, waarbij het rekening houdt met het regionale waterprogramma voor die watersystemen, voor zover het gaat om de onderdelen die uitvoering geven aan de richtlijnen, genoemd in artikel 3.8, tweede lid.

Art. 3.8 (verplichte programma's provincie)
1. Gedeputeerde staten stellen ter uitvoering van de richtlijn omgevingslawaai, overeenkomstig artikel 3.6, een actieplan vast voor de volgende geluidbronnen:
a. belangrijke wegen als bedoeld in artikel 3, onder n, van die richtlijn, als het gaat om wegen die:
1°. in beheer zijn bij de provincie, of
2°. in beheer zijn bij een gemeente of waterschap en zijn gelegen buiten een agglomeratie als bedoeld in artikel 3.6, eerste lid,
b. belangrijke spoorwegen als bedoeld in artikel 3, onder o, van die richtlijn, voor zover het niet gaat om spoorwegen als bedoeld in de artikelen 3.6, eerste lid, onder b, en 3.9, eerste lid, onder b, onder 2°,
c. burgerluchthavens van regionale betekenis, als het gaat om belangrijke luchthavens als bedoeld in artikel 3, onder p, van die richtlijn.,
2. Gedeputeerde staten stellen ter uitvoering van de grondwaterrichtlijn, de kaderrichtlijn water, de richtlijn overstromingsrisico's, de zwemwaterrichtlijn en andere Europese richtlijnen over water regionale waterprogramma's vast.
3. Gedeputeerde staten van de provincie waarin een Natura 2000-gebied ligt of, als dat gebied in meer dan een provincie ligt, gedeputeerde staten van de provincie waarin dat gebied grotendeels ligt, stellen voor dat gebied een beheerplan vast.

Art. 3.9 (verplichte programma's Rijk)
1. Onze Minister van Infrastructuur en Waterstaat stelt de volgende programma's vast:
a. een nationaal nec-programma als bedoeld in artikel 6 van de nec-richtlijn,
b. ter uitvoering van de richtlijn omgevingslawaai, overeenkomstig artikel 3.6, een actieplan voor de volgende geluidbronnen:
1°. wegen in beheer bij het Rijk,
2°. hoofdspoorwegen,
3°. de luchthaven Schiphol en de overige burgerluchthavens van nationale betekenis, als het gaat om belangrijke luchthavens als bedoeld in artikel 3, onder p, van die richtlijn.
2. Onze Minister van Infrastructuur en Waterstaat stelt, in overeenstemming met Onze Ministers die het aangaat, de volgende programma's vast:
a. de stroomgebiedsbeheerplannen, bedoeld in artikel 13 van de kaderrichtlijn water, voor de Nederlandse delen van de stroomgebiedsdistricten Rijn, Maas, Schelde en Eems,
b. de overstromingsrisicobeheerplannen, bedoeld in de artikelen 7 en 8 van de richtlijn overstromingsrisico's, voor de stroomgebiedsdistricten, genoemd onder a,
c. een programma van maatregelen mariene strategie als bedoeld in artikel 5, tweede lid, onder b, van de kaderrichtlijn mariene strategie,
d. een maritiem ruimtelijk plan als bedoeld in artikel 4 van de kaderrichtlijn maritieme ruimtelijke planning,
e. een nationaal waterprogramma.
3. Het beheerplan voor een Natura 2000-gebied dat geheel of gedeeltelijk wordt beheerd door een van Onze andere Ministers dan Onze Minister van Landbouw, Natuur en Voedselkwaliteit of dat eigendom is van de Staat der Nederlanden, wordt in afwijking van artikel 3.8, derde lid, voor dat gebied of dat gedeelte vastgesteld door Onze Minister bij wie op grond van artikel 2.19, vijfde lid, onder b, de taak berust om zorg te dragen voor het nemen van maatregelen voor Natura 2000-gebieden.
4. Onze Minister van Landbouw, Natuur en Voedselkwaliteit stelt een programma vast voor:
a. het verminderen van de depositie van stikstof op voor stikstof gevoelige habitats in Natura 2000-gebieden om te voldoen aan de omgevingswaarden, bedoeld in artikel 2.15a, eerste lid; en b. het bereiken van de instandhoudingsdoelstellingen voor die habitats. Daarbij houdt Onze Minister rekening met de vereisten op economisch, sociaal en cultureel gebied en met de regionale en lokale bijzonderheden.

Art. 3.10 (verplicht programma bij (dreigende) overschrijding van omgevingswaarde)

1. Als aannemelijk is dat niet wordt voldaan of niet zal worden voldaan aan een omgevingswaarde, stelt het college van burgemeester en wethouders van de gemeente waar dat het geval is een programma vast, gericht op het voldoen aan die omgevingswaarde.
2. In afwijking van het eerste lid:
a. stelt het algemeen bestuur van het waterschap of Onze Minister van Infrastructuur en Waterstaat het programma vast als de omgevingswaarde betrekking heeft op een watersysteem dat bij het waterschap of het Rijk in beheer is,
b. kan, met inachtneming van de grenzen van artikel 2.3, tweede en derde lid, bij algemene maatregel van bestuur of omgevingsverordening:
1°. een ander bestuursorgaan worden aangewezen dat het programma vaststelt,
2°. worden bepaald dat in plaats van de plicht, bedoeld in het eerste lid, een daarbij aangewezen bestuursorgaan of andere instantie maatregelen treft, gericht op het voldoen aan de omgevingswaarde.

Art. 3.11 (wijziging met oog op doelbereik)

1. Het bestuursorgaan dat een programma als bedoeld in deze paragraaf heeft vastgesteld, wijzigt dat programma als uit de monitoring, bedoeld in artikel 20.1, eerste lid, blijkt dat met dat programma niet aan de omgevingswaarde kan worden voldaan.
2. Het programma wordt zo gewijzigd dat binnen een passende termijn aan de omgevingswaarde wordt voldaan.

Art. 3.12 (uitvoering maatregelen)

Bij algemene maatregel van bestuur kan worden bepaald dat de in de programma's opgenomen maatregelen of de maatregelen, bedoeld in artikel 3.10, tweede lid, onder b, onder 2°, uitgevoerd moeten worden of operationeel moeten zijn volgens de daarbij te stellen regels.

Art. 3.13 (gezamenlijke vaststelling programma's)

Bij algemene maatregel van bestuur kunnen bestuursorganen worden verplicht om programma's als bedoeld in deze paragraaf gezamenlijk vast te stellen.

§ 3.2.3
Onverplichte programma's

Art. 3.14 (gemeentelijk rioleringsprogramma)

Het college van burgemeester en wethouders kan ter invulling van de taak, bedoeld in artikel 2.16, eerste lid, onder a, onder 1° tot en met 3°, een gemeentelijk rioleringsprogramma vaststellen.

Art. 3.14a (inrichtingsprogramma)

Als gedeputeerde staten met betrekking tot een gebied overgaan tot landinrichting als bedoeld in artikel 12.3, eerste lid, stellen zij een programma vast dat is gericht op de verbetering van de inrichting van het gebied. Het inrichtingsprogramma kan in ieder geval de maatregelen en voorzieningen, bedoeld in artikel 12.3, bevatten.

§ 3.2.4
Programmatische aanpak

Art. 3.15 (toepassingsbereik programmatische aanpak)

1. Deze paragraaf is van toepassing op programma's als bedoeld in het tweede tot en met vierde lid.
2. Bij omgevingsplan kunnen programma's als bedoeld in artikel 3.16 worden aangewezen, die betrekking hebben op omgevingswaarden van de gemeente als bedoeld in paragraaf 2.3.2 of een andere doelstelling voor de fysieke leefomgeving waarvoor in dat omgevingsplan een regel over het verlenen of weigeren van een omgevingsvergunning voor een omgevingsplanactiviteit is gesteld.
3. Bij omgevingsverordening kunnen programma's als bedoeld in artikel 3.16 worden aangewezen, die betrekking hebben op omgevingswaarden van de provincie als bedoeld in paragraaf 2.3.3 of een andere doelstelling voor de fysieke leefomgeving waarvoor een regel als bedoeld in artikel 2.22, eerste lid, 5.19, eerste lid, of 5.30 is gesteld.
4. Bij algemene maatregel van bestuur kunnen programma's als bedoeld in artikel 3.16 worden aangewezen, die betrekking hebben op omgevingswaarden van het Rijk als bedoeld in paragraaf 2.3.4 of een andere doelstelling voor de fysieke leefomgeving waarvoor een regel als bedoeld in artikel 2.24, eerste lid, of 5.18 is gesteld.
5. Bij omgevingsplan, omgevingsverordening of algemene maatregel van bestuur wordt bepaald welk bestuursorgaan een programma kan vaststellen.

Art. 3.16 (inhoud en werking programmatische aanpak)

1. In een programma wordt aangegeven welke ruimte er, gelet op de omgevingswaarde of de andere doelstelling, in een daarbij aangegeven gebied en periode beschikbaar is voor activiteiten.

Omgevingswet (toekomstig)

2. Bij omgevingsplan, omgevingsverordening of algemene maatregel van bestuur wordt bepaald:
a. hoe de omgevingswaarde of de andere doelstelling bij de uitoefening van taken en bevoegdheden wordt betrokken,
b. in voorkomende gevallen, welke daarop betrekking hebbende bepalingen op grond van artikel 2.22, eerste lid, 2.24, eerste lid, 5.18, 5.19, eerste lid, of 5.30, of welke in het omgevingsplan gestelde regels over het verlenen of weigeren van een omgevingsvergunning voor een omgevingsplanactiviteit geheel of gedeeltelijk buiten toepassing blijven.

Art. 3.17 (eisen aan programma bij programmatische aanpak)
1. Het programma bevat in ieder geval een beschrijving van:
a. het gebied waarvoor het programma geldt,
b. de periode waarop het programma betrekking heeft,
c. de omgevingswaarde of de andere doelstelling waarvoor het programma wordt vastgesteld,
d. de toestand van het onderdeel van de fysieke leefomgeving waarvoor het programma wordt vastgesteld,
e. de verwachte ontwikkelingen in het gebied die naar verwachting gevolgen hebben voor het voldoen aan de omgevingswaarde of het bereiken van de andere doelstelling,
f. de activiteiten die naar verwachting tijdens de periode waarop het programma betrekking heeft in het gebied zullen worden verricht, die naar verwachting effect hebben op:
$1°.$ het voldoen aan de omgevingswaarde of het bereiken van de andere doelstelling, of
$2°.$ de wijze waarop de ruimte die, gelet op de omgevingswaarde of de andere doelstelling, beschikbaar is voor activiteiten wordt bepaald en verdeeld,
g. de gevolgen van de ontwikkelingen, bedoeld onder e, en de activiteiten, bedoeld onder f, voor dat onderdeel van de fysieke leefomgeving,
h. de maatregelen die bijdragen aan het voldoen aan de omgevingswaarde of het bereiken van de andere doelstelling, de verwachte gevolgen daarvan voor dat onderdeel van de fysieke leefomgeving en de termijn waarbinnen deze maatregelen worden uitgevoerd.
2. Voor zover de maatregelen, bedoeld in het eerste lid, onder h, het wijzigen van de voorschriften van een omgevingsvergunning of het intrekken van een omgevingsvergunning omvatten, kan het programma ook een beschrijving bevatten van het moment waarop en de voorwaarden waaronder daaraan uitvoering kan of moet worden gegeven.

Art. 3.18 (uitvoeringsplicht bij programmatische aanpak)
1. De bestuursorganen die daarvoor in het programma zijn aangewezen, zorgen voor de uitvoering van de daarin opgenomen maatregelen binnen de daarbij aangegeven termijn.
2. De uitvoeringsplicht geldt alleen:
a. voor zover uit het programma blijkt dat die bestuursorganen met het opnemen van de maatregelen hebben ingestemd, of
b. als deze volgt uit regels en instructies als bedoeld in de artikelen 2.23, eerste lid, onder b, en tweede lid, 2.25, eerste lid, onder b, en tweede lid, 2.33 en 2.34.
3. Het eerste en tweede lid zijn van overeenkomstige toepassing op een programma als bedoeld in de artikelen 3.8, derde lid, en 3.9, derde en vierde lid.

Art. 3.19 (wijziging programma bij programmatische aanpak)
1. Het bestuursorgaan dat daarvoor in het programma is aangewezen, kan:
a. in dat programma opgenomen maatregelen, activiteiten of ontwikkelingen ambtshalve wijzigen of vervangen of laten vervallen, en
b. maatregelen, activiteiten of ontwikkelingen aan het programma toevoegen, als aannemelijk wordt gemaakt dat die wijzigingen per saldo passen binnen, of in ieder geval niet in strijd zijn met, het programma.
2. De bestuursorganen, bedoeld in artikel 3.18, eerste lid, kunnen verzoeken om een wijziging van het programma. Bij dat verzoek wordt aannemelijk gemaakt dat is voldaan aan het in het eerste lid opgenomen vereiste.
3. Het eerste en tweede lid zijn van overeenkomstige toepassing op een programma als bedoeld in artikel 3.9, vierde lid.
4. Het bestuursorgaan dat een programma heeft vastgesteld, wijzigt dat programma als volgens dat bestuursorgaan uit de monitoring, bedoeld in artikel 20.1, eerste en tweede lid, blijkt dat artikel 3.16, tweede lid, niet langer in redelijkheid op dat programma van toepassing kan zijn.

HOOFDSTUK 4
ALGEMENE REGELS OVER ACTIVITEITEN IN DE FYSIEKE LEEFOMGEVING

AFDELING 4.1
ALGEMENE BEPALINGEN VOOR REGELS OVER ACTIVITEITEN

§ 4.1.1
Algemene regels

Art. 4.1 (decentrale regels over activiteiten)

1. Bij omgevingsplan, waterschapsverordening en omgevingsverordening kunnen met het oog op de doelen van de wet regels worden gesteld over activiteiten die gevolgen hebben of kunnen hebben voor de fysieke leefomgeving.
2. Bij ministeriële regeling kunnen meet- en rekenvoorschriften worden gesteld over activiteiten als bedoeld in het eerste lid.
3. Bij het stellen van de regels in de omgevingsverordening en de ministeriële regeling worden de grenzen van artikel 2.3, tweede en derde lid, in acht genomen.

Art. 4.2 (toedeling van functies aan locaties)

1. Het omgevingsplan bevat voor het gehele grondgebied van de gemeente in ieder geval de regels die nodig zijn met het oog op een evenwichtige toedeling van functies aan locaties.
2. Bij omgevingsverordening kunnen alleen regels worden gesteld over activiteiten die gevolgen hebben of kunnen hebben voor de fysieke leefomgeving met het oog op een evenwichtige toedeling van functies aan locaties, als het onderwerp van zorg niet doelmatig en doeltreffend met een regel als bedoeld in artikel 2.22, eerste lid, of een instructie als bedoeld in artikel 2.33, eerste lid, kan worden behartigd.

Art. 4.3 (grondslag rijksregels)

1. Bij algemene maatregel van bestuur worden regels gesteld over de volgende activiteiten die gevolgen hebben of kunnen hebben voor de fysieke leefomgeving:
   a. bouwactiviteiten, sloopactiviteiten en het gebruik en het in stand houden van bouwwerken,
   b. milieubelastende activiteiten,
   c. lozingsactiviteiten op:
      1°. een oppervlaktewaterlichaam,
      2°. een zuiveringtechnisch werk,
   d. wateronttrekkingsactiviteiten,
   e. mijnbouwlocatieactiviteiten,
   f. beperkingengebiedactiviteiten met betrekking tot:
      1°. een weg,
      2°. een waterstaatswerk,
      3°. een installatie in een waterstaatswerk,
   g. het gelegenheid bieden tot zwemmen of baden,
   h. activiteiten die cultureel erfgoed betreffen,
   i. activiteiten die werelderfgoed betreffen,
   j. Natura 2000-activiteiten en activiteiten met mogelijke verslechterende of significant verstorende gevolgen voor een Natura 2000-gebied of een bijzonder nationaal natuurgebied,
   k. de uitoefening van de jacht en activiteiten om populaties van in het wild levende dieren te beheren of om schade door dieren te bestrijden,
   l. het gebruik en het onder zich hebben van middelen of installaties en het toepassen van methodes om dieren te vangen of te doden,
   m. het vangen, doden en verwerken van walvissen,
   n. activiteiten die de introductie of verspreiding van invasieve uitheemse soorten tot gevolg hebben of kunnen hebben,
   o. het vellen en beheren van houtopstanden,
   p. landinrichtingsactiviteiten.
2. Bij algemene maatregel van bestuur worden regels gesteld over de volgende activiteiten met dieren, planten, stoffen of zaken waarvan de daaraan voorafgaande verkrijging of productie gevolgen heeft of kan hebben voor de fysieke leefomgeving:
   a. het verhandelen, het om een andere reden dan verkoop onder zich hebben en het binnen of buiten het grondgebied van Nederland brengen van dieren, planten of producten daarvan,
   b. het verhandelen en het binnen het grondgebied van Nederland brengen van hout of houtproducten,
   c. het verhandelen en het binnen of buiten het grondgebied van Nederland brengen van middelen of installaties om dieren te vangen of te doden.

Omgevingswet (toekomstig) **A72**

3. Bij algemene maatregel van bestuur kunnen met het oog op de doelen van de wet regels worden gesteld over de volgende activiteiten die gevolgen hebben of kunnen hebben voor de fysieke leefomgeving:
   a. ontgrondingsactiviteiten,
   b. stortingsactiviteiten op zee,
   c. beperkingengebiedactiviteiten met betrekking tot:
   1°. een luchthaven,
   2°. een hoofdspoorweg, lokale spoorweg of bijzondere spoorweg,
   d. flora- en fauna-activiteiten.
4. De regels kunnen bij ministeriële regeling worden gesteld als deze uitvoeringstechnische, administratieve en meet- of rekenvoorschriften inhouden.
5. Bij het stellen van de regels worden de grenzen van artikel 2.3, derde lid, in acht genomen.

§ 4.1.2
Inhoud

Art. 4.4 (melding of omgevingsvergunning)
1. Regels als bedoeld in paragraaf 4.1.1 kunnen inhouden een verbod om zonder voorafgaande melding aan het bevoegd gezag een activiteit te verrichten.
2. De regels in het omgevingsplan, de waterschapsverordening of de omgevingsverordening kunnen inhouden een verbod om een activiteit zonder omgevingsvergunning te verrichten.

Art. 4.5 (maatwerkvoorschriften of vergunningvoorschriften)
1. Bij regels als bedoeld in paragraaf 4.1.1 kunnen onderwerpen worden aangewezen waarvoor het bevoegd gezag maatwerkvoorschriften kan stellen of voorschriften aan een omgevingsvergunning kan verbinden. Paragraaf 4.3.2 is van overeenkomstige toepassing op het stellen van maatwerkvoorschriften op grond van regels als bedoeld in artikel 4.3.
2. De maatwerkvoorschriften of vergunningvoorschriften kunnen afwijken van regels als bedoeld in paragraaf 4.1.1 als dat bij die regels is bepaald. Daarbij kan worden bepaald in welke mate of hoe lang kan worden afgeweken.
3. Bij regels als bedoeld in paragraaf 4.1.1 kan ook worden bepaald dat een maatwerkvoorschrift niet kan worden gesteld als over een onderwerp een voorschrift aan een omgevingsvergunning kan worden verbonden.

Art. 4.6 (maatwerkregels)
1. Bij regels als bedoeld in artikel 4.1 die in de omgevingsverordening zijn opgenomen kan worden bepaald dat in het omgevingsplan of de waterschapsverordening over daarbij aangewezen onderwerpen maatwerkregels kunnen worden gesteld.
2. Bij regels als bedoeld in artikel 4.3 kan worden bepaald dat in het omgevingsplan, de omgevingsverordening of de waterschapsverordening over daarbij aangewezen onderwerpen maatwerkregels kunnen worden gesteld. Paragraaf 4.3.2 is van overeenkomstige toepassing op het stellen van maatwerkregels.
3. De maatwerkregels kunnen afwijken van de in de omgevingsverordening gestelde regels of van regels als bedoeld in artikel 4.3, als dat bij die regels is bepaald. Daarbij kan worden bepaald in welke mate of hoe lang kan worden afgeweken.

Art. 4.7 (gelijkwaardigheid)
1. Als regels als bedoeld in paragraaf 4.1.1 voorschrijven dat een maatregel moet worden getroffen, kan op aanvraag toestemming worden verleend om, in plaats daarvan, een gelijkwaardige maatregel te treffen. Met de gelijkwaardige maatregel wordt ten minste hetzelfde resultaat bereikt als met de voorgeschreven maatregel is beoogd.
2. Bij regels als bedoeld in paragraaf 4.1.1 kan het treffen van een gelijkwaardige maatregel worden toegestaan zonder voorafgaande toestemming, al dan niet gekoppeld aan een verbod om de maatregel te treffen zonder voorafgaande melding aan het bevoegd gezag.
3. Bij regels als bedoeld in paragraaf 4.1.1 kunnen nadere regels worden gesteld over de toepassing van het eerste en tweede lid, of kan het treffen van een gelijkwaardige maatregel worden uitgesloten.

§ 4.1.3
Bevoegd gezag

Art. 4.8 (bevoegd gezag voor decentrale regels)
1. Voor het omgevingsplan is het college van burgemeester en wethouders, voor de waterschapsverordening is het dagelijks bestuur van het waterschap en voor de omgevingsverordening zijn gedeputeerde staten:
   a. het bevoegd gezag waaraan een melding wordt gedaan,
   b. het bevoegd gezag dat een maatwerkvoorschrift kan stellen,

c. het bevoegd gezag dat beslist op een aanvraag om toestemming tot het treffen van een gelijkwaardige maatregel.
2. Het eerste lid is van overeenkomstige toepassing op de bij ministeriële regeling gestelde meet- en rekenvoorschriften, bedoeld in artikel 4.1, tweede lid, voor zover die betrekking hebben op activiteiten waarover regels zijn gesteld in respectievelijk het omgevingsplan, de waterschapsverordening en de omgevingsverordening.

Art. 4.9 (gemeente bevoegd gezag voor rijksregels)
Tenzij op grond van de artikelen 4.10 tot en met 4.13 anders is bepaald, wordt op grond van artikel 4.3 het college van burgemeester en wethouders aangewezen als:
a. het bevoegd gezag waaraan een melding wordt gedaan,
b. het bevoegd gezag dat een maatwerkvoorschrift kan stellen,
c. het bevoegd gezag dat beslist op een aanvraag om toestemming tot het treffen van een gelijkwaardige maatregel.

Art. 4.10 (bevoegd gezag voor rijksregels over wateractiviteiten)
Op grond van artikel 4.3 worden met het oog op een doelmatig waterbeheer voor wateractiviteiten gevallen aangewezen waarin het dagelijks bestuur van het waterschap, gedeputeerde staten of Onze Minister van Infrastructuur en Waterstaat het bevoegd gezag is.

Art. 4.11 (provincie bevoegd gezag voor rijksregels)
1. Op grond van artikel 4.3 worden voor de volgende activiteiten gevallen aangewezen waarin gedeputeerde staten het bevoegd gezag zijn:
a. het gelegenheid bieden tot zwemmen en baden,
b. milieubelastende activiteiten die gevolgen hebben of kunnen hebben voor het grondwater,
c. beperkingengebiedactiviteiten met betrekking tot lokale spoorwegen,
d. Natura 2000-activiteiten en activiteiten met mogelijke verslechterende of significant verstorende gevolgen voor een Natura 2000-gebied of een bijzonder nationaal natuurgebied,
e. flora- en fauna-activiteiten,
f. activiteiten om populaties van in het wild levende dieren te beheren of om schade door dieren te bestrijden, met uitzondering van de jacht,
g. het gebruik en het onder zich hebben van middelen of installaties en het toepassen van methodes om dieren te vangen of te doden,
h. activiteiten die de introductie of verspreiding van invasieve uitheemse soorten tot gevolg hebben of kunnen hebben,
i. het vellen en beheren van houtopstanden,
j. landinrichtingsactiviteiten.
2. Bij het aanwijzen van gevallen worden de grenzen van artikel 2.3, tweede lid, in acht genomen.
3. In afwijking van het eerste lid, aanhef en onder c, worden, als op grond van artikel 20, derde lid, van de Wet personenvervoer 2000 een gebied is aangewezen, op grond van artikel 4.3 gevallen aangewezen waarin het dagelijks bestuur van het openbaar lichaam, bedoeld in dat lid, het bevoegd gezag is voor beperkingengebiedactiviteiten met betrekking tot lokale spoorwegen in dat gebied.

Art. 4.12 (Rijk bevoegd gezag voor rijksregels)
1. Op grond van artikel 4.3 worden voor de volgende activiteiten gevallen aangewezen waarin een van Onze daarbij aangewezen Ministers het bevoegd gezag is:
a. milieubelastende activiteiten:
1°. met betrekking tot een mijnbouwwerk,
2°. waarbij nationale veiligheidsbelangen of andere vitale nationale belangen zijn betrokken,
3°. als het gaat om het op of in de bodem brengen van meststoffen,
b. ontgrondingsactiviteiten in de rijkswateren,
c. mijnbouwlocatieactiviteiten,
d. beperkingengebiedactiviteiten met betrekking tot:
1°. wegen in beheer bij het Rijk,
2°. andere luchthavens dan burgerluchthavens van regionale betekenis,
3°. hoofdspoorwegen en bijzondere spoorwegen,
4°. mijnbouwinstallaties in een waterstaatswerk,
e. activiteiten die geheel of in hoofdzaak plaatsvinden in:
1°. de territoriale zee voor zover gelegen buiten een gemeente of provincie,
2°. de exclusieve economische zone,
f. Natura 2000-activiteiten en activiteiten met mogelijke verslechterende of significant verstorende gevolgen voor een Natura 2000-gebied of een bijzonder nationaal natuurgebied,
g. flora- en fauna-activiteiten,
h. de uitoefening van de jacht en activiteiten om populaties van in het wild levende dieren te beheren of om schade door dieren te bestrijden,
i. het gebruik, het onder zich hebben, het verhandelen en het binnen of buiten het grondgebied van Nederland brengen van middelen of installaties en het toepassen van methodes om dieren te vangen of te doden,

Omgevingswet (toekomstig) **A72**

j. het verhandelen, het om een andere reden dan verkoop onder zich hebben en het binnen of buiten het grondgebied van Nederland brengen van dieren, planten of producten daarvan,
k. het vangen, doden en verwerken van walvissen,
l. activiteiten die de introductie of verspreiding van invasieve uitheemse soorten tot gevolg hebben of kunnen hebben,
m. het vellen en beheren van houtopstanden,
n. het binnen het grondgebied van Nederland brengen en het verhandelen van hout en houtproducten.
2. Bij het aanwijzen van gevallen worden de grenzen van artikel 2.3, derde lid, in acht genomen.

Art. 4.13 (bevoegd gezag rijksregels in combinatie met een omgevingsvergunning)
1. Op grond van artikel 4.3 kunnen gevallen worden aangewezen waarin het bestuursorgaan dat bevoegd is te beslissen op de aanvraag om een omgevingsvergunning het bevoegd gezag is. Het gaat om gevallen waarin activiteiten worden verricht waarvoor een omgevingsvergunning is vereist in combinatie met activiteiten waarvoor regels gelden als bedoeld in artikel 4.3.
2. In ieder geval worden aangewezen milieubelastende activiteiten:
a. met betrekking tot een ippc-installatie,
b. waarop de Seveso-richtlijn van toepassing is.

Art. 4.13a (flexibiliteitsregeling bevoegd gezag)
1. Een bestuursorgaan dat bij of krachtens deze paragraaf als bevoegd gezag is aangewezen, kan die bevoegdheid aan een ander bestuursorgaan overdragen, als dat bestuursorgaan daarmee instemt.
2. Bij algemene maatregel van bestuur kunnen regels worden gesteld over de toepassing van het eerste lid.

AFDELING 4.2
VOORBEREIDINGSBESCHERMING

Art. 4.14 (voorbereidingsbesluit omgevingsplan)
1. De gemeenteraad kan voor een locatie een voorbereidingsbesluit nemen met het oog op de voorbereiding van in het omgevingsplan te stellen regels.
2. Het voorbereidingsbesluit wijzigt het omgevingsplan met voorbeschermingsregels.
3. Voorbeschermingsregels strekken ertoe te voorkomen dat de locatie minder geschikt wordt voor de verwezenlijking van het doel van de regels, bedoeld in het eerste lid, en kunnen alleen inhouden:
a. een verbod of een verbod om zonder voorafgaande melding of zonder omgevingsvergunning daarbij aangewezen activiteiten te verrichten die op grond van het omgevingsplan zijn toegestaan, maar nog niet plaatsvinden,
b. de aanwijzing van onderwerpen waarvoor het bevoegd gezag maatwerkvoorschriften kan stellen of voorschriften aan een omgevingsvergunning kan verbinden,
c. de aanwijzing van bestuursorganen of andere instanties die in de gelegenheid worden gesteld om aan het bevoegd gezag advies uit te brengen over een aanvraag om een besluit op grond van voorbescher-mingsregels als bedoeld onder a of b,
d. het buiten toepassing verklaren van in het omgevingsplan gestelde regels die in strijd zijn met voorbeschermingsregels als bedoeld onder a of b.
4. De voorbeschermingsregels in het omgevingsplan vervallen na een jaar en zes maanden, of, als binnen die termijn het besluit tot vaststelling of wijziging van het omgevingsplan waarvan de regels, bedoeld in het eerste lid, deel uitmaken is bekendgemaakt, op het tijdstip waarop dat besluit in werking treedt of is vernietigd.
5. De gemeenteraad kan de bevoegdheid, bedoeld in het eerste lid, delegeren aan het college van burgemeester en wethouders.

Art. 4.15 (voorbereidingsbesluit omgevingsverordening)
1. Provinciale staten kunnen, met inachtneming van de grenzen van artikel 2.3, tweede lid, voor een locatie een voorbereidingsbesluit nemen met het oog op de voorbereiding van in de omgevingsverordening te stellen regels.
2. Het voorbereidingsbesluit wijzigt de omgevingsverordening met voorbeschermingsregels.
3. Artikel 4.14, derde en vierde lid, is van overeenkomstige toepassing, waarbij in artikel 4.14, derde lid, onder a en d, en vierde lid, in plaats van 'omgevingsplan' steeds 'omgevingsverordening' wordt gelezen.
4. Provinciale staten kunnen de bevoegdheid, bedoeld in het eerste lid, delegeren aan gedeputeerde staten.

Art. 4.16 (voorbereidingsbesluit in verband met projectbesluit, instructieregels of instructies)
1. Provinciale staten kunnen, met inachtneming van de grenzen van artikel 2.3, tweede lid, voor een locatie een voorbereidingsbesluit nemen met het oog op de voorbereiding van een

Sdu 1741

projectbesluit, een instructieregel als bedoeld in artikel 2.22, eerste lid, of een instructie als bedoeld in artikel 2.33, eerste lid, gericht op het stellen van regels in het omgevingsplan.
2. Onze Minister die het aangaat, in overeenstemming met Onze Minister van Binnenlandse Zaken en Koninkrijksrelaties, kan, met inachtneming van de grenzen van artikel 2.3, derde lid, voor een locatie een voorbereidingsbesluit nemen met het oog op de voorbereiding van een projectbesluit, een instructieregel als bedoeld in artikel 2.24, eerste lid, of een instructie als bedoeld in artikel 2.34, eerste lid, gericht op het stellen van regels in het omgevingsplan. Als op grond van artikel 5.44, tweede lid, geen overeenstemming is vereist voor een projectbesluit, is geen overeenstemming als bedoeld in de eerste zin vereist voor een voorbereidingsbesluit met het oog op de voorbereiding van dat projectbesluit.
3. Het voorbereidingsbesluit wijzigt het omgevingsplan met voorbeschermingsregels.
4. De artikelen 4.14, derde lid, en 4.15, vierde lid, zijn van overeenkomstige toepassing.
5. De voorbeschermingsregels in het omgevingsplan vervallen na een jaar en zes maanden of, als binnen die termijn het projectbesluit, de instructieregel of de instructie is bekendgemaakt, op het tijdstip waarop het projectbesluit of het overeenkomstig de instructieregel of de instructie gewijzigde omgevingsplan in werking treedt of is vernietigd.

AFDELING 4.3
BIJZONDERE BEPALINGEN VOOR REGELS OVER ACTIVITEITEN

§ 4.3.1
Decentrale regels

Art. 4.17 (actualisering in verband met omgevingsplanactiviteiten)
Het omgevingsplan wordt in ieder geval vijf jaar na het onherroepelijk worden van een omgevingsvergunning voor een voortdurende buitenplanse omgevingsplanactiviteit, waaraan geen termijn is verbonden als bedoeld in artikel 5.36, eerste lid, met die vergunning in overeenstemming gebracht als het gaat om:
a. een omgevingsplanactiviteit bestaande uit het in stand houden van een bouwwerk,
b. een omgevingsplanactiviteit, anders dan onder a, die niet in overeenstemming is met een aan een locatie toegedeelde functie.

Art. 4.18 (aanwijzen moderniseringslocaties)
In het omgevingsplan kunnen locaties worden aangewezen waar de daar aanwezige bouwwerken moeten worden gemoderniseerd of worden vervangen door gelijksoortige bebouwing. Zolang deze modernisering of vervanging niet is verwezenlijkt, wordt het gebruik van die bouwwerken aangemerkt als afwijkend van de toegedeelde functie.

Art. 4.19 (regels over het uiterlijk van bouwwerken)
Als in het omgevingsplan regels worden opgenomen over het uiterlijk van bouwwerken en de toepassing daarvan uitleg behoeft, stelt de gemeenteraad beleidsregels vast voor de beoordeling of een bouwwerk aan die regels voldoet. Deze beleidsregels zijn zo veel mogelijk toegesneden op de te onderscheiden bouwwerken.

Art. 4.19a (geen belemmering projectbesluit en voorbereidingsbesluit)
1. In een omgevingsplan worden geen regels gesteld die het uitvoeren van een project waarvoor een projectbesluit is vastgesteld door een bestuursorgaan van de provincie of het Rijk belemmeren.
2. In een omgevingsplan worden geen regels gesteld die in strijd zijn met regels die daarin zijn opgenomen op grond van een voorbereidingsbesluit van een bestuursorgaan van de provincie of het Rijk.
3. In een projectbesluit wordt een termijn gesteld voor de toepassing van het eerste lid. Als het bestuursorgaan dat het projectbesluit heeft vastgesteld dat nodig acht voor de uitvoering van het project, kan de termijn eenmaal worden verlengd.
4. Het eerste lid is niet van toepassing voor zover een instructieregel als bedoeld in artikel 2.24 of een instructie als bedoeld in artikel 2.34 het stellen van dergelijke regels vergt.
5. Het eerste lid is niet van toepassing voor zover het projectbesluit is vastgesteld door een bestuursorgaan van de provincie en een instructieregel als bedoeld in artikel 2.22 of een instructie als bedoeld in artikel 2.33 het stellen van dergelijke regels vergt.
6. Op het stellen van regels als bedoeld in artikel 4.2, tweede lid, is artikel 5.53a, tweede en vierde lid, van overeenkomstige toepassing.

§ 4.3.2
Rijksregels

Art. 4.20 (rijksregels implementatie internationaalrechtelijke verplichtingen)
Op grond van artikel 4.3 worden in ieder geval regels gesteld ter uitvoering van:
a. de benelux-regelgeving over jacht en vogelbescherming,

Omgevingswet (toekomstig) A72

b. de Europese cites-regelgeving,
c. de Europese exotenregelgeving,
d. de Europese flegt-regelgeving,
e. de Europese houtregelgeving,
f. de Europese zeehondenregelgeving,
g. de grondwaterrichtlijn,
h. de habitatrichtlijn,
i. de kaderrichtlijn afvalstoffen,
j. de kaderrichtlijn water,
k. de richtlijn autowrakken,
l. de richtlijn benzinedampterugwinning,
m. de richtlijn energieprestatie van gebouwen,
n. de richtlijn havenontvangstvoorzieningen,
o. de richtlijn hernieuwbare energie,
p. de richtlijn industriële emissies,
q. de richtlijn stedelijk afvalwater,
r. de richtlijn winningsafval,
s. de Seveso-richtlijn,
t. het verdrag van Bern,
u. het verdrag van Bonn,
v. het verdrag van Granada,
w. het verdrag van Valletta,
x. het VN-Gehandicaptenverdrag,
y. de vogelrichtlijn,
z. het walvisverdrag,
aa. de wildklemverordening.

Art. 4.21 (rijksregels bouwwerken)
1. De in artikel 4.3 bedoelde regels over bouwactiviteiten, sloopactiviteiten en het gebruik en het in stand houden van bouwwerken worden gesteld met het oog op:
a. het waarborgen van de veiligheid,
b. het beschermen van de gezondheid,
c. duurzaamheid en bruikbaarheid.
2. De regels strekken er in ieder geval toe dat:
a. de minimumkwaliteit van bestaande en te bouwen bouwwerken is gewaarborgd,
b. een brandveilig gebruik van bouwwerken is gewaarborgd,
c. de veiligheid en de gezondheid in de directe omgeving van het bouwen en slopen is gewaarborgd,
d. de toegankelijkheid van nieuw te realiseren bouwwerken en de directe omgeving daarvan voor mensen met een functiebeperking is gewaarborgd.

Art. 4.22 (rijksregels milieubelastende activiteiten)
1. De in artikel 4.3 bedoelde regels over milieubelastende activiteiten worden gesteld met het oog op:
a. het waarborgen van de veiligheid,
b. het beschermen van de gezondheid,
c. het beschermen van het milieu, waaronder het beschermen en verbeteren van de kwaliteit van lucht, bodem en de chemische en ecologische kwaliteit van watersystemen, het zuinig gebruik van energie en grondstoffen en een doelmatig beheer van afvalstoffen.
2. De regels strekken er in ieder geval toe dat:
a. alle passende preventieve maatregelen tegen verontreiniging worden getroffen,
b. alle passende preventieve maatregelen ter bescherming van de gezondheid worden getroffen,
c. de beste beschikbare technieken worden toegepast,
d. geen significante verontreiniging wordt veroorzaakt,
e. het ontstaan van afvalstoffen zo veel mogelijk wordt voorkomen en de ontstane afvalstoffen doelmatig worden beheerd,
f. energie doelmatig wordt gebruikt,
g. maatregelen worden getroffen om ongevallen te voorkomen en de gevolgen daarvan te beperken,
h. bij de definitieve beëindiging van activiteiten maatregelen worden getroffen om significante nadelige gevolgen voor het milieu te voorkomen.

Art. 4.23 (rijksregels wateractiviteiten)
1. De in artikel 4.3 bedoelde regels over lozingsactiviteiten op een oppervlaktewaterlichaam of een zuiveringtechnisch werk, wateronttrekkingsactiviteiten en beperkingengebiedactiviteiten met betrekking tot een waterstaatswerk of een installatie, niet zijnde een mijnbouwinstallatie, in een waterstaatswerk, worden gesteld met het oog op:
a. het voorkomen en waar nodig beperken van overstromingen, wateroverlast en waterschaarste,

Sdu 1743

b. het beschermen en verbeteren van de chemische en ecologische kwaliteit van watersystemen,
c. het vervullen van maatschappelijke functies door watersystemen,
d. het beschermen van de doelmatige werking van een zuiveringtechnisch werk.
2. De regels over lozingsactiviteiten op een oppervlaktewaterlichaam of een zuiveringtechnisch werk strekken er in ieder geval toe dat:
a. alle passende preventieve maatregelen tegen verontreiniging worden getroffen,
b. de beste beschikbare technieken worden toegepast,
c. geen significante verontreiniging wordt veroorzaakt.
3. In afwijking van het eerste lid worden de regels over beperkingengebiedactiviteiten met betrekking tot een waterstaatswerk, voor zover die plaatsvinden buiten het provinciaal en gemeentelijk ingedeelde gebied, gesteld met het oog op de doelen van de wet.

Art. 4.24 (rijksregels mijnbouwlocatieactiviteiten)
1. De in artikel 4.3 bedoelde regels over mijnbouwlocatieactiviteiten worden gesteld met het oog op:
a. het waarborgen van de veiligheid,
b. een evenwichtige toedeling van functies aan locaties.
2. De regels strekken er in ieder geval toe dat:
a. de belangen van de scheepvaart en van de veiligheid van de scheepvaart zijn gewaarborgd,
b. de belangen van de uitoefening van defensietaken en van het veilig kunnen verrichten van daarop betrekking hebbende activiteiten zijn gewaarborgd,
c. de belangen van de elektriciteitsopwekking met behulp van wind in een windpark en van de veiligheid van het windpark zijn gewaarborgd.
3. De regels strekken er ook toe dat:
a. geen mijnbouwinstallaties voor het opsporen of winnen van delfstoffen worden toegestaan in het op grond van artikel 2.44, eerste lid, aangewezen Natura 2000-gebied Noordzeekustzone,
b. in de territoriale zee ten noorden van het op grond van artikel 2.44, eerste lid, aangewezen Natura 2000-gebied Noordzeekustzone nieuwe mijnbouwinstallaties voor het opsporen of winnen van delfstoffen alleen worden toegestaan voor zover medegebruik van bestaande mijnbouwinstallaties niet mogelijk is en zichthinder veroorzaakt door die nieuwe mijnbouwinstallaties wordt geminimaliseerd.

Art. 4.25 (rijksregels beperkingengebiedactiviteiten wegen)
1. De in artikel 4.3 bedoelde regels over beperkingengebiedactiviteiten met betrekking tot een weg worden gesteld met het oog op het behoeden van de staat en werking van een weg voor nadelige gevolgen van activiteiten op of rond die weg, waartoe ook het belang van verruiming of wijziging van die weg kan behoren.
2. De regels strekken er in ieder geval toe dat het doelmatig en veilig gebruik van wegen wordt verzekerd.

Art. 4.26 (rijksregels beperkingengebiedactiviteiten mijnbouwinstallatie in een waterstaatswerk)
1. De in artikel 4.3 bedoelde regels over beperkingengebiedactiviteiten met betrekking tot een installatie in een waterstaatswerk worden, voor zover het gaat om een mijnbouwinstallatie, gesteld met het oog op het behoeden van de staat en werking van die mijnbouwinstallatie voor nadelige gevolgen van activiteiten op of rond die installatie.
2. De regels strekken er in ieder geval toe dat nadelige gevolgen voor het veilig en doelmatig gebruik van mijnbouwinstallaties in een waterstaatswerk worden voorkomen.

Art. 4.27 (rijksregels gelegenheid bieden tot zwemmen en baden)
1. De in artikel 4.3 bedoelde regels over het gelegenheid bieden tot zwemmen en baden worden gesteld met het oog op het waarborgen van de veiligheid en het beschermen van de gezondheid van de gebruikers.
2. De regels strekken er in ieder geval toe dat het risico op significante nadelige gevolgen voor de veiligheid en gezondheid van de gebruikers wordt beheerst, met inachtneming van de eigen verantwoordelijkheid van de gebruikers.

Art. 4.28 (rijksregels cultureel erfgoed)
1. De in artikel 4.3 bedoelde regels over activiteiten die cultureel erfgoed betreffen, worden gesteld met het oog op het behoud van cultureel erfgoed.
2. De regels strekken er in ieder geval toe dat beschadiging of vernieling van cultureel erfgoed wordt voorkomen, en dat het, voor zover het gaat om monumenten, in stand wordt gehouden.

Art. 4.29 (rijksregels werelderfgoed)
1. De in artikel 4.3 bedoelde regels over activiteiten die werelderfgoed betreffen, worden gesteld met het oog op het behoud van de uitzonderlijke universele waarde van werelderfgoed.
2. De regels strekken er in ieder geval toe dat beschadiging of vernieling van werelderfgoed wordt voorkomen.

Omgevingswet (toekomstig)

Art. 4.30 (rijksregels activiteiten natuurgebieden)
1. De in artikel 4.3 bedoelde regels over Natura 2000-activiteiten en activiteiten met mogelijke verslechterende of significant verstorende gevolgen voor een Natura 2000-gebied of een bijzonder nationaal natuurgebied worden gesteld met het oog op de natuurbescherming.
2. De regels strekken er in ieder geval toe dat mogelijke verslechterende of significant verstorende gevolgen voor het betrokken gebied worden voorkomen.

Art. 4.31 (rijksregels jacht, populatiebeheer en schadebestrijding)
1. De in artikel 4.3 bedoelde regels over de uitoefening van de jacht, activiteiten om populaties van in het wild levende dieren te beheren of schade door dieren te bestrijden, worden gesteld met het oog op:
   a. de natuurbescherming,
   b. goed jachthouderschap,
   c. het voorkomen en bestrijden van schade door dieren;
   d. het waarborgen van de veiligheid.
2. De regels strekken er in ieder geval toe:
   a. dat de uitoefening van de jacht en activiteiten als bedoeld in het eerste lid, plaatsvinden in overeenstemming met een faunabeheerplan,
   b. te bepalen in welke periode de uitoefening van de jacht op dieren van een bepaalde soort is toegestaan, van welke middelen bij de uitoefening van de jacht gebruik kan worden gemaakt en onder welke omstandigheden de uitoefening van de jacht is verboden.

Art. 4.32 (rijksregels middelen, methoden en installaties vangen of doden dieren)
1. De in artikel 4.3 bedoelde regels over het gebruik, het onder zich hebben, het verhandelen en het binnen of buiten het grondgebied van Nederland brengen van middelen of installaties en het toepassen van methodes om dieren te vangen of te doden worden gesteld met het oog op:
   a. de natuurbescherming,
   b. het waarborgen van de veiligheid,
   c. het beschermen van de gezondheid,
   d. het beschermen van het milieu.
2. De regels strekken er in ieder geval toe dat:
   a. degene die een geweer, jachtvogel of eendenkooi gebruikt over de vereiste deskundigheid beschikt en met gunstig gevolg een examen heeft afgelegd dat door Onze Minister van Landbouw, Natuur en Voedselkwaliteit is erkend of door hem als gelijkwaardig aan door hem erkende examens is aangemerkt,
   b. degene die een geweer gebruikt, is gedekt door een verzekering voor de burgerrechtelijke aansprakelijkheid voor schade waartoe het gebruik van het geweer aanleiding kan geven,
   c. degene aan wie een omgevingsvergunning voor een jachtgeweeractiviteit is verleend, aan een faunabeheereenheid gegevens verstrekt over de door hem gedode dieren.

Art. 4.33 (rijksregels walvissen)
1. De in artikel 4.3 bedoelde regels over het vangen, doden of verwerken van walvissen worden gesteld met het oog op de natuurbescherming.
2. De regels strekken er in ieder geval toe dat mogelijke nadelige gevolgen voor de staat van instandhouding van de walvisstand worden voorkomen.

Art. 4.34 (rijksregels exoten)
1. De in artikel 4.3 bedoelde regels over activiteiten die de introductie of verspreiding van invasieve uitheemse soorten tot gevolg hebben of kunnen hebben worden gesteld met het oog op e natuurbescherming, het beschermen van de gezondheid of het beschermen van het milieu.
2. De regels strekken er in ieder geval toe nadelige gevolgen voor de biologische diversiteit te voorkomen of te beperken.

Art. 4.35 (rijksregels houtopstanden)
1. De in artikel 4.3 bedoelde regels over het vellen en beheren van houtopstanden worden gesteld met het oog op de instandhouding van het bosareaal, de natuurbescherming of het beschermen van landschappelijke waarden.
2. De regels strekken er in ieder geval toe dat na het vellen of het anders tenietgaan van een houtopstand, herbeplanting plaatsvindt op bosbouwkundig verantwoorde wijze.

Art. 4.36 (rijksregels handel en onder zich hebben van dieren, planten en producten)
1. De in artikel 4.3 bedoelde regels over het verhandelen, het om een andere reden dan verkoop onder zich hebben of het binnen of buiten het grondgebied van Nederland brengen van dieren, planten en producten daarvan worden gesteld met het oog op de natuurbescherming.
2. De regels strekken er in ieder geval toe dat de activiteiten geen risico opleveren voor de staat van instandhouding van de betrokken soort.

3. De regels kunnen ertoe strekken daarbij aangewezen rechtspersoonlijkheid bezittende organisaties te belasten met de taak om merken, merktekens of ringen voor vogels, planten of producten daarvan uit te reiken in overeenstemming met daarbij gestelde regels.

Art. 4.37 (rijksregels hout en houtproducten)
1. De in artikel 4.3 bedoelde regels over het verhandelen van hout en houtproducten als bedoeld in de Europese flegt-regelgeving of de Europese houtregelgeving worden gesteld met het oog op de natuurbescherming, het beschermen van het milieu, het tegengaan van klimaatverandering of het beheer van natuurlijke hulpbronnen.
2. De regels strekken uitsluitend ter uitvoering van de Europese flegt-regelgeving en de Europese houtregelgeving.

Art. 4.38 (rijksregels flora- en fauna-activiteiten)
1. De in artikel 4.3 bedoelde regels over flora- en fauna-activiteiten worden gesteld met het oog op de natuurbescherming.
2. De regels strekken er in ieder geval toe dat mogelijke nadelige gevolgen voor de staat van instandhouding van van nature in het wild voorkomende dier- of plantensoorten worden voorkomen.

Art. 4.39 (rijksregels landinrichting)
1. De in artikel 4.3 bedoelde regels over landinrichtingsactiviteiten worden gesteld met het oog op een doelmatige uitvoering van een inrichtingsprogramma.
2. De regels strekken er in ieder geval toe dat de uitvoering van een inrichtingsprogramma niet ernstig wordt belemmerd.

HOOFDSTUK 5
DE OMGEVINGSVERGUNNING EN HET PROJECTBESLUIT

AFDELING 5.1
DE OMGEVINGSVERGUNNING

§ 5.1.1
Verbodsbepalingen

Omgevingsvergunning en projectbesluit

Art. 5.1 (omgevingsvergunningplichtige activiteiten wet)
1. Het is verboden zonder omgevingsvergunning de volgende activiteiten te verrichten:
a. een omgevingsplanactiviteit,
b. een rijksmonumentenactiviteit,
c. een ontgrondingsactiviteit,
d. een stortingsactiviteit op zee,
e. een Natura 2000-activiteit,
f. een jachtgeweeractiviteit,
g. een valkeniersactiviteit,
tenzij het gaat om een bij algemene maatregel van bestuur aangewezen geval.
2. Het is verboden zonder omgevingsvergunning de volgende activiteiten te verrichten:
a. een bouwactiviteit,
b. een milieubelastende activiteit,
c. een lozingsactiviteit op:
1°. een oppervlaktewaterlichaam,
2°. een zuiveringtechnisch werk,
d. een wateronttrekkingsactiviteit,
e. een mijnbouwlocatieactiviteit,
f. een beperkingengebiedactiviteit met betrekking tot:
1°. een weg,
2°. een waterstaatswerk,
3°. een luchthaven,
4°. een hoofdspoorweg, lokale spoorweg of bijzondere spoorweg,
5°. een installatie in een waterstaatswerk,
g. een flora- en fauna-activiteit,
voor zover het gaat om een bij algemene maatregel van bestuur aangewezen geval.

Art. 5.2 (afbakening vergunningplicht artikel 5.1)
1. Bij de aanwijzing van gevallen op grond van artikel 5.1, worden de grenzen van artikel 2.3, derde lid, in acht genomen. Daarbij kunnen voor:
a. een omgevingsplanactiviteit,
b. een ontgrondingsactiviteit,
c. een milieubelastende activiteit,
d. een lozingsactiviteit op:
1°. een oppervlaktewaterlichaam,

Omgevingswet (toekomstig) **A72**

2°. een zuiveringtechnisch werk,
e. een wateronttrekkingsactiviteit,
f. een beperkingengebiedactiviteit met betrekking tot een lokale spoorweg,
g. een Natura 2000-activiteit,
h. een flora- en fauna-activiteit,
i. een jachtgeweeractiviteit,
gevallen worden aangewezen waarin, binnen bij die aanwijzing aangegeven grenzen, in het omgevingsplan, de waterschapsverordening of de omgevingsverordening van de aanwijzing kan worden afgeweken.
2. Voor een rijksmonumentenactiviteit met betrekking tot een archeologisch monument kunnen ook bij het besluit tot aanwijzing van een archeologisch moment als rijksmonument, bedoeld in artikel 3.1 van de Erfgoedwet, gevallen worden aangewezen waarin het verbod, bedoeld in artikel 5.1, eerste lid, aanhef en onder b, niet geldt. Deze gevallen hebben alleen betrekking op onderdelen van het archeologisch monument die uit het oogpunt van de archeologische monumentenzorg geen waarde hebben.
3. Bij de aanwijzing van gevallen op grond van artikel 5.1, eerste en tweede lid, kunnen voor:
a. een Natura 2000-activiteit,
b. een flora- en fauna-activiteit,
c. een jachtgeweeractiviteit,
d. een valkeniersactiviteit,
gevallen worden aangewezen waarin, binnen bij die aanwijzing aangegeven grenzen, bij ministeriële regeling, van de aanwijzing kan worden afgeweken.
4. Bij de aanwijzing van gevallen op grond van artikel 5.1, eerste en tweede lid, kunnen voor:
a. een Natura 2000-activiteit,
b. een flora- en fauna-activiteit,
gevallen worden aangewezen waarin, binnen bij die aanwijzing aangegeven grenzen, in een programma van de aanwijzing kan worden afgeweken.
5. Op grond van artikel 5.1, worden in ieder geval gevallen aangewezen ter uitvoering van:
a. de habitatrichtlijn,
b. de kaderrichtlijn afvalstoffen,
c. de kaderrichtlijn water,
d. het Londen-protocol,
e. de mer-richtlijn,
f. het Ospar-verdrag,
g. de richtlijn industriële emissies,
h. de richtlijn offshore veiligheid,
i. de richtlijn stedelijk afvalwater,
j. de richtlijn winningsafval,
k. de Seveso-richtlijn,
l. het verdrag van Aarhus,
m. het verdrag van Valletta,
n. het verdrag van Bern,
o. het verdrag van Bonn,
p. de vogelrichtlijn.

Art. 5.3 (omgevingsvergunningplicht waterschapsverordening)
Het is verboden zonder omgevingsvergunning een activiteit te verrichten wanneer dat in de waterschapsverordening is bepaald.

Art. 5.4 (omgevingsvergunningplicht omgevingsverordening)
Het is verboden zonder omgevingsvergunning een activiteit te verrichten wanneer dat in de omgevingsverordening is bepaald.

Art. 5.5 (verbod handelen in strijd met voorschriften omgevingsvergunning)
1. Het is verboden te handelen in strijd met een voorschrift van een omgevingsvergunning voor:
a. een omgevingsplanactiviteit, voor zover dat voorschrift is gesteld met het oog op:
1°. het waarborgen van de veiligheid, het beschermen van de gezondheid en het beschermen van het milieu,
2°. het beschermen en verbeteren van de chemische en ecologische kwaliteit van watersystemen,
3°. het beschermen van de doelmatige werking van een zuiveringtechnisch werk,
4°. het beschermen van monumenten of archeologische monumenten,
b. een rijksmonumentenactiviteit,
c. een stortingsactiviteit op zee,
d. een milieubelastende activiteit,
e. een lozingsactiviteit op:
1°. een oppervlaktewaterlichaam,
2°. een zuiveringtechnisch werk,

Sdu 1747

f. een beperkingengebiedactiviteit,
g. een flora- en fauna-activiteit.
2. Het is verboden te handelen in strijd met een voorschrift van een omgevingsvergunning voor:
a. een omgevingsplanactiviteit: in andere gevallen dan bedoeld in het eerste lid, onder a,
b. een ontgrondingsactiviteit,
c. een bouwactiviteit,
d. een wateronttrekkingsactiviteit,
e. een mijnbouwlocatieactiviteit,
f. een Natura 2000-activiteit.
3. Het is verboden in strijd te handelen met een voorschrift van een omgevingsvergunning voor:
a. een jachtgeweeractiviteit,
b. een valkeniersactiviteit.
4. Het is verboden te handelen in strijd met een voorschrift van een omgevingsvergunning als bedoeld in artikel 5.3:
a. voor zover dat voorschrift is gesteld met het oog op:
1°. het beschermen en verbeteren van de chemische en ecologische kwaliteit van watersystemen,
2°. het beschermen van de doelmatige werking van een zuiveringtechnisch werk,
b. in andere gevallen dan bedoeld onder a.
5. Het is verboden te handelen in strijd met een voorschrift van een omgevingsvergunning als bedoeld in artikel 5.4:
a. voor zover dat voorschrift is gesteld met het oog op:
1°. het waarborgen van de veiligheid, het beschermen van de gezondheid en het beschermen van het milieu,
2°. het beschermen en verbeteren van de chemische en ecologische kwaliteit van watersystemen,
3°. het beschermen van de doelmatige werking van een zuiveringtechnisch werk,
4°. het beschermen van monumenten of archeologische monumenten,
b. in andere gevallen dan bedoeld onder a.

Art. 5.6 (verbod in stand laten zonder vergunning gebouwd bouwwerk)
Het is verboden een bouwwerk of deel daarvan dat is gebouwd zonder de daarvoor vereiste omgevingsvergunning voor een bouwactiviteit in stand te laten.

§ 5.1.2
Reikwijdte aanvraag omgevingsvergunning en aanwijzing bevoegd gezag

Art. 5.7 (aanvraag los of gelijktijdig)
1. Een aanvraag om een omgevingsvergunning kan naar keuze van de aanvrager op een of meer activiteiten betrekking hebben.
2. Met het oog op een doelmatig waterbeheer wordt een omgevingsvergunning voor wateractiviteiten, in bij algemene maatregel van bestuur aangewezen gevallen, los aangevraagd van de omgevingsvergunning voor andere activiteiten als bedoeld in de artikelen 5.1 en 5.4.
3. Een omgevingsvergunning voor een activiteit waarbij de locatie van ondergeschikt belang is, wordt, in bij algemene maatregel van bestuur aangewezen gevallen, los aangevraagd van de omgevingsvergunning voor andere activiteiten.
4. Een omgevingsvergunning voor een milieubelastende activiteit en een omgevingsvergunning voor een wateractiviteit, met uitzondering van een als wateractiviteit aan te merken beperkingengebiedactiviteit, worden gelijktijdig aangevraagd als:
a. die activiteiten betrekking hebben op dezelfde ippc-installatie, of
b. op die activiteiten de Seveso-richtlijn van toepassing is.
5. Dit artikel is van overeenkomstige toepassing op aanvragen om wijziging van de voorschriften van een omgevingsvergunning.

Art. 5.8 (bevoegd gezag gemeente aanvraag één activiteit)
Het college van burgemeester en wethouders beslist op de aanvraag om een omgevingsvergunning die betrekking heeft op één activiteit, tenzij op grond van artikel 5.9, 5.9a, 5.10 of 5.11 een ander bestuursorgaan is aangewezen.

Art. 5.9 (bevoegd gezag aanvraag één wateractiviteit)
Bij algemene maatregel van bestuur worden met het oog op een doelmatig waterbeheer voor wateractiviteiten gevallen aangewezen waarin het dagelijks bestuur van het waterschap, gedeputeerde staten of Onze Minister van Infrastructuur en Waterstaat op de aanvraag beslissen.

Art. 5.9a (bevoegd gezag aanvraag één jachtgeweeractiviteit)
De korpschef beslist op de aanvraag om een omgevingsvergunning voor een jachtgeweeractiviteit.

Omgevingswet (toekomstig)

Art. 5.10 (bevoegd gezag provincie aanvraag één activiteit anders dan in artikel 5.9)

1. Bij algemene maatregel van bestuur worden voor de volgende activiteiten gevallen aangewezen waarin gedeputeerde staten op de aanvraag beslissen:
   a. omgevingsplanactiviteiten van provinciaal belang,
   b. ontgrondingsactiviteiten:
   1°. in het winterbed van een tot de rijkswateren behorende rivier,
   2°. buiten de rijkswateren,
   c. milieubelastende activiteiten:
   1°. met betrekking tot een ippc-installatie,
   2°. met betrekking tot een andere milieubelastende installatie,
   3°. waarop de Seveso-richtlijn van toepassing is,
   4°. die gevolgen hebben of kunnen hebben voor het grondwater,
   d. beperkingengebiedactiviteiten met betrekking tot:
   1°. burgerluchthavens van regionale betekenis,
   2°. lokale spoorwegen,
   e. Natura 2000-activiteiten en flora- en fauna-activiteiten,
   f. activiteiten als bedoeld in artikel 5.4.
2. Bij de aanwijzing van gevallen worden de grenzen van artikel 2.3, tweede lid, in acht genomen.
3. In afwijking van het eerste lid, aanhef en onder d, aanhef en onder 2°, worden, als op grond van artikel 20, derde lid, van de Wet personenvervoer 2000 een gebied is aangewezen, bij algemene maatregel van bestuur gevallen aangewezen waarin het dagelijks bestuur van het openbaar lichaam, bedoeld in dat lid, beslist op de aanvraag om een omgevingsvergunning voor een beperkingengebiedactiviteit met betrekking tot een lokale spoorweg in dat gebied.

Art. 5.11 (bevoegd gezag Rijk aanvraag één activiteit anders dan in artikel 5.9)

1. Bij algemene maatregel van bestuur worden voor de volgende activiteiten gevallen aangewezen waarin een van Onze daarbij aangewezen Ministers op de aanvraag beslist:
   a. omgevingsplanactiviteiten van nationaal belang,
   b. rijksmonumentenactiviteiten met betrekking tot een archeologisch monument,
   c. ontgrondingsactiviteiten in de rijkswateren, met uitzondering van de gevallen, bedoeld in artikel 5.10, eerste lid, onder b, onder 1°,
   d. milieubelastende activiteiten:
   1°. met betrekking tot een mijnbouwwerk,
   2°. waarbij nationale veiligheidsbelangen of andere vitale nationale belangen zijn betrokken,
   3°. als het gaat om het op of in de bodem brengen van meststoffen,
   e. mijnbouwlocatieactiviteiten,
   f. beperkingengebiedactiviteiten met betrekking tot:
   1°. wegen in beheer bij het Rijk,
   2°. andere luchthavens dan burgerluchthavens van regionale betekenis,
   3°. hoofdspoorwegen en bijzondere spoorwegen,
   4°. mijnbouwinstallaties in een waterstaatswerk,
   g. Natura 2000-activiteiten en flora- en fauna-activiteiten van nationaal belang,
   h. activiteiten die niet vallen onder de onderdelen a tot en met g en die geheel of in hoofdzaak plaatsvinden in:
   1°. de territoriale zee voor zover gelegen buiten het provinciaal en gemeentelijk ingedeelde gebied,
   2°. de exclusieve economische zone,
   i. een valkeniersactiviteit.
2. Bij de aanwijzing van gevallen worden de grenzen van artikel 2.3, derde lid, in acht genomen.
3. In afwijking van de artikelen 5.8 en 5.10 en van het eerste lid kan Onze Minister van Infrastructuur en Waterstaat in andere gevallen dan bedoeld in het eerste lid, onder d, onder 2°, beslissen op een aanvraag om een omgevingsvergunning als dat nodig is voor nationale veiligheidsbelangen of andere vitale nationale belangen.

Art. 5.12 (bevoegd gezag aanvraag meer activiteiten)

1. Op de aanvraag om een omgevingsvergunning die betrekking heeft op meer dan een activiteit wordt beslist door een bestuursorgaan dat op grond van artikel 5.8, 5.9, 5.9a, 5.10 of 5.11 voor ten minste een van die activiteiten bevoegd zou zijn op een aanvraag te beslissen. Hierbij worden de volgende leden in acht genomen.
2. Als het college van burgemeester en wethouders een bestuursorgaan is als bedoeld in het eerste lid, beslist het college op de aanvraag, tenzij bij algemene maatregel van bestuur een ander van de betrokken bestuursorganen wordt aangewezen. Bij die aanwijzing worden de grenzen van artikel 2.3 in acht genomen.
3. In andere gevallen dan bedoeld in het tweede lid, wordt op de aanvraag beslist door het betrokken bestuursorgaan dat bij algemene maatregel van bestuur wordt aangewezen. Bij die

maatregel kan, in afwijking van het eerste lid en met inachtneming van de grenzen van artikel 2.3, een ander bestuursorgaan dan een van de betrokken bestuursorganen worden aangewezen.
4. In afwijking van het eerste tot en met derde lid kan Onze Minister van Infrastructuur en Waterstaat op de aanvraag beslissen als dat nodig is voor nationale veiligheidsbelangen of andere vitale nationale belangen.

Art. 5.13 (eens bevoegd gezag altijd bevoegd gezag)
1. In afwijking van de artikelen 5.10, 5.11, eerste lid, en 5.12, eerste tot en met derde lid, kunnen bij algemene maatregel gevallen worden aangewezen waarin gedeputeerde staten of Onze Minister die het aangaat beslissen op elke aanvraag om een omgevingsvergunning die betrekking heeft op een locatie waarvoor een door hen eerder verleende omgevingsvergunning geldt.
2. Het eerste lid is niet van toepassing als de aanvraag om een omgevingsvergunning betrekking heeft op een activiteit als bedoeld in artikel 5.9 of 5.9a.

Art. 5.14 (bevoegd gezag grondgebiedoverstijgende aanvraag)
Als een aanvraag om een omgevingsvergunning betrekking heeft op een activiteit die op het grondgebied van meer dan een gemeente, waterschap of provincie plaatsvindt, wordt op die aanvraag beslist door het daarvoor op grond van artikel 5.8, 5.9, 5.10 of 5.12 aangewezen bestuursorgaan van de gemeente, het waterschap of de provincie waar de activiteit in hoofdzaak zal worden verricht.

Art. 5.15 (bevoegd gezag toepassing paragraaf 5.1.5)
Het bestuursorgaan dat bevoegd is om op een aanvraag om een omgevingsvergunning te beslissen, is ook bevoegd tot toepassing van paragraaf 5.1.5.

Art. 5.16 (flexibiliteitsregeling bevoegd gezag)
1. Een bestuursorgaan dat bevoegd is om op een aanvraag om een omgevingsvergunning te beslissen of bevoegd is tot toepassing van paragraaf 5.1.5, kan die bevoegdheid aan een ander bestuursorgaan overdragen, als dat bestuursorgaan daarmee instemt.
2. Bij algemene maatregel van bestuur kunnen regels worden gesteld over de toepassing van het eerste lid.

Art. 5.17
[Vervallen]

§ 5.1.3
De beoordeling van de aanvraag

Art. 5.18 (beoordelingsregels aanvraag artikel 5.1-activiteiten bij algemene maatregel van bestuur)
1. Bij algemene maatregel van bestuur worden regels gesteld over het verlenen of weigeren van een omgevingsvergunning voor een activiteit als bedoeld in artikel 5.1.
2. Daarbij kunnen regels worden gesteld over de motivering van de beslissing tot het verlenen of weigeren.
3. Artikel 2.32, tweede tot en met zesde lid, is van overeenkomstige toepassing op die regels.

Art. 5.19 (beoordelingsregels aanvraag artikel 5.1-activiteiten in omgevingsverordening)
1. Bij omgevingsverordening kunnen regels worden gesteld over het verlenen of weigeren van een omgevingsvergunning voor een milieubelastende activiteit, tenzij het gaat om een op grond van artikel 5.26, vierde lid, aangewezen geval.
2. Bij het stellen van de regels worden de grenzen van artikel 2.3, tweede lid, in acht genomen. Artikel 2.32, eerste, vijfde en zesde lid, is van overeenkomstige toepassing op die regels, waarbij een verzoek als bedoeld in artikel 2.32, eerste lid, ook door Onze Minister die het aangaat kan worden gedaan.

Art. 5.20 (artikel 5.18 beoordelingsregels aanvraag bouwactiviteit)
1. Voor een bouwactiviteit worden de regels, bedoeld in artikel 5.18, gesteld met het oog op:
a. het waarborgen van de veiligheid,
b. het beschermen van de gezondheid,
c. duurzaamheid en bruikbaarheid.
2. De regels strekken ertoe dat de omgevingsvergunning alleen wordt verleend als aannemelijk is dat wordt voldaan aan de regels over bouwactiviteiten, bedoeld in artikel 4.3, eerste lid, aanhef en onder a, of daarover gestelde maatwerkregels.

Art. 5.21 (artikel 5.18 beoordelingsregels aanvraag omgevingsplanactiviteit)
1. Voor een omgevingsplanactiviteit worden de regels, bedoeld in artikel 5.18, gesteld met het oog op de doelen van de wet.
2. De regels strekken er in ieder geval toe dat:
a. de omgevingsvergunning wordt verleend met toepassing van daarvoor in het omgevingsplan gestelde regels,
b. de omgevingsvergunning ook kan worden verleend met het oog op een evenwichtige toedeling van functies aan locaties,

Omgevingswet (toekomstig) **A72**

c. op de beslissing of de omgevingsvergunning in een geval als bedoeld onder b kan worden verleend als het gaat om een omgevingsplanactiviteit anders dan van provinciaal of nationaal belang geheel en als het gaat om een omgevingsplanactiviteit van provinciaal of nationaal belang gedeeltelijk van overeenkomstige toepassing zijn:
1°. de op grond van de artikelen 2.22 en 2.24 gestelde regels over omgevingsplannen,
2°. de op grond van de artikelen 2.33 en 2.34 gegeven instructies over omgevingsplannen.
3. De regels, bedoeld in het tweede lid, aanhef en onder c, onder 1°, strekken er ook toe dat als in een op grond van artikel 2.22 gestelde regel toepassing is gegeven aan artikel 2.32, eerste lid, een verzoek als bedoeld in dat lid ook kan worden gedaan door Onze Minister die het aangaat.
4. Van het tweede lid kan worden afgeweken voor een omgevingsplanactiviteit die betrekking heeft op een maatwerkregel.

Art. 5.22 (artikel 5.18 beoordelingsregels aanvraag rijksmonumentenactiviteit)
Voor een rijksmonumentenactiviteit worden de regels, bedoeld in artikel 5.18, gesteld met het oog op het behoud van cultureel erfgoed en in dat kader tot:
a. het voorkomen van ontsiering, beschadiging, sloop of verplaatsing van monumenten en archeologische monumenten,
b. het bevorderen van het gebruik van monumenten, zo nodig door wijziging van die monumenten, rekening houdend met de monumentale waarden,
c. het conserveren en in stand houden van archeologische monumenten, bij voorkeur in situ.

Art. 5.23 (artikel 5.18 beoordelingsregels aanvraag ontgrondingsactiviteit)
Voor een ontgrondingsactiviteit worden de regels, bedoeld in artikel 5.18, gesteld met het oog op de doelen van de wet.

Art. 5.24 (artikel 5.18 beoordelingsregels aanvraag wateractiviteit)
1. Voor een wateractiviteit worden de regels, bedoeld in artikel 5.18, gesteld met het oog op:
a. het voorkomen en waar nodig beperken van overstromingen, wateroverlast en waterschaarste,
b. het beschermen en verbeteren van de chemische en ecologische kwaliteit van watersystemen,
c. het vervullen van maatschappelijke functies door watersystemen,
d. het beschermen van de doelmatige werking van een zuiveringtechnisch werk.
2. Op het stellen van de regels voor lozingsactiviteiten op een oppervlaktewaterlichaam of een zuiveringtechnisch werk is artikel 4.23, tweede lid, van overeenkomstige toepassing.
3. Voor een stortingsactiviteit op zee worden de regels ook gesteld ter uitvoering van het Londen-protocol en het Ospar-verdrag.
4. In afwijking van het eerste lid worden de regels voor een beperkingengebiedactiviteit met betrekking tot een waterstaatswerk, voor zover die plaatsvindt buiten het provinciaal en gemeentelijk ingedeelde gebied, gesteld met het oog op de doelen van de wet.

Art. 5.25
[Vervallen]

Art. 5.26 (artikel 5.18 beoordelingsregels aanvraag milieubelastende activiteit)
1. Voor een milieubelastende activiteit worden de regels, bedoeld in artikel 5.18, gesteld met het oog op het waarborgen van de veiligheid, het beschermen van de gezondheid en het beschermen van het milieu.
2. Op het stellen van deze regels is artikel 4.22, tweede lid, van overeenkomstige toepassing.
3. Ook strekken deze regels ertoe dat op de beslissing of de omgevingsvergunning kan worden verleend van toepassing zijn de op grond van artikel 5.19, eerste lid, in de omgevingsverordening gestelde regels over het verlenen of weigeren van een omgevingsvergunning voor een milieubelastende activiteit.
4. In afwijking van het tweede lid strekken de regels voor daartoe bij algemene maatregel van bestuur aangewezen gevallen van milieubelastende activiteiten er alleen toe dat de beoordeling of sprake is van aanzienlijke milieueffecten, bedoeld in artikel 16.43, tweede lid, plaatsvindt.

Art. 5.27 (artikel 5.18 beoordelingsregels aanvraag mijnbouwlocatieactiviteit)
1. Voor een mijnbouwlocatieactiviteit worden de regels, bedoeld in artikel 5.18, gesteld met het oog op:
a. het waarborgen van de veiligheid,
b. een evenwichtige toedeling van functies aan locaties.
2. Op het stellen van deze regels is artikel 4.24, tweede lid, en derde lid, aanhef en onder b, van overeenkomstige toepassing.

Art. 5.28 (artikel 5.18 beoordelingsregels beperkingengebiedactiviteit anders dan een wateractiviteit)
Voor een beperkingengebiedactiviteit met betrekking tot:
a. een weg,
b. een luchthaven,
c. een spoorweg,
d. een mijnbouwinstallatie in een waterstaatswerk, worden de regels, bedoeld in artikel 5.18, gesteld met het oog op het behoeden van de staat en werking daarvan voor nadelige gevolgen

van activiteiten, waartoe ook het belang van verruiming of wijziging van de onder a tot en met d genoemde werken en objecten kan behoren.

Art. 5.29 (artikel 5.18 beoordelingsregels aanvraag Natura 2000-activiteit en flora- en fauna-activiteit)

1. Voor een Natura 2000-activiteit en een flora- en fauna-activiteit worden de regels, bedoeld in artikel 5.18, gesteld met het oog op de natuurbescherming.
2. Deze regels strekken in ieder geval tot uitvoering van artikel 6, tweede, derde en vierde lid, en artikel 16 van de habitatrichtlijn en artikel 9 van de vogelrichtlijn.
3. De regels kunnen ertoe strekken dat voor het verrichten van een Natura 2000-activiteit geregistreerde stikstofdepositieruimte is toegedeeld aan deze activiteit.

Art. 5.29a (artikel 5.18 beoordelingsregels aanvraag jachtgeweeractiviteit en valkeniersactiviteit)

Voor een jachtgeweeractiviteit of een valkeniersactiviteit worden de regels, bedoeld in artikel 5.18, gesteld met het oog op de natuurbescherming of de veiligheid.

Art. 5.30 (beoordelingsregels artikel 5.3- en 5.4-activiteiten)

Voor zover de aanvraag betrekking heeft op een activiteit als bedoeld in artikel 5.3 of 5.4, kan de omgevingsvergunning alleen worden verleend of geweigerd op de gronden die zijn bepaald in de waterschapsverordening respectievelijk de omgevingsverordening.

Art. 5.31 (weigeren vergunning vanwege Wet bibob)

1. Het bevoegd gezag kan de omgevingsvergunning weigeren in het geval en onder de voorwaarden, bedoeld in artikel 3 van de Wet bevordering integriteitsbeoordelingen door het openbaar bestuur, voor zover de aanvraag betrekking heeft op:
a. een bouwactiviteit,
b. een omgevingsplanactiviteit:
1°. bestaande uit een bouwactiviteit of het in stand houden van een bouwwerk,
2°. anders dan onder 1° die wordt verricht in het kader van de uitoefening van een inrichting of bedrijf als bedoeld in artikel 7 van die wet,
c. een daartoe bij algemene maatregel van bestuur aangewezen milieubelastende activiteit.
2. Voor de toepassing van het eerste lid wordt onder betrokkene als bedoeld in artikel 3 van de Wet bevordering integriteitsbeoordelingen door het openbaar bestuur ook verstaan degene die op grond van feiten en omstandigheden redelijkerwijs met de aanvrager van de omgevingsvergunning kan worden gelijkgesteld.
3. Voordat toepassing wordt gegeven aan het eerste lid, kan het bevoegd gezag het bureau, bedoeld in artikel 8 van de Wet bevordering integriteitsbeoordelingen door het openbaar bestuur, vragen om een advies als bedoeld in artikel 9 van die wet.

Art. 5.32 (weigeren vergunning vanwege ernstige gezondheidsrisico's)

Het bevoegd gezag kan een omgevingsvergunning weigeren als naar zijn oordeel sprake is van bijzondere omstandigheden waardoor het verlenen van de vergunning zou leiden tot ernstige nadelige of mogelijk ernstige nadelige gevolgen voor de gezondheid.

Art. 5.33 (verlenen of weigeren vergunning vanwege instemming)

Voor zover de aanvraag betrekking heeft op een activiteit waarvoor de beslissing op de aanvraag op grond van artikel 16.16 instemming van een ander bestuursorgaan behoeft, wordt de omgevingsvergunning verleend of geweigerd met inachtneming van het besluit over de instemming.

Art. 5.33a (gedeeltelijke verlening omgevingsvergunning bij aanvraag meer activiteiten)

1. Voor zover de aanvraag betrekking heeft op meer dan een activiteit wordt als er een bij of krachtens deze paragraaf gestelde regel is op grond waarvan voor een deel van die activiteiten de omgevingsvergunning moet worden geweigerd, de vergunning alleen geweigerd voor die activiteiten en voor de overige activiteiten verleend.
2. In afwijking van het eerste lid wordt de omgevingsvergunning in haar geheel geweigerd op verzoek of met instemming van de aanvrager.

§ 5.1.4
Inhoud en werking

Art. 5.34 (voorschriften omgevingsvergunning)

1. Aan een omgevingsvergunning worden de voorschriften verbonden die nodig zijn voor de regels, bedoeld in de artikelen 5.18, 5.19, 5.30 en 5.31.
2. Onverminderd de artikelen 13.5, eerste tot en met vijfde lid, en 13.6 worden bij of krachtens algemene maatregel van bestuur voor daarbij aangewezen activiteiten regels gesteld over de toepassing van het eerste lid. Daarbij worden in ieder geval regels gesteld over:
a. voorschriften die strekken tot toepassing van andere technieken dan die waarover bij de aanvraag gegevens of bescheiden zijn verstrekt,
b. voorschriften die, ook al houden deze verband met regels als bedoeld in het eerste lid, niet aan de omgevingsvergunning kunnen worden verbonden.

Omgevingswet (toekomstig) A72

3. Regels over het verbinden van voorschriften aan een omgevingsvergunning kunnen ook worden gesteld bij:
a. omgevingsplan, voor zover het gaat om een omgevingsvergunning voor een omgevingsplanactiviteit,
b. waterschapsverordening, voor zover het gaat om een omgevingsvergunning voor een activiteit als bedoeld in artikel 5.3,
c. omgevingsverordening, voor zover het gaat om een omgevingsvergunning voor:
1°. een milieubelastende activiteit, tenzij het gaat om een op grond van artikel 5.26, vierde lid, aangewezen geval,
2°. een activiteit als bedoeld in artikel 5.4.
4. Bij het stellen van regels als bedoeld in het derde lid, aanhef en onder c, worden de grenzen van artikel 2.3, tweede lid, in acht genomen.

Art. 5.35
[Vervallen]

Art. 5.36 (termijnstelling in omgevingsvergunning)
1. In een omgevingsvergunning voor een voortdurende activiteit kan worden bepaald dat die vergunning geldt voor een daarbij gestelde termijn.
2. In een omgevingsvergunning voor een aflopende activiteit kan worden bepaald dat de vergunninghouder na afloop van een bij de vergunning gestelde termijn, de voor de verlening van de vergunning bestaande toestand heeft hersteld of een andere, in de omgevingsvergunning omschreven, toestand heeft gerealiseerd.
3. In een omgevingsvergunning kan worden bepaald dat daarbij aangewezen voorschriften nadat de vergunning haar gelding heeft verloren, tijdens een daarbij gestelde termijn van kracht blijven.
4. Bij algemene maatregel van bestuur worden gevallen aangewezen waarin een termijn als bedoeld in het eerste of tweede lid wordt gesteld. Bij de maatregel kunnen over die termijn worden geregeld:
a. de maximale duur,
b. de gevallen waarin verlenging mogelijk is.

Art. 5.36a (termijnstelling seizoensgebonden en drijvende bouwwerken)
1. In een omgevingsvergunning voor een bouwactiviteit voor een seizoensgebonden bouwwerk of voor een omgevingsplanactiviteit bestaande uit een bouwactiviteit voor een seizoensgebonden bouwwerk:
a. kan worden bepaald dat het bouwwerk op grond van die vergunning gedurende opeenvolgende kalenderjaren kan worden gebouwd en gesloopt, en
b. wordt bepaald binnen welke opeenvolgende tijdvakken van een kalenderjaar het bouwen en slopen van het bouwwerk plaatsvindt.
2. Een omgevingsvergunning voor een bouwactiviteit voor een drijvend bouwwerk of voor een omgevingsplanactiviteit bestaande uit een bouwactiviteit voor een drijvend bouwwerk omvat ook de toestemming om het bouwwerk in verband met werkzaamheden te verplaatsen en op dezelfde locatie terug te plaatsen.
3. In een omgevingsvergunning voor een bouwactiviteit voor een drijvend bouwwerk of voor een omgevingsplanactiviteit bestaande uit een bouwactiviteit voor een drijvend bouwwerk kan worden bepaald dat het bouwwerk op grond van die vergunning ook in andere gevallen dan bedoeld in het tweede lid kan worden verplaatst en op dezelfde locatie kan worden teruggeplaatst.

Art. 5.36b (conversie omgevingsvergunning wateractiviteit vanwege nieuwe vergunningplicht stortingsactiviteit op zee)
Als het verbod, bedoeld in artikel 5.1, eerste lid, om zonder omgevingsvergunning een stortingsactiviteit op zee te verrichten door een wijziging van bijlage 4 bij het Londen-protocol van toepassing wordt op een activiteit waarvoor al een omgevingsvergunning voor een lozingsactiviteit op een oppervlaktewaterlichaam of voor een beperkingengebiedactiviteit met betrekking tot een waterstaatswerk als bedoeld in artikel 5.1, tweede lid, is verleend, geldt die omgevingsvergunning als omgevingsvergunning voor een stortingsactiviteit op zee, mits in de bijlage bij het Londen-protocol is bepaald dat voor die activiteit een vergunning kan worden verleend.

Art. 5.37 (normadressaat omgevingsvergunning en aanwijzing vergunninghouder)
1. Een omgevingsvergunning geldt voor degene die de activiteit verricht waarop zij betrekking heeft. Diegene is vergunninghouder en draagt zorg voor de naleving van de vergunningvoorschriften.
2. Als een aangevraagde of verleende omgevingsvergunning zal gaan gelden voor een ander dan de aanvrager of de vergunninghouder, informeert de aanvrager respectievelijk de vergunninghouder ten minste vier weken van tevoren het bevoegd gezag daarover. Bij ministeriële regeling worden regels gesteld over de gegevens die daarbij worden verstrekt.
3. In afwijking van het eerste lid, eerste zin, kan het bevoegd gezag in de omgevingsvergunning bepalen dat deze alleen geldt voor degene aan wie zij is verleend, als de persoon van de vergun-

ninghouder van belang is voor de toepassing van de regels over het verlenen of weigeren van de omgevingsvergunning.

Art. 5.37a (verantwoordelijkheidsverdeling vergunninghouders)

1. In afwijking van artikel 5.37, eerste lid, kan het bevoegd gezag in de omgevingsvergunning bepalen dat een vergunninghouder alleen zorg draagt voor de naleving van de vergunningvoorschriften voor de activiteit die of het deel van de activiteit dat hij verricht, voor zover de activiteit of het deel van de activiteit te onderscheiden is, tenzij het gaat om een bij algemene maatregel van bestuur aangewezen geval.
2. Bij algemene maatregel van bestuur kunnen nadere regels worden gesteld over de toepassing van het eerste lid.

§ 5.1.5
Actualisering, wijziging, intrekking en revisievergunning

Art. 5.38 (actualisering omgevingsvergunning)

1. Voor zover een omgevingsvergunning betrekking heeft op:
   a. een stortingsactiviteit op zee,
   b. een milieubelastende activiteit, tenzij het gaat om een op grond van artikel 5.26, vierde lid, aangewezen geval,
   c. een lozingsactiviteit op:
   1°. een oppervlaktewaterlichaam,
   2°. een zuiveringtechnisch werk,

   beziet het bevoegd gezag regelmatig of de voorschriften van de vergunning nog toereikend zijn gezien de ontwikkelingen van de technische mogelijkheden tot het beschermen van het milieu en de ontwikkelingen met betrekking tot de kwaliteit van het milieu.
2. Onder ontwikkelingen van de technische mogelijkheden tot het beschermen van het milieu wordt ook verstaan de vaststelling van nieuwe of herziene conclusies over beste beschikbare technieken, bedoeld in artikel 13, vijfde en zevende lid, van de richtlijn industriële emissies.
3. Bij algemene maatregel van bestuur worden met het oog op het beschermen van het milieu regels gesteld over de wijze waarop het eerste lid wordt toegepast voor daarbij aangewezen activiteiten. Bij de maatregel kan worden bepaald dat daarbij gestelde regels alleen gelden in daarbij aangewezen gevallen.

Art. 5.39 (verplichting tot wijziging voorschriften omgevingsvergunning en intrekking omgevingsvergunning)

Het bevoegd gezag wijzigt de voorschriften van een omgevingsvergunning of trekt een omgevingsvergunning in:
a. in gevallen of op gronden die bij algemene maatregel van bestuur worden bepaald,
b. voor een activiteit als bedoeld in artikel 5.3 of 5.4: in gevallen of op gronden die in de waterschapsverordening respectievelijk de omgevingsverordening zijn bepaald.

Art. 5.40 (bevoegdheid tot wijziging voorschriften omgevingsvergunning en intrekking omgevingsvergunning)

1. Het bevoegd gezag kan de voorschriften van een omgevingsvergunning wijzigen:
   a. in gevallen of op gronden die bij algemene maatregel van bestuur worden bepaald,
   b. voor een activiteit als bedoeld in artikel 5.31, eerste lid: als het gaat om het wegnemen of beperken van gevaar, bedoeld in artikel 3, zevende lid, van de Wet bevordering integriteitsbeoordelingen door het openbaar bestuur, waarbij artikel 5.31, tweede en derde lid, van overeenkomstige toepassing is,
   c. voor een activiteit als bedoeld in artikel 5.3 of 5.4: in gevallen of op gronden die in de waterschapsverordening respectievelijk de omgevingsverordening zijn bepaald.
2. In andere gevallen dan bedoeld in artikel 18.10 kan het bevoegd gezag een omgevingsvergunning intrekken:
   a. in gevallen of op gronden die bij algemene maatregel van bestuur worden bepaald,
   b. als gedurende een jaar of een in de vergunning bepaalde langere termijn geen activiteiten zijn verricht met gebruikmaking van de vergunning,
   c. op verzoek van de vergunninghouder,
   d. voor een activiteit als bedoeld in artikel 5.31, eerste lid: in het geval en onder de voorwaarden, bedoeld in artikel 3 van de Wet bevordering integriteitsbeoordelingen door het openbaar bestuur, waarbij artikel 5.31, tweede en derde lid, van overeenkomstige toepassing is,
   e. voor een milieubelastende activiteit of een wateractiviteit waarvoor met toepassing van artikel 16.7, eerste lid, aanhef en onder b, gecoördineerd omgevingsvergunningen zijn verleend: als de omgevingsvergunning voor de samenhangende wateractiviteit respectievelijk de milieubelastende activiteit is ingetrokken,
   f. voor een activiteit als bedoeld in artikel 5.3 of 5.4: in gevallen of op gronden die in de waterschapsverordening respectievelijk de omgevingsverordening zijn bepaald.

Omgevingswet (toekomstig)

Art. 5.41 (toepassing artikelen 5.39 en 5.40 op verzoek instemmingsorgaan)
1. Het bevoegd gezag wijzigt de voorschriften van een omgevingsvergunning voor een activiteit of trekt de omgevingsvergunning voor een activiteit in met toepassing van artikel 5.39 of 5.40, op verzoek van het bestuursorgaan dat op grond van artikel 16.16, eerste lid, heeft beslist over instemming met de voorgenomen beslissing op de aanvraag om de omgevingsvergunning voor die activiteit of dat op grond van artikel 16.16, derde of vierde lid, heeft bepaald dat instemming niet is vereist.
2. Het eerste lid is van overeenkomstige toepassing op een verzoek van Onze Minister van Justitie en Veiligheid tot intrekking van een omgevingsvergunning voor een jachtgeweeractiviteit op de grond, bedoeld in artikel 5.42, derde lid.

Art. 5.42 (invulling algemene maatregel van bestuur artikelen 5.39 en 5.40)
1. Als voor een activiteit als bedoeld in artikel 5.1 toepassing wordt gegeven aan artikel 5.39, onder a, of 5.40, eerste lid, onder a, of tweede lid, onder a, worden bij algemene maatregel van bestuur gevallen of gronden met hetzelfde oogmerk bepaald als het oogmerk waarmee op grond van artikel 5.18 regels over die activiteit worden gesteld.
2. Als geval als bedoeld in artikel 5.39, onder a, waarin het bevoegd gezag de voorschriften van een omgevingsvergunning wijzigt, wordt in ieder geval aangewezen het geval waarin uit toepassing van artikel 5.38 is gebleken dat de nadelige gevolgen die de desbetreffende activiteit voor het milieu veroorzaakt:
a. gezien de ontwikkelingen van de technische mogelijkheden tot het beschermen van het milieu, verder kunnen worden beperkt, of
b. gezien de ontwikkelingen met betrekking tot de kwaliteit van het milieu, verder moeten worden beperkt.
3. Als geval als bedoeld in artikel 5.39, onder a, waarin het bevoegd gezag de omgevingsvergunning voor een jachtgeweeractiviteit intrekt, wordt in ieder geval aangewezen het geval waarin de vergunninghouder misbruik heeft gemaakt van wapens of munitie of van de bevoegdheid die voorhanden te hebben, of waarin er andere aanwijzingen zijn dat aan hem het voorhanden hebben van wapens of munitie niet langer kan worden toevertrouwd.
4. Als geval als bedoeld in artikel 5.40, eerste lid, onder a, of tweede lid, onder a, wordt in ieder geval aangewezen het geval waarin de voorschriften van de omgevingsvergunning kunnen worden gewijzigd of de omgevingsvergunning kan worden ingetrokken, met het oog op het treffen van passende preventieve maatregelen ter bescherming van de gezondheid, bedoeld in artikel 4.22, tweede lid, onder aa.

Art. 5.43 (revisievergunning)
1. Als voor een of meer activiteiten verschillende omgevingsvergunningen van kracht zijn, kan het bevoegd gezag, in het belang van een doelmatige uitvoering en handhaving, ambtshalve een omgevingsvergunning verlenen die de eerder verleende omgevingsvergunningen vervangt.
2. Als de omgevingsvergunningen niet door hetzelfde bevoegd gezag zijn verleend, kan het eerste lid worden toegepast door elk van de betrokken bestuursorganen, als de andere betrokken bestuursorganen toepassing hebben gegeven aan artikel 5.16.
3. Het eerste lid kan ook worden toegepast tegelijk met:
a. het beslissen op een aanvraag om een nieuwe omgevingsvergunning, waarbij dit in afwijking van het eerste lid ook geldt als slechts één omgevingsvergunning van kracht is,
b. het wijzigen van de voorschriften van een van kracht zijnde omgevingsvergunning of het intrekken van een van kracht zijnde omgevingsvergunning met toepassing van artikel 5.39 of 5.40.
4. Een met toepassing van dit artikel verleende omgevingsvergunning schorst met ingang van de dag waarop zij in werking treedt, en daarna, in de periode waarin deze vergunning nog niet onherroepelijk is, zolang zij in werking blijft, de werking van de omgevingsvergunningen die zij vervangt. Deze omgevingsvergunningen vervallen op de dag waarop de met toepassing van dit artikel verleende omgevingsvergunning onherroepelijk wordt.

AFDELING 5.2
PROJECTPROCEDURE

§ 5.2.1
Algemene bepalingen voor het projectbesluit

Art. 5.44 (bevoegd gezag projectbesluit)
1. Voor het uitvoeren van een project en het in werking hebben of in stand houden daarvan kan een projectbesluit worden vastgesteld. Een projectbesluit wordt vastgesteld door het dagelijks bestuur van het waterschap of gedeputeerde staten of door Onze Minister die het aangaat, in overeenstemming met Onze Minister van Binnenlandse Zaken en Koninkrijksrelaties.
2. Overeenstemming als bedoeld in het eerste lid is niet vereist voor een besluit tot uitwerking van een projectbesluit als bedoeld in artikel 5.54 en voor een besluit tot wijziging van een pro-

jectbesluit. Bij regeling van Onze Minister van Binnenlandse Zaken en Koninkrijksrelaties, in overeenstemming met Onze Minister die het aangaat, kunnen categorieën projecten worden aangewezen waarvoor geen overeenstemming is vereist voor de vaststelling van een projectbesluit. Onze Minister van Binnenlandse Zaken en Koninkrijksrelaties, in overeenstemming met Onze Minister die het aangaat, kan daarnaast ook in andere gevallen bepalen dat geen overeenstemming is vereist voor het vaststellen van een projectbesluit.
3. Bij het vaststellen van een projectbesluit door gedeputeerde staten of Onze Minister die het aangaat die het aangaat, worden de grenzen van artikel 2.3 in acht genomen.
4. Het dagelijks bestuur van het waterschap kan een projectbesluit alleen vaststellen met het oog op de taken, bedoeld in artikel 2.17, eerste lid, aanhef en onder a.

Art. 5.44a (voorrangsregel bevoegd gezag projectbesluit)
1. Gedeputeerde staten van de provincie waar het project in hoofdzaak wordt uitgevoerd, zijn bevoegd om het projectbesluit vast te stellen.
2. Het dagelijks bestuur van het waterschap waar het project in hoofdzaak wordt uitgevoerd, is bevoegd om het projectbesluit vast te stellen.
3. Als gedeputeerde staten van een of meer provincies en het dagelijks bestuur van een of meer waterschappen gezamenlijk een project willen uitvoeren, zijn gedeputeerde staten van de provincie waar het project geheel of in hoofdzaak wordt uitgevoerd bevoegd om het projectbesluit vast te stellen.
4. Als Onze Minister die het aangaat, in overeenstemming met Onze Minister van Binnenlandse Zaken en Koninkrijksrelaties, en gedeputeerde staten van een of meer provincies of het dagelijks bestuur van een of meer waterschappen gezamenlijk een project willen uitvoeren, is Onze Minister die het aangaat, in overeenstemming met Onze Minister van Binnenlandse Zaken en Koninkrijksrelaties, bevoegd om het projectbesluit vast te stellen.

Art. 5.44b (flexibiliteitsregeling projectbesluit Rijk)
1. Onze Minister die het aangaat, in overeenstemming met Onze Minister van Binnenlandse Zaken en Koninkrijksrelaties, kan de bevoegdheid om een projectbesluit vast te stellen overdragen aan gedeputeerde staten van de provincie waar het project geheel of in hoofdzaak wordt uitgevoerd, als deze daarmee instemmen.
2. Bij algemene maatregel van bestuur kunnen regels worden gesteld over de toepassing van het eerste lid.

Art. 5.45 (coördinatie uitvoeringsbesluiten)
1. Het bevoegd gezag voor het projectbesluit kan bepalen dat artikel 16.7 van toepassing is op de coördinatie van de besluiten ter uitvoering van het projectbesluit.
2. Artikel 16.7 is van toepassing op de coördinatie van besluiten ter uitvoering van projectbesluiten als bedoeld in artikel 5.46.
3. Als het coördinerend bestuursorgaan treedt het bevoegd gezag voor het projectbesluit op.
4. In afwijking van het derde lid treden als het coördinerend bestuursorgaan op:
a. gedeputeerde staten: als het dagelijks bestuur van het waterschap bevoegd is om het projectbesluit vast te stellen,
b. Onze Minister die het aangaat: als hij op grond van artikel 5.44, eerste lid, of op grond van artikel 5.44a, vierde lid, bevoegd is om het projectbesluit in overeenstemming met Onze Minister van Binnenlandse Zaken en Koninkrijksrelaties vast te stellen.

Art. 5.45a (bevoegdheid tot indeplaatstreding)
1. Als gedeputeerde staten als het coördinerend bestuursorgaan voor de besluiten ter uitvoering van een projectbesluit optreden, kunnen zij in plaats van het oorspronkelijk bevoegde bestuursorgaan voorzien in het nemen van een besluit, als dat bestuursorgaan geen bestuursorgaan van het Rijk is en:
a. dat bestuursorgaan een besluit niet of niet tijdig heeft genomen, of
b. het besluit van dat bestuursorgaan de uitvoering van het projectbesluit belemmert.
2. Als Onze Minister die het aangaat als het coördinerend bestuursorgaan voor de besluiten ter uitvoering van een projectbesluit optreedt, kan hij in plaats van het oorspronkelijk bevoegde bestuursorgaan voorzien in het nemen van een besluit, als: a. dat bestuursorgaan een besluit niet of niet tijdig heeft genomen, of b. het besluit van dat bestuursorgaan de uitvoering van het projectbesluit belemmert.
3. Bij de toepassing van het eerste of tweede lid treedt het besluit van het coördinerend bestuursorgaan in de plaats van het besluit dat het oorspronkelijk bevoegde bestuursorgaan had moeten nemen of heeft genomen.
4. Als het oorspronkelijk bevoegde bestuursorgaan voor het in behandeling nemen van een aanvraag om een besluit waarvoor toepassing is gegeven aan het eerste of tweede lid rechten heeft geheven, stort dat bestuursorgaan de ontvangen rechten in de kas van de provincie waartoe het coördinerend bestuursorgaan behoort respectievelijk in de kas van het Rijk.

Omgevingswet (toekomstig)

Art. 5.46 (projectbesluit voor hoofdinfrastructuur en primaire waterkeringen)
1. Onze Minister van Infrastructuur en Waterstaat, in overeenstemming met Onze Minister van Binnenlandse Zaken en Koninkrijksrelaties, stelt voor werken met een nationaal belang in ieder geval een projectbesluit vast voor de volgende projecten:
a. de aanleg van een autoweg of autosnelweg, spoorweg of vaarweg,
b. een wijziging van een autoweg of autosnelweg, die bestaat uit:
1°. de ombouw van een weg tot autosnelweg, of
2°. de uitbreiding van een weg met een of meer rijstroken, als het uit te breiden weggedeelte twee knooppunten of aansluitingen met elkaar verbindt,
c. een wijziging van een spoorweg die bestaat uit:
1°. een uitbreiding van die spoorweg met een of meer sporen, als het uit te breiden spoorweggedeelte twee aansluitingen met elkaar verbindt,
2°. de aanleg van spoorwegbouwkundige bouwwerken,
3°. de aanleg van een verbindingsboog, of
4°. een geheel van onderling samenhangende maatregelen voor die spoorweg,
d. het opnieuw in gebruik nemen van een al aangelegde spoorweg van vijf kilometer of meer,
e. een wijziging van een vaarweg die bestaat uit een vergroting of verdieping waardoor het ruimteoppervlak van de vaarweg met ten minste twintig procent toeneemt of de vaarweg blijvend wordt verdiept waarbij meer dan vijf miljoen kubieke meter grond wordt verzet,
f. de aanleg, verlegging of versterking van primaire waterkeringen die in beheer zijn bij het Rijk.
2. Het dagelijks bestuur van het waterschap stelt in ieder geval een projectbesluit vast voor de aanleg, verlegging of versterking van primaire waterkeringen die niet onder het eerste lid, aanhef en onder f, vallen.

§ 5.2.2
Voornemen, verkenning en voorkeursbeslissing

Art. 5.47 (voornemen)
1. Het bevoegd gezag geeft kennis van zijn voornemen om een verkenning uit te voeren naar een mogelijk bestaande of toekomstige opgave in de fysieke leefomgeving en om:
a. een projectbesluit vast te stellen zonder daaraan voorafgaande voorkeursbeslissing, of
b. een projectbesluit vast te stellen en ter voorbereiding daarvan een voorkeursbeslissing te nemen.
2. Bij algemene maatregel van bestuur of bij besluit van het bevoegd gezag kan worden bepaald wanneer een voorkeursbeslissing in ieder geval wordt genomen.
3. Bij het voornemen stelt het bevoegd gezag met het oog op de verkenning een ieder in de gelegenheid, binnen een door hem te stellen termijn, mogelijke oplossingen voor de opgave voor te dragen. Het bevoegd gezag geeft daarbij uitgangspunten aan voor het redelijkerwijs in beschouwing nemen van die oplossingen.
4. Uiterlijk bij aanvang van de verkenning geeft het bevoegd gezag, onverminderd het derde lid, kennis van de wijze waarop burgers, bedrijven, maatschappelijke organisaties en bestuursorganen zullen worden betrokken.
5. Bij of krachtens algemene maatregel van bestuur worden nadere regels gesteld over het bepaalde in het vierde lid.

Art. 5.48 (verkenning)
1. Bij de verkenning vergaart het bevoegd gezag de nodige kennis en inzichten over:
a. de aard van de opgave,
b. de voor de fysieke leefomgeving relevante ontwikkelingen, en
c. de mogelijke oplossingen voor die opgave.
2. Degene die een mogelijke oplossing als bedoeld in artikel 5.47, derde lid, heeft voorgedragen, kan daarbij verzoeken dat het bevoegd gezag daarover advies vraagt aan een onafhankelijke deskundige. Het bevoegd gezag kan ook ambtshalve een onafhankelijke deskundige verzoeken te adviseren.
3. Het bevoegd gezag beslist of de voorgedragen mogelijke oplossingen redelijkerwijs in beschouwing moeten worden genomen.

Art. 5.49 (voorkeursbeslissing)
De voorkeursbeslissing houdt in:
a. het uitvoeren van een project,
b. een oplossing zonder project,
c. een combinatie van de onderdelen a of b met de uitvoering van andere projecten, of
d. het niet uitwerken van een oplossing.

Art. 5.50 (uitwerken of wijzigen projectbesluit zonder paragraaf 5.2.2)
Deze paragraaf is niet van toepassing op een uitwerking van een projectbesluit als bedoeld in artikel 5.54 of een wijziging van een projectbesluit.

§ 5.2.3
Projectbesluit

Art. 5.51 (inhoud projectbesluit)
In het projectbesluit wordt aangegeven hoe burgers, bedrijven, maatschappelijke organisaties en bestuursorganen bij de voorbereiding zijn betrokken en wat de resultaten zijn van de uitgevoerde verkenning, waarbij in ieder geval wordt ingegaan op de door derden voorgedragen mogelijke oplossingen en de daarover door deskundigen uitgebrachte adviezen.

Art. 5.52 (integraal besluit)
1. Het projectbesluit wijzigt het omgevingsplan met regels die nodig zijn voor het uitvoeren en in werking hebben of in stand houden van het project.
2. Voor zover dat uitdrukkelijk in het projectbesluit is bepaald, geldt het projectbesluit:
a. als omgevingsvergunning voor activiteiten ter uitvoering van het projectbesluit,
b. als een bij algemene maatregel van bestuur aangewezen besluit.
3. Bij de maatregel kunnen regels worden aangewezen die van toepassing zijn op het daarin aangewezen besluit.

Art. 5.53 (beoordelingsregels)
1. Voor de toepassing van artikel 5.52, eerste lid, zijn de artikelen 4.1 en 4.2, eerste lid, en de paragrafen 4.1.2 en 4.3.1 van overeenkomstige toepassing.
2. Voor de toepassing van artikel 5.52, tweede lid, onder a, zijn de paragrafen 5.1.3 tot en met 5.1.5 en de op grond daarvan gestelde regels van overeenkomstige toepassing.
3. Als de uitvoering van een projectbesluit, vastgesteld door gedeputeerde staten, onevenredig wordt belemmerd door regels die bij of krachtens een andere regeling van een gemeente dan een omgevingsplan of bij of krachtens een regeling van een waterschap zijn vastgesteld, kunnen die regels bij het projectbesluit of bij besluit van gedeputeerde staten om dringende redenen buiten toepassing worden gelaten.
4. Als de uitvoering van een projectbesluit, vastgesteld door Onze Minister die het aangaat, in overeenstemming met Onze Minister van Binnenlandse Zaken en Koninkrijksrelaties, onevenredig wordt belemmerd door regels die bij of krachtens een andere regeling van een gemeente dan een omgevingsplan of bij of krachtens een regeling van een provincie of waterschap zijn vastgesteld, kunnen die regels bij het projectbesluit of bij besluit van Onze Minister die het aangaat, in overeenstemming met Onze Minister van Binnenlandse Zaken en Koninkrijksrelaties, respectievelijk Onze Minister die het aangaat, om dringende redenen buiten toepassing worden gelaten.

Art. 5.53a (geen belemmering projectbesluit en voorbereidingsbesluit)
1. Artikel 4.19a, eerste, tweede, vierde en vijfde lid, is van overeenkomstige toepassing op een projectbesluit dat wordt vastgesteld door het dagelijks bestuur van een waterschap.
2. In een projectbesluit of een voorbereidingsbesluit dat wordt vastgesteld door gedeputeerde staten worden geen regels gesteld die:
a. het uitvoeren van een project belemmeren waarvoor een projectbesluit is vastgesteld door een bestuursorgaan van het Rijk, of
b. in strijd zijn met regels die in het omgevingsplan zijn opgenomen op grond van een voorbereidingsbesluit van een bestuursorgaan van het Rijk.
3. In een projectbesluit van het Rijk wordt een termijn gesteld voor de toepassing van het tweede lid. Als het bestuursorgaan het nodig acht voor de uitvoering van het project, kan de termijn eenmaal worden verlengd.
4. Het tweede lid, aanhef en onder a, is niet van toepassing voor zover een instructieregel als bedoeld in artikel 2.24 of een instructie als bedoeld in artikel 2.34 het stellen van dergelijke regels vergt.

Art. 5.54 (uitwerking binnen besluit)
1. Bij een projectbesluit kan worden bepaald dat het besluit met inachtneming van de daarbij gestelde randvoorwaarden door het bevoegd gezag kan worden uitgewerkt.
2. Deze uitwerking maakt deel uit van het projectbesluit en kan, zolang de uitwerking nog niet is verwezenlijkt, worden vervangen door een nieuwe uitwerking.

§ 5.2.4
Gemeentelijke projecten van publiek belang

Art. 5.55 (gemeentelijk project van publiek belang)
Als het opnemen van regels in het omgevingsplan die gericht zijn op het uitvoeren en in werking hebben of in stand houden van een project van publiek belang wordt voorbereid met overeenkomstige toepassing van de artikelen 5.45, eerste en derde lid, 5.47, 5.48, 5.49 en 5.51, is artikel 16.87 van overeenkomstige toepassing.

Omgevingswet (toekomstig) **A72**

HOOFDSTUK 6
[Gereserveerd]

[Gereserveerd]

HOOFDSTUK 7
[Gereserveerd]

[Gereserveerd]

HOOFDSTUK 8
AANVULLENDE REGELS POPULATIEBEHEER, SCHADEBESTRIJDING EN JACHT

Art. 8.1 (faunabeheereenheden en faunabeheerplannen)
1. Binnen een provincie zijn er een of meer faunabeheereenheden.

Populatiebeheer, schadebestrijding en jacht

2. Een faunabeheereenheid stelt voor haar werkgebied een faunabeheerplan vast. Het faunabeheerplan heeft goedkeuring nodig van gedeputeerde staten van de provincie waarin het werkgebied van de faunabeheereenheid is gelegen.
3. Bij algemene maatregel van bestuur worden regels gesteld over faunabeheereenheden en faunabeheerplannen. De regels strekken ter waarborging van een transparante, samenhangende en regionaal ingebedde uitvoering van het duurzaam beheer van populaties van in het wild levende dieren, uitvoering van schadebestrijding door grondgebruikers en uitoefening van de jacht door jachthouders. De regels gaan in ieder geval over de rechtsvorm en de samenstelling van het bestuur van een faunabeheereenheid. Bij omgevingsverordening worden nadere regels gesteld over faunabeheereenheden en faunabeheerplannen.
4. Voor de uitvoering van de regels van de algemene maatregel van bestuur en van de omgevingsverordening, bedoeld in het derde lid, zijn gedeputeerde staten het bevoegd gezag.
5. Bij algemene maatregel van bestuur kunnen gevallen worden aangewezen waarin Onze Minister van Landbouw, Natuur en Voedselkwaliteit beslist over de goedkeuring van een faunabeheerplan, bevoegd is tot het stellen van nadere regels als bedoeld in het derde lid, vierde volzin, of het bevoegd gezag, bedoeld in het vierde lid, is. Hierbij worden de grenzen van artikel 2.3, derde lid, in acht genomen.

Art. 8.2 (bijzondere bepaling over aansluitplicht bij wildbeheereenheid)
1. Jachthouders aan wie een omgevingsvergunning voor een jachtgeweeractiviteit is verleend, organiseren zich met anderen in een wildbeheereenheid.
2. Een wildbeheereenheid heeft de rechtsvorm van een vereniging.
3. Een wildbeheereenheid geeft uitvoering aan het faunabeheerplan, bedoeld in artikel 8.1, tweede lid, en bevordert dat het duurzaam beheer van populaties van in het wild levende dieren, de bestrijding van schadeveroorzakende dieren en de jacht worden uitgevoerd in samenwerking met, en ten dienste van, grondgebruikers en terreinbeheerders.
4. Ook grondgebruikers en terreinbeheerders kunnen lid worden van de vereniging.
5. Bij omgevingsverordening worden regels gesteld over wildbeheereenheden. Deze regels hebben in elk geval betrekking op:
a. de omvang en begrenzing van het gebied waarover zich de zorg van de wildbeheereenheid kan uitstrekken, en
b. de gevallen waarin en voorwaarden waaronder jachthouders zijn uitgezonderd van het eerste lid.
6. Bij algemene maatregel van bestuur kunnen gevallen worden aangewezen waarin Onze Minister van Landbouw, Natuur en Voedselkwaliteit bevoegd is tot het stellen van regels als bedoeld in het vierde lid. Hierbij worden de grenzen van artikel 2.3, derde lid, in acht genomen.

Art. 8.3 (bijzondere bepaling over de jacht)
1. Gerechtigd tot het uitoefenen van de jacht in een jachtveld zijn, elkaar uitsluitend:
a. de eigenaar van de grond;
b. de erfpachter of vruchtgebruiker van de grond, tenzij de eigenaar zich bij het vestigen van het erfpachtrecht of het recht op vruchtgebruik het jachtrecht heeft voorbehouden en tenzij het jachtrecht ten tijde van het vestigen van het erfpachtrecht of het recht op vruchtgebruik al was verhuurd;
c. de pachter van de grond, tenzij de verpachter bij het aangaan van de pachtovereenkomst niet tot het uitoefenen van de jacht gerechtigd was of zich het recht tot de uitoefening van de jacht heeft voorbehouden en tenzij ten tijde van het aangaan van de pachtovereenkomst het jachtrecht al was verhuurd, of

d. degene die het jachtrecht bij schriftelijke en gedagtekende overeenkomst voor een periode van ten minste zes jaar en ten hoogste twaalf jaar heeft gehuurd van de ten tijde van het aangaan van de huurovereenkomst tot de uitoefening van de jacht gerechtigde:

1°. eigenaar, erfpachter, vruchtgebruiker of pachter van de grond, met toestemming van de grondgebruiker als de verhuurder niet ook grondgebruiker is, of

2°. huurder van het jachtrecht, met toestemming van de eigenaar, erfpachter, vruchtgebruiker of pachter die het jachtrecht aan deze huurder heeft verhuurd en mits het jachtrecht in zijn geheel wordt weder verhuurd.

2. In de huurovereenkomst, bedoeld in het eerste lid, onder d, kan niet worden afgeweken van artikel 226, eerste, tweede en derde lid, van Boek 7 van het Burgerlijk Wetboek. Zij bevat geen beding van optie of verlenging.

3. Bij algemene maatregel van bestuur kan worden geregeld in welke gevallen het is toegestaan dat de periode, bedoeld in het eerste lid, onder d, korter is dan zes jaar.

4. De jacht is alleen toegestaan op dieren van de volgende soorten:

a. klein wild: fazanten (Phasianus colchicus), hazen (Lepus Europaeus);

b. waterwild: wilde eenden (Anas platyrhynchos);

c. overig wild: houtduiven (Columba palumbus), of konijnen (Orycto-lagus cuniculus).

Art. 8.4 (bijzondere bepaling over aansprakelijkheidsverzekering jachtgeweren)

1. Degene die schade heeft geleden als gevolg van het gebruik van een geweer ter uitvoering van deze wet heeft tegenover de verzekeraar door wie de burgerrechtelijke aansprakelijkheid voor die schade is gedekt, een eigen recht op schadevergoeding tot het beloop van een bij algemene maatregel van bestuur te bepalen maximumbedrag. Het tenietgaan van zijn schuld aan de verzekerde bevrijdt de verzekeraar niet tegenover de benadeelde, tenzij deze schadeloos is gesteld.

2. Geen uit de bepalingen van het Burgerlijk Wetboek over de verzekeringsovereenkomst of uit deze overeenkomst zelf voortvloeiende nietigheid of voortvloeiend verweer of verval kan door een verzekeraar aan een benadeelde worden tegengeworpen.

3. De verzekeraar die de schade van een benadeelde geheel of ten dele vergoedt, hoewel de aansprakelijkheid voor die schade niet door een met hem gesloten overeenkomst was gedekt, heeft voor het bedrag van de schadevergoeding verhaal op degene die voor de schade aansprakelijk is.

4. Als de overeenkomst een beding inhoudt dat de verzekerde persoonlijk voor een deel in de vergoeding van de schade zal bijdragen, blijft de verzekeraar toch tegenover de benadeelde gehouden tot betaling van de schadeloosstelling die op grond van de overeenkomst ten laste van de verzekerde blijft.

Art. 8.5 (afpalingsrecht eendenkooien)

1. Het is ieder ander dan de kooiker van een eendenkooi, waarvoor op 31 maart 1977 een recht van afpaling gold, of degene die handelt met toestemming van die kooiker, verboden binnen de afpalingkring van die kooi activiteiten te verrichten waardoor eenden binnen de afpalingkring kunnen worden verontrust.

2. Het verbod, bedoeld in het eerste lid, is, als redelijkerwijs niet kan worden gevergd dat de activiteiten niet, op andere wijze of op een ander tijdstip worden verricht, niet van toepassing op activiteiten verricht:

a. ter uitvoering van openbare werken;

b. bij het gebruik en onderhoud van dat wat door die werken is tot stand gebracht, of

c. ter uitoefening van een beroep of bedrijf.

3. Degene die activiteiten als bedoeld in het tweede lid verricht, vergoedt de schade die daaruit voor het gebruik van de eendenkooi voortvloeit aan de kooiker, tenzij anders met de kooiker is overeengekomen.

HOOFDSTUK 9
VOORKEURSRECHT

AFDELING 9.1
VESTIGING EN GELDING VAN EEN VOORKEURSRECHT

Art. 9.1 (grondslag en bevoegdheid vestiging voorkeursrecht op naam van gemeente, provincie of Staat)

Voorkeursrecht

1. De gemeenteraad, provinciale staten of Onze Minister van Binnenlandse Zaken en Koninkrijksrelaties kunnen bij voorkeursrechtbeschikking op een onroerende zaak een gemeentelijk, provinciaal of nationaal voorkeursrecht vestigen, voor zover die zaak deel uitmaakt van een locatie waaraan:

a. in het omgevingsplan een niet-agrarische functie is toegedeeld en waarvan het gebruik afwijkt van die functie,

b. in een gemeentelijke, een provinciale respectievelijk de nationale omgevingsvisie of in een programma een niet-agrarische functie of moderniseringslocatie is toegedacht en waarvan het gebruik afwijkt van die functie en de functie niet is toegedeeld in een omgevingsplan,
c. in de voorkeursrechtbeschikking een niet-agrarische functie of moderniseringslocatie wordt toegedacht en waarvan het gebruik afwijkt van die functie en de functie niet is toegedacht in een gemeentelijke, een provinciale respectievelijk de nationale omgevingsvisie of een programma en niet is toegedeeld in een omgevingsplan.
2. Voorafgaand aan de vestiging van een voorkeursrecht op grond van het eerste lid, kunnen het college van burgemeester en wethouders en gedeputeerde staten bij voorkeursrechtbeschikking op een onroerende zaak een gemeentelijk of provinciaal voorkeursrecht vestigen, voor zover die zaak deel uitmaakt van een locatie waaraan in die beschikking een niet-agrarische functie of moderniseringslocatie wordt toegedacht en waarvan het gebruik afwijkt van die functie.
3. Een provinciaal voorkeursrecht kan alleen worden gevestigd met het oog op een provinciaal belang.
4. Een nationaal voorkeursrecht kan alleen worden gevestigd met het oog op een nationaal belang.

Art. 9.2 (exclusiviteit voorkeursrecht)
1. Op een onroerende zaak waarop een provinciaal voorkeursrecht is gevestigd, kan geen gemeentelijk voorkeursrecht worden gevestigd.
2. Op een onroerende zaak waarop een nationaal voorkeursrecht is gevestigd, kan geen gemeentelijk of provinciaal voorkeursrecht worden gevestigd.
3. Een gemeentelijk voorkeursrecht vervalt op het tijdstip waarop voor de onroerende zaak een provinciaal of nationaal voorkeursrecht ingaat.
4. In afwijking van het derde lid blijft een gemeentelijk voorkeursrecht buiten toepassing gedurende de tijd dat op de onroerende zaak een door gedeputeerde staten op grond van artikel 9.1, tweede lid, gevestigd voorkeursrecht rust.
5. Een provinciaal voorkeursrecht vervalt op het tijdstip waarop voor de onroerende zaak een nationaal voorkeursrecht ingaat.

Art. 9.3 (vestigen nieuw voorkeursrecht)
1. Op een onroerende zaak kan niet binnen twee jaar na de intrekking of het vervallen van een voorkeursrecht door hetzelfde bestuursorgaan opnieuw een voorkeursrecht worden gevestigd op dezelfde grondslag.
2. Het eerste lid is niet van toepassing op een voorkeursrecht dat niet in de openbare registers is ingeschreven binnen de in artikel 16.82a bedoelde termijn.

Art. 9.4 (geldingsduur voorkeursrecht)
1. Een voorkeursrecht vervalt:
a. bij een voorkeursrecht als bedoeld in artikel 9.1, eerste lid, onder c: drie jaar na het ingaan ervan, tenzij voor dat tijdstip de functie waarvoor het voorkeursrecht is gevestigd, is toegedacht in een omgevingsvisie of een programma of is toegedeeld in het omgevingsplan,
b. bij een voorkeursrecht als bedoeld in artikel 9.1, eerste lid, onder b: drie jaar na het ingaan ervan, tenzij voor dat tijdstip de functie waarvoor het voorkeursrecht is gevestigd, is toegedeeld in het omgevingsplan,
c. bij een voorkeursrecht als bedoeld in artikel 9.1, eerste lid, onder a: vijf jaar na het ingaan ervan of, als die termijn met toepassing van het tweede lid is verlengd, aan het einde van de verlengde termijn.
2. Een bestuursorgaan dat een voorkeursrecht als bedoeld in artikel 9.1, eerste lid, onder a, heeft gevestigd, kan besluiten de termijn, bedoeld in het eerste lid, onder c, eenmaal met ten hoogste vijf jaar te verlengen.
3. Een voorkeursrecht als bedoeld in artikel 9.1, tweede lid, vervalt drie maanden na het ingaan ervan of, als dat eerder is, op het tijdstip dat een voorkeursrecht als bedoeld in artikel 9.1, eerste lid, ingaat.
4. Als een omgevingsplan wordt vernietigd, blijft een voorkeursrecht dat is gebaseerd op dat omgevingsplan gelden tot twee jaar na de vernietiging, tenzij het voorkeursrecht eerder wordt ingetrokken. Als binnen die termijn in het omgevingsplan de grondslag voor het voorkeursrecht wordt hersteld, heeft het voorkeursrecht de geldingsduur die het direct voorafgaand aan de vernietiging had.

Art. 9.5 (intrekking en verval van voorkeursrecht of vernietiging van voorkeursrechtbeschikking)
1. Als een voorkeursrecht niet meer voldoet aan de eisen gesteld in artikel 9.1, eerste en tweede lid, of als de voorkeursrechtbeschikking niet binnen de in artikel 16.82a genoemde termijn in de openbare registers is ingeschreven, trekt het bestuursorgaan dat het gevestigd heeft het voorkeursrecht onverwijld in.

2. Het bestuursorgaan draagt er zorg voor dat een ingetrokken of vervallen voorkeursrecht of een voorkeursrecht waarvan de voorkeursrechtbeschikking is vernietigd, onverwijld wordt doorgehaald in de openbare registers.
3. Het bestuursorgaan doet van de intrekking of het vervallen van een voorkeursrecht of van de vernietiging van een voorkeursrechtbeschikking mededeling aan de eigenaren van en de beperkt gerechtigden op de onroerende zaak.

AFDELING 9.2
VERVREEMDING NA VESTIGING VAN EEN VOORKEURSRECHT

§ 9.2.1
Bevoegd gezag

Art. 9.6 (bevoegd gezag)
Als bevoegd gezag als bedoeld in deze afdeling worden aangewezen:
a. het college van burgemeester en wethouders voor een gemeentelijk voorkeursrecht,
b. gedeputeerde staten voor een provinciaal voorkeursrecht,
c. Onze Minister van Binnenlandse Zaken en Koninkrijksrelaties voor een nationaal voorkeursrecht.

§ 9.2.2
Hoofdregel en uitzonderingen daarop

Art. 9.7 (hoofdregel bij vervreemding)
Een vervreemder gaat niet over tot vervreemding dan nadat hij de rechtspersoon op wiens naam het voorkeursrecht is gevestigd in overeenstemming met paragraaf 9.2.3 in de gelegenheid heeft gesteld het goed te verkrijgen.

Art. 9.8 (uitzonderingen op hoofdregel)
Artikel 9.7 is niet van toepassing op vervreemding:
a. aan de echtgenoot of de geregistreerd partner, aan bloed- of aanverwanten in de rechte lijn of in de zijlijn tot in de tweede graad of aan een pleegkind dat duurzaam als een eigen kind is onderhouden en opgevoed,
b. vanwege de verdeling van een gemeenschap als bedoeld in artikel 166 van Boek 3 van het Burgerlijk Wetboek,
c. vanwege een uiterste wilsbeschikking,
d. vanwege een overeenkomst met een gemeente, een waterschap, een provincie, de Staat of een door Onze Minister van Binnenlandse Zaken en Koninkrijksrelaties aan te wijzen publiekrechtelijk lichaam of in het algemeen belang werkzame rechtspersoon,
e. vanwege een verkoop op grond van een wettelijke bepaling, een rechterlijk bevel of een executoriale verkoop, waarbij geldt dat de voorzieningenrechter bij een onderhandse executoriale verkoop als bedoeld in artikel 268, tweede lid, van Boek 3 van het Burgerlijk Wetboek niet beslist over het verzoek tot onderhandse verkoop zolang de rechtspersoon op wiens naam het voorkeursrecht is gevestigd niet in de gelegenheid is gesteld om, gelet op het gunstigter bod, een bod te doen, of
f. vanwege een overeenkomst over een onroerende zaak waarop een voorkeursrecht is gevestigd als bedoeld in artikel 9.1, eerste lid, onder c, of tweede lid, aangegaan met een pachter die op die zaak op het tijdstip van inwerkingtreding van de voorkeursrechtbeschikking een voorkeursrecht had als bedoeld in artikel 378 van Boek 7 van het Burgerlijk Wetboek.

Art. 9.9 (uitzondering op hoofdregel bij vervreemding vanwege een gesloten overeenkomst)
1. Artikel 9.7 is niet van toepassing op de vervreemding vanwege een overeenkomst over de onroerende zaak of een overeenkomst die een plicht bevat voor de vervreemder over de onroerende zaak, voor zover:
a. de vervreemding plaatsvindt aan een in die overeenkomst bij naam genoemde partij en tegen een in die overeenkomst bepaalde of volgens die overeenkomst bepaalbare prijs,
b. de overeenkomst is ingeschreven in de openbare registers voordat de voorkeursrechtbeschikking is bekendgemaakt, en
c. de vervreemding plaatsvindt binnen zes maanden na de dag van inschrijving van de overeenkomst in de openbare registers.
2. Een overeenkomst als bedoeld in het eerste lid kan worden ingeschreven in de openbare registers als deze is vervat in een akte.
3. Het eerste lid is gedurende een periode van drie jaar eenmaal van toepassing op een vervreemding vanwege een overeenkomst over een bepaalde onroerende zaak of een gedeelte daarvan en op de daarin met name genoemde vervreemder of de verkrijger waarmee de over-

Omgevingswet (toekomstig) A72

eenkomst is gesloten. Deze periode begint op de dag en het tijdstip van eerste inschrijving van de overeenkomst in de openbare registers.

Art. 9.10 (uitzondering op hoofdregel bij vervreemding vanwege gewichtige redenen)

Artikel 9.7 is niet van toepassing op de vervreemding als het bevoegd gezag daartoe op verzoek van de vervreemder op grond van door die vervreemder aannemelijk gemaakte gewichtige redenen heeft besloten. Het bevoegd gezag kan daarbij beperkingen opleggen.

Art. 9.11
[Vervallen]

§ 9.2.3
Vervreemding aan een gemeente, een provincie of de Staat

Art. 9.12 (uitnodiging tot onderhandeling over vervreemding aan gemeente, provincie of Staat)

1. Als de vervreemder het voornemen heeft tot vervreemding over te gaan en artikel 9.7 van toepassing is, nodigt hij het bevoegd gezag uit in onderhandeling te treden over vervreemding aan de gemeente, de provincie of de Staat tegen nader overeen te komen voorwaarden.
2. Als de voorgenomen vervreemding betrekking heeft op onroerende zaken waarop voor een deel een voorkeursrecht is gevestigd maar die een samenhangend geheel vormen, kan de vervreemder, onverminderd afdeling 11 van titel 5 van Boek 7 van het Burgerlijk Wetboek, als voorwaarde stellen dat dit geheel van onroerende zaken in de vervreemding wordt betrokken.
3. Als de onroerende zaken als onderdeel van een onderneming worden geëxploiteerd, kan de vervreemder als voorwaarde stellen dat de onderneming in de vervreemding wordt betrokken.
4. Als artikel 9.2, derde of vijfde lid, van toepassing is en er al een uitnodiging tot onderhandeling aan het college van burgemeester en wethouders of gedeputeerde staten is gedaan, wordt die uitnodiging aangemerkt als een uitnodiging aan gedeputeerde staten of Onze Minister van Binnenlandse Zaken en Koninkrijksrelaties.

Art. 9.13 (beslistermijn voor besluit over bereidheid tot verkrijging)

Het bevoegd gezag beslist binnen zes weken na ontvangst van de uitnodiging of de gemeente, de provincie respectievelijk de Staat in beginsel bereid is het goed tegen nader overeen te komen voorwaarden te kopen of op grond van een andere titel te verkrijgen.

Art. 9.14 (rechtsgevolg ontbreken bereidheid of overschrijding van beslistermijn)

1. De vervreemder mag, nadat hij de uitnodiging heeft gedaan, overgaan tot vervreemding van het in de uitnodiging vermelde goed aan derden gedurende een periode van drie jaar:
a. vanaf de dag waarop het bevoegd gezag heeft beslist dat het niet bereid is het goed te kopen of op grond van een andere titel te verkrijgen, of
b. na afloop van de in artikel 9.13 bedoelde termijn als het bevoegd gezag binnen die termijn geen beslissing heeft genomen.
2. In afwijking van het eerste lid geldt voor een voorkeursrecht dat ten minste gedurende een periode van vijf jaar is gebaseerd op een omgevingsplan en waarvoor de uitnodiging is gedaan, dat dit vervalt:
a. met ingang van de dag na die waarop het bevoegd gezag heeft beslist dat het niet bereid is het goed te kopen of op grond van een andere titel te verkrijgen, of
b. na afloop van de in artikel 9.13 genoemde termijn als het bevoegd gezag binnen die termijn geen beslissing heeft genomen.

§ 9.2.4
Gerechtelijke procedure tot vaststelling van de prijs of tot overdracht van het goed

Art. 9.15 (toepassingsbereik)

Deze paragraaf is van toepassing op een goed waarvoor een uitnodiging als bedoeld in artikel 9.12, eerste lid, is gedaan.

Art. 9.16 (verzoek om gerechtelijke procedure tot vaststelling van de prijs)

1. Als het bevoegd gezag in beginsel bereid is het goed te kopen of op grond van een andere titel te verkrijgen en er tussen de vervreemder en het bevoegd gezag wordt onderhandeld over de vervreemdingsvoorwaarden, kan de vervreemder het bevoegd gezag verzoeken om binnen vier weken na dat verzoek de rechtbank te verzoeken een oordeel over de prijs te geven.
2. Bij het verzoek van het bevoegd gezag aan de rechtbank wordt een afschrift van het verzoek van de vervreemder gevoegd.

Art. 9.17 (rechtsgevolg niet indienen of intrekken verzoek)

1. De vervreemder mag tot vervreemding aan derden overgaan gedurende een periode van drie jaar vanaf het moment dat:

a. de termijn bedoeld in artikel 9.16, eerste lid, is verstreken en binnen die termijn het bevoegd gezag geen verzoek bij de rechtbank heeft ingediend,
b. de gerechtelijke procedure tussentijds is beëindigd door het intrekken van het verzoek door het bevoegd gezag.
2. Een voorkeursrecht dat ten minste gedurende een periode van vijf jaar is gebaseerd op een omgevingsplan en waarvoor het goed waarop het betrekking heeft is aangeboden aan het bevoegd gezag, vervalt met ingang van de dag nadat:
a. de in artikel 9.16, eerste lid, bedoelde termijn is afgelopen en het bevoegd gezag niet binnen die termijn een verzoek bij de rechtbank heeft ingediend, of
b. de gerechtelijke procedure tussentijds is beëindigd door intrekking van het verzoek door het bevoegd gezag.

Art. 9.18 (verzoek om gerechtelijke procedure tot overdracht van het goed)
1. De vervreemder kan de rechtbank verzoeken te bepalen dat de rechtspersoon op wiens naam het voorkeursrecht is gevestigd, vanwege bijzondere persoonlijke omstandigheden van de vervreemder gehouden is medewerking te verlenen aan de overdracht van het goed tegen een door de rechtbank vast te stellen prijs.
2. Het verzoek wordt ingediend binnen twee maanden na de dag waarop:
a. het bevoegd gezag heeft beslist geen verzoek in te dienen als bedoeld in artikel 9.16, eerste lid,
b. de termijn, bedoeld in artikel 9.16, eerste lid, is overschreden zonder dat het bevoegd gezag een beslissing heeft genomen, of
c. de intrekking van het verzoek bij de griffie is ontvangen.

Art. 9.19 (rechtsgevolg afwijzing verzoek tot overdracht van het goed)
De vervreemder mag tot vervreemding aan derden overgaan gedurende een periode van drie jaar na het onherroepelijk worden van de rechterlijke beschikking waarbij het verzoek, bedoeld in artikel 9.18, eerste lid, is afgewezen.

§ 9.2.5
Notariële akte tot levering van de onroerende zaak

Art. 9.20 (notariële akte tot levering)
1. Het bevoegd gezag verleent medewerking aan de totstandkoming van een notariële akte tot levering van het goed tegen betaling aan de vervreemder van de in de beschikking, bedoeld in artikel 16.123, eerste lid, bepaalde prijs als de vervreemder binnen een periode van drie maanden na de dag van het onherroepelijk worden van de beschikking schriftelijk aan het bevoegd gezag verzoekt om die medewerking.
2. Het eerste lid is van overeenkomstige toepassing als sprake is van een beschikking als bedoeld in artikel 16.123, tweede lid, voor zover bij die beschikking het verzoek is toegewezen.
3. Het bevoegd gezag dat het voorkeursrecht heeft gevestigd, draagt er zorg voor dat na levering van de onroerende zaak het voorkeursrecht, voor zover het ziet op die zaak, wordt doorgehaald in de openbare registers.

Art. 9.21 (inschrijving notariële akte tot levering)
1. Inschrijving in de openbare registers van een akte tot vervreemding anders dan aan een gemeente, een provincie of de Staat vindt alleen plaats als op of bij het in te schrijven stuk een notariële verklaring is opgenomen, die inhoudt dat:
a. op de onroerende zaak geen voorkeursrecht is gevestigd, of
b. de vervreemding niet in strijd is met dit hoofdstuk en de daarop rustende bepalingen.
2. Voor de toepassing van het eerste lid wordt met de daar bedoelde notariële verklaring gelijkgesteld een verklaring van een persoon als bedoeld in artikel 91 van de Overgangswet nieuw Burgerlijk Wetboek, die in overeenstemming met het daar bepaalde een onderhandse akte tot levering heeft opgesteld.

§ 9.2.6
Nietigheid van rechtshandelingen in strijd met voorkeursrecht

Art. 9.22 (nietigheid van rechtshandelingen in strijd met voorkeursrecht)
1. Een gemeente, een provincie of de Staat kan de nietigheid inroepen van rechtshandelingen die zijn verricht met de kennelijke strekking afbreuk te doen aan een op haar of zijn naam gevestigd voorkeursrecht.
2. Een verzoek tot nietigverklaring wordt gedaan bij de rechtbank binnen het rechtsgebied waar de onroerende zaak geheel of grotendeels ligt binnen acht weken nadat de gemeente, de provincie of de Staat een afschrift heeft ontvangen van de akte waarin de rechtshandeling is vervat.
3. Het verzoek tot nietigverklaring is niet-ontvankelijk als de indiener schriftelijk heeft ingestemd met de rechtshandeling.

HOOFDSTUK 10
GEDOOGPLICHTEN

AFDELING 10.1
ALGEMENE BEPALINGEN

Art. 10.1 (begripsbepalingen)
In dit hoofdstuk en de daarop berustende bepalingen wordt verstaan onder:
initiatiefnemer: degene onder wiens verantwoordelijkheid een werk van algemeen belang waarvoor een gedoogplicht is opgelegd, tot stand wordt gebracht of wordt opgeruimd;
rechthebbende: degene die enig recht heeft op de onroerende zaak waarin, waarop, waarboven of waaronder:
a. activiteiten als bedoeld in afdeling 10.2 worden verricht, of
b. een werk van algemeen belang tot stand wordt gebracht of wordt opgeruimd;
tot stand brengen: aanleggen, in stand houden, wijzigen, verplaatsen of uitvoeren;
werk van algemeen belang: werk of activiteit als bedoeld in paragraaf 10.3.2.

Art. 10.1a (toegang tot de onroerende zaak)
Voor activiteiten als bedoeld in de afdelingen 10.2 en 10.3 en de activiteiten, genoemd in de gedoogplichtbeschikking, heeft de initiatiefnemer of diens gemachtigde toegang tot de onroerende zaak voor zover dat redelijkerwijs voor de uitvoering daarvan nodig is.

Gedoogplichten

AFDELING 10.2
GEDOOGPLICHTEN VAN RECHTSWEGE

Art. 10.2 (gedoogplichten wegen en waterstaatswerken)
1. Een rechthebbende gedoogt voor wegen en waterstaatswerken:
a. het door of namens de beheerder verrichten van onderhouds- en herstelwerkzaamheden aan de weg of het waterstaatswerk;
b. het door of namens de beheerder aanbrengen en in stand houden van meetmiddelen, seinen, merken, verkeerstekens of andere tekens, als dat volgens de beheerder nodig is voor de functievervulling van de weg of het waterstaatswerk;
c. graaf- of meetwerkzaamheden voor het maken van ontwerpen voor het aanleggen, onderhouden of wijzigen van de weg of het waterstaatswerk;
d. het door of namens de beheerder aanleggen en in stand houden van elektrische geleidingen, voor zover dat niet plaatsvindt in afgesloten tuinen en erven die een geheel vormen met bewoonde percelen.
2. Een rechthebbende gedoogt voor waterstaatswerken het door of namens het bevoegd gezag op grond van de Scheepvaartverkeerswet aanbrengen en in stand houden van verkeerstekens.

Art. 10.3 (gedoogplichten waterbeheer)
1. Een rechthebbende gedoogt bij gronden, gelegen aan of in een oppervlaktewaterlichaam waarvan het onderhoud wordt verricht door of namens de beheerder: het ontvangen op die gronden van specie of maaisel, dat vanwege regulier onderhoud van dat oppervlaktewaterlichaam wordt verwijderd.
2. Voor de toepassing van het eerste lid worden gronden die zijn gescheiden van het oppervlaktewaterlichaam vanwege een weg of door een grondstrook die te smal is om het maaisel of de specie te ontvangen, aangemerkt als gronden gelegen aan een oppervlaktewaterlichaam.
3. Een rechthebbende gedoogt bij gronden waar het grondwater invloed ondervindt van een wateractiviteit bestaande uit:
a. het onttrekken van grondwater door een daarvoor bestemde voorziening, of
b. het in de bodem brengen van water, ter aanvulling van het grondwater, in samenhang met dat onttrekken, voor zover die activiteit wordt verricht op grond van een omgevingsvergunning of als daarvoor een melding als bedoeld in artikel 4.4, eerste lid, is vereist: het onder a en b bedoelde onttrekken of in de bodem brengen.
4. Een rechthebbende gedoogt bij gronden, gelegen in of deel uitmakend van een oppervlaktewaterlichaam of bergingsgebied: wateroverlast en overstromingen door de afvoer of tijdelijke berging van oppervlaktewater.
5. Een rechthebbende gedoogt maatregelen, in het kader van het beschermen van de kwaliteit van grondwaterlichamen, opgenomen in:
a. een regionaal waterprogramma als bedoeld in artikel 3.8,
b. een programma van een waterschap als bedoeld in artikel 3.7, of
c. een programma van het college van burgemeester en wethouders.

Art. 10.4 (informatieplicht voorgenomen activiteiten)
Bij activiteiten als bedoeld in de artikelen 10.2 en 10.3, eerste lid, informeert de beheerder de rechthebbende ten minste achtenveertig uur van tevoren schriftelijk over de voorgenomen activiteiten, tenzij dit door het spoedeisende karakter van die activiteiten niet mogelijk is.

Art. 10.5 (bevoegdheid tot betreden plaatsen)
1. De met de inspectie van watersystemen of onderdelen daarvan belaste personen, werkzaam onder verantwoordelijkheid van de beheerder, zijn bevoegd, met medeneming van de benodigde apparatuur, elke plaats te betreden met uitzondering van woningen zonder toestemming van de bewoner.
2. Onze Minister van Infrastructuur en Waterstaat of het dagelijks bestuur van een waterschap is bevoegd tot het geven van een machtiging als bedoeld in artikel 3, tweede lid, van de Algemene wet op het binnentreden tot het zonder toestemming van de bewoner binnentreden in een woning door een daartoe bij besluit van Onze Minister van Infrastructuur en Waterstaat of dat bestuur aangewezen persoon, voor zover die woning deel uitmaakt van een waterstaatswerk of daarmee rechtstreeks in verbinding staat.
3. De artikelen 5:13, 5:15, tweede en derde lid, 5:16 en 5:20, eerste en tweede lid, van de Algemene wet bestuursrecht zijn van overeenkomstige toepassing
4. Onze Minister van Infrastructuur en Waterstaat of het dagelijks bestuur van een waterschap zijn bevoegd tot overeenkomstige toepassing van artikel 5:20, derde lid, van de Algemene wet bestuursrecht ten aanzien van de in het eerste lid bedoelde personen.[2]

Art. 10.6 (gedoogplichten Wet milieubeheer)
1. Een rechthebbende op een onroerende zaak waar maatregelen als bedoeld in artikel 8.49, eerste en tweede lid, van de Wet milieubeheer voor een gesloten stortplaats worden getroffen, gedoogt dat activiteiten worden verricht vanwege die maatregelen.
2. Een rechthebbende op een onroerende zaak waar een beroepshalve of bedrijfsmatig verrichte activiteit, ongeacht het openbare of particuliere, winstgevende of niet-winstgevende karakter daarvan, wordt verricht of waar sprake is van milieuschade of een onmiddellijke dreiging daarvan, gedoogt dat preventieve of herstelmaatregelen als bedoeld in titel 17.2 van de Wet milieubeheer worden getroffen.

Art. 10.7 (gedoogplicht Wet luchtvaart)
De exploitant van een luchthaven als bedoeld in artikel 8.1b van de Wet luchtvaart gedoogt op de luchthaven elektronische, meteorologische en andere hulpmiddelen, bestemd voor de uitoefening van de taken, toegedeeld aan de LVNL, bedoeld in artikel 1.1, eerste lid, van die wet, en het Koninklijk Nederlands Meteorologisch Instituut, voor de luchtverkeersbeveiliging en de luchtvaartmeteorologische dienstverlening.

Art. 10.8 (gedoogplichten Spoorwegwet en Wet lokaal spoor)
1. Een rechthebbende op infrastructuur, anders dan hoofdspoorwegen, waarvan het beheer bij of krachtens de wet is opgedragen aan, of dat in beheer is bij, een openbaar lichaam gedoogt aanraking, doorsnijding of overbrugging van die infrastructuur door hoofdspoorwegen.
2. Het eerste lid geldt ook voor de rechthebbenden op de onder of naast de hoofdspoorweg gelegen grond, de daarin gelegen werken en de daarop gelegen opstallen.
3. Een rechthebbende gedoogt het beheer van lokale spoorweginfrastructuur voor zover dit voor de goede uitvoering van dat beheer nodig is.

Art. 10.9 (gedoogplicht Mijnbouwwet)
Een rechthebbende gedoogt dat de houder van een vergunning voor het opsporen van CO_2-opslagcomplexen, het opsporen of winnen van delfstoffen of aardwarmte of het opslaan van stoffen als bedoeld in artikel 1 van de Mijnbouwwet, in de ondergrond CO_2-opslagcomplexen opspoort, delfstoffen of aardwarmte opspoort of wint respectievelijk stoffen opslaat volgens de voor die activiteiten geldende regels, voor zover die activiteiten plaatsvinden op een diepte van meer dan honderd meter beneden de oppervlakte.

Art. 10.10 (gedoogplicht zwemwater)
Een rechthebbende op een onroerende zaak waarin of waarop tekens met voorlichting ter uitvoering van de zwemwaterrichtlijn worden geplaatst, gedoogt het aanbrengen en in stand houden van die tekens.

Art. 10.10a (gedoogplicht maatregelen toevalsvondst van verontreiniging op of in de bodem)
1. Een rechthebbende gedoogt dat tijdelijke beschermingsmaatregelen als bedoeld in artikel 19.9c worden uitgevoerd ter voorkoming of beperking van onaanvaardbare risico's voor de gezondheid als gevolg van blootstelling aan verontreiniging van de bodem.
2. Artikel 5:27 van de Algemene wet bestuursrecht is van overeenkomstige toepassing.

Art. 10.10b (gedoogplicht natuurgebieden)
1. Een rechthebbende op een onroerende zaak waarvoor door het provinciebestuur of een van Onze Ministers ter uitvoering van de taak, bedoeld in artikel 2.18, eerste lid, onder g, onder 2°, en artikel 2.19, vijfde lid, onder a, onder 1°, en onder b, feitelijke handelingen worden verricht die nodig zijn gelet op de instandhoudingsdoelstellingen voor een Natura 2000-gebied of een bijzonder nationaal natuurgebied, gedoogt het treffen van deze maatregelen.

---

2 De wijziging van artikel 10.5 volgt uit artikel 4.14 van de Wet wijziging Awb

Omgevingswet (toekomstig) **A72**

2. Het bevoegd gezag informeert een rechthebbende als bedoeld in het eerste lid ten minste vier weken van tevoren schriftelijk over de voorgenomen maatregelen.
3. In afwijking van het tweede lid kan het informeren mondeling plaatsvinden en geldt de termijn niet, als dit nodig is vanwege het spoedeisende karakter van de maatregel.

Art. 10.10c (gedoogplicht voorbereiding landinrichting)
Een rechthebbende gedoogt dat terreinen worden betreden of daarop graafwerkzaamheden of meetwerkzaamheden worden verricht of tekens worden aangebracht, als gedeputeerde staten van de provincie waar die terreinen geheel of grotendeels liggen dat voor de voorbereiding van landinrichting als bedoeld in artikel 12.3, eerste lid, nodig achten.

Art. 10.10d (gedoogplicht landinrichting)
1. Een rechthebbende gedoogt dat binnen het in te richten gebied meetwerkzaamheden of waarnemingen worden verricht of tekens worden aangebracht.
2. Het eerste lid is van overeenkomstige toepassing op degene aan wie op grond van artikel 12.21, eerste lid, percelen tijdelijk in gebruik zijn gegeven.

Art. 10.10e (gedoogplicht verrichten werkzaamheden instructie)
1. Een rechthebbende gedoogt dat de werkzaamheden ten aanzien van wegen, waterstaatswerken, gebieden van belang uit een oogpunt van natuurbescherming of landschapsbehoud of van elementen van landschappelijke, recreatieve, aardkundige of natuurwetenschappelijke waarde, of cultureel erfgoed, of andere voorzieningen van openbaar nut, genoemd in een instructie als bedoeld in artikel 12.18, worden verricht.
2. Het eerste lid is van overeenkomstige toepassing op degene aan wie op grond van artikel 12.21, eerste lid, percelen tijdelijk in gebruik zijn gegeven.

Art. 10.10f (gedoogplicht herverkaveling)
1. Binnen een herverkavelingsblok gedoogt een rechthebbende dat:
a. houtgewas wordt geplant of gekapt, of zoden, aarde, baggerspecie en andere grond aan zijn terreinen worden onttrokken of daarop worden neergelegd,
b. werkzaamheden worden verricht voor de ontsluiting, waterbeheersing, inrichting en profielopbouw van de percelen,
c. bouwwerken worden gesloopt, gebouwd of verplaatst als gedeputeerde staten dat nodig achten voor de uitvoering van het inrichtingsprogramma.
2. Het eerste lid is van overeenkomstige toepassing op degene aan wie op grond van artikel 12.21, eerste lid, percelen tijdelijk in gebruik zijn gegeven.

Art. 10.10g (gedoogplichten tijdelijk in gebruik gegeven percelen)
Een rechthebbende van een perceel dat op grond van artikel 12.21, derde lid, tijdelijk in gebruik is gegeven aan een openbaar lichaam of rechtspersoon gedoogt dat dit lichaam of deze rechtspersoon daarop de werkzaamheden verricht die hij nodig acht voor de uitvoering van het inrichtingsprogramma.

Art. 10.10h (gedoogplichten voorbereidende werkzaamheden onteigening)
1. Als voor een beoogde vorm van ontwikkeling, gebruik of beheer van de fysieke leefomgeving waarvoor kan worden onteigend, graafwerkzaamheden, meetwerkzaamheden of het aanbrengen van tekens door het bevoegd gezag, bedoeld in artikel 11.4, nodig worden geacht, gedoogt de rechthebbende dit.
2. Artikel 10.4 is van overeenkomstige toepassing.

AFDELING 10.3
BIJ BESCHIKKING OP TE LEGGEN GEDOOGPLICHTEN

§ 10.3.1
Algemene bepalingen

Art. 10.11 (toepassingscriteria)
Een gedoogplicht op grond van deze afdeling kan worden opgelegd als voor een werk van algemeen belang:
a. voor bepaalde of onbepaalde tijd gebruik moet worden gemaakt van een onroerende zaak,
b. met de rechthebbende op de onroerende zaak ondanks een redelijke poging daartoe geen schriftelijke overeenstemming is bereikt over het gebruik daarvan,
c. het gebruik van de onroerende zaak niet meer zal worden belemmerd dan redelijkerwijs nodig is, en
d. de belangen van de rechthebbende redelijkerwijs onteigening niet vorderen.

Art. 10.12 (op aanvraag en ambtshalve)
Het opleggen van een gedoogplicht op grond van deze afdeling geschiedt op aanvraag van de initiatiefnemer of ambtshalve, als de initiatiefnemer op grond van deze wet zelf bevoegd is om voor het werk van algemeen belang een gedoogplicht op te leggen.

§ 10.3.2
Gedoogplichten

Art. 10.13 (gedoogplichten infrastructuur en water)
1. Onze Minister van Infrastructuur en Waterstaat kan aan een rechthebbende een gedoogplicht opleggen voor het tot stand brengen of opruimen van:
a. een werk voor hoofdspoorwegen,
b. infrastructuur nodig voor de productie en distributie van drinkwater als bedoeld in artikel 7, eerste lid, onder b, in samenhang met artikel 1, eerste lid, van de Drinkwaterwet,
c. een werk ter uitvoering van een projectbesluit waarop artikel 5.46, eerste lid, van toepassing is,
d. een werk voor het transport van afvalwater, uitgevoerd door een waterschap,
e. een werk voor het transport van afvalwater, hemelwater of grondwater, uitgevoerd door een gemeente,
f. lokale spoorweginfrastructuur.
2. Het dagelijks bestuur van een waterschap kan aan een rechthebbende een gedoogplicht opleggen voor het tot stand brengen of opruimen van een werk ter uitvoering van een projectbesluit waarop artikel 5.46, tweede lid, van toepassing is.

Art. 10.13a (gedoogplicht stortplaatsen)
1. Het bevoegd gezag voor de aanvraag om een omgevingsvergunning voor een milieubelastende activiteit die betrekking heeft op een stortplaats kan aan een rechthebbende een gedoogplicht opleggen voor het verrichten van onderzoek op die stortplaats of in de onmiddellijke omgeving daarvan en voor het aanbrengen, aanwezig zijn, onderhouden, gebruiken en verwijderen van de voor dat onderzoek benodigde middelen als dat nodig is in het belang van de bescherming van de bodem.
2. Het eerste lid is niet van toepassing op:
a. het storten van afvalstoffen als het gaat om het begraven van stoffelijke resten of het op of in de bodem verspreiden van as, afkomstig van de verbranding van stoffelijke resten,
b. stortplaatsen waar uitsluitend baggerspecie wordt gestort,
c. stortplaatsen waar het storten van afvalstoffen is beëindigd voor 1 maart 1995,
d. stortplaatsen waar op of na 1 maart 1995 alleen afvalstoffen zijn of worden gestort voor het aanbrengen van een bovenafdichting op die stortplaats, als de gestorte hoeveelheid ten hoogste 0,3 m3 afvalstof per m2 stortoppervlak bedraagt.

Art. 10.13b (gedoogplicht nazorg bodem)
Het college van burgemeester en wethouders kan aan een rechthebbende een gedoogplicht opleggen voor:
a. het verrichten van onderzoek naar verontreiniging van de bodem voor het vaststellen van de doeltreffendheid en effecten van maatregelen ter uitvoering van regels over milieubelastende activiteiten op grond van artikel 4.1 of 4.3, of
b. de uitvoering van maatregelen uit een nazorgplan als bedoeld in artikel 39d of 39e van de Wet bodembescherming of van maatregelen in het kader van nazorg krachtens artikel 39b van die wet, zoals die artikelen luidden voor het tijdstip van inwerkingtreding van artikel 3.1 van de Aanvullingswet bodem Omgevingswet.

Art. 10.14 (gedoogplichten energie en mijnbouw)
Onze Minister van Infrastructuur en Waterstaat kan, na overleg met Onze Minister van Economische Zaken en Klimaat, aan een rechthebbende een gedoogplicht opleggen voor het tot stand brengen of opruimen van:
a. een net of als bedoeld in artikel 1, eerste lid, van de Elektriciteitswet 1998 of een windpark met een capaciteit van ten minste 5 MW,
b. een gasproductienet of een gastransportnet als bedoeld in artikel 1, eerste lid, van de Gaswet,
c. een mijnbouwwerk,
d. werken bestemd voor het opsporen van CO2-opslagcomplexen als bedoeld in artikel 1 van de Mijnbouwwet,
e. een inrichting waarvoor een vergunning is verleend op grond van artikel 15, onder b, van de Kernenergiewet,
f. een warmtenet als bedoeld in artikel 1 van de Warmtewet.

Art. 10.15 (gedoogplicht Uitvoeringswet Nederlands-Duits Grensverdrag)
Onze Minister van Infrastructuur en Waterstaat kan, na overleg met Onze Minister van Binnenlandse Zaken en Koninkrijksrelaties, aan een rechthebbende een gedoogplicht opleggen voor het tot stand brengen of opruimen van werken voor grenswateren als bedoeld in artikel 1 van de Uitvoeringswet Nederlands-Duits Grensverdrag.

Art. 10.16 (gedoogplichten ontgrondingen)
1. Onze Minister van Infrastructuur en Waterstaat kan aan een rechthebbende een gedoogplicht opleggen voor het verrichten van onderzoek op een locatie in verband met een omgevingsvergunning voor een ontgrondingsactiviteit of een aanvraag om een dergelijke vergunning.

Omgevingswet (toekomstig)

2. Onze Minister van Infrastructuur en Waterstaat kan op verzoek van de aanvrager of houder van een omgevingsvergunning voor een ontgrondingsactiviteit aan een rechthebbende een gedoogplicht opleggen voor het verrichten van onderzoek en voor het aanbrengen, in stand houden, onderhouden, gebruiken en verwijderen van de voor dat onderzoek benodigde middelen als dat voor de ontgrondingsactiviteit nodig is.
3. De bevoegdheden, bedoeld in het eerste en tweede lid, berusten bij gedeputeerde staten als zij bevoegd gezag zijn voor de omgevingsvergunning.

Art. 10.17 (gedoogplichten waterstaatswerken)

1. De beheerder kan aan een rechthebbende een gedoogplicht opleggen voor het verrichten van onderzoek dat nodig is voor de aanvraag of wijziging van een omgevingsvergunning voor een wateractiviteit of ter voldoening aan een andere in het kader van het waterbeheer op grond van deze wet, een waterschapsverordening of omgevingsverordening op hem rustende plicht.
2. De beheerder kan, voor zover dat voor de vervulling van zijn taken redelijkerwijs nodig is, aan een rechthebbende een gedoogplicht opleggen voor:
    a. het op of in gronden verrichten van onderzoek en daarmee verband houdende activiteiten in verband met een waterstaatswerk,
    b. de aanleg of wijziging van een waterstaatswerk en de daarmee verband houdende activiteiten.

Art. 10.18 (gedoogplicht luchtverontreiniging)

Onze Minister van Infrastructuur en Waterstaat kan aan een rechthebbende een gedoogplicht opleggen als door een gemeente, een provincie, het Rijk of een openbaar lichaam voor het bepalen van de mate van luchtverontreiniging gebruik moet worden gemaakt van onroerende zaken.

Art. 10.19 (gedoogplichten archeologisch onderzoek)

1. Onze Minister van Onderwijs, Cultuur en Wetenschap kan aan een rechthebbende een gedoogplicht opleggen voor het in het belang van een archeologisch onderzoek betreden van terreinen, het daarop verrichten van metingen of het daarin doen van opgravingen.
2. Het bestuursorgaan dat is belast met de voorbereiding of uitvoering van een omgevingsplan of een omgevingsvergunning voor een omgevingsplanactiviteit kan aan een rechthebbende een gedoogplicht opleggen als bedoeld in het eerste lid, voor zover dat onderzoek dient ter voorbereiding of uitvoering van het omgevingsplan of de omgevingsvergunning.
3. Artikel 10.11, aanhef en onder d, is niet van toepassing op de beslissing tot het opleggen van een gedoogplicht als bedoeld in dit artikel.

Art. 10.19a (gedoogplicht defensiewerken)

Onze Minister van Defensie kan aan een rechthebbende een gedoogplicht opleggen voor het tot stand brengen of opruimen van werken voor de uitoefening van defensietaken.

Art. 10.20 (gedoogplicht vanwege het maken van een ontwerp)

Onze Minister van Infrastructuur en Waterstaat kan aan een rechthebbende een gedoogplicht opleggen voor het uitvoeren van meetwerkzaamheden of graafwerkzaamheden, het aanbrengen van tekens in, boven of op een onroerende zaak, of het verrichten van onderzoek met gebruikmaking van de daarvoor benodigde hulpmiddelen, als die activiteiten nodig zijn voor het maken van een ontwerp voor de aanleg, instandhouding, wijziging, verplaatsing of opruiming van een werk als bedoeld in artikel 10.13, 10.14 of 10.15.

Art. 10.21 (gedoogplicht andere werken van algemeen belang)

1. Onze Minister van Infrastructuur en Waterstaat kan aan een rechthebbende een gedoogplicht opleggen voor het tot stand brengen of opruimen van een werk van algemeen belang dat geen werk of activiteit is als bedoeld in de artikelen 10.13 tot en met 10.19a, als het belang van de openbare veiligheid, het belang van het beschermen van de fysieke leefomgeving, zwaarwegende economische belangen of zwaarwegende andere maatschappelijke belangen dit rechtvaardigen.
2. Als de oplegging van een gedoogplicht een belang dient waarvoor de zorg niet bij Onze Minister van Infrastructuur en Waterstaat berust, beslist Onze Minister van Infrastructuur en Waterstaat in overeenstemming met Onze Minister die het aangaat.

Art. 10.21a (gedoogplicht verontreiniging van de bodem zorgplicht of ongewoon voorval)

Het college van burgemeester en wethouders kan voor het voorkomen, beperken of ongedaan maken van een verontreiniging of aantasting van de bodem aan een rechthebbende een gedoogplicht opleggen voor:
a. het verrichten van onderzoek door de veroorzaker naar de aard en omvang van die verontreiniging of aantasting,
b. het treffen van maatregelen door de veroorzaker voor het voorkomen, beperken of ongedaan maken van die verontreiniging of aantasting van de bodem en de directe gevolgen daarvan.

§ 10.3.3
De gedoogplichtbeschikking

Art. 10.22 (inhoud gedoogplichtbeschikking)
1. Een gedoogplichtbeschikking bevat in ieder geval een beschrijving van:
a. de onroerende zaak waarop de beschikking betrekking heeft,
b. het werk van algemeen belang waarvoor de beschikking geldt,
c. de te verrichten activiteiten en de voorbereiding daarvan,
d. de plichten van de rechthebbende,
e. de rechten en plichten van de initiatiefnemer.
2. De gedoogplichtbeschikking vermeldt of er voor bepaalde of onbepaalde tijd gebruik wordt gemaakt van de onroerende zaak.
3. Als dat voor de instandhouding van het werk van algemeen belang nodig is, kan in de gedoogplichtbeschikking een gebied rondom het werk worden vastgesteld waarbinnen in de beschikking te noemen activiteiten niet zijn toegestaan zonder voorafgaande toestemming van de initiatiefnemer.
4. Aan een gedoogplichtbeschikking kunnen voorschriften worden verbonden.

Art. 10.23 (wijziging van een gedoogplichtbeschikking)
1. Op verzoek van de rechthebbende kan de gedoogplichtbeschikking worden gewijzigd als het gaat om de locatie van het werk van algemeen belang binnen de desbetreffende onroerende zaak.
2. Het eerste lid is alleen van toepassing als de rechthebbende over de wijziging van de locatie ondanks een redelijke poging daartoe geen overeenstemming heeft bereikt met de initiatiefnemer.
3. Het verzoek wordt in ieder geval afgewezen als het werk van algemeen belang redelijkerwijs niet op een andere locatie tot stand kan worden gebracht.

§ 10.3.4
Bijzondere bepalingen

Art. 10.24 (bomen en beplantingen)
Degene op wie een gedoogplicht op grond van paragraaf 10.3.2 rust, gedoogt dat de initiatiefnemer bomen en beplantingen rooit, inkort of snoeit voor zover die bomen en beplantingen hinderlijk zijn voor het tot stand brengen of opruimen van het werk van algemeen belang.

Art. 10.25 (rechtsopvolging)
De in de gedoogplichtbeschikking opgenomen rechten en plichten van de rechthebbende en van de initiatiefnemer rusten ook op hun rechtsopvolgers.

Art. 10.26
[Vervallen]

Art. 10.27 (opruimen van een werk van algemeen belang)
1. Als de gedoogplichtbeschikking voor een werk van algemeen belang is ingetrokken, ruimt de initiatiefnemer dat werk op, tenzij met degene op wie de gedoogplicht rustte anders is overeengekomen.
2. Bij de opruiming wordt de onroerende zaak zoveel als mogelijk teruggebracht in de staat van voor de aanleg van het werk van algemeen belang, voor zover niet anders is overeengekomen.
3. Artikel 10.25 is van overeenkomstige toepassing.

Art. 10.28 (eigendom van een werk van algemeen belang)
Artikel 20, tweede lid, van Boek 5 van het Burgerlijk Wetboek is van overeenkomstige toepassing op werken van algemeen belang die met toepassing van een gedoogplichtbeschikking worden aangelegd, in stand gehouden, gewijzigd of verplaatst.

AFDELING 10.4
OVERIG

Art. 10.29 (gedoogplicht maatregelen populaties dieren en planten)
1. Gedeputeerde staten kunnen of Onze Minister van Landbouw, Natuur en Voedselkwaliteit kan besluiten dat de personen of de groepen van personen die ter uitvoering van een omgevingsvergunning voor een flora- en fauna-activiteit om de omvang te beperken van de populatie van dieren, toegang hebben tot de grond waar de dieren aanwezig zijn.
2. Onze Minister van Landbouw, Natuur en Voedselkwaliteit en gedeputeerde staten kunnen besluiten dat personen of groepen van personen die ter uitvoering van de taak, bedoeld in respectievelijk artikel 2.19, vijfde lid, onder a, onder 4°, en artikel 2.18, eerste lid, onder g, onder 1° of 3°, zijn belast met de bestrijding van dieren of planten van uitheemse soorten of verwilderde dieren, of de terugdringing van de aantallen aanwezige dieren en planten van die soorten, toegang hebben tot de grond waar de dieren of de planten aanwezig zijn.

Omgevingswet (toekomstig)   **A72**

3. Een rechthebbende gedoogt de aanwezigheid op zijn grond van personen of groepen van personen als bedoeld in het eerste en tweede lid.
4. Het bevoegd gezag informeert een rechthebbende als bedoeld in het derde lid ten minste achtenveertig uur van te voren schriftelijk over de voorgenomen maatregelen.
5. In afwijking van het vierde lid kan het informeren mondeling plaatsvinden en geldt de termijn niet, als dit nodig is vanwege het spoedeisende karakter van de maatregel.

HOOFDSTUK 11
ONTEIGENING

AFDELING 11.1
ALGEMENE BEPALINGEN

Art. 11.1 (algemeen belang)
Onteigening van onroerende zaken in het algemeen belang als bedoeld in artikel 14 van de Grondwet kan op grond van dit hoofdstuk plaatsvinden in het algemeen belang van het ontwikkelen, gebruiken of beheren van de fysieke leefomgeving.

Onteigening

Art. 11.2 (onteigenaar)
1. Onteigening kan plaatsvinden op naam van een onteigenaar.
2. Onteigenaar kunnen zijn:
a. een gemeente,
b. een waterschap,
c. een provincie,
d. de Staat,
e. een andere rechtspersoon met volledige rechtsbevoegdheid waaraan de verwezenlijking van de beoogde vorm van ontwikkeling, gebruik of beheer van de fysieke leefomgeving is toegestaan.

AFDELING 11.2
ONTEIGENINGSBESCHIKKING

Art. 11.3 (aanwijzing van te onteigenen onroerende zaken)
1. De onteigeningsbeschikking wijst de te onteigenen onroerende zaken aan.
2. Op verzoek van de eigenaar neemt het bevoegd gezag in de onteigeningsbeschikking ook ter onteigening op:
a. een volledig gebouw, als de onteigenaar het voornemen heeft alleen een gedeelte van het gebouw te onteigenen,
b. volledige erven:
1°. als de onteigenaar het voornemen heeft alleen een gedeelte van een erf te onteigenen en daardoor 25% of minder van de omvang overblijft of als het erf daardoor kleiner wordt dan 10 are, en
2°. als het overgebleven erf niet onmiddellijk grenst aan een ander erf van dezelfde eigenaar.

Art. 11.4 (bevoegd gezag)
1. Een onteigeningsbeschikking kan worden gegeven door:
a. de gemeenteraad van de gemeente waarbinnen de onroerende zaak ligt,
b. het algemeen bestuur van het waterschap waarbinnen de onroerende zaak ligt,
c. provinciale staten van de provincie waarbinnen de onroerende zaak ligt,
d. Onze Minister die het aangaat.
2. Het algemeen bestuur van een waterschap kan alleen een onteigeningsbeschikking geven met het oog op de taken, bedoeld in artikel 2.17, eerste lid, aanhef en onder a.
3. Provinciale staten kunnen alleen een onteigeningsbeschikking geven als:
a. het onteigeningsbelang een provinciaal belang betreft, of
b. dat doelmatig is.
4. Onze Minister die het aangaat kan alleen een onteigeningsbeschikking geven als:
a. het onteigeningsbelang een nationaal belang betreft, of
b. dat doelmatig is.

Art. 11.5 (criteria: onteigeningsbelang, noodzaak en urgentie)
Een onteigeningsbeschikking kan alleen worden gegeven:
a. in het belang van het ontwikkelen, gebruiken of beheren van de fysieke leefomgeving,
b. als onteigening noodzakelijk is, en
c. als onteigening urgent is.

Art. 11.6 (grondslagen onteigeningsbelang)
Van een onteigeningsbelang is alleen sprake als de beoogde vorm van ontwikkeling, gebruik of beheer van de fysieke leefomgeving, onder uitsluiting van de bestaande vorm van ontwikkeling, gebruik of beheer, mogelijk is gemaakt:
a. in een vastgesteld omgevingsplan,

b. in een verleende omgevingsvergunning voor een buitenplanse omgevingsplanactiviteit,
c. door een vastgesteld projectbesluit.

Art. 11.7 (onderbouwing noodzaak)

1. De noodzaak tot onteigening ontbreekt in ieder geval als:
a. de onteigenaar geen redelijke poging heeft gedaan tot minnelijke verwerving van de onroerende zaak vrij van rechten en lasten,
b. de onteigenaar geen redelijke poging heeft gedaan om overeenstemming te bereiken over het vervallen van zakelijke of persoonlijke rechten op de onroerende zaak,
c. aannemelijk is dat op afzienbare termijn alsnog overeenstemming kan worden bereikt over de minnelijke verwerving van de onroerende zaak vrij van rechten en lasten en die overeenstemming zal leiden tot een spoedige levering daarvan, of
d. aannemelijk is dat op afzienbare termijn alsnog overeenstemming kan worden bereikt over het vervallen van zakelijke of persoonlijke rechten op de onroerende zaak en die overeenstemming zal leiden tot het spoedig vervallen van die rechten.
2. De noodzaak tot onteigening ontbreekt ook als de eigenaar van of een beperkt gerechtigde op de onroerende zaak:
a. aantoont bereid en in staat te zijn om de verwezenlijking van de beoogde vorm van ontwikkeling, gebruik of beheer van de fysieke leefomgeving op zich te nemen,
b. daarvoor concrete en op uitvoering gerichte voornemens heeft en die aan het bevoegd gezag kenbaar heeft gemaakt, en
c. de beoogde vorm van ontwikkeling, gebruik of beheer van de fysieke leefomgeving zal verwezenlijken op de door het bevoegd gezag beoogde wijze.
3. Het tweede lid is niet van toepassing als het gaat om een onroerende zaak waarvoor:
a. niet eerder een onteigeningsbeschikking is gegeven vanwege het ontbreken van de noodzaak tot onteigening, bedoeld in artikel 11.5, onder b, in samenhang met dat lid, en binnen drie jaar na het kenbaar maken, bedoeld in dat lid, onder b, vanwege oorzaken die de eigenaar of beperkt gerechtigde had kunnen voorkomen geen begin is gemaakt met de verwezenlijking van de beoogde vorm van ontwikkeling, gebruik of beheer van de fysieke leefomgeving, of
b. in de bekrachtigingsprocedure of in hoger beroep het verzoek tot bekrachtiging van de onteigeningsbeschikking is afgewezen respectievelijk de onteigeningsbeschikking is vernietigd vanwege het kennelijk ontbreken van de noodzaak tot onteigening, bedoeld in artikel 11.5, onder b, in samenhang met dat lid, en binnen drie jaar na die uitspraak vanwege oorzaken die de eigenaar of beperkt gerechtigde had kunnen voorkomen geen begin is gemaakt met de verwezenlijking van de beoogde vorm van ontwikkeling, gebruik of beheer van de fysieke leefomgeving.

Art. 11.8 (onderbouwing noodzaak in verband met de openbare orde)

Als het onteigeningsbelang verband houdt met de handhaving van de openbare orde rond een gebouw als bedoeld in artikel 13b, tweede lid, van de Woningwet, die is verstoord door gedragingen in dat gebouw, ontbreekt de noodzaak tot onteigening, tenzij de uitoefening van de bevoegdheden, bedoeld in artikel 13b, tweede lid, van die wet, geen uitzicht heeft geboden op een duurzaam herstel van de openbare orde rond dat gebouw.

Art. 11.9 (onderbouwing noodzaak in verband met de Opiumwet)

Als het onteigeningsbelang verband houdt met de handhaving van de artikelen 2 en 3 van de Opiumwet in een gebouw bedoeld in artikel 13b, tweede lid, van de Woningwet, ontbreekt de noodzaak tot onteigening, tenzij de uitoefening van de bevoegdheden, bedoeld in artikel 13b, tweede lid, van die wet, geen uitzicht heeft geboden op het duurzaam achterwege blijven van een overtreding van artikel 2 of artikel 3 van de Opiumwet in het gebouw.

Art. 11.10 (onderbouwing noodzaak in verband met de leefbaarheid, gezondheid en veiligheid)

Als het onteigeningsbelang verband houdt met het opheffen van een overtreding als bedoeld in artikel 17 van de Woningwet in een gebouw of op een open erf of een terrein als bedoeld in dat artikel, ontbreekt de noodzaak tot onteigening, tenzij de uitoefening van de bevoegdheden, bedoeld in artikel 13b, tweede lid, van die wet, geen uitzicht heeft geboden op het duurzaam achterwege blijven van een zodanige overtreding.

Art. 11.11 (onderbouwing urgentie)

De urgentie ontbreekt in ieder geval als niet aannemelijk is dat binnen drie jaar na het inschrijven van de onteigeningsakte een begin wordt gemaakt met de verwezenlijking van de beoogde vorm van ontwikkeling, gebruik of beheer van de fysieke leefomgeving waarvoor onteigening nodig is.

Art. 11.12 (vervallen onteigeningsbeschikking)

De onteigeningsbeschikking vervalt als de onteigenaar niet uiterlijk binnen twaalf maanden na het onherroepelijk worden van die beschikking de rechtbank binnen het rechtsgebied waarvan de te onteigenen onroerende zaak geheel of grotendeels ligt, verzoekt om de schadeloosstelling vast te stellen volgens afdeling 15.3.

Art. 11.13 (geen coördinatie met andere besluiten)
Artikel 3:20, aanhef en onder b, van de Algemene wet bestuursrecht en artikel 5.45, eerste lid, zijn niet van toepassing op een onteigeningsbeschikking.

AFDELING 11.3
SCHADELOOSSTELLING BIJ ONTEIGENING

Art. 11.14 (verzoekprocedure schadeloosstelling)
Nadat de onteigeningsbeschikking is bekendgemaakt, kan de onteigenaar de rechtbank binnen het rechtsgebied waarvan de te onteigenen onroerende zaak geheel of grotendeels ligt, verzoeken de schadeloosstelling vast te stellen volgens afdeling 15.3.

AFDELING 11.4
ONTEIGENINGSAKTE

Art. 11.15 (verzoek verlijden onteigeningsakte)
Uiterlijk binnen twee maanden nadat aan alle voorwaarden, bedoeld in artikel 11.16, eerste lid, is voldaan, verzoekt de onteigenaar een notaris de onteigeningsakte te verlijden.

Art. 11.16 (vereisten verlijden onteigeningsakte)
1. Een onteigeningsakte kan alleen worden verleden als:
a. de onteigeningsbeschikking onherroepelijk is,
b. het besluit ter uitvoering waarvan de onteigening nodig is onherroepelijk is, en
c. de voorlopige schadeloosstelling, bedoeld in artikel 15.43, of de overeengekomen schadeloosstelling die is opgenomen in een proces-verbaal, is betaald.
2. De onherroepelijkheid van de onteigeningsbeschikking wordt aangetoond door het overleggen van:
a. de uitspraak in hoger beroep tegen een uitspraak op een verzoek tot bekrachtiging, of
b. een verklaring van de griffier van de Afdeling bestuursrechtspraak van de Raad van State waaruit blijkt dat tegen de uitspraak op het verzoek tot bekrachtiging binnen de beroepstermijn geen hoger beroep is ingesteld.
3. De onherroepelijkheid van het besluit ter uitvoering waarvan de onteigening nodig is, wordt aangetoond door het overleggen van:
a. de uitspraak tegen dat besluit door de Afdeling bestuursrechtspraak van de Raad van State,
b. een verklaring van de griffier van de rechtbank of een verklaring van de griffier van de Afdeling bestuursrechtspraak van de Raad van State waaruit blijkt dat tegen dat besluit binnen de beroepstermijn geen beroep is ingesteld, of
c. een verklaring van de griffier van de Afdeling bestuursrechtspraak van de Raad van State waaruit blijkt dat tegen de uitspraak op het beroep tegen het besluit binnen de beroepstermijn geen hoger beroep is ingesteld.
4. De betaling van de voorlopige schadeloosstelling of de overeengekomen schadeloosstelling wordt aangetoond door het overleggen van een betalingsbewijs. Als betalingsbewijs geldt:
a. een bewijs dat de som van de voorlopige schadeloosstelling of de overeengekomen schadeloosstelling is overgeschreven op een rekening die de tot ontvangst gerechtigde aanhoudt bij een financiële onderneming die in Nederland op grond van de Wet op het financieel toezicht het bedrijf van bank mag uitoefenen,
b. een consignatiebewijs als bedoeld in artikel 6, eerste lid, van de Wet op de consignatie van gelden, als niet genoegzaam bekend is wie tot ontvangst gerechtigd is of consignatie heeft plaatsgevonden op grond van de artikelen 15.49 en 15.50.

Art. 11.17 (ondertekening onteigeningsakte)
Een onteigeningsakte wordt ondertekend door de onteigenaar.

Art. 11.18 (rechtsgevolgen inschrijven onteigeningsakte)
1. Met het inschrijven van een door een notaris verleden onteigeningsakte in de openbare registers verkrijgt de onteigenaar de eigendom vrij van alle lasten en rechten die met betrekking tot de zaak bestaan.
2. De bewaarder van het kadaster en de openbare registers tekent ambtshalve de door de inschrijving van de onteigeningsakte niet meer bestaande inschrijvingen van hypotheken en beslagen aan in de basisregistratie kadaster en in de openbare registers.
3. Erfdienstbaarheden kunnen op de onteigende zaak gevestigd blijven. Zij worden daarvoor in de onteigeningsakte opgenomen. Als zij niet door vestiging zijn ontstaan, worden de kadastrale aanduiding van het heersende erf en een omschrijving van de erfdienstbaarheid in de onteigeningsakte opgenomen.

Art. 11.19 (lasten en belastingen)
Waterschaps- en soortgelijke lasten en alle belastingen waarmee de onteigende zaak is bezwaard of die daarover worden betaald, gaan met ingang van de dag waarop de onteigeningsakte in de openbare registers is ingeschreven over op de onteigenaar.

Art. 11.20 (inbezitstelling na inschrijving onteigeningsakte)
1. Op verzoek van de onteigenaar kan de voorzieningenrechter bij een in executoriale vorm afgegeven bevelschrift de nodige bevelen geven om de onteigenaar in het bezit van de onteigende onroerende zaak te stellen.
2. Bij zijn verzoek overlegt de onteigenaar een afschrift van de onteigeningsakte en een bewijs van inschrijving daarvan.
3. Tegen een bevelschrift als bedoeld in het eerste lid staat geen hogere voorziening open.

AFDELING 11.5
NIET VERWEZENLIJKEN ONTEIGENINGSBELANG

Art. 11.21 (rechtsgevolgen niet verwezenlijken onteigeningsbelang)
1. De onteigenaar biedt aan de onteigende de mogelijkheid het onteigende teruggeleverd te krijgen als vanwege oorzaken die de onteigenaar had kunnen voorkomen:
 a. met de verwezenlijking van de beoogde vorm van ontwikkeling, gebruik of beheer van de fysieke leefomgeving waarvoor werd onteigend niet binnen drie jaar nadat de onteigeningsakte is ingeschreven in de openbare registers een begin is gemaakt,
 b. de werkzaamheden meer dan drie jaar zijn gestaakt, of
 c. op een andere manier kan worden aangetoond dat de beoogde vorm van ontwikkeling, gebruik of beheer van de fysieke leefomgeving waarvoor werd onteigend blijkbaar niet zal worden verwezenlijkt.
2. Het onteigende wordt teruggeleverd in de toestand waarin het zich dan bevindt. De onteigende is gehouden om de schadeloosstelling terug te geven in evenredigheid tot de terugontvangen waarde.
3. Als de onteigende te kennen geeft geen gebruik te maken van het aanbod tot teruglevering, bedoeld in het eerste lid, kan hij een door de rechtbank binnen het rechtsgebied waarvan de te onteigenen onroerende zaak geheel of grotendeels ligt naar billijkheid te bepalen schadeloosstelling boven de al ontvangen schadeloosstelling vorderen.
4. Als de onteigenaar niet binnen drie maanden na afloop van de in het eerste lid bedoelde termijn van drie jaar een aanbod tot teruglevering heeft gedaan, kan de onteigende naar keuze:
 a. bij de rechter het onteigende terugvorderen in de toestand waarin het zich bevindt, waarbij hij gehouden is om de schadeloosstelling terug te geven in evenredigheid tot de terugontvangen waarde, of
 b. een door de rechter naar billijkheid te bepalen schadeloosstelling boven de al ontvangen schadeloosstelling vorderen.
5. Van de verwezenlijking van de beoogde vorm van ontwikkeling, gebruik of beheer van de fysieke leefomgeving waarvoor werd onteigend, is ook sprake bij niet-ingrijpende aanpassingen of aanpassingen van geringe omvang van de beoogde vorm van ontwikkeling, gebruik of beheer van de fysieke leefomgeving of aanpassingen van die vorm die passen binnen het kader ter uitvoering waarvan tot onteigening is overgegaan.

HOOFDSTUK 12
BIJZONDERE INSTRUMENTEN VOOR HET INRICHTEN VAN GEBIEDEN

AFDELING 12.1
ALGEMENE BEPALINGEN

§ 12.1.1
Begripsbepalingen en toepassingsbereik

Art. 12.1 (begripsbepalingen)
In dit hoofdstuk en de daarop berustende bepalingen wordt verstaan onder:

rechthebbende:
1°. eigenaar en degene aan wie een beperkt recht toebehoort waaraan een onroerende zaak is onderworpen,
2°. huurder van een onroerende zaak, of
3°. schuldeiser van een verbintenis die ten aanzien van een onroerende zaak een verplichting als bedoeld in artikel 252 van Boek 6 van het Burgerlijk Wetboek inhoudt.

Art. 12.2 (positie zakelijk gerechtigden)
Dit hoofdstuk en de daarop berustende bepalingen die eigenaren betreffen, zijn van overeenkomstige toepassing op opstallers, erfpachters, beklemde meiers, vruchtgebruikers, houders van een recht van gebruik of bewoning van een onroerende zaak, en appartementseigenaren.

Omgevingswet (toekomstig)　　　　　　　　　　　　　　　　　　　　　　　　　　　　　　　　　　　　　　　A72

§ 12.1.2
Algemene bepalingen voor landinrichting

Art. 12.3 (landinrichting)
1. Landinrichting strekt tot verbetering van de inrichting van het landelijk gebied in overeenstemming met de functies die aan de betrokken locaties zijn toegedeeld.
2. Bij landinrichting kunnen de volgende maatregelen en voorzieningen worden getroffen:
a. het wijzigen van het stelsel van wegen of waterstaatswerken,
b. aanleg, ontwikkeling, behoud, beheer of herstel van gebieden van belang uit een oogpunt van natuurbescherming of landschapsbehoud of van elementen van landschappelijke, recreatieve, aardkundige of natuurwetenschappelijke waarde, of cultureel erfgoed, en
c. andere maatregelen of voorzieningen van openbaar nut.
3. Bij landinrichting kan worden voorzien in de toedeling van eigendom, het beheer en het onderhoud van voorzieningen van openbaar nut.
4. Herverkaveling kan deel uitmaken van landinrichting, waarbij korting als bedoeld in artikel 12.29 kan worden toegepast als het nodig is de eigendom van onroerende zaken te verwerven.

Art. 12.4 (bevoegdheid tot landinrichting)
1. Bevoegdheden over landinrichting kunnen worden uitgeoefend door gedeputeerde staten van de provincie waarin het te richten gebied geheel of grotendeels ligt.
2. Artikel 3, eerste lid, onderdeel r, van de Kadasterwet is van toepassing.

Art. 12.5 (locaties die ook een militaire functie vervullen)
Zonder toestemming van Onze Minister van Defensie wordt geen wijziging gebracht in de staat en werking van locaties die ook een functie voor de landsverdediging vervullen.

Art. 12.6 (raming kosten herverkaveling en aandeel voor gezamenlijke eigenaren)
Als herverkaveling deel uitmaakt van de landinrichting, wordt een zo nauwkeurig mogelijke raming gemaakt van de kosten daarvan en van het aandeel van die kosten dat ten laste zal worden gebracht van de gezamenlijke eigenaren in het te herverkavelen blok.

AFDELING 12.2
INRICHTINGSBESLUIT

§ 12.2.1
Inrichtingsbesluit

Art. 12.7 (vaststellen inrichtingsbesluit)
Een inrichtingsbesluit wordt gelijktijdig met het inrichtingsprogramma vastgesteld, als bij de landinrichting:
a. eigendom, beheer of onderhoud van voorzieningen van openbaar nut worden toegedeeld,
b. herverkaveling of korting wordt toegepast.

Art. 12.8 (inhoud inrichtingsbesluit)
1. Een inrichtingsbesluit voorziet, voor zover van toepassing, in:
a. de toedeling van eigendom van wegen of waterstaatswerken,
b. de toedeling van het beheer en het onderhoud van openbare wegen,
c. de toedeling van eigendom, het beheer en het onderhoud van gebieden van belang uit een oogpunt van natuurbescherming of landschapsbehoud of van elementen van landschappelijke, recreatieve, aardkundige of natuurwetenschappelijke waarde, of cultureel erfgoed, en
d. de toedeling van eigendom, het beheer en het onderhoud van andere voorzieningen van openbaar nut.
2. Als herverkaveling deel uitmaakt van de landinrichting, bevat het inrichtingsbesluit een verbeelding waarop de begrenzing van het herverkavelingsblok zo nauwkeurig mogelijk is aangegeven.
3. Als het nodig is om de eigendom van onroerende zaken te verwerven voor de verwezenlijking van maatregelen en voorzieningen van openbaar nut, bevat het inrichtingsbesluit een aanduiding van die maatregelen en voorzieningen en bepaalt het dat daarvoor korting kan worden toegepast.

Art. 12.9 (inhoud inrichtingsbesluit: openbaarheid van wegen)
1. In afwijking van de artikelen 8 en 9 van de Wegenwet kan in een inrichtingsbesluit worden bepaald dat een openbare weg aan het openbaar verkeer wordt onttrokken.
2. In afwijking van de artikelen 4 en 5 van de Wegenwet kan in een inrichtingsbesluit worden bepaald dat een weg voor het openbaar verkeer wordt opengesteld.
3. De onttrekking aan en openstelling voor het openbaar verkeer gaan in op een tijdstip dat in het inrichtingsbesluit wordt bepaald.

Art. 12.10 (bestaande rechten en gebruikstoestand)
1. Bij landinrichting wordt geen wijziging gebracht in de rechten en de gebruikstoestand van:

a. begraafplaatsen, crematoria en bewaarplaatsen als bedoeld in de artikelen 23, 49 en 62, eerste lid, onder c, van de Wet op de lijkbezorging,
b. gesloten begraafplaatsen en graven of grafkelders als bedoeld in artikel 85 van de Wet op de lijkbezorging, binnen de termijnen, bedoeld in artikel 46, tweede en derde lid, van die wet en anders dan op de wijze, omschreven in artikel 46, derde lid, van die wet.
2. Zonder toestemming van de eigenaar wordt geen wijziging gebracht in zijn rechten ten aanzien van gebouwen.

§ 12.2.2
Toedeling van eigendom, beheer en onderhoud van voorzieningen van openbaar nut

Art. 12.11 (toedeling eigendom, beheer en onderhoud wegen en eigendom waterstaatswerken)
1. De toedeling van eigendom van wegen of waterstaatswerken, bedoeld in artikel 12.8, eerste lid, onder a, vindt plaats aan de betrokken openbare lichamen of andere rechtspersonen.
2. De toedeling van het beheer en het onderhoud van openbare wegen, bedoeld in artikel 12.8, eerste lid, onder b, vindt plaats aan de betrokken openbare lichamen.
3. In afwijking van het tweede lid kan het onderhoud van openbare wegen worden toegedeeld aan andere rechtspersonen dan openbare lichamen.

Art. 12.12 (regels voor toedeling eigendom, beheer en onderhoud wegen en eigendom waterstaatswerken)
1. De toedeling van eigendom van openbare wegen of waterstaatswerken of beheer of onderhoud van openbare wegen aan een rechtspersoon, niet zijnde een openbaar lichaam, vindt alleen plaats als overeenstemming is bereikt met de betrokken rechtspersoon, tenzij de eigendom, het beheer of onderhoud voorafgaand aan de landinrichting bij die rechtspersoon berustte.
2. De toedeling van eigendom van openbare wegen of waterstaatswerken en van beheer en onderhoud van openbare wegen aan openbare lichamen vindt plaats zonder geldelijke verrekening, tenzij dit tot onredelijke gevolgen voor het betrokken openbaar lichaam zou leiden.
3. Toestemming van Onze Minister die het aangaat is vereist voor:
a. de onttrekking van de eigendom van openbare wegen of waterstaatswerken aan het Rijk,
b. de onttrekking van het beheer en het onderhoud van openbare wegen aan het Rijk,
c. de toedeling van de eigendom, het beheer of het onderhoud van openbare wegen aan het Rijk, tenzij de eigendom, het beheer of het onderhoud voorafgaand aan de landinrichting bij het Rijk berustte.

Art. 12.13 (toedeling eigendom, beheer en onderhoud gebieden en andere voorzieningen van openbaar nut)
De eigendom, het beheer en het onderhoud van de gebieden en voorzieningen van openbaar nut, bedoeld in artikel 12.8, eerste lid, onder c en d, worden toegedeeld aan:
a. de provincie, of
b. een ander openbaar lichaam of een andere rechtspersoon dan de provincie, als dit lichaam of deze rechtspersoon daarmee instemt.

Art. 12.14 (tijdstip overgang beheer of onderhoud wegen)
1. Voor zover het beheer of het onderhoud van openbare wegen, voorafgaand aan de landinrichting niet berustte bij het betrokken openbaar lichaam of de betrokken rechtspersoon, gaan het beheer en het onderhoud over op het tijdstip van bekendmaking van het inrichtingsbesluit.
2. Het beheer of het onderhoud gaan over op een later, door gedeputeerde staten te bepalen, tijdstip dan bedoeld in het eerste lid als:
a. aan bestaande wegen werkzaamheden tot verbetering daarvan worden uitgevoerd,
b. het nieuwe wegen betreft.

Art. 12.15 (afwijkende regeling overgang beheer of onderhoud wegen)
1. Vanaf het tijdstip waarop op grond van artikel 12.18 een instructie is gegeven tot de uitvoering van werkzaamheden tot verbetering van bestaande wegen tot het tijdstip, bedoeld in artikel 12.14, tweede lid, berusten het beheer of het onderhoud van de betrokken wegen bij gedeputeerde staten van de provincie waarbinnen deze wegen geheel of grotendeels liggen.
2. Het beheer en het onderhoud van nieuwe openbare wegen berusten tot het tijdstip, bedoeld in artikel 12.14, tweede lid, bij gedeputeerde staten van de provincie waarbinnen deze wegen geheel of grotendeels liggen.

Omgevingswet (toekomstig)

AFDELING 12.3
UITVOERING VAN LANDINRICHTING

§ 12.3.1
Algemene bepalingen

Art. 12.16 (bevoegd gezag uitvoering)
Gedeputeerde staten voeren het inrichtingsprogramma en, voor zover van toepassing, het inrichtingsbesluit uit.

Art. 12.17 (fasering uitvoering)
1. Het inrichtingsprogramma of het inrichtingsbesluit kan in delen worden uitgevoerd.
2. Gedeputeerde staten kunnen bepalen bepaalde maatregelen of voorzieningen als bedoeld in artikel 12.3, tweede lid, alleen uit te voeren als zij met een ander openbaar lichaam dan het Rijk overeenstemming hebben bereikt over de geldelijke bijdrage van het openbaar lichaam in de kosten van de maatregelen of voorzieningen en over de voorwaarden waaronder de bijdrage wordt betaald.

§ 12.3.2
Verrichten van werkzaamheden

Art. 12.18 (instructie tot verrichten werkzaamheden)
1. Gedeputeerde staten van de provincie waar de werkzaamheden, vermeld in het inrichtingsprogramma, in hoofdzaak worden verricht, kunnen een instructie geven aan bestuursorganen van openbare lichamen anders dan het Rijk, waarbij het beheer of onderhoud van wegen, waterstaatswerken, gebieden van belang uit een oogpunt van natuurbescherming of landschapsbehoud of van elementen van landschappelijke, recreatieve, aardkundige of natuurwetenschappelijke waarde, of cultureel erfgoed, of andere voorzieningen van openbaar nut, berust of vermoedelijk komt te berusten. Bij de instructie kan worden bepaald dat deze bestuursorganen werkzaamheden verrichten ten aanzien van deze wegen, waterstaatswerken, gebieden, elementen, of andere voorzieningen van openbaar nut.
2. Bij de instructie kan een termijn worden gesteld waarbinnen uitvoering moet zijn gegeven aan de instructie.
3. Onze Minister die het aangaat beslist over de uitvoering van werkzaamheden ten aanzien van de wegen, waterstaatswerken, gebieden en voorzieningen van openbaar nut, bedoeld in artikel 90 12.8, eerste lid, waarvan het beheer of het onderhoud vermoedelijk bij het Rijk komt te berusten.

Art. 12.19 (verrichten activiteiten na beschrijving)
Met het verrichten van activiteiten als bedoeld in artikel 10.10f, eerste lid, wordt niet begonnen dan nadat gedeputeerde staten een beschrijving van de betrokken onroerende zaak hebben gemaakt.

AFDELING 12.4
HERVERKAVELING

§ 12.4.1
Algemene bepalingen

Art. 12.20 (bevoegd gezag)
Voor de toepassing van deze afdeling zijn gedeputeerde staten van de provincie waarin het herverkavelingsblok geheel of grotendeels ligt het bevoegd gezag.

Art. 12.21 (tijdelijk in gebruik geven percelen)
1. Percelen of delen van percelen die tot een herverkavelingsblok behoren kunnen tijdelijk in gebruik worden gegeven.
2. Op het tijdelijk in gebruik geven van percelen zijn de voor pacht geldende wettelijke bepalingen niet van toepassing.
3. Ook percelen die na toepassing van artikel 12.29, aanhef en onder c of d, aan openbare lichamen en rechtspersonen worden toegewezen kunnen aan hen tijdelijk in gebruik worden gegeven.

§ 12.4.2
Het ruilbesluit

Art. 12.22 (vaststellen ruilbesluit)
1. Voor ieder herverkavelingsblok wordt een ruilbesluit vastgesteld.
2. Het ruilbesluit bevat:

Omgevingswet (toekomstig)

a. een lijst van rechthebbenden, en
b. bepalingen over kavels en rechten.

Art. 12.23 (verrichten activiteiten na beschrijving)
1. De lijst van rechthebbenden vermeldt voor de percelen binnen het herverkavelingsblok zo volledig mogelijk voor alle rechthebbenden de aard en de omvang van het door hen ingebrachte recht.
2. De lijst van rechthebbenden wordt opgemaakt aan de hand van de openbare registers en de basisregistratie kadaster, bedoeld in artikel 48 van de Kadasterwet.
3. Nadat het ruilbesluit onherroepelijk is geworden, worden alleen degenen die voorkomen op de lijst van rechthebbenden of hun rechtverkrijgenden als rechthebbende erkend.
4. Rechtverkrijgende is:
a. degene die een onroerende zaak of een beperkt recht verkrijgt en waarvan de verkrijging blijkt uit in de openbare registers ingeschreven stukken,
b. degene die schuldeiser wordt van een verbintenis die ten aanzien van een onroerende zaak een verplichting als bedoeld in artikel 252 van Boek 6 van het Burgerlijk Wetboek inhoudt en waarvan dit blijkt uit in de openbare registers ingeschreven stukken,
c degene die onder algemene titel een recht van huur verkrijgt dat is vermeld op de lijst van rechthebbenden.

Art. 12.24 (bepalingen over kavels en rechten)
1. De bepalingen over kavels en rechten in het ruilbesluit omvatten:
a. de kavelindeling,
b. de toewijzing van rechten op kavels aan eigenaren,
c de begrenzing van de eigendom van de openbare wegen of waterstaatswerken, gebieden, elementen en de andere voorzieningen van openbaar nut, bedoeld in artikel 12.8, eerste lid,
d. de te handhaven, op te heffen en te vestigen pachtverhoudingen, onder vermelding van de in artikel 12.28, derde lid, bedoelde bepalingen over de duur en verlengbaarheid van de pachtovereenkomst,
e. de in artikel 12.35 bedoelde regeling, opheffing of vestiging van de beperkte rechten, het recht van huur en de lasten die voor de onroerende zaken bestaan, en
f. de bepalingen over de ingebruikneming van de kavels.
2. De toewijzing heeft alleen betrekking op de kavels binnen het herverkavelingsblok.
3. In afwijking van het tweede lid kunnen in het ruilbesluit met toestemming van rechthebbenden op niet in het herverkavelingsblok liggende onroerende zaken, regelingen worden opgenomen over wegwijzigingen, burenrechten en erfdienstbaarheden.
4. Bij algemene maatregel van bestuur worden regels gesteld over de bepalingen over kavels en rechten, bedoeld in het eerste lid.

Art. 12.25 (uitweg kavel)
Bij de kavelindeling wordt elke kavel zo gevormd dat deze uitweg heeft op een openbare weg en zo mogelijk daaraan grenst.

Art. 12.26 (aanspraak eigenaar: aard, hoedanigheid en gebruiksmogelijkheden)
1. Bij de toewijzing van rechten op kavels heeft iedere eigenaar aanspraak op verkrijging van een recht van dezelfde aard als hij had op de in een herverkavelingsblok liggende onroerende zaken.
2. Voor zover het belang van de landinrichting zich hiertegen niet verzet, wordt aan iedere eigenaar een recht toegewezen voor onroerende zaken van gelijke hoedanigheid en met gelijkwaardige gebruiksmogelijkheden als de onroerende zaken die door hem zijn ingebracht.
3. Bij regeling van Onze Minister van Landbouw, Natuur en Voedselkwaliteit worden nadere regels gesteld over de in het tweede lid bedoelde gelijke hoedanigheid en gelijkwaardige gebruiksmogelijkheden.

Art. 12.27 (aanspraak pachter bij toewijzing)
1. Bij de toewijzing van rechten op kavels heeft iedere pachter aanspraak op verkrijging van een recht van dezelfde aard als hij had op de in een herverkavelingsblok liggende onroerende zaken.
2. De artikelen 12.26, tweede en derde lid, 12.30, 12.31 en 12.33 zijn van overeenkomstige toepassing.
3. De aanspraak bestaat alleen als de pachtovereenkomst op grond van artikel 16.125, eerste lid, aan het bevoegd gezag ter registratie is toegezonden.

Art. 12.28 (bestaande en nieuwe pachtverhoudingen)
1. In het ruilbesluit blijven bestaande pachtverhoudingen zo veel mogelijk in stand.
2. Als het belang van de herverkaveling dat dringend eist, kan bij het ruilbesluit een bestaande pachtverhouding worden opgeheven en een nieuwe pachtverhouding worden gevestigd waarbij aan een verpachter een pachter uit de in artikel 12.27, eerste lid, bedoelde pachters wordt toegewezen.
3. In een geval als bedoeld in het tweede lid voorziet het ruilbesluit erin dat de pachter en de verpachter zo veel mogelijk dezelfde aanspraken houden als zij aan de opgeheven pachtverhou-

ding konden ontlenen. Het ruilbesluit bepaalt tot welk tijdstip de uit een nieuw gevestigde pachtverhouding voortvloeiende pachtovereenkomst zal gelden en of deze overeenkomst, als deze voor kortere dan de wettelijke duur zal gelden, voor verlenging vatbaar is.

Art. 12.29 (korting)

Als herverkaveling deel uitmaakt van de landinrichting, wordt bij ieder herverkavelingsblok de totale oppervlakte van alle bij de herverkaveling betrokken percelen tot een maximum van vijf procent verminderd met de oppervlakte van alle in het herverkavelingsblok opgenomen percelen:
a. die in het belang van de herverkaveling nodig is voor het tot stand brengen of verbeteren van openbare wegen en waterstaatswerken,
b. die nodig is voor de aanleg van voorzieningen die met de openbare wegen en waterstaatswerken, bedoeld onder a, samenhangen,
c. die nodig is voor de verwezenlijking van maatregelen en voorzieningen voor gebieden die van belang zijn uit een oogpunt van natuurbescherming of landschapsbehoud, en voor elementen van landschappelijke, recreatieve, aardkundige of natuurwetenschappelijke waarde, of cultureel erfgoed,
d. die bestemd is voor andere maatregelen en voorzieningen van openbaar nut.

Art. 12.30 (aanspraak eigenaar: oppervlakte)

1. Bij de toewijzing van rechten op kavels heeft iedere eigenaar aanspraak op een oppervlakte in kavels die gelijk is aan de oppervlakte van de door hem ingebrachte percelen. Deze oppervlakte wordt verminderd met het percentage waarmee de totale oppervlakte van alle in het herverkavelingsblok opgenomen percelen op grond van artikel 12.29 is verminderd.
2. De totale oppervlakte, bedoeld in het eerste lid, tweede zin, is de oppervlakte van alle in het herverkavelingsblok opgenomen percelen, verminderd met de oppervlakte van de onroerende zaken die in een onteigeningsbeschikking voor onteigening zijn aangewezen.
3. Het bevoegd gezag kan van het eerste lid afwijken als toepassing van dat lid in de weg zou staan aan de totstandkoming van een behoorlijke herverkaveling. Als geen overeenstemming is bereikt met de eigenaar en degene die op de onroerende zaak een recht van hypotheek of grondrente heeft, kan deze afwijking ten hoogste vijf procent bedragen van de oppervlakte waarop de eigenaar op grond van het eerste lid aanspraak heeft. De toepassing van deze afwijking in samenhang met de toepassing van artikel 12.29 leidt niet tot een toewijzing van een oppervlakte die meer dan vijf procent kleiner is dan de oppervlakte van de door de eigenaar ingebrachte kavels.

Art. 12.31 (algehele vergoeding in geld na korting bij onrendabele kavels)

In het ruilbesluit kan worden bepaald dat een eigenaar, in afwijking van artikel 12.30, eerste lid, een algehele vergoeding in geld ontvangt als de oppervlakte van zijn in een herverkavelingsblok liggende onroerende zaken zo gering is dat toepassing van artikel 12.30 zou leiden tot de vorming van een niet behoorlijk te exploiteren kavel en hij geen redelijk belang heeft bij de verkrijging van een dergelijke kavel.

Art. 12.32 (betaling bij toedeling percelen voor voorzieningen van openbaar nut)

Toedeling van percelen voor voorzieningen van openbaar nut, voor zover daarin is voorzien door toepassing van korting op grond van artikel 12.29, aanhef en onder c of d, vindt plaats tegen betaling van een tussen gedeputeerde staten en een ander openbaar lichaam of een andere rechtspersoon overeengekomen bedrag, dat niet minder bedraagt dan de werkelijke waarde van het perceel.

Art. 12.33 (algehele vergoeding in geld bij toedeling percelen voor voorzieningen van openbaar nut)

In afwijking van artikel 12.30, eerste lid, ontvangt de eigenaar van onroerende zaken die zijn opgenomen in de toedeling, bedoeld in artikel 12.8, eerste lid, onder c of d, voor die zaken op aanvraag een algehele vergoeding in geld voor zover:
a. die toedeling gebeurt met toepassing van artikel 12.29, aanhef en onder c of d, en
b. vergoeding in geld bijdraagt aan de verwezenlijking van het inrichtingsprogramma.

Art. 12.34 (waardering percelen voor voorzieningen van openbaar nut)

Als de toedeling, bedoeld in artikel 12.32, een perceel betreft waarvoor de eigenaar of pachter een beroep heeft gedaan op artikel 12.33, vindt de toedeling aan het openbaar lichaam of de andere rechtspersoon in afwijking van artikel 12.33 plaats tegen betaling van een bedrag dat gelijk is aan de in artikel 12.33 bedoelde vergoeding, of tegen de werkelijke waarde van het perceel, als die waarde hoger is.

Art. 12.35 (beperkte rechten en conservatoir en executoriaal beslag)

1. Voor zover onroerende zaken in de bepalingen over rechten en kavels zijn opgenomen, worden de niet onder artikel 12.26 begrepen beperkte rechten, het recht van huur en de lasten die voor die onroerende zaken bestaan, in de bepalingen over rechten en kavels geregeld of opgeheven onder regeling van de geldelijke gevolgen daarvan in het besluit geldelijke regelingen.

Ruilverkavelings-, herinrichtings-, reconstructie- en landinrichtingsrenten worden afgekocht volgens de daarvoor geldende wettelijke bepalingen.
2. In het belang van de herverkaveling kan in de bepalingen over kavels en rechten worden bepaald dat beperkte rechten worden gevestigd.
3. Hypotheken gaan met behoud van hun rang over op de kavels of gedeelten van kavels die in de plaats van de onroerende zaak waarop zij rusten worden toegewezen. In gevallen bedoeld in de artikelen 12.31 en 12.33 waarin een algehele vergoeding in geld wordt toegekend, oefenen de hypotheekhouder en degene die op de zaak een recht van grondrente had, hun rechten uit op de wijze, omschreven in artikel 15.30.
4. Conservatoire en executoriale beslagen gaan over op de kavels of gedeelten van kavels die in de plaats van de onroerende zaak waarop zij zijn gelegd worden toegewezen en op de geldsommen die in de plaats van kavels of voor onderbedeling worden toegekend.

§ 12.4.3
Het besluit geldelijke regelingen

Art. 12.36 (vaststellen besluit geldelijke regelingen)
Voor het herverkavelingsblok wordt een besluit geldelijke regelingen vastgesteld.

Art. 12.37 (inhoud besluit geldelijke regelingen)
1. Het besluit geldelijke regelingen bevat:
a. de uitkomst van de schatting, bedoeld in artikel 12.38, eerste lid, aanhef en onder a, en de zo nauwkeurig mogelijke opgave van de daaruit op grond van artikel 13.9, tweede lid, voortvloeiende kosten voor de eigenaren,
b. de uitkomst van de schatting, bedoeld in artikel 12.38, eerste lid, aanhef en onder b, en de zo nauwkeurig mogelijke opgave van de daarmee verband houdende geldelijke verrekeningen,
c een opgave van de geldelijke verrekening voor de eigenaren als gevolg van:
1°. toepassing van de artikelen 12.31, 12.33 en 12.39,
2°. toepassing van artikel 12.35,
3°. toe te kennen schadevergoedingen, anders dan die bedoeld in afdeling 15.2 vanwege een gedoogplicht als bedoeld in de artikelen 10.10a tot en met 10.10e, en
4°. de overige zaken, en
d. een opgave van de geldelijke verrekeningen voor de pachters als gevolg van de toepassing van artikel 12.27 in samenhang met de artikelen 12.31 en 12.33.
2. In verband met de verrekening, bedoeld in het eerste lid, onder c, onder 1°, stellen gedeputeerde staten de agrarische verkeerswaarde van de percelen vast.
3. Bij algemene maatregel van bestuur worden regels gesteld over de toepassing van het eerste lid en over het vaststellen van de agrarische verkeerswaarde, bedoeld in het tweede lid.

Art. 12.38 (schatting en voorbereiding besluit geldelijke regelingen)
1. Gedeputeerde staten schatten:
a. de waardeverandering van de onroerende zaken als gevolg van de landinrichting voor iedere eigenaar,
b. de geldelijke verrekeningen tussen de oude en de nieuwe eigenaar bij overgang van onroerende zaken, van:
1°. de waardeverandering als gevolg van een landinrichtingsactiviteit,
2°. de waarde van gebouwen, werken en beplantingen,
3°. de andere dan de agrarische waarde,
4°. de overige zaken.
2. De schatting vindt plaats volgens de regels, bedoeld in de artikelen 12.24, vierde lid, en 12.37, derde lid.
3. Het ontwerp van het besluit geldelijke regelingen wordt opgesteld met inachtneming van het onherroepelijk geworden ruilbesluit, tenzij gedeputeerde staten bepalen dat het ontwerp van het ruilbesluit en het ontwerp van het besluit geldelijke regelingen gelijktijdig ter inzage worden gelegd.

Art. 12.39 (verrekening)
Het verschil in oppervlakte, hoedanigheid of gebruiksmogelijkheden tussen de ingebrachte en de na toepassing van de artikelen 12.29 tot en met 12.31 en 12.33 toegedeelde kavels wordt met de eigenaren in geld verrekend.

Art. 12.40 (verrekening waardevermeerdering)
Als een landinrichtingsactiviteit leidt tot een waardevermeerdering van een onroerende zaak, wordt die waardevermeerdering alleen vergoed als voor die landinrichtingsactiviteit een maatwerkvoorschrift is gesteld.

Art. 12.41 (titel voor vorderingen)
Zodra de beroepstermijn voor een besluit geldelijke regelingen is verstreken, of, als beroep is ingesteld, op het beroep is beslist, geldt het besluit als titel voor de daarin omschreven vorderingen.

AFDELING 12.5
OVERIGE BEPALINGEN

Art. 12.42 (geldelijke gevolgen vermindering schuldplichtigheid)
Wanneer cassatie als bedoeld in artikel 16.82c leidt tot een vermindering van de schuldplichtigheid van een of meer belanghebbenden, worden de geldelijke gevolgen daarvan door de provincie gedragen.

Art. 12.43 (rechtsgevolg inschrijving uitspraak)
Door inschrijving van de uitspraak in beroep, bedoeld in artikel 16.33l, in de openbare registers wordt de in die uitspraak omschreven eigendom verkregen door de in die uitspraak genoemde openbare lichamen of andere rechtspersonen.

AFDELING 12.6
KAVELRUIL

Art. 12.44 (kavelruilovereenkomst)
1. Een kavelruilovereenkomst is een overeenkomst waarbij drie of meer eigenaren zich verbinden bepaalde, hun toebehorende onroerende zaken samen te voegen, de aldus gegeven massa op een bepaalde wijze te verkavelen en onder elkaar bij notariële kavelruilakte te verdelen, die schriftelijk wordt aangegaan en in de openbare registers wordt ingeschreven. Titel 7 van Boek 3 van het Burgerlijk Wetboek is niet van toepassing op de bedoelde massa.
2. Aan een kavelruilovereenkomst kunnen ook partijen deelnemen die tegen inbreng van een geldsom onroerende zaken bedingen of tegen inbreng van onroerende zaken een geldsom bedingen. Overeenkomsten waaraan drie partijen deelnemen, worden alleen als kavelruil aangemerkt als alle partijen onroerende zaken inbrengen en ten hoogste een van hen daartegen alleen een geldsom bedingt.
3. Als een kavelruilovereenkomst onroerende zaken omvat waarop hypotheken, conservatoire beslagen of executoriale beslagen rusten, is de overeenkomst alleen rechtsgeldig als zij ook door de hypotheekhouders of beslagleggers is medeondertekend.
4. Een kavelruilakte wordt ondertekend door hen die daarvoor bij de kavelruilovereenkomst bevoegd worden verklaard en wordt ingeschreven in de openbare registers.

Art. 12.45 (inschrijving kavelruilovereenkomst)
1. Een kavelruilovereenkomst bindt ook degenen die de deelnemende partijen na het tijdstip van inschrijving onder bijzondere titel opvolgen in hun rechten op de betrokken onroerende zaken.
2. Als na de inschrijving komt vast te staan dat een of meer van de partijen bij de kavelruilovereenkomst geen eigenaar waren, maar wel in de basisregistratie kadaster als zodanig stonden vermeld, wordt de overeenkomst geacht rechtsgeldig tot stand te zijn gekomen en treedt de werkelijke eigenaar in de rechten en plichten die de in zijn plaats opgetreden partij onbevoegd heeft verworven en op zich heeft genomen.
3. In afwijking van artikel 50 van Boek 7 van het Burgerlijk Wetboek is artikel 3 van dat boek niet van overeenkomstige toepassing op de ingeschreven kavelruilovereenkomst.

Art. 12.46 (toepasselijkheid andere bepalingen)
1. In een kavelruilovereenkomst kunnen de artikelen 12.35, tweede, derde en vierde lid, 16.136, tweede en derde lid, en 16.137, derde en vierde lid, van overeenkomstige toepassing worden verklaard.
2. In de kavelruilakte wordt vermeld welke van de in het eerste lid genoemde bepalingen van overeenkomstige toepassing zijn verklaard.

Art. 12.47 (kavelruil landelijk gebied)
1. Een kavelruil landelijk gebied is een kavelruilovereenkomst die strekt tot verbetering van een gebied in overeenstemming met de functies die aan de betrokken locaties zijn toegedeeld.
2. De kavelruilovereenkomst voor kavelruil landelijk gebied heeft geen betrekking op:
a. kavels die deel uitmaken van een ruimtelijk aaneengesloten of functioneel verbonden samenstel van kavels:
1°. dat in gebruik is voor wonen, met inbegrip van verblijfsrecreatie, niet-agrarische bedrijvigheid en sociaal-culturele voorzieningen, stedelijk groen en infrastructuur,
2°. waar op grond van de functies die aan de betrokken locaties zijn toegedeeld een gebruik als bedoeld onder 1° mogelijk is,
3°. waarvoor volgens een ontwerpbesluit tot vaststelling van een omgevingsplan of een projectbesluit een gebruik als bedoeld onder 1° mogelijk zal worden gemaakt,
b. kavels waar ontgronding plaatsvindt, tenzij die volgens de voorschriften die zijn verbonden aan de omgevingsvergunning voor de ontgrondingsactiviteit na de ontgronding geschikt worden gemaakt voor landbouwdoeleinden, kleinschalige recreatie of de ontwikkeling van natuur, of
c. de beperkte rechten met betrekking tot de kavels, bedoeld in de onderdelen a en b.

Omgevingswet (toekomstig)

3. Een bedrijfsverplaatsing, waarbij de gronden van het achtergelaten bedrijf worden gebruikt om onroerende zaken samen te voegen en de gegeven massa op een bepaalde wijze te verkavelen, kan worden opgenomen in een kavelruilovereenkomst voor kavelruil landelijk gebied.

HOOFDSTUK 13
FINANCIËLE BEPALINGEN

AFDELING 13.1
LEGES

Art. 13.1 (heffen van rechten Rijk)

Leges, vergoeding en verhaal kosten

1. Onze Minister die het aangaat kan ter dekking van de kosten voor het door hem in behandeling nemen van een aanvraag om een besluit, voor onderzoeken of verrichtingen die op verzoek van betrokkenen plaatsvinden en voor de afgifte van een document, ringen, merken of merktekens voor dieren op grond van deze wet rechten heffen van de aanvrager of van degene ten behoeve van wie die aanvraag wordt gedaan.
2. Onze Minister die het aangaat kan ter dekking van de kosten voor de uitvoering van controles of verificaties op grond van Europese cites-regelgeving, Europese flegt-regelgeving of Europese houtregelgeving, rechten heffen van de eigenaar, vervoerder, verhandelaar, importeur of diens gemachtigde.
3. De tarieven voor de rechten worden zodanig vastgesteld dat de geraamde baten van de rechten niet uitgaan boven de geraamde kosten.
4. De bevoegdheid, bedoeld in het eerste lid, eerste zin, berust voor omgevingsvergunningen voor jachtgeweeractiviteiten bij de korpschef.
5. Onze Minister van Landbouw, Natuur en Voedselkwaliteit kan bij regeling bepalen dat de bevoegdheid om rechten te heffen voor de afgifte van ringen, merken of merktekens, bedoeld in het eerste lid, berust bij organisaties die zijn aangewezen op grond van artikel 4.36, derde lid.
6. Bij ministeriële regeling worden:
   a. de besluiten, documenten, ringen, merken of merktekens voor dieren en onderzoeken of verrichtingen aangewezen waarvoor rechten worden geheven,
   b. de tarieven voor te heffen rechten vastgesteld,
   c. regels gesteld over hoe die rechten worden geheven.

Art. 13.1a (heffen van rechten gemeente en provincie)

1. Een gemeente of provincie kan van de aanvrager of van degene ten behoeve van wie die aanvraag wordt gedaan voor het in behandeling nemen van een aanvraag om een omgevingsvergunning, een wijziging van voorschriften van een omgevingsvergunning of intrekking van een omgevingsvergunning rechten heffen als bedoeld in artikel 229, eerste lid, van de Gemeentewet of artikel 223, eerste lid, van de Provinciewet.
2. De artikelen 229a en 229b van de Gemeentewet zijn van overeenkomstige toepassing.

Art. 13.2 (berekening en bedragen rechten en doelbelastingen)

Bij algemene maatregel van bestuur kunnen regels worden gesteld over de berekening en de bedragen van de op grond van:
a. de artikelen 228a en 229, eerste lid, onder b. van de Gemeentewet,
b. artikel 115, eerste lid, onder b en c, van de Waterschapswet,
c. artikel 223, eerste lid, onder b, van de Provinciewet, of
d. de artikelen 13.1 en 13.1a,
te heffen rechten en belastingen inzake de uitoefening van taken en bevoegdheden op grond van deze wet.

AFDELING 13.2
VERGOEDING EN VERHAAL VAN KOSTEN

Art. 13.3 (vergoeding van extra kosten bestuursorganen)

1. Als een bestuursorgaan bij de uitoefening van een taak of bevoegdheid op grond van deze wet extra kosten heeft gemaakt als gevolg van een verzoek om een besluit of maatregel als bedoeld in artikel 15.1, eerste lid, een instructie of instructieregel die gaat over een in die instructie of instructieregel aangewezen locatie of een besluit over instemming van een ander bestuursorgaan, en over de toedeling van die kosten geen overeenstemming is bereikt, kan het bij dat bestuursorgaan verzoeken om de door hem gemaakte kosten geheel of gedeeltelijk te vergoeden voor zover die kosten zijn gemaakt in verband met de behartiging van een belang van dat andere bestuursorgaan.
2. De vergoeding kan worden toegekend voor zover:
   a. de kosten redelijkerwijs niet voor rekening behoren te blijven van de rechtspersoon waartoe het bestuursorgaan behoort,

Omgevingswet (toekomstig) **A72**

b. de vergoeding niet voldoende op een andere manier is verzekerd, en
c. de vergoeding niet op grond van een wettelijk voorschrift is uitgesloten.

Art. 13.3a (verhaal van kosten bij verontreiniging fysieke leefomgeving)
1. De Staat of een provincie, gemeente of waterschap kan in bij algemene maatregel van bestuur aangewezen gevallen de voor rekening van die rechtspersoon komende kosten die het gevolg zijn van verontreiniging, aantasting, verstoring of beschadiging van daarbij aangewezen onderdelen van de fysieke leefomgeving verhalen op degene door wiens onrechtmatige daad de verontreiniging, aantasting, verstoring of beschadiging is veroorzaakt of op degene die anders op grond van burgerlijk recht buiten overeenkomst aansprakelijk is voor de gevolgen daarvan. Bij de maatregel kunnen regels worden gesteld over de verhaalbare kostensoorten.
2. Als sprake is van ongerechtvaardigde verrijking, kan een rechtspersoon als bedoeld in het eerste lid de voor rekening van die rechtspersoon komende kosten verhalen.
3. In gevallen waarin de veroorzaker van de verontreiniging, aantasting, verstoring of beschadiging niet op grond van een onrechtmatige daad aansprakelijk is, kunnen de in het eerste lid bedoelde kosten toch worden verhaald als de veroorzaker:
a. op het moment dat hij de verontreiniging, aantasting, verstoring of beschadiging veroorzaakte, de ernstige gevaren van de activiteit kende of behoorde te kennen, en
b. vanwege deze ernstige gevaren ernstig verwijtbaar activiteiten die de ernstige verontreiniging, aantasting, verstoring of beschadiging hebben veroorzaakt, niet heeft nagelaten.
4. Als de activiteit bij het uitoefenen van beroep of bedrijf is verricht, moet daarbij als het gaat om de ernstige verwijtbaarheid in het bijzonder in aanmerking worden genomen:
a. de op het moment van de verontreiniging, aantasting, verstoring of beschadiging gebruikelijke bedrijfsvoering met betrekking tot die activiteit, en
b. de op het moment van de verontreiniging, aantasting, verstoring of beschadiging bestaande en voor de veroorzaker redelijkerwijs toepasbare alternatieven.

Art. 13.3b (verhaal kosten waterstaatswerken of zuiveringtechnische werken)
1. De kosten in verband met schade, toegebracht aan een waterstaatswerk of een zuiveringtechnisch werk in beheer bij het Rijk of bij een provincie, gemeente of waterschap, waarvoor een eigenaar of gebruiker van een vaartuig aansprakelijk is, worden door de beheerder geraamd.
2. Als het geraamde bedrag niet aan de beheerder wordt betaald of geen financiële zekerheid wordt gesteld voor betaling daarvan binnen een redelijke termijn, is hij bevoegd, zo nodig met behulp van de sterke arm, het voortzetten van de reis, het ondernemen van de terugtocht of het aanvangen van een nieuwe reis te beletten, ook als het vaartuig inmiddels buiten zijn ambtsgebied is gebracht.
3. Als blijkt dat de werkelijke kosten minder bedragen dan het betaalde bedrag, wordt het overschot, vermeerderd met de wettelijke rente, uitgekeerd aan degene die heeft betaald. De wettelijke rente wordt berekend vanaf de dag van betaling.

Art. 13.3c (schadevergoedingsovereenkomst)
1. De rechtspersoon waartoe het bestuursorgaan behoort dat vergoeding van schade als bedoeld in artikel 4:126, eerste lid, van de Algemene wet bestuursrecht in samenhang met artikel 15.1, eerste lid, toekent, kan met degene die de activiteit verricht overeenkomen dat de door het bestuursorgaan toe te kennen schadevergoeding en de daarmee samenhangende kosten geheel of gedeeltelijk voor rekening komen van degene die de activiteit verricht.
2. Degene die de activiteit verricht en met wie een overeenkomst als bedoeld in het eerste lid is gesloten, is belanghebbende bij het besluit tot toekenning van de schadevergoeding.

Art. 13.3d (verhalen van schadevergoeding bij beschikking)
Als een bestuursorgaan schadevergoeding heeft betaald als gevolg van een besluit als bedoeld in artikel 15.1 dat op aanvraag is genomen of een regel als bedoeld in artikel 15.1, eerste lid, onder d tot en met h, waarbij een activiteit is toegestaan, kan het bestuursorgaan dat bevoegd is om te beslissen op de aanvraag om schadevergoeding in bij algemene maatregel van bestuur aan te wijzen gevallen de schadevergoeding bij beschikking geheel of gedeeltelijk in rekening brengen bij de aanvrager van dat besluit of degene die de toegestane activiteit verricht, tenzij:
a. de schadevergoeding redelijkerwijze voor rekening behoort te blijven van het bestuursorgaan, of
b. de schadevergoeding voldoende op een andere manier is verzekerd.

Art. 13.3e (gebruiksvergoeding door initiatiefnemer)
1. De rechthebbende ontvangt van de initiatiefnemer een redelijke gebruiksvergoeding voor zover die vergoeding niet is inbegrepen in de vergoeding van de schade, bedoeld in artikel 15.14, eerste lid:
a. bij een gedoogplicht als bedoeld in artikel 10.14, tenzij de initiatiefnemer een netbeheerder is als bedoeld in artikel 1, eerste lid, onder k, van de Elektriciteitswet 1998 of artikel 1, eerste lid, onder e, van de Gaswet of artikel 1, eerste lid, van de Warmtewet, of
b. bij een gedoogplicht als bedoeld in artikel 10.21, tenzij de initiatiefnemer een bestuursorgaan is.

2. Bij ministeriële regeling worden regels gesteld over de toepassing van het eerste lid, waaronder over de hoogte van de gebruiksvergoeding.
3. Op een vordering tot gebruiksvergoeding is de civiele rechter bevoegd binnen wiens rechtsgebied de onroerende zaak geheel of in hoofdzaak is gelegen.
4. Artikel 10.1 is van overeenkomstige toepassing op dit artikel.

AFDELING 13.2A
HEFFINGEN

Art. 13.4 (grondwaterbeschermingsheffing)

1. Bij provinciale verordening kan als belasting een heffing worden ingesteld ter bestrijding van de kosten die zijn gemaakt voor de vergoeding van schade als bedoeld in artikel 4:126, eerste lid, van de Algemene wet bestuursrecht in samenhang met artikel 15.1, eerste lid, vanwege regels in een omgevingsverordening over het beschermen van de kwaliteit van het grondwater in grondwaterbeschermingsgebieden voor de bereiding van voor menselijke consumptie bestemd water, voor zover de schade is veroorzaakt door:
a. een regel in een omgevingsverordening als bedoeld in artikel 4.1, eerste lid,
b. een omgevingsvergunning als bedoeld in artikel 5.1, eerste lid, aanhef en onder a,
c. een omgevingsvergunning als bedoeld in artikel 5.1, tweede lid, aanhef en onder b, als toepassing is gegeven aan artikel 5.43,
d. het wijzigen van voorschriften van een omgevingsvergunning ter uitvoering van een verzoek als bedoeld in artikel 5.41,
e. het wijzigen van voorschriften van een omgevingsvergunning op grond van artikel 5.39, aanhef en onder a, in samenhang met artikel 5.42, tweede lid.
2. De heffing wordt geheven van de houder van een omgevingsvergunning voor een wateronttrekkingsactiviteit, als het gaat om het onttrekken van grondwater door een daarvoor bestemde voorziening, als bedoeld in artikel 5.1, tweede lid, onder d.
3. De grondslag van de heffing is de onttrokken hoeveelheid grondwater.
4. Tot het instellen van een heffing wordt overgegaan binnen een jaar nadat een besluit waarbij de schadevergoeding, bedoeld in het eerste lid, is toegekend, in werking is getreden.
5. De heffing wordt jaarlijks geheven gedurende een termijn van ten hoogste tien jaar. In de provinciale verordening kan worden bepaald dat de heffing op verzoek van de heffingplichtige voor de op het tijdstip van indiening van het verzoek nog niet aangevangen jaren waarover de heffing wordt geheven, ineens kan worden voldaan volgens in de verordening te stellen regels.

Art. 13.4a (ontgrondingenheffing)

1. Bij provinciale verordening kan als belasting een heffing worden ingesteld ter bestrijding van de kosten die zijn gemaakt voor:
a. de vergoeding van schade als bedoeld in artikel 4:126, eerste lid, van de Algemene wet bestuursrecht in samenhang met artikel 15.1, eerste lid, die wordt veroorzaakt door een omgevingsvergunning voor een ontgrondingsactiviteit als bedoeld in artikel 5.1, eerste lid, aanhef en onder c,
b. onderzoek naar het verband tussen een ontgrondingsactiviteit waarvoor een omgevingsvergunning is verleend en schade aan onroerende zaken.
2. De heffing wordt geheven van de houder van een omgevingsvergunning voor een ontgrondingsactiviteit als bedoeld in artikel 5.1, eerste lid, aanhef en onder c.
3. De grondslag van de heffing is de hoeveelheid te winnen vaste stoffen, gemeten in profiel van ontgraving, die is toegestaan op grond van de omgevingsvergunning. Een heffing kan slechts eenmaal worden geheven.
4. Als de omgevingsvergunning wordt vernietigd of ingetrokken of de daaraan verbonden voorschriften worden gewijzigd in die zin dat de toegestane te winnen hoeveelheid vaste stoffen wordt verminderd, vindt op verzoek van de heffingplichtige teruggaaf van de heffing plaats.
5. Bij algemene maatregel van bestuur worden regels gesteld over:
a. de hoeveelheid te winnen vaste stoffen waarbij geen heffing is verschuldigd,
b. de hoogte van het bedrag waarbij geen teruggave van de heffing plaatsvindt,
c. de wijze van heffing.

Art. 13.4b (grondwateronttrekkingsheffing)

1. Bij provinciale verordening kan als belasting een heffing worden ingesteld op het onttrekken van grondwater ter bestrijding van kosten die door de provincie zijn gemaakt voor:
a. maatregelen die direct verband houden met het voorkomen en tegengaan van nadelige gevolgen van het onttrekken van grondwater en het in de bodem brengen van water, ter aanvulling van het grondwater,
b. noodzakelijke onderzoeken voor het grondwaterbeleid en de vaststelling van schade als bedoeld in artikel 15.13, eerste lid, in samenhang met artikel 10.3, derde lid,
c. het houden van een register met gegevens over het onttrekken van grondwater en het in de bodem brengen van water, ter aanvulling van het grondwater,

Omgevingswet (toekomstig) **A72**

d. de vergoeding van schade als bedoeld in artikel 4:126, eerste lid, van de Algemene wet bestuursrecht in samenhang met , die voortvloeit uit het onttrekken van grondwater of het in de bodem brengen van water, ter aanvulling van het grondwater, artikel 15.1, eerste lid, onder f en waarvoor gedeputeerde staten het bevoegd gezag zijn.
2. De heffing wordt geheven van degenen die bij de verordening zijn aangewezen. Daartoe behoren:
a. de houder van een omgevingsvergunning voor een wateronttrekkingsactiviteit als bedoeld in artikel 5.1, tweede lid, aanhef en onder d, als het gaat om het onttrekken van grondwater door een daarvoor bestemde voorziening, of van een omgevingsvergunning voor een activiteit als bedoeld in artikel 5.3 of 5.4, als het gaat om het onttrekken van grondwater door een daarvoor bestemde voorziening,
b. degene die voor de onttrekking van grondwater de op grond van deze wet voorgeschreven melding heeft gedaan,
c. in andere gevallen dan bedoeld onder a of b: degene voor wie de onttrekking van grondwater plaatsvindt.
3. De grondslag van de heffing is de onttrokken hoeveelheid water. Als op grond van vergunningvoorschriften water in de bodem wordt gebracht, wordt voor het vaststellen van de grondslag de in de bodem gebrachte hoeveelheid water in mindering gebracht op de onttrokken hoeveelheid volgens de bij de verordening te stellen regels.
4. Bij algemene maatregel van bestuur kan worden bepaald dat het bij de maatregel aan te geven onttrekken van grondwater is vrijgesteld van de heffing. Bij de maatregel kunnen regels worden gesteld over de kosten van noodzakelijke onderzoeken.

AFDELING 13.3
FINANCIËLE BEPALINGEN VANWEGE OMGEVINGSVERGUNNINGEN

Art. 13.5 (financiële zekerheid)
1. Bij algemene maatregel van bestuur worden gevallen aangewezen waarin aan een omgevingsvergunning die betrekking heeft op een activiteit die significante nadelige gevolgen voor de fysieke leefomgeving kan hebben, het voorschrift wordt of kan worden verbonden dat degene die de activiteit verricht, financiële zekerheid stelt:
a. voor het nakomen van verplichtingen die op grond van de omgevingsvergunning voor diegene gelden, of
b. ter dekking van zijn aansprakelijkheid voor schade aan de fysieke leefomgeving als gevolg van die activiteit.
2. Als degene die de activiteit verricht een openbaar lichaam is, wordt geen voorschrift over financiële zekerheid aan een omgevingsvergunning verbonden, tenzij bij algemene maatregel van bestuur anders is bepaald.
3. Bij algemene maatregel van bestuur worden regels gesteld over de toepassing van het eerste lid. In ieder geval worden regels gesteld over:
a. de vorm waarin financiële zekerheid wordt gesteld,
b. de hoogte van het bedrag waarvoor financiële zekerheid wordt gesteld,
c. hoe lang de financiële zekerheid in stand wordt gehouden.
4. Als een voorschrift als bedoeld in het eerste lid aan een omgevingsvergunning is verbonden en de verplichting niet wordt nageleefd en schade is ontstaan, kan het bevoegd gezag de kosten of een deel van de kosten die gemaakt om naleving af te dwingen of de schade te herstellen verhalen op de gestelde financiële zekerheid. Het bevoegd gezag kan het te verhalen bedrag invorderen bij dwangbevel.
5. Aan een besluit tot gehele of gedeeltelijke intrekking van een omgevingsvergunning als bedoeld in het eerste lid kan een voorschrift als bedoeld in het eerste lid worden verbonden. Bij dat besluit kan worden bepaald dat een voorschrift als bedoeld in het eerste lid gedurende een in het besluit te bepalen termijn blijft gelden.

Art. 13.6 (financiële voorschriften voor een ontgrondingsactiviteit)
Onverminderd artikel 13.5 kan aan een omgevingsvergunning voor een ontgrondingsactiviteit het voorschrift worden verbonden dat:
a. in plaats van de plicht, bedoeld in artikel 5.36, tweede lid, tot het herstellen of realiseren van een toestand een bepaald bedrag ineens of in gedeelten wordt betaald,
b. de kosten van het beheer van onroerende zaken die zijn ontgrond geheel of gedeeltelijk worden betaald, of
c. de kosten voor de aanpassing van de inrichting van de omgeving van de ontgronde onroerende zaken en van het beheer van de aangepaste omgeving, voor zover zij het gevolg zijn van de ontgronding, geheel of gedeeltelijk worden betaald.

AFDELING 13.4
VERGOEDING VOOR ADVIEZEN VAN DE COMMISSIE VOOR DE MILIEUEFFECTRAPPORTAGE

Art. 13.7 (vergoeding voor adviezen van de Commissie voor de milieueffectrapportage)

1. De kosten van de Commissie voor de milieueffectrapportage en het bureau van de commissie worden gedekt uit door de commissie vast te stellen en in rekening te brengen tarieven voor de uit te brengen adviezen.
2. De tarieven hebben een rechtstreeks verband met de adviezen, belopen niet meer dan nodig is ter dekking van de voor de adviezen gemaakte kosten en behoeven de goedkeuring van Onze Minister van Infrastructuur en Waterstaat.
3. De artikelen 10:28 tot en met 10:31 van de Algemene wet bestuursrecht zijn van overeenkomstige toepassing op de goedkeuring.

AFDELING 13.5
FINANCIËLE BEPALINGEN LANDINRICHTING

Art. 13.7a (positie zakelijk gerechtigden)
Artikel 12.2 is van overeenkomstige toepassing.

Art. 13.8 (kosten landinrichting)
De kosten van landinrichting als bedoeld in artikel 12.3 worden gedragen door de provincie, voor zover zij niet op grond van de artikelen 13.9 en 13.10 worden gedragen door andere openbare lichamen of eigenaren.

Art. 13.9 (andere openbare lichamen en eigenaren)

1. Ten laste van andere openbare lichamen dan de provincie komen de kosten waartoe zij zich op grond van 12.17, tweede lid, of op een andere manier bij overeenkomst hebben verplicht.
2. Ten laste van de eigenaren van de in een herverkaveling betrokken onroerende zaken gezamenlijk komen de kosten van herverkaveling die zijn gemaakt voor het herverkavelingsblok.
3. Op de kosten die ten laste van de eigenaren komen, worden in mindering gebracht:
   a. kosten van herverkaveling die door een subsidie of andere overheidsbijdrage worden gedekt,
   b. kosten van herverkaveling waarvan de betaling bij overeenkomst is verzekerd,
   c. bedragen die op grond van artikel 12.32 door een openbaar lichaam of andere rechtspersonen zijn betaald voor de toewijzing van percelen voor voorzieningen van openbaar nut met uitzondering van bedragen die zijn betaald als algehele vergoeding in geld als bedoeld in artikel 12.33.
4. De kosten die ten laste van de eigenaren gezamenlijk komen, worden over de eigenaren omgeslagen zoals bepaald in het besluit geldelijke regelingen. Iedere eigenaar is schuldplichtig voor de over hem omgeslagen kosten.
5. Nadat de beroepstermijn voor het besluit geldelijke regelingen is verstreken, of, als beroep is ingesteld, op het beroep is beslist, worden de kosten die over de eigenaren worden omgeslagen gecorrigeerd met een door gedeputeerde staten vastgestelde correctiefactor. Deze factor is het quotiënt van de definitieve kosten en de kosten die oorspronkelijk in het besluit geldelijke regelingen waren opgenomen.

Art. 13.10 (heffing en invordering kosten landinrichting)

1. Op de heffing en de invordering van de over de eigenaren omgeslagen kosten zijn de artikelen 227, 227a, 228, 228b, 228c, 232, 232aa, 232b, 232c, 232d, 232e, 232f en 232h van de Provinciewet van overeenkomstige toepassing.
2. De omgeslagen kosten worden geheven bij wege van aanslag.
3. Als de over een eigenaar omgeslagen kosten geringer zijn dan een bij provinciale verordening vast te stellen bedrag, worden deze kosten niet geheven.
4. Als voor eenzelfde onroerende zaak twee of meer eigenaren kostenplichtig zijn en het derde lid op geen van hen van toepassing is, kan de belastingaanslag op naam van een van hen worden gesteld. In dat geval kan:
   a. de ontvanger de aanslag op de gehele onroerende zaak verhalen op degene op wiens naam de belastingaanslag is gesteld, zonder rekening te houden met de rechten van de overige kostenplichtigen,
   b. de kostenplichtige die de belastingaanslag heeft voldaan, wat hij meer heeft voldaan dan overeenkomt met zijn kostenplicht verhalen op de overige kostenplichtigen naar evenredigheid van ieders kostenplicht, tenzij bij overeenkomst een afwijkende regeling is getroffen.
5. Bezwaar en beroep als bedoeld in hoofdstuk V, afdeling 1 of afdeling 2, van de Algemene wet inzake rijksbelastingen, kunnen niet de hoogte van de omgeslagen kosten betreffen.
6. Artikel 17, tweede lid, tweede zin, van de Invorderingswet 1990 blijft buiten toepassing.

Omgevingswet (toekomstig)

AFDELING 13.6
KOSTENVERHAAL BIJ BOUWACTIVITEITEN EN ACTIVITEITEN VANWEGE GEBRUIKSWIJZIGINGEN

§ 13.6.1
Kostenverhaalsplicht en verbod

Art. 13.11 (verhalen van kosten)
1. Op degene die bij algemene maatregel van bestuur aan te wijzen bouwactiviteiten of activiteiten met het oog op het gebruik op grond van een nieuw toegedeelde functie verricht, verhaalt het bestuursorgaan de kosten die het vanwege bij die maatregel aangewezen kostensoorten maakt, voor zover:
a. de kostensoorten toerekenbaar zijn aan het kostenverhaalsgebied, en
b. de kosten proportioneel zijn in verhouding tot het profijt dat het kostenverhaalsgebied van de kostensoorten heeft.
2. Bij algemene maatregel van bestuur wordt bepaald in welke gevallen het bestuursorgaan kan besluiten om de kosten niet te verhalen.

Art. 13.12 (verbod activiteit te verrichten)
Het is verboden een op grond van artikel 13.11, eerste lid, aangewezen activiteit te verrichten, voordat de op grond van deze afdeling verschuldigde kosten zijn betaald.

§ 13.6.2
Kostenverhaal langs privaatrechtelijke weg

Art. 13.13 (kostenverhaal bij overeenkomst)
1. De rechtspersoon waarvan het bestuursorgaan een orgaan is, kan met degene die kosten is verschuldigd een overeenkomst aangaan over kostenverhaal.
2. Bij de overeenkomst kan worden bepaald dat de betaling geheel of gedeeltelijk na aanvang van de activiteit plaatsvindt, mits aan de overeenkomst voorwaarden worden verbonden over het stellen van aanvullende zekerheden voor de betaling. In dat geval geldt het verbod, bedoeld in artikel 13.12, niet.
3. Paragraaf 13.6.3 is niet van toepassing voor zover het verhalen van kosten als bedoeld in artikel 13.11, eerste lid, is verzekerd vanwege een overeenkomst als bedoeld in het eerste lid.

§ 13.6.3
Kostenverhaal langs publiekrechtelijke weg

Art. 13.14 (kostenverhaal met tijdvak in omgevingsplan, omgevingsvergunning en projectbesluit)
1. In het omgevingsplan:
a. worden kostenverhaalsgebieden aangewezen waarvoor de kosten, bedoeld in artikel 13.11, eerste lid, worden gemaakt,
b. wordt per kostenverhaalsgebied bepaald welke kostensoorten waarvan het gebied ten dele profijt heeft, naar evenredigheid aan dat kostenverhaalsgebied worden toegerekend,
c. wordt per kostenverhaalsgebied een raming van de kosten opgenomen,
d. wordt per kostenverhaalsgebied een raming van de opbrengsten van alle daarin gelegen gronden opgenomen, en
e. worden per kostenverhaalsgebied regels gesteld over:
1°. de verdeling van de kosten over de activiteiten, en
2°. de eindafrekening van de kosten.
2. Als de te verhalen kosten, verminderd met de door het bestuursorgaan ontvangen of te ontvangen bijdragen en subsidies van derden, hoger zijn dan de opbrengsten van de gronden binnen het kostenverhaalsgebied, kan het bestuursorgaan die kosten slechts verhalen tot ten hoogste het bedrag van die opbrengsten.
3. Het eerste en tweede lid zijn van overeenkomstige toepassing op:
a. een omgevingsvergunning voor een buitenplanse omgevingsplanactiviteit, voor zover sprake is van een activiteit die in strijd is met een in het omgevingsplan aan een locatie toegedeelde functie,
b. een projectbesluit.

Art. 13.15 (kostenverhaal zonder tijdvak in omgevingsplan)
1. Als voor een kostenverhaalsgebied in een omgevingsplan geen tijdvak voor de uitvoering van de werken, werkzaamheden en maatregelen en de activiteiten is vastgesteld, is artikel 13.14, eerste lid, van overeenkomstige toepassing, met dien verstande dat:
a. de in artikel 13.14, eerste lid, onder c, bedoelde raming kan inhouden dat alleen het maximum van de globaal te verhalen kosten als geheel per kostenverhaalsgebied wordt opgenomen, en

b. artikel 13.14, onder d, buiten toepassing kan blijven.
2. Bij toepassing van het eerste lid:
a. houdt de verdeling, bedoeld in artikel 13.14, eerste lid, onder e, onder 1o, ook in dat per activiteit het maximum van de te verhalen kosten wordt opgenomen, en
b. is artikel 13.14, tweede lid, niet van toepassing en geldt in plaats daarvan dat de kosten worden verhaald tot ten hoogste het bedrag van de waardevermeerdering van de locatie waar de activiteit wordt verricht, die optreedt of zal optreden als gevolg van de activiteit.
3. Bij het op grond van artikel 13.11, eerste lid, aanhef, bij algemene maatregel van bestuur aanwijzen van kostensoorten kan onderscheid worden gemaakt tussen kostenverhaalsgebieden waarvoor wel een tijdvak en die waarvoor geen tijdvak voor de uitvoering van de werken, werkzaamheden en maatregelen en de activiteiten is opgenomen.

Art. 13.16 (verdeling van de kosten)
De verschuldigde geldsom wordt berekend door de kosten over de activiteiten te verdelen naar rato van de opbrengsten van de gronden.

Art. 13.17 (opbrengsten, waardevermeerdering en inbrengwaarde van gronden)
1. De opbrengsten, bedoeld in artikel 13.14, tweede lid, de waardevermeerdering, bedoeld in artikel 13.15, tweede lid, en de inbrengwaarde van de gronden, bedoeld in artikel 13.18, tweede lid, onder a, worden geraamd op basis van objectief bepaalbare maatstaven.
2. Bij algemene maatregel van bestuur worden nadere regels gesteld over de in het eerste lid bedoelde ramingen.

Art. 13.18 (wijze van kostenverhaal)
1. Als er geen overeenkomst is aangegaan, wordt de verschuldigde geldsom door het college van burgemeesters en wethouders, gedeputeerde staten of Onze Minister die het aangaat bij beschikking vastgesteld volgens hetgeen daarover is bepaald in of op grond van deze wet en in het omgevingsplan, de omgevingsvergunning, bedoeld in artikel 13.14, derde lid, onder a, of het projectbesluit.
2. Als toepassing is gegeven aan artikel 13.14 worden in mindering gebracht:
a. de inbrengwaarde van de gronden waarop de aanvraag betrekking heeft, en
b. de kosten die door de aanvrager zijn gemaakt, voor zover die kosten gelijk zijn aan of lager zijn dan de raming van de kosten in het omgevingsplan, de omgevingsvergunning, bedoeld in artikel 13.14, derde lid, onder a, of het projectbesluit.
3. Als toepassing is gegeven aan artikel 13.15 bevat de beschikking een raming van de kosten en van de waardevermeerdering waarop de verschuldigde geldsom is gebaseerd.

Art. 13.19 (betaling na aanvang activiteit)
1. Bij de beschikking kan worden bepaald dat de betaling geheel of gedeeltelijk na aanvang van de activiteit plaatsvindt, mits aan de beschikking voorschriften worden verbonden over het stellen van aanvullende zekerheden voor de betaling van de verschuldigde geldsom. Het verbod, bedoeld in artikel 13.12, geldt dan niet.
2. Bij het uitblijven van betaling kan het bestuursorgaan de verschuldigde geldsom invorderen bij dwangbevel.

Art. 13.20 (voorwaarden eindafrekening)
1. De regeling voor de eindafrekening, bedoeld in artikel 13.14, eerste lid, onderdeel e, onder 2o, leidt er niet toe dat er een aanvullende geldsom is verschuldigd.
2. Als een opnieuw berekende geldsom meer dan vijf procent lager is dan de op grond van de beschikking betaalde geldsom, betaalt het bestuursorgaan binnen vier weken na de eindafrekening het verschil, voor zover het groter is dan vijf procent, naar evenredigheid terug met rente.
3. Als toepassing is gegeven aan artikel 13.15 en de opnieuw berekende geldsom is gebaseerd op andere kosten dan de kosten waarop de bij beschikking vastgestelde verschuldigde geldsom op grond van artikel 13.18, derde lid, is gebaseerd, vindt geen terugbetaling plaats voor zover:
a. de kosten vanwege de in artikel 13.11, eerste lid, bedoelde kostensoorten zijn gemaakt; en
b. het maximum, bedoeld in artikel 13.15, eerste lid, onder a, niet wordt overschreden.
4. Op verzoek van een belanghebbende heeft eindafrekening van een locatie plaats als dat verzoek ten minste vijf jaar na betaling van de verschuldigde geldsom wordt gedaan.
5. De eindafrekeningen, bedoeld in het derde lid, kunnen jaarlijks op hetzelfde tijdstip plaatshebben.
6. Bij algemene maatregel van bestuur worden nadere regels gesteld over een eindafrekening als bedoeld in het derde lid.

Art. 13.21 (hoogte en begrenzing van kostensoorten)
Bij regeling van Onze Minister van Binnenlandse Zaken en Koninkrijksrelaties worden regels gesteld over de hoogte en de begrenzing van een of meer van de kostensoorten. Daarbij kan onderscheid worden gemaakt naar het type locatie en de aard en omvang van de activiteit.

AFDELING 13.7
FINANCIËLE BIJDRAGEN VOOR ONTWIKKELINGEN VAN EEN GEBIED

Art. 13.22 (financiële bijdragen voor ontwikkelingen van een gebied)
1. Het college van burgemeester en wethouders, gedeputeerde staten of Onze Minister van Binnenlandse Zaken en Koninkrijksrelaties kunnen in een overeenkomst over bij algemene maatregel van bestuur aangewezen activiteiten bepalingen opnemen over financiële bijdragen voor ontwikke-lingen van een gebied op basis van een omgevingsvisie of programma.
2. Op de overeenkomst is artikel 16.138 van overeenkomstige toepassing.

Art. 13.23 (verhaal van financiële bijdragen in omgevingsplan)
1. Bij algemene maatregel van bestuur kunnen categorieën ontwikkelingen ter verbetering van de kwaliteit van de fysieke leefomgeving worden aangewezen waarvoor in een omgevingsplan kan worden bepaald dat een financiële bijdrage wordt verhaald op degene die een activiteit als bedoeld in artikel 13.11 verricht, voor zover:
   a. er een functionele samenhang tussen de activiteit en de beoogde ontwikkelingen is, en
   b. de bekostiging van de ontwikkelingen niet anderszins is verzekerd.
2. Het omgevingsplan bepaalt dat financiële bijdragen alleen worden besteed aan ontwikkelingen waarvoor die bijdragen zijn verhaald en voorziet erin dat periodiek aan het publiek verantwoording wordt afgelegd over de besteding van de verhaalde financiële bijdragen.
3. Het bedrag dat ten hoogste aan financiële bijdragen kan worden verhaald is in ieder geval niet hoger dan:
   a. de opbrengsten, bedoeld in artikel 13.14, tweede lid, van de gronden waarop de activiteiten worden verricht, verminderd met de inbrengwaarde, bedoeld in artikel 13.18, tweede lid, onder a, als het gaat om activiteiten waarvoor een kostenverhaalsgebied met tijdvak is aangewezen, of
   b. de waardevermeerdering, bedoeld in artikel 13.15, tweede lid, onder b, als het gaat om activiteiten waarvoor een kostenverhaalsgebied zonder tijdvak is aangewezen.
4. Bij algemene maatregel van bestuur kunnen regels worden gesteld over:
   a. de maximale hoogte van de financiële bijdrage, en
   b. de eindafrekening van financiële bijdragen.
5. In een omgevingsvisie of programma kan voor de locatie waar de activiteit wordt verricht een onderbouwing van de functionele samenhang, bedoeld in het eerste lid, onder a, worden vastgelegd.

Art. 13.24 (wijze van verhaal van financiële bijdragen)
Een financiële bijdrage als bedoeld in artikel 13.23 wordt vastgesteld bij de beschikking, bedoeld in artikel 13.18, eerste lid, volgens hetgeen daarover in het omgevingsplan is bepaald, voor zover:
a. met degene die de activiteit verricht geen overeenkomst over kostenverhaal als bedoeld in artikel 13.13, eerste lid, is gesloten,
b. de onder a bedoelde activiteit is toegelaten anders dan op grond van een projectbesluit of een omgevingsvergunning voor een buitenplanse omgevingsplanactiviteit van provinciaal of nationaal belang,
c. de financiële bijdrage niet anderszins is verzekerd, en
d. het niet gaat om kosten waarop afdeling 13.6 van toepassing is.

HOOFDSTUK 14
[Gereserveerd]

[Gereserveerd]

HOOFDSTUK 15
SCHADE

AFDELING 15.1
NADEELCOMPENSATIE

Art. 15.1 (toepassingsbereik)
1. Als een bestuursorgaan in de rechtmatige uitoefening van zijn publiekrechtelijke bevoegdheid of taak op grond van deze wet schade veroorzaakt, is titel 4.5 van de Algemene wet bestuursrecht alleen van toepassing op de toekenning van vergoeding van schade als bedoeld in artikel 4:126, eerste lid, van die wet die wordt veroorzaakt door het vaststellen, verlenen, stellen, treffen of, voor zover van toepassing, wijzigen of intrekken van:
   a. een peilbesluit als bedoeld in artikel 2.41,
   b. een besluit op grond van artikel 2.45, eerste of derde lid,
   c. een in een programma opgenomen beschrijving van een activiteit als gevolg waarvan de activiteit is toegestaan,

Schade, nadeelcompensatie

d. een regel in het omgevingsplan, als het gaat om een regel als bedoeld in artikel 4.1, eerste lid,
e. een regel in een waterschapsverordening, als het gaat om een regel als bedoeld in artikel 4.1, eerste lid,
f. een regel in een omgevingsverordening, als het gaat om een regel als bedoeld in artikel 4.1, eerste lid,
g. een regel in een algemene maatregel van bestuur, als het gaat om een regel als bedoeld in artikel 4.3, eerste of derde lid,
h. een regel in een ministeriële regeling, als het gaat om een regel als bedoeld in artikel 4.1, tweede lid, of 4.3, vierde lid,
i. een maatwerkvoorschrift,
j. een toestemming om een gelijkwaardige maatregel te treffen,
k. een omgevingsvergunning of het weigeren daarvan,
l. een projectbesluit,
m. een beslissing tot het treffen van maatregelen als bedoeld in artikel 19.4,
n. een beslissing tot het treffen van maatregelen als bedoeld in artikel 19.5,
o. een maatregel als bedoeld in artikel 19.15.
2. Als voor een activiteit een omgevingsvergunning is vereist op grond van een regel als bedoeld in het eerste lid, onder d tot en met f, of op grond van artikel 5.1, geldt alleen het besluit tot het verlenen, wijzigen, intrekken of weigeren van de omgevingsvergunning voor die activiteit als schadeveroorzakend besluit.
3. Als op grond van artikel 5.52, eerste lid, een omgevingsplan wordt gewijzigd, geldt alleen het projectbesluit als schadeveroorzakend besluit.

Art. 15.2 (schade die niet voor vergoeding in aanmerking komt)
Voor de toepassing van deze afdeling heeft de vergoeding van schade als bedoeld in artikel 4:126, eerste lid, van de Algemene wet bestuursrecht geen betrekking op immateriële schade.

Art. 15.3 (schadebepaling als een omgevingsvergunning is vereist)
1. Als voor een activiteit een omgevingsvergunning is vereist, wordt de schade die bestaat uit waardevermindering van een onroerende zaak bepaald aan de hand van een vergelijking van de waarde van de onroerende zaak onmiddellijk voor en na het tijdstip waarop het bevoegd gezag heeft kennisgegeven van het besluit tot het verlenen of wijzigen van de omgevingsvergunning.
2. Dit artikel is alleen van toepassing op schade die wordt veroorzaakt door een regel op grond waarvan een activiteit is toegestaan buiten de locatie waar de onroerende zaak is gelegen of door een maatregel die buiten die locatie wordt getroffen.

Art. 15.4 (aanvraag om schadevergoeding als geen omgevingsvergunning is vereist)
1. Als voor een activiteit die is toegestaan op grond van een regel als bedoeld in artikel 15.1, eerste lid, onder d tot en met h, geen omgevingsvergunning is vereist, kan een aanvraag om schadevergoeding worden ingediend als:
a. degene die de activiteit gaat verrichten aan het bevoegd gezag informatie over die activiteit heeft verstrekt en het bevoegd gezag kennis heeft gegeven van die informatie, volgens de regels die daarvoor gelden, of
b. met de activiteit is begonnen.
2. De schade die bestaat uit waardevermindering van een onroerende zaak wordt bepaald aan de hand van een vergelijking van de waarde van de onroerende zaak:
a. onmiddellijk voor en na het tijdstip waarop de kennisgeving, bedoeld in het eerste lid, onder a, is gedaan, of
b. als de informatie, bedoeld in het eerste lid, onder a, niet is verstrekt: onmiddellijk voor en na het tijdstip waarop met de activiteit is begonnen.
3. Als een kennisgeving als bedoeld in het eerste lid, onder a, is gedaan, wordt voor de toepassing van artikel 4:131, eerste lid, van de Algemene wet bestuursrecht de dag na die waarop de kennisgeving is gedaan, gelijkgesteld met de dag na die waarop de benadeelde bekend is geworden met de schade en met het voor de schadeveroorzakende gebeurtenis verantwoordelijke bestuursorgaan.
4. Dit artikel is alleen van toepassing op schade die wordt veroorzaakt door een regel op grond waarvan een activiteit is toegestaan buiten de locatie waar de onroerende zaak is gelegen of door een maatregel die buiten die locatie wordt getroffen.

Art. 15.5 (actieve risicoaanvaarding)
De aanvrager heeft het risico van het ontstaan van schade als bedoeld in artikel 4:126, tweede lid, onder a, van de Algemene wet bestuursrecht, in ieder geval niet aanvaard als:
a. de aanvrager overeenkomstig artikel 2, eerste lid, van Boek 7 van het Burgerlijk Wetboek tot koop is overgegaan van een tot woning bestemde onroerende zaak na de vaststelling of wijziging van het omgevingsplan,

Omgevingswet (toekomstig)

b. op de aanvraag om schadevergoeding artikel 15.1, tweede lid, of 15.4, eerste lid, van toepassing is, en
c. de schade bestaat uit waardevermindering van de onroerende zaak.

Art. 15.6 (passieve risicoaanvaarding)
Bij schade die wordt veroorzaakt door wijziging van een of meer regels in een omgevingsplan of in een omgevingsverordening gesteld met het oog op een evenwichtige toedeling van functies aan locaties, die ertoe strekt dat het verrichten van bepaalde activiteiten niet meer is toegestaan, heeft de aanvrager het risico van het ontstaan van schade als bedoeld in artikel 4:126, tweede lid, onder a, van de Algemene wet bestuursrecht, aanvaard als:

a. het bevoegd gezag ten minste een jaar voorafgaand aan de wijziging van die regel, van het voornemen daartoe kennis heeft gegeven in overeenstemming met artikel 3:12 van de Algemene wet bestuursrecht,
b. gedurende drie jaar onmiddellijk voorafgaand aan die kennisgeving, geen activiteit is verricht die in overeenstemming is met de regels in het omgevingsplan of de omgevingsverordening die van toepassing waren, en
c. vanaf het tijdstip van die kennisgeving tot het tijdstip van de wijziging van die regel, geen activiteit is verricht die in overeenstemming is met de regels in het omgevingsplan of de omgevingsverordening die van toepassing waren of de voor een activiteit op die locatie benodigde voorbereidingen niet zijn getroffen.

Art. 15.7 (normaal maatschappelijk risico)
1. Bij een aanvraag om vergoeding van schade die bestaat uit waardevermindering van een onroerende zaak die wordt veroorzaakt door een besluit op grond waarvan een of meer activiteiten is of zijn toegestaan buiten de locatie waar de onroerende zaak is gelegen of door een maatregel die buiten die locatie wordt getroffen, wordt een deel ter grootte van vier procent van de waarde van de onroerende zaak onmiddellijk voor het ontstaan van de schade aangemerkt als behorend tot het normale maatschappelijke risico als bedoeld in artikel 4:126, eerste lid, van de Algemene wet bestuursrecht.
2. Als de aanvraag om schadevergoeding betrekking heeft op verschillende besluiten met onderlinge samenhang daartussen, past het bevoegd gezag het eerste lid toe op de schade voortvloeiend uit die besluiten gezamenlijk.
3. Het bevoegd gezag kan bij de behandeling van een aanvraag om schadevergoeding het eerste lid buiten toepassing laten als dat lid van toepassing is geweest bij de beslissing op een eerder ingediende aanvraag om vergoeding van schade die bestaat uit waardevermindering van de onroerende zaak.
4. Bij algemene maatregel van bestuur kunnen gevallen worden aangewezen waarin de schade wordt geacht niet uit te gaan boven het normale maatschappelijke risico.

Art. 15.8 (bevoegd gezag)
1. Als de aanvraag om schadevergoeding betrekking heeft op een besluit van de gemeenteraad, het algemeen bestuur van een waterschap of provinciale staten of op een algemene maatregel van bestuur of ministeriële regeling, wordt als bestuursorgaan dat de schadevergoeding toekent als bedoeld in artikel 4:126, eerste lid, van de Algemene wet bestuursrecht, aangemerkt het college van burgemeester en wethouders, het dagelijks bestuur van het waterschap, het college van gedeputeerde staten respectievelijk Onze Minister die het aangaat, tenzij het tweede lid op die aanvraag van toepassing is.
2. Als de aanvraag om schadevergoeding betrekking heeft op een besluit tot uitvoering van een projectbesluit, is het bestuursorgaan dat het projectbesluit heeft vastgesteld, het bestuursorgaan dat de schadevergoeding toekent.
3. Een bestuursorgaan kan de bevoegdheid om te beslissen op een aanvraag om schadevergoeding overdragen aan een ander bestuursorgaan, als dat bestuursorgaan daarmee instemt.
4. Bij algemene maatregel van bestuur kunnen regels worden gesteld over de toepassing van het derde lid.

Art. 15.9 (delegatiegrondslag regels aanvraag schadevergoeding)
1. Bij algemene maatregel van bestuur kunnen bestuursorganen of andere instanties worden aangewezen die, in daarbij aangewezen gevallen, in de gelegenheid worden gesteld om aan het bevoegd gezag advies uit te brengen over een aanvraag om schadevergoeding.
2. Bij algemene maatregel van bestuur kunnen regels worden gesteld over:
a. de wijze van beoordeling van een aanvraag om schadevergoeding,
b. de totstandkoming van een beslissing op de aanvraag.

Art. 15.10 (delegatiegrondslag informatieverplichting)
Bij algemene maatregel van bestuur kunnen regels worden gesteld over een in een omgevingsplan, waterschapsverordening of omgevingsverordening op te nemen verplichting tot het verstrekken van informatie en tot de kennisgeving daarvan, met het oog op de indiening van een aanvraag om schadevergoeding als bedoeld in artikel 15.4.

AFDELING 15.2
SCHADE BIJ GEDOOGPLICHTEN

Art. 15.11 (begripsbepalingen)
Artikel 10.1 is van overeenkomstige toepassing.

Art. 15.12 (schadevergoeding door initiatiefnemer)
Schade als gevolg van een gedoogplicht als bedoeld in de afdelingen 10.2 en 10.3 wordt vergoed door de initiatiefnemer van de activiteit of het werk van algemeen belang waarvoor de gedoogplicht geldt.

Art. 15.13 (omvang schadevergoeding bij gedoogplichten afdeling 10.2 met uitzondering van artikel 10.3, derde lid)
1. Schade die een rechtstreeks en noodzakelijk gevolg is van een gedoogplicht als bedoeld in afdeling 10.2 wordt aan de rechthebbende die de schade lijdt vergoed:
   a. als die schade uitgaat boven het normale maatschappelijke risico, en
   b. voor zover de rechthebbende in vergelijking met anderen onevenredig zwaar wordt getroffen.
2. Onverminderd het eerste lid wordt schade als gevolg van een gedoogplicht als bedoeld in artikel 10.3, vierde lid, alleen vergoed voor zover die het gevolg is van de verlegging van een waterkering of van andere maatregelen, gericht op het vergroten van de afvoer- of bergingscapaciteit van watersystemen.
3. De artikelen 4:126, tweede en derde lid, en 4:129, aanhef en onder a en b, van de Algemene wet bestuursrecht en de artikelen 15.2 en 15.5, aanhef en onder c, zijn van overeenkomstige toepassing.
4. Dit artikel is niet van toepassing op schade als gevolg van een gedoogplicht als bedoeld in artikel 10.3, derde lid.

Art. 15.14 (omvang schadevergoeding bij gedoogplichtbeschikkingen afdeling 10.3 en artikel 10.3, derde lid)
1. Schade die een rechtstreeks en noodzakelijk gevolg is van een gedoogplicht als bedoeld in afdeling 10.3 of artikel 10.3, derde lid, wordt aan de rechthebbende die de schade lijdt volledig vergoed.
2. Het eerste lid is niet van toepassing op schade als gevolg van een gedoogplicht als bedoeld in de artikelen 10.17, eerste lid, en tweede lid, onder a, en 10.20.

Art. 15.15 (bevoegde rechter)
Op een vordering tot schadevergoeding als bedoeld in deze afdeling is de civiele rechter bevoegd binnen wiens rechtsgebied de onroerende zaak geheel of in hoofdzaak is gelegen.

Art. 15.16 (onderzoek en vergoeding schade bij grondwateronttrekkingen of infiltratie van water)
1. Degene die een vordering kan doen tot vergoeding van schade kan eerst aan gedeputeerde staten van de provincie waarin de onroerende zaak geheel of grotendeels is gelegen verzoeken om een onderzoek in te stellen als de schade het gevolg is van:
   a. het onttrekken van grondwater, bedoeld in artikel 10.3, derde lid, onder a, of
   b. het in de bodem brengen van water, bedoeld in artikel 10.3, derde lid, onder b.
2. Als de onroerende zaak is gelegen in een gebied waarin de grondwaterstand invloed ondergaat van meer dan een onttrekking en uit het onderzoek niet of niet binnen redelijke termijn blijkt door welke onttrekking de schade aan die onroerende zaak wordt veroorzaakt, kennen gedeputeerde staten de rechthebbende op zijn verzoek een schadevergoeding toe. De rechthebbende draagt in dat geval de rechten die hij vanwege de door hem geleden schade tegenover derden heeft over aan de provincie.

AFDELING 15.3
SCHADELOOSSTELLING BIJ ONTEIGENING

§ 15.3.1
Recht op en vaststelling van schadeloosstelling bij onteigening

Art. 15.17 (recht op schadeloosstelling)
De eigenaar van een zaak die in een onteigeningsbeschikking voor onteigening is aangewezen, heeft recht op schadeloosstelling.

Art. 15.18 (omvang schadeloosstelling)
Schade die een eigenaar rechtstreeks en noodzakelijk lijdt door een onteigening op grond van deze wet wordt volledig vergoed.

Art. 15.19 (schadeloosstelling huurverkoper)
Bij onteigening van een krachtens huurkoop verkochte zaak wordt uit het bedrag van de werkelijke waarde van de zaak aan de huurverkoper een schadeloosstelling toegekend vanwege de aanspraken uit de huurkoopovereenkomst die hij verliest.

Omgevingswet (toekomstig)

Art. 15.20 (peildatum)
Bij het vaststellen van de schadeloosstelling wordt uitgegaan van de dag waarop de onteigeningsakte is ingeschreven in de openbare registers.

Art. 15.21 (schadeverhogende veranderingen)
1. Bij het vaststellen van de schadeloosstelling blijven veranderingen die kennelijk tot stand zijn gebracht om de schadeloosstelling te verhogen, buiten beschouwing.
2. Bij het vaststellen van de schadeloosstelling blijven veranderingen die tot stand zijn gebracht na de terinzagelegging van de ontwerponteigeningsbeschikking, buiten beschouwing, tenzij het normale of noodzakelijke veranderingen betreft die aansluiten bij de aard en het gebruik van de onroerende zaak op het tijdstip van de terinzagelegging.

Art. 15.22 (werkelijke waarde)
1. De werkelijke waarde van de onteigende zaak wordt vergoed.
2. Bij het bepalen van de werkelijke waarde wordt uitgegaan van de prijs die tot stand zou zijn gekomen bij een veronderstelde vrije koop in het economische verkeer tussen de onteigende als redelijk handelende verkoper en de onteigenaar als redelijk handelende koper.
3. In bijzondere gevallen wordt de werkelijke waarde naar een andere maatstaf bepaald.

Art. 15.23 (invloed van werken en plannen voor werken)
Bij het vaststellen van de schadeloosstelling wordt geen rekening gehouden met voordelen of nadelen die zijn ontstaan door:
a. de verwezenlijking van het onteigeningsbelang waarvoor wordt onteigend, voor zover dat een overheidswerk betreft,
b. overheidswerken die in verband staan met de verwezenlijking van het onteigeningsbelang waarvoor wordt onteigend,
c. de plannen voor de werken, bedoeld onder a en b.

Art. 15.24 (bepalen prijs bij complex)
Bij het bepalen van de prijs van de onteigende zaak wordt rekening gehouden met:
a. ter plaatse geldende voorschriften en gebruiken over baten en lasten, die uit de exploitatie van de zaak of van een complex van als één geheel in exploitatie te brengen of gebrachte zaken waarvan zij deel uitmaakt, naar verwachting zullen voortvloeien, en over de omslag van deze baten en lasten, voor zover een redelijk handelende verkoper en koper hiermee rekening plegen te houden, en
b. alle functies die in het omgevingsplan zijn toegedeeld aan locaties van zaken die deel uitmaken van het complex, waarbij elke functie de waardering van alle zaken binnen het complex beïnvloedt.

Art. 15.25 (invloed van tot uitvoering gekomen functies)
1. Bij het bepalen van de werkelijke waarde van de onteigende zaak wordt de prijs van de onteigende zaak verminderd of vermeerderd met voordelen of nadelen als gevolg van functies die voor het eerst of opnieuw tot verwezenlijking komen, of verwezenlijkt blijven, door de verwezenlijking van het onteigeningsbelang waarvoor wordt onteigend, voor zover deze voordelen of nadelen ook na toepassing van artikel 15.24 redelijkerwijze niet of niet geheel ten bate of ten laste van de onteigende behoren te blijven.
2. Een vermeerdering van de prijs op grond van het eerste lid wordt verminderd met de vergoeding die in verband daarmee op grond van artikel 15.1, eerste lid, onder d, f, k of l, is toegekend.

Art. 15.26 (wettelijke rente)
Onder een schadeloosstelling is de wettelijke rente daarvan begrepen. De wettelijke rente wordt gerekend vanaf de dag waarop de rechtbank de schadeloosstelling heeft vastgesteld.

Art. 15.27 (schakelbepaling voor rechten)
1. Ook recht op schadeloosstelling hebben:
a. erfpachters,
b. opstallers,
c. eigenaren van een heersend erf,
d. rechthebbenden op rechten van gebruik en bewoning,
e. rechthebbenden op rechten als bedoeld in artikel 150, vijfde lid, van de Overgangswet Nieuw Burgerlijk Wetboek,
f. bezitters,
g. huurkopers,
h. huurders, waaronder ook onderhuurders aan wie bevoegdelijk is onderverhuurd,
i. pachters, waaronder ook onderpachters aan wie bevoegdelijk is onderverpacht, en
j. schuldeisers die de nakoming van een verplichting als bedoeld in artikel 252 van Boek 6 van het Burgerlijk Wetboek kunnen vorderen.
2. De artikelen 15.17 tot en met 15.26 zijn overeenkomstige toepassing op het vaststellen van de schadeloosstelling voor deze rechthebbenden, tenzij in de artikelen 15.28 tot en met 15.35 anders is bepaald.

Art. 15.28 (schadeloosstelling huurder)
1. Bij het vaststellen van de schadeloosstelling voor de huurder wordt rekening gehouden met de kans dat de huurverhouding zonder de onteigening zou hebben voortgeduurd.
2. Als de huurovereenkomst is aangegaan na de terinzagelegging van de ontwerponteigeningsbeschikking, heeft de huurder geen recht op schadeloosstelling. De huurder heeft dan een vordering tot schadevergoeding tegen de verhuurder, tenzij zij anders zijn overeengekomen.

Art. 15.29 (schadeloosstelling pachter)
1. Op het vaststellen van de schadeloosstelling voor de pachter is artikel 377, vierde tot en met zevende lid, van Boek 7 van het Burgerlijk Wetboek van overeenkomstige toepassing. Voor de toepassing van het zevende lid van dat artikel geldt de terinzagelegging van de ontwerponteigeningsbeschikking als peildatum.
2. Als de pachtovereenkomst na de terinzagelegging van de ontwerponteigeningsbeschikking is aangegaan, heeft de pachter geen recht op schadeloosstelling. De pachter heeft dan een vordering tot schadevergoeding tegen de verpachter, tenzij zij anders zijn overeengekomen.

Art. 15.30 (positie hypotheekhouder en ingeschreven beslaglegger – schadeloosstelling)
1. De hypotheekhouder en de ingeschreven beslaglegger hebben geen recht op afzonderlijke schadeloosstelling. Alleen wanneer zij een verweerschrift hebben ingediend in de procedure tot vaststelling van de schadeloosstelling, kunnen zij zich tegenover de onteigenaar beroepen op hun rechten krachtens artikel 229 van Boek 3 van het Burgerlijk Wetboek en artikel 507a van het Wetboek van Burgerlijke Rechtsvordering. Zij oefenen die rechten uit op het bedrag van de werkelijke waarde en de waardevermindering van het overblijvende, zoals dat bedrag toekomt aan de hypotheekgever, de beslagene en de beperkt gerechtigde, wier recht niet tegen hen kan worden ingeroepen.
2. Als alle in het eerste lid vermelde belanghebbenden overeenstemming hebben bereikt over de verdeling, bepaalt de rechter wat aan ieder van hen moet worden betaald. Wanneer geen overeenstemming is bereikt, worden de bedragen in hun geheel toegewezen aan de hypotheekhouder, hoogste in rang, die een verweerschrift heeft ingediend of, als geen hypotheekhouder een verweerschrift heeft ingediend, aan de daarvoor door de eerst ingeschreven beslaglegger aangewezen notaris of deurwaarder, en vindt verdeling plaats met toepassing van de regels voor de verdeling van de opbrengst, bedoeld in het Tweede Boek, tweede titel, derde afdeling, respectievelijk in het Tweede Boek, derde titel, vijfde afdeling, van het Wetboek van Burgerlijke Rechtsvordering.
3. Voor de toepassing van het tweede lid hoeft de beslaglegger geen verweerschrift in te dienen, als hij aan de onteigenaar bij exploot meedeelt zijn rechten uit artikel 507a van het Wetboek van Burgerlijke Rechtsvordering te bepalen tot het deel van de in het eerste lid bedoelde bedragen, dat voor de beslagene is bestemd.

Art. 15.31 (positie hypotheekhouder en ingeschreven beslaglegger – voorlopige schadeloosstelling)
1. Op de voorlopige schadeloosstelling, bedoeld in artikel 15.43, en de verhogingen daarvan is artikel 15.30 van overeenkomstige toepassing.
2. Bij de verdeling tussen de belanghebbenden onderling oefenen de hypotheekhouder en de beslagleggers hun rechten op de voorlopige schadeloosstelling en de verhogingen daarvan uit voor zover zij kunnen worden beschouwd als een voorschot op het in artikel 15.30, eerste lid, derde zin, bedoelde bedrag.
3. Op verzoek van elk van de belanghebbenden kan de rechter-commissaris in een rangregeling bepalen dat deze niet zal worden gesloten voordat de beschikking waarbij de schadeloosstelling is vastgesteld, kracht van gewijsde heeft gekregen.
4. Als de verrekening, bedoeld in artikel 15.45, tot gevolg heeft dat een belanghebbende wordt veroordeeld het te veel ontvangen bedrag aan de onteigenaar terug te betalen, kan elk van de belanghebbenden bij rangregeling binnen een jaar nadat de beschikking waarin de rechtbank de schadeloosstelling heeft vastgesteld, kracht van gewijsde heeft gekregen, heropening van een gesloten rangregeling vragen en kan de rechter-commissaris hen die teveel hebben ontvangen bij bevelschrift gelasten dit terug te betalen.

Art. 15.32 (vervallen erfdienstbaarheid en kwalitatieve verplichting)
1. Bij het vaststellen van de schadeloosstelling vanwege het vervallen van een erfdienstbaarheid of een recht als bedoeld in artikel 252 van Boek 6 van het Burgerlijk Wetboek wordt rekening gehouden met dat wat te verwachten is over de wijziging of de opheffing op grond van de artikelen 78 en 79 van Boek 5, of de artikelen 258 en 259 van Boek 6 van dat wetboek en de daaraan te verbinden voorwaarden.
2. Ook wordt rekening gehouden met de mogelijkheid de erfdienstbaarheid of het recht, bedoeld in artikel 252 van Boek 6 van het Burgerlijk Wetboek, door een andere erfdienstbaarheid of een ander recht te vervangen.
3. Artikel 15.23 is niet van toepassing.

Omgevingswet (toekomstig)

Art. 15.33 (positie vruchtgebruiker)
De vruchtgebruiker kan zich tegenover de onteigenaar op grond van artikel 213 van Boek 3 van het Burgerlijk Wetboek alleen beroepen op verkrijging van een vruchtgebruik op de vordering tot schadeloosstelling voor de hoofdgerechtigde wanneer hij een verweerschrift heeft ingediend in de procedure tot vaststelling van de schadeloosstelling.

Art. 15.34 (positie bezwaarde erfgenaam)
Bij onteigening van zaken die zijn vermaakt onder een voorwaarde laat degene aan wie het vermaakte tot de vervulling van de voorwaarde toekomt, de schadeloosstelling in een van de schuldregisters voor geldleningen ten laste van het Rijk inschrijven.

Art. 15.35 (schadeloosstelling huurkoper)
Bij onteigening van een krachtens huurkoop verkochte zaak komt aan de huurkoper toe wat overblijft nadat uit het bedrag van de werkelijke waarde van de zaak aan de huurverkoper een schadeloosstelling is toegekend vanwege de aanspraken uit de huurkoopovereenkomst die hij verliest.

§ 15.3.2
De gerechtelijke procedure tot vaststelling van de schadeloosstelling

Art. 15.36 (toepasselijkheid Wetboek van Burgerlijke Rechtsvordering)
Het Wetboek van Burgerlijke Rechtsvordering is van toepassing op het verzoek tot het vaststellen van de schadeloosstelling en de behandeling van dat verzoek, tenzij de aard van de vaststelling van schadeloosstelling in onteigeningszaken zich hiertegen verzet.

Art. 15.37 (aanbod in verzoekschrift)
Onverminderd de eisen die artikel 30a, derde lid, van het Wetboek van Burgerlijke Rechtsvordering stelt aan een verzoekschrift voor een verzoekprocedure, vermeldt het verzoekschrift de schadeloosstelling die door de onteigenaar aan elk van de belanghebbenden wordt aangeboden.

Art. 15.38 (gevolmachtigde, bewindvoerder of benoemen van derde)
1. Als een in het verzoekschrift genoemde eigenaar, beklemde meier, huurkoper of erfpachter met een eeuwigdurende erfpacht buiten het Koninkrijk woont, geen bekende woonplaats heeft of is overleden, is het de gevolmachtigde of bewindvoerder, als die binnen het Koninkrijk bekend is, toegestaan verweer te voeren. Als ook deze onbekend is, wordt een daarvoor op verzoek en op kosten van de onteigenaar te benoemen derde, die binnen het rechtsgebied van de rechtbank woont, toegestaan verweer te voeren. De benoemde kan het loon en de gemaakte onkosten bij de onteigenaar in rekening brengen.
2. Als de eigenaar, beklemde meier, huurkoper of erfpachter met een eeuwigdurende erfpacht die buiten het Koninkrijk woont of geen bekende woonplaats heeft, zelf verschijnt, neemt hij verder zelf deel aan de procedure.
3. Het tweede lid is van overeenkomstige toepassing op de erfgenaam van de overleden verweerder, mits de erfgenaam een verklaring van erfrecht overlegt. Zijn er meer erfgenamen, dan is vereist dat zij gezamenlijk verschijnen of dat een van hen namens allen verschijnt.

Art. 15.39 (benoeming deskundigen)
De rechtbank benoemt een oneven aantal deskundigen om over de schadeloosstelling een schriftelijk bericht uit te brengen.

Art. 15.40 (eisen aan onderzoek ter plaatse door deskundigen)
1. Het onderzoek ter plaatse wordt gehouden in aanwezigheid van een rechter vergezeld van de griffier.
2. De griffier deelt aan de belanghebbenden onverwijld de tijd en de plaats van het onderzoek ter plaatse mede en nodigt hen uit daarbij aanwezig te zijn.
3. De griffier draagt ervoor zorg dat van de tijd en de plaats van het onderzoek ter plaatse kennis wordt gegeven in een of meer dag-, nieuws- of huis-aan-huisbladen.
4. De griffier maakt van het onderzoek ter plaatse een proces-verbaal op dat door de rechter en door hem wordt ondertekend.

Art. 15.41 (belanghebbenden die niet zijn opgeroepen)
1. Belanghebbenden die niet zijn opgeroepen kunnen bij het onderzoek ter plaatse aanwezig zijn om ook hun schade te laten begroten.
2. De rechter draagt de onteigenaar op om binnen vier weken aan de belanghebbenden die bij het onderzoek ter plaatse bekend worden en die niet in het verzoekschrift staan een aanbod tot schadeloosstelling te doen, mits de rechten van die belanghebbenden niet worden betwist.

Art. 15.42 (deskundigenbericht)
De deskundigen maken op basis van het onderzoek ter plaatse en op basis van andere beschikbare informatie een deskundigenbericht op. Het deskundigenbericht bevat een begroting van de schadeloosstelling.

Art. 15.43 (tussenbeschikking voorlopige schadeloosstelling)
1. De rechtbank stelt zo spoedig mogelijk de voorlopige schadeloosstelling voor elke belanghebbende vast. Die schadeloosstelling is gelijk aan het aanbod dat is gedaan bij het verzoekschrift,

tenzij de rechtbank aanleiding ziet de voorlopige schadeloosstelling vast te stellen op een ander bedrag of toe te wijzen aan een andere belanghebbende.
2. De rechtbank kan bepalen dat de voorlopige schadeloosstelling wordt geconsigneerd volgens de Wet op de consignatie van gelden.

Art. 15.44 (mondelinge behandeling na deskundigenbericht)
1. Onverwijld nadat het deskundigenbericht is ingeleverd, bepaalt de rechtbank het tijdstip waarop een mondelinge behandeling zal plaatsvinden.
2. De rechtbank beveelt daarbij de oproeping van de onteigenaar en de belanghebbenden.

Art. 15.45 (eindbeschikking schadeloosstelling)
1. De eindbeschikking waarbij de rechtbank de schadeloosstelling vaststelt, houdt ook een veroordeling in tot verrekening van de door de rechter vastgestelde schadeloosstelling met de door de belanghebbende ontvangen voorlopige schadeloosstelling.
2. De rechtbank kan bepalen dat het te verrekenen bedrag wordt geconsigneerd volgens de Wet op de consignatie van gelden.

Art. 15.46 (kosten schadeloosstellingsprocedure)
1. De kosten van de schadeloosstellingsprocedure komen voor rekening van de onteigenaar.
2. Als een belanghebbende, die het aan hem in het verzoekschrift gedane aanbod of het aan hem gedane aanbod als bedoeld in artikel 15.41, tweede lid, niet heeft aanvaard, niet meer wordt toegewezen dan hem werd aangeboden, of wanneer de rechtbank daarvoor aanleiding ziet in de omstandigheden van de procedure, kan de rechtbank de betrokkene veroordelen om de kosten van de procedure of van een door haar naar billijkheid te bepalen gedeelte van die kosten te betalen.
3. Als de som van de kosten waarin een belanghebbende is veroordeeld, hoger is dan die van de aan hem toegekende schadeloosstelling, kan de rechtbank de betrokkene veroordelen tot betaling van het verschil van die sommen.
4. Onder de kosten van de schadeloosstellingsprocedure vallen ook kosten van rechtsbijstand en van andere deskundige bijstand, die naar het oordeel van de rechtbank redelijkerwijs door belanghebbenden zijn gemaakt.
5. De kosten van de kennisgeving, bedoeld in artikel 15.40, derde lid, komen voor rekening van de onteigenaar.

Art. 15.47 (kosten minnelijk overleg en voorbereidingsprocedure onteigeningsprocedure)
Als de belanghebbende bij de rechtbank geen bedenkingen, als bedoeld in artikel 16.97, heeft ingebracht tegen de onteigeningsbeschikking, veroordeelt de rechtbank de onteigenaar ook in de kosten die de belanghebbende redelijkerwijs heeft gemaakt voor:
a. door een derde beroepsmatig verleende rechtsbijstand of andere deskundige bijstand in verband met het overleg over de minnelijke verwerving, bedoeld in artikel 11.7, eerste lid, en
b. door een derde beroepsmatig verleende rechtsbijstand of andere deskundige bijstand in verband met het naar voren brengen van een zienswijze en de behartiging van de belangen van de belanghebbende bij de behandeling daarvan bij de voorbereiding van de onteigeningsbeschikking.

Art. 15.48 (beroep in cassatie)
Tegen de uitspraak van de rechtbank staat alleen beroep in cassatie open.

§ 15.3.3
Overige bepalingen

Art. 15.49 (consignatie na weigering ontvangst schadeloosstelling)
Als degene aan wie de schadeloosstelling is toegewezen weigert haar te ontvangen en daarom bij deurwaardersexploot in gebreke is gesteld, kan de onteigenaar tien dagen na de ingebrekestelling overgaan tot consignatie in overeenstemming met de Wet op de consignatie van gelden.

Art. 15.50 (beslag op schadeloosstelling of voorlopige schadeloosstelling)
Als onder de onteigenaar beslag op de schadeloosstelling of de voorlopige schadeloosstelling is gelegd, laat hij het bedrag dat hij zonder het beslag aan de beslagene had moeten uitbetalen consigneren in overeenstemming met de Wet op de consignatie van gelden.

Art. 15.51 (schadeloosstelling bij niet-tijdige inschrijving onteigeningsakte)
1. Als het verzoek tot het opmaken van de onteigeningsakte niet binnen de in artikel 11.15 bedoelde termijn is gedaan, is de onteigenende partij schadeplichtig en hebben de belanghebbenden de keuze een vaste schadeloosstelling of volledige schadevergoeding te vorderen.
2. De vaste schadeloosstelling bedraagt tien procent van de voor elk van de door de rechtbank bij beschikking vastgestelde of vermelde schadeloosstellingen.
3. Als volledige schadevergoeding wordt gevorderd, worden onder de schade ook begrepen de redelijkerwijs gemaakte kosten van rechtsbijstand en andere deskundige bijstand, en de wettelijke rente over het bedrag van de schadevergoeding vanaf de dag waarop de rechtbank de schadeloosstelling heeft vastgesteld.

Omgevingswet (toekomstig)

4. Tot kennisneming van de vordering is de rechtbank bevoegd, waarbij het verzoek om de schadeloosstelling, bedoeld in artikel 11.14, te bepalen is ingediend.

AFDELING 15.4
SCHADEVERGOEDING BIJ VOORKEURSRECHTEN

Art. 15.52 (schadevergoeding voorkeursrecht)
1. De vervreemder kan vorderen dat de gemeente, de provincie of de Staat hem de schade zal vergoeden die hij als gevolg van de overdracht van een onroerende zaak of van een beperkt recht aan de gemeente, de provincie of de Staat op grond van afdeling 9.2 mocht hebben geleden, voor zover na de overdracht de functie waarvoor het voorkeursrecht is gevestigd:
a. op grond van artikel 9.1, eerste lid, onder a of b, niet is verwezenlijkt en bij een onherroepelijk omgevingsplan een functie is toegedeeld waarmee de vestiging van het voorkeursrecht in dat geval zou zijn uitgesloten,
b. op grond van artikel 9.1, eerste lid, onder c, niet uiterlijk op de laatste dag van de geldingsduur van dat voorkeursrecht is toegedeeld in een omgevingsplan of is toegedacht in een gemeentelijke, een provinciale respectievelijk de nationale omgevingsvisie of programma, of
c. op grond van artikel 9.1, tweede lid, niet uiterlijk op de laatste dag van de geldingsduur van dat voorkeursrecht is opgenomen in een voorkeursrechtbeschikking op grond van artikel 9.1, eerste lid, onder a, b of c.
2. Ten aanzien van een vordering tot schadevergoeding als bedoeld in het eerste lid is de burgerlijke rechter bevoegd binnen wiens rechtsgebied de onroerende zaak waarop het voorkeursrecht rustte geheel of grotendeels ligt.

AFDELING 15.5
SCHADE DOOR IN HET WILD LEVENDE DIEREN

Art. 15.53 (tegemoetkoming schade aangericht door in het wild levende dieren)
1. Gedeputeerde staten verlenen op verzoek van een belanghebbende een tegemoetkoming in schade, geleden in hun provincie, aangericht door van nature in het wild levende dieren van bij algemene maatregel van bestuur aangewezen soorten.
2. Een tegemoetkoming wordt alleen verleend voor zover een belanghebbende schade lijdt of zal lijden die redelijkerwijs niet geheel voor zijn rekening behoort te blijven. Een tegemoetkoming wordt naar billijkheid bepaald.
3. Op grond van het eerste lid worden de soorten aangewezen die op grond van artikel 5.1, tweede lid, worden beschermd tegen flora- en fauna-activiteiten.

HOOFDSTUK 16
PROCEDURES

AFDELING 16.1
ELEKTRONISCH VERKEER EN GEBRUIK VAN GEGEVENS EN METHODEN

§ 16.1.1
Elektronisch verkeer

Art. 16.1 (elektronisch verkeer)
1. Een aanvraag om een besluit of een melding op grond van deze wet kan, in afwijking van artikel 2:15 van de Algemene wet bestuursrecht, in bij algemene maatregel van bestuur aangewezen gevallen elektronisch worden ingediend of gedaan. In die gevallen wordt de aanvraag of melding ingediend of gedaan via de landelijke voorziening, bedoeld in artikel 20.21, tenzij bij de maatregel anders is bepaald.
2. Het voldoen aan een andere informatieverplichting dan een melding of het verzenden van een ander bericht op grond van deze wet kan in bij algemene maatregel van bestuur aangewezen gevallen elektronisch plaatsvinden op de bij die maatregel aangegeven wijze.
3. Bij de maatregel kunnen gevallen worden aangewezen waarin het verkeer, bedoeld in het eerste en tweede lid, alleen elektronisch kan plaatsvinden.

Elektronisch verkeer en gebruik van gegevens

Art. 16.2 (totstandkoming consolidatie omgevingsplan)
Ter uitvoering van artikel 19 van de Bekendmakingswet rust op een bestuursorgaan dat met toepassing van artikel 4.16, 5.52 of 16.21 een omgevingsplan wijzigt ook de verplichting om deze wijziging te verwerken in een nieuwe geconsolideerde versie van het omgevingsplan.

Art. 16.3-16.4
[Vervallen]

§ 16.1.2
Gebruik van gegevens en methoden

Art. 16.5 (houdbaarheid onderzoeksgegevens)
1. Bij het nemen van een besluit op grond van deze wet kan in ieder geval gebruik worden gemaakt van rapporten met gegevens, onderzoeken of inventarisaties die bij het ontwerpbesluit of, bij het ontbreken daarvan, bij de aanvraag zijn gebruikt en die bij de vaststelling van het besluit niet ouder zijn dan twee jaar.
2. Bij het nemen van besluit op grond van deze wet kan ook gebruik worden gemaakt van gegevens uit rapporten die bij de vaststelling van het besluit ouder zijn dan twee jaar als wordt onderbouwd dat de gegevens nog actueel zijn.
3. Het eerste lid is niet van toepassing op besluiten die betrekking hebben op een Natura 2000-activiteit of flora- en fauna-activiteit.

Art. 16.6 (beoordeling van gevolgen)
Bij ministeriële regeling kunnen regels worden gesteld over de meet- en rekenmethoden en uitgangspunten aan de hand waarvan op het moment van het nemen van een besluit de gevolgen van dat besluit worden beoordeeld.

AFDELING 16.2
COÖRDINATIE EN BETROKKENHEID ANDERE BESTUURSORGANEN

§ 16.2.1
Toepassing afdeling 3.5 Algemene wet bestuursrecht

Art. 16.7 (toepassing coördinatieregeling Awb)
1. Afdeling 3.5 van de Algemene wet bestuursrecht is van toepassing op de voorbereiding van:
a. de beslissingen op aanvragen om een omgevingsvergunning of wijziging van de voorschriften van een omgevingsvergunning voor:
1°. een of meer op grond van artikel 5.7, tweede lid, aangewezen wateractiviteiten, en
2°. een of meer andere activiteiten als bedoeld in de artikelen 5.1 en 5.4, die gelijktijdig zijn ingediend,
b. de beslissingen op aanvragen om een omgevingsvergunning of wijziging van de voorschriften van een omgevingsvergunning voor een milieubelastende activiteit en voor een wateractiviteit waarvoor op grond van artikel 5.7, vierde lid, de verplichting geldt deze gelijktijdig in te dienen, of de beslissingen tot ambtshalve wijziging van die voorschriften,
c. de besluiten ter uitvoering van een projectbesluit waarvoor dat op grond van artikel 5.45, eerste of tweede lid, is bepaald.
2. Bij algemene maatregel van bestuur wordt voor de gevallen, bedoeld in het eerste lid, onder a en b, het coördinerend bestuursorgaan, bedoeld in artikel 3:21, eerste lid, van de Algemene wet bestuursrecht, aangewezen.
3. De artikelen 3:21, derde lid, en 3:23, eerste en derde lid, van de Algemene wet bestuursrecht zijn niet van toepassing op de gevallen, bedoeld in het eerste lid, onder a en b.

Art. 16.8 (koepelconcept)
1. In een coördinatiebesluit als bedoeld in artikel 3:20, onder b, van de Algemene wet bestuursrecht kan, met het oog op de doelen van de wet en voor het optimaliseren van gebruiksruimte in een gebied, worden bepaald dat afdeling 3.5 van die wet van toepassing is op de voorbereiding van:
a. een omgevingsplan, waterschapsverordening of omgevingsverordening,
b. een programma, en
c. een projectbesluit of een omgevingsvergunning.
2. Artikel 3:28 van de Algemene wet bestuursrecht is niet van toepassing op besluiten waartegen geen beroep kan worden ingesteld.

§ 16.2.2
Aanvullende bepalingen voor coördinatie van de vergunningverlening voor een milieubelastende activiteit en een wateractiviteit in gevallen als bedoeld in artikel 16.7, eerste lid, onder b

Art. 16.9 (toepassingsbereik paragraaf 16.2.2)
Deze paragraaf is:
a. van toepassing op de beslissingen op aanvragen om een omgevingsvergunning, bedoeld in artikel 16.7, eerste lid, onder b,
b. van overeenkomstige toepassing op de beslissingen op aanvragen om wijziging van de voorschriften van een omgevingsvergunning of de beslissingen tot ambtshalve wijziging van die voorschriften, bedoeld in artikel 16.7, eerste lid, onder b.

Omgevingswet (toekomstig)

Art. 16.10 (buiten behandeling laten aanvraag)
1. Als maar één van de aanvragen om een omgevingsvergunning, bedoeld in artikel 16.7, eerste lid, onder b, is ingediend, laat het bevoegd gezag die aanvraag buiten behandeling, nadat de aanvrager eerst in de gelegenheid is gesteld de ontbrekende aanvraag in te dienen binnen een door het bevoegd gezag gestelde termijn.
2. Als van beide aanvragen om een omgevingsvergunning, bedoeld in artikel 16.7, eerste lid, onder b, er één buiten behandeling wordt gelaten, laat het bevoegd gezag voor de andere aanvraag ook die aanvraag buiten behandeling.

Art. 16.11 (advies)
De bestuursorganen die bevoegd gezag zijn met betrekking tot elk van de aanvragen, bedoeld in artikel 16.7, eerste lid, onder b, brengen aan elkaar een advies uit met het oog op de samenhang tussen de beslissingen op beide aanvragen.

Art. 16.12 (termijn gelding omgevingsvergunningen)
1. Als in de omgevingsvergunning voor de wateractiviteit met toepassing van artikel 5.36, eerste lid, een termijn voor de gelding van de vergunning wordt gesteld, kan in de omgevingsvergunning voor de milieubelastende activiteit een gelijke termijn worden gesteld.
2. Als in de omgevingsvergunning voor de milieubelastende activiteit met toepassing van artikel 5.36, eerste lid, een termijn voor de gelding van de vergunning wordt gesteld, wordt in de omgevingsvergunning voor de wateractiviteit een gelijke termijn gesteld.

Art. 16.13 (instructie op initiatief algemeen bevoegd gezag)
1. Als gedeputeerde staten of Onze Minister die het aangaat het bevoegd gezag is voor de aanvraag om de omgevingsvergunning voor de milieubelastende activiteit, kunnen gedeputeerde staten respectievelijk Onze Minister die het aangaat, als dat vanwege de samenhang tussen de beslissingen op de beide aanvragen met het oog op het beschermen van het milieu geboden is, aan het bevoegd gezag voor de aanvraag om de omgevingsvergunning voor de wateractiviteit een instructie geven over de inhoud van die beslissing. Op de instructie zijn de artikelen 2.33 en 2.34 van overeenkomstige toepassing, waarbij kan worden afgeweken van regels als bedoeld in de artikelen 2.22 en 2.23.
2. De instructie wordt gegeven binnen acht weken na de dag waarop het ontwerpbesluit voor de beslissing op de aanvraag om de omgevingsvergunning voor de wateractiviteit overeenkomstig artikel 3:11, eerste lid, van de Algemene wet bestuursrecht ter inzage is gelegd en daarvan kennis is gegeven.
3. Het eerste en tweede lid zijn van overeenkomstige toepassing als het college van burgemeester en wethouders bevoegd gezag is voor de aanvraag om de omgevingsvergunning voor de milieubelastende activiteit, met dien verstande dat gedeputeerde staten op verzoek van het college van burgemeester en wethouders met overeenkomstige toepassing van artikel 2.33 een instructie kunnen geven aan het bevoegd gezag voor de aanvraag om de omgevingsvergunning voor de wateractiviteit.

Art. 16.14 (instructie op initiatief bevoegd gezag water)
1. Als het college van burgemeester en wethouders het bevoegd gezag is voor de aanvraag om de omgevingsvergunning voor de milieubelastende activiteit, kunnen gedeputeerde staten, als dat vanwege de samenhang tussen de beslissingen op de beide aanvragen met het oog op het beschermen van het milieu geboden is, aan het college van burgemeester en wethouders, op verzoek van het bevoegd gezag voor de aanvraag om de omgevingsvergunning voor de wateractiviteit, een instructie geven over de inhoud van die beslissing. Op de instructie is artikel 2.33 van overeenkomstige toepassing, waarbij kan worden afgeweken van regels als bedoeld in de artikelen 2.22 en 2.23.
2. De instructie wordt gegeven binnen acht weken na de dag waarop het ontwerpbesluit op de aanvraag om de omgevingsvergunning voor de milieubelastende activiteit overeenkomstig artikel 3:11, eerste lid, van de Algemene wet bestuursrecht ter inzage is gelegd en daarvan kennis is gegeven.

§ 16.2.2a
Coördinatie omgevingsplan en omgevingsvergunning voor een omgevingsplanactiviteit

Art. 16.14a (coördinatie omgevingsplan en omgevingsvergunning)
Als afdeling 3.5 van de Algemene wet bestuursrecht wordt toegepast op de voorbereiding van een omgevingsplan en de beslissing op een aanvraag om een omgevingsvergunning en de beslissing op die aanvraag wordt genomen gelijktijdig met of na de vaststelling van dat omgevingsplan, wordt bij de beslissing uitgegaan van de regels in dat omgevingsplan.

§ 16.2.3
Betrokkenheid van andere bestuursorganen

Art. 16.15 (advies)
1. Bij algemene maatregel van bestuur worden bestuursorganen of andere instanties aangewezen die, in daarbij aangewezen gevallen, in de gelegenheid worden gesteld om aan het bevoegd gezag of een ander bestuursorgaan advies uit te brengen over een aanvraag om een besluit op grond van deze wet.
2. Bij een omgevingsplan, waterschapsverordening of omgevingsverordening kunnen bestuursorganen of andere instanties worden aangewezen die in de gelegenheid worden gesteld om aan het bevoegd gezag advies uit de brengen over een aanvraag om een omgevingsvergunning voor een omgevingsplanactiviteit of een activiteit als bedoeld in artikel 5.3 of 5.4.
3. Een bestuursorgaan of andere instantie wordt als adviseur aangewezen als dat wenselijk is vanwege:
   a. de deskundigheid van het bestuursorgaan of de instantie, of
   b. de door het bestuursorgaan te behartigen belangen, gelet op de aan dat bestuursorgaan toegedeelde taken voor de fysieke leefomgeving.

Art. 16.15a (verplichte aanwijzing adviseurs)
Op grond van artikel 16.15, eerste lid, worden in ieder geval als adviseur aangewezen:
a. een bestuursorgaan dat zijn bevoegdheid met toepassing van artikel 5.16 heeft overgedragen aan een ander bestuursorgaan, voor zover de aanvraag betrekking heeft op de activiteit of activiteiten die bepalend zijn geweest voor de aanwijzing van dat bestuursorgaan als bevoegd gezag,
b. de gemeenteraad als het gaat om:
1°. een aanvraag om een omgevingsvergunning voor in door de gemeenteraad aangewezen gevallen van een buitenplanse omgevingsplanactiviteit,
2°. een verzoek om een beslissing over instemming voor in door de gemeenteraad aangewezen gevallen over een voorgenomen beslissing op een aanvraag als bedoeld onder 1°, als die beslissing op grond van artikel 16.16 instemming van het college van burgemeester en wethouders behoeft,.
c. de gemeentelijke commissie, bedoeld in artikel 17.9, als het gaat om:
1°. een aanvraag om een omgevingsvergunning voor een rijksmonumentenactiviteit met betrekking tot een monument,
2°. een aanvraag om een omgevingsvergunning voor een andere activiteit, in door de gemeenteraad aangewezen gevallen of als het college van burgemeester en wethouders daartoe aanleiding ziet,
d. gedeputeerde staten als het gaat om een aanvraag om een omgevingsvergunning voor een buitenplanse omgevingsplanactiviteit, in door hen aangewezen gevallen van een belang als bedoeld in artikel 2.3, tweede lid, onder a, dat is aangegeven in een door een bestuursorgaan van de provincie openbaar gemaakt document.

Art. 16.15b (doorwerking advies gemeenteraad bij beslissingen op aanvragen omgevingsvergunning of instemming bij die beslissingen)
In een geval als bedoeld in artikel 16.15a, onder b, worden de bij of krachtens deze wet gestelde regels over het beslissen op de aanvraag om de omgevingsvergunning of het verlenen of onthouden van instemming met inachtneming van het advies van de gemeenteraad toegepast.

Art. 16.16 (instemming)
1. Als een aanvraag om een besluit op grond van deze wet betrekking heeft op een bij algemene maatregel van bestuur aangewezen geval, behoeft de voorgenomen beslissing op de aanvraag instemming van het bestuursorgaan dat op grond van artikel 16.15 in de gelegenheid is gesteld advies uit te brengen. Bij de aanwijzing kan worden bepaald dat alleen een voorgenomen beslissing tot het toewijzen van de aanvraag instemming behoeft.
2. Bij de maatregel worden gevallen aangewezen waarin instemming van het aangewezen bestuursorgaan wenselijk is vanwege:
   a. de bijzondere deskundigheid van het bestuursorgaan,
   b. door het bestuursorgaan te behartigen zwaarwegende belangen, gelet op de aan dat bestuursorgaan toegedeelde taken voor de fysieke leefomgeving, of
   c. door het provinciebestuur te behartigen provinciale belangen.
3. Bij de maatregel kan worden bepaald dat het aangewezen bestuursorgaan gevallen kan aanwijzen waarin instemming niet is vereist.
4. Het aangewezen bestuursorgaan kan bij het op grond van artikel 16.15 uitgebrachte advies bepalen dat instemming niet is vereist.
5. In afwijking van artikel 10:3, tweede lid, aanhef en onder c, van de Algemene wet bestuursrecht kan het aangewezen bestuursorgaan mandaat verlenen om te beslissen over de instemming.

Art. 16.17 (gronden verlenen of onthouden instemming)
1. Bij algemene maatregel van bestuur worden gronden aangewezen voor het verlenen of onthouden van instemming.
2. Artikel 10:27 van de Algemene wet bestuursrecht is niet van toepassing.

Omgevingswet (toekomstig)

Art. 16.18 (termijn instemming; geen fictieve instemming)
1. Het besluit over instemming als bedoeld in artikel 16.16 wordt binnen vier weken na indiening van het verzoek om instemming bekendgemaakt door toezending aan het bevoegd gezag.
2. Artikel 10:31, tweede tot en met vierde lid, van de Algemene wet bestuursrecht is niet van toepassing.

Art. 16.19 (advies en instemming bij ambtshalve besluit tot wijziging of intrekking van eerder besluit op aanvraag)
1. De artikelen 16.15 tot en met 16.18 en de op grond van de artikelen 16.15 tot en met 16.17 gestelde regels zijn van overeenkomstige toepassing op een ambtshalve besluit tot wijziging of intrekking van een eerder op aanvraag genomen besluit voor zover die artikelen en regels op de aanvraag om dat eerdere besluit van toepassing zijn geweest.
2. Daarbij wordt voor een ambtshalve besluit als bedoeld in het eerste lid een voorgenomen ambtshalve besluit tot wijziging of intrekking van het eerdere besluit gelijkgesteld met een aanvraag om dat besluit.

Art. 16.20 (advies en instemming bij projectbesluit)
1. De artikelen 16.15 tot en met 16.19 en de op grond van de artikelen 16.15 tot en met 16.17 gestelde regels zijn van overeenkomstige toepassing op het uitbrengen van advies over het ontwerp van een projectbesluit en het verlenen van instemming met een voorgenomen projectbesluit, voor zover daarin wordt bepaald dat het geldt als omgevingsvergunning als bedoeld in artikel 5.52, tweede lid, onder a, waarbij geen instemming is vereist als:
a. een projectbesluit wordt vastgesteld door Onze Minister die het aangaat en dat projectbesluit geldt als een besluit waarmee een ander bestuursorgaan oorspronkelijk op grond van artikel 16.16 zou moeten instemmen, of
b. een projectbesluit wordt vastgesteld door gedeputeerde staten en het projectbesluit geldt als een besluit waarmee een ander bestuursorgaan, met uitzondering van een bestuursorgaan van het Rijk, oorspronkelijk op grond van artikel 16.16 zou moeten instemmen.
2. Bij algemene maatregel van bestuur kunnen gevallen worden aangewezen waarbij de artikelen 16.15 en 16.19 en de op grond van artikel 16.15 gestelde regels niet van overeenkomstige toepassing zijn op het uitbrengen van advies over het ontwerp van een projectbesluit dat wordt vastgesteld door Onze Minister die het aangaat en een ander bestuursorgaan van het Rijk oorspronkelijk op grond van artikel 16.15 of 16.19 in de gelegenheid zou moeten worden gesteld om te adviseren.
3. De artikelen 16.15 tot en met 16.19 zijn van overeenkomstige toepassing op het uitbrengen van advies over het ontwerp van een projectbesluit en het verlenen van instemming met een voorgenomen projectbesluit, voor zover daarin wordt bepaald dat het geldt als een besluit als bedoeld in artikel 5.52, tweede lid, onder b. Bij algemene maatregel van bestuur kunnen gevallen worden aangewezen waarbij instemming niet is vereist.

Art. 16.21 (reactieve interventie)
1. Gedeputeerde staten kunnen besluiten dat een onderdeel van een besluit tot vaststelling of wijziging van een omgevingsplan geen deel daarvan uitmaakt als:
a. zij over het onderdeel een zienswijze naar voren hebben gebracht en die zienswijze niet volledig is in het omgevingsplan is overgenomen, of
b. in het onderdeel wijzigingen zijn aangebracht ten opzichte van het ontwerp, anders dan op grond van een zienswijze van gedeputeerde staten.
2. Gedeputeerde staten kunnen alleen gebruik maken van die bevoegdheid voor zover:
a. dat nodig is met het oog op een evenwichtige toedeling van functies aan locaties, en
b. er sprake is van strijd met een belang als bedoeld in artikel 2.3, tweede lid, onder a, dat is aangegeven in een door een bestuursorgaan van de provincie openbaar gemaakt document.
3. Gedeputeerde staten vermelden in de motivering van het besluit de daaraan ten grondslag liggende feiten, omstandigheden en overwegingen die het provinciebestuur beletten het betrokken belang met inzet van andere aan hen toekomende bevoegdheden te beschermen.
4. Het besluit wordt bekendgemaakt binnen vier weken nadat het besluit tot vaststelling of wijziging van het omgevingsplan is bekendgemaakt.

AFDELING 16.3
TOTSTANDKOMINGSPROCEDURES

§ 16.3.1
Toepassing afdeling 3.4 Algemene wet bestuursrecht

Art. 16.22 (toepassing paragraaf 16.3.1)
Deze paragraaf is van toepassing als bij of krachtens deze wet is bepaald dat afdeling 3.4 van de Algemene wet bestuursrecht van toepassing is.

Art. 16.23 (kring inspraakgerechtigden)
1. Zienswijzen kunnen naar voren worden gebracht door een ieder.

2. In afwijking van het eerste lid kunnen zienswijzen over een gedoogplichtbeschikking alleen naar voren worden gebracht door belanghebbenden en door de besturen van de gemeenten, de waterschappen en de provincies waarbinnen de onroerende zaak gelegen is of naastgelegen gemeenten, waterschappen en provincies.
3. In afwijking van het eerste lid kunnen zienswijzen over een onteigeningsbeschikking naar voren worden gebracht door belanghebbenden.

Art. 16.24 (intrekking of wijziging)
1. Tenzij het gaat om een bij algemene maatregel van bestuur aangewezen geval of besluit, zijn de paragrafen 16.3.2 tot en met 16.3.9 en de artikelen 16.40, eerste lid, 16.50, eerste lid, 16.70 en 16.71 van overeenkomstige toepassing op een wijziging of intrekking van de daarin genoemde besluiten of andere rechtsfiguren of documenten.
2. Een bestuursorgaan kan afdeling 3.4 van de Algemene wet bestuursrecht buiten toepassing laten als het gaat om een wijziging die alleen ziet op het herstel van een kennelijke verschrijving.

§ 16.3.1a
Geluidproductieplafonds

Art. 16.24a (toepassing afdeling 3.4 Algemene wet bestuursrecht)
Afdeling 3.4 van de Algemene wet bestuursrecht is van toepassing op de voorbereiding van een besluit tot vaststelling van geluidproductieplafonds als omgevingswaarden als bedoeld in de artikelen 2.12a, eerste lid, 2.13a, eerste lid, en 2.15, tweede lid, in bij algemene maatregel van bestuur aangewezen gevallen.

§ 16.3.2
Zwemlocaties

Art. 16.25 (toepassing afdeling 3.4 Algemene wet bestuursrecht)
Afdeling 3.4 van de Algemene wet bestuursrecht is van toepassing op de voorbereiding van de aanwijzing van zwemlocaties.

§ 16.3.2a
Natura 2000-gebieden

Art. 16.25a (toepassing afdeling 3.4 Algemene wet bestuursrecht)
1. Afdeling 3.4 van de Algemene wet bestuursrecht is van toepassing op de voorbereiding van een aanwijzing van een Natura 2000-gebied of een bijzonder nationaal natuurgebied.
2. Een bestuursorgaan kan afdeling 3.4 van de Algemene wet bestuursrecht, voor zover niet in strijd met internationaalrechtelijke verplichtingen, buiten toepassing laten bij de voorbereiding van een aanwijzing als bedoeld in het eerste lid, als het gaat om een wijziging van ondergeschikte aard die niet leidt tot grotere nadelige gevolgen voor het milieu.

§ 16.3.3
Omgevingsvisie

Art. 16.26 (toepassing afdeling 3.4 Algemene wet bestuursrecht)
Afdeling 3.4 van de Algemene wet bestuursrecht is van toepassing op de voorbereiding van een omgevingsvisie.

§ 16.3.4
Programma's

Art. 16.27 (toepassing afdeling 3.4 Algemene wet bestuursrecht)
1. Afdeling 3.4 van de Algemene wet bestuursrecht is van toepassing op de voorbereiding van een programma als bedoeld in de paragrafen 3.2.2 tot en met 3.2.4 en de documenten die voor het opstellen van een programma afzonderlijk worden vastgesteld.
2. Een bestuursorgaan kan afdeling 3.4 van de Algemene wet bestuursrecht, voor zover niet in strijd met internationaalrechtelijke verplichtingen, buiten toepassing laten bij de voorbereiding van een programma of document als bedoeld in het eerste lid, als het gaat om een wijziging van ondergeschikte aard die niet leidt tot grotere nadelige gevolgen voor het milieu en die wijziging niet ziet op een in dat programma opgenomen beschrijving van een activiteit als gevolg waarvan de activiteit is toegestaan.

Art. 16.28 (voorbereiding stroomgebiedsbeheerplan en overstromingsrisicobeheerplan)
1. Onze Minister van Infrastructuur en Waterstaat legt ter inzage:

Omgevingswet (toekomstig) **A72**

a. een tijdschema en werkprogramma voor het opstellen van een stroomgebiedsbeheerplan, ten minste drie jaar voor het begin van de periode waarop het plan betrekking heeft,
b. een tussentijds overzicht van belangrijke waterbeheerkwesties die zijn geconstateerd in de stroomgebiedsdistricten Rijn, Maas, Schelde en Eems, ten minste twee jaar voor het begin van de periode waarop het stroomgebiedsbeheerplan betrekking heeft,
c. het ontwerp van een stroomgebiedsbeheerplan, ten minste een jaar voor het begin van de periode waarop het plan betrekking heeft,
d. het ontwerp van een overstromingsrisicobeheerplan, ten 132 minste een jaar voor het begin van de periode waarop het plan betrekking heeft.
2. Voor documenten als bedoeld in het eerste lid, onder a en b, en het ontwerp, bedoeld in het eerste lid, onder c en d, bedraagt de termijn voor het naar voren brengen van zienswijzen zes maanden.

§ 16.3.5
Omgevingsplan, waterschapsverordening en omgevingsverordening

Art. 16.29 (kennisgeving voornemen)
Van het voornemen om een omgevingsplan vast te stellen wordt kennisgegeven. Artikel 3:12 van de Algemene wet bestuursrecht is van overeenkomstige toepassing.

Art. 16.30 (toepassing Algemene wet bestuursrecht)
1. Afdeling 3.4 van de Algemene wet bestuursrecht is van toepassing op de voorbereiding van een omgevingsplan.
2. In afwijking van artikel 3:1, eerste lid, aanhef en onder b, van de Algemene wet bestuursrecht zijn de artikelen 3:43 tot en met 3:45 en afdeling 3.7 van die wet van toepassing op een omgevingsplan.

Art. 16.31 (zienswijzen)
Zienswijzen kunnen geen betrekking hebben op het deel van het ontwerp van een omgevingsplan dat zijn grondslag vindt in een omgevingsvergunning voor een buitenplanse omgevingsplanactiviteit.

Art. 16.32 (toepassing afdeling 3.4 Algemene wet bestuursrecht)
Afdeling 3.4 van de Algemene wet bestuursrecht is van toepassing op de voorbereiding van een waterschapsverordening en een omgevingsverordening.

§ 16.3.5a
Peilbesluit

Art. 16.32a (toepassing afdeling 3.4 Algemene wet bestuursrecht)
Afdeling 3.4 van de Algemene wet bestuursrecht is van toepassing op de voorbereiding van een peilbesluit.

§ 16.3.6
Voorkeursrechtbeschikking

Art. 16.32b (kennisgeving en terinzagelegging voorkeursrechtbeschikking)
Het bestuursorgaan geeft kennis van de terinzagelegging van de voorkeursrechtbeschikking en de op de beschikking betrekking hebbende stukken op de in artikel 12 van de Bekendmakingswet bepaalde wijze. De ten behoeve van de terinzagelegging aan te wijzen locatie, bedoeld in artikel 13, eerste lid, van de Bekendmakingswet is gelegen binnen de gemeente of gemeenten waarin de onroerende zaak ligt.

Art. 16.32c (bezwaar)
1. Als bezwaar aanhangig is tegen een voorkeursrechtbeschikking van het college van burgemeester en wethouders en die beschikking vervalt omdat voor de onroerende zaak een voorkeursrechtbeschikking van de gemeenteraad in werking is getreden, wordt het bezwaar geacht te zijn gericht tegen de voorkeursrechtbeschikking van de gemeenteraad.
2. Het eerste lid is van overeenkomstige toepassing als het bezwaar is gericht tegen een voorkeursrechtbeschikking van gedeputeerde staten en die beschikking vervalt omdat voor de onroerende zaak een voorkeursrechtbeschikking van provinciale staten in werking is getreden.

§ 16.3.7
Gedoogplichtbeschikking

Art. 16.33 (toepassing afdeling 3.4 Algemene wet bestuursrecht en bekendmaking)
1. Afdeling 3.4 van de Algemene wet bestuursrecht is van toepassing op de voorbereiding van een gedoogplichtbeschikking.

2. De verplichting tot gedogen gaat niet eerder in dan vier dagen na de dag waarop de gedoogplichtbeschikking is bekendgemaakt.
3. Het eerste lid is niet van toepassing op de voorbereiding van een gedoogplichtbeschikking als bedoeld in de artikelen 10.16, 10.17, eerste en tweede lid, onder a, en 10.20.
4. Het eerste en tweede lid zijn niet van toepassing op de voorbereiding van een gedoogplichtbeschikking als bedoeld in de artikelen 10.19 en 10.19a of artikel 10.21a vanwege spoedeisende omstandigheden.

Art. 16.33a (geen coördinatie met andere besluiten)
Artikel 3:20, aanhef en onder b, van de Algemene wet bestuursrecht en artikel 16.87 zijn niet van toepassing op een gedoogplichtbeschikking.

§ 16.3.8
Onteigeningsbeschikking

Art. 16.33b (voorbereiding onteigeningsbeschikking)
Afdeling 3.4 van de Algemene wet bestuursrecht is van toepassing op de voorbereiding van een onteigeningsbeschikking.

Art. 16.33c (toezending ontwerponteigeningsbeschikking)
Als een belanghebbende is overleden, buiten het Koninkrijk woont of geen bekende woonplaats heeft, wordt het ontwerp van de onteigeningsbeschikking ook toegezonden aan de erfgenaam, gevolmachtigde of bewindvoerder van de belanghebbende, tenzij er redelijkerwijs geen erfgenaam, gevolmachtigde of bewindvoerder bekend kan zijn voor het bestuursorgaan.

Art. 16.33d (terinzagelegging en bekendmaking onteigeningsbeschikking)
1. De terinzagelegging van de ontwerponteigeningsbeschikking vindt plaats binnen de gemeente of gemeenten waarin de onroerende zaak ligt. De kosten van de terinzagelegging en de kennisgeving komen voor rekening van de onteigenaar.
2. Bij de bekendmaking en de kennisgeving van de onteigeningsbeschikking vermeldt het bestuursorgaan:
a. welke rechtbank het zal verzoeken de onteigeningsbeschikking te bekrachtigen,
b. dat belanghebbenden binnen zes weken na de dag waarop de beschikking ter inzage is gelegd, bij die rechtbank schriftelijk bedenkingen kunnen inbrengen tegen de beschikking,
c. dat de beschikking in werking treedt met ingang van de dag na die waarop de uitspraak waarbij zij is bekrachtigd, op de voorgeschreven wijze is bekendgemaakt.
3. Als een belanghebbende is overleden, buiten het Koninkrijk woont of geen bekende woonplaats heeft, wordt de onteigeningsbeschikking ook gezonden aan de erfgenaam, gevolmachtigde of bewindvoerder van de belanghebbende, tenzij er redelijkerwijs geen erfgenaam, gevolmachtigde of bewindvoerder bekend kan zijn voor het bestuursorgaan.

Art. 16.33e (inwerkingtreding onteigeningsbeschikking)
Een onteigeningsbeschikking treedt in werking met ingang van de dag na die waarop de uitspraak waarbij zij is bekrachtigd, ter inzage is gelegd.

§ 16.3.9
Landinrichting

Art. 16.33f (toepassing afdeling 3.4 Algemene wet bestuursrecht op inrichtingsbesluit)
1. Afdeling 3.4 van de Algemene wet bestuursrecht is van toepassing op de voorbereiding van een inrichtingsbesluit.
2. In het inrichtingsbesluit wordt aangegeven hoe de in artikel 12.11 bedoelde openbare lichamen en rechtspersonen, voor zover deze de eigendom, het beheer of het onderhoud hadden voorafgaand aan de landinrichting, bij de voorbereiding van het ontwerp van het inrichtingsbesluit zijn betrokken en wat de resultaten daarvan zijn.

Art. 16.33g (toepassing afdeling 3.4 Algemene wet bestuursrecht op besluit tot tijdelijk in gebruik geven)
1. Afdeling 3.4 van de Algemene wet bestuursrecht is van toepassing op de voorbereiding van een besluit tot het tijdelijk in gebruik geven van tot een herverkavelingsblok behorende percelen als bedoeld in artikel 12.21, eerste lid.
2. Tegelijk met de kennisgeving, bedoeld in artikel 3:12, eerste lid, van de Algemene wet bestuursrecht, geven gedeputeerde staten kennis van de terinzagelegging en van de zakelijke inhoud van het ontwerpbesluit aan de bij hen bekende belanghebbenden, waaronder in ieder geval:
a. zij die met betrekking tot de percelen, bedoeld in artikel 12.21, eerste lid, voorkomen op de lijst van rechthebbenden, bedoeld in artikel 12.22, die deel uitmaakt van het voor het desbetreffende herverkavelingsblok in voorbereiding zijnde of vastgestelde ruilbesluit,

Omgevingswet (toekomstig) **A72**

b. zij die in overeenstemming met artikel 16.125, eerste of tweede lid, een pachtovereenkomst met betrekking tot de percelen, bedoeld in artikel 12.21, eerste lid, ter registratie hebben ingezonden, en
c. de wederpartij, bedoeld in artikel 16.125, vierde lid.

Art. 16.33h (toepassing afdeling 3.4 Algemene wet bestuursrecht op ruilbesluit)
1. Afdeling 3.4 van de Algemene wet bestuursrecht is van toepassing op de voorbereiding van een ruilbesluit.
2. In het ruilbesluit wordt aangegeven hoe de eigenaren en gebruikers bij de voorbereiding van het ontwerp van het ruilbesluit zijn betrokken en wat de resultaten daarvan zijn.
3. Tegelijk met de kennisgeving, bedoeld in artikel 3:12, eerste lid, van de Algemene wet bestuursrecht geven gedeputeerde staten kennis van de terinzagelegging en van de zakelijke inhoud van het ontwerpbesluit aan de bij hen bekende belanghebbenden, onder wie in ieder geval:
a. zij die voorkomen op de lijst van rechthebbenden, bedoeld in artikel 12.22, die deel uitmaakt van het ontwerpbesluit,
b. zij die op grond van artikel 16.125, eerste of tweede lid, een pachtovereenkomst ter registratie hebben ingezonden,
c. de wederpartij, bedoeld in artikel 16.125, vierde lid.

Art. 16.33i (toepassing afdeling 3.4 Algemene wet bestuursrecht op besluit geldelijke regelingen)
1. Afdeling 3.4 van de Algemene wet bestuursrecht is van toepassing op de voorbereiding van een besluit geldelijke regelingen.
2. Tegelijk met de kennisgeving, bedoeld in artikel 3:12, eerste lid, van de Algemene wet bestuursrecht, geven gedeputeerde staten kennis van de terinzagelegging en van de zakelijke inhoud van het ontwerpbesluit aan de bij hen bekende belanghebbenden.

Art. 16.33j (vaststelling besluit geldelijke regelingen na gelijktijdige terinzagelegging met ruilbesluit)
Als bij gelijktijdige terinzagelegging van het ontwerp van het ruilbesluit en het ontwerp van het besluit geldelijke regelingen op grond van artikel 12.38, derde lid, zienswijzen naar voren zijn gebracht, stellen gedeputeerde staten het besluit geldelijke regelingen vast nadat het ruilbesluit onherroepelijk is geworden.

Art. 16.33k (gewijzigd ontwerp besluit geldelijke regelingen)
1. Als na toepassing van artikel 16.33j het onherroepelijke ruilbesluit anders luidt dan het ter inzage gelegde ontwerp, stellen gedeputeerde staten een gewijzigd ontwerp op van het besluit geldelijke regelingen, waarin de geldelijke gevolgen van de wijzigingen in het ruilbesluit worden opgenomen.
2. Artikel 16.33i is van overeenkomstige toepassing.

Art. 16.33l (beroep inrichtingsbesluit bij toedeling buiten herverkavelingsblok)
Voor zover het beroep tegen het inrichtingsbesluit betrekking had op de toedeling van eigendom, bedoeld in 12.8, eerste lid, onder a, c en d, en die toedeling betrekking had op onroerende zaken buiten het herverkavelingsblok, doen gedeputeerde staten van de uitspraak in beroep mededeling door toezending, voor inschrijving in de openbare registers, aan de Dienst voor het kadaster en de openbare registers:
a. als door de uitspraak de eigendom aan een ander wordt toegedeeld dan in de in artikel 16.124, eerste lid, bedoelde akte is vermeld,
b. als de in artikel 16.136 bedoelde herverkavelingsakte is ingeschreven in de openbare registers en door de uitspraak de eigendom aan een ander wordt toegedeeld dan in de herverkavelingsakte is vermeld.

AFDELING 16.4
MILIEUEFFECTRAPPORTAGE

§ 16.4.1
Milieueffectrapportage voor plannen en programma's

Art. 16.34 (reikwijdte, bevoegd gezag plan-mer)
1. Deze paragraaf gaat over de milieueffectrapportage voor plannen en programma's als bedoeld in artikel 2, onder a, van de smb-richtlijn, waarvan de vaststelling is geregeld in wettelijke of bestuursrechtelijke bepalingen en waarin het voor de vaststelling van die plannen en programma's bevoegde bestuursorgaan en de procedure voor de opstelling ervan is vastgelegd.
2. In deze paragraaf wordt onder een plan of programma in ieder geval verstaan een omgevingsvisie, een programma, een omgevingsplan en een voorkeursbeslissing.

Art. 16.35 (uitzondering plan-mer-plicht)
Deze paragraaf is niet van toepassing op plannen of programma's die:

a. alleen bestemd zijn voor nationale defensie of noodzakelijk zijn vanwege een noodtoestand als bedoeld in de Coördinatiewet uitzonderingstoestanden, of
b. betrekking hebben op de begroting of de financiën van een gemeente, een waterschap, een provincie of het Rijk.

Art. 16.36 (plan-mer-plichtige plannen of programma's)

1. Het bevoegd gezag voor een plan of programma maakt bij de voorbereiding daarvan een milieueffectrapport als dat plan of programma het kader vormt voor te nemen besluiten voor projecten als bedoeld in artikel 16.43, eerste lid.
2. Het bevoegd gezag voor een plan of programma maakt bij de voorbereiding daarvan een milieueffectrapport als bij de voorbereiding van dat plan of programma op grond van artikel 16.53c een passende beoordeling moet worden gemaakt.
3. Voor een plan of programma als bedoeld in het eerste of tweede lid dat het gebruik bepaalt van kleine gebieden op lokaal niveau of voor kleine wijzigingen van een plan of programma als bedoeld in het eerste of tweede lid maakt het bevoegd gezag een milieueffectrapport als dat plan of programma of de wijzigingen daarvan aanzienlijke milieueffecten kunnen hebben.
4. Voor een plan of programma dat het kader vormt voor andere projecten dan bedoeld in het eerste lid maakt het bevoegd gezag een milieueffectrapport als dat plan of programma aanzienlijke milieueffecten kan hebben.
5. Het bevoegd gezag beoordeelt of sprake is van aanzienlijke milieueffecten als bedoeld in het derde en vierde lid, tenzij het zonder een voorafgaande beoordeling een milieueffectrapport maakt. Het bevoegd gezag houdt bij het besluit over de beoordeling van de milieueffecten rekening met de criteria van bijlage II bij de smb-richtlijn. Het bevoegd gezag raadpleegt daarvoor:
a. de bestuursorganen en instanties die op grond van een wettelijk voorschrift adviseren over de besluiten, bedoeld in artikel 16.43, eerste lid, waarvoor het plan of programma het kader vormt, en
b. Onze Minister van Infrastructuur en Waterstaat, Onze Minister van Landbouw, Natuur en Voedselkwaliteit, Onze Minister van Onderwijs, Cultuur en Wetenschap of in plaats van de betrokken minister een door hem aangewezen bestuursorgaan.
6. Bij algemene maatregel van bestuur worden regels gesteld over de toepassing van het derde lid.

Art. 16.37 (gebruik andere plan-MER'en)

Om overlapping van milieueffectrapporten te voorkomen:
a. stemt het bevoegd gezag het milieueffectrapport, waaronder het detailniveau daarvan, af op:
1°. de mate van gedetailleerdheid van het plan of programma,
2°. de fase van het besluitvormingsproces waarin het plan of programma zich bevindt,
3°. als het plan of programma deel uitmaakt van een rangorde van plannen of programma's, in het bijzonder op de plaats die het plan of programma inneemt in die rangorde,
b. kan het bevoegd gezag gebruikmaken van:
1°. andere milieueffectrapporten als die voldoen aan de bij of krachtens deze paragraaf gestelde eisen,
2°. relevante informatie over de milieueffecten van het plan of programma die op grond van verordeningen, richtlijnen en besluiten als bedoeld in artikel 288 van het Verdrag betreffende de werking van de Europese Unie is verkregen.

Art. 16.38 (raadpleging reikwijdte en detailniveau)

1. Over de reikwijdte en het detailniveau van de informatie in het milieueffectrapport raadpleegt het bevoegd gezag de bestuursorganen en instanties, bedoeld in 16.36, vijfde lid, onder a en b.
2. Bij algemene maatregel van bestuur kunnen regels worden gesteld over de procedure voor de raadpleging.

Art. 16.39 (advies Commissie voor de milieueffectrapportage)

1. Het bevoegd gezag stelt de Commissie voor de milieueffectrapportage in de gelegenheid om over het milieueffectrapport te adviseren.
2. Bij algemene maatregel van bestuur kunnen regels worden gesteld over de procedure voor de advisering.

Art. 16.40 (voorbereidingsprocedure plan of programma)

1. Afdeling 3.4 van de Algemene wet bestuursrecht is van toepassing op de voorbereiding van een plan of programma als bedoeld in artikel 16.36 waarvoor een milieueffectrapport moet worden gemaakt.
2. Een milieueffectrapport dat is opgenomen in een plan of programma wordt in dat plan of programma als zodanig herkenbaar weergegeven.
3. Als het milieueffectrapport niet is opgenomen in het ontwerp van een plan of programma:
a. wordt bij de terinzagelegging, bedoeld in artikel 3:11 van de Algemene wet bestuursrecht, ook het milieueffectrapport ter inzage gelegd,
b. wordt bij de kennisgeving, bedoeld in artikel 3:12 van de Algemene wet bestuursrecht, ook kennisgegeven van het milieueffectrapport, en

Omgevingswet (toekomstig) — A72

c. kan een zienswijze als bedoeld in artikel 3:15 van de Algemene wet bestuursrecht ook betrekking hebben op het milieueffectrapport.
4. Het bevoegd gezag stelt het plan of programma niet eerder vast dan twee weken na afloop van de termijn, bedoeld in artikel 3:16, eerste lid, van de Algemene wet bestuursrecht.

Art. 16.41 (plan of programma grondslag in het plan-MER)
Het bevoegd gezag stelt een plan of programma niet vast als het milieueffectrapport redelijkerwijs niet aan het plan of programma ten grondslag kan worden gelegd.

Art. 16.42 (inhoud plan-MER)
Bij algemene maatregel van bestuur worden regels gesteld over de inhoud van het milieueffectrapport.

Art. 16.42a (monitoring plan-mer)
Bij algemene maatregel van bestuur worden regels gesteld over:
a. de monitoring van de mogelijk aanzienlijke milieueffecten van de uitvoering van het plan of programma, en
b. het nemen van passende herstellende maatregelen.

Art. 16.42b (grensoverschrijdende milieueffecten plan-mer)
Bij algemene maatregel van bestuur worden regels gesteld over een plan of programma waarvoor een milieueffectrapport moet worden gemaakt en dat mogelijk aanzienlijke grensoverschrijdende milieueffecten heeft, met inbegrip van de situatie dat Nederland deze grensoverschrijdende milieueffecten ondervindt.

§ 16.4.2
Milieueffectrapportage voor projecten

Art. 16.43 (aanwijzen mer-(beoordelings)plichtige projecten en besluiten)
1. Bij algemene maatregel van bestuur worden de projecten en de daarvoor benodigde besluiten aangewezen:
a. die aanzienlijke milieueffecten kunnen hebben en waarvoor bij de voorbereiding van het besluit een milieueffectrapport moet worden gemaakt, en
b. waarvoor moet worden beoordeeld of die aanzienlijke milieueffecten kunnen hebben, en, als dat het geval is, waarvoor bij de voorbereiding van het besluit een milieueffectrapport moet worden gemaakt.
2. Het bevoegd gezag beoordeelt of sprake is van aanzienlijke milieueffecten als bedoeld in het eerste lid, onder b, tenzij degene die voornemens is het project uit te voeren bij de voorbereiding van het besluit een milieueffectrapport maakt.
3. Bij de beoordeling houdt het bevoegd gezag rekening met:
a. de relevante criteria van bijlage III bij de mer-richtlijn,
b. voor zover relevant: de resultaten van eerder uitgevoerde controles of andere beoordelingen van milieueffecten die op grond van verordeningen, richtlijnen en besluiten als bedoeld in artikel 288 van het Verdrag betreffende de werking van de Europese Unie zijn verkregen.
4. Bij de maatregel kan worden bepaald dat:
a. de aanwijzing van een project of besluit alleen geldt in daarbij aangewezen gevallen,
b. een omgevingsvisie, programma of onderdeel van een omgevingsplan als een te nemen besluit voor een project wordt aangemerkt.
5. Degene die voornemens is het project uit te voeren maakt het milieueffectrapport.

Art. 16.44 (ontheffing MER of mer-beoordeling)
1. Het bevoegd gezag kan op verzoek of ambtshalve ontheffing verlenen van de verplichtingen op grond van deze paragraaf voor een project of deel daarvan dat alleen is bestemd voor defensie of voor een project dat alleen noodzakelijk is vanwege een noodtoestand als bedoeld in de Coördinatiewet uitzonderingstoestanden als toepassing van de verplichtingen nadelige gevolgen heeft voor defensie of het bestrijden van de noodtoestand.
2. Onze Minister van Infrastructuur en Waterstaat kan op verzoek van degene die voornemens is het project uit te voeren ontheffing verlenen van de verplichtingen op grond van deze paragraaf als de toepassing daarvan nadelige gevolgen heeft voor het doel van het project en aan de doelstellingen van de mer-richtlijn wordt voldaan, tenzij het project aanzienlijke grensoverschrijdende effecten kan hebben.
3. Als toepassing wordt gegeven aan het tweede lid, beoordeelt Onze Minister van Infrastructuur en Waterstaat of een andere vorm van beoordeling van de milieueffecten geschikt is. Als een andere beoordeling van de milieueffecten moet worden uitgevoerd, is artikel 16.49, eerste en derde lid, van overeenkomstige toepassing.
4. Bij algemene maatregel van bestuur kunnen regels worden gesteld over het verstrekken van gegevens en bescheiden bij een verzoek om ontheffing.

Art. 16.45 (mededeling voornemen)
1. Degene die voornemens is een project als bedoeld in artikel 16.43, eerste lid, aanhef en onder b, uit te voeren, deelt dat voornemen zo spoedig mogelijk mee aan het bevoegd gezag.

2. Het eerste lid is niet van toepassing als degene die voornemens is het project uit te voeren bij de voorbereiding van het besluit een milieueffectrapport maakt.
3. Bij algemene maatregel van bestuur worden regels gesteld over de inhoud van de mededeling.

Art. 16.46 (raadpleging reikwijdte en detailniveau)
1. Op verzoek van degene die voornemens is het project uit te voeren brengt het bevoegd gezag advies uit over de reikwijdte en het detailniveau van de informatie voor het milieueffectrapport.
2. Het bevoegd gezag raadpleegt voor het advies de bestuursorganen en instanties, bedoeld in artikel 16.36, vijfde lid, onder a en b.
3. Bij algemene maatregel van bestuur worden regels gesteld over de procedure voor de advisering en de raadpleging.

Art. 16.47 (advies Commissie voor de milieueffectrapportage)
1. Het bevoegd gezag kan de Commissie voor de milieueffectrapportage in de gelegenheid stellen advies uit te brengen over het milieueffectrapport.
2. Bij algemene maatregel van bestuur kunnen regels worden gesteld over de procedure voor de advisering.

Art. 16.48 (één MER)
Degene die het milieueffectrapport zou moeten maken, kan gebruik maken van een ander milieueffectrapport als dat voldoet aan de bij of krachtens deze afdeling gestelde eisen en het project in dat milieueffectrapport is beschreven.

Art. 16.49 (aanhouden, buiten behandeling laten of afwijzen aanvraag)
1. Bij de aanvraag om een besluit als bedoeld in artikel 16.43, eerste lid, waarvoor een milieueffectrapport moet worden gemaakt, wordt een milieueffectrapport gevoegd.
2. Bij de aanvraag om een besluit waarop artikel 16.43, tweede lid, van toepassing is, wordt de mededeling van het voornemen, bedoeld in artikel 16.45, gevoegd.
3. Als niet wordt voldaan aan het eerste of tweede lid, wordt de aanvraag buiten behandeling gelaten nadat de aanvrager eerst in de gelegenheid is gesteld binnen een door het bevoegd gezag gestelde termijn de aanvraag aan te vullen. Een besluit om de aanvraag niet te behandelen wordt aan de aanvrager bekendgemaakt binnen vier weken nadat de aanvraag is aangevuld of nadat de daarvoor gestelde termijn ongebruikt is verstreken.
4. Als het bevoegd gezag overeenkomstig artikel 16.43, tweede lid, na de aanvraag beslist of er een milieueffectrapport moet worden gemaakt, houdt het de beslissing op de aanvraag aan zolang die beslissing niet is genomen, tenzij het gaat om een aanvraag om een omgevingsvergunning voor een op grond van artikel 5.26, vierde lid, aangewezen geval. Als het bevoegd gezag beslist dat een milieueffectrapport gemaakt moet worden, wordt de aanvraag afgewezen.
5. Als het milieueffectrapport niet voldoet aan de op grond van artikel 16.52 gestelde regels, wijst het bevoegd gezag de aanvraag af nadat de aanvrager in de gelegenheid is gesteld binnen een door het bevoegd gezag gestelde termijn het milieueffectrapport aan te vullen.

Art. 16.50 (voorbereidingsprocedure mer-plichtig besluit)
1. Afdeling 3.4 van de Algemene wet bestuursrecht is van toepassing op de voorbereiding van een besluit als bedoeld in artikel 16.43, eerste lid, waarvoor een milieueffectrapport moet worden gemaakt.
2. Artikel 16.40, tweede, derde en vierde lid, is van overeenkomstige toepassing.

Art. 16.51 (project grondslag in het MER)
1. Het bevoegd gezag stelt een besluit niet vast als het milieueffectrapport redelijkerwijs niet aan het project ten grondslag kan worden gelegd.
2. Artikel 16.5 is niet van toepassing op het eerste lid.

Art. 16.52 (inhoud project-MER)
1. Bij algemene maatregel van bestuur worden regels gesteld over de inhoud van het milieueffectrapport.
2. Bij de maatregel worden ten aanzien van de in het milieueffectrapport op te nemen onderwerpen in ieder geval regels gesteld over:
a. de beschrijving van het project, en
b. de beschrijving van de redelijke alternatieven voor het project.
3. Als voor het project in een plan of programma als bedoeld in artikel 16.36, eerste of tweede lid, een locatie, waaronder een tracé, is aangewezen, en voor dat plan of programma een milieueffectrapport is gemaakt, zijn de op grond van het tweede lid, aanhef en onder b, gestelde regels niet van toepassing voor zover het gaat om alternatieven voor die locatie of dat tracé.

Art. 16.53 (milieugevolgen van het besluit)
1. Bij het nemen van een besluit als bedoeld in artikel 16.43, eerste lid, houdt het bevoegd gezag rekening met alle gevolgen die het project, waarop het besluit betrekking heeft, voor het milieu kan hebben.
2. Het bevoegd gezag kan:
a. aan een besluit, ongeacht de beperkingen die in de wettelijke regeling waarop het besluit berust, zijn gesteld, de voorschriften verbinden, die nodig zijn voor het beschermen van het milieu, waaronder voorschriften over monitoring,

Omgevingswet (toekomstig)   **A72**

b. beslissen dat het project niet wordt uitgevoerd als het uitvoeren van dat project kan leiden tot ontoelaatbare gevolgen voor het milieu.
3. Een besluit dat op grond van een andere wettelijke regeling wordt genomen, wordt als toepassing aan het tweede lid wordt gegeven, geacht op grond van die regeling te worden genomen.

Art. 16.53a (monitoring project-mer)
Bij algemene maatregel van bestuur worden regels gesteld over:
a. de monitoring van de mogelijk aanzienlijke milieueffecten van de uitvoering van het project, en
b. het nemen van passende herstellende maatregelen.

Art. 16.53b (grensoverschrijdende milieueffecten project-mer)
Bij algemene maatregel van bestuur worden regels gesteld over een project waarvoor een milieueffectrapport moet worden gemaakt en dat mogelijk aanzienlijke grensoverschrijdende milieueffecten heeft, met inbegrip van de situatie dat Nederland deze grensoverschrijdende milieueffecten ondervindt.

AFDELING 16.4A
PASSENDE BEOORDELING NATURA 2000

Art. 16.53c (passende beoordeling)
1. Voor een plan of een project als bedoeld in artikel 6, derde lid, van de habitatrichtlijn maakt het bestuursorgaan dat het plan vaststelt, de aanvrager van de betrokken omgevingsvergunning, of het bevoegd gezag voor het projectbesluit een passende beoordeling als bedoeld in artikel 6, derde lid, van die richtlijn, van de gevolgen voor het Natura 2000-gebied.
2. In afwijking van het eerste lid hoeft geen passende beoordeling te worden gemaakt, als:
a. het plan of het project een herhaling of voortzetting is van een ander plan of project, of
b. het plan deel uitmaakt van een ander plan, mits voor dat andere plan of project een passende beoordeling is gemaakt en een nieuwe passende beoordeling redelijkerwijs geen nieuwe gegevens en inzichten kan opleveren over de significante gevolgen van dat plan of project.

AFDELING 16.5
DE OMGEVINGSVERGUNNING

§ 16.5.1
Algemeen

Art. 16.54 (indienen aanvraag; ontvangstbevestiging)
1. De aanvraag om een omgevingsvergunning wordt ingediend bij het college van burgemeester en wethouders van de gemeente waar de activiteit of activiteiten geheel of in hoofdzaak zullen worden verricht. Als de aanvraag betrekking heeft op een of meer wateractiviteiten kan de aanvraag in plaats van bij het college ook worden ingediend bij het dagelijks bestuur van het waterschap waar de activiteit of activiteiten geheel of in hoofdzaak zullen worden verricht. Als een ander bestuursorgaan dan het college of het dagelijks bestuur het bevoegd gezag is, kan de aanvraag ook bij dat bestuursorgaan worden ingediend.
2. Als de aanvraag is ingediend bij het college van burgemeester en wethouders van de gemeente of het dagelijks bestuur van het waterschap, bedoeld in het eerste lid, terwijl een ander bestuursorgaan het bevoegd gezag is, wordt voor de toepassing van deze afdeling als de dag van ontvangst aangemerkt de dag van ontvangst bij het college of het dagelijks bestuur.
3. Het bestuursorgaan waarbij de aanvraag is ingediend, zendt de aanvrager onverwijld een bewijs van ontvangst, waarin de dag van ontvangst van de aanvraag wordt vermeld. In afwijking van artikel 14, eerste lid, aanhef en onder b, van de Dienstenwet, geeft dit bestuursorgaan ten aanzien van het bewijs van ontvangst ook uitvoering aan de in dat artikelonderdeel gestelde verplichting berichten te verzenden via het centraal loket, bedoeld in die wet. Artikel 29 van de Dienstenwet is niet van toepassing.
4. Het bestuursorgaan dat het bevoegd gezag is, deelt de aanvrager dit na ontvangst van de aanvraag zo spoedig mogelijk mee. In de mededeling worden ook vermeld:
a. de procedure ter voorbereiding van het besluit,
b. de beslistermijn die van toepassing is,
c. de tegen het besluit openstaande rechtsmiddelen.
5. Dit artikel is van overeenkomstige toepassing op een aanvraag om wijziging van de voorschriften van een omgevingsvergunning of om intrekking van een omgevingsvergunning.

Art. 16.55 (aanvraagvereisten)
1. Bij algemene maatregel van bestuur kunnen nadere regels worden gesteld over de wijze van indienen van de aanvraag om een omgevingsvergunning.
2. Bij ministeriële regeling worden regels gesteld over de door de aanvrager te verstrekken gegevens en bescheiden.

3. Voor een aanvraag om een omgevingsvergunning voor een activiteit als bedoeld in artikel 5.3 of 5.4 kunnen in de waterschapsverordening respectievelijk de omgevingsverordening ook regels worden gesteld over de door de aanvrager te verstrekken gegevens en bescheiden.
4. Voor een aanvraag om een omgevingsvergunning voor een omgevingsplanactiviteit kunnen in het omgevingsplan ook regels worden gesteld over de door de aanvrager te verstrekken gegevens en bescheiden.
5. De gegevens en bescheiden, bedoeld in het tweede tot en met vierde lid, behoeven niet te worden verstrekt voor zover het bevoegd gezag al over die gegevens of bescheiden beschikt.
6. Op grond van het tweede lid worden in ieder geval regels gesteld over het bij de aanvraag verstrekken van gegevens over participatie van en overleg met derden.
7. De gemeenteraad kan gevallen van activiteiten aanwijzen waarin participatie van en overleg met derden verplicht is voordat een aanvraag om een omgevingsvergunning voor een buitenplanse omgevingsplanactiviteit waarvoor het college van burgemeester en wethouders bevoegd gezag is, kan worden ingediend.

Art. 16.56 (overleggen gegevens en bescheiden in verband met actualisering omgevingsvergunning)
1. De vergunninghouder verschaft op verzoek van het bevoegd gezag aan dat bevoegd gezag gegevens en bescheiden die nodig zijn voor:
   a. het met toepassing van artikel 5.38 bezien of de voorschriften van de vergunning nog toereikend zijn gezien de ontwikkelingen van de technische mogelijkheden tot het beschermen van het milieu en de ontwikkelingen met betrekking tot de kwaliteit van het milieu,
   b. het naar aanleiding van de toepassing van artikel 5.38 wijzigen van de voorschriften van een omgevingsvergunning, bedoeld in artikel 5.42, tweede lid.
2. Artikel 16.55, vijfde lid, is van overeenkomstige toepassing.

Art. 16.57 (kennisgeving aanvraag)
Het bevoegd gezag geeft bij toepassing van afdeling 4.1 of 3.4 van de Algemene wet bestuursrecht ook onverwijld kennis van de aanvraag om een omgevingsvergunning op de in artikel 12 van de Bekendmakingswet bepaalde wijze. Daarbij wordt de dag van ontvangst van de aanvraag vermeld.

Art. 16.58 (beslissing over kerkelijk rijksmonument)
1. Voor zover de aanvraag om een omgevingsvergunning betrekking heeft op een rijksmonumentenactiviteit en het rijksmonument of voorbeschermde rijksmonument een kerkelijk monument is als bedoeld in artikel 1.1 van de Erfgoedwet, neemt het bevoegd gezag pas een beslissing na overleg met de eigenaar.
2. Voor zover het gaat om een beslissing waarbij wezenlijke belangen van het belijden van de godsdienst of levensovertuiging in dat monument in het geding zijn, beslist het bevoegd gezag alleen in overeenstemming met de eigenaar.

Art. 16.59-16.60
[Vervallen]

Art. 16.61 (begin beslistermijn)
Als een beslissing op de aanvraag om een omgevingsvergunning wordt aangehouden, wordt voor de toepassing van artikel 16.64, eerste lid, voor dat wet of artikel 3:18, eerste lid, van de Algemene wet bestuursrecht in plaats van de dag van ontvangst van de aanvraag uitgegaan van de dag waarop de aanhouding eindigt.

§ 16.5.2
Reguliere voorbereidingsprocedure

Art. 16.62 (toepassingsbereik reguliere voorbereidingsprocedure)
1. Deze paragraaf is van toepassing op de voorbereiding van de beslissing op een aanvraag om een omgevingsvergunning, tenzij paragraaf 16.5.3 daarop van toepassing is.
2. Deze paragraaf is van overeenkomstige toepassing op de voorbereiding van de beslissing op een aanvraag om wijziging van de voorschriften van een omgevingsvergunning of om intrekking van een omgevingsvergunning, tenzij paragraaf 16.5.3 daarop van toepassing is.
3. Op de voorbereiding van de beslissing op een aanvraag om een omgevingsvergunning of op een wijziging of intrekking daarvan kan het bevoegd gezag afdeling 3.4 van de Algemene wet bestuursrecht niet bij besluit van toepassing verklaren, tenzij het gaat om een beslissing als bedoeld in artikel 16.65, vierde lid.

Art. 16.63 Vervallen

Art. 16.64 (beslistermijn en kennisgeving)
1. Het bevoegd gezag beslist op de aanvraag om een omgevingsvergunning binnen acht weken of, als de voorgenomen beslissing op de aanvraag instemming als bedoeld in artikel 16.16 behoeft, binnen twaalf weken na ontvangst van de aanvraag.
2. Het bevoegd gezag kan de beslistermijnen, bedoeld in het eerste lid, eenmaal met ten hoogste zes weken verlengen. Dit besluit wordt bekendgemaakt binnen de beslistermijn.

Omgevingswet (toekomstig)   A72

3. Tegelijkertijd met of zo spoedig mogelijk na de bekendmaking van het besluit op de aanvraag om een omgevingsvergunning geeft het bevoegd gezag kennis van dat besluit op de in artikel 12 van de Bekendmakingswet bepaalde wijze.
4. Met toepassing van artikel 28, eerste lid, laatste zinsnede, van de Dienstenwet is paragraaf 4.1.3.3 van de Algemene wet bestuursrecht niet van toepassing op de voorbereiding van de beslissing op de aanvraag.

Art. 16.64a (kennisgeving)
1. Als het bevoegd gezag naar aanleiding van de aanvraag om een omgevingsvergunning van oordeel is dat geen omgevingsvergunning nodig is, wordt dat vermeld in de kennisgeving, bedoeld in artikel 16.64, derde lid.
2. Als het gaat om een besluit tot verlening van een omgevingsvergunning voor een buitenplanse omgevingsplanactiviteit, wordt dat vermeld in de kennisgeving, bedoeld in artikel 16.64, derde lid.

§ 16.5.3
Toepassing afdeling 3.4 Algemene wet bestuursrecht

Art. 16.65 (toepassing afdeling 3.4 Algemene wet bestuursrecht)
1. Afdeling 3.4 van de Algemene wet bestuursrecht is van toepassing op de voorbereiding van de beslissing op de aanvraag om een omgevingsvergunning:
a. als de aanvraag geheel of gedeeltelijk betrekking heeft op bij algemene maatregel van bestuur aangewezen gevallen van activiteiten, of
b. op verzoek of met instemming van de aanvrager.
2. Deze paragraaf is van overeenkomstige toepassing op de voorbereiding van de beslissing:
a. op een aanvraag om wijziging van de voorschriften van een omgevingsvergunning of om intrekking van een omgevingsvergunning,
b. tot ambtshalve wijziging van de voorschriften van een omgevingsvergunning of tot ambtshalve intrekking van een omgevingsvergunning.
3. Bij algemene maatregel van bestuur als bedoeld in het eerste lid, aanhef en onder a, worden in ieder geval aangewezen gevallen van activiteiten ter uitvoering van het verdrag van Aarhus.
4. Het bevoegd gezag kan afdeling 3.4 van de Algemene wet bestuursrecht bij besluit van toepassing verklaren op de voorbereiding van de beslissing op een aanvraag om een omgevingsvergunning voor een buitenplanse omgevingsplanactiviteit:
a. als het gaat om een activiteit die aanzienlijke gevolgen heeft of kan hebben voor de fysieke leefomgeving, en
b. waartegen naar verwachting verschillende belanghebbenden bedenkingen zullen hebben.
5. Als toepassing wordt gegeven aan het vierde lid, stelt het bevoegd gezag, voorafgaand aan het nemen van het besluit, de aanvrager in de gelegenheid zijn zienswijze daarover naar voren te brengen.

Art. 16.66 (aanvullende bepalingen)
1. Bij de toepassing van afdeling 3.4 van de Algemene wet bestuursrecht op de voorbereiding van de beslissing op de aanvraag om een omgevingsvergunning worden de volgende leden en artikel 16.67 in acht genomen.
2. Als een ander bestuursorgaan als bedoeld in artikel 16.54, eerste lid, tweede zin, het bevoegd gezag is, ligt het ontwerpbesluit, met de daarop betrekking hebbende stukken die redelijkerwijs nodig zijn voor een beoordeling van het ontwerpbesluit, ook ter inzage in de gemeente waar de activiteit of activiteiten geheel of in hoofdzaak zullen worden verricht.
3. De in artikel 3:18, tweede lid, van de Algemene wet bestuursrecht bedoelde redelijke termijn bedraagt ten hoogste zes weken. De termijn waarbinnen op de aanvraag wordt beslist, kan ten hoogste eenmaal worden verlengd. De verlenging en de duur daarvan worden, met inachtneming van de in artikel 3:18, tweede lid, van de Algemene wet bestuursrecht bedoelde termijn van acht weken, gemotiveerd aan de aanvrager meegedeeld. Artikel 31, vierde lid, van de Dienstenwet is niet van toepassing.
4. Als het bevoegd gezag naar aanleiding van de aanvraag om een omgevingsvergunning van oordeel is dat geen omgevingsvergunning nodig is, wordt dat vermeld in de kennisgeving, bedoeld in artikel 3:12 of 3:44 van de Algemene wet bestuursrecht.
5. Als het gaat om een ontwerpbesluit of besluit tot verlening van een omgevingsvergunning voor een buitenplanse omgevingsplanactiviteit, wordt dat vermeld in de kennisgeving, bedoeld in artikel 3:12 of 3:44 van de Algemene wet bestuursrecht.

Art. 16.67 (openbaarheid informatie)
1. Het bevoegd gezag stelt op verzoek van de aanvrager, voordat het stukken ter inzage legt die niet door de aanvrager zijn ingebracht, hem in de gelegenheid die stukken in te zien met het oog op toepassing van de artikelen 19.3 tot en met 19.5 van de Wet milieubeheer.

2. Tot deze stukken behoren niet de verslagen, bedoeld in artikel 3:17 van de Algemene wet bestuursrecht, en de afschriften van zienswijzen, die door anderen dan betrokken bestuursorganen naar voren zijn gebracht overeenkomstig artikel 3:15 van die wet.
3. Artikel 10 van de Wet openbaarheid van bestuur is niet van toepassing.

Art. 16.68 (uitzonderingen)
Het bevoegd gezag kan op een aanvraag om een omgevingsvergunning voor een activiteit die op grond van artikel 16.65 is aangewezen, afdeling 3.4 van de Algemene wet bestuursrecht en artikel 3:44 van die wet buiten toepassing laten als:
a. de aanvraag betrekking heeft op een activiteit waarvan de uitvoering door een bijzondere omstandigheid op korte termijn nodig is,
b. nationale veiligheidsbelangen dat vereisen, of
c. de uitvoering van een internationaalrechtelijke verplichting dat vereist.

Art. 16.69
[Vervallen]

AFDELING 16.6
PROJECTPROCEDURE

§ 16.6.1
Voorkeursbeslissing

Art. 16.70 (toepassing afdeling 3.4 Algemene wet bestuursrecht)
Afdeling 3.4 van de Algemene wet bestuursrecht is van toepassing op de voorbereiding van een voorkeursbeslissing voor:
a. een projectbesluit,
b. het opnemen van regels in het omgevingsplan als bedoeld in artikel 5.55.

§ 16.6.2
Projectbesluit

Art. 16.71 (toepassing Algemene wet bestuursrecht)
1. Afdeling 3.4 van de Algemene wet bestuursrecht is van toepassing op de voorbereiding van:
a. een projectbesluit,
b. een besluit tot het buiten toepassing laten van regels als bedoeld in artikel 5.53, derde of vierde lid.
2. In afwijking van artikel 3:1, eerste lid, aanhef en onder b, van de Algemene wet bestuursrecht zijn de afdelingen 3.6 en 3.7 van die wet van toepassing op een besluit als bedoeld in het eerste lid, onder a of b.
3. Bij de bekendmaking van een projectbesluit of van een besluit tot uitvoering van een projectbesluit wordt de bijzondere regeling over het aanvoeren van gronden van het beroep, bedoeld in artikel 16.86, vermeld.

Art. 16.72 (goedkeuring projectbesluit waterschap)
1. Een door het dagelijks bestuur van het waterschap genomen projectbesluit behoeft de goedkeuring van gedeputeerde staten van de provincie waar dat besluit wordt uitgevoerd. Als het project in meer dan een provincie ligt, beslissen gedeputeerde staten van de provincie waar het project in hoofdzaak zal worden uitgevoerd over de goedkeuring.
2. Op de goedkeuring van een projectbesluit is artikel 10:31, tweede tot en met vierde lid, van de Algemene wet bestuursrecht niet van toepassing.

Art. 16.73 (afwijzing aanvraag om projectbesluit vast te stellen)
Artikel 16.71 is niet van toepassing op de afwijzing van een aanvraag om een projectbesluit vast te stellen.

Art. 16.74
[Vervallen]

AFDELING 16.6A
KOSTENVERHAALSBESCHIKKING

Art. 16.75 (aanhoudingsregeling kostenverhaalsbeschikking)
1. De beslissing op een aanvraag om een beschikking als bedoeld in artikel 13.18, eerste lid, wordt aangehouden als voor de in de aanvraag bedoelde te verrichten activiteit het omgevingsplan, de omgevingsvergunning voor een buitenplanse omgevingsplanactiviteit, voor zover sprake is van een activiteit die in strijd is met een in het omgevingsplan aan een locatie toegedeelde functie of het projectbesluit nog niet onherroepelijk is.
2. De aanhouding duurt totdat het betrokken besluit onherroepelijk is.
3. In afwijking van het eerste lid kan het bevoegd gezag de beschikking geven als:

a. een ingesteld beroep tegen de in het eerste lid bedoelde besluiten geen gevolgen kan hebben voor de beoordeling van de kostenverhaalplichtige activiteit of van de aan de omgevingsvergunning voor een omgevingsplanactiviteit voor die activiteit te verbinden voorschriften, of
b. deze gevolgen volgens het bestuursorgaan niet opwegen tegen het belang dat met het geven van de beschikking is gediend.

Art. 16.76 (zienswijze kostenverhaalsbeschikking)
Voordat het bestuursorgaan een beschikking als bedoeld in artikel 13.18, eerste lid, geeft, stelt het de aanvrager in de gelegenheid zijn zienswijze naar voren te brengen.

AFDELING 16.7
BESLISTERMIJN, BEKENDMAKING, INWERKINGTREDING EN BEROEP

§ 16.7.1
Beslistermijn

Art. 16.77 (opschorting beslistermijn)
Als een beslissing op een aanvraag om een besluit op grond van deze wet of een besluit tot wijziging daarvan niet kan worden genomen dan nadat is voldaan aan een internationaalrechtelijke verplichting, wordt de termijn voor het nemen van dat besluit opgeschort tot de voor die verplichting geldende procedure is afgerond.

Art. 16.77aa
Als toepassing wordt gegeven aan artikel 13.20, lid 3a, wordt op een verzoek om een eindafrekening uiterlijk beslist op een in het omgevingsplan, de omgevingsvergunning, bedoeld in artikel 13.14, derde lid, onder a, of het projectbesluit bepaald tijdstip.

Art. 16.77a (opschorting beslistermijn Natura 2000-activiteit bij compenserende maatregelen)
Als een beslissing op een aanvraag om een omgevingsvergunning voor een Natura 2000-activiteit niet kan worden genomen dan nadat de aanvrager de aanvraag heeft aangevuld met gegevens die nodig zijn om te beoordelen of is voldaan aan artikel 6, vierde lid, van de habitatrichtlijn, wordt de termijn voor het nemen van dat besluit opgeschort tot de dag waarop de aanvraag is aangevuld of de daarvoor gestelde termijn ongebruikt is verstreken.

§ 16.7.2
Bekendmaking en inwerkingtreding

Art. 16.77b (bekendmaking omgevingsplan, omgevingsvisie en programma)
1. Een omgevingsplan wordt niet eerder bekendgemaakt dan nadat twee weken zijn verstreken sinds de dag waarop het omgevingsplan is vastgesteld, tenzij:
a. gedeputeerde staten over het ontwerp van het omgevingsplan geen zienswijzen naar voren hebben gebracht,
b. ten opzichte van het ontwerp van het omgevingsplan geen wijzigingen zijn aangebracht, of
c. gedeputeerde staten hebben bepaald dat het omgevingsplan eerder ter inzage mag worden gelegd.
2. Artikel 3:42 van de Algemene wet bestuursrecht is van overeenkomstige toepassing op een omgevingsvisie en een programma als bedoeld in de paragrafen 3.2.2 tot en met 3.2.4.

Art. 16.78 (inwerkingtreding omgevingsplan en projectbesluit)
1. Een omgevingsplan treedt in werking met ingang van de dag waarop vier weken zijn verstreken sinds de dag waarop het besluit bekend is gemaakt, tenzij in het omgevingsplan een later tijdstip is bepaald.
2. Een besluit als bedoeld in artikel 16.21 treedt tegelijk in werking met het omgevingsplan waarop het betrekking heeft.
3. Een projectbesluit treedt in werking met ingang van de dag waarop vier weken zijn verstreken sinds de dag waarop het besluit bekend is gemaakt. Als eerdere inwerkingtreding volgens het bevoegd gezag vanwege spoedeisende omstandigheden nodig is, kan het bevoegd gezag bepalen dat het projectbesluit eerder in werking treedt.
4. In afwijking van het derde lid treedt een projectbesluit van het dagelijks bestuur van het waterschap in werking met ingang van de dag waarop vier weken zijn verstreken sinds de dag waarop het besluit over goedkeuring is bekendgemaakt.
5. Een besluit tot vaststelling van geluidproductieplafonds als omgevingswaarden als bedoeld in de artikelen 2.12a, eerste lid, 2.13a, eerste lid, en 2.15, tweede lid, treedt in werking met ingang van de dag waarop vier weken zijn verstreken sinds de dag waarop het besluit is bekendgemaakt. Als eerdere inwerkingtreding volgens het bevoegd gezag vanwege spoedeisende omstandigheden nodig is, kan het bevoegd gezag bepalen dat het besluit eerder in werking treedt.

Art. 16.78a (bijzondere bepalingen jachtgeweeractiviteiten)
1. In afwijking van artikel 3:41, eerste lid, van de Algemene wet bestuursrecht, wordt een omgevingsvergunning voor een jachtgeweeractiviteit aan degene aan wie zij wordt verleend, in persoon uitgereikt.

Art. 16.79 (inwerkingtreding omgevingsvergunning)
1. Een omgevingsvergunning treedt in werking met ingang van de dag na de dag waarop:
a. het besluit is bekendgemaakt, of
b. als het besluit is voorbereid met toepassing van afdeling 3.4 van de Algemene wet bestuursrecht: het besluit overeenkomstig artikel 3:44, eerste lid, onder a, van die wet ter inzage is gelegd.
2. In afwijking van het eerste lid bepaalt het bevoegd gezag in de omgevingsvergunning dat die in werking treedt met ingang van de dag waarop vier weken zijn verstreken sinds de dag van bekendmaking of terinzagelegging als naar zijn oordeel:
a. het verrichten van de activiteit die de omgevingsvergunning mogelijk maakt binnen die vier weken kan leiden tot een wijziging van een bestaande toestand die niet kan worden hersteld, en
b. de regels over het verlenen van de omgevingsvergunning ertoe strekken die bestaande toestand te beschermen.
3. Bij algemene maatregel van bestuur kunnen gevallen van activiteiten worden aangewezen, waarin het bevoegd gezag in ieder geval toepassing geeft aan het tweede lid.
4. Als binnen de termijn, bedoeld in het tweede lid, bij de bevoegde rechter een verzoek om voorlopige voorziening is gedaan, treedt de omgevingsvergunning niet in werking voordat op het verzoek is beslist. Belanghebbenden die door de opschorting rechtstreeks in hun belang worden getroffen, kunnen de voorzieningenrechter verzoeken de opschorting op te heffen of te wijzigen.
5. Als het eerder in werking treden van een omgevingsvergunning volgens het bevoegd gezag vanwege spoedeisende omstandigheden nodig is, kan het in afwijking van het tweede lid bepalen dat het besluit eerder in werking treedt en het vierde lid niet van toepassing is.
6. Dit artikel is van overeenkomstige toepassing op een besluit tot wijziging van de voorschriften van een omgevingsvergunning of tot intrekking van een omgevingsvergunning.

Art. 16.80 (aanvullende inwerkingtredingsbepaling vanwege Kernenergiewet)
Onverminderd artikel 16.79 treedt een omgevingsvergunning voor een bouwactiviteit of een omgevingsplanactiviteit bestaande uit een bouwactiviteit of het in stand houden van een bouwwerk, als die activiteit ook is aan te merken als het oprichten of wijzigen van een inrichting waarvoor een vergunning als bedoeld in artikel 15, aanhef en onder b, van de Kernenergiewet is vereist, niet eerder in werking dan nadat laatstbedoelde vergunning in werking is getreden.

Art. 16.81 Vervallen

Art. 16.82 (aanvullende inwerkingtredingsbepaling vanwege doelmatige uitvoering en handhaving)
Bij algemene maatregel van bestuur kunnen, als dat nodig is in het belang van een doelmatige uitvoering en handhaving, gevallen worden aangewezen waarin een omgevingsvergunning voor een bouwactiviteit of een omgevingsplanactiviteit bestaande uit een bouwactiviteit of het in stand houden van een bouwwerk, onverminderd artikel 16.79, niet eerder in werking treedt dan nadat een omgevingsvergunning voor een andere activiteit in werking is getreden.

Art. 16.82a (inschrijving en ingaan voorkeursrecht)
1. Nadat een voorkeursrechtbeschikking is bekendgemaakt, kan de beschikking binnen vier dagen worden ingeschreven in de openbare registers.
2. Het voorkeursrecht gaat in op het tijdstip waarop de beschikking is ingeschreven.

Art. 16.82b (bekendmaking inrichtingsbesluit)
1. De bekendmaking van een inrichtingsbesluit vindt plaats met toepassing van artikel 3:42, tweede lid, van de Algemene wet bestuursrecht.
2. Als het inrichtingsbesluit voorziet in de toedeling van eigendom, bedoeld in artikel 12.8, eerste lid, onder a, c of d, of in de toedeling van beheer en onderhoud, bedoeld in artikel 12.8, eerste lid, onder b, c of d, wordt het inrichtingsbesluit ook toegezonden of uitgereikt aan de belanghebbenden tot wie het is gericht.

Art. 16.82c (inwerkingtreding besluiten in verband met inrichten gebieden)
1. Een besluit tot het tijdelijk in gebruik geven als bedoeld in artikel 12.21, eerste lid, en een ruilbesluit treden in werking met ingang van de dag waarop:
a. de beroepstermijn is verstreken,
b. als beroep is ingesteld: op het beroep is beslist en, voor zover het beroep een ruilbesluit betreft, de termijn voor het instellen van beroep in cassatie is verstreken, of
c. als beroep in cassatie is ingesteld: op het beroep in cassatie is beslist en, als de Hoge Raad het geding heeft verwezen, de rechter waarnaar is verwezen, uitspraak heeft gedaan.
2. Een besluit geldelijke regelingen treedt in werking met ingang van de dag waarop de beroepstermijn is verstreken of, als beroep is ingesteld, waarop op het beroep is beslist.

Omgevingswet (toekomstig)

§ 16.7.3
Beroep

Art. 16.83 (ondergeschikte wijzigingen aangevochten besluit)
Als tegen een besluit dat is voorbereid met toepassing van afdeling 3.4 van de Algemene wet bestuursrecht beroep aanhangig is, kan die afdeling, voor zover niet in strijd met internationaalrechtelijke verplichtingen, buiten toepassing worden gelaten op de voorbereiding van een besluit tot wijziging van dat besluit, als het gaat om een wijziging van ondergeschikte aard.

Art. 16.84 (reikwijdte beroep na toepassing artikel 16.7, eerste lid, aanhef en onder b)
1. Als nadat toepassing is gegeven aan artikel 16.7, eerste lid, aanhef en onder b, uitsluitend beroep is ingesteld tegen de beslissing op de aanvraag om één van de omgevingsvergunningen, heeft het beroep ook betrekking op de beslissing op de aanvraag om de andere omgevingsvergunning, voor zover het beroep betrekking heeft op de samenhang tussen beide omgevingsvergunningen.
2. Het eerste lid is van overeenkomstige toepassing op het beroep tegen beslissingen op een aanvraag om wijziging van de voorschriften van een omgevingsvergunning en tegen beslissingen tot ambtshalve wijziging van die voorschriften als bedoeld in artikel 16.7, eerste lid, onder b.

Art. 16.85 (bundeling beroep)
1. Voor de mogelijkheid van beroep wordt een besluit tot het verlenen van een ontheffing op grond van artikel 2.32 geacht deel uit te maken van het besluit waarover de regel waarvan ontheffing is verzocht, is gesteld.
2. Voor de mogelijkheid van beroep wordt:
a. een instructie, gegeven op grond van artikel 2.33 of 2.34, en
b. een besluit over instemming op grond van artikel 16.16, geacht deel uit te maken van het besluit waarop dat besluit betrekking heeft.

Art. 16.86 (beroepsgronden bij een projectbesluit of een uitvoeringsbesluit daarvan)
1. Bij het beroep tegen een projectbesluit en tegen besluiten ter uitvoering van een projectbesluit kunnen geen gronden worden aangevoerd na afloop van de termijn voor het instellen van beroep.
2. Bij het beroep tegen een besluit tot uitvoering van een projectbesluit kunnen geen gronden worden aangevoerd die betrekking hebben op het projectbesluit waarop dat besluit berust.
3. In afwijking van artikel 6:6 van de Algemene wet bestuursrecht wordt het beroep tegen een projectbesluit of tegen een besluit ter uitvoering van een projectbesluit niet-ontvankelijk verklaard als niet is voldaan aan artikel 6:5, eerste lid, onder d, van die wet, tenzij bij de bekendmaking van het besluit niet is voldaan aan artikel 16.71, derde lid, en redelijkerwijs niet kan worden geoordeeld dat de indiener van het beroepschrift in verzuim is geweest.

Art. 16.87 (rechterlijke beslistermijn bij projectprocedure)
1. Op beroepen tegen een projectbesluit of tegen een besluit over goedkeuring als bedoeld in artikel 16.72 beslist de Afdeling bestuursrechtspraak van de Raad van State binnen zes maanden na ontvangst van het verweerschrift.
2. In bijzondere omstandigheden kan de Afdeling de in het eerste lid genoemde termijn met ten hoogste drie maanden verlengen.
3. Op beroepen tegen een besluit ter uitvoering van een projectbesluit waarop op grond van artikel 16.7 afdeling 3.5 van de Algemene wet bestuursrecht van toepassing is, beslist de Afdeling binnen zes maanden na ontvangst van de verweerschriften.

Art. 16.87a (administratief beroep omgevingsvergunning voor jachtgeweeractiviteit)
1. Tegen een besluit dat alleen betrekking heeft op de weigering van een omgevingsvergunning voor een jachtgeweeractiviteit of op de intrekking van een vergunning op de in het tweede lid genoemde gronden, staat administratief beroep open bij Onze Minister van Justitie en Veiligheid.
2. De gronden, bedoeld in het eerste lid, zijn:
a. de vergunninghouder heeft misbruik gemaakt van wapens of munitie of van de bevoegdheid om wapens of munitie voorhanden te hebben, of
b. er zijn andere aanwijzingen dat aan de vergunninghouder het voorhanden hebben van wapens of munitie niet of niet langer kan worden toevertrouwd.

Art. 16.88 (beroep tegen besluit tot tijdelijk in gebruik geven, ruilbesluit en besluit geldelijke regelingen)
1. Tegen een besluit tot het tijdelijk in gebruik geven als bedoeld in artikel 12.21, eerste lid, een ruilbesluit en een besluit geldelijke regelingen kunnen belanghebbenden door indiening van een verzoek als bedoeld in artikel 261 van het Wetboek van Burgerlijke rechtsvordering in beroep komen bij de rechtbank binnen het rechtsgebied waarvan gedeputeerde staten hun zetel hebben. De artikelen 6:2, 6:7 tot en met 6:20 en 6:22 van de Algemene wet bestuursrecht zijn van overeenkomstige toepassing.
2. Het verzoekschrift wordt door de belanghebbende of zijn gemachtigde ondertekend.

3. Zodra het verzoekschrift is ingediend, zendt de griffier een afschrift daarvan aan gedeputeerde staten. Bij beroep tegen een ruilbesluit of een besluit geldelijke regelingen zenden gedeputeerde staten onverwijld aan de griffier:
a. een lijst van de belanghebbenden voor wie het ruilbesluit of het besluit geldelijke regelingen wordt gewijzigd als het beroep gegrond is,
b. een afschrift van de stukken waarop het ruilbesluit of het besluit geldelijke regelingen voor de indiener van het beroep is gebaseerd,
c. een afschrift van de over het ruilbesluit of het besluit geldelijke regelingen naar voren gebrachte zienswijzen, voor zover samenhangend met het beroep, en
d. afschriften van de overige op het ruilbesluit of het besluit geldelijke regelingen betrekking hebbende bescheiden die van belang zijn voor de beoordeling van het beroep.

Art. 16.89 (wijziging ruilbesluit en besluit geldelijke regelingen na oproeping)
1. De rechtbank beslist over de wijze waarop het ruilbesluit of het besluit geldelijke regelingen wordt gewijzigd na oproeping van de verzoeker, gedeputeerde staten en de belanghebbenden voor wie het ruilbesluit of het besluit geldelijke regelingen wordt gewijzigd als het beroep gegrond is. Belanghebbenden en gedeputeerde staten kunnen bij gemachtigde verschijnen.
2. Beroepen tegen het ruilbesluit en het besluit geldelijke regelingen worden gezamenlijk behandeld.

Art. 16.90 (eindbeschikking, hoger beroep en cassatie)
1. Tegen een beschikking van de rechtbank over een besluit tot het tijdelijk in gebruik geven als bedoeld in artikel 12.21, eerste lid, kan geen hoger beroep of beroep in cassatie worden ingesteld.
2. Tegen een beschikking van de rechtbank over het ruilbesluit of het besluit geldelijke regelingen kan geen hoger beroep worden ingesteld. Voor de belanghebbende die voor de rechtbank is verschenen en voor gedeputeerde staten staat beroep in cassatie open op grond van de artikelen 426 tot en met 429 van het Wetboek van Burgerlijke Rechtsvordering.
3. De griffier van de rechtbank of, in geval van cassatie, de griffier van de Hoge Raad zendt een afschrift van de beschikking aan de belanghebbenden die zijn opgeroepen in verband met het beroep tegen het ruilbesluit of het besluit geldelijke regelingen en ook aan gedeputeerde staten.
4. Zodra het afschrift van de beschikking van de rechtbank door gedeputeerde staten is ontvangen en die beschikking in kracht van gewijsde is gegaan, wijzigen gedeputeerde staten zo nodig het ruilbesluit of het besluit geldelijke regelingen op grond van die beschikking.

Art. 16.91
[Vervallen]

AFDELING 16.8
BEROEP VOORKEURSRECHT

Art. 16.92 (beroep)
1. Als beroep aanhangig is tegen een voorkeursrechtbeschikking van het college van burgemeester en wethouders en die beschikking vervalt omdat voor de onroerende zaak een voorkeursrechtbeschikking van de gemeenteraad in werking is getreden, wordt het beroep geacht te zijn gericht tegen de voorkeursrechtbeschikking van de gemeenteraad.
2. Het eerste lid is van overeenkomstige toepassing als het beroep gericht is tegen een voorkeursrechtbeschikking van gedeputeerde staten en die beschikking vervalt omdat voor de onroerende zaak een voorkeursrechtbeschikking van provinciale staten in werking is getreden

AFDELING 16.9
BEKRACHTIGINGSPROCEDURE ONTEIGENINGSBESCHIKKING

§ 16.9.1
Verzoek tot bekrachtiging

Art. 16.93 (verzoekschrift en stukken)
1. Het bestuursorgaan dat een onteigeningsbeschikking heeft gegeven, verzoekt de bestuursrechter deze te bekrachtigen.
2. Het verzoekschrift wordt ondertekend en bevat ten minste:
a. de naam en het adres van het bestuursorgaan,
b. de dagtekening,
c. een omschrijving van de onteigeningsbeschikking waarop het verzoek betrekking heeft.
3. Bij het verzoekschrift worden overgelegd:
a. een afschrift van de onteigeningsbeschikking.
b. de op de onteigeningsbeschikking betrekking hebbende stukken die redelijkerwijs nodig zijn voor de behandeling van het verzoek.

Omgevingswet (toekomstig)

Art. 16.94 (bevoegde rechter)
1. Het verzoek wordt ingediend bij de rechtbank binnen het rechtsgebied waarvan de voor onteigening aangewezen onroerende zaken liggen. Als de onroerende zaken in het rechtsgebied van meer dan een rechtbank liggen, is bevoegd de rechtbank binnen het rechtsgebied waarvan het bestuursorgaan zijn zetel heeft.
2. De artikelen 6:14, eerste lid, en 6:15, eerste en derde lid, van de Algemene wet bestuursrecht zijn van overeenkomstige toepassing.

Art. 16.95 (herstel verzuim)
Het verzoek kan niet-ontvankelijk worden verklaard als niet is voldaan aan artikel 16.93, tweede en derde lid, mits de verzoeker de gelegenheid heeft gehad het verzuim te herstellen binnen een hem daartoe gestelde termijn.

Art. 16.96 (verzoektermijn)
1. De termijn voor het indienen van een verzoekschrift bedraagt zes weken.
2. De termijn begint met ingang van de dag na die waarop de onteigeningsbeschikking overeenkomstig artikel 3:44, eerste lid, onder a, van de Algemene wet bestuursrecht ter inzage is gelegd en hiervan kennis is gegeven.
3. De artikelen 6:9 tot en met 6:11 van de Algemene wet bestuursrecht zijn van overeenkomstige toepassing.

§ 16.9.2
Vooronderzoek

Art. 16.97 (bedenkingen)
1. Belanghebbenden kunnen bij de rechtbank schriftelijk bedenkingen inbrengen tegen de onteigeningsbeschikking. Als belanghebbenden worden in ieder geval aangemerkt:
a. eigenaren,
b. erfpachters,
c. opstallers,
d. eigenaren van een heersend erf,
e. rechthebbenden op rechten van gebruik en bewoning,
f. rechthebbenden op rechten als bedoeld in artikel 150, vijfde lid, van de Overgangswet Nieuw Burgerlijk Wetboek,
g. bezitters,
h. huurkopers,
i. huurders, waaronder ook onderhuurders aan wie bevoegdelijk is onderverhuurd,
j. pachters, waaronder ook onderpachters aan wie bevoegdelijk is onderverpacht, en
k. schuldeisers die de nakoming van een verplichting als bedoeld in artikel 252 van Boek 6 van het Burgerlijk Wetboek kunnen vorderen.
2. De artikelen 6:5, eerste en derde lid, en 6:6 van de algemene wet bestuursrecht zijn van overeenkomstige toepassing.

Art. 16.98 (bedenkingentermijn)
1. De termijn voor het inbrengen van bedenkingen bedraagt zes weken.
2. De termijn begint met ingang van de dag na die waarop de onteigeningsbeschikking overeenkomstig artikel 3:44, eerste lid, onder a, van de Algemene wet bestuursrecht ter inzage is gelegd en hiervan kennis is gegeven.
3. Artikel 6:9 van de Algemene wet bestuursrecht is van overeenkomstige toepassing.
4. De rechtbank laat na afloop van de termijn ingebrachte bedenkingen niet op grond daarvan buiten beschouwing als redelijkerwijs niet kan worden geoordeeld dat de belanghebbende in verzuim is geweest.

Art. 16.99 (reactie verzoeker op bedenkingen)
1. Binnen vier weken nadat de rechtbank de bedenkingen aan het bestuursorgaan heeft verzonden, dient dit een reactie daarop in bij de rechtbank.
2. De rechtbank kan deze termijn verlengen.

Art. 16.100 (repliek en dupliek; schriftelijke uiteenzetting)
1. De rechtbank kan belanghebbenden die bedenkingen hebben ingebracht tegen de onteigeningsbeschikking in de gelegenheid stellen schriftelijk te repliceren. In dat geval wordt het bestuursorgaan in de gelegenheid gesteld schriftelijk te dupliceren. De rechtbank stelt de termijnen voor repliek en dupliek vast.
2. De rechtbank stelt andere partijen in de gelegenheid om ten minste eenmaal een schriftelijke uiteenzetting over de zaak te geven. De rechtbank stelt hiervoor een termijn vast.

§ 16.9.3
Versnelde behandeling

Art. 16.101 (aanvang en inhoud versnelde behandeling)
1. De rechtbank kan, als de zaak spoedeisend is, bepalen dat deze versneld wordt behandeld.
2. In dat geval kan de rechtbank:
a. de in artikel 16.99 bedoelde termijn verkorten,
b. artikel 16.100, tweede lid, geheel of gedeeltelijk buiten toepassing laten,
c. artikel 8:47, derde lid, van de Algemene wet bestuursrecht geheel of gedeeltelijk buiten toepassing laten,
d. in afwijking van artikel 16.113 de in artikel 8:47, vijfde lid, van de Algemene wet bestuursrecht bedoelde termijn verkorten,
e. in afwijking van artikel 16.113 de in artikel 8:58, eerste lid, van de Algemene wet bestuursrecht bedoelde termijn verkorten.
3. Als de rechtbank bepaalt dat de zaak versneld wordt behandeld, bepaalt zij ook zo spoedig mogelijk het tijdstip waarop de zitting zal plaatsvinden en doet zij daarvan onverwijld mededeling aan partijen. In afwijking van artikel 16.113 is artikel 8:56 van de Algemene wet bestuursrecht niet van overeenkomstige toepassing.

Art. 16.102 (beëindiging versnelde behandeling)
Blijkt aan de rechtbank bij de behandeling dat de zaak niet voldoende spoedeisend is om een versnelde behandeling te rechtvaardigen of dat de zaak een gewone behandeling vordert, dan bepaalt zij dat de zaak verder op de gewone wijze wordt behandeld.

§ 16.9.4
Vereenvoudigde behandeling

Art. 16.103 (uitspraak na vereenvoudigde behandeling)
1. Totdat partijen zijn uitgenodigd om op een zitting van de rechtbank te verschijnen, kan de rechtbank het onderzoek sluiten, als voortzetting van het onderzoek niet nodig is, omdat:
a. het verzoek kennelijk niet-ontvankelijk is,
b. het verzoek moet worden afgewezen omdat de onteigeningsbeschikking kennelijk niet kan worden bekrachtigd.
2. In de uitspraak na toepassing van het eerste lid worden partijen gewezen op artikel 16.104.

Art. 16.104 (verzet)
1. Tegen de uitspraak kan het bestuursorgaan verzet doen bij de rechtbank.
2. De artikelen 6:4, derde lid, 6:5 tot en met 6:9, 6:11, 6:14, 6:15, 6:17, 6:21 en 8:55, vierde tot en met tiende lid, van de Algemene wet bestuursrecht zijn van overeenkomstige toepassing.

§ 16.9.5
Uitspraak

Art. 16.105 (uitspraaktermijn)
1. Als er geen bedenkingen tegen de onteigeningsbeschikking zijn ingebracht, doet de rechtbank binnen zes maanden na afloop van de termijn, bedoeld in artikel 16.98, eerste lid, uitspraak op het verzoek tot bekrachtiging.
2. Als er bedenkingen tegen de onteigeningsbeschikking zijn ingebracht, doet de rechtbank binnen zes maanden na ontvangst van de reactie op de bedenkingen, bedoeld in artikel 16.99, eerste lid, uitspraak op het verzoek tot bekrachtiging.
3. Als krachtens artikel 16.113 artikel 8:51a of artikel 8:51d van de Algemene wet bestuursrecht wordt toegepast, doet de rechtbank in afwijking van het eerste of tweede lid:
a. binnen zes maanden na ontvangst van de reactie op de bedenkingen een tussenuitspraak, en
b. binnen zes maanden na verzending van de tussenuitspraak een einduitspraak.

Art. 16.106 (grondslag uitspraak, aanvullen rechtsgronden en feiten)
1. De rechtbank doet uitspraak op grondslag van het verzoekschrift, de basistoets, bedoeld in artikel 16.107, de bedenkingen die tegen de onteigeningsbeschikking zijn ingebracht, de overgelegde stukken, het verhandelde tijdens het vooronderzoek en het onderzoek ter zitting.
2. De rechtbank vult ambtshalve de rechtsgronden van de bedenkingen aan.
3. De rechtbank kan ambtshalve de feiten van de bedenkingen aanvullen.

Art. 16.107 (ambtshalve basistoets)
Ongeacht of tegen de onteigeningsbeschikking bedenkingen zijn ingebracht, wijst de rechtbank het verzoek in ieder geval af als:
a. de onteigeningsbeschikking niet volgens de wettelijke vormvoorschriften is voorbereid,
b. het onteigeningsbelang, bedoeld in artikel 11.5, onder a, ontbreekt, of
c. de noodzaak, bedoeld in artikel 11.5, onder b, ontbreekt, of

Omgevingswet (toekomstig) **A72**

d. de urgentie, bedoeld in artikel 11.5, onder c, ontbreekt.
Art. 16.108 (beslissingen uitspraak)
1. De uitspraak strekt tot:
a. onbevoegdverklaring van de rechtbank,
b. niet-ontvankelijkverklaring van het verzoek,
c. afwijzing van het verzoek, of
d. toewijzing van het verzoek.
2. Als de rechtbank het verzoek geheel of gedeeltelijk toewijst, bekrachtigt zij de onteigeningsbeschikking geheel of gedeeltelijk.
Art. 16.109 (inhoud uitspraak)
1. De schriftelijke uitspraak vermeldt:
a. de namen van partijen en van hun vertegenwoordigers of gemachtigden,
b. de gronden van de beslissing,
c. de beslissing,
d. de naam van de rechter of de namen van de rechters,
e. de dag waarop de beslissing is uitgesproken, en
f. door wie, binnen welke termijn en bij welke bestuursrechter welk rechtsmiddel kan worden aangewend.
2. De uitspraak wordt ondertekend door de voorzitter en de griffier. Bij verhindering van de voorzitter of de griffier wordt dit in de uitspraak vermeld.
Art. 16.110 (griffierecht verzoek)
1. De uitspraak houdt ook in dat van het bestuursorgaan een griffierecht wordt geheven.
2. Het griffierecht bedraagt het tarief, genoemd in artikel 8:41, tweede lid, onder c, van de Algemene wet bestuursrecht, vermeerderd met het tarief, genoemd in artikel 8:41, tweede lid, onder b, van die wet voor elk bedenkingengeschrift dat door een belanghebbende bij de rechtbank tegen de onteigeningsbeschikking is ingebracht.
Art. 16.111 (proceskostenvergoeding belanghebbenden)
De uitspraak houdt ook in dat het bestuursorgaan wordt veroordeeld in de kosten die een belanghebbende die een bedenking tegen de onteigeningsbeschikking heeft ingebracht, in verband met de behandeling van het verzoek naar aard en omvang redelijkerwijs heeft moeten maken.
Art. 16.112 (kosten minnelijk overleg en voorbereidingsprocedure onteigeningsprocedure)
De uitspraak houdt ook in dat het bestuursorgaan wordt veroordeeld in de kosten die de belanghebbende die een bedenking tegen de onteigeningsbeschikking heeft ingebracht, naar aard en omvang redelijkerwijs heeft moeten maken voor:
a. door een derde beroepsmatig verleende rechtsbijstand of andere deskundige bijstand voor het overleg over de minnelijke verwerving, bedoeld in artikel 11.7, eerste lid, en
b. door een derde beroepsmatig verleende rechtsbijstand of andere deskundige bijstand in verband met het naar voren brengen van een zienswijze en de behandeling daarvan bij de voorbereiding van de onteigeningsbeschikking.

§ 16.9.6
Overige bepalingen bekrachtigingsprocedure

Art. 16.113 (schakelbepaling)
1. Op een verzoek tot bekrachtiging van de onteigeningsbeschikking en de behandeling daarvan zijn de artikelen 6:9, 6:14, 6:17, 6:22, 8:10 tot en met 8:12, 8:15 tot en met 8:28, 8:29 tot en met 8:40a, 8:41a, 8:44 tot en met 8:51d, 8:56 tot en met 8:68, 8:76, 8:78, 8:79, 8:80a en 8:80b van de Algemene wet bestuursrecht van overeenkomstige toepassing.
2. Artikel 6:19 van de Algemene wet bestuursrecht is alleen van toepassing als toepassing is gegeven aan de artikelen 8:51a tot en met 8:51d van die wet.
Art. 16.114 (terinzagelegging uitspraak)
1. Het bestuursorgaan legt de uitspraak van de rechtbank op een verzoek als bedoeld in artikel 16.93 in de beschikking waarop de uitspraak betrekking heeft ter inzage.
2. De termijn van terinzagelegging bedraagt ten minste zes weken.
Art. 16.115 (kennisgeving uitspraak)
1. Voorafgaand aan de terinzagelegging geeft het bestuursorgaan kennis van de uitspraak door middel van:
a. toezending van de uitspraak aan de belanghebbenden aan wie de onteigeningsbeschikking op grond van artikel 3:41 van de Algemene wet bestuursrecht is bekendgemaakt, en
b. kennisgeving op de in artikel 12 van de Bekendmakingswet bepaalde wijze.
2. Bij de toezending vermeldt het bestuursorgaan waar en wanneer de uitspraak ter inzage zal liggen.

Art. 16.116 (griffierecht verzoek om herziening)
1. Van de indiener van een verzoek om een uitspraak op het verzoek tot bekrachtiging van een onteigeningsbeschikking te herzien wordt een griffierecht geheven.
2. Het griffierecht bedraagt:
   a. het tarief, bedoeld in artikel 8:41, eerste lid, onder b, van de Algemene wet bestuursrecht, als het verzoek is ingediend door een natuurlijke persoon,
   b. het tarief, bedoeld in artikel 8:41, eerste lid, onder c, van de Algemene wet bestuursrecht, als het verzoek anders dan door een natuurlijke persoon is ingediend.

AFDELING 16.10
HOGER BEROEP ONTEIGENINGSBESCHIKKING

Art. 16.117 (hoger beroep)
1. Een belanghebbende en het bestuursorgaan kunnen hoger beroep instellen tegen een uitspraak van de rechtbank op een verzoek als bedoeld in artikel 16.93.
2. Voor zover in deze afdeling niet anders is bepaald, zijn op het hoger beroep van overeenkomstige toepassing:
   a. afdeling 6.2 van de Algemene wet bestuursrecht, met uitzondering van de artikelen 6:12, 6:13, 6:20 en 6:24,
   b. de titels 8.1 tot en met 8.3 van de Algemene wet bestuursrecht, met uitzondering van de artikelen 8:1 tot en met 8:10, 8:41, tweede lid, 8:74 en 8:75, en
   c. de artikelen 8:104, tweede lid, aanhef en onder a, b en c, en derde lid, 8:105, 8:107, en 8:109 tot en met 8:118 van de Algemene wet bestuursrecht.

Art. 16.118 (hoger beroep belanghebbende na bedenkingen)
Geen hoger beroep kan worden ingesteld door een belanghebbende aan wie redelijkerwijs kan worden verweten dat hij geen bedenkingen tegen de onteigeningsbeschikking heeft ingebracht.

Art. 16.119 (griffierecht)
In afwijking van artikel 8:114, eerste lid, van de Algemene wet bestuursrecht houdt de uitspraak ook in dat het bestuursorgaan aan de belanghebbende die een hogerberoepschrift heeft ingediend, het door hem betaalde griffierecht vergoedt als het hoger beroep ongegrond wordt verklaard.

Art. 16.120 (proceskosten)
De uitspraak houdt ook in dat het bestuursorgaan wordt veroordeeld in de kosten die een belanghebbende in verband met de behandeling van het hoger beroep naar aard en omvang redelijkerwijs heeft moeten maken.

Art. 16.121 (uitspraaktermijn)
De hogerberoepsrechter doet uitspraak binnen zes maanden na afloop van de termijn waarbinnen andere partijen dan de indiener van het hogerberoepschrift een schriftelijke uiteenzetting over het hoger beroep konden geven.

AFDELING 16.11
GERECHTELIJKE VASTSTELLING VAN DE PRIJS BIJ VOORKEURSRECHT

Art. 16.122 (gerechtelijke vaststelling van prijs als bedoeld in artikel 9.16 en 9.18)
1. De rechtbank benoemt een of meer deskundigen die zo snel mogelijk aan de rechtbank advies uitbrengen over de prijs, bedoeld in de artikelen 9.16, eerste lid, en 9.18, eerste lid.
2. De rechtbank oordeelt over de prijs met overeenkomstige toepassing van de artikelen 15.21 tot en met 15.25.

Art. 16.123 (beschikking over prijs als bedoeld in artikel 9.16 en 9.18)
1. De rechtbank doet binnen zes maanden na ontvangst van het verzoek, bedoeld in artikel 9.16, eerste lid, bij beschikking uitspraak over het verzoek.
2. De rechtbank doet binnen zes maanden na ontvangst van het verzoek, bedoeld in artikel 9.18, eerste lid, bij beschikking uitspraak over het verzoek en bij toewijzing daarvan ook over de prijs. Zij beoordeelt of het redelijk is dat vervreemding aan de gemeente, de provincie of de Staat, vanwege bijzondere persoonlijke omstandigheden van de vervreemder achterwege zou blijven.
3. Tegen beschikkingen als bedoeld in het eerste en het tweede lid staat alleen beroep in cassatie open.
4. De kosten van de gerechtelijke procedure, het deskundigenadvies en de redelijkerwijs door de vervreemder voor rechtsbijstand en andere deskundige bijstand gemaakte kosten komen ten laste van de vervreemder. Als de rechtbank daarvoor aanleiding ziet in de omstandigheden van het geval, kan zij besluiten dat de kosten gedeeltelijk of geheel worden gecompenseerd.
5. Bij tussentijdse beëindiging van de gerechtelijke procedure, bedoeld in artikel 9.17 beslist de rechtbank bij beschikking over de toedeling van de kosten, bedoeld in het vierde lid.

AFDELING 16.12
BIJZONDERE PROCEDURES VOOR LANDINRICHTING

§ 16.12.1
Eigendom buiten herverkavelingsblok

Art. 16.124 (akte van toedeling)
1. Voor zover de toedeling van eigendom in een inrichtingsbesluit, bedoeld in artikel 12.8, eerste lid, onder a, c en d, betrekking heeft op onroerende zaken die buiten een herverkavelingsblok liggen, maakt een door gedeputeerde staten aan te wijzen notaris een akte voor de toedeling op.
2. De akte wordt opgemaakt op een door gedeputeerde staten te bepalen tijdstip dat ligt na bekendmaking van het inrichtingsbesluit.
3. De akte wordt ondertekend door de voorzitter van gedeputeerde staten en de secretaris, bedoeld in artikel 97 van de Provinciewet.
4. Door de inschrijving van de akte in de openbare registers gaat de daarin omschreven eigendom over volgens de in de akte neergelegde toedeling.
5. Als op grond van artikel 8:81 van de Algemene wet bestuursrecht een voorlopige voorziening is getroffen, is het eerste lid niet van toepassing zolang de werking van het inrichtingsbesluit door de uitspraak van de voorzieningenrechter is opgeschort.

§ 16.12.2
Eigendom en pachtverhoudingen binnen herverkavelingsblok

Art. 16.125 (tijdstip registratie pachtovereenkomst)
1. Gedeputeerde staten bepalen tot welk tijdstip bestaande pachtovereenkomsten bij hen ter registratie kunnen worden ingezonden.
2. Gedeputeerde staten bepalen tot welk tijdstip pachtovereenkomsten ter registratie kunnen worden ingezonden die na het tijdstip, bedoeld in het eerste lid, zijn aangegaan.
3. Van de registratie wordt door gedeputeerde staten een bewijs afgegeven.
4. Gedeputeerde staten bevestigen aan de wederpartij van degene die een pachtovereenkomst ter registratie heeft ingezonden, de ontvangst van de pachtovereenkomst.

Art. 16.126 (bedenkingen)
De wederpartij kan zijn bedenkingen tegen de registratie van de pachtovereenkomst schriftelijk inbrengen bij gedeputeerde staten binnen twee weken na de dagtekening van de ontvangstbevestiging, bedoeld in artikel 16.125, vierde lid.

Art. 16.127 (procedure pachtkamer of grondkamer)
1. Als bedenkingen kenbaar zijn gemaakt, stellen gedeputeerde staten partijen hiervan bij aangetekende brief in kennis.
2. Gedeputeerde staten delen daarbij mee dat binnen twee weken na de dagtekening van die brief aan gedeputeerde staten wordt gezonden:
a. een door beide partijen gewaarmerkte akte waaruit blijkt dat overeenstemming is verkregen, of
b. een door de griffier van de rechtbank gewaarmerkt afschrift van het verzoekschrift waarbij de meest gerede partij de beslissing van de pachtkamer van de rechtbank binnen het rechtsgebied waarvan de onroerende zaak geheel of grotendeels ligt, heeft verzocht.
3. Als gedeputeerde staten van mening zijn dat ten onrechte artikel 318, eerste lid, van Boek 7 van het Burgerlijk Wetboek niet in acht is genomen bij de ter registratie ingezonden pachtovereenkomst, dragen zij zo nodig partijen bij aangetekende brief op de beslissing van de grondkamer in te roepen en binnen vier weken na de dagtekening van die brief een door de secretaris van de grondkamer gewaarmerkt afschrift van het verzoekschrift in te zenden.
4. Als gedeputeerde staten van mening zijn dat artikel 317, eerste lid, van Boek 7 van het Burgerlijk Wetboek niet in acht is genomen bij de ter registratie ingezonden pachtovereenkomst, dragen zij zo nodig partijen bij aangetekende brief op de beslissing van de pachtkamer van de rechtbank in te roepen en binnen vier weken na de dagtekening van die brief een door de griffier van de rechtbank gewaarmerkt afschrift van het verzoekschrift in te zenden.
5. De grondkamer en de pachtkamer van de rechtbank en in beroep de Centrale Grondkamer en de pachtkamer van het gerechtshof Arnhem-Leeuwarden behandelen de verzoeken en vorderingen, bedoeld in het tweede tot en met vierde lid, vóór alle andere zaken.

Art. 16.128 (niet doorlopen procedure pachtkamer of grondkamer)
Als aan artikel 16.127 geen gevolg is gegeven, hoeft in het ruilbesluit met het bestaan van de pachtovereenkomst geen rekening te worden gehouden.

Art. 16.129 (kennisgeving kadaster)
Zodra het ruilbesluit onherroepelijk is, doen gedeputeerde staten hiervan mededeling door toezending van het ruilbesluit aan de Dienst voor het kadaster en de openbare registers.

Art. 16.130 (mededeling pachtverhoudingen)
Gedeputeerde staten delen zo spoedig mogelijk nadat het ruilbesluit onherroepelijk is geworden, aan de grondkamer mee welke pachtverhoudingen gehandhaafd, opgeheven of nieuw gevestigd zijn, onder vermelding van:
a. de namen en woonplaatsen van partijen in de pachtverhouding,
b. de onroerende zaken waarop deze betrekking hebben, en
c. hetgeen in het ruilbesluit is bepaald over de uit de gevestigde pachtverhoudingen voortvloeiende pachtovereenkomsten.

Art. 16.131 (ontwerppachtovereenkomst)
1. De grondkamer ontwerpt de pachtovereenkomsten die uit de nieuw gevestigde pachtverhoudingen voortvloeien en neemt daarin de in artikel 12.28 bedoelde bepalingen over de geldingsduur van die pachtovereenkomsten op.
2. Als een overeenkomst die geldt voor een kortere dan de wettelijke duur op grond van artikel 12.28 voor verlenging vatbaar zal zijn, tekent de grondkamer dit aan op de ontwerppachtovereenkomst.
3. De grondkamer zendt de ontwerppachtovereenkomsten aan hen die daarbij partij zullen zijn en stelt hen in de gelegenheid binnen vier weken na toezending de ondertekende overeenkomst aan de grondkamer te zenden. Betrokkenen kunnen de door hen overeengekomen pachtprijs en bijzondere bepalingen in de overeenkomst opnemen.
4. Op de in het derde lid bedoelde pachtovereenkomsten is titel 5 van Boek 7 van het Burgerlijk Wetboek van toepassing, waarbij de grondkamer niet treedt in de beoordeling van de bepalingen van de overeenkomst die voortvloeien uit de pachtverhouding zoals deze door het ruilbesluit is komen vast te staan.

Art. 16.132 (opmaking en ondertekening akte grondkamer)
1. Als partijen niet binnen de in artikel 16.131, derde lid, gestelde termijn tot inzending van de ondertekende pachtovereenkomst bij de grondkamer zijn overgegaan, maakt de grondkamer een akte in drievoud op, gelijkluidend aan de aan partijen gezonden ontwerppachtovereenkomst, en bepaalt daarin de pachtprijs.
2. De grondkamer ondertekent de akte en zendt een exemplaar daarvan aan elke partij.
3. De akte heeft dezelfde kracht als een tussen partijen gesloten, door de grondkamer goedgekeurde of ter registratie aangeboden pachtovereenkomst.

Art. 16.133 (beroep tegen beschikking grondkamer)
1. De opmaking en ondertekening van de akte door de grondkamer is een beschikking.
2. Partijen kunnen tegen de beschikking beroep instellen bij de Centrale Grondkamer.
3. De termijn voor het indienen van een beroepschrift bedraagt vier weken. De termijn vangt aan met ingang van de dag na die waarop de in artikel 16.132, tweede lid, bedoelde exemplaren van de akte zijn verzonden.
4. Bij de beslissing op een beroep kan de Centrale Grondkamer de akte wijzigen, met uitzondering van bepalingen die voortvloeien uit de pachtverhouding zoals deze door het ruilbesluit is komen vast te staan.

Art. 16.134 (wijzigen bestaande pachtovereenkomst als gevolg van herverkaveling)
1. Als een bestaande pachtovereenkomst in een gehandhaafde pachtverhouding moet worden gewijzigd of vervangen als gevolg van de herverkaveling, verzoekt de grondkamer partijen binnen vier weken een nieuwe overeenkomst ter goedkeuring of registratie aan de grondkamer te zenden. De grondkamer doet dat verzoek zo spoedig mogelijk na de mededeling van gedeputeerde staten, bedoeld in artikel 16.130.
2. De nieuwe overeenkomst eindigt op hetzelfde tijdstip als waarop de overeenkomst waarvoor zij in de plaats treedt, zou zijn geëindigd. Als laatstbedoelde overeenkomst voor de wettelijke duur gold, tekent de grondkamer voor zover van toepassing op de nieuwe overeenkomst aan dat deze voor verlenging vatbaar is.
3. Als niet binnen de in het eerste lid bedoelde termijn een overeenkomst ter goedkeuring of registratie is aangeboden, maakt de grondkamer een akte in drievoud op, inhoudende een gewijzigde of nieuwe pachtovereenkomst waarin de gevolgen van de herverkaveling voor de gehandhaafde pachtverhouding worden verwerkt. De artikelen 16.132, tweede lid, en 16.133 zijn van overeenkomstige toepassing.

Art. 16.135 (inwerkingtreding pachtovereenkomsten)
1. Pachtovereenkomsten die op grond van deze afdeling tot stand komen, treden in werking op het tijdstip waarop de in artikel 16.136 bedoelde herverkavelingsakte in de openbare registers wordt ingeschreven. Op hetzelfde tijdstip eindigen de pachtovereenkomsten waarvoor de eerstgenoemde pachtovereenkomsten in de plaats treden.
2. Het eerste lid is van overeenkomstige toepassing op de rechtsverhoudingen geregeld bij een akte als bedoeld in artikel 16.132 of artikel 16.134, derde lid.

Omgevingswet (toekomstig) **A72**

Art. 16.136 (inhoud herverkavelingsakte)
1. Zodra het ruilbesluit onherroepelijk is, maakt een door gedeputeerde staten aan te wijzen notaris de herverkavelingsakte op.
2. In de herverkavelingsakte worden opgenomen:
a. een verbeelding van het herverkavelingsblok met aanwijzing van de kavels, en, voor zover deze liggen binnen het herverkavelingsblok, de wegen, waterstaatswerken, gebieden en elementen waarvan de eigendom, het beheer of het onderhoud op grond van 12.8, eerste lid, zijn toegedeeld,
b. de in artikel 12.8 bedoelde toedeling van eigendom voor zover deze betrekking heeft op onroerende zaken die binnen het herverkavelingsblok liggen,
c. de hypotheken en de beslagen, die door de inschrijving van de herverkavelingsakte vervallen.
3. De kavels, wegen, waterstaatswerken en gebieden die op de in het tweede lid bedoelde verbeelding zijn afgebeeld en die daarop zijn voorzien van een nummer, worden in de herverkavelingsakte aangeduid met het nummer waarmee zij op die verbeelding voorkomen. Artikel 20, eerste lid, van de Kadasterwet is niet van toepassing voor zover het betreft het vermelden van de aard en de plaatselijke aanduiding, als die er is, van onroerende zaken.
4. De artikelen 18, eerste en vijfde lid, en 24, tweede lid, onder b, en vierde lid, tweede zin, van de Kadasterwet zijn van overeenkomstige toepassing op de herverkavelingsakte.

Art. 16.137 (inschrijving herverkavelingsakte)
1. De herverkavelingsakte wordt ondertekend door de voorzitter van gedeputeerde staten en de secretaris, bedoeld in artikel 97 van de Provinciewet.
2. De herverkavelingsakte geldt als titel voor de daarin omschreven rechten. Door de inschrijving in de openbare registers gaat de eigendom van de daarin omschreven onroerende zaken over en worden de beperkte rechten verkregen.
3. Op grond van de herverkavelingsakte wordt in de openbare registers bij elke hypothecaire inschrijving of bij elke inschrijving van een beslag aangetekend dat de hypotheek of het beslag in het vervolg zal rusten op de in de herverkavelingsakte aangewezen kavels of gedeelten daarvan, of op de rechten waaraan die kavels of gedeelten daarvan zijn onderworpen.
4. De bewaarder van het kadaster en de openbare registers tekent ambtshalve de door de inschrijving van de herverkavelingsakte niet meer bestaande inschrijvingen van de in artikel 16.136, tweede lid, onder c, bedoelde hypotheken en beslagen aan in de basisregistratie kadaster.
5. De bewaarder van het kadaster en de openbare registers zendt zo spoedig mogelijk aan elke eigenaar en elke beperkt gerechtigde van de onroerende zaak een kennisgeving van het resultaat van het bijhouden van de basisregistratie kadaster die op grond van de inschrijving van de herverkavelingsakte plaatsvindt. Hij vermeldt de dag van de verzending, de in de basisregistratie kadaster vermelde gegevens over de rechten, de rechthebbenden, bedoeld in de Kadasterwet, en de grootte en de kadastrale aanduiding van de onroerende zaak waarop de kennisgeving betrekking heeft. Artikel 56b van de Kadasterwet is niet van toepassing op het bijhouden, bedoeld in de eerste zin.

AFDELING 16.13
KENNISGEVING OVEREENKOMST KOSTENVERHAAL

Art. 16.138 (kennisgeving overeenkomst kostenverhaal)
Van de terinzagelegging van een overeenkomst als bedoeld in artikel 13.14, eerste lid, wordt binnen twee weken na het aangaan daarvan door het bevoegd gezag kennisgeven op de in artikel 12 van de Bekendmakingswet bepaalde wijze.

AFDELING 16.14
ALGEMENE DELEGATIEGRONDSLAGEN PROCEDURELE EN
VORMVEREISTEN

Art. 16.139 (delegatiegrondslag procedurele en vormvereisten)
1. Bij algemene maatregel van bestuur kunnen, voor zover daarin niet bij deze wet, bij de Algemene wet bestuursrecht, of bij of krachtens de Bekendmakingswet is voorzien, regels worden gesteld over de totstandkoming, vorm, structuur of toepassing van, of de op te nemen onderwerpen in:
a. besluiten op grond van deze wet,
b. omgevingsvisies, programma's als bedoeld in de paragrafen 3.2.2 tot en met 3.2.4, de documenten die voor het opstellen van programma's afzonderlijk worden vastgesteld, en plannen of programma's als bedoeld in paragraaf 16.4.1,
c. informatieverplichtingen op grond van artikel 4.3,
d. meldingen als bedoeld in artikel 4.4, eerste lid,
e. voornemens als bedoeld in artikel 5.47,
f. uitnodigingen tot onderhandeling als bedoeld in artikel 9.12, eerste lid,
g. informatieverplichtingen en berichten als bedoeld in artikel 16.1, tweede lid,

h. besluiten als bedoeld in artikel 16.43, eerste lid,
i. milieueffectrapporten en beoordelingen van de milieueffecten, bedoeld in artikel 16.36, vijfde lid, of 16.43, tweede lid,
j. kaarten als bedoeld in artikel 20.17,
k. monitoringsprogramma's als bedoeld in artikel 20.2, vierde lid.
2. Op grond van het eerste lid kunnen in ieder geval regels worden gesteld over de volgende onderwerpen:
a. hoe een aanvraag, melding of ander bericht wordt ingediend of gedaan, en hoe aan een andere informatieverplichting dan een melding moet worden voldaan,
b. bekendmaking en het doen van een mededeling aan derden,
c. kennisgeving, terinzagelegging en beschikbaarstelling,
d. participatie van en overleg met derden, waaronder raadpleging van bevoegde autoriteiten van andere staten,
e. coördinatie en samenwerking met bevoegde autoriteiten van andere staten,
f. uitvoering en uitvoerbaarheid,
g. evaluatie en actualisatie,
h. rapportage,
i. welke onderwerpen ten minste worden opgenomen,
j. de wijze waarop rechthebbenden van een gebouw instemmen met het treffen van maatregelen als bedoeld in artikel 2.43, eerste lid.
3. Bij ministeriële regeling kunnen, voor zover daarin niet bij of krachtens de Bekendmakingswet is voorzien, regels worden gesteld over:
a. het verstrekken van gegevens en bescheiden bij een aanvraag, melding, andere informatieverplichting of ander bericht als bedoeld in het eerste lid,
b. de toezending van gegevens en bescheiden aan derden,
c. de elektronische vormgeving van besluiten en andere rechtsfiguren op grond van deze wet of van documenten en de wijze van beschikbaarstelling daarvan,
d. het model dat wordt gebruikt voor het nemen van daarbij aangewezen besluiten op grond van deze wet.
4. Op grond van het derde lid worden in ieder geval regels gesteld over de bij de aanvraag om een gedoogplichtbeschikking te verstrekken gegevens en bescheiden.

Art. 16.140 (implementatie internationaalrechtelijke verplichtingen)
Op grond van artikel 16.139 worden in ieder geval regels gesteld ter uitvoering van:
a. de grondwaterrichtlijn,
b. de habitatrichtlijn,
c. de kaderrichtlijn water,
d. de kaderrichtlijn mariene strategie,
e. de kaderrichtlijn maritieme ruimtelijke planning,
f. de mer-richtlijn,
g. de nec-richtlijn,
h. richtlijn industriële emissies,
i. de richtlijn luchtkwaliteit,
j. de richtlijn omgevingslawaai,
k. de richtlijn overstromingsrisico's,
l. de richtlijn prioritaire stoffen,
m. het SEA-protocol,
n. de Seveso-richtlijn,
o. de smb-richtlijn,
p. de richtlijn winningsafval,
q. het verdrag van Espoo,
r. het verdrag van Granada,
s. het verdrag van Valletta,
t. de zwemwaterrichtlijn.

HOOFDSTUK 17
ADVIESORGANEN EN ADVISEURS

AFDELING 17.1
ADVIESORGANEN OP RIJKSNIVEAU

§ 17.1.1
Algemene bepalingen

Art. 17.1 (toepassing)
Deze paragraaf is van toepassing op de op grond van deze afdeling ingestelde adviesorganen.

Adviesorganen en adviseurs

Art. 17.2 (samenstelling, benoeming leden, werkwijze en ondersteuning adviesorganen)
1. Onze Minister van Infrastructuur en Waterstaat of Onze Minister die het aangaat benoemt en ontslaat de voorzitter en leden van een adviesorgaan. De voorzitter en leden kunnen voorts zelf ontslag nemen door schriftelijke kennisgeving aan de betrokken minister.
2. De artikelen 11, tweede lid, 12, 15, 16, 19 tot en met 21, en 29 van de Kaderwet adviescolleges zijn van overeenkomstige toepassing op adviesorganen.

Art. 17.3 (nadere regels)
Bij algemene maatregel van bestuur kunnen nadere regels worden gesteld over de samenstelling, inrichting en werkwijze van een adviesorgaan.

Art. 17.4 (reglement van orde)
Als toepassing is gegeven aan artikel 21 van de Kaderwet adviescolleges, zendt het adviesorgaan het reglement aan Onze Minister van Infrastructuur en Waterstaat of Onze Minister die het aangaat.

§ 17.1.2
Adviesorganen

Art. 17.5 (instelling Commissie voor de milieueffectrapportage)
1. Er is een Commissie voor de milieueffectrapportage die tot taak heeft het advies, bedoeld in de artikelen 16.39 en 16.47, uit te brengen.
2. De taak, bedoeld in het eerste lid, wordt uitsluitend uitgeoefend door personen die niet rechtstreeks betrokken zijn, zullen zijn, of zijn geweest bij:
a. een plan of programma als bedoeld in artikel 16.34, bij de voorbereiding waarvan het milieueffectrapport wordt of zou moeten worden gemaakt,
b. een besluit voor een project als bedoeld in artikel 16.43, bij de voorbereiding waarvan het milieueffectrapport wordt of zou moeten worden gemaakt, of
c. een voorgenomen activiteit, alsmede van de in beschouwing te nemen redelijke alternatieven daarvoor, bij de voorbereiding waarvan het milieueffectrapport wordt of zou moeten worden gemaakt.
3. Bij algemene maatregel van bestuur worden nadere regels gesteld over de Commissie voor de milieueffectrapportage.
4. In afwijking van artikel 17.2, tweede lid, zijn de artikelen 15, vijfde lid, en 20 van de Kaderwet adviescolleges niet van toepassing op de Commissie voor de milieueffectrapportage.

Art. 17.5a (instelling wetenschappelijke autoriteit CITES)
Er is een wetenschappelijke autoriteit CITES, die fungeert als wetenschappelijke autoriteit als bedoeld in artikel 13, tweede lid, van de cites-basisverordening.

Art. 17.6 (grondslag voor instelling overige adviesorganen)
Bij algemene maatregel van bestuur kunnen adviesorganen worden ingesteld met een in de maatregel omschreven adviserende taak op het terrein van de fysieke leefomgeving, anders dan de taak, bedoeld in artikel 17.5.

AFDELING 17.2
ADVIESORGANEN OP GEMEENTELIJK NIVEAU

§ 17.2.1
Algemene bepalingen

Art. 17.7 (leden adviesorgaan)
1. De gemeenteraad stelt het aantal leden en de benoemingstermijn vast van een op grond van deze afdeling ingesteld gemeentelijk adviesorgaan.
2. De gemeenteraad benoemt en ontslaat de leden van een gemeentelijk adviesorgaan.

Art. 17.8 (eisen aan leden)
De leden van het gemeentebestuur zijn geen lid van een gemeentelijk adviesorgaan.

§ 17.2.2
Verplichte gemeentelijke adviesorganen

Art. 17.9 (gemeentelijke adviescommissie)
1. De gemeenteraad stelt een commissie in die in ieder geval tot taak heeft te adviseren over de aanvragen om een omgevingsvergunning voor een rijksmonumentenactiviteit, met betrekking tot een monument. Binnen deze commissie zijn enkele leden deskundig op het gebied van de monumentenzorg, die in ieder geval worden betrokken bij de advisering over een rijksmonumentenactiviteit.
2. Naast de gevallen waarin de commissie op grond van artikel 16.15, eerste lid, als adviseur wordt aangewezen, kan het college van burgemeester en wethouders de commissie advies vragen over het ontwikkelen van beleid voor de kwaliteit van de fysieke leefomgeving.
3. De commissie baseert haar advies, voor zover van toepassing, op de omgevingsvisie, het omgevingsplan en de beleidsregels, bedoeld in artikel 4.19. Bij een advies over een rijksmonumentenactiviteit neemt de commissie de uitgangspunten, bedoeld in artikel 5.22, in acht.
4. De adviezen van de commissie zijn deugdelijk gemotiveerd en worden schriftelijk openbaar gemaakt.
5. De door de commissie gehouden vergaderingen zijn openbaar. Een vergadering of een gedeelte daarvan is niet openbaar in gevallen als bedoeld in artikel 10, eerste lid, van de Wet openbaarheid van bestuur en in gevallen waarin het belang van openbaarheid niet opweegt tegen de in artikel 10, tweede lid, van die wet genoemde belangen.
6. De commissie zendt de gemeenteraad elk jaar een verslag over de door haar verrichte werkzaamheden.

AFDELING 17.3
ADVISEURS

Art. 17.10 (advisering over beroepen door StAB)
1. Er is een Stichting Advisering Bestuursrechtspraak voor Milieu en Ruimtelijke Ordening.
2. De stichting heeft tot taak aan de bestuursrechter op diens verzoek op onpartijdige en onafhankelijke wijze deskundigenbericht uit te brengen over:
   a. beroepen tegen besluiten op grond van deze wet,
   b. beroepen tegen besluiten op grond van andere wetten, als het gaat om een onderwerp dat samenhangt met de fysieke leefomgeving of activiteiten met gevolgen voor de fysieke leefomgeving.
3. De personen die deel uitmaken van de organen van de stichting en het personeel van de stichting vervullen geen functies en betrekkingen waarvan de uitoefening ongewenst is in verband met de handhaving van de onpartijdigheid en onafhankelijkheid van de stichting of het vertrouwen daarin.

HOOFDSTUK 18
HANDHAVING EN UITVOERING

AFDELING 18.1
BESTUURSRECHTELIJKE HANDHAVING

§ 18.1.1
Bestuursrechtelijke handhavingstaak en handhavingsbevoegdheid

Art. 18.1 (inhoud handhavingstaak)

Bestuursrechtelijke handhaving

De bestuursrechtelijke handhavingtaak omvat:
a. het houden van toezicht op de naleving van het bepaalde bij of krachtens deze wet, met inbegrip van het verzamelen en registreren van gegevens die hiervoor van belang zijn,
b. het behandelen van klachten over de naleving van het bepaalde bij of krachtens deze wet, en
c. het opleggen en ten uitvoer leggen van een bestuurlijke sanctie vanwege enig handelen of nalaten in strijd met het bepaalde bij of krachtens deze wet.

Art. 18.2 (toedeling handhavingstaak)
1. Als sprake is van een activiteit waarvoor op grond van paragraaf 4.1.1 algemene regels zijn gesteld, berust de bestuursrechtelijke handhavingstaak bij het op grond van paragraaf 4.1.3 voor die activiteit bevoegde gezag.

Omgevingswet (toekomstig) **A72**

2. Als sprake is van een activiteit waarvoor een omgevingsvergunning is vereist, berust de bestuursrechtelijke handhavingstaak bij het op grond van paragraaf 5.1.2 voor die omgevingsvergunning bevoegde gezag.
3. Voor zover een projectbesluit geldt als omgevingsvergunning voor activiteiten ter uitvoering van het projectbesluit als bedoeld in artikel 5.52, tweede lid, onder a, berust de bestuursrechtelijke handhavingstaak bij het bestuursorgaan dat het projectbesluit heeft vastgesteld.
4. Voor een gedoogplicht als bedoeld in hoofdstuk 10 berust de bestuursrechtelijke handhavingstaak uitsluitend bij een bestuursorgaan voor zover bij algemene maatregel van bestuur die taak aan dat bestuursorgaan is opgedragen.
5. In de overige gevallen berust de bestuursrechtelijke handhavingstaak bij het college van burgemeester en wethouders.
6. Bij algemene maatregel van bestuur kan, met inachtneming van de grenzen van artikel 2.3, de bestuursrechtelijke handhavingstaak aan een ander bestuursorgaan worden opgedragen.

Art. 18.3 (toedeling mede-handhavingstaak)
1. In bij algemene maatregel van bestuur aangewezen gevallen berust de bestuursrechtelijke handhavingstaak ook bij het bestuursorgaan dat op grond van artikel 16.16, eerste lid, heeft beslist over instemming met de voorgenomen beslissing op de aanvraag om een omgevingsvergunning voor een activiteit, of dat op grond van artikel 16.16, derde of vierde lid, heeft bepaald dat instemming niet is vereist, voor zover het gaat om de naleving van de voorschriften van de omgevingsvergunning voor die activiteit.
2. Bij algemene maatregel van bestuur kan de bestuursrechtelijke handhavingstaak met het oog op een doelmatige uitoefening daarvan ook in andere gevallen worden opgedragen aan een bestuursorgaan dat die taak naast het bij of krachtens artikel 18.2 aangewezen bestuursorgaan uitoefent. Het opdragen van de bestuursrechtelijke handhavingstaak kan daarbij worden beperkt tot een te onderscheiden activiteit of deel van een activiteit waarop de regel die of het besluit dat wordt gehandhaafd betrekking heeft.

Art. 18.4 (bestuursdwangbevoegdheid Minister)
Onze Minister die het aangaat is bevoegd tot oplegging van een last onder bestuursdwang ter handhaving van het bepaalde bij of krachtens deze wet voor zover bij hem de bestuursrechtelijke handhavingstaak daarvan berust.

Art. 18.4a (herstelsanctie en rechtsopvolger)
Het bestuursorgaan dat een besluit neemt tot het opleggen van een last onder bestuursdwang of een last onder dwangsom gericht op naleving van een bij of krachtens deze wet gestelde regel kan daarbij bepalen dat het besluit ook geldt voor de rechtsopvolgers van degene aan wie de last wordt opgelegd. In dat geval kan het bestuursorgaan het besluit tegen de rechtsopvolgers ten uitvoer leggen en de kosten van die tenuitvoerlegging of een verbeurde dwangsom bij die rechtsopvolgers invorderen.

Art. 18.5 (niet overgaan van bevoegdheid tot handhaving)
Als een beschikking tot oplegging van een bestuurlijke sanctie is gegeven en vervolgens een ander bestuursorgaan daartoe bevoegd wordt, blijft het bestuursorgaan dat de beschikking heeft gegeven bevoegd totdat:
a. de beschikking onherroepelijk is geworden en ten uitvoer is gelegd,
b. de beschikking is ingetrokken, of
c. als de beschikking gaat om de oplegging van een last onder dwangsom:
1°. de dwangsom is ingevorderd, of
2°. de bij de beschikking opgelegde last onder dwangsom is opgeheven.

Art. 18.5a (handhavingstaak en -bevoegdheid bestuursorgaan Mijnbouwwet)
Voor zover op grond van deze paragraaf taken of bevoegdheden die gaan over mijnbouw berusten bij Onze Minister van Economische Zaken en Klimaat, worden deze uitgeoefend door het bestuursorgaan dat daartoe op grond van hoofdstuk 8 van de Mijnbouwwet bevoegd is.

§ 18.1.2
Aanwijzing en bevoegdheid toezichthouders

Art. 18.6 (aanwijzing toezichthouder)
1. Met het toezicht op de naleving van het bepaalde bij of krachtens deze wet zijn belast de personen die daartoe bij besluit van het college van burgemeester en wethouders, het dagelijks bestuur van een waterschap, gedeputeerde staten, Onze Minister die het aangaat of andere met de uitvoering van deze wet belaste bestuursorganen zijn aangewezen.
2. Van een besluit tot aanwijzing van toezichthouders wordt mededeling gedaan door plaatsing in het gemeenteblad, het waterschapsblad, het provinciaal blad of de Staatscourant.

Art. 18.6a (reikwijdte bevoegdheid toezichthouder)
1. Onze Minister die het aangaat kan en gedeputeerde staten kunnen bepalen dat in de door hen aangewezen gevallen de bij een omgevingsdienst werkzame toezichthouders mede bevoegd zijn buiten het werkgebied van die omgevingsdienst.

2. Onze Minister die het aangaat kan bepalen dat bij zijn besluit aangewezen toezichthouders met uitsluiting van andere toezichthouders zijn belast met het toezicht op de naleving.
3. Een door Onze Minister van Infrastructuur en Waterstaat aangewezen toezichthouder verricht uit eigen beweging of op verzoek van gedeputeerde staten of het dagelijks bestuur van een openbaar lichaam als bedoeld in artikel 20, derde lid, van de Wet personenvervoer 2000 toezicht op de naleving van:
a. bij algemene maatregel van bestuur over een beperkingengebiedactiviteit met betrekking tot een lokale spoorweg gestelde regels als bedoeld in artikel 4.3, derde lid, aanhef en onder c, onder 2°,
b. het verbod, bedoeld in artikel 5.1, tweede lid, aanhef en onder f, om zonder omgevingsvergunning een beperkingengebiedactiviteit met betrekking tot een lokale spoorweg te verrichten,
c. het verbod, bedoeld in artikel 5.5, eerste lid, aanhef en onder f, om te handelen in strijd met een voorschrift van een omgevingsvergunning als bedoeld onder b.
4. Artikel 42, zevende, achtste en negende lid, van de Wet lokaal spoor is van overeenkomstige toepassing op het toezicht, bedoeld in het derde lid.

Art. 18.7 (bevoegdheid binnentreden woning)
1. Een krachtens artikel 18.6 aangewezen toezichthouder is bevoegd met medeneming van de benodigde apparatuur een woning te betreden zonder toestemming van de bewoner, voor zover hem deze bevoegdheid in het besluit tot aanwijzing is toegekend.
2. De in het eerste lid bedoelde bevoegdheid wordt in een besluit tot aanwijzing alleen toegekend voor zover het toezicht op de naleving van een bij of krachtens deze wet gesteld voorschrift dit vereist, gelet op de door dat voorschrift beschermde belangen.

Art. 18.8 (bevoegdheid rijksbelastingdienst)
De ambtenaren van de rijksbelastingdienst, bevoegd inzake douane, geven geen toestemming tot vertrek van een vaartuig of luchtvaartuig uit Nederland als zij ernstige redenen hebben om te vermoeden dat in strijd zal worden gehandeld met artikel 5.1, eerste lid, aanhef en onder d, of artikel 5.5, eerste lid, aanhef en onder c.

Art. 18.9 (inachtneming VN-Zeerechtverdrag)
Onze Minister die het aangaat en de toezichthouders nemen bij de toepassing van artikel 18.4 respectievelijk bij de uitoefening van het toezicht op de naleving van het bepaalde bij of krachtens deze wet, afdeling 7 van Deel XII van het VN-Zeerechtverdrag in acht.

§ 18.1.3
Intrekking begunstigende beschikking

Art. 18.10 (bevoegdheid intrekken begunstigende beschikking)
1. Het bevoegd gezag kan een beschikking geheel of gedeeltelijk intrekken als in strijd met die beschikking of met de voor de activiteit waarvoor de beschikking is gegeven, geldende regels is of wordt gehandeld.
2. Een beschikking die betrekking heeft op het beheer van gevaarlijke afvalstoffen of van andere afvalstoffen die van elders afkomstig zijn, kan, voor zover die beschikking betrekking heeft op het beheer van afvalstoffen, ook worden ingetrokken als in strijd is of wordt gehandeld met de op grond van hoofdstuk 10 van de Wet milieubeheer voor dat beheer geldende voorschriften.
3. Voordat het bevoegd gezag toepassing geeft aan het eerste of tweede lid, biedt het de overtreder de gelegenheid binnen een bepaalde termijn zijn handelen alsnog in overeenstemming te brengen met die beschikking of die regels.
4. Het bevoegd gezag kan een beschikking ook geheel of gedeeltelijk intrekken:
a. als de beschikking is gegeven op basis van een onjuiste of onvolledige opgave van gegevens,
b. in gevallen als bedoeld in artikel 5.37, derde lid: als de activiteit wordt verricht door een ander dan degene aan wie de omgevingsvergunning is verleend.

§ 18.1.4
Bestuurlijke boete

Art. 18.11 (bestuurlijke boete bij overtreding milieuregels Seveso-richtlijn)
1. Het bevoegd gezag kan een bestuurlijke boete opleggen bij overtreding van de op grond van artikel 4.3, eerste lid, aanhef en onder b, en vierde lid, in verbinding met het eerste lid, aanhef en onder b, gestelde regels ter uitvoering van de artikelen 5 en 7 tot en met 12 van de Seveso-richtlijn.
2. De bestuurlijke boete bedraagt ten hoogste het bedrag dat is vastgesteld voor de zesde categorie, bedoeld in artikel 23, vierde lid, van het Wetboek van Strafrecht, of, als dat meer is, ten hoogste tien procent van de omzet van de onderneming in het boekjaar voorafgaande aan het boekjaar waarin de bestuurlijke boete wordt opgelegd.

Omgevingswet (toekomstig)

Art. 18.12 (bestuurlijke boete bij overtreding regels over bouwen, slopen, gebruik en in stand houden van bouwwerken)
1. Het bevoegd gezag kan een bestuurlijke boete opleggen bij overtreding van:
a. op grond van artikel 4.1, eerste lid, in een omgevingsplan gestelde regels over het gebruik of de staat van open erven of terreinen of het gebruik van gebouwen, of over het tegengaan van hinder,
b. op grond van artikel 4.3, eerste lid, aanhef en onder a, en vierde lid, gestelde verboden voor en regels of voorschriften over bouwactiviteiten, sloopactiviteiten en het gebruik en in stand houden van bouwwerken.
2. Een bestuurlijke boete kan alleen worden opgelegd als binnen een tijdvak van twee jaar voorafgaand aan de dag van constatering van de overtreding eenzelfde overtreding, begaan door dezelfde overtreder, is geconstateerd.
3. De bestuurlijke boete bedraagt ten hoogste het bedrag dat is vastgesteld voor de derde categorie, bedoeld in artikel 23, vierde lid, van het Wetboek van Strafrecht.
4. Als de overtreding een bedreiging van de leefbaarheid of een gevaar voor de gezondheid of veiligheid veroorzaakt, kan het bevoegd gezag de boete verhogen tot ten hoogste het bedrag dat is vastgesteld voor de vierde categorie, bedoeld in artikel 23, vierde lid, van het Wetboek van Strafrecht.
5. Bij algemene maatregel van bestuur kunnen nadere regels worden gesteld over de hoogte van de bestuurlijke boete die wegens een overtreding kan worden opgelegd.

Art. 18.13 (bestuurlijke boete bij overtreding erfgoedregels)
1. Het bevoegd gezag kan een bestuurlijke boete opleggen bij overtreding van:
a. op grond van artikel 4.1, eerste lid, met het oog op het behoud van cultureel erfgoed of van de uitzonderlijke universele waarde van werelderfgoed gestelde regels,
b. op grond van artikel 4.3, eerste lid, aanhef en onder h en i, gestelde regels,
c. het verbod, bedoeld in artikel 5.1, eerste lid, aanhef en onder a, voor zover in het omgevingsplan met het oog op het behoud van cultureel erfgoed of van de uitzonderlijke universele waarde van werelderfgoed een verbod is opgenomen om zonder omgevingsvergunning een activiteit te verrichten, en onder b,
d. artikel 5.4, voor zover in de omgevingsverordening met het oog op het behoud van cultureel erfgoed of van de uitzonderlijke universele waarde van werelderfgoed een verbod is opgenomen om zonder omgevingsvergunning een activiteit te verrichten,
e. het verbod, bedoeld in artikel 5.5, eerste lid, aanhef en onder a, onder 4°, en onder b, en vijfde lid, aanhef en onder a, onder 4°,
f. verplichtingen opgelegd krachtens artikel 19.9 in verbinding met artikel 19.3, tweede lid, of 19.4, eerste en tweede lid.
2. De bestuurlijke boete bedraagt ten hoogste het bedrag dat is vastgesteld voor de vijfde categorie, bedoeld in artikel 23, vierde lid, van het Wetboek van Strafrecht.

Art. 18.14 (bestuurlijke boete bij overtreding beperkingengebied luchthaven)
1. Het bevoegd gezag kan een bestuurlijke boete opleggen bij een overtreding van:
a. op grond van artikel 4.3, derde lid, aanhef en onder c, onder 1°, gestelde regels,
b. op grond van artikel 4.3, vierde lid, in verbinding met het derde lid, aanhef en onder c, onder 1°, gestelde regels,
c. het verbod, bedoeld in artikel 5.1, tweede lid, aanhef en onder f, onder 3°,
d. het verbod, bedoeld in artikel 5.5, eerste lid, aanhef en onder f, met betrekking tot een luchthaven.
2. De bestuurlijke boete bedraagt ten hoogste het bedrag dat is vastgesteld voor de vijfde categorie, bedoeld in artikel 23, vierde lid, van het Wetboek van Strafrecht.

Art. 18.15 (bestuurlijke boete bij overtreding regels beperkingengebied spoor)
1. Onze Minister van Infrastructuur en Waterstaat kan een bestuurlijke boete opleggen bij overtreding van:
a. op grond van artikel 4.3, derde lid, aanhef en onder c, onder 2°, gestelde regels,
b. op grond van artikel 4.3, vierde lid, in verbinding met het derde lid, aanhef en onder c, onder 2°, gestelde regels,
c. het verbod, bedoeld in artikel 5.1, tweede lid, aanhef en onder f, onder 4°,
d. het verbod, bedoeld in artikel 5.5, eerste lid, aanhef en onder f, met betrekking tot een hoofdspoorweg, lokale spoorweg of bijzondere spoorweg.
2. Als de overtreding betrekking heeft op een hoofdspoorweg of een bijzondere spoorweg, is artikel 80 van de Spoorwegwet van overeenkomstige toepassing.
3. Als de overtreding betrekking heeft op een lokale spoorweg, is artikel 44 van de Wet lokaal spoor van overeenkomstige toepassing.

Art. 18.15a (bestuurlijke boete bij overtreding regels handel dieren, planten, hout of producten daarvan)

1. Onze Minister van Landbouw, Natuur en Voedselkwaliteit kan een bestuurlijke boete opleggen bij overtreding van bij algemene maatregel van bestuur aangewezen regels, gesteld op grond van artikel 4.3, tweede lid, onder a of b.
2. De bestuurlijke boete bedraagt ten hoogste het bedrag dat is bepaald voor de eerste categorie, bedoeld in artikel 23, vierde lid, van het Wetboek van Strafrecht, per overtreding begaan door een natuurlijke persoon, en ten hoogste het bedrag dat is bepaald voor de tweede categorie, bedoeld in artikel 23, vierde lid, van het Wetboek van Strafrecht per overtreding, per overtreding begaan door een rechtspersoon of een vennootschap.
3. Bij algemene maatregel van bestuur worden nadere regels gesteld over de maximumhoogte van de bestuurlijke boete die voor een overtreding of voor categorieën van overtredingen kan worden opgelegd.
4. Voor overtredingen als bedoeld in het eerste lid kan geen bestuurlijke strafbeschikking worden opgelegd op grond van artikel 257ba van het Wetboek van Strafvordering.

Art. 18.16 (afstemming bestuurlijke boete en strafrechtelijke handhaving)

Als de ernst van een overtreding of de omstandigheden waaronder zij is begaan daartoe aanleiding geven, legt het bevoegd gezag de gedraging voor aan het openbaar ministerie.

§ 18.1.5
Bestuurlijke maatregelen dieren, planten, eieren, hout en producten daarvan

Art. 18.16a (bestuurlijke maatregelen dieren, planten, eieren, hout en producten daarvan)

1. Onverminderd artikel 18.1 en artikel 117 van het Wetboek van Strafvordering kan Onze Minister van Landbouw, Natuur en Voedselkwaliteit voor dieren, eieren, planten, hout of producten daarvan die in strijd met het bepaalde bij of krachtens deze wet binnen het grondgebied van Nederland zijn gebracht, onverwijld maatregelen treffen op kosten van de eigenaar, vervoerder, verhandelaar, importeur of diens gemachtigde.
2. De maatregelen zijn:
a. een besluit tot het terugzenden naar het land van uitvoer of herkomst of tot het opleggen van een plicht daartoe,
b. een besluit tot het brengen van dieren, eieren, planten, of van de producten daarvan naar enige plaats buiten Nederland die daarvoor naar het oordeel van Onze Minister van Landbouw, Natuur en Voedselkwaliteit geschikt is en in overeenstemming is met de doeleinden van het cites-verdrag, of tot het opleggen van een plicht daartoe,
c. een besluit tot het opleggen van een verbod op het vervoeren, be- of verwerken of het verhandelen,
d. een besluit tot het in bewaring nemen of het opleggen van een plicht daartoe,
e. een besluit tot het opleggen van een plicht om houders of vermoedelijke houders van deze situatie onverwijld en op doeltreffende wijze op de hoogte te stellen,
f. een besluit tot het opleggen van een plicht om de betrokken dieren, planten, eieren, of producten daarvan of het betrokken hout of producten daarvan die zijn verhandeld op te halen of centraal op te slaan,
g. een besluit tot het opleggen van een plicht tot het identificeren en registreren van de betrokken dieren, eieren, planten of producten daarvan, of het betrokken hout of producten daarvan.
3. Onze Minister van Landbouw, Natuur en Voedselkwaliteit kan beslissen dat levende dieren, behorend tot een in het wild levende soort die van nature in Nederland voorkomt, waarvan kan worden aangenomen dat zij zich in de natuur kunnen handhaven, op kosten van de eigenaar of van degene die deze dieren onder zich heeft, in hun natuurlijke leefomgeving in vrijheid worden gesteld.

Art. 18.16b (nadere regels over bestuurlijke maatregelen)

1. Aan een in artikel 18.16a bedoeld besluit kunnen voorschriften worden verbonden.
2. Het is verboden te handelen in strijd met een besluit als bedoeld in artikel 18.16a of een voorschrift als bedoeld in het eerste lid.
3. Als niet tot terugzending of tot invrijheidstelling in de natuurlijke leefomgeving wordt besloten, kunnen de kosten van verzorging, huisvesting of opslag binnen Nederland geheel of gedeeltelijk in rekening worden gebracht bij de eigenaar, vervoerder, verhandelaar, importeur of diens gemachtigde. Bij ministeriële regeling kunnen nadere regels worden gesteld over het in rekening brengen van de kosten.
4. Tot de in artikel 18.16a, eerste en derde lid, bedoelde kosten kunnen ook behoren de kosten van bewaring in verband met het transport naar de plaats van bestemming.
5. Bij gebreke van volledige betaling binnen de door hem gestelde termijn kan Onze Minister van Landbouw, Natuur en Voedselkwaliteit dat wat op grond van artikel 18.16a of dit artikel is verschuldigd, invorderen bij dwangbevel.

AFDELING 18.2
STRAFRECHTELIJKE HANDHAVING

Art. 18.17 (toepasselijkheid Nederlandse strafwet)
1. Onverminderd het recht van andere staten om overeenkomstig het VN-Zeerechtverdrag tot rechtsvervolging over te gaan, is de Nederlandse strafwet van toepassing op een ieder die in of boven de exclusieve economische zone in strijd handelt met een bij of krachtens deze wet gesteld voorschrift.
2. Bij de opsporing en vervolging van strafbare feiten als bedoeld in het eerste lid wordt afdeling 7 van Deel XII van het VN-Zeerechtverdrag in acht genomen.

AFDELING 18.3
KWALITEITSBEVORDERING EN AFSTEMMING UITVOERING EN HANDHAVING

§ 18.3.1
Reikwijdte afdeling 18.3

Art. 18.18 (reikwijdte afdeling 18.3)
1. Deze afdeling is van toepassing op het verrichten van werkzaamheden voor de uitoefening van bevoegdheden door het bevoegd gezag in het kader van de uitvoeringstaak, bedoeld in het tweede lid, en de handhavingstaak, bedoeld in artikel 18.1.
2. De uitvoeringstaak omvat in ieder geval:
a. het stellen van maatwerkvoorschriften en het verbinden van voorschriften aan een omgevingsvergunning, bedoeld in artikel 4.5,
b. het beoordelen van en beslissen op een aanvraag om een omgevingsvergunning, bedoeld in de paragrafen 5.1.2 en 5.1.3,
c. de toepassing van paragraaf 5.1.5,
d. het uitbrengen van advies, bedoeld in de artikelen 16.15 tot en met 16.19.

§ 18.3.2
Strategische en programmatische uitvoering en handhaving

Art. 18.19 (strategische en programmatische uitvoering en handhaving)
1. Bij algemene maatregel van bestuur worden in het belang van een doelmatige uitoefening van de uitvoeringstaak en de handhavingstaak regels gesteld over:
a. de strategische en programmatische uitoefening van deze taken door de betrokken bestuursorganen,
b. de onderlinge afstemming van de uitoefening van deze taken en de daarmee samenhangende werkzaamheden door:
1°. de betrokken bestuursorganen,
2°. de onder hun gezag werkzame toezichthouders,
3°. de instanties die zijn belast met de strafrechtelijke handhaving van het bepaalde bij of krachtens deze wet.
2. De regels worden in ieder geval gesteld ter uitvoering van de richtlijn industriële emissies en de Seveso-richtlijn.

§ 18.3.3
Kwaliteit uitvoering en handhaving; omgevingsdiensten

Art. 18.20 (zorg kwaliteit uitvoering en handhaving)
1. De betrokken bestuursorganen dragen zorg voor een goede kwaliteit van de uitoefening van de uitvoeringstaak en de handhavingstaak.
2. Provinciale staten kunnen regels stellen over de uitoefening van deze taken door gedeputeerde staten.
3. De gemeenteraad kan regels stellen over de uitoefening van deze taken door het college van burgemeester en wethouders.

Art. 18.21 (instelling van omgevingsdiensten)
1. Gedeputeerde staten en de colleges van burgemeester en wethouders van de gemeenten die behoren tot een of meer regio's als bedoeld in artikel 8 van de Wet veiligheidsregio's of tot een kring van bij regeling van Onze Minister van Infrastructuur en Waterstaat en Onze Minister van Justitie en Veiligheid aangewezen gemeenten, stellen voor een doelmatige en doeltreffende uitoefening van de uitvoeringstaak en de handhavingstaak voor die regio, regio's of kring een omgevingsdienst in.

2. Een omgevingsdienst wordt ingesteld als een openbaar lichaam als bedoeld in artikel 8, eerste lid, in verbinding met artikel 52 of 74 van de Wet gemeenschappelijke regelingen.
3. Het werkgebied van een omgevingsdienst komt overeen met het werkgebied van een of meer regio's als bedoeld in artikel 8 van de Wet veiligheidsregio's of met het grondgebied van een kring van aangewezen gemeenten.

Art. 18.22 (omgevingsdiensten met basistakenpakket of met bijzondere taken)

1. Bij algemene maatregel van bestuur wordt vastgesteld welke tot de uitvoeringstaak en de handhavingstaak behorende of daarmee samenhangende werkzaamheden in ieder geval aan een omgevingsdienst worden opgedragen.
2. Bij de maatregel worden omgevingsdiensten aangewezen waaraan met uitsluiting van andere omgevingsdiensten de uitoefening van de uitvoeringstaak en de handhavingstaak wordt opgedragen voor activiteiten:
a. met betrekking tot installaties als bedoeld in bijlage I, categorie 4, bij de richtlijn industriële emissies, en
b. waarop de Seveso-richtlijn van toepassing is.

Art. 18.23 (kwaliteit basistakenpakket omgevingsdiensten)

1. Om een goede kwaliteit van de uitoefening van de uitvoeringstaak en de handhavingstaak door de omgevingsdiensten te waarborgen:
a. stelt de gemeenteraad regels over de uitoefening van deze taken of de daarmee samenhangende werkzaamheden, bedoeld in artikel 18.22, eerste lid, die in opdracht van het college van burgemeester en wethouders worden uitgevoerd,
b. stellen provinciale staten regels over de uitoefening van deze taken of de daarmee samenhangende werkzaamheden, bedoeld in artikel 18.22, eerste lid, die in opdracht van gedeputeerde staten worden uitgevoerd.
2. Per omgevingsdienst en voor de op grond van artikel 18.22, tweede lid, aangewezen omgevingsdiensten worden uniforme regels vastgesteld.

Art. 18.24 (tweejaarlijks onderzoek doeltreffende uitvoering en handhaving)

1. In opdracht van Onze Ministers die het aangaat wordt iedere twee jaar onderzoek gedaan naar de doeltreffendheid van:
a. de wijze waarop de verplichting, bedoeld in artikel 18.20, eerste lid, wordt nageleefd, en
b. de regels, bedoeld in artikelen 18.20, tweede en derde lid, en 18.23, eerste lid.
2. Als naar het oordeel van Onze Ministers die het aangaat uit het onderzoek blijkt dat de wijze van naleving van die verplichting of die regels onvoldoende doeltreffend is, kunnen bij algemene maatregel van bestuur regels worden gesteld die voor deze regels in de plaats komen of die deze aanvullen.

§ 18.3.4
Informatieverstrekking en afstemming

Art. 18.25 (informatieverstrekking uitvoering en handhaving)

1. De bij de uitvoeringstaak en de handhavingstaak betrokken bestuursorganen verstrekken de gegevens waarover zij beschikken in verband met de werkzaamheden, bedoeld in artikel 18.22, eerste lid, aan elkaar en, voor zover die gegevens noodzakelijk zijn voor de strafrechtelijke handhaving van het bepaalde bij of krachtens deze wet, aan de instanties die met de strafrechtelijke handhaving zijn belast.
2. Bij algemene maatregel van bestuur kunnen andere bestuursorganen en instanties worden aangewezen, die op verzoek gegevens waarover zij in verband met de werkzaamheden, bedoeld in artikel 18.22, eerste lid, beschikken, verstrekken aan de in het eerste lid bedoelde:
a. bestuursorganen, voor zover die gegevens noodzakelijk zijn voor de uitoefening van de uitvoeringstaak en de handhavingstaak,
b. instanties, voor zover die gegevens noodzakelijk zijn voor de strafrechtelijke handhaving van het bepaalde bij of krachtens deze wet.
3. Bij algemene maatregel van bestuur worden regels gesteld over:
a. de wijze waarop gegevens overeenkomstig het eerste lid kunnen worden verstrekt,
b. de verwerking van persoonsgegevens, bedoeld in artikel 4, onder 2°, van de algemene verordening gegevensbescherming, voor zover die gegevens noodzakelijk zijn voor de strafrechtelijke handhaving van het bepaalde bij of krachtens deze wet, door:
1°. de betrokken bestuursorganen,
2°. de onder hun gezag werkzame toezichthouders, en
3°. de op grond van het tweede lid aangewezen bestuursorganen en instanties,
c. de verdeling van de kosten verbonden aan het uitvoeren van het bepaalde bij of krachtens dit artikel.

Art. 18.26 (coördinatie uitvoering en handhaving)

1. Gedeputeerde staten dragen binnen de provincie zorg voor de coördinatie van een onderling afgestemde uitoefening van de uitvoeringstaak en de handhavingstaak.

Omgevingswet (toekomstig) **A72**

2. Onze Minister die het aangaat en Onze Minister van Binnenlandse Zaken en Koninkrijksrelaties dragen zorg voor de coördinatie van de uitoefening van de uitvoeringstaak en de handhavingstaak, voor zover die afstemming van bovenprovinciaal belang is.

Art. 18.27 (provinciaal handhavingsoverleg)
Gedeputeerde staten stellen binnen de provincie een of meer overlegorganen in, waarin regelmatig overleg plaatsvindt over de kwaliteit, doeltreffendheid en doelmatigheid van de uitoefening van de uitvoeringstaak en de handhavingstaak.

HOOFDSTUK 19
BEVOEGDHEDEN IN BIJZONDERE OMSTANDIGHEDEN

AFDELING 19.0
BIJZONDERE OMSTANDIGHEDEN

Art. 19.0 (bijzondere omstandigheden in de fysieke leefomgeving)
1. Bij regels als bedoeld in paragraaf 4.1.1 kunnen onderwerpen worden aangewezen waarvoor het daarbij aangewezen bestuursorgaan bij besluit kan bepalen dat zich een in die regels aangegeven bijzondere omstandigheid in de fysieke leefomgeving voordoet.
Bijzondere omstandigheden fysieke leefomgeving
2. Bij het besluit wordt bepaald welke regels in verband met de bijzondere omstandigheid op een bepaalde locatie of voor een bepaalde periode gelden. Bij het besluit kan worden afgeweken van regels als bedoeld in paragraaf 4.1.1.

AFDELING 19.1
ONGEWOON VOORVAL

Art. 19.1 (begripsbepalingen en toepassingsbereik afdeling 19.1)
1. In deze afdeling wordt onder het voorkomen van de nadelige gevolgen van een ongewoon voorval ook verstaan:
a. het zoveel mogelijk beperken of ongedaan maken van die gevolgen,
b. het voorkomen dat het voorval verergert, voortduurt of zich herhaalt,
c. het wegnemen van de oorzaak van het voorval.
2. In deze afdeling wordt onder de veroorzaker verstaan de natuurlijke persoon of rechtspersoon:
a. die de activiteit waardoor het ongewoon voorval is veroorzaakt, verricht of heeft verricht,
b. die houder is van een omgevingsvergunning of een andere vorm van publiekrechtelijke toestemming voor het verrichten van die activiteit,
c. die van de activiteit een melding als bedoeld in artikel 4.4, eerste lid, heeft gedaan,
d. aan wie op het tijdstip van het voorval over die activiteit een doorslaggevende economische zeggenschap was overgedragen.
3. Deze afdeling is niet van toepassing op ongewone voorvallen waarop de Kernenergiewet van toepassing is.

Art. 19.2 (aanwijzing en afstemming bevoegd gezag)
1. In deze afdeling wordt onder bevoegd gezag verstaan:
a. het bestuursorgaan waarbij op grond van artikel 18.2 de bestuursrechtelijke handhavingstaak berust of dat op grond van artikel 18.3 of 18.4 bevoegd is tot oplegging van een last onder bestuursdwang, of
b. voor zover het ongewoon voorval betrekking heeft op luchtverontreiniging: de commissaris van de Koning.
2. Als bij een ongewoon voorval meer bevoegde bestuursorganen zijn betrokken, stemmen deze bestuursorganen de nodige maatregelen om de nadelige gevolgen van een ongewoon voorval te voorkomen op elkaar af. In spoedeisende gevallen kan van afstemming worden afgezien, mits zo spoedig mogelijk na het nemen van de eerst noodzakelijke maatregelen afstemming plaatsvindt.

Art. 19.3 (doormeldings- en informatieplicht bevoegd gezag)
1. Het bevoegd gezag dat wordt geïnformeerd over een ongewoon voorval, geeft van dat voorval, de daarover verstrekte gegevens en de getroffen of voorgenomen maatregelen onverwijld kennis aan:
a. de burgemeester van de gemeente waarbinnen dat voorval zich voordoet, of als de nadelige gevolgen van dat voorval gemeenteoverstijgend zijn, aan de voorzitter van de veiligheidsregio waarbinnen dat voorval zich voordoet,
b. de beheerder van een oppervlaktewaterlichaam of een zuiveringtechnisch werk, als het voorval verontreiniging van een oppervlaktewaterlichaam veroorzaakt of de doelmatige werking van een zuiveringtechnisch werk belemmert,
c. de Inspectie Leefomgeving en Transport, en

d. andere bestuursorganen of overheidsdiensten, die belang hebben bij een onverwijlde kennisgeving.
2. Het bevoegd gezag kan de veroorzaker verplichten aanvullende informatie te verstrekken over het voorval, de getroffen maatregelen en de gevolgen van die maatregelen.

Art. 19.4 (veroorzaker verplichten tot treffen van maatregelen)

1. Het bevoegd gezag verplicht de veroorzaker tot het treffen van de maatregelen die redelijkerwijs van hem kunnen worden verlangd om de nadelige gevolgen van het ongewoon voorval te voorkomen.
2. Het bevoegd gezag kan aanwijzingen geven over het verrichten van de activiteit of het treffen van maatregelen, waaronder de aanwijzing om de activiteit waardoor het ongewoon voorval is veroorzaakt, onmiddellijk stil te leggen.
3. Artikel 5:31 van de Algemene wet bestuursrecht is van overeenkomstige toepassing.
4. Als een ongewoon voorval de doelmatige werking van een zuiveringtechnisch werk belemmert of dreigt te belemmeren, kan het bestuur waarbij de zuiveringstaak, bedoeld in artikel 2.17, eerste lid, onder a, onder 2°, berust het bevoegd gezag verzoeken de veroorzaker van het voorval te verplichten tot het treffen van de nodige maatregelen of de veroorzaker de nodige aanwijzigen te geven om de nadelige gevolgen voor de werking van het zuiveringtechnische werk te beperken of weg te nemen.
5. Het bevoegd gezag geeft onverwijld uitvoering aan dit verzoek, voor zover dat niet in strijd is met het belang van de bescherming van het milieu.

Art. 19.5 (bevoegdheid tot treffen van maatregelen)

1. Als niet onmiddellijk of tijdig kan worden vastgesteld door wie of waardoor het ongewoon voorval is veroorzaakt, kan het bevoegd gezag of, als niet onmiddellijk of tijdig kan worden vastgesteld welk bestuursorgaan bevoegd is, het college van burgemeester en wethouders van de gemeente waarbinnen het voorval zich voordoet, preventieve of herstelmaatregelen treffen.
2. Een beslissing tot het treffen van maatregelen wordt op schrift gesteld en geldt als een beschikking. De beschikking wordt onmiddellijk aan de veroorzaker gezonden, zodra die bekend is.
3. Als het college van burgemeester en wethouders van de gemeente waarbinnen het voorval zich voordoet, toepassing geeft aan het eerste lid, zijn de artikelen 19.3, tweede lid, 19.4 en 19.6 van toepassing, zodra bekend is wie de veroorzaker is.

Art. 19.6 (kostenverhaal getroffen maatregelen)

1. Als het bevoegd gezag maatregelen treft of laat treffen door derden, verhaalt het de kosten van die maatregelen op de veroorzaker.
2. De artikelen 5:10, tweede lid, en 5:25 van de Algemene wet bestuursrecht zijn van overeenkomstige toepassing.

Art. 19.7 (onderzoek oorzaak en voorkomen herhaling)

1. Het bevoegd gezag ziet erop toe dat de nodige gegevens worden verzameld om het ongewoon voorval te analyseren en de oorzaak ervan te achterhalen.
2. Om herhaling te voorkomen wijzigt het bevoegd gezag zo nodig de voorschriften van de omgevingsvergunning, stelt het, als voor de activiteit regels gelden als bedoeld in artikel 4.1 of 4.3, maatwerkvoorschriften of doet het, als het daarvoor niet zelf bevoegd is, daarop gerichte aanbevelingen.

AFDELING 19.2
ARCHEOLOGISCHE TOEVALSVONDST VAN ALGEMEEN BELANG

Art. 19.8 (aanwijzing en afstemming bevoegd gezag)

1. Bevoegd gezag voor een archeologische toevalsvondst van algemeen belang is het college van burgemeester en wethouders van de gemeente waar de vondst zich voordoet.
2. Bevoegd gezag voor een archeologische toevalsvondst van algemeen belang die zich voordoet in een gebied dat niet gemeentelijk is ingedeeld, is Onze Minister van Onderwijs, Cultuur en Wetenschap.
3. In afwijking van het eerste lid kunnen de taken en bevoegdheden, bedoeld in artikel 19.9, worden uitgeoefend door Onze Minister van Onderwijs, Cultuur en Wetenschap als een archeologische toevalsvondst van algemeen belang, van nationaal belang is.
4. Het college van burgemeester en wethouders van de gemeente waar zich een archeologische toevalsvondst van algemeen belang voordoet en Onze Minister van Onderwijs, Cultuur en Wetenschap stellen elkaar onverwijld in kennis van de bij een melding als bedoeld in artikel 5.10 van de Erfgoedwet van een archeologische toevalsvondst van algemeen belang verstrekte gegevens en de bij die vondst getroffen of voorgenomen maatregelen.

Art. 19.9 (taken en bevoegdheden bij een archeologische toevalsvondst van algemeen belang)

De artikelen 19.3, tweede lid, 19.4 en 19.7, tweede lid, zijn van overeenkomstige toepassing op een archeologische toevalsvondst van algemeen belang.

Omgevingswet (toekomstig)

A72

AFDELING 19.2a
TOEVALSVONDST VAN VERONTREINIGING OP OF IN DE BODEM

Art. 19.9a (toepassingsbereik afdeling 19.2a)
1. Deze afdeling is van toepassing als naar het oordeel van het bevoegd gezag:
a. ten minste een redelijk vermoeden bestaat van een toevalsvondst van verontreiniging op of in de bodem, en
b. onmiddellijk tijdelijke beschermingsmaatregelen, met inbegrip van onderzoek naar de aard en omvang van de risico's voor de gezondheid, noodzakelijk zijn om onaanvaardbare risico's voor de gezondheid als gevolg van directe of indirecte blootstelling aan verontreiniging op of in de bodem te voorkomen of te beperken.
2. Van onaanvaardbare risico's voor de gezondheid is in ieder geval sprake bij directe blootstelling aan concentraties van stoffen die de op grond van artikel 2.24 vastgestelde, ten hoogste toelaatbare concentraties overschrijden.
3. Van indirecte blootstelling is in ieder geval sprake bij aanzienlijke bedreiging van de kwaliteit van drinkwatervoorraden wanneer aangetroffen verontreiniging het grondwater kan bereiken.
4. Tijdelijke beschermingsmaatregelen strekken niet tot het ongedaan maken van de aangetroffen verontreiniging.

Art. 19.9b (aanwijzing en afstemming bevoegd gezag; doormeldings- en informatieplicht bevoegd gezag)
1. Bevoegd gezag voor een toevalsvondst van verontreiniging op of in de bodem is het college van burgemeester en wethouders van de gemeente waar de vondst zich voordoet.
2. Artikel 19.2, tweede lid, is van overeenkomstige toepassing.
3. Artikel 19.3 is van overeenkomstige toepassing, waarbij voor «veroorzaker» wordt gelezen: eigenaar of erfpachter.

Art. 19.9c (treffen van tijdelijke beschermingsmaatregelen)
1. Het bevoegd gezag verplicht de eigenaar of erfpachter tot het onmiddellijk treffen van tijdelijke beschermingsmaatregelen, op de locatie waar de verontreiniging zich bevindt of waar de directe gevolgen van blootstelling aan de verontreiniging zich voordoen, die redelijkerwijs van hem kunnen worden gevraagd om onaanvaardbare risico's voor de gezondheid als gevolg van de blootstelling te voorkomen of te beperken.
2. Artikel 19.4, tweede tot en met vijfde lid, is van overeenkomstige toepassing, waarbij voor «veroorzaker» telkens wordt gelezen: eigenaar of erfpachter.
3. Als de eigenaar of erfpachter niet of niet tijdig de vereiste tijdelijke beschermingsmaatregelen treft, kan het bevoegd gezag die maatregelen treffen.
4. Een beslissing tot het treffen van tijdelijke beschermingsmaatregelen wordt op schrift gesteld en geldt als een beschikking. De beschikking wordt onmiddellijk aan de eigenaar of erfpachter gezonden.

Art. 19.9d (kostenverhaal getroffen maatregelen)
1. Als het bevoegd gezag tijdelijke beschermingsmaatregelen treft of laat treffen door derden, kan het de kosten van die maatregelen verhalen op de eigenaar of erfpachter onverminderd artikel 13.3a.
2. De artikelen 5:10, tweede lid, en 5:25 van de Algemene wet bestuursrecht zijn van overeenkomstige toepassing.

AFDELING 19.3
ALARMERINGSWAARDEN

Art. 19.10 (vaststelling van alarmeringswaarden en informatieplicht)
1. Bij ministeriële regeling worden alarmeringswaarden vastgesteld voor:
a. concentraties van verontreinigende stoffen in de buitenlucht,
b. hoogwaterstanden die een gevaar voor primaire waterkeringen kunnen opleveren.
2. De commissaris van de Koning informeert of waarschuwt onverwijld het publiek bij een overschrijding of dreigende overschrijding van een alarmeringswaarde voor concentraties van verontreinigende stoffen in de buitenlucht.
3. Onze Minister van Infrastructuur en Waterstaat informeert of waarschuwt onverwijld de betrokken beheerders van primaire waterkeringen en gedeputeerde staten bij een overschrijding of dreigende overschrijding van een alarmeringswaarde voor hoogwaterstanden.

Art. 19.11 (informatie of waarschuwing bij overschrijding alarmeringswaarden)
1. Bij ministeriële regeling worden regels gesteld over het geven van informatie of waarschuwingen bij een overschrijding of dreigende overschrijding van een alarmeringswaarde en als de buitenlucht wordt verontreinigd of dreigt te worden verontreinigd door stoffen waarvoor geen alarmeringswaarden zijn vastgesteld, aan:
a. het publiek,

b. bijzonder gevoelige bevolkingsgroepen,
c. de beheerders van primaire waterkeringen,
d. gedeputeerde staten, en
e. overige bestuursorganen of andere instanties.
2. Bij de regeling worden regels gesteld over:
a. de inhoud van de te verstrekken informatie en de te geven waarschuwingen,
b. hoe die informatie wordt verstrekt en die waarschuwingen worden gegeven, en
c. hoe uitvoering wordt gegeven aan artikel 24 van de richtlijn luchtkwaliteit.

Art. 19.12 (tijdelijke regels bij luchtverontreiniging)

1. Bij overschrijding van alarmeringswaarden voor luchtkwaliteit of bij verontreiniging van de buitenlucht door stoffen waarvoor geen alarmeringswaarden zijn vastgesteld, kan de commissaris van de Koning, met het oog op het beschermen van de gezondheid of de volksgezondheid of de gezondheid van bijzonder gevoelige bevolkingsgroepen, bij besluit regels stellen over het gebruik van installaties of brandstoffen en over andere verontreinigende activiteiten.
2. Deze regels kunnen in ieder geval inhouden een verbod om een installatie in werking te hebben of een brandstof te gebruiken.
3. Een besluit vervalt achtenveertig uur nadat het in werking is getreden. Deze termijn kan door gedeputeerde staten telkens voor ten hoogste achtenveertig uur worden verlengd.
4. Een besluit als bedoeld in het eerste lid en een besluit tot verlenging als bedoeld in het derde lid worden op een bij algemene maatregel van bestuur te bepalen wijze bekendgemaakt. De besluiten treden in werking onmiddellijk na de bekendmaking.

AFDELING 19.4
GEVAAR VOOR WATERSTAATSWERKEN

Art. 19.13 (begripsbepaling en toepassingsbereik afdeling 19.4)

1. In deze afdeling wordt onder gevaar voor waterstaatswerken verstaan: omstandigheid waardoor de goede staat van een waterstaatswerk onmiddellijk wordt aangetast of dreigt te worden aangetast of dit werk ernstig beschadigd of onbruikbaar wordt.
2. Deze afdeling is niet van toepassing op gevaren die het gevolg zijn van een ongeval als bedoeld in de Wet bestrijding maritieme ongevallen.

Art. 19.14 (calamiteitenplan beheer waterstaatswerken)

1. De beheerder zorgt voor het houden van oefeningen om doeltreffend te kunnen optreden bij gevaar voor waterstaatswerken. Hij stelt voor de waterstaatswerken een calamiteitenplan vast, dat voldoet aan bij algemene maatregel van bestuur gestelde regels.
2. Het calamiteitenplan wordt afgestemd op de voor het betrokken gebied vastgestelde crisisplannen, bedoeld in artikel 16 van de Wet veiligheidsregio's, en rampbestrijdingsplannen, bedoeld in artikel 17 van die wet.
3. De besturen van de veiligheidsregio's waarbinnen de waterstaatswerken liggen, worden in de gelegenheid gesteld hun zienswijze over het ontwerp van het calamiteitenplan naar voren te brengen.

Art. 19.15 (maatregelen beheerder bij gevaar voor waterstaatswerken)

1. De beheerder is bij gevaar voor waterstaatswerken, zolang die daardoor ontstane situatie dit vergt, bevoegd de maatregelen te treffen die hij nodig oordeelt, zo nodig in afwijking van wettelijke voorschriften, met uitzondering van de Grondwet of internationaalrechtelijke verplichtingen.
2. Als het waterschapsbestuur gebruikmaakt van deze bevoegdheid, meldt het dit onverwijld aan gedeputeerde staten of, als van deze bevoegdheid gebruik is gemaakt in verband met gevaar voor een primaire waterkering, aan Onze Minister van Infrastructuur en Waterstaat.
3. De beheerder brengt, zodra de feitelijke omstandigheden dat toelaten, het waterstaatswerk weer zo veel mogelijk in overeenstemming met de in de legger voorgeschreven staat.
4. De beheerder zorgt voor een evaluatie van de toepassing van het eerste en derde lid en zendt een verslag van deze evaluatie ter kennisneming aan:
a. gedeputeerde staten of, als de evaluatie betrekking heeft op een primaire waterkering, Onze Minister van Infrastructuur en Waterstaat,
b. de besturen van de veiligheidsregio's waarbinnen de waterstaatswerken zijn gelegen.

Art. 19.16 (instructiebesluit bij gevaar voor waterstaatswerken)

1. Gedeputeerde staten kunnen, als naar hun oordeel een waterschapsbestuur niet of niet voldoende optreedt bij gevaar voor waterstaatswerken, aan dat bestuur een instructie geven als bedoeld in artikel 2.33.
2. Als dit vanwege spoedeisende omstandigheden nodig is, kan de commissaris van de Koning die instructie geven, zolang het gevaar voortduurt en gedeputeerde staten van die bevoegdheid geen gebruik maken.
3. Op een instructie als bedoeld in het eerste en tweede lid is artikel 2.36, eerste lid, aanhef en onder a, van toepassing.

4. Onze Minister van Infrastructuur en Waterstaat kan aan het waterschapsbestuur een instructie geven als bedoeld in artikel 2.34 als naar zijn oordeel:
a. gedeputeerde staten of de commissaris van de Koning ten onrechte niet of niet voldoende gebruikmaken van de bevoegdheid, bedoeld in het eerste of tweede lid, en
b. het waterschapsbestuur niet of niet voldoende optreedt bij gevaar voor een primaire waterkering.
5. Op een instructie als bedoeld in het vierde lid is artikel 2.36, tweede lid, aanhef en onder a, van toepassing.

AFDELING 19.5
BUITENGEWONE OMSTANDIGHEDEN

Art. 19.17 (in- en buitenwerkingstelling regulering bij schaarste)
1. Onverminderd de artikelen 7, eerste lid, en 8, eerste lid, van de Coördinatiewet uitzonderingstoestanden kan, als buitengewone omstandigheden dit noodzakelijk maken, bij koninklijk besluit, op voordracht van Onze Minister-President, artikel 19.18 of 19.19 in werking worden gesteld.
2. Wanneer het in het eerste lid bedoelde besluit is genomen, wordt onverwijld een voorstel van wet aan de Tweede Kamer der Staten-Generaal gezonden over het voortduren van de werking van de bij dat besluit in werking gestelde regels.
3. De regels die op grond van het eerste lid in werking zijn gesteld, worden bij koninklijk besluit, op voordracht van Onze Minister-President, onverwijld buiten werking gesteld:
a. als het voorstel van wet door een van beide kamers der Staten-Generaal wordt verworpen, of
b. zodra de omstandigheden dit toelaten.
4. Een besluit als bedoeld in het eerste en derde lid wordt op de daarin te bepalen wijze bekendgemaakt en treedt in werking onmiddellijk na de bekendmaking. Het besluit wordt in ieder geval geplaatst in het Staatsblad.

Art. 19.18 (regulering prioritering uitvoering projecten bij schaarste)
1. Onze Minister van Binnenlandse Zaken en Koninkrijksrelaties stelt in overeenstemming met Onze andere Ministers die het aangaat, bij ministeriële regeling vast aan welke projecten bij schaarste aan arbeidskrachten, geldmiddelen of materialen uitvoering kan worden gegeven.
2. Bij de regeling kunnen regels worden gesteld over, en zo nodig in afwijking van, het bepaalde bij of krachtens de hoofdstukken 4 en 5.
3. Bij de regeling kan worden bepaald dat het verboden is een project uit te voeren zonder toestemming van Onze Minister van Binnenlandse Zaken en Koninkrijksrelaties en, voor zover van toepassing, van Onze andere Ministers die het aangaat.

Art. 19.19 (defensie)
Onze Minister van Defensie stelt bij regeling vast welke voor de uitoefening van defensietaken vereiste activiteiten worden verricht, waarbij voor zover noodzakelijk de bij of krachtens deze wet gestelde regels over het verrichten van die activiteiten buiten toepassing blijven.

HOOFDSTUK 20
MONITORING EN INFORMATIE

AFDELING 20.1
MONITORING EN VERZAMELING VAN GEGEVENS

Art. 20.1 (monitoringsplicht)
1. Voor iedere vastgestelde omgevingswaarde en alarmeringswaarde wordt de staat of kwaliteit van de fysieke leefomgeving, de belasting door activiteiten of de concentratie of depositie van stoffen in de fysieke leefomgeving door monitoring bewaakt. Daarbij wordt beoordeeld of aan die omgevingswaarde of alarmeringswaarde wordt voldaan.
2. Voor een op grond van paragraaf 3.2.4 opgesteld programma worden de voortgang, uitvoering en het doelbereik van het programma door monitoring bewaakt. Daarbij wordt specifiek aandacht geschonken aan de eisen die in artikel 3.17 aan het programma worden gesteld.
3. Bij omgevingsplan en, met inachtneming van de grenzen van artikel 2.3, bij omgevingsverordening of algemene maatregel van bestuur kunnen andere parameters dan omgevingswaarden voor de staat of kwaliteit van de fysieke leefomgeving, de belasting door activiteiten of de concentratie of depositie van stoffen in de fysieke leefomgeving worden aangewezen die door monitoring worden bewaakt en dienen als referentiepunt voor de beoordeling daarvan.
4. Bij algemene maatregel van bestuur kunnen onderdelen van de natuur worden aangewezen waarvan de staat van instandhouding door monitoring wordt bewaakt.

Monitoring en informatie

Art. 20.2 (aanwijzing methode en bestuursorgaan)
1. Bij het omgevingsplan, de omgevingsverordening of de algemene maatregel van bestuur tot vaststelling van een omgevingswaarde, aanwijzing van een programma als bedoeld in artikel 3.15, tweede, derde of vierde lid, of aanwijzing van een andere parameter of onderdeel van de natuur worden de methode van monitoring en het bestuursorgaan dat of de andere instantie die met de uitvoering van de monitoring is belast aangewezen. Voor een in deze wet vastgestelde omgevingswaarde vindt de aanwijzing plaats bij algemene maatregel van bestuur.
2. Bij ministeriële regeling wordt voor alarmeringswaarden de methode van monitoring aangewezen.
3. Onze Minister van Infrastructuur en Waterstaat is voor alarmeringswaarden belast met de uitvoering van de monitoring.
4. Bij algemene maatregel van bestuur kan worden bepaald dat een of meer daarbij aangewezen bestuursorganen een monitoringsprogramma vaststellen. Daarbij kan worden bepaald dat het monitoringsprogramma de methode van monitoring en de wijze van verstrekking van voor de monitoring relevante gegevens bevat.
5. Bij het omgevingsplan, de omgevingsverordening of de algemene maatregel van bestuur tot aanwijzing van een programma als bedoeld in artikel 3.15, tweede, derde of vierde lid, wordt tevens de frequentie van de monitoring bepaald.
6. In afwijking van het eerste lid worden voor geluidproductieplafonds als omgevingswaarden de methode van monitoring en het bestuursorgaan dat of de andere instantie die met de uitvoering van de monitoring is belast aangewezen bij algemene maatregel van bestuur.
7. Bij het omgevingsplan, de omgevingsverordening, de algemene maatregel van bestuur of de ministeriële regeling kunnen regels worden gesteld over het verzamelen en verstrekken van voor de monitoring relevante gegevens door daarbij aangewezen bestuursorganen aan:
a. de op grond van het eerste en zesde lid aangewezen bestuursorganen of andere instanties die met de uitvoering zijn belast,
b. Onze Minister van Infrastructuur en Waterstaat,
c. de bevoegde autoriteiten van andere staten,
d. de Europese Commissie.

Art. 20.3 (regels over de uitvoering)
1. Bij ministeriële regeling kunnen regels worden gesteld over de uitvoering van de monitoring voor omgevingswaarden als bedoeld in de artikelen 2.11a, 2.12a, eerste lid, 2.13, eerste lid, en 2.13a, eerste lid, en paragraaf 2.3.4, alarmeringswaarden, of op grond van artikel 20.1, derde of vierde lid, bij algemene maatregel van bestuur aangewezen andere parameters of onderdelen van de natuur en, met inachtneming van de grenzen van artikel 2.3, derde lid, omgevingswaarden als bedoeld in de artikelen 2.11 en 2.12.
2. Daarbij kunnen in ieder geval regels worden gesteld over:
a. het meten of berekenen, waaronder de frequentie daarvan, de verhouding tussen het meten en berekenen en de monitoringspunten,
b. de verificatie en beoordeling van gelijkwaardigheid van te gebruiken methoden,
c. de beoordeling van de resultaten en de daarbij te gebruiken methoden,
d. de vaststelling van ontwikkelingen of trends,
e. de inrichting en het beheer van landelijke of regionale meetnetten,
f. de kwaliteitsborging en de coördinatie daarvan,
g. de wijze van opslag van gegevens.
3. De regels worden voor primaire waterkeringen steeds na ten hoogste twaalf jaar herzien.

Art. 20.4 (implementatie internationaalrechtelijke verplichtingen)
Op grond van de artikelen 20.1 tot en met 20.3 worden in ieder geval regels gesteld ter uitvoering van:
a. de grondwaterrichtlijn,
b. de habitatrichtlijn,
c. de kaderrichtlijn water,
d. de nec-richtlijn,
e. de richtlijn gevaarlijke afvalstoffen in de lucht,
f. de richtlijn luchtkwaliteit,
g. de richtlijn prioritaire stoffen,
h. de richtlijn stedelijk afvalwater,
i. de verordening governance van de energie-unie,
j. de vogelrichtlijn,
k. de zwemwaterrichtlijn.

Art. 20.5 (toetsing en correctie methoden door minister)
1. Onze Minister die het aangaat is voor de toepassing van deze wet voor omgevingswaarden als bedoeld in artikel 2.13 en paragraaf 2.3.4 bevoegd tot toetsing van:

Omgevingswet (toekomstig) A72

a. de nauwkeurigheid van een meetmethode of een andere methode waarmee op grond van artikel 20.2 of 20.3 de staat of kwaliteit van de fysieke leefomgeving of het effect van activiteiten, maatregelen of andere in artikel 3.17 genoemde elementen worden gemeten of berekend,
b. de nauwkeurigheid van de toepassing van een onder a bedoelde methode.
2. Die minister kan bepalen dat bij de toetsing verkregen resultaten over de staat of kwaliteit van de fysieke leefomgeving voor de toepassing van deze wet in de plaats treden van eerdere of op een andere manier verkregen resultaten van monitoring. Hij informeert in dat geval het betrokken bestuursorgaan.

Art. 20.6 (gegevensverzameling anders dan monitoring)
1. Bij omgevingsverordening respectievelijk algemene maatregel van bestuur kunnen, met inachtneming van de grenzen van artikel 2.3, regels worden gesteld over:
a. het door daarbij genoemde bestuursorganen, rechtspersonen of natuurlijke personen die handelen in de uitoefening van beroep of bedrijf:
1°. bijhouden, verzamelen of berekenen van daarbij aangewezen gegevens,
2°. verstrekken van die gegevens aan bestuursorganen of andere instanties, bevoegde autoriteiten van andere staten of de Europese Commissie,
b. de toetsing van de kwaliteit van de gegevens, bedoeld onder a.
2. Bij de verordening of maatregel kan worden bepaald dat een daarbij aangegeven bestuursorgaan op verzoek kan besluiten dat daarbij aangewezen gegevens, waarvan de geheimhouding op grond van artikel 10 van de Wet openbaarheid van bestuur gerechtvaardigd is, niet worden verstrekt.
3. Bij omgevingsverordening respectievelijk ministeriële regeling kunnen nadere regels worden gesteld over:
a. de uitvoering van het eerste lid en de bekostiging daarvan,
b. de toe te passen berekeningsmethodiek.
4. Het eerste tot en met derde lid is niet van toepassing voor zover bij of krachtens de artikelen 20.1 tot en met 20.5 wordt voorzien in de in die leden geregelde onderwerpen.

Art. 20.7 (implementatie internationaalrechtelijke verplichtingen)
Op grond van artikel 20.6 worden in ieder geval regels gesteld ter uitvoering van:
a. de habitatrichtlijn,
b. de PRTR-verordening,
c. de richtlijn omgevingslawaai,
d. de richtlijn overstromingsrisico's,
e. de vogelrichtlijn,
f. het werelderfgoedverdrag.

AFDELING 20.2
GEGEVENSBEHEER EN TOEGANG TOT GEGEVENS

Art. 20.8 (verstrekking van informatie aan het publiek)
1. Bij algemene maatregel van bestuur kunnen regels worden gesteld over:
a. het aan het publiek ter beschikking stellen van de resultaten van de monitoring, bedoeld in artikel 20.1, of van gegevens als bedoeld in artikel 20.6,
b. de wijze van actieve verstrekking van informatie als uit de monitoring blijkt dat aannemelijk is dat niet wordt voldaan of niet zal worden voldaan aan een omgevingswaarde of andere parameter.
2. De regels strekken er mede toe dat de resultaten en gegevens, bedoeld in het eerste lid, onder a, zoveel mogelijk beschikbaar worden gesteld langs elektronische weg, in een open en machinaal leesbaar formaat, samen met de metadata. Het formaat en de metadata voldoen voor zover mogelijk aan formele open standaarden, overeenkomstig artikel 5, eerste lid, van de richtlijn hergebruik van overheidsinformatie.
3. Bij ministeriële regeling kunnen nadere regels worden gesteld die uitvoeringstechnische of administratieve voorschriften bevatten.

Art. 20.9 (implementatie internationaalrechtelijke verplichtingen)
1. Op grond van artikel 20.8 worden in ieder geval regels gesteld over het aan het publiek ter beschikking stellen van milieu-informatie ter uitvoering van het verdrag van Aarhus en de richtlijn toegang tot milieu-informatie.
2. Op grond van artikel 20.8 worden in ieder geval regels gesteld ter uitvoering van:
a. de richtlijn gevaarlijke stoffen in de lucht,
b. de richtlijn luchtkwaliteit,
c. de zwemwaterrichtlijn.

Art. 20.10 (grondslag registers)
1. Bij algemene maatregel van bestuur kunnen, met inachtneming van de grenzen van artikel 2.3, derde lid, regels worden gesteld over het door een of meer daarbij aangewezen bestuursorganen of andere instanties:

a. opnemen van de resultaten van de monitoring, bedoeld in artikel 20.1, of van gegevens als bedoeld in artikel 20.6 in een bij de maatregel ingesteld register,
b. verstrekken van in het register opgenomen gegevens.
2. Bij de maatregel kan worden bepaald dat een daarbij aangegeven bestuursorgaan op verzoek kan besluiten dat daarbij aangewezen gegevens waarvan de geheimhouding op grond van artikel 10 van de Wet openbaarheid van bestuur gerechtvaardigd is, niet toegankelijk worden gemaakt of aan derden worden verstrekt.
3. Bij ministeriële regeling kunnen nadere regels worden gesteld over de uitvoering van het eerste lid. De regels kunnen in ieder geval inhouden:
a. de in het register op te nemen gegevens,
b. de vorm, de inrichting, het beheer, de toegankelijkheid en de beveiliging van het register,
c. de weergave van gegevens en de verstrekking van gegevens aan derden,
d. het herstellen van fouten in het register.

Art. 20.11 (verplichte registers)
Op grond van artikel 20.10, eerste lid, worden in ieder geval de volgende registers ingesteld:
a. een landelijk register met gegevens over de uitstoot en overbrenging van verontreinigende stoffen (Pollutants Release and Transfer Register, PRTR),
b. een landelijk register dat gegevens bevat over de externe veiligheidsrisico's van bij algemene maatregel van bestuur aangewezen installaties of een samenstel daarvan, transportroutes, buisleidingen of andere systemen,
c. een of meer registers van beschermde gebieden als bedoeld in artikel 6 van de kaderrichtlijn water.

Art. 20.12
[Vervallen]

Art. 20.13 (ter plaatse verstrekken van informatie aan het publiek)
1. Bij algemene maatregel van bestuur kunnen regels worden gesteld over het ter plaatse verstrekken van informatie aan het publiek over een op grond van deze wet aangewezen locatie.
2. Daarbij worden in ieder geval regels gesteld over het ter plaatse verstrekken van informatie over de onderwerpen die zijn genoemd in artikel 12, eerste lid, van de zwemwaterrichtlijn.

AFDELING 20.3
VERSLAGEN EN KAARTEN

Art. 20.14 (verslaglegging)
1. Het bestuursorgaan dat of de andere instantie die op grond van artikel 20.2, eerste lid, is belast met de uitvoering van de monitoring zorgt voor:
a. de verslaglegging van de resultaten van de monitoring voor omgevingswaarden, bedoeld in artikel 20.1, eerste lid, de beoordeling van die resultaten en de toetsing of aan die omgevingswaarden wordt voldaan,
b. de verslaglegging van de resultaten van de monitoring van de voortgang, uitvoering en het doelbereik van een op grond van paragraaf 3.2.4 opgesteld programma, bedoeld in artikel 20.1, tweede lid.
2. Bij het omgevingsplan, de omgevingsverordening of de algemene maatregel van bestuur tot aanwijzing van een programma als bedoeld in artikel 3.15, tweede, derde of vierde lid, wordt tevens de methode en de frequentie van de verslaglegging bepaald.
3. Bij algemene maatregel van bestuur kan worden bepaald dat een daarbij aangewezen bestuursorgaan zorgt voor de verslaglegging en de beoordeling van:
a. de resultaten van de monitoring voor alarmeringswaarden of andere parameters voor de staat of kwaliteit van de leefomgeving, bedoeld in artikel 20.1, eerste en derde lid,
b. de gegevens, bedoeld in artikel 20.6, eerste lid.
4. Bij algemene maatregel van bestuur worden regels gesteld over de openbaarmaking van verslagen.
5. Bij algemene maatregel van bestuur kunnen regels worden gesteld over de:
a. toezending van een verslag aan Onze Minister die het aangaat of een ander bestuursorgaan, voor rapportage aan beide kamers der Staten-Generaal of de Europese Commissie,
b. bekendmaking van een verslag of het doen van een mededeling aan derden.
6. Bij ministeriële regeling kunnen regels worden gesteld over:
a. de in een verslag op te nemen gegevens,
b. de vorm van een verslag,
c. de beoordeling van de gegevens en de daarbij te gebruiken methoden.

Art. 20.15 (verslag veiligheid primaire waterkeringen)
Als uit de beoordeling van de resultaten van de monitoring blijkt dat niet wordt voldaan of zal worden voldaan aan de omgevingswaarden voor de veiligheid van primaire waterkeringen, bedoeld in artikel 2.15, eerste lid, onder d, wordt in het verslag, bedoeld in artikel 20.14, ook

Omgevingswet (toekomstig)

A72

een omschrijving opgenomen van de maatregelen die op een daarbij aangegeven termijn nodig worden geacht.

Art. 20.16 (kaarten)
1. Bij algemene maatregel van bestuur kunnen, met inachtneming van de grenzen van artikel 2.3, derde lid, regels worden gesteld over het verbeelden van de resultaten van de monitoring, bedoeld in artikel 20.1, of van gegevens als bedoeld in artikel 20.6 op kaarten.
2. Artikel 20.14, vierde en vijfde lid, is van overeenkomstige toepassing.
3. Bij ministeriële regeling kunnen regels worden gesteld over:
a. de op de kaart te verbeelden gegevens,
b. de vorm van een kaart.

Art. 20.17 (verplichte kaarten)
1. Op grond van artikel 20.16, eerste lid, worden in ieder geval regels gesteld over het vaststellen van de volgende kaarten door de daarbij genoemde bestuursorganen:
a. geluidbelastingkaarten als bedoeld in artikel 7 van de richtlijn omgevingslawaai voor:
$1°$. wegen, spoorwegen, luchthavens, een activiteit of een samenstel van activiteiten als bedoeld in artikel 3.5: het college van burgemeester en wethouders van de gemeente, bedoeld in dat artikel,
$2°$. wegen, spoorwegen en luchthavens als bedoeld in artikel 3.8, eerste lid: gedeputeerde staten,
$3°$. wegen, spoorwegen en luchthavens als bedoeld in artikel 3.9, eerste lid: Onze Minister van Infrastructuur en Waterstaat,
b. kaarten van de kustlijn waarvan de landwaartse verplaatsing op grond van artikel 2.19, tweede lid, onder b, door Onze Minister wordt voorkomen of tegengegaan: Onze Minister van Infrastructuur en Waterstaat,
c. overstromingsgevaar- en overstromingsrisicokaarten als bedoeld in artikel 6 van de richtlijn overstromingsrisico's: gedeputeerde staten.
2. Op grond van artikel 20.16, derde lid, worden in ieder geval regels gesteld over geluidbelastingkaarten als bedoeld in het eerste lid, onder a.

AFDELING 20.4
EVALUATIE

Art. 20.18 (wetenschappelijk onderzoek van de fysieke leefomgeving)
1. Het Planbureau voor de Leefomgeving brengt ten minste eenmaal in de vier jaar een wetenschappelijk rapport uit, waarin de ontwikkeling van de kwaliteit van bij ministeriële regeling aangewezen onderdelen of aspecten van de fysieke leefomgeving wordt beschreven.
2. Onze Minister van Onderwijs, Cultuur en Wetenschap brengt ten minste eenmaal in de vier jaar een wetenschappelijk rapport uit, waarin de ontwikkeling van de staat van cultureel erfgoed en werelderfgoed wordt beschreven.
3. Onze Minister van Landbouw, Natuur en Voedselkwaliteit bevordert het onderzoek en wetenschappelijk werk, bedoeld in artikel 10, eerste lid, van de vogelrichtlijn en artikel 18, eerste lid, van de habitatrichtlijn.

Art. 20.19 (effecten omgevingswaarden veiligheid primaire waterkeringen)
1. Onze Minister van Infrastructuur en Waterstaat zendt elke twaalf jaar aan beide kamers der Staten-Generaal een verslag over de doeltreffendheid en de effecten van de omgevingswaarden voor de veiligheid van primaire waterkeringen, bedoeld in artikel 2.15, eerste lid onder d, en van andere parameters voor de veiligheid van primaire waterkeringen.
2. De eerstvolgende toezending van het verslag vindt plaats voor 1 januari 2037.

AFDELING 20.5
DIGITAAL STELSEL OMGEVINGSWET

§ 20.5.1
Algemeen

Art. 20.20 (digitaal stelsel doel)
Er is een digitaal stelsel Omgevingswet. Dit stelsel heeft als doel:
a. het beschikbaar stellen van informatie over de fysieke leefomgeving,
b. het faciliteren van het elektronisch verkeer als bedoeld in artikel 16.1,
c. het bevorderen van een doelmatige en doeltreffende uitoefening van taken en bevoegdheden op grond van deze wet.

§ 20.5.2
Landelijke voorziening

Art. 20.21 (landelijke voorziening)
1. Er is een landelijke voorziening. Deze voorziet in ieder geval in:
a. het elektronisch ontsluiten van de informatie, bedoeld in artikel 20.26, eerste lid,
b. het elektronisch kunnen indienen van een aanvraag om een besluit, doen van een melding, verstrekken van gegevens en bescheiden ter voldoening aan een andere informatieverplichting dan een melding en verzenden van een ander bericht, als bedoeld in artikel 16.1.
2. Onze Minister van Binnenlandse Zaken en Koninkrijksrelaties beheert de landelijke voorziening. Bij ministeriële regeling kan aan een rechtspersoon een uitsluitend recht worden verleend voor het in opdracht van die Minister verrichten van werkzaamheden in het kader van het beheer van de landelijke voorziening.
3. Bij algemene maatregel van bestuur kunnen bestuursorganen of rechtspersonen worden aangewezen die zorg dragen voor de inrichting, instandhouding, werking en beveiliging van bij de maatregel aangewezen onderdelen van de landelijke voorziening.
4. Bij ministeriële regeling kunnen nadere regels worden gesteld over de inrichting, instandhouding, werking en beveiliging van de landelijke voorziening.

Art. 20.22 (andere functionaliteiten van landelijke voorziening)
1. Bij algemene maatregel van bestuur kan een andere functionaliteit dan bedoeld in artikel 20.21, eerste lid, worden aangewezen waarin de landelijke voorziening voorziet, voor zover die bijdraagt aan het bereiken van de doelen, bedoeld in artikel 20.20.
2. Bij de maatregel kunnen nadere regels worden gesteld over de aangewezen functionaliteit. Daartoe behoren in ieder geval regels over het verplicht of onverplicht gebruiken van die functionaliteit.

Art. 20.23 (beperking van toegang tot informatie)
Informatie die niet kan worden verstrekt op grond van artikel 10 van de Wet openbaarheid van bestuur wordt niet via de landelijke voorziening aan een ieder beschikbaar gesteld.

§ 20.5.3
Persoonsgegevens en gegevensbeheer

Art. 20.24 (gegevensbeheer)
1. Bij algemene maatregel van bestuur worden, met inachtneming van artikel 20.25, regels gesteld over het beheer van in de landelijke voorziening opgenomen informatie. In ieder geval wordt bepaald wie verantwoordelijk is voor het beheer van de via de voorziening ingediende aanvragen, meldingen, gegevens en bescheiden ter voldoening aan andere informatieverplichtingen dan meldingen en andere berichten als bedoeld in artikel 16.1.
2. Bij ministeriële regeling kunnen nadere regels worden gesteld die uitvoeringstechnische of administratieve voorschriften bevatten.

Art. 20.25 (persoonsgegevens)
1. Bij algemene maatregel van bestuur wordt bepaald:
a. welke persoonsgegevens worden verwerkt in de landelijke voorziening,
b. welk bestuursorgaan hiervoor verwerkingsverantwoordelijke als bedoeld in artikel 4 van de Algemene verordening gegevensbescherming is,
c. aan wie deze persoonsgegevens worden verstrekt,
d. hoe lang deze persoonsgegevens bewaard blijven in de landelijke voorziening.
2. Bij ministeriële regeling kunnen nadere regels worden gesteld die uitvoeringstechnische of administratieve voorschriften bevatten. Daartoe kunnen regels behoren over de wijze van verstrekking van persoonsgegevens.

§ 20.5.4
Beschikbaar stellen van informatie voor ontsluiting via de landelijke voorziening

Art. 20.26 (beschikbaar stellen van informatie voor ontsluiting via landelijke voorziening)
1. Bij algemene maatregel van bestuur kan informatie worden aangewezen die beschikbaar wordt gesteld voor ontsluiting via de landelijke voorziening, bedoeld in artikel 20.21. Daarbij wordt bepaald door en aan welke bestuursorganen of rechtspersonen die informatie beschikbaar wordt gesteld.
2. Tot de informatie behoort in elk geval informatie uit besluiten en andere rechtsfiguren op grond van deze wet die bij ministeriële regeling zijn aangeduid als omgevingsdocument.
3. Bij de maatregel wordt bepaald door welk van die bestuursorganen of rechtspersonen wordt bepaald voor welke onderdelen van de informatie een beperking als bedoeld in artikel 20.23 geldt.

Omgevingswet (toekomstig) A72

4. De informatie voldoet aan de bij ministeriële regeling te stellen regels.
5. Bij ministeriële regeling kunnen regels worden gesteld over het beschikbaar stellen, waaronder de wijze van beschikbaar stellen.

Art. 20.27 (kwaliteitsborging)
Bij algemene maatregel van bestuur kunnen regels worden gesteld in het belang van de borging en beoordeling van de kwaliteit van de informatie, bedoeld in artikel 20.26, eerste lid.

§ 20.5.5
Elektronisch indienen

Art. 20.28 (gebruik landelijke voorziening en elektronisch formulier)
1. Het bevoegd gezag en de andere bestuursorganen die zijn betrokken bij een via de landelijke voorziening ingediende aanvraag om een besluit, een gedane melding, verstrekte gegevens en bescheiden ter voldoening aan een andere informatieverplichting dan een melding of een ander bericht als bedoeld in artikel 16.1, maken gebruik van de landelijke voorziening.
2. Bij algemene maatregel van bestuur kunnen regels worden gesteld over het beschikbaar stellen van een elektronisch formulier voor het elektronisch verkeer, bedoeld in artikel 16.1. Daarbij kan worden bepaald welk bestuursorgaan het formulier vaststelt en kan worden bepaald welk bestuursorgaan de daarvoor benodigde informatie levert.
3. Bij ministeriële regeling kunnen nadere regels worden gesteld over de vaststelling en levering, bedoeld in het tweede lid.

§ 20.5.6
Overige bepalingen

Art. 20.29 (systeembeschrijving)
Bij ministeriële regeling wordt een systeembeschrijving van de landelijke voorziening, bedoeld in artikel 20.21, vastgesteld. De systeembeschrijving bevat in ieder geval een beschrijving van de wijze waarop elektronische informatie-uitwisseling op grond van deze afdeling plaatsvindt tussen de landelijke voorziening en bestuursorganen en rechtspersonen.

Art. 20.30 (overige ministeriële regels)
Bij ministeriële regeling kunnen regels die uitvoeringstechnische of administratieve voorschriften bevatten, worden gesteld:
a. over de afhandeling van terugmeldingen van mogelijke onjuistheid van informatie,
b. over de wijze van beschikbaar stellen van informatie uit besluiten en andere rechtsfiguren op grond van deze wet die niet is aangewezen op grond van artikel 20.26, eerste lid,
c. ter uitvoering van deze afdeling, voor zover de artikelen 20.21 tot en met 20.29 daarin niet voorzien.

HOOFDSTUK 21
[Gereserveerd]

[Gereserveerd]

HOOFDSTUK 22
OVERGANGSRECHT

§ 22.1.1
Van omgevingsplan met tijdelijk deel tot omgevingsplan

Art. 22.1 (tijdelijk deel omgevingsplan)
In deze afdeling wordt onder het tijdelijke deel van het omgevingsplan verstaan het deel van het omgevingsplan dat bestaat uit:
a. de besluiten, bedoeld in artikel 4.6, eerste lid, van de Invoeringswet Omgevingswet,
b. de kaarten, bedoeld in artikel 3.5, tweede lid, van de Aanvullingswet bodem Omgevingswet, en de besluiten, bedoeld in artikel 3.5, derde lid, van die wet,
c. de regels waarvoor op grond van artikel 22.2, eerste lid, is bepaald dat ze tijdelijk deel uitmaken van het omgevingsplan.

Omgevingsplan, overgangsfase

Art. 22.2 (omgevingsplanregels van rijkswege)
1. Bij algemene maatregel van bestuur kan worden bepaald dat regels die voor de inwerkingtreding van deze wet bij of krachtens de wet waren gesteld of daaraan gelijkwaardige regels al dan niet tijdelijk deel uitmaken van het omgevingsplan.
2. Bij een besluit tot vaststelling of wijziging van een omgevingsplan kunnen die regels worden gewijzigd.

Omgevingswet (toekomstig)

Art. 22.3 (omgevingsplan als bedoeld in artikel 2.4)
Een omgevingsplan als bedoeld in artikel 2.4 wordt niet eerder dan de dag waarop deze wet in werking treedt, bekendgemaakt.

Art. 22.4 (regels verordeningen in omgevingsplan)
Aan de verplichting tot vaststelling van een omgevingsplan, bedoeld in artikel 2.4, wordt uiterlijk op een bij koninklijk besluit te bepalen tijdstip voldaan. Tot dat tijdstip zijn artikel 122 van de Gemeentewet en de artikelen 28 en 34, eerste lid, tweede zin, van de Wet algemene regels herindeling niet van toepassing. Vanaf dat tijdstip worden regels over de fysieke leefomgeving waarvoor dat op grond van artikel 2.7, eerste lid, is bepaald, alleen nog in het omgevingsplan opgenomen.

Art. 22.5 (wettelijke verplichtingen omgevingsplan)
1. Uiterlijk tot een bij koninklijk besluit te bepalen tijdstip geldt voor het tijdelijke deel van het omgevingsplan niet de verplichting op grond van artikel 4.2, eerste lid, dat de regels zijn gesteld met het oog op een evenwichtige toedeling van functies aan locaties,
2. Uiterlijk tot een bij koninklijk besluit te bepalen tijdstip geldt niet de verplichting op grond van artikel 4.17 over het in overeenstemming brengen van het omgevingsplan met omgevingsvergunningen voor een buitenplanse omgevingsplanactiviteit.
3. Het in het eerste en tweede lid bedoelde tijdstip kan voor verschillende gevallen verschillend worden vastgesteld.
4. Bij algemene maatregel van bestuur kunnen, zo nodig in afwijking van het eerste of tweede lid, nadere regels worden gesteld met het oog op een goede uitvoering van de verplichtingen, bedoeld in die leden.
5. Voor het tijdelijke deel van het omgevingsplan, bedoeld in artikel 22.1, onder a, geldt niet de verplichting van artikel 19 van de Bekendmakingswet tot het in geconsolideerde vorm beschikbaar stellen.

Art. 22.6 (vervanging tijdelijk deel omgevingsplan)
1. Bij de vaststelling van een omgevingsplan kunnen de voor een locatie geldende regels die zijn opgenomen in een besluit als bedoeld in artikel 4.6, eerste lid, onder a, b, c, g, h, i, j, k, l of m, van de Invoeringswet Omgevingswet alleen alle tegelijk komen te vervallen.
2. Bij of krachtens algemene maatregel van bestuur kunnen gevallen worden aangewezen waarin, in afwijking van het eerste lid, tot een bij koninklijk besluit te bepalen tijdstip de regels, bedoeld in het eerste lid, ook gedeeltelijk voor een locatie kunnen komen te vervallen.
3. Uiterlijk op een bij koninklijk besluit te bepalen tijdstip zijn alle regels van het omgevingsplan opgenomen in het niet-tijdelijke deel van dat plan.

Art. 22.7 (beroep)
Bij het beroep tegen een omgevingsplan kunnen geen beroepsgronden worden aangevoerd die betrekking hebben op regels die uitvoering geven aan een onherroepelijk besluit tot aanwijzing van:
a. een monument of archeologisch monument als gemeentelijk monument of provinciaal monument,
b. een gemeentelijk of provinciaal beschermd stads- of dorpsgezicht.

§ 22.1.2
De toepassing van in een verordening of het tijdelijke deel van het omgevingsplan opgenomen regels

Art. 22.8 (omgevingsvergunning gemeentelijke verordening)
Voor zover op grond van een bepaling in een gemeentelijke verordening een vergunning of ontheffing is vereist voor een geval waarin regels over de fysieke leefomgeving op grond van artikel 2.7, eerste lid, alleen in het omgevingsplan mogen worden opgenomen, geldt een zodanige bepaling als een verbod om zonder omgevingsvergunning een activiteit te verrichten als bedoeld in artikel 5.1, eerste lid, aanhef en onder a.

Art. 22.9 (aanwijzing onderdelen voor verwezenlijking in de naaste toekomst)
Op een in het tijdelijke deel van het omgevingsplan aangewezen onderdeel als bedoeld in artikel 3.4 van de Wet ruimtelijke ordening waarvan verwezenlijking in de naaste toekomst nodig wordt geacht blijft het oude recht van toepassing, uiterlijk tot vijf jaar na de dag met ingang waarvan die aanwijzing geldt.

Art. 22.10 (binnenplanse bevoegdheid om af te wijken)
In het tijdelijke deel van het omgevingsplan opgenomen regels als bedoeld in artikel 3.6, eerste lid, onder c, van de Wet ruimtelijke ordening gelden als regels als bedoeld in artikel 5.21, tweede lid, onder a.

Art. 22.11 (binnenplanse bevoegdheid tot stellen van nadere eisen)
Een in het tijdelijke deel van het omgevingsplan opgenomen bevoegdheid tot het stellen van nadere eisen als bedoeld in artikel 3.6, eerste lid, onder d, van de Wet ruimtelijke ordening over in dat deel van het plan omschreven onderwerpen of onderdelen geldt als een bevoegdheid tot

Omgevingswet (toekomstig)

het stellen van maatwerkvoorschriften in het omgevingsplan over daarbij aangewezen onderwerpen als bedoeld in artikel 4.5, eerste lid.

Art. 22.12 (uitsluiting gebruik afwijkbevoegdheid bestemmingsplan)
Als in het tijdelijke deel van een omgevingsplan op grond van artikel 3.6a van de Wet ruimtelijke ordening is uitgesloten dat van dat plan voor een bepaalde termijn kan worden afgeweken met een omgevingsvergunning, geldt die bepaling als een verbod om voor een termijn van ten hoogste tien jaar een activiteit te verrichten.

Art. 22.13 (geen schadeveroorzakend besluit)
1. Een omgevingsvergunning die wordt verleend op grond van een regel in het tijdelijke deel als bedoeld in artikel 22.1, aanhef en onder a, van het omgevingsplan geldt niet als schadeveroorzakend besluit als bedoeld in artikel 15.1, tweede lid.
2. Een onherroepelijk besluit tot aanwijzing van:
  a. een monument of archeologisch monument als gemeentelijk monument of provinciaal monument,
  b. een gemeentelijk of provinciaal beschermd stads- of dorpsgezicht,
  c. een rijksbeschermd stads- of dorpsgezicht, waarvan de inhoud wordt opgenomen in een omgevingsplan geldt niet als schadeveroorzakend besluit als bedoeld in artikel 15.1, eerste lid, aanhef en onder d.

§ 22.1.3
Overige bepalingen

Art. 22.14 (regels waterschapsverordening van rijkswege)
1. Bij algemene maatregel van bestuur kan worden bepaald dat regels die voor de inwerkingtreding van deze wet bij of krachtens een andere wet waren gesteld of daaraan gelijkwaardige regels al dan niet tijdelijk deel uitmaken van de waterschapsverordening.
2. Bij een besluit tot vaststelling of wijziging van een waterschapsverordening kunnen die regels worden gewijzigd.

Art. 22.15 (regels verordeningen in waterschapsverordening)
Aan de verplichting tot vaststelling van een waterschapsverordening, bedoeld in artikel 2.5, wordt uiterlijk op een bij koninklijk besluit te bepalen tijdstip voldaan. Tot dat tijdstip is artikel 59 van de Waterschapswet niet van toepassing. Vanaf dat tijdstip worden regels over de fysieke leefomgeving waarvoor dat op grond van artikel 2.7, eerste lid, is bepaald, alleen nog in de waterschapsverordening opgenomen.

Art. 22.16 (overgangsfase projectbesluit)
1. Uiterlijk tot een bij koninklijk besluit te bepalen tijdstip hoeft een projectbesluit niet te voldoen aan artikel 5.52, eerste lid. Voor zover een projectbesluit in strijd is met het omgevingsplan, geldt het als een omgevingsvergunning voor een buitenplanse omgevingsplanactiviteit.
2. Voor zover een projectbesluit geldt als een omgevingsvergunning voor een omgevingsplanactiviteit, hoeft het omgevingsplan niet eerder dan op een bij koninklijk besluit te bepalen tijdstip met die vergunning in overeenstemming te zijn gebracht.
3. In het omgevingsplan worden geen regels gesteld die in strijd zijn met een projectbesluit als bedoeld in het eerste lid. De artikelen 4.19a, derde tot en met vijfde lid, en 5.53a, tweede tot en met vierde lid, zijn van overeenkomstige toepassing.

Art. 22.17 (einde overgangsfase)
Deze afdeling vervalt op een bij koninklijk besluit te bepalen tijdstip.

AFDELING 22.2
Sanering geluid decentrale infrastructuur

Art. 22.18 (vaststellen van programma)
1. Het college van burgemeester en wethouders stelt uiterlijk op 18 juli 2038 een programma vast, gericht op het reduceren van geluid van wegen in beheer bij de gemeente en van lokale spoorwegen, voor zover deze niet zijn aangewezen op grond van artikel 2.13a, eerste lid, aanhef en onder b.
2. Het algemeen bestuur van een waterschap stelt uiterlijk op 18 juli 2038 een programma vast, gericht op het reduceren van geluid van wegen in beheer bij het waterschap.
3. Gedeputeerde staten stellen uiterlijk op 18 juli 2038 een programma vast, gericht op het reduceren van geluid van wegen in beheer bij de provincie en van lokale spoorwegen, voor zover deze zijn aangewezen op grond van artikel 2.13a, eerste lid, aanhef en onder b.
4. De artikelen 2.25, eerste lid, aanhef en onder a, onder 1°, 16.27, 16.77b, tweede lid, en 16.139 zijn van overeenkomstige toepassing, met dien verstande dat in artikel 16.27, tweede lid, voor "die wijziging niet ziet op een in dat programma opgenomen beschrijving van een activiteit als gevolg waarvan de activiteit is toegestaan" wordt gelezen "die wijziging niet ziet op een in dat programma opgenomen maatregelkeuze voor een locatie".

Art. 22.19 (einde sanering)
Deze afdeling vervalt op een bij koninklijk besluit te bepalen tijdstip.

AFDELING 22.3
TIJDELIJKE BEOORDELINGSREGELS NATURA 2000-ACTIVITEIT MET STIKSTOFDEPOSITIE

Art. 22.20 (beoordelingsregels aanvraag Natura 2000-activiteit met stikstofdepositie)
Regels als bedoeld in artikel 5.5a van de Wet natuurbescherming gelden tot een bij koninklijk besluit te bepalen datum als regels over het verlenen of weigeren van een omgevingsvergunning op grond van artikel 5.18.

AFDELING 22.4
LEGALISERING PROJECTEN NATUUR

Art. 22.21 (vaststellen van programma)
1. Onze Minister draagt uit een oogpunt van rechtszekerheid tezamen met gedeputeerde staten van de provincies zorg voor het legaliseren van de projecten met een geringe stikstofdepositie op Natura 2000-gebieden die voldeden aan de voorwaarden van artikel 2.12 van het Besluit natuurbescherming, zoals dat luidde op 28 mei 2019.
2. Onze Minister stelt zo spoedig mogelijk een programma vast met maatregelen om de gevolgen van de stikstofdepositie van de in het eerste lid bedoelde projecten ongedaan te maken, te beperken of te compenseren gericht op:
   a. de verlening voor de projecten van een omgevingsvergunning voor een Natura 2000-activiteit; of
   b. de aanwijzing van de projecten als vergunningvrije gevallen op grond van artikel 5.2, eerste of derde lid.
3. In het programma worden alleen maatregelen opgenomen die niet zijn opgenomen in het programma, bedoeld in artikel 3.9, vierde lid.
4. De in het programma opgenomen maatregelen worden uitgevoerd binnen drie jaar na de vaststelling van het programma.
5. In het programma opgenomen compenserende maatregelen als bedoeld in artikel 6, vierde lid, van de habitatrichtlijn waarborgen dat de algehele samenhang van het Natura 2000-netwerk bewaard blijft.
6. De artikelen 2.25, eerste lid, aanhef en onder a, onder 1°, 3.12, 3.18, eerste en tweede lid, 3.19, eerste en tweede lid, 16.27, 16.77b, tweede lid, en 16.139 zijn van overeenkomstige toepassing.

Art. 22.22 (einde legalisering)
Deze afdeling vervalt op een bij koninklijk besluit te bepalen tijdstip.

HOOFDSTUK 23
OVERIGE EN SLOTBEPALINGEN

Art. 23.1 (implementatie)

Implementatie internationaalrechtelijke verplichtingen

Voor zover deze wet niet in een andere grondslag voor het stellen van regels voorziet, kunnen bij of krachtens algemene maatregel van bestuur regels worden gesteld ter uitvoering van internationaalrechtelijke verplichtingen die betrekking hebben op of samenhangen met onderwerpen waarop deze wet van toepassing is.

Art. 23.2 (doorwerking wijzigingen Europese verordeningen, richtlijnen en besluiten in Nederlands recht)
Een wijziging van een verordening, richtlijn of besluit als bedoeld in artikel 288 van het Verdrag betreffende de werking van de Europese Unie waarnaar bij of krachtens deze wet wordt verwezen, gaat voor de toepassing van deze wet en de daarop berustende bepalingen gelden met ingang van de dag waarop aan de betrokken wijziging uitvoering moet zijn gegeven, tenzij bij ministerieel besluit, dat in de Staatscourant wordt bekendgemaakt, een ander tijdstip wordt vastgesteld.

AFDELING 23.2
EXPERIMENTEERBEPALING

Art. 23.3 (experimenten)
1. Bij algemene maatregel van bestuur kan, met inachtneming van internationaalrechtelijke verplichtingen, bij wijze van experiment worden afgeweken van het bepaalde bij of krachtens:
   a. deze wet,

Omgevingswet (toekomstig)

A72

b. de Elektriciteitswet 1998, voor zover dat geen gevolgen heeft voor de opbrengst van de energiebelasting, bedoeld in artikel 1 van de Wet belastingen op milieugrondslag,
c. de Gaswet,
d. de Huisvestingswet 2014,
e. de Leegstandswet,
f. de Warmtewet,
g. de Wet milieubeheer.

2. Een experiment wordt alleen aangewezen als dit beoogt bij te dragen aan het nastreven van de doelen, bedoeld in artikel 1.3, aanhef en onder a, waaronder de verbetering van de kwaliteit van de fysieke leefomgeving, de te volgen procedures of de besluitvorming daarover.
3. Bij de maatregel wordt in ieder geval bepaald:
a. wat het doel van het experiment is,
b. wat de beoogde gevolgen voor de fysieke leefomgeving zijn,
c. welk bestuursorgaan verantwoordelijk is voor de uitvoering van het experiment,
d. wat de tijdsduur van het experiment is, waarbij geldt dat het experiment niet langer duurt dan nodig is voor het doel van het experiment,
e. van welke regels kan worden afgeweken,
f. welke afwijkingen voor bij de maatregel aan te wijzen gevallen zijn toegestaan,
g. voor welk gebied of voor welke besluiten die afwijkingen zijn toegestaan,
h. hoe lang die afwijkingen ten hoogste, met een maximum van tien jaar als het gaat om omgevingswaarden, zijn toegestaan,
i. welke afwijkingen na afloop van het experiment toegestaan blijven,
j. hoe de evaluatie van het experiment wordt uitgevoerd en hoe vaak tussentijds wordt gemonitord met het oog op de doelen, bedoeld in het tweede lid, en de beoogde gevolgen voor de fysieke leefomgeving.
4. Afwijkingen als bedoeld in het derde lid, onder h, zijn alleen toegestaan als het gaat om afwijkingen die onderdeel zijn van het experiment en wanneer het in overeenstemming brengen met de regelgeving na afloop van het experiment onevenredig is in verhouding tot het te beschermen belang van de fysieke leefomgeving.
5. Als uit de monitoring en evaluatie, bedoeld in het derde lid, onder i, blijkt dat het experiment niet bijdraagt aan de doelen, bedoeld in het tweede lid, neemt degene die het experiment uitvoert maatregelen gericht op het bereiken van die doelen.
6. Het verantwoordelijke bestuursorgaan, bedoeld in het derde lid, onder c, kan aanwijzingen geven tot het treffen van maatregelen. Artikel 19.4, derde lid, is van overeenkomstige toepassing.
7. Als de te nemen maatregelen niet toereikend zijn, kan Onze Minister van Binnenlandse Zaken en Koninkrijksrelaties besluiten om het experiment te beëindigen. Aan dat besluit kunnen voorschriften worden verbonden.
8. Als de evaluatie van een experiment aanleiding geeft tot het aanpassen van regelgeving, kan Onze Minister van Binnenlandse Zaken en Koninkrijksrelaties, in afwijking van de maatregel waarbij de tijdsduur van het experiment is bepaald, een besluit nemen om die tijdsduur met ten hoogste vijf jaar te verlengen met het oog op het aanpassen van die regelgeving.

AFDELING 23.3
PUBLIEKSPARTICIPATIE, BETROKKENHEID PARLEMENT, TOTSTANDKOMINGSVEREISTEN UITVOERINGSREGELGEVING EN OVERIGE BEPALINGEN

Art. 23.4 (publieksparticipatie)
1. Een ieder wordt langs elektronische weg in de gelegenheid gesteld gedurende een periode van ten minste vier weken opmerkingen te maken over het ontwerp van een algemene maatregel van bestuur of ministeriële regeling op grond van deze wet.
2. Het eerste lid is niet van toepassing als op andere wijze aan artikel 8 van het verdrag van Aarhus is voldaan.

Art. 23.5 (voorhangprocedure)
1. De voordracht van een algemene maatregel van bestuur op grond van de hoofdstukken 2, 3, 4, en 5, afdeling 13.6, de hoofdstukken 16, 17, 18, 19 en 20 en artikel 23.3 wordt niet eerder gedaan dan vier weken nadat het ontwerp aan beide kamers der Staten-Generaal is overgelegd.
2. Als het ontwerp van een algemene maatregel van bestuur omgevingswaarden bevat kan binnen de termijn, bedoeld in het eerste lid, door een der kamers de wens te kennen geven dat die omgevingswaarden bij wet worden vastgesteld. In dat geval wordt een daartoe strekkend voorstel van wet zo spoedig mogelijk ingediend.
3. Het eerste en tweede lid zijn niet van toepassing als het ontwerp wijzigingen van ondergeschikte betekenis bevat die niet leiden tot andere of grotere nadelige gevolgen voor de fysieke leefomgeving of als het ontwerp alleen strekt tot uitvoering van internationaalrechtelijke ver-

plichtingen. Als dat het geval is, geeft Onze Minister die het aangaat daarvan kennis aan beide kamers der Staten-Generaal.

4. Van de inwerkingtreding van een algemene maatregel van bestuur en de publicatie van het advies van de Afdeling advisering van de Raad van State en het uitgebrachte nader rapport van een algemene maatregel van bestuur waarbij toepassing is gegeven aan het eerste lid, geeft Onze Minister die het aangaat kennis aan beide kamers der Staten-Generaal.

Art. 23.5a (voorhangprocedure besluiten aanwijzing Natura 2000-gebieden in exclusieve economische zone)

1. Onze Minister van Landbouw, Natuur en Voedselkwaliteit zendt een voorstel voor een lijst van Natura 2000-gebieden, geheel of gedeeltelijk gelegen in de exclusieve economische zone, of een voorstel tot wijziging daarvan, als bedoeld in artikel 4, eerste lid, van de habitatrichtlijn niet eerder aan de Europese Commissie dan vier weken nadat het ontwerp van dat voorstel aan beide kamers der Staten-Generaal is overgelegd.

2. Een besluit over de aanwijzing van een Natura 2000-gebied dat geheel of gedeeltelijk is gelegen in de exclusieve economische zone als bedoeld in artikel 2.44, eerste lid, wordt niet eerder genomen dan vier weken nadat het ontwerp van dat besluit aan beide kamers der Staten-Generaal is overgelegd.

Art. 23.6 (doorwerking beginselen)

Bij een algemene maatregel van bestuur waarop artikel 23.5 van toepassing is, wordt in de nota van toelichting gemotiveerd op welke wijze rekening is gehouden met het voorzorgsbeginsel, het beginsel van preventief handelen, het beginsel dat milieuaantastingen bij voorrang aan de bron dienen te worden bestreden en het beginsel dat de vervuiler betaalt.

Art. 23.6a (noodregeling bodem)

1. Als een voorziening onmiddellijk is geboden, kunnen met het oog op het beschermen van de bodem, in afwijking van artikel 4.3, bij ministeriële regeling regels worden gesteld over milieubelastende activiteiten.

2. De regeling vervalt twaalf maanden nadat zij in werking is getreden of, als binnen die termijn een algemene maatregel van bestuur ter vervanging van de regeling in werking is getreden, op laatstbedoeld tijdstip. De termijn kan bij ministeriële regeling eenmaal met ten hoogste zes maanden worden verlengd.

Art. 23.6b (noodregeling stikstof Natura 2000)

1. Als een voorziening onmiddellijk nodig is, kunnen in afwijking van de artikelen 2.24 en 5.18, regels als bedoeld in artikel 2.25, eerste lid, onder a, onder 13°, en regels als bedoeld in artikel 5.18 voor een Natura 2000-activiteit die stikstofdepositie veroorzaakt, bij ministeriële regeling worden gesteld.

2. De regeling vervalt twaalf maanden nadat zij in werking is getreden of, als binnen die termijn een algemene maatregel van bestuur ter vervanging van de regeling in werking is getreden, op laatstbedoeld tijdstip. De termijn kan bij ministeriële regeling eenmaal met ten hoogste zes maanden worden verlengd.

Art. 23.7 (verhouding publiek- en privaatrecht)

De gemeente kan geen rechtshandelingen naar burgerlijk recht verrichten over onderwerpen waarover regels als bedoeld in artikel 4.21 zijn gesteld of over onderwerpen met betrekking tot het bouwen die geregeld zijn op grond van hoofdstuk 5.

Art. 23.8 (Staat is eigenaar vaste stoffen EEZ)

De Staat is eigenaar van op de zeebodem in de exclusieve economische zone of in de ondergrond daarvan aanwezige vaste stoffen, met inbegrip van de delfstoffen, voor zover die delfstoffen op een diepte van minder dan honderd meter onder de zeebodem aanwezig zijn.

AFDELING 23.4
EVALUATIE- EN SLOTBEPALINGEN

Art. 23.9 (evaluatie)

Onze Minister van Binnenlandse Zaken en Koninkrijksrelaties zendt, in overeenstemming met Onze Ministers die het aangaat, binnen vijf jaar na de inwerkingtreding van deze wet en vervolgens na vijf jaar aan beide kamers der Staten-Generaal een verslag over de doeltreffendheid en de effecten van deze wet in de praktijk.

Art. 23.10 (inwerkingtreding)

1. De artikelen van deze wet treden in werking op een bij koninklijk besluit te bepalen tijdstip, dat voor de verschillende artikelen of onderdelen daarvan verschillend kan worden vastgesteld.

2. De voordracht voor een koninklijk besluit als bedoeld in het eerste lid wordt niet eerder gedaan dan vier weken nadat het ontwerp aan beide kamers der Staten-Generaal is overgelegd. Indien een der kamers der Staten-Generaal besluit niet in te stemmen met het ontwerp, wordt er geen voordracht gedaan en kan niet eerder dan zes weken na het besluit van die kamer der Staten-Generaal een nieuw ontwerp aan beide kamers der Staten-Generaal worden overgelegd.

Omgevingswet (toekomstig)

Art. 23.11 (citeertitel)
Deze wet wordt aangehaald als: Omgevingswet.
Lasten en bevelen dat deze in het Staatsblad zal worden geplaatst en dat alle ministeries, autoriteiten, colleges en ambtenaren die zulks aangaat, aan de nauwkeurige uitvoering de hand zullen houden.
De Minister van Infrastructuur en Milieu,
De Staatssecretaris van Economische Zaken,
De Minister van Binnenlandse Zaken en Koninkrijksrelaties,
De Minister voor Wonen en Rijksdienst,
De Minister van Veiligheid en Justitie,
De Minister van Onderwijs, Cultuur en Wetenschap,

BIJLAGE BIJ ARTIKEL 1.1 VAN DEZE WET

Onderdeel A. Begrippen
Voor de toepassing van deze wet en de daarop berustende bepalingen wordt, tenzij anders bepaald, verstaan onder:
afvalstoffen: afvalstoffen waarop de Wet milieubeheer van toepassing is;
afvalwater: alle water waarvan de houder zich ontdoet, voornemens is zich te ontdoen of zich moet ontdoen;
alarmeringswaarde: alarmeringswaarde als bedoeld in artikel 19.10;
andere milieubelastende installatie: vaste technische eenheid waarin een milieubelastende activiteit, anders dan een activiteit als bedoeld in bijlage I bij de richtlijn industriële emissies, wordt verricht en ook andere activiteiten die worden verricht op dezelfde locatie die met die activiteit rechtstreeks samenhangen, in technisch verband staan en gevolgen kunnen hebben voor de emissies en verontreiniging;
archeologisch monument: archeologisch monument als bedoeld in artikel 1.1 van de Erfgoedwet;
archeologische toevalsvondst van algemeen belang: onverwachte vondst in of op de bodem, anders dan bij het doen van opgravingen als bedoeld in artikel 1.1 van de Erfgoedwet, voor zover evident of vermoedelijk van algemeen belang uit het oogpunt van de archeologische monumentenzorg;
autosnelweg: op grond van de Wegenverkeerswet 1994 aangeduide autosnelweg;
autoweg: op grond van de Wegenverkeerswet 1994 aangeduide autoweg;
beheer van afvalstoffen: beheer van afvalstoffen als bedoeld in artikel 1.1 van de Wet milieubeheer;
beheer van watersystemen: samenstel van aan watersystemen verbonden taken, gericht op het voorkomen en waar nodig beperken van overstromingen, wateroverlast en waterschaarste, in samenhang met het beschermen en verbeteren van de chemische en ecologische kwaliteit van die watersystemen en de vervulling van de op grond van deze wet aan die watersystemen toegekende maatschappelijke functies;
beperkingengebied: bij of krachtens de wet aangewezen gebied waar vanwege de aanwezigheid van een werk of object regels gelden over activiteiten die gevolgen hebben of kunnen hebben voor dat werk of object;
beperkingengebiedactiviteit: activiteit binnen een beperkingengebied;
bergingsgebied: gebied waaraan op grond van deze wet een functie voor waterstaatkundige doeleinden is toegedeeld, niet zijnde een oppervlaktewaterlichaam of onderdeel daarvan, dat dient ter verruiming van de bergingscapaciteit van een of meer watersystemen en dat ook als bergingsgebied op de legger is opgenomen;
beschermen van het milieu: beschermen en verbeteren van het milieu;
beste beschikbare technieken: het meest doeltreffende en geavanceerde ontwikkelingsstadium van de activiteiten en exploitatiemethoden waarbij de praktische bruikbaarheid van speciale technieken om het uitgangspunt voor de emissiegrenswaarden en andere vergunningsvoorwaarden te vormen is aangetoond, met als doel emissies en gevolgen voor het milieu in zijn geheel te voorkomen of, wanneer dit niet mogelijk is, te beperken, waarbij wordt verstaan onder:
a. „technieken": zowel de toegepaste technieken als de wijze waarop de installatie wordt ontworpen, gebouwd, onderhouden, geëxploiteerd en ontmanteld,
b. „beschikbare": op zodanige schaal ontwikkeld dat de betrokken technieken, kosten en baten in aanmerking genomen, economisch en technisch haalbaar in de betrokken industriële context kunnen worden toegepast, onafhankelijk van de vraag of die technieken wel of niet binnen Nederland worden toegepast of geproduceerd, mits zij voor de exploitant op redelijke voorwaarden toegankelijk zijn, en
c. „beste": het meest doeltreffend voor het bereiken van een hoog algemeen niveau van bescherming van het milieu in zijn geheel;
besluit geldelijke regelingen: besluit als bedoeld in artikel 12.36;
bijzondere spoorweg: spoorweg die niet als hoofdspoorweg of lokale spoorweg is aangewezen;
bijzonder nationaal natuurgebied: natuurgebied als bedoeld in artikel 2.44, tweede lid;
binnen of buiten het grondgebied van Nederland brengen: activiteit die is gericht op het bewerkstelligen van het binnen of buiten het grond-gebied van Nederland brengen;
bodem: het vaste deel van de aarde met de zich daarin bevindende vloeibare en gasvormige bestanddelen en organismen;
bouwactiviteit: activiteit inhoudende het bouwen van een bouwwerk;
bouwen: plaatsen, geheel of gedeeltelijk oprichten, vernieuwen, veranderen of vergroten;
bouwwerk: constructie van enige omvang van hout, steen, metaal of ander materiaal, die op de plaats van bestemming hetzij direct of indirect met de grond verbonden is, hetzij direct of indirect steun vindt in of op de grond, bedoeld om ter plaatse te functioneren, met inbegrip van de daarvan deel uitmakende bouwwerkgebonden installaties anders dan een schip dat wordt gebruikt voor verblijf van personen en dat is bestemd en wordt gebruikt voor de vaart;
buitenplanse omgevingsplanactiviteit: activiteit, inhoudende:

Omgevingswet (toekomstig)

A72 bijlage

a. een activiteit waarvoor in het omgevingsplan is bepaald dat het is verboden deze zonder omgevingsvergunning te verrichten en die in strijd is met het omgevingsplan, of
b. een andere activiteit die in strijd is met het omgevingsplan;
burgerluchthaven van regionale betekenis: luchthaven, niet zijnde de luchthaven Schiphol, een overige burgerluchthaven van nationale betekenis of een militaire luchthaven;
Commissie voor de milieueffectrapportage: het adviesorgaan, genoemd in artikel 17.5;
cultureel erfgoed:
monumenten, archeologische monumenten, stads- en dorpsgezichten, cultuurlandschappen en, voor zover dat voorwerp is of kan zijn van een evenwichtige toedeling van functies aan locaties in het omgevingsplan, ander cultureel erfgoed als bedoeld in artikel 1.1 van de Erfgoedwet;
delfstoffen: delfstoffen als bedoeld in artikel 1, onder a, van de Mijnbouwwet;
dieren: in elk geval dieren in al hun ontwikkelingsstadia, levend of dood, delen van dieren, uit deze dieren verkregen producten, of andere zaken voor zover uit een begeleidend document, de verpakking, een merk of etiket, of uit andere omstandigheden blijkt dat het gaat om delen van dieren of daaruit verkregen producten, met uitzondering van eieren;
doelen van de wet: de doelen, bedoeld in artikel 1.3;
duurzame ontwikkeling: ontwikkeling die voorziet in de behoeften van de huidige generatie zonder de mogelijkheden voor toekomstige generaties om in hun eigen behoeften te voorzien in gevaar te brengen;
emissie: directe of indirecte uitstoot, uit puntbronnen of diffuse bronnen, van stoffen, trillingen, warmte of geluid in de lucht, het water of de bodem;
energie-infrastructuur: werken, kabels of leidingen, waaronder lege buizen, ondergrondse ondersteuningswerken en beschermingswerken, bestemd voor opwekking of winning, transport en opslag van elektriciteit, respectievelijk stoffen als energiedrager;
faunabeheereenheid: faunabeheereenheid als bedoeld in artikel 8.1;
faunabeheerplan: faunabeheerplan als bedoeld in artikel 8.1;
flora- en fauna-activiteit:
activiteit met mogelijke gevolgen voor van nature in het wild levende dieren of planten;
gedoogplichtbeschikking: beschikking tot oplegging van een gedoogplicht als bedoeld in afdeling 10.3;
gelijkwaardige maatregel: gelijkwaardige maatregel als bedoeld in artikel 4.7;
gemeentelijk voorkeursrecht: voorkeursrecht op naam van een gemeente;
gesloten stortplaats: gesloten stortplaats als bedoeld in artikel 8.47, eerste lid, onder b, van de Wet milieubeheer;
gevaarlijke afvalstof: gevaarlijke afvalstof als bedoeld in artikel 1.1 van de Wet milieubeheer;
grondwater: water dat zich onder het bodemoppervlak in de verzadigde zone bevindt en dat in direct contact met de bodem of ondergrond staat;
grondwaterlichaam: afzonderlijke grondwatermassa in een of meer watervoerende lagen;
habitat van een soort: door specifieke abiotische en biotische factoren bepaald milieu waarin de soort tijdens één van de fasen van zijn biologische cyclus leeft;
herbeplanten: door aanplant, bezaaiing of natuurlijke verjonging of op andere wijze realiseren van een nieuwe houtopstand;
herverkaveling: samenvoeging van onroerende zaken in een gebied, verdeling van het gebied in kavels en toewijzing van die kavels aan eigenaren;
herverkavelingsblok: een geheel van in een herverkaveling opgenomen onroerende zaken;
hoofdspoorweg: spoorweg als bedoeld in artikel 2, tweede lid, van de Spoorwegwet;
hoofdspoorweginfrastructuur: hoofdspoorweginfrastructuur als bedoeld in artikel 1, eerste lid, van de Spoorwegwet;
houtopstand: zelfstandige eenheid van bomen, boomvormers, struiken, hakhout of griend;
infrastructuur: wegen en vaarwegen, waaronder routenetwerken voor wandelen, fietsen en varen, spoorwegen, havens, luchthavens, energie-infrastructuur, telecommunicatie-infrastructuur, buisleidingen, openbare hemelwater- en ontwateringsstelsels en vuilwaterriolen, infrastructuur voor watervoorzieningswerken als bedoeld in artikel 1, eerste lid, van de Drinkwaterwet en andere vitale infrastructuur;
inrichtingsbesluit: besluit als bedoeld in artikel 12.7;
inrichtingsprogramma: programma als bedoeld in artikel 3.14a;
instandhoudingsdoelstellingen: instandhoudingsdoelstellingen als bedoeld in artikel 2.44, eerste lid;
internationaalrechtelijke verplichting: verplichting op grond van een voor Nederland verbindend verdrag of besluit van een volkenrechtelijke organisatie;
ippc-installatie: installatie als bedoeld in artikel 3, onder 3, van de richtlijn industriële emissies, voor zover daarin een activiteit als bedoeld in bijlage I bij die richtlijn wordt verricht;
jacht: bemachtigen, opzettelijk doden of met het oog daarop opsporen van dieren van soorten, genoemd in artikel 8.3, vierde lid, en het doen van pogingen daartoe, in een jachtveld, in over-

Sdu

eenstemming met de regels over de uitoefening van de jacht, gesteld op grond van artikel 4.3, eerste lid, onder k;
jachtgeweeractiviteit: het gebruik van een geweer om in het wild levende dieren te doden;
jachthouder: degene die op grond van artikel 8.3 gerechtigd is tot het uitoefenen van de jacht in een jachtveld;
jachtveld: voor de uitoefening van de jacht bestemd of geschikt terrein;
kavel: een aaneengesloten oppervlakte gronden van een eigenaar, omgeven door gronden van andere eigenaren of door openbare wegen of spoorwegen, of door niet overschrijdbare waterlopen;
korpschef: korpschef als bedoeld in artikel 27 van de Politiewet 2012;
landinrichtingsactiviteit: activiteit die gevolgen heeft of kan hebben voor de uitvoering van een inrichtingsprogramma;
landschappen: gebieden zoals die door mensen worden waargenomen, waarvan het karakter wordt bepaald door natuurlijke of menselijke factoren en de interactie daartussen;
legger: legger als bedoeld in artikel 2.39;
lokale spoorweg: spoorweg die krachtens artikel 2, eerste lid, van de Wet lokaal spoor als zodanig is aangewezen;
lokale spoorweginfrastructuur: de elementen, bedoeld in artikel 2, vijfde lid, van de Wet lokaal spoor;
lozingsactiviteit op een oppervlaktewaterlichaam: activiteit, niet zijnde een stortingsactiviteit op zee, inhoudende het brengen van stoffen, warmte of water direct op een oppervlaktewaterlichaam, voor zover het gaat om de gevolgen van die stoffen of warmte of dat water voor het watersysteem;
lozingsactiviteit op een zuiveringtechnisch werk: activiteit inhoudende het brengen van stoffen, warmte of water met behulp van een werk, niet zijnde een openbaar vuilwaterriool, in een zuiveringtechnisch werk in exploitatie bij een waterschap of een rechtspersoon die door het bestuur van een waterschap met de zuivering van stedelijk afvalwater is belast, voor zover het gaat om de gevolgen van die stoffen of warmte of dat water voor het zuiveringtechnisch werk of het watersysteem;
luchthaven: luchthaven als bedoeld in artikel 1.1, eerste lid, van de Wet luchtvaart;
luchthavenbesluit: luchthavenbesluit als bedoeld in artikel 1.1, eerste lid, van de Wet luchtvaart;
maatwerkregels: maatwerkregels als bedoeld in artikel 4.6;
maatwerkvoorschriften: maatwerkvoorschriften als bedoeld in artikel 4.5;
mijnbouwinstallatie: mijnbouwinstallatie als bedoeld in artikel 1, onder o, van de Mijnbouwwet;
mijnbouwlocatieactiviteit: activiteit inhoudende het gebruiken van een locatie in een oppervlaktewaterlichaam voor: a. een mijnbouwinstallatie, met inbegrip van het voor die installatie geldende beperkingengebied, of b. een verkenningsonderzoek, met uitzondering van het bij dat onderzoek gebruiken van ontplofbare stoffen;
mijnbouwwerk: mijnbouwwerk als bedoeld in artikel 1, onder n, van de Mijnbouwwet;
milieubelastende activiteit: activiteit die nadelige gevolgen voor het milieu kan veroorzaken, niet zijnde een lozingsactiviteit op een oppervlaktewaterlichaam of een lozingsactiviteit op een zuiveringtechnisch werk of een wateronttrekkingsactiviteit;
milieueffectrapport: milieueffectrapport als bedoeld in afdeling 16.4;
militaire luchthaven: militaire luchthaven als bedoeld in artikel 10.12, eerste lid, van de Wet luchtvaart;
monument: monument als bedoeld in artikel 1.1 van de Erfgoedwet;
nationaal park: gebied met belangrijke natuurwetenschappelijke of landschappelijke kwaliteiten;
nationaal voorkeursrecht: voorkeursrecht op naam van de Staat;
Natura 2000-activiteit: activiteit, inhoudende het realiseren van een project dat niet direct verband houdt met of nodig is voor het beheer van een Natura 2000-gebied, maar afzonderlijk of in combinatie met andere plannen of projecten significante gevolgen kan hebben voor een Natura 2000-gebied;
Natura 2000-gebied: gebied dat:
a. door de bevoegde autoriteit van het land waarin het gebied is gelegen is aangewezen als speciale beschermingszone, ter uitvoering van de artikelen 3, tweede lid, onder a, en 4, eerste en tweede lid, van de vogelrichtlijn of de artikelen 3, tweede lid, en 4, vierde lid, van de habitatrichtlijn, of
b. is opgenomen op de lijst van gebieden van communautair belang, bedoeld in artikel 4, tweede lid, van de habitatrichtlijn;
natuurlijke habitat: geheel natuurlijke of halfnatuurlijke land- of waterzone met bijzondere geografische, abiotische en biotische kenmerken;
natuurlijke hulpbronnen: delfstoffen, oppervlaktedelfstoffen, water, biomassa, warmte, windenergie, zonne-energie, waterkracht en energie uit een zee, voor zover die door de mens aan de fysieke leefomgeving onttrokken kunnen worden; omgevingsplan: omgevingsplan als bedoeld in artikel 2.4;

Omgevingswet (toekomstig)

A72 bijlage

omgevingsplanactiviteit: activiteit, inhoudende:
a. een activiteit waarvoor in het omgevingsplan is bepaald dat het is verboden deze zonder omgevingsvergunning te verrichten en die niet in strijd is met het omgevingsplan,
b. een activiteit waarvoor in het omgevingsplan is bepaald dat het is verboden deze zonder omgevingsvergunning te verrichten en die in strijd is met het omgevingsplan, of
c. een andere activiteit die in strijd is met het omgevingsplan;
omgevingsvergunning: omgevingsvergunning als bedoeld in afdeling 5.1;
omgevingsverordening: omgevingsverordening als bedoeld in artikel 2.6;
omgevingsvisie: omgevingsvisie als bedoeld in afdeling 3.1;
omgevingswaarde: omgevingswaarde als bedoeld in afdeling 2.3;
ongewoon voorval:
gebeurtenis, ongeacht de oorzaak daarvan, die afwijkt van het normale verloop van een activiteit, zoals een storing, ongeluk, calamiteit, waardoor significante nadelige gevolgen voor de fysieke leefomgeving ontstaan of dreigen te ontstaan, waaronder:
a. een geval van een inbreuk op vergunningsvoorwaarden als bedoeld in artikel 8 van de richtlijn industriële emissies, of
b. een zwaar ongeval als bedoeld in artikel 3, onderdeel 13, van de Seveso-richtlijn;
ontgrondingsactiviteit: activiteit inhoudende het ontgronden;
openbare registers: openbare registers als bedoeld in afdeling 2 van titel 1 van Boek 3 van het Burgerlijk Wetboek;
openbaar vuilwaterriool: voorziening voor de inzameling en het transport van stedelijk afvalwater, in beheer bij een gemeente of een rechtspersoon die door een gemeente met het beheer is belast;
oppervlaktewaterlichaam: samenhangend geheel van vrij aan het aardoppervlak voorkomend water, met de daarin aanwezige stoffen, en de bijbehorende bodem en oevers, alsmede flora en fauna;
overige burgerluchthaven van nationale betekenis: luchthaven als bedoeld in artikel 8.1, tweede lid, onder a, derde of vierde lid, van de Wet luchtvaart;
planten: in elk geval planten in al hun ontwikkelingsstadia, levend of dood, delen van planten, uit planten verkregen producten, geënte planten, of andere zaken voor zover uit een begeleidend document, de verpakking, een merk of etiket, of uit andere omstandigheden blijkt dat het gaat om delen van planten of daaruit verkregen producten;
primaire waterkering: waterkering die bescherming biedt tegen overstroming door water van een oppervlaktewaterlichaam waarvan de waterstand direct invloed ondergaat van hoge stormvloed, hoog opperwater van een van de grote rivieren, hoog water van het IJsselmeer of het Markermeer, of een combinatie daarvan, en van het Volkerak-Zoommeer, het Grevelingenmeer, het getijdedeel van de Hollandsche IJssel en de Veluwerandmeren;
programma: programma als bedoeld in afdeling 3.2; project:
a. het bouwen van bouwwerken of de totstandbrenging van installaties of werken,
b. andere activiteiten die onderdelen van de fysieke leefomgeving wijzigen, inclusief activiteiten voor de winning van delfstoffen;
projectbesluit: projectbesluit als bedoeld in afdeling 5.2;
provinciaal voorkeursrecht: voorkeursrecht op naam van een provincie;
regionale wateren: watersystemen of onderdelen daarvan die niet in beheer zijn bij het Rijk;
rijksmonument: rijksmonument als bedoeld in artikel 1.1 van de Erfgoedwet;
rijksmonumentenactiviteit: activiteit inhoudende het slopen, verstoren, verplaatsen of wijzigen van een rijksmonument of een voorbeschermd rijksmonument of het herstellen of gebruiken daarvan waardoor het wordt ontsierd of in gevaar gebracht;
rijkswateren: watersystemen of onderdelen daarvan die in beheer zijn bij het Rijk;
ruilbesluit: besluit als bedoeld in artikel 12.22;
sloopactiviteit: activiteit inhoudende het slopen van een bouwwerk;
slopen: geheel of gedeeltelijk afbreken of uit elkaar nemen;
staat van instandhouding van een natuurlijke habitat: som van de invloeden die op de betrokken natuurlijke habitat en de daar voorko-mende typische soorten inwerken en op lange termijn een verandering kunnen bewerkstelligen in de natuurlijke verspreiding, de structuur en de functies van die habitat of die van invloed kunnen zijn op het voortbestaan op lange termijn van de betrokken typische soorten op het grondgebied, bedoeld in artikel 2 van de habitatrichtlijn;
staat van instandhouding van een soort: effect van de som van de invloeden die op de betrokken soort inwerken en op lange termijn een verandering kunnen bewerkstelligen in de verspreiding en de grootte van de populaties van die soort op het grondgebied, bedoeld in artikel 2 van de habitatrichtlijn;
stads- en dorpsgezichten: groepen van onroerende zaken, van algemeen belang vanwege hun schoonheid, onderlinge ruimtelijke of structurele samenhang, wetenschappelijke of cultuurhistorische waarde en in welke groepen zich een of meer monumenten bevinden;

stedelijk afvalwater: huishoudelijk afvalwater of een mengsel daarvan met bedrijfsafvalwater, afvloeiend hemelwater, grondwater of ander afvalwater;
storten: storten als bedoeld in artikel 1.1 van de Wet milieubeheer;
stortingsactiviteit op zee:
activiteit, inhoudende:
a. het zich ontdoen van stoffen in de zee door deze vanaf vaartuigen, luchtvaartuigen of op de zeebodem opgerichte werken in de zee te brengen of op zee te verbranden, tenzij het gaat om:
1°. handelingen die samenhangen met of voortvloeien uit het normale gebruik van het vaartuig, luchtvaartuig of werk, mits dat gebruik niet ten doel heeft het zich ontdoen van stoffen,
2°. het plaatsen van vaste substanties of voorwerpen met een ander oogmerk dan het zich enkel ervan te ontdoen,
3°. het achterlaten van vaste substanties of voorwerpen die aanvankelijk in de zee zijn geplaatst met een ander oogmerk dan het zich ervan te ontdoen,
b. het zich ontdoen in de zee van vaartuigen, luchtvaartuigen of op de zeebodem opgerichte werken,
c. het aan boord van een vaartuig of luchtvaartuig nemen van stoffen met het oogmerk om zich daarvan te ontdoen op een wijze als bedoeld onder a of om die in zee te brengen ten behoeve van een activiteit als bedoeld onder d, of het afgeven of opslaan van stoffen met een van die oogmerken, of
d. het in de zee brengen van stoffen vanaf vaartuigen, luchtvaartuigen of op de zeebodem opgerichte werken ten behoeve van een activiteit waarbij bewust wordt ingegrepen in het mariene milieu om natuurlijke processen te beïnvloeden en die als zodanig is aangewezen in bijlage 4 bij het Londen-protocol;
stortplaats: terrein waar afvalstoffen worden gestort, of het gedeelte van een terrein waar afvalstoffen worden gestort als op het terrein niet alleen afvalstoffen worden gestort, met uitzondering van winningsafvalvoorzieningen;
stroomgebiedsdistrict: stroomgebiedsdistrict als bedoeld in artikel 2, onder 15, van de kaderrichtlijn water;
telecommunicatie-infrastructuur: werken, kabels of leidingen, waaronder lege buizen, ondersteuningswerken en beschermingswerken, die onderdeel zijn van een elektronisch communicatienetwerk als bedoeld in artikel 1.1 van de Telecommunicatiewet;
toevalsvondst van verontreiniging op of in de bodem: onverwachte vondst van verontreiniging op of in de bodem met onaanvaardbare risico's voor de gezondheid als gevolg van blootstelling aan die verontreiniging;
valkeniersactiviteit: het gebruik van een vogel voor het vangen of doden van een dier;
vellen: rooien of verrichten van andere handelingen die de dood of ernstige beschadiging van een houtopstand tot gevolg kunnen hebben;
verhandelen: aankopen, te koop vragen, verwerven voor commerciële doeleinden, tentoonstellen voor commerciële doeleinden, gebruik met winstoogmerk, verkopen, in bezit hebben met het oog op verkoop, ten verkoop aanbieden of vervoeren met het oog op verkoop;
verkenningsonderzoek: verkenningsonderzoek als bedoeld in artikel 1, onder d, van de Mijnbouwwet;
verontreinigende stof: een stof of groep van stoffen die, vanwege zijn eigenschappen en de introductie ervan in het milieu, schadelijk kan zijn voor het milieu of de menselijke gezondheid;
vervreemder:
a. eigenaar van een onroerende zaak waarop een voorkeursrecht is gevestigd, die tot vervreemding daarvan wil overgaan,
b. rechthebbende op een recht van opstal, erfpacht, beklemming of vruchtgebruik waaraan een onroerende zaak waarop een voorkeursrecht is gevestigd is onderworpen en die tot vervreemding daarvan wil overgaan, of
c. degene die bij ontbinding van een gemeenschap met de vereffening is belast en die tot vervreemding van een onroerende zaak waarop een voorkeursrecht is gevestigd wil overgaan;
vervreemding:
a. overdracht in eigendom of verdeling van een onroerende zaak waarop een voorkeursrecht is gevestigd,
b. overdracht, verdeling of vestiging van een recht van opstal, erfpacht, beklemming of vruchtgebruik waaraan een onroerende zaak waarop een voorkeursrecht is gevestigd is of wordt onderworpen;
voor stikstof gevoelige habitats: voor stikstof gevoelige leefgebieden voor vogelsoorten, natuurlijke habitats en habitats van soorten waarvoor een instandhoudingsdoelstelling geldt;
voorbereidingsbesluit: besluit als bedoeld in afdeling 4.2;
voorbeschermd rijksmonument: monument waarvoor de toezending van het ontwerpbesluit tot aanwijzing als rijksmonument op grond van artikel 3:13, eerste lid, van de Algemene wet bestuursrecht heeft plaatsgevonden, vanaf de dag van die toezending tot het moment van inschrijving in het rijksmonumentenregister, bedoeld in artikel 1.1 van de

Omgevingswet (toekomstig) A72 bijlage

Erfgoedwet, of het moment waarop vaststaat dat het monument of archeologisch monument niet wordt ingeschreven in dat register;
voorkeursbeslissing: beslissing als bedoeld in artikel 5.47;
wateractiviteit: beperkingengebiedactiviteit met betrekking tot een waterstaatswerk, beperkingengebiedactiviteit met betrekking tot een installatie, niet zijnde een mijnbouwinstallatie, in een waterstaatswerk, lozingsactiviteit op een oppervlaktewaterlichaam of een zuiveringtechnisch werk, stortingsactiviteit op zee, wateronttrekkingsactiviteit of, voor zover het gaat om een waterschapsverordening, elke andere activiteit waarover die verordening regels bevat;
wateronttrekkingsactiviteit:activiteit inhoudende:
a. het onttrekken van water aan een oppervlaktewaterlichaam,
b. het onttrekken van grondwater door een daarvoor bestemde voorziening, of
c. het in de bodem brengen van water, ter aanvulling van het grondwater, in samenhang met het onttrekken van grondwater door een daarvoor bestemde voorziening;
waterschapsverordening: waterschapsverordening als bedoeld in artikel 2.5;
waterstaatswerk: oppervlaktewaterlichaam, bergingsgebied, waterkering of ondersteunend kunstwerk;
watersysteem: samenhangend geheel van een of meer oppervlaktewaterlichamen en grondwaterlichamen, met bijbehorende bergingsgebieden, waterkeringen en ondersteunende kunstwerken;
weg: weg met inbegrip van de daarin gelegen kunstwerken en wat verder naar zijn aard daartoe behoort;
werelderfgoed: op het grondgebied van Nederland gelegen cultureel en natuurlijk erfgoed dat op grond van het werelderfgoedverdrag is opgenomen in de Lijst van het Werelderfgoed;
wildbeheereenheid: wildbeheereenheid als bedoeld in artikel 8.2;
windpark: samenstel van voorzieningen waarmee elektriciteit met behulp van wind wordt geproduceerd;
winningsafvalstoffen: afvalstoffen die rechtstreeks afkomstig zijn uit de prospectie, winning, behandeling en opslag van mineralen en de exploitatie van groeven, met uitzondering van afvalstof afkomstig van offshore-prospectie, -winning en -behandeling van mineralen;
winningsafvalvoorziening: terrein waar uitsluitend winningsafvalstoffen worden gestort of verzameld, of het gedeelte van een terrein waar winningsafvalstoffen worden gestort of verzameld;
zee: mariene wateren, met uitzondering van de binnenwateren van staten, met inbegrip van de zeebodem en ondergrond daarvan;
zuiveringtechnisch werk: werk voor het zuiveren van stedelijk afvalwater, in exploitatie bij een waterschap of gemeente, of een rechtspersoon die door het bestuur van een waterschap met de zuivering van stedelijk afvalwater is belast, met inbegrip van het bij dat werk behorende werk voor het transport van stedelijk afvalwater;
zwemlocatie: zwemlocatie als bedoeld in artikel 2.30.

Onderdeel B. Verordeningen, richtlijnen en besluiten als bedoeld in artikel 288 van het Verdrag betreffende de werking van de Europese Unie, en internationale verdragen
Voor de toepassing van deze wet en de daarop berustende bepalingen wordt verstaan onder:
algemene verordening gegevensbescherming: Verordening (EU) 2016/679 van het Europees Parlement en de Raad van 27 april 2016 betreffende de bescherming van natuurlijke personen in verband met de verwerking van persoonsgegevens en betreffende het vrije verkeer van die gegevens en tot intrekking van Richtlijn 95/46/EG (PbEU 2016, L 119);
benelux-overeenkomst over jacht en vogelbescherming: benelux-overeenkomst op het gebied van de jacht en de vogelbescherming (Trb. 1970, 155);
benelux-regelgeving over jacht en vogelbescherming: de benelux-overeenkomst inzake jacht en vogelbescherming en de beschikkingen van het Comité van Ministers van de Benelux Economische Unie die berusten op die overeenkomst;
cites-basisverordening: Verordening (EG) nr. 338/97 van de Raad van de Europese Unie van 9 december 1996 inzake de bescherming van in het wild levende dier- en plantensoorten door controle op het desbetreffende handelsverkeer (PbEG L 61);
cites-verdrag: de op 3 maart 1973 te Washington tot stand gekomen Overeenkomst inzake de internationale handel in bedreigde en in het wild levende dier- en plantensoorten (Trb. 1975, 22);
Europees landschapsverdrag: op 20 oktober 2000 te Florence tot stand gekomen Verdrag van de Raad van Europa inzake het landschap (Trb. 2005, 23);
Europese cites-regelgeving:
– cites-basisverordening,
– een verordening die berust op de cites-basisverordening,
– een andere verordening of richtlijn die betrekking heeft op het verhandelen, bezit of verwerken van aan de natuur onttrokken dieren, planten, of producten daarvan, en die geheel of gedeeltelijk

berust op de artikelen 114, 192, 207 of 352 van het Verdrag betreffende de werking van de Europese Unie, of op een andere bindende EU-rechtshandeling die op een of meer van die artikelen berust;
Europese flegt-regelgeving:
- flegt-basisverordening,
- een verordening die berust op de flegt-basisverordening,
- een andere verordening of richtlijn die betrekking heeft op het verhandelen, bezit of verwerken van aan de natuur onttrokken hout of houtproducten, en die geheel of gedeeltelijk berust op de artikelen 114, 192, 207 of 352 van het Verdrag betreffende de werking van de Europese Unie, of op een andere bindende EU-rechtshandeling die op een of meer van die artikelen berust;
Europese houtregelgeving:
- hout-basisverordening,
- een verordening die berust op de hout-basisverordening,
- een andere verordening of richtlijn die betrekking heeft op het verhandelen, bezit of verwerken van aan de natuur onttrokken hout of houtproducten, en die geheel of gedeeltelijk berust op de artikelen 114, 192, 207 of 352 van het Verdrag betreffende de werking van de Europese Unie, of op een andere bindende EU-rechtshandeling die op een of meer van die artikelen berust;
Europese invasieve-exotenregelgeving:
- invasieve-exoten-basisverordening,
- een verordening die berust op de invasieve-exoten-basisverordening,
- een andere verordening of richtlijn die betrekking heeft op invasieve uitheemse soorten, en die geheel of gedeeltelijk berust op de artikelen 114, 192, 207 of 352 van het Verdrag betreffende de werking van de Europese Unie, of op een andere bindende EU-rechtshandeling die op een of meer van die artikelen berust;
Europese zeehondenregelgeving:
- zeehonden-basisverordening,
- een verordening die berust op de zeehonden-basisverordening,
- Richtlijn 83/129/EEG van de Raad van 28 maart 1983 betreffende de invoer in de Lid-Staten van huiden van bepaalde zeehondenjongen en daarvan vervaardigde produkten (PbEG 1983, L 91),
- een andere verordening of richtlijn die betrekking heeft op zeehonden-producten, en die geheel of gedeeltelijk berust op artikel 95 van het Verdrag betreffende de werking van de Europese Unie, of op een andere bindende EU-rechtshandeling die op dat artikel berust;
flegt-basisverordening: Verordening (EG) nr. 2173/2005 van de Raad van de Europese Unie van 20 december 2005 inzake de opzet van een FLEGT-vergunningensysteem voor de invoer van hout in de Europese Gemeenschap (PbEU L 2005, 347);
grondwaterrichtlijn: Richtlijn 2006/118/EG van het Europees Parlement en de Raad van 12 december 2006 betreffende de bescherming van het grondwater tegen verontreiniging en achteruitgang van de toestand (PbEU 2006, L 372);
habitatrichtlijn: Richtlijn 92/43/EEG van de Raad van 21 mei 1992 inzake de instandhouding van de natuurlijke habitats en de wilde flora en fauna (PbEG 1992, L 206);
hout-basisverordening: Verordening (EU) nr. 995/2010 van het Europees parlement en de Raad van de Europese Unie van 20 oktober 2010 tot vaststelling van de verplichtingen van marktdeelnemers die hout en houtproducten op de markt brengen (PbEU L 2010, 295);
invasieve-exoten-basisverordening: Verordening (EU) nr. 1143/2014 van het Europees parlement en de Raad van de Europese Unie van 22 oktober 2014 betreffende de preventie en beheersing van de introductie en verspreiding van invasieve uitheemse soorten (PbEU L 317);
kaderrichtlijn afvalstoffen: Richtlijn 2008/98/EG van het Europees Parlement en de Raad van 19 november 2008 betreffende afvalstoffen en tot intrekking van een aantal richtlijnen (PbEU 2008, L 312);
kaderrichtlijn mariene strategie: Richtlijn 2008/56/EG van het Europees Parlement en de Raad van 17 juni 2008 tot vaststelling van een kader voor communautaire maatregelen betreffende het beleid ten aanzien van het mariene milieu (PbEU 2008, L 164);
kaderrichtlijn maritieme ruimtelijke planning: Richtlijn 2014/89/EU van het Europees Parlement en de Raad van 23 juli 2014 tot vaststelling van een kader voor maritieme ruimtelijke planning (PbEU 2014, L 257);
kaderrichtlijn water: Richtlijn 2000/60/EG van het Europees Parlement en de Raad van 23 oktober 2000 tot vaststelling van een kader voor communautaire maatregelen betreffende het waterbeleid (PbEG 2000, L 327);
Londen-protocol: op 7 november 1996 te Londen tot stand gekomen Protocol bij het op 29 december 1972 te Londen tot stand gekomen Verdrag inzake de voorkoming van verontreiniging van de zee ten gevolge van het storten van afval en andere stoffen (Trb. 1998, 134);
mer-richtlijn: Richtlijn 2011/92/EU van het Europees Parlement en de Raad van 13 december 2011 betreffende de milieueffectbeoordeling van bepaalde openbare en particuliere projecten (PbEU 2012, L 26);

Omgevingswet (toekomstig)

A72 bijlage

nec-richtlijn: Richtlijn (EU) 2016/2284 van het Europees Parlement en de Raad van 14 december 2016 betreffende de vermindering van nationale emissies van bepaalde luchtverontreinigende stoffen, tot wijziging van de Richtlijn 2003/35/EG en tot intrekking van Richtlijn 2001/81/EG (PbEU L 344);
Ospar-verdrag: op 22 september 1992 te Parijs tot stand gekomen Verdrag inzake de bescherming van het mariene milieu in het noordoostelijk deel van de Atlantische Oceaan (Trb. 1993, 16);
PRTR-verordening: Verordening (EG) nr. 166/2006 van het Europees Parlement en de Raad van 18 januari 2006 betreffende de instelling van een Europees register inzake de uitstoot en overbrenging van verontreinigende stoffen en tot wijziging van de Richtlijnen 91/689/EEG en 96/61/EG van de Raad (PbEG 2006, L 33);
richtlijn autowrakken: Richtlijn 2000/53/EG van het Europees Parlement en de Raad van 18 september 2000 betreffende autowrakken (PbEG 2000, L 269);
richtlijn benzinedampterugwinning: Richtlijn 2009/126/EG van het Europees Parlement en de Raad van 21 oktober 2009 inzake fase II-benzinedampterugwinning tijdens het bijtanken van motorvoertuigen in benzinestations (PbEU 2009, L 285);
richtlijn energieprestatie van gebouwen: Richtlijn 2010/31/EU van het Europees Parlement en de Raad van 19 mei 2010 betreffende de energieprestatie van gebouwen (PbEU 2010, L 153);
richtlijn geologische opslag van kooldioxide: Richtlijn 2009/31/EG van het Europees Parlement en de Raad van 23 april 2009 betreffende de geologische opslag van kooldioxide en tot wijziging van Richtlijn 85/337/EEG van de Raad, de Richtlijnen 2000/60/EG, 2001/80/EG, 2004/35/EG, 2006/12/EG en 2008/1/EG en Verordening (EG) nr. 1013/2006 van het Europees Parlement en de Raad (PbEU 2009, L 140);
richtlijn gevaarlijke stoffen in de lucht: Richtlijn 2004/107/EG van het Europees Parlement en de Raad van 15 december 2004 betreffende arseen, cadmium, kwik, nikkel en polycyclische aromatische koolwaterstoffen in de lucht (PbEU 2005, L 23);
richtlijn havenontvangstvoorzieningen: Richtlijn 2000/59/EG van het Europees Parlement en de Raad van 27 november 2000 betreffende havenontvangstvoorzieningen voor scheepsafval en ladingresiduen (PbEG 2000, L 332);
richtlijn hergebruik van overheidsinformatie: Richtlijn 2003/98/EG van het Europees parlement en de Raad van 17 november 2003 inzake het hergebruik van overheidsinformatie (PbEU 2003, L 345);
richtlijn hernieuwbare energie: Richtlijn 2009/28/EG van het Europees Parlement en de Raad van 23 april 2009 ter bevordering van het gebruik van energie uit hernieuwbare bronnen en houdende wijziging en intrekking van Richtlijn 2001/77/EG en Richtlijn 2003/30/EG (PbEU 2009, L 140);
richtlijn industriële emissies: Richtlijn 2010/75/EU van het Europees Parlement en de Raad van 24 november 2010 inzake industriële emissies (geïntegreerde preventie en bestrijding van verontreiniging) (PbEU 2010, L 334);
richtlijn luchtkwaliteit: Richtlijn 2008/50/EG van het Europees Parlement en de Raad van 21 mei 2008 betreffende de luchtkwaliteit en schonere lucht voor Europa (PbEU 2008, L 152);
richtlijn milieustrafrecht: Richtlijn 2008/99/EG van het Europees Parlement en de Raad van 19 november 2008 inzake de bescherming van het milieu door middel van het strafrecht (PbEU 2008, L 328);
richtlijn offshore veiligheid: Richtlijn 2013/30/EU van het Europees Parlement en de Raad van 12 juni 2013 betreffende de veiligheid van offshore olie- en gasactiviteiten en tot wijziging van Richtlijn 2004/35/EG (PbEU 2013, L 178);
richtlijn omgevingslawaai: Richtlijn 2002/49/EG van het Europees Parlement en de Raad van 25 juni 2002 inzake de evaluatie en de beheersing van omgevingslawaai (PbEG 2002, L 189);
richtlijn overstromingsrisico's: Richtlijn 2007/60/EG van het Europees Parlement en de Raad van 23 oktober 2007 over beoordeling en beheer van overstromingsrisico's (PbEU 2007, L 288);
richtlijn prioritaire stoffen: Richtlijn 2008/105/EG van het Europees Parlement en de Raad van 16 december 2008 inzake milieukwaliteitsnormen op het gebied van het waterbeleid tot wijziging en vervolgens intrekking van de Richtlijnen 82/176/EEG, 83/513/EEG, 84/156/EEG, 84/491/EEG en 86/280/EEG van de Raad, en tot wijziging van Richtlijn 2000/60/EG (PbEU 2008, L 348);
richtlijn stedelijk afvalwater: Richtlijn 91/271/EEG van de Raad van 21 mei 1991 inzake de behandeling van stedelijk afvalwater (PbEG 1991, L 135);
richtlijn toegang tot milieu-informatie: Richtlijn 2003/4/EG van het Europees Parlement en de Raad van 28 januari 2003 inzake de toegang van het publiek tot milieu-informatie en tot intrekking van Richtlijn 90/313/EEG van de Raad (PbEG 2003, L 41);
richtlijn winningsafval: Richtlijn 2006/21/EG van het Europees Parlement en de Raad van 15 maart 2006 betreffende het beheer van afval van de winningsindustrieën en houdende wijziging van Richtlijn nr. 2004/35/EG (PbEU L 102);
SEA-protocol: op 21 mei 2003 te Kiev tot stand gekomen Protocol inzake strategische milieubeoordeling bij het op 25 februari 1991 te Espoo tot stand gekomen Verdrag inzake milieu-effectrapportage in grensoverschrijdend verband (Trb. 2003, 154);

A72 bijlage

Omgevingswet (toekomstig)

Seveso-richtlijn: Richtlijn 2012/18/EU van het Europees Parlement en de Raad van 4 juli 2012 betreffende de beheersing van de gevaren van zware ongevallen waarbij gevaarlijke stoffen zijn betrokken, houdende wijziging en vervolgens intrekking van Richtlijn 96/82/EG van de Raad (PbEU 2012, L 197);

smb-richtlijn: Richtlijn 2001/42/EG van het Europees Parlement en de Raad van de Europese Unie van 27 juni 2001 betreffende de beoordeling van de gevolgen voor het milieu van bepaalde plannen en programma's (PbEG 2001, L 197);

verdrag van Aarhus: op 25 juni 1998 te Aarhus tot stand gekomen Verdrag betreffende toegang tot informatie, inspraak bij besluitvorming en toegang tot de rechter inzake milieuaangelegenheden (Trb. 1998, 289);

verdrag van Bern: op 19 september 1979 te Bern tot stand gekomen Verdrag inzake het behoud van wilde dieren en planten en hun natuurlijke leefmilieus (Trb. 1980, 60);

verdrag van Bonn: op 23 juni 1979 te Bonn tot stand gekomen Verdrag inzake de bescherming van trekkende wilde diersoorten (Trb. 1980, 145);

verdrag van Chicago: op 7 december 1944 te Chicago tot stand gekomen Verdrag inzake de internationale burgerluchtvaart (Stb. 1947, H 165);

verdrag van Espoo: op 25 februari 1991 te Espoo tot stand gekomen Verdrag inzake milieueffectrapportage in grensoverschrijdend verband (Trb. 1991, 104);

verdrag van Granada: op 3 oktober 1985 te Granada tot stand gekomen Overeenkomst inzake het behoud van het architectonische erfgoed van Europa (Trb. 1985, 163);

verdrag van Valletta: op 16 januari 1992 te Valletta tot stand gekomen herziene Europees Verdrag inzake de bescherming van het archeologisch erfgoed (Trb. 1992, 32);

verordening governance van de energie-unie: Verordening (EU) 2018/1999 van het Europees Parlement en de Raad van 11 december 2018 inzake de governance van de energie-unie en van de klimaatactie, tot wijziging van Richtlijn 94/22/EG, Richtlijn 98/70/EG, Richtlijn 2009/31/EG, Verordening (EG) nr. 663/2009, Verordening (EG) nr. 715/2009, Richtlijn 2009/73/EG, Richtlijn 2009/119/EG van de Raad, Richtlijn 2010/31/EU, Richtlijn 2012/27/EU, Richtlijn 2013/30/EU en Richtlijn (EU) 2015/652 van de Raad, en tot intrekking van Verordening (EU) nr. 525/2013 (PbEU 2018, L 328);

VN-Gehandicaptenverdrag: op 13 december 2006 te New York tot stand gekomen Verdrag inzake de rechten van personen met een handicap (Trb. 2007, 169);

VN-Zeerechtverdrag: op 10 december 1982 te Montego-Bay tot stand gekomen Verdrag inzake het recht van de zee (Trb. 1983, 83);

vogelrichtlijn: Richtlijn 2009/147/EG van het Europees Parlement en de Raad van 30 november 2009 inzake het behoud van de vogelstand (PbEU 2010, L 20);

walvisverdrag: op 2 december 1949 te Washington tot stand gekomen Verdrag tot regeling van de walvisvangst (Trb. 1951, 26);

werelderfgoedverdrag: op 16 november 1972 te Parijs tot stand gekomen overeenkomst inzake de bescherming van het cultureel en natuurlijk erfgoed van de wereld (Trb. 1973, 155);

wildklemverordening: Verordening (EEG) nr. 3254/91 van de Raad van 4 november 1991 houdende een verbod op het gebruik van de wildklem in de Gemeenschap en op het binnenbrengen in de Gemeenschap van pelzen en producten die vervaardigd zijn van bepaalde in het wild levende diersoorten uit landen waar gebruik wordt gemaakt van de wildklem of andere vangmethoden die niet stroken met de internationale normen voor humane vangst met behulp van vallen (PbEG 1991, L 308);

zeehonden-basisverordening: Verordening (EG) nr. 1007/2009 van het Europees parlement en de Raad van de Europese Unie van 16 september 2009 betreffende de handel in zeehondenproducten (PbEU L 286);

zwemwaterrichtlijn: Richtlijn 2006/7/EG van het Europees Parlement en de Raad van 15 februari 2006 betreffende het beheer van de zwemwaterkwaliteit en tot intrekking van Richtlijn 76/160/EEG (PbEU 2006 L 64).

Wegenwet[1]

Wet van 31 juli 1930, houdende vaststelling van voorschriften omtrent openbare wegen

Wij WILHELMINA, bij de gratie Gods, Koningin der Nederlanden, Prinses van Oranje-Nassau, enz., enz., enz.
Allen, die deze zullen zien of hooren lezen, salut! doen te weten:
Alzoo Wij in overweging genomen hebben, dat het noodzakelijk is voorschriften vast te stellen omtrent openbare wegen, hetgeen ingevolge artikel 190 der Grondwet bij de wet zal moeten geschieden;
Zoo is het, dat Wij, den Raad van State gehoord, en met gemeen overleg der Staten-Generaal, hebben goedgevonden en verstaan, gelijk Wij goedvinden en verstaan bij deze:

Hoofdstuk I
Algemeene bepalingen

Art. 1
1. Deze wet is uitsluitend van toepassing op openbare wegen.
2. Onder wegen worden in deze wet mede verstaan:
I. voetpaden, rijwielpaden, jaagpaden, dreven, molenwegen, kerkwegen en andere verkeersbanen voor beperkt gebruik;
II. bruggen.

Wegenwet, werkingssfeer
Wegen, definitie

Art. 2
Onder waterschappen worden in deze wet begrepen veenschappen en veenpolders.

Art. 3
Onder rechthebbende wordt in deze wet verstaan de rechthebbende krachtens burgerlijk recht.

Hoofdstuk II
De openbaarheid

Art. 4
1. Een weg is openbaar:
I. wanneer hij, na het tijdstip van dertig jaren vóór het in werking treden van deze wet, gedurende dertig achtereenvolgende jaren voor een ieder toegankelijk is geweest;
II. wanneer hij, na het tijdstip van tien jaren vóór het in werking treden van deze wet, gedurende tien achtereenvolgende jaren voor een ieder toegankelijk is geweest en tevens gedurende dien tijd is onderhouden door het Rijk, eene provincie, eene gemeente of een waterschap;
III. wanneer de rechthebbende daaraan de bestemming van openbaren weg heeft gegeven.
2. Het onder I en II bepaalde lijdt uitzondering wanneer, loopende den termijn van dertig of van tien jaren, gedurende een tijdvak van ten minste een jaar duidelijk ter plaatse is kenbaar gemaakt, dat de weg slechts ter bede voor een ieder toegankelijk is.
3. Dit kenbaar maken kan geschieden door het stellen van opschriften als: eigen weg, particuliere weg, private weg en soortgelijke, of door andere kenteekenen.

Wegen, openbare weg

Wegen, niet-openbare weg

Art. 5
1. Na de inwerkingtreding dezer wet kan de onder III van het eerste lid van het voorgaande artikel bedoelde bestemming slechts worden gegeven met medewerking van den raad der gemeente, waarin de weg is gelegen.
2. Deze medewerking wordt niet vereischt wanneer die bestemming gegeven wordt door het Rijk, door eene provincie of door een waterschap.
3. Op een verzoek tot medewerking wordt door den Raad binnen zestig dagen beslist. Die termijn kan bij een besluit van den Raad éénmaal voor gelijken tijd worden verlengd; dit besluit wordt onverwijld ter kennis gebracht van hem, die de medewerking heeft verzocht.
4. Bij weigering van deze medewerking van een gemeente staat aan hem, die de medewerking heeft verzocht beroep op Gedeputeerde Staten open.
5. Van een besluit tot medewerking als bedoeld in dit artikel wordt, indien dit wordt genomen door de gemeenteraad, mededeling gedaan aan gedeputeerde staten door toezending van een afschrift ervan.

Wegen, bestemming openbare weg

---

1   Inwerkingtredingsdatum: 01-10-1932; zoals laatstelijk gewijzigd bij: Stb. 2020, 262.

A73 art. 6 — Wegenwet

Wegen, beperking gebruik

Art. 6
Het bestaan van eene beperking in het gebruik, anders dan krachtens een wettelijk voorschrift tot regeling van het verkeer, mag mede worden aangenomen op grond van de gesteldheid van den weg en van het gebruik, dat van den weg pleegt gemaakt te worden.

Wegen, einde openbare weg

Art. 7
Een weg heeft opgehouden openbaar te zijn:
I. wanneer hij gedurende dertig achtereenvolgende jaren niet voor een ieder toegankelijk is geweest;
II. wanneer hij door het bevoegd gezag aan het openbaar verkeer is onttrokken.

Wegen, onttrekking rijksweg aan openbaar verkeer
Wegen, onttrekking provinciale weg aan openbaar verkeer

Art. 8
1. Een weg, welke door het Rijk wordt onderhouden, kan aan het openbaar verkeer worden onttrokken bij een door Ons te nemen besluit.
2. Een weg, welke door eene provincie wordt onderhouden of door een waterschap, en een weg, niet vallende onder de hiervoren genoemde, waarop een waterschap krachtens zijn inrichting of zijn reglement heeft toe te zien, kunnen aan het openbaar verkeer worden onttrokken bij een besluit van de Provinciale Staten.

Wegen, onttrekking weg aan openbaar verkeer

Art. 9
1. Een weg, niet behoorende tot de in artikel 8 bedoelde, kan aan het openbaar verkeer worden onttrokken bij een besluit van den raad der gemeente, waarin de weg is gelegen.
2. Het besluit, bedoeld in het eerste lid, wordt meegedeeld aan Gedeputeerde Staten.

Art. 10
[Vervallen]

Art. 11

Wegen, verzoek onttrekking weg aan openbaar verkeer

1. Ieder belanghebbende bij een weg, niet behoorende tot de in artikel 8 bedoelde, heeft het recht aan den raad der gemeente, waarin de weg is gelegen ten opzichte van dien weg toepassing van artikel 9 te verzoeken.
2. Op de voorbereiding van de beslissing op het verzoek is afdeling 3.4 van de Algemene wet bestuursrecht van toepassing.
3. Weigert de raad aan het verzoek te voldoen, dan staat aan den verzoeker beroep op Gedeputeerde Staten open.

Art. 11a
[Vervallen]

Art. 12

Wegen, terinzagelegging verzoek onttrekking weg aan openbaar verkeer

Van een uitspraak in beroep waarbij een weg aan het openbaar verkeer wordt onttrokken wordt door Burgemeester en Wethouders van de gemeente waarin de weg is gelegen mededeling gedaan op de in artikel 12 van de Bekendmakingswet bepaalde wijze.

Hoofdstuk III
Bepalingen in het bijzonder betreffende burgerlijke rechten ten aanzien van wegen

Art. 13

Wegen, eigendom

1. De eigendom van wegen wordt, zoolang en voor zoover niet het tegendeel blijkt, vermoed te zijn bij de provincie, de gemeente of het waterschap, door welke of door hetwelk de weg wordt onderhouden.
2. Dit vermoeden werkt niet tegen dengene, van wien wel het onderhoud is overgenomen doch niet de eigendom.

Art. 14

Wegen, rechten van rechthebbende en onderhoudplichtige

1. Behoudens de beperkingen in het gebruik, als bedoeld in artikel 6 en behoudens het bepaalde bij het volgend lid, hebben de rechthebbende op en de onderhoudplichtige van een weg alle verkeer over den weg te dulden.
2. De rechthebbende op en de onderhoudplichtige van een tot den weg behoorenden berm hebben alle verkeer over den berm te dulden, voor zoover het door omstandigheden wordt gebillijkt.
3. De rechthebbende op en de onderhoudplichtige van een weg of een tot den weg behoorenden berm of een tot den weg behoorende bermsloot hebben bovendien te dulden:
I. de uitvoering van alle werken tot onderhoud of verbetering van den weg;
II. de uitvoering van alle werken vereischt voor aansluiting van wegen en uitwegen;
III. het aanwezig zijn, plaatsen en onderhouden van voorwerpen, boven, op en in den weg, of den daartoe behoorenden berm of de daartoe behoorende bermsloot ten behoeve van het verkeer over den weg, van de onder I en II omschreven werken en van de uitvoering daarvan.
4. De rechthebbende op en de onderhoudplichtige van een tot den weg behoorende berm of een tot den weg behoorende bermsloot hebben ter zake, in het voorgaande lid omschreven, recht op schadevergoeding doch, voor zooveel schade wordt geleden door hetgeen strekt tot onderhoud of verbetering van den weg, alleen dan, wanneer het recht op den berm of de

Wegenwet | **A73** art. 20

bermsloot meer is beperkt, of de onderhoudslast daarvan meer is verzwaard, dan gebruikelijk was ten opzichte van dien berm of die bermsloot.
5. Het eerste en tweede lid laten onverlet de heffing van de toltarieven, bedoeld in de Wet tijdelijke tolheffing Blankenburgverbinding en ViA15.   *Wegen, toltarieven*

Hoofdstuk IV
Het onderhoud

Art. 15
1. Het Rijk, de provincie, de gemeente en het waterschap is verplicht een weg te onderhouden, wanneer dat openbare lichaam dien tot openbaren weg heeft bestemd.   *Wegen, onderhoud*
2. Het Rijk, de provincie, de gemeente en het waterschap is verplicht een weg en een in een weg zich bevindenden duiker te onderhouden, wanneer dat openbare lichaam dien weg of dien duiker gedurende tien achtereenvolgende jaren heeft onderhouden, ook al was bij den aanvang van die tien jaren de weg, welke is onderhouden of waarin de duiker is gelegen, nog niet openbaar.
3. Tot het onderhoud van een weg als in het eerste en het tweede lid bedoeld, behoort mede het onderhoud van een tot dien weg behoorenden berm of een tot dien weg behoorende bermsloot, echter slechts voor zoover het onderhoud van den berm of de bermsloot dient ten behoeve van de instandhouding en de bruikbaarheid van den weg en voor zoover het onderhoud niet, uit welken hoofde ook, tot de verplichting van anderen behoort.

Art. 16
De gemeente heeft te zorgen, dat de binnen haar gebied liggende wegen, met uitzondering van de wegen, welke door het Rijk of eene provincie worden onderhouden, van die bedoeld in artikel 17 en van die, waarop door een ander tol wordt geheven, verkeeren in goeden staat.   *Wegen, onderhoudsplicht gemeente*

Art. 17
Het waterschap heeft te zorgen, dat de wegen welke het onderhoudt, en die waarop het krachtens zijne inrichting of krachtens zijn reglement heeft toe te zien, verkeeren in goeden staat.   *Wegen, onderhoudsplicht waterschap*

Art. 18
De gemeente en het waterschap worden geacht aan het in de artikelen 16 en 17 bepaalde te hebben voldaan:
I. in het geval dat een ander dan de gemeente of het waterschap tot het onderhouden van den weg verplicht is, wanneer diens verplichting is nagekomen;
II. in de overige gevallen, wanneer:
de weg goed is onderhouden;
aard, breedte en lengte van de verharding gelijk zijn aan aard, breedte en lengte van de verharding, zooals die zijn aangegeven op den in artikel 27 bedoelden legger.

Art. 18a
1. Overdracht eener verplichting tot onderhoud van een weg door een gemeente of waterschap aan een gemeente of waterschap vereischt de goedkeuring van Gedeputeerde Staten der provincie, waarin de weg is gelegen.   *Wegen, overdracht onderhoudsplicht*
2. In het geval dat een gemeente haar verplichting tot onderhoud van een weg aan een andere gemeente overdraagt, is in afwijking van het eerste lid geen goedkeuring vereist. De overeenkomst tot overdracht wordt aan gedeputeerde staten medegedeeld.

Art. 19
1. De Gedeputeerde Staten kunnen het onderhoud van een weg, welke door de provincie wordt onderhouden, brengen ten laste van de gemeente, waarin de weg is gelegen.
2. Bij dit besluit zal de provincie zich verbinden tot eene afkoopbare jaarlijksche uitkeering aan de gemeente, die met onderhoud wordt belast, welke uitkeering niet lager mag worden gesteld dan hetgeen per jaar voor behoorlijk onderhoud werd vereischt.
3. Het bestuur van een waterschap kan onder goedkeuring van Gedeputeerde Staten het onderhoud van een weg, waarop het krachtens zijne inrichting of zijn reglement heeft toe te zien, ten laste van het waterschap brengen, voor zoover de bevoegdheid daartoe uitdrukkelijk bij het reglement der instelling is toegekend.
4. Bij het besluit van het waterschapsbestuur, als in het derde lid bedoeld, kunnen zij, die van het onderhoud of het geven van bijdragen tot het onderhoud worden bevrijd, worden verplicht tot afkoopbare jaarlijksche uitkeeringen, welke gezamenlijk niet hooger mogen worden gesteld dan hetgeen per jaar voor behoorlijk onderhoud werd vereischt.
5. Indien echter voor het gebruik van den weg tol wordt geheven, wordt wegens het gemis van de opbrengst der tolheffing eene schadevergoeding toegekend, welke in het besluit van het waterschapsbestuur, in het derde lid bedoeld, wordt opgenomen.

Art. 20
1. Burgemeester en wethouders kunnen het onderhoud van een binnen de gemeente liggenden weg ten laste van de gemeente brengen. Het besluit van burgemeester en wethouders wordt aan Gedeputeerde Staten meegedeeld.

A73 art. 20a Wegenwet

2. Deze bepaling is niet van toepassing op wegen, welke door het Rijk of eene provincie worden onderhouden, en op wegen, welke door een waterschap worden onderhouden of waarop een waterschap krachtens zijne inrichting of zijn reglement heeft toe te zien.
3. Bij het besluit van burgemeester en wethouders als in het eerste lid bedoeld kunnen zij, die van het onderhoud of het geven van bijdragen tot het onderhoud worden bevrijd worden verplicht tot afkoopbare jaarlijksche uitkeeringen, welke gezamenlijk niet hooger mogen worden gesteld, dan hetgeen per jaar voor behoorlijk onderhoud werd vereischt.
4. Indien echter voor het gebruik van den weg tol wordt geheven, wordt behoudens het geval dat ingevolge artikel 54 schadevergoeding wordt gegeven, wegens het gemis van de opbrengst der tolheffing eene schadevergoeding toegekend, welke in het besluit van burgemeester en wethouders in het eerste lid bedoeld, wordt opgenomen.

Art. 20a
Wegen, geen overeenstemming overdracht onderhoudsplicht

Het in artikel 19, tweede, vierde en vijfde lid en het in artikel 20, derde en vierde lid, bepaalde is alleen van toepassing, indien omtrent de overneming geen overeenstemming is verkregen.

Art. 21
Wegen, kennisgeving overdracht onderhoudsplicht

1. Het voorstel tot het nemen van een besluit, als bedoeld in artikel 19, eerste en tweede lid, en het besluit zelf worden medegedeeld aan burgemeester en wethouders van de gemeente ten laste van welke het onderhoud wordt gebracht; het voorstel tot het nemen van een besluit als bedoeld in artikel 19, derde, vierde en vijfde lid, en artikel 20 en het besluit zelf worden medegedeeld aan hen, die van onderhoud worden bevrijd en aan degenen, die ingevolge artikel 19, vierde lid, en artikel 20, derde lid, verplicht worden tot afkoopbare jaarlijksche uitkeeringen.
2. De mededeeling aan bijzondere personen geschiedt bij aangeteekenden brief.
3. Wanneer degene, aan wien mededeeling moet geschieden, geen bekende woonplaats binnen het Rijk in Europa heeft, en mede wanneer de onderhoudsplicht op grondstukken rust, kan met een mededeling als bedoeld in artikel 12 van de Bekendmakingswet worden volstaan, met dien verstande echter, dat wanneer degene, die geen bekende woonplaats binnen het Rijk in Europa heeft, een hier te lande aan het daarbij betrokken bestuur bekenden gemachtigde, die een aan dat bestuur bekende woonplaats heeft, heeft aangesteld, de mededeeling aan dien gemachtigde geschiedt.

Art. 22
Wegen, kennisgeving besluit GS

1. Gedeputeerde Staten maken hun besluit op een verzoek om goedkeuring van een krachtens artikel 19, derde, vierde en vijfde lid, genomen besluit onverwijld bekend aan het bestuur van het waterschap of aan burgemeester en wethouders, alsmede aan hen, die volgens het besluit van het bestuur van het waterschap of het besluit van burgemeester en wethouders van onderhoud worden bevrijd, en aan degenen, die volgens dat besluit van het bestuur van het waterschap of dat besluit van burgemeester en wethouders ingevolge artikel 19, vierde lid, verplicht worden tot jaarlijkse afkoopbare uitkeringen.
2. Het tweede en derde lid van artikel 21 zijn van toepassing.

Art. 23
Wegen, tenietgaan onderhoudsplicht

1. De verplichting om een weg te onderhouden is te niet gegaan, wanneer gedurende twintig achtereenvolgende jaren daaraan door den verplichte in geenerlei opzicht is voldaan. De werking van deze bepaling wordt gestuit door een bevel van de bevoegde macht om aan de verplichting te voldoen, tenzij dat bevel wordt ingetrokken of ongegrond verklaard.
2. De verplichting om een weg of een duiker in een weg te onderhouden is te niet gegaan, wanneer gedurende tien achtereenvolgende jaren daaraan niet is voldaan en tevens gedurende dien tijd de weg of de duiker is onderhouden door het Rijk, eene provincie, eene gemeente of een waterschap.

Art. 24
Wegen, tenietgaan bijdrageplicht

1. De verplichting om tot het onderhoud van een weg eene geldsom bij te dragen is te niet gegaan, wanneer gedurende twintig achtereenvolgende jaren aan die verplichting in geenerlei opzicht is voldaan.
2. De werking van deze bepaling wordt gestuit door het instellen van eene vordering tot voldoening, tenzij de vordering niet wordt toegewezen, alsmede door eene aanmaning aan den verplichte tot voldoening, uitgebracht bij deurwaardersexploit.

Art. 25
Wegen, verhaal onderhoudsplicht

1. Het verschuldigde uit hoofde van eene op een grondstuk rustende verplichting om een weg of een deel daarvan te onderhouden of om tot het onderhoud daarvan bij te dragen kan alleen worden verhaald op de gronden, waarop de verplichting rust, en op de rechten van erfpacht, vruchtgebruik en beklemming waaraan deze onderworpen zijn.
2. Indien een grondstuk als in het eerste lid bedoeld, in eigendom overgaat of aan een recht van erfpacht, vruchtgebruik of beklemming wordt onderworpen, blijft het verbonden voor al hetgeen over de laatste twee onderhoudsjaren en het loopende onderhoudsjaar uit hoofde van eene verplichting, als in het eerste lid bedoeld, is verschuldigd.

Wegenwet   **A73 art. 30**

3. Het verschuldigde, als in het eerste en tweede lid bedoeld, is bevoorrecht op de gronden, waarop de verplichting rust, en op de rechten van erfpacht, vruchtgebruik en beklemming waaraan deze zijn onderworpen. Dit voorrecht gaat boven hypotheek en wordt gerangschikt onmiddellijk na het voorrecht der besturen van waterschappen, omschreven in artikel 68, vierde lid, van de Waterschapswet. Het strekt zich uit tot het verschuldigde over de laatste twee onderhoudsjaren en het loopende onderhoudsjaar.

Art. 26
1. De verplichting om een weg te onderhouden of tot het onderhoud daarvan bij te dragen kan worden overgedragen bij een schriftelijke overeenkomst, goed te keuren door burgemeester en wethouders van de gemeente of het bestuur van het waterschap, dat volgens artikel 16 of artikel 17 heeft te zorgen, dat de weg in goeden staat verkeert, en gaat over op den dag volgende op dien, waarop de goedkeuring is verleend, of zoovel later als bij de overeenkomst is bepaald. De verplichting om tot het onderhoud van een weg bij te dragen, kan worden afgekocht of kwijtgescholden bij een schriftelijke overeenkomst, welke gelijke goedkeuring behoeft als hiervoren is aangegeven; zoodanige overeenkomst wordt van kracht op den dag, volgende op dien, waarop de goedkeuring is verleend.   *Wegen, overdracht/afkoop/kwijtschelding onderhoudsplicht*
2. Het eerste lid is niet van toepassing, wanneer de verplichting op grondstukken rust of op den weg tol wordt geheven.
3. Overdracht, afkoop of kwijtschelding als in het eerste lid bedoeld, door of aan het Rijk, eene provincie, eene gemeente of een waterschap kan krachtens deze bepaling niet geschieden.
4. De overeenkomst en het besluit, waarbij deze is goedgekeurd, worden in afschrift medegedeeld aan Gedeputeerde Staten. Is de goedkeuring verleend door het bestuur van een waterschap, dan worden die stukken bovendien in afschrift medegedeeld aan burgemeester en wethouders van de gemeente, waarin de weg is gelegen.

Hoofdstuk V
De leggers der wegen

§ 1
De inhoud van den legger

Art. 27
1. In iedere gemeente wordt van de buiten de bebouwde kom, of kommen gelegen wegen alsmede van de toegangswegen naar stations als bedoeld in artikel 26, derde lid, van de Spoorwegwet, ook al zijn deze binnen een bebouwde kom gelegen, een legger opgemaakt.   *Wegen, legger*
2. Gedeputeerde Staten stellen vast, welke voor de toepassing van deze wet de grenzen van de bebouwde kom of kommen der gemeente zijn.

Art. 28
Van wegen, welke deels binnen deels buiten de bebouwde kom of kommen der gemeente zijn gelegen, wordt ook het binnen een bebouwde kom gelegen deel op den legger gebracht, indien en voorzoover dat deel niet door de gemeente wordt onderhouden.

Art. 29
1. Naast elkander gelegen wegen kunnen onder één nommer op den legger worden gebracht.
2. Bruggen worden alleen dan onder een afzonderlijk nommer op den legger gebracht, wanneer ze geen deel uitmaken van een op den legger gebrachten weg.

Art. 30
1. De legger houdt in: *Wegen, inhoud legger*
I. het nommer van den weg;
II. den naam, waaronder de weg bekend staat;
III. de eindpunten en de richting van den weg;
IV. de beperkingen in het gebruik van den weg, als bedoeld in artikel 6, alsmede de afschuttingen, welke zich op den weg bevinden;
V. de verharding met vermelding van haren aard, breedte en lengte;
VI. de zich in den weg bevindende bruggen en duikers, met vermelding van hunnen aard, hoofdafmetingen en samenstelling;
VII. de onderhoudsplichtigen van den weg en van de zich daarin bevindende bruggen en duikers;
VIII. den omvang van den onderhoudsplicht;
IX. degenen, die tot het onderhoud hebben bij te dragen, met vermelding van de hoegrootheid der bijdrage;
X. het gezag, dat volgens de artikelen 16 of 17 heeft te zorgen, dat de weg in goeden staat verkeert.
2. Van bruggen, welke onder een afzonderlijk nommer op den legger worden gebracht, worden aard, hoofdafmetingen en samenstelling onder VI vermeld.
3. Tot den legger behoort eene overzichtskaart op geen kleinere schaal dan 1 op 25 000, waarop de wegen met hunne nommers zijn aangewezen.

Art. 31
De omvang van een op het Rijk of eene provincie rustenden onderhoudsplicht wordt met afwijking van het onder VIII van artikel 30 bepaalde in den legger niet omschreven.

Art. 32
Rust de verplichting om een weg te onderhouden of tot het onderhoud daarvan bij te dragen op grondstukken, dan worden op den legger in plaats van de onderhoudsplichtigen of de verplichten tot bijdragen de kadastrale perceelen of gedeelten van die perceelen vermeld, waarop de verplichting rust.

Art. 33
Wegen, model legger — De legger wordt overigens ingericht volgens bij algemeenen maatregel van bestuur vast te stellen model.

§ 2
Het opmaken en vaststellen van den legger

Art. 34
Wegen, ontwerp legger
1. Het ontwerp van den legger wordt door Burgemeester en Wethouders opgemaakt.
2. Op de voorbereiding van het ontwerp is afdeling 3.4 van de Algemene wet bestuursrecht van toepassing. Het opgemaakte ontwerp wordt, vergezeld van de naar voren gebrachte zienswijzen en van het oordeel van burgemeester en wethouders daaromtrent, toegezonden aan gedeputeerde staten.

Art. 35
Wegen, vaststelling legger
1. Gedeputeerde Staten stellen den legger vast al dan niet met afwijking van het door Burgemeester en Wethouders opgemaakte ontwerp.
2. Indien gedeputeerde staten voornemens zijn af te wijken van het in artikel 34, tweede lid, bedoelde ontwerp, dan is op de vaststelling van de legger afdeling 3.4 van de Algemene wet bestuursrecht van toepassing.

Art. 36-37
[Vervallen]

Art. 38
Wegen, archivering legger — De legger wordt opgemaakt in twee exemplaren. Een exemplaar wordt bewaard in het archief van de provincie en het ander in het archief van de gemeente.

§ 3
Het wijzigen van den legger

Art. 39
Wegen, wijziging legger
1. De legger wordt door Gedeputeerde Staten gewijzigd in geval van:
I. het onttrokken worden van een weg aan het openbaar verkeer krachtens een besluit als bedoeld in Hoofdstuk II;
II. afkoop en kwijtschelding van de verplichting om bij te dragen tot onderhoud van den weg;
III. het krachtens eene wet, een besluit, als bedoeld bij de artikelen 19 of 20 dezer wet of bij artikel 2 der Waterstaatswet 1900, of een bij een besluit als bedoeld in de artikelen 18 of 26 dezer wet goedgekeurde of toegezonden overeenkomst overgaan van de verplichting om een weg te onderhouden;
IV. het in gewijsde gaan van een vonnis, als bedoeld in paragraaf 4 van dit hoofdstuk;
V. de overgang van onderhoudsplicht als bedoeld in art. 54, voor zoover deze nog niet onder de overige bepalingen van dit artikel mocht zijn begrepen;
VI. de wijziging of overgang van onderhoudsplicht, als gevolg van het in werking treden van een besluit tot vaststelling of wijziging van eene provinciale verordening, het reglement van een waterschap, eene gemeenteverordening of een waterschapsverordening, waarbij onderhoudsplicht van wegen wordt opgelegd, aan onderhoudsplichtigen van wegen verplichtingen worden opgelegd of de verplichtingen van onderhoudsplichtigen van wegen worden vastgesteld;
VII. het inwerking treden van een besluit tot vaststelling of wijziging van het reglement van een waterschap, waardoor een ander gezag, dan het in den legger vermelde, wordt aangewezen als het gezag, dat volgens de artikelen 16 of 17 heeft te zorgen, dat de weg in goeden staat verkeert.
2. Voor zoover dit niet reeds ingevolge de overige bepalingen dezer wet moet geschieden, deelen burgemeester en wethouders en waterschapsbesturen vanwege de gemeente of het waterschap genomen besluiten en vastgestelde verordeningen, waarvan wijziging of overgang van onderhoudsplicht als in het eerste lid onder V of VI bedoeld, het gevolg is, in afschrift aan Gedeputeerde Staten mede.

Art. 40
1. In andere gevallen, dan de in het vorig artikel bedoelde, wordt de legger door Gedeputeerde Staten gewijzigd met inachtneming van het bepaalde in artikel 41.

Wegenwet **A73** art. 46

2. Tot afvoering van een weg van den legger en tot wijziging van hetgeen de legger ter voldoening aan het onder III, IV, V, VII, VIII, IX of X van artikel 30 bepaalde reeds inhoudt, wordt door hen slechts overgegaan op grond dat een weg heeft opgehouden openbaar te zijn krachtens het bepaalde onder I van artikel 7, dat de verplichting om een weg of duiker te onderhouden krachtens het bepaalde in artikel 23, of die om tot het onderhoud van een weg bij te dragen krachtens het bepaalde in artikel 24 is te niet gegaan of in het algemeen, op grond van een feit, dat na de vaststelling van hetgeen gewijzigd wordt, heeft plaats gehad, of eindelijk naar aanleiding van een gewijsde, als bedoeld in paragraaf 4 van dit hoofdstuk, dat eene verdere wijziging van den legger noodig maakt.

Art. 41
1. Betreft de in het vorig artikel bedoelde, door Gedeputeerde Staten voorgenomen, wijziging van den legger uitsluitend hetgeen de legger ter voldoening aan het onder I, II of VI van artikel 30 bepaalde inhoudt, dan wordt enkel het advies van Burgemeester en Wethouders der gemeente of het bestuur van het waterschap, bedoeld in de artikelen 16 en 17 ingewonnen.
2. In alle overige gevallen, in het vorig artikel bedoeld, vinden ten aanzien van de behandeling van de wijziging van den legger de artikelen 34 en 35 overeenkomstige toepassing, met dien verstande, dat voor wijziging van den legger het ontwerp in artikel 34 bedoeld ook door Gedeputeerde Staten kan worden opgemaakt en daarvoor ook in de plaats kan treden een verzoek van belanghebbenden aan Gedeputeerde Staten tot wijziging van den legger om redenen als in artikel 40, tweede lid, bedoeld, waarbij duidelijk de reden, de aard en de strekking van de beoogde wijziging wordt omschreven.

Art. 42
De wijzigingen welke de legger heeft ondergaan, worden door Gedeputeerde Staten in beide exemplaren van dien legger aangeteekend. Aan ieder dier exemplaren wordt een afschrift of uittreksel van de wet, het besluit, de overeenkomst of het vonnis gehecht.

Wegen, rechtsvordering wijziging legger

§ 4
Het beroep op den rechter

Art. 43
Wijziging van den legger kan worden gevorderd op grond:
I. dat de legger ten onrechte aangeeft:
a. dat een weg of een deel daarvan is openbaar;
b. dat het gebruik van den weg, als bedoeld in artikel 6, niet is beperkt of op andere wijze is beperkt dan in werkelijkheid het geval is;
c. dat iemand verplicht is een weg of duiker te onderhouden of tot het onderhoud daarvan bij te dragen;
II. dat de omvang van den onderhoudsplicht, zooals die op den legger is aangegeven, anders, of de geldsom, die volgens den legger tot het onderhoud moet worden bijgedragen, grooter is dan in werkelijkheid het geval is.

Wegen, rechtsvordering wijziging legger

Art. 44
1. De rechtsvordering, bedoeld in artikel 43, staat ter kennisneming van de rechtbank, binnen wier gebied de gemeente is gelegen, waarvoor de legger geldt.
2. De wettelijke voorschriften omtrent twistgedingen over burgerlijke rechten zijn, voor zoover daarvan niet bij deze wet is afgeweken, van toepassing.
3. In kracht van gewijsde gegane rechterlijke uitspraken, welke wijzigingen van den legger tengevolge kunnen hebben, worden door den Griffier van het betrokken rechtscollege in afschrift aan Gedeputeerde Staten medegedeeld.

Art. 45
1. Wijziging op de in artikel 43 onder I, a en b vermelde gronden kan alleen worden gevorderd door den eigenaar, erfpachter, vruchtgebruiker en beklemden meier van den weg of van den tot den weg behoorenden berm en door hem, die bij den legger is aangewezen als onderhoudsplichtige of als belast met het bijdragen van eene geldsom tot het onderhoud van den weg.
2. Wijziging op de in artikel 43 onder I, c en II vermelde gronden kan alleen worden gevorderd door hem, die bij den legger is aangewezen als onderhoudsplichtige of als belast met het bijdragen van eene geldsom tot het onderhoud.

Art. 46
[Dit artikel is gewijzigd in verband met de invoering van digitaal procederen. Zie voor de procedures en gerechten waarvoor digitaal procederen geldt het Overzicht gefaseerde inwerkingtreding op www.rijksoverheid.nl/KEI.]
1. De rechtsvordering, bedoeld in artikel 43, wordt ingesteld tegen de provincie.
2. Onze Commissaris is verplicht onmiddellijk een afschrift van de procesinleiding te doen toekomen aan burgemeester en wethouders van de gemeente, binnen wier gebied de weg is gelegen, en aan het bestuur van het waterschap dat de weg heeft te zorgen, dat de weg in goeden staat verkeert.

Procesinleiding

3. De gemeente en het waterschap kunnen zonder vormelijke toelating in het geding als gevoegde of tusschenkomende partij optreden.
[Voor overige gevallen luidt het artikel als volgt:]

Artikel 46
1. De rechtsvordering, bedoeld in artikel 43, wordt ingesteld tegen de provincie.
2. Onze Commissaris is verplicht onmiddellijk een afschrift van de dagvaarding te doen toekomen aan burgemeester en wethouders van de gemeente, binnen wier gebied de weg is gelegen, en aan het bestuur van het waterschap dat heeft te zorgen, dat de weg in goeden staat verkeert.
3. De gemeente en het waterschap kunnen zonder vormelijke toelating in het geding als gevoegde of tusschenkomende partij optreden.

Art. 47
De rechtsvordering tot wijziging in de gevallen in artikel 43 vermeld vervalt, voor zooveel zij niet steunt op feiten, die na de vaststelling van de betrokken bepalingen van den legger hebben plaats gevonden, indien zij niet is ingesteld binnen één jaar, nadat de bepaling van den legger, tegen welke men opkomt, bij eindbeslissing is vastgesteld of gehandhaafd.

Art. 48
Wegen, vergoeding kosten wijziging legger
De gemeente, waarin de weg is gelegen, vergoedt aan de provincie de kosten van het geding, waarin deze mocht zijn veroordeeld, indien en voor zoover de vermelding op den legger, die ingevolge het vonnis op de in artikel 43 genoemde gronden is gewijzigd, door Gedeputeerde Staten overeenkomstig het door Burgemeester en Wethouders opgemaakte ontwerp van den legger of ontwerp tot wijziging van den legger - voor zoover door Burgemeester en Wethouders volgens artikel 34 of artikel 41 advies is uitgebracht, met inachtneming van dat advies - was vastgesteld.

§ 5
De kracht van den legger

Art. 49
Wegen, kracht legger
Een weg, welke op den legger voorkomt, wordt aangemerkt als te zijn openbaar onder geen andere dan de uit den legger blijkende beperkingen in het gebruik, tenzij bewezen mocht worden dat na de vaststelling van den legger of na de wijziging, waarbij de weg op den legger is gebracht, de weg heeft opgehouden openbaar te zijn.

Art. 50
Hij, die door den legger wordt aangewezen als onderhoudsplichtige van een weg of van een duiker of als verplichte om tot het onderhoud eene geldsom bij te dragen, is onderhoudsplichtig of verplicht om tot het onderhoud bij te dragen in voege als bij den legger is bepaald, voor zoover hij niet bewijst, dat na de vaststelling van den legger of na de wijziging, waarbij de aanwijzing als onderhoudsplichtige of als verplichte om tot onderhoud bij te dragen heeft plaats gehad, de verplichting om te onderhouden of om tot het onderhoud bij te dragen is te niet gegaan of gewijzigd.

Hoofdstuk VI
Onteigening van wegen, bruggen, bermen, bermslooten en onteigening voor aanleg en verbetering van wegen en bruggen

Art. 51
[Bevat wijzigingen in andere regelgeving.]

Hoofdstuk VII
Tolheffing

Art. 52
Werkingssfeer tolheffing
1. De bepalingen van dit hoofdstuk zijn op tolheffingen op eene brug slechts van toepassing, voor zoover die heffingen geschieden voor het verkeer over de brug.
2. De bepalingen van dit hoofdstuk zijn niet van toepassing op tolheffingen krachtens een in een tolrecht of een brugrecht omgezet veerrecht.

Art. 53
[Vervallen.]

Art. 54
Wegen, vervallenverklaring recht tot tolheffing
1. De bij concessie of octrooi of anderszins verleende rechten tot tolheffing kunnen bij een besluit van Ons of bij een besluit van de Staten der provincie of van den raad der gemeente, waarbinnen de weg, waarop de tol wordt geheven, is gelegen, worden vervallen verklaard.

Wegenwet A73 art. 59

2. Een zoodanig besluit is niet van kracht, dan nadat overeenkomstig de bestaande wettelijke bepalingen te dezen, het onderhoud van den weg waarop de tol wordt geheven, onderscheidenlijk ten laste van het Rijk, de provincie of de gemeente is gebracht.
3. Degene, wiens recht tot tolheffing wordt vervallen verklaard, heeft recht op schadevergoeding van het Rijk, de provincie of de gemeente, al naar gelang het vervallen verklaren geschiedt bij een besluit van Ons, van de Staten der provincie of van de raad der gemeente. Het bedrag der schadevergoeding wordt, tenzij bij minnelijke schikking daaromtrent is overeengekomen, door den bevoegden rechter bepaald.
4. De bepalingen van de voorgaande leden van dit artikel doen niet te kort aan de bestaande bepalingen krachtens welke rechten tot tolheffing, als in het eerste lid bedoeld, eindigen of kunnen worden beëindigd, terwijl het bepaalde in het derde lid alsdan niet van toepassing is.

Hoofdstuk VIII
Overgangs- en slotbepalingen

Art. 55
1. Binnen 25 jaar en 3 maanden, te rekenen van af de dag van inwerkingtreding van deze wet, moeten de in artikel 27 bedoelde leggers zijn vastgesteld.   *Wegen, overgangsbepalingen*
2. Voor zoover voor het einde van dien termijn de leggers nog niet zijn vastgesteld blijven de bij de inwerkingtreding dezer wet uit anderen hoofde vastgestelde leggers en de daarop betrekking hebbende bepalingen, alsmede de verdere bepalingen betreffende openbaarheid en onderhoudsplicht van wegen, van kracht, met dien verstande echter, dat hierdoor niet wordt belet dat de artikelen 6 tot en met 11, 11 a, 12 tot en met 17, 18a en 19 tot en met 26 van deze wet aanstonds bij de inwerkingtreding van kracht zijn.

Art. 56
Artikel 25 dezer wet geldt niet ten aanzien van hetgeen op het oogenblik van het in werking treden dezer wet reeds verschuldigd is uit hoofde van eene op een grondstuk rustende verplichting om een weg of een deel daarvan te onderhouden of om tot het onderhoud daarvan bij te dragen.

Art. 57
Bij provinciale en gemeentelijke verordeningen, alsmede bij verordeningen van waterschappen, kunnen met inachtneming van de overige te dien opzichte bestaande wettelijke bepalingen regelen worden gesteld omtrent punten, waarin bij deze wet niet is voorzien.

Art. 58
Deze wet treedt in werking op een nader door Ons te bepalen tijdstip.   *Wegenwet, inwerkingtreding*

Art. 59
Deze wet kan worden aangehaald onder den titel "Wegenwet".   *Wegenwet, citeertitel*

Wet verplichte geestelijke gezondheidszorg[1]

Wet van 24 januari 2018, houdende regels voor het kunnen verlenen van verplichte zorg aan een persoon met een psychische stoornis (Wet verplichte geestelijke gezondheidszorg)

Wij Willem-Alexander, bij de gratie Gods, Koning der Nederlanden, Prins van Oranje-Nassau, enz. enz. enz.

Allen die deze zullen zien of horen lezen, saluut! doen te weten:

Alzo Wij in overweging genomen hebben, dat het wenselijk is regels te stellen voor het als uiterste middel verlenen van verplichte zorg op maat aan personen met een psychische stoornis, die aansluiten bij ontwikkelingen in de geestelijke gezondheidszorg en internationale ontwikkelingen;

Zo is het, dat Wij, de Raad van State gehoord, en met gemeen overleg der Staten-Generaal, hebben goedgevonden en verstaan, gelijk Wij goedvinden en verstaan bij deze:

Hoofdstuk 1
Algemene bepalingen

Art. 1:1

Begripsbepalingen
Minister
Accommodatie

1. In deze wet en de daarop berustende bepalingen wordt verstaan onder:
   a. *Onze Minister:* Onze Minister van Volksgezondheid, Welzijn en Sport;
   b. *accommodatie:* bouwkundige voorziening of een deel van een bouwkundige voorziening met het daarbij behorende terrein van een zorgaanbieder waar zorg wordt verleend;

Advocaat
Raad voor de rechtsbijstand
Crisismaatregel

   c. *advocaat:* advocaat als bedoeld in artikel 9a van de Advocatenwet;
   d. *bestuur van de raad voor rechtsbijstand:* bestuur van de raad voor rechtsbijstand als bedoeld in hoofdstuk II van de Wet op de rechtsbijstand;
   e. *crisismaatregel:* door de burgemeester opgelegde maatregel als bedoeld in artikel 7:1 om verplichte zorg te verlenen;

Criteria
Doel
Familievertrouwenspersoon
Geneesheerdirecteur

   f. *criteria voor verplichte zorg:* criteria als bedoeld in artikel 3:3;
   g. *doel van verplichte zorg:* doel als bedoeld in artikel 3:4;
   h. *familievertrouwenspersoon:* familievertrouwenspersoon als bedoeld in artikel 12:1;
   i. *geneesheer-directeur:* arts als bedoeld in de Wet op de beroepen in de individuele gezondheidszorg, aangewezen door of in dienst van de zorgaanbieder en verantwoordelijk voor de algemene gang van zaken op het terrein van zorg en de verlening van verplichte zorg;

Gezinsvoogdijwerker

   j. *gezinsvoogdijwerker:* medewerker van een gecertificeerde instelling als bedoeld in artikel 1.1 van de Jeugdwet, belast met het uitvoeren van de ondertoezichtstelling, bedoeld in artikel 255 van Boek 1 van het Burgerlijk Wetboek en de voorlopige ondertoezichtstelling, bedoeld in artikel van 257 van Boek 1 van het Burgerlijk Wetboek;

Huisregels

   k. *huisregels:* huisregels als bedoeld in artikel 8:15;
   l. *inspectie:* Inspectie gezondheidszorg en jeugd;

Klachtencommissie
Klachtprocedure
Machtiging

   m. *klachtencommissie:* klachtencommissie als bedoeld in artikel 10:1;
   n. *klachtprocedure:* klachtprocedure als bedoeld in artikel 10:3;
   o. *machtiging tot voorzetting van de crisismaatregel:* rechterlijke machtiging om de crisismaatregel voort te zetten;

Nabestaande

   p. *nabestaande:* nabestaande als bedoeld in artikel 1, eerste lid, van de Wet kwaliteit, klachten en geschillen zorg;

Patiëntenvertrouwenspersoon
Regio
Tenuitvoerlegging
Verplichte zorg
Vertegenwoordiger
Zorg
Zorgaanbieder

   q. *patiëntenvertrouwenspersoon:* patiëntenvertrouwenspersoon als bedoeld in artikel 11:1;
   r. *regio:* regio als bedoeld in artikel 8 van de Wet veiligheidsregio's;
   s. *tenuitvoerlegging:* er voor zorg dragen dat de zorgaanbieder kan beginnen met de uitvoering van de crisismaatregel, machtiging tot voortzetting van de crisismaatregel of zorgmachtiging;
   t. *verplichte zorg:* zorg als bedoeld in artikel 3:1 en artikel 3:2, tweede lid;
   u. *vertegenwoordiger:* vertegenwoordiger als bedoeld in artikel 1:3;
   v. *zorg:* zorg als bedoeld in artikel 3:2, eerste lid;
   w. *zorgaanbieder:* een rechtspersoon die bedrijfsmatig of beroepsmatig zorg als bedoeld in artikel 3:2 verleent, een organisatorisch verband van natuurlijke personen die bedrijfsmatig of beroepsmatig zorg als bedoeld in artikel 3:2 verlenen of doen verlenen, of een natuurlijk persoon die bedrijfsmatig zorg als bedoeld in artikel 3:2 doet verlenen;

Zorgkaart
Zorgmachtiging

   x. *zorgkaart:* zorgkaart als bedoeld in artikel 5:12;
   y. *zorgmachtiging:* rechterlijke machtiging om verplichte zorg te verlenen;

---

1 Inwerkingtredingsdatum: 01-01-2020; zoals laatstelijk gewijzigd bij: Stb. 2020, 275.

Wet verplichte GGZ   **A74** art. 1:3

z. *zorgplan:* zorgplan als bedoeld in artikel 5:13 of artikel 9:4;   *Zorgplan*

aa. *zorgverantwoordelijke:* degene die een geregistreerd beroep uitoefent als bedoeld in artikel 3 van de Wet op de beroepen in de individuele gezondheidszorg en die behoort tot een bij regeling van Onze Minister aangewezen categorie van deskundigen, verantwoordelijk voor de zorg;   *Zorgverantwoordelijke*

bb. *zorgverlener:* een natuurlijke persoon die beroepsmatig zorg verleent.   *Zorgverlener*

2. Voor de toepassing van deze wet en de daarop berustende bepalingen wordt onder «ernstig nadeel» verstaan, het bestaan van of het aanzienlijk risico op: *Ernstig nadeel*

a. levensgevaar, ernstig lichamelijk letsel, ernstige psychische, materiële, immateriële of financiële schade, ernstige verwaarlozing of maatschappelijke teloorgang, ernstig verstoorde ontwikkeling voor of van betrokkene of een ander;

b. bedreiging van de veiligheid van betrokkene al dan niet doordat hij onder invloed van een ander raakt;

c. de situatie dat betrokkene met hinderlijk gedrag agressie van anderen oproept;

d. de situatie dat de algemene veiligheid van personen of goederen in gevaar is.

3. Een op grond van deze wet voor betrokkene afgegeven zorgmachtiging tot opname in een accommodatie schorst een eerdere voor deze persoon afgegeven rechterlijke machtiging op grond van de Wet zorg en dwang psychogeriatrische en verstandelijk gehandicapte cliënten zodra betrokkene is opgenomen in een accommodatie. De schorsing eindigt op het moment dat de zorgmachtiging vervalt.   *Schorsing maatregel Wet zorg en dwang*

4. Een op grond van deze wet voor betrokkene afgegeven zorgmachtiging tot opname in een accommodatie schorst een eerdere voor deze persoon afgegeven rechterlijke machtiging op grond van hoofdstuk 6 van de Jeugdwet zodra betrokkene is opgenomen in een accommodatie. De schorsing eindigt op het moment dat de zorgmachtiging vervalt. Bij toepassing van deze bepaling is artikel 6.1.12, derde lid, van de Jeugdwet niet van toepassing.   *Schorsing maatregel Jeugdwet*

Art. 1:2

1. De zorgaanbieder die verplichte zorg verleent, verstrekt Onze Minister, ter opneming in een openbaar register, een opgave van de: *Accommodatie*

a. naam of een andere aanduiding van de locatie, alsmede het adres ervan;

b. aanduiding of de locatie een accommodatie is;

c. naam, het adres, de rechtsvorm en het Handelsregisternummer van de zorgaanbieder;

d. vormen van zorg en verplichte zorg die worden verleend.

2. De verplichtingen, bedoeld in het eerste lid, gelden niet ten aanzien van een rijksinstelling voor de verlening van forensische zorg als bedoeld in artikel 1, eerste lid, onderdeel j, van de Wet forensische zorg.

3. Bij algemene maatregel van bestuur kunnen bouwkundige eisen worden gesteld aan de accommodatie, tenzij deze behoort tot een instelling als bedoeld in de Wet forensische zorg.

Art. 1:3

1. Als vertegenwoordiger ter zake van de uitoefening van de rechten en plichten op grond van deze wet van een betrokkene die jonger is dan zestien jaar, treedt of treden op: de ouders of voogden die gezamenlijk het gezag uitoefenen, of de ouder of voogd die alleen het gezag uitoefent.   *Vertegenwoordiging jongeren tot 16 jaar*

2. Als vertegenwoordiger ter zake van de uitoefening van de rechten en plichten op grond van deze wet van een betrokkene van zestien of zeventien jaar, treedt of treden op: *Vertegenwoordiging jongeren 16 en 17 jaar*

a. de door betrokkene als zodanig gemachtigde, of

b. indien betrokkene niet tot een redelijke waardering van zijn belangen ter zake van de uitoefening van deze rechten en plichten in staat is en niet meerderjarig is: de ouders of voogden die gezamenlijk het gezag uitoefenen, of de ouder of voogd die alleen het gezag uitoefent.

3. Als vertegenwoordiger ter zake van de uitoefening van de rechten en plichten op grond van deze wet van een meerderjarige betrokkene treedt op: *Vertegenwoordiging meerderjarigen*

a. de door betrokkene als zodanig gemachtigde, of

b. indien betrokkene niet tot een redelijke waardering van zijn belangen ter zake van de uitoefening van deze rechten en plichten in staat is:

– de curator of mentor, of indien deze ontbreekt,

– de gemachtigde, bedoeld onder a, of indien deze ontbreekt,

– de echtgenoot, geregistreerde partner of andere levensgezel, of indien deze dat niet wenst of deze ontbreekt,

– een ouder, kind, broer, zus, grootouder of kleinkind, tenzij deze dat niet wenst, of deze ontbreekt.

4. Indien betrokkene niet tot een redelijke waardering van zijn belangen ter zake van de uitoefening van zijn rechten en plichten op grond van deze wet in staat is en geen vertegenwoordiger als bedoeld in de vorige leden optreedt, doet de zorgaanbieder een verzoek voor een mentorschap als bedoeld in artikel 451, tweede lid, van Boek 1 van het Burgerlijk Wetboek.   *Wilsonbekwaamheid*

A74 art. 1:4 — Wet verplichte GGZ

Gemachtigde

5. De door betrokkene gemachtigde, bedoeld in het tweede en derde lid, dient meerderjarig en handelingsbekwaam te zijn en schriftelijk te verklaren, bereid te zijn om als vertegenwoordiger op te treden.
6. Als gemachtigde, bedoeld in het tweede en derde lid, kunnen niet optreden:
   a. de zorgaanbieder,
   b. de geneesheer-directeur,
   c. de zorgverantwoordelijke,
   d. een zorgverlener, of
   e. een medewerker van de zorgaanbieder.

Zorgplicht vertegenwoordiger

7. De vertegenwoordiger betracht de zorg van een goed vertegenwoordiger en is gehouden betrokkene zoveel mogelijk bij de vervulling van zijn taak te betrekken.

Procesbekwaamheid

8. De meerderjarige betrokkene die onder curatele is gesteld of ten behoeve van wie een mentorschap is ingesteld, alsmede de minderjarige betrokkene zijn bekwaam om op grond van deze wet in rechte op te treden.

Art. 1:4

Kinderen onder 12 jaar

1. Indien betrokkene nog niet de leeftijd van twaalf jaar heeft bereikt, is er sprake van:
   a. instemming, indien de vertegenwoordiger instemt;
   b. verzet, indien de vertegenwoordiger zich verzet.

Instemming en verzet Gbgb Jeugdigen 12 – 15 jaar

2. Indien betrokkene de leeftijd van twaalf maar nog niet die van zestien jaar heeft bereikt, is er sprake van:
   a. instemming, indien betrokkene en de vertegenwoordiger beide instemmen;
   b. verzet, indien betrokkene of de vertegenwoordiger zich verzet.

Personen vanaf 16 jaar

3. Indien betrokkene de leeftijd van zestien jaar heeft bereikt en geen vertegenwoordiger optreedt, is er sprake van:
   a. instemming, indien betrokkene instemt;
   b. verzet, indien betrokkene zich verzet.

Vertegenwoordiger

4. Indien betrokkene de leeftijd van zestien jaar heeft bereikt en een vertegenwoordiger optreedt, is er sprake van:
   a. instemming, indien betrokkene en de vertegenwoordiger beide instemmen;
   b. verzet, indien betrokkene of de vertegenwoordiger zich verzet.
5. Indien betrokkene de leeftijd van zestien jaar heeft bereikt, geen vertegenwoordiger optreedt en betrokkene geen blijk geeft van instemming of verzet, is artikel 1:3, vierde lid, van overeenkomstige toepassing, en is er sprake van:
   a. instemming, indien de vertegenwoordiger instemt;
   b. verzet, indien de vertegenwoordiger zich verzet.

Verzet op later moment

6. Indien betrokkene op enig later moment blijk geeft van verzet, vervalt de instemming, bedoeld in het vijfde lid, en is er sprake van verzet.

Art. 1:5

Wilsonbekwaamverklaring

1. Voor zover de zorgverantwoordelijke betrokkene niet in staat acht tot een redelijke waardering van zijn belangen ter zake van zorg of de uitoefening van rechten en plichten op grond van deze wet, legt hij dat schriftelijk vast en vermeldt daarbij de datum, het tijdstip en ter zake van welke beslissingen betrokkene niet in staat kan worden geacht tot een redelijke waardering van zijn belangen.
2. De beslissing, bedoeld in het eerste lid, wordt door de zorgverantwoordelijke niet genomen dan na overleg met de vertegenwoordiger.
3. De zorgverantwoordelijke stelt de geneesheer-directeur op de hoogte van de beslissing en het overleg met de vertegenwoordiger. Indien er geen vertegenwoordiger optreedt, stelt hij de geneesheer-directeur en de officier van justitie daarvan op de hoogte.

Art. 1:6

Bevoegdheid rechter

1. In zaken betreffende deze wet, uitgezonderd hoofdstuk 5, paragraaf 6 en hoofdstuk 10, is uitsluitend bevoegd de rechter van de woonplaats van betrokkene, of van de plaats waar hij hoofdzakelijk of daadwerkelijk verblijft. Zaken met betrekking tot minderjarige personen worden behandeld door de kinderrechter of door een meervoudige kamer waarvan de kinderrechter deel uitmaakt.
2. In zaken betreffende hoofdstuk 5, paragraaf 6, is uitsluitend bevoegd de rechter die bevoegd is de in artikel 2.3 van de Wet forensische zorg opgenomen beslissingen te nemen op grond van het Wetboek van Strafvordering of het Wetboek van Strafrecht.
3. In zaken betreffende hoofdstuk 10, is uitsluitend bevoegd de rechter van de plaats waar betrokkene verblijft. Zaken met betrekking tot minderjarige personen worden behandeld door de kinderrechter, of door een meervoudige kamer waarvan de kinderrechter deel uit maakt.
4. De beschikking van de rechter is uitvoerbaar bij voorraad.

Art. 1:7

Advocaat last tot toevoeging

1. De rechter geeft onverwijld aan het bestuur van de raad voor rechtsbijstand een last tot toevoeging van een advocaat aan betrokkene, indien niet blijkt dat betrokkene reeds een advocaat heeft, en:

a. ten aanzien van betrokkene een verzoekschrift voor een machtiging tot voortzetting van de crisismaatregel wordt ingediend als bedoeld in artikel 7:7 of een verzoekschrift voor een zorgmachtiging wordt voorbereid als bedoeld in artikel 5:4,
b. betrokkene beroep tegen de crisismaatregel, bedoeld in artikel 7:6, instelt, of
c. betrokkene beroep tegen de beslissing van de geneesheer-directeur, bedoeld in artikel 8:19, of het uitblijven daarvan, instelt.
d. betrokkene beroep tegen de beslissing van de klachtencommissie, bedoeld in artikel 10:7, instelt.
2. Zodra de officier van justitie door betrokkene of de vertegenwoordiger op de hoogte wordt gebracht van het voornemen om beroep tegen de crisismaatregel, bedoeld in artikel 7:6, in te stellen, verstrekt hij, indien betrokkene geen advocaat heeft, de persoonsgegevens van betrokkene aan de rechter, die onverwijld aan het bestuur van de raad voor rechtsbijstand een last tot toevoeging van een advocaat aan betrokkene verstrekt.
3. De artikelen 38, 39, 40, 43 tot en met 45 en 48 van het Wetboek van Strafvordering zijn van overeenkomstige toepassing op de toevoeging en de taak van de advocaat, bedoeld in deze wet.
4. De advocaat is tot geheimhouding verplicht van hetgeen in de uitoefening van zijn taak op grond van deze wet aan hem is toevertrouwd, tenzij enig wettelijk voorschrift hem tot mededeling verplicht of uit zijn taak de noodzaak tot mededeling voortvloeit. De advocaat kan zich op grond van zijn geheimhoudingsplicht verschonen van het geven van getuigenis of het beantwoorden van vragen in een klachtprocedure of rechterlijke procedure.

Geheimhoudingsverplichting

Art. 1:8
1. Bij de voorbereiding, de uitvoering, de wijziging en de beëindiging van verplichte zorg wordt betrokkene in een voor hem begrijpelijke taal geïnformeerd.
2. Voor zover de uitvoering van de verplichte zorg leidt tot vrijheidsbeneming heeft betrokkene, indien hij de Nederlandse taal niet beheerst, recht op bijstand van een tolk.

Informatieplicht

Tolk

Hoofdstuk 2
Algemene uitgangspunten

Art. 2:1
1. De zorgaanbieder en de geneesheer-directeur bieden voldoende mogelijkheden voor zorg op basis van vrijwilligheid, om daarmee verplichte zorg zoveel mogelijk te voorkomen.
2. Verplichte zorg kan alleen als uiterste middel worden overwogen, indien er geen mogelijkheden voor vrijwillige zorg meer zijn.
3. Bij de voorbereiding, de afgifte, de tenuitvoerlegging, de uitvoering, de wijziging en de beëindiging van een crisismaatregel, machtiging tot voortzetting van de crisismaatregel of zorgmachtiging worden van de verplichte zorg de proportionaliteit en subsidiariteit, waaronder begrepen de verplichte zorg in ambulante omstandigheden, alsmede de doelmatigheid en veiligheid beoordeeld.
4. Bij de voorbereiding, de afgifte, de uitvoering, de wijziging en de beëindiging van een crisismaatregel, machtiging tot voortzetting van de crisismaatregel of zorgmachtiging wordt rekening gehouden met de voorwaarden die noodzakelijk zijn om deelname van betrokkene aan het maatschappelijk leven te bevorderen.
5. Bij de voorbereiding, de uitvoering, de wijziging en de beëindiging van een crisismaatregel, machtiging tot voortzetting van de crisismaatregel of zorgmachtiging worden de wensen en voorkeuren ten aanzien van de zorg vastgelegd.
6. De wensen en voorkeuren van betrokkene ten aanzien van de verplichte zorg worden gehonoreerd, tenzij:
a. betrokkene niet tot een redelijke waardering van zijn belangen ter zake in staat is, of
b. acuut levensgevaar voor betrokkene dreigt dan wel er een aanzienlijk risico voor een ander is op levensgevaar, ernstig lichamelijk letsel, ernstige psychische, materiële, immateriële of financiële schade, ernstige verwaarlozing of maatschappelijke teloorgang, of om ernstig in zijn ontwikkeling te worden geschaad, dan wel de algemene veiligheid van personen of goederen in gevaar is.
7. Bij de voorbereiding, de uitvoering, de wijziging en de beëindiging van een crisismaatregel, machtiging tot voortzetting van de crisismaatregel of zorgmachtiging worden de familie, de directe naasten en de huisarts zoveel mogelijk betrokken.
8. Bij de voorbereiding, de afgifte, de uitvoering, de wijziging en de beëindiging van verplichte zorg worden de mogelijk nadelige effecten van de verplichte zorg op lange termijn voor betrokkene bij de beoordeling van de subsidiariteit, proportionaliteit, effectiviteit en veiligheid betrokken en indien mogelijk met terzake deskundigen besproken.
9. Bij de voorbereiding, de afgifte, de uitvoering, de wijziging en de beëindiging van verplichte zorg bij kinderen en jeugdigen worden zonodig aanvullende zorgvuldigheidseisen gesteld en de mogelijke nadelige effecten van de verplichte zorg op lange termijn op de lichamelijke en geestelijke ontwikkeling van betrokkene en de deelname aan het maatschappelijk leven betrokken

Vrijwilligheid

Ultimum remedium

Subsidiariteit Doelmatigheid

Deelname aan maatschappelijk leven

Wensen en voorkeuren betrokkene

Passeren van wensen en voorkeuren

Betrokkenheid derden

Nadelige effecten op lange termijn

Kinderen en jeugdigen (zorgvuldigheidseisen)

A74 art. 2:2 — Wet verplichte GGZ

bij de beoordeling van de subsidiariteit, proportionaliteit, effectiviteit en veiligheid en indien mogelijk met terzake deskundigen besproken.

Art. 2:2

Beleidsplan verplichte zorg
1. De zorgaanbieder stelt op basis van de uitgangspunten van artikel 2:1 een beleidsplan vast over de toepassing van de verplichte zorg dat gericht is op het terugdringen en voorkomen van verplichte zorg en het zoeken naar alternatieven op basis van vrijwilligheid.
2. De zorgaanbieder geeft in het beleidsplan aan op welke wijze hij zorg draagt voor continuïteit in de zorgverlening indien verplichte zorg overgaat naar zorg op basis van vrijwilligheid of indien zorg op basis van vrijwilligheid overgaat naar verplichte zorg.

Adviesrecht cliëntenraad
3. Voordat de zorgaanbieder het beleidsplan vaststelt, vraagt de zorgaanbieder hierover advies aan de cliëntenraad, bedoeld in artikel 3 van de Wet medezeggenschap cliënten zorginstellingen 2018. De artikelen 7, vijfde en zesde lid, en 6, eerste lid, eerste volzin, van de Wet medezeggenschap cliënten zorginstellingen 2018 zijn van toepassing.
4. De zorgaanbieder draagt er zorg voor dat het beleidsplan wordt toegepast bij de voorbereiding, de uitvoering, de evaluatie, de wijziging en de beëindiging van verplichte zorg.

Art. 2:3

Geneesheerdirecteur
1. Voordat de zorgaanbieder de geneesheer-directeur aanwijst, vraagt de zorgaanbieder hierover advies aan de cliëntenraad, bedoeld in artikel 3 van de Wet medezeggenschap cliënten zorginstellingen 2018. De artikelen 7, vijfde en zesde lid, en 6, eerste lid, eerste volzin, van de Wet medezeggenschap cliënten zorginstellingen 2018 zijn van toepassing.

Positie geneesheerdirecteur
2. De zorgaanbieder draagt er zorg voor dat de geneesheer-directeur zijn taken op grond van deze wet naar behoren kan uitvoeren en waarborgt de onafhankelijkheid van de geneesheer-directeur bij de uitvoering van zijn taken op grond van deze wet. De zorgaanbieder geeft de geneesheer-directeur geen aanwijzingen met betrekking tot diens taakuitvoering op grond van deze wet.

Art. 2:4

Ambulante verplichte zorg AMvB
1. Verplichte zorg op grond van artikel 3:1, onderdelen a, b en c, anders dan die in een accommodatie aan een betrokkene wordt verleend, omvat uitsluitend de bij algemene maatregel van bestuur aangewezen vormen van verplichte zorg als bedoeld in artikel 3:2, tweede lid, onderdelen a tot en met h, toegepast onder de bij die algemene maatregel van bestuur gestelde regels.
2. De voordracht voor een krachtens het eerste lid vast te stellen algemene maatregel van bestuur wordt niet eerder gedaan dan vier weken nadat het ontwerp aan beide kamers der Staten-Generaal is overgelegd.

Hoofdstuk 3
Criteria voor en doelen van verplichte zorg

Art. 3:1

Verplichte zorg (grondslagen)
Verplichte zorg is zorg die ondanks verzet als bedoeld in artikel 1:4 kan worden verleend op grond van een:
a. zorgmachtiging;
b. crisismaatregel;
c. machtiging tot voortzetting van de crisismaatregel;
d. beslissing tot tijdelijke verplichte zorg voorafgaand aan een crisismaatregel als bedoeld in artikel 7:3;
e. beslissing tot tijdelijke verplichte zorg in een noodsituatie als bedoeld in de artikelen 8:11 en 8:12.

Art. 3:2

Zorg
1. Zorg omvat de zorg van een zorgaanbieder jegens betrokkene die kan bestaan uit bejegening, verzorging, verpleging, behandeling, begeleiding, bescherming, beveiliging, en verplichte zorg als bedoeld in het tweede lid.

Verplichte zorg Dwangmaatregelen
2. Verplichte zorg bestaat uit het:
a. toedienen van vocht, voeding en medicatie, alsmede het verrichten van medische controles of andere medische handelingen en therapeutische maatregelen, ter behandeling van een psychische stoornis, dan wel vanwege die stoornis, ter behandeling van een somatische aandoening;
b. beperken van de bewegingsvrijheid;
c. insluiten;
d. uitoefenen van toezicht op betrokkene;
e. onderzoek aan kleding of lichaam;
f. onderzoek van de woon- of verblijfsruimte op gedrag-beïnvloedende middelen en gevaarlijke voorwerpen;
g. controleren op de aanwezigheid van gedrag-beïnvloedende middelen;
h. aanbrengen van beperkingen in de vrijheid het eigen leven in te richten, die tot gevolg hebben dat betrokkene iets moet doen of nalaten, waaronder het gebruik van communicatiemiddelen;
i. beperken van het recht op het ontvangen van bezoek;

Wet verplichte GGZ

j. opnemen in een accommodatie;
k. ontnemen van de vrijheid van betrokkene door hem over te brengen naar een plaats die geschikt is voor tijdelijk verblijf als bedoeld in artikel 7:3, derde lid.

Art. 3:3
Indien het gedrag van een persoon als gevolg van zijn psychische stoornis, niet zijnde een psychogeriatrische aandoening of een verstandelijke handicap, leidt tot ernstig nadeel kan als uiterste middel verplichte zorg als bedoeld in artikel 3:1 worden verleend, indien: — *Criteria verplichte zorg*
a. er geen mogelijkheden voor zorg op basis van vrijwilligheid zijn; — *Vrijwilligheid*
b. er voor betrokkene geen minder bezwarende alternatieven met het beoogde effect zijn; — *Subsidiariteit*
c. het verlenen van verplichte zorg, gelet op het beoogde doel van verplichte zorg evenredig is; en — *Proportionaliteit*
d. redelijkerwijs te verwachten is dat het verlenen van verplichte zorg effectief is. — *Doelmatigheid*

Art. 3:4
Verplichte zorg kan worden verleend om: — *Doelen verplichte zorg*
a. een crisissituatie af te wenden,
b. ernstig nadeel af te wenden,
c. de geestelijke gezondheid van betrokkene te stabiliseren,
d. de geestelijke gezondheid van betrokkene dusdanig te herstellen dat hij zijn autonomie zoveel mogelijk herwint, of
e. het stabiliseren of herstellen van de fysieke gezondheid van betrokkene in het geval diens gedrag als gevolg van zijn psychische stoornis leidt tot ernstig nadeel daarvoor.

Hoofdstuk 4
De zelfbindingsverklaring

Art. 4:1
1. Een persoon die de leeftijd van zestien jaar heeft bereikt en tot een redelijke waardering van zijn belangen in staat is ter zake van zorg in verband met zijn psychische stoornis, kan zich met een zelfbindingsverklaring verbinden tot zorg. — *Zelfbinding*
2. Betrokkene en de zorgverantwoordelijke stellen een zelfbindingsverklaring op waarin worden beschreven: — *Zelfbindingsverklaring, inhoud*
a. onder welke omstandigheden verplichte zorg aan betrokkene moet worden verleend om ernstig nadeel te voorkomen;
b. de zorg en de verplichte zorg die onder die omstandigheden aan betrokkene kan worden verleend en de maximale duur van verplichte zorg;
c. de omstandigheden waaronder de verplichte zorg wordt beëindigd;
d. de geldigheidsduur van de zelfbindingsverklaring;
e. de voor de continuïteit van zorg relevante familie en naasten met wie contact moet worden opgenomen als de onder a bedoelde omstandigheden zich voordoen.
3. De zelfbindingsverklaring gaat vergezeld van een zorgplan.
4. Indien betrokkene de leeftijd van twaalf, maar nog niet die van zestien jaar heeft bereikt, betrekt de zorgverantwoordelijke de vertegenwoordiger van betrokkene bij het opstellen van de zelfbindingsverklaring.
5. De zorgverantwoordelijke wijst betrokkene op de mogelijkheid om zich bij het opstellen van een zelfbindingsverklaring te laten bijstaan door een familielid of naaste of de patiëntenvertrouwenspersoon.
6. De patiëntenvertrouwenspersoon verleent op verzoek van betrokkene advies en bijstand bij het opstellen van de zelfbindingsverklaring.
7. Een onafhankelijk arts of een persoon, behorende tot een bij regeling van Onze Minister aangewezen categorie van deskundigen, stelt een verklaring op waaruit blijkt of betrokkene tot een redelijke waardering van zijn belangen ter zake in staat is.

Art. 4:2
1. Betrokkene, de zorgverantwoordelijke en de geneesheer-directeur dateren en ondertekenen de zelfbindingsverklaring. — *Vaststelling verklaring*
2. De geneesheer-directeur verstrekt de zelfbindingsverklaring aan betrokkene en een gewaarmerkt afschrift aan ten minste de vertegenwoordiger, de gezinsvoogdijwerker, de zorgaanbieder en de officier van justitie. — *Afschriften*

Art. 4:3
De zelfbindingsverklaring kan tussentijds worden gewijzigd of ingetrokken. Op de wijziging of de intrekking zijn de artikelen 4:1 en 4:2 van overeenkomstige toepassing. — *Wijziging of intrekking*

Hoofdstuk 5
Voorbereiden zorgmachtiging

Paragraaf 1
Melding en aanvraag voorbereiding zorgmachtiging

Art. 5:1

Melding, onderzoek, aanvraag B&W

Het college van burgemeester en wethouders draagt zorg voor het in behandeling nemen van meldingen betreffende personen voor wie de noodzaak tot geestelijke gezondheidszorg zou moeten worden onderzocht, het verrichten van onderzoek naar die noodzaak, het informeren van degene die een melding heeft gedaan en het zo nodig indienen van een aanvraag voor de voorbereiding van een verzoekschrift voor een zorgmachtiging bij de officier van justitie.

Art. 5:2

Melding aan gemeente

1. Een ieder kan een melding doen bij het college van burgemeester en wethouders over een persoon die woonachtig is in die gemeente of aldaar overwegend verblijft voor wie de noodzaak tot geestelijke gezondheidszorg, die mogelijk zou moeten worden verleend met verplichte zorg, zou moeten worden onderzocht.

Verkennend onderzoek

2. Het college van burgemeester en wethouders draagt binnen een redelijke termijn, doch uiterlijk binnen veertien dagen, zorg voor een verkennend onderzoek naar de noodzaak, bedoeld in het eerste lid.
3. Als het college van burgemeester en wethouders van mening is dat de noodzaak tot verplichte zorg aanwezig is, dient het college een aanvraag in als bedoeld in artikel 5:3, en bericht het college degene die de melding heeft gedaan over het indienen van een aanvraag, voor zover het een persoon betreft als bedoeld in het vijfde lid.
4. Als het college van burgemeester en wethouders van mening is dat geen noodzaak tot verplichte zorg aanwezig is, bericht het college daarover degene die de melding heeft gedaan, voor zover het een persoon betreft als bedoeld in het vijfde lid.

Aanvraag

5. In het geval, bedoeld in het vierde lid, dient het college van burgemeester en wethouders niettemin een aanvraag voor de voorbereiding van een verzoekschrift voor een zorgmachtiging, vergezeld van het verkennend onderzoek, in bij de officier van justitie als bedoeld in artikel 5:3, indien degene die de melding heeft gedaan van mening is dat de noodzaak tot verplichte zorg aanwezig is en de melding is gedaan door:
   a. de vertegenwoordiger;
   b. de echtgenoot, geregistreerde partner of degene met wie een samenlevingscontract is gesloten;
   c. de ouders dan wel een van hen, voor zover deze niet optreedt als optreden als vertegenwoordiger;
   d. de voor de continuïteit van zorg essentiële naasten.
6. De aanvraag, bedoeld in het derde of vijfde lid, wordt gedaan binnen veertien dagen na de melding, bedoeld in het eerste lid. Indien het college van burgemeester en wethouders niet tijdig een aanvraag indient, staat in afwijking van artikel 8:1 van de Algemene wet bestuursrecht beroep daartegen uitsluitend open voor de personen, bedoeld in het vijfde lid. Het beroepschrift kan in afwijking van artikel 6:12, tweede lid, onderdeel b, van de Algemene wet bestuursrecht zonder ingebrekestelling worden ingediend.

Anonimiteit melder

7. Indien degene die de melding heeft verricht anoniem wil blijven, worden zijn persoonsgegevens of andere gegevens die herleidbaar zijn tot de melder niet in de aanvraag vermeld.
8. Bij of krachtens algemene maatregel van bestuur kunnen eisen worden gesteld aan het verkennend onderzoek, bedoeld in het tweede lid.

Art. 5:3

Verzoekschrift: voorbereiding door OvJ

De officier van justitie kan ambtshalve of op aanvraag van het college van burgemeester en wethouders, een geneesheer-directeur, een persoon die op beroepsmatige basis zorg verleent aan betrokkene, een zorgaanbieder als bedoeld in artikel 1.1, eerste lid, onderdeel o, van de Wet forensische zorg of een ambtenaar van de politie, besluiten een verzoekschrift voor een zorgmachtiging voor te bereiden.

Paragraaf 2
Voorbereiding zorgmachtiging

Art. 5:4

Voorbereiding zorgmachtiging Geneesheerdirecteur

1. Zodra de officier van justitie ambtshalve of op aanvraag met de voorbereiding van een verzoekschrift voor een zorgmachtiging begint:
   a. wijst hij een geneesheer-directeur aan,
   b. informeert hij de geneesheer-directeur ten behoeve van diens taak op grond van dit hoofdstuk, en verstrekt hij aan hem de zelfbindingsverklaring, voor zover aanwezig, en gegevens over een voor betrokkene eerder afgegeven machtiging tot voortzetting van de inbewaringstelling of rechterlijke machtiging als afgegeven op grond van de Wet bijzondere opnemingen in psychi-

Wet verplichte GGZ

A74 art. 5:7

atrische ziekenhuizen, crisismaatregel, machtiging tot voortzetting van de crisismaatregel of zorgmachtiging,
c. gaat hij na of er politiegegevens als bedoeld in de Wet politiegegevens of strafvorderlijke en justitiële gegevens als bedoeld in de Wet justitiële en strafvorderlijke gegevens zijn over betrokkene die relevant kunnen zijn voor de beoordeling van het ernstig nadeel en de te leveren zorg en verstrekt hij die gegevens aan de geneesheer-directeur, tenzij het belang van enig strafrechtelijk onderzoek zich daartegen verzet, en
d. verstrekt hij, indien betrokkene geen advocaat heeft, de persoonsgegevens van betrokkene aan de rechter, ten behoeve van de last tot toevoeging, bedoeld in artikel 1:7.
2. Zodra de geneesheer-directeur door de officier is aangewezen:
a. informeert hij betrokkene, de vertegenwoordiger, de advocaat en de aanvrager, bedoeld in artikel 5:3, schriftelijk, dat op aanvraag of ambtshalve een verzoek voor een zorgmachtiging wordt voorbereid,
b. verstrekt hij de persoonsgegevens van betrokkene aan de patiëntenvertrouwenspersoon, met als doel betrokkene te kunnen informeren over de mogelijkheid tot advies en bijstand door een patiëntenvertrouwenspersoon, voor zover betrokkene daarmee instemt,
c. informeert hij betrokkene over de mogelijkheid om zich bij te laten staan door een familielid of naaste bij het opstellen van de zelfbindingsverklaring, het plan, bedoeld in artikel 5:5, de zorgkaart en het zorgplan, en
d. informeert hij betrokkene en de vertegenwoordiger schriftelijk over de mogelijkheid van advies en bijstand aan betrokkene door een patiëntenvertrouwenspersoon.

Art. 5:5

1. Indien betrokkene of de vertegenwoordiger de geneesheer-directeur binnen drie dagen na ontvangst van de informatie, bedoeld in artikel 5:4, tweede lid, onderdeel a, schriftelijk te kennen geeft met familie of naasten zelf een plan van aanpak te willen opstellen om verplichte zorg te voorkomen, besluit de geneesheer-directeur na overleg met de officier van justitie zo spoedig mogelijk, maar uiterlijk binnen twee dagen na de kennisgeving, of de voorbereiding van een verzoekschrift voor een zorgmachtiging wordt geschorst om betrokkene in de gelegenheid te stellen een plan van aanpak op te stellen.
2. De geneesheer-directeur kan alleen afwijzend besluiten indien:
a. hij van oordeel is dat het ernstig nadeel zich niet verdraagt met uitstel van de voorbereiding van een zorgmachtiging,
b. betrokkene eerder in staat is gesteld zelf een plan van aanpak op te stellen en dat niet is gelukt, of
c. betrokkene eerder een plan van aanpak heeft opgesteld, maar daarmee verplichte zorg niet kon worden voorkomen en de feiten en omstandigheden sindsdien niet zodanig zijn veranderd dat de kans redelijkerwijs aanwezig moet worden geacht dat betrokkene nu wel in staat zal zijn een plan van aanpak op te stellen waarmee verplichte zorg kan worden voorkomen.
3. Voordat de geneesheer-directeur besluit, stelt hij betrokkene en de vertegenwoordiger in de gelegenheid om te worden gehoord.
4. De geneesheer-directeur stelt betrokkene, de vertegenwoordiger en de aanvrager, bedoeld in artikel 5:3, schriftelijk op de hoogte van zijn besluit. Indien hij afwijzend besluit, deelt hij aan betrokkene en de vertegenwoordiger tevens schriftelijk zijn beweegredenen mee.
5. Indien de geneesheer-directeur na overleg met de officier van justitie besluit om betrokkene in de gelegenheid te stellen een plan van aanpak op te stellen, duurt de schorsing, bedoeld in het eerste lid, twee weken vanaf het moment waarop de geneesheer-directeur zijn besluit heeft meegedeeld op grond van het vierde lid, eerste volzin.
6. Indien de geneesheer-directeur van oordeel is dat onvoldoende voortgang wordt gemaakt met het opstellen van een plan van aanpak, dan wel het ernstig nadeel zich niet langer verdraagt met verder uitstel van de voorbereiding van een zorgmachtiging, kan de geneesheer-directeur na overleg met de officier van justitie besluiten nog voor het verstrijken van de periode, bedoeld in het vijfde lid, de voorbereiding van een verzoekschrift voor een zorgmachtiging te hervatten.
7. De geneesheer-directeur neemt het besluit, bedoeld in het zesde lid, niet dan na overleg met betrokkene en de vertegenwoordiger. De geneesheer-directeur stelt betrokkene en de vertegenwoordiger schriftelijk en gemotiveerd op de hoogte van een dergelijk besluit.

Art. 5:6

Indien er geen zorgverantwoordelijke voor betrokkene is, wijst de geneesheer-directeur een zorgverantwoordelijke voor betrokkene aan.

Paragraaf 3
De medische verklaring

Art. 5:7

Voor de toepassing van deze wet gelden voor de psychiater de volgende voorwaarden:

Politie- en justitiegegevens

Advocaat last tot toevoeging

Zorgmachtiging, voorbereiding geneesheer-directeur

Patiëntenvertrouwenspersoon

Plan van aanpak, schorsing voorbereiding zorgmachtiging

Plan van aanpak, gronden voor afwijzende beslissing

Horen betrokkene en vertegenwoordiger
Schriftelijk besluit

Duur schorsing

Zorgverantwoordelijke

Medische verklaring Verklarend psychiater

a. hij staat als psychiater ingeschreven in een register als bedoeld in artikel 14 van de Wet op de beroepen in de individuele gezondheidszorg;
b. aan deze zijn geen beperkingen opgelegd als bedoeld in artikel 48, eerste lid, onderdeel e, en artikel 80, eerste lid, onderdelen a en b, van de Wet op de beroepen in de individuele gezondheidszorg;
c. hij functioneert onafhankelijk ten opzichte van de zorgaanbieder, en
d. hij heeft minimaal één jaar geen zorg verleend aan betrokkene.

Art. 5:8

Medische verklaring psychiater

1. De geneesheer-directeur zorgt voor een medische verklaring van een psychiater, indien van toepassing volgens het vastgestelde model, bedoeld in het tweede lid, over de actuele gezondheidstoestand van betrokkene en of uit het gedrag van betrokkene als gevolg van zijn psychische stoornis ernstig nadeel voortvloeit ten behoeve van de voorbereiding van een verzoekschrift voor een zorgmachtiging aan de rechter.

Modelverklaring

2. Bij regeling van Onze Minister kan een model voor een medische verklaring worden vastgesteld.

Art. 5:9

Medische verklaring: inhoud

1. De geneesheer-directeur draagt ervoor zorg dat de psychiater in de medische verklaring in elk geval zijn bevindingen vermeldt inzake:
a. de symptomen die betrokkene vertoont en een diagnose of voorlopige diagnose van de psychische stoornis van betrokkene;
b. de relatie tussen de psychische stoornis en het gedrag dat tot het ernstig nadeel leidt;
c. de zorg die noodzakelijk is om het ernstig nadeel weg te nemen.
2. De geneesheer-directeur draagt ervoor zorg dat de psychiater de zelfbindingsverklaring, voor zover aanwezig, verkrijgt, alsmede zo mogelijk overleg pleegt met de zorgverantwoordelijke of de huisarts.
3. Indien de medische verklaring dient ter beoordeling van het plan, bedoeld in artikel 5:5, draagt de geneesheer-directeur ervoor zorg dat de beoordeling van het zorgplan later plaatsvindt indien de voorbereiding van een verzoekschrift voor een zorgmachtiging niet wordt beëindigd.

Art. 5:10

Informatieverschaffing door geneesheer-directeur

De geneesheer-directeur verstrekt de op grond van artikel 5:4, eerste lid, onderdelen b en c, verkregen gegevens aan de psychiater ten behoeve van het opstellen van de medische verklaring.

Art. 5:11

OvJ beëindigt voorbereiding

1. De geneesheer-directeur verstrekt de medische verklaring aan de officier van justitie.

2. De officier van justitie kan besluiten de voorbereiding van een verzoekschrift voor een zorgmachtiging te beëindigen, indien uit de medische verklaring blijkt dat:
a. er geen sprake is van een psychische stoornis,
b. het gedrag dat voortvloeit uit de psychische stoornis niet tot een ernstig nadeel leidt, of
c. verplichte zorg niet noodzakelijk is om het ernstig nadeel weg te nemen.
3. De officier van justitie deelt zijn schriftelijke en gemotiveerde beslissing mee aan de aanvrager, bedoeld in artikel 5:3, betrokkene, de vertegenwoordiger, de advocaat en de zorgverantwoordelijke.

Paragraaf 4
De zorgkaart en het zorgplan

Art. 5:12

Zorgkaart: totstandkoming

1. Indien betrokkene dat wenst, stelt de zorgverantwoordelijke samen met betrokkene en de vertegenwoordiger een zorgkaart op. Indien betrokkene beschikt over een zelfbindingsverklaring, een plan als bedoeld in artikel 5:5, of andere schriftelijke wilsuitingen inzake zorg, worden afschriften daarvan als bijlage bij de zorgkaart gevoegd.
2. De zorgverantwoordelijke wijst betrokkene op de mogelijkheid om zich bij het opstellen, evalueren en actualiseren van de zorgkaart te laten bijstaan door een familielid, naaste of patiëntenvertrouwenspersoon.
3. De patiëntenvertrouwenspersoon verleent op verzoek van betrokkene advies en bijstand bij het opstellen, evalueren en actualiseren van de zorgkaart.
4. Indien betrokkene of de vertegenwoordiger geen voorkeuren kenbaar wil maken, vermeldt de zorgverantwoordelijke dit op de zorgkaart.
5. De zorgverantwoordelijke overlegt de zorgkaart, inclusief de bijlagen, aan de geneesheer-directeur.

Art. 5:13

Zorgplan: totstandkoming

1. De zorgverantwoordelijke stelt in overleg met betrokkene en de vertegenwoordiger een zorgplan vast, indien van toepassing volgens het vastgestelde model, bedoeld in het zevende lid.

2. De zorgverantwoordelijke wijst betrokkene op de mogelijkheid om zich bij het opstellen, evalueren en actualiseren van het zorgplan te laten bijstaan door een familielid of naaste en de patiëntenvertrouwenspersoon.
3. De zorgverantwoordelijke pleegt voorafgaand aan het vaststellen van het zorgplan overleg met:
a. de voor de continuïteit van zorg relevante familie en naasten;
b. de zorgverleners, en zo mogelijk met de huisarts;
c. het college van burgemeester en wethouders van de gemeente waar betrokkene ingezetene is dan wel overwegend verblijft, indien er bij de voorbereiding van het zorgplan blijkt dat essentiële voorwaarden voor deelname aan het maatschappelijk leven van betrokkene ontbreken;
d. voor zover de aard van de psychische stoornis daartoe noodzaakt: ten minste één andere deskundige behorende tot een bij regeling van Onze Minister aangewezen categorie van deskundigen.
4. De zorgverantwoordelijke stelt betrokkene, de vertegenwoordiger, de voor de continuïteit van zorg relevante familie en naasten in de gelegenheid om bij voorkeur mondeling hun zienswijze kenbaar te maken. Het kenbaar maken van de zienswijzen gebeurt, zo mogelijk, gelijktijdig en gezamenlijk, tenzij betrokkene of een voor de continuïteit van zorg relevant familielid of naaste daartegen bezwaar heeft.
5. De patiëntenvertrouwenspersoon verleent op verzoek van betrokkene advies en bijstand bij het opstellen van het zorgplan.
6. De zorgverantwoordelijke overlegt het zorgplan aan de geneesheer-directeur.
7. Bij regeling van Onze Minister kan een model voor een zorgplan worden vastgesteld.

Art. 5:14
1. Het zorgplan vermeldt in elk geval: *Zorgplan: inhoud*
a. een door de zorgverantwoordelijke gestelde diagnose van de psychische stoornis van betrokkene en het gedrag dat voortvloeit uit de psychische stoornis en leidt tot een ernstig nadeel;
b. de zorg die noodzakelijk is om het ernstig nadeel weg te nemen;
c. het doel van verplichte zorg;
d. de wijze waarop rekening wordt gehouden met de voorkeuren van betrokkene ten aanzien van de zorg, zoals vastgelegd op de zorgkaart inclusief de bijlagen;
e. de zienswijze en de contactgegevens van de personen, bedoeld in artikel 5:13, vierde lid;
f. de maximale duur van de afzonderlijke vormen van verplichte zorg;
g. de wijze waarop de zorgaanbieder en de geneesheer-directeur de kwaliteit van de verplichte zorg bewaken en toezicht houden op de uitvoering van de verplichte zorg in ambulante omstandigheden;
h. de essentiële voorwaarden voor deelname aan het maatschappelijk leven van betrokkene, voor zover deze ontbreken;
i. de frequentie waarmee en de omstandigheden waaronder het zorgplan en de subsidiariteit, proportionaliteit, effectiviteit en veiligheid van de verplichte zorg met betrokkene, de vertegenwoordiger, alsmede het familielid of de naaste en de patiëntenvertrouwenspersoon worden geëvalueerd en het zorgplan wordt geactualiseerd;
j. de zorgaanbieder die kan worden belast met de uitvoering van de zorgmachtiging, en zo nodig de accommodatie.
2. Indien de zorgverantwoordelijke van oordeel is dat niet is voldaan aan de criteria voor verplichte zorg, vermeldt hij de redenen daarvan in het zorgplan en zo mogelijk:
a. de mogelijkheden voor zorg op basis van vrijwilligheid;
b. minder bezwarende alternatieven met het beoogde effect.
3. Indien de zorgverantwoordelijke en betrokkene of de vertegenwoordiger niet tot overeenstemming komen, vermeldt het zorgplan de redenen daarvoor.
4. Indien de zorgverantwoordelijke van oordeel is dat gelet op de noodzakelijke zorg een andere zorgaanbieder dan degene onder wiens verantwoordelijkheid de zorgmachtiging wordt voorbereid, belast zou moeten worden met de uitvoering van de zorgmachtiging, pleegt hij hiertoe overleg met de geneesheer-directeur en de beoogde zorgaanbieder.

Art. 5:15
1. De geneesheer-directeur beoordeelt of het zorgplan voldoet aan de uitgangspunten van artikel 2:1, en, indien toepassing is gegeven aan artikel 5:5, vijfde lid, of het plan, bedoeld in artikel 5:5, voldoet aan het uitgangspunt dat geen ernstig nadeel ontstaat. *Geneesheer-directeur*
2. De geneesheer-directeur draagt zijn bevindingen als bedoeld in het eerste lid, vergezeld van de zorgkaart en het zorgplan over aan de officier van justitie.

Paragraaf 5
Beslissing officier van justitie

Art. 5:16

Beslissing OvJ

1. Na de schriftelijke mededeling, bedoeld in artikel 5:4, tweede lid, onderdeel a, deelt de officier van justitie zijn schriftelijke en gemotiveerde beslissing of voldaan is aan de criteria voor verplichte zorg zo spoedig mogelijk, maar uiterlijk binnen vier weken, mee aan betrokkene, de vertegenwoordiger, de advocaat, de geneesheer-directeur, de zorgaanbieder en de zorgverantwoordelijke, alsmede in voorkomend geval aan de aanvrager, bedoeld in artikel 5:3. Indien toepassing is gegeven aan het bepaalde in artikel 5:5, vijfde lid, geldt hiervoor een termijn van uiterlijk zes weken.
2. Indien de aanvrager, bedoeld in artikel 5:3, het college van burgemeester en wethouders is, stelt het college zo spoedig mogelijk degene die de melding heeft gedaan als bedoeld in artikel 5:2, vijfde lid, van de gemotiveerde beslissing van de officier van justitie schriftelijk op de hoogte. In de situatie dat de officier van justitie van oordeel is dat niet is voldaan aan de criteria voor verplichte zorg en het college dit oordeel deelt, deelt het college dit hierbij tevens schriftelijk mede.

Art. 5:17

Verzoekschrift: indiening

1. Indien de officier van justitie beslist dat is voldaan aan de criteria voor verplichte zorg, dient hij onverwijld een verzoekschrift voor een zorgmachtiging bij de rechter in, onder gelijktijdige uitvoering van artikel 5:16.

Verzoekschrift: inhoud

2. In het verzoekschrift geeft de officier van justitie gemotiveerd aan waarom deze van oordeel is dat aan de criteria van verplichte zorg is voldaan, wat het doel is van de verplichte zorg, welke vormen van verplichte zorg in de zorgmachtiging moeten worden opgenomen en op welke wijze is voldaan aan de uitgangspunten van artikel 2:1.

Bescheiden

3. Bij het verzoekschrift voegt de officier van justitie in elk geval:
a. de medische verklaring;
b. de zorgkaart inclusief de bijlagen;
c. het zorgplan inclusief de bijlagen;
d. de beslissing bedoeld in artikel 5:5, vierde lid, indien de geneesheer-directeur betrokkene niet in de gelegenheid heeft gesteld zelf een plan van aanpak op te stellen;
e. de bevindingen van de geneesheer-directeur, bedoeld in artikel 5:15;
f. de gegevens, bedoeld in artikel 5:4, eerste lid, onderdelen b en c;
g. indien aanwezig, een afschrift van de indicatiestelling, bedoeld in artikel 1.1, eerste lid, onderdeel e, van de Wet forensische zorg, het verplegings- en behandelingsplan, bedoeld in de Beginselenwet verpleging ter beschikking gestelden, of het geneeskundig behandelingsplan, bedoeld in de Beginselenwet justitiële jeugdinrichtingen en de Penitentiaire beginselenwet in het geval hij om een op een eerdere titel aansluitende zorgmachtiging verzoekt.

Zorgmachtiging: voorstel inhoud

4. Bij het verzoekschrift dient de officier van justitie het door de geneesheer-directeur opgestelde voorstel voor een zorgmachtiging in waarin in elk geval staat vermeld de:
a. zorg die noodzakelijk is om het ernstig nadeel weg te nemen;
b. wijze waarop rekening wordt gehouden met de voorkeuren van betrokkene, zoals vastgelegd op de zorgkaart of in de zelfbindingsverklaring;
c. maximale duur van de afzonderlijke vormen van verplichte zorg;
d. wijze waarop de zorgaanbieder en de geneesheer-directeur de kwaliteit van de verplichte zorg bewaken en toezicht houden op de uitvoering van verplichte zorg in ambulante omstandigheden;
e. frequentie waarmee en de omstandigheden waaronder het zorgplan en de subsidiariteit, proportionaliteit, effectiviteit en veiligheid van de verplichte zorg met betrokkene en de vertegenwoordiger zal worden geëvalueerd en het zorgplan geactualiseerd;
f. zorgaanbieder die wordt belast met de uitvoering van de zorgmachtiging en zo nodig de accommodatie;
g. inventarisatie van de essentiële voorwaarden voor maatschappelijke deelname;
h. mogelijkheid tot het verlenen van advies en bijstand door een patiëntenvertrouwenspersoon.
5. Indien het een verzoekschrift betreft voor een zorgmachtiging naar aanleiding van een zelfbindingsverklaring voegt de officier van justitie tevens de zelfbindingsverklaring bij het verzoekschrift.

Bijlagen bij verzoekschrift

6. De officier van justitie voegt daarnaast bij het verzoekschrift voor een zorgmachtiging:
a. indien betrokkene minderjarig is, een uittreksel uit het in artikel 244 van Boek 1 van het Burgerlijk Wetboek bedoelde register, of een verklaring van de griffie van de rechtbank dat ten aanzien van de minderjarige het register geen gegevens bevat;
b. indien betrokkene onder curatele is gesteld, een uittreksel uit het in artikel 391 van Boek 1 van het Burgerlijk Wetboek bedoelde register;
c. indien ten behoeve van betrokkene een mentorschap is ingesteld, een afschrift van de beschikking waarbij het mentorschap is ingesteld en die waarbij een mentor is benoemd.

Wet verplichte GGZ

Art. 5:18
1. Indien de officier van justitie van oordeel is dat niet is voldaan aan de criteria voor verplichte zorg en besluit geen verzoekschrift voor een zorgmachtiging in te dienen, kan de aanvrager, bedoeld in artikel 5:3, binnen veertien dagen nadat de beslissing van de officier van justitie aan hem is meegedeeld, bij de officier van justitie schriftelijk en gemotiveerd een aanvraag indienen alsnog een verzoekschrift voor een zorgmachtiging bij de rechter in te dienen.
2. Degene die de melding heeft gedaan als bedoeld in artikel 5:2, vijfde lid, kan in de situatie, bedoeld in artikel 5:16, tweede lid, tweede volzin, binnen veertien dagen nadat hij bericht heeft ontvangen van het college van burgemeester en wethouders, bij de officier van justitie schriftelijk en gemotiveerd een aanvraag indienen alsnog een verzoekschrift voor een zorgmachtiging bij de rechter in te dienen.
3. Indien uit de medische verklaring blijkt dat de psychische stoornis van betrokkene noodzaakt tot verplichte zorg en de aanvraag, bedoeld in het eerste of tweede lid, voldoende gemotiveerd is, dient de officier van justitie alsnog een verzoekschrift voor een zorgmachtiging bij de rechter in. De officier van justitie voegt de gemotiveerde aanvraag, bedoeld in het eerste lid of tweede lid, de medische verklaring, de gegevens, bedoeld in artikel 5:4, eerste lid, onderdelen b en c, voor zover aanwezig het plan, bedoeld in artikel 5:5, eerste lid, en het zorgplan alsmede de zorgkaart bij het verzoekschrift voor een zorgmachtiging. Artikel 5:17, zesde lid, is van overeenkomstige toepassing.

Aanvraag bij weigering OvJ

Paragraaf 6
De toepassing van artikel 2.3 van de Wet forensische zorg.

Art. 5:19
1. Indien de officier van justitie een verzoekschrift voor een zorgmachtiging voorbereidt met toepassing van artikel 2.3 van de Wet forensische zorg is het bepaalde in hoofdstuk 5 van overeenkomstige toepassing, met uitzondering van de artikelen 5:1 en 5:2 en in geval van toepassing van artikel 2.3, eerste lid, onderdelen 6 tot en met 11, van de Wet forensische zorg, eveneens met uitzondering van artikel 5.5.
2. Indien de rechter ambtshalve toepassing van artikel 2.3, eerste lid, van de Wet forensische zorg overweegt, verzoekt hij de officier van justitie toepassing te geven aan het bepaalde in dit artikel.

Wet forensische zorg

Hoofdstuk 6
Zorgmachtiging

§ 1
Afgifte zorgmachtiging

Art. 6:1
1. De rechter hoort betrokkene na ontvangst van het verzoekschrift voor een zorgmachtiging, tenzij de rechter vaststelt dat betrokkene niet in staat is of niet bereid is zich te doen horen. De rechter stelt de vertegenwoordiger en de advocaat in de gelegenheid om hun zienswijze mondeling kenbaar te maken.
2. Indien betrokkene in Nederland verblijft en van hem redelijkerwijs niet kan worden gevergd dat hij in een door de rechtbank bepaalde locatie wordt gehoord, begeeft de rechter zich daartoe, vergezeld door de griffier, naar de woon- of verblijfplaats van betrokkene.
3. Indien betrokkene in een accommodatie verblijft, wordt de rechter, vergezeld van de griffier, door de zorgaanbieder in de gelegenheid gesteld hem aldaar te horen. Indien betrokkene niet in Nederland verblijft, wordt de behandeling van het verzoek door de rechtbank aangehouden totdat betrokkene in Nederland kan worden gehoord.
4. De officier van justitie is aanwezig op de zitting bij de rechter tenzij evident is dat een nadere toelichting of motivering van het verzoek door de officier van justitie niet nodig is.
5. De rechter kan onderzoek door deskundigen bevelen en is bevoegd deze of andere deskundigen alsmede getuigen op te roepen. De rechter roept de door betrokkene opgegeven deskundigen en getuigen op, tenzij hij van oordeel is dat redelijkerwijs valt aan te nemen dat betrokkene door het achterwege blijven daarvan niet in zijn belangen wordt geschaad. Indien hij een opgegeven deskundige of getuige niet heeft opgeroepen, vermeldt hij de reden daarvan in de uitspraak.
6. De rechter kan verplichten te verschijnen:
a. de officier van justitie;
b. de geneesheer-directeur;
c. de vertegenwoordiger;
d. de psychiater die de medische verklaring heeft opgesteld;
e. de zorgaanbieder of de zorgverantwoordelijke;
f. een ambtenaar van politie die bekend is met betrokkene;

Horen van betrokkene

Hoorzitting: plaats

Horen in accommodatie

Aanwezigheid OvJ

Deskundigenonderzoek Getuigen

Op te roepen personen

A74 art. 6:2 — Wet verplichte GGZ

Hoor en wederhoor

g. de gezinsvoogdijwerker.
7. Indien de rechter zich laat voorlichten in afwezigheid van betrokkene, wordt de zakelijke inhoud van de verstrekte inlichtingen aan betrokkene medegedeeld.
8. Betrokkene en de advocaat worden in de gelegenheid gesteld hun zienswijze kenbaar te maken naar aanleiding van de mededelingen en verklaringen van de personen, bedoeld in het vijfde lid, of die van andere personen die door de rechter zijn verzocht om informatie te verschaffen.

Kosten getuigen en deskundigen

9. Kosten van door de rechter opgeroepen getuigen en deskundigen komen ten laste van de Staat. Bij algemene maatregel van bestuur kunnen nadere regels worden gesteld over de vergoeding van kosten.

Verzoekschriftprocedure

10. In aanvulling op hetgeen uit deze wet voortvloeit, zijn de regels inzake de verzoekprocedure uit het Wetboek van Burgerlijke Rechtsvordering van overeenkomstige toepassing. Artikel 282, vierde lid, van het Wetboek van Burgerlijke Rechtsvordering is niet van toepassing op de verzoekprocedure, bedoeld in deze wet, en zaken betreffende hoofdstuk 5, paragraaf 6. In zaken betreffende hoofdstuk 5, paragraaf 6, is in afwijking van het bepaalde in het Wetboek van Burgerlijke Rechtsvordering, artikel 269 van het Wetboek van Strafvordering van overeenkomstige toepassing.

Art. 6:2

Uitspraak: beslistermijnen

1. De rechter doet zo spoedig mogelijk uitspraak, maar uiterlijk:
a. drie weken na ontvangst van een verzoekschrift voor een zorgmachtiging als bedoeld in artikel 5:17, eerste lid, en artikel 5:18, derde lid;
b. drie weken na ontvangst van een verzoekschrift voor een zorgmachtiging als bedoeld in artikel 7:11, eerste lid;
c. drie weken na ontvangst van een vordering van het openbaar ministerie als bedoeld in artikel 2.3, eerste lid, aanhef en onder 5, van de Wet forensische zorg;
d. drie werkdagen na ontvangst van een verzoekschrift voor een zorgmachtiging als bedoeld in de artikelen 5:17, vijfde lid, en 8:12, vijfde lid;
e. drie weken na ontvangst van een nieuw verzoekschrift voor een zorgmachtiging als bedoeld in artikel 6:6, onderdeel a.

Verlenging beslistermijn

2. De termijn, bedoeld in het eerste lid, wordt indien deze eindigt op een zaterdag, zondag of erkende feestdag, indien noodzakelijk, verlengd tot en met de eerstvolgende dag die niet een zaterdag, zondag of algemeen erkende feestdag als bedoeld in de Algemene termijnenwet is.

Plan van aanpak

3. Indien de rechter betrokkene in de gelegenheid stelt zelf een plan van aanpak als bedoeld in artikel 5:5 op te stellen wordt de termijn, bedoeld in het eerste lid, onder a, opgeschort met ten hoogste twee weken. Artikel 5:5, zesde en zevende lid, en artikel 5:8 zijn van overeenkomstige toepassing.

Strafrechter

4. Dit artikel is niet van toepassing indien de rechter in zaken betreffende hoofdstuk 5, paragraaf 6, bij de beschikking inzake het verlenen van een zorgmachtiging, een in artikel 2.3, eerste lid, aanhef en onder 1, 2, 3, 4, 6, 7, 8, 9, 10 of 11, van de Wet forensische zorg opgenomen beslissing neemt.

Art. 6:3

Hoger beroep uitgesloten

Tegen de beschikking inzake het verlenen van een zorgmachtiging staat geen hoger beroep open.

Art. 6:4

Verlening zorgmachtiging

1. De rechter verleent een zorgmachtiging, indien naar zijn oordeel is voldaan aan de criteria voor verplichte zorg, bedoeld in artikel 3:3, en het doel van verplichte zorg, bedoeld in artikel 3:4, onderdelen b tot en met e.

Ambtshalve afwijking

2. Indien de rechter van oordeel is dat aan de criteria voor verplichte zorg is voldaan, maar met de in het zorgplan of de medische verklaring opgenomen zorg het ernstig nadeel niet kan worden weggenomen, kan hij in de zorgmachtiging in afwijking van het zorgplan andere verplichte zorg of doelen van verplichte zorg opnemen, alsmede in de zorgmachtiging bepalen dat een ander zorgplan moet worden opgesteld.

Tijdelijke overplaatsing naar strafrechtelijke instelling (tbs-kliniek)

3. Indien de rechter een zorgmachtiging verleent tot opname in een accommodatie kan hij tevens in de zorgmachtiging bepalen dat betrokkene tijdelijk kan worden overgeplaatst naar een instelling als bedoeld in artikel 3.1, eerste lid, of artikel 3.3, eerste lid, van de Wet forensische zorg, indien de geneesheer-directeur dit noodzakelijk acht vanwege de veiligheid binnen de accommodatie. De duur van een tijdelijke overplaatsing wordt beperkt tot acht weken.

Opname in strafrechtelijke instelling (tbs-kliniek)

4. Indien de rechter een zorgmachtiging verleent tot opname in een accommodatie kan hij in de zorgmachtiging bepalen dat betrokkene wordt opgenomen in een instelling als bedoeld in artikel 3.1, eerste lid, of artikel 3.3, eerste lid, van de Wet forensische zorg, indien hij dit noodzakelijk acht vanwege de veiligheid binnen de accommodatie.

Interne rechtspositie in strafrechtelijke instelling (tbs-kliniek)

5. Indien de rechter een zorgmachtiging als bedoeld in de leden 3 en 4 verleent, behoudt betrokkene zijn rechtspositie op grond van deze wet. De rechter kan een zorgmachtiging als bedoeld in de leden 3 en 4 evenwel slechts verlenen indien hij in die zorgmachtiging, voor de duur van de opname in een instelling als bedoeld in artikel 3.1, eerste lid, of artikel 3.3, eerste lid, van de

Wet verplichte GGZ **A74 art. 7:1**

Wet forensische zorg, de artikelen 7, eerste en derde lid, 42, vijfde lid, en 44, alsmede de hoofdstukken V, VI en VII van de Beginselenwet verpleging ter beschikking gestelden van toepassing verklaart.

6. De zorgmachtiging is bij voorraad uitvoerbaar.

Uitvoerbaarheid bij voorraad

7. De griffie van de rechtbank zendt een afschrift van de beslissing van de rechter aan:
Afschriften
a. betrokkene;
b. de vertegenwoordiger;
c. de advocaat;
d. de ouders van een minderjarige betrokkene of een van hen, voor zover deze niet als vertegenwoordiger optreden dan wel optreedt;
e. de echtgenoot, geregistreerde partner, degene met wie een samenlevingscontract is gesloten, levensgezel of degene die betrokkene verzorgt;
f. de gezinsvoogdijwerker;
g. de aanvrager, bedoeld in artikel 5:3;
h. de zorgaanbieder, de geneesheer-directeur, de zorgverantwoordelijke en de huisarts;
i. de inspectie;
j. de officier van justitie.

8. Indien een zorgmachtiging strekkende tot opname in een accommodatie betrekking heeft op een minderjarige die onder toezicht is gesteld, geldt deze als machtiging, als bedoeld in artikel 265b van Boek 1 van het Burgerlijk Wetboek.

Machtiging uithuisplaatsing jeugdige

Art. 6:5
De rechter verleent een zorgmachtiging voor de duur die noodzakelijk is om het doel van verplichte zorg te realiseren, maar maximaal voor:

Geldigheidsduur zorgmachtiging

a. zes maanden, indien het doel van verplichte zorg de gronden, bedoeld in artikel 3:4, onderdelen b, c, d en e, betreft;
b. twaalf maanden, indien het een zorgmachtiging betreft die aansluit op een zorgmachtiging als bedoeld in onderdeel a, of een rechterlijke machtiging op grond van de Wet bijzondere opnemingen in psychiatrische ziekenhuizen, zoals die luidde voor inwerkingtreding van deze wet, dan wel een plaatsing op grond van artikel 37, eerste lid, van het Wetboek van Strafrecht, zoals dat artikellid luidde voor inwerkingtreding van de Wet verplichte geestelijke gezondheidszorg;
c. twee jaar, indien het een aansluitende zorgmachtiging betreft voor een persoon die gedurende de afgelopen vijf jaar:
1°. verplichte zorg heeft ontvangen;
2°. opgenomen is geweest, respectievelijk zorg heeft ontvangen op grond van een eerder afgegeven machtiging tot voortzetting van de inbewaringstelling of rechterlijke machtiging op grond van de Wet bijzondere opnemingen in psychiatrische ziekenhuizen, zoals die luidde voor inwerkingtreding van deze wet; of
3°. is geplaatst op grond van artikel 37, eerste lid, van het Wetboek van Strafrecht, zoals dat artikellid luidde voor inwerkingtreding van deze wet.

Art. 6:6
De zorgmachtiging vervalt, indien:

Verval zorgmachtiging

a. de geldigheidsduur is verstreken, tenzij de officier van justitie uiterlijk vier weken voordat de geldigheidsduur is verstreken een nieuw verzoekschrift voor een zorgmachtiging heeft ingediend, in welk geval de eerdere zorgmachtiging vervalt als de rechter op het verzoekschrift heeft beslist of door het verstrijken van de termijn, bedoeld in artikel 6:2, eerste lid, onderdeel e;
b. de beslissing van de geneesheer-directeur, bedoeld in artikel 8:18, tot beëindiging van het verlenen van alle vormen van verplichte zorg op grond van een zorgmachtiging, zonder dat daaraan voorwaarden of beperkingen zijn verbonden, onherroepelijk is geworden;
c. de rechter op grond van een verzoekschrift van de officier van justitie als bedoeld in artikel 8:19, derde lid, heeft beslist tot beëindiging van het verlenen van alle vormen van verplichte zorg op grond van een zorgmachtiging, zonder dat daaraan voorwaarden of beperkingen zijn verbonden;
d. een nieuwe zorgmachtiging ten uitvoer wordt gelegd.

Hoofdstuk 7
Crisismaatregel, machtiging tot voortzetting daarvan en aansluitend verzoek voor een zorgmachtiging

Paragraaf 1
Crisismaatregel door de burgemeester

Art. 7:1
1. De burgemeester kan ten aanzien van een persoon die zich in zijn gemeente bevindt een crisismaatregel nemen, indien:

Crisismaatregel: gronden

Sdu 1881

a. er onmiddellijk dreigend ernstig nadeel is;
b. er een ernstig vermoeden bestaat dat het gedrag van een persoon als gevolg van een psychische stoornis dit dreigend ernstig nadeel veroorzaakt;
c. met de crisismaatregel het ernstig nadeel kan worden weggenomen;
d. de crisissituatie dermate ernstig is dat de procedure voor een zorgmachtiging niet kan worden afgewacht; en
e. er verzet is als bedoeld in artikel 1:4 tegen zorg.

Mandaat aan wethouder
2. De burgemeester kan een wethouder mandaat verlenen voor het nemen van een crisismaatregel.

Medische verklaring
3. De burgemeester neemt niet eerder een crisismaatregel dan nadat hij:
a. ervoor zorg heeft gedragen dat een psychiater, indien van toepassing volgens het vastgestelde model, in een medische verklaring zijn bevindingen vermeldt inzake de actuele gezondheidstoestand van betrokkene en of de situatie, bedoeld in het eerste lid, zich voordoet, en

Horen betrokkene
b. betrokkene, zo mogelijk, in de gelegenheid heeft gesteld om te worden gehoord.

Verstrekking gegevens
4. De officier van justitie verstrekt de burgemeester desgevraagd gegevens over een voor betrokkene eerder afgegeven machtiging tot voortzetting van de inbewaringstelling of rechterlijke machtiging als afgegeven op grond van de Wet bijzondere opnemingen in psychiatrische ziekenhuizen, crisismaatregel, machtiging tot voortzetting van de crisismaatregel of zorgmachtiging.
5. De officier van justitie verstrekt op aanvraag van de psychiater aan hem de politiegegevens als bedoeld in de Wet politiegegevens en de strafvorderlijke en justitiële gegevens als bedoeld in de Wet justitiële en strafvorderlijke gegevens die relevant kunnen zijn voor de beoordeling van het ernstig nadeel. Verstrekking door de officier van justitie kan achterwege blijven indien het belang van enig strafrechtelijk onderzoek zich daartegen verzet.
6. Bij regeling van Onze Minister kan een model voor een medische verklaring als bedoeld in het derde lid worden vastgesteld.

Art. 7:2

Crisismaatregel: inhoud
1. De burgemeester vermeldt in de crisismaatregel in elk geval:
a. de zorg die noodzakelijk is om de crisissituatie af te wenden;
b. de zorgaanbieder, de geneesheer-directeur en de zorgverantwoordelijke die worden belast met de uitvoering van de crisismaatregel en zo nodig de accommodatie;
c. de mogelijkheid van advies en bijstand door een patiëntenvertrouwenspersoon;
d. het recht op beroep, bedoeld in artikel 7:6.
2. De burgemeester zendt onverwijld een afschrift van zijn beslissing tot het nemen van een crisismaatregel en de afgegeven medische verklaring aan betrokkene, de advocaat, de geneesheer-directeur, de inspectie, de officier van justitie en voor zover aanwezig de vertegenwoordiger en de gezinsvoogdijwerker.

Advocaat
3. Indien betrokkene geen advocaat heeft, draagt de burgemeester binnen 24 uur na het nemen van de crisismaatregel ervoor zorg dat betrokkene wordt bijgestaan door een advocaat, tenzij betrokkene daartegen bedenkingen heeft.
4. Bij algemene maatregel van bestuur, vast te stellen op de voordracht van Onze Minister in overeenstemming met Onze Minister van Veiligheid en Justitie, kunnen regels worden gesteld over de toepassing van het derde lid.

Patiëntenvertrouwenspersoon
5. De burgemeester verstrekt de persoonsgegevens van betrokkene aan de patiëntenvertrouwenspersoon, met als doel betrokkene te kunnen informeren over de mogelijkheid tot advies en bijstand door een patiëntenvertrouwenspersoon. De burgemeester verstrekt de persoonsgegevens alleen met uitdrukkelijke toestemming van betrokkene.
6. De burgemeester draagt ervoor zorg dat de zorgaanbieder ten behoeve van de verplichting, bedoeld in artikel 8:25, de afgegeven medische verklaring ontvangt.

Paragraaf 2
Tijdelijke verplichte zorg voorafgaand aan een crisismaatregel

Art. 7:3

Verplichte zorg voorafgaand aan crisismaatregel
1. Voorafgaand aan de beslissing over een crisismaatregel kan, indien redelijkerwijs mag worden verondersteld dat een crisismaatregel zal worden genomen, gedurende korte tijd verplichte zorg aan een persoon worden verleend.

Gronden voor verplichte zorg
2. De verplichte zorg, bedoeld in het eerste lid, wordt alleen als uiterste middel verleend indien dit noodzakelijk is in verband met de voorbereiding van de crisismaatregel en uitsluitend gedurende de periode die nodig is om de procedure voor de crisismaatregel af te ronden. Deze periode bedraagt als geheel ten hoogste achttien uur, en niet meer dan twaalf uur te rekenen vanaf het moment dat betrokkene door een psychiater wordt onderzocht ten behoeve van de medische verklaring.

Vrijheidsbeneming, overbrenging
3. De verplichte zorg, bedoeld in het eerste lid, kan, teneinde te laten onderzoeken of een crisismaatregel moet worden genomen en in afwachting van het nemen van de crisismaatregel,

Wet verplichte GGZ

tevens inhouden dat een persoon zijn vrijheid wordt ontnomen en hij onverwijld wordt overgebracht naar een plaats die geschikt is voor tijdelijk verblijf.

4. De bevoegdheid, bedoeld in het eerste en derde lid, komt uitsluitend toe aan: *Bevoegdheid*
a. degene die is belast met de uitvoering van de ambulancezorg, bedoeld in artikel 5, eerste lid, onder c, d en e, van de Wet ambulancezorgvoorzieningen;
b. de zorgaanbieder, de geneesheer-directeur en de zorgverantwoordelijke die zorg verlenen op basis van vrijwilligheid;
c. personen behorende tot door Onze Minister aangewezen categorieën van deskundigen;
d. een ambtenaar van politie die is aangesteld voor de uitoefening van de politietaak.
5. De ambtenaar van politie, bedoeld in het vierde lid, onderdeel d, is niet bevoegd tot het verlenen van de verplichte zorg, bedoeld in artikel 3:2, tweede lid, onderdeel a.
6. Het onderbrengen van betrokkene bij de politie of de Koninklijke marechaussee vindt uitsluitend plaats indien betrokkene wordt verdacht van het plegen van een strafbaar feit.
7. De personen, bedoeld in het vierde lid, informeren de zorgaanbieder en de burgemeester van een maatregel als bedoeld in het eerste lid.

Paragraaf 3
Geldigheidsduur

Art. 7:4
De burgemeester bepaalt de geldigheidsduur van de crisismaatregel, die ten hoogste drie dagen bedraagt. Indien de termijn, bedoeld in de eerste volzin, eindigt op een zaterdag, zondag of algemeen erkende feestdag als bedoeld in de Algemene termijnenwet, wordt deze verlengd tot en met de eerstvolgende dag die niet een zaterdag, zondag of algemeen erkende feestdag is.

Crisismaatregel: geldigheidsduur

Art. 7:5
De crisismaatregel vervalt, indien: *Crisismaatregel: verval*
a. de geldigheidsduur is verstreken, tenzij de officier van justitie voordat de geldigheidsduur is verstreken een verzoekschrift voor een machtiging tot voortzetting van de crisismaatregel bij de rechter onder toepassing van artikel 7:7 heeft ingediend, in welk geval de crisismaatregel vervalt als de rechter op het verzoekschrift heeft beslist of door het verstrijken van de termijn, bedoeld in artikel 7:8, derde lid;
b. de geneesheer-directeur een beslissing als bedoel in artikel 8:18, tweede lid, heeft genomen tot beëindiging van het verlenen van alle vormen van verplichte zorg op grond van een crisismaatregel, zonder dat daaraan voorwaarden of beperkingen zijn verbonden.

Paragraaf 4
Beroep

Art. 7:6
1. Betrokkene kan door middel van een schriftelijk en gemotiveerd verzoek binnen drie weken na de dag waarop de burgemeester de crisismaatregel heeft genomen, bij de rechter beroep instellen tegen de crisismaatregel.
2. Met betrekking tot de behandeling van het beroep bij de rechter is artikel 6:1, eerste, tweede, derde, vijfde lid, eerste en tweede volzin, zesde tot en met negende lid, van overeenkomstige toepassing. De rechter kan de burgemeester verplichten te verschijnen.
3. Het instellen van beroep heeft geen schorsende werking.

Crisismaatregel: beroep

Geen schorsende werking beroep

4. De rechter doet zo spoedig mogelijk, doch uiterlijk vier weken na indiening van het beroepschrift, uitspraak.
5. De griffie van de rechtbank zendt een afschrift van de beslissing van de rechter aan:
a. betrokkene;
b. de vertegenwoordiger;
c. de advocaat;
d. de burgemeester;
e. de geneesheer-directeur;
f. de inspectie;
g. de officier van justitie.
6. Tegen de beslissing van de rechter, bedoeld in het eerste lid, staat geen hoger beroep open.

Crisismaatregel, geen hoger beroep

Paragraaf 5
Verlenging crisismaatregel

Art. 7:7

Verzoek machtiging voortzetting

1. Indien de officier van justitie na ontvangst van de in artikel 7:2, tweede lid, bedoelde bescheiden van oordeel is dat ten aanzien van betrokkene de grondslag voor het nemen van een crisismaatregel, bedoeld in artikel 7:1, eerste lid, aanwezig is, dient hij uiterlijk op de dag na de datum van ontvangst van deze stukken die niet een zaterdag, zondag of algemeen erkende feestdag als bedoeld in de Algemene termijnenwet is, bij de rechter een verzoekschrift in voor een machtiging tot voortzetting van de crisismaatregel voor betrokkene.
2. De officier van justitie voegt bij het verzoekschrift voor een machtiging tot voortzetting van de crisismaatregel de bescheiden, bedoeld in artikel 7:2, tweede lid. Artikel 5:17, zesde lid, is van overeenkomstige toepassing.

Art. 7:8

Procedure machtiging voortzetting

1. Met betrekking tot de behandeling van het verzoekschrift voor een machtiging tot voortzetting van de crisismaatregel is artikel 6:1, eerste en derde lid, van overeenkomstige toepassing.
2. Artikel 6:1, vierde lid, vijfde lid, eerste en tweede volzin, zesde lid, zevende lid, achtste lid en negende lid, is van overeenkomstige toepassing. De rechter kan, in afwijking van het verzoekschrift, bedoeld in artikel 7:7, eerste lid, of de bescheiden, bedoeld in artikel 7:2, tweede lid, besluiten tot het opnemen van andere vormen van verplichte zorg, bedoeld in artikel 3:2, tweede lid, van de wet.

Beslistermijn

3. De rechter doet zo spoedig mogelijk uitspraak, maar uiterlijk drie dagen na ontvangst van een verzoekschrift voor een machtiging tot voortzetting van de crisismaatregel als bedoeld in het eerste lid, respectievelijk in artikel 8:12, vijfde lid. Indien de termijn, bedoeld in de eerste volzin, eindigt op een zaterdag, zondag of algemeen erkende feestdag als bedoeld in de Algemene termijnenwet, wordt deze verlengd tot en met de eerstvolgende dag die niet een zaterdag, zondag of algemeen erkende feestdag is.

Afschriften

4. De griffie van de rechtbank zendt een afschrift van de beslissing van de rechter aan:
   a. betrokkene;
   b. de vertegenwoordiger;
   c. de advocaat;
   d. de ouders van een minderjarige betrokkene of een van hen, voor zover deze niet als vertegenwoordiger optreden dan wel optreedt;
   e. de echtgenoot, geregistreerde partner, degene met wie een samenlevingscontract is gesloten, levensgezel of degene die betrokkene verzorgt;
   f. de gezinsvoogdijwerker;
   g. de zorgaanbieder, de geneesheer-directeur, de zorgverantwoordelijke en de huisarts;
   h. de inspectie;
   i. de officier van justitie.

Geen hoger beroep

5. Tegen de beslissing van de rechter inzake het verlenen van een machtiging tot voortzetting van de crisismaatregel staat geen hoger beroep open.

Machtiging uithuisplaatsing jeugdige

6. Indien een machtiging betrekking heeft op een minderjarige die onder toezicht is gesteld, geldt deze als machtiging, als bedoeld in artikel 265b van Boek 1 van het Burgerlijk Wetboek.

Art. 7:9

Geldigheidsduur machtiging voortzetting

De machtiging tot voortzetting van de crisismaatregel heeft een geldigheidsduur van drie weken na de dagtekening ervan.

Art. 7:10

Verval machtiging voortzetting

De machtiging tot voortzetting van de crisismaatregel vervalt indien:
a. de geldigheidsduur is verstreken, tenzij de officier van justitie voordat de geldigheidsduur is verstreken een verzoekschrift voor een zorgmachtiging als bedoeld in artikel 7:11, eerste lid, bij de rechter heeft ingediend, in welk geval de machtiging tot voortzetting van de crisismaatregel vervalt als de rechter op het verzoekschrift heeft beslist of door het verstrijken van de termijn, bedoeld in artikel 6:2, eerste lid, onderdeel b;
b. de geneesheer-directeur een beslissing als bedoeld in artikel 8:18 heeft genomen tot beëindiging van het verlenen van alle vormen van verplichte zorg op grond van een machtiging tot voortzetting van de crisismaatregel, zonder dat daaraan voorwaarden of beperkingen zijn verbonden.

Paragraaf 6
Verzoek zorgmachtiging aansluitend op verlenging crisismaatregel

Art. 7:11

Verzoekschrift aansluitende machtiging

1. De officier van justitie kan een verzoekschrift indienen bij de rechter voor een zorgmachtiging die aansluit op een machtiging tot voortzetting van de crisismaatregel.
2. Het verzoekschrift wordt schriftelijk en gemotiveerd ingediend.

Wet verplichte GGZ A74 art. 8:2

3. Voordat de officier van justitie een verzoekschrift indient, zorgt hij ervoor dat de geneesheer-directeur:
   a. betrokkene en de vertegenwoordiger schriftelijk informeert over de mogelijkheid van advies en bijstand aan betrokkene door een patiëntenvertrouwenspersoon, en
   b. de persoonsgegevens van betrokkene aan de patiëntenvertrouwenspersoon verstrekt, met als doel betrokkene te kunnen informeren over de mogelijkheid tot advies en bijstand door een patiëntenvertrouwenspersoon, voor zover betrokkene daarmee instemt.
4. Bij het verzoekschrift voegt de officier van justitie een medische verklaring als bedoeld in artikel 5:8 en de gegevens, bedoeld in artikel 5:17, tweede lid, derde lid, met uitzondering van onderdeel d, vierde lid, en zesde lid. De officier van justitie verstrekt op aanvraag van de psychiater aan hem de politiegegevens als bedoeld in de Wet politiegegevens en de strafvorderlijke en justitiële gegevens als bedoeld in de Wet justitiële en strafvorderlijke gegevens die relevant kunnen zijn voor de beoordeling van het ernstig nadeel. Verstrekking door de officier van justitie kan achterwege blijven indien het belang van enig strafrechtelijk onderzoek zich daartegen verzet. — *Bescheiden, Aanvullende gegevens*
5. Gelijktijdig met het indienen van het verzoekschrift deelt de officier van justitie zijn schriftelijke en gemotiveerde beslissing of voldaan is aan de criteria voor verplichte zorg zo spoedig mogelijk mee aan betrokkene, de vertegenwoordiger, de advocaat en de zorgverantwoordelijke, alsmede in voorkomend geval aan de aanvrager, bedoeld in het tweede lid.
6. De bepalingen uit hoofdstuk 5 zijn van overeenkomstige toepassing, behoudens de artikelen 5:1 tot en met 5:6, 5:10, 5:11, 5:16 tot en met 5:19.

Hoofdstuk 8
Rechten en plichten bij de tenuitvoerlegging en uitvoering van de crisismaatregel, machtiging tot voortzetting van de crisismaatregel en zorgmachtiging.

Paragraaf 1
Tenuitvoerlegging en uitvoering van de crisismaatregel, machtiging tot voortzetting crisismaatregel en zorgmachtiging

Art. 8:1
1. De officier van justitie gaat onverwijld, doch uiterlijk binnen twee weken na afgifte door de rechter, over tot tenuitvoerlegging van de zorgmachtiging. — *OvJ en burgemeester*
2. De burgemeester gaat binnen 24 uur na afgifte over tot tenuitvoerlegging van de crisismaatregel. — *Crisismaatregel, tenuitvoerlegging*
3. De officier van justitie gaat onverwijld over tot tenuitvoerlegging van de machtiging tot voortzetting van de crisismaatregel. — *Machtiging voortzetting crisismaatregel, tenuitvoerlegging*
4. Zo nodig kan de burgemeester of de officier van justitie bij de tenuitvoerlegging of de uitvoering van de crisismaatregel, de machtiging tot voortzetting van de crisismaatregel onderscheidenlijk de zorgmachtiging, de hulp inroepen van zorgverleners met kennis van en ervaring met het verlenen van zorg en verplichte zorg. — *Hulp van zorgverleners en politie*
5. Zo nodig kan de burgemeester ambtshalve of op verzoek van de officier van justitie bij de tenuitvoerlegging of uitvoering van de crisismaatregel, de machtiging tot voortzetting van de crisismaatregel onderscheidenlijk de zorgmachtiging de hulp inroepen van ambtenaren van politie. De burgemeester kan deze bevoegdheid mandateren aan een of meer hulpofficieren van justitie.

Art. 8:2
1. De personen, bedoeld in artikel, 8:1, derde, vierde en vijfde lid, kunnen, uitsluitend voor zover dat redelijkerwijs nodig is voor de tenuitvoerlegging van de crisismaatregel, de machtiging tot voortzetting van de crisismaatregel of de zorgmachtiging: — *Bevoegdheden t.b.v. tenuitvoerlegging zorgmachtiging/(machtiging tot voortzetting) crisismaatregel*
   a. elke plaats betreden waar de betrokkene zich bevindt;
   b. voorwerpen ontnemen die een gevaar voor de veiligheid van betrokkene of voor anderen kunnen opleveren en hem daartoe aan de kleding of het lichaam onderzoeken. — *Plaats betreding* / *Ontneming voorwerpen*
2. De ambtenaren van politie, bedoeld in artikel 8:1, vijfde lid, kunnen, uitsluitend voor zover dat redelijkerwijs nodig is voor de tenuitvoerlegging van de crisismaatregel, de machtiging tot voortzetting van de crisismaatregel of de zorgmachtiging de woning van betrokkene zonder zijn toestemming binnentreden.
3. De ontnomen voorwerpen worden voor betrokkene bewaard, voor zover dit niet in strijd is met enig wettelijk voorschrift.

Wet verplichte GGZ

Paragraaf 2
Uitvoering van de crisismaatregel, machtiging tot voortzetting crisismaatregel en zorgmachtiging

Art. 8:3

Informatieverstrekking

1. De zorgaanbieder informeert betrokkene en de vertegenwoordiger zo spoedig mogelijk na de afgifte van de crisismaatregel, de machtiging tot voorzetting van de crisismaatregel of de zorgmachtiging schriftelijk over:
   a. de geneesheer-directeur;
   b. de zorgverantwoordelijke;
   c. de mogelijkheid tot advies en bijstand door een patiëntenvertrouwenspersoon;
   d. de familievertrouwenspersoon;
   e. de klachtregeling, bedoeld in hoofdstuk 10;
   f. de huisregels;
   g. de richtlijnen, bedoeld in artikel 8:5;
   h. de overige bij of krachtens deze wet omschreven rechten en plichten van betrokkene.
2. De zorgverantwoordelijke informeert betrokkene en de vertegenwoordiger zo spoedig mogelijk na de afgifte van de crisismaatregel, de machtiging tot voortzetting van de crisismaatregel of de zorgmachtiging schriftelijk over het dossier van betrokkene, bedoeld in artikel 8:4.

Art. 8:4

Dossier: inhoud

1. De zorgverantwoordelijke draagt er, onverminderd artikel 454 van Boek 7 van het Burgerlijk Wetboek, zorg voor dat in het dossier van betrokkene aantekening wordt gehouden van:
   a. de zorgaanbieder;
   b. de naam van de geneesheer-directeur;
   c. de naam van de zorgverantwoordelijke;
   d. de vertegenwoordiger;
   e. de voor continuïteit van zorg relevante familie en naasten;
   f. de zorgkaart;
   g. de zorgplan;
   h. indien er geen overeenstemming over het zorgplan is bereikt, de redenen daarvoor;
   i. de voortgang van de uitvoering van het zorgplan;
   j. de verplichte zorg die op grond van de crisismaatregel, machtiging tot voortzetting van de crisismaatregel of zorgmachtiging wordt verleend;
   k. de verplichte zorg die op grond van het hoofdstuk 8 wordt verleend;
   l. het verslag van de periodieke toetsing van de proportionaliteit, subsidiariteit, effectiviteit en veiligheid van de verleende zorg en verplichte zorg;
   m. een afschrift van de medische verklaring, bedoeld in artikel 5:8, 7:1, 7:11 of 8:19;
   n. een afschrift van de crisismaatregel, machtiging tot voortzetting van de crisismaatregel of zorgmachtiging;
   o. de zelfbindingsverklaring;
   p. het plan, bedoeld in artikel 5:5, eerste lid;
   q. andere schriftelijke wilsuitingen inzake zorg, dan bedoeld in onderdeel f, o of p.

Gegevensuitwisseling zonder toestemming

2. In het dossier houdt de zorgverantwoordelijke tevens aantekening van de verstrekking van gegevens zonder toestemming van betrokkene door de geneesheer-directeur, de burgemeester, de politie, de officier van justitie, en de zorgverantwoordelijke zelf, bedoeld in artikel 8:29.

Weigering dossier-vernietiging

3. In afwijking van artikel 455 van Boek 7 van het Burgerlijk Wetboek vernietigt de zorgverantwoordelijke het dossier niet indien de zorgverantwoordelijke redelijkerwijs mag aannemen dat bewaring van het dossier van aanmerkelijk belang is voor betrokkene.

Art. 8:5

Multidisciplinaire richtlijn

1. De verplichte zorg wordt in beginsel toegepast op basis van een multidisciplinaire richtlijn.
2. De richtlijn is gericht op:
   a. het voorkomen van verplichte zorg;
   b. keuze voor de minst bezwarende vorm van verplichte zorg;
   c. het beperken van de duur en frequentie van de verplichte zorg;
   d. de veiligheid van betrokkene en zorgverleners;
   e. het voorkomen van nadelige effecten op korte en lange termijn voor betrokkene.

Art. 8:6

Nadere regelgeving

1. Bij of krachtens algemene maatregel van bestuur kunnen regels worden gesteld over de veiligheid binnen de accommodatie en de wijze van toezicht door de zorgaanbieder op de verplichte zorg in de accommodatie en kunnen regels worden gesteld over de kwaliteit van de verplichte zorg.
2. De voordracht voor een krachtens het eerste lid vast te stellen algemene maatregel van bestuur wordt niet eerder gedaan dan vier weken nadat het ontwerp aan beide kamers der Staten-Generaal is overgelegd.

Wet verplichte GGZ A74 art. 8:12

Art. 8:7
1. De zorgaanbieder is verplicht de zorg, genoemd in de crisismaatregel, de machtiging tot voortzetting van de crisismaatregel of de zorgmachtiging, te verlenen.
Verplichtingen zorgaanbieder
2. De zorgaanbieder kan, naast de tijdelijke verplichte zorg voorafgaand aan de crisismaatregel, bedoeld in artikel 7:3, alleen de vormen van verplichte zorg verlenen die zijn opgenomen in de zorgmachtiging, de crisismaatregel, of een beslissing op grond van de artikelen 8:11 tot en met 8:14.
3. Een zorgaanbieder verleent aan betrokkene slechts verplichte zorg als bedoeld in de crisismaatregel, de machtiging tot voortzetting van de crisismaatregel of de zorgmachtiging tegen overlegging van een afschrift van respectievelijk de crisismaatregel, de machtiging tot voortzetting van de crisismaatregel of de zorgmachtiging.

Art. 8:8
De zorgaanbieder draagt er zorg voor dat de zorgkaart van betrokkene, inclusief de bijlagen, bekend is bij de geneesheer-directeur en de zorgverantwoordelijke.
Zorgkaart

Art. 8:9
1. De zorgverantwoordelijke neemt ter uitvoering van de crisismaatregel, machtiging tot voortzetting van de crisismaatregel of de zorgmachtiging een beslissing tot het verlenen van verplichte zorg niet dan nadat hij:
Uitvoering maatregelen
a. zich op de hoogte heeft gesteld van de actuele gezondheidstoestand van betrokkene,
Voorwaarden
b. met betrokkene over de voorgenomen beslissing overleg heeft gevoerd, en
c. voor zover hij geen psychiater is, hierover overeenstemming heeft bereikt met de geneesheer-directeur.
2. De zorgverantwoordelijke stelt een beslissing tot het verlenen van verplichte zorg op grond van de crisismaatregel, machtiging tot voortzetting van de crisismaatregel of de zorgmachtiging op schrift en voorziet de beslissing van een schriftelijke motivering.
Schriftelijke vastlegging
3. De geneesheer-directeur geeft betrokkene, de vertegenwoordiger en de advocaat een afschrift van de beslissing en stelt hen schriftelijk in kennis van de klachtwaardigheid van de beslissing en de mogelijkheid van advies en bijstand door de patiëntenvertrouwenspersoon en de familievertrouwenspersoon.
Schriftelijke vastlegging
4. Indien verplichte zorg anders dan strekkende tot opname in een accommodatie, op grond van een crisismaatregel, machtiging tot voortzetting van de crisismaatregel of zorgmachtiging wordt toegepast, legt de zorgverantwoordelijke, onverminderd het bepaalde in artikel 1:5, na overleg met de vertegenwoordiger, schriftelijk vast in het dossier, bedoeld in artikel 8:4, met vermelding van de datum en het tijdstip, of:
Beslissing zorgverantwoordelijke m.b.t. ambulante situatie
a. betrokkene tot een redelijke waardering van zijn belangen ter zake in staat is, en
b. er een acuut levensgevaar dreigt voor betrokkene dan wel er een aanzienlijk risico is voor een ander op levensgevaar, ernstig lichamelijk letsel, ernstige psychische, materiële, immateriële of financiële schade, ernstige verwaarlozing of maatschappelijke teloorgang, of om ernstig in zijn ontwikkeling te worden geschaad, dan wel de algemene veiligheid van personen of goederen in gevaar is.
5. De zorgaanbieder, geneesheer-directeur en zorgverantwoordelijke leggen geen beperkingen op in het contact van betrokkene met de vertegenwoordiger, de inspectie of de justitiële autoriteiten.
Contact met derden

Art. 8:10
De zorgaanbieder, de geneesheer-directeur en de zorgverantwoordelijke kunnen bij de uitvoering van de crisismaatregel, machtiging tot voortzetting van de crisismaatregel of zorgmachtiging zo nodig de hulp inroepen van personen met kennis en ervaring met het verlenen van zorg en verplichte zorg en van ambtenaren van politie.
Hulppersonen

Paragraaf 3
Tijdelijke verplichte zorg in noodsituaties

Art. 8:11
De zorgverantwoordelijke kan, indien er sprake is van verzet als bedoeld in artikel 1:4 beslissen tot het verlenen van verplichte zorg waar de crisismaatregel, de machtiging tot voortzetting van de crisismaatregel of de zorgmachtiging niet in voorziet, voor zover dit tijdelijk ter afwending van een noodsituatie noodzakelijk is, gelet op:
Tijdelijke verplichte zorg: criteria
a. ernstig nadeel,
b. de veiligheid binnen de accommodatie of andere locatie waar de zorg of verplichte zorg wordt verleend,
c. de bescherming van rechten en vrijheden van anderen, of
d. de voorkoming van strafbare feiten.

Art. 8:12
1. De duur van de tijdelijke verplichte zorg, bedoeld in artikel 8:11, is beperkt tot een periode van maximaal drie dagen.
Duur: maximaal drie dagen

2. De zorgverantwoordelijke doet onverwijld mededeling aan de geneesheer-directeur van de schriftelijke en gemotiveerde beslissing tot tijdelijke verplichte zorg en van de beëindiging van de tijdelijke verplichte zorg.
3. Indien de zorgverantwoordelijke van oordeel is dat de tijdelijke verplichte zorg na de in het eerste lid bedoelde periode moet worden voortgezet, kan hij daartoe uitsluitend beslissen indien een door de zorgverantwoordelijke gemotiveerde aanvraag tot wijziging van de machtiging tot voortzetting van de crisismaatregel of zorgmachtiging door de geneesheer-directeur, vergezeld van zijn advies daarover, bij de officier van justitie is ingediend.

Aanvraag wijziging zorgmachtiging
4. De officier van justitie beslist zo spoedig mogelijk op de aanvraag tot wijziging van de machtiging tot voortzetting van de crisismaatregel of zorgmachtiging.
5. Indien de officier van justitie instemt met de aanvraag van de geneesheer-directeur tot wijziging van de machtiging tot voortzetting van de crisismaatregel of zorgmachtiging, dient hij daartoe onverwijld een verzoekschrift in bij de rechter.

Verzoek OvJ
6. De verplichte zorg, bedoeld in het vierde lid, kan worden verleend totdat:
a. de officier van justitie besluit geen verzoekschrift in te dienen en dit aan de geneesheer-directeur heeft meegedeeld,
b. de rechter uitspraak heeft gedaan over het verzoekschrift voor een wijziging van een zorgmachtiging of door het verstrijken van de termijn, bedoeld in artikel 6:2, eerste lid, onderdeel d, of
c. de rechter uitspraak heeft gedaan over het verzoekschrift voor een wijziging van een machtiging tot voortzetting van de crisismaatregel, of door het verstrijken van de termijn, bedoeld in artikel 7:8, derde lid.

Verlengde duur tijdelijk verplichte zorg
7. Indien betrokkene op grond van artikel 8:11 in een instelling als bedoeld in artikel 3.1, eerste lid, of artikel 3.3, eerste lid, van de Wet forensische zorg wordt opgenomen, zijn voor de duur van die opname de artikelen 7, eerste en derde lid, 42, vijfde lid, en 44, alsmede de hoofdstukken V, VI en VII van de Beginselenwet verpleging ter beschikking gestelden van toepassing.

Art. 8:13

Tijdelijke verplichte zorg: beschikking
1. De zorgverantwoordelijke stelt een beslissing als bedoeld in de artikelen 8:11 en 8:12 op schrift en voorziet de beslissing van een schriftelijke motivering.
2. De beslissing vermeldt het moment waarop de geneesheer-directeur en de zorgverantwoordelijke, de proportionaliteit, de subsidiariteit, de effectiviteit en de veiligheid van de tijdelijke verplichte zorg beoordelen.

Informatie over klachtwaardigheid
3. De geneesheer-directeur geeft betrokkene, de vertegenwoordiger en de advocaat een afschrift van de beslissing en stelt hen schriftelijk in kennis van de klachtwaardigheid van de beslissing en de mogelijkheid van advies en bijstand door de patiëntenvertrouwenspersoon en de familievertrouwenspersoon.

Paragraaf 4
Veiligheidsonderzoek en huisregels

Art. 8:14

Veiligheidsmaatregelen
1. De zorgverantwoordelijke kan bij het gegronde vermoeden van aanwezigheid binnen de accommodatie van voorwerpen die betrokkene niet in zijn bezit mag hebben of die een aanzienlijk risico op ernstige schade veroorzaken, ter voorkoming van een noodsituatie, een beslissing nemen tot onderzoek:

Onderzoek kleding en lichaam
a. aan kleding of lichaam van betrokkene,
b. van de woonruimte binnen de accommodatie van betrokkene, dan wel

Onderzoek woonruimte
Onderzoek poststukken
c. van poststukken afkomstig van of bestemd voor betrokkene die in een accommodatie verblijft, maar alleen in aanwezigheid van betrokkene.
2. De ontnomen voorwerpen worden voor betrokkene bewaard, voor zover dit niet in strijd is met enig wettelijk voorschrift.
3. De zorgverantwoordelijke stelt de beslissing op schrift, voorziet de beslissing van een schriftelijke motivering en stelt de geneesheer-directeur op de hoogte van de beslissing.

Informatie over klachtwaardigheid
4. De geneesheer-directeur geeft betrokkene, de vertegenwoordiger en de advocaat een afschrift van de beslissing en stelt hen schriftelijk in kennis van de klachtwaardigheid van de beslissing en de mogelijkheid van advies en bijstand door de patiëntenvertrouwenspersoon.

Art. 8:15

Huisregels
1. De zorgaanbieder stelt huisregels op voor de ordelijke gang van zaken en de veiligheid, passend bij de doelgroep, in de accommodatie.

Criteria voor huisregels
2. De huisregels bevatten geen andere regels dan bedoeld in het eerste lid en worden, indien van toepassing, vastgesteld volgens het model, bedoeld in het vijfde lid.
3. De zorgaanbieder stelt aan betrokkene en de vertegenwoordiger zo spoedig mogelijk na diens opname in een accommodatie een schriftelijk overzicht van de in de accommodatie geldende huisregels ter hand.

Wet verplichte GGZ A74 art. 8:17

4. De zorgverantwoordelijke zorgt ervoor dat betrokkene en de vertegenwoordiger een mondelinge toelichting op de huisregels ontvangen.   *Mondelinge toelichting*
5. Bij regeling van Onze Minister kan een model voor huisregels worden vastgesteld.

Paragraaf 5
Overplaatsing, tijdelijke onderbreking en beëindiging

Art. 8:16
1. De geneesheer-directeur kan op aanvraag of ambtshalve de verantwoordelijkheid voor het verlenen van zorg op grond van een crisismaatregel, machtiging tot voortzetting van de crisismaatregel of zorgmachtiging aan een andere zorgaanbieder, geneesheer-directeur of zorgverantwoordelijke toewijzen. Betrokkene, de vertegenwoordiger of de zorgverantwoordelijke kunnen bij de geneesheer-directeur daartoe een schriftelijke en gemotiveerde aanvraag indienen.   *Aanvraag*
2. De geneesheer-directeur deelt zijn beslissing op grond van het eerste lid schriftelijk en gemotiveerd aan betrokkene mee en zendt een afschrift van de beslissing aan de vertegenwoordiger en de officier van justitie.
3. De geneesheer-directeur kan geen ambtshalve beslissing of instemmende beslissing nemen op de aanvraag dan nadat de beoogde zorgaanbieder, geneesheer-directeur of zorgverantwoordelijke zich bereid hebben verklaard tot het verlenen van zorg of verplichte zorg op grond van een crisismaatregel, machtiging tot voortzetting van de crisismaatregel of zorgmachtiging.
4. Indien de geneesheer-directeur ambtshalve een beslissing neemt of instemt met de aanvraag zendt hij een afschrift van de beslissing aan de:
a. betrokken zorgaanbieders,
b. zorgverantwoordelijke,
c. vertegenwoordiger,
d. officier van justitie,
e. griffie van de rechtbank, indien een machtiging tot verlenging van de crisismaatregel of zorgmachtiging voor betrokkene is afgegeven,
f. burgemeester, indien een crisismaatregel is genomen, en
g. inspectie.
5. De geneesheer-directeur stelt betrokkene, de vertegenwoordiger en de advocaat schriftelijk in kennis van de klachtwaardigheid van de beslissing en de mogelijkheid van advies en bijstand door de patiëntenvertrouwenspersoon en de familievertrouwenspersoon.   *Informatie over klachtwaardigheid*
6. Indien de geneesheer-directeur een ambtshalve of instemmende beslissing neemt als bedoeld in het eerste lid tot toewijzing van een andere zorgverantwoordelijke, draagt de eerder aangewezen zorgverantwoordelijke ervoor zorg dat het dossier, bedoeld in artikel 8:4, ter beschikking komt van de nieuw aangewezen zorgverantwoordelijke. Indien de geneesheer-directeur een ambtshalve of instemmende beslissing neemt als bedoeld in het eerste lid tot toewijzing van een andere zorgaanbieder, draagt de eerder aangewezen zorgaanbieder ervoor zorg dat de gegevens, bedoeld in artikel 8:24, eerste lid, ter beschikking komen van de nieuw aangewezen zorgaanbieder.   *Informatieoverdracht bij nieuwe zorgverantwoordelijke of zorgaanbieder*
7. In de situatie, bedoeld in het zesde lid, tweede volzin, informeert de nieuw aangewezen zorgaanbieder zo spoedig mogelijk de eerder aangewezen zorgaanbieder indien de verplichte zorg op grond van een crisismaatregel, machtiging tot voortzetting van de crisismaatregel of zorgmachtiging wordt beëindigd.

Art. 8:17
1. De geneesheer-directeur neemt op een daartoe strekkende schriftelijke en gemotiveerde aanvraag van betrokkene, de vertegenwoordiger, de advocaat of de zorgverantwoordelijke, dan wel uit eigen beweging een schriftelijke en gemotiveerde beslissing, inhoudende het verlenen van tijdelijke onderbreking van de verplichte zorg op grond van een machtiging tot voortzetting van de crisismaatregel of zorgmachtiging aan betrokkene, voor zover en voor zolang dit verantwoord is.   *Tijdelijke onderbreking: aanvraag*
2. De geneesheer-directeur verzoekt Onze Minister van Veiligheid en Justitie schriftelijk om toestemming voor het nemen van een beslissing tot het verlenen van tijdelijke onderbreking van de verplichte zorg, houdende opname in een accommodatie, op grond van een zorgmachtiging die is afgegeven met toepassing van artikel 2.3 van de Wet forensische zorg, behoudens de gevallen waarin artikel 2.3, onderdeel 3, is toegepast en betrokkene is vrijgesproken van hetgeen hem ten laste is gelegd.
3. Onze Minister van Veiligheid en Justitie verstrekt de geneesheer-directeur zo spoedig mogelijk schriftelijk en gemotiveerd zijn beslissing.
4. Indien de toestemming, bedoeld in het tweede lid, niet wordt gegeven, verleent de geneesheer-directeur geen tijdelijke onderbreking van de verplichte zorg en wijst hij de aanvraag af.
5. De geneesheer-directeur kan aan de beslissing voorwaarden of beperkingen verbinden.   *Voorwaarden en beperkingen*

A74 art. 8:18

Informatie over klachtwaardigheid

6. De geneesheer-directeur geeft betrokkene, de vertegenwoordiger en de advocaat een afschrift van de beslissing, indien van toepassing voorzien van de beoordeling van Onze Minister van Veiligheid en Justitie, en stelt hen uiterlijk binnen vier dagen na de beslissing schriftelijk in kennis van de klachtwaardigheid van de beslissing en de mogelijkheid van advies en bijstand door de patiëntenvertrouwenspersoon en de familievertrouwenspersoon.

Informeren derden

7. De geneesheer-directeur informeert tijdig de officier van justitie over de tijdelijke onderbreking van de verplichte zorg op grond van een machtiging tot verlenging van de crisismaatregel of zorgmachtiging.

8. De geneesheer-directeur kan het college van burgemeester en wethouders van de gemeente waar betrokkene ingezetene is dan wel naar verwachting zal verblijven informeren over de tijdelijke onderbreking van de verplichte zorg op grond van de zorgmachtiging, indien dit noodzakelijk is omdat essentiële voorwaarden voor deelname aan het maatschappelijk verkeer van betrokkene ontbreken.

Intrekking

9. De geneesheer-directeur kan op een daartoe strekkend schriftelijk en gemotiveerd verzoek of uit eigen beweging de beslissing tot tijdelijke onderbreking van de verplichte zorg schriftelijk en gemotiveerd intrekken. Het zesde lid is van overeenkomstige toepassing.

Art. 8:18

Beëindiging verplichte zorg: aanvraag

1. De geneesheer-directeur neemt op een daartoe strekkende schriftelijke en gemotiveerde aanvraag van betrokkene, de vertegenwoordiger, de advocaat of de zorgverantwoordelijke, dan wel uit eigen beweging een beslissing tot beëindiging van het verlenen van verplichte zorg op grond van een crisismaatregel, machtiging tot voortzetting van de crisismaatregel of zorgmachtiging indien het doel van verplichte zorg is bereikt of niet langer wordt voldaan aan het criterium voor verplichte zorg.

2. De geneesheer-directeur neemt niet eerder een beslissing over de beëindiging van de verplichte zorg op grond van een crisismaatregel of machtiging tot voortzetting van de crisismaatregel dan nadat hij zich ervan heeft vergewist dat er geen verzoek voor een machtiging tot voortzetting van de crisismaatregel onderscheidenlijk een zorgmachtiging is ingediend.

Medische verklaring

3. Voor zover aan betrokkene verplichte zorg wordt verleend, houdende opname in een accommodatie en betrokkene blijkens de eerder afgegeven medische verklaring ernstig nadeel voor een ander veroorzaakt, neemt de geneesheer-directeur niet eerder een beslissing over de beëindiging van de verplichte zorg op grond van een crisismaatregel, machtiging tot voortzetting van de crisismaatregel of zorgmachtiging dan nadat hij:

a. zich door middel van een medische verklaring van een psychiater, indien van toepassing volgens het vastgestelde model, bedoeld in het veertiende lid, op de hoogte heeft gesteld van het oordeel van de psychiater over zijn voornemen om de verplichte zorg te beëindigen en over de actuele gezondheidstoestand van betrokkene, en

Overleg

b. overleg heeft gevoerd met de burgemeester die de crisismaatregel heeft afgegeven, in geval van beëindiging van de crisismaatregel, of met de officier van justitie en het college van burgemeester en wethouders van de gemeente waar betrokkene ingezetene is dan wel naar verwachting zal verblijven, in geval van beëindiging van de machtiging tot voortzetting van de crisismaatregel of zorgmachtiging.

4. De geneesheer-directeur verzoekt Onze Minister van Veiligheid en Justitie schriftelijk om toestemming voor het nemen van een beslissing tot beëindiging van de verplichte zorg, houdende opname in een accommodatie, op grond van een zorgmachtiging die is afgegeven met toepassing van artikel 2.3, eerste lid, van de Wet forensische zorg, behoudens de gevallen waarin artikel 2.3, eerste lid, onder 3, van die wet, is toegepast en betrokkene is vrijgesproken van hetgeen hem ten laste is gelegd.

5. Onze Minister van Veiligheid en Justitie verstrekt de geneesheer-directeur zo spoedig mogelijk schriftelijk en gemotiveerd zijn beslissing.

6. Indien de toestemming, bedoeld in het vierde lid, niet wordt gegeven, beëindigt de geneesheer-directeur de verplichte zorg niet en wijst hij de aanvraag af.

Beslistermijn

7. De geneesheer-directeur neemt binnen veertien dagen na ontvangst van een aanvraag tot beëindiging van het verlenen van verplichte zorg op grond van een crisismaatregel, machtiging tot voortzetting van de crisismaatregel of zorgmachtiging een schriftelijke en gemotiveerde beslissing.

Voorwaarden en beperkingen

8. De geneesheer-directeur kan aan de beslissing voorwaarden of beperkingen verbinden.

Informatie over klachtwaardigheid

9. De geneesheer-directeur geeft betrokkene, de vertegenwoordiger en de advocaat een afschrift van de beslissing, indien van toepassing voorzien van de beoordeling van Onze Minister van Veiligheid en Justitie, en stelt hen schriftelijk in kennis van de klachtwaardigheid van de beslissing om aan de beslissing voorwaarden of beperkingen te verbinden, als bedoeld in het tiende lid, en de mogelijkheid van advies en bijstand door de patiëntenvertrouwenspersoon en de familievertrouwenspersoon.

Informeren derden

10. De geneesheer-directeur informeert tijdig:
a. de burgemeester over de beëindiging van de verplichte zorg op grond van een crisismaatregel;

Wet verplichte GGZ

b. de officier van justitie over de beëindiging van de verplichte zorg op grond van een machtiging tot voortzetting van de crisismaatregel of zorgmachtiging.

11. De geneesheer-directeur kan de voor de continuïteit van zorg voor betrokkene relevante familie en naasten en het college van burgemeester en wethouders van de gemeente waar betrokkene ingezetene is dan wel naar verwachting zal verblijven informeren over de beëindiging van de machtiging tot voortzetting van de crisismaatregel of zorgmachtiging indien dit noodzakelijk is omdat essentiële voorwaarden voor deelname aan het maatschappelijk verkeer van betrokkene ontbreken. *Informeren derden*

12. Bij niet naleving van een aan de beslissing tot beëindiging van het verlenen van verplichte zorg op grond van een crisismaatregel, machtiging tot voortzetting van de crisismaatregel of zorgmachtiging door de geneesheer-directeur of de rechter verbonden voorwaarde of beperking trekt de geneesheer-directeur de beslissing tot beëindiging in. *Intrekking*

13. De geneesheer-directeur deelt de beslissing tot intrekking, bedoeld in het twaalfde lid, uiterlijk binnen vier dagen na de beslissing schriftelijk en gemotiveerd mee aan betrokkene, de vertegenwoordiger en de advocaat en stelt hen daarbij in kennis van de klachtwaardigheid van de beslissing en de mogelijkheid van advies en bijstand door de patiëntenvertrouwenspersoon en de familievertrouwenspersoon. *Informatie over klachtwaardigheid*

14. Bij regeling van Onze Minister kan een model voor een medische verklaring als bedoeld in het derde lid worden vastgesteld.

Art. 8:19

1. Indien de geneesheer-directeur afwijzend of niet tijdig beslist op de aanvraag tot beëindiging van de verplichte zorg op grond van een machtiging tot voortzetting van de crisismaatregel of zorgmachtiging, kan degene die de aanvraag heeft ingediend bij de officier van justitie een aanvraag indienen om een verzoekschrift voor de beëindiging van de verplichte zorg op grond van een machtiging tot voortzetting van de crisismaatregel of zorgmachtiging bij de rechter in te dienen. Ter voorbereiding van een verzoekschrift voor de beëindiging van de verplichte zorg aan de rechter draagt de geneesheer-directeur zorg voor een medische verklaring van een psychiater over de actuele gezondheidstoestand van betrokkene en overlegt deze aan de officier van justitie. *Aanvraag tot beslissing door de rechter*

2. De geneesheer-directeur draagt ervoor zorg dat de psychiater in de medische verklaring tevens beoordeelt of de gezondheidstoestand van betrokkene zodanig is verbeterd dat het ernstig nadeel is weggenomen, dan wel welke voorwaarden of beperkingen aan een beëindiging van de verplichte zorg moeten worden gesteld om het ernstig nadeel weg te nemen. Artikel 5:10 is van overeenkomstige toepassing. *Medische verklaring*

3. De officier van justitie dient het verzoekschrift voor de beëindiging van de verplichte zorg op grond van een machtiging tot voortzetting van de crisismaatregel of zorgmachtiging onverwijld bij de rechter in en voegt bij het verzoekschrift: *Verzoekschrift*

a. een afschrift van de aanvraag voor beëindiging van de verplichte zorg op grond van een machtiging tot voortzetting van de crisismaatregel of zorgmachtiging,

b. de beslissing op de oorspronkelijke aanvraag, indien van toepassing voorzien van de beslissing van Onze Minister van Veiligheid en Justitie, bedoeld in artikel 8:18, vijfde lid,

c. een afschrift van de machtiging tot voortzetting van de crisismaatregel respectievelijk zorgmachtiging,

d. de medische verklaring, en

e. de politiegegevens als bedoeld in de Wet politiegegevens en de strafvorderlijke en justitiële gegevens als bedoeld in de Wet justitiële en strafvorderlijke gegevens die relevant kunnen zijn voor de beoordeling van het ernstig nadeel; verstrekking door de officier van justitie van de politiegegevens, justitiële en strafvorderlijke gegevens kan achterwege blijven indien het belang van enig strafrechtelijk onderzoek zich daartegen verzet.

4. In afwijking van het derde lid, kan de officier van justitie besluiten geen verzoekschrift bij de rechter in te dienen, indien het om een herhaalde aanvraag betreft en uit de aanvraag onvoldoende blijkt dat de feiten en omstandigheden na de eerdere aanvraag veranderd zijn.

5. In het geval de officier van justitie op het moment van ontvangst van de aanvraag tot beëindiging van verplichte zorg reeds is begonnen met de voorbereiding van een nieuw verzoekschrift voor een machtiging tot voortzetting van de crisismaatregel of zorgmachtiging of een wijziging van de zorgmachtiging, dan wel een dergelijk verzoekschrift bij de rechter is ingediend, voegt hij de aanvraag tot beëindiging van de verplichte zorg bij het verzoekschrift voor een machtiging tot voortzetting van de crisismaatregel of zorgmachtiging, het verzoekschrift tot wijziging van de zorgmachtiging, dan wel verzoekt hij de griffie van de rechtbank de aanvraag bij het ingediende verzoekschrift te voegen. *Voeging*

6. De officier van justitie deelt het besluit om geen verzoekschrift bij de rechter in te dienen, bedoeld in het vierde lid, dan wel de aanvraag te voegen bij het verzoekschrift voor een machtiging tot voortzetting van de crisismaatregel of zorgmachtiging of het verzoekschrift voor een wijziging van de zorgmachtiging, bedoeld in het vijfde lid, schriftelijk mee aan de aanvrager, betrokkene, de vertegenwoordiger en de advocaat.

Uitspraak rechter

7. De rechter doet zo spoedig mogelijk uitspraak op het verzoekschrift voor de beëindiging van de verplichte zorg. In het geval de aanvraag voor beëindiging van verplichte zorg is gevoegd bij het verzoekschrift voor een machtiging tot voortzetting van de crisismaatregel of zorgmachtiging of het verzoekschrift voor een wijziging van de zorgmachtiging, doet hij uitspraak over de beëindiging van de verplichte zorg gelijktijdig met de uitspraak inzake het verzoekschrift voor een machtiging tot voortzetting van de crisismaatregel of zorgmachtiging dan wel het verzoekschrift tot wijziging van de zorgmachtiging.

8. Indien de rechter voorwaarden verbindt aan de beëindiging van de verplichte zorg, is artikel 8:20 van overeenkomstige toepassing. Hij kan zich door de officier van justitie, zorgverantwoordelijke, de psychiater die de medische verklaring heeft afgegeven of een andere deskundige laten adviseren over de te stellen voorwaarden.

9. De griffie van de rechtbank zendt een afschrift van de beslissing van de rechter aan:
   a. betrokkene,
   b. de vertegenwoordiger,
   c. de advocaat,
   d. de ouders of een van hen, voor zover deze niet als vertegenwoordiger optreden dan wel optreedt;
   e. de echtgenoot, geregistreerde partner, degene met wie een samenlevingscontract is gesloten, levensgezel of degene die betrokkene verzorgt;
   f. de gezinsvoogdijwerker;
   g. de aanvrager, bedoeld in artikel 8:18, eerste lid,
   h. de zorgaanbieder, de geneesheer-directeur, de zorgverantwoordelijke en de huisarts,
   i. de inspectie;
   j. de officier van justitie, en
   k. de burgemeester, indien betrokkene verplichte zorg heeft ontvangen op grond van een crisismaatregel of machtiging tot voortzetting van de crisismaatregel.

Uitvoerbaar bij voorraad

10. De beslissing van de rechter is uitvoerbaar bij voorraad.

Geen hoger beroep

11. Tegen de beslissing van de rechter op het verzoekschrift voor de beëindiging van de verplichte zorg staat geen hoger beroep open.

Art. 8:20

Voorwaarden en beperkingen

1. De voorwaarden en beperkingen, bedoeld in de artikelen 8:17, vijfde lid, en 8:18, achtste lid, betreffen de zorg aan en het gedrag van betrokkene, ter voorkoming van het ernstig nadeel.
2. De voorwaarden en beperkingen kunnen ook inhouden dat betrokkene zich onder toezicht stelt van een zorgaanbieder of zorgverlener, die betrokkene hulp en steun verleent bij het naleven van de voorwaarden en beperkingen.
3. De geneesheer-directeur raadpleegt de zorgverantwoordelijke over de noodzakelijk geachte voorwaarden of beperkingen.
4. De geneesheer-directeur besluit slechts tot tijdelijke onderbreking of beëindiging van de verplichte zorg als betrokkene zich bereid heeft verklaard tot naleving van de voorwaarden of beperkingen en redelijkerwijs is aan te nemen dat betrokkene de voorwaarden zal naleven.

Art. 8:21

Evaluatie van de uitvoering

1. De zorgverantwoordelijke, betrokkene en de vertegenwoordiger evalueren de uitvoering van de crisismaatregel, de machtiging tot voortzetting van de crisismaatregel of de zorgmachtiging, indien het voornemen bestaat de verplichte zorg te beëindigen.
2. De zorgverantwoordelijke en betrokkene stellen indien gewenst op basis van deze evaluatie een zelfbindingsverklaring op en passen zo nodig de zorgkaart van betrokkene aan.

Evaluatie plan van aanpak

3. De zorgverantwoordelijke wijst betrokkene op de mogelijkheid om het plan, bedoeld in artikel 5:5, te evalueren en zo nodig aan te passen.

Paragraaf 6
Gegevensverwerking

Art. 8:22

Gegevensverwerking

1. Onder de gegevens die op grond van deze wet worden verwerkt, dan wel kunnen worden verwerkt, worden justitiële en strafvorderlijke gegevens als bedoeld in de Wet justitiële en strafvorderlijke gegevens, politiegegevens als bedoeld in de Wet politiegegevens en gegevens over gezondheid als bedoeld in artikel 4, onderdeel 15 van de Algemene verordening gegevensbescherming begrepen. De geneesheer-directeur, de zorgverantwoordelijke, de burgemeester, de politie, de officier van justitie en inspectie vermelden bij het verstrekken van persoonsgegevens aan elkaar tevens het burgerservicenummer, bedoeld in artikel 1, onderdeel b, van de Wet algemene bepalingen burgerservicenummer, van betrokkene.
2. Bij of krachtens algemene maatregel van bestuur worden regels gesteld over de wijze waarop de gegevensverwerkingen die voortvloeien uit deze wet worden ingericht en met aanvullende waarborgen worden omkleed, waaronder begrepen de technische standaarden daarvoor.

Wet verplichte GGZ

3. De voordracht voor een krachtens het tweede lid vast te stellen algemene maatregel van bestuur wordt niet eerder gedaan dan vier weken nadat het ontwerp aan beide kamers der Staten-Generaal is overgelegd.

Art. 8:23
Het openbaar ministerie zorgt, ten behoeve van de uitvoering van de taak van de officier van justitie, bedoeld in deze wet, voor het beschikbaar zijn van de volgende gegevens: *Verplichting openbaar ministerie*
a. machtigingen tot voortzetting van de inbewaringstelling en rechterlijke machtigingen als afgegeven op grond van de Wet bijzondere opnemingen in psychiatrische ziekenhuizen;
b. crisismaatregelen;
c. machtigingen tot voorzetting van de crisismaatregel;
d. zorgmachtigingen;
e. in voorbereiding zijnde of afgewezen verzoekschriften voor een machtiging tot voortzetting van de crisismaatregel;
f. in voorbereiding zijnde of afgewezen verzoekschriften voor een zorgmachtiging;
g. in voorbereiding zijnde of afgewezen verzoekschriften als bedoeld in artikel 28a van de Wet zorg en dwang psychogeriatrische en verstandelijk gehandicapte cliënten;
h. de aanvragen voor de voorbereiding van een zorgmachtiging, bedoeld in artikel 5:3;
i. medische verklaringen als bedoeld in artikel 5:8, 7:1, 7:11, 8:18 en 8:19;
j. bevindingen van de geneesheer-directeur als bedoeld in artikel 5:15;
k. beslissingen op grond van de artikelen 8:18 en 8:19;
l. zelfbindingsverklaringen.

Art. 8:24
1. De zorgaanbieder zorgt ten behoeve van de uitvoering van deze wet en het toezicht door de inspectie voor het digitaal beschikbaar zijn van de volgende gegevens: *Verplichting zorgaanbieder*
a. de namen van betrokkene, de zorgverantwoordelijke en de geneesheer-directeur;
b. de zelfbindingsverklaring;
c. de vorm van de aan betrokkene verleende verplichte zorg;
d. de noodzaak van de verplichte zorg;
e. de begin- en einddatum van de vorm van de verplichte zorg;
f. de duur en frequentie van de verplichte zorg;
g. de zorgmachtiging;
h. de crisismaatregel en machtiging tot voortzetting van de crisismaatregel;
i. de beslissing tot het verlenen van tijdelijke verplichte zorg voorafgaand aan een crisismaatregel op grond van artikel 7:3;
j. de beslissing tot het verlenen van tijdelijke verplichte zorg in een onvoorziene situatie op grond van artikel 8:11;
k. de beslissingen van de geneesheer-directeur op de aanvragen voor tijdelijke onderbreking of beëindiging van een zorgmachtiging op grond van de artikelen 8:17 of 8:18;
l. de beslissingen van de rechter op verzoekschriften voor beëindiging van een zorgmachtiging op grond van artikel 8:19;
m. de beslissingen van de strafrechter op grond van artikel 2.3, eerste lid, van de Wet forensische zorg waaruit blijkt dat iemand is opgenomen met een nog geldende justitiële titel op grond van het Wetboek van Strafrecht.
2. De zorgaanbieder verstrekt ten minste eens per zes maanden aan de inspectie een digitaal overzicht van de gegevens, bedoeld in het eerste lid. Bij algemene maatregel van bestuur kan worden bepaald dat deze gegevens in plaats van aan de inspectie op een bij of krachtens die maatregel aangewezen wijze verstrekt worden aan en verwerkt worden door een door Onze Minister aan te wijzen instantie.

Art. 8:25
1. De zorgaanbieder verstrekt ten minste eens per zes maanden aan de inspectie een door het bestuur van de zorgaanbieder ondertekende analyse over de verplichte zorg die door hem in die periode is verleend. *Informatie richting inspectie over analyse verplichte zorg*
2. Bij regeling van Onze Minister kunnen regels worden gesteld over de inhoud en de wijze van verstrekken van de analyse.

Art. 8:26
1. De zorgaanbieder verschaft de psychiater ten behoeve van diens taak op grond van paragraaf 3 van hoofdstuk 5 en artikel 7:1, inzage in de zelfbindingsverklaring. *Informatieverschaffing door zorgaanbieder*
2. De zorgverantwoordelijke verschaft de psychiater ten behoeve van diens taak op grond van paragraaf 3 van hoofdstuk 5 en artikel 7:1, inzage in het zorgplan, bedoeld in artikel 5:14, en het dossier van betrokkene, bedoeld in artikel 8:4.

Art. 8:27
1. De zorgverantwoordelijke verstrekt desgevraagd inzage in of afschrift van gegevens uit het dossier van een overleden betrokkene, bedoeld in artikel 8:4, aan: *Dossierinzage door nabestaanden*
a. een persoon ten behoeve van wie de betrokkene bij leven toestemming heeft gegeven indien die toestemming schriftelijk of elektronisch is vastgelegd;

b. een nabestaande of een vertegenwoordiger, indien die nabestaande of die vertegenwoordiger een mededeling over een incident op grond van artikel 10, derde lid, van de Wet kwaliteit, klachten en geschillen zorg heeft gekregen;
c. een ieder die een zwaarwegend belang heeft en aannemelijk maakt dat dit belang mogelijk wordt geschaad en dat inzage in of afschrift van gegevens uit het dossier noodzakelijk is voor de behartiging van dit belang.

2. De zorgverantwoordelijke verstrekt aan degene of de instelling die het gezag uitoefende over de betrokkene die op het moment van overlijden de leeftijd van zestien jaar nog niet had bereikt, desgevraagd inzage in of afschrift van gegevens uit het dossier van deze betrokkene, tenzij dit in strijd is met de zorg van een goed zorgverlener.

3. Op grond van dit artikel worden uitsluitend gegevens verstrekt voor zover deze betrekking hebben op de grond waarvoor inzage wordt verleend.

4. Op grond van dit artikel worden geen gegevens verstrekt voor zover schriftelijk of elektronisch is vastgelegd dat de overleden betrokkene die de leeftijd van twaalf jaar had bereikt en tot een redelijke waardering van zijn belangen ter zake in staat was, deze inzage niet wenst, of daarbij de persoonlijke levenssfeer van een ander wordt geschaad.

Art. 8:27a

Vermoeden medische fout

1. Indien op grond van artikel 8.27, eerste lid, onderdeel c, om inzage in of afschrift van gegevens uit het dossier van een overleden betrokkene wordt gevraagd vanwege een vermoeden van een medische fout en de zorgverantwoordelijke de gevraagde inzage of het afschrift niet verstrekt, verstrekt de zorgverantwoordelijke op verzoek van degene die om de inzage of het afschrift heeft gevraagd inzage in of afschrift van de gegevens aan een door de verzoeker aangewezen onafhankelijke arts.

2. De arts, bedoeld in het eerste lid, beoordeelt of het niet verstrekken van de inzage of het afschrift gerechtvaardigd is. Indien de arts van oordeel is dat het niet verstrekken niet gerechtvaardigd is, verstrekt de zorgverantwoordelijke alsnog inzage of afschrift aan de verzoeker.

Art. 8:28

Statistiek Wetenschappelijk onderzoek

In afwijking van artikel 8:34 en van artikel 2:5 van de Algemene wet bestuursrecht kunnen de zorgaanbieder, de geneesheer-directeur, de burgemeester en de officier van justitie zonder toestemming van betrokkene gegevens en bescheiden ten behoeve van statistiek of wetenschappelijk onderzoek aan een ander verstrekken, indien:
a. het onderzoek voorziet in zodanige waarborgen dat de persoonlijke levenssfeer van betrokkene niet wordt geschaad,
b. het onderzoek een zwaarwegend algemeen belang dient, en
c. betrokkene niet uitdrukkelijk bezwaar heeft gemaakt tegen verstrekking.

Art. 8:29

Onderlinge gegevensverschaffing

1. Onverminderd andere verplichtingen tot het verstrekken van gegevens die voortvloeien uit deze wet, verstrekken de geneesheer-directeur, de zorgverantwoordelijke, de burgemeester, de politie en de officier van justitie elkaar gegevens voor zover dat strikt noodzakelijk is ter voorkoming of beperking van ernstig nadeel, en dit hoort bij de uitoefening van ieders taak op grond van deze wet.

2. De geneesheer-directeur, de burgemeester, de politie en de officier van justitie stellen de zorgverantwoordelijke ten behoeve van diens taak op grond van artikel 8:4, tweede lid, op de hoogte indien zij op grond van het eerste lid gegevens over betrokkene uitwisselen zonder diens toestemming.

Art. 8:30

Gegevensverwerking door Minister

1. Onze Minister verwerkt gegevens die betrekking hebben op de verplichte zorg teneinde een zorgvuldig en samenhangend beleid ter zake te kunnen voeren en de stelselverantwoordelijkheid te kunnen waarborgen.

2. De zorgaanbieder, het openbaar ministerie, het college van burgemeester en wethouders en de burgemeester verstrekken kosteloos gegevens aan Onze Minister ten behoeve van de verwerking, bedoeld in het eerste lid. Deze verstrekking kan zowel een incidenteel als een structureel karakter hebben.

3. De gegevens, bedoeld in het eerste en tweede lid, kunnen persoonsgegevens zijn, inclusief het burgerservicenummer, voor zover deze gegevens noodzakelijk zijn voor de taak, bedoeld in het eerste lid.

4. De gegevens, bedoeld in het eerste lid, worden niet verwerkt voor andere doeleinden dan aldaar bedoeld en worden daar waar mogelijk verwerkt op een wijze die waarborgt dat zij niet tot een persoon herleidbaar zijn.

5. Bij of krachtens algemene maatregel van bestuur worden regels gesteld omtrent de inhoud van de gegevens, bedoeld in het eerste, tweede en derde lid, de wijze waarop de verwerking en de verstrekking plaatsvindt, de tijdvakken waarop de gegevens die worden verwerkt betrekking hebben en de tijdstippen waarop de gegevens versterkt dienen te worden. Bij algemene maatregel van bestuur kan worden bepaald dat deze gegevens in plaats van aan Onze Minister op een bij

Wet verplichte GGZ

of krachtens die maatregel aangewezen wijze verstrekt worden aan en verwerkt worden door een door Onze Minister aan te wijzen instantie.

Art. 8:31
1. De officieren van justitie, de colleges van burgemeester en wethouders en de geneesheren- directeuren van zorgaanbieders die deel uitmaken van een regio voeren periodiek overleg met elkaar, de politie en overige ketenpartners in de zorg, over het aanbod van verplichte zorg in de regio, de knelpunten bij de voorbereiding daarop en de tenuitvoerlegging en de uitvoering ervan, waaronder in ieder geval begrepen de noodzakelijke gegevensverstrekking, alsmede het toezicht op de verplichte zorg. — *Regio-overleg*
2. Het overleg, bedoeld in het eerste lid, vindt in ieder geval eenmaal per drie maanden plaats.

Art. 8:32
1. Het openbaar ministerie bewaart de gegevens, bedoeld in artikel 8:23, onderdelen a, b, c, en d, gedurende twintig jaar, te rekenen vanaf het tijdstip waarop de maatregel of machtiging wordt beëindigd. — *Bewaring gegevens*
2. Het openbaar ministerie bewaart de in voorbereiding zijnde verzoekschriften en de afgewezen verzoekschriften, bedoeld in artikel 8:23, onderdelen e, f en g, gedurende vijf jaar, te rekenen vanaf respectievelijk het tijdstip waarop de voorbereiding is beëindigd dan wel vanaf het moment van het treffen van de beschikking tot afwijzing.
3. Het openbaar ministerie bewaart de aanvragen, de medische verklaringen, bevindingen, beslissingen en zelfbindingsverklaringen, bedoeld in artikel 8:23, onderdelen h tot en met l, gedurende één jaar, te rekenen vanaf respectievelijk het tijdstip waarop de officier van justitie besluit geen verzoekschrift voor een zorgmachtiging in te dienen dan wel vanaf het moment van verkrijging van de bedoelde gegevens.
4. De zorgaanbieder, de geneesheer-directeur en de burgemeester bewaren de op grond van deze wet verkregen gegevens gedurende de termijn, bedoeld in artikel 7:454 van het Burgerlijk Wetboek te rekenen vanaf het tijdstip waarop de crisismaatregel, de voortzetting van de crisis- maatregel, de zorgmachtiging of de verplichte zorg, bedoeld in artikel 9:1, eerste lid, eerste volzin wordt beëindigd.

Art. 8:33
1. Na afloop van de termijnen, bedoeld in artikel 8:32 worden de gegevens vernietigd, tenzij: — *Vernietigingstermijn*
a. redelijkerwijs aannemelijk is dat bewaring van de gegevens van aanmerkelijk belang is voor een ander dan betrokkene, of
b. het bij de wet bepaalde zich tegen vernietiging verzet.
2. In afwijking van het bepaalde in artikel 8:32 worden vanaf vijf jaar na de beëindiging van de crisismaatregel, de voortzetting van de crisismaatregel, de zorgmachtiging of de verplichte zorg, bedoeld in artikel 9:1, eerste lid, eerste volzin, de gegevens binnen drie maanden vernietigd indien betrokkene daartoe verzoekt, tenzij: — *Vernietigingsverzoek*
a. redelijkerwijs aannemelijk is dat bewaring van de gegevens van aanmerkelijk belang is voor een ander dan betrokkene, of
b. het bij de wet bepaalde zich tegen vernietiging verzet.

Art. 8:34
De officier van justitie, de politie, de rechter, de zorgaanbieder, de geneesheer-directeur, de zorgverantwoordelijke, de burgemeester, het college van burgemeester en wethouders, de psychiater, bedoeld in artikel 5:7, alsmede de medewerkers van de hiervoor genoemde personen zijn tot geheimhouding verplicht van hetgeen in de uitoefening van hun taak aan hen is toevertrouwd, tenzij uit hun taak op grond van deze wet de noodzaak tot mededeling voortvloeit of enig ander wettelijk voorschrift hen tot mededeling verplicht. — *Geheimhoudingsverplichting*

Hoofdstuk 9
Bijzondere bepalingen ten aanzien van personen met een strafrechtelijke titel

Paragraaf 1
Personen met een strafrechtelijke titel die worden geplaatst in een accommodatie

Art. 9:1
1. Een persoon die in een accommodatie verblijft en aan wie tevens de maatregel van terbeschikkingstelling met bevel tot verpleging van overheidswege of de maatregel van plaatsing in een inrichting voor jeugdigen is opgelegd, wordt voor de toepassing van deze wet vanaf het moment van opname in de accommodatie aangemerkt als betrokkene aan wie op grond van een zorgmachtiging verplichte zorg strekkende tot opname in een accommodatie wordt verleend. Ten aanzien van een dergelijke persoon is voor zijn verblijf in de accommodatie en de behandeling van zijn psychische stoornis het bepaalde in deze paragraaf van toepassing. — *Terbeschikkingstelling (tbs) en maatregel van plaatsing in een inrichting voor jeugdigen (pij)*
2. Voor een persoon die met zijn instemming in een accommodatie verblijft en die: — *Plaatsing met instemming*
a. tevens forensisch patiënt in de zin van artikel 1.1 van de Wet forensische zorg is, dan wel

b. aan wie de voorwaardelijke maatregel van plaatsing in een inrichting voor jeugdigen is opgelegd, of ten aanzien van wie de maatregel van plaatsing in een inrichting voor jeugdigen voorwaardelijk is beëindigd, gelden de artikelen 8:14, 8:15, 9:2 en 9:9 van deze wet. Hoofdstuk 10 is van overeenkomstige toepassing op beslissingen ingevolge de artikelen 8:14, 8:15, 9:2 en 9:9.

Art. 9:2

Verlof en ontslag

Indien de geneesheer-directeur van oordeel is dat voldaan is aan de criteria voor het verlenen van verlof of ontslag, dan wel dat betrokkene, aan wie tevens een justitiële titel die strekt tot vrijheidsbeneming is opgelegd, in aanmerking komt voor overplaatsing, verzoekt hij Onze Minister van Veiligheid en Justitie daartoe een beslissing te nemen. Onze Minister van Veiligheid en Justitie neemt zo spoedig mogelijk een beslissing. Hij betrekt daarbij de overwegingen en de voorwaarden die de geneesheer-directeur ingevolge de artikelen 8:16 tot en met 8:18 nodig oordeelt.

Art. 9:3

Zorgverantwoordelijke

1. De geneesheer-directeur wijst een zorgverantwoordelijke voor betrokkene aan en stelt hiervan op de hoogte:
   a. betrokkene,
   b. de vertegenwoordiger,
   c. de advocaat,
   d. de ouders of een van hen, voor zover deze niet als vertegenwoordiger optreden dan wel optreedt;
   e. de echtgenoot, geregistreerd partner, degene met wie een samenlevingscontract is gesloten, levensgezel of degene die betrokkene verzorgt;
   f. de huisarts,
   g. de officier van justitie.
2. Artikel 8:3 is van overeenkomstige toepassing.

Art. 9:4

Zorgplan

1. De zorgverantwoordelijke draagt zorg dat voor betrokkene zo spoedig mogelijk na zijn opneming een zorgplan wordt opgesteld.
2. De artikelen 5:13, eerste, tweede, derde lid, onderdeel b en d, vijfde, zesde en zevende lid, en 5:14, eerste lid, zijn van overeenkomstige toepassing.

Art. 9:5

Behandeling

Behandeling van betrokkene vindt slechts plaats:
a. voor zover deze is voorzien in het zorgplan,
b. indien het overleg over het zorgplan tot overeenstemming heeft geleid, en
c. indien betrokkene of de vertegenwoordiger zich niet tegen behandeling verzet.

Art. 9:6

Dwangbehandeling: criteria

1. Indien niet wordt voldaan aan de voorwaarden van artikel 9:5, onderdelen b en c, kan niettemin behandeling plaatsvinden:

Extern gevaar

a. voor zover aannemelijk is dat zonder die behandeling het ernstig nadeel dat de psychische stoornis van betrokkene doet veroorzaken niet binnen een redelijke termijn kan worden weggenomen, of

Intern gevaar

b. voor zover dit volstrekt noodzakelijk is om het ernstig nadeel dat de psychische stoornis van betrokkene binnen een accommodatie doet veroorzaken, af te wenden.

Beschikking zorgverantwoordelijke

2. Behandeling overeenkomstig het eerste lid vindt plaats krachtens een schriftelijke en gemotiveerde beslissing van de zorgverantwoordelijke.

Overige eisen

3. Artikel 8:9 is van overeenkomstige toepassing op de behandeling.

Termijn aangaande extern gevaar

4. Bij een behandeling als bedoeld in het eerste lid, onderdeel a, wordt in de beslissing, bedoeld in het tweede lid, vermeld voor welke termijn zij geldt. De termijn is zo kort mogelijk maar niet langer dan drie maanden, gerekend vanaf de dag waarop de beslissing tot stand komt.

Verlenging termijn

5. Indien binnen zes maanden na afloop van de termijn, bedoeld in het vierde lid, voortzetting van de behandeling of opnieuw een behandeling overeenkomstig het eerste lid, onderdeel a, nodig is, geschiedt dit slechts krachtens een schriftelijke beslissing van de geneesheer-directeur. De geneesheer-directeur geeft in zijn beslissing aan waarom van een behandeling alsnog het beoogde effect wordt verwacht. Op zodanige beslissingen is het vierde lid, tweede volzin, van toepassing.
6. Bij algemene maatregel van bestuur kunnen middelen of maatregelen worden aangewezen die niet mogen worden toegepast bij een behandeling als bedoeld in het eerste lid. Bij algemene maatregel van bestuur kunnen voorts ten aanzien van daarbij aangegeven middelen of maatregelen regels worden gesteld met betrekking tot de wijze waarop tot toepassing daarvan moet worden besloten.

Kennisgeving aan vertegenwoordiger en advocaat

7. De geneesheer-directeur stelt de vertegenwoordiger en de advocaat zo spoedig mogelijk schriftelijk op de hoogte van een behandeling als bedoeld in het eerste lid en van de voortzetting van de behandeling, bedoeld in het vijfde lid, en stelt hen schriftelijk in kennis van de klacht-

waardigheid van de beslissing en de mogelijkheid van advies en bijstand door de patiëntenvertrouwenspersoon en familievertrouwenspersoon.

Art. 9:7
1. Ten aanzien van betrokkene die een zelfbindingsverklaring heeft, wordt voor de in de verklaring voorziene duur de in de verklaring voorziene behandeling in het zorgplan opgenomen. — *Zelfbindingsverklaring*
2. Onverminderd artikel 9:6, eerste lid, onderdeel b, kan met betrekking tot betrokkene die zich met een verklaring als bedoeld in het eerste lid heeft verbonden, de in de verklaring voorziene behandeling worden toegepast, ook indien de patiënt zich daartegen verzet.

Art. 9:8
1. De zorgverantwoordelijke kan, indien er sprake is van verzet als bedoeld in artikel 1:4, beslissen tot het toepassen van middelen of maatregelen waar het zorgplan met inachtneming van de artikelen 9:5 en 9:6 niet in voorziet, voor zover dit tijdelijk ter afwending van een noodsituatie, die door betrokkene in de accommodatie als gevolg van de psychische stoornis wordt veroorzaakt, noodzakelijk is gelet op: — *Noodsituaties: dwang buiten zorgplan*
   a. een aanzienlijk risico op ernstig nadeel voor betrokkene of anderen; — *Criteria*
   b. de veiligheid binnen de accommodatie;
   c. de bescherming van rechten en vrijheden van anderen, of
   d. de voorkoming van strafbare feiten.
2. De artikelen 8:12, eerste en tweede lid, en 8:13 zijn van overeenkomstige toepassing.
3. De middelen en maatregelen, bedoeld in het eerste lid, worden bij algemene maatregel van bestuur aangewezen.

Art. 9:9
1. Beperkingen in het recht op het ontvangen van bezoek kunnen door de zorgverantwoordelijke worden opgelegd indien: — *Beperking bezoek*
   a. van het bezoek ernstige nadelige gevolgen moeten worden gevreesd voor de gezondheidstoestand van betrokkene, voor zover dit telkenmale uit een uitdrukkelijke verklaring van de zorgverantwoordelijke blijkt, dan wel
   b. dit ter voorkoming van verstoring van de orde of voor de veiligheid in de accommodatie, zoals die in de huisregels is beschreven, of ter voorkoming van strafbare feiten noodzakelijk is.
2. Beperkingen in het recht op bewegingsvrijheid in en rond de accommodatie kunnen, anders dan als middel of maatregel, aangegeven bij algemene maatregel van bestuur krachtens artikel 9:8, derde lid, door de zorgverantwoordelijke worden opgelegd indien: — *Beperking bewegingsvrijheid in en rond de accommodatie*
   a. naar het oordeel van de zorgverantwoordelijke van de uitoefening van het recht op de bewegingsvrijheid ernstige nadelige gevolgen moeten worden gevreesd voor de gezondheidstoestand van betrokkene, dan wel
   b. dit ter voorkoming van verstoring van de orde of voor de veiligheid in de accommodatie, zoals die in de huisregels is beschreven, of ter voorkoming van strafbare feiten noodzakelijk is.
3. Beperkingen in het recht op het vrij gebruik van communicatiemiddelen kunnen door de zorgverantwoordelijke worden opgelegd indien: — *Beperking gebruik communicatiemiddelen*
   a. naar het oordeel van de zorgverantwoordelijke van de uitoefening van het recht op vrij gebruik van communicatiemiddelen ernstige nadelige gevolgen moeten worden gevreesd voor de gezondheidstoestand van betrokkene, dan wel
   b. indien dit ter voorkoming van verstoring van de orde of voor de veiligheid in de accommodatie, zoals die in de huisregels is beschreven, of ter voorkoming van strafbare feiten noodzakelijk is.
4. Op het opleggen van beperkingen als bedoeld in het eerste, tweede of derde lid is artikel 8:9 van overeenkomstige toepassing.

Art. 9:10
1. De artikelen 8:4, 8:14, 8:15, 8:21, 8:22, 8:23, 8:24, 8:25, 8:26, 8:27, 8:32 en 8:33, alsmede hoofdstuk 11 zijn van overeenkomstige toepassing. — *Overeenkomstig toepasselijke bepalingen*
2. Hoofdstuk 10 is van toepassing op een verplichting of een beslissing op grond van de artikelen 9:3 tot en met 9:9.

Paragraaf 2
Vaststellen identiteit forensische patiënten

Art. 9:11
1. Bij de eerste opname in een accommodatie, bij de tenuitvoerlegging van een bevel als bedoeld in artikel 2, eerste lid, aanhef, van de Wet DNA-onderzoek bij veroordeelden, wordt de identiteit vastgesteld van een persoon die krachtens een beslissing op grond van het Wetboek van Strafvordering, het Wetboek van Strafrecht, de Penitentiaire beginselenwet, de Beginselenwet verpleging ter beschikking gestelden of de Beginselenwet justitiële jeugdinrichtingen in een accommodatie is geplaatst. — *Vaststelling identiteit*
2. Het vaststellen van de identiteit van de persoon, bedoeld in het eerste lid, omvat bij de eerste opname in een accommodatie het vragen naar zijn naam, voornamen, geboorteplaats en ge-

boortedatum, het adres waarop hij in de gemeentelijke basisadministratie persoonsgegevens is ingeschreven en het adres van zijn feitelijke verblijfplaats buiten de accommodatie. In de gevallen waarin van betrokkene vingerafdrukken zijn genomen en verwerkt overeenkomstig het Wetboek van Strafvordering of de Vreemdelingenwet 2000, omvat het vaststellen van zijn identiteit tevens het nemen van zijn vingerafdrukken en het vergelijken van die vingerafdrukken met de van hem verwerkte vingerafdrukken. In de andere gevallen omvat het vaststellen van zijn identiteit een onderzoek van het identiteitsbewijs, bedoeld in artikel 1 van de Wet op de identificatieplicht. Artikel 29a, tweede lid, van het Wetboek van Strafvordering is van overeenkomstige toepassing.
3. Bij de tenuitvoerlegging van een bevel als bedoeld in artikel 2, eerste lid, aanhef, van de Wet DNA-onderzoek bij veroordeelden worden van de persoon, bedoeld in het eerste lid, een of meer vingerafdrukken overeenkomstig het Wetboek van Strafvordering genomen en verwerkt en is het tweede lid, tweede en derde volzin, van overeenkomstige toepassing. In een ander geval waarin het noodzakelijk is de identiteit van de persoon, bedoeld in het eerste lid, vast te stellen, is het tweede lid, tweede en derde volzin, van overeenkomstige toepassing.
4. Bij of krachtens algemene maatregel van bestuur worden regels gesteld voor het verwerken van de persoonsgegevens, bedoeld in het tweede en derde lid.

Hoofdstuk 10
Klachtenprocedure en schadevergoeding

Paragraaf 1
Instelling en taakomschrijving van de klachtencommissie

Art. 10:1

Klachtencommissie
1. De zorgaanbieder is aangesloten bij een door één of meer representatief te achten cliëntenorganisaties en één of meer representatief te achten organisaties van zorgaanbieders ingestelde klachtencommissie die bestaat uit een oneven aantal van ten minste drie leden die niet werkzaam zijn bij of voor de zorgaanbieder en die zodanig is samengesteld dat een deskundige en zorgvuldige beslissing op de klacht is gewaarborgd.
2. De klachtencommissie beslist, in afwijking van hoofdstuk 3 van de Wet kwaliteit, klachten en geschillen zorg, op klachten als bedoeld in artikel 10:3.

Art. 10:2

Eisen aan klachtencommissie
1. Ten behoeve van de vervulling van haar taak houdt de klachtencommissie zich in elk geval op de hoogte van de ontwikkelingen op het terrein van het verlenen van zorg en verplichte zorg aan personen met een psychische stoornis.

Onafhankelijkheid
2. De leden van de klachtencommissie zijn onafhankelijk en verrichten hun werkzaamheden zonder vooringenomenheid.

Onafhankelijkheid
3. De leden van de klachtencommissie behandelen geen klachten waarbij zij een relatie hebben tot de klager, betrokkene of de vertegenwoordiger.
4. Bij of krachtens algemene maatregel van bestuur worden nadere regels gesteld met betrekking tot de samenstelling en de werkwijze van de klachtencommissie.

Paragraaf 2
De klachtprocedure

Art. 10:3

Klachtgerechtigden
Betrokkene, de vertegenwoordiger of een nabestaande van betrokkene kan een schriftelijke en gemotiveerde klacht indienen bij de klachtencommissie over de nakoming van een verplichting of een beslissing op grond van artikel:

Klachtgronden
a. 1:5;
b. 4:1, tweede lid;
c. 7:3, met uitzondering van klachten betreffende de ambtenaar van politie;
d. 8:4;
e. 8:7;
f. 8:9;
g. 8:11;
h. 8:12;
i. 8:13;
j. 8:14;
k. 8:15;
l. 8:16, eerste, tweede en derde lid;
m. 8:17;
n. 8:18, achtste en twaalfde lid;
o. 8:20;

Wet verplichte GGZ — **A74** art. 10:7

p. 8:21;
q. 8:34, met uitzondering van klachten betreffende de officier van justitie, de rechter, de psychiater, bedoeld in artikel 5:7, de burgemeester en het college van burgemeester en wethouders;
r. 9:3;
s. 9:4;
t. 9:5;
u. 9:6;
v. 9:7;
w. 9:8;
x. 9:9.

Art. 10:4
1. De klachtencommissie behandelt de klacht zodanig dat een deskundige en zorgvuldige beslissing op de klacht is gewaarborgd. — Klachtenbehandeling
2. De behandeling van de klacht geschiedt overeenkomstig een door de klachtencommissie te treffen regeling, die in ieder geval waarborgt dat: — Waarborgen klachtenregeling
a. aan de behandeling van de klacht niet wordt deelgenomen door een persoon tegen wiens beslissing de klacht is gericht;
b. de klager en de persoon tegen wiens beslissing de klacht is gericht in staat worden gesteld te worden gehoord;
c. het horen plaatsvindt op een locatie die op eenvoudige wijze bereikbaar is voor betrokkene;
d. de klager en de persoon tegen wiens beslissing de klacht is gericht zich kunnen doen bijstaan door degenen die zij daarvoor hebben aangewezen;
e. de persoonlijke levenssfeer van de betrokkenen zoveel mogelijk wordt beschermd.

Art. 10:5
1. De klachtencommissie kan een beslissing waartegen de klacht is gericht, schorsen. — Schorsing
2. De klachtencommissie neemt een schriftelijke en gemotiveerde beslissing binnen 14 dagen na ontvangst van de klacht. — Beslistermijn
3. Indien de klacht een beslissing of de nakoming van een verplichting betreft die ten tijde van de indiening geen gevolg meer heeft of waaraan in de tijd dat de klacht bij de klachtencommissie aanhangig is het gevolg is komen te vervallen, neemt de klachtencommissie een schriftelijke en gemotiveerde beslissing binnen vier weken na ontvangst van de klacht.
4. Een klacht kan buiten behandeling worden gelaten indien een gelijke klacht van eenzelfde persoon nog in behandeling is.

Art. 10:6
1. De beslissing van de klachtencommissie strekt tot: — Beslissing klachtencommissie
a. onbevoegdverklaring van de klachtencommissie,
b. niet-ontvankelijkverklaring van de klacht,
c. ongegrondverklaring van de klacht, of
d. gegrondverklaring van de klacht.
2. De klachtencommissie verklaart een klacht niet-ontvankelijk, indien deze betrekking heeft op de inhoud van de crisismaatregel, machtiging tot voortzetting van de crisismaatregel of zorgmachtiging als zodanig. — Niet-ontvankelijk
3. Indien de klachtencommissie de klacht tegen een beslissing gegrond verklaart, vernietigt zij de bestreden beslissing geheel of gedeeltelijk. Gehele of gedeeltelijke vernietiging brengt vernietiging van de rechtsgevolgen van de beslissing of het vernietigde gedeelte van de beslissing mee. — Vernietiging
4. Indien de klachtencommissie de klacht gegrond verklaart, kan zij een opdracht geven tot het nemen van een nieuwe beslissing of een andere handeling te verrichten met inachtneming van haar beslissing. — Opdracht
5. De klachtencommissie kan een termijn stellen voor het nemen van een nieuwe beslissing of het verrichten van een andere handeling.
6. De klachtencommissie deelt de beslissing mee aan de indiener van de klacht, betrokkene, de vertegenwoordiger, de advocaat, de geneesheer-directeur, de zorgaanbieder, de zorgverantwoordelijke, de inspectie. — Informatie aan klager, patiënt en derden
7. De klachtencommissie maakt de uitspraken over de aan de klachtencommissie voorgelegde klachten openbaar in zodanige vorm dat deze niet tot personen herleidbaar zijn, behoudens voor zover het de zorgaanbieder betreft.

Paragraaf 3
Beroep

Art. 10:7
1. Nadat de klachtencommissie een beslissing heeft genomen of indien de klachtencommissie niet tijdig een beslissing heeft genomen, kan betrokkene, de vertegenwoordiger, de zorgaanbieder — Beroep bij rechtbank

A74 art. 10:8 — Wet verplichte GGZ

of een nabestaande van betrokkene een schriftelijk en gemotiveerd verzoekschrift indienen bij de rechter ter verkrijging van een beslissing over de klacht.

Termijn verzoekschrift
2. De termijn voor het indienen van een verzoekschrift bedraagt zes weken na de dag waarop de beslissing van de klachtencommissie aan de verzoeker is meegedeeld, dan wel zes weken na de dag waarop de klachtencommissie uiterlijk een beslissing had moeten nemen.

Art. 10:8

Beroepsprocedure
1. Voordat de rechter op het verzoekschrift beslist, stelt hij in ieder geval de verzoeker, betrokkene, de vertegenwoordiger, en de geneesheer-directeur of de zorgverantwoordelijke in de gelegenheid om te worden gehoord.

Overeenkomstig toepasselijke bepalingen
2. Artikel 6:1, tweede tot en met achtste lid, is van overeenkomstige toepassing.

Art. 10:9

Schorsing
1. De rechter kan de beslissing waartegen de klacht is gericht, schorsen.

Beslistermijn
2. De rechter beslist binnen vier weken na indiening van het verzoekschrift.
3. Tegen de beslissing van de rechter staat geen hoger beroep open.

Art. 10:10

Beslissing rechtbank
1. De beslissing van de rechter strekt tot:
a. onbevoegdverklaring van de rechter,
b. niet-ontvankelijkverklaring van het verzoek,
c. ongegrondverklaring van de klacht, of
d. gegrondverklaring van de klacht.

Vernietiging
2. Indien de rechter de klacht tegen een beslissing gegrond verklaart, vernietigt hij de bestreden beslissing geheel of gedeeltelijk. Gehele of gedeeltelijke vernietiging van de beslissing brengt vernietiging van de rechtsgevolgen van de beslissing of het vernietigde gedeelte van de beslissing mee.

Opdracht
3. Indien de rechter de klacht gegrond verklaart, kan hij een opdracht geven tot het nemen van een nieuwe beslissing, het verrichten van een andere handeling met inachtneming van zijn uitspraak, dan wel bepalen dat zijn uitspraak in de plaats treedt van het vernietigde besluit of het vernietigde gedeelte daarvan.
4. De rechter kan de geneesheer-directeur of de zorgverantwoordelijke een termijn stellen voor het nemen van een nieuwe beslissing of het verrichten van een andere handeling.

Dwangsom
5. De rechter kan bepalen dat, indien of zolang niet wordt voldaan aan de beslissing van de rechter, de zorgaanbieder aan betrokkene een in de beslissing vast te stellen dwangsom verbeurt. De artikelen 611a tot en met 611i van het Wetboek van Burgerlijke Rechtsvordering zijn van overeenkomstige toepassing.

Afschrift beslissing aan klager, patiënt en derden
6. De griffie zendt zo spoedig mogelijk een afschrift van de beslissing aan de klager, betrokkene, de vertegenwoordiger, de advocaat van betrokkene, de klachtencommissie, de geneesheer-directeur, de zorgaanbieder en de inspectie.

Paragraaf 4
Schadevergoeding

Art. 10:11

Schadevergoeding in klachtzaak
1. Bij een verzoek als bedoeld in artikel 10:3 kan verzoeker bij de klachtencommissie tevens om schadevergoeding door de zorgaanbieder verzoeken. De klachtencommissie kan ook ambtshalve tot schadevergoeding door de zorgaanbieder besluiten.
2. Bij een verzoek als bedoeld in artikel 10:7, eerste lid, kan verzoeker bij de rechter tevens om schadevergoeding door de zorgaanbieder verzoeken. De rechter kan op dit verzoek afzonderlijk beslissen en kan ook ambtshalve tot schadevergoeding door de zorgaanbieder besluiten.
3. Voordat de klachtencommissie of de rechter beslist over het toekennen van schadevergoeding, hoort de klachtencommissie of de rechter de zorgaanbieder.

Schadevergoeding naar billijkheid
4. De schadevergoeding, bedoeld in het eerste en tweede lid, wordt naar billijkheid vastgesteld.

Art. 10:12

Schadevergoeding i.v.m. spoedmaatregelen
1. Indien de wet niet in acht is genomen bij het nemen van een crisismaatregel, of bij de toepassing van artikel 7:3 kan betrokkene of de vertegenwoordiger door middel van een schriftelijk en gemotiveerd verzoekschrift bij de rechter verzoeken tot schadevergoeding door respectievelijk de gemeente of de organisaties onder wiens verantwoordelijkheid de personen, bedoeld in artikel 7:3, vierde lid, hebben gehandeld. De rechter kent een naar billijkheid vast te stellen schadevergoeding toe.

Schadevergoeding door zorgaanbieder en zorgverantwoordelijke
2. Indien de wet niet in acht is genomen door de geneesheer-directeur of de zorgverantwoordelijke, kan betrokkene of de vertegenwoordiger de rechter verzoeken tot schadevergoeding door de zorgaanbieder of de zorgverantwoordelijke. De rechter kent een naar billijkheid vast te stellen schadevergoeding toe.

Wet verplichte GGZ   **A74 art. 11:3**

3. Indien de wet niet in acht is genomen door de officier van justitie of de rechter, kan betrokkene of de vertegenwoordiger de rechter verzoeken tot schadevergoeding ten laste van de Staat. De rechter kent een naar billijkheid vast te stellen schadevergoeding toe.   *Schadevergoeding OvJ en rechter*

Paragraaf 5
Geheimhouding

Art. 10:13
Een ieder die betrokken is bij de uitvoering van dit hoofdstuk en daarbij de beschikking krijgt over gegevens waarvan hij het vertrouwelijke karakter kent of redelijkerwijs moet vermoeden, en voor wie niet reeds uit hoofde van ambt, beroep of wettelijk voorschrift ter zake van die gegevens een geheimhoudingsplicht geldt, is verplicht tot geheimhouding daarvan, behoudens voor zover enig wettelijk voorschrift hem tot bekendmaking verplicht of uit zijn taak bij de uitvoering van dit hoofdstuk de noodzaak tot bekendmaking voortvloeit.   *Geheimhoudingsplicht*

Hoofdstuk 11
Patiëntenvertrouwenspersoon

Art. 11:1
1. Er is een patiëntenvertrouwenspersoon die tot taak heeft advies en bijstand te verlenen aan een persoon voor wie een verzoek voor een zorgmachtiging of een crisismaatregel wordt voorbereid of voor wie een zorgmachtiging is afgegeven of crisismaatregel is genomen, bij: *Primaire taak*
a. het opstellen van een zelfbindingsverklaring of het opstellen, evalueren en actualiseren van een zorgkaart of zorgplan;
b. de voorbereiding van een crisismaatregel, machtiging tot voortzetting van de crisismaatregel of zorgmachtiging;
c. de uitvoering van een crisismaatregel, machtiging tot voortzetting van de crisismaatregel of zorgmachtiging;
d. de beëindiging van een crisismaatregel, machtiging tot voortzetting van de crisismaatregel of zorgmachtiging;
e. de uitvoering van hoofdstuk 9, paragraaf 1,
f. een klachtprocedure;
g. vragen of klachten over de uitvoering van de zorg.
2. De patiëntenvertrouwenspersoon verleent advies en bijstand ten aanzien van de uitoefening van de rechten van betrokkene.   *Patiëntenvertrouwenspersoon, taken*
3. De patiëntenvertrouwenspersoon heeft tevens tot taak: *Overige taken*
a. tekortkomingen in de structuur en uitvoering van de zorg en de uitvoering van hoofdstuk 9, paragraaf 1, voor zover deze afbreuk doen aan de rechten van betrokkene, te signaleren en aan de inspectie te melden;
b. advies en bijstand te verlenen aan personen met een psychische stoornis die vrijwillig in een accommodatie verblijven.
4. De patiëntenvertrouwenspersoon verricht zijn werkzaamheden onafhankelijk van de zorgaanbieder, de geneesheer-directeur en de zorgverantwoordelijke.   *Onafhankelijkheid*
5. Bij of krachtens algemene maatregel van bestuur kunnen nadere regels worden gesteld met betrekking tot:
a. de deskundigheid van de patiëntenvertrouwenspersoon;
b. de onafhankelijkheid van de patiëntenvertrouwenspersoon ten opzichte van de zorgaanbieder;
c. de taken en bevoegdheden van de patiëntenvertrouwenspersoon.

Art. 11:2
1. De patiëntenvertrouwenspersoon heeft, voor zover dat redelijkerwijs voor de vervulling van zijn taak nodig is, vrije toegang tot betrokkene en behoeft geen toestemming van derden om te spreken met betrokkene.   *Vrije toegang tot patiënt*
2. De zorgaanbieder stelt de patiëntenvertrouwenspersoon in de gelegenheid met betrokkene te spreken, al of niet op verzoek van betrokkene.

Art. 11:3
1. De zorgaanbieder, de geneesheer-directeur en de zorgverantwoordelijke als ook alle anderen die bij de uitvoering van deze wet betrokken zijn, geven aan de patiëntenvertrouwenspersoon binnen de door hem gestelde redelijke termijn al die door hem verlangde inlichtingen, voor zover dit redelijkerwijs voor de vervulling van zijn taak nodig is en betrokkene of de vertegenwoordiger daarmee uitdrukkelijk instemt.   *Inlichtingen van betrokkenen*
2. De zorgaanbieder, de geneesheer-directeur en de zorgverantwoordelijke als ook alle anderen die bij de uitvoering van deze wet betrokken zijn, verlenen aan de patiëntenvertrouwenspersoon binnen de door hem gestelde redelijke termijn alle medewerking, die deze redelijkerwijs kan vorderen bij de uitoefening van zijn taak.   *Medewerking van betrokkenen*

A74 art. 11:4 — Wet verplichte GGZ

Dossierinzage
3. De zorgaanbieder en de zorgverantwoordelijke verlenen aan de patiëntenvertrouwenspersoon inzage in hun dossiers, voor zover dit redelijkerwijs voor de vervulling van zijn taak nodig is en betrokkene of de vertegenwoordiger daarmee uitdrukkelijk heeft ingestemd.

Art. 11:4

Geheimhoudingsverplichting
De patiëntenvertrouwenspersoon is tot geheimhouding verplicht van hetgeen in de uitoefening van zijn taak aan hem is toevertrouwd, tenzij enig wettelijk voorschrift hem tot mededeling verplicht of uit zijn taak de noodzaak tot mededeling voortvloeit.

Art. 11:5

Verschoningsrecht
De patiëntenvertrouwenspersoon kan zich op grond van zijn geheimhoudingsplicht verschonen van het geven van getuigenis of het beantwoorden van vragen in een klachtprocedure of een rechterlijke procedure.

Hoofdstuk 12
Familievertrouwenspersoon

Art. 12:1

Taak
1. De zorgaanbieder draagt ervoor zorg dat de voor de continuïteit van zorg relevante familie of naasten een beroep kunnen doen op een familievertrouwenspersoon. De familievertrouwenspersoon heeft tot taak om op verzoek van de voor de continuïteit van zorg relevante familie en naasten van een persoon met een psychische stoornis voor wie een verzoek voor een zorgmachtiging wordt voorbereid of aan wie verplichte zorg wordt verleend door een zorgaanbieder, deze:
a. te informeren;
b. te adviseren;
c. te ondersteunen;
d. bijstand te verlenen bij een klachtprocedure.
2. De familievertrouwenspersoon heeft tevens tot taak:
a. tekortkomingen in de structuur en de uitvoering van de zorg, voor zover deze afbreuk doen aan de rechten van de betrokkene, te signaleren en aan de inspectie te melden;
b. te bemiddelen tussen:
1°. de familie en naasten,
2°. de zorgaanbieder, de geneesheer-directeur en de zorgverantwoordelijke, en
3°. betrokkene.
3. De familievertrouwenspersoon brengt ten minste eenmaal per jaar een rapport en advies uit aan de zorgaanbieder ten behoeve van het kwaliteitsbeleid.
4. De familievertrouwenspersoon verricht zijn werkzaamheden onafhankelijk van de zorgaanbieder, de geneesheer-directeur en de zorgverantwoordelijke.
5. Bij of krachtens algemene maatregel van bestuur kunnen nadere regels worden gesteld met betrekking tot:
a. de deskundigheid van de familievertrouwenspersoon;
b. de onafhankelijkheid van de familievertrouwenspersoon ten opzichte van de zorgaanbieder;
c. de taken en bevoegdheden van de familievertrouwenspersoon.

Art. 12:2

Contact met patiënt
De familievertrouwenspersoon heeft vrije toegang tot betrokkene en behoeft geen toestemming van derden om te spreken met betrokkene, voor zover:
a. familie of naasten hierom verzoeken,
b. het voor de vervulling van zijn taak redelijkerwijs nodig is, en
c. betrokkene daarmee uitdrukkelijk instemt.

Art. 12:3

Inlichtingen
1. De zorgaanbieder, de geneesheer-directeur, de zorgverantwoordelijke en alle anderen die bij de uitvoering van deze wet betrokken zijn, geven aan de familievertrouwenspersoon binnen de door hem gestelde redelijke termijn alle door hem verlangde inlichtingen, voor zover dit redelijkerwijs voor de vervulling van zijn taak nodig is en betrokkene of de vertegenwoordiger daarmee uitdrukkelijk instemt.

Medewerking
2. De zorgaanbieder, de geneesheer-directeur, de zorgverantwoordelijke en alle anderen die bij de uitvoering van deze wet betrokken zijn, verlenen aan de familievertrouwenspersoon binnen de door hem gestelde redelijke termijn alle medewerking die deze redelijkerwijs kan vorderen bij de uitoefening van zijn taak.

Inzage
3. De zorgaanbieder en de zorgverantwoordelijke verlenen aan de familievertrouwenspersoon inzage van hun dossiers, voor zover dit redelijkerwijs voor de vervulling van zijn taak nodig is en betrokkene of de vertegenwoordiger schriftelijk instemt met inzage of indien er sprake is van een zwaarwegend belang ter zake voor de nabestaanden.

Art. 12:4

Geheimhoudingsverplichting
1. De familievertrouwenspersoon is tot geheimhouding verplicht van hetgeen in de uitoefening van zijn taak aan hem is toevertrouwd, tenzij:

Wet verplichte GGZ

A74 art. 13:3

    a. enig wettelijk voorschrift hem tot mededeling verplicht,
    b. uit zijn taak de noodzaak tot mededeling voortvloeit,
    c. betrokkene schriftelijke toestemming geeft om vertrouwelijke informatie met familie of naasten te delen en daardoor de persoonlijke levenssfeer van derden niet wordt geschaad,
    d. familie en naasten toestemming geven om vertrouwelijke informatie te delen en daardoor de persoonlijke levenssfeer van betrokkene of derden niet wordt geschaad, of
    e. er sprake is van een zwaarwegend belang ter zake voor de nabestaanden.
  2. De familievertrouwenspersoon kan zich op grond van zijn geheimhoudingsplicht verschonen van het geven van getuigenis of het beantwoorden van vragen in een klachtprocedure of een rechterlijke procedure.

Hoofdstuk 13
Toezicht en handhaving

Paragraaf 1
Toezicht

Art. 13:1
1. Met het toezicht op de naleving van het bepaalde bij of krachtens deze wet zijn belast de ambtenaren van de inspectie.   *Toezicht door inspectie*
2. Indien verplichte zorg wordt verleend of de inspectie een gegrond vermoeden heeft dat verplichte zorg wordt verleend, zijn de met het toezicht belaste ambtenaren bij de bevoegdheden, genoemd in de artikelen 5:15 tot en met 5:17 van de Algemene wet bestuursrecht, tevens bevoegd, met medeneming van de benodigde apparatuur, een woning of verblijfsruimte binnen te treden zonder toestemming van de bewoner, voor zover dat noodzakelijk is voor het toezicht op de verplichte zorg in de woning of verblijfsruimte. Zij beschikken niet over de bevoegdheden, bedoeld in de artikelen 5:18 en 5:19 van de Algemene wet bestuursrecht.   *Binnentreding woning*
3. De met het toezicht belaste ambtenaren zijn, voor zover dat voor de vervulling van hun taak redelijkerwijs noodzakelijk is en in afwijking van artikel 5:20, tweede lid, van de Algemene wet bestuursrecht, bevoegd tot inzage van het dossier van betrokkene. Voor zover de betrokken beroepsbeoefenaar uit hoofde van zijn beroep tot geheimhouding van het dossier verplicht is, geldt gelijke verplichting voor de betrokken toezichthouder.   *Inzage dossiers*
4. De zorgaanbieder, geneesheer-directeur en de zorgverantwoordelijke alsmede alle anderen die bij de uitvoering van deze wet betrokken zijn, geven aan de met het toezicht belaste ambtenaren alle door hen verlangde inlichtingen, voor zover dit redelijkerwijs voor de vervulling van hun taak nodig is.   *Inlichtingen door betrokkenen*
5. De zorgaanbieder stelt de met het toezicht belaste ambtenaren in de gelegenheid met betrokkene te spreken, al of niet op verzoek van betrokkene.   *Toegang tot patiënt*
6. Aan leden van het Subcomité ter Preventie als bedoeld in het op 18 december 2002 te New York tot stand gekomen Facultatief Protocol bij het Verdrag tegen foltering en andere wrede, onmenselijke of onterende behandeling of bestraffing (Trb. 2005, 243) en het Comité als bedoeld in het op 26 november 1987 te Straatsburg tot stand gekomen Europees Verdrag ter voorkoming van folteringen en onmenselijke of vernederende behandelingen of bestraffingen (Trb. 1988, 19) zoals gewijzigd door Protocol 1 en Protocol 2 (Trb. 1994, 106 en 107), komen dezelfde bevoegdheden toe als waarover de met het toezicht belaste ambtenaren bedoeld in het eerste lid beschikken, met dien verstande dat de leden slechts van deze bevoegdheden gebruik kunnen maken voor zover het een betrokkene betreft aan wie verplichte zorg in een accommodatie wordt verleend. Zij maken van deze bevoegdheden slechts gebruik voor zover dit redelijkerwijs nodig is voor hun uit het desbetreffende verdrag voortvloeiende taak. Artikel 5:20, eerste lid, van de Algemene wet bestuursrecht, is van overeenkomstige toepassing.

Art. 13:2
1. Indien bij de zorgaanbieder, de geneesheer-directeur of de zorgverantwoordelijke het gegronde vermoeden bestaat dat de uitvoering van de verplichte zorg ernstig tekortschiet, doet hij daarvan melding aan de inspectie.   *Meldingsplicht zorgbetrokkenen*
2. Indien de zorgaanbieder, de geneesheer-directeur of de zorgverantwoordelijke onvoldoende, niet of niet tijdig reageert op de klachten van de patiëntenvertrouwenspersoon of de familievertrouwenspersoon over de uitvoering van de verplichte zorg, kan de patiëntenvertrouwenspersoon of familievertrouwenspersoon dit melden aan de inspectie.   *Melding patiëntenvertrouwenspersoon*

Art. 13:3
1. Indien betrokkene zich onttrekt aan verplichte zorg op grond van een crisismaatregel, machtiging tot voortzetting van de crisismaatregel of zorgmachtiging meldt de geneesheer-directeur dit aan de officier van justitie.   *Melding bij onttrekking aan verplichte zorg*
2. Indien betrokkene zich onttrekt aan verplichte zorg op grond van hoofdstuk 9, paragraaf 1, meldt de geneesheer-directeur dit aan de officier van justitie en aan Onze Minister van Veiligheid en Justitie, en voegt indien van toepassing daarbij de melding, bedoeld in het vijfde lid.

A74 art. 13:3a
Wet verplichte GGZ

Aangifte van vermissing

3. De geneesheer-directeur meldt vermissing bij de politie indien betrokkene onvindbaar is of doet een verzoek tot ondersteuning bij de politie indien betrokkene weigert terug te keren naar de accommodatie waarin hij op grond van een crisismaatregel, machtiging tot voortzetting van de crisismaatregel of zorgmachtiging is opgenomen.

4. Zodra de uitvoering van de crisismaatregel wordt hervat, meldt de geneesheer-directeur dit aan de officier van justitie.

Melding inzake vrees voor levensgevaar en misdrijven

5. Indien de geneesheer-directeur het ernstige vermoeden heeft dat betrokkene in levensgevaar verkeert of een misdrijf als bedoeld in artikel 67, eerste lid, van het Wetboek van Strafvordering, zal plegen met een aanzienlijk risico op ernstige schade voor hemzelf of voor een ander, vermeldt hij dit met redenen omkleed in de melding aan de officier van justitie en de melding van vermissing.

Art. 13:3a

Opsporingsbevoegdheden bij onttrekken aan verplichte zorg

1. Indien het ernstige vermoeden bestaat dat betrokkene, die zich aan de uitvoering van de verplichte zorg heeft onttrokken, in levensgevaar verkeert of een misdrijf als bedoeld in artikel 67, eerste lid, van het Wetboek van Strafvordering, zal plegen met een aanzienlijk risico op ernstig nadeel voor hemzelf of voor een ander, kan de officier van justitie, na machtiging daartoe door de rechter-commissaris, met het oog op de vaststelling van de verblijfplaats van betrokkene een opsporingsambtenaar bevelen:
a. een persoon stelselmatig te volgen of stelselmatig diens aanwezigheid of gedrag waar te nemen, zo nodig met behulp van een technisch hulpmiddel;
b. vertrouwelijke communicatie die plaatsvindt met gebruikmaking van de diensten van een aanbieder van een communicatiedienst, op te nemen met een technisch hulpmiddel;
c. gegevens te vorderen over een gebruiker van een communicatiedienst en het communicatieverkeer met betrekking tot die gebruiker. De vordering kan slechts betrekking hebben op gegevens die bij algemene maatregel van bestuur zijn aangewezen en kan gegevens betreffen die ten tijde van de vordering zijn verwerkt, dan wel na het tijdstip van de vordering worden verwerkt;
d. gegevens te vorderen ter zake van naam, adres, postcode, woonplaats, nummer en soort dienst van een gebruiker van een communicatiedienst;
e. met inachtneming van artikel 3.22, derde en vierde lid, van de Telecommunicatiewet, met behulp van in dat artikel bedoelde apparatuur het nummer te verkrijgen waarmee de gebruiker van een communicatiedienst kan worden geïdentificeerd;
f. gegevens te vorderen van degene die anders dan ten behoeve van persoonlijk gebruik gegevens verwerkt ter zake van naam, adres, postcode, woonplaats, postadres, geboortedatum, geslacht en administratieve kenmerken;
g. gegevens te vorderen van degene van wie redelijkerwijs kan worden vermoed dat hij toegang heeft tot bepaalde opgeslagen of vastgelegde gegevens.

Duur en verlenging

2. Het bevel wordt gegeven voor een periode van ten hoogste een week. Het kan telkens voor een termijn van ten hoogste een week worden verlengd.

Bevel, inhoud

3. Het bevel is schriftelijk en vermeldt:
a. de naam van betrokkene;
b. de feiten of omstandigheden waaruit blijkt dat de voorwaarden, bedoeld in het eerste lid, zijn vervuld;
c. bij toepassing van het eerste lid, onderdeel a of c, de naam van een zo nauwkeurig mogelijke aanduiding van de bedoelde persoon;
d. bij toepassing van het eerste lid, onderdeel b, zo mogelijk het nummer of een andere aanduiding waarmee de individuele gebruiker van de communicatiedienst wordt geïdentificeerd alsmede, voor zover bekend, de naam en het adres van de gebruiker;
e. bij toepassing van het eerste lid, onderdeel a, een aanduiding van de aard van het technisch hulpmiddel of de technische hulpmiddelen waarmee de communicatie wordt opgenomen;
f. bij toepassing van het eerste lid, onderdeel e, de naam of een zo nauwkeurig mogelijke aanduiding van de gebruiker van een communicatiedienst van wie het nummer moet worden verkregen;
g. bij toepassing van het eerste lid, onderdelen f of g, de naam of een zo nauwkeurig mogelijke aanduiding van de persoon op wie de te verstrekken gegevens betrekking hebben;
h. de wijze waarop aan het bevel uitvoering wordt gegeven, en;
i. de geldigheidsduur van het bevel.

4. Indien bij toepassing van het eerste lid, onderdeel b, het bevel betrekking heeft op communicatie die plaatsvindt via een openbaar telecommunicatienetwerk of met gebruikmaking van een openbare telecommunicatiedienst in de zin van de Telecommunicatiewet, wordt – tenzij zulks niet mogelijk is – het bevel ten uitvoer gelegd met medewerking van de aanbieder van het openbare telecommunicatienetwerk of de openbare telecommunicatiedienst en gaat het bevel vergezeld van de vordering van de officier van justitie aan de aanbieder om medewerking te verlenen.

Wet verplichte GGZ

A74 art. 13:4

5. Indien bij toepassing van het eerste lid, onderdeel b, het bevel betrekking heeft op andere communicatie dan bedoeld in het tweede lid, wordt – tenzij zulks niet mogelijk is – de aanbieder in de gelegenheid gesteld medewerking te verlenen bij de tenuitvoerlegging van het bevel.
6. Het bevel wordt bij toepassing van het eerste lid, onderdeel f, gegeven aan een ambtenaar als bedoeld in artikel 3.22, vierde lid, van de Telecommunicatiewet.
7. Bij dringende noodzaak kan het bevel mondeling worden gegeven. De officier van justitie stelt in dat geval het bevel binnen drie dagen op schrift.
8. Zodra niet meer wordt voldaan aan de voorwaarden, bedoeld in het eerste lid, bepaalt de officier van justitie dat de uitvoering van het bevel wordt beëindigd.
9. Het bevel kan schriftelijk en met redenen omkleed worden gewijzigd, aangevuld, verlengd of beëindigd.
10. Bij of krachtens algemene maatregel van bestuur kunnen regels worden gesteld:
   a. over de wijze waarop het bevel wordt gegeven;
   b. over de wijze waarop de gegevens worden gevorderd;
   c. over de wijze waarop aan de vordering wordt voldaan;
   d. met betrekking tot de opsporingsambtenaar die de gegevens vordert.
11. De officier van justitie doet van de verstrekking van gegevens, bedoeld in het eerste lid, onderdelen c, d, f en g proces-verbaal opmaken, waarin worden vermeld:
   a. de naam van betrokkene;
   b. de feiten of omstandigheden waaruit blijkt dat de voorwaarden, bedoeld in het eerste lid, zijn vervuld;
   c. indien bekend, de naam of anders een zo nauwkeurig mogelijke aanduiding van de persoon omtrent wie gegevens worden gevorderd;
   d. de verstrekte gegevens;
   e. de periode waarover de vordering zich uitstrekt.
12. De vordering van gegevens, bedoeld in het eerste lid, onderdelen c, d, f en g, wordt beëindigd zodra niet meer wordt voldaan aan de voorwaarden, bedoeld in het eerste lid.
13. Van een wijziging, aanvulling, verlenging of beëindiging van de vordering doet de officier van justitie proces-verbaal opmaken.
14. De vordering bedoeld in het eerste lid, onderdelen f en g, kan geen betrekking hebben op persoonsgegevens betreffende iemands godsdienst of levensovertuiging, ras, politieke gezindheid, gezondheid, seksuele leven of lidmaatschap van een vakvereniging.
15. De met de tenuitvoerlegging belaste ambtenaar kan ter aanhouding van betrokkene elke plaats betreden en doorzoeken.

Paragraaf 2
Bestuursrechtelijke handhaving

Art. 13:4
1. Onze Minister kan een bestuurlijke boete van ten hoogste € 33.500 opleggen ter zake van overtreding van regels gesteld bij of krachtens artikel: **Bestuurlijke boete**
   a. 1:2, eerste lid;
   b. 1:3, vierde lid;
   c. 1:4, vijfde lid;
   d. 1:5;
   e. 2:2;
   f. 2:3;
   g. 2:4;
   h. 5:4, tweede lid;
   i. 5:13;
   j. 7:3, met uitzondering van het vierde lid, onderdeel d, vijfde, zesde en zevende lid;
   k. 8:3;
   l. 8:4;
   m. 8:7;
   n. 8:8;
   o. 8:9;
   p. 8:11;
   q. 8:12;
   r. 8:13;
   s. 8:14;
   t. 8:15;
   u. 8:16, tweede tot en met vijfde lid;
   v. 8:17, tweede en zesde lid;
   w. 8:18, eerste tot en met vierde, zesde, zevende, negende, tiende, en dertiende lid;
   x. 8:19, tweede lid;

y. 8:20, vierde lid;
z. 8:21, eerste en derde lid;
aa. 8:24;
bb. 8:25;
cc. 8:26;
dd. 8:27;
ee. 8:29, wat betreft de geneesheer-directeur en de zorgverantwoordelijke;
ff. 8:33 wat betreft de zorgaanbieder en de geneesheer-directeur;
gg. 8:34, met uitzondering van de officier van justitie, de rechter, de burgemeester en het college van burgemeester en wethouders;
hh. 9:2;
ii. 9:3;
jj. 9:4;
kk. 9:5;
ll. 9:6;
mm. 9:7;
nn. 9:8;
oo. 9:9;
pp. 9:10, eerste lid;
qq. 10:2;
rr. 11:1, eerste lid;
ss. 11:2;
tt. 11:3
uu. 12:1;
vv. 12:2;
ww. 12:3;
xx. 13:2, eerste lid;
yy. 13:3.

Last onder dwangsom verplichte zorg

2. Onze Minister kan een last onder dwangsom opleggen ter zake van overtreding van regels gesteld bij of krachtens artikel:
a. 1:2, derde lid;
b. 2:2;
c. 2:3, eerste lid;
d. 8:6;
e. 8:7, eerste lid;
f. 8:22, tweede lid;
g. 8:24;
h. 8:25;
i. 8:30, tweede en vijfde lid;
j. 9:4;
k. 9:10, eerste lid, wat betreft overtreding van regels gesteld bij of krachtens de artikelen 8:24 en 8:25;
l. 10:1;
m. 10:2, vierde lid;
n. 13:1, derde, vierde, vijfde en zesde lid.

3. Onze Minister is bevoegd tot oplegging van een last onder bestuursdwang ter handhaving van de bij artikel 5:20, eerste lid, van de Algemene wet bestuursrecht gestelde verplichting.

4. Indien de ernst van de overtreding, of de omstandigheden waaronder deze is begaan daartoe aanleiding geven, wordt die overtreding aan het openbaar ministerie voorgelegd.

Paragraaf 3
Strafrechtelijke handhaving

Art. 13:5

Misdrijven

1. Met gevangenisstraf van ten hoogste drie jaar of een geldboete van de derde categorie wordt gestraft hij, die opzettelijk iemand van zijn vrijheid berooft door deze persoon tegen zijn wil op te nemen in een accommodatie, zonder dat daar een crisismaatregel, machtiging tot voortzetting van de crisismaatregel of zorgmachtiging aan ten grondslag ligt of de artikelen 7:3, 8:11 tot en met 8:13, of 9:1, eerste lid, eerste volzin, van toepassing zijn.

Wederrechtelijke onvrijwillige zorg

2. Met gevangenisstraf van ten hoogste drie jaar of een geldboete van de derde categorie wordt gestraft hij, die opzettelijk verplichte zorg verleent, zonder dat daar een crisismaatregel, machtiging tot voortzetting van de crisismaatregel of zorgmachtiging aan ten grondslag ligt, of de artikelen 7:3 of 8:11 tot en met 8:13 van toepassing zijn.

3. De in het eerste en tweede lid strafbaar gestelde feiten zijn misdrijven.

Art. 13:6
1. Met een geldboete van de tweede categorie wordt gestraft hij die: *Overtredingen*
   a. vormen van verplichte zorg verleent waarin de crisismaatregel, machtiging tot voortzetting van de crisismaatregel of zorgmachtiging niet voorziet en die ook niet op basis van de artikelen 7:3, 8:11 tot en met 8:13 of 9:1, eerste lid, eerste volzin, kunnen worden verleend;
   b. handelt in strijd met artikel 2:4;
   c. handelt in strijd met artikel 7:3;
   d. handelt in strijd met het bepaalde krachtens artikel 8:6;
   e. handelt in strijd met artikel 8:11;
   f. handelt in strijd met artikel 8:12;
   g. handelt in strijd met artikel 8:13;
   h. handelt in strijd met artikel 8:14;
2. De in het eerste lid strafbaar gestelde feiten zijn overtredingen.

Hoofdstuk 14
Aanpassing andere wetgeving

Art. 14:1
[Wijzigt de Algemene wet bestuursrecht.]
Art. 14:2
[Wijzigt de Jeugdwet.]
Art. 14:3
[Wijzigt de Wet zorg en dwang psychogeriatrische en verstandelijk gehandicapten cliënten.]
Art. 14:4
[Wijzigt de Wet forensische zorg.]
Art. 14:5
[Wijzigt de Algemene nabestaandenwet.]
Art. 14:6
[Wijzigt de Algemene Ouderdomswet.]
Art. 14:7
[Wijzigt de Beginselenwet justitiële jeugdinrichtingen.]
Art. 14:8
[Wijzigt de Beginselenwet verpleging ter beschikking gestelden.]
Art. 14:9
[Wijzigt het Burgerlijk Wetboek Boek 1.]
Art. 14:10
[Wijzigt de Geneesmiddelenwet.]
Art. 14:11
[Wijzigt de Invoerings- en aanpassingswet Politiewet 2012.]
Art. 14:12
[Wijzigt de Participatiewet.]
Art. 14:12a
[Wijzigt de Wet maatschappelijke ondersteuning 2015.]
Art. 14:13
[Wijzigt de Penitentiaire beginselenwet.]
Art. 14:14
[Wijzigt de Wet arbeidsongeschiktheidsverzekering zelfstandigen.]
Art. 14:15
[Wijzigt de Wet arbeidsongeschiktheidsvoorziening jonggehandicapten.]
Art. 14:16
[Wijzigt de Wet DNA-onderzoek bij veroordeelden.]
Art. 14:17
[Wijzigt de Wet justitiële en strafvorderlijke gegevens.]
Art. 14:18
[Wijzigt de Wet langdurige zorg.]
Art. 14:19
[Wijzigt de Wet op de arbeidsongeschiktheidsverzekering.]
Art. 14:20
[Wijzigt de Wet op de rechtsbijstand.]
Art. 14:21
[Wijzigt de Wet studiefinanciering 2000.]
Art. 14:22
[Wijzigt de Wet tegemoetkoming onderwijsbijdrage en schoolkosten.]
Art. 14:23
[Wijzigt de Wet werk en inkomen naar arbeidsvermogen.]

Art. 14:24
[Wijzigt het Wetboek van Burgerlijke Rechtsvordering.]
Art. 14:25
[Wijzigt het Wetboek van Strafrecht.]
Art. 14:26
[Wijzigt het Wetboek van Strafvordering.]
Art. 14:27
[Wijzigt de Ziektewet.]
Art. 14:28
[Wijzigt de Wijzigingswet Wet marktordening gezondheidszorg, enz. (aanpassingen tarief- en prestatieregulering en markttoezicht).]
Art. 14:29
[Wijzigt het Wetboek van Strafvordering.]

Hoofdstuk 15
Overgangsbepalingen

Art. 15:1

Overgangsrecht

1. De Wet bijzondere opnemingen in psychiatrische ziekenhuizen blijft van toepassing op:
a. verzoeken die krachtens die wet zijn ingediend en die strekken tot het verkrijgen van een beslissing door de rechter, de officier, de inspecteur, de geneesheer-directeur of de commissie, bedoeld in artikel 41, tweede lid, van die wet;
b. de vóór het tijdstip van inwerkingtreding van deze wet aangevangen voorbereiding van een last tot inbewaringstelling door de burgemeester, bedoeld in artikel 20 van die wet;
c. een beslissing als bedoeld in de onderdelen a of b die vóór het tijdstip van inwerkingtreding van deze wet is genomen;
d. een beslissing die met toepassing van de onderdelen a of b na het tijdstip van inwerkingtreding van deze wet is genomen;
e. gedragingen alsmede beslissingen, anders dan bedoeld in de onderdelen c en d, ten aanzien van een persoon waarvoor een machtiging of last tot inbewaringstelling als bedoeld in die wet geldt;
f. de vóór het tijdstip van inwerkingtreding van deze wet door de rechter gelaste plaatsingen op grond van artikel 37, eerste lid, van het Wetboek van Strafrecht, waarvan de geldigheidsduur op het tijdstip van inwerkingtreding van deze wet nog niet is verstreken. Artikel 14:4, onderdeel E, onder a, van deze wet heeft geen gevolgen voor deze plaatsingen. Artikel 37, eerste lid, van het Wetboek van Strafrecht, zoals dit luidde voor de inwerkingtreding van deze wet, blijft in deze gevallen van toepassing.
2. In afwijking van het eerste lid, onderdelen c en d, vervalt een machtiging als bedoeld in de artikelen 2, eerste lid, 14a, eerste lid, 14d, tweede lid, 15, eerste lid, 32, eerste lid en 34f, eerste lid, van de Wet bijzondere opnemingen in psychiatrische ziekenhuizen uiterlijk twaalf maanden na inwerkingtreding van deze wet.
3. Een krachtens de Wet bijzondere opnemingen in psychiatrische ziekenhuizen verleende last tot inbewaringstelling, waarvan de geldigheidsduur op het tijdstip van inwerkingtreding van deze wet nog niet is verstreken, wordt voor de toepassing van hoofdstuk 7, paragraaf 5, aangemerkt als een crisismaatregel.
4. Een krachtens de Wet bijzondere opnemingen in psychiatrische ziekenhuizen verleende machtiging tot voortzetting van de inbewaringstelling, waarvan de geldigheidsduur op het tijdstip van inwerkingtreding van deze wet nog niet is verstreken, wordt voor de toepassing van hoofdstuk 7, paragraaf 6, aangemerkt als een machtiging tot voortzetting van de crisismaatregel.

Art. 15:2

Overgangsrecht

Een door Onze Minister op grond van artikel 1, eerste lid, onderdeel h, van de Wet bijzondere opnemingen in psychiatrische ziekenhuizen als psychiatrisch ziekenhuis aangemerkte zorginstelling of afdeling daarvan wordt door Onze Minister ambtshalve opgenomen in het register, bedoeld in artikel 1:2.

Hoofdstuk 16
Slotbepalingen

Art. 16:1

Wetsevaluatie

Onze Minister zendt in overeenstemming met Onze Minister van Veiligheid en Justitie binnen twee jaar na de inwerkingtreding van deze wet, en vervolgens telkens om de vijf jaar, aan de beide Kamers van de Staten-Generaal een verslag over de doeltreffendheid en de effecten van deze wet in de praktijk.

Art. 16:2
De Wet bijzondere opnemingen in psychiatrische ziekenhuizen wordt ingetrokken. — Uitschakelbepaling

Art. 16:3
De artikelen van deze wet treden in werking op een bij koninklijk besluit bepaald tijdstip, dat voor de verschillende artikelen of onderdelen daarvan verschillend kan worden vastgesteld. — Inwerkingtreding

Art. 16:4
Deze wet wordt aangehaald als: Wet verplichte geestelijke gezondheidszorg. — Citeertitel

# Wet zorg en dwang psychogeriatrische en verstandelijk gehandicapte cliënten[1]

Wet van 24 januari 2018, houdende regels ten aanzien van zorg en dwang voor personen met een psychogeriatrische aandoening of een verstandelijke handicap (Wet zorg en dwang psychogeriatrische en verstandelijk gehandicapte cliënten)

Wij Willem-Alexander, bij de gratie Gods, Koning der Nederlanden, Prins van Oranje-Nassau, enz. enz. enz.

Allen, die deze zullen zien of horen lezen, saluut! doen te weten:

Alzo Wij in overweging genomen hebben, dat het wenselijk is met het oog op het verlenen van goede zorg aan personen met een psychogeriatrische aandoening of een verstandelijke handicap uniforme regels te stellen ten aanzien van het verlenen van zorg aan zodanige personen, ook in gevallen waarin zij daarmee niet hebben ingestemd, dan wel zich daartegen verzetten, alsmede ten aanzien van opname en verblijf van zodanige personen in een accommodatie in gevallen waarin zij geen blijk hebben gegeven van bereidheid daartoe, doch zich daartegen ook niet verzetten en in gevallen waarin zij zich hiertegen wel verzetten en in verband daarmee enige bepalingen in de Wet bijzondere opnemingen in psychiatrische ziekenhuizen te doen vervallen;

Zo is het, dat Wij, de Raad van State gehoord, en met gemeen overleg der Staten-Generaal, hebben goedgevonden en verstaan, gelijk Wij goedvinden en verstaan bij deze:

Hoofdstuk 1
Begripsbepaling en reikwijdte

Art. 1

Begripsbepalingen

1. In deze wet en de daarop berustende bepalingen wordt verstaan onder:
a. *Onze Minister:* Onze Minister van Volksgezondheid, Welzijn en Sport;

Accommodatie

b. *accommodatie:* bouwkundige voorziening of een deel van een bouwkundige voorziening met het daarbij behorende terrein van een zorgaanbieder waar zorg wordt verleend;

Cliënt

c. *cliënt:* persoon van wie uit een verklaring van een ter zake kundige arts blijkt dat hij in verband met een psychogeriatrische aandoening of een verstandelijke handicap is aangewezen op zorg als bedoeld in het vierde lid, dan wel van wie het CIZ in een indicatiebesluit als bedoeld in de Wet langdurige zorg heeft vastgesteld dat een aanspraak op zorg bestaat als bedoeld in de Wet langdurige zorg vanwege een psychogeriatrische aandoening of een verstandelijke handicap;

CIZ

d. *het CIZ:* het CIZ, genoemd in artikel 7.1.1 van de Wet langdurige zorg;

Vertegenwoordiger

e. *vertegenwoordiger:* wettelijk vertegenwoordiger van de cliënt, of, indien een zodanige persoon ontbreekt, de persoon die daartoe door de cliënt schriftelijk is gemachtigd in zijn plaats te treden, of, indien deze ontbreekt of niet optreedt, de echtgenoot, de geregistreerde partner of andere levensgezel, of, indien deze ontbreekt of niet wenst op te treden, een ouder, kind, broer, zus, grootouder of kleinkind van de cliënt;

Zorgaanbieder

f. *zorgaanbieder:* een natuurlijke of rechtspersoon die respectievelijk beroepsmatig of bedrijfsmatig zorg als bedoeld in het vierde lid of opname en verblijf in een accommodatie verleent, een organisatorisch verband van natuurlijke personen die bedrijfsmatig zorg als bedoeld in het vierde lid of opname en verblijf in een accommodatie verlenen of doen verlenen, of een natuurlijk persoon die bedrijfsmatig zorg als bedoeld in het vierde lid of opname en verblijf in een accommodatie doet verlenen;

Zorgverantwoordelijke

g. *zorgverantwoordelijke:* een ter zake kundige arts of degene die behoort tot een bij regeling van Onze Minister aangewezen categorie van deskundigen, die door de zorgaanbieder als zorgverantwoordelijke is aangewezen;

h. *zorgverlener:* een natuurlijke persoon die beroepsmatig zorg verleent;
i. *familie:* de echtgenoot of geregistreerde partner of andere levensgezel, elke meerderjarige bloedverwant in de rechte lijn of de zijlijn tot en met de tweede graad of elke meerderjarige aanverwant tot en met de tweede graad;
j. *inspectie:* Inspectie gezondheidszorg en jeugd;

Nabestaande

k. *nabestaande:* nabestaande als bedoeld in artikel 1, eerste lid, van de Wet kwaliteit, klachten en geschillen zorg;
l. *Wlz-uitvoerder:* Wlz-uitvoerder als bedoeld in de Wet langdurige zorg;

---

1 Inwerkingtredingsdatum: 01-01-2020; zoals laatstelijk gewijzigd bij: Stb. 2020, 404.

m. Wzd-functionaris: ter zake kundige arts, gezondheidspsycholoog of orthopedagoog-generalist, al dan niet in dienst van de zorgaanbieder, die door de zorgaanbieder is aangewezen om toe te zien op de inzet van de minst ingrijpende vorm van onvrijwillige zorg en de mogelijke afbouw ervan en die verantwoordelijk is voor de algemene gang van zaken op het terrein van het verlenen van onvrijwillige zorg. — Wzd-functionaris

2. Voor de toepassing van deze wet en de daarop berustende bepalingen wordt onder «ernstig nadeel» verstaan, het bestaan van of het aanzienlijk risico op: — Ernstig nadeel
a. levensgevaar, ernstig lichamelijk letsel, ernstige psychische, materiële, immateriële of financiële schade, ernstige verwaarlozing of maatschappelijke teloorgang, ernstig verstoorde ontwikkeling voor of van de cliënt of een ander;
b. bedreiging van de veiligheid van de cliënt al dan niet doordat hij onder invloed van een ander raakt;
c. de situatie dat betrokkene met hinderlijk gedrag agressie van anderen oproept;
d. de situatie dat de algemene veiligheid van personen of goederen in gevaar is.

3. Voor de toepassing van deze wet en de daarop berustende bepalingen wordt onder «zorg» verstaan: de zorg van een zorgaanbieder jegens een cliënt die kan bestaan uit bejegening, verzorging, verpleging, behandeling, begeleiding, bescherming, beveiliging, en onvrijwillige zorg als bedoeld in artikel 2. — Zorg

4. Bij algemene maatregel van bestuur kunnen ziekten en aandoeningen worden aangewezen die voor de toepassing van deze wet en de daarop berustende bepalingen worden gelijkgesteld met een psychogeriatrische aandoening of een verstandelijke handicap indien: — AMvB
a. deze ziekten en aandoeningen dezelfde gedragsproblemen of regieverlies als een psychogeriatrische aandoening of verstandelijke handicap kunnen veroorzaken;
b. de benodigde zorg in verband met deze gedragsproblemen of regieverlies vergelijkbaar is met de zorg die nodig is bij een psychogeriatrische aandoening of verstandelijke handicap;
c. deze gedragsproblemen kunnen of dit regieverlies kan leiden tot ernstig nadeel.

5. In de regels gesteld krachtens de artikelen 2a, 8, derde lid, 21, vierde lid en 23, kan onderscheid worden gemaakt tussen cliënten met een psychogeriatrische aandoening en cliënten met een verstandelijke handicap.

6. In het geval op grond van deze wet een rechterlijke machtiging is afgegeven voor opname in een accommodatie, vervalt een eerdere voor die cliënt afgegeven zorgmachtiging op grond van de Wet verplichte geestelijke gezondheidszorg. — Wvggz

7. Deze wet is niet van toepassing op: — Justitiële zorg
a. een cliënt die verblijft in een justitiële jeugdinrichting, een penitentiaire inrichting of een justitiële inrichting voor verpleging van ter beschikking gestelden;
b. een cliënt die niet in een accommodatie, een justitiële jeugdinrichting, een penitentiaire inrichting of een justitiële inrichting voor verpleging van ter beschikking gestelden verblijft en op wie de Beginselenwet justitiële inrichtingen, de Penitentiaire beginselenwet of de Beginselenwet verpleging ter beschikking gestelden van toepassing is.

8. Een ministeriële regeling als bedoeld in het eerste lid, onderdeel g, wordt niet eerder vastgesteld dan vier weken nadat het ontwerp aan beide kamers der Staten-Generaal is overgelegd.

Art. 2

1. Voor de toepassing van deze wet en de daarop berustende bepalingen wordt onder «onvrijwillige zorg» verstaan zorg waartegen de cliënt of zijn vertegenwoordiger zich verzet en die bestaat uit: — Onvrijwillige zorg: begripsbepaling
a. toedienen van vocht, voeding en medicatie, alsmede doorvoeren van medische controles of andere medische handelingen en overige therapeutische maatregelen, ter behandeling van een psychogeriatrische aandoening, verstandelijke handicap, een daarmee gepaard gaande psychische stoornis of een combinatie hiervan, dan wel vanwege die aandoening, handicap of stoornis, ter behandeling van een somatische aandoening;
b. beperken van de bewegingsvrijheid;
c. insluiten;
d. uitoefenen van toezicht op betrokkene;
e. onderzoek aan kleding of lichaam;
f. onderzoek van de woon- of verblijfsruimte op gedrag beïnvloedende middelen en gevaarlijke voorwerpen;
g. controleren op de aanwezigheid van gedrag beïnvloedende middelen;
h. aanbrengen van beperkingen in de vrijheid het eigen leven in te richten, die tot gevolg hebben dat betrokkene iets moet doen of nalaten, waaronder begrepen het gebruik van communicatiemiddelen;
i. beperken van het recht op het ontvangen van bezoek.

2. Indien een cliënt wilsonbekwaam is en de vertegenwoordiger en de cliënt zich niet verzetten tegen het opnemen in het zorgplan van: — Wilsonbekwame cliënt zonder verzet
a. het toedienen van medicatie die van invloed is op het gedrag of de bewegingsvrijheid van de cliënt, vanwege de psychogeriatrische aandoening of verstandelijke handicap, of vanwege

A75 art. 2a — Wet zorg en dwang

een daarmee gepaard gaande psychische stoornis of een combinatie hiervan, indien die medicatie niet wordt toegediend overeenkomstig de geldende professionele richtlijnen,
b. een maatregel die tot het gevolg heeft dat de cliënt enige tijd in zijn bewegingsvrijheid wordt beperkt, of
c. de mogelijkheid tot insluiting,
wordt overeenkomstige toepassing gegeven aan de artikelen 10, 11 en 11a voor het opnemen van die zorg in het zorgplan, aan de artikelen 11 en 11a indien het niet lukt die zorg binnen de in het zorgplan opgenomen termijn af te bouwen, en aan artikel 13 voor het toepassen van deze zorg.

Art. 2a

AMvB onvrijwillige zorg buiten accommodatie

1. Onvrijwillige zorg, anders dan die in een accommodatie aan een cliënt wordt verleend, omvat uitsluitend de bij algemene maatregel van bestuur aangewezen vormen van onvrijwillige zorg, toegepast onder de bij die algemene maatregel van bestuur gestelde regels.
2. Bij algemene maatregel van bestuur kunnen regels worden gesteld over de wijze waarop bepaalde vormen van onvrijwillige zorg alsmede de zorg, bedoeld in artikel 2, tweede lid, worden verleend aan een cliënt die in een accommodatie verblijft, welke personen die vormen van zorg mogen verlenen, alsmede de wijze van toezicht door de zorgaanbieder op de onvrijwillige zorg in de accommodatie.
3. Bij algemene maatregel van bestuur kunnen maatregelen worden aangewezen die voor de toepassing van het bij of krachtens deze wet bepaalde in ieder geval worden beschouwd als maatregelen die de bewegingsvrijheid beperken of die niet, of slechts onder de bij die algemene maatregel van bestuur gestelde voorwaarden, mogen worden gebruikt om de bewegingsvrijheid te beperken.
4. De voordracht voor een krachtens het eerste, tweede en derde lid vast te stellen algemene maatregel van bestuur wordt niet eerder gedaan dan vier weken nadat het ontwerp aan beide kamers der Staten-Generaal is overgelegd.

Art. 2b

Wzd-functionaris

1. Een zorgaanbieder waarbij cliënten worden opgenomen met toepassing van hoofdstuk 3, paragraaf 2, dan wel die onvrijwillige zorg verleent, wijst een Wzd-functionaris aan.
2. Voordat de zorgaanbieder een Wzd-functionaris aanwijst, vraagt de zorgaanbieder hierover advies aan de cliëntenraad, bedoeld in artikel 3 van de Wet medezeggenschap cliënten zorginstellingen 2018. De artikelen 7, vijfde en zesde lid, en 6, eerste lid, eerste volzin, van de Wet medezeggenschap cliënten zorginstellingen 2018 zijn van toepassing.
3. De zorgaanbieder draagt er zorg voor dat de Wzd-functionaris zijn taken op grond van deze wet naar behoren kan uitvoeren en waarborgt de onafhankelijkheid van de Wzd-functionaris bij de uitvoering van zijn taken op grond van deze wet. De zorgaanbieder geeft de Wzd-functionaris geen aanwijzingen met betrekking tot diens taakuitvoering op grond van deze wet.

Art. 3

Leeftijdsgrenzen en vertegenwoordiging

1. De cliënt die de leeftijd van zestien jaar heeft bereikt neemt de beslissing over de zorg die aan hem verleend wordt en over de uitoefening van rechten en plichten op grond van deze wet. Een cliënt die de leeftijd van twaalf maar nog niet die van zestien jaar heeft bereikt, neemt de beslissing over de zorg die aan hem verleend wordt en over de uitoefening van rechten en plichten op grond van deze wet, samen met zijn ouders of voogden die gezamenlijk het gezag uitoefenen, of de ouder of voogd die alleen het gezag uitoefent. Voor een cliënt die nog niet de leeftijd van twaalf jaar heeft bereikt nemen de ouders of voogden die gezamenlijk het gezag uitoefenen, de beslissing over de zorg die aan de cliënt verleend wordt en over de uitoefening van rechten en plichten op grond van deze wet of neemt de ouder of voogd die alleen het gezag uitoefent de beslissing.

Wilsonbekwaamverklaring en vertegenwoordiging

2. Een vertegenwoordiger treedt slechts op namens de cliënt voor zover hij een taak heeft als wettelijk vertegenwoordiger of voor zover een daartoe deskundige, niet zijnde de bij de zorg betrokken arts, overeenkomstig de daarvoor gangbare richtlijnen een beslissing heeft genomen die inhoudt dat de cliënt niet in staat kan worden geacht tot een redelijke waardering van zijn belangen ter zake van een beslissing die hem betreft. Deze beslissing wordt door de daartoe deskundige niet genomen dan na overleg met de vertegenwoordiger dat op overeenstemming is gericht. Indien geen overeenstemming wordt bereikt, neemt de bij de zorg betrokken arts de beslissing.
3. De zorgverantwoordelijke legt de beslissing, bedoeld in het tweede lid, schriftelijk vast en vermeldt daarbij de datum en het tijdstip, of met de vertegenwoordiger overeenstemming is over de beslissing en ter zake van welke beslissing de cliënt niet in staat kan worden geacht tot een redelijke waardering van zijn belangen. De zorgverantwoordelijke stelt de Wzd-functionaris op de hoogte van de beslissing en het overleg met de vertegenwoordiger.
4. Als vertegenwoordiger in de zin van deze wet kunnen niet optreden, de zorgaanbieder, de Wzd-functionaris, de zorgverantwoordelijke, de zorgverlener die de cliënt zorg verleent, of andere personen die werkzaam zijn in de accommodatie waar de cliënt verblijft.

5. Degene die door een cliënt schriftelijk wordt gemachtigd om als zijn vertegenwoordiger op te treden, dient meerderjarig en handelingsbekwaam te zijn.
6. Degene die als vertegenwoordiger optreedt, verklaart schriftelijk daartoe bereid te zijn.
7. De vertegenwoordiger betracht de zorg van een goed vertegenwoordiger en is gehouden de cliënt zoveel mogelijk bij de vervulling van zijn taak te betrekken.
8. De zorgaanbieder informeert de vertegenwoordiger over zijn rechten en bevoegdheden op grond van deze wet.
9. Indien een cliënt geen vertegenwoordiger heeft, maakt de zorgaanbieder gebruik van de bevoegdheid, bedoeld in artikel 451, tweede lid, van Boek 1 van het Burgerlijk wetboek.   *Mentorschap*

Art. 3a
1. Indien de cliënt overeenkomstig het bepaalde in artikel 3, zelf de beslissing neemt, is er sprake van: *Instemming en verzet*
a. instemming, indien de cliënt instemt;   *Instemming*
b. verzet, indien de cliënt zich verzet.   *Verzet*
2. Indien voor de cliënt overeenkomstig het bepaalde in artikel 3 een vertegenwoordiger optreedt, is er sprake van:
a. instemming, indien de vertegenwoordiger instemt;
b. verzet, indien de cliënt of de vertegenwoordiger zich verzet.
3. In afwijking van het tweede lid geldt voor een cliënt die de leeftijd van twaalf jaar nog niet heeft bereikt dat er sprake is van:
a. instemming, indien de vertegenwoordiger instemt;
b. verzet, indien de vertegenwoordiger zich verzet.
4. In afwijking van het tweede lid geldt voor een cliënt die de leeftijd van twaalf maar nog niet van zestien jaar heeft bereikt en die in staat wordt geacht tot een redelijke waardering van zijn belangen ter zake, dat er sprake is van:
a. instemming, indien de cliënt en de vertegenwoordiger beiden instemmen;
b. verzet, indien de cliënt of de vertegenwoordiger zich verzet.
5. Indien de cliënt op enig moment blijk geeft van verzet, vervalt de eerder gegeven instemming, en is er sprake van verzet.
6. Indien de ouders van een cliënt gezamenlijk de wettelijke vertegenwoordiger zijn, wordt verzet van een van beiden aangemerkt als verzet van de vertegenwoordiger.

Art. 4
1. In zaken betreffende deze wet, uitgezonderd hoofdstuk 3, paragraaf 2.4, en hoofdstuk 4, is uitsluitend bevoegd de rechter van de woonplaats van de cliënt, of van de plaats waar hij hoofdzakelijk of daadwerkelijk verblijft. Zaken met betrekking tot minderjarige cliënten worden behandeld door de kinderrechter of door een meervoudige kamer waarvan de kinderrechter deel uitmaakt.   *Rechter Relatieve bevoegdheid*
2. In zaken betreffende hoofdstuk 3, paragraaf 2.4, zijn gelijkelijk bevoegd de rechter van de woonplaats van betrokkene, of van de plaats waar hij hoofdzakelijk of daadwerkelijk verblijft en de rechter die bevoegd is de in artikel 2.3 van de Wet forensische zorg opgenomen beslissingen te nemen op grond van het Wetboek van Strafvordering of het Wetboek van Strafrecht.
3. In zaken betreffende hoofdstuk 4, is uitsluitend bevoegd de rechter van de plaats waar de cliënt verblijft. Zaken met betrekking tot minderjarige cliënten worden behandeld door de kinderrechter, of door een meervoudige kamer waarvan de kinderrechter deel uit maakt.
4. Indien op grond van het in deze wet bepaalde door het CIZ een verzoekschrift wordt ingediend, behoeft de indiening niet door een advocaat te geschieden.
5. De beschikking van de rechter is bij voorraad uitvoerbaar.   *Uitvoerbaarheid bij voorraad*

Art. 4a
1. In aanvulling op hetgeen uit deze wet voortvloeit, zijn de regels inzake de verzoekprocedure uit het Wetboek van Burgerlijke Rechtsvordering van overeenkomstige toepassing. Artikel 282, vierde lid, van het Wetboek van Burgerlijke Rechtsvordering is niet van toepassing op de verzoekprocedure, bedoeld in deze wet, en zaken betreffende hoofdstuk 3, paragraaf 2.4. In zaken betreffende hoofdstuk 3, paragraaf 2.4, is in afwijking van het bepaalde in het Wetboek van Burgerlijke Rechtsvordering artikel 269 van het Wetboek van Strafvordering van overeenkomstige toepassing.   *Verzoekschriftprocedure*
2. Kosten van door de rechter opgeroepen getuigen en deskundigen komen ten laste van de Staat.   *Kosten getuigen en deskundigen*
3. Bij de voorbereiding, de uitvoering, de wijziging en de beëindiging van het zorgplan of opname en verblijf in een accommodatie op grond van hoofdstuk 3, wordt de cliënt in een voor hem begrijpelijke taal geïnformeerd.   *Informatieplicht*
4. Voor zover de uitvoering van de onvrijwillige zorg of de opname leidt tot vrijheidsbeneming heeft de cliënt, indien hij de Nederlandse taal niet beheerst, recht op bijstand van een tolk.   *Tolk*

A75 art. 4b

Wet zorg en dwang

Art. 4b

Toevoeging advocaat

1. De artikelen 38, 39, 40, 43 tot en met 45 en 48 van het Wetboek van Strafvordering zijn van overeenkomstige toepassing op de toevoeging en de taak van de advocaat, bedoeld in deze wet.

Geheimhoudingsplicht

2. De advocaat is tot geheimhouding verplicht van hetgeen in de uitoefening van zijn taak op grond van deze wet aan hem is toevertrouwd, tenzij enig wettelijk voorschrift hem tot mededeling verplicht of uit zijn taak de noodzaak tot mededeling voortvloeit. De advocaat kan zich op grond van zijn geheimhoudingsplicht verschonen van het geven van getuigenis of het beantwoorden van vragen in een klachtprocedure of rechterlijke procedure.

Hoofdstuk 2
Zorg door een zorgaanbieder

§ 2.1
Opstellen van het zorgplan

Art. 5

Aanwijzing zorgverantwoordelijke

1. De zorgaanbieder wijst voor elke cliënt een zorgverantwoordelijke aan en deelt diens naam aan de cliënt en, indien hij een vertegenwoordiger heeft, aan zijn vertegenwoordiger mee. Indien de cliënt zorg ontvangt van meer dan één zorgaanbieder, wijzen deze zorgaanbieders gezamenlijk een zorgverantwoordelijke aan.

Taken zorgverantwoordelijke

2. De zorgverantwoordelijke draagt zorg voor het opstellen, het vaststellen, het uitvoeren, het evalueren en zo nodig het periodiek aanpassen van een zorgplan en het voeren van overleg met de cliënt of zijn vertegenwoordiger voorafgaand daarover en het inrichten van een dossier voor de cliënt.

Informatie aan cliëntenvertrouwenspersoon

3. Voor zover de cliënt of zijn vertegenwoordiger daarmee instemt, verstrekt de zorgaanbieder zo spoedig mogelijk na de aanvang van de zorg, de naam en contactgegevens van een cliënt en de naam en contactgegevens van zijn vertegenwoordiger, aan de cliëntenvertrouwenspersoon, bedoeld in artikel 57, zodat de cliëntenvertrouwenspersoon de cliënt en zijn vertegenwoordiger kan informeren over de mogelijkheid tot advies en bijstand door een cliëntenvertrouwenspersoon.

Art. 6

Zorg krachtens zorgplan

1. Zorg wordt uitsluitend verleend op basis van het in artikel 7 bedoelde zorgplan, tenzij nog geen zorgplan is vastgesteld.

Zorg zonder zorgplan

2. Zolang het zorgplan nog niet is vastgesteld, wordt uitsluitend zorg verleend waarmee de cliënt of zijn vertegenwoordiger heeft ingestemd, dan wel waarmee de cliënt die geen vertegenwoordiger heeft redelijkerwijs geacht kan worden in te stemmen en waartegen hij zich niet verzet, niet zijnde zorg als bedoeld in artikel 2, tweede lid, tenzij sprake is van een noodsituatie als bedoeld in artikel 15.

Art. 7

Zorgplan

1. De zorgverantwoordelijke stelt na overleg met de cliënt of zijn vertegenwoordiger zo spoedig mogelijk, doch in elk geval binnen zes weken na aanvang van de zorg, een zorgplan vast. De afspraken met de cliënt of de vertegenwoordiger worden in het zorgplan vastgelegd.

2. Indien in verband met de zorgbehoefte van de cliënt de deskundigheid van anderen van belang is, betrekt de zorgverantwoordelijke deze deskundigheid bij het opstellen van het zorgplan.

Instemming met zorgplan, voorkeuren cliënt

3. De zorgverantwoordelijke spant zich in om de instemming van de cliënt of zijn vertegenwoordiger met het zorgplan te verkrijgen, waarbij hij zoveel als mogelijk rekening houdt met de wensen en voorkeuren van de cliënt. Van schriftelijke wilsuitingen van de cliënt of zijn vertegenwoordiger inzake zijn wensen en voorkeuren wordt een afschrift bij het zorgplan gevoegd. Indien het niet mogelijk is om hiermee rekening te houden, deelt de zorgverantwoordelijke dit schriftelijk en gemotiveerd mee aan betrokkene of zijn vertegenwoordiger.

Art. 8

Evaluatie zorgplan

1. De zorgverantwoordelijke voert zo vaak als hiertoe aanleiding is, doch in ieder geval binnen 4 weken na de aanvang van de uitvoering van het zorgplan en vervolgens ten minste elke zes maanden een evaluatie van het zorgplan uit. De cliënt of de vertegenwoordiger worden in de gelegenheid gesteld over de evaluatie gehoord te worden. De datum van de laatst uitgevoerde evaluatie wordt in het zorgplan aangetekend. Indien het zorgplan is opgesteld met toepassing van artikel 10 wordt de evaluatie mede uitgevoerd door een deskundigenoverleg als bedoeld in artikel 10, derde lid, en indien het zorgplan is opgesteld met toepassing van artikel 11, mede door het in artikel 10, tiende lid bedoelde uitgebreid deskundigenoverleg, en wordt bij de evaluatie toepassing gegeven aan artikel 10, vierde lid.

Verblijf op andere locatie

2. Indien een cliënt tijdelijk op een andere locatie verblijft waar hij zorg ontvangt van een andere zorgaanbieder in het kader van een geneeskundige behandeling, voert die andere zorgaanbieder het zorgplan uit. In situaties waarin het zorgplan niet voorziet, of uitvoering van het zorgplan

Wet zorg en dwang A75 art. 10

niet mogelijk is bij het verlenen van verantwoorde zorg binnen de instelling waar de geneeskundige behandeling plaatsvindt, kan van het zorgplan worden afgeweken.
3. Bij algemene maatregel van bestuur kunnen nadere regels worden gesteld over de wijze en het tijdstip van totstandkoming, de inhoud en inrichting van het zorgplan. — *Afwijking van zorgplan*
4. Bij algemene maatregel van bestuur kunnen eisen worden gesteld aan de deskundigen bedoeld in de artikelen 9 en 10.
5. Bij algemene maatregel van bestuur worden eisen gesteld aan de externe deskundige, bedoeld in artikel 11, eerste lid.
6. De voordracht voor een krachtens het vijfde lid vast te stellen algemene maatregel van bestuur wordt niet eerder gedaan dan vier weken nadat het ontwerp aan beide kamers der Staten-Generaal is overgelegd.

§ 2.2
Heroverweging van het zorgplan

Art. 9
1. De zorgaanbieder biedt voldoende mogelijkheden voor zorg op basis van vrijwilligheid, om daarmee onvrijwillige zorg zoveel mogelijk te voorkomen. — *Zorgaanbod*
2. Indien de zorgverantwoordelijke constateert dat het zorgplan niet blijkt te voldoen aan de zorgbehoefte van de cliënt, of de vertegenwoordiger aangeeft dat het zorgplan niet aan de zorgbehoefte van de cliënt voldoet, waardoor een situatie van ernstig nadeel kan ontstaan, wordt overeenkomstig het derde tot en met het vijfde lid, onderzocht of er alternatieven zijn voor de in het zorgplan opgenomen zorg, niet zijnde onvrijwillige zorg. — *Zorgplan en zorgbehoefte*
3. In een situatie als bedoeld in het tweede lid, overlegt de zorgverantwoordelijke met ten minste één deskundige van een andere discipline dan zijn eigen discipline, op het terrein van de aan de cliënt te verlenen zorg. Tijdens dat overleg wordt besproken: — *Onderzoek van zorgalternatieven*
a. wat het ernstig nadeel voor de cliënt is, door middel van het maken van een risico-inventarisatie;
b. wat de oorzaak van het gedrag van de cliënt zou kunnen zijn waardoor ernstig nadeel ontstaat;
c. welke rol de interactie tussen cliënt en omgeving speelt bij het ontstaan van ernstig nadeel;
d. welke mogelijkheden voor vrijwillige zorg kunnen worden benut om het ernstig nadeel te voorkomen, waardoor geen of minder onvrijwillige zorg nodig is.
4. Bij het overleg als bedoeld in het derde lid wordt, indien de zorg niet zal worden verleend terwijl de cliënt is opgenomen met toepassing van artikel 21, eerste lid, artikel 24, eerste lid, of artikel 29, tevens besproken in hoeverre de thuissituatie van de cliënt geschikt is voor de zorg die aan de cliënt zal worden verleend. — *Zorg in thuissituatie*
5. De zorgverantwoordelijke informeert de cliënt of zijn vertegenwoordiger over het in het derde lid bedoelde overleg en biedt hen de mogelijkheid hierbij aanwezig te zijn. — *Inbreng cliënt/vertegenwoordiger*
6. De zorgverantwoordelijke betrekt bij het in het derde lid bedoelde overleg de deskundigheid van anderen, indien dit gezien de zorgbehoefte van de cliënt van belang is.
7. Het zorgplan wordt aangepast op basis van de conclusies van het in het derde lid bedoelde overleg. Indien de conclusie van het overleg is dat er geen alternatieven voor onvrijwillige zorg meer zijn, wordt nader overleg gevoerd overeenkomstig het bepaalde in artikel 10.

§ 2.3
Onvrijwillige zorg in het zorgplan

Art. 10
1. Onvrijwillige zorg kan alleen als uiterste middel worden overwogen: — *Ultimum remedium*
a. indien op grond van het in artikel 9, derde lid, bedoelde overleg is gebleken dat er geen mogelijkheden voor vrijwillige zorg meer zijn;
b. indien blijkt dat het met toepassing van artikel 9 aangepaste zorgplan, niet voldoet aan de zorgbehoefte van de cliënt waardoor een situatie van ernstig nadeel kan ontstaan.
2. De zorgverantwoordelijke kan in het zorgplan als uiterste middel onvrijwillige zorg opnemen indien: — *Criteria voor opnemen onvrijwillige zorg in zorgplan*
a. het gedrag van een cliënt als gevolg van zijn psychogeriatrische aandoening of verstandelijke handicap, dan wel als gevolg van een daarmee gepaard gaande psychische stoornis of een combinatie daarvan, leidt tot ernstig nadeel;
b. de onvrijwillige zorg noodzakelijk is om het ernstige nadeel te voorkomen of af te wenden;
c. de onvrijwillige zorg geschikt is om het ernstige nadeel te voorkomen of af te wenden en gelet op het beoogde doel evenredig is; en
d. er geen minder ingrijpende mogelijkheden zijn om het ernstig nadeel te voorkomen of af te wenden.
3. Onvrijwillige zorg wordt niet in het zorgplan opgenomen dan na overleg met ten minste één deskundige van een andere discipline dan die van de zorgverantwoordelijke, op het terrein — *Inbreng deskundigen*

A75 art. 11 — Wet zorg en dwang

van de aan de cliënt te verlenen zorg en indien de zorgverantwoordelijke geen arts is en het onvrijwillige zorg als bedoeld in artikel 2, eerste lid, onder a, b of c, of zorg als bedoeld in artikel 2, tweede lid, betreft, instemming van een bij de zorg betrokken arts.

4. In het in het derde lid bedoelde overleg wordt besproken:

Risico-inventarisatie
a. wat het ernstig nadeel voor de cliënt is, door middel van het maken van een risico-inventarisatie;
b. wat de oorzaak van het gedrag van de cliënt zou kunnen zijn waardoor ernstig nadeel ontstaat;
c. welke rol de interactie tussen cliënt en omgeving speelt bij het ontstaan van ernstig nadeel;

Subsidiariteit
d. welke mogelijkheden voor vrijwillige zorg nog benut kunnen worden, waardoor geen of minder onvrijwillige zorg nodig is;

Proportionaliteit
e. wat de nadelige effecten van onvrijwillige zorg kunnen zijn, afgewogen tegen het ernstig nadeel dat moet worden afgewend; en

Termijn
f. voor welke termijn de onvrijwillige zorg in het zorgplan wordt opgenomen, waarbij die termijn zo kort mogelijk is, passend bij de aard van de zorg en ingrijpendheid voor de cliënt, waarbij die termijn op maximaal drie maanden wordt gesteld.

Zorg in thuissituatie
5. Bij het overleg als bedoeld in het derde lid wordt, indien de zorg niet zal worden verleend terwijl de cliënt is opgenomen met toepassing van artikel 21, eerste lid, artikel 24, eerste lid, of artikel 29, tevens besproken in hoeverre de thuissituatie van de cliënt geschikt is voor de zorg die aan de cliënt zal worden verleend.

Inbreng cliënt/ vertegenwoordiger
6. De zorgverantwoordelijke informeert de cliënt of zijn vertegenwoordiger over het in het derde lid bedoeld overleg en biedt hen de mogelijkheid hierbij aanwezig te zijn. Ook informeert de zorgverantwoordelijke de cliënt of zijn vertegenwoordiger over de plicht die op de zorgverantwoordelijke rust om advies over het zorgplan te vragen aan een externe deskundige in de gevallen bedoeld in artikel 11, eerste lid.

Alertheid voor nadelige effecten van onvrijwillige zorg
7. In het in het derde lid bedoelde overleg wordt voor iedere vorm van onvrijwillige zorg overwogen of die zorg mogelijk nadelige effecten heeft op de lichamelijke en geestelijke ontwikkeling van de cliënt en op zijn deelname aan het maatschappelijk leven, en worden aanvullende zorgvuldigheidseisen vastgesteld om die effecten weg te nemen of te verminderen. De zorgverantwoordelijke betrekt bij het in het derde lid bedoelde overleg de deskundigheid van anderen, indien dit gezien de zorgbehoefte van de cliënt van belang is.

Aanpassing zorgplan
8. De zorgverantwoordelijke past op basis van de conclusies van het in het derde lid bedoelde overleg het zorgplan aan en beschrijft daarin:

Aard ernstig nadeel, vorm van onvrijwillige zorg
1°. het ernstig nadeel ter zake waarvan de onvrijwillige zorg kan worden toegepast, en welke vorm van onvrijwillige zorg kan worden toegepast;

Bevoegde zorgverlener
2°. welke zorgverlener of categorie van zorgverleners bevoegd is tot het toepassen van de onvrijwillige zorg;

Duur of frequentie
3°. indien van toepassing, de duur of frequentie van de onvrijwillige zorg;

Termijn
4°. de op grond van het vierde lid, onder f, vastgestelde termijn voor de toepassing van onvrijwillige zorg;

Afbouw
5°. de wijze waarop de zorg binnen de onder 4° bedoelde termijn wordt afgebouwd;

Zorgvuldigheidseisen
6°. indien van toepassing aanvullende zorgvuldigheidseisen als bedoeld in het zevende lid;

Continuïteit
7°. de continuïteit van de benadering van de cliënt en de wijze waarop deze geborgd wordt.

9. De zorgverantwoordelijke verstrekt in het kader van het in het derde lid bedoelde overleg de daarvoor noodzakelijke gegevens aan de in het derde lid bedoelde personen.

Overschrijden termijn van afbouw
10. Indien het niet lukt de onvrijwillige zorg voor afloop van de in het vierde lid, onder f bedoelde termijn af te bouwen, wordt opnieuw toepassing gegeven aan het derde tot en met negende lid, met dien verstande dat een niet bij de zorg betrokken deskundige deelneemt aan het in het derde lid bedoelde overleg.

Art. 11

Inbreng externe deskundige
1. De zorgverantwoordelijke vraagt advies over het zorgplan aan een externe deskundige indien na het uitgebreid deskundigenoverleg als bedoeld in artikel 10, tiende lid, het niet lukt de onvrijwillige zorg binnen de in het zorgplan opgenomen termijn af te bouwen.

Verlenging termijn onvrijwillige zorg
2. Na afloop van de termijn, bedoeld in het eerste lid, kan de zorgverantwoordelijke eenmalig de termijn voor het toepassen van de onvrijwillige zorg verlengen totdat de externe deskundige heeft geadviseerd. De duur van de verlenging bedraagt maximaal drie maanden en wordt vastgelegd in het zorgplan.

Aanpassing zorgplan
3. De zorgverantwoordelijke past op basis van het advies van de externe deskundige het zorgplan aan en geeft daarin aan op welke wijze de zorgaanbieder toepassing geeft aan het advies van de externe deskundige. Artikel 10, achtste lid, zijn van overeenkomstige toepassing op de aanpassing van het zorgplan, met dien verstande dat de nieuwe termijn voor het toepassen van onvrijwillige zorg niet langer mag zijn dan zes maanden.

Termijn onvrijwillige zorg
4. Indien op grond van de evaluatie, bedoeld in artikel 8, eerste lid, wordt geconcludeerd dat onvrijwillige zorg in overeenstemming met het advies van de externe deskundige noodzakelijk blijft, bedraagt de termijn voor de toepassing van de onvrijwillige zorg, telkens niet langer dan zes maanden.

Art. 11a

1. Indien in het zorgplan onvrijwillige zorg is opgenomen of de onvrijwillige zorg in het zorgplan is gewijzigd, overlegt de zorgverantwoordelijke het zorgplan aan de Wzd-functionaris. — *Inbreng Wzd-functionaris*
2. De Wzd-functionaris beoordeelt het zorgplan. Indien hij oordeelt dat het zorgplan niet voldoet aan het uitgangspunt dat onvrijwillige zorg zoveel mogelijk wordt voorkomen of dat het zorgplan niet geschikt is om ernstig nadeel zoveel mogelijk te voorkomen, past de zorgverantwoordelijke het zorgplan op aanwijzen van de Wzd-functionaris aan.
3. De zorgverantwoordelijke informeert de Wzd-functionaris over een evaluatie van het zorgplan als bedoeld in artikel 11, vierde lid.
4. Het zorgplan vermeldt in elk geval de wijze waarop de zorgaanbieder en de Wzd-functionaris de kwaliteit van de onvrijwillige zorg bewaken en toezicht houden op de uitvoering van de onvrijwillige zorg. De zorgaanbieder en de Wzd-functionaris geven hieraan uitvoering.

§ 2.4
Uitvoeren van het zorgplan

Art. 12

1. Indien de cliënt of zijn vertegenwoordiger zich verzet tegen de uitvoering van het zorgplan of bepaalde onderdelen van het zorgplan, wordt aan dat zorgplan of die onderdelen van het zorgplan slechts uitvoering gegeven indien met toepassing van artikel 13 is vastgesteld dat uitvoering noodzakelijk is ter voorkoming van ernstig nadeel. — *Verzet tegen uitvoering zorgplan*
2. Indien de voortgang van de uitvoering van het zorgplan of ontwikkelingen in de zorgbehoefte van de cliënt daartoe aanleiding geven, wordt een nieuw of gewijzigd zorgplan vastgesteld. De artikelen 8 tot en met 11a zijn daarbij van overeenkomstige toepassing. — *Aanpassing zorgplan*

Art. 13

1. De zorgverlener geeft slechts uitvoering aan in het zorgplan opgenomen onvrijwillige zorg indien de zorgverlener voor de eerste toepassing van die onvrijwillige zorg, na instemming van de zorgverantwoordelijke heeft vastgesteld dat: — *Criteria voor uitvoering onvrijwillige zorg*
   a. het in het zorgplan omschreven ernstige nadeel zich daadwerkelijk voordoet, — *Ernstig nadeel*
   b. onvrijwillige zorg noodzakelijk is om het ernstige nadeel te voorkomen of af te wenden, — *Noodzakelijk*
   c. de onvrijwillige zorg geschikt is om het ernstige nadeel te voorkomen of af te wenden en gelet op het beoogde doel evenredig is, — *Doelmatig, proportioneel*
   d. er geen minder ingrijpende mogelijkheden zijn om het ernstige nadeel te voorkomen of af te wenden, en — *Subsidiariteit*
   e. op verantwoorde wijze is voorzien in toezicht tijdens de toepassing ervan. — *Toezicht*
2. Voordat de onvrijwillige zorg voor de eerste keer wordt verleend, informeert de zorgverantwoordelijke de Wzd-functionaris, de vertegenwoordiger en de cliënt, tenzij dit informeren kennelijk ernstige bezwaren voor de cliënt zou opleveren. Indien de situatie dermate urgent is dat vooraf informeren niet mogelijk is, informeert de zorgverantwoordelijke hen allen zo spoedig mogelijk nadat de onvrijwillige zorg is verleend of daarmee een begin is gemaakt. — *Informeren cliënt/ vertegenwoordiger*
3. Indien de situatie dermate urgent is dat de in het eerste lid bedoelde instemming van de zorgverantwoordelijke voor de eerste toepassing van de onvrijwillige zorg niet mogelijk is, treedt de zorgverlener zo spoedig mogelijk nadat de onvrijwillige zorg is verleend of daarmee een begin is gemaakt in overleg met de zorgverantwoordelijke om instemming te verkrijgen als bedoeld in het eerste lid. — *Overleg met zorgverantwoordelijke*

Art. 14

Indien sprake is van een situatie als bedoeld in artikel 8, tweede lid, neemt de verantwoordelijk arts van de zorgaanbieder waar de geneeskundige behandeling wordt uitgevoerd in plaats van de zorgverantwoordelijke de beslissing over het uitvoeren van de in het zorgplan opgenomen zorg, overeenkomstig het bepaalde in artikel 13, tweede en derde lid. — *Verblijf op andere locatie*

§ 2.5
Zorg in onvoorziene situaties

Art. 15

1. In een situatie waarin het zorgplan redelijkerwijs niet heeft kunnen voorzien of in een noodsituatie die zich voordoet in de periode dat nog geen zorgplan is vastgesteld, wordt uitsluitend onvrijwillige zorg verleend, op grond van een schriftelijke beslissing van de zorgverantwoordelijke waarin hij heeft vastgesteld dat: — *Onvrijwillige zorg niet voorzien in zorgplan, voorwaarden en criteria*
   a. het gedrag van een cliënt als gevolg van zijn psychogeriatrische aandoening of verstandelijke handicap, dan wel als gevolg van een daarmee gepaard gaande psychische stoornis of een combinatie daarvan, leidt tot ernstig nadeel;
   b. de onvrijwillige zorg noodzakelijk is om ernstig nadeel te voorkomen of af te wenden,
   c. de onvrijwillige zorg geschikt is om het ernstige nadeel te voorkomen of af te wenden en gelet op het beoogde doel evenredig is,

d. er geen minder ingrijpende mogelijkheden zijn om het ernstige nadeel te voorkomen of af te wenden, en
e. op verantwoorde wijze is voorzien in toezicht tijdens de toepassing ervan.

Maximumtermijn
2. In de in het eerste lid bedoelde schriftelijke beslissing wordt vermeld voor welke termijn zij geldt. De termijn is niet langer dan strikt noodzakelijk, en in ieder geval niet langer dan twee weken.

Inbreng deskundige
3. Indien de in het eerste lid bedoelde beslissing onvrijwillige zorg als bedoeld in artikel 2, eerste lid, onderdelen a, b of c, of zorg als bedoeld in artikel 2, tweede lid, betreft en de zorgverantwoordelijke geen arts is, overlegt hij over deze beslissing met de bij de zorg betrokken arts.

Informeren cliënt/ vertegenwoordiger
4. De zorgverantwoordelijke informeert, zo mogelijk vooraf, de Wzd-functionaris, de vertegenwoordiger en de cliënt over het verlenen van onvrijwillige zorg in een onvoorziene situatie, tenzij dit informeren kennelijk ernstig nadeel voor de cliënt zou opleveren. Daarbij wijst de zorgverantwoordelijke op de aan de cliënt toekomende rechten.

Onderzoek kleding, lichaam, verblijfsruimte, poststukken
5. Ter voorkoming van noodsituaties kan de zorgverantwoordelijke beslissen tot onvrijwillige zorg als bedoeld in artikel 2, eerste lid, onder e of f, dan wel de poststukken bestemd voor de cliënt te onderzoeken bij het gegronde vermoeden van aanwezigheid binnen de accommodatie van voorwerpen die cliënt niet in zijn bezit mag hebben of die een aanzienlijk risico op ernstig nadeel veroorzaken. In afwijking van het eerste, tweede en vierde lid stelt de zorgverantwoordelijke zo spoedig mogelijk na het onderzoek zijn beslissing op schrift. De ontnomen voorwerpen worden voor cliënt bewaard, voor zover dit niet in strijd is met enig wettelijk voorschrift. Aan cliënt of zijn vertegenwoordiger wordt een bewijs van ontvangst verstrekt, waarin de voorwerpen die in bewaring zijn genomen zijn omschreven.

§ 2.6
Administratieve voorschriften en verplichtingen tot het verstrekken van gegevens

Art. 16

Dossierplicht
1. Met het oog op de kwaliteit van de zorg en de inzichtelijkheid voor de cliënt en zijn vertegenwoordiger richt de zorgverantwoordelijke namens de zorgaanbieder een dossier in.

Inhoud dossier
2. Onverminderd het bepaalde in artikel 454 van Boek 7 van het Burgerlijk Wetboek, bevat het dossier:
a. het zorgplan;
b. een afschrift van de beslissing bedoeld in artikel 3, tweede lid en de verklaring van de vertegenwoordiger bedoeld in artikel 3, zesde lid;
c. in voorkomend geval vermelding van de reden van het niet verwerven van de instemming van de cliënt of zijn vertegenwoordiger met het zorgplan;
d. de evaluatie van het zorgplan, bedoeld in artikel 8, eerste lid;
e. de resultaten van het overleg bedoeld in artikel 9, derde lid, artikel 10, derde en vierde lid, artikel 13, derde lid en artikel 15, derde lid, en het advies van een externe deskundige, bedoeld in artikel 11;
f. aantekening van het vooraf of achteraf informeren van de Wzd-functionaris, de vertegenwoordiger en de cliënt over het verlenen van onvrijwillige zorg, als bedoeld in artikel 13, tweede lid en 15, vierde lid, en, indien dit niet is gebeurd, de reden daarvoor;
g. aantekening van het ontbreken van de instemming met dan wel de medewerking van de cliënt of voor zover van toepassing zijn vertegenwoordiger aan de uitvoering van het zorgplan en de reden daarvoor;
h. aantekening van de verstrekking van gegevens op grond van artikel 18c, eerste lid, zonder toestemming van de cliënt of zijn vertegenwoordiger;
i. aantekening van een mededeling als bedoeld in artikel 22, negende lid, onderdeel c;
j. een afschrift van een beslissing als bedoeld in artikel 15, tweede lid;
k. een afschrift van het besluit tot opname en verblijf, bedoeld in artikel 21, eerste lid;
l. een afschrift van de rechterlijke machtiging, bedoeld in artikel 24, eerste lid;
m. een afschrift van de voorwaardelijke rechterlijke machtiging, als bedoeld in artikel 28aa, eerste lid;
n. een afschrift van de beschikking tot inbewaringstelling, bedoeld in artikel 29, eerste lid;
o. de opname- en ontslaggegevens, en
p. de beoordeling van de Wzd-functionaris, bedoeld in artikel 11a.

Motivering onvrijwillige zorg
3. Indien toepassing is gegeven aan de artikelen 13 of 15, wordt, zodra de onvrijwillige zorg is verleend, daarvan melding gemaakt in het dossier met een motivering van de noodzaak daartoe.

Art. 17

Digitale informatie ten behoeve van inspectietoezicht
1. De zorgaanbieder zorgt ten behoeve van het toezicht door de inspectie voor het digitaal beschikbaar zijn van in ieder geval de volgende gegevens:
a. de namen van de cliënt, de zorgverantwoordelijke en de Wzd-functionaris;
b. de vorm van de aan de betrokken cliënt verleende onvrijwillige zorg;

Wet zorg en dwang

A75 art. 18b

c. de noodzaak voor de onvrijwillige zorg;
d. een schriftelijke beslissing als bedoeld in artikel 3, tweede lid;
e. het zorgplan of een schriftelijke beslissing als bedoeld in artikel 15, eerste of vijfde lid, die legitimeert tot de vorm van onvrijwillige zorg;
f. het besluit tot opname en verblijf, de rechterlijke machtiging, of de beschikking tot inbewaringstelling, die legitimeert tot onvrijwillige opname, de voorwaardelijke rechterlijke machtiging, bedoeld in artikel 28aa, eerste lid of de beslissing van de strafrechter op grond van artikel 2.3 van de Wet forensische zorg waaruit blijkt of de cliënt is opgenomen met een nog geldende justitiële titel op grond van het Wetboek van Strafrecht;
g. de begindatum en de einddatum van de onvrijwillige zorg;
h. de duur en de frequentie van de onvrijwillige zorg;
i. de beslissingen van de zorgaanbieder op de aanvragen voor verlof of ontslag op grond van de artikelen 47 of 48;
j. de beoordelingen van de Wzd-functionaris, bedoeld in de artikelen 11a, 47, derde, achtste en negende lid, en 48, zesde en tiende lid.
2. De zorgaanbieder verstrekt ten minste eens per zes maanden aan de inspectie een digitaal overzicht van de gegevens, bedoeld in het eerste lid. Bij algemene maatregel van bestuur kan worden bepaald dat deze gegevens op een bij of krachtens die maatregel aangewezen wijze verstrekt worden aan en verwerkt worden door een door Onze Minister aan te wijzen instantie.

Art. 18
1. De zorgaanbieder verstrekt ten minste eens per zes maanden aan de inspectie een door het bestuur van de zorgaanbieder ondertekende analyse over de verplichte onvrijwillige zorg die door hem in die periode is verleend.
2. Bij regeling van Onze Minister kunnen regels worden gesteld over de inhoud en de wijze van verstrekken van de analyse.

Analyse onvrijwillige zorg

Art. 18a
1. De zorgaanbieder bewaart de gegevens en bescheiden, bedoeld in artikel 17 gedurende de termijn, bedoeld in artikel 7:454 van het Burgerlijk Wetboek, te rekenen vanaf het tijdstip waarop de onvrijwillige zorg wordt beëindigd.
2. De burgemeester en het CIZ bewaren de beschikking tot inbewaringstelling en de verklaring bedoeld in artikel 30, eerste lid, of het besluit tot opname en verblijf en de verklaring, bedoeld in artikel 26, vijfde lid, onderdeel d gedurende de termijn, bedoeld in artikel 7:454 van het Burgerlijk Wetboek te rekenen vanaf het tijdstip waarop het verblijf op basis van de beschikking of het besluit tot opname en verblijf wordt beëindigd.
3. Indien het verzoek om een rechterlijke machtiging niet-ontvankelijk is verklaard, bewaart het CIZ het verzoek gedurende één jaar te rekenen vanaf het tijdstip waarop die beslissing is genomen.
4. Na verloop van de termijnen, bedoeld in het eerste, tweede en derde lid, worden de documenten, bedoeld in respectievelijk het eerste, tweede of derde lid, vernietigd, tenzij:
a. redelijkerwijs aannemelijk is dat bewaring van de gegevens en bescheiden van aanmerkelijk belang is voor een ander dan de cliënt, of
b. het bij de wet bepaalde zich tegen vernietiging verzet.
5. In afwijking van het bepaalde in het eerste en tweede lid worden vanaf vijf jaar na de beëindiging van onvrijwillige zorg of beschikking tot inbewaringstelling de gegevens en bescheiden binnen drie maanden vernietigd indien de cliënt daartoe verzoekt en:
a. redelijkerwijs aannemelijk is dat bewaring van de gegevens en bescheiden niet van aanmerkelijk belang is voor een ander dan de cliënt,
b. het bij de wet bepaalde zich niet tegen vernietiging verzet.

Bewaartermijn zorgaanbieder

Bewaartermijn burgemeester en CIZ

Bewaarplicht burgemeester en CIZ

Verzoek tot vernietiging

Art. 18b
1. De zorgaanbieder verschaft het CIZ ten behoeve van diens taak op grond van hoofdstuk 3, inzage in het zorgplan bedoeld in artikel 5, tweede lid, en het dossier bedoeld in artikel 16, tweede lid, van een cliënt voor wie een besluit tot opname en verblijf of een verzoek om een rechterlijke machtiging als bedoeld in artikel 24 wordt voorbereid.
2. De zorgaanbieder verstrekt desgevraagd inzage in of afschrift van gegevens uit het dossier van een overleden cliënt, bedoeld in artikel 16, tweede lid, aan:
a. een persoon ten behoeve van wie de cliënt bij leven toestemming heeft gegeven indien die toestemming schriftelijk of elektronisch is vastgelegd;
b. een nabestaande of een vertegenwoordiger, indien die nabestaande of die vertegenwoordiger een mededeling over een incident op grond van artikel 10, derde lid, van de Wet kwaliteit, klachten en geschillen zorg heeft gekregen;
c. een ieder die een zwaarwegend belang heeft en aannemelijk maakt dat dit belang mogelijk wordt geschaad en dat inzage in of afschrift van gegevens uit het dossier noodzakelijk is voor de behartiging van dit belang.
3. De zorgaanbieder verstrekt aan degene of de instelling die het gezag uitoefende over de cliënt die op het moment van overlijden de leeftijd van zestien jaar nog niet had bereikt, desge-

Inzage CIZ in zorgplan en dossier

Inzage nabestaanden in dossier

Sdu 1919

A75 art. 18ba — Wet zorg en dwang

vraagd inzage in of afschrift van gegevens uit het dossier van deze cliënt, tenzij dit in strijd is met de zorg van een goed zorgverlener.

4. Op grond van dit artikel worden uitsluitend gegevens verstrekt voor zover deze betrekking hebben op de grond waarvoor inzage wordt verleend.

5. Op grond van dit artikel worden geen gegevens verstrekt voor zover schriftelijk of elektronisch is vastgelegd dat de overleden cliënt die de leeftijd van twaalf jaar had bereikt en tot een redelijke waardering van zijn belangen ter zake in staat was, deze inzage niet wenst, of daarbij de persoonlijke levenssfeer van een ander wordt geschaad.

Art. 18ba

Vermoeden medische fout

1. Indien op grond van artikel 18a, tweede lid, onderdeel c, om inzage in of afschrift van gegevens uit het dossier van een overleden cliënt wordt gevraagd vanwege een vermoeden van een medische fout en de zorgaanbieder de gevraagde inzage of het gevraagde afschrift niet verstrekt, verstrekt de zorgaanbieder op verzoek van degene die om de inzage of het afschrift heeft gevraagd inzage in of afschrift van de gegevens aan een door de verzoeker aangewezen onafhankelijke arts.

2. De arts, bedoeld in het eerste lid, beoordeelt of het niet verstrekken van de inzage of het afschrift gerechtvaardigd is. Indien de arts van oordeel is dat het niet verstrekken niet gerechtvaardigd is, verstrekt de zorgaanbieder alsnog inzage of afschrift aan de verzoeker.

Art. 18c

Onderlinge informatieverstrekking zorgaanbieder, Wzd-functionaris, zorgverantwoordelijke, CIZ, burgemeester en OvJ

1. Onverminderd andere verplichtingen tot het verstrekken van gegevens die voortvloeien uit deze wet, verstrekken de zorgaanbieder, de Wzd-functionaris, de zorgverantwoordelijke, het CIZ, de burgemeester en de officier van justitie elkaar, zo nodig zonder toestemming van de cliënt of diens vertegenwoordiger, gegevens voor zover dat strikt noodzakelijk is ter voorkoming of beperking van ernstig nadeel, en dit hoort bij de uitoefening van ieders taak op grond van deze wet.

Bijzondere persoonsgegevens

2. Onder de gegevens die op grond van deze wet worden verwerkt, dan wel kunnen worden verwerkt, worden justitiële en strafvorderlijke gegevens als bedoeld in de Wet justitiële en strafvorderlijke gegevens, politiegegevens als bedoeld in de Wet politiegegevens en gegevens over gezondheid als bedoeld in artikel 4, onderdeel 15 van de Algemene verordening gegevensbescherming begrepen. De Wzd-functionaris, de zorgverantwoordelijke, de burgemeester, het CIZ, de officier van justitie en inspectie vermelden bij het verstrekken van persoonsgegevens aan elkaar tevens het burgerservicenummer, bedoeld in artikel 1, onderdeel b, van de Wet algemene bepalingen burgerservicenummer, van de cliënt.

Informeren zorgverantwoordelijke

3. De zorgaanbieder, de Wzd-functionaris, het CIZ, de burgemeester en de officier van justitie stellen de zorgverantwoordelijke ten behoeve van diens taak op grond van artikel 16, tweede lid, onderdeel h, op de hoogte indien zij op grond van het eerste lid gegevens over betrokkene uitwisselen zonder diens toestemming.

Geheimhoudingsplicht medewerkers zorgaanbieder, zorgverantwoordelijke, CIZ, burgemeester, OvJ

4. De medewerkers van de zorgaanbieder, de Wzd-functionaris, de zorgverantwoordelijke, het CIZ, de burgemeester en de officier van justitie en de rechter zijn tot geheimhouding verplicht van hetgeen in de uitoefening van hun taak aan hen is toevertrouwd, tenzij het bepaalde in het eerste lid of enig ander wettelijk voorschrift hen tot mededeling verplicht of uit hun taak de noodzaak tot mededeling voortvloeit.

5. In afwijking van het bepaalde in het vierde lid kunnen de zorgaanbieder, de Wzd-functionaris, het CIZ en de burgemeester zonder toestemming van de cliënt gegevens en bescheiden ten behoeve van statistiek of wetenschappelijk onderzoek aan een ander verstrekken, indien:

a. het onderzoek voorziet in zodanige waarborgen dat de persoonlijke levenssfeer van de cliënt niet wordt geschaad,

b. het onderzoek een zwaarwegend algemeen belang dient, en

c. de cliënt niet uitdrukkelijk bezwaar heeft gemaakt tegen verstrekking.

6. Bij of krachtens algemene maatregel van bestuur worden regels gesteld over de wijze waarop de gegevensverwerkingen die voortvloeien uit deze wet worden ingericht en met aanvullende waarborgen worden omkleed, waaronder begrepen de technische standaarden daarvoor.

7. De voordracht voor een krachtens het zesde lid vast te stellen algemene maatregel van bestuur wordt niet eerder gedaan dan vier weken nadat het ontwerp aan beide kamers der Staten-Generaal is overgelegd.

Art. 19

Beleidsplan onvrijwillige zorg

1. Een zorgaanbieder die onvrijwillige zorg verleent, draagt zorg voor een beleidsplan waarin hij in ieder geval vastlegt:

a. door middel van welke alternatieven hij tracht om onvrijwillige zorg zoveel mogelijk te voorkomen;

b. hoe hij omgaat met het toepassen van onvrijwillige zorg en de afbouw van onvrijwillige zorg;

c. de wijze van intern toezicht bij uitvoering van onvrijwillige zorg.

2. Bij het opnemen van onvrijwillige zorg in een zorgplan en het verlenen van onvrijwillige zorg, overeenkomstig het bepaalde in de artikelen 9 tot en met 15, wordt rekening gehouden met dit beleidsplan.

Wet zorg en dwang A75 art. 22

Art. 20
1. De zorgaanbieder die onvrijwillige zorg verleent, verstrekt Onze Minister, ter opneming in een openbaar register, een opgave van de:
a. naam of een andere aanduiding van de locatie, alsmede het adres ervan;
b. aanduiding of de locatie een accommodatie is;
c. naam, het adres, de rechtsvorm en het Handelsregisternummer van de zorgaanbieder.
2. Bij algemene maatregel van bestuur kunnen bouwkundige eisen worden gesteld aan de accommodatie, tenzij deze behoort tot een instelling als bedoeld in de Wet forensische zorg.

— Register van locaties en accommodaties

Hoofdstuk 3
Opname en verblijf in een accommodatie

§ 1
Opname en verblijf zonder rechterlijke machtiging

Art. 21
1. Opname en verblijf of de voortzetting van het verblijf van een cliënt van twaalf jaar of ouder die geen blijk geeft van de nodige bereidheid daartoe, maar zich er ook niet tegen verzet, vindt uitsluitend plaats in een geregistreerde accommodatie op basis van een besluit tot opname en verblijf van het CIZ.
2. Het CIZ neemt uitsluitend een besluit tot opname en verblijf, als bedoeld in het eerste lid, indien:
a. de cliënt naar zijn oordeel geen blijk geeft van de nodige bereidheid tot opname en verblijf of de voortzetting van het verblijf, maar zich er ook niet tegen verzet;
b. naar zijn oordeel het gedrag van een cliënt als gevolg van zijn psychogeriatrische aandoening of verstandelijke handicap, dan wel als gevolg van een daarmee gepaard gaande psychische stoornis of een combinatie daarvan, leidt tot ernstig nadeel;
c. de opname en het verblijf of de voortzetting van het verblijf noodzakelijk is om het ernstige nadeel te voorkomen of af te wenden;
d. de opname en het verblijf of de voortzetting van het verblijf geschikt is om het ernstige nadeel te voorkomen of af te wenden, en
e. er geen minder ingrijpende mogelijkheden zijn om het ernstige nadeel te voorkomen of af te wenden.
3. Indien een cliënt vrijwillig of met toepassing van deze paragraaf is opgenomen en verblijft in een accommodatie, maar zich vervolgens op zodanige wijze verzet tegen verschillende onderdelen van de zorgverlening dat het leveren van cliëntgerichte zorg feitelijk niet mogelijk is, wordt de voortzetting van het verblijf geacht onvrijwillig te zijn en is artikel 24, eerste lid, van toepassing.
4. Bij of krachtens algemene maatregel van bestuur worden regels gesteld, betreffende de deskundigheidseisen waaraan het CIZ dient te voldoen.

— CIZ-besluit tot opname en verblijf bij 'geen bereidheid geen verzet' cliënt
— Criteria CIZ-besluit
— Verzet nadien

Art. 22
1. Tot het indienen van een aanvraag tot een besluit tot opname en verblijf, als bedoeld in artikel 21, eerste lid, zijn bevoegd:
a. de echtgenoot, de geregistreerde partner of andere levensgezel;
b. de vertegenwoordiger;
c. elke meerderjarige bloedverwant in de rechte lijn of de zijlijn tot en met de tweede graad en elke meerderjarige aanverwant tot en met de tweede graad;
d. de zorgaanbieder die de cliënt zorg verleent, voor zover het een cliënt betreft die al in een accommodatie verblijft, of
e. de Wzd-functionaris, voor zover het een cliënt betreft die al in een accommodatie verblijft dan wel voor wie een zorgplan is vastgesteld waarin onvrijwillige zorg wordt opgenomen.
2. De aanvraag, bedoeld in het eerste lid, wordt ingediend bij het CIZ.
3. Indien de aanvraag een cliënt betreft die al op grond van een besluit als bedoeld in artikel 21, eerste lid, in de accommodatie verblijft, wordt de aanvraag in de zevende week voor het einde van de geldigheidsduur van het lopende besluit gedaan.
4. Het CIZ neemt het besluit tot opname en verblijf binnen 6 weken na de datum van de aanvraag.
5. In het besluit tot opname en verblijf wordt de geldigheidsduur ervan vermeld, welke ten hoogste vijf jaren is.
6. Het CIZ kan met betrekking tot de cliënt die al op grond van een besluit tot opname en verblijf in een accommodatie verblijft, telkens een nieuw besluit tot opname en verblijf nemen met een geldigheidsduur van ten hoogste vijf jaren.
7. Voorafgaand aan de behandeling van een aanvraag, bedoeld in het eerste en derde lid, wordt aan de cliënt of zijn vertegenwoordiger mondeling en schriftelijk medegedeeld dat hij zich kan verzetten tegen opname en verblijf.

— Indienen aanvraag
— Aanvraag vervolgbesluit
— Beslistermijn
— Geldigheidsduur besluit
— Vervolgbesluit
— Informeren over mogelijkheid van verzet

Verzet nadien	8. Indien een cliënt die met toepassing van deze paragraaf is opgenomen in een accommodatie, zich verzet tegen het verblijf in die accommodatie, en dit verblijf niet in een andere door de cliënt of zijn vertegenwoordiger aangewezen accommodatie wil voortzetten, is artikel 24, eerste lid, van toepassing.
Vervallen van besluit	9. Het besluit tot opname en verblijf vervalt vanaf het moment waarop: a. de aanspraak op opname en verblijf vervalt wegens het herzien of intrekken van het indicatiebesluit als bedoeld in de Wet langdurige zorg; b. de rechter een machtiging tot opname en verblijf heeft afgegeven of de burgemeester een last tot inbewaringstelling heeft afgegeven, of c. het CIZ op verzoek van de cliënt heeft vastgesteld dat deze zijn bereidheid tot opname heeft uitgesproken. Het CIZ doet hiervan mededeling aan de zorgaanbieder. Op verzoek van het CIZ verklaart de bij de zorg betrokken arts of de cliënt in staat is tot een redelijke waardering van zijn belangen ter zake.
Twijfel aan onvrijwilligheid	10. Indien het CIZ twijfelt of er sprake is van onvrijwilligheid, als bedoeld in artikel 24, tweede lid, meldt het dit aan de aanvrager, en vraagt hierover een beoordeling aan een bij regeling van Onze Minister aangewezen externe deskundige. 11. Indien op grond van het tiende lid, geoordeeld wordt dat er sprake is van onvrijwilligheid, behandelt het CIZ de aanvraag vanaf dat moment als aanvraag als bedoeld in artikel 25.

Art. 23

Aanvraag/besluit tot opname en verblijf, nadere regels	Bij of krachtens algemene maatregel van bestuur kunnen regels gesteld worden betreffende: a. de behandeling van een aanvraag tot opname en verblijf; b. de administratieve voorschriften betreffende de aanvraag en het besluit tot opname en verblijf in een accommodatie, en c. de inhoud van het besluit tot opname en verblijf.

§ 2
Onvrijwillige opname en verblijf

§ 2.1
De reguliere onvrijwillige opname en verblijf of voortgezet verblijf

Art. 24

Rechterlijke machtiging	1. Onvrijwillige opname en verblijf of voortzetting van het verblijf van een cliënt is alleen mogelijk met een rechterlijke machtiging in een geregistreerde accommodatie.
Begripsbepaling onvrijwilligheid	2. De opname en het verblijf of de voortzetting van het verblijf is onvrijwillig indien: a. de cliënt van twaalf jaar of ouder zich verzet tegen de opname en het verblijf of de voortzetting van het verblijf; b. de vertegenwoordiger zich verzet tegen de opname en het verblijf of voortzetting van het verblijf, of c. de ouders die gezamenlijk het gezag over de betrokkene uitoefenen, van mening verschillen over de opname en het verblijf of de voortzetting van het verblijf.
Machtigingsverzoek CIZ Criteria machtiging	3. De rechter kan op verzoek van het CIZ een machtiging als bedoeld in het eerste lid verlenen, indien naar het oordeel van de rechter: a. het gedrag van een cliënt als gevolg van zijn psychogeriatrische aandoening of verstandelijke handicap, dan wel als gevolg van een daarmee gepaard gaande psychische stoornis of een combinatie daarvan, leidt tot ernstig nadeel; b. de opname en het verblijf of de voortzetting van het verblijf noodzakelijk is om het ernstige nadeel te voorkomen of af te wenden; c. de opname en het verblijf of de voortzetting van het verblijf geschikt is om het ernstige nadeel te voorkomen of af te wenden, en d. er geen minder ingrijpende mogelijkheden zijn om het ernstige nadeel te voorkomen of af te wenden. 4. Indien een cliënt vrijwillig of op grond van een besluit als bedoeld in artikel 21, eerste lid, in een accommodatie is opgenomen en verblijft, maar zich vervolgens op zodanige wijze verzet tegen verschillende onderdelen van de zorgverlening dat het leveren van cliëntgerichte zorg feitelijk niet mogelijk is, wordt de voortzetting van het verblijf geacht onvrijwillig te zijn en is het eerste lid van toepassing.

§ 2.2
De aanvraag

Art. 25

Aanvraag machtigingsverzoek bij CIZ	1. De volgende personen kunnen het CIZ vragen een verzoek om een rechterlijke machtiging, als bedoeld in artikel 24, eerste lid, in te dienen: a. de echtgenoot, de geregistreerde partner of andere levensgezel;

b. de vertegenwoordiger;
c. elke meerderjarige bloedverwant in de rechte lijn of de zijlijn tot en met de tweede graad en elke meerderjarige aanverwant tot en met de tweede graad;
d. de zorgaanbieder die de cliënt feitelijk zorg verleent, of
e. de Wzd-functionaris.
2. De aanvraag wordt schriftelijk ingediend bij het CIZ.
3. Indien het een cliënt betreft die al op grond van een machtiging tot opname en verblijf in een accommodatie verblijft, wordt de aanvraag in de negende of achtste week voor het einde van de geldigheidsduur van deze machtiging gedaan. Indien het een cliënt betreft die al op grond van een machtiging tot verlenging van de inbewaringstelling in een accommodatie verblijft, wordt de aanvraag in de vierde week voor het einde van de geldigheidsduur van deze machtiging gedaan. <!-- marginalia: Moment van aanvraag -->
4. Indien de cliënt minderjarig is, onder curatele is gesteld dan wel ten behoeve van hem een mentorschap is ingesteld, wordt bij de aanvraag overgelegd respectievelijk een uittreksel uit het in artikel 244 van Boek 1 van het Burgerlijk Wetboek bedoelde register, of een verklaring van de griffier van de rechtbank dat ten aanzien van de minderjarige het register geen gegevens bevat, een uittreksel uit het in artikel 391 van Boek 1 van het Burgerlijk Wetboek bedoelde register, dan wel een afschrift van de beschikking waarbij het mentorschap is ingesteld alsmede van die waarbij een mentor is benoemd.

§ 2.3
Het verzoek

Art. 26
1. Het CIZ doet zo spoedig mogelijk doch binnen drie weken na de dag van verzending van de aanvraag, bedoeld in artikel 25, eerste lid, bij de rechter een verzoek tot het verlenen van een machtiging. Indien het een cliënt betreft die al op grond van een machtiging tot verlenging van de inbewaringstelling in een accommodatie verblijft, doet het CIZ het verzoek bij de rechter binnen één week na de dag van verzending van de aanvraag, bedoeld in artikel 25, eerste lid. <!-- Machtigingsverzoek van CIZ -->
2. Het CIZ doet het in het eerste lid bedoelde verzoek indien er grond is om aan te nemen dat de opname en het verblijf of de voortzetting van het verblijf onvrijwillig is en voldaan wordt aan de in artikel 24, tweede en derde lid, genoemde voorwaarden. <!-- Bescheiden bij verzoek -->
3. Indien het CIZ besluit om geen verzoek als bedoeld in het eerste lid in te dienen, doet het hiervan mededeling aan de aanvrager. <!-- Afwijzing aanvraag door CIZ -->
4. Indien een cliënt betreft die al in een accommodatie verblijft, deelt het CIZ zijn beslissing schriftelijk mee aan de zorgaanbieder die deze accommodatie beheert. <!-- Verzoek, bijlagen -->
5. Het CIZ overlegt bij het verzoek tot het verlenen van een machtiging:
a. het indicatiebesluit dat op grond van artikel 3.2.3 van de Wet langdurige zorg door het CIZ is vastgesteld, dan wel de verklaring, bedoeld in artikel 1, eerste lid, onderdeel c;
b. de aanvraag, bedoeld in artikel 25;
c. de bescheiden, bedoeld in artikel 25, vierde lid, en
d. een verklaring van een ter zake kundige arts die de cliënt met het oog op de machtiging kort te voren heeft onderzocht, maar die laatste gedurende één jaar geen zorg heeft verleend aan de cliënt en ten opzichte van de zorgaanbieder onafhankelijk functioneert. <!-- Geneeskundige verklaring -->
6. Ingeval het verzoek tot het verlenen van een machtiging een cliënt betreft die al in een accommodatie verblijft, overlegt het CIZ naast de bescheiden, genoemd in het vijfde lid, een afschrift van het zorgplan, bedoeld in artikel 5. <!-- Bescheiden bij verzoek -->
7. Het CIZ vermeldt in het verzoek de gewenste duur van de machtiging. <!-- Onafhankelijke arts -->

Art. 27
1. Uit de verklaring, bedoeld in artikel 26, vijfde lid, onderdeel d, blijkt: <!-- Inhoud geneeskundige verklaring -->
a. dat er sprake is van onvrijwilligheid, als bedoeld in artikel 24, tweede lid, en waaruit deze onvrijwilligheid bestaat;
b. dat er sprake is van gedrag van de cliënt als gevolg van zijn psychogeriatrische aandoening of verstandelijke handicap, dan wel als gevolg van een daarmee gepaard gaande psychische stoornis of een combinatie daarvan, dat leidt tot ernstig nadeel;
c. dat de opname en het verblijf of de voortzetting van het verblijf noodzakelijk is om het ernstige nadeel te voorkomen of af te wenden;
d. dat de opname en het verblijf of de voortzetting van het verblijf geschikt is om het ernstige nadeel te voorkomen of af te wenden, en
e. dat er geen minder ingrijpende mogelijkheden zijn om het ernstige nadeel te voorkomen of af te wenden.
2. De verklaring verschaft inzicht in de actuele situatie van de cliënt, wordt met redenen omkleed en ondertekend.
3. De arts die de verklaring opstelt, pleegt van tevoren overleg met de zorgaanbieder die de cliënt zorg verleent of, indien deze ontbreekt, met de huisarts van de cliënt. <!-- Overleg met zorgaanbieder of huisarts -->

A75 art. 28 — Wet zorg en dwang

Informatie aan cliënt/ vertegenwoordiger

4. De cliënt en zijn vertegenwoordiger worden op de hoogte gebracht van het opmaken van de verklaring.

Art. 28

Relatie Wvggz

1. Het CIZ zendt een aanvraag, als bedoeld in artikel 25, eerste lid, tot behandeling waarvan kennelijk de officier van justitie, bedoeld in hoofdstuk 5 van de Wet verplichte geestelijke gezondheidszorg, bevoegd is, onverwijld door naar de officier van justitie bij het desbetreffende arrondissementsparket, onder gelijktijdige mededeling daarvan aan de afzender.

Doorzenden aanvraag bij aangewezen psychiatrische zorg

2. Het CIZ zendt een aanvraag, als bedoeld in artikel 25, eerste lid, met betrekking tot een cliënt, van wie het heeft geconstateerd dat deze naast zijn psychogeriatrische stoornis of verstandelijke handicap een andere psychische stoornis heeft, waarvoor ingevolge zijn gedrag en de benodigde zorg, opname en verblijf in een accommodatie als bedoeld in artikel 1:1, eerste lid, onderdeel b, van de Wet verplichte geestelijke gezondheidszorg, het meest aangewezen is, onverwijld door naar de officier van justitie bij het desbetreffende arrondissementsparket, onder gelijktijdige mededeling daarvan aan de afzender.

§ 2.3a
Voorwaardelijke machtiging jongvolwassenen

Art. 28aa

Voorwaardelijke machtiging jongvolwassenen

1. De rechter kan op verzoek van het CIZ een voorwaardelijke machtiging verlenen die strekt tot opname en verblijf in een geregistreerde accommodatie van een cliënt die de leeftijd van achttien jaar heeft bereikt maar nog niet de leeftijd van drieëntwintig jaar, aansluitend op de verlening van jeugdhulp als bedoeld in de Jeugdwet aan die cliënt.

Criteria

2. Een voorwaardelijke machtiging kan slechts worden verleend, indien naar het oordeel van de rechter:
a. het gedrag van een cliënt als gevolg van zijn verstandelijke handicap, dan wel als gevolg van een daarmee gepaard gaande psychische stoornis of een combinatie daarvan, leidt tot ernstig nadeel, en
b. het ernstig nadeel buiten een geregistreerde accommodatie slechts door het stellen en naleven van voorwaarden kan worden afgewend.

Aanvraag bij CIZ

3. Artikel 25, tweede tot en met vierde lid, zijn van toepassing, met dien verstande dat de cliënt ook zelf het CIZ kan vragen een verzoek om een voorwaardelijke machtiging in te dienen.

Machtigingsverzoek van CIZ

4. Artikel 26, eerste lid en derde, vijfde en achtste lid, zijn van overeenkomstige toepassing, met dien verstande dat uit de verklaring, bedoeld in artikel 26, zesde lid, onderdeel a, blijkt dat wordt voldaan aan de gronden, bedoeld in het tweede lid van dit artikel.

Zorgplan

5. De rechter verleent een voorwaardelijke machtiging slechts indien hem een zorgplan wordt overgelegd dat is opgesteld overeenkomstig artikel 5 en na het doorlopen van de procedure van artikel 9. In het zorgplan wordt vermeld op welke grond de zorgverantwoordelijke tot het oordeel is gekomen dat redelijkerwijs is aan te nemen dat cliënt de voorwaarden als opgenomen in het zorgplan, zal naleven. In het zorgplan wordt medegedeeld welke geregistreerde accommodatie bereid is de cliënt op te nemen als de voorwaarden in het zorgplan niet worden nageleefd, of het ernstig nadeel niet langer buiten een geregistreerde accommodatie kan worden afgewend door de naleving van de voorwaarden.

Voorwaarden

6. Naast of in afwijking van de voorwaarden in het zorgplan kan de rechter bij de verlening van de voorwaardelijke machtiging voorwaarden stellen betreffende het gedrag van de cliënt, voor zover dit gedrag het ernstig nadeel, voortvloeiend uit de verstandelijke handicap, beïnvloedt.

Procedure rechtbank

7. De artikelen 38, 39, eerste tot en met derde en achtste en negende lid, en 41 zijn van overeenkomstige toepassing bij het afgeven van de voorwaardelijke machtiging.

Art. 28ab

Geldigheidsduur voorwaardelijke machtiging

1. Een voorwaardelijke machtiging heeft een geldigheidsduur van ten hoogste een jaar na dagtekening en eindigt uiterlijk op de dag waarop de cliënt de leeftijd van drieëntwintig jaar bereikt.

Verlengen voorwaardelijke machtiging

2. De rechter kan op verzoek van het CIZ een voorwaardelijke machtiging telkens verlengen met een jaar.
3. Een voorwaardelijke machtiging wordt slechts verlengd indien naar het oordeel van de rechter het ernstig nadeel, voortvloeiend uit het gedrag van de cliënt, ook na het verloop van de geldigheidsduur van de machtiging aanwezig zal zijn en het afwenden van het ernstig nadeel zonder verlenging van de voorwaardelijke machtiging vereist.
4. Bij het verzoek om verlenging van de voorwaardelijke machtiging wordt een verklaring als bedoeld in artikel 26, vijfde lid, onderdeel d, overgelegd, waaruit blijkt dat het ernstig nadeel, voortvloeiend uit het gedrag van de cliënt, ook na het verloop van de geldigheidsduur van de machtiging aanwezig zal zijn en het afwenden van het ernstig nadeel verlenging van de voorwaardelijke machtiging vereist. Tevens wordt door de zorgverantwoordelijke een beschrijving overgelegd van de toestand van de cliënt, van de aan hem verleend zorg en de effecten daarvan.

Wet zorg en dwang   **A75** art. 28a

5. Het verzoekschrift tot verlenging van een voorwaardelijke machtiging wordt ingediend uiterlijk dertig dagen, doch niet eerder dan vijftig dagen voor het einde van de geldigheidsduur van de lopende machtiging.
6. Artikel 28aa is van overeenkomstige toepassing op de verlenging van de voorwaardelijke machtiging.

Art. 28ac
1. Indien het ernstig nadeel niet langer buiten een geregistreerde accommodatie kan worden afgewend door naleving van de voorwaarden, dan wel de cliënt de in de machtiging opgenomen voorwaarden niet naleeft, neemt de zorgverantwoordelijke de cliënt op in een geregistreerde accommodatie. Voorafgaand aan de opname stelt de zorgverantwoordelijke zich op de hoogte van de toestand van de cliënt en vraagt hij over de voorgenomen opname advies aan een externe deskundige als bedoeld in artikel 11. — *Opname in accommodatie*
2. De opname geschiedt voor ten hoogste de termijn van de resterende geldigheidsduur van de voorwaardelijke machtiging, doch niet langer dan zes maanden.
3. Vanaf het moment dat de cliënt is opgenomen op grond van een voorwaardelijke machtiging, wordt die machtiging aangemerkt als een rechterlijke machtiging als bedoeld in artikel 24. — *Conversie*
4. De zorgverantwoordelijke stelt de cliënt uiterlijk vier dagen na zijn beslissing tot opname daarvan schriftelijk in kennis, onder mededeling van de redenen van de beslissing, tenzij de opname plaatsvindt op verzoek van de cliënt. Een afschrift van de beslissing wordt gezonden aan het CIZ en aan de griffier van de rechtbank die de voorwaardelijke machtiging heeft verleend.
5. De personen, bedoeld in artikel 25, eerste lid, kunnen de zorgverantwoordelijke verzoeken toepassing te geven aan het eerste lid.

Art. 28ad
1. Met betrekking tot de beslissing van de zorgverantwoordelijke, bedoeld in artikel 28ac, eerste lid, kunnen de cliënt en de in artikel 25, eerste lid, genoemde personen, het CIZ vragen de beslissing van de rechter te verzoeken. — *Beslissing rechtbank*
2. De aanvraag wordt schriftelijk ingediend, vergezeld van een afschrift van de beslissing van de zorgverantwoordelijke en het advies van de externe deskundige.
3. Het CIZ verzoekt na ontvangst van de aanvraag, bedoeld in het eerste lid, zo spoedig mogelijk de beslissing van de rechter. Aan de aanvrager wordt schriftelijk medegedeeld dat het verzoekschrift is ingediend.
4. Artikel 39, eerste lid, is van overeenkomstige toepassing. Tegen de beslissing van de rechter staat geen hoger beroep open.

§ 2.4
De toepassing van artikel 2.3 van de Wet forensische zorg

Art. 28a
1. Indien de officier van justitie een verzoekschrift om een rechterlijke machtiging met toepassing van artikel 2.3, tweede lid, van de Wet forensische zorg overweegt, gaat deze na of reeds een aanvraag voor een rechterlijke machtiging voor onvrijwillige opname voor de cliënt wordt voorbereid door het CIZ, in welk geval het CIZ en hij hierover overleg voeren. — *Relatie Wfz, overleg OvJ en CIZ*
2. Zodra de officier van justitie met de voorbereiding van een verzoekschrift begint: — *Voorbereiding machtigingsverzoek OvJ*
a. gaat hij na of er politiegegevens als bedoeld in de Wet politiegegevens of justitiële en strafvorderlijke gegevens als bedoeld in de Wet justitiële en strafvorderlijke gegevens over de cliënt zijn die relevant kunnen zijn voor de beoordeling van het ernstig nadeel en de noodzaak tot onvrijwillige opname en verstrekt hij die gegevens aan de arts die de in onderdeel b bedoelde medische verklaring opstelt, tenzij het belang van enig strafrechtelijk onderzoek zich daartegen verzet;
b. draagt hij zorg voor een medische verklaring als bedoeld in artikel 26, vijfde lid onderdeel d, opgesteld in overeenstemming met het bepaalde in de artikelen 26, zevende lid en 27;
c. gaat hij na of de betrokkene een wettelijk vertegenwoordiger heeft en start zo nodig de procedure voor het aanwijzen van een wettelijk vertegenwoordiger;
d. verzoekt hij het CIZ om een schriftelijk advies over de noodzaak voor een rechterlijke machtiging en over de tenuitvoerlegging daarvan waarbij hij aan het CIZ de gegevens bedoeld in onderdeel a, de verklaring bedoeld in onderdeel b en, zo mogelijk, de gegevens van de wettelijk vertegenwoordiger van de cliënt verstrekt.
3. In het verzoekschrift geeft de officier van justitie gemotiveerd aan waarom deze van oordeel is dat aan de criteria voor onvrijwillige opname is voldaan. Bij het verzoekschrift voegt de officier van justitie in elk geval: — *Machtigingsverzoek OvJ*
a. de in het tweede lid, onderdeel a, bedoelde gegevens;
b. de in het tweede lid, onderdeel b, bedoelde verklaring; en
c. het in het tweede lid, onderdeel d, bedoelde advies van het CIZ.
4. De rechter motiveert zijn beslissing en gaat daarbij met name in op het advies van het CIZ. — *Rechterlijke motivering*

Sdu   1925

5. Indien de rechter ambtshalve toepassing van artikel 2.3, tweede lid, van de Wet forensische zorg overweegt, verzoekt hij de officier van justitie toepassing te geven aan het bepaalde in dit artikel.

Art. 28b

Tenuitvoerlegging machtiging Wfz
1. De officier van justitie gaat onverwijld over tot tenuitvoerlegging van de rechterlijke machtiging als bedoeld in artikel 28a.
2. Het ten uitvoer leggen van een krachtens artikel 28a gegeven rechterlijke machtiging kan de officier van justitie opdragen aan een of meer ambtenaren, aangesteld voor de uitvoering van de politietaak, die zich voorzien van de bijstand van een of meer personen met kennis van de zorg voor mensen met een psychogeriatrische aandoening of verstandelijke handicap.

Binnentreding woning
3. De in het tweede lid bedoelde ambtenaren kunnen voor de uitvoering van de in het tweede lid bedoelde taak elke plaats betreden waar de op te nemen persoon zich bevindt, voor zover dat redelijkerwijs voor de vervulling van hun taak nodig is. Zij zijn daarbij tevens bevoegd een woning binnen te treden zonder toestemming van de bewoner.

Ontneming gevaarlijke voorwerpen Onderzoeken kleding en lichaam
4. De in het tweede lid bedoelde ambtenaren kunnen aan de betrokkene voorwerpen ontnemen die een gevaar voor de veiligheid van de betrokkene of van anderen kunnen opleveren. Zij zijn bevoegd hem daartoe aan de kleding of aan het lichaam te onderzoeken.
5. Zo mogelijk worden de overeenkomstig het vierde lid ontnomen voorwerpen met de betrokkene overgebracht naar de accommodatie waarin hij wordt opgenomen. In de accommodatie wordt aan cliënt of zijn vertegenwoordiger een bewijs van ontvangst afgegeven waarin die voorwerpen zijn omschreven. De voorwerpen worden voor de betrokkene bewaard, voor zover dit niet in strijd is met enig wettelijk voorschrift.

Overlegging bescheiden
6. Bij de opneming van de betrokkene in de accommodatie geven de in het tweede lid bedoelde ambtenaren een afschrift van de beschikking van de rechter aan de zorgaanbieder die de zorg levert in de accommodatie.

Art. 28c

Rechterlijke machtiging
1. De officier van justitie zendt de machtiging bedoeld in artikel 28a direct aan respectievelijk de Wlz-uitvoerder, het college van burgemeester en wethouders van de gemeente waar de cliënt ingezetene is of de zorgverzekeraar.

Tenuitvoerlegging machtiging Wfz
2. De Wlz-uitvoerder, het college van burgemeester en wethouders van de gemeente waar de cliënt ingezetene is of de zorgverzekeraar draagt er zorg voor dat de beschikking ten uitvoer wordt gelegd. Hij zendt daartoe de beschikking zo spoedig mogelijk aan de zorgaanbieder of de aanbieder van beschermd wonen. Deze aanbieder neemt zo spoedig mogelijk, maar uiterlijk binnen een week na ontvangst van de beschikking, de betrokkene op.

Opnamebevel inspectie
3. Indien de zorgaanbieder of aanbieder, bedoeld in het tweede lid, de betrokkene niet binnen een week na ontvangst van de beschikking heeft opgenomen, meldt de Wlz-uitvoerder, het college van burgemeester en wethouders van de gemeente waar de cliënt ingezetene is of de zorgverzekeraar dit direct aan de inspectie. De inspectie kan de zorgaanbieder of aanbieder, bedoeld in het tweede lid, bevelen de betrokkene op te nemen. De zorgaanbieder of aanbieder, bedoeld in het tweede lid, is verplicht de betrokkene onverwijld op te nemen.

§ 2.5
Opname en verblijf in crisissituaties

Art. 29

Beschikking tot inbewaringstelling van burgemeester
1. In afwijking van artikel 24, eerste lid, is onvrijwillige opname in een geregistreerde accommodatie van een persoon zonder rechterlijke machtiging mogelijk met een beschikking tot inbewaringstelling van de burgemeester van de gemeente waarin de betreffende persoon zich bevindt.

Criteria inbewaringstelling
2. De beschikking, bedoeld in het eerste lid, kan slechts worden genomen indien naar het oordeel van de burgemeester:
a. er sprake is van ernstig nadeel;
b. het ernstig nadeel zodanig onmiddellijk dreigend is dat een rechterlijke machtiging als bedoeld in artikel 24, eerste lid, niet kan worden afgewacht;
c. het ernstige vermoeden bestaat dat dit ernstige nadeel wordt veroorzaakt door het gedrag van de persoon als gevolg van zijn psychogeriatrische aandoening of verstandelijke handicap, dan wel als gevolg van een daarmee gepaard gaande psychische stoornis of een combinatie hiervan;
d. de inbewaringstelling noodzakelijk is om het ernstige nadeel te voorkomen of af te wenden;
e. de inbewaringstelling geschikt is om het ernstige nadeel te voorkomen of af te wenden, en
f. er geen minder ingrijpende mogelijkheden zijn om het ernstige nadeel te voorkomen of af te wenden.
3. De beschikking gaat in op de onvrijwilligheid, als bedoeld in artikel 24, tweede lid, de omstandigheden waaruit deze onvrijwilligheid bestaat en alle onderdelen genoemd in het tweede lid.

Wet zorg en dwang **A75 art. 33**

4. De beschikking heeft een geldigheidsduur van ten hoogste drie dagen. Indien de termijn, bedoeld in de eerste volzin, eindigt op een zaterdag, zondag of algemeen erkende feestdag als bedoeld in de Algemene termijnenwet, wordt deze verlengd tot en met de eerstvolgende dag die niet een zaterdag, zondag of algemeen erkende feestdag is. — *Geldigheidsduur*

5. Onverminderd het vierde lid, vervalt de beschikking op het moment waarop de rechter heeft beslist op een verzoek tot het verlenen van een machtiging als bedoeld in artikel 37 respectievelijk het CIZ heeft beslist op de aanvraag voor een besluit tot opname en verblijf als bedoeld in artikel 21, eerste lid, indien het CIZ voor het verstrijken van de geldigheidsduur van de beschikking een verzoek tot het verlenen van een machtiging als bedoeld in artikel 37 heeft gedaan dan wel er voor het verstrijken van de geldigheidsduur van de beschikking een aanvraag voor een besluit tot opname en verblijf als bedoeld in artikel 21, eerste lid, is gedaan.

6. Een afschrift van de beschikking wordt uitgereikt aan de betrokkene en zijn vertegenwoordiger. — *Mandaat*

7. De burgemeester kan de uitoefening van de bevoegdheid, bedoeld in het eerste lid, uitsluitend mandateren aan een wethouder. — *Mandateringsbevoegdheid*

8. Bij of krachtens algemene maatregel van bestuur, vast te stellen op de voordracht van Onze Minister in overeenstemming met Onze Minister van Binnenlandse Zaken, kunnen nadere voorschriften worden gegeven met betrekking tot de beschikking tot inbewaringstelling. — *Machtiging ex art. 1:261 BW*

9. Indien de beschikking tot inbewaringstelling betrekking heeft op een minderjarige die onder toezicht is gesteld, geldt de beschikking tot inbewaringstelling als machtiging, als bedoeld in artikel 261 van Boek 1 van het Burgerlijk Wetboek.

Art. 30

1. De burgemeester gelast een inbewaringstelling pas nadat een ter zake deskundig arts een verklaring heeft verstrekt, waaruit blijkt waaruit de onvrijwilligheid bestaat en waaruit blijkt dat wordt voldaan aan de in artikel 29, tweede lid, gestelde voorwaarden. — *Geneeskundige verklaring*

2. De in het eerste lid bedoelde verklaring wordt verstrekt door een arts die gedurende ten minste één jaar geen zorg heeft verleend aan de cliënt en onafhankelijk ten opzichte van de zorgaanbieder functioneert.

3. De arts die de verklaring afgeeft pleegt van tevoren overleg met de zorgaanbieder die de betrokkene zorg verleent of, indien deze ontbreekt, met de huisarts van de cliënt.

4. De arts onderzoekt zo mogelijk de betrokkene voorafgaand aan de afgifte van de verklaring.

Art. 31

1. De burgemeester zorgt ervoor dat de betrokkene binnen 24 uur na het tijdstip waarop de beschikking, bedoeld in artikel 29, eerste lid, wordt gegeven, wordt bijgestaan door een advocaat, tenzij de betrokkene of zijn vertegenwoordiger daartegen bedenkingen heeft. — *Bijstand advocaat*

2. Bij algemene maatregel van bestuur, vast te stellen op de voordracht van Onze Minister in overeenstemming met Onze Minister van Justitie, kunnen regels worden gegeven ten aanzien van de toepassing van het eerste lid.

Art. 32

1. De burgemeester tekent zo spoedig mogelijk op de beschikking, bedoeld in artikel 29, eerste lid, aan, indien de ambtenaren gebruik hebben gemaakt van de bevoegdheden, bedoeld in artikel 33, tweede tot en met vierde lid, en overige relevante gegevens die hij ontvangt en die verband houden met de beschikking. — *Aantekening relevante gegevens op beschikking*

2. Indien een beschikking niet ten uitvoer is gelegd, tekent de burgemeester daarop aan wat de reden daarvan is.

Art. 33

1. De burgemeester gaat binnen 24 uur na afgifte van de beschikking, bedoeld in artikel 29, over tot tenuitvoerlegging via een opdracht aan een of meer ambtenaren van politie, aangesteld voor de uitvoering van de politietaak, die zich voorzien van de bijstand van een of meer personen met kennis van de zorg voor mensen met een psychogeriatrische aandoening of verstandelijke handicap. — *Tenuitvoerlegging inbewaringstelling*

2. De in het eerste lid bedoelde ambtenaren kunnen voor de uitvoering van de in het eerste lid bedoelde taak elke plaats betreden waar de op te nemen persoon zich bevindt, voor zover dat redelijkerwijs voor de vervulling van hun taak nodig is. Zij zijn daarbij tevens bevoegd een woning binnen te treden zonder toestemming van de bewoner. — *Binnentreden woning*

3. De in het eerste lid bedoelde ambtenaren kunnen aan de betrokkene voorwerpen ontnemen die een gevaar voor de veiligheid van de betrokkene of van anderen kunnen opleveren. Zij zijn bevoegd hem daartoe aan het lichaam of aan het lichaam te onderzoeken. — *Ontnemen gevaarlijke voorwerpen Onderzoeken kleding en lichaam*

4. Zo mogelijk worden de overeenkomstig het derde lid ontnomen voorwerpen met de betrokkene overgebracht naar de accommodatie waarin hij wordt opgenomen. In de accommodatie wordt aan betrokkene of zijn vertegenwoordiger een bewijs van ontvangst afgegeven waarin de voorwerpen zijn omschreven. De voorwerpen worden voor de betrokkene bewaard, voor zover dit niet in strijd is met enig wettelijk voorschrift.

A75 art. 34 — Wet zorg en dwang

Overlegging bescheiden
5. Bij de opneming van de betrokkene in de accommodatie geven de in het eerste lid bedoelde ambtenaren een afschrift van de beschikking van de burgemeester aan de zorgaanbieder die de zorg levert in de accommodatie.

Art. 34
Opnameplicht zorgaanbieder
Indien binnen 24 uur na het tijdstip waarop de beschikking tot inbewaringstelling is gegeven, door de zorgaanbieders van de daarvoor in aanmerking komende accommodaties nog niet tot opneming is overgegaan, kan de burgemeester na overleg met de inspectie, een van de bovenbedoelde zorgaanbieders bevelen de betrokkene op te nemen. De betrokken zorgaanbieder is verplicht de betrokkene op te nemen.

Art. 35
Inlichten CIZ en inspectie
1. De burgemeester zorgt ervoor dat het CIZ en de inspectie onmiddellijk van de inbewaringstelling op de hoogte worden gesteld.
2. De burgemeester zendt een afschrift van de beschikking en de in artikel 30, eerste lid, bedoelde medische verklaring aan het CIZ, op de dag dat de beschikking is afgegeven.

Art. 36
Inlichten naasten
De burgemeester stelt de ouders die het gezag uitoefenen, de echtgenoot, de geregistreerde partner of andere levensgezel van de cliënt of degene door wie de cliënt voor opname werd verzorgd en de vertegenwoordiger van de betrokkene zo mogelijk op de hoogte van de door hem op grond van artikel 29 gegeven beschikking.

Art. 37
Machtiging tot voortzetting van de inbewaringstelling
1. Indien het CIZ, na ontvangst van de bescheiden, bedoeld in artikel 35, tweede lid, van oordeel is dat ten aanzien van de in bewaring gestelde persoon sprake is van een situatie als bedoeld in artikel 29, doet het voordat de geldigheidsduur van de inbewaringstelling is verstreken bij de rechter een verzoek tot het verlenen van een machtiging tot voortzetting van de inbewaringstelling van die persoon. Indien het CIZ heeft besloten geen verzoekschrift in te dienen deelt het dit schriftelijk mee aan de zorgaanbieder van de accommodatie waarin de betrokkene verblijft.
Bijlagen
2. Bij het verzoek wordt het CIZ worden overgelegd de beschikking van de burgemeester, bedoeld in artikel 29, eerste lid, en de medische verklaring, bedoeld in artikel 30, eerste lid.
Bevoegde rechtbank
3. Bevoegd is de rechtbank van het arrondissement waarin de accommodatie waarin de betrokkene is opgenomen, is gelegen.
4. Met betrekking tot een persoon waarvoor een machtiging tot voortzetting van de inbewaringstelling als bedoeld in het eerste lid wordt verzocht, zijn de artikelen 24, 25 en 26, tweede tot en met vijfde lid, van overeenkomstige toepassing.

§ 2.6
De rechterlijke machtiging

Art. 38
Procedure rechtbank
1. Voordat de rechter beslist op het verzoek tot het verlenen van een machtiging tot opname en verblijf of het verzoek tot het verlenen van een machtiging tot verlenging van de inbewaringstelling, hoort hij de cliënt, tenzij hij vaststelt dat deze niet in staat of niet bereid is zich te doen horen. Indien de cliënt in Nederland verblijft, maar niet in staat is zich naar de rechtbank te begeven, zal de rechter, door de griffier vergezeld, hem op zijn verblijfplaats horen. Indien de cliënt al in een accommodatie verblijft, wordt de rechter, vergezeld van de griffier, door de zorgaanbieder in de gelegenheid gesteld hem aldaar te horen.
Procedurele bekwaamheid
2. De cliënt die minderjarig is, onder curatele gesteld, dan wel ten behoeve van wie een mentorschap is ingesteld, is bekwaam in deze procedure in rechte op te treden.
Bijstand advocaat
3. De rechter geeft een last tot toevoeging van een advocaat aan een cliënt aan het bestuur van de raad voor de rechtsbijstand, bedoeld in de Wet op de rechtsbijstand, tenzij deze daartegen bedenkingen heeft.
Informanten
4. De rechter laat zich, zo mogelijk voorlichten door:
a. degene die de aanvraag, bedoeld in artikel 25, heeft ingediend;
b. de vertegenwoordiger;
c. degene door wie de cliënt feitelijk wordt verzorgd;
d. de zorgverantwoordelijke, en
e. de arts die de verklaring, bedoeld in artikel 26, vijfde lid, onderdeel d, dan wel de verklaring, bedoeld in artikel 30, eerste lid, heeft afgelegd.
5. De rechter kan zich daarnaast doen voorlichten door een of meer van de in artikel 25, eerste lid bedoelde personen die het verzoek niet hebben ingediend.
Deskundigen getuigen
6. De rechter kan onderzoek door deskundigen bevelen en is bevoegd deze deskundigen alsmede getuigen op te roepen. De rechter roept de door de cliënt opgegeven deskundigen en getuigen op, tenzij hij van oordeel is dat door het achterwege blijven daarvan de cliënt redelijkerwijs niet in zijn belangen kan worden geschaad. Indien hij een opgegeven deskundige of getuige niet heeft opgeroepen, vermeldt hij de reden daarvan in de beschikking.

Wet zorg en dwang   A75 art. 41

7. Indien de rechter dit gewenst oordeelt, kan hij degene die de aanvraag heeft ingediend en de arts die de medische verklaring heeft afgegeven, verplichten te verschijnen.
8. Indien de rechter zich laat voorlichten door een of meer der personen, bedoeld in het vierde, vijfde en zesde lid, buiten tegenwoordigheid van de cliënt, wordt de zakelijke inhoud van de verstrekte inlichtingen aan de cliënt medegedeeld. Hoor en wederhoor
9. De cliënt of zijn advocaat wordt in de gelegenheid gesteld zijn zienswijze kenbaar te maken naar aanleiding van de mededelingen en verklaringen van de personen, bedoeld in het vierde, vijfde en zesde lid.
10. Indien de rechtbank zich op grond van het door haar ingestelde onderzoek afvraagt of in de gegeven omstandigheden een zorgmachtiging als bedoeld in de Wet verplichte geestelijke gezondheidszorg niet passender is, kan zij dit gevoelen aan het CIZ en de officier van justitie bij het desbetreffende arrondissementsparket kenbaar maken en kan zij het verzoek tot het verlenen van een machtiging beschouwen als een verzoek tot het verlenen van een zorgmachtiging als bedoeld in de Wet verplichte geestelijke gezondheidszorg. Zo nodig kan de rechter daarbij bepalen dat de behandeling op een later tijdstip wordt voortgezet. Ambtshalve bevoegdheid rechtbank

Art. 39
1. De rechter beslist zo spoedig mogelijk op het verzoek tot het verlenen van een machtiging. Indien het verzoek betrekking heeft op een cliënt die reeds in een accommodatie verblijft, beslist de rechter in elk geval binnen drie weken na de datum van indiening van het verzoekschrift. Indien het verzoek een machtiging tot verlenging van de inbewaringstelling betreft, beslist de rechter binnen drie werkdagen, te rekenen vanaf de dag na die van het indienen van het verzoek door het CIZ. Beslistermijn rechter
2. De beschikking vermeldt de gronden die hebben geleid tot het al dan niet afgeven van de machtiging. Motivering
3. Indien de rechter redenen heeft om van het advies van het CIZ af te wijken, vermeldt hij deze redenen in de beschikking.
4. De machtiging tot opname en verblijf heeft een geldigheidsduur van ten hoogste zes maanden en de machtiging tot verlenging van de inbewaringstelling heeft een geldigheidsduur van ten hoogste zes weken na dagtekening, onverminderd de artikelen 47 en 48. Geldigheidsduur machtiging
5. Indien een cliënt al op grond van een machtiging tot opname en verblijf in een accommodatie verblijft, kan de rechter een eerstvolgende machtiging tot opname en verblijf verlenen met een geldigheidsduur van ten hoogste twee jaren ten aanzien van cliënten met een verstandelijke handicap en ten hoogste vijf jaren ten aanzien van cliënten met een psychogeriatrische aandoening. Daarop volgende machtigingen kunnen telkens opnieuw door de rechter verleend worden voor een periode van ten hoogste vijf jaren.
6. In afwijking van het vijfde lid, kan de rechter voor een cliënt die al op grond van een machtiging tot opname en verblijf in een accommodatie verblijft en waarvan kennelijk duidelijk is dat er geen wijziging zal optreden in de voldoening aan de criteria voor opname en verblijf als bedoeld in artikel 24, derde lid, een eerstvolgende machtiging verlenen voor een periode van ten hoogste vijf jaren.
7. De machtiging kan niet meer ten uitvoer worden gelegd wanneer meer dan vier weken na haar dagtekening zijn verlopen. Vervaltermijn
8. Tegen de beschikking op een verzoek tot het verlenen van een machtiging staat geen hoger beroep open. Uitsluiting hoger beroep
9. De beschikking van de rechter is bij voorraad uitvoerbaar. Uitvoerbaarheid bij voorraad

Art. 40
Indien een machtiging betrekking heeft op een minderjarige die onder toezicht is gesteld, geldt deze als machtiging, als bedoeld in artikel 261 van Boek 1 van het Burgerlijk Wetboek. Machtiging ex artikel 1:261 BW

Art. 41
1. De griffier zendt een afschrift van de beschikking inzake de rechterlijke machtiging tot opname en verblijf, de voorwaardelijke machtiging, en machtigingen tot voortzetting van de inbewaringstelling aan: Mededeling aan cliënt, naasten en derden
   a. de cliënt;
   b. de advocaat van de cliënt;
   c. de ouders die het gezag uitoefenen,
   d. de echtgenoot, de geregistreerde partner of andere levensgezel van de cliënt, of degene door wie de cliënt wordt verzorgd;
   e. de vertegenwoordiger;
   f. de aanvrager, indien deze niet een van de onder c tot en met e genoemde personen is;
   g. het CIZ;
   h. de zorgaanbieder die de accommodatie beheert, indien het gaat om een machtiging voor een cliënt die al in de accommodatie verblijft, en
   i. de Wzd-functionaris, aangewezen door de in onderdeel h bedoelde zorgaanbieder.

2. Indien afwijzend wordt beslist op het verzoek tot het verlenen van een machtiging zendt de griffier tevens een afschrift aan de bij de zorg voor de cliënt betrokken arts. Hierbij voegt de griffier een afschrift van de verklaring, bedoeld in artikel 26, vijfde lid, onderdeel d.

Art. 42

Mededeling aan cliënt, naasten en derden

De zorgaanbieder die de zorg verleent in de accommodatie waar de cliënt wordt of blijft opgenomen, doet van deze opname zo spoedig mogelijk mededeling aan:
a. de ouders die het gezag uitoefenen;
b. de echtgenoot, de geregistreerde partner of andere levensgezel van de cliënt, of degene door wie de cliënt wordt verzorgd;
c. de vertegenwoordiger;
d. de griffier van de rechtbank die de machtiging heeft verleend, en
e. het CIZ en de inspectie.

Art. 43

Nadere regels

Bij of krachtens algemene maatregel van bestuur kunnen nadere voorschriften worden gegeven met betrekking tot de aanvraag, bedoeld in artikel 25, het verzoek, bedoeld in artikel 26, eerste lid, en de verklaring en de deskundigheid van de arts, bedoeld in de artikelen 26, vijfde lid, onderdeel d, en 30, eerste lid.

§ 2.7
Schadevergoeding

Art. 44

Schadevergoeding

1. Indien de wet niet in acht is genomen bij het gelasten van een inbewaringstelling of bij de toepassing van artikel 15 kan de cliënt of zijn vertegenwoordiger de rechter verzoeken tot schadevergoeding door respectievelijk de gemeente of de zorgaanbieder. De rechter kent een naar billijkheid vast te stellen schadevergoeding toe.
2. Indien de wet niet in acht is genomen door de zorgaanbieder, de Wzd-functionaris of de zorgverantwoordelijke kan de cliënt of zijn vertegenwoordiger de rechter verzoeken tot schadevergoeding door de zorgaanbieder, de Wzd-functionaris of de zorgverantwoordelijke. De rechter kent een naar billijkheid vast te stellen schadevergoeding toe.
3. Indien de wet niet in acht is genomen door de rechter of de officier van justitie, kan de cliënt of zijn vertegenwoordiger de rechter verzoeken tot schadevergoeding ten laste van de Staat. De rechter kent een naar billijkheid vast te stellen schadevergoeding toe.

§ 3
Administratieve voorschriften bij opname en verblijf

Art. 45

Informatie over huisregels

1. De zorgaanbieder stelt aan een cliënt en diens vertegenwoordiger zo spoedig mogelijk na diens opname een schriftelijk overzicht van de in de accommodatie geldende huisregels ter hand.

Criteria voor huisregels

2. De huisregels, bedoeld in het eerste lid, bevatten geen andere regels dan die nodig zijn voor een ordelijke gang van zaken en voor de veiligheid in de accommodatie.

Mondelinge toelichting

3. De zorgverantwoordelijke zorgt ervoor dat de cliënt en zijn vertegenwoordiger een mondelinge toelichting op de huisregels ontvangen.

Art. 46

Afschrift verblijfstitel

1. Een zorgaanbieder neemt een cliënt als bedoeld in de artikelen 21, 24 en 29 slechts op in een accommodatie tegen overlegging van een afschrift van het besluit tot opname en verblijf, bedoeld in artikel 21, eerste lid, de rechterlijke machtiging, bedoeld in artikel 24, eerste lid, of de beschikking tot inbewaringstelling, bedoeld in artikel 29, eerste lid.

Mondelinge toelichting

2. Indien de beschikking tot inbewaringstelling, bedoeld in artikel 29, eerste lid, betrekking heeft op een cliënt die al vrijwillig in een accommodatie verbleef, zorgt de zorgverantwoordelijke ervoor dat de cliënt een mondelinge toelichting op die beschikking ontvangt.

§ 4
Verlof en ontslag

Art. 47

Verlof

1. De zorgaanbieder verleent een cliënt die met toepassing van paragraaf 2 van dit hoofdstuk in een accommodatie verblijft, ambtshalve of op verzoek van de cliënt of zijn vertegenwoordiger, gedurende een daarbij aan te geven periode, verlof om voor zover en voor zolang dit verantwoord is buiten de accommodatie te verblijven.

Overleg met vertegenwoordiger

2. Indien een verzoek tot het verlenen van verlof niet wordt gedaan door de vertegenwoordiger van de cliënt, overlegt de zorgverantwoordelijke met de vertegenwoordiger voordat hij besluit tot het verlenen van verlof.

3. De zorgaanbieder verzoekt de Wzd-functionaris schriftelijk om toestemming voor het verlenen of het weigeren van verlof. De Wzd-functionaris verstrekt de zorgaanbieder zo spoedig mogelijk schriftelijk en gemotiveerd zijn beslissing. *Toestemming Wzd-functionaris*

4. Indien de Wzd-functionaris toestemming verleent voor het verlof, verzoekt de zorgaanbieder tevens Onze Minister van Veiligheid en Justitie schriftelijk om toestemming voor het verlenen van verlof, indien de cliënt is opgenomen op grond van een machtiging die is afgegeven met toepassing van artikel 2.3, tweede lid, van de Wet forensische zorg, behoudens de gevallen waarin artikel 2.3, tweede lid, juncto eerste lid, onderdeel 3, is toegepast en de cliënt is vrijgesproken van hetgeen hem ten laste is gelegd. Onze Minister van Veiligheid en Justitie verstrekt de zorgaanbieder zo spoedig mogelijk schriftelijk en gemotiveerd zijn beslissing. *Toestemming Minister V&J bij machtiging Wfz*

5. Indien de in het derde of vierde lid bedoelde toestemming voor het verlenen van verlof niet wordt gegeven, verleent de zorgaanbieder geen verlof en wijst hij de aanvraag af. *Weigering verlof*

6. De zorgaanbieder geeft de cliënt, de vertegenwoordiger, en de advocaat een afschrift van de beslissing, voorzien van de beoordeling van de Wzd-functionaris, alsmede, indien van toepassing voorzien van de beoordeling van Onze Minister van Veiligheid en Justitie, en stelt hen uiterlijk binnen vier dagen schriftelijk in kennis van de klachtwaardigheid van de beslissing en de mogelijkheid van advies en bijstand door de cliëntenvertrouwenspersoon. *Informatie over klachtwaardigheid*

7. De zorgaanbieder informeert tijdig de officier van justitie over het verlof ter onderbreking van de opname in een accommodatie op grond van een machtiging, waarvoor Onze Minister van Veiligheid en Justitie op grond van het vierde lid toestemming heeft verleend.

8. De zorgaanbieder trekt het verlof, met instemming van de Wzd-functionaris, in indien het niet langer verantwoord is dat de cliënt buiten de accommodatie verblijft. Op de beslissing tot het intrekken van het verlof, is het zesde lid van overeenkomstige toepassing. *Intrekking verlof*

9. Aan het verlof kunnen, met instemming van de Wzd-functionaris, voorwaarden en beperkingen worden verbonden betreffende de zorg of het gedrag van de cliënt, voor zover dit gedrag samenhangt met ernstig nadeel als gevolg van de psychogeriatrische aandoening of verstandelijke handicap dan wel een daarmee gepaard gaande psychische stoornis. De zorgaanbieder verleent slechts verlof indien de cliënt dan wel, indien van toepassing, de vertegenwoordiger zich bereid heeft verklaard tot naleving van de voorwaarden en beperkingen. *Voorwaarden verlof*

Art. 48

1. De zorgaanbieder verleent een cliënt op wie paragraaf 2 van dit hoofdstuk, in een accommodatie verblijvende cliënt ambtshalve of op verzoek van de cliënt of zijn vertegenwoordiger ontslag uit de accommodatie, indien: *Ontslag*

a. het verblijf niet langer noodzakelijk is om ernstig nadeel als gevolg van het gedrag van de cliënt als gevolg van zijn psychogeriatrische aandoening of verstandelijke handicap dan wel de daarmee gepaard gaande psychische stoornis te voorkomen of af te wenden; of *Inhoudelijke gronden*

b. de geldigheidsduur van de rechterlijke machtiging, dan wel van de beschikking tot inbewaringstelling is verstreken, tenzij voor het einde van de termijn een verzoek is gedaan tot het verlenen van een aansluitende machtiging. In dat geval verleent de zorgaanbieder ontslag zodra op het verzoek afwijzend is beslist, of de termijn voor het geven van een beslissing is verstreken. *Procedurele gronden*

2. Indien een verzoek tot het verlenen van ontslag niet wordt gedaan door de vertegenwoordiger van de cliënt, overlegt de zorgaanbieder met de vertegenwoordiger voordat hij besluit tot het verlenen van ontslag. *Overleg met vertegenwoordiger*

3. Zo mogelijk en nodig wordt voordat het ontslag wordt verleend door de zorgaanbieder overleg gepleegd met de in artikel 25, eerste lid, bedoelde personen, met degene door wie de cliënt voorafgaande aan zijn opname in een accommodatie werd verzorgd, met de zorgaanbieder of de arts, die voorafgaande aan de opname de cliënt zorg verleende of bij de zorg voor de cliënt betrokken was en met de inspectie. De zorgaanbieder stelt tevoren de echtgenoot, de geregistreerde partner of andere levensgezel, de vertegenwoordiger, alsmede de naaste (familie)betrekkingen op de hoogte van het voorgenomen ontslag. *Overleg met naasten en derden, informatie aan naasten*

4. Voor zover de cliënt op grond van een rechterlijke machtiging als bedoeld in artikel 24, of op grond van een beschikking tot inbewaringstelling als bedoeld in artikel 29, of een machtiging tot voortzetting van de inbewaringstelling als bedoeld in artikel 37, onvrijwillig is opgenomen in een accommodatie en uit de verklaring van een ter zake kundige arts als bedoeld in artikel 26, of artikel 30, eerste lid, is gebleken dat hij ernstig nadeel voor een ander veroorzaakt, neemt de zorgaanbieder niet eerder een beslissing over het verlenen van ontslag dan nadat hij: *Aanvullende eisen bij opnamegrond 'ernstig nadeel voor een ander'*

a. zich door middel van een verklaring van een ter zake kundige arts als bedoeld in artikel 26 op de hoogte heeft gesteld van het oordeel van die arts over het voornemen van de zorgaanbieder ontslag te verlenen en over de actuele gezondheidstoestand van de cliënt, en

b. overleg heeft gevoerd met de burgemeester die de beschikking tot inbewaringstelling heeft afgegeven, in geval van beëindiging van de inbewaringstelling, met de officier van justitie indien de cliënt is opgenomen op grond van een machtiging die is afgegeven met toepassing van artikel 2.3 van de Wet forensische zorg, en met het college van burgemeester en wethouders van de gemeente waar de cliënt ingezetene is dan wel naar verwachting zal verblijven, in geval van beëindiging van de machtiging tot opname en verblijf.

A75 art. 49

Wet zorg en dwang

5. De zorgaanbieder neemt niet eerder een beslissing over het verlenen van ontslag bij opname op grond van een beschikking tot inbewaringstelling als bedoeld in artikel 29, dan nadat hij zich ervan heeft vergewist dat er geen verzoek tot voortzetting van de inbewaringstelling als bedoeld in artikel 37 is ingediend en bij opname op grond van voortzetting van de inbewaringstelling als bedoeld in artikel 37, dan nadat hij zich ervan heeft vergewist dat er geen verzoek om een rechterlijke machtiging als bedoeld in artikel 25, eerste lid, is ingediend.

Toestemming Wzd-functionaris

6. De zorgaanbieder verzoekt de Wzd-functionaris schriftelijk om toestemming voor het verlenen of het weigeren van ontslag. De Wzd-functionaris verstrekt de zorgaanbieder zo spoedig mogelijk schriftelijk en gemotiveerd zijn beslissing.

Toestemming Minister V&J bij machtiging Wfz

7. Indien de Wzd-functionaris toestemming verleent voor het ontslag, verzoekt de zorgaanbieder tevens Onze Minister van Veiligheid en Justitie schriftelijk om toestemming voor het verlenen van ontslag ingeval de cliënt is opgenomen op grond van een machtiging die is afgegeven met toepassing van artikel 2.3, tweede lid, van de Wet forensische zorg, behoudens de gevallen waarin artikel 2.3, tweede lid, juncto eerste lid, onder 3, van die wet is toegepast en cliënt is vrijgesproken van hetgeen hem ten laste is gelegd. Onze Minister van Veiligheid en Justitie verstrekt de zorgaanbieder zo spoedig mogelijk schriftelijk en gemotiveerd zijn beslissing.

Weigering ontslag

8. Indien de in het zesde of zevende lid bedoelde toestemming voor het verlenen van ontslag, niet wordt gegeven, verleent de zorgaanbieder geen ontslag en wijst hij de aanvraag af.

Beslistermijn

9. De zorgaanbieder neemt binnen veertien dagen na ontvangst van een aanvraag tot het verlenen van ontslag een schriftelijke en gemotiveerde beslissing.

Voorwaarden ontslag

10. Aan het ontslag kunnen, met instemming van de Wzd-functionaris, voorwaarden of beperkingen worden verbonden betreffende de zorg of het gedrag van de cliënt, voor zover dit gedrag samenhangt met mogelijk ernstig nadeel als gevolg van de psychogeriatrische aandoening of verstandelijke handicap. De zorgaanbieder verleent slechts ontslag indien de cliënt dan wel, indien van toepassing, de vertegenwoordiger zich bereid heeft verklaard tot naleving van de voorwaarden of beperkingen.

Informatie over klachtwaardigheid

11. De zorgaanbieder geeft de cliënt, de vertegenwoordiger en de advocaat een afschrift van de beslissing, voorzien van de beoordeling van de Wzd-functionaris alsmede, indien van toepassing voorzien van de beoordeling van Onze Minister van Veiligheid en Justitie, en stelt hen uiterlijk binnen vier dagen schriftelijk in kennis van de klachtwaardigheid van de beslissing om aan de beslissing voorwaarden of beperkingen te verbinden, als bedoeld in het tiende lid, en de mogelijkheid van advies en bijstand door de cliëntenvertrouwenspersoon.

12. De zorgaanbieder informeert tijdig de officier van justitie over het verlenen van ontslag waarvoor Onze Minister van Veiligheid en Justitie op grond van het zevende lid toestemming heeft verleend.

Informeren derden over ontslag

13. De zorgaanbieder kan de voor de continuïteit van zorg voor de cliënt relevante familie en naasten en het college van burgemeester en wethouders van de gemeente waar de cliënt ingezetene is dan wel naar verwachting zal verblijven informeren over het ontslag indien dit noodzakelijk is omdat essentiële voorwaarden voor deelname aan het maatschappelijk verkeer van de cliënt ontbreken.

Intrekking voorwaardelijk ontslag

14. Bij niet naleving van een aan het ontslag door de zorgaanbieder verbonden voorwaarde of beperking trekt de zorgaanbieder de beslissing tot het verlenen van ontslag in. Het elfde lid is van overeenkomstige toepassing op die beslissing.

Informatie over klachtwaardigheid

15. De zorgaanbieder deelt de beslissing tot intrekking, bedoeld in het veertiende lid, uiterlijk binnen vier dagen schriftelijk en gemotiveerd mee aan de Wzd-functionaris, de cliënt, de vertegenwoordiger en de advocaat en stelt hen daarbij in kennis van de klachtwaardigheid van de beslissing en de mogelijkheid van advies en bijstand door de cliëntenvertrouwenspersoon.

Hoofdstuk 3a
Cliënten voor wie Onze Minister van Veiligheid en Justitie medeverantwoordelijkheid draagt

Art. 49

Terbeschikkingstelling (tbs) Maatregel van plaatsing in een inrichting voor jeugdigen (pij)

1. Een persoon die in een accommodatie verblijft en aan wie tevens de maatregel van terbeschikkingstelling met bevel tot verpleging van overheidswege of de maatregel van plaatsing in een inrichting voor jeugdigen is opgelegd, wordt voor de toepassing van deze wet vanaf het moment van opname in de accommodatie aangemerkt als een cliënt, die op grond van een rechterlijke machtiging tot opname en verblijf als bedoeld in artikel 24 is opgenomen.

Overige forensisch patiënten

2. Een persoon die in een accommodatie verblijft en die tevens forensisch patiënt is in de zin van artikel 1.1 van de Wet forensische zorg, niet zijnde een forensisch patiënt als bedoeld in het eerste lid, wordt vanaf het moment van opname in de accommodatie voor de toepassing van deze wet aangemerkt als een cliënt.

Art. 50

Overplaatsing, verlof en ontslag bij tbs en pij

Indien de zorgaanbieder, na overleg met de Wzd-functionaris, ten aanzien van een cliënt als bedoeld in artikel 49, eerste lid, van oordeel is dat voldaan is aan de criteria voor het verlenen van verlof of ontslag, dan wel dat de cliënt in aanmerking komt voor overplaatsing, verzoekt de zorgaanbieder Onze Minister van Veiligheid en Justitie daartoe een beslissing te nemen. De zorgaanbieder vermeldt daarbij het oordeel van de Wzd-functionaris. Onze Minister van Veiligheid en Justitie neemt zo spoedig mogelijk een beslissing. Hij betrekt daarbij de overwegingen en de voorwaarden of beperkingen die de zorgaanbieder ingevolge de artikelen 47 en 48 nodig oordeelt.

Art. 51

1. Bij de eerste opname in een accommodatie bij de tenuitvoerlegging van een bevel als bedoeld in artikel 2, eerste lid, aanhef, van de Wet DNA-onderzoek bij veroordeelden en voor zover dit anderszins noodzakelijk is voor de vaststelling van de identiteit, wordt de identiteit vastgesteld van een persoon die krachtens of ter uitvoering van een beslissing op grond van het Wetboek van Strafvordering, het Wetboek van Strafrecht, de Penitentiaire beginselenwet, de Beginselenwet verpleging ter beschikking gestelden of de Beginselenwet justitiële jeugdinrichtingen in een accommodatie is geplaatst. Vaststelling identiteit

2. Het vaststellen van de identiteit van de persoon, bedoeld in het eerste lid, omvat bij de eerste opname in de accommodatie het vragen naar zijn naam, voornamen, geboorteplaats en geboortedatum, het adres waarop hij in de gemeentelijke basisadministratie persoonsgegevens is ingeschreven en het adres van zijn feitelijke verblijfplaats buiten de accommodatie. In het geval waarin van de cliënt vingerafdrukken zijn genomen en verwerkt overeenkomstig het Wetboek van Strafvordering of de Vreemdelingenwet 2000, omvat het vaststellen van zijn identiteit tevens het nemen van vingerafdrukken en het vergelijken van die vingerafdrukken met de van hem verwerkte vingerafdrukken. In de andere gevallen omvat het vaststellen van zijn identiteit een onderzoek van het identiteitsbewijs, bedoeld in artikel 1 van de Wet op de identificatieplicht. Artikel 29a, tweede lid, van het Wetboek van Strafvordering is van overeenkomstige toepassing.

3. Bij de tenuitvoerlegging van een bevel als bedoeld in artikel 2, eerste lid, aanhef, van de Wet DNA-onderzoek bij veroordeelden worden van de persoon, bedoeld in het eerste lid, een of meer vingerafdrukken overeenkomstig het Wetboek van Strafvordering genomen en verwerkt en is het tweede lid, tweede en derde volzin, van overeenkomstige toepassing. In een ander geval waarin het noodzakelijk is de identiteit van de persoon, bedoeld in het eerste lid, vast te stellen, is het tweede lid, tweede en derde volzin van overeenkomstige toepassing.

4. Bij of krachtens algemene maatregel van bestuur worden regels gesteld voor het verwerken van de persoonsgegevens, bedoeld in het tweede en derde lid.

Art. 51a

1. Beperkingen in het recht op het ontvangen van bezoek kunnen, anders dan als onvrijwillige zorg in een onvoorziene situatie als bedoeld in artikel 15, door de zorgverantwoordelijke aan cliënten als bedoeld in artikel 49 worden opgelegd indien: Beperking bezoek
a. van het bezoek ernstige nadelige gevolgen moeten worden gevreesd voor de gezondheidstoestand van de cliënt, voor zover dit telkenmale uit een uitdrukkelijke verklaring van de zorgverantwoordelijke blijkt, dan wel
b. dit ter voorkoming van verstoring van de orde of voor de veiligheid in de accommodatie, zoals die in de huisregels is beschreven, of ter voorkoming van strafbare feiten noodzakelijk is.

2. Beperkingen in het recht op bewegingsvrijheid in en rond de accommodatie kunnen, anders dan als onvrijwillige zorg in een onvoorziene situatie als bedoeld in artikel 15, door de zorgverantwoordelijke aan cliënten als bedoeld in artikel 49 worden opgelegd indien: Beperking bewegingsvrijheid in en rond de accommodatie
a. naar zijn oordeel van de uitoefening van het recht op de bewegingsvrijheid ernstige nadelige gevolgen moeten worden gevreesd voor de gezondheidstoestand van betrokkene, dan wel
b. dit ter voorkoming van verstoring van de orde of voor de veiligheid in de accommodatie, zoals die in de huisregels is beschreven, of ter voorkoming van strafbare feiten noodzakelijk is.

3. Beperkingen in het recht op het vrij gebruik van communicatiemiddelen kunnen, anders dan als onvrijwillige zorg in een onvoorziene situatie als bedoeld in artikel 15, door de zorgverantwoordelijke aan cliënten als bedoeld artikel 49 worden opgelegd indien: Beperking gebruik communicatiemiddelen
a. naar zijn oordeel van de uitoefening van het recht op vrij gebruik van communicatiemiddelen ernstige nadelige gevolgen moeten worden gevreesd voor de gezondheidstoestand van betrokkene, dan wel
b. indien dit ter voorkoming van verstoring van de orde of voor de veiligheid in de accommodatie, zoals die in de huisregels is beschreven, of ter voorkoming van strafbare feiten noodzakelijk is.

4. De zorgverantwoordelijke stelt een beslissing als bedoeld in het eerste, tweede of derde lid op schrift, voorziet de beslissing van een schriftelijke motivering en stelt de Wzd-functionaris op de hoogte van de beslissing. Schriftelijke gemotiveerde beslissing

A75 art. 52 — Wet zorg en dwang

Hoofdstuk 4
Klachtenprocedure en schadevergoeding

Art. 52

Informatieverstrekking over rechten

1. De zorgaanbieder stelt aan de cliënt en zijn vertegenwoordiger zo spoedig mogelijk, doch in elk geval binnen twee weken na aanvang van de zorg, een schriftelijk overzicht van de op grond van deze wet aan de cliënt toekomende rechten inclusief de in artikel 56, tweede lid, bedoelde regeling, ter hand. In dit overzicht is opgenomen het adres waaronder de zorgaanbieder bereikbaar is voor een klacht als bedoeld in artikel 55.
2. De zorgverantwoordelijke zorgt ervoor dat de cliënt en zijn vertegenwoordiger desgewenst een mondelinge toelichting op het overzicht ontvangen.

§ 4.1
Instelling en taakomschrijving van de klachtencommissie

Art. 53

Klachtencommissie

1. De zorgaanbieder is aangesloten bij een door één of meer representatief te achten cliëntenorganisaties en één of meer representatief te achten organisaties van zorgaanbieders ingestelde klachtencommissie die bestaat uit een oneven aantal van ten minste drie leden die niet werkzaam zijn bij of voor de zorgaanbieder en die zodanig is samengesteld dat een deskundige en zorgvuldige beslissing op de klacht is gewaarborgd.
2. De klachtencommissie beslist, in afwijking van hoofdstuk 3 van de Wet kwaliteit, klachten en geschillen van zorg, op klachten als bedoeld in artikel 55.

Art. 54

Eisen aan klachtencommissie

Onafhankelijkheid

1. Ten behoeve van de vervulling van haar taak houdt de klachtencommissie zich in elk geval op de hoogte van de ontwikkelingen op het terrein van het verlenen van zorg en onvrijwillige zorg aan psychogeriatrische en verstandelijk gehandicapte cliënten.
2. De leden van de klachtencommissie zijn onafhankelijk en verrichten hun werkzaamheden zonder vooringenomenheid. Zij zijn niet werkzaam bij of voor de zorgaanbieder.
3. De leden van de klachtencommissie behandelen geen klachten waarbij zij een relatie hebben tot de klager, de cliënt of zijn vertegenwoordiger.
4. Bij of krachtens algemene maatregel van bestuur worden nadere regels gesteld met betrekking tot de samenstelling en de werkwijze van de klachtencommissie.

§ 4.2
De klachtprocedure

Art. 55

Klachtgerechtigden

1. De cliënt, zijn vertegenwoordiger of een nabestaande van de cliënt kan een schriftelijke en gemotiveerde klacht indienen bij de klachtencommissie over de nakoming van een verplichting of over een beslissing over:

Klachtgronden

a. de vraag of een cliënt in staat kan worden geacht tot een redelijke waardering van zijn belangen ter zake van een beslissing die hem betreft, bedoeld in artikel 3, eerste lid of in artikel 22, negende lid, onder c;
b. het opnemen van onvrijwillige zorg in het zorgplan, als bedoeld in de artikelen 10 en 11;
c. het uitvoeren van het zorgplan, bedoeld in de artikelen 12 en 13, voor zover dat betrekking heeft op onvrijwillige zorg;
d. zorg in onvoorziene situaties, als bedoeld in artikel 15;
e. het bijhouden van een dossier, als bedoeld in artikel 16, voor zover dat betrekking heeft op onvrijwillige zorg;
f. verlof of ontslag, als bedoeld in de artikelen 47 en 48.
2. Tevens kan de cliënt, zijn vertegenwoordiger of een nabestaande van de cliënt een schriftelijke en gemotiveerde klacht indienen bij de klachtencommissie over de nakoming van een verplichting of over een beslissing van de Wzd-functionaris.

Art. 56

Klachtenbehandeling

Waarborgen klachtenregeling

1. De klachtencommissie behandelt de klacht zodanig dat een deskundige en zorgvuldige beslissing op de klacht is gewaarborgd.
2. De behandeling van de klacht geschiedt overeenkomstig een door de klachtencommissie te treffen regeling, die in ieder geval waarborgt dat:
a. aan de behandeling van de klacht niet wordt deelgenomen door een persoon tegen wiens beslissing de klacht is gericht;
b. de klager en de persoon tegen wiens beslissing de klacht is gericht in staat worden gesteld te worden gehoord;
c. het horen plaatsvindt op een locatie die op eenvoudige wijze bereikbaar is voor de cliënt;

d. de klager en de persoon tegen wiens beslissing de klacht is gericht zich kunnen doen bijstaan door degenen die zij daarvoor hebben aangewezen;
e. de persoonlijke levenssfeer van de betrokkenen zoveel mogelijk wordt beschermd.

Art. 56a
1. De klachtencommissie kan een beslissing waartegen de klacht is gericht, schorsen. Schorsing
2. De klachtencommissie neemt een schriftelijke en gemotiveerde beslissing binnen 14 dagen na ontvangst van de klacht. Beslistermijn
3. Indien de klacht een beslissing of de nakoming van een verplichting betreft die ten tijde van de indiening geen gevolg meer heeft of waaraan in de tijd dat de klacht bij de klachtencommissie aanhangig is het gevolg is komen te vervallen, neemt de klachtencommissie een schriftelijke en gemotiveerde beslissing binnen vier weken na ontvangst van de klacht. Beslistermijn
4. Een klacht kan buiten behandeling worden gelaten indien een gelijke klacht van eenzelfde persoon nog in behandeling is.

Art. 56b
1. De beslissing van de klachtencommissie strekt tot: Beslissing klachtencommissie
a. onbevoegdverklaring van de klachtencommissie,
b. niet-ontvankelijkverklaring van de klacht,
c. ongegrondverklaring van de klacht, of
d. gegrondverklaring van de klacht.
2. De klachtencommissie verklaart een klacht niet-ontvankelijk, indien deze betrekking heeft op een besluit tot opname en verblijf, een rechterlijke machtiging tot opname en verblijf of voortzetting van verblijf of een beschikking tot inbewaringstelling. Niet-ontvankelijk
3. Indien de klachtencommissie de klacht tegen een beslissing gegrond verklaart, vernietigt zij de bestreden beslissing geheel of gedeeltelijk. Gehele of gedeeltelijke vernietiging brengt vernietiging van de rechtsgevolgen van de beslissing of het vernietigde gedeelte van de beslissing mee. Vernietiging
4. Indien de klachtcommissie de klacht gegrond verklaart, kan zij een opdracht geven tot het nemen van een nieuwe beslissing of een andere handeling te verrichten met inachtneming van haar beslissing. Opdracht
5. De klachtencommissie kan een termijn stellen voor het nemen van een nieuwe beslissing of het verrichten van een andere handeling.
6. De klachtencommissie deelt de beslissing mee aan de indiener van de klacht, de cliënt, de vertegenwoordiger, de advocaat, de zorgaanbieder, de zorgverantwoordelijke, degene op wie de klacht betrekking heeft en de inspectie. Informatie aan klager, cliënt en derden
7. De klachtencommissie maakt de uitspraken over de aan de klachtencommissie voorgelegde klachten openbaar in zodanige vorm dat deze niet tot personen herleidbaar zijn, behoudens voor zover het de zorgaanbieder betreft.

§ 4.3
Beroep

Art. 56c
1. Nadat de klachtencommissie een beslissing heeft genomen of indien de klachtencommissie niet tijdig een beslissing heeft genomen, kan de cliënt, de vertegenwoordiger, de zorgaanbieder, degene op wie de klacht betrekking heeft of een nabestaande van de cliënt een schriftelijk en gemotiveerd verzoekschrift indienen bij de rechter ter verkrijging van een beslissing over de klacht. Beroep bij rechtbank
2. De termijn voor het indien van een verzoekschrift bedraagt binnen zes weken na de dag waarop de beslissing van de klachtencommissie aan de verzoeker is meegedeeld, dan wel zes weken na de dag waarop de klachtencommissie uiterlijk een beslissing had moeten nemen. Termijn verzoekschrift

Art. 56d
1. Voordat de rechter op het verzoekschrift beslist, stelt hij in ieder geval de verzoeker, de cliënt, de vertegenwoordiger, de zorgaanbieder, degene op wie de klacht betrekking heeft en de zorgverantwoordelijke in de gelegenheid om te worden gehoord. Indien de cliënt in Nederland verblijft, maar niet in staat is naar de rechtbank te komen, zal de rechter, door de griffier vergezeld, hem horen op zijn verblijfplaats. Indien de cliënt in een accommodatie verblijft, wordt de rechter door de zorgaanbieder in de gelegenheid gesteld hem aldaar te horen. Beroepsprocedure
2. De rechter doet zich, zo nodig, voorlichten door:
a. de echtgenoot, de geregistreerde partner of andere levensgezel;
b. degene door wie de cliënt wordt verzorgd;
c. de ouders van de cliënt die het gezag uitoefenen;
d. de voogd, curator of mentor van de cliënt;
e. een of meer bloedverwanten in de eerste of tweede graad die het verzoek niet hebben ingediend;
f. de instelling of arts die de cliënt behandelt of begeleidt.

A75 art. 56e

Wet zorg en dwang

g. de Wzd-functionaris.

Deskundigen en getuigen
3. De rechter kan onderzoek door deskundigen bevelen en is bevoegd deze deskundigen op te roepen. De rechter kan getuigen oproepen. De rechter roept de door de verzoeker opgegeven deskundigen en getuigen op, tenzij hij van oordeel is dat door het achterwege blijven daarvan de cliënt redelijkerwijs niet in zijn belangen kan worden geschaad. Indien hij een opgegeven deskundige of getuige niet heeft opgeroepen, vermeldt hij de reden daarvan in de beschikking.

Hoor en wederhoor
4. Indien de rechter zich buiten de tegenwoordigheid van de verzoeker laat voorlichten door een of meer personen als bedoeld in het tweede of derde lid, wordt de zakelijke inhoud van de verstrekte inlichtingen aan de verzoeker meegedeeld.

5. De verzoeker of de advocaat wordt in de gelegenheid gesteld zijn zienswijze kenbaar te maken naar aanleiding van de mededelingen en verklaringen van de personen, bedoeld in het tweede en derde lid.

Bijstand door advocaat
6. Indien de cliënt geen advocaat heeft, geeft de rechter aan het bestuur van de raad voor rechtsbijstand, bedoeld in de Wet op de rechtsbijstand, een last tot toevoeging van een advocaat aan de cliënt.

Art. 56e

Schorsing
1. De rechter kan de beslissing waartegen de klacht is gericht, schorsen.

Beslistermijn
2. De rechter beslist binnen vier weken na indiening van het verzoekschrift.

Uitsluiting hoger beroep
3. Tegen de beslissing van de rechter staat geen hoger beroep open.

Art. 56f

Inhoud beslissing
1. De beslissing van de rechter strekt tot:
a. onbevoegdverklaring van de rechter,
b. niet-ontvankelijkverklaring van het verzoek,
c. ongegrondverklaring van de klacht, of
d. gegrondverklaring van de klacht.

Vernietiging
2. Indien de rechter de klacht tegen een beslissing gegrond verklaart, vernietigt hij de bestreden beslissing geheel of gedeeltelijk. Gehele of gedeeltelijke vernietiging van de beslissing brengt vernietiging van de rechtsgevolgen van de beslissing of het vernietigde gedeelte van de beslissing mee.

Opdracht
3. Indien de rechter de klacht gegrond verklaart, kan hij een opdracht geven tot het nemen van een nieuwe beslissing, het verrichten van een andere handeling met inachtneming van zijn uitspraak, dan wel bepalen dat zijn uitspraak in de plaats treedt van het vernietigde besluit of het vernietigde gedeelte daarvan.

4. De rechter kan de zorgaanbieder, de Wzd-functionaris, de zorgverantwoordelijke of de zorgverlener een termijn stellen voor het nemen van een nieuwe beslissing of het verrichten van een andere handeling.

Dwangsom
5. De rechter kan bepalen dat, indien of zolang niet wordt voldaan aan de beslissing van de rechter, de zorgaanbieder aan de cliënt een in de beslissing vast te stellen dwangsom verbeurt. De artikelen 611a tot en met 611i van het Wetboek van Burgerlijke Rechtsvordering zijn van overeenkomstige toepassing.

Afschrift beslissing aan klager, cliënt en derden
6. De griffie zendt zo spoedig mogelijk een afschrift van de beslissing aan de klager, de cliënt, de vertegenwoordiger, de advocaat van de cliënt, de klachtencommissie, de zorgaanbieder, degene op wie de klacht betrekking heeft en de inspectie.

§ 4.4
Schadevergoeding

Art. 56g

Schadevergoedingsverzoek bij klachtencommissie
1. Bij een verzoek als bedoeld in artikel 55 kan verzoeker tevens om schadevergoeding door de zorgaanbieder verzoeken. De klachtencommissie kan ook ambtshalve tot schadevergoeding door de zorgaanbieder besluiten.

Schadevergoedingsverzoek bij rechter
2. Bij een verzoek als bedoeld in artikel 56c, eerste lid, kan verzoeker tevens om schadevergoeding door de zorgaanbieder verzoeken. De rechter kan op dit verzoek afzonderlijk beslissen en kan ook ambtshalve tot schadevergoeding door de zorgaanbieder besluiten.

3. Voordat de klachtencommissie of de rechter beslist over het toekennen van schadevergoeding, hoort de klachtencommissie of de rechter de zorgaanbieder.

Schadevergoeding naar billijkheid
4. De schadevergoeding, bedoeld in het eerste en tweede lid, wordt naar billijkheid vastgesteld.

§ 4.5
Geheimhouding

Art. 56h

Geheimhoudingsplicht
1. Een ieder die betrokken is bij de uitvoering van dit hoofdstuk en daarbij de beschikking krijgt over gegevens waarvan hij het vertrouwelijke karakter kent of redelijkerwijs moet vermoe-

Wet zorg en dwang **A75** art. 60

den, en voor wie niet reeds uit hoofde van ambt, beroep of wettelijk voorschrift ter zake van die gegevens een geheimhoudingsplicht geldt, is verplicht tot geheimhouding daarvan, behoudens voor zover enig wettelijk voorschrift hem tot bekendmaking verplicht of uit zijn taak bij de uitvoering van dit hoofdstuk de noodzaak tot bekendmaking voortvloeit.
2. De cliëntenvertrouwenspersoon kan zich op grond van zijn geheimhoudingsplicht verschonen van het geven van getuigenis of het beantwoorden van vragen in een klachtprocedure of een rechterlijke procedure.

Hoofdstuk 4a
Cliëntenvertrouwenspersoon

Art. 57
1. De zorgaanbieder draagt ervoor zorg dat iedere cliënt of diens vertegenwoordiger een beroep kan doen op een cliëntenvertrouwenspersoon. De zorgaanbieder informeert de cliënt en diens vertegenwoordiger op zodanige wijze over de mogelijkheden tot advies en bijstand door een cliëntenvertrouwenspersoon, dat daarmee wordt aangesloten bij de behoefte en het bevattingsvermogen van de desbetreffende cliënt. De cliëntenvertrouwenspersoon heeft tot taak de cliënt of de vertegenwoordiger advies en bijstand te verlenen in aangelegenheden die samenhangen met het verlenen van onvrijwillige zorg aan de cliënt, met zijn opname en verblijf in een accommodatie, of met het doorlopen van de klachtenprocedure, indien een cliënt of diens vertegenwoordiger daarom verzoekt. *Cliëntenvertrouwenspersoon, primaire taak*
2. De cliëntenvertrouwenspersoon heeft tevens tot taak: *Overige taken*
a. om signalen over tekortkomingen in de structuur of de uitvoering van onvrijwillige zorg of onvrijwillige opname en verblijf, voor zover deze afbreuk doen aan de rechten van een cliënt, aan de inspectie te melden; en
b. advies en bijstand te verlenen aan cliënten die vrijwillig in een accommodatie verblijven.
3. De cliëntenvertrouwenspersoon verricht zijn werkzaamheden onafhankelijk van de zorgaanbieder, de Wzd-functionaris, de zorgverantwoordelijke en het CIZ. *Onafhankelijkheid*
4. Bij algemene maatregel van bestuur worden nadere regels gesteld met betrekking tot:
a. de deskundigheid van de cliëntenvertrouwenspersoon;
b. de onafhankelijkheid van de cliëntenvertrouwenspersoon ten opzichte van de zorgaanbieder en het indicatieorgaan; en
c. de taken en bevoegdheden van de cliëntenvertrouwenspersoon.

Art. 58
1. De cliëntenvertrouwenspersoon heeft, voor zover dat redelijkerwijs voor de vervulling van zijn taak nodig is, al of niet op verzoek van de cliënt, vrije toegang tot de cliënt en behoeft van niemand toestemming om te spreken met de cliënt. De zorgaanbieder biedt hiertoe de gelegenheid. *Vrije toegang tot cliënt*
2. Voor zover dit redelijkerwijs voor de vervulling van zijn taak nodig is, en de cliënt of zijn vertegenwoordiger daarmee uitdrukkelijk heeft ingestemd, krijgt de cliëntenvertrouwenspersoon: *Inlichtingen en medewerking van betrokkenen*
a. van een ieder die bij de uitvoering van deze wet betrokken is, alle door hem verlangde inlichtingen;
b. binnen de door hem gestelde termijn alle medewerking die hij redelijkerwijs kan vorderen; en
c. inzage in de dossiers van de zorgaanbieder.

Art. 59
De cliëntenvertrouwenspersoon is tot geheimhouding verplicht van hetgeen in de uitoefening van zijn taak aan hem is toevertrouwd, tenzij enig wettelijk voorschrift hem tot mededeling verplicht, uit zijn taak de noodzaak tot mededeling voortvloeit, of de cliënt toestemming geeft om vertrouwelijke informatie te delen. *Geheimhoudingsverplichting*

Hoofdstuk 5
Toezicht en handhaving

§ 1
Toezicht

Art. 60
1. Met het toezicht op de naleving van het bepaalde bij of krachtens deze wet zijn belast de ambtenaren van de inspectie. *Toezicht door inspectie*
2. Indien onvrijwillige zorg wordt verleend of de inspectie een gegrond vermoeden heeft dat onvrijwillige zorg wordt verleend, zijn de met het toezicht belaste ambtenaren bij de bevoegdheden, genoemd in de artikelen 5:15 tot en met 5:17 van de Algemene wet bestuursrecht, tevens bevoegd, met medeneming van de benodigde apparatuur, een woning of verblijfsruimte binnen te treden zonder toestemming van de bewoner, voor zover dat noodzakelijk is voor het toezicht *Binnentreding woning*

op de onvrijwillige zorg in de woning of verblijfsruimte. Zij beschikken niet over de bevoegdheden, genoemd in de artikelen 5:18 en 5:19 van de Algemene wet bestuursrecht.

Inzage dossiers
3. De met het toezicht belaste ambtenaren zijn, voor zover dat voor de vervulling van hun taak redelijkerwijs noodzakelijk is en in afwijking van artikel 5:20, tweede lid, van de Algemene wet bestuursrecht, bevoegd tot inzage van de dossiers. Voor zover de betrokken beroepsbeoefenaar uit hoofde van zijn beroep tot geheimhouding van het dossier verplicht is, geldt gelijke verplichting voor de betrokken ambtenaar.

Inlichtingen door betrokkenen
4. De zorgaanbieder, de zorgverantwoordelijke, alsmede alle anderen die bij de uitvoering van deze wet betrokken zijn, geven aan de met het toezicht belaste ambtenaren alle door hen verlangde inlichtingen, voor zover dit redelijkerwijs voor de vervulling van hun taak nodig is.

Toegang tot cliënten
5. De zorgaanbieder stelt de genoemde ambtenaren in de gelegenheid met de cliënten te spreken, al dan niet op verzoek van die cliënten.
6. Aan leden van het Subcomité ter Preventie als bedoeld in het op 18 december 2002 te New York stand gekomen Facultatief Protocol bij het Verdrag tegen foltering en andere wrede, onmenselijke of onterende behandeling of bestraffing (Trb. 2005, 243) en het Comité als bedoeld in het op 26 november 1987 te Straatsburg tot stand gekomen Europees Verdrag ter voorkoming van folteringen en onmenselijke of vernederende behandelingen of bestraffingen (Trb. 1988, nr. 19), zoals gewijzigd door Protocol 1 en Protocol 2 (Trb. 1994, 106 en 107), komen dezelfde bevoegdheden toe als waarover de met het toezicht belaste ambtenaren bedoeld in het eerste lid beschikken, met dien verstande dat de leden slechts van deze bevoegdheden gebruik kunnen maken voor zover het cliënten betreft die overeenkomstig het bepaalde in hoofdstuk 3 zijn opgenomen. Zij maken van deze bevoegdheden slechts gebruik voor zover dit redelijkerwijs nodig is voor hun uit het desbetreffende verdrag voortvloeiende taak. Artikel 5:20, eerste lid, van de Algemene wet bestuursrecht, is hierbij van overeenkomstige toepassing.

Art. 60a

Meldingsplicht zorgbetrokkenen
1. Indien bij de zorgaanbieder, de Wzd-functionaris, de zorgverantwoordelijke of de zorgverlener het gegronde vermoeden bestaat dat de uitvoering van de onvrijwillige zorg ernstig tekortschiet, doet hij daarvan melding bij de inspectie.

Melding cliëntenvertrouwenspersoon
2. Indien de zorgaanbieder, de Wzd-functionaris, de zorgverantwoordelijke of de zorgverlener onvoldoende, niet of niet tijdig reageert op de klachten van de cliëntenvertrouwenspersoon over de uitvoering van de zorg, kan de cliëntenvertrouwenspersoon dit melden aan de inspectie.

§ 2
Bestuursrechtelijke handhaving

Art. 61

Bestuurlijke boete
1. Onze Minister kan een bestuurlijke boete van ten hoogste € 33.500,- opleggen ter zake van overtreding van regels gesteld bij of krachtens artikel:
a. 2a;
b. 3, derde, achtste en negende lid;
c. 5;
d. 6;
e. 7;
f. 8, eerste en derde lid;
g. 9, derde tot en met zevende lid;
h. 10, derde tot en met tiende lid;
i. 11;
j. 11a;
k. 12;
l. 13;
m. 15;
n. 16;
o. 17;
p. 18;
q. 18a;
r. 18b;
s. 18c, eerste lid;
t. 19;
u. 20;
v. 21, eerste lid;
w. 24, eerste lid;
x. 28c, tweede lid;
y. 29, eerste lid;
z. 34;
aa. 42;

Wet zorg en dwang   A75 art. 64

bb. 45;
cc. 46;
dd. 47;
ee. 48;
ff. 50;
gg. 52;
hh. 57, eerste lid;
ii. 58.

2. Onze Minister kan een last onder dwangsom opleggen ter zake van overtreding van regels de regels gesteld bij of krachtens artikel: **Last onder dwang onvrijwillige zorg**
   a. 11a, eerste lid;
   b. 13;
   c. 17;
   d. 18;
   e. 18c, zesde lid;
   f. 19;
   g. 20;
   h. 28c, tweede lid;
   i. 34;
   j. 53;
   k. 54;
   l. 57, eerste lid;
   m. 58;
   n. 60, derde, vierde, vijfde en zesde lid..

3. Indien de ernst van de overtreding, of de omstandigheden waaronder deze is begaan daartoe aanleiding geven, wordt die overtreding aan het openbaar ministerie voorgelegd.

4. Onze Minister is bevoegd tot oplegging van een last onder bestuursdwang ter handhaving van de bij artikel 5:20, eerste lid, van de Algemene wet bestuursrecht gestelde verplichting.

§ 3
Strafrechtelijke handhaving

Art. 62
1. Met gevangenisstraf van ten hoogste drie jaar of geldboete van de derde categorie wordt gestraft hij die opzettelijk iemand van zijn vrijheid berooft of doet beroven door deze persoon tegen zijn wil op te nemen of te laten opnemen in een accommodatie, zonder dat daar een besluit tot opname en verblijf als bedoeld in artikel 21, eerste lid, een rechterlijke machtiging als bedoeld in artikel 24, eerste lid of een beschikking tot inbewaringstelling als bedoeld in artikel 29, eerste lid, aan ten grondslag ligt. **Misdrijven**

2. Met gevangenisstraf van ten hoogste drie jaar of geldboete van de derde categorie wordt gestraft hij die opzettelijk onvrijwillige zorg verleent, waarin het zorgplan niet overeenkomstig het bepaalde in de artikelen 10, 11 of 11a voorziet en die ook niet op basis van artikel 15 kan worden verleend. **Wederrechtelijke vrijheidsberoving**

3. De in het eerste en tweede lid strafbaar gestelde feiten zijn misdrijven.

Art. 63
1. Met een geldboete van de tweede categorie wordt gestraft hij die: **Overtredingen**
   a. iemand van zijn vrijheid berooft of doet beroven door deze persoon tegen zijn wil op te nemen of te laten opnemen in een accommodatie, zonder dat daar een besluit tot opname en verblijf als bedoeld in artikel 21, eerste lid, een rechterlijke machtiging als bedoeld in artikel 24, eerste lid of een beschikking van de burgemeester als bedoeld in artikel 29, eerste lid, aan te grondslag ligt;
   b. onvrijwillige zorg verleent, waarin het zorgplan niet overeenkomstig het bepaalde in de artikelen 10, 11 of 11a voorziet en die ook niet op basis van artikel 15 kan worden verleend;
   c. in strijd handelt met de artikelen 11a, 12, eerste lid, 13, eerste lid, 15, eerste lid, 16, eerste lid, 47 of 48.

2. De in het eerste lid strafbaar gestelde feiten zijn overtredingen.

§ 4
Evaluatie

Art. 64
Onze Minister zendt binnen twee jaar na de inwerkingtreding van deze wet, en vervolgens telkens om de vijf jaar, aan de Staten-Generaal een verslag over de doeltreffendheid en de effecten van deze wet in de praktijk. **Wetsevaluatie**

Hoofdstuk 6
Wijzigingsbepalingen andere wetten

Art. 65-73
[Vervallen]
Art. 74
[Wijzigt de Algemene wet bestuursrecht.]
Art. 75
[Vervallen]

Hoofdstuk 7
Overgangs- en slotbepalingen

Art. 76

Overgangsrecht

1. De Wet bijzondere opnemingen in psychiatrische ziekenhuizen blijft van toepassing op:
   a. verzoeken die krachtens die wet zijn ingediend en die strekken tot het verkrijgen van een beslissing door de rechter, de officier, de inspecteur, de geneesheer-directeur of de commissie, bedoeld in artikel 41, tweede lid, van die wet.
   b. de vóór het tijdstip van inwerkingtreding van deze wet aangevangen voorbereiding van een last tot inbewaringstelling door de burgemeester, bedoeld in artikel 20 van die wet;
   c. een beslissing als bedoeld in onderdeel a of b die vóór het tijdstip van inwerkingtreding van deze wet is genomen;
   d. een beslissing die met toepassing van onderdeel a of b na het tijdstip van inwerkingtreding van deze wet is genomen.
2. In afwijking van het eerste lid, onder c en d, worden een besluit en een machtiging als bedoeld in de artikelen 60, onderscheidenlijk 3, 15, eerste lid, en 32, eerste lid, van de Wet bijzondere opnemingen in psychiatrische ziekenhuizen gelijkgesteld met een besluit, als bedoeld in artikel 21, tweede lid, onderscheidenlijk een machtiging tot opname en verblijf als bedoeld in artikel 24, eerste lid.
3. Ten aanzien van een cliënt die op het tijdstip van inwerkingtreding van deze wet is opgenomen met toepassing van hoofdstuk II of hoofdstuk VIII van de Wet bijzondere opnemingen in psychiatrische ziekenhuizen en waarvoor op dat tijdstip reeds een behandelplan als bedoeld in artikel 38 van die wet is opgesteld, voldoet de zorgaanbieder zo spoedig mogelijk, doch in ieder geval binnen zes maanden na het tijdstip van inwerkingtreding van deze wet, aan de artikelen 5 tot en met 11. Gedurende de periode waarin de zorgaanbieder ten aanzien van de betrokken cliënt nog niet heeft voldaan aan de artikelen 5 tot en met 11, doch ten hoogste gedurende de zes maanden, bedoeld in de eerste volzin, blijven de artikelen 38, vijfde, zesde en zevende lid, 41, 41a, 41b, 42, en de hoofdstukken IX en XI van die wet ten aanzien van de betrokken cliënt van toepassing.
4. Een krachtens de Wet bijzondere opnemingen in psychiatrische ziekenhuizen verleende last tot inbewaringstelling, waarvan de geldigheidsduur op het tijdstip van inwerkingtreding van deze wet nog niet is verstreken, wordt voor de toepassing van hoofdstuk 3, paragraaf 2.6, aangemerkt als een last tot inbewaringstelling als bedoeld in artikel 29, eerste lid.

Art. 77
[Vervallen]

Art. 77a

Register van locaties en accommodaties

Een door Onze Minister op grond van artikel 1, eerste lid, onderdeel h, van de Wet bijzondere opnemingen in psychiatrische ziekenhuizen als verpleeginrichting of zwakzinnigeninrichting aangemerkte zorginstelling of afdeling daarvan wordt door Onze Minister ambtshalve opgenomen in het register, bedoeld in artikel 20, eerste lid.

Art. 78

Wijziging Wkkgz

[Wijzigt de Wet kwaliteit, klachten en geschillen zorg.]

Art. 79

Inwerkingtreding

De artikelen van deze wet treden in werking op een bij koninklijk besluit bepaald tijdstip, dat voor de verschillende artikelen of onderdelen daarvan verschillend kan worden vastgesteld.

Art. 80

Citeertitel

Deze wet wordt aangehaald als: Wet zorg en dwang psychogeriatrische en verstandelijk gehandicapte cliënten.

# Drank- en Horecawet[1]

Wet van 7 oktober 1964, tot regeling van de uitoefening van de bedrijven en de werkzaamheid, waarin of in het kader waarvan alcoholhoudende drank wordt verstrekt

Wij JULIANA, bij de gratie Gods, Koningin der Nederlanden, Prinses van Oranje-Nassau, enz., enz., enz.
Allen, die deze zullen zien of horen lezen, saluut! doen te weten:
Alzo Wij in overweging genomen hebben, dat het wenselijk is de Drankwet (*Stb.* 1931, 476) en de voor de horecabedrijven en het slijtersbedrijf geldende vestigingsregelingen te vervangen door een nieuwe wet, welke ten aanzien van het verstrekken van alcoholhoudende drank zowel uit sociaal-hygiënisch als uit sociaal-economisch oogpunt regelen stelt;
Zo is het, dat Wij, de Raad van State gehoord, en met gemeen overleg der Staten-Generaal, hebben goedgevonden en verstaan, gelijk Wij goedvinden en verstaan bij deze:

§ 1
Begripsbepalingen

Art. 1
1. Voor de toepassing van het bij of krachtens deze wet bepaalde wordt verstaan onder:
– Onze Minister: Onze Minister van Volksgezondheid, Welzijn en Sport;
– horecabedrijf: de activiteit in ieder geval bestaande uit het bedrijfsmatig of anders dan om niet verstrekken van alcoholhoudende drank voor gebruik ter plaatse;
– slijtersbedrijf: de activiteit bestaande uit het bedrijfsmatig of anders dan om niet aan particulieren verstrekken van sterke drank voor gebruik elders dan ter plaatse, al dan niet gepaard gaande met het bedrijfsmatig of anders dan om niet aan particulieren verstrekken van zwakalcoholhoudende en alcoholvrije drank voor gebruik elders dan ter plaatse of met het bedrijfsmatig verrichten van bij algemene maatregel van bestuur aangewezen andere handelingen;
– lokaliteit: een besloten ruimte, onderdeel uitmakend van een inrichting;
– horecalokaliteit: een van een afsluitbare toegang voorziene lokaliteit, onderdeel uitmakend van een inrichting waarin het horecabedrijf wordt uitgeoefend, in ieder geval bestemd voor het verstrekken van alcoholhoudende drank voor gebruik ter plaatse;
– slijtlokaliteit: een van een afsluitbare toegang voorziene lokaliteit, onderdeel uitmakend van of samenvallend met een inrichting waarin het slijtersbedrijf wordt uitgeoefend, in ieder geval bestemd voor het verstrekken van sterke drank voor gebruik elders dan ter plaatse;
– inrichting: de lokaliteiten waarin het slijtersbedrijf of het horecabedrijf wordt uitgeoefend, met de daarbij behorende terrassen voor zover die terrassen in ieder geval bestemd zijn voor het verstrekken van alcoholhoudende drank voor gebruik ter plaatse, welke lokaliteiten al dan niet onderdeel uitmaken van een andere besloten ruimte;
– leidinggevende:
1°. de natuurlijke persoon of de bestuurders van een rechtspersoon of hun gevolmachtigden, voor wiens rekening en risico het horecabedrijf of het slijtersbedrijf wordt uitgeoefend;
2°. de natuurlijke persoon, die algemene leiding geeft aan een onderneming, waarin het horecabedrijf of het slijtersbedrijf wordt uitgeoefend in een of meer inrichtingen;
3°. de natuurlijke persoon, die onmiddellijke leiding geeft aan de uitoefening van zodanig bedrijf in een inrichting;
– wijn: de categorieën alcoholhoudende dranken als opgesomd in Bijlage IV van Verordening (EG) 479/2008;
– sterke drank: de drank, die bij een temperatuur van twintig graden Celsius voor vijftien of meer volumenprocenten uit alcohol bestaat, met uitzondering van wijn;
– alcoholhoudende drank: de drank die bij een temperatuur van twintig graden Celsius voor meer dan een half volumeprocent uit alcohol bestaat;
– zwak-alcoholhoudende drank: alcoholhoudende drank, met uitzondering van sterke drank;
– paracommerciële rechtspersoon: een rechtspersoon niet zijnde een naamloze vennootschap of besloten vennootschap met beperkte aansprakelijkheid, die zich naast activiteiten van recreatieve, sportieve, sociaal-culturele, educatieve, levensbeschouwelijke of godsdienstige aard richt op de exploitatie in eigen beheer van een horecabedrijf;
– barvrijwilliger: de natuurlijke persoon die, niet in dienstverband, alcoholhoudende drank verstrekt in een horecalokaliteit in beheer bij een paracommerciële rechtspersoon;

Begripsbepalingen

---

[1] Inwerkingtredingsdatum: 01-05-1966; zoals laatstelijk gewijzigd bij: Stb. 2017, 258.

– bezoeker: een ieder die zich in een inrichting bevindt, met uitzondering van:
1°. leidinggevenden;
2°. personen die dienst doen in de inrichting;
3°. personen wier aanwezigheid in de inrichting wegens dringende redenen noodzakelijk is;
– vergunninghouder: de natuurlijke persoon of de rechtspersoon aan wie de vergunning, bedoeld in artikel 3, is verleend;
bijlage: bijlage bedoeld in artikel 44b, eerste lid.

Werkingssfeer

2. Onder een inrichting wordt niet verstaan een vervoermiddel voor het rondtrekkend uitoefenen van een bedrijf.
3. Deze wet is, met uitzondering van de artikelen 20, 21 en 24, derde lid, niet van toepassing op:
   a. vervoermiddelen die bestemd zijn voor het vervoer van personen, tijdens hun gebruik als zodanig;
   b. legerplaatsen en lokaliteiten, aan het militair gezag onderworpen, gedurende de tijd dat deze uitsluitend voor militaire doeleinden worden gebruikt;
   c. op luchtvaartterreinen opengesteld voor verkeer en naar landen buiten de Europese Unie gelegen winkels in het gebied dat uitsluitend toegankelijk is voor personen die in het bezit zijn van een geldig reisbiljet of een daartoe afgegeven persoonsgebonden kaart.

§ 2
Algemene bepalingen

Art. 2

Nadere regels, reclame voor alcoholhoudende dranken

1. Bij algemene maatregel van bestuur kunnen in het belang van de volksgezondheid regels worden gesteld met betrekking tot de inhoud van reclame voor alcoholhoudende drank, de doelgroepen waarop zodanige reclame is gericht, alsmede de tijd en wijze waarop en de plaats waar reclame wordt gemaakt. Deze regels kunnen verboden, beperkingen en voorschriften ten aanzien van reclameuitingen bevatten. In de maatregel wordt een overgangsregeling getroffen ten aanzien van reclameuitingen die reeds waren geopenbaard op het tijdstip van inwerkingtreding van die maatregel.
2. Het is verboden voor alcoholhoudende drank reclame te maken, welke niet voldoet aan de krachtens het eerste lid gestelde regels.
3. Het in het tweede lid genoemde verbod geldt niet ten aanzien van reclameuitingen voor alcoholhoudende drank, waarin met betrekking tot die drank slechts aanduidingen voorkomen betreffende merk, soort en prijs alsmede de plaats waar die drank wordt verstrekt.
4. Een krachtens het eerste lid vastgestelde algemene maatregel van bestuur treedt niet eerder in werking dan acht weken na de datum van uitgifte van het Staatsblad waarin hij is geplaatst. Van de plaatsing wordt onverwijld mededeling gedaan aan de beide kamers der Staten-Generaal.

Art. 3

Vergunning voor horeca- of slijtersbedrijf
Toepasselijkheid Awb

1. Het is verboden zonder daartoe strekkende vergunning van de burgemeester het horecabedrijf of slijtersbedrijf uit te oefenen.
2. Met toepassing van artikel 28, eerste lid, laatste zinsnede, van de Dienstenwet is paragraaf 4.1.3.3. van de Algemene wet bestuursrecht niet van toepassing op de aanvraag van een vergunning als bedoeld in het eerste lid.

Art. 3a-3c
[Door vernummering vervallen]

Art. 4

Regels voor paracommerciële rechtspersoon

1. Bij gemeentelijke verordening worden ter voorkoming van oneerlijke mededinging regels gesteld waaraan paracommerciële rechtspersonen zich te houden hebben bij de verstrekking van alcoholhoudende drank.
2. Bij zodanige verordening is het de gemeente toegestaan rekening te houden met de aard van de paracommerciële rechtspersoon.

Paracommerciële rechtspersoon, inhoud regels

3. De in het eerste lid bedoelde regels hebben in elk geval betrekking op de volgende onderwerpen:
   a. de tijden gedurende welke in de betrokken inrichting alcoholhoudende drank mag worden verstrekt;
   b. in de inrichting te houden bijeenkomsten van persoonlijke aard, zoals bruiloften en partijen;
   c. in de inrichting te houden bijeenkomsten die gericht zijn op personen die niet of niet rechtstreeks bij de activiteiten van de betreffende rechtspersoon betrokken zijn.
4. De burgemeester kan met het oog op bijzondere gelegenheden van zeer tijdelijke aard voor een aaneengesloten periode van ten hoogste twaalf dagen ontheffing verlenen van de bij of krachtens dit artikel gestelde regels.
5. De ontheffing, of een afschrift daarvan, is in de inrichting aanwezig.

A76 art. 10

6. Met toepassing van artikel 28, eerste lid, laatste zinsnede, van de Dienstenwet is paragraaf 4.1.3.3. van de Algemene wet bestuursrecht niet van toepassing op een aanvraag om een ontheffing als bedoeld in het vierde lid.   *Werkingssfeer*

Art. 5
[Vervallen]

Art. 5a
[Door vernummering vervallen]

Art. 6
Op de voorbereiding van een beslissing tot verlening van een vergunning op grond van artikel 3 voor het horecabedrijf aan een paracommerciële rechtspersoon is afdeling 3.4 van de Algemene wet bestuursrecht van toepassing.   *Paracommerciële rechtspersonen, vergunningverlening via Awb*

Art. 7
1. Een vergunning is vereist voor iedere inrichting.   *Vergunning vereist*
2. Geen vergunning wordt verleend voor het uitoefenen van het horecabedrijf of slijtersbedrijf anders dan in een inrichting.   *Vergunning beperkt tot inrichting*
3. Indien een terras onderdeel is van een inrichting, die onderdeel uitmaakt van een winkel wordt slechts een vergunning ten aanzien van het terras verleend, indien dit onmiddellijk aansluit aan een horecalokaliteit. Voor de overige terrassen wordt slechts vergunning verleend, indien zij in de onmiddellijke nabijheid van een horecalokaliteit zijn gelegen.   *Vergunning voor terras*

Art. 8
1. Leidinggevenden van het horecabedrijf en het slijtersbedrijf voldoen aan de volgende eisen: *Eisen aan leidinggevenden*
   a. zij hebben de leeftijd van eenentwintig jaar bereikt;
   b. zij zijn niet in enig opzicht van slecht levensgedrag;
   c. zij mogen niet onder curatele staan.
2. Bij algemene maatregel van bestuur worden naast de in het eerste lid gestelde eisen andere eisen ten aanzien van het zedelijk gedrag van leidinggevenden gesteld en kan de in dat lid, onder b, gestelde eis nader worden omschreven.   *Nadere regels, eisen leidinggevenden*
3. Leidinggevenden beschikken tevens over voldoende kennis en inzicht met betrekking tot sociale hygiëne, overeenkomstig bij algemene maatregel van bestuur te stellen eisen.   *Nadere regels, Verklaring Sociale Hygiëne*
4. De in het derde lid gestelde eis geldt niet voor leidinggevenden voor wier rekening en risico het horecabedrijf of het slijtersbedrijf wordt uitgeoefend, indien die leidinggevenden geen bemoeienis hebben met de bedrijfsvoering of de exploitatie van het horecabedrijf of het slijtersbedrijf waarvoor vergunning wordt gevraagd of is verkregen en de vergunninghouder dit in een schriftelijke verklaring bevestigt.
5. Bij regeling van Onze Minister worden de bewijsstukken aangewezen waaruit moet blijken dat is voldaan aan de eisen, bedoeld in het derde lid. Van deze bewijsstukken wordt door een door Onze Minister aan te wijzen instantie een register bijgehouden. Dit register kan worden geraadpleegd door: *Register Verklaring Sociale Hygiëne*
   a. de burgemeester, bij het verlenen van een vergunning op grond van artikel 3, bij het verlenen van een ontheffing op grond van artikel 35 en bij een melding als bedoeld in artikel 30a;
   b. de ambtenaren die zijn belast met het toezicht op de naleving van het bepaalde bij of krachtens deze wet.
6. Indien een paracommerciële rechtspersoon het horecabedrijf uitoefent, voldoen ten minste twee leidinggevenden aan de bij of krachtens dit artikel gestelde eisen.

Art. 9
1. Het bestuur van een paracommerciële rechtspersoon stelt voor het verkrijgen van een vergunning tot uitoefening van het horecabedrijf een reglement vast dat waarborgt dat de verstrekking van alcoholhoudende drank in de inrichting vanuit het oogpunt van sociale hygiëne op verantwoorde wijze geschiedt.   *Reglement paracommerciële rechtspersoon*
2. In het reglement wordt vastgelegd: *Reglement paracommerciële rechtspersoon, inhoud*
   a. welke kwalificatienormen worden gesteld aan de voorlichtingsinstructie op het gebied van sociale hygiëne die barvrijwilligers krijgen om te kunnen voldoen aan de eis gesteld in artikel 24, tweede lid onder c;
   b. de wijze waarop door of namens het bestuur wordt toegezien op de naleving van het reglement.
3. De paracommerciële rechtspersoon houdt een registratie bij van de barvrijwilligers die in het tweede lid bedoelde voorlichtingsinstructie hebben gekregen. Deze registratie of een afschrift daarvan is in de inrichting aanwezig.
4. Het reglement of een afschrift daarvan, is in de inrichting aanwezig.
5. Bij of krachtens algemene maatregel van bestuur kunnen nadere regels worden gesteld met betrekking tot de inhoud van het reglement.   *Nadere regels*

Art. 10
De inrichting dient te voldoen aan bij algemene maatregel van bestuur in het belang van de sociale hygiëne te stellen eisen.   *Besluit eisen inrichtingen Drank- en Horecawet*

Art. 11

Reikwijdte vergunning

Een krachtens artikel 3 verleende vergunning geldt ten aanzien van het verstrekken van alcoholhoudende drank niet voor andere gedeelten van de openbare weg dan die, waar dat verstrekken door de burgemeester uitdrukkelijk is toegestaan.

Art. 11a
[Door vernummering vervallen]

§ 3
Bijzondere bepalingen

Art. 12

Verbod tappen alcoholhoudende drank buiten horecalokaliteit, uitzondering hotelkamers

1. Het is verboden alcoholhoudende drank te verstrekken voor gebruik ter plaatse anders dan in een in de vergunning vermelde horecalokaliteit of anders dan op een in de vergunning vermeld terras, tenzij het betreft het vanuit zodanige lokaliteit afleveren van alcoholhoudende drank op bestelling in hotelkamers ingericht voor nachtverblijf of het verstrekken van alcoholhoudende drank door het in dergelijke hotelkamers beschikbaar te stellen.

Verbod slijten sterke drank voor gebruik buiten slijtlokaal

2. Het is verboden sterke drank te verstrekken voor gebruik elders dan ter plaatse anders dan in een slijtlokaliteit die in de vergunning is vermeld.

Art. 13

Horecalokaliteit: verbod slijten alcoholhoudende drank

1. Het is verboden in een horecalokaliteit of op een terras alcoholhoudende drank te verstrekken voor gebruik elders dan ter plaatse.

Slijterij: verbod tappen alcoholhoudende drank

2. Het is verboden in een slijtlokaliteit alcoholhoudende drank te verstrekken voor gebruik ter plaatse, tenzij het betreft verstrekking om niet door een persoon die in die slijtlokaliteit dienst pleegt te doen en die verstrekking tot doel heeft een klant die daarom verzoekt een alcoholhoudende drank die in dat slijtersbedrijf verkrijgbaar is te laten proeven.

Art. 14

Verbod andere winkelnering

1. Het is verboden een slijtlokaliteit gelijktijdig in gebruik te hebben voor het verrichten van andere bedrijfsactiviteiten dan die welke tot het slijtersbedrijf behoren dan wel toe te laten dat daarin zodanige activiteiten worden uitgeoefend.
2. Het is verboden een horecalokaliteit of een terras tevens in gebruik te hebben voor het uitoefenen van de kleinhandel of zelfbedieningsgroothandel of het uitoefenen van een van de in het derde lid genoemde activiteiten, dan wel toe te laten dat daarin zodanige handel wordt of zodanige activiteiten worden uitgeoefend, tenzij het betreft de verkoop van etenswaren die voor consumptie gereed zijn.
3. De in het tweede lid bedoelde activiteiten zijn:
   a. het bedrijfsmatig aan particulieren verkopen van goederen in het kader van een openbare verkoping, als bedoeld in artikel 1 van de Wet ambtelijk toezicht bij openbare verkopingen;
   b. het bedrijfsmatig aanbieden van diensten, uitgezonderd diensten van recreatieve en culturele aard;
   c. het bedrijfsmatig verhuren van goederen;
   d. het in het openbaar bedrijfsmatig opkopen van goederen.
4. Onder diensten van recreatieve aard als bedoeld in het derde lid, onder b, wordt niet verstaan het aanbieden van kansspelen, met uitzondering van het aanwezig hebben van speelautomaten als bedoeld in Titel Va van de Wet op de kansspelen.

Art. 15

Geen rechtstreekse toegang vanuit horecabedrijf naar andere winkel

1. Het is verboden de kleinhandel, met uitzondering van de kleinhandel in condooms en damesverband, of de zelfbedieningsgroothandel of een in artikel 14, derde lid, genoemde activiteit, uit te oefenen in een lokaliteit behorende tot een inrichting waarin het horecabedrijf wordt uitgeoefend, indien het publiek uitsluitend toegang heeft tot die lokaliteit door een lokaliteit te betreden waar alcoholhoudende drank aanwezig is.

Geen rechtstreekse toegang vanuit slijtlokaal naar andere winkel

2. Het is verboden dat een slijtlokaliteit in verbinding staat met een ruimte waarin de kleinhandel of zelfbedieningsgroothandel of enige in artikel 14, derde lid, genoemde activiteit wordt uitgeoefend, tenzij is voldaan aan bij algemene maatregel van bestuur te stellen voorschriften.

Art. 15a
[Door vernummering vervallen]

Art. 16

Verbod automatenverkoop; uitzondering hotelkamers

Het is degene, die bedrijfsmatig of anders dan om niet alcoholhoudende drank verstrekt, verboden daartoe automaten, waaruit de afnemers zelfstandig zodanige drank kunnen betrekken aanwezig te hebben, tenzij deze zich bevinden in hotelkamers, ingericht voor nachtverblijf, welke deel uitmaken van een inrichting waarin het horecabedrijf rechtmatig wordt uitgeoefend.

Art. 17
Het is verboden bedrijfsmatig of anders dan om niet alcoholhoudende drank voor gebruik elders dan ter plaatse aan particulieren te verstrekken of af te leveren anders dan in een gesloten verpakking, die niet zonder kenbare beschadiging kan worden geopend. *Verkoop per fles in goed gesloten verpakking*

Art. 17a
[Door vernummering vervallen]

Art. 18
1. Het is verboden in de uitoefening van een ander bedrijf dan het slijtersbedrijf zwak-alcoholhoudende drank voor gebruik elders dan ter plaatse aan particulieren te verstrekken. *Verbod verkoop zwak-alcoholische drank door niet-slijtersbedrijf*
2. Het in het eerste lid vervatte verbod geldt niet ten aanzien van het verstrekken in: *Uitzonderingen*
   a. een winkel waarin in overwegende mate levensmiddelen of tabak en aanverwante artikelen of uitsluitend zwak-alcoholhoudende dranken al dan niet tezamen met alcoholvrije dranken worden verkocht;
   b. een warenhuis met een levensmiddelenafdeling met een vloeroppervlakte van ten minste 15 m² waarop een gevarieerd assortiment aan verpakte en onverpakte eetwaren wordt verkocht;
   c. een voor het publiek toegankelijke besloten ruimte waarin hoofdzakelijk gerede eetwaren voor gebruik ter plaatse en elders dan ter plaatse plegen te worden verkocht, niet zijnde een horecalokaliteit.
3. Zwak-alcoholhoudende dranken zijn in de gevallen bedoeld in het tweede lid, zodanig in de besloten ruimte geplaatst, dat deze dranken voor het publiek duidelijk te onderscheiden zijn van alcoholvrije dranken. Alcoholvrije alternatieven voor bier en wijn behoeven niet te worden onderscheiden van zwak-alcoholhoudende dranken. *Duidelijk onderscheid*

Art. 19
1. Het is verboden, anders dan in de rechtmatige uitoefening van het slijtersbedrijf of van het partijen-cateringbedrijf gelegenheid te bieden tot het doen van bestellingen voor sterke drank en sterke drank op bestelling af te leveren of te doen afleveren aan huizen van particulieren. Onder partijen-catering wordt verstaan het, gepaard gaande met dienstverlening, bedrijfsmatig verstrekken van gerechten en dranken voor gebruik bij besloten partijen op een door een opdrachtgever te bepalen plaats, die slechts incidenteel beschikbaar is voor dergelijke partijen. *Verbod handel in sterke drank met particulieren door andere bedrijven dan slijterij/partijen-catering*
2. Het is verboden gelegenheid te bieden tot het doen van bestellingen voor zwak-alcoholhoudende drank en zwak-alcoholhoudende drank op bestelling af te leveren of te doen afleveren aan huizen van particulieren, anders dan vanuit: *Uitzonderingen*
   a. een niet voor publiek toegankelijke besloten ruimte, waarin overeenkomstige bestellingen plegen te worden aanvaard, niet zijnde een horecalokaliteit;
   b. een ruimte als bedoeld in artikel 18, tweede lid;
   c. een inrichting waarin het slijtersbedrijf wordt uitgeoefend.

Art. 19a
1. De burgemeester kan de natuurlijke persoon of de rechtspersoon die een bedrijf exploiteert als bedoeld in artikel 18, tweede lid, of artikel 19, tweede lid, onder a, en die in een periode van 12 maanden drie maal artikel 20, eerste lid, heeft overtreden, de bevoegdheid ontzeggen zwak-alcoholhoudende drank te verkopen vanaf de locatie waar bedoeld gedrag heeft plaatsgevonden. *Ontzegging door burgemeester, 'three-strikes-out-maatregel'*
2. De ontzegging wordt opgelegd voor ten minste een week en ten hoogste 12 weken. *Duur ontzegging*
3. De burgemeester is bevoegd tot oplegging van een last onder bestuursdwang ter handhaving van een krachtens dit artikel opgelegde ontzegging. *Last onder dwangsom*

Art. 20
1. Het is verboden bedrijfsmatig of anders dan om niet alcoholhoudende drank te verstrekken aan een persoon van wie niet is vastgesteld dat deze de leeftijd van 18 jaar heeft bereikt. Onder verstrekken als bedoeld in de eerste volzin wordt eveneens begrepen het verstrekken van alcoholhoudende drank aan een persoon van wie is vastgesteld dat deze de leeftijd van 18 jaar heeft bereikt, welke drank echter kennelijk bestemd is voor een persoon van wie niet is vastgesteld dat deze de leeftijd van 18 jaar heeft bereikt. *Verbod verstrekken alcoholhoudende drank beneden 18 jaar*
2. Het is verboden in een slijtlokaliteit de aanwezigheid toe te laten van een bezoeker van wie niet is vastgesteld dat deze de leeftijd van 18 jaar heeft bereikt, anders dan onder toezicht van een persoon van 21 jaar of ouder. *Verbod aanwezigheid personen beneden 18 jaar zonder geleide in slijterij*
3. De vaststelling, bedoeld in het eerste en tweede lid: *Vaststelling leeftijd*
   a. geschiedt aan de hand van een document als bedoeld in artikel 1, eerste lid, van de Wet op de identificatieplicht, dan wel op een bij of krachtens algemene maatregel van bestuur aangewezen andere wijze;
   b. blijft achterwege, indien het een persoon betreft die onmiskenbaar de vereiste leeftijd heeft bereikt.
4. Bij de voor het publiek bestemde toegang tot een horecalokaliteit, een slijtlokaliteit, een ruimte als bedoeld in artikel 18, tweede lid, of een vervoermiddel waarin bedrijfsmatig of anders dan om niet alcoholhoudende drank wordt verstrekt, dient duidelijk zichtbaar en goed leesbaar *Aanduiding leeftijdsgrenzen*

A76 art. 21 — Drank- en Horecawet

te worden aangegeven welke leeftijdsgrens of leeftijdsgrenzen gelden. Bij regeling van Onze Minister kunnen daaromtrent nadere regels worden gesteld of modellen worden vastgesteld.

Verbod aanwezigheid dronken personen

5. Het is verboden in een slijtlokaliteit of horecalokaliteit of op een terras de aanwezigheid toe te laten van een persoon die in kennelijke staat van dronkenschap of kennelijk onder invloed van andere psychotrope stoffen verkeert.

Verbod dronkenschap personeel

6. Het is verboden in kennelijke staat van dronkenschap of kennelijk onder invloed van andere psychotrope stoffen dienst te doen in een slijtlokaliteit of horecalokaliteit.

Art. 21

Voorkoming verstoring openbare orde, veiligheid of zedelijkheid

Het is verboden bedrijfsmatig of anders dan om niet alcoholhoudende drank te verstrekken, indien redelijkerwijs moet worden vermoed, dat dit tot verstoring van de openbare orde, veiligheid of zedelijkheid zal leiden.

Art. 22

Verbod slijten alcohol niet-levensmiddelenwinkels
Benzinestations
Horecabedrijf langs (auto)snelwegen

1. Het is verboden bedrijfsmatig of anders dan om niet alcoholhoudende drank te verstrekken:
   a. op plaatsen waar brandstof voor middelen van vervoer aan particulieren wordt verstrekt en in winkels die aan een benzinestation zijn verbonden;
   b. in winkels die verbonden zijn aan een inrichting waarin het horecabedrijf wordt uitgeoefend gelegen langs een krachtens de Wegenverkeerswet 1994 als autoweg aangeduide weg;
   c. in ruimten gelegen langs een krachtens de Wegenverkeerswet 1994 als autosnelweg aangeduide weg, tenzij het betreft het verstrekken van alcoholhoudende drank voor gebruik ter plaatse in een horecalokaliteit of of in de onmiddellijke nabijheid van een horecalokaliteit gelegen terras, en in die inrichting hoofdzakelijk warme maaltijden voor directe consumptie ter plaatse worden verstrekt.

Nadere regels

2. Bij algemene maatregel van bestuur kan het bedrijfsmatig of anders dan om niet verstrekken van alcoholhoudende drank worden verboden:

Voetbalstadions

   a. in stadions of bij die maatregel aangewezen delen daarvan, in gebruik bij organisaties van betaald voetbal, gedurende de tijd dat zij in verband met wedstrijden van betaald voetbal voor het publiek geopend zijn;

Gezondheidszorg, onderwijs en zwembaden

   b. in gebouwen of in die maatregel aangewezen delen daarvan, die in gebruik zijn bij instellingen op het terrein van de gezondheidszorg en het onderwijs en in zwembaden.

3. Een krachtens het tweede lid vastgestelde algemene maatregel van bestuur treedt niet eerder in werking dan acht weken na de datum van uitgifte van het Staatsblad waarin hij is geplaatst. Van de plaatsing wordt onverwijld mededeling gedaan aan de beide kamers der Staten-Generaal.

Art. 23
[Vervallen]

Art. 24

Verplichte aanwezigheid op vergunning vermelde leidinggevende

1. Het is verboden een horecalokaliteit of een slijtlokaliteit voor het publiek geopend te houden indien in de inrichting niet aanwezig is:
   a. een leidinggevende die vermeld staat op het aanhangsel bij de vergunning, bedoeld in artikel 29, tweede lid, met betrekking tot die inrichting of van een andere vergunning van dezelfde vergunninghouder of
   b. een persoon wiens bijschrijving op grond van artikel 30a, eerste lid, is gevraagd, mits de ontvangst van die aanvraag is bevestigd, zolang nog niet op die aanvraag is beslist.

2. In afwijking van het eerste lid is het een paracommerciële rechtspersoon verboden een horecalokaliteit, gedurende de tijd dat daar alcoholhoudende drank wordt verstrekt, geopend te houden, indien in de inrichting niet aanwezig is:
   a. een leidinggevende die vermeld staat op het aanhangsel bij de vergunning, bedoeld in artikel 29, tweede lid, met betrekking tot die inrichting of van een andere vergunning van dezelfde vergunninghouder of
   b. een persoon wiens bijschrijving op grond van artikel 30a, eerste lid, is gevraagd, mits de ontvangst van die aanvraag is bevestigd, zolang nog niet op die aanvraag is beslist of
   c. een barvrijwilliger die een voorlichtingsinstructie als bedoeld in artikel 9, tweede lid, heeft gekregen.

Minimumleeftijd personeel 16 jaar

3. Het is verboden in een slijtlokaliteit of horecalokaliteit, gedurende de tijd dat daarin dranken worden verstrekt, personen jonger dan 16 jaar dienst te laten doen.

Minimumleeftijd personeel 18 jaar

4. Indien dit voor de naleving van artikel 20, eerste tot en met derde lid, noodzakelijk is, kan bij algemene maatregel van bestuur de leeftijd, genoemd in het derde lid, op 18 jaar worden gesteld, met dien verstande dat zulks alsdan niet geldt voor personen die alcoholhoudende drank verstrekken in het kader van een in de maatregel aan te geven beroepsopleiding.

Art. 25

Verbod aanwezigheid alcohol in publieksruimte, tenzij

1. Het is degene die, anders dan in de rechtmatige uitoefening van het slijtersbedrijf of horecabedrijf, een ruimte voor het publiek geopend houdt, verboden:
   a. in die ruimte alcoholhoudende drank aanwezig te hebben, tenzij dit geschiedt ten dienste van het rechtmatig in die ruimte bedrijfsmatig of anders dan om niet aan particulieren verstrekken van zwak-alcoholhoudende drank voor gebruik elders dan ter plaatse, mits deze drank zich bevindt in een verpakking die voldoet aan de bij artikel 17 gestelde eis;

Drank- en Horecawet   A76 art. 25d

b. in de voor het publiek niet toegankelijke delen van die ruimte alcoholhoudende drank in voorraad te hebben, tenzij het betreft:
1°. het in voorraad hebben van zwak-alcoholhoudende drank ten dienste van het in de rechtmatige uitoefening van een ander bedrijf dan het slijtersbedrijf bedrijfsmatig aan particulieren verstrekken van deze drank voor gebruik elders dan ter plaatse, mits deze drank zich bevindt in een verpakking die voldoet aan de bij artikel 17 gestelde eis;
2°. het in voorraad hebben van alcoholhoudende drank ten dienste van het uitoefenen van een bedrijf, waarin waren uit onder meer alcoholhoudende drank plegen te worden vervaardigd.
2. Het is degene die, anders dan in de rechtmatige uitoefening van het horecabedrijf, een ruimte voor publiek geopend houdt, verboden toe te laten dat in die ruimte alcoholhoudende drank wordt genuttigd. Dit verbod geldt niet, indien er sprake is van de uitzondering bedoeld in artikel 13, tweede lid.   *Verbod nuttigen alcohol in publieksruimte*
3. Het is degene die een vervoermiddel gebruikt voor het rondtrekkend uitoefenen van de kleinhandel verboden daarin, daarop of daaraan alcoholhoudende drank aanwezig te hebben, tenzij het betreft een vervoermiddel dat wordt gebruikt voor: *Verbod aanwezigheid alcohol in rijdende winkel, tenzij*
a. het rechtmatig aan particulieren afleveren van alcoholhoudende drank op bestelling;
b. het binnen het vervoermiddel verstrekken van zwak-alcoholhoudende drank in het kader van het rondtrekkend uitoefenen van de kleinhandel overwegend bestaand uit de handel in een gevarieerd assortiment levensmiddelen en kruideniersartikelen.

§ 3a
Gemeentelijke verordenende bevoegdheid
Art. 25a
1. Bij gemeentelijke verordening kan het bedrijfsmatig of anders dan om niet verstrekken van alcoholhoudende drank in inrichtingen worden verboden of aan beperkingen worden onderworpen.   *Gemeentelijke verordening, verbod bedrijfsmatig verstrekken alcoholhoudende drank*

2. Bij zodanige verordening kan worden bepaald dat: *Gemeentelijke verordening, inhoud*
a. het verbod slechts geldt voor inrichtingen van een bij die verordening aangewezen aard, in bij die verordening aangewezen delen van de gemeente of voor een bij die verordening aangewezen tijdsruimte;
b. de burgemeester volgens bij die verordening te stellen regels voorschriften aan een vergunning als bedoeld in artikel 3 kan verbinden en de vergunning kan beperken tot het verstrekken van zwak-alcoholhoudende drank.

Art. 25b
1. Bij gemeentelijke verordening kan worden verboden dat in horecalokaliteiten en op terrassen bezoekers worden toegelaten beneden een bij die verordening te bepalen leeftijd welke echter niet hoger mag zijn dan 21 jaar.   *Gemeentelijke verordening, minimumleeftijd bezoeker*
2. Bij zodanige verordening kan worden bepaald dat:
a. het verbod slechts geldt voor horecalokaliteiten en terrassen van een bij die verordening aangewezen aard, in bij die verordening aangewezen delen van de gemeente of voor een bij die verordening aangewezen tijdsruimte;
b. de leeftijd van degene die wenst te worden toegelaten, wordt vastgesteld op de in artikel 20, derde lid, bedoelde wijze.

Art. 25c
1. Bij gemeentelijke verordening kan het bedrijfsmatig of anders dan om niet verstrekken van zwak-alcoholhoudende drank in of vanuit locaties als bedoeld in artikel 18, tweede lid, of artikel 19, tweede lid, onder a, worden verboden of aan beperkingen worden onderworpen. Een dergelijk verbod of beperking heeft slechts betrekking op een beperkte tijdsruimte.   *Gemeentelijke verordening, verbod bedrijfsmatig verstrekken zwak-alcoholhoudende drank*
2. Bij zodanige verordening kan worden bepaald dat het verbod slechts geldt in bij die verordening aangewezen delen van de gemeente.

Art. 25d
1. Bij gemeentelijke verordening kan het ter bescherming van de volksgezondheid of in het belang van de openbare orde worden verboden bedrijfsmatig of anders dan om niet alcoholhoudende dranken: *Gemeentelijke verordening, minimumprijs*
a. te verstrekken voor gebruik ter plaatse tegen een prijs die voor een periode van 24 uur of korter lager is dan 60% van de prijs die in de betreffende horecalokaliteit of op het betreffende terras gewoonlijk wordt gevraagd;
b. aan te bieden voor gebruik elders dan ter plaatse tegen een prijs die voor een periode van één week of korter lager is dan 70% van de prijs die in het betreffende verkooppunt gewoonlijk wordt gevraagd.
2. Bij zodanige verordening kan worden bepaald dat het verbod slechts geldt voor aanbiedingen en verstrekkingen van een bij die verordening aangewezen aard of in bij die verordening aangewezen delen van de gemeente.

A76 art. 26 — Drank- en Horecawet

§ 4
Vergunningen

Art. 26

Aanvraag vergunning horeca-/slijtersbedrijf

1. Een aanvraag om een vergunning als bedoeld in artikel 3 wordt gesteld op een formulier of een elektronische informatiedrager, die bij regeling van Onze Minister worden vastgesteld.
2. De gemeenteraad kan bij verordening een formulier vaststellen met aanvullende vragen, voor zover hij gebruik maakt van zijn bevoegdheid om:
   a. in een verordening op grond van artikel 4 rekening te houden met de aard van de paracommerciële rechtspersoon;
   b. aan een vergunning voorschriften of beperkingen te verbinden op grond van artikel 25a;
   c. in een verordening op grond van artikel 25b rekening te houden met de aard van de horecalokaliteiten of terrassen.

Nadere regels

3. Bij regeling van Onze Minister kunnen ten aanzien van het formulier, bedoeld in het tweede lid, nadere regels worden gesteld.

Art. 27

Weigeringsgronden vergunning

1. Een vergunning wordt geweigerd indien:
   a. niet wordt voldaan aan de ingevolge de artikelen 8 tot en met 10 geldende eisen;
   b. redelijkerwijs moet worden aangenomen, dat de feitelijke toestand niet met het in de aanvrage vermelde in overeenstemming zal zijn;
   c. artikel 7, tweede lid, artikel 31, vierde lid, en artikel 32, tweede lid, zich tegen de verlening van de gevraagde vergunning verzet;
   d. redelijkerwijs moet worden aangenomen dat een of meer van de bij of krachtens de artikelen 2 en 13 tot en met 24 gestelde verboden zal worden overtreden of dat in strijd zal worden gehandeld met aan de vergunning verbonden beperkingen of voorschriften.
2. Een vergunning ten aanzien van een inrichting, waarvan de vergunning op grond van artikel 31, eerste lid, onder c, is ingetrokken, kan gedurende een bij die intrekking vastgestelde termijn van ten hoogste vijf jaar worden geweigerd.
3. Een vergunning kan worden geweigerd in het geval en onder de voorwaarden, bedoeld in artikel 3 van de Wet bevordering integriteitsbeoordelingen door het openbaar bestuur.

Advies Bureau Bibob

4. Voordat toepassing wordt gegeven aan het derde lid, kan het Bureau bevordering integriteitsbeoordelingen door het openbaar bestuur, bedoeld in artikel 8 van de Wet bevordering integriteitsbeoordelingen door het openbaar bestuur, om een advies als bedoeld in artikel 9 van die wet worden gevraagd.

Art. 28

Verlening vergunning

Een vergunning wordt verleend, indien geen der in artikel 27 bedoelde weigeringsgronden aanwezig is.

Art. 29

Inhoud vergunning

1. De burgemeester vermeldt in een vergunning:
   a. de vergunninghouder;
   b. tot welke bedrijfsuitoefening de vergunning strekt;
   c. de plaats waar de inrichting zich bevindt;
   d. de situering en de oppervlakten van de horeca- of slijtlokaliteiten en terrassen;
   e. de voorschriften of beperkingen welke aan de vergunning zijn verbonden.

Inhoud vergunning, vermelding leidinggevenden

2. De burgemeester vermeldt in een aanhangsel bij de vergunning de leidinggevenden. Ten aanzien van een leidinggevende bij wie sprake is van een situatie als bedoeld in artikel 8, vierde lid, maakt de burgemeester daaromtrent een aantekening.

Inhoud vergunning, vermelding leidinggevenden

3. De vergunning en het daarbij behorende aanhangsel, of afschriften daarvan, en in voorkomende gevallen een afschrift van de aanvraag, bedoeld in artikel 30a, eerste lid, en de ontvangstbevestiging, bedoeld in artikel 30a, vierde lid, of een afschrift daarvan, zijn in de inrichting aanwezig.
4. De vergunning en het aanhangsel worden gesteld op een formulier dat bij regeling van Onze Minister wordt vastgesteld.

Art. 30

Melding verandering inrichting bij B&W; verstrekken gewijzigde vergunning

Indien een inrichting een zodanige verandering ondergaat dat zij niet langer in overeenstemming is met de in de vergunning gegeven omschrijving, is de vergunninghouder verplicht bedoelde wijziging binnen één maand bij de burgemeester te melden. De burgemeester verstrekt, indien nog aan de ten aanzien van de inrichting gestelde eisen wordt voldaan, een gewijzigde vergunning, waarin de ingevolge artikel 29 vereiste omschrijving is aangepast aan de nieuwe situatie.

Art. 30a

Aanvraag bijschrijving leidinggevende

1. Een vergunninghouder meldt aan de burgemeester zijn wens:
   a. een persoon als leidinggevende te laten bijschrijven;
   b. de aantekening door te laten halen dat een leidinggevende geen bemoeienis heeft met de bedrijfsvoering of de exploitatie van het horecabedrijf of slijtersbedrijf.
2. Deze melding geldt als aanvraag tot wijziging van het aanhangsel.

3. De aanvraag wordt gesteld op een formulier of een elektronische informatiedrager, die bij regeling van Onze Minister worden vastgesteld.
4. De burgemeester bevestigt onverwijld schriftelijk of elektronisch de ontvangst van de aanvraag.
5. De burgemeester weigert de wijziging van het aanhangsel: **Weigeringsgronden**
a. indien de persoon bedoeld in het eerste lid, niet voldoet aan de bij of krachtens artikel 8 gestelde eisen;
b. in het geval en onder de voorwaarden, bedoeld in artikel 3 van de Wet bevordering integriteitsbeoordelingen door het openbaar bestuur.
6. Alvorens te beslissen op een aanvraag tot wijziging van het aanhangsel kan het Bureau bevordering integriteitsbeoordelingen, bedoeld in artikel 8 van de Wet bevordering integriteitsbeoordelingen, door het openbaar bestuur om een advies als bedoeld in artikel 9 van die wet worden gevraagd.

Art. 31
1. Een vergunning wordt door de burgemeester ingetrokken, indien: **Intrekkingsgronden vergunning**
a. de te harer verkrijging verstrekte gegevens zodanig onjuist of onvolledig blijken, dat op de aanvrage een andere beslissing zou zijn genomen, als bij de beoordeling daarvan de juiste omstandigheden volledig bekend waren geweest;
b. niet langer wordt voldaan aan de bij of krachtens artikelen 8 en 10 geldende eisen;
c. zich in de betrokken inrichting feiten hebben voorgedaan, die de vrees wettigen, dat het van kracht blijven der vergunning gevaar zou opleveren voor de openbare orde, veiligheid of zedelijkheid;
d. de vergunninghouder in de in de artikelen 30 en 30a, eerste lid, bedoelde gevallen geen melding als in die artikelen bedoeld heeft gedaan.
2. Een vergunning kan door de burgemeester worden ingetrokken indien de vergunninghouder de bij of krachtens deze wet gestelde regels, dan wel de aan een vergunning of ontheffing verbonden voorschriften en beperkingen, niet nakomt.
3. Een vergunning kan voorts door de burgemeester worden ingetrokken, indien:
a. er sprake is van het geval en onder de voorwaarden, bedoeld in artikel 3 van de Wet bevordering integriteitsbeoordelingen door het openbaar bestuur. Voordat daaraan toepassing wordt gegeven, kan het Bureau bevordering integriteitsbeoordelingen door het openbaar bestuur, bedoeld in artikel 8 van voornoemde wet, om een advies als bedoeld in artikel 9 van die wet worden gevraagd;
b. een vergunninghouder in een periode van twee jaar ten minste drie maal op grond van artikel 30a, eerste lid, om bijschrijving van een persoon op het aanhangsel bij de vergunning heeft verzocht en de burgemeester die wijziging van het aanhangsel ten minste driemaal heeft geweigerd op grond van artikel 30a, vijfde lid.
4. Indien een vergunning is ingetrokken omdat is gehandeld in strijd met de voorschriften en beperkingen verbonden aan de vergunning, bedoeld in artikel 4 of 25a, wordt de bevoegdheid om aan de betrokken rechtspersoon een nieuwe vergunning te verlenen opgeschort tot een jaar nadat het besluit tot intrekking onherroepelijk is geworden.

Art. 32
1. Een vergunning kan in de gevallen bedoeld in artikel 31, tweede en derde lid, door de burgemeester worden geschorst voor een periode van ten hoogste 12 weken.   **Schorsing vergunning**
2. Tijdens de schorsing verleent de burgemeester de vergunninghouder geen nieuwe vergunning op grond van artikel 3.

Art. 33
Een vergunning vervalt, wanneer: **Vervalgronden vergunning**
a. sedert haar verlening onherroepelijk is geworden, zes maanden zijn verlopen, zonder dat handelingen zijn verricht met gebruikmaking van de vergunning;
b. gedurende een jaar anders dan wegens overmacht geen handelingen zijn verricht met gebruikmaking van de vergunning;
c. de verlening van een vergunning, strekkende tot vervanging van eerstbedoelde vergunning, van kracht is geworden.

Art. 34
Een faillissement of toepassing van de schuldsaneringsregeling natuurlijke personen heeft ten aanzien van het krachtens artikel 31, eerste lid, onder d, of 33, onder b, intrekken of vervallen van de vergunning een opschortende werking tot het tijdstip waarop het faillissement onderscheidenlijk de toepassing van de schuldsaneringsregeling eindigt.   **Opschortende werking bij faillissement of toepassing schuldsaneringsregeling**

§ 5
Ontheffing

Art. 35

Ontheffing verstrekking zwak-alcoholische drank bij bijzondere gelegenheden

1. De burgemeester kan ten aanzien van het verstrekken van zwak-alcoholhoudende drank op aanvraag ontheffing verlenen van het in artikel 3 voor de uitoefening van het horecabedrijf gestelde verbod, bij een in de beschikking aangewezen bijzondere gelegenheid van zeer tijdelijke aard voor een aaneengesloten periode van ten hoogste twaalf dagen, mits de verstrekking geschiedt onder onmiddellijke leiding van een persoon die:
   a. de leeftijd van eenentwintig jaar heeft bereikt;
   b. niet in enig opzicht van slecht levensgedrag is.
   De naam van deze persoon staat op de ontheffing vermeld.

Beperkingen en voorschriften

2. Een ontheffing kan onder beperkingen worden verleend; aan een ontheffing kunnen voorschriften worden verbonden.

Schakelbepaling

3. Ten aanzien van een ontheffing is artikel 31, eerste lid, onder a en c, van overeenkomstige toepassing.
4. De ontheffing, of een afschrift daarvan, is ter plaatse aanwezig.

Toepasselijkheid Awb

5. Een burgemeester kan naar aanleiding van een aanvraag voor ontheffingen als bedoeld in dit artikel, voor jaarlijks terugkerende identieke bijzondere gelegenheden van zeer tijdelijke aard, besluiten één ontheffing te verlenen, mits de verstrekking van zwak-alcoholhoudende drank telkenmale geschiedt onder onmiddellijke leiding van dezelfde persoon.

Werkingssfeer

6. Met toepassing van artikel 28, eerste lid, laatste zinsnede, van de Dienstenwet is paragraaf 4.1.3.3. van de Algemene wet bestuursrecht niet van toepassing op de aanvraag om een ontheffing als bedoeld in dit artikel.

§ 6
Overige bepalingen

Art. 36

Ontzegging toegang

De burgemeester is bevoegd aan andere personen dan hen, die wonen in de ruimte, waarin in strijd met deze wet alcoholhoudende drank wordt verstrekt, de toegang tot die ruimte te ontzeggen.

Art. 37

[Vervallen]

Art. 38

Verstrekken onjuiste of onvolledige gegevens bij aanvraag

Het is verboden ter zake van een aanvraag om een vergunning of een ontheffing onjuiste of onvolledige gegevens te verstrekken.

Art. 39

Nadere regels bij AMvB

Indien in deze wet geregelde onderwerpen in het belang van een goede uitvoering van deze wet nadere regeling behoeven, kan dit geschieden bij algemene maatregel van bestuur.

Art. 40

Beperking verordenende bevoegdheid

Voor zover in deze wet niet anders is bepaald, kunnen ten aanzien van de onderwerpen, waarin zij voorziet, geen provinciale of gemeentelijke verordeningen worden gemaakt.

§ 7
Toezicht

Art. 41

Aanwijzing ambtenaren toezicht Drank- en Horecawet

1. Met het toezicht op de naleving van het bepaalde bij of krachtens deze wet zijn belast:
   a. in geheel Nederland: de bij besluit van Onze Minister aangewezen ambtenaren.
   b. in een gemeente: de door de burgemeester van die gemeente aangewezen ambtenaren.

Regeling toezichthoudende ambtenaren Drank- en Horecawet

2. Bij regeling van Onze Minister, in overeenstemming met Onze Minister van Veiligheid en Justitie:
   a. wordt de taakverdeling tussen de ambtenaren, behorende tot de onderscheidene in het eerste lid bedoelde categorieën geregeld;
   b. kunnen aanstellings- en opleidingseisen voor die ambtenaren worden gesteld.

Art. 42

Bevoegdheid tot binnentreden woning

De in artikel 41 bedoelde ambtenaren zijn bevoegd, met medeneming van de benodigde apparatuur, een woning binnen te treden zonder toestemming van de bewoner, waar bedrijfsmatig of anders dan om niet alcoholhoudende drank aan particulieren wordt verstrekt of waar naar hun redelijk vermoeden zodanige verstrekking plaatsvindt.

Art. 43

Mededeling besluit

Van een besluit als bedoeld in artikel 41, eerste lid, onder a wordt mededeling gedaan door plaatsing in de Staatscourant.

Drank- en Horecawet

A76 art. 44b

Art. 43a
1. De gemeenteraad stelt uiterlijk zes maanden na inwerkingtreding van dit artikel voor de eerste maal een preventie- en handhavingsplan alcohol vast. Vervolgens wordt dit plan elke vier jaar gelijktijdig met de vaststelling van de nota gemeentelijk gezondheidsbeleid, bedoeld in artikel 13, tweede lid, van de Wet publieke gezondheid, vastgesteld. Het plan kan tussentijds worden gewijzigd. *Preventie- en handhavingsplan alcohol*

2. Het plan bevat de hoofdzaken van het beleid betreffende de preventie van alcoholgebruik, met name onder jongeren, en de handhaving van de wet. *Preventie- en handhavingsplan alcohol, inhoud*

3. In het plan wordt in ieder geval aangegeven:
a. wat de doelstellingen zijn van het preventie- en handhavingsbeleid alcohol;
b. welke acties worden ondernomen om alcoholgebruik, met name onder jongeren, te voorkomen, al dan niet in samenhang met andere preventieprogramma's als bedoeld in artikel 2, tweede lid, onderdeel d, van de Wet Publieke Gezondheid;
c. de wijze waarop het handhavingsbeleid wordt uitgevoerd en welke handhavingsacties in de door het plan bestreken periode worden ondernomen;
d. welke resultaten in de door het plan bestreken periode minimaal behaald dienen te worden.

Art. 44
Onze Minister en de burgemeester zijn bevoegd tot toepassing van bestuursdwang ter handhaving van de bij artikel 5:20, eerste lid, van de Algemene wet bestuursrecht gestelde verplichting. *Bestuursdwang*

§ 8
Bestuurlijke boete

Art. 44a
1. De burgemeester kan een bestuurlijke boete opleggen ter zake van overtreding binnen zijn gemeente van het bij of krachtens de artikelen 3, 4, 9, derde, vierde en vijfde lid, 12 tot en met 19, 20, eerste tot en met vierde lid, 22, eerste en tweede lid, 24, 25, behoudens het derde lid, 25a tot en met 25d, 29, derde lid, 35, tweede en vierde lid, of 38 gestelde. *Bestuurlijke boete door burgemeester*

2. De hoogte van de bestuurlijke boete wordt bepaald op de wijze als voorzien in de bijlage, met dien verstande dat de wegens een afzonderlijke overtreding te betalen geldsom ten hoogste € 100 000 bedraagt. *Bestuurlijke boete, hoogte*

3. Overtredingen kunnen, in afwijking van het eerste lid, niet met een bestuurlijke boete worden afgedaan, indien:
a. de overtreding een direct gevaar voor de gezondheid of veiligheid van de mens tot gevolg heeft;
b. de in de bijlage ter zake van de overtreding voorziene bestuurlijke boete aanmerkelijk wordt overschreden door het met de overtreding behaalde economisch voordeel; of
c. door de burgemeester toepassing is gegeven aan artikel 19a, eerste lid.

4. De bevoegdheid tot het opleggen van een bestuurlijke boete vervalt, indien ter zake van de overtreding op grond waarvan de bestuurlijke boete kan worden opgelegd door de burgemeester aan de vergunninghouder schriftelijk mededeling is gedaan van het voornemen de vergunning in te trekken.

5. De boete komt toe aan de gemeente, waar de overtreding heeft plaatsgevonden.

Art. 44aa
1. Onze Minister kan een bestuurlijke boete opleggen ter zake van overtreding van het gestelde bij of krachtens: *Bestuurlijke boete door Minister*
a. de artikelen 2 en 25, derde lid, waar ook te lande gepleegd;
b. de artikelen 20, eerste tot en met vierde lid, en 24, derde lid, gepleegd in of op de in artikel 1, derde lid, onder a, b en c, genoemde vervoermiddelen, legerplaatsen en lokaliteiten, die aan het militair gezag onderworpen zijn, en op luchtvaartterreinen gelegen winkels.

2. Artikel 44a, tweede en derde lid, is van overeenkomstige toepassing. *Schakelbepaling*

3. De boete komt toe aan de staat.

Art. 44b
1. Bij algemene maatregel van bestuur wordt een bijlage vastgesteld, die bij elke daarin omschreven overtreding het bedrag van de deswege op te leggen bestuurlijke boete bepaalt. *Bijlage Besluit bestuurlijke boete Drank- en Horecawet*

2. De voordracht voor een krachtens het eerste lid vast te stellen algemene maatregel van bestuur wordt niet eerder gedaan dan vier weken nadat het ontwerp aan beide kamers der Staten-Generaal is overgelegd.

3. Een algemene maatregel van bestuur als bedoeld in het eerste lid wordt vastgesteld op voordracht van Onze Minister, in overeenstemming met Onze Minister van Justitie.

Art. 44c-44i
[Vervallen]

§ 8a
Bepaling van strafrechtelijke aard

Art. 45

Verbod bezit alcoholhoudende drank voor personen jonger dan 18 jaar

1. Het is degenen die de leeftijd van 18 jaar nog niet hebben bereikt, met uitzondering van personen van 16 of 17 jaar die dienst doen in een inrichting waarin het horecabedrijf wordt uitgeoefend, waaronder begrepen het zijn van barvrijwilliger in een inrichting in beheer bij een paracommerciële rechtspersoon, verboden op voor het publiek toegankelijke plaatsen alcoholhoudende drank aanwezig te hebben of voor consumptie gereed te hebben, met uitzondering van plaatsen waar bedrijfsmatig of anders dan om niet alcoholhoudende drank voor gebruik elders dan ter plaatse wordt verstrekt.
2. Overtreding van het eerste lid wordt gestraft met een geldboete van de eerste categorie.
3. De in dit artikel strafbaar gestelde feiten zijn overtredingen.

§ 9
Overgangs- en slotbepalingen

Art. 46

Vrijstelling afmetingseisen voor lokaliteiten

1. Indien de tot een inrichting behorende lokaliteiten die op 30 september 1967 in gebruik waren voor de verstrekking van alcoholhoudende drank in de uitoefening van het horecabedrijf of slijtersbedrijf, toen wel voldeden aan de ingevolge de Drankwet (Stb. 1931, 476) met betrekking tot hun afmetingen geldende eisen maar niet in overeenstemming zijn met de eisen, ter zake van de afmetingen van lokaliteiten voor die uitoefening gesteld krachtens artikel 10 van de onderhavige wet, worden zij nochtans geacht aan de ingevolge dat artikel voor de uitoefening van dat bedrijf geldende afmetingseisen te voldoen.

Uitsluiting vrijstelling

2. Het eerste lid geldt niet:
a. indien één of meer der in dat lid bedoelde lokaliteiten van de inrichting inmiddels in enig opzicht zijn verkleind of een verandering in hun bestemming hebben ondergaan;
b. indien de uitoefening van het betrokken bedrijf in de inrichting na 30 september 1967 gedurende een jaar anders dan wegens overmacht ononderbroken gestaakt is geweest.

Uitzondering op uitsluiting vrijstelling

3. Het tweede lid, onder a, is niet van toepassing:
a. met betrekking tot verkleiningen, strekkende tot aanpassing van de inrichting aan ingevolge artikel 10 geldende, andere dan de in het eerste lid bedoelde eisen;
b. met betrekking tot wijzigingen ten aanzien waarvan Onze Minister, van oordeel zijnde dat daartegen uit het oogpunt van sociale hygiëne geen overwegende bezwaren bestaan, op aanvrage van de ondernemer die bepaling buiten toepassing heeft verklaard.
4. In een met toepassing van het eerste lid verleende vergunning wordt mede vermeld op welke lokaliteiten die toepassing betrekking heeft.

Art. 47

Vrijstelling verbod gelijktijdig tappen en slijten voor exploitant die voor 30 september 1967 over een volledige vergunning beschikte

1. Het in artikel 13 gestelde verbod geldt tot een door Ons te bepalen tijdstip niet voor degene, die op 30 september 1967 feitelijk alcoholhoudende drank voor gebruik ter plaatse en sterke drank voor gebruik elders dan ter plaatse verstrekte in een lokaliteit, waarvoor een op grond van de Drankwet (Stb. 1931, 476) verleende volledige vergunning gold, voor zover het die lokaliteit betreft.

Lokaliteit met vergunning of Verlof A op 30 september 1967

2. Het in artikel 13 gestelde verbod geldt tot een door Ons te bepalen tijdstip voorts niet voor degene, die in een lokaliteit, waarvoor een op grond van de Drankwet (Stb. 1931, 476) verleende vergunning of verleend verlof A gold, op 30 september 1967 feitelijk alcoholhoudende drank voor gebruik ter plaatse verstrekte en tevens bedrijfsmatig aan particulieren zwak-alcoholhoudende drank voor gebruik elders dan ter plaatse verstrekte, voor zover het betreft het gelijktijdig in gebruik hebben van die lokaliteit voor het bedrijfsmatig verstrekken van alcoholhoudende drank voor gebruik ter plaatse en voor het bedrijfsmatig aan particulieren verstrekken van zwak-alcoholhoudende drank voor gebruik elders dan ter plaatse.

Art. 48

Toepasselijkheid artikel 77 t.a.v. opvolger overleden vergunninghouder van 30 september 1967

Artikel 47 is van overeenkomstige toepassing voor degene, die op 1 november 1967 feitelijk een horecabedrijf of slijtersbedrijf uitoefende:
a. met gebruikmaking van een op hem krachtens artikel 29, eerste lid, van de Drankwet (Stb. 1931, 476) overgeschreven vergunning of verlof A van een persoon, die dat bedrijf feitelijk uitoefende op 30 september 1967, of
b. als rechtverkrijgende van een persoon als onder a bedoeld diens bedrijf voortzettend krachtens de wet van 14 april 1960 (Stb. 155).

Art. 48a

Overgangsbepaling

Op besluiten van Onze Minister die genomen zijn vóór 1 januari 2013 blijft het recht zoals dat gold tot die datum van toepassing.

Art. 49
Deze wet kan worden aangehaald als: Drank- en Horecawet.

Citeertitel

Socialezekerheidsrecht

Participatiewet

Inhoudsopgave

Hoofdstuk 1	Algemeen	Art. 1
§ 1.1	Begripsbepalingen	Art. 1
§ 1.2	Opdracht gemeente	Art. 7
Hoofdstuk 2	Rechten en plichten	Art. 9
§ 2.1	Arbeidsinschakeling en tegenprestatie	Art. 9
§ 2.2	Bijstand	Art. 11
§ 2.3	Inlichtingenplicht en afstemming	Art. 17
Hoofdstuk 3	Algemene bijstand	Art. 19
§ 3.1	Algemeen	Art. 19
§ 3.2	Normen	Art. 19a
§ 3.3	Verlaging	Art. 25-26
§ 3.4	Middelen	Art. 31
Hoofdstuk 4	Aanvullende inkomensondersteuning en aanpassing bedragen	Art. 35
§ 4.1	Aanvullende inkomensondersteuning	Art. 35
§ 4.2	Aanpassing bedragen	Art. 37
Hoofdstuk 5	Uitvoering	Art. 40
§ 5.1	De aanvraag	Art. 40
§ 5.2	Toekenning, vaststelling en betaling	Art. 44
§ 5.3	Cliëntenparticipatie	Art. 47
§ 5.4	Uitvoering Sociale verzekeringsbank	Art. 47a
Hoofdstuk 6	Bevoegdheden en faciliteiten gemeenten	Art. 48
§ 6.1	Vorm bijstand	Art. 48
§ 6.2	Onderzoek, opschorten en herzien	Art. 53a
§ 6.3	Aanvullende verplichtingen	Art. 55
§ 6.4	Terugvordering	Art. 58
§ 6.5	Verhaal	Art. 61
§ 6.6	Gegevensuitwisseling	Art. 63
Hoofdstuk 7	Financiering, toezicht en informatie	Art. 69
§ 7.1	Financiering	Art. 69
§ 7.2	Aanwijzingsbevoegdheid en gemeentelijke toezichthouders	Art. 76
§ 7.3	Informatie	Art. 77
Hoofdstuk 7a	Overgangsrecht	Art. 78a
Hoofdstuk 8	Slotbepalingen	Art. 79

Participatiewet[1]

Wet van 9 oktober 2003, houdende vaststelling van een wet inzake ondersteuning bij arbeidsinschakeling en verlening van bijstand door gemeenten (Wet werk en bijstand)

Wij Beatrix, bij de gratie Gods, Koningin der Nederlanden, Prinses van Oranje-Nassau, enz. enz. enz.

Allen, die deze zullen zien of horen lezen, saluut! doen te weten:
Alzo Wij in overweging genomen hebben, dat het ter vereenvoudiging en verduidelijking van de regelgeving en ter versterking van de verantwoordelijkheid der gemeenten voor de ondersteuning bij arbeidsinschakeling en de verlening van bijstand gewenst is te komen tot een Wet werk en bijstand, waarin de Algemene bijstandswet, de Wet financiering Abw, IOAW en IOAZ, de Wet inschakeling werkzoekenden en het Besluit in- en doorstroombanen zijn geïntegreerd;
Zo is het, dat Wij, de Raad van State gehoord, en met gemeen overleg der Staten-Generaal, hebben goedgevonden en verstaan, gelijk Wij goedvinden en verstaan bij deze:

Hoofdstuk 1
Algemeen

§ 1.1
Begripsbepalingen

Art. 1 Organen

Begripsbepalingen

In deze wet en de daarop berustende bepalingen wordt verstaan onder:
a. Onze Minister: Onze Minister van Sociale Zaken en Werkgelegenheid;
b. college: het college van burgemeester en wethouders, bedoeld in artikel 40, eerste lid;
c. Uitvoeringsinstituut werknemersverzekeringen: het Uitvoeringsinstituut werknemersverzekeringen, genoemd in hoofdstuk 5 van de Wet structuur uitvoeringsorganisatie werk en inkomen;
d. Sociale verzekeringsbank: de Sociale verzekeringsbank, genoemd in hoofdstuk 6 van de Wet structuur uitvoeringsorganisatie werk en inkomen;
e. Inlichtingenbureau: het Inlichtingenbureau, bedoeld in artikel 63 van de Wet structuur uitvoeringsorganisatie werk en inkomen;
f. inrichting:
1°. een instelling die zich blijkens haar doelstelling en feitelijke werkzaamheden richt op het bieden van verpleging of verzorging aan aldaar verblijvende hulpbehoevenden;
2°. een instelling die zich blijkens haar doelstelling en feitelijke werkzaamheden richt op het bieden van slaapgelegenheid, waarbij de mogelijkheid van hulpverlening of begeleiding gedurende meer dan de helft van ieder etmaal aanwezig is;
g. Richtlijn 2004/38/EG: Richtlijn nr. 2004/38/EG van het Europees Parlement en de Raad van 29 april 2004 betreffende het recht van vrij verkeer en verblijf op het grondgebied van de lidstaten voor de burgers van de Unie en hun familieleden, tot wijziging van Verordening (EEG) 1612/68 en tot intrekking van Richtlijnen 64/221/EEG, 68/360/EEG, 72/194/EEG, 73/148/EEG, 75/34/EEG, 75/35/EEG, 90/364/EEG, 90/365/EEG en 93/96/EEG (PbEU L 158);
h. vrijheidsstraf of vrijheidsbenemende maatregel: een bij onherroepelijk geworden vonnis opgelegde vrijheidsstraf of vrijheidsbenemende maatregel als bedoeld in het Wetboek van Strafrecht;
i. Algemene bijstandswet: Algemene bijstandswet zoals deze luidde op 31 december 2003;
j. Wet inschakeling werkzoekenden: Wet inschakeling werkzoekenden zoals deze luidde op 31 december 2003;
k. Besluit in- en doorstroombanen: Besluit in- en doorstroombanen zoals dit luidde op 31 december 2003;
l. Invoeringswet Wet werk en bijstand: Invoeringswet Wet werk en bijstand zoals deze luidde op de dag voorafgaand aan de inwerkingtreding van de wet van 29 december 2008 tot intrekking van de Invoeringswet Wet werk en bijstand (Stb. 586);
m. pensioengerechtigde leeftijd: pensioengerechtigde leeftijd, bedoeld in artikel 7a, eerste lid, van de Algemene Ouderdomswet;
n. lijfrente: een lijfrente als bedoeld in artikel 3.125, eerste lid, onderdelen a en c, van de Wet inkomstenbelasting 2001, een lijfrenterekening of een lijfrentebeleggingsrecht als bedoeld in

---

1   Inwerkingtredingsdatum: 01-01-2004; zoals laatstelijk gewijzigd bij: Stcrt. 2021, 27619.

artikel 3.126a van die wet die voorziet in een oudedagslijfrente, dan wel een recht op periodieke uitkeringen of verstrekkingen waarop artikel I, onderdeel O, van hoofdstuk 2 van de Invoeringswet Wet inkomstenbelasting 2001 van toepassing is;
o. *uitreiziger*: persoon ten aanzien van wie op grond van een melding van de opsporingsdiensten of inlichtingen- en veiligheidsdiensten, gericht aan het college of de Sociale verzekeringsbank, is gebleken dat het gegronde vermoeden bestaat dat deze persoon zich buiten Nederland bevindt met het doel om zich aan te sluiten bij een organisatie die is geplaatst op de lijst van organisaties, bedoeld in artikel 14, vierde lid, van de Rijkswet op het Nederlanderschap.

Art. 2 Premies, wettelijk minimumloon en kinderbijslag
In deze wet en de daarop berustende bepalingen wordt verstaan onder: *Premies, wettelijk minimumloon en kinderbijslag*
a. *premies volksverzekeringen*: premies volksverzekeringen als bedoeld in de Wet financiering sociale verzekeringen;
b. *kinderbijslag*: kinderbijslag op grond van de Algemene Kinderbijslagwet;
c. *wettelijk minimumloon*: het minimumloon per maand, bedoeld in artikel 8, eerste lid, onderdeel a, van de Wet minimumloon en minimumvakantiebijslag of, indien het een werknemer jonger dan 21 jaar betreft, het voor zijn leeftijd geldende minimumloon per maand, bedoeld in artikel 7, derde lid, en artikel 8, derde lid, van genoemde wet.

Art. 3 Gezamenlijke huishouding en woning
1. In deze wet en de daarop berustende bepalingen wordt gelijkgesteld met: *Echtgenoot*
a. *echtgenoot*: geregistreerde partner;
b. *echtgenoten*: geregistreerde partners;
c. *huwelijk*: geregistreerd partnerschap;
d. *gehuwd*: als partner geregistreerd;
e. *gehuwde*: als partner geregistreerde;
f. *gehuwden*: als partners geregistreerden;
g. *echtscheiding*: beëindiging van een geregistreerd partnerschap anders dan door de dood of vermissing.
2. In deze wet en de daarop berustende bepalingen wordt: *Gehuwd/ongehuwd*
a. als gehuwd of als echtgenoot mede aangemerkt de ongehuwde die met een ander een gezamenlijke huishouding voert, tenzij het betreft een aanverwant in de eerste graad, een bloedverwant in de eerste graad of een bloedverwant in de tweede graad indien er bij één van de bloedverwanten in de tweede graad sprake is van zorgbehoefte;
b. als ongehuwd mede aangemerkt degene die duurzaam gescheiden leeft van de persoon met wie hij gehuwd is.
3. Van een gezamenlijke huishouding is sprake indien twee personen hun hoofdverblijf in dezelfde woning hebben en zij blijk geven zorg te dragen voor elkaar door middel van het leveren van een bijdrage in de kosten van de huishouding dan wel anderszins. *Gezamenlijke huishouding*
4. Een gezamenlijke huishouding wordt in ieder geval aanwezig geacht indien de belanghebbenden hun hoofdverblijf hebben in dezelfde woning en:
a. zij met elkaar gehuwd zijn geweest of in de periode van twee jaar voorafgaande aan de aanvraag van bijstand voor de verlening van bijstand als gehuwden zijn aangemerkt;
b. uit hun relatie een kind is geboren of erkenning heeft plaatsgevonden van een kind van de een door de ander;
c. zij zich wederzijds verplicht hebben tot een bijdrage aan de huishouding krachtens een geldend samenlevingscontract; of
d. zij op grond van een registratie worden aangemerkt als een gezamenlijke huishouding die naar aard en strekking overeenkomt met de gezamenlijke huishouding, bedoeld in het derde lid.
5. Bij algemene maatregel van bestuur wordt vastgesteld welke registraties, en gedurende welk tijdvak, in aanmerking worden genomen voor de toepassing van het vierde lid, onderdeel d.
6. In deze wet en de daarop berustende bepalingen wordt onder een woning mede verstaan een woonwagen of een woonschip. *Woning*
7. Onder bloedverwant in de eerste graad als bedoeld in het tweede lid, onderdeel a, wordt mede verstaan een meerderjarig voormalig pleegkind van de ongehuwde.
8. Onder voormalig pleegkind wordt verstaan een pleegkind voor wie de ongehuwde een pleegvergoeding ontving of ontvangt op grond van de Wet op de jeugdzorg of de Jeugdwet, of kinderbijslag ontving op grond van de Algemene Kinderbijslagwet.

Art. 4 Alleenstaande, alleenstaande ouder en gezin
1. In deze wet en de daarop berustende bepalingen wordt verstaan onder: *Alleenstaande/alleenstaande ouder/gezin*
a. *alleenstaande*: de ongehuwde die geen tot zijn last komende kinderen heeft en geen gezamenlijke huishouding voert met een ander, tenzij het betreft een bloedverwant in de eerste graad of een bloedverwant in de tweede graad indien er bij één van de bloedverwanten in de tweede graad sprake is van zorgbehoefte;
b. *alleenstaande ouder*: de ongehuwde die de volledige zorg heeft voor een of meer tot zijn last komende kinderen en geen gezamenlijke huishouding voert met een ander, tenzij het betreft

een bloedverwant in de eerste graad of een bloedverwant in de tweede graad indien er bij één van de bloedverwanten in de tweede graad sprake is van zorgbehoefte;
c. *gezin:*
1°. de gehuwden tezamen;
2°. de gehuwden met de tot hun last komende kinderen;
3°. de alleenstaande ouder met de tot zijn last komende kinderen;
d. *kind:* het in Nederland woonachtige eigen kind of stiefkind of, voor de toepassing van de artikelen 9, 9a en 30, tweede lid, het in Nederland woonachtige pleegkind;
e. *ten laste komend kind:* het kind jonger dan 18 jaar voor wie aan de alleenstaande ouder of de gehuwde op grond van artikel 18 van de Algemene Kinderbijslagwet kinderbijslag wordt betaald, zal worden betaald of zou worden betaald indien artikel 7, tweede lid, van die wet niet van toepassing zou zijn.
2. Onder bloedverwant in de eerste graad als bedoeld in het eerste lid, onderdelen a en b, wordt mede verstaan een meerderjarig stiefkind of een meerderjarig voormalig pleegkind van de ongehuwde.

Art. 5 Bijstand en voorliggende voorziening

Bijstand en voorliggende voorziening

In deze wet en de daarop berustende bepalingen wordt verstaan onder:
a. bijstand: algemene en bijzondere bijstand;
b. algemene bijstand: de bijstand ter voorziening in de algemeen noodzakelijke kosten van het bestaan;
c. bijstandsnorm: de op grond van paragraaf 3.2, op de belanghebbende van toepassing zijnde norm, verminderd met de op grond van paragraaf 3.3, door het college vastgestelde verlaging;
d. bijzondere bijstand: de bijstand, bedoeld in artikel 35, de individuele inkomenstoeslag, bedoeld in artikel 36, en de individuele studietoeslag, bedoeld in artikel 36b;
e. voorliggende voorziening: elke voorziening buiten deze wet waarop de belanghebbende of het gezin aanspraak kan maken, dan wel een beroep kan doen, ter verwerving van middelen of ter bekostiging van specifieke uitgaven.

Art. 6 Definities in verband met arbeidsinschakeling

Arbeidsinschakeling, begripsbepalingen

1. In deze wet en de daarop berustende bepalingen wordt verstaan onder:
a. niet-uitkeringsgerechtigde: de persoon jonger dan de pensioengerechtigde leeftijd, die als werkloze werkzoekende staat geregistreerd bij het Uitvoeringsinstituut werknemersverzekeringen en die geen recht heeft op arbeidsondersteuning op grond van de Wet arbeidsongeschiktheidsvoorziening jonggehandicapten of een uitkering op grond van deze wet of de Werkloosheidswet, de Wet inkomensvoorziening oudere werklozen, de Wet inkomensvoorzieningsverzekering zelfstandigen, de Wet arbeidsongeschiktheidsvoorziening jonggehandicapten, de Wet werk en inkomen naar arbeidsvermogen, de Wet op de arbeidsongeschiktheidsverzekering, de Toeslagenwet, de Algemene nabestaandenwet dan wel een uitkering op grond van een regeling, die met deze wetten naar aard en strekking overeenstemt;
b. arbeidsinschakeling: het verkrijgen van algemeen geaccepteerde arbeid, waarbij geen gebruik wordt gemaakt van een voorziening als bedoeld in artikel 7, eerste lid, onderdeel a;
c. sociale activering: het verrichten van onbeloonde maatschappelijk zinvolle activiteiten gericht op arbeidsinschakeling of, als arbeidsinschakeling nog niet mogelijk is, op zelfstandige maatschappelijke participatie;
d. startkwalificatie: een diploma van een opleiding als bedoeld in artikel 7.2.2, eerste lid, onderdelen b tot en met e, van de Wet educatie en beroepsonderwijs of een diploma hoger algemeen voortgezet onderwijs of voorbereidend wetenschappelijk onderwijs, bedoeld in artikel 7 onderscheidenlijk 8 van de Wet op het voortgezet onderwijs;
e. doelgroep loonkostensubsidie: personen als bedoeld in artikel 7, eerste lid, onderdeel a, van wie is vastgesteld dat zij met voltijdse arbeid niet in staat zijn tot het verdienen van het wettelijk minimumloon, doch wel mogelijkheden tot arbeidsparticipatie hebben, alsmede personen als bedoeld in artikel 10d, tweede lid;
f. dienstbetrekking: een privaatrechtelijke of publiekrechtelijke dienstbetrekking;
g. loonwaarde: vastgesteld percentage van het wettelijk minimumloon voor de door een persoon, die tot de doelgroep loonkostensubsidie behoort, verrichte arbeid in een functie naar evenredigheid van de arbeidsprestatie in die functie van een gemiddelde werknemer met een soortgelijke opleiding en ervaring, die niet tot de doelgroep loonkostensubsidie behoort.
2. De gemeenteraad stelt bij verordening regels over de doelgroep loonkostensubsidie en de loonwaarde, bedoeld in het eerste lid, onderdelen e en g. Deze regels bepalen in ieder geval:
a. de wijze waarop wordt vastgesteld wie tot de doelgroep loonkostensubsidie behoort; en
b. de wijze waarop de loonwaarde wordt vastgesteld.

Art. 6a

Persoonsgegevens als bedoeld in de AVG

In deze wet en de daarop berustende bepalingen wordt onder gegevens mede verstaan persoonsgegevens als bedoeld in de Algemene verordening gegevensbescherming.

Art. 6b Medisch urenbeperkt
1. In deze wet en de daarop berustende bepalingen wordt onder medisch urenbeperkt verstaan: als rechtstreeks en objectief medisch vast te stellen gevolg van ziekte, gebreken, zwangerschap of bevalling voor een geringer aantal uren belastbaar zijn dan de normale arbeidsduur, bedoeld in artikel 12, derde lid, van de Wet minimumloon en minimumvakantiebijslag.

Medisch urenbeperkt

2. Het college kan:
a. ambtshalve vaststellen of een persoon als bedoeld in artikel 7, eerste lid, onderdeel a, onder 1, medisch urenbeperkt is;
b. op schriftelijke aanvraag van een persoon als bedoeld in artikel 7, eerste lid, onderdeel a, onder 1, vaststellen of hij medisch urenbeperkt is.
3. Een aanvraag als bedoeld in het tweede lid, onderdeel b, kan slechts eenmaal per twaalf maanden worden ingediend.
4. Het Uitvoeringsinstituut werknemersverzekeringen verricht voor het college de werkzaamheden ten behoeve van de vaststelling of een persoon als bedoeld in artikel 7, eerste lid, onderdeel a, onder 1, medisch urenbeperkt is en adviseert het college hierover.

§ 1.2
Opdracht gemeente

Art. 7 Opdracht college
1. Het college:
a. ondersteunt bij arbeidsinschakeling:

Arbeidsinschakeling, taak BenW

1°. personen die algemene bijstand ontvangen,
2°. personen als bedoeld in de artikelen 34a, vijfde lid, onderdeel b, 35, vierde lid, onderdeel b, en 36, derde lid, onderdeel b, van de Wet werk en inkomen naar arbeidsvermogen tot het moment dat het inkomen uit arbeid in dienstbetrekking gedurende twee aaneengesloten jaren ten minste het minimumloon bedraagt en ten behoeve van die persoon in die twee jaren geen loonkostensubsidie als bedoeld in artikel 10d is verleend,
3°. personen als bedoeld in artikel 10, tweede lid,
4°. personen met een nabestaanden- of wezenuitkering op grond van de Algemene nabestaandenwet
5°. personen met een uitkering op grond van de Wet inkomensvoorziening oudere en gedeeltelijk arbeidsongeschikte werkloze werknemers,
6°. personen met een uitkering op grond van de Wet inkomensvoorziening oudere en gedeeltelijk arbeidsongeschikte gewezen zelfstandigen, en
7°. niet-uitkeringsgerechtigden
en, indien het college daarbij het aanbieden van een voorziening, waaronder begrepen sociale activering gericht op arbeidsinschakeling, noodzakelijk acht, bepaalt en biedt deze voorziening aan;
b. verleent bijstand aan personen hier te lande die in zodanige omstandigheden verkeren of dreigen te geraken dat zij niet over de middelen beschikken om in de noodzakelijke kosten van het bestaan te voorzien; en
c. ontwikkelt beleid ten behoeve van het verrichten van een tegenprestatie als bedoeld in artikel 9, eerste lid, onderdeel c, en voert dit uit, overeenkomstig de verordening, bedoeld in artikel 8a, eerste lid, onderdeel b.
2. Het college werkt bij de uitvoering van het eerste lid, onderdeel a, samen met het Uitvoeringsinstituut werknemersverzekeringen.
3. Het eerste lid, onderdeel a, is niet van toepassing op personen:
a. jonger dan 27 jaar die uit 's Rijks kas bekostigd onderwijs kunnen volgen;
b. als bedoeld in artikel 41, vierde lid, die zich hebben gemeld om bijstand aan te vragen gedurende de vier weken na de melding, bedoeld in artikel 44; of
c. aan wie het Uitvoeringsinstituut werknemersverzekeringen een uitkering verstrekt, tenzij het betreft een persoon ten behoeve van wie loonkostensubsidie als bedoeld in artikel 10d is verleend, tot het moment dat diens inkomen uit arbeid in dienstbetrekking gedurende twee aaneengesloten jaren ten minste het minimumloon bedraagt en ten behoeve van die persoon in die twee jaren geen loonkostensubsidie is verleend.
4. Het college kan de uitvoering van deze wet, behoudens de vaststelling van de rechten en plichten van de belanghebbende en de daarvoor noodzakelijke beoordeling van zijn omstandigheden, door derden laten verrichten. Het college kan de in de eerste volzin bedoelde vaststelling en beoordeling mandateren aan bestuursorganen.
5. Bij of krachtens algemene maatregel van bestuur kunnen regels worden gesteld met betrekking tot het tweede lid en met het derde lid.

Nadere regels

6. Het eerste lid, onderdeel b, is niet van toepassing indien het verlenen van bijstand op grond van artikel 47a, eerste lid, tot de taak van de Sociale verzekeringsbank behoort.

7. Het college en het Uitvoeringsinstituut werknemersverzekeringen kunnen overeenkomen dat het college personen aan wie het Uitvoeringsinstituut werknemersverzekeringen een uitkering verstrekt, ondersteunt en aan die personen voorzieningen aanbiedt als bedoeld in het eerste lid, onderdeel a.

8. Uitvoering van het eerste lid, onderdeel a, door middel van artikel 10a is niet van toepassing op de persoon die jonger is dan 27 jaar.

9. Bij de uitoefening van de taak, bedoeld in het eerste lid, onderdeel a, is artikel 5 van de Wet sociale werkvoorziening van overeenkomstige toepassing.

10. Het slot van het eerste lid, onderdeel a, is niet van toepassing op de tolkvoorziening, bedoeld in artikel 10g.

Art. 8 Verordeningen uitkeringen

Bijstand, verordening

1. De gemeenteraad stelt bij verordening regels met betrekking tot:
   a. het verlagen van de bijstand, bedoeld in artikel 18, tweede lid en de periode van de verlaging van de bijstand, bedoeld in artikel 18, vijfde en zesde lid;
   b. het verlenen van een individuele inkomenstoeslag als bedoeld in artikel 36;
   c. het verlenen van een individuele studietoeslag als bedoeld in artikel 36b;
   d. het verlagen van de bijstand, bedoeld in artikel 9a, twaalfde lid.

2. De regels, bedoeld in het eerste lid, hebben voor zover het gaat om het eerste lid, onderdeel b, in ieder geval betrekking op de hoogte van de individuele inkomenstoeslag en de wijze waarop invulling wordt gegeven aan de begrippen langdurig en laag inkomen.

3. De regels, bedoeld in het eerste lid, hebben voor zover het gaat om het eerste lid, onderdeel c, in ieder geval betrekking op de hoogte en de frequentie van de betaling van de individuele studietoeslag.

Art. 8a Verordeningen re-integratievoorzieningen en tegenprestatie

Arbeidsinschakeling, verordening

1. De gemeenteraad stelt bij verordening regels met betrekking tot:
   a. het ondersteunen bij arbeidsinschakeling en het aanbieden van voorzieningen gericht op arbeidsinschakeling, bedoeld in artikel 7, eerste lid, onderdeel a, en artikel 10, eerste lid;
   b. het opdragen van een tegenprestatie als bedoeld in artikel 9, eerste lid, onderdeel c;
   c. de scholing of opleiding, bedoeld in artikel 10a, vijfde lid;
   d. de premie, bedoeld in artikel 10a, zesde lid;
   e. het verrichten van werkzaamheden in een beschutte omgeving, bedoeld in artikel 10b.

2. De regels, bedoeld in het eerste lid, bepalen in ieder geval:
   a. onder welke voorwaarden welke personen, bedoeld in artikel 7, eerste lid, onderdeel a, en werkgevers van deze personen in aanmerking komen voor in de verordening te omschrijven voorzieningen en hoe deze rekening houdend met omstandigheden, zoals de zorgtaken, en het feit, dat die persoon tot de doelgroep loonkostensubsidie behoort of gebruik maakt van de voorziening beschut werk, bedoeld in artikel 10b, of een andere structurele functionele beperking heeft, evenwichtig over deze personen worden verdeeld;
   b. welke regels gelden voor het aanbod van scholing of opleiding en voor de premie indien onbeloonde additionele werkzaamheden worden verricht als bedoeld in artikel 10a waarbij die regels voor de premie in ieder geval betrekking hebben op de hoogte van de premie in relatie tot de armoedeval.

Art. 8b Regels bestrijding misbruik

Bijstand, bestrijding misbruik en oneigenlijk gebruik

De gemeenteraad stelt in het kader van het financiële beheer bij verordening regels voor de bestrijding van het ten onrechte ontvangen van bijstand alsmede van misbruik en oneigenlijk gebruik van de wet en de daarop berustende bepalingen.

Art. 8c Gemeentelijke samenwerking

Bijstand, gemeentelijke samenwerking

Indien bij een gemeenschappelijke regeling als bedoeld in de Wet gemeenschappelijke regelingen de uitvoering van deze wet volledig is overgedragen aan het bestuur van een openbaar lichaam als bedoeld in artikel 8 van die wet, treedt dat bestuur voor de toepassing van deze wet, met uitzondering van paragrafen 7.1 en 7.3, in de plaats van de betrokken colleges.

Art. 8d Plan gemeenteraad

Plan gemeenteraad

De gemeenteraad stelt periodiek een plan vast omtrent de wijze waarop het college uitvoering zal geven aan het op 13 december 2006 te New York tot stand gekomen Verdrag inzake de rechten van personen met een handicap (Trb. 2007, 169).

Hoofdstuk 2
Rechten en plichten

§ 2.1
Arbeidsinschakeling en tegenprestatie

Art. 9 Verplichtingen

1. De belanghebbende van 18 jaar of ouder doch jonger dan de pensioengerechtigde leeftijd is, vanaf de dag van melding als bedoeld in artikel 44, tweede lid, verplicht:

Arbeidsinschakeling, verplichtingen uitkeringsgerechtigde

a. naar vermogen algemeen geaccepteerde arbeid, waarbij geen gebruik wordt gemaakt van een voorziening als bedoeld in artikel 7, eerste lid, onderdeel a, te verkrijgen, deze te aanvaarden en te behouden, waaronder begrepen registratie als werkzoekende bij het Uitvoeringsinstituut werknemersverzekeringen, indien hem daartoe het recht toekomt op grond van artikel 30b, eerste lid, van de Wet structuur uitvoeringsorganisatie werk en inkomen;

b. gebruik te maken van een door het college aangeboden voorziening, waaronder begrepen sociale activering, gericht op arbeidsinschakeling, alsmede mee te werken aan een onderzoek naar zijn mogelijkheden tot arbeidsinschakeling en, indien van toepassing, mee te werken aan het opstellen, uitvoeren en evalueren van een plan van aanpak als bedoeld in artikel 44a;

c. naar vermogen door het college opgedragen onbeloonde maatschappelijk nuttige werkzaamheden te verrichten die worden verricht naast of in aanvulling op reguliere arbeid en die niet leiden tot verdringing op de arbeidsmarkt.

2. Indien daarvoor dringende redenen aanwezig zijn, kan het college in individuele gevallen tijdelijk ontheffing verlenen van een verplichting als bedoeld in het eerste lid, onderdelen a en c. Zorgtaken kunnen als dringende redenen worden aangemerkt, voorzover hiermee geen rekening kan worden gehouden door middel van een voorziening als bedoeld in artikel 7, eerste lid, onderdeel a.

3. Indien bijstand wordt verleend aan gehuwden gelden de verplichtingen, bedoeld in het eerste lid, voor ieder van hen.

4. De verplichting om algemeen geaccepteerde arbeid te aanvaarden geldt voor de alleenstaande ouder met kinderen tot 12 jaar slechts nadat het college zich genoegzaam heeft overtuigd van de beschikbaarheid van passende kinderopvang, de toepassing van voldoende scholing en de belastbaarheid van de betrokkene.

5. De verplichtingen, bedoeld in het eerste lid, onderdelen a, b en c, zijn niet van toepassing op de belanghebbende die volledig en duurzaam arbeidsongeschikt is als bedoeld in artikel 4 van de Wet werk en inkomen naar arbeidsvermogen.

6. De belanghebbende is verplicht zich te onthouden van zeer ernstige misdragingen jegens de met de uitvoering van deze wet belaste personen en instanties tijdens het verrichten van hun werkzaamheden.

7. De verplichting, bedoeld in het eerste lid, onderdeel c, is niet van toepassing op de alleenstaande ouder die in het bezit is van een ontheffing als bedoeld in artikel 9a, eerste lid.

Art. 9a Ontheffing plicht tot arbeidsinschakeling alleenstaande ouders

1. Onverminderd artikel 9, tweede lid, verleent het college aan een alleenstaande ouder die de volledige zorg heeft voor een tot zijn last komend kind tot vijf jaar op diens verzoek ontheffing van de verplichting, bedoeld in artikel 9, eerste lid, onderdeel a.

Arbeidsinschakeling, ontheffing alleenstaande ouders

2. De ontheffing, bedoeld in het eerste lid, wordt eenmalig verleend.

3. De ontheffing, bedoeld in het eerste lid, wordt niet verleend voor zover uit houding en gedragingen van de alleenstaande ouder ondubbelzinnig blijkt dat deze de verplichtingen, bedoeld in artikel 9, eerste lid, onderdeel b, niet wil nakomen.

4. De ontheffing, bedoeld in het eerste lid, geldt zolang het jongste kind van de alleenstaande ouder de leeftijd van vijf jaar nog niet heeft bereikt. Onverminderd de eerste zin geldt de ontheffing gedurende ten hoogste vijf jaar. Op deze periode worden in mindering gebracht de periode, dan wel perioden, waarin de alleenstaande ouder in de voorgaande woonplaats, dan wel in de voorgaande woonplaatsen, gebruik heeft gemaakt van de ontheffing, bedoeld in het eerste lid, alsmede de periode, dan wel perioden, waarin toepassing is gegeven aan artikel 17, vierde lid, van de Wet investeren in jongeren.

5. De ontheffing, bedoeld in het eerste lid, wordt, indien de volledige duur van vijf jaar nog niet volledig is benut:

a. van rechtswege opgeschort, met ingang van de datum waarop het jongste kind de leeftijd van vijf jaar bereikt;

b. van rechtswege opgeschort indien niet langer recht op bijstand bestaat;

c. door het college opgeschort op een daartoe strekkend verzoek van de alleenstaande ouder aan wie de ontheffing, bedoeld in het eerste lid, is verleend; of

d. door het college ingetrokken indien uit houding en gedragingen van de alleenstaande ouder ondubbelzinnig blijkt dat hij zijn verplichtingen, bedoeld in artikel 9, eerste lid, onderdeel b, niet wil nakomen.

6. Op een daartoe strekkend verzoek van de alleenstaande ouder met een kind tot vijf jaar beëindigt het college een opschorting als bedoeld in het vijfde lid, onderdelen a tot en met c, indien de daarin genoemde omstandigheden niet langer van toepassing zijn.
7. Het college stelt binnen zes maanden na ontvangst van het verzoek, bedoeld in het eerste lid, een plan van aanpak op voor de invulling van de voorziening, bedoeld in artikel 9, eerste lid, onderdeel b, voor de alleenstaande ouder aan wie een ontheffing is verleend als bedoeld in het eerste lid.
8. Het college verricht na het opstellen van het plan van aanpak, bedoeld in het zevende lid, iedere zes maanden een heronderzoek naar de in het van toepassing zijnde plan van aanpak opgenomen voorziening, bedoeld in artikel 9, eerste lid, onderdeel b. Het heronderzoek strekt zich mede uit tot de naleving van de in het van toepassing zijnde plan van aanpak opgenomen voorziening. Het college beoordeelt tevens bij het verrichten van het heronderzoek of er aanleiding bestaat de voorziening te wijzigen.
9. Indien het heronderzoek, bedoeld in het achtste lid, daartoe aanleiding geeft stelt het college een gewijzigd plan van aanpak op.
10. Het college vult de voorziening, bedoeld in artikel 9, eerste lid, onderdeel b, voor de alleenstaande ouder aan wie een ontheffing is verleend als bedoeld in het eerste lid en die niet beschikt over een startkwalificatie ten minste in met scholing of opleiding die de toegang tot de arbeidsmarkt bevordert, tenzij naar het oordeel van het college een dergelijke scholing of opleiding de krachten of bekwaamheden van de alleenstaande ouder te boven gaat.
11. Op verzoek van de alleenstaande ouder die beschikt over een startkwalificatie en aan wie een ontheffing is verleend als bedoeld in het eerste lid, vult het college de voorziening, bedoeld in artikel 9, eerste lid, onderdeel b, in met een opleiding in de beroepsopleidende leerweg als bedoeld in artikel 7.2.2, tweede lid, van de Wet educatie en beroepsonderwijs, die de toegang tot de arbeidsmarkt bevordert, tenzij naar het oordeel van het college een dergelijke scholing of opleiding de krachten of bekwaamheden van de alleenstaande ouder te boven gaat.
12. Het college verlaagt de bijstand overeenkomstig de verordening, bedoeld in artikel 8, eerste lid, onderdeel d, indien het college de ontheffing, bedoeld in het eerste lid, heeft ingetrokken op grond van het vijfde lid, onderdeel d. Van een verlaging wordt afgezien, indien elke vorm van verwijtbaarheid ontbreekt.

Art. 10 Aanspraak op ondersteuning bij arbeidsinschakeling

Arbeidsinschakeling, ondersteuning

1. Personen die algemene bijstand ontvangen, personen als bedoeld in de artikelen 34a, vijfde lid, onderdeel b, 35, vierde lid, onderdeel b, en 36, derde lid, onderdeel b, van de Wet werk en inkomen naar arbeidsvermogen tot het moment dat het inkomen uit arbeid in dienstbetrekking gedurende twee aaneengesloten jaren ten minste het minimumloon bedraagt, personen met een nabestaandenuitkering op grond van de Algemene nabestaandenwet en niet-uitkeringsgerechtigden hebben, overeenkomstig de verordening, bedoeld in artikel 8a, aanspraak op ondersteuning bij arbeidsinschakeling en op de naar het oordeel van het college noodzakelijk geachte voorziening gericht op arbeidsinschakeling, waaronder persoonlijke ondersteuning bij het verrichten van de aan die persoon opgedragen taken, indien die persoon zonder die ondersteuning niet in staat zou zijn die taken te verrichten.
2. Het eerste lid is van overeenkomstige toepassing op personen die vanwege een voorziening gericht op arbeidsinschakeling niet tot een van de groepen, bedoeld in het eerste lid, behoren.

Schakelbepaling

3. Artikel 40, eerste lid, is van overeenkomstige toepassing.

Art. 10a Participatieplaatsen

Arbeidsinschakeling, participatieplaatsen

1. Het college kan ter uitvoering van artikel 7, eerste lid, onderdeel a, degene die algemene bijstand ontvangt en voor wie de kans op inschakeling in het arbeidsproces gering is en die daardoor vooralsnog niet bemiddelbaar is op de arbeidsmarkt, onbeloonde additionele werkzaamheden laten verrichten gedurende maximaal twee jaar.
2. Onder additionele werkzaamheden als bedoeld in het eerste lid worden primair op de arbeidsinschakeling gerichte werkzaamheden verstaan die onder verantwoordelijkheid van het college in het kader van deze wet worden verricht naast of in aanvulling op reguliere arbeid, en die niet leiden tot verdringing op de arbeidsmarkt.
3. Voor de termijn van twee jaar, bedoeld in het eerste lid, worden werkzaamheden, verricht in het kader van een andere voorziening als bedoeld in artikel 7, eerste lid, onderdeel a, voor maximaal zes maanden buiten beschouwing gelaten indien er naar het oordeel van het college een reëel uitzicht is op een dienstbetrekking bij degene bij wie de werkzaamheden worden verricht van dezelfde of grotere omvang die aansluitend tijdens of aansluitend op die zes maanden.
4. Voor de termijn van twee jaar, bedoeld in het eerste lid, worden werkzaamheden verricht voor 1 januari 2007, buiten beschouwing gelaten.
5. Het college biedt aan degene die op grond van dit artikel additionele werkzaamheden verricht en die niet beschikt over een startkwalificatie na een periode van zes maanden na aanvang van die werkzaamheden een voorziening gericht op arbeidsinschakeling aan in de vorm van scholing of opleiding die de toegang tot de arbeidsmarkt bevordert, tenzij naar het oordeel van het college een dergelijke scholing of opleiding de krachten of bekwaamheden van de belanghebbende te

boven gaat. Geen scholing of opleiding wordt aangeboden indien scholing of opleiding naar het oordeel van het college niet bijdraagt aan vergroting van de kans op inschakeling in het arbeidsproces van belanghebbende.
6. Het college verstrekt aan belanghebbende, telkens nadat hij gedurende zes maanden op grond van dit artikel additionele werkzaamheden heeft verricht, een premie als bedoeld in artikel 31, tweede lid, onderdeel j, indien hij naar het oordeel van het college in die zes maanden voldoende heeft meegewerkt aan het vergroten van zijn kans op inschakeling in het arbeidsproces.
7. Indien het college en het Uitvoeringsinstituut werknemersverzekeringen zijn overeengekomen dat artikel 7, eerste lid, onderdeel a, van toepassing is op een persoon aan wie het Uitvoeringsinstituut werknemersverzekeringen een uitkering verstrekt, dient bij de toepassing van het eerste lid voor «algemene bijstand» te worden gelezen: uitkering van het Uitvoeringsinstituut werknemersverzekeringen.
8. Met betrekking tot degene die op grond van het eerste lid additionele werkzaamheden verricht, beoordeelt het college na een periode van negen maanden na de aanvang van die werkzaamheden of de toepassing van dit artikel zijn kans op inschakeling in het arbeidsproces heeft vergroot. Indien dat niet het geval is wordt het verrichten van de additionele werkzaamheden twaalf maanden na aanvang van die werkzaamheden beëindigd.
9. Met betrekking tot degene die op grond van het eerste lid additionele werkzaamheden verricht, beoordeelt het college ook voor afloop van de termijn van twee jaar, bedoeld in het eerste lid, of de voortzetting daarvan met het oog op in de persoon gelegen factoren zijn kans op inschakeling in het arbeidsproces aanmerkelijk verbetert. Indien dat het geval is, kan het college de termijn van twee jaar verlengen met een jaar, onder de voorwaarde dat de belanghebbende in het derde jaar in een andere omgeving andere additionele werkzaamheden verricht dan die hij in de eerste twee jaar heeft verricht.
10. Indien de termijn van twee jaar is verlengd op grond van het negende lid, beoordeelt het college voor afloop van het derde jaar of de voortzetting daarvan met het oog op in de persoon gelegen factoren zijn kans op inschakeling in het arbeidsproces aanmerkelijk verbetert. Indien dat het geval is, kan het college de termijn nogmaals verlengen met een jaar.

Art. 10b Participatievoorziening beschut werk

1. Het college biedt ter uitvoering van artikel 7, eerste lid, onderdeel a, een persoon als bedoeld in artikel 7, eerste lid, onderdeel a, of een persoon die een uitkering ontvangt op grond van de Werkloosheidswet, de Wet inkomensvoorziening oudere werklozen, de Wet arbeidsongeschiktheidsverzekering zelfstandigen, de Wet arbeidsongeschiktheidsvoorziening jonggehandicapten, de Wet werk en inkomen naar arbeidsvermogen, de Wet op de arbeidsongeschiktheidsverzekering, de Ziektewet, of de Wet arbeidsongeschiktheidsvoorziening militairen, of recht heeft op arbeidsondersteuning als bedoeld in artikel 2:15 van de Wet arbeidsongeschiktheidsvoorziening jonggehandicapten, van wie het college heeft vastgesteld dat deze uitsluitend in een beschutte omgeving onder aangepaste omstandigheden mogelijkheden tot arbeidsparticipatie heeft, ambtshalve of op verzoek een voorziening beschut werk aan, waarbij deze persoon in een dienstbetrekking in een beschutte omgeving onder aangepaste omstandigheden werkzaamheden verricht.
2. Om vast te stellen of een persoon uitsluitend in een beschutte omgeving onder aangepaste omstandigheden mogelijkheden tot arbeidsparticipatie heeft, verricht het Uitvoeringsinstituut werknemersverzekeringen, op grond van bij of krachtens algemene maatregel van bestuur te stellen regels, voor het college de werkzaamheden ten behoeve van die vaststelling en adviseert het college hierover.
3. Onverminderd het tweede lid, verricht het Uitvoeringsinstituut werknemersverzekeringen op verzoek van een persoon als bedoeld in het eerste lid de werkzaamheden ten behoeve van de vaststelling, bedoeld in het eerste en tweede lid, en adviseert het college hierover. Het Uitvoeringsinstituut werknemersverzekeringen meldt het uitbrengen en een weergave van de inhoud van dit advies gelijktijdig aan de betreffende persoon.
4. Bij ministeriële regeling kan jaarlijks per gemeente het aantal ten minste te realiseren dienstbetrekkingen, bedoeld in het eerste lid, worden bepaald.
5. De gemeenteraad kan bij verordening een hoger aantal door het college te realiseren dienstbetrekkingen vaststellen en daarbij, onverminderd artikel 8a, tweede lid, onderdeel a, regelen hoe deze additionele omvang van de voorziening wordt bepaald en hoe dan de volgorde wordt bepaald waarin de personen, bedoeld in het eerste lid, door het college van een dienstbetrekking worden voorzien.
6. Het eerste lid is niet van toepassing indien het aantal dienstbetrekkingen, bedoeld in het vierde of het vijfde lid, door het college is gerealiseerd.
7. In de verordening, bedoeld in artikel 8a, eerste lid, onderdeel e, stelt de gemeenteraad in elk geval vast welke voorzieningen gericht op arbeidsinschakeling worden aangeboden om de in het eerste lid bedoelde werkzaamheden mogelijk te maken en welke voorzieningen worden aangeboden tot het moment dat de dienstbetrekking, bedoeld in het eerste lid, aanvangt.

Arbeidsinschakeling, beschut werk

A77 art. 10c — Participatiewet

8. De voordracht voor een krachtens het tweede lid vast te stellen algemene maatregel van bestuur wordt niet eerder gedaan dan vier weken nadat het ontwerp aan beide kamers der Staten-Generaal is overgelegd.

9. Het college verstrekt zo nodig ter uitvoering van het eerste lid, en artikel 30a, derde lid, onderdeel a van de Wet structuur uitvoeringsorganisatie werk en inkomen, loonkostensubsidie in overeenstemming met artikel 10d aan de personen, genoemd in het eerste lid.

Art. 10c Vaststelling doelgroep loonkostensubsidie

Arbeidsinschakeling, doelgroep loonkostensubsidie

1. Het college kan:
   a. op schriftelijke aanvraag van een persoon als bedoeld in artikel 7, eerste lid, onderdeel a, vaststellen of die persoon tot de doelgroep loonkostensubsidie behoort;
   b. ambtshalve vaststellen of een persoon als bedoeld in artikel 7, eerste lid, onderdeel a, onder 1, 2, 3, 5 of 6, of artikel 10d, tweede lid, tot de doelgroep loonkostensubsidie behoort.

2. Een aanvraag als bedoeld in het eerste lid, onderdeel a, kan slechts eenmaal per twaalf maanden worden ingediend.

Art. 10d Loonkostensubsidie

Arbeidsinschakeling, verlening loonkostensubsidie

1. Indien een werkgever voornemens is een dienstbetrekking aan te gaan met een persoon die behoort tot de doelgroep loonkostensubsidie, verleent het college loonkostensubsidie aan de werkgever:
   a. met inachtneming van het vierde lid, nadat het college eerst de loonwaarde van die persoon heeft vastgesteld en de dienstbetrekking tot stand komt, dan wel
   b. met inachtneming van het vijfde lid, nadat het college in overleg met de werkgever heeft vastgesteld dat de vaststelling van de loonwaarde van die persoon achterwege kan blijven en de dienstbetrekking tot stand komt.

2. Indien een werkgever reeds een dienstbetrekking is aangegaan met een persoon die met voltijdse arbeid niet in staat blijkt tot het verdienen van het wettelijk minimumloon doch wel mogelijkheden tot arbeidsparticipatie heeft en die in de periode van zes maanden voorafgaande aan de dienstbetrekking deelnam aan:
   a. het praktijkonderwijs, bedoeld in artikel 10f van de Wet op het voortgezet onderwijs,
   b. het voortgezet speciaal onderwijs, bedoeld in artikel 2 van de Wet op de expertisecentra, of
   c. de entreeopleiding, bedoeld in artikel 7.2.2., onderdeel a, van de Wet educatie en beroepsonderwijs,
stelt het college op diens aanvraag in aanvulling op artikel 7 de loonwaarde van die persoon vast en verleent het college de loonkostensubsidie, met in achtneming van het vierde lid, aan de werkgever.

3. Het eerste en tweede lid is niet van toepassing indien de arbeid wordt verricht in een dienstbetrekking als bedoeld in de artikelen 2 en 7 van de Wet sociale werkvoorziening.

4. De hoogte van de loonkostensubsidie, bedoeld in het eerste lid, onderdeel a, en het tweede lid, is het verschil tussen het wettelijk minimumloon vermeerderd met de aanspraak op vakantiebijslag op grond van artikel 15 van de Wet minimumloon en minimumvakantiebijslag en de loonwaarde van die persoon vermeerderd met de voor die persoon naar rato van de loonwaarde rechtens geldende vakantiebijslag, maar is ten hoogste 70 procent van het totale bedrag van het wettelijk minimumloon en de aanspraak op vakantiebijslag op grond van artikel 15 van de Wet minimumloon en minimumvakantiebijslag, vermeerderd met een bij ministeriële regeling vastgestelde vergoeding voor werkgeverslasten. De loonkostensubsidie wordt naar evenredigheid verminderd, indien de overeengekomen arbeidsduur korter is dan de normale arbeidsduur, bedoeld in artikel 12 van de Wet minimumloon en minimumvakantiebijslag.

5. De hoogte van de loonkostensubsidie, bedoeld in het eerste lid, onderdeel b, bedraagt gedurende een periode van maximaal de eerste zes maanden van de dienstbetrekking 50 procent van het totale bedrag van het wettelijk minimumloon en de aanspraak op vakantiebijslag op grond van artikel 15 van de Wet minimumloon en minimumvakantiebijslag, vermeerderd met een bij ministeriële regeling vastgestelde vergoeding voor werkgeverslasten. Over het tijdvak na die periode stelt het college de loonwaarde vast en verleent het college loonkostensubsidie met inachtneming van het vierde lid. De loonkostensubsidie wordt naar evenredigheid verminderd, indien de overeengekomen arbeidsduur korter is dan de normale arbeidsduur, bedoeld in artikel 12 van de Wet minimumloon en minimumvakantiebijslag.

6. Het college bepaalt na aanvang van de dienstbetrekking bij toepassing van het vierde lid ambtshalve in overleg met de persoon en met de werkgever wanneer de loonwaarde opnieuw wordt vastgesteld en past, indien de hoogte van de loonwaarde is gewijzigd, de hoogte van de loonkostensubsidie aan.

7. Het college stelt na aanvang van de dienstbetrekking de hoogte van de loonkostensubsidie ambtshalve opnieuw vast met ingang van 1 januari van het kalenderjaar in overeenstemming met de ontwikkeling van het wettelijk minimumloon in het voorafgaande jaar en de aanspraak op vakantiebijslag op grond van artikel 15 van de Wet minimumloon en minimumvakantiebijslag en de vergoeding voor werkgeverslasten, bedoeld in het vierde en vijfde lid.

Participatiewet   **A77** art. 11

8. Het eerste en tweede lid zijn niet langer op een persoon van toepassing, vanaf het moment dat is vastgesteld dat die persoon niet tot de doelgroep loonkostensubsidie behoort.
9. Indien het college loonkostensubsidie als bedoeld in dit artikel verleent, verleent het ten aanzien van dezelfde dienstbetrekking geen andere subsidie voor de loonkosten.
10. Indien een persoon in een dienstbetrekking waarbij loonkostensubsidie als bedoeld in dit artikel wordt verleend zijn woonplaats verplaatst naar een andere gemeente, wordt gedurende die dienstbetrekking onder college in dit artikel verstaan het college dat op grond van het eerste of tweede lid de loonkostensubsidie verleende.
11. [Dit lid is nog niet in werking getreden.]
12. Het college verstrekt geen loonkostensubsidie met betrekking tot perioden waarin recht bestaat op ziekengeld op grond van artikel 29b van de Ziektewet.

Art. 10da Aanspraak op begeleiding op de werkplek
Personen die behoren tot de doelgroep loonkostensubsidie hebben aanspraak op begeleiding op de werkplek. | Arbeidsinschakeling, begeleiding op de werkplek

Art. 10e Lagere regelgeving
Bij of krachtens algemene maatregel van bestuur kunnen regels worden gesteld met betrekking tot de artikelen 6, 10b, 10c en 10d. | Nadere regels

Art. 10f Ondersteuning bij leer-werktrajecten
In aanvulling op artikel 7 kan het college ondersteuning aanbieden aan personen ten aanzien van wie het college van oordeel is dat een leer-werktraject geboden is, voor zover deze ondersteuning nodig is voor het volgen van een leer-werktraject en het personen betreft: | Arbeidsinschakeling, ondersteuning bij leer-werktraject
a. van 16 of 17 jaar van wie de leerplicht of de kwalificatieplicht, bedoeld in de Leerplichtwet 1969, nog niet is geëindigd; of
b. van 18 tot 27 jaar die nog geen startkwalificatie hebben behaald.

Art. 10g Tolkvoorzieningen
1. Het Uitvoeringsinstituut werknemersverzekeringen heeft tot taak personen als bedoeld in artikel 7, eerste lid, onderdeel a, met een auditieve beperking te ondersteunen bij de arbeidsinschakeling door middel van het bekostigen van tolkvoorzieningen. | Tolkvoorzieningen, taak UWV
2. Het Uitvoeringsinstituut werknemersverzekeringen kan op aanvraag van personen als bedoeld in het eerste lid of het college een tolkvoorziening toekennen en voor die personen bekostigen.
3. Bij algemene maatregel van bestuur kunnen nadere regels gesteld worden over:
a. de omvang en de inhoud van de aanspraak, bedoeld in het tweede lid;
b. de voorwaarden waaronder de tolkvoorzieningen worden verleend;
c. de kwaliteitseisen van tolken.
4. In afwijking van de artikelen 17, 18, 18a en paragraaf 6.4 voert het Uitvoeringsinstituut werknemersverzekeringen dit artikel uit met overeenkomstige toepassing van de artikelen 2:7, 2:9, 2:31, 2:58, 2:59, 2:60, 2:61, 2:63, 2:64, 2:65 en 2:69 van de Wet arbeidsongeschiktheidsvoorziening jonggehandicapten. | Tolkvoorzieningen, weigeringsgronden toekenning
5. Het Uitvoeringsinstituut werknemersverzekeringen kan de toekenning, bedoeld in het tweede lid weigeren, indien:
a. het na een eerdere herziening, intrekking of weigering van een toekenning op grond van het vierde lid heeft vastgesteld dat:
1°. de persoon, bedoeld in het tweede lid, onjuiste of onvolledige gegevens heeft verstrekt en de verstrekking van juiste of volledige gegevens tot een andere beslissing zou hebben geleid;
2°. de persoon niet voldoet aan de aan de tolkvoorziening verbonden voorwaarden, of
3°. de persoon de tolkvoorzieningen niet of voor een ander doel gebruikt;
b. de persoon, bedoeld in het tweede lid, aanspraak kan maken op tolkvoorzieningen die zijn getroffen op grond van de Wet maatschappelijke ondersteuning 2015, de Wet arbeidsongeschiktheidsvoorziening jonggehandicapten, de Wet werk en inkomen naar arbeidsvermogen en de Wet overige OCW-subsidies of in verband met werkzaamheden als werknemer in de zin van de Wet sociale werkvoorziening en de aanvraag ondersteuning op grond van die wetten betreft.
6. Bij ministeriële regeling kunnen regels worden gesteld over de vergoeding van de tolk.

§ 2.2
Bijstand

Art. 11 Rechthebbenden
1. Iedere in Nederland woonachtige Nederlander die hier te lande in zodanige omstandigheden verkeert of dreigt te geraken dat hij niet over de middelen beschikt om in de noodzakelijke kosten van bestaan te voorzien, heeft recht op bijstand van overheidswege. | Bijstand, rechthebbenden
2. Met de Nederlander, bedoeld in het eerste lid, wordt gelijkgesteld de hier te lande woonachtige vreemdeling die rechtmatig in Nederland verblijf houdt in de zin van artikel 8, onderdelen

A77 art. 12 — Participatiewet

a tot en met e en l, van de Vreemdelingenwet 2000, met uitzondering van de gevallen, bedoeld in artikel 24, tweede lid, van Richtlijn 2004/38/EG.

3. Bij algemene maatregel van bestuur kunnen andere hier te lande woonachtige vreemdelingen dan de in het tweede lid bedoelde voor de toepassing van deze wet met een Nederlander gelijk worden gesteld:
   a. ter uitvoering van een verdrag dan wel van een besluit van een volkenrechtelijke organisatie, of
   b. indien zij, na rechtmatig verblijf te hebben gehouden in de zin van artikel 8, onderdelen a tot en met e en l, van de Vreemdelingenwet 2000, rechtmatig in Nederland verblijf hebben als bedoeld in artikel 8, onderdeel g of h, van die wet en zij aan de in die algemene maatregel van bestuur gestelde voorwaarden voldoen.
4. Het recht op bijstand komt de echtgenoten gezamenlijk toe, tenzij een van de echtgenoten geen recht op bijstand heeft.

Art. 12 Onderhoudsplicht ouders

Bijstand, onderhoudsplicht ouders

Een persoon van 18, 19 of 20 jaar heeft recht op bijzondere bijstand voorzover zijn noodzakelijke kosten van het bestaan uitgaan boven de bijstandsnorm en hij voor deze kosten geen beroep kan doen op zijn ouders, omdat:
a. de middelen van de ouders daartoe niet toereikend zijn; of
b. hij redelijkerwijs zijn onderhoudsrecht jegens zijn ouders niet te gelde kan maken.

Art. 13 Uitsluiting van bijstand

Bijstand, uitsluiting

1. Geen recht op bijstand heeft degene:
   a. aan wie rechtens zijn vrijheid is ontnomen;
   b. die zich onttrekt aan de tenuitvoerlegging van een vrijheidsstraf of vrijheidsbenemende maatregel;
   c. die zijn militaire of vervangende dienstplicht vervult;
   d. die wegens werkstaking of uitsluiting niet deelneemt aan de arbeid, voorzover diens gebrek aan middelen daarvan het gevolg is;
   e. die per kalenderjaar langer dan vier weken verblijf houdt buiten Nederland dan wel een aaneengesloten periode van langer dan vier weken verblijf houdt buiten Nederland;
   f. die jonger is dan 18 jaar;
   g. die bijstand vraagt ter gedeeltelijke of volledige aflossing van een schuldenlast en die overigens bij het ontstaan van de schuldenlast, dan wel nadien, beschikte of beschikt over de middelen om in de noodzakelijke kosten van het bestaan te voorzien;
   h. die een uitreiziger is.
2. Geen recht op algemene bijstand heeft degene:
   a. van 18, 19 of 20 jaar die in een inrichting verblijft;
   b. die onbetaald verlof geniet als bedoeld in artikel 1, onderdeel g, van de Werkloosheidswet of die gehuwd is met een zodanig persoon, voor zover diens gebrek aan middelen daarvan het gevolg is, tenzij de belanghebbende alleenstaande ouder is en hij verlof geniet als bedoeld in hoofdstuk 6 van de Wet arbeid en zorg;
   c. die jonger is dan 27 jaar en uit 's Rijks kas bekostigd onderwijs kan volgen en:
      1°. in verband daarmee aanspraak heeft op studiefinanciering op grond van de Wet studiefinanciering 2000, dan wel
      2°. in verband daarmee geen aanspraak heeft op studiefinanciering en dit onderwijs niet volgt;
   d. die jonger is dan 27 jaar en uit wiens houding en gedragingen ondubbelzinnig blijkt dat hij de verplichtingen, bedoeld in artikel 9, eerste lid, of artikel 55 niet wil nakomen.
3. Het eerste lid, onderdeel a, is niet van toepassing op bij algemene maatregel van bestuur aan te wijzen categorieën personen waarbij tenuitvoerlegging van een vrijheidsstraf of vrijheidsbenemende maatregel plaatsvindt buiten een penitentiaire inrichting, een inrichting voor verpleging van ter beschikking gestelden of een inrichting als bedoeld in artikel 1, onderdeel b, van de Beginselenwet justitiële jeugdinrichtingen. Het eerste lid, onderdelen a en b, is voor zover het het recht op bijzondere bijstand betreft, niet van toepassing op de persoon aan wie rechtens zijn vrijheid is ontnomen op grond van de Wet verplichte geestelijke gezondheidszorg en de Wet zorg en dwang psychogeriatrische en verstandelijk gehandicapte cliënten of, na ontslag van alle rechtsvervolging, van artikel 37b, eerste lid, van het Wetboek van Strafrecht en op de persoon die zich onttrekt aan de tenuitvoerlegging van een vrijheidsbenemende maatregel op grond van die artikelen.
4. In afwijking van het eerste lid, onderdeel e, geldt voor personen die de pensioengerechtigde leeftijd hebben bereikt, een periode van dertien weken.

Art. 14 Niet-noodzakelijke kosten

Bijstand, niet-noodzakelijke kosten

In ieder geval worden niet tot de noodzakelijke kosten van het bestaan gerekend kosten met betrekking tot:
a. de voldoening aan alimentatieverplichtingen;
b. de betaling van een boete;
c. geleden of toegebrachte schade;

Participatiewet **A77** art. 18

d. vrijwillige premiebetaling in het kader van een publiekrechtelijke verzekering;
e. kosten van medische handelingen en verrichtingen die gerekend kunnen worden tot de ontwikkelingsgeneeskunde als bedoeld in de Wet op bijzondere medische verrichtingen, of wanneer zodanige medische behandelingen en verrichtingen buiten Nederland plaatsvinden.

Art. 15 Voorliggende voorziening

1. Geen recht op bijstand bestaat voor zover een beroep kan worden gedaan op een voorliggende voorziening die, gezien haar aard en doel, wordt geacht voor de belanghebbende toereikend en passend te zijn. Het recht op bijstand strekt zich evenmin uit tot kosten die in de voorliggende voorziening als niet noodzakelijk worden aangemerkt. Bijstand, voorliggende voorziening
2. Onder een beroep kunnen doen op een voorliggende voorziening wordt niet verstaan het op verzoek van het college:
a. indienen door de belanghebbende van een aanvraag tot vervroeging van de ingangsdatum van een ouderdomspensioen als bedoeld in artikel 1 van de Pensioenwet of artikel 1 van de Wet verplichte beroepspensioenregeling, zolang belanghebbende nog niet de pensioengerechtigde leeftijd heeft bereikt;
b. benutten van de mogelijkheid om te beschikken over de waarde van een lijfrente zolang de belanghebbende de pensioengerechtigde leeftijd nog niet heeft bereikt, en:
$1°$. tijdens de toetsingsperiode de ingangsdatum van de lijfrente niet is uitgesteld;
$2°$. voor zover de totale waarde van deze lijfrente of lijfrenten niet meer bedraagt dan € 265.952,00, waarbij voor de vaststelling van de waarde wordt uitgegaan van de waarde zonder aftrek van de eventueel door de belanghebbende daarover verschuldigde bedragen als bedoeld in artikel 31, derde lid; en
$3°$. voor zover de inleg in het kader van de lijfrente of lijfrenten:
(i) voorafgaand aan de toetsingsperiode heeft plaatsgevonden; of
(ii) tijdens de toetsingsperiode heeft plaatsgevonden, daarbij jaarlijks ten minste enige inleg heeft plaatsgevonden en de inleg ten hoogste € 6.383,00 per jaar heeft bedragen.
3. In dit artikel wordt verstaan onder toetsingsperiode: periode van vijf jaar voorafgaand aan de aanvraag om bijstand.
4. Bij ministeriële regeling worden nadere regels gesteld met betrekking tot de toetsing aan en de toepassing van de voorwaarden in het tweede lid, onderdeel b, in relatie tot het derde lid.

Art. 16 Zeer dringende redenen

1. Aan een persoon die geen recht op bijstand heeft, kan het college, gelet op alle omstandigheden, in afwijking van deze paragraaf, bijstand verlenen indien zeer dringende redenen daartoe noodzaken. Bijstand, verlening wegens zeer dringende redenen
2. Het eerste lid is niet van toepassing op andere vreemdelingen dan die, bedoeld in artikel 11, tweede en derde lid.

§ 2.3
Inlichtingenplicht en afstemming

Art. 17 Inlichtingenplicht

1. De belanghebbende doet aan het college op verzoek of onverwijld uit eigen beweging mededeling van alle feiten en omstandigheden waarvan hem redelijkerwijs duidelijk moet zijn dat zij van invloed kunnen zijn op zijn arbeidsinschakeling of het recht op bijstand. Deze verplichting geldt niet indien die feiten en omstandigheden door het college kunnen worden vastgesteld op grond van bij wettelijk voorschrift als authentiek aangemerkte gegevens of kunnen worden verkregen uit bij ministeriële regeling aan te wijzen administraties. Bij ministeriële regeling wordt bepaald voor welke gegevens de tweede zin van toepassing is. Bijstand, informatieplicht
2. De belanghebbende verleent het college desgevraagd de medewerking die redelijkerwijs nodig is voor de uitvoering van deze wet.
3. Het college stelt bij de uitvoering van deze wet de identiteit van de belanghebbende vast aan de hand van een document als bedoeld in artikel 1, eerste lid, onder 1° tot en met 3°, van de Wet op de identificatieplicht.
4. Een ieder is verplicht aan het college desgevraagd een document als bedoeld in artikel 1 van de Wet op de identificatieplicht terstond ter inzage te verstrekken, voorzover dit redelijkerwijs nodig is voor de uitvoering van deze wet.

Art. 18 Afstemming

1. Het college stemt de bijstand en de daaraan verbonden verplichtingen af op de omstandigheden, mogelijkheden en middelen van de belanghebbende. Bijstand, afstemming
2. Het college verlaagt de bijstand overeenkomstig de verordening, bedoeld in artikel 8, eerste lid, onderdeel a, ter zake van het niet nakomen door de belanghebbende van de verplichtingen voortvloeiende uit deze wet, met uitzondering van artikel 17, eerste lid, dan wel indien de belanghebbende naar het oordeel van het college tekortschietend besef van verantwoordelijkheid betoont voor de voorziening in het bestaan.

3. Het college heroverweegt een besluit als bedoeld in het tweede lid binnen een door hem te bepalen termijn die ten hoogste drie maanden bedraagt.
4. Het college verlaagt in ieder geval de bijstand overeenkomstig het vijfde, zesde, zevende of achtste lid ter zake van het niet nakomen door de belanghebbende van de volgende verplichtingen:
 a. het aanvaarden of het behouden van algemeen geaccepteerde arbeid;
 b. het uitvoering geven aan de door het college opgelegde verplichting om ingeschreven te staan bij een uitzendbureau;
 c. het naar vermogen verkrijgen van algemeen geaccepteerde arbeid in een andere dan de gemeente van inwoning, alvorens naar die andere gemeente te verhuizen;
 d. bereid zijn om te reizen over een afstand met een totale reisduur van 3 uur per dag, indien dat noodzakelijk is voor het naar vermogen verkrijgen, het aanvaarden of het behouden van algemeen geaccepteerde arbeid;
 e. bereid zijn om te verhuizen, indien het college is gebleken dat er geen andere mogelijkheid is voor het naar vermogen verkrijgen, het aanvaarden of het behouden van algemeen geaccepteerde arbeid, en de belanghebbende een arbeidsovereenkomst met een duur van tenminste een jaar en een netto beloning die ten minste gelijk is aan de voor de belanghebbende geldende bijstandsnorm, kan aangaan;
 f. het verkrijgen en behouden van kennis en vaardigheden, noodzakelijk voor het naar vermogen verkrijgen, het aanvaarden of het behouden van algemeen geaccepteerde arbeid;
 g. het naar vermogen verkrijgen, het aanvaarden of het behouden van algemeen geaccepteerde arbeid niet belemmeren door kleding, gebrek aan persoonlijke verzorging of gedrag;
 h. het gebruik maken van door het college aangeboden voorzieningen, waaronder begrepen sociale activering, gericht op arbeidsinschakeling en mee te werken aan onderzoek naar zijn of haar mogelijkheden tot arbeidsinschakeling.
5. Indien de belanghebbende een verplichting als bedoeld in het vierde lid niet nakomt, verlaagt het college de bijstand met 100% voor een bij de verordening, bedoeld in artikel 8, eerste lid, onderdeel a, vastgestelde periode van ten minste een maand en ten hoogste drie maanden. De verordening, bedoeld in artikel 8, eerste lid, onderdeel a, kan tevens bepalen dat het bedrag van de verlaging wordt verrekend over de maand van oplegging van de maatregel en ten hoogste de twee volgende maanden, waarbij over de eerste maand ten minste 1/3 van het bedrag van de verlaging wordt verrekend.
6. Indien de belanghebbende een verplichting als bedoeld in het vierde lid niet nakomt binnen twaalf maanden nadat het vijfde lid toepassing heeft gevonden, verlaagt het college, in afwijking van het vijfde lid, de bijstand met 100% voor een bij de verordening, bedoeld in artikel 8, eerste lid, onderdeel a, vastgestelde periode die in ieder geval langer is dan de op grond van het vijfde lid vastgestelde periode van verlaging en ten hoogste drie maanden.
7. Indien de belanghebbende een verplichting als bedoeld in het vierde lid niet nakomt binnen twaalf maanden nadat het zesde lid toepassing heeft gevonden, verlaagt het college, in afwijking van het vijfde en zesde lid, de bijstand met 100% voor een periode van drie maanden.
8. Indien de belanghebbende een verplichting als bedoeld in het vierde lid niet nakomt binnen twaalf maanden nadat het zevende lid toepassing heeft gevonden, verlaagt het college, in afwijking van het vijfde, zesde en zevende lid, telkens de bijstand met 100% voor een periode van drie maanden.
9. Het college ziet af van het opleggen van een maatregel, indien elke vorm van verwijtbaarheid ontbreekt.
10. Het college stemt een op te leggen maatregel of een opgelegde maatregel af op de omstandigheden van de belanghebbende en diens mogelijkheden om middelen te verwerven, indien naar zijn oordeel, gelet op bijzondere omstandigheden, dringende redenen daartoe noodzaken.
11. Indien het college de bijstand overeenkomstig het vijfde, zesde of achtste lid heeft verlaagd, kan het college op verzoek van de belanghebbende ten aanzien van wie de maatregel is opgelegd, de verlaging herzien zodra uit de houding en gedragingen van de belanghebbende ondubbelzinnig is gebleken dat hij de verplichtingen, bedoeld in het vierde lid, nakomt.
12. Bij de toepassing van dit artikel wordt onder belanghebbende mede verstaan het gezin.

Art. 18a Bestuurlijke boete

Bijstand, bestuurlijke boete

1. Het college legt een bestuurlijke boete op van ten hoogste het benadelingsbedrag wegens het niet of niet behoorlijk nakomen door de belanghebbende van de verplichting, bedoeld in artikel 17, eerste lid, of de verplichtingen, bedoeld in artikel 30c, tweede en derde lid, van de Wet structuur uitvoeringsorganisatie werk en inkomen. Indien de feiten en omstandigheden, bedoeld in artikel 17, eerste lid, en artikel 30c, derde lid, van de Wet structuur uitvoeringsorganisatie werk en inkomen niet of niet behoorlijk zijn medegedeeld of de gegevens en bewijsstukken, bedoeld in artikel 30c, tweede lid, van de Wet structuur uitvoeringsorganisatie werk en inkomen niet of niet behoorlijk zijn verstrekt en deze overtredingen opzettelijk zijn begaan, bedraagt de bestuurlijke boete ten hoogste het bedrag van de vijfde categorie, bedoeld in artikel 23, vierde lid, van het Wetboek van Strafrecht. Indien de feiten en omstandigheden, bedoeld

in artikel 17, eerste lid, en artikel 30c, derde lid, van de Wet structuur uitvoeringsorganisatie werk en inkomen niet of niet behoorlijk zijn medegedeeld of de gegevens en bewijsstukken, bedoeld in artikel 30c, tweede lid, van de Wet structuur uitvoeringsorganisatie werk en inkomen niet of niet behoorlijk zijn verstrekt en deze overtredingen niet opzettelijk zijn begaan, bedraagt de bestuurlijke boete ten hoogste het bedrag van de derde categorie, bedoeld in artikel 23, vierde lid, van het Wetboek van Strafrecht.
2. In dit artikel wordt onder benadelingsbedrag verstaan het bedrag dat als gevolg van het niet of niet behoorlijk nakomen van de verplichting, bedoeld in artikel 17, eerste lid, of de verplichtingen, bedoeld in artikel 30c, tweede en derde lid, van de Wet structuur uitvoeringsorganisatie werk en inkomen, ten onrechte of tot een te hoog bedrag aan bijstand is ontvangen.
3. Indien het niet of niet behoorlijk nakomen door de belanghebbende van een verplichting als bedoeld in artikel 17, eerste lid, of de verplichtingen, bedoeld in artikel 30c, tweede en derde lid, van de Wet structuur uitvoeringsorganisatie werk en inkomen, niet heeft geleid tot een benadelingsbedrag, legt het college een bestuurlijke boete op van ten hoogste het bedrag van de tweede categorie, bedoeld in artikel 23, vierde lid, van het Wetboek van Strafrecht.
4. Het college kan afzien van het opleggen van een bestuurlijke boete en volstaan met het geven van een schriftelijke waarschuwing wegens het niet of niet behoorlijk nakomen door de belanghebbende van een verplichting als bedoeld in artikel 17, eerste lid, of de verplichtingen, bedoeld in artikel 30c, tweede en derde lid, van de Wet structuur uitvoeringsorganisatie werk en inkomen in situaties die bij algemene maatregel van bestuur worden bepaald, tenzij het niet of niet behoorlijk nakomen van de verplichtingen plaatsvindt binnen een periode van twee jaar te rekenen vanaf de datum waarop eerder aan de belanghebbende een zodanige waarschuwing is gegeven.
5. Het college legt een bestuurlijke boete op wegens het niet of niet behoorlijk nakomen door de belanghebbende van de verplichting, bedoeld in artikel 17, eerste lid, of de verplichtingen, bedoeld in artikel 30c, tweede en derde lid, van de Wet structuur uitvoeringsorganisatie werk en inkomen, als gevolg waarvan ten onrechte of tot een te hoog bedrag aan bijstand is ontvangen, van ten hoogste 150 procent van het benadelingsbedrag, met overeenkomstige toepassing van het eerste lid, indien binnen een tijdvak van vijf jaar voorafgaand aan de dag van het begaan van de overtreding een eerdere bestuurlijke boete of strafrechtelijke sanctie is opgelegd wegens een eerdere overtreding, bestaande uit eenzelfde gedraging, die onherroepelijk is geworden.
6. In afwijking van het vijfde lid is het in dat lid genoemde tijdvak van vijf jaar tien jaar indien wegens de eerdere overtreding, bedoeld in het vijfde lid, de belanghebbende is gestraft met een onvoorwaardelijke gevangenisstraf.
7. Het college kan afzien van het opleggen van een bestuurlijke boete indien daarvoor dringende redenen aanwezig zijn.
8. Degene aan wie een bestuurlijke boete is opgelegd, is verplicht desgevraagd aan het college de inlichtingen te verstrekken die voor de tenuitvoerlegging van de bestuurlijke boete van belang zijn.
9. Indien bijstand aan een gezin wordt verleend, berust de verplichting tot betaling van de bestuurlijke boete bij alle gezinsleden en zijn deze gezinsleden hoofdelijk aansprakelijk voor de nakoming van deze verplichting.
10. Bij algemene maatregel van bestuur worden nadere regels gesteld over de hoogte van de bestuurlijke boete.
11. Bij ministeriële regeling kunnen regels worden gesteld met betrekking tot de wijze van tenuitvoerlegging van de beschikking waarbij de bestuurlijke boete is opgelegd.
12. In afwijking van artikel 8:69 van de Algemene wet bestuursrecht kan de rechter in beroep of hoger beroep het bedrag waarop de bestuurlijke boete is vastgesteld ook ten nadele van de belanghebbende wijzigen.
13. Indien ten aanzien van een overtreding waarvoor een bestuurlijke boete is opgelegd geen sprake is geweest van opzet of grove schuld, en voorts is gebleken dat binnen een jaar nadat de bestuurlijke boete is opgelegd niet nogmaals een overtreding wegens eenzelfde gedraging is begaan, is het college bevoegd op verzoek van degene aan wie de bestuurlijke boete is opgelegd, de bestuurlijke boete geheel of gedeeltelijk kwijt te schelden bij medewerking aan een schuldregeling.
14. Het besluit tot kwijtschelding, bedoeld in het dertiende lid, wordt ingetrokken of ten nadele van degene aan wie de bestuurlijke boete is opgelegd herzien indien binnen vijf jaar na het besluit tot kwijtschelding wederom een overtreding wegens eenzelfde gedraging is begaan.

Art. 18b Beheersing van de Nederlandse taal
1. Het college verlaagt de bijstand, overeenkomstig het negende, tiende en elfde lid, indien naar zijn oordeel een redelijk vermoeden bestaat dat belanghebbende niet of niet in voldoende mate de Nederlandse taal beheerst, noodzakelijk voor het naar vermogen verkrijgen, het aanvaarden en het behouden van algemeen geaccepteerde arbeid.
2. Het college neemt een toets bij de belanghebbende af, indien belanghebbende:
a. niet gedurende acht jaar Nederlandstalig onderwijs heeft gevolgd;

b. geen inburgeringsdiploma als bedoeld in artikel 7, eerste lid, onderdeel a, van de Wet inburgering kan overleggen; en
c. geen ander document kan overleggen waaruit blijkt dat hij de vaardigheden in de Nederlandse taal beheerst.

Indien de omstandigheden, bedoeld in de eerste zin, onderdelen a, b en c aanwezig zijn ten tijde van de aanvraag van bijstand, wordt na ontvangst van die aanvraag een toets afgenomen binnen een door het college te bepalen termijn die ten hoogste acht weken bedraagt.

3. Indien uit de uitkomst van de toets, bedoeld in het tweede lid, blijkt dat belanghebbende niet of niet in voldoende mate de vaardigheden in de Nederlandse taal beheerst, wordt het redelijk vermoeden, bedoeld in het eerste lid, geacht aanwezig te zijn.

4. Belanghebbende wordt na de uitkomst van de toets, bedoeld in het tweede lid, waaruit blijkt dat hij niet of niet in voldoende mate de vaardigheden in de Nederlandse taal beheerst, binnen een door het college te bepalen termijn die ten hoogste acht weken bedraagt, door het college schriftelijk in kennis gesteld van het redelijk vermoeden, bedoeld in het eerste lid. De verlaging van de bijstand vindt plaats vanaf het moment dat die schriftelijke kennisgeving plaatsvindt.

5. De belanghebbende kan op ieder moment het redelijk vermoeden, bedoeld in het tweede lid, wegnemen door het overleggen van een diploma als bedoeld in het tweede lid, onderdeel b, of door het overleggen van een document als bedoeld in het tweede lid, onderdeel c.

6. In afwijking van het eerste lid verlaagt het college de bijstand niet in verband met het in dat lid bedoelde redelijke vermoeden, indien:
a. belanghebbende zich bereid verklaart binnen een maand nadat het college belanghebbende in kennis heeft gesteld van het bestaan van dat vermoeden aan te vangen met het verwerven van de vaardigheden in de Nederlandse taal en na die aanvang voldoet aan de voortgang die van hem verwacht mag worden bij het verwerven van de vaardigheden in de Nederlandse taal; of
b. elke vorm van verwijtbaarheid ontbreekt.

7. In afwijking van het eerste lid stemt het college in verband met het in dat lid bedoelde redelijke vermoeden een verlaging af op de omstandigheden van de belanghebbende en diens mogelijkheden om middelen te verwerven, indien naar zijn oordeel, gelet op bijzondere omstandigheden, dringende redenen daartoe noodzaken.

8. Onder de vaardigheden, bedoeld in het tweede, zesde, tiende, elfde en twaalfde lid, worden de volgende vaardigheden in de Nederlandse taal op minimaal het referentieniveau 1F dat is vastgesteld op grond van artikel 2, eerste lid, van de Wet referentieniveaus Nederlandse taal en rekenen verstaan:
a. spreekvaardigheid;
b. luistervaardigheid;
c. gespreksvaardigheid;
d. schrijfvaardigheid; en
e. leesvaardigheid.

9. De bijstand wordt gedurende zes maanden verlaagd met 20 procent van de bijstandsnorm vanaf het moment, bedoeld in het vierde lid, tweede zin.

10. De bijstand wordt gedurende zes maanden verlaagd met 40 procent van de bijstandsnorm, te rekenen vanaf zes maanden na het moment, bedoeld in het vierde lid, tweede zin, indien uit de uitkomst van een door het college afgenomen toets blijkt dat de belanghebbende:
a. de vaardigheden in de Nederlandse taal niet beheerst; en
b. niet voldoet aan de voortgang die van hem verwacht mag worden met het verwerven van de vaardigheden in de Nederlandse taal.

11. De verlaging van de bijstand bedraagt 100 procent van de bijstandsnorm voor onbepaalde tijd, te rekenen vanaf twaalf maanden na het moment, bedoeld in het vierde lid, tweede zin, indien uit de uitkomst van een door het college afgenomen toets blijkt dat de belanghebbende:
a. de vaardigheden in de Nederlandse taal niet beheerst; en
b. niet voldoet aan de voortgang die van hem verwacht mag worden met het verwerven van de vaardigheden in de Nederlandse taal.

Nadere regels

12. Bij of krachtens algemene maatregel van bestuur worden regels gesteld met betrekking tot de toets, bedoeld in het tweede, tiende en elfde lid, van de vaardigheden in de Nederlandse taal. Deze regels hebben in elk geval betrekking op:
a. de in de toets op te nemen onderdelen;
b. de wijze van toetsing van de verschillende onderdelen;
c. de wijze van beoordeling van de toets;
d. de kwalificatie van degene die de toets beoordeelt; en
e. de omstandigheden waaronder de toets wordt afgenomen.

13. De toets, bedoeld in het tweede, tiende en elfde lid, wordt telkens afgenomen voordat de verlaging van de bijstand door het college wordt toegepast.

14. Bij de toepassing van dit artikel wordt onder belanghebbende mede verstaan het gezin.

Hoofdstuk 3
Algemene bijstand

§ 3.1
Algemeen

Art. 19 Voorwaarden
1. Onverminderd paragraaf 2.2, heeft de alleenstaande of het gezin recht op algemene bijstand indien:
a. het in aanmerking te nemen inkomen lager is dan de bijstandsnorm; en
b. er geen in aanmerking te nemen vermogen is.
2. De hoogte van de algemene bijstand is het verschil tussen het inkomen en de bijstandsnorm.
3. In de algemene bijstand is een vakantietoeslag begrepen ter hoogte van 4,8 procent [per 1 januari 2009: 5 procent] van die bijstand.
4. De algemene bijstand wordt verhoogd met de loonbelasting en premies volksverzekeringen waarvoor de gemeente die de bijstand verleent, krachtens de Wet op de loonbelasting 1964 inhoudingsplichtige is.

Algemene bijstand, voorwaarden

§ 3.2
Normen

Art. 19a Kostendelende medebewoner
1. In deze paragraaf wordt onder kostendelende medebewoner verstaan de persoon van 21 jaar of ouder die in dezelfde woning als de belanghebbende zijn hoofdverblijf heeft en niet:
a. de echtgenoot van belanghebbende is;
b. op basis van een schriftelijke overeenkomst met de belanghebbende, waarbij een commerciële prijs is overeengekomen, als verhuurder, huurder, onderverhuurder, onderhuurder, kostgever of kostganger, niet zijnde een bloed- of aanverwant in de eerste of tweede graad van de belanghebbende, in dezelfde woning als de belanghebbende zijn hoofdverblijf heeft;
c. op basis van een schriftelijke overeenkomst met een derde, waarbij een commerciële prijs is overeengekomen, als huurder, onderhuurder of kostganger in dezelfde woning als de belanghebbende zijn hoofdverblijf heeft, mits hij de overeenkomst heeft met dezelfde persoon als met wie de belanghebbende een schriftelijke overeenkomst heeft, waarbij een commerciële prijs is overeengekomen, als huurder, onderhuurder of kostganger; of
d. een persoon is die:
1°. onderwijs volgt waarvoor aanspraak op studiefinanciering als bedoeld in artikel 3.1, eerste of tweede lid, van de Wet studiefinanciering 2000 kan bestaan en op enig moment tijdens dat onderwijs gelet op zijn leeftijd in aanmerking kan komen voor die studiefinanciering;
2°. onderwijs volgt waarvoor aanspraak kan bestaan op een tegemoetkoming op grond van hoofdstuk 4 van de Wet tegemoetkoming onderwijsbijdrage en schoolkosten en op enig moment tijdens dat onderwijs gelet op zijn leeftijd in aanmerking kan komen voor die tegemoetkoming;
3°. een beroepsopleiding als bedoeld in artikel 7.2.2, eerste lid, onderdelen a tot en met e, van de Wet educatie en beroepsonderwijs in de beroepsbegeleidende leerweg volgt;
4°. een vergelijkbaar soort onderwijs of beroepsopleiding als bedoeld onder 1° tot en met 3° volgt buiten Nederland, waarbij voor onder 1° en 2° geldt dat hij op enig moment tijdens dat onderwijs jonger dan 30 jaar is of in de maand van aanvang de leeftijd van 30 jaren heeft bereikt.
2. Voor de toepassing van het eerste lid, onderdelen b en c, legt de belanghebbende op verzoek van het college de schriftelijke overeenkomst over en toont hij de betaling van de commerciële prijs aan door het overleggen van de bewijzen van betaling.

Algemene bijstand, kostendelende medebewoner

Art. 20 Jongerennormen
1. Voor belanghebbenden jonger dan 21 jaar zonder ten laste komende kinderen is de norm per kalendermaand, indien het betreft:
a. een alleenstaande van 18, 19 of 20 jaar: € 266,29;
b. gehuwden waarvan beide echtgenoten 18, 19 of 20 jaar zijn: € 532,58;
c. gehuwden waarvan een echtgenoot 18, 19 of 20 jaar is en de andere echtgenoot 21 jaar of ouder, zonder kostendelende medebewoners: € 1.036,79.
2. Voor belanghebbenden jonger dan 21 jaar met een of meer ten laste komende kinderen is de norm per kalendermaand, indien het betreft:
a. een alleenstaande ouder van 18, 19 of 20 jaar: € 266,29;
b. gehuwden waarvan beide echtgenoten 18, 19 of 20 jaar zijn: € 840,78;
c. gehuwden waarvan een echtgenoot 18, 19 of 20 jaar is en de andere echtgenoot 21 jaar of ouder, zonder kostendelende medebewoners: € 1.344,99.

Algemene bijstand, jongerennormen

A77 art. 21 — Participatiewet

Algemene bijstand, normen 21 jaar tot pensioengerechtigde leeftijd

Art. 21 Normen 21-pensioengerechtigde leeftijd
Voor belanghebbenden van 21 jaar of ouder doch jonger dan de pensioengerechtigde leeftijd is de norm per kalendermaand, indien het betreft:
a. een alleenstaande of een alleenstaande ouder zonder kostendelende medebewoners: € 1.078,70;
b. gehuwden waarvan beide echtgenoten jonger zijn dan de pensioengerechtigde leeftijd, zonder kostendelende medebewoners: € 1.541,00.

Algemene bijstand, normen pensioengerechtigden

Art. 22 Normen pensioengerechtigden
Voor belanghebbenden die de pensioengerechtigde leeftijd hebben bereikt is de norm per kalendermaand, indien het betreft:
a. een alleenstaande of een alleenstaande ouder zonder kostendelende medebewoners: € 1.199,98;
b. gehuwden waarvan beide echtgenoten de pensioengerechtigde leeftijd hebben bereikt, zonder kostendelende medebewoners: € 1.627,08;
c. gehuwden waarvan een echtgenoot de pensioengerechtigde leeftijd heeft bereikt en de andere echtgenoot 21 jaar of ouder, doch de pensioengerechtigde leeftijd nog niet heeft bereikt, zonder kostendelende medebewoners: € 1.627,08.

Algemene bijstand, kostendelersnorm

Art. 22a Kostendelersnorm
1. Indien de belanghebbende van 21 jaar of ouder een of meer kostendelende medebewoners heeft, is de norm per kalendermaand voor de belanghebbende:

$$\frac{(40\% + A \times 30\%)}{A} \times B$$

Hierbij staat:
- A voor het aantal kostendelende medebewoners plus de belanghebbende en zijn echtgenoot van 21 jaar of ouder indien hij gehuwd is; en
- B voor de norm, bedoeld in artikel:
a. 21, onderdeel b, indien de belanghebbende jonger dan de pensioengerechtigde leeftijd is;
b. 22, onderdeel c, indien de belanghebbende jonger dan de pensioengerechtigde leeftijd is en zijn echtgenoot de pensioengerechtigde leeftijd heeft bereikt;
c. 22, onderdeel b, indien de belanghebbende de pensioengerechtigde leeftijd heeft bereikt.

2. De norm voor gehuwden, op wie het eerste lid van toepassing is, is gelijk aan de som van de normen, bedoeld in dat lid, die voor ieder van de rechthebbende echtgenoten afzonderlijk van toepassing is.

3. Voor rechthebbende gehuwden, waarvan een echtgenoot 18, 19 of 20 jaar is en de andere echtgenoot 21 jaar of ouder is, met een of meer kostendelende medebewoners, is de norm per kalendermaand:
a. indien ze een of meer ten laste komende kinderen hebben: € 574,49 plus de op basis van dit artikel van toepassing zijnde norm voor de echtgenoot van 21 jaar of ouder;
b. indien ze geen ten laste komende kinderen hebben: € 266,29 plus de op basis van dit artikel van toepassing zijnde norm voor de echtgenoot van 21 jaar of ouder.

Art. 22b
[Vervallen]

Algemene bijstand, normen inrichting

Art. 23 Normen in inrichting
1. Bij een verblijf in een inrichting is de norm per kalendermaand, indien het betreft:
a. een alleenstaande of een alleenstaande ouder: € 341,55;
b. gehuwden: € 531,26.
2. Het bedrag van de norm, bedoeld in het eerste lid, wordt verhoogd met:
a. voor een alleenstaande of een alleenstaande ouder € 34,00;
b. voor gehuwden € 76,00.
3. Indien een van de gehuwden in een inrichting verblijft, is de norm de som van de normen die voor ieder van hen als alleenstaande of alleenstaande ouder zouden gelden.

Algemene bijstand, afwijking norm gehuwden

Art. 24 Afwijking norm gehuwden
Voor gehuwden waarvan een echtgenoot geen recht op algemene bijstand heeft is voor de rechthebbende echtgenoot de norm gelijk aan 50% van de norm die voor hem zou gelden als hij gehuwd zou zijn met een rechthebbende echtgenoot van zijn leeftijd, indien:
a. de rechthebbende echtgenoot 21 jaar of ouder is en geen kostendelende medebewoners heeft; dan wel
b. de rechthebbende echtgenoot jonger dan 21 jaar is.

§ 3.3 Verlaging

Art. 25-26
[Vervallen]

Art. 27 Woonsituatie

Het college kan de norm, bedoeld in de artikelen 20 en 21, lager vaststellen voorzover de belanghebbende lagere algemeen noodzakelijke kosten van het bestaan heeft dan waarin de norm voorziet als gevolg van zijn woonsituatie, waaronder begrepen het niet aanhouden van een woning.

Art. 28 Schoolverlaters

Het college kan voor de belanghebbende die recent de deelname heeft beëindigd aan onderwijs of een beroepsopleiding, de norm gedurende zes maanden na het tijdstip van die beëindiging lager vaststellen, indien voor het onderwijs of de beroepsopleiding aanspraak bestond op studiefinanciering op grond van de Wet studiefinanciering 2000 of op een tegemoetkoming in de onderwijsbijdrage en de schoolkosten op grond van hoofdstuk 4 van de Wet tegemoetkoming onderwijsbijdrage en schoolkosten.

Art. 29-30
[Vervallen]

§ 3.4
Middelen

Art. 31 Middelen

1. Tot de middelen worden alle vermogens- en inkomensbestanddelen gerekend waarover de alleenstaande of het gezin beschikt of redelijkerwijs kan beschikken. Tot de middelen worden mede gerekend de middelen die ten behoeve van het levensonderhoud van de belanghebbende door een niet in de bijstand begrepen persoon worden ontvangen. In elk geval behoort tot de middelen de ten aanzien van de alleenstaande of het gezin toepasselijke heffingskorting, bedoeld in hoofdstuk 8 van de Wet inkomstenbelasting 2001.
2. Niet tot de middelen van de belanghebbende worden gerekend:
a. de middelen die deze ontvangt ten behoeve van het levensonderhoud van een niet in de bijstand begrepen persoon;
b. kinderbijslag ontvangen ten behoeve van zijn in of buiten Nederland woonachtige kinderen;
c. de jonggehandicaptenkorting;
d. tegemoetkomingen in de zin van de Algemene wet inkomensafhankelijke regelingen;
e. eigenwoningbijdrage of een bijzondere bijdrage ontvangen op grond van de Wet bevordering eigenwoningbezit;
f. vergoedingen en tegemoetkomingen, waaronder begrepen de tegemoetkoming ontvangen op grond van artikel 19 van de Wet tegemoetkoming chronisch zieken en gehandicapten, voor, alsmede de vermindering of teruggave van, loonbelasting of inkomstenbelasting en van premies volksverzekeringen op grond van kosten die niet tot de algemeen noodzakelijke bestaanskosten behoren, tenzij voor deze kosten bijstand wordt verleend;
g. vergoedingen en verstrekkingen als bedoeld in artikel 31, eerste lid, onderdeel f en onderdeel g, van de Wet op de loonbelasting 1964, tenzij voor deze vergoedingen en verstrekkingen bijstand wordt verleend;
h. inkomsten uit arbeid van de tot zijn last komende kinderen, alsmede door hen ontvangen uitkeringen inzake werkloosheid en arbeidsongeschiktheid, tenzij het verlening van bijzondere bijstand betreft voor bijzondere noodzakelijke kosten van het bestaan van die kinderen;
i. rente ontvangen over op grond van artikel 34, tweede lid, onderdelen b en c, niet in aanmerking genomen vermogen en spaargelden;
j. een een- of tweemalige premie van ten hoogste € 2.638,00 per kalenderjaar, voor zover dit naar het oordeel van het college bijdraagt aan zijn arbeidsinschakeling;
k. een kostenvergoeding voor het verrichten van vrijwilligerswerk van ten hoogste een bij ministeriële regeling vast te stellen bedrag;
l. bij ministeriële regeling aan te wijzen uitkeringen en vergoedingen voor materiële en immateriële schade;
m. giften en andere dan de in onderdeel l bedoelde vergoedingen voor materiële en immateriële schade voorzover deze naar het oordeel van het college uit een oogpunt van bijstandsverlening verantwoord zijn;
n. inkomsten uit arbeid tot 25 procent van deze inkomsten, met een maximum van € 221,00 per maand, voor zover hij algemene bijstand ontvangt, waarbij voor een persoon die de pensioengerechtigde leeftijd nog niet heeft bereikt geldt dat de inkomsten gedurende ten hoogste zes maanden niet tot de middelen worden gerekend en dat dit naar het oordeel van het college moet bijdragen aan zijn arbeidsinschakeling;
o. de ten behoeve van een levensloopregeling als bedoeld in artikel 39d van de Wet op de loonbelasting 1964 bij een uitvoerder als bedoeld in artikel 19g, derde lid, van die wet, zoals dit artikellid op 31 december 2011 luidde opgebouwde voorziening;
p. een tegemoetkoming als bedoeld in artikel 29a van de Algemene nabestaandenwet;

q. een uitkering als bedoeld in artikel 118a, eerste lid, van de Zorgverzekeringswet of een tegemoetkoming als bedoeld in artikel 2:52 of 3:10 van de Wet arbeidsongeschiktheidsvoorziening jonggehandicapten;
r. inkomsten uit arbeid van een alleenstaande ouder tot 12,5 procent van deze inkomsten, met een maximum van € 137,94 per maand, gedurende een aaneengesloten periode van maximaal 30 maanden, voor zover hij algemene bijstand ontvangt, ingeval:
1°. hij de volledige zorg heeft voor een tot zijn last komend kind tot 12 jaar,
2°. de periode van zes maanden, bedoeld in onderdeel n, is verstreken, en
3°. dit volgens het college bijdraagt aan zijn arbeidsinschakeling;
s. een vergoeding als bedoeld in artikel 18 van de Wet inburgering zoals dit luidde voor de inwerkingtreding van het bij koninklijke boodschap van 14 november 2011 ingediende voorstel van wet tot wijziging van de Wet inburgering en enkele andere wetten in verband met de versterking van de eigen verantwoordelijkheid van de inburgeringsplichtige (33 086), nadat dat voorstel tot wet is verheven voorzover deze niet een vergoeding is als bedoeld in onderdeel f;
t. tegemoetkomingen op grond van de Wet tegemoetkoming chronisch zieken en gehandicapten, artikel 63a van de Wet werk en inkomen naar arbeidsvermogen, artikel 65l van de Wet op de arbeidsongeschiktheidsverzekering, artikel 67i van de Wet arbeidsongeschiktheidsverzekering zelfstandigen, artikel 3:75 van de Wet werk en arbeidsondersteuning jonggehandicapten of artikel 24 van de Wet tegemoetkoming chronisch zieken en gehandicapten, zoals dat op 31 december 2013 luidde;
u. hetgeen een mantelzorger op grond van het bepaalde bij of krachtens artikel 2.1.6 van de Wet maatschappelijke ondersteuning 2015 als blijk van waardering ontvangt;
v. een uitkering tot levensonderhoud op grond van Boek 1 van het Burgerlijk Wetboek die de belanghebbende jonger dan 21 jaar van zijn ouder of ouders ontvangt, voor zover deze uitkering op grond van artikel 12 reeds in aanmerking is genomen bij de vaststelling van het recht op bijzondere bijstand;
w. het vrijgelaten deel van de toeslag, uitkering, kinderbijslag of ouderdomspensioen op grond van de artikelen 14h, vijfde lid, van de Toeslagenwet, 27h, vijfde lid, van de Werkloosheidswet, 54a, vijfde lid, van de Wet arbeidsongeschiktheidsverzekering zelfstandigen, 24a, vijfde lid, van de Wet inkomensvoorziening oudere werklozen, 29h, vijfde lid, van de Wet op de arbeidsongeschiktheidsverzekering, 97, vijfde lid, van de Wet werk en inkomen naar arbeidsvermogen, 45h, vijfde lid, van de Ziektewet, 17h, vijfde lid, van de Algemene Kinderbijslagwet, 45a, vijfde lid, van de Algemene nabestaandenwet, 17j, vijfde lid, van de Algemene Ouderdomswet, 29, zesde lid, van de Wet inkomensvoorziening oudere en gedeeltelijk arbeidsongeschikte werknemers, en 29, zesde lid, van de Wet inkomensvoorziening oudere en gedeeltelijk arbeidsongeschikte gewezen zelfstandigen;
x. een inkomensondersteuning als bedoeld in artikel 33a van de Algemene Ouderdomswet;
y. inkomsten uit arbeid van een persoon die medisch urenbeperkt is tot 15 procent van deze inkomsten uit arbeid, met een maximum van € 139,90 per maand, voor zover hij algemene bijstand ontvangt, tenzij onderdeel n of r van toepassing is.
3. De middelen worden in aanmerking genomen tot het bedrag dat resteert na aftrek van:
a. de daarover door de belanghebbende verschuldigde loonbelasting of inkomstenbelasting;
b. de daarover door de belanghebbende verschuldigde premies volksverzekeringen dan wel een inhouding die met een of meer van deze premies overeenkomt alsmede de inkomensafhankelijke bijdrage, bedoeld in artikel 43 van de Zorgverzekeringswet;
c. ten laste van de belanghebbende komende verplichte bijdragen ingevolge een pensioenregeling en daarmee vergelijkbare regelingen;
d. andere ten laste van de belanghebbende komende verplichte inhoudingen.

Nadere regels
4. Bij ministeriële regeling worden regels gesteld met betrekking tot het in aanmerking nemen van de aanspraak op vakantietoeslag over een inkomen.
5. Het tweede lid, onderdelen c, j, k, n en r, zijn niet van toepassing op de persoon die jonger is dan 27 jaar.
6. Onder het redelijkerwijs kunnen beschikken over vermogens- en inkomensbestanddelen, bedoeld in het eerste lid, wordt niet verstaan het op verzoek van het college:
a. indienen door de belanghebbende van een aanvraag tot vervroeging van de ingangsdatum van een ouderdomspensioen als bedoeld in artikel 1 van de Pensioenwet of artikel 1 van de Wet verplichte beroepspensioenregeling, zolang de belanghebbende nog niet de pensioengerechtigde leeftijd heeft bereikt; of
b. benutten van de mogelijkheid om te beschikken over de waarde van een lijfrente overeenkomstig artikel 15, tweede lid, onderdeel b, alsmede om te beschikken over een waardetoename van die lijfrente.

Art. 31a
[Vervallen]

Art. 32 Inkomen

1. Onder inkomen wordt verstaan de op grond van artikel 31 in aanmerking genomen middelen voorzover deze:

Algemene bijstand, definitie inkomen

a. betreffen inkomsten uit of in verband met arbeid, inkomsten uit vermogen, een premie als bedoeld in artikel 31, tweede lid, onderdeel j, een kostenvergoeding als bedoeld in artikel 31, tweede lid, onderdeel k, inkomsten uit verhuur, onderverhuur of het hebben van een of meer kostgangers, socialezekerheidsuitkeringen, uitkeringen tot levensonderhoud op grond van Boek 1 van het Burgerlijk Wetboek, voorlopige teruggave of teruggave van inkomstenbelasting, loonbelasting, premies volksverzekeringen en inkomensafhankelijke bijdragen als bedoeld in artikel 43 van de Zorgverzekeringswet, dan wel naar hun aard met deze inkomsten en uitkeringen overeenkomen; en

b. betrekking hebben op een periode waarover beroep op bijstand wordt gedaan.

2. Middelen die het karakter hebben van uitgesteld inkomen worden in aanmerking genomen naar de periode waarin deze zijn verworven. Middelen die het karakter hebben van doorbetaling van inkomen over een periode worden in aanmerking genomen naar de periode waarin deze te gelde kunnen worden gemaakt.

3. Indien een van de gehuwden geen recht op algemene bijstand heeft, wordt zijn inkomen slechts in aanmerking genomen voor zover het inkomen van de gehuwden tezamen, met inbegrip van de bijstand die zou worden verleend indien zijn inkomen niet in aanmerking wordt genomen, meer zou bedragen dan de bijstandsnorm voor gehuwden. Voor de vaststelling van het inkomen van de niet-rechthebbende echtgenoot is deze paragraaf van overeenkomstige toepassing.

4. In afwijking van het derde lid wordt, indien de gehuwden gescheiden leven, doch niet duurzaam gescheiden, het inkomen van de niet-rechthebbende echtgenoot slechts in aanmerking genomen voor zover het de bijstandsnorm te boven gaat.

Art. 33 Bijzonder inkomen

1. Indien inkomen in natura in aanmerking wordt genomen wordt de waarde daarvan vastgesteld op het daarvoor door belanghebbende opgeofferde bedrag.

Algemene bijstand, bijzonder inkomen

2. Het inkomen uit studiefinanciering op grond van de Wet studiefinanciering 2000 wordt in aanmerking genomen naar het van toepassing zijnde normbedrag voor de kosten van levensonderhoud, genoemd in artikel 3.18 van de Wet studiefinanciering 2000 en, indien een toeslag als bedoeld in artikel 3.5 van die wet is toegekend, het bedrag aan toeslag, genoemd in artikel 3.18 van die wet.

3. De tegemoetkoming in de onderwijsbijdrage en de schoolkosten op grond van hoofdstuk 4 van de Wet tegemoetkoming onderwijsbijdrage en schoolkosten wordt in aanmerking genomen naar het normbedrag voor de basistoelage, bedoeld in artikel 4.3 van die wet.

4. Indien de belanghebbende de woning bewoont met een of meer huurders, onderhuurders of kostgangers, worden de daaruit voortvloeiende lagere algemene noodzakelijke kosten van het bestaan als inkomen in aanmerking genomen indien daarmee nog geen rekening is gehouden bij de vaststelling van de norm, bedoeld in artikel 22a.

5. Indien de alleenstaande, de alleenstaande ouder of een van de echtgenoten de pensioengerechtigde leeftijd heeft bereikt, wordt voor de vaststelling van de hoogte van de algemene bijstand een in de vorm van een periodieke uitkering ontvangen particuliere oudedagsvoorziening buiten beschouwing gelaten tot een bedrag van:

a. voor een alleenstaande en een alleenstaande ouder: € 20,85 per kalendermaand;
b. voor de gehuwden tezamen: € 41,70 per kalendermaand.

Art. 34 Vermogen

1. Onder vermogen wordt verstaan:

Algemene bijstand, definitie vermogen

a. de waarde van de bezittingen waarover de alleenstaande of het gezin beschikt of redelijkerwijs kan beschikken, verminderd met de aanwezige schulden. De waarde van de bezittingen wordt vastgesteld op de waarde in het economische verkeer bij vrije oplevering;

b. middelen die worden ontvangen in de periode waarover algemene bijstand is toegekend, voorzover deze geen inkomen betreffen als bedoeld in de artikelen 32 en 33.

2. Niet als vermogen wordt in aanmerking genomen:

a. bezittingen in natura die naar hun aard en waarde algemeen gebruikelijk zijn dan wel, gelet op de omstandigheden van persoon en gezin, noodzakelijk zijn;

b. het bij de aanvang van de bijstand aanwezige vermogen voorzover dit minder bedraagt dan de van toepassing zijnde vermogensgrens, genoemd in het derde lid;

c. spaargelden opgebouwd tijdens de periode waarin bijstand wordt ontvangen;

d. het vermogen gebonden in de woning met bijbehorend erf, bedoeld in artikel 50, eerste lid, voorzover dit minder bedraagt dan € 53.100,00;

e. vergoedingen voor immateriële schade als bedoeld in artikel 31, tweede lid, onderdelen l en m;

f. de voorziening, bedoeld in artikel 31, tweede lid, onderdeel o.

3. De in het tweede lid, onderdeel b, bedoelde vermogensgrens is:

a. voor een alleenstaande: € 6.295,00;
b. voor een alleenstaande ouder: € 12.590,00;
c. voor de gehuwden tezamen: € 12.590,00.
4. Het tweede lid is van overeenkomstige toepassing op bezittingen die worden verworven in de periode waarover algemene bijstand is toegekend en op middelen als bedoeld in het eerste lid, onderdeel b, met dien verstande dat de van toepassing zijnde vermogensgrens, bedoeld in het derde lid, daarbij wordt verminderd met het vermogen dat:
a. bij aanvang van de bijstandsverlening niet in aanmerking is genomen op grond van het tweede lid, onderdeel b;
b. tijdens de bijstandsverlening niet in aanmerking is genomen op grond van dit lid.

Hoofdstuk 4
Aanvullende inkomensondersteuning en aanpassing bedragen

§ 4.1
Aanvullende inkomensondersteuning

Art. 35 Individuele en categoriale bijzondere bijstand

Bijzondere bijstand, voorwaarden

1. Onverminderd paragraaf 2.2, heeft de alleenstaande of het gezin recht op bijzondere bijstand voor zover de alleenstaande of het gezin niet beschikt over de middelen om te voorzien in de uit bijzondere omstandigheden voortvloeiende noodzakelijke kosten van het bestaan en deze kosten naar het oordeel van het college niet kunnen worden voldaan uit de bijstandsnorm, de individuele inkomenstoeslag, de individuele studietoeslag, het vermogen en het inkomen voor zover dit meer bedraagt dan de bijstandsnorm, waarbij artikel 31, tweede lid, en artikel 34, tweede lid, niet van toepassing zijn. Het college bepaalt het begin en de duur van de periode waarover het vermogen en het inkomen in aanmerking wordt genomen.
2. Het college kan bijzondere bijstand weigeren, indien de in het eerste lid bedoelde kosten binnen twaalf maanden een bedrag van € 138,00 niet te boven gaan.
3. In afwijking van het eerste lid kan bijzondere bijstand ook aan een persoon worden verleend in de vorm van een collectieve aanvullende zorgverzekering of in de vorm van een tegemoetkoming in de kosten van de premie van een dergelijke verzekering zonder dat wordt nagegaan of ten aanzien van die persoon de kosten van die verzekering of die premie ook daadwerkelijk noodzakelijk zijn of gemaakt zijn.
4. Voor de toepassing van dit artikel wordt onder bijzondere bijstand niet verstaan individuele inkomenstoeslag als bedoeld in artikel 36 en individuele studietoeslag als bedoeld in artikel 36b.
5. Voorzover de gemeente krachtens de Wet op de loonbelasting 1964 inhoudingsplichtige is, wordt de bijzondere bijstand verhoogd met de loonbelasting en premies volksverzekeringen.

Art. 36 Individuele inkomenstoeslag

Bijzondere bijstand, individuele inkomenstoeslag

1. Op een daartoe strekkend verzoek van een persoon van 21 jaar of ouder doch jonger dan de pensioengerechtigde leeftijd, die langdurig een laag inkomen en geen in aanmerking te nemen vermogen als bedoeld in artikel 34 heeft en geen uitzicht heeft op inkomensverbetering, kan het college, gelet op de omstandigheden van die persoon, een individuele inkomenstoeslag verlenen.
2. Tot de omstandigheden, bedoeld in het eerste lid, worden in ieder geval gerekend:
a. de krachten en bekwaamheden van de persoon; en
b. de inspanningen die de persoon heeft verricht om tot inkomensverbetering te komen.
3. Indien aan de persoon, bedoeld in het eerste lid, in de periode van 12 maanden onmiddellijk voorafgaande aan zijn verzoek, een individuele inkomenstoeslag is verleend, wordt het verzoek afgewezen.
4. De artikelen 12, 43, 49 en 52 zijn niet van toepassing.

Art. 36a
[Vervallen]

Art. 36b Individuele studietoeslag

Bijzondere bijstand, individuele studietoeslag

1. Op een daartoe strekkend verzoek van een persoon als bedoeld in artikel 7, eerste lid, onderdeel a, kan het college, gelet op de omstandigheden van die persoon, een individuele studietoeslag verlenen indien hij op de datum van de aanvraag:
a. 18 jaar of ouder is;
b. recht heeft op studiefinanciering op grond van de Wet studiefinanciering 2000 of recht heeft op een tegemoetkoming op grond van hoofdstuk 4 van de Wet tegemoetkoming onderwijsbijdrage en schoolkosten;
c. geen in aanmerking te nemen vermogen als bedoeld in artikel 34 heeft; en
d. door een structurele medische beperking tijdens de studie geen inkomsten kan verwerven.

Schakelbepaling

2. De artikelen 12, 43, 49 en 52 zijn niet van toepassing.

§ 4.2
Aanpassing bedragen

Art. 37 Netto minimumloon en consumentenprijsindex

1. In deze paragraaf wordt onder netto minimumloon verstaan het minimumloon per maand, genoemd in artikel 8, eerste lid, onderdeel a, van de Wet minimumloon en minimumvakantiebijslag, verhoogd met de aanspraak op vakantiebijslag waarop een werknemer op grond van artikel 15 van die wet over dat minimumloon ten minste aanspraak kan maken, na aftrek van de daarvan in te houden loonbelasting en premies volksverzekeringen. *[Netto minimumloon, definitie]*

2. De in het eerste lid bedoelde loonbelasting en premies volksverzekeringen worden berekend voor een werknemer die de pensioengerechtigde leeftijd nog niet heeft bereikt rekening houdend met uitsluitend 166,25% van de algemene heffingskorting, bedoeld in artikel 22 van de Wet op de loonbelasting 1964, over het minimumloon en de aanspraak op vakantiebijslag daarover. *[Loonbelasting en premies volksverzekeringen, berekening]*

3. Onder consumentenprijsindex wordt in deze afdeling verstaan hetgeen daaronder in artikel 13, zevende lid, van de Algemene Kinderbijslagwet wordt verstaan. *[Consumentenprijsindex, definitie]*

4. Met ingang van 1 januari 2019 tot 1 januari 2022 wordt het in het tweede lid genoemde percentage twee keer per kalenderjaar, op 1 januari en 1 juli, verlaagd met 1,875 procentpunt. Met ingang van 1 januari 2022 wordt het in het tweede lid genoemde percentage twee keer per kalenderjaar, op 1 januari en 1 juli, verlaagd met 2,5 procentpunt. Het gewijzigde percentage wordt door of namens Onze Minister medegedeeld in de Staatscourant. Dit lid vervalt op het moment dat het percentage van 100 is bereikt.

Art. 37a Vaststelling normen pensioengerechtigden

1. De normen voor belanghebbenden die de pensioengerechtigde leeftijd hebben bereikt, genoemd in artikel 22, worden afgeleid van het netto minimumloon per maand. *[Algemene bijstand, normen pensioengerechtigden]*

2. Op basis van het netto minimumloon per maand worden de bruto bedragen zodanig vastgesteld, dat na aftrek van de in te houden loonbelasting en premie voor de volksverzekeringen, rekening houdend met de toepasselijke heffingskortingen voor een persoon van de pensioengerechtigde leeftijd en ouder, met uitzondering van de ouderenkorting en alleenstaande ouderenkorting, bedoeld in de artikelen 22b en 22c van de Wet op de loonbelasting 1964, en van de inkomensafhankelijke bijdrage, bedoeld in artikel 41 van de Zorgverzekeringswet:
a. het netto bedrag per maand van een belanghebbende als bedoeld in artikel 22, onderdeel a, gelijk is aan 70% van het netto minimumloon per maand;
b. het netto bedrag per maand van een belanghebbende als bedoeld in artikel 22, onderdelen b en c, gelijk is aan 50% van het netto minimumloon per maand.

3. Op basis van de bruto bedragen, bedoeld in het tweede lid, worden de netto normen, bedoeld in het eerste lid, vastgesteld waarbij rekening wordt gehouden met de in te houden loonbelasting en premie voor de volksverzekeringen en de toepasselijke heffingskortingen voor een persoon van de pensioengerechtigde leeftijd en ouder, met inbegrip van de ouderenkorting en alleenstaande ouderenkorting, bedoeld in de artikelen 22b en 22c van de Wet op de loonbelasting 1964, en de inkomensafhankelijke bijdrage, bedoeld in artikel 41 van de Zorgverzekeringswet.

Art. 38 Aanpassing normen en bedragen

1. Met ingang van de dag waarop het netto minimumloon wijzigt, worden de normen, genoemd in de artikelen 20, 21, 22a, derde lid, en 23, eerste lid, gewijzigd met het percentage van deze wijziging. *[Bijstand, aanpassing normen/bedragen]*

2. Met ingang van de dag waarop het netto minimumloon wijzigt, worden de normen, genoemd in artikel 22, gewijzigd met inachtneming van artikel 37a.

3. Met ingang van de dag waarop het netto minimumloon, zonder de daarin begrepen aanspraak op vakantiebijslag, wijzigt, worden de bedragen, genoemd in de 31, tweede lid, onderdelen j, n, r en y, gewijzigd met het percentage van deze wijziging.

4. Met ingang van de dag waarop de over het inkomen, bedoeld in artikel 32, eerste lid, verschuldigde loonbelasting, premies, bijdragen en inhoudingen, bedoeld in artikel 31, derde lid, wijzigen, worden de bedragen en percentages ter vaststelling van de aanspraak op vakantietoeslag over een inkomen als bedoeld in artikel 31, vierde lid, gewijzigd.

5. De bedragen, genoemd in artikel 23, tweede lid, worden gewijzigd, indien het drempelinkomen, bedoeld in de Wet op de zorgtoeslag, wordt aangepast, de percentages, bedoeld in artikel 2 van die wet, worden gewijzigd of het bedrag van de standaardpremie op grond van artikel 4 van die wet op een ander bedrag wordt vastgesteld.

6. De gewijzigde normen en bedragen en de dag waarop de wijzigingen ingaan, worden door of namens Onze Minister medegedeeld in de Staatscourant.

Art. 39 Aanpassingen middelen

1. Met ingang van 1 januari van elk kalenderjaar worden de in artikel 15, tweede lid, onderdeel b, artikel 33, vijfde lid, artikel 34, tweede lid, onderdeel d, en derde lid, en artikel 35, tweede lid, genoemde bedragen gewijzigd met de procentuele stijging van de consumentenprijsindex. *[Bijstand, aanpassing middelen]*

2. De gewijzigde bedragen en de dag waarop de wijzigingen ingaan, worden door of namens Onze Minister medegedeeld in de Staatscourant.

Hoofdstuk 5
Uitvoering

§ 5.1
De aanvraag

Art. 40 Woonplaats en adresgegevens

Bijstand, woonplaats/adresgegevens/zonder adres

1. Het recht op bijstand bestaat jegens het college van de gemeente waar de belanghebbende woonplaats heeft als bedoeld in de artikelen 10, eerste lid, en 11 van Boek 1 van het Burgerlijk Wetboek. Bij algemene maatregel van bestuur kan worden bepaald dat bijstand aan een belanghebbende die niet is ingeschreven als ingezetene met een woonadres of briefadres in de basisregistratie personen wordt verleend door het college van een bij die maatregel aan te wijzen gemeente.

Bijstand, opschorting bij onjuist adres

2. Indien bij de beoordeling van het recht op bijstand blijkt dat het door een belanghebbende verstrekte adres van hemzelf, van zijn echtgenoot of van een kind afwijkt van het adres waaronder de betrokkene in de basisregistratie personen is ingeschreven, schort het college de betaling van de bijstand op.
3. Geen opschorting vindt plaats indien:
a. de afwijking redelijkerwijs geen gevolgen kan hebben voor het recht op of de hoogte van de bijstand;
b. de belanghebbende van de afwijking redelijkerwijs geen verwijt kan worden gemaakt;
c. daarvoor naar het oordeel van het college dringende redenen aanwezig zijn.
4. Het college doet schriftelijk mededeling van de opschorting, bedoeld in het tweede lid, aan de belanghebbende en geeft daarbij de gelegenheid tot adreswijziging in de basisregistratie personen binnen een door het college te stellen termijn.
5. De opschorting wordt beëindigd zodra het aan het college gebleken is dat de afwijking niet meer bestaat. Indien de afwijking ook na de krachtens het vierde lid gestelde termijn nog bestaat, herziet het college het besluit tot toekenning van de bijstand of trekt het dit in met ingang van de eerste dag waarop de betaling van de bijstand is opgeschort.

Art. 41 Aanvraag bij UWV

Bijstand, aanvraag bij UWV

1. De aanvraag is gericht tot het college en wordt overeenkomstig artikel 30c van de Wet structuur uitvoeringsorganisatie werk en inkomen ingediend bij het Uitvoeringsinstituut werknemersverzekeringen. Na de overdracht van de aanvraag door het Uitvoeringsinstituut werknemersverzekeringen aan het college ingevolge artikel 30c, vijfde lid, van de Wet structuur uitvoeringsorganisatie werk en inkomen wordt de aanvraag verder behandeld door het college.

Bijstand, aanvraag bij BenW

2. Indien het een aanvraag betreft van andere dan algemene bijstand dan wel van algemene bijstand aan een persoon die de pensioengerechtigde leeftijd nog niet heeft bereikt die in een inrichting verblijft of die niet is ingeschreven in de basisregistratie personen wordt, in afwijking van het eerste lid, de aanvraag ingediend bij het college.

Nadere regels

3. De gemeenteraad kan, in overeenstemming met het Uitvoeringsinstituut werknemersverzekeringen, bij verordening categorieën van aanvragen vaststellen die, in afwijking van het tweede lid, bij het Uitvoeringsinstituut werknemersverzekeringen worden ingediend.
4. Een aanvraag om algemene bijstand die alleen ziet op alleenstaanden en alleenstaande ouders jonger dan 27 jaar en gehuwden waarvan beide echtgenoten jonger dan 27 jaar zijn wordt niet eerder ingediend dan vier weken na de melding, bedoeld in artikel 44, en wordt niet eerder dan vier weken na die melding door het college in behandeling genomen.
5. Indien tot de personen voor wie bijstand is aangevraagd een of meer personen jonger dan 27 jaar behoren, worden documenten verstrekt die het college kunnen helpen bij de beoordeling of die personen jonger dan 27 jaar nog mogelijkheden hebben binnen het uit 's Rijks kas bekostigde onderwijs.
6. De personen, bedoeld in het vierde lid, die recht hebben op een uitkering op grond van de Werkloosheidswet, kunnen zich al melden om bijstand aan te vragen vanaf de dag gelegen vier weken voordat het recht op die uitkering eindigt.
7. De documenten, bedoeld in het vijfde lid, worden verstrekt:
a. indien het vierde lid van toepassing is: bij de aanvraag van algemene bijstand;
b. indien het vierde lid niet van toepassing is: binnen vier weken na de melding, bedoeld in artikel 44.
8. Indien het vierde lid van toepassing is in geval van een vreemdeling als bedoeld in artikel 11, tweede of derde lid:
a. die na een verzoek van de Hoge Commissaris van de Verenigde Naties voor de vluchtelingen op uitnodiging van de Nederlandse regering in Nederland verblijft; of

b. van wie de aanspraak op verstrekkingen als bedoeld in artikel 3, derde lid, van de Wet Centraal Orgaan opvang asielzoekers is geëindigd, omdat:
1°. een verblijfsvergunning is verleend en naar het oordeel van het Centraal Orgaan opvang asielzoekers passende huisvesting buiten de opvangvoorziening is gerealiseerd; of
2°. bij vreemdelingen die een aanvraag tot het verlenen van de verblijfsvergunning als bedoeld in artikel 14 van de Vreemdelingenwet 2000 hebben ingediend onder een beperking verband houdend met gezinshereniging met een asielzoeker aan wie verstrekkingen als bedoeld in artikel 3, derde lid van de Wet Centraal Orgaan opvang asielzoekers worden geboden, naar het oordeel van het Centraal Orgaan opvang asielzoekers passende huisvesting buiten de opvangvoorziening kan worden gerealiseerd, kan het college op verzoek van die vreemdeling bij wijze van voorschot algemene bijstand in de vorm van een renteloze geldlening verlenen na de melding, bedoeld in artikel 44, indien onevenredig bezwarende individuele omstandigheden daartoe noodzaken en zolang het recht op algemene bijstand niet is vastgesteld.
9. Bij de toepassing van het achtste lid is artikel 52, eerste lid, onderdelen a en b, tweede tot en met het vierde lid, van overeenkomstige toepassing.
10. In de aanvraag verleent belanghebbende het college een machtiging om onderzoek in te stellen naar de juistheid en volledigheid van de verstrekte gegevens en zo nodig naar andere gegevens die noodzakelijk zijn voor de verlening dan wel de voortzetting van bijstand.

Art. 41a-41b
[Vervallen]

Art. 42 Doorzending
1. Indien doorzending van de aanvraag naar het college van een andere gemeente heeft plaatsgevonden en dit van oordeel is dat het evenmin de aanvraag dient te behandelen, terwijl geen zekerheid kan worden verkregen over de in artikel 40 bedoelde woonplaats, draagt het college dat de doorgezonden aanvraag heeft ontvangen er zorg voor dat het geschil aanhangig wordt gemaakt.   *Bijstand, doorgezonden aanvraag*
2. In afwachting van een beslissing inzake een geschil over toepassing van het eerste lid bestaat het recht op bijstand jegens het college van de gemeente waar de belanghebbende werkelijk verblijft.   *Bijstand, recht op bijstand in werkelijke verblijfplaats*
3. Kosten van bijstand verleend ingevolge het tweede lid worden vergoed door het college van de gemeente waarvan de taak is waargenomen.

Art. 43 Vaststelling op aanvraag
1. Het college stelt het recht op bijstand op schriftelijke aanvraag of, indien een schriftelijke aanvraag niet mogelijk is, ambtshalve vast.   *Bijstand, vaststelling op aanvraag*
2. De bijstand wordt door de echtgenoten gezamenlijk aangevraagd dan wel door een van hen met schriftelijke toestemming van de ander.
3. Het college stelt het recht op bijstand ambtshalve vast indien een van de echtgenoten niet met de aanvraag instemt, doch bijstandsverlening, gezien de belangen van de overige gezinsleden, niettemin geboden is.
4. Het college houdt, indien artikel 41, vierde lid, van toepassing is, bij de vaststelling van het recht op algemene bijstand rekening met de houding en gedragingen van de meerderjarige personen die ten tijde van de aanvraag van algemene bijstand jonger dan 27 jaar zijn gedurende de vier weken na de melding, bedoeld in artikel 44.
5. Indien artikel 41, vierde lid, niet van toepassing is, beoordeelt het college in ieder geval de houding en gedragingen gedurende de vier weken na de melding, bedoeld in artikel 44, van de meerderjarige personen die ten tijde van de aanvraag van algemene bijstand jonger dan 27 jaar zijn.

§ 5.2
Toekenning, vaststelling en betaling

Art. 44 Toekenning
1. Indien door het college is vastgesteld dat recht op bijstand bestaat, wordt de bijstand toegekend vanaf de dag waarop dit recht is ontstaan, voorzover deze dag niet ligt voor de dag waarop de belanghebbende zich heeft gemeld om bijstand aan te vragen.   *Bijstand, toekenning*
2. De belanghebbende heeft zich gemeld als zijn naam, adres en woonplaats bij het Uitvoeringsinstituut werknemersverzekeringen zijn geregistreerd, en:
a. indien artikel 41, vierde lid, van toepassing is: hij door het Uitvoeringsinstituut werknemersverzekeringen op de hoogte is gesteld van de verplichting, bedoeld in artikel 9, eerste lid, onderdeel a, en de inhoud van artikel 41;
b. indien artikel 41, vierde lid, niet van toepassing is: hij in staat is zijn aanvraag in te dienen bij het Uitvoeringsinstituut werknemersverzekeringen, als het een aanvraag betreft als bedoeld in artikel 41, eerste of derde lid, of bij het college, als het een aanvraag betreft als bedoeld in artikel 41, tweede lid.

3. Indien de belanghebbende de aanvraag niet zo spoedig mogelijk indient nadat hij zich heeft gemeld en hem dit te verwijten valt, kan het college, in afwijking van het eerste lid, besluiten dat de bijstand wordt toegekend vanaf de dag dat de aanvraag is ingediend.
4. Bij een besluit tot toekenning van algemene bijstand voor zover dat ziet op personen van 18 jaar of ouder, doch jonger dan 27 jaar, wordt, in een bijlage, een plan van aanpak opgenomen als bedoeld in artikel 44a.

Art. 44a Plan van aanpak

Bijstand toekennen, plan van aanpak

1. Het plan van aanpak bevat:
   a. indien van toepassing de uitwerking van de ondersteuning;
   b. de verplichtingen gericht op arbeidsinschakeling en de gevolgen van het niet naleven van die verplichtingen.
2. Het college begeleidt een persoon die recht heeft op algemene bijstand bij de uitvoering van het plan van aanpak en evalueert, in samenspraak met die persoon, periodiek het plan van aanpak en stelt dit zonodig bij.

Art. 45 Vaststelling en betaling

Bijstand, vaststelling en betaling

1. De algemene bijstand wordt per kalendermaand vastgesteld en betaald. In afwijking van de eerste volzin wordt de vakantietoeslag, voorzover niet reeds eerder betaald, jaarlijks betaald in de maand juni over de aan die maand voorafgaande twaalf maanden of zo veel eerder als de vakantietoeslag over deze periode vaststaat, dan wel binnen drie maanden volgend op de maand waarin de algemene bijstand is beëindigd.
2. Het college kan op grond van artikel 18, eerste lid, besluiten de algemene bijstand over een andere periode als bedoeld in het eerste lid vast te stellen of te betalen.
3. De algemene bijstand wordt vastgesteld over het deel van de kalendermaand waarover recht op bijstand bestaat, indien de alleenstaande of het gezin voorafgaand aan of volgend op de bijstandsverlening:
   a. gedurende een periode van ten minste 30 dagen geen algemene bijstand ontvangt; of
   b. anderszins geen recht op algemene bijstand heeft.
4. De algemene bijstand wordt uitbetaald aan ieder van de rechthebbende echtgenoten voor de helft dan wel op hun gezamenlijk verzoek aan een van hen voor het geheel.
5. Ingeval van overlijden van een van de echtgenoten, van de alleenstaande ouder, van het laatste ten laste komende kind ongehuwd waarvan de leeftijd van een echtgenoot of beide echtgenoten 18, 19 of 20 jaar is, of van het laatste ten laste komende kind van de alleenstaande ouder, wordt de algemene bijstand tot en met één maand na de dag van het overlijden, betaald naar de op het moment van overlijden van toepassing zijnde bijstandsnorm aan de andere echtgenoot, de ten laste komende kinderen, onderscheidenlijk de gewezen alleenstaande ouder.

Art. 46 Vervreemding, verpanding, beslag en machtiging

Bijstand, vervreemding/verpanding/beslag/machtiging

1. De bijstand is niet vatbaar voor vervreemding of verpanding.
2. Bijzondere bijstand is niet vatbaar voor beslag.
3. Een machtiging tot het in ontvangst nemen van de bijstand, onder welke vorm of welke benaming ook verleend, is steeds herroepelijk.

Dwingend recht

4. Elk beding, strijdig met dit artikel, is nietig.

§ 5.3 Cliëntenparticipatie

Art. 47 Cliëntenparticipatie

Cliëntenparticipatie, verordening

De gemeenteraad stelt bij verordening regels over de wijze waarop de personen, bedoeld in artikel 7, eerste lid, of hun vertegenwoordigers worden betrokken bij de uitvoering van deze wet en de daarop berustende bepalingen, waarbij in ieder geval wordt geregeld de wijze waarop deze personen of hun vertegenwoordigers:
a. vroegtijdig in staat worden gesteld gevraagd en ongevraagd advies uit te brengen bij de besluitvorming over verordeningen en beleidsvoorstellen;
b. worden voorzien van ondersteuning om hun rol effectief te kunnen vervullen;
c. deel kunnen nemen aan periodiek overleg;
d. onderwerpen voor de agenda van dit overleg kunnen aanmelden;
e. worden voorzien van de voor een adequate deelname aan het overleg benodigde informatie.

§ 5.4 Uitvoering Sociale verzekeringsbank

Art. 47a Taak Sociale verzekeringsbank

Sociale verzekeringsbank, taak

1. De Sociale verzekeringsbank heeft tot taak het verlenen van algemene bijstand in de vorm van een aanvullende inkomensvoorziening ouderen aan:

Participatiewet **A77** art. 47c

  a. alleenstaanden en alleenstaande ouders die de pensioengerechtigde leeftijd hebben bereikt;
  b. gehuwden, van wie beide echtgenoten de pensioengerechtigde leeftijd hebben bereikt dan wel van wie één echtgenoot de pensioengerechtigde leeftijd heeft bereikt;
hier te lande die in zodanige omstandigheden verkeren of dreigen te geraken dat zij niet over de middelen beschikken om in de noodzakelijke kosten van het bestaan te voorzien.
2. De artikelen 1 tot en met 6, hoofdstuk 2, met uitzondering van artikel 18, hoofdstuk 3, de paragrafen 5.1 en 5.2, hoofdstuk 6 en de artikelen 79, 80 en 81 zijn van toepassing op de uitvoering van de taak, bedoeld in het eerste lid, door de Sociale verzekeringsbank, tenzij in deze paragraaf anders is bepaald.

Art. 47b Invulling toepassing artikelen voor Sociale verzekeringsbank
Voor de toepassing van artikel 47a, eerste lid, wordt in de artikelen 9, met uitzondering van het eerste lid, onderdelen b en c, 15, tweede lid, 16, eerste lid, 17, 19a, tweede lid, 31, tweede lid, onderdeel m, en zesde lid, 40, tweede tot en met vijfde lid, 41, vierde, vijfde, achtste en tiende lid, 43, eerste, derde, vierde en vijfde lid, 44, eerste en derde lid, 48, derde en vierde lid, 52, eerste lid, 53a, eerste tot en met zesde lid, 54, 55, 57, 58, eerste, tweede, vierde, vijfde, zevende en achtste lid, 60, eerste tot en met zesde lid, 60c, 61, 62b, vierde lid, 62e, 62f, 62g, 62h, derde lid, 63, 66, 78t, tweede lid, 78x, eerste lid, onderdeel b, 78z, eerste, tweede en vierde lid, 81, eerste en tweede lid, voor «het college» telkens gelezen: de Sociale verzekeringsbank.

Sociale verzekeringsbank, invulling toepassing artikelen

Art. 47c Toepassing afstemming door Sociale verzekeringsbank
1. De Sociale verzekeringsbank stemt de algemene bijstand als aanvullende inkomensvoorziening ouderen en de daaraan verbonden verplichtingen af op de omstandigheden, mogelijkheden en middelen van de belanghebbende.

Sociale verzekeringsbank, toepassing afstemming

2. De Sociale verzekeringsbank verlaagt de algemene bijstand:
a. ter zake van het niet of onvoldoende nakomen van de uit deze wet voortvloeiende verplichtingen, met uitzondering van de verplichting opgenomen in artikel 17, eerste lid; dan wel
b. indien de belanghebbende naar het oordeel van de Sociale verzekeringsbank tekortschietend besef van verantwoordelijkheid betoont voor de voorziening in het bestaan.
In afwijking van de eerste en tweede zin verlaagt de Sociale verzekeringsbank de algemene bijstand indien het redelijk vermoeden, bedoeld in artikel 18b, eerste lid, bestaat ten aanzien van de echtgenoot van de belanghebbende. Voor de toepassing van de derde zin is artikel 18b, tweede tot en met dertiende lid, van overeenkomstige toepassing.

Sociale verzekeringsbank, verlaging bijstand

3. Indien het college een gegrond vermoeden heeft dat een belanghebbende niet voldoet aan de verplichting tot arbeidsinschakeling dan wel niet of onvoldoende gebruik maakt van re-integratievoorzieningen of inburgeringsvoorzieningen, stelt het de Sociale verzekeringsbank daarvan in kennis.
4. De Sociale verzekeringsbank heroverweegt een besluit als bedoeld in het tweede lid binnen een door haar te bepalen termijn die ten hoogste drie maanden bedraagt.
5. De Sociale verzekeringsbank verlaagt in ieder geval de algemene bijstand overeenkomstig het zesde, zevende, achtste of negende lid ter zake van het niet nakomen door de belanghebbende van de volgende verplichtingen:
a. het aanvaarden of het behouden van algemeen geaccepteerde arbeid;
b. het uitvoering geven aan de door het college opgelegde verplichting om ingeschreven te staan bij een uitzendbureau;
c. het naar vermogen verkrijgen van algemeen geaccepteerde arbeid in een andere dan de gemeente van inwoning, alvorens naar die andere gemeente te verhuizen;
d. bereid zijn om te reizen over een afstand met een totale reisduur van 3 uur per dag, indien dat noodzakelijk is voor het naar vermogen verkrijgen, het aanvaarden of het behouden van algemeen geaccepteerde arbeid;
e. bereid zijn om te verhuizen, indien het college is gebleken dat er geen andere mogelijkheid is voor het naar vermogen verkrijgen, het aanvaarden of het behouden van algemeen geaccepteerde arbeid, en de belanghebbende een arbeidsovereenkomst met een duur van tenminste een jaar en een netto beloning die ten minste gelijk is aan de voor de belanghebbende geldende bijstandsnorm, kan aangaan;
f. het verkrijgen en behouden van kennis en vaardigheden, noodzakelijk voor het naar vermogen verkrijgen, het aanvaarden of het behouden van algemeen geaccepteerde arbeid;
g. het naar vermogen verkrijgen, het aanvaarden of het behouden van algemeen geaccepteerde arbeid niet belemmeren door kleding, gebrek aan persoonlijke verzorging of gedrag;
h. het gebruik maken van door het college aangeboden voorzieningen, waaronder begrepen sociale activering, gericht op arbeidsinschakeling en mee te werken aan onderzoek naar zijn of haar mogelijkheden tot arbeidsinschakeling.
6. Indien de belanghebbende een verplichting als bedoeld in het vijfde lid niet nakomt, verlaagt de Sociale verzekeringsbank de bijstand met 100% voor een periode van ten minste een maand en ten hoogste drie maanden. De Sociale verzekeringsbank kan tevens bepalen dat het bedrag van de verlaging wordt verrekend over de maand van oplegging van de maatregel en ten

hoogste de twee volgende maanden, waarbij over de eerste maand ten minste 1/3 van het bedrag van de verlaging wordt verrekend.

7. Indien de belanghebbende een verplichting als bedoeld in het vijfde lid niet nakomt binnen twaalf maanden nadat het zesde lid toepassing heeft gevonden, verlaagt de Sociale verzekeringsbank, in afwijking van het zesde lid, de bijstand met 100% voor een periode die in ieder geval langer is dan de op grond van het zesde lid vastgestelde periode van verlaging en ten hoogste drie maanden.

8. Indien de belanghebbende een verplichting als bedoeld in het vijfde lid niet nakomt binnen twaalf maanden nadat het zevende lid toepassing heeft gevonden, verlaagt de Sociale verzekeringsbank, in afwijking van het zesde en zevende lid, de bijstand met 100% voor een periode van drie maanden.

9. Indien de belanghebbende een verplichting als bedoeld in het vijfde lid niet nakomt binnen twaalf maanden nadat het achtste lid toepassing heeft gevonden, verlaagt de Sociale verzekeringsbank, in afwijking van het zesde, zevende en achtste lid, telkens de bijstand met 100% voor een periode van drie maanden.

10. De Sociale verzekeringsbank ziet af van het opleggen van een maatregel, indien elke vorm van verwijtbaarheid ontbreekt.

11. De Sociale verzekeringsbank stemt een op te leggen maatregel of een opgelegde maatregel af op de omstandigheden van de belanghebbende en diens mogelijkheden om middelen te verwerven, indien naar zijn oordeel, gelet op bijzondere omstandigheden, dringende redenen daartoe noodzaken.

12. Indien de Sociale verzekeringsbank de bijstand overeenkomstig het zesde, zevende, achtste of negende lid heeft verlaagd, kan de Sociale verzekeringsbank op verzoek van de belanghebbende ten aanzien van wie de maatregel is opgelegd, de verlaging herzien zodra het college van oordeel is dat uit de houding en gedragingen van de belanghebbende ondubbelzinnig is gebleken dat hij de verplichtingen, bedoeld in het vijfde lid, nakomt. Het college stelt de Sociale verzekeringsbank in kennis van dat oordeel.

13. Bij de toepassing van dit artikel wordt onder belanghebbende mede verstaan het gezin.

14. Indien de Sociale verzekeringsbank naar aanleiding van een melding als bedoeld in het derde lid toepassing heeft gegeven aan dit artikel stelt de Sociale verzekeringsbank het college daarvan terstond in kennis.

Art. 47d Specifieke bepalingen voor uitvoering door de Sociale verzekeringsbank

Sociale verzekeringsbank, specifieke uitvoeringsbepalingen

1. De artikelen 40, eerste lid, en 62c zijn niet van toepassing bij de uitvoering van deze wet door de Sociale verzekeringsbank.

2. De aanvraag voor algemene bijstand als aanvullende inkomensvoorziening ouderen van een persoon als bedoeld in artikel 47a, eerste lid, wordt ingediend bij de Sociale verzekeringsbank.

3. Voor algemene bijstand als aanvullende inkomensvoorziening ouderen heeft de belanghebbende zich gemeld als zijn naam, adres en woonplaats bij de Sociale verzekeringsbank zijn geregistreerd, en:

a. indien het gehuwden betreft waarvan de echtgenoot van degene die de pensioengerechtigde leeftijd heeft bereikt, jonger dan 27 jaar is: de belanghebbende door de Sociale verzekeringsbank op de hoogte is gesteld van de verplichting, bedoeld in artikel 9, eerste lid, onderdeel a, en de inhoud van het tweede lid, artikel 41, vijfde en zevende lid, en artikel 43, vijfde lid;

b. indien tot de personen voor wie bijstand is aangevraagd een persoon jonger dan 27 jaar behoort: hij in staat is gesteld zijn aanvraag in te dienen bij de Sociale Verzekeringsbank.

4. Het plan van aanpak, bedoeld in artikel 44a, wordt door de Sociale verzekeringsbank vastgesteld in overeenstemming met het college.

Art. 47e Gegevensverstrekkingen aan en door de Sociale verzekeringsbank

Sociale verzekeringsbank, gegevensverstrekking

De artikelen 64 en 67 zijn van overeenkomstige toepassing voor het kosteloos verstrekken van opgaven en inlichtingen aan de Sociale verzekeringsbank die noodzakelijk zijn voor de uitvoering van de taak van de Sociale verzekeringsbank op grond van dit hoofdstuk en voor het verstrekken van gegevens door de Sociale verzekeringsbank uit de administratie voor de uitvoering van deze taak.

Art. 47f Overgang krediethypotheek

Sociale verzekeringsbank, overgang krediethypotheek

1. Rechten en verplichtingen die voortvloeien uit een door het college verstrekte geldlening of borgtocht op grond van artikel 48, 50 of 78c, die op grond van artikel 47a, eerste lid wordt voortgezet, gaan over op de Sociale verzekeringsbank.

2. Vermogensbestanddelen die voortvloeien uit een geldlening als bedoeld in het eerste lid gaan met ingang van de datum van voortzetting van de geldlening op grond van artikel 47a, eerste lid over op de Sociale verzekeringsbank, zonder dat daarvoor een akte of betekening nodig is.

3. Met betrekking tot de op grond van het tweede lid overgaande vermogensbestanddelen die in openbare registers te boek zijn gesteld, zal verandering van de tenaamstelling in die registers

plaatsvinden door de bewaarders van die registers. De daartoe benodigde opgaven worden door de zorg van Onze Minister aan de bewaarders van de desbetreffende registers gedaan.
4. Terzake van de in het tweede lid bedoelde overgang van vermogensbestanddelen blijft heffing van overdrachtsbelasting achterwege.
5. Indien de Sociale verzekeringsbank het bedrag van de geldlening of borgtocht invordert, betaalt de Sociale verzekeringsbank aan het college, bedoeld in het eerste lid, het bedrag van de door het college verstrekte geldlening of borgtocht, of indien de opbrengst na aftrek van kosten minder bedraagt dan het totale bedrag van de geldlening of borgtocht een evenredig deel van de geldlening of borgtocht.

Art. 47g Bestuurlijke boete

1. De Sociale verzekeringsbank legt een bestuurlijke boete op van ten hoogste het benadelingsbedrag wegens het niet of niet behoorlijk nakomen door de belanghebbende van de verplichting, bedoeld in artikel 17, eerste lid. Indien de feiten en omstandigheden, bedoeld in artikel 17, eerste lid, niet of niet behoorlijk zijn medegedeeld en deze overtreding opzettelijk is begaan, bedraagt de bestuurlijke boete ten hoogste het bedrag van de vijfde categorie, bedoeld in artikel 23, vierde lid, van het Wetboek van Strafrecht. Indien de feiten en omstandigheden, bedoeld in artikel 17, eerste lid, niet of niet behoorlijk zijn medegedeeld en deze overtreding niet opzettelijk is begaan, bedraagt de bestuurlijke boete ten hoogste het bedrag van de derde categorie, bedoeld in artikel 23, vierde lid, van het Wetboek van Strafrecht.

Sociale verzekeringsbank, bestuurlijke boete

2. In dit artikel wordt onder benadelingsbedrag verstaan het bedrag dat als gevolg van het niet of niet behoorlijk nakomen van de verplichting, bedoeld in artikel 17, eerste lid, ten onrechte of tot een te hoog bedrag aan bijstand is ontvangen.
3. Indien het niet of niet behoorlijk nakomen door de belanghebbende van een verplichting als bedoeld in artikel 17, eerste lid, niet heeft geleid tot een benadelingsbedrag, legt de Sociale verzekeringsbank een bestuurlijke boete op van ten hoogste het bedrag van de tweede categorie, bedoeld in artikel 23, vierde lid, van het Wetboek van Strafrecht.
4. De Sociale verzekeringsbank kan afzien van het opleggen van een bestuurlijke boete en volstaan met het geven van een schriftelijke waarschuwing wegens het niet of niet behoorlijk nakomen door de belanghebbende van een verplichting als bedoeld in artikel 17, eerste lid, in situaties die bij algemene maatregel van bestuur worden bepaald, tenzij het niet of niet behoorlijk nakomen van de verplichting plaatsvindt binnen een periode van twee jaar te rekenen vanaf de datum waarop eerder aan de belanghebbende een zodanige waarschuwing is gegeven.
5. De Sociale verzekeringsbank legt een bestuurlijke boete op wegens het niet of niet behoorlijk nakomen door de belanghebbende van de verplichting, bedoeld in artikel 17, eerste lid, als gevolg waarvan ten onrechte of tot een te hoog bedrag aan bijstand is ontvangen, van ten hoogste 150 procent van het benadelingsbedrag, met overeenkomstige toepassing van het eerste lid, indien binnen een tijdvak van vijf jaar voorafgaand aan de dag van constatering van de overtreding een eerdere overtreding, bestaande uit eenzelfde gedraging, is geconstateerd en de bestuurlijke boete of strafrechtelijke sanctie wegens de eerdere overtreding onherroepelijk is geworden.
6. In afwijking van het vijfde lid is het in dat lid genoemde tijdvak van vijf jaar tien jaar indien wegens de eerdere overtreding, bedoeld in het vijfde lid, de belanghebbende is gestraft met een onvoorwaardelijke gevangenisstraf.
7. De Sociale verzekeringsbank kan afzien van het opleggen van een bestuurlijke boete indien daarvoor dringende redenen aanwezig zijn.
8. Degene aan wie een bestuurlijke boete is opgelegd, is verplicht desgevraagd aan de Sociale verzekeringsbank de inlichtingen te verstrekken die voor de tenuitvoerlegging van de bestuurlijke boete van belang zijn.
9. Indien bijstand aan een gezin wordt verleend, berust de verplichting tot betaling van de bestuurlijke boete bij alle gezinsleden en zijn deze gezinsleden hoofdelijk aansprakelijk voor de nakoming van deze verplichting.
10. Bij algemene maatregel van bestuur worden nadere regels gesteld over de hoogte van de bestuurlijke boete.

Nadere regels

11. Bij ministeriële regeling kunnen regels worden gesteld met betrekking tot de wijze van tenuitvoerlegging van de beschikking waarbij de bestuurlijke boete is opgelegd.
12. In afwijking van artikel 8:69 van de Algemene wet bestuursrecht kan de rechter in beroep of hoger beroep het bedrag waarop de bestuurlijke boete is vastgesteld ook ten nadele van de belanghebbende wijzigen.
13. Indien ten aanzien van een overtreding waarvoor een bestuurlijke boete is opgelegd geen sprake is geweest van opzet of grove schuld, en voorts is gebleken dat binnen een jaar nadat de bestuurlijke boete is opgelegd niet nogmaals een overtreding wegens eenzelfde gedraging is begaan, is het college bevoegd op verzoek van degene aan wie de bestuurlijke boete is opgelegd, de bestuurlijke boete geheel of gedeeltelijk kwijt te schelden bij medewerking aan een schuldregeling.

14. Het besluit tot kwijtschelding, bedoeld in het dertiende lid, wordt ingetrokken of ten nadele van degene aan wie de bestuurlijke boete is opgelegd herzien indien binnen vijf jaar na het besluit tot kwijtschelding wederom een overtreding wegens eenzelfde gedraging is begaan.

Hoofdstuk 6
Bevoegdheden en faciliteiten gemeenten

§ 6.1
Vorm bijstand

Art. 48 Geldlening en borgtocht

Bijstandsvorm, om niet
Bijstandsvorm, geldlening/borgtocht

1. Tenzij in deze wet anders is bepaald, wordt de bijstand verleend om niet.
2. Bijstand kan worden verleend in de vorm van een geldlening of borgtocht indien:
   a. redelijkerwijs kan worden aangenomen dat de belanghebbende op korte termijn over voldoende middelen zal beschikken om over de betreffende periode in de noodzakelijke kosten van het bestaan te voorzien;
   b. de noodzaak tot bijstandsverlening het gevolg is van een tekortschietend besef van verantwoordelijkheid voor de voorziening in het bestaan;
   c. de aanvraag een door de belanghebbende te betalen waarborgsom betreft;
   d. het bijstand ter gedeeltelijke of volledige aflossing van een schuldenlast betreft.
3. Het college kan aan het verlenen van bijstand in de vorm van een geldlening verplichtingen verbinden die zijn gericht op meerdere zekerheid voor de nakoming van de aan deze bijstand verbonden rente- en aflossingsverplichtingen.
4. Indien de persoon aan wie bijstand in de vorm van een geldlening wordt verleend algemene bijstand of een uitkering op grond van de Wet inkomensvoorziening oudere en gedeeltelijk arbeidsongeschikte werkloze werknemers, de Wet inkomensvoorziening oudere en gedeeltelijk arbeidsongeschikte gewezen zelfstandigen of het Besluit bijstandverlening zelfstandigen 2004 ontvangt, is het college bevoegd tot verrekening van die geldlening met die algemene bijstand of uitkering.

Art. 49 Schuldenlast

Bijstandsvorm, borgtocht

In afwijking van artikel 13, eerste lid, onderdeel g, kan het college bijzondere bijstand verlenen:
a. in de vorm van borgtocht, indien het verzoek van de belanghebbende tot verlening van een saneringskrediet is afgewezen vanwege diens beperkte mogelijkheden tot terugbetaling en de borgtocht noodzakelijk is om de krediettransactie alsnog doorgang te doen vinden door een:
   1°. gemeentelijke kredietbank als bedoeld in de Wet op het financieel toezicht;
   2°. een financiële onderneming die ingevolge de Wet op het financieel toezicht in Nederland het bedrijf van bank mag uitoefenen, indien de gemeente niet is aangesloten bij een gemeentelijke kredietbank dan wel daarmee geen relatie onderhoudt;
b. indien daartoe zeer dringende redenen bestaan en de in onderdeel a genoemde mogelijkheid geen uitkomst biedt.

Art. 50 Eigen woning

Bijstandsvorm, eigen woning

1. De belanghebbende die eigenaar is van een door hemzelf of zijn gezin bewoonde woning met bijbehorend erf, heeft recht op bijstand voor zover tegeldemaking, bezwaring of verdere bezwaring, van het in de woning met bijbehorend erf gebonden vermogen in redelijkheid niet kan worden verlangd.
2. Indien voor de belanghebbende, bedoeld in het eerste lid, recht op algemene bijstand bestaat, heeft die bijstand de vorm van een geldlening:
   a. indien de bijstand over een periode van een jaar, te rekenen vanaf de eerste dag waarover bijstand wordt verleend, naar verwachting meer bedraagt dan het netto minimumloon, bedoeld in artikel 37, eerste lid; en
   b. voorzover het vermogen gebonden in de woning met bijbehorend erf hoger is dan het vermogen, bedoeld in artikel 34, tweede lid, onderdeel d.

Art. 51 Duurzame gebruiksgoederen

Bijstandsvorm, duurzame gebruiksgoederen

1. Bijzondere bijstand voor de kosten van noodzakelijke duurzame gebruiksgoederen kan worden verleend in de vorm van een geldlening of borgtocht, dan wel in de vorm van een bedrag om niet.
2. Indien een geldlening als bedoeld in het eerste lid wordt verstrekt, stemt het college de aflossingsbedragen en de duur van de aflossing mede af op de omstandigheden, mogelijkheden en middelen van de belanghebbende.

Art. 52 Voorschot

Bijstandsvorm, voorschot

1. Het college verleent uiterlijk binnen vier weken na de datum van aanvraag en vervolgens telkens uiterlijk na vier weken, bij wijze van voorschot algemene bijstand in de vorm van een renteloze geldlening, zolang het recht op algemene bijstand niet is vastgesteld. De eerste zin is niet van toepassing indien:

a. de belanghebbende de voor de vaststelling van het recht op algemene bijstand van belang zijnde gegevens of de gevorderde bewijsstukken niet, niet tijdig of onvolledig heeft verstrekt en hem dit te verwijten valt, dan wel indien de belanghebbende anderszins onvoldoende medewerking verleent;
b. bij de aanvraag duidelijk is dat geen recht op algemene bijstand bestaat.
2. De hoogte van het in het eerste lid bedoelde voorschot bedraagt in ieder geval 90% van de hoogte van de algemene bijstand, bedoeld in artikel 19, tweede lid.
3. Het college is bevoegd om bij wijze van voorschot bijzondere bijstand te verlenen in de vorm van een renteloze geldlening.
4. Indien bijstand wordt verleend over een periode waarover met toepassing van het eerste lid een voorschot is verleend, kan deze bijstand zonder machtiging van de belanghebbende worden verrekend met dit voorschot.

Art. 53 Voorschot UWV

1. Indien algemene bijstand wordt verleend over een periode, waarover een uitkering op grond van de Werkloosheidswet, de Ziektewet, de Wet werk en inkomen naar arbeidsvermogen, de Wet op de arbeidsongeschiktheidsverzekering, de Wet arbeidsongeschiktheidsverzekering zelfstandigen, de Wet inkomensvoorziening oudere werklozen of de Toeslagenwet of een uitkering of inkomensvoorziening op grond van de Wet arbeidsongeschiktheidsvoorziening jonggehandicapten als voorschot op grond van artikel 4:95 van de Algemene wet bestuursrecht betaalbaar is gesteld en dit voorschot door het Uitvoeringsinstituut werknemersverzekeringen wordt teruggevorderd, kan deze bijstand zonder machtiging van de belanghebbende tot het bedrag van dit voorschot aan het Uitvoeringsinstituut werknemersverzekeringen worden betaald.

Bijstandsvorm, voorschot UWV

2. In het geval, bedoeld in het eerste lid, vergoedt de gemeente aan het Uitvoeringsinstituut werknemersverzekeringen tevens de over de te verlenen bijstand verschuldigde loonbelasting, premies volksverzekeringen en de inkomensafhankelijke bijdrage, bedoeld in artikel 42 van de Zorgverzekeringswet.

§ 6.2
Onderzoek, opschorten en herzien

Art. 53a Verstrekking en onderzoek gegevens

1. Onverminderd 30c, tweede, vierde en vijfde lid, van de Wet structuur uitvoeringsorganisatie werk en inkomen, bepaalt het college welke gegevens ten behoeve van de verlening van bijstand dan wel de voortzetting daarvan en de arbeidsinschakeling door de belanghebbende in ieder geval worden verstrekt en welke bewijsstukken worden overgelegd, alsmede de wijze en het tijdstip waarop de verstrekking van gegevens plaatsvindt. De gegevens en bewijsstukken worden door het college niet verkregen van de belanghebbende voor zover ze zijn verkregen door het Uitvoeringsinstituut werknemersverzekeringen dan wel voor zover zij verkregen kunnen worden uit de polisadministratie, bedoeld in artikel 33 van de Wet structuur uitvoeringsorganisatie werk en inkomen, de verzekerdenadministratie, bedoeld in artikel 35 van die wet, alsmede uit de basisregistratie personen, tenzij hierdoor een goede vervulling van de taak van het college op grond van dit artikel wordt belet of bij wettelijk voorschrift anders is bepaald. Bij of krachtens algemene maatregel van bestuur kunnen andere administraties worden aangewezen waarvoor de tweede zin van toepassing is, worden regels gesteld over de gegevens die het betreft en kunnen administraties worden aangewezen waarvoor de tweede zin tijdelijk niet van toepassing is. Indien het authentieke gegevens uit andere basisregistraties betreft, is dit lid van overeenkomstige toepassing.

Bijstand, verstrekken en onderzoeken gegevens

2. In aanvulling op het eerste lid kan het college de belanghebbende verzoeken aan te tonen dat:
a. hij een belanghebbende is als bedoeld in artikel 20, eerste lid, aanhef en onderdeel a, of artikel 20, tweede lid, aanhef en onderdeel a, of artikel 21, aanhef en onderdeel a, of artikel 22, aanhef en onderdeel a of dat op hem artikel 22a niet van toepassing is, dan wel dat er niet meer dan het door hem gestelde aantal kostendelende medebewoners als bedoeld in artikel 19a in dezelfde woning zijn hoofdverblijf heeft;
b. de feitelijke woonsituatie van hemzelf, van zijn echtgenoot of van een kind in overeenstemming is met het door hem verstrekte adres van hemzelf, zijn echtgenoot of van een kind. Teneinde hem daartoe in de gelegenheid te stellen kan het college bij die verzoeken de belanghebbende aanbieden met diens toestemming zijn woning binnen te treden.

Bijstand, aanvullende onderzoek alleenstaande (ouder)

3. Indien de belanghebbende niet desgevraagd aantoont dat hij een belanghebbende is als bedoeld in artikel 20, eerste lid, aanhef en onderdeel a, of artikel 20, tweede lid, aanhef en onderdeel a, of artikel 21, aanhef en onderdeel a, of artikel 22, aanhef en onderdeel a, of dat artikel 22a niet op hem van toepassing is, dan wel dat hij niet aantoont dat er niet meer dan het door hem gestelde aantal kostendelende medebewoners als bedoeld in artikel 19a in dezelfde woning zijn hoofdverblijf heeft:

a. kent het college, onverminderd de toepassing van artikel 27, de uitkering toe respectievelijk herziet het de uitkering naar 30% van de in artikel 22a, eerste lid, bedoelde norm;
b. wordt de belanghebbende voor de toepassing van de artikelen 9, vierde lid, en 9a niet als alleenstaande ouder aangemerkt.
4. Indien de belanghebbende niet desgevraagd de woonsituatie, bedoeld in het tweede lid, onderdeel b, aantoont op de wijze bedoeld in de laatste zin van dat lid, schort het college de betaling van de bijstand op, niet dan nadat het college aan belanghebbende gelegenheid heeft gegeven op andere wijze aan te tonen dat het feitelijke woonadres overeenkomt met het verstrekte adres, indien daartoe niet eerder aan belanghebbende gelegenheid is geboden.
5. Het college doet schriftelijke mededeling van de opschorting aan de belanghebbende en stelt hem daarbij in de gelegenheid om aan te tonen dat het feitelijke woonadres overeenstemt met het verstrekte adres. Artikel 40, derde lid, aanhef en onderdeel c, en vijfde lid, tweede zin, zijn van overeenkomstige toepassing.

Bijstand, onderzoek verstrekte gegevens

6. Het college is bevoegd onderzoek in te stellen naar de juistheid en volledigheid van de verstrekte gegevens en zonodig naar andere gegevens die noodzakelijk zijn voor de verlening dan wel de voortzetting van bijstand. Indien het onderzoek daartoe aanleiding geeft kan het college besluiten tot herziening of intrekking van de bijstand.
7. De voordracht voor een krachtens het eerste lid, derde zin, vast te stellen algemene maatregel van bestuur wordt niet eerder gedaan dan twee weken nadat het ontwerp aan beide kamers der Staten-Generaal is overgelegd.

Art. 54 Onjuiste gegevens en onvoldoende medewerking

Bijstand, opschorting bij onjuiste/onvolledige gegevens of niet tijdige verstrekking

1. Indien de belanghebbende de voor de verlening van bijstand van belang zijnde gegevens of de gevorderde bewijsstukken niet, niet tijdig of onvolledig heeft verstrekt en hem dit te verwijten valt, dan wel indien de belanghebbende anderszins onvoldoende medewerking verleent, kan het college het recht op bijstand voor de duur van ten hoogste acht weken opschorten:
a. vanaf de eerste dag van de periode waarop het verzuim betrekking heeft, of
b. vanaf de dag van het verzuim indien niet kan worden bepaald op welke periode dit verzuim betrekking heeft.
2. Het college doet mededeling van de opschorting aan de belanghebbende en nodigt hem uit binnen een door hen te stellen termijn het verzuim te herstellen.
3. Het college herziet een besluit tot toekenning van bijstand, dan wel trekt een besluit tot toekenning van bijstand in, indien het niet of niet behoorlijk nakomen van de verplichting, bedoeld in artikel 17, eerste lid, of artikel 30c, tweede en derde lid, van de Wet structuur uitvoeringsorganisatie werk en inkomen, heeft geleid tot het ten onrechte of tot een te hoog bedrag verlenen van bijstand. Onverminderd het elders in deze wet bepaalde terzake van herziening of intrekking van een besluit tot toekenning van bijstand kan het college een besluit tot toekenning van bijstand herzien of intrekken, indien anderszins de bijstand ten onrechte of tot een te hoog bedrag is verleend.
4. Als de belanghebbende in het geval bedoeld in het eerste lid het verzuim niet herstelt binnen de daarvoor gestelde termijn, kan het college na het verstrijken van deze termijn het besluit tot toekenning van bijstand intrekken met ingang van de eerste dag waarover het recht op bijstand is opgeschort.

§ 6.3
Aanvullende verplichtingen

Art. 55 Nadere verplichtingen

Bijstand, nadere verplichtingen

Naast de verplichtingen die ingevolge hoofdstuk 2 in elk geval aan de bijstand verbonden zijn, dan wel daaraan door het college verbonden worden, kan het college vanaf de dag van melding als bedoeld in artikel 44, tweede lid, verplichtingen opleggen die strekken tot arbeidsinschakeling, dan wel die verband houden met aard en doel van een bepaalde vorm van bijstand of die strekken tot zijn vermindering of beëindiging. Een verplichting kan, op advies van een arts, inhouden het zich onderwerpen aan een noodzakelijke behandeling van medische aard.

Art. 56 Kinderalimentatie

Bijstand, verplichting verzoek toekenning kinderalimentatie

1. Het instellen van een verzoek tot toekenning van een uitkering tot levensonderhoud voor kinderen verschuldigd krachtens Boek 1 van het Burgerlijk Wetboek kan door het college als verplichting aan de bijstand worden verbonden, indien de belanghebbende hierop aanspraak heeft.
2. Indien het college de in het eerste lid genoemde verplichting oplegt, dient de belanghebbende zelf een verzoek terzake in bij een bij algemene maatregel van bestuur aan te wijzen instelling.

Art. 57 Noodzakelijke betalingen en bijstand in natura

Bijstand, betalingen door BenW/bijstand in natura

Indien en zolang er gegronde redenen zijn om aan te nemen dat de belanghebbende zonder hulp niet in staat is tot een verantwoorde besteding van zijn bestaansmiddelen, kan het college:

a. aan de bijstand de verplichting verbinden dat de belanghebbende eraan meewerkt dat het college in naam van de belanghebbende noodzakelijke betalingen uit de toegekende bijstand verricht;
b. de bijstand in natura verstrekken.

§ 6.4
Terugvordering

Art. 58 Terugvordering

1. Het college van de gemeente die de bijstand heeft verleend vordert de kosten van bijstand terug voor zover de bijstand ten onrechte of tot een te hoog bedrag is ontvangen als gevolg van het niet of niet behoorlijk nakomen van de verplichting, bedoeld in artikel 17, eerste lid, of de verplichtingen, bedoeld in artikel 30c, tweede en derde lid, van de Wet structuur uitvoeringsorganisatie werk en inkomen. Terugvordering, bevoegdheid BenW
2. Het college van de gemeente die de bijstand heeft verleend kan kosten van bijstand terugvorderen, voorzover de bijstand:
a. anders dan in het eerste lid, ten onrechte of tot een te hoog bedrag is verleend;
b. in de vorm van geldlening is verleend en de uit de geldlening voortvloeiende verplichtingen niet of niet behoorlijk worden nagekomen;
c. voortvloeit uit gestelde borgtocht;
d. ingevolge artikel 52 bij wijze van voorschot is verleend en nadien is vastgesteld dat geen recht op bijstand bestaat;
e. anderszins onverschuldigd is betaald voorzover de belanghebbende dit redelijkerwijs had kunnen begrijpen, of
f. anderszins onverschuldigd is betaald, waaronder begrepen dat:
1°. de belanghebbende naderhand met betrekking tot de periode waarover bijstand is verleend, over in aanmerking te nemen middelen als bedoeld in paragraaf 3.4 beschikt of kan beschikken;
2°. bijstand is verleend met een bepaalde bestemming en naderhand door de belanghebbende vergoedingen of tegemoetkomingen worden ontvangen met het oog op die bestemming.
3. Indien een gemeente ingevolge artikel 42, derde lid, gehouden is kosten van bijstand over een bepaalde periode aan een andere gemeente te vergoeden, geschiedt de terugvordering over die periode, voorzover zij nog niet heeft plaatsgehad, door het college van eerstgenoemde gemeente.
4. Het college is bevoegd tot verrekening van in de voorafgaande zes maanden ontvangen middelen met de algemene bijstand.
5. Bij gebreke van tijdige betaling kan de vordering worden verhoogd met de op de terugvordering betrekking hebbende kosten. Loonbelasting en de premies volksverzekeringen waarvoor de gemeente die de bijstand verstrekt krachtens de Wet op de loonbelasting 1964 inhoudingsplichtige is, kunnen worden teruggevorderd, voor zover deze belasting en premies niet verrekend kunnen worden met de door het college af te dragen loonbelasting en premies volksverzekeringen.
6. Terugvordering als bedoeld in het tweede lid, onderdeel e, vindt niet plaats, indien de betreffende kosten zijn gemaakt meer dan twee jaar vóór de datum van verzending van het besluit tot terugvordering.
7. In afwijking van het eerste lid kan het college besluiten van terugvordering of van verdere terugvordering als bedoeld in het eerste lid af te zien, indien de persoon van wie de kosten van bijstand worden teruggevorderd: Terugvordering, afzien van terugvordering
a. gedurende tien jaar volledig aan zijn betalingsverplichtingen heeft voldaan;
b. gedurende tien jaar niet volledig aan zijn betalingsverplichtingen heeft voldaan, maar het achterstallige bedrag over die periode, vermeerderd met de daarover verschuldigde wettelijke rente en de op de invordering betrekking hebbende kosten, alsnog heeft betaald;
c. gedurende tien jaar geen betalingen heeft verricht en niet aannemelijk is dat hij deze op enig moment zal gaan verrichten; of
d. een bedrag, overeenkomend met ten minste 50% van de restsom, in één keer aflost.
8. Indien daarvoor dringende redenen aanwezig zijn kan het college besluiten geheel of gedeeltelijk van terugvordering af te zien.

Art. 59 Terugvordering gezinsleden

1. Onverminderd artikel 58 kunnen kosten van bijstand, indien de bijstand aan een gezin wordt verleend, van alle gezinsleden worden teruggevorderd. Terugvordering van gezinsleden
2. Indien de bijstand als gezinsbijstand aan gehuwden had moeten worden verleend maar zulks achterwege is gebleven, omdat de belanghebbende de verplichtingen, bedoeld in artikel 17, of artikel 30c, tweede en derde lid, van de Wet structuur uitvoeringsorganisatie werk en inkomen, niet of niet behoorlijk is nagekomen, kunnen de kosten van bijstand mede worden teruggevorderd van de persoon met wiens middelen als bedoeld in paragraaf 3.4, bij de verlening van bijstand rekening had moeten worden gehouden.

3. Indien de bijstand terecht als gezinsbijstand aan gehuwden is verleend, maar de belanghebbende toch de verplichtingen, bedoeld in artikel 17, of artikel 30c, tweede en derde lid, van de Wet structuur uitvoeringsorganisatie werk en inkomen, niet of niet behoorlijk is nagekomen, kunnen de kosten van de bijstand mede worden teruggevorderd van de persoon met wiens middelen als bedoeld in paragraaf 3.4, bij de verlening van de bijstand rekening had moeten worden gehouden.

4. De in het eerste, tweede en derde lid bedoelde personen zijn hoofdelijk aansprakelijk voor de terugbetaling van kosten van bijstand die worden teruggevorderd.

Art. 60 Besluit tot terugvordering en betaling bestuurlijke boete

Bijstand, besluit terugvordering en betaling bestuurlijke boete

1. De persoon van wie kosten van bijstand worden teruggevorderd is verplicht desgevraagd aan het college de inlichtingen te verstrekken die voor terugvordering op grond van deze paragraaf van belang zijn.

2. Het college kan de kosten van de bijstand, bedoeld in de artikelen 58 en 59 invorderen bij dwangbevel.

3. Indien de persoon van wie kosten van bijstand als bedoeld in de artikelen 58, met uitzondering van het eerste lid, en 59 worden teruggevorderd algemene bijstand of een uitkering op grond van de Wet inkomensvoorziening oudere en gedeeltelijk arbeidsongeschikte werkloze werknemers of de Wet inkomensvoorziening oudere en gedeeltelijk arbeidsongeschikte gewezen zelfstandigen ontvangt, is het college bevoegd tot verrekening van die kosten met die algemene bijstand of uitkering.

4. Indien de persoon van wie kosten van bijstand als bedoeld in de artikelen 58, eerste lid, worden teruggevorderd dan wel verplicht is tot betaling van een bestuurlijke boete of een eerdere bestuurlijke boete wegens eenzelfde gedraging als bedoeld in de artikelen 18a, vijfde lid, of 47g, vijfde lid, algemene bijstand of een uitkering op grond van de Wet inkomensvoorziening oudere en gedeeltelijk arbeidsongeschikte werkloze werknemers of de Wet inkomensvoorziening oudere en gedeeltelijk arbeidsongeschikte gewezen zelfstandigen ontvangt, verrekent het college die kosten en bestuurlijke boete met die algemene bijstand of uitkering.

5. De in artikel 479g van het Wetboek van Burgerlijke Rechtsvordering aan de raad voor de kinderbescherming toegekende bevoegdheid komt gelijkelijk toe aan het college. Indien het college gebruik maakt van deze bevoegdheid, geschiedt de bekendmaking van het dwangbevel, in afwijking van artikel 4:123, eerste lid, van de Algemene wet bestuursrecht, door middel van toezending per post aan degene van wie kosten van bijstand worden teruggevorderd.

6. Zolang de belanghebbende de verplichtingen, bedoeld in het eerste lid en de artikelen 18a, achtste lid, en 47g, achtste lid, niet of niet behoorlijk nakomt:
a. is het college, in afwijking van artikel 4:93, vierde lid, van de Algemene wet bestuursrecht, bevoegd tot verrekening voor zover beslag op de vordering van de schuldeiser nietig zou zijn;
b. geldt de beslagvrije voet, bedoeld in de artikelen 475c tot en met 475e van het Wetboek van Burgerlijke Rechtsvordering, in afwijking van artikel 4:116 van de Algemene wet bestuursrecht, niet bij invordering van kosten van bijstand en de bestuurlijke boete bij dwangbevel.

7. Terugvordering van kosten van bijstand als bedoeld in de artikelen 58 en 59 is bevoorrecht en volgt onmiddellijk na de vorderingen in artikel 288 van Boek 3 van het Burgerlijk Wetboek omschreven.

Art. 60a Verrekening

Bijstand, verrekening terugvordering/bestuurlijke boete

1. Indien degene van wie de kosten van bijstand worden teruggevorderd dan wel die verplicht is tot betaling van een bestuurlijke boete algemene bijstand of een uitkering op grond van de Wet inkomensvoorziening oudere en gedeeltelijk arbeidsongeschikte werklozen werknemers of de Wet inkomensvoorziening oudere en gedeeltelijk arbeidsongeschikte gewezen zelfstandigen ontvangt van het college van een andere gemeente dan het college dat de kosten van bijstand terugvordert of de bestuurlijke boete heeft opgelegd, betaalt het college van die andere gemeente, zonder dat daarvoor een machtiging nodig is van de belanghebbende, het bedrag van de terugvordering of de bestuurlijke boete uit de algemene bijstand of de uitkering op verzoek aan het college dat de kosten van bijstand terugvordert of de bestuurlijke boete heeft opgelegd.

2. Indien degene van wie de kosten van bijstand worden teruggevorderd dan wel die verplicht is tot betaling van een bestuurlijke boete een uitkering ontvangt op grond van de Werkloosheidswet, de Wet inkomensvoorziening oudere werklozen, de Ziektewet, de Wet arbeidsongeschiktheidsverzekering zelfstandigen, de Wet werk en inkomen naar arbeidsvermogen, de Wet op de arbeidsongeschiktheidsverzekering, de Wet arbeidsongeschiktheidsvoorziening militairen, de Wet arbeid en zorg of de Toeslagenwet of een uitkering of inkomensondersteuning ontvangt op grond van de Wet arbeidsongeschiktheidsvoorziening jonggehandicapten betaalt het Uitvoeringsinstituut werknemersverzekeringen, zonder dat daarvoor een machtiging nodig is van belanghebbende, het bedrag van de terugvordering of de bestuurlijke boete uit de uitkering of de inkomensondersteuning op verzoek aan het college dat de kosten van bijstand terugvordert of de bestuurlijke boete heeft opgelegd.

3. Indien degene van wie de kosten van bijstand worden teruggevorderd dan wel die verplicht is tot betaling van een bestuurlijke boete een uitkering ontvangt op grond van de Algemene

Ouderdomswet of de Algemene nabestaandenwet betaalt de Sociale verzekeringsbank, zonder dat daarvoor een machtiging nodig is van belanghebbende, het bedrag van de terugvordering of de bestuurlijke boete uit de uitkering op verzoek aan het college dat de kosten van bijstand terugvordert of de bestuurlijke boete heeft opgelegd.
4. Onverminderd artikel 60, derde lid, en het eerste, tweede en derde lid kan het college een vordering die een belanghebbende op hem heeft, verrekenen met een vordering als bedoeld in artikel 58 en 59.
5. Indien de kosten van bijstand worden teruggevorderd door de Sociale verzekeringsbank is het eerste tot en met het vierde lid van overeenkomstige toepassing.

Art. 60b
[Vervallen]

Art. 60c Geen schuldregeling bij overtreding informatieverplichtingen
Door het college wordt geen medewerking verleend aan een schuldregeling indien een vordering is ontstaan door het niet of niet behoorlijke nakomen door de belanghebbende van de verplichting, bedoeld in artikel 17, eerste lid, of de verplichtingen, bedoeld in artikel 30c, tweede en derde lid, van de Wet structuur uitvoeringsorganisatie werk en inkomen, en hiervoor een bestuurlijke boete is opgelegd, dan wel met betrekking tot het niet of niet behoorlijk nakomen van die verplichtingen aangifte is gedaan op grond van het Wetboek van Strafrecht, voor zover deze medewerking leidt tot gehele of gedeeltelijke kwijtschelding van deze vordering.

Bijstand, geen medewerking aan schuldregeling

§ 6.5
Verhaal

Art. 61 Algemeen
Kosten van bijstand kunnen door het college worden verhaald in de gevallen en naar de regels aangegeven in deze paragraaf.

Bijstand, verhaal kosten

Art. 62 Onderhoudsplicht
Kosten van bijstand kunnen tot de grens van de onderhoudsplicht, bedoeld in Boek 1 van het Burgerlijk Wetboek, worden verhaald:
a. op degene die bij het ontbreken van gezinsverband zijn onderhoudsplicht jegens zijn echtgenoot, of minderjarig kind niet of niet behoorlijk nakomt en op het minderjarige kind dat zijn onderhoudsplicht jegens zijn ouders niet of niet behoorlijk nakomt;
b. op degene die zijn onderhoudsplicht na echtscheiding of ontbinding van het huwelijk na scheiding van tafel en bed niet of niet behoorlijk nakomt;
c. op degene die zijn onderhoudsplicht op grond van artikel 395a van Boek 1 van het Burgerlijk Wetboek niet of niet behoorlijk nakomt jegens zijn meerderjarig kind aan wie bijzondere bijstand is verleend.

Bijstand, verhaal kosten tot grens onderhoudsplicht

Art. 62a Uitkering tot levensonderhoud
Bij de beoordeling van het bestaan van het verhaalsrecht, bedoeld in artikel 159a van Boek 1 van het Burgerlijk Wetboek of artikel 62, en de omvang van het te verhalen bedrag wordt rekening gehouden met de maatstaven die gelden en de omstandigheden die van belang zijn in het geval dat de rechter dient te beslissen over de vraag of en, zo ja, tot welk bedrag een uitkering tot levensonderhoud na echtscheiding, scheiding van tafel en bed of de ontbinding van het huwelijk na scheiding van tafel en bed zou moeten worden toegekend.

Bijstand, beoordeling verhaalsrecht kosten

Art. 62b Verhaal volgens rechterlijke uitspraak
1. Indien een rechterlijke uitspraak betreffende levensonderhoud verschuldigd op grond van Boek 1 van het Burgerlijk Wetboek die uitvoerbaar is, niet wordt nagekomen, wordt verhaald in overeenstemming met deze uitspraak.
2. De betaling van het verschuldigde geschiedt binnen 30 dagen na bekendmaking van het besluit tot verhaal overeenkomstig het eerste lid.
3. Degene op wie wordt verhaald kan binnen de termijn waarbinnen betaling moet plaatsvinden tegen het besluit tot verhaal in verzet komen door het indienen van een verzoek aan de rechtbank. Het verzet kan niet gegrond zijn op de bewering dat de uitkering tot onderhoud ten onrechte is opgelegd of onjuist is vastgesteld. Indien tijdig verzet is gedaan wordt de invordering pas voortgezet zodra het verzet is ingetrokken of ongegrond verklaard.
4. Het college is bevoegd, met uitsluiting van degene die de bijstand ontvangt, het verschuldigde bij dwangbevel in te vorderen.

Bijstand, verhaal kosten volgens rechterlijke uitspraak

Art. 62c Bevoegd college
1. Indien degene, die bijstand ontvangt of heeft ontvangen en ten aanzien van wie door de rechter een verhaalsbedrag verschuldigd op grond van artikel 159a van Boek 1 van het Burgerlijk Wetboek of artikel 62 is vastgesteld, zijn woonplaats verplaatst naar een andere gemeente en aldaar bijstand ontvangt of heeft ontvangen, gaat de bevoegdheid tot tenuitvoerlegging van de rechterlijke uitspraak op het college van de andere gemeente over.
2. Het college van de vertrekgemeente blijft bevoegd tot tenuitvoerlegging voor zover het gaat om betalingsachterstanden ter zake van verhaal van bijstand die door dat college is verleend.

Bijstand, verhaal kosten door B en W

Art. 62d Indexering

Bijstand, indexering verhaalsbedrag

1. Het door de rechter vastgestelde verhaalsbedrag verschuldigd op grond van artikel 159a van Boek 1 van het Burgerlijk Wetboek of artikel 62 wordt jaarlijks met ingang van 1 januari van rechtswege gewijzigd met het op grond van artikel 402a van Boek 1 van het Burgerlijk Wetboek vast te stellen percentage.
2. De toepassing van het eerste lid blijft achterwege indien de wijziging van rechtswege bij rechterlijke uitspraak is uitgesloten.

Art. 62e Gewijzigde omstandigheden

Bijstand, wijziging verhaalsbedrag

1. Het door de rechter vastgestelde verhaalsbedrag kan op verzoek van het college of van degene op wie verhaal wordt uitgeoefend door de rechter worden gewijzigd op grond van gewijzigde omstandigheden.
2. Het college kan aan de rechter verzoeken het verhaalsbedrag in afwijking van een rechterlijke uitspraak betreffende levensonderhoud verschuldigd krachtens Boek 1 van het Burgerlijk Wetboek vast te stellen, indien de rechter:
   a. deze uitspraak zou kunnen wijzigen op de gronden genoemd in artikel 401 van dat boek;
   b. geen rekening heeft kunnen houden met alle voor de betrokken beslissing in aanmerking komende gegevens en omstandigheden betreffende beide partijen.

Art. 62f Verhaal bij schenking en nalatenschap

Bijstand, verhaal bij schenking/nalatenschap

Kosten van bijstand kunnen door het college worden verhaald op:
a. degene aan wie de persoon die bijstand ontvangt of heeft ontvangen een schenking heeft gedaan voor zover bij het besluit op de bijstandsaanvraag met de geschonken middelen rekening zou zijn gehouden indien de schenking niet had plaatsgevonden, tenzij gelet op alle omstandigheden aannemelijk is dat de schenker ten tijde van de schenking de noodzaak van bijstandsverlening redelijkerwijs niet heeft kunnen voorzien;
b. de nalatenschap van de persoon indien:
1°. aan die persoon ten onrechte bijstand is verleend en voor zover voor het overlijden nog geen terugvordering heeft plaatsgevonden;
2°. bijstand is verleend in de vorm van geldlening of als gevolg van borgtocht.

Art. 62g Mededeling verhaalsbesluit

Bijstand, mededeling verhaalsbesluit

1. Het besluit tot verhaal op grond van deze paragraaf, anders dan met toepassing van artikel 62b, wordt door het college aan degene op wie verhaal wordt gezocht medegedeeld. Bij verhaal op de nalatenschap kan de mededeling worden gericht tot de langstlevende echtgenoot of een der erfgenamen die geacht kan worden bij de afwikkeling van de nalatenschap te zijn betrokken.
2. Indien de belanghebbende niet uit eigen beweging bereid is de verlangde gelden aan het college te betalen dan wel niet of niet tijdig tot betaling daarvan overgaat, kan het college overgaan tot verhaal in rechte.

Art. 62h Verzoeken tot verhaal

Bijstand, verzoeken tot verhaal

1. Verzoeken met betrekking tot verhaal in rechte op grond van deze paragraaf, alsmede verzoeken tot wijziging van een rechterlijke verhaalsuitspraak, worden ingediend bij de rechtbank.
2. Op de indiening en behandeling van het verzoek, alsmede op de procedure in hoger beroep, zijn de artikelen 799, tweede lid, en 801 van het Wetboek van Burgerlijke Rechtsvordering van overeenkomstige toepassing.
3. Het college kan op grond van deze paragraaf in rechte optreden zonder advocaat.

Art. 62i Schakelbepaling

Schakelbepaling

De artikelen 58, vijfde lid, en 60, eerste en vijfde lid tot en met zevende lid, zijn met betrekking tot het verhaal van kosten van bijstand van overeenkomstige toepassing, met dien verstande dat artikel 479e, tweede lid, van het Wetboek van Burgerlijke Rechtsvordering van toepassing is.

§ 6.6
Gegevensuitwisseling

Art. 63 Inlichtingenverplichting werkgever

Gegevensuitwisseling, werkgever

1. Een ieder is verplicht desgevraagd en bevoegd uit eigen beweging aan het college kosteloos opgaven en inlichtingen te verstrekken omtrent feiten en omstandigheden die de noodzakelijk zijn voor de uitvoering van deze wet door het college ten opzichte van een persoon te wiens behoeve bijstand is gevraagd of wordt verleend en die in zijn dienst dan wel voor hem arbeid verricht, heeft verricht of zou kunnen gaan verrichten. De verplichting strekt zich mede uit tot de inkomsten van een persoon van wie kosten van bijstand ingevolge paragraaf 4 worden of kunnen worden teruggevorderd of op wie kosten van bijstand ingevolge paragraaf 5 worden of kunnen worden verhaald.
2. De opgaven en inlichtingen worden desgevraagd schriftelijk, of in een andere vorm die redelijkerwijs kan worden verlangd, binnen een door het college schriftelijk te stellen termijn verstrekt.

Participatiewet

Art. 64 Inlichtingenverplichting instanties

1. De hieronder vermelde instanties zijn verplicht desgevraagd aan het college of, indien het college aan het Uitvoeringsinstituut werknemersverzekeringen mandaat heeft verleend tot het nemen van besluiten inzake de verlening van bijstand, aan het Uitvoeringsinstituut werknemersverzekeringen, kosteloos opgaven en inlichtingen te verstrekken die noodzakelijk zijn voor de uitvoering van deze wet door het college:

Gegevensuitwisseling, instanties

a. het college van andere gemeenten;
b. het Uitvoeringsinstituut werknemersverzekeringen en de Sociale verzekeringsbank;
c. de Belastingdienst;
d. het CAK, genoemd in artikel 6.1.1, eerste lid, van de Wet langdurige zorg, de Nederlandse Zorgautoriteit, bedoeld in de Wet marktordening gezondheidszorg en de zorgverzekeraars in de zin van de artikelen 1, onderdeel b, van de Zorgverzekeringswet of van de Wet langdurige zorg;
e. de bedrijfstakpensioenfondsen, ondernemingspensioenfondsen, risicofondsen, stichtingen tot uitvoering van een regeling inzake vervroegd uittreden en andere organen belast met het doen van uitkeringen of verstrekkingen die bij of krachtens artikel 8 van de Wet inkomensvoorziening oudere en gedeeltelijk arbeidsongeschikte werkloze werknemers als inkomen worden aangemerkt;
f. de Kamer van Koophandel, met dien verstande dat dit, in afwijking van de aanhef van dit lid, geschiedt tegen betaling van de daarvoor op grond van de Handelsregisterwet 2007 vastgestelde vergoeding;
g. de korpschef en de bevelhebber van de Koninklijke marechaussee in de zin van de Vreemdelingenwet 2000;
h. de Belastingdienst/Toeslagen betreffende de toekenning van tegemoetkomingen met toepassing van de Algemene wet inkomensafhankelijke regelingen en Onze Minister van Binnenlandse Zaken en Koninkrijksrelaties betreffende de toepassing van de Wet bevordering eigenwoningbezit;
i. Onze Minister van Onderwijs, Cultuur en Wetenschap;
j. Onze Minister van Economische Zaken betreffende de omvang van de productiebeperkende maatregelen voor het bedrijf van de ondernemer in de agrarische sector;
k. Onze Minister van Veiligheid en Justitie voor zover het betreft de persoon die rechtens zijn vrijheid is ontnomen of de persoon die zich onttrekt aan de tenuitvoerlegging van een vrijheidsstraf of vrijheidsbenemende maatregel;
l. de instanties en personen die woonruimte verhuren;
m. de instanties die in het kader van de openbare nutsvoorziening energie en water leveren;
n. derden die in het kader van de uitoefening van beroep of bedrijf de arbeidsinschakeling van personen bevorderen;
o. de geneesheer-directeur, bedoeld in de Wet verplichte geestelijke gezondheidszorg, en de zorgaanbieder, bedoeld in de Wet zorg en dwang psychogeriatrische en verstandelijk gehandicapte cliënten;
p. Onze Minister betreffende de toepassing van de Wet inburgering;
q. Onze Minister en de colleges van burgemeester en wethouders voor zover het gegevens betreft die verwerkt worden in het landelijk register kinderopvang, bedoeld in de Wet kinderopvang.

2. De geneesheer-directeur respectievelijk de zorgaanbieder, bedoeld in het eerste lid, onderdeel o, verstrekt slechts gegevens en inlichtingen indien:
a. deze noodzakelijk zijn voor de uitvoering van artikel 13, derde lid, laatste zin; en
b. deze betrekking hebben op:
1°. de opneming;
2°. het ontslag;
3°. het verleende verlof; of
4°. het ingetrokken verlof.

3. Het vragen door het college en het verstrekken door de in het eerste lid bedoelde instanties van de in het eerste lid bedoelde gegevens en inlichtingen kan geschieden door tussenkomst van het Inlichtingenbureau.

4. Griffiers van colleges, geheel of ten dele met rechtspraak belast, zijn verplicht desgevraagd aan het college of, indien het college aan het Uitvoeringsinstituut werknemersverzekeringen mandaat heeft verleend tot het nemen van besluiten inzake de verlening van bijstand, aan het Uitvoeringsinstituut werknemersverzekeringen, kosteloos alle gegevens en uittreksels of afschriften van uitspraken, registers en andere stukken te verstrekken die noodzakelijk zijn voor de uitvoering van deze wet.

Gegevensuitwisseling, rechterlijke instanties

5. De in het eerste en het vierde lid bedoelde verplichtingen strekken zich mede uit tot degene:
a. van wie kosten van bijstand worden of kunnen worden teruggevorderd ingevolge paragraaf 4 of op wie deze worden of kunnen worden verhaald ingevolge paragraaf 5;
b. die hun hoofdverblijf hebben in dezelfde woning, of ten aanzien van wie dat redelijkerwijs kan worden vermoed, als degene

A77 art. 65   Participatiewet

1°. te wiens behoeve bijstand is gevraagd of wordt verleend;
2°. van wie kosten van bijstand worden of kunnen worden teruggevorderd ingevolge paragraaf 4 of op wie deze worden of kunnen worden verhaald ingevolge paragraaf 5.
6. De in het eerste lid en het vierde lid bedoelde gegevens en inlichtingen worden desgevraagd schriftelijk, of in een andere vorm die redelijkerwijs kan worden verlangd, en zo spoedig mogelijk, doch in elk geval binnen vier weken na ontvangst van het verzoek hiertoe, verstrekt.
7. De in het eerste lid, onderdeel a tot en met k, genoemde instanties treffen desgevraagd met het college en met het Inlichtingenbureau een regeling met betrekking tot de mededeling van wijzigingen in de eerder aan hen gevraagde gegevens en inlichtingen.

Nadere regels
8. Bij of krachtens algemene maatregel van bestuur kunnen regels worden gesteld omtrent het derde lid en de inhoud en vormgeving van de in het zevende lid bedoelde regelingen.
9. Bij algemene maatregel van bestuur kunnen een of meer van de in het eerste lid bedoelde instanties worden aangewezen die ten behoeve van aan het college te verstrekken gegevens en inlichtingen, de door het Inlichtingenbureau aan deze instanties verstrekte gegevens van aldaar op dat moment nog onbekende personen opslaan. Het derde lid is van overeenkomstige toepassing. Bij toepassing van de eerste volzin wordt bij of krachtens algemene maatregel van bestuur bepaald op welke wijze en gedurende welke termijn deze gegevens worden opgeslagen.
10. Bij algemene maatregel van bestuur kunnen andere instanties en personen dan genoemd in het eerste en het vierde lid worden aangewezen voor wie de verplichtingen, bedoeld in het eerste lid tot en met het achtste lid, eveneens gelden, voorzover het betreft de verstrekking van nader bij algemene maatregel van bestuur aan te wijzen inlichtingen en gegevens.
11. Bij de algemene maatregel van bestuur, bedoeld in het tiende lid, kan tevens worden bepaald dat de daar bedoelde verplichting alleen geldt jegens ambtenaren met opsporingsbevoegdheid.

Gegevensuitwisseling, Minister van Veiligheid en Justitie
12. Onze Minister van Veiligheid en Justitie verstrekt ten aanzien van de persoon die rechtens zijn vrijheid is ontnomen of de persoon die zich onttrekt aan de tenuitvoerlegging van een vrijheidsstraf of vrijheidsbenemende maatregel, onverwijld en kosteloos de gegevens en alle overige opgaven en inlichtingen, waarover deze beschikt en die noodzakelijk zijn voor het recht op bijstand, aan het college, of, indien het college aan het Uitvoeringsinstituut werknemersverzekeringen mandaat heeft verleend tot het nemen van besluiten inzake de verlening van bijstand, aan het Uitvoeringsinstituut werknemersverzekeringen, door tussenkomst van het Inlichtingenbureau, waarbij hij gebruik kan maken van het burgerservicenummer.
13. Onze Minister van Buitenlandse Zaken verstrekt ten aanzien van de Nederlander die in het buitenland rechtens zijn vrijheid is ontnomen, onverwijld en kosteloos, gegevens, en inlichtingen waarover hij beschikt en die noodzakelijk zijn voor het recht op bijstand, aan het college, of, indien het college aan het Uitvoeringsinstituut werknemersverzekeringen mandaat heeft verleend tot het nemen van besluiten inzake de verlening van bijstand, aan het Uitvoeringsinstituut werknemersverzekeringen, door tussenkomst van het Inlichtingenbureau, waarbij hij gebruik kan maken van het burgerservicenummer. Bij ministeriële regeling kunnen regels worden gesteld over de uitvoering van dit lid.
14. De Belastingdienst verstrekt aan het college, of indien het college aan het Uitvoeringsinstituut werknemersverzekeringen mandaat heeft verleend tot het nemen van besluiten inzake de verlening van bijstand, aan het Uitvoeringsinstituut werknemersverzekeringen, zonder dat daaraan een verzoek ten grondslag ligt gegevens als bedoeld in het eerste lid over samenloop van een uitkering met inkomen uit of in verband met arbeid of bedrijf of over vermogen, die bij de uitvoering van een belastingwet of bij de invordering van enige rijksbelasting bekend zijn geworden voor zover die gegevens noodzakelijk zijn voor de uitvoering van deze wet.

Art. 65 Geheimhoudingsplicht

Gegevensuitwisseling, geheimhoudingsplicht
1. Het is een ieder verboden hetgeen hem uit of in verband met enige werkzaamheid bij de uitvoering van deze wet over de persoon of zaken van een ander blijkt of wordt meegedeeld, verder bekend te maken dan voor de uitvoering van deze wet noodzakelijk is dan wel op grond van deze wet is voorgeschreven of toegestaan.

Gegevensuitwisseling, uitzondering geheimhoudingsplicht
2. Het in het eerste lid vervatte verbod is niet van toepassing indien:
a. enig wettelijk voorschrift tot bekendmaking verplicht;
b. degene op wie de gegevens betrekking hebben schriftelijk heeft verklaard tegen de verstrekking van deze gegevens geen bezwaar te hebben;
c. de gegevens niet herleidbaar zijn tot individuele natuurlijke personen.
3. Ten behoeve van wetenschappelijk onderzoek of statistiek kunnen desgevraagd gegevens aan derden worden verstrekt voorzover de persoonlijke levenssfeer van de betrokkenen daardoor niet onevenredig wordt geschaad.
4. Degene die op grond van de artikelen 63 tot en met 68 gegevens verstrekt dient na te gaan of degene aan wie de gegevens worden verstrekt redelijkerwijs bevoegd is te achten om die gegevens te verkrijgen.

Art. 66 Vermoeden misdrijf

Gegevensuitwisseling, vermoeden misdrijf
Het college is verplicht, indien het bij de uitvoering van deze wet het gegronde vermoeden krijgt van een misdrijf dat is gepleegd ten nadele van een Nederlands of buitenlands uitvoerings-

Participatiewet   A77 art. 69

orgaan van de sociale verzekeringswetten of van een Nederlands of buitenlands overheidsorgaan, voorzover dit is belast met het verrichten van uitkeringen, het doen van verstrekkingen dan wel het heffen van bijdragen, het betrokken orgaan hiervan in kennis te stellen.

Art. 67 Inlichtingenverplichting gemeenten

1. Het college is bevoegd uit eigen beweging en verplicht desgevraagd, onverminderd artikel 107 van de Vreemdelingenwet 2000, uit de administratie terzake van de uitvoering van deze wet aan de hieronder vermelde instanties kosteloos de gegevens te verstrekken: *Gegevensuitwisseling, gemeenten*

a. het Uitvoeringsinstituut werknemersverzekeringen en de Sociale verzekeringsbank voor de uitvoering van de Wet structuur uitvoeringsorganisatie werk en inkomen of de wettelijke regelingen, bedoeld in de artikelen 30, eerste lid, onderdeel a, en 34, eerste lid, onderdeel a, van die wet;

b. de Belastingdienst voor de heffing of invordering van enige rijksbelasting, de premies voor de sociale verzekeringen, bedoeld in artikel 2, onderdelen a en c, van de Wet financiering sociale verzekeringen, of inkomensafhankelijke bijdragen als bedoeld in artikel 41 van de Zorgverzekeringswet en de Belastingdienst/Toeslagen voor de uitvoering van inkomensafhankelijke regelingen als bedoeld in de Algemene wet inkomensafhankelijke regelingen;

c. het college van andere gemeenten voor de uitvoering van deze wet, de Wet inkomensvoorziening oudere en gedeeltelijk arbeidsongeschikte werkloze werknemers en de Wet inkomensvoorziening oudere en gedeeltelijk arbeidsongeschikte gewezen zelfstandigen;

d. het CAK, genoemd in artikel 6.1.1, eerste lid, van de Wet langdurige zorg, de Nederlandse Zorgautoriteit, bedoeld in de Wet marktordening gezondheidszorg, de zorgverzekeraars in de zin van artikel 1, onderdeel b, van de Zorgverzekeringswet, voor de uitvoering van de Zorgverzekeringswet of de Wlz-uitvoerders, bedoeld in artikel 1.1.1 van de Wet langdurige zorg, voor de uitvoering van de Wet langdurige zorg;

e. derden die in het kader van de uitoefening van beroep of bedrijf de arbeidsinschakeling van personen bevorderen;

f. buitenlandse organen voor de vervulling van een taak van zwaarwegend algemeen belang;

g. bestuursorganen van Aruba, Curaçao, en Sint Maarten voor de vervulling van een taak van zwaarwegend algemeen belang;

h. Onze Minister voor de uitvoering van de Wet inburgering;

i. Onze Minister van Veiligheid en Justitie in verband met de tenuitvoerlegging van vrijheidsstraffen en vrijheidsbenemende maatregelen.

2. Het verstrekken door het college aan de in het eerste lid bedoelde instanties van de in het eerste lid bedoelde gegevens kan geschieden door tussenkomst van het Inlichtingenbureau.

3. De in het eerste lid bedoelde gegevensverstrekking vindt niet plaats indien de persoonlijke levenssfeer van de betrokkenen daardoor onevenredig wordt geschaad.

4. Bij of krachtens algemene maatregel van bestuur kunnen regels worden gesteld omtrent de gevallen waarin en de wijze waarop in ieder geval gegevens dienen te worden verstrekt. *Nadere regels*

5. Bij algemene maatregel van bestuur kunnen andere instanties dan genoemd in het eerste lid worden aangewezen ten behoeve waarvan de verplichtingen, bedoeld in het eerste lid, eveneens gelden.

Art. 68 Burgerservicenummer

1. Bij de verstrekking van gegevens door het college, het Inlichtingenbureau en de in de artikelen 64 en 67 bedoelde instanties wordt, indien daartoe bevoegd, gebruik gemaakt van het burgerservicenummer. *Gegevensuitwisseling, burgerservicenummer*

2. Derden die in het kader van de uitoefening van beroep of bedrijf de arbeidsinschakeling van personen bevorderen, gebruiken het burgerservicenummer slechts voor zover dat noodzakelijk is voor het verrichten van werkzaamheden die in het kader van de voorzieningen, bedoeld in artikel 7, eerste lid, onderdeel a, en zevende lid, worden uitgevoerd.

Hoofdstuk 7
Financiering, toezicht en informatie

§ 7.1
Financiering

Art. 69 Uitkering en verdeling onder de gemeenten

1. Onze Minister verstrekt jaarlijks ten laste van 's Rijks kas aan het college een uitkering om het college van middelen te voorzien met het oog op: *Financiering bijstand, uitkering Rijk aan gemeenten*

a. het toekennen van algemene bijstand en van uitkeringen als bedoeld in de Wet inkomensvoorziening oudere en gedeeltelijk arbeidsongeschikte werkloze werknemers en de Wet inkomensvoorziening oudere en gedeeltelijk arbeidsongeschikte gewezen zelfstandigen en voor de daarbij verschuldigde loonbelasting, premies volksverzekeringen en de inkomensafhankelijke bijdrage, bedoeld in artikel 42 van de Zorgverzekeringswet;

b. de kosten van de loonkostensubsidies, die op grond van artikel 10d, worden verstrekt.

2. Bij wet wordt het totale bedrag dat beschikbaar is voor de uitkering, bedoeld in het eerste lid, vastgesteld, waarbij uitgangspunt is dat dit bedrag voor het desbetreffende kalenderjaar toereikend is voor de geraamde kosten van alle gemeenten in verband met uitgaven als bedoeld in het eerste lid.

3. Bij of krachtens algemene maatregel van bestuur worden regels gesteld voor de verdeling van de uitkering, bedoeld in het eerste lid, onder de gemeenten en het verzamelen van gegevens noodzakelijk voor het vaststellen van deze verdeling.

4. De uitkering aan het college wordt ten minste drie maanden voorafgaand aan het kalenderjaar waarop zij betrekking heeft door Onze Minister bekend gemaakt.

Art. 70
[Vervallen]

Art. 71 Aanpassing uitkering

Financiering bijstand, aanpassing uitkering aan gemeenten

1. Het totale bedrag, bedoeld in artikel 69, tweede lid, voor de uitkering, bedoeld in artikel 69, eerste lid, wordt in het jaar waarop het bedrag betrekking heeft bij of krachtens de wet aangepast op basis van nieuwe ramingsgegevens.

2. Indien het totale bedrag wordt herzien, wordt het bedrag waarmee de uitkering, bedoeld in artikel 69, eerste lid, wordt aangepast binnen een periode van vier weken na de herziening door Onze Minister vastgesteld.

Art. 72 Tegemoetkoming pensioenfonds sociale werkvoorziening

Pensioenfonds sociale werkvoorziening, rijksbijdrage

Bij ministeriële regeling wordt een bedrag bepaald dat jaarlijks als rijksbijdrage wordt gestort in het pensioenfonds, bedoeld in artikel 1 van de Wet verplichte beroepspensioenregeling, voor werknemers met een dienstbetrekking als bedoeld in artikel 2 van de Wet sociale werkvoorziening.

Art. 73 Toetsingscommissie vangnet Participatiewet

Financiering bijstand, Toetsingscommissie vangnet Participatiewet Nadere regels

1. Er is een toetsingscommissie vangnet Participatiewet, die tot taak heeft Onze Minister te adviseren over een te nemen besluit naar aanleiding van een verzoek als bedoeld in artikel 74, eerste lid.

2. Bij of krachtens algemene maatregel van bestuur worden regels gesteld met betrekking tot de samenstelling, de taakuitoefening en oordeelsvorming door de toetsingscommissie vangnet Participatiewet.

Art. 74 Vangnetuitkering

Financiering bijstand, vangnetuitkering

1. Indien de verstrekte uitkering op grond van artikel 69 onvoldoende dekking biedt voor de netto lasten van het toekennen van algemene bijstand, loonkostensubsidies of uitkeringen als bedoeld in artikel 69, eerste lid, kan door Onze Minister op verzoek van het college een vangnetuitkering worden verleend.

2. Jaarlijks wordt bij wet het bedrag dat besteed kan worden aan vangnetuitkeringen als bedoeld in het eerste lid vastgesteld, dat geen deel uitmaakt van het bedrag, bedoeld in artikel 69, tweede lid.

3. Een verzoek als bedoeld in het eerste lid wordt door het college ingediend bij de toetsingscommissie vangnet Participatiewet.

4. Onze Minister kan voorwaarden verbinden aan het besluit tot verlening van een vangnetuitkering.

5. Onze Minister kan een vangnetuitkering verminderen, intrekken of weigeren indien:
a. hij het college een aanwijzing heeft gegeven als bedoeld in artikel 76, eerste lid; of
b. het college in strijd handelt met een wettelijk voorschrift dat betrekking heeft op de vangnetuitkering of met een voorwaarde die aan het besluit tot verlening van een vangnetuitkering is verbonden.

Nadere regels

6. Bij of krachtens algemene maatregel van bestuur worden regels gesteld voor:
a. de gronden voor verlening van de vangnetuitkering;
b. de berekening van de hoogte van de uitkering;
c. de voorwaarden, die aan het verzoek worden gesteld;
d. de wijze van beoordeling van het verzoek door de toetsingscommissie vangnet Participatiewet;
e. de toepassing van het vijfde lid.

7. Bij ministeriële regeling worden regels gesteld voor de termijn waarbinnen een verzoek kan worden ingediend.

Art. 74a
[Vervallen]

Art. 75 Betaling uitkeringen, aanpassing uitkering en aanvullende uitkering

Nadere regels

Bij ministeriële regeling worden regels gesteld inzake de betaling van:
a. de uitkering, bedoeld in artikel 69, eerste lid;
b. het bedrag waarmee de uitkering op grond van artikel 71 wordt aangepast;
c. de vangnetuitkering, bedoeld in artikel 74.

Participatiewet   **A77** art. 78

§ 7.2
Aanwijzingsbevoegdheid en gemeentelijke toezichthouders
Art. 76 Aanwijzing en voorzieningen
1. Onze Minister kan, indien hij met betrekking tot de rechtmatige uitvoering van deze wet ernstige tekortkomingen vaststelt, aan het college, nadat het college gedurende acht weken in de gelegenheid is gesteld zijn zienswijze naar voren te brengen, een aanwijzing geven. Hij treedt daarbij niet in de besluitvorming inzake individuele gevallen. *(Financiering bijstand, aanwijzing minister)*
2. In de aanwijzing wordt een termijn opgenomen waarbinnen het college de uitvoering in overeenstemming heeft gebracht met de aanwijzing.
3. Onze Minister schort de betaling van de uitkering, bedoeld in artikel 69, eerste lid, gedurende ten minste drie maanden op, indien Onze Minister met betrekking tot de rechtmatige uitvoering van deze wet ernstige tekortkomingen heeft vastgesteld als bedoeld in het eerste lid, in artikel 52 van de Wet inkomensvoorziening oudere en gedeeltelijk arbeidsongeschikte werkloze werknemers en in artikel 52 van de Wet inkomensvoorziening oudere en gedeeltelijk arbeidsongeschikte gewezen zelfstandigen, totdat: *(Financiering bijstand, opschorten betaling uitkering)*
   a. hij heeft vastgesteld aan de hand van de zienswijze van het college dat de ernstige tekortkomingen zijn opgeheven;
   b. hij heeft vastgesteld, dat het college aan de in de aanwijzing opgenomen verplichtingen heeft voldaan;
   c. hij heeft geoordeeld, dat het college na afloop van de termijn, bedoeld in het tweede lid, geen of onvoldoende gevolg heeft gegeven aan de aanwijzing.
4. Onze Minister stelt, indien hij van oordeel is, dat het college, na afloop van de termijn, bedoeld in het tweede lid, geen of onvoldoende gevolg heeft gegeven aan de aanwijzing, bedoeld in het eerste lid, in artikel 52 van de Wet inkomensvoorziening oudere en gedeeltelijk arbeidsongeschikte werkloze werknemers, in artikel 52 van de Wet inkomensvoorziening oudere en gedeeltelijk arbeidsongeschikte gewezen zelfstandigen of in artikel 87 van de Wet investeren in jongeren, de uitkering, bedoeld in artikel 69, eerste lid, voor het jaar volgend op het jaar waarin de termijn afloopt, 1 procent lager vast. *(Financiering bijstand, verlagen uitkering)*
5. Onze Minister stelt, indien hij van oordeel is, dat het college twaalf maanden na afloop van de termijn, bedoeld in het tweede lid, nog geen of onvoldoende gevolg heeft gegeven aan de aanwijzing, bedoeld in het derde lid, de uitkering, bedoeld in artikel 69, eerste lid, voor het tweede jaar volgend op het jaar waarin de termijn afloopt en de daaropvolgende jaren, telkens ten hoogste 3 procent lager vast.
Art. 76a Toezicht door gemeenten
Met het toezicht op de naleving van deze wet zijn belast de bij besluit van het college aangewezen ambtenaren.

§ 7.3
Informatie
Art. 77 Informatie ten behoeve van uitkering en uitvoeringsbeeld
1. Het college legt verantwoording af aan Onze Minister over de uitvoering van deze wet, op de wijze, bedoeld in artikel 17a van de Financiële-verhoudingswet. *(Informatieverstrekking, verantwoording uitvoeringsbeleid)*
2. Het college dient jaarlijks bij Onze Minister een beeld van de uitvoering in.
3. Bij ministeriële regeling worden regels gesteld inzake het beeld van de uitvoering. *(Nadere regels)*
Art. 78 Informatie
1. Het college verstrekt desgevraagd aan Onze Minister gegevens en inlichtingen die hij voor de statistiek, informatievoorziening en beleidsvorming met betrekking tot deze wet nodig heeft. *(Informatieverstrekking, t.b.v. statistiek/informatievoorziening/beleidsvorming)*
2. De gegevens en inlichtingen, bedoeld in het eerste lid, en het beeld van de uitvoering, bedoeld in artikel 77, worden kosteloos verstrekt.
3. Bij ministeriële regeling kunnen regels worden gesteld met betrekking tot de soort informatie die het college verstrekt en de wijze waarop het college de gegevens en inlichtingen verzamelt en verstrekt, waarbij kan worden bepaald, dat categorieën van gemeenten bepaalde inlichtingen niet hoeven te verzamelen en te verstrekken. *(Nadere regels)*

Hoofdstuk 7a
Overgangsrecht

Art. 78a
[Vervallen]

A77 art. 78b — Participatiewet

Art. 78b Omzetting besluiten

Overgangsbepalingen

1. Door het college op grond van de Algemene bijstandswet, de Wet inschakeling werkzoekenden of het Besluit in- en doorstroombanen genomen besluiten gelden als door hem genomen besluiten op grond van deze wet.
2. In afwijking van het eerste lid gelden door het college op grond van de Wet inschakeling werkzoekenden of het Besluit in- en doorstroombanen ten aanzien van personen die een uitkering ontvangen op grond van de Wet inkomensvoorziening oudere en gedeeltelijk arbeidsongeschikte gewezen zelfstandigen of de Wet inkomensvoorziening oudere en gedeeltelijk arbeidsongeschikte werkloze werknemers genomen besluiten als door hem genomen besluiten op grond van de Wet inkomensvoorziening oudere en gedeeltelijk arbeidsongeschikte gewezen zelfstandigen onderscheidenlijk de Wet inkomensvoorziening oudere en gedeeltelijk arbeidsongeschikte werkloze werknemers.
3. Door het college of Onze Minister op grond van de Invoeringswet Wet werk en bijstand genomen besluiten gelden met ingang van de dag van inwerkingtreding van de wet van 29 december 2008 tot intrekking van de Invoeringswet Wet werk en bijstand (Stb. 586) als door het college of Onze Minister genomen besluiten op grond van deze wet.

Art. 78c Krediethypotheek

Krediethypotheek

Artikel 20 van de Algemene bijstandswet en artikel 4, vierde lid, laatste zin, van de Invoeringswet herinrichting Algemene Bijstandswet, zoals die luidde op 31 december 2003, blijven van toepassing op bijstand die op 31 december 2003 werd verleend met toepassing van die artikelen.

Art. 78d Gesubsidieerde arbeid

Gesubsidieerde arbeid

1. Een dienstbetrekking als bedoeld in artikel 4 van de Wet inschakeling werkzoekenden, een arbeidsovereenkomst als bedoeld in artikel 5, eerste lid, van die wet en een dienstbetrekking als bedoeld in artikel 6 van het Besluit in- en doorstroombanen gelden als een voorziening als bedoeld in artikel 7, eerste lid, onderdeel a.
2. Op dienstbetrekkingen als bedoeld in de Wet inschakeling werkzoekenden blijft titel 10 van Boek 7 van het Burgerlijk Wetboek alsmede de artikelen 4, tweede, zesde en zevende lid, en 11, aanhef en onderdeel a, van de Wet inschakeling werkzoekenden van toepassing. Op deze dienstbetrekkingen is artikel 134, tweede lid, van de Ambtenarenwet niet van toepassing.

Art. 78e Bezwaar- en beroepschriften

Bezwaar- en beroepschriften

1. Op een bezwaar- of beroepschrift dat:
a. vóór of op 31 december 2003 is ingediend tegen een door het college op grond van de Algemene bijstandswet, de Wet inschakeling werkzoekenden of het Besluit in- en doorstroombanen genomen besluit en waarop op die datum nog niet onherroepelijk is beslist;
b. na 31 december 2003 is ingediend tegen een op grond van de in het eerste lid bedoelde wetten of het Besluit in- en doorstroombanen met toepassing van artikel 2, tweede lid, van de Invoeringswet Wet werk en bijstand, na 31 december 2003 genomen besluit en waarop nog niet onherroepelijk is beslist op het tijdstip dat de bepaling vervalt op grond waarvan het besluit is genomen;
c. na 31 december 2003 is ingediend en betrekking heeft op bijstandsverlening waarop op grond van artikel 12, eerste lid, van de Invoeringswet Wet werk en bijstand de Algemene bijstandswet van toepassing is;
wordt beslist met toepassing van onderscheidenlijk de Algemene bijstandswet, de Wet inschakeling werkzoekenden of het Besluit in- en doorstroombanen.
2. Het eerste lid is van overeenkomstige toepassing op verzoeken als bedoeld in artikel 140 van de Algemene bijstandswet en verzoeken om een voorlopige voorziening als bedoeld in artikel 8:81 van de Algemene wet bestuursrecht.
3. Op een bezwaar- of beroepschrift dat voor of op de dag van inwerkingtreding van de wet van 29 december 2008 tot intrekking van de Invoeringswet Wet werk en bijstand (Stb. 586) is ingediend tegen een door het college of Onze Minister op grond van de Invoeringswet Wet werk en bijstand genomen besluit en waarop op die datum nog niet onherroepelijk is beslist wordt beslist met toepassing van deze wet.

Art. 78f Grondslag Bbz 2004

Bij of krachtens algemene maatregel van bestuur worden regels gesteld met betrekking tot de verlening van bijstand en bijstand ter voorziening in de behoefte aan bedrijfskapitaal op grond van deze wet aan zelfstandigen en aan personen die algemene bijstand ontvangen en voornemens zijn een bedrijf of zelfstandig beroep te beginnen en zich in verband hiermee niet beschikbaar stellen voor algemeen geaccepteerde arbeid in dienstbetrekking gedurende de voorbereidingsperiode van ten hoogste twaalf maanden, waarbij kan worden afgeweken van de artikelen 9, 10, 11, 32, 34, 40, 41, 45, 58, 69, 77 en de paragrafen 4.2, 6.1 en 7.1.

Art. 78fa-78fb

[Vervallen]

Art. 78g Zelfstandigen

Zelfstandigen

1. De artikelen 18, tweede en derde lid, en 53a, treden, voor zover het betreft zelfstandigen als bedoeld in artikel 78f, in werking op een bij koninklijk besluit te bepalen tijdstip.

Participatiewet A77 art. 78k

2. De artikelen 14 tot en met 14f, 66 en142a van de Algemene bijstandswet, voor zover het betreft zelfstandigen als bedoeld in artikel 78f, vervallen op een bij koninklijk besluit te bepalen tijdstip.
3. Waar in artikel 14, eerste lid, van de Algemene bijstandswet wordt verwezen naar de artikelen 8, zesde lid, onderdeel b, en 112 van die wet, wordt in plaats van die artikelen gelezen: artikel 2, derde lid, onderdeel b, onderscheidenlijk artikel 38 van het Besluit bijstandverlening zelfstandigen 2004.

Art. 78h Bijstand buitenland
1. De Sociale verzekeringsbank kan de verlening van bijstand aan een Nederlander die zich in het buitenland bevindt voortzetten ten aanzien van:
Bijstand buitenland

a. degene die in december 1995 bijstand ontving op grond van artikel 82 of artikel 95 van de Algemene Bijstandswet, welke bijstand niet is geëindigd;
b. degene die op enig moment in de periode van 26 weken onmiddellijk voorafgaand aan 31 december 1995 bijstand ontving op grond van artikel 82 van de Algemene Bijstandswet, welke bijstand in die periode is geëindigd, indien belanghebbende binnen 26 weken na die datum opnieuw bijstand aanvraagt.
2. De in het eerste lid bedoelde bijstand wordt afgestemd op de omstandigheden, mogelijkheden en middelen van de belanghebbende, rekening houdend met het niveau van de noodzakelijke kosten van het bestaan ter plaatse.
3. De artikelen van deze wet zijn niet van toepassing, voor zover de omstandigheden het toelaten, met uitzondering van hoofdstuk 2 en de paragrafen 6.1 tot en met 6.5, met dien verstande dat de Sociale verzekeringsbank in de plaats treedt van het college.
4. Zodra ten minste 26 weken zijn verstreken nadat de bijstand die werd verleend op grond van het eerste lid werd beëindigd, is dat lid ten aanzien van het desbetreffende geval niet langer van toepassing.
5. In de middelen tot dekking van de uitgaven verbonden aan de uitvoering van dit artikel wordt voorzien door een rijksbijdrage aan de Sociale verzekeringsbank.
6. Op de uitgaven, bedoeld in het vijfde lid, komen in mindering de bedragen die door de Sociale verzekeringsbank op grond van deze wet zijn ontvangen door terugvordering.
7. Een nog niet afgehandeld en tot Onze Minister gericht verzoek om op grond van artikel 6 van de Invoeringswet Wet werk en bijstand een besluit te nemen, wordt vanaf 1 januari 2009 beschouwd als te zijn gericht tot de Sociale verzekeringsbank.
8. Bezwaren en beroepen die zijn of worden ingesteld tegen een besluit genomen op grond van artikel 6 van de Invoeringswet Wet werk en bijstand gelden vanaf 1 januari 2009 als bezwaren en beroepen gericht tot de Sociale verzekeringsbank.

Art. 78i Overgang besluiten in verband met uitvoering Sociale verzekeringsbank
1. Een besluit van het college tot verlening van algemene bijstand aan een persoon als bedoeld in artikel 47a, eerste lid, dat is genomen vóór de datum van inwerkingtreding van paragraaf 5.4, geldt met ingang van die datum als genomen door de Sociale verzekeringsbank op grond van paragraaf 5.4.
Overgangsrecht

2. De toepassing van paragraaf 6.5 in relatie tot besluiten als bedoeld in het eerste lid gaat na de datum van inwerkingtreding van paragraaf 5.4 over op de Sociale verzekeringsbank.
3. Een tot het college gericht verzoek door een persoon als bedoeld in artikel 47a, eerste lid, om een besluit te nemen, waarop op de datum van inwerkingtreding van paragraaf 5.4 nog niet is beslist, geldt met ingang van die datum als te zijn gericht tot de Sociale verzekeringsbank.

Art. 78j Overgangsrecht vorderingen in verband met uitvoering Sociale verzekeringsbank
1. Het college dat vóór de datum van inwerkingtreding van paragraaf 5.4 ten aanzien van een persoon als bedoeld in artikel 47a, eerste lid, een vordering heeft in verband met terugvordering of verhaal van kosten van bijstand anders dan in verband met het recht op algemene bijstand, waarop artikel 78i van toepassing is, blijft, indien die vordering nog niet geheel is voldaan, bevoegd die vordering te innen.
Overgangsrecht

2. Het eerste lid is van overeenkomstige toepassing ten aanzien van een vóór de datum van inwerkingtreding van paragraaf 5.4 verstrekte geldlening of borgtocht op grond van artikel 48, 50 en 78c aan een persoon als bedoeld in artikel 47a, eerste lid.

Art. 78k Overgang krediethypotheek in verband met uitvoering Sociale verzekeringsbank
1. Rechten en verplichtingen die voortvloeien uit een door het college vóór de datum van inwerkingtreding van paragraaf 5.4 verstrekte geldlening of borgtocht op grond van artikel 48, 50 en 78c aan een persoon als bedoeld in artikel 47a, eerste lid, die na die datum wordt voortgezet, gaan over op de Sociale verzekeringsbank.
Overgangsrecht

2. Vermogensbestanddelen die voortvloeien uit een geldlening als bedoeld in het eerste lid gaan met ingang van de datum van inwerkingtreding van paragraaf 5.4 over op de Sociale verzekeringsbank, zonder dat daarvoor een akte of betekening nodig is.

3. Met betrekking tot de ingevolge het tweede lid overgaande vermogensbestanddelen die in openbare registers te boek zijn gesteld, zal verandering van de tenaamstelling in die registers plaatsvinden door de bewaarders van die registers. De daartoe benodigde opgaven worden door de zorg van Onze Minister aan de bewaarders van de desbetreffende registers gedaan.
4. Terzake van de in het tweede lid bedoelde overgang van vermogensbestanddelen blijft heffing van overdrachtsbelasting achterwege.

Art. 78l Overgangsrecht bezwaar en beroep in verband met uitvoering Sociale verzekeringsbank

Overgangsrecht

1. Het college dat vóór de inwerkingtreding van paragraaf 5.4 ten aanzien van een persoon als bedoeld in artikel 47a, eerste lid, een besluit in verband met de verlening van algemene bijstand heeft genomen waartegen een bezwaarschrift is ingediend dan wel nog kan worden ingediend, blijft bevoegd op het bezwaar te beslissen.
2. In een geding in beroep en hoger beroep, gericht tegen een besluit ten aanzien van een persoon als bedoeld in artikel 47a, eerste lid, genomen vóór de inwerkingtreding van paragraaf 5.4 of gericht tegen een besluit als bedoeld in het eerste lid, blijft het college partij en voor het college staat hoger beroep in verband met deze besluiten open.
3. Onverminderd het eerste en tweede lid kan de Sociale verzekeringsbank in een bestuursrechtelijk geding tussen het college en een persoon, bedoeld in artikel 47a, eerste lid, in de plaats van het college treden, zonder dat daarvoor een betekening nodig is en met overneming van procureurstelling onderscheidenlijk aanwijzing van een gemachtigde, indien de Sociale verzekeringsbank vóór de inwerkingtreding van paragraaf 5.4 mandaat is verleend door het college ten aanzien van besluiten over de verlening van algemene bijstand aan personen als bedoeld in artikel 47a, eerste lid.

Art. 78m Overgangsrecht gelijkstelling voormalige pleeg- en stiefkinderen aan eigen kinderen

Overgangsrecht

De artikelen 3, zevende en achtste lid, en 4, tweede lid, zijn niet van toepassing, indien voor 1 januari 2010 op grond van artikel 11 recht bestaat op bijstand voor gehuwden, omdat de ongehuwde bijstandsgerechtigde wegens een gezamenlijke huishouding met een meerderjarig aangehuwd kind of een meerderjarig voormalig pleegkind is aangemerkt als gehuwd, voor zolang dit recht op bijstand bestaat, tenzij toepassing van de genoemde artikelleden leidt tot een hogere bijstandsuitkering.

Art. 78o Overgangsrecht verrekening in verband met uitvoering Sociale verzekeringsbank

Overgangsrecht

Indien het college vóór de datum van inwerkingtreding van paragraaf 5.4 ten aanzien van een persoon als bedoeld in artikel 47a, eerste lid, een vordering heeft waarop artikel 78j van toepassing is en die persoon een uitkering op grond van die paragraaf ontvangt, betaalt de Sociale verzekeringsbank, zonder dat daarvoor machtiging nodig is van de belanghebbende, op verzoek van het college ter verrekening van die vordering aan dat college.

Art. 78p-78s

[Vervallen]

Art. 78t Overgangsrecht intrekking Wet investeren in jongeren

Overgangsrecht

1. Door het college op grond van de Wet investeren in jongeren genomen besluiten gelden als door hem genomen besluiten op grond van deze wet.
2. Het college brengt de in het eerste lid bedoelde besluiten binnen zes maanden na de inwerkingtreding van de wet van 22 december 2011 tot wijziging van de Wet werk en bijstand en samenvoeging van die wet met de Wet investeren in jongeren gericht op bevordering van deelname aan de arbeidsmarkt en vergroting van de eigen verantwoordelijkheid van uitkeringsgerechtigden (Stb. 650) in overeenstemming met deze wet, voor zover die besluiten afwijken van deze wet.
3. In afwijking van het tweede lid blijft het besluit, inhoudende dat een jongere een werkleeraanbod wordt gedaan, gelden voor de duur van het werkleeraanbod doch niet langer dan zes maanden na de inwerkingtreding van de wet van 22 december 2011 tot wijziging van de Wet werk en bijstand en samenvoeging van die wet met de Wet investeren in jongeren gericht op bevordering van deelname aan de arbeidsmarkt en vergroting van de eigen verantwoordelijkheid van uitkeringsgerechtigden (Stb. 650).
4. Op een aanvraag voor een werkleeraanbod of een inkomensvoorziening waarop niet is beslist voor de datum van inwerkingtreding van de wet van 22 december 2011 tot wijziging van de Wet werk en bijstand en samenvoeging van die wet met de Wet investeren in jongeren gericht op bevordering van deelname aan de arbeidsmarkt en vergroting van de eigen verantwoordelijkheid van uitkeringsgerechtigden (Stb. 650) wordt beslist met toepassing van deze wet, waarbij artikel 41, vierde tot en met negende lid, en artikel 43, vierde lid, buiten toepassing blijft.
5. Op een bezwaar- of beroepschrift dat vóór of op de datum van inwerkingtreding van de wet van 22 december 2011 tot wijziging van de Wet werk en bijstand en samenvoeging van die wet met de Wet investeren in jongeren gericht op bevordering van deelname aan de arbeidsmarkt

en vergroting van de eigen verantwoordelijkheid van uitkeringsgerechtigden (Stb. 650) is ingediend tegen een door het college op grond van de Wet investeren in jongeren genomen besluit en waarop op die datum nog niet onherroepelijk is beslist, wordt beslist met toepassing van de Wet investeren in jongeren.

Art. 78u-78w
[Vervallen]

Art. 78x Recht op bijstand voor datum melding
1. Aan een persoon:
a. die zich tussen 26 april 2012 en 2 maanden na publicatie van de Wet afschaffing huishoudinkomenstoets in het Staatsblad heeft gemeld om bijstand aan te vragen; en
b. van wie het college heeft vastgesteld dat hij als gevolg van de inwerkingtreding van de Wet afschaffing huishoudinkomenstoets recht heeft op bijstand,
wordt die bijstand toegekend vanaf de dag waarop dit recht is ontstaan en kan deze dag, in afwijking van artikel 44, eerste lid, liggen voor de dag waarop belanghebbende zich heeft gemeld doch niet voor 1 januari 2012.
2. Op de persoon, bedoeld in het eerste lid, is artikel 41, vierde lid, niet van toepassing.

Art. 78y Uitbetaling door Sociale verzekeringsbank aan het college
Indien als gevolg van inwerkingtreding van de Wet afschaffing huishoudinkomenstoets het college ten aanzien van belanghebbende over een periode een vordering heeft met betrekking tot kosten van algemene bijstand en als gevolg van inwerkingtreding van die wet die belanghebbende over diezelfde periode recht op algemene bijstand heeft jegens de Sociale verzekeringsbank, betaalt de Sociale Verzekeringsbank, zonder dat daarvoor machtiging nodig is van de belanghebbende, op verzoek van het college uit die bijstand het bedrag van die vordering uit aan het college.

Art. 78z Overgangsrecht Wet werk en bijstand
1. Door het college op grond van de Wet werk en bijstand genomen besluiten gelden als door hem genomen besluiten op grond van deze wet.
2. Het college brengt de in het eerste lid bedoelde besluiten binnen zes maanden na de inwerkingtreding van artikel I van de Invoeringswet Participatiewet in overeenstemming met deze wet, voor zover die besluiten afwijken van deze wet.
3. Op een aanvraag op grond van de Wet werk en bijstand waarop niet is beslist voor de datum van inwerkingtreding van artikel I van de Invoeringswet Participatiewet wordt beslist met toepassing van deze wet.
4. Op een bezwaar- of beroepschrift dat vóór of op de datum van inwerkingtreding van artikel I van de Invoeringswet Participatiewet is ingediend tegen een door het college op grond van de Wet werk en bijstand genomen besluit en waarop op die datum nog niet onherroepelijk is beslist, wordt beslist met toepassing van de Wet werk en bijstand.
5. De regels, die bij verordening zijn vastgesteld op grond van artikel 8, eerste lid, onderdelen b en d, 8a en 47 van de Wet werk en bijstand gelden na de datum van inwerkingtreding van artikel I van de Invoeringswet Participatiewet als regels op grond van artikel 8, eerste lid, onderdelen a en b, 8b respectievelijk 47 van de Participatiewet.
6. De regels, die bij verordening zijn vastgesteld op grond van de artikelen 8, eerste lid, onderdelen a, c, e en f van deze wet, 35, eerste lid, onderdeel a, van de Wet inkomensvoorziening oudere en gedeeltelijk arbeidsongeschikte werknemers en 35, eerste lid, onderdeel a, van de Wet inkomensvoorziening oudere en gedeeltelijk arbeidsongeschikte gewezen zelfstandigen, zoals deze wetten luidden op de dag voor inwerkingtreding van de artikelen I, IX en X van de Invoeringswet Participatiewet gelden tot zes maanden na de dag van inwerkingtreding als regels op grond van artikel 8a van deze wet.
7. Binnen zes maanden na inwerkingtreding van artikel I van de Invoeringswet Participatiewet stelt de gemeenteraad bij verordening regels vast als bedoeld in de artikelen 6, 8, 8a, 10b en 47.
8. Het eerste tot en met het vierde lid is van overeenkomstige toepassing op de uitvoering door de Sociale verzekeringsbank van de taak, bedoeld in artikel 47a, eerste lid.

Art. 78aa
1. Op de persoon die op de dag voor inwerkingtreding van artikel IX, onderdeel B, van de Verzamelwet SZW 2016, recht heeft op algemene bijstand:
a. blijven de artikelen 20 tot en met 22a, 24, 33, vierde lid, en 53a, tweede en derde lid, zoals die luidden op die dag van toepassing; en
b. is artikel 19a niet van toepassing;
gedurende zes maanden na de datum van inwerkingtreding voor zover toepassing van dit artikel tot een hoger bedrag aan algemene bijstand leidt.
2. Indien het netto minimumloon wijzigt met ingang van 1 januari 2016, worden bij de toepassing van het eerste lid, de normen, genoemd in de in het eerste lid, onderdeel a, genoemde artikelen 20 tot en met 22a, toegepast, zoals ze zouden luiden na herziening met het percentage van deze wijziging.

Art. 78bb Overgangsrecht inkomensvrijlating

Overgangsrecht inkomensvrijlating

Artikel 31, tweede lid, onderdeel n, zoals dat luidde op de dag voor inwerkingtreding van artikel I van de Wet vrijlating lijfrenteopbouw en inkomsten uit arbeid en bevordering vrijwillige voortzetting pensioenopbouw, blijft van toepassing op de persoon op wie de vrijlating van inkomsten uit arbeid, bedoeld in artikel 31, tweede lid, onderdeel n, van toepassing was voorafgaand aan de dag gelegen zes maanden voor inwerkingtreding van artikel I van de Wet vrijlating lijfrenteopbouw en inkomsten uit arbeid en bevordering vrijwillige voortzetting pensioenopbouw, tot zijn recht op algemene bijstand waarin die vrijlating van toepassing was, eindigt.

Art. 78cc

Overgangsrecht inkomensvrijlating

Artikel 6, onderdeel g, zoals dat luidde op de dag voor de datum van inwerkingtreding van artikel I, onderdeel A, van de Wet van 17 november 2016 tot wijziging van de Participatiewet, de Wet tegemoetkomingen loondomein, de Wet financiering sociale verzekeringen en de Wet arbeidsongeschiktheidsvoorziening jonggehandicapten in verband met stroomlijning van de loonkostensubsidie op grond van de Participatiewet en enkele andere wijzigingen blijft van toepassing op de verstrekking van loonkostensubsidies over perioden die gelegen zijn voor 1 januari 2017.

Hoofdstuk 8
Slotbepalingen

Art. 79 Begrip besluit

Begripsbepaling

Voor de toepassing van artikel 8:1 van de Algemene wet bestuursrecht wordt met een besluit gelijkgesteld het nalaten van een handeling die strekt tot uitvoering van het besluit inzake de verlening of terugvordering van bijstand of het verrichten van een handeling die afwijkt van dat besluit.

Art. 80 Cassatie

Gezamenlijk huishouden, instellen cassatie

1. Tegen uitspraken van de Centrale Raad van Beroep kan ieder der partijen beroep in cassatie instellen ter zake van schending of verkeerde toepassing van artikel 3, tweede tot en met vijfde lid, en de daarop berustende bepalingen.
2. Op dit beroep zijn de voorschriften betreffende het beroep in cassatie tegen de uitspraken van de gerechtshoven inzake beroepen in belastingzaken van overeenkomstige toepassing, waarbij de Centrale Raad van Beroep de plaats inneemt van een gerechtshof.

Art. 81 Onverwijlde bijstand

Voorschot, in opdracht van voorzitter GS

1. In geval het college geen of ontoereikend toepassing heeft gegeven aan artikel 52 kan de voorzitter van gedeputeerde staten, indien naar zijn oordeel de noodzaak tot onverwijlde bijstand aanwezig is, op verzoek van de belanghebbende besluiten dat het college algemene bijstand verleent.
2. De beslissing van de voorzitter van gedeputeerde staten vervalt, zodra de beslissing van het college inzake de verlening van algemene bijstand onherroepelijk is geworden dan wel de rechtbank op het beroep heeft beslist. De beslissing vervalt eveneens met ingang van de datum waarop een door de voorzieningenrechter van de rechtbank getroffen voorlopige voorziening in werking treedt.
3. De in het eerste lid bedoelde bijstand wordt bij wijze van voorschot verleend in de vorm van een renteloze geldlening.

Art. 82 Goede uitvoering

Uitvoering wet, nadere regels

1. Bij algemene maatregel van bestuur kunnen, indien de spoed dat vereist, regels worden gesteld die noodzakelijk zijn in verband met de goede uitvoering van de wet.
2. De voordracht voor een krachtens het eerste lid vast te stellen algemene maatregel van bestuur wordt niet eerder gedaan dan vier weken nadat het ontwerp aan beide kamers der Staten-Generaal is overgelegd.
3. Na de plaatsing in het Staatsblad van een krachtens het eerste lid vastgestelde algemene maatregel van bestuur wordt een voorstel van wet tot regeling van het betrokken onderwerp zo spoedig mogelijk bij de Staten-Generaal ingediend. Indien het voorstel wordt ingetrokken of indien een van beide kamers der Staten-Generaal besluit het voorstel niet aan te nemen, wordt de algemene maatregel van bestuur onverwijld ingetrokken. Wordt het voorstel tot wet verheven, dan wordt de algemene maatregel van bestuur ingetrokken op het tijdstip van inwerkingtreding van die wet.

Art. 83 Innovatie

Experimenten, nadere regels

1. Bij algemene maatregel van bestuur kan bij wijze van experiment, met het oog op het onderzoeken van mogelijkheden om deze wet met betrekking tot de arbeidsinschakeling en de financiering doeltreffender uit te voeren, worden afgeweken van het bepaalde bij of krachtens de artikelen 6 tot en met 10, 31, tweede lid, en paragraaf 7.1. Bij toepassing van de eerste volzin wordt bij algemene maatregel van bestuur geregeld op welke wijze en gedurende welke periode van welke artikelen van de wet wordt afgeweken.

Participatiewet

2. Een experiment als bedoeld in het eerste lid duurt ten hoogste drie jaar. Indien, voor een experiment is afgelopen, een voorstel van wet is ingediend bij de Staten-Generaal om het experiment om te zetten in een structurele wettelijke regeling, kan het experiment worden verlengd tot het tijdstip waarop het voorstel van wet in werking treedt. De tweede volzin van het eerste lid is van overeenkomstige toepassing.
3. Onze Minister kan op hun verzoek gemeenten aanwijzen die deelnemen aan een experiment. Bij of krachtens algemene maatregel van bestuur worden regels gesteld met betrekking tot de toepassing van deze bevoegdheid.
4. Bij ministeriële regeling kunnen regels worden gesteld met betrekking tot de uitvoering van een experiment en voorzieningen worden getroffen voor zich gedurende een experiment voordoende onvoorziene gevallen.
5. Onze Minister zendt uiterlijk drie maanden voor het einde van een experiment aan de Staten-Generaal een verslag over de doeltreffendheid en de effecten van het experiment in de praktijk alsmede een standpunt inzake de voortzetting ervan anders dan als experiment. Indien een experiment eerder wordt beëindigd dan oorspronkelijk beoogd, zendt Onze Minister, in afwijking van de eerste volzin, uiterlijk twee maanden na de beëindiging van dat experiment een verslag als bedoeld in de eerste volzin aan de Staten-Generaal.
6. De voordracht voor krachtens dit artikel vast te stellen algemene maatregelen van bestuur wordt niet eerder gedaan dan vier weken nadat het ontwerp aan beide kamers der Staten-Generaal is overgelegd.

Art. 84 Evaluatie
Onze Minister zendt binnen vier jaar na de inwerkingtreding van artikel 18b en artikel 47c, tweede lid, derde en vierde zin, zoals deze luiden onmiddellijk na inwerkingtreding van de Wet taaleis Participatiewet, aan de Staten-Generaal een verslag over de doeltreffendheid en de effecten van artikel 18b en artikel 47c, tweede lid, derde en vierde zin, in de praktijk.

Uitvoering wet, evaluatie

Art. 85 Inwerkingtreding
Deze wet treedt in werking op een bij koninklijk besluit te bepalen tijdstip, dat voor de verschillende artikelen of onderdelen daarvan verschillend kan worden gesteld. In het koninklijk besluit wordt zo nodig toepassing gegeven aan artikel 16 van de Tijdelijke referendumwet.

Inwerkingtreding

Art. 86 Citeertitel
Deze wet wordt aangehaald als: Participatiewet.

Citeertitel

Wet maatschappelijke ondersteuning 2015[1]

Wet van 9 juli 2014, houdende regels inzake de gemeentelijke ondersteuning op het gebied van zelfredzaamheid, participatie, beschermd wonen en opvang (Wet maatschappelijke ondersteuning 2015)

Wij Willem-Alexander, bij de gratie Gods, Koning der Nederlanden, Prins van Oranje-Nassau, enz. enz. enz.
Allen, die deze zullen zien of horen lezen, saluut! doen te weten:
Alzo Wij in overweging genomen hebben, dat burgers een eigen verantwoordelijkheid dragen voor de wijze waarop zij hun leven inrichten en deelnemen aan het maatschappelijk leven, en dat van burgers mag worden verwacht dat zij elkaar naar vermogen daarin bijstaan; dat het tevens wenselijk is nieuwe regels te stellen om de rechten en plichten van de burger meer met elkaar in evenwicht te brengen; dat burgers die zelf dan wel samen met personen in hun naaste omgeving onvoldoende zelfredzaam zijn of onvoldoende in staat zijn tot participatie, een beroep moeten kunnen doen op door de overheid georganiseerde ondersteuning; dat de ondersteuning van de zelfredzaamheid en de participatie van personen met een beperking, chronische psychische of psychosociale problemen, erop gericht moet zijn dat burgers zo lang mogelijk in de eigen leefomgeving kunnen blijven; dat het in de rede ligt de overheidsverantwoordelijkheid voor het ondersteunen van de zelfredzaamheid en de participatie zo dicht mogelijk bij de burger te beleggen; dat het daarom wenselijk is nieuwe regels te stellen inzake de gemeentelijke verantwoordelijkheid voor de ondersteuning van personen met een beperking en personen met psychische of psychosociale problemen; dat het voorts wenselijk is dat daarbij zorg wordt gedragen voor een goede toegankelijkheid van voorzieningen, diensten en ruimten voor mensen met een beperking;
Zo is het, dat Wij, de Afdeling advisering van de Raad van State gehoord, en met gemeen overleg der Staten-Generaal, hebben goedgevonden en verstaan, gelijk Wij goedvinden en verstaan bij deze:

Hoofdstuk 1
Begripsbepalingen en algemene bepalingen

§ 1
Begripsbepalingen

Art. 1.1.1

Begripsbepalingen

1. In deze wet en de daarop berustende bepalingen wordt verstaan onder:
– *aanbieder:* natuurlijke persoon of rechtspersoon die jegens het college gehouden is een algemene voorziening of een maatwerkvoorziening te leveren;
– *algemene voorziening:* aanbod van diensten of activiteiten dat, zonder voorafgaand onderzoek naar de behoeften, persoonskenmerken en mogelijkheden van de gebruikers, toegankelijk is en dat is gericht op maatschappelijke ondersteuning;
– *begeleiding:* activiteiten gericht op het bevorderen van zelfredzaamheid en participatie van de cliënt opdat hij zo lang mogelijk in zijn eigen leefomgeving kan blijven.
– *beschermd wonen:* wonen in een accommodatie van een instelling met daarbij behorende toezicht en begeleiding, gericht op het bevorderen van zelfredzaamheid en participatie, het psychisch en psychosociaal functioneren, stabilisatie van een psychiatrisch ziektebeeld, het voorkomen van verwaarlozing of maatschappelijke overlast of het afwenden van gevaar voor de cliënt of anderen, bestemd voor personen met psychische of psychosociale problemen, die niet in staat zijn zich op eigen kracht te handhaven in de samenleving;
– *beroepskracht:* natuurlijke persoon die in persoon beroepsmatig werkzaam is voor een aanbieder;
– *bijzondere categorieën van persoonsgegevens:* bijzondere categorieën van persoonsgegevens als bedoeld in paragraaf 3.1 van de Uitvoeringswet Algemene verordening gegevensbescherming;
– *burgerservicenummer:* burgerservicenummer als bedoeld in artikel 1, onderdeel b, van de Wet algemene bepalingen burgerservicenummer;
– *CAK:* het CAK, genoemd in artikel 6.1.1, eerste lid, van de Wet langdurige zorg;

---

[1] Inwerkingtredingsdatum: 19-07-2014; zoals laatstelijk gewijzigd bij: Stb. 2020, 67.

Wet maatschappelijke ondersteuning 2015

A78 art. 1.1.1

– *calamiteit:* niet-beoogde of onverwachte gebeurtenis, die betrekking heeft op de kwaliteit van een voorziening en die tot een ernstig schadelijk gevolg voor of de dood van een cliënt heeft geleid;
– *CIZ:* het CIZ, genoemd in artikel 7.1.1, eerste lid, van de Wet langdurige zorg;
– *cliënt:* persoon die gebruik maakt van een algemene voorziening of aan wie een maatwerkvoorziening of persoonsgebonden budget is verstrekt of door of namens wie een melding is gedaan als bedoeld in artikel 2.3.2, eerste lid;
– *cliëntondersteuning:* onafhankelijke ondersteuning met informatie, advies en algemene ondersteuning die bijdraagt aan het versterken van de zelfredzaamheid en participatie en het verkrijgen van een zo integraal mogelijke dienstverlening op het gebied van maatschappelijke ondersteuning, preventieve zorg, zorg, jeugdhulp, onderwijs, welzijn, wonen, werk en inkomen;
– *college:* college van burgemeester en wethouders;
– *dossier:* geheel van schriftelijk of elektronisch vastgelegde gegevens met betrekking tot een melding van huiselijk geweld of kindermishandeling of een vermoeden daarvan;
– *gebruikelijke hulp:* hulp die naar algemeen aanvaarde opvattingen in redelijkheid mag worden verwacht van de echtgenoot, ouders, inwonende kinderen of andere huisgenoten;
– *gegevens over gezondheid:* gegevens over gezondheid als bedoeld in artikel 4, onderdeel 15 van de Algemene verordening gegevensbescherming;
– *geweld bij de verstrekking van een voorziening:* seksueel binnendringen van het lichaam van of ontucht met een cliënt, alsmede lichamelijk en geestelijk geweld jegens een cliënt, door een beroepskracht dan wel door een andere cliënt met wie de cliënt gedurende het etmaal of een dagdeel in een accommodatie van een aanbieder verblijft;
– *huiselijk geweld:* lichamelijk, geestelijk of seksueel geweld of bedreiging daarmee door iemand uit de huiselijke kring;
– *huiselijke kring:* een familielid, een huisgenoot, de echtgenoot of voormalig echtgenoot of een mantelzorger;
– *hulpmiddel:* roerende zaak die bedoeld is om beperkingen in de zelfredzaamheid of de participatie te verminderen of weg te nemen;
– *kindermishandeling:* elke vorm van voor een minderjarige bedreigende of gewelddadige interactie van fysieke, psychische of seksuele aard, die de ouders of andere personen ten opzichte van wie de minderjarige in een relatie van afhankelijkheid of van onvrijheid staat, actief of passief opdringen, waardoor ernstige schade wordt berokkend of dreigt te worden berokkend aan de minderjarige in de vorm van fysiek of psychisch letsel;
– *maatschappelijke ondersteuning:*
1°. bevorderen van de sociale samenhang, de mantelzorg en vrijwilligerswerk, de toegankelijkheid van voorzieningen, diensten en ruimten voor mensen met een beperking, de veiligheid en leefbaarheid in de gemeente, alsmede voorkomen en bestrijden van huiselijk geweld,
2°. ondersteunen van de zelfredzaamheid en de participatie van personen met een beperking of met chronische psychische of psychosociale problemen zoveel mogelijk in de eigen leefomgeving,
3°. bieden van beschermd wonen en opvang;
– *maatwerkvoorziening:* op de behoeften, persoonskenmerken en mogelijkheden van een persoon afgestemd geheel van diensten, hulpmiddelen, woningaanpassingen en andere maatregelen:
1°. ten behoeve van zelfredzaamheid, daaronder begrepen kortdurend verblijf in een instelling ter ontlasting van de mantelzorger, het daarvoor noodzakelijke vervoer, alsmede hulpmiddelen, woningaanpassingen en andere maatregelen,
2°. ten behoeve van participatie, daaronder begrepen het daarvoor noodzakelijke vervoer, alsmede hulpmiddelen en andere maatregelen,
3°. ten behoeve van beschermd wonen en opvang;
– *mantelzorg:* hulp ten behoeve van zelfredzaamheid, participatie, beschermd wonen, opvang, jeugdhulp, het opvoeden en opgroeien van jeugdigen en zorg en overige diensten als bedoeld in de Zorgverzekeringswet, die rechtstreeks voortvloeit uit een tussen personen bestaande sociale relatie en die niet wordt verleend in het kader van een hulpverlenend beroep;
– *Onze Minister:* Onze Minister van Volksgezondheid, Welzijn en Sport;
– *opvang:* onderdak en begeleiding voor personen die de thuissituatie hebben verlaten, al dan niet in verband met risico's voor hun veiligheid als gevolg van huiselijk geweld, en niet in staat zijn zich op eigen kracht te handhaven in de samenleving;
– *participatie:* deelnemen aan het maatschappelijke verkeer;
– *persoonsgebonden budget:* bedrag waaruit namens het college betalingen worden gedaan voor diensten, hulpmiddelen, woningaanpassingen en andere maatregelen die tot een maatwerkvoorziening behoren, en die een cliënt van derden heeft betrokken;
– *persoonsgegevens, gegevens over gezondheid, verwerking van persoonsgegevens, bestand, verwerkingsverantwoordelijke en verwerker:* hetgeen daaronder wordt verstaan in artikel 4 van de Algemene verordening gegevensbescherming;

– *persoonsgegevens van strafrechtelijke aard:* persoonsgegevens van strafrechtelijke aard als bedoeld in paragraaf 3.2 van de Uitvoeringswet Algemene verordening gegevensbescherming;
– *Richtlijn 2004/38/EG:* Richtlijn nr. 2004/38/EG van het Europees Parlement en de Raad van 29 april 2004 betreffende het recht van vrij verkeer en verblijf op het grondgebied van de lidstaten voor de burgers van de Unie en hun familieleden, tot wijziging van Verordening (EEG) 1612/68 en tot intrekking van Richtlijnen 64/221/EEG, 68/360/EEG, 72/194/EEG, 73/148/EEG, 75/34/EEG, 75/35/EEG, 90/364/EEG, 90/365/EEG en 93/96/EEG (PbEU L 158);
– *sociaal netwerk:* personen uit de huiselijke kring of andere personen met wie de cliënt een sociale relatie onderhoudt;
– *toezichthoudende ambtenaar:* persoon als bedoeld in de artikelen 4.3.1, 6.1 en 6.2;
– *Uitvoeringsinstituut werknemersverzekeringen:* Uitvoeringsinstituut werknemersverzekeringen als bedoeld in hoofdstuk 5 van de Wet structuur uitvoeringsorganisatie werk en inkomen;
– *Veilig Thuis:* Veilig Thuis-organisatie als bedoeld in artikel 4.1.1;
– *vertegenwoordiger:* persoon of rechtspersoon die een cliënt vertegenwoordigt die niet in staat kan worden geacht tot een redelijke waardering van zijn belangen ter zake;
– *vertrouwenspersoon:*
1°. persoon die beroepsmatig of niet incidenteel als vrijwilliger personen die bij een melding aan een Veilig Thuis-organisatie betrokken zijn op hun verzoek ondersteunt bij de uitoefening van hun rechten jegens Veilig Thuis;
2°. die onafhankelijk is van de Veilig Thuis-organisatie waarmee de persoon die bij een melding betrokken is, te maken heeft, en
3°. voor wie een verklaring omtrent het gedrag als bedoeld in artikel 28 van de Wet justitiële en strafvorderlijke gegevens is afgegeven;
– *voorziening:* algemene voorziening of maatwerkvoorziening;
– *woningaanpassing:* bouwkundige of woontechnische ingreep in of aan een woonruimte;
– *zelfredzaamheid:* in staat zijn tot het uitvoeren van de noodzakelijke algemene dagelijkse levensverrichtingen en het voeren van een gestructureerd huishouden.
2. Personen of rechtspersonen die als vertegenwoordiger als bedoeld in het eerste lid kunnen optreden zijn de curator, de mentor of de gevolmachtigde van de cliënt, dan wel, indien zodanige persoon of rechtspersoon ontbreekt, diens echtgenoot, de geregistreerde partner of andere levensgezel van de cliënt, tenzij deze persoon dat niet wenst, dan wel, indien ook zodanige persoon ontbreekt, diens ouder, kind, broer of zus, tenzij deze persoon dat niet wenst.

Art. 1.1.2

Geregistreerde partners

1. Voor de toepassing van deze wet en de daarop berustende bepalingen wordt gelijkgesteld met:
a. echtgenoot: geregistreerde partner;
b. gehuwd: als partner geregistreerd.

Gehuwden

2. Voor de toepassing van deze wet en van de tot haar uitvoering genomen besluiten wordt:
a. als gehuwd of als echtgenoot mede aangemerkt de ongehuwde meerderjarige die met een andere ongehuwde meerderjarige een gezamenlijke huishouding voert, tenzij het betreft een bloedverwant in de eerste graad;
b. als ongehuwd mede aangemerkt degene die duurzaam gescheiden leeft van de persoon met wie hij gehuwd is.

Gezamenlijke huishouding

3. Van een gezamenlijke huishouding is sprake indien twee personen hun hoofdverblijf in dezelfde woning hebben en zij blijk geven zorg te dragen voor elkaar door middel van het leveren van een bijdrage in de kosten van de huishouding dan wel anderszins.
4. Een gezamenlijke huishouding wordt in ieder geval aanwezig geacht indien de betrokkenen hun hoofdverblijf hebben in dezelfde woning en:
a. zij met elkaar gehuwd zijn geweest of eerder voor de toepassing van deze wet daarmee gelijk zijn gesteld,
b. uit hun relatie een kind is geboren of erkenning heeft plaatsgevonden van een kind van de een door de ander,
c. zij zich wederzijds verplicht hebben tot een bijdrage aan de huishouding krachtens een geldend samenlevingscontract, of
d. zij op grond van een registratie worden aangemerkt als een gezamenlijke huishouding die naar aard en strekking overeenkomt met de gezamenlijke huishouding, bedoeld in het derde lid.
5. Bij algemene maatregel van bestuur wordt vastgesteld welke registraties, en gedurende welk tijdvak, in aanmerking worden genomen voor de toepassing van het vierde lid, onderdeel d.
6. Bij algemene maatregel van bestuur kunnen regels worden gesteld ten aanzien van hetgeen wordt verstaan onder het blijk geven zorg te dragen voor een ander, zoals bedoeld in het derde lid.

§ 2
Algemene bepalingen

Art. 1.2.1
Een ingezetene van Nederland komt overeenkomstig de bepalingen van deze wet in aanmerking voor een maatwerkvoorziening, bestaande uit:

a. door het college van de gemeente waarvan hij ingezetene is, te verstrekken ondersteuning van zijn zelfredzaamheid en participatie, voor zover hij in verband met een beperking, chronische psychische of psychosociale problemen niet op eigen kracht, met gebruikelijke hulp, met mantelzorg of met hulp van andere personen uit zijn sociale netwerk voldoende zelfredzaam is of in staat is tot participatie,

b. beschermd wonen, te verstrekken door het college van de gemeente tot welke hij zich wendt, voor zover hij in verband met psychische of psychosociale problemen niet in staat is zich op eigen kracht, met gebruikelijke hulp, met mantelzorg of met hulp van andere personen uit zijn sociale netwerk te handhaven in de samenleving, dan wel

c. opvang, te verstrekken door het college van de gemeente tot welke hij zich wendt, indien hij de thuissituatie heeft verlaten, al dan niet in verband met risico's voor zijn veiligheid als gevolg van huiselijk geweld, en niet in staat is zich op eigen kracht, met gebruikelijke hulp, met mantelzorg of met hulp van andere personen uit zijn sociale netwerk te handhaven in de samenleving.

Maatwerkvoorziening ingezetene

Art. 1.2.2
1. Een vreemdeling komt voor het verstrekken van een maatwerkvoorziening slechts in aanmerking indien hij rechtmatig verblijf houdt in de zin van artikel 8, onderdelen a tot en met e en l, van de Vreemdelingenwet 2000.
2. Een vreemdeling komt in afwijking van het eerste lid niet in aanmerking voor een maatwerkvoorziening bestaande uit opvang in de gevallen, bedoeld in artikel 24, tweede lid, van Richtlijn 2004/38/EG. De eerste volzin is niet van toepassing op opvang in verband met risico's voor de veiligheid van betrokkene als gevolg van huiselijk geweld.
3. In afwijking van het eerste of het tweede lid kan worden bepaald dat in bij of krachtens algemene maatregel van bestuur te noemen gevallen, zo nodig in afwijking van artikel 10 van de Vreemdelingenwet 2000, bij of krachtens die maatregel aan te geven categorieën in Nederland verblijvende vreemdelingen, geheel of gedeeltelijk in aanmerking komen voor bij die maatregel aan te geven maatwerkvoorzieningen.
4. In de in het derde lid genoemde maatregel kan worden bepaald dat het college zorg draagt voor het verstrekken van bij die maatregel aangewezen voorzieningen.

Maatwerkvoorziening vreemdeling

Hoofdstuk 2
Maatschappelijke ondersteuning

§ 1
Opdracht gemeente

Art. 2.1.1
1. Het gemeentebestuur draagt zorg voor de maatschappelijke ondersteuning.
2. Het gemeentebestuur draagt zorg voor de kwaliteit en de continuïteit van de voorzieningen.

Gemeentebestuur, taak

Art. 2.1.2
1. De gemeenteraad stelt periodiek een plan vast met betrekking tot het door het gemeentebestuur te voeren beleid met betrekking tot maatschappelijke ondersteuning.
2. Het plan beschrijft de beleidsvoornemens inzake door het college te nemen besluiten of te verrichten handelingen die erop gericht zijn:

a. de sociale samenhang, de toegankelijkheid van voorzieningen, diensten en ruimten voor mensen met een beperking te bevorderen, de veiligheid en leefbaarheid in de gemeente te bevorderen, alsmede huiselijk geweld te voorkomen en te bestrijden;

b. de verschillende categorieën van mantelzorgers, en vrijwilligers, zoveel mogelijk in staat te stellen hun taken als mantelzorger of vrijwilliger uit te voeren;

c. vroegtijdig vast te stellen of ingezetenen maatschappelijke ondersteuning behoeven;

d. te voorkomen dat ingezetenen op maatschappelijke ondersteuning aangewezen zullen zijn;

e. algemene voorzieningen te bieden aan ingezetenen die maatschappelijke ondersteuning behoeven;

f. maatwerkvoorzieningen te bieden ter ondersteuning van de zelfredzaamheid en participatie aan ingezetenen van de gemeente die daartoe op eigen kracht, met gebruikelijke hulp, met mantelzorg of met hulp van andere personen uit hun sociale netwerk niet of onvoldoende in staat zijn;

g. maatwerkvoorzieningen te bieden aan personen die niet in staat zijn zich op eigen kracht te handhaven in de samenleving en beschermd wonen of opvang behoeven in verband met psy-

Gemeentebestuur, beleidsplan

chische of psychosociale problemen of omdat zij de thuissituatie hebben verlaten, al dan niet in verband met risico's voor hun veiligheid als gevolg van huiselijk geweld;

h. uitvoering te geven aan het op 13 december 2006 te New York tot stand gekomen Verdrag inzake de rechten van personen met een handicap (Trb. 2007, 169);

i. de participatie van ingezetenen die geestelijke gezondheidszorg nodig hebben, te versterken.

3. Het plan is erop gericht dat:

a. cliënten zo lang mogelijk in de eigen leefomgeving kunnen blijven;

b. cliënten die beschermd wonen of opvang ontvangen, een veilige woonomgeving hebben en, indien mogelijk, weer in staat zijn zich op eigen kracht te handhaven in de samenleving.

4. In het plan wordt bijzondere aandacht gegeven aan:

a. een zo integraal mogelijke dienstverlening op het gebied van maatschappelijke ondersteuning, publieke gezondheid, preventie, zorg, jeugdhulp, onderwijs, welzijn, wonen, werk en inkomen;

b. de samenwerking met zorgverzekeraars en zorgaanbieders als bedoeld in de Zorgverzekeringswet met het oog op een zo integraal mogelijke dienstverlening;

c. keuzemogelijkheden tussen aanbieders voor degenen aan wie een maatwerkvoorziening wordt verstrekt, waarbij rekening wordt gehouden met de godsdienstige gezindheid, de levensovertuiging en de culturele achtergrond van cliënten, in het bijzonder voor kleine doelgroepen;

d. de toegankelijkheid van voorzieningen, diensten en ruimten voor mensen met een beperking;

e. de wijze waarop de continuïteit van hulp wordt gewaarborgd, in het bijzonder ten aanzien van de persoon die door het bereiken van een bepaalde leeftijd geen jeugdhulp als bedoeld in de Jeugdwet meer kan ontvangen;

f. mogelijkheden om met inzet van begeleiding, waaronder dagbesteding, mensen zo lang mogelijk in de eigen leefomgeving te laten blijven;

g. de wijze waarop ingezetenen worden geïnformeerd over de personen die kunnen optreden als vertegenwoordiger van een cliënt die niet in staat kan worden geacht tot een redelijke waardering van zijn belangen ter zake.

5. In het plan wordt aangegeven op welke wijze de gemeente artikel 2.1.7 toepast dan wel de reden om dat artikel niet toe te passen.

6. In het plan wordt aangegeven welke resultaten het gemeentebestuur in de door het plan bestreken periode wenst te behalen, welke criteria worden gehanteerd om te meten hoe deze resultaten zijn behaald en welke prestatie-indicatoren worden gehanteerd ten aanzien van aanbieders.

Art. 2.1.3

Verordening uitvoering gemeentelijk beleidsplan

1. De gemeenteraad stelt bij verordening de regels vast die noodzakelijk zijn voor de uitvoering van het in artikel 2.1.2 bedoelde plan en de door het college ter uitvoering daarvan te nemen besluiten of te verrichten handelingen.

2. In de verordening wordt in ieder geval bepaald:

a. op welke wijze en op basis van welke criteria wordt vastgesteld of een cliënt voor een maatwerkvoorziening voor zelfredzaamheid, participatie, beschermd wonen of opvang in aanmerking komt;

b. op welke wijze de hoogte van een persoonsgebonden budget wordt vastgesteld waarbij geldt dat de hoogte toereikend moet zijn;

c. welke eisen worden gesteld aan de kwaliteit van voorzieningen, eisen met betrekking tot de deskundigheid van beroepskrachten daaronder begrepen;

d. ten aanzien van welke voorzieningen een regeling voor de afhandeling van klachten van cliënten vereist is;

e. ten aanzien van welke voorzieningen een regeling voor medezeggenschap van cliënten over voorgenomen besluiten van de aanbieder die voor de gebruikers van belang zijn, vereist is.

3. In de verordening wordt bepaald op welke wijze ingezetenen, waaronder in ieder geval cliënten of hun vertegenwoordigers, worden betrokken bij de uitvoering van deze wet, waarbij in ieder geval wordt geregeld de wijze waarop zij:

a. in de gelegenheid worden gesteld voorstellen voor het beleid te doen;

b. vroegtijdig in staat worden gesteld gevraagd en ongevraagd advies uit te brengen bij de besluitvorming over verordeningen en beleidsvoorstellen;

c. worden voorzien van ondersteuning om hun rol effectief te kunnen vervullen;

d. deel kunnen nemen aan periodiek overleg;

e. onderwerpen voor de agenda van dit overleg kunnen aanmelden;

f. worden voorzien van de voor een adequate deelname aan het overleg benodigde informatie.

4. In de verordening worden regels gesteld voor de bestrijding van het ten onrechte ontvangen van een maatwerkvoorziening of een persoonsgebonden budget, alsmede van misbruik of oneigenlijk gebruik van de wet.

Art. 2.1.4

Bijdrage kosten gebruik algemene voorziening

1. Bij verordening kan worden bepaald dat een cliënt een bijdrage in de kosten verschuldigd is voor het gebruik van een algemene voorziening.

2. Bij verordening kan de hoogte van de bijdrage voor het gebruik van een algemene voorziening worden vastgesteld. Bij die verordening kan de hoogte van de bijdrage per soort voorziening verschillen of kan een korting worden bepaald per in de verordening omschreven categorie van cliënten.

3. In afwijking van het tweede lid worden bij verordening algemene voorzieningen aangewezen, waaronder in ieder geval die voorzieningen ter compensatie van beperkingen in de participatie of zelfredzaamheid waarbij een duurzame hulpverleningsrelatie wordt aangegaan tussen degenen aan wie een voorziening wordt verstrekt en de betrokken hulpverlener. De hoogte van de bijdrage voor het gebruik van een of meerdere van die aangewezen voorzieningen tezamen bedraagt, onverminderd artikel 2.1.4a, vierde lid, € 19,- per maand voor de ongehuwde cliënt of de gehuwde cliënt en diens echtgenoot tezamen.

4. Onverminderd het eerste lid en in afwijking van het derde lid kan bij verordening worden bepaald dat de hoogte van de bijdrage, bedoeld in dat lid:
a. op een lager bedrag wordt vastgesteld;
b. wordt verlaagd tot nihil voor bij algemene maatregel van bestuur aangewezen categorieën van cliënten, indien het inkomen over een bij algemene maatregel van bestuur aan te geven tijdsperiode van de ongehuwde cliënt of de gehuwde cliënt en diens echtgenoot tezamen niet meer bedraagt dan een bij verordening vastgesteld bedrag.

5. Voor het gebruik van de algemene voorziening cliëntondersteuning is geen bijdrage verschuldigd.

6. De bijdrage, bedoeld in het tweede lid, gaat de kostprijs van de voorziening niet te boven. Bij verordening wordt bepaald op welke wijze de kostprijs wordt berekend.

Art. 2.1.4a

1. Bij verordening kan worden bepaald dat een cliënt een bijdrage in de kosten verschuldigd is voor een maatwerkvoorziening, dan wel een persoonsgebonden budget.

Eigen bijdrage, maatwerkvoorziening of persoonsgebonden budget

2. In afwijking van het eerste lid kan bij verordening worden bepaald dat de bijdrage voor een maatwerkvoorziening dan wel een persoonsgebonden budget verschuldigd is zolang de cliënt van de voorziening gebruik maakt onderscheidenlijk gedurende de periode waarvoor het persoonsgebonden budget wordt verleend.

3. Bij algemene maatregel van bestuur kunnen gevallen worden omschreven waarin bij verordening de hoogte van de bijdrage wordt vastgesteld of geen bijdrage is verschuldigd voor een maatwerkvoorziening, een krachtens artikel 2.1.4, derde lid, aangewezen voorziening, dan wel een persoonsgebonden budget.

4. Bij verordening wordt bepaald dat de bijdrage voor één of meerdere maatwerkvoorziening, persoonsgebonden budgetten of krachtens artikel 2.1.4, derde lid, aangewezen voorzieningen, tezamen, met uitzondering van beschermd wonen, de maatwerkvoorziening opvang of andere bij algemene maatregel van bestuur omschreven maatwerkvoorzieningen, bedraagt € 19,- per maand voor de ongehuwde cliënt of de gehuwde cliënt en diens echtgenoot tezamen.

Eigen bijdrage maatwerkvoorziening of persoonsgebonden budget, hoogte

5. Onverminderd het eerste lid en in afwijking van het vierde lid kan bij verordening de hoogte van de bijdrage, bedoeld in het vierde lid:
a. op een lager bedrag worden vastgesteld;
b. worden verlaagd tot nihil voor bij algemene maatregel van bestuur aangewezen categorieën van cliënten, indien het inkomen over een bij algemene maatregel van bestuur aan te geven tijdsperiode van de ongehuwde cliënt of de gehuwde cliënt en diens echtgenoot tezamen niet meer bedraagt dan een bij verordening vastgesteld bedrag.

6. De bijdrage voor een maatwerkvoorziening dan wel persoonsgebonden budget voor een hulpmiddel, een woningaanpassing of een bij algemene maatregel van bestuur omschreven maatwerkvoorziening als bedoeld in het vierde lid, gaat de kostprijs daarvan niet te boven. Bij verordening wordt bepaald op welke wijze de kostprijs wordt berekend.

7. Bij of krachtens algemene maatregel van bestuur worden regels gesteld over de bijdragen voor een maatwerkvoorziening dan wel persoonsgebonden budget voor beschermd wonen en opvang. Deze regels hebben in ieder geval betrekking op:
a. de hoogte van de bijdrage;
b. de wijze waarop het inkomen en het vermogen bij de vaststelling van de hoogte van de bijdrage worden betrokken.

Art. 2.1.4b

1. De bijdragen als bedoeld in artikel 2.1.4, derde en vierde lid, en 2.1.4a, worden, met uitzondering van de krachtens het vierde lid van het laatstgenoemde artikel omschreven maatwerkvoorzieningen, vastgesteld en voor de gemeente geïnd door het CAK.

Eigen bijdrage geïnd door andere instantie dan CAK

2. In afwijking van het eerste lid wordt bij verordening bepaald door welke instantie de bijdrage voor een maatwerkvoorziening dan wel een persoonsgebonden budget voor opvang wordt vastgesteld en geïnd. Het college draagt er zorg voor dat aan het CAK mededeling wordt gedaan van de bijdragen die door de bedoelde instantie zijn vastgesteld, voor zover niet betrekking

A78 art. 2.1.5   Wet maatschappelijke ondersteuning 2015

hebbende op personen die de thuissituatie hebben verlaten in verband met risico's voor hun veiligheid als gevolg van huiselijk geweld.
3. Bij of krachtens algemene maatregel van bestuur worden regels gesteld over de wijze van innen van de in het eerste lid bedoelde bijdragen. Deze regels hebben in ieder geval betrekking op:
a. de termijn waarbinnen de verschuldigde bijdrage moet zijn voldaan;
b. het opschorten of beëindigen van de invordering bij het voldoen aan de kostprijs of bij het opschorten of beëindigen van gebruik als bedoeld in artikel 2.1.4a, tweede lid;
c. de wijze van invordering.
4. Bij ministeriële regeling kan het bedrag, bedoeld in de artikelen 2.1.4, derde lid, en 2.1.4a, vierde lid, jaarlijks worden geïndexeerd aan de hand van de consumentenprijsindex. De berekende bedragen worden naar beneden afgerond op een veelvoud van € 0,2. Bij de jaarlijkse toepassing van dit lid wordt de afronding buiten beschouwing gelaten.

Art. 2.1.5

Eigen bijdrage t.b.v. minderjarige cliënt, bijdrageplichtige

1. Indien een maatwerkvoorziening of een persoonsgebonden budget wordt verstrekt ten behoeve van een woningaanpassing voor een minderjarige cliënt, kan bij verordening worden bepaald dat de in artikel 2.1.4a, eerste lid, bedoelde bijdrage is verschuldigd door:
a. de onderhoudsplichtige ouders, daaronder begrepen degene tegen wie een op artikel 394 van Boek 1 van het Burgerlijk Wetboek gegrond verzoek is toegewezen, en
b. degene die anders dan als ouder samen met de ouder het gezag uitoefent over een cliënt.
2. Indien bijdrageplichtige ouders of stiefouders gescheiden wonen en geen bedrag is bepaald op de voet van de artikelen 406 of 407 van het Boek 1 van het Burgerlijk Wetboek of van artikel 822, eerste lid, onderdeel c, van het Wetboek van Burgerlijke Rechtsvordering, is de ouder of stiefouder die ingevolge de Algemene Kinderbijslagwet onmiddellijk voorafgaande aan de verstrekking van de maatwerkvoorziening of het persoonsgebonden budget recht op kinderbijslag heeft, de bijdrage verschuldigd.
3. In afwijking van het eerste lid is in ieder geval geen bijdrage verschuldigd indien de ouders van het gezag over de cliënt zijn ontheven of ontzet.
4. Indien meer dan één persoon een bijdrage is verschuldigd, is ieder der bijdrageplichtigen de bijdrage verschuldigd, met dien verstande dat indien de een heeft betaald, de ander is bevrijd.

Art. 2.1.6

Mantelzorgers, jaarlijkse waardering

Bij verordening wordt bepaald op welke wijze het college zorg draagt voor een jaarlijkse blijk van waardering voor de mantelzorgers van cliënten in de gemeente.

Art. 2.1.7

Tegemoetkoming t.b.v. zelfredzaamheid/participatie

Bij verordening kan worden bepaald dat door het college aan personen met een beperking of chronische psychische of psychosociale problemen die daarmee verband houdende aannemelijke meerkosten hebben, een tegemoetkoming wordt verstrekt ter ondersteuning van de zelfredzaamheid en de participatie.

§ 2
Algemene maatregelen en algemene voorzieningen

Art. 2.2.1

College, taak

Het college bevordert en treft de algemene maatregelen om de sociale samenhang, de toegankelijkheid van voorzieningen, diensten en ruimten voor mensen met een beperking, de veiligheid en leefbaarheid in de gemeente te bevorderen, alsmede huiselijk geweld te voorkomen en te bestrijden, die noodzakelijk zijn ter uitvoering van het plan, bedoeld in artikel 2.1.2, tweede lid.

Art. 2.2.2

Mantelzorg en vrijwilligerswerk, bevorderingsmaatregelen

1. Het college bevordert en treft de algemene maatregelen ter bevordering van mantelzorg en vrijwilligerswerk en ter ondersteuning van mantelzorgers en vrijwilligers, die noodzakelijk zijn ter uitvoering van het plan, bedoeld in artikel 2.1.2, tweede lid.
2. Het college bevordert en treft voorts de algemene voorzieningen die ter uitvoering van het plan, bedoeld in artikel 2.1.2, tweede lid, noodzakelijk zijn om de onderscheiden categorieën van mantelzorgers en vrijwilligers zoveel mogelijk in staat te stellen hun taken als mantelzorger en vrijwilliger uit te voeren.

Art. 2.2.3

Zelfredzaamheid, beschermd wonen en opvang, bevorderingsmaatregelen

Het college bevordert en treft de algemene voorzieningen ter bevordering van de zelfredzaamheid, participatie, beschermd wonen en opvang, die noodzakelijk zijn ter uitvoering van het plan, bedoeld in artikel 2.1.2, tweede lid.

Art. 2.2.4

Cliëntondersteuning

1. Het college draagt er in ieder geval zorg voor dat voor ingezetenen cliëntondersteuning beschikbaar is.

2. Het college draagt er zorg voor dat bij de cliëntondersteuning het belang van betrokkene uitgangspunt is.

§ 3
Maatwerkvoorzieningen

Art. 2.3.1
Het college draagt er zorg voor dat aan personen die daarvoor in aanmerking komen, een maatwerkvoorziening wordt verstrekt.

Maatwerkvoorzieningen

Art. 2.3.2
1. Indien bij het college melding wordt gedaan van een behoefte aan maatschappelijke ondersteuning, voert het college in samenspraak met degene door of namens wie de melding is gedaan en waar mogelijk met de mantelzorger of mantelzorgers dan wel diens vertegenwoordiger, zo spoedig mogelijk, doch uiterlijk binnen zes weken, een onderzoek uit overeenkomstig het tweede tot en met achtste lid. Het college bevestigt de ontvangst van de melding.
2. Voordat het onderzoek van start gaat, kan de cliënt het college een persoonlijk plan overhandigen waarin hij de omstandigheden, bedoeld in het vierde lid, onderdelen a tot en met g, beschrijft en aangeeft welke maatschappelijke ondersteuning naar zijn mening het meest is aangewezen. Het college brengt de cliënt van deze mogelijkheid op de hoogte en stelt hem gedurende zeven dagen na de melding, bedoeld in het eerste lid, in de gelegenheid het plan te overhandigen.
3. Het college wijst de cliënt en zijn mantelzorger voor het onderzoek op de mogelijkheid gebruik te maken van gratis cliëntondersteuning.
4. Het college onderzoekt:
a. de behoeften, persoonskenmerken en de voorkeuren van de cliënt;
b. de mogelijkheden om op eigen kracht of met gebruikelijke hulp zijn zelfredzaamheid of zijn participatie te verbeteren of te voorzien in zijn behoefte aan beschermd wonen of opvang;
c. de mogelijkheden om met mantelzorg of hulp van andere personen uit zijn sociale netwerk te komen tot verbetering van zijn zelfredzaamheid of zijn participatie of te voorzien in zijn behoefte aan beschermd wonen of opvang;
d. de behoefte aan maatregelen ter ondersteuning van de mantelzorger van de cliënt;
e. de mogelijkheden om met gebruikmaking van een algemene voorziening of door het verrichten van maatschappelijk nuttige activiteiten te komen tot verbetering van zijn zelfredzaamheid of zijn participatie, onderscheidenlijk de mogelijkheden om met gebruikmaking van een algemene voorziening te voorzien in zijn behoefte aan beschermd wonen of opvang;
f. de mogelijkheden om door middel van samenwerking met zorgverzekeraars en zorgaanbieders als bedoeld in de Zorgverzekeringswet en partijen op het gebied van publieke gezondheid, jeugdhulp, onderwijs, welzijn, wonen, werk en inkomen, te komen tot een zo goed mogelijk afgestemde dienstverlening met het oog op de behoefte aan verbetering van zijn zelfredzaamheid, zijn participatie of aan beschermd wonen of opvang;
g. welke bijdragen in de kosten de cliënt met toepassing van het bepaalde bij of krachtens de artikelen 2.1.4 en 2.1.4a, verschuldigd zal zijn.
5. Indien de cliënt een persoonlijk plan als bedoeld in het tweede lid aan het college heeft overhandigd, betrekt het college dat plan bij het onderzoek als bedoeld in het vierde lid, onderdelen a tot en met g.
6. Bij het onderzoek wordt aan de cliënt dan wel diens vertegenwoordiger medegedeeld welke mogelijkheden bestaan om te kiezen voor de verstrekking van een persoonsgebonden budget. De cliënt dan wel diens vertegenwoordiger wordt in begrijpelijke bewoordingen ingelicht over de gevolgen van die keuze.
7. De cliënt dan wel diens vertegenwoordiger verschaft het college de gegevens en bescheiden die voor het onderzoek nodig zijn en waarover hij redelijkerwijs de beschikking kan krijgen.
8. Het college verstrekt de cliënt dan wel diens vertegenwoordiger een schriftelijke weergave van de uitkomsten van het onderzoek.
9. Een aanvraag als bedoeld in artikel 2.3.5 kan niet worden gedaan dan nadat het onderzoek is uitgevoerd, tenzij het onderzoek niet is uitgevoerd binnen de in het eerste lid genoemde termijn.

Onderzoek na melding

Onderzoek, inhoud

Persoonlijk plan cliënt

Gegevensverstrekking t.b.v. onderzoek

Art. 2.3.3
In spoedeisende gevallen, daaronder begrepen de gevallen waarin terstond opvang noodzakelijk is, al dan niet in verband met risico's voor de veiligheid als gevolg van huiselijk geweld, beslist het college na een melding als bedoeld in artikel 2.3.2, eerste lid, onverwijld tot verstrekking van een tijdelijke maatwerkvoorziening in afwachting van de uitkomst van het onderzoek, bedoeld in artikel 2.3.2 en de aanvraag van de cliënt.

Spoedeisende gevallen, tijdelijke maatwerkvoorziening

A78 art. 2.3.4

Wet maatschappelijke ondersteuning 2015

Art. 2.3.4

Onderzoek, identificatie cliënt

1. Bij het onderzoek, bedoeld in artikel 2.3.2, vierde lid, stelt het college de identiteit van de cliënt vast aan de hand van een document als bedoeld in artikel 1 van de Wet op de identificatieplicht.
2. De cliënt die een aanvraag doet voor een maatwerkvoorziening, verstrekt het college desgevraagd terstond een document als bedoeld in artikel 1 van de Wet op de identificatieplicht ter inzage.

Art. 2.3.5

Beslissing op aanvraag door college

1. Het college beslist op een aanvraag:
a. van een ingezetene van de gemeente om een maatwerkvoorziening ten behoeve van zelfredzaamheid en participatie;
b. van een ingezetene van Nederland om een maatwerkvoorziening ten behoeve van opvang en beschermd wonen.

Beschikkingstermijn

2. Het college geeft de beschikking binnen twee weken na ontvangst van de aanvraag.
3. Het college beslist tot verstrekking van een maatwerkvoorziening ter compensatie van de beperkingen in de zelfredzaamheid of participatie die de cliënt ondervindt, voor zover de cliënt deze beperkingen naar het oordeel van het college niet op eigen kracht, met een algemeen gebruikelijke voorziening, met gebruikelijke hulp, met mantelzorg of met hulp van andere personen uit zijn sociale netwerk dan wel met gebruikmaking van algemene voorzieningen kan verminderen of wegnemen. De maatwerkvoorziening levert, rekening houdend met de uitkomsten van het in artikel 2.3.2 bedoelde onderzoek, een passende bijdrage aan het realiseren van een situatie waarin de cliënt in staat wordt gesteld tot zelfredzaamheid of participatie en zo lang mogelijk in de eigen leefomgeving kan blijven.
4. Het college beslist tot verstrekking van een maatwerkvoorziening ter compensatie van de problemen bij het zich handhaven in de samenleving van de cliënt met psychische of psychosociale problemen en de cliënt die de thuissituatie heeft verlaten, al dan niet in verband met risico's voor zijn veiligheid als gevolg van huiselijk geweld, voor zover de cliënt deze problemen naar het oordeel van het college niet op eigen kracht, met gebruikelijke hulp, met mantelzorg of met hulp van andere personen uit zijn sociale netwerk dan wel met gebruikmaking van algemene voorzieningen kan verminderen of wegnemen. De maatwerkvoorziening levert, rekening houdend met de uitkomsten van het in artikel 2.3.2 bedoelde onderzoek, een passende bijdrage aan het voorzien in de behoefte van de cliënt aan beschermd wonen of opvang en aan het realiseren van een situatie waarin de cliënt in staat wordt gesteld zich zo snel mogelijk weer op eigen kracht te handhaven in de samenleving.

Maatwerkvoorziening, afstemmingsfactoren

5. De maatwerkvoorziening is, voor zover daartoe aanleiding bestaat, afgestemd op:
a. de omstandigheden en mogelijkheden van de cliënt,
b. zorg en overige diensten als bedoeld bij of krachtens de Zorgverzekeringswet,
c. jeugdhulp als bedoeld in de Jeugdwet die de cliënt ontvangt of kan ontvangen,
d. onderwijs dat de cliënt volgt dan wel zou kunnen volgen,
e. betaalde werkzaamheden,
f. scholing die de cliënt volgt of kan volgen,
g. ondersteuning ingevolge de Participatiewet,
h. de godsdienstige gezindheid, de levensovertuiging en de culturele achtergrond van de cliënt.

Weigeringsgronden maatwerkvoorziening

6. Het college kan een maatwerkvoorziening weigeren indien de cliënt aanspraak heeft op verblijf en daarmee samenhangende zorg in een instelling op grond van de Wet langdurige zorg, dan wel er redenen zijn om aan te nemen dat de cliënt daarop aanspraak kan doen gelden en weigert mee te werken aan het verkrijgen van een besluit dienaangaande.
7. Het zesde lid geldt niet voor verzekerden als bedoeld in artikel 11.1.1, derde lid, van de Wet langdurige zorg.
8. Bij algemene maatregel van bestuur kunnen regels worden gesteld over de beoordeling van het college bij de beslissing tot het verstrekken van een maatwerkvoorziening, bedoeld in het derde lid.
9. De voordracht voor een krachtens het achtste lid vast te stellen algemene maatregel van bestuur wordt niet eerder gedaan dan vier weken nadat het ontwerp aan beide kamers der Staten-Generaal is overlegd.

Art. 2.3.6

Persoonsgebonden budget

1. Indien de cliënt dit wenst, verstrekt het college hem een persoonsgebonden budget dat de cliënt in staat stelt de diensten, hulpmiddelen, woningaanpassingen en andere maatregelen die tot de maatwerkvoorziening behoren, van derden te betrekken.

Persoonsgebonden budget, voorwaarden

2. Een persoonsgebonden budget wordt verstrekt, indien:
a. de cliënt naar het oordeel van het college op eigen kracht voldoende in staat is te achten tot een redelijke waardering van zijn belangen ter zake dan wel met hulp uit zijn sociale netwerk of van zijn vertegenwoordiger, in staat is te achten de aan een persoonsgebonden budget verbonden taken op verantwoorde wijze uit te voeren;

b. de cliënt zich gemotiveerd op het standpunt stelt dat hij de maatwerkvoorziening als persoonsgebonden budget wenst geleverd te krijgen;
c. naar het oordeel van het college is gewaarborgd dat de diensten, hulpmiddelen, woningaanpassingen en andere maatregelen die tot de maatwerkvoorziening behoren, veilig, doeltreffend en cliëntgericht worden verstrekt.
3. Bij het beoordelen van de kwaliteit als bedoeld in het tweede lid, onder c, weegt het college mee of de diensten, hulpmiddelen, woningaanpassingen en andere maatregelen in redelijkheid geschikt zijn voor het doel waarvoor het persoonsgebonden budget wordt verstrekt.
4. Bij verordening kan worden bepaald onder welke voorwaarden betreffende het tarief, de persoon aan wie een persoonsgebonden budget wordt verstrekt, de mogelijkheid heeft om diensten, hulpmiddelen, woningaanpassingen en andere maatregelen te betrekken van een persoon die behoort tot het sociale netwerk.
5. Het college kan een persoonsgebonden budget weigeren:
a. voor zover de kosten van het betrekken van de diensten, hulpmiddelen, woningaanpassingen en andere maatregelen van derden hoger zijn dan de kosten van de maatwerkvoorziening of;
b. indien het college eerder toepassing heeft gegeven aan artikel 2.3.10, eerste lid, onderdeel a, d en e.
6. Op een persoonsgebonden budget is titel 4.2 van de Algemene wet bestuursrecht niet van toepassing.

Persoonsgebonden budget, weigeringsgronden

Persoonsgebonden budget, werkingssfeer Awb

Art. 2.3.7
1. Indien het college heeft beslist tot verstrekking van een maatwerkvoorziening in de vorm van een woningaanpassing aan een woning waarvan de cliënt niet de eigenaar is, dan wel een persoonsgebonden budget daarvoor, is het college dan wel de cliënt, bevoegd zonder toestemming van de eigenaar deze woningaanpassing aan te brengen of te doen aanbrengen.
2. Alvorens de woningaanpassing aan te brengen of te doen aanbrengen, stelt het college de eigenaar van de woning in de gelegenheid zich te doen horen.
3. Het college dan wel de cliënt is niet gehouden de woningaanpassing ongedaan te maken, indien de cliënt niet langer gebruik maakt van de woning.

Woningaanpassing, huurwoning

Art. 2.3.8
1. De cliënt doet aan het college op verzoek of onverwijld uit eigen beweging mededeling van alle feiten en omstandigheden waarvan hem redelijkerwijs duidelijk moet zijn dat zij aanleiding kunnen zijn tot heroverweging van een beslissing als bedoeld in artikel 2.3.5 of 2.3.6.
2. De verplichting, bedoeld in het eerste lid, geldt niet indien die feiten en omstandigheden door het college kunnen worden vastgesteld op grond van bij wettelijk voorschrift als authentiek aangemerkte gegevens of kunnen worden verkregen uit bij regeling van Onze Minister aan te wijzen administraties.
3. De cliënt is verplicht aan het college desgevraagd de medewerking te verlenen die redelijkerwijs nodig is voor de uitvoering van deze wet.

Persoonsgebonden budget, informatieplicht cliënt

Art. 2.3.9
1. Het college onderzoekt periodiek of er aanleiding is een beslissing als bedoeld in artikel 2.3.5 of 2.3.6 te heroverwegen.
2. Artikel 2.3.2, tweede tot en met zesde lid, en artikel 2.3.5, zesde lid, zijn van overeenkomstige toepassing.

Persoonsgebonden budget, periodieke heroverweging

Art. 2.3.10
1. Het college kan een beslissing als bedoeld in artikel 2.3.5 of 2.3.6 herzien dan wel intrekken, indien het college vaststelt dat:
a. de cliënt onjuiste of onvolledige gegevens heeft verstrekt en de verstrekking van juiste of volledige gegevens tot een andere beslissing zou hebben geleid,
b. de cliënt niet langer op de maatwerkvoorziening of het persoonsgebonden budget is aangewezen,
c. de maatwerkvoorziening of het persoonsgebonden budget niet meer toereikend is te achten,
d. de cliënt niet voldoet aan de aan de maatwerkvoorziening of het persoonsgebonden budget verbonden voorwaarden,
e. de cliënt de maatwerkvoorziening of het persoonsgebonden budget niet of voor een ander doel gebruikt.
2. Het college bepaalt in de beslissing, bedoeld in het eerste lid, het tijdstip waarop de beslissing in werking treedt.

Persoonsgebonden budget, herziening en intrekking

§ 4
Verhaal van kosten

Art. 2.4.1

Terugvordering waarde maatwerkvoorziening of persoonsgebonden budget

1. Indien het college een beslissing als bedoeld in artikel 2.3.5 of 2.3.6 met toepassing van artikel 2.3.10, onderdeel a, heeft ingetrokken en de verstrekking van de onjuiste of onvolledige gegevens door de cliënt opzettelijk heeft plaatsgevonden, kan het college van de cliënt en van degene die daaraan opzettelijk zijn medewerking heeft verleend, geheel of gedeeltelijk de geldswaarde vorderen van de ten onrechte genoten maatwerkvoorziening of het ten onrechte genoten persoonsgebonden budget.
2. Het college kan het terug te vorderen bedrag bij dwangbevel invorderen.

Art. 2.4.2

Vervreemding en bezwaring, roerende zaken niet vatbaar voor

Roerende zaken die aan de cliënt in gebruik zijn verstrekt als onderdeel van een maatwerkvoorziening dan wel zijn aangeschaft met een persoonsgebonden budget, zijn niet vatbaar voor vervreemding, verpanding, belening of beslag, gedurende de periode waarvoor de beslissing, bedoeld in artikel 2.3.5 of 2.3.6, geldt.

Art. 2.4.3

Regresrecht gemeente

1. Behoudens toepassing van artikel 2.4.4, heeft een gemeente voor de krachtens deze wet gemaakte kosten verhaal op degene, die jegens de cliënt naar burgerlijk recht tot schadevergoeding is verplicht in verband met het feit dat aanleiding heeft gegeven tot het verstrekken van een maatwerkvoorziening of een persoonsgebonden budget.

Regresrecht, maximale hoogte

2. Het verhaal beloopt ten hoogste het bedrag, waarvoor aansprakelijke persoon bij het ontbreken van de maatwerkvoorziening of het persoonsgebonden budget naar burgerlijk recht aansprakelijk zou zijn, verminderd met het bedrag, gelijk aan dat van de schadevergoeding tot betaling waarvan de aansprakelijke persoon jegens de cliënt naar burgerlijk recht is gehouden.

Regresrecht, geldswaarde niet vaststelbaar

3. Voor zover de geldswaarde van de maatwerkvoorziening niet kan worden vastgesteld, wordt deze bepaald op een geschat bedrag. Bij regeling van Onze Minister kunnen nadere regels worden gesteld.
4. Indien de cliënt in dienstbetrekking werkzaam is, gelden het eerste tot en met derde lid, ten aanzien van de naar burgerlijk recht tot schadevergoeding verplichte werkgever van de cliënt, onderscheidenlijk ten aanzien van de naar burgerlijk recht tot schadevergoeding verplichte persoon, die in dienstbetrekking staat tot dezelfde werkgever als de cliënt jegens wie naar burgerlijk recht de verplichting tot schadevergoeding bestaat, slechts indien het in het eerste lid bedoelde feit is te wijten aan opzet of bewuste roekeloosheid van die werkgever onderscheidenlijk persoon.
5. Voor de toepassing van het vierde lid wordt mede als werkgever beschouwd de inlener, bedoeld in artikel 34 van de Invorderingswet 1990.

Art. 2.4.4

Verzekering VNG

1. De Vereniging van Nederlandse Gemeenten kan met verzekeraars een overeenkomst sluiten inhoudende een door die verzekeraars te betalen afkoopsom voor de voor de komende periode ingevolge artikel 2.4.3, eerste lid, te verwachten schadelast tengevolge van de schadeplichtigheid van hun verzekerden.
2. De overeenkomst heeft geen betrekking op de schadelast van een gemeente die voor de aanvang van de onderhandelingen over de bedoelde overeenkomst aan de Vereniging van Nederlandse Gemeenten te kennen heeft gegeven van haar bevoegdheid in het eerste lid gebruik te maken.
3. De Vereniging van Nederlandse Gemeenten stelt voor aanvang van de periode waarvoor een afkoopsom is overeengekomen, gemeenten op de hoogte van de totstandkoming van bedoelde overeenkomst.

§ 5
Evaluatie van beleid

Art. 2.5.1

Cliëntervaringsonderzoek

1. Het college onderzoekt hoe de cliënten de kwaliteit van de maatschappelijke ondersteuning ervaren en publiceert jaarlijks voor 1 juli de uitkomsten hiervan.
2. Het college verstrekt jaarlijks voor 1 juli aan Onze Minister of een door Onze Minister aangewezen instelling de in het eerste lid omschreven gegevens.
3. Onze Minister draagt er zorg voor dat op basis van de door de gemeente verstrekte gegevens voor 1 januari van het jaar volgend op het in het tweede lid bedoelde tijdstip een rapportage wordt opgesteld en gepubliceerd waarin de gegevens van de gemeenten worden vergeleken.
4. Bij regeling van Onze Minister worden regels gesteld over de inrichting van het onderzoek, bedoeld in het eerste lid.

Art. 2.5.2
1. Het college verstrekt desgevraagd kosteloos aan Onze Minister de gegevens die hij nodig heeft om de werking van deze wet te kunnen beoordelen.
2. Bij regeling van Onze Minister kunnen regels worden gesteld omtrent de te verstrekken gegevens, de wijze van verstrekking, de tijdvakken waarop de te verstrekken gegevens betrekking hebben en de tijdstippen waarop de verstrekking plaatsvindt.

Gegevensverstrekking t.b.v. beoordeling wet

Art. 2.5.3
Het college rapporteert jaarlijks aan de gemeenteraad welke resultaten in het voorafgaande jaar zijn behaald op basis van de in het plan, bedoeld in artikel 2.1.2, zesde lid, gestelde resultaten en hierbij uitgaande van de in het plan aangegeven criteria om resultaten te meten en de ten aanzien van aanbieders gehanteerde prestatie-indicatoren.

Jaarlijkse rapportage college

Art. 2.5.4
1. Het CAK verstrekt desgevraagd kosteloos aan Onze Minister de gegevens die hij nodig heeft om de effecten van artikel 2.1.4 tot en met 2.1.4b in de praktijk te kunnen beoordelen.
2. Bij regeling van Onze Minister worden regels gesteld over de te verstrekken gegevens en de wijze van verstrekking.
3. Dit artikel en het derde lid van artikel 5.1.3, onder vernummering van het vierde lid tot het derde lid van dat artikel vervallen en de zinsnede «2.1.4b, 2.1.5 of 2.5.4» in de artikelen 5.2.1, tweede lid, onderdeel b, 5.2.3 en 5.2.4, eerste lid, wordt vervangen door «2.1.4b of 2.1.5» op een bij koninklijk besluit te bepalen tijdstip. In artikel 5.1.3, derde lid (nieuw), vervalt op dat tijdstip eveneens de zinsnede «en derde».

CAK, gegevensverstrekking

§ 6
Overige bepalingen

Art. 2.6.1
1. De colleges werken met elkaar samen, indien dat voor een doeltreffende en doelmatige uitvoering van deze wet aangewezen is.
2. Bij algemene maatregel van bestuur kunnen gebieden worden aangewezen waarbinnen colleges met het oog op de samenhangende uitvoering van de aan de colleges en de gemeenteraden bij of krachtens deze wet en andere wetten opgedragen taken samenwerken, uitsluitend indien de noodzakelijke samenwerking in deze gebieden ontbreekt en nadat Onze Minister op overeenstemming gericht overleg heeft gevoerd met de betrokken colleges. Bij die maatregel kunnen regels worden gesteld over de vorm van samenwerking.
3. De voordracht voor een krachtens het tweede lid vast te stellen algemene maatregel van bestuur wordt gedaan door Onze Minister in overeenstemming met Onze Minister van Binnenlandse Zaken en Koninkrijksrelaties.
4. De voordracht voor een krachtens het tweede lid vast te stellen algemene maatregel van bestuur wordt niet gedaan dan nadat het ontwerp in de Staatscourant is bekendgemaakt en aan een ieder de gelegenheid is geboden om binnen vier weken na de dag waarop de bekendmaking is geschied, wensen en bedenkingen ter kennis van Onze Minister te brengen. Gelijktijdig met de bekendmaking wordt het ontwerp aan de beide kamers der Staten-Generaal overgelegd.

Samenwerking colleges

Aanwijzing gebieden waarin colleges samenwerken

Art. 2.6.2
1. De Sociale verzekeringsbank, genoemd in artikel 3 van de Wet structuur uitvoeringsorganisatie werk en inkomen, voert namens de colleges de betalingen ten laste van verstrekte persoonsgebonden budgetten, alsmede het hiermee verbonden budgetbeheer, uit.
2. Bij of krachtens algemene maatregel van bestuur kunnen regels worden gesteld over de wijze waarop de Sociale verzekeringsbank de taak, bedoeld in het eerste lid, uitvoert.
3. Bij ministeriële regeling kunnen regels worden gesteld over de overeenkomst die de cliënt sluit met de derde van wie hij diensten, hulpmiddelen, woningaanpassingen of andere maatregelen die tot een maatwerkvoorziening behoren betrekt en die daarvoor betaling ontvangt uit het persoonsgebonden budget.

SVB, betaling en budgetbeheer

Art. 2.6.3
Het college kan de vaststelling van rechten en plichten van de cliënt mandateren aan een aanbieder.

Mandaatbevoegdheid college

Art. 2.6.4
1. Het college kan de uitvoering van deze wet, behoudens de vaststelling van de rechten en plichten van de cliënt, door derden laten verrichten.
2. Indien de levering van een voorziening wordt aanbesteed, gunt het college de overheidsopdracht op grond van de naar zijn oordeel economisch meest voordelige inschrijving en maakt in de aankondiging van de overheidsopdracht bekend welke nadere criteria hij stelt met het oog op de toepassing van het criterium economisch meest voordelige inschrijving, waarbij in ieder geval het nadere criterium kwaliteit wordt gesteld.
3. In afwijking van artikel 2.114, tweede lid, van de Aanbestedingswet 2012 kan het college een overheidsopdracht niet enkel op grond van het criterium de laagste prijs gunnen.

Delegatiebevoegdheid college, aanbesteding

Art. 2.6.5

Overname personeel door nieuwe aanbieder

1. De aanbieder aan welke een overheidsopdracht voor het leveren van een voorziening wordt gegund, overlegt met de aanbieder of aanbieders die in opdracht van het college laatstelijk voor hem die voorziening leverden dan wel na hem gaan leveren, over de overname van het betrokken personeel.
2. Het college houdt bij het verlenen van een overheidsopdracht voor het leveren van een maatwerkvoorziening rekening met de mate waarin de aanbieder zorg draagt voor continuïteit in de hulpverlening tussen degenen aan wie een maatwerkvoorziening wordt verstrekt en de betrokken hulpverleners. Bij of krachtens algemene maatregel van bestuur kunnen nadere regels worden gesteld.
3. Het college ziet erop toe dat:
   a. het overleg, bedoeld in het eerste lid, plaatsvindt, onverminderd het bepaalde in de artikelen 662 en 663 van Boek 7 van het Burgerlijk Wetboek; en
   b. de aanbieder of aanbieders, bedoeld in het eerste lid, zoveel mogelijk inspanning leveren om bij het overleg, bedoeld in het eerste lid, de overname van betrokken personeel en het voortzetten van bestaande relaties tussen hulpverleners en cliënten te bewerkstelligen.

Art. 2.6.6

Inkoopplan, waarborg goede verhouding prijs/kwaliteit

1. Met het oog op gevallen waarin ten aanzien van een voorziening artikel 2.6.4 wordt toegepast, worden bij verordening regels gesteld ter waarborging van een goede verhouding tussen de prijs voor de levering van een voorziening en de eisen die worden gesteld aan de kwaliteit van de voorziening. Daarbij wordt rekening gehouden met de deskundigheid van de beroepskrachten en de arbeidsvoorwaarden.

Inkoopplan, nadere regels

2. Bij of krachtens algemene maatregel van bestuur kunnen nadere regels worden gesteld omtrent het in het eerste lid bepaalde.
3. Het ontwerp van een krachtens het tweede lid vast te stellen algemene maatregel van bestuur wordt aan de beide kamers der Staten-Generaal overgelegd.
4. De voordracht van de vast te stellen algemene maatregel van bestuur kan worden gedaan nadat vier weken na de overlegging zijn verstreken, tenzij binnen die termijn door of namens een der kamers of door ten minste een vijfde van het grondwettelijk aantal leden van een der kamers de wens te kennen wordt gegeven dat het onderwerp van de algemene maatregel van bestuur bij wet wordt geregeld. In dat geval wordt een daartoe strekkend voorstel van wet zo spoedig mogelijk ingediend.

Art. 2.6.7

Maatschappelijke initiatieven, "Right to Challenge"

1. Bij algemene maatregel van bestuur kunnen voorwaarden worden bepaald waaronder ingezetenen en maatschappelijke initiatieven bij de uitvoering van het beleid kunnen worden betrokken, het uitvoeren van taken van het college op grond van deze wet daaronder begrepen.
2. In de in het eerste lid bedoelde algemene maatregel van bestuur wordt bepaald:
   a. welke eisen gelden voor het door ingezetenen en maatschappelijke initiatieven laten uitvoeren van taken van het college;
   b. op welke wijze en aan de hand van welke criteria de effecten worden geëvalueerd.
3. Het ontwerp van een krachtens het eerste lid vast te stellen algemene maatregel van bestuur wordt aan beide kamers der Staten-Generaal overgelegd. De voordracht voor de vast te stellen algemene maatregel van bestuur kan worden gedaan nadat vier weken na de overlegging zijn verstreken, tenzij binnen die termijn door of namens een der kamers de wens te kennen wordt gegeven dat het onderwerp van de algemene maatregel van bestuur bij wet wordt geregeld. In dat geval wordt een daartoe strekkend voorstel van wet zo spoedig mogelijk ingediend.

Art. 2.6.7a

Financieringswijzen en administratieve processen aanbieders zorg

1. In het belang van de beperking van uitvoeringslasten stelt Onze Minister regels. Deze regels kunnen slechts betrekking hebben op:
   a. de financieringswijzen en administratieve processen, behorende bij de bekostiging van aanbieders door colleges;
   b. de wijze waarop gegevensuitwisseling tussen aanbieders, colleges en CAK plaatsvindt;
   c. de wijze waarop verantwoording van aanbieders aan colleges plaatsvindt.
2. De colleges hanteren geen aanvullende of afwijkende eisen aangaande de onderwerpen waarover Onze Minister op grond van het eerste lid, onderdeel a, regels heeft gesteld.
3. Het Zorginstituut, genoemd in artikel 58, eerste lid, van de Zorgverzekeringswet, is belast met het beheer van standaarden die worden gebruikt in het elektronisch gegevensverkeer tussen de personen en instanties, bedoeld in het eerste lid.
4. Het ontwerp voor een krachtens het eerste lid, onder a, vast te stellen ministeriële regeling die betrekking heeft op de financieringswijzen wordt aan beide kamers der Staten-Generaal voorgelegd. De ministeriële regeling wordt niet eerder vastgesteld dan vier weken na de overlegging van het ontwerp.

Art. 2.6.8

Aanwijzing Minister

1. Onze Minister kan, indien hij met betrekking tot de rechtmatige uitvoering van deze wet ernstige tekortkomingen vaststelt, aan het college, nadat het college gedurende acht weken in

Wet maatschappelijke ondersteuning 2015

de gelegenheid is gesteld zijn zienswijze naar voren te brengen, een aanwijzing geven. Hij treedt daarbij niet in de besluitvorming inzake individuele gevallen.
2. In de aanwijzing wordt een termijn opgenomen waarbinnen het college de uitvoering in overeenstemming heeft gebracht met de aanwijzing.

Hoofdstuk 3
Kwaliteit

Art. 3.1
1. De aanbieder draagt er zorg voor dat de voorziening van goede kwaliteit is.   *Kwaliteit, zorgplicht aanbieder*
2. Een voorziening wordt in elk geval: *Kwaliteitseisen voorziening*
a. veilig, doeltreffend, doelmatig en cliëntgericht verstrekt,
b. afgestemd op de reële behoefte van de cliënt en op andere vormen van zorg of hulp die de cliënt ontvangt,
c. verstrekt in overeenstemming met de op de beroepskracht rustende verantwoordelijkheid, voortvloeiende uit de professionele standaard;
d. verstrekt met respect voor en inachtneming van de rechten van de cliënt.
3. Bij algemene maatregel van bestuur kunnen, indien het niveau van een vorm van maatschappelijke ondersteuning dit vereist, nadere eisen worden gesteld aan aanbieders van voorzieningen.
4. Het ontwerp van een krachtens het derde lid vast te stellen algemene maatregel van bestuur wordt aan beide kamers der Staten-Generaal overgelegd. De voordracht voor de vast te stellen algemene maatregel van bestuur kan worden gedaan nadat vier weken na de overlegging zijn verstreken, tenzij binnen die termijn door of namens een der kamers of door tenminste een vijfde van het grondwettelijke aantal leden van een der kamers de wens te kennen wordt gegeven dat het onderwerp van de algemene maatregel van bestuur bij wet wordt geregeld. In dat geval wordt een daartoe strekkend voorstel van wet zo spoedig mogelijk ingediend.

Art. 3.2
1. Indien de aanbieder een voorziening levert als bedoeld in artikel 2.1.3, tweede lid, onderdelen d en e, treft de aanbieder: *Klachtenregeling en medezeggenschap aanbieder*
a. een regeling voor de afhandeling van klachten van cliënten ten aanzien van gedragingen van de aanbieder jegens een cliënt;
b. een regeling voor medezeggenschap van cliënten over voorgenomen besluiten van de aanbieder die voor de gebruikers van belang zijn.
2. Bij of krachtens algemene maatregel van bestuur kunnen, indien het niveau van een vorm van maatschappelijke ondersteuning dit vereist, nadere eisen worden gesteld aan aanbieders van voorzieningen.

Art. 3.3
1. De aanbieder, niet zijnde een aanbieder die hulpmiddelen of woningaanpassingen levert, stelt een meldcode vast waarin stapsgewijs wordt aangegeven hoe met signalen van huiselijk geweld of kindermishandeling wordt omgegaan en die er redelijkerwijs aan bijdraagt dat zo snel en adequaat mogelijk hulp kan worden geboden.   *Meldcode aanbieder*
2. De aanbieder bevordert de kennis en het gebruik van de meldcode.
3. Bij krachtens algemene maatregel van bestuur wordt vastgesteld uit welke elementen een meldcode in ieder geval bestaat.

Art. 3.4
1. De aanbieder doet bij de toezichthoudende ambtenaar, bedoeld in artikel 6.1, onverwijld melding van: *Meldingsplicht aanbieder*
a. iedere calamiteit die bij de verstrekking van een voorziening heeft plaatsgevonden;
b. geweld bij de verstrekking van een voorziening.
2. De aanbieder en de beroepskrachten die voor hem werkzaam zijn, verstrekken bij en naar aanleiding van een melding als bedoeld in het eerste lid aan de toezichthoudende ambtenaar de gegevens, daaronder begrepen persoonsgegevens, gegevens over gezondheid en andere bijzondere categorieën van persoonsgegevens en persoonsgegevens van strafrechtelijke aard, voor zover deze voor het onderzoeken van de melding noodzakelijk zijn.
3. Persoonsgegevens als bedoeld in het tweede lid, ten aanzien waarvan de aanbieder of de beroepskracht op grond van een wettelijk voorschrift of op grond van zijn ambt of beroep tot geheimhouding is verplicht, worden uitsluitend zonder toestemming van betrokkene verstrekt, indien deze niet meer in staat is de toestemming te geven dan wel dit noodzakelijk kan worden geacht ter bescherming van cliënten.

Art. 3.5
1. Bij of krachtens algemene maatregel van bestuur kunnen regels worden gesteld over de situaties waarin een aanbieder, niet zijnde een aanbieder die hulpmiddelen of woningaanpassingen levert, in het bezit dient te zijn van een verklaring omtrent het gedrag als bedoeld in artikel 28 van de Wet justitiële en strafvorderlijke gegevens voor beroepskrachten en andere personen   *VOG aanbieder, nadere regels*

die beroepsmatig met zijn cliënten in contact kunnen komen, welke niet eerder is afgegeven dan drie maanden voor het tijdstip waarop betrokkene voor de aanbieder ging werken.

2. Indien de aanbieder of een toezichthoudende ambtenaar redelijkerwijs mag vermoeden dat een beroepskracht niet voldoet aan de eisen voor het afgeven van een verklaring als bedoeld in het eerste lid, verlangt de aanbieder dat die beroepskracht binnen tien weken een verklaring overlegt die niet ouder is dan drie maanden.

3. Indien de aanbieder voor een beroepskracht als bedoeld in het tweede lid bij het verstrijken van de in dat lid genoemde termijn niet in het bezit is van een verklaring omtrent het gedrag, neemt de aanbieder zo spoedig mogelijk de maatregelen die noodzakelijk zijn ter bescherming van zijn cliënten.

4. Bij krachtens algemene maatregel van bestuur kunnen regels worden gesteld over de situaties waarin een aanbieder die een solistisch werkende natuurlijk persoon is, in het bezit moet zijn van een verklaring omtrent het gedrag als bedoeld in artikel 28 van de Wet justitiële en strafvorderlijke gegevens, afgegeven op een tijdstip dat niet langer dan drie jaar is verstreken.

Hoofdstuk 3a
Overige voorzieningen voor maatschappelijke ondersteuning

§ 1
Voorzieningen maatschappelijke ondersteuning van de centrale overheid

Art. 3a.1.1

Tolkvoorzieningen personen met auditieve beperking, bekostiging taak UWV

1. Het Uitvoeringsinstituut werknemersverzekeringen heeft tot taak personen met een auditieve beperking door middel van het bekostigen van tolkvoorzieningen te ondersteunen bij het deelnemen aan het maatschappelijke verkeer, mits deze personen ingezetenen van Nederland zijn of vreemdelingen behorende tot een categorie die daaraan bij algemene maatregel van bestuur is gelijkgesteld.

2. Het Uitvoeringsinstituut werknemersverzekeringen kent, volgens bij of krachtens algemene maatregel van bestuur te stellen regels, op aanvraag van een persoon als bedoeld in het eerste lid, van een instelling, van een gemeente of ambtshalve een tolkvoorziening toe en bekostigt die voor die personen, gemeenten of instellingen.

3. Bij krachtens de in het tweede lid bedoelde algemene maatregel van bestuur worden nadere regels gesteld over:
a. de omvang en de inhoud van de aanspraak, bedoeld in het tweede lid;
b. de voorwaarden waaronder de tolkvoorzieningen worden verleend;
c. de kwaliteitseisen van tolken.

4. Op het bekostigen van de tolkvoorziening is titel 4.2 van de Algemene wet bestuursrecht niet van toepassing. De artikelen 3:18, 3:33, 3:56, 3:57, 3:58, 3:60, 3:62 en 3:74 van de Wet arbeidsongeschiktheidsvoorziening jonggehandicapten zijn van overeenkomstige toepassing op tolkvoorzieningen.

5. Het Uitvoeringsinstituut werknemersverzekeringen kan de toekenning, bedoeld in het tweede lid weigeren, indien:
a. het na een eerdere herziening, intrekking of weigering van een toekenning op grond van het vierde lid, heeft vastgesteld dat:
1°. de persoon, bedoeld in het tweede lid, onjuiste of onvolledige gegevens heeft verstrekt en de verstrekking van juiste of volledige gegevens tot een andere beslissing zou hebben geleid;
2°. de persoon niet voldoet aan de aan de tolkvoorziening verbonden voorwaarden, of
3°. de persoon de tolkvoorzieningen niet of voor een ander doel gebruikt;
b. de persoon, bedoeld in het tweede lid, aanspraak kan maken op tolkvoorzieningen die zijn getroffen op grond van de Participatiewet, de Wet arbeidsongeschiktheidsvoorziening jonggehandicapten, de Wet werk en inkomen naar arbeidsvermogen en de Wet overige OCW-subsidies of in verband met werkzaamheden als werknemer in de zin van de Wet sociale werkvoorziening en die aanspraak op ondersteuning bij de deelname aan onderwijs of arbeidsinschakeling of -ondersteuning betreft.

6. Bij ministeriële regeling kunnen regels worden gesteld over de vergoeding van de tolk.

Art. 3a.1.2

Beroep op vertrouwenspersoon en kosteloze en anonieme hulpvraag

Onze Minister draagt er zorg voor dat:
a. personen op ieder moment van de dag kosteloos en anoniem een telefonisch of elektronisch gesprek kunnen voeren over hun persoonlijke situatie en daarover advies kunnen krijgen, en
b. personen die bij een melding aan een Veilig Thuis-organisatie zijn betrokken een beroep kunnen doen op een vertrouwenspersoon.

Wet maatschappelijke ondersteuning 2015

§ 2
Toezicht en handhaving

Art. 3a.2.1
1. Met het toezicht op de naleving van de bij of krachtens deze wet met betrekking tot de in artikel 3a.1.1 gestelde regels zijn belast de door Onze Minister aangewezen ambtenaren.

2. De met het toezicht belaste ambtenaren zijn, voor zover dat voor de vervulling van hun taak noodzakelijk is en in afwijking van artikel 5:20, tweede lid, van de Algemene wet bestuursrecht, bevoegd tot inzage van de dossiers. Voor zover de betrokken beroepsbeoefenaar uit hoofde van zijn beroep tot geheimhouding van het dossier verplicht is, geldt gelijke verplichting voor de betrokken ambtenaar.
3. Van een besluit als bedoeld in het eerste lid wordt mededeling gedaan door plaatsing in de Staatscourant.

Art. 3a.2.2
De Raad van bestuur van het UWV is bevoegd tot het opleggen van een last onder bestuursdwang of een last onder dwangsom ter handhaving van de voorschriften of verplichtingen gesteld krachtens artikel 3a.1.1, derde en zesde lid.

§ 3
Bekostiging voorzieningen

Art. 3a.3.1
1. De kosten die worden gemaakt voor het bekostigen van tolkvoorzieningen, bedoeld in artikel 3a.1.1, eerste lid, komen ten laste van het Rijk.
2. Bij ministeriële regeling kunnen nadere regels worden gesteld over de uitvoering van dit artikel.

Hoofdstuk 4
Veilig Thuis

§ 1
Taken

Art. 4.1.1
1. Het college draagt zorg voor de inrichting van een Veilig Thuis-organisatie. Artikel 2.6.1 is van overeenkomstige toepassing.
2. Veilig Thuis oefent de volgende taken uit:
a. het fungeren als meldpunt voor gevallen of vermoedens van huiselijk geweld of kindermishandeling;
b. het naar aanleiding van een melding van huiselijk geweld of kindermishandeling of een vermoeden daarvan, onderzoeken of daarvan daadwerkelijk sprake is;
c. het beoordelen van de vraag of en zo ja tot welke stappen de melding van huiselijk geweld of kindermishandeling of een vermoeden daarvan aanleiding geeft;
d. het in kennis stellen van een instantie die passende professionele hulp kan verlenen bij huiselijk geweld of kindermishandeling, van een melding van huiselijk geweld of kindermishandeling of een vermoeden daarvan, indien het belang van de betrokkene dan wel de ernst van de situatie waarop de melding betrekking heeft daartoe aanleiding geeft;
e. het in kennis stellen van de politie of de raad voor de kinderbescherming van een melding van huiselijk geweld of kindermishandeling of een vermoeden daarvan, indien het belang van de betrokkene dan wel de ernst van de situatie waarop de melding betrekking heeft daartoe aanleiding geeft;
f. indien Veilig Thuis een verzoek tot onderzoek bij de raad voor de kinderbescherming doet, het in kennis stellen daarvan van het college, en
g. het op de hoogte stellen van degene die een melding heeft gedaan, van de stappen die naar aanleiding van de melding zijn ondernomen.
3. Veilig Thuis verstrekt aan degene die een vermoeden van huiselijk geweld of kindermishandeling heeft, desgevraagd advies over de stappen die in verband daarmee kunnen worden ondernomen en verleent daarbij zo nodig ondersteuning.
4. Het college bevordert een goede samenwerking tussen Veilig Thuis, de hulpverlenende instanties, de politie en de gecertificeerde instellingen en de raad voor de kinderbescherming in de zin van de Jeugdwet.

Margin notes:
- Tolkvoorzieningen personen met auditieve beperking, toezicht en handhaving
- Tolkvoorzieningen personen met auditieve beperking, bestuursdwang/last onder dwangsom
- Tolkvoorzieningen personen met auditieve beperking, kosten
- Veilig Thuis, taak college
- Veilig Thuis, taken
- Veilig Thuis, advies

A78 art. 4.2.1

Wet maatschappelijke ondersteuning 2015

Veilig Thuis, nadere regels werkwijze

5. Bij of krachtens algemene maatregel van bestuur kunnen nadere regels worden gesteld over de werkwijze van Veilig Thuis bij de uitoefening van de taken, bedoeld in het tweede en derde lid, over de deskundigheid waarover een Veilig Thuis-organisatie moet beschikken om een verantwoorde uitvoering van zijn taken te kunnen realiseren en over de samenwerking, bedoeld in het vierde lid.
6. De voordracht voor een krachtens het vijfde lid vast te stellen algemene maatregel van bestuur wordt niet gedaan dan nadat het ontwerp in de Staatscourant is bekendgemaakt en aan een ieder de gelegenheid is geboden om binnen vier weken na de dag waarop de bekendmaking is geschied, wensen en bedenkingen ter kennis van Onze Ministers te brengen. Gelijktijdig met de bekendmaking wordt het ontwerp aan de beide kamers der Staten-Generaal overgelegd.

§ 2
Kwaliteit en rechtspositie

Art. 4.2.1

Veilig Thuis, goede uitvoering taken

1. Veilig Thuis draagt er zorg voor dat de uitvoering van de taken, bedoeld in artikel 4.1.1, van goede kwaliteit is.
2. Veilig Thuis organiseert zich op zodanige wijze, voorziet zich kwalitatief en kwantitatief zodanig van personeel en materieel en draagt zorg voor een zodanige verantwoordelijkheidstoedeling, dat een en ander leidt of redelijkerwijs moet leiden tot een goede uitvoering van de taken.
3. Veilig Thuis neemt bij zijn werkzaamheden de zorg van een goede hulpverlener in acht en handelt daarbij in overeenstemming met de op hem rustende verantwoordelijkheid, voortvloeiende uit de voor die hulpverlener geldende professionele standaard.

Art. 4.2.2

Veilig Thuis, waarborging kwaliteit

1. Het uitvoeren van artikel 4.2.1, tweede lid, omvat mede de systematische bewaking, beheersing en verbetering van de kwaliteit.
2. Ter uitvoering van het eerste lid draagt Veilig Thuis zorg voor:
a. het op systematische wijze verzamelen en registreren van gegevens betreffende de kwaliteit;
b. het aan de hand van de gegevens, bedoeld onder a, op systematische wijze toetsen of de wijze van uitvoering van artikel 4.2.1, tweede lid, leidt tot goede kwaliteit, en
c. het op basis van de uitkomst van de toetsing, bedoeld onder b, zo nodig veranderen van de wijze waarop artikel 4.2.1, tweede lid, wordt uitgevoerd.

Art. 4.2.3

AMHK, nadere regels uitvoering taken en kwaliteit

1. Bij algemene maatregel van bestuur kunnen, indien het niveau van de uitvoering van de taken dit vereist, nadere regels worden gesteld met betrekking tot de uitvoering van de artikelen 4.2.1, tweede lid, en 4.2.2.
2. Indien uitvoering van de artikelen 4.2.1, tweede lid, en 4.2.2 overeenkomstig de op grond van het eerste lid gestelde regels niet blijkt te leiden tot een goede kwaliteit van de uitvoering van de taken, kunnen bij algemene maatregel van bestuur tevens nadere regels worden gesteld met betrekking tot artikel 4.2.1, eerste lid.
3. De voordracht voor een krachtens het eerste of tweede lid vast te stellen algemene maatregel van bestuur wordt niet gedaan dan nadat het ontwerp in de Staatscourant is bekendgemaakt en aan een ieder de gelegenheid is geboden om binnen vier weken na de dag waarop de bekendmaking is geschied, wensen en bedenkingen ter kennis van Onze Minister en Onze Minister van Veiligheid en Justitie te brengen. Gelijktijdig met de bekendmaking wordt het ontwerp aan de beide kamers der Staten-Generaal overgelegd.

Art. 4.2.4

Veilig Thuis, VOG

1. Veilig Thuis is in het bezit van een verklaring omtrent het gedrag als bedoeld in artikel 28 van de Wet justitiële en strafvorderlijke gegevens van personen die in zijn opdracht beroepsmatig en niet-incidenteel als vrijwilliger in contact kunnen komen met personen die bij een melding aan Veilig Thuis betrokken zijn.
2. Een verklaring als bedoeld in het eerste lid is niet eerder afgegeven dan drie maanden voor het tijdstip waarop betrokkene voor Veilig Thuis ging werken.
3. Indien Veilig Thuis of een ingevolge artikel 4.3.1 met het toezicht belaste ambtenaar redelijkerwijs mag vermoeden dat een persoon niet langer voldoet aan de eisen voor het afgeven van een verklaring als bedoeld in het eerste lid, verlangt deze dat die persoon zo spoedig mogelijk opnieuw een verklaring als bedoeld in het eerste lid overlegt, die niet ouder is dan drie maanden.
4. Bij algemene maatregel van bestuur kan, ten behoeve van de waarborging van de kwaliteit van de uitvoering van de taken, alsmede ten behoeve van het toezicht op en de handhaving van de bij of krachtens deze wet met betrekking tot Veilig Thuis gestelde regels, een register worden ingesteld van Veilig Thuis-organisaties en van personen als bedoeld in het eerste lid. Bij of krachtens die maatregel kunnen nadere regels worden gesteld over dat register. Deze regels hebben in ieder geval betrekking op:
a. de vorm van het register;
b. de in het register op te nemen gegevens;

c. de vastlegging van gegevens in het register en de verwijdering van gegevens daaruit;
d. de wijze waarop verbetering van onjuistheden in het register plaatsvindt;
e. de verstrekking van gegevens;
f. de openbaarheid van gegevens, en
g. de verantwoordelijkheid van degenen die gegevens aanleveren ten behoeve van het register.

Art. 4.2.5

1. Veilig Thuis doet aan de ingevolge artikel 4.3.1 met het toezicht belaste ambtenaren onverwijld melding van: *Veilig Thuis, melding calamiteit en geweld*
a. iedere calamiteit die bij de uitvoering van de taken, bedoeld in artikel 4.1.1, tweede en derde lid, heeft plaatsgevonden, en
b. geweld bij de uitvoering van de taken, bedoeld in artikel 4.1.1, tweede en derde lid.
2. Veilig Thuis verstrekt bij en naar aanleiding van een melding als bedoeld in het eerste lid aan de ingevolge artikel 4.3.1 met toezicht belaste ambtenaren de gegevens, daaronder begrepen persoonsgegevens, gegevens over gezondheid en andere bijzondere categorieën van persoonsgegevens, die voor het onderzoeken van de melding noodzakelijk zijn.

Art. 4.2.6

1. Veilig Thuis informeert personen die bij een melding betrokken zijn tijdig over de mogelijkheid gebruik te maken van de diensten van een vertrouwenspersoon. *Vertrouwenspersoon*
2. Veilig Thuis stelt een vertrouwenspersoon in de gelegenheid zijn taak uit te oefenen, waarbij het er in ieder geval voor zorgt dat personen die bij een melding betrokken zijn, zelfstandig, zonder tussenkomst van derden, contact kunnen hebben met een vertrouwenspersoon.
3. Bij algemene maatregel van bestuur worden nadere regels gesteld met betrekking tot het eerste en tweede lid.
4. Een rechtspersoon laat een vertrouwenspersoon slechts voor hem werken nadat deze hem een verklaring omtrent het gedrag heeft overgelegd die niet ouder is dan drie maanden.
5. Een vertrouwenspersoon die niet voor een rechtspersoon werkzaam is, is in het bezit van een verklaring omtrent het gedrag die niet ouder is dan drie jaar.
6. Indien een ingevolge artikel 9.2 met het toezicht belaste ambtenaar redelijkerwijs mag vermoeden dat een vertrouwenspersoon niet langer voldoet aan de eisen voor het afgeven van een verklaring omtrent het gedrag of een rechtspersoon als bedoeld in het eerste lid dit ten aanzien van een voor hem werkzame vertrouwenspersoon redelijkerwijs mag vermoeden, verlangt deze ambtenaar of rechtspersoon dat de vertrouwenspersoon zo spoedig mogelijk opnieuw een verklaring omtrent het gedrag overlegt, die niet ouder is dan drie maanden.
7. Een vertrouwenspersoon is bevoegd tot het verwerken van persoonsgegevens van de persoon die hij in het kader van het eerste lid ondersteunt, waaronder persoonsgegevens betreffende de gezondheid en strafrechtelijke persoonsgegevens, alsmede tot het zonder toestemming van degene die het betreft verwerken van persoonsgegevens van personen die werkzaam zijn voor Veilig Thuis, voor zover deze noodzakelijk zijn voor de ondersteuning die hij als vertrouwenspersoon dient te leveren.

Art. 4.2.7

1. Veilig Thuis treft een regeling voor de behandeling van klachten over gedragingen van Veilig Thuis of van voor hem werkzame personen jegens andere personen in het kader van de uitvoering van de taken van Veilig Thuis. Veilig Thuis brengt de regeling op passende wijze onder de aandacht van de jeugdigen, ouders en pleegouders. *Klachtenregeling Veilig Thuis*
2. De in het eerste lid bedoelde regeling:
a. voorziet erin dat de klachten worden behandeld door een klachtencommissie die bestaat uit ten minste drie leden, waaronder een voorzitter die niet werkzaam is voor of bij Veilig Thuis;
b. waarborgt dat aan de behandeling van een klacht niet wordt deelgenomen door een persoon op wiens gedraging de klacht rechtstreeks betrekking heeft;
c. waarborgt dat de klachtencommissie binnen een in de regeling vastgelegde termijn na indiening van de klacht de klager, degene over wie is geklaagd en Veilig Thuis schriftelijk en met redenen omkleed in kennis stelt van haar oordeel over de gegrondheid van de klacht, al dan niet vergezeld van aanbevelingen;
d. waarborgt dat bij afwijking van de onder c bedoelde termijn de klachtencommissie daarvan met redenen omkleed mededeling doet aan de klager, degene over wie is geklaagd en Veilig Thuis, onder vermelding van de termijn waarbinnen de klachtencommissie haar oordeel over de klacht zal uitbrengen;
e. waarborgt dat de klager en degene over wie is geklaagd door de klachtencommissie in de gelegenheid worden gesteld mondeling of schriftelijk een toelichting te geven op de gedraging waarover is geklaagd, en
f. waarborgt dat de klager en degene over wie is geklaagd zich bij de behandeling van de klacht kunnen laten bijstaan.
3. Veilig Thuis ziet erop toe dat de klachtencommissie, bedoeld in het tweede lid, onderdeel a, haar werkzaamheden verricht volgens een door deze commissie op te stellen reglement.

A78 art. 4.2.8 — Wet maatschappelijke ondersteuning 2015

4. Bij de klachtencommissie, bedoeld in het tweede lid, onderdeel a, kan een klacht tegen een Veilig Thuis-organisatie worden ingediend over een gedraging van die Veilig Thuis-organisatie of van voor haar werkzame personen jegens een andere persoon bij de uitvoering van de taken van Veilig Thuis
a. door of namens de persoon op wie de gedraging betrekking had;
b. door een nabestaande, indien de onder a bedoelde persoon is overleden.
5. Veilig Thuis deelt de klager en de klachtencommissie, bedoeld in het tweede lid, onderdeel a, binnen een maand na ontvangst van het in het tweede lid, onderdeel c, bedoelde oordeel van de klachtencommissie schriftelijk mee of hij naar aanleiding van dat oordeel maatregelen zal nemen en zo ja welke. Bij afwijking van de in de eerste volzin genoemde termijn, doet Veilig Thuis daarvan met redenen omkleed mededeling aan de klager en de klachtencommissie, onder vermelding van de termijn waarbinnen Veilig Thuis zijn standpunt aan hen kenbaar zal maken.

Art. 4.2.8

Klacht over ernstige situatie, structureel karakter

Indien een klacht zich richt op een ernstige situatie met een structureel karakter, stelt de klachtencommissie Veilig Thuis daarvan in kennis. Indien de klachtencommissie niet is gebleken dat Veilig Thuis ter zake maatregelen heeft getroffen, meldt de klachtencommissie deze klacht aan de ingevolge artikel 4.3.1 met het toezicht belaste ambtenaren. Onder een klacht over een ernstige situatie wordt verstaan een klacht over een situatie waarbij sprake is van onverantwoorde hulp.

Art. 4.2.9

Werkingssfeer art. 4.2.7 en 4.2.8

De artikelen 4.2.7 en 4.2.8 zijn niet van toepassing op klachten ten aanzien van jeugdigen die op grond van een andere wet onvrijwillig in een accommodatie zijn opgenomen, voor zover deze overeenkomst een bijzondere wettelijke regeling door een klachtencommissie kunnen worden behandeld.

Art. 4.2.10

Jaarverslag Veilig Thuis

1. Veilig Thuis stelt jaarlijks een verslag op over de naleving van deze wet in het voorafgaande jaar met betrekking tot regels omtrent de kwaliteit van de uitvoering van de taken en het klachtrecht.

Jaarverslag Veilig Thuis, inhoud

2. In het in het eerste lid bedoelde verslag geeft Veilig Thuis in ieder geval aan:
a. of en op welke wijze zij personen ten behoeve van wie hij zijn taken uitvoert, bij zijn kwaliteitsbeleid heeft betrokken;
b. de frequentie waarmee en de wijze waarop binnen Veilig Thuis kwaliteitsbeoordeling plaatsvond en het resultaat daarvan;
c. welk gevolg hij heeft gegeven aan klachten en meldingen over de kwaliteit van de uitvoering van de taken;
d. een beknopte beschrijving van de klachtenregeling, bedoeld in artikel 4.2.7, eerste lid;
e. de wijze waarop zij de klachtenregeling onder de aandacht hebben gebracht van de betrokken personen;
f. de samenstelling van de klachtencommissie, bedoeld in artikel 4.2.7, tweede lid, onderdeel a;
g. in welke mate de klachtencommissie haar werkzaamheden heeft kunnen verrichten met inachtneming van de waarborgen, bedoeld in artikel 4.2.7, tweede lid;
h. het aantal en de aard van de door de klachtencommissie behandelde klachten;
i. de strekking van de oordelen en aanbevelingen van de klachtencommissie;
j. de aard van de maatregelen, bedoeld in artikel 4.2.7, vijfde lid.
3. Bij regeling van Onze Minister en Onze Minister van Veiligheid en Justitie kunnen nadere regels worden gesteld met betrekking tot het verslag.

Art. 4.2.11

Jaarverslag Veilig Thuis, openbaarmaking

1. Veilig Thuis maakt binnen tien dagen na vaststelling van het verslag, bedoeld in artikel 4.2.10, eerste lid, doch uiterlijk voor 1 juni, of 15 juli, indien het verslag betrekking heeft op een Veilig Thuis-organisatie die valt onder een gemeenschappelijke regeling in de zin van de Wet gemeenschappelijke regelingen, van het jaar volgend op het jaar waarop het verslag ziet, de volgende zaken openbaar:
a. het verslag;
b. de op schrift gestelde uitgangspunten voor het beleid, waaronder begrepen de algemene criteria, welke bij de uitvoering van de taken worden gehanteerd;
c. de notulen dan wel de besluitenlijst van de vergaderingen van het bestuur, voor zover deze algemene beleidszaken betreffen;
d. de klachtenregeling, bedoeld in artikel 4.2.7, eerste lid, en van andere voor jeugdigen en ouders geldende regelingen.
2. De openbaarmaking geschiedt op een door Veilig Thuis te bepalen wijze. Veilig Thuis verstrekt personen ten behoeve van wie hij zijn taken uitvoert, op hun verzoek een afschrift.
3. Van de openbaarmaking wordt mededeling gedaan op de bij Veilig Thuis voor het doen van mededelingen aan personen ten behoeve van wie hij zijn taken uitvoert, gebruikelijke wijze.

Wet maatschappelijke ondersteuning 2015   **A78** art. 4.3.2

4. Voor het op verzoek verstrekken van afschriften kan een tarief in rekening worden gebracht, ten hoogste gelijk aan de kostprijs, tenzij ten aanzien van Veilig Thuis de Wet openbaarheid van bestuur van toepassing is.
5. Veilig Thuis zendt het verslag voor 1 juni of 15 juli, indien het verslag betrekking heeft op een Veilig Thuis-organisatie die valt onder een gemeenschappelijke regeling in de zin van de Wet gemeenschappelijke regelingen, van het jaar van vaststelling aan Onze Minister en Onze Minister van Veiligheid en Justitie en aan de ingevolge artikel 4.3.1 met het toezicht belaste ambtenaar, alsmede aan organisaties die in de regio die in algemene zin de belangen behartigen van personen ten behoeve van wie hij zijn taken uitvoert.

Art. 4.2.12
1. Veilig Thuis verstrekt kosteloos gegevens aan het college, aan Onze Minister en aan Onze Minister van Veiligheid en Justitie, ten behoeve van de verwerking, bedoeld in de artikelen 7.4.0, eerste lid, en 7.4.1, eerste en tweede lid, van de Jeugdwet. Deze verstrekking kan zowel een structureel als incidenteel karakter hebben. *Gegevensverstrekking door Veilig Thuis*
2. Op de in het eerste lid bedoelde gegevens is artikel 7.4.4 van de Jeugdwet van overeenkomstige toepassing.
3. Bij of krachtens algemene maatregel van bestuur worden regels gesteld omtrent de inhoud van de in het eerste lid bedoelde gegevens, de wijze waarop de verstrekking plaatsvindt en de tijdvakken waarop de gegevens betrekking hebben. In die maatregel worden tevens geregeld de termijnen waarbinnen of de tijdstippen waarop de gegevens verstrekt dienen te worden.
4. Bij of krachtens de in het derde lid bedoelde maatregel kan worden bepaald dat Veilig Thuis de in het eerste lid bedoelde gegevens op een bij of krachtens die maatregel aangewezen wijze bij Onze Minister en Onze Minister van Veiligheid en Justitie of een door hen aan te wijzen instantie indient.

Art. 4.2.13
Veilig Thuis stelt overeenkomstig door Onze Minister en Onze Minister van Veiligheid en Justitie te stellen regels de begroting, de balans en de resultatenrekening, alsmede de daarbij behorende toelichting vast en maakt deze op door Onze Minister en Onze Minister van Veiligheid en Justitie te bepalen wijze openbaar. *Begroting en jaarstukken Veilig Thuis*

Art. 4.2.14
Veilig Thuis verstrekt aan Onze Minister en Onze Minister van Veiligheid en Justitie de bij regeling van Onze Minister en Onze Minister van Veiligheid en Justitie omschreven gegevens betreffende de exploitatie van Veilig Thuis. In de regeling kan worden bepaald dat de gegevens worden verstrekt aan een daarin aangewezen bestuursorgaan. *Exploitatiegegevens Veilig Thuis, verstrekking aan Minister*

§ 3
Toezicht en handhaving

Art. 4.3.1
1. Met het toezicht op de naleving van de bij of krachtens deze wet met betrekking tot Veilig Thuis gestelde regels zijn belast de door Onze Minister en Onze Minister van Veiligheid en Justitie aangewezen ambtenaren. *Toezicht op regels m.b.t. Veilig Thuis*
2. De met het toezicht belaste ambtenaren zijn, voor zover dat voor de vervulling van hun taak noodzakelijk is en in afwijking van artikel 5:20, tweede lid, van de Algemene wet bestuursrecht, bevoegd tot inzage van de dossiers. Voor zover de betrokken beroepsbeoefenaar uit hoofde van zijn beroep tot geheimhouding van het dossier verplicht is, geldt gelijke verplichting voor de betrokken ambtenaar.

Art. 4.3.2
1. Indien Onze Minister of Onze Minister van Veiligheid en Justitie van oordeel is dat een Veilig Thuis-organisatie deze wet of de daarop berustende bepalingen niet of in onvoldoende mate of op onjuiste wijze naleeft, kan hij die Veilig Thuis-organisatie een schriftelijke aanwijzing geven. *Schriftelijke aanwijzing Minister aan Veilig Thuis*
2. In de aanwijzing geeft Onze Minister die het aangaat, met redenen omkleed aan welke maatregelen de Veilig Thuis-organisatie moet nemen met het oog op de naleving van het bepaalde bij of krachtens deze wet.
3. De aanwijzing bevat de termijn waarbinnen de Veilig Thuis-organisatie eraan moet voldoen.
4. Indien het nemen van maatregelen in verband met gevaar voor de veiligheid of de gezondheid redelijkerwijs geen uitstel kan lijden, kan de ingevolge artikel 4.3.1 met het toezicht belaste ambtenaar een schriftelijk bevel geven. Het bevel heeft een geldigheidsduur van zeven dagen, welke door Onze Minister of Onze Minister van Veiligheid en Justitie kan worden verlengd.
5. Veilig Thuis is verplicht binnen de daarbij gestelde termijn aan de aanwijzing onderscheidenlijk onmiddellijk aan het bevel te voldoen.
6. Mandaat tot het verlengen van de geldigheidsduur van een bevel wordt niet verleend aan een ingevolge artikel 4.3.1 met het toezicht belaste ambtenaar.

Art. 4.3.3

Last onder bestuursdwang

1. Onze Minister en Onze Minister van Veiligheid en Justitie zijn beiden bevoegd tot oplegging van een last onder bestuursdwang ter handhaving van de bij artikel 5:20, eerste lid, van de Algemene wet bestuursrecht gestelde verplichting, de artikelen 4.2.13 en 4.2.14 en van een krachtens artikel 4.3.2 gegeven aanwijzing of bevel.

Last onder dwangsom

2. Onze Minister en Onze Minister van Veiligheid en Justitie zijn beiden bevoegd tot oplegging van een last onder dwangsom ter handhaving van het bepaalde bij of krachtens artikel 4.2.7, eerste, tweede, derde en vijfde lid.
3. Onze Minister en Onze Minister van Veiligheid en Justitie zijn beiden bevoegd een last onder dwangsom op te leggen aan de betrokken beroepsbeoefenaar die geen medewerking verleent aan de inzage van dossiers, bedoeld in artikel 4.3.1, tweede lid.

Art. 4.3.4

Bestuurlijke boete, maximum bedragen

1. Onze Minister en Onze Minister van Veiligheid en Justitie zijn beiden bevoegd een bestuurlijke boete van ten hoogste € 6.700,- op te leggen ter zake van een gedraging van een Veilig Thuis-organisatie die in strijd is met een krachtens artikelen 4.3.2 gegeven aanwijzing, voor zover deze betreft het niet of onvoldoende naleven van artikel 4.2.10, tweede lid, onderdelen d tot en met j.
2. Onze Minister en Onze Minister van Veiligheid en Justitie zijn beiden bevoegd een bestuurlijke boete van ten hoogste € 33.500,- op te leggen ter zake van een gedraging van een Veilig Thuis-organisatie die in strijd is met het bepaalde bij of krachtens de artikelen 4.2.4, 4.2.5 of 4.2.11.
3. Een gedraging in strijd met artikel 4.2.5 is een strafbaar feit.
4. Met hechtenis van ten hoogste zes maanden of geldboete van de vierde categorie wordt gestraft degene die een strafbaar feit pleegt als bedoeld in het derde lid.
5. Een strafbaar feit als bedoeld in het derde lid is een overtreding.

Hoofdstuk 5
Gegevensverwerking

§ 1
Verwerking van persoonsgegevens

Art. 5.1.1

Persoonsgegevens cliënt, verwerking door college

1. Het college is bevoegd tot het verwerken van persoonsgegevens van de cliënt, waaronder gegevens over gezondheid die noodzakelijk zijn voor de beoordeling van diens behoefte aan ondersteuning van zijn participatie of zelfredzaamheid dan wel opvang of beschermd wonen, alsmede persoonsgegevens van diens echtgenoot, ouders, inwonende kinderen en andere huisgenoten die noodzakelijk zijn om vast te stellen welke hulp deze aan de cliënt bieden of kunnen bieden, voor zover deze zijn verkregen in het kader van het onderzoek, bedoeld in artikel 2.3.2, dan wel op grond van artikel 2.3.8, 5.2.2, 5.2.3, 5.2.4 of 5.2.5, en noodzakelijk zijn voor de uitvoering van artikel 2.1.4, 2.1.4a, 2.1.4b, 2.1.5, 2.3.2, 2.3.3, 2.3.5, 2.3.6, 2.3.9, 2.3.10, 2.4.1 of 2.4.3.

Persoonsgegevens mantelzorger, verwerking door college

2. Het college is bevoegd tot het verwerken van persoonsgegevens van de mantelzorger van de cliënt die noodzakelijk zijn om vast te stellen welke hulp deze aan de cliënt biedt of kan bieden, voor zover deze zijn verkregen van de mantelzorger of van de cliënt en noodzakelijk zijn voor de uitvoering van artikel 2.3.2, 2.3.3, 2.3.5, 2.3.6, 2.3.9, 2.3.10, 2.4.1 of 2.4.3 dan wel de uitvoering van de verordening, bedoeld in artikel 2.1.6.

Persoonsgegevens derden, verwerking door college

3. Het college is bevoegd tot het verwerken van persoonsgegevens van andere personen in het sociale netwerk van de cliënt dan die bedoeld in het eerste en tweede lid die noodzakelijk zijn om vast te stellen welke hulp die deze aan de cliënt bieden of kunnen bieden, voor zover deze zijn verkregen van de betrokkene of van de cliënt en noodzakelijk zijn voor de uitvoering van artikel 2.3.2, 2.3.3, 2.3.5 of 2.3.6, 2.3.9, 2.3.10, 2.4.1 of 2.4.3.

Persoonsgegevens betreffende gezondheid cliënt, verwerking door college

4. Het college is voorts, voor zover betrokkene daarvoor zijn uitdrukkelijke toestemming heeft verleend, bevoegd persoonsgegevens van de cliënt, waaronder gegevens over gezondheid die noodzakelijk zijn voor de beoordeling van de behoefte van de cliënt aan ondersteuning van zijn participatie of zelfredzaamheid dan wel opvang of beschermd wonen, alsmede persoonsgegevens van diens echtgenoot, ouders, inwonende kinderen en andere huisgenoten die noodzakelijk zijn met het oog op een goede afstemming van te verlenen ondersteuning op hulp aan die personen, die het college heeft verkregen ten behoeve van de uitvoering van de taken die het bij of krachtens de Jeugdwet, de Participatiewet en de Wet gemeentelijke schuldhulpverlening aan het college zijn opgedragen, tevens te verwerken voor zover dat noodzakelijk is voor de uitvoering van artikel 2.3.2, 2.3.3, 2.3.5, 2.3.6, 2.3.9, 2.3.10, 2.4.1 of 2.4.3.
5. Het college is voorts bevoegd tot het verwerken van persoonsgegevens van de cliënt, waaronder gegevens over gezondheid die noodzakelijk zijn voor de beoordeling van diens behoefte

aan ondersteuning van zijn participatie of zelfredzaamheid dan wel opvang of beschermd wonen, indien:
a. de betrokkene daarvoor zijn uitdrukkelijke toestemming heeft verleend, de persoonsgegevens met toepassing van artikel 5.2.5, eerste en tweede lid, zijn verkregen van een zorgverzekeraar of een zorgaanbieder als bedoeld in de Zorgverzekeringswet, en noodzakelijk zijn voor de uitvoering van de artikelen 2.3.2, 2.3.3, 2.3.5, 2.3.6, 2.3.9, 2.3.10, 2.4.1 of 2.4.3; of
b. de persoonsgegevens met toepassing van artikel 5.2.5, derde lid, zijn verkregen van het CIZ en noodzakelijk zijn voor de uitvoering van de artikelen 2.3.2, 2.3.3, 2.3.5, 2.3.6, 2.3.9, 2.3.10, 2.4.1 of 2.4.3.
6. Het college is bevoegd tot verwerking van persoonsgegevens van de cliënt waaronder gegevens over gezondheid als bedoeld in artikel 4, onderdeel 15 van de Algemene verordening gegevensbescherming, die noodzakelijk zijn voor de uitvoering van de overeenkomst met een aanbieder tot levering van maatwerkvoorzieningen.
7. Het college is de verwerkingsverantwoordelijke voor de verwerking, bedoeld in het eerste tot en met zesde lid.

Persoonsgegevens, college verwerkingsverantwoordelijke

Art. 5.1.2
1. Een aanbieder die een maatwerkvoorziening levert en een derde aan wie ten laste van een persoonsgebonden budget betalingen worden gedaan, is bevoegd tot het verwerken van persoonsgegevens van de cliënt, waaronder gegevens over gezondheid, alsmede persoonsgegevens van de mantelzorger van de cliënt met betrekking tot de hulp die deze aan de cliënt biedt of kan bieden, voor zover deze zijn verkregen van het college, van de cliënt of van de mantelzorger en noodzakelijk zijn voor:
a. het aan de cliënt leveren van de diensten, hulpmiddelen, woningaanpassingen en andere maatregelen waartoe hij zich jegens het college dan wel de cliënt heeft verbonden;
b. de uitvoering van artikel 2.1.4 2.1.4a, 2.1.4b, of 2.1.5;
c. de uitoefening van het toezicht, bedoeld in artikel 6.1.
2. Een aanbieder die een algemene voorziening levert, is bevoegd tot het verwerken van de persoonsgegevens van de cliënt, voor zover deze van de cliënt zijn verkregen en noodzakelijk zijn voor:
a. het leveren van de algemene voorziening;
b. de uitvoering van artikel 2.1.4 2.1.4a, 2.1.4b, of 2.1.5;
c. de uitoefening van het toezicht, bedoeld in artikel 6.1.
3. De aanbieder respectievelijk de bedoelde derde is de verwerkingsverantwoordelijke voor de verwerking, bedoeld in het eerste en tweede lid.

Persoonsgegevens, aanbieder of derde verwerkingsverantwoordelijke

Art. 5.1.3
1. Het CAK en een andere instantie als bedoeld in artikel 2.1.4b, tweede lid, zijn bevoegd tot het verwerken van persoonsgegevens van de cliënt, zijn echtgenoot, inwonende minderjarige kinderen en zijn ouders, waaronder gegevens over gezondheid die noodzakelijk zijn voor de vaststelling en inning van een bijdrage als bedoeld in artikel 2.1.4b, eerste lid, of 2.1.5, voor zover deze op grond van artikel 5.2.1, 5.2.2 of 5.2.3 zijn verkregen en noodzakelijk zijn voor de uitvoering van artikel 2.1.4 2.1.4a, 2.1.4b of 2.1.5.
2. Het CAK is bevoegd tot het verwerken van persoonsgegevens van de cliënt, waaronder persoonsgegevens betreffende de gezondheid die noodzakelijk zijn voor de vaststelling en inning van een bijdrage als bedoeld in artikel 2.1.4, 2.1.4a of 2.1.5 indien de betaling reeds is verricht door het Uitvoeringsinstituut werknemersverzekeringen of de Sociale verzekeringsbank op grond van artikel 57, derde lid, van de Algemene nabestaandenwet, artikel 20, tweede lid, van de Algemene ouderdomswet, artikel 39, tweede lid, van de Werkloosheidswet, artikel 57, tweede lid, van de Wet arbeidsongeschiktheidsverzekering zelfstandigen, artikel 2:55, tweede lid, en 3:47, tweede lid, van de Wet arbeidsongeschiktheidsvoorziening jonggehandicapten, artikel 30, tweede lid, van de Wet inkomensvoorziening oudere werklozen, artikel 54, tweede lid, van de Wet op de arbeidsongeschiktheidsverzekering, artikel 71, tweede lid, van de Wet werk en inkomen naar arbeidsvermogen en artikel 40, tweede lid, van de Ziektewet.
3. Het CAK is bevoegd tot het verwerken van persoonsgegevens van de cliënt of zijn echtgenoot voor de beoordeling van Onze Minister als bedoeld in artikel 2.5.4, eerste lid, waaronder persoonsgegevens betreffende de gezondheid die noodzakelijk zijn voor de uitvoering van artikel 2.5.4.
4. Het CAK respectievelijk de andere instantie is de verwerkingsverantwoordelijke voor de verwerking, bedoeld in het eerste lid en het CAK is de verwerkingsverantwoordelijke voor de verwerking, bedoeld in het tweede en derde lid.

Persoonsgegevens, verwerking door CAK

Persoonsgegevens, CAK verwerkingsverantwoordelijke

Art. 5.1.4
1. De Sociale verzekeringsbank is bevoegd tot het verwerken van persoonsgegevens van de cliënt, waaronder gegevens over gezondheid die noodzakelijk zijn voor het verrichten van betalingen en het budgetbeheer, bedoeld in artikel 2.6.2, voor zover deze zijn verkregen van de

Persoonsgegevens, verwerking door Sociale verzekeringsbank

A78 art. 5.1.5   Wet maatschappelijke ondersteuning 2015

cliënt dan wel op grond van artikel 5.2.1, 5.2.2 of 5.2.4 en noodzakelijk zijn voor de uitvoering van de taak, bedoeld in artikel 2.6.2.

Persoonsgegevens, SVB verwerkingsverantwoordelijke

2. De Sociale verzekeringsbank is de verwerkingsverantwoordelijke voor de verwerking, bedoeld in het eerste lid.

Art. 5.1.5

Persoonsgegevens, verwerking door toezichthoudende ambtenaren

1. De toezichthoudende ambtenaren zijn bevoegd tot het verwerken van persoonsgegevens, waaronder gegevens over gezondheid van de cliënt, alsmede persoonsgegevens, waaronder bijzondere categorieën van persoonsgegevens en persoonsgegevens van strafrechtelijke aard betreffende personen die betrokken bij calamiteiten, geweld bij de verstrekking van een voorziening, huiselijk geweld of kindermishandeling, voor zover deze zijn verkregen bij de uitoefening van het toezicht, bedoeld in artikel 4.3.1, 6.1 of 6.2, en noodzakelijk zijn voor een goede uitoefening van het toezicht of het nemen van maatregelen ter handhaving van wettelijke voorschriften.

Persoonsgegevens, toezichthoudende ambtenaren verwerkingsverantwoordelijke

2. De toezichthoudende ambtenaren zijn de verantwoordelijken voor de verwerking, bedoeld in het eerste lid. De aanbieder en de beroepskrachten die voor hem werkzaam zijn, verstrekken bij en naar aanleiding van een melding als bedoeld in het eerste lid aan de toezichthoudende ambtenaar de gegevens, daaronder begrepen persoonsgegevens, gegevens over gezondheid en andere bijzondere categorieën van persoonsgegevens en persoonsgegevens van strafrechtelijke aard, voor zover deze voor het onderzoeken van de melding noodzakelijk zijn.

Art. 5.1.6

Persoonsgegevens, Veilig Thuis verwerkingsverantwoordelijke

1. Veilig Thuis is bevoegd tot het verwerken van persoonsgegevens ten behoeve van de goede vervulling van de taken, bedoeld in 4.1.1, tweede en derde lid. Veilig Thuis is de verwerkingsverantwoordelijke voor deze verwerking.
2. Veilig Thuis is bevoegd persoonsgegevens, waaronder gegevens over gezondheid, huiselijk geweld of kindermishandeling, te verwerken van personen die betrokken zijn bij huiselijk geweld of kindermishandeling, indien uit een melding redelijkerwijs een vermoeden van huiselijk geweld of kindermishandeling kan worden afgeleid en de verwerking noodzakelijk is te achten voor de uitoefening van de taken, bedoeld in artikel 4.1.1, tweede lid.

§ 2
Verstrekking van persoonsgegevens

Art. 5.2.1

Persoonsgegevens, verstrekking door college

1. Het college is bevoegd aan de in het tweede lid genoemde derden persoonsgegevens, waaronder gegevens over gezondheid, te verstrekken, die het college heeft verkregen:
a. in het kader van het onderzoek, bedoeld in artikel 2.3.2, dan wel op grond van artikel 2.3.8, 2.3.9, 5.2.2, 5.2.3 of 5.2.5;
b. ten behoeve van de taken die bij of krachtens de Jeugdwet, de Participatiewet en de Wet gemeentelijke schuldhulpverlening aan het college zijn opgedragen, voor zover betrokkene het college uitdrukkelijke toestemming tot verwerking daarvan heeft verleend als bedoeld in artikel 5.1.1, vierde lid;
c. van een zorgverzekeraar of een zorgaanbieder als bedoeld in de Zorgverzekeringswet of van het CIZ, voor zover betrokkene uitdrukkelijke toestemming heeft verleend als bedoeld in artikel 5.2.5 tot het verstrekken daarvan aan het college.

Persoonsgegevens, verstrekking door college aan gelimiteerde kring

2. Het college is slechts bevoegd tot het verstrekken van de in het eerste lid bedoelde persoonsgegevens aan:
a. de aanbieder die zich jegens het college heeft verbonden tot het leveren van de maatwerkvoorziening aan de cliënt, voor zover deze noodzakelijk zijn voor het aan de cliënt leveren van de diensten, hulpmiddelen, woningaanpassingen en andere maatregelen waartoe hij zich jegens het college dan wel de cliënt heeft verbonden;
b. het CAK of een andere instantie als bedoeld in artikel 2.1.4b, tweede lid, voor zover deze noodzakelijk zijn voor het uitvoeren van de artikelen 2.1.4b, 2.1.5 of 5.4;
c. de Sociale verzekeringsbank, voor zover deze noodzakelijk zijn voor de uitvoering van de taak, bedoeld in artikel 2.6.2;
d. toezichthoudende ambtenaren, voor zover deze noodzakelijk zijn voor een goede uitoefening van het toezicht of het nemen van maatregelen ter handhaving van wettelijke voorschriften.

Art. 5.2.2

Persoonsgegevens, verstrekking door aanbieder aan gelimiteerde kring

De aanbieder die een maatwerkvoorziening levert en een derde aan wie ten laste van een persoonsgebonden budget betalingen worden gedaan, zijn bevoegd uit eigen beweging en desgevraagd verplicht kosteloos persoonsgegevens van de cliënt, waaronder bijzondere persoonsgegevens, te verstrekken, aan:
a. het college, voor zover deze noodzakelijk zijn voor het uitvoeren van artikel 2.1.4, 2.1.4a, 2.1.4b, 2.1.5, 2.3.2, 2.3.9, 2.3.10 of 2.4.3 of de verantwoording van een geleverde maatwerkvoorziening;

2026   *Sdu*

Wet maatschappelijke ondersteuning 2015   **A78** art. 5.2.8

b. het CAK of een andere instantie als bedoeld in artikel 2.1.4, zevende lid, voor zover deze noodzakelijk zijn voor het uitvoeren van artikel 2.1.4, 2.1.4a, 2.1.4b of 2.1.5;
c. de Sociale verzekeringsbank, voor zover deze noodzakelijk zijn voor het verrichten van betalingen en het budgetbeheer, bedoeld in artikel 2.6.2;
d. toezichthoudende ambtenaren, voor zover deze noodzakelijk zijn voor een goede uitoefening van het toezicht of het nemen van maatregelen ter handhaving van wettelijke voorschriften.

Art. 5.2.3
De rijksbelastingdienst is bevoegd uit eigen beweging en desgevraagd verplicht aan het college, het CAK en een andere instantie als bedoeld in artikel 2.1.4b, tweede lid, persoonsgegevens te verstrekken, voor zover deze noodzakelijk zijn voor de uitvoering van de artikelen 2.1.4b, 2.1.5 of 2.5.4.

Persoonsgegevens, verstrekking door rijksbelastingdienst aan gelimiteerde kring

Art. 5.2.4
1. Het CAK en een andere instantie als bedoeld in artikel 2.1.4b, tweede lid, zijn bevoegd uit eigen beweging en desgevraagd verplicht persoonsgegevens, waaronder gegevens over gezondheid, die zijn verkregen ten behoeve van de uitvoering van de artikelen 2.1.4b, 2.1.5 of 2.5.4, te verstrekken aan het college, voor zover deze noodzakelijk zijn voor de uitvoering van de artikelen 2.1.4b, 2.1.5 of 2.5.4 door het college.
2. De Sociale verzekeringsbank is bevoegd uit eigen beweging en desgevraagd verplicht persoonsgegevens, waaronder gegevens over gezondheid, die zijn verkregen ten behoeve van de uitvoering van de taak, bedoeld in artikel 2.6.2, te verstrekken aan het college, voor zover deze noodzakelijk zijn voor de uitvoering van artikel 2.1.4, 2.1.4a, 2.1.4b, 2.1.5, 2.3.6, 2.3.9, 2.3.10 of 2.4.3 door het college.
3. Toezichthoudende ambtenaren zijn bevoegd uit eigen beweging en desgevraagd verplicht persoonsgegevens, waaronder gegevens over gezondheid, die zijn verkregen ten behoeve van de uitoefening van het toezicht, bedoeld in artikel 6.1, te verstrekken aan het college, voor zover deze noodzakelijk zijn voor de uitvoering van artikel 2.1.4, 2.1.4a, 2.1.4b, 2.1.4a, 2.1.4b, 2.1.5, 2.3.6, 2.3.9, 2.3.10 of 2.4.3 door het college.

Persoonsgegevens, verstrekking door CAK aan gelimiteerde kring

Art. 5.2.5
1. Een zorgverzekeraar en een zorgaanbieder als bedoeld in de Zorgverzekeringswet zijn, voor zover betrokkene daarvoor zijn uitdrukkelijke toestemming heeft verleend, bevoegd uit eigen beweging en desgevraagd verplicht aan het college kosteloos persoonsgegevens, waaronder gegevens over gezondheid, te verstrekken van een verzekerde ingevolge die wet, die zorg als omschreven in die wet ontvangt of heeft ontvangen en in aanvulling of in aansluiting daarop aangewezen is of kan zijn op een maatwerkvoorziening, voor zover deze noodzakelijk zijn voor de uitvoering van artikel 2.3.2, 2.3.3, 2.3.5, 2.3.6, 2.3.9, 2.3.10.
2. Het college is, voor zover betrokkene daarvoor zijn uitdrukkelijke toestemming heeft verleend, bevoegd uit eigen beweging en desgevraagd verplicht aan een zorgverzekeraar en een zorgaanbieder als bedoeld in de Zorgverzekeringswet kosteloos persoonsgegevens te verstrekken van een cliënt, voor zover die persoonsgegevens voor de uitvoering van de taken die bij of krachtens de Zorgverzekeringswet aan de zorgverzekeraar of de zorgaanbieder zijn opgedragen, noodzakelijk zijn.
3. Het CIZ is bevoegd uit eigen beweging en desgevraagd verplicht aan het college mede te delen dat een indicatiebesluit is afgegeven waarin is vastgesteld dat een persoon is aangewezen op zorg op grond van de Wet langdurige zorg, voor zover dit noodzakelijk is voor de uitvoering van artikel 2.3.2, 2.3.3, 2.3.5 of 2.3.6, 2.3.9, of 2.3.10.

Persoonsgegevens, verstrekking door CAK aan gelimiteerde kring

Art. 5.2.6
Derden die beroepshalve beschikken over inlichtingen die noodzakelijk kunnen worden geacht om een situatie van huiselijk geweld of kindermishandeling te beëindigen of een redelijk vermoeden daarvan te onderzoeken, kunnen aan Veilig Thuis deze inlichtingen desgevraagd of uit eigen beweging verstrekken zonder toestemming van degene die het betreft en indien nodig met doorbreking van de plicht tot geheimhouding op grond van een wettelijk voorschrift of op grond van hun ambt of beroep.

Inlichtingen m.b.t. huiselijk geweld/kindermishandeling door derden

Art. 5.2.7
1. Bij of krachtens algemene maatregel van bestuur kan worden bepaald op welke wijze persoonsgegevens worden verwerkt, de technische standaarden voor verwerking daaronder begrepen.
2. Bij of krachtens algemene maatregel van bestuur kan, op voordracht van Onze Minister, mede namens Onze Minister van Veiligheid en Justitie, worden bepaald aan welke beveiligingseisen en in dit hoofdstuk bedoelde verwerking van persoonsgegevens voldoet.

Verwerking persoonsgegevens, nadere regels

Art. 5.2.8
De cliënt verstrekt de aanbieder die een maatwerkvoorziening levert, een document als bedoeld in artikel 1 van de Wet op de identificatieplicht ter inzage waarmee zijn identiteit kan worden vastgesteld.

Identificatie cliënt

A78 art. 5.2.9 — Wet maatschappelijke ondersteuning 2015

Art. 5.2.9

Burgerservicenummer, gebruik

1. Het college, een aanbieder en een derde aan wie ten laste van een persoonsgebonden budget betalingen worden gedaan, het CAK, een andere instantie als bedoeld in artikel 2.1.4b, tweede lid, de Sociale verzekeringsbank, de toezichthoudende ambtenaren, Veilig Thuis, en een zorgverzekeraar of een zorgaanbieder als bedoeld in de Zorgverzekeringswet gebruiken het burgerservicenummer van een persoon bij het verstrekken van persoonsgegevens als bedoeld in de artikelen 5.2.1 tot en met 5.2.5 met het doel te waarborgen dat de in het kader van de uitvoering van deze wet te verwerken persoonsgegevens op die persoon betrekking hebben.
2. De in het eerste lid bedoelde instanties en personen stellen het burgerservicenummer van betrokkene vast wanneer zij voor de eerste maal contact met betrokkene hebben in het kader van de uitvoering van deze wet en de daarop berustende bepalingen.
3. Teneinde het burgerservicenummer van een persoon vast te stellen worden het nummerregister en de voorzieningen, bedoeld in artikel 3, eerste lid, onderdelen b en d, van de Wet algemene bepalingen burgerservicenummer geraadpleegd.
4. De raadpleging, bedoeld in het derde lid, kan achterwege gelaten worden, indien:
   a. het burgerservicenummer is verstrekt door een andere gebruiker als bedoeld in artikel 1 van de Wet algemene bepalingen burgerservicenummer die bij of krachtens wet gehouden is het burgerservicenummer van betrokkene vast te stellen aan de hand van het nummerregister en de voorzieningen, bedoeld in artikel 3, eerste lid, onderdelen b en d, van de Wet algemene bepalingen burgerservicenummer, of
   b. het burgerservicenummer is verkregen uit de basisregistratie personen, bedoeld in artikel 1.2 van de Wet basisregistratie personen.
5. Indien aan een persoon geen burgerservicenummer is toegekend:
   a. nemen de in het eerste lid bedoelde instanties en personen in ieder geval de volgende gegevens van betrokkene in hun administratie op:
      1°. achternaam;
      2°. voornamen;
      3°. geboortedatum, en
      4°. postcode en huisnummer van het woonadres, en
   b. vermelden de in het eerste lid bedoelde instanties en personen de gegevens, bedoeld in onderdeel a, bij het verstrekken van persoonsgegevens met betrekking tot de uitvoering van hun taken.
6. Bij ministeriële regeling wordt bepaald aan welke beveiligingseisen de gegevensverwerking, bedoeld in het eerste tot en met vijfde lid voldoet.
7. De in het eerste lid bedoelde instanties en personen kunnen van het tweede tot en met vijfde lid afwijken voor zolang dit noodzakelijk is met betrekking tot spoedeisende gevallen. In zodanig geval is het bepaalde krachtens het zesde lid niet van toepassing.

§ 3
Rechten van de betrokkene

Art. 5.3.1

Persoonsgegevens, melding Veilig Thuis aan betrokkene van derde ontvangen

1. Indien aan Veilig Thuis bij de uitoefening van de taken, bedoeld in artikel 4.1.1, tweede lid, persoonsgegevens worden verstrekt door een ander dan betrokkene, brengt Veilig Thuis betrokkene hiervan zo spoedig mogelijk, doch in ieder geval binnen vier weken na het moment van vastlegging van de hem betreffende gegevens, op de hoogte.
2. De in het eerste lid genoemde termijn kan door Veilig Thuis telkens met ten hoogste twee weken worden verlengd, voor zover dit noodzakelijk is voor de uitoefening van de taken, bedoeld in artikel 4.1.1, tweede lid, en dit noodzakelijk kan worden geacht om een situatie van huiselijk geweld of kindermishandeling te beëindigen of een redelijk vermoeden daarvan te onderzoeken.
3. Gelet op artikel 41, eerste lid, aanhef en onderdeel i, van de Uitvoeringswet Algemene verordening gegevensbescherming kan Veilig Thuis inzage of verstrekking als bedoeld in artikel 15 van de Algemene verordening gegevensbescherming, bedoeld in dat artikel, aan de betrokkene achterwege laten voor zover dit noodzakelijk kan worden geacht om een situatie van huiselijk geweld of kindermishandeling te beëindigen of een redelijk vermoeden daarvan te onderzoeken.
4. Bij algemene maatregel van bestuur kunnen regels worden gesteld omtrent de gevallen waarin het bekendmaken van de identiteit van de persoon die het huiselijk geweld of kindermishandeling of het vermoeden daarvan heeft gemeld of van de persoon van wie informatie in het kader van het onderzoek is verkregen, achterwege kan blijven.

Art. 5.3.2

Inzicht in/afschrift van bescheiden op verzoek betrokkene

1. Het college, een aanbieder, een derde aan wie ten laste van een persoonsgebonden budget betalingen worden gedaan, het CAK en een andere instantie als bedoeld in artikel 2.1.4b, tweede lid, de Sociale verzekeringsbank, toezichthoudende ambtenaren en Veilig Thuis verstrekken aan een betrokkene desgevraagd zo spoedig mogelijk inzage in en afschrift van de bescheiden waarover zij met betrekking tot die betrokkene beschikken.

2. Inzage in of afschrift van de bescheiden wordt aan betrokkene geweigerd, indien deze: *Inzicht in/afschrift van bescheiden op verzoek betrokkene, weigering*
a. jonger dan twaalf jaren is, of
b. de leeftijd van twaalf jaren heeft bereikt en niet in staat kan worden geacht tot een redelijke waardering van zijn belangen ter zake.
3. Indien betrokkene jonger is dan zestien jaren, of de leeftijd van zestien jaar heeft bereikt en niet in staat kan worden geacht tot een redelijke waardering van zijn belangen ter zake, worden desgevraagd aan de wettelijke vertegenwoordiger inlichtingen dan wel inzage in of afschrift van de bescheiden verstrekt, tenzij het belang van betrokkene zich daartegen verzet.
4. Inlichtingen over, inzage in of afschrift van de bescheiden kan worden geweigerd, voor zover de persoonlijke levenssfeer van een ander dan betrokkene daardoor zou worden geschaad dan wel dit noodzakelijk is voor de uitoefening van de taken, bedoeld in artikel 4.1.1, tweede lid, of om een situatie van huiselijk geweld of kindermishandeling te beëindigen dan wel een redelijk vermoeden daarvan te onderzoeken.
5. De persoon van wie de gegevens zijn opgeslagen, heeft het recht te verzoeken de gegevens te laten corrigeren.

Art. 5.3.3
1. Onverminderd het bij of krachtens de wet bepaalde, verstrekken het college, een aanbieder, een derde aan wie ten laste van een persoonsgebonden budget betalingen worden gedaan, het CAK en een andere instantie als bedoeld in artikel 2.1.4b, tweede lid, de Sociale verzekeringsbank, toezichthoudende ambtenaren en Veilig Thuis aan anderen dan de betrokkene geen inlichtingen over betrokkene, dan wel inzage in of afschrift van de bescheiden dan met toestemming van betrokkene. *Inzicht in/afschrift van bescheiden aan derden, toestemming betrokkene*
2. Indien betrokkene minderjarig is, is in plaats van diens toestemming de toestemming van zijn wettelijke vertegenwoordiger vereist, indien hij:
a. jonger is dan twaalf jaren, of
b. de leeftijd van twaalf jaren heeft bereikt en niet in staat kan worden geacht tot een redelijke waardering van zijn belangen ter zake.
3. Onder anderen dan betrokkene zijn niet begrepen degenen van wie beroepshalve de medewerking vereist is bij de uitvoering van de taken van het college, een aanbieder, een derde aan wie ten laste van een persoonsgebonden budget betalingen worden gedaan, het CAK en een andere instantie als bedoeld in artikel 2.1.4b, tweede lid, de Sociale verzekeringsbank, toezichthoudende ambtenaren en Veilig Thuis.
4. Bij regeling van Onze Minister, voor zover nodig in overeenstemming met Onze Minister van Veiligheid en Justitie, kunnen regels worden gesteld over de wijze waarop een Veilig Thuisorganisatie gegevens verwerkt en over de uitwisseling van gegevens tussen een Veilig Thuisorganisatie en andere Veilig Thuis-organisaties en met de raad voor de kinderbescherming, jeugdhulpaanbieders en gecertificeerde instellingen als bedoeld in artikel 1.1 van de Jeugdwet.

Art. 5.3.4
1. Onverminderd artikel 5.3.5 bewaren het college, een aanbieder, een derde aan wie ten laste van een persoonsgebonden budget betalingen worden gedaan, het CAK en een andere instantie als bedoeld in artikel 2.1.4b, tweede lid, de Sociale verzekeringsbank en toezichthoudende ambtenaren de persoonsgegevens die zij op grond van deze wet met betrekking tot een betrokkene onder zich hebben, gedurende vijftien jaren, te rekenen vanaf het tijdstip waarop de laatste wijziging van die persoonsgegevens is vastgelegd, of zoveel langer als redelijkerwijs in verband met een zorgvuldige uitvoering van hun taken op grond van deze wet noodzakelijk is. *Persoonsgegevens, bewaringstermijn*
2. Onverminderd het bepaalde in artikel 5.3.5 bewaart Veilig Thuis de persoonsgegevens die het op grond van deze wet met betrekking tot een betrokkene onder zich heeft, gedurende twintig jaren, te rekenen vanaf het tijdstip waarop de laatste wijziging van die persoonsgegevens is vastgelegd, of zoveel langer als redelijkerwijs in verband met een zorgvuldige uitvoering van zijn taken op grond van deze wet noodzakelijk is. *Persoonsgegevens, bewaringstermijn Veilig Thuis*

Art. 5.3.5
1. Het college, een aanbieder, een derde aan wie ten laste van een persoonsgebonden budget betalingen worden gedaan, het CAK en een andere instantie als bedoeld in artikel 2.1.4b, tweede lid, de Sociale verzekeringsbank, toezichthoudende ambtenaren en Veilig Thuis vernietigen de persoonsgegevens die zij op grond van deze wet met betrekking tot een betrokkene onder zich hebben, binnen drie maanden na een daartoe strekkend schriftelijk verzoek van degene op wie de persoonsgegevens betrekking hebben. *Persoonsgegevens, vernietiging na verzoek betrokkene*
2. Het eerste lid geldt niet voor zover het verzoek persoonsgegevens betreft waarvan redelijkerwijs aannemelijk is dat de bewaring van aanmerkelijk belang is voor een ander dan de verzoeker alsmede voor zover het bepaalde bij of krachtens de wet zich tegen vernietiging verzet.
3. Het verzoek wordt niet ingewilligd indien het gedaan is door iemand die: *Persoonsgegevens, weigering vernietiging na verzoek betrokkene*
a. jonger is dan twaalf jaar, of
b. minderjarig is en de leeftijd van twaalf jaar heeft bereikt en niet in staat kan worden geacht tot een redelijke waardering van zijn belangen ter zake.

A78 art. 5.3.6

Wet maatschappelijke ondersteuning 2015

4. In de gevallen, bedoeld in het derde lid, kan het verzoek door een wettelijke vertegenwoordiger worden gedaan.

Art. 5.3.6

Persoonsgegevens, verstrekking/inzage zonder toestemming betrokkene

1. In afwijking van artikel 5.3.3, eerste lid, kunnen zonder toestemming van de betrokkene ten behoeve van statistiek of wetenschappelijk onderzoek op het gebied van de volksgezondheid, opgroei- en opvoedingsproblemen, psychische problemen en stoornissen, kinderbescherming of jeugdreclassering aan een ander desgevraagd inlichtingen over de betrokkene of inzage in het dossier worden verstrekt indien:
   a. het vragen in toestemming in redelijkheid niet mogelijk is en met betrekking tot de uitvoering van het onderzoek is voorzien in zodanige waarborgen, dat de persoonlijke levenssfeer van de betrokkene niet onevenredig wordt geschaad, of
   b. het vragen van toestemming, gelet op de aard en het doel van het onderzoek, in redelijkheid niet kan worden verlangd en de gegevens in zodanige vorm worden verstrekt dat herleiding tot individuele natuurlijke personen redelijkerwijs wordt voorkomen.
2. Verstrekking overeenkomstig het eerste lid is slechts mogelijk indien:
   a. het onderzoek een algemeen belang dient,
   b. het onderzoek niet zonder de desbetreffende gegevens kan worden uitgevoerd, en
   c. voor zover de betrokkene tegen een verstrekking niet uitdrukkelijk bezwaar heeft gemaakt.
3. Bij een verstrekking overeenkomstig het eerste lid wordt daarvan aantekening gehouden in het dossier.

§ 4
Gegevens ten behoeve van integrale dienstverlening

Art. 5.4.1

College, afstemming met zorgverzekeraars

1. Het college stemt de wijze waarop het de taken op grond van deze wet uitvoert af met zorgverzekeraars als bedoeld in de Zorgverzekeringswet, met het oog op de wettelijke taken van die laatsten.
2. Het college en zorgverzekeraars maken afspraken over beleid ten aanzien van maatschappelijke ondersteuning, publieke gezondheid, zorg, jeugdzorg, welzijn en preventie, teneinde te komen tot een integrale dienstverlening aan cliënten en verzekerden.
3. Bij of krachtens algemene maatregel van bestuur worden regels gesteld omtrent de wijze van totstandkoming van de afspraken, bedoeld in het tweede lid.
4. Het college en aanbieders verstrekken aan zorgverzekeraars als bedoeld in de Zorgverzekeringswet uit eigen beweging en desgevraagd kosteloos de gegevens die noodzakelijk zijn voor de uitvoering van de afspraken, bedoeld in het eerste lid.
5. Bij of krachtens algemene maatregel van bestuur kan worden bepaald dat overleg omtrent afspraken, bedoeld in het tweede lid, ook plaatsvindt met andere organisaties en instanties dan genoemd in het eerste lid, en kan worden bepaald dat het vierde lid ook van toepassing is ten aanzien van die organisaties en instanties.
6. Bij algemene maatregel van bestuur kunnen regels worden gesteld omtrent de inhoud van de in het vierde lid bedoelde gegevens en standaardisering van de wijze waarop de gegevens worden verstrekt.

Hoofdstuk 6
Toezicht en handhaving

Art. 6.1

Toezicht op naleving

1. Het college wijst personen aan die belast zijn met het houden van toezicht op de naleving van het bepaalde bij of krachtens deze wet.
2. De toezichthoudende ambtenaren zijn, voor zover dat voor de vervulling van hun taak noodzakelijk is en in afwijking van artikel 5:20, tweede lid, van de Algemene wet bestuursrecht, bevoegd tot inzage van dossiers.
3. Voor zover de toezichthoudende ambtenaar door inzage in bescheiden bij de vervulling van zijn taak dan wel door verstrekking van gegevens in het kader van melding als bedoeld in artikel 3.4, gegevens, daaronder begrepen bijzondere persoonsgegevens, heeft verkregen, ter zake waarvan de beroepskracht uit hoofde van zijn beroep tot geheimhouding verplicht is, geldt gelijke verplichting voor de toezichthoudende ambtenaar, onverminderd het bepaalde in artikel 5.2.4.

Art. 6.2

Advies ambtenaren inzake toezicht en handhaving

1. De ambtenaren van de Inspectie gezondheidszorg en jeugd dienen de toezichthoudende ambtenaren, bedoeld in artikel 6.1, desgevraagd van advies inzake het houden van toezicht en inzake de handhaving van de bij of krachtens deze wet gestelde regels.
2. De in het eerste lid bedoelde ambtenaren rapporteren jaarlijks aan Onze Minister omtrent de uitvoering van het toezicht op de naleving van het bepaalde bij of krachtens deze wet door

de toezichthoudende ambtenaren, bedoeld in artikel 6.1, en de effecten daarvan op het niveau van de maatschappelijke ondersteuning.

Hoofdstuk 7
Wijziging andere wetten

Art. 7.1
[Wijzigt de Wet medezeggenschap cliënten zorginstellingen.]

Art. 7.2
Op procedures inzake de naleving van de Wet medezeggenschap cliënten zorginstellingen, aangevangen voor inwerkingtreding van artikel 7.1, blijft die wet van toepassing.

Overgangsbepalingen Wet medezeggenschap cliënten zorginstellingen

Art. 7.3
[Wijzigt de Wet klachtrecht cliënten zorgsector.]

Art. 7.4
1. Op klachten, voor inwerkingtreding van artikel 7.3 ingediend bij een klachtencommissie als bedoeld in artikel 2 van de Wet klachtrecht cliënten zorgsector, blijft die wet van toepassing.

Overgangsbepalingen Wet klachtrecht cliënten zorgsector

2. De artikelen 3 tot en met 3b van de Wet klachtrecht cliënten zorgsector blijven van toepassing op gedragingen van een zorgaanbieder die hebben plaatsgevonden voor inwerkingtreding van artikel 7.3.

Art. 7.5
[Wijzigt de Kwaliteitswet zorginstellingen.]

Art. 7.6
De artikelen 8 tot en met 10 van de Kwaliteitswet zorginstellingen blijven van toepassing op gedragingen van een zorgaanbieder die hebben plaatsgevonden voor inwerkingtreding van artikel 7.5.

Overgangsbepalingen Kwaliteitswet zorginstellingen

Art. 7.7
[Wijzigt de Beginselenwet justitiële jeugdinrichtingen.]

Art. 7.8
[Wijzigt de Beginselenwet verpleging ter beschikking gestelden.]

Art. 7.9
[Wijzigt de Penitentiaire beginselenwet.]

Art. 7.10
[Wijzigt de Wet Centraal Orgaan opvang asielzoekers.]

Art. 7.11
[Wijzigt de Leerplichtwet 1969.]

Art. 7.12
[Wijzigt de Wet educatie en beroepsonderwijs.]

Art. 7.13
[Wijzigt de Wet op de expertisecentra.]

Art. 7.14
[Wijzigt de Wet op het hoger onderwijs en wetenschappelijk onderzoek.]

Art. 7.15
[Wijzigt de Wet op het primair onderwijs.]

Art. 7.16
[Wijzigt de Wet op het voortgezet onderwijs.]

Art. 7.17
[Wijzigt de Wet kinderopvang en kwaliteitseisen peuterspeelzalen.]

Art. 7.18
[Wijzigt de Wet op de beroepen in de individuele gezondheidszorg.]

Art. 7.19
[Wijzigt de Jeugdwet.]

Art. 7.20
[Wijzigt de Wijzigingswet Zorgverzekeringswet en Algemene Wet Bijzondere Ziektekosten (bijdragen bij inkomstenderving ten gevolge van verlenen medisch noodzakelijke zorg aan bepaalde groepen vreemdelingen, en verzekering bepaalde groepen minderjarige vreemdelingen).]

Art. 7.21
[Wijzigt de Wet forensische zorg (Kst. 32 398).]

Art. 7.22
[Wijzigt de Algemene wet bestuursrecht.]

Art. 7.23
[Wijzigt de Algemene Wet Bijzondere Ziektekosten.]

Art. 7.24
[Wijzigt de Gemeentewet.]
Art. 7.25
[Wijzigt de Werkloosheidswet.]
Art. 7.26
[Wijzigt de Wet basisregistratie personen.]
Art. 7.27
[Wijzigt de Wet inkomstenbelasting 2001.]
Art. 7.28
[Wijzigt de Wet marktordening gezondheidszorg.]
Art. 7.29
[Wijzigt de Participatiewet.]
Art. 7.30
[Wijzigt de Wet werk en inkomen naar arbeidsvermogen.]
Art. 7.31
[Wijzigt de Woningwet.]
Art. 7.32
[Vervallen]
Art. 7.33
[Wijzigt het Burgerlijk Wetboek Boek 6.]
Art. 7.34
[Wijzigt de Wet kwaliteit, klachten en geschillen.]
Art. 7.35
[Wijzigt de Wet verplichte geestelijke gezondheidszorg (Kst. 32 399.)]
Art. 7.36
[Wijzigt de Wet op de omzetbelasting 1968.]
Art. 7.37
[Wijzigt de Zorgverzekeringswet.]

Hoofdstuk 8
Invoerings- en slotbepalingen

Art. 8.1

Aanspraken AWBZ

1. De aanspraken op zorg, bedoeld in artikel 6, eerste lid, van de Algemene Wet Bijzondere Ziektekosten omvatten met ingang van de eerste dag van het kalenderjaar na dat waarin enig artikel van deze wet in werking is getreden, niet:
   a. persoonlijke verzorging als omschreven in artikel 4 van het Besluit zorgaanspraken AWBZ, anders dan in verband met een somatische of psychogeriatrische aandoening of beperking of een lichamelijke beperking, voor zover niet tevens aanspraak bestaat op verblijf als omschreven in artikel 9 van dat besluit,
   b. begeleiding als omschreven in artikel 6 van het Besluit zorgaanspraken AWBZ, voor zover niet tevens aanspraak bestaat op verblijf als omschreven in artikel 9 van dat besluit,
   c. verblijf in een instelling met samenhangende zorg voor een persoon met een psychiatrische aandoening of beperking als bedoeld in artikel 9 van het Besluit zorgaanspraken AWBZ,
   d. kortdurend verblijf als omschreven in artikel 9a van het Besluit zorgaanspraken AWBZ en
   e. vervoer als bedoeld in artikel 10 van het Besluit zorgaanspraken AWBZ naar een instelling ten behoeve van het ontvangen van begeleiding als bedoeld in artikel 6 van dat besluit, voor zover niet tevens aanspraak bestaat op verblijf als omschreven in artikel 9 van dat besluit;
   f. doventolkzorg bij het voeren van een gesprek in de leefsituatie als bedoeld in artikel 12 van het Besluit zorgaanspraken AWBZ.
2. Onverminderd het eerste lid besluit het indicatieorgaan, bedoeld in artikel 9b, eerste lid, van de Algemene Wet Bijzondere Ziektekosten zo spoedig mogelijk op aanvragen met betrekking tot zorg als bedoeld in het eerste lid, onderdelen a tot en met e, die zijn ingediend voor het in het eerste lid bedoelde tijdstip.

Art. 8.2

Gegevensverstrekking verzekerde AWBZ met indicatiebesluit

Met betrekking tot een verzekerde in de zin van de Algemene Wet Bijzondere Ziektekosten aan wie een indicatiebesluit is afgegeven waarin is vastgesteld dat hij is aangewezen op zorg als bedoeld in artikel 8.1, eerste lid, onderdelen a, b, c, d en e, verstrekken het indicatieorgaan, bedoeld in artikel 9b, eerste lid, van de Algemene Wet Bijzondere Ziektekosten, en de zorgverzekeraar, bedoeld in artikel 1, onderscheidenlijk de rechtspersoon, bedoeld in artikel 40 van die wet, zo spoedig mogelijk aan het college van de gemeente waarvan betrokkene ingezetene is, gegevens omtrent de inhoud van:
a. het indicatiebesluit, met inbegrip van het daarin opgenomen burgerservicenummer, waarin ten aanzien van betrokkene is vastgesteld dat deze is aangewezen op zorg als bedoeld in artikel 8.1;

Wet maatschappelijke ondersteuning 2015　　　　　　　　　　　　　　　　　**A78** art. 8.3

b. de grondslag waarop het indicatiebesluit berust;
c. de aard, inhoud en omvang van de zorg die betrokkene ontvangt en de zorgaanbieder van wie hij de zorg ontvangt dan wel, indien aan betrokkene subsidie wordt verstrekt als bedoeld in artikel 44, eerste lid, onderdeel b, van de Algemene Wet Bijzondere Ziektekosten, en gegevens omtrent het bedrag van de subsidie en degene die hem de zorg verleent.

Art. 8.3

1. Indien voor een verzekerde in de zin van de Algemene Wet Bijzondere Ziektekosten een indicatiebesluit is afgegeven waarin is vastgesteld dat hij is aangewezen op zorg als bedoeld in artikel 8.1, eerste lid, onderdelen a, b, d en e, heeft belanghebbende met ingang van de eerste dag van het kalenderjaar na dat waarin enig artikel van deze wet in werking is getreden, jegens het college van de gemeente waarvan hij ingezetene is, de rechten en verplichtingen met betrekking tot het tot gelding brengen van de aanspraak op zorg die aan het indicatiebesluit waren verbonden, gedurende de looptijd van het indicatiebesluit, doch ten hoogste tot de eerste dag van het tweede kalenderjaar na dat waarin enig artikel van deze wet in werking is getreden.

Overgangsbepalingen extramurale zorg

2. Indien de uit een indicatiebesluit als bedoeld in het eerste lid voortvloeiende aanspraak op zorg op de eerste dag van het kalenderjaar na dat waarin enig artikel van deze wet in werking is getreden, nog niet tot gelding is gebracht, kan betrokkene de aanspraak in afwijking van het eerste lid slechts tot gelding brengen nadat hij het college van de gemeente waarvan hij ingezetene is, in de gelegenheid heeft gesteld zijn zienswijze ter zake kenbaar te maken.

3. Indien aan een verzekerde als bedoeld in het eerste lid tot de eerste dag van het kalenderjaar na dat waarin enig artikel van deze wet in werking is getreden, op grond van het bepaalde bij of krachtens artikel 44, eerste lid, onderdeel b, van de Algemene Wet Bijzondere Ziektekosten, een persoonsgebonden budget werd verstrekt, heeft belanghebbende met ingang van de eerste dag jegens het college van de gemeente waarvan hij ingezetene is, recht op een persoonsgebonden budget overeenkomstig het bepaalde bij of krachtens genoemd artikelonderdeel, gedurende de looptijd van het indicatiebesluit, doch ten hoogste tot de eerste dag van het tweede kalenderjaar na dat waarin enig artikel van deze wet in werking is getreden.

4. Indien ten aanzien van een verzekerde in de zin van de Algemene Wet Bijzondere Ziektekosten door of namens de zorgverzekeraar, bedoeld in artikel 1, onderscheidenlijk de rechtspersoon, bedoeld in artikel 40 van die wet, een besluit is genomen als bedoeld in artikel 8.2, tweede lid, heeft belanghebbende met ingang van de eerste dag van het kalenderjaar na dat waarin enig artikel van deze wet in werking is getreden, jegens het college van de gemeente waarvan hij ingezetene is, de rechten en verplichtingen met betrekking tot het tot gelding brengen van de aanspraak op zorg die aan het besluit waren verbonden, gedurende de looptijd van dat besluit, doch ten hoogste tot de eerste dag van het tweede kalenderjaar na dat waarin enig artikel van deze wet in werking is getreden.

5. Voor de toepassing van het eerste tot en met vierde lid, treedt het college in de plaats van de zorgverzekeraar, bedoeld in artikel 1 van de Algemene Wet Bijzondere Ziektekosten, onderscheidenlijk de rechtspersoon, bedoeld in artikel 40 van die wet.

6. Voor de toepassing van het eerste tot en met vierde lid, is betrokkene een bijdrage in de kosten van de zorg aan het college verschuldigd. Bij algemene maatregel van bestuur worden regels gesteld met betrekking tot deze bijdrage, waaronder in ieder geval regels overeenkomstig de regels die zijn gesteld over de bijdrage, bedoeld in hoofdstuk 2, paragraaf 1, van deze wet ten aanzien van de hoogte en invordering van die bijdrage. Artikel 2.3.8 is van overeenkomstige toepassing.

7. Indien een in het buitenland wonende persoon op het tijdstip van inwerkingtreding van enig artikel van deze wet op grond van artikel 3.1.2 van de Invoerings- en aanpassingswet Zorgverzekeringswet aanspraak heeft op een vergoeding dan wel op grond van artikel 1.22 van het Aanpassingsbesluit Zorgverzekeringswet aanspraak heeft op een uitkering ter zake van de kosten van zorg als bedoeld in artikel 8.1, behoudt die persoon jegens het Zorginstituut Nederland, bedoeld in artikel 58 van de Zorgverzekeringswet die aanspraak gedurende de looptijd van het indicatiebesluit, doch ten hoogste tot de eerste dag van het tweede kalenderjaar na dat waarin enig artikel van deze wet in werking is getreden.

8. Het eerste tot en met het zesde lid zijn van overeenkomstige toepassing ten aanzien van een persoon die in het buitenland woont of verblijft en die in geval van behoefte aan zorg hetzij krachtens de Algemene Wet Bijzondere Ziektekosten, hetzij met toepassing van een verordening van de Raad van de Europese Gemeenschappen dan wel met toepassing van zodanige verordening krachtens de overeenkomst betreffende de Europese Economische Ruimte of een verdrag inzake sociale zekerheid aanspraak heeft op zorg als bedoeld in artikel 8.1, eerste lid, onderdelen a, b, d of e, of vergoeding van de kosten daarvan, met dien verstande dat:
a. voor de overeenkomstige toepassing van het eerste, derde en vierde lid in plaats van «verzekerde» telkens wordt gelezen: persoon;
b. voor de overeenkomstige toepassing van het eerste tot en met vierde lid in plaats van «het college van de gemeente waarvan hij ingezetene is» telkens wordt gelezen: het Zorginstituut Nederland; en

A78 art. 8.4 — Wet maatschappelijke ondersteuning 2015

c. voor de overeenkomstige toepassing van het vijfde en zesde lid in plaats van «het college» telkens wordt gelezen: het Zorginstituut Nederland.

9. De vergoedingen en uitkeringen, bedoeld in het zevende en achtste lid, komen ten laste van het Fonds langdurige zorg, bedoeld in artikel 89 van de Wet financiering sociale verzekeringen.

Art. 8.4

Overgangsbepalingen beschermd wonen

1. Indien voor een verzekerde in de zin van de Algemene Wet Bijzondere Ziektekosten een indicatiebesluit is afgegeven waarin is vastgesteld dat hij is aangewezen op zorg als bedoeld in artikel 8.1, onderdeel c, heeft belanghebbende met ingang van de eerste dag van het kalenderjaar na dat waarin enig artikel van deze wet in werking is getreden, jegens het college van de gemeente waarvan hij ingezetene is, de rechten en verplichtingen met betrekking tot het tot gelding brengen van de aanspraak op zorg die aan het indicatiebesluit waren verbonden, gedurende de looptijd van het indicatiebesluit, doch ten hoogste tot een bij koninklijk besluit te stellen tijdstip dat niet eerder is gelegen dan de eerste dag van het zesde kalenderjaar na dat waarin enig artikel van deze wet in werking is getreden.

2. Artikel 8.3, tweede, derde en vijfde tot en met zevende lid, is van overeenkomstige toepassing.

Art. 8.5

Wet marktordening gezondheidszorg

De Wet marktordening gezondheidszorg is niet van toepassing op handelingen op het gebied van de individuele gezondheidszorg als bedoeld in artikel 1 van de Wet op de beroepen in de individuele gezondheidszorg, voor zover uitgevoerd, al dan niet onder eigen verantwoordelijkheid, door personen, ingeschreven in een register als bedoeld in artikel 3 van die wet of door personen als bedoeld in artikel 34 van die wet, die deel uitmaken van zorg die:

a. op grond van de artikelen 8.3, eerste of vierde lid, of 8.4, eerste lid, aan een belanghebbende wordt geleverd;

b. door derden wordt geleverd aan een belanghebbende, aan wie op grond van artikel 8.3, derde lid, een persoongebonden budget wordt verstrekt.

Art. 8.6

Overgang aanspraken AWBZ, onderzoek college i.v.m.

1. Nadat het indicatieorgaan, bedoeld in artikel 9b, eerste lid, van de Algemene Wet Bijzondere Ziektekosten, en de zorgverzekeraar, bedoeld in artikel 1, onderscheidenlijk de rechtspersoon, bedoeld in artikel 40 van die wet, de in artikel 8.2 genoemde gegevens hebben verstrekt aan het college van de gemeente waarvan betrokkene ingezetene is, voert het college, met overeenkomstige toepassing van artikel 2.3.2, tweede tot en met achtste lid, zonder melding als bedoeld in artikel 2.3.2, eerste lid, het in dat artikel bedoelde onderzoek uit op een zodanig tijdstip dat betrokkene tijdig voor het tijdstip waarop hij niet langer op grond van artikel 8.3, eerste of derde lid, of artikel 8.4, eerste lid, aanspraak zal hebben op de in die gegevens omschreven zorg onderscheidenlijk de in die gegevens omschreven subsidie, een aanvraag kan doen voor een maatwerkvoorziening als bedoeld in artikel 2.3.5. eerste lid.

2. Nadat de zorgverzekeraar, bedoeld in artikel 1, onderscheidenlijk de rechtspersoon, bedoeld in artikel 40 van de Algemene Wet Bijzondere Ziektekosten, de in artikel 8.2, tweede lid, bedoelde gegevens heeft verstrekt aan het college van de gemeente waarvan betrokkene ingezetene is, voert het college, met overeenkomstige toepassing van artikel 2.3.2, tweede tot en met achtste lid, zonder melding als bedoeld in artikel 2.3.2, eerste lid, het in dat artikel bedoelde onderzoek uit op een zodanig tijdstip dat betrokkene tijdig voor het tijdstip waarop hij niet langer op grond van artikel 8.3, vierde lid, aanspraak zal hebben op de in die gegevens omschreven zorg, een aanvraag kan doen voor een maatwerkvoorziening als bedoeld in artikel 2.3.5. eerste lid.

Art. 8.6a

Inwerkingtreding artikel 2.3.5 lid 6

Artikel 2.3.5, zesde lid, geldt tot een bij koninklijk besluit vast te stellen tijdstip niet voor daar bedoelde cliënten:

a. die thuis wonen en een maatwerkvoorziening inhoudende een hulpmiddel of een woningaanpassing hebben aangevraagd;

b. die zonder behandeling in een instelling verblijven en een maatwerkvoorziening inhoudende een hulpmiddel ter verbetering van hun mobiliteit hebben aangevraagd;

c. die hun recht op zorg tot gelding brengen met een modulair pakket thuis en een maatwerkvoorziening inhoudende het schoonhouden van hun woonruimte hebben aangevraagd.

Art. 8.7

Data vaststellingen en publicaties gemeenteraad en college

1. De gemeenteraad stelt het beleidsplan, bedoeld in artikel 2.1.2, en de verordening, bedoeld in de artikelen 2.1.3, 2.1.4, 2.1.5, 2.1.6 en 2.6.6, vast voor 1 november van het kalenderjaar waarin enig artikel van deze wet in werking is getreden.

2. Het college treft de algemene voorzieningen als bedoeld in de artikelen 2.2.3 tot en met 2.2.4 voor 1 november van het kalenderjaar waarin enig artikel van deze wet in werking is getreden.

3. Het college draagt er zorg voor dat onderzoeken als bedoeld in artikel 2.3.2 kunnen worden uitgevoerd met ingang van 1 november van het kalenderjaar waarin enig artikel van deze wet in werking is getreden en dat op aanvragen voor een maatwerkvoorziening of een persoonsgebonden budget die worden gedaan voor de eerste dag van het kalenderjaar na dat waarin enig artikel van deze wet in werking is getreden, tijdig een besluit wordt genomen.

4. Het college publiceert voor het eerst voor 1 juli van het tweede kalenderjaar na dat waarin enig artikel van deze wet in werking is getreden, de uitkomsten van het in artikel 2.5.1, eerste lid, bedoelde onderzoek en verstrekt gelijktijdig de in artikel 2.5.1, tweede lid, bedoelde gegevens aan Onze Minister of een door Onze Minister aangewezen instelling.
5. Het college wijst voor de eerste dag van het kalenderjaar na dat waarin enig artikel van deze wet in werking is getreden, personen aan die belast zijn met het houden van toezicht op de naleving van het bepaalde bij of krachtens deze wet.

Art. 8.8
1. In afwijking van artikel 3.5, eerste lid, is de aanbieder voor beroepskrachten als in dat lid bedoeld die op het tijdstip van inwerkingtreden van dat lid voor hem werkzaam zijn en ten aanzien van wie een verklaring omtrent het gedrag is vereist, uiterlijk binnen een bij algemene maatregel van bestuur vast te stellen termijn in het bezit van een verklaring omtrent het gedrag die niet eerder dan drie maanden voor het verstrijken van de vastgestelde termijn is afgegeven. De termijn kan voor verschillende groepen beroepskrachten verschillend worden vastgesteld. *(Verklaring omtrent gedrag, afwijking artikel 3.5)*
2. Artikel 3.5, tweede en derde lid, is van overeenkomstige toepassing op een aanbieder als bedoeld in het eerste lid.

Art. 8.9
1. De Wet maatschappelijke ondersteuning wordt ingetrokken, onverminderd de rechten en verplichtingen die onmiddellijk voor het tijdstip waarop artikel 2.1.1 in werking is getreden, voor betrokkene zijn verbonden aan een met toepassing van de Wet maatschappelijke ondersteuning door het college genomen besluit waarbij aanspraak is verstrekt op een individuele voorziening in natura of het ontvangen van een persoonsgebonden budget dan wel een financiële tegemoetkoming. *(Intrekking WMO, overgang bestaande rechten en plichten)*
2. Het recht zoals dat gold vóór het tijdstip van inwerkingtreding van enig artikel van deze wet, blijft van toepassing ten aanzien van besluiten genomen op grond van de Wet maatschappelijke ondersteuning.
3. Artikel 25 van de Wet maatschappelijke ondersteuning blijft van toepassing op de roerende zaken, voor de aanschaf waarvan krachtens die wet een financiële tegemoetkoming is verstrekt, die zijn aangeschaft met een persoonsgebonden budget of die krachtens die wet in eigendom of bruikleen zijn verstrekt.
4. Het college en Onze Minister geven met betrekking tot het kalenderjaar waarin enig artikel van deze wet in werking is getreden, uitvoering aan artikel 9 van de Wet maatschappelijke ondersteuning voor 1 juli van het daaropvolgende kalenderjaar onderscheidenlijk 1 januari van het daaropvolgende kalenderjaar.
5. De artikelen 11 en 12 van de Wet maatschappelijke ondersteuning zijn van overeenkomstige toepassing op de voorbereiding van de vaststelling van het beleidsplan, bedoeld in artikel 2.1.2, en de verordening, bedoeld in artikel 2.1.3.

Art. 8.10
Onze Minister zendt binnen drie jaar na de inwerkingtreding van deze wet aan de Staten-Generaal een verslag over de doeltreffendheid en de effecten van deze wet in de praktijk. *(Evaluatie)*

Art. 8.11
1. Deze wet treedt in werking op een bij koninklijk besluit te bepalen tijdstip, dat voor de verschillende artikelen of onderdelen daarvan verschillend kan worden vastgesteld. *(Inwerkingtreding)*
2. [Wijzigt deze wet.]
3. [Wijzigt deze wet en de Algemene wet bestuursrecht.]

Art. 8.12
Deze wet wordt aangehaald als: Wet maatschappelijke ondersteuning 2015. *(Citeertitel)*

Wet langdurige zorg[1]

Wet van 3 december 2014, houdende regels inzake de verzekering van zorg aan mensen die zijn aangewezen op langdurige zorg (Wet langdurige zorg)

Wij Willem-Alexander, bij de gratie Gods, Koning der Nederlanden, Prins van Oranje-Nassau, enz. enz. enz.

Allen, die deze zullen zien of horen lezen, saluut! doen te weten:

Alzo Wij in overweging genomen hebben, dat het wenselijk is de Algemene Wet Bijzondere Ziektekosten te vervangen door een, de gehele bevolking omvattende, verplichte verzekering voor langdurige zorg, waarin rekening wordt gehouden met maatschappelijke ontwikkelingen van de laatste decennia en die recht doet aan de eigen verantwoordelijkheid van de burgers voor de wijze waarop zij hun leven inrichten, deelnemen aan het maatschappelijk leven, en de wijze waarop zij elkaar naar vermogen daarin bijstaan;

Zo is het, dat Wij, de Afdeling advisering van de Raad van State gehoord, en met gemeen overleg der Staten-Generaal, hebben goedgevonden en verstaan, gelijk Wij goedvinden en verstaan bij deze:

Hoofdstuk 1
Begripsbepalingen en algemene bepalingen

§ 1
Begripsbepalingen

Art. 1.1.1

Begripsbepalingen

In deze wet en de daarop berustende bepalingen wordt verstaan onder:
- *ADL-woning*: woning die deel uitmaakt van een aantal bij elkaar horende rolstoeldoorgankelijke sociale huurwoningen;
- *begeleiding*: activiteiten waarmee een persoon wordt ondersteund bij het uitvoeren van algemene dagelijkse levensverrichtingen en bij het aanbrengen en behouden van structuur in en regie over het persoonlijk leven;
- *burgerservicenummer*: het burgerservicenummer, bedoeld in artikel 1, onderdeel b, van de Wet algemene bepalingen burgerservicenummer;
- *CAK*: het CAK, genoemd in artikel 6.1.1;
- *CIZ*: het CIZ, genoemd in artikel 7.1.1;
- *cliëntondersteuning*: onafhankelijke ondersteuning met informatie, advies, algemene ondersteuning en zorgbemiddeling die bijdraagt aan het tot gelding brengen van het recht op zorg in samenhang met dienstverlening op andere gebieden;
- *continentaal plat*: de exclusieve economische zone van het Koninkrijk, bedoeld in artikel 1 van de rijkswet instelling exclusieve economische zone, voor zover deze grenst aan de territoriale zee van Nederland;
- *dossier*: de schriftelijk of elektronisch vastgelegde gegevens met betrekking tot de verlening van zorg aan een cliënt;
- *Fonds langdurige zorg*: fonds, genoemd in artikel 89 van de Wet financiering sociale verzekeringen;
- *indicatiebesluit*: besluit van het CIZ waarbij beoordeeld wordt of en in welke omvang de verzekerde in aanmerking komt voor zorg;
- *inspecteur of ontvanger*: de functionaris, bedoeld in artikel 2, derde lid, onder b, van de Algemene wet inzake rijksbelastingen;
- *instelling*:
1°. een instelling in de zin van de Wet toelating zorginstellingen;
2°. een organisatorisch verband dat gevestigd is buiten het grondgebied van het Europese deel van Nederland en overeenkomstig de daar geldende wetgeving rechtmatig gezondheidszorg verstrekt als bedoeld bij of krachtens artikel 3.1.1;
- *mantelzorger*: natuurlijke persoon die rechtstreeks voortvloeiend uit een tussen personen bestaande sociale relatie zorg verleent zonder dat dit beroeps- of bedrijfsmatig geschiedt;
- *Onze Minister*: Onze Minister van Volksgezondheid, Welzijn en Sport;

---

[1] Inwerkingtredingsdatum: 01-01-2015; zoals laatstelijk gewijzigd bij: Stb. 2020, 554.

Wet langdurige zorg   **A79** art. 1.1.2

– *persoonsgebonden budget:* een subsidie waarmee de verzekerde onder de bij of krachtens artikel 3.3.3 en titel 4.2 van de Algemene wet bestuursrecht gestelde voorwaarden aan hem te verlenen zorg kan inkopen;
– *persoonlijke verzorging:* het ondersteunen bij of het overnemen van activiteiten op het gebied van de persoonlijke verzorging, gericht op het opheffen van een tekort aan zelfredzaamheid;
– *Nederland:* het Europese deel van Nederland;
– *solistisch werkende zorgverlener:* een zorgverlener die, anders dan in dienst of onmiddellijk of middellijk in opdracht van een instelling beroepsmatig zorg verleent;
– *Sociale verzekeringsbank:* de Sociale verzekeringsbank, genoemd in artikel 3 van de Wet structuur uitvoeringsorganisatie werk en inkomen;
– *verblijf:* verblijf als bedoeld in artikel 3.1.1, eerste lid, onder a;
– *verpleging:* handelingen, gericht op herstel of voorkoming van verergering van de aandoening, beperking of handicap;
– *verzekeraar:* verzekeringsonderneming als bedoeld in richtlijn nr. 73/239/EEG van de Raad van de Europese Gemeenschappen van 24 juli 1973 tot coördinatie van de wettelijke en bestuursrechtelijke bepalingen betreffende de toegang tot het directe verzekeringsbedrijf, met uitzondering van de levensverzekeringbranche en de uitoefening daarvan (PbEG L 228);
– *vreemdeling:* vreemdeling als bedoeld in de Vreemdelingenwet 2000;
– *Wlz-uitvoerder:* rechtspersoon die geen zorgverzekeraar is, die zich overeenkomstig artikel 4.1.1 heeft aangemeld tot uitvoering van deze wet, het zorgkantoor daaronder begrepen;
– *woningaanpassing:* bouwkundige of woontechnische ingreep in of aan een woonruimte;
– *zorg:* zorg en overige diensten als bedoeld in artikel 3.1.1;
– *zorg in natura:* zorg, geleverd door zorgaanbieders op grond van schriftelijke overeenkomsten tussen zorgaanbieders en Wlz-uitvoerders als bedoeld in artikel 4.2.2;
– *zorgaanbieder:* een instelling dan wel een solistisch werkende zorgverlener;
– *zorgautoriteit:* de zorgautoriteit, genoemd in artikel 3 van de Wet marktordening gezondheidszorg;
– *Zorginstituut:* het Zorginstituut Nederland, genoemd in artikel 58, eerste lid, van de Zorgverzekeringswet;
– *zorgkantoor:* een ingevolge artikel 4.2.4, tweede lid, voor een bepaalde regio aangewezen Wlz-uitvoerder;
– *zorgplan:* schriftelijk of elektronisch als zodanig vastgelegde uitkomsten van hetgeen met de verzekerde dan wel een vertegenwoordiger van de verzekerde is besproken met betrekking tot de in artikel 8.1.1 genoemde onderwerpen;
– *zorgverlener:* een natuurlijke persoon die in persoon beroepsmatig zorg verleent;
– *zorgverzekeraar:* een zorgverzekeraar als bedoeld in artikel 1, onderdeel b, van de Zorgverzekeringswet;
– *zorgverzekering:* een zorgverzekering als bedoeld in artikel 1, onderdeel d, van de Zorgverzekeringswet.

Art. 1.1.2

1. Voor de toepassing van deze wet en de daarop berustende bepalingen wordt gelijkgesteld met: **Geregistreerd partnerschap, begripsbepalingen**
a. echtgenoot: geregistreerde partner;
b. echtgenoten: geregistreerde partners;
c. gehuwd: als partner geregistreerd;
d. gehuwde: als partner geregistreerde.

2. In deze wet en de daarop berustende bepalingen wordt: **Gezamenlijke huishouding, begripsbepalingen**
a. als gehuwd of als echtgenoot mede aangemerkt de ongehuwde meerderjarige die met een andere ongehuwde meerderjarige een gezamenlijke huishouding voert, tenzij het betreft een bloedverwant in de eerste graad;
b. als ongehuwd mede aangemerkt degene die duurzaam gescheiden leeft van de persoon met wie hij gehuwd is.

3. Van een gezamenlijke huishouding is sprake indien twee personen hun hoofdverblijf in dezelfde woning hebben en zij blijk geven zorg te dragen voor elkaar door middel van het leveren van een bijdrage in de kosten van de huishouding dan wel anderszins.

4. Een gezamenlijke huishouding wordt in ieder geval aanwezig geacht indien de betrokkenen hun hoofdverblijf hebben in dezelfde woning en:
a. zij met elkaar gehuwd zijn geweest of eerder voor de toepassing van deze wet daarmee gelijk zijn gesteld;
b. uit hun relatie een kind is geboren of erkenning heeft plaatsgevonden van een kind van de een door de ander;
c. zij zich wederzijds verplicht hebben tot een bijdrage aan de huishouding krachtens een geldend samenlevingscontract; of

Wet langdurige zorg

A79 art. 1.2.1

Nadere regels

d. zij op grond van een registratie worden aangemerkt als een gezamenlijke huishouding die naar aard en strekking overeenkomt met de gezamenlijke huishouding, bedoeld in het derde lid.
5. Bij algemene maatregel van bestuur wordt vastgesteld welke registraties, en gedurende welk tijdvak, in aanmerking worden genomen voor de toepassing van het vierde lid, onderdeel d.
6. Bij algemene maatregel van bestuur kunnen regels worden gesteld ten aanzien van hetgeen wordt verstaan onder het blijk geven zorg te dragen voor een ander, zoals bedoeld in het derde lid.

§ 2
Algemene bepalingen

Art. 1.2.1

Ingezetene

Ingezetene in de zin van deze wet is degene, die in Nederland woont.

Art. 1.2.2

Woonplaatsfictie

1. Waar iemand woont en waar een lichaam gevestigd is, wordt naar de omstandigheden beoordeeld.
2. Voor de toepassing van het eerste lid worden schepen welke in Nederland hun thuishaven hebben, ten opzichte van de bemanning als deel van Nederland beschouwd.
3. Degene die Nederland metterwoon heeft verlaten en binnen een jaar nadien metterwoon terugkeert zonder inmiddels op het grondgebied van Aruba, Sint Maarten, Curaçao of op het grondgebied van de openbare lichamen Bonaire, Sint Eustatius of Saba of op het grondgebied van een andere Mogendheid te hebben gewoond, wordt ook voor de duur van zijn afwezigheid geacht in Nederland te hebben gewoond.

Hoofdstuk 2
De verzekerden

§ 1
De kring van verzekerden

Art. 2.1.1

Verzekerde Wlz

1. Verzekerd overeenkomstig de bepalingen van deze wet is degene, die:
a. ingezetene is;
b. geen ingezetene is, doch ter zake van in Nederland of op het continentaal plat in dienstbetrekking verrichte arbeid aan de loonbelasting is onderworpen.
2. In afwijking van het eerste lid zijn vreemdelingen die niet rechtmatig in Nederland verblijf genieten als bedoeld in artikel 8, onder a tot en met e en l, van de Vreemdelingenwet 2000, niet verzekerd.
3. In afwijking van het tweede lid zijn verzekerd:
a. kinderen in Nederland geboren uit een in Nederland wonende vreemdeling die rechtmatig verblijf geniet als bedoeld in artikel 8, onder a tot en met e of l, van de Vreemdelingenwet 2000, dan wel in het buitenland geboren uit in Nederland wonende ouders die rechtmatig verblijf genieten als bedoeld in artikel 8, onder a tot en met e of l, van de Vreemdelingenwet 2000;
b. kinderen die door in Nederland wonende personen met de Nederlandse nationaliteit dan wel met rechtmatig verblijf als bedoeld in artikel 8, onder a tot en met e of l, van de Vreemdelingenwet 2000, worden geadopteerd en voor wie met het oog op adoptie beginseltoestemming is verleend op grond van artikel 2 van de Wet opneming buitenlandse kinderen ter adoptie. De verzekering gaat in vanaf het moment van adoptie naar het recht van het land waar het kind zijn gewone verblijf heeft of vanaf het moment van de gezagsoverdracht aan het kind met het oog op adoptie aan een echtpaar of een persoon die zijn gewone verblijf in Nederland heeft en die de procedure van opneming ter adoptie van een kind ingevolge de Wet opneming buitenlandse kinderen ter adoptie heeft gevolgd.

Nadere regels

4. Bij of krachtens algemene maatregel van bestuur kan, in afwijking van het eerste lid, uitbreiding dan wel beperking worden gegeven aan de kring der verzekerden.
5. Bij of krachtens algemene maatregel van bestuur kan, in afwijking van het eerste en tweede lid, uitbreiding worden gegeven aan de kring der verzekerden voor zover het betreft:
a. vreemdelingen die rechtmatig in Nederland arbeid verrichten dan wel hebben verricht;
b. vreemdelingen die, na in Nederland rechtmatig verblijf te hebben genoten als bedoeld in artikel 8, onder a tot en met e en l, van de Vreemdelingenwet 2000, tijdig toelating in aansluiting op dat verblijf hebben aangevraagd, dan wel bezwaar hebben gemaakt of beroep hebben ingesteld tegen de intrekking van het besluit tot toelating, totdat op die aanvraag, dat bezwaar of dat beroep is beslist.

Wet langdurige zorg   **A79** art. 3.1.1

Art. 2.1.2
Zo nodig in afwijking van artikel 2.1.1 en de daarop berustende bepalingen: *Verzekerde Wlz, aanmerking als verzekerde*
a. wordt als verzekerde aangemerkt de persoon van wie de verzekering op grond van deze wet voortvloeit uit de toepassing van bepalingen van een verdrag of van een besluit van een volkenrechtelijke organisatie;
b. wordt niet als verzekerde aangemerkt de persoon op wie op grond van een verdrag of een besluit van een volkenrechtelijke organisatie de wetgeving van een andere mogendheid van toepassing is.

Art. 2.1.3
De Sociale verzekeringsbank stelt ambtshalve en, desgevraagd, op aanvraag vast of een natuurlijke persoon voldoet aan de bij of krachtens de artikelen 2.1.1 of 2.1.2 vastgestelde voorwaarden voor het verzekerd zijn ingevolge deze wet.   *Voorwaarden verzekering*

§ 2
De inschrijving van verzekerden

Art. 2.2.1
1. Indien de verzekerde een zorgverzekering heeft en zijn zorgverzekeraar deel uitmaakt van een groep als bedoeld in artikel 24b van Boek 2 van het Burgerlijk Wetboek waarvan ook een Wlz-uitvoerder deel uitmaakt, meldt zijn zorgverzekeraar hem, onder vermelding van zijn burgerservicenummer, met ingang van de datum waarop de zorgverzekering ingaat ter inschrijving bij de desbetreffende Wlz-uitvoerder aan. De Wlz-uitvoerder schrijft de verzekerde in. Indien de zorgverzekering is ingegaan binnen vier maanden nadat de verzekeringsplicht, bedoeld in de Zorgverzekeringswet is ontstaan, werkt de inschrijving terug tot en met de dag waarop die verzekeringsplicht ontstond.   *Verzekerde Wlz, inschrijving bij Wlz-uitvoerder*
2. De verzekerde die niet op grond van het eerste lid voor de uitvoering van deze wet bij een Wlz-uitvoerder is ingeschreven, meldt zich voor de toepassing van deze wet met inachtneming van bij algemene maatregel van bestuur te stellen regels ter inschrijving aan bij een Wlz-uitvoerder die werkzaam is in de gemeente waar hij woont. De Wlz-uitvoerder schrijft de verzekerde in. Een in het buitenland woonachtige verzekerde meldt zich aan bij een Wlz-uitvoerder naar eigen keuze. De Wlz-uitvoerder is verplicht hem tot dat doel in te schrijven.
3. Het is een Wlz-uitvoerder verboden een persoon als verzekerde in te schrijven of ingeschreven te doen houden, indien in verband met de toepassing van het eerste of tweede lid op een andere Wlz-uitvoerder een inschrijvingsplicht rust dan wel, indien het tweede lid van toepassing is en de verzekerde in Nederland woont, indien de Wlz-uitvoerder niet werkzaam is in de gemeente waar deze persoon woont.
4. De natuurlijke persoon die op grond van artikel 64, eerste lid, van de Wet financiering sociale verzekeringen is ontheven van de verplichtingen, opgelegd op grond van deze wet, wordt door de Sociale verzekeringsbank ter inschrijving aangemeld bij het zorgkantoor voor de regio waarin hij woont.

Art. 2.2.2
1. De verzekerde die zich ingevolge artikel 2.2.1, tweede lid, bij een Wlz-uitvoerder aanmeldt ter inschrijving, vermeldt daarbij zijn burgerservicenummer.   *Verzekerde Wlz, burgerservicenummer*
2. De Wlz-uitvoerder verlangt van de vreemdeling die zich ter inschrijving aanmeldt, een kopie van het document of de schriftelijke verklaring, bedoeld in artikel 9, tweede lid, van de Vreemdelingenwet 2000, dat wordt aangemerkt als een bescheid als bedoeld in artikel 4:3, tweede lid, van de Algemene wet bestuursrecht.   *Verzekerde Wlz, verblijfsvergunning*

Hoofdstuk 3
De inhoud van de verzekering

§ 1
De verzekerde zorg

Art. 3.1.1
1. Het op grond van deze wet verzekerde pakket omvat de volgende vormen van zorg: *Verzekerde zorg*
a. verblijf in een instelling, met inbegrip van voorzieningen die niet ten laste van de verzekerde kunnen komen, waaronder in elk geval:
1°. het verstrekken van eten en drinken,
2°. het schoonhouden van de woonruimte van de verzekerde, en
3°. voor meerdere verzekerden te gebruiken of te hergebruiken roerende voorzieningen die noodzakelijk zijn voor de zorgverlening of in verband met het opheffen of verminderen van belemmeringen die de verzekerde als gevolg van een aandoening, beperking, stoornis of handicap ondervindt bij het normale gebruik van zijn woonruimte;
b. persoonlijke verzorging, begeleiding en verpleging;

Sdu

A79 art. 3.1.2   **Wet langdurige zorg**

c. behandeling, die noodzakelijk is in verband met de aandoening, beperking, stoornis of handicap van de verzekerde, omvattende:
1°. geneeskundige zorg van specifiek medische, specifiek gedragswetenschappelijke of specifiek paramedische aard, en
2°. geneeskundige zorg zoals klinisch-psychologen en psychiaters plegen te bieden in verband met de psychische stoornis van de verzekerde;
d. door of namens een instelling waarvan de verzekerde verblijf alsmede behandeling als bedoeld in onderdeel c ontvangt te verlenen:
1°. geneeskundige zorg van algemeen medische aard, niet zijnde paramedische zorg,
2°. behandeling van een psychische stoornis indien de behandeling integraal onderdeel uitmaakt van de behandeling van een van de in artikel 3.2.1 genoemde aandoeningen of beperkingen;
3°. farmaceutische zorg;
4°. het gebruik van hulpmiddelen, noodzakelijk in verband met de in de instelling gegeven zorg;
5°. tandheelkundige zorg;
6°. kleding, verband houdende met het karakter en de doelstelling van de instelling;
e. het individueel gebruik van mobiliteitshulpmiddelen;
f. vervoer naar een plaats waar de verzekerde gedurende een dagdeel begeleiding of behandeling ontvangt;
g. logeeropvang, met inbegrip van de voorzieningen, bedoeld in onderdeel a, mits dit geschiedt ter ontlasting van een of meer mantelzorgers.

Nadere regels 2. Bij of krachtens algemene maatregel van bestuur kunnen aard, inhoud en omvang van de verzekerde zorg nader worden geregeld.

Art. 3.1.2

Verzekerde zorg echtgenoot 1. De echtgenoot van een persoon met een somatische of psychogeriatrische aandoening of beperking, of met een verstandelijke, lichamelijke of zintuiglijke handicap die recht heeft op zorg en in een instelling verblijft, heeft in afwijking van artikel 3.1.1, eerste lid, recht op verblijf als bedoeld in artikel 3.1.1, eerste lid, onderdeel a, in dezelfde instelling. Hij behoudt recht op verblijf in die instelling na het overlijden van zijn echtgenoot dan wel na het vertrek van zijn echtgenoot naar een andere instelling.

Nadere regels 2. Bij of krachtens algemene maatregel van bestuur kan worden bepaald in welke gevallen en onder welke voorwaarden de echtgenoot van de verzekerde met een verstandelijke, lichamelijke of zintuiglijke handicap recht heeft op verblijf als bedoeld in het eerste lid.

Art. 3.1.3

Woningaanpassing 1. De verzekerde die recht heeft op zorg, heeft recht op een vergoeding voor een woningaanpassing die bedoeld is om de door hem gekozen verblijfplaats geschikt te doen zijn voor de verlening van zorg, voor zover:
a. de verzekerde zijn recht tot gelding brengt zonder verblijf in een instelling en zonder woonachtig te zijn in een bij algemene maatregel van bestuur omschreven kleinschalig woon-initiatief, en
b. de Wlz-uitvoerder oordeelt dat die investering duurzaam en doelmatig is.

Nadere regels 2. Bij of krachtens algemene maatregel van bestuur worden regels gesteld met betrekking tot het eerste lid.

§ 2
Het recht op zorg en het tot gelding brengen van het recht

Art. 3.2.1

Recht op zorg 1. Een verzekerde heeft recht op zorg die op zijn behoeften, persoonskenmerken en mogelijkheden is afgestemd voor zover hij naar aard, inhoud en omvang en uit een oogpunt van doelmatige zorgverlening redelijkerwijs op die zorg is aangewezen omdat hij, vanwege een somatische of psychogeriatrische aandoening of beperking, een psychische stoornis of een verstandelijke, lichamelijke of zintuiglijke handicap, een blijvende behoefte heeft aan:
a. permanent toezicht ter voorkoming van escalatie of ernstig nadeel voor de verzekerde, of
b. 24 uur per dag zorg in de nabijheid, omdat hij zelf niet in staat is om op relevante momenten hulp in te roepen en hij, om ernstig nadeel voor hem zelf te voorkomen,
1°. door fysieke problemen voortdurend begeleiding, verpleging of overname van zelfzorg nodig heeft, of
2°. door zware regieproblemen voortdurend begeleiding of overname van taken nodig heeft.

Recht op zorg, begripsbepalingen 2. In het eerste lid wordt verstaan onder:
a. *blijvend:* van niet voorbijgaande aard;
b. *permanent toezicht:* onafgebroken toezicht en actieve observatie gedurende het gehele etmaal, waardoor tijdig kan worden ingegrepen;
c. *ernstig nadeel voor de verzekerde:* een situatie waarin de verzekerde:
1°. zich maatschappelijk te gronde richt of dreigt te richten;

Wet langdurige zorg — A79 art. 3.2.3

2°. zichzelf in ernstige mate verwaarloost of dreigt te verwaarlozen;
3°. ernstig lichamelijk letsel oploopt of dreigt op te lopen dan wel zichzelf ernstig lichamelijk letsel toebrengt of dreigt toe te brengen;
4°. ernstig in zijn ontwikkeling wordt geschaad of dreigt te worden geschaad of dat zijn veiligheid ernstig wordt bedreigd, al dan niet doordat hij onder de invloed van een ander raakt;
d. *zelfzorg:* de uitvoering van algemene dagelijkse levensverrichtingen waaronder de persoonlijke verzorging en hygiëne en, zo nodig, de verpleegkundige zorg;
e. *regieproblemen:* beperkingen in het vermogen om een adequaat oordeel te vormen over dagelijks voorkomende situaties op het gebied van sociale redzaamheid, probleemgedrag, psychisch functioneren of geheugen en oriëntatie.
3. In afwijking van het eerste lid heeft een meerderjarige verzekerde recht op zorg voor zover hij vanwege een combinatie van een licht verstandelijke handicap en gedragsproblemen:
a. tijdelijk behoefte heeft aan permanent toezicht van 24 uur per dag zorg in de nabijheid als bedoeld in het eerste lid, onder a of b, of
b. volgens zijn behandelaar is aangewezen op het afmaken van een onder de Jeugdwet aangevangen behandeling met verblijf.
4. Bij of krachtens algemene maatregel van bestuur wordt bepaald in welke gevallen een verzekerde, in afwijking van het eerste lid, geen recht heeft op vormen van zorg voor zover hij krachtens een zorgverzekering of een andere wettelijke regeling recht heeft of kan doen gelden op die zorg.   *Nadere regels*
5. Bij of krachtens algemene maatregel van bestuur kunnen regels worden gesteld met betrekking tot het eerste tot en met derde lid.
6. In afwijking van het eerste lid heeft een jeugdige als bedoeld in de eerste twee onderdelen van het begrip jeugdige van artikel 1.1 van de Jeugdwet geen recht op zorg indien hij vanwege een psychische stoornis een blijvende behoefte heeft aan permanent toezicht van 24 uur per dag zorg in de nabijheid als bedoeld in het eerste lid, onder a en b.

Art. 3.2.2

1. Een verzekerde met een psychische stoornis wiens recht op verblijf en de daarbij behorende medisch noodzakelijke geneeskundige zorg op grond van zijn zorgverzekering beëindigd is omdat de krachtens zijn zorgverzekering geldende maximumduur voor die zorg is bereikt, heeft aansluitend recht op voortzetting van deze zorg gedurende een onafgebroken periode van maximaal drie jaar.   *Voortzetting verzekerde zorg*
2. Na afloop van de periode, bedoeld in het eerste lid, kan de zorg telkens voor een onafgebroken periode van maximaal drie jaar verder worden voortgezet.
3. Een onderbreking van ten hoogste negentig dagen wordt niet als onderbreking beschouwd.
4. Een verzekerde heeft slechts recht op zorg als bedoeld in het eerste en tweede lid voor zover hij daar naar aard, inhoud en omvang en uit een oogpunt van doelmatige zorgverlening redelijkerwijs op is aangewezen.

Art. 3.2.3

1. Het recht op zorg wordt op aanvraag van de verzekerde in een indicatiebesluit vastgesteld door het CIZ. Het recht op zorg dat wordt vastgesteld in het indicatiebesluit sluit aan bij de behoefte van de verzekerde.   *Aanvraag recht op zorg vastgesteld in indicatiebe*
2. Een aanvraag als bedoeld in het eerste lid kan worden gedaan door familie als bedoeld in artikel 1, eerste lid, onderdeel i, van de Wet zorg en dwang psychogeriatrische en verstandelijk gehandicapte cliënten, indien de verzekerde wilsonbekwaam is:
a. en tegelijk met de aanvraag als bedoeld in het eerste lid voor deze verzekerde een aanvraag als bedoeld in artikel 21, eerste lid, of een aanvraag als bedoeld in artikel 25, eerste lid, van de Wet zorg en dwang psychogeriatrische en verstandelijk gehandicapte cliënten wordt ingediend, of
b. indien ten aanzien van deze verzekerde een besluit als bedoeld in artikel 21, tweede lid, van de Wet zorg en dwang psychogeriatrische en verstandelijk gehandicapte cliënten, is genomen, of een rechterlijke machtiging tot opname en verblijf als bedoeld in de Wet zorg en dwang psychogeriatrische en verstandelijk gehandicapte cliënten is afgegeven.
3. De verzekerde vermeldt bij de aanvraag zijn burgerservicenummer.
4. De verzekerde verstrekt op verzoek of uit eigen beweging alle informatie, waarvan het hem redelijkerwijs duidelijk moet zijn dat die van belang kan zijn voor de beoordeling van het recht op zorg, en is verplicht mee te werken door zich te laten onderzoeken door het CIZ of door daartoe door het CIZ aangewezen personen.
5. Het CIZ wijst de verzekerde bij de aanvraag op het recht op cliëntondersteuning, bedoeld in artikel 2.2.4, eerste lid, onder a, van de Wet maatschappelijke ondersteuning 2015.
6. Bij of krachtens algemene maatregel van bestuur kunnen regels worden gesteld over de wijze waarop de indicatie tot stand komt en over de inrichting en geldigheidsduur van het indicatiebesluit.   *Nadere regels*

A79 art. 3.2.4 — Wet langdurige zorg

Indicatiebesluit, herziening/intrekking

Art. 3.2.4
Het CIZ kan een indicatiebesluit herzien dan wel intrekken indien het CIZ vaststelt dat:
a. door de verzekerde of derden onjuiste of onvolledige gegevens zijn verstrekt en de verstrekking van juiste of volledige gegevens tot een andere beslissing zou hebben geleid, of
b. de verzekerde niet langer op de geïndiceerde zorg is aangewezen.

Art. 3.2.5

Recht op zorg, nadere regels

1. Bij of krachtens algemene maatregel van bestuur kan worden bepaald dat het recht op zorg slechts tot gelding kan worden gebracht indien de verzekerde de kosten daarvan gedeeltelijk draagt. De bijdrage kan verschillen naar gelang de groep waartoe de verzekerde behoort, de zorg die verstrekt wordt en de wijze waarop het recht op zorg tot gelding wordt gebracht, en kan mede afhankelijk gesteld worden van het inkomen en vermogen van de verzekerde en diens echtgenoot.
2. Bij of krachtens algemene maatregel van bestuur kunnen regels worden gesteld over de wijze waarop het inkomen en vermogen, bedoeld in het eerste lid, worden bepaald.
3. De voordracht voor een algemene maatregel van bestuur als bedoeld in het eerste lid die betrekking heeft op het in dat lid bedoelde vermogen, wordt niet eerder gedaan dan vier weken nadat het ontwerp aan beide kamers der Staten-Generaal is overgelegd.

Schakelbepaling

4. Het eerste tot en met derde lid zijn van overeenkomstige toepassing op de artikelen 3.1.2 en 3.1.3.

Art. 3.2.6

Voortzetting zorg, nadere regels

1. Bij of krachtens algemene maatregel van bestuur kan worden bepaald dat zorg wordt voortgezet na het tijdstip waarop de verzekering is geëindigd of dat een recht op een vergoeding bestaat voor zorg die wordt verleend na dat tijdstip. Daarbij kunnen beperkingen en voorwaarden worden gesteld. De wijze waarop een zodanig recht tot gelding wordt gebracht, wordt daarbij eveneens geregeld.
2. Bij of krachtens algemene maatregel van bestuur kan voor gevallen of omstandigheden waarin de kosten van het verlenen van de desbetreffende zorg in redelijkheid niet of niet volledig ten laste van de in deze wet geregelde verzekering dienen te komen, worden bepaald dat:
a. de zorg wordt geweigerd;
b. de zorg op een later tijdstip ingaat;
c. een hogere bijdrage van de verzekerde wordt gevorderd dan krachtens artikel 3.2.5, eerste lid, is vastgesteld; of
d. een vergoeding van gemaakte kosten geheel of gedeeltelijk wordt geweigerd.

Art. 3.2.7

Recht op zorg gedetineerden

Een recht op zorg kan niet tot gelding worden gebracht gedurende de periode waarin de verzekerde in een penitentiaire inrichting als bedoeld in artikel 3, eerste lid, van de Penitentiaire beginselenwet, een instelling als bedoeld in artikel 1.1, eerste lid, onderdelen i en j, van de Wet forensische zorg of een gesloten accommodatie als bedoeld in artikel 1.1 van de Jeugdwet verblijft.

Art. 3.2.8

Recht op zorg militairen in werkelijke dienst

1. Voor militairen in werkelijke dienst als bedoeld in artikel 1, eerste lid, onderdeel a juncto onderdeel b, van de Wet ambtenaren defensie, alsmede voor militairen aan wie buitengewoon verlof met behoud van militaire inkomsten is verleend, treden de aanspraken inzake zorg door of vanwege de Militair Geneeskundige Dienst in de plaats van de rechten op grond van deze wet.

Nadere regels

2. Bij of krachtens algemene maatregel van bestuur kunnen regels worden gesteld inzake een uitkering door het Zorginstituut aan Onze Minister van Defensie ten laste van het Fonds langdurige zorg in verbrand met het vervallen van de rechten ingevolge deze wet.

§ 3
De leveringsvormen

Art. 3.3.1

Leveringsvormen zorg

1. De verzekerde die recht heeft op zorg, kan ervoor kiezen om zijn recht tot gelding te brengen met zorg in natura, bestaande uit zorg met verblijf in een instelling, een volledig pakket thuis als bedoeld in artikel 3.3.2, eerste lid, onderdeel a, of een modulair pakket thuis als bedoeld in artikel 3.3.2, eerste lid, onderdeel b, dan wel met een persoonsgebonden budget. De verzekerde kan tevens kiezen om zijn recht tot gelding te brengen met een modulair pakket thuis in combinatie met een persoonsgebonden budget.
2. De verzekerde die zijn recht op zorg tot gelding wil brengen met zorg in natura, wendt zich daartoe tot een zorgaanbieder met wie de Wlz-uitvoerder waarbij hij is ingeschreven tot dat doel een overeenkomst als bedoeld in artikel 4.2.2 heeft gesloten. Indien er meerdere gecontracteerde zorginstellingen zijn die de verzekerde binnen redelijke termijn de zorg kunnen verlenen waaraan hij behoefte heeft, stelt de Wlz-uitvoerder hem in de gelegenheid uit deze instellingen te kiezen.

Wet langdurige zorg

A79 art. 3.3.3

Art. 3.3.2

1. De Wlz-uitvoerder laat, op aanvraag van de verzekerde en onverminderd het derde, vierde en achtste lid, zorg in natura leveren zonder dat de verzekerde in een instelling verblijft, door middel van:
   a. een integraal en volledig pakket thuis, te verlenen door of onder verantwoordelijkheid van één zorgaanbieder, of
   b. een modulair pakket thuis, bestaande uit één of meer losse vormen van zorg als bedoeld in artikel 3.1.1.
2. In afwijking van het eerste lid heeft een verzekerde die kiest voor een van de daar bedoelde leveringsvormen geen recht op zorg als bedoeld in artikel 3.1.1, eerste lid, onderdeel d, en een verzekerde die kiest voor een modulair pakket thuis heeft bovendien geen recht op zorg als bedoeld in artikel 3.1.1, eerste lid, onderdeel a, onder 1°.
3. De Wlz-uitvoerder verleent een volledig pakket thuis, tenzij de zorg volgens de Wlz-uitvoerder niet op een verantwoorde of doelmatige wijze ten huize van de verzekerde kan worden verleend.
4. De Wlz-uitvoerder overlegt met de verzekerde of zijn vertegenwoordiger over de samenstelling van het modulair pakket thuis en verleent dat pakket tenzij:
   a. de verzekerde of zijn vertegenwoordiger een zodanige samenstelling van het modulair pakket thuis verlangt, dat de zorg waarop de verzekerde krachtens zijn indicatiebesluit is aangewezen, volgens de Wlz-uitvoerder niet verantwoord of doelmatig zal kunnen worden verleend, of
   b. de totale kosten ervan of, indien de verzekerde naast het modulair pakket thuis ook een persoonsgebonden budget ontvangt of wenst te ontvangen, de totale kosten van dat pakket en het budget tezamen, meer zouden bedragen dan het bedrag dat de verzekerde als persoonsgebonden budget zou worden verleend indien hij geen modulair pakket thuis zou ontvangen.
5. Voordat een besluit op een aanvraag als bedoeld in het eerste lid, onderdeel b, wordt genomen, kan de verzekerde of zijn vertegenwoordiger de Wlz-uitvoerder een persoonlijk plan overhandigen, waarin de verzekerde of zijn vertegenwoordiger de door hem beoogde samenstelling van het modulair pakket thuis schetst. De Wlz-uitvoerder brengt de verzekerde of zijn vertegenwoordiger van deze mogelijkheid op de hoogte en stelt hem gedurende zeven dagen na de aanvraag in de gelegenheid het plan te overhandigen.
6. Indien de verzekerde of zijn vertegenwoordiger een persoonlijk plan als bedoeld in het vijfde lid aan de Wlz-uitvoerder heeft overhandigd, betrekt de Wlz-uitvoerder dat plan bij het nemen van het besluit op de aanvraag, bedoeld in het eerste lid, onderdeel b.
7. Het derde en vierde lid zijn van overeenkomstige toepassing op de intrekking van een besluit om een volledig pakket thuis of een modulair pakket thuis te verlenen.
8. Bij of krachtens algemene maatregel van bestuur:
   a. kunnen voor het modulair pakket thuis maximumkosten per module worden vastgesteld;
   b. kan worden bepaald dat bestanddelen bij de berekening, bedoeld in het vierde lid, onder b, niet in aanmerking worden genomen, en
   c. kunnen nadere regels worden gesteld met betrekking tot dit artikel.

Art. 3.3.3

1. Het zorgkantoor verleent op aanvraag van de verzekerde en onverminderd het vierde en vijfde lid alsmede andere bij wettelijk voorschrift gestelde voorwaarden of beperkingen, volgens bij of krachtens algemene maatregel van bestuur te stellen regels, een persoonsgebonden budget waarmee de verzekerde, in plaats van zorg in natura te ontvangen, zelf betalingen doet voor zorg als bedoeld in artikel 3.1.1, eerste lid, onderdelen a, onder 2°, b, f of g. De verzekerde ziet af van het recht op verblijf en van de daarmee gepaard gaande voorziening, bedoeld in artikel 3.1.1, eerste lid, onderdeel a, onder 1°, alsmede van de behandeling, bedoeld in artikel 3.1.1, eerste lid, onderdeel d.
2. Voordat een besluit op een aanvraag als bedoeld in het eerste lid wordt genomen, kan de verzekerde of zijn vertegenwoordiger het zorgkantoor een persoonlijk plan overhandigen, waarin de verzekerde of zijn vertegenwoordiger de door hem beoogde samenstelling van het persoonsgebonden budget schetst. Het zorgkantoor brengt de verzekerde of zijn vertegenwoordiger van deze mogelijkheid op de hoogte en stelt hem gedurende zeven dagen na de aanvraag in de gelegenheid het plan te overhandigen.
3. Indien de verzekerde of zijn vertegenwoordiger een persoonlijk plan als bedoeld in het tweede lid aan het zorgkantoor heeft overhandigd, betrekt het zorgkantoor het persoonlijk plan bij het nemen van het besluit op de aanvraag, bedoeld in het eerste lid.
4. Het persoonsgebonden budget wordt, onverminderd het vijfde lid en andere bij wettelijk voorschrift gestelde voorwaarden of beperkingen, verleend, indien:
   a. naar het oordeel van het zorgkantoor met het persoonsgebonden budget op doelmatige wijze zal worden voorzien in toereikende zorg van goede kwaliteit;
   b. de verzekerde naar het oordeel van het zorgkantoor in staat is te achten op eigen kracht of met hulp van een vertegenwoordiger, de aan een budget verbonden taken en verplichtingen op verantwoorde wijze uit te voeren;

Zorg in natura

Nadere regels

Persoonsgebonden budget

Persoonsgebonden budget, voorwaarden verlening

Sdu — 2043

A79 art. 3.3.4 — Wet langdurige zorg

c. de verzekerde naar het oordeel van het zorgkantoor in staat is te achten op eigen kracht of met hulp van een vertegenwoordiger, de door hem verkozen zorgaanbieders en mantelzorgers op zodanige wijze aan te sturen en hun werkzaamheden op elkaar af te stemmen, dat sprake is of zal zijn van verantwoorde zorg;
d. de verzekerde zich gemotiveerd op het standpunt stelt dat hij zorg met een persoonsgebonden budget wenst geleverd te krijgen, en,
e. de verzekerde bij de aanvraag een budgetplan voorlegt aan het zorgkantoor.

Persoonsgebonden budget, weigeringsgronden
5. Het persoonsgebonden budget wordt in ieder geval geweigerd indien:
a. de verzekerde zich bij de eerdere verstrekking van een persoonsgebonden budget niet heeft gehouden aan de opgelegde verplichtingen;
b. de verzekerde blijkens de basisregistratie personen niet beschikt over een woonadres;
c. de verzekerde rechtens zijn vrijheid is ontnomen;
d. de vertegenwoordiger van de verzekerde niet voldoet aan regels inhoudende beperkingen of eisen die bij of krachtens algemene maatregel van bestuur aan de kring van vertegenwoordigers kunnen worden gesteld in het belang van de bescherming van de verzekerde of van het waarborgen van de hulp, bedoeld in de onderdelen b en c van het vierde lid.

Nadere regels
6. Bij of krachtens algemene maatregel van bestuur worden regels gesteld over de wijze waarop de hoogte van een persoonsgebonden budget wordt vastgesteld, waarbij geldt dat de hoogte toereikend moet zijn.
7. De Sociale verzekeringsbank voert namens de zorgkantoren de betalingen ten laste van verstrekte persoonsgebonden budgetten, alsmede het hiermee verbonden budgetbeheer, uit.
8. De regels, bedoeld in het eerste lid, hebben in ieder geval betrekking op:
a. de gevallen waarin en de voorwaarden waaronder de verzekerde aan wie een persoonsgebonden budget wordt verleend, de mogelijkheid heeft om zorg te betrekken van een mantelzorger of een natuurlijke persoon die niet beroeps- of bedrijfsmatig zorg verleent, of die persoon vanuit het persoonsgebonden budget te betalen;
b. verplichtingen die aan de verzekerde worden opgelegd met betrekking tot de overeenkomsten die de verzekerde sluit met de personen van wie hij de zorg betrekt en daarvoor betaling ontvangen uit het persoonsgebonden budget;
c. de gevallen waarin, onverminderd het vierde en vijfde lid, verzekerden worden uitgesloten van de verlening van een persoonsgebonden budget;
d. de wijze waarop de Sociale verzekeringsbank de taak, bedoeld in het zevende lid, uitvoert, en
e. de vorm en inhoud van het budgetplan, bedoeld in het vierde lid, onderdeel e.
9. De op grond van het eerste, vijfde, zesde en achtste lid gestelde regels kunnen voor verschillende categorieën van verzekerden verschillend worden vastgesteld.

Art. 3.3.4

Voortgezette zorg
In afwijking van de artikelen 3.3.1 tot en met 3.3.3 kan een verzekerde als bedoeld in artikel 3.2.2 zijn recht op zorg slechts tot gelding brengen in een instelling waarmee de Wlz-uitvoerder waarbij hij is ingeschreven een overeenkomst als bedoeld in artikel 4.2.2 heeft gesloten.

Art. 3.3.5

Zorgaanbieder in Nederland/EU/Zwitserland
1. Een recht op zorg kan uitsluitend met zorg in natura tot gelding worden gebracht bij een zorgaanbieder die is gevestigd in Nederland, Zwitserland of een van de staten van de Europese Unie of de Europese Economische Ruimte, en die de verzekerde deze zorg in zijn staat van vestiging verleent.
2. Een verzekerde heeft buiten Nederland volgens bij algemene maatregel van bestuur te stellen regels in plaats van recht op zorg recht op gehele of gedeeltelijke vergoeding van de voor de zorg gemaakte kosten, indien deze zorg wordt verleend door een zorgaanbieder met wie de Wlz-uitvoerder geen overeenkomst als bedoeld in artikel 4.2.2 heeft gesloten.
3. De in het tweede lid bedoelde vergoeding wordt verminderd met de krachtens artikel 3.2.5 vastgestelde eigen bijdrage.

Nadere regels
4. Bij algemene maatregel van bestuur kan worden bepaald:
a. in welke gevallen en onder welke voorwaarden de verlening van een persoonsgebonden budget als bedoeld in artikel 3.3.3 tijdelijk kan worden voortgezet buiten het grondgebied van Nederland;
b. door wie in welke gevallen en onder welke voorwaarden werkzaamheden die zijn opgedragen aan het CIZ kunnen worden verricht in plaats van het CIZ;
c. in welke gevallen en onder welke voorwaarden het derde lid wordt toegepast.

Art. 3.3.6

Overbruggingszorg
1. Indien de verzekerde zijn recht op zorg met verblijf in een instelling tot gelding wil brengen en die zorg tijdelijk niet geboden kan worden, kan de verzekerde ervoor kiezen om gedurende een bij ministeriële regeling te stellen termijn van ten hoogste dertien weken zijn recht tot gelding te brengen met een modulair pakket thuis of een volledig pakket thuis, zonder dat wordt voldaan aan de voorwaarden, bedoeld in artikel 3.3.2, derde tot en met vijfde alsmede zevende lid.

Wet langdurige zorg   **A79** art. 4.1.2

2. Indien de verzekerde, bedoeld in het eerste lid, onmiddellijk voorafgaand aan het verkrijgen van een indicatiebesluit op grond van deze wet een persoonsgebonden budget ontving op grond van de Wet maatschappelijke ondersteuning 2015, Jeugdwet of een zorgverzekering als bedoeld in de Zorgverzekeringswet, kan hij onverminderd het eerste lid ervoor kiezen om gedurende een bij ministeriële regeling te stellen termijn van ten hoogste dertien weken zijn recht tot gelding te brengen met een persoonsgebonden budget, zonder dat wordt voldaan aan de voorwaarden, bedoeld in artikel 3.3.3, tweede tot en met vierde lid.
3. Indien de termijn, bedoeld in het eerste en tweede lid, is verstreken en er zicht op is dat binnen afzienbare tijd na het aflopen van die termijn zorg geboden kan worden in de instelling van de voorkeur van de verzekerde, kan de Wlz-uitvoerder of het zorgkantoor na overleg met de verzekerde de termijn verlengen tot het moment dat de verzekerde zijn recht op zorg met verblijf in die instelling tot gelding kan brengen.
4. De Wlz-uitvoerder of het zorgkantoor verleent ambtshalve een volledig pakket thuis of modulair pakket thuis als bedoeld in het eerste lid respectievelijk een persoonsgebonden budget als bedoeld in het tweede lid.
5. Bij ministeriële regeling worden regels gesteld over de wijze waarop en de voorwaarden waaronder toepassing kan worden gegeven aan dit artikel.

Art. 3.3.6a
1. De Wlz-uitvoerder kan op verzoek van de verzekerde, bedoeld in artikel 3.3.6, eerste lid, die onmiddellijk voorafgaand aan het indicatiebesluit aanspraak had op zorg op grond van een zorgverzekering of een maatwerkvoorziening als bedoeld in de Wet maatschappelijke ondersteuning 2015 ontving, voor de duur van de termijn, bedoeld in artikel 3.3.6, eerste lid en derde lid, en zolang die zorg of de in de maatwerkvoorziening besloten liggende zorg noodzakelijk en verantwoord is, in geval daar nog niet in is voorzien een schriftelijke overeenkomst sluiten met de aanbieder die deze zorg verleende of deze maatwerkvoorziening bood.   *Tijdelijke voortzetting van zorg dan wel maatwerkvoorziening*
2. Gedurende de tijdelijke voortzetting van de zorg dan wel maatwerkvoorziening, bedoeld in het eerste lid, gelden tussen de Wlz-uitvoerder en de desbetreffende aanbieder de voorwaarden van de overeenkomst waaronder de zorg dan wel maatwerkvoorziening aan de in het eerste lid bedoelde verzekerde is aangevangen, behoudens voor zover bij ministeriële regeling anders wordt bepaald.
3. De verzekerde behoudt onverminderd het eerste lid jegens de Wlz-uitvoerder recht op zorg waarop hij naar aard, inhoud en omvang redelijkerwijs is aangewezen.

Hoofdstuk 4
De Wlz-uitvoerders

§ 1
De aan- en afmelding en de statuten

Art. 4.1.1
1. Een rechtspersoon die behoort tot een groep als bedoeld in artikel 24b van Boek 2 van het Burgerlijk Wetboek waarvan ook een zorgverzekeraar deel uitmaakt en die deze wet ten aanzien van de verzekerden wenst uit te voeren, meldt zich daartoe als Wlz-uitvoerder aan bij de zorgautoriteit, onder vermelding van de dag met ingang waarvan hij voornemens is zulks te gaan doen.   *Wlz-uitvoerder, aanmelding*
2. Na aanmelding is de rechtspersoon verplicht te voldoen aan de voorschriften die bij of krachtens deze wet aan Wlz-uitvoerders zijn opgelegd.
3. Artikel 26 van de Zorgverzekeringswet is van overeenkomstige toepassing.   *Schakelbepaling*
4. De in het eerste lid bedoelde rechtspersoon kan deze wet niet eerder uitvoeren dan nadat de zorgautoriteit met inachtneming van bij algemene maatregel van bestuur te stellen regels heeft vastgesteld dat de rechtspersoon in voldoende mate is voorbereid op de uitvoering van de wet. De zorgautoriteit kan aan die vaststelling voorschriften of beperkingen verbinden.
5. De Wlz-uitvoerder draagt er zorg voor dat, en kan de melding bedoeld in het eerste lid slechts doen indien, het dagelijks beleid wordt bepaald of mede wordt bepaald door personen:
1°. die geschikt zijn in verband met de uitvoering van de wettelijke taken en daaruit voortvloeiende werkzaamheden, en
2°. wier betrouwbaarheid buiten twijfel staat.
6. Bij of krachtens algemene maatregel van bestuur worden regels gesteld met betrekking tot de wijze waarop wordt vastgesteld of de geschiktheid en betrouwbaarheid van een persoon als bedoeld in het vijfde lid buiten twijfel staat en welke feiten en omstandigheden daarbij in aanmerking worden genomen.   *Nadere regels*

Art. 4.1.2
1. De statuten van een Wlz-uitvoerder: *Wlz-uitvoerder, statuten*
a. sluiten winstoogmerk en het uitkeren van winst uit,

A79 art. 4.1.3 — Wet langdurige zorg

b. voorzien in toezicht op het beleid van het bestuur en op de algemene gang van zaken in de rechtspersoon en de daarmee verbonden onderneming,
c. bieden waarborgen voor een redelijke mate van invloed van de verzekerden op het beleid, en
d. sluiten iedere verplichting van de verzekerden of gewezen verzekerden tot het doen van een bijdrage in tekorten van de rechtspersoon uit.

Nadere regels
2. Bij algemene maatregel van bestuur kunnen regels worden gesteld over de mate van invloed die verzekerden ten minste op het beleid van een Wlz-uitvoerder dienen te hebben.

Art. 4.1.3

Wlz-uitvoerder, afmelding
1. De Wlz-uitvoerder die deze wet niet meer wenst uit te voeren, meldt het voornemen hiertoe schriftelijk aan de zorgautoriteit, onder vermelding van de dag waarop hij deze wet niet meer zal uitvoeren.

Schakelbepaling
2. Artikel 26 van de Zorgverzekeringswet is van overeenkomstige toepassing.

Nadere regels
3. De in het eerste lid bedoelde Wlz-uitvoerder kan door de zorgautoriteit met inachtneming van bij algemene maatregel van bestuur te stellen regels worden verplicht tot het voortzetten van de uitvoering van deze wet tot is voorzien in een zodanige afwikkeling van de activiteiten van de Wlz-uitvoerder dat verzekerden en zorgaanbieders daarvan geen onevenredig nadeel ondervinden.

Art. 4.1.4

Wlz-uitvoerder, voldoen vorderingen door Zorginstituut
1. Indien de Wlz-uitvoerder verkeert in de toestand dat hij heeft opgehouden te betalen, voldoet het Zorginstituut aan verzekerden en aan zorgaanbieders jegens die Wlz-uitvoerder of voormalige Wlz-uitvoerder bestaande vorderingen, ter zake van op grond van deze wet verstrekte zorg of vergoeding van daarvoor gemaakte kosten.
2. De vorderingen, bedoeld in het eerste lid, gaan bij wijze van subrogatie op het Zorginstituut over voor zover dat college deze heeft voldaan.
3. Het Rijk is tegenover het Zorginstituut aansprakelijk voor de betalingen, bedoeld in het eerste lid.

§ 2
De taken van de Wlz-uitvoerder

Art. 4.2.1

Zorgplicht Wlz-uitvoerder
1. De Wlz-uitvoerder heeft een zorgplicht, die inhoudt dat:
a. hij de bij hem ingeschreven verzekerde informatie verschaft over de leveringsvormen, bedoeld in hoofdstuk 3, paragraaf 3, en deze verzekerde, indien hij in aanmerking kan komen voor meerdere leveringsvormen, in de gelegenheid stelt voor zorg met verblijf in een instelling, voor een volledig pakket thuis of voor een modulair pakket thuis te kiezen of hem wijst op de mogelijkheid om bij het zorgkantoor een persoonsgebonden budget aan te vragen,
b. indien de verzekerde zorg in natura zal worden verstrekt:
1°. hij ervoor zorgt dat de zorg waarop de verzekerde aangewezen is binnen redelijke termijn en op redelijke afstand van waar deze wenst te gaan wonen dan wel bij hem thuis, wordt geleverd,
2°. hij de verzekerde de keuze laat uit alle geschikte, gecontracteerde zorgaanbieders die deze verzekerde de zorg op redelijke termijn kunnen verlenen, of
3°. hij de verzekerde desgewenst bemiddelt naar geschikte, gecontracteerde zorgaanbieders,
c. hij ervoor zorgt dat voor de verzekerde cliëntondersteuning beschikbaar is waarop de verzekerde, al dan niet met behulp van zijn vertegenwoordiger of mantelzorger, een beroep kan doen,
d. hij ervoor zorgt dat voor een verzekerde waarop de Wet zorg en dwang psychogeriatrische en verstandelijk gehandicapte cliënten toepassing vindt of voor diens vertegenwoordiger een cliëntenvertrouwenspersoon als bedoeld in hoofdstuk 4A van die wet beschikbaar is.

Zorgplicht zorgkantoor
2. Het zorgkantoor heeft een zorgplicht, die inhoudt dat:
a. hij de verzekerden die wonen in de regio waarvoor hij als zorgkantoor is aangewezen, desgevraagd informatie verschaft over de voorwaarden waaronder zij in aanmerking kunnen komen voor een persoonsgebonden budget,
b. hij, indien hij met toepassing van artikel 3.3.3 een persoonsgebonden budget heeft verleend, ervoor zorgt dat het budget binnen redelijke termijn beschikbaar wordt gesteld.
3. [Dit lid is nog niet in werking getreden.]

Nadere regels
4. De voordracht voor een krachtens het derde lid vast te stellen algemene maatregel van bestuur wordt niet eerder gedaan dan vier weken nadat het ontwerp aan beide kamers der Staten-Generaal is overgelegd.

Art. 4.2.2

Overeenkomst met zorgaanbieders
1. Ter uitvoering van zijn zorgplicht sluit een Wlz-uitvoerder schriftelijke overeenkomsten met zorgaanbieders die zorg kunnen verlenen die ingevolge artikel 3.1.1 verzekerd is.

Overeenkomst met zorgaanbieders, inhoud
2. De overeenkomsten bevatten ten minste bepalingen over:

Wet langdurige zorg — A79 art. 4.2.6

a. de ingangsdatum van de overeenkomst, de duur van de overeenkomst en de mogelijkheden voor tussentijdse beëindiging van de overeenkomst;
b. de aard, de kwaliteit, de doelmatigheid en de omvang van de te verlenen zorg;
c. de prijs van de te verlenen zorg;
d. de wijze waarop de verzekerden van informatie worden voorzien;
e. de wijze waarop bij de zorgverlening mantelzorgers en vrijwilligers betrokken kunnen worden;
f. de controle op de naleving van de overeenkomst, waaronder begrepen de controle op de te verlenen dan wel verleende zorg en op de juistheid van de daarvoor in rekening gebrachte bedragen;
g. de administratieve voorwaarden die partijen bij de uitvoering van de overeenkomst in acht zullen nemen.
3. De duur van een overeenkomst bedraagt maximaal vijf jaar.
4. De Wlz-uitvoerder draagt er zorg voor dat in het aanbod van gecontracteerde zorgaanbieders redelijkerwijs rekening wordt gehouden met de godsdienstige gezindheid, de levensovertuiging, de culturele achtergrond en de seksuele gerichtheid van de bij hem ingeschreven verzekerden.
5. Indien na beëindiging van een overeenkomst voor een bepaalde vorm van zorg door een Wlz-uitvoerder geen aansluitende overeenkomst voor die vorm van zorg met dezelfde zorgaanbieder tot stand komt, behoudt de verzekerde, zolang die zorg noodzakelijk en verantwoord is, jegens de Wlz-uitvoerder recht op ononderbroken voortzetting van die vorm van zorg, te verlenen door dezelfde zorgaanbieder, indien die zorg is aangevangen voor de datum waarop de overeenkomst met die zorgaanbieder voor de desbetreffende vorm van zorg is beëindigd. — *Overeenkomst met zorgaanbieders, recht op ononderbroken voortzetting*
6. Gedurende de tijdelijke voortzetting van de zorg, bedoeld in het vijfde lid, gelden tussen de Wlz-uitvoerder en de zorgaanbieder de voorwaarden van de overeenkomst waaronder de zorg aan de in het vijfde lid bedoelde verzekerde is aangevangen, behoudens voor zover bij ministeriële regeling anders wordt bepaald.
7. [Dit lid is nog niet in werking getreden.] — *Nadere regels*
8. De voordracht voor een krachtens het zevende lid vast te stellen algemene maatregel van bestuur wordt niet eerder gedaan dan vier weken nadat het ontwerp aan beide kamers der Staten-Generaal is overgelegd.

Art. 4.2.3
Bij algemene maatregel van bestuur kunnen regels worden gesteld waarmee de zorg persoonsvolgend kan worden bekostigd. — *Persoonsvolgende zorg, nadere regels*

Art. 4.2.4
1. De Wlz-uitvoerder is verantwoordelijk voor de uitvoering van hetgeen bij en krachtens deze wet is geregeld voor de bij hem ingeschreven verzekerden. De eerste volzin geldt niet voor werkzaamheden die bij of krachtens de wet aan een andere rechtspersoon zijn opgedragen. — *Wlz-uitvoerder, uitvoering werkzaamheden*
2. Bij of krachtens algemene maatregel van bestuur wordt Nederland ingedeeld in regio's. Onze Minister wijst per regio een Wlz-uitvoerder aan als zorgkantoor. Het zorgkantoor is voor alle verzekerden die wonen in de regio waarvoor hij is aangewezen belast met de verstrekking van het persoonsgebonden budget, alsmede in een bij algemene maatregel van bestuur te bepalen mate met de administratie of controle van de aan die verzekerden verleende zorg. — *Aanwijzing zorgkantoren*
3. Bij of krachtens de algemene maatregel van bestuur van de aanwijzing, bedoeld in het tweede lid, kunnen nadere voorwaarden aan de administratie of controle worden gesteld en kunnen, voor het geval voor een regio een ander zorgkantoor wordt aangewezen, regels worden gesteld om een goede taakoverdracht te bewerkstelligen. — *Nadere regels*
4. Indien een Wlz-uitvoerder werkzaamheden ter vervulling van zijn zorgplicht of van zijn in het eerste lid bedoelde taak uitbesteedt, neemt hij daartoe bij algemene maatregel van bestuur te bepalen regels in acht alsmede, voor zover het verlenen van de verzekerde zorg wordt uitbesteed, de bij of krachtens artikel 4.2.2 gestelde regels.
5. Nadat Onze Minister een melding van de zorgautoriteit als bedoeld in artikel 79, vierde lid, van de Wet marktordening gezondheidszorg heeft ontvangen, kan hij bepalen dat de Wlz-uitvoerders geen werkzaamheden mogen uitbesteden aan het in die melding genoemde zorgkantoor en kan hij de in het tweede lid bedoelde aanwijzing van het zorgkantoor intrekken.
6. Overeenkomsten in strijd met het bij en krachtens het vierde en vijfde lid of het bij of krachtens artikel 4.2.2 bepaalde zijn gesloten, zijn nietig. — *Dwingend recht*

Art. 4.2.5
De Wlz-uitvoerder is verplicht zijn werkzaamheden op een doelmatige wijze uit te voeren. Hij treft de nodige maatregelen ter voorkoming van de verstrekking van onnodige zorg en van uitgaven die hoger dan noodzakelijk zijn. — *Wlz-uitvoerder, doelmatige uitvoering werkzaamheden*

Art. 4.2.6
1. De Wlz-uitvoerder voert ten zake van de uitvoering van deze wet een administratie die gescheiden is van de overige activiteiten die plaatsvinden in de groep als bedoeld in artikel 24b van Boek 2 van het Burgerlijk Wetboek, waartoe de Wlz-uitvoerder behoort. — *Wlz-uitvoerder, administratie*
2. Buiten de werkzaamheden die uit deze wet voortvloeien, verricht de Wlz-uitvoerder slechts taken die hem bij of krachtens de wet zijn opgedragen.

§ 3
Verslaglegging

Art. 4.3.1

Verslaglegging Wlz-uitvoerder

1. Een Wlz-uitvoerder zendt voor 1 juli aan de zorgautoriteit een financieel verslag over het voorafgaande kalenderjaar. Daarin wordt onderscheid gemaakt tussen de beheerskosten en de kosten van verstrekking van zorg en vergoedingen.
2. Het financieel verslag gaat vergezeld van een verklaring omtrent de getrouwheid en rechtmatigheid, afgegeven door een accountant als bedoeld in artikel 393 van Boek 2 van het Burgerlijk Wetboek, alsmede van een verslag van zijn bevindingen over de ordelijkheid en controleerbaarheid van het gevoerde financiële beheer.

Nadere regels

3. Bij ministeriële regeling kunnen nadere voorschriften worden gesteld omtrent de inhoud van het financieel verslag.
4. De zorgautoriteit zendt het Zorginstituut onverwijld een exemplaar van de in het eerste en tweede lid bedoelde stukken.
5. Op aanvraag van een Wlz-uitvoerder is de zorgautoriteit bevoegd voor in haar besluit aan te wijzen baten en lasten te besluiten dat het ontbreken van een overeenkomst als bedoeld in artikel 4.2.2 geen gevolgen heeft voor de inhoud van de verklaring, bedoeld in het tweede lid.

Art. 4.3.2

Uitvoeringsverslag Wlz-uitvoerder

1. De Wlz-uitvoerder zendt voor 1 juli aan de zorgautoriteit in tweevoud een uitvoeringsverslag waarin hij:
a. rapporteert over de uitvoering van deze wet in het voorafgaande kalenderjaar, en
b. een overzicht geeft van zijn voornemens met betrekking tot de uitvoering van deze wet in het lopende kalenderjaar en het daaropvolgende kalenderjaar.

Nadere regels

2. Bij ministeriële regeling kunnen nadere voorschriften worden gesteld omtrent de inhoud van het uitvoeringsverslag. De voorschriften kunnen in het bijzonder betrekking hebben op naleving van een in de regeling aan te wijzen gedragscode.
3. De Wlz-uitvoerder voegt bij het uitvoeringsverslag twee exemplaren van een verslag met bevindingen van een accountant als bedoeld in artikel 393 van Boek 2 van het Burgerlijk Wetboek over de vraag of:
a. het uitvoeringsverslag overeenkomstig de daarvoor geldende regels is opgesteld;
b. de uitvoering is geschied overeenkomstig de verplichtingen die bij of krachtens deze wet in het voorafgaande kalenderjaar op de Wlz-uitvoerder rustten.

Schakelbepaling

4. Artikel 4.3.1, vierde lid, is van overeenkomstige toepassing.

Art. 4.3.3

Overzicht voornemens Wlz-uitvoerder

Bij het geven van een overzicht van zijn voornemens, bedoeld in artikel 4.3.2, eerste lid, onderdeel b, geeft de Wlz-uitvoerder aan welke criteria worden gehanteerd om te meten of de voornemens zich hebben verwezenlijkt alsmede welke outcomecriteria worden gehanteerd ten aanzien van zorgaanbieders. Bij het rapporteren over de uitvoering van deze wet, bedoeld in artikel 4.3.2, eerste lid, onderdeel a, hanteert de Wlz-uitvoerder de in de eerste volzin genoemde criteria.

§ 4
Overig

Art. 4.4.1

Kaderwet zelfstandige bestuursorganen niet van toepassing

De Kaderwet zelfstandige bestuursorganen is niet van toepassing op de Wlz-uitvoerders.

Hoofdstuk 5
Het Zorginstituut

§ 1
Taken

Art. 5.1.1

Zorginstituut, instelling

1. Het Zorginstituut bevordert de rechtmatige en doelmatige uitvoering van deze wet door de Wlz-uitvoerders en het CAK.
2. Het Zorginstituut bevordert de eenduidige uitleg van de aard, inhoud en omvang van het verzekerde pakket.
3. Het Zorginstituut kan met het oog op de rechtmatige en doelmatige uitvoering van deze wet beleidsregels stellen voor de Wlz-uitvoerders en voor het CAK.

Wet langdurige zorg

A79 art. 5.2.3

Art. 5.1.2
Het Zorginstituut geeft aan Wlz-uitvoerders, aan zorgaanbieders en aan burgers voorlichting over de aard, inhoud en omvang van de zorg die tot het verzekerde pakket behoort.

Zorginstituut, taken

Art. 5.1.3
1. Het Zorginstituut rapporteert Onze Minister desgevraagd over voorgenomen beleid inzake aard, inhoud en omvang van de zorg die tot het verzekerde pakket behoort.
2. Het Zorginstituut signaleert gevraagd en ongevraagd aan Onze Minister feitelijke ontwikkelingen die aanleiding kunnen geven tot wijzigingen van de aard, inhoud en omvang van de zorg die tot het verzekerde pakket behoort.
3. Het Zorginstituut signaleert gevraagd en ongevraagd aan Onze Minister feitelijke ontwikkelingen op het gebied van kosten van zorg en van de vraag naar en het aanbod van zorg.

Zorginstituut, taken

Art. 5.1.3a
1. Het Zorginstituut verwerkt de persoonsgegevens waaronder gegevens over gezondheid als bedoeld in artikel 4, onderdeel 15 van de Algemene verordening gegevensbescherming, die noodzakelijk zijn voor de uitvoering van zijn in de artikelen 5.1.1, tweede lid, 5.1.2 of 5.1.3 opgedragen taken.
2. Het Zorginstituut verwerkt op grond van het eerste lid slechts persoonsgegevens indien daarop pseudonimisering als bedoeld in artikel 4, onderdeel 5 van de Algemene verordening gegevensbescherming, is toegepast en vervolgens onafgebroken is gecontinueerd.
3. Artikel 21, eerste lid, tweede volzin van de Algemene verordening gegevensbescherming, is bij de verwerking door het Zorginstituut niet van toepassing.

Zorginstituut, verwerking persoonsgegevens

Art. 5.1.4
Het Zorginstituut voert bij of krachtens algemene maatregel van bestuur genoemde werkzaamheden uit ten behoeve van de gezamenlijke zorg voor de instandhouding van het elektronische gegevensverkeer, bedoeld in artikel 9.1.6, eerste lid.

Zorginstituut, taken

§ 2
Planning, financiering en verslaglegging

Art. 5.2.1
[Vervallen]

Art. 5.2.2
1. Het Zorginstituut zendt jaarlijks voor 31 december aan Onze Minister met betrekking tot het Fonds langdurige zorg een jaarrekening over het voorafgaande kalenderjaar, alsmede het verslag van bevindingen, bedoeld in het vijfde lid.
2. Het Zorginstituut legt in de jaarrekening, die zoveel mogelijk met overeenkomstige toepassing van titel 9 van Boek 2 van het Burgerlijk Wetboek wordt ingericht, rekening en verantwoording af over:
a. de baten en lasten van het Fonds langdurige zorg;
b. de rechtmatigheid en doelmatigheid van het beheer van het Fonds langdurige zorg;
c. de toestand van het Fonds langdurige zorg per 31 december van het voorafgaande kalenderjaar.
3. De jaarrekening gaat vergezeld van een verklaring omtrent de getrouwheid, afgegeven door een accountant als bedoeld in artikel 393 van Boek 2 van het Burgerlijk Wetboek, die bereid is Onze Minister desgevraagd inzicht te geven in zijn controlewerkzaamheden.
4. De verklaring, bedoeld in het derde lid, heeft mede betrekking op de rechtmatige verkrijging en besteding van de middelen van het Fonds langdurige zorg.
5. De accountant voegt bij de verklaring, bedoeld in het derde lid, tevens een verslag van zijn bevindingen over de vraag of het beheer en de organisatie voldoen aan eisen van rechtmatigheid, ordelijkheid, controleerbaarheid en doelmatigheid.

Zorginstituut, jaarrekening

Art. 5.2.3
1. De jaarrekening, bedoeld in artikel 5.2.2 behoeft de goedkeuring van Onze Minister.
2. Bij ministeriële regeling kunnen regels worden gesteld over de inhoud en inrichting van:
a. de jaarrekening, bedoeld in artikel 5.2.2;
b. de accountantscontrole van de jaarrekening, bedoeld in artikel 5.2.2;
c. het bij de jaarrekening, bedoeld in artikel 5.2.2, behorende verslag van bevindingen.
3. Na de goedkeuring, bedoeld in het eerste lid, stelt het Zorginstituut de jaarrekening van het Fonds langdurige zorg algemeen verkrijgbaar.

Zorginstituut, goedkeuring jaarrekening

Hoofdstuk 6
Het CAK

§ 1
Instelling en taak

Art. 6.1.1

1. Er is een CAK, dat rechtspersoonlijkheid bezit.
2. Het CAK is gevestigd in een door Onze Minister te bepalen plaats.
3. Het CAK bestaat uit ten hoogste drie leden, onder wie de voorzitter.
4. Het CAK wordt in en buiten rechte vertegenwoordigd door de voorzitter.
5. Benoeming vindt plaats op grond van de deskundigheid die nodig is voor de uitoefening van de taken van het CAK alsmede op grond van maatschappelijke kennis en ervaring.
6. De leden worden benoemd voor ten hoogste vier jaar. Herbenoeming kan twee maal en telkens voor ten hoogste vier jaar plaatsvinden.
7. Artikel 15 van de Kaderwet zelfstandige bestuursorganen is niet van toepassing ten aanzien van personeel in dienst van het CAK.

Art. 6.1.2

Het CAK is belast met:
a. de vaststelling en de inning van de eigen bijdragen, bedoeld in artikel 3.2.5;
b. de vaststelling en de inning van de eigen bijdragen, bedoeld in artikel 2.1.4b van de Wet maatschappelijke ondersteuning 2015;
c. het namens een WLZ-uitvoerder of het Zorginstituut, verrichten van betalingen aan zorgaanbieders, welke de WLZ-uitvoerders of het Zorginstituut, uit hoofde van de uitvoering van deze wet verschuldigd zijn;
d. de taken met betrekking tot de maatregelen gericht op verzekering van onverzekerden, bedoeld in paragraaf 2.4 van de Zorgverzekeringswet;
e. de heffing en inning van de bestuursrechtelijke premie, bedoeld in artikel 18d of artikel 18e van de Zorgverzekeringswet;
f. de verstrekking van de bijdrage, bedoeld in artikel 34a van de Zorgverzekeringswet;
g. de taken, bedoeld in artikel 69 van de Zorgverzekeringswet;
h. de taken met betrekking tot de gemoedsbezwaarden, bedoeld in artikel 70 van de Zorgverzekeringswet, en
i. de verstrekking van de bijdragen, bedoeld in artikel 122a van de Zorgverzekeringswet;
j. de verstrekking van de vergoedingen, bedoeld in artikel 123, zesde en achtste lid, van de Zorgverzekeringswet;
k. de taken van bevoegd orgaan als bedoeld in artikel 1, onderdeel q, onder iii, van verordening (EG) nr. 883/2004 van het Europees Parlement en de Raad van 29 april 2004 betreffende de coördinatie van de sociale zekerheidsstelsels (PbEU 2004, L 166) en in verdragen inzake sociale zekerheid ten behoeve van personen bedoeld in artikel 69, eerste lid, van de Zorgverzekeringswet, voor zover Onze Minister voor deze taken geen andere rechtspersoon heeft aangewezen;
l. de taken van verbindingsorgaan als bedoeld in artikel 1, tweede lid, onderdeel b, van verordening (EG) nr. 987/2009 van het Europees Parlement en de Raad van 16 september 2009 tot vaststelling van de wijze van toepassing van Verordening (EG) nr. 883/2004 betreffende de coördinatie van de socialezekerheidsstelsels (PbEU 2009, L 284) en in verdragen inzake sociale zekerheid.

Art. 6.1.3

1. Het CAK stelt een bestuursreglement vast.
2. Vergaderingen van het CAK zijn niet openbaar, behoudens voor zover in het bestuursreglement anders is bepaald.

§ 2
Planning, financiering en verslaglegging

Art. 6.2.1

1. Het CAK zendt Onze Minister jaarlijks voor 1 november een werkprogramma en een begroting.
2. Het werkprogramma bevat een beschrijving van de activiteiten die het CAK voornemens is in het volgende kalenderjaar te verrichten. Het werkprogramma behoeft de goedkeuring van Onze Minister.
3. Onverminderd artikel 27 van de Kaderwet zelfstandige bestuursorganen bevat de begroting een meerjarenraming van de beheerskosten voor de vier kalenderjaren, volgend op het begrotingsjaar.

Wet langdurige zorg

A79 art. 7.1.1

4. De in de artikelen 26 en 34 van de Kaderwet zelfstandige bestuursorganen bedoelde begroting en jaarrekening hebben betrekking op de beheerskosten van het CAK en de bijdragen, bedoeld in artikel 122a van de Zorgverzekeringswet.
5. Onverminderd artikel 35, vierde lid, van de Kaderwet zelfstandige bestuursorganen doet de accountant tevens verslag van zijn bevindingen over de vraag of het beheer en de organisatie van het CAK voldoen aan eisen van rechtmatigheid, ordelijkheid en controleerbaarheid.

Art. 6.2.2
1. Onze Minister stelt jaarlijks voor 1 december het budget vast voor de door het CAK ter uitvoering van zijn in artikel 6.1.2 genoemde taken in het volgende kalenderjaar te maken beheerskosten alsmede voor de kosten van de bijdragen, bedoeld in artikel 122a van de Zorgverzekeringswet.   *CAK, budget*
2. Het door Onze Minister vastgestelde budget wordt gedekt uit 's Rijks kas.
3. Indien het budget niet is vastgesteld voor 1 januari van het kalenderjaar waarop de begroting betrekking heeft, is het CAK bevoegd, teneinde zijn activiteiten gaande te houden, te beschikken over ten hoogste een derde gedeelte van het in het budget opgenomen bedrag voor beheerskosten dat laatstelijk voor hem voor een geheel jaar is vastgesteld.
4. Het CAK gaat met betrekking tot de met de uitvoering van zijn taken gepaard gaande beheerskosten geen verplichtingen aan en doet geen uitgaven die leiden tot overschrijding van het in het budget opgenomen bedrag voor de beheerskosten.
5. Onze Minister kan besluiten het in het budget opgenomen bedrag voor de beheerskosten te wijzigen.

Art. 6.2.3
In afwijking van artikel 29 van de Kaderwet zelfstandige bestuursorganen behoeven wijzigingen in de bedragen die in de goedgekeurde begroting zijn opgenomen voor de beheerskosten geen goedkeuring van Onze Minister, mits: *CAK, wijzigingen in de begroting*
a. de totale omvang van het in die begroting opgenomen bedrag voor beheerskosten geen wijziging ondergaat, en
b. de wijziging per groep van kostensoorten en baten, gerekend over het desbetreffende begrotingsjaar, een bedrag van vijf procent van het in artikel 6.2.2, eerste lid, bedoelde budget, voor zover dat betrekking heeft op beheerskosten, niet te boven gaat.

Art. 6.2.4
Na de goedkeuring, bedoeld in artikel 6.2.1, tweede lid, alsmede de goedkeuring, bedoeld in de artikelen 29, eerste lid, en 34, tweede lid, van de Kaderwet zelfstandige bestuursorganen, stelt het CAK het werkprogramma, de begroting, het jaarverslag en de jaarrekening algemeen verkrijgbaar.   *CAK, vaststelling werkprogramma/begroting/jaarverslag/jaarrekening*

Art. 6.2.5
Bij ministeriële regeling kunnen regels worden gesteld over: *CAK, werkprogramma/begroting/jaarverslag/jaarrekening nadere regels*
a. de inhoud en inrichting van het werkprogramma, bedoeld in artikel 6.2.1, eerste lid;
b. de inhoud en inrichting van de begroting, bedoeld in artikel 26 van de Kaderwet zelfstandige bestuursorganen;
c. de inhoud en inrichting van het jaarverslag en de jaarrekening, bedoeld in de artikelen 18 en 34 van de Kaderwet zelfstandige bestuursorganen;
d. de accountantscontrole van de jaarrekening;
e. de omvang van de door het CAK te vormen egalisatiereserve, bedoeld in artikel 33 van de Kaderwet zelfstandige bestuursorganen;
f. de wijze waarop en de voorwaarden waaronder het budget, bedoeld in artikel 6.2.2, wordt vastgesteld;
g. de gegevens die worden verstrekt ten behoeve van de vaststelling van het budget.

Art. 6.2.6
1. Het CAK zendt voor 1 juli aan de zorgautoriteit een financieel verslag over het voorafgaande kalenderjaar. Artikel 4.3.1, eerste tot en met vierde lid, is van overeenkomstige toepassing.   *CAK, financieel verslag*
2. Het CAK zendt voor 1 juli aan de zorgautoriteit in tweevoud een uitvoeringsverslag. Artikel 4.3.2 is van overeenkomstige toepassing, met dien verstande dat de bevindingen van de accountant over de uitvoering bedoeld in het derde lid, onderdeel b, van dat artikel, betrekking hebben op de verplichtingen die op het CAK rusten.   *CAK, uitvoeringsverslag*

Hoofdstuk 7
Het CIZ

§ 1
Instelling en taak

Art. 7.1.1
1. Er is een CIZ, dat rechtspersoonlijkheid bezit.   *CIZ, instelling*
2. Het CIZ is gevestigd in een door Onze Minister te bepalen plaats.

A79 art. 7.1.2 — Wet langdurige zorg

3. Het CIZ bestaat uit ten hoogste drie leden, onder wie de voorzitter.
4. Het CIZ wordt in en buiten rechte vertegenwoordigd door de voorzitter.
5. Benoeming vindt plaats op grond van de deskundigheid die nodig is voor de uitoefening van de taken van het CIZ alsmede op grond van maatschappelijke kennis en ervaring.
6. De leden worden benoemd voor ten hoogste vier jaar. Herbenoeming kan twee maal en telkens voor ten hoogste vier jaar plaatsvinden.
7. Artikel 15 van de Kaderwet zelfstandige bestuursorganen is niet van toepassing ten aanzien van personeel in dienst van het CIZ.

Art. 7.1.2

CIZ, taken

1. Het CIZ is belast met:
   a. het nemen van indicatiebesluiten als bedoeld in artikel 3.2.3;
   b. het oordeel over de noodzaak van opneming en verblijf of de voortzetting van het verblijf, bedoeld in artikel 21, eerste lid, van de Wet zorg en dwang psychogeriatrische en verstandelijk gehandicapte cliënten.
2. Het CIZ is bevoegd de rechter te verzoeken een machtiging als bedoeld in artikel 24, eerste lid, van de Wet zorg en dwang psychogeriatrische en verstandelijk gehandicapte cliënten te verlenen.
3. Bij of krachtens algemene maatregel van bestuur kunnen aan het CIZ werkzaamheden worden opgedragen die verband houden met de taken die bij wet zijn opgedragen.
4. Mandaat tot het nemen van besluiten ingevolge het eerste lid, onder a, wordt niet verleend aan iemand die niet werkzaam is onder verantwoordelijkheid van het CIZ.

Nadere regels

5. Bij algemene maatregel van bestuur kunnen categorieën van besluiten worden aangewezen waarvoor het verbod op mandaatverlening niet geldt.

Art. 7.1.3

CIZ, bestuursreglement

1. Het CIZ stelt een bestuursreglement vast.
2. Vergaderingen van het CIZ zijn niet openbaar, behoudens voor zover in het bestuursreglement anders is bepaald.

§ 2
Planning, financiering en verslaglegging

Art. 7.2.1

CIZ, planning

1. Het CIZ zendt Onze Minister jaarlijks voor 1 november een werkprogramma en een begroting.
2. Artikel 6.2.1, tweede tot en met vijfde lid, is van overeenkomstige toepassing op het werkprogramma en de begroting van het CIZ.
3. Artikel 6.2.3 is van overeenkomstige toepassing op de begroting van het CIZ.

Art. 7.2.2

CIZ, vaststelling budget

1. Onze Minister stelt jaarlijks voor 1 december het budget vast voor de door het CIZ ter uitvoering van zijn in artikel 7.1.2 genoemde taken in het volgende kalenderjaar te maken beheerskosten.
2. Artikel 6.2.2, tweede tot en met vijfde lid, is van overeenkomstige toepassing op het budget voor de door het CIZ te maken beheerskosten.

Art. 7.2.3

Schakelbepalingen

1. De artikelen 6.2.4 en 6.2.5 zijn van overeenkomstige toepassing op het werkprogramma, de begroting, het budget, het jaarverslag, de jaarrekening en de te vormen egalisatiereserve van het CIZ.
2. De artikelen 4.3.1, eerste tot en met vierde lid, en 6.2.6, eerste lid, zijn van overeenkomstige toepassing op het financieel verslag van het CIZ, met uitzondering van de tweede volzin van artikel 4.3.1, eerste lid.
3. De artikelen 4.3.2 en 6.2.6, tweede lid, zijn van overeenkomstige toepassing op het uitvoeringsverslag van het CIZ, met dien verstande dat de bevindingen van de accountant over de uitvoering bedoeld in artikel 4.3.2, derde lid, onder b, betrekking hebben op de verplichtingen die op het CIZ rusten.

Hoofdstuk 8
Zeggenschap van de verzekerde over zijn leven

Art. 8.1.1

Afspraken verzekerde - zorgaanbieder

1. De verzekerde aan wie een zorgaanbieder zorg verleent, anders dan op grond van artikel 3.3.3, heeft er recht op dat de zorgaanbieder vóór, dan wel zo spoedig mogelijk na de aanvang van de zorgverlening met hem bespreking en bespreking en bespreking afspraken te maken over:
   a. de doelen die met betrekking tot de zorgverlening voor een bepaalde periode worden gesteld, en de wijze waarop de zorgaanbieder en de verzekerde de gestelde doelen trachten te bereiken;

b. de zorgverleners die voor de verschillende onderdelen van de zorgverlening verantwoordelijk zijn, de wijze waarop afstemming tussen die zorgverleners plaatsvindt, en wie de verzekerde op die afstemming kan aanspreken;
c. de wijze waarop de verzekerde zijn leven wenst in te richten en de ondersteuning die de verzekerde daarbij van de zorgaanbieder zal ontvangen;
d. de frequentie waarmee en de omstandigheden waaronder een en ander met de verzekerde zal worden geëvalueerd en geactualiseerd.
2. Bij algemene maatregel van bestuur kan worden bepaald aan welke aspecten in ieder geval aandacht wordt besteed bij de bespreking van de onderwerpen, genoemd in het eerste lid, onder c.

Nadere regels

3. Voorafgaand aan de bespreking kan de verzekerde of zijn vertegenwoordiger de zorgaanbieder een persoonlijk plan overhandigen waarin hij ingaat op de onderwerpen, genoemd in het eerste lid, en op onderwerpen in een algemene maatregel van bestuur als bedoeld in het tweede lid. De zorgaanbieder brengt de verzekerde of zijn vertegenwoordiger van deze mogelijkheid op de hoogte en stelt hem gedurende zeven dagen daaropvolgend in de gelegenheid het plan te overhandigen.
4. De zorgaanbieder respecteert een weloverwogen wens van de verzekerde met betrekking tot de wijze waarop de verzekerde zijn leven wenst in te richten, tenzij dit in redelijkheid niet van hem kan worden gevergd in verband met:
a. beperkingen die voor de verzekerde gelden op grond van het bepaalde bij of krachtens een andere wet dan wel de lichamelijke en geestelijke mogelijkheden en beperkingen van de verzekerde;
b. de verplichting tot het verlenen van de zorg van een goed zorgverlener en de betrokken professionele zorgverlener daarover een andere professionele zorgverlener heeft geraadpleegd;
c. de rechten van andere verzekerden of een goede en ordelijke gang van zaken.
5. De zorgaanbieder is in afwijking van de aanhef van het vierde lid niet gehouden tot meer dan overeenkomt met de zorg waarop de verzekerde recht heeft ingevolge het indicatiebesluit, onderscheidenlijk met hetgeen door of namens de verzekerde met de zorgaanbieder is overeengekomen ter zake van de aard, inhoud en omvang van de zorg en het verblijf.
6. De verzekerde heeft er voorts recht op dat de zorgaanbieder overeenkomstig de met hem gemaakte afspraken tweemaal per jaar een bespreking met hem organiseert ter evaluatie en actualisatie van de afspraken.
7. De Wlz-uitvoerder en de zorgaanbieder wijzen de verzekerde, zijn vertegenwoordiger en zijn mantelzorger voorafgaand aan de bespreking, bedoeld in het eerste en zesde lid, op de mogelijkheid voor de verzekerde om gebruik te maken van cliëntondersteuning.
8. Op verzoek van de verzekerde of van zijn vertegenwoordiger betrekt de zorgaanbieder de mantelzorger of mantelzorgers bij de besprekingen.

Art. 8.1.2
1. De verplichtingen op grond van de artikelen 8.1.1 en 8.1.3 worden:
a. indien de verzekerde de leeftijd van twaalf jaren nog niet heeft bereikt, nagekomen jegens degene of degenen die het gezag over de verzekerde uitoefent respectievelijk uitoefenen;

Vertegenwoordiging minderjarige/onder curatele gestelde etc. verzekerde

b. indien de verzekerde de leeftijd van twaalf maar nog niet die van zestien jaren heeft bereikt, tevens nagekomen jegens degene of degenen die het gezag over hem uitoefent respectievelijk uitoefenen;
c. indien de verzekerde minderjarig is en de leeftijd van twaalf jaren heeft bereikt, maar niet in staat kan worden geacht tot een redelijke waardering van zijn belangen ter zake, nagekomen jegens degene of degenen die het gezag over hem uitoefent respectievelijk uitoefenen;
d. indien een meerderjarige verzekerde die onder curatele staat of ten behoeve van wie een mentorschap is ingesteld, niet in staat kan worden geacht tot een redelijke waardering van zijn belangen ter zake, nagekomen jegens de curator of de mentor;
e. indien een meerderjarige verzekerde die niet in staat kan worden geacht tot een redelijke waardering van zijn belangen ter zake, niet onder curatele staat of ten behoeve van hem niet een mentorschap is ingesteld, nagekomen jegens de persoon die daartoe door de verzekerde schriftelijk is gemachtigd in zijn plaats op te treden dan wel, indien zodanige persoon ontbreekt of niet optreedt, jegens de echtgenoot, de geregistreerde partner of andere levensgezel van de verzekerde, tenzij deze persoon dat niet wenst, dan wel, indien ook zodanige persoon ontbreekt, een ouder, kind, broer of zuster van de verzekerde, tenzij deze persoon dat niet wenst.
2. De verplichtingen worden nagekomen jegens de in het eerste lid bedoelde personen, tenzij die nakoming niet verenigbaar is met de zorg van een goed zorgverlener en de betrokken professionele zorgverlener daarover een andere professionele zorgverlener heeft geraadpleegd.
3. De persoon jegens wie de zorgaanbieder krachtens het tweede lid gehouden is de verplichtingen na te komen die uit deze wet jegens de verzekerde voortvloeien, betracht de zorg van een goed vertegenwoordiger. Deze persoon is gehouden de verzekerde zoveel mogelijk bij de vervulling van zijn taak te betrekken.

A79 art. 8.1.3 — Wet langdurige zorg

4. Indien in een van de in het eerste lid, onder b tot en met e, genoemde gevallen tussen de verzekerde en de bedoelde andere persoon verschil van inzicht bestaat en de verzekerde weloverwogen vasthoudt aan zijn standpunt, respecteert de zorgaanbieder diens standpunt.

5. Indien een verzekerde van zestien jaar of ouder niet in staat kan worden geacht tot een redelijke waardering van zijn belangen ter zake, respecteert de zorgaanbieder en de in het eerste lid bedoelde persoon de weigering van toestemming van de verzekerde, mits hij deze heeft vastgelegd in schriftelijke vorm toen hij nog tot een redelijke waardering van zijn belangen in staat was. De zorgaanbieder kan hiervan slechts afwijken om gegronde redenen.

Art. 8.1.3

Zorgplan

1. De zorgaanbieder legt binnen zes weken na aanvang van de zorgverlening, onderscheidenlijk een evaluatie en actualisatie, de uitkomsten van de in artikel 8.1.1 bedoelde bespreking vast in een zorgplan en verstrekt terstond een afschrift van het zorgplan aan de verzekerde of aan een vertegenwoordiger.

2. Indien de verzekerde of diens vertegenwoordiger een persoonlijk plan als bedoeld in artikel 8.1.1, derde lid, heeft overhandigd, betrekt de zorgaanbieder dit persoonlijk plan bij het opstellen van het zorgplan.

3. Voor zover de zorgaanbieder heeft vastgesteld dat de verzekerde niet in staat is te achten tot een redelijke waardering van zijn belangen ter zake van een onderdeel van de zorgverlening, legt hij dat in het zorgplan vast. In geval van toepassing van artikel 8.1.2, vijfde lid, legt de zorgaanbieder dat vast in het zorgplan.

4. Voor zover de verzekerde dan wel de vertegenwoordiger te kennen heeft gegeven geen toestemming te geven voor de zorgverlening, legt de zorgaanbieder dat in het zorgplan vast.

5. Voor zover de zorgaanbieder op grond van artikel 8.1.1, vierde of vijfde lid, geen gevolg geeft aan een weloverwogen wens van de verzekerde of de vertegenwoordiger inzake de in artikel 8.1.1 genoemde onderwerpen, legt de zorgaanbieder dat in het zorgplan vast.

6. Indien de verzekerde dan wel de vertegenwoordiger niet tot de in artikel 8.1.1 bedoelde besprekingen bereid zijn, houdt de zorgaanbieder bij de vastlegging en bij de evaluatie of de actualisering van het zorgplan zoveel mogelijk rekening met de veronderstelde wensen en de bekende mogelijkheden en beperkingen van de verzekerde.

7. De zorgaanbieder verstrekt desgevraagd een afschrift van het zorgplan aan de verzekerde of aan een vertegenwoordiger.

Hoofdstuk 9
Informatiebepalingen

§ 1
Verwerking van gegevens, waaronder bijzondere categorieën van persoonsgegevens

Art. 9.1.1

Persoonsgegevens, verwerking

1. De artikelen 4 en 6 tot en met 9 van de Wet aanvullende bepalingen verwerking persoonsgegevens in de zorg zijn, voor de uitvoering van deze wet, van overeenkomstige toepassing op de Wlz-uitvoerder.

2. De Wlz-uitvoerder stelt de identiteit en het burgerservicenummer van de verzekerde vast:
a. wanneer de persoon zich ter inschrijving bij de Wlz-uitvoerder meldt;
b. voor zover dat redelijkerwijs nodig is ter uitvoering van artikel 12 van de Wet algemene bepalingen burgerservicenummer.

3. Bij gegevensuitwisseling tussen de Wlz-uitvoerders en de in artikelen 9.1.2 tot en met 9.1.5 genoemde personen en instanties wordt voor zover die personen en instanties tot gebruik van dat nummer bevoegd zijn, het burgerservicenummer gebruikt.

Nadere regels

4. Bij ministeriële regeling kan worden bepaald aan welke beveiligingseisen het gebruik van het burgerservicenummer door de Wlz-uitvoerder, alsmede de opname daarvan in zijn administratie, voldoet.

5. Bij algemene maatregel van bestuur kunnen vormen van zorg als bedoeld in artikel 3.1.1, alsmede categorieën van Wlz-uitvoerders en in de artikelen 9.1.2 tot en met 9.1.5 genoemde personen en instanties worden uitgezonderd van de toepassing van het bepaalde bij of krachtens eerste tot en met het derde lid.

6. Het CIZ stelt bij de aanvraag om een indicatiebesluit de identiteit van de verzekerde vast aan de hand van documenten als bedoeld in artikel 1 van de Wet op de identificatieplicht, die de verzekerde hem desgevraagd ter inzage geeft, tenzij de aanvraag namens de verzekerde wordt ingediend door een zorgaanbieder als bedoeld in de Wet gebruik burgerservicenummer in de zorg die de identiteit van de verzekerde reeds heeft vastgesteld door middel van inzage van een van de hiervoor bedoelde documenten.

Wet langdurige zorg

A79 art. 9.1.3

Art. 9.1.2

1. Wlz-uitvoerders, zorgaanbieders, het CAK en het CIZ, verstrekken elkaar kosteloos de persoonsgegevens van de verzekerde, waaronder gegevens over gezondheid als bedoeld in artikel 4, onderdeel 15 van de Algemene verordening gegevensbescherming, dan wel stellen elkaar deze gegevens voor dit doel voor inzage of het nemen van afschrift ter beschikking, voor zover die gegevens noodzakelijk zijn voor:

Persoonsgegevens, onderlinge uitwisseling

a. het nemen van indicatiebesluiten op grond van artikel 3.2.3, eerste lid, of artikel 3.2.4 en het onderzoek dat het CIZ daarvoor verricht,
b. het sluiten van schriftelijke overeenkomsten met zorgaanbieders, bedoeld in artikel 4.2.2,
c. de zorgplichten, bedoeld in artikel 4.2.1, eerste en tweede lid, waaronder mede begrepen het opmaken van wachtlijsten,
d. de beoordeling van de Wlz-uitvoerder of de zorg op verantwoorde wijze kan worden verleend zonder dat de verzekerde verblijft in een instelling of met een persoonsgebonden budget,
e. de zorglevering,
f. het in rekening brengen van tarieven voor de geleverde prestaties en het daartoe ontvangen en verrichten van de betalingen of vergoedingen aan zorgaanbieders van de geleverde prestaties, of de vergoeding van zorgkosten aan een verzekerde,
g. de vaststellingen de inning van eigen bijdragen door het CAK, bedoeld in artikel 3.2.5,
h. het namens een Wlz-uitvoerder of het Zorginstituut verrichten van betalingen door het CAK aan zorgaanbieders, bedoeld in artikel 6.1.2, onder c,
i. het verrichten van controle of fraudeonderzoek door de Wlz-uitvoerders,
j. het uitoefenen van het verhaalsrecht.

2. Voor zover de verzekerde daartoe uitdrukkelijk toestemming heeft verleend, verstrekken het CIZ en een zorgaanbieder elkaar kosteloos de persoonsgegevens van de verzekerde, waaronder gegevens over gezondheid als bedoeld in artikel 4, onderdeel 15 van de Algemene verordening gegevensbescherming.

3. Indien een zorgaanbieder anders dan krachtens een door hem met de Wlz-uitvoerder gesloten overeenkomst aan een verzekerde zorg heeft verleend als bedoeld in deze wet, verstrekt hij de verzekerde kosteloos de persoonsgegevens, waaronder gegevens over gezondheid als bedoeld in artikel 4, onderdeel 15 van de Algemene verordening gegevensbescherming, die voor zijn Wlz-uitvoerder noodzakelijk zijn voor de uitvoering van deze wet.

4. Personen werkzaam ten behoeve van een zorgaanbieder of het CIZ, verstrekken die zorgaanbieder of het CIZ de persoonsgegevens die zij nodig hebben om te kunnen voldoen aan hun verplichtingen, bedoeld in het eerste, tweede of derde lid.

5. Personen werkzaam bij een Wlz-uitvoerder, voor wie niet reeds uit hoofde van ambt of beroep een geheimhoudingsplicht geldt, zijn verplicht tot geheimhouding van de gegevens als bedoeld in het eerste of derde lid, behoudens voor zover enig wettelijk voorschrift hen mededeling toestaat.

6. Voor het verrichten van de controle als bedoeld in het eerste lid, onder i, zijn in ieder geval noodzakelijk:
a. de beschrijving van de prestatie zoals die
  1°. op grond van de Wet marktordening gezondheidszorg voor een zorgaanbieder is vastgesteld, of
  2°. tussen de verzekerde en de zorgaanbieder is overeengekomen indien voor die zorgaanbieder niet een prestatiebeschrijving op grond van de Wet marktordening gezondheidszorg behoeft te worden vastgesteld, en
b°. diagnose-informatie indien deze onderdeel uitmaakt van de beschrijving van de prestatie of andere informatie die tot een diagnose kan leiden.

7. Onverminderd het bepaalde in hoofdstuk IV van de Algemene verordening gegevensbescherming, kan bij ministeriële regeling worden bepaald:

Gegevensverstrekking, nadere regels m.b.t.

a. tot welke andere gegevens dan bedoeld in het zesde lid de verplichting, bedoeld in het eerste of derde lid, zich in ieder geval of mede uitstrekt, alsmede de aard en de omvang daarvan;
b. op welke wijze gegevens, bedoeld in het eerste, tweede of derde lid, worden verwerkt;
c. volgens welke technische standaarden gegevensverwerking plaatsvindt;
d. aan welke beveiligingseisen gegevensverwerking voldoet;
e. in welke gevallen gegevens, bedoeld in het eerste of derde lid, verder worden verwerkt met het oog op de uitvoering van deze wet, een zorgverzekering als bedoeld in de Zorgverzekeringswet of een aanvullende ziektekostenverzekering, voor zover deze gegevens niet worden gebruikt voor het beoordelen en accepteren van een aspirant-verzekerde voor een aanvullende verzekering en bovendien noodzakelijk zijn voor de in het eerste lid genoemde taken.

Art. 9.1.3

1. Een Wlz-uitvoerder, het CAK, en het CIZ verstrekken op verzoek, binnen een bij dat verzoek genoemde termijn, uit de onder hun verantwoordelijkheid gevoerde administratie, kosteloos, de gegevens, waaronder gegevens over gezondheid als bedoeld in artikel 4, onderdeel 15 van de Algemene verordening gegevensbescherming, aan:

Persoonsgegevens AVG, verstrekking op verzoek derde

Sdu

2055

A79 art. 9.1.4 — Wet langdurige zorg

 a. zorgverzekeraars en het Zorginstituut, voor zover die gegevens noodzakelijk zijn voor de onderlinge afstemming van op grond van de Zorgverzekeringswet verzekerde zorg en zorg die is verzekerd op grond van deze wet en het voorkomen van dubbele verstrekkingen;
 b. het Zorginstituut, voor zover die gegevens noodzakelijk zijn voor de uitvoering van zijn in de artikelen 5.1.1 tot en met 5.1.3 van deze wet en de artikelen 89 tot en met 91 van de Wet financiering sociale verzekeringen opgedragen taken;
 c. de Sociale verzekeringsbank, voor zover die gegevens noodzakelijk voor de verzekerdenadministratie, bedoeld in artikel 35 van de Wet structuur uitvoeringsorganisatie werk en inkomen, of de betalingen ten laste van de persoonsgebonden budgetten en het daarmee verbonden budgetbeheer, bedoeld in artikel 3.3.3, zevende lid.

2. De in het eerste lid, onderdelen a tot en met c, genoemde instanties, zijn, voor de in die onderdelen genoemde doelen, bevoegd uit eigen beweging en verplicht op verzoek, die gegevens, waaronder gegevens over gezondheid als bedoeld in artikel 4, onderdeel 15 van de Algemene verordening gegevensbescherming, te verstrekken aan een Wlz-uitvoerder, het CAK, of het CIZ.

3. Voor zover de verzekerde daartoe uitdrukkelijk toestemming heeft verleend, verstrekken het college van burgemeester en wethouders en de Wlz-uitvoerder elkaar kosteloos de persoonsgegevens van de verzekerde, waaronder gegevens over gezondheid als bedoeld in artikel 4, onderdeel 15 van de Algemene verordening gegevensbescherming, voor zover die gegevens noodzakelijk zijn voor de onderlinge afstemming van deze wet en de Wet maatschappelijke ondersteuning 2015 of Jeugdwet of voor het voorkomen van dubbele verstrekkingen.

4. De inspecteur of ontvanger is verplicht desgevraagd aan het CAK de gegevens omtrent het inkomen en vermogen van de verzekerde en diens echtgenoot te verstrekken, voor zover die noodzakelijk zijn voor de vaststelling van de bijdrage, bedoeld in artikel 3.2.5.

5. De in het eerste tot en met vierde lid bedoelde gegevens en inlichtingen worden op verzoek verstrekt in schriftelijke vorm of in een andere vorm die redelijkerwijs kan worden verlangd, binnen een termijn die schriftelijk wordt gesteld bij het in het eerste lid bedoelde verzoek.

6. Alle ambtenaren tot afgifte van uittreksels uit registers van burgerlijke stand bevoegd, zijn verplicht aan een in het tweede lid genoemde instantie de door deze gevraagde uittreksels uit de registers kosteloos toe te zenden.

7. Griffiers van colleges, geheel of ten dele met rechtspraak belast, verstrekken op verzoek, kosteloos, aan een Wlz-uitvoerder, aan het CIZ, aan het CAK, aan het Zorginstituut of aan de zorgautoriteit alle gegevens, inlichtingen en uittreksels uit of afschriften van uitspraken, registers en andere stukken, die noodzakelijk zijn voor de uitvoering van deze wet door de Wlz-uitvoerder of het desbetreffende college.

8. Bij ministeriële regeling kunnen nadere regels worden gesteld met betrekking tot het eerste tot en met zesde lid.

9. Op de op grond van het eerste lid aan het Zorginstituut te verstrekken persoonsgegevens is pseudonimisering als bedoeld in artikel 4, onderdeel 5 van de Algemene verordening gegevensbescherming, toegepast en vervolgens onafgebroken is gecontinueerd.

Art. 9.1.4

Persoonsgegevens, regelmatige verstrekking door Wlz-uitvoerders en CAK

1. De zorgautoriteit, onderscheidenlijk het Zorginstituut, kan na overleg met het Zorginstituut, onderscheidenlijk de zorgautoriteit, bij regeling bepalen welke gegevens en inlichtingen regelmatig door de Wlz-uitvoerders en het CAK moeten worden verstrekt.

2. De regels kunnen mede omvatten het tijdstip en de wijze waarop de gegevens en inlichtingen moeten worden verstrekt, alsmede dat een accountant als bedoeld in artikel 393 van Boek 2 van het Burgerlijk Wetboek de juistheid van de verstrekte gegevens en inlichtingen bevestigt.

3. Bij ministeriële regeling kan worden bepaald welke statistische gegevens de Wlz-uitvoerders en het CAK verzamelen betreffende vormen van zorg.

4. Een Wlz-uitvoerder en het CAK verlenen op verzoek van het Zorginstituut door dan wel van de zorgautoriteit aan door het desbetreffende college aangewezen personen inzage in alle bescheiden en andere gegevensdragers, stelt deze op verzoek ter beschikking voor het nemen van afschrift en verleent de ter zake verlangde medewerking, voor zover het desbetreffende college dit nodig acht voor de uitoefening van zijn taak.

Art. 9.1.5

Verstrekking gegevens aan Minister of College sanering

1. Het Zorginstituut en de zorgautoriteit verstrekken desgevraagd aan Onze Minister of aan het College sanering, genoemd in artikel 32 van de Wet toelating zorginstellingen, de voor de uitoefening van hun taak benodigde inlichtingen en gegevens.

2. Het Zorginstituut en de zorgautoriteit verlenen aan door Onze Minister of door het College sanering aangewezen personen toegang tot en inzage in zakelijke gegevens en bescheiden, voor zover dat voor de vervulling van hun taak redelijkerwijs nodig is.

Art. 9.1.6

Elektronisch gegevensverkeer
Nadere regels

1. De in artikel 9.1.2, eerste lid, genoemde instanties maken voor de in dat artikel genoemde verstrekking of ontvangst van gegevens gebruik van elektronisch gegevensverkeer.

2. Bij de ministeriële regeling, bedoeld in artikel 9.1.2, zevende lid, kan tevens worden bepaald:

a. dat bij het elektronisch gegevensverkeer gebruik wordt gemaakt van een elektronische infrastructuur;
b. op welke wijze de in artikel 9.1.2, eerste lid, genoemde instanties op die infrastructuur zijn aangesloten;
c. de wijze waarop het gebruik van de infrastructuur wordt georganiseerd en beheerd, waaronder begrepen de inrichting en instandhouding van een gemeenschappelijke database;
d. de financiering van het gebruik van de infrastructuur en de wijze waarop de kosten ervan worden verdeeld.

Art. 9.1.7

1. Het is een ieder die uit hoofde van de toepassing van deze wet of van krachtens deze wet genomen besluiten enige taak vervult of heeft vervuld, verboden van vertrouwelijke gegevens of inlichtingen die ingevolge deze wet dan wel ingevolge titel 5.2 van de Algemene wet bestuursrecht zijn verstrekt of verkregen, verder of anders gebruik te maken of daaraan verder of anders bekendheid te geven dan voor de uitvoering van zijn taak of bij of krachtens deze wet wordt geëist.
Vertrouwelijke gegevens of inlichtingen

2. In afwijking van het eerste lid kunnen de zorgautoriteit en het Zorginstituut met gebruikmaking van vertrouwelijke gegevens of inlichtingen verkregen bij de uitvoering van hun taken op grond van deze wet, mededelingen doen, indien deze niet kunnen worden herleid tot afzonderlijke personen of ondernemingen.
3. In afwijking van het eerste lid zijn de zorgautoriteit en het Zorginstituut, voor zover dat voor hun taakuitoefening noodzakelijk is, bevoegd aan elkaar en aan Onze Minister vertrouwelijk gegevens of inlichtingen omtrent afzonderlijke Wlz-uitvoerders te verschaffen.
4. Het eerste lid laat, ten aanzien van degene op wie dat lid van toepassing is, onverlet:
a. de toepasselijkheid van de bepalingen van het Wetboek van Strafvordering welke betrekking hebben op het als getuige of deskundige in strafzaken afleggen van een verklaring omtrent gegevens of inlichtingen verkregen bij de vervulling van de ingevolge deze wet opgedragen taak;
b. de toepasselijkheid van de bepalingen van het Wetboek van Burgerlijke Rechtsvordering en van artikel 66 van de Faillissementswet welke betrekking hebben op het als getuige of als partij in een comparitie van partijen dan wel als deskundige in burgerlijke zaken afleggen van een verklaring omtrent gegevens of inlichtingen verkregen bij de vervulling van zijn ingevolge deze wet opgedragen taak, voor zover het gaat om gegevens of inlichtingen omtrent een Wlz-uitvoerder die in staat van faillissement is verklaard of op grond van een rechterlijke uitspraak is ontbonden;
c. de bevoegdheden van de Algemene Rekenkamer ingevolge artikel 7.34 van de Comptabiliteitswet 2016.
5. Het vierde lid, onderdeel b, geldt niet voor gegevens of inlichtingen die betrekking hebben op Wlz-uitvoerders die betrokken zijn of zijn geweest bij een poging de desbetreffende Wlz-uitvoerder in staat te stellen zijn bedrijf voort te zetten.

§ 2
Beleidsinformatie

Art. 9.2.1

1. Bij of krachtens algemene maatregel van bestuur kunnen in het belang van de zorgverlening, de bekostiging daarvan en de afstemming op andere wettelijke voorzieningen, regels worden gesteld over de kosteloze verstrekking van informatie van beleidsmatige en beheersmatige aard:
Beleidsinformatie
a. door zorgaanbieders en Wlz-uitvoerders, de zorgautoriteit en Onze Minister,
b. door Wlz-uitvoerders aan de zorgautoriteit en Onze Minister.
2. De bij of krachtens algemene maatregel van bestuur te stellen regels als bedoeld in het eerste lid, hebben geen betrekking op persoonsgegevens als bedoeld in de Algemene verordening gegevensbescherming en worden niet gesteld dan nadat met zorgaanbieders of de Wlz-uitvoerders voorgedragen koepelorganisaties, overleg is gevoerd over de inhoud van de in het eerste lid bedoelde gegevens en standaardisering van de wijze waarop de gegevens worden verstrekt.
3. Bij of krachtens algemene maatregel van bestuur kan worden bepaald dat het overleg, bedoeld in het tweede lid, ook plaatsvindt met andere organisaties en instanties dan genoemd in het tweede lid, en kan worden bepaald dat het eerste en tweede lid ook van toepassing is ten aanzien van die organisaties en instanties.

Hoofdstuk 10
Overige bepalingen

§ 1
Innovatie, zorg voor bedreigde personen en ADL-assistentie

Art. 10.1.1

Afwijking met het oog op een experiment

1. Bij algemene maatregel van bestuur kan bij wijze van experiment, met het oog op het onderzoeken van mogelijkheden om deze wet doeltreffender uit te voeren, worden afgeweken van het bepaalde bij of krachtens deze wet, met uitzondering van hoofdstuk 2 en van hoofdstuk 3, § 1.

Nadere regels

2. Bij een algemene maatregel van bestuur als bedoeld in het eerste lid wordt geregeld op welke wijze van welke artikelen wordt afgeweken en kunnen alleen regels worden gesteld:
   a. ter verbetering van de samenwerking tussen Wlz-uitvoerders, zorgaanbieders, gemeenten, het CAK, het CIZ en de zorgautoriteit;
   b. ter verbetering van de innovatieve ontwikkeling en kwaliteit van de langdurige zorg;
   c. over de verantwoording van de uitgaven ten laste van het Fonds langdurige zorg;
   d. over het verstrekken van inlichtingen over de resultaten van het experiment;
   e. hoe wordt vastgesteld of het met het experiment nagestreefde doel is behaald;
   f. over de voorwaarden die tijdens de gelding van het experiment van toepassing zijn op personen of instanties die in het experiment een rol vervullen;
   g. over de omstandigheden waaronder het experiment tussentijds kan worden ingetrokken op grond van een daartoe strekkende aanwijzing van Onze Minister.
3. De voordracht voor een algemene maatregel van bestuur krachtens dit artikel vast te stellen algemene maatregel van bestuur wordt niet eerder gedaan dan vier weken nadat het ontwerp aan beide kamers der Staten-Generaal is overgelegd.
4. Onze Minister zendt drie maanden voor het einde van de geldingsduur van een experiment aan de Staten-Generaal een verslag over de doeltreffendheid en de effecten van het experiment in de praktijk, alsmede een standpunt inzake de voortzetting ervan, anders dan als experiment.
5. Een algemene maatregel van bestuur als bedoeld in het eerste lid vervalt binnen drie jaar na de inwerkingtreding, tenzij:
   a. in de algemene maatregel van bestuur is bepaald dat deze eerder vervalt;
   b. binnen drie jaar een voorstel van wet is ingediend bij de Staten-Generaal om het experiment om te zetten in een wettelijke regeling.
6. Indien het in het vijfde lid, onderdeel b, bedoelde voorstel tot wet wordt ingetrokken of indien een van de beide Kamers der Staten-Generaal besluit het voorstel niet aan te nemen, wordt de algemene maatregel van bestuur onverwijld ingetrokken. Wordt het voorstel tot wet verheven, dan wordt de algemene maatregel van bestuur ingetrokken op het tijdstip van inwerkingtreding van die wet.

Art. 10.1.2

Diensten, begripsbepalingen

1. In dit artikel en de daarop gebaseerde regelgeving wordt onder «diensten» verstaan:
   a. zorg als bedoeld bij of krachtens deze wet,
   b. zorg en overige diensten als bedoeld bij of krachtens de Zorgverzekeringswet,
   c. maatschappelijke ondersteuning als bedoeld bij of krachtens de Wet maatschappelijke ondersteuning 2015,
   d. jeugdhulp als bedoeld bij of krachtens de Jeugdwet.
2. In afwijking van het bepaalde bij of krachtens de in het eerste lid genoemde wetten kan bij algemene maatregel van bestuur een experiment worden ingericht dat tot doel heeft de verzekerde één integraal, op zijn situatie afgestemd pakket aan diensten te verstrekken in plaats van afzonderlijke rechten op grond van de in het eerste lid genoemde wetten of op grond van zijn zorgverzekering.
3. Een verzekerde kan niet tot deelname aan een experiment als bedoeld in het tweede lid worden verplicht.
4. Bij of krachtens de algemene maatregel van bestuur als bedoeld in het tweede lid:
   a. wordt geregeld op welke wijze van welke artikelen van de in het eerste lid genoemde wetten of de daarop gebaseerde regelgeving wordt afgeweken;
   b. wordt bepaald op welke wijze de Wlz-uitvoerders, de zorgverzekeraars en de gemeenten samenwerken om het met het experiment beoogde doel te bereiken;
   c. kunnen nadere voorwaarden aan deelname aan het experiment worden gesteld, waaronder de voorwaarde dat de verzekerde in plaats van eigen betalingen die bij of krachtens de in het eerste lid genoemde wetten of zijn zorgverzekering verschuldigd zijn, een eigen bijdrage voor het integrale pakket aan diensten verschuldigd is; en
   d. kunnen voorwaarden worden gesteld waaronder binnen een experiment persoonsvolgende bekostiging mogelijk wordt gemaakt.

Schakelbepaling

5. Artikel 10.1.1, derde tot en met zesde lid, is van toepassing.

Wet langdurige zorg   **A79** art. 10.2.4

Art. 10.1.3
1. Bij ministeriële regeling kan worden bepaald dat het Zorginstituut uitkeringen verstrekt ter vergoeding van kosten van zorg als bedoeld in artikel 3.1.1, eerste lid, verleend door zorgaanbieders aan personen die zijn opgenomen in het stelsel van Bewaken & Beveiligen van het Openbaar Ministerie.   *Financiering experiment*
2. In de regeling, bedoeld in het eerste lid, kunnen voorwaarden opgenomen worden ten aanzien van de in dat lid bedoelde uitkeringen en ten aanzien van de uitvoering van de in dat lid bedoelde taak van het Zorginstituut.

Art. 10.1.4
1. Het Zorginstituut verstrekt volgens bij of krachtens algemene maatregel van bestuur te stellen regels subsidies aan organisaties voor het verlenen van gedurende het gehele etmaal direct oproepbare assistentie bij algemene dagelijkse levensverrichtingen in en om de ADL-woning, waaronder alarmopvolging bij een noodoproep.   *ADL-assistentie*
2. Indien de verzekerde recht heeft op de assistentie bij algemene dagelijkse levensverrichtingen in en om de woning, bedoeld in het eerste lid, heeft hij geen recht op zorg, bedoeld in artikel 3.1.1.

§ 2
De invloed van de verzekering op het burgerlijk recht

Art. 10.2.1
Bij de vaststelling van de schadevergoeding, waarop de verzekerde naar burgerlijk recht aanspraak kan maken ter zake van een feit dat aanleiding geeft tot het verlenen van zorg die is bekostigd ingevolge deze wet, houdt de rechter rekening met de aanspraken die de verzekerde krachtens deze wet heeft.   *Schadevergoeding naar burgerlijk recht*

Art. 10.2.2
1. Behoudens toepassing van het derde lid, eerste volzin, heeft een Wlz-uitvoerder voor de krachtens deze wet gemaakte kosten verhaal op degene, die in verband met het in artikel 10.2.1 bedoelde feit jegens de verzekerde naar burgerlijk recht tot schadevergoeding is verplicht, doch ten hoogste tot het bedrag, waarvoor deze bij het ontbreken van de aanspraken krachtens deze wet naar burgerlijk recht aansprakelijk zou zijn, verminderd met een bedrag, gelijk aan dat van de schadevergoeding tot betaling waarvan de aansprakelijke persoon jegens de verzekerde naar burgerlijk recht is gehouden.   *Schadevergoeding, kostenverhaal*
2. Voor zover de geldswaarde van de in het eerste lid bedoelde verleende zorg niet kan worden vastgesteld, wordt deze bepaald op een geschat bedrag. Onze Minister kan hieromtrent nadere regels stellen.
3. Het Zorginstituut kan met verzekeraars overeenkomen dat zij het Zorginstituut een bedrag betalen om de in het eerste lid bedoelde schadelast die hun verzekerden naar verwachting in een komende periode zullen veroorzaken, af te kopen. De overeenkomst heeft geen betrekking op de schadelast van een Wlz-uitvoerder die voor de aanvang van de onderhandelingen over de bedoelde overeenkomst aan het Zorginstituut te kennen heeft gegeven van zijn bevoegdheid in het eerste lid gebruik te maken. Het Zorginstituut stelt voor aanvang van de periode waarvoor een afkoopsom als bedoeld in de eerste volzin is overeengekomen, Wlz-uitvoerders op de hoogte van de totstandkoming van bedoelde overeenkomst.

Art. 10.2.3
1. Indien de verzekerde in dienstbetrekking werkzaam is, geldt artikel 10.2.2, ten aanzien van de naar burgerlijk recht tot schadevergoeding verplichte werkgever van de verzekerde, onderscheidenlijk ten aanzien van de naar burgerlijk recht tot schadevergoeding verplichte persoon, die in dienstbetrekking staat tot dezelfde werkgever als de verzekerde jegens wie naar burgerlijk recht verplichting tot schadevergoeding bestaat, slechts indien het feit als genoemd in artikel 10.2.1 te wijten aan opzet of bewuste roekeloosheid van die werkgever onderscheidenlijk persoon.   *Schadevergoeding, verzekerde in dienstbetrekking*
2. Voor de toepassing van het eerste lid wordt mede als werkgever beschouwd de inlener, bedoeld in artikel 34 van de Invorderingswet 1990.

Art. 10.2.4
1. Een Wlz-uitvoerder kan van hem, die, zonder daartoe gerechtigd te zijn, opzettelijk aanspraken als verzekerde bij hem doet gelden onderscheidenlijk deed gelden, alsmede van hem, die daaraan opzettelijk zijn medewerking verleent onderscheidenlijk heeft verleend, geheel of gedeeltelijk het bedrag vorderen van de zorg of van de vergoedingen die hem te veel of ten onrechte zijn verleend. Voor zover de geldswaarde van de in de eerste volzin bedoelde zorg niet vaststaat, kan deze worden vastgesteld op een geschat bedrag.   *Terugvorderen kosten te veel/ten onrechte verleende zorg*
2. De Wlz-uitvoerder kan het bedrag, bedoeld in het eerste lid, invorderen bij dwangbevel.
3. Bij of krachtens algemene maatregel van bestuur kunnen regels worden gesteld betreffende de in het eerste lid bedoelde terugvordering.   *Nadere regels*

Art. 10.2.5

Woningaanpassing

1. Indien de Wlz-uitvoerder op grond van artikel 3.1.3 heeft beslist tot verstrekking van een woningaanpassing aan een woning waarvan de verzekerde niet de eigenaar is, is de Wlz-uitvoerder dan wel de verzekerde, bevoegd zonder toestemming van de eigenaar deze woningaanpassing aan te brengen of te doen aanbrengen.
2. Alvorens de woningaanpassing aan te brengen of te doen aanbrengen, stelt de Wlz-uitvoerder de eigenaar van de woning in de gelegenheid zich te doen horen.
3. De Wlz-uitvoerder dan wel de verzekerde is niet gehouden de woningaanpassing ongedaan te maken, indien de verzekerde niet langer gebruik maakt van de woning.

§ 3
Bezwaar en beroep

Art. 10.3.1

Bezwaar en beroep

1. Een beslissing van een Wlz-uitvoerder of het CIZ, op bezwaar inzake een recht op zorg of op een vergoeding ingevolge deze wet wordt niet genomen dan nadat daaromtrent door het Zorginstituut op verzoek van het bestuursorgaan advies is uitgebracht.
2. Het eerste lid is niet van toepassing voor zover het bezwaarschrift betrekking heeft op een ingevolge het bepaalde krachtens deze wet verschuldigde bijdrage, waarvan de hoogte niet afhankelijk is van een medisch oordeel.
3. Het eerste lid is niet van toepassing indien:
a. het bezwaar kennelijk niet-ontvankelijk is,
b. aan het bezwaar volledig tegemoet wordt gekomen, of
c. het Zorginstituut geen advies heeft uitgebracht binnen de in het vierde lid genoemde termijn of heeft medegedeeld geen advies te zullen uitbrengen.
4. Het Zorginstituut brengt een advies als bedoeld in het eerste lid uit binnen tien weken na ontvangst van alle gegevens en bescheiden die voor de beoordeling van het verzoek noodzakelijk zijn, en zendt gelijktijdig afschrift daarvan aan de belanghebbende.
5. Indien het Zorginstituut is verzocht advies uit te brengen, wordt de beslissing op bezwaar in afwijking van artikel 7:10, eerste lid, van de Algemene wet bestuursrecht genomen binnen eenentwintig weken gerekend vanaf de dag na die waarop de termijn voor het indienen van het bezwaarschrift is verstreken.

Art. 10.3.2

Cassatie tegen uitspraken CRvB

1. Tegen uitspraken van de Centrale Raad van Beroep kan ieder der partijen beroep in cassatie instellen ter zake van schending of verkeerde toepassing van het bepaalde bij of krachtens een der artikelen 1.1.2, eerste lid, 1.2.1, 1.2.2 en 2.1.1.
2. Op dit beroep zijn de voorschriften betreffende het beroep in cassatie tegen uitspraken van de gerechtshoven inzake beroepen in belastingzaken van overeenkomstige toepassing, waarbij de Centrale Raad van Beroep de plaats inneemt van een gerechtshof.

§ 4
Toezicht en handhaving

Art. 10.4.1

Inspectie gezondheidszorg en jeugd, taken en bevoegdheden

1. De ambtenaren van de Inspectie gezondheidszorg en jeugd zijn belast met het toezicht op de naleving door zorgaanbieders van de verplichtingen die voor hen uit het bepaalde bij of krachtens hoofdstuk 8 voortvloeien.
2. De in het eerste lid bedoelde ambtenaren zijn, voor zover dat voor de vervulling van hun taak noodzakelijk is, bevoegd tot inzage van de dossiers van verzekerden. In afwijking van artikel 5:20, tweede lid, van de Algemene wet bestuursrecht, dienen ook zorgverleners die uit hoofde van hun beroep tot geheimhouding van de dossiers verplicht zijn, de ambtenaren, bedoeld in de eerste volzin, inzage te geven in de daar bedoelde dossiers. In dat geval zijn de betrokken ambtenaren verplicht tot geheimhouding van de dossiers.
3. De in het eerste lid bedoelde ambtenaren zijn bevoegd het niet naleven door een zorgaanbieder van een verplichting die voor hem uit het bepaalde bij of krachtens hoofdstuk 8 voortvloeit, buiten behandeling te laten, tenzij sprake is van een situatie die voor de veiligheid van verzekerden of de zorg een ernstige bedreiging kan betekenen, of het belang van goede zorg anderszins daaraan redelijkerwijs in de weg staat.

Art. 10.4.2

Ministeriële aanwijzing bij niet nakomen zeggenschap verzekerde

1. Indien Onze Minister van oordeel is dat het bepaalde bij of krachtens de artikelen 8.1.1, 8.1.2 of 8.1.3 niet wordt nageleefd, kan hij, in voorkomend geval in overeenstemming met Onze Minister wie het mede aangaat, de zorgaanbieder een schriftelijke aanwijzing geven.
2. In de aanwijzing geeft Onze Minister met redenen omkleed aan op welke punten het bepaalde bij of krachtens artikel 8.1.1, 8.1.2 of 8.1.3 niet wordt nageleefd, alsmede de in verband daarmee te nemen maatregelen.

Wet langdurige zorg

A79 art. 11.1.1

3. Een aanwijzing bevat de termijn waarbinnen de zorgaanbieder er aan moet voldoen.
4. Indien het nemen van maatregelen in verband met gevaar voor de veiligheid of de gezondheid redelijkerwijs geen uitstel kan lijden, kan de ingevolge artikel 10.4.1 met het toezicht belaste ambtenaar een schriftelijk bevel geven. In voorkomend geval wordt daarvan onverwijld mededeling gedaan aan Onze Minister wie het mede aangaat. Het bevel heeft een geldigheidsduur van zeven dagen, welke door Onze Minister, in voorkomend geval in overeenstemming met Onze Minister wie het mede aangaat, kan worden verlengd.
5. De zorgaanbieder is verplicht binnen de daarbij gestelde termijn aan de aanwijzing onderscheidenlijk onmiddellijk aan het bevel te voldoen.
6. De bevoegdheid tot het verlengen van de geldigheidsduur van een bevel wordt niet gemandateerd aan een ambtenaar van de Inspectie gezondheidszorg en jeugd.

Art. 10.4.3

1. Onze Minister is, in voorkomend geval in overeenstemming met Onze Minister wie het mede aangaat, bevoegd een last onder dwangsom op te leggen aan de zorgaanbieder of de professionele zorgverlener die geen medewerking verleent aan de inzage van dossiers als bedoeld in artikel 10.4.1, tweede lid.
2. Onze Minister is, in voorkomend geval in overeenstemming met Onze Minister wie het mede aangaat, bevoegd tot oplegging van een last onder bestuursdwang ter handhaving van een krachtens artikel 10.4.2 gegeven aanwijzing of bevel of de bij artikel 5:20, eerste lid, van de Algemene wet bestuursrecht gestelde verplichting.

Last onder dwangsom

Art. 10.4.4

1. Onze Minister is bevoegd een zorgaanbieder een aanwijzing te geven indien de zorgaanbieder niet voldoet aan het bepaalde bij of krachtens 9.1.2, eerste lid.
2. Indien een zorgaanbieder niet binnen vier weken aan een aanwijzing als bedoeld in het eerste lid voldoet, is Onze Minister bevoegd een last onder dwangsom op te leggen.

Ministeriële aanwijzing i.v.m. verstrekking persoonsgegevens

Last onder dwangsom

§ 5
Gedwongen verblijf in een instelling

Art. 10.5.1

1. Een persoon die door middel van een rechterlijke machtiging als bedoeld in artikel 24 of 28a van de Wet zorg en dwang psychogeriatrische en verstandelijk gehandicapte cliënten is aangewezen op verblijf in een instelling heeft gedurende de geldigheidsduur van die machtiging doch ten hoogste gedurende het verblijf in een instelling recht op zorg als bedoeld in artikel 3.1.1, voor zover deze persoon geen toepassing geeft aan artikel 3.2.3 of het verblijf niet wordt bekostigd op grond van een zorgverzekering als bedoeld in de Zorgverzekeringswet, op grond van de Jeugdwet of op grond van de Wet maatschappelijke ondersteuning 2015.
2. Bij de toepassing van het eerste lid zijn de artikelen 3.1, 3.1.3, 3.2.1, 3.2.3, 3.2.4, 3.2.6, 3.3.1 tot en met 3.3.4, 3.3.6, 3.3.6a en 4.2.1, eerste lid, onderdeel a, en tweede lid, niet van toepassing.
3. Het recht op zorg als bedoeld in het eerste lid wordt ambtshalve vastgesteld door het CIZ.
4. Bij of krachtens algemene maatregel van bestuur kunnen regels worden gesteld over de vaststelling van een indicatiebesluit indien toepassing wordt gegeven aan het eerste lid.

Gedwongen verblijf in een instelling

Hoofdstuk 11
Invoeringsbepalingen en overgangsrecht

§ 1
Overgangsrecht verzekerden

Art. 11.1.1

1. De verzekerde die onmiddellijk voorafgaand aan de intrekking van de Algemene Wet Bijzondere Ziektekosten op grond van een indicatiebesluit is aangewezen op een zorgzwaartepakket 4 VV, 5 VV, 6 VV, 7 VV, 8 VV, 9b VV, 10 VV, 4 VG, 5 VG, 6 VG, 7 VG, 8 VG, 1 SGLVG, 2 LG, 4 LG, 5 LG, 6 LG, 7 LG, 2 ZGaud, 3 ZGaud, 4 ZGaud, 2 ZGvis, 3 ZGvis, 4 ZGvis of 5 ZGvis, dan wel, voor een meerderjarige verzekerde, op een zorgzwaartepakket 1 LVG, 2 LVG, 3 LVG, 4 LVG, 5 LVG of 3 VG, wordt voor de toepassing van deze wet gelijkgesteld met een verzekerde ten aanzien van wie het CIZ heeft vastgesteld dat hij voldoet aan artikel 3.2.1, eerste of derde lid.
2. De verzekerde die onmiddellijk voorafgaand aan de intrekking van de Algemene Wet Bijzondere Ziektekosten op grond van een indicatiebesluit is aangewezen op een zorgzwaartepakket 1 VV, 2 VV, 3 VV, 1 LG, 3 LG, 1 ZGaud, of 1 ZGvis, dan wel, voor een meerderjarige verzekerde, op een zorgzwaartepakket 1 VG of 2 VG, en voor wie het recht op zorg die dag gepaard ging met verblijf in een instelling, wordt voor de toepassing van deze wet gelijkgesteld met een ver-

Overgangsbepalingen, AWBZ

Sdu 2061

A79 art. 11.1.2

zekerde ten aanzien van wie het CIZ heeft vastgesteld dat hij voldoet aan artikel 3.2.1, eerste lid, voor zover hij in een instelling verblijft.
3. De verzekerde die onmiddellijk voorafgaand aan de intrekking van de Algemene Wet Bijzondere Ziektekosten op grond van een indicatiebesluit is aangewezen op een zorgzwaartepakket 1 VV, 2 VV, 3 VV, 1 LG, 3 LG, 1 ZGaud of 1 ZGvis, dan wel, voor een meerderjarige verzekerde, op een zorgzwaartepakket 1 VG of 2 VG, wordt voor de toepassing van deze wet gelijkgesteld met een verzekerde ten aanzien van wie het CIZ heeft vastgesteld dat hij voldoet aan artikel 3.2.1, eerste lid.
4. Indien aan de verzekerde onmiddellijk voorafgaand aan de intrekking van de Algemene Wet Bijzondere Ziektekosten een persoonsgebonden budget op grond van artikel 44, eerste lid, onder b, van de Algemene Wet Bijzondere Ziektekosten is verleend en hij op die dag woonachtig was in een kleinschalig wooninitiatief als bedoeld in artikel 1.1.1, onderdeel u, van de Regeling subsidies AWBZ, zoals dat artikel luidde op de dag vóór de intrekking van de Algemene Wet Bijzondere Ziektekosten, wordt hij zolang hij woonachtig blijft in een bij algemene maatregel van bestuur omschreven kleinschalig wooninitiatief, voor de toepassing van deze wet gelijkgesteld met een verzekerde ten aanzien van wie het CIZ heeft vastgesteld dat hij voldoet aan artikel 3.2.1, eerste of derde lid.
5. Het bepaalde krachtens het eerste tot en met vierde lid is van overeenkomstige toepassing op de verzekerde die op grond van artikel 11.1.7 na inwerkingtreding van deze wet een indicatiebesluit heeft gekregen voor verblijf.
6. Tot bij ministeriële regeling aan te wijzen groepen behorende verzekerden die onmiddellijk voorafgaande aan de intrekking van de Algemene Wet Bijzondere Ziektekosten op grond van een indicatie voor extramurale zorg dergelijke zorg in natura genoten of een persoonsgebonden budget ontvingen en die het indicatieorgaan, bedoeld in artikel 9a van die wet, voor 1 januari 2015 hebben laten weten voor zorg als bedoeld in deze wet in aanmerking te willen komen, ontvangen van dat indicatieorgaan een op 1 januari 2015 ingaand indicatiebesluit als bedoeld in artikel 3.2.3, met een geldigheidsduur tot 1 januari 2016.

Art. 11.1.2

1. De verzekerde, bedoeld in artikel 11.1.1, derde lid, heeft gedurende de geldigheidsduur van het indicatiebesluit en tot het moment waarop hij in een instelling is gaan verblijven, maar uiterlijk tot 1 januari 2016 recht op voortzetting van de aanspraken of het persoonsgebonden budget waarop hij bij of krachtens de Algemene Wet Bijzondere Ziektekosten krachtens een zorgindicatiebesluit aanspraak had op de dag vóór de intrekking van die wet, met dien verstande dat de hoogte van het persoonsgebonden budget wordt bepaald met inachtneming van hetgeen geregeld is krachtens artikel 11.1.5, tweede en derde lid. In afwijking van artikel 3.3.1, eerste lid, heeft een verzekerde als bedoeld in artikel 11.1.1, derde lid, vanaf 1 januari 2016 slechts recht op zorg met verblijf in een instelling. De vorige volzin geldt niet voor een verzekerde van wie het CIZ na de inwerkingtreding van deze wet op aanvraag heeft vastgesteld dat hij voldoet aan artikel 3.2.1, eerste lid.
2. De verzekerde die onmiddellijk voorafgaand aan de intrekking van de Algemene Wet Bijzondere Ziektekosten een aanspraak had op ADL-assistentie op grond van artikel 34 van het Besluit zorgaanspraken AWBZ, zoals dat artikel luidde op de dag voor die intrekking, wordt zolang hij woonachtig blijft in een ADL-woning, voor de toepassing van deze wet gelijkgesteld met een verzekerde ten aanzien van wie het CIZ heeft vastgesteld dat hij recht heeft op assistentie bij algemene dagelijkse levensverrichtingen als bedoeld in artikel 10.1.4.
3. De verzekerde, bedoeld in het artikel 11.1.1, eerste lid, van wie de geldigheidsduur van het indicatiebesluit na de intrekking van de Algemene Wet Bijzondere Ziektekosten is verstreken, blijft voor de toepassing van deze wet gelijkgesteld met een verzekerde ten aanzien van wie het CIZ heeft vastgesteld dat hij voldoet aan artikel 3.2.1, eerste lid. De vorige volzin geldt niet voor meerderjarige verzekerden die op grond van hun indicatiebesluit zijn aangewezen op een zorgzwaartepakket 1 LVG, 2 LVG, 3 LVG, 4 LVG of 5 LVG.
4. Het derde lid is van overeenkomstige toepassing op:
a. de verzekerde, bedoeld in het artikel 11.1.1, tweede lid, met dien verstande dat de gelijkstelling plaatsvindt voor zover hij in een instelling verblijft;
b. de verzekerde, bedoeld in artikel 11.1.1, derde lid;
c. de verzekerde, bedoeld in het artikel 11.1.1, vierde lid, met dien verstande dat de gelijkstelling plaatsvindt voor zover hij in een bij algemene maatregel van bestuur omschreven kleinschalig wooninitiatief woonachtig blijft.
5. Een verzekerde als bedoeld in artikel 11.1.1, eerste lid, die onmiddellijk voorafgaande aan de intrekking van de Algemene Wet Bijzondere Ziektekosten op basis van een in functies en klassen omgezet zorgzwaartepakket thuis zorg ontvangt en geen wijziging verlangt in de wijze waarop hem de zorg geleverd wordt, ontvangt deze zorg na afloop van de intrekking van deze wet op grond van een modulair pakket thuis als bedoeld in artikel 3.3.2. De vorige volzin geldt zonder dat sprake hoeft te zijn van een voorafgaand overleg als bedoeld in artikel 3.3.2, vierde lid.

Wet langdurige zorg

6. Een verzekerde als bedoeld in artikel 11.1.1, eerste of derde lid, die onmiddellijk voorafgaande aan de intrekking van de Algemene Wet Bijzondere Ziektekosten in afwachting van een plaats in een specifieke instelling waar hij wenst te gaan verblijven, op basis van een in functies en klassen omgezet zorgzwaartepakket tijdelijk thuis meer zorg ontvangt dan een verzekerde als bedoeld in het vijfde lid, behoudt zijn recht op deze zorg totdat hij deze vanaf de aanvang daarvan zes maanden heeft ontvangen, met dien verstande dat het recht zoveel eerder eindigt als hij in een instelling gaat verblijven.

7. Indien een verzekerde als bedoeld in artikel 11.1.1, zesde lid, die onmiddellijk voorafgaande aan de intrekking van de Algemene Wet Bijzondere Ziektekosten een persoonsgebonden budget ontving ervoor kiest om zijn recht op zorg ook met ingang van 2015 in de vorm van een persoonsgebonden budget tot gelding te brengen, is de hoogte van dat budget tot 1 januari 2016 gelijk aan de hoogte van het budget dat hij onder de Algemene Wet Bijzondere Ziektekosten ontving. De vorige volzin geldt niet indien de gezondheidssituatie van de verzekerde dan wel toepasselijkheid van artikel 3.2.4, aanhef en onderdeel a, noodzaakt tot een gedurende het jaar 2015 ingaande herindicatie.

8. In afwijking van het eerste lid kan de verzekerde, bedoeld in artikel 11.1.1, derde lid, die op 31 december 2015 een volledig pakket thuis als bedoeld in artikel 3.3.2, eerste lid, onderdeel a, ontving, kiezen voor voortzetting van zorgverlening door middel van een volledig pakket thuis. In afwijking van artikel 3.3.1, eerste lid, heeft de verzekerde die kiest voor voortzetting van deze zorgverlening vanaf 1 januari 2016 slechts recht op zorgverlening door middel van een volledig pakket thuis dan wel verblijf in een instelling. De vorige volzin geldt niet voor een verzekerde van wie het CIZ na de inwerkingtreding van deze wet op aanvraag heeft vastgesteld dat hij voldoet aan artikel 3.2.1, eerste lid.

Art. 11.1.3

1. Tenzij hij op dat moment een jeugdige is als bedoeld in artikel 1.1, subonderdelen 1° of 2°, van de Jeugdwet, wordt de verzekerde die onmiddellijk voorafgaande aan de intrekking van de Algemene Wet Bijzondere Ziektekosten zorg behorende tot een zorgzwaartepakket B GGZ ontvangt en op eerder bedoeld moment met een dergelijk zorgzwaartepakket in een instelling verblijft dan wel op dat moment niet meer in een instelling verblijft maar uiterlijk negentig dagen na zijn ontslag wederom op deze zorg aangewezen raakt, voor de toepassing van deze wet gelijkgesteld met een verzekerde als bedoeld in artikel 3.2.2, eerste lid. De geldigheidsduur van het indicatiebesluit van de verzekerde, bedoeld in de vorige volzin, wordt ambtshalve op drie jaar gesteld, te rekenen vanaf de datum waarop de Algemene Wet Bijzondere Ziektekosten wordt ingetrokken.

Overgangsbepalingen, Jeugdwet

2. Tenzij hij op dat moment een jeugdige is als bedoeld in artikel 1.1, subonderdelen 1° of 2°, van de Jeugdwet, wordt de verzekerde die onmiddellijk voorafgaande aan de intrekking van de Algemene Wet Bijzondere Ziektekosten op grond van zijn indicatiebesluit is aangewezen op een zorgzwaartepakket B GGZ en op eerder bedoeld moment op grond van dat indicatiebesluit een persoonsgebonden budget ontving, voor de toepassing van deze wet gelijkgesteld met een verzekerde als bedoeld in artikel 3.2.2, eerste lid, en kan hij in afwijking van artikel 3.3.4 in plaats van voor verblijf kiezen voor voortzetting van zijn persoonsgebonden budget. In dat geval zijn de bij en krachtens artikel 3.3.3 gestelde regels alsmede de tweede volzin van het eerste lid van toepassing.

Art. 11.1.4

1. Bij of krachtens algemene maatregel van bestuur kan worden bepaald dat de verzekerde, bedoeld in artikel 11.1.1, 11.1.2 of 11.1.3, de kosten van de daar bedoelde zorg gedeeltelijk draagt. De artikelen 3.2.5, 9.1.2 en 9.1.3 zijn van overeenkomstige toepassing.

Overgangsbepalingen, nader regels eigen bijdrage

2. Het CAK is belast met de vaststelling en inning van de eigen bijdragen, bedoeld in het eerste lid.

Art. 11.1.5

1. Bij ministeriële regeling wordt bepaald op welke wijze en onder welke voorwaarden het Zorginstituut tijdelijke subsidies aan organisaties verstrekt voor:
a. het verlenen van behandeling als bedoeld in artikel 3.1.1, eerste lid, onderdeel c, aan bij die regeling aan te wijzen personen met een somatische of een psychogeriatrische aandoening of met een lichamelijke beperking, of aan bij die regeling te bepalen meerderjarige personen met een verstandelijke beperking;
b. medisch noodzakelijke vervoer naar en van een instelling waar gedurende een dagdeel een behandeling als bedoeld in onderdeel a wordt ontvangen, en
c. het verstrekken van medisch noodzakelijk kortdurend verblijf in verband met geneeskundige zorg zoals huisartsen die plegen te bieden, al dan niet gepaard gaande met verpleging, verzorging of paramedische zorg.

Overgangsbepalingen, subsidies Zorginstituut

2. Bij ministeriële regeling wordt bepaald op welke wijze de Wlz-uitvoerder de verstrekking van garantiebedragen voor de hoogte van een persoonsgebonden budget voortzet, met betrekking tot verzekerden aan wie voor de subsidieperiode die eindigde op 31 december van het jaar voorafgaand aan het jaar met ingang van de Algemene Wet Bijzondere Ziektekosten wordt

ingetrokken op grond artikel 2.6.6a van de Regeling subsidies AWBZ, zoals die regeling voor de intrekking van de Algemene Wet Bijzondere Ziektekosten luidde, een garantiebedrag is verleend.
3. De voorwaarden voor de in het eerste en tweede lid genoemde subsidies kunnen voor verschillende categorieën van verzekerden verschillend worden vastgesteld. Daarbij kan voor de subsidie, bedoeld in het eerste lid, onderdeel c, worden bepaald dat de gesubsidieerde organisatie het kortdurende verblijf slechts aan een verzekerde verstrekt onder de voorwaarde dat deze een bij ministeriële regeling te bepalen eigen bijdrage betaalt.

Art. 11.1.6

Overgangsbepalingen, nadere regels gebruik hulpmiddel Wmo 2015

1. Bij ministeriële regeling kan worden bepaald in welke gevallen en onder welke voorwaarden een verzekerde het gebruik van een hulpmiddel waarop hij krachtens de Wet maatschappelijke ondersteuning 2015 recht had, kan voortzetten op grond van deze wet.
2. Tot een bij koninklijk besluit vast te stellen tijdstip heeft de verzekerde die niet in een instelling verblijft geen recht op roerende voorzieningen als bedoeld in artikel 3.1.1, eerste lid, onderdeel a, onder 3°, of op individueel gebruik van mobiliteitshulpmiddelen als bedoeld in artikel 3.1.1, eerste lid, onderdeel e.
3. Tot een bij koninklijk besluit vast te stellen tijdstip heeft een verzekerde die zonder behandeling in een instelling verblijft, in afwijking van artikel 3.3.1, tweede lid, geen recht op individueel gebruik van mobiliteitshulpmiddelen als bedoeld in artikel 3.1.1, eerste lid, onderdeel e.
4. Bij ministeriële regeling kan worden bepaald in welke gevallen en onder welke voorwaarden een verzekerde het gebruik van een hulpmiddel waarop hij onmiddellijk voorafgaand aan de afloop van de in het tweede en derde lid bedoelde periode krachtens de Wet maatschappelijke ondersteuning 2015 recht had, kan voortzetten op grond van deze wet.

Art. 11.1.7

Onverminderd artikel 8.1, tweede lid, van de Wet maatschappelijke ondersteuning 2015, neemt het CIZ op een aanvraag als bedoeld in artikel 9b, eerste lid, van de Algemene Wet Bijzondere Ziektekosten, een indicatiebesluit met inachtneming van hetgeen bij of krachtens die wet was bepaald, voor zover geoordeeld wordt of de verzekerde is aangewezen op verblijf als bedoeld in artikel 9 van het Besluit zorgaanspraken AWBZ, zoals dat artikel luidde op de dag vóór de intrekking van de Algemene Wet Bijzondere Ziektekosten.

Art. 11.1.8

Overgangsbepalingen, nadere regels AWBZ

Bij ministeriële regeling kunnen ter aanvulling van de artikelen 11.1.1 tot en met 11.1.7 regels worden gesteld ten aanzien van aanspraken, rechten en verplichtingen van verzekerden die onmiddellijk voorafgaand aan de intrekking van de Algemene Wet Bijzondere Ziektekosten op grond van een indicatiebesluit waren aangewezen op zorg op grond van die wet.

Art. 11.1.9

1. Tot een bij koninklijk besluit vast te stellen tijdstip heeft de verzekerde die zijn recht op zorg tot gelding brengt met een modulair pakket thuis geen recht op het schoonhouden van de woonruimte, bedoeld in artikel 3.1.1, eerste lid, onderdeel a, onder 2°.
2. Het eerste lid is van overeenkomstige toepassing op een verzekerde als bedoeld in artikel 11.1.1, zesde lid.

§ 2
Overgangsrecht uitvoerders en afwikkeling Algemene Wet Bijzondere Ziektekosten

Art. 11.2.1

Overgangsrecht AWBZ

1. De Algemene Wet Bijzondere Ziektekosten wordt ingetrokken.
2. De zorgautoriteit kan het een Wlz-uitvoerder die behoort tot een groep als bedoeld in artikel 24b van Boek 2 van het Burgerlijk Wetboek waarvan ook een zorgverzekeraar deel uitmaakt die de Algemene Wet Bijzondere Ziektekosten op de dag voor de intrekking van die wet uitvoerde, op diens verzoek voor een periode van ten hoogste twaalf maanden na die intrekking toestaan de Wet langdurige zorg uit te voeren zonder dat de vaststelling, bedoeld in artikel 4.1.1, vierde lid, heeft plaatsgevonden.

Art. 11.2.2

Overgangsrecht AWBZ, aanspraken/rechten/verplichtingen verzekerde

1. Ten aanzien van aanspraken, rechten en verplichtingen die bij of krachtens de Algemene Wet Bijzondere Ziektekosten zijn ontstaan voor het tijdstip van intrekking van die wet, dan wel na dat tijdstip zijn ontstaan ter zake van de afwikkeling van die wet, blijft het recht van toepassing zoals dat gold voorafgaand aan dat tijdstip, behoudens voor zover ter zake bij of krachtens deze wet afwijkende regels zijn gesteld.
2. In deze paragraaf wordt verstaan onder zorgverzekeraar: een zorgverzekeraar als bedoeld in artikel 1, onderdeel c, van de Algemene Wet Bijzondere Ziektekosten, zoals dat onderdeel luidde op de dag voor intrekking van die wet.
3. De bestuursorganen die op grond van het bepaalde bij of krachtens de Algemene Wet Bijzondere Ziektekosten een taak hadden bij de uitvoering van die wet en de rechtspersonen, be-

doeld in artikel 40 van die wet, dragen overeenkomstig de bepalingen van deze wet zorg voor een zorgvuldige afwikkeling van die taak.

Art. 11.2.3

1. In artikel 11.2.2, eerste lid, bedoelde rechten en verplichtingen van een zorgverzekeraar gaan van rechtswege over op de Wlz-uitvoerder waarbij de verzekerde is ingeschreven ingevolge artikel 2.2.1. De Wlz-uitvoerder, bedoeld in de vorige volzin, heeft de hoedanigheid van zorgverzekeraar ter zake van de afwikkeling van de in die volzin bedoelde rechten en verplichtingen. *Overgangsrecht AWBZ, rechten en verplichtingen zorgverzekeraar*
2. In artikel 11.2.2, eerste lid, bedoelde rechten en verplichtingen van een op grond van artikel 40 van de Algemene Wet Bijzondere Ziektekosten aangewezen rechtspersoon gaan van rechtswege over het zorgkantoor dat werkzaam is in de regio waarvoor eerstgenoemde rechtspersoon was aangewezen. Dit zorgkantoor heeft ter zake van de afwikkeling van de in de vorige volzin bedoelde rechten en verplichtingen de hoedanigheid van de op grond van artikel 40 van de Algemene Wet Bijzondere Ziektekosten aangewezen rechtspersoon.
3. In wettelijke procedures en rechtsgedingen waarbij een zorgverzekeraar respectievelijk een krachtens artikel 40 van de Algemene Wet Bijzondere Ziektekosten aangewezen rechtspersoon is betrokken, treedt vanaf de intrekking van die wet, voor die zorgverzekeraar respectievelijk die rechtspersoon in de plaats:
a. de Wlz-uitvoerder op welke op grond van het eerste lid de rechten en verplichtingen van de zorgverzekeraar zijn overgegaan, respectievelijk;
b. het zorgkantoor op welke op grond van het tweede lid de krachtens artikel 40 van de Algemene Wet Bijzondere Ziektekosten ontstane rechten en verplichtingen zijn overgegaan.
4. In zaken waarin voor de intrekking van de Algemene Wet Bijzondere Ziektekosten aan de Nationale ombudsman is verzocht een onderzoek te doen, dan wel de Nationale ombudsman een onderzoek heeft ingesteld naar een gedraging die kon worden toegerekend aan een zorgverzekeraar of die krachtens artikel 44 van de Algemene Wet Bijzondere Ziektekosten kon worden toegerekend aan een rechtspersoon die is aangewezen krachtens artikel 40, eerste lid, van de Algemene Wet Bijzondere Ziektekosten, treedt na de intrekking van de Algemene Wet Bijzondere Ziektekosten in de plaats van die zorgverzekeraar of die rechtspersoon de Wlz-uitvoerder dan wel het zorgkantoor op, op welke ingevolge dit artikel de rechten en verplichtingen van de zorgverzekeraar of van die rechtspersoon zijn overgegaan.
5. De archiefbescheiden van zorgverzekeraars en rechtspersonen, aangewezen krachtens artikel 40 van de Algemene Wet Bijzondere Ziektekosten, die betrekking hebben op de voor de intrekking van de Algemene Wet Bijzondere Ziektekosten bij of krachtens die wet door hen uitgevoerde taken, worden zonder dat daarvoor de toestemming van de verzekerden is vereist en voor zover zij niet overeenkomstig de Archiefwet 1995 zijn overgebracht naar een archiefbewaarplaats:
a. in de gevallen, bedoeld in het eerste lid: door die zorgverzekeraars overgedragen aan de Wlz-uitvoerder waarbij de verzekerde is ingeschreven ingevolge artikel 2.2.1,
b. in de gevallen, bedoeld in het tweede lid: door de rechtspersoon, overgedragen aan de krachtens artikel 40 van de Algemene Wet Bijzondere Ziektekosten overgedragen aan de door Onze Minister krachtens artikel 4.2.4, tweede lid, aangewezen Wlz-uitvoerders die de werkzaamheden in hun regio overnemen.

Art. 11.2.4

1. De bij en krachtens de Wet financiering sociale verzekeringen opgebouwde reserve voor de uitvoering van de Algemene Wet Bijzondere Ziektekosten die een krachtens artikel 40, eerste lid, van de Algemene Wet Bijzondere Ziektekosten aangewezen rechtspersoon voor een regio had op de dag voor de intrekking van de Algemene Wet Bijzondere Ziektekosten, komt ten behoeve van de uitvoering van de Wet langdurige zorg toe aan het zorgkantoor dat met ingang van de inwerkingtreding van deze wet in de desbetreffende regio werkt. *Overgangsrecht AWBZ, beheerskostenbudget*
2. In afwijking van het eerste lid brengt het zorgkantoor, bedoeld in het eerste lid, ook zijn beheerskosten die gepaard gaan met de afwikkeling van de Algemene Wet Bijzondere Ziektekosten ten laste van de in het eerste lid bedoelde reserve. Uitgaven waarvan de zorgautoriteit heeft vastgesteld dat deze niet verantwoord zijn, blijven daarbij buiten beschouwing, tenzij de zorgautoriteit anders heeft besloten.

Art. 11.2.5

1. In afwijking van hetgeen is overeengekomen, kunnen overeenkomsten als bedoeld in artikel 15 van de Algemene Wet Bijzondere Ziektekosten door beide partijen met inachtneming van een opzegtermijn van ten minste twee maanden worden opgezegd. *Overgangsrecht AWBZ, opzegtermijn bestaande overeenkomsten*
2. Een zorgaanbieder die uit hoofde van een overeenkomst als bedoeld in het eerste lid een vordering heeft voor zorg die hij voor intrekking van de Algemene Wet Bijzondere Ziektekosten heeft verleend, zendt op straffe van verval van zijn vorderingsrecht uiterlijk twee jaar na de intrekking van die wet een nota aan het zorgkantoor dat ingevolge artikel 11.2.3, tweede lid, de opvolger is van zijn contractspartij.
3. Een zorgaanbieder die anders dan uit hoofde van een overeenkomst als bedoeld in het tweede lid of in artikel 11.2.6, een vordering heeft voor op grond van de Algemene Wet Bijzon-

A79 art. 11.2.6 — Wet langdurige zorg

dere Ziektekosten verzekerde zorg die hij voor de intrekking van die wet heeft verleend, zendt op straffe van verval van zijn vorderingsrecht uiterlijk twee maanden na die intrekking een nota aan de verzekerde dan wel het zorgkantoor dat werkzaam is in de regio waarin de verzekerde woont.

4. Een verzekerde die ingevolge het derde lid een nota heeft ontvangen, zendt deze op straffe van verval van zijn vorderingsrecht binnen een jaar aan het zorgkantoor dat werkzaam is in de regio waar hij woont.

5. Binnen drie maanden na ontvangst van een nota als bedoeld in het tweede, derde of vierde lid, beslist de Wlz-uitvoerder of, en in welke mate deze betaalbaar dient te worden gesteld en zendt hij naar aanleiding daarvan een betaal- of terugvorderingsopdracht aan het CAK.

6. Het CAK voert een opdracht als bedoeld in het vijfde lid binnen drie maanden na ontvangst ervan uit.

Art. 11.2.6

Overgangsrecht AWBZ, vorderingen zorgaanbieder en verzekerde

1. Een zorgaanbieder die uit hoofde van een overeenkomst met een verzekerde, gesloten in het kader van een persoonsgebonden budget, een vordering heeft voor zorg die hij voor de intrekking van de Algemene Wet Bijzondere Ziektekosten heeft verleend, zendt op straffe van verval van zijn vorderingsrecht uiterlijk twee maanden na die intrekking een nota aan de verzekerde.

2. De verzekerde die over een persoonsgebonden budget in de vorm van een trekkingsrecht beschikt, zendt, op straffe van verval van de mogelijkheid om deze ten laste van zijn persoonsgebonden budget te betalen, de nota uiterlijk twee maanden na de ontvangst ervan ter betaling door aan de Sociale verzekeringsbank.

Art. 11.2.7

Overgangsrecht AWBZ, eigen bijdrage

Het CAK brengt uiterlijk twee jaar na de intrekking van de Algemene Wet Bijzondere Ziektekosten verschuldigde eigen bijdragen over de jaren tot de intrekking in rekening bij de verzekerde.

Art. 11.2.8

Overgangsrecht AWBZ, eindverslag Wlz-uitvoerders/zorgkantoren/CAK

1. De Wlz-uitvoerders, de zorgkantoren die voor een regio de rechtsopvolgers zijn van de rechtspersonen, bedoeld in artikel 40 van die wet, en het CAK, zenden ieder met betrekking tot de taken die zij ter afwikkeling van de Algemene Wet Bijzondere Ziektekosten hebben, voor 1 juli 2021 aan de zorgautoriteit en het Zorginstituut:

a. een eindverslag over de afwikkeling van de Algemene Wet Bijzondere Ziektekosten,
b. een financieel verslag over de afwikkeling van de uitvoering van de Algemene Wet Bijzondere Ziektekosten, dat vergezeld gaat van een verklaring omtrent de getrouwheid en rechtmatigheid, afgegeven door een accountant als bedoeld in artikel 393 van Boek 2 van het Burgerlijk Wetboek, alsmede van een verslag van zijn bevindingen over de ordelijkheid en controleerbaarheid van het gevoerde financiële beheer, waarbij de Wlz-uitvoerders en de Wlz-uitvoerders die voor een regio de rechtsopvolgers zijn van de rechtspersonen, bedoeld in artikel 40 van de Algemene Wet Bijzondere Ziektekosten, onderscheid maken tussen de kosten van de verstrekte zorg en vergoedingen enerzijds en de beheerskosten anderzijds.

2. Artikel 31, aanhef en onderdelen b en c, van de Wet marktordening gezondheidszorg is van overeenkomstige toepassing.

Art. 11.2.9

Overgangsrecht AWBZ, rapport zorgautoriteit afwikkeling AWBZ

1. De zorgautoriteit rapporteert uiterlijk zeven jaar na de intrekking van de Algemene Wet Bijzondere Ziektekosten aan Onze Minister en aan het Zorginstituut per Wlz-uitvoerder over de rechtmatigheid van de afwikkeling van de Algemene Wet Bijzondere Ziektekosten. Daarbij wordt per Wlz-uitvoerder een verklaring gegeven over de rechtmatigheid van de in de financiële verantwoording over de afwikkeling door de Wlz-uitvoerders opgenomen posten. Indien de zorgautoriteit uitgaven of besparingen op beheerskosten van een Wlz-uitvoerder als niet verantwoord heeft aangemerkt, vermeldt zij dat in haar verklaring.

2. Het eerste lid is van overeenkomstige toepassing op het CAK.

Art. 11.2.10

Overgangsrecht AWBZ, saldo Algemeen Fonds Bijzondere Ziektekosten

Het saldo van het Algemeen Fonds Bijzondere Ziektekosten naar de situatie op 1 januari van het achtste jaar na het jaar waarin de Algemene Wet Bijzondere Ziektekosten werd ingetrokken, komt ten bate of ten laste van 's Rijks schatkist.

Art. 11.2.11

Overgangsrecht AWBZ, financieel verslag zorginstituut

1. Het Zorginstituut zendt Onze Minister uiterlijk negen jaar na de intrekking van de Algemene Wet Bijzondere Ziektekosten een financieel verslag over de uitgaven en ontvangsten in de periode vanaf de intrekking van de Algemene Wet Bijzondere Ziektekosten tot de datum, bedoeld in artikel 11.2.10.

2. Het Zorginstituut legt in het financieel verslag, dat zoveel mogelijk met overeenkomstige toepassing van titel 9 van Boek 2 van het Burgerlijk Wetboek wordt ingericht, rekening en verantwoording af over:

a. de baten en lasten van het Algemeen Fonds Bijzondere Ziektekosten,

Wet langdurige zorg

A79 art. 11.2.15

b. de geldstromen inzake de afwikkeling van de taken die het Zorginstituut zelf in het kader van de Algemene Wet Bijzondere Ziektekosten had,
c. de rechtmatigheid en doelmatigheid van het beheer van het Algemeen Fonds Bijzondere Ziektekosten.
3. Het financieel verslag gaat vergezeld van een verklaring omtrent de getrouwheid, afgegeven door een accountant als bedoeld in artikel 393 van Boek 2 van het Burgerlijk Wetboek, die bereid is Onze Minister desgevraagd inzicht te geven in zijn controlewerkzaamheden.
4. De verklaring, bedoeld in het derde lid, heeft mede betrekking op de rechtmatige verkrijging en besteding van de middelen van het Algemeen Fonds Bijzondere Ziektekosten.
5. De accountant voegt bij de verklaring, bedoeld in het derde lid, tevens een verslag van zijn bevindingen over de vraag of het beheer en de organisatie voldoen aan de eisen van rechtmatigheid, ordelijkheid, controleerbaarheid en doelmatigheid.
6. Het financieel verslag behoeft de goedkeuring van Onze Minister.
7. Na de goedkeuring, bedoeld in het zesde lid, stelt het Zorginstituut het financieel verslag algemeen verkrijgbaar.

Art. 11.2.12
Baten en lasten die het Zorginstituut na de intrekking van de Algemene Wet Bijzondere Ziektekosten heeft in verband met de uitvoering van die wet, komen ten bate of ten laste van het Algemeen Fonds Bijzondere Ziektekosten of, na de datum, bedoeld in artikel 11.2.10, van het Fonds langdurige zorg.

Overgangsrecht AWBZ, baten en lasten Zorginstituut

Art. 11.2.13
Bij ministeriële regeling kunnen nadere regels worden gesteld die voor een goede afwikkeling van de Algemene Wet Bijzondere Ziektekosten noodzakelijk zijn.

Overgangsrecht AWBZ, nadere regels afwikkeling

Art. 11.2.14
1. Indien de inspecteur of ontvanger een beschikking heeft gegeven die mede of uitsluitend betrekking heeft op de periode na het tijdstip van intrekking van de Algemene Wet Bijzondere Ziektekosten en de in die beschikking gehanteerde terminologie geheel of gedeeltelijk is gebaseerd op de laatstgenoemde wet, geldt voor de periode vanaf het moment van inwerkingtreding van de Wet langdurige zorg dat die beschikking geacht wordt in zoverre betrekking te hebben op de Wet langdurige zorg.
2. Het eerste lid is van overeenkomstige toepassing op beschikkingen over:
a. het vaststellen van eigen bijdragen als bedoeld in artikel 3.2.5 door het CAK;
b. het verlenen van ontheffingen door de Sociale verzekeringsbank ter uitvoering van artikel 64, eerste lid, van de Wet financiering sociale verzekeringen;
c. het betalen van uitkeringen door de Sociale verzekeringsbank ter uitvoering van de artikelen 57, tweede lid, van de Algemene nabestaandenwet en 20, eerste lid, van de Algemene Ouderdomswet;
d. het betalen van uitkeringen door het Uitvoeringsinstituut werknemersverzekeringen ter uitvoering van de artikelen 39, eerste lid, van de Werkloosheidswet, 2:55, eerste lid, en 3:47, eerste lid, van de Wet arbeidsongeschiktheidsvoorziening jonggehandicapten, 71, eerste lid, van de Wet werk en inkomen naar arbeidsvermogen, 40, eerste lid, van de Ziektewet, 57, eerste lid, van de Wet arbeidsongeschiktheidsverzekering zelfstandigen, 30 van de Wet inkomensvoorziening oudere werklozen, en 54, eerste lid, van de Wet op de arbeidsongeschiktheidsverzekering; en
e. het afgeven van verklaringen als bedoeld in artikel 21, zesde lid, van het Besluit uitbreiding en beperking kring van verzekerden volksverzekeringen 1999 of het verlenen van ontheffingen als bedoeld in de artikelen 21a, derde lid, en 21b, derde lid, van dat besluit door de Sociale verzekeringsbank.

Overgangsrecht AWBZ, beschikking inspecteur/ontvanger

Art. 11.2.15
1. Indien de Algemene Wet Bijzondere Ziektekosten op 1 januari 2015 wordt ingetrokken, wordt, in afwijking van artikel 15 van de Wet financiering sociale verzekeringen, de rijksbijdrage in kosten heffingskortingen ten gunste van het Fonds langdurige zorg voor 2015 vastgesteld op € 3.250 miljoen.
2. Het bedrag, genoemd in het eerste lid, wordt bij ministeriële regeling gewijzigd indien de heffingskortingen voor de inkomstenbelasting of de premie voor de Wet langdurige zorg, bedoeld in artikel 10 van de Wet financiering sociale verzekeringen, voor het jaar 2015 daartoe aanleiding geven.
3. Indien de Algemene Wet Bijzondere Ziektekosten op 1 januari 2016 wordt ingetrokken, wordt bij de toepassing van artikel 15 van de Wet financiering sociale verzekeringen, de rijksbijdrage in kosten heffingskortingen ten gunste van het Fonds langdurige zorg voor 2016 berekend volgens de in dat artikel geregelde wijze, waarbij BIKKt-1 = € 3.250 miljoen, dan wel, indien het tweede lid toepassing heeft gevonden, het krachtens dat lid gewijzigde bedrag.

Overgangsrecht AWBZ, heffingskortingen

Wet langdurige zorg

§ 3
Invoeringsbepalingen met betrekking tot het CIZ

Art. 11.3.1

CIZ, invoeringsbepalingen

1. De personen die op het tijdstip van inwerkingtreding van hoofdstuk 7 van deze wet krachtens een arbeidsovereenkomst naar burgerlijk recht behoren tot het personeel van de stichting Centrum indicatiestelling zorg, en van wie naam en functie zijn vermeld op een door Onze Minister vastgestelde lijst, zijn op dat tijdstip van rechtswege ontslagen en treden in dienst van het CIZ.
2. De overgang van de in het eerste lid bedoelde personeelsleden vindt plaats met een rechtspositie die als geheel ten minste gelijkwaardig is aan die welke voor elk van hen gold bij de stichting Centrum indicatiestelling zorg.
3. Artikel 7.1.1, zevende lid, is van overeenkomstige toepassing.

Art. 11.3.2

CIZ, overgang vermogensbestanddelen

1. Alle vermogensbestanddelen van de stichting Centrum indicatiestelling zorg gaan onder algemene titel om niet over op het CIZ zonder dat een besluit, akte of mededeling is vereist.
2. Ter zake van de overgang van vermogensbestanddelen blijft heffing van overdrachtsbelasting achterwege.

Art. 11.3.3

CIZ, overgang archief

Archiefbescheiden van de stichting Centrum indicatiestelling zorg betreffende zaken die op het tijdstip van inwerkingtreding van deze wet nog niet zijn afgedaan, worden overgedragen aan het CIZ, voor zover zij niet overeenkomstig de Archiefwet 1995 zijn overgebracht naar een archiefbewaarplaats.

Art. 11.3.4

CIZ, overgang aanvragen en besluiten

1. Aanvragen gedaan bij en besluiten genomen door de stichting Centrum indicatiestelling zorg met betrekking tot de Algemene Wet Bijzondere Ziektekosten, voor zover de uitvoering van die wet op de dag voorafgaand aan de inwerkingtreding van deze wet aan de stichting Centrum indicatiestelling zorg was opgedragen, gelden na de inwerkingtreding van deze wet als aanvragen gedaan bij en besluiten genomen door het CIZ.
2. In wettelijke procedures en rechtsgedingen waarbij de stichting Centrum indicatiestelling zorg is betrokken, treedt op het tijdstip van inwerkingtreding van deze wet het CIZ in de plaats van de stichting Centrum indicatiestelling zorg.
3. In zaken waarin voor het tijdstip van inwerkingtreding van deze wet aan de Nationale ombudsman is verzocht een onderzoek te doen dan wel de Nationale ombudsman een onderzoek heeft ingesteld naar een gedraging die kan worden toegerekend aan de stichting Centrum indicatiestelling zorg, treedt het CIZ op dat tijdstip als bestuursorgaan in de zin van de Wet Nationale ombudsman in de plaats van de stichting Centrum indicatiestelling zorg.

Art. 11.3.5

[Vervallen]

§ 4
Tijdelijke subsidies voor zorginfrastructuur en kapitaallasten

Art. 11.4.1

Tijdelijke subsidies voor zorginfrastructuur en kapitaallasten

1. Tot 1 januari 2018 kan de zorgautoriteit subsidies verstrekken voor de voortzetting van projecten ter verbetering van de wijze waarop verzekerde zorg op grond van een zorgverzekering of op grond van deze wet, maatschappelijke ondersteuning als bedoeld in de Wet maatschappelijke ondersteuning 2015, of jeugdhulp als bedoeld in de Jeugdwet wordt geleverd aan cliënten die niet in een instelling verblijven.
2. Subsidies als bedoeld in het eerste lid worden slechts verstrekt voor projecten waarvan de zorgautoriteit voor 1 juli 2013 heeft vastgesteld dat zij in aanmerking komen voor een vergoeding als bedoeld in haar Beleidsregel CA-300–578 (Stcrt. 8 juli 2013, nr. 18614) inzake de zorginfrastructuur.
3. Bij ministeriële regeling wordt bepaald aan wie de subsidies kunnen worden verstrekt, worden regels omtrent de hoogte van de subsidies gesteld en kunnen nadere voorwaarden worden gesteld waaronder de subsidies worden verstrekt.
4. In aanvulling op hetgeen in artikel 90, tweede lid, van de Wet financiering sociale verzekering is geregeld, komen de subsidies, bedoeld in dit artikel, ten laste van het Fonds langdurige zorg.

Art. 11.4.2

1. Tot 1 januari 2018 kan de zorgautoriteit:
a. een bijdrage in de kapitaallasten verstrekken aan bij ministeriële regeling aan te wijzen rechtspersonen die voor 1 januari 2012 zorg of diensten in het kader van de geestelijke gezondheidszorg, leverden die op grond van de Algemene Wet Bijzondere Ziektekosten verzekerd waren en waaraan de zorgautoriteit voor laatstgenoemde datum

op grond van de Beleidsregel CA-300-473 (Stcrt. 11 juli 2011, nr. 12384) inzake kapitaallasten een budget kapitaallasten heeft toegekend, dan wel aan hun rechtsopvolgers,
b. een bijdrage voor vaste activa verstrekken aan bij ministeriële regeling aan te wijzen rechtspersonen die voor 1 januari 2012 zorg of diensten, niet zijnde zorg of diensten in het kader van de geestelijke gezondheidszorg, leverden die op grond van de Algemene Wet Bijzondere Ziektekosten verzekerd waren en waaraan de zorgautoriteit voor laatstgenoemde datum op grond van de Beleidsregel CA-300-493 (Stcrt. 16 augustus 2011, nr. 14267) een vergoeding heeft toegekend, dan wel aan hun rechtsopvolgers.
2. Tot 1 januari 2018 kan de zorgautoriteit:
a. een bijdrage in de kapitaallasten verstrekken aan bij ministeriële regeling aan te wijzen rechtspersonen die voor 1 januari 2008 zorg of diensten in het kader van de geestelijke gezondheidszorg leverden die op grond van de Algemene Wet Bijzondere Ziektekosten verzekerd waren en waaraan de zorgautoriteit voor laatstgenoemde datum op grond van de Beleidsregel CA-300-473 (Stcrt. 11 juli 2011, nr. 12384) inzake kapitaallasten een budget kapitaallasten heeft toegekend, dan wel aan hun rechtsopvolgers,
b. een bijdrage voor vaste activa verstrekken aan bij ministeriële regeling aan te wijzen rechtspersonen die voor 1 januari 2008 zorg of diensten in het kader van de geestelijke gezondheidszorg leverden die op grond van de Algemene Wet Bijzondere Ziektekosten verzekerd waren en waaraan de zorgautoriteit voor laatstgenoemde datum op grond van de Beleidsregel CA-300-493 (Stcrt. 16 augustus 2011, nr. 14267) een vergoeding heeft toegekend, dan wel aan hun rechtsopvolgers.
3. De bijdrage, bedoeld in het eerste en tweede lid, kan slechts worden verstrekt aan rechtspersonen die onmiddellijk voorafgaande aan 1 januari 2015 verblijf met daarmee gepaard gaande zorg als bedoeld in de Algemene Wet Bijzondere Ziektekosten verleenden en de desbetreffende zorg vanaf die datum in opdracht van een of meer colleges van burgemeester en wethouders als maatwerkvoorziening als bedoeld in de Wet maatschappelijke ondersteuning 2015 of als jeugdhulp als bedoeld in de Jeugdwet verlenen.
4. Bij ministeriële regeling worden regels gesteld omtrent de hoogte en de berekening van de bijdragen en worden nadere voorwaarden gesteld waaronder de bijdragen worden verstrekt.
5. In aanvulling op hetgeen in artikel 90, tweede lid, van de Wet financiering sociale verzekering is geregeld, komen de bijdragen, bedoeld in dit artikel, ten laste van het Fonds langdurige zorg.

§ 5
Tijdelijke subsidie orthocommunicatieve behandeling

Art. 11.5.1
Bij ministeriële regeling wordt bepaald op welke wijze en onder welke voorwaarden het Zorginstituut tijdelijk subsidies kan verstrekken voor het verlenen van orthocommunicatieve behandeling van autisme aan organisaties die onmiddellijk voorafgaand aan de intrekking van de Algemene Wet Bijzondere Ziektekosten een behandeling verleenden voor deze zorg en voor deze zorg werden bekostigd krachtens die wet.

Orthocommunicatieve behandeling, tijdelijke subsidie

Hoofdstuk 12
Wijziging van andere wetten

§ 1
Volksgezondheid, Welzijn en Sport

Art. 12.1.1
[Wijzigt de Wet marktordening gezondheidszorg.]

Art. 12.1.2
[Wijzigt de Zorgverzekeringswet.]

Art. 12.1.3
[Wijzigt de Invoerings- en aanpassingswet Zorgverzekeringswet.]

Art. 12.1.4
[Wijzigt de Jeugdwet.]

Art. 12.1.5
[Wijzigt de Wet maatschappelijke ondersteuning 2015.]

Art. 12.1.6
[Wijzigt de Wet toelating zorginstellingen.]

Art. 12.1.7
[Wijzigt de Kwaliteitswet zorginstellingen.]

Art. 12.1.8
[Wijzigt de Wet klachtrecht cliënten zorgsector.]

Art. 12.1.9
[Wijzigt de Wet medezeggenschap cliënten zorginstellingen.]
Art. 12.1.10
[Wijzigt de Wet gebruik burgerservicenummer in de zorg.]
Art. 12.1.11
[Vervallen]
Art. 12.1.12
[Wijzigt de Wet publieke gezondheid.]
Art. 12.1.13
[Wijzigt de Geneesmiddelenwet.]
Art. 12.1.14
[Wijzigt de Wet uitkeringen burger-oorlogsslachtoffers 1940-1945.]
Art. 12.1.15
[Wijzigt de Wet uitkeringen vervolgingsslachtoffers 1940-1945.]
Art. 12.1.16
[Wijzigt de Wet kwaliteit, klachten en geschillen zorg.]
Art. 12.1.17
[Wijzigt deze wet.]
Art. 12.1.18
[Wijzigt de Wet aanvullende bepalingen verwerking persoonsgegevens in de zorg.]
Art. 12.1.19
[Wijzigt de Wet toelating zorginstellingen.]
Art. 12.1.20
[Wijzigt de Wet marktordening gezondheidszorg.]
Art. 12.1.21
[Wijzigt de Wijzigingswet Wet toelating zorginstellingen, enz. (voorwaarden voor winstuitkering aanbieders medisch-specialistische zorg).]
Art. 12.1.22
[Wijzigt de Wet marktordening gezondheidszorg.]
Art. 12.1.23
[Wijzigt de Wijzigingswet Wet marktordening gezondheidszorg, enz. (voorkomen dat zorgverzekeraars zelf zorg verlenen of zorg laten aanbieden door zorgaanbieders waarin zij zelf zeggenschap hebben).]

§ 2
Financiën

Art. 12.2.1
[Wijzigt de Wet op het financieel toezicht.]
Art. 12.2.2
[Wijzigt de Wet inkomstenbelasting 2001.]
Art. 12.2.3
[Wijzigt de Wet op de loonbelasting 1964.]
Art. 12.2.4
[Wijzigt de Wet op de omzetbelasting 1968.]
Art. 12.2.5
[Wijzigt de Wet toezicht accountantsorganisaties.]

§ 3
Sociale Zaken en Werkgelegenheid

Art. 12.3.1
[Wijzigt de Wet financiering sociale verzekeringen.]
Art. 12.3.2
[Wijzigt de Wet structuur uitvoeringsorganisatie werk en inkomen.]
Art. 12.3.3
[Wijzigt de Werkloosheidswet.]
Art. 12.3.4
[Wijzigt de Wet inkomensvoorziening oudere en gedeeltelijk arbeidsongeschikte gewezen zelfstandigen.]
Art. 12.3.5
[Wijzigt de Wet inkomensvoorziening oudere en gedeeltelijk arbeidsongeschikte werkloze werknemers.]
Art. 12.3.6
[Wijzigt de Wet arbeidsongeschiktheidsvoorziening jonggehandicapten .]

Wet langdurige zorg   **A79 art. 12.4.8**

Art. 12.3.7
[Wijzigt de Wet werk en inkomen naar arbeidsvermogen.]
Art. 12.3.8
[Wijzigt de Ziektewet.]
Art. 12.3.9
[Wijzigt de Algemene nabestaandenwet.]
Art. 12.3.10
[Wijzigt de Algemene Ouderdomswet.]
Art. 12.3.11
[Wijzigt de Toeslagwet Indonesische pensioenen 1956.]
Art. 12.3.12
[Wijzigt de Wet arbeidsongeschiktheidsverzekering zelfstandigen.]
Art. 12.3.13
[Wijzigt de Wet inkomensvoorziening oudere werklozen.]
Art. 12.3.14
[Wijzigt de Liquidatiewet ongevallenwetten.]
Art. 12.3.15
[Wijzigt de Wet brutering overhevelingstoeslag lonen.]
Art. 12.3.16
[Wijzigt de Participatiewet.]
Art. 12.3.17
[Wijzigt de Wet op de arbeidsongeschiktheidsverzekering.]

§ 4
Veiligheid en Justitie

Art. 12.4.1
[Wijzigt de Beginselenwet verpleging ter beschikking gestelden.]
Art. 12.4.2
[Wijzigt het Burgerlijk Wetboek Boek 6.]
Art. 12.4.3
[Wijzigt het Burgerlijk Wetboek Boek 7.]
Art. 12.4.4
[Wijzigt het Wetboek van Koophandel.]
Art. 12.4.5
[Wijzigt de Algemene wet bestuursrecht.]
Art. 12.4.6
[Wijzigt de Wet op de economische delicten.]
Art. 12.4.7
[Wijzigt de Wet forensische zorg.]
Art. 12.4.8
1. Indien de artikelen 3.1.1, 3.2.1 en 3.2.2 van deze wet in werking treden voordat het bij koninklijke boodschap van 4 juni 2010 ingediende voorstel van wet houdende Vaststelling van een Wet forensische zorg en daarmee verband houdende wijzigingen in diverse andere wetten (**Wet forensische zorg**; Kamerstukken I 2012/13, 32 398, D, e.v.) tot wet wordt verheven en in werking treedt, berust het Interimbesluit forensische zorg totdat laatstgenoemde wet in werking treedt op dit artikel in plaats van op de in de aanhef van het Interimbesluit forensische zorg genoemde artikelen van de Algemene Wet Bijzondere Ziektekosten.
2. Onder «forensische zorg» als bedoeld bij en krachtens dit artikel wordt, zo nodig in afwijking van de omschrijving van het begrip «zorg» in artikel 1.1.1 van deze wet, verstaan de bij of krachtens het Interimbesluit forensische zorg bedoelde zorg.
3. Op verzekerden die zijn aangewezen op onder artikel 3.1.1 vallende forensische zorg als bedoeld in het Interimbesluit forensische zorg zijn wat betreft die zorg de artikelen 3.1.2, 3.1.3, 3.2.1, 3.2.3. 3.2.4, 3.2.6, 3.2.8, 3.3.1 tot en met 3.3.5, 4.2.1 tot en met 4.2.6, 6.1.2, 7.1.2, eerste lid, onderdeel a, 8.1.1 tot en met 8.1.3, 9.1.1 tot en met 9.1.3 niet van toepassing en kunnen met betrekking tot de in die artikelen geregelde onderwerpen bij of krachtens het Interimbesluit forensische zorg regels worden gesteld.
4. Tot het bij koninklijke boodschap van 4 juni 2010 ingediende voorstel van wet houdende Vaststelling van een Wet forensische zorg en daarmee verband houdende wijzigingen in diverse andere wetten (Wet forensische zorg; Kamerstukken I 2012/13, 32 398, D, e.v.) tot wet wordt verheven en in werking treedt, worden, in aanvulling op hetgeen in artikel 90, tweede lid, van de Wet financiering sociale verzekeringen is geregeld, aan Onze Minister van Veiligheid en Justitie uit het Fonds langdurige zorg, bedoeld in artikel 89 van de Wet financiering sociale verzekeringen, bijdragen betaald voor de forensische zorg, bedoeld in het Interimbesluit forensische zorg.

§ 5
Binnenlandse Zaken en Koninkrijksrelaties

Art. 12.5.1
[Wijzigt de Algemene pensioenwet politieke ambtsdragers.]
Art. 12.5.2
[Wijzigt de Ambtenarenwet.]
Art. 12.5.3
[Wijzigt de Wet aanpassing pensioenvoorzieningen Bijstandkorps.]
Art. 12.5.4
[Wijzigt de Wet normering bezoldiging topfunctionarissen publieke en semipublieke sector.]

Hoofdstuk 13
Slotbepalingen

Art. 13.1.1

Inwerkingtreding
1. Deze wet treedt in werking op een bij koninklijk besluit te bepalen tijdstip, dat voor de verschillende artikelen of onderdelen daarvan verschillend kan worden vastgesteld.
2. Artikel 1, onderdeel b, subonderdeel 5, van de Wet burgerservicenummer in de zorg, artikel 4a van de Wet publieke gezondheid en artikel 90 van de Geneesmiddelenwet vervallen met ingang van 1 januari 2018.
3. Artikel 11.1.1, zesde lid, werkt terug tot en met 1 oktober 2014.

Art. 13.1.2

Evaluatie
Onze Minister zendt binnen drie jaar na de inwerkingtreding van deze wet, en vervolgens telkens na vijf jaar, aan de Staten-Generaal een verslag over de doeltreffendheid en de effecten van deze wet in de praktijk.

Art. 13.1.3

Citeertitel
Deze wet wordt aangehaald als: Wet langdurige zorg.

Inhoudsopgave

Hoofdstuk 1	Begripsbepalingen en reikwijdte	Art. 1.1
Hoofdstuk 1a	Landelijke voorzieningen	Art. 1a.1
Hoofdstuk 2	Gemeente	Art. 2.1
Hoofdstuk 3	Gecertificeerde instellingen	Art. 3.1
Hoofdstuk 4	Eisen aan jeugdhulpaanbieders en gecertificeerde instellingen	Art. 4.0.1
§ 4.0	Toetreding nieuwe jeugdhulpaanbieders	Art. 4.0.1
§ 4.1	Kwaliteit jeugdhulpaanbieders en gecertificeerde instellingen	Art. 4.1.1
§ 4.2	Rechtspositie jeugdigen en ouders	Art. 4.2.1
§ 4.2.a	Klachtrecht	Art. 4.2.1
§ 4.2.b	Medezeggenschap	Art. 4.2.4
§ 4.3	Maatschappelijke verantwoording	Art. 4.3.1
Hoofdstuk 5	Pleegzorg	Art. 5.1
Hoofdstuk 6	Gesloten jeugdhulp bij ernstige opgroei- en opvoedingsproblemen	Art. 6.1.1
§ 6.1	Machtiging	Art. 6.1.1
§ 6.2	Tenuitvoerlegging van de machtiging	Art. 6.2.1
§ 6.3	Vrijheidsbeperkende maatregelen	Art. 6.3.1
§ 6.4	Verlof	Art. 6.4.1
§ 6.5	Klachtrecht bij vrijheidsbeperkende maatregelen	Art. 6.5.1
Hoofdstuk 7	Gegevensverwerking, privacy en toestemming	Art. 7.1.1.1
§ 7.1	Verwijsindex	Art. 7.1.1.1
§ 7.1.1	Algemene bepalingen	Art. 7.1.1.1
§ 7.1.2	Inrichting, beheer en verantwoordelijkheid	Art. 7.1.2.1
§ 7.1.3	Gebruik van de verwijsindex	Art. 7.1.3.1
§ 7.1.4	Melding aan de verwijsindex	Art. 7.1.4.1
§ 7.1.5	Informatieverstrekking aan en rechten van de betrokkene	Art. 7.1.5.1
§ 7.2	Burgerservicenummer	Art. 7.2.1
§ 7.3	Toestemming, dossier en privacy	Art. 7.3.1
§ 7.4	Gegevensverwerking ten behoeve van de uitvoering van de wet en ten behoeve van beleidsinformatie	Art. 7.4.0
Hoofdstuk 8	Financiën en verantwoording	Art. 8.1.1
§ 8.1	Algemeen	Art. 8.1.1
§ 8.2	[Vervallen]	Art. 8.2.1-8.2.7
§ 8.3	Financiële verantwoording	Art. 8.3.1
§ 8.4	Verwerking van persoonsgegevens	Art. 8.4.1
Hoofdstuk 9	Toezicht en handhaving	Art. 9.1
Hoofdstuk 10	Overgangsrecht	Art. 10.0
Hoofdstuk 11	Wijziging van andere wetten	Art. 11.1
Hoofdstuk 12	Slotbepalingen	Art. 12.1

Jeugdwet[1]

Wet van 1 maart 2014 inzake regels over de gemeentelijke verantwoordelijkheid voor preventie, ondersteuning, hulp en zorg aan jeugdigen en ouders bij opgroei- en opvoedingsproblemen, psychische problemen en stoornissen (Jeugdwet)

Wij Willem-Alexander, bij de gratie Gods, Koning der Nederlanden, Prins van Oranje-Nassau, enz. enz. enz.
Allen, die deze zullen zien of horen lezen, saluut! doen te weten:
Alzo Wij in overweging genomen hebben, dat het wenselijk is de verantwoordelijkheid voor het voorkomen van, de ondersteuning, hulp en zorg bij opgroei- en opvoedingsproblemen, psychische problemen en stoornissen, de uitvoering van de kinderbeschermingsmaatregelen en de jeugdreclassering bij de gemeente te beleggen, om te komen tot betere samenwerking van hulpverleners rond gezinnen, eerdere ondersteuning bij opgroei- en opvoedingsproblemen, psychische problemen en stoornissen, hulp op maat en meer ruimte voor professionals en tot het demedicaliseren, ontzorgen en normaliseren van de jeugdsector, waarbij het uitgangspunt is dat de verantwoordelijkheid voor het gezond en veilig opgroeien van jeugdigen allereerst bij de ouders en de jeugdige zelf ligt;
Zo is het, dat Wij, de Afdeling advisering van de Raad van State gehoord, en met gemeen overleg der Staten-Generaal, hebben goedgevonden en verstaan, gelijk Wij goedvinden en verstaan bij deze:

Hoofdstuk 1
Begripsbepalingen en reikwijdte

Art. 1.1

Begripsbepalingen

In deze wet en de daarop berustende bepalingen wordt verstaan onder:
- *accommodatie*: bouwkundige voorziening of deel van een bouwkundige voorziening met het daarbij behorende terrein, waar jeugdhulp wordt verleend door of namens een jeugdhulpaanbieder;
- *bijzondere categorieën van persoonsgegevens*: bijzondere categorieën van persoonsgegevens als bedoeld in paragraaf 3.1 van de Uitvoeringswet Algemene verordening gegevensbescherming;
- *burgerservicenummer*: burgerservicenummer als bedoeld in artikel 1 van de Wet algemene bepalingen burgerservicenummer;
- *calamiteit*: niet-beoogde of onverwachte gebeurtenis, die betrekking heeft op de kwaliteit van de jeugdhulp en die tot een ernstig schadelijk gevolg voor of de dood van een jeugdige of een ouder heeft geleid;
- *college*: college van burgemeester en wethouders;
- *dossier*: geheel van schriftelijk of elektronisch vastgelegde gegevens met betrekking tot de verlening van jeugdhulp aan een jeugdige of ouder of de uitvoering van een kinderbeschermingsmaatregel of jeugdreclassering;
- *familiegroepsplan*: hulpverleningsplan of plan van aanpak opgesteld door de ouders, samen met bloedverwanten, aanverwanten of anderen die tot de sociale omgeving van de jeugdige behoren;
- *gecertificeerde instelling*: rechtspersoon die in het bezit is van een certificaat of voorlopig certificaat als bedoeld in artikel 3.4 en die een kinderbeschermingsmaatregel of jeugdreclassering uitvoert;
- *gekwalificeerde gedragswetenschapper*: gedragswetenschapper behorende tot een bij regeling van Onze Ministers aangewezen categorie;
- *gesloten accommodatie*: bouwkundige voorziening of deel van een bouwkundige voorziening met het daarbij behorende terrein, waar gesloten jeugdhulp wordt verleend;
- *gesloten jeugdhulp*: opname, verblijf en jeugdhulp in een gesloten accommodatie op basis van een machtiging als bedoeld in de artikelen 6.1.2, 6.1.3 of 6.1.4;
- *geweld bij de verlening van jeugdhulp of de uitvoering van een kinderbeschermingsmaatregel of jeugdreclassering*: lichamelijk, geestelijk of seksueel geweld jegens een jeugdige of een ouder, of bedreiging daarmee, door iemand die werkzaam is voor een jeugdhulpaanbieder of een gecertificeerde instelling, of door iemand die werkzaam is voor een rechtspersoon die in opdracht van de aanbieder of gecertificeerde instelling jeugdhulp verleent of door een andere jeugdige

---

[1] Inwerkingtredingsdatum: 15-03-2014; zoals laatstelijk gewijzigd bij: Stb. 2020, 67.

of ouder met wie de jeugdige of ouder gedurende het etmaal of een dagdeel bij de aanbieder verblijft;
– *huiselijk geweld*: huiselijk geweld als bedoeld in artikel 1.1.1 van de Wet maatschappelijke ondersteuning 2015;
– *hulpverleningsplan*: plan betreffende de verlening van jeugdhulp als bedoeld in artikel 4.1.3 en hoofdstuk 6;
– *jeugdarts*: arts die als jeugdarts KNMG is ingeschreven in het door het College Geneeskundig Specialismen van de Koninklijke Nederlandsche Maatschappij ter bevordering van de Geneeskunst ingestelde profielregister jeugdgezondheidszorg;
– *jeugdgezondheidszorg*: jeugdgezondheidszorg als bedoeld in artikel 1 van de Wet publieke gezondheid;
– *jeugdhulp*:
1°. ondersteuning van en hulp en zorg, niet zijnde preventie, aan jeugdigen en hun ouders bij het verminderen, stabiliseren, behandelen en opheffen van of omgaan met de gevolgen van psychische problemen en stoornissen, psychosociale problemen, gedragsproblemen of een verstandelijke beperking van de jeugdige, opvoedingsproblemen van de ouders of adoptiegerelateerde problemen;
2°. het bevorderen van de deelname aan het maatschappelijk verkeer en van het zelfstandig functioneren van jeugdigen met een somatische, verstandelijke, lichamelijke of zintuiglijke beperking, een chronisch psychisch probleem of een psychosociaal probleem en die de leeftijd van achttien jaar nog niet hebben bereikt, en
3°. het ondersteunen bij of het overnemen van activiteiten op het gebied van de persoonlijke verzorging gericht op het opheffen van een tekort aan zelfredzaamheid bij jeugdigen met een verstandelijke, lichamelijke of zintuiglijke beperking of een somatische of psychiatrische aandoening of beperking, die de leeftijd van achttien jaar nog niet hebben bereikt,
met dien verstande dat de leeftijdgrens van achttien jaar niet geldt voor jeugdhulp in het kader van jeugdstrafrecht;
– *jeugdhulpaanbieder*:
1°. natuurlijke persoon die, het verband van natuurlijke personen dat of de rechtspersoon die bedrijfsmatig jeugdhulp doet verlenen onder verantwoordelijkheid van het college;
2°. solistisch werkende jeugdhulpverlener onder verantwoordelijkheid van het college;
– *jeugdhulpverlener*: natuurlijke persoon die beroepsmatig jeugdhulp verleent;
– *jeugdige*: persoon die:
1°. de leeftijd van achttien jaar nog niet heeft bereikt,
2°. de leeftijd van achttien jaar heeft bereikt en ten aanzien van wie op grond van artikel 77c van het Wetboek van Strafrecht recht is gedaan overeenkomstig de artikelen 77g tot en met 77gg van het Wetboek van Strafrecht, of
3°. de leeftijd van achttien jaar doch niet de leeftijd van drieëntwintig jaar heeft bereikt en ten aanzien van wie op grond van deze wet:
– is bepaald dat de voortzetting van jeugdhulp als bedoeld in onderdeel 1°, waarvan de verlening was aangevangen vóór het bereiken van de leeftijd van achttien jaar, noodzakelijk is;
– vóór het bereiken van de leeftijd van achttien jaar is bepaald dat jeugdhulp noodzakelijk is, of
– is bepaald dat na beëindiging van jeugdhulp die was aangevangen vóór het bereiken van de leeftijd van achttien jaar, binnen een termijn van een half jaar hervatting van de jeugdhulp noodzakelijk is;
– *jeugdreclassering*: reclasseringswerkzaamheden, genoemd in artikel 77hh, eerste lid, van het Wetboek van Strafrecht, begeleiding, genoemd in artikel 77hh, tweede lid, van dat wetboek en het begeleiden van en toezicht houden op jeugdigen die deel nemen aan een scholings- en trainingsprogramma als bedoeld in artikel 3 van de Beginselenwet justitiële jeugdinrichtingen, het geven van de aanwijzingen, bedoeld in artikel 12, vijfde lid, van die wet, of de overige taken die bij of krachtens de wet aan de gecertificeerde instellingen zijn opgedragen;
– *kinderbeschermingsmaatregel*: voogdij en voorlopige voogdij op grond van Boek 1 van het Burgerlijk Wetboek, ondertoezichtstelling, bedoeld in artikel 255, eerste lid, van Boek 1 van het Burgerlijk Wetboek en voorlopige ondertoezichtstelling, bedoeld in artikel 257, eerste lid, van Boek 1 van het Burgerlijk Wetboek;
– *kindermishandeling*: elke vorm van voor een minderjarige bedreigende of gewelddadige interactie van fysieke, psychische of seksuele aard, die de ouders of andere personen ten opzichte van wie de minderjarige in een relatie van afhankelijkheid of van onvrijheid staat, actief of passief opdringen, waardoor ernstige schade wordt berokkend of dreigt te worden berokkend aan de minderjarige in de vorm van fysiek of psychisch letsel;
– *maatschappelijke ondersteuning*: maatschappelijke ondersteuning als bedoeld in artikel 1.1.1 van de Wet maatschappelijke ondersteuning 2015;
– *machtiging*: machtiging, bedoeld in artikel 6.1.2;

– *medisch specialist:* geneeskundig specialist die als specialist is ingeschreven in een door het College Geneeskundig Specialismen van de Koninklijke Nederlandsche Maatschappij ter bevordering van de Geneeskunst ingestelde register als bedoeld in artikel 14 van de Wet op de beroepen in de individuele gezondheidszorg;
– *Onze Ministers:* Onze Minister van Volksgezondheid, Welzijn en Sport en Onze Minister van Veiligheid en Justitie tezamen;
– *opgroei- en opvoedingsproblemen, psychische problemen en stoornissen:*
1°. psychische problemen en stoornissen, psychosociale problemen, gedragsproblemen of een verstandelijke beperking van de jeugdige, opvoedingsproblemen van de ouders of adoptiegerelateerde problemen;
2°. beperkingen in de zelfredzaamheid en maatschappelijke participatie in verband met een somatische, verstandelijke, lichamelijke of zintuiglijke beperking, een chronisch psychisch probleem of een psychosociaal probleem bij een jeugdige die de leeftijd van achttien jaar nog niet heeft bereikt, en
3°. een tekort aan zelfredzaamheid in verband met een verstandelijke, lichamelijke of zintuiglijke beperking of een somatische of psychiatrische aandoening of beperking bij een jeugdige die de leeftijd van achttien jaar nog niet heeft bereikt;
– *ouder:* gezaghebbende ouder, adoptiefouder, stiefouder of een ander die een jeugdige als behorend tot zijn gezin verzorgt en opvoedt, niet zijnde een pleegouder;
– *persoonsgegevens, gegevens over gezondheid, verwerking, bestand, onderscheidenlijk verwerkingsverantwoordelijke:* hetgeen daaronder wordt verstaan in artikel 4 van de Algemene verordening gegevensbescherming;
– *persoonsgegevens van strafrechtelijke aard:* persoonsgegevens van strafrechtelijke aard als bedoeld in paragraaf 3.2 van de Uitvoeringswet Algemene verordening gegevensbescherming;
– *plan van aanpak:* plan betreffende de uitvoering van een kinderbeschermingsmaatregel of jeugdreclassering als bedoeld in artikel 4.1.3;
– *pleegouder:* persoon die een jeugdige die niet zijn kind of stiefkind is, als behorende tot zijn gezin verzorgt en daartoe een pleegcontract als bedoeld in artikel 5.2, eerste lid, heeft gesloten met een pleegzorgaanbieder;
– *pleegoudervoogd:* pleegouder die tevens belast is met voogdij als bedoeld in boek 1 Burgerlijk Wetboek;
– *pleegzorgaanbieder:* jeugdhulpaanbieder die pleegzorg biedt;
– *preventie:* op preventie gerichte ondersteuning van jeugdigen met of jeugdigen met een risico op psychische problemen en stoornissen, psychosociale problemen, gedragsproblemen of een verstandelijke beperking of van de ouders met of met een risico op opvoedingsproblemen;
– *strafrechtelijke beslissing:* beslissing van de officier van justitie of van de rechter met toepassing van titel VIII A van het Eerste Boek van het Wetboek van Strafrecht, met toepassing van de vijfde titel van Hoofdstuk 2 of de vijfde titel van Hoofdstuk 6 van Boek 6 van het Wetboek van Strafvordering, of een beslissing als bedoeld in artikel 493 van het Wetboek van Strafvordering;
– *Veilig Thuis:* Veilig Thuis-organisatie als bedoeld in artikel 4.1.1 van de Wet maatschappelijke ondersteuning 2015;
– *vertrouwenspersoon:*
1°. persoon die beroepsmatig of niet incidenteel als vrijwilliger jeugdigen, ouders of pleegouders op hun verzoek ondersteunt bij de uitoefening van hun rechten jegens het college, de jeugdhulpaanbieder of de gecertificeerde instelling, voor zover deze rechten samenhangen met de in deze wet geregelde onderwerpen;
2°. die onafhankelijk is van het college, de jeugdhulpaanbieder of de gecertificeerde instelling waarmee de jeugdige, zijn ouders of zijn pleegouders te maken hebben, en
3°. voor wie een verklaring omtrent het gedrag als bedoeld in artikel 28 van de Wet justitiële en strafvorderlijke gegevens is afgegeven;
– *verwijsindex:* verwijsindex risicojongeren als bedoeld in artikel 7.1.2.1;
– *woonplaats:*
1°. woonplaats als bedoeld in titel 3 van Boek 1 van het Burgerlijk Wetboek;
2°. ingeval de voogdij over de jeugdige berust bij een gecertificeerde instelling: de plaats van het werkelijke verblijf van de jeugdige;
3°. ingeval de woonplaats, bedoeld onder 1° en 2°, onbekend is dan wel buiten Nederland is: de plaats van het werkelijke verblijf van de jeugdige op het moment van de hulpvraag;
4° ingeval de jeugdige de leeftijd van achttien jaar heeft bereikt: de woonplaats van de jeugdige, bedoeld in artikel 10 van Boek 1 van het Burgerlijk Wetboek.

Art. 1.2

Voorziening, college niet gehouden tot treffen van

1. Het college is niet gehouden een voorziening op grond van deze wet te treffen:
a. indien er met betrekking tot de problematiek een recht bestaat op zorg als bedoeld bij of krachtens de Wet langdurige zorg, de Beginselenwet justitiële jeugdinrichtingen of een zorgverzekering als bedoeld in de Zorgverzekeringswet;

Jeugdwet A80 art. 1a.2

b. indien naar het oordeel van het college met betrekking tot de problematiek een aanspraak bestaat op een voorziening op grond van een andere wettelijke bepaling, met uitzondering van een maatwerkvoorziening inhoudende begeleiding als bedoeld in artikel 1.1.1 van de Wet maatschappelijke ondersteuning 2015, of
c. indien het college gegronde redenen heeft om aan te nemen dat de jeugdige in aanmerking kan komen voor zorg op grond van de Wet langdurige zorg en de jeugdige of zijn wettelijke vertegenwoordiger weigert mee te werken aan het verkrijgen van een besluit daartoe.
2. Indien er meerdere oorzaken ten grondslag liggen aan de betreffende problematiek en daardoor zowel een vorm van zorg, op grond van een recht op zorg als bedoeld bij of krachtens de Wet langdurige zorg of een zorgverzekering als bedoeld in de Zorgverzekeringswet, als een soortgelijke voorziening op grond van deze wet kan worden verkregen, is het college gehouden deze voorziening op grond van deze wet te treffen.
3. In afwijking van het eerste lid is het college gehouden een voorziening op grond van deze wet te treffen, indien het jeugdhulp betreft als bedoeld in artikel 2.4, tweede lid, onderdeel b.

Art. 1.3
1. Deze wet is van toepassing op in Nederland verblijvende jeugdigen. *Werkingssfeer*
2. Het college is gehouden een voorziening te treffen als bedoeld in artikel 2.3, eerste tot en met derde lid, en uitvoering te geven aan artikel 2.4, tweede lid, ten aanzien van rechtmatig in Nederland verblijvende vreemdelingen. Onder vreemdeling wordt in dit artikel verstaan hetgeen daaronder wordt verstaan in de Vreemdelingenwet 2000.
3. Bij of krachtens algemene maatregel van bestuur kan, in afwijking van het tweede lid, en zo nodig in afwijking van artikel 11 van de Vreemdelingenwet 2000, de verantwoordelijkheid van het college, bedoeld in het tweede lid, voor bij of krachtens die algemene maatregel van bestuur aan te geven categorieën rechtmatig in Nederland verblijvende vreemdelingen worden beperkt, gelet op de aard, de plaats of de verwachte duur van hun verblijf.
4. Bij of krachtens algemene maatregel van bestuur kan, in afwijking van het tweede lid, en zo nodig in afwijking van artikel 10 van de Vreemdelingenwet 2000, de verantwoordelijkheid van het college, bedoeld in het tweede lid, geheel of gedeeltelijk worden uitgebreid tot bij of krachtens die algemene maatregel van bestuur aan te geven categorieën niet rechtmatig in Nederland verblijvende vreemdelingen.
5. Een voorziening als bedoeld in artikel 2.3, eerste tot en met derde lid, en de uitvoering van artikel 2.4, tweede lid, geeft een vreemdeling geen aanspraak op rechtmatig verblijf.

Hoofdstuk 1a
Landelijke voorzieningen

Art. 1a.1
Onze Minister van Volksgezondheid, Welzijn en Sport draagt er zorg voor dat: *Voorzieningen jeugdhulp*
a. jeugdigen kosteloos en anoniem een telefonisch of elektronisch gesprek kunnen voeren over hun persoonlijke situatie en daarover advies kunnen krijgen, en
b. jeugdigen, ouders of pleegouders een beroep kunnen doen op een vertrouwenspersoon.

Art. 1a.2
1. Een rechtspersoon laat een vertrouwenspersoon slechts voor hem werken nadat deze hem een verklaring omtrent het gedrag heeft overgelegd die niet ouder is dan drie maanden. *Vertrouwenspersoon jeugdhulp*
2. Een vertrouwenspersoon die niet voor een rechtspersoon werkzaam is, is in het bezit van een verklaring omtrent het gedrag die niet ouder is dan drie jaar.
3. Indien een ingevolge artikel 9.2 met het toezicht belaste ambtenaar redelijkerwijs mag vermoeden dat een vertrouwenspersoon niet langer voldoet aan de eisen voor het afgeven van een verklaring omtrent het gedrag of een rechtspersoon als bedoeld in het eerste lid dit ten aanzien van een voor hem werkzame vertrouwenspersoon redelijkerwijs mag vermoeden, verlangt deze ambtenaar of rechtspersoon dat de vertrouwenspersoon zo spoedig mogelijk opnieuw een verklaring omtrent het gedrag overlegt, die niet ouder is dan drie maanden.
4. Een vertrouwenspersoon is bevoegd tot het verwerken van persoonsgegevens van de persoon die hij in het kader van deze wet ondersteunt, waaronder persoonsgegevens betreffende de gezondheid en strafrechtelijke persoonsgegevens, alsmede tot het zonder toestemming van degene die het betreft verwerken van persoonsgegevens van personen die werkzaam zijn voor het college, de jeugdhulpaanbieder of de gecertificeerde instelling, voor zover deze noodzakelijk zijn voor de ondersteuning die hij als vertrouwenspersoon dient te leveren.

Hoofdstuk 2
Gemeente

Art. 2.1

Jeugdhulp/kinderbescherming, gemeentelijk beleid

Het gemeentelijke beleid inzake preventie, jeugdhulp, kinderbeschermingsmaatregelen en jeugdreclassering en de uitvoering van jeugdhulp, kinderbeschermingsmaatregelen en jeugdreclassering is gericht op:
  a. het voorkomen en de vroege signalering van en vroege interventie bij opgroei- en opvoedingsproblemen, psychische problemen en stoornissen;
  b. het versterken van het opvoedkundige klimaat in gezinnen, wijken, buurten, scholen en kinderopvang;
  c. het bevorderen van de opvoedvaardigheden van de ouders, opdat zij in staat zijn hun verantwoordelijkheid te dragen voor de opvoeding en het opgroeien van jeugdigen;
  d. het inschakelen, herstellen en versterken van de eigen mogelijkheden en het probleemoplossend vermogen van de jeugdige, zijn ouders en de personen die tot hun sociale omgeving behoren, waarbij voor zover mogelijk wordt uitgegaan van hun eigen inbreng;
  e. het bevorderen van de veiligheid van de jeugdige in de opvoedsituatie waarin hij opgroeit;
  f. integrale hulp aan de jeugdige en zijn ouders, indien sprake is van multiproblematiek, en
  g. het tot stand brengen en uitvoeren van familiegroepsplannen en het verlenen van hulp op basis van familiegroepsplannen, ter uitvoering van artikel 4.1.2 en indien sprake is van vroege signalering van opgroei- en opvoedingsproblemen, psychische problemen en stoornissen.

Art. 2.2

Jeugdhulp/kinderbescherming, richtinggevend plan gemeenteraad

1. De gemeenteraad stelt periodiek een plan vast dat richting geeft aan de door de gemeenteraad en het college te nemen beslissingen betreffende preventie en jeugdhulp, de uitvoering van kinderbeschermingsmaatregelen en jeugdreclassering.
2. Het plan bevat de hoofdzaken van het door de gemeente te voeren beleid betreffende preventie, jeugdhulp, de uitvoering van de kinderbeschermingsmaatregelen en jeugdreclassering en geeft daarbij in ieder geval aan:
  a. wat de gemeentelijke visie en doelstellingen zijn van dit beleid;
  b. hoe dit beleid zal worden uitgevoerd in samenhang met de verantwoordelijkheid van het college inzake Veilig Thuis en welke acties in de door het plan bestreken periode zullen worden ondernomen;
  c. welke resultaten de gemeente in de door het plan bestreken periode wenst te behalen, hoe gemeten zal worden of deze resultaten zijn behaald en welke outcomecriteria gehanteerd worden ten aanzien van jeugdhulpaanbieders en gecertificeerde instellingen;
  d. hoe het college uitvoering zal geven aan artikel 2.7, tweede lid, en hoe wordt gewaarborgd dat de jeugdhulpaanbieder voldoet aan de eisen inzake de verantwoordelijkheidstoedeling, gesteld bij of krachtens artikel 4.1.1, tweede lid, juncto 4.1.5, eerste lid;
  e. op welke wijze de gemeenteraad en het college zich hebben vergewist van de behoeften van kleine doelgroepen, en
  f. hoe het college uitvoering zal geven aan het op 13 december 2006 te New York tot stand gekomen Verdrag inzake de rechten van personen met een handicap (Trb. 2007, 169).
3. Het plan wordt, voor zover het de afstemming van en effectieve samenwerking met het onderwijs betreft, niet vastgesteld dan nadat over een concept van het plan op overeenstemming gericht overleg heeft plaatsgevonden met het samenwerkingsverband, bedoeld in artikel 18a van de Wet op het primair onderwijs en het samenwerkingsverband, bedoeld in artikel 17a van de Wet op het voortgezet onderwijs. Het overleg met deze samenwerkingsverbanden vindt plaats overeenkomstig een procedure, vastgesteld door het samenwerkingsverband en het college van de gemeente of gemeenten. De procedure bevat een voorziening voor het beslechten van geschillen.

Art. 2.3

Jeugdhulp/kinderbescherming, aanwijzing individuele voorzieningen door college van B&W

1. Indien naar het oordeel van het college een jeugdige of een ouder jeugdhulp nodig heeft in verband met opgroei- en opvoedingsproblemen, psychische problemen en stoornissen en voor zover de eigen mogelijkheden en het probleemoplossend vermogen ontoereikend zijn, treft het college ten behoeve van de jeugdige die zijn woonplaats heeft binnen zijn gemeente, voorzieningen op het gebied van jeugdhulp en waarborgt het college een deskundige toeleiding naar, advisering over, bepaling van en het inzetten van de aangewezen voorziening, waardoor de jeugdige in staat wordt gesteld:
  a. gezond en veilig op te groeien;
  b. te groeien naar zelfstandigheid, en
  c. voldoende zelfredzaam te zijn en maatschappelijk te participeren,
rekening houdend met zijn leeftijd en ontwikkelingsniveau.
2. Voorzieningen op het gebied van jeugdhulp omvatten voor zover naar het oordeel van het college noodzakelijk in verband met een medische noodzaak of beperkingen in de zelfredzaamheid, het vervoer van een jeugdige van en naar de locatie waar de jeugdhulp wordt geboden.

Jeugdwet

3. Indien een jeugdige die de leeftijd van achttien jaar nog niet heeft bereikt, aangewezen is op permanent toezicht en die jeugdhulp als bedoeld in artikel 1.1, onder 2° of 3°, of verpleging als bedoeld bij of krachtens artikel 11 van de Zorgverzekeringswet ontvangt, treft het college indien naar zijn oordeel noodzakelijk, voorzieningen die de ouders in staat stellen hun rol als verzorgers en opvoeders te blijven vervullen.
4. Het college houdt bij de bepaling van de aangewezen vorm van jeugdhulp redelijkerwijs rekening met:
a. behoeften en persoonskenmerken van de jeugdige en zijn ouders, en
b. de godsdienstige gezindheid, de levensovertuiging en de culturele achtergrond van de jeugdige en zijn ouders.
5. Voor zover redelijkerwijs mogelijk, wordt de jeugdige en zijn ouders keuzevrijheid geboden met betrekking tot de activiteiten van jeugdhulp.
6. Het college draagt er zorg voor dat de jeugdige in het geval van een uithuisplaatsing, indien redelijkerwijs mogelijk, bij een pleegouder of in een gezinshuis wordt geplaatst, tenzij dit aantoonbaar niet in het belang is van de jeugdige.

Art. 2.4

1. Zodra het college tot het oordeel komt dat een maatregel met betrekking tot het gezag over een minderjarige die zijn woonplaats heeft binnen zijn gemeente overwogen moet worden, doet het college een verzoek tot onderzoek bij de raad voor de kinderbescherming. *Jeugdhulp/kinderbescherming, onderzoek Raad voor de kinderbescherming*

2. Het college is ten behoeve van een jeugdige die zijn woonplaats heeft binnen zijn gemeente verantwoordelijk voor de uitvoering van de kinderbeschermingsmaatregelen, van de jeugdreclassering en van de jeugdhulp die voortvloeit uit een strafrechtelijke beslissing, hetgeen in ieder geval inhoudt dat het college:
a. voorziet in een toereikend aanbod van gecertificeerde instellingen, en
b. de jeugdhulp inzet die de gecertificeerde instelling nodig acht bij de uitvoering van een kinderbeschermingsmaatregel of de noodzakelijk is in verband met de tenuitvoerlegging van een machtiging tot uithuisplaatsing als bedoeld in artikel 265b van Boek 1 van het Burgerlijk Wetboek, alsmede de jeugdhulp inzet die de rechter, het openbaar ministerie, de selectiefunctionaris, de inrichtingsarts of de directeur van de justitiële jeugdinrichting nodig achten bij de uitvoering van een strafrechtelijke beslissing of die de gecertificeerde instelling nodig acht bij de uitvoering van jeugdreclassering.
3. Het college draagt er zorg voor dat bij de uitvoering van de kinderbeschermingsmaatregelen en van de jeugdreclassering redelijkerwijs rekening wordt gehouden met:
a. behoeften en persoonskenmerken van de jeugdige en zijn ouders, en
b. de godsdienstige gezindheid, de levensovertuiging en de culturele achtergrond van de jeugdige en zijn ouders.

Art. 2.5

1. Het college informeert jeugdigen, ouders en pleegouders tijdig over de mogelijkheid gebruik te maken van de diensten van een vertrouwenspersoon. *Jeugdhulp/kinderbescherming, vertrouwenspersoon*

2. Het college stelt een vertrouwenspersoon in de gelegenheid zijn taak uit te oefenen, waartoe het ten minste bij algemene maatregel van bestuur te bepalen verplichtingen nakomt.
3. Het college draagt er zorg voor dat de jeugdigen, ouders en pleegouders zelfstandig, zonder tussenkomst van derden, contact kunnen hebben met een vertrouwenspersoon.
4. Ter uitvoering van artikel 2.3, vierde lid, en artikel 2.4, derde lid, draagt het college er in ieder geval zorg voor dat passende jeugdhulp ingezet wordt of een passende gecertificeerde instelling de kinderbeschermingsmaatregel of jeugdreclassering uitvoert. *Jeugdhulp/kinderbescherming, passende jeugdhulp*

Art. 2.6

1. Het college is er in ieder geval verantwoordelijk voor dat: *Jeugdhulp/kinderbescherming, verantwoording college van B&W voor toereikend aanbod*
a. er een kwalitatief en kwantitatief toereikend aanbod is om aan de taken als bedoeld in de artikelen 2.2, 2.3 en 2.4, tweede lid, onderdeel b, te kunnen voldoen;
b. jeugdhulp op een laagdrempelige en herkenbare manier wordt aangeboden en te allen tijde bereikbaar en beschikbaar is in situaties waar onmiddellijke uitvoering van taken is geboden;
c. degenen die beroepsmatig met jeugdigen werken deskundig advies kunnen krijgen over vragen en problemen met betrekking tot opgroei- en opvoedingsproblemen, psychische problemen en stoornissen;
d. wordt voorzien in maatregelen om kindermishandeling te bestrijden, en
e. jeugdhulp ook toegankelijk is na verwijzing door de huisarts, de medisch specialist en de jeugdarts, onverminderd de daarbij te hanteren professionele standaard als bedoeld in artikel 453 van Boek 7 van het Burgerlijk Wetboek.
2. Hetgeen in artikel 4.1.6, eerste, tweede, derde lid en vijfde lid, is bepaald ten aanzien van de jeugdhulpaanbieder is van overeenkomstige toepassing op het college, voor zover het betreft personen die onder verantwoordelijkheid van het college werkzaamheden verrichten met be-

trekking tot de toeleiding naar, advisering over, de bepaling en het inzetten van de aangewezen voorziening.

Art. 2.7

Jeugdhulp/kinderbescherming, overleg college van B&W met betrokken instanties

1. Het college treedt bij het treffen van een individuele voorziening zo nodig in overleg met het bevoegd gezag van een school als bedoeld in artikel 1 van de Wet op het primair onderwijs, artikel 1 van de Wet op het voortgezet onderwijs, artikel 1 van de Wet op de expertisecentra of van een instelling als bedoeld in artikel 1.1.1 van de Wet educatie en beroepsonderwijs, waar de jeugdige schoolgaand is.
2. Op het college zijn de eisen inzake de verantwoordelijkheidstoedeling gesteld bij of krachtens artikel 4.1.1, tweede lid, juncto 4.1.5, eerste lid, van overeenkomstige toepassing ten aanzien van personen die onder verantwoordelijkheid van het college werkzaamheden verrichten met betrekking tot de toeleiding naar, advisering over en de bepaling van de aangewezen voorziening en ten aanzien van personen die door het college worden ingezet om jeugdhulp te verlenen.
3. Het college verzekert zich bij het inzetten van de aangewezen voorziening ervan dat de jeugdhulpaanbieder in staat is te voldoen aan de eisen inzake de verantwoordelijkheidstoedeling gesteld bij of krachtens artikel 4.1.1, tweede lid, juncto 4.1.5, eerste lid.
4. Het college maakt afspraken met de huisartsen, de medisch specialisten, de jeugdartsen en de zorgverzekeraars over de voorwaarden waaronder en de wijze waarop de verwijzing, bedoeld in artikel 2.6, eerste lid, onderdeel e, plaatsvindt, onverminderd de daarbij te hanteren professionele standaard als bedoeld in artikel 453 van Boek 7 van het Burgerlijk Wetboek.
5. Het college stemt de wijze waarop hij zijn verantwoordelijkheden op grond van deze wet uitvoert, af met zorgverzekeraars met het oog op de wettelijke verantwoordelijkheden van die laatsten.

Art. 2.7a

Jeugdhulp/kinderbescherming, wijziging woonplaats jeugdige

1. Indien de woonplaats van een jeugdige tijdens het ontvangen van niet met verblijf gepaard gaande jeugdhulp wijzigt, heeft die jeugdige jegens het college van de gemeente waar zijn nieuwe woonplaats is op verzoek recht op voortzetting van deze hulp met dezelfde voorwaarden en tarieven bij dezelfde jeugdhulpaanbieder tot ten hoogste een jaar, te rekenen vanaf de datum van wijziging van zijn woonplaats.
2. Het eerste lid is van overeenkomstige toepassing indien de jeugdhulp, bedoeld in het eerste lid, nog niet is aangevangen op het moment waarop de woonplaats wijzigt.
3. Indien geen verzoek als bedoeld in het eerste lid is gedaan, treft het college van de gemeente waar de jeugdige zijn nieuwe woonplaats heeft ten behoeve van die jeugdige voorzieningen voor jeugdhulp die gelijkwaardig zijn aan de voorzieningen die het college van de gemeente waar zijn vorige woonplaats was, had getroffen tot ten hoogste een jaar, te rekenen vanaf de datum van wijziging van zijn woonplaats.

Art. 2.8

Jeugdhulp/kinderbescherming, gemeentelijke samenwerking

1. De colleges werken met elkaar samen, indien dat voor een doeltreffende en doelmatige uitvoering van deze wet aangewezen is.
2. Bij algemene maatregel van bestuur kunnen gebieden worden aangewezen waarbinnen colleges met het oog op de samenhangende uitvoering van de aan de colleges en de gemeenteraden bij of krachtens deze wet en andere wetten opgedragen taken samenwerken, uitsluitend indien de noodzakelijke samenwerking in deze gebieden ontbreekt en nadat Onze Ministers op overeenstemming gericht overleg hebben gevoerd met de betrokken colleges. Bij die maatregel kunnen regels worden gesteld over de vorm van samenwerking.
3. De voordracht voor een krachtens het tweede lid vast te stellen algemene maatregel van bestuur wordt gedaan door Onze Ministers in overeenstemming met Onze Minister van Binnenlandse Zaken en Koninkrijksrelaties.
4. De voordracht voor een krachtens het tweede lid vast te stellen algemene maatregel van bestuur wordt niet gedaan dan nadat het ontwerp in de Staatscourant is bekendgemaakt en aan een ieder de gelegenheid is geboden om binnen vier weken na de dag waarop de bekendmaking is geschied, wensen en bedenkingen ter kennis van Onze Ministers te brengen. Gelijktijdig met de bekendmaking wordt het ontwerp aan de beide kamers der Staten-Generaal overgelegd.

Art. 2.9

Jeugdhulp/kinderbescherming, verantwoordelijkheid gemeenteraad

De gemeenteraad stelt bij verordening en met inachtneming van het bepaalde bij of krachtens deze wet in ieder geval regels:
a. over de door het college te verlenen individuele voorzieningen en overige voorzieningen, met betrekking tot de voorwaarden voor toekenning en de wijze van beoordeling van, en de afwegingsfactoren bij een individuele voorziening;
b. over de wijze waarop de toegang tot en de toekenning van een individuele voorziening wordt afgestemd met andere voorzieningen op het gebied van zorg, onderwijs, maatschappelijke ondersteuning, werk en inkomen;
c. de wijze waarop de hoogte van een persoonsgebonden budget als bedoeld in artikel 8.1.1 wordt vastgesteld, en

Jeugdwet

A80 art. 2.15

d. voor de bestrijding van het ten onrechte ontvangen van een individuele voorziening of een persoonsgebonden budget, alsmede van misbruik of oneigenlijk gebruik van de wet.

Art. 2.10
De artikelen 2.1.3, derde lid, en 2.5.1 van de Wet maatschappelijke ondersteuning 2015 zijn van overeenkomstige toepassing.

Schakelbepaling

Art. 2.11
1. Het college kan de uitvoering van deze wet door derden laten verrichten.

Jeugdhulp/kinderbescherming, delegeren uitvoering wet door college van B&W

2. Indien de levering van jeugdhulp of het uitvoeren van een kinderbeschermingsmaatregel of jeugdreclassering wordt aanbesteed, gunt het college de overheidsopdracht op grond van de naar zijn oordeel economisch meest voordelige inschrijving en maakt in de aankondiging van de overheidsopdracht bekend welke nadere criteria hij stelt met het oog op de toepassing van het criterium economisch meest voordelige inschrijving, waaronder in ieder geval een criterium dat betrekking heeft op kwaliteit.
3. In afwijking van artikel 2.114, tweede lid, van de Aanbestedingswet 2012 kan het college een overheidsopdracht niet enkel op grond van het criterium de laagste prijs gunnen.

Art. 2.12
Met het oog op gevallen waarin ten aanzien van jeugdhulp, kinderbeschermingsmaatregelen of jeugdreclassering artikel 2.11, eerste lid, wordt toegepast, worden bij verordening regels gesteld ter waarborging van een goede verhouding tussen de prijs voor de levering van jeugdhulp of de uitvoering van een kinderbeschermingsmaatregel of jeugdreclassering en de eisen die worden gesteld aan de kwaliteit daarvan. Daarbij wordt rekening gehouden met de deskundigheid van de beroepskrachten en de toepasselijke arbeidsvoorwaarden.

Jeugdhulp/kinderbescherming, nadere regels delegatie

Art. 2.13
1. Indien het college met een jeugdhulpaanbieder of gecertificeerde instelling een overeenkomst heeft gesloten, ziet het college er op toe dat de jeugdhulpaanbieder of gecertificeerde instelling met degenen die vóór hem in opdracht van het college jeugdhulp leverden of kinderbeschermingsmaatregelen of jeugdreclassering uitvoerden, in overleg treedt over:
a. de overname van het betrokken personeel, onverminderd het bepaalde in de artikelen 662 en 663 van Boek 7 van het Burgerlijk Wetboek, en
b. het zo veel mogelijk voortzetten van bestaande hulpverleningsrelaties tussen jeugdhulpverleners of medewerkers van de gecertificeerde instelling en jeugdigen of diens ouders.
2. Het college ziet er op toe dat de jeugdhulpaanbieder of gecertificeerde instelling zich zo veel mogelijk inspant de overname, bedoeld in het eerste lid, onderdeel a, en het voortzetten van bestaande hulpverleningsrelaties als bedoeld in het eerste lid, onderdeel b, te bewerkstelligen.

Jeugdhulp/kinderbescherming, verantwoordelijkheid college van B&W voor continuïteit hulpverleningsrelaties

Art. 2.14
1. Bij of krachtens algemene maatregel van bestuur worden regels gesteld over de beschikbare deskundigheid voor de toeleiding, advisering en bepaling van de aangewezen voorziening, bedoeld in artikel 2.3, eerste lid, alsmede voor de uitvoering van de taken, bedoeld in artikel 2.6, eerste lid, onderdelen b en c.
2. Bij of krachtens algemene maatregel van bestuur kunnen regels worden gesteld over de wijze waarop het college voorziet in een toereikend aanbod om aan de taken als bedoeld in artikel 2.3 te voldoen, waarbij onderscheid gemaakt kan worden in categorieën van jeugdhulp.

Jeugdhulp/kinderbescherming, nadere regels

Art. 2.15
1. In het belang van de beperking van uitvoeringslasten stellen Onze Ministers regels. Deze regels kunnen slechts betrekking hebben op:
a. de financieringswijzen en administratieve processen, behorende bij de bekostiging van jeugdhulpaanbieders, gecertificeerde instellingen en gekwalificeerde gedragswetenschappers door colleges;
b. de wijze waarop gegevensuitwisseling tussen jeugdhulpaanbieders, gecertificeerde instellingen en gekwalificeerde gedragswetenschappers, en colleges plaatsvindt;
c. de wijze waarop verantwoording over jeugdhulpaanbieders, gecertificeerde instellingen en gekwalificeerde gedragswetenschappers aan colleges plaatsvindt.
2. De colleges hanteren geen aanvullende of afwijkende eisen aangaande de onderwerpen waarover Onze Ministers op grond van het eerste lid, onderdeel a, regels hebben gesteld.
3. Het Zorginstituut, genoemd in artikel 58, eerste lid, van de Zorgverzekeringswet, is belast met het beheer van standaarden die worden gebruikt in het elektronisch gegevensverkeer tussen de personen en instanties, bedoeld in het eerste lid.
4. Het ontwerp voor een krachtens het eerste lid, onder a, vast te stellen ministeriële regeling die betrekking heeft op de financieringswijzen wordt aan beide kamers der Staten-Generaal voorgelegd. De ministeriële regeling wordt niet eerder vastgesteld dan vier weken na de overlegging van het ontwerp.

Regels ter beperking uitvoeringslasten

Hoofdstuk 3
Gecertificeerde instellingen

Art. 3.1

Jeugdhulp/kinderbescherming, onderzoek noodzaak te nemen kinderbeschermingsmaatregel

1. De raad voor de kinderbescherming onderzoekt de noodzaak tot het treffen van een kinderbeschermingsmaatregel indien het college, een daartoe door het college aangewezen jeugdhulpaanbieder, een gecertificeerde instelling of Veilig Thuis hiertoe een verzoek heeft gedaan.

2. Tevens kan de raad voor de kinderbescherming een onderzoek als bedoeld in het eerste lid doen, indien:
   a. sprake is van een acute en ernstig bedreigende situatie voor de minderjarige, of
   b. bij de uitvoering van enige andere wettelijke taak van de raad voor de kinderbescherming blijkt dat er sprake is van een geval waarbij een kinderbeschermingsmaatregel overwogen dient te worden.
3. De raad voor de kinderbescherming doet van een onderzoek als bedoeld in het tweede lid onverwijld mededeling aan het college van een daartoe door het college aangewezen jeugdhulpaanbieder.
4. De gecertificeerde instelling die een verzoek tot onderzoek als bedoeld in het eerste lid heeft gedaan, doet daarvan onverwijld mededeling aan het college of aan een daarvoor door het college aangewezen jeugdhulpaanbieder.
5. De raad voor de kinderbescherming en het college leggen de wijze van samenwerken vast in een protocol.
6. In het protocol wordt in ieder geval vastgelegd de wijze waarop de raad voor de kinderbescherming en het college overleggen over welke gecertificeerde instelling in het verzoekschrift aan de rechter wordt opgenomen.

Art. 3.2

Kinderbeschermingsmaatregel/jeugdreclassering, uitvoering krachtens certificatie

1. Een kinderbeschermingsmaatregel of jeugdreclassering wordt uitsluitend uitgevoerd door een gecertificeerde instelling.

2. Een gecertificeerde instelling biedt geen jeugdhulp aan.

Art. 3.3

Jeugdhulp/kinderbescherming, onderzoek noodzaak te nemen kinderbeschermingsmaatregel

De raad voor de kinderbescherming en de gecertificeerde instelling zijn verplicht in rapportages of verzoekschriften de van belang zijnde feiten volledig en naar waarheid aan te voeren.

Art. 3.4

Jeugdhulp/kinderbescherming, aanwijzing certificerende instelling

1. Onze Minister van Veiligheid en Justitie wijst de certificerende instelling aan.

2. De certificerende instelling, bedoeld in het eerste lid, beslist op aanvraag over de afgifte van een certificaat en een voorlopig certificaat en is bevoegd een afgegeven certificaat in te trekken of te schorsen.
3. Een certificaat of een voorlopig certificaat wordt afgegeven als de aanvrager voldoet aan de in deze wet gestelde voorschriften.
4. Onze Minister van Veiligheid en Justitie stelt een normenkader vast, waaraan de aanvrager moet voldoen om een certificaat te verkrijgen. Daarin worden in ieder geval eisen opgenomen omtrent:
   a. de deskundigheid van de medewerker van de gecertificeerde instelling;
   b. de gehanteerde methodieken en interventies;
   c. de organisatie en haar processen, en
   d. de samenwerking met andere organisaties.
5. Een certificaat wordt afgegeven voor een periode van drie jaar en een voorlopig certificaat wordt afgegeven voor een periode van twee jaar.

Nadere regels, certificerende instelling

6. Bij of krachtens algemene maatregel van bestuur worden nadere regels gesteld over:
   a. de eisen waaraan de certificerende instelling, bedoeld in het eerste lid, moet voldoen en het toezicht door Onze Minister van Veiligheid en Justitie op deze instelling;
   b. de wijze waarop de aanvraag voor een certificaat of een voorlopig certificaat wordt gedaan en de gegevens die de aanvrager daarbij verstrekt;
   c. de gronden waarop en de gevallen waarin een certificaat wordt geschorst of ingetrokken, en
   d. de vergoeding die is verschuldigd in verband met de kosten voor de behandeling van een aanvraag van een certificaat of voorlopig certificaat;
   e. de controle door de certificerende instelling van de gecertificeerde instellingen, en
   f. de vergoeding die de gecertificeerde instelling is verschuldigd in verband met de kosten voor de controle door de certificerende instelling.

Jeugdwet

Art. 3.5
1. De gecertificeerde instelling bepaalt of en, zo ja, welke jeugdhulp is aangewezen bij de uitvoering van de kinderbeschermingsmaatregel of jeugdreclassering. Zij overlegt hiertoe met het college van de gemeente waar de jeugdige zijn woonplaats heeft.
2. Artikel 2.3, zesde lid, is van overeenkomstige toepassing.

Jeugdreclassering/kinderbescherming, selectie/aanwijzing jeugdhulp

Schakelbepaling

3. De gecertificeerde instelling en het college leggen de wijze van overleggen vast in een protocol.
4. Het eerste lid blijft buiten toepassing indien de verplichting tot het bieden van jeugdhulp rechtstreeks voortvloeit uit een strafrechtelijke beslissing.

Art. 3.6
[Vervallen]

Hoofdstuk 4
Eisen aan jeugdhulpaanbieders en gecertificeerde instellingen

§ 4.0
Toetreding nieuwe jeugdhulpaanbieders

Art. 4.0.1
1. De jeugdhulpaanbieder die jeugdhulp wil gaan verlenen of laten verlenen, zorgt ervoor dat de verlening van die jeugdhulp niet eerder aanvangt dan nadat hij dit aan Onze Minister van Volksgezondheid, Welzijn en Sport heeft gemeld.
2. De melding geschiedt langs elektronische weg op een bij ministeriële regeling vastgestelde wijze. De daarbij door de jeugdhulpaanbieder te verstrekken gegevens kunnen per categorie van jeugdhulpaanbieders verschillen en kunnen betrekking hebben op de aard van de te verlenen jeugdhulp, de personele en materiële organisatorische inrichting en voorwaarden betreffende de kwaliteit van de jeugdhulp.
3. Bij algemene maatregel van bestuur kunnen categorieën van jeugdhulpaanbieders worden aangewezen waarop het eerste lid niet van toepassing is.

Jeugdhulpaanbieders, melding aanvang jeugdhulp

§ 4.1
Kwaliteit jeugdhulpaanbieders en gecertificeerde instellingen

Art. 4.1.1
1. De jeugdhulpaanbieder en de gecertificeerde instelling verlenen verantwoorde hulp, waaronder wordt verstaan hulp van goed niveau, die in ieder geval veilig, doeltreffend, doelmatig en cliëntgericht wordt verleend en die is afgestemd op de reële behoefte van de jeugdige of ouder.
2. De jeugdhulpaanbieder en de gecertificeerde instelling organiseren zich op zodanige wijze, voorzien zich kwalitatief en kwantitatief zodanig van personeel en materieel en dragen zorg voor een zodanige verantwoordelijkheidstoedeling, dat een en ander leidt of redelijkerwijs moet leiden tot verantwoorde hulp. De jeugdhulpaanbieder en de gecertificeerde instelling betrekken hierbij de resultaten van overleg tussen jeugdhulpaanbieders, het college en cliëntenorganisaties. Voor zover het betreft jeugdhulp die verblijf van een jeugdige of ouder in een accommodatie gedurende ten minste een etmaal met zich brengt, draagt de jeugdhulpaanbieder er tevens zorg voor dat in de accommodatie geestelijke verzorging beschikbaar is, die zoveel mogelijk aansluit bij de godsdienst of levensovertuiging van de jeugdige of ouder.
3. De hulpverlener neemt bij zijn werkzaamheden de zorg van een goede hulpverlener in acht en handelt daarbij in overeenstemming met de op hem rustende verantwoordelijkheid, voortvloeiende uit de voor de hulpverlener geldende professionele standaard.

Jeugdhulp/kinderbescherming, kwaliteitseisen aanbieder/gecertificeerde instelling

Art. 4.1.2
Bij het uitvoeren van artikel 4.1.1 en indien sprake is van vroege signalering van opgroei- en opvoedingsproblemen, psychische problemen en stoornissen biedt de jeugdhulpaanbieder of de gecertificeerde instelling als eerste de mogelijkheid om, binnen een redelijke termijn, een familiegroepsplan op te stellen. Het voorgaande is niet van toepassing op de gecertificeerde instelling die jeugdreclassering uitvoert of die de voogdij uitoefent in het geval dat het gezag van de ouders is beëindigd. Slechts indien de ouders aan de jeugdhulpaanbieder of de gecertificeerde instelling te kennen hebben gegeven dat zij geen gebruik wensen te maken van de in de eerste zin bedoelde mogelijkheid, concrete bedreigingen in de ontwikkeling van het kind hiertoe aanleiding geven of de belangen van het kind anderszins geschaad worden, kan de jeugdhulpaanbieder of de gecertificeerde instelling hiervan afzien.

Jeugdhulp/kinderbescherming, aanbieding familiegroepsplan

Art. 4.1.3
1. In dit artikel en de daarop berustende bepalingen wordt verstaan onder plan: hulpverleningsplan of plan van aanpak.

Begripsbepalingen, hulpverleningsplan/plan van aanpak

A80 art. 4.1.4   Jeugdwet

2. Indien afgezien wordt van het opstellen van een familiegroepsplan omvat het uitvoeren van artikel 4.1.1 het werken op basis van een plan waarover is overlegd met de jeugdige en de ouders en dat is afgestemd op de behoeften van de jeugdige.
3. Indien sprake is van pleegzorg vindt over het plan tevens overleg met de betrokken pleegouder plaats.
4. Tenzij het de uitvoering van een kinderbeschermingsmaatregel of jeugdreclassering of gesloten jeugdhulp betreft, kan het plan mondeling overeen worden gekomen met de jeugdige en de ouders. Indien de jeugdige, een van de ouders of de jeugdhulpaanbieder dat wenst, wordt het plan binnen veertien dagen op schrift gesteld.
5. Het plan wordt vastgesteld uiterlijk binnen zes weken nadat is komen vast te staan dat afgezien wordt van het opstellen van een familiegroepsplan.
6. Indien het plan betrekking heeft op pleegzorg, behoeft het plan de instemming van de pleegouder, voor zover het betreft de omschrijving daarin van zijn rol in het hulpverleningsproces en van de wijze waarop de begeleiding door de pleegzorgaanbieder plaatsvindt.

Art. 4.1.4

Jeugdhulp/kinderbescherming, uitvoering door aanbieder/gecertificeerde instelling

1. Het uitvoeren van artikel 4.1.1, tweede lid, omvat mede de systematische bewaking, beheersing en verbetering van de kwaliteit van de hulpverlening.

2. Ter uitvoering van het eerste lid draagt de jeugdhulpaanbieder of gecertificeerde instelling, afgestemd op de aard en de omvang van de instelling, zorg voor:
a. het op systematische wijze verzamelen en registreren van gegevens betreffende de kwaliteit van de hulp;
b. het aan de hand van de gegevens, bedoeld onder a, op systematische wijze toetsen of de wijze van uitvoering van artikel 4.1.1, tweede lid, leidt tot verantwoorde hulp, en
c. het op basis van de uitkomst van de toetsing, bedoeld onder b, zo nodig veranderen van de wijze waarop artikel 4.1.1, tweede lid, wordt uitgevoerd.
3. Onder kwaliteit van de hulpverlening, bedoeld in het eerste lid, wordt mede verstaan de begeleiding door de pleegzorgaanbieder van een pleegouder gedurende de plaatsing van een jeugdige.

Art. 4.1.5

Nadere regels, uitvoering art. 4.1.1, 4.1.3 en 4.1.4

1. Bij algemene maatregel van bestuur kunnen, indien het niveau van de hulp dit vereist, nadere regels worden gesteld met betrekking tot de uitvoering van de artikelen 4.1.1, tweede lid, 4.1.3 en 4.1.4.
2. Indien uitvoering van de artikelen 4.1.1, tweede lid, 4.1.3 en 4.1.4 overeenkomstig de op grond van het eerste lid gestelde regels niet blijkt te leiden tot verantwoorde hulp, kunnen bij algemene maatregel van bestuur tevens nadere regels worden gesteld met betrekking tot artikel 4.1.1, eerste lid.
3. De voordracht voor een krachtens het eerste of tweede lid vast te stellen algemene maatregel van bestuur wordt niet gedaan dan nadat het ontwerp in de Staatscourant is bekendgemaakt en aan een ieder de gelegenheid is geboden binnen vier weken na de dag waarop de bekendmaking is geschied, wensen en bedenkingen ter kennis van Onze Ministers te brengen. Gelijktijdig met de bekendmaking wordt het ontwerp aan de beide kamers der Staten-Generaal overgelegd.

Art. 4.1.6

Jeugdhulp/kinderbescherming, verklaring omtrent gedrag

1. De jeugdhulpaanbieder en de gecertificeerde instelling zijn in het bezit van een verklaring omtrent het gedrag als bedoeld in artikel 28 van de Wet justitiële en strafvorderlijke gegevens van personen die in hun opdracht beroepsmatig of niet incidenteel als vrijwilliger in contact kunnen komen met jeugdigen of ouders aan wie de jeugdhulpaanbieder jeugdhulp verleent of aan wie een kinderbeschermingsmaatregel of jeugdreclassering is opgelegd.
2. Een verklaring als bedoeld in het eerste lid is niet eerder afgegeven dan drie maanden voor het tijdstip waarop betrokkene voor de jeugdhulpaanbieder of gecertificeerde instelling ging werken.
3. Indien de jeugdhulpaanbieder, de gecertificeerde instelling of een ingevolge artikel 9.2 met het toezicht belaste ambtenaar redelijkerwijs mag vermoeden dat een persoon niet langer voldoet aan de eisen voor het afgeven van een verklaring als bedoeld in het eerste lid, verlangt deze dat die persoon zo spoedig mogelijk opnieuw een verklaring als bedoeld in het eerste lid overlegt, die niet ouder is dan drie maanden.
4. De jeugdhulpaanbieder als bedoeld onder 2° in artikel 1.1 is in het bezit van een verklaring als bedoeld in het eerste lid van zichzelf, die niet ouder is dan drie jaar.
5. Bij algemene maatregel van bestuur kan, ten behoeve van de waarborging van verantwoorde hulp alsmede ten behoeve van het toezicht op en de handhaving van de bij of krachtens deze wet gestelde regels, een register worden ingesteld van jeugdhulpaanbieders, gecertificeerde instellingen en van personen als bedoeld in het eerste lid. Bij of krachtens die maatregel kunnen nadere regels worden gesteld over dat register. Deze regels hebben in ieder geval betrekking op:

Jeugdwet

A80 art. 4.2.1

a. de vorm van het register;
b. de in het register op te nemen gegevens;
c. de vastlegging van gegevens in het register en de verwijdering van gegevens daaruit;
d. de wijze waarop verbetering van onjuistheden in het register plaatsvindt;
e. de verstrekking van gegevens;
f. de openbaarheid van gegevens, en
g. de verantwoordelijkheden van degenen die gegevens aanleveren ten behoeve van het register.

Art. 4.1.7
1. De jeugdhulpaanbieder en de gecertificeerde instelling stellen een meldcode vast waarin stapsgewijs wordt aangegeven hoe wordt omgegaan met signalen van huiselijk geweld of kindermishandeling. *Jeugdhulp/kinderbescherming, meldcode huiselijk geweld/kindermishandeling*
2. De meldcode is zodanig ingericht dat zij er redelijkerwijs aan bijdraagt dat zo snel en adequaat mogelijk hulp kan worden geboden.
3. De jeugdhulpaanbieder, bedoeld onder 1° in artikel 1.1 en de gecertificeerde instelling bevorderen de kennis en het gebruik van die meldcode onder degenen die voor hem werkzaam zijn.
4. Bij of krachtens algemene maatregel van bestuur wordt vastgesteld uit welke elementen een meldcode in ieder geval bestaat.

Art. 4.1.8
1. De jeugdhulpaanbieder en de gecertificeerde instelling doen aan de ingevolge deze wet met het toezicht belaste ambtenaren onverwijld melding van: *Jeugdhulp/kinderbescherming, melding calamiteit/geweld*
a. iedere calamiteit die bij de verlening van jeugdhulp of bij de uitvoering van een kinderbeschermingsmaatregel of jeugdreclassering heeft plaatsgevonden, en
b. geweld bij de verlening van jeugdhulp of de uitvoering van een kinderbeschermingsmaatregel of jeugdreclassering.
2. De jeugdhulpaanbieder, de jeugdhulpverlener en de gecertificeerde instelling verstrekken bij en naar aanleiding van een melding als bedoeld in het eerste lid aan de ingevolge deze wet met toezicht belaste ambtenaren de gegevens, daaronder begrepen persoonsgegevens, gegevens over gezondheid, andere bijzondere categorieën van persoonsgegevens en persoonsgegevens van strafrechtelijke aard, die voor het onderzoeken van de melding noodzakelijk zijn.

Art. 4.1.9
1. De jeugdhulpaanbieder en de gecertificeerde instelling informeren jeugdigen, ouders en pleegouders tijdig over de mogelijkheid gebruik te maken van de diensten van een vertrouwenspersoon. *Jeugdhulp/kinderbescherming, informeren over diensten vertrouwenspersoon*
2. De jeugdhulpaanbieder en de gecertificeerde instelling stellen een vertrouwenspersoon in de gelegenheid zijn taak uit te oefenen, waartoe zij ten minste bij algemene maatregel van bestuur te bepalen verplichtingen nakomen.
3. De jeugdhulpaanbieder en de gecertificeerde instelling dragen er zorg voor dat de jeugdigen, ouders en pleegouders zelfstandig, zonder tussenkomst van derden, contact kunnen hebben met een vertrouwenspersoon.

§ 4.2
Rechtspositie jeugdigen en ouders

§ 4.2.a
Klachtrecht

Art. 4.2.1
1. De jeugdhulpaanbieder en de gecertificeerde instelling treffen een regeling voor de behandeling van klachten over gedragingen van hen of van voor hen werkzame personen jegens een jeugdige, ouder, ouder zonder gezag, voogd, degene die anders dan als ouder samen met de ouder het gezag over de jeugdige uitoefent of een pleegouder in het kader van de verlening van jeugdhulp, de uitvoering van een kinderbeschermingsmaatregel of jeugdreclassering. Zij brengen de regeling op passende wijze onder hun aandacht. *Jeugdhulp/kinderbescherming, klachtenbehandeling aanbieder/gecertificeerde instelling*
2. De in het eerste lid bedoelde regeling:
a. voorziet erin dat de klachten van de jeugdige, ouder, ouder zonder gezag, voogd, degene die anders dan als ouder samen met de ouder het gezag over de jeugdige uitoefent of de pleegouder worden behandeld door een klachtencommissie die bestaat uit ten minste drie leden, waaronder een voorzitter die niet werkzaam is voor of bij de jeugdhulpaanbieder of de gecertificeerde instelling;
b. waarborgt dat aan de behandeling van een klacht niet wordt deelgenomen door een persoon op wiens gedraging de klacht rechtstreeks betrekking heeft;

A80 art. 4.2.2 — Jeugdwet

c. waarborgt dat de klachtencommissie binnen een in de regeling vastgelegde termijn na indiening van de klacht de klager, degene over wie is geklaagd en, indien dit niet dezelfde persoon is, de jeugdhulpaanbieder of de gecertificeerde instelling, schriftelijk en met redenen omkleed in kennis stelt van haar oordeel over de gegrondheid van de klacht, al dan niet vergezeld van aanbevelingen;
d. waarborgt dat bij afwijking van de onder c bedoelde termijn de klachtencommissie daarvan met redenen omkleed mededeling doet aan de klager, degene over wie is geklaagd en, indien dit niet dezelfde persoon is, de jeugdhulpaanbieder of de gecertificeerde instelling, onder vermelding van de termijn waarbinnen de klachtencommissie haar oordeel over de klacht zal uitbrengen;
e. waarborgt dat de klager en degene over wie is geklaagd door de klachtencommissie in de gelegenheid worden gesteld mondeling of schriftelijk een toelichting te geven op de gedraging waarover is geklaagd, en
f. waarborgt dat de klager en degene over wie is geklaagd zich bij de behandeling van de klacht kunnen laten bijstaan.
3. De jeugdhulpaanbieder en de gecertificeerde instelling zien erop toe dat de klachtencommissie, bedoeld in het tweede lid, onderdeel a, haar werkzaamheden verricht volgens een door deze commissie op te stellen reglement.
4. Bij de klachtencommissie, bedoeld in het tweede lid, onderdeel a, kan een klacht tegen een jeugdhulpaanbieder of de gecertificeerde instelling worden ingediend over een gedraging van hen of van voor hen werkzame personen jegens een jeugdige, ouder, ouder zonder gezag, voogd, degene die anders dan als ouder samen met de ouder het gezag over de jeugdige uitoefent of een pleegouder:
a. door of namens de jeugdige, ouder, ouder zonder gezag, voogd, degene die anders dan als ouder samen met de ouder het gezag over de jeugdige uitoefent of de pleegouder, of
b. door een nabestaande, indien jeugdige, ouder, ouder zonder gezag, voogd, degene die anders dan als ouder samen met de ouder het gezag over de jeugdige uitoefent of de pleegouder is overleden.
5. De jeugdhulpaanbieder en de gecertificeerde instelling delen de klager en de klachtencommissie, bedoeld in het tweede lid, onderdeel a, binnen een maand na ontvangst van het in het tweede lid, onderdeel c, bedoelde oordeel van de klachtencommissie schriftelijk mee of hij naar aanleiding van dat oordeel maatregelen zal nemen en zo ja welke. Bij afwijking van de in de eerste volzin genoemde termijn, doen de jeugdhulpaanbieder en de gecertificeerde instelling daarvan met redenen omkleed mededeling aan de klager en de klachtencommissie, onder vermelding van de termijn waarbinnen de jeugdhulpaanbieder of de gecertificeerde instelling zijn standpunt aan hen kenbaar zal maken.
6. Titel 9.1 van de Algemene wet bestuursrecht is niet van toepassing op klachten als bedoeld in dit artikel.

Art. 4.2.2

Jeugdhulp/kinderbescherming, klachten over ernstige situatie met structureel karakter

Indien een klacht zich richt op een ernstige situatie met een structureel karakter, stelt de klachtencommissie de jeugdhulpaanbieder of de gecertificeerde instelling daarvan in kennis. Indien de klachtencommissie niet is gebleken dat de jeugdhulpaanbieder of de gecertificeerde instelling ter zake maatregelen heeft getroffen, meldt de klachtencommissie deze klacht aan de ingevolge deze wet met het toezicht belaste ambtenaren. Onder een klacht over een ernstige situatie wordt verstaan een klacht over een situatie waarbij sprake is van onverantwoorde hulp.

Art. 4.2.3

Werkingssfeer

De artikelen 4.2.1 en 4.2.2 zijn niet van toepassing op klachten ten aanzien van jeugdigen die op grond van een andere wet onvrijwillig in een accommodatie zijn opgenomen, voor zover deze overeenkomstig een bijzondere wettelijke regeling door een klachtencommissie kunnen worden behandeld.

§ 4.2.b
Medezeggenschap

Art. 4.2.4

Jeugdhulp/kinderbescherming, medezeggenschap

1. De Wet medezeggenschap cliënten zorginstellingen 2018 is van overeenkomstige toepassing op jeugdhulpaanbieders en gecertificeerde instellingen.
2. De ingevolge het eerste lid in te stellen cliëntenraden dienen zowel de belangen van de jeugdigen als die van hun ouders te behartigen.
3. Het eerste lid geldt niet voor een gecertificeerde instelling die tevens een door Onze Minister van Veiligheid en Justitie aanvaarde rechtspersoon is als bedoeld in de artikelen 256, eerste lid, en 302, tweede lid, van Boek 1 van het Burgerlijk Wetboek.

Art. 4.2.5

Pleegouderraad, instelling

1. De pleegzorgaanbieder stelt een pleegouderraad in, die binnen het kader van zijn doelstelling de gemeenschappelijke belangen van de pleegouders behartigt. Een pleegzorgaanbieder kan

Jeugdwet

deze verplichting ook nakomen door instelling van een pleegouderraad die voor meer dan één door hem in stand gehouden zorgeenheid werkzaam is.
2. De artikelen 1 en 3 tot en met 15 van de Wet medezeggenschap cliënten zorginstellingen 2018 zijn van overeenkomstige toepassing, met dien verstande dat voor «cliëntenraad» wordt gelezen «pleegouderraad».

Art. 4.2.6-4.2.12
[Vervallen]

§ 4.3
Maatschappelijke verantwoording

Art. 4.3.1
1. De jeugdhulpaanbieder en de gecertificeerde instelling stellen elk jaarlijks een verslag op over de naleving van deze wet in het voorafgaande jaar met betrekking tot regels omtrent de kwaliteit van de jeugdhulp onderscheidenlijk de kwaliteit van de uitvoering van de taken, het klachtrecht en de medezeggenschap.

Jeugdhulp/gecertificeerde instelling, verslaglegging naleving wetsbepalingen

2. In het in het eerste lid bedoelde verslag geven de jeugdhulpaanbieder en de gecertificeerde instelling in ieder geval aan:
a. of en op welke wijze zij jeugdigen en hun ouders bij hun kwaliteitsbeleid hebben betrokken;
b. de frequentie waarmee en de wijze waarop binnen de instelling kwaliteitsbeoordeling plaatsvond en het resultaat daarvan;
c. welk gevolg zij hebben gegeven aan klachten en meldingen over de kwaliteit van de verleende hulp;
d. een beknopte beschrijving van de klachtenregeling, bedoeld in artikel 4.2.1, eerste lid;
e. de wijze waarop zij de klachtenregeling onder de aandacht hebben gebracht van betrokken jeugdigen, ouders en pleegouders;
f. de samenstelling van de klachtencommissie, bedoeld in artikel 4.2.1, tweede lid, onderdeel a;
g. in welke mate de klachtencommissie haar werkzaamheden heeft kunnen verrichten met inachtneming van de waarborgen, bedoeld in artikel 4.2.1, tweede lid;
h. het aantal en de aard van de door de klachtencommissie behandelde klachten;
i. de strekking van de oordelen en aanbevelingen van de klachtencommissie, en
j. de aard van de maatregelen, bedoeld in artikel 4.2.1, vijfde lid.

3. Bij regeling van Onze Ministers kunnen nadere regels worden gesteld met betrekking tot het verslag en kan worden bepaald dat het eerste lid, dan wel onderdelen van het tweede lid, niet van toepassing zijn op jeugdhulpaanbieders als bedoeld in artikel 1.1, onderdeel 2°.

Art. 4.3.2
1. De jeugdhulpaanbieder en de gecertificeerde instelling maken binnen tien dagen na vaststelling van het verslag bedoeld in artikel 4.3.1, eerste lid, doch uiterlijk voor 1 juni van het jaar volgend op het jaar waarop het verslag ziet, de volgende zaken openbaar:

Jeugdhulpaanbieder/gecertificeerde instelling, publicatie jaarverslag

a. het verslag;
b. de op schrift gestelde uitgangspunten voor het beleid, waaronder begrepen de algemene criteria, welke bij de verlening van jeugdhulp onderscheidenlijk de uitvoering van de taken worden gehanteerd;
c. de notulen dan wel de besluitenlijst van de vergaderingen van het bestuur, voor zover deze algemene beleidszaken betreffen;
d. de klachtenregeling, bedoeld in artikel 4.2.1, eerste lid, en andere voor jeugdigen en ouders geldende regelingen.

2. De openbaarmaking geschiedt op een door de jeugdhulpaanbieder of de gecertificeerde instelling te bepalen wijze. Zij verstrekken de jeugdigen en ouders op hun verzoek een afschrift.
3. Van de openbaarmaking wordt mededeling gedaan op de bij de jeugdhulpaanbieder en de gecertificeerde instelling voor het doen van mededelingen aan jeugdigen en hun ouders gebruikelijke wijze.
4. Voor het op verzoek verstrekken van afschriften kan een tarief in rekening worden gebracht, ten hoogste gelijk aan de kostprijs, tenzij ten aanzien van de jeugdhulpaanbieder of de gecertificeerde instelling de Wet openbaarheid van bestuur van toepassing is.
5. De jeugdhulpaanbieder en de gecertificeerde instelling zenden het verslag voor 1 juni van het jaar van vaststelling aan Onze Ministers en aan de ingevolge artikel 9.2 met het toezicht belaste ambtenaar, alsmede aan organisaties die in de regio de belangen van de jeugdigen, ouders of pleegouders in algemene zin behartigen.

Hoofdstuk 5
Pleegzorg

Art. 5.1

Pleegzorg, vereisten pleegouder

1. De pleegzorgaanbieder sluit een pleegcontract met een pleegouder indien deze voldoet aan de volgende voorwaarden:
   a. de pleegouder heeft ten minste de leeftijd van eenentwintig jaar bereikt;
   b. de pleegouder is niet tevens door de pleegzorgaanbieder belast met de begeleiding van een pleegouder;
   c. de pleegouder heeft met goed gevolg een door de pleegzorgaanbieder aangeboden voorbereidings- en selectietraject afgerond, en
   d. de pleegouder beschikt over een verklaring van geen bezwaar die is afgegeven door de raad voor de kinderbescherming, waaruit blijkt dat er geen bezwarende feiten en omstandigheden zijn voor de plaatsing van een jeugdige. Deze voorwaarde is van overeenkomstige toepassing op alle personen van twaalf jaar en ouder die als inwonenden op het adres van de pleegouder staan ingeschreven. De verklaring is vereist voorafgaand aan de plaatsing van een eerste jeugdige, bij een wisseling van pleegzorgaanbieder, bij de komst van nieuwe inwonenden en indien de pleegouder gedurende twee jaren geen pleegouder is geweest.
2. De pleegzorgaanbieder beoordeelt voorts of de jeugdige in het gezin van de pleegouder kan worden geplaatst, gelet op de leeftijd en de problemen van de jeugdige, de samenstelling van het gezin van de pleegouder en de verwachte duur van de plaatsing. Deze beoordeling vindt plaats voorafgaand aan de sluiting van het pleegcontract en aan de plaatsing van de jeugdige in het gezin van de pleegouder.
3. Indien de betrokkene de jeugdige reeds verzorgt en opvoedt voorafgaand aan het sluiten van een pleegcontract, kan in afwijking van het eerste lid, onder c en d, en het tweede lid, aan de in die artikelonderdelen bedoelde voorwaarden worden voldaan binnen dertien weken nadat een pleegcontract is gesloten, mits de betrokken pleegzorgaanbieder daarbij oordeelt dat de verzorging en opvoeding van de jeugdige door betrokkene niet schadelijk is voor de ontwikkeling van de jeugdige. De betrokkene heeft er recht op dat de pleegzorgaanbieder binnen dertien weken na het sluiten van het pleegcontract vaststelt of aan de in de eerste volzin bedoelde voorwaarden is voldaan. Zodra tijdens die periode blijkt dat niet aan de voorwaarden zal worden voldaan, kan het pleegcontract onverwijld beëindigd worden.

Art. 5.2

Pleegzorg, inhoud pleegcontract

1. Het pleegcontract bevat in ieder geval afspraken omtrent de wijze waarop de verzorging en opvoeding van de desbetreffende jeugdige door de pleegouder worden uitgevoerd en de begeleiding die zij daarbij ontvangen van de pleegzorgaanbieder.
2. De afspraken over de begeleiding van een pleegoudervoogd beperken zich tot een begeleiding van één gesprek per jaar, tenzij de pleegoudervoogd verzoekt om meer begeleiding.

Art. 5.3

Pleegzorgaanbieder, verstrekken vergoeding aan pleegouder

1. Een pleegzorgaanbieder verstrekt aan een pleegouder een vergoeding voor de verzorging en opvoeding van de in het gezin van de pleegouder geplaatste jeugdige, bestaande uit een basisbedrag, welk bedrag kan worden vermeerderd met een toeslag, of verminderd met een korting. Daarnaast verstrekt een pleegzorgaanbieder een vergoeding van bijzondere kosten aan pleegouders.
2. Bij regeling van Onze Ministers worden regels gesteld over:
   a. de hoogte van het basisbedrag en het maximale bedrag van de toeslagen, welke bedragen voor de onderscheiden leeftijdscategorieën van jeugdigen kunnen verschillen;
   b. de omstandigheden waaronder een toeslag of een korting wordt verleend of toegepast;
   c. de dagen waarover het basisbedrag en de toeslagen worden verleend en de kortingen worden toegepast, en
   d. de vergoeding van bijzondere kosten die de pleegouder maakt ten behoeve van de jeugdige, waaronder de gevallen waarin bijzondere kosten worden vergoed.

Art. 5.4

Pleegzorgaanbieder, verstrekken inlichtingen aan pleegouder

De pleegzorgaanbieder verstrekt aan de pleegouder in het belang van de verzorging en de opvoeding van de desbetreffende jeugdige, zo nodig zonder toestemming en zo mogelijk voorafgaand aan de plaatsing, inlichtingen inzake feiten en omstandigheden die de persoon van de jeugdige of diens verzorging of opvoeding betreffen en die noodzakelijk zijn voor de uitoefening van de taak van de pleegouder. Deze inlichtingen kunnen mede omvatten gegevens over gezondheid.

Hoofdstuk 6
Gesloten jeugdhulp bij ernstige opgroei- en opvoedingsproblemen

§ 6.1
Machtiging

Art. 6.1.1
1. Dit hoofdstuk is van toepassing op minderjarigen, alsmede op jeugdigen die achttien jaar zijn en ten aanzien van wie op het tijdstip waarop zij achttien werden, een machtiging op grond van dit hoofdstuk gold. Laatstbedoelde jeugdigen worden voor de toepassing van dit hoofdstuk, onverminderd artikel 233 van Boek 1 van het Burgerlijk Wetboek, als minderjarigen beschouwd. <!-- Gesloten jeugdhulp bij ernstige opgroei- en opvoedingsproblemen, minderjarigen -->
2. In zaken betrekking hebbende op de toepassing van dit hoofdstuk is een minderjarige die de leeftijd van twaalf jaar heeft bereikt, bekwaam in en buiten rechte op te treden. Hetzelfde geldt indien de minderjarige de leeftijd van twaalf jaar nog niet heeft bereikt, maar in staat kan worden geacht tot een redelijke waardering van zijn belangen ter zake.

Art. 6.1.2
1. De kinderrechter kan op verzoek een machtiging verlenen om een jeugdige in een gesloten accommodatie te doen opnemen en te doen verblijven. <!-- Gesloten jeugdhulp, machtiging opname/verblijf jeugdige -->

2. Een machtiging kan slechts worden verleend indien naar het oordeel van de kinderrechter: <!-- Gesloten jeugdhulp, voorwaarden machtiging opname/verblijf jeugdige -->
a. jeugdhulp noodzakelijk is in verband met ernstige opgroei- of opvoedingsproblemen die de ontwikkeling van de jeugdige naar volwassenheid ernstig belemmeren, en
b. de opneming en het verblijf noodzakelijk zijn om te voorkomen dat de jeugdige zich aan deze jeugdhulp onttrekt of daaraan door anderen wordt onttrokken.
3. Een machtiging voor een jeugdige die de leeftijd van achttien jaar nog niet heeft bereikt, kan bovendien slechts worden verleend indien:
a. de jeugdige onder toezicht is gesteld;
b. de voogdij over de jeugdige berust bij een gecertificeerde instelling, of
c. degene die, anders dan bedoeld onder b, de wettelijke vertegenwoordiger is, met de opneming en het verblijf instemt.
4. Een machtiging voor een jeugdige die achttien jaar is, kan bovendien slechts worden verleend indien:
a. sprake is van een behandeling die reeds aangevangen is voordat de leeftijd van achttien jaar is bereikt;
b. voor het bereiken van de leeftijd van achttien jaar een hulpverleningsplan is vastgesteld;
c. toegewerkt wordt naar een andere vorm van jeugdhulp dan gesloten jeugdhulp en dit ook blijkt uit het hulpverleningsplan, en
d. de gesloten jeugdhulp niet langer duurt dan zes maanden na het bereiken van de leeftijd van achttien jaar.
5. Een machtiging kan voorts slechts worden verleend indien het college van de gemeente waar de jeugdige zijn woonplaats heeft, of de gecertificeerde instelling die de ondertoezichtstelling uitvoert of de voogdij uitoefent, heeft bepaald dat een voorziening op het gebied van jeugdhulp en verblijf niet zijnde verblijf bij een pleegouder nodig is.
6. Het verzoek behoeft de instemming van een gekwalificeerde gedragswetenschapper die de jeugdige met het oog daarop kort tevoren heeft onderzocht.
7. In afwijking van het vijfde lid kan de kinderrechter, ten aanzien van een jeugdige die onder toezicht is gesteld of ten aanzien van wie tevens een ondertoezichtstelling wordt verzocht, dan wel ten aanzien van wie door een gecertificeerde instelling voogdij wordt uitgeoefend, ook een machtiging verlenen indien de gecertificeerde instelling die de ondertoezichtstelling uitvoert of de voogdij uitoefent of het college niet heeft bepaald dat de jeugdige een voorziening, inhoudende gesloten jeugdhulp, nodig heeft, doch slechts indien de raad voor de kinderbescherming heeft verklaard dat een geval als bedoeld in het tweede lid, zich voordoet. Het zesde lid is van overeenkomstige toepassing.
8. Indien de machtiging betrekking heeft op een minderjarige die onder toezicht is gesteld, geldt de machtiging als een machtiging als bedoeld in artikel 265b van Boek 1 van het Burgerlijk Wetboek.
9. Indien de wettelijke vertegenwoordiger zijn instemming intrekt, kan de jeugdige gedurende ten hoogste veertien dagen in de gesloten accommodatie verblijven, en zijn de paragrafen 6.3, 6.4 en 6.5 op de jeugdige van toepassing.
10. Indien de machtiging betrekking heeft op een jeugdige voor wie reeds een zorgmachtiging op grond van de Wet verplichte geestelijke gezondheidszorg is afgegeven, vervalt die zorgmachtiging.

Art. 6.1.3

Gesloten jeugdhulp, spoedmachtiging opname/verblijf jeugdige

Gesloten jeugdhulp, voorwaarden spoedmachtiging opname/verblijf jeugdige

1. De kinderrechter kan, indien een machtiging niet kan worden afgewacht, op verzoek een spoedmachtiging verlenen om een jeugdige, met inachtneming van artikel 6.1.2, derde lid, in een gesloten accommodatie te doen opnemen en te doen verblijven.
2. Een spoedmachtiging kan slechts worden verleend indien naar het oordeel van de kinderrechter:
   a. onmiddellijke verlening van jeugdhulp noodzakelijk is in verband met ernstige opgroei- of opvoedingsproblemen van de jeugdige die zijn ontwikkeling naar volwassenheid ernstig belemmeren, of een ernstig vermoeden daarvan, en
   b. de opneming en het verblijf noodzakelijk zijn om te voorkomen dat de jeugdige zich aan deze jeugdhulp onttrekt of daaraan door anderen wordt onttrokken.
3. Het verzoek behoeft de instemming van een gekwalificeerde gedragswetenschapper die de jeugdige met het oog daarop kort tevoren heeft onderzocht, tenzij onderzoek feitelijk onmogelijk is.
4. Artikel 6.1.2, achtste lid, is van overeenkomstige toepassing.
5. Indien de wettelijke vertegenwoordiger zijn instemming intrekt, kan de jeugdige gedurende ten hoogste de geldigheidsduur van de spoedmachtiging in de gesloten accommodatie verblijven, en zijn de paragrafen 6.3, 6.4 en 6.5 op de jeugdige van toepassing.

Art. 6.1.4

Gesloten jeugdhulp, voorwaardelijke machtiging opname/verblijf jeugdige

1. De kinderrechter kan op verzoek een voorwaardelijke machtiging verlenen om een jeugdige, met inachtneming van artikel 6.1.2, derde lid, in een gesloten accommodatie te doen opnemen en te doen verblijven.
2. Een voorwaardelijke machtiging kan slechts worden verleend, indien naar het oordeel van de kinderrechter:
   a. de verlening van jeugdhulp noodzakelijk is in verband met ernstige opgroei- of opvoedingsproblemen die de ontwikkeling naar volwassenheid ernstig belemmeren, en
   b. de opneming en het verblijf noodzakelijk zijn om te voorkomen dat de jeugdige zich aan deze jeugdhulp onttrekt of daaraan door anderen wordt onttrokken en de ernstige belemmering in de ontwikkeling naar volwassenheid alleen buiten de accommodatie kan worden afgewend door het stellen en naleven van voorwaarden.
3. Een voorwaardelijke machtiging kan voorts slechts worden verleend indien het college van de gemeente waar de jeugdige zijn woonplaats heeft, of de gecertificeerde instelling die de ondertoezichtstelling uitvoert of de voogdij uitoefent, heeft bepaald dat de jeugdige een voorziening op het gebied van jeugdhulp nodig heeft.
4. Het verzoek behoeft de instemming van een gekwalificeerde gedragswetenschapper die de jeugdige met het oog daarop kort tevoren heeft onderzocht.

Gesloten jeugdhulp, hulpverleningsplan

5. De kinderrechter verleent een voorwaardelijke machtiging slechts indien een hulpverleningsplan wordt overgelegd.
6. Het hulpverleningsplan bevat een omschrijving van de voorwaarden en het toezicht daarop en van de jeugdhulp die zal worden ingezet teneinde de opgroei- en opvoedproblemen te verminderen, te stabiliseren, op te heffen of om te gaan met de opgroei- en opvoedproblemen. Het plan wordt opgesteld door de jeugdhulpaanbieder die jeugdhulp in de voorwaarden zal bieden en de jeugdhulpaanbieder die bereid is de jeugdige op te nemen in een gesloten accommodatie als bedoeld in het eerste lid, als de jeugdige de voorwaarden niet naleeft of als de opneming en het verblijf noodzakelijk zijn om te voorkomen dat de jeugdige zich aan de jeugdhulp die hij nodig heeft, onttrekt of daaraan door anderen wordt onttrokken. Het plan vermeldt welke medewerker van de jeugdhulpaanbieder bevoegd is tot het nemen van het besluit dat de jeugdige opgenomen wordt omdat hij zich niet houdt aan de vooraf overeengekomen voorwaarden of de opneming en het verblijf noodzakelijk zijn om te voorkomen dat de jeugdige zich aan de jeugdhulp die hij nodig heeft onttrekt of daaraan door anderen wordt onttrokken.
7. Het verlenen van een voorwaardelijke machtiging geschiedt onder de voorwaarde dat de jeugdige de jeugdhulp aanvaardt, overeenkomstig het overgelegde hulpverleningsplan. Artikel 7.3.4, tweede en derde lid, is van overeenkomstige toepassing.
8. Naast de in het zevende lid bedoelde voorwaarde kan de kinderrechter bij de voorwaardelijke machtiging voorwaarden stellen betreffende het gedrag van de jeugdige voor zover dit gedrag de ernstige opgroei- en opvoedproblemen beïnvloedt.
9. De rechter geeft slechts toepassing aan het eerste lid, indien de jeugdige zich bereid heeft verklaard tot naleving van de voorwaarden of redelijkerwijs is aan te nemen dat de voorwaarden zullen worden nageleefd.
10. De jeugdhulpaanbieder die bereid is de jeugdige op te nemen in een gesloten accommodatie draagt er zorg voor dat de jeugdige zo spoedig mogelijk in het bezit wordt gesteld van een schriftelijk overzicht van de op grond van deze wet aan hem toekomende rechten. De jeugdhulpaanbieder draagt er tevens zorg voor dat de jeugdige een mondelinge toelichting ter zake ontvangt.

11. Op een verzoek tot verlenging van een voorwaardelijke machtiging zijn het tweede tot en met tiende lid van overeenkomstige toepassing.

Art. 6.1.5
Het hulpverleningsplan, bedoeld in artikel 6.1.4, zesde lid, kan, nadat de voorwaardelijke machtiging is verleend, slechts met instemming van de jeugdige door de jeugdhulpaanbieder worden gewijzigd.

Gesloten jeugdhulp, toestemming jeugdige voor hulpverleningsplan

Art. 6.1.6
1. De jeugdhulpaanbieder die bereid is de jeugdige op te nemen in een gesloten accommodatie als bedoeld in artikel 6.1.4, zesde lid, ziet toe op de naleving van de voorwaarden.

Gesloten jeugdhulp, verantwoordelijkheid jeugdhulpaanbieder

2. De jeugdhulpaanbieder, bedoeld in het eerste lid, doet de jeugdige opnemen in een gesloten accommodatie, indien door de naleving van de voorwaarden buiten de gesloten accommodatie de ernstige belemmering van de ontwikkeling naar volwassenheid als gevolg van de ernstige opgroei- of opvoedingsproblemen, niet langer kan worden afgewend en de jeugdige zich onttrekt of door anderen wordt onttrokken aan de jeugdhulp.

3. De jeugdhulpaanbieder, bedoeld in het eerste lid, kan de jeugdige doen opnemen, wanneer deze de gestelde voorwaarden niet naleeft waardoor de jeugdige ernstig wordt belemmerd in de ontwikkeling naar volwassenheid en deze ernstige belemmering niet buiten de gesloten accommodatie kan worden afgewend.

4. Voorafgaand aan de opneming stelt de jeugdhulpaanbieder, bedoeld in het eerste lid, zich op de hoogte van de actuele toestand van de ernstige opgroei- of opvoedingsproblemen die de jeugdige heeft die zijn ontwikkeling naar volwassenheid ernstig belemmeren.

5. De opneming en het verblijf vinden plaats voor ten hoogste de resterende geldigheidsduur van de voorwaardelijke machtiging, doch niet langer dan zes maanden. De voorwaardelijke machtiging geldt vanaf het moment van de beslissing van de jeugdhulpaanbieder, bedoeld in het eerste lid, als machtiging als bedoeld in artikel 6.1.2.

6. De jeugdhulpaanbieder, bedoeld in het eerste lid, stelt de jeugdige uiterlijk vier dagen na zijn beslissing de jeugdige op te nemen, daarvan schriftelijk in kennis onder mededeling van de redenen van de beslissing. Een afschrift van de mededeling wordt zo spoedig mogelijk gezonden aan de verzoeker van de machtiging, de advocaat van de jeugdige en aan de griffier van de rechtbank die de voorwaardelijke machtiging heeft verleend.

7. Indien een beslissing als bedoeld in het tweede lid betrekking heeft op een minderjarige die onder toezicht is gesteld, geldt die beslissing als machtiging als bedoeld in artikel 265b van Boek 1 van het Burgerlijk Wetboek.

Art. 6.1.7
1. Op verzoek van de wettelijk vertegenwoordiger of de jeugdige kan de kinderrechter de wijziging van het hulpverleningsplan, bedoeld in artikel 6.1.5, en de opneming, bedoeld in artikel 6.1.6, tweede of derde lid, geheel of gedeeltelijk vervallen verklaren. Bij het verzoek wordt een afschrift van de beslissing van de jeugdhulpaanbieder gevoegd.

Gesloten jeugdhulp, rol kinderrechter

2. Indien het verzoek betrekking heeft op een jeugdige die reeds in een gesloten accommodatie verblijft, beslist de kinderrechter in elk geval binnen drie weken na het indienen van het verzoekschrift. Aan de jeugdige wordt schriftelijk medegedeeld dat het verzoekschrift is ingediend.

Art. 6.1.8
1. Een verzoek gericht op het verkrijgen van een machtiging, een spoedmachtiging of een voorwaardelijke machtiging wordt ingediend door het college van de gemeente waar de jeugdige zijn woonplaats heeft.

Gesloten jeugdhulp, verzoek machtiging/spoedmachtiging/voorwaardelijke machtiging

2. In afwijking van het eerste lid wordt het verzoek, indien het betrekking heeft op een minderjarige die een kinderbeschermingsmaatregel heeft opgelegd gekregen of ten aanzien van wie een kinderbeschermingsmaatregel wordt verzocht, ingediend door de raad voor de kinderbescherming of door de officier van justitie. Ingeval een gecertificeerde instelling de kinderbeschermingsmaatregel uitvoert, kan ook deze instelling het verzoek doen.

3. Op verzoeken als bedoeld in het eerste of tweede lid zijn artikel 265k, eerste, derde en vierde lid, van Boek 1 van het Burgerlijk Wetboek, alsmede de eerste afdeling van de zesde titel van Boek 3 van het Wetboek van Burgerlijke Rechtsvordering, van overeenkomstige toepassing.

4. Indien het verzoek tot het verlenen van een machtiging betrekking heeft op een jeugdige die reeds in een gesloten accommodatie verblijft, beslist de kinderrechter in elk geval binnen drie weken na het indienen van het verzoekschrift.

Art. 6.1.9
1. Het college, de raad voor de kinderbescherming, de gecertificeerde instelling, dan wel de officier van justitie legt bij een verzoek als bedoeld in artikel 6.1.8, eerste of tweede lid, een afschrift van het besluit, bedoeld in artikel 6.1.2, vijfde lid, alsmede van de verklaring, bedoeld in artikel 6.1.2, zesde lid, over.

Gesloten jeugdhulp, afschrift besluit op verzoek machtiging/spoedmachtiging/voorwaardelijke machtiging

A80 art. 6.1.10 — Jeugdwet

2. In een geval als bedoeld in artikel 6.1.2, zevende lid, legt de raad voor de kinderbescherming bij een verzoek als bedoeld in artikel 6.1.8, eerste lid, de verklaring, bedoeld in artikel 6.1.2, zevende lid, over.
3. In de gevallen, bedoeld in artikel 6.1.3, wordt in afwijking van het eerste en tweede lid, slechts een verklaring van een gekwalificeerde gedragswetenschapper als bedoeld in artikel 6.1.3, derde lid, overgelegd.

Art. 6.1.10

Machtigingsverzoek gesloten jeugdhulp, horen betrokken partijen door kinderrechter

1. De kinderrechter hoort, alvorens een machtiging, een spoedmachtiging of een voorwaardelijke machtiging te verlenen en alvorens een vervallenverklaring als bedoeld in artikel 6.1.7 te doen:
   a. de jeugdige, degene die het gezag over de minderjarige uitoefent en degene die de jeugdige als behorende tot zijn gezin verzorgt en opvoedt, tenzij de kinderrechter vaststelt dat een persoon niet bereid is zich te doen horen;
   b. de verzoeker, en
   c. in gevallen als bedoeld in artikel 6.1.7, de jeugdhulpaanbieder.
2. De kinderrechter biedt, alvorens een machtiging of een voorwaardelijke machtiging te verlenen en alvorens een vervallenverklaring als bedoeld in artikel 6.1.7 te doen, de mogelijkheid een familiegroepsplan op te stellen. Slechts indien de ouders aan de kinderrechter te kennen hebben gegeven dat zij geen gebruik wensen te maken van deze mogelijkheid, concrete bedreigingen in de ontwikkeling van het kind hiertoe aanleiding geven of de belangen van het kind anderszins geschaad worden, kan de kinderrechter hier vanaf zien.
3. Bij een spoedmachtiging, bedoeld in artikel 6.1.3, is artikel 800, derde lid, van het Wetboek van Burgerlijke Rechtsvordering van overeenkomstige toepassing.
4. De rechter geeft het bestuur van de raad voor rechtsbijstand ambtshalve last tot toevoeging van een raadsman aan de jeugdige.

Art. 6.1.11

Machtigingsverzoek gesloten jeugdhulp, zenden afschrift beschikking kinderrechter aan betrokken partijen

De griffier zendt, onverminderd artikel 805 van het Wetboek van Burgerlijke Rechtsvordering, een afschrift van de beschikking inzake de machtiging, de spoedmachtiging of de voorwaardelijke machtiging en de mededeling, bedoeld in artikel 6.1.6, zesde lid, en de beschikking als bedoeld in artikel 6.1.7, eerste lid, aan:
a. de jeugdige indien deze de leeftijd van twaalf jaar heeft bereikt;
b. degene die het gezag over de jeugdige heeft;
c. degene die de jeugdige als behorende tot zijn gezin verzorgt en opvoedt;
d. de verzoeker, en
e. de raadsman van de jeugdige.

Art. 6.1.12

Machtigingsverzoek gesloten jeugdhulp, uitvoering beschikking kinderrechter

1. De beschikking van de kinderrechter is bij voorraad uitvoerbaar.

2. De kinderrechter bepaalt de geldigheidsduur van de machtiging op ten hoogste één jaar, de eerste voorwaardelijke machtiging op ten hoogste zes maanden en verlengingen van voorwaardelijke machtigingen op ten hoogste een jaar. De spoedmachtiging geldt tot het tijdstip waarop een beslissing op een verzoek om een machtiging is genomen, doch ten hoogste vier weken.
3. De machtiging vervalt indien deze gedurende drie maanden niet ten uitvoer is gelegd.
4. De machtiging of spoedmachtiging vervalt indien de gecertificeerde instelling die de ondertoezichtstelling uitvoert of de voogdij uitoefent, heeft bepaald dat een voorziening, inhoudende verblijf niet zijnde verblijf bij een pleegouder, niet langer nodig is, tenzij er sprake is van een machtiging als bedoeld in artikel 6.1.2, zevende lid.
5. De tenuitvoerlegging van de machtiging kan door de jeugdhulpaanbieder worden geschorst, indien het naar zijn oordeel niet langer nodig is te voorkomen dat de jeugdige zich aan de jeugdhulp die hij nodig heeft onttrekt of daaraan door anderen wordt onttrokken. De schorsing kan worden ingetrokken indien blijkt dat de tenuitvoerlegging nodig is om te voorkomen dat de jeugdige zich aan de jeugdhulp die hij nodig heeft onttrekt of daaraan door anderen wordt onttrokken. Schorsing vindt niet plaats dan nadat een gekwalificeerde gedragswetenschapper daarmee heeft ingestemd. Met betrekking tot de intrekking van de schorsing is artikel 6.1.7 van overeenkomstige toepassing.
6. Het college doet aan de raad voor de kinderbescherming mededeling van het vervallen van de machtiging op grond van het vierde lid, alsmede van het besluit geen nieuwe machtiging aan te vragen na afloop van de geldigheidsduur van een machtiging. De jeugdhulpaanbieder doet aan de raad voor de kinderbescherming en aan het college mededeling van een besluit tot schorsing en intrekking als bedoeld in het vijfde lid.
7. Tegen de beschikking van de kinderrechter op een verzoek om een machtiging, een spoedmachtiging of een voorwaardelijke machtiging te verlenen en een beschikking als bedoeld in artikel 6.1.7, eerste lid, staat hoger beroep bij het gerechtshof open.

Jeugdwet

Art. 6.1.13
1. De jeugdhulpaanbieder voegt een afschrift van de beslissing, bedoeld in de artikelen 6.1.2, eerste lid, 6.1.3, eerste lid, 6.1.4, eerste lid of 6.1.7, eerste lid, en een wijziging van het hulpverleningsplan als bedoeld in artikel 6.1.5 toe aan het dossier.

Dossier jeugdige in jeugdhulp, toevoeging beslissingen op machtigingsverzoeken aan dossier

2. De jeugdhulpaanbieder in wiens gesloten accommodatie de machtiging ten uitvoer wordt gelegd, doet van de opneming in de gesloten accommodatie zo spoedig mogelijk mededeling aan degene die het gezag over de jeugdige uitoefent, aan het college en, indien het college niet de verzoeker was, tevens aan de verzoeker.

Art. 6.1.14
Bij regeling van Onze Ministers kunnen regels worden gesteld met betrekking tot het verzoekschrift, bedoeld in artikel 6.1.8, en de verklaring, bedoeld in de artikelen 6.1.2, zesde lid, of 6.1.3, derde lid.

Nadere regels

§ 6.2
Tenuitvoerlegging van de machtiging

Art. 6.2.1
1. De jeugdhulpaanbieder die in een gesloten accommodatie opname en verblijf biedt aan jeugdigen voor wie een machtiging als bedoeld in artikel 6.1.2, 6.1.3 of 6.1.4 is afgegeven, verstrekt Onze Ministers, ter opneming in een openbaar register van zodanige accommodatie, een opgave van:
a. de naam en het adres van de accommodatie, en
b. de naam en de rechtsvorm van de jeugdhulpaanbieder.

Gesloten jeugdhulp, opname/verblijf

2. Bij of krachtens algemene maatregel van bestuur kunnen nadere regels worden gesteld ten aanzien van de veiligheid binnen de gesloten accommodatie en bouwkundige eisen ten aanzien van de gesloten accommodatie waar de machtiging ten uitvoer kan worden gelegd.
3. Een registratie wordt in de Staatscourant bekend gemaakt.

Nadere regels

Art. 6.2.2
1. Een machtiging kan slechts ten uitvoer worden gelegd in een op grond van artikel 6.2.1 geregistreerde gesloten accommodatie.

Gesloten jeugdhulp, uitvoering machtiging

2. De rechter kan, indien het een jeugdige betreft van twaalf jaar of ouder, op verzoek van het college of de raad voor de kinderbescherming, in zijn beschikking inzake de machtiging bepalen dat deze in afwijking van het eerste lid, ten uitvoer wordt gelegd in een inrichting als bedoeld in artikel 1 van de Beginselenwet justitiële jeugdinrichtingen. De eerste volzin wordt slechts toegepast met betrekking tot een jeugdige die op het tijdstip waarop een machtiging wordt verleend op basis van een veroordeling is opgenomen in een inrichting. Toepassing geschiedt slechts met instemming van de jeugdige of indien deze de leeftijd van zestien jaar nog niet heeft bereikt, met instemming van de jeugdige en degene die het gezag over hem heeft. De tenuitvoerlegging in een inrichting geschiedt slechts voor de termijn die nodig is om een behandeling of opleiding af te ronden. Op de tenuitvoerlegging is de Beginselenwet justitiële jeugdinrichtingen van toepassing. Een besluit als bedoeld in artikel 6.1.2, vijfde lid, geeft aanspraak op verblijf als bedoeld in artikel 14 van de Beginselenwet justitiële jeugdinrichtingen.

Art. 6.2.3
Een jeugdhulpaanbieder die aan een leerplichtige jeugdige verblijf biedt in een gesloten accommodatie is gedurende de looptijd van de machtiging een persoon die zich met de feitelijke verzorging van de jeugdige heeft belast als bedoeld in artikel 2, eerste lid, van de Leerplichtwet 1969.

Gesloten jeugdhulp, opname/verblijf leerplichtige jeugdigen

Art. 6.2.4
1. Een jeugdhulpaanbieder stelt met het oog op een zorgvuldige toepassing van maatregelen als bedoeld in paragraaf 6.3 een regeling vast omtrent de personen die tot het treffen daarvan bevoegd zijn en met betrekking tot de wijze waarop tot toepassing wordt besloten.

Gesloten jeugdhulp, regeling bevoegde personen betrokken bij vrijheidsbeperkende maatregelen

2. Een jeugdhulpaanbieder stelt huisregels vast die betrekking hebben op een ordelijke gang van zaken, de veiligheid binnen de gesloten accommodatie en het waarborgen van een pedagogisch klimaat.
3. De huisregels bevatten in ieder geval een regeling van de bezoektijden, van de controle van de bezoekers en van voorwerpen die jeugdigen in verband met de veiligheid binnen de gesloten accommodatie niet in hun bezit mogen hebben.

§ 6.3
Vrijheidsbeperkende maatregelen

Art. 6.3.1

Gesloten jeugdhulp, vrijheidsbeperking

1. Ten aanzien van een met een machtiging als bedoeld in de artikelen 6.1.2 tot en met 6.1.4 opgenomen jeugdige kunnen, voor zover noodzakelijk om de met de jeugdhulp beoogde doelen te bereiken of voor zover noodzakelijk voor de veiligheid van de jeugdige of anderen, door de jeugdhulpaanbieder maatregelen worden toegepast waarmee hij tegen zijn wil of die van degene die het gezag over hem uitoefent, binnen de gesloten accommodatie in zijn vrijheden wordt beperkt.
2. De maatregelen, bedoeld in het eerste lid, kunnen inhouden:
   a. het verbod zich op te houden op in het hulpverleningsplan aangegeven plaatsen en zo nodig de tijdstippen waarop dat verbod geldt;
   b. tijdelijke plaatsing in afzondering;
   c. tijdelijke overplaatsing binnen de gesloten accommodatie of naar een andere gesloten accommodatie, of
   d. het vastpakken en vasthouden.
3. De jeugdhulpaanbieder meldt de toepassing van maatregelen als bedoeld in het tweede lid, onderdelen b en c, aan de gecertificeerde instelling die de gezinsvoogdij uitoefent alsmede aan de ouders indien de jeugdige niet onder toezicht is gesteld.

Art. 6.3.2

Gesloten jeugdhulp, jeugdhulpverleningsprogramma's bij machtiging

1. Ten aanzien van een met een machtiging als bedoeld in de artikelen 6.1.2 tot en met 6.1.4 opgenomen jeugdige kunnen door de jeugdhulpaanbieder tegen de wil van de jeugdige of van degene die het gezag over hem uitoefent:
   a. jeugdhulpverleningsprogramma's worden toegepast, voor zover noodzakelijk om de met de jeugdhulp beoogde doelen te bereiken, of
   b. geneeskundige behandelingsmethoden, waaronder het toedienen van medicijnen, worden toegepast, voor zover noodzakelijk ter afwending van gevaar voor de gezondheid of de veiligheid van de jeugdige of anderen en de met de jeugdhulp beoogde doelen te bereiken.
2. De jeugdhulpaanbieder meldt de toepassing van het eerste lid aan de gecertificeerde instelling die de gezinsvoogdij uitoefent alsmede aan de ouders indien de jeugdige niet onder toezicht is gesteld. Indien de geneeskundige behandelingsmethode wordt toegepast ter behandeling van een stoornis van de geestvermogens, wordt tevens melding gedaan aan de Inspectie gezondheidszorg en jeugd.

Art. 6.3.3

Gesloten jeugdhulp, beperking communicatie

1. Ten aanzien van een met een machtiging als bedoeld in de artikelen 6.1.2 tot en met 6.1.4 opgenomen jeugdige kunnen, voor zover noodzakelijk om de met de jeugdhulp beoogde doelen te bereiken, door de jeugdhulpaanbieder tegen de wil van de jeugdige of van degene die het gezag over hem uitoefent en onverminderd de huisregels, bedoeld in artikel 6.2.4, tweede lid:
   a. beperkingen van het brief- en telefoonverkeer of het gebruik van andere communicatiemiddelen plaatsvinden, of
   b. beperkingen van bezoek plaatsvinden of bepalen dat bezoek slechts onder toezicht kan plaatsvinden.

Schakelbepaling

2. Op de beperkingen, bedoeld in het eerste lid, zijn de artikelen 42, eerste en tweede lid, en 43, zevende lid, van de Beginselenwet justitiële jeugdinrichtingen van overeenkomstige toepassing.

Art. 6.3.4

Gesloten jeugdhulp, controlemaatregelen

1. Ten aanzien van een met een machtiging als bedoeld in de artikelen 6.1.2 tot en met 6.1.4 opgenomen jeugdige kunnen, voor zover noodzakelijk om de met de jeugdhulp beoogde doelen te bereiken of voor zover noodzakelijk om te voorkomen dat de jeugdhulp aan andere jeugdigen wordt tegengewerkt, door de jeugdhulpaanbieder tegen de wil van de jeugdige of van degene die het gezag over hem uitoefent controlemaatregelen worden toegepast.
2. De maatregelen, bedoeld in het eerste lid, kunnen inhouden:
   a. onderzoek aan lichaam en kleding;
   b. onderzoek van urine op aanwezigheid van gedragsbeïnvloedende middelen;
   c. onderzoek van de kamer van de jeugdige op de aanwezigheid van voorwerpen die hij niet in zijn bezit mag hebben, of
   d. onderzoek van poststukken afkomstig van of bestemd voor de jeugdigen op de aanwezigheid van voorwerpen, doch slechts in aanwezigheid van de jeugdige.
3. Voorwerpen die niet in het bezit van de jeugdige mogen zijn worden in beslag genomen en voor de jeugdige bewaard of met zijn toestemming vernietigd, dan wel aan een opsporingsambtenaar ter hand gesteld.

Art. 6.3.5
1. Indien een jeugdhulpaanbieder met het oog op de veiligheid van de jeugdige of anderen dan wel om te voorkomen dat de jeugdige zich onttrekt aan de tenuitvoerlegging van de machtiging, bedoeld in de artikelen 6.1.2 en 6.1.3, bepaalt dat het vervoer van en naar een gesloten accommodatie plaatsvindt door een vervoerder als bedoeld in het derde lid, kunnen door de vervoerder, voor zover noodzakelijk met het oog op voren omschreven doeleinden ten aanzien van die jeugdige tijdens dat vervoer tegen zijn wil of van degene die het gezag over hem uitoefent, voor de duur van het vervoer de volgende maatregelen worden genomen:
a. vastpakken en vasthouden;
b. onderzoek aan kleding, of
c. tijdelijke plaatsing in een afzonderlijke en af te sluiten ruimte in het vervoermiddel.

2. Zodra de maatregelen, bedoeld in het eerste lid, in het hulpverleningsplan zijn opgenomen, worden zij dienovereenkomstig ten uitvoer gelegd.

3. Een vervoerder als bedoeld in het eerste lid is een door Onze Ministers daartoe aangewezen vervoerder die voldoet aan de bij regeling van Onze Ministers gestelde eisen, waaronder eisen omtrent het door de vervoerder te gebruiken vervoermiddel.

4. In geval van vervoer als bedoeld in het eerste lid meldt de vervoerder de toepassing van een of meer van de in dat lid genoemde maatregelen aan de jeugdhulpaanbieder en de gecertificeerde instelling. Indien de jeugdige niet onder toezicht is gesteld, licht de zorgaanbieder tevens de ouders in.

Art. 6.3.6
1. De maatregelen, methoden en beperkingen als bedoeld in de artikelen 6.3.1 tot en met 6.3.5 worden slechts toegepast, voor zover zij zijn opgenomen in het hulpverleningsplan.

2. Voorafgaand aan de vaststelling of wijziging van deze onderdelen van het hulpverleningsplan wordt overleg gevoerd met degene die het gezag over de jeugdige heeft. Zij behoeven niet de instemming van de jeugdige of degene die het gezag over hem heeft. Zij behoeven wel de instemming van een gekwalificeerde gedragswetenschapper.

3. Indien het plan maatregelen, methoden of beperkingen als bedoeld in het eerste lid bevat omschrijft het tevens de gevallen waarin en de termijn gedurende welke de maatregelen kunnen worden toegepast.

4. Een hulpverleningsplan ten aanzien van een jeugdige die met een machtiging in een gesloten accommodatie verblijft, wordt zo vaak geëvalueerd als in het belang van de jeugdige noodzakelijk is.

Art. 6.3.7
In afwijking van artikel 6.3.6, eerste lid, kunnen met betrekking tot een jeugdige, slechts maatregelen, methoden of beperkingen als bedoeld in de artikelen 6.3.1 tot en met 6.3.4 die niet opgenomen zijn in het hulpverleningsplan worden toegepast, voor zover noodzakelijk ter overbrugging van tijdelijke noodsituaties. De toepassing behoeft binnen vierentwintig uur nadat deze is aangevangen de instemming van een gekwalificeerde gedragswetenschapper. De maatregelen, methoden of beperkingen worden ten hoogste gedurende zeven opeenvolgende dagen toegepast.

Art. 6.3.8
1. Ten aanzien van een jeugdige voor wie een machtiging is afgegeven en die in verband met deze machtiging aanwezig is in het gerechtsgebouw, kunnen, om te voorkomen dat de jeugdige zich onttrekt aan de tenuitvoerlegging van de machtiging, tegen de wil van de jeugdige of van degene die het gezag over hem uitoefent, voor de duur van zijn aanwezigheid aldaar de volgende maatregelen worden genomen:
a. vastpakken en vasthouden;
b. onderzoek aan kleding, of
c. tijdelijke plaatsing in een geschikte, afzonderlijke en af te sluiten ruimte.

2. De maatregelen, bedoeld in het eerste lid, worden uitsluitend ten uitvoer gelegd door ambtenaren aangewezen voor de uitvoering van de politietaak, bedoeld in artikel 3 van de Politiewet 2012.

Art. 6.3.9
1. Degene die de beslissing heeft genomen tot toepassing van de artikelen 6.3.1 tot en met 6.3.4 of van artikel 6.3.7, draagt er zorg voor dat de toepassing zo spoedig mogelijk in het dossier betreffende de jeugdige wordt vastgelegd, onder vermelding van de omstandigheden die daartoe aanleiding gaven.

2. De jeugdhulpaanbieder draagt er zorg voor dat de toepassing van een of meer van de in de artikelen 6.3.5, eerste lid, of 6.3.8, eerste lid, genoemde maatregelen zo spoedig mogelijk in het

dossier betreffende de jeugdige wordt vastgelegd, onder vermelding van de omstandigheden die daartoe aanleiding gaven.
3. De jeugdhulpaanbieder die de machtiging gesloten jeugdhulp uitvoert, verstrekt aan de gecertificeerde instelling die de gezinsvoogdij uitoefent alsmede aan de ouders indien de jeugdige niet onder toezicht is gesteld, elk half jaar een rapportage over de toepassingen, bedoeld in het eerste en tweede lid.

§ 6.4
Verlof

Art. 6.4.1

Gesloten jeugdhulp, verlof jeugdige

1. Aan een jeugdige kan, naast de mogelijkheden die het hulpverleningsplan biedt om de gesloten accommodatie te verlaten, verlof om de gesloten accommodatie te verlaten worden verleend indien zulks, gelet op de reden waarom de jeugdige in de gesloten accommodatie moet verblijven, verantwoord is.
2. Aan het verlof kunnen voorwaarden worden verbonden betreffende de jeugdhulp en het gedrag van de jeugdige.
3. Verlof wordt slechts verleend indien redelijkerwijs kan worden aangenomen dat de jeugdige de voorwaarden zal naleven.
4. Verlof wordt niet verleend dan nadat een gekwalificeerde gedragswetenschapper daarmee heeft ingestemd.
5. Het verlof wordt ingetrokken indien voortzetting van het verlof, gezien de problemen van de jeugdige, niet langer verantwoord is. Het verlof kan worden ingetrokken indien de jeugdige zich niet aan de voorwaarden houdt. De aan het verlof verbonden voorwaarden kunnen worden gewijzigd.

§ 6.5
Klachtrecht bij vrijheidsbeperkende maatregelen

Art. 6.5.1

Gesloten jeugdhulp, klachtrecht bij vrijheidsbeperking

1. Onverminderd artikel 4.2.3 kan een jeugdige of degene die het gezag over hem heeft binnen een redelijke termijn tegen een beslissing als bedoeld in de artikelen 6.3.1, eerste lid, 6.3.2, eerste lid, 6.3.3, eerste lid, en 6.3.4, eerste en derde lid, de toepassing van artikel 6.3.5, eerste lid, 6.3.7 of een beslissing aangaande verlof als bedoeld in artikel 6.4.1 een schriftelijke klacht indienen bij de klachtencommissie, bedoeld in artikel 4.2.1, tweede lid.
2. Bij algemene maatregel van bestuur worden regels gesteld met betrekking tot de samenstelling van de klachtencommissie bij de behandeling van klachten als bedoeld in het eerste lid en de wijze waarop deze klachten worden behandeld.
3. De klachtencommissie neemt zo spoedig mogelijk, doch in ieder geval binnen vier weken, te rekenen vanaf de datum waarop de klacht is ontvangen, een beslissing op de klacht.
4. De beslissing van de commissie strekt tot:
a. onbevoegdverklaring van de commissie,
b. niet-ontvankelijkverklaring van de klacht,
c. ongegrondverklaring van de klacht, of
d. gegrondverklaring van de klacht.
5. Indien de commissie de klacht gegrond verklaart, vernietigt zij de bestreden beslissing geheel of gedeeltelijk. Gehele of gedeeltelijke vernietiging brengt vernietiging van de rechtsgevolgen van de beslissing of het vernietigde gedeelte van de beslissing mee.
6. Indien de commissie de klacht gegrond verklaart, kan zij degene die de beslissing heeft genomen opdragen een nieuwe beslissing te nemen en in voor het nemen daarvan een termijn stellen.
7. Indien de commissie de klacht gegrond verklaart, kan zij bepalen dat enige tegemoetkoming, die geldelijk van aard kan zijn, aan de klager geboden is en stelt zij deze tegemoetkoming vast.
8. Titel 9.1 van de Algemene wet bestuursrecht is niet van toepassing op klachten als bedoeld in dit artikel.

Art. 6.5.2

Klachtenbehandeling gesloten jeugdhulp, voorlopige schorsing bestreden beslissing

1. Hangende de beslissing op de klacht kan de voorzitter van een beroepscommissie als bedoeld in artikel 74 van de Beginselenwet justitiële jeugdinrichtingen op verzoek van de jeugdige, gehoord degene die de beslissing heeft genomen, de beslissing waartegen de klacht is gericht, schorsen.
2. De voorzitter doet hiervan onverwijld mededeling aan degene die de beslissing heeft genomen en aan de klager.

Art. 6.5.3

Schakelbepaling

Ten aanzien van een beslissing als bedoeld in artikel 6.5.1, derde lid, zijn de artikelen 74 tot en met 76 van de Beginselenwet justitiële jeugdinrichtingen van overeenkomstige toepassing, met dien verstande dat voor «directeur» respectievelijk «beklagcommissie» gelezen wordt «jeugdhulpaanbieder» respectievelijk «klachtencommissie».

Hoofdstuk 7
Gegevensverwerking, privacy en toestemming

§ 7.1
Verwijsindex

§ 7.1.1
Algemene bepalingen

Art. 7.1.1.1
In deze paragraaf en de daarop berustende bepalingen wordt verstaan onder:
– *hulp, zorg of bijsturing*: werkzaamheden die een meldingsbevoegde op grond van de voor hem geldende regelgeving ten behoeve van een jeugdige verricht;
– *jeugdige*: persoon die de leeftijd van drieëntwintig jaar nog niet heeft bereikt.

Art. 7.1.1.2
1. Meldingsbevoegde is een functionaris die werkzaam is voor een instantie die:
a. behoort tot een bij algemene maatregel van bestuur aangewezen categorie van instanties die werkzaam is in een of meer van de domeinen jeugdhulp, jeugdgezondheidszorg, gezondheidszorg, onderwijs, maatschappelijke ondersteuning, werk en inkomen, of politie en justitie,
b. afspraken als bedoeld in artikel 7.1.3.1 heeft gemaakt met het college, en
c. de functionaris als zodanig heeft aangewezen.
2. Meldingsbevoegde is voorts een functionaris die niet werkzaam is voor een instantie en die:
a. behoort tot een bij algemene maatregel van bestuur aangewezen categorie van functionarissen die werkzaam is in een of meer van de in het eerste lid, onderdeel a, genoemde domeinen, en
b. afspraken als bedoeld in artikel 7.1.3.1 heeft gemaakt met het college.

Begripsbepalingen

Jeugdhulp/kinderbescherming, meldingsbevoegde functionaris

§ 7.1.2
Inrichting, beheer en verantwoordelijkheid

Art. 7.1.2.1
1. Er is een verwijsindex risicojongeren, zijnde een landelijk elektronisch systeem, waarin persoonsgegevens alsmede andere gegevens worden verwerkt.
2. De verwijsindex heeft tot doel vroegtijdige en onderlinge afstemming tussen meldingsbevoegden te bewerkstelligen, opdat zij jeugdigen tijdig passende hulp, zorg of bijsturing kunnen verlenen om daadwerkelijke bedreigingen of de noodzakelijke condities voor een gezonde en veilige ontwikkeling naar volwassenheid te voorkomen, te beperken of weg te nemen.
3. De verwijsindex wordt uitsluitend gebruikt voor het in het tweede lid aangegeven doel.

Jeugdhulp/kinderbescherming, verwijsindex risicojongeren

Art. 7.1.2.2
1. Onze Minister van Volksgezondheid, Welzijn en Sport draagt zorg voor de inrichting en het beheer van de verwijsindex.
2. Onze Minister van Volksgezondheid, Welzijn en Sport is de verwerkingsverantwoordelijke voor de verwijsindex.
3. In afwijking van het tweede lid, is voor de toepassing van de artikelen 12 tot en met 23 en 33 van de Algemene verordening gegevensbescherming de verwerkingsverantwoordelijke het college van de gemeente die afspraken als bedoeld in artikel 7.1.3.1 heeft gemaakt met de instantie waarvoor de meldingsbevoegde die de jeugdige heeft gemeld werkzaam is of, indien die niet werkzaam is voor een instantie, met de meldingsbevoegde.
4. Bij of krachtens algemene maatregel van bestuur worden regels gesteld omtrent de inrichting en het beheer van de verwijsindex. Daartoe behoren in elk geval regels omtrent de beveiliging van persoonsgegevens en de beschikbaarheid van voorzieningen die deel uitmaken van de verwijsindex.

Jeugdhulp/kinderbescherming, meldingsbevoegde functionaris

Art. 7.1.2.3
1. Van de verwijsindex maken deel uit:
a. voorzieningen waarmee de verwijsindex met het oog op het verwerken van een melding het burgerservicenummer van de betrokken jeugdige kan opvragen of verifiëren;
b. voorzieningen waarmee een jeugdige aan de verwijsindex kan worden gemeld of eruit kan worden verwijderd;
c. voorzieningen waarmee bij twee of meer meldingen van dezelfde jeugdige een signaal wordt gezonden naar de meldingsbevoegden die de betrokken jeugdige hebben gemeld en naar degene die belast is met de taken, bedoeld in artikel 7.1.3.2;

Verwijsindex risicojongeren, inhoud

d. voorzieningen waarmee bij twee of meer meldingen van jeugdigen met hetzelfde woonadres, bedoeld in de Wet basisregistratie personen, niet zijnde het adres van een instelling die is aangewezen op grond van artikel 2.40, derde of vierde lid, van die wet, een signaal wordt gezonden naar de meldingsbevoegden die de betrokken jeugdige hebben gemeld en naar degene die belast is met de taken, bedoeld in artikel 7.1.3.2;
e. voorzieningen waarmee bij twee of meer meldingen van jeugdigen met eenzelfde in de basisregistratie personen opgenomen ouder, een signaal wordt gezonden naar de meldingsbevoegden die de betrokken jeugdige hebben gemeld en naar degene die belast is met de taken, bedoeld in artikel 7.1.3.2;
f. een logboek dat registreert welke meldingsbevoegde wanneer een jeugdige aan de verwijsindex heeft gemeld, hem daaruit heeft verwijderd of een signaal heeft ontvangen;
g. voorzieningen waarmee verhuisbewegingen van aan de verwijsindex gemelde jeugdigen worden geregistreerd en doorgegeven aan de meldingsbevoegde die de jeugdige heeft gemeld en, indien de jeugdige naar een andere gemeente is verhuisd, aan de regievoerder van de gemeente waarnaar de jeugdige is verhuisd;
h. voorzieningen waarmee ten behoeve van:
1°. het toezicht op de naleving inzage kan worden gegeven in de verwijsindex;
2°. beleidsinformatie en het toezicht op de naleving rapportages over het gebruik van de verwijsindex kunnen worden samengesteld en opgevraagd, bestaande uit niet tot specifieke jeugdigen of specifieke meldingsbevoegden herleidbare gegevens, en
i. voorzieningen waarmee aan de jeugdige bij de toepassing van de artikelen 15 tot en met 23 en 33 van de Algemene verordening gegevensbescherming inzage kan worden verleend in een hem betreffende melding in de verwijsindex.
2. Bij de verwijsindex is een historisch meldingenarchief gevoegd waarin uit de verwijsindex verwijderde meldingen worden opgenomen. Het historisch meldingenarchief heeft tot doel de verdere verlening van hulp, zorg of bijsturing ten behoeve van een jeugdige te ondersteunen.
3. Bij algemene maatregel van bestuur kunnen met het oog op een effectief gebruik van de verwijsindex noodzakelijke andere voorzieningen worden aangewezen die aan de verwijsindex worden toegevoegd.

§ 7.1.3
Gebruik van de verwijsindex

Art. 7.1.3.1
1. Het college bevordert het gebruik van de verwijsindex. Daartoe maakt het college afspraken met de binnen zijn gemeente werkzame instanties en functionarissen, voor zover zij behoren tot een categorie die is aangewezen bij de algemene maatregel van bestuur, bedoeld in artikel 7.1.1.2. Het college organiseert voorts de aansluiting van die instanties en functionarissen op de verwijsindex.
2. De afspraken betreffen in elk geval de wijze waarop het college samenwerkt met die instanties en functionarissen, en die instanties en functionarissen onderling samenwerken bij het verlenen van hulp, zorg of bijsturing ten behoeve van jeugdigen, alsmede het beheer en de nakoming van die afspraken. De afspraken worden schriftelijk vastgelegd.

Art. 7.1.3.2
1. Het college draagt er zorg voor dat wordt nagegaan of de meldingsbevoegden die een jeugdige aan de verwijsindex hebben gemeld en vervolgens daaruit een signaal hebben ontvangen, met elkaar contact hebben opgenomen.
2. Degene die belast is met de taken, bedoeld in het eerste lid, heeft uitsluitend ten behoeve daarvan toegang tot de verwijsindex.

Art. 7.1.3.3
1. Instanties als bedoeld in artikel 7.1.1.2, eerste lid, onderdeel a, kunnen met het oog op een effectief gebruik van de verwijsindex een binnen hun instantie werkzame coördinator aanwijzen. De coördinator heeft als taak de contactgegevens van de meldingsbevoegden te beheren en zo nodig aan te passen en de signalen uit de verwijsindex te beheren.
2. Een coördinator heeft uitsluitend ten behoeve van de taak, bedoeld in het eerste lid, toegang tot de verwijsindex.

§ 7.1.4
Melding aan de verwijsindex

Art. 7.1.4.1
Een meldingsbevoegde kan zonder toestemming van de jeugdige of zijn wettelijk vertegenwoordiger en zo nodig met doorbreking van de op grond van zijn ambt of beroep geldende plicht tot geheimhouding, een jeugdige melden aan de verwijsindex indien hij een redelijk vermoeden heeft dat de jeugdige door een of meer van de hierna genoemde risico's in de noodzakelijke

condities voor een gezonde en veilige ontwikkeling naar volwassenheid daadwerkelijk wordt bedreigd:
a. de jeugdige staat bloot aan geestelijk, lichamelijk of seksueel geweld, enige andere vernederende behandeling, of verwaarlozing;
b. de jeugdige heeft meer of andere dan bij zijn leeftijd normaliter voorkomende psychische problemen, waaronder verslaving aan alcohol, drugs of kansspelen;
c. de jeugdige heeft meer dan bij zijn leeftijd normaliter voorkomende ernstige opgroei- of opvoedingsproblemen;
d. de jeugdige is minderjarig en moeder of zwanger;
e. de jeugdige verzuimt veelvuldig van school of andere onderwijsinstelling, dan wel verlaat die voortijdig of dreigt die voortijdig te verlaten;
f. de jeugdige is niet gemotiveerd om door legale arbeid in zijn levensonderhoud te voorzien;
g. de jeugdige heeft meer of andere dan bij zijn leeftijd normaliter voorkomende financiële problemen;
h. de jeugdige heeft geen vaste woon- of verblijfplaats;
i. de jeugdige is een gevaar voor anderen door lichamelijk of geestelijk geweld of ander intimiderend gedrag;
j. de jeugdige laat zich in met activiteiten die strafbaar zijn gesteld;
k. de ouders of andere verzorgers van de jeugdige schieten ernstig tekort in de verzorging of opvoeding van de jeugdige, of
l. de jeugdige staat bloot aan risico's die in bepaalde etnische groepen onevenredig vaak voorkomen.

Art. 7.1.4.2
1. Een melding wordt in de verwijsindex gekoppeld aan het burgerservicenummer van de jeugdige, met als doel te waarborgen dat de melding betrekking heeft op die jeugdige.

Verwijsindex risicojongeren, koppeling melding aan burgerservicenummer

2. Indien de melding afkomstig is van een meldingsbevoegde die op grond van een wettelijke bepaling reeds bevoegd is het burgerservicenummer van de jeugdige te gebruiken, biedt hij de melding met dat nummer aan de verwijsindex aan.
3. In andere gevallen biedt de meldingsbevoegde de melding aan de verwijsindex aan zonder dat hij kennis kan nemen van het burgerservicenummer van de betrokken jeugdige.
4. Bij algemene maatregel van bestuur worden een persoonsidentificerend nummer en andere identificerende gegevens aangewezen die gebruikt worden om jeugdigen die niet beschikken over een burgerservicenummer te melden aan de verwijsindex. Bij of krachtens de maatregel worden voorts regels gesteld over de wijze waarop deze gegevens worden aangeboden aan de verwijsindex.

Art. 7.1.4.3
1. Naast het burgerservicenummer van de jeugdige worden in de verwijsindex bij een melding uitsluitend de volgende gegevens opgeslagen:
a. de identificatiegegevens en contactgegevens van de meldingsbevoegde die de melding doet, en, in voorkomend geval, van de coördinator, bedoeld in artikel 7.1.3.3;
b. de datum en het tijdstip van de melding, en
c. de datum waarop de melding op grond van artikel 7.1.4.5, tweede lid, onderdeel a, uit de verwijsindex zal worden verwijderd.
2. Een signaal uit de verwijsindex bevat uitsluitend de gegevens, genoemd in het eerste lid, onderdeel a, en, indien het signaal voortvloeit uit twee of meer meldingen die niet dezelfde jeugdige betreffen, dit gegeven.

Verwijsindex risicojongeren, koppeling melding aan geselecteerde aanvullende gegevens

Art. 7.1.4.4
Ten behoeve van de doeleinden, bedoeld in artikel 7.1.2.1, worden gegevens over gezondheid, alsmede persoonsgegevens van strafrechtelijke aard verwerkt. De verwerking van deze gegevens vindt uitsluitend plaats teneinde meldingsbevoegden uit de domeinen jeugdgezondheidszorg, gezondheidszorg en politie en justitie in staat te stellen een jeugdige aan de verwijsindex te melden alsmede andere meldingsbevoegden in staat te stellen van deze melding kennis te nemen.

Verwijsindex risicojongeren, opnemen gezondheidsgegevens/strafrechtelijke gegevens

Art. 7.1.4.5
1. Een meldingsbevoegde verwijdert een door hem gedane melding uit de verwijsindex indien naar zijn oordeel:
a. die melding niet terecht is gedaan;
b. het eerder gesignaleerde risico niet meer aanwezig is.
2. Een melding wordt voorts in elk geval uit de verwijsindex verwijderd:
a. ten hoogste twee jaar nadat zij is gedaan;
b. met ingang van de dag dat de jeugdige de leeftijd van drieëntwintig jaar bereikt, of
c. zo spoedig mogelijk na het overlijden van de jeugdige.

Verwijsindex risicojongeren, verwijdering van gedane meldingen door meldingsbevoegde

Art. 7.1.4.6

Verwijsindex risicojongeren, bewaartermijn verwijderde meldingen in historisch meldingenarchief

1. Een overeenkomstig artikel 7.1.4.5, eerste lid, onderdeel b, en tweede lid, onderdeel a, uit de verwijsindex verwijderde melding wordt gedurende vijf jaren opgenomen in een historisch meldingenarchief, met dien verstande dat die opname wordt vernietigd met ingang van de dag dat de jeugdige de leeftijd van drieëntwintig jaar bereikt of zo spoedig mogelijk na het overlijden van de jeugdige. Meldingen die uit de verwijsindex zijn verwijderd met toepassing van artikel 7.1.4.5, eerste lid, onderdeel a, of het tweede lid, onderdelen b of c, of de artikelen 16, 17 en 21 van de Algemene verordening gegevensbescherming, worden niet in het historisch meldingenarchief opgenomen.
2. Van een in het historisch meldingenarchief opgenomen melding wordt uitsluitend en eenmalig een signaal aangeboden aan een meldingsbevoegde op het moment dat hij een jeugdige aan de verwijsindex meldt.
3. De artikelen 7.1.2.2 en 7.1.2.3, eerste lid, aanhef, juncto onderdelen h en i, zijn van overeenkomstige toepassing op het historisch meldingenarchief. Van het historisch meldingenarchief maakt een voorziening deel uit waarmee een jeugdige uit het historisch meldingenarchief kan worden verwijderd.

§ 7.1.5
Informatieverstrekking aan en rechten van de betrokkene

Art. 7.1.5.1

Verwijsindex risicojongeren, informatieverstrekking aan betrokken jeugdige/wettelijk vertegenwoordiger

1. Indien een melding betrekking heeft op een jeugdige die jonger is dan twaalf jaar wordt de mededeling, bedoeld in artikel 14 van de Algemene verordening gegevensbescherming gedaan aan zijn wettelijk vertegenwoordiger. Indien de jeugdige de leeftijd van twaalf, maar nog niet die van zestien jaar heeft bereikt, wordt de mededeling zowel aan de jeugdige als zijn wettelijk vertegenwoordiger gedaan.
2. Indien de jeugdige jonger is dan twaalf jaar wordt een verzoek als bedoeld in de artikelen 15, 16 of 17 van de Algemene verordening gegevensbescherming of een aantekening van een bezwaar als bedoeld in artikel 21 van die verordening gedaan door zijn wettelijk vertegenwoordiger. Indien de jeugdige de leeftijd van twaalf, maar nog niet die van zestien jaar heeft bereikt, wordt het verzoek of de aantekening van bezwaar gedaan door de jeugdige en zijn wettelijk vertegenwoordiger gezamenlijk.

Art. 7.1.5.2

Verwijsindex risicojongeren, advies meldingsbevoegde over betrokken jeugdige

1. Een meldingsbevoegde die een jeugdige aan de verwijsindex heeft gemeld, brengt aan het college een advies uit over een door de jeugdige aan hem gedaan verzoek als bedoeld in de artikelen 15, 16 of 17 van de Algemene verordening gegevensbescherming, of over een bij hem aangetekend bezwaar als bedoeld in artikel 21 van die verordening.
2. De meldingsbevoegde verstrekt het college overigens alle inlichtingen die nodig zijn met het oog op de uitvoering door het college van de in het eerste lid genoemde artikelen en van artikel 23 van de Algemene verordening gegevensbescherming en artikelen 41 en 42 van de Uitvoeringswet Algemene verordening gegevensbescherming.

§ 7.2
Burgerservicenummer

Art. 7.2.1

Jeugdhulp/kinderbescherming, gebruik burgerservicenummer van jeugdige

1. De gecertificeerde instelling, de jeugdhulpaanbieder, de raad voor de kinderbescherming en het college gebruiken het burgerservicenummer van een jeugdige met het doel te waarborgen dat de in het kader van de uitvoering van deze wet en de daarop berustende bepalingen te verwerken persoonsgegevens op die jeugdige betrekking hebben.
2. Het eerste lid is niet van toepassing op een gecertificeerde instelling, voor zover deze ter uitvoering van de taken in het kader van jeugdreclassering, persoonsgegevens uitwisselt van verdachten en veroordeelden ten behoeve van de toepassing van het strafrecht.

Art. 7.2.2

Jeugdhulp/kinderbescherming, vaststelling burgerservicenummer jeugdige

De gecertificeerde instelling, de jeugdhulpaanbieder, de raad voor de kinderbescherming en het college stellen het burgerservicenummer van een jeugdige vast wanneer zij voor de eerste maal contact met de jeugdige hebben in het kader van de uitvoering van deze wet en de daarop berustende bepalingen.

Art. 7.2.3

Jeugdhulp/kinderbescherming, raadpleging nummerregister

1. Teneinde het burgerservicenummer van de jeugdige vast te stellen worden het nummerregister en de voorzieningen, bedoeld in artikel 3, eerste lid, onderdelen b en d, van de Wet algemene bepalingen burgerservicenummer geraadpleegd.
2. De raadpleging, bedoeld in het eerste lid, kan achterwege gelaten worden, indien:
a. het burgerservicenummer is verstrekt door een andere gebruiker als bedoeld in artikel 1 van de Wet algemene bepalingen burgerservicenummer die bij of krachtens wet gehouden is het

Jeugdwet

burgerservicenummer van de jeugdige vast te stellen aan de hand van het nummerregister en de voorzieningen, bedoeld in artikel 3, eerste lid, onderdelen b en d, van de Wet algemene bepalingen burgerservicenummer, of
b. het burgerservicenummer is verkregen uit de basisregistratie personen.

Art. 7.2.4
Indien aan een jeugdige geen burgerservicenummer is toegekend:
a. nemen gecertificeerde instellingen, jeugdhulpaanbieders, de raad voor de kinderbescherming en het college in ieder geval de volgende gegevens van de jeugdige in hun administratie op:
1°. achternaam;
2°. voornamen;
3°. geboortedatum, en
4°. postcode en huisnummer van het woonadres, en
b. vermelden gecertificeerde instellingen, jeugdhulpaanbieders, de raad voor de kinderbescherming en het college de gegevens, bedoeld in onderdeel a, bij het verstrekken van persoonsgegevens met betrekking tot de uitvoering van hun taken en de verlening van jeugdhulp.

Jeugdhulp/kinderbescherming, jeugdige zonder burgerservicenummer

Art. 7.2.5
Bij regeling van Onze Minister van Volksgezondheid, Welzijn en Sport wordt bepaald aan welke beveiligingseisen de gegevensverwerking, bedoeld in de artikelen 7.2.1 en 7.2.4 voldoet.

Jeugdhulp/kinderbescherming, beveiligingseisen bij gegevensverwerking jeugdige

Art. 7.2.6
1. Gecertificeerde instellingen, jeugdhulpaanbieders, de raad voor de kinderbescherming en het college kunnen van de bij de artikelen 7.2.1 tot en met 7.2.4 gestelde verplichtingen afwijken voor zolang dit noodzakelijk is met betrekking tot spoedeisende gevallen.
2. Indien op grond van het eerste lid wordt afgeweken van bij de artikelen 7.2.1 tot en met 7.2.4 gestelde verplichtingen is het bepaalde krachtens artikel 7.2.5 niet van toepassing.

Jeugdhulp/kinderbescherming, uitzondering gegevensvereisten jeugdige

Art. 7.2.7
Onze Minister van Volksgezondheid, Welzijn en Sport of een door hem aangewezen instelling beheert een autorisatielijst van jeugdhulpaanbieders, waarin zij op verzoek worden opgenomen teneinde gebruik te kunnen maken van het nummerregister en de voorzieningen, bedoeld in artikel 3, eerste lid, onderdelen b en d, van de Wet algemene bepalingen burgerservicenummer.

Jeugdhulp/kinderbescherming, autorisatielijst jeugdhulpaanbieders

Art. 7.2.8
1. Bij of krachtens algemene maatregel van bestuur worden regels gesteld over:
a. het opnemen, wijzigen, en verwijderen van gegevens in, onderscheidenlijk uit, de in artikel 7.2.7 bedoelde autorisatielijst van jeugdhulpaanbieders;
b. het beheer van de autorisatielijst, in ieder geval wat betreft de beveiliging van persoonsgegevens, en
c. het toezicht op het functioneren van de autorisatielijst.
2. Bij de maatregel, bedoeld in het eerste lid, kunnen bijdragen van jeugdhulpaanbieders worden verlangd in de kosten van de autorisatielijst.
3. De beheerder van de autorisatielijst, bedoeld in artikel 7.2.7, verschaft aan een in de autorisatielijst ingeschreven jeugdhulpaanbieder op diens verzoek een middel waarmee deze ten behoeve van de raadpleging, bedoeld in artikel 7.2.3, toegang kan krijgen tot het nummerregister en de voorzieningen, bedoeld in artikel 3, eerste lid, onderdelen b en d, van de Wet algemene bepalingen burgerservicenummer.
4. De beheerder kan voor het middel een vergoeding verlangen.
5. Bij of krachtens algemene maatregel van bestuur kunnen regels worden gesteld over de kenmerken, de aanvraag, de procedure, de verstrekking, het beheer, de beveiliging, het gebruik en de intrekking van het middel bedoeld in het derde lid.

Nadere regels

Art. 7.2.9
Ten behoeve van de verantwoordelijkheid, bedoeld in de artikelen 2.1 en 2.4, tweede lid, kan Onze Minister van Veiligheid en Justitie aan een door het college aangewezen ambtenaar of aan een door het college aangewezen en onder zijn verantwoordelijkheid werkzame functionaris het burgerservicenummer verstrekken van een jeugdige ten aanzien van wie in het kader van een strafrechtelijke beslissing is bepaald dat hij in aanmerking komt voor een vorm van jeugdhulp of jeugdreclassering.

Jeugdhulp/kinderbescherming, verstrekking burgerservicenummer aan aangewezen ambtenaar

§ 7.3
Toestemming, dossier en privacy

Art. 7.3.1
1. Hetgeen in deze paragraaf, met uitzondering van de artikelen 7.3.4, 7.3.5, 7.3.6 en 7.3.16, is bepaald ten aanzien van de jeugdhulpverlener is van overeenkomstige toepassing op de medewerker van de gecertificeerde instelling, met dien verstande dat voor «jeugdhulp» of «verlening

Schakelbepaling

A80 art. 7.3.2 — Jeugdwet

Werkingssfeer

van jeugdhulp» wordt gelezen «uitvoering van een kinderbeschermingsmaatregel of jeugdreclassering».
2. In deze paragraaf wordt verstaan onder betrokkene: persoon aan wie rechtstreeks jeugdhulp wordt verleend, ten aanzien van wie de verlening van jeugdhulp wordt voorgesteld of ten aanzien van wie een kinderbeschermingsmaatregel of jeugdreclassering uitgevoerd wordt of de uitvoering daarvan wordt voorgesteld.
3. Voor zover sprake is van een geneeskundige behandeling als bedoeld in artikel 446 van Boek 7 van het Burgerlijk Wetboek, is deze paragraaf niet van toepassing, behoudens de artikelen 7.3.11, vierde en vijfde lid, en 7.3.17.

Art. 7.3.2

[Jeugdhulpverlening, toestemming van jeugdige voor onderzoek]

1. De jeugdhulpverlener licht de betrokkene op duidelijke wijze in, die past bij zijn bevattingsvermogen, en overlegt tijdig met de betrokkene over het voorgenomen onderzoek, de voorgestelde jeugdhulp, de ontwikkelingen omtrent de jeugdhulp en over de geconstateerde opgroei- en opvoedingsproblemen, psychische problemen en stoornissen. De jeugdhulpverlener licht een jeugdige die de leeftijd van twaalf jaar nog niet heeft bereikt, op zodanige wijze in als past bij zijn bevattingsvermogen.
2. Bij het uitvoeren van de in lid 1 neergelegde verplichting laat de jeugdhulpverlener zich leiden door hetgeen de betrokkene redelijkerwijze dient te weten ten aanzien van:
a. de aard en het doel van het voorgenomen onderzoek, de voorgestelde jeugdhulp of de uit te voeren verrichtingen;
b. de te verwachten gevolgen en risico's voor de gezondheid van de betrokkene bij het voorgestelde onderzoek, de voorgestelde jeugdhulp, de uit te voeren verrichtingen en bij de mogelijkheid om geen jeugdhulp te verlenen;
c. andere mogelijke methoden van onderzoek en jeugdhulp al dan niet uitgevoerd door andere hulpverleners;
d. de staat van en de vooruitzichten met betrekking tot de geconstateerde opgroei- en opvoedingsproblemen, psychische problemen en stoornissen in relatie tot de te verlenen jeugdhulp;
e. de termijn waarop de mogelijke methoden van onderzoek of jeugdhulp kunnen worden uitgevoerd en de verwachte tijdsduur ervan.
3. De jeugdhulpverlener stelt zich tijdens het overleg op de hoogte van de situatie en behoeften van de betrokkene, nodigt de betrokkene uit om vragen te stellen en verstrekt desgevraagd schriftelijk of elektronisch informatie over het in het tweede lid bepaalde.
4. De hulpverlener mag de betrokkene bedoelde inlichtingen slechts onthouden voor zover het verstrekken ervan kennelijk ernstig nadeel voor de betrokkene zou opleveren. Indien het belang van de betrokkene dit vereist, dient de jeugdhulpverlener de desbetreffende inlichtingen aan een ander te verstrekken. De inlichtingen worden de betrokkene alsnog gegeven, zodra bedoeld nadeel niet meer te duchten is. De jeugdhulpverlener maakt geen gebruik van zijn in de eerste volzin bedoelde bevoegdheid dan nadat hij daarover een andere jeugdhulpverlener heeft geraadpleegd.

Art. 7.3.3

Jeugdhulpverlening, afzien jeugdige van informatieverstrekking

Indien de betrokkene te kennen heeft gegeven geen inlichtingen te willen ontvangen, blijft het verstrekken daarvan achterwege, behoudens voor zover het belang dat de betrokkene daarbij heeft niet opweegt tegen het nadeel dat daaruit voor hemzelf of anderen kan voortvloeien.

Art. 7.3.4

Jeugdhulpverlening, toestemming jeugdige voor hulpverlening

1. Voor het verlenen van jeugdhulp is de toestemming van de betrokkene vereist, tenzij het jeugdhulp betreft in het kader van een machtiging gesloten jeugdhulp, een spoedmachtiging gesloten jeugdhulp, een kinderbeschermingsmaatregel of jeugdreclassering.
2. Indien de betrokkene minderjarig is en de leeftijd van twaalf maar nog niet die van zestien jaar heeft bereikt, is tevens de toestemming van de ouders die het gezag over hem uitoefenen of van zijn voogd vereist. De jeugdhulp kan evenwel zonder de toestemming van die ouders of de voogd worden verleend, indien zij kennelijk nodig is teneinde ernstig nadeel voor de betrokkene te voorkomen, alsmede indien de betrokkene ook na de weigering van de toestemming, de verrichting weloverwogen blijft wensen.
3. In het geval waarin een betrokkene van zestien jaar of ouder niet in staat kan worden geacht tot een redelijke waardering van zijn belangen ter zake, worden door de jeugdhulpverlener en een persoon als bedoeld in artikel 7.3.15, tweede of derde lid, de kennelijke opvattingen van de betrokkene, geuit in schriftelijke vorm toen deze tot bedoelde redelijke waardering nog in staat was en inhoudende een weigering van toestemming als bedoeld in het eerste lid, opgevolgd. De jeugdhulpverlener kan hiervan afwijken indien hij daartoe gegronde redenen aanwezig acht.

Art. 7.3.5

Jeugdhulpverlening, wilsbekwaamheid minderjarige jeugdige

1. Een minderjarige die de leeftijd van zestien jaar heeft bereikt, is bekwaam tot het verlenen van toestemming voor de verlening van jeugdhulp ten behoeve van zichzelf, alsmede tot het verrichten van rechtshandelingen die daarmee onmiddellijk verband houden.
2. De minderjarige is aansprakelijk voor de daaruit voortvloeiende verbintenissen, onverminderd de verplichting van zijn ouders tot voorziening in de kosten van verzorging en opvoeding.

Jeugdwet

3. In op die verlening van jeugdhulp betrekking hebbende aangelegenheden is de minderjarige bekwaam in en buiten rechte op te treden.

Art. 7.3.6
Op verzoek van de betrokkene legt de jeugdhulpverlener in ieder geval schriftelijk vast voor welke verrichtingen van ingrijpende aard deze toestemming heeft gegeven.

Jeugdhulpverlening, vastlegging toestemming jeugdige

Art. 7.3.7
De betrokkene geeft de jeugdhulpverlener naar beste weten de inlichtingen en de medewerking die deze redelijkerwijs voor het verlenen van jeugdhulp behoeft.

Jeugdhulpverlening, informatieverstrekking aan jeugdhulpverlener

Art. 7.3.8
1. De jeugdhulpverlener richt een dossier in met betrekking tot de verlening van jeugdhulp. Hij houdt in het dossier aantekening van de gegevens omtrent de geconstateerde opgroei- en opvoedingsproblemen, psychische problemen en stoornissen en de te dien aanzien uitgevoerde verrichtingen en neemt andere gegevens daarin op, een en ander voor zover dit voor een goede hulpverlening aan de betrokkene noodzakelijk is.
2. De jeugdhulpverlener voegt desgevraagd een door de betrokkene afgegeven verklaring aan het dossier toe.
3. Onverminderd het bepaalde in artikel 7.3.9 bewaart de jeugdhulpverlener het dossier gedurende twintig jaar, te rekenen vanaf het tijdstip waarop de laatste wijziging in het dossier heeft plaatsgevonden, of zoveel langer als redelijkerwijs uit de zorg van een goed jeugdhulpverlener voortvloeit.

Jeugdhulpverlening, inrichting dossier over jeugdige

Art. 7.3.9
1. De jeugdhulpverlener vernietigt de gegevens uit het dossier na een daartoe strekkend verzoek van de betrokkene.
2. Het eerste lid geldt niet voor zover het verzoek gegevens betreft waarvan redelijkerwijs aannemelijk is dat de bewaring van aanmerkelijk belang is voor een ander dan de betrokkene, alsmede voor zover het bepaalde bij of krachtens de wet zich tegen vernietiging verzet.

Jeugdhulpverlening, vernietiging gegevens uit dossier

Art. 7.3.10
De jeugdhulpverlener verstrekt aan de betrokkene desgevraagd inzage in en afschrift van de gegevens uit het dossier. De verstrekking blijft achterwege voor zover dit noodzakelijk is in het belang van de bescherming van de persoonlijke levenssfeer van een ander.

Jeugdhulpverlening, inzage/afschrift gegevens uit het dossier

Art. 7.3.11
1. Onverminderd artikel 7.3.2, derde lid, tweede volzin, draagt de jeugdhulpverlener zorg, dat aan anderen dan de betrokkene geen inlichtingen over de betrokkene dan wel inzage in of afschrift van de gegevens uit het dossier worden verstrekt dan met toestemming van de betrokkene. Indien verstrekking plaatsvindt, geschiedt deze slechts voor zover daardoor de persoonlijke levenssfeer van een ander niet wordt geschaad. De verstrekking geschiedt zonder inachtneming van beperkingen, indien het bij of krachtens de wet bepaalde daartoe verplicht.
2. Onder anderen dan de betrokkene is niet begrepen:
a. degene die rechtstreeks betrokken is bij de verlening van die jeugdhulp en degene die optreedt als vervanger van de jeugdhulpverlener, voor zover de verstrekking noodzakelijk is voor de door hen in dat kader te verrichten werkzaamheden, en
b. degene wiens toestemming ter zake van de verlening van jeugdhulp op grond van de artikelen 7.3.4 en 7.3.15 is vereist, alsmede, indien toestemming van de personen bedoeld in artikel 7.3.4 niet is vereist, de personen bedoeld in artikel 7.3.4, tweede lid.
3. Indien de jeugdhulpverlener door inlichtingen over de betrokkene dan wel inzage in of afschrift van de gegevens uit het dossier te verstrekken niet geacht kan worden de zorg van een goed jeugdhulpverlener in acht te nemen, laat hij zulks achterwege.
4. Derden die beroepshalve beschikken over inlichtingen inzake feiten en omstandigheden die de persoon van een onder toezicht gestelde minderjarige, diens verzorging en opvoeding of de persoon van een ouder of voogd betreffen, welke inlichtingen noodzakelijk kunnen worden geacht voor de uitvoering van de ondertoezichtstelling, verstrekken de gecertificeerde instelling die de ondertoezichtstelling uitvoert, deze inlichtingen desgevraagd of kunnen deze inlichtingen uit eigen beweging aan de gecertificeerde instelling verstrekken, zonder toestemming van de betrokkenen en indien nodig met doorbreking van de plicht tot geheimhouding op grond van een wettelijk voorschrift of op grond van hun ambt of beroep.
5. Bij regeling van Onze Ministers kunnen regels worden gesteld omtrent de inhoud van het dossier, de wijze waarop de verwerking van gegevens door en de uitwisseling van gegevens tussen het college, de jeugdhulpaanbieders, de gecertificeerde instellingen en de raad voor de kinderbescherming plaatsvindt en de wijze waarop de verwerking en uitwisseling van gegevens als bedoeld in het vierde lid plaatsvinden. Daarbij kan worden bepaald welke maatregelen moeten worden getroffen om te waarborgen dat de uitwisseling van gegevens veilig en zorgvuldig plaatsvindt.

Jeugdhulpverlening, inzage/afschrift gegevens uit het dossier aan derden

A80 art. 7.3.12 — Jeugdwet

Jeugdhulpverlening, verstrekking gegevens uit dossier voor statistiek/onderzoek

Art. 7.3.12
1. In afwijking van artikel 7.3.11, eerste lid, kunnen zonder toestemming van de betrokkene ten behoeve van statistiek of wetenschappelijk onderzoek op het gebied van de volksgezondheid, opgroei- en opvoedingsproblemen, psychische problemen en stoornissen, kinderbescherming of jeugdreclassering aan een ander desgevraagd inlichtingen over de betrokkene of inzage in de gegevens uit het dossier worden verstrekt indien:
   a. het vragen van toestemming in redelijkheid niet mogelijk is en met betrekking tot de uitvoering van het onderzoek is voorzien in zodanige waarborgen, dat de persoonlijke levenssfeer van de betrokkene niet onevenredig wordt geschaad, of
   b. het vragen van toestemming, gelet op de aard en het doel van het onderzoek, in redelijkheid niet kan worden verlangd en de gegevens in zodanige vorm worden verstrekt dat herleiding tot individuele natuurlijke personen redelijkerwijs wordt voorkomen.
2. Verstrekking overeenkomstig het eerste lid is slechts mogelijk indien:
   a. het onderzoek een algemeen belang dient,
   b. het onderzoek niet zonder de desbetreffende gegevens kan worden uitgevoerd, en
   c. voor zover de betrokkene tegen een verstrekking niet uitdrukkelijk bezwaar heeft gemaakt.
3. Bij een verstrekking overeenkomstig het eerste lid wordt daarvan aantekening gehouden in het dossier.

Jeugdhulpverlening, inzage gegevens uit het dossier overleden betrokkene

Art. 7.3.12a
1. In afwijking van het bepaalde in artikel 7.3.11, eerste lid, verstrekt de jeugdhulpverlener desgevraagd inzage in of afschrift van gegevens uit het dossier van een overleden betrokkene aan:
   a. een persoon ten behoeve van wie de jeugdige bij leven toestemming heeft gegeven indien die toestemming schriftelijk of elektronisch is vastgelegd;
   b. een ieder die een zwaarwegend belang heeft en aannemelijk maakt dat dit belang mogelijk wordt geschaad en dat inzage in of afschrift van gegevens uit het dossier noodzakelijk is voor de behartiging van dit belang.
2. In afwijking van het bepaalde in artikel 7.3.11, eerste lid, verstrekt de jeugdhulpverlener aan degene of de instelling die het gezag uitoefende over de betrokkene die op het moment van overlijden de leeftijd van zestien jaar nog niet had bereikt, desgevraagd inzage in of afschrift van gegevens uit het dossier van deze betrokkene, tenzij dit in strijd is met de zorg van een goed jeugdhulpverlener.
3. Op grond van dit artikel worden uitsluitend gegevens verstrekt voor zover deze betrekking hebben op de grond waarvoor inzage wordt verleend.
4. Op grond van dit artikel worden geen gegevens verstrekt voor zover schriftelijk of elektronisch is vastgelegd dat de overleden betrokkene die de leeftijd van twaalf jaar had bereikt en tot een redelijke waardering van zijn belangen ter zake in staat was, deze inzage niet wenst, of daarbij de persoonlijke levenssfeer van een ander wordt geschaad.

Jeugdhulpverlening, inzage gegevens uit het dossier overleden betrokkene vanwege vermoeden medische fout

Art. 7.3.12b
1. Indien op grond van artikel 7.3.12a, eerste lid, onderdeel b, om inzage in of afschrift van gegevens uit het dossier van een overleden betrokkene wordt gevraagd vanwege een vermoeden van een medische fout en de jeugdhulpverlener de gevraagde inzage of het gevraagde afschrift niet verstrekt, verstrekt de jeugdhulpverlener op verzoek van degene die om de inzage of het afschrift heeft gevraagd inzage in of afschrift van de gegevens aan een door de verzoeker aangewezen onafhankelijke arts.
2. De arts, bedoeld in het eerste lid, beoordeelt of het niet verstrekken van de inzage of het afschrift gerechtvaardigd is. Indien de arts van oordeel is dat het niet verstrekken niet gerechtvaardigd is, verstrekt de jeugdhulpverlener alsnog inzage of afschrift aan de verzoeker.

Jeugdhulpverlening, vertrouwelijkheid bij uitvoering

Art. 7.3.13
1. De jeugdhulpverlener voert de verlening van jeugdhulp uit buiten de waarneming van anderen dan de betrokkene, tenzij de betrokkene ermee heeft ingestemd dat de verrichtingen kunnen worden waargenomen door anderen.
2. Onder anderen dan de betrokkene is niet begrepen:
   a. degene van wie beroepshalve de medewerking bij de verlening van die jeugdhulp noodzakelijk is, en
   b. degene wiens toestemming terzake van de verlening van die jeugdhulp op grond van de artikelen 7.3.4 en 7.3.15 is vereist.
3. Indien de jeugdhulpverlener door verrichtingen te doen waarnemen niet geacht kan worden de zorg van een goed jeugdhulpverlener in acht te nemen, laat hij zulks niet toe.

Jeugdhulpverlener, beëindiging verlening jeugdhulp

Art. 7.3.14
De jeugdhulpverlener kan wegens gewichtige redenen de verlening van jeugdhulp beëindigen.

Jeugdwet

A80 art. 7.4.0

Art. 7.3.15
1. De verplichtingen op grond van deze paragraaf voor de jeugdhulpverlener jegens de betrokkene, gelden, indien de betrokkene de leeftijd van twaalf jaar nog niet heeft bereikt, voor de jeugdhulpverlener jegens de ouders die het gezag over de betrokkene uitoefenen dan wel jegens zijn voogd.

Jeugdhulpverlening, verplichtingen jegens betrokken jeugdige/ouders

2. Hetzelfde geldt indien de betrokkene de leeftijd van twaalf jaar heeft bereikt, maar niet in staat kan worden geacht tot een redelijke waardering van zijn belangen ter zake, tenzij zodanige betrokkene meerderjarig is en onder curatele staat of ten behoeve van hem het mentorschap is ingesteld, in welke gevallen de verplichtingen gelden jegens de curator of de mentor.
3. Indien een meerderjarige betrokkene die niet in staat kan worden geacht tot een redelijke waardering van zijn belangen ter zake, niet onder curatele staat of ten behoeve van hem niet het mentorschap is ingesteld, gelden de verplichtingen die voor de jeugdhulpverlener uit deze afdeling jegens de betrokkene gelden, voor de jeugdhulpverlener jegens de persoon die daartoe door de betrokkene schriftelijk is gemachtigd in zijn plaats op te treden. Ontbreekt zodanige persoon, of treedt deze niet op, dan gelden de verplichtingen jegens de echtgenoot, de geregistreerde partner of andere levensgezel van de betrokkene, tenzij deze persoon dat niet wenst, dan wel, indien ook zodanige persoon ontbreekt, jegens een ouder, kind, broer, zus of grootouder van de betrokkene, tenzij deze persoon dat niet wenst.
4. De verplichtingen voor de jeugdhulpverlener jegens de in het eerste en tweede lid bedoelde wettelijke vertegenwoordigers van de betrokkene of de in het derde lid bedoelde personen zijn niet van toepassing indien deze niet verenigbaar zijn met de zorg van een goed jeugdhulpverlener.
5. De persoon jegens wie de verplichtingen op grond van deze paragraaf voor de jeugdhulpverlener gelden krachtens het tweede en derde lid, betracht de zorg van een goed vertegenwoordiger. Deze persoon is gehouden de betrokkene zoveel mogelijk bij de vervulling van zijn taak te betrekken.
6. Verzet de betrokkene zich tegen een verrichting van ingrijpende aard waarvoor een persoon als bedoeld in het tweede of derde lid toestemming heeft gegeven, dan kan de verrichting slechts worden uitgevoerd indien zij kennelijk nodig is teneinde ernstig nadeel voor de betrokkene te voorkomen.

Jeugdhulpverlening, uitvoering verrichting van ingrijpende aard jegens jeugdige

Art. 7.3.16
1. Indien op grond van artikel 7.3.15 voor het uitvoeren van een verrichting uitsluitend de toestemming van een daar bedoelde persoon in plaats van die van de betrokkene vereist is, dan kan tot de verrichting zonder die toestemming worden overgegaan indien de tijd voor het vragen van die toestemming ontbreekt aangezien onverwijlde uitvoering van de verrichting kennelijk nodig is teneinde ernstig nadeel voor de betrokkene te voorkomen.
2. Een volgens de artikelen 7.3.4 en 7.3.15 vereiste toestemming mag worden verondersteld te zijn gegeven, indien de desbetreffende verrichting niet van ingrijpende aard is.

Jeugdhulpverlening, ingrijpende verrichting en voorkomen ernstig nadeel jeugdige

Art. 7.3.17
Een beslissing van een jeugdhulpverlener genomen op grond van deze paragraaf, een beslissing op een verzoek als bedoeld in de artikelen 15, 16, 17 of 19 van de Algemene verordening gegevensbescherming, alsmede een beslissing naar aanleiding van de aantekening van een bezwaar als bedoeld in artikel 21 van die verordening gelden, ook voor zover de jeugdhulpverlener, de beslissing heeft genomen als of namens een bestuursorgaan, voor de toepassing van paragraaf 3.3 van de Uitvoeringswet Algemene verordening gegevensbescherming, als een beslissing genomen door een ander dan een bestuursorgaan.

Beslissing jeugdhulpverlener, status

§ 7.4
Gegevensverwerking ten behoeve van de uitvoering van de wet en ten behoeve van beleidsinformatie

Art. 7.4.0
1. Het college of een door het college aangewezen persoon verwerkt persoonsgegevens van een jeugdige of zijn ouders, waaronder het burgerservicenummer van de jeugdige en bijzondere categorieën van persoonsgegevens en persoonsgegevens van strafrechtelijke aard, voor zover deze gegevens noodzakelijk zijn voor:
a. de toeleiding naar, advisering over, bepaling van of het inzetten van een voorziening op het gebied van de jeugdhulp;
b. het doen van een verzoek tot onderzoek bij de raad voor de kinderbescherming of de uitvoering van kinderbeschermingsmaatregelen of jeugdreclassering;
c. de bekostiging van preventie, jeugdhulp, kinderbeschermingsmaatregelen, jeugdreclassering of werkzaamheden als bedoeld in de artikelen 6.1.2, zesde lid, 6.1.3, derde lid, en 6.1.4, vierde lid, en
d. het verrichten van controle of fraude-onderzoek.
2. Jeugdhulpaanbieders, aanbieders van preventie, gecertificeerde instellingen, de raad voor de kinderbescherming en gekwalificeerde gedragswetenschappers als bedoeld in de artikel-

Jeugdhulpverlening/kinderbescherming, verwerking persoonsgegevens

len 6.1.2, zesde lid, 6.1.3, derde lid, en 6.1.4, vierde lid, verstrekken het college of een door het college aangewezen persoon kosteloos de persoonsgegevens van een jeugdige of zijn ouders, waaronder het burgerservicenummer van de jeugdige en bijzondere categorieën van persoonsgegevens en persoonsgegevens van strafrechtelijke aard, die voor het college of die personen noodzakelijk zijn voor de uitvoering van de werkzaamheden, bedoeld in het eerste lid.
3. Personen werkzaam ten behoeve van een jeugdhulpaanbieder, een aanbieder van preventie, een gecertificeerde instelling of de raad voor de kinderbescherming verstrekken die aanbieders, die instellingen of die raad de persoonsgegevens die zij nodig hebben om te kunnen voldoen aan hun verplichting, bedoeld in het tweede lid.
4. Bij regeling van Onze Ministers wordt bepaald:
a. tot welke gegevens de verplichting, bedoeld in het tweede lid, zich ten hoogste uitstrekt indien de verstrekking geschiedt voor de uitvoering van de werkzaamheden, bedoeld in het eerste lid, onderdelen c of d;
b. op welke wijze de gegevens, bedoeld in het eerste of tweede lid, worden verwerkt.
5. Bij regeling van Onze Ministers kan worden bepaald:
a. tot welke gegevens de verplichting, bedoeld in het tweede lid, zich ten hoogste uitstrekt indien de verstrekking geschiedt voor de uitvoering van de werkzaamheden, bedoeld in het eerste lid, onderdelen a of b;
b. volgens welke technische standaarden gegevensverwerking plaatsvindt;
c. aan welke beveiligingseisen gegevensverwerking voldoet;
d. in welke gevallen en voor welke doelen gegevens als bedoeld in het eerste of tweede lid verder mogen worden verwerkt.

Art. 7.4.1

Jeugdhulpverlening/kinderbescherming, gegevens ten behoeve van beleidsinformatie

1. Onze Ministers verwerken gegevens die betrekking hebben op de toegang tot jeugdhulp, preventie, Veilig Thuis, de uitvoering van kinderbeschermingsmaatregelen en jeugdreclassering teneinde een zorgvuldig en samenhangend jeugdbeleid te kunnen voeren en hun stelselverantwoordelijkheid te kunnen waarborgen.
2. Het college verwerkt gegevens ten behoeve van een doelmatig, doeltreffend en samenhangend gemeentelijk beleid ten aanzien van preventie, de toegang tot en verlening van jeugdhulp, de uitvoering van kinderbeschermingsmaatregelen en jeugdreclassering en Veilig Thuis, alsmede ten behoeve van de verwerking, bedoeld in het eerste lid.

Art. 7.4.2

Jeugdhulp/kinderbescherming, gegevensverstrekking college aan Ministers

Het college verstrekt kosteloos gegevens aan Onze Ministers ten behoeve van de verwerking, bedoeld in artikel 7.4.1, eerste lid. Deze verstrekking kan zowel een structureel als incidenteel karakter hebben.

Art. 7.4.3

Jeugdhulp/kinderbescherming, gegevensverstrekking aanbieders/instellingen aan Ministers

Jeugdhulpaanbieders, aanbieders van preventie, gecertificeerde instellingen en de raad voor de kinderbescherming verstrekken kosteloos gegevens aan het college en Onze Ministers, ten behoeve van de verwerking, bedoeld in artikel 7.4.1, eerste en tweede lid. Deze verstrekking kan zowel een structureel als incidenteel karakter hebben.

Art. 7.4.4

Jeugdhulp/kinderbescherming, noodzakelijk door ministers te verwerken gegevens

1. De gegevens, bedoeld in de artikelen 7.4.1 tot en met 7.4.3 kunnen persoonsgegevens zijn, voor zover deze gegevens noodzakelijk zijn voor:
a. het doelmatig en doeltreffend functioneren van de toegang tot de jeugdhulp, de uitvoering van kinderbeschermingsmaatregelen en jeugdreclassering;
b. het doelmatig en doeltreffend functioneren van de aanbieders van preventie, de jeugdhulpaanbieders, gecertificeerde instellingen en van de raad voor de kinderbescherming;
c. de doelmatigheid en doeltreffendheid van het aanbod van preventie, jeugdhulp en gecertificeerde instellingen, en
d. het waarborgen van de stelselverantwoordelijkheid.

Verwerking persoonsgegevens van strafrechtelijke aard en BSN

2. De gegevens, bedoeld in het eerste lid, kunnen het burgerservicenummer en bijzondere categorieën van persoonsgegevens en persoonsgegevens van strafrechtelijke aard zijn.

Art. 7.4.5

Nadere regels

1. Bij of krachtens algemene maatregel van bestuur worden regels gesteld omtrent de inhoud van de in de artikelen 7.4.1 tot en met 7.4.3 bedoelde gegevens, de wijze waarop de verwerking en de verstrekking plaatsvindt, de tijdvakken waarop de gegevens die worden verwerkt betrekking hebben en de termijnen waarbinnen of de tijdstippen waarop de gegevens verstrekt dienen te worden en kunnen de categorieën van verstrekkers, bedoeld in artikel 7.4.3, nader worden bepaald.
2. Bij of krachtens de in het eerste lid bedoelde maatregel kan worden bepaald dat de gegevens, bedoeld in de artikelen 7.4.2 en 7.4.3, door de aanbieders van preventie, de jeugdhulpaanbieders, de gecertificeerde instellingen, de raad voor de kinderbescherming en het college, op een bij of krachtens die maatregel aangewezen wijze verstrekt worden aan en verwerkt worden door Onze Ministers of een door hen aan te wijzen instantie.

Jeugdwet

3. De voordracht voor een krachtens het eerste of tweede lid vast te stellen algemene maatregel van bestuur wordt niet gedaan dan nadat het ontwerp in de Staatscourant is bekendgemaakt en aan een ieder de gelegenheid is geboden om binnen vier weken na de dag waarop de bekendmaking is geschied, wensen en bedenkingen ter kennis van Onze Ministers te brengen. Gelijktijdig met de bekendmaking wordt het ontwerp aan de beide kamers der Staten-Generaal overgelegd.

Hoofdstuk 8
Financiën en verantwoording

§ 8.1
Algemeen

Art. 8.1.1

1. Indien de jeugdige of zijn ouders dit wensen, verstrekt het college hun een persoonsgebonden budget dat hen in staat stelt de jeugdhulp die tot de individuele voorziening behoort van derden te betrekken.

2. Een persoonsgebonden budget wordt verstrekt, indien:

a. de jeugdige of zijn ouders naar het oordeel van het college op eigen kracht voldoende in staat zijn tot een redelijke waardering van de belangen ter zake dan wel met hulp uit hun sociale netwerk dan wel van een curator, bewindvoerder, mentor, gemachtigde, gecertificeerde instelling of aanbieder van gesloten jeugdhulp, in staat zijn de aan een persoonsgebonden budget verbonden taken op verantwoorde wijze uit te voeren;

b. de jeugdige of zijn ouders zich gemotiveerd op het standpunt stellen dat zij de individuele voorziening die wordt geleverd door een aanbieder, niet passend achten; en

c. naar het oordeel van het college is gewaarborgd dat de jeugdhulp die tot de individuele voorziening behoort en die de jeugdige of zijn ouders van het budget willen betrekken, van goede kwaliteit is.

3. Bij verordening kan worden bepaald onder welke voorwaarden de persoon aan wie een persoonsgebonden budget wordt verstrekt, de jeugdhulp kan betrekken van een persoon die behoort tot het sociale netwerk.

4. Het college kan een persoonsgebonden budget weigeren:

a. voor zover de kosten van het betrekken van de jeugdhulp van derden hoger zijn dan de kosten van de individuele voorziening, of

b. indien het college eerder toepassing heeft gegeven aan artikel 8.1.4, eerste lid, onderdeel a, d of e.

Art. 8.1.2

1. De jeugdige en zijn ouders doen aan het college op verzoek of onverwijld uit eigen beweging mededeling van alle feiten en omstandigheden waarvan hun redelijkerwijs duidelijk moet zijn dat deze aanleiding kunnen zijn tot heroverweging van een beslissing aangaande een persoonsgebonden budget.

2. De verplichting, bedoeld in het eerste lid, geldt niet, indien het college die feiten en omstandigheden kan vaststellen op grond van bij wettelijk voorschrift als authentiek aangemerkte gegevens die feiten en omstandigheden kan verkrijgen uit bij regeling van Onze Ministers aan te wijzen administraties.

3. De jeugdige en zijn ouders zijn verplicht aan het college desgevraagd de medewerking te verlenen die redelijkerwijs nodig is voor de uitvoering van deze wet.

Art. 8.1.3

Het college onderzoekt periodiek of er aanleiding is een beslissing aangaande een persoonsgebonden budget te heroverwegen.

Art. 8.1.4

1. Het college kan een beslissing aangaande een persoonsgebonden budget herzien dan wel intrekken, indien het college vaststelt dat:

a. de jeugdige of zijn ouders onjuiste of onvolledige gegevens hebben verstrekt en de verstrekking van juiste of volledige gegevens tot een andere beslissing zou hebben geleid;

b. de jeugdige of zijn ouders niet langer op de individuele voorziening of het daarmee samenhangende persoonsgebonden budget zijn aangewezen;

c. de individuele voorziening of het daarmee samenhangende persoonsgebonden budget niet meer toereikend is te achten;

d. de jeugdige of zijn ouders niet voldoen aan de voorwaarden van het persoonsgebonden budget, of

e. de jeugdige of zijn ouders het persoonsgebonden budget niet of voor een ander doel gebruiken dan waarvoor het bestemd is.

2. Het college bepaalt in de beslissing als bedoeld in het eerste lid het tijdstip waarop de beslissing in werking treedt.
3. Indien het college een beslissing aangaande een persoonsgebonden budget met toepassing van het eerste lid, onderdeel a, heeft herzien dan wel ingetrokken, kan het college bij dwangbevel geheel of gedeeltelijk het ten onrechte genoten persoonsgebonden budget invorderen.

Art. 8.1.5

Jeugdhulpverlening/kinderbescherming, individuele voorziening in natura

1. Een individuele voorziening in natura wordt aan een jeugdige of een ouder door of namens het college verstrekt. Indien een derde de voorziening in natura levert, komen op de persoon die deze voorziening ontvangt, geen werkgevers- of opdrachtgeversverplichtingen te rusten.
2. Indien een jeugdige of een ouder een budget ontvangt, worden de betalingen voor de jeugdhulp die de jeugdige of de ouder ontvangen door of namens het college verstrekt.

Art. 8.1.6

Jeugdhulpverlening/kinderbescherming, toelichting keuze voor budget/individuele voorziening in natura

Het college licht de jeugdige en zijn ouder vooraf volledig, objectief en in voor hem begrijpelijke bewoordingen in over de gevolgen van de keuze voor een budget in plaats van een individuele voorziening in natura.

Art. 8.1.7

Werkingssfeer

Op het budget is titel 4.2 van de Algemene wet bestuursrecht niet van toepassing.

Art. 8.1.8

Jeugdhulpverlening/kinderbescherming, rol Sociale verzekeringsbank

1. De Sociale verzekeringsbank, genoemd in artikel 3 van de Wet structuur uitvoeringsorganisatie werk en inkomen, voert namens de colleges de betalingen ten laste van verstrekte budgetten, alsmede het hiermee verbonden budgetbeheer, uit.
2. Bij of krachtens algemene maatregel van bestuur kunnen regels worden gesteld over de wijze waarop de Sociale verzekeringsbank de taak, bedoeld in het eerste lid, uitvoert.
3. Bij regeling van Onze Ministers kunnen regels worden gesteld over de overeenkomst die de persoon aan wie een persoonsgebonden budget wordt verstrekt sluit met de derde van wie hij jeugdhulp die tot de individuele voorziening behoort, ontvangt en die daarvoor betaling ontvangt uit het persoonsgebonden budget.

§ 8.2
[Vervallen]

Art. 8.2.1-8.2.7
[Vervallen]

§ 8.3
Financiële verantwoording

Art. 8.3.1

Jeugdhulpaanbieders/gecertificeerde instellingen, financiële verantwoording

Jeugdhulpaanbieders als bedoeld in artikel 1.1, onderdeel 1°, en gecertificeerde instellingen stellen overeenkomstig door Onze Ministers te stellen regelen de begroting, de balans en de resultatenrekening alsmede de daarbij behorende toelichting vast en maken deze op door Onze Ministers te bepalen wijze openbaar.

Art. 8.3.2

Jeugdhulpaanbieders/gecertificeerde instellingen, inlichtingenverstrekking aan Ministers

Jeugdhulpaanbieders als bedoeld in artikel 1.1, onderdeel 1°, en gecertificeerde instellingen behorende tot een bij algemene maatregel van bestuur aangewezen categorie, verstrekken aan Onze Ministers of aan een bij of krachtens die maatregel aangewezen bestuursorgaan de bij of krachtens die maatregel omschreven gegevens betreffende de exploitatie.

§ 8.4
Verwerking van persoonsgegevens

Art. 8.4.1
[Vervallen]

Art. 8.4.2

Sociale verzekeringsbank, verwerkingsverantwoordelijke

1. De Sociale verzekeringsbank is bevoegd tot het verwerken van persoonsgegevens van de jeugdige en zijn ouders, waaronder gegevens over gezondheid die noodzakelijk zijn voor het verrichten van betalingen en het budgetbeheer, bedoeld in artikel 8.1.8, voor zover deze op rechtmatige wijze zijn verkregen en noodzakelijk zijn voor de uitvoering van zijn taak ingevolge deze wet.
2. De Sociale verzekeringsbank is de verwerkingsverantwoordelijke, bedoeld in het eerste lid.

Jeugdwet

A80 art. 9.2

Art. 8.4.3
1. Op de Sociale verzekeringsbank zijn de artikelen 7.2.1 tot en met 7.2.5 van toepassing.

Ouderbijdrage jeugdhulpverlening/kinderbescherming, gebruik burgerservicenummer door Sociale Verzekeringsbank

2. De Sociale verzekeringsbank kan van de artikelen 7.2.2 tot en met 7.2.4 afwijken voor zolang dit noodzakelijk is met betrekking tot spoedeisende gevallen. In zodanig geval is artikel 7.2.5 niet van toepassing.

Art. 8.4.4
Op de Sociale verzekeringsbank:
a. zijn de artikelen 5.3.2 tot en met 5.3.5 van de Wet maatschappelijke ondersteuning 2015 van overeenkomstige toepassing;
b. is artikel 7.3.12 van toepassing.

Schakelbepaling

Hoofdstuk 9
Toezicht en handhaving

Art. 9.1
1. Onverminderd artikel 36 van de Gezondheidswet heeft de Inspectie gezondheidszorg en jeugd tot taak het onderzoeken van de kwaliteit in algemene zin van:
a. de jeugdhulpaanbieders;
b. de certificerende instelling, bedoeld in artikel 3.4, eerste lid;
c. de gecertificeerde instellingen;
d. Veilig Thuis;
e. de raad voor de kinderbescherming, en
f. de inrichtingen, bedoeld in artikel 1, onderdeel b, van de Beginselenwet justitiële jeugdinrichtingen, alsmede waar nodig, het aangeven en bevorderen van middelen tot verbetering daarvan.

Jeugdhulpverlening/kinderbescherming, toezicht door Inspectie gezondheidszorg en jeugd

2. In afwijking van het eerste lid, wordt het onderzoek, voor zover het de tenuitvoerlegging van strafrechtelijke beslissingen betreft, uitgevoerd door de inspectie bedoeld in artikel 57 van de Wet veiligheidsregio's.
3. De artikelen 5:12, 5:13, 5:15, 5:16, 5:17 en 5:20 van de Algemene wet bestuursrecht zijn van overeenkomstige toepassing ten aanzien van de ambtenaren van de inspecties, bij de uitvoering van de taak, bedoeld in het eerste lid.
4. De inspecties nemen bij de vervulling van hun taken, bedoeld in het eerste en tweede lid, de instructies van Onze Ministers in acht.
5. De Inspectie gezondheidszorg en jeugd houdt bij de vervulling van haar taak rekening met de behoeften van gemeenten.
6. De inspecties brengen van hun bevindingen verslag uit aan degene bij wie het onderzoek is uitgevoerd en kunnen daarbij voorstellen doen tot verbetering van de kwaliteit. Onze Ministers worden schriftelijk op de hoogte gebracht van de bevindingen.
7. De Inspectie gezondheidszorg en jeugd publiceert jaarlijks een verslag van haar werkzaamheden. In het verslag doet zij de voorstellen die zij in het belang van de jeugdhulp nodig acht.

Art. 9.2
1. Met het toezicht op de naleving van het bepaalde bij of krachtens deze wet zijn belast de door Onze Ministers aangewezen ambtenaren. In afwijking van de eerste zin houden de daar bedoelde ambtenaren geen toezicht op de naleving van artikel 1a.1.

Jeugdhulpverlening/kinderbescherming, toezichthoudende ambtenaren

2. De met het toezicht belaste ambtenaren zijn voor zover dat voor de vervulling van hun taak noodzakelijk is en in afwijking van artikel 5:15, eerste lid, van de Algemene wet bestuursrecht, bevoegd, met medeneming van de benodigde apparatuur, een woning van een jeugdhulpaanbieder binnen te treden zonder toestemming van de bewoner, voor zover de woning wordt gebruikt ten behoeve van de verlening van jeugdhulp of de uitvoering van een kinderbeschermingsmaatregel of jeugdreclassering.
3. De met het toezicht belaste ambtenaren zijn, voor zover dat voor de vervulling van hun taak noodzakelijk is en in afwijking van artikel 5:20, tweede lid, van de Algemene wet bestuursrecht, bevoegd tot inzage van de dossiers. Voor zover de betrokken beroepsbeoefenaar uit hoofde van zijn beroep tot geheimhouding van het dossier verplicht is, geldt gelijke verplichting voor de betrokken ambtenaar.
4. De met het toezicht belaste ambtenaren zijn bevoegd het niet naleven door een jeugdhulpaanbieder of een gecertificeerde instelling van een verplichting die voor hem uit het bepaalde bij of krachtens deze wet voortvloeit, buiten behandeling te laten, tenzij sprake is van een situatie die een ernstige bedreiging kan betekenen die voor de veiligheid van kinderen of van ouders, de verlening van jeugdhulp of de uitvoering van een kinderbeschermingsmaatregel of van jeugdreclassering, of het belang van verantwoorde hulp anderszins daaraan redelijkerwijs in de weg staat.

A80 art. 9.3   Jeugdwet

5. Bij ministeriële regeling kunnen Onze Ministers regels stellen met betrekking tot de taakverdeling tussen de inspecties en de onderlinge samenwerking van de inspecties.

6. Indien een organisatie van beoefenaren van een beroep op het terrein van de jeugdhulp, van de uitvoering van kinderbeschermingsmaatregelen of jeugdreclassering, Veilig Thuis, de raad voor de kinderbescherming, inrichtingen als bedoeld in artikel 1 van de Beginselenwet justitiële jeugdinrichtingen of Halt-bureaus als bedoeld in artikel 48f van de Wet Justitie-subsidies een systeem van tuchtrecht heeft georganiseerd, kunnen Onze Ministers de ingevolge artikel 9.2 met het toezicht belaste ambtenaren bevoegd verklaren in het kader van dat systeem een tuchtklacht in te dienen.

7. Artikel 9.1, vijfde tot en met zevende lid, is van overeenkomstige toepassing.

Subcomité ter Preventie

8. Aan leden van het Subcomité ter Preventie als bedoeld in het op 18 december 2002 te New York tot stand gekomen Facultatief Protocol bij het Verdrag tegen foltering en andere wrede, onmenselijke of onterende behandeling of bestraffing (Trb. 2005, 243) en het Comité als bedoeld in het op 26 november 1987 te Straatsburg tot stand gekomen Europees Verdrag ter voorkoming van folteringen en onmenselijke of vernederende behandelingen of bestraffingen (Trb. 1988, 19) zoals gewijzigd door Protocol 1 en Protocol 2 (Trb. 1994, 106 en 107), komen dezelfde bevoegdheden toe als waarover de met het toezicht belaste ambtenaren bedoeld in het eerste lid beschikken. Artikel 5:20, eerste lid, van de Algemene wet bestuursrecht, is van overeenkomstige toepassing.

Art. 9.3

Jeugdhulpverlening/kinderbescherming, aanwijzing aanbieder/gecertificeerde instelling

1. Indien een van Onze Ministers van oordeel is dat een jeugdhulpaanbieder of een gecertificeerde instelling deze wet of de daarop berustende bepalingen niet of onvoldoende naleeft, kan hij de jeugdhulpaanbieder of de gecertificeerde instelling die het betreft een schriftelijke aanwijzing geven.

2. In de aanwijzing geeft Onze Minister die het aangaat met redenen omkleed aan welke maatregelen de jeugdhulpaanbieder of de gecertificeerde instelling moet nemen met het oog op de naleving van het bepaalde bij of krachtens deze wet.

3. De aanwijzing bevat de termijn waarbinnen de jeugdhulpaanbieder of de gecertificeerde instelling daaraan moeten voldoen.

4. Indien het nemen van maatregelen in verband met gevaar voor de veiligheid of de gezondheid redelijkerwijs geen uitstel kan lijden, kan de ingevolge artikel 9.2, eerste lid, met het toezicht belaste ambtenaar een schriftelijk bevel geven. Het bevel heeft een geldigheidsduur van zeven dagen, welke door een van Onze Ministers kan worden verlengd.

5. De jeugdhulpaanbieder of de gecertificeerde instelling is verplicht binnen de daarbij gestelde termijn aan de aanwijzing geen uitstel respectievelijk onmiddellijk aan het bevel te voldoen.

6. Mandaat tot het verlengen van de geldigheidsduur van een bevel wordt niet verleend aan een met het toezicht belaste ambtenaar.

Art. 9.4

Jeugdhulpverlening/kinderbescherming, toezicht asielzoekers

1. Met het toezicht op de naleving van artikel 9 van de Wet Centraal Orgaan opvang asielzoekers, voor zover het betreft minderjarigen die onder toezicht of voogdij staan van een gecertificeerde instelling als bedoeld in artikel 1.1, zijn belast de door Onze Ministers aangewezen ambtenaren.

2. Artikel 9.1, vijfde tot en met zevende lid, is van overeenkomstige toepassing. De artikelen 9.3, 9.5 en 9.6 zijn niet van toepassing.

Art. 9.5

Jeugdhulpverlening/kinderbescherming, opleggen last onder bestuursdwang door Ministers

1. Onze Ministers zijn beiden bevoegd tot oplegging van een last onder bestuursdwang ter handhaving van de bij artikel 5:20, eerste lid, van de Algemene wet bestuursrecht gestelde verplichting, de artikelen 8.3.1 en 8.3.2 en van een krachtens artikel 9.3 gegeven aanwijzing of bevel.

2. Onze Ministers zijn beiden bevoegd tot oplegging van een last onder dwangsom ter handhaving van het bepaalde bij of krachtens artikel 4.2.1, eerste, tweede, derde en vijfde lid.

3. Onze Ministers zijn beiden bevoegd een last onder dwangsom op te leggen aan de betrokken beroepsbeoefenaar die geen medewerking verleent aan de inzage van dossiers, bedoeld in artikel 9.2, derde lid.

Art. 9.6

Jeugdhulpverlening/kinderbescherming, opleggen bestuurlijke boete door Ministers

1. Onze Ministers zijn beiden bevoegd een bestuurlijke boete van ten hoogste € 6.700,- op te leggen ter zake van een gedraging die in strijd is met een krachtens artikel 9.3 gegeven aanwijzing, voor zover die betreft het niet of onvoldoende naleven van artikel 4.3.1, tweede lid, onderdelen d tot en met j.

2. Onze Ministers zijn beiden bevoegd een bestuurlijke boete van ten hoogste € 33.500,- op te leggen ter zake van een gedraging van een jeugdhulpaanbieder of een gecertificeerde instelling die in strijd is met het bepaalde bij of krachtens de artikelen 4.1.6, 4.1.8, of 4.3.2.

3. Een gedraging in strijd met artikel 4.1.8 is een strafbaar feit.

4. Met hechtenis van ten hoogste zes maanden of geldboete van de vierde categorie wordt gestraft degene die een strafbaar feit pleegt als bedoeld in het derde lid.

5. Een strafbaar feit als bedoeld in het derde lid is een overtreding.

Art. 9.7
1. De inspectie, bedoeld in artikel 9.1, eerste lid, en de inspectie, bedoeld in artikel 9.1, tweede lid, maken, na een daartoe strekkend besluit van een bij algemene maatregel van bestuur aan te wijzen bestuursorgaan, de bij die maatregel aan te wijzen onder haar berustende informatie openbaar inzake het toezicht en de uitvoering van de bij of krachtens deze wet gestelde regels, teneinde de naleving daarvan te bevorderen, het publiek inzicht te geven in de wijze waarop dat toezicht en die uitvoering worden verricht en wat de resultaten daarvan zijn. Bij algemene maatregel van bestuur kunnen anderen, die met de uitvoering van de bij of krachtens deze wet gestelde regels zijn belast, dan wel de organisatie waarvoor zij werkzaam zijn, in plaats van die inspecties worden belast met openbaarmaking als bedoeld in de eerste volzin.

Openbaarmaking informatie Inspectie gezondheidszorg en jeugd

2. Bij algemene maatregel van bestuur kunnen anderen dan de inspecties, bedoeld in artikel 9.1, eerste en tweede lid, die belast zijn met de uitvoering van de bij of krachtens deze wet gestelde regels worden verplicht onder hen berustende informatie ter openbaarmaking te verstrekken aan degene die met de openbaarmaking daarvan is belast, bij welke verstrekking de informatie wordt ontdaan van de gegevens, bedoeld in het vijfde lid.
3. Op grond van het eerste lid kan voor openbaarmaking worden aangewezen, informatie betreffende:
   a. uitkomsten van controle en onderzoek en de daaraan ten grondslag liggende gegevens;
   b. kennisgevingen van de inspecties, bedoeld in artikel 9.1, eerste en tweede lid, waarin de betrokkene wordt medegedeeld dat tot intensivering van het toezicht is overgegaan, dat die intensivering wordt beëindigd, dan wel dat de betrokkene met onmiddellijke ingang of op zeer korte termijn verbeteringen in zijn organisatie moet aanbrengen;
   c. adviezen aan bestuursorganen over het toezicht op of de uitvoering van de bij of krachtens deze wet gestelde regels;
   d. waarschuwingen;
   e. besluiten, inhoudende een bevel de verlenging van een bevel als bedoeld in artikel 9.3, vierde lid, dan wel een aanwijzing als bedoeld in artikel 9.3, eerste lid;
   f. besluiten tot het opleggen van een bestuurlijke sanctie als bedoeld in artikel 5:2 van de Algemene wet bestuursrecht;
   g. de uitvoering, wijziging, beëindiging, schorsing en intrekking van besluiten en maatregelen als bedoeld in dit lid.
4. Indien de informatie betrekking heeft op besluiten als bedoeld in het derde lid, onder e en f, wordt bij de openbaarmaking aangegeven of een rechtsmiddel tegen dat besluit is of kan worden ingesteld.
5. De inspecties, bedoeld in artikel 9.1, eerste en tweede lid, dan wel degene die op grond van het eerste lid, tweede volzin, is aangewezen, dragen er zorg voor dat de informatie die op grond van het eerste lid openbaar wordt gemaakt, bij de openbaarmaking is ontdaan van:
   a. persoonsgegevens, voor zover de openbaarmaking daarvan op grond van het zesde lid niet is toegestaan; en
   b. informatie, waarvoor de verstrekker van die informatie uit hoofde van zijn beroep tot geheimhouding is verplicht, doch waarvan de met het toezicht belaste ambtenaren van de inspecties, bedoeld in artikel 9.1, eerste, dan wel tweede lid, voor de vervulling van hun taak kennis hebben genomen.
6. De openbaar te maken informatie mag slechts persoonsgegevens bevatten, voor zover die persoonsgegevens:
   a. gerelateerd zijn aan het beroeps- of bedrijfsmatig functioneren of handelen van de personen die onderwerp zijn van het toezicht of op wie de uitvoering betrekking heeft;
   b. gerelateerd zijn aan de taakvervulling van de personen die met het toezicht op de naleving of met de uitvoering van de aangewezen regelgeving zijn belast; of
   c. door de persoon ten aanzien van wie de openbaarmaking plaatsvindt, duidelijk openbaar zijn gemaakt.

Art. 9.8
1. De openbaarmaking, bedoeld in artikel 9.7, vindt niet plaats binnen twee weken na het tijdstip waarop het in artikel 9.7, eerste lid, bedoelde besluit bekend is gemaakt. Bij dat besluit wordt de betrokkene van de openbaar te maken informatie op de hoogte gesteld, voor zover hij van die informatie nog geen kennis heeft kunnen nemen en wordt de betrokkene in de gelegenheid gesteld zijn reactie op het besluit kenbaar te maken.

Openbaarmaking informatie Inspectie gezondheidszorg en jeugd, tijdstip

2. Indien de betrokkene een reactie kenbaar heeft gemaakt, wordt deze door het met openbaarmaking belaste bestuursorgaan eveneens openbaar gemaakt.
3. Op de besluiten tot openbaarmaking, bedoeld in het eerste lid, is artikel 4:8 van de Algemene wet bestuursrecht niet van toepassing.
4. Het derde lid blijft buiten toepassing indien het besluit tot openbaarmaking is gericht op de openbaarmaking van informatie over een besluit waarbij een belanghebbende op grond van

artikel 4:8 Algemene wet bestuursrecht tot het naar voren brengen van een zienswijze in de gelegenheid dient te worden gesteld.
5. Indien een verzoek om een voorlopige voorziening als bedoeld in artikel 8:81 van de Algemene wet bestuursrecht wordt gedaan tegen een besluit als bedoeld in het eerste lid, wordt de werking van het besluit opgeschort totdat de voorzieningenrechter op dat verzoek uitspraak heeft gedaan.
6. De termijn van twee weken, bedoeld in het eerste lid, is niet van toepassing bij de openbaarmaking van informatie over:
a. bevelen als bedoeld in artikel 9.3, vierde lid, alsmede over verlengingen daarvan;
b. aanwijzingen als bedoeld in artikel 9.3, eerste lid, indien die aanwijzing inhoudt dat aan de betrokkene een beperkende maatregel is opgelegd;
c. lasten als bedoeld in artikel 9.5, eerste lid, tot handhaving van een bevel als bedoeld onder a of een aanwijzing als bedoeld onder b;
d. kennisgevingen van de inspecties waarin de betrokkene wordt medegedeeld dat tot intensivering van het toezicht is overgegaan, dan wel dat de betrokkene met onmiddellijke ingang of op zeer korte termijn verbeteringen in zijn organisatie moet aanbrengen.
7. Indien openbaarmaking plaatsvindt via het internet worden bij algemene maatregel van bestuur regels gesteld over de periode gedurende welke de inspecties, bedoeld in artikel 9.1, eerste en tweede lid, dan wel degene die op grond van artikel 9.7, eerste lid, tweede volzin, is aangewezen, de informatie beschikbaar stellen.
8. Bij of krachtens algemene maatregel van bestuur kunnen regels worden gesteld voor een goede uitvoering van het eerste en tweede lid en artikel 9.7, eerste en tweede lid.
9. Indien de openbaarmaking, bedoeld in het eerste lid, in strijd is of zou kunnen komen met het doel van deze wet, blijft openbaarmaking achterwege.

Art. 9.9

Herinspectie, nadere regels

Bij of krachtens algemene maatregel van bestuur wordt bepaald dat de inspectie, bedoeld in artikel 9.1, eerste lid, en de inspectie, bedoeld in artikel 9.1, tweede lid, beleidsregels vaststellen over herinspecties na een negatieve uitkomst van controle en onderzoek bij een betrokkene. Bij of krachtens algemene maatregel van bestuur kan worden bepaald wat wordt verstaan onder een negatieve uitkomst. Bij of krachtens algemene maatregel van bestuur kan worden bepaald dat de beleidsregels aan bij of krachtens algemene maatregel van bestuur te bepalen voorwaarden moeten voldoen.

Art. 9.10

Openbaarmaking informatie Inspectie gezondheidszorg en jeugd, AMvB

De voordracht voor een algemene maatregel van bestuur waarbij voor de eerste maal toepassing wordt gegeven aan artikel 9.7 of 9.8, wordt niet eerder gedaan dan vier weken nadat het ontwerp aan beide kamers der Staten-Generaal is overgelegd.

Hoofdstuk 10
Overgangsrecht

Art. 10.0

Jeugdhulpaanbieder, meldplicht

1. Een jeugdhulpaanbieder die op het tijdstip van inwerkingtreding van artikel 4.0.1 van deze wet jeugdhulp verleent of laat verlenen, voldoet binnen 6 maanden na dat tijdstip aan de in artikel 4.0.1 bedoelde meldplicht.
2. Bij algemene maatregel van bestuur kunnen categorieën van jeugdhulpaanbieders worden aangewezen waarop het eerste lid niet van toepassing is.

Art. 10.1

Overgangsbepalingen, aanspraken AWBZ

1. In dit artikel wordt verstaan onder:
a. *begeleiding*: het ondersteunen bij of oefenen met vaardigheden of handelingen en het aanbrengen van structuur of het voeren van regie, of het overnemen van toezicht, gericht op bevordering, behoud of compensatie van de zelfredzaamheid en strekkende tot voorkoming van opname in een instelling of verwaarlozing van een persoon met een somatische, psychogeriatrische of psychiatrische aandoening of beperking, of een verstandelijke, lichamelijke of zintuiglijke handicap die matige of zware beperkingen heeft op het terrein van de sociale redzaamheid, het bewegen en verplaatsen, het psychisch functioneren, het geheugen en de oriëntatie, of die matig of zwaar probleemgedrag vertoont;
b. *jeugdige*: persoon die de leeftijd van achttien jaar nog niet heeft bereikt;
c. *kortdurend verblijf*: verblijf in een instelling gedurende maximaal drie etmalen per week, gepaard gaande met persoonlijke verzorging, verpleging of begeleiding voor een persoon met een somatische, psychogeriatrische of psychiatrische aandoening of beperking, of een verstandelijke, lichamelijke of zintuiglijke handicap, die aangewezen is op permanent toezicht, indien dat noodzakelijk is ter ontlasting van de persoon die hem gebruikelijke zorg of mantelzorg levert;
d. *persoonlijke verzorging*: het ondersteunen bij of het overnemen van activiteiten op het gebied van de persoonlijke verzorging in verband met een somatische, psychogeriatrische of psychia-

trische aandoening of beperking, of een verstandelijke, lichamelijke of zintuiglijke handicap, gericht op het opheffen van een tekort aan zelfredzaamheid;
e. psychiatrische stoornis of beperking: psychiatrische stoornis of beperking als bedoeld bij of krachtens artikel 6 van de Algemene Wet Bijzondere Ziektekosten;
f. verstandelijke handicap: verstandelijke handicap als bedoeld bij of krachtens artikel 6 van de Algemene Wet Bijzondere Ziektekosten.
2. De aanspraken op zorg, bedoeld in artikel 6, eerste lid, van de Algemene Wet Bijzondere Ziektekosten omvatten niet zorg aan jeugdigen in verband met hun verstandelijke handicap of hun psychiatrische stoornis of beperking, alsmede niet zorg inhoudende begeleiding, persoonlijke verzorging en kortdurend verblijf van jeugdigen.
3. De rechten en verplichtingen die op het tijdstip van de inwerkingtreding van deze wet gelden met betrekking tot zorg waarop een jeugdige is aangewezen in verband met zijn verstandelijke handicap of psychiatrische stoornis of beperking en met betrekking tot zorg, inhoudende begeleiding, persoonlijke verzorging of kortdurend verblijf, waarvoor op grond van de Algemene Wet Bijzondere Ziektekosten een indicatiebesluit is afgegeven voor de inwerkingtreding van deze wet, blijven gelden gedurende de looptijd van het indicatiebesluit, doch ten hoogste tot een jaar na de inwerkingtreding van deze wet, met dien verstande dat het college van de gemeente waarbinnen de jeugdige zijn woonplaats heeft, in de plaats treedt van de zorgverzekeraar van de jeugdige, bedoeld in artikel 1, eerste lid, onder b, van de Algemene Wet Bijzondere Ziektekosten.
4. De rechten en verplichtingen die op het tijdstip van de inwerkingtreding van deze wet gelden met betrekking tot zorg waarop een jeugdige is aangewezen in verband met zijn psychiatrische stoornis of beperking, waarvoor een verwijzing als bedoeld in artikel 9b, vijfde lid, van de Algemene Wet Bijzondere Ziektekosten is verstrekt voor de inwerkingtreding van deze wet, blijven gelden gedurende de periode waarvoor de verwijzing geldt, doch ten hoogste een jaar na de inwerkingtreding van deze wet, met dien verstande dat het college van de gemeente waarbinnen de jeugdige zijn woonplaats heeft, in de plaats treedt van de zorgverzekeraar van de jeugdige, bedoeld in artikel 1, eerste lid, onder b, van de Algemene Wet Bijzondere Ziektekosten.
5. Het college is er verantwoordelijk voor dat de jeugdige in situaties als bedoeld in het derde en vierde lid, de jeugdhulp die reeds is ingezet voor inwerkingtreding van deze wet, na inwerkingtreding van deze wet kan voortzetten bij dezelfde aanbieder, indien dit redelijkerwijs mogelijk is.

Art. 10.2

1. In dit artikel wordt verstaan onder:
a. geestelijke gezondheidszorg:
1°. geneeskundige zorg, verblijf, verzorging en verpleging als bedoeld bij of krachtens artikel 11, derde lid, van de Zorgverzekeringswet, die een persoon nodig heeft in verband met een psychiatrische stoornis of beperking;
2°. dyslexiezorg als bedoeld bij of krachtens artikel 11, derde lid, van de Zorgverzekeringswet;
b. jeugdige: persoon die de leeftijd van achttien jaar nog niet heeft bereikt.
2. De prestaties, bedoeld in artikel 11, eerste lid, van de Zorgverzekeringswet waarop een verzekerde jegens zijn zorgverzekeraar recht op heeft omvatten niet geestelijke gezondheidszorg aan jeugdigen.
3. De rechten en verplichtingen die op het tijdstip van de inwerkingtreding van deze wet gelden met betrekking tot geestelijke gezondheidszorg, al dan niet met verblijf, waarvoor een indicatiebesluit op grond van artikel 9b, vierde lid, van de Algemene Wet Bijzondere Ziektekosten of artikel 14, derde lid, van de Zorgverzekeringswet is afgegeven voor de inwerkingtreding van deze wet, blijven gelden gedurende de looptijd van het indicatiebesluit, doch ten hoogste tot een jaar na de inwerkingtreding van deze wet, met dien verstande dat het college van de gemeente waarbinnen de jeugdige zijn woonplaats heeft, in de plaats treedt van de zorgverzekeraar van de jeugdige, bedoeld in artikel 1, eerste lid, onder b, van de Zorgverzekeringswet.
4. De rechten en verplichtingen die op het tijdstip van de inwerkingtreding van deze wet gelden met betrekking tot geestelijke gezondheidszorg, al dan niet met verblijf, waarvoor een verwijzing op grond van artikel 14, derde lid, van de Zorgverzekeringswet of artikel 9b, vijfde lid, van de Algemene Wet Bijzondere Ziektekosten is verstrekt voor de inwerkingtreding van deze wet, blijven gelden gedurende de periode waarvoor de verwijzing geldt, doch ten hoogste tot een jaar na de inwerkingtreding van deze wet, met dien verstande dat het college van de gemeente waarbinnen de jeugdige zijn woonplaats heeft, in de plaats treedt van de zorgverzekeraar van de jeugdige, bedoeld in artikel 1, eerste lid, onder b, van de Zorgverzekeringswet.
5. Het college is er verantwoordelijk voor dat de jeugdige in situaties als bedoeld in het derde en vierde lid, de jeugdhulp die reeds is ingezet voor inwerkingtreding van deze wet, na inwerkingtreding van deze wet kan voortzetten bij dezelfde aanbieder, indien dit redelijkerwijs mogelijk is.

Overgangsbepalingen, geestelijke gezondheidszorg

A80 art. 10.2a — Jeugdwet

Zorginstituut, nota's ter vergoeding

Art. 10.2a

1. In dit artikel wordt verstaan onder:
– *jeugdige*: een buiten Nederland woonachtige persoon die de leeftijd van achttien jaar nog niet heeft bereikt en die op de dag voorafgaande aan de inwerkingtreding van deze wet op grond van artikel 5, eerste lid, onder b, dan wel vierde lid, van de Algemene Wet Bijzondere Ziektekosten verzekerd is en op die dag aanspraak heeft op een vergoeding ter zake van de kosten van zorg waarop op die dag aanspraak bestond op grond van artikel 6 van de Algemene Wet Bijzondere Ziektekosten, hetzij bij het Zorginstituut staat geregistreerd als een in het buitenland wonend persoon die met toepassing van een Verordening van de Raad van de Europese Gemeenschappen dan wel toepassing van zodanige verordening krachtens de overeenkomst betreffende de Europese Economische Ruimte of een verdrag inzake sociale zekerheid in geval van behoefte aan zorg recht heeft op zorg of vergoeding van de kosten daarvan, zoals voorzien in de wetgeving over de verzekering voor zorg van hun woonland;
– *zorg*: zorg als bedoeld in de artikelen 10.1 en 10.2 waarvan de aanspraak op grond van de Algemene Wet Bijzondere Ziektekosten of de Zorgverzekeringswet ten gevolge van de inwerkingtreding van artikel 11.7 wet komt te vervallen en die na inwerkingtreding van artikel 11.7 van deze wet als jeugdhulp kan worden aangemerkt;
– *Zorginstituut*: Zorginstituut Nederland, bedoeld in artikel 58 van de Zorgverzekeringswet.
2. Personen en instellingen die ter zake van de zorg een vordering hebben op een jeugdige die aanspraak heeft op gehele of gedeeltelijke vergoeding van de kosten van die zorg, dan wel de betreffende jeugdige, zenden de nota ter vergoeding aan het Zorginstituut.
3. Het Zorginstituut kan een rechtspersoon mandaat en volmacht verlenen om namens hem besluiten te nemen of werkzaamheden te verrichten die verband houden met het verlenen van vergoedingen als bedoeld in het tweede lid.
4. De vergoedingen, bedoeld in het tweede lid, komen ten laste van het Zorgverzekeringsfonds en het Fonds langdurige zorg, bedoeld in artikel 89 van de Wet financiering sociale verzekeringen.

Art. 10.3

Overgangsbepalingen, indicatiebesluit jeugdzorg

1. In dit artikel wordt verstaan onder:
a. *cliënt*: jeugdige of zijn ouders of pleegouders;
b. *jeugdige*: persoon die:
1°. de meerderjarigheidsleeftijd nog niet heeft bereikt,
2°. de meerderjarigheidsleeftijd heeft bereikt en ten aanzien van wie op grond van artikel 77c van het Wetboek van Strafrecht recht is gedaan overeenkomstig de artikelen 77g tot en met 77gg van het Wetboek van Strafrecht, of
3°. de meerderjarigheidsleeftijd doch niet de leeftijd van drieëntwintig jaar heeft bereikt, en voor wie voortzetting van jeugdzorg, die was aangevangen of waarvan de aanvraag was ingediend vóór het bereiken van de meerderjarigheidsleeftijd, noodzakelijk is of voor wie, na beëindiging van de jeugdzorg die was aangevangen vóór het bereiken van de meerderjarigheidsleeftijd, binnen een termijn van een half jaar hervatting van jeugdzorg noodzakelijk is, en
c. *jeugdzorg*: ondersteuning van en hulp aan jeugdigen, hun ouders, stiefouders of anderen, die een jeugdige als behorende tot hun gezin verzorgen en opvoeden, bij opgroei- of opvoedingsproblemen of dreigende zodanige problemen;
2. De rechten en verplichtingen die op het tijdstip van de inwerkingtreding van deze wet gelden met betrekking tot jeugdzorg waarvoor een indicatiebesluit als bedoeld in artikel 3, derde lid, van de Wet op de jeugdzorg is afgegeven voor inwerkingtreding van deze wet, blijven gelden gedurende de looptijd van het indicatiebesluit, doch ten hoogste een jaar na de inwerkingtreding van deze wet, met dien verstande dat het college van de gemeente waarbinnen de jeugdige zijn woonplaats heeft, in de plaats treedt van de gedeputeerde staten van de provincie, bedoeld in artikel 3, tweede lid, van de Wet op de jeugdzorg.
3. Het college is er verantwoordelijk voor dat de jeugdige in een situatie als bedoeld in het tweede lid, de jeugdhulp die reeds is ingezet voor inwerkingtreding van deze wet, na inwerkingtreding van deze wet kan voortzetten bij dezelfde aanbieder, indien dit redelijkerwijs mogelijk is.
4. In afwijking van het tweede lid geldt ingeval sprake is van een indicatiebesluit waarin is vastgesteld dat de jeugdige aangewezen is op pleegzorg, geen einddatum voor de rechten en verplichtingen die verbonden zijn aan dit besluit jegens het college.
5. Het college is er verantwoordelijk voor dat bij de jeugdige in een situatie als bedoeld in het tweede lid, die voor inwerkingtreding van deze wet reeds is geplaatst bij een pleegouder, de pleegzorg wordt voortgezet bij dezelfde pleegouders. Hiervan kan slechts worden afgeweken indien dat voor de verlening van verantwoorde hulp noodzakelijk is.

Art. 10.4

Overgangsbepalingen, gegevensverwerking jeugdzorg

1. Het college is bevoegd tot het verwerken van persoonsgegevens, waaronder bijzondere persoonsgegevens, ten behoeve van:
a. de uitvoering van artikel 12.4, aanhef en eerste lid, onderdelen a en b;

b. de uitvoering van de artikelen 10.1, 10.2 en 10.3, en
c. het treffen van voorzieningen op het gebied van jeugdhulp en de uitvoering van kinderbeschermingsmaatregelen en jeugdreclassering voor jeugdigen of ouders in het eerste kalenderjaar na het kalenderjaar waarin de artikelen 10.1, 10.2 en 10.3 in werking zijn getreden, in aansluiting op de verstrekking van voorzieningen door het college op grond van de artikelen 10.1, 10.2 en 10.3.
2. Met betrekking tot een jeugdige of zijn ouders die ten gevolge van de inwerkingtreding van deze wet vanaf enig tijdstip niet langer aanspraak hebben op persoonlijke verzorging, verpleging, behandeling, verblijf, kortdurend verblijf, vervoer en voortgezet verblijf op grond van de Algemene Wet Bijzondere Ziektekosten, jeugdzorg op grond van de Wet op de jeugdzorg of geestelijke gezondheidszorg op grond van Zorgverzekeringswet, verstrekken jeugdhulpaanbieders, alsmede daartoe bij ministeriële regeling door Onze Ministers aangewezen personen en organisaties, persoonsgegevens, waaronder bijzondere persoonsgegevens, aan het college van de gemeente waar de betreffende jeugdige zijn woonplaats heeft.
3. De te verstrekken gegevens betreffen ten hoogste:
a. identificerende gegevens, waaronder het burgerservicenummer, van de jeugdige;
b. gegevens betreffende de woonplaats en, indien noodzakelijk, identificerende gegevens, waaronder het burgerservicenummer, van de ouders of andere wettelijke vertegenwoordigers ten behoeve van het vaststellen van de woonplaats;
c. gegevens betreffende de jeugdhulpaanbieder die de jeugdhulp ten tijde van de gegevensverstrekking verleent, alsmede gegevens betreffende de jeugdhulpaanbieder die de jeugdhulp zal verlenen op 1 januari van het kalenderjaar waarop de artikelen 10.1, 10.2 en 10.3 in werking treden;
d. gegevens, waaronder bijzondere persoonsgegevens, betreffende de ten tijde van de gegevensverstrekking verleende of geïndiceerde jeugdhulp, uitvoering van de kinderbeschermingsmaatregel of jeugdreclassering, voor zover deze verstrekking noodzakelijk is voor het treffen van aansluitende voorzieningen op het gebied van jeugdhulp, de uitvoering van kinderbeschermingsmaatregelen of jeugdreclassering, en
e. gegevens betreffende de leveringsvorm van de jeugdhulp.
4. Het ontvangende college zendt de gegevens door aan een ander college, indien het van mening is dat het andere college dient te worden aangemerkt als het college van de gemeente waarbinnen de jeugdige zijn woonplaats heeft. Zo nodig treedt het ontvangende college daartoe in overleg met andere colleges teneinde de gemeente waarbinnen de jeugdige zijn woonplaats heeft vast te stellen. Het ontvangende college bericht de verstrekker, bedoeld in het tweede lid, indien sprake is van doorzending.
5. Jeugdhulpaanbieders informeren de jeugdige of zijn ouders voorafgaande aan de verstrekking van de gegevens, tenzij dit onmogelijk blijkt of een onevenredige inspanning vergt.
6. De gegevens, bedoeld in het tweede lid tot en met vierde lid, worden uiterlijk 31 januari van het eerste kalenderjaar na het kalenderjaar waarop de artikelen 10.1, 10.2 en 10.3 in werking treden door het college vernietigd, tenzij de gegevens noodzakelijk zijn voor de uitvoering van een aansluitende voorziening op het gebied van jeugdhulp of de uitvoering van een kinderbeschermingsmaatregel of jeugdreclassering als bedoeld in het eerste lid, onderdeel c dan wel ter voldoening aan een wettelijk voorschrift bewaard dienen te blijven.
7. Bij regeling van Onze Ministers worden nadere regels gesteld omtrent de inhoud van de gegevens, bedoeld in het tweede en derde lid, de categorieën van jeugdhulpaanbieders en overige door Onze Ministers aangewezen personen en organisaties, bedoeld in het tweede lid, die de gegevens verstrekken, de wijze en het tijdstip van het verstrekken van de gegevens, bedoeld in het tweede en derde lid, en het bericht als bedoeld in het vierde lid. Daarbij kan bepaald worden dat de gegevens of het bericht verstrekt worden aan en verwerkt worden door Onze Ministers of een door hen aan te wijzen tijdelijke voorziening.

Art. 10.4a
1. Een aanvraag als bedoeld in artikel 7, eerste lid, van de Wet op de jeugdzorg, die is ingediend voor de inwerkingtreding van artikel 11.7 van deze wet, wordt in de stand van behandeling waarin deze zich bevindt door de stichting, bedoeld in artikel 1 van de Wet op de jeugdzorg, zoals deze luidde op de dag voorafgaand aan de inwerkingtreding van artikel 11.7 van deze wet, uiterlijk op de dag voor de inwerkingtreding van artikel 11.7 van deze wet overgedragen aan het college van de gemeente waarbinnen de jeugdige zijn woonplaats heeft, teneinde het college in de gelegenheid te stellen op grond van deze wet over de aanvraag een beslissing te nemen.

2. Een aanvraag van een jeugdige, die tevens verzekerde is in de zin van de Algemene Wet Bijzondere Ziektekosten voor zorg waarvan de aanspraak op grond van de Algemene Wet Bijzondere Ziektekosten ten gevolge van de inwerkingtreding van artikel 11.7 van deze wet komt te vervallen en die na inwerkingtreding van artikel 11.7 van deze wet als jeugdhulp kan worden aangemerkt waarvoor het college is gehouden een voorziening op grond van deze wet te treffen, die is ingediend voor de inwerkingtreding van artikel 11.7 van deze wet, wordt binnen twee weken na de inwerkingtreding van artikel 11.7 van deze wet in de stand waarin het zich bevindt,

Overgangsbepalingen, Wet op de jeugdzorg

A80 art. 10.5 — Jeugdwet

door het daartoe bevoegde indicatieorgaan, de stichting, bedoeld in artikel 9b, eerste en vierde lid, van de Algemene Wet Bijzondere Ziektekosten, zoals deze luidde op de dag voorafgaand aan de inwerkingtreding van deze wet, dan wel door de door Onze Minister van Volksgezondheid, Welzijn en Sport aangewezen persoon als bedoeld in artikel 53 van de Algemene Wet Bijzondere Ziektekosten, overgedragen aan het college van de gemeente waarbinnen de jeugdige zijn woonplaats heeft, teneinde het college in de gelegenheid te stellen op grond van deze wet over de aanvraag een beslissing te nemen.

3. Een aanvraag van een jeugdige, die tevens verzekerde is in de zin van Zorgverzekeringswet voor zorg waarvan de aanspraak op grond van de Zorgverzekeringswet ten gevolge van de inwerkingtreding van deze wet komt te vervallen en die na inwerkingtreding van artikel 11.7 van deze wet als jeugdhulp kan worden aangemerkt waarvoor het college is gehouden een voorziening op grond van deze wet te treffen, die is ingediend voor de inwerkingtreding van artikel 11.7 van deze wet, wordt binnen twee weken na de inwerkingtreding van artikel 11.7 van deze wet in de stand waarin het zich bevindt, door de stichting, bedoeld in artikel 1 van de Wet op de jeugdzorg, zoals deze luidde op de dag voorafgaand aan de inwerkingtreding van deze wet, overgedragen aan het college van de gemeente waarbinnen de jeugdige zijn woonplaats heeft, teneinde het college in de gelegenheid te stellen op grond van deze wet over de aanvraag een beslissing te nemen.

4. Het in het tweede lid bedoelde bevoegde indicatieorgaan of stichting dan wel de door Onze Minister van Volksgezondheid, Welzijn en Sport aangewezen persoon, alsmede de in het derde lid bedoelde stichting, zenden binnen twee weken na de dag waarop artikel 11.7 van deze wet in werking treedt aan het college de persoonsgegevens van de verzekerde, waaronder persoonsgegevens betreffende de gezondheid als bedoeld in de Wet bescherming persoonsgegevens, die noodzakelijk zijn voor de uitvoering van de taak, bedoeld in het tweede en derde lid.

5. Het college is bevoegd tot het verwerken van de persoonsgegevens die overeenkomstig het vierde lid aan hem zijn verstrekt, voor zover dat noodzakelijk is om op de aanvraag te beslissen.

Art. 10.5

Overgangsbepalingen, machtiging Wet op de jeugdzorg

1. Een verzoek om een machtiging of een voorlopige machtiging als bedoeld in de artikelen 29b respectievelijk 29c van de Wet op de jeugdzorg ingediend voor het tijdstip van inwerkingtreding van deze wet, gelden met ingang van dat tijdstip als een verzoek om een machtiging als bedoeld in de artikelen 6.1.2 respectievelijk 6.1.3 van deze wet.

2. Een machtiging en een voorlopige machtiging als bedoeld in de artikelen 29b respectievelijk 29c van de Wet op de jeugdzorg verleend voor het tijdstip van inwerkingtreding van deze wet, gelden met ingang van dat tijdstip als een machtiging als bedoeld in de artikelen 6.1.2 respectievelijk 6.1.3 van deze wet.

Art. 10.6

Overgangsbepalingen, bureau jeugdzorg

1. In dit artikel en in de artikelen 10.7 en 10.11 wordt verstaan onder bureau jeugdzorg: stichting die een bureau jeugdzorg onder de Wet op de jeugdzorg in stand hield, zoals die wet luidde tot de inwerkingtreding van artikel 11.7, eerste lid.

2. Voogdij en voorlopige voogdij, uitgeoefend door een bureau jeugdzorg of gemandateerd aan een instelling met een landelijk bereik die op het tijdstip van inwerkingtreding van artikel 11.7, eerste lid, is gecertificeerd, berust met ingang van dat tijdstip bij die gecertificeerde instelling.

3. Het tweede lid is van overeenkomstige toepassing met betrekking tot ondertoezichtstelling, voorlopige ondertoezichtstelling en jeugdreclassering.

Art. 10.7

Overgangsbepalingen, voogdij bureau jeugdzorg

1. Voogdij of voorlopige voogdij, uitgeoefend door een bureau jeugdzorg of gemandateerd aan een instelling met een landelijk bereik die op het tijdstip van inwerkingtreding van artikel 11.7, eerste lid, niet is gecertificeerd, blijft met ingang van dat tijdstip, doch voor ten hoogste een jaar nadien, uitgeoefend worden door dat bureau jeugdzorg of door die gemandateerde instelling met een landelijk bereik.

2. Ondertoezichtstelling en voorlopige ondertoezichtstelling, opgedragen aan een bureau jeugdzorg of gemandateerd aan een instelling met een landelijk bereik die op het tijdstip van inwerkingtreding van artikel 11.7, eerste lid, niet is gecertificeerd, blijft met ingang van dat tijdstip en totdat de kinderrechter een verlenging van de ondertoezichtstelling of een ondertoezichtstelling heeft uitgesproken, uitgevoerd worden door dat bureau jeugdzorg of door die gemandateerde instelling met een landelijk bereik.

3. Jeugdreclassering, uitgeoefend door een bureau jeugdzorg of gemandateerd aan een instelling met een landelijk bereik die op het tijdstip van inwerkingtreding van artikel 11.7, eerste lid, niet is gecertificeerd, blijft met ingang van dat tijdstip, doch voor ten hoogste een jaar nadien, uitgeoefend worden door dat bureau jeugdzorg of door die gemandateerde instelling met een landelijk bereik.

Jeugdwet

Art. 10.8
1. Voogdij, voorlopige voogdij of tijdelijke voogdij, uitgeoefend door de rechtspersoon, bedoeld in artikel 302, tweede lid, van Boek 1 van het Burgerlijk Wetboek, die op het tijdstip van inwerkingtreding van artikel 11.7, eerste lid, als een gecertificeerde instelling wordt aangemerkt, berust met ingang van dat tijdstip bij die gecertificeerde instelling.
2. Het eerste lid is van overeenkomstige toepassing met betrekking tot de taken van de rechtspersoon, bedoeld in artikel 256, eerste lid, van Boek 1 van het Burgerlijk Wetboek.

Overgangsbepalingen, voogdij gecertificeerde instelling

Art. 10.9
1. Voogdij, voorlopige voogdij of tijdelijke voogdij uitgeoefend door de rechtspersoon, bedoeld in artikel 302, tweede lid, van Boek 1 van het Burgerlijk Wetboek, die op het tijdstip van inwerkingtreding van artikel 11.7, eerste lid, niet als een gecertificeerde instelling wordt aangemerkt, blijft met ingang van dat tijdstip, doch voor ten hoogste een jaar nadien opgedragen aan de rechtspersoon.
2. Het eerste lid is van overeenkomstige toepassing met betrekking tot de taken van de in artikel 256, eerste lid, van Boek 1 van het Burgerlijk Wetboek bedoelde rechtspersoon.

Overgangsbepalingen, voogdij gecertificeerde instelling

Art. 10.10
In afwijking van artikel 3.2, tweede lid, kan een gemandateerde instelling met een landelijk bereik ook jeugdhulp aanbieden voor ten hoogste een jaar na inwerkingtreding van artikel 11.7, eerste lid.

Overgangsbepalingen, gemandateerde instelling

Art. 10.11
In het kalenderjaar waarin artikel 11.7, eerste lid, in werking treedt, besteden de colleges van de bij regeling van Onze Ministers aangewezen gemeenten bij het in die regeling aangewezen bureau jeugdzorg of zijn rechtsopvolger minimaal tachtig procent van het budget dat door de provincie in 2014 is verstrekt aan dat bureau jeugdzorg met het oog op de uitvoering van zijn wettelijke taken.

Overgangsbepalingen, budget gemeenten jeugdzorg

Art. 10.12
[Vervallen]

Hoofdstuk 11
Wijziging van andere wetten

Art. 11.1
[Wijzigt de Algemene Wet Bijzondere Ziektekosten.]

Art. 11.2
[Vervallen]

Art. 11.3
[Wijzigt de Zorgverzekeringswet.]

Art. 11.4
[Wijzigt de Wet marktordening gezondheidszorg.]

Art. 11.5
[Vervallen]

Art. 11.6
[Wijzigt het Wetboek van Strafrecht.]

Art. 11.7
1. De Wet op de jeugdzorg wordt ingetrokken, met dien verstande dat:
a. zij van toepassing blijft op de financiële verantwoording, vaststelling, uitbetaling van op grond van die wet verleende subsidies en uitkeringen en op de vaststelling en inning op grond van die wet van de ouderbijdragen, en
b. hoofdstuk VII van de Wet op de jeugdzorg van toepassing blijft op het verstrekken en verwerken van gegevens die betrekking hebben op het laatste kalenderjaar voor die intrekking.
2. In wettelijke procedures en rechtsgedingen tegen besluiten die op grond van de Wet op de jeugdzorg zijn genomen, dan wel op tegen deze besluiten in te stellen of ingestelde beroepen, blijven, zowel in eerste aanleg als in verdere instantie, de regels van toepassing, die golden voor de intrekking van die wet. Indien het een besluit betreft dat is genomen door een stichting als bedoeld in artikel 1 van de Wet op de jeugdzorg, treedt het college van de gemeente waar de jeugdige zijn woonplaats heeft in de plaats van die stichting.

Uitschakelbepaling

Art. 11.8
[Wijzigt de Wet publieke gezondheid.]

Hoofdstuk 12
Slotbepalingen

Art. 12.1
1. Bij algemene maatregel van bestuur kunnen met het oog op een doelmatigere en doeltreffendere uitvoering van deze wet, waarbij een optimale samenhangende uitvoering van het

Slotbepalingen

vrijwillige en het gedwongen kader voorop staat, regels worden gesteld voor een periode van ten hoogste drie jaar ten behoeve van experimenten, waarbij afgeweken kan worden van artikel 3.2, tweede lid.
2. In een algemene maatregel van bestuur als bedoeld in het eerste lid worden in ieder geval de voorwaarden voor het experiment bepaald en tevens welk resultaat met het experiment wordt beoogd.
3. Onze Ministers zenden drie maanden voor het einde van de werkingsduur van een algemene maatregel van bestuur als bedoeld in het eerste lid aan de beide kamers der Staten-Generaal een verslag over de doelmatigheid en doeltreffendheid van het experiment, alsmede een standpunt inzake de voortzetting van die maatregel, anders dan als experiment.
4. Bij algemene maatregel van bestuur kunnen experimenten als bedoeld in het eerste lid na afloop van de looptijd worden voortgezet tot een structurele voorziening is getroffen, doch niet langer dan met een tijdsduur van ten hoogste twee jaar.

Art. 12.2

Evaluatie Ministers Jeugdwet

Onze Ministers zenden binnen drie jaar na de inwerkingtreding van de wet aan de Staten-Generaal een verslag over de doeltreffendheid en de effecten van deze wet in de praktijk.

Art. 12.3

Archiefwet, toepasselijkheid

1. Indien een gecertificeerde instelling geheel of ten dele is gevormd uit een stichting als bedoeld in artikel 1, eerste lid, van de Wet op de jeugdzorg, gaan de verplichtingen die ingevolge de Archiefwet 1995 en de artikelen 55 en 56 van de Wet op de jeugdzorg op die stichting rusten over op de gecertificeerde instelling, behoudens het bepaalde in het vijfde lid. Onder stichting wordt in dit artikel mede verstaan een gemandateerde instelling met een landelijk bereik.
2. Indien een of meer gecertificeerde instellingen zijn gevormd uit een of meer stichtingen als bedoeld in artikel 1, eerste lid, van de Wet op de jeugdzorg, treffen zij gezamenlijk een regeling ten aanzien van de in het eerste lid bedoelde verplichtingen onderscheidenlijk een voorziening als bedoeld in artikel 4, eerste lid, van de Archiefwet 1995.
3. Een regeling of voorziening als in het tweede lid bedoeld strekt ertoe dat alle verplichtingen, bedoeld in het eerste lid, worden belegd.
4. Indien uit een stichting geen gecertificeerde instelling wordt gevormd, treft de stichting een regeling onderscheidenlijk voorziening met een of meer gecertificeerde instellingen of gemeenten, behoudens het bepaalde in het vijfde lid. Het tweede en derde lid zijn van overeenkomstige toepassing.
5. Indien een taak of bevoegdheid als bedoeld in de artikelen 5 tot en met 11 van de Wet op de jeugdzorg, die werd uitgevoerd door een stichting als bedoeld in artikel 1, eerste lid, van de wet, krachtens deze wet bij het college berust, gaan de verplichtingen, bedoeld in het eerste lid, ten aanzien van een dossier over op dat college voor zover dat college dat dossier van de gecertificeerde instelling heeft ontvangen ten behoeve van de toeleiding naar, advisering over, bepaling van, het inzetten van of de bekostiging van een voorziening op het gebied van jeugdhulp.
6. In afwijking van het vijfde lid gaan dossiers gevormd bij de uitvoering van de taken, bedoeld in artikel 11, eerste lid, van de Wet op de jeugdzorg, en de in het eerste lid bedoelde verplichtingen met betrekking tot die dossiers, over op Veilig Thuis.
7. Overdracht van bescheiden ingevolge dit artikel geschiedt in goede, geordende en toegankelijke staat. Hiervan maakt de overdragende partij een verklaring van vervreemding op.

Art. 12.3a

Archiefwet, toepasselijkheid

1. Archiefbescheiden en de daarmee samenhangende verplichtingen, bedoeld in de Archiefwet 1995, met betrekking tot zorg waarvoor een aanvraag als bedoeld in artikel 10.4a, tweede lid, is ingediend bij een indicatieorgaan als bedoeld in artikel 9a van de Algemene Wet Bijzondere Ziektekosten en waarover op de datum van inwerkingtreding van artikel 11.7 nog geen besluit is genomen, worden door dat indicatieorgaan overgedragen aan het college van de gemeente waar de jeugdige zijn woonplaats heeft en gehouden is een voorziening op grond van deze wet te treffen.
2. Voor zover de archiefbescheiden, bedoeld in het eerste lid, zorg betreffen waarvoor op de datum van inwerkingtreding van artikel 11.7 een indicatiebesluit is afgegeven, is het indicatieorgaan, bedoeld in artikel 9a van de Algemene Wet Bijzondere Ziektekosten, zorgdrager als bedoeld in artikel 1 van de Archiefwet 1995 voor zover de archiefbescheiden niet overeenkomstig de Archiefwet 1995 zijn overgebracht naar een archiefbewaarplaats.
3. Het indicatieorgaan, bedoeld in het tweede lid, draagt na ontvangst van een daartoe strekkende kennisgeving door het college van de gemeente waar de jeugdige zijn woonplaats heeft, de archiefbescheiden binnen vier weken over aan het college, voor rekening en risico van dat college, indien het zorg betreft waarvoor dat college is gehouden een voorziening op grond van deze wet te treffen en deze bescheiden daartoe noodzakelijk zijn, teneinde dit college in de gelegenheid te stellen deze te kopiëren. Het college geeft de archiefbescheiden binnen vier weken na ontvangst terug.

Art. 12.4
1. Het college en de gemeenteraad bereiden zich tijdig en adequaat voor op hetgeen waarvoor zij verantwoordelijk zijn vanaf het moment dat de bepalingen van deze wet in werking treden, en waarborgen daarbij in het bijzonder:
a. de continuïteit van de verlening van jeugdhulp, de uitvoering van kinderbeschermingsmaatregelen en jeugdreclassering;
b. de infrastructuur die noodzakelijk is om jeugdigen en ouders de continuïteit, bedoeld in onderdeel a, te kunnen bieden;
c. een beperking van de frictiekosten, en
d. het functioneren van Veilig Thuis.

2. De gemeenteraad stelt het beleidsplan, bedoeld in artikel 2.2, en de verordening, bedoeld in artikel 2.9, vast voor 1 november van het kalenderjaar waarin dit artikel in werking treedt.

3. Ten behoeve van de uitvoering van het eerste lid en van artikel 2.6, eerste lid, onder a, sluiten de colleges ten behoeve van het jaar 2015 met door Onze Ministers aan te wijzen organisaties die een cruciale functie op het gebied van jeugdhulp vervullen en die voor de continuïteit van hun te leveren voorzieningen afhankelijk zijn van een groot aantal gemeenten, tijdig doch in ieder geval voor 1 november 2014 overeenkomsten waarin ter waarborging van de continuïteit van de verlening van jeugdhulp en het behoud van de daarvoor noodzakelijke infrastructuur afspraken zijn gemaakt over:
a. het budget;
b. de bevoorschotting, en
c. de te hanteren tarieven.

Inwerkingtreding jeugdwet, voorbereiding college en gemeenteraad

Art. 12.5
Het college publiceert voor het eerst voor 1 juli van het tweede kalenderjaar na het kalenderjaar waarin artikel 2.10 in werking is getreden, de uitkomsten van het in artikel 2.10 van deze wet juncto artikel 2.5.1, eerste lid, van de Wet maatschappelijke ondersteuning 2015 bedoelde onderzoek en verstrekt gelijktijdig de in artikel 7.4.2 juncto 7.4.1, eerste lid, bedoelde gegevens aan Onze Ministers.

Inwerkingtreding jeugdwet, publicatie onderzoek college

Art. 12.6
[Wijzigt de Wijzigingswet Burgerlijk Wetboek Boek 1, enz. (herziening maatregelen kinderbescherming), kamerstuk 32015.]

Art. 12.7
De artikelen 1.1, 2.2, 2.9, 2.15, 3.4, 10.4, en 12.4 treden in werking op de dag na de datum van uitgifte van het Staatsblad waarin zij wordt geplaatst. De overige artikelen van deze wet treden in werking op een bij koninklijk besluit te bepalen tijdstip, dat voor de verschillende artikelen of onderdelen daarvan verschillend kan worden vastgesteld.

Inwerkingtreding

Art. 12.8
Deze wet wordt aangehaald als: Jeugdwet.

Citeertitel

Wet arbeid vreemdelingen[1]

Wet van 21 december 1994, tot vaststelling van de Wet arbeid vreemdelingen

Wij Beatrix, bij de gratie Gods, Koningin der Nederlanden, Prinses van Oranje-Nassau, enz. enz. enz.
Allen, die deze zullen zien of horen lezen, saluut! doen te weten:
Alzo Wij in overweging genomen hebben, dat het wenselijk is nieuwe regels te stellen met betrekking tot de tewerkstelling van vreemdelingen;
Zo is het, dat Wij, de Raad van State gehoord, en met gemeen overleg der Staten-Generaal, hebben goedgevonden en verstaan, gelijk Wij goedvinden en verstaan bij deze:

§ I
Begripsbepalingen

Art. 1

In deze wet en de daarop berustende bepalingen wordt verstaan onder:
a. Onze Minister: Onze Minister van Sociale Zaken en Werkgelegenheid;
b. werkgever:
1°. degene die in de uitoefening van een ambt, beroep of bedrijf een ander arbeid laat verrichten;
2°. de natuurlijke persoon die een ander huishoudelijke of persoonlijke diensten laat verrichten;
c. vreemdeling: hetgeen daaronder wordt verstaan in de Vreemdelingenwet 2000;
d. niet eerder toegelaten vreemdeling: een vreemdeling die niet eerder over een voor het verrichten van arbeid geldige vergunning tot verblijf heeft beschikt, dan wel een vreemdeling die, na over een zodanige vergunning te hebben beschikt, zijn hoofdverblijf weer buiten Nederland heeft gevestigd dan wel buiten Nederland heeft voortgezet;
e. tewerkstellingsvergunning: vergunning voor een werkgever die wordt verleend door Onze Minister op grond van artikel 5, eerste lid, ten behoeve van een vreemdeling die rechtmatig verblijf heeft of heeft aangevraagd, anders dan op grond van een verblijfsvergunning regulier voor bepaalde tijd als bedoeld in artikel 14 van de Vreemdelingenwet 2000 die is verleend onder de beperking «arbeid in loondienst» of «lerend werken»;
f. Uitvoeringsinstituut werknemersverzekeringen: het Uitvoeringsinstituut werknemersverzekeringen, bedoeld in hoofdstuk 5 van de Wet structuur uitvoeringsorganisatie werk en inkomen;
g. prioriteitgenietend aanbod: aanbod van de zijde van Nederlanders en vreemdelingen als bedoeld in de artikelen 3, eerste lid, onder a, en 4, eerste lid;
h. gecombineerde vergunning: verblijfsvergunning regulier voor bepaalde tijd als bedoeld in artikel 14 van de Vreemdelingenwet 2000, verleend door Onze Minister van Veiligheid en Justitie onder de beperking «arbeid in loondienst», «lerend werken» of «seizoenarbeid», tevens zijnde vergunning voor het verrichten van werkzaamheden bij een specifieke werkgever, met het aanvullend document;
i. aanvullend document: document waarin de aanvullende informatie is opgenomen, bedoeld in artikel 6, eerste lid, tweede alinea, van de Richtlijn 2011/98/EU van het Europees Parlement en de Raad van 13 december 2011 betreffende één enkele aanvraagprocedure voor een gecombineerde vergunning voor onderdanen van derde landen om te verblijven en te werken op het grondgebied van een lidstaat, alsmede inzake een gemeenschappelijk pakket rechten voor werknemers uit derde landen die legaal in een lidstaat verblijven (PbEU 2011, L343);
j. toezichthouder: de toezichthouder, bedoeld in de Algemene wet bestuursrecht, en als zodanig aangewezen op grond van artikel 14, eerste lid.
(Zie ook: Richtlijn 2011/98/EU)

§ II
Tewerkstelling van vreemdelingen

Art. 2

1. Het is een werkgever verboden een vreemdeling in Nederland arbeid te laten verrichten zonder tewerkstellingsvergunning of zonder dat een vreemdeling in het bezit is van een gecombineerde vergunning voor werkzaamheden bij die werkgever.

---

1   Inwerkingtredingsdatum: 01-09-1995; zoals laatstelijk gewijzigd bij: Stb. 2020, 262.

2. Het verbod, bedoeld in het eerste lid, is niet van toepassing met betrekking tot een vreemdeling ten aanzien van wie tevens een ander als werkgever optreedt, indien die ander beschikt over een voor de desbetreffende arbeid geldige tewerkstellingsvergunning of indien die vreemdeling beschikt over een gecombineerde vergunning voor werkzaamheden bij die werkgever.
(Zie ook: art. 11 sub c Richtlijn 2011/98/EU)

Art. 2a
1. Een werkgever die een vreemdeling arbeid in Nederland laat verrichten, ten aanzien waarvan het verbod, bedoeld in artikel 2, niet geldt en die niet behoort tot de categorie vreemdelingen, bedoeld in artikel 3, eerste lid, onderdeel a, is verplicht dit gegeven schriftelijk te melden ten minste twee werkdagen voor aanvang van de werkzaamheden aan een bij ministeriële regeling aan te wijzen instantie, onder overlegging van een verklaring en bewijsstukken. — *Meldplicht werkgever van tewerkgestelde vreemdeling*
2. De verplichting, bedoeld in het eerste lid, geldt niet, indien de werkgever reeds uit hoofde van andere, bij algemene maatregel van bestuur aan te wijzen, bepalingen een meldingsplicht heeft.
3. Bij ministeriële regeling kunnen regels worden gesteld met betrekking tot het model van de verklaring en de over te leggen bewijsstukken, bedoeld in het eerste lid. — *Nadere regels*

Art. 3
1. Het verbod, bedoeld in artikel 2, eerste lid, is niet van toepassing met betrekking tot: — *Uitzondering tewerkstelling zonder tewerkstellingsvergunning/gecombineerde vergunning*
a. een vreemdeling ten aanzien van wie ingevolge bepalingen, vastgesteld bij overeenkomst met andere mogendheden dan wel bij een voor Nederland verbindend besluit van een volkenrechtelijke organisatie, een tewerkstellingsvergunning of een gecombineerde vergunning niet mag worden verlangd;
b. een vreemdeling die beschikt over een verblijfsvergunning voor bepaalde tijd als bedoeld in artikel 14 van de Vreemdelingenwet 2000 voor het verrichten van arbeid als zelfstandige, voor zover deze vreemdeling arbeid verricht als zelfstandige;
c. een vreemdeling die behoort tot een bij of krachtens algemene maatregel van bestuur aangewezen categorie, dan wel bij of krachtens algemene maatregel van bestuur aangewezen categorie van werkzaamheden verricht.
2. Van de bepalingen, bedoeld in het eerste lid, onder *a*, wordt door Onze Minister mededeling gedaan in de Staatscourant.

Art. 4
1. Het verbod, bedoeld in artikel 2, eerste lid, is evenmin van toepassing met betrekking tot een vreemdeling die beschikt over een krachtens de Vreemdelingenwet 2000 afgegeven verblijfsvergunning, welke is voorzien van een aantekening van Onze Minister van Veiligheid en Justitie waaruit blijkt dat aan de vergunning geen beperkingen zijn verbonden voor het verrichten van arbeid. — *Vergunning afgegeven krachtens de Vreemdelingenwet 2000*
2. Een zodanige aantekening wordt afgegeven aan een vreemdeling:
a. die rechtmatig in Nederland verblijf houdt in de zin van artikel 8, onder b of d, van de Vreemdelingenwet 2000;
b. die gedurende een ononderbroken tijdvak van vijf jaar heeft beschikt over een voor het verrichten van arbeid geldige verblijfsvergunning voor bepaalde tijd als bedoeld in artikel 14 van de Vreemdelingenwet 2000 en die nadien zijn hoofdverblijf niet buiten Nederland heeft gevestigd; of
c. die behoort tot een bij algemene maatregel van bestuur aangewezen categorie.

Art. 5
1. Onze Minister is bevoegd tot het afgeven en intrekken van tewerkstellingsvergunningen. — *Bevoegdheid minister*
2. Onze Minister wijst een instantie aan die Onze Minister van Veiligheid en Justitie adviseert inzake het verlenen, verlengen of intrekken van een gecombineerde vergunning.
3. Het advies, bedoeld in het tweede lid, wordt binnen een termijn van vijf weken na ontvangst van het verzoek om advies uitgebracht.
4. Bij ministeriële regeling kunnen nadere regels worden gesteld met betrekking tot de advisering, bedoeld in het tweede lid.
5. De werkgever verstrekt op verzoek van de aangewezen instantie, bedoeld in het tweede lid, kosteloos alle gegevens en inlichtingen die noodzakelijk zijn voor het uitbrengen van het in dat lid bedoelde advies.
6. Bestuursorganen zijn bevoegd uit eigen beweging en desgevraagd verplicht aan Onze Minister, dan wel aan de aangewezen instantie, bedoeld in het tweede lid, of het Uitvoeringsinstituut werknemersverzekeringen, kosteloos de gegevens en inlichtingen te verstrekken die noodzakelijk zijn voor de uitvoering van het bepaalde bij of krachtens deze wet. Bestuursorganen kunnen daarbij gebruikmaken van het vreemdelingennummer, bedoeld in artikel 107, derde lid, van de Vreemdelingenwet 2000, of het burgerservicenummer. Bij algemene maatregel van bestuur kunnen regels worden gesteld omtrent deze gegevensverstrekking.
7. De in het zesde lid bedoelde gegevensverstrekking vindt niet plaats indien de persoonlijke levenssfeer van de betrokkene daardoor onevenredig wordt geschaad.

A81 art. 5a — Wet arbeid vreemdelingen

8. Onze Minister kan de in het eerste lid bedoelde bevoegdheden delegeren aan het Uitvoeringsinstituut werknemersverzekeringen.

Art. 5a

Limitering tewerkstellingsvergunningen/gecombineerde vergunningen

Bij algemene maatregel van bestuur kan worden bepaald dat voor bepaalde categorieën van werkzaamheden of, indien daarvoor een volkenrechtelijke verplichting bestaat, voor bepaalde categorieën van vreemdelingen een limiet aan het aantal te verlenen tewerkstellingsvergunningen of gecombineerde vergunningen wordt ingesteld.

Art. 6

Aanvraag tewerkstellingsvergunning

1. Een tewerkstellingsvergunning wordt aangevraagd door de werkgever.

2. Op een aanvraag wordt binnen vijf weken na ontvangst beslist.

Art. 7

Inhoud tewerkstellingsvergunning/gecombineerde vergunning

1. De tewerkstellingsvergunning en het aanvullend document als onderdeel van de gecombineerde vergunning vermelden de naam en de plaats van vestiging van de werkgever en andere identificerende gegevens van de werkgever, het loon van de vreemdeling, de persoonsgegevens van de vreemdeling, de geldigheidsduur van de tewerkstellingsvergunning of de gecombineerde vergunning, alsmede een omschrijving van de aard en de plaats van de door de vreemdeling te verrichten arbeid.

Nadere regels

2. Bij ministeriële regeling kunnen nadere regels worden gesteld met betrekking tot de identificerende gegevens, bedoeld in het eerste lid.

Art. 8

Weigering tewerkstellingsvergunning/gecombineerde vergunning

1. Onze Minister weigert een tewerkstellingsvergunning of Onze Minister van Veiligheid en Justitie weigert een gecombineerde vergunning:
   a. indien voor de desbetreffende arbeidsplaats prioriteitgenietend aanbod op de arbeidsmarkt aanwezig is;
   b. indien het een arbeidsplaats betreft waarvan de beschikbaarheid niet ten minste vijf weken voor het indienen van de aanvraag aan het Uitvoeringsinstituut werknemersverzekeringen is gemeld;
   c. indien de werkgever niet kan aantonen voldoende inspanningen te hebben gepleegd de arbeidsplaats door prioriteitgenietend aanbod op de arbeidsmarkt te vervullen:
   d. indien van de te vervullen arbeidsplaats de arbeidsvoorwaarden, arbeidsverhoudingen of arbeidsomstandigheden beneden het niveau liggen dat wettelijk is vereist of in de desbetreffende bedrijfstak gebruikelijk is;
   e. indien het een vreemdeling betreft:
   1°. die niet beschikt over een voor het verrichten van arbeid geldige verblijfsvergunning, noch een zodanige vergunning heeft aangevraagd, noch, voor zover ter verkrijging van een dergelijke vergunning vereist, een machtiging tot voorlopig verblijf heeft aangevraagd, dan wel
   2°. aan wie een verblijfsvergunning is geweigerd of wiens verblijfsvergunning is ingetrokken;
   f. indien het een vreemdeling betreft, die met de desbetreffende arbeid over een periode van een maand niet ten minste een bedrag verdient gelijk aan het minimumloon, bedoeld in artikel 8, eerste lid, onderdeel a, van de Wet minimumloon en minimumvakantiebijslag;
   g. indien het een arbeidsplaats betreft die behoort tot een bij algemene maatregel van bestuur aangewezen categorie van werkzaamheden, waarvan het niet in het Nederlands belang is deze door vreemdelingen te laten verrichten; of
   h. indien het een categorie van werkzaamheden of van vreemdelingen betreft waarvoor overeenkomstig artikel 5a een limiet aan het aantal te verlenen tewerkstellingsvergunningen of gecombineerde vergunningen is gesteld, welke limiet is bereikt.

2. Onder bij of krachtens algemene maatregel van bestuur te stellen voorwaarden is het eerste lid, onder a, b, c, f en h niet van toepassing op de vreemdeling die de toegang tot Nederland niet is geweigerd of door wie of ten behoeve van wie een asielaanvraag is ingediend en die ten bewijze daarvan door Onze Minister van Veiligheid en Justitie in het bezit is gesteld van een daartoe aangewezen document, en niet beschikt over een aantekening als bedoeld in artikel 4, eerste lid, van de wet, en die gelet op de verbetering van de kwaliteit van het verblijf van die vreemdeling arbeid mag verrichten.

3. In door Onze Minister te bepalen gevallen kan:
   a. in buitengewone omstandigheden worden afgeweken van het eerste lid, onder b;
   b. ten behoeve van de bevordering van internationale handelscontacten of in het kader van de uitoefening van een geestelijke, godsdienstige of levensbeschouwelijke functie worden afgeweken van het eerste lid, onder a, b, c en f;
   c. in het kader van scholing, opleiding, vrijwilligerswerk, internationale uitwisseling en andere internationale culturele contacten alsmede ten behoeve van vreemdelingen die beschikken over een voor het verrichten van arbeid geldige verblijfsvergunning, worden afgeweken van het eerste lid, onder a, b, c, d en f; of
   d. in afwijking van het eerste lid, onder b, een kortere termijn dan vijf weken gelden indien het Uitvoeringsinstituut werknemersverzekeringen voor ommekomst van die termijn heeft vastge-

Wet arbeid vreemdelingen

steld dat er voor de desbetreffende arbeidsplaats geen prioriteitgenietend aanbod op de arbeidsmarkt aanwezig is.

4. De voordracht voor een krachtens het tweede lid vast te stellen algemene maatregel van bestuur wordt niet eerder gedaan dan vier weken nadat het ontwerp aan beide kamers der Staten-Generaal is overgelegd.

Art. 9

1. Onze Minister kan een tewerkstellingsvergunning weigeren of Onze Minister van Veiligheid en Justitie kan een gecombineerde vergunning weigeren:

Facultatieve weigeringsgronden

a. indien voorzienbaar is dat binnen een redelijke termijn voor de desbetreffende arbeidsplaats prioriteitgenietend aanbod op de arbeidsmarkt beschikbaar zal komen;
b. indien het een niet eerder toegelaten vreemdeling betreft, wiens leeftijd niet valt binnen bij ministeriële regeling gestelde leeftijdsgrenzen;
c. ingevolge het niet in acht nemen van een beperking waaronder een eerdere vergunning is verleend of wegens het niet naleven van een daaraan verbonden voorschrift;
d. indien geen passende huisvesting voor de vreemdeling beschikbaar is;
e. indien de werving niet heeft plaatsgevonden op een wijze die voor de desbetreffende sector is overeengekomen bij een convenant dat voldoet aan bij ministeriële regeling gestelde eisen;
f. indien door de werkgever anderszins belemmeringen zijn opgeworpen waardoor de arbeidsplaats niet overeenkomstig het bij of krachtens deze wet bepaalde door aanbod op de arbeidsmarkt vervuld kon worden;
g. indien de werkgever geen erkende referent is als bedoeld in artikel 1, onderdeel t, van de Vreemdelingenwet 2000 omdat zijn erkenning is ingetrokken of geschorst of omdat zijn aanvraag tot erkenning is afgewezen;
h. indien de werkgever een referent is als bedoeld in artikel 1, onderdeel s, van de Vreemdelingenwet 2000 of een erkende referent als bedoeld in artikel 1, onderdeel t, van die wet en hem op grond van artikel 55a van die wet binnen een periode van vijf jaar direct voorafgaande aan de aanvraag voor een tewerkstellingsvergunning of gecombineerde vergunning een bestuurlijke boete is opgelegd of indien hij in die periode is gestraft op grond van artikel 108 van die wet;
i. indien de werkgever binnen een periode van vijf jaar direct voorafgaande aan de aanvraag voor een tewerkstellingsvergunning of gecombineerde vergunning een bestuurlijke boete is opgelegd wegens het niet of onvoldoende afdragen van loonbelasting, premies voor de werknemersverzekeringen of premies voor de volksverzekeringen of inkomensafhankelijke bijdrage, dan wel een bestuurlijke boete is opgelegd op grond van een overtreding als bedoeld in:
1°. artikel 10:1 van de Arbeidstijdenwet;
2°. artikel 33 van de Arbeidsomstandighedenwet;
3°. artikel 18b van de Wet minimumloon en minimumvakantiebijslag;
4°. artikel 18; of
5°. artikel 16 van de Wet allocatie arbeidskrachten door intermediairs;
j. indien de werkgever binnen een periode van vijf jaar direct voorafgaande aan de aanvraag voor een tewerkstellingsvergunning of gecombineerde vergunning is gestraft op grond van:
1°. artikel 273f, van het Wetboek van Strafrecht;
2°. artikel 11:3 van de Arbeidstijdenwet; of
3°. artikel 32 van de Arbeidsomstandighedenwet.

2. Onze Minister van Veiligheid en Justitie kan een gecombineerde vergunning onder de beperking «seizoenarbeid», weigeren indien bij de werkgever geen economische activiteit plaatsvindt.

3. In de ministeriële regeling, bedoeld in het eerste lid, onderdeel e, wordt met betrekking tot de eisen waaraan de convenanten moeten voldoen, in ieder geval opgenomen dat het Uitvoeringsinstituut werknemersverzekeringen:
a. partij is bij het convenant;
b. Onze Minister van Sociale Zaken en Werkgelegenheid in kennis stelt van het voornemen inzake het tot stand brengen van een convenant;
c. van het convenant nadat het tot stand is gekomen mededeling doet door plaatsing in de Staatscourant.

Art. 10

Onze Minister kan voorschriften verbinden aan een tewerkstellingsvergunning of Onze Minister van Veiligheid en Justitie kan voorschriften verbinden aan een gecombineerde vergunning, die ertoe strekken:

Voorschriften verbonden aan tewerkstellingsvergunning/gecombineerde vergunning

a. dat de werkgever inspanningen pleegt arbeidsplaatsen door prioriteitgenietend op de arbeidsmarkt beschikbaar aanbod te doen vervullen;
b. dat in de onderneming in de arbeidsvoorwaarden, arbeidsverhoudingen of arbeidsomstandigheden voor de vervulling van arbeidsplaatsen door prioriteitgenietend aanbod gelegen beletselen, worden opgeheven;
c. dat de overeenkomst tot het verrichten van arbeid schriftelijk wordt aangegaan en dat daarvan een afschrift ter beschikking wordt gesteld aan de vergunningverlenende instantie;

A81 art. 11 — Wet arbeid vreemdelingen

d. dat de werkgever geheel of gedeeltelijk door opleiding of scholing voorziet in het in de toekomst aanwezig zijn van een voor zijn arbeidsorganisatie geschikt aanbod.

Art. 11

Duur tewerkstellingsvergunning

1. Een tewerkstellingsvergunning wordt voor ten hoogste een jaar verleend.
(Zie ook: art. 2.12 Wet wegvervoer goederen)
2. Ten behoeve van tijdelijk werk wordt een tewerkstellingsvergunning voor ten hoogste vier en twintig weken verleend, indien de desbetreffende arbeid wordt verricht door een niet eerder toegelaten vreemdeling. Deze vreemdeling mag gedurende een periode van veertien weken direct voorafgaande aan de tewerkstellingsvergunning niet over een voor het verrichten van arbeid geldige verblijfsvergunning voor bepaalde tijd als bedoeld in artikel 14 van de Vreemdelingenwet 2000 hebben beschikt.
3. In afwijking van het eerste lid wordt een tewerkstellingsvergunning die is verleend met toepassing van artikel 8, derde lid, onder b en c, voor ten hoogste drie jaar verleend.

Art. 12

Intrekking tewerkstellingsvergunning/gecombineerde vergunning

1. Onze Minister kan een tewerkstellingsvergunning intrekken of Onze Minister van Veiligheid en Justitie kan een gecombineerde vergunning intrekken:
a. indien de voor verkrijging verstrekte gegevens zodanig onjuist of onvolledig blijken te zijn geweest, dat op de aanvraag een andere beslissing zou zijn genomen als bij de beoordeling daarvan de juiste omstandigheden volledig bekend waren geweest;
b. indien gebleken is dat aan de vreemdeling verblijf in Nederland is geweigerd;
c. indien van de tewerkstellingsvergunning geen gebruik wordt gemaakt.
2. Onze Minister kan, na overleg met Onze Minister van Justitie, ten aanzien van een vreemdeling als bedoeld in artikel 8, onder h, van de Vreemdelingenwet 2000 afwijken van het eerste lid onder b.

Art. 12a

Intrekking tewerkstellingsvergunning/gecombineerde vergunning, positie referent

Onze Minister kan een tewerkstellingsvergunning intrekken of Onze Minister van Veiligheid en Justitie kan een gecombineerde vergunning intrekken indien:
a. indien de werkgever geen erkende referent is als bedoeld in artikel 1, onderdeel t, van de Vreemdelingenwet 2000 omdat zijn erkenning is ingetrokken of geschorst of omdat zijn aanvraag tot erkenning is afgewezen, of
b. indien de werkgever een referent is als bedoeld in artikel 1, onderdeel s, van de Vreemdelingenwet 2000 of een erkende referent als bedoeld in artikel 1, onderdeel t, van die wet en hem op grond van artikel 55a van die wet binnen een periode van vijf jaar direct voorafgaande aan de aanvraag voor een tewerkstellingsvergunning of gecombineerde vergunning een bestuurlijke boete is opgelegd of indien hij in die periode is gestraft op grond van artikel 108 van die wet;
c. het een gecombineerde vergunning betreft, eveneens met toepassing van de in artikel 19 van de Vreemdelingenwet 2000 bedoelde intrekkingsgronden voor een verblijfsvergunning regulier voor bepaalde tijd als bedoeld in artikel 14 van de Vreemdelingenwet 2000.

Art. 12b

Intrekking tewerkstellingsvergunning/gecombineerde vergunning bij boete of straf

Onze Minister kan voorts een tewerkstellingsvergunning intrekken of Onze Minister van Veiligheid en Justitie kan voorts een gecombineerde vergunning intrekken indien de werkgever binnen een periode van vijf jaar voorafgaand aan het moment waarop de vergunning wordt ingetrokken:
a. een bestuurlijke boete is opgelegd op grond van:
1°. artikel 10:1 van de Arbeidstijdenwet;
2°. artikel 33 van de Arbeidsomstandighedenwet;
3°. artikel 18b van de Wet minimumloon en minimumvakantiebijslag;
4°. artikel 18 van de Wet arbeid vreemdelingen; of
5°. artikel 16 van de Wet allocatie arbeidskrachten door intermediairs;
b. gestraft is op grond van:
1°. artikel 273f van het Wetboek van Strafrecht;
2°. artikel 11:3 van de Arbeidstijdenwet; of
3°. artikel 32 van de Arbeidsomstandighedenwet.

Art. 13

Redenen intrekking

Onverminderd de artikelen 12, eerste lid, 12a en 12b, en onverminderd artikel 19 van de Vreemdelingenwet 2000 kan Onze Minister een tewerkstellingsvergunning slechts intrekken of kan Onze Minister van Veiligheid en Justitie een gecombineerde vergunning slechts intrekken ingevolge:
a. het niet in acht nemen van een beperking waaronder de tewerkstellingsvergunning is verleend, of
b. het niet naleven van een aan de tewerkstellingsvergunning verbonden voorschrift.

Wet arbeid vreemdelingen

§ III
Toezicht

Art. 14
1. Met het toezicht op de naleving van het bepaalde bij of krachtens deze wet zijn belast de bij besluit van Onze Minister aangewezen ambtenaren.
2. Van een besluit als bedoeld in het eerste lid wordt mededeling gedaan door plaatsing in de Staatscourant.

Toezichthoudende ambtenaren

Art. 15
1. Indien de werkgever door een vreemdeling arbeid laat verrichten waarbij die arbeid feitelijk wordt verricht bij een andere werkgever, draagt de eerstgenoemde werkgever er bij aanvang van de arbeid door de vreemdeling onverwijld zorg voor dat de andere werkgever een afschrift van het document, bedoeld in artikel 1, eerste lid, onder 1° tot en met 3°, van de Wet op de identificatieplicht, van de vreemdeling ontvangt.
2. De werkgever die het afschrift van het document, bedoeld in het eerste lid, ontvangt, stelt de identiteit van de vreemdeling vast aan de hand van het genoemde document en neemt het afschrift op in de administratie.
3. De verplichting, bedoeld in het eerste lid, om een afschrift van het document te verstrekken, aan de andere werkgever is niet van toepassing, indien de vreemdeling die onderdaan is van een lidstaat van de Europese Unie, dan wel de Europese Economische Ruimte dan wel van Zwitserland, tenzij ten aanzien van de vreemdeling de artikelen 1 tot en met 5 van Verordening (EU) Nr. 492/2011 van het Europees Parlement en de Raad van 5 april 2011 betreffende het vrije verkeer van werknemers binnen de Unie (PbEU 2011, L 141) niet van toepassing zijn.
4. De werkgever, bedoeld in het tweede lid, bewaart het afschrift tot tenminste vijf jaren na het einde van het kalenderjaar waarin de arbeid door de vreemdeling is beëindigd.
5. De vreemdeling verstrekt een op hem betrekking hebbend document als bedoeld in artikel 1, eerste lid, onder 1° tot en met 3°, van de Wet op de identificatieplicht, aan de werkgever, die het afschrift van het document, bedoeld in het eerste lid, ontvangt, en stelt die werkgever in de gelegenheid een afschrift van dit document te maken.

Arbeid vreemdeling bij feitelijke werkgever

Art. 15a
De werkgever is verplicht om binnen 48 uren na een daartoe strekkende vordering van de toezichthouder de identiteit vast te stellen van een persoon van wie op grond van feiten en omstandigheden het vermoeden bestaat dat hij arbeid voor hem verricht of heeft verricht, aan de hand van een document als bedoeld in artikel 1, eerste lid, onder 1° tot en met 3°, van de Wet op de identificatieplicht en de toezichthouder te informeren door een afschrift van dit document te verstrekken.

Vaststellen identiteit vreemdeling door werkgever op vordering toezichthouder

Art. 16
1. De toezichthouder is bevoegd bij het verwerken van persoonsgegevens gebruik te maken van het burgerservicenummer.
2. Bestuursorganen zijn bevoegd uit eigen beweging en verplicht desgevraagd aan de toezichthouder kosteloos alle gegevens en inlichtingen te verstrekken die noodzakelijk zijn voor het toezicht op de naleving van het bepaalde bij of krachtens deze wet. Bestuursorganen kunnen daarbij gebruik maken van het burgerservicenummer of het vreemdelingennummer, bedoeld in artikel 107, derde lid, van de Vreemdelingenwet 2000, voor zover zij daartoe gerechtigd zijn.
3. De toezichthouder verstrekt andere bestuursorganen kosteloos gegevens welke zij behoeven ter uitvoering van hun taak. De laatste volzin van het tweede lid is van overeenkomstige toepassing.
4. De in het tweede en derde lid bedoelde gegevensverstrekking vindt niet plaats indien de persoonlijke levenssfeer van de betrokkene daardoor onevenredig wordt geschaad.
5. Bij algemene maatregel van bestuur kunnen regels worden gesteld omtrent de gevallen waarin en de wijze waarop in ieder geval gegevens dienen te worden verstrekt.
6. Voor de toepassing van dit artikel worden met bestuursorganen gelijkgesteld instellingsbesturen van uit de openbare kas bekostigde instellingen en bevoegde gezagsorganen van uit de openbare kas bekostigde scholen en instellingen.

Gegevensverstrekking

Art. 17
De toezichthouder is bevoegd, met medeneming van de benodigde apparatuur, een woning binnen te treden zonder toestemming van de bewoner indien sprake is van een redelijk vermoeden van een overtreding als bedoeld in artikel 18.

Bevoegdheid toezichthouder

Art. 17a
De toezichthouder is te allen tijde bevoegd tot inbeslagneming van daarvoor vatbare voorwerpen. Hij kan daartoe de uitlevering vorderen tegen een door hem afgegeven schriftelijk bewijs. Zodra het belang van onderzoek omtrent de overtreding zulks toelaat wordt het in beslag genomen voorwerp teruggegeven aan degene bij wie het in beslag is genomen.

Bevoegdheid tot inbeslagneming

A81 art. 17b

Wet arbeid vreemdelingen

Art. 17b

Waarschuwing
1. Een daartoe door Onze Minister aangewezen, onder hem ressorterende ambtenaar kan, nadat een overtreding van een voorschrift of verbod bij of krachtens deze wet is geconstateerd die bestuurlijk beboetbaar is gesteld, aan de werkgever een schriftelijke waarschuwing geven dat bij herhaling van de overtreding of bij een latere overtreding van eenzelfde in de waarschuwing aangegeven wettelijke verplichting of verbod of bij of krachtens algemene maatregel van bestuur aan te wijzen soortgelijke verplichtingen of verboden, door hem een bevel kan worden opgelegd dat door hem aangewezen werkzaamheden voor ten hoogste drie maanden worden gestaakt dan wel niet mogen worden aangevangen.
2. Indien een waarschuwing als bedoeld in het eerste lid is gegeven en herhaling van de overtreding of een latere overtreding als bedoeld in het eerste lid is geconstateerd, kan door de ambtenaar, bedoeld in het eerste lid, aan de werkgever bij beschikking een bevel als bedoeld in het eerste lid worden opgelegd dat wordt opgevolgd met ingang van het in de beschikking aangeven tijdstip. Deze beschikking wordt niet gegeven zolang wegens de eerste overtreding, bedoeld in het eerste lid, nog niet een bestuurlijke boete is opgelegd.
3. De constatering van de overtreding, bedoeld in het eerste of tweede lid, wordt vastgelegd in een boeterapport.
4. De waarschuwing, bedoeld in het eerste lid, vervalt indien na de dagtekening van de waarschuwing vijf jaren zijn verstreken.
5. De ambtenaar, bedoeld in het eerste lid, is bevoegd met betrekking tot het bevel, bedoeld in het tweede lid, met inbegrip van de oplegging van een last onder bestuursdwang, de nodige maatregelen te treffen, de nodige aanwijzingen te geven en de hulp van de sterke arm in te roepen.
6. Ieder wie zulks aangaat is verplicht zich te gedragen overeenkomstig een bevel als bedoeld in het tweede lid en een maatregel of aanwijzing als bedoeld in het vijfde lid.

Nadere regels
7. Bij of krachtens algemene maatregel van bestuur worden nadere regels gesteld met betrekking tot het eerste en tweede lid.

Art. 17d

Beschikking
Een beschikking op grond van deze wet van een ambtenaar als bedoeld in de artikelen 17b, eerste lid, en 19g, eerste lid, wordt genomen namens Onze Minister.

§ IV
Bestuursrechtelijke handhaving

Art. 18

Overtreding
Als overtreding wordt aangemerkt het niet naleven van de artikelen 2, eerste lid, 15, 15a en het bepaalde bij of krachtens artikel 2a.

Art. 18a
[Vervallen]

Art. 18b

Rapport
1. Onverminderd artikel 5:48, tweede lid, van de Algemene wet bestuursrecht vermeldt het rapport in ieder geval:
a. de bij de overtreding betrokken persoon of personen;
b. het officiële nummer waaronder het betreffende vervoermiddel is geregistreerd, voor zover in verband met de overtreding van belang.
2. Het rapport wordt toegezonden aan de op grond van artikel 19a, eerste lid, aangewezen ambtenaar.

Art. 19
[Vervallen]

Art. 19a

Bevoegdheid boeteoplegging
1. Een daartoe door Onze Minister aangewezen, onder hem ressorterende ambtenaar legt namens hem de bestuurlijke boete op aan degene op wie de verplichtingen rusten welke voortvloeien uit deze wet, voor zover het niet naleven daarvan is aangeduid als een overtreding.
2. De terzake van deze wet gestelde overtredingen, gelden ten opzichte van elk persoon, met of ten aanzien van wie een overtreding is begaan.

Art. 19b-19c
[Vervallen]

Art. 19d

Hoogte bestuurlijke boete
1. De bestuurlijke boete die voor een overtreding kan worden opgelegd bedraagt ten hoogste het bedrag van de vijfde categorie, bedoeld in artikel 23, vierde lid, van het Wetboek van Strafrecht.
2. Onverminderd het eerste lid verhoogt de op grond van artikel 19a, eerste lid, aangewezen ambtenaar de op te leggen bestuurlijke boete met 100 procent van het boetebedrag, vastgesteld op grond van het zesde lid, indien binnen een tijdvak van vijf jaar voorafgaand aan de dag van constatering van de overtreding een eerdere overtreding, bestaande uit het niet naleven van

eenzelfde wettelijke verplichting of verbod of het niet naleven van bij of krachtens algemene maatregel van bestuur aan te wijzen soortgelijke verplichtingen en verboden, is geconstateerd en de bestuurlijke boete wegens de eerdere overtreding onherroepelijk is geworden.
3. De verhoging van de bestuurlijke boete, bedoeld in het tweede lid, bedraagt 200 procent indien zowel de overtreding als de eerdere overtreding, bedoeld in dat lid, bij of krachtens algemene maatregel van bestuur zijn aangewezen als ernstige overtredingen.
4. Onverminderd het eerste lid verhoogt de op grond van artikel 19a, eerste lid, aangewezen ambtenaar de op te leggen bestuurlijke boete met 200 procent van het boetebedrag, vastgesteld op grond van het zesde lid, indien binnen een tijdvak van vijf jaar voorafgaand aan de dag van constatering van de overtreding twee maal een eerdere overtreding, bestaande uit het niet naleven van eenzelfde wettelijke verplichting of verbod of het niet naleven van bij of krachtens algemene maatregel van bestuur aan te wijzen soortgelijke verplichtingen en verboden, is geconstateerd en de bestuurlijke boeten wegens de eerdere overtredingen onherroepelijk zijn geworden.
5. In afwijking van het tweede en vierde lid is het tijdvak van vijf jaar in die leden tien jaar indien de onherroepelijke boetes, bedoeld in die leden, zijn opgelegd wegens bij of krachtens algemene maatregel van bestuur aangewezen ernstige overtredingen.
6. Onze Minister stelt beleidsregels vast waarin de boetebedragen voor de overtredingen worden vastgesteld. Artikel 5:53 van de Algemene wet bestuursrecht is van toepassing indien een artikel gesteld bij of krachtens deze wet op grond waarvan een bestuurlijke boete kan worden opgelegd, niet is nageleefd.
7. In afwijking van artikel 8:69 van de Algemene wet bestuursrecht kan de rechter in beroep of hoger beroep de hoogte van de bestuurlijke boete ook ten nadele van de belanghebbende wijzigen.

Art. 19e
[Vervallen]

Art. 19f
Indien een bestuurlijke boete ten onrechte is opgelegd, wordt deze binnen zes weken nadat is vastgesteld dat de bestuurlijke boete ten onrechte is opgelegd, aan de rechthebbende terugbetaald.

Ten onrechte opgelegde boete

Art. 19g
1. De toezichthouder of de door Onze Minister aangewezen ambtenaren, bedoeld in artikel 19a, eerste lid, maken het feit dat een bestuurlijke boete is opgelegd wegens overtreding van deze wet als bedoeld in artikel 18, dat een besluit is genomen als bedoeld in artikel 17b, tweede lid, of dat na een afgerond onderzoek geen overtreding is geconstateerd openbaar teneinde de naleving van deze wet te bevorderen en inzicht te geven in het uitvoeren van toezicht op grond van deze wet.
2. Bij de openbaarmaking, bedoeld in het eerste lid, is artikel 10, eerste lid, onderdelen c en d, van de Wet openbaarheid van bestuur van overeenkomstige toepassing.
3. Bij algemene maatregel van bestuur worden nadere regels gesteld met betrekking tot de openbaar te maken gegevens, waaronder de mogelijke reactie van een belanghebbende in verband met de openbaarmaking van zijn gegevens, de termijn waarop deze gegevens beschikbaar worden gesteld en de wijze waarop de openbaarmaking plaatsvindt.
4. Indien geen overtreding is geconstateerd als bedoeld in het eerste lid, is op dat besluit tot openbaarmaking artikel 4:8 van de Algemene wet bestuursrecht niet van toepassing.
5. De openbaarmaking, bedoeld in het eerste lid, geschiedt niet eerder dan nadat tien werkdagen zijn verstreken na de dag waarop het besluit aan belanghebbende bekend is gemaakt.
6. Bij de openbaarmaking wordt vermeld of tegen een besluit tot oplegging van een bestuurlijke boete of een besluit als bedoeld in artikel 17b, tweede lid, een rechtsmiddel is ingesteld dan wel of daartoe de mogelijkheid bestaat.
7. Indien wordt verzocht om een voorlopige voorziening als bedoeld in artikel 8:81 van de Algemene wet bestuursrecht, wordt de openbaarmaking opgeschort totdat de voorzieningenrechter een uitspraak heeft gedaan.
8. Indien de openbaarmaking, bedoeld in het eerste lid, in strijd is of zou kunnen komen met het doel van het toezicht op de naleving van deze wet dat door de toezichthouders wordt uitgeoefend, blijft openbaarmaking achterwege.

Openbaarmaking gegevens

Art. 19h-19j
[Vervallen]

§ V
Overgangs- en slotbepalingen

Art. 20-21
[Vervallen]

Art. 22
Onze Minister stelt nadere regels ter bevordering van een goede uitvoering van deze wet.

Nadere regels

A81 art. 22a

Ministeriële regeling voorleggen aan Tweede Kamer

Art. 22a
Het ontwerp voor een krachtens de artikelen 5, vierde lid, en 22 vast te stellen ministeriële regeling wordt, voor zover deze betrekking heeft op wijziging van de lijst van sectoren, bedoeld in artikel 2, tweede lid, van Richtlijn 2014/36/EU van het Europees Parlement en de Raad van 26 februari 2014 betreffende de voorwaarden voor toegang en verblijf van onderdanen van derde landen met het oog op tewerkstelling als seizoenarbeider (PbEU 2014, L 94), aan de Tweede Kamer der Staten-Generaal overgelegd. De ministeriële regeling wordt niet eerder vastgesteld dan vier weken na de overlegging van het ontwerp.

Art. 23

Rechtsvermoeden bij illegale arbeid

1. De werkgever is verplicht de vreemdeling die arbeid heeft verricht zijn loon als bedoeld in artikel 2, onderdeel j, van de Richtlijn nr. 2009/52/EG van het Europees Parlement en de Raad van 18 juni 2009 tot vaststelling van minimumnormen inzake sancties en maatregelen tegen werkgevers van illegaal verblijvende onderdanen van derde landen (PbEU 2009 L 168) te voldoen.
2. Indien een werkgever een vreemdeling arbeid doet verrichten in strijd met artikel 2, wordt de vreemdeling vermoed gedurende ten minste zes maanden werkzaam te zijn voor die werkgever tegen het loon, bedoeld in het eerste lid, en voor de duur van het verrichten van de arbeid die in de desbetreffende bedrijfstak gebruikelijk is.
3. De vreemdeling kan tevens elke naast hogere werkgever aansprakelijk stellen voor de nakoming van het eerste lid.
4. Een vordering uit hoofde van het derde lid is slechts mogelijk indien een vordering op de naast lagere werkgever niet is geslaagd.
5. De kantonrechter is bevoegd kennis te nemen van vorderingen op grond van het eerste tot en met derde lid.

Art. 24

Werkingssfeer

De artikelen van deze wet zijn slechts op vreemdelingen die rechten ontlenen aan het Aanvullend Protocol bij de Overeenkomst waarbij een associatie tot stand gebracht wordt tussen de Europese Economische Gemeenschap en Turkije of het Associatiebesluit 1/80 van de Associatieraad EEG/Turkije van toepassing, voor zover ze geen nieuwe beperkingen als bedoeld in artikel 41 van dat protocol en artikel 13 van dat besluit opleveren.

Art. 25
[Bevat wijzigingen in andere regelgeving.]

Art. 26
[Bevat wijzigingen in andere regelgeving.]

Art. 27
[Bevat wijzigingen in andere regelgeving.]

Art. 28

Intrekking

De Wet arbeid buitenlandse werknemers wordt ingetrokken.

Art. 29

Inwerkingtreding

Deze wet treedt in werking op een bij koninklijk besluit te bepalen tijdstip.

Art. 30

Citeertitel

Deze wet wordt aangehaald als: Wet arbeid vreemdelingen.

Mededingingsrecht

Aanbestedingswet

A82

Inhoudsopgave

Deel 1	Algemene bepalingen	Art. 1.1
Hoofdstuk 1.1	Begripsbepalingen	Art. 1.1
Hoofdstuk 1.2	Beginselen en uitgangspunten bij aanbesteden	Art. 1.4
Afdeling 1.2.1	Algemene bepaling voor het sluiten van schriftelijke overeenkomsten onder bezwarende titel voor het verrichten van werken, leveringen of diensten	Art. 1.4
Afdeling 1.2.2	Beginselen bij Europese aanbestedingen	Art. 1.7
Afdeling 1.2.3	Uitgangspunten bij nationale aanbestedingen	Art. 1.11
Afdeling 1.2.4	Uitgangspunten bij de meervoudig onderhandse procedure	Art. 1.14
Hoofdstuk 1.3	Administratieve voorschriften bij aanbestedingen	Art. 1.17
Hoofdstuk 1.4	Voorschriften voor het aanbesteden van werken door aanbestedende diensten	Art. 1.22
Hoofdstuk 1.5	Voorwaarden in verband met in het kader van de Wereldhandelsorganisatie gesloten overeenkomsten	Art. 1.23
Deel 2	Overheidsopdrachten en prijsvragen voor overheidsopdrachten	Art. 2.1
Hoofdstuk 2.1	Reikwijdte	Art. 2.1
Afdeling 2.1.1	Toepassingsbereik	Art. 2.1
§ 2.1.1.1	Toepassingsbereik overheidsopdrachten	Art. 2.1
§ 2.1.1.1a	Aankoopcentrales en gezamenlijke aanbestedingen	Art. 2.11
§ 2.1.1.2	Afbakening samengestelde opdrachten	Art. 2.12
Afdeling 2.1.2	Raming van de waarde	Art. 2.13
§ 2.1.2.1	Algemene bepalingen	Art. 2.13
§ 2.1.2.2	De raming van overheidsopdrachten	Art. 2.15
§ 2.1.2.3	De raming van dynamische aankoopsystemen, innovatiepartnerschappen en prijsvragen	Art. 2.22
Afdeling 2.1.3	Uitgezonderde overheidsopdrachten en prijsvragen	Art. 2.23
Hoofdstuk 2.2	Procedures voor het plaatsen van opdrachten voor aanbestedende diensten	Art. 2.25
Afdeling 2.2.1	Algemene procedures	Art. 2.25
§ 2.2.1.1	Algemeen	Art. 2.25
§ 2.2.1.2	Openbare procedure	Art. 2.26
§ 2.2.1.3	Niet-openbare procedure	Art. 2.27
§ 2.2.1.4	Procedure van de concurrentiegerichte dialoog	Art. 2.28
§ 2.2.1.5	Mededingingsprocedure met onderhandeling	Art. 2.30
§ 2.2.1.6	Procedure van het innovatiepartnerschap	Art. 2.31a
§ 2.2.1.7	Onderhandelingsprocedure zonder aankondiging	Art. 2.32
§ 2.2.1.8	Bijzondere voorschriften betreffende het plaatsen van overheidsopdrachten voor sociale en andere specifieke diensten	Art. 2.38
Afdeling 2.2.3	Bijzondere procedures	Art. 2.40-2.41
§ 2.2.3.1	[Vervallen]	Art. 2.40-2.41
§ 2.2.3.2	Procedure van een prijsvraag	Art. 2.42
§ 2.2.3.3	Procedure voor het sluiten van een raamovereenkomst	Art. 2.44
§ 2.2.3.4	Procedure voor een dynamisch aankoopsysteem	Art. 2.48
Hoofdstuk 2.3	Regels inzake aankondiging, uitsluiting, selectie en gunning	Art. 2.51
Afdeling 2.3.1	Algemeen	Art. 2.51
§ 2.3.1.1	Ondernemers	Art. 2.51
§ 2.3.1.2	Communicatie en inlichtingen	Art. 2.52a
Afdeling 2.3.2	Aankondigingen	Art. 2.58
§ 2.3.2.1	Vooraankondiging	Art. 2.58
§ 2.3.2.2	Aankondiging	Art. 2.62
§ 2.3.2.3	Termijnen	Art. 2.70
Afdeling 2.3.3	Bestek	Art. 2.75
§ 2.3.3.1	Technische specificaties	Art. 2.75
§ 2.3.3.2	Onderaanneming	Art. 2.79
§ 2.3.3.3	Bijzondere voorwaarden	Art. 2.80

§ 2.3.3.4	Voorbehouden opdracht	Art. 2.82
§ 2.3.3.5	Varianten	Art. 2.83
Afdeling 2.3.4	Eigen verklaring	Art. 2.84
Afdeling 2.3.5	Uitsluiting, geschiktheid en selectie	Art. 2.86
§ 2.3.5.1	Uitsluitingsgronden	Art. 2.86
§ 2.3.5.2	Bewijsstukken uitsluitingsgronden	Art. 2.89
Afdeling 2.3.6	Geschiktheidseisen en selectiecriteria	Art. 2.90
§ 2.3.6.1	Geschiktheidseisen	Art. 2.90
§ 2.3.6.2	Beroepsbevoegdheid	Art. 2.98
§ 2.3.6.3	Selectie	Art. 2.99
§ 2.3.6.4	Controle van uitsluitingsgronden, geschiktheidseisen en selectiecriteria	Art. 2.101
Afdeling 2.3.7	Mededeling van uitsluiting en afwijzing	Art. 2.103
Afdeling 2.3.8	Gunningsfase	Art. 2.105
§ 2.3.8.1	Uitnodiging tot inschrijving	Art. 2.105
§ 2.3.8.2	Inschrijving	Art. 2.107
§ 2.3.8.2a	Elektronische catalogus	Art. 2.109b
§ 2.3.8.3	Concurrentiegerichte dialoog	Art. 2.110
§ 2.3.8.4	Gunningscriteria	Art. 2.113
§ 2.3.8.5	Abnormaal lage inschrijvingen	Art. 2.116
§ 2.3.8.6	Elektronische veiling	Art. 2.117
§ 2.3.8.7	Mededingingsprocedure met onderhandeling	Art. 2.126
§ 2.3.8.7a	Innovatiepartnerschap	Art. 2.126b
§ 2.3.8.8	Gunningsbeslissing	Art. 2.127
§ 2.3.8.9	Verslaglegging en bekendmaking	Art. 2.132
§ 2.3.8.10	Bewaarplicht gedurende de looptijd van de overheidsopdracht	Art. 2.138a
Hoofdstuk 2.4	Voorschriften voor de bijzondere procedures	Art. 2.139
Afdeling 2.4.1	Bijzondere voorschriften bij het plaatsen van een overheidsopdracht via een raamovereenkomst	Art. 2.139
Afdeling 2.4.2	Bijzondere voorschriften voor het plaatsen van een overheidsopdracht via een dynamisch aankoopsysteem	Art. 2.144
Afdeling 2.4.3	[Vervallen]	Art. 2.150
Afdeling 2.4.4	[Vervallen]	Art. 2.151-2.156
Afdeling 2.4.5	Voorschriften betreffende de procedure van een prijsvraag	Art. 2.157
Hoofdstuk 2.5	Wijziging van overheidsopdrachten	Art. 2.163a
Deel 2a	Concessieopdrachten	Art. 2a.1
Hoofdstuk 2a.1	Reikwijdte	Art. 2a.1
Afdeling 2a.1.1	Toepassingsgebied	Art. 2a.1
Afdeling 2a.1.2	Toepassingsbereik	Art. 2a.2
§ 2a.1.2.1	Toepassingsbereik concessieopdrachten	Art. 2a.2
§ 2a.1.2.2	Afbakening samengestelde opdrachten	Art. 2a.4
Afdeling 2a.1.3	Raming van de waarde	Art. 2a.9
§ 2a.1.3.1	Algemene bepalingen	Art. 2a.9
§ 2a.1.3.2	De raming van concessieopdrachten	Art. 2a.10
Afdeling 2a.1.4	Uitgezonderde concessieopdrachten	Art. 2a.13
Hoofdstuk 2a.2	Procedures voor het plaatsen van concessieopdrachten	Art. 2a.27
Afdeling 2a.2.1	Algemeen	Art. 2a.27
Afdeling 2a.2.2	Sociale en andere specifieke diensten	Art. 2a.29
Hoofdstuk 2a.3	Regels voor concessieopdrachten inzake aankondiging, uitsluiting, selectie en gunning	Art. 2a.30
Afdeling 2a.3.1	Algemeen	Art. 2a.30
Afdeling 2a.3.2	Aankondigingen	Art. 2a.32
§ 2a.3.2.1	Aankondiging	Art. 2a.32
§ 2a.3.2.2	Termijnen	Art. 2a.34
Afdeling 2a.3.3	Bestek	Art. 2a.39
§ 2a.3.3.1	Technische specificaties	Art. 2a.39
§ 2a.3.3.2	Onderaanneming, bijzondere voorwaarden, voorbehouden opdrachten	Art. 2a.40
Afdeling 2a.3.4	Eigen verklaring	Art. 2a.42

A82

Afdeling 2a.3.5	Uitsluiting	Art. 2a.43
Hoofdstuk 2a.4	Geschiktheidseisen en selectiecriteria	Art. 2a.46
Afdeling 2a.4.1	Geschiktheidseisen	Art. 2a.46
Afdeling 2a.4.2	Mededeling van uitsluiting en afwijzing	Art. 2a.48
Afdeling 2a.4.3	Gunningsfase	Art. 2a.49
§ 2a.4.3.1	Inschrijving	Art. 2a.49
§ 2a.4.3.2	Gunningscriteria, abnormaal lage inschrijvingen en elektronische veiling	Art. 2a.50
§ 2a.4.3.4	Gunningsbeslissing	Art. 2a.51
§ 2a.4.3.5	Verslaglegging en bekendmaking	Art. 2a.52
Hoofdstuk 2a.5	Wijziging van concessieopdrachten	Art. 2a.53
Deel 3	Speciale-sectoropdrachten en prijsvragen voor speciale-sectoropdrachten	Art. 3.1
Hoofdstuk 3.1	Reikwijdte	Art. 3.1
Afdeling 3.1.1	Toepassingsgebied	Art. 3.1
Afdeling 3.1.2	Toepassingsbereik	Art. 3.8
§ 3.1.2.1	Toepassingsbereik speciale-sectoropdrachten	Art. 3.8
§ 3.1.2.2	Aankoopcentrales en gezamenlijke aanbestedingen	Art. 3.10
§ 3.1.2.3	Afbakening samenstelling speciale-sectoropdrachten	Art. 3.10c
Afdeling 3.1.3	Raming van de waarde	Art. 3.11
§ 3.1.3.1	Algemene bepalingen	Art. 3.11
§ 3.1.3.2	De raming van speciale-sectoropdrachten	Art. 3.12
§ 3.1.3.3	De raming van dynamische aankoopsystemen, innovatiepartnerschappen en prijsvragen	Art. 3.20
Afdeling 3.1.4	Uitgezonderde speciale-sectoropdrachten en prijsvragen	Art. 3.21
Hoofdstuk 3.2	Procedures voor het plaatsen van speciale-sectoropdrachten	Art. 3.32
Afdeling 3.2.1	Algemene procedures	Art. 3.32
§ 3.2.1.1	Algemeen	Art. 3.32
§ 3.2.1.2	Openbare procedure	Art. 3.33
§ 3.2.1.3	Niet-openbare procedure	Art. 3.34
§ 3.2.1.4	Concurrentiegerichte dialoog	Art. 3.34a
§ 3.2.1.5	Onderhandelingsprocedure met aankondiging	Art. 3.35
§ 3.2.1.6	Procedure van het innovatiepartnerschap	Art. 3.35a
§ 3.2.1.7	Onderhandelingsprocedure zonder aankondiging	Art. 3.36
§ 3.2.1.8	Bijzondere voorschriften betreffende het plaatsen van speciale-sectoropdrachten voor sociale en andere specifieke diensten	Art. 3.40
Afdeling 3.2.3	Bijzondere procedures	Art. 3.42
§ 3.2.3.1	Procedure van een prijsvraag	Art. 3.42
§ 3.2.3.2	Procedure voor het sluiten van een raamovereenkomst	Art. 3.44
§ 3.2.3.3	Procedure voor een dynamisch aankoopsysteem	Art. 3.47
Hoofdstuk 3.3	Regels voor speciale-sectoropdrachten inzake aankondiging, uitsluiting, selectie en gunning	Art. 3.50
Afdeling 3.3.1	Algemeen	Art. 3.50
Afdeling 3.3.2	Aankondigingen	Art. 3.51
§ 3.3.2.1	Periodieke indicatieve aankondiging en aankondigingen betreffende het bestaan van een erkenningsregeling	Art. 3.51
§ 3.3.2.2	Aankondiging	Art. 3.56
§ 3.3.2.3	Termijnen	Art. 3.58
Afdeling 3.3.3	Bestek	Art. 3.61
§ 3.3.3.1	Technische specificaties	Art. 3.61
§ 3.3.3.2	Onderaanneming, bijzondere voorwaarden, voorbehouden opdracht en varianten	Art. 3.63
Afdeling 3.3.4	Eigen verklaring	Art. 3.64
Afdeling 3.3.5	Uitsluiting en selectie	Art. 3.65
Hoofdstuk 3.4	Erkenningsregeling	Art. 3.66
Afdeling 3.4.1	Deelname en toepassing	Art. 3.66
Afdeling 3.4.2	Mededeling van uitsluiting en afwijzing	Art. 3.71
Afdeling 3.4.3	Gunningsfase	Art. 3.71a
§ 3.4.3.1	Inschrijving	Art. 3.71a

§ 3.4.3.1a	Concurrentiegerichte dialoog en elektronische catalogus	Art. 3.73a
§ 3.4.3.2	Gunningscriteria, abnormaal lage inschrijving, elektronische veiling en innovatiepartnerschap	Art. 3.74
§ 3.4.3.3	Gunningsbeslissing	Art. 3.75
§ 3.4.3.4	Verslaglegging en bekendmaking	Art. 3.77
§ 3.4.3.5	Bewaarplicht gedurende de looptijd van de speciale-sectoropdracht	Art. 3.79
Hoofdstuk 3.5	Overige voorschriften voor de procedures met betrekking tot de raamovereenkomst, het dynamisch aankoopsysteem en de prijsvraag	Art. 3.80
Hoofdstuk 3.6	Wijziging van speciale-sectoropdrachten	Art. 3.80d
Deel 4	Overige bepalingen	Art. 4.1
Hoofdstuk 4.1	Gedragsverklaring aanbesteden	Art. 4.1
Afdeling 4.1.1	Algemene bepalingen	Art. 4.1
Afdeling 4.1.2	Toetsingscriteria	Art. 4.7
Afdeling 4.1.3	Beoordeling	Art. 4.10
Hoofdstuk 4.2	Nadere uitvoeringsregels	Art. 4.12
Afdeling 4.2.1	Nadere regels ter uitvoering van de richtlijnen	Art. 4.12
Afdeling 4.2.2	Het elektronische systeem voor aanbestedingen	Art. 4.13
Hoofdstuk 4.3	Vernietigbaarheid en boete	Art. 4.15
Afdeling 4.3.1	Vernietigbaarheid	Art. 4.15
Afdeling 4.3.2	Boete	Art. 4.21
Hoofdstuk 4.4	Arbitrage en klachten	Art. 4.26
Hoofdstuk 4.5	Evaluatiebepalingen	Art. 4.28
Hoofdstuk 4.6	Overgangs- en slotbepalingen	Art. 4.30

# Aanbestedingswet 2012[1]

Wet van 1 november 2012, houdende nieuwe regels omtrent aanbestedingen (Aanbestedingswet 2012)

Wij Beatrix, bij de gratie Gods, Koningin der Nederlanden, Prinses van Oranje-Nassau, enz. enz. enz.

Allen, die deze zullen zien of horen lezen, saluut! doen te weten:

Alzo Wij in overweging genomen hebben, dat het wenselijk is richtlijn nr. 2004/17/EG van het Europees Parlement en de Raad van de Europese Unie van 31 maart 2004 houdende coördinatie van de procedures voor het plaatsen van opdrachten in de sectoren water- en energievoorziening, vervoer en postdiensten (PbEU L 134) en richtlijn nr. 2004/18/EG van het Europees Parlement en de Raad van de Europese Unie van 31 maart 2004 betreffende de coördinatie van de procedures voor het plaatsen van overheidsopdrachten voor werken, leveringen en diensten (PbEU L 134) opnieuw te implementeren ten behoeve van een goede uitvoering en naleving van de uit deze richtlijnen voortvloeiende voorschriften, en ten behoeve van verbetering en vereenvoudiging van de integriteitstoetsing en van voorschriften van administratieve aard, en voorts ook enige regels van inhoudelijke en administratieve aard te stellen met betrekking tot andere opdrachten;

Zo is het, dat Wij, de Raad van State gehoord, en met gemeen overleg der Staten-Generaal, hebben goedgevonden en verstaan, gelijk Wij goedvinden en verstaan bij deze:

Deel 1
Algemene bepalingen

Hoofdstuk 1.1
Begripsbepalingen

Art. 1.1
In deze wet en de daarop berustende bepalingen wordt verstaan onder:

aanbestedende dienst: de staat, een provincie, een gemeente, een waterschap of een publiekrechtelijke instelling dan wel een samenwerkingsverband van deze overheden of publiekrechtelijke instellingen;

aanbestedingsstukken: alle stukken die door de aanbestedende dienst of het speciale-sectorbedrijf worden opgesteld of vermeld ter omschrijving of bepaling van onderdelen van de aanbesteding of de procedure;

aankoopcentrale: een aanbestedende dienst die of speciale-sectorbedrijf dat een gecentraliseerde aankoopactiviteit en eventueel een aanvullende aankoopactiviteit verricht;

aannemer: een ieder die de uitvoering van werken op de markt aanbiedt;

aanvullende aankoopactiviteit: een activiteit die bestaat uit het verlenen van ondersteuning aan een aankoopactiviteit, in het bijzonder op de volgende wijzen:

a. door het beschikbaar stellen van technische infrastructuur die aanbestedende diensten of speciale-sectorbedrijven in staat stelt overheidsopdrachten respectievelijk speciale-sectoropdrachten te plaatsen;

b. door advisering over het verloop of de opzet van aanbestedingsprocedures;

c. door voorbereiding en beheer van aanbestedingsprocedures namens en voor rekening van de betrokken aanbestedende dienst of het betrokken speciale-sectorbedrijf;

Autoriteit Consument en Markt: de Autoriteit Consument en Markt, genoemd in artikel 2, eerste lid, van de Instellingswet Autoriteit Consument en Markt;

bijzonder recht: een recht dat bij wettelijk voorschrift of bij besluit van een bestuursorgaan aan een beperkt aantal ondernemingen wordt verleend en waarbij binnen een bepaald geografisch gebied:

a. het aantal van deze ondernemingen die een dienst mogen verrichten of een activiteit mogen uitoefenen op een andere wijze dan volgens objectieve, evenredige en niet-discriminerende criteria tot twee of meer wordt beperkt,

b. verscheidene concurrerende ondernemingen die een dienst mogen verrichten of een activiteit mogen uitoefenen op een andere wijze dan volgens deze criteria worden aangewezen, of

c. op een andere wijze dan volgens deze criteria aan een of meer ondernemingen die een dienst mogen verrichten of een activiteit mogen uitoefenen voordelen worden toegekend, waardoor

---

[1] Inwerkingtredingsdatum: 01-04-2013; zoals laatstelijk gewijzigd bij: Stb. 2018, 1.

Begripsbepalingen

enige andere onderneming aanzienlijk wordt belemmerd in de mogelijkheid om dezelfde activiteiten binnen hetzelfde geografische gebied onder in wezen dezelfde omstandigheden uit te oefenen;
centrale aanbestedende dienst: een aanbestedende dienst, genoemd in bijlage I van richtlijn 2014/24/EU;
concessiehouder: een ondernemer aan wie een concessieopdracht is gegund;
concessieopdracht: een concessieopdracht voor diensten of een concessieopdracht voor werken;
concessieopdracht voor diensten: een schriftelijke overeenkomst onder bezwarende titel die is gesloten tussen een of meer dienstverleners en een of meer aanbestedende diensten of specialesectorbedrijven en die betrekking heeft op het verlenen van andere diensten dan die welke vallen onder overheidsopdracht voor werken, en waarvoor de tegenprestatie bestaat uit hetzij uitsluitend het recht de dienst die het voorwerp van de overeenkomst vormt, te exploiteren, hetzij uit dit recht en een betaling;
concessieopdracht voor werken: een schriftelijke overeenkomst onder bezwarende titel die is gesloten tussen een of meer aannemers en een of meer aanbestedende diensten of specialesectorbedrijven en die betrekking heeft op:
a. de uitvoering of het ontwerp en de uitvoering van werken die betrekking hebben op een in bijlage I van richtlijn 2014/23/EU aangewezen activiteit, of
b. een werk dan wel het verwezenlijken, met welke middelen dan ook, van een werk dat voldoet aan de eisen van de aanbestedende dienst of het speciale-sectorbedrijf die een beslissende invloed uitoefenen op het soort werk of op het ontwerp van het werk,
waarvoor de tegenprestatie bestaat uit hetzij uitsluitend het recht het werk dat het voorwerp van de opdracht vormt, te exploiteren, hetzij uit dit recht en een betaling;
conformiteitsbeoordelingsinstantie: een instantie die conformiteitsbeoordelingsactiviteiten verricht en die geaccrediteerd is overeenkomstig verordening (EG) nr. 765/2008 van het Europees Parlement en de Raad van 9 juli 2008 tot vaststelling van de eisen inzake accreditatie en markttoezicht betreffende het verhandelen van producten en tot intrekking van verordening (EEG) nr. 339/93 (PbEU 2008, L 218);
CPV: de gemeenschappelijke woordenlijst overheidsopdrachten, vastgesteld bij verordening (EG) nr. 2195/2002 van het Europees Parlement en de Raad van 5 november 2002 betreffende de gemeenschappelijke woordenlijst overheidsopdrachten (CPV) (PbEG 2002, L 340);
dienstverlener: een ieder die diensten op de markt aanbiedt;
dynamisch aankoopsysteem: een elektronisch proces voor het doen van gangbare aankopen van werken, leveringen of diensten, waarvan de kenmerken wegens de algemene beschikbaarheid op de markt voldoen aan de behoeften van de aanbestedende dienst of het speciale-sectorbedrijf, dat is beperkt in de tijd en gedurende de gehele looptijd openstaat voor ondernemers die aan de eisen voor toelating tot het systeem voldoen;
eigen verklaring: een verklaring als bedoeld in artikel 2.84, eerste lid;
elektronisch middel: een middel waarbij gebruik wordt gemaakt van elektronische apparatuur voor gegevensverwerking (met inbegrip van digitale compressie) en gegevensopslag, alsmede van verspreiding, overbrenging en ontvangst door middel van draden, straalverbindingen, optische middelen of andere elektromagnetische middelen;
elektronisch systeem voor aanbestedingen: het elektronische systeem voor aanbestedingen, bedoeld in artikel 4.13;
elektronische factuur: factuur die is opgesteld, verzonden en ontvangen in een gestructureerde elektronische vorm die automatische en elektronische verwerking ervan mogelijk maakt;
elektronische veiling: een zich herhalend elektronisch proces voor de presentatie van nieuwe, verlaagde prijzen of van nieuwe waarden voor bepaalde elementen van de inschrijvingen, dat plaatsvindt na de eerste volledige beoordeling van de inschrijvingen en dat klassering op basis van automatische beoordelingsmethoden mogelijk maakt;
gecentraliseerde aankoopactiviteit: een activiteit die permanent plaatsvindt op een van de volgende wijzen:
a. de verwerving van leveringen of diensten die bestemd zijn voor aanbestedende diensten of speciale-sectorbedrijven;
b. het plaatsen van overheidsopdrachten respectievelijk speciale-sectoropdrachten die bestemd zijn voor aanbestedende diensten of speciale-sectorbedrijven;
gedragsverklaring aanbesteden: een verklaring als bedoeld in artikel 4.1;
gegadigde: een ondernemer die heeft verzocht om een uitnodiging, of is uitgenodigd, om deel te nemen aan een niet-openbare procedure, een procedure van de concurrentiegerichte dialoog, een mededingingsprocedure met onderhandeling, een procedure van het innovatiepartnerschap, een onderhandelingsprocedure met aankondiging, een onderhandelingsprocedure zonder aankondiging of een procedure voor de gunning van een concessieopdracht;
gunningsbeslissing: de keuze van de aanbestedende dienst of het speciale sectorbedrijf voor de ondernemer met wie hij voornemens is de overeenkomst waarop de procedure betrekking had te sluiten, waaronder mede wordt verstaan de keuze om geen overeenkomst te sluiten;

innovatie: de toepassing van een nieuw of aanmerkelijk verbeterd product, een nieuwe of aanmerkelijk verbeterde dienst of een nieuw of aanmerkelijk verbeterd proces;
inschrijver: een ondernemer die een inschrijving heeft ingediend;
keurmerk: document, certificaat of getuigschrift dat bevestigt dat een werk, product, dienst, proces of procedure aan bepaalde eisen voldoet;
keurmerkeis: de voorschriften waaraan een product, dienst, proces of procedure moet voldoen om een keurmerk te verkrijgen;
levenscyclus: alle opeenvolgende of onderling verbonden stadia in het bestaan van een product of werk of bij het verlenen van een dienst;
leverancier: een ieder die producten op de markt aanbiedt;
mededeling van de gunningsbeslissing: een schriftelijke kennisgeving die voldoet aan de in artikel 2.130 gestelde eisen;
mededingingsprocedure met onderhandeling: procedure waarbij alle ondernemers naar aanleiding van een aankondiging een verzoek mogen doen tot deelneming, maar uitsluitend de door de aanbestedende dienst geselecteerde ondernemers een eerste inschrijving mogen indienen en waarbij door middel van onderhandelingen met een of meer van hen naar definitieve inschrijvingen wordt toegewerkt;
niet-openbare procedure: procedure waarbij alle ondernemers naar aanleiding van een aankondiging een verzoek mogen doen tot deelneming, maar alleen de door de aanbestedende dienst of het speciale-sectorbedrijf geselecteerde ondernemers mogen inschrijven;
ondernemer: een aannemer, leverancier of dienstverlener;
onderhandelingsprocedure: procedure waarbij de aanbestedende dienst of het speciale-sectorbedrijf met door hem geselecteerde ondernemers overleg pleegt en door middel van onderhandelingen met een of meer van hen de voorwaarden voor de opdracht vaststelt;
Onze Minister: Onze Minister van Economische Zaken en Klimaat;
openbare procedure: procedure waarbij alle ondernemers naar aanleiding van een aankondiging mogen inschrijven;
overheidsbedrijf: een bedrijf waarop een aanbestedende dienst rechtstreeks of middellijk een overheersende invloed kan uitoefenen uit hoofde van eigendom, financiële deelneming of de op het bedrijf van toepassing zijnde voorschriften;
overheidsopdracht: een overheidsopdracht voor werken, een overheidsopdracht voor leveringen, een overheidsopdracht voor diensten of een raamovereenkomst;
overheidsopdracht voor diensten: een schriftelijke overeenkomst onder bezwarende titel die is gesloten tussen een of meer dienstverleners en een of meer aanbestedende diensten en die betrekking heeft op het verlenen van andere diensten dan die welke vallen onder overheidsopdracht voor werken;
overheidsopdracht voor leveringen: een schriftelijke overeenkomst onder bezwarende titel die is gesloten tussen een of meer leveranciers en een of meer aanbestedende diensten en die betrekking heeft op:
a. de aankoop, leasing, huur of huurkoop, met of zonder koopoptie, van producten of
b. de levering van producten en die slechts zijdeling betrekking heeft op werkzaamheden voor het aanbrengen en installeren van die levering;
overheidsopdracht voor werken: een schriftelijke overeenkomst onder bezwarende titel die is gesloten tussen een of meer aannemers en een of meer aanbestedende diensten en die betrekking heeft op:
a. de uitvoering of het ontwerp en de uitvoering van werken die betrekking hebben op een van de in bijlage II van richtlijn 2014/24/EU bedoelde activiteiten,
b. de uitvoering of het ontwerp en de uitvoering van een werk, of
c. het laten uitvoeren met welke middelen dan ook van een werk dat voldoet aan de eisen van de aanbestedende dienst die een beslissende invloed uitoefent op het soort werk of het ontwerp van het werk;
prijsvraag: procedure die tot doel heeft een aanbestedende dienst of een speciale-sectorbedrijf een plan of een ontwerp te verschaffen dat na een aankondiging van de opdracht door een jury wordt geselecteerd, al dan niet met toekenning van prijzen;
procedure van de concurrentiegerichte dialoog: procedure waarbij alle ondernemers naar aanleiding van een aankondiging een verzoek mogen doen tot deelneming en waarbij de aanbestedende dienst of het speciale-sectorbedrijf een dialoog voert met de tot de procedure toegelaten ondernemers, teneinde een of meer oplossingen te zoeken die aan de behoeften van de aanbestedende dienst of het speciale-sectorbedrijf beantwoorden en op grond waarvan de geselecteerde ondernemers zullen worden uitgenodigd om in te schrijven;
procedure van het innovatiepartnerschap: procedure waarbij alle ondernemers een verzoek tot deelneming mogen indienen naar aanleiding van een aankondiging voor een opdracht die is gericht op de ontwikkeling en aanschaf van een innovatief product of werk of een innovatieve dienst welke niet reeds op de markt beschikbaar is en waarbij door middel van onderhandelingen met een of meer van hen naar definitieve inschrijvingen wordt toegewerkt;

publiekrechtelijke instelling: een instelling die specifiek ten doel heeft te voorzien in behoeften van algemeen belang, anders dan van industriële of commerciële aard, die rechtspersoonlijkheid bezit en waarvan:

   a. de activiteiten in hoofdzaak door de staat, een provincie, een gemeente, een waterschap of een andere publiekrechtelijke instelling worden gefinancierd,

   b. het beheer is onderworpen aan toezicht door de staat, een provincie, een gemeente, een waterschap of een andere publiekrechtelijke instelling of

   c. de leden van het bestuur, het leidinggevend of toezichthoudend orgaan voor meer dan de helft door de staat, een provincie, een gemeente, een waterschap of een andere publiekrechtelijke instelling zijn aangewezen;

raamovereenkomst: een schriftelijke overeenkomst tussen een of meer aanbestedende diensten of speciale-sectorbedrijven en een of meer ondernemers met het doel gedurende een bepaalde periode de voorwaarden inzake te plaatsen overheidsopdrachten of speciale-sectoropdrachten vast te leggen;

richtlijn 1977/249/EEG: richtlijn 77/249/EEG van de Raad van 22 maart 1977 tot vergemakkelijking van de daadwerkelijke uitoefening door advocaten van het vrij verrichten van diensten (PbEG 1977, L 78);

richtlijn 2010/13/EU: richtlijn 2010/13/EU van het Europees Parlement en de Raad van 10 maart 2010 betreffende de coördinatie van bepaalde wettelijke en bestuursrechtelijke bepalingen in de lidstaten inzake het aanbieden van audiovisuele mediadiensten (richtlijn audiovisuele mediadiensten) (PbEU 2013, L 95);

richtlijn 2014/23/EU: richtlijn 2014/23/EU van het Europees Parlement en de Raad van 25 februari 2014 betreffende het plaatsen van concessieovereenkomsten (PbEU 2014, L 94);

richtlijn 2014/24/EU: richtlijn 2014/24/EU van het Europees Parlement en de Raad van 26 februari 2014 betreffende het plaatsen van overheidsopdrachten en tot intrekking van Richtlijn 2004/18/EG (PbEU 2014, L 94);

richtlijn 2014/25/EU: richtlijn 2014/25/EU van het Europees Parlement en de Raad van 26 februari 2014 betreffende het plaatsen van opdrachten in de sectoren water- en energievoorziening, vervoer en postdiensten en houdende intrekking van Richtlijn 2004/17/EG (PbEU 2014, L 94);

richtlijn 2014/55/EU: richtlijn 2014/55/EU van het Europees Parlement en de Raad van 16 april 2014 inzake elektronische facturering bij overheidsopdrachten (PbEU 2014, L 133);

schriftelijk: elk uit woorden of cijfers bestaand geheel dat kan worden gelezen, gereproduceerd en vervolgens medegedeeld, daaronder begrepen met elektronische middelen overgebrachte of opgeslagen informatie;

speciale-sectorbedrijf:

   a. een aanbestedende dienst,

   b. een overheidsbedrijf,

   c. een bedrijf of instelling waaraan door een aanbestedende dienst een bijzonder recht of een uitsluitend recht is verleend,

voorzover die dienst, dat bedrijf of die instelling een activiteit uitoefent als bedoeld in de artikelen 3.1 tot en met 3.6, tenzij de desbetreffende activiteit op grond van artikel 3.21 is uitgezonderd;

speciale-sectoropdracht: een speciale-sectoropdracht voor werken, een speciale-sectoropdracht voor leveringen, een speciale-sectoropdracht voor diensten of een raamovereenkomst;

speciale-sectoropdracht voor diensten: een schriftelijke overeenkomst onder bezwarende titel die is gesloten tussen een of meer dienstverleners en een of meer speciale-sectorbedrijven en die betrekking heeft op het verlenen van andere diensten dan die welke vallen onder speciale-sectoropdracht voor werken;

speciale-sectoropdracht voor leveringen: een schriftelijke overeenkomst onder bezwarende titel die tussen een of meer leveranciers en een of meer speciale-sectorbedrijven is gesloten en die betrekking heeft op:

   a. de aankoop, leasing, huur of huurkoop, met of zonder koopoptie, van producten of

   b. de levering van producten en die slechts zijdeling betrekking heeft op werkzaamheden voor het aanbrengen en installeren van die levering;

speciale-sectoropdracht voor werken: een schriftelijke overeenkomst onder bezwarende titel die tussen een of meer aannemers en een of meer speciale-sectorbedrijven is gesloten en die betrekking heeft op:

   a. de uitvoering of het ontwerp en de uitvoering van werken die betrekking hebben op een van de in bijlage I van richtlijn 2014/25/EU bedoelde activiteiten,

   b. de uitvoering of het ontwerp en de uitvoering van een werk of

   c. het laten uitvoeren met welke middelen dan ook van een werk dat voldoet aan de eisen van het speciale-sectorbedrijf dat een beslissende invloed uitoefent op het soort werk of het ontwerp van het werk;

uitsluitend recht: een recht dat bij wettelijk voorschrift of bij besluit van een bestuursorgaan aan een onderneming wordt verleend, waarbij voor die onderneming het recht wordt voorbe-

houden om binnen een bepaald geografisch gebied een dienst te verrichten of een activiteit uit te oefenen;
werk: het product van het geheel van bouwkundige of civieltechnische werken dat ertoe bestemd is als zodanig een economische of technische functie te vervullen.

Art. 1.2
Overheersende invloed als bedoeld in de begripsomschrijving van overheidsbedrijf in artikel 1.1 wordt voor de toepassing van het bepaalde bij of krachtens deze wet vermoed indien een aanbestedende dienst, al dan niet rechtstreeks, ten aanzien van dat bedrijf:
a. de meerderheid van het geplaatste kapitaal bezit,
b. over de meerderheid van de stemmen beschikt die aan de door het bedrijf uitgegeven aandelen zijn verbonden of
c. meer dan de helft van de leden van het bestuurs-, leidinggevend of toezichthoudend orgaan van het bedrijf kan benoemen.

Overheersende invloed

Art. 1.3
1. Een wijziging van de CPV-codes in de richtlijnen 2014/23/EU, 2014/24/EU en 2014/25/EU gaat voor de toepassing van deze wet gelden met ingang van de dag waarop het desbetreffende besluit van de Europese Commissie in werking treedt.
2. Een wijziging van bijlage X van richtlijn 2014/23/EU, de bijlagen I, X en XIII van richtlijn 2014/24/EU en van de bijlagen II, XIV en XV van richtlijn 2014/25/EU gaat voor de toepassing van deze wet gelden met ingang van de dag waarop het desbetreffende besluit van de Europese Commissie in werking treedt.
3. Onze Minister doet mededeling in de Staatscourant van een besluit als bedoeld in het eerste en tweede lid.

Wijziging Nutsrichtlijn of Aanbestedingsrichtlijn

Hoofdstuk 1.2
Beginselen en uitgangspunten bij aanbesteden

Afdeling 1.2.1
Algemene bepaling voor het sluiten van schriftelijke overeenkomsten onder bezwarende titel voor het verrichten van werken, leveringen of diensten

Art. 1.4
1. Een aanbestedende dienst die of een speciale-sectorbedrijf dat voornemens is een schriftelijke overeenkomst onder bezwarende titel tot het verrichten van werken, leveringen of diensten te sluiten, bepaalt op basis van objectieve criteria:
a. de keuze voor de wijze waarop de aanbestedende dienst of het speciale-sectorbedrijf voornemens is de overeenkomst tot stand te brengen;
b. de keuze voor de ondernemer of ondernemers die worden toegelaten tot de aanbestedingsprocedure.
2. De aanbestedende dienst of het speciale-sectorbedrijf draagt zorg voor het leveren van zo veel mogelijk maatschappelijke waarde voor de publieke middelen bij het aangaan van een schriftelijke overeenkomst als bedoeld in het eerste lid.
3. De aanbestedende dienst of het speciale-sectorbedrijf verstrekt een ondernemer op diens schriftelijk verzoek de motivering van de in het eerste lid, onderdelen a en b, bedoelde keuze.

Aanbesteding, sluiten schriftelijke overeenkomst onder bezwarende titel

Art. 1.5
1. Een aanbestedende dienst of speciale-sectorbedrijf voegt opdrachten niet onnodig samen. Alvorens samenvoeging plaatsvindt, wordt in ieder geval acht geslagen op:
a. de samenstelling van de relevante markt en de invloed van de samenvoeging op de toegang tot de opdracht voor voldoende bedrijven uit het midden- en kleinbedrijf;
b. de organisatorische gevolgen en risico's van de samenvoeging van de opdrachten voor de aanbestedende dienst, het speciale-sectorbedrijf en de ondernemer;
c. de mate van samenhang van de opdrachten.
2. Indien samenvoeging van opdrachten plaatsvindt, wordt dit door de aanbestedende dienst of het speciale-sectorbedrijf gemotiveerd in de aanbestedingsstukken.
3. Een aanbestedende dienst of een speciale-sectorbedrijf deelt een opdracht op in meerdere percelen, tenzij hij dit niet passend acht, in welk geval de aanbestedende dienst of het speciale-sectorbedrijf dit motiveert in de aanbestedingsstukken.

Aanbesteding, geen onnodige samenvoeging van opdrachten

Art. 1.6
Aanbestedende diensten die voornemens zijn een schriftelijke overeenkomst onder bezwarende titel tot het verrichten van werken, leveringen of diensten te sluiten, dragen zorg voor een zo groot mogelijke beperking van de met de totstandkoming van die overeenkomst samenhangende en daaruit voortvloeiende administratieve lasten.

Aanbesteding, beperking administratieve lasten

Afdeling 1.2.2
Beginselen bij Europese aanbestedingen

Art. 1.7

Aanbesteding, Europese aanbesteding

De bepalingen in deze afdeling gelden voor aanbestedende diensten en speciale-sectorbedrijven bij:
a. het plaatsen van een overheidsopdracht, een speciale-sectoropdracht of een concessieopdracht of het uitschrijven van een prijsvraag die op grond van het bepaalde bij of krachtens de hoofdstukken 2.1, 2a.1 en 3.1 onder het toepassingsbereik van onderscheidenlijk deel 2, deel 2a of deel 3 van de wet valt;
b. het plaatsen van een overheidsopdracht, een speciale-sectoropdracht of een concessieopdracht of het uitschrijven van een prijsvraag met een duidelijk grensoverschrijdend belang die uitsluitend op grond van het bepaalde in de artikelen 2.1 tot en met 2.8, de artikelen 2a.1 tot en met 2a.3 of de artikelen 3.8 en 3.9 niet onder het toepassingsbereik van onderscheidenlijk deel 2, deel 2a of deel 3 van deze wet valt.

Art. 1.8

Europese aanbesteding, gelijke behandeling

Een aanbestedende dienst of een speciale-sectorbedrijf behandelt ondernemers op gelijke en niet-discriminerende wijze.

Art. 1.9

Europese aanbesteding, transparantie

1. Een aanbestedende dienst of een speciale-sectorbedrijf handelt transparant.

2. Bij de toepassing van het eerste lid draagt de aanbestedende dienst of het speciale-sectorbedrijf in ieder geval zorg voor een passende mate van openbaarheid van de aankondiging van het voornemen tot het plaatsen van een overheidsopdracht, een speciale-sectoropdracht of een concessieopdracht of het uitschrijven van een prijsvraag.
3. Het tweede lid is niet van toepassing:
a. ingeval van toepasselijkheid van artikel 1.7, onderdeel a: indien het bepaalde bij of krachtens deel 2, deel 2a of deel 3 van deze wet niet verplicht tot het bekendmaken van een aankondiging van het voornemen tot het plaatsen van een opdracht;
b. ingeval van toepasselijkheid van artikel 1.7, onderdeel b: indien met overeenkomstige toepassing van het bepaalde bij of krachtens deel 2, deel 2a of deel 3 van deze wet geen verplichting geldt tot het bekendmaken van een aankondiging van het voornemen tot het plaatsen van een opdracht.

Art. 1.10

Europese aanbesteding, redelijke eisen/voorwaarden/criteria

1. Een aanbestedende dienst of een speciale-sectorbedrijf stelt bij de voorbereiding van en het tot stand brengen van een overheidsopdracht, een speciale-sectoropdracht of een concessieopdracht of het uitschrijven van een prijsvraag uitsluitend eisen, voorwaarden en criteria aan de inschrijvers en de inschrijvingen die in een redelijke verhouding staan tot het voorwerp van de opdracht.
2. Bij de toepassing van het eerste lid slaat de aanbestedende dienst of het speciale-sectorbedrijf, voor zover van toepassing, in ieder geval acht op:
a. het al of niet samenvoegen van opdrachten;
b. de uitsluitingsgronden;
c. de inhoud van de geschiktheidseisen;
d. het aantal te stellen geschiktheidseisen;
e. de te stellen termijnen;
f. de gunningscriteria;
g. een vergoeding voor hoge kosten van een inschrijving;
h. de voorwaarden van de overeenkomst.

Nadere regels

3. Bij algemene maatregel van bestuur wordt een richtsnoer aangewezen waarin voorschriften zijn vervat met betrekking tot de wijze waarop door bij die algemene maatregel van bestuur aan te wijzen aanbestedende diensten of speciale sectorbedrijven uitvoering wordt gegeven aan het eerste lid.
4. De aanbestedende dienst of het speciale-sectorbedrijf past de in het derde lid bedoelde voorschriften toe of motiveert een afwijking van een of meer van die voorschriften in de aanbestedingsstukken.
5. De voordracht voor een krachtens het derde lid vast te stellen algemene maatregel van bestuur wordt niet eerder gedaan dan vier weken nadat het ontwerp aan beide kamers der Staten-Generaal is overgelegd. De voordracht wordt gedaan door Onze Minister van Economische Zaken en Klimaat in overeenstemming met Onze Minister of Ministers wie het mede aangaat.

Art. 1.10a

Kunstmatige beperking van mededinging

1. Een aanbestedende dienst of een speciale-sectorbedrijf ontwerpt geen overheidsopdracht, speciale-sectoropdracht of concessieopdracht met het oogmerk om zich te onttrekken aan de toepassing van deel 2, deel 2a of deel 3 van deze wet of om de mededinging op kunstmatige wijze te beperken.

Aanbestedingswet — A82 art. 1.14

2. De mededinging is kunstmatig beperkt indien de overheidsopdracht, speciale-sectoropdracht of concessieopdracht is ontworpen met het doel bepaalde ondernemers ten onrechte te bevoordelen of te benadelen.

Art. 1.10b

1. Een aanbestedende dienst of een speciale-sectorbedrijf neemt passende maatregelen om fraude, bevoordeling, corruptie en belangenconflicten tijdens een aanbestedingsprocedure doeltreffend te voorkomen, te onderkennen en op te lossen, teneinde vervalsing van de mededinging te vermijden, de transparantie van de procedure te waarborgen en gelijke behandeling van alle ondernemers te verzekeren.

Maatregelen ter voorkoming van fraude, bevoordeling, corruptie en belangenconflicten

2. Onder belangenconflicten als bedoeld in het eerste lid wordt in ieder geval de situatie verstaan waarin personeelsleden van de aanbestedende dienst, het speciale-sectorbedrijf of de namens de aanbestedende dienst of het speciale-sectorbedrijf optredende publiekrechtelijke of privaatrechtelijke instantie die een aanvullende aankoopactiviteit op de markt aanbiedt, die betrokken zijn bij de uitvoering van de aanbestedingsprocedure of invloed kunnen hebben op het resultaat van deze procedure, direct of indirect, financiële, economische of andere persoonlijke belangen hebben die geacht kunnen worden hun onpartijdigheid of onafhankelijkheid bij deze procedure in het gedrang te brengen.

Afdeling 1.2.3
Uitgangspunten bij nationale aanbestedingen

Art. 1.11

De bepalingen in deze afdeling gelden voor aanbestedende diensten en speciale-sectorbedrijven waarop artikel 1.7 niet van toepassing is en die, voordat zij een schriftelijke overeenkomst onder bezwarende titel sluiten tot het verrichten van werken, leveringen of diensten, met betrekking tot die overeenkomst uit eigen beweging een aankondiging hebben bekend gemaakt.

Aanbesteding, nationale aanbesteding

Art. 1.12

1. Een aanbestedende dienst of een speciale-sectorbedrijf behandelt ondernemers op gelijke en niet-discriminerende wijze.
2. De aanbestedende dienst of het speciale-sectorbedrijf handelt transparant.

Nationale aanbesteding, gelijke behandeling
Nationale aanbesteding, transparantie

Art. 1.13

1. Een aanbestedende dienst of een speciale-sectorbedrijf stelt bij de voorbereiding en het tot stand brengen van een overeenkomst uitsluitend eisen, voorwaarden en criteria aan de inschrijvers en de inschrijving die in een redelijke verhouding staan tot het voorwerp van de opdracht.
2. Bij de toepassing van het eerste lid slaat de aanbestedende dienst of het speciale-sectorbedrijf, voor zover van toepassing, in ieder geval acht op:
a. het al of niet samenvoegen van opdrachten;
b. de uitsluitingsgronden;
c. de inhoud van de geschiktheidseisen;
d. het aantal te stellen geschiktheidseisen;
e. de te stellen termijnen;
f. de gunningscriteria;
g. een vergoeding voor hoge kosten van een inschrijving;
h. de voorwaarden van de overeenkomst.

Nationale aanbesteding, redelijke eisen/voorwaarden/criteria

3. Bij algemene maatregel van bestuur wordt een richtsnoer aangewezen waarin voorschriften zijn vervat met betrekking tot de wijze waarop door bij die algemene maatregel van bestuur aan te wijzen aanbestedende diensten of speciale-sectorbedrijven uitvoering wordt gegeven aan het eerste lid.

Nadere regels

4. De aanbestedende dienst of het speciale-sectorbedrijf past de in het derde lid bedoelde voorschriften toe of motiveert een afwijking van een of meer van die voorschriften in de aanbestedingsstukken.
5. De voordracht voor een krachtens het derde lid vast te stellen algemene maatregel van bestuur wordt niet eerder gedaan dan vier weken nadat het ontwerp aan beide kamers der Staten-Generaal is overgelegd. De voordracht wordt gedaan door Onze Minister van Economische Zaken en Klimaat in overeenstemming met Onze Minister of Ministers wie het mede aangaat.

Afdeling 1.2.4
Uitgangspunten bij de meervoudig onderhandse procedure

Art. 1.14

De bepalingen in deze afdeling gelden voor aanbestedende diensten en speciale-sectorbedrijven waarop de artikelen 1.7 en 1.11 niet van toepassing zijn en die, voordat zij een schriftelijke overeenkomst onder bezwarende titel sluiten tot het verrichten van werken, leveringen of

Aanbesteding, meervoudig onderhandse procedure

diensten, met betrekking tot die overeenkomst twee of meer ondernemers uitnodigen om een inschrijving in te dienen.

Art. 1.15

Meervoudig onderhandse procedure, gelijke behandeling

1. Een aanbestedende dienst of speciale sectorbedrijf behandelt de inschrijvers op gelijke wijze.

2. De aanbestedende dienst of het speciale sectorbedrijf, bedoeld in het eerste lid, deelt aan alle inschrijvers de gunningsbeslissing met de relevante redenen voor deze beslissing mee.

Art. 1.16

Meervoudig onderhandse procedure, redelijke eisen/voorwaarden/criteria

1. Een aanbestedende dienst of een speciale-sectorbedrijf stelt bij de voorbereiding en het tot stand brengen van een overeenkomst uitsluitend eisen, voorwaarden en criteria aan de inschrijvers en de inschrijvingen die in een redelijke verhouding staan tot het voorwerp van de opdracht.

2. Bij de toepassing van het eerste lid slaat de aanbestedende dienst of het speciale-sectorbedrijf in ieder geval acht op:
   a. het al of niet samenvoegen van opdrachten;
   b. de te stellen termijnen;
   c. de met de inschrijving verbonden kosten;
   d. de voorwaarden van de overeenkomst.

Nadere regels

3. Bij algemene maatregel van bestuur wordt een richtsnoer aangewezen waarin voorschriften zijn vervat met betrekking tot de wijze waarop door bij die algemene maatregel van bestuur aan te wijzen aanbestedende diensten of speciale-sectorbedrijven uitvoering wordt gegeven aan het eerste lid.

4. De aanbestedende dienst of het speciale-sectorbedrijf past de in het derde lid bedoelde voorschriften toe of motiveert een afwijking van een of meer van die voorschriften in de aanbestedingsstukken.

5. De voordracht voor een krachtens het derde lid vast te stellen algemene maatregel van bestuur wordt niet eerder gedaan dan vier weken nadat het ontwerp aan beide kamers der Staten-Generaal is overgelegd. De voordracht wordt gedaan door Onze Minister van Economische Zaken en Klimaat in overeenstemming met Onze Minister of Ministers wie het mede aangaat.

Hoofdstuk 1.3
Administratieve voorschriften bij aanbestedingen

Art. 1.17

Aanbesteding, administratieve voorschriften

De bepalingen in dit hoofdstuk gelden voor aanbestedende diensten en speciale-sectorbedrijven die een schriftelijke overeenkomst onder bezwarende titel sluiten tot het verrichten van werken, leveringen of diensten, die niet een overheidsopdracht, speciale-sectoropdracht of concessieopdracht is waarop artikel 1.7, onderdeel a, van toepassing is.

Art. 1.18

Aanbesteding, elektronische bekendmaking

1. Aanbestedende diensten en speciale-sectorbedrijven die een aankondiging doen, maken die aankondiging bekend op het elektronische systeem voor aanbestedingen.

2. De in het eerste lid bedoelde bekendmaking geschiedt door middel van een op het elektronische systeem voor aanbestedingen beschikbaar gesteld formulier.

Art. 1.19

Aanbesteding, uitsluitingsgronden of geschiktheidseisen

1. Aanbestedende diensten en speciale-sectorbedrijven die uitsluitingsgronden of geschiktheidseisen stellen, verlangen van een ondernemer dat hij bij zijn verzoek tot deelneming of zijn inschrijving met gebruikmaking van het daartoe vastgestelde model een eigen verklaring indient en geven daarbij aan welke gegevens en inlichtingen in de eigen verklaring moeten worden verstrekt.

Schakelbepaling

2. De artikelen 2.55, 2.84, 2.85 en 2.102 zijn van overeenkomstige toepassing.

Art. 1.20

Aanbesteding, gedragsverklaring

1. Een ondernemer kan jegens een aanbestedende dienst of een speciale-sectorbedrijf, die uitsluitingsgronden stelt die betrekking hebben op onherroepelijke veroordelingen, door middel van een gedragsverklaring aanbesteden aantonen dat die gronden op hem niet van toepassing zijn.

2. De in het eerste lid bedoelde gedragsverklaring aanbesteden is op het tijdstip van indienen van het verzoek tot deelneming of de inschrijving niet ouder dan twee jaar.

3. In een geval als bedoeld in het eerste lid kan niet om overlegging van een eigen verklaring omtrent het gedrag als bedoeld in artikel 28 van de Wet justitiële en strafvorderlijke gegevens worden gevraagd.

4. De aanbestedende dienst of het speciale-sectorbedrijf betrekt bij de toepassing van het eerste lid uitsluitend veroordelingen die in de vijf jaar voorafgaand aan het tijdstip van het indienen van het verzoek tot deelneming of de inschrijving onherroepelijk zijn geworden.

Art. 1.21
1. Aanbestedende diensten en speciale-sectorbedrijven stellen op enigerlei wijze de aanbestedingsstukken voor de overheidsopdracht of speciale-sectoropdracht kosteloos ter beschikking.

Aanbesteding, terbeschikkingstelling aanbestedingsstukken

2. Indien de aanbestedende dienst of het speciale-sectorbedrijf de aanbestedingsstukken voor de opdracht ook op andere wijze dan ter uitvoering van het eerste lid beschikbaar stelt, kan de aanbestedende dienst of het speciale-sectorbedrijf de kosten voor die wijze van verstrekking in rekening brengen bij degenen die om die andere wijze van verstrekking van de aanbestedingsstukken hebben gevraagd.

Art. 1.21a
De artikelen 2.81, tweede lid, en 2.81a zijn van overeenkomstige toepassing.

Schakelbepaling

Hoofdstuk 1.4
Voorschriften voor het aanbesteden van werken door aanbestedende diensten

Art. 1.22
1. Bij algemene maatregel van bestuur wordt een richtsnoer aangewezen waarin voorschriften zijn vervat met betrekking tot de wijzen waarop door in die maatregel aangewezen aanbestedende diensten overheidsopdrachten voor werken beneden de in afdeling 2.1.1 van deze wet bedoelde waarden kunnen worden geplaatst.

Aanbesteding, aanwijzing richtsnoer voorschriften

2. De aanbestedende dienst past de in het eerste lid bedoelde voorschriften toe, of motiveert een afwijking van een of meer van die voorschriften in de aanbestedingsstukken.
3. De in het tweede lid bedoelde motivering wordt op diens schriftelijk verzoek aan een ondernemer verstrekt.

Hoofdstuk 1.5
Voorwaarden in verband met in het kader van de Wereldhandelsorganisatie gesloten overeenkomsten

Art. 1.23
1. Een aanbestedende dienst of speciale-sectorbedrijf past bij het plaatsen van een overheidsopdracht, een concessieopdracht voor werken of speciale-sectoropdracht geen minder gunstige voorwaarden toe op ondernemers uit andere landen dan de lidstaten van de Europese Unie dan die welke hij toepast op ondernemers uit die lidstaten.

Aanbesteding, overeenkomst i.h.k.v. de WTO

2. Het eerste lid is uitsluitend van toepassing voor zover de daarin vervatte verplichting voortvloeit uit de Overeenkomst inzake overheidsopdrachten (PbEG L 1994, 336) of uit andere internationale overeenkomsten waaraan de Europese Unie is gebonden.

Deel 2
Overheidsopdrachten en prijsvragen voor overheidsopdrachten

Hoofdstuk 2.1
Reikwijdte

Afdeling 2.1.1
Toepassingsbereik

§ 2.1.1.1
Toepassingsbereik overheidsopdrachten

Art. 2.1
Het bepaalde bij of krachtens deel 2 van deze wet is van toepassing op overheidsopdrachten voor werken waarvan de geraamde waarde gelijk is aan of hoger is dan het in artikel 4, onderdeel a, van richtlijn 2014/24/EU genoemde bedrag, exclusief omzetbelasting.

Werkingssfeer

Art. 2.2
1. Het bepaalde bij of krachtens deel 2 van deze wet is van toepassing op door de staat te plaatsen overheidsopdrachten voor leveringen en diensten waarvan de geraamde waarde gelijk is aan of hoger is dan het in artikel 4, onderdeel b, van richtlijn 2014/24/EU genoemde bedrag, exclusief omzetbelasting.

Reikwijdte leveringen en diensten

2. In afwijking van het eerste lid is, indien de overheidsopdracht op het gebied van defensie ligt en de levering van een product betreft dat niet is opgenomen in bijlage III van richtlijn 2014/24/EU, het bepaalde bij of krachtens deel 2 van deze wet van toepassing indien de geraamde waarde van die overheidsopdracht gelijk is aan of hoger is dan het in artikel 4, onderdeel c, van richtlijn 2014/24/EU genoemde bedrag, exclusief omzetbelasting.

A82 art. 2.3

Aanbestedende diensten anders dan de staat

Art. 2.3
Het bepaalde bij of krachtens deel 2 van deze wet is van toepassing op het plaatsen van overheidsopdrachten voor leveringen en diensten door aanbestedende diensten, anders dan de staat, waarvan de geraamde waarde gelijk is aan of hoger is dan het in artikel 4, onderdeel c, van richtlijn 2014/24/EU genoemde bedrag, exclusief omzetbelasting.

Art. 2.4
[Vervallen]

Prijsvragen door de staat

Art. 2.5
Het bepaalde bij of krachtens deel 2 van deze wet is van toepassing op door de staat uit te schrijven prijsvragen waarvan de geraamde waarde gelijk is aan of hoger is dan het in artikel 4, onderdeel b, van richtlijn 2014/24/EU genoemde bedrag, exclusief omzetbelasting.

Prijsvragen door andere aanbestedende diensten dan de staat

Art. 2.6
Het bepaalde bij of krachtens deel 2 van deze wet is van toepassing op door aanbestedende diensten, anders dan de staat, uit te schrijven prijsvragen waarvan de geraamde waarde gelijk is aan of hoger is dan het in artikel 4, onderdeel c, van richtlijn 2014/24/EU genoemde bedrag, exclusief omzetbelasting.

Art. 2.6a
In afwijking van de artikelen 2.2, 2.3, 2.5 en 2.6 is het bepaalde bij of krachtens deel 2 van deze wet van toepassing op overheidsopdrachten en prijsvragen voor sociale en andere specifieke diensten, bedoeld in bijlage XIV van richtlijn 2014/24/EU, waarvan de geraamde waarde gelijk is aan of hoger is dan het in artikel 4, onderdeel d, van richtlijn 2014/24/EU genoemde bedrag, exclusief omzetbelasting.

Wijziging drempelbedragen

Art. 2.7
1. Een wijziging van de bedragen, genoemd in artikel 4 van richtlijn 2014/24/EU gaat voor de toepassing van de artikelen 2.1 tot en met 2.6a gelden met ingang van de dag waarop het desbetreffende besluit van de Europese Commissie in werking treedt.
2. Onze Minister doet mededeling in de Staatscourant van een besluit als bedoeld in het eerste lid.

Subsidie-ontvangers

Art. 2.8
1. Het bepaalde bij of krachtens deze wet voor aanbestedende diensten is tevens van toepassing op subsidie-ontvangers die overeenkomsten sluiten voor:
  a. werken die voor meer dan 50 procent rechtstreeks door één of meer aanbestedende diensten worden gesubsidieerd en die bestaan uit:
  1°. civieltechnische werkzaamheden als bedoeld in bijlage II van richtlijn 2014/24/EU waarvan de geraamde waarde overeenkomt met of hoger is dan het in artikel 13, onderdeel a, van richtlijn 2014/24/EU genoemde bedrag, exclusief omzetbelasting, of
  2°. bouwwerken voor ziekenhuizen, inrichtingen voor sportbeoefening, recreatie en vrijetijdsbesteding, school- en universiteitsgebouwen en gebouwen met een administratieve bestemming waarvan de geraamde waarde overeenkomt met of hoger is dan het in artikel 13, onderdeel a, van richtlijn 2014/24/EU genoemde bedrag, exclusief omzetbelasting;
  b. diensten die voor meer dan 50 procent rechtstreeks door een of meer aanbestedende diensten worden gesubsidieerd, verband houden met een overeenkomst voor werken als bedoeld in onderdeel a en waarvan de geraamde waarde overeenkomt met of hoger is dan het in artikel 13, onderdeel b, van richtlijn 2014/24/EU genoemde bedrag, exclusief omzetbelasting.
2. Een wijziging van de bedragen, genoemd in artikel 13 van richtlijn 2014/24/EU gaat voor de toepassing van dit artikel gelden met ingang van de dag waarop het desbetreffende besluit van de Europese Commissie in werking treedt.
3. Onze Minister doet mededeling in de Staatscourant van een besluit als bedoeld in het tweede lid.

Overheidsopdracht door subsidie-ontvanger

Art. 2.9
Een subsidie-ontvanger als bedoeld in het artikel 2.8, eerste lid, verstrekt een overheidsopdracht als bedoeld in het eerste lid overeenkomstig het bepaalde bij of krachtens deze wet.

Inschrijving percelen

Art. 2.10
1. Een aanbestedende dienst vermeldt in de aankondiging van de overheidsopdracht of inschrijvingen kunnen worden ingediend voor een of meer percelen.
2. Indien meerdere percelen aan dezelfde inschrijver kunnen worden gegund, kan een aanbestedende dienst een overheidsopdracht gunnen voor een combinatie van percelen of voor alle percelen, mits hij in de aankondiging van de overheidsopdracht:
  a. zich daartoe de mogelijkheid heeft voorbehouden, en
  b. heeft aangegeven welke percelen of groepen van percelen kunnen worden gecombineerd.
3. Onverminderd het eerste lid kan een aanbestedende dienst het aantal aan één inschrijver te gunnen percelen beperken, mits het maximum aantal percelen per inschrijver in de aankondiging van de overheidsopdracht is vermeld.
4. In een geval als bedoeld in het derde lid vermeldt een aanbestedende dienst in de aanbestedingsstukken de objectieve en niet-discriminerende regels die hij zal toepassen om te bepalen

Aanbestedingswet
A82 art. 2.11b

welke percelen zullen worden gegund indien de toepassing van de gunningscriteria zou leiden tot de gunning van meer percelen dan het maximum aantal aan dezelfde inschrijver.

§ 2.1.1.1a
Aankoopcentrales en gezamenlijke aanbestedingen

Art. 2.11
1. Een aanbestedende dienst kan leveringen of diensten inkopen van een aankoopcentrale, mits de aankoopcentrale het bij of krachtens deel 2 van deze wet voor aanbestedende diensten bepaalde met betrekking tot die overheidsopdracht naleeft.
2. Een aanbestedende dienst kan werken, leveringen of diensten verkrijgen:
a. via een overheidsopdracht die door een aankoopcentrale wordt gegund,
b. door gebruik te maken van een door een aankoopcentrale geëxploiteerd dynamisch aankoopsysteem of
c. door, met inachtneming van artikel 2.140, eerste lid, gebruik te maken van een raamovereenkomst die is gesloten door een aankoopcentrale, mits de aankoopcentrale het bij of krachtens deel 2 van deze wet voor aanbestedende diensten bepaalde met betrekking tot die overheidsopdracht naleeft.
3. In de in het eerste en tweede lid bedoelde gevallen heeft de desbetreffende aanbestedende dienst voldaan aan de voor hem geldende verplichtingen op grond van deel 2 van deze wet.
4. Onverminderd het derde lid is een aanbestedende dienst verantwoordelijk voor de nakoming van de verplichtingen op grond van deel 2 van deze wet voor de delen die hij zelf verricht, zoals:
a. het plaatsen van een opdracht in het kader van een dynamisch aankoopsysteem dat door een aankoopcentrale wordt geëxploiteerd;
b. het doen uitgaan van een aankondiging op grond van een raamovereenkomst die door een aankoopcentrale is gesloten;
c. indien dit met toepassing van artikel 2.143 in de raamovereenkomst is bepaald, vaststellen welke van de ondernemers die partij zijn bij de raamovereenkomst, een gegeven taak uitvoert op grond van een door een aankoopcentrale gesloten raamovereenkomst.
5. Een aanbestedende dienst kan een overheidsopdracht voor diensten betreffende de gecentraliseerde aankoopactiviteit, met inbegrip van een aanvullende aankoopactiviteit, aan een aankoopcentrale gunnen zonder toepassing van de procedures bij of krachtens deel 2 van deze wet.
6. Indien een door een aankoopcentrale geëxploiteerd dynamisch aankoopsysteem door andere aanbestedende diensten mag worden gebruikt, wordt dit vermeld in de aankondiging voor de instelling van het dynamisch aankoopsysteem.
7. Voor alle aanbestedingsprocedures van een aankoopcentrale worden elektronische middelen gebruikt.

Inkoop van leveringen of diensten

Art. 2.11a
1. Twee of meer aanbestedende diensten kunnen overeenkomen specifieke aanbestedingsprocedures gezamenlijk uit te voeren.
2. Indien een volledige aanbestedingsprocedure gezamenlijk wordt uitgevoerd namens en voor rekening van alle betrokken aanbestedende diensten, zijn zij gezamenlijk verantwoordelijk voor het nakomen van hun verplichtingen op grond van deel 2 van deze wet.
3. Het tweede lid is van overeenkomstige toepassing indien een aanbestedende dienst de procedure beheert en optreedt namens zichzelf en de andere betrokken aanbestedende diensten.
4. Indien een aanbestedingsprocedure niet volledig gezamenlijk wordt uitgevoerd namens en voor rekening van de betrokken aanbestedende diensten, zijn zij uitsluitend gezamenlijk verantwoordelijk voor de gezamenlijk uitgevoerde delen.
5. In het geval, bedoeld in het vierde lid, is elke aanbestedende dienst als enige verantwoordelijk voor het nakomen van zijn verplichtingen bij of krachtens deel 2 van deze wet met betrekking tot de delen die hij in eigen naam en voor eigen rekening uitvoert.

Gezamenlijke uitvoering specifieke aanbestedingsprocedures

Art. 2.11b
1. Aanbestedende diensten in verschillende lidstaten van de Europese Unie kunnen gezamenlijk een overheidsopdracht plaatsen, een dynamisch aankoopsysteem exploiteren of, met inachtneming van artikel 2.140, eerste lid, een opdracht plaatsen in het kader van de raamovereenkomst of het dynamisch aankoopsysteem.
2. In een geval als bedoeld in het eerste lid, sluiten de deelnemende aanbestedende diensten een overeenkomst die het volgende bepaalt:
a. de verdeling van verantwoordelijkheden van de partijen en de relevante toepasselijke nationale bepalingen en
b. de interne organisatie van de aanbestedingsprocedure, met inbegrip van het beheer van de procedure, de verdeling van de aan te besteden werken, leveringen of diensten en de sluiting van overeenkomsten.

Gezamenlijke opdrachten door aanbestedende diensten

tenzij deze elementen reeds zijn geregeld door een tussen de betrokken lidstaten van de Europese Unie gesloten internationale overeenkomst.

3. De verdeling van verantwoordelijkheden en de toepasselijke nationale bepalingen, bedoeld in het tweede lid, onderdeel a, worden in de aanbestedingsstukken vermeld.

4. In een geval als bedoeld in het eerste lid voldoet een deelnemende aanbestedende dienst aan zijn verplichtingen bij of krachtens deel 2 van deze wet indien hij werken, leveringen of diensten verwerft van een aanbestedende dienst in een andere lidstaat van de Europese Unie die voor de aanbestedingsprocedure verantwoordelijk is.

5. Nationale bepalingen van de lidstaat van de Europese Unie waar een aankoopcentrale is gevestigd, zijn van toepassing op het door die aankoopcentrale:
a. verschaffen van een gecentraliseerde aankoopactiviteit;
b. plaatsen van een overheidsopdracht in het kader van een dynamisch aankoopsysteem;
c. doen uitgaan van een nieuwe aankondiging in het kader van een raamovereenkomst;
d. bepalen welke van de ondernemers die partij zijn bij een raamovereenkomst, een bepaalde taak uitvoeren.

6. Indien aanbestedende diensten uit verschillende lidstaten van de Europese Unie een gezamenlijke entiteit hebben opgericht, met inbegrip van een entiteit opgericht krachtens het recht van de Europese Unie, komen de deelnemende aanbestedende diensten bij besluit van het bevoegde orgaan van de gezamenlijke organisatie overeen welke nationale aanbestedingsregels van toepassing zijn:
a. de nationale bepalingen van de lidstaat waar de gezamenlijke entiteit zijn statutaire zetel heeft, of
b. de nationale bepalingen van de lidstaat waar de gezamenlijke entiteit zijn activiteiten uitoefent.

7. Een overeenkomst als bedoeld in het zesde lid kan:
a. voor onbepaalde tijd gelden indien de oprichtingsakte van de gezamenlijke entiteit daarin voorziet, of
b. beperkt zijn tot een bepaalde termijn, soorten opdrachten of tot een of meer individuele plaatsingen van opdrachten.

8. Aanbestedende diensten maken geen gebruik van een mogelijkheid als bedoeld in dit artikel met het oogmerk om zich te onttrekken aan voor hen dwingende publiekrechtelijke bepalingen overeenkomstig het recht van de Europese Unie.

§ 2.1.1.2
Afbakening samengestelde opdrachten

Art. 2.12

Aanbesteding, afbakening overheidsopdrachten/speciale-sectoropdrachten

1. Indien ten aanzien van een opdracht of een prijsvraag zowel het bepaalde bij of krachtens deel 2 van deze wet voor overheidsopdrachten onderscheidenlijk door aanbestedende diensten uitgeschreven prijsvragen van toepassing is als het bij of krachtens deel 3 bepaalde voor speciale-sectoropdrachten onderscheidenlijk door speciale-sectorbedrijven uitgeschreven prijsvragen, is het bepaalde bij of krachtens deel 2 van deze wet voor overheidsopdrachten dan wel door aanbestedende diensten uitgeschreven prijsvragen niet van toepassing op de desbetreffende opdracht of prijsvraag.

2. In afwijking van de artikelen 2.1 tot en met 2.6a is het bepaalde bij of krachtens deel 2 van deze wet niet van toepassing op opdrachten van een aanbestedende dienst die op grond van de artikelen 3.21, 3.23, 3.29 of 3.30 zijn uitgezonderd van de toepasselijkheid van deel 3.

3. In afwijking van de artikelen 2.1 tot en met 2.6a is het bepaalde bij of krachtens deel 2 van deze wet niet van toepassing op overheidsopdrachten, gegund door een aanbestedende dienst die postdiensten verleent waarop deel 3 van toepassing is, voor de uitvoering van:
a. diensten met een toegevoegde waarde die verband houden met en volledig worden geleverd via elektronische middelen;
b. financiële diensten, waaronder postwissels en giro-overschrijvingen, die vallen onder de CPV-codes, genoemd in artikel 7, onderdeel b, van richtlijn 2014/24/EU en die de uitgifte, aankoop, de verkoop of de overdracht van effecten of andere financiële instrumenten als bedoeld in artikel 1:1 van de Wet op het financieel toezicht of operaties die in het kader van de Europese faciliteit voor financiële stabiliteit en het Europees stabiliteitsmechanisme worden uitgevoerd, betreffen;
c. filateliediensten;
d. logistieke diensten, waarbij fysieke levering of opslag gecombineerd wordt met niet-postale diensten.

Art. 2.12a

Gemengde overheidsopdracht

1. Een aanbestedende dienst plaatst een overheidsopdracht die betrekking heeft op een combinatie van werken, leveringen of diensten waarop deel 2 van deze wet van toepassing is, overeenkomstig de bepalingen die gelden voor het hoofdvoorwerp van de desbetreffende overheidsopdracht.

Aanbestedingswet

A82 art. 2.12c

2. In het geval van een gemengde overheidsopdracht als bedoeld in het eerste lid, die ten dele betrekking heeft op diensten als bedoeld in paragraaf 2.2.1.8 en ten dele op andere diensten, of een gemengde overheidsopdracht als bedoeld in het eerste lid, die ten dele betrekking heeft op diensten en ten dele op leveringen, wordt het hoofdvoorwerp bepaald door de hoogst geraamde waarde van de respectieve diensten of leveringen.

Art. 2.12b

1. Dit artikel is van toepassing op opdrachten die zowel onderdelen omvatten waarop deel 2 van deze wet van toepassing is als onderdelen waarop dat deel niet van toepassing is.
2. Indien een opdracht als bedoeld in het eerste lid objectief gezien niet deelbaar is in verschillende onderdelen, gelden de bepalingen die van toepassing zijn op het hoofdvoorwerp van de desbetreffende opdracht.
3. Indien een opdracht als bedoeld in het eerste lid objectief gezien deelbaar is in verschillende onderdelen, kan de aanbestedende dienst voor de afzonderlijke onderdelen van die opdracht afzonderlijke opdrachten plaatsen, of één algemene opdracht plaatsen.
4. De aanbestedende dienst die voor de afzonderlijke onderdelen afzonderlijke opdrachten plaatst, past voor elk van die afzonderlijke opdrachten de bepalingen toe, welke op grond van de kenmerken van het betrokken afzonderlijke onderdeel daarop dienen te worden toegepast.
5. Indien de aanbestedende dienst één algemene opdracht plaatst, is deel 2 van deze wet van toepassing op die opdracht ongeacht de waarde van de onderdelen waarop bij afzonderlijke plaatsing andere bepalingen van toepassing zouden zijn, en ongeacht de bepalingen die bij afzonderlijke plaatsing voor die onderdelen hadden gegolden.
6. Indien de algemene opdracht onderdelen bevat van overheidsopdrachten voor leveringen, werken en diensten of van concessieopdrachten, wordt de opdracht geplaatst overeenkomstig deel 2 van deze wet, mits de geraamde waarde van het deel van de opdracht dat een onder deel 2 vallende overheidsopdracht vormt, berekend overeenkomstig afdeling 2.1.2, ten minste gelijk is aan het in artikel 2.1 bedoelde bedrag.
7. In het geval van een algemene opdracht die zowel onderdelen omvat waarop deel 2 van deze wet van toepassing is, als activiteiten waarop deel 3 van deze wet van toepassing is, worden de toepasselijke regels, in afwijking van het vijfde lid, vastgesteld overeenkomstig de artikelen 3.10d en 3.10e.
8. Het eerste lid is niet van toepassing als op een onderdeel van een opdracht als bedoeld in dat lid de Aanbestedingswet op defensie- en veiligheidsgebied of artikel 346 van het Verdrag betreffende de werking van de Europese Unie van toepassing is.

Gezamenlijke plaatsing opdracht

Art. 2.12c

1. Dit artikel is van toepassing op opdrachten die onderdelen omvatten waarop deel 2 van deze wet van toepassing is en onderdelen waarop artikel 346 van het Verdrag betreffende de werking van de Europese Unie of de Aanbestedingswet op defensie- en veiligheidsgebied van toepassing is.
2. Indien een opdracht als bedoeld in het eerste lid objectief gezien niet deelbaar is, kan de opdracht:
a. zonder toepassing van deze wet worden geplaatst indien zij onderdelen bevat waarop artikel 346 van het Verdrag betreffende de werking van de Europese Unie van toepassing is of,
b. indien onderdeel a niet van toepassing is, overeenkomstig de bepalingen van de Aanbestedingswet op defensie- en veiligheidsgebied worden geplaatst.
3. Indien een opdracht als bedoeld in het eerste lid objectief gezien deelbaar is, kan de aanbestedende dienst voor de afzonderlijke onderdelen afzonderlijke opdrachten plaatsen, of één algemene opdracht plaatsen.
4. De aanbestedende dienst die voor de afzonderlijke onderdelen afzonderlijke opdrachten plaatst, past voor elk van die afzonderlijke opdrachten de bepalingen toe, welke op grond van de kenmerken van het betrokken afzonderlijke onderdeel daarop dienen te worden toegepast.
5. Indien de aanbestedende dienst één algemene opdracht plaatst, worden de toepasselijke bepalingen vastgesteld op grond van de volgende criteria:
a. indien een bepaald onderdeel van de opdracht onder artikel 346 van het Verdrag betreffende de werking van de Europese Unie valt, kan de opdracht zonder toepassing van deze wet worden geplaatst, mits de plaatsing van één opdracht op objectieve gronden gerechtvaardigd is;
b. indien een bepaald onderdeel van de opdracht onder de bepalingen van de Aanbestedingswet op defensie- en veiligheidsgebied valt, kan de opdracht overeenkomstig die wet worden geplaatst, mits de plaatsing van één algemene opdracht op objectieve gronden gerechtvaardigd is.
6. Het vijfde lid, onderdeel a, is van toepassing op opdrachten waarop zowel onderdeel a als onderdeel b van dat lid van toepassing zijn.
7. De aanbestedende dienst plaatst een opdracht als bedoeld in het eerste lid evenwel niet met het oogmerk om zich te onttrekken aan de toepassing van deel 2 van deze wet of de Aanbestedingswet op defensie- en veiligheidsgebied.

Deelbare en ondeelbare opdrachten

A82 art. 2.13 — Aanbestedingswet

Afdeling 2.1.2
Raming van de waarde

§ 2.1.2.1
Algemene bepalingen

Art. 2.13

Overheidsopdracht/prijsvraag/voorgenomen dynamisch aankoopsysteem of innovatiepartnerschap, raming waarde

De aanbestedende dienst raamt de waarde van de voorgenomen overheidsopdracht of prijsvraag of het voorgenomen dynamisch aankoopsysteem of innovatiepartnerschap overeenkomstig de artikelen 2.14 tot en met 2.22.

Art. 2.14

Overheidsopdracht/prijsvraag/voorgenomen dynamisch aankoopsysteem of innovatiepartnerschap, verbod onttrekking aan wet

1. De aanbestedende dienst splitst de voorgenomen overheidsopdracht of prijsvraag of het voorgenomen dynamisch aankoopsysteem of innovatiepartnerschap niet met het oogmerk om zich te onttrekken aan de toepassing van deze wet.

2. De aanbestedende dienst maakt de keuze van de methode van berekening van de geraamde waarde niet met het oogmerk om zich aan de toepassing van deze wet te onttrekken.

§ 2.1.2.2
De raming van overheidsopdrachten

Art. 2.15

Overheidsopdrachten, raming waarde

1. De waarde van een overheidsopdracht wordt geraamd naar de waarde op het tijdstip van verzending van de aankondiging van die overheidsopdracht of, indien niet in een aankondiging is voorzien, naar de waarde op het tijdstip waarop de procedure voor de gunning door de aanbestedende dienst wordt ingeleid.
2. De aanbestedende dienst baseert de berekening van de geraamde waarde van een overheidsopdracht op het totale bedrag, exclusief omzetbelasting, met inbegrip van opties en verlengingen van het contract zoals uitdrukkelijk vermeld in de aanbestedingsstukken.
3. De aanbestedende dienst gaat bij de berekening van de waarde van een raamovereenkomst uit van de geraamde waarde van alle voor de duur van de raamovereenkomst voorgenomen overheidsopdrachten.

Art. 2.15a

Raming overheidsopdrachten, afzonderlijke operationele eenheden

1. Indien een aanbestedende dienst uit afzonderlijke operationele eenheden bestaat, wordt bij de bepaling van de geraamde waarde van de overheidsopdracht de totale geraamde waarde van deze eenheden betrokken.
2. Indien een afzonderlijke operationele eenheid zelfstandig verantwoordelijk is voor zijn aanbestedingen of bepaalde categorieën van aanbestedingen kan, in afwijking van het eerste lid, de waarde van een overheidsopdracht worden bepaald op het niveau van de desbetreffende operationele eenheid.

Art. 2.16

Raming overheidsopdrachten, werken

Bij de raming van de waarde van een overheidsopdracht voor werken houdt de aanbestedende dienst rekening met de waarde van de werken en met de geraamde totale waarde van de voor de uitvoering van die werken noodzakelijke leveringen en diensten die door de aanbestedende dienst ter beschikking van de aannemer worden gesteld.

Art. 2.17

Raming overheidsopdrachten, diensten

De aanbestedende dienst raamt de waarde van een overheidsopdracht voor diensten:
a. indien het een verzekeringsdienst betreft: op de grondslag van de te betalen premie en andere vormen van beloning;
b. indien het een bankdienst of andere financiële dienst betreft: op grondslag van honoraria, provisies en rente, en andere vormen van beloning;
c. betreffende een ontwerp: op de grondslag van de te betalen honoraria, provisies en andere vormen van beloning;
d. waarin geen totale prijs is vermeld en die een vaste looptijd heeft die gelijk is aan of korter is dan 48 maanden: op de grondslag van de totale geraamde waarde voor de gehele looptijd;
e. waarin geen totale prijs is vermeld en die voor onbepaalde duur is of een looptijd heeft die langer is dan 48 maanden: het maandelijks te betalen bedrag vermenigvuldigd met 48.

Art. 2.18

Raming overheidsopdrachten, plaatsing in afzonderlijke percelen

1. Indien een voorgenomen werk of een voorgenomen aankoop van diensten kan leiden tot overheidsopdrachten die in afzonderlijke percelen worden geplaatst, neemt de aanbestedende dienst de geraamde totale waarde van deze percelen als grondslag.

Aanbestedingswet **A82 art. 2.22**

2. Indien de samengestelde waarde van de percelen, bedoeld in het eerste lid, gelijk is aan of groter is dan het in de artikelen 2.1, 2.2, 2.3 of 2.6a bedoelde bedrag, is het bij of krachtens deel 2 van deze wet bepaalde van toepassing op de plaatsing van elk perceel.

3. Het tweede lid is niet van toepassing op:
  a. overheidsopdrachten voor werken waarvan de geraamde waarde niet meer bedraagt dan € 1 000 000, exclusief omzetbelasting,
  b. overheidsopdrachten voor diensten waarvan de geraamde waarde niet meer bedraagt dan € 80 000, exclusief omzetbelasting,
mits de totale geraamde waarde van de onder a of b bedoelde percelen gezamenlijk niet meer bedraagt dan 20% van de totale waarde van alle percelen.

Art. 2.19
1. Indien een voorgenomen verkrijging van homogene leveringen kan leiden tot overheidsopdrachten die in afzonderlijke percelen worden geplaatst, neemt de aanbestedende dienst de geraamde totale waarde van deze percelen als grondslag voor de raming. — *Raming overheidsopdrachten, homogene levering*

2. Indien de samengestelde waarde van de percelen, bedoeld in het eerste lid, gelijk is aan of groter is dan het in de artikelen 2.2 of 2.3 bedoelde bedrag, is het bij of krachtens deel 2 van deze wet bepaalde van toepassing op de plaatsing van elk perceel.

3. Het tweede lid is niet van toepassing op percelen waarvan de geraamde waarde niet meer bedraagt dan € 80 000, exclusief omzetbelasting, mits de totale geraamde waarde van die percelen gezamenlijk niet meer bedraagt dan 20% van de totale waarde van alle percelen.

Art. 2.20
De aanbestedende dienst raamt de waarde van overheidsopdrachten voor leveringen die betrekking hebben op leasing, huur of huurkoop van producten op de volgende grondslag: — *Raming overheidsopdrachten, leasing/huur/huurkoop*
  a. bij overheidsopdrachten voor leveringen met een vaste looptijd: de totale geraamde waarde voor de gehele looptijd indien die ten hoogste twaalf maanden bedraagt, dan wel de totale waarde indien de looptijd meer dan twaalf maanden bedraagt, met inbegrip van de geraamde restwaarde;
  b. bij overheidsopdrachten voor leveringen voor onbepaalde duur of waarvan de looptijd niet kan worden bepaald: het maandelijks te betalen bedrag vermenigvuldigd met 48.

Art. 2.21
De aanbestedende dienst raamt de waarde van overheidsopdrachten voor leveringen of voor diensten die met een zekere regelmaat worden verricht of die de aanbestedende dienst gedurende een bepaalde periode wil hernieuwen, op de volgende grondslag: — *Raming overheidsopdrachten, regelmatig te verrichten leveringen/diensten*
  a. de totale reële waarde van de tijdens het voorafgaande boekjaar of tijdens de voorafgaande twaalf maanden geplaatste soortgelijke opeenvolgende overheidsopdrachten voor leveringen of voor diensten, indien mogelijk gecorrigeerd voor verwachte wijzigingen in de hoeveelheid of de waarde gedurende de twaalf maanden die volgen op de eerste opdracht, of
  b. de geraamde totale waarde van de soortgelijke opeenvolgende overheidsopdrachten voor leveringen of voor diensten over de twaalf maanden die volgen op de eerste levering of dienstverrichting of over het boekjaar van de eerste levering of dienstverrichting, indien dat boekjaar zich over meer dan twaalf maanden uitstrekt.

§ 2.1.2.3
De raming van dynamische aankoopsystemen, innovatiepartnerschappen en prijsvragen

Art. 2.22
1. De artikelen 2.15 tot en met 2.21 zijn van overeenkomstige toepassing op de raming van de waarde van een dynamisch aankoopsysteem een innovatiepartnerschap of een uit te reiken prijs. — *Dynamisch aankoopsysteem/innovatiepartnerschap of uit te reiken prijs*

2. In aanvulling op het eerste lid:
  a. gaat de aanbestedende dienst bij de berekening van de waarde van een dynamisch aankoopsysteem uit van de geraamde waarde van alle voor de totale duur van het dynamisch aankoopsysteem voorgenomen overheidsopdrachten;
  b. gaat de aanbestedende dienst bij de berekening van de waarde van een innovatiepartnerschap uit van de geraamde waarde van de onderzoeks- en ontwikkelingsactiviteiten die zullen plaatsvinden in alle stadia van het voorgenomen partnerschap, alsmede van de leveringen, diensten of werken die aan het einde van het voorgenomen partnerschap zullen worden ontwikkeld en verworven;
  c. berekent de aanbestedende dienst die voorziet in prijzengeld of betalingen aan gegadigden of inschrijvers deze door in de geraamde waarde;
  d. wordt, indien de aanbestedende dienst voornemens is een vervolgopdracht voor diensten te gunnen met toepassing van artikel 2.34, bij de bepaling van het totale bedrag van het prijzengeld of de vergoeding aan de deelnemers de waarde meegerekend van de overheidsopdracht die later kan worden gegund.

A82 art. 2.23

Aanbestedingswet

Afdeling 2.1.3
Uitgezonderde overheidsopdrachten en prijsvragen

Art. 2.23

Raming concessieovereenkomsten/dynamisch aankoopsysteem/prijsvragen, uitzonderingen

1. In afwijking van de artikelen 2.1 tot en met 2.6a is het bepaalde bij of krachtens deel 2 van deze wet niet van toepassing op overheidsopdrachten en prijsvragen:
a. die door aanbestedende diensten op het gebied van defensie en veiligheid worden geplaatst en die vallen onder de reikwijdte van artikel 346 van het Verdrag betreffende de werking van de Europese Unie;
b. waarop de Aanbestedingswet op defensie- en veiligheidsgebied van toepassing is;
c. waarop de Aanbestedingswet op defensie- en veiligheidsgebied niet van toepassing is ingevolge de artikelen 2.3, 2.16 en 2.17 van die wet;
d. voor civiele aankopen die worden geplaatst in een derde land, indien strijdkrachten zijn ingezet buiten het grondgebied van de Europese Unie en de operationele omstandigheden vereisen dat de overheidsopdracht wordt gegund aan ondernemers die in het operatiegebied gevestigd zijn;
e. die geheim zijn verklaard of waarvan de uitvoering overeenkomstig de geldende wettelijke en bestuursrechtelijke bepalingen met bijzondere veiligheidsmaatregelen gepaard moet gaan dan wel indien de bescherming van de wezenlijke belangen van Nederland zulks vereist en deze niet met minder ingrijpende maatregelen kan worden gewaarborgd;
f. die in hoofdzaak tot doel hebben de aanbestedende diensten in staat te stellen openbare elektronische communicatienetwerken als bedoeld in artikel 1.1, onderdeel h, van de Telecommunicatiewet beschikbaar te stellen, te exploiteren of aan het publiek elektronische communicatiediensten als bedoeld in artikel 1.1, onderdeel f, van de Telecommunicatiewet te verlenen;
g. waaraan defensie- of veiligheidsaspecten verbonden zijn, waarvoor andere, internationale procedurevoorschriften gelden en die worden geplaatst op grond van een internationale overeenkomst of afspraak tussen het Koninkrijk der Nederlanden en een of meer derde landen of deelgebieden daarvan, overeenkomstig het Verdrag betreffende de Europese Unie en het Verdrag betreffende de werking van de Europese Unie, betreffende:
1°. leveringen of werken die bestemd zijn voor gemeenschappelijke verwezenlijking of exploitatie van een werk door de ondertekenende staten;
2°. diensten die bestemd zijn voor de gemeenschappelijke verwezenlijking of exploitatie van een project door de ondertekenende staten;
h. waaraan defensie- of veiligheidsaspecten verbonden zijn, waarvoor andere, internationale procedurevoorschriften gelden en die worden geplaatst als gevolg van een in verband met de legering van strijdkrachten gesloten internationale overeenkomst of regeling betreffende ondernemingen in een lidstaat of in een derde land;
i. waarvoor andere procedurevoorschriften gelden en die worden geplaatst volgens de specifieke procedure van een internationale organisatie;
j. waarvoor andere procedurevoorschriften van een internationale organisatie of internationale financiële instelling gelden en die volledig door deze organisatie of instelling worden gefinancierd;
k. waarvoor andere procedurevoorschriften gelden en die worden geplaatst op grond van een juridisch instrument dat internationaalrechtelijke verplichtingen schept, overeenkomstig het Verdrag betreffende de Europese Unie en het Verdrag betreffende de werking van de Europese Unie, betreffende:
1°. leveringen of werken die bestemd zijn voor gemeenschappelijke verwezenlijking of exploitatie van een werk door de ondertekenende staten;
2°. diensten die bestemd zijn voor de gemeenschappelijke verwezenlijking of exploitatie van een project door de ondertekenende staten.
2. Voor de toepassing van het eerste lid, onder d, wordt onder civiele aankopen verstaan, opdrachten die:
a. niet onder het toepassingsgebied van artikel 2.1 van de Aanbestedingswet op defensie- en veiligheidsgebied vallen,
b. betrekking hebben op niet-militaire producten, werken of diensten voor logistieke doeleinden en
c. worden aanbesteed overeenkomstig een procedure als bedoeld in de hoofdstukken 2.3 tot en met 3.2 van de Aanbestedingswet op defensie- en veiligheidsgebied zonder dat daartoe een verplichting bestaat.
3. Een aanbestedende dienst brengt een internationale overeenkomst of afspraak als bedoeld in het eerste lid, onderdeel g, en een juridisch instrument als bedoeld in het eerste lid, onderdeel k, ter kennis van de Europese Commissie.
4. Indien een overheidsopdracht of prijsvraag voor het grootste deel door een internationale organisatie of een internationale financiële instelling wordt gefinancierd, komen de partijen overeen welke procedure wordt toegepast.

Aanbestedingswet   **A82** art. 2.24

Art. 2.24

In afwijking van de artikelen 2.1 tot en met 2.6a is het bepaalde bij of krachtens deel 2 van deze wet niet van toepassing op overheidsopdrachten voor diensten:

Overheidsopdrachten voor diensten

a. die door een aanbestedende dienst worden gegund aan een andere aanbestedende dienst of aan een samenwerkingsverband van aanbestedende diensten op basis van een uitsluitend recht dat aan die andere aanbestedende dienst of het desbetreffende samenwerkingsverband is verleend, mits dit uitsluitend recht verenigbaar is met het Verdrag betreffende de werking van de Europese Unie;
b. betreffende de verwerving of huur, ongeacht de financiële modaliteiten ervan, van grond, bestaande gebouwen of andere onroerende zaken of betreffende de rechten hierop;
c. betreffende de aankoop, de ontwikkeling, de productie of de coproductie van programma's als bedoeld in artikel 1, eerste lid, onder b, van richtlijn 2010/13/EU en radiomateriaal bestemd voor audiovisuele mediadiensten als bedoeld in artikel 1, eerste lid, onder a, van richtlijn 2010/13/EU of voor radio-omroepdiensten, die worden gegund door aanbieders van audiovisuele mediadiensten als bedoeld in artikel 1, eerste lid, onder d, van richtlijn 2010/13/EU of radio-omroepdiensten, of overheidsopdrachten betreffende zendtijd of betreffende de levering van programma's die worden gegund aan aanbieders van audiovisuele mediadiensten of radio-omroepdiensten;
d. betreffende arbitrage en bemiddeling;
e. op financieel gebied betreffende de uitgifte, de aankoop, de verkoop en de overdracht van effecten of andere financiële instrumenten als bedoeld in artikel 1:1 van de Wet op het financieel toezicht en door de centrale banken verleende diensten en activiteiten die zijn uitgevoerd in het kader van de Europese faciliteit voor financiële stabiliteit en het Europees stabiliteitsmechanisme;
f. inzake arbeidsovereenkomsten;
g. betreffende onderzoek en ontwikkeling, met uitzondering van opdrachten die vallen onder de CPV-codes, genoemd in artikel 14, aanhef van van richtlijn 2014/24/EU en waarvan de resultaten in hun geheel bestemd zijn voor de aanbestedende dienst voor gebruik ervan in de uitoefening van zijn eigen werkzaamheden, mits de dienstverlening volledig door de aanbestedende dienst wordt betaald;
h. op juridisch gebied betreffende:
1°. de vertegenwoordiging in rechte van een cliënt in een arbitrage- of bemiddelingsprocedure in een lidstaat van de Europese Unie, in een derde land of voor een internationale arbitrage- of bemiddelingsinstantie, in een procedure voor een rechter of overheidsinstantie van een lidstaat van de Europese Unie of een derde land of voor een internationale rechter of instantie door een persoon die gerechtigd is deze werkzaamheden uit te oefenen onder de benaming advocaat of een daarmee overeenkomstige benaming in een lidstaat van de Europese Unie, in een andere staat die partij is bij de Overeenkomst betreffende de Europese Economische Ruimte of in Zwitserland;
2°. advies dat wordt gegeven ter voorbereiding van de procedures, bedoeld in onderdeel 1°, of indien er concrete aanwijzingen zijn en er een grote kans bestaat dat over de kwestie waarop het advies betrekking heeft, een dergelijke procedure zal worden gevoerd, mits het advies is gegeven door een persoon die gerechtigd is deze werkzaamheden uit te oefenen onder de benaming advocaat of een daarmee overeenkomstige benaming in een lidstaat van de Europese Unie, in een andere staat die partij is bij de Overeenkomst betreffende de Europese Economische Ruimte of in Zwitserland;
3°. het waarmerken en voor echt verklaren van documenten door een notaris;
4°. juridische dienstverlening door trustees of aangewezen voogden, of andere juridische dienstverlening waarbij de aanbieders door een rechterlijke instantie van de betrokken lidstaat van de Europese Unie, of van rechtswege, zijn aangewezen om specifieke taken te verrichten onder toezicht van die rechterlijke instanties;
5°. andere juridische diensten die in de betrokken lidstaat van de Europese Unie al dan niet incidenteel verband houden met de uitoefening van openbaar gezag;
i. betreffende leningen, al dan niet in samenhang met de uitgifte, de aankoop, de verkoop of de overdracht van effecten of andere financiële instrumenten;
j. betreffende civiele verdediging, civiele bescherming en risicopreventie die worden verleend door non-profitorganisaties en -verenigingen en die vallen onder de CPV-codes, genoemd in artikel 10, onderdeel h, van richtlijn 2014/24/EU met uitzondering van ziekenvervoer per ambulance;
k. betreffende politieke campagnes die vallen onder de CPV-codes, genoemd in artikel 10, onderdeel j, van richtlijn 2014/24/EU, indien gegund door een politieke partij in het kader van een verkiezingscampagne.

A82 art. 2.24a

Overheidsopdrachten gegund aan ander rechtspersoon

Art. 2.24a

1. In afwijking van de artikelen 2.1 tot en met 2.6a is het bepaalde bij of krachtens deel 2 van deze wet niet van toepassing op overheidsopdrachten die door een aanbestedende dienst aan een andere rechtspersoon worden gegund, indien:
   a. de aanbestedende dienst op die rechtspersoon toezicht uitoefent zoals op zijn eigen diensten of indien een andere rechtspersoon dan de aanbestedende dienst op die rechtspersoon toezicht uitoefent, waarbij de aanbestedende dienst toezicht houdt op de andere rechtspersoon zoals op zijn eigen diensten,
   b. meer dan 80% van de activiteiten van de gecontroleerde rechtspersoon wordt uitgeoefend in de vorm van taken die hem zijn toegewezen door de controlerende aanbestedende dienst of door andere, door diezelfde aanbestedende dienst gecontroleerde rechtspersonen, en
   c. er geen directe participatie van privékapitaal is in de gecontroleerde rechtspersoon, met uitzondering van vormen van participatie van privékapitaal die geen controle of blokkerende macht inhouden, die vereist zijn krachtens nationale regelgeving welke verenigbaar is met het Verdrag betreffende de Europese Unie en het Verdrag betreffende de werking van de Europese Unie en door middel waarvan geen beslissende invloed kan worden uitgeoefend op de gecontroleerde rechtspersoon.
2. In afwijking van de artikelen 2.1 tot en met 2.6a is het bepaalde bij of krachtens deel 2 van deze wet niet van toepassing indien een gecontroleerde rechtspersoon als bedoeld in het eerste lid die tevens een aanbestedende dienst is, een overheidsopdracht gunt aan de aanbestedende dienst die hem controleert of aan een andere rechtspersoon die door dezelfde aanbestedende dienst wordt gecontroleerd, mits er geen directe participatie van privékapitaal is in de rechtspersoon aan wie de overheidsopdracht wordt gegund, met uitzondering van vormen van participatie van privékapitaal die geen controle of blokkerende macht inhouden, die vereist zijn krachtens nationale regelgeving welke verenigbaar is met het Verdrag betreffende de Europese Unie en het Verdrag betreffende de werking van de Europese Unie en door middel waarvan geen beslissende invloed kan worden uitgeoefend op de gecontroleerde rechtspersoon.
3. Een aanbestedende dienst oefent op een rechtspersoon toezicht uit zoals op zijn eigen diensten als bedoeld in het eerste lid, onderdeel a, indien hij zowel op strategische doelstellingen als op belangrijke beslissingen van de gecontroleerde rechtspersoon een beslissende invloed uitoefent.
4. Het percentage, genoemd in het eerste lid, onderdeel b, wordt bepaald op basis van de gemiddelde totale omzet of een geschikte alternatieve op activiteit gebaseerde maatstaf, zoals de kosten die door de betrokken rechtspersoon of de aanbestedende dienst zijn gemaakt met betrekking tot diensten, leveringen en werken, over de laatste drie jaren voorafgaand aan de gunning van de overheidsopdracht.
5. Indien de gemiddelde totale omzet of een geschikte alternatieve op activiteit gebaseerde maatstaf als bedoeld in het vierde lid, over de laatste drie jaren niet beschikbaar of niet langer relevant is in verband met de datum van oprichting of aanvang van de bedrijfsactiviteiten van die rechtspersoon of aanbestedende dienst of in verband met een reorganisatie van zijn activiteiten, kan door middel van bedrijfsprognoses worden aangetoond dat de berekening van de activiteit aannemelijk is.

Gezamenlijk toezicht op andere rechtspersoon

Art. 2.24b

1. In afwijking van de artikelen 2.1 tot en met 2.6a is het bepaalde bij of krachtens deel 2 van deze wet niet van toepassing op overheidsopdrachten die door een aanbestedende dienst aan een andere rechtspersoon worden gegund, indien:
   a. de aanbestedende dienst samen met andere aanbestedende diensten op die rechtspersoon toezicht uitoefent zoals op hun eigen diensten,
   b. meer dan 80% van de activiteiten van de gecontroleerde rechtspersoon de uitvoering van taken behelst die hem zijn toegewezen door de controlerende aanbestedende diensten of door andere, door diezelfde aanbestedende diensten gecontroleerde rechtspersonen, en
   c. er geen directe participatie van privékapitaal is in de gecontroleerde rechtspersoon, met uitzondering van vormen van participatie van privékapitaal die geen controle of blokkerende macht inhouden, die vereist zijn krachtens nationale regelgeving welke verenigbaar is met het Verdrag betreffende de Europese Unie en het Verdrag betreffende de werking van de Europese Unie en door middel waarvan geen beslissende invloed kan worden uitgeoefend op de gecontroleerde rechtspersoon.
2. Aanbestedende diensten worden geacht op een rechtspersoon gezamenlijk toezicht uit te oefenen als bedoeld in het eerste lid, onderdeel a, indien:
   a. de besluitvormingsorganen van de gecontroleerde rechtspersoon zijn samengesteld uit vertegenwoordigers van alle deelnemende aanbestedende diensten, waarbij individuele vertegenwoordigers verscheidene of alle deelnemende aanbestedende diensten kunnen vertegenwoordigen,

Aanbestedingswet　　　　　　　　　　　　　　　　　　　　　　　　　　　**A82** art. 2.27

b. deze aanbestedende diensten in staat zijn gezamenlijk beslissende invloed uit te oefenen op de strategische doelstellingen en belangrijke beslissingen van de gecontroleerde rechtspersoon, en
c. de gecontroleerde rechtspersoon geen belangen nastreeft die in strijd zijn met de belangen van de controlerende aanbestedende diensten.
3. Op het percentage, genoemd in het eerste lid, onderdeel b, is artikel 2.24a, vierde en vijfde lid, van overeenkomstige toepassing.

Art. 2.24c
1. In afwijking van de artikelen 2.1 tot en met 2.6a is het bepaalde bij of krachtens deel 2 van deze wet niet van toepassing op overheidsopdrachten die uitsluitend tussen twee of meer aanbestedende diensten worden gegund, indien: — Samenwerkingsverband aanbestedende diensten
a. de overheidsopdracht voorziet in of uitvoering geeft aan samenwerking tussen de deelnemende aanbestedende diensten om te bewerkstelligen dat de openbare diensten die zij moeten uitvoeren, worden verleend met het oog op de verwezenlijking van hun gemeenschappelijke doelstellingen,
b. de invulling van die samenwerking uitsluitend berust op overwegingen in verband met het openbaar belang, en
c. de deelnemende aanbestedende diensten op de open markt niet meer dan 20% van de onder die samenwerking vallende activiteiten voor hun rekening nemen.
2. Op het percentage, genoemd in het eerste lid, onderdeel c, is artikel 2.24a, vierde en vijfde lid, van overeenkomstige toepassing.

Hoofdstuk 2.2
Procedures voor het plaatsen van opdrachten voor aanbestedende diensten

Afdeling 2.2.1
Algemene procedures

§ 2.2.1.1
Algemeen

Art. 2.25
De aanbestedende dienst past voor het plaatsen van een overheidsopdracht één van de procedures in deze afdeling, al dan niet na marktconsultatie toe. — Overheidsopdrachten, algemene procedure

§ 2.2.1.2
Openbare procedure

Art. 2.26
De aanbestedende dienst die de openbare procedure toepast doorloopt de volgende stappen. De aanbestedende dienst: — Openbare procedures
a. maakt een aankondiging van de overheidsopdracht bekend;
b. toetst of een inschrijver valt onder een door de aanbestedende dienst gestelde uitsluitingsgrond;
c. toetst of een niet-uitgesloten inschrijver voldoet aan de door de aanbestedende dienst gestelde geschiktheidseisen;
d. toetst of de inschrijvingen voldoen aan de door de aanbestedende dienst gestelde technische specificaties, eisen en normen;
e. beoordeelt de geldige inschrijvingen aan de hand van het door de aanbestedende dienst gestelde gunningscriterium, bedoeld in artikel 2.114 en de nadere criteria, bedoeld in artikel 2.115;
f. maakt een proces-verbaal van de opdrachtverlening;
g. deelt de gunningsbeslissing mee;
h. kan de overeenkomst sluiten;
i. maakt de aankondiging van de gegunde opdracht bekend.

§ 2.2.1.3
Niet-openbare procedure

Art. 2.27
De aanbestedende dienst die de niet-openbare procedure toepast doorloopt de volgende stappen. De aanbestedende dienst: — Niet-openbare procedures
a. maakt een aankondiging van de overheidsopdracht bekend;
b. toetst of een gegadigde valt onder een door de aanbestedende dienst gestelde uitsluitingsgrond;
c. toetst of een niet-uitgesloten gegadigde voldoet aan de door de aanbestedende dienst gestelde geschiktheidseisen;

d. beoordeelt de niet-uitgesloten of niet-afgewezen gegadigden aan de hand van de door de aanbestedende dienst gestelde selectiecriteria;
e. nodigt de geselecteerde gegadigden uit tot inschrijving;
f. toetst of de inschrijvingen voldoen aan de door de aanbestedende dienst gestelde technische specificaties, eisen en normen;
g. beoordeelt de geldige inschrijvingen aan de hand van het door de aanbestedende dienst gestelde gunningscriterium, bedoeld in artikel 2.114 en de nadere criteria, bedoeld in artikel 2.115;
h. maakt een proces-verbaal van de opdrachtverlening;
i. deelt de gunningsbeslissing mee;
j. kan de overeenkomst sluiten;
k. maakt de aankondiging van de gegunde opdracht bekend.

§ 2.2.1.4
Procedure van de concurrentiegerichte dialoog

Art. 2.28

Overheidsopdrachten, concurrentiegerichte dialoog

1. De aanbestedende dienst kan in de volgende gevallen de procedure van de concurrentiegerichte dialoog toepassen:
a. met betrekking tot werken, leveringen of diensten die aan een of meer van de volgende criteria voldoen:
1°. er kan niet worden voorzien in de behoeften van de aanbestedende dienst zonder aanpassing van gemakkelijk beschikbare oplossingen;
2°. het betreft onder meer ontwerp- of innovatieve oplossingen;
3°. de overheidsopdracht kan wegens specifieke omstandigheden die verband houden met de aard, de complexiteit of de juridische en financiële voorwaarden of wegens de daaraan verbonden risico's, niet worden gegund zonder voorafgaande onderhandelingen;
4°. de technische specificaties kunnen door de aanbestedende dienst niet nauwkeurig genoeg worden vastgesteld op basis van een norm, Europese technische beoordelingen, een gemeenschappelijke technische specificatie of een technisch referentiekader in de zin van de punten 2 tot en met 5 van bijlage VII van richtlijn 2014/24/EU;
b. met betrekking tot werken, leveringen of diensten waarvoor in het kader van een openbare of niet-openbare procedure uitsluitend onregelmatige of onaanvaardbare inschrijvingen zijn ingediend.
2. In gevallen als bedoeld in het eerste lid, onderdeel b, hoeft de aanbestedende dienst geen aankondiging van de overheidsopdracht bekend te maken, indien de aanbestedende dienst tot de procedure uitsluitend alle inschrijvers toelaat die:
a. niet met toepassing van artikel 2.86 of artikel 2.87 zijn uitgesloten en aan de gestelde geschiktheidseisen voldoen en die
b. gedurende de voorafgaande openbare of niet-openbare procedure een inschrijving hebben ingediend die aan de formele eisen van die aanbestedingsprocedure voldeed,
mits de oorspronkelijke voorwaarden voor de overheidsopdracht niet wezenlijk worden gewijzigd.
3. Onregelmatige inschrijvingen als bedoeld in het eerste lid, onderdeel b, zijn in ieder geval inschrijvingen:
a. die niet voldoen aan de vereisten in de aanbestedingsstukken,
b. die te laat zijn binnengekomen,
c. waarbij aantoonbaar sprake is van ongeoorloofde afspraken of corruptie, of
d. die door de aanbestedende dienst als abnormaal laag zijn beoordeeld.
4. Onaanvaardbare inschrijvingen als bedoeld in het eerste lid, onderdeel b, zijn in ieder geval inschrijvingen:
a. van inschrijvers die niet aan de gestelde geschiktheidseisen voldoen of
b. waarvan de prijs het door de aanbestedende dienst begrote bedrag, vastgesteld en gedocumenteerd vóór de aanvang van de aanbestedingsprocedure, overschrijdt.

Art. 2.29

Stappen procedure concurrentiegerichte dialoog

De aanbestedende dienst die de procedure van de concurrentiegerichte dialoog toepast doorloopt de volgende stappen. De aanbestedende dienst:
a. maakt een aankondiging van de overheidsopdracht bekend;
b. toetst of een gegadigde valt onder een door de aanbestedende dienst gestelde uitsluitingsgrond;
c. toetst of een niet-uitgesloten gegadigde voldoet aan de door de aanbestedende dienst gestelde geschiktheidseisen;
d. beoordeelt de niet-uitgesloten of niet-afgewezen gegadigden aan de hand van de door de aanbestedende dienst gestelde selectiecriteria;
e. nodigt de geselecteerde gegadigden uit tot deelname aan de dialoog;

f. houdt met de geselecteerde gegadigden een dialoog met het doel te bepalen welke middelen geschikt zijn om zo goed mogelijk aan de behoeften van de aanbestedende dienst te voldoen en maakt een keuze welke oplossing of oplossingen aan zijn behoeften kunnen voldoen;
g. verzoekt de deelnemers aan de dialoog hun inschrijving in te dienen;
h. toetst of de inschrijvingen voldoen aan de tijdens de dialoog voorgelegde en gespecificeerde oplossing of oplossingen;
i. beoordeelt de geldige inschrijvingen aan de hand van het gunningscriterium de economisch meest voordelige inschrijving op basis van de beste prijs-kwaliteitverhouding en de door de aanbestedende dienst gestelde nadere criteria, bedoeld in artikel 2.115;
j. maakt een proces-verbaal van de opdrachtverlening;
k. deelt de gunningsbeslissing mee;
l. kan de overeenkomst sluiten;
m. maakt de aankondiging van de gegunde opdracht bekend.

§ 2.2.1.5
Mededingingsprocedure met onderhandeling

Art. 2.30
1. De aanbestedende dienst kan in de in artikel 2.28, eerste lid, onderdelen a en b, bedoelde gevallen de mededingingsprocedure met onderhandeling toepassen.

2. Indien de mededingingsprocedure met onderhandeling wordt toegepast in een geval als bedoeld in artikel 2.28, eerste lid, onderdeel b, is het tweede, derde en vierde lid van dat artikel van toepassing.

Art. 2.31
De aanbestedende dienst die de mededingingsprocedure met onderhandeling toepast doorloopt de volgende stappen. De aanbestedende dienst:
a. maakt een aankondiging van de overheidsopdracht bekend;
b. toetst of een gegadigde valt onder een door de aanbestedende dienst gestelde uitsluitingsgrond;
c. toetst of een niet-uitgesloten gegadigde voldoet aan de door de aanbestedende dienst gestelde geschiktheidseisen;
d. beoordeelt de niet-uitgesloten of niet-afgewezen gegadigden aan de hand van de door de aanbestedende dienst gestelde selectiecriteria;
e. nodigt de geselecteerde gegadigden uit tot het doen van een eerste inschrijving;
f. kan met de inschrijvers onderhandelen over hun eerste en daaropvolgende inschrijvingen, met uitzondering van de definitieve inschrijving, om de inhoud ervan te verbeteren, met dien verstande dat niet wordt onderhandeld over de gunningscriteria en de minimumeisen;
g. beoordeelt de definitieve inschrijvingen aan de hand van door de aanbestedende dienst gestelde minimumeisen en het door hem gestelde gunningscriterium, bedoeld in artikel 2.114 en de nadere criteria, bedoeld in artikel 2.115;
h. maakt een proces-verbaal van de opdrachtverlening;
i. deelt de gunningsbeslissing mee;
j. kan de overeenkomst sluiten;
k. maakt de aankondiging van de gegunde overheidsopdracht bekend.

§ 2.2.1.6
Procedure van het innovatiepartnerschap

Art. 2.31a
Een aanbestedende dienst kan de procedure van het innovatiepartnerschap toepassen voor een overheidsopdracht die is gericht op de ontwikkeling en aanschaf van een innovatief product of werk of een innovatieve dienst welke niet reeds op de markt beschikbaar is.

Art. 2.31b
De aanbestedende dienst die de procedure van het innovatiepartnerschap toepast doorloopt de volgende stappen. De aanbestedende dienst:
a. maakt een aankondiging van de overheidsopdracht bekend;
b. toetst of een gegadigde valt onder een door de aanbestedende dienst gestelde uitsluitingsgrond;
c. toetst of een niet-uitgesloten gegadigde voldoet aan de door de aanbestedende dienst gestelde geschiktheidseisen;
d. beoordeelt de niet-uitgesloten of niet-afgewezen gegadigden aan de hand van de door de aanbestedende dienst gestelde selectiecriteria;
e. nodigt de geselecteerde gegadigden uit tot het doen van een eerste inschrijving;
f. onderhandelt met de inschrijvers over hun eerste en daaropvolgende inschrijvingen, met uitzondering van de definitieve inschrijving, om de inhoud ervan te verbeteren, met dien verstande dat niet wordt onderhandeld over de gunningscriteria en de minimumeisen;

g. beoordeelt de definitieve inschrijvingen aan de hand van door de aanbestedende dienst gestelde minimumeisen en het door hem gestelde gunningscriterium de economisch meest voordelige inschrijving op basis van de beste prijs-kwaliteitverhouding en de nadere criteria, bedoeld in artikel 2.115;
h. maakt een proces-verbaal van de opdrachtverlening;
i. deelt de gunningsbeslissing mee;
j. kan de overeenkomst sluiten;
k. maakt de aankondiging van de gegunde overheidsopdracht bekend.

§ 2.2.1.7
Onderhandelingsprocedure zonder aankondiging

Art. 2.32

Overheidsopdrachten, onderhandelingsprocedure zonder aankondiging

1. De aanbestedende dienst kan de onderhandelingsprocedure zonder aankondiging toepassen indien:
a. bij toepassing van de openbare of niet-openbare procedure geen of geen geschikte inschrijvingen of geen of geen geschikte verzoeken tot deelneming zijn ingediend, de oorspronkelijke voorwaarden van de overheidsopdracht niet wezenlijk worden gewijzigd en de Europese Commissie op haar verzoek een verslag van de oorspronkelijke procedure wordt overgelegd,
b. de overheidsopdracht slechts door een bepaalde ondernemer kan worden verricht, omdat:
1°. de aanbesteding als doel heeft het vervaardigen of verwerven van een uniek kunstwerk of een unieke artistieke prestatie,
2°. mededinging om technische redenen ontbreekt, of
3°. uitsluitende rechten, met inbegrip van intellectuele-eigendomsrechten, moeten worden beschermd en geen redelijk alternatief of substituut bestaat, of
c. voor zover zulks strikt noodzakelijk is, ingeval de termijnen van de openbare procedure, de niet-openbare procedure of de mededingingsprocedure met onderhandeling wegens dwingende spoed niet in acht kunnen worden genomen als gevolg van gebeurtenissen die door de aanbestedende dienst niet konden worden voorzien en niet aan de aanbestedende dienst zijn te wijten.
2. Voor de toepassing van het eerste lid, onderdeel a, wordt:
a. een inschrijving ongeschikt geacht indien zij niet relevant is voor de overheidsopdracht, omdat zij, zonder ingrijpende wijzigingen, kennelijk niet voorziet in de in de aanbestedingsstukken omschreven behoeften en eisen van de aanbestedende dienst;
b. een verzoek tot deelneming ongeschikt geacht indien de betrokken onderneming overeenkomstig artikel 2.86 of artikel 2.87 moet of kan worden uitgesloten of niet aan de door de aanbestedende dienst gestelde geschiktheidseisen voldoet.
3. Het eerste lid, onderdeel b, onder 2° en 3° is uitsluitend van toepassing indien er geen redelijk alternatief of substituut bestaat en het ontbreken van mededinging niet het gevolg is van een kunstmatige beperking van de voorwaarden van de aanbesteding.

Art. 2.33

Onderhandelingsprocedure zonder aankondiging, leveringen of diensten

De aanbestedende dienst kan de onderhandelingsprocedure zonder aankondiging toepassen:
a. voor de levering van producten die uitsluitend voor onderzoek, proefneming, studie of ontwikkeling worden vervaardigd en waarvan de productie niet in grote hoeveelheden plaatsvindt met het doel de commerciële haalbaarheid van het product vast te stellen of de kosten van onderzoek en ontwikkeling te delgen,
b. voor door de oorspronkelijke leverancier verrichte aanvullende leveringen die bestemd zijn:
1°. voor gedeeltelijke vernieuwing van leveringen of installaties, of
2°. voor de uitbreiding van bestaande leveringen of installaties, indien verandering van leverancier de aanbestedende dienst ertoe zou verplichten leveringen te verwerven met andere technische eigenschappen die niet verenigbaar zijn met de technische eigenschappen van reeds verworven leveringen of zich bij gebruik en onderhoud van de te verwerven leveringen onevenredige technische moeilijkheden voordoen, mits de looptijd van deze overheidsopdrachten voor leveringen en nabestellingen niet langer is dan drie jaar,
c. voor op een grondstoffenmarkt genoteerde en aangekochte leveringen, of
d. voor de aankoop van leveringen of diensten tegen bijzonder gunstige voorwaarden bij een leverancier die definitief zijn handelsactiviteiten stopzet, bij curatoren of vereffenaars van een faillissement ofeen vonnis of bij de toepassing van de schuldsaneringsregeling natuurlijke personen of een in andere nationale regelgeving bestaande vergelijkbare procedure.

Art. 2.34

Procedure uitschrijven prijsvraag

De aanbestedende dienst kan de onderhandelingsprocedure zonder aankondiging toepassen voor een overheidsopdracht voor diensten indien die overheidsopdracht voortvloeit uit een procedure van een prijsvraag en volgens de toepasselijke voorschriften aan de winnaar of aan een van de winnaars van die prijsvraag dient te worden gegund en de aanbestedende dienst alle winnaars van de prijsvraag tot de onderhandelingen uitnodigt.

Art. 2.35
[Vervallen]

Art. 2.36
De aanbestedende dienst kan voor nieuwe werken of diensten tot drie jaar volgend op de gunning van de oorspronkelijke overheidsopdracht de onderhandelingsprocedure zonder aankondiging toepassen, voor zover die werken of diensten bestaan uit herhaling van soortgelijke werken of diensten die door dezelfde aanbestedende diensten worden toevertrouwd aan de ondernemer waaraan de oorspronkelijke overheidsopdracht werd gegund en:

Nieuwe werken of diensten

1°. deze werken of diensten overeenstemmen met een basisproject waarvoor de oorspronkelijke opdracht is gegund met toepassing van een procedure als bedoeld in paragraaf 2.2.1.2 tot en met paragraaf 2.2.1.6 of met toepassing van de procedure voor sociale en andere specifieke diensten;
2°. de aanbestedende dienst reeds bij het basisproject waarvoor de oorspronkelijke opdracht is gegund de omvang van de aanvullende werken of diensten en de voorwaarden waaronder deze worden gegund, vermeldde;
3°. de aanbestedende dienst reeds in de aankondiging van de aanbesteding van het basisproject vermeldde dat een procedure zonder aankondiging kan worden toegepast, en
4°. de aanbestedende dienst bij toepassing van afdeling 2.1.2 het totale voor de volgende werken of diensten geraamde bedrag in aanmerking heeft genomen voor de raming van de waarde van de overheidsopdracht.

Art. 2.37
De aanbestedende dienst die de onderhandelingsprocedure zonder aankondiging toepast doorloopt de volgende stappen. De aanbestedende dienst:
a. onderhandelt met de betrokken ondernemers;
b. maakt een proces-verbaal van de opdrachtverlening;
c. deelt de gunningsbeslissing mee;
d. kan de overeenkomst sluiten;
e. maakt de aankondiging van de gegunde opdracht bekend.

Stappen onderhandelingsprocedure zonder aankondiging

§ 2.2.1.8
Bijzondere voorschriften betreffende het plaatsen van overheidsopdrachten voor sociale en andere specifieke diensten

Art. 2.38
1. De aanbestedende dienst kan voor sociale en andere specifieke diensten als bedoeld in bijlage XIV van richtlijn 2014/24/EU de procedure voor sociale en andere specifieke diensten toepassen.
2. Voor overheidsopdrachten betreffende diensten voor gezondheidszorg en maatschappelijke dienstverlening zoals opgenomen in bijlage XIV van richtlijn 2014/24/EU, wordt de procedure voor sociale en andere specifieke diensten toegepast, tenzij de aanbestedende dienst anders beslist.

Overheidsopdrachten, sociale diensten en andere specifieke diensten

Art. 2.39
1. De aanbestedende dienst die de procedure voor sociale en andere specifieke diensten toepast doorloopt de volgende stappen. De aanbestedende dienst:
a. maakt een vooraankondiging of een aankondiging van de overheidsopdracht bekend;
b. toetst of de inschrijvingen voldoen aan de door de aanbestedende dienst gestelde technische specificaties, eisen of normen;
c. maakt een proces-verbaal van de opdrachtverlening;
d. kan de overeenkomst sluiten;
e. maakt de aankondiging van de gegunde overheidsopdracht bekend.
2. Bij toepassing van de procedure voor sociale en andere specifieke diensten zijn uitsluitend de paragrafen 2.3.1.2, 2.3.2.1, 2.3.2.2 en 2.3.3.1 en paragraaf 2.3.8.9 van hoofdstuk 2.3 van toepassing.
3. Aanbestedende diensten die uitsluitingsgronden of geschiktheidseisen stellen, verlangen van een ondernemer dat hij bij zijn verzoek tot deelneming of zijn inschrijving met gebruikmaking van het daartoe vastgestelde model een eigen verklaring indient en geven daarbij aan welke gegevens en inlichtingen in de eigen verklaring moeten worden verstrekt. Afdeling 2.3.4 is van overeenkomstige toepassing.

Stappen procedure voor sociale en andere specifieke diensten

Afdeling 2.2.3
Bijzondere procedures

§ 2.2.3.1
[Vervallen]

Art. 2.40-2.41
[Vervallen]

§ 2.2.3.2
Procedure van een prijsvraag

Art. 2.42

Overheidsopdrachten, prijsvraag
Een aanbestedende dienst past voor het uitschrijven van een prijsvraag de procedure van een prijsvraag toe.

Art. 2.43

Stappen prijsvraagprocedure
1. De aanbestedende dienst die de procedure van een prijsvraag toepast, doorloopt de volgende stappen. De aanbestedende dienst:
a. maakt een aankondiging van de prijsvraag bekend;
b. toetst of een deelnemer valt onder een door de aanbestedende dienst gestelde uitsluitingsgrond;
c. toetst of een niet-uitgesloten deelnemer voldoet aan de door de aanbestedende dienst gestelde criteria betreffende de geschiktheidseisen en selectiecriteria;
d. stelt een jury in.
2. De in het eerste lid, onderdeel d, bedoelde jury:
a. onderzoekt de ingediende, geanonimiseerde plannen of ontwerpen;
b. nodigt desgewenst deelnemers uit tot het beantwoorden van vragen;
c. bepaalt haar oordeel;
d. stelt een verslag op met daarin de rangorde van de deelnemers.
3. De aanbestedende dienst maakt het oordeel van de jury bekend, voor zover deze tot een oordeel is gekomen, en maakt de resultaten van de prijsvraag bekend.

§ 2.2.3.3
Procedure voor het sluiten van een raamovereenkomst

Art. 2.44

Overheidsopdrachten, raamovereenkomst
Een aanbestedende dienst die een raamovereenkomst wil sluiten, past daartoe een van de volgende procedures toe:
a. de openbare procedure;
b. de niet-openbare procedure;
c. indien dat op grond van artikel 2.28 is toegestaan, de procedure van de concurrentiegerichte dialoog;
d. indien dat op grond van artikel 2.30 is toegestaan, de mededingingsprocedure met onderhandeling;
e. indien dat op grond van de artikelen 2.32 tot en met 2.36 is toegestaan, de onderhandelingsprocedure zonder aankondiging;
f. indien dat op grond van artikel 2.31a is toegestaan, de procedure van het innovatiepartnerschap;
g. indien dat op grond van artikel 2.38 is toegestaan, de procedure voor sociale en andere specifieke diensten.

Art. 2.45

Raamovereenkomst met een enkele ondernemer
1. Een aanbestedende dienst die een overheidsopdracht wil plaatsen met gebruikmaking van een raamovereenkomst die hij gesloten heeft met een enkele ondernemer, past de procedure voor het gunnen van een overheidsopdracht via een raamovereenkomst met een enkele ondernemer toe, indien deze raamovereenkomst overeenkomstig artikel 2.44 is gesloten.
2. In het in het eerste lid bedoelde geval gunt de aanbestedende dienst de opdracht op basis van de in de raamovereenkomst gestelde voorwaarden.

Art. 2.46

Raamovereenkomst met meer dan één ondernemer
Een aanbestedende dienst die een overheidsopdracht wil plaatsen met gebruikmaking van een raamovereenkomst die hij gesloten heeft met meer dan één ondernemer, past de procedure voor het gunnen van een overheidsopdracht door middel van een raamovereenkomst met meer dan één ondernemer toe, indien deze raamovereenkomst overeenkomstig artikel 2.44 is gesloten.

Aanbestedingswet

Art. 2.47
1. In het in artikel 2.46 bedoelde geval past de aanbestedende dienst de voorwaarden van de raamovereenkomst toe, zonder de betrokken ondernemers opnieuw tot mededinging op te roepen.
2. Indien niet alle voorwaarden in de raamovereenkomst zijn bepaald, doorloopt de aanbestedende dienst de volgende stappen. De aanbestedende dienst:
a. vraagt de betrokken ondernemers de inschrijvingen in te dienen;
b. beoordeelt de aangevulde inschrijvingen volgens de in de raamovereenkomst of aanbestedingsstukken vastgestelde gunningscriteria;
c. kan de overeenkomst sluiten.

Niet opnieuw oproepen tot mededinging

§ 2.2.3.4
Procedure voor een dynamisch aankoopsysteem

Art. 2.48
1. Een aanbestedende dienst kan een dynamisch aankoopsysteem instellen voor het doen van gangbare aankopen van werken, leveringen of diensten, waarvan de kenmerken wegens de algemene beschikbaarheid op de markt voldoen aan zijn behoeften.
2. De aanbestedende dienst past daartoe de niet-openbare procedure toe, met uitzondering van de fase van inschrijving.

Overheidsopdrachten, dynamisch aankoopsysteem

Art. 2.49
Een aanbestedende dienst die een dynamisch aankoopsysteem instelt doorloopt de volgende stappen. De aanbestedende dienst:
a. maakt door middel van een aankondiging van een overheidsopdracht de instelling van een dynamisch aankoopsysteem bekend;
b. toetst of een gegadigde valt onder een door de aanbestedende dienst gestelde uitsluitingsgrond;
c. toetst of een niet-uitgesloten gegadigde voldoet aan de door de aanbestedende dienst gestelde geschiktheidseisen;
d. laat de niet-uitgesloten en niet-afgewezen gegadigden toe tot het dynamisch aankoopsysteem.

Art. 2.50
De aanbestedende dienst die een overheidsopdracht wil plaatsen binnen een dynamisch aankoopsysteem:
a. nodigt, met toepassing van artikel 2.148, eerste onderscheidenlijk tweede lid, de toegelaten ondernemers uit een inschrijving in te dienen;
b. past de in artikel 2.27, onderdelen f tot en met k, genoemde stappen van de niet-openbare procedure toe.

Overheidsopdracht binnen dynamisch aankoopsysteem

Hoofdstuk 2.3
Regels inzake aankondiging, uitsluiting, selectie en gunning

Afdeling 2.3.1
Algemeen

§ 2.3.1.1
Ondernemers

Art. 2.51
1. Indien een gegadigde, een inschrijver of een met een gegadigde of inschrijver verbonden onderneming een aanbestedende dienst heeft geadviseerd of anderszins betrokken is geweest bij de voorbereiding van een aanbestedingsprocedure, neemt de aanbestedende dienst passende maatregelen om ervoor te zorgen dat de mededinging niet wordt vervalst door de deelneming van die gegadigde of inschrijver.
2. Passende maatregelen als bedoeld in het eerste lid omvatten:
a. de mededeling aan andere gegadigden en inschrijvers van relevante informatie die is uitgewisseld in het kader van of ten gevolge van de betrokkenheid van de gegadigde of inschrijver bij de voorbereiding van de aanbestedingsprocedure, en
b. de vaststelling van passende termijnen voor de ontvangst van de inschrijvingen.
3. Een aanbestedende dienst sluit een gegadigde of inschrijver die betrokken is geweest bij de voorbereiding van een aanbestedingsprocedure slechts van de aanbestedingsprocedure uit indien er geen andere middelen zijn om de naleving van het beginsel van gelijke behandeling te verzekeren.
4. Een aanbestedende dienst biedt een bij de voorbereiding van een aanbestedingsprocedure betrokken gegadigde of inschrijver de gelegenheid om te bewijzen dat zijn betrokkenheid de mededinging niet kan verstoren, alvorens hij de gegadigde of inschrijver van de aanbestedingsprocedure uitsluit.

Betrokkenheid gegadigde bij aanbesteding

5. Maatregelen als bedoeld in het eerste lid worden vermeld in het proces-verbaal, bedoeld in artikel 2.132.

Art. 2.52

Overheidsopdrachten, inschrijving

1. Een aanbestedende dienst wijst gegadigden of inschrijvers die krachtens de wetgeving van de lidstaat waarin zij zijn gevestigd, gerechtigd zijn de desbetreffende verrichting uit te voeren, niet af louter op grond van het feit dat zij een natuurlijke persoon of een rechtspersoon zijn.

2. Een aanbestedende dienst kan voor overheidsopdrachten voor diensten, voor overheidsopdrachten voor werken en voor overheidsopdrachten voor leveringen die bijkomende diensten of installatiewerkzaamheden inhouden, van een rechtspersoon verlangen dat deze in de inschrijving of in het verzoek tot deelneming de namen en de beroepskwalificaties vermeldt van de personen die met de uitvoering van de opdracht worden belast.

3. Een samenwerkingsverband van ondernemers kan zich inschrijven of zich als gegadigde opgeven.

4. Een aanbestedende dienst verlangt voor het indienen van een inschrijving of een verzoek tot deelneming van een samenwerkingsverband van ondernemers niet dat het samenwerkingsverband van ondernemers een bepaalde rechtsvorm heeft.

5. Een aanbestedende dienst kan bepalen op welke wijze een samenwerkingsverband aan de eisen van economische en financiële draagkracht en technische bekwaamheid en beroepsbekwaamheid, bedoeld in artikel 2.90, tweede lid, onderdelen a en b, dient te voldoen, mits deze eisen op objectieve gronden berusten en proportioneel zijn.

6. Een aanbestedende dienst kan aan een samenwerkingsverband andere eisen dan aan individuele deelnemers stellen wat betreft de uitvoering van een overheidsopdracht, mits deze eisen op objectieve gronden berusten en proportioneel zijn.

7. Een aanbestedende dienst kan van een samenwerkingsverband waaraan de overheidsopdracht wordt gegund, eisen dat het een bepaalde rechtsvorm aanneemt, indien dit voor de goede uitvoering van de overheidsopdracht noodzakelijk is.

§ 2.3.1.2
Communicatie en inlichtingen

Art. 2.52a

Communicatie en informatie-uitwisseling

1. De communicatie en informatie-uitwisseling tussen een aanbestedende dienst en een ondernemer vindt plaats met behulp van elektronische middelen.

2. In afwijking van het eerste lid kan een aanbestedende dienst ondernemers bij de inschrijvingsprocedure de mogelijkheid bieden om andere dan elektronische middelen te gebruiken in een geval als bedoeld in artikel 22, eerste lid, onderdelen a tot en met d, van richtlijn 2014/24/EU.

3. In afwijking van het eerste lid kan een aanbestedende dienst ondernemers bij de inschrijvingsprocedure de mogelijkheid bieden om andere dan elektronische middelen te gebruiken voor zover dit nodig is:
a. vanwege een inbreuk op de beveiliging van die elektronische middelen, of
b. voor de bescherming van de bijzonder gevoelige aard van de informatie waarvoor een dermate hoog beschermingsniveau nodig is dat dit niveau niet afdoende kan worden verzekerd via elektronische instrumenten of middelen die algemeen beschikbaar zijn voor ondernemers of die ondernemers via alternatieve toegangsmiddelen ter beschikking kunnen worden gesteld.

4. Mededelingen waarvoor op grond van het tweede lid geen elektronische middelen worden gebruikt, geschieden:
a. per post of via een andere geschikte vervoerder, of
b. per post of via een andere geschikte vervoerder en langs elektronische weg.

5. Een wijziging van artikel 22, eerste lid, onderdelen a tot en met d, van richtlijn 2014/24/EU gaat voor de toepassing van dit artikel gelden met ingang van de dag waarop het desbetreffende besluit van de Europese Commissie in werking treedt.

6. Onze Minister doet mededeling in de Staatscourant van een besluit als bedoeld in het vijfde lid.

Art. 2.52b

Mondelinge communicatie

1. Onverminderd artikel 2.52a, eerste lid, kan mondelinge communicatie tussen een aanbestedende dienst en een ondernemer worden gebruikt voor andere mededelingen dan die betreffende de essentiële elementen van een aanbestedingsprocedure, mits de inhoud van de mondelinge communicatie voldoende gedocumenteerd wordt.

2. Essentiële elementen van een aanbestedingsprocedure als bedoeld in het eerste lid omvatten de aanbestedingsstukken, verzoeken tot deelneming en inschrijvingen.

3. Een aanbestedende dienst documenteert de mondelinge communicatie met inschrijvers die van grote invloed kan zijn op de inhoud en beoordeling van de inschrijvingen, voldoende en met passende middelen.

Art. 2.53
1. Een ondernemer kan inlichtingen vragen over een specifieke aanbesteding.

Inschrijving, vragen van inlichtingen

2. De aanbestedende dienst beantwoordt de gestelde vragen in een nota van inlichtingen, die hij aan alle gegadigden of inschrijvers verzendt.
3. Een ondernemer kan de aanbestedende dienst verzoeken om bepaalde informatie niet in de nota van inlichtingen op te nemen indien openbaarmaking van deze informatie schade zou toebrengen aan de gerechtvaardigde economische belangen van de onderneming.

Art. 2.54
1. Een aanbestedende dienst verstrekt nadere inlichtingen over de aanbestedingsstukken uiterlijk tien dagen voor de uiterste datum voor het indienen van de inschrijvingen, mits het verzoek om inlichtingen tijdig voor de uiterste datum voor het indienen van de inschrijvingen is gedaan.

Inschrijving, verstrekken van inlichtingen

2. In afwijking van het eerste lid bedraagt de in dat lid bedoelde termijn in geval van toepassing van de openbare procedure, niet-openbare procedure of mededingingsprocedure met onderhandeling, waarbij toepassing wordt gegeven aan artikel 2.74, vier dagen.

Art. 2.55
Een aanbestedende dienst kan een ondernemer vragen om zijn inschrijving of verzoek om deelneming nader toe te lichten of aan te vullen, met inachtneming van de artikelen 2.84, 2.85 en 2.102.

Inschrijving, toelichting/aanvulling inschrijving

Art. 2.55a
Op verzoek van een betrokken inschrijver of deelnemer stelt de aanbestedende dienst de inschrijver of deelnemer zo spoedig mogelijk, doch uiterlijk binnen vijftien dagen na ontvangst van zijn schriftelijk verzoek, in kennis van het verloop en de voortgang van de onderhandelingen met de inschrijvers of de dialoog met de deelnemers.

Voortgang onderhandelingen met inschrijvers

Art. 2.56
1. De aanbestedende dienst documenteert het verloop van een aanbestedingsprocedure, opdat de aanbestedende dienst de genomen beslissingen in alle stadia van die procedure kan motiveren.

Inschrijving, documentatie

2. De in het eerste lid bedoelde gegevens worden gedurende ten minste drie jaar na de datum van gunning van de overheidsopdracht bewaard.

Art. 2.57
1. Onverminderd het in deze wet bepaalde maakt een aanbestedende dienst informatie die hem door een ondernemer als vertrouwelijk is verstrekt niet openbaar.

Inschrijving, vertrouwelijke informatie

2. Onverminderd het in deze wet bepaalde maakt een aanbestedende dienst geen informatie openbaar uit aanbestedingsstukken of andere documenten die de dienst heeft opgesteld in verband met een aanbestedingsprocedure, indien die informatie kan worden gebruikt om de mededinging te vervalsen.

Art. 2.57a
Een aanbestedende dienst kan aan een ondernemer eisen stellen die tot doel hebben de vertrouwelijke aard van de informatie die de aanbestedende dienst gedurende de aanbestedingsprocedure beschikbaar stelt, te beschermen.

Eisen betreffende vertrouwelijke aard informatie

Afdeling 2.3.2
Aankondigingen

§ 2.3.2.1
Vooraankondiging

Art. 2.58
Een aanbestedende dienst kan zijn voornemen met betrekking tot een voorgenomen overheidsopdracht bekend maken door een vooraankondiging.

Overheidsopdrachten, vooraankondiging gunning overheidsopdracht

Art. 2.58a
1. Indien de vooraankondiging een overheidsopdracht betreft voor sociale en andere specifieke diensten als bedoeld in bijlage XIV van richtlijn 2014/24/EU, vermeldt de aanbestedende dienst in de vooraankondiging in ieder geval:
a. de soort diensten waarop de overheidsopdracht betrekking heeft;
b. dat de overheidsopdracht wordt gegund zonder verdere bekendmaking;
c. dat ondernemers hun belangstelling schriftelijk kenbaar moeten maken.
2. De in het eerste lid bedoelde vooraankondiging wordt voortdurend bekendgemaakt.
3. Het eerste en tweede lid zijn niet van toepassing indien de overheidsopdracht een opdracht als bedoeld in het eerste lid betreft, waarop de onderhandelingsprocedure zonder aankondiging kon worden toegepast.

A82 art. 2.59 — Aanbestedingswet

Vooraankondiging, elektronische bekendmaking

Art. 2.59
1. De bekendmaking van de vooraankondiging geschiedt langs elektronische weg, met gebruikmaking van het elektronische systeem voor aanbestedingen.
2. De aanbestedende dienst gebruikt voor de bekendmaking van de vooraankondiging het daartoe door middel van het elektronische systeem voor aanbestedingen beschikbaar gestelde formulier.

Vooraankondiging, toezending aan Europese Commissie

Art. 2.60
1. Een aanbestedende dienst maakt de vooraankondiging of de inhoud ervan niet eerder op een andere wijze bekend dan nadat hij een bevestiging van de bekendmaking van de Europese Commissie heeft ontvangen.
2. In afwijking van het eerste lid kan de aanbestedende dienst de vooraankondiging of de inhoud ervan bekendmaken indien hij niet binnen 48 uur na ontvangst van de bevestiging van ontvangst van de vooraankondiging van de Europese Commissie een bevestiging van de bekendmaking van de Europese Commissie heeft ontvangen.
3. Indien de aanbestedende dienst de vooraankondiging ook op een andere wijze dan met gebruikmaking van het elektronische systeem voor aanbestedingen bekend maakt, bevat die vooraankondiging geen andere informatie dan die welke aan de Europese Commissie is gezonden of via het kopersprofiel is bekendgemaakt en bevat deze in ieder geval de datum van toezending aan de Europese Commissie dan wel de datum van de bekendmaking op het kopersprofiel.

Vooraankondiging, bekendmaking op kopersprofiel

Art. 2.61
1. In afwijking van artikel 2.60 kan de aanbestedende dienst de vooraankondiging ook bekend maken op zijn kopersprofiel.
2. In een geval als bedoeld in het eerste lid bevat de vooraankondiging de informatie die is opgenomen in de kennisgeving, bedoeld in het vierde lid.
3. Een kopersprofiel als bedoeld in het eerste lid is langs elektronische weg toegankelijk en kan informatie bevatten inzake vooraankondigingen, lopende aanbestedingsprocedures, voorgenomen aankopen, gegunde overheidsopdrachten, geannuleerde procedures en nuttige algemene informatie, zoals een contactpunt, een telefoon- en faxnummer, een postadres en een e-mailadres.
4. In het in het eerste lid bedoelde geval zendt de aanbestedende dienst een kennisgeving van de vooraankondiging langs elektronische weg met gebruikmaking van het elektronische systeem voor aanbestedingen toe aan de Europese Commissie.
5. De in het vierde lid bedoelde kennisgeving geschiedt door middel van het daartoe door middel van het elektronische systeem voor aanbestedingen beschikbaar gestelde formulier.
6. Een aanbestedende dienst maakt de vooraankondiging op zijn kopersprofiel niet eerder bekend dan nadat de kennisgeving van die bekendmaking aan de Europese Commissie is verzonden.
7. De vooraankondiging op het kopersprofiel bevat de datum van de kennisgeving, bedoeld in het vijfde lid.

§ 2.3.2.2
Aankondiging

Overheidsopdrachten, aankondiging

Art. 2.62
1. De aanbestedende dienst die voornemens is een overheidsopdracht te gunnen maakt hiertoe een aankondiging van de overheidsopdracht bekend.
2. De bekendmaking van de aankondiging geschiedt langs elektronische weg met gebruikmaking van het elektronische systeem voor aanbestedingen.
3. De aanbestedende dienst gebruikt voor de bekendmaking van de aankondiging het daartoe door middel van het elektronische systeem voor aanbestedingen beschikbaar gestelde formulier.
4. Het eerste lid is niet van toepassing indien:
   a. de aanbestedende dienst de onderhandelingsprocedure zonder aankondiging toepast;
   b. het een overheidsopdracht betreft voor sociale en andere specifieke diensten als bedoeld in bijlage XIV van richtlijn 2014/24/EU waarop de onderhandelingsprocedure zonder aankondiging kon worden toegepast;
   c. een vooraankondiging is gedaan van een overheidsopdracht voor sociale en andere specifieke diensten als bedoeld in bijlage XIV van richtlijn 2014/24/EU.

Aankondiging, bewijsmiddelen

Art. 2.63
De aanbestedende dienst vermeldt in de aankondiging de voorwaarden voor deelneming en geeft aan welke bewijsmiddelen met betrekking tot de financiële en economische draagkracht en de technische bekwaamheid en de beroepsbekwaamheid hij van de ondernemer verlangt.

Aankondiging, ontvangstbevestiging

Art. 2.64
De aanbestedende dienst kan met behulp van de bevestiging van ontvangst van de bekendmaking van de Europese Commissie aantonen dat hij een aankondiging heeft bekendgemaakt.

Aanbestedingswet

Art. 2.65
1. De aanbestedende dienst maakt de aankondiging of de inhoud ervan niet eerder op een andere wijze bekend dan nadat hij een bevestiging van de bekendmaking van de Europese Commissie heeft ontvangen.
2. In afwijking van het eerste lid kan de aanbestedende dienst de aankondiging of de inhoud ervan bekendmaken indien hij niet binnen 48 uur na ontvangst van de bevestiging van ontvangst van de aankondiging van de Europese Commissie een bevestiging van de bekendmaking van de Europese Commissie heeft ontvangen.
3. Indien de aanbestedende dienst de aankondiging ook op een andere wijze dan met gebruikmaking van het elektronische systeem voor aanbestedingen bekend maakt, bevat die aankondiging geen andere informatie dan die welke aan de Europese Commissie is gezonden of via het kopersprofiel is bekendgemaakt en bevat deze in ieder geval de datum van toezending aan de Europese Commissie dan wel de datum van de bekendmaking op het kopersprofiel.

Aankondiging, bekendmaking

Art. 2.66
1. De aanbestedende dienst biedt met elektronische middelen kosteloze, rechtstreekse en volledige toegang tot de aanbestedingsstukken vanaf de datum van bekendmaking van de aankondiging.
2. De aanbestedende dienst vermeldt in de aankondiging het internetadres waar de aanbestedingsstukken toegankelijk zijn.
3. Indien de aanbestedende dienst in afwijking van het eerste lid geen kosteloze, rechtstreekse en volledige toegang tot de aanbestedingsstukken langs elektronische weg biedt in een geval als bedoeld in artikel 2.52a, tweede lid, kan de aanbestedende dienst in de aankondiging aangeven dat de aanbestedingsstukken zullen worden toegezonden met andere dan elektronische middelen overeenkomstig artikel 2.52a, vierde lid.
4. Indien de aanbestedende dienst in afwijking van het eerste lid geen kosteloze, rechtstreekse en volledige toegang tot bepaalde aanbestedingsstukken langs elektronische weg biedt omdat hij voornemens is artikel 2.57a toe te passen, vermeldt de aanbestedende dienst in de aankondiging welke eisen hij ter bescherming van het vertrouwelijke karakter van de informatie stelt en hoe toegang kan worden verkregen tot de betrokken documenten.
5. In een geval als bedoeld in het derde of vierde lid stelt de aanbestedende dienst de aanbestedingsstukken op enigerlei wijze kosteloos ter beschikking.
6. Indien de aanbestedende dienst de aanbestedingsstukken voor de overheidsopdracht ook op andere wijze dan ter uitvoering van het eerste of vijfde lid beschikbaar stelt, kan de aanbestedende dienst de kosten voor die wijze van verstrekking in rekening brengen bij degenen die om die andere wijze van verstrekking van de aanbestedingsstukken hebben gevraagd.

Aankondiging, elektronische middelen als toegang tot aanbestedingsstukken

Art. 2.67
1. De aanbestedende dienst kan een rectificatie van een eerder gedane aankondiging bekendmaken.
2. De bekendmaking van de rectificatie geschiedt langs elektronische weg met gebruikmaking van het elektronische systeem voor aanbestedingen.
3. De aanbestedende dienst gebruikt voor de bekendmaking van de rectificatie het daartoe door middel van het elektronische systeem voor aanbestedingen beschikbaar gestelde formulier.

Aankondiging, rectificatie

Art. 2.68-2.69
[Vervallen]

§ 2.3.2.3
Termijnen

Art. 2.70
De aanbestedende dienst stelt de termijn voor het indienen van verzoeken tot deelneming of inschrijvingen vast met inachtneming van het voorwerp van de opdracht, de voor de voorbereiding van het verzoek of de inschrijving benodigde tijd en de in deze paragraaf gestelde regels omtrent termijnen.

Overheidsopdrachten, termijn indiening verzoek deelneming/inschrijving

Art. 2.71
1. Voor openbare procedures bedraagt de termijn voor het indienen van de inschrijvingen ten minste 45 dagen, te rekenen vanaf de verzenddatum van de aankondiging.
2. Voor niet-openbare procedures en mededingingsprocedures met onderhandeling bedraagt de termijn voor het indienen van de verzoeken tot deelneming ten minste 30 dagen, te rekenen vanaf de verzenddatum van de aankondiging van de overheidsopdracht.
3. Voor procedures van de concurrentiegerichte dialoog en procedures van het innovatiepartnerschap bedraagt de termijn voor het indienen van de verzoeken tot deelneming ten minste 30 dagen, te rekenen vanaf de verzenddatum van de aankondiging van de overheidsopdracht.
4. Voor niet-openbare procedures bedraagt de termijn voor het indienen van de inschrijvingen ten minste 40 dagen, te rekenen vanaf de verzenddatum van de uitnodiging tot inschrijving en

Termijn van inschrijving, 45 dagen

voor mededingingsprocedures met onderhandeling bedraagt de termijn voor het indienen van de eerste inschrijvingen eveneens ten minste 40 dagen, te rekenen vanaf de verzenddatum van de uitnodiging tot inschrijving.
5. Indien de aanbestedende dienst een vooraankondiging als bedoeld in paragraaf 2.3.2.1 heeft gedaan, kan hij de termijn voor het indienen van de inschrijvingen, bedoeld in het eerste en vierde lid, inkorten tot 29 dagen, maar in geen geval tot minder dan 22 dagen.
6. Het inkorten van de termijn, bedoeld in het vijfde lid, is uitsluitend toegestaan, indien de vooraankondiging alle informatie bevat die in de aankondiging van de overheidsopdracht, bedoeld in bijlage V, onderdeel B, afdeling I, van richtlijn 2014/24/EU, wordt verlangd, voor zover deze informatie beschikbaar is op het tijdstip dat de vooraankondiging wordt bekendgemaakt en mits deze vooraankondiging ten minste 52 dagen en ten hoogste 12 maanden voor de verzenddatum van de aankondiging van de overheidsopdracht ter bekendmaking is verzonden.

Art. 2.72

Verlenging termijn indienen inschrijvingen

1. Een aanbestedende dienst verlengt de termijn voor het indienen van de inschrijvingen, bedoeld in artikel 2.71, eerste en vierde lid, met vijf dagen in de gevallen, bedoeld in artikel 2.66, derde en vierde lid.
2. Het eerste lid is niet van toepassing in een geval als bedoeld in artikel 2.74.

Art. 2.73

Verlenging termijn indienen inschrijvingen

1. Een aanbestedende dienst verlengt de termijnen voor het indienen van de inschrijvingen zodanig dat alle betrokken ondernemers van alle nodige informatie voor de opstelling van de inschrijvingen kennis kunnen nemen, indien:
a. inschrijvingen slechts kunnen worden gedaan na een bezoek van de locatie,
b. inschrijvingen slechts kunnen worden gedaan na inzage ter plaatse van de documenten waarop de aanbestedingsstukken steunen,
c. de tijdig aangevraagde aanvullende informatie, die van betekenis is voor het opstellen van de inschrijvingen, niet uiterlijk tien dagen of, in een geval als bedoeld in artikel 2.74, onderdelen a en c, niet uiterlijk vier dagen voor de voor het indienen van de inschrijvingen gestelde termijn is verstrekt, of
d. de aanbestedingsstukken aanzienlijk gewijzigd zijn.
2. In de gevallen, bedoeld in het eerste lid, onderdelen c en d, dient de duur van de verlenging in redelijke verhouding te staan tot het belang van de informatie of wijziging.

Art. 2.74

Termijn van inschrijving, afwijking

In het geval van een urgente situatie, die door de aanbestedende dienst naar behoren is onderbouwd, waarin de in de artikel 2,71, eerste, tweede en vierde lid, bepaalde termijnen niet in acht kunnen worden genomen, kan een aanbestedende dienst de volgende termijnen vaststellen:
a. in het geval van een openbare procedure, een termijn voor het indienen van de inschrijvingen van ten minste vijftien dagen, te rekenen vanaf de verzenddatum van de aankondiging van de overheidsopdracht;
b. in het geval van een niet-openbare procedure of een mededingingsprocedure met onderhandeling, een termijn voor het indienen van de verzoeken tot deelneming van ten minste vijftien dagen, te rekenen vanaf de verzenddatum van de aankondiging van de overheidsopdracht;
c. in het geval van een niet-openbare procedure of een mededingingsprocedure met onderhandeling, een termijn voor het indienen van de inschrijvingen van ten minste tien dagen, te rekenen vanaf de verzenddatum van de uitnodiging tot inschrijving.

Art. 2.74a

1. Een aanbestedende dienst die geen centrale aanbestedende dienst is kan, in afwijking van artikel 2.71, vierde lid, de termijn voor het indienen van de inschrijvingen bij een niet-openbare procedure of de termijn voor het indienen van de eerste inschrijvingen bij een mededingingsprocedure met onderhandeling in onderlinge overeenstemming met de geselecteerde gegadigden bepalen, mits alle geselecteerde gegadigden evenveel tijd krijgen om hun inschrijving voor te bereiden en in te dienen.
2. Indien geen overeenstemming over een termijn als bedoeld in het eerste lid wordt bereikt, bedraagt deze ten minste 40 dagen, te rekenen vanaf de verzenddatum van de uitnodiging tot inschrijving.

Art. 2.74b

Verkorting indieningstermijn inschrijving

Een aanbestedende dienst kan de termijn voor het indienen van de inschrijvingen, bedoeld in artikel 2.71, eerste en vierde lid, en artikel 2.74a, tweede lid, met vijf dagen verkorten, indien hij erin toestemt dat inschrijvingen langs elektronische weg worden ingediend.

Afdeling 2.3.3
Bestek

§ 2.3.3.1
Technische specificaties

Art. 2.75
1. Een aanbestedende dienst neemt in de aanbestedingsstukken de technische specificaties op, waarin de door hem voor een werk, dienst of levering voorgeschreven kenmerken zijn opgenomen.
2. De in het eerste lid bedoelde kenmerken houden verband met het voorwerp van de overheidsopdracht en zijn in verhouding tot de waarde en de doelstellingen van die opdracht.
3. Voor de toepassing van het tweede lid geldt dat de bedoelde kenmerken verband houden met het voorwerp van de overheidsopdracht wanneer zij betrekking hebben op de in het kader van die overheidsopdracht te verrichten werken, leveringen of diensten, in alle opzichten en in elk stadium van hun levenscyclus, met inbegrip van factoren die te maken hebben met:
a. het specifieke productieproces, het aanbieden of de verhandeling van deze werken, leveringen of diensten, of
b. een specifiek proces voor een andere fase van hun levenscyclus, zelfs wanneer deze factoren geen deel uitmaken van hun materiële basis.
4. Bij overheidsopdrachten waarvan het resultaat bedoeld is voor gebruik door natuurlijke personen, hetzij door het grote publiek, hetzij door het personeel van de aanbestedende dienst, houden de technische specificaties rekening met de criteria inzake de toegankelijkheid voor personen met een handicap of de geschiktheid van het ontwerp voor alle gebruikers, met uitzondering van behoorlijk gemotiveerde gevallen.
5. Indien bindende EU-rechtshandelingen zijn vastgesteld met criteria inzake de toegankelijkheid voor personen met een handicap of inzake de geschiktheid van het ontwerp voor alle gebruikers, verwijzen de technische specificaties hiernaar.
6. De technische specificaties bieden de inschrijvers gelijke toegang en leiden niet tot ongerechtvaardigde belemmeringen in de openstelling van overheidsopdrachten voor mededinging.

Overheidsopdrachten, technische specificaties

Art. 2.76
1. Een aanbestedende dienst formuleert de technische specificaties:
a. door verwijzing naar technische specificaties en achtereenvolgens naar nationale normen waarin Europese normen zijn omgezet, Europese technische beoordelingen, gemeenschappelijke technische specificaties, internationale normen, andere door Europese normalisatie-instellingen opgestelde technische referentiesystemen of, bij ontstentenis daarvan, nationale normen, nationale technische goedkeuringen dan wel nationale technische specificaties inzake het ontwerpen, berekenen en uitvoeren van werken en het gebruik van leveringen,
b. in termen van prestatie-eisen en functionele eisen, die milieukenmerken kunnen bevatten, waarbij de eisen zodanig nauwkeurig zijn bepaald dat de inschrijvers het voorwerp van de overheidsopdracht kunnen bepalen en de aanbestedende dienst de overheidsopdracht kan gunnen,
c. in termen van prestatie-eisen en functionele eisen als bedoeld in onderdeel b, waarbij onder vermoeden van overeenstemming met deze prestatie-eisen en functionele eisen wordt verwezen naar de specificaties, bedoeld in onderdeel a, of
d. door verwijzing naar de specificaties, bedoeld in onderdeel a, voor bepaalde kenmerken, en verwijzing naar de prestatie-eisen en functionele eisen, bedoeld in onderdeel b, voor andere kenmerken.
2. Een aanbestedende dienst doet een verwijzing als bedoeld in het eerste lid, onderdeel a, vergezeld gaan van de woorden «of gelijkwaardig».
3. Een aanbestedende dienst verwijst in de technische specificaties niet naar een bepaald fabrikaat, een bepaalde herkomst of een bijzondere werkwijze die kenmerkend is voor de producten of diensten van een bepaalde ondernemer, een merk, een octrooi of een type, een bepaalde oorsprong of een bepaalde productie, waardoor bepaalde ondernemingen of bepaalde producten worden bevoordeeld of uitgesloten, tenzij dit door het voorwerp van de overheidsopdracht gerechtvaardigd is.
4. Een aanbestedende dienst kan de melding of verwijzing, bedoeld in het derde lid, opnemen in de technische specificatie indien:
a. een voldoende nauwkeurige en begrijpelijke beschrijving van het voorwerp van de overheidsopdracht door toepassing van het eerste lid niet mogelijk is en
b. deze melding of verwijzing vergezeld gaat van de woorden «of gelijkwaardig».

Technische specificaties, formulering

Art. 2.77
1. Een aanbestedende dienst die verwijst naar de specificaties, bedoeld in artikel 2.76, eerste lid, onderdeel a, wijst een inschrijving niet af omdat de aangeboden werken, leveringen of diensten niet voldoen aan de specificaties waarnaar hij heeft verwezen, indien de inschrijver

Technische specificaties, eisen

in zijn inschrijving met elk passend middel, waaronder de bewijsmiddelen, bedoeld in artikel 2.78b, aantoont dat de door hem voorgestelde oplossingen op gelijkwaardige wijze voldoen aan de eisen in die technische specificaties.

2. Een aanbestedende dienst die prestatie-eisen of functionele eisen stelt als bedoeld in artikel 2.76, eerste lid, onderdeel b, wijst een inschrijving voor werken, leveringen of diensten niet af indien die inschrijving voldoet:
  a. aan een nationale norm waarin een Europese norm is omgezet,
  b. aan een Europese technische beoordeling,
  c. aan een gemeenschappelijke technische specificatie,
  d. aan een internationale norm of
  e. aan een door een Europese normalisatie-instelling opgesteld technisch referentiesysteem, indien de in onderdelen a tot en met e bedoelde specificaties betrekking hebben op de prestatie-eisen of functionele eisen die de aanbestedende dienst heeft voorgeschreven.

Art. 2.78

Technische specificaties, overeenstemming normen/eisen

Een inschrijver bewijst in zijn inschrijving met elk passend middel, waaronder de bewijsmiddelen, bedoeld in artikel 2.78b, dat de levering, de dienst of het werk in overeenstemming is met de norm en voldoet aan de functionele en prestatie-eisen van de aanbestedende dienst.

Art. 2.78a

Werk, levering of dienst met specifieke kenmerken

1. Indien een aanbestedende dienst voornemens is een werk, levering of dienst met specifieke milieu-, sociale of andere kenmerken aan te kopen, kan hij in de technische specificaties, gunningscriteria of contractvoorwaarden betreffende de uitvoering van de overheidsopdracht een specifiek keurmerk eisen als bewijs dat het werk, de dienst of de levering overeenstemt met de vereiste voorschriften, mits:
  a. de keurmerkeisen alleen betrekking hebben op criteria die verband houden met het voorwerp van de overheidsopdracht en geschikt zijn voor de omschrijving van de kenmerken van het werk, de levering of de dienst die het voorwerp van de opdracht vormen,
  b. de keurmerkeisen zijn gebaseerd op objectief controleerbare en niet-discriminerende criteria,
  c. het keurmerk is vastgesteld in een open en transparante procedure waaraan alle belanghebbenden, waaronder overheidsinstanties, consumenten, sociale partners, fabrikanten, distributeurs en niet-gouvernementele organisaties, kunnen deelnemen,
  d. het keurmerk voor alle betrokken partijen toegankelijk is, en
  e. de keurmerkeisen worden vastgesteld door een derde partij op wie de ondernemer die het keurmerk aanvraagt, geen beslissende invloed uitoefent.
2. Indien een aanbestedende dienst niet verlangt dat een werk, levering of dienst aan alle keurmerkeisen van een specifiek keurmerk voldoet, geeft hij aan aan welke keurmerkeisen dient te worden voldaan.
3. Een aanbestedende dienst die een specifiek keurmerk eist, aanvaardt alle keurmerken die bevestigen dat het werk, de levering of de dienst aan gelijkwaardige keurmerkeisen voldoet.
4. Een aanbestedende dienst aanvaardt andere geschikte bewijsmiddelen, zoals een technisch dossier van de fabrikant, dan het door hem aangegeven specifieke keurmerk of een gelijkwaardig keurmerk, indien een ondernemer:
  a. aantoont dat hij niet de mogelijkheid heeft gehad het door de aanbestedende dienst aangegeven specifieke keurmerk of een gelijkwaardig keurmerk binnen de gestelde termijnen te verwerven om redenen die hem niet aangerekend kunnen worden, en
  b. aantoont dat het door hem te leveren werk, de door hem te verrichten levering of dienst voldoet aan het door de aanbestedende dienst aangegeven specifieke keurmerk of aan de specifieke eisen.
5. Indien een keurmerk voldoet aan de voorwaarden, bedoeld in het eerste lid, onderdelen b tot en met e, maar daarnaast eisen stelt die geen verband houden met het voorwerp van de opdracht, eist de aanbestedende dienst niet het keurmerk als zodanig, maar stelt de aanbestedende dienst de technische specificaties vast onder verwijzing naar de gedetailleerde technische specificaties van dat keurmerk of delen daarvan die verband houden met het voorwerp van de opdracht en die geschikt zijn voor de omschrijving van de kenmerken van dit voorwerp.

Art. 2.78b

Testverslag of certificaat van conformiteitsbeoordelingsinstantie

1. Een aanbestedende dienst kan van een ondernemer een testverslag of certificaat van een conformiteitsbeoordelingsinstantie verlangen als bewijs van overeenstemming met de voorschriften of criteria in de technische specificaties, gunningscriteria of contractvoorwaarden.
2. Indien een aanbestedende dienst een certificaat van een specifieke conformiteitsbeoordelingsinstantie eist, aanvaardt hij ook een certificaat van een gelijkwaardige conformiteitsbeoordelingsinstantie.
3. Een aanbestedende dienst aanvaardt andere dan de in het eerste lid bedoelde bewijsmiddelen, zoals een technisch dossier van de fabrikant, indien een ondernemer:
  a. geen toegang had tot een certificaat of testverslag als bedoeld in het eerste lid of dit niet binnen de gestelde termijnen kon verkrijgen, mits de ondernemer het ontbreken van toegang niet valt aan te rekenen, en

Aanbestedingswet

A82 art. 2.80

b. aantoont dat het door hem te leveren werk, de door hem te verrichten levering of dienst voldoet aan de voorschriften of criteria van de technische specificaties, gunningscriteria of contractvoorwaarden.

§ 2.3.3.2
Onderaanneming

Art. 2.79

1. De aanbestedende dienst kan in de aanbestedingsstukken bepalen dat een inschrijver in zijn inschrijving aangeeft welk gedeelte van de overheidsopdracht hij voornemens is aan derden in onderaanneming te geven en welke onderaannemers hij voorstelt.

2. In het geval van overheidsopdrachten voor werken en in het geval van overheidsopdrachten voor diensten die ter plaatse onder rechtstreeks toezicht van de aanbestedende dienst moeten worden verleend, verlangt een aanbestedende dienst van de hoofdaannemer dat hij hem na de gunning van de overheidsopdracht en ten laatste wanneer met de uitvoering van die opdracht wordt begonnen, de volgende gegevens verstrekt voor zover deze op dat moment bekend zijn:
a. de naam,
b. de contactgegevens, en
c. de wettelijke vertegenwoordigers
van zijn onderaannemers die bij de uitvoering van de werken of het verrichten van de diensten betrokken zijn.

3. Een aanbestedende dienst verlangt van de hoofdaannemer dat hij hem in kennis stelt van:
a. alle wijzigingen in de gegevens, bedoeld in het tweede lid, tijdens de uitvoering van de overheidsopdracht, en
b. de gegevens, bedoeld in het tweede lid, van nieuwe onderaannemers die de hoofdaannemer bij de uitvoering van de werken of de verlening van de diensten zal betrekken.

4. Een aanbestedende dienst kan de verplichtingen, bedoeld in het tweede en derde lid, uitbreiden tot:
a. overheidsopdrachten voor leveringen;
b. overheidsopdrachten voor diensten andere dan die welke ter plaatse onder rechtstreeks toezicht van de aanbestedende dienst moeten worden verleend;
c. bij overheidsopdrachten voor werken of diensten betrokken leveranciers;
d. onderaannemers van de onderaannemers van de hoofdaannemer of verderop in de keten van onderaannemers.

5. Indien een aanbestedende dienst wil controleren of een grond voor uitsluiting als bedoeld in de artikelen 2.86 of 2.87 van een onderaannemer bestaat:
a. vermeldt de aanbestedende dienst in de aankondiging dat de overheidsopdracht uitsluitend gegund wordt aan een hoofdaannemer die voornemens is bij de uitvoering van de overheidsopdracht onderaannemers te betrekken op wie geen grond voor uitsluiting als bedoeld in artikel 2.86 van toepassing is;
b. vermeldt de aanbestedende dienst het in de aankondiging indien hij de overheidsopdracht uitsluitend wil gunnen aan een hoofdaannemer die voornemens is bij de uitvoering van de overheidsopdracht onderaannemers te betrekken op wie geen grond voor uitsluiting als bedoeld in artikel 2.87 van toepassing is;
c. kan de aanbestedende dienst voorafgaand aan de gunning van de overheidsopdracht verlangen dat de hoofdaannemer een eigen verklaring overlegt van de onderaannemers die hij voornemens is bij de uitvoering van de overheidsopdracht te betrekken;
d. draagt de aanbestedende dienst er zorg voor dat de overeenkomst erin voorziet dat de hoofdaannemer tot vervanging van de onderaannemer overgaat over wie in het onderzoek een grond voor uitsluiting als bedoeld in artikel 2.86 bekend is geworden;
e. kan de aanbestedende dienst er zorg voor dragen dat de overeenkomst erin voorziet dat de hoofdaannemer overgaat tot vervanging van de onderaannemer over wie in het onderzoek een grond voor uitsluiting als bedoeld in artikel 2.87 bekend is geworden;
f. kan de aanbestedende dienst er zorg voor dragen dat de overeenkomst erin voorziet dat de hoofdaannemer een eigen verklaring, certificaten of andere ondersteunende documenten van de onderaannemers overlegt.

Overheidsopdrachten, onderaanneming

§ 2.3.3.3
Bijzondere voorwaarden

Art. 2.80

1. Een aanbestedende dienst kan bijzondere voorwaarden verbinden aan de uitvoering van een overheidsopdracht, mits dergelijke voorwaarden verband houden met het voorwerp van de opdracht en in de aankondiging of de aanbestedingsstukken vermeld zijn. De voorwaarden

Overheidsopdrachten, bijzondere voorwaarden

waaronder de overheidsopdracht wordt uitgevoerd, kunnen verband houden met economische, innovatiegerelateerde, arbeidsgerelateerde, sociale of milieuoverwegingen.
2. Artikel 2.115, derde lid, is van overeenkomstige toepassing op bijzondere voorwaarden, verbonden aan de uitvoering van een overheidsopdracht.

Art. 2.81

Informatie over verplichtingen bij aanbesteding

1. In de aanbestedingsstukken geeft een aanbestedende dienst aan bij welk orgaan de gegadigden of inschrijvers informatie kunnen verkrijgen over verplichtingen omtrent de bepalingen inzake belastingen, milieubescherming, arbeidsvoorwaarden die gelden in Nederland of, indien de verrichtingen buiten Nederland worden uitgevoerd, die gelden in het gebied of de plaats waar de verrichtingen worden uitgevoerd en die gedurende de uitvoering van de overheidsopdracht op die verrichtingen van toepassing zullen zijn.
2. Een aanbestedende dienst verzoekt de inschrijvers of de gegadigden aan te geven dat zij bij het opstellen van hun inschrijving rekening hebben gehouden met de verplichtingen op het gebied van het milieu-, sociaal en arbeidsrecht uit hoofde van het recht van de Europese Unie, nationale recht of collectieve arbeidsovereenkomsten of uit hoofde van de in bijlage X van richtlijn 2014/24/EU vermelde bepalingen van internationaal milieu-, sociaal en arbeidsrecht.

Art. 2.81a

Melding niet-naleving toepasselijke voorwaarden bij SZW

Een aanbestedende dienst meldt niet-naleving van de toepasselijke verplichtingen op het gebied van arbeidsbescherming en arbeidsvoorwaarden bij de uitvoering van een overheidsopdracht bij de Inspectie SZW van het Ministerie van Sociale Zaken en Werkgelegenheid.

§ 2.3.3.4
Voorbehouden opdracht

Art. 2.82

Overheidsopdrachten, voorbehouden opdracht sociale werkplaatsen

1. De aanbestedende dienst kan de deelneming aan een procedure voor de gunning van een overheidsopdracht voorbehouden aan sociale werkplaatsen en aan ondernemers die de maatschappelijke en professionele integratie van gehandicapten of kansarmen tot hoofddoel hebben, of de uitvoering ervan voorbehouden in het kader van programma's voor beschermde arbeid, mits ten minste 30% van de werknemers van deze werkplaatsen, ondernemingen of programma's gehandicapte of kansarme werknemers zijn.
2. De aankondiging van de opdracht vermeldt een voorbehoud als bedoeld in het eerste lid.

Art. 2.82a

Participatieorganisatie

1. De aanbestedende dienst kan de deelneming aan een procedure voor de gunning van een overheidsopdracht voorbehouden aan een organisatie als beschreven in het tweede lid, mits de opdracht diensten betreft die vallen onder de CPV-codes, genoemd in artikel 77, eerste lid, van richtlijn 2014/24/EU.
2. Een organisatie als bedoeld in het eerste lid voldoet aan de hierna volgende voorwaarden:
a. haar doel is het vervullen van een taak van algemeen belang die verband houdt met de in het eerste lid bedoelde diensten,
b. winsten worden opnieuw geïnvesteerd met het oogmerk het doel van de organisatie te behartigen of worden uitgekeerd of herverdeeld en uitkering of herverdeling van winsten geschiedt op grond van participatieve overwegingen,
c. de beheers- of eigendomsstructuren van de organisatie die de opdracht uitvoert, zijn gebaseerd op werknemersaandeelhouderschap of beginselen van participatie of vergen de actieve participatie van werknemers, gebruikers of belanghebbenden, en
d. door de aanbestedende dienst is uit hoofde van dit artikel in de drie jaar voor de gunningsbeslissing aan de organisatie geen opdracht gegund voor de diensten in de te gunnen opdracht.
3. De looptijd van een overeenkomst, gegund overeenkomstig dit artikel, is niet langer dan drie jaar.
4. De aankondiging van de opdracht vermeldt een voorbehoud als bedoeld in het eerste lid.

§ 2.3.3.5
Varianten

Art. 2.83

Overheidsopdrachten, varianten

1. Een aanbestedende dienst kan de inschrijvers toestaan varianten voor te stellen of van hen verlangen varianten in te dienen.
2. Een aanbestedende dienst vermeldt in de aankondiging van de overheidsopdracht of hij varianten toestaat of verlangt. Een aanbestedende dienst staat alleen varianten toe indien hij in de aankondiging heeft vermeld dat deze zijn toegestaan of worden verlangd.
3. De aanbestedende dienst die varianten toestaat of verlangt, vermeldt in de aanbestedingsstukken aan welke eisen deze varianten ten minste voldoen, hoe zij worden ingediend en of varianten uitsluitend kunnen worden ingediend wanneer ook een inschrijving die geen variant is, is ingediend.

Aanbestedingswet   **A82** art. 2.86

4. Een aanbestedende dienst waarborgt dat de gekozen gunningscriteria kunnen worden toegepast op varianten die aan de gestelde eisen voldoen en op conforme inschrijvingen die geen varianten zijn.
5. Varianten zijn verbonden met het voorwerp van de opdracht.
6. Een aanbestedende dienst past de gekozen gunningscriteria toe op varianten die aan de gestelde eisen voldoen en op conforme inschrijvingen die geen varianten zijn.
7. Een aanbestedende dienst neemt uitsluitend de varianten in overweging die aan de gestelde eisen voldoen.
8. Bij procedures voor het gunnen van overheidsopdrachten voor leveringen of overheidsopdrachten voor diensten wijst een aanbestedende dienst die varianten heeft toegestaan of verlangd, een variant niet af uitsluitend omdat deze variant, indien deze werd gekozen, veeleer tot een overheidsopdracht voor diensten dan tot een overheidsopdracht voor leveringen, dan wel veeleer tot een overheidsopdracht voor leveringen dan tot een overheidsopdracht voor diensten zou leiden.

Afdeling 2.3.4
Eigen verklaring

Art. 2.84
1. Een eigen verklaring is een verklaring van een ondernemer waarin deze aangeeft: Overheidsopdrachten, eigen verklaring ondernemer
a. of uitsluitingsgronden op hem van toepassing zijn;
b. of hij voldoet aan de in de aankondiging of in de aanbestedingsstukken gestelde geschiktheidseisen;
c. of hij voldoet of zal voldoen aan de technische specificaties en uitvoeringsvoorwaarden die milieu en dierenwelzijn betreffen of die gebaseerd zijn op sociale overwegingen;
d. of en op welke wijze hij voldoet aan de selectiecriteria.
2. De gegevens en inlichtingen die in een verklaring kunnen worden verlangd en het model of de modellen van die verklaring worden bij of krachtens algemene maatregel van bestuur vastgesteld.

Art. 2.85
1. De aanbestedende dienst verlangt van een ondernemer dat hij bij zijn verzoek tot deelneming   Indiening eigen verklaring door ondernemer
of zijn inschrijving met gebruikmaking van het daartoe vastgestelde model een eigen verklaring indient en geeft daarbij aan welke gegevens en inlichtingen in de eigen verklaring moeten worden verstrekt.
2. De aanbestedende dienst verlangt niet dat een ondernemer bij zijn verzoek tot deelneming of zijn inschrijving gegevens en inlichtingen op andere wijze verstrekt, indien deze gegevens en inlichtingen in de eigen verklaring gevraagd kunnen worden.
3. De aanbestedende dienst kan een ondernemer uitsluitend verzoeken bewijsstukken bij de door hem ingediende eigen verklaring te voegen die geen betrekking hebben op gegevens en inlichtingen die in de eigen verklaring gevraagd kunnen worden, tenzij het bewijsstukken betreft die genoemd zijn in artikel 2.93, eerste lid, onderdeel a, voor zover het de in dat onderdeel genoemde lijst betreft, of onderdeel b.
4. Een ondernemer als bedoeld in het eerste lid kan een eerder gebruikte eigen verklaring indienen, mits hij bevestigt dat de daarin opgenomen gegevens nog steeds correct zijn.

Afdeling 2.3.5
Uitsluiting, geschiktheid en selectie

§ *2.3.5.1*
Uitsluitingsgronden

Art. 2.86
1. Een aanbestedende dienst sluit een gegadigde of inschrijver jegens wie bij een onherroepelijk   Overheidsopdrachten, uitsluiting/geschiktheid/selectie
geworden rechterlijke uitspraak een veroordeling als bedoeld in het tweede lid is uitgesproken die bij de aanbestedende dienst bekend is als gevolg van verificatie overeenkomstig de artikelen 2.101, 2.102 en 2.102a dan wel uit anderen hoofde, uit van deelneming aan een aanbestedingsprocedure.
2. Voor de toepassing van het eerste lid worden aangewezen veroordelingen ter zake van:
a. deelneming aan een criminele organisatie in de zin van artikel 2 van Kaderbesluit 2008/841/JBZ van de Raad van 24 oktober 2008 ter bestrijding van de georganiseerde criminaliteit (PbEU 2008, L 300);
b. omkoping in de zin van artikel 3 van de Overeenkomst ter bestrijding van corruptie waarbij ambtenaren van de Europese Gemeenschappen of van de lidstaten van de Europese Unie betrokken zijn (PbEU 1997, C 195) en van artikel 2, eerste lid, van Kaderbesluit 2003/568/JBZ

van de Raad van 22 juli 2003 inzake de bestrijding van corruptie in de privésector (PbEU 2003, L 192);
c. fraude in de zin van artikel 1 van de overeenkomst aangaande de bescherming van de financiële belangen van de Gemeenschap (PbEG 1995, C 316);
d. witwassen van geld in de zin van artikel 1 van richtlijn nr. 91/308/EEG van de Raad van 10 juni 1991 tot voorkoming van het gebruik van het financiële stelsel voor het witwassen van geld (PbEG L 1991, L 166) zoals gewijzigd bij richtlijn nr. 2001/97/EG van het Europees Parlement en de Raad (PbEG L 2001, 344);
e. terroristische misdrijven of strafbare feiten in verband met terroristische activiteiten in de zin van de artikelen 1, 3 en 4 van Kaderbesluit 2002/475/JBZ van de Raad van 13 juni 2003 inzake terrorismebestrijding (PbEU 2002, L 164);
f. kinderarbeid en andere vormen van mensenhandel in de zin van artikel 2 van Richtlijn 2011/36/EU van het Europees Parlement en de Raad van 5 april 2011 inzake de voorkoming en bestrijding van mensenhandel en de bescherming van slachtoffers daarvan, en ter vervanging van Kaderbesluit 2002/629/JBZ (PbEU 2011, L 101).

3. Een aanbestedende dienst sluit een gegadigde of inschrijver tevens uit van deelneming aan een aanbestedingsprocedure indien jegens een persoon die lid is van het bestuurs-, leidinggevend of toezichthoudend orgaan of die daarin vertegenwoordigings-, beslissings- of controlebevoegdheid heeft, een onherroepelijke veroordeling als bedoeld in het tweede lid is uitgesproken waarvan de aanbestedende dienst kennis heeft.

4. Een aanbestedende dienst sluit een gegadigde of inschrijver voorts uit van deelneming aan een aanbestedingsprocedure indien de aanbestedende dienst ervan op de hoogte is dat bij onherroepelijke en bindende rechterlijke of administratieve beslissing overeenkomstig de wettelijke bepalingen van het land waar de gegadigde of de inschrijver is gevestigd of overeenkomstig nationale wettelijke bepalingen is vastgesteld dat de ondernemer niet voldoet aan zijn verplichtingen tot betaling van belastingen of sociale zekerheidspremies.

5. Het vierde lid is niet van toepassing indien de gegadigde of inschrijver zijn verplichtingen is nagekomen door de verschuldigde belastingen of sociale zekerheidspremies te betalen, met inbegrip van lopende rente of boetes indien toepasselijk, of een bindende regeling tot betaling daarvan te treffen.

6. Als veroordelingen als bedoeld in het tweede lid worden in ieder geval aangemerkt veroordelingen op grond van artikel 134a 140, 140a, 177, 178, 225, 226, 227, 227a, 227b, 273f, 285, derde lid, 323a, 328ter, tweede lid, 420bis, 420ter of 420quater van het Wetboek van Strafrecht, of veroordelingen wegens overtreding van de in artikel 83 van het Wetboek van Strafrecht bedoelde misdrijven, indien aan het bepaalde in dat artikel is voldaan.

7. De aanbestedende dienst betrekt bij de toepassing van het eerste lid uitsluitend rechterlijke uitspraken die in de vijf jaar voorafgaand aan het tijdstip van het indienen van het verzoek tot deelneming of de inschrijving onherroepelijk zijn geworden.

Art. 2.86a

Kennelijke onredelijke uitsluiting

1. De aanbestedende dienst kan afzien van toepassing van artikel 2.86, vierde lid, indien uitsluiting kennelijk onredelijk zou zijn.

2. Van een kennelijk onredelijke uitsluiting als bedoeld in het eerste lid is onder meer sprake:
a. indien de gegadigde of inschrijver slechts kleine bedragen aan belastingen of sociale zekerheidspremies niet heeft betaald;
b. indien de gegadigde of inschrijver bekend werd met het precieze verschuldigde bedrag tot betaling van belastingen of sociale zekerheidspremies op een tijdstip waarop het hem niet mogelijk was in de artikel 2.86, vijfde lid, bedoelde verplichtingen na te komen of een bindende regeling tot betaling daarvan aan te gaan voor het verstrijken van de termijn voor het indienen van een verzoek tot deelneming of het indienen van een inschrijving.

Art. 2.87

Uitsluiting, uitsluitingsgronden

1. De aanbestedende dienst kan een inschrijver of gegadigde uitsluiten van deelneming aan een aanbestedingsprocedure op de volgende gronden:
a. de aanbestedende dienst toont met elk passend middel aan dat de gegadigde of inschrijver een of meer van de in artikel 2.81, tweede lid, genoemde verplichtingen heeft geschonden;
b. de inschrijver of gegadigde verkeert in staat van faillissement of liquidatie, diens werkzaamheden zijn gestaakt, jegens hem geldt een surseance van betaling of een (faillissements-)akkoord, of de gegadigde of inschrijver verkeert in een andere vergelijkbare toestand ingevolge een soortgelijke procedure uit hoofde van op hem van toepassing zijnde wet- en regelgeving;
c. de aanbestedende dienst kan aannemelijk maken dat de inschrijver of gegadigde in de uitoefening van zijn beroep een ernstige fout heeft begaan, waardoor zijn integriteit in twijfel kan worden getrokken;
d. de aanbestedende dienst beschikt over voldoende plausibele aanwijzingen om te concluderen dat de inschrijver of gegadigde met andere ondernemers overeenkomsten heeft gesloten die gericht zijn op vervalsing van de mededinging;

e. een belangenconflict in de zin van artikel 1.10b kan niet effectief worden verholpen met andere minder ingrijpende maatregelen;
f. wegens de eerdere betrokkenheid van de inschrijver of gegadigde bij de voorbereiding van de aanbestedingsprocedure heeft zich een vervalsing van de mededinging als bedoeld in artikel 2.51 voorgedaan die niet met minder ingrijpende maatregelen kan worden verholpen;
g. de inschrijver of gegadigde heeft blijk gegeven van aanzienlijke of voortdurende tekortkomingen bij de uitvoering van een wezenlijk voorschrift van een eerdere overheidsopdracht, een eerdere opdracht van een speciale-sectorbedrijf of een eerdere concessieopdracht en dit heeft geleid tot vroegtijdige beëindiging van die eerdere opdracht, tot schadevergoeding of tot andere vergelijkbare sancties;
h. de inschrijver of gegadigde heeft zich in ernstige mate schuldig gemaakt aan valse verklaringen bij het verstrekken van de informatie die nodig is voor de controle op het ontbreken van gronden voor uitsluiting of het voldoen aan de geschiktheidseisen of heeft die informatie achtergehouden, dan wel was niet in staat de ondersteunende documenten, bedoeld in de artikelen 2.101 en 2.102, over te leggen;
i. de inschrijver of gegadigde heeft getracht om het besluitvormingsproces van de aanbestedende dienst onrechtmatig te beïnvloeden, om vertrouwelijke informatie te verkrijgen die hem onrechtmatige voordelen in de aanbestedingsprocedure kan bezorgen, of heeft door nalatigheid misleidende informatie verstrekt die een belangrijke invloed kan hebben op besluiten inzake uitsluiting, selectie en gunning;
j. de aanbestedende dienst toont met elk passend middel aan dat de inschrijver of gegadigde niet voldoet aan zijn verplichtingen tot betaling van belastingen of van sociale zekerheidspremies.
2. De aanbestedende dienst betrekt bij de toepassing van:
a. het eerste lid, onderdeel a, uitsluitend een schending van de in dat onderdeel bedoelde verplichtingen die zich in de drie jaar voorafgaand aan het tijdstip van het indienen van het verzoek tot deelneming of de inschrijving hebben voorgedaan;
b. het eerste lid, onderdeel c, uitsluitend ernstige fouten die zich in de drie jaar voorafgaand aan het tijdstip van indienen van het verzoek tot deelneming of de inschrijving hebben voorgedaan;
c. het eerste lid, onderdeel d, uitsluitend beschikkingen als bedoeld in artikel 4.7, eerste lid, onderdelen c en d, die in de drie jaar voorafgaand aan de aanvraag onherroepelijk zijn geworden;
d. het eerste lid, onderdeel g, uitsluitend tekortkomingen die zich in de drie jaar voorafgaand aan het tijdstip van indienen van het verzoek tot deelneming of de inschrijving hebben voorgedaan;
e. het eerste lid, onderdeel h, uitsluitend situaties waarin valse verklaringen zijn verstrekt, informatie is achtergehouden of waarin ondersteunende documenten niet zijn overgelegd die zich in de drie jaar voorafgaand aan het tijdstip van indienen van het verzoek tot deelneming of de inschrijving hebben voorgedaan;
f. het eerste lid, onderdeel i, uitsluitend onrechtmatige beïnvloedingen van het besluitvormingsproces die zich in de drie jaar voorafgaand aan het tijdstip van indienen van het verzoek tot deelneming of de inschrijving hebben voorgedaan;
g. het eerste lid, onderdeel j, uitsluitend het niet nakomen van de in dat onderdeel bedoelde betalingsverplichtingen die zijn vastgesteld in de drie jaar voorafgaand aan het tijdstip van indienen van het verzoek tot deelneming of de inschrijving.
3. Artikel 2.86, vijfde lid, is van overeenkomstige toepassing op het in het eerste lid, onderdeel j, bedoelde geval.

Art. 2.87a

Bewijs betrouwbaarheid

1. De aanbestedende dienst stelt een gegadigde of inschrijver waarop een uitsluitingsgrond als bedoeld in artikel 2.86, eerste of derde lid, of artikel 2.87 van toepassing is, in de gelegenheid te bewijzen dat hij voldoende maatregelen heeft genomen om zijn betrouwbaarheid aan te tonen. Indien de aanbestedende dienst dat bewijs toereikend acht, wordt de betrokken gegadigde of inschrijver niet uitgesloten.
2. Voor de toepassing van het eerste lid toont de gegadigde of inschrijver aan dat hij, voor zover van toepassing, schade die voortvloeit uit veroordelingen voor strafbare feiten als bedoeld in artikel 2.86 of uit fouten als bedoeld in artikel 2.87 heeft vergoed of heeft toegezegd te vergoeden, dat hij heeft bijgedragen aan opheldering van feiten en omstandigheden door actief mee te werken met de onderzoekende autoriteiten en dat hij concrete technische, organisatorische en personeelsmaatregelen heeft genomen die geschikt zijn om verdere strafbare feiten of fouten te voorkomen.
3. De aanbestedende dienst beoordeelt de door de gegadigde of inschrijver genomen maatregelen met inachtneming van de ernst en de bijzondere omstandigheden van de strafbare feiten of fouten. Indien de aanbestedende dienst de genomen maatregelen onvoldoende acht, deelt zij dit gemotiveerd mee aan de betrokken gegadigde of inschrijver.

A82 art. 2.88 — Aanbestedingswet

Uitsluiting, afzien van uitsluiting

Art. 2.88
De aanbestedende dienst kan afzien van toepassing van artikel 2.86 of artikel 2.87:
a. om dwingende redenen van algemeen belang;
b. indien naar het oordeel van de aanbestedende dienst uitsluiting niet proportioneel is met het oog op de tijd die is verstreken sinds de veroordeling en gelet op het voorwerp van de opdracht.

§ 2.3.5.2
Bewijsstukken uitsluitingsgronden

Uitsluiting, bewijsstukken uitsluitingsgronden

Art. 2.89
1. Een gegadigde of inschrijver kan door middel van een uittreksel uit het handelsregister, dat op het tijdstip van het indienen van het verzoek tot deelneming of de inschrijving niet ouder is dan zes maanden, aantonen dat de uitsluitingsgrond van artikel 2.87, eerste lid, onderdeel b, op hem niet van toepassing is.
2. Een gegadigde of inschrijver kan door middel van een gedragsverklaring aanbesteden, die op het tijdstip van het indienen van het verzoek tot deelneming of de inschrijving niet ouder is dan twee jaar, aantonen dat de uitsluitingsgronden, bedoeld in de artikelen 2.86 en 2.87, eerste lid, onderdelen c en d, voor zover het een onherroepelijke veroordeling of een onherroepelijke beschikking wegens overtreding van mededingingsregels betreft, op hem niet van toepassing zijn.
3. Een gegadigde of inschrijver kan door middel van een verklaring van de belastingdienst, die op het tijdstip van het indienen van het verzoek tot deelneming of de inschrijving, niet ouder is dan zes maanden, aantonen dat de uitsluitingsgrond, bedoeld in artikel 2.86, vierde lid, of artikel 2.87, eerste lid, onderdeel j, niet op hem van toepassing is.
4. Een aanbestedende dienst aan welke een gegadigde of inschrijver gegevens overlegt ten bewijze dat de uitsluitingsgronden, bedoeld in artikel 2.86 of artikel 2.87, niet op hem van toepassing zijn, aanvaardt ook gegevens en bescheiden uit een andere lidstaat, uit het land van herkomst van de gegadigde of inschrijver of het land waar de gegadigde of inschrijver is gevestigd, die een gelijkwaardig doel dienen of waaruit blijkt dat de uitsluitingsgrond niet op hem van toepassing is.

Afdeling 2.3.6
Geschiktheidseisen en selectiecriteria

§ 2.3.6.1
Geschiktheidseisen

Overheidsopdrachten, geschiktheidseisen en selectiecriteria

Art. 2.90
1. Een aanbestedende dienst kan, na gebruik van de onlinedatabank van certificaten e-Certis, geschiktheidseisen stellen aan gegadigden en inschrijvers.
2. De geschiktheidseisen, bedoeld in het eerste lid, kunnen betreffen:
a. de financiële en economische draagkracht;
b. technische bekwaamheid en beroepsbekwaamheid;
c. beroepsbevoegdheid.
3. Indien de aanbestedende dienst geschiktheidseisen als bedoeld in het tweede lid, onder a, stelt, hebben deze eisen geen betrekking op de hoogte van de totale omzet en de omzet van de bedrijfsactiviteit die het voorwerp van de overheidsopdracht is, tenzij de aanbestedende dienst dit met zwaarwegende argumenten motiveert in de aanbestedingsstukken.
4. De aanbestedende dienst stelt uitsluitend geschiktheidseisen die kunnen garanderen dat een gegadigde of inschrijver over de juridische capaciteiten en financiële middelen en de technische bekwaamheid en beroepsbekwaamheid beschikt om de overheidsopdracht uit te voeren.
5. Indien de geschiktheidseisen als bedoeld in het tweede lid, onder a, betrekking hebben op de hoogte van de totale omzet en de omzet van de bedrijfsactiviteit die het voorwerp van de overheidsopdracht is, is de eis niet hoger dan:
a. driemaal de geraamde waarde van de opdracht;
b. indien de opdracht in percelen is verdeeld, driemaal de waarde van een perceel of een cluster van percelen dat gelijktijdig moet worden uitgevoerd;
c. indien het een opdracht op grond van een raamovereenkomst betreft, driemaal de waarde van de specifieke opdrachten, die gelijktijdig moeten worden uitgevoerd;
d. indien het een opdracht op grond van een raamovereenkomst betreft, waarvan de waarde van de specifieke opdrachten niet bekend is, driemaal de waarde van de raamovereenkomst;
e. indien het een dynamisch aankoopsysteem betreft, driemaal de verwachte maximumomvang van de specifieke opdrachten die volgens dat systeem worden gegund.

6. De aanbestedende dienst kan bij het stellen van geschiktheidseisen als bedoeld in het tweede lid, onderdeel a, verlangen dat de gegadigde of inschrijver:
a. informatie verstrekt over zijn jaarrekening;
b. een passend niveau van verzekering tegen beroepsrisico's heeft.
7. Indien de aanbestedende dienst informatie over gegevens uit de jaarrekening verlangt, vermeldt hij in de aanbestedingsstukken de transparante, objectieve en niet-discriminerende methoden en criteria volgens welke de gevraagde gegevens moeten zijn vastgesteld.
8. Een aanbestedende dienst stelt bij de voorbereiding en het tot stand brengen van een overeenkomst uitsluitend eisen aan de inschrijver en de inschrijving die verband houden met en die in een redelijke verhouding staan tot het voorwerp van de opdracht.

Art. 2.91

1. Een ondernemer kan zijn financiële en economische draagkracht in ieder geval aantonen door een of meer van de volgende middelen: *(Geschiktheidseisen, financiële/economische draagkracht)*
a. passende bankverklaringen of een bewijs van een verzekering tegen beroepsrisico's,
b. overlegging van jaarrekeningen of uittreksels uit de jaarrekening, indien de wetgeving van het land waar de ondernemer is gevestigd publicatie van jaarrekeningen voorschrijft, of
c. een verklaring betreffende de totale omzet en de omzet van de bedrijfsactiviteit die het voorwerp van de overheidsopdracht is, over ten hoogste de laatste drie beschikbare boekjaren, afhankelijk van de oprichtingsdatum van de onderneming of van de datum waarop de ondernemer met zijn bedrijvigheid is begonnen, voor zover de betrokken omzetcijfers beschikbaar zijn.
2. Een aanbestedende dienst geeft in de aankondiging van de overheidsopdracht of in de uitnodiging tot inschrijving aan welke van de in het eerste lid bedoelde gegevens en welke andere bewijsstukken overgelegd dienen te worden.
3. Indien de ondernemer om gegronde redenen niet in staat is de door de aanbestedende dienst gevraagde bewijsstukken over te leggen, kan hij zijn economische en financiële draagkracht aantonen met andere bescheiden die de aanbestedende dienst geschikt acht.

Art. 2.92

1. Een ondernemer kan zich voor een bepaalde overheidsopdracht beroepen op de financiële en economische draagkracht van andere natuurlijke personen of rechtspersonen, ongeacht de juridische aard van zijn banden met die natuurlijke personen of rechtspersonen. Een ondernemer toont in dat geval bij de aanbestedende dienst aan dat hij kan beschikken over de voor de uitvoering van de overheidsopdracht noodzakelijke middelen van die natuurlijke personen of rechtspersonen. *(Geschiktheidseisen, beroep op derden)*
2. Onder de voorwaarden, genoemd in het eerste lid, kan een samenwerkingsverband van ondernemers zich beroepen op de draagkracht van de deelnemers aan het samenwerkingsverband of van andere natuurlijke personen of rechtspersonen.
3. De aanbestedende dienst kan eisen dat, indien een ondernemer zich beroept op de financiële en economische draagkracht van andere natuurlijke personen of rechtspersonen, zowel de ondernemer als die andere natuurlijke personen of rechtspersonen hoofdelijk aansprakelijk zijn voor de uitvoering van de desbetreffende overheidsopdracht.
4. De aanbestedende dienst toetst of op de in het eerste lid bedoelde andere natuurlijke personen of rechtspersonen een door de aanbestedende dienst gestelde uitsluitingsgrond van toepassing is en of deze personen voldoen aan de door de aanbestedende dienst gestelde geschiktheidseisen met betrekking tot de financiële en economische draagkracht.
5. De aanbestedende dienst draagt er zorg voor dat de ondernemer een natuurlijke persoon of een rechtspersoon op wie een uitsluitingsgrond als bedoeld in artikel 2.86 van toepassing is of die niet voldoet aan een geschiktheidseis als bedoeld in het vierde lid, vervangt.
6. De aanbestedende dienst kan verlangen dat de ondernemer een natuurlijke persoon of een rechtspersoon op wie een uitsluitingsgrond als bedoeld in artikel 2.87 van toepassing is, vervangt.

Art. 2.92a

1. Door de aanbestedende dienst te stellen geschiktheidseisen als bedoeld in artikel 2.90, tweede lid, onderdeel b, kunnen onder meer betrekking hebben op de personele en technische middelen en de ervaring waarover de gegadigde of inschrijver moet kunnen beschikken om de overheidsopdracht volgens een passende kwaliteitsnorm uit te voeren. *(Geschiktheidseisen, personele en technische middelen en ervaring)*
2. Indien de aanbestedende dienst eisen stelt met betrekking tot de in het eerste lid bedoelde ervaring kan de aanbestedende dienst in het bijzonder eisen dat de gegadigde of inschrijver door middel van geschikte referenties inzake in het verleden uitgevoerde opdrachten aantoont over voldoende ervaring te beschikken.
3. Indien de aanbestedende dienst heeft vastgesteld dat de gegadigde of inschrijver conflicterende belangen heeft die een negatieve invloed kunnen hebben op de uitvoering van de overeenkomst, kan de aanbestedende dienst ervan uitgaan dat de gegadigde of inschrijver niet over de vereiste beroepsbekwaamheid beschikt.

A82 art. 2.93 — Aanbestedingswet

Geschiktheidseisen, technische of beroepsbekwaamheid

Art. 2.93

1. Een ondernemer toont zijn technische bekwaamheid of beroepsbekwaamheid aan op een of meer van de volgende manieren, afhankelijk van de aard, de hoeveelheid of omvang en het doel van de werken, leveringen of diensten:
   a. door middel van een lijst van de werken die in de afgelopen periode van ten hoogste vijf jaar werden verricht, welke lijst vergezeld gaat van certificaten die bewijzen dat de belangrijkste werken naar behoren zijn uitgevoerd, zowel met betrekking tot de wijze van uitvoering als met betrekking tot het resultaat;
   b. door middel van een lijst van de voornaamste leveringen of diensten die in de afgelopen periode van ten hoogste drie jaar werden verricht, met vermelding van het bedrag en de datum en van de publiek- of privaatrechtelijke instanties waarvoor zij bestemd waren;
   c. door middel van een opgave van de al dan niet tot de onderneming van de ondernemer behorende technici of technische organen, in het bijzonder van die welke belast zijn met de kwaliteitscontrole en, in het geval van overheidsopdrachten voor werken, van die welke de aannemer ter beschikking zullen staan om de werken uit te voeren;
   d. door middel van een beschrijving van de technische uitrusting van de leverancier of de dienstverlener, van de maatregelen die hij treft om de kwaliteit te waarborgen en de mogelijkheden die hij biedt ten aanzien van ontwerpen en onderzoek;
   e. door middel van een vermelding van de systemen voor het beheer van de toeleveringsketen en de traceersystemen die de ondernemer kan toepassen in het kader van de uitvoering van de overheidsopdracht;
   f. in het geval van complexe producten of diensten of indien deze aan een bijzonder doel moeten beantwoorden, door middel van een controle door de aanbestedende dienst of, in diens naam, door een bevoegd officieel orgaan van het land waar de leverancier of de dienstverlener gevestigd is, onder voorbehoud van instemming door dit orgaan, welke controle betrekking heeft op de productiecapaciteit van de leverancier of op de technische capaciteit van de dienstverlener en, zo nodig, op diens mogelijkheden inzake ontwerpen en onderzoek en de maatregelen die hij treft om de kwaliteit te waarborgen;
   g. door middel van de onderwijs- en beroepskwalificaties van de dienstverlener of de aannemer of van het leidinggevend personeel van de onderneming, mits deze niet als een gunningscriterium worden toegepast;
   h. door middel van de vermelding van de maatregelen inzake milieubeheer die de ondernemer kan toepassen voor de uitvoering van de overheidsopdracht;
   i. door middel van een verklaring betreffende de gemiddelde jaarlijkse personeelsbezetting van de onderneming van de dienstverlener of de aannemer en de omvang van het kaderpersoneel gedurende de laatste drie jaar;
   j. door middel van een verklaring omtrent de outillage, het materieel en de technische uitrusting waarover de dienstverlener of de aannemer voor de uitvoering van de overheidsopdracht beschikt;
   k. door middel van de omschrijving van het gedeelte van de overheidsopdracht dat de dienstverlener eventueel in onderaanneming wil geven;
   l. wat de te leveren producten betreft door middel van monsters, beschrijvingen of foto's, waarvan op verzoek van de aanbestedende dienst de echtheid kan worden aangetoond of door middel van certificaten die door een erkende organisatie zijn afgegeven, waarin wordt verklaard dat duidelijk door referenties geïdentificeerde producten aan bepaalde specificaties of normen beantwoorden.
2. De leveringen en diensten, bedoeld in het eerste lid, onderdeel b, worden aangetoond in het geval van leveringen of diensten voor een aanbestedende dienst, door certificaten die de bevoegde autoriteit heeft afgegeven of medeondertekend of in het geval van leveringen of diensten voor een particuliere afnemer, door certificaten van de afnemer of, bij ontstentenis daarvan, door een verklaring van de ondernemer.
3. Een aanbestedende dienst die als geschiktheidseis stelt dat de gegadigde eerdere opdrachten heeft verricht als bedoeld in het eerste lid, onderdelen a en b, vraagt op onderdelen van de opdracht naar eerdere verrichte vergelijkbare opdrachten en niet naar eerder verrichte opdrachten die gelet op de aard, de hoeveelheid of omvang en het doel van de opdracht gelijk zijn.
4. In afwijking van het eerste lid, onderdelen a en b, kan de aanbestedende dienst werken onderscheidenlijk leveringen of diensten in aanmerking nemen over een langere periode dan in die onderdelen genoemd, indien dat noodzakelijk is om een toereikend mededingingsniveau te waarborgen.

Art. 2.94

Geschiktheidseisen, beroep op derden

1. Een ondernemer kan zich voor een bepaalde overheidsopdracht beroepen op de technische bekwaamheid en beroepsbekwaamheid van andere natuurlijke personen of rechtspersonen, ongeacht de juridische aard van zijn banden met die natuurlijke personen of rechtspersonen, mits hij aantoont dat hij kan beschikken over de voor de uitvoering van de overheidsopdracht noodzakelijke middelen.

Aanbestedingswet A82 art. 2.98

2. Indien de eisen met betrekking tot de technische en beroepsbekwaamheid onderwijs- en beroepskwalificaties betreffen als bedoeld in bijlage XII, deel II, onder f, van richtlijn 2014/24/EU, of betrekking hebben op relevante beroepservaring mag een ondernemer zich slechts beroepen op de bekwaamheid van een andere natuurlijke persoon of rechtspersoon indien laatstgenoemde de werken of diensten waarvoor die bekwaamheid is vereist, zal verrichten.
3. Onder de voorwaarden, genoemd in het eerste en tweede lid, kan een samenwerkingsverband van ondernemers zich beroepen op de bekwaamheid van de deelnemers aan het samenwerkingsverband of van andere natuurlijke personen of rechtspersonen.
4. De aanbestedende dienst toetst of op de in het eerste lid bedoelde andere natuurlijke personen of rechtspersonen een door de aanbestedende dienst gestelde uitsluitingsgrond van toepassing is en of deze personen voldoen aan de door de aanbestedende dienst gestelde geschiktheidseisen met betrekking tot de technische bekwaamheid en beroepsbekwaamheid.
5. Artikel 2.92, vijfde en zesde lid, is van overeenkomstige toepassing.

Art. 2.95

1. De aanbestedende dienst kan bij overheidsopdrachten voor leveringen waarvoor plaatsings- of installatiewerkzaamheden nodig zijn, bij overheidsopdrachten voor diensten, en bij overheidsopdrachten voor werken de beroepsbekwaamheid van ondernemers om die plaatsings- of installatiewerkzaamheden uit te voeren of om die dienst of dat werk te verrichten, beoordelen op grond van hun vaardigheden, doeltreffendheid, ervaring en betrouwbaarheid. *Geschiktheidseisen, praktische vaardigheden/technische kennis*
2. De aanbestedende dienst kan bij overheidsopdrachten als bedoeld in het eerste lid eisen dat bepaalde kritieke taken door de gegadigde of inschrijver zelf worden verricht of, indien de gegadigde of inschrijver een samenwerkingsverband van ondernemers is, door een deelnemer aan dat samenwerkingsverband.

Art. 2.96

1. Indien een aanbestedende dienst de overlegging verlangt van een door een onafhankelijke instantie opgestelde verklaring dat de ondernemer aan bepaalde kwaliteitsnormen, met inbegrip van normen inzake de toegankelijkheid voor personen met een handicap, voldoet, verwijst hij naar kwaliteitsbewakingsregelingen die op de Europese normenreeksen op dit terrein zijn gebaseerd en die zijn gecertificeerd door conformiteitsbeoordelingsinstanties die voldoen aan de Europese normenreeks voor certificering. *Geschiktheidseisen, Europese kwaliteitsbewakingsregelingen*
2. Een aanbestedende dienst aanvaardt gelijkwaardige certificaten van in andere lidstaten van de Europese Unie gevestigde instanties. Een aanbestedende dienst aanvaardt eveneens andere bewijzen inzake gelijkwaardige maatregelen op het gebied van de kwaliteitsbewaking indien de ondernemer die certificaten niet binnen de gestelde termijnen kan verwerven om redenen die hem niet aangerekend kunnen worden, mits de ondernemer bewijst dat de voorgestelde maatregelen op het gebied van de kwaliteitsbewaking aan de kwaliteitsnormen voldoen.

Art. 2.97

1. Indien een aanbestedende dienst de overlegging verlangt van een door een onafhankelijke instantie opgestelde verklaring dat de ondernemer aan bepaalde systemen of normen inzake milieubeheer voldoet, verwijst hij naar: *Geschiktheidseisen, communautair milieubeheer- en milieuauditsysteem*
a. het milieubeheer- en milieuauditsysteem van de Europese Unie,
b. een ander milieubeheersysteem dat is erkend overeenkomstig artikel 45 van verordening (EG) nr. 1221/2009 van het Europees Parlement en de Raad van 25 november 2009 inzake de vrijwillige deelneming van organisaties aan een communautair milieubeheer- en milieuauditsysteem (EMAS), tot intrekking van verordening (EG) nr. 761/2001 en van de Beschikkingen 2001/681/EG en 2006/193/EG van de Commissie (PbEU 2009, L 342), of
c. andere normen inzake milieubeheer die gebaseerd zijn op toepasselijke Europese of internationale normen en die door conformiteitsbeoordelingsinstanties zijn gecertificeerd.
2. Een aanbestedende dienst aanvaardt gelijkwaardige certificaten van in andere lidstaten gevestigde instanties. Hij aanvaardt eveneens andere bewijzen inzake gelijkwaardige maatregelen op het gebied van milieubeheer indien een ondernemer aantoonbaar niet de mogelijkheid heeft gehad het door de aanbestedende dienst aangegeven specifieke certificaat of een gelijkwaardig certificaat binnen de gestelde termijnen te verwerven om redenen die hem niet aangerekend kunnen worden, mits de ondernemer aantoont dat de maatregelen gelijkwaardig zijn aan die welke op grond van het toepasselijke milieubeheersysteem of de toepasselijke norm vereist zijn.

§ 2.3.6.2
Beroepsbevoegdheid

Art. 2.98

1. De aanbestedende dienst kan een ondernemer die aan een overheidsopdracht wenst deel te nemen, verzoeken aan te tonen dat hij volgens de voorschriften van de lidstaat waar hij is gevestigd, in het beroepsregister of in het handelsregister is ingeschreven, bedoeld in bijlage XI van richtlijn 2014/24/EU. *Overheidsopdrachten, beroepsbevoegdheid*

A82 art. 2.99 — Aanbestedingswet

2. Bij procedures voor het plaatsen van overheidsopdrachten voor diensten kan een aanbestedende dienst, indien de gegadigden of de inschrijvers over een bijzondere vergunning dienen te beschikken of indien zij lid van een bepaalde organisatie dienen te zijn om in hun land van herkomst de betrokken dienst te kunnen verlenen, verlangen dat zij aantonen dat zij over deze vergunning beschikken, of lid van de bedoelde organisatie zijn.

§ 2.3.6.3
Selectie

Art. 2.99

Overheidsopdrachten, selectie

1. De aanbestedende dienst kan bij toepassing van de niet-openbare procedure, de concurrentiegerichte dialoog, de mededingingsprocedure met onderhandeling en de procedure van het innovatiepartnerschap het aantal gegadigden dat hij zal uitnodigen tot inschrijving of deelneming beperken mits er een voldoende aantal geschikte kandidaten is.
2. De aanbestedende dienst vermeldt in de aankondiging het aantal gegadigden dat hij voornemens is uit te nodigen.
3. Het aantal gegadigden dat de aanbestedende dienst voornemens is uit te nodigen bedraagt bij de niet-openbare procedure ten minste vijf en bij de concurrentiegerichte dialoog, de mededingingsprocedure met onderhandeling en de procedure van het innovatiepartnerschap ten minste drie.
4. Het aantal uitgenodigde gegadigden waarborgt een daadwerkelijke mededinging.
5. Indien het aantal gegadigden dat niet wordt uitgesloten en dat aan de geschiktheidseisen en selectiecriteria voldoet lager is dan het door de aanbestedende dienst vastgestelde aantal voor een uitnodiging tot inschrijving, kan de aanbestedende dienst de procedure voortzetten door de gegadigde of gegadigden uit te nodigen die aan de geschiktheidseisen voldoen.
6. Bij toepassing van het vijfde lid nodigt de aanbestedende dienst geen ondernemers uit die niet om deelneming hebben verzocht, en evenmin ondernemers waarop een uitsluitingsgrond van toepassing is of die niet aan de geschiktheidseisen voldoen.

Art. 2.100

Beperking aantal gegadigden

Bij de toepassing van artikel 2.99, eerste lid, beperkt de aanbestedende dienst het aantal gegadigden op een objectieve en niet-discriminerende wijze, met behulp van in de aankondiging vermelde regels of selectiecriteria en weging.

§ 2.3.6.4
Controle van uitsluitingsgronden, geschiktheidseisen en selectiecriteria

Art. 2.101

Overheidsopdrachten, controle uitsluitingsgronden/geschiktheidseisen/selectiecriteria

1. De aanbestedende dienst kan inschrijvers en gegadigden tijdens de procedure te allen tijde verzoeken geheel of gedeeltelijk de vereiste actuele bewijsstukken met betrekking tot de gegevens en inlichtingen die in de eigen verklaring zijn verstrekt, in te dienen indien dit noodzakelijk is voor het goede verloop van de procedure.
2. Bij de toepassing van het eerste lid kan de aanbestedende dienst een inschrijver of gegadigde verzoeken de in het eerste lid bedoelde bewijsstukken aan te vullen of toe te lichten.
3. De aanbestedende dienst kan bij toepassing van de openbare procedure, in afwijking van de artikelen 2.86 en 2.87 en van het eerste lid, uitsluitend nagaan of de inschrijver aan wie hij voornemens is de overheidsopdracht te gunnen niet moet worden uitgesloten en of deze voldoet aan de gestelde geschiktheidseisen.

Art. 2.102

Controle eigen verklaring

1. De aanbestedende dienst verzoekt de inschrijver aan wie hij voornemens is de overheidsopdracht te gunnen de vereiste bewijsstukken met betrekking tot de in de artikelen 2.89 en 2.91 tot en met 2.97 bedoelde gegevens en bescheiden over te leggen.
2. Bij de toepassing van het eerste lid kan de aanbestedende dienst de desbetreffende inschrijver verzoeken de in het eerste lid bedoelde bewijsstukken aan te vullen of toe te lichten.
3. Het eerste lid is niet van toepassing op de gunning van een overheidsopdracht met gebruikmaking van een raamovereenkomst.

Art. 2.102a

Nationale databank

De artikelen 2.101, eerste lid, en 2.102, eerste lid, zijn niet van toepassing indien de aanbestedende dienst de desbetreffende bewijsstukken rechtstreeks en kosteloos kan verkrijgen door raadpleging van een nationale databank in een lidstaat of reeds daarover beschikt.

Aanbestedingswet   **A82 art. 2.109**

Afdeling 2.3.7
Mededeling van uitsluiting en afwijzing

Art. 2.103
1. Een aanbestedende dienst deelt de afwijzing of uitsluiting van betrokken gegadigden en betrokken inschrijvers zo spoedig mogelijk schriftelijk mede.   *Overheidsopdrachten, mededeling uitsluiting en afwijzing*
2. Op verzoek van een betrokken partij stelt een aanbestedende dienst een afgewezen gegadigde zo spoedig mogelijk, doch uiterlijk binnen vijftien dagen na ontvangst van zijn schriftelijk verzoek, in kennis van de redenen voor de afwijzing van zijn verzoek tot deelneming.
3. Op verzoek van een betrokken partij stelt de aanbestedende dienst iedere afgewezen inschrijver zo spoedig mogelijk, doch uiterlijk binnen vijftien dagen na ontvangst van zijn schriftelijk verzoek, in kennis van de redenen voor de afwijzing van zijn inschrijving, inclusief voor de gevallen, bedoeld in de artikelen 2.77 en 2.78, de redenen voor zijn beslissing dat er geen gelijkwaardigheid voorhanden is of dat de werken, leveringen of diensten niet aan de functionele of prestatie-eisen voldoen.
4. Het eerste en tweede lid zijn van overeenkomstige toepassing op de in artikel 2.101, derde lid, bedoelde inschrijver.

Art. 2.104
De aanbestedende dienst die een mededeling als bedoeld in artikel 2.103, eerste lid, doet, verstrekt daarbij geen gegevens voor zover dat: *Vertrouwelijke gegevens*
a. in strijd zou zijn met enig wettelijk voorschrift,
b. in strijd zou zijn met het openbare belang,
c. de rechtmatige commerciële belangen van ondernemers zou kunnen schaden, of
d. afbreuk zou kunnen doen aan de eerlijke mededinging tussen ondernemers.

Afdeling 2.3.8
Gunningsfase

§ 2.3.8.1
Uitnodiging tot inschrijving

Art. 2.105
1. Bij toepassing van de niet-openbare procedure, de concurrentiegerichte dialoog, de procedure van het innovatiepartnerschap of de mededelingsprocedure met onderhandeling nodigt de aanbestedende dienst de niet-uitgesloten en niet-afgewezen gegadigden gelijktijdig en schriftelijk uit tot inschrijving, tot deelneming aan de dialoog of tot onderhandelingen.   *Gunning overheidsopdrachten, uitnodiging tot inschrijving*
2. De aanbestedende dienst nodigt ten minste het aantal gegadigden uit dat in de aankondiging staat vermeld, met inachtneming van paragraaf 2.3.6.3.

Art. 2.106
1. De uitnodiging aan de gegadigden, bedoeld in artikel 2.105, vermeldt het internetadres waar de aanbestedingsstukken rechtstreeks toegankelijk zijn.   *Internetadres voor inzage aanbestedingsstukken*
2. In afwijking van het eerste lid bevat de uitnodiging aan de gegadigden, bedoeld in artikel 2.105, een exemplaar van de aanbestedingsstukken in een geval als bedoeld in artikel 2.66, derde of vierde lid, waarbij de aanbestedingsstukken nog niet vrij, rechtstreeks, volledig en kosteloos beschikbaar zijn.
3. De uitnodiging aan de gegadigden, bedoeld in artikel 2.105, bevat de informatie, bedoeld in bijlage IX, onderdeel 1 van richtlijn 2014/24/EU.

§ 2.3.8.2
Inschrijving

Art. 2.107
Onverminderd de artikelen 2.52a en 2.52b bepaalt de aanbestedende dienst de wijze van het indienen van de inschrijving.   *Gunning overheidsopdrachten, inschrijving*

Art. 2.108
De aanbestedende dienst neemt geen kennis van de inhoud van het verzoek tot deelneming of de inschrijving voordat de uiterste termijn voor het indienen is verstreken.

Art. 2.109
1. In geval van een storing van het elektronische systeem door middel waarvan de inschrijving ingediend moet worden, waardoor het indienen van de inschrijving kort voor het verstrijken van de uiterste termijn niet mogelijk is, kan de aanbestedende dienst deze termijn na afloop van de uiterste termijn verlengen, mits hij nog geen kennis heeft genomen van de inhoud van enige inschrijving.   *Gunning overheidsopdrachten, storing elektronisch systeem*

Sdu   2177

2. Alle niet-afgewezen gegadigden en inschrijvers worden door de aanbestedende dienst in kennis gesteld van de verlenging, bedoeld in het eerste lid, en krijgen de gelegenheid om hun inschrijving binnen de verlenging te wijzigen of aan te vullen.

Art. 2.109a

Storing versleutelde waarde

1. Onverminderd artikel 2.109 wordt in geval van een storing van het elektronische systeem door middel waarvan de inschrijving ingediend moet worden, waardoor het indienen van de inschrijving kort voor het verstrijken van de uiterste termijn niet mogelijk is, een inschrijving aangemerkt als tijdig te zijn ingediend, indien:

a. de inschrijver vóór het verstrijken van de inschrijvingstermijn een versleutelde waarde van zijn inschrijving en een beschrijving van de objectieve wijze waarop deze is berekend, indient bij de aanbestedende dienst;

b. de inschrijver de inschrijving na het verstrijken van de inschrijvingstermijn en binnen één werkdag na het verstrijken van die termijn indient bij de aanbestedende dienst, en

c. de aanbestedende dienst vaststelt dat de versleutelde waarde van de inschrijving, bedoeld in onderdeel a, identiek is aan de versleutelde waarde van de inschrijving, bedoeld in onderdeel b.

2. Bij de toepassing van het eerste lid, onderdeel a, versleutelt de inschrijver zijn inschrijving zodanig dat de aanbestedende dienst de inhoud van de inschrijving niet kan achterhalen.

3. In afwijking van artikel 2.52a, eerste lid, kan een inschrijver voor het indienen van de inschrijving, bedoeld in het eerste lid, onderdelen a en b, andere dan elektronische middelen gebruiken.

§ 2.3.8.2a
Elektronische catalogus

Art. 2.109b

Elektronische catalogus

1. In een geval als bedoeld in artikel 2.52a, eerste lid, kan een aanbestedende dienst bepalen dat inschrijvingen in de vorm van een elektronische catalogus worden ingediend of een elektronische catalogus bevatten.

2. Inschrijvingen die in de vorm van een elektronische catalogus worden ingediend, kunnen vergezeld gaan van andere documenten ter aanvulling van de inschrijving.

Art. 2.109c

Technische specificaties en format

Een aanbestedende dienst bepaalt de technische specificaties en het format van de elektronische catalogus.

Art. 2.109d

Informatieverstrekking

Indien de indiening van inschrijvingen in de vorm van elektronische catalogi door een aanbestedende dienst wordt aanvaard dan wel verplicht is gesteld:

a. vermeldt de aanbestedende dienst dit in de aankondiging van de overheidsopdracht;

b. verstrekt de aanbestedende dienst in de aanbestedingsstukken alle nodige informatie betreffende het format, de gebruikte elektronische apparatuur, de technische bepalingen voor de verbinding en specificaties voor de elektronische catalogus.

Art. 2.109e

Eisen catalogus

Een gegadigde of inschrijver stelt een elektronische catalogus op met het oog op deelneming aan een specifieke aanbestedingsprocedure in overeenstemming met de daaraan door de aanbestedende dienst gestelde eisen.

Art. 2.109f

Bijgewerkte elektronische catalogi

1. Indien een raamovereenkomst met meerdere ondernemers is gesloten na indiening van de inschrijvingen in de vorm van elektronische catalogi, kan de aanbestedende dienst voor een specifieke overheidsopdracht opnieuw tot mededinging oproepen op basis van bijgewerkte elektronische catalogi.

2. In een geval als bedoeld in het eerste lid gebruikt de aanbestedende dienst een van de volgende methoden:

a. de aanbestedende dienst verzoekt de inschrijvers hun elektronische catalogi, na aanpassing aan de eisen van de betrokken overheidsopdracht, opnieuw in te dienen, of

b. de aanbestedende dienst deelt de inschrijvers mee dat dat hij voornemens is uit reeds ingediende elektronische catalogi de nodige informatie te verzamelen om inschrijvingen op te stellen die aan de vereisten van de betrokken overheidsopdracht aangepast zijn, mits het gebruik van deze methode in de aanbestedingsstukken voor de raamovereenkomst is aangekondigd.

3. Indien de aanbestedende dienst voor een specifieke overheidsopdracht opnieuw oproept tot mededinging met gebruikmaking van de methode, bedoeld in het tweede lid, onderdeel b:

a. deelt hij aan de inschrijvers de datum en het tijdstip mee, waarop hij voornemens is de nodige informatie te verzamelen voor het opstellen van nieuwe inschrijvingen die aan de eisen van de betrokken overheidsopdracht aangepast zijn;

b. geeft hij inschrijvers de mogelijkheid om het zodanig verzamelen van informatie te weigeren, en

Aanbestedingswet **A82** art. 2.111

c. voorziet hij in een toereikende termijn tussen de mededeling, bedoeld in onderdeel a, en het daadwerkelijk verzamelen van de informatie.
4. Indien een inschrijver instemt met het verzamelen van informatie, bedoeld in het derde lid:
a. legt de aanbestedende dienst de verzamelde informatie vóór de gunning van de overheidsopdracht voor aan de betrokken inschrijver;
b. stelt de aanbestedende dienst de betrokken inschrijver in de gelegenheid om te bevestigen of te betwisten dat de aldus opgestelde inschrijving geen materiële fouten bevat en
c. voorziet de aanbestedende dienst in een toereikende termijn tussen de voorlegging, bedoeld in onderdeel a, en de gunning van de overheidsopdracht.

Art. 2.109g
1. Een aanbestedende dienst kan bij de plaatsing van een overheidsopdracht binnen een dynamisch aankoopsysteem bepalen dat inschrijvingen in de vorm van een elektronische catalogus worden ingediend.
2. Een aanbestedende dienst kan een overheidsopdracht binnen een dynamisch aankoopsysteem gunnen met gebruikmaking van de methode, bedoeld in artikel 2.109f, tweede lid, onderdeel b, en onder overeenkomstige toepassing van artikel 2.109f, derde en vierde lid, mits het verzoek om deelneming aan het dynamisch aankoopsysteem vergezeld gaat van een elektronische catalogus in overeenstemming met de technische specificaties en het format zoals vastgesteld door de aanbestedende dienst.
3. Wanneer een gegadigde in kennis wordt gesteld van het voornemen van de aanbestedende dienst om inschrijvingen op te stellen met gebruikmaking van de methode, bedoeld in artikel 2.109f, tweede lid, onderdeel b, vult de gegadigde de elektronische catalogus aan.

Overheidsopdracht binnen dynamisch aankoopsysteem

§ 2.3.8.3
Concurrentiegerichte dialoog

Art. 2.110
1. Bij toepassing van de concurrentiegerichte dialoog geschiedt de gunning van de overheidsopdracht op basis van het criterium van de economisch meest voordelige inschrijving op basis van de beste prijs-kwaliteitverhouding.
2. Een aanbestedende dienst vermeldt in de aankondiging van de overheidsopdracht de behoeften en eisen die door hem in die aankondiging of het beschrijvend document worden omschreven.
3. Een aanbestedende dienst vermeldt in de aankondiging of het beschrijvend document tevens de gekozen gunningscriteria alsmede een indicatief tijdschema en geeft in de aankondiging of het beschrijvend document een omschrijving van de gekozen gunningscriteria.
4. Een aanbestedende dienst opent met de overeenkomstig paragraaf 2.3.6.3 geselecteerde gegadigden een dialoog om te bepalen welke middelen geschikt zijn om zo goed mogelijk aan zijn behoeften te voldoen.
5. Tijdens de dialoog kan de aanbestedende dienst met de geselecteerde gegadigden alle aspecten van de overheidsopdracht bespreken.
6. De aanbestedende dienst waarborgt tijdens de dialoog de gelijke behandeling van alle inschrijvers en verstrekt geen informatie die een of meer inschrijvers kan bevoordelen boven andere.
7. De aanbestedende dienst deelt de voorgestelde oplossingen of andere door een deelnemer aan de dialoog verstrekte vertrouwelijke inlichtingen niet aan de andere deelnemers mee zonder de instemming van de desbetreffende deelnemer met de bekendmaking van de desbetreffende specifieke inlichtingen.

Gunning overheidsopdrachten, bij concurrentiegerichte dialoog

Art. 2.111
1. Een aanbestedende dienst kan bepalen dat de procedure van de concurrentiegerichte dialoog in opeenvolgende fasen verloopt, zodat het aantal in de dialoogfase te bespreken oplossingen kan worden beperkt door middel van de gunningscriteria die in de aankondiging van de overheidsopdracht of in de aanbestedingsstukken zijn vermeld.
2. De aanbestedende dienst draagt er zorg voor dat in de slotfase het aantal oplossingen zodanig is dat daadwerkelijke mededinging kan worden gegarandeerd, voor zover er een voldoende aantal geschikte oplossingen of gegadigden is.
3. Het eerste lid vindt slechts toepassing indien de aanbestedende dienst de mogelijkheid in de aankondiging van de overheidsopdracht of in de aanbestedingsstukken heeft vermeld.
4. Een aanbestedende dienst zet de dialoog voort totdat hij kan aangeven welke oplossingen aan zijn behoeften kunnen voldoen.
5. Nadat een aanbestedende dienst de dialoog heeft beëindigd en de deelnemers daarvan op de hoogte heeft gesteld, verzoekt hij de deelnemers om hun definitieve inschrijvingen in te dienen op basis van de tijdens de dialoog voorgelegde en gespecificeerde oplossingen.

Dialoogfasen

6. De uitnodiging tot het indienen van een inschrijving bevat de uiterste datum voor het indienen van de inschrijvingen, het adres waar deze kunnen worden ingediend en de taal of talen waarin zij dienen te worden gesteld.
7. De inschrijver voorziet er in dat de inschrijving, bedoeld in het vijfde lid, alle vereiste en noodzakelijke elementen voor de uitvoering van het project bevat.
8. Een aanbestedende dienst kan een inschrijver verzoeken om de inschrijving toe te lichten of nauwkeuriger te omschrijven.
9. Indien een verzoek als bedoeld in het achtste lid wordt gedaan wijzigt de inschrijver de basiselementen van de inschrijving of de aanbesteding niet indien daardoor de mededinging vervalst zou worden of discriminatie zou ontstaan.

Art. 2.112

Gunning overheidsopdrachten, beoordeling inschrijvingen

1. Een aanbestedende dienst beoordeelt de ontvangen inschrijvingen op basis van de in de aankondiging van de overheidsopdracht of in de aanbestedingsstukken bepaalde gunningscriteria en kiest de economisch meest voordelige inschrijving op basis van de beste prijs-kwaliteitverhouding overeenkomstig artikel 2.115.
2. Een aanbestedende dienst kan met de inschrijver wiens inschrijving is aangewezen als economisch meest voordelige inschrijving op basis van de beste prijs-kwaliteitverhouding onderhandelingen voeren om de in de inschrijving vervatte financiële toezeggingen of andere voorwaarden te bevestigen met het oog op afronding van de voorwaarden van de overheidsopdracht, mits dit de wezenlijke aspecten van de inschrijving of van de in de aankondiging of het beschrijvend document vermelde behoeften en voorschriften onverlet laat en niet tot vervalsing van de mededinging of discriminatie kan leiden.
3. Een aanbestedende dienst kan voorzien in prijzen of betalingen aan de deelnemers aan de dialoog.

§ 2.3.8.4
Gunningscriteria

Art. 2.113

Gunningsoverheidsopdrachten, criteria

De aanbestedende dienst toetst de inschrijvingen aan de door hem in de aanbestedingsstukken gestelde normen, functionele eisen en eisen aan de prestatie.

Art. 2.113a

Gunningscriteria, specificaties

1. Gunningscriteria waarborgen de mogelijkheid van daadwerkelijke mededinging en gaan vergezeld van specificaties aan de hand waarvan de door de inschrijvers verstrekte informatie daadwerkelijk kan worden getoetst om te beoordelen hoe goed de inschrijvingen aan de gunningscriteria voldoen.
2. Een aanbestedende dienst controleert in geval van twijfel effectief de juistheid van de door de inschrijvers verstrekte informatie en bewijsmiddelen.

Art. 2.114

Economisch meest voordelige inschrijving

1. De aanbestedende dienst gunt een overheidsopdracht op grond van de naar het oordeel van de aanbestedende dienst economisch meest voordelige inschrijving.
2. De economisch meest voordelige inschrijving wordt door de aanbestedende dienst vastgesteld op basis van:
a. beste prijs-kwaliteitverhouding,
b. laagste kosten berekend op basis van kosteneffectiviteit, zoals de levenscycluskosten, bedoeld in artikel 2.115a, of
c. laagste prijs.
3. Bij de toepassing van het eerste lid geschiedt de gunning op grond van onderdeel a van het tweede lid.
4. Een aanbestedende dienst kan, in afwijking van het derde lid, gunnen op grond van onderdeel b of onderdeel c van het tweede lid. In dat geval motiveert de aanbestedende dienst de toepassing van dat criterium in de aanbestedingsstukken.
5. Het vaststellen van de economisch meest voordelige inschrijving uitsluitend op basis van het gunningscriterium, bedoeld in het tweede lid, onderdeel b of onderdeel c, is niet toegestaan ten aanzien van bij of krachtens algemene maatregel van bestuur aan te wijzen categorieën aanbestedende diensten en soorten opdrachten.
6. De voordracht voor een krachtens het vijfde lid vast te stellen algemene maatregel van bestuur wordt niet eerder gedaan dan vier weken nadat het ontwerp aan beide kamers der Staten-Generaal is overgelegd.

Art. 2.115

Nadere criteria

1. De aanbestedende dienst die de economisch meest voordelige inschrijving vaststelt op basis van de beste prijs-kwaliteitverhouding, maakt in de aankondiging van de overheidsopdracht bekend welke nadere criteria hij stelt met het oog op de toepassing van dit criterium.
2. De in het eerste lid bedoelde nadere criteria houden verband met het voorwerp van de overheidsopdracht en kunnen onder meer betreffen:

a. kwaliteit, waaronder technische verdienste;
b. esthetische en functionele kenmerken;
c. toegankelijkheid;
d. geschiktheid van het ontwerp voor alle gebruikers;
e. sociale, milieu- en innovatieve kenmerken;
f. de handel en de voorwaarden waaronder deze plaatsvindt;
g. de organisatie, de kwalificatie en de ervaring van het personeel voor de uitvoering van de opdracht, wanneer de kwaliteit van dat personeel een aanzienlijke invloed kan hebben op het niveau van de uitvoering van de opdracht;
h. klantenservice en technische bijstand;
i. leveringsvoorwaarden, zoals leveringsdatum, leveringswijze, leveringsperiode of termijn voor voltooiing.
3. Nadere criteria als bedoeld in het eerste lid houden verband met het voorwerp van de overheidsopdracht wanneer zij betrekking hebben op de in het kader van die overheidsopdracht te verrichten werken, leveringen of diensten, in alle opzichten en in elk stadium van hun levenscyclus, met inbegrip van factoren die te maken hebben met:
a. het specifieke productieproces, het aanbieden of de verhandeling van deze werken, leveringen of diensten, of
b. een specifiek proces voor een andere fase van hun levenscyclus,
zelfs wanneer deze factoren geen deel uitmaken van hun materiële basis.
4. De aanbestedende dienst specificeert in de aanbestedingsstukken het relatieve gewicht van elk van de door hem gekozen nadere criteria voor de bepaling van de economisch meest voordelige inschrijving op basis van de beste prijs-kwaliteitverhouding. Dit gewicht kan worden uitgedrukt door middel van een marge met een passend verschil tussen minimum en maximum.
5. Indien om objectieve redenen geen weging mogelijk is, vermeldt de aanbestedende dienst in de aanbestedingsstukken de nadere criteria in afnemende volgorde van belang.

Art. 2.115a
1. Levenscycluskosten hebben betrekking op de volgende kosten gedurende de levenscyclus van een product, dienst of werk:
a. kosten gedragen door de aanbestedende dienst of andere gebruikers, zoals kosten in verband met de verwerving, gebruikskosten, onderhoudskosten en kosten volgend uit het einde van de levenscyclus;
b. kosten toegerekend aan externe milieueffecten, die verband houden met het product, de dienst of het werk gedurende de levenscyclus, mits hun geldwaarde kan worden bepaald en gecontroleerd.
2. Indien een aanbestedende dienst de kosten aan de hand van de levenscycluskosten raamt, vermeldt hij in de aanbestedingsstukken:
a. de door de inschrijvers te verstrekken gegevens, en
b. de methoden die de aanbestedende dienst zal gebruiken om de levenscycluskosten op basis van deze gegevens te bepalen.
3. De methode die wordt gebruikt voor de raming van de aan externe milieueffecten toegerekende kosten voldoet aan de volgende voorwaarden:
a. zij is gebaseerd op objectief controleerbare en niet-discriminerende criteria;
b. zij is toegankelijk voor alle betrokken partijen;
c. de vereiste gegevens kunnen met een redelijke inspanning worden verstrekt door normaal zorgvuldige ondernemers, met inbegrip van ondernemers uit derde landen die partij zijn bij de Overeenkomst inzake overheidsopdrachten (PbEG L 1994, 336) of andere internationale overeenkomsten waaraan de Europese Unie gebonden is.
4. Indien een gemeenschappelijke methode voor de berekening van de levenscycluskosten verplicht is op grond van een bindende EU-rechtshandeling, genoemd in bijlage XIII van richtlijn 2014/24/EU, wordt die gemeenschappelijke methode toegepast voor de raming van de levenscycluskosten.

Levenscycluskosten

§ 2.3.8.5
Abnormaal lage inschrijvingen

Art. 2.116
1. Indien een inschrijving voor een overheidsopdracht wordt gedaan die in verhouding tot de te verrichten werken, leveringen of diensten abnormaal laag lijkt, verzoekt de aanbestedende dienst om een toelichting op de voorgestelde prijs of kosten van de desbetreffende inschrijving.
2. Een toelichting als bedoeld in het eerste lid kan onder meer verband houden met:
a. de doelmatigheid van het bouwproces, van het productieproces van de producten of van de dienstverlening;

Gunning overheidsopdrachten, abnormaal lage inschrijvingen

b. de gekozen technische oplossingen of uitzonderlijk gunstige omstandigheden waarvan de inschrijver bij de uitvoering van de werken, de levering van de producten of het verlenen van de diensten kan profiteren;
c. de originaliteit van de door de inschrijver voorgestelde werken, leveringen of diensten;
d. het vervullen van de verplichtingen op het gebied van het milieu-, sociaal en arbeidsrecht uit hoofde van het recht van de Europese Unie, nationale recht of collectieve arbeidsovereenkomsten of uit hoofde van de in bijlage X van richtlijn 2014/24/EU vermelde bepalingen van internationaal milieu-, sociaal en arbeidsrecht;
e. de ontvangst van staatssteun door de inschrijver;
f. het vervullen van de verplichtingen, bedoeld in artikel 2.79.
3. De aanbestedende dienst onderzoekt in overleg met de inschrijver de verstrekte informatie.
4. Een aanbestedende dienst kan een inschrijving uitsluitend afwijzen indien het lage niveau van de voorgestelde prijzen of kosten niet genoegzaam wordt gestaafd door het verstrekte bewijsmateriaal, rekening houdend met de in het tweede lid bedoelde elementen.
5. Een aanbestedende dienst wijst een inschrijving af indien hij heeft vastgesteld dat de inschrijving abnormaal laag is omdat zij niet voldoet aan de verplichtingen op het gebied van het milieu-sociaal en arbeidsrecht uit hoofde van het recht van de Europese Unie, nationale recht of collectieve arbeidsovereenkomsten of uit hoofde van de in bijlage X van richtlijn 2014/24/EU vermelde bepalingen van internationaal milieu-, sociaal en arbeidsrecht.
6. Een aanbestedende dienst die constateert dat een inschrijving abnormaal laag is omdat de inschrijver staatssteun heeft gekregen, kan de inschrijving uitsluitend op enkel die grond na overleg met de inschrijver afwijzen, indien de inschrijver desgevraagd niet binnen een door de aanbestedende dienst bepaalde voldoende lange termijn kan aantonen dat de betrokken steun niet in strijd met artikel 107 van het Verdrag betreffende de werking van de Europese Unie is toegekend.
7. Indien de aanbestedende dienst in een geval als bedoeld in het zesde lid een inschrijving afwijst, stelt hij de Europese Commissie daarvan in kennis.

§ 2.3.8.6
Elektronische veiling

Art. 2.117

Gunning overheidsopdrachten, elektronische veiling

1. De aanbestedende dienst kan bij de openbare procedure, de niet-openbare procedure en de mededingingsprocedure met onderhandeling de gunningsbeslissing vooraf laten gaan door een elektronische veiling, indien:
a. hij dit heeft gemeld in de aankondiging,
b. hij in de aanbestedingsstukken ten minste de informatie heeft opgenomen met betrekking tot de elektronische veiling, genoemd in bijlage VI van richtlijn 2014/24/EU, en
c. de inhoud van de aanbestedingsstukken, met name de technische specificaties, nauwkeurig kan worden opgesteld.
2. Het eerste lid is niet van toepassing voor de aanbesteding van werken of diensten die intellectuele prestaties tot voorwerp van de opdracht hebben.

Art. 2.118

Elektronische veiling, nauwkeurige specificaties

1. In het kader van een dynamisch aankoopsysteem kan een aanbestedende dienst de gunning van de overheidsopdracht vooraf laten gaan door een elektronische veiling, indien de inhoud van de aanbestedingsstukken, met name de technische specificaties, nauwkeurig kan worden opgesteld.
2. In het kader van een raamovereenkomst die met meerdere ondernemers is gesloten als bedoeld in artikel 2.143, eerste lid, onderdelen b en c, kan een aanbestedende dienst de gunning van de overheidsopdracht vooraf laten gaan door een elektronische veiling, indien de inhoud van de aanbestedingsstukken, met name de technische specificaties, nauwkeurig kan worden opgesteld.

Art. 2.119
[Vervallen]

Art. 2.120

Elektronische veiling, voorafgaande beoordeling

Alvorens over te gaan tot de elektronische veiling, verricht een aanbestedende dienst een eerste, volledige beoordeling van de inschrijvingen aan de hand van de vastgestelde gunningscriteria en de vastgestelde weging daarvan.

Art. 2.121

Elektronische veiling, gelijktijdige uitnodiging

1. Een aanbestedende dienst waarborgt dat alle inschrijvers die een ontvankelijke inschrijving hebben gedaan, tegelijkertijd langs elektronische weg worden uitgenodigd om nieuwe prijzen of nieuwe waarden in te dienen.
2. Een inschrijving is ontvankelijk als bedoeld in het eerste lid, indien:
a. deze wordt ingediend door een inschrijver:

Aanbestedingswet   **A82** art. 2.125

1°. die de aanbestedende dienst op grond van de artikelen 2.86 of 2.87 niet moet of wil uitsluiten, en
2°. die voldoet aan de door de aanbestedende dienst gestelde geschiktheidseisen, bedoeld in artikel 2.90,
b. deze voldoet aan de technische specificaties,
c. deze voldoet aan de vereisten in de aanbestedingsstukken,
d. deze tijdig is ingediend,
e. hierbij niet aantoonbaar sprake is van ongeoorloofde afspraken of corruptie,
f. deze niet door de aanbestedende dienst als abnormaal laag is beoordeeld,
g. deze de prijs van het door de aanbestedende dienst begrote bedrag, dat is vastgesteld en gedocumenteerd voor de aanvang van de aanbestedingsprocedure, niet overschrijdt, en
h. deze relevant is voor de overheidsopdracht, omdat de inschrijving, zonder ingrijpende wijzigingen, kennelijk voorziet in de in de aanbestedingsstukken omschreven behoeften en eisen van de aanbestedende dienst.
3. Een aanbestedende dienst waarborgt dat het verzoek, bedoeld in het eerste lid, alle relevante informatie bevat voor de individuele verbinding met het gebruikte elektronische systeem en de datum en het aanvangsuur van de elektronische veiling preciseert.

Art. 2.122
Een aanbestedende dienst kan de elektronische veiling in verschillende fasen laten verlopen.

Elektronische veiling, fasen

Art. 2.123
1. Een aanbestedende dienst verstuurt de uitnodigingen voor een elektronische veiling uiterlijk twee werkdagen voor de aanvang van de veiling.
2. Een aanbestedende dienst die voor de gunning het criterium van de economisch meest voordelige inschrijving op basis van de beste prijs-kwaliteitverhouding of op basis van de laagste kosten berekend op basis van kosteneffectiviteit hanteert, voegt bij de uitnodiging:
a. het resultaat van de volledige beoordeling van de inschrijving van de betrokken inschrijver, en
b. de wiskundige formule die tijdens de elektronische veiling de automatische herklasseringen naar gelang van de ingediende nieuwe prijzen of nieuwe waarden zal bepalen.
3. In de formule, bedoeld in het tweede lid, onderdeel b, verwerkt de aanbestedende dienst het gewicht dat aan alle vastgestelde criteria wordt toegekend om de economisch meest voordelige inschrijving te bepalen. Eventuele marges worden daartoe door de aanbestedende dienst vooraf in een bepaalde waarde uitgedrukt.
4. Een aanbestedende dienst die varianten toestaat, verstrekt voor iedere variant de afzonderlijke formule.

Elektronische veiling, verzending uitnodigingen

Art. 2.124
1. Tijdens alle fasen van de elektronische veiling deelt de aanbestedende dienst onverwijld aan alle inschrijvers in ieder geval de informatie mee die hen de mogelijkheid biedt op elk moment hun respectieve klassering te kennen. Indien dat vooraf vermeld is, kan de aanbestedende dienst ook andere informatie betreffende andere ingediende prijzen of waarden meedelen.
2. Een aanbestedende dienst kan tevens op ieder ogenblik aan de inschrijvers meedelen hoeveel inschrijvers aan de fase van de veiling deelnemen.
3. Een aanbestedende dienst deelt tijdens het verloop van de elektronische veiling in geen geval de identiteit van de inschrijvers mee.

Elektronische veiling, informatieverstrekking

Art. 2.125
1. Een aanbestedende dienst sluit de elektronische veiling op een of meer van de onderstaande wijzen af:
a. hij kan de veiling afsluiten op het vooraf aangegeven tijdstip;
b. hij kan de veiling afsluiten indien hij geen nieuwe prijzen of waarden meer ontvangt die beantwoorden aan de vereisten betreffende de minimumverschillen, mits hij vooraf de termijn heeft aangegeven die hij na ontvangst van de laatste aanbieding in acht zal nemen alvorens de veiling te sluiten;
c. hij kan de veiling afsluiten indien het vooraf aangegeven aantal fasen van de veiling afgehandeld zijn.
2. Een aanbestedende dienst die besloten heeft om de elektronische veiling overeenkomstig het eerste lid, onderdeel c, af te sluiten in combinatie met de toepassing van het eerste lid, onderdeel b, vermeldt in de uitnodiging om deel te nemen aan de veiling het tijdschema voor elk van de fasen van de veiling.
3. Na de sluiting van de elektronische veiling gunt een aanbestedende dienst de overheidsopdracht overeenkomstig artikel 2.114 op basis van de resultaten van de elektronische veiling.

Elektronische veiling, afsluiten

§ 2.3.8.7
Mededingingsprocedure met onderhandeling

Art. 2.126

Gunning overheidsopdrachten, onderhandelingen

1. Bij toepassing van de mededingingsprocedure met onderhandeling bepaalt de aanbestedende dienst in de aanbestedingsstukken het voorwerp van de overheidsopdracht door de vereisten en de vereiste kenmerken van het werk, de levering of de dienst te beschrijven en de gunningscriteria vast te leggen.
2. De aanbestedende dienst bepaalt in de aanbestedingsstukken tevens welke elementen van de in het eerste lid bedoelde beschrijving de minimumeisen zijn waaraan een inschrijving moet voldoen.
3. De aanbestedende dienst verschaft in de aanbestedingsstukken informatie die voldoende nauwkeurig is om ondernemers in staat te stellen te bepalen wat de aard en omvang van de aanbesteding is en te beslissen over deelneming aan de procedure.
4. Indien de aanbestedende dienst de mogelijkheid wil behouden om de overheidsopdracht te plaatsen op basis van de oorspronkelijke inschrijving zonder onderhandeling, vermeldt hij dat in de aankondiging van de overheidsopdracht.
5. Indien de aanbestedende dienst door toepassing van de gunningscriteria de procedure van gunning door onderhandeling in opeenvolgende fasen wil laten verlopen, zodat het aantal inschrijvingen waarover moet worden onderhandeld wordt beperkt, vermeldt hij dat in de aanbestedingsstukken.
6. De aanbestedende dienst draagt er zorg voor dat in de slotfase het aantal oplossingen zodanig is dat een daadwerkelijke mededinging kan worden gewaarborgd, voor zover er een voldoende aantal geschikte oplossingen of inschrijvers is.

Art. 2.126a

Mededingingsprocedure met onderhandeling

1. Bij toepassing van de mededingingsprocedure met onderhandeling onderhandelt de aanbestedende dienst met de inschrijvers over hun eerste inschrijving en elke daaropvolgende inschrijving, met uitzondering van de definitieve inschrijving, bedoeld in het zevende lid, om de inhoud ervan te verbeteren.
2. Het eerste lid is niet van toepassing indien de aanbestedende dienst de in artikel 2.126, vierde lid, bedoelde mogelijkheid toepast.
3. De aanbestedende dienst onderhandelt niet met de inschrijvers over de in artikel 2.126, eerste lid, bedoelde gunningscriteria en de in artikel 2.126, tweede lid, bedoelde minimumeisen.
4. De aanbestedende dienst waarborgt tijdens de onderhandelingen de gelijke behandeling van alle inschrijvers en verstrekt geen informatie die een of meer inschrijvers kan bevoordelen boven andere.
5. De aanbestedende dienst stelt alle inschrijvers wier inschrijving niet na afronding van een fase als bedoeld in artikel 126, vijfde lid, is afgewezen, in kennis van andere wijzigingen in de technische specificaties of aanbestedingsstukken dan die waarbij de minimumeisen worden vastgesteld, waarna die inschrijvers voldoende tijd krijgen om hun inschrijving naar aanleiding van deze wijzigingen, indien nodig, aan te passen en opnieuw in te dienen.
6. In afwijking van artikel 2.57 verstrekt de aanbestedende dienst vertrouwelijke inlichtingen die een gegadigde of inschrijver met wie hij onderhandelt aan hem heeft verstrekt, slechts aan de andere deelnemers, indien de desbetreffende deelnemer daarvoor toestemming heeft gegeven. In het verzoek om toestemming van de desbetreffende deelnemer geeft de aanbestedende dienst aan welke specifieke inlichtingen hij wil verstrekken.
7. Indien de aanbestedende dienst voornemens is de onderhandelingen af te sluiten stelt hij de resterende inschrijvers daarvan in kennis en stelt hij een gemeenschappelijke termijn vast voor de indiening van nieuwe of aangepaste inschrijvingen.

§ 2.3.8.7a
Innovatiepartnerschap

Art. 2.126b

Innovatiepartnerschap

1. Bij toepassing van de procedure van het innovatiepartnerschap geschiedt de gunning van de overheidsopdracht op basis van het criterium de economisch meest voordelige inschrijving op basis van de beste prijs-kwaliteitverhouding.
2. De aanbestedende dienst beschrijft in de aanbestedingsstukken zijn behoefte aan innovatieve producten, diensten of werken en geeft aan dat met de aanschaf van reeds op de markt beschikbare producten, diensten of werken niet in die behoefte kan worden voorzien.
3. De aanbestedende dienst bepaalt in de aanbestedingsstukken tevens welke elementen van de in het tweede lid bedoelde beschrijving de minimumeisen zijn waaraan de inschrijving moet voldoen.

Aanbestedingswet **A82** art. 2.126d

4. De aanbestedende dienst verschaft in de aanbestedingsstukken informatie die voldoende nauwkeurig is om ondernemers in staat te stellen te bepalen wat de aard en strekking van de gevraagde oplossing is en te beslissen over deelneming aan de procedure.
5. Indien de aanbestedende dienst door toepassing van de gunningscriteria de procedure van het innovatiepartnerschap in opeenvolgende fasen wil laten verlopen, zodat het aantal inschrijvingen waarover moet worden onderhandeld wordt beperkt, vermeldt hij dat in de aanbestedingsstukken.
6. De aanbestedende dienst bepaalt in de aanbestedingsstukken welke regels op de intellectuele eigendomsrechten van toepassing zijn.
7. Bij het selecteren van de gegadigden past de aanbestedende dienst in het bijzonder criteria toe inzake het potentieel van de kandidaten op het gebied van onderzoek en ontwikkeling en hun vermogen om vernieuwende oplossingen te ontwikkelen en toe te passen.
8. Alleen de ondernemers die na beoordeling van de gevraagde informatie door de aanbestedende dienst daartoe worden uitgenodigd, kunnen projecten voor onderzoek en ontwikkeling indienen die voldoen aan de door de aanbestedende dienst vastgestelde behoeften en waaraan niet door bestaande oplossingen kan worden voldaan.

Art. 2.126c

1. Bij toepassing van de procedure van het innovatiepartnerschap onderhandelt de aanbestedende dienst met de inschrijvers over hun eerste en over elke daaropvolgende inschrijving, met uitzondering van de definitieve inschrijving, om de inhoud ervan te verbeteren.

Onderhandeling over inschrijvingen

2. De aanbestedende dienst onderhandelt niet met de inschrijvers over de gunningscriteria en de in artikel 2.126b, derde lid, bedoelde minimumeisen.
3. De aanbestedende dienst waarborgt tijdens de onderhandelingen de gelijke behandeling van alle inschrijvers en verstrekt geen informatie die een of meer inschrijvers kan bevoordelen boven andere.
4. In afwijking van artikel 2.57 verstrekt de aanbestedende dienst vertrouwelijke inlichtingen die een gegadigde of inschrijver met wie hij onderhandelt aan hem heeft verstrekt, slechts aan de andere deelnemers, indien de desbetreffende deelnemer daarvoor toestemming heeft gegeven. In het verzoek om toestemming van de desbetreffende deelnemer geeft de aanbestedende dienst aan welke specifieke inlichtingen hij wil verstrekken.
5. De aanbestedende dienst stelt alle inschrijvers wier inschrijving na afronding van een fase als bedoeld in artikel 2.126b, vijfde lid, niet is afgewezen, schriftelijk in kennis van andere wijzigingen in de technische specificaties of andere aanbestedingsstukken dan die waarbij de minimumeisen worden vastgesteld, waarna de inschrijvers voldoende tijd krijgen om hun inschrijvingen naar aanleiding van deze wijzigingen, indien nodig, aan te passen en opnieuw in te dienen.

Art. 2.126d

1. De aanbestedende dienst kan het innovatiepartnerschap met één partner sluiten dan wel met verschillende partners die afzonderlijke onderzoeks- en ontwikkelingsactiviteiten voor hun rekening nemen.

Innovatiepartnerschap met één of meerdere partners

2. De aanbestedende dienst structureert het innovatiepartnerschap in opeenvolgende fasen die de reeks stappen in het onderzoeks- en innovatieproces volgen, hetgeen de fabricage van goederen, de verlening van diensten of de voltooiing van werken kan omvatten.
3. In het innovatiepartnerschap worden tussentijdse, door de partners te bereiken doelen bepaald, en wordt voorzien in betaling van de vergoeding in passende termijnen.
4. De aanbestedende dienst ziet erop toe dat de structuur van het partnerschap en in het bijzonder de duur en de waarde van de verschillende fasen een afspiegeling zijn van de innovatiegraad van de voorgestelde oplossing en van de reeks van onderzoeks- en innovatieactiviteiten die vereist zijn voor de ontwikkeling van een innovatieve en nog niet op de markt beschikbare oplossing, waarbij de geraamde waarde van de levering, de dienst of het werk niet onevenredig mag zijn in verhouding tot de investering voor de ontwikkeling ervan.
5. In afwijking van artikel 2.57 verstrekt de aanbestedende dienst bij een innovatiepartnerschap met meer partners, aan hem voorgestelde oplossingen of andere door een partner in het kader van het partnerschap meegedeelde vertrouwelijke inlichtingen, slechts aan andere partners, indien de desbetreffende partner daarvoor toestemming heeft gegeven. In het verzoek om toestemming van de desbetreffende partner geeft de aanbestedende dienst aan welke specifieke inlichtingen hij wil verstrekken.
6. Indien de aanbestedende dienst na elke fase het innovatiepartnerschap wil kunnen beëindigen of, bij een innovatiepartnerschap met verschillende partners, het aantal partners wil kunnen verminderen door individuele opdrachten in te trekken, vermeldt hij dat in de aanbestedingsstukken. De aanbestedende dienst vermeldt hierbij tevens de voorwaarden voor beëindiging van het innovatiepartnerschap of de vermindering van het aantal partners.
7. De door de aanbestedende dienst aan te schaffen producten, diensten of werken voldoen aan het door de aanbestedende dienst met de partners afgesproken prestatieniveau en blijven onder de maximumkosten.

§ 2.3.8.8
Gunningsbeslissing

Art. 2.127

Gunning overheidsopdrachten, beslissing

1. Een aanbestedende dienst neemt een opschortende termijn in acht voordat hij de met de gunningsbeslissing beoogde overeenkomst sluit.
2. De opschortende termijn, bedoeld in het eerste lid, vangt aan op de dag na de datum waarop de mededeling van de gunningsbeslissing is verzonden aan de betrokken inschrijvers en betrokken gegadigden.
3. De opschortende termijn, bedoeld in het eerste lid, bedraagt ten minste 20 kalenderdagen.
4. Een aanbestedende dienst behoeft geen toepassing te geven aan het eerste lid indien:
   a. deze wet geen bekendmaking van de aankondiging van de overheidsopdracht door middel van het elektronische systeem voor aanbestedingen vereist;
   b. de enige betrokken inschrijver degene is aan wie de overheidsopdracht wordt gegund en er geen betrokken gegadigden zijn;
   c. het gaat om opdrachten op grond van een raamovereenkomst of specifieke opdrachten op grond van een dynamisch aankoopsysteem als bedoeld in afdeling 2.4.2.

Art. 2.128

Gunningsbeslissing, betrokken inschrijver

1. Een betrokken inschrijver als bedoeld in artikel 2.127, tweede lid, is iedere inschrijver die niet definitief is uitgesloten. De uitsluiting is definitief wanneer de betrokken inschrijvers daarvan in kennis zijn gesteld en wanneer de uitsluiting rechtmatig is bevonden door een rechter, dan wel er niet langer een rechtsmiddel kan worden aangewend tegen de uitsluiting.
2. Een betrokken gegadigde als bedoeld in artikel 2.127, tweede lid, is iedere gegadigde aan wie de aanbestedende dienst geen informatie over de afwijzing van zijn verzoek tot deelneming ter beschikking heeft gesteld voordat de betrokken inschrijvers in kennis werden gesteld van de gunningsbeslissing.

Art. 2.129

Gunningsbeslissing, mededeling geen aanvaarding

De mededeling van de gunningsbeslissing van een aanbestedende dienst houdt geen aanvaarding in als bedoeld in artikel 217, eerste lid, van Boek 6 van het Burgerlijk Wetboek van een aanbod van een ondernemer.

Art. 2.130

Gunningsbeslissing, inhoud mededeling

1. De mededeling van de gunningsbeslissing aan iedere betrokken inschrijver of betrokken gegadigde bevat de relevante redenen voor die beslissing, alsmede een nauwkeurige omschrijving van de opschortende termijn, bedoeld in artikel 2.127, eerste lid, die van toepassing is.
2. Voor de toepassing van het eerste lid wordt onder relevante redenen in ieder geval verstaan de kenmerken en relatieve voordelen van de uitgekozen inschrijving alsmede de naam van de begunstigde of de partijen bij de raamovereenkomst.
3. De mededeling, bedoeld in het eerste lid, wordt in ieder geval elektronisch of per fax verzonden aan de betrokken inschrijvers en betrokken gegadigden.

Art. 2.131

Gunningsbeslissing, opschortende termijn

Indien gedurende de opschortende termijn, bedoeld in artikel 2.127, eerste lid, een onmiddellijke voorziening bij voorraad wordt verzocht met betrekking tot de desbetreffende gunningsbeslissing, sluit de aanbestedende dienst de met die beslissing beoogde overeenkomst niet eerder dan nadat de rechter dan wel het scheidsgerecht een beslissing heeft genomen over het verzoek tot voorlopige maatregelen en de opschortende termijn is verstreken.

§ 2.3.8.9
Verslaglegging en bekendmaking

Art. 2.132

Gunning overheidsopdrachten, verslaglegging en bekendmaking via proces-verbaal

1. De aanbestedende dienst stelt over de gunning van een overheidsopdracht en de instelling van een dynamisch aankoopsysteem een proces-verbaal op dat, indien van toepassing, in ieder geval de volgende gegevens bevat:
   a. naam en adres van de aanbestedende dienst;
   b. voorwerp en waarde van de overheidsopdracht of het dynamisch aankoopsysteem;
   c. namen van de geselecteerde gegadigden of inschrijvers met motivering van die keuze;
   d. de namen van de uitgesloten en afgewezen gegadigden met motivering van die uitsluiting of afwijzing;
   e. de namen van de afgewezen inschrijvers met motivering van die afwijzing;
   f. of er inlichtingen zijn die op verzoek van een ondernemer geen deel hebben uitgemaakt van de nota van inlichtingen, bedoeld in artikel 2.53, tweede lid;
   g. de redenen voor de afwijzing van abnormaal laag bevonden inschrijvingen;
   h. de naam van de uitgekozen inschrijver en motivering voor die keuze en, indien bekend, het gedeelte van de overheidsopdracht dat de uitgekozen inschrijver voornemens is aan derden in onderaanneming te geven alsmede de namen van de voornaamste onderaannemers;

Aanbestedingswet

i. in geval van de procedure van de concurrentie gerichte dialoog, de omstandigheden, bedoeld in artikel 2.28, die de toepassing van deze procedure rechtvaardigen;
j. ingeval van de mededingingsprocedure met onderhandeling, de omstandigheden, bedoeld in artikel 2.30, eerste lid, die de toepassing van deze procedure rechtvaardigen;
k. ingeval van de onderhandelingsprocedure zonder aankondiging, de omstandigheden, bedoeld in artikel 2.32, die de toepassing van deze procedure rechtvaardigen;
l. de redenen voor het gebruik van andere dan elektronische middelen bij het indienen van inschrijvingen;
m. in voorkomend geval, vastgestelde belangenconflicten en een beschrijving van door de aanbestedende dienst genomen passende maatregelen als bedoeld in artikel 1.10b, eerste lid;
n. in voorkomend geval de redenen waarom de aanbestedende dienst besloten heeft een overheidsopdracht niet te gunnen of geen dynamisch aankoopsysteem in te stellen.
2. Indien gegevens als bedoeld in het eerste lid vermeld staan in de aankondiging van de gegunde overheidsopdracht, kan de aanbestedende dienst in het proces-verbaal verwijzen naar die aankondiging.
3. Het eerste lid is niet van toepassing op de gunning van overheidsopdrachten met gebruikmaking van een raamovereenkomst.

Art. 2.133
Een aanbestedende dienst zendt het proces-verbaal, bedoeld in artikel 2.132, op haar verzoek aan de Europese Commissie.

Proces-verbaal naar Europese Commissie

Art. 2.134
1. De aanbestedende dienst die een overheidsopdracht heeft gegund maakt de aankondiging van de gegunde overheidsopdracht bekend met behulp van het elektronische systeem voor aanbestedingen binnen 30 dagen na de gunning van die overheidsopdracht.
2. De aanbestedende dienst gebruikt voor de mededeling van het resultaat van de procedure het daartoe door middel van het elektronische systeem voor aanbestedingen beschikbaar gestelde formulier.
3. Een aanbestedende dienst kan de resultaten, bedoeld in het eerste lid, die gegunde overheidsopdrachten voor sociale en andere specifieke diensten als bedoeld in bijlage XIV van richtlijn 2014/24/EU betreffen, per kwartaal bundelen. Indien de aanbestedende dienst daarvoor kiest zendt hij de gebundelde resultaten binnen 30 dagen na het einde van elk kwartaal toe.
4. Een aanbestedende dienst maakt de aankondiging van de gegunde opdracht of de inhoud ervan niet eerder op een andere wijze bekend dan nadat hij een bevestiging van ontvangst van de bekendmaking van de Europese Commissie heeft ontvangen.
5. In afwijking van het vierde lid kan de aanbestedende dienst de aankondiging van de gegunde opdracht of de inhoud ervan bekendmaken indien hij niet binnen 48 uur na ontvangst van de bevestiging van ontvangst van de aankondiging van de Europese Commissie een bevestiging van ontvangst van de bekendmaking van de Europese Commissie heeft ontvangen.
6. Indien de aanbestedende dienst de aankondiging van de gegunde overheidsopdracht ook op een andere wijze dan met gebruikmaking van het elektronisch systeem voor aanbestedingen bekend maakt, bevat die aankondiging geen andere informatie dan die welke aan de Europese Commissie is gezonden en bevat deze in ieder geval de datum van toezending aan de Europese Commissie.

Gunning overheidsopdrachten, bekendmaking

Art. 2.135
Artikel 2.134 is niet van toepassing op opdrachten die op basis van een overeenkomstig afdeling 2.4.1 gesloten raamovereenkomst gegund worden.

Bekendmaking, raamovereenkomst

Art. 2.136
1. Binnen 30 dagen na de gunning van een afzonderlijke overheidsopdracht op basis van een dynamisch aankoopsysteem zendt een aanbestedende dienst met behulp van het elektronische systeem voor aanbestedingen een mededeling aan de Europese Commissie van het resultaat van de procedure.
2. Een aanbestedende dienst kan de resultaten, bedoeld in het eerste lid, per kwartaal bundelen. Indien de aanbestedende dienst daarvoor kiest zendt hij de gebundelde resultaten binnen 30 dagen na het einde van elk kwartaal toe.

Bekendmaking, mededeling aan Europese Commissie

Art. 2.137
[Vervallen]

Art. 2.138
De aanbestedende dienst maakt bepaalde gegevens betreffende de gunning van een overheidsopdracht niet bekend, indien openbaarmaking van die gegevens:
a. in strijd zou zijn met enig wettelijk voorschrift;
b. in strijd zou zijn met het openbaar belang;
c. de rechtmatige commerciële belangen van ondernemers zou kunnen schaden;
d. afbreuk zou kunnen doen aan de eerlijke mededinging tussen ondernemers.

Bekendmaking, openbaarmaking gegevens

§ 2.3.8.10
Bewaarplicht gedurende de looptijd van de overheidsopdracht

Art. 2.138a

Bewaarplicht kopieën van overeenkomsten

De aanbestedende dienst bewaart ten minste gedurende de looptijd van de overheidsopdracht kopieën van de gesloten overeenkomsten met een waarde van ten minste:
a. € 10.000.000 voor overheidsopdrachten voor werken;
b. € 1.000.000 voor overheidsopdrachten voor leveringen of diensten.

Hoofdstuk 2.4
Voorschriften voor de bijzondere procedures

Afdeling 2.4.1
Bijzondere voorschriften bij het plaatsen van een overheidsopdracht via een raamovereenkomst

Art. 2.139

Raamovereenkomst, bijzondere voorschriften

Een aanbestedende dienst die een raamovereenkomst sluit na toepassing van een procedure als bedoeld in afdeling 2.2.1, kan op basis van die raamovereenkomst overheidsopdrachten plaatsen overeenkomstig de procedures, bedoeld in artikel 2.142 of artikel 2.143.

Art. 2.140

1. De procedures, bedoeld in de artikelen 2.142 en 2.143, kunnen uitsluitend worden toegepast tussen een aanbestedende dienst die daartoe uitdrukkelijk is aangewezen in de aankondiging en de ondernemers die oorspronkelijk bij de raamovereenkomst partij zijn.
2. Bij de plaatsing van overheidsopdrachten die op een raamovereenkomst zijn gebaseerd, mogen de partijen geen wezenlijke wijzigingen aanbrengen in de in de raamovereenkomst gestelde voorwaarden.
3. De looptijd van een raamovereenkomst is niet langer dan vier jaar, behalve in uitzonderingsgevallen die deugdelijk gemotiveerd zijn.

Art. 2.141

[Vervallen]

Art. 2.142

Raamovereenkomst, met een enkele ondernemer

1. Indien een raamovereenkomst is gesloten met een enkele ondernemer worden de op die raamovereenkomst gebaseerde overheidsopdrachten gegund volgens de in de raamovereenkomst gestelde voorwaarden.
2. Overheidsopdrachten op basis van raamovereenkomsten met een enkele ondernemer kunnen worden gegund door die ondernemer schriftelijk te raadplegen en hem indien nodig te verzoeken zijn inschrijvingen aan te vullen.

Art. 2.143

Raamovereenkomst, met meerdere ondernemers

1. Indien een raamovereenkomst met meer dan één ondernemer is gesloten, wordt die raamovereenkomst uitgevoerd op een van de volgende wijzen:
a. volgens de voorwaarden van de raamovereenkomst, zonder dat de overheidsopdracht opnieuw voor mededinging wordt opengesteld, indien de raamovereenkomst alle voorwaarden bevat met betrekking tot de uitvoering van de betrokken werken, leveringen of diensten alsmede de objectieve voorwaarden ter bepaling van de ondernemers die deze als partij bij de raamovereenkomst zullen uitvoeren, welke objectieve voorwaarden zijn vermeld in de aanbestedingsstukken voor de raamovereenkomst;
b. deels zonder dat de overheidsopdracht opnieuw voor mededinging wordt opengesteld en deels met een nieuwe aankondiging voor de ondernemers die partij zijn bij de raamovereenkomst, indien de raamovereenkomst alle voorwaarden bevat met betrekking tot de uitvoering van de betrokken werken, leveringen of diensten en de aanbestedende dienst deze mogelijkheid in de aanbestedingsstukken voor de raamovereenkomst heeft vermeld;
c. door de overheidsopdracht opnieuw voor mededinging open te stellen voor de ondernemers die partij zijn bij de raamovereenkomst, indien de raamovereenkomst niet alle voorwaarden bevat met betrekking tot de uitvoering van de werken, leveringen of diensten.
2. De aanbestedende dienst maakt de in het eerste lid, onderdeel b, bedoelde keuze of specifieke werken, leveringen of diensten worden verkregen na een nieuwe aankondiging dan wel rechtstreeks volgens de voorwaarden van de raamovereenkomst op grond van objectieve criteria, die in de aanbestedingsstukken voor de raamovereenkomst zijn opgenomen. In deze aanbestedingsstukken is tevens vermeld welke voorwaarden aan een nieuwe aankondiging kunnen worden verbonden.
3. Bij de in het eerste lid, onderdelen b en c, bedoelde aankondiging worden dezelfde voorwaarden gesteld als die welke gelden voor de gunning van de raamovereenkomst alsmede, zo nodig, nader gespecificeerde voorwaarden en, in voorkomend geval, andere voorwaarden die

zijn vermeld in de aanbestedingsstukken van de raamovereenkomst, overeenkomstig de volgende procedure:
a. voor elke te gunnen overheidsopdracht raadpleegt de aanbestedende dienst schriftelijk de ondernemers die in staat zijn de opdracht uit te voeren;
b. de aanbestedende dienst stelt een voldoende lange termijn vast voor de indiening van inschrijvingen voor elke specifieke overheidsopdracht, rekening houdend met elementen zoals de complexiteit van het voorwerp van de opdracht en de benodigde tijd voor de toezending van de inschrijvingen;
c. de inschrijvingen worden schriftelijk ingediend en de inhoud ervan wordt niet vrijgegeven tot de gestelde indieningstermijn is verstreken;
d. de aanbestedende dienst kan de overheidsopdracht gunnen aan de inschrijver die op grond van de in de aanbestedingsstukken van de raamovereenkomst vastgestelde gunningscriteria de beste inschrijving heeft ingediend.
4. De in het eerste lid, onderdeel b, eerste zinsdeel, genoemde wijzen van uitvoering van een raamovereenkomst zijn van overeenkomstige toepassing op elk perceel van een raamovereenkomst waarvoor de voorwaarden met betrekking tot de uitvoering van de werken, leveringen of diensten in de raamovereenkomst zijn vastgelegd, ongeacht de vraag of alle voorwaarden met betrekking tot de uitvoering van de werken, leveringen of diensten in kwestie in het kader van andere percelen zijn vastgelegd.

Afdeling 2.4.2
Bijzondere voorschriften voor het plaatsen van een overheidsopdracht via een dynamisch aankoopsysteem

Art. 2.144
1. Een aanbestedende dienst stelt een dynamisch aankoopsysteem in met toepassing van de niet-openbare procedure, met uitzondering van de fase van inschrijving, en de bepalingen van deze afdeling.
2. De aanbestedende dienst laat alle ondernemers die een verzoek tot toelating hebben ingediend en die:
a. niet op grond van de artikelen 2.86 of 2.87 zijn uitgesloten en
b. voldoen aan de door de aanbestedende dienst gestelde geschiktheidseisen
tot het dynamisch aankoopsysteem toe. Artikel 2.99, eerste lid, is niet van toepassing.
3. De aanbestedende dienst kan gedurende de looptijd van het dynamisch aankoopsysteem van deelnemers verlangen dat zij binnen vijf werkdagen na ontvangst van het verzoek van de aanbestedende dienst een geactualiseerde eigen verklaring indienen.
4. Een dynamisch aankoopsysteem kan worden ingedeeld in categorieën van producten, werken of diensten die objectief worden vastgesteld op basis van de kenmerken van de overheidsopdracht in de desbetreffende categorie.
5. De in het vierde lid bedoelde kenmerken kunnen verwijzen naar de ten hoogste toegestane omvang van de latere specifieke overheidsopdracht of naar een bepaald geografisch gebied waarin de latere specifieke overheidsopdracht zal worden uitgevoerd.
6. Bij toepassing van het vierde lid stelt de aanbestedende dienst per categorie geschiktheidseisen vast.

Dynamisch aankoopsysteem, niet-openbare procedure

Art. 2.145
1. Voor het opzetten van een dynamisch aankoopsysteem en voor de plaatsing van overheidsopdrachten in het kader hiervan gebruikt een aanbestedende dienst elektronische middelen overeenkomstig artikel 2.52a en de krachtens artikel 4.12, eerste lid, gestelde regels omtrent elektronische middelen. Artikel 2.52b is niet van toepassing.
2. Bij de instelling van een dynamisch aankoopsysteem:
a. maakt de aanbestedende dienst een aankondiging van een overheidsopdracht bekend en geeft daarbij aan dat het om een dynamisch aankoopsysteem gaat,
b. vermeldt de aanbestedende dienst in de aankondiging de looptijd van het dynamisch aankoopsysteem,
c. vermeldt de aanbestedende dienst in de aanbestedingsstukken in ieder geval de aard en de geraamde hoeveelheid van de beoogde aankopen, alsmede alle nodige informatie omtrent het dynamisch aankoopsysteem, daaronder begrepen de wijze van functioneren van dat systeem, de gebruikte elektronische apparatuur en de nadere technische bepalingen en specificaties voor de wijze van verbinding,
d. vermeldt de aanbestedende dienst in de aanbestedingsstukken, indien van toepassing, de verdeling in categorieën van producten, werken of diensten en de kenmerken daarvan alsmede de voor de desbetreffende categorie of categorieën vastgestelde geschiktheidseisen en
e. biedt de aanbestedende dienst tot aan het vervallen van het dynamisch aankoopsysteem langs elektronische weg een vrije, rechtstreekse en volledige toegang tot de aanbestedingsstukken

Dynamisch aankoopsysteem, instelling

en geeft in de aankondiging het internetadres aan waar deze documenten kunnen worden geraadpleegd.

Art. 2.146

Dynamisch aankoopsysteem, verzoek tot toelating

1. Een ondernemer kan bij de instelling van een dynamisch aankoopsysteem een verzoek tot toelating indienen.
2. De termijn voor het indienen van een verzoek als bedoeld in het eerste lid bedraagt ten minste dertig dagen, te rekenen vanaf de verzenddatum van de aankondiging.
3. De aanbestedende dienst deelt een ondernemer als bedoeld in het eerste lid zo snel mogelijk mee dat hij is toegelaten tot het dynamische aankoopsysteem of dat zijn verzoek tot toelating is afgewezen.

Art. 2.146a

Toelatingsprocedure dynamisch aankoopsysteem

1. Een ondernemer kan gedurende de looptijd van een dynamisch aankoopsysteem een verzoek tot toelating aan het dynamisch aankoopsysteem indienen.
2. De aanbestedende dienst beoordeelt het verzoek tot toelating binnen tien werkdagen na ontvangst van het verzoek. Artikel 2.144, tweede lid, is van toepassing.
3. De aanbestedende dienst kan de termijn, bedoeld in het tweede lid, verlengen tot vijftien werkdagen, in het bijzonder vanwege de noodzaak om aanvullende documentatie te bestuderen of om anderszins te controleren of aan de geschiktheidseisen wordt voldaan.
4. Onverminderd het derde lid kan de aanbestedende dienst, zolang de uitnodiging tot inschrijving voor de eerste specifieke overheidsopdracht nog niet is verzonden, de in het tweede lid bedoelde termijn verlengen met een in de aanbestedingsstukken te vermelden termijn, mits tijdens die verlenging geen uitnodiging tot inschrijving wordt gedaan.
5. Artikel 2.146, derde lid, is van toepassing op een verzoek als bedoeld in het eerste lid.

Art. 2.147

Dynamisch aankoopsysteem, vereenvoudigde aankondiging

1. De aanbestedende dienst die een overheidsopdracht wil plaatsen binnen een dynamisch aankoopsysteem past de procedure van artikel 2.50 toe.
2. Bij de aankondiging van de gegunde overheidsopdracht vermeldt de aanbestedende dienst daarin dat het gaat om een dynamisch aankoopsysteem.

Art. 2.148

Dynamisch aankoopsysteem, inschrijving voor specifieke overheidsopdracht

1. De aanbestedende dienst nodigt alle tot het dynamische aankoopsysteem toegelaten ondernemers uit om voor een specifieke overheidsopdracht die binnen dat dynamische aankoopsysteem wordt geplaatst een inschrijving in te dienen. De artikelen 2.105, eerste lid, en 2.106, eerste lid, zijn van overeenkomstige toepassing.
2. Indien het dynamisch aankoopsysteem is ingedeeld in categorieën van werken, producten of diensten, nodigt de aanbestedende dienst, in afwijking van het eerste lid, alle ondernemers die zijn toegelaten tot de categorie waarop de desbetreffende overheidsopdracht betrekking heeft, uit om een inschrijving in te dienen.
3. De termijn voor het indienen van een inschrijving bedraagt tenminste tien dagen, te rekenen vanaf de verzenddatum van de uitnodiging tot inschrijving.
4. Artikel 2.74a is van overeenkomstige toepassing, met dien verstande dat de in het tweede lid van dat artikel bepaalde termijn bij een overheidsopdracht binnen het dynamisch aankoopsysteem tien dagen bedraagt.
5. De aanbestedende dienst kan de overheidsopdracht gunnen aan de inschrijver die de beste inschrijving heeft ingediend op grond van de gunningscriteria die zijn vermeld in de aankondiging van de overheidsopdracht waarbij het dynamische aankoopsysteem wordt ingesteld. Deze criteria kunnen gepreciseerd worden in de uitnodiging, bedoeld in het eerste lid.

Art. 2.149

Dynamisch aankoopsysteem, duur

1. De aanbestedende dienst informeert de Europese Commissie over:
a. wijziging van de looptijd van een dynamisch aankoopsysteem met gebruikmaking van het daartoe door middel van het elektronische systeem voor aanbestedingen beschikbaar gestelde formulier waarmee de aankondiging met betrekking tot de instelling van het dynamisch aankoopsysteem is gedaan;
b. de beëindiging van een dynamisch aankoopsysteem met gebruikmaking van het daartoe door middel van het elektronische systeem voor aanbestedingen beschikbaar gestelde formulier voor een aankondiging van de gegunde overheidsopdracht.
2. De aanbestedende dienst die gebruik maakt van een dynamisch aankoopsysteem, brengt aan de betrokken ondernemers geen kosten in rekening.

Afdeling 2.4.3
[Vervallen]

Art. 2.150

[Vervallen]

Aanbestedingswet A82 art. 2.163

Afdeling 2.4.4
[Vervallen]

[Vervallen]
Art. 2.151-2.156

Afdeling 2.4.5
Voorschriften betreffende de procedure van een prijsvraag

Art. 2.157
Een aanbestedende dienst stelt de voorschriften met betrekking tot een prijsvraag vast overeenkomstig deze afdeling en stelt deze voorschriften ter beschikking aan belangstellende ondernemers.

Prijsvraag, bijzondere voorschriften

Art. 2.158
1. De aanbestedende dienst die een prijsvraag wil uitschrijven, maakt zijn voornemen hiertoe bekend in een aankondiging van een prijsvraag met gebruikmaking van het elektronische systeem voor aanbestedingen.
2. De aanbestedende dienst maakt voor de aankondiging, bedoeld in het eerste lid, gebruik van de formulieren die beschikbaar zijn gesteld op het elektronische systeem voor aanbestedingen.
3. Indien de aanbestedende dienst voornemens is een vervolgopdracht voor diensten te gunnen met toepassing van artikel 2.34 vermeldt de aanbestedende dienst dit in de aankondiging van de prijsvraag.

Prijsvraag, aankondiging

Art. 2.159
1. Bij een prijsvraag met een beperkt aantal deelnemers stelt de aanbestedende dienst duidelijke en niet-discriminerende selectiecriteria vast.
2. De aanbestedende dienst waarborgt dat in alle gevallen met het aantal kandidaten dat wordt uitgenodigd om aan de prijsvraag deel te nemen een daadwerkelijke mededinging wordt gewaarborgd.

Prijsvraag, selectiecriteria

Art. 2.160
1. Een aanbestedende dienst waarborgt dat de jury bestaat uit natuurlijke personen die onafhankelijk zijn van de deelnemers aan de prijsvraag.
2. Een aanbestedende dienst die van de deelnemers aan een prijsvraag een bijzondere beroepskwalificatie eist, waarborgt dat ten minste een derde van de juryleden dezelfde kwalificatie of een gelijkwaardige kwalificatie heeft.

Prijsvraag, jury

Art. 2.161
1. De jury is onafhankelijk.
2. De jury onderzoekt de projecten op basis van door de gegadigden anoniem voorgelegde ontwerpen en op grond van de criteria die in de aankondiging van de prijsvraag zijn vermeld.
3. De jury stelt een door haar leden ondertekend verslag op met de door haar op basis van de merites van elk project vastgestelde rangorde van de projecten, vergezeld van haar opmerkingen en eventuele punten die verduidelijking behoeven.
4. De jury eerbiedigt de anonimiteit van gegadigden totdat het oordeel van de jury bekend is gemaakt.
5. De jury kan gegadigden zo nodig uitnodigen om door de jury in haar notulen vermelde vragen te beantwoorden teneinde duidelijkheid te verschaffen omtrent bepaalde aspecten van de projecten.
6. Een aanbestedende dienst waarborgt dat van de dialoog tussen de leden van de jury en de gegadigden volledige notulen worden opgesteld.

Onafhankelijke jury

Art. 2.162
De jury neemt na afloop van de voor het indienen van plannen en ontwerpen gestelde termijn kennis van de inhoud daarvan.

Kennisname inhoud

Art. 2.163
1. De aanbestedende dienst die een prijsvraag heeft uitgeschreven maakt een aankondiging betreffende de resultaten van de prijsvraag bekend met behulp van het elektronische systeem voor aanbestedingen.
2. Indien openbaarmaking van de gegevens over de uitslag van de prijsvraag de toepassing van de wet in de weg zou staan, met het openbaar belang in strijd zou zijn, de rechtmatige commerciële belangen van een onderneming zou kunnen schaden of afbreuk aan de eerlijke mededinging tussen dienstverleners zou kunnen doen, behoeft de aanbestedende dienst deze gegevens niet mee te delen.
3. Artikel 2.64 is van toepassing op de aankondiging, bedoeld in het eerste lid.

Prijsvraag, resultaten

Hoofdstuk 2.5
Wijziging van overheidsopdrachten

Art. 2.163a

Wijziging overheidsopdrachten

Een wijziging van een overheidsopdracht tijdens de looptijd ervan kan uitsluitend zonder nieuwe aanbestedingsprocedure als bedoeld in deel 2 van deze wet plaatsvinden in de in dit hoofdstuk bedoelde gevallen.

Art. 2.163b

Overheidsopdracht, maximaal bedrag

1. Een overheidsopdracht kan zonder nieuwe aanbestedingsprocedure als bedoeld in deel 2 van deze wet worden gewijzigd indien:
   a. het bedrag waarmee de wijziging gepaard gaat lager is dan:
   1°. het toepasselijke bedrag, bedoeld in de artikelen 2.1 tot en met 2.6a, en
   2°. 10% van de waarde van de oorspronkelijke overheidsopdracht voor leveringen en diensten of 15% van de waarde van de oorspronkelijke overheidsopdracht voor werken, en
   b. de wijziging de algemene aard van de overheidsopdracht niet wijzigt.
2. Indien een overheidsopdracht een indexeringsclausule bevat, wordt voor de berekening van het bedrag, bedoeld in het eerste lid, onderdeel a, het geactualiseerde bedrag als referentiewaarde gehanteerd.
3. Indien opeenvolgende wijzigingen van een overheidsopdracht worden doorgevoerd, wordt de waarde beoordeeld op basis van de netto cumulatieve waarde van die opeenvolgende wijzigingen.

Art. 2.163c

Herzieningsclausule

1. Een overheidsopdracht kan zonder nieuwe aanbestedingsprocedure als bedoeld in deel 2 van deze wet worden gewijzigd indien de wijziging, ongeacht de geldelijke waarde ervan, in de oorspronkelijke aanbestedingsstukken is opgenomen in duidelijke, nauwkeurige en ondubbelzinnige herzieningsclausules, waaronder prijsherzieningsclausules of opties.
2. Herzieningsclausules als bedoeld in het eerste lid:
   a. omschrijven de omvang en de aard van mogelijke wijzigingen of opties,
   b. omschrijven de voorwaarden waaronder deze kunnen worden gebruikt, en
   c. voorzien niet in wijzigingen of opties die de algemene aard van de opdracht kunnen veranderen.

Art. 2.163d

Wijziging overheidsopdracht bij aanvullende werken, diensten of leveringen

1. Een overheidsopdracht kan zonder nieuwe aanbestedingsprocedure als bedoeld in deel 2 van deze wet worden gewijzigd indien:
   a. door de oorspronkelijke opdrachtnemer te verrichten aanvullende werken, diensten of leveringen noodzakelijk zijn geworden,
   b. deze aanvullende werken, diensten of leveringen niet in de oorspronkelijke aanbestedingsstukken waren opgenomen,
   c. een verandering van opdrachtnemer:
   1°. niet mogelijk is om economische of technische redenen, en
   2°. tot aanzienlijk ongemak of aanzienlijke kostenstijgingen zou leiden voor de aanbestedende dienst, en
   d. de verhoging van de prijs niet meer bedraagt dan 50% van de waarde van de oorspronkelijke opdracht.
2. Indien een overheidsopdracht een indexeringsclausule bevat, wordt voor de berekening van de prijs, bedoeld in het eerste lid, onderdeel d, de geactualiseerde prijs als referentiewaarde gehanteerd.
3. Indien opeenvolgende wijzigingen van een overheidsopdracht worden doorgevoerd, geldt de beperking van het eerste lid, onderdeel d, voor de waarde van elke wijziging.
4. Een aanbestedende dienst voert geen opeenvolgende wijzigingen van een overheidsopdracht door met het oogmerk zich te onttrekken aan de toepassing van deel 2 van deze wet.
5. Een aanbestedende dienst maakt een wijziging van een overheidsopdracht die voldoet aan de voorwaarden, bedoeld in het eerste lid, bekend door een aankondiging hiervan op het elektronische systeem voor aanbestedingen.
6. De in het vijfde lid bedoelde bekendmaking geschiedt door middel van een op het elektronische systeem voor aanbestedingen beschikbaar gesteld formulier.

Art. 2.163e

Wijziging overheidsopdracht bij onvoorziene omstandigheden

1. Een overheidsopdracht kan zonder nieuwe aanbestedingsprocedure als bedoeld in deel 2 van deze wet worden gewijzigd indien:
   a. de behoefte aan wijziging het gevolg is van omstandigheden die een zorgvuldige aanbestedende dienst niet kon voorzien,
   b. de wijziging geen verandering in de algemene aard van de opdracht meebrengt, en
   c. de verhoging van de prijs niet meer bedraagt dan 50% van de waarde van de oorspronkelijke opdracht.
2. Artikel 2.163d, tweede tot en met zesde lid, is van overeenkomstige toepassing.

Aanbestedingswet   A82 art. 2a.2

Art. 2.163f
Een overheidsopdracht kan zonder nieuwe aanbestedingsprocedure als bedoeld in deel 2 van deze wet worden gewijzigd indien een nieuwe opdrachtnemer de opdrachtnemer aan wie de aanbestedende dienst de overheidsopdracht oorspronkelijk had gegund, vervangt ten gevolge van:
a. een ondubbelzinnige herzieningsclausule als bedoeld in artikel 2.163c, of
b. rechtsopvolging onder algemene of bijzondere titel in de positie van de aanvankelijke opdrachtnemer, ten gevolge van herstructurering van de onderneming, waaronder door overname, fusie, acquisitie of insolventie, door een andere ondernemer die voldoet aan de oorspronkelijk vastgestelde geschiktheidseisen, mits dit geen andere wezenlijke wijzigingen als bedoeld in artikel 2.163g, derde lid, in de opdracht meebrengt en dit niet gebeurt met het oogmerk om zich te onttrekken aan de toepassing van deel 2 van deze wet.

Wijziging overheidsopdracht bij vervanging oorspronkelijk opdrachtnemer

Art. 2.163g
1. Een overheidsopdracht kan zonder nieuwe aanbestedingsprocedure als bedoeld in deel 2 van deze wet worden gewijzigd indien de wijzigingen, ongeacht de waarde ervan, niet wezenlijk zijn.
2. Een wijziging van een overheidsopdracht is wezenlijk als bedoeld in het eerste lid, indien de overheidsopdracht hierdoor materieel verschilt van de oorspronkelijke opdracht.
3. Een wijziging van een overheidsopdracht is in ieder geval wezenlijk indien:
a. de wijziging voorziet in voorwaarden die, als zij deel van de oorspronkelijke aanbestedingsprocedure hadden uitgemaakt, de toelating van andere dan de oorspronkelijk geselecteerde gegadigden of de gunning van de overheidsopdracht aan een andere inschrijver mogelijk zouden hebben gemaakt of bijkomende deelnemers aan de aanbestedingsprocedure zouden hebben aangetrokken,
b. de wijziging het economisch evenwicht van de overheidsopdracht ten gunste van de opdrachtnemer verandert op een wijze die niet is voorzien in de oorspronkelijke overheidsopdracht,
c. de wijziging leidt tot een aanzienlijke verruiming van het toepassingsgebied van de overheidsopdracht, of
d. een nieuwe opdrachtnemer in de plaats is gekomen van de opdrachtnemer aan wie de aanbestedende dienst de overheidsopdracht oorspronkelijk had gegund in een ander dan in artikel 2.163f bedoeld geval.

Wijziging overheidsopdracht bij niet wezenlijke wijzigingen

Deel 2a
Concessieopdrachten

Hoofdstuk 2a.1
Reikwijdte

Afdeling 2a.1.1
Toepassingsgebied

Art. 2a.1
Het bepaalde bij of krachtens deel 2a van deze wet is van toepassing op het plaatsen van concessieopdrachten voor werken of diensten door een:
a. aanbestedende dienst;
b. speciale-sectorbedrijf.

Concessieopdrachten

Afdeling 2a.1.2
Toepassingsbereik

§ 2a.1.2.1
Toepassingsbereik concessieopdrachten

Art. 2a.2
1. Het bepaalde bij of krachtens deel 2a van deze wet is van toepassing op het plaatsen van concessieopdrachten waarvan de geraamde waarde, exclusief omzetbelasting, gelijk is aan of hoger is dan het bedrag, genoemd in artikel 8, eerste lid, van richtlijn 2014/23/EU.
2. Een wijziging van het bedrag, genoemd in artikel 8, eerste lid, van richtlijn 2014/23/EU, gaat voor de toepassing van dit artikel gelden met ingang van de dag waarop het desbetreffende besluit van de Europese Commissie in werking treedt.
3. Onze Minister doet mededeling in de Staatscourant van een besluit als bedoeld in het tweede lid.

Toepassingsbereik concessieopdrachten

Art. 2a.3

Waarde concessieopdrachten

Indien de waarde van een concessieopdracht op het tijdstip van de gunning meer dan 20% hoger is dan het geraamde bedrag, is voor de toepassing van artikel 2a.2, eerste lid, de geraamde waarde de waarde van de concessieopdracht op het tijdstip van de gunning.

§ 2a.1.2.2
Afbakening samengestelde opdrachten

Art. 2a.4

Gemengde concessieopdracht

1. Een aanbestedende dienst of speciale-sectorbedrijf plaatst een concessieopdracht die betrekking heeft op een combinatie van werken of diensten waarop deel 2a van deze wet van toepassing is, overeenkomstig de bepalingen die gelden voor het hoofdvoorwerp van de desbetreffende opdracht.
2. In het geval van een gemengde concessieopdracht als bedoeld in het eerste lid, die ten dele betrekking heeft op sociale en andere specifieke diensten, genoemd in bijlage IV bij richtlijn 2014/23/EU en ten dele op andere diensten, wordt het hoofdvoorwerp bepaald door de hoogst geraamde waarde van de desbetreffende diensten.

Art. 2a.5

Concessie- en overheidsopdracht

1. Dit artikel is van toepassing op opdrachten die zowel onderdelen omvatten waarop deel 2a van deze wet van toepassing is, als onderdelen waarop deel 2a van deze wet niet op van toepassing is.
2. Indien een opdracht als bedoeld in het eerste lid objectief gezien niet deelbaar is in verschillende onderdelen, gelden de bepalingen die van toepassing zijn op het hoofdvoorwerp van de desbetreffende opdracht.
3. Indien een opdracht als bedoeld in het vijfde lid zowel onderdelen bevat van een concessieopdracht als onderdelen van een overheidsopdracht waarop deel 2 van deze wet van toepassing is of onderdelen van een speciale-sectoropdracht waarop deel 3 van deze wet van toepassing is, wordt de gemengde opdracht gegund overeenkomstig de bepalingen van deel 2 respectievelijk deel 3 van deze wet.
4. Indien een opdracht als bedoeld in het tweede lid zowel onderdelen van een concessieopdracht voor diensten als van een overheidsopdracht voor leveringen omvat, wordt het hoofdvoorwerp bepaald door de hoogst geraamde waarde van de diensten respectievelijk de leveringen.
5. Indien een opdracht als bedoeld in het eerste lid objectief gezien deelbaar is in verschillende onderdelen, kan de aanbestedende dienst of het speciale-sectorbedrijf voor de afzonderlijke onderdelen van die opdracht afzonderlijke opdrachten plaatsen, of één algemene opdracht plaatsen.
6. De aanbestedende dienst die of het speciale-sectorbedrijf dat afzonderlijke opdrachten voor afzonderlijke onderdelen plaatst, past voor elk van de afzonderlijke opdrachten de bepalingen toe, welke op grond van de kenmerken van het betrokken afzonderlijke onderdeel daarop dienen te worden toegepast.
7. Indien de aanbestedende dienst of het speciale-sectorbedrijf één algemene opdracht plaatst, is deel 2a van deze wet van toepassing op die opdracht, ongeacht de waarde van de onderdelen waarop bij afzonderlijke plaatsing andere bepalingen van toepassing zouden zijn, en ongeacht de bepalingen die bij afzonderlijke plaatsing voor die onderdelen hadden gegolden, tenzij anders is bepaald in het derde lid of in artikel 2a.6.
8. Het eerste lid is niet van toepassing als op een onderdeel van een opdracht als bedoeld dat lid de Aanbestedingswet op defensie- en veiligheidsgebied of artikel 346 van het Verdrag betreffende de werking van de Europese Unie van toepassing is.

Art. 2a.6

Defensie- en veiligheidsgebied

1. Dit artikel is van toepassing op opdrachten die onderdelen omvatten waarop deel 2a van deze wet van toepassing is, en onderdelen waarop artikel 346 van het Verdrag betreffende de werking van de Europese Unie of de Aanbestedingswet op defensie- en veiligheidsgebied van toepassing is.
2. Indien een opdracht als bedoeld in het eerste lid objectief gezien niet deelbaar is, kan de opdracht zonder toepassing van deze wet worden geplaatst indien die opdracht onderdelen bevat waarop artikel 346 van het Verdrag betreffende de werking van de Europese Unie van toepassing is, waarbij de aanbestedende dienst of het speciale-sectorbedrijf echter alsnog de keuze heeft om de opdracht te plaatsen overeenkomstig deel 2a van deze wet of overeenkomstig de Aanbestedingswet op defensie- en veiligheidsgebied.
3. Indien een opdracht als bedoeld in het eerste lid objectief gezien deelbaar is in verschillende onderdelen, kan de aanbestedende dienst of het speciale-sectorbedrijf voor de afzonderlijke onderdelen afzonderlijke opdrachten plaatsen, of één algemene opdracht plaatsen.
4. De aanbestedende dienst die of het speciale-sectorbedrijf dat voor de afzonderlijke onderdelen afzonderlijke opdrachten plaatst, past voor elk van de afzonderlijke opdrachten de bepa-

lingen toe, welke op grond van de kenmerken van het betrokken afzonderlijke onderdeel daarop dienen te worden toegepast.
5. Indien de aanbestedende dienst of het speciale-sectorbedrijf één algemene opdracht plaatst, worden de toepasselijke bepalingen vastgesteld op grond van de volgende criteria:
a. indien een bepaald onderdeel van de opdracht onder artikel 346 van het Verdrag betreffende de werking van de Europese Unie valt, of op de verschillende onderdelen respectievelijk artikel 346 van het Verdrag betreffende de werking van de Europese Unie en de Aanbestedingswet op defensie- en veiligheidsgebied van toepassing is, kan de opdracht overeenkomstig deel 2a van deze wet toe te passen, mits de gunning van één opdracht op objectieve gronden gerechtvaardigd is;
b. indien op een bepaald onderdeel van de opdracht de Aanbestedingswet op defensie- en veiligheidsgebied van toepassing is, kan de opdracht overeenkomstig deel 2a van deze wet of overeenkomstig de Aanbestedingswet op defensie- en veiligheidsgebied worden geplaatst, mits de gunning van één opdracht op objectieve gronden gerechtvaardigd is.
6. De aanbestedende dienst of het speciale-sectorbedrijf plaatst een algemene opdracht evenwel niet met het oogmerk om zich te onttrekken aan de toepassing van deel 2a van deze wet of dienovereenkomstig de Aanbestedingswet op defensie- en veiligheidsgebied.
7. In het geval van een opdracht die betrekking heeft op verscheidene activiteiten, waarbij op één onderdeel bijlage II van richtlijn 2014/23/EU of deel 3 van deze wet van toepassing is en op een ander onderdeel artikel 346 van het Verdrag betreffende de werking van de Europese Unie of de Aanbestedingswet op defensie- en veiligheidsgebied van toepassing is, worden de toepasselijke bepalingen bepaald op grond van artikel 2a.7, respectievelijk de artikelen 3.10e, eerste tot en met derde lid, 3.10g, 3.29 en 3.30.

Art. 2a.7
1. Dit artikel is van toepassing op opdrachten van speciale-sectorbedrijven die onderdelen bevatten, genoemd in bijlage II van richtlijn 2014/23/EU, en andere onderdelen.
2. Het speciale-sectorbedrijf kan per afzonderlijke activiteit afzonderlijke opdrachten plaatsen of één algemene opdracht plaatsen.
3. Het speciale-sectorbedrijf dat afzonderlijke opdrachten plaatst, past voor elk van de afzonderlijke opdrachten de bepalingen toe, welke op grond van de kenmerken van het betrokken afzonderlijke onderdeel daarop dienen te worden toegepast.
4. Onverminderd de artikelen 2a.4 en 2a.5, zijn het zevende en achtste lid van toepassing indien het speciale-sectorbedrijf één algemene opdracht plaatst.
5. Indien op een van de in het eerste lid bedoelde activiteiten artikel 346 van het Verdrag betreffende de werking van de Europese Unie of de Aanbestedingswet op defensie- en veiligheidsgebied van toepassing is, is artikel 2a.8 van toepassing.
6. Het speciale-sectorbedrijf plaatst een algemene opdracht niet met het oogmerk om zich te onttrekken aan de toepassing van deze wet.
7. Indien de verschillende onderdelen van een opdracht betrekking hebben op meerdere activiteiten, wordt de opdracht geplaatst overeenkomstig de bepalingen die passen bij het hoofdvoorwerp van de betrokken opdracht.
8. In het geval van opdrachten waarbij niet objectief valt vast te stellen op welke activiteit de opdracht in hoofdzaak betrekking heeft, worden de toepasselijke bepalingen vastgesteld op grond van de volgende criteria:
a. de opdracht wordt geplaatst overeenkomstig de bepalingen van deel 2a van deze wet die van toepassing zijn op door de aanbestedende dienst geplaatste concessieopdrachten, indien op een van de activiteiten waarop de opdracht betrekking heeft, de bepalingen van deel 2a van deze wet betreffende door aanbestedende diensten geplaatste concessieopdrachten van toepassing zijn, en op de andere activiteit de bepalingen van deel 2a van deze wet van toepassing zijn betreffende door speciale-sectorbedrijven geplaatste concessieopdrachten;
b. de opdracht wordt overeenkomstig deel 2 van deze wet geplaatst, indien op een van de activiteiten waarop de opdracht betrekking heeft, deel 2a van deze wet van toepassing is en op de andere activiteit deel 2 van deze wet van toepassing is;
c. de opdracht wordt overeenkomstig deel 2a van deze wet geplaatst, indien op een van de activiteiten waarop de opdracht betrekking heeft, deel 2a van deze wet van toepassing is en op de andere activiteit noch deel 2, deel 2a of deel 3 van deze wet van toepassing is.

Art. 2a.8
1. Dit artikel is van toepassing op opdrachten van speciale-sectorbedrijven die onderdelen bevatten, genoemd in bijlage II van richtlijn 2014/23/EU, en onderdelen waar defensie- of veiligheidsaspecten aan verbonden zijn.
2. Het speciale-sectorbedrijf kan per afzonderlijke activiteit afzonderlijke opdrachten plaatsen of één algemene opdracht plaatsen.
3. Het speciale-sectorbedrijf dat een afzonderlijke opdracht plaatst, past voor elk van de afzonderlijke opdrachten de bepalingen toe, welke op grond van de kenmerken van het betrokken afzonderlijke onderdeel daarop dienen te worden toegepast.

Speciale-sectorbedrijven met gemengd karakter

Speciale-sectorbedrijven met defensie- of veiligheidsaspecten

4. Onverminderd artikel 2a.6, is het zesde lid van toepassing indien het speciale-sectorbedrijf één algemene opdracht plaatst.

5. Het speciale-sectorbedrijf plaatst één algemene opdracht of afzonderlijke opdrachten evenwel niet met het oogmerk om zich te onttrekken aan de toepassing van deze wet of van de Aanbestedingswet op defensie- en veiligheidsgebied.

6. In het geval van een opdracht die betrekking heeft op een activiteit waarop deel 2a van toepassing is en een andere activiteit waarop artikel 346 van het Verdrag betreffende de werking van de Europese Unie van toepassing is, of waarop Aanbestedingswet op defensie- en veiligheidsgebied van toepassing is, kan het speciale-sectorbedrijf:

a. een opdracht plaatsen zonder deel 2a van deze wet toe te passen wanneer die activiteit valt onder artikel 346 van het Verdrag betreffende de werking van de Europese Unie, of

b. een opdracht plaatsen in overeenstemming met hetzij deel 2a van deze wet, hetzij de Aanbestedingswet op defensie- en veiligheidsgebied in de gevallen waarin die activiteit valt onder die wet.

7. Het zesde lid laat de in de Aanbestedingswet op defensie- en veiligheidsgebied voorziene drempelwaarden en uitzonderingen onverlet.

8. Opdrachten als bedoeld in het zesde lid met zowel activiteiten die vallen onder bijlage II van richtlijn 2014/23/EU als activiteiten waarop de Aanbestedingswet op defensie- en veiligheidsgebied van toepassing is, die daarnaast aanbestedingen of andere onderdelen bevatten waarop artikel 346 van het Verdrag betreffende de werking van de Europese Unie van toepassing is, kunnen worden gegund zonder deze wet toe te passen.

9. Voor de toepassing van het zesde tot en met achtste lid geldt dat de plaatsing van een algemene opdracht voor meerdere activiteiten objectief gerechtvaardigd dient te zijn en niet tot doel heeft een of meer opdrachten van de toepasselijkheid van deel 2a van deze wet uit te zonderen.

Afdeling 2a.1.3
Raming van de waarde

§ 2a.1.3.1
Algemene bepalingen

Art. 2a.9

Algemene bepalingen raming waarde concessieopdrachten

1. De aanbestedende dienst of het speciale-sectorbedrijf raamt de waarde van de voorgenomen concessieopdracht overeenkomstig de artikelen 2a.5 tot en met 2a.7.

2. Artikel 2.14 is van overeenkomstige toepassing.

§ 2a.1.3.2
De raming van concessieopdrachten

Art. 2a.10

Specifieke raming waarde concessieopdrachten

1. De waarde van een concessieopdracht wordt geraamd naar de waarde op het tijdstip van verzending van de aankondiging van die concessieopdracht of, indien een aankondiging niet is vereist, naar de waarde op het tijdstip waarop de procedure voor de gunning door de aanbestedende dienst of het speciale-sectorbedrijf wordt ingeleid.

2. De aanbestedende dienst of het speciale-sectorbedrijf baseert de berekening van de geraamde waarde van een concessieopdracht op de tijdens de looptijd van de overeenkomst te behalen omzet van de concessiehouder, exclusief omzetbelasting, als tegenprestatie voor de werken of diensten die het voorwerp uitmaken van de opdracht met inbegrip van de bijkomende leveringen die in het kader van deze werken en diensten worden verricht.

Art. 2a.11

Berekening waarde concessieopdracht

1. De aanbestedende dienst of het speciale-sectorbedrijf raamt waarde van de concessieopdracht volgens een objectieve methode die wordt gespecificeerd in de aanbestedingsstukken.

2. Bij de berekening van de geraamde waarde van de concessieopdracht houdt de aanbestedende dienst of het speciale-sectorbedrijf in voorkomend geval met name rekening met:

a. de waarde van elke vorm van optie en eventuele verlenging van de looptijd van de concessieopdracht;

b. de inkomsten uit de betaling van andere honoraria en boeten door de gebruikers van de werken of diensten dan die welke worden geïnd namens de aanbestedende dienst of het speciale-sectorbedrijf;

c. de betalingen of financiële voordelen, in welke vorm dan ook, die door de aanbestedende dienst of het speciale-sectorbedrijf of een andere overheidsinstantie worden verstrekt aan de concessiehouder, met inbegrip van compensatie voor de nakoming van een openbare dienstverplichting en door de overheid verstrekte investeringssubsidies;

Aanbestedingswet   **A82 art. 2a.15**

d. de waarde van subsidies of andere financiële voordelen, in welke vorm dan ook, van derden voor de uitvoering van de concessieopdracht;
e. de inkomsten uit de verkoop van activa die deel van de concessieopdracht uitmaken;
f. de waarde van alle leveringen en diensten die door de aanbestedende dienst of het speciale-sectorbedrijf aan de concessiehouder ter beschikking worden gesteld, mits deze noodzakelijk zijn voor de uitvoering van de werken of de verlening van de diensten;
g. alle prijzengelden voor of de betalingen aan gegadigden of inschrijvers.

Art. 2a.12

1. Indien een voorgenomen werk of een voorgenomen aankoop van diensten kan leiden tot concessieopdrachten die gelijktijdig in afzonderlijke percelen worden geplaatst, neemt de aanbestedende dienst of het speciale-sectorbedrijf de geraamde totale waarde van deze percelen als grondslag.   *Waarde percelen*
2. Indien de samengestelde waarde van de percelen, bedoeld in het eerste lid, gelijk is aan of groter is dan het in artikel 2a.2, eerste lid, bedoelde bedrag, is het bij of krachtens deel 2a van deze wet bepaalde van toepassing op de plaatsing van elk perceel.

Afdeling 2a.1.4
Uitgezonderde concessieopdrachten

Art. 2a.13

1. In afwijking van de artikelen 2a.1 tot en met 2a.3 is het bepaalde bij of krachtens deel 2a van deze wet niet van toepassing op concessieopdrachten die worden geplaatst door een aanbestedende dienst of een speciale-sectorbedrijf: *Vrijstelling bij internationale procedure*
a. waarvoor andere procedurevoorschriften gelden en die worden geplaatst op grond van een juridisch instrument dat internationaalrechtelijke verplichtingen schept, overeenkomstig het Verdrag betreffende de Europese Unie en het Verdrag betreffende de werking van de Europese Unie, betreffende:
1°. leveringen of werken die bestemd zijn voor gemeenschappelijke verwezenlijking of exploitatie van een werk door de ondertekenende staten;
2°. diensten die bestemd zijn voor de gemeenschappelijke verwezenlijking of exploitatie van een project door de ondertekenende staten;
b. waarvoor andere procedurevoorschriften gelden en die worden geplaatst volgens de specifieke procedure van een internationale organisatie.
2. Het bij of krachtens deel 2a van deze wet bepaalde is niet van toepassing op concessieopdrachten die door de aanbestedende dienst of het speciale-sectorbedrijf worden geplaatst in overeenstemming met door een internationale organisatie of een internationale financiële instelling bepaalde aanbestedingsregels, indien de concessieopdrachten volledig door deze organisatie of instelling worden gefinancierd.
3. In het geval van een concessieopdracht die voor het grootste deel mede door een internationale organisatie of een internationale financiële instelling gefinancierd wordt, komen de partijen overeen welke aanbestedingsprocedure wordt toegepast.
4. Het eerste tot en met het derde lid is niet van toepassing op een concessieopdracht waarop de Aanbestedingswet op defensie- en veiligheidsgebied van toepassing is.

Art. 2a.14

1. In afwijking van de artikelen 2a.1 tot en met 2a.3 is het bepaalde bij of krachtens deel 2a van deze wet niet van toepassing op concessieopdrachten voor diensten die worden gegund aan een aanbestedende dienst, of aan een samenwerkingsverband van aanbestedende diensten, op basis van een uitsluitend recht.   *Vrijstelling uitsluitend recht*
2. In afwijking van de artikelen 2a.1 tot en met 2a.3 is het bepaalde bij of krachtens deel 2a van deze wet niet van toepassing op concessieopdrachten voor diensten die aan een ondernemer worden gegund op basis van een uitsluitend recht, mits dit uitsluitend recht verenigbaar is met het Verdrag betreffende de werking van de Europese Unie en met rechtshandelingen van de Europese Unie tot vaststelling van gemeenschappelijke voorschriften betreffende de toegang tot de markt die van toepassing zijn op in bijlage II van richtlijn 2014/23/EU bedoelde activiteiten.
3. In afwijking van het tweede lid, is artikel 2a.52 van toepassing, indien de in dat lid bedoelde sectorale Uniewetgeving niet in sectorspecifieke transparantieverplichtingen voorziet.

Art. 2a.15

1. In afwijking van de artikelen 2a.1 tot en met 2a.3 is het bepaalde bij of krachtens deel 2a van deze wet niet van toepassing op concessieopdrachten op het gebied van defensie en veiligheid als bedoeld in de Aanbestedingswet op defensie- en veiligheidsgebied waarvoor specifieke procedurevoorschriften van toepassing zijn: *Concessieopdrachten op defensie- en veiligheidsgebied*
a. uit hoofde van een tussen het Koninkrijk der Nederlanden al dan niet tezamen met een of meer lidstaten van de Europese Unie en één of meer derde landen gesloten internationale overeenkomst of regeling;

b. uit hoofde van een in verband met de legering van strijdkrachten gesloten internationale overeenkomst of regeling die betrekking heeft op ondernemingen in een lidstaat of in een derde land;
c. van een internationale organisatie die aankopen doet voor eigen doeleinden of op concessieopdrachten die door een lidstaat overeenkomstig deze voorschriften moeten worden gegund.
2. Het bij of krachtens deel 2a van deze wet bepaalde is van toepassing op de plaatsing van concessies op het gebied van defensie en veiligheid, bedoeld in de Aanbestedingswet op defensie- en veiligheidsgebied, met uitzondering van:
a. concessieopdrachten waarbij de toepassing van de regels van deel 2a een lidstaat ertoe zou verplichten informatie te verstrekken waarvan de openbaarmaking naar zijn opvatting strijdig is met zijn wezenlijke veiligheidsbelangen, of indien de aanbesteding en de uitvoering van de opdracht geheim zijn verklaard of gepaard moeten gaan met bijzondere veiligheidsmaatregelen overeenkomstig de wettelijke en bestuursrechtelijke bepalingen, op voorwaarde dat de lidstaat heeft vastgesteld dat de betrokken essentiële belangen niet kunnen worden gewaarborgd met minder ingrijpende maatregelen, zoals die als bedoeld in derde lid;
b. concessieopdrachten die worden geplaatst in het kader van een samenwerkingsprogramma als bedoeld in artikel 13, onderdeel c, van richtlijn 2009/81/EG;
c. concessieopdrachten die door een regering aan een andere regering gegund zijn voor werken en diensten die betrekking hebben op de levering van militair materieel of gevoelig materiaal, of werken en diensten specifiek bedoeld voor militaire diensten, of gevoelige werken en gevoelige diensten;
d. concessieopdrachten gegund in een derde land, wanneer strijdkrachten zijn ingezet buiten het grondgebied van de Europese Unie, als de operationele omstandigheden vereisen dat de overeenkomsten worden gesloten met ondernemers die in het operatiegebied zijn gevestigd;
e. concessieopdrachten die anderszins krachtens deel 2a zijn vrijgesteld.
3. Het bij of krachtens deel 2a van deze wet bepaalde is niet van toepassing op concessieopdrachten die niet anderszins op grond van het tweede lid zijn uitgezonderd, voor zover de bescherming van de essentiële veiligheidsbelangen van een lidstaat niet kan worden gewaarborgd door minder ingrijpende maatregelen, bijvoorbeeld door eisen te stellen ter bescherming van het vertrouwelijke karakter van de informatie die de aanbestedende dienst of het speciale-sectorbedrijf in een aanbestedingsprocedure overeenkomstig deel 2a van deze wet beschikbaar stelt.

Art. 2a.16

Concessieopdrachten voor diensten

Het bij of krachtens deel 2a van deze wet bepaalde is niet van toepassing op concessieopdrachten voor diensten:
a. betreffende de verwerving of huur, ongeacht de financiële modaliteiten ervan, van grond, bestaande gebouwen of andere onroerende zaken of betreffende de rechten hierop;
b. betreffende de aankoop, de ontwikkeling, de productie of de coproductie van programma's als bedoeld in artikel 1, eerste lid, onder b, van richtlijn 2010/13/EU en radiomateriaal bestemd voor audiovisuele mediadiensten als bedoeld in artikel 1, eerste lid, onder a, van richtlijn 2010/13/EU of radio-omroepdiensten, die worden gegund door aanbieders van audiovisuele mediadiensten als bedoeld in artikel 1, eerste lid, onder d, van richtlijn 2010/13/EU of radio-omroepdiensten, of opdrachten betreffende zendtijd of betreffende de levering van programma's die worden gegund aan aanbieders van audiovisuele mediadiensten of radio-omroepdiensten;
c. betreffende arbitrage- en bemiddeling;
d. betreffende een van de hierna genoemde rechtskundige diensten:
1°. de vertegenwoordiging in rechte van een cliënt in een arbitrage- of bemiddelingsprocedure in een lidstaat van de Europese Unie, in een derde land of voor een internationale arbitrage- of bemiddelingsinstantie, in een procedure voor een rechter of overheidsinstantie van een lidstaat van de Europese Unie of een derde land of voor een internationale rechter of instantie door een persoon die gerechtigd is deze werkzaamheden uit te oefenen onder de benaming advocaat of een daarmee overeenkomstige benaming in een lidstaat van de Europese Unie, in een andere staat die partij is bij de Overeenkomst betreffende de Europese Economische Ruimte of in Zwitserland;
2°. advies dat wordt gegeven ter voorbereiding van de procedures, bedoeld in onderdeel 1, of indien er concrete aanwijzingen zijn en er een grote kans bestaat dat over de kwestie waarop het advies betrekking heeft, een dergelijke procedure zal worden gevoerd, mits het advies is gegeven door een persoon die gerechtigd is deze werkzaamheden uit te oefenen onder de benaming advocaat of een daarmee overeenkomstige benaming in een lidstaat van de Europese Unie, in een andere staat die partij is bij de Overeenkomst betreffende de Europese Economische Ruimte of in Zwitserland;
3°. het waarmerken en voor echt verklaren van documenten door een notaris;
4°. de juridische dienstverlening door trustees of aangewezen voogden, of andere juridische dienstverlening waarbij de aanbieders door een rechterlijke instantie van de betrokken lidstaat

Aanbestedingswet

van de Europese Unie, of van rechtswege, aangewezen zijn om specifieke taken te verrichten onder toezicht van die rechterlijke instanties;
5°. andere juridische diensten die in de betrokken lidstaat van de Europese Unie al dan niet incidenteel verband houden met de uitoefening van het openbaar gezag;
e. op financiële gebied betreffende de uitgifte, de aankoop, de verkoop of de overdracht van effecten of andere financiële instrumenten als bedoeld in artikel 1:1 van de Wet op het financieel toezicht en door de centrale banken verleende diensten en operaties die worden uitgevoerd met de Europese Faciliteit voor financiële stabiliteit en het Europees Stabiliteitsmechanisme;
f. betreffende leningen, al dan niet in samenhang met de uitgifte, de aankoop, de verkoop en de overdracht van effecten of andere financiële instrumenten;
g. betreffende civiele verdediging, civiele bescherming en risicopreventie die worden verleend door non-profitorganisaties en -verenigingen en die vallen onder de CPV-codes, genoemd in artikel 10, achtste lid, onderdeel g, van richtlijn 2014/23/EU met uitzondering van ziekenvervoer per ambulance;
h. betreffende politieke campagnes die vallen onder de CPV-codes, genoemd in artikel 10, achtste lid, onderdeel h, van richtlijn 2014/23/EU, indien gegund door een politieke partij in het kader van een verkiezingscampagne.

Art. 2a.17
1. Het bij of krachtens deel 2a van deze wet bepaalde is niet van toepassing op concessieopdrachten voor loterijen, die vallen onder de CPV-code, genoemd in artikel 10, negende lid, van richtlijn 2014/23/EU, en die door de staat aan een ondernemer zijn gegund op basis van een uitsluitend recht.
2. De toekenning van een uitsluitend recht als bedoeld in het eerste lid, wordt bekendgemaakt in het Publicatieblad van de Europese Unie.

Concessieopdrachten voor loterijen

Art. 2a.18
Het bij of krachtens deel 2a van deze wet bepaalde is niet van toepassing op concessieopdrachten die speciale-sectorbedrijven gunnen voor de uitoefening van hun activiteiten in een derde land, in omstandigheden waarbij er geen fysieke exploitatie is van een net of van een geografisch gebied binnen de Europese Unie.

Activiteiten buiten de EU

Art. 2a.19
Het bij of krachtens deel 2a van deze wet bepaalde is niet van toepassing op concessieopdrachten die in hoofdzaak tot doel hebben om een aanbestedende dienst, niet zijnde speciale-sectorbedrijf, in staat te stellen openbare communicatienetten beschikbaar te stellen of te exploiteren of aan het publiek één of meer elektronische communicatiediensten te verlenen.

Communicatienetten

Art. 2a.20
1. Het bij of krachtens deel 2a van deze wet bepaalde is niet van toepassing op:
a. de beschikbaarstelling of exploitatie van vaste netten bestemd voor openbare dienstverlening op het gebied van de productie, het vervoer of de distributie van drinkwater;
b. de drinkwatertoevoer aan deze netten.
2. Het bij of krachtens deel 2a van deze wet bepaalde is niet van toepassing op een concessieopdracht indien deze verband houdt met een in het eerste lid genoemde activiteit en betreft:
a. waterbouwtechnische projecten, bevloeiing of drainage voor zover de voor drinkwatervoorziening bestemde hoeveelheid water groter is dan 20% van de totale hoeveelheid water die door middel van deze projecten of deze bevloeiings- of drainage-installaties ter beschikking wordt gesteld, of
b. de afvoer of behandeling van afvalwater.

Distributie van drinkwater

Art. 2a.21
1. Het bij of krachtens deel 2a van deze wet bepaalde is niet van toepassing op het plaatsen van concessieopdrachten:
a. door een speciale-sectorbedrijf bij een met dat bedrijf verbonden onderneming, of
b. door een gemeenschappelijke onderneming, uitsluitend bestaande uit speciale-sectorbedrijven, bij een onderneming die met een van de betrokken speciale-sectorbedrijven is verbonden, indien ten minste 80% van de gemiddelde totale omzet van de verbonden onderneming in de drie jaar voorafgaand aan het plaatsen van de opdracht heeft behaald, afkomstig is van het verrichten van dergelijke werken of diensten voor het speciale-sectorbedrijf, of aan andere ondernemingen waarmee zij is verbonden.
2. Indien in verband met de datum van oprichting of de aanvang van de bedrijfsactiviteiten van de verbonden onderneming geen gegevens beschikbaar zijn omtrent de omzet in de drie jaren, voorafgaande aan het plaatsen van de opdracht, voldoet de verbonden onderneming aan de in het eerste lid bedoelde eis indien zij aannemelijk kan maken dat die omzet in de komende periode wordt behaald.
3. Indien dezelfde of soortgelijke werken of diensten door verschillende met het speciale-sectorbedrijf verbonden ondernemingen waarmee zij een combinatie van ondernemingen vormt worden verricht, wordt het in het eerste lid bedoelde percentage berekend op grond van de totale omzet van deze verbonden ondernemingen, afkomstig van die werken of diensten.

Concessie met verbonden onderneming

4. Voor de toepassing van dit artikel wordt onder verbonden onderneming verstaan:
a. een onderneming waarvan de jaarrekening is geconsolideerd met die van het speciale-sectorbedrijf overeenkomstig de voorschriften van richtlijn 2013/34/EU, of
b. ingeval het speciale-sectorbedrijf niet onder de in onderdeel a bedoelde richtlijn valt, een onderneming:
1°. waarop het speciale-sectorbedrijf direct of indirect overheersende invloed kan uitoefenen,
2°. die een overheersende invloed op het speciale-sectorbedrijf kan uitoefenen, of
3°. die, tezamen met het speciale-sectorbedrijf, is onderworpen aan de overheersende invloed van een andere onderneming uit hoofde van eigendom, financiële deelneming of op haar van toepassing zijnde voorschriften.

Art. 2a.22

Joint Venture

Onverminderd het bepaalde in artikel 2a.25 en mits de gemeenschappelijke onderneming is opgericht om de betrokken activiteit gedurende een periode van ten minste drie jaar uit te oefenen en het instrument tot oprichting van die gemeenschappelijke onderneming bepaalt dat de speciale-sectorbedrijven waaruit zij bestaat, daar deel van uitmaken voor ten minste dezelfde termijn, is het bepaalde bij of krachtens deel 2a van deze wet niet van toepassing op het plaatsen van concessieopdrachten die:
a. door een gemeenschappelijke onderneming, uitsluitend bestaande uit speciale-sectorbedrijven voor de uitoefening van de in bijlage II van richtlijn 2014/23 EU bedoelde activiteiten, zijn gegund aan een van deze speciale-sectorbedrijven;
b. door een speciale-sectorbedrijf zijn gegund aan een gemeenschappelijke onderneming waarvan zij zelf deel uitmaakt.

Art. 2a.23

Inlichtingenplicht speciale-sectorbedrijf

Het speciale-sectorbedrijf doet de Europese Commissie op haar verzoek mededeling van de toepassing van de artikelen 2a.21, eerste lid, en vierde lid, onderdeel b, en 2a.22 met betrekking tot:
a. de namen van de betrokken ondernemingen of gemeenschappelijke ondernemingen;
b. de aard en de waarde van de desbetreffende speciale-sectoropdrachten;
c. de gegevens die de Europese Commissie nodig acht voor het bewijs dat de betrekkingen tussen het speciale-sectorbedrijf en de onderneming of de gemeenschappelijke onderneming bij welke de opdrachten worden geplaatst, aan de eisen, bedoeld in de artikelen 2a.21 en 2a.22, voldoen.

Art. 2a.24

Uitgezonderde activiteiten

Het bij of krachtens deel 2a van deze wet bepaalde is niet van toepassing op door speciale-sectorbedrijven gegunde concessieopdrachten wanneer is vastgesteld dat de activiteit rechtstreeks blootstaat aan concurrentie overeenkomstig artikel 3.21.

Art. 2a.25

Schakelbepaling

Met betrekking tot het plaatsen van concessieopdrachten zijn voor aanbestedende diensten de artikelen 2.24a tot en met 2.24c van overeenkomstige toepassing.

Art. 2a.26

Schakelbepaling

Artikel 2.24, aanhef en onderdeel g, is van overeenkomstige toepassing op concessieopdrachten.

Hoofdstuk 2a.2
Procedures voor het plaatsen van concessieopdrachten

Afdeling 2a.2.1
Algemeen

Art. 2a.27

Procedure plaatsen concessieopdrachten

1. De looptijd van een concessieopdracht wordt door de aanbestedende dienst of het speciale-sectorbedrijf geraamd op basis van de gevraagde werken of diensten.
2. Voor concessieopdrachten die langer duren dan vijf jaar, wordt de maximale looptijd beperkt tot de periode waarin van een concessiehouder redelijkerwijs verwacht mag worden dat hij de investeringen die hij heeft gedaan voor de exploitatie van de werken of diensten, samen met een rendement op geïnvesteerde vermogen, kan terug verdienen, rekening houdend met de investeringen die nodig zijn om de contractuele doelstellingen te halen.
3. Voor de berekening, bedoeld in het tweede lid, worden zowel de initiële investeringen als de investeringen tijdens de looptijd van de opdracht in aanmerking genomen.

Art. 2a.28

Voorwaarden concessieopdrachten

1. Concessieopdrachten worden gegund op basis van de door de aanbestedende dienst of het speciale-sectorbedrijf overeenkomstig artikel 2a.50 vastgestelde gunningscriteria, mits aan elk van de volgende voorwaarden is voldaan:
a. de inschrijving voldoet aan de minimumeisen die, voor zover van toepassing, door de aanbestedende dienst of het speciale-sectorbedrijf zijn vastgesteld,
b. de inschrijver voldoet aan de in artikel 2a.46 bedoelde voorwaarden voor deelneming, en

c. de inschrijver is niet uitgesloten van deelneming aan de gunningsprocedure overeenkomstig de artikelen 2a.43 en 2a.44.
2. De aanbestedende dienst of het speciale-sectorbedrijf verstrekt:
a. in de concessieaankondiging: een beschrijving van de concessieopdracht en de voorwaarden voor deelneming;
b. in de concessieaankondiging, in de uitnodiging tot indiening van een inschrijving of in andere aanbestedingsstukken: een beschrijving van de gunningscriteria en, voor zover van toepassing, de minimumeisen waaraan voldaan moet worden.
3. De aanbestedende dienst of het speciale-sectorbedrijf kan het aantal gegadigden of het aantal inschrijvers tot een passend aantal beperken, op voorwaarde dat dit geschiedt op transparante wijze en op basis van objectieve criteria, waarbij het aantal gegadigden dat wordt uitgenodigd, voldoende dient te zijn om daadwerkelijke mededinging te waarborgen.
4. De aanbestedende dienst of het speciale-sectorbedrijf deelt alle gegadigden en inschrijvers de beschrijving van de voorgenomen organisatie van de procedure mee, alsook een indicatief tijdschema voor de voltooiing ervan.
5. Elke wijziging wordt aan alle gegadigden en inschrijvers meegedeeld, en voor zover zij betrekking heeft op de elementen die in de concessieaankondiging openbaar worden gemaakt, aan alle ondernemers bekendgemaakt.
6. De aanbestedende dienst of het speciale-sectorbedrijf waarborgt een passende documentatie van de belangrijkste stappen van de procedure op de manier die hij geschikt acht, met inachtneming van artikel 2a.33.
7. De aanbestedende dienst of het speciale-sectorbedrijf kan met de gegadigden en inschrijvers onderhandelingen voeren waarbij het voorwerp van de overeenkomst, de gunningscriteria en de minimumeisen zoals omschreven in de aanbestedingsstukken in de loop van de onderhandelingen niet worden gewijzigd.

Afdeling 2a.2.2
Sociale en andere specifieke diensten

Art. 2a.29
Concessieopdrachten voor sociale en andere specifieke diensten die zijn opgenomen in bijlage IV van richtlijn 2014/23/EU en waarop deel 2a van deze wet van toepassing is, zijn voor wat betreft de bepalingen uit deel 2a en deel 4 van deze wet, uitsluitend onderworpen aan de verplichtingen die voortvloeien uit de artikelen 2a.30, tweede lid, 2a.33, 2a.49, 2a.50, 2a.51, 4.15 en 4.16.

Concessieopdrachten voor sociale en andere specifieke diensten

Hoofdstuk 2a.3
Regels voor concessieopdrachten inzake aankondiging, uitsluiting, selectie en gunning

Afdeling 2a.3.1
Algemeen

Art. 2a.30
1. Een aanbestedende dienst of speciale-sectorbedrijf mag de procedure die tot de keuze van een concessiehouder leidt, naar eigen inzicht organiseren, mits deel 2a van deze wet daarbij in acht wordt genomen.
2. Artikel 2.81, tweede lid, is van overeenkomstige toepassing op concessieopdrachten, met dien verstande dat voor bijlage X van richtlijn 2014/24/EU vermelde bepalingen van internationaal milieu-, sociaal en arbeidsrecht wordt gelezen: bijlage X van richtlijn 2014/23/EU vermelde bepalingen van internationaal milieu-, sociaal en arbeidsrecht.

Inrichting procedure keuze concessiehouder

Art. 2a.31
Afdeling 2.3.1 is van overeenkomstige toepassing op concessieopdrachten, met uitzondering van artikel 2.51, vijfde lid.

Concessieopdrachten, schakelbepaling

Afdeling 2a.3.2
Aankondigingen

§ 2a.3.2.1
Aankondiging

Art. 2a.32
Paragraaf 2.3.2.2, met uitzondering van artikel 2.63, is van overeenkomstige toepassing op een aanbestedende dienst die of een speciale-sectorbedrijf dat voornemens is een concessieopdracht te gunnen.

Schakelbepaling

Art. 2a.33

Aankondiging concessieopdracht

1. De aanbestedende dienst die of het speciale-sectorbedrijf dat voornemens is een concessieopdracht te gunnen maakt hiertoe een aankondiging van de concessieopdracht bekend.
2. De aanbestedende dienst die of het speciale-sectorbedrijf dat voornemens is een concessieopdracht voor sociale en andere specifieke diensten, bedoeld in bijlage IV van richtlijn 2014/23/EU, te plaatsen, maakt zijn of haar voornemen bekend door middel van de bekendmaking van een vooraankondiging.
3. De bekendmaking van een aankondiging als bedoeld in het eerste lid en van een vooraankondiging als bedoeld in het tweede lid, geschiedt langs elektronische weg met gebruikmaking van het elektronische systeem voor aanbestedingen.
4. De aanbestedende dienst of het speciale-sectorbedrijf gebruikt voor de bekendmaking van de concessieaankondiging of de concessievooraankondiging het daartoe door middel van het elektronische systeem voor aanbestedingen beschikbaar gestelde formulier.
5. Het eerste lid is niet van toepassing indien het werk of de dienst alleen door een bepaalde ondernemer kan worden verricht omdat:
   a. de concessieopdracht als doel heeft het vervaardigen of verwerven van een uniek kunstwerk of een unieke artistieke prestatie,
   b. mededinging om technische redenen ontbreekt, of
   c. uitsluitende rechten, met inbegrip van intellectuele-eigendomsrechten, moeten worden beschermd.
6. Het vijfde lid, onderdelen b en c, is uitsluitend van toepassing indien er geen redelijk alternatief of substituut bestaat en het ontbreken van mededinging niet het gevolg is van een kunstmatige beperking van de voorwaarden van de concessiegunning.
7. In afwijking van het eerste lid behoeft de aanbestedende dienst of het speciale-sectorbedrijf niet een nieuwe aankondiging bekend te maken indien er als reactie op een eerdere aanbestedingsprocedure geen verzoeken tot deelneming, inschrijvingen, geschikte verzoeken tot deelneming of geschikte inschrijvingen zijn ingediend, mits de initiële voorwaarden van de concessieopdracht niet wezenlijk worden gewijzigd en aan de Europese Commissie een verslag wordt toegezonden indien zij daarom verzoekt.
8. Voor de toepassing van het zevende lid wordt een inschrijving ongeschikt bevonden indien zij niet relevant is voor de concessieopdracht, omdat zij, zonder ingrijpende wijzigingen, klaarblijkelijk niet voorziet in de behoeften en eisen van de aanbestedende dienst of het specialesectorbedrijf, zoals omschreven in de aanbestedingsstukken.
9. Voor de toepassing van het zevende lid wordt een verzoek tot deelneming ongeschikt bevonden indien:
   a. de betrokken gegadigde overeenkomstig de artikelen 2a.43, eerste en derde lid, 2a.44, eerste en tweede lid, en 2a.45, kan of moet worden uitgesloten, of niet voldoet aan de uit hoofde van artikel 2a.46, door de aanbestedende dienst of het speciale-sectorbedrijf bepaalde geschiktheidseisen en selectiecriteria;
   b. het verzoek tot deelneming een inschrijving bevat die ongeschikt is in de zin van het achtste lid.

§ 2a.3.2.2
Termijnen

Art. 2a.34

Termijnen voor ontvangst verzoeken tot deelneming of inschrijving

Een aanbestedende dienst of speciale-sectorbedrijf stelt de termijn voor de ontvangst van de verzoeken tot deelneming of inschrijvingen vast met inachtneming van de complexiteit van de opdracht, de voor de voorbereiding van de verzoeken tot deelneming of de inschrijvingen benodigde tijd en de in deze paragraaf gestelde regels omtrent termijnen.

Art. 2a.35

Termijn na bezichtiging of inzage

1. Indien het verzoek tot deelneming of de inschrijving slechts na een bezichtiging ter plaatse, of na inzage ter plaatse van de documenten die ter ondersteuning dienen van de stukken voor de gunning van de concessieopdracht kan worden gedaan, verlengt de aanbestedende dienst of het speciale-sectorbedrijf de termijn voor het indienen van de verzoeken tot deelneming of de inschrijvingen zodanig dat alle betrokken ondernemers van alle nodige informatie voor de opstelling van de verzoeken tot deelneming of inschrijvingen kennis kunnen nemen.
2. In de in het eerste lid bedoelde gevallen zijn de termijnen in elk geval langer dan in de artikelen 2a.36 en 2a.37 genoemde termijnen.

Art. 2a.36

Termijn ontvangst verzoeken tot deelneming

De termijn voor de ontvangst van verzoeken tot deelneming, al dan niet met inschrijvingen voor de concessieopdracht, bedraagt 30 dagen vanaf de verzenddatum van de aankondiging van de concessieopdracht.

Art. 2a.37
Indien de procedure verloopt in opeenvolgende fasen bedraagt de termijn voor ontvangst van eerste inschrijvingen ten minste 22 dagen, te rekenen vanaf de verzenddatum van de uitnodiging tot het doen van een inschrijving.

Termijn eerste inzending

Art. 2a.38
De aanbestedende dienst of het speciale-sectorbedrijf kan de termijn voor ontvangst van inschrijvingen met vijf dagen verlengen indien de aanbestedende dienst of het speciale-sectorbedrijf aanvaardt dat de inschrijvingen krachtens artikel 2a.31 met andere dan elektronische middelen kunnen worden ingediend.

Verlenging termijn

Afdeling 2a.3.3
Bestek

§ 2a.3.3.1
Technische specificaties

Art. 2a.39
1. Een aanbestedende dienst of speciale-sectorbedrijf neemt in de aanbestedingsstukken de technische en functionele specificaties op, waarin de door hem voor een werk, dienst of levering voorgeschreven kenmerken zijn opgenomen.
2. Specificaties als bedoeld in het eerste lid kunnen ook verwijzen naar het specifieke proces van productie dan wel verrichting of verlening van de gevraagde werken of diensten, voor zover zij verband houden met het voorwerp van de opdracht en in verhouding staan tot de waarde en de doelstellingen daarvan.
3. Een aanbestedende dienst of speciale-sectorbedrijf verwijst in de technische en functionele eisen niet naar een bepaald fabrikaat, een bepaalde herkomst of een bijzondere werkwijze die kenmerkend is voor de producten of diensten van een bepaalde onderneming of bepaalde producten worden bevoordeeld of uitgesloten, tenzij dit door het voorwerp van de opdracht gerechtvaardigd is.
4. Een aanbestedende dienst of speciale-sectorbedrijf doet een verwijzing als bedoeld in het derde lid vergezeld gaan van de woorden «of gelijkwaardig».
5. Een aanbestedende dienst of speciale-sectorbedrijf wijst een inschrijving niet af omdat de aangeboden werken, leveringen of diensten niet voldoen aan de technische en functionele eisen waarnaar is verwezen, indien de inschrijver in zijn inschrijving tot voldoening van de aanbestedende dienst of het speciale-sectorbedrijf aantoont dat de door hem voorgestelde oplossingen op gelijkwaardige wijze voldoen aan de technische en functionele eisen.

Technische en functionele specificaties

§ 2a.3.3.2
Onderaanneming, bijzondere voorwaarden, voorbehouden opdrachten

Art. 2a.40
Artikel 2.79 is van overeenkomstige toepassing op concessieopdrachten.

Schakelbepaling

Art. 2a.41
Artikel 2.82 is van overeenkomstige toepassing op concessieopdrachten, met dien verstande dat in artikel 2.82, tweede lid, voor aankondiging wordt gelezen: aankondiging of, in het geval van concessieopdracht voor diensten als bedoeld in artikel 2a.29 de vooraankondiging.

Schakelbepaling

Afdeling 2a.3.4
Eigen verklaring

Art. 2a.42
Afdeling 2.3.4 is van overeenkomstige toepassing op concessieopdrachten.

Afdeling 2a.3.5
Uitsluiting

Art. 2a.43
1. De artikelen 2.86 en 2.86a zijn van overeenkomstige toepassing op concessieopdrachten van aanbestedende diensten.
2. Speciale-sectorbedrijven die niet tevens aanbestedende dienst zijn, kunnen de in artikel 2.86, eerste tot en met derde lid, genoemde uitsluitingsgronden als selectiecriteria opnemen bij de procedure voor de gunning van een concessieopdracht.
3. Bij de toepassing van het tweede lid, zijn de artikelen 2.86a en 2.88, onderdeel a, van overeenkomstige toepassing.

Dwingende uitsluitingsgronden

Art. 2a.44

Facultatieve uitsluitingsgronden

1. Artikel 2.87 is van overeenkomstige toepassing op concessieopdrachten, met uitzondering van het eerste lid, onderdeel f.
2. De aanbestedende dienst of het speciale-sectorbedrijf kan een inschrijver of gegadigde tevens uitsluiten van deelneming aan een aanbestedingsprocedure indien de aanbestedende dienst of het speciale-sectorbedrijf jegens de ondernemer heeft vastgesteld dat deze in het geval van een concessieopdracht op het gebied van defensie en veiligheid als bedoeld in Aanbestedingswet op defensie- en veiligheidsgebied niet de betrouwbaarheid heeft vertoond die nodig is om risico's voor de veiligheid van de lidstaat uit te sluiten.
3. De aanbestedende dienst of het speciale-sectorbedrijf betrekt bij de toepassing van het tweede lid uitsluitend het niet vertonen van de in dat onderdeel bedoelde betrouwbaarheid welke zich in de drie jaar voorafgaand aan het tijdstip van het indienen van het verzoek tot deelneming of de inschrijving heeft voorgedaan.

Art. 2a.45

Schakelbepaling

Voor de toepassing van uitsluitingsgronden als bedoeld in de artikelen 2a.43 en 2a.44, is artikel 2.87a van overeenkomstige toepassing.

Hoofdstuk 2a.4
Geschiktheidseisen en selectiecriteria

Afdeling 2a.4.1
Geschiktheidseisen

Art. 2a.46

Geschiktheidseisen

1. De aanbestedende dienst of het speciale-sectorbedrijf beoordeelt of aan de voorwaarden voor deelneming is voldaan wat betreft de:
   a. beroepsbekwaamheid,
   b. technische bekwaamheid en
   c. financiële en economische draagkracht van de gegadigden of inschrijvers.
2. De beoordeling op grond van het eerste lid vind plaats op basis van eigen verklaringen en referenties die als bewijs moeten worden overgelegd overeenkomstig de eisen van de concessie-aankondiging.
3. De in het tweede lid bedoelde eisen zijn niet discriminerend en dienen in verhouding te staan tot het voorwerp van de concessieopdracht.
4. Alle deelnemingsvoorwaarden houden verband met en staan in verhouding tot de noodzaak ervoor te zorgen dat de concessiehouder de concessieopdracht kan uitvoeren, rekening houdend met het voorwerp van de opdracht en de doelstelling om voor daadwerkelijke mededinging te zorgen.

Art. 2a.47

Beroep op derden

1. Een ondernemer kan zich voor een bepaalde concessieopdracht beroepen op de beroepsbekwaamheid, technische bekwaamheid en financiële en economische draagkracht van andere natuurlijke personen of rechtspersonen, ongeacht de juridische aard van zijn banden met die natuurlijke personen of rechtspersonen. Een ondernemer toont in dat geval bij de aanbestedende dienst of het speciale-sectorbedrijf aan dat hij gedurende de concessieperiode zal kunnen beschikken over die noodzakelijke middelen van die natuurlijke personen of rechtspersonen.
2. De aanbestedende dienst of het speciale-sectorbedrijf kan eisen dat, indien een ondernemer zich beroept op de financiële draagkracht van andere natuurlijke personen of rechtspersonen, de ondernemer en die natuurlijke personen of rechtspersonen gezamenlijk instaan voor de uitvoering van de opdracht.
3. Onder de voorwaarden, genoemd in het eerste en tweede lid, kan een samenwerkingsverband van ondernemers zich beroepen op de draagkracht van de deelnemers aan het samenwerkingsverband of van andere natuurlijke personen of rechtspersonen.

Afdeling 2a.4.2
Mededeling van uitsluiting en afwijzing

Art. 2a.48

Schakelbepaling

De artikelen 2.103 en 2.104 zijn van overeenkomstige toepassing op concessieopdrachten.

Afdeling 2a.4.3
Gunningsfase

§ 2a.4.3.1
Inschrijving

Art. 2a.49
Artikel 2.108 is van overeenkomstige toepassing op concessieopdrachten.

Schakelbepaling

§ 2a.4.3.2
Gunningscriteria, abnormaal lage inschrijvingen en elektronische veiling

Art. 2a.50
1. Aanbestedende diensten en speciale-sectorbedrijven gunnen een concessieopdracht op basis van objectieve criteria en bewerkstelligen dat de inschrijvingen onder voorwaarden van daadwerkelijke mededinging worden beoordeeld waardoor een algeheel economisch voordeel voor de aanbestedende dienst of het speciale-sectorbedrijf kan worden vastgesteld.
2. Aanbestedende diensten en speciale-sectorbedrijven stellen gunningscriteria vast die verband houden met het voorwerp van de opdracht.
3. De gunningscriteria kunnen onder meer sociale, innovatiegerelateerde of milieucriteria omvatten.
4. De gunningscriteria gaan vergezeld van eisen die het mogelijk maken de door de inschrijvers verstrekte informatie daadwerkelijk te controleren.
5. De aanbestedende dienst of het speciale-sectorbedrijf somt de gunningscriteria op in afnemende volgorde van belangrijkheid.
6. De aanbestedende dienst of het speciale-sectorbedrijf gaat na of de inschrijvingen daadwerkelijk voldoen aan de gunningscriteria.
7. In afwijking van het vijfde lid kan de aanbestedende dienst of het speciale-sectorbedrijf, indien hij of zij een offerte ontvangt waarin een innovatieve oplossing met een uitzonderlijk hoog functioneel prestatieniveau wordt voorgesteld dat door een zorgvuldig handelende aanbestedende dienst of speciale-sectorbedrijf niet kon worden voorzien, bij wijze van uitzondering de volgorde van de gunningscriteria wijzigen, zodat rekening kan worden gehouden met de nieuwe mogelijkheden die door de innovatieve oplossing worden geboden.
8. In het in het zevende lid bedoelde geval stelt de aanbestedende dienst of het speciale-sectorbedrijf alle inschrijvers op de hoogte van de wijziging van de volgorde van de gunningscriteria en doet een nieuwe oproep tot het indienen van inschrijvingen, met inachtneming van de in artikel 2a.37 bedoelde termijnen.
9. Indien de gunningscriteria zijn bekendgemaakt op het tijdstip van de bekendmaking van de concessieaankondiging, maakt de aanbestedende dienst of het speciale-sectorbedrijf bij toepassing van het achtste lid, een nieuwe concessieaankondiging bekend met inachtneming van de in artikel 2a.36, vermelde termijn.
10. Wijziging van de volgorde van de gunningscriteria mag niet leiden tot discriminatie.

Gunningscriteria

§ 2a.4.3.4
Gunningsbeslissing

Art. 2a.51
Paragraaf 2.3.8.8 is van overeenkomstige toepassing op concessieopdrachten.

Schakelbepaling

§ 2a.4.3.5
Verslaglegging en bekendmaking

Art. 2a.52
1. De aanbestedende dienst die of het speciale-sectorbedrijf dat een concessieopdracht heeft gegund maakt de aankondiging van de gegunde concessieopdracht bekend met behulp van het elektronische systeem voor aanbestedingen binnen 48 dagen na de gunning van die concessieopdracht.
2. De aanbestedende dienst of het speciale-sectorbedrijf gebruikt voor de mededeling van het resultaat van de procedure het daartoe door middel van het elektronische systeem voor aanbestedingen beschikbaar gestelde formulier.
3. Een aanbestedende dienst of speciale-sectorbedrijf kan de resultaten, bedoeld in het eerste lid, die gegunde concessieopdrachten voor sociale en andere specifieke diensten als bedoeld in bijlage IV bij richtlijn 2014/23/EU betreffen, per kwartaal bundelen. Indien de aanbestedende dienst of het speciale-sectorbedrijf daarvoor kiest, zendt hij de gebundelde resultaten binnen 48 dagen na het einde van elk kwartaal toe.

Verslaglegging en bekendmaking gegunde concessieopdracht

Hoofdstuk 2a.5
Wijziging van concessieopdrachten

Art. 2a.53

Wijziging van concessieopdrachten

Hoofdstuk 2.5 is van overeenkomstige toepassing op concessieopdrachten, met dien verstande dat:
a. waar in dit hoofdstuk naar deel 2 van deze wet wordt verwezen daarvoor telkens deel 2a dient te worden gelezen;
b. in artikel 2.163b, onderdeel a, voor «de artikelen 2.1 tot en met 2.6a» wordt gelezen: artikel 2a.2;
c. in artikel 2.163b, onderdeel a, 2° wordt gelezen: 10% van de waarde van de concessieopdrachten.

Deel 3
Speciale-sectoropdrachten en prijsvragen voor speciale-sectoropdrachten

Hoofdstuk 3.1
Reikwijdte

Afdeling 3.1.1
Toepassingsgebied

Art. 3.1

Werkingssfeer

1. Het bepaalde bij of krachtens deel 3 van deze wet is van toepassing op het plaatsen van speciale-sectoropdrachten met het oog op:
a. het beschikbaar stellen of exploiteren van vaste netten, bestemd voor openbare dienstverlening op het gebied van de productie, het vervoer of de distributie van gas of warmte;
b. de gas- of warmtetoevoer naar netten als bedoeld in onderdeel a.
2. De toevoer van gas of warmte naar netten bestemd voor openbare dienstverlening door een overheidsbedrijf dan wel een bedrijf of instelling waaraan door de staat, een provincie, een gemeente, een waterschap of een publiekrechtelijke instelling een bijzonder recht of een uitsluitend recht is verleend, valt niet onder de activiteiten, bedoeld in het eerste lid, onderdeel b, indien:
a. de productie van gas of warmte door het in de aanhef bedoelde overheidsbedrijf, bedrijf of de instelling het onvermijdelijke resultaat is van de uitoefening van een andere activiteit dan een activiteit als bedoeld in het eerste lid of in de artikelen 3.2, 3.3, 3.4, 3.5 of 3.6, en
b. de toevoer naar het voor openbare dienstverlening bestemde net tot doel heeft deze productie op economisch verantwoorde wijze te exploiteren en niet meer bedraagt dan 20% van de omzet van het in de aanhef bedoelde overheidsbedrijf, bedrijf of instelling, berekend over het gemiddelde van de laatste drie jaren, met inbegrip van het lopende jaar.

Art. 3.2

Elektriciteit

1. Het bepaalde bij of krachtens deel 3 van deze wet is van toepassing op het plaatsen van speciale-sectoropdrachten met het oog op:
a. het beschikbaar stellen of exploiteren van vaste netten, bestemd voor openbare dienstverlening op het gebied van de productie, het vervoer of de distributie van elektriciteit;
b. de elektriciteitstoevoer naar netten als bedoeld in onderdeel a.
2. De toevoer van elektriciteit naar netten bestemd voor openbare dienstverlening door een overheidsbedrijf dan wel een bedrijf of instelling waaraan door de staat, een provincie, een gemeente, een waterschap of een publiekrechtelijke instelling een bijzonder recht of een uitsluitend recht is verleend, valt niet onder de activiteiten, bedoeld in het eerste lid, onderdeel b, indien:
a. de productie van elektriciteit door het in de aanhef bedoelde overheidsbedrijf, bedrijf of instelling geschiedt omdat het verbruik van die elektriciteit noodzakelijk is voor de uitoefening van een andere activiteit dan een activiteit als bedoeld in het eerste lid, of in de artikelen 3.1, 3.3, 3.4, 3.5 of 3.6, en
b. de toevoer naar het voor openbare dienstverlening bestemde net uitsluitend van het eigen verbruik van het betrokken bedrijf of de betrokken instelling afhangt en niet meer bedraagt dan 30% van de totale energieproductie van het bedrijf of de instelling, berekend over het gemiddelde van de laatste drie jaren, met inbegrip van het lopende jaar.

Art. 3.3

Drinkwater

1. Het bepaalde bij of krachtens deel 3 van deze wet is van toepassing op het plaatsen van speciale-sectoropdrachten met het oog op:
a. het beschikbaar stellen of exploiteren van vaste netten, bestemd voor openbare dienstverlening op het gebied van de productie, het vervoer of de distributie van drinkwater;
b. de drinkwatertoevoer naar netten als bedoeld in onderdeel a.

Aanbestedingswet **A82** art. 3.9a

2. Het bepaalde bij of krachtens deel 3 van deze wet is tevens van toepassing op opdrachten of prijsvragen die worden geplaatst onderscheidenlijk uitgeschreven door een speciale-sectorbedrijf dat een activiteit als bedoeld in het eerste lid uitoefent en die verband houden met:
a. waterbouwtechnische projecten, bevloeiing of drainage, indien de voor drinkwatervoorziening bestemde hoeveelheid water groter is dan 20 % van de totale hoeveelheid water die door middel van deze projecten, bevloeiing of drainage beschikbaar komt of
b. met de afvoer of behandeling van afvalwater.
3. De toevoer van drinkwater naar netten bestemd voor openbare dienstverlening door een overheidsbedrijf dan wel een bedrijf of instelling waaraan door de staat, een provincie, een gemeente, een waterschap of een publiekrechtelijke instelling bij bijzonder recht of een uitsluitend recht is verleend, valt niet onder de activiteiten, bedoeld in het eerste lid, onderdeel b, indien:
a. de productie van drinkwater door het in de aanhef bedoelde overheidsbedrijf, bedrijf of de instelling geschiedt omdat het verbruik van dat drinkwater noodzakelijk is voor de uitoefening van een andere activiteit als bedoeld in de artikelen 3.1, 3.2, 3.4, 3.5 of 3.6 en
b. de toevoer naar het voor openbare dienstverlening bestemde net uitsluitend van het eigen verbruik van het betrokken bedrijf of de betrokken instelling afhangt en niet meer bedraagt dan 30% van de totale drinkwaterproductie van het bedrijf of de instelling, berekend over het gemiddelde van de laatste drie jaren, met inbegrip van het lopende jaar.

Art. 3.3.a
Onder de toevoer van gas, warmte, elektriciteit of water naar vaste netten voor openbare dienstverlening als bedoeld in de artikelen 3.1, 3.2 en 3.3 wordt zowel de groothandel en kleinhandel hierin als de opwekking of productie daarvan begrepen met uitzondering van de winning van gas.

Toevoer gas, warmte, elctriciteit of water naar vaste netten openbare dienstverlening

Art. 3.4
Het bepaalde bij of krachtens deel 3 van deze wet is van toepassing op het plaatsen van specialesectoropdrachten met het oog op het beschikbaar stellen of exploiteren van netten, bestemd voor de openbare dienstverlening op het gebied van vervoer per trein, automatische systemen, tram, trolleybus, autobus of kabel onder door of vanwege de staat, een provincie of een gemeente gestelde voorwaarden.

Beschikbaar stellen of exploiteren van netten

Art. 3.5
[Vervallen]

Art. 3.6
Het bepaalde bij of krachtens deel 3 van deze wet is van toepassing op het plaatsen van specialesectoropdrachten met het oog op activiteiten met betrekking tot de exploitatie van een geografisch gebied met het doel aan lucht-, zee- of riviervervoerders luchthaven-, zeehaven-, binnenhaven- of andere aanlandingsfaciliteiten beschikbaar te stellen.

Exploitatie lucht- zee- en binnenhaven of andere aanlandingsfaciliteiten

Art. 3.7
[Vervallen]

Afdeling 3.1.2
Toepassingsbereik

§ 3.1.2.1
Toepassingsbereik speciale-sectoropdrachten

Art. 3.8
Het bepaalde bij of krachtens deel 3 van deze wet is van toepassing op het plaatsen van specialesectoropdrachten waarvan de geraamde waarde, exclusief omzetbelasting, gelijk is aan of hoger is dan:
a. het bedrag, genoemd in artikel 15, onderdeel b, van richtlijn 2014/25/EU voor speciale-sectoropdrachten voor werken;
b. het bedrag, genoemd in artikel 15, onderdeel a, van richtlijn 2014/25/EU voor speciale-sectoropdrachten voor leveringen en voor diensten.

Toepassingsbereik speciale-sectoropdrachten

Art. 3.9
Het bepaalde bij of krachtens deel 3 van deze wet is van toepassing op door speciale-sectorbedrijven uit te schrijven prijsvragen voor diensten waarvan de geraamde waarde van de opdracht of het totale bedrag aan prijzengeld en betalingen aan deelnemers gelijk is aan of hoger is dan het in artikel 15, onderdeel a, van richtlijn 2014/25/EU genoemde bedrag, exclusief omzetbelasting.

Drempelbedrag prijsvraag

Art. 3.9a
In afwijking van de artikelen 3.8 en 3.9 is het bepaalde bij of krachtens deel 3 van deze wet van toepassing op het plaatsen van speciale-sectoropdrachten en prijsvragen voor sociale en andere specifieke diensten, bedoeld in bijlage XVII van richtlijn 2014/25/EU, waarvan de geraamde waarde gelijk is aan of hoger is dan het in artikel 15, onderdeel c, van richtlijn 2014/25/EU genoemde bedrag, exclusief omzetbelasting.

A82 art. 3.9b

Wijziging drempelbedrag prijsvraag

Art. 3.9b
1. Een wijziging van de bedragen, genoemd in artikel 15 van richtlijn 2014/25/EU, gaat voor de toepassing van de artikelen 3.8 tot en met 3.9a gelden met ingang van de dag waarop het desbetreffende besluit van de Europese Commissie in werking treedt.
2. Onze Minister doet mededeling in de Staatscourant van een besluit als bedoeld in het eerste lid.

Aankondiging speciale-sectoropdracht

Art. 3.9c
1. Een speciale-sectorbedrijf vermeldt in de aankondiging van een speciale-sectoropdracht, de uitnodiging tot bevestiging van belangstelling, bedoeld in artikel 3.73, of ingeval van een aankondiging inzake het bestaan van een erkenningsregeling als bedoeld in artikel 3.56, derde lid, in de uitnodiging tot inschrijving, of voor een of meer percelen inschrijvingen kunnen worden ingediend.
2. Indien meerdere percelen aan dezelfde inschrijver kunnen worden gegund, kan een speciale-sectorbedrijf een speciale-sectoropdracht gunnen voor een combinatie van percelen of voor alle percelen, mits hij in de aankondiging van de speciale-sectoropdracht of in een uitnodiging als bedoeld in het eerste lid:
   a. zich daartoe de mogelijkheid heeft voorbehouden, en
   b. heeft aangegeven welke percelen of groepen van percelen kunnen worden gecombineerd.
3. Onverminderd het eerste lid kan een speciale-sectorbedrijf het aantal aan één inschrijver te gunnen percelen beperken, mits het maximum aantal percelen per inschrijver in de aankondiging van de speciale-sectoropdracht is vermeld.
4. In een geval als bedoeld in het derde lid vermeldt een speciale-sectorbedrijf in de aanbestedingsstukken de objectieve en niet-discriminerende regels die hij zal toepassen om te bepalen welke percelen zullen worden gegund indien de toepassing van de gunningscriteria zou leiden tot de gunning van meer percelen dan het maximum aantal aan dezelfde inschrijver.

§ 3.1.2.2
Aankoopcentrales en gezamenlijke aanbestedingen

Speciale-sectorbedrijf, aanbesteding via aankoopcentrale

Art. 3.10
1. Een speciale-sectorbedrijf kan leveringen of diensten inkopen van een aankoopcentrale mits de aankoopcentrale het bepaalde bij of krachtens deel 3 van deze wet voor speciale-sectorbedrijven met betrekking tot die opdracht naleeft.
2. Een speciale-sectorbedrijf kan werken, leveringen of diensten verkrijgen:
   a. via een speciale-sectoropdracht die door een aankoopcentrale wordt gegund,
   b. door gebruik te maken van een door een aankoopcentrale geëxploiteerd dynamisch aankoopsysteem of
   c. door gebruik te maken van een raamovereenkomst die is gesloten door een aankoopcentrale, mits de aankoopcentrale het bij of krachtens deel 3 van deze wet voor speciale-sectorbedrijven bepaalde met betrekking tot die speciale-sectoropdracht naleeft.
3. Aanbestedingsactiviteiten die door een aankoopcentrale worden verricht met het oog op het verrichten van gecentraliseerde aankoopactiviteiten worden aangemerkt als aanbestedingsactiviteiten voor de uitoefening van een werkzaamheid waarop de artikelen 3.1 tot en met 3.6 van toepassing zijn.
4. In de in het eerste en tweede lid bedoelde gevallen heeft het desbetreffende speciale-sectorbedrijf voldaan aan de voor hem geldende verplichtingen op grond van deel 3 van deze wet.
5. Onverminderd het vierde lid is een speciale-sectorbedrijf verantwoordelijk voor de nakoming van de verplichtingen op grond van deel 3 van deze wet voor de delen die hij zelf verricht, zoals:
   a. het plaatsen van een opdracht in het kader van een dynamisch aankoopsysteem dat door een aankoopcentrale wordt geëxploiteerd;
   b. het doen uitgaan van een nieuwe aankondiging op grond van een raamovereenkomst die door een aankoopcentrale is gesloten.
6. Een speciale-sectorbedrijf kan een speciale-sectoropdracht voor diensten betreffende gecentraliseerde aankoopactiviteiten, met inbegrip van aanvullende aankoopactiviteiten, aan een aankoopcentrale gunnen zonder toepassing van de procedures bij of krachtens deel 3 van deze wet.
7. Indien een door een aankoopcentrale geëxploiteerd dynamisch aankoopsysteem door andere speciale-sectorbedrijven mag worden gebruikt, wordt dit vermeld in de aankondiging voor de instelling van het dynamisch aankoopsysteem.
8. Voor alle aanbestedingsprocedures van een aankoopcentrale worden elektronische communicatiemiddelen gebruikt.
9. Op aanbestedingsactiviteiten van een aankoopcentrale die als gecentraliseerde aankoopactiviteiten zijn aan te merken, is artikel 3.23 niet van toepassing.

Aanbestedingswet   **A82** art. 3.10c

Art. 3.10a

1. Twee of meer speciale-sectorbedrijven kunnen overeenkomen specifieke aanbestedingsprocedures gezamenlijk uit te voeren.   *Gezamenlijk aanbesteden*
2. Indien een volledige aanbestedingsprocedure gezamenlijk wordt uitgevoerd namens en voor rekening van alle betrokken speciale-sectorbedrijven, zijn zij gezamenlijk verantwoordelijk voor het nakomen van hun verplichtingen op grond van deel 3 van deze wet.
3. Het tweede lid is van overeenkomstige toepassing indien een speciale-sectorbedrijf de procedure beheert en optreedt namens zichzelf en de andere betrokken speciale-sectorbedrijven.
4. Indien een aanbestedingsprocedure niet volledig gezamenlijk wordt uitgevoerd namens en voor rekening van de betrokken speciale-sectorbedrijven, zijn zij uitsluitend gezamenlijk verantwoordelijk voor de gezamenlijk uitgevoerde delen.
5. In het geval, bedoeld in het vierde lid, is elk speciale-sectorbedrijf als enige verantwoordelijk voor het nakomen van zijn verplichtingen bij of krachtens deel 3 van deze wet met betrekking tot de delen die hij in eigen naam en voor eigen rekening uitvoert.

Art. 3.10b

1. Speciale-sectorbedrijven uit verschillende lidstaten van de Europese Unie kunnen gezamenlijk een speciale-sectoropdracht plaatsen, een dynamisch aankoopsysteem exploiteren of een opdracht plaatsen in het kader van een raamovereenkomst of het dynamisch aankoopsysteem.   *Gezamenlijk aanbesteden binnen EU*
2. In een geval als bedoeld in het eerste lid, sluiten de deelnemende speciale-sectorbedrijven een overeenkomst die het volgende bepaalt:
   a. de verdeling van verantwoordelijkheden van de partijen en de relevante toepasselijke nationale bepalingen, en
   b. de interne organisatie van de aanbestedingsprocedure, met inbegrip van het beheer van de procedure, de verdeling van de aan te besteden werken, leveringen of diensten en de sluiting van overeenkomsten,
   tenzij deze elementen reeds zijn geregeld door een tussen de betrokken lidstaten van de Europese Unie gesloten internationale overeenkomst.
3. De verdeling van verantwoordelijkheden en de toepasselijke nationale bepalingen, bedoeld in het tweede lid, onderdeel a, worden in de aanbestedingsstukken vermeld.
4. In een geval als bedoeld in het eerste lid, voldoet een deelnemende speciale-sectorbedrijf aan zijn verplichtingen bij of krachtens deel 3 van deze wet indien hij werken, leveringen of diensten verwerft van een speciale-sectorbedrijf in een andere lidstaat van de Europese Unie die voor de aanbestedingsprocedure verantwoordelijk is.
5. Nationale bepalingen van de lidstaat van de Europese Unie waar een aankoopcentrale is gevestigd, zijn van toepassing op het door die aankoopcentrale:
   a. verschaffen van een gecentraliseerde aankoopactiviteit;
   b. plaatsen van een speciale-sectoropdracht in het kader van een dynamisch aankoopsysteem;
   c. doen uitgaan van een nieuwe aankondiging in het kader van een raamovereenkomst.
6. Indien speciale-sectorbedrijven uit verschillende lidstaten van de Europese Unie een gezamenlijke entiteit hebben opgericht, met inbegrip van een entiteit opgericht krachtens het recht van de Europese Unie, komen de deelnemende speciale-sectorbedrijven bij besluit van het bevoegde orgaan van de gezamenlijke organisatie overeen welke nationale aanbestedingsregels van toepassing zijn:
   a. de nationale bepalingen van de lidstaat waar de gezamenlijke entiteit zijn statutaire zetel heeft, of
   b. de nationale bepalingen van de lidstaat waar de gezamenlijke entiteit zijn activiteiten uitoefent.
7. Een overeenkomst als bedoeld in het zesde lid kan:
   a. voor onbepaalde tijd gelden indien de oprichtingsakte van de gezamenlijke entiteit daarin voorziet, of
   b. beperkt zijn tot een bepaalde termijn, soorten opdrachten of tot één of meer individuele plaatsingen van opdrachten.
8. Speciale-sectorbedrijven maken geen gebruik van een mogelijkheid als bedoeld in dit artikel met het oogmerk om zich te onttrekken aan voor hen dwingende publiekrechtelijke bepalingen overeenkomstig het recht van de Europese Unie.

§ 3.1.2.3
Afbakening samenstelling speciale-sectoropdrachten

Art. 3.10c

1. Het speciale-sectorbedrijf plaatst een speciale-sectoropdracht die betrekking heeft op een combinatie van werken, leveringen of diensten waarop deel 3 van deze wet van toepassing is, overeenkomstig de bepalingen die passen bij het hoofdvoorwerp van de betrokken speciale-sectoropdracht.   *Afbakening samenstelling speciale-sectoropdrachten*
2. In het geval van een gemengde speciale-sectoropdracht als bedoeld in het eerste lid, die ten dele betrekking heeft op diensten als bedoeld in paragraaf 3.2.1.8 en ten dele op andere diensten,

of een gemengde speciale-sectoropdracht als bedoeld in het eerste lid, die ten dele betrekking heeft op diensten en ten dele op leveringen, wordt het hoofdvoorwerp bepaald door de hoogst geraamde waarde van de respectievelijke diensten of leveringen.

Art. 3.10d

Opdracht wel en niet speciale-sector

1. Dit artikel is van toepassing op opdrachten die zowel onderdelen omvatten waarop deel 3 van deze wet van toepassing is als onderdelen waarop dat deel niet van toepassing is.
2. Indien een opdracht als bedoeld in het eerste lid objectief gezien niet deelbaar is in verschillende onderdelen, gelden de bepalingen die van toepassing zijn op het hoofdvoorwerp van de desbetreffende opdracht.
3. Indien een opdracht als bedoeld in het eerste lid objectief gezien deelbaar is in verschillende onderdelen, kan het speciale-sectorbedrijf voor de afzonderlijke onderdelen van die opdracht afzonderlijke opdrachten plaatsen, of één algemene opdracht plaatsen.
4. Het speciale-sectorbedrijf dat voor de afzonderlijke onderdelen afzonderlijke opdrachten plaatst, past voor elk van die afzonderlijke opdrachten de bepalingen toe, welke op grond van de kenmerken van het betrokken afzonderlijke onderdeel daarop dienen te worden toegepast.
5. Indien het speciale-sectorbedrijf één algemene opdracht plaatst, is deel 3 van deze wet van toepassing op die opdracht, tenzij in artikel 3.10f anders is bepaald, ongeacht de waarde van de onderdelen waarop bij afzonderlijke plaatsing andere bepalingen van toepassing zouden zijn, en ongeacht de bepalingen die bij afzonderlijke plaatsing voor die onderdelen hadden gegolden.
6. Indien de algemene opdracht onderdelen bevat van speciale-sectoropdrachten voor leveringen, werken en diensten en van concessieopdrachten, wordt de opdracht geplaatst overeenkomstig deel 3 van deze wet, mits de geraamde waarde van het deel van de opdracht dat een onder deel 3 vallende opdracht vormt, berekend overeenkomstig afdeling 3.1.3, ten minste gelijk is aan het in artikel 3.8 bedoelde bedrag.

Art. 3.10e

Speciale-sectoropdrachten m.b.t. verschillende activiteiten

1. Het speciale-sectorbedrijf kan speciale-sectoropdrachten die op verschillende activiteiten betrekking hebben plaatsen door middel van:
a. een speciale-sectoropdracht voor meerdere activiteiten;
b. meerdere speciale-sectoropdrachten die ieder op een afzonderlijke activiteit betrekking hebben.
2. Het speciale-sectorbedrijf mag zich bij de keuze tussen het plaatsen van een speciale-sectoropdracht voor meerdere activiteiten of meerdere speciale-sectoropdrachten voor afzonderlijke activiteiten, niet laten leiden door het oogmerk de opdracht of opdrachten buiten de reikwijdte van deze wet of de Aanbestedingswet op defensie-en veiligheidsgebied te laten vallen.
3. Het speciale-sectorbedrijf bepaalt de wettelijke voorschriften die van toepassing zijn op een plaatsing van een speciale-sectoropdracht voor een afzonderlijke activiteit aan de hand van de kenmerken van die afzonderlijke activiteit.
4. Op de plaatsing van een speciale-sectoropdracht voor meerdere activiteiten als bedoeld in het eerste lid, onderdeel a, zijn de wettelijke voorschriften van toepassing die op de activiteit van toepassing zijn waarvoor de speciale-sectoropdracht in hoofdzaak bestemd is.
5. Bij de plaatsing van een speciale-sectoropdracht voor meerdere activiteiten als bedoeld in het eerste lid, onderdeel a, waarvoor niet objectief valt vast te stellen voor welke activiteit de opdracht in hoofdzaak bestemd is:
a. is deel 2 van deze wet op de plaatsing van die opdracht van toepassing indien op een van de activiteiten waarvoor de opdracht bestemd is deel 2 en op de andere activiteit deel 2a of 3 van deze wet of geen van die delen van toepassing is;
b. is deel 3 van deze wet op de plaatsing van die opdracht van toepassing indien op een van de activiteiten waarvoor de opdracht bestemd is deel 3 en op de andere activiteit deel 2a van deze wet van toepassing is;
c. is deel 3 van deze wet op de plaatsing van die opdracht van toepassing indien op een van de activiteiten waarvoor de opdracht bestemd is deel 3 en op de andere activiteiten geen van de delen 2, 2a of 3 van toepassing is.
6. Het vierde en vijfde lid zijn niet van toepassing, indien sprake is van verschillende activiteiten waarvan er een of meer zijn waarop de Aanbestedingswet op defensie- en veiligheidsgebied of artikel 346 van het Verdrag betreffende de werking van de Europese Unie van toepassing is.

Art. 3.10f

Opdrachten onder verschillende regelingen

1. Dit artikel is van toepassing op opdrachten die onderdelen omvatten waarop deel 3 van deze wet van toepassing is en onderdelen waarop artikel 346 van het Verdrag betreffende de werking van de Europese Unie of de Aanbestedingswet op defensie- en veiligheidsgebied van toepassing is.
2. Indien een opdracht als bedoeld in het eerste lid objectief gezien niet deelbaar is, kan de opdracht:
a. zonder toepassing van deze wet worden geplaatst indien zij onderdelen bevat waarop artikel 346 van het Verdrag betreffende de werking van de Europese Unie van toepassing is of,

b. indien onderdeel a niet van toepassing is, overeenkomstig de bepalingen van de Aanbestedingswet op defensie- en veiligheidsgebied worden geplaatst.
3. Indien een opdracht als bedoeld in het eerste lid objectief gezien deelbaar is, kan het speciale-sectorbedrijf voor de afzonderlijke onderdelen afzonderlijke opdrachten plaatsen, of één algemene opdracht plaatsen.
4. Het speciale-sectorbedrijf dat voor de afzonderlijke onderdelen afzonderlijke opdrachten plaatst, past voor elk van die afzonderlijke opdrachten de bepalingen toe, welke op grond van de kenmerken van het betrokken afzonderlijke onderdeel daarop dienen te worden toegepast.
5. Indien het speciale-sectorbedrijf één algemene opdracht plaatst, worden de toepasselijke bepalingen vastgesteld op grond van de volgende criteria:
a. indien een bepaald onderdeel van de opdracht onder artikel 346 van het Verdrag betreffende de werking van de Europese Unie valt, kan de opdracht zonder toepassing van deze wet worden geplaatst, mits de plaatsing van één opdracht op objectieve gronden gerechtvaardigd is;
b. indien een bepaald onderdeel van de opdracht onder de bepalingen van de Aanbestedingswet op defensie- en veiligheidsgebied valt, kan de opdracht overeenkomstig die wet worden geplaatst, mits de plaatsing van één algemene opdracht op objectieve gronden gerechtvaardigd is.
6. Het vijfde lid, onderdeel a, is van toepassing op opdrachten waarop zowel onderdeel a als onderdeel b van dat lid van toepassing zijn.
7. Het speciale-sectorbedrijf plaatst een opdracht als bedoeld in het eerste lid evenwel niet met het oogmerk om zich te onttrekken aan de toepassing van deze 3 van deze wet of de Aanbestedingswet op defensie- en veiligheidsgebied.

Art. 3.10g
1. Het speciale-sectorbedrijf kan een speciale-sectoropdracht voor meerdere activiteiten als bedoeld in artikel 3.10e, eerste lid, onderdeel a, plaatsen overeenkomstig de Aanbestedingswet op defensie- en veiligheidsgebied, indien die wet van toepassing is op een van die activiteiten en op een andere activiteit deel 3 van deze wet. *Opdracht op gebied van defensie- en veiligheidsgebied*
2. Het speciale-sectorbedrijf kan een speciale-sectoropdracht voor meerdere activiteiten als bedoeld in artikel 3.10e, eerste lid, onderdeel a, plaatsen zonder toepassing van deel 3 van deze wet, indien op een van die activiteiten artikel 346 van het Verdrag betreffende de werking van de Europese Unie van toepassing is en op een andere activiteit deel 3 van deze wet.
3. Het speciale-sectorbedrijf kan een speciale-sectoropdracht die voldoet aan het eerste lid zonder toepassing van deel 3 van deze wet plaatsen, indien de opdracht een activiteit bevat waarop deel 3 van deze wet van toepassing is, een activiteit waarop de Aanbestedingswet op defensie- en veiligheidsgebied van toepassing is en daarnaast tevens activiteiten of onderdelen bevat waarop artikel 346 van het Verdrag betreffende de werking van de Europese Unie van toepassing is.
4. Voor de toepassing van het eerste tot en met derde lid geldt dat de plaatsing van een algemene speciale-sectoropdracht voor meerdere activiteiten objectief gerechtvaardigd dient te zijn en niet tot doel heeft een of meer opdrachten van de toepasselijkheid van deel 3 van deze wet uit te zonderen.

Afdeling 3.1.3
Raming van de waarde

§ 3.1.3.1
Algemene bepalingen

Art. 3.11
1. Het speciale-sectorbedrijf raamt de waarde van de voorgenomen speciale-sectoropdracht of prijsvraag overeenkomstig de artikelen 3.12 tot en met 3.19. *Speciale-sectoropdracht/prijsvraag, raming waarde*

2. Artikel 2.14 is van overeenkomstige toepassing.

§ 3.1.3.2
De raming van speciale-sectoropdrachten

Art. 3.12
1. De waarde van een speciale-sectoropdracht wordt geraamd op de waarde op het tijdstip van verzending van de aankondiging van die speciale-sectoropdracht of, indien niet in een aankondiging is voorzien, naar de waarde op het tijdstip waarop de procedure voor de gunning door het speciale-sectorbedrijf wordt ingeleid. *Raming speciale-sectoropdrachten, berekening*
2. Het speciale-sectorbedrijf baseert de berekening van de geraamde waarde van een speciale-sectoropdracht op het totale bedrag, exclusief omzetbelasting, met inbegrip van opties en verlengingen van het contract, zoals uitdrukkelijk vermeld in de aanbestedingsstukken.

A82 art. 3.12a

Aanbestedingswet

3. Het speciale-sectorbedrijf gaat bij de berekening van de waarde van een raamovereenkomst uit van de geraamde waarde van alle voor de duur van de raamovereenkomst voorgenomen speciale-sectoropdrachten.
4. Indien het speciale-sectorbedrijf voorziet in prijzengeld of betalingen aan gegadigden of inschrijvers, berekent hij deze door in de geraamde waarde van de opdracht.

Art. 3.12a

Schakelbepaling

Artikel 2.15a is van overeenkomstige toepassing op een speciale-sectorbedrijf dat uit afzonderlijke operationele eenheden bestaat.

Art. 3.13

Raming speciale-sectoropdrachten, werken

Artikel 2.16 is van overeenkomstige toepassing op de raming van de waarde van een speciale-sectoropdracht voor werken.

Art. 3.14

Raming speciale-sectoropdrachten, diensten

Artikel 2.17 is van overeenkomstige toepassing op de raming van de waarde van een speciale-sectoropdracht voor diensten als bedoeld in dat artikel.

Art. 3.15

Raming speciale-sectoropdrachten, plaatsing in afzonderlijke percelen

1. Indien een voorgenomen werk of een voorgenomen aankoop van diensten kan leiden tot speciale-sectoropdrachten die in afzonderlijke percelen worden geplaatst, neemt het speciale-sectorbedrijf de geraamde totale waarde van deze percelen als grondslag.
2. Indien de samengestelde waarde van de percelen, bedoeld in het eerste lid, gelijk is aan of groter is dan het in de artikelen 3.8, eerste lid, onderdelen a of b, of 3.9a, bedoelde bedrag, is het bij of krachtens deel 3 van deze wet bepaalde van toepassing op de plaatsing van elk perceel.

Art. 3.16

Raming speciale-sectoropdrachten, homogene levering

1. Indien een voorgenomen verkrijging van homogene leveringen kan leiden tot speciale-sectoropdrachten die in afzonderlijke percelen worden geplaatst, neemt het speciale-sectorbedrijf de geraamde totale waarde van deze percelen als grondslag voor de raming.
2. Indien de samengetelde waarde van de percelen, bedoeld in het eerste lid, gelijk is aan of groter is dan het in artikel 3.8, onderdeel a of b, bedoelde bedrag, past het speciale-sectorbedrijf het bij of krachtens deel 3 van deze wet bepaalde toe op de plaatsing van elk perceel.

Art. 3.16a

Waarde percelen

De artikelen 3.15, tweede lid, en 3.16, tweede lid, zijn niet van toepassing op:
a. opdrachten voor werken waarvan de geraamde waarde niet meer bedraagt dan € 1.000.000, exclusief omzetbelasting,
b. opdrachten voor diensten of leveringen waarvan de geraamde waarde niet meer bedraagt dan € 80.000, exclusief omzetbelasting,
mits de totale geraamde waarde van de onder a of b bedoelde percelen gezamenlijk niet meer bedraagt dan 20% van de totale waarde van alle percelen.

Art. 3.17

Raming speciale-sectoropdrachten, leasing/huurkoop

Het speciale-sectorbedrijf raamt de waarde van speciale-sectoropdrachten voor leveringen die betrekking hebben op leasing, huurkoop of huurkoop van producten met overeenkomstige toepassing van de in artikel 2.20, onderdeel a en b, bedoelde grondslag.

Art. 3.18

Raming speciale-sectoropdrachten, regelmatig te verrichten leveringen/diensten

Het speciale-sectorbedrijf raamt de waarde van speciale-sectoropdrachten voor leveringen of voor diensten die met een zekere regelmaat worden verricht of die het speciale-sectorbedrijf gedurende een bepaalde periode wil hernieuwen, met overeenkomstige toepassing van de in artikel 2.21, onderdelen a of b, bedoelde grondslag.

Art. 3.19

Raming speciale-sectoropdrachten, zowel leveringen als diensten

Het speciale-sectorbedrijf raamt de waarde van speciale-sectoropdrachten die zowel leveringen als diensten betreffen op basis van de totale waarde van de leveringen en diensten gezamenlijk, ongeacht het respectieve aandeel ervan, en met de waarde van plaatsing en installatie daarin begrepen.

§ 3.1.3.3
De raming van dynamische aankoopsystemen, innovatiepartnerschappen en prijsvragen

Art. 3.20

Raming speciale-sectoropdrachten, dynamisch aankoopsysteem/prijsvragen

1. De artikelen 3.12 tot en met 3.19 zijn van overeenkomstige toepassing op de raming van de waarde van een dynamisch aankoopsysteem, een innovatiepartnerschap of een uit te reiken prijs.
2. In aanvulling op het eerste lid:
a. gaat het speciale-sectorbedrijf bij de berekening van de waarde van een dynamisch aankoopsysteem uit van de geraamde waarde van alle voor de totale duur van het dynamisch aankoopsysteem voorgenomen speciale-sectoropdrachten;
b. gaat het speciale-sectorbedrijf bij de berekening van de waarde van een innovatiepartnerschap uit van de geraamde maximale waarde van de onderzoeks- en ontwikkelingsactiviteiten die

zullen plaatsvinden in alle stadia van het voorgenomen partnerschap, alsmede van de leveringen, diensten of werken die aan het einde van het voorgenomen partnerschap zullen worden ontwikkeld en verworven;
c. berekent het speciale-sectorbedrijf dat voorziet in prijzengeld of betalingen aan gegadigden of inschrijvers deze door in de geraamde waarde;
d. wordt, indien het speciale-sectorbedrijf in de voorschriften van de prijsvraag niet uitsluit dat gunning van de speciale-sectoropdracht geschiedt volgens de onderhandelingsprocedure zonder aankondiging met toepassing van artikel 3.38, aanhef, eerste lid, onderdeel e, bij de bepaling van het totale bedrag van het prijzengeld of de vergoeding aan de deelnemers de waarde meegerekend van de speciale-sectoropdracht die later kan worden gegund.

Afdeling 3.1.4
Uitgezonderde speciale-sectoropdrachten en prijsvragen

Art. 3.21
1. De artikelen 3.1 tot en met 3.6 zijn niet van toepassing op activiteiten als bedoeld in die artikelen:
a. die van het toepassingsgebied van richtlijn 2014/25/EU zijn uitgezonderd op grond van een uitvoeringshandeling van de Europese Commissie als bedoeld in artikel 35, derde lid, onderdeel a, van die richtlijn, of
b. ten aanzien van welke de Europese Commissie binnen de termijn, genoemd in artikel 35, derde lid, onderdeel b, van richtlijn 2014/25/EU geen uitvoeringshandeling over de toepassing van artikel 34, eerste lid, van die richtlijn heeft vastgesteld.
2. Een speciale-sectorbedrijf kan de Europese Commissie verzoeken te bepalen dat artikel 34, eerste lid, van richtlijn 2014/25/EU van toepassing is. Het speciale-sectorbedrijf doet mededeling van het verzoek aan Onze Minister.
3. Onze Minister doet mededeling in de Staatscourant van een vastgestelde uitvoeringshandeling, onderdeel a, dan wel van niet vaststellen van een uitvoeringshandeling binnen de in het eerste lid, onderdeel b, bedoelde termijn.

Speciale-sectoropdrachten/prijsvragen, uitzonderingen

Art. 3.22
1. In afwijking van de artikelen 3.1 tot en met 3.6 is het bij of krachtens deel 3 van deze wet bepaalde niet van toepassing op speciale-sectoropdrachten en prijsvragen voor diensten:
a. die door speciale-sectorbedrijven op het gebied van defensie en veiligheid worden geplaatst en die vallen onder de reikwijdte van artikel 346 van het Verdrag betreffende de werking van de Europese Unie;
b. die geheim zijn verklaard of waarvan de uitvoering overeenkomstig de geldende wettelijke en bestuursrechtelijke bepalingen met bijzondere veiligheidsmaatregelen gepaard moet gaan dan wel indien de bescherming van de wezenlijke belangen van het land zulks vereist en de wezenlijke belangen van veiligheid van het land niet met minder ingrijpende maatregelen kunnen worden gewaarborgd;
c. waaraan defensie- of veiligheidsaspecten verbonden zijn waarvoor andere, internationale procedurevoorschriften gelden en die worden geplaatst op grond van een internationale overeenkomst of afspraak tussen het Koninkrijk der Nederlanden en een of meer derde landen of deelgebieden daarvan overeenkomstig het Verdrag betreffende de werking van de Europese Unie, betreffende:
1°. werken of leveringen die bestemd zijn voor gemeenschappelijke verwezenlijking of exploitatie van een werk door een van de ondertekenende staten;
2°. diensten die bestemd zijn voor gemeenschappelijke verwezenlijking of exploitatie van een project door de ondertekenende staten;
d. waaraan defensie- of veiligheidsaspecten verbonden zijn waarvoor andere, internationale procedurevoorschriften gelden en die worden geplaatst op grond van een in verband met de legering van strijdkrachten gesloten internationale overeenkomst of regeling betreffende ondernemingen in Nederland of in een derde land;
e. waarvoor andere procedurevoorschriften gelden en die worden geplaatst volgens de specifieke procedure van een internationale organisatie;
f. waarvoor andere procedurevoorschriften van een internationale organisatie of internationale financiële instelling gelden en die volledig door deze organisatie of instelling worden gefinancierd;
g. waarvoor andere procedurevoorschriften gelden en die worden geplaatst op grond van een juridisch instrument dat internationaalrechtelijke verplichtingen schept, overeenkomstig het Verdrag betreffende de Europese Unie en het Verdrag betreffende de werking van de Europese Unie, betreffende:
1°. werken of leveringen die bestemd zijn voor gemeenschappelijke verwezenlijking of exploitatie van een werk door de ondertekenende staten;

Geheime opdrachten met defensie- en veiligheidsaspecten

A82 art. 3.23 — Aanbestedingswet

2°. diensten die bestemd zijn voor de gemeenschappelijke verwezenlijking of exploitatie van een project door de ondertekenende staten.
2. Een speciale-sectorbedrijf brengt een internationale overeenkomst of afspraak en een juridisch instrument als bedoeld in het eerste lid, onderdeel c of g, ter kennis van de Europese Commissie.
3. Indien een speciale-sectoropdracht of prijsvraag voor het grootste deel door een internationale organisatie of een internationale financiële instelling wordt gefinancierd, komen de partijen overeen welke procedure wordt toegepast.

Art. 3.23

Wederverkoop of verhuur

1. In afwijking van de artikelen 3.1 tot en met 3.6 is het bij of krachtens deel 3 van deze wet bepaalde niet van toepassing op:
a. speciale-sectoropdrachten die worden geplaatst voor wederverkoop of verhuur aan derden, indien het speciale-sectorbedrijf niet een bijzonder of uitsluitend recht bezit om het voorwerp van de opdracht te verkopen of te verhuren en het anderen vrijstaat dit voorwerp te verkopen of te verhuren op dezelfde voorwaarden als het speciale-sectorbedrijf;
b. speciale-sectoropdrachten en prijsvragen die worden geplaatst onderscheidenlijk uitgeschreven buiten het grondgebied van de Europese Unie in omstandigheden waarbij geen sprake is van fysieke exploitatie van een net of van fysieke exploitatie van een geografisch gebied binnen de Europese Unie.
2. Het speciale-sectorbedrijf doet de Europese Commissie op haar verzoek mededeling van de categorieën van producten en activiteiten die het ingevolge het eerste lid, onderdeel a, of de opdrachten en prijsvragen die het ingevolge het eerste lid, onderdeel b, als uitgesloten beschouwt.
3. Het speciale-sectorbedrijf wijst de Europese Commissie bij de mededeling, bedoeld in het tweede lid, op alle gevoelige commerciële informatie en verzoekt de Europese Commissie daarmee rekening te houden.

Art. 3.23a

Speciale-sectoropdrachten, gunning aan ander rechtspersoon

1. In afwijking van de artikelen 3.1 tot en met 3.6 is het bij of krachtens deel 3 van deze wet bepaalde niet van toepassing op het plaatsen van speciale-sectoropdrachten die door een aanbestedende dienst aan een andere rechtspersoon wordt gegund, indien:
a. de aanbestedende dienst op die rechtspersoon toezicht uitoefent zoals op zijn eigen diensten of indien een andere rechtspersoon dan de aanbestedende dienst op die rechtspersoon toezicht uitoefent, waarbij de aanbestedende dienst toezicht houdt op de andere rechtspersoon zoals op zijn eigen diensten,
b. meer dan 80% van de activiteiten van de gecontroleerde rechtspersoon wordt uitgeoefend in de vorm van taken die hem zijn toegewezen door de controlerende aanbestedende dienst of door andere, door diezelfde aanbestedende dienst gecontroleerde rechtspersonen, en
c. er geen directe participatie van privékapitaal is in de gecontroleerde rechtspersoon, met uitzondering van vormen van participatie van privékapitaal die geen controle of blokkerende macht inhouden, die vereist zijn krachtens nationale regelgeving welke verenigbaar is met het Verdrag betreffende de Europese Unie en het Verdrag betreffende de werking van de Europese Unie en door middel waarvan geen beslissende invloed kan worden uitgeoefend op de gecontroleerde rechtspersoon.
2. In afwijking van de artikelen 3.8 en 3.9 is het bij of krachtens deel 3 van deze wet bepaalde niet van toepassing op het plaatsen van speciale-sectoropdrachten, indien een gecontroleerde rechtspersoon als bedoeld in het eerste lid die tevens een aanbestedende dienst is, een speciale-sectoropdracht gunt aan de aanbestedende dienst die hem controleert of aan een andere rechtspersoon die door dezelfde aanbestedende dienst wordt gecontroleerd, mits er geen directe participatie van privékapitaal is in de rechtspersoon aan wie de speciale-sectoropdracht wordt gegund, met uitzondering van vormen van participatie die geen controle of blokkerende macht inhouden, die vereist zijn krachtens nationale regelgeving welke verenigbaar is met het Verdrag betreffende de Europese Unie en het Verdrag betreffende de werking van de Europese Unie en door middel waarvan geen beslissende invloed kan worden uitgeoefend op de gecontroleerde rechtspersoon.
3. Een aanbestedende dienst oefent op een rechtspersoon toezicht uit zoals op zijn eigen diensten als bedoeld in het eerste lid, onderdeel a, indien hij zowel op strategische doelstellingen als op belangrijke beslissingen van de gecontroleerde rechtspersoon een beslissende invloed uitoefent.
4. Het percentage, genoemd in het eerste lid, onderdeel b, wordt bepaald op basis van de gemiddelde omzet of een geschikte alternatieve op activiteit gebaseerde maatstaf, zoals de kosten die door de betrokken rechtspersoon of de aanbestedende dienst zijn gemaakt met betrekking tot diensten, leveringen en werken, over de laatste drie jaren voorafgaand aan de gunning van de speciale-sectoropdracht.
5. Indien de gemiddelde totale omzet of activiteit gebaseerde maatstaf als bedoeld in het vierde lid, over de laatste drie jaren niet beschikbaar of niet langer relevant is in verband met de datum van oprichting of aanvang van de bedrijfsactiviteiten van die rechtspersoon of aanbestedende dienst of in verband met een reorganisatie van zijn activi-

teiten, kan door middel van bedrijfsprognoses worden aangetoond dat de berekening van de activiteit aannemelijk is.

Art. 3.23b
1. In afwijking van de artikelen 3.1 tot en met 3.6 is het bij of krachtens deel 3 van deze wet bepaalde niet van toepassing op het plaatsen van speciale-sectoropdrachten die door een aanbestedende dienst aan een andere rechtspersoon wordt gegund, indien:

Speciale-sectoropdrachten, gezamenlijk toezicht

a. de aanbestedende dienst samen met andere aanbestedende diensten op die rechtspersoon toezicht uitoefent zoals op hun eigen diensten,

b. meer dan 80% van de activiteiten van de gecontroleerde rechtspersoon de uitvoering van de taken behelst die hem zijn toegewezen door de controlerende aanbestedende diensten of door andere, door diezelfde aanbestedende diensten gecontroleerde rechtspersonen, en

c. er geen directe participatie van privékapitaal is in de gecontroleerde rechtspersoon, met uitzondering van vormen van participatie van privékapitaal die geen controle of blokkerende macht inhouden, die vereist zijn krachtens nationale regelgeving welke verenigbaar is met het Verdrag betreffende de Europese Unie en het Verdrag betreffende de werking van de Europese Unie en door middel waarvan geen beslissende invloed kan worden uitgeoefend op de gecontroleerde rechtspersoon.

2. Aanbestedende diensten worden geacht op een rechtspersoon gezamenlijk toezicht uit te oefenen als bedoeld in het eerste lid, onderdeel a, indien:

a. de besluitvormingsorganen van de gecontroleerde rechtspersoon zijn samengesteld uit vertegenwoordigers van alle deelnemende aanbestedende diensten, waarbij individuele vertegenwoordigers verscheidene of alle deelnemende aanbestedende diensten kunnen vertegenwoordigen,

b. deze aanbestedende diensten in staat zijn gezamenlijk beslissende invloed uit te oefenen op de strategische doelstellingen en belangrijke beslissingen van de gecontroleerde rechtspersoon, en

c. de gecontroleerde rechtspersoon geen belangen nastreeft die in strijd zijn met de belangen van de controlerende aanbestedende diensten.

3. Op het percentage, genoemd in het eerste lid, onderdeel b, is artikel 3.23a, vierde en vijfde lid, van overeenkomstige toepassing.

Art. 3.23c
1. In afwijking van de artikelen 3.1 tot en met 3.6 is het bij of krachtens deel 3 van deze wet bepaalde niet van toepassing op het plaatsen van speciale-sectoropdrachten die uitsluitend tussen twee of meer aanbestedende diensten worden gegund, indien:

Samenwerkingsverband aanbestedende diensten

a. de speciale-sectoropdracht voorziet in of uitvoering geeft aan samenwerking tussen de deelnemende aanbestedende diensten om te bewerkstelligen dat de openbare diensten die zij moeten uitvoeren, worden verleend met het oog op de verwezenlijking van hun gemeenschappelijke doelstellingen,

b. de invulling van die samenwerking berust uitsluitend op overwegingen in verband met het openbaar belang, en

c. de deelnemende aanbestedende diensten op de open markt niet meer dan 20% van de onder die samenwerking vallende activiteiten voor hun rekening nemen.

2. Op het percentage, genoemd in het eerste lid, onderdeel c, is artikel 3.23a, vierde en vijfde lid, van overeenkomstige toepassing.

Art. 3.24
1. Het bij of krachtens deel 3 van deze wet bepaalde is niet van toepassing op het plaatsen van speciale-sectoropdrachten door het speciale-sectorbedrijf bij een met dat bedrijf verbonden onderneming, of door een gemeenschappelijke onderneming, uitsluitend bestaande uit speciale-sectorbedrijven, bij een onderneming die met een van de betrokken speciale-sectorbedrijven is verbonden, indien:

Speciale-sectoropdrachten bij een verbonden onderneming

a. voor speciale-sectoropdrachten voor diensten ten minste 80% van de gemiddelde totale omzet die de verbonden onderneming heeft behaald, rekening houdend met alle diensten die zij de laatste drie jaar heeft verleend, afkomstig is van het verlenen van diensten aan het speciale-sectorbedrijf of ondernemingen waarmee zij is verbonden;

b. voor speciale-sectoropdrachten voor leveringen, ten minste 80% van de gemiddelde totale omzet die de verbonden onderneming heeft behaald, rekening houdend met alle leveringen die zij de laatste drie jaar heeft verricht, afkomstig is van het verrichten van leveringen aan het speciale-sectorbedrijf of ondernemingen waarmee zij is verbonden;

c. voor speciale-sectoropdrachten voor werken, ten minste 80% van de gemiddelde totale omzet die de verbonden onderneming heeft behaald, rekening houdend met alle werken die zij de laatste drie jaar heeft verricht, afkomstig is van het verrichten van werken aan het speciale-sectorbedrijf of ondernemingen waarmee zij is verbonden.

2. Indien in verband met de datum van oprichting of de aanvang van de bedrijfsactiviteiten van de verbonden onderneming geen gegevens beschikbaar zijn omtrent de omzet in de drie jaren, voorafgaande aan het plaatsen van de opdracht, voldoet de verbonden onderneming aan

de in het eerste lid bedoelde eis indien zij aannemelijk kan maken dat die omzet in de komende periode wordt behaald.

3. Indien dezelfde of soortgelijke werken, leveringen of diensten worden verricht door meer dan één onderneming die verbonden is met het speciale-sectorbedrijf waarmee zij een economische groep vormen, wordt het in het eerste lid bedoelde percentage berekend op grond van de totale omzet van deze verbonden ondernemingen, afkomstig van die werken, leveringen of diensten.

4. Voor de toepassing van dit artikel wordt onder verbonden onderneming verstaan:
   a. een onderneming waarvan de jaarrekening is geconsolideerd met die van het speciale-sectorbedrijf overeenkomstig de voorschriften van richtlijn 2013/34/EU van het Europees Parlement en de Raad van 26 juni 2013 betreffende de jaarlijkse financiële overzichten, geconsolideerde financiële overzichten en aanverwante verslagen van bepaalde ondernemingsvormen, tot wijziging van richtlijn 2006/43/EG van het Europees Parlement en de Raad en tot intrekking van richtlijnen 78/660/EEG en 83/349/EEG van de Raad (PbEU 2013, L 182), of
   b. ingeval het speciale-sectorbedrijf niet onder de in onderdeel a bedoelde richtlijn valt, een onderneming:
   1°. waarop het speciale-sectorbedrijf direct of indirect overheersende invloed kan uitoefenen,
   2°. die een overheersende invloed op een speciale-sectorbedrijf kan uitoefenen, of
   3°. die, gezamenlijk met het speciale-sectorbedrijf, is onderworpen aan de overheersende invloed van een andere onderneming uit hoofde van eigendom, financiële deelneming of op haar van toepassing zijnde voorschriften.

5. Overheersende invloed als bedoeld in het vierde lid wordt vermoed indien een speciale-sectorbedrijf, al dan niet rechtstreeks, ten aanzien van die onderneming:
   a. de meerderheid van het geplaatste kapitaal bezit,
   b. over de meerderheid van de stemmen beschikt die aan de door de onderneming uitgegeven aandelen zijn verbonden, of
   c. meer dan de helft van de leden van het bestuurs-, leidinggevend of toezichthoudend orgaan van de onderneming kan benoemen.

Art. 3.25

Gemeenschappelijke onderneming

1. Het bij of krachtens deel 3 van deze wet bepaalde is niet van toepassing op het plaatsen van speciale-sectoropdrachten:
   a. door een gemeenschappelijke onderneming, uitsluitend bestaande uit speciale-sectorbedrijven, bij een van die speciale-sectorbedrijven, of
   b. door een speciale-sectorbedrijf bij een gemeenschappelijke onderneming waarvan zij zelf deel uitmaakt, indien die gemeenschappelijke onderneming is opgericht om de desbetreffende activiteit uit te oefenen gedurende ten minste drie jaar en de oprichtingsakte van die onderneming bepaalt dat de speciale-sectorbedrijven waaruit zij bestaat, ten minste drie jaar deel zullen uitmaken van die onderneming.

Art. 3.26

Speciale-sectoropdrachten/prijsvragen, mededeling uitzondering aan Europese Commissie

Het speciale-sectorbedrijf doet de Europese Commissie op haar verzoek mededeling van de toepassing van de artikelen 3.24 en 3.25 met betrekking tot:
a. de namen van de betrokken ondernemingen of gemeenschappelijke ondernemingen;
b. de aard en de waarde van de desbetreffende speciale-sectoropdrachten;
c. de gegevens die de Europese Commissie nodig acht voor het bewijs dat de betrekkingen tussen het speciale-sectorbedrijf en de onderneming of de gemeenschappelijke onderneming bij welke de opdrachten worden geplaatst, aan de eisen, bedoeld in de artikelen 3.24 en 3.25, voldoen.

Art. 3.27

Speciale-sectoropdrachten/prijsvragen voor diensten, uitzonderingen

Het bij of krachtens deel 3 van deze wet bepaalde is niet van toepassing op speciale-sectoropdrachten voor diensten:
a. betreffende de verwerving of huur, ongeacht de financiële modaliteiten ervan, van grond, bestaande gebouwen of andere onroerende zaken of betreffende rechten hierop;
b. van arbitrage en bemiddeling;
c. op financieel gebied betreffende de uitgifte, aankoop, verkoop of overdracht van effecten als bedoeld in artikel 1:1 van de Wet op het financieel toezicht of andere financiële instrumenten en door de centrale banken verleende diensten en activiteiten die zijn uitgevoerd in het kader van de Europese faciliteit voor financiële stabiliteit en het Europees stabiliteitsmechanisme;
d. inzake arbeidsovereenkomsten;
e. voor onderzoek en ontwikkeling, met uitzondering van opdrachten die vallen onder de CPV-codes, genoemd in artikel 32, aanhef, van richtlijn 2014/25/EU en waarvan de resultaten in hun geheel aan het speciale-sectorbedrijf toekomen voor gebruik ervan bij de uitoefening van zijn eigen werkzaamheden, mits de dienstverrichting geheel door het speciale-sectorbedrijf wordt betaald;
f. op juridisch gebied betreffende:

1°. de vertegenwoordiging in rechte van een cliënt in een arbitrage- of bemiddelingsprocedure in een lidstaat van de Europese Unie, in een derde land of voor een internationale arbitrage- of bemiddelingsinstantie of, in een procedure voor een rechter of overheidsinstantie van een lidstaat van de Europese Unie of van een derde land of voor een internationale rechter of instantie door een persoon die gerechtigd is deze werkzaamheden uit te oefenen onder de benaming advocaat of een daarmee overeenkomstige benaming in een lidstaat van de Europese Unie, in een andere staat die partij is bij de Overeenkomst betreffende de Europese Economische Ruimte of in Zwitserland;
2°. advies dat wordt gegeven ter voorbereiding van de procedures, bedoeld onder 1°, of indien er concrete aanwijzingen zijn en er een grote kans bestaat dat over de kwestie waarop het advies betrekking heeft, een dergelijke procedure zal worden gevoerd, mits het advies is gegeven door een persoon die gerechtigd is deze werkzaamheden uit te oefenen onder de benaming advocaat of een daarmee overeenkomstige benaming in een lidstaat van de Europese Unie, in een andere staat die partij is bij de Overeenkomst betreffende de Europese Economische Ruimte of in Zwitserland;
3°. het waarmerken en voor echt verklaren van documenten door een notaris;
4°. de juridische dienstverlening door trustees of aangewezen voogden, of andere juridische dienstverlening waarbij de aanbieders door een rechterlijke instantie van de betrokken lidstaat van de Europese Unie of van rechtswege, aangewezen zijn om specifieke taken te verrichten onder toezicht van die rechterlijke instanties;
5°. andere juridische diensten die in de betrokken lidstaat van de Europese Unie al dan niet incidenteel verband houden met de uitoefening van het openbaar gezag;
g. betreffende leningen, al dan niet in samenhang met de uitgifte, de aankoop, de verkoop of de overdracht van effecten of andere financiële instrumenten;
h. betreffende civiele verdediging, civiele bescherming en risicopreventie die worden verleend door non-profitorganisaties en -verenigingen en die vallen onder de CPV-codes, genoemd in artikel 21, onderdeel h, van richtlijn 2014/25/EU met uitzondering van ziekenvervoer per ambulance;
i. opdrachten betreffende zendtijd of betreffende de levering van programma's als bedoeld in artikel 1, eerste lid, onder b, van richtlijn 2010/13/EU of van radiomateriaal, die worden gegund aan aanbieders van audiovisuele mediadiensten als bedoeld in artikel 1, eerste lid, onder d, van richtlijn 2010/13/EU of van radio-omroepdiensten.

Art. 3.28
Het bij of krachtens deel 3 van deze wet bepaalde is niet van toepassing op speciale-sectoropdrachten die door een speciale-sectorbedrijf worden gegund aan een ander speciale-sectorbedrijf of een samenwerkingsverband van speciale-sectorbedrijven op basis van een uitsluitend recht dat aan dat andere speciale-sectorbedrijf of het desbetreffende samenwerkingsverband is verleend, mits dit uitsluitend recht verenigbaar is met het Verdrag betreffende de werking van de Europese Unie.

Gunning aan ander speciale-sectorbedrijf

Art. 3.29
Het bij of krachtens deel 3 van deze wet bepaalde is niet van toepassing op het plaatsen van speciale-sectoropdrachten voor de aankoop van water door een speciale-sectorbedrijf dat een activiteit als bedoeld in artikel 3.3 uitoefent.

Aankoop water

Art. 3.30
Het bij of krachtens deel 3 van deze wet bepaalde is niet van toepassing op het plaatsen van speciale-sectoropdrachten voor de levering van energie of brandstof voor energieopwekking door een speciale-sectorbedrijf dat een activiteit als bedoeld in artikel 3.1 of artikel 3.2 uitoefent.

Levering energie

Art. 3.30a
Het bij of krachtens deel 3 van deze wet bepaalde is niet van toepassing op het plaatsen van speciale-sectoropdrachten of prijsvragen voor diensten waarop:
a. de Aanbestedingswet op defensie- en veiligheidsgebied van toepassing is;
b. de Aanbestedingswet op defensie- en veiligheidsgebied niet van toepassing is ingevolge de artikelen 2.3, 2.16 en 2.17 van die wet.

Defensie- en veiligheidsgebied

Art. 3.31
[Vervallen]

Hoofdstuk 3.2
Procedures voor het plaatsen van speciale-sectoropdrachten

Afdeling 3.2.1
Algemene procedures

§ 3.2.1.1
Algemeen

Art. 3.32

Speciale-sectoropdrachten, openbare/niet-openbare procedure

Het speciale-sectorbedrijf past voor het plaatsen van een opdracht één van de procedures in deze afdeling, al dan niet na marktconsultatie toe.

§ 3.2.1.2
Openbare procedure

Art. 3.33

Stappen openbare procedure

Het speciale-sectorbedrijf dat de openbare procedure toepast doorloopt de volgende stappen. Het speciale-sectorbedrijf:
a. maakt een aankondiging van de speciale-sectoropdracht bekend;
b. toetst of een inschrijver voldoet aan de door het speciale-sectorbedrijf gestelde eisen of de erkenningsregeling;
c. toetst of de inschrijvingen voldoen aan de door het speciale-sectorbedrijf gestelde technische specificaties, eisen en normen;
d. beoordeelt de geldige inschrijvingen aan de hand van het door het speciale-sectorbedrijf gestelde gunningscriterium, bedoeld in artikel 2.114 en de nadere criteria, bedoeld in artikel 2.115;
e. deelt de gunningsbeslissing mee;
f. kan de overeenkomst sluiten;
g. maakt de aankondiging van de gegunde opdracht bekend.

§ 3.2.1.3
Niet-openbare procedure

Art. 3.34

Stappen niet-openbare procedure

Het speciale-sectorbedrijf dat de niet-openbare procedure toepast doorloopt de volgende stappen. Het speciale-sectorbedrijf:
a. maakt een aankondiging van de speciale-sectoropdracht bekend;
b. toetst of een gegadigde voldoet aan de door het speciale-sectorbedrijf gestelde eisen of de erkenningsregeling;
c. nodigt de niet-uitgesloten of niet-afgewezen gegadigden uit om een inschrijving in te dienen;
d. toetst of de inschrijvingen voldoen aan de door het speciale-sectorbedrijf gestelde technische specificaties, eisen en normen;
e. beoordeelt de geldige inschrijvingen aan de hand van het door het speciale-sectorbedrijf gestelde gunningscriterium en de nadere criteria, bedoeld in artikel 2.115;
f. deelt de gunningsbeslissing mee;
g. kan de overeenkomst sluiten;
h. maakt de aankondiging van de gegunde opdracht bekend.

§ 3.2.1.4
Concurrentiegerichte dialoog

Art. 3.34a

Concurrentiegerichte dialoog

Het speciale-sectorbedrijf dat de procedure van de concurrentiegerichte dialoog toepast doorloopt de volgende stappen. Het speciale-sectorbedrijf:
a. maakt een aankondiging van de speciale-sectoropdracht bekend;
b. toetst of een gegadigde voldoet aan de door het speciale-sectorbedrijf gestelde eisen of de erkenningsregeling;
c. beoordeelt de niet-afgewezen gegadigden aan de hand van de door de het speciale-sectorbedrijf gestelde selectiecriteria;
d. nodigt de geselecteerde gegadigden uit tot deelneming aan de dialoog;
e. houdt met de geselecteerde gegadigden een dialoog met het doel te bepalen welke middelen geschikt zijn om zo goed mogelijk aan de behoeften van het speciale-sectorbedrijf te voldoen en maakt een keuze welke oplossing of oplossingen aan zijn behoeften kunnen voldoen;

Aanbestedingswet **A82 art. 3.35b**

f. verzoekt de deelnemers aan de dialoog hun inschrijving in te dienen;
g. toetst of de inschrijvingen voldoen aan de tijdens de dialoog voorgelegde en gespecificeerde oplossing of oplossingen;
h. beoordeelt de geldige inschrijvingen aan de hand van het gunningscriterium de economisch meest voordelige inschrijving op basis van de beste prijs-kwaliteitverhouding en de door het speciale-sectorbedrijf gestelde nadere criteria, bedoeld in artikel 2.115;
i. deelt de gunningsbeslissing mee;
j. kan de overeenkomst sluiten;
k. maakt de aankondiging van de gegunde opdracht bekend.

§ 3.2.1.5
Onderhandelingsprocedure met aankondiging

Art. 3.35
Het speciale-sectorbedrijf dat de onderhandelingsprocedure met aankondiging toepast doorloopt de volgende stappen. Het speciale-sectorbedrijf:
a. maakt een aankondiging van de speciale-sectoropdracht bekend;
b. toetst of een gegadigde voldoet aan de door het speciale-sectorbedrijf gestelde objectieve criteria of de erkenningsregeling;
c. toetst of een niet uitgesloten gegadigde voldoet aan de door het speciale-sectorbedrijf gestelde geschiktheidseisen;
d. kan met de niet-uitgesloten of niet-afgewezen gegadigden in overleg treden;
e. nodigt de niet uitgesloten of niet afgewezen gegadigden uit tot inschrijving;
f. toetst of de inschrijvingen voldoen aan de door het speciale-sectorbedrijf gestelde technische specificaties, eisen en normen;
g. kan met de inschrijvers in overleg treden;
h. kan de inschrijvers vragen de inschrijving aan te vullen of een nieuwe inschrijving te doen;
i. beoordeelt de geldige inschrijvingen aan de hand van het door het speciale-sectorbedrijf gestelde gunningscriterium, bedoeld in artikel 2.114, en de nadere criteria, bedoeld in artikel 2.115;
j. onderhandelt met de inschrijvers;
k. deelt de gunningsbeslissing mee;
l. kan de overeenkomst sluiten;
m. maakt de aankondiging van de gegunde opdracht bekend.

Speciale-sectoropdrachten, onderhandelingsprocedure met aankondiging

§ 3.2.1.6
Procedure van het innovatiepartnerschap

Art. 3.35a
Het speciale-sectorbedrijf kan de procedure van het innovatiepartnerschap toepassen voor een speciale-sectoropdracht die is gericht op de ontwikkeling en aanschaf van een innovatief product of werk of een innovatieve dienst welke niet reeds op de markt beschikbaar is.

Innovatiepartnerschap

Art. 3.35b
Het speciale-sectorbedrijf dat de procedure van het innovatiepartnerschap toepast doorloopt de volgende stappen. Het speciale-sectorbedrijf:
a. maakt een aankondiging van de speciale-sectoropdracht bekend;
b. toetst of een gegadigde voldoet aan de door het speciale-sectorbedrijf gestelde eisen of de erkenningsregeling;
c. beoordeelt de niet-afgewezen gegadigden aan de hand van de door het speciale-sectorbedrijf gestelde selectiecriteria;
d. nodigt de geselecteerde gegadigden uit tot het doen van een eerste inschrijving;
e. onderhandelt met de inschrijvers over hun eerste en daaropvolgende inschrijvingen, met uitzondering van de definitieve inschrijving, om de inhoud ervan te verbeteren, met dien verstande dat niet wordt onderhandeld over de gunningscriteria en de minimumeisen;
f. beoordeelt de definitieve inschrijvingen aan de hand van door het speciale-sectorbedrijf gestelde minimumeisen en het door hem gestelde gunningscriterium van de economisch meest voordelige inschrijving op basis van de beste prijs-kwaliteitverhouding, en de nadere criteria, bedoeld in artikel 2.115;
g. deelt de gunningsbeslissing mee;
h. kan de overeenkomst sluiten;
i. maakt de aankondiging van de gegunde speciale-sectoropdracht bekend.

Procedure innovatiepartnerschap

§ 3.2.1.7
Onderhandelingsprocedure zonder aankondiging

Art. 3.36

Speciale-sectoropdrachten, onderhandelingsprocedure zonder aankondiging

1. Het speciale-sectorbedrijf kan de onderhandelingsprocedure zonder aankondiging toepassen indien:

a. bij toepassing van de openbare of niet-openbare procedure, de onderhandelingsprocedure met aankondiging, de concurrentiegerichte dialoog of het innovatiepartnerschap geen of geen geschikte inschrijvingen of geen of geen geschikte verzoeken tot deelneming zijn ingediend en de oorspronkelijke voorwaarden van de opdracht niet wezenlijk worden gewijzigd;

b. een opdracht uitsluitend ten behoeve van onderzoek, proefneming, studie of ontwikkeling wordt geplaatst en zonder winstoogmerk dan wel de kosten van onderzoek en ontwikkeling te dekken, voor zover de plaatsing van een dergelijke opdracht niet verhindert dat een aankondiging wordt gedaan voor latere opdrachten die dit doel in het bijzonder beogen;

c. de speciale-sectoropdracht slechts door een bepaalde ondernemer kan worden verricht, omdat:

1°. de aanbesteding als doel heeft het vervaardigen of verwerven van een uniek kunstwerk of een unieke artistieke prestatie,

2°. mededinging om technische redenen ontbreekt, of

3°. uitsluitende rechten, met inbegrip van intellectuele-eigendomsrechten, moeten worden beschermd en geen redelijk alternatief of substituut bestaat;

d. voor zover zulks strikt noodzakelijk is, ingeval de termijnen van de niet-openbare procedure, de openbare procedure of de onderhandelingsprocedure met aankondiging wegens dwingende spoed niet in acht kunnen worden genomen als gevolg van gebeurtenissen die door het speciale-sectorbedrijf niet konden worden voorzien en niet aan het speciale-sectorbedrijf zijn te wijten.

2. Voor de toepassing van het eerste lid, onderdeel a, wordt:

a. een inschrijving ongeschikt geacht indien zij niet relevant is voor de speciale-sectoropdracht, omdat zij, zonder ingrijpende wijzigingen, kennelijk niet voorziet in de in de aanbestedingsstukken omschreven behoeften en eisen van het speciale-sectorbedrijf;

b. een verzoek tot deelneming ongeschikt geacht indien de betrokken onderneming overeenkomstig artikel 3.65, derde tot en met het vijfde lid, moet of kan worden uitgesloten of niet aan de selectiecriteria, bedoeld in artikel 3.65, tweede lid, voldoet.

3. Het eerste lid, onderdeel c, onder 2° en 3° is uitsluitend van toepassing indien er geen redelijk alternatief of substituut bestaat en het ontbreken van mededinging niet het gevolg is van een kunstmatige beperking van de voorwaarden van de aanbesteding.

Art. 3.37

Onderhandelingsprocedure zonder aankondiging, aanvullende leveringen of werken

Het speciale-sectorbedrijf kan de onderhandelingsprocedure zonder aankondiging toepassen voor door de oorspronkelijke leverancier verrichte aanvullende leveringen die bestemd zijn:

a. voor gedeeltelijke vernieuwing van gebruikte leveringen of installaties, of

b. voor de uitbreiding van bestaande leveringen of installaties, indien verandering van leverancier het speciale-sectorbedrijf ertoe zou verplichten apparatuur aan te schaffen met andere technische eigenschappen die niet verenigbaar zijn met de technische eigenschappen van reeds geleverde apparatuur of bij gebruik en onderhoud van de aan te schaffen apparatuur onevenredige technische moeilijkheden voordoen.

Art. 3.38

Toepassingsbereik onderhandelingsprocedure zonder aankondiging

1. Het speciale-sectorbedrijf kan de onderhandelingsprocedure zonder aankondiging toepassen:

a. ingeval van opdrachten voor werken of diensten, indien het gaat om nieuwe werken of diensten bestaande uit de herhaling van soortgelijke werken of diensten die door hetzelfde speciale-sectorbedrijf worden opgedragen aan de aannemer die belast is geweest met een eerdere opdracht, mits:

1°. deze werken of diensten overeenstemmen met een basisproject en dit project het voorwerp vormde van een eerste opdracht die na een aankondiging werd gegund,

2°. het speciale-sectorbedrijf bij het basisproject waarvoor de oorspronkelijke opdracht is gegund de omvang van de aanvullende werken of diensten en de voorwaarden waaronder deze worden gegund, vermeldde,

3°. het speciale-sectorbedrijf reeds in de aankondiging van de aanbesteding van het basisproject vermeld heeft dat een procedure zonder voorafgaande aankondiging kan worden toegepast, en

4°. het speciale-sectorbedrijf hierbij het totale voor de volgende werken of diensten geraamde bedrag in aanmerking neemt voor de toepassing van afdeling 3.1.3;

b. voor op een grondstoffenmarkt genoteerde en aangekochte leveringen,

c. voor gelegenheidsaankopen, indien zich gedurende zeer korte tijd een bijzonder voordelige gelegenheid tot aankopen voordoet en de te betalen prijs aanzienlijk lager ligt dan normaal op de markt het geval is,

Aanbestedingswet   **A82 art. 3.43**

d. voor de aankoop van leveringen of diensten tegen bijzonder gunstige voorwaarden bij een leverancier die definitief zijn handelsactiviteit stopzet, bij curatoren of vereffenaars van een faillissement of een vonnis of bij de toepassing van de schuldsaneringsregeling natuurlijke personen of een in andere nationale regelgeving bestaande vergelijkbare procedure, of
e. indien de opdracht voor diensten voortvloeit uit een overeenkomstig het bij of krachtens deel 3 van deze wet bepaalde georganiseerde prijsvraag en volgens de toepasselijke voorschriften aan de winnaar of aan één van de winnaars van die prijsvraag dient te worden gegund.
2. Bij toepassing van het eerste lid, onderdeel e, worden alle winnaars van de prijsvraag tot deelneming aan de onderhandelingen uitgenodigd.

Art. 3.39
Het speciale-sectorbedrijf dat de onderhandelingsprocedure zonder aankondiging toepast doorloopt de in artikel 3.35, onderdelen g tot en met m, genoemde stappen.

Stappen onderhandelingsprocedure zonder aankondiging

§ 3.2.1.8
Bijzondere voorschriften betreffende het plaatsen van speciale-sectoropdrachten voor sociale en andere specifieke diensten

Art. 3.40
Het speciale-sectorbedrijf kan voor sociale en andere specifieke diensten als bedoeld in bijlage XVII van richtlijn 2014/24/EU de procedure voor sociale en andere specifieke diensten toepassen.

Speciale-sectoropdrachten, B-diensten

Art. 3.41
1. Het speciale-sectorbedrijf dat de procedure voor sociale en andere specifieke diensten toepast doorloopt de volgende stappen. Het speciale-sectorbedrijf:
a. maakt van een speciale-sectoropdracht een periodieke indicatieve aankondiging, een aankondiging inzake het bestaan van een erkenningsregeling, of een aankondiging als bedoeld in artikel 3.56, eerste lid, bekend;
b. toetst of de inschrijvingen voldoen aan de door het speciale-sectorbedrijf gestelde technische specificaties, eisen en normen;
c. kan de overeenkomst sluiten;
d. maakt de aankondiging van de gegunde speciale-sectoropdracht bekend.
2. Bij de toepassing van de procedure voor sociale en andere specifieke diensten zijn uitsluitend artikel 3.50b, de paragrafen 3.3.2.1, met uitzondering van artikel 3.51, tweede lid, 3.3.3.1 en 3.4.3.4 van toepassing en is paragraaf 2.3.1.2, met uitzondering van artikel 2.52a, tweede lid, en afdeling 3.2.3.4 van overeenkomstige toepassing.
3. Het speciale-sectorbedrijf maakt bij het doen van enige aankondiging als bedoeld in het eerste lid, onderdeel a, gebruik van de daarvoor bestemde formulieren die beschikbaar zijn gesteld door middel van het elektronische systeem voor aanbestedingen.

Afdeling 3.2.3
Bijzondere procedures

§ 3.2.3.1
Procedure van een prijsvraag

Art. 3.42
Een speciale-sectorbedrijf past voor het uitschrijven van een prijsvraag de procedure van een prijsvraag toe.

Speciale-sectoropdrachten, prijsvraag

Art. 3.43
1. Het speciale-sectorbedrijf dat de procedure van een prijsvraag toepast, doorloopt de volgende stappen. Het speciale-sectorbedrijf:
a. maakt een aankondiging van de prijsvraag bekend;
b. toetst of een deelnemer voldoet aan de door het speciale-sectorbedrijf gestelde objectieve criteria of erkenningsregeling;
c. stelt een jury in.
2. De in het eerste lid, onderdeel c, bedoelde jury:
a. onderzoekt de ingediende, geanonimiseerde plannen of ontwerpen;
b. nodigt desgewenst deelnemers uit tot het beantwoorden van vragen;
c. bepaalt haar oordeel;
d. stelt een verslag op met daarin de rangorde van de deelnemers.
3. Het speciale-sectorbedrijf maakt het oordeel van de jury bekend, voor zover deze tot een oordeel is gekomen, en maakt de resultaten van de prijsvraag bekend.

§ 3.2.3.2
Procedure voor het sluiten van een raamovereenkomst

Art. 3.44

Speciale-sectoropdrachten, raamovereenkomst

Een speciale-sectorbedrijf dat een raamovereenkomst wil sluiten, past daartoe de openbare, de niet-openbare procedure, de concurrentiegerichte dialoog, de onderhandelingsprocedure met aankondiging, het innovatiepartnerschap of, indien dat op grond van artikelen 3.36 tot en met 3.38 is toegestaan, de onderhandelingsprocedure zonder aankondiging toe.

Art. 3.45

[Vervallen]

Art. 3.46

Oneigenlijk gebruik raamovereenkomst

Een speciale-sectorbedrijf maakt geen oneigenlijk gebruik van een raamovereenkomst, met als gevolg dat de mededinging zou worden beperkt, verhinderd of vervalst.

§ 3.2.3.3
Procedure voor een dynamisch aankoopsysteem

Art. 3.47

Speciale-sectoropdrachten, dynamisch aankoopsysteem

1. Een speciale-sectorbedrijf kan een dynamisch aankoopsysteem instellen voor het doen van gangbare aankopen van werken, leveringen of diensten, waarvan de kenmerken wegens de algemene beschikbaarheid op de markt voldoen aan zijn behoeften.
2. Het speciale-sectorbedrijf past daartoe de niet-openbare procedure toe, met uitzondering van de fase van inschrijving.

Art. 3.48

Stappen instelling dynamisch aankoopsysteem

Een speciale-sectorbedrijf dat een dynamisch aankoopsysteem instelt doorloopt de volgende stappen. Het speciale-sectorbedrijf:
a. maakt een aankondiging van de speciale-sectoropdracht bekend;
b. toetst of een gegadigde voldoet aan de door het speciale-sectorbedrijf gestelde objectieve criteria;
c. beoordeelt de niet-uitgesloten gegadigden aan de hand van de door het speciale-sectorbedrijf gestelde eisen;
d. laat de niet-uitgesloten en niet-afgewezen gegadigden toe tot het dynamisch aankoopsysteem.

Art. 3.49

Speciale-sectoropdracht binnen dynamisch aankoopsysteem

Een speciale-sectorbedrijf dat een speciale-sectoropdracht wil plaatsen binnen een dynamisch aankoopsysteem:
a. nodigt, met overeenkomstige toepassing van artikel 2.148, eerste onderscheidenlijk tweede lid, de toegelaten ondernemers uit een inschrijving in te dienen;
b. past de in artikel 3.34, onderdelen d tot en met h, genoemde stappen van de niet-openbare procedure toe.

Hoofdstuk 3.3
Regels voor speciale-sectoropdrachten inzake aankondiging, uitsluiting, selectie en gunning

Afdeling 3.3.1
Algemeen

Art. 3.50

Speciale-sectoropdrachten, aankondigingen

1. Afdeling 2.3.1, met uitzondering van de artikelen 2.51, vijfde lid, 2.52, derde tot en met zevende lid, en 2.52a, tweede lid, is van overeenkomstige toepassing.
2. Artikel 2.57a is van overeenkomstige toepassing op informatie die het speciale-sectorbedrijf beschikbaar stelt met betrekking tot het gebruik van een erkenningsregeling, ongeacht of dit is vermeld in de aankondiging, bedoeld in artikel 3.56, derde lid, inzake het bestaan van een erkenningsregeling.
3. Tot te bewaren passende informatie als bedoeld in artikel 3.77, eerste lid, wordt tevens gerekend de vermelding van passende maatregelen als bedoeld in artikel 2.51, eerste en tweede lid, ter voorkoming van vervalsing van mededinging.

Art. 3.50a

Samenwerkingsverband ondernemers

1. Een samenwerkingsverband van ondernemers kan zich inschrijven of zich als gegadigde opgeven.
2. Een speciale-sectorbedrijf verlangt voor het indienen van een inschrijving of een verzoek tot deelneming van een samenwerkingsverband van ondernemers niet dat het samenwerkingsverband van ondernemers een bepaalde rechtsvorm heeft.

3. Een speciale-sectorbedrijf kan bepalen op welke wijze een samenwerkingsverband aan de bij en krachtens deze wet gestelde criteria en eisen voor erkenning en kwalitatieve selectie dient te voldoen, mits deze eisen op objectieve gronden berusten en proportioneel zijn.
4. Een speciale-sectorbedrijf kan aan een samenwerkingsverband andere eisen dan aan individuele deelnemers stellen wat betreft de uitvoering van een speciale-sectoropdracht, mits deze eisen op objectieve gronden berusten en proportioneel zijn.
5. Een speciale-sectorbedrijf kan van een samenwerkingsverband waaraan de speciale-sectoropdracht wordt gegund, eisen dat het een bepaalde rechtsvorm aanneemt, indien dit voor de goede uitvoering van de speciale-sectoropdracht noodzakelijk is.

Art. 3.50b
1. Een speciale-sectorbedrijf kan ondernemers bij de inschrijvingsprocedure de mogelijkheid bieden om andere dan elektronische middelen te gebruiken in een geval als bedoeld in artikel 40, eerste lid, onderdelen a tot en met d, van richtlijn 2014/25/EU. *Niet-elektronische inschrijving*
2. Een wijziging van artikel 40, eerste lid, onderdelen a tot en met d, van richtlijn 2014/25/EU gaat voor de toepassing van dit artikel gelden met ingang van de dag waarop het desbetreffende besluit van de Europese Commissie in werking treedt.
3. Onze Minister doet mededeling in de Staatscourant van een besluit als bedoeld in het tweede lid.

Art. 3.50c
1. Een speciale-sectorbedrijf verstrekt nadere inlichtingen over de aanbestedingsstukken uiterlijk tien dagen voor de uiterste datum voor het indienen van de inschrijvingen, mits het verzoek om inlichtingen tijdig voor de uiterste datum voor het indienen van de inschrijvingen is gedaan. *Nadere inlichtingen*
2. In afwijking van het eerste lid bedraagt de in dat lid bedoelde termijn in geval van toepassing van de openbare procedure, waarbij toepassing wordt gegeven aan artikel 2.74, vier dagen.

Afdeling 3.3.3
Aankondigingen

§ 3.3.2.1
Periodieke indicatieve aankondiging en aankondigingen betreffende het bestaan van een erkenningsregeling

Art. 3.51
1. Een speciale-sectorbedrijf kan zijn voornemen met betrekking tot geplande aanbestedingen bekend maken door middel van een periodieke indicatieve aankondiging die door de Europese Commissie of door het speciale-sectorbedrijf zelf via zijn kopersprofiel wordt verspreid. *Speciale-sectoropdrachten, periodieke indicatieve aankondiging*
2. Een periodieke indicatieve aankondiging bevat de informatie, bedoeld in bijlage VI, deel A, afdeling I.
3. Artikel 2.59 is van overeenkomstige toepassing.

Art. 3.52
Een speciale-sectorbedrijf zendt de periodieke indicatieve aankondiging met behulp van het elektronische systeem voor aanbestedingen toe aan de Europese Commissie. *Periodieke indicatieve aankondiging naar de Europese Commissie*

Art. 3.53
1. In afwijking van artikel 3.52 kan het speciale-sectorbedrijf de periodieke indicatieve aankondiging ook bekend maken op zijn kopersprofiel. *Periodieke indicatieve aankondiging op kopersprofiel*
2. Artikel 2.61, derde tot en met zevende lid, is van overeenkomstige toepassing.

Art. 3.54
1. De periode waarop de periodieke indicatieve aankondiging betrekking heeft, is ten hoogste 12 maanden te rekenen vanaf de datum van waarop deze aankondiging voor bekendmaking is verzonden naar het elektronische systeem voor aanbestedingen. *Periodieke indicatieve aankondiging, verkorte aankondiging*
2. Het eerste lid is niet van toepassing op een periodieke indicatieve aankondiging als bedoeld in artikel 3.56, vierde lid.

Art. 3.55
1. Indien een speciale-sectorbedrijf een regeling voor de erkenning van ondernemers als bedoeld in artikel 3.66 wil invoeren, stelt hij met gebruikmaking van het elektronische systeem voor aanbestedingen aangaande deze regeling een aankondiging op, waarin het doel van de regeling en de wijze waarop inzage in de regeling kan worden verkregen, worden aangegeven. *Regeling erkenning ondernemers*
2. Een speciale-sectorbedrijf vermeldt in de aankondiging inzake het bestaan van een erkenningsregeling de geldigheidsduur van de erkenningsregeling.
3. Het speciale-sectorbedrijf stelt langs elektronische weg met gebruikmaking van het elektronische systeem voor aanbestedingen de Europese Commissie op de hoogte:
a. van een beëindiging van de erkenningsregeling met gebruikmaking van het formulier voor aankondiging van een gegunde speciale-sectoropdracht;

b. van een andere wijziging van de erkenningsregeling met gebruikmaking van het formulier tot aankondiging inzake het bestaan van erkenningsregeling.

§ 3.3.2.2
Aankondiging

Art. 3.56

Speciale-sectoropdrachten, aankondiging

1. Paragraaf 2.3.2.2, met uitzondering van de artikelen 2.62, vierde lid, onderdeel c, 2.63 en 2.66, is van overeenkomstige toepassing op een speciale-sectorbedrijf dat voornemens is een speciale-sectoropdracht te gunnen, met dien verstande dat in artikel 2.62, vierde lid, onderdeel b, voor bijlage XIV van richtlijn 2014/24/EU wordt gelezen: bijlage XVII van richtlijn 2014/25/EU.
2. Het speciale-sectorbedrijf geeft in de aankondiging of in de uitnodiging tot inschrijving aan welke bewijsmiddelen met betrekking tot de gestelde eisen en de technische specificaties, eisen en normen hij van de ondernemer verlangt.
3. Als aankondiging als bedoeld in het eerste lid kan het speciale-sectorbedrijf volstaan met een aankondiging betreffende het bestaan van een erkenningsregeling of een periodieke indicatieve aankondiging, indien die laatste:
   a. specifiek verwijst naar werken, leveringen of diensten waarop de opdracht betrekking heeft;
   b. vermeldt dat de opdracht zal worden gegund door middel van een niet-openbare procedure of een onderhandelingsprocedure met aankondiging en belangstellende ondernemers verzoekt hun belangstelling schriftelijk kenbaar te maken;
   c. naast de in bijlage VI, deel A, afdeling I, bedoelde informatie tevens de informatie, bedoeld in deel A, afdeling II, van die bijlage bevat;
   d. tussen de 35 dagen en twaalf maanden voor de uitnodiging tot deelneming wordt verzonden.
4. Voor sociale en andere specifieke diensten als bedoeld in bijlage XVII van richtlijn 2014/25/EU, kan het speciale-sectorbedrijf als aankondiging als bedoeld in het eerste lid volstaan met een bij herhaling bekend gemaakte aankondiging betreffende het bestaan van een erkenningsregeling of een periodieke indicatieve aankondiging, indien die laatste vermeldt:
   a. het soort diensten waarop de speciale-sectoropdracht betrekking heeft;
   b. dat de speciale-sectoropdracht wordt gegund zonder verdere bekendmaking;
   c. dat ondernemers hun belangstelling schriftelijk kenbaar moeten maken.
5. Het derde lid is niet van toepassing indien de speciale-sectoropdracht een opdracht als bedoeld in dat lid betreft, waarop de onderhandelingsprocedure zonder aankondiging kan worden toegepast.

Art. 3.57

Speciale-sectoropdrachten, toezending aanbestedingsstukken

1. Het speciale-sectorbedrijf biedt met elektronische middelen kosteloze, rechtstreekse en volledige toegang tot de aanbestedingsstukken vanaf de datum van bekendmaking van de aankondiging of vanaf de datum van verzending van de uitnodiging tot bevestiging van belangstelling, bedoeld in artikel 3.73.
2. Indien de aankondiging bestaat uit een aankondiging inzake het bestaan van een erkenningsregeling wordt de toegang, bedoeld in het eerste lid, zo spoedig mogelijk geboden, maar uiterlijk vanaf de datum waarop de uitnodiging tot inschrijving of tot onderhandeling is verzonden.
3. Het speciale-sectorbedrijf vermeldt in de aankondiging het internetadres waar de aanbestedingsstukken toegankelijk zijn.
4. Indien het speciale-sectorbedrijf in afwijking van het eerste lid geen kosteloze, rechtstreekse en volledige toegang tot de aanbestedingsstukken langs elektronische weg biedt in een geval als bedoeld in artikel 3.50b, kan het speciale-sectorbedrijf in de aankondiging aangeven dat de aanbestedingsstukken zullen worden toegezonden per post of via een andere geschikte vervoerder, of per post of via een andere geschikte vervoerder en langs elektronische weg.
5. Indien het speciale-sectorbedrijf in afwijking van het eerste lid geen kosteloze, rechtstreekse en volledige toegang tot bepaalde aanbestedingsstukken langs elektronische weg biedt omdat hij voornemens is eisen te stellen die tot doel hebben de vertrouwelijke aard van de informatie die hij gedurende de aanbestedingsprocedure beschikbaar stelt te beschermen, vermeldt het speciale-sectorbedrijf in de aankondiging, in de uitnodiging tot bevestiging van belangstelling, bedoeld in artikel 3.73, of in de aanbestedingsstukken indien de aankondiging bestaat uit een aankondiging inzake het bestaan van een erkenningsregeling, welke eisen hij ter bescherming van het vertrouwelijke karakter van die informatie stelt en hoe toegang kan worden verkregen tot de betrokken documenten.
6. In een geval als bedoeld in het vierde en vijfde lid stelt het speciale-sectorbedrijf de aanbestedingsstukken op enigerlei wijze kosteloos ter beschikking.
7. Indien het speciale-sectorbedrijf de aanbestedingsstukken voor de speciale-sectoropdracht ook op andere wijze dan ter uitvoering van het eerste lid beschikbaar stelt, kan het speciale-sectorbedrijf de kosten voor die wijze van verstrekking in rekening brengen bij degenen die om die andere wijze van verstrekking van de aanbestedingsstukken hebben gevraagd.

§ 3.3.2.3
Termijnen

Art. 3.58
Een speciale-sectorbedrijf stelt de termijn voor het indienen van verzoeken tot deelneming of inschrijvingen vast met inachtneming van het voorwerp van de opdracht, de voor de voorbereiding van het verzoek of de inschrijving benodigde tijd en de in deze paragraaf gestelde regels omtrent termijnen.

Speciale-sectoropdrachten, termijn indiening verzoek

Art. 3.59
1. Voor openbare procedures bedraagt de termijn voor het indienen van de inschrijvingen ten minste 45 dagen, te rekenen vanaf de verzenddatum van de aankondiging.
2. Voor niet-openbare procedures, onderhandelingsprocedures met aankondiging, de concurrentiegerichte dialoog en het innovatiepartnerschap bedraagt de termijn voor het indienen van een verzoek tot deelneming ten minste 30 dagen en in geen geval minder dan 15 dagen, te rekenen vanaf de datum van verzending van de aankondiging.
3. Voor de niet-openbare procedures en onderhandelingsprocedures met aankondiging bedraagt bij een uitnodiging van een speciale-sectorbedrijf overeenkomstig artikel 3.73, eerste lid, de termijn tot bevestiging van belangstelling ten minste 30 dagen en in geen geval minder dan 15 dagen, te rekenen van de datum van verzending van de uitnodiging.
4. Bij de niet-openbare procedures en onderhandelingsprocedures met aankondiging kan de termijn voor het indienen van een inschrijving in onderling overleg tussen het speciale-sectorbedrijf en de uitgekozen gegadigden worden vastgesteld, mits alle gegadigden evenveel tijd krijgen om hun inschrijvingen voor te bereiden en in te dienen.
5. Indien geen overeenstemming over een termijn als bedoeld in het vierde lid wordt bereikt, bedraagt deze ten minste 24 dagen en niet minder dan 10 dagen, te rekenen vanaf de verzenddatum van de uitnodiging tot inschrijving.

Speciale-sectoropdrachten, termijn inschrijving

Art. 3.60
Een speciale-sectorbedrijf dat een periodieke indicatieve aankondiging heeft gedaan die niet als aankondiging als bedoeld in artikel 3.56, derde lid, wordt gebruikt, kan de termijn voor het indienen van inschrijvingen bij openbare procedures inkorten tot 29 dagen, maar in geen geval tot minder dan 22 dagen, indien de periodieke indicatieve aankondiging:
a. naast de op grond van bijlage VI A, afdeling I, van richtlijn 2014/25/EU vereiste informatie, alle in bijlage VI A, afdeling II, vereiste informatie bevat, voor zover laatstbedoelde informatie beschikbaar is op het tijdstip dat de periodieke indicatieve aankondiging wordt gedaan, en
b. ten minste 52 dagen en ten hoogste 12 maanden voor de verzenddatum van de aankondiging van de speciale-sectoropdracht ter bekendmaking is verzonden.

Termijn inschrijving, kortere termijn

Art. 3.60a
1. Een speciale-sectorbedrijf verlengt de termijnen voor het indienen van inschrijvingen met vijf dagen indien aan een ondernemer eisen zijn gesteld die tot doel hebben de vertrouwelijke aard van de informatie die het speciale-sectorbedrijf gedurende de aanbestedingsprocedure beschikbaar stelt te beschermen, of bij toepassing van artikel 3.50, tweede lid, of artikel 3.50b.
2. Het eerste lid is niet van toepassing in een geval als bedoeld in het artikel 3.59, vierde lid, en artikel 3.60c.

Verlenging inschrijftermijn

Art. 3.60b
1. Een speciale-sectorbedrijf verlengt de termijnen voor het indienen van de inschrijvingen zodanig dat alle betrokken ondernemers van alle nodige informatie voor de opstelling van de inschrijvingen kennis kunnen nemen, indien:
a. inschrijvingen slechts kunnen worden gedaan na een bezoek van de locatie,
b. inschrijvingen slechts kunnen worden gedaan na inzage ter plaatste van de documenten waarop de aanbestedingsstukken steunen,
c. de tijdig aangevraagde aanvullende informatie, die van betekenis is voor het opstellen van de inschrijvingen, niet uiterlijk tien dagen of, in een geval als bedoeld in artikel 3.60c, niet uiterlijk vier dagen voor de voor het indienen van de inschrijvingen gestelde termijn is verstrekt, of
d. de aanbestedingsstukken aanzienlijk gewijzigd zijn.
2. In de gevallen, bedoeld in het eerste lid, onderdelen c en d, dient de duur van de verlenging evenredig te zijn aan het belang van de informatie of wijziging.

Inschrijftermijn na wijziging stukken, bezoek of inzage

Art. 3.60c
In het geval van een urgente situatie, die door het speciale-sectorbedrijf naar behoren is onderbouwd, waarin de in artikel 3.59, eerste lid, bepaalde termijn voor inschrijving niet in acht kan worden genomen, kan een speciale-sectorbedrijf een termijn hiervoor vaststellen van ten minste 15 dagen, te rekenen vanaf de verzenddatum van de aankondiging van de speciale-sectoropdracht.

Verkorting termijn inschrijving bij urgentie

Art. 3.60d

Verkorting termijn inschrijving bij elektronische inschrijving

Een speciale-sectorbedrijf kan de termijn voor het indienen van de inschrijvingen, bedoeld in artikel 3.59, eerste lid, met vijf dagen verkorten, indien hij erin toestemt dat inschrijvingen langs elektronische weg worden ingediend.

Afdeling 3.3.3
Bestek

§ 3.3.3.1
Technische specificaties

Art. 3.61

Speciale-sectoropdrachten, technische specificaties

1. Paragraaf 2.3.3.1, met uitzondering van artikel 2.76, eerste en tweede lid, is van overeenkomstige toepassing op speciale-sectoropdrachten.

2. Een speciale-sectorbedrijf formuleert de technische specificaties:
   a. door verwijzing naar technische specificaties en achtereenvolgens naar nationale normen waarin Europese normen zijn omgezet, Europese technische beoordelingen, gemeenschappelijke technische specificaties, internationale normen, andere door Europese normalisatie-instellingen opgestelde technische referentiesystemen of, bij ontstentenis daarvan, nationale normen, nationale technische goedkeuringen dan wel nationale technische specificaties, andere technische referentiesystemen, inzake het ontwerpen, berekenen en uitvoeren van werken en het gebruik van leveringen, in de zin van bijlage VII van richtlijn 2014/25/EU,
   b. in termen van prestatie-eisen en functionele eisen, die milieukenmerken kunnen bevatten, waarbij de eisen zodanig nauwkeurig zijn bepaald dat de inschrijvers het voorwerp van de speciale-sectoropdracht kunnen bepalen en het speciale-sectorbedrijf de opdracht kan gunnen,
   c. in termen van prestatie-eisen en functionele eisen als bedoeld in onderdeel b, waarbij onder vermoeden van overeenstemming met deze prestatie-eisen en functionele eisen wordt verwezen naar de specificaties, bedoeld in onderdeel a, of
   d. door verwijzing naar de specificaties, bedoeld in onderdeel a, voor bepaalde kenmerken, en verwijzing naar de prestatie-eisen en functionele eisen, bedoeld in onderdeel b, voor andere kenmerken.

3. Een speciale-sectorbedrijf doet een verwijzing als bedoeld in het tweede lid, onderdeel a, vergezeld gaan van de woorden «of gelijkwaardig».

Art. 3.62

Technische specificaties, mededeling

1. Een speciale-sectorbedrijf deelt op verzoek van ondernemers die belangstelling hebben voor een speciale-sectoropdracht de technische specificaties mede die regelmatig in zijn speciale-sectoropdrachten worden vermeld, of de technische specificaties die hij voornemens is toe te passen voor speciale-sectoropdrachten waarvoor een periodieke indicatieve aankondiging met een uitnodiging overeenkomstig artikel 3.73, eerste lid, is gedaan.

2. Een speciale-sectorbedrijf biedt met elektronische middelen kosteloze, rechtstreeks en volledige toegang tot de technische specificaties, bedoeld in het eerste lid.

3. In afwijking van het tweede lid kan een speciale-sectorbedrijf de technische specificaties met andere middelen dan langs elektronische weg aan de belangstellende ondernemers verzenden bij toepassing van artikel 3.50, tweede lid, of artikel 3.50b.

4. Indien de technische specificaties, bedoeld in het eerste lid, gebaseerd zijn op documenten waarover belangstellende ondernemers zonder belemmeringen en kosteloos langs elektronische weg kunnen beschikken, kan het speciale-sectorbedrijf ermee volstaan een verwijzing naar deze documenten op te nemen.

§ 3.3.3.2
Onderaanneming, bijzondere voorwaarden, voorbehouden opdracht en varianten

Art. 3.63

Schakelbepaling

De paragrafen 2.3.3.2 tot en met 2.3.3.5 zijn van overeenkomstige toepassing op speciale-sectoropdrachten, met dien verstande dat in artikel 2.81, tweede lid voor bijlage X van richtlijn 2014/24/EU wordt gelezen: bijlage XIV van richtlijn 2014/25/EU.

Afdeling 3.3.4
Eigen verklaring

Art. 3.64

Speciale-sectoropdrachten, eigen verklaring ondernemer

Afdeling 2.3.4 is van overeenkomstige toepassing op speciale-sectoropdrachten.

Afdeling 3.3.5
Uitsluiting en selectie

Art. 3.65
1. Het speciale-sectorbedrijf stelt bij procedures voor het gunnen van speciale-sectoropdrachten objectieve voorschriften en selectiecriteria vast en stelt die voorschriften en criteria ter beschikking aan belangstellende ondernemers.
2. Bij een niet-openbare procedure, een concurrentiegerichte dialoog, een innovatiepartnerschap, een onderhandelingsprocedure met aankondiging of een onderhandelingsprocedure zonder aankondiging, kan het speciale-sectorbedrijf objectieve voorschriften en criteria vaststellen om de gegadigden te beperken tot een aantal dat wordt gerechtvaardigd door het noodzakelijke evenwicht tussen enerzijds de specifieke kenmerken van de procedure en anderzijds de daarvoor vereiste middelen. Het speciale-sectorbedrijf stelt het aantal gegadigden zodanig vast dat voldoende concurrentie blijft gewaarborgd.
3. De voorschriften en criteria, bedoeld in het eerste lid, kunnen de in de artikelen 2.86 en 2.87 genoemde uitsluitingsgronden omvatten, waarbij van de toepassing van deze artikelen kan worden afgezien op de in artikel 2.88 genoemde gronden en indien het een uitsluitingsgrond als bedoeld in artikel 2.86, vierde lid, betreft, tevens op de in artikel 2.86a genoemde grond.
4. Het speciale-sectorbedrijf stelt een gegadigde of inschrijver waarop een uitsluitingsgrond als bedoeld in artikel 2.86, eerste of derde lid, of artikel 2.87 van toepassing is, in de gelegenheid te bewijzen dat hij voldoende maatregelen heeft genomen om zijn betrouwbaarheid aan te tonen. Indien het speciale-sectorbedrijf dat bewijs toereikend acht, wordt de betrokken gegadigde of inschrijver niet uitgesloten. Artikel 2.87a, tweede en derde lid, is van overeenkomstige toepassing.
5. Indien het speciale-sectorbedrijf de staat, een provincie, een gemeente, een waterschap, een publiekrechtelijke instelling of een samenwerkingsverband van deze overheden of publiekrechtelijke instellingen is, neemt dat bedrijf, in afwijking van het vierde lid, in ieder geval de in artikel 2.86 genoemde uitsluitingsgronden in de voorschriften en criteria op waarbij van de toepassing van dit artikel kan worden afgezien op de in artikel 2.88 genoemde gronden en indien het een uitsluitingsgrond als bedoeld in artikel 2.86, vierde lid, betreft, tevens op de in artikel 2.86a genoemde gronden.
6. Een speciale-sectorbedrijf kan, na gebruik van de onlinedatabank van certificaten e-Certis, aan gegadigden en inschrijvers geschiktheidseisen als bedoeld in artikel 2.90, tweede lid, stellen.
7. De artikelen 2.90, tweede tot en met achtste lid, 2.92a en 2.95, eerste lid, zijn van overeenkomstige toepassing op een speciale-sectorbedrijf dat geschiktheidseisen stelt.
8. De artikelen 2.91, eerste en derde lid, en 2.93, eerste en tweede lid, zijn van overeenkomstige toepassing op de ondernemer waarop geschiktheidseisen van toepassing zijn.

Art. 3.65a
1. Een ondernemer kan zich in het kader van een speciale-sectorbedrijf eisen stelt aan zijn economische en financiële draagkracht of aan zijn technische bekwaamheid en beroepsbekwaamheid, voor een bepaalde opdracht beroepen op de draagkracht van andere natuurlijke personen of rechtspersonen ongeacht de juridische aard van zijn banden met die natuurlijke personen of rechtspersonen.
2. Indien de eisen met betrekking tot technische bekwaamheid en beroepsbekwaamheid onderwijs- en beroepskwalificaties betreffen van de dienstverlener, de aannemer of het leidinggevend personeel van de ondernemer of relevante beroepservaring, kan de ondernemer hiervoor een beroep doen op de kwalificaties en ervaring van andere natuurlijke personen of rechtspersonen, mits die de werken of diensten zelf verrichten waarvoor die kwalificaties of ervaring vereist zijn.
3. Een ondernemer die zich op de draagkracht of capaciteit van andere entiteiten beroept, toont ten behoeve van het speciale-sectorbedrijf aan dat hij kan beschikken over de voor de uitvoering van de speciale-sector opdracht benodigde middelen, en in het geval hij erkend is op grond van een erkenningsregeling gedurende de gehele geldigheidsduur daarvan.
4. Onder dezelfde voorwaarden als bedoeld in het eerste tot en met derde lid, kan een samenwerkingsverband van ondernemers zich beroepen op de draagkracht van de deelnemers aan het samenwerkingsverband of van aan andere natuurlijke personen of rechtspersonen.
5. Het speciale-sectorbedrijf kan eisen dat, indien een ondernemer zich beroept op de financiële en economische draagkracht van andere natuurlijke personen of rechtspersonen, zowel de ondernemer als die andere natuurlijke personen of rechtspersonen hoofdelijk aansprakelijk zijn voor de uitvoering van de desbetreffende speciale-sectoropdracht.
6. Het speciale-sectorbedrijf toetst of de draagkracht of bekwaamheid van een natuurlijke persoon of rechtspersoon waarop een ondernemer zich beroept, valt onder een door het speciale-sectorbedrijf gestelde uitsluitingsgrond en of deze natuurlijke persoon of rechtspersoon voldoet aan de door het speciale-sectorbedrijf gestelde geschiktheidseisen met betrekking tot de financiële en economische draagkracht of de technische bekwaamheid en beroepsbekwaamheid.
7. De artikelen 2.92, vijfde en zesde lid, en 2.95, tweede lid, zijn van overeenkomstige toepassing.

Speciale-sectoropdrachten, selectie

Beroep op derden

Hoofdstuk 3.4
Erkenningsregeling

Afdeling 3.4.1
Deelname en toepassing

Art. 3.66

Speciale-sectoropdrachten, erkenningsregeling

1. Een speciale-sectorbedrijf kan een regeling voor de erkenning van ondernemers invoeren en beheren. Deze regeling kan verscheidene fasen van erkenning van geschiktheid omvatten.
2. Een erkenningsregeling bevat objectieve voorschriften en criteria voor de uitsluiting en selectie van ondernemers die een erkenning aanvragen.
3. Een speciale-sectorbedrijf dat een regeling als bedoeld in het eerste lid invoert of beheert, waarborgt dat de ondernemers te allen tijde een erkenning kunnen aanvragen.
4. Een speciale-sectorbedrijf beheert de regeling, bedoeld in het eerste lid, op basis van door het bedrijf omschreven objectieve criteria en voorschriften.
5. Indien de objectieve voorschriften en criteria van een regeling, bedoeld in het eerste lid, technische specificaties bevatten, is artikel 3.61 van toepassing. De criteria en voorschriften inzake erkenning kunnen zo nodig worden herzien.
6. De criteria en voorschriften, bedoeld in het tweede lid, kunnen de uitsluitingscriteria, genoemd in de artikelen 2.86 en 2.87, omvatten onder de daarin genoemde voorwaarden en met overeenkomstige toepassing van de artikelen 2.86a tot en met 2.89, met dien verstande dat, indien een regeling voor de erkenning van ondernemers wordt ingevoerd door de staat, een provincie, een gemeente, een waterschap, een publiekrechtelijke instelling of een samenwerkingsverband van deze overheden of publiekrechtelijke instellingen die een speciale-sectoropdracht plaatst in het kader van een van de activiteiten, genoemd in afdeling 3.1.1, ook artikel 2.86 van overeenkomstige toepassing is.
7. Indien de criteria en voorschriften inzake erkenning, bedoeld in het tweede lid, eisen omvatten betreffende de economische en financiële draagkracht of de technische bekwaamheid of beroepsbekwaamheid van de ondernemer, kan deze zich beroepen op de draagkracht van andere natuurlijke personen of rechtspersonen ongeacht de juridische aard van zijn banden met die natuurlijke personen of rechtspersonen. In dat geval is artikel 3.65a van overeenkomstige toepassing.
8. Een speciale-sectorbedrijf stelt de criteria en voorschriften inzake erkenning, bedoeld in het tweede lid, desgevraagd ter beschikking aan ondernemers. Indien deze criteria en voorschriften worden herzien, wordt dit de betrokken ondernemers medegedeeld.
9. Een speciale-sectorbedrijf dat van oordeel is dat de regeling voor de erkenning van ondernemers van bepaalde andere instanties aan de voorwaarden voldoet, deelt de betrokken ondernemers de namen van deze andere instanties mede.
10. Een speciale-sectorbedrijf houdt een lijst van erkende ondernemers bij, die naar de aard van de opdrachten waarvoor de erkenning geldt in categorieën kan worden ingedeeld.
11. De vergoeding die een speciale-sectorbedrijf verlangt voor een aanvraag voor een erkenning, voor een wijziging daarin of voor het behouden van een verkregen erkenning, moet evenredig zijn met de gemaakte kosten.

Art. 3.66a

Procedure plaatsing speciale-sectoropdracht voor werken, leveringen of diensten

1. Een speciale-sectorbedrijf dat een aankondiging doet inzake het bestaan van een regeling voor de erkenning van ondernemers, selecteert bij het volgen van een procedure tot plaatsing van een speciale-sectoropdracht voor werken, leveringen of diensten waarop die erkenningsregeling betrekking heeft, uitsluitend inschrijvers en deelnemers die volgens deze regeling erkend zijn.
2. Een procedure als bedoeld in het eerste lid betreft een niet-openbare procedure, een concurrentiegerichte dialoog, een innovatiepartnerschap, een onderhandelingsprocedure met aankondiging, of een onderhandelingsprocedure zonder aankondiging in de gevallen, bedoeld in de artikelen 3.36 tot en met 3.38.

Art. 3.67

Erkenningsregeling, termijn kennisgeving erkenning

1. Een speciale-sectorbedrijf dat een regeling voor de erkenning van ondernemers invoert en beheert, stelt de verzoekers binnen zes maanden na het indienen van het verzoek om erkenning in kennis inzake hun erkenning.
2. Indien de beslissing omtrent de erkenning meer dan vier maanden vanaf het indienen van het verzoek om erkenning in beslag neemt, informeert het speciale-sectorbedrijf de verzoeker binnen twee maanden na deze indiening over de redenen waarom deze termijn langer is en over de datum waarop op zijn verzoek wordt beslist.
3. Een speciale-sectorbedrijf stelt degene van wie een verzoek om erkenning is afgewezen zo spoedig mogelijk na die beslissing, doch uiterlijk binnen vijftien dagen, daarvan in kennis en motiveert deze afwijzing aan de hand van de erkenningscriteria, bedoeld in artikel 3.66, tweede lid.

Aanbestedingswet — **A82** art. 3.70

4. Een speciale-sectorbedrijf kan de erkenning van een ondernemer slechts intrekken op grond van de criteria, bedoeld in artikel 3.66, tweede lid.
5. Een speciale-sectorbedrijf brengt de betrokkene het voornemen om een erkenning in te trekken en de redenen daartoe, uiterlijk vijftien dagen vóór de datum waarop de erkenning zal worden ingetrokken schriftelijk ter kennis.

Art. 3.68
1. Indien het speciale-sectorbedrijf uitsluitingsgronden heeft vastgesteld, is 2.3.5.2 van overeenkomstige toepassing.
2. De artikelen 2.101, eerste en tweede lid, 2.102 en 2.102a zijn van overeenkomstige toepassing.
3. Een speciale-sectorbedrijf kan bij toepassing van de openbare procedure inschrijvingen onderzoeken voordat de geschiktheid van de inschrijvers is beoordeeld, indien dit met inachtneming van het bepaalde in afdeling 3.3.5 en in hoofdstuk 3.4 tot en met paragraaf 3.4.3.3 ten aanzien van erkenning, uitsluiting, geschiktheid, selectie en gunning plaatsvindt.

Erkenningsregeling, uitsluitingsgronden

Art. 3.69
1. Voor de selectie van deelnemers aan een procedure:
  a. sluit het speciale-sectorbedrijf dat voorschriften en criteria als bedoeld in artikel 3.65, eerste of derde lid, heeft vastgesteld voor de uitsluiting van gegadigden of inschrijvers, ondernemers die aan deze voorschriften of criteria voldoen, uit;
  b. selecteert het speciale-sectorbedrijf inschrijvers en gegadigden overeenkomstig de objectieve voorschriften en criteria, bedoeld in artikel 3.65, eerste lid;
  c. beperkt het speciale-sectorbedrijf in een niet-openbare procedure, een onderhandelingsprocedure met of zonder aankondiging, een concurrentiegerichte dialoog of een innovatiepartnerschap het aantal geselecteerde gegadigden, overeenkomstig artikel 3.65, tweede lid.
2. Een speciale-sectorbedrijf dat een aankondiging doet door een mededeling inzake het bestaan van een regeling voor de erkenning van ondernemers met het oog op selectie van deelnemers in procedures voor de specifieke opdrachten waarop de aankondiging betrekking heeft:
  a. erkent de ondernemers overeenkomstig artikel 3.66, en
  b. beperkt in een niet-openbare procedure, een onderhandelingsprocedure met of zonder aankondiging, een concurrentiegerichte dialoog of een innovatiepartnerschap het aantal gegadigden overeenkomstig artikel 3.65, tweede lid.
3. Een speciale-sectorbedrijf toetst de door de aldus geselecteerde inschrijvers ingediende inschrijvingen aan de op de inschrijvingen toepasselijke bepalingen en voorschriften, en gunt de opdracht op basis van de criteria, bedoeld in de artikelen 2.114, 2.115 en 2.116, en met inachtneming van het bepaalde in artikel 2.83 dat van overeenkomstige toepassing is op speciale-sectoropdrachten.

Selectie deelnemers procedure

Art. 3.70
1. Een speciale-sectorbedrijf dat de deelnemers aan een niet-openbare procedure een onderhandelingsprocedure, een concurrentiegerichte dialoog of een innovatiepartnerschap kiest en een beslissing neemt over erkenning of de erkenningscriteria of de regeling voor de erkenning van ondernemers herziet, eist geen bewijzen die een doublure zouden vormen met reeds beschikbare objectieve bewijzen.
2. Een speciale-sectorbedrijf dat de overlegging verlangt van een door een onafhankelijke instantie opgestelde verklaring dat de ondernemer aan bepaalde kwaliteitsnormen voldoet, met inbegrip van normen inzake de toegankelijkheid van personen met een handicap verwijst naar kwaliteitsbewakingsregelingen die op de Europese normenreeksen op dit terrein zijn gebaseerd en die zijn gecertificeerd door conformiteitsbeoordelingsinstanties die voldoen aan de Europese normenreeks voor certificering.
3. Een speciale-sectorbedrijf erkent gelijkwaardige verklaringen van in andere lidstaten van de Europese Unie gevestigde instanties. Een speciale-sectorbedrijf aanvaardt ook andere bewijzen inzake gelijkwaardige maatregelen op het gebied van de kwaliteitsbewaking indien de ondernemer die certificaten niet binnen de gestelde termijnen kan verwerven om redenen die hem niet aangerekend kunnen worden, mits de ondernemer bewijst dat de voorgestelde maatregelen op het gebied van de kwaliteitsbewaking aan de kwaliteitsnormen voldoen van ondernemers.
4. Een speciale-sectorbedrijf dat de overlegging verlangt van een door een onafhankelijke instantie opgestelde verklaring dat de ondernemer aan bepaalde systemen of normen inzake milieubeheer voldoet, verwijst naar:
  a. het milieubeheer- en milieuauditsysteem van de Europese Unie,
  b. een ander milieubeheersysteem als erkend overeenkomstig artikel 45 van verordening (EG) nr. 1221/2009 van het Europees Parlement en de Raad van 25 november 2009 inzake de vrijwillige deelneming van organisaties aan een communautair milieubeheer- en milieuauditsysteem (EMAS), tot intrekking van verordening (EG) nr. 761/2001 en van de Beschikkingen 2001/681/EG en 2006/193/EG van de Commissie (PbEU 2009, L 342), of
  c. andere normen inzake milieubeheer op basis van de toepasselijke Europese of internationale normen die door conformiteitsbeoordelingsinstanties zijn gecertificeerd.

Erkenningsregeling, bewijzen

A82 art. 3.71 — Aanbestedingswet

5. Een speciale-sectorbedrijf aanvaardt andere passende bewijzen van gelijkwaardige maatregelen inzake milieubeheer, indien een ondernemer aantoonbaar niet de mogelijkheid heeft gehad het door het speciale-sectorbedrijf aangegeven specifieke certificaat of een gelijkwaardig certificaat binnen de gestelde termijnen te verwerven om redenen die hem niet aangerekend kunnen worden, mits de ondernemer aantoont dat de maatregelen gelijkwaardig zijn aan die welke op grond van het toepasselijke milieubeheersysteem of de toepasselijke norm vereist zijn.

Afdeling 3.4.2
Mededeling van uitsluiting en afwijzing

Art. 3.71

Speciale-sectoropdrachten, mededeling uitsluiting/afwijzing

De artikelen 2.103, eerste tot en met derde lid, en 2.104 zijn van overeenkomstige toepassing op speciale-sectoropdrachten.

Afdeling 3.4.3
Gunningsfase

§ 3.4.3.1
Inschrijving

Art. 3.71a

Uitnodiging inschrijving

Bij toepassing van de niet-openbare procedure, de concurrentiegerichte dialoog, het innovatiepartnerschap, of de onderhandelingsprocedure met aankondiging nodigt het speciale-sectorbedrijf de niet-uitgesloten en niet-afgewezen gegadigden gelijktijdig en schriftelijk uit tot inschrijving, tot deelneming aan de dialoog of tot onderhandelen.

Art. 3.71b

Aanbestedingsstukken

1. De uitnodiging aan de gegadigden, bedoeld in artikel 3.71a, vermeldt het internetadres waar de aanbestedingsstukken rechtstreeks toegankelijk zijn.
2. In afwijking van het eerste lid bevat de uitnodiging aan de gegadigden, bedoeld in artikel 3.71a, een exemplaar van de aanbestedingsstukken in een geval als bedoeld in artikel 3.57, vierde of vijfde lid, waarbij de aanbestedingsstukken nog niet vrij, rechtstreeks, volledig en kosteloos beschikbaar zijn.
3. De uitnodiging aan de gegadigden, bedoeld in artikel 3.71a, bevat de informatie, bedoeld in bijlage XIII van richtlijn 2014/25/EU.

Art. 3.72

Speciale-sectoropdrachten, uitnodiging tot inschrijving

Paragraaf 2.3.8.2 is van overeenkomstige toepassing op speciale-sectoropdrachten.

Art. 3.73

Gunning speciale-sectoropdrachten, inschrijving

1. Indien een periodieke indicatieve aankondiging als bedoeld in artikel 3.56, derde lid, is gedaan, nodigt het speciale-sectorbedrijf ondernemers die hun belangstelling eerder kenbaar hebben gemaakt gelijktijdig en schriftelijk uit om hun eerder getoonde belangstelling te bevestigen.
2. Op een uitnodiging als bedoeld in het eerste lid, is artikel 3.71b van overeenkomstige toepassing.

§ 3.4.3.1a
Concurrentiegerichte dialoog en elektronische catalogus

Art. 3.73a

Dialoog

De paragrafen 2.3.8.2a en 2.3.8.3 zijn van overeenkomstige toepassing op speciale-sectoropdrachten, met dien verstande dat in artikel 2.109d, onderdeel a, voor «aankondiging van een overheidsopdracht» wordt gelezen: de aankondiging van een speciale-sectoropdracht, de uitnodiging tot bevestiging van belangstelling, bedoeld in artikel 3.73 of, ingeval van een aankondiging inzake het bestaan van een erkenningsregeling als bedoeld in artikel 3.56, derde lid, in de uitnodiging tot inschrijving of tot onderhandeling.

§ 3.4.3.2
Gunningscriteria, abnormaal lage inschrijving, elektronische veiling en innovatiepartnerschap

Art. 3.74

Gunning speciale-sectoropdrachten, criteria

1. De paragrafen 2.3.8.4 tot en met 2.3.8.6 en 2.3.8.7a zijn van overeenkomstige toepassing op speciale-sectoropdrachten, met uitzondering van artikel 2.117.

2. Bij de toepassing van het eerste lid wordt in artikel 2.115a, vierde lid, voor «bijlage XIII van richtlijn 2014/24/EU» gelezen «bijlage XV van richtlijn 2014/25/EU» en wordt in artikel 2.116, tweede lid, onderdeel d, en vijfde lid, voor «bijlage X van richtlijn 2014/24/EU» telkens gelezen: bijlage XIV van richtlijn 2014/25/EU.

Art. 3.74a

1. Het speciale-sectorbedrijf kan bij de openbare procedure, de niet-openbare procedure en de onderhandelingsprocedure met aankondiging, de gunningsbeslissing vooraf laten gaan door een elektronische veiling, indien:
a. hij dit heeft gemeld in de aankondiging van de speciale-sectoropdracht, in de uitnodiging, bedoeld in artikel 3.73 of in de uitnodiging tot inschrijving volgend op een aankondiging inzake het bestaan van een erkenningsregeling,
b. hij in de aanbestedingsstukken ten minste de informatie heeft opgenomen met betrekking tot de elektronische veiling, genoemd in bijlage VII van richtlijn 2014/25/EU, en
c. de inhoud van de aanbestedingsstukken, met name de technische specificaties, nauwkeurig kan worden opgesteld.

Elektronische veiling

2. Het eerste lid is niet van toepassing voor de aanbesteding van werken of diensten die intellectuele prestaties tot voorwerp van de opdracht hebben.

§ 3.4.3.3
Gunningsbeslissing

Art. 3.75
Paragraaf 2.3.8.8 is van overeenkomstige toepassing op speciale-sectoropdrachten.

Gunning speciale-sectoropdrachten, beslissing

Art. 3.76

1. Een speciale-sectorbedrijf past het tweede tot en met vijfde lid van dit artikel toe op inschrijvingen die producten bevatten uit derde landen waarmee de Europese Gemeenschappen geen multilateraal of bilateraal verdrag hebben gesloten dat de communautaire ondernemingen op vergelijkbare wijze daadwerkelijk toegang verschaft tot de markten van deze derde landen.
2. Een speciale-sectorbedrijf kan iedere inschrijving die wordt ingediend met het oog op de gunning van een opdracht voor leveringen, afwijzen indien het aandeel van de uit derde landen afkomstige goederen, waarvan de oorsprong wordt vastgesteld overeenkomstig Verordening (EU) nr. 952/2013 van het Europees Parlement en van de Raad van 9 oktober 2013 tot vaststelling van het douanewetboek van de Unie (PbEU 2013, L 269), meer dan vijftig procent uitmaakt van de totale waarde van de goederen waarop deze inschrijving betrekking heeft.
3. Indien twee of meer inschrijvingen volgens de gunningcriteria van artikelen 2.113 en 2.115 gelijkwaardig zijn, geeft het speciale-sectorbedrijf de voorkeur aan de inschrijving die niet krachtens het tweede lid kan worden afgewezen. Indien het prijsverschil niet meer dan drie procent bedraagt, wordt het bedrag van de inschrijving door het speciale-sectorbedrijf als gelijkwaardig beschouwd.
4. Een speciale-sectorbedrijf kan afwijken van het derde lid indien hij hierdoor genoodzaakt zou zijn apparatuur aan te schaffen met technische kenmerken die afwijken van de bestaande apparatuur, en dit tot onverenigbaarheid of tot technische moeilijkheden bij het gebruik of het onderhoud zou leiden of buitensporige kosten met zich mee zou brengen.
5. Een speciale-sectorbedrijf laat bij het bepalen van het aandeel van uit derde landen afkomstige goederen, bedoeld in het tweede lid, de derde landen buiten beschouwing ten gunste waarvan de toepassing van richtlijn 2014/25/EU bij besluit van de Raad van de Europese Unie overeenkomstig het eerste lid is uitgebreid.
6. Voor de toepassing van dit artikel worden de programmatuurtoepassingen die in telecommunicatienetten worden gebruikt, als goederen beschouwd.

§ 3.4.3.4
Verslaglegging en bekendmaking

Art. 3.77

1. Een speciale-sectorbedrijf bewaart passende informatie over iedere speciale-sectoropdracht en ieder dynamisch aankoopsysteem, opdat het bedrijf later de genomen beslissingen kan motiveren met betrekking tot:
a. de erkenning en de selectie van de ondernemers en de gunning van de opdracht;
b. de toepassing van de onderhandelingsprocedure zonder aankondiging;
c. het niet toepassen van de bepalingen voor speciale-sectoropdrachten op grond van de daaromtrent in deze wet opgenomen uitzonderingen;
d. het gebruik van niet-elektronische communicatiemiddelen bij elektronische inschrijvingen.

Gunning speciale-sectoropdrachten, verslaglegging

A82 art. 3.78 — Aanbestedingswet

2. Indien informatie als bedoeld in het eerste lid vermeld staat in de aankondiging van een gegunde speciale-sectoropdracht, kan het speciale-sectorbedrijf voor een motivering verwijzen naar die aankondiging.
3. Een speciale-sectorbedrijf documenteert het verloop van een aanbestedingsprocedure door voldoende documenten te bewaren die beslissingen in iedere fase van een aanbestedingsprocedure onderbouwen.
4. Tot de documentatie, bedoeld in het derde lid, worden in ieder geval gerekend documenten betreffende communicatie met ondernemers, de voorbereiding van aanbestedingsstukken, eventuele dialoog of onderhandeling en selectie en gunning van een speciale-sectoropdracht.
5. De informatie, bedoeld in het eerste en tweede lid, wordt gedurende ten minste drie jaar na de datum van gunning van de speciale-sectoropdracht bewaard.
6. Het speciale-sectorbedrijf verstrekt binnen de in het vijfde lid genoemde periode van drie jaar de Europese Commissie op haar verzoek de nodige informatie.

Art. 3.78

Gunning speciale-sectoropdrachten, bekendmaking

1. De artikelen 2.134, 2.136 en 2.138 zijn van overeenkomstige toepassing op speciale-sectoropdrachten, met dien verstande dat in artikel 2.134, derde lid, voor «bijlage XIV van richtlijn 2014/24/EU» wordt gelezen: bijlage XVII van richtlijn 2014/25/EU.
2. Indien een periodieke indicatieve aankondiging als bedoeld in artikel 3.56, derde lid, is gedaan en het speciale-sectorbedrijf heeft besloten geen verdere opdrachten te gunnen voor de periode waarop de periodieke indicatieve aankondiging betrekking heeft, wordt dit vermeld in de aankondiging van de gegunde speciale-sectoropdracht.
3. Indien een speciale-sectorbedrijf een opdracht plaatst in verband met onderzoeks- en ontwikkelingsdiensten:
   a. volgens een onderhandelingsprocedure zonder voorafgaande aankondiging overeenkomstig artikel 3.36, eerste lid, onderdeel b, mag dat bedrijf de gegevens over de aard en de hoeveelheid van de verleende diensten, beperken tot de vermelding «onderzoeks- en ontwikkelingsdiensten»,
   b. kan hij de bekendmaking van gegevens over de aard en de hoeveelheid van de verleende diensten beperken tot informatie die ten minste even gedetailleerd is als die in de aankondiging, die met gebruikmaking van het elektronische systeem voor aanbestedingen is gepubliceerd.

§ 3.4.3.5
Bewaarplicht gedurende de looptijd van de speciale-sectoropdracht

Art. 3.79

Bewaarplicht kopieën van overeenkomsten

Het speciale-sectorbedrijf bewaart ten minste gedurende de looptijd van de speciale-sectoropdracht kopieën van de gesloten overeenkomsten met een waarde van ten minste:
a. € 10.000.000 voor speciale-sectoropdrachten voor werken;
b. € 1.000.000 voor speciale-sectoropdrachten voor leveringen of diensten.

Hoofdstuk 3.5
Overige voorschriften voor de procedures met betrekking tot de raamovereenkomst, het dynamisch aankoopsysteem en de prijsvraag

Art. 3.80

Speciale-sectoropdrachten, overige voorschriften

1. De looptijd van een raamovereenkomst is ten hoogste acht jaar, behalve in uitzonderingsgevallen die deugdelijk gemotiveerd zijn.
2. De plaatsing van speciale-sectoropdrachten met gebruikmaking van een raamovereenkomst, vindt plaats op basis van objectieve eisen en criteria die staan vermeld in de aanbestedingsstukken bij de procedure die tot de raamovereenkomst heeft geleid.
3. De objectieve eisen en criteria, bedoeld in het tweede lid, waarborgen de gelijke behandeling van de ondernemers die partij zijn bij de raamovereenkomst.
4. Bij de plaatsing van speciale-sectoropdrachten met gebruikmaking van een raamovereenkomst, is het toegestaan de ondernemers die partij bij de raamovereenkomst zijn nogmaals tot mededinging op te roepen.
5. Bij een nieuwe aankondiging stelt het speciale-sectorbedrijf voor elke speciale-sectoropdracht met gebruikmaking van een raamovereenkomst een voldoende lange termijn vast voor de indiening van een inschrijving op die opdracht.
6. De speciale-sectoropdracht, bedoeld in het vijfde lid, wordt gegund aan de inschrijver die op grond van de in de specificaties van de raamovereenkomst vastgestelde gunningscriteria de beste inschrijving heeft ingediend.

Art. 3.80a

Schakelbepaling

De afdelingen 2.4.2 en 2.4.5, met uitzondering van de artikelen 2.146 en 2.148, zijn van overeenkomstige toepassing op speciale-sectoropdrachten.

Art. 3.80b
1. Een ondernemer kan bij de instelling van een dynamisch aankoopsysteem een verzoek tot toelating indienen.
2. De termijn voor het indienen van een verzoek tot toelating als bedoeld in het eerste lid bedraagt ten minste dertig dagen en in geen geval minder dan 15 dagen, te rekenen vanaf de verzenddatum van de aankondiging van de speciale-sectoropdracht of, wanneer een periodieke indicatieve aankondiging als oproep tot mededinging wordt gebruikt, te rekenen vanaf de datum van verzending van de uitnodiging, bedoeld in artikel 3.73, eerste lid.
3. Het speciale-sectorbedrijf deelt een ondernemer als bedoeld in het eerste lid zo snel mogelijk mee dat hij is toegelaten tot het dynamisch aankoopsysteem of dat zijn verzoek tot toelating is afgewezen.

Verzoek tot toelating

Art. 3.80c
1. Het speciale-sectorbedrijf nodigt alle tot het dynamisch aankoopsysteem toegelaten ondernemers uit om voor een specifieke speciale-sectoropdracht die binnen dat dynamisch aankoopsysteem wordt geplaatst een inschrijving in te dienen. De artikelen 2.105, eerste lid, en 2.106, eerste lid, zijn van overeenkomstige toepassing.
2. Indien het dynamisch aankoopsysteem is ingedeeld in categorieën van werken, producten of diensten, nodigt het speciale-sectorbedrijf, in afwijking van het eerste lid, alle ondernemers die zijn toegelaten tot de categorie waarop de desbetreffende speciale-sectoropdracht betrekking heeft, uit om een inschrijving in te dienen.
3. De termijn voor het indienen van een inschrijving bedraagt ten minste tien dagen, te rekenen vanaf de verzenddatum van de uitnodiging tot inschrijving.
4. Artikel 2.74a is van overeenkomstige toepassing, met dien verstande dat de in het tweede lid van dat artikel bepaalde termijn bij een speciale-sectoropdracht binnen het dynamisch aankoopsysteem tien dagen bedraagt.
5. Het speciale-sectorbedrijf kan de speciale-sectoropdracht gunnen aan de inschrijver die de beste inschrijving heeft ingediend op grond van de gunningscriteria die zijn vermeld in de aankondiging van de speciale-sectoropdracht binnen het dynamisch aankoopsysteem, in de uitnodiging, bedoeld in artikel 3.73, eerste lid, of in een uitnodiging tot inschrijving volgend op een aankondiging inzake het bestaan van een erkenningsregeling. Deze criteria kunnen gepreciseerd worden in de uitnodiging voor alle tot het dynamisch aankoopsysteem toegelaten ondernemers.

Uitnodiging tot inschrijving

Hoofdstuk 3.6
Wijziging van speciale-sectoropdrachten

Art. 3.80d
Hoofdstuk 2.5 is, met uitzondering van de artikelen 2.163d, eerste lid, onderdeel d, tweede en derde lid, en 2.163e, eerste lid, onderdeel c, van overeenkomstige toepassing op een speciale-sectoropdracht, met dien verstande dat:
a. waar in dit hoofdstuk naar deel 2 van deze wet wordt verwezen daarvoor telkens deel 3 dient te worden gelezen;
b. in artikel 2.163b, onderdeel a, voor «de artikelen 2.1 tot en met 2.6a» wordt gelezen: de artikelen 3.8 tot en met 3.9a;
c. in artikel 2.163e, tweede lid, voor «artikel 2.163d, tweede tot en met zesde lid» wordt gelezen: artikel 2.163d, vierde tot en met zesde lid.

Schakelbepaling

Deel 4
Overige bepalingen

Hoofdstuk 4.1
Gedragsverklaring aanbesteden

Afdeling 4.1.1
Algemene bepalingen

Art. 4.1
Een gedragsverklaring aanbesteden is een verklaring van Onze Minister van Veiligheid en Justitie dat uit een onderzoek naar de in de artikel 4.7 bedoelde gegevens is gebleken dat tegen de betrokken natuurlijke persoon of rechtspersoon geen bezwaren bestaan in verband met inschrijving op overheidsopdrachten, speciale-sectoropdrachten, concessieopdrachten, prijsvragen of opdrachten als bedoeld in de Aanbestedingswet op defensie- en veiligheidsgebied.

Aanbesteding, gedragsverklaring aanbesteden

Art. 4.2

Gedragsverklaring aanbesteden, definitie rechtspersoon

Voor de toepassing van dit hoofdstuk wordt onder rechtspersoon verstaan een rechtspersoon als bedoeld in boek 2 van het Burgerlijk Wetboek alsmede daarmee gelijkgestelde organisaties als bedoeld in artikel 51, derde lid, van het Wetboek van Strafrecht.

Art. 4.3

Gedragsverklaring aanbesteden, beslissing is beschikking

De beslissing omtrent de afgifte van een gedragsverklaring aanbesteden wordt aangemerkt als een beschikking in de zin van artikel 1:3, tweede lid, van de Algemene wet bestuursrecht.

Art. 4.4

Gedragsverklaring aanbesteden, aanvraag

1. Een aanvraag om de afgifte van een gedragsverklaring aanbesteden wordt ingediend bij Onze Minister van Veiligheid en Justitie door degene omtrent wiens gedrag een verklaring wordt gevraagd of door een vertegenwoordiger van de rechtspersoon omtrent wiens gedrag een verklaring wordt gevraagd.
2. De aanvrager verstrekt bij zijn aanvraag:
   a. de in artikel 32, eerste en tweede lid, van de Wet justitiële en strafvorderlijke gegevens bedoelde gegevens,
   b. de naam, voornamen en adresgegevens van de leden van het toezichthoudend orgaan van de rechtspersoon en
   c. de naam, voornamen en adresgegevens van voormalige bestuurders, vennoten, maten of beheerders van de rechtspersoon in de 12 maanden voorafgaand aan de aanvraag die nog een beleidsbepalende functie binnen de rechtspersoon bekleden.
3. Onze Minister van Veiligheid en Justitie onderzoekt de volledigheid van de bij de aanvraag verstrekte gegevens en verschaft zich de nodige zekerheid over de identiteit van de aanvrager.

Nadere regels

4. Bij ministeriële regeling kunnen nadere eisen worden gesteld ter uitvoering van het derde lid.

Art. 4.5

Gedragsverklaring aanbesteden, beslissing op aanvraag

1. Onze Minister van Veiligheid en Justitie beslist op de aanvraag met betrekking tot de afgifte van de gedragsverklaring aanbesteden:
   a. indien de aanvraag een natuurlijke persoon betreft: binnen vier weken na ontvangst van de aanvraag;
   b. indien de aanvraag een rechtspersoon betreft: binnen acht weken na ontvangst van de aanvraag.
2. De in het eerste lid, onderdelen a en b, genoemde beslistermijnen kunnen eenmaal worden verlengd met vier onderscheidenlijk acht weken.

Art. 4.6

Schakelbepaling

Artikel 39 van de Wet justitiële en strafvorderlijke gegevens is van overeenkomstige toepassing.

Afdeling 4.1.2
Toetsingscriteria

Art. 4.7

Gedragsverklaring aanbesteden, toetsingscriteria

1. Onze Minister van Veiligheid en Justitie betrekt in zijn beoordeling van de aanvraag om een gedragsverklaring aanbesteden uitsluitend de gegevens met betrekking tot:
   a. onherroepelijke veroordelingen als bedoeld in artikel 2.86, zesde lid;
   b. onherroepelijke veroordelingen wegens misdrijven die zijn opgenomen in het Wetboek van Strafrecht voor zover aangewezen bij algemene maatregel van bestuur, onherroepelijke veroordelingen wegens misdrijven die zijn opgenomen in de Wet op de economische delicten en bij algemene maatregel van bestuur aangewezen andere misdrijven;
   c. onherroepelijke beschikkingen op grond van artikel 56 van de Mededingingswet waarbij door de Autoriteit Consument en Markt geen boetevermindering op grond van clementie is verleend;
   d. onherroepelijke beschikkingen van de Europese Commissie wegens overtreding van artikel 101 of artikel 102 van het Verdrag betreffende de werking van de Europese Unie waarbij door de Europese Commissie geen boete-immuniteit of boetevermindering op grond van clementie is verleend.
2. Indien de aanvraag betrekking heeft op een rechtspersoon is artikel 35, tweede lid, van de Wet justitiële en strafvorderlijke gegevens van overeenkomstige toepassing.
3. In het in het tweede lid bedoelde geval betrekt Onze Minister van Veiligheid en Justitie bij zijn beoordeling tevens de in het eerste lid, onderdelen a en b, bedoelde gegevens van de in artikel 4.4, tweede lid, onderdelen b en c, bedoelde personen.

Art. 4.8

Veroordelingen

1. Veroordelingen als bedoeld in artikel 4.7, eerste lid, onderdeel a, worden in de beoordeling betrokken voor zover zij in de vijf jaar voorafgaand aan de aanvraag onherroepelijk zijn geworden.

Aanbestedingswet　　**A82** art. 4.11

2. Veroordelingen en beschikkingen als bedoeld in artikel 4,7 eerste lid, onderdelen b, c en d, worden in de beoordeling betrokken voor zover zij in de drie jaar voorafgaand aan de aanvraag onherroepelijk zijn geworden.

Art. 4.9

1. Onze Minister van Veiligheid en Justitie betrekt bij zijn onderzoek met betrekking tot de afgifte van een gedragsverklaring aanbesteden van een natuurlijk persoon de met betrekking tot de aanvrager vermelde justitiële gegevens in de justitiële documentatie, bedoeld in de Wet justitiële en strafvorderlijke gegevens.

2. Onze Minister van Veiligheid en Justitie betrekt bij zijn onderzoek met betrekking tot de afgifte van een gedragsverklaring aanbesteden van een rechtspersoon de gegevens in de justitiële documentatie, bedoeld in de Wet justitiële en strafvorderlijke gegevens, op naam van de rechtspersoon en omtrent de in artikel 4.7, tweede en derde lid, bedoelde personen.

Gegevens justitiële documentatie

Afdeling 4.1.3
Beoordeling

Art. 4.10

1. Onze Minister van Veiligheid en Justitie weigert de afgifte van de gedragsverklaring aanbesteden, ingeval de aanvrager een natuurlijke persoon is, indien binnen de in artikel 4.8 bedoelde termijn:
a. een of meerdere veroordelingen als bedoeld in artikel 4.7, eerste lid, onderdeel a, onherroepelijk zijn geworden;
b. een of meer veroordelingen als bedoeld in artikel 4.7, eerste lid, onderdeel b, onherroepelijk zijn geworden waarbij een onvoorwaardelijke gevangenisstraf of hechtenis is opgelegd of waarbij een of meer voorwaardelijke of onvoorwaardelijke geldboetes, taakstraffen of voorwaardelijke gevangenisstraffen of hechtenis zijn opgelegd met een gezamenlijke waarde van in totaal € 35 000 of meer;
c. een beschikking als bedoeld in artikel 4.7, eerste lid, onderdeel c, waarin de overtreding wordt aangemerkt als zwaar of zeer zwaar, of een beschikking als bedoeld in artikel 4.7, eerste lid, onderdeel d, onherroepelijk is geworden.

2. Onze Minister van Veiligheid en Justitie weigert de afgifte van de gedragsverklaring aanbesteden, ingeval de aanvrager een rechtspersoon is, indien binnen de in artikel 4.8 bedoelde termijn:
a. een of meerdere veroordelingen als bedoeld in artikel 4.7, eerste lid, onderdeel a, van die rechtspersoon of van een of meer personen als bedoeld in artikel 4.7, tweede lid, onherroepelijk zijn geworden;
b. een of meer veroordelingen als bedoeld in artikel 4.7, eerste lid, onderdeel b, van die rechtspersoon of van een of meer personen als bedoeld in artikel 4.7, tweede lid, onherroepelijk zijn geworden waarbij een onvoorwaardelijke gevangenisstraf of hechtenis is opgelegd of waarbij een of meer voorwaardelijke of onvoorwaardelijke geldboetes, taakstraffen of voorwaardelijke gevangenisstraffen of hechtenis zijn opgelegd met een gezamenlijke waarde van in totaal € 35 000 of meer;
c. een beschikking als bedoeld in artikel 4.7, eerste lid, onderdeel c, waarin de overtreding wordt aangemerkt als zwaar of zeer zwaar, of een beschikking als bedoeld in artikel 4.7, eerste lid, onderdeel d, onherroepelijk is geworden.

3. Het tweede lid is van overeenkomstige toepassing ingeval van veroordelingen van personen als bedoeld in artikel 4.4, onderdeel c, die op het tijdstip van het nemen van het besluit omtrent de afgifte van de gedragsverklaring aanbesteden nog een beleidsbepalende functie binnen de rechtspersoon vervullen.

4. Voor de toepassing van het eerste lid, onderdeel b, en tweede lid, onderdeel b, wordt een taakstraf van 1 uur gelijkgesteld met een geldboete van 80 euro en een voorwaardelijke gevangenisstraf of hechtenis van 1 dag met een geldboete van 160 euro.

Gedragsverklaring aanbesteden, beoordeling aanvraag

Art. 4.11

1. Alvorens te beslissen tot weigering van de afgifte van de gedragsverklaring aanbesteden, stelt Onze Minister van Veiligheid en Justitie degene van wie een of meer gegevens als bedoeld in artikel 4.7, eerste lid, onderdelen a en b, ten grondslag hebben gelegen aan de beslissing, in de gelegenheid om binnen twee weken een verzoek als bedoeld in artikel 22 van de Wet justitiële en strafvorderlijke gegevens dan wel de artikelen 16 en 17 van de Algemene verordening gegevensbescherming te doen.

2. De in artikel 4.5 gestelde termijn voor de beslissing op de aanvraag wordt opgeschort met ingang van de dag waarop Onze Minister van Veiligheid en Justitie de gelegenheid heeft geboden tot het doen van een verzoek als bedoeld in het eerste lid tot de dag waarop een schriftelijke mededeling is gedaan dat geen verzoek zal worden ingediend of twee weken zijn verstreken, dan wel tot de dag waarop de procedure naar aanleiding van een verzoek is beëindigd.

Weigering afgifte gedragsverklaring aanbesteden

3. De aanvrager van de gedragsverklaring aanbesteden wordt in kennis gesteld van de opschorting.

Hoofdstuk 4.2
Nadere uitvoeringsregels

Afdeling 4.2.1
Nadere regels ter uitvoering van de richtlijnen

Art. 4.12

Nadere regels

1. Ter uitvoering van de richtlijnen 2014/23/EU, 2014/24/EU, 2014/25/EU en 2014/55/EU worden bij of krachtens algemene maatregel van bestuur nadere regels gesteld omtrent:
   a. het gebruik van de elektronische weg: voorwaarden die de aanbestedende dienst of het speciale-sectorbedrijf voor het gebruik daarvan kan stellen;
   b. communicatie tussen aanbestedende dienst of het speciale-sectorbedrijf en ondernemer: de middelen, de wijze waarop gegevens aangeboden en opgeslagen worden, elektronisch indienen van inschrijvingen, elektronisch indienen van certificaten, de wijze waarop verzoeken tot deelneming kunnen worden gedaan, de erkenning van elektronische handtekeningen en het ontvangen en verwerken van elektronische facturen.
2. Ter uitvoering van richtlijn 2014/24/EU kunnen bij of krachtens algemene maatregel van bestuur regels worden gesteld omtrent de instelling, afgifte en bewijskracht van certificaten dan wel de instelling van, opname in en bewijskracht van de opname op een erkenningslijst.

Art. 4.12a

Proces-verbaal en passende informatie

1. Een aanbestedende dienst verstrekt aan Onze Minister op diens verzoek processen-verbaal als bedoeld in artikel 2.132.
2. Een speciale-sectorbedrijf verstrekt aan Onze Minister op diens verzoek te bewaren passende informatie als bedoeld in artikel 3.77, eerste en tweede lid.
3. Onze Minister gebruikt de in het eerste lid bedoelde processen-verbaal uitsluitend voor het opstellen van een toezichtsrapport als bedoeld in artikel 83, derde lid, van richtlijn 2014/24/EU en de in het tweede lid bedoelde informatie uitsluitend voor het opstellen van een toezichtsrapport als bedoeld in artikel 99, derde lid, van richtlijn 2014/25/EU.
4. Artikel 2.57, tweede lid, is van overeenkomstige toepassing op aan Onze Minister verstrekte processen-verbaal of informatie.

Afdeling 4.2.2
Het elektronische systeem voor aanbestedingen

Art. 4.13

Aanbesteding, elektronisch systeem voor aanbestedingen

1. Onze Minister draagt zorg voor het inrichten, instandhouden, de werking en het beveiligen van een elektronisch systeem voor aanbestedingen, met behulp waarvan:
   a. de vooraankondigingen en aankondigingen worden gezonden aan de Europese Commissie ter publicatie in het Publicatieblad van de Europese Unie;
   b. vooraankondigingen, aankondigingen en andere gegevens kunnen worden bekendgemaakt en ter beschikking worden gesteld in het kader van een aanbestedingsprocedure;
   c. formulieren als bedoeld in artikel 4.14, eerste en tweede lid, ter beschikking worden gesteld;
   d. informatie met het oog op de toepassing en naleving van deze wet en met betrekking tot richtlijnen 2014/23/EU, 2014/24/EU en 2014/25/EU kan worden verstrekt, met inbegrip van elektronische handleidingen voor aanbestedende diensten en speciale-sectorbedrijven;
   e. een bedrijfsdossier ter beschikking wordt gesteld waarin inschrijvers hun gegevens en bescheiden beveiligd kunnen opslaan en aan een aanbestedende dienst of speciale-sectorbedrijf ter beschikking kunnen stellen;
   f. inschrijvingen voor overheidsopdrachten, speciale-sectoropdrachten en concessieopdrachten kunnen worden ingediend;
   g. gegevens worden verzameld met het oog op het vervullen van de statistiekverplichtingen op grond van richtlijnen 2014/23/EU, 2014/24/EU en 2014/25/EU;
   h. gegevens worden verzameld ten behoeve van verslaglegging van Onze Minister aan de beide Kamers van de Staten-Generaal.

Nadere regels

2. Bij ministeriële regeling kunnen regels worden gesteld met betrekking tot de toegang tot en aansluiting op het elektronische systeem voor aanbestedingen ten behoeve van het doen van aankondigingen als bedoeld in het eerste lid, onderdelen a en b.
3. Het elektronische systeem, bedoeld in het eerste lid, stelt koppelvlakken ter beschikking voor de aansluiting van en geautomatiseerde gegevensuitwisseling met systemen van gegevensverwerking van aanbestedende diensten of speciale-sectorbedrijven en van ondernemingen die advies- en ondersteuningsdiensten aanbieden.

Aanbestedingswet

A82 art. 4.15

Art. 4.14
1. Onze Minister stelt door middel van het elektronische systeem van aanbesteden de door de Europese Commissie met inachtneming van artikel 33, eerste lid, van richtlijn 2014/23/EU, de artikelen 51, eerste lid, 75, derde lid, en 79, derde lid, van richtlijn 2014/24/EU en artikel 71, eerste lid, van richtlijn 2014/25/EU vastgestelde formulieren beschikbaar voor:
a. de vooraankondiging van een overheidsopdracht;
b. de periodieke indicatieve aankondiging van een speciale sectoropdracht;
c. de aankondiging van een overheidsopdracht, speciale-sectoropdracht, concessieopdracht of prijsvraag;
d. de aankondiging door middel van een kopersprofiel;
e. de aankondiging van een gegunde overheidsopdracht, speciale-sectoropdracht of concessieopdracht;
f. de bekendmaking van de resultaten van een prijsvraag;
g. erkenningsregeling;
h. rectificatie van een aankondiging;
i. de aankondiging, bedoeld in artikel 4.16, eerste lid, onder b.
2. Onze Minister kan door middel van het elektronische systeem voor aanbestedingen tevens formulieren ter beschikking stellen voor aankondigingen waarop deel 2, 2a of 3 van deze wet niet van toepassing zijn.
3. Op verzoek van de aanbestedende dienst, het speciale-sectorbedrijf of de concessiehouder wijst Onze Minister de Europese Commissie op gegevens die niet voor publicatie bestemd zijn. Deze gegevens worden niet door middel van het elektronische systeem van aanbesteden bekendgemaakt.
4. Onze Minister draagt er zorg voor dat door middel van het elektronische systeem van aanbesteden de mededelingen, genoemd in artikel 4.13, onder a, langs elektronische weg ter publicatie worden gezonden aan de Europese Commissie overeenkomstig het model en op de wijze, bedoeld in bijlage XI van richtlijn 2014/23/EU, in het derde punt van bijlage VIII van richtlijn 2014/24/EU of in het derde punt van bijlage IX van richtlijn 2014/25/EU.
5. Onze Minister doet mededeling in de Staatscourant van een besluit van de Europese Commissie als bedoeld in artikel 33, eerste lid, van richtlijn 2014/23/EU, de artikelen 51, eerste lid, 75, derde lid, en 79, derde lid, van richtlijn 2014/24/EU en de artikelen 71, eerste lid, 92, derde lid, en 96, tweede lid, van richtlijn 2014/25/EU.

Nadere regels

Art. 4.14a
Onze Minister is verwerkingsverantwoordelijke voor de verwerking van persoonsgegevens die noodzakelijk is voor de uitvoering van de taken, bedoeld in artikel 4.13, eerste lid, en die verband houdt met het faciliteren van het gebruiken van het systeem.

Verwerkingsverantwoordelijke

Hoofdstuk 4.3
Vernietigbaarheid en boete

Afdeling 4.3.1
Vernietigbaarheid

Art. 4.15
1. Een als resultaat van een gunningsbeslissing gesloten overeenkomst is in rechte vernietigbaar op een van de volgende gronden:
a. de aanbestedende dienst of het speciale-sectorbedrijf heeft, in strijd met deel 2 of deel 3 van deze wet, de overeenkomst gesloten zonder voorafgaande bekendmaking van een aankondiging van de opdracht in het Publicatieblad van de Europese Unie;
b. de aanbestedende dienst of het speciale-sectorbedrijf heeft, in strijd met de wet, de termijnen, bedoeld in artikel 2.127, eerste lid, onderscheidenlijk 2.131, niet in acht genomen;
c. de aanbestedende dienst of het speciale-sectorbedrijf heeft toepassing gegeven aan artikel 2.127, vierde lid, onder c, bij de gunning van een opdracht waarvan de geraamde waarde gelijk is aan of hoger is dan het in de artikelen 2.1 tot en met 2.7 respectievelijk de artikelen 3.8 en 3.9 bedoelde toepasselijke bedrag, en heeft daarbij in strijd gehandeld met artikel 2.143, tweede lid, of de artikelen 2.147 of 2.148.
2. De vordering tot vernietiging wordt door een ondernemer die zich door een gunningsbeslissing benadeeld acht ingesteld:
a. voor het verstrijken van een periode van 30 kalenderdagen ingaande op de dag na de datum waarop
– de aanbestedende dienst of het speciale-sectorbedrijf de aankondiging van de gegunde opdracht bekendmaakte overeenkomstig de artikelen 2.134 tot en met 2.138, mits deze aankondiging ook de rechtvaardiging bevat van de beslissing van de aanbestedende dienst of het speciale-sectorbedrijf om de opdracht te gunnen zonder voorafgaande bekendmaking van een aankondiging van de opdracht, of

Aanbesteding, vernietigbaarheid gunningsbeslissing

A82 art. 4.16 — Aanbestedingswet

– de aanbestedende dienst of het speciale-sectorbedrijf aan de betrokken inschrijvers en gegadigden een kennisgeving zond van de sluiting van de overeenkomst, op voorwaarde dat die kennisgeving vergezeld gaat van de relevante redenen voor de gunningsbeslissing;
b. in andere gevallen dan bedoeld in onderdeel a, voor het verstrijken van een periode van zes maanden, ingaande op de dag na de datum waarop de overeenkomst is gesloten.

Art. 4.16

Vernietigbaarheid, uitzonderingen

1. Artikel 4.15, eerste lid, aanhef en onder a, is niet van toepassing indien de aanbestedende dienst of het speciale-sectorbedrijf:
a. van mening is dat de gunning van een opdracht zonder voorafgaande bekendmaking van een aankondiging van de opdracht door middel van het elektronische systeem voor aanbestedingen op grond van deze wet is toegestaan,
b. de aankondiging van zijn voornemen om tot sluiting van de overeenkomst over te gaan door middel van het elektronische systeem voor aanbestedingen in het Publicatieblad van de Europese Unie heeft bekendgemaakt, en
c. de overeenkomst niet heeft gesloten voor het verstrijken van een termijn van ten minste twintig kalenderdagen, ingaande op de dag na de datum van de bekendmaking van bedoelde aankondiging.
2. Artikel 4.15, eerste lid, aanhef en onder c, is niet van toepassing indien de aanbestedende dienst of het speciale-sectorbedrijf:
a. van mening is dat de gunning van een opdracht in overeenstemming is met 2.143, tweede lid, of de artikelen 2.147 of 2.148,
b. het besluit tot gunning van de opdracht, tezamen met de relevante redenen, bedoeld in artikel 2.130, eerste en tweede lid, aan de betrokken inschrijvers heeft gezonden, en
c. de overeenkomst niet is gesloten vóór het verstrijken van een termijn van ten minste twintig kalenderdagen, ingaande op de dag na de datum waarop het besluit tot gunning van de opdracht aan de betrokken inschrijvers is gezonden.

Art. 4.17

Vernietigbaarheid, aankondiging

1. De aankondiging, bedoeld in artikel 4.16, eerste lid, onder b, bevat tenminste de volgende gegevens:
a. de naam en contactgegevens van de aanbestedende dienst of het speciale-sectorbedrijf;
b. een beschrijving van het onderwerp van de opdracht;
c. een rechtvaardiging van de beslissing om de opdracht te gunnen zonder voorafgaande bekendmaking van een aankondiging van de opdracht in het Publicatieblad van de Europese Unie;
d. de naam en contactgegevens van de onderneming ten gunste van wie de beslissing om een opdracht te gunnen is genomen;
e. voor zover van toepassing alle andere informatie die de aanbestedende dienst of het speciale-sectorbedrijf nuttig acht.
2. De bekendmaking van de aankondiging, bedoeld in het eerste lid, geschiedt langs elektronische weg, met gebruikmaking van het elektronische systeem voor aanbestedingen.
3. De aanbestedende dienst of het speciale-sectorbedrijf gebruikt voor de bekendmaking van de aankondiging, bedoeld in het eerste lid, het daartoe door middel van het elektronische systeem voor aanbestedingen beschikbaar gestelde formulier.

Art. 4.18

Vernietigbaarheid, instandhouding overeenkomst om redenen van algemeen belang

1. De rechter kan besluiten een overeenkomst niet te vernietigen indien, alle relevante aspecten in aanmerking genomen, dwingende redenen van algemeen belang het noodzakelijk maken dat de overeenkomst in stand blijft.

2. Economische belangen mogen alleen als een dwingende reden als bedoeld in het eerste lid worden beschouwd indien vernietiging in uitzonderlijke omstandigheden onevenredig grote gevolgen zou hebben. Economische belangen die rechtstreeks verband houden met de betrokken overeenkomst, mogen evenwel geen dwingende reden als bedoeld in het eerste lid vormen. Zodanige belangen omvatten onder meer de kosten die voortvloeien uit vertraging bij de uitvoering van de overeenkomst, de kosten van een nieuwe aanbestedingsprocedure, de kosten die veroorzaakt worden door het feit dat een andere onderneming de overeenkomst uitvoert, en de kosten van de wettelijke verplichtingen die voortvloeien uit de vernietiging.

Art. 4.19

Vernietigbaarheid, verkorting looptijd overeenkomst

1. Indien de rechter toepassing geeft aan artikel 4.18, eerste lid, kan de rechter op verzoek van een belanghebbende of ambtshalve de looptijd van de overeenkomst verkorten.

2. De rechter houdt in ieder geval rekening met de ernst van de overtreding, het gedrag van de aanbestedende dienst of het speciale-sectorbedrijf, de aard van de overeenkomst en, in voorkomend geval, met de mogelijkheid om de werking van een vernietiging te beperken.

Aanbestedingswet **A82** art. 4.28

Art. 4.20
1. Indien de rechter toepassing heeft gegeven aan artikel 4.18, eerste lid, of indien de overeenkomst wel wordt vernietigd op grond van artikel 4.15, eerste lid, maar aan die vernietiging de werking geheel of gedeeltelijk wordt ontzegd, wordt door de griffie van de rechtbank onverwijld en kosteloos een afschrift van de uitspraak gezonden aan Onze Minister en aan de Autoriteit Consument en Markt.
2. Onze Minister draagt zorg dat afschriften van uitspraken als bedoeld in het eerste lid eenmaal per jaar aan de Europese Commissie worden gezonden.

Vernietigbaarheid, toezending afschrift uitspraak

Afdeling 4.3.2
Boete

Art. 4.21
1. De Autoriteit Consument en Markt legt de aanbestedende dienst die of het speciale-sectorbedrijf dat partij is bij een overeenkomst waarbij toepassing is gegeven aan artikel 4.18, eerste lid, een bestuurlijke boete op.
2. Het eerste lid is van overeenkomstige toepassing indien de overeenkomst in rechte is vernietigd doch de werking geheel of gedeeltelijk aan die vernietiging is ontzegd.
3. De in het eerste lid bedoelde boete is afschrikkend, evenredig en doeltreffend, beschouwd in samenhang met de in artikel 4.19 bedoelde verkorting van de looptijd.
4. De bestuurlijke boete bedraagt ten hoogste vijftien procent van de geraamde waarde van de desbetreffende opdracht. Bij het bepalen van de hoogte van de boete neemt de Autoriteit Consument en Markt de relevante omstandigheden van het geval, waaronder de ernst van de overtreding, in acht.

Aanbesteding, boete

Art. 4.22
De Autoriteit Consument en Markt neemt de beschikking, bedoeld in artikel 4.21, eerste lid, niet dan nadat de uitspraak, bedoeld in artikel 4.20, eerste lid, kracht van gewijsde heeft gekregen.

Boete, beschikking ACM

Art. 4.23
1. De Autoriteit Consument en Markt kan onder haar ressorterende ambtenaren aanwijzen als toezichthouders ten behoeve van het opmaken van een rapport als bedoeld in artikel 5:48, eerste lid, van de Algemene wet bestuursrecht.
2. Alvorens een boete op te leggen kunnen de door de Autoriteit Consument en Markt daartoe aangewezen ambtenaren de overeenkomst en de boekhouding onderzoeken teneinde de voor het vaststellen van de boete in aanmerking komende financiële gegevens te bepalen. Zij kunnen zich laten bijstaan door een onafhankelijk financieel deskundige.
3. De aanbestedende dienst of het speciale-sectorbedrijf is verplicht mee te werken aan de onderzoeken, bedoeld in het tweede lid.
4. Bij overtreding van het derde lid is artikel 12m, derde lid, van de Instellingswet Autoriteit Consument en Markt van overeenkomstige toepassing.

Boete, aanwijzing toezichthouders

Schakelbepaling

Art. 4.24
Indien de overeenkomst, bedoeld in artikel 4.21, is gesloten of mede is gesloten ten bate van de Autoriteit Consument en Markt, worden de bevoegdheden van de artikelen 4.21 tot en met 4.23 uitgeoefend door Onze Minister.

Boete, bevoegdheid minister

Art. 4.25
[Vervallen]

Hoofdstuk 4.4
Arbitrage en klachten

Art. 4.26
Indien terzake van een aanbestedingsgeschil arbitrage is overeengekomen:
a. voldoet de voorzitter van het scheidsgerecht aan de eisen, genoemd in artikelen 1c en 1d van de Wet rechtspositie rechterlijke ambtenaren;
b. kan tegen een arbitraal vonnis een vordering tot vernietiging als bedoeld in artikel 1.064 van het Wetboek van Burgerlijke Rechtsvordering worden ingesteld.

Aanbesteding, arbitrage

Art. 4.27
Onze Minister bevordert de instelling van een commissie die tot doel heeft onafhankelijk advies te geven over klachten met betrekking tot aanbestedingsprocedures.

Aanbesteding, klachten

Hoofdstuk 4.5
Evaluatiebepalingen

Art. 4.28
1. Onze Minister onderzoekt binnen twee jaar na de inwerkingtreding van deze wet de wijze waarop aanbestedende diensten overheidsopdrachten voor leveringen en diensten beneden de

Aanbesteding, evaluatie

in afdeling 2.1.1 van deze wet bedoelde waarden plaatsen. Hij doet daarvan verslag aan de Staten-Generaal.
2. Indien uit de in het eerste lid bedoelde evaluatie blijkt dat het plaatsen van opdrachten als bedoeld in dat lid op onvoldoende uniforme wijze geschiedt kan bij algemene maatregel van bestuur een richtsnoer worden aangewezen waarin voorschriften zijn vervat met betrekking tot de wijzen waarop door bij die algemene maatregel van bestuur aan te wijzen aanbestedende diensten overheidsopdrachten als bedoeld in het eerste lid worden geplaatst.
3. Indien toepassing is gegeven aan het tweede lid, past de aanbestedende dienst de voorschriften toe of motiveert een afwijking van een of meer van die voorschriften in de aanbestedingsstukken.
4. De in het derde lid bedoelde motivering wordt op diens schriftelijk verzoek aan een ondernemer verstrekt.
5. De voordracht voor een krachtens het tweede lid vast te stellen algemene maatregel van bestuur wordt niet eerder gedaan dan vier weken nadat het ontwerp aan beide Kamers der Staten-Generaal is overgelegd. De voordracht wordt gedaan door Onze Minister van Economische Zaken en Klimaat in overeenstemming met Onze Minister of Ministers wie het mede aangaat.

Art. 4.29

Evaluatie wet

Onze Minister onderzoekt binnen twee jaar na de inwerkingtreding van deze wet de doeltreffendheid en de effecten van deze wet in de praktijk en doet daarvan verslag aan de Staten-Generaal. In het verslag wordt in het bijzonder aandacht besteed aan de toegang van ondernemers tot opdrachten en aan de naleving.

Hoofdstuk 4.6
Overgangs- en slotbepalingen

Art. 4.30

Overgangs- en slotbepalingen

1. Indien een aanbestedende dienst of een speciale-sectorbedrijf voor het tijdstip van inwerkingtreding van deel 2 onderscheidenlijk deel 3 van deze wet met toepassing van het Besluit aanbestedingsregels voor overheidsopdrachten of het Besluit aanbestedingen speciale sectoren een aankondiging van een aanbesteding heeft gedaan dan wel overeenkomstig de bepalingen van het desbetreffende besluit een aanbestedingsprocedure zonder aankondiging is gestart en in het kader daarvan een of meer ondernemers heeft verzocht een inschrijving in te dienen, is op die aanbesteding het recht van toepassing zoals dat gold onmiddellijk voor het tijdstip van inwerkingtreding van deel 2 onderscheidenlijk deel 3 van deze wet.
2. De afdelingen 1.2.2, 1.2.3 en hoofdstuk 1.3 zijn niet van toepassing op aanbestedingen met betrekking waartoe voor het tijdstip van inwerkingtreding van deel 1 van deze wet een aankondiging is bekendgemaakt of twee of meer ondernemers zijn uitgenodigd om een inschrijving in te dienen.

Art. 4.31

Tot een jaar na het tijdstip van inwerkingtreding van artikel 2.89 kan een gegadigde of inschrijver, in afwijking van artikel 2.89, tweede lid, door middel van een verklaring omtrent het gedrag als bedoeld in artikel 28 van de Wet justitiële en strafvorderlijke gegevens die op het tijdstip van het indienen van het verzoek tot deelneming of de inschrijving niet ouder is dan een jaar, aantonen dat de uitsluitingsgronden, bedoeld in de artikelen 2.86 en 2.87, onderdelen b en c, op hem niet van toepassing zijn.

Art. 4.32

In afwijking van artikel 4.7, eerste lid, onderdelen c en d, betrekt Onze Minister van Veiligheid en Justitie geen gegevens inzake onherroepelijke beschikkingen wegens overtreding van de Mededingingswet als bedoeld in artikel 4.7, eerste lid, onderdeel c, of wegens overtreding van artikel 101 of artikel 102 van het Verdrag betreffende de werking van de Europese Unie als bedoeld in artikel 4.7, eerste lid, onderdeel d, bij zijn beoordeling van de aanvraag om een gedragsverklaring aanbesteden van een rechtspersoon die werkzaam is op het terrein van de bouwnijverheid indien;
a. die rechtspersoon in het kader van die overtredingenvoor 1 mei 2004 vrijwillig zijn boekhouding bij de Nederlandse Mededingingsautoriteit heeft ingeleverd,
b. die rechtspersoon in het kader van die overtredingen heeft meegewerkt aan een versnelde procedure bij de Nederlandse Mededingingsautoriteit of
c. die rechtspersoon in het kader van die overtredingen heeft deelgenomen aan de Collectieve Regeling Bouwnijverheid.

Art. 4.33

Indien een aanbestedende dienst of een speciale-sectorbedrijf voor het tijdstip van inwerkingtreding van artikel I van de wet van 22 juni 2016 tot wijziging van de Aanbestedingswet 2012 in verband met de implementatie van aanbestedingsrichtlijnen 2014/23/EU, 2014/24/EU en 2014/25/EU (Stb. 2016, 241) met toepassing van de bepalingen van deze wet zoals die luidden onmiddellijk voorafgaand aan dat tijdstip een aankondiging van een aanbesteding heeft gedaan of overeenkomstig de genoemde bepalingen een aanbestedingsprocedure zonder aankondiging is gestart en in het kader daarvan een of meer ondernemers heeft verzocht een inschrijving in te dienen dan wel op andere wijze ten behoeve van het sluiten van een schriftelijke overeenkomst tot het verrichten van werken, leveringen of diensten een of meer ondernemers heeft benaderd, is op die aanbesteding het recht van toepassing zoals dat gold onmiddellijk voor het tijdstip van inwerkingtreding van het hiervoor bedoelde artikel I.

Art. 4.34
1. In afwijking van artikel 2.11, zevende lid, en artikel 3.10, achtste lid, kan een aankoopcentrale bepalen dat de communicatie en informatie-uitwisseling voor een aanbestedingsprocedure van een aankoopcentrale tot 18 april 2017 plaatsvindt per post of via een andere geschikte vervoerder, per fax of een combinatie van deze middelen, al dan niet gecombineerd met elektronische middelen.
2. Het eerste lid is niet van toepassing in de gevallen, bedoeld in de artikelen 2.59, eerste lid, 2.62, tweede lid, en 2.145, eerste lid.
3. Indien een aanbestedende dienst of een speciale-sectorbedrijf voor 18 april 2017 met toepassing van de bepalingen van deze wet zoals die luidden onmiddellijk voorafgaand aan dat tijdstip een aankondiging van een aanbesteding heeft gedaan of overeenkomstig de genoemde bepalingen een aanbestedingsprocedure zonder aankondiging is gestart en in het kader daarvan een of meer ondernemers heeft verzocht een inschrijving in te dienen dan wel op andere wijze ten behoeve van het sluiten van een schriftelijke overeenkomst tot het verrichten van werken, leveringen of diensten een of meer ondernemers heeft benaderd, is op die aanbesteding het recht van toepassing zoals dat gold onmiddellijk voor 18 april 2017.

Art. 4.35
1. In afwijking van artikel 2.52a, eerste lid, kan een aanbestedende dienst of een speciale-sectorbedrijf bepalen dat de communicatie tussen een aanbestedende dienst en een ondernemer of tussen een speciale-sectorbedrijf en een ondernemer tot 1 juli 2017 plaatsvindt per post of via een andere geschikte vervoerder, per fax of een combinatie van deze middelen, al dan niet gecombineerd met elektronische middelen.
2. Het eerste lid is niet van toepassing in de gevallen, bedoeld in de artikelen 2.59, eerste lid, 2.62, tweede lid, en 2.145, eerste lid.
3. Indien een aanbestedende dienst of een speciale-sectorbedrijf voor 1 juli 2017 met toepassing van de bepalingen van deze wet zoals die luidden onmiddellijk voorafgaand aan dat tijdstip een aankondiging van een aanbesteding heeft gedaan of overeenkomstig de genoemde bepalingen een aanbestedingsprocedure zonder aankondiging is gestart en in het kader daarvan een of meer ondernemers heeft verzocht een inschrijving in te dienen dan wel op andere wijze ten behoeve van het sluiten van een schriftelijke overeenkomst tot het verrichten van werken, leveringen of diensten een of meer ondernemers heeft benaderd, is op die aanbesteding het recht van toepassing zoals dat gold onmiddellijk voor 1 juli 2017.

Art. 4.36
In afwijking van artikel 2.89, tweede lid, kan een inschrijver of gegadigde tot een jaar na het tijdstip van inwerkingtreding van artikel I van de wet van [p.m. datum] tot wijziging van de Aanbestedingswet 2012 in verband met de implementatie van aanbestedingsrichtlijnen 2014/23/EU, 2014/24/EU en 2014/25/EU (Stb. p.m. jaartal, volgnummer) door middel van een gedragsverklaring aanbesteden die op het tijdstip van indienen van het verzoek tot deelneming of de inschrijving niet ouder is dan twee jaar, aantonen dat de uitsluitingsgronden, bedoeld in de artikelen 2.86 en 2.87, onderdelen b en c, voor zover het een onherroepelijke veroordeling of een onherroepelijke beschikking wegens overtreding van de mededingingsregels betreft, op hem niet van toepassing zijn.

Art. 4.37
[Wijzigt de Wet bevordering integriteitsbeoordelingen door het openbaar bestuur.]

Art. 4.38
[Wijzigt deze wet.]

Art. 4.39
[Wijzigt deze wet en de Algemene wet bestuursrecht.]

Art. 4.40
Deze wet treedt in werking op een bij koninklijk besluit bepaald tijdstip, dat voor verschillende artikelen of onderdelen daarvan, verschillend kan worden vastgesteld.

Inwerkingtreding

Art. 4.41
Deze wet wordt aangehaald als: Aanbestedingswet, met vermelding van het jaartal van het Staatsblad waarin zij wordt geplaatst.

Citeertitel

Mededingingswet

Inhoudsopgave

Hoofdstuk 1	Begripsbepalingen	Art. 1
Hoofdstuk 2	De Autoriteit Consument en Markt	Art. 2
Hoofdstuk 3	Mededingingsafspraken	Art. 6
§ 1	Verbod van mededingingsafspraken	Art. 6
§ 2	Uitzondering in verband met het vervullen van bijzondere taken	Art. 11
§ 3	Vrijstellingen	Art. 12
§ 4	[Vervallen]	Art. 17-23
Hoofdstuk 4	Economische machtsposities	Art. 24
§ 1	Verbod van misbruik van economische machtsposities	Art. 24
§ 2	Uitzondering in verband met het vervullen van bijzondere taken	Art. 25
Hoofdstuk 4a	Financiële transparantie binnen bepaalde ondernemingen	Art. 25a
Hoofdstuk 4b	Overheden en overheidsbedrijven	Art. 25g
Hoofdstuk 5	Concentraties	Art. 26
§ 1	Begripsbepalingen	Art. 26
§ 2	Toepassingsbereik concentratietoezicht	Art. 29
§ 3	Melding	Art. 34
§ 4	Vergunningen	Art. 41
Hoofdstuk 5a	[Vervallen]	Art. 49a-49d
Hoofdstuk 5b	Gebruik van gegevens door partijen	Art. 49e
Hoofdstuk 6	Bevoegdheden in het kader van toezicht	Art. 50
Hoofdstuk 7	Overtredingen verbod van mededingingsafspraken en verbod van misbruik van een economische machtspositie	Art. 56
§ 1	Bestuurlijke boete en last onder dwangsom	Art. 56
§ 1a	Boete-immuniteit of boetereductie	Art. 58c
§ 2	[Vervallen]	Art. 59-61
§ 3	Beschikkingen	Art. 62
Hoofdstuk 8	Overige overtredingen	Art. 69-70
§ 1	[Vervallen]	Art. 69-70
§ 1a	Overtreding verplichtingen inzake financiële transparantie	Art. 70a
§ 1b	[Vervallen]	Art. 70b
§ 1c	Overtredingen van verplichtingen aangaande overheden en overheidsbedrijven	Art. 70c
§ 2	Overtredingen concentratietoezicht	Art. 71
§ 2a	[Vervallen]	Art. 76a
§ 2b	Overtreding gebruik van gegevens	Art. 76b
§ 3	Procedure	Art. 77-81
Hoofdstuk 9	[Vervallen]	Art. 83-87
Hoofdstuk 10	Europese mededingingsregels	Art. 88
Hoofdstuk 11	[Vervallen]	Art. 90-91
Hoofdstuk 12	Rechtsbescherming	Art. 92
Hoofdstuk 12a	[Vervallen]	Art. 93a-93b
Hoofdstuk 13	Wijzigingen in andere wetten	Art. 94
Hoofdstuk 14	Overgangsbepalingen	Art. 100
Hoofdstuk 15	Slotbepalingen	Art. 107

Mededingingswet[1]

Wet van 22 mei 1997, houdende nieuwe regels omtrent de economische mededinging (Mededingingswet)

Wij Beatrix, bij de gratie Gods, Koningin der Nederlanden, Prinses van Oranje-Nassau, enz. enz. enz.

Allen, die deze zullen zien of horen lezen, saluut! doen te weten:

Alzo Wij in overweging genomen hebben, dat het wenselijk is ter vervanging van de Wet economische mededinging nieuwe regels vast te stellen omtrent mededingingsafspraken en economische machtsposities, alsmede om regels te stellen omtrent toezicht op concentraties van ondernemingen, en daarbij zoveel mogelijk aan te sluiten bij de regels betreffende de mededinging krachtens het Verdrag tot oprichting van de Europese Gemeenschap;

Zo is het, dat Wij, de Raad van State gehoord, en met gemeen overleg der Staten-Generaal, hebben goedgevonden en verstaan, gelijk Wij goedvinden en verstaan bij deze:

Hoofdstuk 1
Begripsbepalingen

Art. 1
In deze wet en de daarop berustende bepalingen wordt verstaan onder:
a. Onze Minister: Onze Minister van Economische Zaken en Klimaat;
b. Autoriteit Consument en Markt: de Autoriteit Consument en Markt, genoemd in artikel 2, eerste lid, van de Instellingswet Autoriteit Consument en Markt;
c. [vervallen;]
d. Verdrag: het Verdrag betreffende de werking van de Europese Unie;
e. overeenkomst: een overeenkomst in de zin van artikel 101, eerste lid, van het Verdrag;
f. onderneming: een onderneming in de zin van artikel 101, eerste lid, van het Verdrag;
g. ondernemersvereniging: een ondernemersvereniging in de zin van artikel 101, eerste lid, van het Verdrag;
h. onderling afgestemde feitelijke gedragingen: onderling afgestemde feitelijke gedragingen in de zin van artikel 101, eerste lid, van het Verdrag;
i. economische machtspositie: positie van een of meer ondernemingen die hen in staat stelt de instandhouding van een daadwerkelijke mededinging op de Nederlandse markt of een deel daarvan te verhinderen door hun de mogelijkheid te geven zich in belangrijke mate onafhankelijk van hun concurrenten, hun leveranciers, hun afnemers of de eindgebruikers te gedragen;
j. [vervallen;]
k. verordening 1/2003: verordening (EG) nr. 1/2003 van de Raad van de Europese Unie van 16 december 2002 betreffende de uitvoering van de mededingingsregels van de artikelen 81 en 82 van het Verdrag (PbEG 2003, L 1);
l. verordening 139/2004: verordening (EG) nr. 139/2004 van de Raad van de Europese Unie van 20 januari 2004 betreffende de controle op concentraties van ondernemingen (PbEG L 24);
m. mededingingsverordening: verordening genoemd in de onderdelen k en l;
n. consumentenorganisaties: stichtingen of verenigingen met volledige rechtsbevoegdheid die krachtens hun statuten tot taak hebben het behartigen van de collectieve belangen van consumenten;
o. richtlijn (EU) 2019/1: richtlijn (EU) 2019/1 van het Europees Parlement en de Raad van 11 december 2018 tot toekenning van bevoegdheden aan de mededingingsautoriteiten van de lidstaten voor een doeltreffendere handhaving en ter waarborging van de goede werking van de interne markt (PbEU 2019, L 11).

Begripsbepalingen

Hoofdstuk 2
De Autoriteit Consument en Markt

Art. 2
De Autoriteit Consument en Markt is belast met het toezicht op de naleving van het bij of krachtens deze wet bepaalde.

Autoriteit Consument en Markt

---

1 Inwerkingtredingsdatum: 03-10-1997; zoals laatstelijk gewijzigd bij: Stb. 2021, 9.

A83 art. 3 — Mededingingswet

Autoriteit Consument en Markt, instructies Minister aan

Art. 3
1. Onze Minister kan de Autoriteit Consument en Markt opdragen werkzaamheden te verrichten in het kader van de uitvoering van regelgeving op het gebied van de mededinging op grond van het Verdrag, voor zover daarin niet reeds bij of krachtens de wet is voorzien, alsmede werkzaamheden op het gebied van de mededinging in verband met andere verdragen of internationale afspraken.
2. Onze Minister kan de Autoriteit Consument en Markt instructies geven met betrekking tot het verrichten van de in het eerste lid bedoelde werkzaamheden, alsmede met betrekking tot het door de Autoriteit Consument en Markt in te nemen standpunt in een adviescomité als bedoeld in artikel 14, tweede lid, van verordening 1/2003 en artikel 19, vierde lid, van verordening 139/2004, met dien verstande dat een instructie inzake een standpunt in een adviescomité geen betrekking heeft op de mededingingsaspecten van een individueel geval.

Autoriteit Consument en Markt, rapportage

Art. 4
1. Onze Minister kan, al dan niet op verzoek van een van Onze andere Ministers, de Autoriteit Consument en Markt opdragen een rapportage uit te brengen inzake de effecten voor de mededinging van voorgenomen of geldende regelgeving of van een voorgenomen of een geldend besluit.
2. Het uitbrengen van een rapportage aan een van Onze andere Ministers geschiedt door tussenkomst van Onze Minister.
3. Op verzoek van een of beide Kamers van de Staten-Generaal brengt de Autoriteit Consument en Markt met tussenkomst van Onze Minister een rapportage uit aan de beide Kamers der Staten-Generaal. Onze Minister zendt de rapportage onverwijld naar de beide Kamers der Staten-Generaal. Onze Minister kan de rapportage doen vergezellen van zijn bevindingen.

Autoriteit Consument en Markt, taken en bevoegdheden

Art. 5
Beleidsregels met betrekking tot de uitoefening van de in deze wet aan de Autoriteit Consument en Markt toegekende bevoegdheden kunnen betrekking hebben of mede betrekking hebben op de wijze waarop de Autoriteit Consument en Markt bij toepassing van artikel 6, derde lid, andere belangen dan economische belangen in zijn afweging moet betrekken.

Art. 5a
[Vervallen]

Hoofdstuk 3
Mededingingsafspraken

§ 1
Verbod van mededingingsafspraken

Kartelverbod

Art. 6
1. Verboden zijn overeenkomsten tussen ondernemingen, besluiten van ondernemersverenigingen en onderling afgestemde feitelijke gedragingen van ondernemingen, die ertoe strekken of ten gevolge hebben dat de mededinging op de Nederlandse markt of een deel daarvan wordt verhinderd, beperkt of vervalst.
2. De krachtens het eerste lid verboden overeenkomsten en besluiten zijn van rechtswege nietig.
3. Het eerste lid geldt niet voor overeenkomsten, besluiten en onderling afgestemde feitelijke gedragingen die bijdragen tot verbetering van de productie of van de distributie of tot bevordering van de technische of economische vooruitgang, mits een billijk aandeel in de daaruit voortvloeiende voordelen de gebruikers ten goede komt, en zonder nochtans aan de betrokken ondernemingen
a. beperkingen op te leggen die voor het bereiken van deze doelstellingen niet onmisbaar zijn, of
b. de mogelijkheid te geven, voor een wezenlijk deel van de betrokken goederen en diensten de mededinging uit te schakelen.
4. Een onderneming of ondernemersvereniging die zich op het derde lid beroept, bewijst dat aan dat lid is voldaan.

Bagatelbepaling

Art. 7
1. Artikel 6, eerste lid, geldt niet voor overeenkomsten, besluiten en onderling afgestemde feitelijke gedragingen als bedoeld in dat artikel indien:
a. bij de desbetreffende overeenkomst of onderling afgestemde feitelijke gedraging niet meer dan acht ondernemingen betrokken zijn, dan wel bij de desbetreffende ondernemersvereniging niet meer dan acht ondernemingen betrokken zijn, en
b. de gezamenlijke omzet in het voorafgaande kalenderjaar van de bij de desbetreffende overeenkomst of onderling afgestemde feitelijke gedraging betrokken ondernemingen dan wel de gezamenlijke omzet van de bij de desbetreffende ondernemersvereniging betrokken ondernemingen niet hoger is dan:

Mededingingswet **A83 art. 11**

1°. € 5 500 000, indien daarbij uitsluitend ondernemingen zijn betrokken wier activiteiten zich in hoofdzaak richten op het leveren van goederen;
2°. € 1 100 000, in alle andere gevallen.
2. Onverminderd het eerste lid, geldt artikel 6, eerste lid, voorts niet voor overeenkomsten, besluiten en onderling afgestemde feitelijke gedragingen als bedoeld in dat artikel voor zover daarbij ondernemingen of ondernemersverenigingen betrokken zijn die daadwerkelijke of potentiële concurrenten zijn op een of meer van de relevante markten, indien:
a. het gezamenlijke marktaandeel van de bij de overeenkomst, het besluit of de onderling afgestemde feitelijke gedraging betrokken ondernemingen of ondernemersverenigingen op geen van de relevante markten waarop de overeenkomst, het besluit of de onderling afgestemde feitelijke gedraging van invloed is, groter is dan 10%, en
b. de overeenkomst, het besluit of de onderling afgestemde feitelijke gedraging de handel tussen lidstaten niet op merkbare wijze ongunstig kan beïnvloeden.
3. In geval van afzonderlijke overeenkomsten tussen een onderneming of een ondernemersvereniging en twee of meer andere ondernemingen, die dezelfde strekking hebben, worden voor de toepassing van het eerste lid die overeenkomsten tezamen beschouwd als één overeenkomst.
4. Bij algemene maatregel van bestuur kan worden bepaald, zo nodig onder voorschriften en beperkingen, dat artikel 6, eerste lid, niet van toepassing is op in die maatregel omschreven categorieën van overeenkomsten, besluiten of gedragingen als bedoeld in dat artikel, die in het algemeen vanuit een oogpunt van mededinging van duidelijk ondergeschikte betekenis zijn.
5. Het in het eerste lid, onder a, genoemde aantal en de in het eerste lid, onder b, genoemde bedragen kunnen bij algemene maatregel van bestuur worden gewijzigd.

Art. 8
1. De berekening van de omzet, bedoeld in artikel 7, eerste lid, onder b, geschiedt op de voet van het bepaalde in artikel 377, zesde lid, van boek 2 van het Burgerlijk Wetboek voor de nettoomzet. | Omzet
2. Indien een onderneming behoort tot een groep als bedoeld in artikel 24b van boek 2 van het Burgerlijk Wetboek worden voor de berekening van de omzet van die onderneming de omzetten van alle tot die groep behorende ondernemingen opgeteld. Bij deze berekening worden transacties tussen de tot die groep behorende ondernemingen buiten beschouwing gelaten.
3. Voor de berekening van de gezamenlijke omzet van de betrokken ondernemingen, bedoeld in artikel 7, eerste lid, onder b, worden de transacties tussen die ondernemingen buiten beschouwing gelaten.

Art. 9
1. De Autoriteit Consument en Markt kan op een overeenkomst tussen ondernemingen, een besluit van een ondernemersvereniging of een onderling afgestemde feitelijke gedraging van ondernemingen waarop krachtens artikel 7, eerste, tweede of vierde lid, artikel 6, eerste lid, niet van toepassing is, bij beschikking alsnog artikel 6, eerste lid, van toepassing verklaren, indien die overeenkomst, dat besluit of die gedraging gezien de marktverhoudingen op de relevante markt in aanzienlijke mate afbreuk doet aan de mededinging. | Bagatelvrijstelling n.v.t.
2. Op de voorbereiding van de beschikking is afdeling 3.4 van de Algemene wet bestuursrecht van toepassing.
3. De beschikking treedt niet eerder in werking dan zes weken na de datum van haar terinzagelegging overeenkomstig artikel 3:44, eerste lid, onderdeel a, van de Algemene wet bestuursrecht.

Art. 10
Artikel 6 geldt niet voor overeenkomsten, besluiten en gedragingen als bedoeld in dat artikel die rechtstreeks verbonden zijn aan een concentratie als bedoeld in artikel 27, en noodzakelijk zijn voor de verwezenlijking van de desbetreffende concentratie. | Nevenrestricties

§ 2
Uitzondering in verband met het vervullen van bijzondere taken

Art. 11
Voor overeenkomsten, besluiten en gedragingen als bedoeld in artikel 6, eerste lid, waarbij ten minste een onderneming of ondernemersvereniging betrokken is die bij wettelijk voorschrift of door een bestuursorgaan is belast met het beheer van diensten van algemeen economisch belang, geldt artikel 6, eerste lid, voor zover de toepassing van dat artikel de vervulling van de aan die onderneming of ondernemersvereniging toevertrouwde bijzondere taak niet verhindert. | Vrijstelling i.v.m. bijzondere taken

§ 3
Vrijstellingen

Art. 12

Doorwerking EG-(groeps)vrijstellingen

Artikel 6, eerste lid, geldt niet voor overeenkomsten tussen ondernemingen, besluiten van ondernemersverenigingen en onderling afgestemde feitelijke gedragingen van ondernemingen waarvoor krachtens een verordening van de Raad van de Europese Unie of een verordening van de Europese Commissie artikel 101, eerste lid, van het Verdrag buiten toepassing is verklaard.

Art. 13

Geen afwijking EG-regime

1. Artikel 6, eerste lid, geldt niet voor overeenkomsten tussen ondernemingen, besluiten van ondernemersverenigingen en onderling afgestemde feitelijke gedragingen van ondernemingen die de handel tussen de lid-staten van de Europese Unie niet ongunstig kunnen beïnvloeden of waardoor de mededinging binnen de gemeenschappelijke markt niet wordt verhinderd, beperkt of vervalst doch die, indien dat wel het geval zou zijn, zouden zijn vrijgesteld krachtens een verordening als bedoeld in artikel 12.
2. De Autoriteit Consument en Markt kan op een overeenkomst tussen ondernemingen, een besluit van een ondernemersvereniging of een onderling afgestemde feitelijke gedraging van ondernemingen waarop krachtens het eerste lid artikel 6, eerste lid, niet van toepassing is, bij beschikking alsnog artikel 6, eerste lid, van toepassing verklaren, indien zich omstandigheden voordoen als die welke krachtens de desbetreffende verordening kunnen leiden tot de buitentoepassingverklaring van die verordening.
3. Op de voorbereiding van de beschikking is afdeling 3.4 van de Algemene wet bestuursrecht van toepassing.
4. De beschikking treedt niet eerder in werking dan zes weken na de datum van haar terinzagelegging overeenkomstig artikel 3:44, eerste lid, onderdeel a, van de Algemene wet bestuursrecht.

Art. 14

Afspraken waarvoor een ontheffing geldt ex art. 85 lid 3 EG-Verdrag

Artikel 6, eerste lid, geldt niet voor overeenkomsten tussen ondernemingen, besluiten van ondernemersverenigingen en onderling afgestemde feitelijke gedragingen van ondernemingen waarvoor een op grond van artikel 101, derde lid, van het Verdrag verleende ontheffing geldt.

Art. 15

Vrijstelling voor categorieën afspraken

1. Bij algemene maatregel van bestuur kan worden bepaald, zo nodig onder voorschriften en beperkingen, dat artikel 6, eerste lid, niet geldt voor in die maatregel omschreven categorieën van overeenkomsten, besluiten en gedragingen als bedoeld in dat artikel, die bijdragen tot verbetering van de produktie of tot distributie of tot bevordering van de technische of economische vooruitgang, mits een billijk aandeel in de daaruit voortvloeiende voordelen de gebruikers ten goede komt, en zonder nochtans aan de betrokken ondernemingen
   a. beperkingen op te leggen die voor het bereiken van deze doelstellingen niet onmisbaar zijn, of
   b. de mogelijkheid te geven, voor een wezenlijk deel van de betrokken goederen en diensten de mededinging uit te schakelen.
2. In een algemene maatregel van bestuur als bedoeld in het eerste lid kan worden bepaald dat de Autoriteit Consument en Markt op een overeenkomst, besluit of gedraging waarvoor krachtens die maatregel artikel 6, eerste lid, niet geldt, bij beschikking alsnog artikel 6, eerste lid, van toepassing kan verklaren, indien wordt voldaan aan de in die algemene maatregel van bestuur genoemde vereisten.
3. Op de voorbereiding van de beschikking is afdeling 3.4 van de Algemene wet bestuursrecht van toepassing.
4. De beschikking treedt niet eerder in werking dan zes weken na de datum van haar terinzagelegging overeenkomstig artikel 3:44, eerste lid, onderdeel a, van de Algemene wet bestuursrecht.

Art. 16

Schakelbepaling

Artikel 6, eerste lid, geldt niet voor:
a. een collectieve arbeidsovereenkomst als bedoeld in artikel 1, eerste lid, van de Wet op de collectieve arbeidsovereenkomst,
b. een overeenkomst in een bedrijfstak tussen een of meer werkgeversorganisaties en een of meer werknemersorganisaties uitsluitend met betrekking tot pensioen als bedoeld in artikel 1 van de Pensioenwet,
c. een overeenkomst of besluit van een organisatie van beoefenaren van een vrij beroep houdende uitsluitend de deelname aan een beroepspensioenregeling als bedoeld in artikel 1 van de Wet verplichte beroepspensioenregeling, indien overeenkomstig artikel 5 van die wet, met betrekking tot een zodanige regeling een verzoek is ingediend tot verplichtstelling door Onze Minister van Sociale Zaken en Werkgelegenheid en het verzoek niet is afgewezen.

Mededingingswet A83 art. 25b

§ 4
[Vervallen]

[Vervallen]
Art. 17-23

Hoofdstuk 4
Economische machtsposities

§ 1
Verbod van misbruik van economische machtsposities

Art. 24
1. Het is ondernemingen verboden misbruik te maken van een economische machtspositie.
2. Het tot stand brengen van een concentratie als omschreven in artikel 27 wordt niet aangemerkt als het misbruik maken van een economische machtspositie.

Verbod misbruik machtspositie

§ 2
Uitzondering in verband met het vervullen van bijzondere taken

Art. 25
1. Voor zover de toepassing van artikel 24, eerste lid, de vervulling van bij wettelijk voorschrift of door een bestuursorgaan aan een onderneming opgedragen beheer van een dienst van algemeen economisch belang verhindert, kan de Autoriteit Consument en Markt op aanvraag verklaren dat artikel 24, eerste lid, niet van toepassing is op een daarbij aangewezen gedraging.
2. Een beschikking als bedoeld in het eerste lid kan onder beperkingen worden gegeven; aan een beschikking kunnen voorschriften worden verbonden.

Verbod misbruik machtspositie, verbod op

Hoofdstuk 4a
Financiële transparantie binnen bepaalde ondernemingen

Art. 25a
In dit hoofdstuk wordt verstaan onder:
a. richtlijn: richtlijn nr. 2006/111/EG van de Commissie van de Europese Gemeenschappen van 16 november 2006 (PbEG L 318) betreffende de doorzichtigheid in de financiële betrekkingen tussen lidstaten en openbare bedrijven en de financiële doorzichtigheid binnen bepaalde ondernemingen;
b. uitsluitend recht: een recht dat bij wettelijk voorschrift of bij besluit van een bestuursorgaan aan een onderneming wordt verleend, waarbij voor die onderneming het recht wordt voorbehouden om binnen een bepaald geografisch gebied een dienst te verrichten of een activiteit uit te oefenen;
c. bijzonder recht: een recht dat bij wettelijk voorschrift of bij besluit van een bestuursorgaan aan een beperkt aantal ondernemingen wordt verleend en waarbij binnen een bepaald geografisch gebied:
1°. het aantal van deze ondernemingen die een dienst mogen verrichten of een activiteit mogen uitoefenen op een andere wijze dan volgens objectieve, evenredige en niet-discriminerende criteria tot twee of meer wordt beperkt,
2°. verscheidene concurrerende ondernemingen die een dienst mogen verrichten of een activiteit mogen uitoefenen op een andere wijze dan volgens deze criteria worden aangewezen, of
3°. aan een of meer ondernemingen op een andere wijze dan volgens deze criteria voordelen worden toegekend waardoor enige andere onderneming aanzienlijk wordt belemmerd in de mogelijkheid om dezelfde activiteiten binnen hetzelfde geografische gebied onder in wezen gelijkwaardige voorwaarden uit te oefenen;
d. verschillende activiteiten: enerzijds producten of diensten met betrekking tot welke aan een onderneming een bijzonder of uitsluitend recht is verleend, of alle diensten van algemeen economisch belang waarmee een onderneming is belast en, anderzijds, elk ander afzonderlijk product met betrekking tot hetwelk of elke andere afzonderlijke dienst met betrekking tot welke de onderneming werkzaam is.

Begripsbepalingen

Art. 25b
1. Ondernemingen waaraan overeenkomstig artikel 106, eerste lid, van het Verdrag een bijzonder of uitsluitend recht is verleend of die overeenkomstig artikel 106, tweede lid, van het Verdrag met het beheer van een dienst van algemeen economisch belang zijn belast en met betrekking tot deze dienst in enigerlei vorm compensatie ontvangen, en die verschillende activiteiten uitvoeren, houden een zodanige administratie bij dat:

Administratieve verplichtingen bijzondere ondernemingen

Sdu 2247

a. de registratie van de lasten en baten van de verschillende activiteiten gescheiden zijn;
b. alle lasten en baten, op grond van consequent toegepaste en objectief te rechtvaardigen beginselen inzake kostprijsadministratie, correct worden toegerekend;
c. de beginselen inzake kostprijsadministratie volgens welke de administratie wordt gevoerd, duidelijk zijn vastgelegd.
2. De onderneming bewaart de in het eerste lid, onderdelen a, b en c, bedoelde gegevens gedurende vijf jaar, gerekend vanaf het einde van het boekjaar waarop de gegevens betrekking hebben.

Art. 25c

Gescheiden administratie
Artikel 25b, eerste lid, is niet van toepassing op activiteiten die onder de toepassing vallen van specifieke door de Europese Unie vastgestelde bepalingen inzake een gescheiden administratie, andere dan die van de richtlijn.

Art. 25d

Uitzonderingen
1. Artikel 25b, eerste lid, is voorts niet van toepassing op:
a. ondernemingen die diensten verrichten welke de handel tussen lidstaten niet op merkbare wijze ongunstig kunnen beïnvloeden;
b. ondernemingen waarvan de totale nettojaaromzet minder dan € 40 miljoen heeft bedragen gedurende de twee boekjaren voorafgaande aan het boekjaar waarin de onderneming een bijzonder of uitsluitend recht heeft genoten dat overeenkomstig artikel 106, eerste lid, van het Verdrag is verleend of waarin zij is belast met het beheer van een dienst van algemeen economisch belang overeenkomstig artikel 106, tweede lid, van het Verdrag;
c. ondernemingen die voor een redelijke periode met het beheer van een dienst van algemeen economisch belang belast zijn overeenkomstig artikel 106, tweede lid, van het Verdrag, indien de overheidssteun in enigerlei vorm, waaronder een subsidie, ondersteuning of compensatie, die zij ontvangen, was vastgesteld ingevolge een open, doorzichtige en niet-discriminerende procedure.
2. Voor de toepassing van het eerste lid, onderdeel b, wordt ten aanzien van openbare banken de nettojaaromzet vervangen door een balanstotaal van minder dan € 800 miljoen.
3. Het in het eerste lid, onderdeel b, en het in het tweede lid genoemde bedrag kunnen bij regeling van Onze Minister worden gewijzigd indien de wijziging voortvloeit uit een bindend besluit van een orgaan van de Europese Unie.

Art. 25e

Terbeschikkingstelling van gegevens
Indien de Europese Commissie verzoekt om terbeschikkingstelling van gegevens als bedoeld in artikel 25b, eerste lid, verstrekt de onderneming die dit aangaat, de Autoriteit Consument en Markt op diens verzoek binnen de door haar gestelde termijn de desbetreffende gegevens. De Autoriteit Consument en Markt doet de gegevens toekomen aan de Europese Commissie.

Art. 25f

Nadere regels
Indien de goede uitvoering van de richtlijn dat vereist, kunnen bij regeling van Onze Minister nadere regels worden gesteld inzake de toepassing van dit hoofdstuk.

Hoofdstuk 4b
Overheden en overheidsbedrijven

Art. 25g

Begripsbepalingen
1. In dit hoofdstuk en de daarop berustende bepalingen wordt verstaan onder overheidsbedrijf:
a. een onderneming met privaatrechtelijke rechtspersoonlijkheid, niet zijnde een personenvennootschap met rechtspersoonlijkheid, waarin een publiekrechtelijke rechtspersoon, al dan niet tezamen met een of meer andere publiekrechtelijke rechtspersonen, in staat is het beleid te bepalen;
b. een onderneming in de vorm van een personenvennootschap, waarin een publiekrechtelijke rechtspersoon deelneemt.
2. Een publiekrechtelijke rechtspersoon is alleen in staat in een onderneming het beleid te bepalen in de zin van het eerste lid, onder a:
a. indien hij, al dan niet tezamen met een of meer andere publiekrechtelijke rechtspersonen, beschikt over de meerderheid van de stemrechten, verbonden aan de door de rechtspersoon van de onderneming uitgegeven aandelen;
b. indien meer dan de helft van de leden van het bestuur of het toezichthoudend orgaan wordt benoemd door een of meer publiekrechtelijke rechtspersonen of door leden of aandeelhouders die een publiekrechtelijke rechtspersoon zijn;
c. indien de onderneming een dochtermaatschappij in de zin van artikel 24a van Boek 2 van het Burgerlijk Wetboek is van een rechtspersoon waarvoor onderdeel a of b van toepassing is; of
d. in andere gevallen, voor zover bij algemene maatregel van bestuur bepaald.

Art. 25h

Werkingssfeer
1. Dit hoofdstuk is niet van toepassing op:

Mededingingswet   **A83 art. 25j**

  a. openbare scholen als bedoeld in artikel 1 van de Wet op het primair onderwijs, artikel 1 van de Wet op de expertisecentra, en artikel 1 van de Wet op het voortgezet onderwijs;
  b. openbare instellingen als bedoeld in artikel 1.1.1, onder c, van de Wet educatie en beroepsonderwijs;
  c. openbare instellingen als bedoeld in artikel 1.1, onder h, van de Wet op het hoger onderwijs en wetenschappelijk onderzoek;
  d. de instellingen, bedoeld in artikel 1.5 van de Wet op het hoger onderwijs en wetenschappelijk onderzoek, en de organisaties, bedoeld in artikel 3 van de TNO-wet en in artikel 2 van de Wet op de Nederlandse organisatie voor wetenschappelijk onderzoek;
  e. publieke media-instellingen als bedoeld in artikel 1.1 van de Mediawet 2008.
  2. Dit hoofdstuk is niet van toepassing op het aanbieden van goederen of diensten door bestuursorganen aan andere bestuursorganen of aan overheidsbedrijven voor zover deze goederen of diensten zijn bestemd voor de uitvoering van een publiekrechtelijke taak.
  3. Dit hoofdstuk is niet van toepassing op bestuursorganen als bedoeld in artikel 1.1, eerste lid, onder b, van de Algemene wet bestuursrecht en op bestuursorganen van openbare lichamen van beroep en bedrijf die zijn ingesteld op grond van artikel 134 van de Grondwet.
  4. Dit hoofdstuk is niet van toepassing indien het economische activiteiten van een bestuursorgaan betreft ten aanzien waarvan een maatregel is getroffen die naar het oordeel van het bestuursorgaan kan worden aangemerkt als een steunmaatregel die voldoet aan de criteria van artikel 107, eerste lid, van het Verdrag.
  5. Dit hoofdstuk is niet van toepassing op economische activiteiten en op een bevoordeling als bedoeld in artikel 25j, welke plaatsvinden respectievelijk plaatsvindt in het algemeen belang.
  6. De vaststelling van economische activiteiten of een bevoordeling plaatsvinden respectievelijk plaatsvindt in het algemeen belang geschiedt voor provincies, gemeenten en waterschappen door provinciale staten, de gemeenteraad respectievelijk het algemeen bestuur en voor het Rijk en voor zelfstandige bestuursorganen als bedoeld in artikel 1, onderdeel a, van de Kaderwet zelfstandige bestuursorganen door de minister die het aangaat.

Art. 25i
  1. Een bestuursorgaan dat economische activiteiten verricht, brengt de afnemers van een product of dienst ten minste de integrale kosten van dat product of die dienst in rekening. **Bestuursorgaan, in rekening brengen kosten**
  2. Het eerste lid is niet van toepassing:
  a. indien de economische activiteiten strekken ter uitoefening van een bijzonder of uitsluitend recht in de zin van artikel 25a, onder c, respectievelijk b, en reeds voorschriften gelden omtrent de voor de desbetreffende activiteiten in rekening te brengen prijzen;
  b. indien de economische activiteiten inhouden het verstrekken van gegevens die het bestuursorgaan heeft verkregen in het kader van de uitoefening van zijn publiekrechtelijke bevoegdheden of het verstrekken van gegevensbestanden die uit de genoemde gegevens zijn samengesteld;
  c. op economische activiteiten die worden verricht door een onderneming die belast is met de uitvoering van de Wet sociale werkvoorziening, voor zover op deze activiteiten artikel 5 van die wet van toepassing is.
  3. Bij de vaststelling van de integrale kosten, bedoeld in het eerste lid, wordt voor de financiering met vreemd vermogen en met eigen vermogen voor zover dat redelijkerwijs aan de economische activiteiten kan worden toegerekend, een bedrag in aanmerking genomen dat niet lager is dan de lasten die in het normale handelsverkeer gebruikelijk zijn voor de financiering van ondernemingen.
  4. Op verzoek van de Autoriteit Consument en Markt toont een bestuursorgaan aan dat het heeft voldaan aan de in het eerste lid bedoelde verplichting.

Art. 25j
  1. Een bestuursorgaan bevoordeelt niet een overheidsbedrijf, waarbij hij in de zin van artikel 25g, eerste lid, is betrokken, boven andere ondernemingen waarmee dat overheidsbedrijf in concurrentie treedt en kent evenmin aan een dergelijk overheidsbedrijf anderszins voordelen toe die verder gaan dan in het normale handelsverkeer gebruikelijk is. **Bestuursorgaan, verbod tot bevoordelen overheidsbedrijf**
  2. Als bevoordeling als bedoeld in het eerste lid wordt in ieder geval ook aangemerkt:
  a. het toestaan van het gebruik door het overheidsbedrijf van de naam en het beeldmerk van de publiekrechtelijke rechtspersoon van het bestuursorgaan op een wijze waardoor verwarring bij het publiek is te duchten over de herkomst van goederen en diensten;
  b. het leveren van goederen aan, het verrichten van diensten voor en het ter beschikking stellen van middelen aan het overheidsbedrijf tegen een vergoeding die lager is dan de integrale kosten.
  3. Het eerste lid is niet van toepassing:
  a. indien de bevoordeling verband houdt met economische activiteiten ter uitoefening van een bijzonder of uitsluitend recht in de zin van artikel 25a, onder c, respectievelijk b, en reeds voorschriften gelden omtrent de voor de desbetreffende activiteiten in rekening te brengen prijzen;
  b. indien naar het oordeel van het bestuursorgaan de bevoordeling kan worden aangemerkt als een steunmaatregel die voldoet aan de criteria van artikel 87, eerste lid, van het Verdrag;

A83 art. 25k — Mededingingswet

c. op economische activiteiten die worden verricht door een onderneming die belast is met de uitvoering van de Wet sociale werkvoorziening, voor zover op deze activiteiten artikel 5 van die wet van toepassing is.

Art. 25k

Bestuursorgaan, gegevensverstrekking

Een bestuursorgaan gebruikt gegevens die hij heeft verkregen in het kader van de uitvoering van zijn publiekrechtelijke bevoegdheden alleen voor economische activiteiten die niet dienen ter uitvoering van de publiekrechtelijke bevoegdheden, indien deze gegevens ook aan derden beschikbaar kunnen worden gesteld.

Art. 25l

Bestuursorgaan, scheiding publiekrechtelijke bevoegdheid van economische activiteit

Indien een bestuursorgaan een publiekrechtelijke bevoegdheid uitoefent ten aanzien van economische activiteiten die door hetzelfde of een ander bestuursorgaan van de desbetreffende publiekrechtelijke rechtspersoon worden verricht, wordt voorkomen dat dezelfde personen betrokken kunnen zijn bij zowel de uitoefening van de bevoegdheid als bij het verrichten van de economische activiteiten.

Art. 25m

Nadere regels

1. Bij of krachtens algemene maatregel van bestuur worden nadere regels gesteld inzake de toepassing van de artikelen 25i en 25j.
2. De in het eerste lid bedoelde nadere regels hebben in elk geval betrekking op de kosten die bij de in artikel 25i, eerste lid, bedoelde kostendoorberekening in aanmerking worden genomen en op beginselen van de toerekening van indirecte kosten.
3. De nadere regels op grond van het eerste lid worden gesteld na overleg met:
a. de Minister van Binnenlandse Zaken en Koninkrijksrelaties voor zover de regels betrekking hebben op gemeenten of provincies, en
b. de Minister van Infrastructuur en Milieu voor zover de regels betrekking hebben op waterschappen.

Art. 25ma

Toepasselijkheid

Hoofdstuk 3 van de Instellingswet Autoriteit Consument en Markt is van toepassing op de handhaving van de bepalingen in dit hoofdstuk, met uitzondering van § 2. en de artikelen 12j, 12k, 12l, 12m, eerste lid, onderdelen a en b, en tweede lid, 12o en 12v van dat hoofdstuk.

Hoofdstuk 5
Concentraties

§ 1
Begripsbepalingen

Art. 26

Zeggenschap

Voor de toepassing van dit hoofdstuk wordt onder zeggenschap verstaan de mogelijkheid om op grond van feitelijke of juridische omstandigheden een beslissende invloed uit te oefenen op de activiteiten van een onderneming.

Art. 27

Concentratie

1. Onder een concentratie wordt verstaan:
a. het fuseren van twee of meer voorheen van elkaar onafhankelijke ondernemingen;
b. het direct of indirect verkrijgen van zeggenschap door
1°. een of meer natuurlijke personen of rechtspersonen die reeds zeggenschap over ten minste een onderneming hebben, of
2°. een of meer ondernemingen over een of meer andere ondernemingen of delen daarvan door middel van de verwerving van participaties in het kapitaal of van vermogensbestanddelen, uit hoofde van een overeenkomst of op enige andere wijze.
2. De totstandbrenging van een gemeenschappelijke onderneming die duurzaam alle functies van een zelfstandige economische eenheid vervult, is een concentratie in de zin van het eerste lid, onder b.

Art. 28

Geen concentratie

1. In afwijking van artikel 27 wordt niet als concentratie beschouwd:
a. het door banken, financiële instellingen of verzekeraars als bedoeld in artikel 1:1 van de Wet op het financieel toezicht, tot wier normale werkzaamheden de verhandeling van effecten voor eigen rekening of voor rekening van derden behoort, tijdelijk houden van deelnemingen die zij in een onderneming hebben verworven teneinde deze deelnemingen weer te verkopen, mits zij de aan deze deelnemingen verbonden stemrechten niet uitoefenen om het marktgedrag van deze onderneming te bepalen, of zij deze stemrechten slechts uitoefenen om de verkoop van deze deelnemingen voor te bereiden, en deze verkoop plaatsvindt binnen een jaar na de verwerving;
b. het verkrijgen van zeggenschap door:
1°. [vervallen;]
2°. [vervallen;]

Mededingingswet **A83** art. 30

3°. personen als bedoeld in 1:76, eerste lid, van de Wet op het financieel toezicht;
4°. bewindvoerders als bedoeld in 3:162, vierde lid, van de Wet op het financieel toezicht;
5°. personen als bedoeld in artikel 3:175, negende lid, van de Wet op het financieel toezicht;
c. het verwerven van participaties in het kapitaal als bedoeld in artikel 27, eerste lid, onder b, met inbegrip van participaties in een gemeenschappelijke onderneming als bedoeld in artikel 27, tweede lid, door participatiemaatschappijen mits de aan de deelname verbonden stemrechten slechts worden uitgeoefend om de volle waarde van deze beleggingen veilig te stellen.
2. De in het eerste lid, onder a, genoemde termijn kan op verzoek door de Autoriteit Consument en Markt worden verlengd wanneer de desbetreffende instellingen of verzekeraars aantonen dat de verkoop binnen de gestelde termijn redelijkerwijs niet mogelijk was.

§ 2
Toepassingsbereik concentratietoezicht

Art. 29
1. De bepalingen van dit hoofdstuk zijn van toepassing op concentraties waarbij de gezamenlijke omzet van de betrokken ondernemingen in het voorafgaande kalenderjaar meer bedroeg dan € 150.000.000, waarvan door ten minste twee van de betrokken ondernemingen ieder ten minste € 30 000 000 in Nederland is behaald.   *Drempels*
2. De in het eerste lid genoemde bedragen kunnen bij algemene maatregel van bestuur worden verhoogd.
3. Bij algemene maatregel van bestuur kunnen de in het eerste lid bedoelde bedragen voor een bij die algemene maatregel van bestuur te bepalen categorie van ondernemingen voor een periode van ten hoogste vijf jaar worden verlaagd. Deze periode kan telkens bij algemene maatregel van bestuur worden verlengd.
4. In afwijking van het eerste lid zijn voor pensioenfondsen in de zin van de Pensioenwet de bepalingen van dit hoofdstuk van toepassing op concentraties waarbij de gezamenlijke waarde van de bruto geboekte premies van de betrokken ondernemingen in het voorafgaande kalenderjaar meer bedroeg dan € 500.000.000 en daarvan door ten minste twee van de betrokken ondernemingen ieder ten minste € 100.000.000 is ontvangen van Nederlandse ingezetenen.

Art. 30
1. De berekening van de omzet, bedoeld in artikel 29, eerste lid, geschiedt op de voet van het bepaalde in artikel 377, zesde lid, van boek 2 van het Burgerlijk Wetboek voor de netto-omzet.   *Omzet*
2. Wanneer de concentratie tot stand wordt gebracht door middel van de verwerving van de zeggenschap over delen van een of meer ondernemingen, welke delen al dan niet eigen rechtspersoonlijkheid bezitten, wordt bij de berekening van de omzet, bedoeld in artikel 29, eerste lid, ten aanzien van de vervreemder of de vervreemders uitsluitend rekening gehouden met de omzet van de te vervreemden delen die voorwerp zijn van de transactie.
Twee of meer verwervingen als bedoeld in de eerste volzin die plaatsvinden binnen een door de Autoriteit Consument en Markt in aanmerking te nemen periode en die afhankelijk van elkaar zijn of op een economische wijze zodanig met elkaar zijn verbonden dat deze verwervingen als één verwerving zouden moeten worden beoordeeld, worden beschouwd als één concentratie die tot stand gebracht wordt op de dag van de laatste transactie.
3. Onverminderd het bepaalde in het tweede lid worden voor de berekening van de omzet van een betrokken onderneming als bedoeld in artikel 29, eerste lid, de omzetten van de volgende ondernemingen opgeteld:
a. de betrokken onderneming;
b. de ondernemingen waarin de betrokken onderneming rechtstreeks of middellijk:
1°. meer dan de helft van het kapitaal of de bedrijfsactiva bezit, dan wel
2°. de bevoegdheid heeft meer dan de helft van de stemrechten uit te oefenen, dan wel
3°. de bevoegdheid heeft meer dan de helft van de leden van de raad van toezicht of van bestuur, of van de krachtens de wet tot vertegenwoordiging bevoegde organen te benoemen, dan wel
4°. het recht heeft de onderneming te leiden;
c. ondernemingen die in een betrokken onderneming over de in onderdeel b genoemde rechten of bevoegdheden beschikken;
d. ondernemingen waarin een in onderdeel c bedoelde onderneming over de in onderdeel b genoemde rechten of bevoegdheden beschikt;
e. ondernemingen waarbij ten minste twee ondernemingen als bedoeld in de onderdelen a tot en met d gezamenlijk over de in onderdeel b genoemde rechten of bevoegdheden beschikken.
4. Indien bij de concentratie betrokken ondernemingen gezamenlijk beschikken over de in het derde lid, onderdeel b, genoemde rechten of bevoegdheden, wordt voor de berekening van de omzet van de betrokken onderneming als bedoeld in artikel 29, eerste lid:
a. geen rekening gehouden met de omzet, die het resultaat is van de verkoop van produkten en het leveren van diensten tussen de gemeenschappelijke onderneming en elk van de betrokken

A83 art. 31 — Mededingingswet

ondernemingen of van enige andere met de betrokken onderneming verbonden onderneming als bedoeld in het derde lid, onderdelen b tot en met e;
b. rekening gehouden met de omzet die het resultaat is van de verkoop van produkten en het verlenen van diensten tussen de gemeenschappelijke onderneming en derde ondernemingen. Deze omzet wordt aan de ondernemingen toegerekend in verhouding tot hun deelnemingen in de gemeenschappelijke onderneming.
5. Voor de berekening van de gezamenlijke omzet van de betrokken ondernemingen, bedoeld in artikel 29, eerste lid, worden transacties tussen de in het derde lid bedoelde ondernemingen buiten beschouwing gelaten.

Art. 31

Omzet banken
1. Voor de toepassing van artikel 29, eerste lid, wordt ten aanzien van banken en financiële instellingen als bedoeld in artikel 1:1 van de Wet op het financieel toezicht de omzet vervangen door de som van de volgende, overeenkomstig de regels op grond van artikel 417 van Boek 2 van het Burgerlijk Wetboek, op de winst- en verliesrekening over het voorafgaande boekjaar opgenomen baten:
   a. rentebaten en soortgelijke baten;
   b. opbrengsten uit waardepapieren;
   c. ontvangen provisie;
   d. resultaat uit financiële transacties;
   e. overige bedrijfsopbrengsten;
na aftrek van de belasting over de toegevoegde waarde en andere rechtstreeks met de betrokken baten samenhangende belastingen.

Omzet verzekeraars
2. Voor verzekeraars in de zin van de Wet op het financieel toezicht en premiepensioeninstellingen in de zin van de Wet op het financieel toezicht wordt voor de toepassing van artikel 29, eerste lid, de omzet vervangen door de waarde van de bruto geboekte premies. De in artikel 29, eerste lid, omschreven omzet behaald in Nederland dient berekend te worden op basis van de bruto geboekte premies die zijn ontvangen van Nederlandse ingezetenen.

Art. 32-33
[Vervallen]

§ 3
Melding

Art. 34

Meldingsplicht en wachtperiode
1. Het is verboden een concentratie tot stand te brengen voordat het voornemen daartoe aan de Autoriteit Consument en Markt is gemeld en vervolgens vier weken zijn verstreken.
2. Geen melding kan worden gedaan indien een goedkeuring voor een concentratie als bedoeld in artikel 49a, eerste lid, van de Wet marktordening gezondheidszorg, dan wel een ontheffing als bedoeld in artikel 49d van die wet, ontbreekt.

Art. 35

Te verstrekken gegevens
1. Bij een melding worden de bij ministeriële regeling aangewezen gegevens verstrekt. Artikel 4:4 van de Algemene wet bestuursrecht is van overeenkomstige toepassing.

Aanvulling van de melding
2. Indien niet is voldaan het eerste lid of indien de verstrekte gegevens onvoldoende zijn voor de beoordeling van een melding, kan de Autoriteit Consument en Markt van de bij de concentratie betrokken partijen, aanvulling van de melding verlangen.

Art. 36

Publicatie
Van een ontvangen melding wordt door de Autoriteit Consument en Markt zo spoedig mogelijk mededeling gedaan in de *Staatscourant*.

Art. 37

Mededeling of voor concentratie vergunning is vereist
1. De Autoriteit Consument en Markt deelt binnen vier weken na het ontvangen van een melding mede of voor het tot stand brengen van de concentratie, waarop die melding betrekking heeft, een vergunning is vereist.

Belemmering daadwerkelijke mededinging
2. De Autoriteit Consument en Markt kan bepalen dat een vergunning is vereist voor een concentratie waarvan zij reden heeft om aan te nemen dat die de daadwerkelijke mededinging op de Nederlandse markt of een deel daarvan op significante wijze zou kunnen belemmeren, met name als het resultaat van het in het leven roepen of het versterken van een economische machtspositie.
3. Indien de melding betrekking heeft op een concentratie als bedoeld in artikel 27, tweede lid, waarmee de coördinatie van het concurrentiegedrag van de totstandbrengende ondernemingen wordt beoogd of totstandgebracht, betrekt de Autoriteit Consument en Markt bij haar besluit of een vergunning is vereist, tevens de criteria van artikel 6, eerste en derde lid.
4. De mededeling dat voor het totstandbrengen van de concentratie geen vergunning is vereist, kan onder voorwaarden worden gedaan, indien uit de terzake van de melding verstrekte gegevens en voorstellen zonder meer blijkt dat de in het tweede en derde lid bedoelde gevolgen kunnen worden vermeden indien aan die voorwaarden is voldaan.

5. Indien niet binnen vier weken toepassing is gegeven aan het eerste lid is voor de concentratie geen vergunning vereist. De in de vorige volzin bedoelde termijn vangt aan met ingang van de eerstvolgende dag na ontvangst van de melding die niet een zaterdag, zondag of algemeen erkende feestdag is in de zin van de Algemene termijnenwet. *Aanvang termijn; gevolg overschrijden termijn*

6. Door een onvoorwaardelijke mededeling als bedoeld in het eerste lid, dat voor een concentratie geen vergunning is vereist, houdt het in artikel 34, eerste lid, vervatte verbod met betrekking tot die concentratie op te gelden. Ingeval van een mededeling als bedoeld in het vierde lid, blijft het in artikel 34 vervatte verbod gelden totdat aan de gestelde voorwaarden is voldaan. Voldoen partijen niet of niet tijdig aan de voorwaarden, dan is alsnog een vergunning vereist.

7. Van een mededeling van de Autoriteit Consument en Markt als bedoeld in het eerste lid wordt mededeling gedaan in de Staatscourant.

Art. 38

1. Indien niet is voldaan aan artikel 35, eerste lid, en de Autoriteit Consument en Markt binnen vijf werkdagen na de dag van ontvangst van de melding, degene die de melding heeft gedaan, heeft verzocht om toezending van de ontbrekende gegevens of documenten, vangt de in de artikelen 34, eerste lid, en 37, eerste en vijfde lid, bedoelde termijn van vier weken aan op de dag waarop die gegevens of documenten alsnog zijn verstrekt. *Aanvulling melding en opschorting wachtperiode*

2. Onverminderd het eerste lid, wordt de in de artikelen 34, eerste lid, en 37, eerste en vijfde lid, bedoelde termijn van vier weken opgeschort met ingang van de dag waarop de Autoriteit Consument en Markt op grond van artikel 35, tweede lid, aanvulling van de melding verlangt tot de dag waarop de aanvulling door elk van de partijen van wie aanvulling is gevraagd, is gegeven.

3. De termijn kan voorts naar aanleiding van een met redenen omkleed verzoek van elk van degenen die de melding doen door de Autoriteit Consument en Markt eenmalig worden opgeschort indien dat naar haar oordeel in het belang van de behandeling van de melding is.

4. Een melding geldt als niet gedaan indien de in het tweede lid bedoelde aanvulling van gegevens niet heeft plaatsgevonden binnen zes maanden na de datum waarop het laatste verzoek tot aanvulling is gedaan en de termijn niet ingevolge het derde lid is opgeschort.

Art. 39

1. Artikel 34, eerste lid, geldt niet in geval van een openbaar overname of ruilaanbod gericht op het verkrijgen van een deelname in het kapitaal van een onderneming, mits daarvan onverwijld aan de Autoriteit Consument en Markt melding wordt gedaan, en de verkrijger de aan de deelname in het kapitaal verbonden stemrechten niet uitoefent. *Openbaar bod op aandelen*

2. Indien de Autoriteit Consument en Markt ter zake van een melding als bedoeld in het eerste lid mededeelt dat op grond van artikel 37, eerste lid, een vergunning is vereist, dient de concentratie:
a. indien niet binnen vier weken na die mededeling een vergunning is aangevraagd, dan wel de aanvraag om een vergunning wordt ingetrokken of de vergunning wordt geweigerd, binnen dertien weken ongedaan te worden gemaakt;
b. indien de vergunning onder beperkingen wordt verleend of daaraan voorschriften worden verbonden, binnen dertien weken na de verlening daarmee in overeenstemming te worden gebracht.

3. De Autoriteit Consument en Markt kan, op verzoek van degene die een melding heeft gedaan als bedoeld in het eerste lid, bepalen dat, in afwijking van het eerste lid, de in dat lid bedoelde stemrechten mogen worden uitgeoefend om de volle waarde van diens belegging te handhaven.

Art. 40

1. De Autoriteit Consument en Markt kan om gewichtige redenen op verzoek van degene die een melding heeft gedaan, ontheffing verlenen van het in artikel 34, eerste lid, gestelde verbod. *Ontheffing melding en wachtperiode*

2. Een ontheffing kan onder beperkingen worden verleend; aan een ontheffing kunnen voorschriften worden verbonden.

3. Indien de Autoriteit Consument en Markt na het verlenen van een ontheffing als bedoeld in het eerste lid ter zake van de betrokken melding mededeelt dat op grond van artikel 37, eerste lid, een vergunning is vereist, en de concentratie tot stand is gebracht voor de mededeling daarvan, dient de concentratie:
a. indien niet binnen vier weken na die mededeling een vergunning is aangevraagd, dan wel de aanvraag om een vergunning wordt ingetrokken of de vergunning wordt geweigerd, binnen dertien weken ongedaan te worden gemaakt;
b. indien de vergunning onder beperkingen wordt verleend of daaraan voorschriften worden verbonden, binnen dertien weken na de verlening daarmee in overeenstemming te worden gebracht.

# A83 art. 41 — Mededingingswet

§ 4
Vergunningen

Art. 41

Vergunningplicht
1. Het is verboden zonder vergunning een concentratie tot stand te brengen waarvoor ingevolge artikel 37 een vergunning is vereist.

Weigering
2. Een vergunning wordt geweigerd indien als gevolg van de voorgenomen concentratie de daadwerkelijke mededinging op de Nederlandse markt of een deel daarvan op significante wijze zou worden belemmerd, met name als het resultaat van het in het leven roepen of het versterken van een economische machtspositie. Artikel 37, derde lid, is van overeenkomstige toepassing indien de aanvraag om een vergunning betrekking heeft op een concentratie als bedoeld in artikel 27, tweede lid, waarmee de coördinatie van het concurrentiegedrag van de totstandbrengende ondernemingen wordt beoogd of totstandgebracht.

Diensten van algemeen economisch belang
3. Indien ten minste een van de bij een concentratie betrokken ondernemingen bij wettelijk voorschrift of door een bestuursorgaan is belast met het beheer van diensten van algemeen economisch belang, kan een vergunning slechts worden geweigerd indien de weigering van die vergunning de vervulling van de hun toevertrouwde taak niet verhindert.

4. Een vergunning kan onder beperkingen worden verleend; aan een vergunning kunnen voorschriften worden verbonden.

Art. 42

De aanvraag
1. Een aanvraag om vergunning wordt ingediend bij de Autoriteit Consument en Markt.
2. Bij ministeriële regeling kan worden bepaald welke gegevens bij een aanvraag dienen te worden verstrekt.
3. Van een ontvangen aanvraag wordt door de Autoriteit Consument en Markt zo spoedig mogelijk mededeling gedaan in de *Staatscourant*.

Art. 43
[Vervallen]

Art. 44

Beslistermijn
1. De Autoriteit Consument en Markt geeft haar beschikking op de aanvraag binnen dertien weken na ontvangst van die aanvraag. Het niet binnen dertien weken geven van een beschikking wordt gelijkgesteld met het verlenen van een vergunning.
2. Indien een aanvraag is ingediend voordat blijkens een mededeling van de Autoriteit Consument en Markt voor de desbetreffende concentratie een vergunning is vereist, wordt deze niet in behandeling genomen alvorens die mededeling is bekendgemaakt. De in het eerste lid genoemde termijn vangt aan op het moment van die bekendmaking.
3. Van de beschikking wordt mededeling gedaan in de *Staatscourant*.

Art. 45

Intrekking
De Autoriteit Consument en Markt kan een vergunning intrekken indien de verstrekte gegevens zodanig onjuist waren dat op de aanvraag anders zou zijn beslist als de juiste gegevens wel bekend zouden zijn geweest.

Art. 46

Ontheffing
1. De Autoriteit Consument en Markt kan om gewichtige redenen op verzoek van degene die de vergunning heeft aangevraagd, ontheffing verlenen van het in artikel 41, eerste lid, gestelde verbod tot op die aanvraag onherroepelijk is beslist.
2. Een ontheffing kan onder beperkingen worden verleend; aan een ontheffing kunnen voorschriften worden verbonden.
3. Indien nadat een ontheffing is verleend als bedoeld in het eerste lid de aanvraag om een vergunning wordt ingetrokken of de vergunning wordt geweigerd, dient de concentratie, voor zover deze dan reeds is tot stand gebracht, binnen dertien weken ongedaan te worden gemaakt.
4. Indien de vergunning onder beperkingen wordt verleend of daaraan voorschriften worden verbonden, dient de concentratie, voor zover deze dan reeds is tot stand gebracht, binnen dertien weken daarmee in overeenstemming te worden gebracht.

Art. 47

Verlening vergunning wegens algemeen belang door Minister EZ
1. Onze Minister kan, nadat de Autoriteit Consument en Markt een vergunning voor het tot stand brengen van een concentratie heeft geweigerd, op een daartoe strekkende aanvraag besluiten die vergunning te verlenen indien naar zijn oordeel gewichtige redenen van algemeen belang die zwaarder wegen dan de te verwachten belemmering van de mededinging, daartoe nopen.
2. Een aanvraag als bedoeld in het eerste lid kan worden gedaan tot vier weken nadat de beschikking van de Autoriteit Consument en Markt om een vergunning te weigeren onherroepelijk is geworden.
3. Indien een aanvraag als bedoeld in het eerste lid is gedaan wordt de behandeling van beroepschriften inzake de beschikking van de Autoriteit Consument en Markt opgeschort, totdat op die aanvraag onherroepelijk is beslist.

Art. 48
Bij ministeriële regeling kan worden bepaald welke gegevens bij een tot Onze Minister gerichte aanvraag om een vergunning dienen te worden verstrekt.

Aanvraag gericht tot Minister EZ

Art. 49
1. Onze Minister geeft zijn beschikking op een aanvraag, in overeenstemming met het gevoelen van de ministerraad, binnen twaalf weken na ontvangst van die aanvraag.
2. Artikel 44, derde lid, is van overeenkomstige toepassing.

Beslistermijn

Hoofdstuk 5a
[Vervallen]

Art. 49a–49d
[Vervallen]

Hoofdstuk 5b
Gebruik van gegevens door partijen

Art. 49e
1. Gegevens als bedoeld in artikel 31, vierde lid, van richtlijn (EU) 2019/1 worden door een partij uitsluitend gebruikt wanneer dat noodzakelijk is om haar rechten van verdediging uit te oefenen in een procedure bij een rechterlijke instantie die rechtstreeks verband houdt met de zaak waarvoor toegang is verleend en enkel wanneer die procedure betrekking heeft op de verdeling van een hoofdelijk opgelegde geldboete tussen deelnemers van het kartel of de vaststelling door de Autoriteit Consument en Markt van een overtreding van de artikelen 6, eerste lid of 24, eerste lid, dan wel de artikelen 101 of 102 van het Verdrag.
2. Gegevens als bedoeld in artikel 31, vijfde lid, van richtlijn (EU) 2019/1 die in het kader van een onderzoek of procedure met het oog op de vaststelling van een overtreding van de artikelen 6, eerste lid, of 24 eerste lid, dan wel de artikelen 101 of 102 van het Verdrag door een partij zijn verkregen, worden door die partij niet gebruikt in een procedure bij een rechterlijke instantie tot het moment waarop de Autoriteit Consument en Markt of een mededingingsautoriteit van een andere lidstaat van de Europese Unie haar onderzoek of procedure met betrekking tot de overtreding afsluit door een besluit als bedoeld in de artikelen 10 of 12 van richtlijn (EU) 2019/1 te nemen of oordeelt dat er geen redenen zijn om verder op te treden.

Gegevensgebruik door partijen

Hoofdstuk 6
Bevoegdheden in het kader van toezicht

Art. 50
1. De in artikel 12a, eerste lid, van de Instellingswet Autoriteit Consument en Markt bedoelde ambtenaren zijn bevoegd een woning zonder toestemming van de bewoner te doorzoeken, voor zover dat voor de uitoefening van de in artikel 5:17 van de Algemene wet bestuursrecht bedoelde bevoegdheden redelijkerwijs noodzakelijk is.
2. Zo nodig oefenen zij de bevoegdheid tot doorzoeken uit met behulp van de sterke arm.

Doorzoeken woning in het kader van toezicht

Art. 51
1. Voor het doorzoeken, bedoeld in artikel 50, eerste lid, is een voorafgaande machtiging vereist van de rechter-commissaris, belast met de behandeling van strafzaken bij de rechtbank Rotterdam. De machtiging kan bij wijze van voorzorgsmaatregel worden gevraagd. De machtiging wordt zo mogelijk getoond.
2. Artikel 171 van het Wetboek van Strafvordering is van overeenkomstige toepassing. De rechter-commissaris kan het openbaar ministerie horen alvorens te beslissen.
3. Tegen de beslissing van de rechter-commissaris staat voor zover het verzoek om een machtiging niet is toegewezen, voor de Autoriteit Consument en Markt binnen veertien dagen beroep open bij de rechtbank Rotterdam.
4. Het doorzoeken vindt plaats onder toezicht van de rechter-commissaris.

Doorzoeken woning, machtiging R-C tot

Art. 52
1. Een machtiging als bedoeld in artikel 51, eerste lid, is met redenen omkleed en ondertekend en vermeldt:
a. de naam van de rechter-commissaris die de machtiging heeft gegeven;
b. de naam of het nummer en de hoedanigheid van degene aan wie de machtiging is gegeven;
c. de wettelijke bepaling waarop de doorzoeking berust en het doel waartoe wordt doorzocht;
d. de dagtekening.
2. Indien het doorzoeken dermate spoedeisend is dat de machtiging niet tevoren op schrift kan worden gesteld, zorgt de rechter-commissaris zo spoedig mogelijk voor de opschriftstelling.
3. De machtiging blijft ten hoogste van kracht tot en met de derde dag na die waarop zij is gegeven.

Doorzoeken woning, inhoud machtiging tot

A83 art. 53

Art. 53

Doorzoeken woning, ambtsedig verslag

1. De ambtenaar die een doorzoeking als bedoeld in artikel 50, eerste lid, heeft verricht, maakt op zijn ambtseed of -belofte een schriftelijk verslag op omtrent de doorzoeking.
2. In het verslag vermeldt hij:
   a. zijn naam of nummer en zijn hoedanigheid;
   b. de dagtekening van de machtiging en de naam van de rechter-commissaris die de machtiging heeft gegeven;
   c. de wettelijke bepaling waarop de doorzoeking berust;
   d. de plaats waar is doorzocht en de naam van degene bij wie de doorzoeking is verricht;
   e. het tijdstip waarop de doorzoeking is begonnen en is beëindigd;
   f. hetgeen tijdens het doorzoeken is verricht en overigens is voorgevallen;
   g. de namen of nummers en de hoedanigheid van de overige personen die aan de doorzoeking hebben deelgenomen.
3. Het verslag wordt uiterlijk op de vierde dag na die waarop de doorzoeking is beëindigd, toegezonden aan de rechter-commissaris die de machtiging heeft gegeven.
4. Een afschrift van het verslag wordt uiterlijk op de vierde dag na die waarop de doorzoeking is beëindigd, aan degene bij wie de doorzoeking is verricht, uitgereikt of toegezonden. Indien het doel waartoe is doorzocht daartoe noodzaakt, kan deze uitreiking of toezending worden uitgesteld. Uitreiking of toezending geschiedt in dat geval, zodra het belang van dit doel het toestaat. Indien het niet mogelijk is het afschrift uit te reiken of toe te zenden, houdt de rechter-commissaris of de ambtenaar die de doorzoeking heeft verricht, het afschrift gedurende zes maanden beschikbaar voor degene bij wie de doorzoeking is verricht.

Art. 53a

Schakelbepaling inspecties

Artikel 51 tot en met 53 zijn van overeenkomstige toepassing op inspecties van ruimten, terreinen of vervoermiddelen als bedoeld in artikel 7, eerste lid, van richtlijn (EU) 2019/1, niet zijnde woningen.

Art. 54-55

[Vervallen]

Hoofdstuk 7
Overtredingen verbod van mededingingsafspraken en verbod van misbruik van een economische machtspositie

§ 1
Bestuurlijke boete en last onder dwangsom

Art. 56

Bestuurlijke boete en last onder dwangsom

Ingeval van overtreding van artikel 6, eerste lid, of van artikel 24, eerste lid, kan de Autoriteit Consument en Markt de overtreder:
a. een besluit nemen tot vaststelling van die overtreding;
b. een bestuurlijke boete opleggen;
c. een last onder dwangsom opleggen.

Art. 57

Bestuurlijke boete, hoogte

1. De bestuurlijke boete bedraagt ten hoogste € 900.000 of, indien dat meer is, ten hoogste 10% van de omzet van de onderneming, dan wel, indien de overtreding door een ondernemersvereniging is begaan, van de gezamenlijke omzet van de ondernemingen die van de vereniging deel uitmaken en actief zijn op de markt die de gevolgen van de inbreuk door de vereniging ondervindt.

Bestuurlijke boete overtreding ondernemersvereniging

2. Indien de overtreding door een ondernemersvereniging is begaan bedraagt de aansprakelijkheid van iedere onderneming die deel uitmaakt van de vereniging voor de betaling van de boete niet meer dan de overeenkomstig het eerste lid ten hoogste aan een onderneming op te leggen boete.
3. Ingeval van overtreding van artikel 6, eerste lid, wordt voor de toepassing van het eerste lid het bedrag van de bestuurlijke boete die ten hoogste kan worden opgelegd, vermenigvuldigd met het aantal jaren dat de overtreding heeft geduurd met een maximum van vier jaar en een minimum van één jaar.
4. Voor de toepassing van het derde lid
   a. worden twaalf opvolgende maanden als jaar beschouwd, en
   b. wordt een deel van een jaar afgerond op hele kalendermaanden waarbij een hele kalendermaand telt als eentwaalfde jaar.
5. Het bedrag van de bestuurlijke boete die ingevolge het eerste en derde lid ten hoogste kan worden opgelegd wordt verhoogd met 100%, indien binnen vijf jaar voorafgaand aan de dagtekening van het van de overtreding opgemaakte rapport, bedoeld in artikel 5:48, eerste lid, van de Algemene wet bestuursrecht, een aan die overtreder voor een eerdere overtre-

Mededingingswet   **A83** art. 64

ding van eenzelfde of een soortgelijk wettelijk voorschrift opgelegde bestuurlijke boete onherroepelijk is geworden.

Art. 58
[Vervallen]

Art. 58a
1. De last onder dwangsom kan worden opgelegd in de vorm van een corrigerende structurele maatregel als bedoeld in artikel 10, eerste lid, van richtlijn (EU) 2019/1, indien die maatregel evenredig is aan de gepleegde overtreding en noodzakelijk is om aan de overtreding daadwerkelijk een einde te maken.
2. Indien er ter correctie van een overtreding meerdere even effectieve corrigerende structurele of gedragsmaatregelen als bedoeld in artikel 10, eerste lid, van richtlijn (EU) 2019/1 zijn, wordt de maatregel opgelegd die voor de betrokken onderneming of ondernemersvereniging het minst belastend is.
3. Artikel 12r, tweede lid, van de Instellingswet Autoriteit Consument en Markt is niet van toepassing.

Last onder dwangsom als structurele maatregel

Schakelbepaling

Art. 58b
1. In dringende gevallen waarin volgens een eerste onderzoek dat op een overtreding van artikel 6, eerste lid of 24, eerste lid wijst, de mededinging op ernstige en onherstelbare wijze dreigt te worden geschaad, kan de Autoriteit Consument en Markt aan een onderneming of ondernemersvereniging een zelfstandige last in de vorm van een voorlopige maatregel als bedoeld in artikel 11, eerste lid, van richtlijn (EU) 2019/1, opleggen.
2. De zelfstandige last is evenredig en van toepassing:
a. gedurende een bepaalde tijdspanne die kan worden verlengd voor zover dat noodzakelijk en passend is; of
b. tot het moment dat bij besluit is vastgesteld of er een overtreding is van artikel 6, eerste lid of 24, eerste lid.

Zelfstandige last, oplegging door ACM

§ 1a
Boete-immuniteit of boetereductie

Art. 58c
Bij algemene maatregel van bestuur worden regels gesteld over het afzien van het opleggen van een bestuurlijke boete of het verminderen van een bestuurlijke boete bij overtreding van artikel 6, eerste lid.

Boete-immuniteit of boetereductie, nadere regels

§ 2
[Vervallen]

Art. 59-61
[Vervallen]

§ 3
Beschikkingen

Art. 62
1. De termijn, genoemd in artikel 5:51, eerste lid, van de Algemene wet bestuursrecht kan worden opgeschort met dertig dagen.
2. Van de opschorting wordt mededeling gedaan aan de overtreder.

Opschorting termijn

Art. 63
[Vervallen]

Art. 64
1. De vervaltermijn, bedoeld in artikel 5:45 van de Algemene wet bestuursrecht wordt telkens gestuit door een handeling van de Autoriteit Consument en Markt ter verrichting van een onderzoek of procedure met betrekking tot de overtreding, alsmede door een dergelijke handeling van de Europese Commissie of van een mededingingsautoriteit van een andere lidstaat van de Europese Unie met betrekking tot een overtreding van de artikelen 101 en 102 van het Verdrag.
2. De stuiting van de vervaltermijn gaat in op de dag waarop tenminste één onderneming of ondernemersvereniging die aan de overtreding heeft deelgenomen, dan wel één van degenen, bedoeld in artikel 51, tweede lid, onder 2° van het Wetboek van Strafrecht, van de handeling schriftelijk in kennis wordt gesteld.
3. De stuiting van de vervaltermijn eindigt op de dag waarop de betrokken mededingingsautoriteit haar onderzoek of procedure met betrekking tot de overtreding afsluit door een besluit als bedoeld in de artikelen 56, 58a of 58b, de artikelen 12h of 12j van de Instellingswet Autoriteit Consument en Markt, de artikelen 10, 12 of 13 van richtlijn (EU) 2019/1 of de artikelen 7, 9 of 10 van verordening 1/2003, te nemen of oordeelt dat er geen redenen zijn om verder op te treden.

Verjaringstermijn bestuurlijke boete

A83 art. 70a

Mededingingswet

4. Op het moment van stuiting vangt de vervaltermijn opnieuw aan.
5. De bevoegdheid, bedoeld in het eerste lid vervalt uiterlijk tien jaren nadat de overtreding heeft plaatsgevonden, verlengd met de periode waarin de vervaltermijn ingevolge artikel 5:45, derde lid, van de Algemene wet bestuursrecht wordt opgeschort.
6. Het eerste tot en met vierde lid zijn van overeenkomstige toepassing op de vervaltermijn, bedoeld in artikel 12r, derde lid, van de Instellingswet Autoriteit Consument en Markt.

Art. 65-68a
[Vervallen]

Hoofdstuk 8
Overige overtredingen

§ 1
[Vervallen]

Art. 69-70
[Vervallen]

§ 1a
Overtreding verplichtingen inzake financiële transparantie

Art. 70a

Overtreding verplichtingen financiële transparantie

1. De Autoriteit Consument en Markt kan ingeval van overtreding van artikel 25b, eerste of tweede lid, of van artikel 25e, eerste volzin, de overtreder:
a. een bestuurlijke boete opleggen van ten hoogste € 900.000 of, indien dat meer is, van ten hoogste 1% van de omzet van de onderneming dan wel, indien de overtreding door een ondernemersvereniging is begaan, van de gezamenlijke omzet van de ondernemingen die van de vereniging deel uitmaken;
b. een last onder dwangsom opleggen.
2. De bestuurlijke boete die ingevolge het eerste lid ten hoogste kan worden opgelegd wordt verhoogd met 100%, indien binnen een tijdvak van vijf jaar voorafgaand aan de dagtekening van het van de overtreding opgemaakte rapport, bedoeld in artikel 5:48, eerste lid, van de Algemene wet bestuursrecht, een aan die overtreder voor een eerdere overtreding van eenzelfde of een soortgelijk wettelijk voorschrift opgelegde bestuurlijke boete onherroepelijk is geworden.

§ 1b
[Vervallen]

Art. 70b
[Vervallen]

§ 1c
Overtredingen van verplichtingen aangaande overheden en overheidsbedrijven

Art. 70c

Overtreding verplichting tegenover overheid/overheidsbedrijf

1. De Autoriteit Consument en Markt kan ingeval van overtreding van artikel 25i, eerste lid, 25j, eerste lid, artikel 25k of artikel 25l:
a. verklaren dat zij de overtreding heeft vastgesteld, of
b. de overtreder een last onder dwangsom opleggen.
2. Van de beschikking wordt mededeling gedaan in de Staatscourant.

§ 2
Overtredingen concentratietoezicht

Art. 71

Overtredingen concentratietoezicht

1. Indien op grond van artikel 40, tweede lid, of van artikel 46, tweede lid, aan een ontheffing als in het desbetreffende artikel bedoeld verbonden voorschriften niet worden nageleefd, kan de Autoriteit Consument en Markt de overtreder een bestuurlijke boete opleggen van ten hoogste € 900.000 of, indien dat meer is, van ten hoogste 10% van de omzet van de onderneming dan wel, indien de overtreding door een ondernemersvereniging is begaan, van de gezamenlijke omzet van de ondernemingen die van de vereniging deel uitmaken.
2. De bestuurlijke boete die ingevolge het eerste lid ten hoogste kan worden opgelegd wordt verhoogd met 100%, indien binnen een tijdvak van vijf jaar voorafgaand aan de dagtekening van het van de overtreding opgemaakte rapport, bedoeld in artikel 5:48, eerste lid, van de Alge-

mene wet bestuursrecht, een aan die overtreder voor een eerdere overtreding van eenzelfde of een soortgelijk wettelijk voorschrift opgelegde bestuurlijke boete onherroepelijk is geworden.

Art. 72
[Vervallen]

Art. 73
1. De Autoriteit Consument en Markt kan degene die onjuiste of onvolledige gegevens verstrekt bij een melding van een concentratie op grond van artikel 34, eerste lid, of bij een aanvraag om een vergunning voor het tot stand brengen van een concentratie als bedoeld in artikel 41, eerste lid, een bestuurlijke boete opleggen van ten hoogste € 900.000 of, indien dat meer is, van ten hoogste 1% van de omzet van de onderneming dan wel, indien de overtreding door een ondernemersvereniging is begaan, van de gezamenlijke omzet van de ondernemingen die van de vereniging deel uitmaken.
2. De bestuurlijke boete die ingevolge het eerste lid ten hoogste kan worden opgelegd wordt verhoogd met 100%, indien binnen een tijdvak van vijf jaar voorafgaand aan de dagtekening van het van de overtreding opgemaakte rapport, bedoeld in artikel 5:48, eerste lid, van de Algemene wet bestuursrecht, een aan die overtreder voor een eerdere overtreding van eenzelfde of een soortgelijk wettelijk voorschrift opgelegde bestuurlijke boete onherroepelijk is geworden.

Onjuiste/onvolledige verstrekking bedrijfsgegevens

Art. 74
1. De Autoriteit Consument en Markt kan ingeval van overtreding van:
1°. artikel 34, eerste lid,
2°. artikel 39, tweede lid, onder a of b,
3°. artikel 40, derde lid, onder a of b,
4°. artikel 41, eerste lid,
5°. artikel 46, derde of vierde lid, de overtreder,
a. een bestuurlijke boete opleggen van ten hoogste € 900.000 of, indien dat meer is, van ten hoogste 10% van de omzet van de onderneming dan wel, indien de overtreding door een ondernemersvereniging is begaan, van de gezamenlijke omzet van de ondernemingen die van de vereniging deel uitmaken;
b. een last onder dwangsom opleggen.
2. De bestuurlijke boete die ingevolge het eerste lid ten hoogste kan worden opgelegd wordt verhoogd met 100%, indien binnen een tijdvak van vijf jaar voorafgaand aan de dagtekening van het van de overtreding opgemaakte rapport, bedoeld in artikel 5:48, eerste lid, van de Algemene wet bestuursrecht, een aan die overtreder voor een eerdere overtreding van eenzelfde of een soortgelijk wettelijk voorschrift opgelegde bestuurlijke boete onherroepelijk is geworden.

Overtreding meldingsplicht

Art. 75
1. Indien op grond van artikel 37, vierde lid, opgelegde voorwaarden niet worden nageleefd of op grond van artikel 41 aan een vergunning verbonden voorschriften niet worden nageleefd, kan de Autoriteit Consument en Markt de overtreder:
a. een bestuurlijke boete opleggen van ten hoogste € 900.000 of, indien dat meer is, van ten hoogste 10% van de omzet van de onderneming dan wel, indien de overtreding door een ondernemersvereniging is begaan, van de gezamenlijke omzet van de ondernemingen die van de vereniging deel uitmaken;
b. een last onder dwangsom opleggen.
2. De bestuurlijke boete die ingevolge het eerste lid ten hoogste kan worden opgelegd wordt verhoogd met 100%, indien binnen een tijdvak van vijf jaar voorafgaand aan de dagtekening van het van de overtreding opgemaakte rapport, bedoeld in artikel 5:48, eerste lid, van de Algemene wet bestuursrecht, een aan die overtreder voor een eerdere overtreding van eenzelfde of een soortgelijk wettelijk voorschrift opgelegde bestuurlijke boete onherroepelijk is geworden.

Overtreding vergunningsvoorschriften

Art. 75a-76
[Vervallen]

§ 2a
[Vervallen]

Art. 76a
[Vervallen]

§ 2b
Overtreding gebruik van gegevens

Art. 76b
De Autoriteit Consument en Markt kan ingeval van overtreding van artikel 49e, eerste of tweede lid, de overtreder een bestuurlijke boete opleggen van ten hoogste € 900.000 of, indien dat meer is, van ten hoogste 1% van de omzet van de onderneming dan wel, indien de overtreding door

Bestuurlijke boete bij misbruik van verstrekte gegeven

een ondernemersvereniging is begaan, van de gezamenlijke omzet van de ondernemingen die van de vereniging deel uitmaken.

§ 3
Procedure

Art. 77-81
[Vervallen]

Art. 82

Verjaringstermijn bestuurlijke boete

1. De vervaltermijn, bedoeld in artikel 5:45 van de Algemene wet bestuursrecht wordt voor twee jaren gestuit door het instellen van een onderzoek met betrekking tot een overtreding.
2. De stuiting van de vervaltermijn gaat in op de dag waarop tenminste één onderneming of ondernemersvereniging die aan de overtreding heeft deelgenomen, dan wel één van degenen, bedoeld in artikel 51, tweede lid, onder 2° van het Wetboek van Strafrecht, van de handeling schriftelijk in kennis wordt gesteld.

Art. 82a-82b
[Vervallen]

Hoofdstuk 9
[Vervallen]

Art. 83-87
[Vervallen]

Hoofdstuk 10
Europese mededingingsregels

Art. 88

Bevoegdheid Autoriteit Consument en Markt, EG-mededingingsregels

De Autoriteit Consument en Markt wordt aangemerkt als de mededingingsautoriteit voor Nederland in de zin van verordening 1/2003 en als bevoegde autoriteit in de zin van verordening 139/2004 en oefent de krachtens de verordeningen op grond van artikel 103 van het Verdrag bestaande bevoegdheid uit om de artikelen 101 en 102 van het Verdrag toe te passen, alsmede de krachtens artikel 104 van het Verdrag bestaande bevoegdheid om te beslissen over de toelaatbaarheid van mededingingsafspraken en over het misbruik maken van een machtspositie op de gemeenschappelijke markt.

Art. 89

Overeenkomstige toepassing

Ter zake van de uitoefening van de in artikel 88 bedoelde bevoegdheden zijn de hoofdstukken 6 en 7 van overeenkomstige toepassing.

Art. 89a

Bevoegdheid buiten toepassing verklaren groepsvrijstelling

1. De Autoriteit Consument en Markt oefent de krachtens artikel 29, tweede lid, van verordening 1/2003 bestaande bevoegdheid uit tot het buiten toepassing verklaren van een groepsvrijstelling.
2. Op de voorbereiding van de beschikking is afdeling 3.4 van de Algemene wet bestuursrecht van toepassing.
3. Een beschikking op grond van het eerste lid treedt niet eerder in werking dan zes weken na de datum van haar terinzagelegging overeenkomstig artikel 3:44, eerste lid, onderdeel a, van de Algemene wet bestuursrecht.

Art. 89b

Bijstand bij inspectie

1. Met het verlenen van bijstand bij een inspectie op grond van een mededingingsverordening door de Europese Commissie, zijn belast de krachtens artikel 12a, eerste lid, van de Instellingswet Autoriteit Consument en Markt aangewezen ambtenaren.
2. Artikel 5:12 van de Algemene wet bestuursrecht is van overeenkomstige toepassing.
3. Bij verzet tegen een inspectie door de Europese Commissie, verlenen de aangewezen ambtenaren de nodige bijstand om de Europese Commissie in staat te stellen de inspectie te verrichten, zo nodig met behulp van de sterke arm.

Art. 89c

Machtiging rechter-commissaris bij inspectie onderneming

1. Voor het verlenen van de nodige bijstand indien een onderneming of ondernemersvereniging zich verzet tegen een inspectie op grond van een mededingingsverordening door de Europese Commissie is voor zover de inspectie een doorzoeking omvat, een voorafgaande machtiging vereist van de rechter-commissaris, belast met de behandeling van strafzaken bij de rechtbank Rotterdam. De machtiging wordt zo mogelijk getoond.
2. De rechter-commissaris gaat bij de toetsing van het verzoek tot machtiging na of de voorgenomen dwangmaatregelen niet willekeurig zijn of onevenredig zijn in verhouding tot het voorwerp van de inspectie, zoals is bepaald in de mededingingsverordeningen en het gemeen-

schapsrecht. Artikel 171 van het Wetboek van Strafvordering is van overeenkomstige toepassing. De rechter-commissaris kan het openbaar ministerie horen alvorens te beslissen.
3. Tegen de beslissing van de rechter-commissaris staat voor zover het verzoek om een machtiging niet is toegewezen, voor de Autoriteit Consument en Markt binnen veertien dagen beroep open bij de rechtbank Rotterdam.
4. De rechter-commissaris kan bij de inspectie aanwezig zijn.

Art. 89d
1. Voor het uitvoeren van een inspectie als bedoeld in artikel 21, eerste lid, van verordening 1/2003 door de Europese Commissie in andere gebouwen, terreinen en vervoermiddelen dan die van ondernemingen en ondernemersverenigingen, waaronder de woningen van directeuren, bestuurders en andere personeelsleden, is een voorafgaande machtiging vereist van de rechter-commissaris, belast met de behandeling van strafzaken bij de rechtbank Rotterdam. De machtiging wordt zo mogelijk getoond.
Machtiging rechter-commissaris bij inspectie elders

2. De rechter-commissaris toetst het verzoek tot machtiging overeenkomstig artikel 21, derde lid, van verordening 1/2003. Artikel 171 van het Wetboek van Strafvordering is van overeenkomstige toepassing. De rechter-commissaris kan het openbaar ministerie horen alvorens te beslissen.
3. Tegen de beslissing van de rechter-commissaris staat voor zover het verzoek om een machtiging niet is toegewezen, voor de Autoriteit Consument en Markt binnen veertien dagen beroep open bij de rechtbank Rotterdam.
4. De rechter-commissaris kan bij de inspectie aanwezig zijn.
5. Voor zover het een inspectie in een woning betreft, geldt dit artikel in afwijking van de artikelen 2, 3 en 8 van de Algemene wet op het binnentreden.

Art. 89e
1. Een machtiging als bedoeld in artikel 89c, eerste lid, of artikel 89d, eerste lid, is met redenen omkleed en ondertekend en vermeldt:
Inhoud machtiging bijstand bij inspectie
a. de naam van de rechter-commissaris die de machtiging heeft gegeven;
b. de naam of het nummer en de hoedanigheid van degene aan wie de machtiging is gegeven;
c. de beschikking waarbij de Europese Commissie de inspectie heeft gelast;
d. de dagtekening.
2. Indien een inspectie dermate spoedeisend is dat de machtiging niet tevoren op schrift kan worden gesteld, zorgt de rechter-commissaris zo spoedig mogelijk voor de opschriftstelling.
3. De machtiging blijft ten hoogste van kracht tot en met de derde dag na die waarop zij is gegeven.
4. Voor zover het een inspectie in een woning betreft, geldt dit artikel in afwijking van artikel 6 van de Algemene wet op het binnentreden.

Art. 89f
1. De ambtenaar die bijstand heeft verleend bij een inspectie in een woning of bij een doorzoeking van een andere plaats dan een woning, maakt op zijn ambtseed of -belofte een schriftelijk verslag op omtrent de inspectie.
Verslag inspectie
2. In het verslag vermeldt hij:
a. zijn naam of nummer en zijn hoedanigheid;
b. de dagtekening van de machtiging en de naam van de rechter-commissaris die de machtiging heeft gegeven;
c. de beschikking waarbij de Europese Commissie de inspectie heeft gelast;
d. de plaats van de inspectie en de naam van degene bij wie de inspectie is verricht;
e. de wijze van binnentreden en het tijdstip waarop de inspectie is begonnen en is beëindigd;
f. hetgeen tijdens de inspectie is verricht en overigens is voorgevallen;
g. de namen of nummers en de hoedanigheid van de overige personen die aan de inspectie hebben deelgenomen.
3. Het verslag wordt uiterlijk op de vierde dag na die waarop de inspectie is beëindigd, toegezonden aan de rechter-commissaris die de machtiging heeft gegeven.
4. Een afschrift van het verslag wordt uiterlijk op de vierde dag na die waarop de inspectie is beëindigd, aan degene bij wie de inspectie is verricht, uitgereikt of toegezonden. Indien het doel van de inspectie daartoe noodzaakt, kan deze uitreiking of toezending worden uitgesteld. Uitreiking of toezending geschiedt in dat geval, zodra het belang van dit doel het toestaat. Indien het niet mogelijk is het afschrift uit te reiken of toe te zenden, houdt de rechter-commissaris of de ambtenaar die de bijstand heeft verleend, het afschrift gedurende zes maanden beschikbaar voor degene bij wie de inspectie is verricht.
5. Voor zover het een inspectie in een woning betreft, geldt dit artikel in afwijking van de artikelen 10 en 11 van de Algemene wet op het binnentreden.

Art. 89g
1. Met het verrichten van een inspectie op grond van een mededingingsverordening door de Autoriteit Consument en Markt op verzoek van de Europese Commissie of op verzoek van een mededingingsautoriteit van een andere lidstaat van de Europese Unie, zijn belast de krachtens
Aanwijzing ambtenaren voor inspectie

artikel 12a, eerste lid, van de Instellingswet Autoriteit Consument en Markt aangewezen ambtenaren.

2. De aangewezen ambtenaren beschikken voor het verrichten van de inspectie over de bevoegdheden die hun ingevolge hoofdstuk 3, paragraaf 1, van de Instellingswet Autoriteit Consument en Markt en hoofdstuk 6 zijn toegekend ter uitoefening van het toezicht op de naleving.

Art. 89ga

Inspectie of verhoor ACM, bijwonen/bijstand ambtenaren andere lidstaat

1. Indien de Autoriteit Consument en Markt overeenkomstig artikel 22 van verordening 1/2003 een inspectie of een verhoor namens en voor rekening van een mededingingsautoriteit van een andere lidstaat van de Europese Unie verricht, kunnen ambtenaren en andere door die mededingingsautoriteit daartoe aangewezen personen onder toezicht van de ambtenaren van de Autoriteit Consument en Markt de inspectie of het verhoor bijwonen en tijdens de inspectie of het verhoor bijstand verlenen aan de Autoriteit Consument en Markt wanneer zij de bevoegdheden, bedoeld in de artikelen 5:15 tot en met 5:19 van de Algemene wet bestuursrecht, de artikelen 12b tot en met 12d van de Instellingswet Autoriteit Consument en Markt, of artikel 50, uitoefent.

2. De Autoriteit Consument en Markt kan namens en voor rekening van een mededingingsautoriteit van een andere lidstaat van de Europese Unie de bevoegdheden, bedoeld in de artikelen 5:15 tot en met 5:19 van de Algemene wet bestuursrecht, de artikelen 12b tot en met 12d Instellingswet Autoriteit Consument en Markt, of artikel 50 uitoefenen om vast te stellen of gevolg is gegeven aan onderzoeksmaatregelen of besluiten als bedoeld in de artikelen 6 en 8 tot en met 12 van richtlijn (EU) 2019/1 van die mededingingsautoriteit.

3. Artikel 12, tweede en derde lid, van verordening 1/2003 zijn van overeenkomstige toepassing indien de Autoriteit Consument en Markt met het oog op de toepassing van het tweede lid gegevens of inlichtingen verstrekt aan of ontvangt van een mededingingsautoriteit van een andere lidstaat van de Europese Unie.

Art. 89gb

Kennisgeving ACM aan adressaat

Na een daartoe strekkend verzoek van een mededingingsautoriteit van een andere lidstaat van de Europese Unie stelt de Autoriteit Consument en Markt een adressaat in kennis van informatie als bedoeld in artikel 25, onderdelen a, b of c, van richtlijn (EU) 2019/1.

Art. 89gc

Boetes/dwangsommen, tenuitvoerlegging ACM op verzoek van mededingingsautoriteit andere lidstaat

1. De Autoriteit Consument en Markt legt na een daartoe strekkend verzoek van een mededingingsautoriteit van een andere lidstaat van de Europese Unie een definitief besluit tot oplegging van een geldboete als bedoeld in artikel 13 van richtlijn (EU) 2019/1 of een besluit tot oplegging van een dwangsom als bedoeld in artikel 16 van richtlijn (EU) 2019/1 ten uitvoer, voor zover die mededingingsautoriteit na redelijke inspanningen op haar eigen grondgebied te hebben geleverd, heeft vastgesteld dat de onderneming of ondernemersvereniging jegens welke de geldboete of dwangsom invorderbaar is, in de lidstaat van die mededingingsautoriteit niet over voldoende activa beschikt om invordering van de geldboete of dwangsom mogelijk te maken.

2. In gevallen anders dan bedoeld in het eerste lid, kan de Autoriteit Consument en Markt na een daartoe strekkend verzoek van een mededingingsautoriteit van een andere lidstaat van de Europese Unie een definitief besluit tot oplegging van een geldboete als bedoeld in artikel 13 van richtlijn (EU) 2019/1 of een besluit tot oplegging van een dwangsom als bedoeld in artikel 16 van richtlijn (EU) 2019/1 ten uitvoer leggen.

3. Afdeling 4.4.4 van de Algemene wet bestuursrecht is van overeenkomstige toepassing.

4. De verjaringstermijn voor de tenuitvoerlegging van een besluit als bedoeld in het eerste of tweede lid, wordt bepaald overeenkomstig artikel 26, vierde lid, van richtlijn (EU) 2019/1.

Art. 89gd

Kennisgevings- en handhavingsverzoeken, formaliteiten

Een verzoek als bedoeld in de artikelen 25 of 26, eerste of tweede lid, van richtlijn (EU) 2019/1 voldoet aan en wordt uitgevoerd overeenkomstig artikel 27, tweede, derde, vierde, vijfde en zesde lid, van richtlijn (EU) 2019/1.

Art. 89ge

Vergoeding kosten verlenen bijstand aan andere mededingingsautoriteiten

1. De Autoriteit Consument en Markt geeft uitvoering aan artikel 27, zevende lid en achtste lid, eerste, derde en vierde alinea, van richtlijn (EU) 2019/1.

2. De Autoriteit Consument en Markt geeft in afwijking van het eerste lid geen uitvoering aan artikel 27, achtste lid, eerste alinea, van richtlijn (EU) 2019/1, indien de baten naar verwachting niet opwegen tegen de kosten die de Autoriteit Consument en Markt maakt om de in artikel 27 bedoelde kosten te verhalen.

Art. 89gf

Bevoegdheidsverdeling geschillen tussen lidstaten

De bevoegdheid inzake geschillen ten aanzien van de toepassing van de artikelen 25 of 26, eerste of tweede lid, van richtlijn (EU) 2019/1 en het recht dat op die geschillen van toepassing is, wordt bepaald overeenkomstig artikel 28 van richtlijn (EU) 2019/1.

Mededingingswet

A83 art. 100

Art. 89gg
1. Indien de Autoriteit Consument en Markt, na toepassing te hebben gegeven aan artikel 11, derde lid, van verordening 1/2003 concludeert dat er geen gronden zijn om een onderzoek of procedure met betrekking tot de overtreding voort te zetten, stelt zij de Europese Commissie hiervan in kennis.
2. Indien de Autoriteit Consument en Markt een besluit neemt als bedoeld in artikel 56, aanhef en onderdeel b, of artikel 58b, eerste lid, stelt zij het European Competition Network hiervan in kennis.

Inkennisstelling Europese Commissie beëindigen handhavingsprocedures door ACM

Art. 89h-89j
[Vervallen]

Hoofdstuk 11
[Vervallen]

Art. 90-91
[Vervallen]

Hoofdstuk 12
Rechtsbescherming

Art. 92
[Vervallen]

Art. 93
1. Een consumentenorganisatie wordt geacht belanghebbende te zijn bij besluiten genomen op grond van deze wet.
2. De Autoriteit Consument en Markt kan bij toepassing van artikel 3.11, tweede lid van de Algemene wet bestuursrecht in zaken waarbij een consumentenorganisatie als bedoeld in het eerste lid belanghebbende is, om gewichtige redenen onderscheid maken tussen de overtreder en genoemde consumentenorganisatie bij de beoordeling van de vraag of op de zaak betrekking hebbende stukken of gedeelten van stukken ter inzage worden gelegd.

Consumentenorganisatie

Hoofdstuk 12a
[Vervallen]

Art. 93a-93b
[Vervallen]

Hoofdstuk 13
Wijzigingen in andere wetten

Art. 94
[Wijzigt de Wet op de economische delicten.]

Art. 95
De Wet economische mededinging wordt ingetrokken.

Art. 96
[Wijzigt de Wet op de inkomstenbelasting 1964.]

Art. 97
[Wijzigt de Wet vervoer over zee.]

Art. 98
[Wijzigt de Wet bestuursrechtspraak bedrijfsorganisatie.]

Art. 99
[Wijzigt de Wet op de Raad van State.]

Hoofdstuk 14
Overgangsbepalingen

Art. 100
1. Voor de toepassing van verordening (EEG) nr. 4064/89 van de Raad van de Europese Gemeenschappen van 21 december 1989 betreffende de controle op concentraties van ondernemingen (PbEG 1990, L 257) ingevolge artikel 26, tweede lid, van verordening 139/2004, is artikel 88 van overeenkomstige toepassing.
2. Voor de toepassing van artikel 12, eerste lid, of artikel 13, vijfde lid en zesde lid, van verordening (EEG) nr. 4064/89 van de Raad van de Europese Gemeenschappen van 21 december 1989 betreffende de controle op concentraties van ondernemingen (PbEG 1990, L 257) ingevolge artikel

Overgangsbepalingen

26, tweede lid, van verordening 139/2004, zijn onderscheidenlijk artikel 89g of de artikelen 89b, 89c, 89e en 89f van overeenkomstige toepassing.

Art. 101-105
[Vervallen]

Art. 106
Toepasselijkheid De straffen en maatregelen, gesteld op overtredingen van voorschriften gesteld bij of krachtens de Wet economische mededinging, die een economisch delict opleveren en die zijn begaan voor het tijdstip waarop artikel 94 in werking treedt, blijven van toepassing.

Hoofdstuk 15
Slotbepalingen

Art. 107
Inwerkingtreding 1. De hoofdstukken van deze wet treden in werking op een bij koninklijk besluit te bepalen tijdstip, dat voor de verschillende hoofdstukken of onderdelen daarvan verschillend kan worden vastgesteld.
2. [Vervallen.]
3. Artikel 32 vervalt twee jaar na het tijdstip van inwerkingtreding.

Art. 108
[Wijzigt deze wet.]

Art. 109
[Wijzigt deze wet.]

Art. 110
Citeertitel Deze wet wordt aangehaald als: Mededingingswet.

Verordening 1/2003/EG betreffende de uitvoering van de mededingingsregels van de artikelen 81 en 82 van het Verdrag (Voor de EER relevante tekst)

Verordening (EG) Nr. 1/2003 van de Raad van 16 december 2002 betreffende de uitvoering van de mededingingsregels van de artikelen 81 en 82 van het Verdrag (Voor de EER relevante tekst)[1]

DE RAAD VAN DE EUROPESE UNIE,
Gelet op het Verdrag tot oprichting van de Europese Gemeenschap, en met name op artikel 83,
Gezien het voorstel van de Commissie[2],
Gezien het advies van het Europees Parlement[3],
Gezien het advies van het Europees Economisch en Sociaal Comité[4],
Overwegende hetgeen volgt:
(1) Teneinde een regeling tot stand te brengen waardoor wordt verzekerd dat de mededinging binnen de interne markt niet wordt vervalst, dient voor een doeltreffende en eenvormige toepassing van de artikelen 81 en 82 van het Verdrag in de gehele Gemeenschap te worden gezorgd. Verordening nr. 17 van de Raad van 6 februari 1962, eerste verordening over de toepassing van de artikelen 81 en 82[5] van het Verdrag[6], heeft het mogelijk gemaakt een communautair beleid op het gebied van het mededingingsrecht te ontwikkelen dat tot de verspreiding van een mededingingscultuur in de Gemeenschap heeft bijgedragen. Thans dient deze verordening echter in het licht van de opgedane ervaring te worden vervangen, teneinde te voorzien in bepalingen die aan de uitdagingen van de geïntegreerde markt en de komende uitbreiding van de Gemeenschap zijn aangepast.
(2) Met name dient opnieuw te worden nagedacht over de wijze waarop de in artikel 81, lid 3, van het Verdrag vervatte uitzondering op het verbod van mededingingbeperkende overeenkomsten werkt. Hierbij moet volgens artikel 83, lid 2, onder b), van het Verdrag de noodzaak in acht worden genomen enerzijds een doeltreffend toezicht te verzekeren en anderzijds de administratieve controle zo veel mogelijk te vereenvoudigen.
(3) Het bij Verordening nr. 17 ingevoerde gecentraliseerde stelsel biedt niet langer een garantie voor een evenwicht tussen deze twee doelstellingen. Enerzijds belemmert het de toepassing van de communautaire mededingingsregels door de rechterlijke instanties en de mededingingsautoriteiten van de lidstaten en behelst het een aanmeldingsregeling die de Commissie belet zich bij voorrang op de bestraffing van de zwaarste inbreuken toe te leggen. Anderzijds brengt het voor de ondernemingen hoge kosten mee.
(4) Dit stelsel dient bijgevolg te worden vervangen door een stelsel van wettelijke uitzondering, waarin de mededingingsautoriteiten en de rechterlijke instanties van de lidstaten bevoegd zijn niet alleen artikel 81, lid 1, en artikel 82 van het Verdrag, die volgens de rechtspraak van het Hof van Justitie van de Europese Gemeenschappen rechtstreekse werking hebben, maar ook artikel 81, lid 3, van het Verdrag toe te passen.
(5) Met het oog op een daadwerkelijke handhaving van de communautaire mededingingsregels onder eerbiediging van de fundamentele rechten van de verdediging, moet deze verordening regels bevatten inzake de bewijslast op grond van de artikelen 81 en 82 van het Verdrag. Het bewijs van inbreuk op de artikelen 81, lid 1, en 82 van het Verdrag moet rechtens genoegzaam worden geleverd door de partij of de autoriteit die de inbreuk aanvoert. De onderneming of ondernemersvereniging die verweer voert tegen een bewezen inbreuk moet rechtens genoegzaam

---

1   Inwerkingtredingsdatum: 24-01-2003; zoals laatstelijk gewijzigd bij: PB EG 2009, L148.
2   PB C 365 E van 19.12.2000, blz. 284.
3   PB C 72 E van 21.3.2002, blz. 305.
4   PB C 155 van 29.5.2001, blz. 73.
5   De titel van Verordening 17 werd aangepast om rekening te houden met de hernummering van de artikelen van het EG-Verdrag overeenkomstig artikel 12 van het Verdrag van Amsterdam; oorspronkelijk verwees die titel naar de artikelen 85 en 86 van het EG-Verdrag.
6   PB 13 van 21.2.1962, blz. 204/62. Verordening laatstelijk gewijzigd bij Verordening (EG) nr. 1216/1999 (PB L 148 van 15.6.1999, blz. 5).

het bewijs leveren dat aan de voorwaarden is voldaan om dat verweer te laten gelden. Deze verordening doet geen afbreuk aan de nationale voorschriften inzake de bewijsstandaard of aan de plicht van de mededingingsautoriteiten en de rechterlijke instanties van de lidstaten de relevante feiten van een zaak vast te stellen mits dergelijke voorschriften en plichten verenigbaar zijn met algemene beginselen van het Gemeenschapsrecht.

(6) Ter verzekering van een doeltreffende toepassing van de communautaire mededingingsregels dienen de nationale mededingingsautoriteiten nauwer bij die toepassing te worden betrokken. Te dien einde moeten zij over de bevoegdheid beschikken het Gemeenschapsrecht toe te passen.

(7) De nationale rechterlijke instanties vervullen bij de toepassing van de communautaire mededingingsregels een wezenlijke taak. Zij beschermen de uit het Gemeenschapsrecht voortvloeiende subjectieve rechten door geschillen tussen particulieren te beslechten, met name door aan de slachtoffers van inbreuken schadevergoeding toe te kennen. De rol van de nationale rechterlijke instanties is dienaangaande complementair aan die van de mededingingsautoriteiten van de lidstaten. Het is bijgevolg noodzakelijk hun de bevoegdheid toe te kennen de artikelen 81 en 82 van het Verdrag ten volle toe te passen.

(8) Teneinde de daadwerkelijke handhaving van de mededingingsregels van de Gemeenschap en de goede werking van de in deze verordening opgenomen samenwerkingsmechanismen te waarborgen, moeten de mededingingsautoriteiten en de rechterlijke instanties van de lidstaten ertoe verplicht worden ook de artikelen 81 en 82 van het Verdrag toe te passen wanneer ze het nationale mededingingsrecht toepassen op overeenkomsten en praktijken welke de handel tussen lidstaten kunnen beïnvloeden. Om te zorgen voor gelijke spelregels in het kader van overeenkomsten, besluiten van ondernemersverenigingen en onderling afgestemde feitelijke gedragingen binnen de interne markt, moet op grond van artikel 83, lid 2, onder e), van het Verdrag tevens de verhouding tussen de nationale wetgeving en het mededingingsrecht van de Gemeenschap bepaald worden. Daartoe moet worden bepaald dat de toepassing van nationale mededingingswetten op overeenkomsten, besluiten of onderling afgestemde feitelijke gedragingen in de zin van artikel 81, lid 1, van het Verdrag niet mag leiden tot het verbieden van dergelijke overeenkomsten, besluiten en onderling afgestemde feitelijke gedragingen indien ze niet ook uit hoofde van het mededingingsrecht van de Gemeenschap verboden zijn. De begrippen overeenkomsten, besluiten en onderling afgestemde feitelijke gedragingen zijn autonome concepten uit het mededingingsrecht van de Gemeenschap die van toepassing zijn op gecoördineerd gedrag van ondernemingen op de markt volgens de uitleg van de communautaire rechterlijke instanties. Lidstaten mogen uit hoofde van de onderhavige verordening niet worden belet om op hun grondgebied strengere nationale mededingingswetten aan te nemen en toe te passen die eenzijdige gedragingen van ondernemingen verbieden of bestraffen. Die strengere nationale wetten kunnen bepalingen omvatten die misbruik van economisch afhankelijke ondernemingen verbieden of bestraffen. Voorts is deze verordening niet van toepassing op nationale wetten die strafrechtelijke sancties opleggen aan natuurlijke personen, behalve indien deze sancties het middel vormen waarmee op ondernemingen toepasselijke mededingingsregels worden toegepast.

(9) Het doel van de artikelen 81 en 82 van het Verdrag is de bescherming van de mededinging op de markt. Deze verordening, die wordt aangenomen om aan die bepalingen van het Verdrag uitvoering te geven, belet de lidstaten niet om op hun grondgebied nationale wetgeving ten uitvoer te leggen ter bescherming van andere rechtmatige belangen, op voorwaarde dat deze wetgeving verenigbaar is met algemene beginselen en andere bepalingen van het Gemeenschapsrecht. In zoverre deze nationale wetgeving overwegend een ander doel dan de bescherming van de mededinging op de markt nastreeft, mogen de bevoegde mededingingsautoriteiten en de rechterlijke instanties van de lidstaten deze wetgeving op hun grondgebied toepassen. Dienovereenkomstig mogen lidstaten uit hoofde van deze verordening op hun grondgebied nationale wetgeving ten uitvoer leggen die eenzijdige of contractuele, onder oneerlijke handelspraktijken vallende handelingen verbiedt of bestraft. Een dergelijke wetgeving streeft een specifiek doel na, ongeacht de feitelijke of vermoedelijke effecten van dergelijke handelingen op de mededinging op de markt. Dit is met name het geval voor wetgeving die verbiedt dat ondernemingen hun handelspartners ongerechtvaardigde, onevenredige of ongegronde voorwaarden opleggen, van hen verkrijgen of proberen te verkrijgen.

(10) Verordeningen van de Raad zoals nr. 19/65/EEG[7], (EEG) nr. 2821/71[8], (EEG) nr. 3976/87[9], (EEG) nr. 1534/91[10] of (EEG) nr. 479/92[11] verlenen de Commissie bevoegdheid om artikel 81, lid 3, van het Verdrag bij verordening toe te passen op bepaalde categorieën overeenkomsten, besluiten van ondernemersverenigingen en onderling afgestemde feitelijke gedragingen. Op de door dergelijke verordeningen gedefinieerde gebieden heeft de Commissie zogenoemde groepsvrijstellingsverordeningen vastgesteld waarbij zij artikel 81, lid 1, van het Verdrag niet van toepassing verklaart op categorieën van overeenkomsten, besluiten en onderlinge afgestemde feitelijke gedragingen en kan zij dies blijven vaststellen. Wanneer overeenkomsten, besluiten en onderling afgestemde feitelijke gedragingen waarop deze verordeningen van toepassing zijn desondanks gevolgen hebben die onverenigbaar zijn met artikel 81, lid 3, van het Verdrag, moeten de Commissie en de mededingingsautoriteiten van de lidstaten over de bevoegdheid beschikken om in een specifiek geval het voordeel van de groepsvrijstellingsverordening in te trekken.

(11) Om voor de toepassing van de Verdragsbepalingen te zorgen, moet de Commissie beschikkingen tot ondernemingen en ondernemersverenigingen kunnen richten die ertoe strekken aan inbreuken op artikel 81 of artikel 82 van het Verdrag een einde te maken. Zodra een rechtmatig belang aanwezig is, moet zij ook een beschikking tot vaststelling van een inbreuk kunnen geven wanneer die inbreuk reeds beëindigd is, zelfs zonder een geldboete op te leggen. Voorts dient de bevoegdheid van de Commissie om beschikkingen houdende voorlopige maatregelen te geven, die door het Hof van Justitie is erkend, uitdrukkelijk in deze verordening te worden opgenomen.

(12) Deze verordening dient uitdrukkelijk te voorzien in de bevoegdheid van de Commissie om, rekening houdend met het evenredigheidsbeginsel, alle maatregelen ter correctie van gedragingen alsook structurele maatregelen te kunnen opleggen die noodzakelijk zijn om aan de inbreuk daadwerkelijk een einde te maken. Structurele maatregelen dienen alleen te worden opgelegd als er niet een even effectieve maatregel ter correctie van gedragingen bestaat of als een dergelijke maatregel voor de betrokken onderneming belastender zou zijn dan een structurele maatregel. Wijzigingen in de ondernemingsstructuur zoals die vóór het plegen van de inbreuk bestond, zouden slechts evenredig zijn indien een gerede kans bestaat op een voortdurende of herhaalde inbreuk die voortvloeit uit de structuur zelf van de onderneming.

(13) Wanneer de betrokken ondernemingen in de loop van een procedure die tot een verbodsbeschikking zou kunnen leiden, de Commissie toezeggingen doen om aan haar bezorgdheden

---

7   Verordening nr. 19/65/EEG van de Raad van 2 maart 1965 betreffende de toepassingen van artikel 81, lid 3 (De titels van deze verordeningen zijn aangepast om rekening te houden met de hernummering van de artikelen van het EG-Verdrag, overeenkomstig artikel 12 van het Verdrag van Amsterdam. Oorspronkelijk verwerzen deze titels naar artikel 85, lid 3, van het EG-Verdrag.), van het Verdrag op groepen van overeenkomsten en onderling afgestemde feitelijke gedragingen (PB 36 van 6.3.1965, blz. 533/65). Verordening laatstelijk gewijzigd bij Verordening (EG) nr. 1215/1999 (PB L 148 van 15.6.1999, blz. 1).

8   Verordening (EEG) nr. 2821/71 van de Raad van 20 december 1971 betreffende de toepassing van artikel 81, lid 3 (De titels van deze verordeningen zijn aangepast om rekening te houden met de hernummering van de artikelen van het EG-Verdrag, overeenkomstig artikel 12 van het Verdrag van Amsterdam. Oorspronkelijk verwerzen deze titels naar artikel 85, lid 3, van het EG-Verdrag.), van het Verdrag op groepen van overeenkomsten, besluiten en onderling afgestemde feitelijke gedragingen (PB L 285 van 29.12.1971, blz. 46). Verordening laatstelijk gewijzigd bij de Akte van Toetreding van 1994.

9   Verordening (EEG) nr. 3976/87 van de Raad van 14 december 1987 betreffende de toepassing van artikel 81, lid 3 (De titels van deze verordeningen zijn aangepast om rekening te houden met de hernummering van de artikelen van het EG-Verdrag, overeenkomstig artikel 12 van het Verdrag van Amsterdam. Oorspronkelijk verwerzen deze titels naar artikel 85, lid 3, van het EG-Verdrag.), van het Verdrag op bepaalde groepen overeenkomsten en onderling afgestemde feitelijke gedragingen in de sector van het luchtvervoer (PB L 374 van 31.12.1987, blz. 9). Verordening laatstelijk gewijzigd bij de Akte van Toetreding van 1994.

10 Verordening (EEG) nr. 1534/91 van de Raad van 31 mei 1991 betreffende de toepassing van artikel 81, lid 3 (De titels van deze verordeningen zijn aangepast om rekening te houden met de hernummering van de artikelen van het EG-Verdrag, overeenkomstig artikel 12 van het Verdrag van Amsterdam. Oorspronkelijk verwerzen deze titels naar artikel 85, lid 3, van het EG-Verdrag.), van het Verdrag op bepaalde groepen van overeenkomsten, besluiten en onderling afgestemde feitelijke gedragingen in de verzekeringssector (PB L 143 van 7.6.1991, blz. 1).

11 Verordening (EEG) nr. 479/92 van de Raad van 25 februari 1992 betreffende de toepassing van artikel 81, lid 3 (De titels van deze verordeningen zijn aangepast om rekening te houden met de hernummering van de artikelen van het EG-Verdrag, overeenkomstig artikel 12 van het Verdrag van Amsterdam. Oorspronkelijk verwerzen deze titels naar artikel 85, lid 3, van het EG-Verdrag.), van het Verdrag op bepaalde groepen overeenkomsten, besluiten en onderling afgestemde feitelijke gedragingen tussen lijnvaartondernemingen (consortia) (PB L 55 van 29.2.1992, blz. 3). Verordening laatstelijk gewijzigd bij de Akte van Toetreding van 1994.

tegemoet te komen, moet de Commissie bij beschikking die toezeggingen voor die ondernemingen een verbindend karakter kunnen verlenen. In toezeggingsbeschikkingen moet worden vastgesteld dat er niet langer gronden voor een optreden van de Commissie bestaan, zonder dat wordt geconcludeerd of er al dan niet een inbreuk is gepleegd of nog steeds wordt gepleegd. Toezeggingsbeschikkingen laten de bevoegdheid van de mededingingsautoriteiten en de rechterlijke instanties van de lidstaten om zo'n inbreuk al dan niet vast te stellen en een beslissing over de zaak te nemen, onverlet. Toezeggingsbeschikkingen zijn niet geschikt als de Commissie voornemens is een boete op te leggen.

(14) Het kan ook nuttig zijn dat de Commissie in uitzonderlijke gevallen, wanneer het algemeen belang van de Gemeenschap dat vereist, een beschikking van declaratoire aard geeft waarbij zij vaststelt dat het verbod van artikel 81 of dat van artikel 82 van het Verdrag niet van toepassing is, dit om de rechtsregels te verduidelijken en voor een samenhangende toepassing ervan in de Gemeenschap te zorgen, in het bijzonder ten aanzien van nieuwe soorten overeenkomsten of feitelijke gedragingen waarover in de bestaande jurisprudentie of bestuurspraktijk geen precedenten bestaan.

(15) De Commissie en de mededingingsautoriteiten van de lidstaten moeten tezamen een netwerk van overheidsinstanties vormen, die de communautaire mededingingsregels in nauwe samenwerking toepassen. Daartoe moeten kennisgevings- en raadplegingsmechanismen in het leven worden geroepen. Verdere modaliteiten voor samenwerking binnen het netwerk worden vastgesteld en herzien door de Commissie, in nauwe samenwerking met de lidstaten.

(16) Niettegenstaande andersluidende nationale bepalingen moet de uitwisseling van, zelfs vertrouwelijke, gegevens en het gebruik van deze gegevens als bewijsmateriaal mogelijk worden gemaakt tussen de tot het netwerk behorende instanties. De gegevens kunnen worden gebruikt met het oog op de toepassing van de artikelen 81 en 82 van het Verdrag en, parallel daarmee, van het nationale mededingingsrecht, mits deze laatste toepassing op dezelfde zaak betrekking heeft en niet tot een verschillend resultaat leidt. Wanneer de uitgewisselde gegevens door de ontvangende autoriteit worden gebruikt om ondernemingen sancties op te leggen, mag er geen andere beperking op het gebruik van deze gegevens staan dan de verplichting ze te gebruiken voor het doel waarvoor ze werden verzameld, aangezien de aan de ondernemingen opgelegde sancties van dezelfde aard zijn in alle rechtssystemen. De rechten van de verdediging die de ondernemingen in de verschillende rechtssystemen genieten, kunnen als voldoende gelijkwaardig worden aangemerkt. Natuurlijke personen kunnen echter in de verschillende rechtssystemen wezenlijk van elkaar verschillende sancties krijgen. In dat geval moet ervoor gezorgd worden dat de gegevens enkel kunnen worden gebruikt indien ze zijn verzameld op een manier die voor de rechten van de verdediging van natuurlijke personen een zelfde mate van bescherming biedt als de nationale regelgeving van de ontvangende autoriteit.

(17) Zowel om een consequente toepassing van de mededingingsregels te waarborgen als om voor een optimale werking van het netwerk te zorgen, is het volstrekt noodzakelijk de regel te behouden dat een zaak automatisch onttrokken wordt aan de mededingingsautoriteiten van de lidstaten wanneer de Commissie een procedure inleidt. Indien een mededingingsautoriteit van een lidstaat een zaak reeds in behandeling heeft genomen en de Commissie voornemens is een procedure in te stellen, moet zij dit zo spoedig mogelijk doen. Alvorens een procedure in te stellen, dient de Commissie in overleg te treden met de betrokken autoriteit.

(18) Opdat de meest geschikte autoriteiten binnen het netwerk de zaken zouden behandelen, moet in een algemene bepaling worden vastgelegd dat een mededingingsautoriteit een procedure kan opschorten of afsluiten op grond van het feit dat een andere autoriteit dezelfde zaak behandelt of heeft behandeld, zodat elke zaak door slechts één autoriteit wordt behandeld. Deze bepaling mag niet afdoen aan de in de rechtspraak van het Hof van Justitie erkende mogelijkheid voor de Commissie een klacht wegens het ontbreken van belang voor de Gemeenschap af te wijzen, ook wanneer geen enkele andere mededingingsautoriteit het voornemen te kennen heeft gegeven de zaak in behandeling te nemen.

(19) De werking van het bij Verordening nr. 17 ingestelde Adviescomité voor mededingingsregelingen en economische machtsposities is zeer bevredigend gebleken. Het adviescomité past goed in het nieuwe stelsel van decentrale toepassing. Het is dus aangewezen de bepalingen van Verordening nr. 17 als uitgangspunt te nemen, met dien verstande evenwel dat de werkzaamheden van het adviescomité doelmatiger worden georganiseerd. Het is te dien einde nuttig te bepalen dat bij wege van een schriftelijke procedure advies kan worden uitgebracht. Bovendien moet het adviescomité kunnen dienen als forum waar de bij de mededingingsautoriteiten van de lidstaten lopende zaken worden besproken, hetgeen bijdraagt tot de instandhouding van een samenhangende toepassing van de communautaire mededingingsregels.

(20) Het adviescomité dient te bestaan uit vertegenwoordigers van de mededingingsautoriteiten van de lidstaten. Voor vergaderingen waarop algemene zaken worden besproken, moeten de lidstaten een extra vertegenwoordiger kunnen aanwijzen. Dit laat onverlet dat de leden van het comité zich kunnen laten bijstaan door andere deskundigen van de lidstaten.

EG-mededingingsverordening

(21) Een samenhangende toepassing van de mededingingsregels vereist ook een regeling van de samenwerking tussen de rechterlijke instanties van de lidstaten en de Commissie. Dit geldt voor alle rechterlijke instanties van de lidstaten die de artikelen 81 en 82 van het Verdrag toepassen, ongeacht of zij dit doen in rechtszaken tussen particulieren, als openbare handhavingsinstanties of als beroepsinstanties. Met name moeten de nationale rechterlijke instanties de mogelijkheid hebben zich tot de Commissie te wenden om inlichtingen of adviezen over de toepassing van het communautaire mededingingsrecht te verkrijgen. Anderzijds moeten de Commissie en de mededingingsautoriteiten van de lidstaten de bevoegdheid hebben schriftelijke of mondelinge opmerkingen voor de nationale rechterlijke instanties te maken, wanneer hun verzocht wordt artikel 81 of artikel 82 van het Verdrag toe te passen. Deze opmerkingen moeten worden ingediend binnen het kader van de nationale procedures en praktijken, waaronder die welke de rechten van de partijen vrijwaren. Te dien einde moet ervoor worden gezorgd dat de Commissie en de mededingingsautoriteiten van de lidstaten over voldoende gegevens inzake de voor de nationale rechterlijke instanties gevoerde procedures kunnen beschikken.

(22) Om in een stelsel van parallelle bevoegdheden de eerbiediging van het beginsel van rechtszekerheid en een eenvormige toepassing van de communautaire mededingingsregels te waarborgen, moeten tegenstrijdige uitspraken worden vermeden. Daarom moet, conform de rechtspraak van het Hof van Justitie, duidelijk worden gemaakt wat de gevolgen zijn van Commissiebesluiten en -procedures voor de rechterlijke instanties en mededingingsautoriteiten van de lidstaten. Toezeggingsbeschikkingen van de Commissie laten de bevoegdheid van de rechterlijke instanties en de mededingingsautoriteiten van de lidstaten onverlet om de artikelen 81 en 82 van het Verdrag toe te passen.

(23) De Commissie moet in de gehele Gemeenschap de bevoegdheid hebben om de inlichtingen te verlangen die noodzakelijk zijn om door artikel 81 van het Verdrag verboden overeenkomsten, besluiten en onderling afgestemde feitelijke gedragingen, alsook door artikel 82 van het Verdrag verboden misbruik van een machtspositie op het spoor te komen. Wanneer zij gevolg geven aan een beschikking van de Commissie kunnen ondernemingen niet worden gedwongen te erkennen dat zij een inbreuk hebben gepleegd, maar zij zijn er steeds toe gehouden vragen over feiten te beantwoorden en documenten te verstrekken, zelfs als die inlichtingen kunnen dienen om ten aanzien van hen of van een andere onderneming het bestaan van een inbreuk aan te tonen.

(24) De Commissie moet tevens de bevoegdheid hebben om de inspecties te verrichten die noodzakelijk zijn om door artikel 81 van het Verdrag verboden overeenkomsten, besluiten en onderling afgestemde feitelijke gedragingen, alsook door artikel 82 van het Verdrag verboden misbruik van een machtspositie op het spoor te komen. De mededingingsautoriteiten van de lidstaten moeten haar bij de uitoefening van deze bevoegdheid actief medewerking verlenen.

(25) Omdat het steeds moeilijker wordt inbreuken op de mededingingsregels te ontdekken, is het voor een doeltreffende bescherming van de mededinging noodzakelijk dat de onderzoeksbevoegdheden van de Commissie worden uitgebreid. De Commissie moet met name iedere persoon kunnen horen die mogelijkerwijs over nuttige informatie beschikt, en zijn verklaringen optekenen. Tijdens een inspectie moeten de gemachtigde functionarissen van de Commissie voor de duur die noodzakelijk is voor de inspectie zegels kunnen aanbrengen. Normaliter zou de verzegeling niet langer dan 72 uur mogen duren. Voorts moeten door de Commissie gemachtigde functionarissen alle informatie kunnen verlangen die met het voorwerp en het doel van de inspectie verband houdt.

(26) Voorts heeft de ervaring geleerd dat zakelijke bescheiden soms in de woning van bestuurders en medewerkers van ondernemingen worden bewaard. Met het oog op de doeltreffendheid van de inspecties dient het de functionarissen en andere door de Commissie gemachtigde personen daarom te worden toegestaan alle ruimten waar zakelijke bescheiden mogelijk kunnen worden bewaard, met inbegrip van privé-woningen, te betreden. Voor de uitoefening van deze laatste bevoegdheid is evenwel machtiging door een rechterlijke instantie nodig.

(27) Onverminderd de rechtspraak van het Hof van Justitie, is het zinvol te bepalen hoever het toetsingsrecht van de nationale rechterlijke instantie reikt wanneer die overeenkomstig het nationale recht, eventueel bij wijze van voorzorgsmaatregel, de handhavingsinstanties laat optreden tegen een onderneming die zich zou verzetten of inspecties laat verrichten op andere dan bedrijfslocaties. Uit die rechtspraak vloeit voort dat de nationale rechterlijke instantie de Commissie met name om nadere informatie mag verzoeken die zij voor die toetsing nodig heeft, en dat zij die machtiging kan weigeren indien zij die informatie niet krijgt. De rechtspraak bevestigt ook de bevoegdheid van de nationale rechter om te toetsen of de nationale voorschriften inzake de uitvoering van dwangmaatregelen correct worden toegepast.

(28) Met het oog op een doeltreffender toepassing van de artikelen 81 en 82 van het Verdrag door de mededingingsautoriteiten van de lidstaten is het nuttig deze autoriteiten toe te staan elkaar bij te staan door middel van inspecties en andere onderzoeksmaatregelen.

(29) De naleving van de artikelen 81 en 82 van het Verdrag en de nakoming van de verplichtingen die op grond van deze verordening aan ondernemingen en ondernemersverenigingen

worden opgelegd, moeten door middel van geldboeten en dwangsommen kunnen worden afgedwongen. Daartoe moeten ook voor inbreuken op de procedureregels geldboeten op een passend bedrag worden vastgesteld.

(30) Om te waarborgen dat de geldboeten die aan ondernemingsverenigingen voor door hen begane inbreuken zijn opgelegd, daadwerkelijk worden geïnd, moeten de voorwaarden worden vastgelegd waaronder de Commissie de leden van de vereniging tot betaling van de boete kan aanspreken indien de vereniging insolvent is. Daarbij dient de Commissie rekening te houden met de relatieve grootte van de tot de vereniging behorende ondernemingen en vooral met de situatie van kleine en middelgrote ondernemingen. Betaling van de boete door een of meer leden van een vereniging laat de nationale rechtsregels die voorzien in invordering van het betaalde bedrag bij andere leden van de vereniging, onverlet.

(31) De verjaring terzake van de oplegging van geldboeten en dwangsommen is geregeld in Verordening (EEG) nr. 2988/74[12], die ook betrekking heeft op de sancties welke van toepassing zijn in de vervoerssector. In een stelsel van parallelle bevoegdheden moeten ook de door de mededingingsautoriteit van een lidstaat verrichte autonome procedurehandelingen de verjaring kunnen stuiten. Bijgevolg is het ter verduidelijking van de toepasselijke regelgeving aangewezen, Verordening (EEG) nr. 2988/74 zodanig te wijzigen dat zij niet langer op het door de onderhavige verordening bestreken gebied van toepassing is, en in deze verordening bepalingen betreffende de verjaring op te nemen.

(32) Het recht van de betrokken ondernemingen om door de Commissie te worden gehoord, moet worden vastgelegd, derden wier belangen door een beschikking kunnen worden geraakt moeten in de gelegenheid worden gesteld voorafgaand opmerkingen te maken, en aan de gegeven beschikkingen moet ruime bekendheid worden gegeven. Het recht van verdediging van de betrokken ondernemingen, met name het recht van inzage van het dossier, moet worden gewaarborgd, zij het dat de bescherming van zakengeheimen van essentieel belang is. Voorts moet de vertrouwelijkheid van de binnen het netwerk uitgewisselde gegevens worden verzekerd.

(33) Daar alle Commissiebeschikkingen in de zin van deze verordening onder de in het Verdrag vastgestelde voorwaarden aan de rechtsmacht van het Hof van Justitie zijn onderworpen, dient in overeenstemming met artikel 229 van het Verdrag te worden bepaald dat het Hof terzake van beschikkingen waarbij de Commissie geldboeten of dwangsommen oplegt, volledige rechtsmacht bezit.

(34) De in de artikelen 81 en 82 van het Verdrag vervatte beginselen, als toegepast bij Verordening nr. 17, kennen de organen van de Gemeenschap een centrale plaats toe. Die centrale plaats dient te worden behouden, met dien verstande dat de lidstaten nauwer bij de toepassing van de communautaire mededingingsregels worden betrokken. Overeenkomstig het subsidiariteitsbeginsel en het evenredigheidsbeginsel, zoals neergelegd in artikel 5 van het Verdrag, gaat deze verordening niet verder dan nodig is om haar doelstelling te verwezenlijken, namelijk een doeltreffende toepassing van de communautaire mededingingsregels.

(35) Om een behoorlijke handhaving van het communautaire mededingingsrecht te realiseren, moeten de lidstaten autoriteiten aanwijzen en machtigen als openbare handhavingsinstanties voor de toepassing van de artikelen 81 en 82 van het Verdrag. Zij moeten de mogelijkheid hebben om zowel administratieve als gerechtelijke autoriteiten aan te wijzen voor de uitvoering van de diverse taken die krachtens deze verordening aan de mededingingsautoriteiten zijn opgedragen. Deze verordening erkent de grote verscheidenheid van de openbare handhavingsstelsels van de lidstaten. De gevolgen van artikel 11, lid 6, van deze verordening zouden van toepassing moeten zijn op alle mededingingsautoriteiten. Als uitzondering op deze algemene regel zou artikel 11, lid 6, van deze verordening onder de voorwaarden van artikel 35, lid 4, van deze verordening van toepassing moeten zijn op de vervolgende autoriteit, indien deze een zaak aanhangig maakt bij een aparte rechterlijke instantie. Wordt aan deze voorwaarden niet voldaan, dan dient de algemene regel te worden toegepast. In elk geval mag artikel 11, lid 6, van deze verordening niet worden toegepast ten aanzien van rechterlijke instanties die als beroepsinstantie optreden.

(36) Daar in de rechtspraak duidelijk is gesteld dat de mededingingsregels op de vervoerssector van toepassing zijn, moet deze sector aan de procedurebepalingen van deze verordening worden onderworpen. Verordening nr. 141 van de Raad van 26 november 1962 houdende niet-toepassing op de vervoerssector van Verordening nr. 17 van de Raad[13], moet derhalve worden ingetrokken

---

12 Verordening (EEG) nr. 2988/74 van de Raad van 26 november 1974 inzake de verjaring van het recht van vervolging en van tenuitvoerlegging op het gebied van het vervoers- en het mededingingsrecht van de Europese Economische Gemeenschap (PB L 319 van 29.11.1974, blz. 1).

13 PB 124 van 28.11.1962, blz. 2751/62. Verordening gewijzigd bij Verordening nr. 1002/67/EEG (PB 306 van 16.12.1967, blz. 1).

en de Verordeningen (EEG) nr. 1017/68[14], (EEG) nr. 4056/86[15] en (EEG) nr. 3975/87[16] dienen te worden gewijzigd, teneinde de daarin opgenomen specifieke procedurebepalingen te schrappen.
(37) Deze verordening eerbiedigt de grondrechten en is in overeenstemming met de beginselen die met name erkend zijn in het Handvest van de grondrechten van de Europese Unie. Derhalve dient zij te worden uitgelegd en toegepast in overeenstemming met deze rechten en beginselen.
(38) Rechtszekerheid voor ondernemingen die onder de mededingingsregels van de Gemeenschap werken, draagt bij tot meer innovatie en meer investeringen. In gevallen die aanleiding geven tot werkelijke onzekerheid omdat hierin nieuwe of onopgeloste vragen betreffende de toepassing van deze regels rijzen, is het mogelijk dat afzonderlijke ondernemingen de Commissie informeel om advies willen vragen. Deze verordening laat de mogelijkheid van de Commissie om zo'n informeel advies te verstrekken onverlet,
HEEFT DE VOLGENDE VERORDENING VASTGESTELD:

HOOFDSTUK I
DE BEGINSELEN

Art. 1 Toepassing van de artikelen 81 en 82 van het Verdrag

1. Overeenkomsten, besluiten en onderling afgestemde feitelijke gedragingen als bedoeld in artikel 81, lid 1, van het Verdrag die niet aan de voorwaarden van artikel 81, lid 3, van het Verdrag voldoen, zijn verboden, zonder dat hiertoe een voorafgaande beslissing vereist is.
2. Overeenkomsten, besluiten en onderling afgestemde feitelijke gedragingen als bedoeld in artikel 81, lid 1, van het Verdrag die aan de voorwaarden van artikel 81, lid 3, van het Verdrag voldoen, zijn niet verboden, zonder dat hiertoe een voorafgaande beslissing vereist is.
3. Het misbruik maken van een machtspositie als bedoeld in artikel 82 van het Verdrag is verboden, zonder dat hiertoe een voorafgaande beslissing vereist is.

Mededinging, verboden overeenkomsten/besluiten/gedragingen

Mededinging, misbruik machtspositie

Art. 2 Bewijslast
In alle nationale of communautaire procedures tot toepassing van artikel 81 of artikel 82 van het Verdrag dient de partij of autoriteit die beweert dat een inbreuk op artikel 81, lid 1, of artikel 82 van het Verdrag is gepleegd, de bewijslast van die inbreuk te dragen. De onderneming of ondernemersvereniging die zich op artikel 81, lid 3, van het Verdrag beroept, dient daarentegen de bewijslast te dragen dat aan de voorwaarden van deze bepaling is voldaan.

Mededinging, bewijslast

Art. 3 Verhouding tussen de artikelen 81 en 82 van het Verdrag en het nationale mededingingsrecht
1. Wanneer de mededingingsautoriteiten van de lidstaten of de nationale rechterlijke instanties nationaal mededingingsrecht toepassen op overeenkomsten, besluiten van ondernemersverenigingen of onderling afgestemde feitelijke gedragingen in de zin van artikel 81, lid 1, van het Verdrag welke de handel tussen de lidstaten in de zin van die bepaling kunnen beïnvloeden, passen zij tevens artikel 81 van het Verdrag toe op deze overeenkomsten, besluiten of onderling afgestemde feitelijke gedragingen. Wanneer de mededingingsautoriteiten van de lidstaten of de nationale rechterlijke instanties het nationale mededingingsrecht toepassen op door artikel 82 van het Verdrag verboden misbruiken, passen zij ook artikel 82 van het Verdrag toe.
2. De toepassing van nationaal mededingingsrecht mag niet leiden tot het verbieden van overeenkomsten, besluiten van ondernemersverenigingen of onderling afgestemde feitelijke gedragingen welke de handel tussen lidstaten kunnen beïnvloeden maar de mededinging in de zin van artikel 81, lid 1, van het Verdrag niet beperken, of aan de voorwaarden van artikel 81, lid 3, van het Verdrag voldoen of onder een verordening ter uitvoering van artikel 81, lid 3, van het Verdrag vallen. Lidstaten mag uit hoofde van de onderhavige verordening niet worden belet om op hun grondgebied strengere nationale wetten aan te nemen en toe te passen die eenzijdige gedragingen van ondernemingen verbieden of bestraffen.

Mededinging, verhouding tussen artikel 81 en 82 Verdrag en nationaal mededingingsrecht

---

14   Verordening (EEG) nr. 1017/68 van de Raad van 19 juli 1968 houdende de toepassing van mededingingsregels op het gebied van het vervoer per spoor, over de weg en over de binnenwateren (PB L 175 van 23.7.1968, blz. 1). Verordening laatstelijk gewijzigd bij de Akte van Toetreding van 1994.
15   Verordening (EEG) nr. 4056/86 van de Raad van 22 december 1986 tot vaststelling van de wijze van toepassing van de artikelen 81 en 82 (De titel van deze verordening is aangepast om rekening te houden met de hernummering van de artikelen van het EG-Verdrag, overeenkomstig artikel 12 van het Verdrag van Amsterdam. Oorspronkelijk verwees deze titel naar de artikelen 85 en 86 van het EG-Verdrag.) van het Verdrag op het zeevervoer (PB L 378 van 31.12.1986, blz. 4). Verordening laatstelijk gewijzigd bij de Akte van Toetreding van 1994.
16   Verordening (EEG) nr. 3975/87 van de Raad van 14 december 1987 tot vaststelling van de wijze van toepassing van de mededingingsregels op ondernemingen in de sector luchtvervoer (PB L 374 van 31.12.1987, blz. 1). Verordening laatstelijk gewijzigd bij Verordening (EEG) nr. 2410/92 (PB L 240 van 24.8.1992, blz. 18).

3. Onverminderd algemene beginselen en andere bepalingen van het Gemeenschapsrecht, zijn de leden 1 en 2 niet van toepassing wanneer de mededingingsautoriteiten en de rechterlijke instanties van de lidstaten nationale wetten inzake de controle op fusies toepassen; zij beletten evenmin de toepassing van bepalingen van het nationale recht die overwegend een doelstelling nastreven die verschilt van de in de artikelen 81 en 82 van het Verdrag nagestreefde doelstellingen.

HOOFDSTUK II
BEVOEGDHEDEN

Art. 4 Bevoegdheid van de Commissie

Mededinging, bevoegdheid Commissie

De Commissie beschikt met het oog op de toepassing van de artikelen 81 en 82 van het Verdrag over de bevoegdheden waarin deze verordening voorziet.

Art. 5 Bevoegdheid van de mededingingsautoriteiten van de lidstaten

Mededinging, bevoegdheid mededingingsautoriteiten lidstaten

De mededingingsautoriteiten van de lidstaten zijn in individuele gevallen bevoegd tot toepassing van de artikelen 81 en 82 van het Verdrag. Zij kunnen te dien einde, ambtshalve of naar aanleiding van een klacht, de volgende besluiten nemen:
— de beëindiging van een inbreuk bevelen;
— voorlopige maatregelen opleggen;
— toezeggingen aanvaarden;
— geldboeten, dwangsommen of overeenkomstig hun nationaal recht andere sancties opleggen.
Wanneer op grond van de inlichtingen waarover zij beschikken niet aan de voorwaarden voor een verbod is voldaan, kunnen zij ook beslissen dat er voor hen geen reden bestaat om op te treden.

Art. 6 Bevoegdheid van de nationale rechterlijke instanties

Mededinging, bevoegdheid rechterlijke instanties

Nationale rechterlijke instanties zijn bevoegd de artikelen 81 en 82 van het Verdrag toe te passen.

HOOFDSTUK III
BESCHIKKINGEN VAN DE COMMISSIE

Art. 7 Vaststelling en beëindiging van inbreuken

Mededinging, inbreuken

1. Wanneer de Commissie, naar aanleiding van een klacht of ambtshalve, een inbreuk op artikel 81 of artikel 82 van het Verdrag vaststelt, kan zij bij beschikking de betrokken ondernemingen en ondernemersverenigingen gelasten een einde aan de vastgestelde inbreuk te maken. Zij kan hun daartoe alle maatregelen ter correctie van gedragingen of structurele maatregelen opleggen die evenredig zijn aan de gepleegde inbreuk en noodzakelijk zijn om aan de inbreuk daadwerkelijk een einde te maken. Structurele maatregelen kunnen alleen worden opgelegd als er niet een even effectieve maatregel ter correctie van gedragingen bestaat of als een dergelijke even effectieve maatregel voor de betrokken onderneming belastender zou zijn dan de structurele maatregel. De Commissie kan ook een reeds beëindigde inbreuk vaststellen, indien zij hierbij een legitiem belang heeft.
2. Natuurlijke personen en rechtspersonen die een rechtmatig belang kunnen aantonen en de lidstaten, zijn gerechtigd tot het indienen van een klacht in de zin van lid 1.

Art. 8 Voorlopige maatregelen

Mededinging, voorlopige maatregelen

1. In dringende gevallen, wanneer de mededinging op ernstige en onherstelbare wijze dreigt te worden geschaad, kan de Commissie, na een onderzoek dat op een vermoedelijke inbreuk wijst, ambtshalve bij beschikking voorlopige maatregelen treffen.
2. Een op grond van lid 1 gegeven beschikking is gedurende een bepaalde periode van kracht en kan worden verlengd in zoverre dit nodig en dienstig is.

Art. 9 Toezeggingen

Mededinging, toezeggingen

1. Wanneer de Commissie voornemens is een beschikking tot beëindiging van een inbreuk te geven, en de betrokken ondernemingen toezeggingen doen om aan de bezorgdheden tegemoet te komen die de Commissie hun in haar voorlopige beoordeling te kennen heeft gegeven, kan de Commissie ten aanzien van deze ondernemingen bij beschikking die toezeggingen een verbindend karakter verlenen. De beschikking kan voor een bepaalde periode worden gegeven en bevat de conclusie dat er niet langer gronden voor een optreden van de Commissie bestaan.
2. De Commissie kan, op verzoek of op eigen initiatief, de procedure heropenen:
a) indien er een wezenlijke verandering optreedt in de feiten waarop de beschikking steunt;
b) indien de betrokken ondernemingen in strijd met de door hen gedane toezeggingen handelen; of
c) indien de beschikking op door de partijen verstrekte onvolledige, onjuiste of misleidende inlichtingen berust.

Art. 10 Vaststelling van niet-toepasselijkheid

Indien het algemeen belang van de Gemeenschap met betrekking tot de toepassing van de artikelen 81 en 82 van het Verdrag dit vereist, kan de Commissie ambtshalve bij beschikking vaststellen dat artikel 81 van het Verdrag niet op een overeenkomst, een besluit van een ondernemersvereniging of een onderling afgestemde feitelijke gedraging van toepassing is, hetzij omdat niet aan de voorwaarden van artikel 81, lid 1, van het Verdrag is voldaan, hetzij omdat aan de voorwaarden van artikel 81, lid 3, van het Verdrag is voldaan.

De Commissie kan ook met betrekking tot artikel 82 van het Verdrag een dergelijke vaststelling doen.

Mededinging, vaststelling niet-toepasselijkheid

HOOFDSTUK IV
SAMENWERKING

Art. 11 Samenwerking tussen de Commissie en de mededingingsautoriteiten van de lidstaten

1. De Commissie en de mededingingsautoriteiten van de lidstaten passen de communautaire mededingingsregels in nauwe samenwerking toe.

Mededinging, samenwerking Commissie en mededingingsautoriteiten lidstaten

2. De Commissie zendt de mededingingsautoriteiten van de lidstaten een afschrift van de belangrijkste documenten toe die zij met het oog op de toepassing van de artikelen 7, 8, 9, 10 en 29, lid 1, heeft verzameld. Op verzoek van de mededingingsautoriteit van een lidstaat stelt de Commissie afschriften van andere documenten die voor de beoordeling van de zaak noodzakelijk zijn, ter beschikking van die autoriteit.

3. De mededingingsautoriteiten van de lidstaten stellen, wanneer zij op grond van artikel 81 of artikel 82 van het Verdrag optreden, de Commissie hiervan vóór of onverwijld na het begin van de eerste formele onderzoeksmaatregel schriftelijk in kennis. Deze inlichtingen kunnen tevens ter beschikking worden gesteld van de mededingingsautoriteiten van de andere lidstaten.

4. Uiterlijk 30 dagen vóór het aannemen van een beslissing tot beëindiging van een inbreuk, een beslissing tot aanvaarding van toezeggingen of een beslissing tot intrekking van een groepsvrijstelling stellen de mededingingsautoriteiten van de lidstaten de Commissie daarvan in kennis. Daartoe stellen zij de Commissie een samenvatting van de zaak, de beoogde beslissing of, bij ontstentenis daarvan, elk ander document waarin het voorgestelde optreden wordt aangegeven ter beschikking. Deze inlichtingen kunnen tevens ter beschikking worden gesteld van de mededingingsautoriteiten van de andere lidstaten. Op verzoek van de Commissie stelt de handelende mededingingsautoriteit andere documenten die voor de beoordeling van de zaak noodzakelijk zijn, ter beschikking van de Commissie. De aan de Commissie verstrekte inlichtingen kunnen ter beschikking worden gesteld van de mededingingsautoriteiten van de andere lidstaten. De nationale mededingingsautoriteiten kunnen ook onderling inlichtingen uitwisselen die nodig zijn voor de beoordeling van een zaak die zij behandelen op grond van artikel 81 of artikel 82 van het Verdrag.

5. De mededingingsautoriteiten van de lidstaten kunnen de Commissie over elk geval van toepassing van het Gemeenschapsrecht raadplegen.

6. Wanneer de Commissie een procedure begint die tot het geven van een beschikking op grond van hoofdstuk III moet leiden, ontneemt dit de mededingingsautoriteiten van de lidstaten hun bevoegdheid tot toepassing van de artikelen 81 en 82 van het Verdrag. Indien een mededingingsautoriteit van een lidstaat een zaak reeds in behandeling heeft genomen, begint de Commissie alleen een procedure na overleg met deze autoriteit.

Art. 12 Uitwisseling van informatie

1. Voor de toepassing van de artikelen 81 en 82 van het Verdrag hebben de Commissie en de mededingingsautoriteiten van de lidstaten de bevoegdheid elkaar alle gegevens, zowel van feitelijke als van juridische aard, met inbegrip van vertrouwelijke inlichtingen, mee te delen en deze als bewijsmiddel te gebruiken.

Mededinging, uitwisseling informatie

2. De uitgewisselde inlichtingen worden alleen als bewijsmiddel gebruikt voor de toepassing van de artikelen 81 en 82 van het Verdrag en met betrekking tot het onderwerp waarvoor zij door de toezendende autoriteit zijn verzameld. Wanneer nationaal mededingingsrecht in dezelfde zaak en parallel met het EG-mededingingsrecht wordt toegepast en niet tot een verschillend resultaat leidt, kunnen de uit hoofde van dit artikel uitgewisselde inlichtingen ook voor de toepassing van nationaal mededingingsrecht worden gehanteerd.

3. Overeenkomstig lid 1 uitgewisselde gegevens kunnen enkel als bewijs voor het opleggen van sancties ten aanzien van natuurlijke personen worden gebruikt indien:
— de wetgeving van de toezendende autoriteit voorziet in sancties van soortgelijke aard in verband met een inbreuk op artikel 81 of artikel 82 van het Verdrag, of indien dat niet het geval is,

— de gegevens zijn verzameld op een manier die een zelfde mate van bescherming biedt voor de rechten van de verdediging van natuurlijke personen als die welke geboden wordt door de nationale regelgeving van de ontvangende autoriteit. In dit laatste geval mogen de verstrekte gegevens door de ontvangende autoriteit niet gebruikt worden om gevangenisstraffen op te leggen.

Art. 13 Schorsing of afsluiting van de procedure

Mededinging, schorsing of afsluiting procedure

1. Wanneer de mededingingsautoriteiten van verschillende lidstaten ten aanzien van eenzelfde overeenkomst, besluit van een ondernemersvereniging of feitelijke gedraging een klacht hebben ontvangen of ambtshalve een procedure uit hoofde van artikel 81 of artikel 82 van het Verdrag zijn begonnen, is het feit dat één autoriteit de zaak behandelt, een voldoende grond voor de andere autoriteiten om de klacht af te wijzen of de door hen gevoerde procedure te schorsen. Ook de Commissie kan een klacht afwijzen op grond van het feit dat een mededingingsautoriteit van een lidstaat de zaak behandelt.
2. Een mededingingsautoriteit van een lidstaat of de Commissie kan een bij haar ingediende klacht betreffende een overeenkomst, een besluit van een ondernemersvereniging of een feitelijke gedraging afwijzen, wanneer deze reeds door een andere mededingingsautoriteit is behandeld.

Art. 14 Adviescomité

Mededinging, raadplegen adviescomité

1. De Commissie raadpleegt een adviescomité voor mededingingsregelingen en economische machtsposities alvorens beschikkingen als bedoeld in de artikelen 7, 8, 9, 10 en 23, artikel 24, lid 2, en artikel 29, lid 1, te geven.
2. Voor de bespreking van individuele zaken bestaat het adviescomité uit vertegenwoordigers van de mededingingsautoriteiten van de lidstaten. Voor vergaderingen waarop andere kwesties dan individuele zaken worden besproken, kan een extra, voor mededingingszaken bevoegde vertegenwoordiger van een lidstaat worden aangewezen. Vertegenwoordigers kunnen in geval van verhindering door andere vertegenwoordigers worden vervangen.
3. De raadpleging kan plaatsvinden tijdens een vergadering die op uitnodiging en onder het voorzitterschap van de Commissie plaatsvindt, ten vroegste 14 dagen na de verzending van de convocaties en van een samenvatting van de zaak, een opgave van de belangrijkste stukken en een voorontwerp van beschikking. Met betrekking tot beschikkingen uit hoofde van artikel 8, kan de vergadering zeven dagen na de verzending van het dispositief van een ontwerp-beschikking worden gehouden. Indien de Commissie een convocatie zendt met een kortere termijn dan de hierboven genoemde termijnen, kan de vergadering op de voorgestelde datum plaatsvinden indien geen lidstaat daartegen bezwaar maakt. Het adviescomité brengt over het voorontwerp van beschikking van de Commissie schriftelijk advies uit. Het kan ook een advies uitbrengen wanneer niet alle leden aanwezig of vertegenwoordigd zijn. Op verzoek van één of meer leden worden de standpunten in het advies gemotiveerd.
4. De raadpleging kan ook plaatsvinden via een schriftelijke procedure. De Commissie belegt evenwel een vergadering indien een lidstaat daarom verzoekt. In geval van een schriftelijke procedure stelt de Commissie een termijn van niet minder dan 14 dagen vast waarbinnen de lidstaten hun opmerkingen moeten maken, die aan de overige lidstaten worden toegezonden. In het geval van beschikkingen uit hoofde van artikel 8, bedraagt de termijn zeven in plaats van 14 dagen. Indien de Commissie voor de schriftelijke procedure een termijn vaststelt die korter is dan de bovengenoemde termijnen, zal deze voorgestelde termijn worden toegepast indien geen lidstaat daartegen bezwaar maakt.
5. De Commissie houdt zo veel mogelijk rekening met het door het adviescomité uitgebrachte advies. Zij brengt het comité op de hoogte van de wijze waarop zij rekening heeft gehouden met zijn advies.
6. Wanneer het adviescomité schriftelijk advies uitbrengt, wordt dit advies bij het ontwerp van beschikking gevoegd. Indien het adviescomité de bekendmaking van het advies aanbeveelt, draagt de Commissie daarvoor zorg, rekening houdend met het rechtmatige belang dat ondernemingen bij het bewaren van hun zakengeheimen hebben.
7. Op verzoek van een mededingingsautoriteit van een lidstaat plaatst de Commissie lopende zaken die op grond van de artikelen 81 en 82 van het Verdrag door een mededingingsautoriteit van een lidstaat worden behandeld op de agenda van het adviescomité. De Commissie kan dit ook op eigen initiatief doen. In elk geval stelt de Commissie, vooraleer zij dit doet, de betrokken mededingingsautoriteit daarvan in kennis.
Een mededingingsautoriteit van een lidstaat kan met name een verzoek doen voor een zaak waarin de Commissie voornemens is een procedure in te leiden die de gevolgen van artikel 11, lid 6, teweegbrengt.
Het adviescomité brengt geen adviezen uit over zaken die door de mededingingsautoriteiten van de lidstaten worden behandeld. Het adviescomité kan ook algemene kwesties met betrekking tot het communautaire mededingingsrecht bespreken.

Art. 15 Samenwerking met de nationale rechterlijke instanties

1. De rechterlijke instanties van de lidstaten kunnen naar aanleiding van procedures tot toepassing van artikel 81 of artikel 82 van het Verdrag de Commissie verzoeken inlichtingen waarover zij beschikt, of haar advies betreffende de toepassing van de communautaire mededingingsregels, aan hen te bezorgen.

Mededinging, samenwerking met nationale rechterlijke instanties

2. De lidstaten zenden de Commissie een afschrift toe van schriftelijke beslissingen van nationale rechterlijke instanties met betrekking tot de toepassing van artikel 81 of artikel 82 van het Verdrag. Dit afschrift wordt onverwijld toegezonden nadat de volledige uitspraak aan de partijen is betekend.

3. De mededingingsautoriteiten van de lidstaten kunnen eigener beweging voor de rechterlijke instanties in hun lidstaat schriftelijke opmerkingen maken betreffende onderwerpen in verband met de toepassing van artikel 81 of artikel 82 van het Verdrag. Met de toestemming van de betrokken rechterlijke instantie kunnen zij voor de nationale rechterlijke instanties in hun lidstaat ook mondelinge opmerkingen maken. Indien de coherente toepassing van artikel 81 of artikel 82 van het Verdrag zulks vereist, kan de Commissie, eigener beweging, schriftelijke opmerkingen bij de rechterlijke instanties van de lidstaat indienen. Met de toestemming van de betrokken rechterlijke instantie kan zij ook mondelinge opmerkingen maken.
Enkel met het oog op de formulering van hun opmerkingen kunnen de mededingingsautoriteiten van de lidstaten en de Commissie de betrokken rechterlijke instantie van de lidstaat verzoeken hun alle voor de beoordeling van de zaak noodzakelijke stukken toe te zenden of te laten toezenden.

4. Dit artikel doet geen afbreuk aan verdergaande bevoegdheden die op grond van het nationale recht van de betrokken lidstaat aan de mededingingsautoriteiten worden verleend om opmerkingen voor rechterlijke instanties te formuleren.

Art. 16 Uniforme toepassing van het communautaire mededingingsrecht

1. Wanneer nationale rechterlijke instanties artikel 81 of artikel 82 van het Verdrag toepassen op overeenkomsten, besluiten of gedragingen die reeds het voorwerp uitmaken van een beschikking van de Commissie, kunnen zij geen beslissingen nemen die in strijd zijn met de door de Commissie gegeven beschikking. Ook moeten zij vermijden beslissingen te nemen die in strijd zouden zijn met een beschikking die de Commissie overweegt te geven in een door haar gestarte procedure. Te dien einde kan de nationale rechterlijke instantie de afweging maken of het nodig is haar procedure op te schorten. Deze verplichting laat de rechten en verplichtingen op grond van artikel 234 van het Verdrag onverlet.

Mededinging, uniforme toepassing communautair mededinginsgsrecht

2. Wanneer mededingingsautoriteiten van de lidstaten artikel 81 of artikel 82 van het Verdrag toepassen op overeenkomsten, besluiten of gedragingen die reeds het voorwerp uitmaken van een beschikking van de Commissie, kunnen zij geen beslissingen nemen die in strijd zijn met de door de Commissie gegeven beschikking.

HOOFDSTUK V
ONDERZOEKSBEVOEGDHEDEN

Art. 17 Onderzoek naar bepaalde sectoren van de economie en van soorten overeenkomsten

1. Wanneer de ontwikkeling van de handel tussen lidstaten, de starheid van de prijzen of andere omstandigheden doen vermoeden dat de mededinging binnen de gemeenschappelijke markt wellicht wordt beperkt of vervalst, kan de Commissie onderzoek doen naar een bepaalde sector van de economie of naar een bepaald soort overeenkomsten over verschillende sectoren heen. In het kader van dat onderzoek kan de Commissie de betrokken ondernemingen of ondernemersverenigingen om alle inlichtingen verzoeken, alsook alle inspecties verrichten die voor de toepassing van de artikelen 81 en 82 van het Verdrag noodzakelijk zijn.
De Commissie kan met name de betrokken ondernemingen en ondernemersverenigingen verzoeken haar van alle overeenkomsten, besluiten en onderling afgestemde feitelijke gedragingen in kennis te stellen.
De Commissie kan een verslag over het resultaat van haar onderzoek naar bepaalde sectoren van de economie of van bepaalde soorten overeenkomsten binnen verschillende sectoren bekendmaken en de belanghebbenden om opmerkingen verzoeken.

Mededinging, onderzoek sectoren economie en soorten overeenkomsten

2. De artikelen 14, 18, 19, 20, 22, 23 en 24 zijn van overeenkomstige toepassing.

Art. 18 Verzoeken om inlichtingen

1. Ter vervulling van de haar bij deze verordening opgedragen taken kan de Commissie met een eenvoudig verzoek of bij beschikking de ondernemingen en ondernemersverenigingen vragen alle nodige inlichtingen te verstrekken.

Mededinging, verzoek om inlichtingen

2. Bij het toezenden van een eenvoudig verzoek om inlichtingen aan een onderneming of een ondernemersvereniging vermeldt de Commissie de rechtsgrond voor en het doel van het verzoek, specificeert zij welke inlichtingen vereist zijn en stelt zij de termijn vast waarbinnen de inlich-

tingen moeten worden verstrekt, alsmede de sancties die bij artikel 23 op het verstrekken van onjuiste of misleidende inlichtingen zijn gesteld.
3. Wanneer de Commissie bij beschikking van ondernemingen en ondernemersverenigingen verlangt dat zij inlichtingen verstrekken, vermeldt zij de rechtsgrond voor en het doel van het verzoek, specificeert welke inlichtingen vereist zijn en stelt de termijn in vast voor het verstrekken van deze inlichtingen. De beschikking vermeldt ook de sancties bedoeld in artikel 23 en vermeldt de sancties bedoeld in artikel 24 of legt deze laatste sancties op. De beschikking vermeldt tevens het recht om bij het Hof van Justitie beroep tegen de beschikking in te stellen.
4. De eigenaren van de ondernemingen of hun vertegenwoordigers en, in het geval van rechtspersonen, bedrijven en firma's of verenigingen zonder rechtspersoonlijkheid, de krachtens de wet of de statuten tot vertegenwoordiging bevoegde personen zijn gehouden de gevraagde inlichtingen namens de betrokken onderneming of ondernemersvereniging te verstrekken. Naar behoren gemachtigde advocaten kunnen namens hun opdrachtgevers de gevraagde inlichtingen verstrekken. De opdrachtgevers blijven volledig verantwoordelijk indien de verstrekte inlichtingen onvolledig, onjuist of misleidend zijn.
5. De Commissie zendt onverwijld een afschrift van het eenvoudig verzoek of van de beschikking aan de mededingingsautoriteit van de lidstaat op wiens grondgebied de zetel van de onderneming of ondernemersvereniging gevestigd is en aan de mededingingsautoriteit van de lidstaat wiens grondgebied wordt geraakt.
6. Op verzoek van de Commissie verstrekken de regeringen en mededingingsautoriteiten van de lidstaten de Commissie alle inlichtingen die zij nodig heeft om de haar bij deze verordening opgedragen taken te vervullen.

Art. 19 Bevoegdheid tot het opnemen van verklaringen

Mededinging, bevoegdheid opnemen verklaringen

1. Ter vervulling van de haar bij deze verordening opgedragen taken kan de Commissie alle natuurlijke personen of rechtspersonen horen die daarin toestemmen, teneinde inlichtingen te verzamelen over het onderwerp van het onderzoek.
2. Wanneer het op grond van lid 1 afgenomen verhoor in de gebouwen van een onderneming geschiedt, wordt de mededingingsautoriteit van de lidstaat op het grondgebied waarvan het verhoor plaatsvindt, hiervan door de Commissie op de hoogte gesteld. Indien de mededingingsautoriteit van die lidstaat hierom verzoekt, mogen functionarissen van deze mededingingsautoriteit de functionarissen en andere begeleidende personen die door de Commissie zijn gemachtigd om het verhoor af te nemen, bijstaan.

Art. 20 Bevoegdheid van de Commissie tot inspectie

Mededinging, bevoegdheid inspectie ondernemingen

1. Ter vervulling van de haar bij deze verordening opgedragen taken kan de Commissie bij ondernemingen en ondernemersverenigingen alle noodzakelijke inspecties verrichten.
2. De door de Commissie tot het verrichten van een inspectie gemachtigde functionarissen en andere begeleidende personen beschikken over de volgende bevoegdheden:
a) het betreden van alle lokalen, terreinen en vervoermiddelen van ondernemingen en ondernemersverenigingen;
b) het controleren van de boeken en alle andere bescheiden in verband met het bedrijf, ongeacht de aard van de drager van die bescheiden;
c) het maken of verkrijgen van afschriften of uittreksels, in welke vorm ook, van die boeken en bescheiden;
d) het verzegelen van lokalen en boeken of andere bescheiden van het bedrijf voor de duur van, en voorzover nodig voor, de inspectie;
e) het verzoeken van vertegenwoordigers of personeelsleden van de betrokken onderneming of ondernemersvereniging om toelichting bij feiten of documenten die verband houden met het voorwerp en het doel van de inspectie, en het optekenen van hun antwoorden.
3. De door de Commissie tot het verrichten van een inspectie gemachtigde functionarissen en andere begeleidende personen oefenen hun bevoegdheden uit op vertoon van een schriftelijke machtiging waarin het voorwerp en het doel van de inspectie worden vermeld en waarin wordt gewezen op de sanctie, bedoeld in artikel 23, ingeval de gevraagde boeken of andere bescheiden in verband met het bedrijf niet volledig worden getoond of de antwoorden op de overeenkomstig lid 2 gestelde vragen onjuist of misleidend zijn. De Commissie stelt de mededingingsautoriteit van de lidstaat op het grondgebied waarvan de inspectie zal worden verricht, geruime tijd vóór de inspectie hiervan in kennis.
4. Wanneer de Commissie bij beschikking een inspectie gelast, zijn de betrokken ondernemingen en ondernemersverenigingen verplicht zich aan die inspectie te onderwerpen. In de beschikking wordt vermeld wat het voorwerp en het doel van de inspectie zijn en op welke datum de inspectie een aanvang neemt, en wordt gewezen op de sancties bedoeld in de artikelen 23 en 24, alsook op het recht om bij het Hof van Justitie beroep tegen de beschikking in te stellen. De Commissie geeft de beschikking na de mededingingsautoriteit van de lidstaat op het grondgebied waarvan de inspectie zal worden verricht, te hebben gehoord.

5. De functionarissen van de mededingingsautoriteit van de lidstaat op het grondgebied waarvan de inspectie zal worden verricht alsook de door die autoriteit gemachtigde of aangewezen functionarissen, verlenen, wanneer deze autoriteit of de Commissie hierom verzoekt, de door de Commissie gemachtigde functionarissen en andere begeleidende personen actief bijstand. Zij beschikken te dien einde over de in lid 2 omschreven bevoegdheden.
6. Wanneer de door de Commissie gemachtigde functionarissen en andere begeleidende personen vaststellen dat een onderneming zich tegen een op grond van dit artikel gelaste inspectie verzet, verleent de betrokken lidstaat hun de nodige bijstand om hen in staat te stellen hun inspectie te verrichten, zo nodig door een beroep te doen op de politie of een gelijkwaardige wetshandhavingsautoriteit.
7. Indien het nationale recht voorschrijft dat voor de in lid 6 bedoelde bijstand de toestemming van een rechterlijke instantie vereist is, moet die toestemming worden gevraagd. Een dergelijke toestemming kan tevens bij wijze van voorzorgsmaatregel worden gevraagd.
8. Wanneer wordt verzocht om toestemming als bedoeld in lid 7, toetst de nationale rechterlijke instantie de beschikking van de Commissie op haar authenticiteit en gaat zij na of de voorgenomen dwangmaatregelen niet willekeurig zijn noch buitensporig in verhouding tot het voorwerp van de inspectie. Bij de toetsing van de proportionaliteit van de dwangmaatregelen mag de nationale rechterlijke instantie de Commissie rechtstreeks of via de mededingingsautoriteit van de lidstaat om nadere uitleg verzoeken, met name over de redenen die de Commissie heeft om aan te nemen dat inbreuk is gepleegd op de artikelen 81 en 82 van het Verdrag, en over de ernst van de vermeende inbreuk en de aard van de betrokkenheid van de betreffende onderneming. De nationale rechterlijke instantie mag evenwel niet de noodzakelijkheid van de inspectie in twijfel trekken, noch gegevens uit het Commissiedossier verlangen. Uitsluitend het Hof van Justitie kan de beschikking van de Commissie op haar legitimiteit toetsen.

Art. 21 Inspectie van andere lokalen

1. Indien er een redelijk vermoeden bestaat dat boeken of andere bescheiden in verband met het bedrijf en het voorwerp van de inspectie, die relevant kunnen zijn om een ernstige inbreuk op artikel 81 of artikel 82 van het Verdrag te bewijzen, worden bewaard in andere gebouwen, terreinen en vervoermiddelen, waaronder de woningen van directeuren, bestuurders en andere personeelsleden van de betrokken ondernemingen en ondernemersverenigingen, kan de Commissie bij beschikking een inspectie in deze andere gebouwen, terreinen en vervoermiddelen gelasten.

Mededinging, inspectie andere lokalen

2. In de beschikking wordt vermeld wat het voorwerp en het doel van de inspectie zijn en op welke datum de inspectie een aanvang neemt, en wordt gewezen op het recht om bij het Hof van Justitie beroep tegen de beschikking in te stellen. In het bijzonder worden de redenen genoemd waaruit de Commissie heeft geconcludeerd dat er een vermoeden in de zin van lid 1 bestaat. De Commissie geeft de beschikking na de mededingingsautoriteit van de lidstaat op het grondgebied waarvan de inspectie zal worden verricht, te hebben gehoord.
3. Een krachtens lid 1 gegeven beschikking kan niet worden uitgevoerd zonder voorafgaande toestemming van de nationale rechterlijke instantie van de betrokken lidstaat. De nationale rechterlijke instantie toetst de beschikking van de Commissie op haar authenticiteit en gaat na of de voorgenomen dwangmaatregelen niet willekeurig zijn noch buitensporig in verhouding tot met name de ernst van de vermeende inbreuk, het belang van het gezochte bewijsmateriaal, de betrokkenheid van de betreffende onderneming en de redelijke kans dat boeken en bescheiden die verband houden met het voorwerp van de inspectie worden bewaard op de locaties waarvoor om toestemming is verzocht. De nationale rechterlijke instantie mag de Commissie rechtstreeks of via de mededingingsautoriteit van de lidstaat om nadere uitleg verzoeken over de elementen die zij nodig heeft om de proportionaliteit van de beoogde dwangmaatregelen te toetsen.
De nationale rechterlijke instantie mag evenwel niet de noodzakelijkheid van de inspectie in twijfel trekken, noch gegevens uit het Commissiedossier verlangen. De beschikking van de Commissie kan uitsluitend door het Hof van Justitie op haar legitimiteit getoetst worden.
4. De functionarissen en andere begeleidende personen die door de Commissie tot het verrichten van een overeenkomstig lid 1 gelaste inspectie gemachtigd zijn, hebben de in artikel 20, lid 2, onder a), b) en c), genoemde bevoegdheden. Artikel 20, leden 5 en 6, is van overeenkomstige toepassing.

Art. 22 Onderzoeken door de mededingingsautoriteiten van de lidstaten

1. De mededingingsautoriteit van een lidstaat kan op het grondgebied van deze lidstaat overeenkomstig het nationale recht elke inspectie of andere onderzoeksmaatregelen uitvoeren namens en voor rekening van de mededingingsautoriteit van een andere lidstaat, om uit te maken of er een inbreuk op artikel 81 of artikel 82 van het Verdrag is gepleegd. Elke uitwisseling of gebruik van de verkregen inlichtingen geschiedt overeenkomstig artikel 12.

Mededinging, onderzoek door mededingingsautoriteiten lidstaten

2. De mededingingsautoriteiten van een lidstaat verrichten op verzoek van de Commissie de inspecties die deze overeenkomstig artikel 20, lid 1, noodzakelijk acht of die zij overeenkomstig artikel 20, lid 4, bij beschikking heeft gelast. De functionarissen van de mededingingsautoriteiten van de lidstaten die met het verrichten van een inspectie zijn belast, alsook de door die autori-

teiten gemachtigde of aangewezen functionarissen, oefenen hun bevoegdheden uit overeenkomstig hun nationale wetgeving.

De door de Commissie gemachtigde functionarissen en andere begeleidende personen kunnen, op verzoek van de Commissie of van de mededingingsautoriteit van de lidstaat op het grondgebied waarvan de inspectie moet worden verricht, de functionarissen van deze autoriteit bijstand verlenen.

HOOFDSTUK VI
SANCTIES

Art. 23 Geldboeten

Mededinging, geldboeten

1. De Commissie kan bij beschikking aan ondernemingen en ondernemersverenigingen geldboeten van ten hoogste 1 % van de in het voorafgaande boekjaar behaalde totale omzet opleggen, wanneer zij opzettelijk of uit onachtzaamheid:
a) in antwoord op een verzoek overeenkomstig artikel 17 of artikel 18, lid 2, onjuiste of misleidende inlichtingen verstrekken;
b) in antwoord op een verzoek bij een beschikking overeenkomstig artikel 17 of artikel 18, lid 3, onvolledige, onjuiste of misleidende inlichtingen verstrekken, dan wel de inlichtingen niet verstrekken binnen de vastgestelde termijn;
c) tijdens een inspectie overeenkomstig artikel 20 geen volledige inzage geven in de daartoe gevraagde boeken of andere bescheiden in verband met het bedrijf, dan wel zich niet aan een overeenkomstig artikel 20, lid 4, bij beschikking gelaste inspectie onderwerpen;
d) in antwoord op een overeenkomstig artikel 20, lid 2, onder e), gestelde vraag
— een onjuist of misleidend antwoord geven, dan wel
— nalaten binnen de door de Commissie vastgestelde termijn een door een personeelslid gegeven onjuist, onvolledig of misleidend antwoord te corrigeren, of
— nalaten of weigeren een volledig antwoord te geven met betrekking tot feiten in verband met het voorwerp en het doel van een inspectie waartoe opdracht is gegeven bij wege van een beschikking overeenkomstig artikel 20, lid 4;
e) nalaten of weigeren een volledig antwoord te geven met betrekking tot feiten in verband met het voorwerp en het doel van een inspectie waartoe opdracht is gegeven bij wege van een beschikking overeenkomstig artikel 20, lid 4;
2. De Commissie kan bij beschikking geldboetes opleggen aan ondernemingen en ondernemersverenigingen wanneer zij opzettelijk of uit onachtzaamheid:
a) inbreuk maken op artikel 81 of artikel 82 van het Verdrag; of
b) in strijd handelen met een beschikking waarbij uit hoofde van artikel 8 voorlopige maatregelen gelast worden; of
c) een toezegging waaraan overeenkomstig artikel 9 bij beschikking een verbindend karakter is verleend, niet nakomen.
Voor elke bij de inbreuk betrokken onderneming en ondernemersvereniging is de geldboete niet groter dan 10 % van de totale omzet die in het voorafgaande boekjaar is behaald.
Wanneer de inbreuk van een vereniging betrekking heeft op de activiteiten van haar leden is de geldboete niet groter dan 10 % van de som van de totale omzet van elk lid dat actief is op de markt die door de inbreuk van de vereniging geraakt wordt.
3. Bij de vaststelling van het bedrag van de geldboete wordt zowel met de ernst, als met de duur van de inbreuk rekening gehouden.
4. Wanneer aan een ondernemersvereniging een geldboete is opgelegd rekening houdend met de totale omzet van haar leden en deze vereniging insolvent is, is de vereniging verplicht om van haar leden bijdragen te vragen om de geldboete te kunnen betalen.
Wanneer die bijdragen niet binnen een door de Commissie vastgestelde termijn aan de vereniging zijn betaald, kan de Commissie elke onderneming waarvan de vertegenwoordigers lid waren van de betrokken besluitvormende organen van de vereniging, rechtstreeks tot betaling van de boete aanspreken.
Nadat de Commissie betaling heeft geëist op grond van de tweede alinea, kan de Commissie, indien dat nodig is om de volledige betaling van de boete te waarborgen elk lid van de vereniging dat actief was op de markt waarop de inbreuk heeft plaatsgevonden, tot betaling van het saldo aanspreken.
De Commissie mag echter geen betaling uit hoofde van de tweede en derde alinea eisen van ondernemingen die aantonen dat zij de inbreukmakende beslissing van de vereniging niet hebben uitgevoerd en hetzij niet op de hoogte waren van het bestaan ervan, hetzij er actief afstand van hebben genomen vóór de aanvang van het onderzoek van de Commissie naar de zaak.
De financiële aansprakelijkheid van elke onderneming met betrekking tot de betaling van de boete bedraagt niet meer dan 10 % van haar totale omzet in het vorige boekjaar.
5. De op grond van lid 1 of lid 2 gegeven beschikkingen hebben geen strafrechtelijk karakter.

Art. 24 Dwangsommen
1. De Commissie kan bij beschikking aan ondernemingen en ondernemersverenigingen dwangsommen opleggen van ten hoogste 5 % van de gemiddelde dagelijkse omzet in het voorafgaande boekjaar voor elke dag waarmee de in haar beschikking vastgestelde termijn wordt overschreden, teneinde hen te dwingen:
a) overeenkomstig een op grond van artikel 7 gegeven beschikking een einde te maken aan een inbreuk op artikel 81 of artikel 82 van het Verdrag;
b) een op grond van artikel 8 gegeven beschikking houdende voorlopige maatregelen na te leven;
c) een toezegging waaraan overeenkomstig artikel 9 bij beschikking een verbindend karakter is verleend, na te komen;
d) in antwoord op een overeenkomstig artikel 17 of artikel 18, lid 3, bij beschikking gedaan verzoek volledige en juiste inlichtingen te verstrekken;
e) zich aan een overeenkomstig artikel 20, lid 4, bij beschikking gelaste inspectie te onderwerpen.
2. Wanneer de ondernemingen of ondernemersverenigingen de verplichting zijn nagekomen ter afdwinging waarvan de dwangsom was opgelegd, kan de Commissie de uiteindelijk verschuldigde dwangsom op een bedrag vaststellen dat lager is dan het uit de oorspronkelijke beschikking voortvloeiende bedrag. Artikel 23, lid 4, is van overeenkomstige toepassing.

HOOFDSTUK VII
VERJARING

Art. 25 Verjaring terzake van de oplegging van sancties
1. De bevoegdheid van de Commissie overeenkomstig de artikelen 23 en 24 verjaart
a) na drie jaar bij inbreuken op de bepalingen betreffende het inwinnen van inlichtingen en het verrichten van inspecties;
b) na vijf jaar bij de overige inbreuken.
2. De verjaringstermijn gaat in op de dag waarop de inbreuk is gepleegd. Bij voortdurende of voortgezette inbreuken gaat de verjaringstermijn echter pas in op de dag waarop de inbreuk is beëindigd.
3. De verjaring terzake van de oplegging van geldboeten en dwangsommen wordt gestuit door elke handeling van de Commissie of van de mededingingsautoriteit van een lidstaat ter instructie of vervolging van de inbreuk. De stuiting van de verjaring treedt in op de dag waarop van de handeling kennis wordt gegeven aan ten minste één onderneming of ondernemersvereniging die aan de inbreuk heeft deelgenomen. Handelingen die de verjaring stuiten, zijn met name:
a) een schriftelijk verzoek om inlichtingen van de Commissie of de mededingingsautoriteit van een lidstaat;
b) een door de Commissie of de mededingingsautoriteit van een lidstaat aan haar functionarissen verstrekte schriftelijke opdracht tot inspectie;
c) de inleiding van een procedure door de Commissie of de mededingingsautoriteit van een lidstaat;
d) de mededeling van punten van bezwaar door de Commissie of door de mededingingsautoriteit van een lidstaat.
4. De stuiting van de verjaring geldt ten aanzien van alle ondernemingen en ondernemersverenigingen die aan de inbreuk hebben deelgenomen.
5. Na iedere stuiting begint een nieuwe verjaringstermijn te lopen. De verjaring treedt echter ten laatste in op de dag waarop een termijn gelijk aan tweemaal de verjaringstermijn is verstreken zonder dat de Commissie een geldboete of een dwangsom heeft opgelegd. Deze termijn wordt verlengd met de periode gedurende welke de verjaring in overeenstemming met lid 6 wordt geschorst.
6. De verjaring terzake van de oplegging van geldboeten en dwangsommen wordt geschorst zolang de beschikking van de Commissie het voorwerp vormt van een procedure bij het Hof van Justitie.

Art. 26 Verjaring terzake van de tenuitvoerlegging van sancties
1. De bevoegdheid van de Commissie tot tenuitvoerlegging van op grond van de artikelen 23 en 24 gegeven beschikkingen verjaart na vijf jaar.
2. De verjaringstermijn gaat in op de dag waarop de beschikking niet meer kan worden aangevochten.
3. De verjaring terzake van de tenuitvoerlegging wordt gestuit:
a) door de kennisgeving van een beschikking waarbij het oorspronkelijke bedrag van de geldboete of de dwangsom wordt gewijzigd of waarbij een daartoe strekkend verzoek wordt afgewezen;
b) door elke handeling van de Commissie of van een lidstaat op verzoek van de Commissie tot inning van de geldboete of de dwangsom.
4. Na iedere stuiting begint een nieuwe verjaringstermijn te lopen.

5. De verjaring terzake van de tenuitvoerlegging van sancties wordt geschorst:
a) zolang betalingsfaciliteiten worden toegestaan;
b) zolang de tenuitvoerlegging krachtens een beslissing van het Hof van Justitie is opgeschort.

HOOFDSTUK VIII
HOORZITTINGEN EN GEHEIMHOUDINGSPLICHT

Art. 27 Het horen van partijen, klagers en derden

Mededinging, hoorzittingen

1. Alvorens een beschikking op grond van de artikelen 7, 8, 23 of artikel 24, lid 2, te geven, stelt de Commissie ondernemingen en ondernemersverenigingen die het voorwerp van haar procedure uitmaken in de gelegenheid hun standpunt ten aanzien van de door haar in aanmerking genomen bezwaren kenbaar te maken. De Commissie doet haar beschikkingen slechts steunen op de punten van bezwaar waarover de partijen opmerkingen hebben kunnen maken. De klagers worden nauw bij de procedure betrokken.

2. Het recht van verdediging van de partijen wordt in de loop van de procedure ten volle geëerbiedigd. De partijen hebben het recht tot inzage van het dossier van de Commissie, onder voorbehoud van het rechtmatige belang van de ondernemingen dat hun zakengeheimen niet aan de openbaarheid prijs worden gegeven. Het recht tot inzage van het dossier geldt niet voor vertrouwelijke inlichtingen en interne documenten van de Commissie of de mededingingsautoriteiten van de lidstaten. Met name geldt het recht tot inzage niet voor de briefwisseling tussen de Commissie en de mededingingsautoriteiten van de lidstaten of tussen die autoriteiten, waaronder documenten opgesteld uit hoofde van de artikelen 11 en 14. Niets in dit lid belet de Commissie om voor het bewijs van een inbreuk noodzakelijke inlichtingen bekend te maken of te gebruiken.

3. Indien de Commissie dit nodig acht, kan zij andere natuurlijke personen of rechtspersonen horen. Wanneer natuurlijke personen of rechtspersonen verzoeken te worden gehoord, en een voldoende belang aantonen, moet hun verzoek worden ingewilligd. Ook de mededingingsautoriteiten van de lidstaten kunnen de Commissie vragen andere natuurlijke personen of rechtspersonen te horen.

4. Wanneer de Commissie van plan is een beschikking uit hoofde van artikel 9 of 10 aan te nemen, maakt zij een beknopte samenvatting van de zaak en de hoofdlijnen van de toezeggingen of het voorgestelde optreden bekend. Belanghebbende derden kunnen hun opmerkingen meedelen binnen een periode van ten minste één maand die de Commissie bij de bekendmaking vaststelt. Bij de bekendmaking wordt rekening gehouden met het rechtmatige belang van de ondernemingen dat hun zakengeheimen niet aan de openbaarheid worden prijsgegeven.

Art. 28 Geheimhoudingsplicht

Mededinging, geheimhoudingsplicht

1. Onverminderd het bepaalde in de artikelen 12 en 15, mogen de overeenkomstig de artikelen 17 tot en met 22 verkregen inlichtingen slechts voor het doel worden gebruikt waarvoor zij zijn ingewonnen.

2. Onverminderd de uitwisseling en het gebruik van gegevens zoals bepaald in de artikelen 11, 12, 14, 15 en 27 mogen de Commissie en de mededingingsautoriteiten van de lidstaten, hun functionarissen, personeelsleden en andere onder het toezicht van deze autoriteiten werkende personen, alsook functionarissen en ambtenaren van andere autoriteiten van de lidstaten geen inlichtingen openbaar maken die zij uit hoofde van deze verordening hebben verkregen of uitgewisseld en die naar hun aard onder de geheimhoudingsplicht vallen. Deze plicht geldt ook voor alle vertegenwoordigers en deskundigen van lidstaten die uit hoofde van artikel 14 vergaderingen van het adviescomité bijwonen.

HOOFDSTUK IX
VRIJSTELLINGSVERORDENINGEN

Art. 29 Individuele intrekking

Mededinging, intrekking groepsvrijstelling

1. Wanneer de Commissie, op grond van de bevoegdheid die haar is verleend bij een verordening van de Raad, zoals de Verordeningen nr. 19/65/EEG, (EEG) nr. 2821/71, (EEG) nr. 3976/87, (EEG) nr. 1534/91 of (EEG) nr. 479/92 om artikel 81, lid 3, van het Verdrag bij verordening toe te passen, artikel 81, lid 1, van het Verdrag buiten toepassing heeft verklaard op bepaalde overeenkomsten, besluiten van ondernemersverenigingen of onderlinge afgestemde feitelijke gedragingen, kan zij, ambtshalve of naar aanleiding van een klacht, een dergelijke groepsvrijstelling intrekken, wanneer zij van oordeel is dat in een bepaald geval een overeenkomst, besluit of onderling afgestemde feitelijke gedraging waarop de vrijstellingsverordening van toepassing is, bepaalde met artikel 81, lid 3, van het Verdrag onverenigbare gevolgen heeft.

2. Wanneer in een bepaald geval overeenkomsten, besluiten van ondernemersverenigingen of onderling afgestemde feitelijke gedragingen die onder toepassing van een Commissieverordening als bedoeld in lid 1 vallen, op het grondgebied, of een gedeelte van het grondgebied, van een lidstaat dat alle kenmerken van een afzonderlijke geografische markt vertoont, met

artikel 81, lid 3, van het Verdrag onverenigbare gevolgen hebben, kan de mededingingsautoriteit van die lidstaat de groepsvrijstelling op het betrokken grondgebied intrekken.

HOOFDSTUK X
ALGEMENE BEPALINGEN

Art. 30 Bekendmaking van beschikkingen
1. De Commissie maakt de beschikkingen die zij overeenkomstig de artikelen 7 tot en met 10 en 23 en 24 geeft, bekend.
2. In de bekendmaking worden de namen van de partijen en de belangrijkste punten van de beschikking, waaronder de opgelegde sancties, vermeld. Bij de bekendmaking wordt rekening gehouden met het rechtmatige belang van de ondernemingen dat hun zakengeheimen niet aan de openbaarheid worden prijsgegeven.

Mededinging, bekendmaking beschikkingen

Art. 31 Rechtsmacht van het Hof van Justitie
Het Hof van Justitie heeft volledige rechtsmacht terzake van beroep tegen beschikkingen van de Commissie waarin een geldboete of een dwangsom wordt vastgesteld. Het kan de opgelegde geldboete of dwangsom intrekken, verlagen of verhogen.

Mededinging, rechtsmacht Hof van Justitie

Art. 32
[Vervallen.]

Art. 33 Uitvoeringsbepalingen
1. De Commissie is bevoegd alle dienstige bepalingen tot uitvoering van deze verordening vast te stellen. Deze bepalingen kunnen onder meer betrekking hebben op:
a) de vorm, de inhoud en de overige bijzonderheden van de overeenkomstig artikel 7 ingediende klachten, alsook de procedure voor de afwijzing van klachten;
b) de nadere regeling van de uitwisseling van inlichtingen en de raadpleging, bedoeld in artikel 11;
c) de nadere regeling van de in artikel 27 bedoelde hoorzittingen.
2. Alvorens bepalingen uit hoofde van lid 1 vast te stellen, maakt de Commissie het ontwerp daarvan bekend en verzoekt zij alle belanghebbende partijen haar hun opmerkingen te doen toekomen binnen de termijn die zij vaststelt en die niet korter mag zijn dan een maand. Voordat de Commissie een ontwerpbepaling bekendmaakt en voordat zij deze vaststelt, raadpleegt zij het Adviescomité voor mededingingsregelingen en economische machtsposities.

Mededinging, uitvoeringsbepalingen

HOOFDSTUK XI
OVERGANGS-, WIJZIGINGS- EN SLOTBEPALINGEN

Art. 34 Overgangsbepalingen
1. De krachtens artikel 2 van Verordening nr. 17 bij de Commissie ingediende verzoeken en de krachtens de artikelen 4 en 5 van Verordening nr. 17 verrichte aanmeldingen, alsook de overeenkomstige, krachtens de Verordeningen (EEG) nr. 1017/68, (EEG) nr. 4056/86 en (EEG) nr. 3975/87 gedane verzoeken en aanmeldingen vervallen op de datum waarop de onderhavige verordening van toepassing wordt.
2. De overeenkomstig Verordening nr. 17 en overeenkomstig de Verordeningen (EEG) nr. 1017/68, (EEG) nr. 4056/86 en (EEG) nr. 3975/87 verrichte procedurehandelingen blijven met het oog op de toepassing van de onderhavige verordening effect sorteren.

Overgangsbepalingen

Art. 35 Aanwijzing van de mededingingsautoriteiten van de lidstaten
1. De lidstaten wijzen de mededingingsautoriteit of -autoriteiten die bevoegd is (zijn) de artikelen 81 en 82 van het Verdrag toe te passen, zodanig aan dat op afdoende wijze voldaan wordt aan de bepalingen van deze verordening. De maatregelen die nodig zijn om deze instanties de bevoegdheid tot toepassing van voornoemde artikelen toe te kennen, worden vóór 1 mei 2004 getroffen. De aangewezen autoriteiten kunnen rechterlijke instanties zijn.
2. Indien de nationale bestuurlijke en rechterlijke instanties belast zijn met de handhaving van de communautaire mededingingswetgeving, mogen de lidstaten verschillende bevoegdheden en taken toewijzen aan diverse nationale, bestuurlijke en/of rechterlijke nationale autoriteiten.
3. Het bepaalde in artikel 11, lid 6, vindt toepassing op de door de lidstaten aangewezen autoriteiten, met inbegrip van de rechterlijke instanties die betrokken zijn bij de voorbereiding en de vaststelling van de beslissingen in de zin van artikel 5. Het bepaalde in artikel 11, lid 6, is niet van toepassing op rechterlijke instanties in zoverre zij optreden als rechterlijke instanties terzake van beroep tegen de in artikel 5 bedoelde beslissingen.
4. Niettegenstaande het bepaalde in lid 3 is, in die lidstaten waar voor de vaststelling van bepaalde in artikel 5 bedoelde beslissingen een autoriteit een zaak voor een rechterlijke instantie brengt die afzonderlijk en onderscheiden is van de vervolgende autoriteit, en voorzover voldaan wordt aan de voorwaarden van dit lid, het bepaalde in artikel 11, lid 6, alleen van toepassing op de vervolgende autoriteit die haar eis voor de rechterlijke instantie moet intrekken zodra

Mededinging, aanwijzing mededingingsautoriteiten lidstaten

de Commissie een procedure instelt en deze intrekking daadwerkelijk een einde maakt aan de nationale procedures.

Art. 36 Wijziging van Verordening (EEG) nr. 1017/68
[Vervallen.]

Art. 37 Wijziging van Verordening (EEG) nr. 2988/74
[Wijzigt Verordening (EEG) nr. 2988/74.]

Art. 38 Wijziging van Verordening (EEG) nr. 4056/86
[Wijzigt Verordening (EEG) nr. 4056/86.]

Art. 39 Wijziging van Verordening (EEG) nr. 3975/87
[Wijzigt Verordening (EEG) nr. 3975/87.]

Art. 40 Wijziging van de Verordeningen nr. 19/65/EEG, (EEG) nr. 2821/71 en (EEG) nr. 1534/91
[Wijzigt Verordening (EEG) nr. 19/65, Verordening (EEG) nr. 2821/71 en Verordening (EEG) nr. 1534/91.]

Art. 41 Wijziging van Verordening (EEG) nr. 3976/87
[Vervallen.]

Art. 42 Wijziging van Verordening (EEG) nr. 479/92
[Vervallen.]

Art. 43 Intrekking van Verordeningen nr. 17 en nr. 141

Uitschakelbepaling

1. Verordening nr. 17 wordt ingetrokken, met uitzondering van artikel 8, lid 3, dat van toepassing blijft op beschikkingen die vóór de datum waarop deze verordening van toepassing wordt overeenkomstig artikel 81, lid 3, van het Verdrag zijn aangenomen, tot de datum waarop die beschikkingen vervallen.
2. Verordening nr. 141 wordt ingetrokken.
3. Verwijzingen naar de ingetrokken verordeningen worden gelezen als verwijzingen naar de onderhavige verordening.

Art. 44 Verslag over de toepassing van de verordening

Mededinging, verslag toepassing verordening

Vijf jaar na de datum van toepassing van deze verordening brengt de Commissie verslag uit bij het Europees Parlement en de Raad over de werking van deze verordening, met name over de toepassing van artikel 11, lid 6, en artikel 17.

Op grond van dit verslag gaat de Commissie na of het dienstig is om de Raad een herziening van deze verordening voor te stellen.

Art. 45 Inwerkingtreding

Inwerkingtreding

Deze verordening treedt in werking op de twintigste dag volgende op die van haar bekendmaking in het *Publicatieblad van de Europese Gemeenschappen*.

Zij is van toepassing met ingang van 1 mei 2004.

EU-/EG-recht

Rijkswet houdende goedkeuring Verdrag betreffende de Europese Unie[1]

Rijkswet van 17 december 1992, houdende goedkeuring van het op 7 februari 1992 te Maastricht tot stand gekomen Verdrag betreffende de Europese Unie, met Protocollen, en een Overeenkomst betreffende de sociale politiek tussen de Lidstaten van de EG, met uitzondering van het Verenigd Koninkrijk

Wij Beatrix, bij de gratie Gods, Koningin der Nederlanden, Prinses van Oranje-Nassau, enz. enz. enz.
Allen, die deze zullen zien of horen lezen, saluut! doen te weten:
Alzo Wij in overweging genomen hebben, dat het op 7 februari 1992 te Maastricht tot stand gekomen Verdrag betreffende de Europese Unie, met Protocollen, en een Overeenkomst betreffende de sociale politiek tussen de Lidstaten van de EG, met uitzondering van het Verenigd Koninkrijk, ingevolge artikel 91, eerste lid, van de Grondwet, de goedkeuring van de Staten-Generaal behoeven alvorens het Koninkrijk daaraan kan worden gebonden;
Zo is het, dat Wij, de Raad van State van het Koninkrijk gehoord, en met gemeen overleg der Staten-Generaal, de bepalingen van het Statuut voor het Koninkrijk in acht genomen zijnde, hebben goedgevonden en verstaan, gelijk Wij goedvinden en verstaan bij deze:

Art. 1
Het op 7 februari 1992 te Maastricht tot stand gekomen Verdrag betreffende de Europese Unie, met Protocollen, en een Overeenkomst betreffende de sociale politiek tussen de Lidstaten van de EG, met uitzondering van het Verenigd Koninkrijk, waarvan de Nederlandse tekst is geplaatst in *Tractatenblad* 1992, 74, worden goedgekeurd voor het gehele Koninkrijk.

Goedkeuring EU-Verdrag van Maastricht

Art. 2
Met de verklaringen gehecht aan de Slotakte van het in artikel 1 genoemde Verdrag wordt ingestemd, voor zover deze een nadere uitleg bevatten van bepalingen van het Verdrag.

Art. 3
[Vervallen]

Art. 4
Wanneer op grond van artikel 103, vierde lid, van het in artikel 1 genoemde Verdrag door de Raad wordt besloten om tot Nederland een aanbeveling te richten, dan wel op grond van artikel 104C, zevende, negende en elfde lid, tot Nederland een aanbeveling of een aanmaning te richten, of op Nederland maatregelen toe te passen, brengt de regering die besluiten terstond ter kennis van de Staten-Generaal, onder toevoeging van de daaraan ten grondslag liggende stukken.

Goedkeuring EU-Verdrag van Maastricht, instemming aanbevelingen

Art. 5
Het standpunt dat de regering inneemt bij de toetsing van de in artikel 109J, eerste lid, van het Verdrag neergelegde criteria, die de grondslag vormen voor de besluitvorming bedoeld in artikel 109J, tweede, derde en vierde lid, dient vooraf de instemming van de Staten-Generaal te hebben verworven.

Art. 6
Deze Rijkswet treedt in werking met ingang van de dag na de datum van uitgifte van het *Staatsblad*, waarin zij wordt geplaatst.

Inwerkingtreding

---

1 Inwerkingtredingsdatum: 31-12-1992; zoals laatstelijk gewijzigd bij: Stb. 2008, 301.

Handvest van de grondrechten van de Europese Unie[1]

Preambule
De volkeren van Europa hebben besloten een op gemeenschappelijke waarden gegrondveste vreedzame toekomst te delen door onderling een steeds hechter verbond tot stand te brengen. De Unie, die zich bewust is van haar geestelijke en morele erfgoed, heeft haar grondslag in de ondeelbare en universele waarden van menselijke waardigheid en van vrijheid, gelijkheid en solidariteit. Zij berust op het beginsel van democratie en het beginsel van de rechtsstaat. De Unie stelt de mens centraal in haar optreden, door het burgerschap van de Unie in te stellen en een ruimte van vrijheid, veiligheid en recht tot stand te brengen.

De Unie draagt bij tot de instandhouding en de ontwikkeling van deze gemeenschappelijke waarden, met inachtneming van de verscheidenheid van cultuur en traditie van de volkeren van Europa, alsmede van de nationale identiteit van de lidstaten en van hun staatsinrichting op nationaal, regionaal en lokaal niveau. Zij streeft ernaar een evenwichtige en duurzame ontwikkeling te bevorderen en bewerkstelligt het vrije verkeer van personen, diensten, goederen en kapitaal, alsook de vrijheid van vestiging.

Te dien einde moet in het licht van de ontwikkelingen in de maatschappij, de sociale vooruitgang en de wetenschappelijke en technologische ontwikkelingen de bescherming van de grondrechten worden versterkt door deze rechten beter zichtbaar te maken in een Handvest.

Dit Handvest bevestigt, met inachtneming van de bevoegdheden en taken van de Unie en van het subsidiariteitsbeginsel, de rechten die in het bijzonder voortvloeien uit de constitutionele tradities en de internationale verplichtingen die de lidstaten gemeen hebben, uit het Europees Verdrag tot bescherming van de rechten van de mens en de fundamentele vrijheden, uit de door de Unie en de Raad van Europa aangenomen sociale handvesten, alsook uit de jurisprudentie van het Hof van Justitie van de Europese Unie en van het Europees Hof voor de rechten van de mens. In dit verband zullen de rechterlijke instanties van de Unie en van de lidstaten bij de uitlegging van het Handvest naar behoren rekening houden met de toelichtingen die zijn opgesteld onder het gezag van het praesidium van de Conventie die het Handvest heeft opgesteld en bijgewerkt onder de verantwoordelijkheid van het praesidium van de Europese Conventie.

Het genot van deze rechten brengt verantwoordelijkheden en plichten mede jegens de medemens, de mensengemeenschap en de toekomstige generaties.

Derhalve erkent de Unie de hieronder genoemde rechten, vrijheden en beginselen.

Hoofdstuk I
Waardigheid

Art. 1 De menselijke waardigheid
De menselijke waardigheid is onschendbaar. Zij moet worden geëerbiedigd en beschermd.

Art. 2 Het recht op leven
1. Eenieder heeft recht op leven.

2. Niemand wordt tot de doodstraf veroordeeld of terechtgesteld.

Art. 3 Het recht op menselijke integriteit
1. Eenieder heeft recht op lichamelijke en geestelijke integriteit.

2. In het kader van de geneeskunde en de biologie moeten met name in acht worden genomen:
a) de vrije en geïnformeerde toestemming van de betrokkene, volgens de bij de wet bepaalde regels;
b) het verbod van eugenetische praktijken, met name die welke selectie van personen tot doel hebben;
c) het verbod om het menselijk lichaam en bestanddelen daarvan als zodanig als bron van financieel voordeel aan te wenden;
d) het verbod van het reproductief kloneren van mensen.

---

1 Inwerkingtredingsdatum: 01-12-2009.

Art. 4 Het verbod van folteringen en van onmenselijke of vernederende behandelingen of bestraffingen
Niemand mag worden onderworpen aan folteringen of aan onmenselijke of vernederende behandelingen of bestraffingen.

Grondrechten EU, verbod foltering/onmenselijke behandeling

Art. 5 Het verbod van slavernij en dwangarbeid
1. Niemand mag in slavernij of dienstbaarheid worden gehouden.
2. Niemand mag gedwongen worden dwangarbeid of verplichte arbeid te verrichten.
3. Mensenhandel is verboden.

Grondrechten EU, verbod slavernij/dwangarbeid

Hoofdstuk II
Vrijheden

Art. 6 Het recht op vrijheid en veiligheid
Eenieder heeft recht op vrijheid en veiligheid van zijn persoon.

Grondrechten EU, vrijheid en veiligheid

Art. 7 De eerbiediging van het privé-leven en van het familie- en gezinsleven
Eenieder heeft recht op eerbiediging van zijn privé-leven, zijn familie- en gezinsleven, zijn woning en zijn communicatie.

Grondrechten EU, eerbiediging privé-leven

Art. 8 De bescherming van persoonsgegevens
1. Eenieder heeft recht op bescherming van zijn persoonsgegevens.
2. Deze gegevens moeten eerlijk worden verwerkt, voor bepaalde doeleinden en met toestemming van de betrokkene of op basis van een andere gerechtvaardigde grondslag waarin de wet voorziet. Eenieder heeft recht van inzage in de over hem verzamelde gegevens en op rectificatie daarvan.
3. Een onafhankelijke autoriteit ziet erop toe dat deze regels worden nageleefd.

Grondrechten EU, bescherming persoonsgegevens

Art. 9 Het recht te huwen en het recht een gezin te stichten
Het recht te huwen en het recht een gezin te stichten worden gewaarborgd volgens de nationale wetten die de uitoefening van deze rechten beheersen.

Grondrechten EU, huwelijk/gezin

Art. 10 De vrijheid van gedachte, geweten en godsdienst
1. Eenieder heeft recht op vrijheid van gedachte, geweten en godsdienst. Dit recht omvat tevens de vrijheid om van godsdienst en overtuiging te veranderen en de vrijheid, hetzij alleen, hetzij met anderen, zowel in het openbaar als privé, zijn godsdienst te belijden of zijn overtuiging tot uitdrukking te brengen in erediensten, in onderricht, in de praktische toepassing ervan en in het onderhouden van geboden en voorschriften.
2. Het recht op dienstweigering op grond van gewetensbezwaren wordt erkend volgens de nationale wetten die de uitoefening van dit recht beheersen.

Grondrechten EU, vrijheid van gedachte/geweten/godsdienst

Grondrechten EU, weigering militaire dienst

Art. 11 De vrijheid van meningsuiting en van informatie
1. Eenieder heeft recht op vrijheid van meningsuiting. Dit recht omvat de vrijheid een mening te hebben en de vrijheid kennis te nemen en te geven van informatie of ideeën, zonder inmenging van enig openbaar gezag en ongeacht grenzen.
2. De vrijheid en de pluriformiteit van de media worden geëerbiedigd.

Grondrechten EU, vrijheid van meningsuiting

Art. 12 De vrijheid van vergadering en vereniging
1. Eenieder heeft op alle niveaus, met name op politiek, vakverenigings- en maatschappelijk gebied, het recht op vrijheid van vreedzame vergadering en op vrijheid van vereniging, hetgeen mede omvat eenieders recht, ter bescherming van zijn belangen samen met anderen vakverenigingen op te richten of zich daarbij aan te sluiten.
2. Politieke partijen op het niveau van de Unie dragen bij tot de uiting van de politieke wil van de burgers van de Unie.

Grondrechten EU, vrijheid van vergadering en vereniging

Art. 13 De vrijheid van kunsten en wetenschappen
De kunsten en het wetenschappelijk onderzoek zijn vrij. De academische vrijheid wordt geëerbiedigd.

Grondrechten EU, vrijheid van kunsten en wetenschappen

Art. 14 Het recht op onderwijs
1. Eenieder heeft recht op onderwijs en op toegang tot beroepsopleiding en bijscholing.
2. Dit recht houdt de mogelijkheid in, verplicht onderwijs kosteloos te volgen.
3. De vrijheid om met inachtneming van de democratische beginselen instellingen voor onderwijs op te richten en het recht van ouders om zich voor hun kinderen te verzekeren van het onderwijs en de opvoeding die overeenstemmen met hun godsdienstige, hun levensbeschouwelijke en hun opvoedkundige overtuiging, worden geëerbiedigd volgens de nationale wetten die de uitoefening ervan beheersen.

Grondrechten EU, onderwijs

A86 art. 15 — EU-Handvest voor de grondrechten

Art. 15 De vrijheid van beroep en het recht te werken

Grondrechten EU, vrijheid van beroep/werk

1. Eenieder heeft het recht te werken en een vrijelijk gekozen of aanvaard beroep uit te oefenen.
2. Iedere burger van de Unie is vrij, in iedere lidstaat werk te zoeken, te werken, zich te vestigen en diensten te verrichten.
3. Onderdanen van derde landen die het toegestaan is op het grondgebied van de lidstaten te werken, hebben recht op arbeidsvoorwaarden die gelijkwaardig zijn aan die welke de burgers van de Unie genieten.

Art. 16 De vrijheid van ondernemerschap

Grondrechten EU, vrijheid van ondernemerschap

De vrijheid van ondernemerschap wordt erkend overeenkomstig het recht van de Unie en de nationale wetgevingen en praktijken.

Art. 17 Het recht op eigendom

Grondrechten EU, eigendom

1. Eenieder heeft het recht de goederen die hij rechtmatig heeft verkregen, in eigendom te bezitten, te gebruiken, erover te beschikken en te vermaken. Niemand mag zijn eigendom worden ontnomen, behalve in het algemeen belang, in de gevallen en onder de voorwaarden waarin de wet voorziet en mits het verlies tijdig op billijke wijze wordt vergoed. Het gebruik van de goederen kan bij wet worden geregeld, voor zover het algemeen belang dit vereist.
2. Intellectuele eigendom is beschermd.

Art. 18 Het recht op asiel

Grondrechten EU, asiel

Het recht op asiel is gegarandeerd met inachtneming van de voorschriften van het Verdrag van Genève van 28 juli 1951 en het Protocol van 31 januari 1967 betreffende de status van vluchtelingen, en overeenkomstig het Verdrag betreffende de Europese Unie en het Verdrag betreffende de werking van de Europese Unie (hierna: "de Verdragen" genoemd).

Art. 19 Bescherming bij verwijdering, uitzetting en uitlevering

Grondrechten EU, bescherming bij verwijdering/uitzetting/uitlevering

1. Collectieve uitzetting is verboden.
2. Niemand mag worden verwijderd of uitgezet naar, dan wel worden uitgeleverd aan een staat waar een ernstig risico bestaat dat hij aan de doodstraf, aan folteringen of aan andere onmenselijke of vernederende behandelingen of bestraffingen wordt onderworpen.

Hoofdstuk III
Gelijkheid

Art. 20 Gelijkheid voor de wet

Grondrechten EU, gelijkheid

Eenieder is gelijk voor de wet.

Art. 21 Non-discriminatie

Grondrechten EU, verbod discriminatie

1. Iedere discriminatie, met name op grond van geslacht, ras, kleur, etnische of sociale afkomst, genetische kenmerken, taal, godsdienst of overtuiging, politieke of andere denkbeelden, het behoren tot een nationale minderheid, vermogen, geboorte, een handicap, leeftijd of seksuele gerichtheid, is verboden.
2. Binnen de werkingssfeer van de Verdragen en onverminderd de bijzondere bepalingen ervan, is iedere discriminatie op grond van nationaliteit verboden.

Art. 22 Verscheidenheid van cultuur, godsdienst en taal

Grondrechten EU, verscheidenheid cultuur/godsdienst/taal

De Unie eerbiedigt de verscheidenheid van cultuur, godsdienst en taal.

Art. 23 De gelijkheid van vrouwen en mannen

Grondrechten EU, gelijkheid van mannen en vrouwen

De gelijkheid van vrouwen en mannen moet worden gewaarborgd op alle gebieden, met inbegrip van werkgelegenheid, beroep en beloning.

Het beginsel van gelijkheid belet niet dat maatregelen worden gehandhaafd of genomen waarbij specifieke voordelen worden ingesteld ten gunste van het ondervertegenwoordigde geslacht.

Art. 24 De rechten van het kind

Grondrechten EU, kinderen

1. Kinderen hebben recht op de bescherming en de zorg die nodig zijn voor hun welzijn. Zij mogen vrijelijk hun mening uiten. Aan hun mening in hen betreffende aangelegenheden wordt in overeenstemming met hun leeftijd en rijpheid passend belang gehecht.
2. Bij alle handelingen in verband met kinderen, ongeacht of deze worden verricht door overheidsinstanties of particuliere instellingen, vormen de belangen van het kind een essentiële overweging.
3. Ieder kind heeft het recht, regelmatig persoonlijke betrekkingen en rechtstreekse contacten met zijn beide ouders te onderhouden, tenzij dit tegen zijn belangen indruist.

Art. 25 De rechten van ouderen
De Unie erkent en eerbiedigt het recht van ouderen, een waardig en zelfstandig leven te leiden en aan het maatschappelijk en cultureel leven deel te nemen.

Grondrechten EU, ouderen

Art. 26 De integratie van personen met een handicap
De Unie erkent en eerbiedigt het recht van personen met een handicap op maatregelen die beogen hun zelfstandigheid, hun maatschappelijke en beroepsintegratie en hun deelname aan het gemeenschapsleven te bewerkstelligen.

Grondrechten EU, personen met een handicap

Hoofdstuk IV
Solidariteit

Art. 27 Het recht op informatie en raadpleging van de werknemers binnen de onderneming
Werknemers en hun vertegenwoordigers moeten in de gevallen en onder de voorwaarden waarin het recht van de Unie en de nationale wetgevingen en praktijken voorzien, de zekerheid hebben, dat zij op passende niveaus tijdig worden geïnformeerd en geraadpleegd.

Grondrechten EU, informatie en raadpleging werknemers

Art. 28 Het recht op collectieve onderhandelingen en op collectieve actie
Werkgevers en werknemers of hun respectieve organisaties hebben overeenkomstig het recht van de Unie en de nationale wetgevingen en praktijken het recht, op passende niveaus collectief te onderhandelen en collectieve arbeidsovereenkomsten te sluiten, alsmede, in geval van belangenconflicten, collectieve actie te ondernemen ter verdediging van hun belangen, met inbegrip van staking.

Grondrechten EU, collectieve onderhandelingen/collectieve actie

Art. 29 Het recht op toegang tot arbeidsbemiddeling
Eenieder heeft recht op toegang tot kosteloze arbeidsbemiddeling.

Grondrechten EU, arbeidsbemiddeling

Art. 30 Bescherming bij kennelijk onredelijk ontslag
Iedere werknemer heeft overeenkomstig het recht van de Unie en de nationale wetgevingen en praktijken recht op bescherming tegen iedere vorm van kennelijk onredelijk ontslag.

Grondrechten EU, ontslagbescherming

Art. 31 Rechtvaardige en billijke arbeidsomstandigheden en -voorwaarden
1. Iedere werknemer heeft recht op gezonde, veilige en waardige arbeidsomstandigheden.

Grondrechten EU, arbeidsomstandigheden

2. Iedere werknemer heeft recht op een beperking van de maximumarbeidsduur en op dagelijkse en wekelijkse rusttijden, alsmede op een jaarlijkse vakantie met behoud van loon.

Grondrechten EU, arbeidsduur

Art. 32 Het verbod van kinderarbeid en de bescherming van jongeren op het werk
Kinderarbeid is verboden. De minimumleeftijd voor toelating tot het arbeidsproces mag niet lager zijn dan de leeftijd waarop de leerplicht ophoudt, onverminderd voor jongeren gunstiger regels en behoudens beperkte afwijkingen.
Werkende jongeren hebben recht op arbeidsvoorwaarden die aangepast zijn aan hun leeftijd en zij moeten worden beschermd tegen economische uitbuiting en tegen arbeid die hun veiligheid, hun gezondheid of hun lichamelijke, geestelijke, morele of maatschappelijke ontwikkeling kan schaden, dan wel hun opvoeding in gevaar kan brengen.

Grondrechten EU, verbod kinderarbeid en bescherming werkende jongeren

Art. 33 Het beroeps- en gezinsleven
1. Het gezin geniet bescherming op juridisch, economisch en sociaal vlak.

Grondrechten EU, gezinsleven/moederschap

2. Teneinde beroeps- en gezinsleven te kunnen combineren, heeft eenieder recht op bescherming tegen ontslag om een reden die verband houdt met moederschap, alsmede recht op betaald moederschapsverlof en recht op ouderschapsverlof na de geboorte of de adoptie van een kind.

Art. 34 Sociale zekerheid en sociale bijstand
1. De Unie erkent en eerbiedigt onder de door het recht van de Unie en de nationale wetgevingen en praktijken gestelde voorwaarden het recht op toegang tot socialezekerheidsvoorzieningen en sociale diensten die bescherming bieden in omstandigheden zoals moederschap, ziekte, arbeidsongevallen, afhankelijkheid of ouderdom, alsmede bij verlies van arbeid.

Grondrechten EU, sociale zekerheid

2. Eenieder die legaal in de Unie verblijft en zich daar legaal verplaatst, heeft recht op socialezekerheidsvoorzieningen en sociale voordelen overeenkomstig het recht van de Unie en de nationale wetgevingen en praktijken.

3. Om sociale uitsluiting en armoede te bestrijden, erkent en eerbiedigt de Unie het recht op sociale bijstand en op bijstand voor huisvesting, teneinde eenieder die niet over voldoende middelen beschikt, onder de door het recht van de Unie en de nationale wetgevingen en praktijken gestelde voorwaarden een waardig bestaan te verzekeren.

Grondrechten EU, sociale bijstand

Art. 35 De gezondheidszorg
Eenieder heeft recht op toegang tot preventieve gezondheidszorg en op medische verzorging onder de door de nationale wetgevingen en praktijken gestelde voorwaarden. Bij de bepaling en de uitvoering van het beleid en het optreden van de Unie wordt een hoog niveau van bescherming van de menselijke gezondheid verzekerd.

Grondrechten EU, preventieve gezondheidszorg/medische verzorging

Art. 36 De toegang tot diensten van algemeen economisch belang

De Europese Unie erkent en eerbiedigt overeenkomstig de Verdragen de toegang tot diensten van algemeen economisch belang die in de nationale wetgevingen en praktijken is geregeld, teneinde de sociale en territoriale samenhang van de Unie te bevorderen.

Art. 37 Milieubescherming

Een hoog niveau van milieubescherming en verbetering van de kwaliteit van het milieu moeten worden geïntegreerd in het beleid van de Unie en worden gewaarborgd overeenkomstig het beginsel van duurzame ontwikkeling.

Art. 38 Consumentenbescherming

In het beleid van de Unie wordt zorg gedragen voor een hoog niveau van consumentenbescherming.

Hoofdstuk V
Burgerschap

Art. 39 Actief en passief kiesrecht bij de verkiezingen voor het Europees Parlement

1. Iedere burger van de Unie heeft actief en passief kiesrecht bij de verkiezingen voor het Europees Parlement in de lidstaat waar hij verblijf houdt, onder dezelfde voorwaarden als de onderdanen van die staat.
2. De leden van het Europees Parlement worden gekozen door middel van rechtstreekse, vrije en geheime algemene verkiezingen.

Art. 40 Actief en passief kiesrecht bij de gemeenteraadsverkiezingen

Iedere burger van de Unie heeft actief en passief kiesrecht bij de gemeenteraadsverkiezingen in de lidstaat waar hij verblijf houdt, onder dezelfde voorwaarden als de onderdanen van die staat.

Art. 41 Recht op behoorlijk bestuur

1. Eenieder heeft er recht op dat zijn zaken onpartijdig, billijk en binnen een redelijke termijn door de instellingen, organen en instanties van de Unie worden behandeld.
2. Dit recht behelst met name:
   a) het recht van eenieder te worden gehoord voordat jegens hem een voor hem nadelige individuele maatregel wordt genomen;
   b) het recht van eenieder om inzage te krijgen in het hem betreffende dossier, met inachtneming van het gerechtvaardigde belang van de vertrouwelijkheid en het beroeps- en het zakengeheim;
   c) de plicht van de betrokken diensten, hun beslissingen met redenen te omkleden.
3. Eenieder heeft recht op vergoeding door de Unie van de schade die door haar instellingen of door haar personeelsleden in de uitoefening van hun functies is veroorzaakt, overeenkomstig de algemene beginselen die de rechtsstelsels der lidstaten gemeen hebben.
4. Eenieder kan zich in een van de talen van de Verdragen tot de instellingen van de Unie wenden en moet ook in die taal antwoord krijgen.

Art. 42 Recht van inzage in documenten

Iedere burger van de Unie en iedere natuurlijke of rechtspersoon met verblijfplaats of statutaire zetel in een lidstaat heeft recht van inzage in de documenten van de instellingen, organen en instanties van de Unie, ongeacht het medium waarop zij zijn vastgelegd.

Art. 43 Europees Ombudsman

Iedere burger van de Unie en iedere natuurlijke of rechtspersoon met verblijfplaats of statutaire zetel in een lidstaat heeft het recht zich tot de Europese ombudsman te wenden in verband met gevallen van wanbeheer in het optreden van de instellingen, organen en instanties van de Unie, met uitzondering van het Hof van Justitie van de Europese Unie bij de uitoefening van zijn gerechtelijke taak.

Art. 44 Recht van petitie

Iedere burger van de Unie en iedere natuurlijke of rechtspersoon met verblijfplaats of statutaire zetel in een lidstaat heeft het recht een verzoekschrift tot het Europees Parlement te richten.

Art. 45 Vrijheid van verkeer en van verblijf

1. Iedere burger van de Unie heeft het recht zich vrij op het grondgebied van de lidstaten te verplaatsen en er vrij te verblijven.
2. De vrijheid van verkeer en van verblijf kan overeenkomstig de Verdragen worden toegekend aan onderdanen van derde landen die legaal op het grondgebied van een lidstaat verblijven.

Art. 46 Diplomatieke en consulaire bescherming

Iedere burger van de Unie geniet op het grondgebied van derde landen waar de lidstaat waarvan hij onderdaan is, niet vertegenwoordigd is, de bescherming van de diplomatieke en consulaire instanties van de andere lidstaten, onder dezelfde voorwaarden als de onderdanen van die lidstaat.

Hoofdstuk VI
Rechtspleging

Art. 47 Recht op een doeltreffende voorziening in rechte en op een onpartijdig gerecht

Eenieder wiens door het recht van de Unie gewaarborgde rechten en vrijheden zijn geschonden, heeft recht op een doeltreffende voorziening in rechte, met inachtneming van de in dit artikel gestelde voorwaarden.

Eenieder heeft recht op een eerlijke en openbare behandeling van zijn zaak, binnen een redelijke termijn, door een onafhankelijk en onpartijdig gerecht dat vooraf bij wet is ingesteld. Eenieder heeft de mogelijkheid zich te laten adviseren, verdedigen en vertegenwoordigen.

Rechtsbijstand wordt verleend aan degenen die niet over toereikende financiële middelen beschikken, voor zover die bijstand noodzakelijk is om de daadwerkelijke toegang tot de rechter te waarborgen.

Grondrechten EU, recht op doeltreffende voorziening in rechte

Art. 48 Vermoeden van onschuld en rechten van de verdediging

1. Eenieder tegen wie een vervolging is ingesteld, wordt voor onschuldig gehouden totdat zijn schuld in rechte is komen vast te staan.
2. Aan eenieder tegen wie een vervolging is ingesteld, wordt de eerbiediging van de rechten van de verdediging gegarandeerd.

Grondrechten EU, vermoeden van onschuld
Grondrechten EU, verdediging

Art. 49 Legaliteitsbeginsel en evenredigheidsbeginsel inzake delicten en straffen

1. Niemand mag worden veroordeeld wegens een handelen of nalaten dat geen strafbaar feit naar nationaal of internationaal recht uitmaakte ten tijde van het handelen of nalaten. Evenmin mag een zwaardere straf worden opgelegd dan die, die ten tijde van het begaan van het strafbare feit van toepassing was. Indien de wet na het begaan van het strafbare feit in een lichtere straf voorziet, is die van toepassing.
2. Dit artikel staat niet de berechting en bestraffing in de weg van iemand die schuldig is aan een handelen of nalaten dat ten tijde van het handelen of nalaten een misdrijf was volgens de door de volkerengemeenschap erkende algemene beginselen.
3. De zwaarte van de straf mag niet onevenredig zijn aan het strafbare feit.

Grondrechten EU, legaliteitsbeginsel delicten en straffen

Grondrechten EU, evenredigheidsbeginsel delicten en straffen

Art. 50 Recht om niet tweemaal in een strafrechtelijke procedure voor hetzelfde delict te worden berecht of gestraft

Niemand wordt opnieuw berecht of gestraft in een strafrechtelijke procedure voor een strafbaar feit waarvoor hij in de Unie reeds onherroepelijk is vrijgesproken of veroordeeld overeenkomstig de wet.

Grondrechten EU, geen tweede berechting/straf voor hetzelfde delict

Hoofdstuk VII
Algemene bepalingen betreffende de uitlegging en de toepassing van het handvest

Art. 51 Toepassingsgebied

1. De bepalingen van dit Handvest zijn gericht tot de instellingen, organen en instanties van de Unie met inachtneming van het subsidiariteitsbeginsel, alsmede, uitsluitend wanneer zij het recht van de Unie ten uitvoer brengen, tot de lidstaten. Derhalve eerbiedigen zij de rechten, leven zij de beginselen na en bevorderen zij de toepassing ervan overeenkomstig hun respectieve bevoegdheden en met inachtneming van de grenzen van de bevoegdheden zoals deze in de Verdragen aan de Unie zijn toegedeeld.
2. Dit Handvest breidt het toepassingsgebied van het recht van de Unie niet verder uit dan de bevoegdheden van de Unie reiken, schept geen nieuwe bevoegdheden of taken voor de Unie, noch wijzigt het de in de Verdragen omschreven bevoegdheden en taken.

Toepassingsgebied

Art. 52 Reikwijdte en uitlegging van de gewaarborgde rechten en beginselen

1. Beperkingen op de uitoefening van de in dit Handvest erkende rechten en vrijheden moeten bij wet worden gesteld en de wezenlijke inhoud van die rechten en vrijheden eerbiedigen. Met inachtneming van het evenredigheidsbeginsel kunnen slechts beperkingen worden gesteld, indien zij noodzakelijk zijn en daadwerkelijk beantwoorden aan door de Unie erkende doelstellingen van algemeen belang of aan de eisen van de bescherming van de rechten en vrijheden van anderen.
2. De door dit Handvest erkende rechten die voorkomen in bepalingen van de Verdragen, worden uitgeoefend onder de voorwaarden en binnen de grenzen die door deze Verdragen zijn gesteld.
3. Voor zover dit Handvest rechten bevat die corresponderen met rechten welke zijn gegarandeerd door het Europees Verdrag tot bescherming van de rechten van de mens en de fundamentele vrijheden, zijn de inhoud en reikwijdte ervan dezelfde als die welke er door genoemd

Reikwijdte

verdrag aan worden toegekend. Deze bepaling verhindert niet dat het recht van de Unie een ruimere bescherming biedt.
4. Voor zover dit Handvest grondrechten erkent zoals die voortvloeien uit de constitutionele tradities die de lidstaten gemeen hebben, moeten die rechten in overeenstemming met die tradities worden uitgelegd.
5. Aan de bepalingen van dit Handvest die beginselen bevatten, kan uitvoering worden gegeven door wetgevings- en uitvoeringshandelingen van de instellingen, organen en instanties van de Unie en door handelingen van de lidstaten wanneer zij het recht van de Unie ten uitvoer brengen, bij de uitoefening van hun respectieve bevoegdheden. De rechterlijke bevoegdheid ten aanzien van die bepalingen blijft beperkt tot de uitlegging van genoemde handelingen en de toetsing van de wettigheid ervan.
6. Met de nationale wetgevingen en praktijken moet ten volle rekening worden gehouden, zoals bepaald in dit Handvest.
7. De toelichting, die is opgesteld om richting te geven aan de uitlegging van dit Handvest van de grondrechten, wordt door de rechterlijke instanties van de Unie en van de lidstaten naar behoren in acht genomen.

Art. 53 Beschermingsniveau

Beschermingsniveau

Geen van de bepalingen van dit Handvest mag worden uitgelegd als zou zij een beperking vormen van of afbreuk doen aan de rechten van de mens en de fundamentele vrijheden welke binnen hun respectieve toepassingsgebieden worden erkend door het recht van de Unie, het internationaal recht en de internationale overeenkomsten waarbij de Unie of alle lidstaten partij zijn, met name het Europees Verdrag tot bescherming van de rechten van de mens en de fundamentele vrijheden, alsmede door de grondwetten van de lidstaten.

Art. 54 Verbod van misbruik van recht

Verbod misbruik van recht

Geen van de bepalingen van dit Handvest mag worden uitgelegd als zou zij het recht inhouden enige activiteit te ontplooien of enige daad te verrichten met als doel de in dit Handvest erkende rechten of vrijheden teniet te doen of de rechten en vrijheden verdergaand te beperken dan door dit Handvest is toegestaan.

Verdrag betreffende de Europese Unie[1]

Zijne Majesteit de Koning der Belgen, Hare Majesteit de Koningin van Denemarken, de President van de Bondsrepubliek Duitsland, de President van de Helleense Republiek, Zijne Majesteit de Koning van Spanje, de President van de Franse Republiek, de President van Ierland, de President van de Italiaanse Republiek, Zijne Koninklijke Hoogheid de Groothertog van Luxemburg, Hare Majesteit de Koningin der Nederlanden, de President van de Portugese Republiek, Hare Majesteit de Koningin van het Verenigd Koninkrijk van Groot-Brittannië en Noord-Ierland,

Vastbesloten een nieuwe etappe te markeren in het proces van Europese integratie waarmee een aanvang is gemaakt met de oprichting van de Europese Gemeenschappen,

Geïnspireerd door de culturele, religieuze en humanistische tradities van Europa, die ten grondslag liggen aan de ontwikkeling van de universele waarden van de onschendbare en onvervreemdbare rechten van de mens en van vrijheid, democratie, gelijkheid en de rechtsstaat,

Herinnerend aan het historisch belang van de beëindiging van de deling van het Europese continent en de noodzaak solide grondslagen voor de opbouw van het toekomstige Europa te leggen,

Bevestigend hun gehechtheid aan de beginselen van vrijheid, democratie en eerbiediging van de mensenrechten en de fundamentele vrijheden en van de rechtsstaat,

Bevestigend hun gehechtheid aan de sociale grondrechten zoals omschreven in het op 18 oktober 1961 te Turijn ondertekende Europees Sociaal Handvest en in het Gemeenschapshandvest van de sociale grondrechten van de werkenden van 1989,

Verlangend de solidariteit tussen hun volkeren te verdiepen met inachtneming van hun geschiedenis, cultuur en tradities,

Verlangend de democratische en doelmatige werking van de instellingen verder te ontwikkelen, teneinde hen in staat te stellen de hun toevertrouwde taken beter uit te voeren, in één enkel institutioneel kader,

Vastbesloten de versterking en de convergentie van hun economieën te verwezenlijken en een economische en monetaire unie tot stand te brengen met, overeenkomstig het bepaalde in dit Verdrag en het Verdrag betreffende de werking van de Europese Unie, één enkele en stabiele munteenheid,

Vastbesloten de economische en sociale vooruitgang van hun volkeren te bevorderen, met inachtneming van het beginsel van duurzame ontwikkeling en in het kader van de voltooiing van de interne markt en van versterkte cohesie en milieubescherming, en een beleid te voeren dat er borg voor staat dat de vooruitgang op het gebied van de economische integratie en de vooruitgang op andere terreinen gelijke tred met elkaar houden,

Vastbesloten voor de onderdanen van hun landen een gemeenschappelijk burgerschap in te voeren,

Vastbesloten een gemeenschappelijk buitenlands en veiligheidsbeleid te voeren met inbegrip van de geleidelijke bepaling van een gemeenschappelijk defensiebeleid dat tot een gemeenschappelijke defensie zou kunnen leiden, overeenkomstig de bepalingen van artikel 42, daarbij de Europese identiteit en onafhankelijkheid versterkend, teneinde vrede, veiligheid en vooruitgang in Europa en in de wereld te bevorderen,

Vastbesloten het vrije verkeer van personen te vergemakkelijken en tegelijkertijd tevens de veiligheid en zekerheid van hun volkeren te waarborgen, door een ruimte van vrijheid, veiligheid en rechtvaardigheid tot stand te brengen, overeenkomstig het bepaalde in dit Verdrag en het Verdrag betreffende de werking van de Europese Unie,

Vastbesloten voort te gaan met het proces van totstandbrenging van een steeds hechter verbond tussen de volkeren van Europa, waarin besluiten zo dicht mogelijk bij de burgers worden genomen in overeenstemming met het subsidiariteitsbeginsel,

Met het oog op verdere stappen die moeten worden gezet om de Europese integratie te bevorderen,

Hebben besloten een Europese Unie op te richten en hebben te dien einde als hun gevolmachtigden aangewezen:[2]

Die, na overlegging van hun in goede en behoorlijke vorm bevonden volmachten, overeenstemming hebben bereikt omtrent de volgende bepalingen:

---

1 Inwerkingtredingsdatum: 01-02-2003; zoals laatstelijk gewijzigd bij: Trb. 2012, 24.
2 [Red: De lijst van ondertekenaars is niet opgenomen.]

A87 art. 1 — Verdrag betreffende de Europese Unie

TITEL I
GEMEENSCHAPPELIJKE BEPALINGEN

Art. 1

Grondslag Europese Unie — Bij dit Verdrag richten de Hoge Verdragsluitende Partijen tezamen een Europese Unie op, hierna „Unie" te noemen, waaraan de lidstaten bevoegdheden toedelen om hun gemeenschappelijke doelstellingen te bereiken.

Dit Verdrag markeert een nieuwe etappe in het proces van totstandbrenging van een steeds hechter verbond tussen de volkeren van Europa, waarin de besluiten in zo groot mogelijke openheid en zo dicht mogelijk bij de burger worden genomen.

De Unie is gegrond op dit Verdrag en op het Verdrag betreffende de werking van de Europese Unie (hierna „de Verdragen" te noemen). Deze twee Verdragen hebben dezelfde juridische waarde. De Unie treedt in de plaats van de Europese Gemeenschap, waarvan zij de opvolgster is.

Art. 2

Waarden Europese Unie — De waarden waarop de Unie berust, zijn eerbied voor de menselijke waardigheid, vrijheid, democratie, gelijkheid, de rechtsstaat en eerbiediging van de mensenrechten, waaronder de rechten van personen die tot minderheden behoren. Deze waarden hebben de lidstaten gemeen in een samenleving die gekenmerkt wordt door pluralisme, nondiscriminatie, verdraagzaamheid, rechtvaardigheid, solidariteit en gelijkheid van vrouwen en mannen.

Art. 3

Doel Europese Unie — 1. De Unie heeft als doel de vrede, haar waarden en het welzijn van haar volkeren te bevorderen.

2. De Unie biedt haar burgers een ruimte van vrijheid, veiligheid en recht zonder binnengrenzen, waarin het vrije verkeer van personen gewaarborgd is in combinatie met passende maatregelen met betrekking tot controles aan de buitengrenzen, asiel, immigratie, en voorkoming en bestrijding van criminaliteit.

Interne markt Europese Unie — 3. De Unie brengt een interne markt tot stand. Zij zet zich in voor de duurzame ontwikkeling van Europa, op basis van een evenwichtige economische groei en van prijsstabiliteit, een sociale markteconomie met een groot concurrentievermogen die gericht is op volledige werkgelegenheid en sociale vooruitgang, en van een hoog niveau van bescherming en verbetering van de kwaliteit van het milieu. De Unie bevordert wetenschappelijke en technische vooruitgang.

De Unie bestrijdt sociale uitsluiting en discriminatie, en bevordert sociale rechtvaardigheid en bescherming, de gelijkheid van vrouwen en mannen, de solidariteit tussen generaties en de bescherming van de rechten van het kind.

De Unie bevordert de economische, sociale en territoriale samenhang, en de solidariteit tussen de lidstaten.

De Unie eerbiedigt haar rijke verscheidenheid van cultuur en taal en ziet toe op de instandhouding en de ontwikkeling van het Europese culturele erfgoed.

Economische en monetaire unie — 4. De Unie stelt een economische en monetaire unie in die de euro als munt heeft.

5. In de betrekkingen met de rest van de wereld handhaaft de Unie haar waarden en belangen en zet zich ervoor in, en draagt zij bij tot de bescherming van haar burgers. Zij draagt bij tot de vrede, de veiligheid, de duurzame ontwikkeling van de aarde, de solidariteit en het wederzijds respect tussen de volkeren, de vrije en eerlijke handel, de uitbanning van armoede en de bescherming van de mensenrechten, in het bijzonder de rechten van het kind, alsook tot de strikte eerbiediging en ontwikkeling van het internationaal recht, met inbegrip van de inachtneming van de beginselen van het Handvest van de Verenigde Naties.

6. De Unie streeft deze doelstellingen met passende middelen na, naar gelang van de bevoegdheden die haar daartoe in de Verdragen zijn toegedeeld.

Art. 4

Bevoegdheden van lidstaten Europese Unie — 1. Overeenkomstig artikel 5 behoren bevoegdheden die in de Verdragen niet aan de Unie zijn toegedeeld, toe aan de lidstaten.

2. De Unie eerbiedigt de gelijkheid van de lidstaten voor de Verdragen, alsmede hun nationale identiteit die besloten ligt in hun politieke en constitutionele basisstructuren, waaronder die voor regionaal en lokaal zelfbestuur. Zij eerbiedigt de essentiële staatsfuncties, met name de verdediging van de territoriale integriteit van de staat, de handhaving van de openbare orde en de bescherming van de nationale veiligheid. Met name de nationale veiligheid blijft de uitsluitende verantwoordelijkheid van elke lidstaat.

3. Krachtens het beginsel van loyale samenwerking respecteren de Unie en de lidstaten elkaar en steunen zij elkaar bij de vervulling van de taken die uit de Verdragen voortvloeien.

De lidstaten treffen alle algemene en bijzondere maatregelen die geschikt zijn om de nakoming van de uit de Verdragen of uit de handelingen van de instellingen van de Unie voortvloeiende verplichtingen te verzekeren.

Verdrag betreffende de Europese Unie

De lidstaten vergemakkelijken de vervulling van de taak van de Unie en onthouden zich van alle maatregelen die de verwezenlijking van de doelstellingen van de Unie in gevaar kunnen brengen.

Art. 5

1. De afbakening van de bevoegdheden van de Unie wordt beheerst door het beginsel van bevoegdheidstoedeling. De uitoefening van die bevoegdheden wordt beheerst door de beginselen van subsidiariteit en evenredigheid.

2. Krachtens het beginsel van bevoegdheidstoedeling handelt de Unie enkel binnen de grenzen van de bevoegdheden die haar door de lidstaten in de Verdragen zijn toegedeeld om de daarin bepaalde doelstellingen te verwezenlijken. Bevoegdheden die in de Verdragen niet aan de Unie zijn toegedeeld, behoren toe aan de lidstaten.

3. Krachtens het subsidiariteitsbeginsel treedt de Unie op de gebieden die niet onder haar exclusieve bevoegdheid vallen, slechts op indien en voor zover de doelstellingen van het overwogen optreden niet voldoende door de lidstaten op centraal, regionaal of lokaal niveau kunnen worden verwezenlijkt, maar vanwege de omvang of de gevolgen van het overwogen optreden beter door de Unie kunnen worden bereikt.
De instellingen van de Unie passen het subsidiariteitsbeginsel toe overeenkomstig het Protocol betreffende de toepassing van de beginselen van subsidiariteit en evenredigheid. De nationale parlementen zien er volgens de in dat Protocol vastgelegde procedure op toe dat het subsidiariteitsbeginsel wordt geëerbiedigd.

4. Krachtens het evenredigheidsbeginsel gaan de inhoud en de vorm van het optreden van de Unie niet verder dan wat nodig is om de doelstellingen van de Verdragen te verwezenlijken.
De instellingen van de Unie passen het evenredigheidsbeginsel toe overeenkomstig het Protocol betreffende de toepassing van de beginselen van subsidiariteit en evenredigheid.

Bevoegdheidstoedeling Europese Unie

Art. 6

1. De Unie erkent de rechten, vrijheden en beginselen die zijn vastgesteld in het Handvest van de grondrechten van de Europese Unie van 7 december 2000, als aangepast op 12 december 2007 te Straatsburg, dat dezelfde juridische waarde als de Verdragen heeft.
De bepalingen van het Handvest houden geenszins een verruiming in van de bevoegdheden van de Unie zoals bepaald bij de Verdragen.
De rechten, vrijheden en beginselen van het Handvest worden uitgelegd overeenkomstig de algemene bepalingen van titel VII van het Handvest betreffende de uitlegging en toepassing ervan, waarbij de in het Handvest bedoelde toelichtingen, waarin de bronnen van deze bepalingen vermeld zijn, terdege in acht genomen worden.

2. De Unie treedt toe tot het Europees Verdrag tot bescherming van de rechten van de mens en de fundamentele vrijheden. Die toetreding wijzigt de bevoegdheden van de Unie, zoals bepaald in de Verdragen, niet.

3. De grondrechten, zoals zij worden gewaarborgd door het Europees Verdrag tot bescherming van de rechten van de mens en de fundamentele vrijheden en zoals zij voortvloeien uit de constitutionele tradities die de lidstaten gemeen hebben, maken als algemene beginselen deel uit van het recht van de Unie.

Handvest van de grondrechten binnen de Europese Unie

Art. 7

1. Op een met redenen omkleed voorstel van een derde van de lidstaten, het Europees Parlement of de Europese Commissie kan de Raad, na goedkeuring van het Europees Parlement, met een meerderheid van vier vijfden van zijn leden constateren dat er duidelijk gevaar bestaat voor een ernstige schending van de in artikel 2 bedoelde waarden door een lidstaat. Alvorens die constatering te doen, hoort de Raad de betrokken lidstaat en kan hij die lidstaat volgens dezelfde procedure aanbevelingen doen.
De Raad gaat regelmatig na of de redenen die tot zijn constatering hebben geleid nog bestaan.

2. De Europese Raad kan met eenparigheid van stemmen, op voorstel van een derde van de lidstaten of van de Europese Commissie, en na goedkeuring van het Europees Parlement, een ernstige en voortdurende schending van de in artikel 2 bedoelde waarden door een lidstaat constateren, na de lidstaat in kwestie om opmerkingen te hebben verzocht.

3. Wanneer de in lid 2 bedoelde constatering is gedaan, kan de Raad met gekwalificeerde meerderheid van stemmen besluiten tot schorsing van bepaalde rechten die uit de toepassing van de Verdragen op de lidstaat in kwestie voortvloeien, met inbegrip van de stemrechten van de vertegenwoordiger van de regering van die lidstaat in de Raad. De Raad houdt daarbij rekening met de mogelijke gevolgen van een dergelijke schorsing voor de rechten en verplichtingen van natuurlijke en rechtspersonen.
De verplichtingen van de lidstaat in kwestie uit hoofde van de Verdragen blijven in ieder geval verbindend voor die lidstaat.

4. De Raad kan naderhand met gekwalificeerde meerderheid van stemmen besluiten om krachtens lid 3 genomen maatregelen te wijzigen of in te trekken in verband met wijzigingen in de toestand die tot het opleggen van de maatregelen heeft geleid.

Constatering schending grondrechten binnen Europese Unie

A87 art. 8   Verdrag betreffende de Europese Unie

5. De stemprocedures die in het kader van dit artikel gelden voor het Europees Parlement, de Europese Raad en de Raad worden vastgesteld in artikel 354 van het Verdrag betreffende de werking van de Europese Unie.

Art. 8

Betrekkingen met naburige landen Europese Unie

1. De Unie ontwikkelt met de naburige landen bijzondere betrekkingen, die erop gericht zijn een ruimte van welvaart en goed nabuurschap tot stand te brengen welke stoelt op de waarden van de Unie en welke gekenmerkt wordt door nauwe en vreedzame betrekkingen die gebaseerd zijn op samenwerking.
2. Voor de toepassing van lid 1 kan de Unie met de betrokken landen specifieke overeenkomsten sluiten. Die overeenkomsten kunnen wederkerige rechten en verplichtingen omvatten en tevens voorzien in de mogelijkheid gemeenschappelijk op te treden. Over de uitvoering van de overeenkomsten wordt op gezette tijden overleg gepleegd.

TITEL II
BEPALINGEN INZAKE DE DEMOCRATISCHE BEGINSELEN

Art. 9

Gelijkheidsbeginsel Europese Unie

De Unie eerbiedigt in al haar activiteiten het beginsel van gelijkheid van haar burgers, die gelijke aandacht genieten van haar instellingen, organen en instanties. Burger van de Unie is eenieder die de nationaliteit van een lidstaat bezit. Het burgerschap van de Unie komt naast het nationale burgerschap en treedt niet in de plaats daarvan.

Art. 10

Representatieve democratie binnen Europese Unie

1. De werking van de Unie is gegrond op de representatieve democratie.
2. De burgers worden op het niveau van de Unie rechtstreeks vertegenwoordigd in het Europees Parlement.
De lidstaten worden in de Europese Raad vertegenwoordigd door hun staatshoofd of hun regeringsleider en in de Raad door hun regering, die zelf democratische verantwoording verschuldigd zijn aan hun nationale parlement of aan hun burgers.
3. Iedere burger heeft het recht aan het democratisch bestel van de Unie deel te nemen. De besluitvorming vindt plaats op een zo open mogelijke wijze, en zo dicht bij de burgers als mogelijk is.
4. De politieke partijen op Europees niveau dragen bij tot de vorming van een Europees politiek bewustzijn en tot de uiting van de wil van de burgers van de Unie.

Art. 11

Contact burgers en representatieve organisaties met Europese Unie

1. De instellingen bieden de burgers en de representatieve organisaties langs passende wegen de mogelijkheid hun mening over alle onderdelen van het optreden van de Unie kenbaar te maken en daarover in het openbaar in discussie te treden.
2. De instellingen voeren een open, transparante en regelmatige dialoog met representatieve organisaties en met het maatschappelijk middenveld.
3. Ter wille van de samenhang en de transparantie van het optreden van de Unie pleegt de Europese Commissie op ruime schaal overleg met de betrokken partijen.
4. Wanneer ten minste één miljoen burgers van de Unie, afkomstig uit een significant aantal lidstaten, van oordeel zijn dat inzake een aangelegenheid een rechtshandeling van de Unie nodig is ter uitvoering van de Verdragen, kunnen zij het initiatief nemen de Europese Commissie te verzoeken binnen het kader van de haar toegedeelde bevoegdheden een passend voorstel daartoe in te dienen.
De procedures en voorwaarden voor de indiening van een dergelijk initiatief worden vastgesteld overeenkomstig artikel 24, eerste alinea, van het Verdrag betreffende de werking van de Europese Unie.

Art. 12

Bijdrage nationale parlementen aan Europese Unie

De nationale parlementen dragen actief bij tot de goede werking van de Unie:
a. door zich door de instellingen van de Unie te laten informeren en door zich ontwerpen van wetgevingshandelingen van de Unie te laten toezenden, overeenkomstig het Protocol betreffende de rol van de nationale parlementen in de Europese Unie;
b. door erop toe te zien dat het beginsel van subsidiariteit wordt geëerbiedigd overeenkomstig de procedures bedoeld in het Protocol betreffende de toepassing van de beginselen van subsidiariteit en evenredigheid;
c. door, in het kader van de ruimte van vrijheid, veiligheid en recht, deel te nemen aan de mechanismen voor de evaluatie van de uitvoering van het beleid van de Unie in die ruimte, overeenkomstig artikel 70 van het Verdrag betreffende de werking van de Europese Unie, en door betrokken te worden bij het politieke toezicht op Europol en de evaluatie van de activiteiten van Eurojust, overeenkomstig de artikelen 88 en 85 van dat Verdrag;
d. door deel te nemen aan de procedures voor de herziening van de Verdragen, overeenkomstig artikel 48 van dit Verdrag;

e. door zich in kennis te laten stellen van verzoeken om toetreding tot de Unie, overeenkomstig artikel 49 van dit Verdrag;
f. door deel te nemen aan de interparlementaire samenwerking tussen de nationale parlementen en met het Europees Parlement, overeenkomstig het Protocol betreffende de rol van de nationale parlementen in de Europese Unie.

TITEL III
BEPALINGEN BETREFFENDE DE INSTELLINGEN

Art. 13
1. De Unie beschikt over een institutioneel kader, dat ertoe strekt haar waarden uit te dragen, haar doelstellingen na te streven, haar belangen en de belangen van haar burgers en van de lidstaten te dienen, en de samenhang, de doeltreffendheid en de continuïteit van haar beleid en haar optreden te verzekeren.

Instellingen Europese Unie

De instellingen van de Unie zijn:
- het Europees Parlement,
- de Europese Raad,
- de Raad,
- de Europese Commissie, (hierna te noemen „de Commissie"),
- het Hof van Justitie van de Europese Unie,
- de Europese Centrale Bank
- de Rekenkamer

2. Iedere instelling handelt binnen de grenzen van de bevoegdheden die haar in de Verdragen zijn toegedeeld en volgens de daarin bepaalde procedures, voorwaarden en doelstellingen. De instellingen werken loyaal samen.
3. De bepalingen inzake de Europese Centrale Bank en de Rekenkamer alsmede nadere bepalingen inzake de andere instellingen staan in het Verdrag betreffende de werking van de Europese Unie.
4. Het Europees Parlement, de Raad en de Commissie worden bijgestaan door een Economisch en Sociaal Comité en een Comité van de Regio's, die een adviserende taak hebben.

Art. 14
1. Het Europees Parlement oefent samen met de Raad de wetgevingstaak en de begrotingstaak uit. Het oefent onder de bij de Verdragen bepaalde voorwaarden politieke controle en adviserende taken uit. Het kiest de voorzitter van de Commissie.

Europees Parlement

2. Het Europees Parlement bestaat uit vertegenwoordigers van de burgers van de Unie. Hun aantal bedraagt niet meer dan zevenhonderdvijftig, plus de voorzitter. De burgers zijn degressief evenredig vertegenwoordigd, met een minimum van zes leden per lidstaat. Geen enkele lidstaat krijgt meer dan zesennegentig zetels toegewezen.
De Europese Raad stelt met eenparigheid van stemmen op initiatief van en na goedkeuring door het Europees Parlement een besluit inzake de samenstelling van het Europees Parlement vast, met inachtneming van de in de eerste alinea genoemde beginselen.
3. De leden van het Europees Parlement worden door middel van rechtstreekse, vrije en geheime algemene verkiezingen voor een periode van vijf jaar gekozen.
4. Het Europees Parlement kiest uit zijn leden de voorzitter en het bureau.

Art. 15
1. De Europese Raad geeft de nodige impulsen voor de ontwikkeling van de Unie en bepaalt de algemene politieke beleidslijnen en prioriteiten. Hij oefent geen wetgevingstaak uit.

Europese Raad

2. De Europese Raad bestaat uit de staatshoofden en regeringsleiders van de lidstaten, zijn voorzitter en de voorzitter van de Commissie. De hoge vertegenwoordiger van de Unie voor buitenlandse zaken en veiligheidsbeleid neemt deel aan de werkzaamheden van de Europese Raad.
3. De Europese Raad wordt twee keer per half jaar door zijn voorzitter in vergadering bijeengeroepen. Indien de agenda zulks vereist, kunnen de leden van de Europese Raad besluiten zich elk te laten bijstaan door een minister en, wat de voorzitter van de Commissie betreft, door een lid van de Commissie. Indien de situatie zulks vereist, roept de voorzitter een buitengewone bijeenkomst van de Europese Raad bijeen.
4. Tenzij in de Verdragen anders is bepaald, spreekt de Europese Raad zich bij consensus uit.
5. De Europese Raad kiest zijn voorzitter met gekwalificeerde meerderheid van stemmen voor een periode van tweeënhalf jaar. De voorzitter is eenmaal herkiesbaar. Indien de voorzitter verhinderd is of op ernstige wijze tekortschiet, kan de Europese Raad volgens dezelfde procedure zijn mandaat beëindigen.
6. De voorzitter van de Europese Raad:
a. leidt en stimuleert de werkzaamheden van de Europese Raad;

b. zorgt, in samenwerking met de voorzitter van de Commissie en op basis van de werkzaamheden van de Raad Algemene Zaken, voor de voorbereiding en de continuïteit van de werkzaamheden van de Europese Raad;
c. bevordert de samenhang en de consensus binnen de Europese Raad;
d. legt na afloop van iedere bijeenkomst van de Europese Raad een verslag voor aan het Europees Parlement.

De voorzitter van de Europese Raad zorgt op zijn niveau en in zijn hoedanigheid voor de externe vertegenwoordiging van de Unie in aangelegenheden die onder het gemeenschappelijk buitenlands en veiligheidsbeleid vallen, onverminderd de aan de hoge vertegenwoordiger van de Unie voor buitenlandse zaken en veiligheidsbeleid toegedeelde bevoegdheden.

De voorzitter van de Europese Raad kan geen nationaal mandaat uitoefenen.

Art. 16

Wetgevings- en begrotingstaken binnen Europese Unie

1. De Raad oefent samen met het Europees Parlement de wetgevingstaak en de begrotingstaak uit. Hij oefent onder de bij de Verdragen bepaalde voorwaarden beleidsbepalende en coördinerende taken uit.
2. De Raad bestaat uit een vertegenwoordiger van iedere lidstaat op ministerieel niveau, die gemachtigd is om de regering van de lidstaat die hij vertegenwoordigt, te binden en om het stemrecht uit te oefenen.
3. Tenzij in de Verdragen anders is bepaald, besluit de Raad met gekwalificeerde meerderheid van stemmen.
4. Met ingang van 1 november 2014 wordt onder gekwalificeerde meerderheid van stemmen verstaan ten minste 55% van de leden van de Raad die ten minste vijftien in aantal zijn en lidstaten vertegenwoordigen waarvan de bevolking ten minste 65% uitmaakt van de bevolking van de Unie.
Een blokkerende minderheid moet ten minste uit vier leden van de Raad bestaan; in het andere geval wordt de gekwalificeerde meerderheid van stemmen geacht te zijn verkregen.
De overige bepalingen inzake de besluitvorming met gekwalificeerde meerderheid worden vastgesteld in artikel 238, lid 2, van het Verdrag betreffende de werking van de Europese Unie.
5. De overgangsbepalingen inzake de omschrijving van de gekwalificeerde meerderheid die tot en met 31 oktober 2014, respectievelijk tussen 1 november 2014 en 31 maart 2017 van toepassing zijn, worden vastgesteld in het Protocol betreffende de overgangsbepalingen.
6. De Raad komt in verschillende formaties bijeen; de lijst ervan wordt vastgesteld overeenkomstig artikel 236 van het Verdrag betreffende de werking van de Europese Unie.
De Raad Algemene Zaken zorgt voor de samenhang van de werkzaamheden van de verschillende Raadsformaties. De Raad Algemene Zaken bereidt de bijeenkomsten van de Europese Raad voor en volgt ze op, in samenspraak met de voorzitter van de Europese Raad en de Commissie.
De Raad Buitenlandse Zaken werkt het externe optreden van de Unie uit volgens de door de Europese Raad vastgestelde strategische lijnen en zorgt voor de samenhang in het optreden van de Unie.
7. Een Comité van permanente vertegenwoordigers van de regeringen der lidstaten is belast met de voorbereiding van de werkzaamheden van de Raad.
8. De Raad beraadslaagt en stemt in openbare zitting over een ontwerp van wetgevingshandeling. Daartoe wordt iedere Raadszitting gesplitst in twee delen, die respectievelijk gewijd worden aan beraadslagingen over de wetgevingshandelingen van de Unie en aan niet-wetgevingswerkzaamheden.
9. Het voorzitterschap van de andere Raadsformaties dan de formatie Buitenlandse Zaken wordt volgens een toerbeurtsysteem op basis van gelijkheid uitgeoefend door de vertegenwoordigers van de lidstaten in de Raad, onder de overeenkomstig artikel 236 van het Verdrag betreffende de werking van de Europese Unie vastgestelde voorwaarden.

Art. 17

Europese Commissie

1. De Commissie bevordert het algemeen belang van de Unie en neemt daartoe passende initiatieven. Zij ziet toe op de toepassing van zowel de Verdragen als de maatregelen die de instellingen krachtens deze Verdragen vaststellen. Onder de controle van het Hof van Justitie van de Europese Unie ziet zij toe op de toepassing van het recht van de Unie. Zij voert de begroting uit en beheert de programma's. Zij oefent onder de bij de Verdragen bepaalde voorwaarden coördinerende, uitvoerende en beheerstaken uit. Zij zorgt voor de externe vertegenwoordiging van de Unie, behalve wat betreft het gemeenschappelijk buitenlands en veiligheidsbeleid en de andere bij de Verdragen bepaalde gevallen. Zij neemt de initiatieven tot de jaarlijkse en meerjarige programmering van de Unie om interinstitutionele akkoorden tot stand te brengen.
2. Tenzij in de Verdragen anders is bepaald, kunnen wetgevingshandelingen van de Unie alleen op voorstel van de Commissie worden vastgesteld. Andere handelingen worden op voorstel van de Commissie vastgesteld in de gevallen waarin de Verdragen daarin voorzien.
3. De ambtstermijn van de Commissie bedraagt vijf jaar.
De leden van de Commissie worden op grond van hun algemene bekwaamheid en Europese inzet gekozen uit personen die alle waarborgen voor onafhankelijkheid bieden.

De Commissie oefent haar verantwoordelijkheden volkomen onafhankelijk uit. Onverminderd artikel 18, lid 2, vragen noch aanvaarden de leden van de Commissie instructies van enige regering, instelling, orgaan of instantie. Zij onthouden zich van iedere handeling die onverenigbaar is met het karakter van hun ambt of met de uitvoering van hun taak.

4. De Commissie die benoemd is voor de periode tussen de datum van inwerkingtreding van het Verdrag van Lissabon en 31 oktober 2014, bestaat uit één onderdaan van iedere lidstaat, met inbegrip van de voorzitter van de Commissie en van de hoge vertegenwoordiger van de Unie voor buitenlandse zaken en veiligheidsbeleid, die een van de vice-voorzitters van de Commissie is.

5. Vanaf 1 november 2014 bestaat de Commissie uit een aantal leden, met inbegrip van de voorzitter van de Commissie en van de hoge vertegenwoordiger van de Unie voor buitenlandse zaken en veiligheidsbeleid, dat overeenstemt met twee derde van het aantal lidstaten, tenzij de Europese Raad met eenparigheid van stemmen besluit dit aantal te wijzigen.

De leden van de Commissie worden gekozen uit de onderdanen van de lidstaten volgens een toerbeurtsysteem op basis van strikte gelijkheid tussen de lidstaten dat toelaat de demografische en geografische verscheidenheid van de lidstaten te weerspiegelen. Dit systeem wordt door de Europese Raad met eenparigheid van stemmen vastgesteld overeenkomstig artikel 244 van het Verdrag betreffende de werking van de Europese Unie.

6. De voorzitter van de Commissie:
a. stelt de richtsnoeren vast met inachtneming waarvan de Commissie haar taak vervult;
b. beslist over de interne organisatie van de Commissie en waarborgt zodoende de samenhang, de doeltreffendheid en het collegiale karakter van haar optreden;
c. benoemt andere vice-voorzitters dan de hoge vertegenwoordiger van de Unie voor buitenlandse zaken en veiligheidsbeleid, uit de leden van de Commissie.

Een lid van de Commissie neemt ontslag indien de voorzitter hem daarom verzoekt. De hoge vertegenwoordiger van de Unie voor buitenlandse zaken en veiligheidsbeleid neemt ontslag overeenkomstig de procedure van artikel 18, lid 1, indien de voorzitter hem daarom verzoekt.

7. Rekening houdend met de verkiezingen voor het Europees Parlement en na passende raadplegingen, draagt de Europese Raad met gekwalificeerde meerderheid van stemmen bij het Europees Parlement een kandidaat voor het ambt van voorzitter van de Commissie voor. Deze kandidaat wordt door het Parlement bij meerderheid van zijn leden gekozen. Indien de kandidaat bij de stemming geen meerderheid behaalt, draagt de Europese Raad met gekwalificeerde meerderheid van stemmen binnen een maand een nieuwe kandidaat voor, die volgens dezelfde procedure door het Parlement wordt gekozen.

De Raad stelt in onderlinge overeenstemming met de verkozen voorzitter de lijst vast van de overige personen die hij voorstelt tot lid van de Commissie te benoemen. Zij worden gekozen op basis van de voordrachten van de lidstaten, overeenkomstig de in lid 3, tweede alinea en lid 5, tweede alinea, bepaalde criteria.

De voorzitter, de hoge vertegenwoordiger van de Unie voor buitenlandse zaken en veiligheidsbeleid en de overige leden van de Commissie worden als college ter goedkeuring onderworpen aan een stemming van het Europees Parlement. Op basis van deze goedkeuring wordt de Commissie door de Europese Raad met gekwalificeerde meerderheid van stemmen benoemd.

8. De Commissie legt als college verantwoording af aan het Europees Parlement. Het Europees Parlement kan overeenkomstig artikel 234 van het Verdrag betreffende de werking van de Europese Unie een motie van afkeuring tegen de Commissie aannemen. Indien een dergelijke motie wordt aangenomen, moeten de leden van de Commissie collectief ontslag nemen en moet ook de hoge vertegenwoordiger van de Unie voor buitenlandse zaken en veiligheidsbeleid zijn functie in de Commissie neerleggen.

Art. 18

1. De Europese Raad benoemt met instemming van de voorzitter van de Commissie met gekwalificeerde meerderheid van stemmen de hoge vertegenwoordiger van de Unie voor buitenlandse zaken en veiligheidsbeleid. De Europese Raad kan zijn mandaat volgens dezelfde procedure beëindigen.

2. De hoge vertegenwoordiger voert het gemeenschappelijk buitenlands en veiligheidsbeleid van de Unie. Hij draagt met zijn voorstellen bij tot de uitwerking van dit beleid, dat hij als mandataris van de Raad ten uitvoer brengt. Hij handelt op dezelfde wijze ten aanzien van het gemeenschappelijk veiligheids-en defensiebeleid.

3. De hoge vertegenwoordiger zit de Raad Buitenlandse Zaken voor.

4. De hoge vertegenwoordiger is een van de vice-voorzitters van de Commissie. Hij ziet toe op de samenhang van het externe optreden van de Unie. In de Commissie is hij belast met de taken van de Commissie op het gebied van de externe betrekkingen en met de coördinatie van de overige aspecten van het externe optreden van de Unie. Bij de uitoefening van deze taken in de Commissie, en alleen binnen het bestek daarvan, is de hoge vertegenwoordiger onderworpen aan de procedures voor de werking van de Commissie, voor zover dit verenigbaar is met de leden 2 en 3.

Hoge vertegenwoordiger van Europese Unie

A87 art. 19

Verdrag betreffende de Europese Unie

Art. 19

Hof van Justitie

1. Het Hof van Justitie van de Europese Unie omvat het Hof van Justitie, het Gerecht en gespecialiseerde rechtbanken. Het verzekert de eerbiediging van het recht bij de uitlegging en toepassing van de Verdragen.
De lidstaten voorzien in de nodige rechtsmiddelen om daadwerkelijke rechtsbescherming op de onder het recht van de Unie vallende gebieden te verzekeren.
2. Het Hof van Justitie bestaat uit één rechter per lidstaat. Het wordt bijgestaan door advocaten-generaal.
Het Gerecht telt ten minste één rechter per lidstaat.
De rechters en de advocaten-generaal van het Hof van Justitie en de rechters van het Gerecht worden gekozen uit personen die alle waarborgen voor onafhankelijkheid bieden en voldoen aan de voorwaarden bedoeld in de artikelen 253 en 254 van het Verdrag betreffende de werking van de Europese Unie. Zij worden in onderlinge overeenstemming door de regeringen van de lidstaten voor zes jaar benoemd. De aftredende rechters en advocaten-generaal zijn herbenoembaar.
3. Het Hof van Justitie van de Europese Unie doet uitspraak overeenkomstig de Verdragen:
  a. inzake door een lidstaat, een instelling of een natuurlijke of rechtspersoon ingesteld beroep;
  b. op verzoek van de nationale rechterlijke instanties bij wijze van prejudiciële beslissing over de uitlegging van het recht van de Unie en over de geldigheid van de door de instellingen vastgestelde handelingen;
  c. in de overige bij de Verdragen bepaalde gevallen.

TITEL IV
BEPALINGEN INZAKE DE NAUWERE SAMENWERKING

Art. 20

Nauwere samenwerking lidstaten Europese Unie

1. De lidstaten die onderling een nauwere samenwerking wensen aan te gaan in het kader van de niet-exclusieve bevoegdheden van de Unie, kunnen gebruik maken van de instellingen van de Unie en die bevoegdheden uitoefenen op grond van de ter zake geldende bepalingen van de Verdragen, binnen de grenzen van en overeenkomstig het bepaalde in dit artikel en in de artikelen 326 tot en met 334 van het Verdrag betreffende de werking van de Europese Unie.
Met nauwere samenwerking wordt beoogd de verwezenlijking van de doelstellingen van de Unie te bevorderen, haar belangen te beschermen en haar integratieproces te versterken. Nauwere samenwerking staat te allen tijde open voor alle lidstaten, overeenkomstig artikel 328 van het Verdrag betreffende de werking van de Europese Unie.
2. Het besluit houdende machtiging om nauwere samenwerking aan te gaan wordt in laatste instantie vastgesteld door de Raad, wanneer deze constateert dat de met de nauwere samenwerking nagestreefde doelstellingen niet binnen een redelijke termijn door de Unie in haar geheel kunnen worden verwezenlijkt en mits ten minste negen lidstaten aan de nauwere samenwerking deelnemen. De Raad besluit overeenkomstig de in artikel 329 van het Verdrag betreffende de werking van de Europese Unie bepaalde procedure.
3. Alle leden van de Raad kunnen deelnemen aan de beraadslagingen van de Raad, maar alleen de leden van de Raad die de aan een nauwere samenwerking deelnemende lidstaten vertegenwoordigen, nemen deel aan de stemming. De stemprocedure wordt vastgesteld in artikel 330 van het Verdrag betreffende de werking van de Europese Unie.
4. De in het kader van een nauwere samenwerking vastgestelde handelingen zijn alleen verbindend voor de lidstaten die aan de nauwere samenwerking deelnemen. Zij worden niet beschouwd als een acquis dat door de kandidaatlidstaten van de Unie moet worden aanvaard.

TITEL V
ALGEMENE BEPALINGEN INZAKE HET EXTERN OPTREDEN VAN DE UNIE EN SPECIFIEKE BEPALINGEN BETREFFENDE HET GEMEENSCHAPPELIJK BUITENLANDS EN VEILIGHEIDSBELEID

HOOFDSTUK 1
ALGEMENE BEPALINGEN BETREFFENDE HET EXTERN OPTREDEN VAN DE UNIE

Art. 21

Extern optreden Europese Unie

1. Het internationaal optreden van de Unie berust en is gericht op de wereldwijde verspreiding van de beginselen die aan de oprichting, de ontwikkeling en de uitbreiding van de Unie ten grondslag liggen: de democratie, de rechtsstaat, de universaliteit en de ondeelbaarheid van de mensenrechten en de fundamentele vrijheden, de eerbiediging van de menselijke waardigheid, de beginselen van gelijkheid en solidariteit en de naleving van de beginselen van het Handvest van de Verenigde Naties en het internationaal recht.

De Unie streeft ernaar betrekkingen te ontwikkelen en partnerschappen aan te gaan met derde landen en met de mondiale, internationale en regionale organisaties die de in de eerste alinea bedoelde beginselen delen. Zij bevordert multilaterale oplossingen voor gemeenschappelijke problemen, met name in het kader van de Verenigde Naties.

2. De Unie bepaalt en voert een gemeenschappelijk beleid en optreden en beijvert zich voor een hoge mate van samenwerking op alle gebieden van de internationale betrekkingen, met de volgende doelstellingen:

a. bescherming van haar waarden, fundamentele belangen, veiligheid, onafhankelijkheid en integriteit;

b. consolidering en ondersteuning van de democratie, de rechtsstaat, de mensenrechten en de beginselen van het internationaal recht;

c. handhaving van de vrede, voorkoming van conflicten en versterking van de internationale veiligheid, overeenkomstig de doelstellingen en de beginselen van het Handvest van de Verenigde Naties, de beginselen van de Slotakte van Helsinki en de doelstellingen van het Handvest van Parijs, met inbegrip van de doelstellingen betreffende de buitengrenzen;

d. ondersteuning van de duurzame ontwikkeling van de ontwikkelingslanden op economisch, sociaal en milieugebied, met uitbanning van de armoede als voornaamste doel;

e. stimulering van de integratie van alle landen in de wereldeconomie, onder meer door het geleidelijk wegwerken van belemmeringen voor de internationale handel;

f. het leveren van een bijdrage tot het uitwerken van internationale maatregelen ter bescherming en verbetering van de kwaliteit van het milieu en het duurzaam beheer van de mondiale natuurlijke rijkdommen, teneinde duurzame ontwikkeling te waarborgen;

g. het verlenen van hulp aan volkeren, landen en regio's die te kampen hebben met natuurrampen of door de mens veroorzaakte rampen; en

h. het bevorderen van een internationaal bestel dat gebaseerd is op intensievere multilaterale samenwerking, en van goed mondiaal bestuur.

3. De Unie eerbiedigt de in de leden 1 en 2 bedoelde beginselen en streeft de in deze leden genoemde doelstellingen na bij de bepaling en de uitvoering van het haar externe optreden op de verschillende door deze titel en het vijfde deel van het Verdrag betreffende de werking van de Europese Unie bestreken gebieden, alsmede van het overige beleid van de Unie wat de externe aspecten betreft.

De Unie ziet toe op de samenhang tussen de diverse onderdelen van haar externe optreden en tussen het externe optreden en het beleid van de Unie op andere terreinen. De Raad en de Commissie, hierin bijgestaan door de hoge vertegenwoordiger van de Unie voor buitenlandse zaken en veiligheidsbeleid, dragen zorg voor deze samenhang en werken daartoe samen.

Art. 22

1. De Europese Raad stelt op basis van de in artikel 21 vermelde beginselen en doelstellingen de strategische belangen en doelstellingen van de Unie vast.

De besluiten van de Europese Raad inzake de strategische belangen en doelstellingen van de Unie hebben betrekking op het gemeenschappelijk buitenlands en veiligheidsbeleid en op andere onderdelen van het externe optreden van de Unie. Deze besluiten kunnen de betrekkingen van de Unie met een land of een regio betreffen, of een thematische aanpak hebben. In de besluiten worden de geldigheidsduur ervan bepaald, alsmede de middelen die door de Unie en de lidstaten beschikbaar worden gesteld.

De Europese Raad besluit met eenparigheid van stemmen op aanbeveling van de Raad, welke aanbeveling door de Raad wordt vastgesteld volgens het voor elk gebied bepaalde. De besluiten van de Europese Raad worden uitgevoerd volgens de in de Verdragen neergelegde procedures.

2. De hoge vertegenwoordiger van de Unie voor buitenlandse zaken en veiligheidsbeleid, en de Commissie, kunnen gezamenlijk voorstellen bij de Raad indienen, in verband met het gemeenschappelijk buitenlands en veiligheidsbeleid respectievelijk het overige externe optreden van de Unie.

Internationale strategische belangen en doelstellingen Europese Unie

HOOFDSTUK 2
SPECIFIEKE BEPALINGEN BETREFFENDE HET GEMEENSCHAPPELIJK BUITENLANDS EN VEILIGHEIDSBELEID

AFDELING 1
GEMEENSCHAPPELIJKE BEPALINGEN

Art. 23

Het internationaal optreden van de Unie berust, voor de toepassing van dit hoofdstuk, op de beginselen, is gericht op de doelstellingen, en wordt uitgevoerd overeenkomstig de algemene bepalingen van hoofdstuk 1.

Beginselen Europese Unie in internationaal optreden

A87 art. 24 — Verdrag betreffende de Europese Unie

Art. 24

Bevoegdheid Europese Unie gemeenschappelijk buitenlands en veiligheidsbeleid

1. De bevoegdheid van de Unie met betrekking tot het gemeenschappelijk buitenlands en veiligheidsbeleid bestrijkt alle gebieden van het buitenlands beleid en alle vraagstukken die verband houden met de veiligheid van de Unie, met inbegrip van de geleidelijke bepaling van een gemeenschappelijk defensiebeleid dat kan leiden tot een gemeenschappelijke defensie.
Het gemeenschappelijk buitenlands en veiligheidsbeleid is aan specifieke regels en procedures onderworpen. Het wordt bepaald en uitgevoerd door de Europese Raad en door de Raad, die besluiten met eenparigheid van stemmen, tenzij in de Verdragen anders wordt bepaald. Wetgevingshandelingen kunnen niet worden vastgesteld. Aan het gemeenschappelijk buitenlands en veiligheidsbeleid wordt uitvoering gegeven door de hoge vertegenwoordiger van de Unie voor buitenlandse zaken en veiligheidsbeleid en door de lidstaten, overeenkomstig de Verdragen. De specifieke rol van het Europees Parlement en van de Commissie op dit gebied wordt bepaald in de Verdragen. Het Hof van Justitie van de Europese Unie is niet bevoegd ten aanzien van deze bepalingen, met uitzondering van zijn bevoegdheid toezicht te houden op de naleving van artikel 40 van dit Verdrag en de wettigheid van bepaalde besluiten na te gaan, als bepaald in artikel 275, tweede alinea, van het Verdrag betreffende de werking van de Europese Unie.
2. In het kader van de beginselen en de doelstellingen van haar extern optreden, bepaalt en voert de Europese Unie een gemeenschappelijk buitenlands en veiligheidsbeleid dat berust op de ontwikkeling van de wederzijdse politieke solidariteit van de lidstaten, de bepaling van de aangelegenheden van algemeen belang en de totstandbrenging van een steeds toenemende convergentie van het optreden van de lidstaten.
3. De lidstaten geven in een geest van loyaliteit en wederzijdse solidariteit hun actieve en onvoorwaardelijke steun aan het buitenlands en veiligheidsbeleid van de Unie en eerbiedigen het optreden van de Unie op dat gebied.
De lidstaten werken samen om hun wederzijdse politieke solidariteit te versterken en tot ontwikkeling te brengen. Zij onthouden zich van ieder optreden dat in strijd is met de belangen van de Unie of dat afbreuk zou kunnen doen aan de doeltreffendheid ervan als bundelende kracht in de internationale betrekkingen.
De Raad en de hoge vertegenwoordiger zien toe op de inachtneming van deze beginselen.

Art. 25

Uitvoering gemeenschappelijk buitenlands en veiligheidsbeleid door Europese Unie

De Unie voert het gemeenschappelijk buitenlands en veiligheidsbeleid uit door:
a. de algemene richtsnoeren vast te stellen;
b. besluiten vast te stellen ter bepaling van:
 i. het door de Unie uit te voeren optreden;
 ii. de door de Unie in te nemen standpunten;
 iii. de wijze van uitvoering van de onder de punten i en ii bedoelde besluiten;
en
c. de systematische samenwerking tussen de lidstaten met betrekking tot de beleidsvoering te versterken.

Art. 26

Bevoegdheden Europese Raad gemeenschappelijk buitenlands en veiligheidsbeleid

1. De Europese Raad bepaalt wat de strategische belangen van de Unie zijn en stelt de doelstellingen en algemene richtsnoeren van het gemeenschappelijk buitenlands en veiligheidsbeleid vast, onder meer voor aangelegenheden met gevolgen op defensiegebied. Hij neemt de nodige besluiten.
Indien een internationale ontwikkeling dit vereist, wordt de Europese Raad door zijn voorzitter in buitengewone bijeenkomst bijeengeroepen, teneinde de strategische beleidslijnen van de Unie ten aanzien van deze ontwikkeling vast te stellen.
2. Op basis van de algemene richtsnoeren en strategische beleidslijnen van de Europese Raad, werkt de Raad het gemeenschappelijk buitenlands en veiligheidsbeleid uit en neemt hij de nodige besluiten voor het bepalen en uitvoeren van dat beleid.
De Raad en de hoge vertegenwoordiger van de Unie voor buitenlandse zaken en veiligheidsbeleid zien toe op de eenheid, de samenhang en de doeltreffendheid van het optreden van de Unie.
3. Het gemeenschappelijk buitenlands en veiligheidsbeleid wordt uitgevoerd door de hoge vertegenwoordiger en de lidstaten, die daartoe gebruik maken van de nationale middelen en die van de Unie.

Art. 27

Taak hoge vertegenwoordiger gemeenschappelijk buitenlands en veiligheidsbeleid

1. De hoge vertegenwoordiger van de Unie voor buitenlandse zaken en veiligheidsbeleid, die de Raad Buitenlandse Zaken voorzit, draagt door middel van zijn voorstellen bij tot de uitwerking van het gemeenschappelijk buitenlands en veiligheidsbeleid en waarborgt de uitvoering van de besluiten van de Europese Raad en van de Raad.
2. De hoge vertegenwoordiger vertegenwoordigt de Unie in aangelegenheden die onder het gemeenschappelijk buitenlands en veiligheidsbeleid vallen. Hij voert namens de Unie de politieke dialoog met derden en verwoordt in internationale organisaties en op internationale conferenties het standpunt van de Unie.

3. Bij de vervulling van zijn ambt wordt de hoge vertegenwoordiger bijgestaan door een Europese dienst voor extern optreden. Deze dienst werkt samen met de diplomatieke diensten van de lidstaten en is samengesteld uit ambtenaren uit de bevoegde diensten van het secretariaat-generaal van de Raad, van de Commissie en uit door de nationale diplomatieke diensten gedetacheerde personeelsleden. De inrichting en de werking van de Europese dienst voor extern optreden worden vastgesteld bij een besluit van de Raad. De Raad besluit op voorstel van de hoge vertegenwoordiger, na raadpleging van het Europees Parlement en na de instemming van de Commissie.

Art. 28
1. Wanneer een internationale situatie een operationeel optreden van de Unie vereist, neemt de Raad de nodige besluiten.
Indien zich een verandering van omstandigheden voordoet met een duidelijke invloed op een vraagstuk dat het voorwerp is van een dergelijk besluit, beziet de Raad de beginselen en de doelstellingen van dat besluit opnieuw en neemt hij de noodzakelijke besluiten.
2. Een in lid 1 bedoeld besluit bindt de lidstaten bij het innemen van standpunten en bij hun verdere optreden.
3. Telkens wanneer op grond van een besluit in de zin van lid 1 een nationale standpuntbepaling of een nationaal optreden wordt overwogen, wordt daarvan door de betrokken lidstaat op een zodanig tijdstip kennis gegeven dat zo nodig voorafgaand overleg binnen de Raad mogelijk is. De verplichting tot voorafgaande kennisgeving geldt niet voor maatregelen die slechts de nationale omzetting van de besluiten van de Raad vormen.
4. In geval van dwingende noodzaak voortvloeiend uit veranderingen in de situatie en bij gebreke van een herziening, als bedoeld in lid 1, van het besluit van de Raad, kunnen de lidstaten met spoed de noodzakelijke maatregelen nemen, rekening houdend met de algemene doelstellingen van dat besluit. De betrokken lidstaat stelt de Raad onverwijld van iedere zodanige maatregel in kennis.
5. In geval van ernstige moeilijkheden bij de uitvoering van een in dit artikel bedoeld besluit, legt een lidstaat deze voor aan de Raad, die daarover beraadslaagt en passende oplossingen zoekt. Deze mogen niet in strijd zijn met de doelstellingen van het in lid 1 bedoelde besluit noch afbreuk doen aan de doeltreffendheid ervan.

Operationeel optreden gemeenschappelijk buitenlands en veiligheidsbeleid Europese Unie

Art. 29
De Raad stelt besluiten vast waarin de aanpak van de Unie bepaald ten aanzien van een bepaalde aangelegenheid van geografische of thematische aard. De lidstaten dragen er zorg voor dat hun nationaal beleid met de standpunten van de Unie overeenstemt.

Aangelegenheden van geografische of thematische aard in internationaal beleid Europese Unie

Art. 30
1. Iedere lidstaat, de hoge vertegenwoordiger van de Unie voor buitenlandse zaken en veiligheidsbeleid, of de hoge vertegenwoordiger met steun van de Commissie, kan ieder vraagstuk in verband met het gemeenschappelijk buitenlands en veiligheidsbeleid aan de Raad voorleggen en bij de Raad initiatieven voorleggen respectievelijk voorstellen indienen.
2. In gevallen waarin snelle besluitvorming is vereist, roept de hoge vertegenwoordiger, hetzij eigener beweging, hetzij op verzoek van een lidstaat binnen achtenveertig uur of, in geval van absolute noodzaak, op kortere termijn een buitengewone zitting van de Raad bijeen.

Voorleggen vraagstuk over gemeenschappelijk buitenlands en veiligheidsbeleid Europese Unie

Snelle besluitvorming gemeenschappelijk buitenlands en veiligheidsbeleid Europese Unie

Art. 31
1. In het kader van dit hoofdstuk worden besluiten door de Europese Raad en de Raad met eenparigheid van stemmen genomen, tenzij in dit hoofdstuk anders is bepaald. Wetgevingshandelingen kunnen niet worden vastgesteld.
Ingeval een lid van de Raad zich van stemming onthoudt, kan dit lid zijn onthouding toelichten door op grond van onderhavige alinea een formele verklaring te leggen. In dat geval is het lid niet verplicht het besluit toe te passen, doch aanvaardt het wel dat het besluit de Unie bindt. In een geest van wederzijdse solidariteit onthoudt de betrokken lidstaat zich van ieder optreden dat het optreden van de Unie krachtens genoemd besluit zou kunnen doorkruisen of belemmeren, en eerbiedigen de andere lidstaten dit standpunt. Indien de leden van de Raad die hun onthouding op deze wijze toelichten, ten minste een derde van de lidstaten vertegenwoordigen en de totale bevolking van de door hen vertegenwoordigde lidstaten ten minste een derde van de totale bevolking van de Unie uitmaakt, wordt het besluit niet vastgesteld.
2. In afwijking van lid 1 besluit de Raad met gekwalificeerde meerderheid van stemmen:
- wanneer hij een besluit vaststelt dat een optreden of een standpunt van de Unie bepaalt op grond van een besluit van de Europese Raad met betrekking tot de strategische belangen en doelstellingen van de Unie in de zin van artikel 22, lid 1;
- wanneer hij een besluit vaststelt dat een optreden of een standpunt van de Unie bepaalt, op voorstel van de hoge vertegenwoordiger van de Unie voor buitenlandse zaken en veiligheidsbeleid, dat wordt voorgelegd naar aanleiding van een specifiek verzoek dat de Europese Raad op eigen initiatief of op initiatief van de hoge vertegenwoordiger tot hem heeft gericht;

Eenparigheid van stemmen bij gemeenschappelijk buitenlands en veiligheidsbeleid Europese Unie

Meerderheid van stemmen bij gemeenschappelijk buitenlands en veiligheidsbeleid Europese Unie

– bij de aanneming van een besluit waarmee uitvoering wordt gegeven aan een besluit dat een optreden of een standpunt van de Unie bepaalt;
– bij de benoeming van een speciale vertegenwoordiger overeenkomstig artikel 33.

Indien een lid van de Raad verklaart om vitale, nader genoemde, redenen van nationaal beleid voornemens te zijn zich te verzetten tegen de aanneming van een besluit dat met gekwalificeerde meerderheid van stemmen moet worden aangenomen, wordt niet tot stemming overgegaan. De hoge vertegenwoordiger tracht in nauw overleg met de betrokken lidstaat een aanvaardbare oplossing te bereiken. Indien dit niet tot resultaat leidt, kan de Raad met gekwalificeerde meerderheid van stemmen verlangen dat de aangelegenheid wordt voorgelegd aan de Europese Raad, die met eenparigheid van stemmen een besluit vaststelt.

3. De Europese Raad kan met eenparigheid van stemmen bij besluit bepalen dat de Raad in andere dan de in lid 2 genoemde gevallen met gekwalificeerde meerderheid van stemmen besluit.

4. De leden 2 en 3 zijn niet van toepassing op besluiten die gevolgen hebben op militair of defensiegebied.

5. Voor procedurekwesties neemt de Raad zijn besluiten met volstrekte meerderheid van stemmen van zijn leden.

Art. 32

Onderling overleg lidstaten over gemeenschappelijk buitenlands en veiligheidsbeleid Europese Unie

Tussen de lidstaten vindt onderling overleg plaats in de Europese Raad en in de Raad over elke aangelegenheid van algemeen belang op het gebied van het buitenlands en veiligheidsbeleid, teneinde een gemeenschappelijke aanpak te bepalen. Iedere lidstaat overlegt met de andere lidstaten in de Europese Raad of in de Raad alvorens internationaal op te treden of verbintenissen aan te gaan die gevolgen kunnen hebben voor de belangen van de Unie. De lidstaten dragen er door onderlinge afstemming van hun optreden zorg voor dat de Unie haar belangen en haar waarden op het internationale toneel kan doen gelden. De lidstaten zijn onderling solidair.

Wanneer de Europese Raad of de Raad een gemeenschappelijke aanpak van de Unie in de zin van de eerste alinea heeft bepaald, coördineren de hoge vertegenwoordiger van de Unie voor buitenlandse zaken en veiligheidsbeleid en de ministers van Buitenlandse Zaken van de lidstaten hun activiteiten in de Raad.

De diplomatieke missies van de lidstaten en de delegaties van de Unie in derde landen en bij internationale organisaties werken samen en dragen bij tot de formulering en de uitvoering van de gemeenschappelijke aanpak.

Art. 33

Speciale vertegenwoordiger gemeenschappelijk buitenlands en veiligheidsbeleid Europese Unie

De Raad kan, op voorstel van de hoge vertegenwoordiger van de Unie voor buitenlandse zaken en veiligheidsbeleid, een speciale vertegenwoordiger met een mandaat voor specifieke beleidsvraagstukken benoemen. De speciale vertegenwoordiger voert zijn mandaat uit onder het gezag van de hoge vertegenwoordiger.

Art. 34

Coördinatie van gemeenschappelijk buitenlands en veiligheidsbeleid Europese Unie

1. De lidstaten coördineren hun optreden in internationale organisaties en op internationale conferenties. Zij verdedigen in deze fora de standpunten van de Unie. De hoge vertegenwoordiger van de Unie voor buitenlandse zaken en veiligheidsbeleid organiseert de coördinatie.

In internationale organisaties en op internationale conferenties waaraan niet alle lidstaten deelnemen, verdedigen de wel deelnemende lidstaten de standpunten van de Unie.

2. Overeenkomstig artikel 24, lid 3, houden de lidstaten die zijn vertegenwoordigd in internationale organisaties of op internationale conferenties waar niet alle lidstaten vertegenwoordigd zijn, de niet vertegenwoordigde lidstaten en de hoge vertegenwoordiger op de hoogte van alle aangelegenheden van gemeenschappelijk belang.

Lidstaten die tevens lid zijn van de Veiligheidsraad van de Verenigde Naties plegen onderling overleg en houden de overige lidstaten en de hoge vertegenwoordiger volledig op de hoogte. Lidstaten die lid van de Veiligheidsraad zijn, verdedigen bij de uitoefening van hun functie de standpunten en belangen van de Unie, onverminderd de verantwoordelijkheden die krachtens het Handvest van de Verenigde Naties op hen rusten.

Wanneer de Unie een standpunt over een thema op de agenda van de Veiligheidsraad van de Verenigde Naties heeft bepaald, doen de lidstaten die daarin zitting hebben, het verzoek dat de hoge vertegenwoordiger wordt uitgenodigd om het standpunt van de Unie uiteen te zetten.

Art. 35

Naleving van gemeenschappelijk buitenlands en veiligheidsbeleid Europese Unie

De diplomatieke en consulaire missies van de lidstaten en de delegaties van de Unie in derde landen en op internationale conferenties, alsmede hun vertegenwoordigingen bij internationale organisaties voeren onderling overleg om te verzekeren dat de krachtens dit hoofdstuk vastgestelde besluiten tot standpunten en optredens van de Unie bepalen in acht worden genomen en ten uitvoer worden uitgelegd.

Zij intensiveren hun samenwerking door inlichtingen uit te wisselen en gezamenlijke evaluaties te verrichten.

Zij dragen bij tot de uitvoering van het recht op bescherming van de burgers van de Unie op het grondgebied van derde landen bedoeld in artikel 20, lid 2, onder c van het Verdrag betreffende de werking van de Europese Unie, alsmede van de overeenkomstig artikel 23 van dat Verdrag vastgestelde maatregelen.

Art. 36

De hoge vertegenwoordiger van de Unie voor buitenlandse zaken en veiligheidsbeleid raadpleegt het Europees Parlement regelmatig over de voornaamste aspecten en de fundamentele keuzen op het gebied van het gemeenschappelijk buitenlands en veiligheidsbeleid en het gemeenschappelijk veiligheids- en defensiebeleid en informeert het over de ontwikkeling van de beleidsmaatregelen. Hij ziet erop toe dat de opvattingen van het Europees Parlement naar behoren in aanmerking worden genomen. Bij de informatieverstrekking aan het Europees Parlement kunnen de speciale vertegenwoordigers worden ingeschakeld.

Raadpleging Europees Parlement over gemeenschappelijk buitenlands en veiligheidsbeleid

Het Europees Parlement kan vragen of aanbevelingen tot de Raad of de hoge vertegenwoordiger richten. Het wijdt twee maal per jaar een debat aan de vooruitgang die bij de tenuitvoerlegging van het gemeenschappelijk buitenlands en veiligheidsbeleid is geboekt met inbegrip van het gemeenschappelijk veiligheids- en defensiebeleid.

Art. 37

De Unie kan met één of meer staten of internationale organisaties overeenkomsten sluiten op de gebieden die onder dit hoofdstuk vallen.

Overeenkomsten over gemeenschappelijk buitenlands en veiligheidsbeleid Europese Unie

Art. 38

Onverminderd artikel 240 van het Verdrag betreffende de werking van de Europese Unie volgt een politiek en veiligheidscomité de internationale situatie op de onder het gemeenschappelijk buitenlands en veiligheidsbeleid vallende gebieden en draagt het bij tot het bepalen van het beleid door op verzoek van de Raad of van de hoge vertegenwoordiger van de Unie voor buitenlandse zaken en veiligheidsbeleid of op eigen initiatief adviezen aan de Raad uit te brengen. Het comité ziet ook toe op de tenuitvoerlegging van het overeengekomen beleid, onverminderd de bevoegdheden van de hoge vertegenwoordiger.

Politiek en veiligheidscomité Europese Unie

In het kader van dit hoofdstuk is het politiek en veiligheidscomité onder verantwoordelijkheid van de Raad en van de hoge vertegenwoordiger van de Unie voor buitenlandse zaken en veiligheidsbeleid belast met de politieke controle en de strategische leiding van crisisbeheersingsoperaties bedoeld in artikel 43. De Raad kan het comité voor het doel en de duur van een crisisbeheersingsoperatie, als bepaald door de Raad, machtigen passende besluiten te nemen over de politieke controle en strategische leiding van de operatie.

Art. 39

Overeenkomstig artikel 16 van het Verdrag betreffende de werking van de Europese Unie en in afwijking van lid 2 daarvan stelt de Raad een besluit vast inzake de voorschriften betreffende de bescherming van natuurlijke personen ten aanzien van de verwerking van persoonsgegevens door lidstaten, bij de uitoefening van activiteiten die binnen het toepassingsgebied van dit hoofdstuk vallen, alsmede de voorschriften betreffende het vrij verkeer van die gegevens. Op de naleving van deze voorschriften wordt toezicht uitgeoefend door onafhankelijke autoriteiten.

Bescherming persoonsgegevens in gemeenschappelijk buitenlands en veiligheidsbeleid Europese Unie

Art. 40

De uitvoering van het gemeenschappelijk buitenlands en veiligheidsbeleid heeft geen gevolgen voor de toepassing van de procedures en de respectieve omvang van de bevoegdheden van de instellingen waarin de Verdragen voorzien voor de uitoefening van de in de artikelen 3 tot en met 6 van het Verdrag betreffende de werking van de Europese Unie bedoelde bevoegdheden van de Europese Unie.

Gevolgen gemeenschappelijk buitenlands en veiligheidsbeleid Europese Unie

Evenmin heeft de uitvoering van de in deze artikelen bedoelde beleidsonderdelen gevolgen voor de toepassing van de procedures en de respectieve omvang van de bevoegdheden van de instellingen waarin de Verdragen voorzien voor de uitoefening van de bevoegdheden van de Unie op grond van dit hoofdstuk.

Art. 41

1. De administratieve uitgaven die voor de instellingen voortvloeien uit de uitvoering van dit hoofdstuk komen ten laste van de begroting van de Unie.

Uitgaven voor gemeenschappelijk buitenlands en veiligheidsbeleid

2. De beleidsuitgaven die voortvloeien uit de uitvoering van dit hoofdstuk komen eveneens ten laste van de begroting van de Unie, behalve wanneer het beleidsuitgaven betreft die voortvloeien uit operaties die gevolgen hebben op militair of defensiegebied en gevallen waarin de Raad met eenparigheid van stemmen anders besluit.

In de gevallen waarin de uitgaven niet ten laste komen van de begroting van de Unie, komen zij ten laste van de lidstaten volgens de bruto nationaal productverdeelsleutel, tenzij de Raad met eenparigheid van stemmen anders besluit. Lidstaten wier vertegenwoordiger in de Raad een formele verklaring krachtens artikel 31, lid 1, tweede alinea, heeft afgelegd, zijn niet verplicht bij te dragen in de financiering van uitgaven die voortvloeien uit operaties die gevolgen hebben op militair of defensiegebied.

3. De Raad stelt bij besluit bijzondere procedures vast die waarborgen dat de op de begroting van de Unie opgevoerde kredieten voor de dringende financiering van initiatieven in het kader van het gemeenschappelijk buitenlands en veiligheidsbeleid, met name voor de voorbereiding van de in artikel 42, lid 1, en artikel 43 bedoelde missies, snel beschikbaar komen. De Raad besluit na raadpleging van het Europees Parlement.
De voorbereiding van de in artikel 42, lid 1, en artikel 43 bedoelde missies die niet ten laste komen van de begroting van de Unie, wordt gefinancierd uit een startfonds, gevormd door bijdragen van de lidstaten.
De Raad neemt, op voorstel van de hoge vertegenwoordiger van de Unie voor buitenlandse zaken en veiligheidsbeleid, met gekwalificeerde meerderheid de besluiten aan betreffende:
a. de instelling en vorming van het startfonds, met name ten aanzien van de in het fonds gestorte middelen;
b. het beheer van het startfonds;
c. de financiële controle.
Wanneer een overeenkomstig artikel 42, lid 1, en artikel 43 voorgenomen missie niet ten laste van de begroting van de Unie kan worden gebracht, machtigt de Raad de hoge vertegenwoordiger om dit fonds te gebruiken. De hoge vertegenwoordiger brengt de Raad verslag uit over de uitvoering van deze opdracht.

AFDELING 2
BEPALINGEN INZAKE HET GEMEENSCHAPPELIJK VEILIGHEIDS- EN DEFENSIEBELEID

Art. 42

Gemeenschappelijk veiligheids- en defensiebeleid Europese Unie

1. Het gemeenschappelijk veiligheids- en defensiebeleid is een integrerend deel van het gemeenschappelijk buitenlands en veiligheidsbeleid. Het voorziet de Unie van een operationeel vermogen dat op civiele en militaire middelen steunt. De Unie kan daarvan gebruik maken voor missies buiten het grondgebied van de Unie met het oog op vredeshandhaving, conflictpreventie en versterking van de internationale veiligheid overeenkomstig de beginselen van het Handvest van de Verenigde Naties. De uitvoering van deze taken berust op de door de lidstaten beschikbaar gestelde vermogens.
2. Het gemeenschappelijk veiligheids- en defensiebeleid omvat de geleidelijke bepaling van een gemeenschappelijk defensiebeleid van de Unie. Dit zal tot een gemeenschappelijke defensie leiden zodra de Europese Raad met eenparigheid van stemmen daartoe besluit. In dat geval beveelt hij de lidstaten aan een daartoe strekkend besluit aan te nemen overeenkomstig hun onderscheiden grondwettelijke bepalingen.
Het beleid van de Unie overeenkomstig deze afdeling laat het specifieke karakter van het veiligheids- en defensiebeleid van bepaalde lidstaten onverlet, eerbiedigt de uit het Noord-Atlantisch Verdrag voortvloeiende verplichtingen van bepaalde lidstaten waarvan de gemeenschappelijke defensie gestalte krijgt in de Noord-Atlantische Verdragsorganisatie (NAVO), en is verenigbaar met het in dat kader vastgestelde gemeenschappelijke veiligheids- en defensiebeleid.
3. De lidstaten stellen civiele en militaire vermogens ter beschikking van de Unie voor de uitvoering van het gemeenschappelijk veiligheids- en defensiebeleid, om zodoende bij te dragen aan het bereiken van de door de Raad bepaalde doelstellingen. Lidstaten die onderling multinationale troepenmachten vormen, kunnen deze troepenmachten tevens ter beschikking van het gemeenschappelijk veiligheids- en defensiebeleid stellen.
De lidstaten verbinden zich ertoe hun militaire vermogens geleidelijk te verbeteren. Het Agentschap op het gebied van de ontwikkeling van defensievermogens, onderzoek, aankopen en bewapening (hierna genoemd: „het Europees Defensieagentschap) bepaalt de operationele behoeften, bevordert maatregelen om in die behoeften te voorzien, draagt bij tot de vaststelling en, in voorkomend geval, tot de uitvoering van alle nuttige maatregelen om de industriële en technologische basis van de defensiesector te versterken, neemt deel aan het bepalen van een Europees beleid inzake vermogens en bewapening, en staat de Raad bij om de verbetering van de militaire vermogens te evalueren.
4. Besluiten betreffende het gemeenschappelijk veiligheids- en defensiebeleid, waaronder begrepen het opzetten van een missie als bedoeld in dit artikel, worden op voorstel van de hoge vertegenwoordiger van de Unie voor buitenlandse zaken en veiligheidsbeleid of op initiatief van een lidstaat door de Raad met eenparigheid van stemmen vastgesteld. De hoge vertegenwoordiger kan, in voorkomend geval samen met de Commissie, voorstellen om gebruik te maken van nationale middelen en van instrumenten van de Unie.
5. De Raad kan de uitvoering van een missie in het kader van de Unie toevertrouwen aan een groep lidstaten, teneinde de waarden van de Unie te beschermen en haar belangen te dienen. De uitvoering van een dergelijke missie wordt beheerst door artikel 44.
6. De lidstaten waarvan de militaire vermogens voldoen aan strengere criteria en die terzake verdergaande verbintenissen zijn aangegaan met het oog op de uitvoering van de meest veelei-

sende taken, stellen in het kader van de Unie een permanente gestructureerde samenwerking in. Deze samenwerking wordt beheerst door artikel 46. Zij laat de bepalingen van artikel 43 onverlet.

7. Indien een lidstaat op zijn grondgebied gewapenderhand wordt aangevallen, rust op de overige lidstaten de plicht deze lidstaat met alle middelen waarover zij beschikken hulp en bijstand te verlenen overeenkomstig artikel 51 van het Handvest van de Verenigde Naties. Dit laat het specifieke karakter van het veiligheids- en defensiebeleid van bepaalde lidstaten onverlet. De verbintenissen en de samenwerking op dit gebied blijven in overeenstemming met die in het kader van de Noord-Atlantische Verdragsorganisatie aangegane verbintenissen, die voor de lidstaten die er lid van zijn, de grondslag en het instrument van hun collectieve defensie blijft.

Art. 43

1. De in artikel 42, lid 1, bedoelde missies, waarbij de Unie civiele en militaire middelen kan inzetten, omvatten gezamenlijke ontwapeningsacties, humanitaire en reddingsmissies, advies en bijstand op militair gebied, conflictpreventie en vredeshandhaving, missies van strijdkrachten met het oog op crisisbeheersing, daaronder begrepen vredestichting, alsmede stabiliseringsoperaties na afloop van conflicten. Al deze taken kunnen bijdragen aan de strijd tegen het terrorisme, ook door middel van steun aan derde landen om het terrorisme op hun grondgebied te bestrijden.

Omvang missies gemeenschappelijk veiligheids- en defensiebeleid Europese Unie

2. De Raad regelt bij besluit in het lid 1 bedoelde missies en stelt doel en reikwijdte ervan vast, alsmede de algemene voorschriften voor de uitvoering ervan. De hoge vertegenwoordiger van de Unie voor buitenlandse zaken en veiligheidsbeleid draagt onder gezag van de Raad en in nauw en voortdurend contact met het politiek en veiligheidscomité zorg voor de coördinatie van de civiele en militaire aspecten van deze missies.

Art. 44

1. In het kader van de overeenkomstig artikel 43 vastgestelde besluiten kan de Raad de uitvoering van een missie toevertrouwen aan een groep lidstaten die dat willen en die over de nodige vermogens voor een dergelijke missie beschikken. Deze lidstaten regelen in samenspraak met de hoge vertegenwoordiger van de Unie voor buitenlandse zaken en veiligheidsbeleid onderling het beheer van de missie.

Uitvoering missies gemeenschappelijk veiligheids- en defensiebeleid Europese Unie

2. De lidstaten die aan de missie deelnemen, brengen de Raad regelmatig op eigen initiatief of op verzoek van een andere lidstaat op de hoogte van het verloop van de missie. De deelnemende lidstaten wenden zich onverwijld tot de Raad indien de uitvoering van de missie zwaarwegende gevolgen met zich meebrengt of een wijziging vereist van de doelstelling, de reikwijdte of de uitvoeringsbepalingen van de missie, zoals vastgesteld bij de in lid 1 bedoelde besluiten. In dat geval stelt de Raad de nodige besluiten vast.

Deelname aan missies gemeenschappelijk veiligheids- en defensiebeleid Europese Unie

Art. 45

1. Het in artikel 42, lid 3, bedoelde Europees Defensieagentschap, dat onder het gezag van de Raad ressorteert, heeft tot taak:
a. de na te streven militaire vermogens van de lidstaten te helpen bepalen en de nakoming van de door de lidstaten aangegane verbintenissen inzake vermogens te evalueren;
b. het harmoniseren van de operationele behoeften en het hanteren van doelmatige en onderling verenigbare aankoopmethoden te bevorderen;
c. multilaterale projecten voor te stellen die erop gericht zijn de doelstellingen met betrekking tot militaire vermogens te verwezenlijken, de door de lidstaten uit te voeren programma's te coördineren en samenwerkingsprogramma's te beheren;
d. het onderzoek inzake defensietechnologie te ondersteunen, alsmede gezamenlijk onderzoek naar en studie van technische oplossingen die voldoen aan toekomstige operationele behoeften, te coördineren en te plannen;
e. bij te dragen aan het bepalen en in voorkomend geval uitvoeren van alle nuttige maatregelen om de industriële en technologische basis van de defensiesector te versterken en de doelmatigheid van de militaire uitgaven te verbeteren.

Europees Defensieagentschap

2. Het Europees Defensieagentschap staat open voor alle lidstaten die daarvan deel wensen uit te maken. De Raad stelt met gekwalificeerde meerderheid een besluit vast houdende vastlegging van het statuut, de zetel en de voorschriften voor de werking van het Agentschap. In dat besluit wordt rekening gehouden met de mate van werkelijke deelneming aan de activiteiten van het Agentschap. Binnen het Agentschap worden specifieke groepen lidstaten gevormd die gezamenlijke projecten uitvoeren. Het Agentschap vervult zijn taken voor zover nodig in overleg met de Commissie.

Art. 46

1. De lidstaten die wensen deel te nemen aan de in artikel 42, lid 6, bedoelde permanente gestructureerde samenwerking, die voldoen aan de criteria en die de verbintenissen inzake militaire vermogens als vermeld in het Protocol betreffende permanente gestructureerde samenwerking onderschrijven, stellen de Raad en de hoge vertegenwoordiger van de Unie voor buitenlandse zaken en veiligheidsbeleid in kennis van hun voornemen.

Permanente gestructureerde samenwerking gemeenschappelijk veiligheids- en defensiebeleid Europese Unie

2. Binnen drie maanden na de in lid 1 bedoelde kennisgeving stelt de Raad een besluit tot instelling van de permanente gestructureerde samenwerking en tot opstelling van de lijst van deelnemende lidstaten vast. De Raad besluit met gekwalificeerde meerderheid van stemmen, na raadpleging van de hoge vertegenwoordiger.

3. Iedere lidstaat die in een later stadium aan de permanente gestructureerde samenwerking wenst deel te nemen, stelt de Raad en de hoge vertegenwoordiger van zijn voornemen in kennis. De Raad stelt een besluit vast houdende bevestiging van de deelneming van de betrokken lidstaat die aan de criteria voldoet en de verbintenissen onderschrijft als bedoeld in de artikelen 1 en 2 van het Protocol betreffende permanente gestructureerde samenwerking. De Raad besluit met gekwalificeerde meerderheid van stemmen, na raadpleging van de hoge vertegenwoordiger. Aan de stemming wordt alleen deelgenomen door de leden van de Raad die de deelnemende lidstaten vertegenwoordigen.
De gekwalificeerde meerderheid wordt vastgesteld overeenkomstig artikel 238, lid 3, onder a van het Verdrag betreffende de werking van de Europese Unie.

4. Indien een deelnemende lidstaat niet langer aan de criteria voldoet of zich niet langer kan houden aan de verbintenissen als bedoeld in de artikelen 1 en 2 van het Protocol betreffende permanente gestructureerde samenwerking, kan de Raad een besluit tot schorsing van de deelneming van deze lidstaat vaststellen.
De Raad besluit met gekwalificeerde meerderheid van stemmen. Aan de stemming wordt alleen deelgenomen door de leden van de Raad die de deelnemende lidstaten vertegenwoordigen, met uitzondering van de betrokken lidstaat.
De gekwalificeerde meerderheid wordt vastgesteld overeenkomstig artikel 238, lid 3, onder a van het Verdrag betreffende de werking van de Europese Unie.

5. Indien een lidstaat zijn deelneming aan de permanente gestructureerde samenwerking wenst te beëindigen, geeft hij daarvan kennis aan de Raad, die er akte van neemt dat de deelneming van de betrokken lidstaat afloopt.

6. Andere dan de in de leden 2 tot en met 5 bedoelde besluiten en aanbevelingen van de Raad in het kader van de permanente gestructureerde samenwerking worden met eenparigheid van stemmen vastgesteld. Voor de toepassing van dit lid wordt eenparigheid van stemmen alleen door de stemmen van de vertegenwoordigers van de deelnemende lidstaten gevormd.

TITEL VI
SLOTBEPALINGEN

Art. 47
De Unie bezit rechtspersoonlijkheid.

Art. 48
1. De Verdragen kunnen worden gewijzigd volgens een gewone herzieningsprocedure. Zij kunnen ook worden gewijzigd volgens vereenvoudigde herzieningsprocedures.

Gewone herzieningsprocedure

2. De regering van iedere lidstaat, het Europees Parlement en de Commissie kunnen de Raad ontwerpen tot herziening van de Verdragen voorleggen. Die ontwerpen kunnen, onder andere, de door de Verdragen aan de Unie toegedeelde bevoegdheden uitbreiden of beperken. Zij worden door de Raad aan de Europese Raad toegezonden en worden ter kennis van de nationale parlementen gebracht.

3. Indien de Europese Raad, na raadpleging van het Europees Parlement en van de Commissie, met gewone meerderheid van stemmen besluit dat de voorgestelde wijzigingen worden besproken, roept de voorzitter van de Europese Raad een Conventie bijeen die is samengesteld uit vertegenwoordigers van de nationale parlementen, van de staatshoofden of regeringsleiders van de lidstaten, van het Europees Parlement en van de Commissie. Ook de Europese Centrale Bank wordt geraadpleegd in geval van institutionele wijzigingen op monetair gebied. De Conventie beziet de ontwerpen tot herziening en neemt bij consensus een aanbeveling aan ten behoeve van een Conferentie van vertegenwoordigers van de regeringen der lidstaten, als bepaald in lid 4.
De Europese Raad kan met gewone meerderheid van stemmen, na goedkeuring door het Europees Parlement, besluiten geen Conventie bijeen te roepen indien de reikwijdte van de wijzigingen bijeenroeping niet rechtvaardigt. In dit laatste geval stelt de Europese Raad het mandaat van een Conferentie van vertegenwoordigers van de regeringen der lidstaten vast.

4. Een Conferentie van vertegenwoordigers van de regeringen der lidstaten wordt door de voorzitter van de Raad bijeengeroepen, teneinde in onderlinge overeenstemming de in de Verdragen aan te brengen wijzigingen vast te stellen.
De wijzigingen treden in werking nadat zij door alle lidstaten overeenkomstig hun onderscheiden grondwettelijke bepalingen zijn bekrachtigd.

5. Indien vier vijfde van de lidstaten een verdrag houdende wijziging van de Verdragen twee jaar na de ondertekening ervan hebben bekrachtigd en een of meer lidstaten moeilijkheden bij de bekrachtiging hebben ondervonden, bespreekt de Europese Raad de kwestie.

Vereenvoudigde herzieningsprocedures
6. De regering van een lidstaat, het Europees Parlement en de Commissie kunnen de Europese Raad ontwerpen tot gehele of gedeeltelijke herziening van de bepalingen van het derde deel van het Verdrag betreffende de werking van de Europese Unie over het intern beleid en optreden van de Unie voorleggen.

Vereenvoudigde herzieningsprocedure Verdragen Europese Unie

De Europese Raad kan een besluit nemen tot gehele of gedeeltelijke wijziging van de bepalingen van het derde deel van het Verdrag betreffende de werking van de Europese Unie. De Europese Raad besluit met eenparigheid van stemmen, na raadpleging van het Europees Parlement en van de Commissie alsmede van de Europese Centrale Bank in geval van institutionele wijzigingen op monetair gebied. Dit besluit treedt pas in werking na door de lidstaten overeenkomstig hun onderscheiden grondwettelijke bepalingen te zijn goedgekeurd.

Het in de tweede alinea bedoelde besluit kan geen uitbreiding van de door de Verdragen aan de Unie toegedeelde bevoegdheden inhouden.

7. Indien het Verdrag betreffende de werking van de Europese Unie of titel V van het onderhavige Verdrag voorschrijft dat de Raad op een bepaald gebied of in een bepaald geval met eenparigheid van stemmen besluit, kan de Europese Raad bij besluit bepalen dat de Raad op dat gebied of in dat geval met gekwalificeerde meerderheid van stemmen besluit. Deze alinea is niet van toepassing op besluiten die gevolgen hebben op militair of defensiegebied.

Indien het Verdrag betreffende de werking van de Europese Unie voorschrijft dat wetgevingshandelingen door de Raad volgens een bijzondere wetgevingsprocedure worden vastgesteld, kan de Europese Raad bij besluit bepalen dat die wetgevingshandelingen volgens de gewone wetgevingsprocedure worden vastgesteld.

Ieder initiatief van de Europese Raad op grond van de eerste of de tweede alinea wordt aan de nationale parlementen toegezonden. Indien binnen een termijn van zes maanden na die toezending door een nationaal parlement bezwaar wordt aangetekend, is het in de eerste of de tweede alinea bedoelde besluit niet vastgesteld. Indien geen bezwaar wordt aangetekend, kan de Europese Raad dat besluit vaststellen.

Voor de vaststelling van de in de eerste en de tweede alinea bedoelde besluiten, besluit de Europese Raad met eenparigheid van stemmen, na goedkeuring door het Europees Parlement, dat zich uitspreekt bij meerderheid van zijn leden.

Art. 49
Elke Europese staat die de in artikel 2 bedoelde waarden eerbiedigt en zich ertoe verbindt deze uit te dragen, kan verzoeken lid te worden van de Unie. Het Europees Parlement en de nationale parlementen worden van dit verzoek in kennis gesteld. De verzoekende staat richt zijn verzoek tot de Raad, die zich met eenparigheid van stemmen uitspreekt na de Commissie te hebben geraadpleegd en na goedkeuring van het Europees Parlement, dat zich uitspreekt bij meerderheid van zijn leden. Er wordt rekening gehouden met de door de Europese Raad overeengekomen criteria voor toetreding.

Verzoek tot lidmaatschap Europese Unie

De voorwaarden voor de toelating en de uit die toelating voortvloeiende aanpassingen van de Verdragen waarop de Unie is gebaseerd, vormen het onderwerp van een akkoord tussen de lidstaten en de staat die het verzoek indient. Dit akkoord moet door alle overeenkomstsluitende staten worden bekrachtigd overeenkomstig hun onderscheiden grondwettelijke bepalingen.

Art. 50
1. Een lidstaat kan overeenkomstig zijn grondwettelijke bepalingen besluiten zich uit de Unie terug te trekken.

Terugtrekking lidstaat uit Europese Unie

2. De lidstaat die besluit zich terug te trekken, geeft kennis van zijn voornemen aan de Europese Raad. In het licht van de richtsnoeren van de Europese Raad sluit de Unie na onderhandelingen met deze staat een akkoord over de voorwaarden voor zijn terugtrekking, waarbij rekening wordt gehouden met het kader van de toekomstige betrekkingen van die staat met de Unie. Over dat akkoord wordt onderhandeld overeenkomstig artikel 218, lid 3, van het Verdrag betreffende de werking van de Europese Unie. Het akkoord wordt namens de Unie gesloten door de Raad, die met gekwalificeerde meerderheid van stemmen besluit, na goedkeuring door het Europees Parlement.

3. De Verdragen zijn niet meer van toepassing op de betrokken staat met ingang van de datum van inwerkingtreding van het terugtrekkingsakkoord of, bij gebreke daarvan, na verloop van twee jaar na de in lid 2 bedoelde kennisgeving, tenzij de Europese Raad met instemming van de betrokken lidstaat met eenparigheid van stemmen tot verlenging van deze termijn besluit.

4. Voor de toepassing van de leden 2 en 3 nemen het lid van de Europese Raad en het lid van de Raad die de zich terugtrekkende lidstaat vertegenwoordigen, niet deel aan de beraadslagingen of aan de besluiten van de Europese Raad en van de Raad die hem betreffen.

A87 art. 51 — Verdrag betreffende de Europese Unie

De gekwalificeerde meerderheid wordt vastgesteld overeenkomstig artikel 238, lid 3, onder b van het Verdrag betreffende de werking van de Europese Unie.

5. Indien een lidstaat die zich uit de Unie heeft teruggetrokken, opnieuw om het lidmaatschap verzoekt, is op zijn verzoek de procedure van artikel 49 van toepassing.

Art. 51

Protocollen en bijlagen bij Verdragen Europese Unie

De protocollen en bijlagen bij de Verdragen maken een integrerend deel daarvan uit.

Art. 52

Toepassingsgebied verdragen

1. De Verdragen zijn van toepassing op het Koninkrijk België, de Republiek Bulgarije, de Tsjechische Republiek, het Koninkrijk Denemarken, de Bondsrepubliek Duitsland, de Republiek Estland, Ierland, de Helleense Republiek, het Koninkrijk Spanje, de Franse Republiek, de Republiek Kroatië, de Italiaanse Republiek, de Republiek Cyprus, de Republiek Letland, de Republiek Litouwen, het Groothertogdom Luxemburg, de Republiek Hongarije, de Republiek Malta, het Koninkrijk der Nederlanden, de Republiek Oostenrijk, de Republiek Polen, de Portugese Republiek, Roemenië, de Republiek Slovenië, de Slowaakse Republiek, de Republiek Finland, het Koninkrijk Zweden en het Verenigd Koninkrijk van Groot-Brittannië en Noord-Ierland.
2. Het territoriale toepassingsgebied van de Verdragen wordt omschreven in artikel 355 van het Verdrag betreffende de werking van de Europese Unie.

Art. 53

Duur Verdrag betreffende de Europese Unie

Dit Verdrag wordt voor onbeperkte tijd gesloten.

Art. 54

Bekrachtiging Verdrag betreffende de Europese Unie

Inwerkingtreding Verdrag betreffende de Europese Unie

1. Dit Verdrag zal door de Hoge Verdragsluitende Partijen worden bekrachtigd overeenkomstig hun onderscheiden grondwettelijke bepalingen. De akten van bekrachtiging zullen worden nedergelegd bij de regering van de Italiaanse Republiek.
2. Dit Verdrag treedt in werking op 1 januari 1993, mits alle akten van bekrachtiging zijn nedergelegd, of bij gebreke daarvan op de eerste dag van de maand die volgt op het nederleggen van de akte van bekrachtiging door de ondertekenende staat die als laatste deze handeling verricht.

Art. 55

Talen Verdrag betreffende de Europese Unie

1. Dit Verdrag, opgesteld in één exemplaar, in de Bulgaarse, de Deense, de Duitse, de Engelse, de Estse, de Finse, de Franse, de Griekse, de Hongaarse, de Ierse, de Italiaanse, de Kroatische, de Letse, de Litouwse, de Maltese, de Nederlandse, de Poolse, de Portugese, de Roemeense, de Sloveense, de Slowaakse, de Spaanse, de Tsjechische en de Zweedse taal, zijnde de teksten in elk van deze talen gelijkelijk authentiek, zal worden nedergelegd in het archief van de regering van de Italiaanse Republiek die een voor eensluidend gewaarmerkt afschrift daarvan toezendt aan de regeringen der andere ondertekenende staten.
2. Dit Verdrag kan ook worden vertaald in andere talen die door de lidstaten zijn gekozen uit de talen die overeenkomstig hun constitutionele bestel op hun gehele grondgebied of een deel daarvan als officiële taal gelden. Van dergelijke vertalingen wordt door de betrokken lidstaat een gewaarmerkt afschrift nedergelegd in de archieven van de Raad.

Verdrag betreffende de werking van de Europese Unie **A88**

Inhoudsopgave

EERSTE DEEL	DE BEGINSELEN	Art. 1
TITEL I	CATEGORIEËN EN GEBIEDEN VAN BEVOEGDHEDEN VAN DE UNIE	Art. 2
TITEL II	ALGEMEEN TOEPASSELIJKE BEPALINGEN	Art. 7
TWEEDE DEEL	NON-DISCRIMINATIE EN BURGERSCHAP VAN DE UNIE	Art. 18
DERDE DEEL	HET BELEID EN INTERN OPTREDEN VAN DE UNIE	Art. 26
TITEL I	DE INTERNE MARKT	Art. 26
TITEL II	HET VRIJE VERKEER VAN GOEDEREN	Art. 28
HOOFDSTUK 1	DE DOUANE-UNIE	Art. 30
HOOFDSTUK 2	DE DOUANESAMENWERKING	Art. 33
HOOFDSTUK 3	VERBOD OP KWANTITATIEVE BEPERKINGEN TUSSEN DE LIDSTATEN	Art. 34
TITEL III	LANDBOUW EN VISSERIJ	Art. 38
TITEL IV	HET VRIJE VERKEER VAN PERSONEN, DIENSTEN EN KAPITAAL	Art. 45
HOOFDSTUK 1	DE WERKNEMERS	Art. 45
HOOFDSTUK 2	HET RECHT VAN VESTIGING	Art. 49
HOOFDSTUK 3	DE DIENSTEN	Art. 56
HOOFDSTUK 4	KAPITAAL EN BETALINGSVERKEER	Art. 63
TITEL V	DE RUIMTE VAN VRIJHEID, VEILIGHEID EN RECHT	Art. 67
HOOFDSTUK 1	ALGEMENE BEPALINGEN	Art. 67
HOOFDSTUK 2	BELEID INZAKE GRENSCONTROLES, ASIEL EN IMMIGRATIE	Art. 77
HOOFDSTUK 3	JUSTITIËLE SAMENWERKING IN BURGERLIJKE ZAKEN	Art. 81
HOOFDSTUK 4	JUSTITIËLE SAMENWERKING IN STRAFZAKEN	Art. 82
HOOFDSTUK 5	POLITIËLE SAMENWERKING	Art. 87
TITEL VI	VERVOER	Art. 90
TITEL VII	GEMEENSCHAPPELIJKE REGELS BETREFFENDE DE MEDEDINGING, DE BELASTINGEN EN DE ONDERLINGE AANPASSING VAN DE WETGEVINGEN	Art. 101
HOOFDSTUK 1	REGELS BETREFFENDE DE MEDEDINGING	Art. 101
EERSTE AFDELING	REGELS VOOR DE ONDERNEMINGEN	Art. 101
TWEEDE AFDELING	STEUNMAATREGELEN VAN DE STATEN	Art. 107
HOOFDSTUK 2	BEPALINGEN BETREFFENDE BELASTINGEN	Art. 110
HOOFDSTUK 3	DE AANPASSING VAN DE WETGEVINGEN	Art. 114
TITEL VIII	ECONOMISCH EN MONETAIR BELEID	Art. 119
HOOFDSTUK 1	ECONOMISCH BELEID	Art. 120
HOOFDSTUK 2	MONETAIR BELEID	Art. 127
HOOFDSTUK 3	INSTITUTIONELE BEPALINGEN	Art. 134
HOOFDSTUK 4	SPECIFIEKE BEPALINGEN VOOR DE LIDSTATEN DIE DE EURO ALS MUNT HEBBEN	Art. 136
HOOFDSTUK 5	OVERGANGSBEPALINGEN	Art. 139
TITEL IX	WERKGELEGENHEID	Art. 145
TITEL X	SOCIALE POLITIEK	Art. 151
TITEL XI	HET EUROPEES SOCIAAL FONDS	Art. 162
TITEL XII	ONDERWIJS, BEROEPSOPLEIDING, JEUGD EN SPORT	Art. 165
TITEL XIII	CULTUUR	Art. 167
TITEL XIV	VOLKSGEZONDHEID	Art. 168
TITEL XV	CONSUMENTENBESCHERMING	Art. 169
TITEL XVI	TRANSEUROPESE NETWERKEN	Art. 170
TITEL XVII	INDUSTRIE	Art. 173
TITEL XVIII	ECONOMISCHE, SOCIALE EN TERRITORIALE SAMENHANG	Art. 174
TITEL XIX	ONDERZOEK EN TECHNOLOGISCHE ONTWIKKELING EN RUIMTE	Art. 179

TITEL XX	MILIEU	Art. 191
TITEL XXI	ENERGIE	Art. 194
TITEL XXII	TOERISME	Art. 195
TITEL XXIII	CIVIELE BESCHERMING	Art. 196
TITEL XXIV	ADMINISTRATIEVE SAMENWERKING	Art. 197
VIERDE DEEL	DE ASSOCIATIE VAN DE LANDEN EN GEBIEDEN OVERZEE	Art. 198
VIJFDE DEEL	EXTERN OPTREDEN VAN DE UNIE	Art. 205
TITEL I	ALGEMENE BEPALINGEN INZAKE HET EXTERN OPTREDEN VAN DE UNIE	Art. 205
TITEL II	DE GEMEENSCHAPPELIJKE HANDELSPOLITIEK	Art. 206
TITEL III	SAMENWERKING MET DERDE LANDEN EN HUMANITAIRE HULP	Art. 208
HOOFDSTUK 1	ONTWIKKELINGSSAMENWERKING	Art. 208
HOOFDSTUK 2	ECONOMISCHE, FINANCIËLE EN TECHNISCHE SAMENWERKING MET DERDE LANDEN	Art. 212
HOOFDSTUK 3	HUMANITAIRE HULP	Art. 214
TITEL IV	BEPERKENDE MAATREGELEN	Art. 215
TITEL V	INTERNATIONALE OVEREENKOMSTEN	Art. 216
TITEL VI	BETREKKINGEN VAN DE UNIE MET INTERNATIONALE ORGANISATIES, MET DERDE LANDEN EN DELEGATIES VAN DE UNIE	Art. 220
TITEL VII	SOLIDARITEITSCLAUSULE	Art. 222
ZESDE DEEL	INSTITUTIONELE EN FINANCIËLE BEPALINGEN	Art. 223
TITEL I	INSTITUTIONELE BEPALINGEN	Art. 223
HOOFDSTUK 1	DE INSTELLINGEN	Art. 223
EERSTE AFDELING	HET EUROPEES PARLEMENT	Art. 223
TWEEDE AFDELING	DE EUROPESE RAAD	Art. 235
DERDE AFDELING	DE RAAD	Art. 237
VIERDE AFDELING	DE COMMISSIE	Art. 244
VIJFDE AFDELING	HET HOF VAN JUSTITIE VAN DE EUROPESE UNIE	Art. 251
ZESDE AFDELING	DE EUROPESE CENTRALE BANK	Art. 282
ZEVENDE AFDELING	DE REKENKAMER	Art. 285
HOOFDSTUK 2	RECHTSHANDELINGEN VAN DE UNIE, VASTSTELLINGSPROCEDURES EN OVERIGE BEPALINGEN	Art. 288
EERSTE AFDELING	RECHTSHANDELINGEN VAN DE UNIE	Art. 288
TWEEDE AFDELING	VASTSTELLINGSPROCEDURES EN OVERIGE BEPALINGEN	Art. 293
HOOFDSTUK 3	DE ADVIESORGANEN VAN DE EUROPESE UNIE	Art. 300
EERSTE AFDELING	HET ECONOMISCH EN SOCIAAL COMITÉ	Art. 301
TWEEDE AFDELING	HET COMITÉ VAN DE REGIO'S	Art. 305
HOOFDSTUK 4	DE EUROPESE INVESTERINGSBANK	Art. 308
TITEL II	FINANCIËLE BEPALINGEN	Art. 310
HOOFDSTUK 1	DE EIGEN MIDDELEN VAN DE UNIE	Art. 311
HOOFDSTUK 2	MEERJARIG FINANCIEEL KADER	Art. 312
HOOFDSTUK 3	DE JAARLIJKSE BEGROTING VAN DE UNIE	Art. 313
HOOFDSTUK 4	UITVOERING VAN DE BEGROTING EN KWIJTINGVERLENING	Art. 317
HOOFDSTUK 5	GEMEENSCHAPPELIJKE BEPALINGEN	Art. 320
HOOFDSTUK 6	FRAUDEBESTRIJDING	Art. 325
TITEL III	NAUWERE SAMENWERKING	Art. 326
ZEVENDE DEEL	ALGEMENE EN SLOTBEPALINGEN	Art. 335

Verdrag betreffende de werking van de Europese Unie[1]

Zijne Majesteit de Koning der Belgen, de President van de Bondsrepubliek Duitsland, de President van de Franse Republiek, de President van de Italiaanse Republiek, Hare Koninklijke Hoogheid de Groothertogin van Luxemburg, Hare Majesteit de Koningin der Nederlanden, [2]
Vastberaden de grondslagen te leggen voor een steeds hechter verbond tussen de Europese volkeren,
Besloten hebbende door gemeenschappelijk optreden de economische en sociale vooruitgang van hun staten te verzekeren door de barrières die Europa verdelen te verwijderen,
Vaststellende als wezenlijk doel van hun streven, een voortdurende verbetering van de omstandigheden waaronder hun volkeren leven en werken, te verzekeren,
Erkennende dat de verwijdering van de bestaande hinderpalen eensgezind optreden vereist teneinde de gestadige expansie, het evenwicht in het handelsverkeer en de eerlijkheid in de mededinging te waarborgen,
Verlangende de eenheid hunner volkshuishoudingen te versterken en de harmonische ontwikkeling daarvan te bevorderen door het verschil in niveau tussen de onderscheidene gebieden en de achterstand van de minder begunstigde gebieden te verminderen,
Geleid door de wens door middel van een gemeenschappelijke handelspolitiek bij te dragen tot de geleidelijke opheffing der beperkingen in het internationale handelsverkeer,
Wensende de verbondenheid van Europa met de landen overzee te bevestigen en verlangende de ontwikkeling van hun welvaart te verzekeren, overeenkomstig de beginselen van het Handvest der Verenigde Naties,
Vastbesloten door deze bundeling van krachten de waarborgen voor vrede en vrijheid te versterken en de overige Europese volkeren die hun idealen delen, oproepende zich bij hun streven aan te sluiten,
Vastbesloten het hoogst mogelijke kennisniveau voor hun volkeren na te streven door middel van ruime toegang tot onderwijs en door middel van de voortdurende vernieuwing daarvan,
Hebben te dien einde als hun gevolmachtigden aangewezen: [3]
Die, na overlegging van hun in goede en behoorlijke vorm bevonden volmachten, omtrent de volgende bepalingen overeenstemming hebben bereikt.

EERSTE DEEL
DE BEGINSELEN

Art. 1
1. Dit Verdrag regelt de werking van de Unie en bepaalt de gebieden, de afbakening en de voorwaarden van uitoefening van haar bevoegdheden.

2. Dit Verdrag en het Verdrag betreffende de Europese Unie vormen de Verdragen waarop de Unie is gegrondvest. Deze twee Verdragen, die dezelfde juridische waarde hebben, worden aangeduid met de term „de Verdragen".

TITEL I
CATEGORIEËN EN GEBIEDEN VAN BEVOEGDHEDEN VAN DE UNIE

Art. 2
1. In de gevallen waarin bij de Verdragen op een bepaald gebied een exclusieve bevoegdheid aan de Unie wordt toegedeeld, kan alleen de Unie wetgevend optreden en juridisch bindende handelingen vaststellen, en kunnen de lidstaten zulks slechts zelf doen als zij daartoe door de Unie gemachtigd zijn of ter uitvoering van de handelingen van de Unie.
2. In de gevallen waarin bij de Verdragen op een bepaald gebied een bevoegdheid aan de Unie wordt toegedeeld die zij met de lidstaten deelt, kunnen de Unie en de lidstaten wetgevend optreden en juridisch bindende handelingen vaststellen. De lidstaten oefenen hun bevoegdheid uit voor zover de Unie haar bevoegdheid niet heeft uitgeoefend. De lidstaten oefenen hun bevoegdheid weer uit voor zover de Unie besloten heeft haar bevoegdheid niet meer uit te oefenen.

Werkingssfeer Verdrag betreffende de werking van de Europese Unie

Bevoegdheden Europese Unie

---

1 Inwerkingtredingsdatum: 01-02-2003; zoals laatstelijk gewijzigd bij: Trb. 2012, 24.
2 [Red: De lijst van ondertekenaars is niet toegevoegd.]
3 [Red: De lijst van ondertekenaars is niet toegevoegd.]

3. De lidstaten coördineren hun economisch en werkgelegenheidsbeleid overeenkomstig de in dit Verdrag gestelde nadere regels, die de Unie bevoegd is vast te stellen.

4. De Unie is bevoegd om, overeenkomstig het Verdrag betreffende de Europese Unie, een gemeenschappelijk buitenlands en veiligheidsbeleid te bepalen en te voeren, met inbegrip van de geleidelijke bepaling van een gemeenschappelijk defensiebeleid.

5. Op bepaalde gebieden en onder de bij de Verdragen gestelde voorwaarden is de Unie bevoegd om het optreden van de lidstaten te ondersteunen, te coördineren of aan te vullen, zonder evenwel de bevoegdheid van de lidstaten op die gebieden over te nemen.
De juridisch bindende handelingen van de Unie die op grond van de bepalingen van de Verdragen over die gebieden worden vastgesteld, kunnen generlei harmonisatie van de wettelijke of bestuursrechtelijke bepalingen van de lidstaten inhouden.

6. De omvang en de voorwaarden voor de uitoefening van de bevoegdheden van de Unie worden geregeld door de bepalingen van de Verdragen over ieder van die gebieden.

Art. 3

Exclusieve bevoegdheden Europese Unie

1. De Unie is exclusief bevoegd op de volgende gebieden:
   a. de douane-unie;
   b. de vaststelling van mededingingsregels die voor de werking van de interne markt nodig zijn;
   c. het monetair beleid voor de lidstaten die de euro als munt hebben;
   d. de instandhouding van de biologische rijkdommen van de zee in het kader van het gemeenschappelijk visserijbeleid;
   e. de gemeenschappelijke handelspolitiek.

2. De Unie is tevens exclusief bevoegd een internationale overeenkomst te sluiten indien een wetgevingshandeling van de Unie in die sluiting voorziet, indien die sluiting noodzakelijk is om de Unie in staat te stellen haar interne bevoegdheid uit te oefenen of wanneer die sluiting gemeenschappelijke regels kan aantasten of de strekking daarvan kan wijzigen.

Art. 4

Gedeelde bevoegdheden Europese Unie en lidstaten

1. De Unie heeft een met de lidstaten gedeelde bevoegdheid in de gevallen waarin haar in de Verdragen een bevoegdheid wordt toegedeeld die buiten de in de artikelen 3 en 6 bedoelde gebieden valt.

2. De gedeelde bevoegdheden van de Unie en de lidstaten betreffen in het bijzonder de volgende gebieden:
   a. interne markt;
   b. sociaal beleid, voor de in het onderhavige Verdrag genoemde aspecten;
   c. economische, sociale en territoriale samenhang;
   d. landbouw en visserij, met uitsluiting van de instandhouding van de biologische rijkdommen van de zee;
   e. milieu;
   f. consumentenbescherming;
   g. vervoer;
   h. trans-Europese netwerken;
   i. energie;
   j. de ruimte van vrijheid, veiligheid en recht;
   k. gemeenschappelijke veiligheidsvraagstukken op het gebied van volksgezondheid, voor de in het onderhavige Verdrag genoemde aspecten.

3. Op het gebied van onderzoek, technologische ontwikkeling en de ruimte is de Unie bevoegd op te treden, en met name programma's vast te stellen en uit te voeren; de uitoefening van die bevoegdheid belet de lidstaten niet hun eigen bevoegdheid uit te oefenen.

4. Op het gebied van ontwikkelingssamenwerking en humanitaire hulp is de Unie bevoegd op te treden en een gemeenschappelijk beleid te voeren; de uitoefening van die bevoegdheid belet de lidstaten niet hun eigen bevoegdheid uit te oefenen.

Art. 5

Coördinatie beleid Europese Unie

1. De lidstaten coördineren hun economisch beleid binnen de Unie. Daartoe stelt de Raad maatregelen vast, met name globale richtsnoeren voor dat beleid.
Voor de lidstaten die de euro als munt hebben, gelden bijzondere bepalingen.

2. De Unie neemt maatregelen om te zorgen voor de coördinatie van het werkgelegenheidsbeleid van de lidstaten, met name door de richtsnoeren voor dat beleid te bepalen.

3. De Unie kan initiatieven nemen ter coördinatie van het sociaal beleid van de lidstaten.

Art. 6

Ondersteuning, coördinatie en aanvulling optreden lidstaten door Europese Unie

De Unie is bevoegd om het optreden van de lidstaten te ondersteunen, te coördineren of aan te vullen. Dit geldt voor de volgende gebieden wat hun Europese dimensie betreft:
a. bescherming en verbetering van de menselijke gezondheid;
b. industrie;
c. cultuur;
d. toerisme;
e. onderwijs, beroepsopleiding, jongeren en sport;

f. civiele bescherming;
g. administratieve samenwerking.

TITEL II
ALGEMEEN TOEPASSELIJKE BEPALINGEN

Art. 7
De Unie ziet toe op de samenhang tussen haar verschillende beleidsmaatregelen en optredens, rekening houdend met het geheel van haar doelstellingen en met inachtneming van het beginsel van bevoegdheidstoedeling.

Samenhang beleidsmaatregelen Europese Unie

Art. 8
Bij elk optreden streeft de Unie ernaar de ongelijkheden tussen mannen en vrouwen op te heffen en de gelijkheid van mannen en vrouwen te bevorderen.

Gelijkheid mannen en vrouwen binnen Europese Unie

Art. 9
Bij de bepaling en de uitvoering van haar beleid en optreden houdt de Unie rekening met de eisen in verband met de bevordering van een hoog niveau van werkgelegenheid, de waarborging van een adequate sociale bescherming, de bestrijding van sociale uitsluiting alsmede een hoog niveau van onderwijs, opleiding en bescherming van de menselijke gezondheid.

Werkgelegenheid, onderwijs en menselijke gezondheid binnen Europese Unie

Art. 10
Bij de bepaling en de uitvoering van haar beleid en optreden streeft de Unie naar bestrijding van iedere discriminatie op grond van geslacht, ras of etnische afkomst, godsdienst of overtuiging, handicap, leeftijd of seksuele gerichtheid.

Bestrijding discriminatie binnen Europese Unie

Art. 11
De eisen inzake milieubescherming moeten worden geïntegreerd in de omschrijving en uitvoering van het beleid en het optreden van de Unie in het bijzonder met het oog op het bevorderen van duurzame ontwikkeling.

Milieubescherming binnen EU

Art. 12
Met de eisen terzake van consumentenbescherming wordt rekening gehouden bij het bepalen en uitvoeren van het beleid en het optreden van de Unie op andere gebieden.

Consumentenbescherming binnen Europese Unie

Art. 13
Bij het formuleren en uitvoeren van het beleid van de Unie op het gebied van landbouw, visserij, vervoer, interne markt en onderzoek, technologische ontwikkeling en de ruimte, houden de Unie en de lidstaten ten volle rekening met hetgeen vereist is voor het welzijn van dieren als wezens met gevoel, onder eerbiediging van de wettelijke en bestuursrechtelijke bepalingen en gebruiken van de lidstaten met betrekking tot met name godsdienstige riten, culturele tradities en regionaal erfgoed.

Dierenwelzijn binnen Europese Unie

Art. 14
Onverminderd artikel 4 van het Verdrag betreffende de Europese Unie en de artikelen 93, 106 en 107 van dit Verdrag en gezien de plaats die de diensten van algemeen economisch belang in de gemeenschappelijke waarden van de Unie innemen, alsook de rol die zij vervullen bij het bevorderen van sociale en territoriale samenhang, dragen de Unie en de lidstaten er, in het kader van hun onderscheiden bevoegdheden en binnen het toepassingsgebied van de Verdragen, zorg voor dat deze diensten functioneren op basis van beginselen en, met name economische en financiële, voorwaarden die hen in staat stellen hun taken te vervullen. Het Europees Parlement en de Raad stellen volgens de gewone wetgevingsprocedure deze beginselen en voorwaarden vast, onverminderd de bevoegdheid van de lidstaten om, met inachtneming van de Verdragen, dergelijke diensten te verstrekken, te laten verrichten en te financieren.

Diensten van algemeen economisch belang binnen de Europese Unie

Art. 15
1. Om goed bestuur te bevorderen en de deelneming van het maatschappelijk middenveld te waarborgen, werken de instellingen, organen en instanties van de Unie in een zo groot mogelijke openheid.
2. Het Europees Parlement, en de Raad wanneer hij beraadslaagt en stemt over een ontwerp van wetgevingshandeling, vergaderen in het openbaar.
3. Iedere burger van de Unie en iedere natuurlijke of rechtspersoon met verblijfplaats of statutaire zetel in een lidstaat heeft recht op toegang tot documenten van de instellingen, organen en instanties van de Unie, ongeacht de informatiedrager waarop zij zijn vastgelegd, volgens de beginselen en onder de voorwaarden die overeenkomstig het huidige lid worden bepaald.
Het Europees Parlement en de Raad bepalen bij verordeningen volgens de gewone wetgevingsprocedure de algemene beginselen en de beperkingen op grond van openbare of particuliere belangen betreffende dit recht op toegang tot documenten.
Elke instelling, orgaan of instantie zorgt voor transparantie in zijn of haar werkzaamheden en neemt in haar eigen reglement van orde specifieke bepalingen betreffende de toegang tot haar documenten op overeenkomstig de in de tweede alinea bedoelde verordeningen.

Openbaarheid van bestuur binnen Europese Unie

Ten aanzien van het Hof van Justitie van de Europese Unie, de Europese Centrale Bank en de Europese Investeringsbank, geldt het onderhavige lid alleen voor de uitoefening van hun administratieve taken.

Het Europees Parlement en de Raad zorgen voor de openbaarmaking van de stukken betreffende de wetgevingsprocedures overeenkomstig de voorwaarden van de in de tweede alinea bedoelde verordeningen.

Art. 16

Bescherming persoonsgegevens binnen Europese Unie

1. Eenieder heeft recht op bescherming van zijn persoonsgegevens.

2. Het Europees Parlement en de Raad stellen volgens de gewone wetgevingsprocedure de voorschriften vast betreffende de bescherming van natuurlijke personen ten aanzien van de verwerking van persoonsgegevens door de instellingen, organen en instanties van de Unie, alsook door de lidstaten, bij de uitoefening van activiteiten die binnen het toepassingsgebied van het recht van de Unie vallen, alsmede de voorschriften betreffende het vrij verkeer van die gegevens. Op de naleving van deze voorschriften wordt toezicht uitgeoefend door onafhankelijke autoriteiten.

De op basis van dit artikel vastgestelde voorschriften doen geen afbreuk aan de in artikel 39 van het Verdrag betreffende de Europese Unie bedoelde specifieke voorschriften.

Art. 17

Eerbiediging religie en levensbeschouwing binnen Europese Unie

1. De Unie eerbiedigt de status die kerken en religieuze verenigingen en gemeenschappen volgens het nationaal recht in de lidstaten hebben, en doet daaraan geen afbreuk.

2. De Unie eerbiedigt tevens de status die de levensbeschouwelijke en niet-confessionele organisaties volgens het nationaal recht hebben.

3. De Unie voert een open, transparante en regelmatige dialoog met die kerken en organisaties, onder erkenning van hun identiteit en hun specifieke bijdrage.

TWEEDE DEEL
NON-DISCRIMINATIE EN BURGERSCHAP VAN DE UNIE

Art. 18

Verbod discriminatie op grond van nationaliteit binnen Europese Unie

Binnen de werkingssfeer van de Verdragen en onverminderd de bijzondere bepalingen, daarin gesteld, is elke discriminatie op grond van nationaliteit verboden.

Het Europees Parlement en de Raad kunnen, volgens de gewone wetgevingsprocedure, regelingen treffen met het oog op het verbod van bedoelde discriminaties.

Art. 19

Bestrijding discriminatie binnen Europese Unie

1. Onverminderd de andere bepalingen van de Verdragen, kan de Raad, binnen de grenzen van de door de Verdragen aan de Unie verleende bevoegdheden, met eenparigheid van stemmen, volgens een bijzondere wetgevingsprocedure, en na goedkeuring door het Europees Parlement, passende maatregelen nemen om discriminatie op grond van geslacht, ras of etnische afstamming, godsdienst of overtuiging, handicap, leeftijd of seksuele geaardheid te bestrijden.

Communautaire stimuleringsmaatregelen binnen Europese Unie

2. Het Europees Parlement en de Raad kunnen, in afwijking van lid 1, volgens de gewone wetgevingsprocedure, stimuleringsmaatregelen van de Unie, harmonisatie van de wettelijke en bestuursrechtelijke bepalingen van de lidstaten uitgezonderd, de basisbeginselen vaststellen ter ondersteuning van de maatregelen die de lidstaten nemen om bij te dragen tot de verwezenlijking van de in lid 1 genoemde doelstellingen.

Art. 20

Burgerschap van Europese Unie

1. Er wordt een burgerschap van de Unie ingesteld. Burger van de Unie is een ieder die de nationaliteit van een lidstaat bezit. Het burgerschap van de Unie komt naast het nationale burgerschap doch komt niet in de plaats daarvan.

2. De burgers van de Unie genieten de rechten en hebben de plichten die bij de Verdragen zijn bepaald. Zij hebben, onder andere,

a. het recht zich vrij op het grondgebied van de lidstaten te verplaatsen en er vrij te verblijven;

b. het actief en passief kiesrecht bij de verkiezingen voor het Europees Parlement en bij de gemeenteraadsverkiezingen in de lidstaat waar zij verblijf houden, onder dezelfde voorwaarden als de onderdanen van die staat;

c. het recht op bescherming van de diplomatieke en consulaire instanties van iedere andere lidstaat op het grondgebied van derde landen waar de lidstaat waarvan zij onderdaan zijn, niet vertegenwoordigd is, onder dezelfde voorwaarden als de onderdanen van die lidstaat;

d. het recht om verzoekschriften tot het Europees Parlement te richten, zich tot de Europese ombudsman te wenden, alsook zich in een van de talen van de Verdragen tot de instellingen en de adviesorganen van de Unie te richten en in die taal antwoord te krijgen.

Deze rechten worden uitgeoefend onder de voorwaarden en binnen de grenzen welke bij de Verdragen en de maatregelen ter uitvoering daarvan zijn vastgesteld.

Art. 21
1. Iedere burger van de Unie heeft het recht vrij op het grondgebied van de lidstaten te reizen en te verblijven, onder voorbehoud van de beperkingen en voorwaarden die bij de Verdragen en de bepalingen ter uitvoering daarvan zijn vastgesteld. *Vrijheid van reis en verblijf binnen Europese Unie*
2. Indien een optreden van de Unie noodzakelijk blijkt om deze doelstelling te verwezenlijken en de Verdragen niet in de daartoe vereiste bevoegdheden voorzien, kunnen het Europees Parlement en de Raad, volgens de gewone wetgevingsprocedure bepalingen vaststellen die de uitoefening van de in lid 1 bedoelde rechten vergemakkelijken.
3. Ter verwezenlijking van dezelfde doelstellingen als in lid 1 genoemd en tenzij de Verdragen in de daartoe vereiste bevoegdheden voorzien, kan de Raad, volgens een bijzondere wetgevingsprocedure, maatregelen inzake sociale zekerheid en sociale bescherming vaststellen. De Raad besluit met eenparigheid van stemmen, na raadpleging van het Europees Parlement.

Art. 22
1. Iedere burger van de Unie die verblijf houdt in een lidstaat waarvan hij geen onderdaan is, bezit het actief en passief kiesrecht bij gemeenteraadsverkiezingen in de lidstaat waar hij verblijft, onder dezelfde voorwaarden als de onderdanen van die staat. Dit recht wordt uitgeoefend onder voorbehoud van de door de Raad met eenparigheid van stemmen, volgens een bijzondere wetgevingsprocedure, en na raadpleging van het Europees Parlement vastgestelde nadere regelingen; deze nadere regelingen kunnen voorzien in afwijkingen wanneer zulks gerechtvaardigd wordt door bijzondere problemen in een lidstaat. *Kiesrecht burgers Europese Unie*
2. Onverminderd artikel 223, lid 1, en de bepalingen ter uitvoering daarvan, heeft iedere burger van de Unie die verblijf houdt in een lidstaat waarvan hij geen onderdaan is, het actief en passief kiesrecht bij de verkiezingen voor het Europees Parlement in de lidstaat waar hij verblijft, onder dezelfde voorwaarden als de onderdanen van die staat. Dit recht wordt uitgeoefend onder voorbehoud van de door de Raad met eenparigheid van stemmen, volgens een bijzondere wetgevingsprocedure, en na raadpleging van het Europees Parlement vastgestelde nadere regelingen; deze nadere regelingen kunnen voorzien in afwijkingen wanneer zulks gerechtvaardigd wordt door bijzondere problemen in een bepaalde lidstaat.

Art. 23
Iedere burger van de Unie geniet op het grondgebied van derde landen waar de lidstaat waarvan hij onderdaan is, niet vertegenwoordigd is, de bescherming van de diplomatieke en consulaire instanties van iedere andere lidstaat, onder dezelfde voorwaarden als de onderdanen van die lidstaat. De lidstaten treffen de nodige voorzieningen en beginnen de internationale onderhandelingen die met het oog op deze bescherming vereist zijn. *Diplomatieke bescherming burgers Europese Unie*

De Raad kan, volgens een bijzondere wetgevingsprocedure en na raadpleging van het Europees Parlement, richtlijnen aannemen tot vaststelling van coördinatie- en samenwerkingsmaatregelen die nodig zijn om die bescherming te vergemakkelijken.

Art. 24
Het Europees Parlement en de Raad stellen volgens de gewone wetgevingsprocedure bij verordeningen de bepalingen vast voor de procedures en voorwaarden voor de indiening van een burgerinitiatief in de zin van artikel 11 van het Verdrag betreffende de Europese Unie, met inbegrip van het minimum aantal lidstaten waaruit de burgers die het verzoek indienen, afkomstig dienen te zijn. *Rechten burgers Europese Unie*

Iedere burger van de Unie heeft het recht een verzoekschrift tot het Europees Parlement te richten overeenkomstig artikel 227.

Iedere burger van de Unie kan zich wenden tot de overeenkomstig artikel 228 ingestelde ombudsman.

Iedere burger van de Unie kan de in dit artikel of in artikel 13 van het Verdrag betreffende de Europese Unie genoemde instellingen of organen aanschrijven in een van de in artikel 55, lid 1, van het Verdrag betreffende de Europese Unie genoemde talen en ook in die taal antwoord krijgen.

Art. 25
De Commissie brengt om de drie jaar aan het Europees Parlement, de Raad en het Economisch en Sociaal Comité verslag uit over de toepassing van de bepalingen van dit deel van het Verdrag. In dat verslag wordt rekening gehouden met de ontwikkeling van de Unie. *Evaluatie non-discriminatie en burgerschap Europese Unie*

Op basis van dat verslag en onverminderd de overige bepalingen van de Verdragen, kan de Raad, na goedkeuring door het Europees Parlement, met eenparigheid van stemmen, volgens een bijzondere wetgevingsprocedure bepalingen ter aanvulling van de in artikel 20, lid 2, vermelde rechten vaststellen. Deze bepalingen treden pas in werking nadat zij door de lidstaten overeenkomstig hun onderscheiden grondwettelijke bepalingen zijn goedgekeurd.

A88 art. 26

Verdrag betreffende de werking van de Europese Unie

DERDE DEEL
HET BELEID EN INTERN OPTREDEN VAN DE UNIE

TITEL I
DE INTERNE MARKT

Art. 26

Interne markt Europese Unie

1. De Unie stelt de maatregelen vast die ertoe bestemd zijn om de interne markt tot stand te brengen en de werking ervan te verzekeren, overeenkomstig de bepalingen terzake van de Verdragen.
2. De interne markt omvat een ruimte zonder binnengrenzen waarin het vrije verkeer van goederen, personen, diensten en kapitaal is gewaarborgd volgens de bepalingen van de Verdragen.
3. Op voorstel van de Commissie stelt de Raad de noodzakelijke beleidslijnen en voorwaarden vast om een evenwichtige vooruitgang in het geheel der betrokken sectoren te garanderen.

Art. 27

Volkshuishoudingen binnen interne markt Europese Unie

Bij het formuleren van haar voorstellen met het oog op de verwezenlijking van de doelstellingen van artikel 26 houdt de Commissie rekening met de inspanning die bepaalde volkshuishoudingen met verschillen in ontwikkeling zich moeten getroosten voor de instelling van de interne markt en kan zij passende bepalingen voorstellen.

Indien deze bepalingen de vorm van afwijkingen aannemen, dienen zij van tijdelijke aard te zijn en de werking van de interne markt zo weinig mogelijk te verstoren.

TITEL II
HET VRIJE VERKEER VAN GOEDEREN

Art. 28

Douane-unie van Europese Unie

1. De Unie omvat een douane-unie welke zich uitstrekt over het gehele goederenverkeer en welke zowel het verbod medebrengt van in- en uitvoerrechten en van alle heffingen van gelijke werking in het verkeer tussen de lidstaten onderling als de invoering van een gemeenschappelijk douanetarief voor hun betrekkingen met derde landen.
2. De bepalingen van artikel 30 en van hoofdstuk 3 van deze titel zijn van toepassing op de producten welke van oorsprong zijn uit de lidstaten alsook op de producten uit derde landen welke zich in de lidstaten in het vrije verkeer bevinden.

Art. 29

Producten binnen vrij verkeer Europese Unie

Als zich bevindend in het vrije verkeer in een lidstaat worden beschouwd: de producten uit derde landen waarvoor in genoemde staat de invoerformaliteiten zijn verricht en de verschuldigde douanerechten en heffingen van gelijke werking zijn voldaan en waarvoor geen gehele of gedeeltelijke teruggave van die rechten en heffingen is verleend.

HOOFDSTUK 1
DE DOUANE-UNIE

Art. 30

Verbod in- en uitvoerrechten binnen Europese Unie

In- en uitvoerrechten of heffingen van gelijke werking zijn tussen de lidstaten verboden. Zulks geldt eveneens voor douanerechten van fiscale aard.

Art. 31

Gemeenschappelijk douanetarief Europese Unie

De rechten van het gemeenschappelijk douanetarief worden door de Raad vastgesteld op voorstel van de Commissie.

Art. 32

Uitvoering van taken douane-unie door Europese Commissie

Bij de uitvoering van de taken die haar krachtens de bepalingen van dit hoofdstuk toevertrouwd zijn, laat de Commissie zich leiden door:

a. de noodzaak het handelsverkeer tussen de lidstaten en derde landen te bevorderen;
b. de ontwikkeling van de mededingingsvoorwaarden binnen de Unie in de mate waarin deze ontwikkeling het vermogen tot mededinging van de ondernemingen zal doen toenemen;
c. de behoeften van de Unie aan grondstoffen en halffabrikaten, waarbij zij ervoor waakt dat de mededingingsvoorwaarden met betrekking tot eindproducten tussen de lidstaten niet worden vervalst;
d. de noodzaak om ernstige verstoringen in het economisch leven der lidstaten te vermijden en een rationele ontwikkeling van de productie alsook een verruiming van het verbruik in de Unie te waarborgen.

HOOFDSTUK 2
DE DOUANESAMENWERKING

Art. 33
Binnen het toepassingsgebied van de Verdragen nemen het Europees Parlement en de Raad volgens de gewone wetgevingsprocedure maatregelen ter versterking van de douanesamenwerking tussen de lidstaten onderling en tussen de lidstaten en de Commissie.

Douanesamenwerking binnen Europese Unie

HOOFDSTUK 3
VERBOD OP KWANTITATIEVE BEPERKINGEN TUSSEN DE LIDSTATEN

Art. 34
Kwantitatieve invoerbeperkingen en alle maatregelen van gelijke werking zijn tussen de lidstaten verboden.

Verbod kwantitatieve invoerbeperkingen Europese Unie

Art. 35
Kwantitatieve uitvoerbeperkingen en alle maatregelen van gelijke werking zijn tussen de lidstaten verboden.

Verbod kwantitatieve uitvoerbeperkingen Europese Unie

Art. 36
De bepalingen van de artikelen 34 en 35 vormen geen beletsel voor verboden of beperkingen van invoer, uitvoer of doorvoer, welke gerechtvaardigd zijn uit hoofde van bescherming van de openbare zedelijkheid, de openbare orde, de openbare veiligheid, de gezondheid en het leven van personen, dieren of planten, het nationaal artistiek historisch en archeologisch bezit of uit hoofde van bescherming van de industriële en commerciële eigendom. Deze verboden of beperkingen mogen echter geen middel tot willekeurige discriminatie noch een verkapte beperking van de handel tussen de lidstaten vormen.

Toegestane in- en uitvoerbeperkingen Europese Unie

Art. 37
1. De lidstaten passen hun nationale monopolies van commerciële aard aan in dier voege dat elke discriminatie tussen de onderdanen van de lidstaten wat de voorwaarden van de voorziening en afzet betreft is uitgesloten.
De bepalingen van dit artikel zijn van toepassing op elk lichaam waardoor een lidstaat de invoer of de uitvoer tussen de lidstaten in rechte of in feite rechtstreeks of zijdelings beheerst, leidt of aanmerkelijk beïnvloedt. Deze bepalingen zijn eveneens van toepassing op de door een staat gedelegeerde monopolies.
2. De lidstaten onthouden zich ervan enige nieuwe maatregel te treffen welke tegen de in lid 1 vermelde beginselen indruist of de draagwijdte van de artikelen inzake het verbod op douanerechten en kwantitatieve beperkingen tussen de lidstaten beperkt.
3. Wanneer er een monopolie van commerciële aard bestaat, dat een regeling ter vergemakkelijking van de afzet of van de valorisatie van landbouwproducten omvat, dienen bij de toepassing van de bepalingen van dit artikel gelijkwaardige waarborgen te worden gegeven voor de werkgelegenheid en de levensstandaard van de betrokken producenten.

Aanpassing nationale monopolies Europese Unie

TITEL III
LANDBOUW EN VISSERIJ

Art. 38
1. De Unie bepaalt een gemeenschappelijk landbouw- en visserijbeleid en voert dat uit.
De interne markt omvat mede de landbouw, de visserij en de handel in landbouwproducten. Onder landbouwproducten worden verstaan de voortbrengselen van bodem, veeteelt en visserij alsmede de producten in eerste graad van bewerking welke met de genoemde voortbrengselen rechtstreeks verband houden. Verwijzingen naar het gemeenschappelijk landbouwbeleid of naar de landbouw en het gebruik van de term landbouw worden geacht tevens te gelden als verwijzing naar de visserij, met inachtneming van de bijzondere kenmerken van de visserijsector.
2. Voorzover in de artikelen 39 tot en met 44 niet anders is bepaald, zijn de regels voor de instelling en de werking van de interne markt van toepassing op de landbouwproducten.
3. De producten welke vallen onder de bepalingen van de artikelen 39 tot en met 44 zijn vermeld in de lijst in bijlage I.
4. De werking en de ontwikkeling van de interne markt voor de landbouwproducten dienen gepaard te gaan met de totstandkoming van een gemeenschappelijk landbouwbeleid.

Landbouw- en visserijbeleid binnen Europese Unie

Art. 39
1. Het gemeenschappelijk landbouwbeleid heeft ten doel:
a. de productiviteit van de landbouw te doen toenemen door de technische vooruitgang te bevorderen en door zowel de rationele ontwikkeling van de landbouwproductie als een optimaal gebruik van de productiefactoren, met name de arbeidskrachten, te verzekeren;

Gemeenschappelijk landbouwbeleid Europese Unie

b. aldus de landbouwbevolking een redelijke levensstandaard te verzekeren, met name door de verhoging van het hoofdelijk inkomen van hen die in de landbouw werkzaam zijn;
c. de markten te stabiliseren;
d. de voorziening veilig te stellen;
e. redelijke prijzen bij de levering aan verbruikers te verzekeren.

2. Bij het tot stand brengen van het gemeenschappelijk landbouwbeleid en van de daarvoor te treffen bijzondere voorzieningen zal rekening gehouden worden met:
a. de bijzondere aard van het landbouwbedrijf, welke voortvloeit uit de maatschappelijke structuur van de landbouw en uit de structurele en natuurlijke ongelijkheid tussen de verschillende landbouwgebieden;
b. de noodzaak de dienstige aanpassingen geleidelijk te doen verlopen;
c. het feit, dat de landbouwsector in de lidstaten nauw verweven is met de gehele economie.

Art. 40

Gemeenschappelijke ordening landbouwmarkten Europese Unie

1. Om de in artikel 39 gestelde doeleinden te bereiken wordt een gemeenschappelijke ordening van de landbouwmarkten tot stand gebracht.
Naar gelang van de producten neemt deze ordening een van de volgende vormen aan:
a. gemeenschappelijke regels inzake mededinging,
b. verplichte coördinatie van de verschillende nationale marktorganisaties,
c. een Europese marktorganisatie.

2. De gemeenschappelijke ordening in een der in lid 1 vermelde vormen kan alle maatregelen medebrengen welke noodzakelijk zijn om de in artikel 39 omschreven doelstellingen te bereiken, met name prijsregelingen, subsidies zowel voor de productie als voor het in de handel brengen der verschillende producten, systemen van voorraadvorming en opslag en gemeenschappelijke organisatorische voorzieningen voor de stabilisatie van de in- of uitvoer.
Zij moet zich beperken tot het nastreven van de in artikel 39 genoemde doeleinden en elke discriminatie tussen producenten of verbruikers van de Unie uitsluiten.
Een eventueel gemeenschappelijk prijsbeleid moet op gemeenschappelijke criteria en op eenvormige berekeningswijzen berusten.

3. Om de in lid 1 bedoelde gemeenschappelijke ordening aan haar doel te laten beantwoorden, kunnen een of meer oriëntatie- en garantiefondsen voor de landbouw in het leven worden geroepen.

Art. 41

Voorzieningen gemeenschappelijk landbouwbeleid Europese Unie

Teneinde de in artikel 39 omschreven doeleinden te bereiken, kunnen in het kader van het gemeenschappelijk landbouwbeleid met name voorzieningen worden getroffen met betrekking tot:
a. een doeltreffende coördinatie van hetgeen ondernomen wordt op het gebied van de beroepsopleiding, het landbouwkundig onderzoek en de landbouwkundige voorlichting, welke coördinatie gemeenschappelijk gefinancierde projecten of instellingen kan medebrengen,
b. gemeenschappelijke acties voor de ontwikkeling van het verbruik van bepaalde producten.

Art. 42

Mededinging binnen gemeenschappelijk landbouwbeleid Europese Unie

De bepalingen van het hoofdstuk over regels betreffende de mededinging zijn op de voortbrenging van en de handel in landbouwproducten slechts in zoverre van toepassing, als door het Europees Parlement en de Raad met inachtneming van de in artikel 39 vermelde doeleinden zal worden bepaald binnen het raam van de bepalingen en overeenkomstig de procedure van artikel 43, lid 2.
De Raad kan, op voorstel van de Commissie, machtiging geven tot het verlenen van steun:
a. ter bescherming van door structurele of natuurlijke omstandigheden benadeelde bedrijven;
b. in het kader van economische ontwikkelingsplannen.

Art. 43

Totstandkoming regelgeving landbouwbeleid Europese Unie

1. De Commissie doet voorstellen inzake de totstandbrenging en de uitvoering van het gemeenschappelijk landbouwbeleid, daarbij inbegrepen de vervanging van de nationale organisaties door een van de in artikel 40, lid 1, genoemde vormen van gemeenschappelijke ordening, alsook de uitvoering van de in deze titel speciaal vermelde maatregelen.
Deze voorstellen dienen rekening te houden met de onderlinge samenhang tussen de in deze titel genoemde landbouwvraagstukken.

2. Het Europees Parlement en de Raad stellen volgens de gewone wetgevingsprocedure en na raadpleging van het Economisch en Sociaal Comité de in artikel 40, lid 1, bedoelde gemeenschappelijke ordening van de landbouwmarkten in en stellen de overige bepalingen vast die nodig zijn om de doelstellingen van het gemeenschappelijk landbouw- en visserijbeleid na te streven.

3. De Raad stelt op voorstel van de Commissie de maatregelen vast voor de prijsbepaling, de heffingen, de steun en de kwantitatieve beperkingen, alsook voor de vaststelling en verdeling van de vangstmogelijkheden.

4. De in artikel 40, lid 1, genoemde gemeenschappelijke ordening kan overeenkomstig de bepalingen van het voorgaande lid in de plaats worden gesteld van de nationale marktorganisaties:

a. indien de gemeenschappelijke ordening aan de lidstaten welke tegen deze maatregelen gekant zijn en zelf over een nationale organisatie voor de betrokken productie beschikken, gelijkwaardige waarborgen biedt inzake de werkgelegenheid en de levensstand van de betrokken producenten, met inachtneming van het ritme van de mogelijke aanpassing en van de noodzakelijke specialisatie, en
b. indien deze ordening aan het handelsverkeer binnen de Unie analoge voorwaarden waarborgt als op een nationale markt bestaan.
5. Wanneer voor bepaalde grondstoffen een gemeenschappelijke ordening in het leven wordt geroepen, voordat er reeds een gemeenschappelijke ordening voor de overeenkomstige verwerkte producten bestaat, mogen de betrokken grondstoffen, gebruikt voor de producten die voor uitvoer naar derde landen zijn bestemd, van buiten de Unie worden ingevoerd.

Art. 44

Wanneer in een lidstaat een product onder een nationale marktorganisatie valt of onder een binnenlandse regeling van gelijke werking welke een gelijksoortige productie in een andere lidstaat bij de mededinging nadelig beïnvloedt, leggen de lidstaten een compenserende heffing op de invoer van dat product uit de lidstaat waar de organisatie of de regeling bestaat, tenzij deze staat een compenserende heffing op de uitvoer toepast.

De Commissie bepaalt de hoogte van deze heffingen zodanig als nodig is om het evenwicht te herstellen;

zij kan eveneens machtiging verlenen tot het nemen van andere maatregelen waarvan zij de voorwaarden en wijze van toepassing vaststelt.

Compenserende heffingen binnen landbouwbeleid Europese Unie

TITEL IV
HET VRIJE VERKEER VAN PERSONEN, DIENSTEN EN KAPITAAL

HOOFDSTUK 1
DE WERKNEMERS

Art. 45

1. Het verkeer van werknemers binnen de Unie is vrij.

Vrij verkeer werknemers binnen Europese Unie

2. Dit houdt de afschaffing in van elke discriminatie op grond van de nationaliteit tussen de werknemers der lidstaten, wat betreft de werkgelegenheid, de beloning en de overige arbeidsvoorwaarden.
3. Het houdt behoudens de uit hoofde van openbare orde, openbare veiligheid en volksgezondheid gerechtvaardigde beperkingen het recht in om,
a. in te gaan op een feitelijk aanbod tot tewerkstelling;
b. zich te dien einde vrij te verplaatsen binnen het grondgebied der lidstaten;
c. in een der lidstaten te verblijven teneinde daar een beroep uit te oefenen overeenkomstig de wettelijke en bestuursrechtelijke bepalingen welke voor de tewerkstelling van nationale werknemers gelden;
d. op het grondgebied van een lidstaat verblijf te houden, na er een betrekking te hebben vervuld, overeenkomstig de voorwaarden die zullen worden opgenomen in door de Commissie vast te stellen verordeningen.
4. De bepalingen van dit artikel zijn niet van toepassing op de betrekkingen in overheidsdienst.

Art. 46

Het Europees Parlement en de Raad stellen volgens de gewone wetgevingsprocedure en na raadpleging van het Economisch en Sociaal Comité, bij wege van richtlijnen of verordeningen de maatregelen vast welke nodig zijn om tot een vrij verkeer van werknemers te komen zoals dit in artikel 45 is omschreven, met name door:

Totstandkoming regelgeving vrij verkeer werknemers Europese Unie

a. het verzekeren van een nauwe samenwerking tussen de nationale bestuursinstellingen op het gebied van de arbeid;
b. het afschaffen van de administratieve procedures en handelwijzen, alsmede van de wachttijden voor het aanvaarden van aangeboden betrekkingen voortvloeiende hetzij uit de nationale wetgeving hetzij uit voordien tussen de lidstaten gesloten overeenkomsten, waarvan de handhaving een beletsel zou vormen voor het vrijmaken van het verkeer van de werknemers;
c. het afschaffen van alle wachttijden en andere beperkingen gesteld hetzij in de nationale wetgeving hetzij in voordien tussen de lidstaten gesloten overeenkomsten, welke aan de werknemers uit de overige lidstaten andere voorwaarden opleggen voor de vrije keuze van een betrekking dan aan de werknemers van het eigen land;
d. het instellen van organisatorische voorzieningen door welke de aanbiedingen van en de aanvragen om werk met elkaar in aanraking kunnen worden gebracht en door welke het evenwicht daarvan kan worden vergemakkelijkt onder voorwaarden welke ernstige gevaren voor de levensstandaard en de werkgelegenheid in de verschillende gebieden en industrieën uitsluiten.

Art. 47
Uitwisseling jeugdige werknemers Europese Unie

De lidstaten begunstigen de uitwisseling van jeugdige werknemers in het kader van een gemeenschappelijk programma.

Art. 48
Sociale zekerheid voor vrij verkeer van werknemers Europese Unie

Het Europees Parlement en de Raad stellen volgens de gewone wetgevingsprocedure de maatregelen vast welke op het gebied van de sociale zekerheid noodzakelijk zijn voor de totstandkoming van het vrije verkeer van werknemers met name door een stelsel in te voeren waardoor het mogelijk is voor al dan niet in loondienst werkzame migrerende werknemers en hun rechthebbenden te waarborgen:

a. dat, met het oog op het verkrijgen en het behoud van het recht op uitkeringen alsmede voor de berekening daarvan, al die tijdvakken worden bijeengeteld welke door de verschillende nationale wetgevingen in aanmerking worden genomen,

b. dat de uitkeringen aan personen die op het grondgebied van de lidstaten verblijven, zullen worden uitbetaald.

Wanneer een lid van de Raad verklaart dat een ontwerp van wetgevingshandeling als bedoeld in de eerste alinea afbreuk zou doen aan belangrijke aspecten van zijn socialezekerheidsstelsel, met name het toepassingsgebied, de kosten en de financiële structuur ervan, of gevolgen zou hebben voor het financiële evenwicht van dat stelsel, kan hij verzoeken dat de aangelegenheid wordt voorgelegd aan de Europese Raad. In dat geval wordt de gewone wetgevingsprocedure geschorst. Na bespreking zal de Europese Raad, binnen 4 maanden na die schorsing:

a. het ontwerp terugverwijzen naar de Raad, waardoor de schorsing van de gewone wetgevingsprocedure wordt beëindigd, of

b. niet handelen of de Commissie verzoeken een nieuw voorstel in te dienen; in dat geval wordt de aanvankelijk voorgestelde handeling geacht niet te zijn vastgesteld.

HOOFDSTUK 2
HET RECHT VAN VESTIGING

Art. 49
Vrijheid van vestiging Europese Unie

In het kader van de volgende bepalingen zijn beperkingen van de vrijheid van vestiging voor onderdanen van een lidstaat op het grondgebied van een andere lidstaat verboden. Dit verbod heeft eveneens betrekking op beperkingen betreffende de oprichting van agentschappen, filialen of dochterondernemingen door de onderdanen van een lidstaat die op het grondgebied van een lidstaat zijn gevestigd.

De vrijheid van vestiging omvat, behoudens de bepalingen van het hoofdstuk betreffende het kapitaal, de toegang tot werkzaamheden anders dan in loondienst en de uitoefening daarvan alsmede de oprichting en het beheer van ondernemingen, en met name van vennootschappen in de zin van de tweede alinea van artikel 54, overeenkomstig de bepalingen welke door de wetgeving van het land van vestiging voor de eigen onderdanen zijn vastgesteld.

Art. 50
Totstandkoming regelgeving vrijheid van vestiging Europese Unie

1. Teneinde de vrijheid van vestiging voor een bepaalde werkzaamheid te verwezenlijken, beslissen het Europees Parlement en de Raad volgens de gewone wetgevingsprocedure en na raadpleging van het Economisch en Sociaal Comité bij wege van richtlijnen.

2. Het Europees Parlement, de Raad en de Commissie oefenen de taken uit welke hun door bovenstaande bepalingen worden toevertrouwd, met name:

a. door in het algemeen bij voorrang die werkzaamheden te behandelen waarvoor de vrijheid van vestiging een bijzonder nuttige bijdrage levert ter ontwikkeling van de productie en van het handelsverkeer;

b. door het verzekeren van een nauwe samenwerking tussen de bevoegde nationale bestuursinstellingen teneinde de bijzondere omstandigheden van de verschillende betrokken werkzaamheden binnen de Unie te leren kennen;

c. door het afschaffen van die bestuursrechtelijke procedures en handelwijzen, voortvloeiende hetzij uit de nationale wetgeving hetzij uit voordien tussen de lidstaten gesloten akkoorden waarvan de handhaving een beletsel zou vormen voor de vrijheid van vestiging;

d. door ervoor te waken dat de werknemers van een der lidstaten welke op het grondgebied van een andere lidstaat te werk zijn gesteld, op dit grondgebied kunnen verblijven om er anders dan in loondienst werk te verrichten, wanneer zij voldoen aan de voorwaarden waaraan zij zouden moeten voldoen indien zij op het tijdstip waarop zij genoemde bezigheid willen opvatten, eerst in die staat zouden zijn aangekomen;

e. door de verwerving en de exploitatie mogelijk te maken van op het grondgebied van een lidstaat gelegen grondbezit door een onderdaan van een andere lidstaat, voorzover de beginselen van artikel 39, lid 2, niet worden aangetast;

f. door de geleidelijke opheffing der beperkingen van de vrijheid van vestiging in elke in behandeling genomen tak van werkzaamheid toe te passen enerzijds op de oprichtingsvoorwaarden

op het grondgebied van een lidstaat van agentschappen, filialen of dochterondernemingen en anderzijds op de toelatingsvoorwaarden voor het personeel van de hoofdvestiging tot de organen van beheer of toezicht van deze agentschappen, filialen of dochterondernemingen;
g. door, voorzover nodig, de waarborgen te coördineren welke in de lidstaten worden verlangd van de rechtspersonen in de zin van de tweede alinea van artikel 54, om de belangen te beschermen zowel van de deelnemers in die rechtspersonen als van derden, teneinde die waarborgen gelijkwaardig te maken;
h. door ervoor te zorgen dat de voorwaarden van vestiging niet worden vervalst als gevolg van steunmaatregelen van de lidstaten.

Art. 51
De bepalingen van dit hoofdstuk zijn, wat de betrokken lidstaat betreft, niet van toepassing op de werkzaamheden ter uitoefening van het openbaar gezag in deze staat, zelfs indien deze slechts voor een bepaalde gelegenheid geschieden.
Het Europees Parlement en de Raad kunnen, volgens de gewone wetgevingsprocedure, besluiten dat de bepalingen van dit hoofdstuk op bepaalde werkzaamheden niet van toepassing zijn.

Uitzondering op vrijheid van vestiging Europese Unie

Art. 52
1. De voorschriften van dit hoofdstuk en de maatregelen uit hoofde daarvan genomen doen niet af aan de toepasselijkheid van de wettelijke en bestuursrechtelijke bepalingen waarbij een bijzondere regeling is vastgesteld voor vreemdelingen welke bepalingen uit hoofde van de openbare orde, de openbare veiligheid en de volksgezondheid gerechtvaardigd zijn.
2. Het Europees Parlement en de Raad stellen volgens de gewone wetgevingsprocedure richtlijnen vast voor de coördinatie van voornoemde wettelijke en bestuursrechtelijke bepalingen.

Bijzondere regeling vreemdelingen en vrijheid van vestiging Europese Unie

Art. 53
1. Teneinde de toegang tot werkzaamheden, anders dan in loondienst, en de uitoefening daarvan te vergemakkelijken, stellen het Europees Parlement en de Raad volgens de gewone wetgevingsprocedure richtlijnen vast inzake de onderlinge erkenning van diploma's, certificaten en andere titels en inzake de coördinatie van de wettelijke en bestuursrechtelijke bepalingen van de lidstaten betreffende de toegang tot werkzaamheden anders dan in loondienst en de uitoefening daarvan.
2. Wat de geneeskundige, paramedische en farmaceutische beroepen betreft, is de geleidelijke afschaffing van de beperkingen afhankelijk van de coördinatie van de voorwaarden waaronder zij in de verschillende lidstaten worden uitgeoefend.

Totstandkoming regelgeving erkenning diploma's binnen Europese Unie

Art. 54
De vennootschappen welke in overeenstemming met de wetgeving van een lidstaat zijn opgericht en welke hun statutaire zetel, hun hoofdbestuur of hun hoofdvestiging binnen de Unie hebben, worden voor de toepassing van de bepalingen van dit hoofdstuk gelijkgesteld met de natuurlijke personen die onderdaan zijn van de lidstaten.
Onder vennootschappen worden verstaan maatschappen naar burgerlijk recht of handelsrecht, de coöperatieve verenigingen of vennootschappen daaronder begrepen, en de overige rechtspersonen naar publiek- of privaatrecht, met uitzondering van vennootschappen welke geen winst beogen.

Gelijkstelling rechtspersonen en natuurlijke personen Europese Unie

Art. 55
De lidstaten verlenen nationale behandeling wat betreft financiële deelneming door de onderdanen van de andere lidstaten in het kapitaal van rechtspersonen in de zin van artikel 54, onverminderd de toepassing der overige bepalingen van de Verdragen.

Financiële deelneming in rechtspersonen binnen Europese Unie

HOOFDSTUK 3
DE DIENSTEN

Art. 56
In het kader van de volgende bepalingen zijn de beperkingen op het vrij verrichten van diensten binnen de Unie verboden ten aanzien van de onderdanen der lidstaten die in een andere lidstaat zijn gevestigd dan die, waarin degene is gevestigd te wiens behoeve de dienst wordt verricht.
Het Europees Parlement en de Raad kunnen, volgens de gewone wetgevingsprocedure, de bepalingen van dit hoofdstuk van toepassing verklaren ten gunste van de onderdanen van een derde staat die diensten verrichten en binnen de Unie zijn gevestigd.

Vrijheid van dienstverlening binnen Europese Unie

Art. 57
In de zin van de Verdragen worden als diensten beschouwd de dienstverrichtingen welke gewoonlijk tegen vergoeding geschieden, voorzover de bepalingen, betreffende het vrije verkeer van goederen, kapitaal en personen op deze dienstverrichtingen niet van toepassing zijn.
De diensten omvatten met name werkzaamheden:
a. van industriële aard,
b. van commerciële aard,
c. van het ambacht,
d. van de vrije beroepen.

Definitie diensten

Onverminderd de bepalingen van het hoofdstuk betreffende het recht van vestiging, kan degene die de diensten verricht, daartoe zijn werkzaamheden tijdelijk uitoefenen in de lidstaat waar de dienst wordt verricht, onder dezelfde voorwaarden als die welke die lidstaat aan zijn eigen onderdanen oplegt.

Art. 58

Vrij verkeer van dienstverlening en vervoer Europese Unie

1. Het vrije verkeer van de diensten op het gebied van het vervoer wordt geregeld door de bepalingen voorkomende in de titel betreffende het vervoer.

2. De liberalisatie van de door banken en verzekeringsmaatschappijen verrichte diensten waarmede kapitaalverplaatsingen gepaard gaan, moet worden verwezenlijkt in overeenstemming met de liberalisatie van het kapitaalverkeer.

Art. 59

Vaststelling richtlijnen vrij verkeer van diensten Europese Unie

1. Teneinde de vrijheid tot het verrichten van een bepaalde dienst te verwezenlijken, stellen het Europees Parlement en de Raad, volgens de gewone wetgevingsprocedure en na raadpleging van het Economisch en Sociaal Comité, richtlijnen vast.

2. De in lid 1 bedoelde richtlijnen hebben in het algemeen bij voorrang betrekking op de diensten welke rechtstreeks van invloed zijn op de productiekosten of waarvan de liberalisatie bijdraagt tot het vergemakkelijken van het goederenverkeer.

Art. 60

Liberalisering der diensten binnen lidstaten Europese Unie

De lidstaten spannen zich in om bij de liberalisering der diensten verder te gaan dan waartoe zij op grond van de richtlijnen krachtens artikel 59, lid 1, verplicht zijn, indien hun algemene economische toestand en de toestand in de betrokken sector dit toelaten.
De Commissie doet de betrokken lidstaten daartoe aanbevelingen.

Art. 61

Zolang de beperkingen op het vrij verrichten van diensten niet zijn opgeheven, passen de lidstaten deze zonder onderscheid naar nationaliteit of naar verblijfplaats toe op al degenen die diensten verrichten als bedoeld in de eerste alinea van artikel 56.

Art. 62

De bepalingen van de artikelen 51 tot en met 54 zijn van toepassing op het onderwerp dat in dit hoofdstuk is geregeld.

HOOFDSTUK 4
KAPITAAL EN BETALINGSVERKEER

Art. 63

Vrijheid van kapitaal- en betalingsverkeer Europese Unie

1. In het kader van de bepalingen van dit hoofdstuk zijn alle beperkingen van het kapitaalverkeer tussen lidstaten onderling en tussen lidstaten en derde landen verboden.

2. In het kader van de bepalingen van dit hoofdstuk zijn alle beperkingen van het betalingsverkeer tussen lidstaten onderling en tussen lidstaten en derde landen verboden.

Art. 64

Overgangsbepaling

1. Het bepaalde in artikel 63 doet geen afbreuk aan de toepassing op derde landen van beperkingen die op 31 december 1993 bestaan uit hoofde van het nationale recht of het recht van de Unie inzake het kapitaalverkeer naar of uit derde landen in verband met directe investeringen – met inbegrip van investeringen in onroerende goederen –, vestiging, het verrichten van financiële diensten of de toelating van waardepapieren tot de kapitaalmarkten. Voor beperkingen uit hoofde van nationaal recht in Bulgarije, Estland en Hongarije geldt als datum 31 december 1999. Voor beperkingen uit hoofde van nationaal recht in Kroatië geldt als datum 31 december 2002.

2. Hoewel het Europees Parlement en de Raad trachten de doelstelling van een niet aan beperkingen onderworpen vrij kapitaalverkeer tussen lidstaten en derde landen zoveel mogelijk te bereiken, stellen zij, onverminderd het bepaalde in de overige hoofdstukken van de Verdragen, volgens de gewone wetgevingsprocedure maatregelen vast betreffende het kapitaalverkeer naar of uit derde landen in verband met directe investeringen met inbegrip van investeringen in onroerende goederen –, vestiging, het verrichten van financiële diensten of de toelating van waardepapieren tot de kapitaalmarkten.

3. In afwijking van lid 2, kan alleen de Raad, volgens een bijzondere wetgevingsprocedure, met eenparigheid van stemmen en na raadpleging van het Europees Parlement, maatregelen vaststellen die in het recht van de Unie een achteruitgang op het gebied van de liberalisering van het kapitaalverkeer naar of uit derde landen vormen.

Art. 65

Handhaving nationale belastingwetgeving binnen kapitaal- en betalingsverkeer Europese Unie

1. Het bepaalde in artikel 63 doet niets af aan het recht van de lidstaten:
a. de terzake dienende bepalingen van hun belastingwetgeving toe te passen die onderscheid maken tussen belastingplichtigen die niet in dezelfde situatie verkeren met betrekking tot hun vestigingsplaats of de plaats waar hun kapitaal is belegd;

b. alle nodige maatregelen te nemen om overtredingen van de nationale wetten en voorschriften tegen te gaan, met name op fiscaal gebied en met betrekking tot het bedrijfseconomisch toezicht op financiële instellingen, of te voorzien in procedures voor de kennisgeving van kapitaalbewegingen ter informatie van de overheid of voor statistische doeleinden, dan wel maatregelen te nemen die op grond van de openbare orde of de openbare veiligheid gerechtvaardigd zijn.
2. De bepalingen van dit hoofdstuk doen geen afbreuk aan de toepasbaarheid van beperkingen inzake het recht van vestiging welke verenigbaar zijn met de Verdragen.
3. De in de leden 1 en 2 bedoelde maatregelen en procedures mogen geen middel tot willekeurige discriminatie vormen, noch een verkapte beperking van het vrije kapitaalverkeer en betalingsverkeer als omschreven in artikel 63.
4. Bij ontstentenis van maatregelen als bedoeld in artikel 64, lid 3, kan de Commissie, of, bij ontstentenis van een besluit van de Commissie binnen drie maanden na de indiening van het verzoek door de betrokken lidstaat, kan de Raad een besluit vaststellen waarin wordt bepaald dat door een lidstaat jegens een of meer derde landen genomen beperkende belastingmaatregelen verenigbaar worden geacht met de Verdragen, voor zover deze stroken met de doelstellingen van de Unie en verenigbaar zijn met de goede werking van de interne markt. De Raad besluit met eenparigheid van stemmen, op verzoek van een lidstaat.

Art. 66
Wanneer, in uitzonderlijke omstandigheden, het kapitaalverkeer naar of uit derde landen ernstige moeilijkheden veroorzaakt of dreigt te veroorzaken voor de werking van de Economische en Monetaire Unie, kan de Raad op voorstel van de Commissie en na raadpleging van de Europese Centrale Bank ten aanzien van derde landen vrijwaringsmaatregelen nemen voor een periode van ten hoogste zes maanden, indien deze maatregelen strikt noodzakelijk zijn.

Vrijwaringsmaatregelen kapitaal- en betalingsverkeer Europese Unie

TITEL V
DE RUIMTE VAN VRIJHEID, VEILIGHEID EN RECHT

HOOFDSTUK 1
ALGEMENE BEPALINGEN

Art. 67
1. De Unie is een ruimte van vrijheid, veiligheid en recht, waarin de grondrechten en de verschillende rechtsstelsels en -tradities van de lidstaten worden geëerbiedigd.

Ruimte van vrijheid, veiligheid en recht Europese Unie

2. De Unie zorgt ervoor dat aan de binnengrenzen geen personencontroles worden verricht en zij ontwikkelt een gemeenschappelijk beleid op het gebied van asiel, immigratie en controle aan de buitengrenzen, dat gebaseerd is op solidariteit tussen de lidstaten en dat billijk is ten aanzien van de onderdanen van derde landen. Voor de toepassing van deze titel worden staatlozen gelijkgesteld met onderdanen van derde landen.
3. De Unie streeft ernaar een hoog niveau van veiligheid te waarborgen, door middel van maatregelen ter voorkoming en bestrijding van criminaliteit, en van racisme en vreemdelingenhaat, maatregelen inzake coördinatie en samenwerking tussen de politiële en justitiële autoriteiten in strafzaken en andere bevoegde autoriteiten, alsmede door de wederzijdse erkenning van rechterlijke beslissingen in strafzaken en, zo nodig, door de onderlinge aanpassing van de strafwetgevingen.
4. De Unie vergemakkelijkt de toegang tot de rechter, met name door het beginsel van wederzijdse erkenning van gerechtelijke en buitengerechtelijke beslissingen in burgerlijke zaken.

Art. 68
De Europese Raad stelt de strategische richtsnoeren van de wetgevende en operationele programmering in de ruimte van vrijheid, veiligheid en recht vast.

Strategische richtsnoeren

Art. 69
Met betrekking tot de wetgevingsvoorstellen en -initiatieven die worden ingediend in het kader van de hoofdstukken 4 en 5 zien de nationale parlementen erop toe dat het subsidiariteitsbeginsel wordt geëerbiedigd, overeenkomstig het Protocol betreffende de toepassing van de beginselen van subsidiariteit en evenredigheid.

Subsidiariteitsbeginsel

Art. 70
Onverminderd de artikelen 258, 259 en 260, kan de Raad op voorstel van de Commissie maatregelen vaststellen die bepalen dat de lidstaten in samenwerking met de Commissie een objectieve en onpartijdige evaluatie van de uitvoering, door de autoriteiten van de lidstaten, van het door deze titel bestreken beleid van de Unie verrichten, met name ter bevordering van de volledige toepassing van het beginsel van wederzijdse erkenning. Het Europees Parlement en de nationale parlementen worden op de hoogte gebracht van de inhoud en de resultaten van die evaluatie.

Evaluatie van beleid

Art. 71

Permanent comité binnenlandse veiligheid Europese Unie

Binnen de Raad wordt een permanent comité opgericht om ervoor te zorgen dat binnen de Unie de operationele samenwerking op het gebied van de binnenlandse veiligheid wordt bevorderd en versterkt. Onverminderd artikel 240 bevordert het comité de coördinatie van het optreden van de bevoegde autoriteiten van de lidstaten. De vertegenwoordigers van de betrokken organen en instanties van de Unie kunnen bij de werkzaamheden van het comité worden betrokken. Het Europees Parlement en de nationale parlementen worden over deze werkzaamheden geïnformeerd.

Art. 72

Uitzondering voor handhaving openbare orde en binnenlandse veiligheid lidstaten Europese Unie

Deze titel laat de uitoefening van de verantwoordelijkheid van de lidstaten voor de handhaving van de openbare orde en de bescherming van de binnenlandse veiligheid onverlet.

Art. 73

Samenwerking lidstaten Europese Unie betreffende nationale veiligheid

Het staat de lidstaten vrij onderling en onder hun verantwoordelijkheid vormen van samenwerking en coördinatie te organiseren zoals zij het passend achten tussen hun bevoegde overheidsdiensten die verantwoordelijk zijn voor het verzekeren van de nationale veiligheid.

Art. 74

Maatregelen voor administratieve samenwerking overheidsdiensten Europese Unie

De Raad stelt maatregelen vast voor de administratieve samenwerking tussen de diensten van de lidstaten die bevoegd zijn op de door deze titel bestreken gebieden, en tussen deze diensten en de Commissie. De Raad besluit op voorstel van de Commissie, onder voorbehoud van artikel 76, en na raadpleging van het Europees Parlement.

Art. 75

Terrorismebestrijding binnen Europese Unie

Indien zulks noodzakelijk is om de in artikel 67 genoemde doelstellingen te verwezenlijken, wat betreft de preventie en de bestrijding van terrorisme en aanverwante activiteiten, stellen het Europees Parlement en de Raad volgens de gewone wetgevingsprocedure bij verordeningen een kader vast voor beheersmaatregelen met betrekking tot het kapitaal- en betalingsverkeer, zoals het bevriezen van tegoeden, financiële activa of economische baten waarvan de bezitters, de eigenaars of de houders natuurlijke personen, rechtspersonen dan wel niet-statelijke groepen of entiteiten zijn.

De Raad stelt op voorstel van de Commissie maatregelen vast ter uitvoering van het in de eerste alinea bedoelde kader.

De in dit artikel bedoelde handelingen bevatten de nodige bepalingen inzake juridische waarborgen.

Art. 76

De in de hoofdstukken 4 en 5 bedoelde handelingen alsmede de in artikel 74 bedoelde maatregelen tot vaststelling van regels voor administratieve samenwerking op de door die hoofdstukken bestreken gebieden worden vastgesteld:
a. op voorstel van de Commissie, of
b. op initiatief van een kwart van de lidstaten.

HOOFDSTUK 2
BELEID INZAKE GRENSCONTROLES, ASIEL EN IMMIGRATIE

Art. 77

Personencontrole binnen Europese Unie

1. De Unie ontwikkelt een beleid dat tot doel heeft:
a. het voorkomen dat personen, ongeacht hun nationaliteit, bij het overschrijden van de binnengrenzen aan enige controle worden onderworpen;
b. te zorgen voor personencontrole en efficiënte bewaking bij het overschrijden van de buitengrenzen;
c. geleidelijk een geïntegreerd systeem voor het beheer van de buitengrenzen op te zetten.
2. Voor de toepassing van lid 1 stellen het Europees Parlement en de Raad volgens de gewone wetgevingsprocedure maatregelen vast voor:
a. het gemeenschappelijk beleid inzake visa en andere verblijfstitels van korte duur;
b. de controles waaraan personen bij het overschrijden van de buitengrenzen worden onderworpen;
c. de voorwaarden waaronder onderdanen van derde landen gedurende een korte periode vrij in de Unie kunnen reizen;
d. de geleidelijke invoering van een geïntegreerd systeem van beheer van de buitengrenzen;
e. het voorkomen dat personen, ongeacht hun nationaliteit, bij het overschrijden van de binnengrenzen aan enige controle worden onderworpen.
3. Indien een optreden van de Unie noodzakelijk blijkt om de uitoefening van het in artikel 20, lid 2, onder a, bedoelde recht te vergemakkelijken, kan de Raad, volgens een bijzondere wetgevingsprocedure, bepalingen inzake paspoorten, identiteitskaarten, verblijfsvergunningen en daarmee gelijkgestelde documenten vaststellen, tenzij de Verdragen in de daartoe vereiste

bevoegdheden voorzien. De Raad besluit met eenparigheid van stemmen, na raadpleging van het Europees Parlement.
4. Dit artikel laat de bevoegdheid van de lidstaten inzake de geografische afbakening van hun grenzen overeenkomstig het internationaal recht onverlet.

Art. 78
1. De Unie ontwikkelt een gemeenschappelijk beleid inzake asiel, subsidiaire bescherming en tijdelijke bescherming, teneinde iedere onderdaan van een derde land die internationale bescherming behoeft, een passende status te verlenen en de naleving van het beginsel van non-refoulement te garanderen. Dit beleid moet in overeenstemming zijn met het Verdrag van Genève van 28 juli 1951 en het Protocol van 31 januari 1967 betreffende de status van vluchtelingen alsmede met de andere toepasselijke verdragen.

Procedure regelgeving asiel Europese Unie

2. Voor de toepassing van lid 1 stellen het Europees Parlement en de Raad volgens de gewone wetgevingsprocedure maatregelen vast voor een gemeenschappelijk Europees asielstelsel dat omvat:
   a. een uniforme asielstatus voor onderdanen van derde landen die in de hele Unie geldt;
   b. een uniforme subsidiaire-beschermingsstatus voor onderdanen van derde landen die, als zij geen asiel krijgen in de Europese Unie, internationale bescherming behoeven;
   c. een gemeenschappelijk stelsel voor tijdelijke bescherming van ontheemden in geval van een massale toestroom;
   d. gemeenschappelijke procedures voor toekenning of intrekking van de uniforme status voor asiel of van subsidiaire bescherming;
   e. criteria en instrumenten voor de vaststelling van de lidstaat die verantwoordelijk is voor de behandeling van een asielverzoek of van een verzoek om subsidiaire bescherming;
   f. normen betreffende de voorwaarden inzake de opvang van asielzoekers of van aanvragers van subsidiaire bescherming;
   g. partnerschap en samenwerking met derde landen om de stromen van asielzoekers of aanvragers van subsidiaire of tijdelijke bescherming te beheersen.
3. Indien een of meer lidstaten ten gevolge van een plotselinge toestroom van onderdanen van derde landen in een noodsituatie terechtkomen, kan de Raad op voorstel van de Commissie voorlopige maatregelen ten gunste van de betrokken lidstaat of lidstaten vaststellen. De Raad besluit na raadpleging van het Europees Parlement.

Art. 79
1. De Unie ontwikkelt een gemeenschappelijk immigratiebeleid, dat erop gericht is in alle stadia te zorgen voor een efficiënt beheer van de migratiestromen, een billijke behandeling van onderdanen van derde landen die legaal op het grondgebied van de lidstaten verblijven, en een preventie en intensievere bestrijding van illegale immigratie en mensenhandel.

Gemeenschappelijk immigratiebeleid Europese Unie

2. Voor de toepassing van lid 1 stellen het Europees Parlement en de Raad volgens de gewone wetgevingsprocedure maatregelen vast op de volgende gebieden:
   a. de voorwaarden voor toegang en verblijf, en normen betreffende de afgifte door de lidstaten van langlopende visa en verblijfstitels, onder andere met het oog op gezinshereniging;
   b. de omschrijving van de rechten van onderdanen van derde landen die legaal in een lidstaat verblijven, alsook de voorwaarden ter regeling van het vrije verkeer en het vrije verblijf in andere lidstaten;
   c. illegale immigratie en illegaal verblijf, met inbegrip van verwijdering en repatriëring van illegaal verblijvende personen;
   d. bestrijding van mensenhandel, met name handel in vrouwen en kinderen.
3. De Unie kan overeenkomsten met derde landen sluiten waarmee de overname door hun land van oorsprong of herkomst wordt beoogd van onderdanen van derde landen die niet of niet meer voldoen aan de voorwaarden voor binnenkomst, aanwezigheid of verblijf op het grondgebied van een van de lidstaten.
4. Het Europees Parlement en de Raad kunnen, volgens de gewone wetgevingsprocedure, maatregelen vaststellen om het optreden van de lidstaten ter bevordering van de integratie van onderdanen van derde landen die legaal op hun grondgebied verblijven, aan te moedigen en te ondersteunen, met uitsluiting van enige harmonisering van de wettelijke of bestuursrechtelijke regelingen van de lidstaten.
5. Dit artikel laat het recht van de lidstaten onverlet zelf te bepalen hoeveel onderdanen van derde landen, afkomstig uit derde landen, tot hun grondgebied worden toegelaten teneinde daar al dan niet in loondienst arbeid te verrichten.

Art. 80
Aan het in dit hoofdstuk bedoelde beleid van de Unie en de uitvoering daarvan liggen de beginselen van solidariteit en billijke verdeling van de verantwoordelijkheid tussen de lidstaten, ook op financieel vlak, ten grondslag. De handelingen van de Unie die uit hoofde van dit hoofdstuk worden vastgesteld, bevatten telkens wanneer dat nodig is, passende bepalingen voor de toepassing van dit beginsel.

Beginselen bij personencontrole Europese Unie

HOOFDSTUK 3
JUSTITIËLE SAMENWERKING IN BURGERLIJKE ZAKEN

Art. 81

Justitiële samenwerking in burgerlijke zaken Europese Unie

1. De Unie ontwikkelt een justitiële samenwerking in burgerlijke zaken met grensoverschrijdende gevolgen, die berust op het beginsel van wederzijdse erkenning van rechterlijke beslissingen en van beslissingen in buitengerechtelijke zaken. Deze samenwerking kan maatregelen ter aanpassing van de wettelijke en bestuursrechtelijke bepalingen van de lidstaten omvatten.
2. Voor de toepassing van lid 1 stellen het Europees Parlement en de Raad volgens de gewone wetgevingsprocedure, met name wanneer dat nodig is voor de goede werking van de interne markt, maatregelen vast die het volgende beogen:
   a. de wederzijdse erkenning tussen de lidstaten van rechterlijke beslissingen en van beslissingen in buitengerechtelijke zaken en de tenuitvoerlegging daarvan;
   b. de grensoverschrijdende betekening en kennisgeving van gerechtelijke en buitengerechtelijke stukken;
   c. de verenigbaarheid van de in de lidstaten geldende regels voor collisie en jurisdictiegeschillen;
   d. samenwerking bij het vergaren van bewijsmiddelen;
   e. daadwerkelijke toegang tot de rechter;
   f. het wegnemen van de hindernissen voor de goede werking van burgerrechtelijke procedures, zo nodig door bevordering van de verenigbaarheid van de in de lidstaten geldende bepalingen inzake burgerlijke rechtsvordering;
   g. de ontwikkeling van alternatieve methoden voor geschillenbeslechting;
   h. de ondersteuning van de opleiding van magistraten en justitieel personeel.
3. In afwijking van lid 2, worden maatregelen betreffende het familierecht met grensoverschrijdende gevolgen vastgesteld door de Raad, die volgens een bijzondere wetgevingsprocedure besluit. De Raad besluit met eenparigheid van stemmen, na raadpleging van het Europees Parlement.
De Raad kan op voorstel van de Commissie bij besluit vaststellen ten aanzien van welke aspecten van het familierecht met grensoverschrijdende gevolgen handelingen volgens de gewone wetgevingsprocedure kunnen worden vastgesteld. De Raad besluit met eenparigheid van stemmen, na raadpleging van het Europees Parlement.
Het in de tweede alinea bedoelde voorstel wordt aan de nationale parlementen toegezonden. Indien binnen een termijn van zes maanden na die toezending door een nationaal parlement bezwaar wordt aangetekend, is het besluit niet vastgesteld. Indien geen bezwaar wordt aangetekend, kan de Raad het besluit vaststellen.

HOOFDSTUK 4
JUSTITIËLE SAMENWERKING IN STRAFZAKEN

Art. 82

Justitiële samenwerking in strafzaken Europese Unie

1. De justitiële samenwerking in strafzaken in de Unie berust op het beginsel van de wederzijdse erkenning van rechterlijke uitspraken en beslissingen en omvat de onderlinge aanpassing van de wettelijke en bestuursrechtelijke bepalingen van de lidstaten op de in lid 2 en in artikel 83 genoemde gebieden.
Het Europees Parlement en de Raad stellen, volgens de gewone wetgevingsprocedure, maatregelen vast die ertoe strekken:
   a. regels en procedures vast te leggen waarmee alle soorten vonnissen en rechterlijke beslissingen overal in de Unie erkend worden;
   b. jurisdictiegeschillen tussen de lidstaten te voorkomen en op te lossen;
   c. de opleiding van magistraten en justitieel personeel te ondersteunen;
   d. in het kader van strafvervolging en tenuitvoerlegging van beslissingen de samenwerking tussen de justitiële of gelijkwaardige autoriteiten van de lidstaten te bevorderen.
2. Voor zover nodig ter bevordering van de wederzijdse erkenning van vonnissen en rechterlijke beslissingen en van de politiële en justitiële samenwerking in strafzaken met een grensoverschrijdende dimensie, kunnen het Europees Parlement en de Raad volgens de gewone wetgevingsprocedure bij richtlijnen minimumvoorschriften vaststellen. In die minimumvoorschriften wordt rekening gehouden met de verschillen tussen de rechtstradities en rechtsstelsels van de lidstaten.
Deze minimumvoorschriften hebben betrekking op:
   a. de wederzijdse toelaatbaarheid van bewijs tussen de lidstaten;
   b. de rechten van personen in de strafvordering;
   c. de rechten van slachtoffers van misdrijven;
   d. andere specifieke elementen van de strafvordering, die door de Raad vooraf bij besluit worden bepaald. Voor de aanneming van dit besluit, besluit de Raad met eenparigheid van stemmen, na goedkeuring door het Europees Parlement.

De vaststelling van de in dit lid bedoelde minimumvoorschriften belet de lidstaten niet een hoger niveau van bescherming voor personen te handhaven of in te voeren.
3. Wanneer een lid van de Raad van oordeel is dat een in lid 2 bedoelde ontwerp-richtlijn afbreuk zou doen aan fundamentele aspecten van zijn strafrechtstelsel, kan hij verzoeken dat het ontwerp aan de Europese Raad wordt voorgelegd. In dat geval wordt de gewone wetgevingsprocedure geschorst. Na bespreking, en in geval van consensus, verwijst de Europese Raad, binnen vier maanden na die schorsing het ontwerp terug naar de Raad, waardoor de schorsing van de gewone wetgevingsprocedure wordt beëindigd.
Binnen dezelfde termijn, in geval van verschil van mening en indien ten minste negen lidstaten een nauwere samenwerking wensen aan te gaan op grond van de betrokken ontwerp-richtlijn, stellen zij het Europees Parlement, de Raad en de Commissie daarvan in kennis. In dat geval wordt de in de artikelen 20, lid 2, van het Verdrag betreffende de Europese Unie en 329, lid 1, van dit Verdrag bedoelde machtiging tot nauwere samenwerking geacht te zijn verleend en zijn de bepalingen betreffende nauwere samenwerking van toepassing.

Art. 83
1. Het Europees Parlement en de Raad kunnen volgens de gewone wetgevingsprocedure bij richtlijnen minimumvoorschriften vaststellen betreffende de bepaling van strafbare feiten en sancties in verband met vormen van bijzonder zware criminaliteit met een grensoverschrijdende dimensie die voortvloeit uit de aard of de gevolgen van deze strafbare feiten of uit een bijzondere noodzaak om deze op gemeenschappelijke basis te bestrijden. *Zware criminaliteit met een grensoverschrijdende dimensie binnen Europese Unie*

Het betreft de volgende vormen van criminaliteit: terrorisme, mensenhandel en seksuele uitbuiting van vrouwen en kinderen, illegale drugshandel, illegale wapenhandel, het witwassen van geld, corruptie, de vervalsing van betaalmiddelen, computercriminaliteit en de georganiseerde criminaliteit.
Afhankelijk van de ontwikkelingen in de criminaliteit kan de Raad bij besluit vaststellen, welke andere vormen van criminaliteit aan de in dit lid genoemde criteria voldoen. De Raad besluit met eenparigheid van stemmen, na goedkeuring door het Europees Parlement.
2. Indien onderlinge aanpassing van de wettelijke en bestuursrechtelijke bepalingen van de lidstaten op het gebied van het strafrecht nodig blijkt voor een doeltreffende uitvoering van beleid van de Unie op een gebied waarop harmonisatiemaatregelen zijn vastgesteld, kunnen bij richtlijnen minimumvoorschriften worden vastgesteld met betrekking tot de bepaling van strafbare feiten en de sancties op het betrokken gebied. Onverminderd artikel 76 worden deze richtlijnen vastgesteld volgens de gewone of een bijzondere wetgevingsprocedure die gelijk is aan de procedure voor de vaststelling van de betrokken harmonisatiemaatregelen.
3. Wanneer een lid van de Raad van oordeel is dat een in de leden 1 en 2 bedoelde richtlijn afbreuk zou doen aan fundamentele aspecten van zijn strafrechtstelsel, kan hij verzoeken dat het ontwerp aan de Europese Raad wordt voorgelegd. In dat geval wordt de gewone wetgevingsprocedure geschorst. Na bespreking, en in geval van consensus, verwijst de Europese Raad, binnen vier maanden na die schorsing het ontwerp terug naar de Raad, waardoor de schorsing van de gewone wetgevingsprocedure wordt beëindigd.
Binnen dezelfde termijn, in geval van verschil van mening en indien ten minste negen lidstaten een nauwere samenwerking wensen aan te gaan op grond van de betrokken ontwerp-richtlijn, stellen zij het Europees Parlement, de Raad en de Commissie daarvan in kennis. In dat geval wordt de in de artikelen 20, lid 2, van het Verdrag betreffende de Europese Unie en 329, lid 1, van dit Verdrag bedoelde machtiging tot nauwere samenwerking geacht te zijn verleend en zijn de bepalingen betreffende nauwere samenwerking van toepassing.

Art. 84
Het Europees Parlement en de Raad kunnen, volgens de gewone wetgevingsprocedure, maatregelen vaststellen ter stimulering en ondersteuning van het optreden van de lidstaten op het gebied van misdaadpreventie, met uitsluiting van enige harmonisatie van de wettelijke en bestuursrechtelijke bepalingen van de lidstaten. *Misdaadpreventie binnen de Europese Unie*

Art. 85
1. De opdracht van Eurojust bestaat in het ondersteunen en versterken van de coördinatie en de samenwerking tussen de nationale autoriteiten die belast zijn met het onderzoek en de vervolging van zware criminaliteit welke twee of meer lidstaten schaadt of een vervolging op gemeenschappelijke basis vereist, op basis van de door de autoriteiten van de lidstaten en Europol uitgevoerde operaties en verstrekte informatie. *Eurojust*

In dit kader bepalen het Europees Parlement en de Raad volgens de gewone wetgevingsprocedure bij verordeningen de structuur, de werking, het werkterrein en de taken van Eurojust. Deze taken kunnen het volgende omvatten:
a. het inleiden van strafrechtelijk onderzoek alsmede het voorstellen van het inleiden van vervolging door de bevoegde nationale autoriteiten, met name in verband met strafbare feiten welke de financiële belangen van de Unie schaden;
b. de coördinatie van onderzoek en vervolging als bedoeld onder a);

Verdrag betreffende de werking van de Europese Unie

c. de versterking van de justitiële samenwerking, met name door middel van het oplossen van jurisdictiegeschillen en door nauwe samenwerking met het Europees justitieel netwerk.

Bij die verordeningen wordt tevens bepaald op welke wijze het Europees Parlement en de nationale parlementen bij de evaluatie van de activiteiten van Eurojust worden betrokken.

2. In het kader van de in lid 1 bedoelde vervolgingen en onverminderd artikel 86, worden de formele handelingen in verband met de gerechtelijke procedure gesteld door de bevoegde nationale functionarissen.

Art. 86

Europees openbaar ministerie

1. Ter bestrijding van strafbare feiten die de financiële belangen van de Unie schaden, kan de Raad op de grondslag van Eurojust volgens een bijzondere wetgevingsprocedure bij verordeningen een Europees openbaar ministerie instellen. De Raad besluit met eenparigheid van stemmen, na goedkeuring door het Europees Parlement.

Is er geen eenparigheid, dan kan een groep van ten minste negen lidstaten verzoeken dat het ontwerp van verordening aan de Europese Raad wordt voorgelegd. In dat geval wordt de procedure in de Raad geschorst. Na bespreking, en in geval van consensus, verwijst de Europese Raad, binnen vier maanden na die schorsing, het ontwerp ter aanneming terug naar de Raad.

Binnen dezelfde termijn, in geval van verschil van mening en indien ten minste negen lidstaten een nauwere samenwerking wensen aan te gaan op grond van de betrokken ontwerpverordening, stellen zij het Europees Parlement, de Raad en de Commissie daarvan in kennis. In dat geval wordt de in de artikelen 20, lid 2, van het Verdrag betreffende de Europese Unie en 329, lid 1, van dit Verdrag bedoelde machtiging tot nauwere samenwerking geacht te zijn verleend en zijn de bepalingen betreffende nauwere samenwerking van toepassing.

2. Het Europees openbaar ministerie is, in voorkomend geval in samenwerking met Europol, bevoegd voor het opsporen, vervolgen en voor het gerecht brengen van daders van en medeplichtigen aan strafbare feiten die de financiële belangen van de Unie, zoals omschreven in de in lid 1 bedoelde verordening, schaden. Het Europees openbaar ministerie is belast met de rechtsvordering voor de bevoegde rechterlijke instanties van de lidstaten in verband met deze strafbare feiten.

3. Het statuut van het Europees openbaar ministerie, de voorwaarden voor de uitoefening van zijn functies, de voor zijn activiteiten geldende procedurevoorschriften en de voorschriften inzake de toelaatbaarheid van bewijs en de voorschriften voor de rechterlijke toetsing van de procedurele handelingen die het in de uitoefening van zijn ambt verricht, worden bij de in lid 1 bedoelde verordeningen vastgesteld.

4. De Europese Raad kan tegelijkertijd of later een besluit vaststellen tot wijziging van lid 1, teneinde de bevoegdheden van het Europees openbaar ministerie bij de bestrijding van ernstige criminaliteit met een grensoverschrijdende dimensie uit te breiden en dientengevolge tot wijziging van lid 2 wat betreft de plegers van en medeplichtigen aan zware misdrijven die verscheidene lidstaten schaden. De Europese Raad besluit met eenparigheid van stemmen, na goedkeuring door het Europees Parlement en na raadpleging van de Commissie.

HOOFDSTUK 5
POLITIËLE SAMENWERKING

Art. 87

Politiële samenwerking lidstaten Europese Unie

1. De Unie ontwikkelt een vorm van politiële samenwerking waarbij alle bevoegde autoriteiten van de lidstaten betrokken zijn, met inbegrip van de politie, de douane en andere gespecialiseerde wetshandhavingsdiensten die belast zijn met het voorkomen, opsporen en onderzoeken van strafbare feiten.

2. Voor de toepassing van lid 1 stellen het Europees Parlement en de Raad volgens de gewone wetgevingsprocedure maatregelen vast voor:
a. de verzameling, opslag, verwerking, analyse en uitwisseling van relevante informatie;
b. steun voor de opleiding van personeel, alsmede samenwerking betreffende de uitwisseling van personeel, apparatuur en onderzoek op het gebied van criminalistiek;
c. gemeenschappelijke onderzoekstechnieken voor het opsporen van ernstige vormen van georganiseerde criminaliteit.

3. De Raad kan volgens een bijzondere wetgevingsprocedure maatregelen vaststellen die betrekking hebben op de operationele samenwerking tussen de in dit artikel bedoelde autoriteiten. De Raad besluit met eenparigheid van stemmen, na raadpleging van het Europees Parlement.

Is er geen eenparigheid, dan kan een groep van ten minste negen lidstaten verzoeken dat de ontwerp-maatregelen aan de Europese Raad wordt voorgelegd. In dat geval wordt de procedure in de Raad geschorst. Na bespreking, en in geval van consensus, verwijst de Europese Raad, binnen vier maanden na die schorsing, het ontwerp ter aanneming terug naar de Raad.

Binnen dezelfde termijn, in geval van verschil van mening en indien ten minste negen lidstaten nauwere samenwerking wensen aan te gaan op grond van de betrokken ontwerp-maatregelen, stellen zij het Europees Parlement, de Raad en de Commissie daarvan in kennis. In dat geval

wordt de in artikelen 20, lid 2, van het Verdrag betreffende de Europese Unie en 329, lid 1, van dit Verdrag bedoelde machtiging tot nauwere samenwerking geacht te zijn verleend en zijn de bepalingen betreffende nauwere samenwerking van toepassing.
De in de tweede en derde alinea bedoelde procedure is niet van toepassing op handelingen die een ontwikkeling vormen van het Schengenacquis.

Art. 88
1. De opdracht van Europol is het optreden van de politie-instanties en andere wetshandhavingsdiensten van de lidstaten, alsmede hun wederzijdse samenwerking bij de voorkoming en bestrijding van zware criminaliteit waardoor twee of meer lidstaten worden getroffen, van terrorisme en van vormen van criminaliteit die een schending inhouden van een gemeenschappelijk belang dat tot het beleid van de Unie behoort, te ondersteunen en te versterken.

Europol

2. Het Europees Parlement en de Raad stellen volgens de gewone wetgevingsprocedure bij verordeningen de structuur, de werking, het werkterrein en de taken van Europol vast. Deze taken kunnen het volgende omvatten:
a. de verzameling, opslag, verwerking, analyse en uitwisseling van informatie die met name door de autoriteiten van de lidstaten of van derde landen of instanties worden verstrekt;
b. de coördinatie, organisatie en uitvoering van onderzoeken en operationele acties, die gezamenlijk met de bevoegde autoriteiten van de lidstaten of in gezamenlijke onderzoeksteams worden uitgevoerd, in voorkomend geval in samenwerking met Eurojust.
Bij deze verordeningen wordt tevens bepaald op welke wijze de activiteiten van Europol door het Europees Parlement, tezamen met de nationale parlementen, worden gecontroleerd.
3. Iedere operationele actie van Europol moet worden uitgevoerd in overleg en overeenstemming met de autoriteiten van de lidstaat op wiens of de lidstaten op wier grondgebied de actie wordt uitgevoerd. Over het gebruik van dwangmiddelen beslissen alleen de bevoegde nationale autoriteiten.

Art. 89
De Raad stelt volgens een bijzondere wetgevingsprocedure de voorwaarden en de beperkingen vast waarbinnen de in de artikelen 82 en 87 bedoelde bevoegde autoriteiten van de lidstaten op het grondgebied van een andere lidstaat in overleg en overeenstemming met de autoriteiten van die staat mogen optreden. De Raad besluit met eenparigheid van stemmen, na raadpleging van het Europees Parlement.

TITEL VI
VERVOER

Art. 90
De doelstellingen van de Verdragen worden, wat het in deze titel geregelde onderwerp betreft, nagestreefd in het kader van een gemeenschappelijk vervoerbeleid.

Gemeenschappelijk vervoerbeleid Europese Unie

Art. 91
1. Ter uitvoering van artikel 90 stellen het Europees Parlement en de Raad, met inachtneming van de bijzondere aspecten van het vervoer, volgens de gewone wetgevingsprocedure en na raadpleging van het Economisch en Sociaal Comité en het Comité van de Regio's, vast:
a. gemeenschappelijke regels voor internationaal vervoer vanuit of naar het grondgebied van een lidstaat of over het grondgebied van één of meer lidstaten;
b. de voorwaarden waaronder vervoerondernemers worden toegelaten tot nationaal vervoer in een lidstaat waarin zij niet woonachtig zijn;
c. de maatregelen die de veiligheid van het vervoer kunnen verbeteren;
d. alle overige dienstige bepalingen.
2. Bij de vaststelling van de in lid 1 bedoelde maatregelen wordt rekening gehouden met gevallen waarin de toepassing ervan ernstige gevolgen zou kunnen hebben voor de levensstandaard en de werkgelegenheid in bepaalde regio's, en voor de exploitatie van de vervoersfaciliteiten.

Procedure regelgeving gemeenschappelijk vervoerbeleid Europese Unie

Art. 92
Totdat de in artikel 91, lid 1, bedoelde bepalingen zijn vastgesteld en behoudens vaststelling door de Raad, met eenparigheid van stemmen van een maatregel die in een afwijking voorziet, mag geen enkele lidstaat de onderscheidene bepalingen, die terzake gelden op 1 januari 1958 of, voor de toetredende staten, op de datum van hun toetreding, zodanig veranderen dat zij daardoor in hun rechtstreekse of zijdelingse uitwerking minder gunstig worden voor de vervoerondernemers der overige lidstaten dan voor de nationale vervoerondernemers.

Verbod begunstiging nationale vervoerondernemers binnen Europese Unie

Art. 93
Met de Verdragen zijn verenigbaar de steunmaatregelen die beantwoorden aan de behoeften van de coördinatie van het vervoer of die overeenkomen met de vergoeding van bepaalde met het begrip „openbare dienst" verbonden, verplichte dienstverrichtingen.

Steunmaatregelen omtrent vervoer binnen Europese Unie

Art. 94

Economische toestand vervoerondernemers binnen Europese Unie

Elke in het kader van de Verdragen genomen maatregel op het gebied der vrachtprijzen en vervoervoorwaarden moet rekening houden met de economische toestand van de vervoerondernemers.

Art. 95

Discriminatieverbod betreffende vrachtprijzen binnen Europese Unie

1. In het verkeer binnen de Unie zijn discriminaties verboden welke daarin bestaan, dat een vervoerondernemer voor dezelfde verbindingen verschillende vrachtprijzen en vervoervoorwaarden voor gelijke goederen toepast naar gelang van het land van herkomst of bestemming van de vervoerde waren.
2. Lid 1 sluit niet uit dat krachtens artikel 91, lid 1, andere maatregelen door het Europees Parlement en de Raad kunnen worden genomen.
3. De Raad stelt op voorstel van de Commissie en na raadpleging van het Europees Parlement en van het Economisch en Sociaal Comité, bepalingen vast teneinde de uitvoering van lid 1 te waarborgen.

De Raad kan met name de bepalingen vaststellen welke noodzakelijk zijn om de instellingen van de Unie in staat te stellen te waken voor de naleving van het in lid 1 vermelde voorschrift en teneinde te verzekeren dat de gebruikers hiervan volledig voordeel trekken.

4. De Commissie onderzoekt eigener beweging of op verzoek van een lidstaat de in lid 1 bedoelde gevallen van discriminatie en neemt, na raadpleging van elke belanghebbende lidstaat, in het kader van de overeenkomstig lid 3 getroffen regeling, de noodzakelijke besluiten.

Art. 96

Verbod steunmaatregelen vervoer binnen Europese Unie

1. Het is aan een lidstaat, behoudens machtiging van de Commissie, verboden voor het vervoer binnen de Unie de toepassing van prijzen en voorwaarden op te leggen welke enig element van steun of bescherming in het belang van een of meer ondernemingen of bepaalde industrieën inhouden.
2. De Commissie onderwerpt eigener beweging of op verzoek van een lidstaat de in lid 1 bedoelde prijzen en voorwaarden aan een onderzoek en houdt daarbij met name rekening, enerzijds met de vereisten van een passend regionaal economisch beleid, met de behoeften van minder ontwikkelde gebieden alsmede met de vraagstukken welke zich in door politieke omstandigheden ernstig benadeelde streken voordoen, en anderzijds met de gevolgen van die prijzen en voorwaarden voor de mededinging tussen de takken van vervoer.

Na raadpleging van elke betrokken lidstaat neemt zij de noodzakelijke besluiten.

3. Het in lid 1 bedoelde verbod geldt niet voor mededingingstarieven.

Art. 97

Douanerechten binnen Europese Unie

De heffingen of andere rechten welke naast de vervoerprijs door een vervoerondernemer in verband met het overschrijden der grens in rekening worden gebracht, mogen een redelijk peil niet te boven gaan, gelet op de werkelijke kosten welke door die grensoverschrijding feitelijk zijn veroorzaakt.

De lidstaten streven naar een geleidelijke verlaging van die kosten.

De Commissie kan de lidstaten aanbevelingen doen voor de toepassing van dit artikel.

Art. 98

Compensatiemaatregelen Duitsland omtrent vervoer

De bepalingen van deze titel staan niet in de weg aan maatregelen, in de Bondsrepubliek Duitsland genomen, voor zover deze noodzakelijk zijn om de economische nadelen door de deling van Duitsland berokkend aan de economie van die streken in de Bondsrepubliek welke door deze deling zijn getroffen, te compenseren. Vijf jaar na de inwerkingtreding van het Verdrag van Lissabon kan de Raad op voorstel van de Commissie een besluit tot intrekking van dit artikel vaststellen.

Art. 99

Comité over vervoeraangelegenheden Europese Unie

Een comité van raadgevende aard, bestaande uit door de regeringen der lidstaten aangewezen deskundigen, wordt aan de Commissie toegevoegd. Deze raadpleegt het comité over vervoeraangelegenheden, zo dikwijls zij zulks nodig acht.

Art. 100

Toepassingsgebied bepalingen vervoer Europese Unie

1. De bepalingen van deze titel zijn van toepassing op het vervoer per spoor, over de weg en over de binnenwateren.

2. Het Europees Parlement en de Raad kunnen, volgens de gewone wetgevingsprocedure, passende bepalingen vaststellen voor de zeevaart en de luchtvaart. Zij besluiten na raadpleging van het Economisch en Sociaal Comité en het Comité van de Regio's.

TITEL VII
GEMEENSCHAPPELIJKE REGELS BETREFFENDE DE MEDEDINGING, DE BELASTINGEN EN DE ONDERLINGE AANPASSING VAN DE WETGEVINGEN

HOOFDSTUK 1
REGELS BETREFFENDE DE MEDEDINGING

EERSTE AFDELING
REGELS VOOR DE ONDERNEMINGEN

Art. 101
1. Onverenigbaar met de interne markt en verboden zijn alle overeenkomsten tussen ondernemingen, alle besluiten van ondernemersverenigingen en alle onderling afgestemde feitelijke gedragingen welke de handel tussen lidstaten ongunstig kunnen beïnvloeden en ertoe strekken of ten gevolge hebben dat de mededinging binnen de interne markt wordt verhinderd, beperkt of vervalst en met name die welke bestaan in:
a. het rechtstreeks of zijdelings bepalen van de aan- of verkoopprijzen of van andere contractuele voorwaarden;
b. het beperken of controleren van de productie, de afzet, de technische ontwikkeling of de investeringen;
c. het verdelen van de markten of van de voorzieningsbronnen;
d. het ten opzichte van handelspartners toepassen van ongelijke voorwaarden bij gelijkwaardige prestaties, hun daarmede nadeel berokkenend bij de mededinging;
e. het afhankelijk stellen van het sluiten van overeenkomsten van de aanvaarding door de handelspartners van bijkomende prestaties welke naar hun aard of volgens het handelsgebruik geen verband houden met het onderwerp van deze overeenkomsten.
2. De krachtens dit artikel verboden overeenkomsten of besluiten zijn van rechtswege nietig.
3. De bepalingen van lid 1 van dit artikel kunnen echter buiten toepassing worden verklaard
– voor elke overeenkomst of groep van overeenkomsten tussen ondernemingen,
– voor elk besluit of groep van besluiten van ondernemersverenigingen, en
– voor elke onderling afgestemde feitelijke gedraging of groep van gedragingen die bijdragen tot verbetering van de productie of van de verdeling der producten of tot verbetering van de technische of economische vooruitgang, mits een billijk aandeel in de daaruit voortvloeiende voordelen de gebruikers ten goede komt, en zonder nochtans aan de betrokken ondernemingen
a. beperkingen op te leggen welke voor het bereiken van deze doelstellingen niet onmisbaar zijn,
b. de mogelijkheid te geven, voor een wezenlijk deel van de betrokken producten de mededinging uit te schakelen.

Kartelverbod Europese Unie

Uitzonderingen kartelverbod

Art. 102
Onverenigbaar met de interne markt en verboden, voorzover de handel tussen lidstaten daardoor ongunstig kan worden beïnvloed, is het, dat een of meer ondernemingen misbruik maken van een machtspositie op de interne markt of op een wezenlijk deel daarvan.
Dit misbruik kan met name bestaan in:
a. het rechtstreeks of zijdelings opleggen van onbillijke aan- of verkoopprijzen of van andere onbillijke contractuele voorwaarden;
b. het beperken van de productie, de afzet of de technische ontwikkeling ten nadele van de verbruikers;
c. het toepassen ten opzichte van handelspartners van ongelijke voorwaarden bij gelijkwaardige prestaties, hun daarmede nadeel berokkenend bij de mededinging;
d. het feit dat het sluiten van overeenkomsten afhankelijk wordt gesteld van het aanvaarden door de handelspartners van bijkomende prestaties, welke naar hun aard of volgens het handelsgebruik geen verband houden met het onderwerp van deze overeenkomsten.

Verbod misbruik machtspositie binnen Europese Unie

Art. 103
1. De verordeningen of richtlijnen dienstig voor de toepassing van de beginselen neergelegd in de artikelen 101 en 102 worden door de Raad, op voorstel van de Commissie en na raadpleging van het Europees Parlement, vastgesteld.
2. De in lid 1 bedoelde voorschriften hebben met name ten doel:
a. nakoming van de in artikel 101, lid 1, en in artikel 102 bedoelde verbodsbepalingen te verzekeren door de instelling van geldboeten en dwangsommen;
b. de wijze van toepassing van artikel 101, lid 3, vast te stellen met inachtneming van de noodzaak, enerzijds een doeltreffend toezicht te verzekeren, anderzijds de administratieve controle zoveel mogelijk te vereenvoudigen;
c. in voorkomende gevallen, de werkingssfeer van de bepalingen van de artikelen 101 en 102 voor de verschillende bedrijfstakken nader vast te stellen;

Regelgeving Europese Unie omtrent mededinging

A88 art. 104 — Verdrag betreffende de werking van de Europese Unie

d. de taak van de Commissie onderscheidenlijk van het Hof van Justitie van de Europese Unie bij de toepassing van de in dit lid bedoelde bepalingen vast te stellen;
e. de verhouding vast te stellen tussen de nationale wetgevingen enerzijds en de bepalingen van deze afdeling, alsmede de uitvoeringsbepalingen van dit artikel anderzijds.

Art. 104

Inwerkingtreding mededingingsregels Europese Unie

Tot op het tijdstip van inwerkingtreding van de voorschriften, op grond van artikel 103 vastgesteld, beslissen de autoriteiten van de lidstaten over de toelaatbaarheid van mededingingsregelingen en over het misbruik maken van een machtspositie op de interne markt, in overeenstemming met hun nationale recht en de in artikel 101, met name lid 3, en in artikel 102 neergelegde bepalingen.

Art. 105

Toezicht op mededinging door Europese Commissie

1. Onverminderd het in artikel 104 bepaalde, waakt de Commissie voor de toepassing van de in de artikelen 101 en 102 neergelegde beginselen. Op verzoek van een lidstaat of ambtshalve, en in samenwerking met de bevoegde autoriteiten van de lidstaten, welke haar daarbij behulpzaam zijn, stelt zij een onderzoek in naar de gevallen van vermoedelijke inbreuk op bovengenoemde beginselen. Indien haar blijkt dat inbreuk is gepleegd, stelt zij passende middelen voor om daaraan een eind te maken.
2. Wordt aan deze inbreuken geen eind gemaakt, dan stelt de Commissie de inbreuk op de beginselen in een met redenen omkleed besluit vast. Zij kan haar besluit bekendmaken en de lidstaten machtigen de noodzakelijke tegenmaatregelen, waarvan zij de voorwaarden en de wijze van toepassing bepaalt, te treffen om de toestand te verhelpen.
3. De Commissie kan verordeningen vaststellen betreffende groepen overeenkomsten ten aanzien waarvan de Raad overeenkomstig artikel 103, lid 2, onder b), een verordening of een richtlijn heeft vastgesteld.

Art. 106

Verbod op mededinging openbare bedrijven Europese Unie

1. De lidstaten nemen of handhaven met betrekking tot de openbare bedrijven en de ondernemingen waaraan zij bijzondere of uitsluitende rechten verlenen, geen enkele maatregel welke in strijd is met de regels van de Verdragen, met name die bedoeld in de artikelen 18 en 101 tot en met 109.
2. De ondernemingen belast met het beheer van diensten van algemeen economisch belang of die het karakter dragen van een fiscaal monopolie, vallen onder de regels van de Verdragen, met name onder de mededingingsregels, voorzover de toepassing daarvan de vervulling, in feite of in rechte, van de hun toevertrouwde bijzondere taak niet verhindert. De ontwikkeling van het handelsverkeer mag niet worden beïnvloed in een mate die strijdig is met het belang van de Unie.
3. De Commissie waakt voor de toepassing van dit artikel en richt, voorzover nodig, passende richtlijnen of besluiten tot de lidstaten.

TWEEDE AFDELING
STEUNMAATREGELEN VAN DE STATEN

Art. 107

Steunmaatregelen lidstaten onverenigbaar met interne markt Europese Unie

1. Behoudens de afwijkingen waarin de Verdragen voorzien, zijn steunmaatregelen van de staten of in welke vorm ook met staatsmiddelen bekostigd, die de mededinging door begunstiging van bepaalde ondernemingen of bepaalde producties vervalsen of dreigen te vervalsen, onverenigbaar met de interne markt, voorzover deze steun het handelsverkeer tussen de lidstaten ongunstig beïnvloedt.

Steunmaatregelen verenigbaar met interne markt Europese Unie

2. Met de interne markt zijn verenigbaar:
a. steunmaatregelen van sociale aard aan individuele verbruikers op voorwaarde dat deze toegepast worden zonder onderscheid naar de oorsprong van de producten;
b. steunmaatregelen tot herstel van de schade veroorzaakt door natuurrampen of andere buitengewone gebeurtenissen;
c. steunmaatregelen aan de economie van bepaalde streken van de Bondsrepubliek Duitsland die nadeel ondervinden van de deling van Duitsland, voorzover deze steunmaatregelen noodzakelijk zijn om de door deze deling berokkende economische nadelen te compenseren. Vijf jaar na de inwerkingtreding van het Verdrag van Lissabon kan de Raad op voorstel van de Commissie een besluit tot intrekking van dit punt vaststellen.
3. Als verenigbaar met de interne markt kunnen worden beschouwd:
a. steunmaatregelen ter bevordering van de economische ontwikkeling van streken waarin de levensstandaard abnormaal laag is of waar een ernstig gebrek aan werkgelegenheid heerst en van de in artikel 349 bedoelde regio's, rekening houdend met hun structurele, economische en sociale situatie;
b. steunmaatregelen om de verwezenlijking van een belangrijk project van gemeenschappelijk Europees belang te bevorderen of een ernstige verstoring in de economie van een lidstaat op te heffen;

Verdrag betreffende de werking van de Europese Unie   **A88** art. 112

c. steunmaatregelen om de ontwikkeling van bepaalde vormen van economische bedrijvigheid of van bepaalde regionale economieën te vergemakkelijken, mits de voorwaarden waaronder het handelsverkeer plaatsvindt daardoor niet zodanig worden veranderd dat het gemeenschappelijk belang wordt geschaad;
d. steunmaatregelen om de cultuur en de instandhouding van het culturele erfgoed te bevorderen, wanneer door deze maatregelen de voorwaarden inzake het handelsverkeer en de mededingingsvoorwaarden in de Unie niet zodanig worden veranderd dat het gemeenschappelijk belang wordt geschaad;
e. andere soorten van steunmaatregelen aangewezen bij besluit van de Raad, op voorstel van de Commissie.

Art. 108

1. De Commissie onderwerpt tezamen met de lidstaten de in die staten bestaande steunregelingen aan een voortdurend onderzoek. Zij stelt de dienstige maatregelen voor, welke de geleidelijke ontwikkeling of de werking van de interne markt vereist.

Procedure onderzoek misbruik steunmaatregelen Europese Unie

2. Indien de Commissie, na de belanghebbenden te hebben aangemaand hun opmerkingen te maken, vaststelt dat een steunmaatregel door een staat of met staatsmiddelen bekostigd, volgens artikel 107 niet verenigbaar is met de interne markt of dat van deze steunmaatregel misbruik wordt gemaakt, bepaalt zij dat de betrokken staat die steunmaatregel moet opheffen of wijzigen binnen de door haar vast te stellen termijn.
Indien deze staat dat besluit niet binnen de gestelde termijn nakomt, kan de Commissie of iedere andere belanghebbende staat zich in afwijking van de artikelen 258 en 259 rechtstreeks tot het Hof van Justitie van de Europese Unie wenden.
Op verzoek van een lidstaat kan de Raad met eenparigheid van stemmen beslissen dat een door die staat genomen of te nemen steunmaatregel in afwijking van de bepalingen van artikel 107 of van de in artikel 109 bedoelde verordeningen als verenigbaar moet worden beschouwd met de interne markt, indien buitengewone omstandigheden een dergelijk besluit rechtvaardigen. Als de Commissie met betrekking tot deze steunmaatregel de in de eerste alinea van dit lid vermelde procedure heeft aangevangen, wordt deze door het verzoek van de betrokken staat aan de Raad geschorst, totdat de Raad zijn standpunt heeft bepaald.
Evenwel, indien de Raad binnen een termijn van drie maanden te rekenen van het verzoek zijn standpunt niet heeft bepaald, beslist de Commissie.
3. De Commissie wordt van elk voornemen tot invoering of wijziging van steunmaatregelen tijdig op de hoogte gebracht, om haar opmerkingen te kunnen maken. Indien zij meent dat zulk een voornemen volgens artikel 107 onverenigbaar is met de interne markt, vangt zij onverwijld de in het vorige lid bedoelde procedure aan. De betrokken lidstaat kan de voorgenomen maatregelen niet tot uitvoering brengen voordat die procedure tot een eindbeslissing heeft geleid.
4. De Commissie kan verordeningen vaststellen betreffende de soorten van staatssteun waaromtrent de Raad overeenkomstig artikel 109 heeft bepaald dat zij van de in lid 3 van dit artikel bedoelde procedure kunnen worden vrijgesteld.

Art. 109

De Raad kan op voorstel van de Commissie en na raadpleging van het Europees Parlement alle verordeningen vaststellen, dienstig voor de toepassing van de artikelen 107 en 108, en met name de voorwaarden voor de toepassing van artikel 108, lid 3, bepalen alsmede de van die procedure vrijgestelde soorten van steunmaatregelen.

Procedure regelgeving steunmaatregelen Europese Unie

HOOFDSTUK 2
BEPALINGEN BETREFFENDE BELASTINGEN

Art. 110

De lidstaten heffen op producten van de overige lidstaten, al dan niet rechtstreeks, geen hogere binnenlandse belastingen van welke aard ook dan die welke, al dan niet rechtstreeks, op gelijksoortige nationale producten worden geheven.
Bovendien heffen de lidstaten op de producten van de overige lidstaten geen zodanige binnenlandse belastingen, dat daardoor andere producties zijdelings worden beschermd.

Belastingen lidstaten Europese Unie

Art. 111

Bij de uitvoer van producten naar het grondgebied van een der lidstaten mag de teruggave van binnenlandse belastingen niet het bedrag overschrijden dat daarop al dan niet rechtstreeks geheven is.

Maximum teruggave binnenlandse belastingen Europese Unie

Art. 112

Met betrekking tot andere belastingen dan de omzetbelasting, de accijnzen en de overige indirecte belastingen mogen vrijstellingen en teruggaven bij uitvoer naar de andere lidstaten slechts worden verleend en compenserende belastingen bij invoer uit de lidstaten slechts worden geheven, voorzover de bedoelde maatregelen van tevoren voor een beperkte periode door de Raad op voorstel van de Commissie zijn goedgekeurd.

Uitzondering directe belastingen binnen Europese Unie

Art. 113

Procedure regelgeving indirecte belastingen Europese Unie

De Raad stelt na raadpleging van het Europees Parlement en het Economisch en Sociaal Comité met eenparigheid van stemmen, volgens een bijzondere wetgevingsprocedure de bepalingen vast die betrekking hebben op de harmonisatie van de wetgevingen inzake de omzetbelasting, de accijnzen en de andere indirecte belastingen, voorzover deze harmonisatie noodzakelijk is om de instelling en de werking van de interne markt te bewerkstelligen en concurrentieverstoringen te voorkomen.

HOOFDSTUK 3
DE AANPASSING VAN DE WETGEVINGEN

Art. 114

Aanpassing van de wetgevingen binnen Europese Unie

1. Tenzij in de Verdragen anders is bepaald, zijn de volgende bepalingen van toepassing voor de verwezenlijking van de doeleinden van artikel 26. Het Europees Parlement en de Raad stellen volgens de gewone wetgevingsprocedure en na raadpleging van het Economisch en Sociaal Comité de maatregelen vast inzake de onderlinge aanpassing van de wettelijke en bestuursrechtelijke bepalingen van de lidstaten die de instelling en de werking van de interne markt betreffen.
2. Lid 1 is niet van toepassing op de fiscale bepalingen, op de bepalingen inzake het vrije verkeer van personen en op de bepalingen inzake de rechten en belangen van werknemers.
3. De Commissie zal bij haar in lid 1 bedoelde voorstellen op het gebied van de volksgezondheid, de veiligheid, de milieubescherming en de consumentenbescherming uitgaan van een hoog beschermingsniveau, daarbij in het bijzonder rekening houdend met alle nieuwe ontwikkelingen die op wetenschappelijke gegevens zijn gebaseerd. Ook het Europees Parlement en de Raad zullen binnen hun respectieve bevoegdheden deze doelstelling trachten te verwezenlijken.

Kennisgeving handhaving nationale bepalingen binnen Europese Unie

4. Wanneer een lidstaat het, nadat door het Europees Parlement en de Raad, door de Raad of door de Commissie een harmonisatiemaatregel is genomen, noodzakelijk acht nationale bepalingen te handhaven die hun rechtvaardiging vinden in gewichtige eisen als bedoeld in artikel 36 of verband houdend met de bescherming van het milieu of het arbeidsmilieu, geeft hij zowel van die bepalingen als van de redenen voor het handhaven ervan, kennis aan de Commissie.
5. Wanneer een lidstaat het, nadat door het Europees Parlement en de Raad, door de Raad of door de Commissie een harmonisatiemaatregel is genomen, noodzakelijk acht, nationale bepalingen te treffen die gebaseerd zijn op nieuwe wetenschappelijke gegevens die verband houden met de bescherming van het milieu of het arbeidsmilieu vanwege een specifiek probleem dat zich in die lidstaat heeft aangediend nadat de harmonisatiemaatregel is genomen, stelt hij de Commissie voorts, onverminderd lid 4, in kennis van de voorgenomen bepalingen en de redenen voor het vaststellen ervan.

Goedkeuring handhaving nationale bepalingen Europese Unie

6. Binnen zes maanden na de in de leden 4 en 5 bedoelde kennisgevingen keurt de Commissie de betrokken nationale bepalingen goed of wijst die af, nadat zij heeft nagegaan of zij al dan niet een middel tot willekeurige discriminatie, een verkapte beperking van de handel tussen de lidstaten, of een hinderpaal voor de werking van de interne markt vormen.
Indien de Commissie binnen deze termijn geen besluit neemt, worden de in lid 4 en lid 5 bedoelde nationale bepalingen geacht te zijn goedgekeurd.
Indien het complexe karakter van de aangelegenheid zulks rechtvaardigt en er geen gevaar bestaat voor de gezondheid van de mens, kan de Commissie de betrokken lidstaat ervan in kennis stellen dat de in dit lid bedoelde termijn met ten hoogste zes maanden kan worden verlengd.
7. Indien een lidstaat krachtens lid 6 gemachtigd is om nationale bepalingen te handhaven of te treffen die afwijken van een harmonisatiemaatregel, onderzoekt de Commissie onverwijld of er een aanpassing van die maatregel moet worden voorgesteld.

Kennisgeving problemen volksgezondheid aan Europese Commissie

8. Indien een lidstaat een specifiek probleem in verband met volksgezondheid aan de orde stelt op een gebied waarop eerder harmonisatiemaatregelen zijn genomen, brengt hij dit ter kennis van de Commissie, die onverwijld onderzoekt of zij passende maatregelen aan de Raad moet voorstellen.
9. In afwijking van de procedure van de artikelen 258 en 259 kan de Commissie of een lidstaat zich rechtstreeks tot het Hof van Justitie van de Europese Unie wenden indien zij/hij meent dat een andere lidstaat misbruik maakt van de in dit artikel bedoelde bevoegdheden.
10. Bovenbedoelde harmonisatiemaatregelen omvatten, in passende gevallen, een vrijwaringsclausule die de lidstaten machtigt om, op grond van één of meer van de in artikel 36 bedoelde niet-economische redenen, voorlopige maatregelen te treffen die aan een toetsingsprocedure van de Unie worden onderworpen.

Art. 115

Procedure aanpassing wetgeving lidstaten Europese Unie

Onverminderd artikel 114 stelt de Raad na raadpleging van het Europees Parlement en het Economisch en Sociaal Comité met eenparigheid van stemmen, volgens een bijzondere wetgevingsprocedure richtlijnen vast voor de onderlinge aanpassing van de wettelijke en bestuursrechtelijke bepalingen der lidstaten welke rechtstreeks van invloed zijn op de instelling of de werking van de interne markt.

Art. 116
Ingeval de Commissie vaststelt dat een dispariteit tussen de wettelijke of bestuursrechtelijke bepalingen der lidstaten de mededingingsvoorwaarden op de interne markt vervalst en zodoende een distorsie veroorzaakt welke moet worden opgeheven, raadpleegt zij de betrokken lidstaten.
Indien deze raadpleging niet leidt tot overeenstemming waardoor de betrokken distorsie wordt opgeheven, stellen het Europees Parlement en de Raad, volgens de gewone wetgevingsprocedure, de voor dat doel noodzakelijke richtlijnen vast. Ook andere dienstige maatregelen waarin de Verdragen voorzien, kunnen worden vastgesteld.

Distorsie door nationale bepalingen binnen Europese Unie

Art. 117
1. Wanneer er aanleiding bestaat te vrezen dat de vaststelling of de wijziging van een wettelijke of bestuursrechtelijke bepaling een distorsie in de zin van artikel 116 veroorzaakt, raadpleegt de lidstaat, die daartoe wil overgaan, de Commissie. Na de lidstaten te hebben geraadpleegd, beveelt de Commissie de betrokken staten passende maatregelen aan om deze distorsie te voorkomen.
2. Indien de staat die nationale bepalingen wil vaststellen of wijzigen niet handelt overeenkomstig de aanbeveling welke de Commissie hem heeft gedaan, kan bij toepassing van artikel 116 van de andere lidstaten niet worden verlangd dat zij hun nationale bepalingen wijzigen om deze distorsie op te heffen.
Indien de lidstaat die aan de aanbeveling van de Commissie geen gevolg heeft gegeven, een distorsie veroorzaakt waarvan alleen hijzelf nadeel ondervindt, zijn de bepalingen van artikel 116 niet van toepassing.

Beoordeling distorsie door nationale bepalingen binnen Europese Unie

Art. 118
In het kader van de totstandbrenging en de werking van de interne markt stellen het Europees Parlement en de Raad, volgens de gewone wetgevingsprocedure, de maatregelen vast voor de invoering van Europese titels om een eenvormige bescherming van de intellectuele-eigendomsrechten in de hele Unie te bewerkstelligen, en voor de instelling van op het niveau van de Unie gecentraliseerde machtigings-, coördinatie- en controleregelingen.
De Raad stelt, volgens een bijzondere wetgevingsprocedure, bij verordeningen de talenregelingen met betrekking tot de Europese titels vast. De Raad besluit met eenparigheid van stemmen, na raadpleging van het Europees Parlement.

Procedure wetgeving bescherming intellectuele-eigendomsrechten Europese Unie

TITEL VIII
ECONOMISCH EN MONETAIR BELEID

Art. 119
1. Teneinde de in artikel 3 van het Verdrag betreffende de Europese Unie genoemde doelstellingen te bereiken, omvat het optreden van de lidstaten en de Unie, onder de voorwaarden waarin de Verdragen voorzien, de invoering van een economisch beleid dat gebaseerd is op de nauwe coördinatie van het economisch beleid van de lidstaten, op de interne markt en op de uitwerking van gemeenschappelijke doelstellingen en dat wordt gevoerd met inachtneming van het beginsel van een openmarkteconomie met vrije mededinging.
2. Gelijktijdig daarmee omvat dit optreden, onder de voorwaarden en volgens de procedures waarin de Verdragen voorzien, één munt, de euro, alsmede het bepalen en voeren van één monetair en wisselkoersbeleid, beide met als hoofddoel het handhaven van prijsstabiliteit en, onverminderd deze doelstelling, het ondersteunen van het algemene economische beleid in de Unie, met inachtneming van het beginsel van een openmarkteconomie met vrije mededinging.
3. Dit optreden van de lidstaten en van de Unie impliceert de naleving van de volgende grondbeginselen: stabiele prijzen, gezonde overheidsfinanciën en monetaire condities en een houdbare betalingsbalans.

Economisch en monetair beleid Europese Unie

HOOFDSTUK 1
ECONOMISCH BELEID

Art. 120
De lidstaten voeren hun economisch beleid teneinde bij te dragen tot de verwezenlijking van de doelstellingen van de Unie, als omschreven in artikel 3 van het Verdrag betreffende de Europese Unie, en in het kader van de in artikel 121, lid 2, bedoelde globale richtsnoeren. De lidstaten en de Unie handelen in overeenstemming met het beginsel van een openmarkteconomie met vrije mededinging, waarbij een doelmatige allocatie van middelen wordt bevorderd en met inachtneming van de beginselen die zijn neergelegd in artikel 119.

Economisch beleid lidstaten Europese Unie

Art. 121
1. De lidstaten beschouwen hun economisch beleid als een aangelegenheid van gemeenschappelijk belang en coördineren het in het kader van de Raad, overeenkomstig het bepaalde in artikel 120.

Coördinatie van economisch beleid lidstaten Europese Unie

2. De Raad stelt, op aanbeveling van de Commissie, een ontwerp op voor de globale richtsnoeren voor het economisch beleid van de lidstaten en van de Unie, en legt zijn bevindingen in een verslag aan de Europese Raad voor.
Aan de hand van dit verslag van de Raad bespreekt de Europese Raad een conclusie over de globale richtsnoeren voor het economisch beleid van de lidstaten en van de Unie.
Uitgaande van deze conclusie neemt de Raad een aanbeveling aan, waarin deze globale richtsnoeren zijn vastgelegd. De Raad stelt het Europees Parlement van zijn aanbeveling in kennis.

Multilateraal toezicht op economisch beleid lidstaten Europese Unie

3. Teneinde een nauwere coördinatie van het economisch beleid en een aanhoudende convergentie van de economische prestaties van de lidstaten te verzekeren, ziet de Raad aan de hand van door de Commissie ingediende rapporten toe op de economische ontwikkelingen in elke lidstaat en in de Unie, alsmede op de overeenstemming van het economisch beleid met de in lid 2 bedoelde globale richtsnoeren en verricht hij regelmatig een algehele evaluatie.
Met het oog op dit multilaterale toezicht verstrekken de lidstaten de Commissie informatie over de belangrijke maatregelen die zij in het kader van hun economisch beleid hebben genomen en alle andere informatie die zij nodig achten.
4. Wanneer in het kader van de procedure van lid 3 blijkt dat het economisch beleid van een lidstaat niet overeenkomt met de in lid 2 bedoelde globale richtsnoeren of de goede werking van de economische en monetaire unie in gevaar dreigt te brengen, kan de Commissie een waarschuwing tot de betrokken lidstaat richten. De Raad kan op aanbeveling van de Commissie de nodige aanbevelingen tot de lidstaat richten. De Raad kan op voorstel van de Commissie besluiten zijn aanbevelingen openbaar te maken.
In het kader van dit lid besluit de Raad zonder rekening te houden met de stem van het lid van de Raad dat de betrokken lidstaat vertegenwoordigt.
De gekwalificeerde meerderheid van de overige leden van de Raad wordt bepaald overeenkomstig artikel 238, lid 3, onder a).
5. De voorzitter van de Raad en de Commissie brengen het Europees Parlement verslag uit over de resultaten van het multilaterale toezicht. De voorzitter van de Raad kan worden verzocht om voor de bevoegde commissie van het Europees Parlement te verschijnen, indien de Raad zijn aanbevelingen openbaar heeft gemaakt.
6. Het Europees Parlement en de Raad kunnen volgens de gewone wetgevingsprocedure bij verordeningen nadere bepalingen voor de in de leden 3 en 4 bedoelde multilaterale toezichtprocedure vaststellen.

Art. 122

Maatregelen economisch beleid Europese Unie

1. Onverminderd de overige procedures waarin de Verdragen voorzien, kan de Raad op voorstel van de Commissie in een geest van solidariteit tussen de lidstaten bij besluit de voor de economische situatie passende maatregelen vaststellen, met name indien zich bij de voorziening van bepaalde producten, in het bijzonder op energiegebied, ernstige moeilijkheden voordoen.

Communautaire financiële bijstand binnen Europese Unie

2. In geval van moeilijkheden of ernstige dreiging van grote moeilijkheden in een lidstaat, die worden veroorzaakt door natuurrampen of buitengewone gebeurtenissen die deze lidstaat niet kan beheersen, kan de Raad op voorstel van de Commissie, onder bepaalde voorwaarden financiële bijstand van de Unie aan de betrokken lidstaat verlenen. De voorzitter van de Raad stelt het Europees Parlement van het genomen besluit in kennis.

Art. 123

Verbod kredietverstrekking centrale bank binnen Europese Unie

1. Het verlenen van voorschotten in rekening-courant of andere kredietfaciliteiten bij de Europese Centrale Bank of de centrale banken van de lidstaten, (hierna „nationale centrale banken" te noemen), ten behoeve van instellingen, organen of instanties van de Unie, centrale overheden, regionale, lokale of andere overheden, andere publiekrechtelijke lichamen of openbare bedrijven van de lidstaten, alsmede het rechtstreeks van hen kopen door de Europese Centrale Bank of nationale centrale banken van schuldbewijzen, zijn verboden.
2. Het bepaalde in lid 1 is niet van toepassing op kredietinstellingen die in handen van de overheid zijn en waaraan in het kader van de liquiditeitsvoorziening door centrale banken dezelfde behandeling door de nationale centrale banken en de Europese Centrale Bank wordt gegeven als aan particuliere kredietinstellingen.

Art. 124

Verbod bevoorrechting financiële instellingen binnen Europese Unie

Niet op overwegingen van bedrijfseconomisch toezicht gebaseerde maatregelen waardoor instellingen, organen of instanties van de Unie, centrale overheden, regionale, lokale of andere overheden, andere publiekrechtelijke lichamen of openbare bedrijven van de lidstaten een bevoorrechte toegang tot de financiële instellingen krijgen, zijn verboden.

Art. 125

Uitsluiting aansprakelijkheid Europese Unie

1. De Unie is niet aansprakelijk voor de verbintenissen van centrale overheden, regionale, lokale of andere overheden, andere publiekrechtelijke lichamen of openbare bedrijven van de lidstaten en neemt deze verbintenissen niet over, onverminderd de wederzijdse financiële garanties voor de gemeenschappelijke uitvoering van een specifiek project. De lidstaten zijn niet aansprakelijk voor de verbintenissen van centrale overheden, regionale, lokale of andere overheden, andere

publiekrechtelijke lichamen of openbare bedrijven van een andere lidstaat en nemen deze verbintenissen niet over, onverminderd de wederzijdse financiële garanties voor de gemeenschappelijke uitvoering van een specifiek project.

2. Indien nodig kan de Raad op voorstel van de Commissie en na raadpleging van het Europees Parlement, definities vaststellen voor de toepassing van de in de artikelen 123 en 124 en in dit artikel bedoelde verbodsbepalingen.

Art. 126

1. De lidstaten vermijden buitensporige overheidstekorten.

Vermijding buitensporige overheidstekorten lidstaten Europese Unie

2. De Commissie ziet toe op de ontwikkeling van de begrotingssituatie en de omvang van de overheidsschuld in de lidstaten, teneinde aanzienlijke tekortkomingen vast te stellen. Met name gaat de Commissie op basis van de volgende twee criteria na of de hand wordt gehouden aan de begrotingsdiscipline:

a. of de verhouding tussen het voorziene of feitelijke overheidstekort en het bruto binnenlands product een bepaalde referentiewaarde overschrijdt, tenzij:
– hetzij de verhouding in aanzienlijke mate en voortdurend is afgenomen en een niveau heeft bereikt dat de referentiewaarde benadert;
– hetzij de overschrijding van de referentiewaarde slechts van uitzonderlijke en tijdelijke aard is en de verhouding dicht bij de referentiewaarde blijft;

b. of de verhouding tussen de overheidsschuld en het bruto binnenlands product een bepaalde referentiewaarde overschrijdt, tenzij de verhouding in voldoende mate afneemt en de referentiewaarde in een bevredigend tempo benadert.

De referentiewaarden worden nader omschreven in het aan de Verdragen gehechte Protocol betreffende de procedure bij buitensporige tekorten.

3. Indien een lidstaat niet voldoet aan deze of aan een van deze criteria, stelt de Commissie een verslag op. In het verslag van de Commissie wordt er tevens rekening mee gehouden of het overheidstekort groter is dan de investeringsuitgaven van de overheid en worden alle andere relevante factoren in aanmerking genomen, met inbegrip van de economische en budgettaire situatie van de lidstaat op middellange termijn.

Onderzoek overheidstekort lidstaat Europese Unie

Voorts kan de Commissie een verslag opstellen indien zij – ook al is aan de criteria voldaan – van mening is dat er gevaar voor een buitensporig tekort in een lidstaat aanwezig is.

4. Het Economisch en Financieel Comité brengt advies uit over het verslag van de Commissie.

5. Indien de Commissie van oordeel is dat er in een lidstaat een buitensporig tekort bestaat of kan ontstaan, richt zij een advies tot de betrokken lidstaat en brengt zij de Raad daarvan op de hoogte.

6. Op voorstel van de Commissie en rekening houdend met de opmerkingen die de betrokken lidstaat eventueel wenst te maken, besluit de Raad, na een algehele evaluatie te hebben gemaakt, of er al dan niet een buitensporig tekort bestaat.

7. Wanneer de Raad overeenkomstig lid 6 besluit dat er sprake is van een buitensporig tekort, stelt hij, op aanbeveling van de Commissie, zonder ongegronde vertraging de aanbevelingen vast die hij tot de betrokken lidstaat richt opdat deze binnen een bepaalde termijn een einde maakt aan het tekort. Behoudens het bepaalde in lid 8, worden deze aanbevelingen niet openbaar gemaakt.

8. Wanneer de Raad vaststelt dat binnen de voorgeschreven periode geen effectief gevolg aan zijn aanbevelingen is gegeven, kan hij zijn aanbevelingen openbaar maken.

9. Wanneer een lidstaat blijft verzuimen uitvoering te geven aan de aanbevelingen van de Raad, kan de Raad besluiten de betrokken lidstaat aan te manen binnen een voorgeschreven termijn maatregelen te treffen om het tekort te verminderen in de mate die de Raad nodig acht om de situatie te verhelpen.

In dat geval kan de Raad de betrokken lidstaat verzoeken volgens een nauwkeurig tijdschema verslag uit te brengen, teneinde na te gaan welke aanpassingsmaatregelen die lidstaat heeft getroffen.

10. Het recht om een klacht in te dienen, als bedoeld in de artikelen 258 en 259, kan niet worden uitgeoefend in het kader van de toepassing van de leden 1 tot en met 9 van dit artikel.

11. Zolang een lidstaat zich niet voegt naar een overeenkomstig lid 9 genomen besluit, kan de Raad één of meer van de volgende maatregelen toepassen of in voorkomend geval versterken:
– eisen dat de betrokken lidstaat door de Raad te bepalen aanvullende informatie openbaar maakt voordat hij obligaties en andere waardepapieren uitgeeft;
– de Europese Investeringsbank verzoeken haar beleid inzake kredietverstrekking ten aanzien van de betrokken lidstaat opnieuw te bezien;
– eisen dat de betrokken lidstaat bij de Unie een niet-rentedragend bedrag van een passende omvang deponeert, totdat het buitensporige tekort naar het oordeel van de Raad is gecorrigeerd;
– boeten van een passende omvang opleggen.

Maatregelen overheidstekort lidstaat Europese Unie

De voorzitter van de Raad stelt het Europees Parlement van de genomen besluiten in kennis.

12. De Raad trekt de in de leden 6 tot en met 9 en 11 bedoelde besluiten of aanbevelingen of sommige daarvan in, indien hij van oordeel is dat het buitensporige tekort in de betrokken lidstaat is gecorrigeerd. Indien de Raad voordien aanbevelingen openbaar heeft gemaakt, legt hij, zodra het besluit uit hoofde van lid 8 is ingetrokken, een openbare verklaring af waarin wordt gezegd dat er niet langer een buitensporig tekort in de betrokken lidstaat bestaat.
13. De in de leden 8, 9, 11 en 12 bedoelde besluiten worden door de Raad op aanbeveling van de Commissie genomen.
Wanneer de Raad de in de leden 6 tot en met 9, 11 en 12 bedoelde maatregelen neemt, houdt hij geen rekening met de stem van het lid van de Raad dat de betrokken lidstaat vertegenwoordigt.
De gekwalificeerde meerderheid van de overige leden van de Raad wordt bepaald overeenkomstig artikel 238, lid 3, onder a).
14. Verdere bepalingen betreffende de tenuitvoerlegging van de in dit artikel omschreven procedure zijn opgenomen in het aan de Verdragen gehechte Protocol betreffende de procedure bij buitensporige tekorten.
Na raadpleging van het Europees Parlement en van de Europese Centrale Bank, neemt de Raad met eenparigheid van stemmen, volgens een bijzondere wetgevingsprocedure passende bepalingen aan die in de plaats van voornoemd Protocol komen.
Onder voorbehoud van de andere bepalingen van dit lid, stelt de Raad op voorstel van de Commissie en na raadpleging van het Europees Parlement, nadere voorschriften en definities voor de toepassing van de bepalingen van dit Protocol vast.

HOOFDSTUK 2
MONETAIR BELEID

Art. 127

Doel ESCB
1. Het hoofddoel van het Europees Stelsel van Centrale Banken hierna „ESCB" te noemen, is het handhaven van prijsstabiliteit. Onverminderd het doel van prijsstabiliteit ondersteunt het ESCB het algemene economische beleid in de Unie teneinde bij te dragen tot de verwezenlijking van de in artikel 3 van het Verdrag betreffende de Europese Unie omschreven doelstellingen van de Unie. Het ESCB handelt in overeenstemming met het beginsel van een openmarkteconomie met vrije mededinging, waarbij een doelmatige allocatie van middelen wordt bevorderd, en met inachtneming van de beginselen die zijn neergelegd in artikel 119.

Taken ESCB
2. De via het ESCB uit te voeren fundamentele taken zijn:
- het bepalen en ten uitvoer leggen van het monetair beleid van de Unie;
- het verrichten van valutamarktoperaties in overeenstemming met de bepalingen van artikel 219;
- het aanhouden en beheren van de officiële externe reserves van de lidstaten;
- het bevorderen van een goede werking van het betalingsverkeer.
3. Het bepaalde in lid 2, derde streepje, laat het aanhouden en beheren van werksaldi in buitenlandse valuta's door de regeringen van de lidstaten onverlet.

Adviesfunctie Europese Centrale Bank
4. De Europese Centrale Bank wordt geraadpleegd:
- over elk voorstel voor een besluit van de Unie op de gebieden die onder haar bevoegdheid vallen;
- door de nationale autoriteiten over elk ontwerp van wettelijke bepaling op de gebieden die onder haar bevoegdheid vallen, doch binnen de grenzen en onder de voorwaarden die de Raad volgens de procedure van artikel 129, lid 4, vaststelt.
De Europese Centrale Bank kan advies uitbrengen aan de geëigende instellingen, organen of instanties van de Unie of aan nationale autoriteiten omtrent aangelegenheden op de gebieden die onder haar bevoegdheid vallen.
5. Het ESCB draagt bij tot een goede beleidsvoering van de bevoegde autoriteiten ten aanzien van het bedrijfseconomisch toezicht op kredietinstellingen en de stabiliteit van het financiële stelsel.
6. De Raad kan volgens een bijzondere wetgevingsprocedure bij verordeningen, na raadpleging van het Europees Parlement en de Europese Centrale Bank, met eenparigheid van stemmen besluiten aan de Europese Centrale Bank specifieke taken op te dragen betreffende het beleid op het gebied van het bedrijfseconomisch toezicht op kredietinstellingen en andere financiële instellingen, met uitzondering van verzekeringsondernemingen.

Art. 128

Bevoegdheid uitgifte bankbiljetten Europese Centrale Bank
1. De Europese Centrale Bank heeft het alleenrecht machtiging te geven tot de uitgifte van bankbiljetten in euro binnen de Unie. De Europese Centrale Bank en de nationale centrale banken mogen bankbiljetten uitgeven. De door de Europese Centrale Bank en de nationale centrale banken uitgegeven bankbiljetten zijn de enige bankbiljetten die binnen de Unie de hoedanigheid van wettig betaalmiddel hebben.

2. De lidstaten kunnen munten in euro uitgeven, onder voorbehoud van goedkeuring van de Europese Centrale Bank met betrekking tot de omvang van de uitgifte. De Raad kan, op voorstel van de Commissie en na raadpleging van het Europees Parlement en de Europese Centrale Bank, maatregelen nemen om de nominale waarden en technische specificaties van alle voor circulatie bestemde munten te harmoniseren voorzover dit nodig is voor een goede circulatie van munten binnen de Unie.

Art. 129

1. Het ESCB wordt bestuurd door de besluitvormende organen van de Europese Centrale Bank, te weten de Raad van bestuur en de directie.

Organisatie en bestuur ESCB

2. De statuten van het Europees Stelsel van Centrale Banken en van de Europese Centrale Bank, hierna genoemd „statuten van het ESCB en van de ECB" zijn opgenomen in een aan de Verdragen gehecht protocol.

3. Artikelen 5.1, 5.2, 5.3, 17, 18, 19.1, 22, 23, 24, 26, 32.2, 32.3, 32.4 32.6, ,33.1 a) en 36 van de statuten van het ESCB en van de ECB kunnen door het Europees Parlement en de Raad worden gewijzigd volgens de gewone wetgevingsprocedure. Zij besluiten hetzij op aanbeveling van de Europese Centrale Bank en na raadpleging van de Commissie, hetzij op voorstel van de Commissie en na raadpleging van de Europese Centrale Bank.

4. De in de artikelen 4, 5.4, 19.2, 20, 28.1, 29.2, 30.4 en 34.3 van de statuten van het ESCB en van de ECB bedoelde bepalingen worden door de Raad aangenomen hetzij op voorstel van de Commissie en na raadpleging van het Europees Parlement en de Europese Centrale Bank, hetzij op aanbeveling van de Europese Centrale Bank en na raadpleging van het Europees Parlement en de Commissie.

Art. 130

Bij de uitoefening van de bevoegdheden en het vervullen van de taken en plichten die bij de Verdragen en de statuten van het ESCB en van de ECB aan hen zijn opgedragen, is het noch de Europese Centrale Bank, noch een nationale centrale bank, noch enig lid van hun besluitvormende organen toegestaan instructies te vragen aan dan wel te aanvaarden van instellingen, organen of instanties van de Unie, van regeringen van lidstaten of van enig ander orgaan. De instellingen, organen of instanties van de Unie alsmede de regeringen van de lidstaten verplichten zich ertoe dit beginsel te eerbiedigen en niet te trachten de leden van de besluitvormende organen van de Europese Centrale Bank of van de nationale centrale banken bij de uitvoering van hun taken te beïnvloeden.

Besluitvorming ESCB zonder instructies

Art. 131

Iedere lidstaat draagt er zorg voor dat zijn nationale wetgeving, met inbegrip van de statuten van zijn nationale centrale bank, verenigbaar is met de Verdragen en met de statuten van het ESCB en van de ECB.

Nationale wetgeving verenigbaar met regelgeving ESCB en ECB

Art. 132

1. Ter uitvoering van de aan het ESCB opgedragen taken, zal de Europese Centrale Bank, overeenkomstig het bepaalde in de Verdragen en onder de voorwaarden van de statuten van het ESCB en van de ECB:

Regelgeving Europese Centrale Bank

– verordeningen vaststellen voorzover nodig voor de uitvoering van de taken omschreven in artikel 3.1, eerste streepje, artikel 19.1, artikel 22 of artikel 25.2 van de statuten van het ESCB en van de ECB, alsmede in de gevallen die worden bepaald in de in artikel 129, lid 4, bedoelde besluiten van de Raad;
– de besluiten geven die nodig zijn voor de uitvoering van de bij Verdragen en de statuten van het ESCB en van de ECB aan het ESCB opgedragen taken;
– aanbevelingen doen en adviezen uitbrengen.

2. De Europese Centrale Bank kan besluiten haar besluiten, aanbevelingen en adviezen openbaar te maken.

3. Binnen de grenzen en onder de voorwaarden die door de Raad volgens de procedure van artikel 129, lid 4, worden vastgesteld, is de Europese Centrale Bank gerechtigd om ondernemingen boeten of dwangsommen op te leggen bij niet-naleving van de verplichtingen krachtens haar verordeningen en besluiten.

Art. 133

Onverminderd de bevoegdheden van de Europese Centrale Bank, stellen het Europees Parlement en de Raad, volgens de gewone wetgevingsprocedure, de maatregelen vast die nodig zijn voor het gebruik van de euro als enige munteenheid. Deze maatregelen worden vastgesteld na raadpleging van de Europese Centrale Bank.

Regelgeving euro

HOOFDSTUK 3
INSTITUTIONELE BEPALINGEN

Art. 134

Monetair Comité Europese Unie

Economisch en Financieel Comité Europese Unie

1. Teneinde de coördinatie van het beleid van de lidstaten te bevorderen in de volle omvang die nodig is voor de werking van de interne markt, wordt een Economisch en Financieel comité ingesteld.
2. Het Economisch en Financieel Comité heeft tot taak:
– hetzij op verzoek van de Raad of van de Commissie, hetzij op eigen initiatief adviezen aan deze instellingen uit te brengen;
– de economische en financiële toestand van de lidstaten en van de Unie te volgen en terzake regelmatig aan de Raad en aan de Commissie verslag uit te brengen, inzonderheid wat betreft de financiële betrekkingen met derde landen en internationale instellingen;
– onverminderd artikel 240, bij te dragen aan de voorbereiding van de werkzaamheden van de Raad, bedoeld in de artikelen 66 en 75, artikel 121, leden 2, 3, 4 en 6, de artikelen 122, 124, 125 en 126, artikel 127, lid 6, artikel 128, lid 2, artikel 129, leden 3 en 4, de artikelen 219, 138 en 143, artikel 144, leden 2 en 3, artikel 140, leden 2 en 3, en andere adviserende en voorbereidende taken die de Raad aan het Comité heeft opgedragen, uit te voeren;
– ten minste eenmaal per jaar de toestand te onderzoeken met betrekking tot het kapitaalverkeer en de vrijheid van het betalingsverkeer, zoals deze voortvloeien uit de toepassing van de Verdragen en van door de Raad genomen maatregelen; dit onderzoek heeft betrekking op alle maatregelen betreffende kapitaalverkeer en betalingsverkeer; het Comité brengt de Commissie en de Raad verslag uit over de resultaten van dit onderzoek.

De lidstaten, de Commissie en de Europese Centrale Bank benoemen ieder ten hoogste twee leden van het Comité.

3. De Raad stelt op voorstel van de Commissie en na raadpleging van de Europese Centrale Bank en het in dit artikel bedoelde Comité, nadere bepalingen betreffende de samenstelling van het Economisch en Financieel Comité vast. De voorzitter van de Raad stelt het Europees Parlement van het desbetreffende besluit in kennis.
4. Naast de vervulling van de in lid 2 genoemde taken volgt het Comité, indien en zolang er lidstaten zijn met een derogatie als bedoeld in artikel 139, de monetaire en financiële toestand en de algemene regeling van het betalingsverkeer van die lidstaten en brengt het terzake regelmatig verslag uit aan de Raad en aan de Commissie.

Art. 135

De Raad of de lidstaat kan de Commissie verzoeken een aanbeveling of een voorstel te doen betreffende aangelegenheden die onder artikel 121, lid 4, artikel 126, met uitzondering van lid 14, de artikelen 219, 138 en artikel 140, leden 1 en 3, vallen. De Commissie onderzoekt dit verzoek en legt haar conclusies onverwijld aan de Raad voor.

HOOFDSTUK 4
SPECIFIEKE BEPALINGEN VOOR DE LIDSTATEN DIE DE EURO ALS MUNT HEBBEN

Art. 136

Maatregelen voor lidstaten met euro

1. Om bij te dragen aan de goede werking van de economische en monetaire unie, en overeenkomstig de desbetreffende bepalingen van de Verdragen stelt de Raad, overeenkomstig de procedure van artikel 121 of van artikel 126, al naar het geval, met uitzondering van de procedure van artikel 126, lid 14, maatregelen vast voor de lidstaten die de euro als munt hebben:
a. ter versterking van de coördinatie en de bewaking van hun begrotingsdiscipline;
b. houdende bepaling van de richtsnoeren voor hun economisch beleid, met dien verstande dat deze verenigbaar moeten zijn met de richtsnoeren welke voor de gehele Unie zijn vastgesteld, en met het oog op de bewaking ervan.
2. Met betrekking tot de in lid 1 bedoelde maatregelen hebben alleen leden van de Raad die lidstaten vertegenwoordigen welke de euro als munt hebben, stemrecht.
De gekwalificeerde meerderheid van deze leden wordt bepaald overeenkomstig artikel 238, lid 3, onder a).
3. De lidstaten die de euro als munt hebben kunnen een stabiliteitsmechanisme instellen dat geactiveerd wordt indien dat onontbeerlijk is om de stabiliteit van de eurozone in haar geheel te waarborgen. De verlening van financiële steun, indien vereist, uit hoofde van het mechanisme zal aan stringente voorwaarden gebonden zijn.

Art. 137

Vergaderingen van ministers lidstaten met euro

De nadere regels voor vergaderingen van de ministers van de lidstaten die de euro als munt hebben, worden vastgesteld in het Protocol betreffende de Eurogroep.

Art. 138
1. Teneinde de positie van de euro in het internationaal monetair stelsel veilig te stellen, stelt de Raad op voorstel van de Commissie een besluit vast houdende de gemeenschappelijke standpunten in de bevoegde internationale financiële instellingen en conferenties over kwesties die voor de Economische en Monetaire Unie van bijzonder belang zijn. De Raad besluit na raadpleging van de Europese Centrale Bank.

Veiligstelling van euro in internationaal monetair stelsel

2. De Raad kan op voorstel van de Commissie passende maatregelen vaststellen met het oog op een gezamenlijke vertegenwoordiging in de internationale financiële instellingen en conferenties. De Raad besluit na raadpleging van de Europese Centrale Bank.
3. Met betrekking tot de in de leden 1 en 2 bedoelde maatregelen hebben alleen de leden van de Raad die de lidstaten vertegenwoordigen welke de euro als munt hebben, stemrecht.
De gekwalificeerde meerderheid van deze leden wordt bepaald overeenkomstig artikel 238, lid 3, onder a).

HOOFDSTUK 5
OVERGANGSBEPALINGEN

Art. 139
1. De lidstaten ten aanzien waarvan de Raad niet heeft besloten dat zij voldoen aan de nodige voorwaarden voor de invoering van de euro, worden hierna „lidstaten die vallen onder een derogatie" genoemd.

EU-lidstaten die vallen onder een derogatie

2. De onderstaande bepalingen van de Verdragen zijn niet van toepassing op de lidstaten die onder een derogatie vallen:
a. de aanneming van de onderdelen van de globale richtsnoeren voor het economisch beleid die in algemene zin betrekking hebben op de eurozone (artikel 121, lid 2);
b. dwingende maatregelen om buitensporige tekorten te verminderen (artikel 126, leden 9 en 11);
c. doelstellingen en taken van het ESCB (artikel 127, leden 1, 2, 3 en 5);
d. uitgifte van de euro (artikel 128);
e. handelingen van de Europese Centrale Bank (artikel 132);
f. maatregelen met betrekking tot het gebruik van de euro (artikel 133);
g. monetaire overeenkomsten en andere maatregelen in verband met het wisselkoersbeleid (artikel 219);
h. aanwijzing van de leden van de directie van de Europese Centrale Bank (artikel 283, lid 2);
i. besluiten houdende gemeenschappelijke standpunten in de bevoegde internationale financiële instellingen en conferenties over kwesties die voor de economische en monetaire unie van bijzonder belang zijn (artikel 138, lid 1);
j. maatregelen die een gezamenlijke vertegenwoordiging in de internationale financiële instellingen en conferenties verzekeren (artikel 138, lid 2).
Derhalve wordt in de onder a) tot en met j) genoemde punten onder „lidstaten" verstaan „de lidstaten die de euro als munt hebben".
3. De lidstaten die onder een derogatie vallen, alsmede hun nationale centrale banken, zijn uitgesloten van de rechten en plichten in het kader van het ESCB, overeenkomstig hoofdstuk IX van de statuten van het ESCB en van de ECB.
4. De stemrechten van de leden van de Raad die de lidstaten vertegenwoordigen welke onder een derogatie vallen, worden geschorst tijdens de aanneming door de Raad van de maatregelen bedoeld in de in lid 2 opgesomde artikelen, alsmede in de volgende gevallen:
a. bij de vaststelling van aanbevelingen die in het kader van het multilaterale toezicht worden gericht tot de lidstaten die de euro als munt hebben, met inbegrip van aanbevelingen over de stabiliteitsprogramma's en waarschuwingen (artikel 121, lid 4);
b. bij de aanneming van maatregelen inzake buitensporige tekorten ten aanzien van lidstaten die de euro als munt hebben (artikel 126, leden 6, 7, 8, 12 en 13).
De gekwalificeerde meerderheid van de overige leden van de Raad wordt bepaald overeenkomstig artikel 238, lid 3, onder a).

Art. 140
1. Ten minste eens in de twee jaar of op verzoek van een lidstaat die onder een derogatie valt, brengen de Commissie en de Europese Centrale Bank aan de Raad verslag uit over de vooruitgang die door de onder een derogatie vallende lidstaten is geboekt bij de nakoming van hun verplichtingen met het oog op de totstandbrenging van de Economische en Monetaire Unie. Deze verslagen bevatten tevens een onderzoek naar de verenigbaarheid van de nationale wetgeving van elk van deze lidstaten, met inbegrip van de statuten van zijn nationale centrale bank, met artikel 130 en artikel 131 en de statuten van het ESCB en van de ECB. In deze verslagen wordt ook nagegaan of er een hoge mate van duurzame convergentie is bereikt, aan de hand van de mate waarin elke lidstaat aan de volgende criteria voldoet:

Verslag over nakoming verplichtingen van EU-lidstaten die onder een derogatie vallen

- het bereiken van een hoge mate van prijsstabiliteit; dit blijkt uit een inflatiepercentage dat dicht ligt bij dat van ten hoogste de drie lidstaten die op het gebied van de prijsstabiliteit het best presteren;
- het houdbare karakter van de situatie van de overheidsfinanciën; dit blijkt uit een begrotingssituatie van de overheid zonder een buitensporig tekort als bedoeld in artikel 126, lid 6;
- de inachtneming van de normale fluctuatiemarges van het wisselkoersmechanisme van het Europees Monetair Stelsel, gedurende ten minste twee jaar, zonder devaluatie ten opzichte van de euro;
- de duurzaamheid van de door de lidstaat die onder een derogatie valt bereikte convergentie en van zijn deelneming aan het wisselkoersmechanisme van het Europees Monetair Stelsel, hetgeen tot uitdrukking komt in het niveau van de rentevoet voor de lange termijn.

De vier in dit lid genoemde criteria en de betreffende perioden tijdens welke daaraan moet worden voldaan, worden nader uitgewerkt in een aan de Verdragen gehecht protocol. In de verslagen van de Commissie en de Europese Centrale Bank wordt ook rekening gehouden met de resultaten van de integratie van de markten, de situatie en de ontwikkeling van de lopende rekeningen van de betalingsbalansen, en een onderzoek naar de ontwikkeling van de loonkosten per eenheid product en andere prijsindicatoren.

2. Na raadpleging van het Europees Parlement en na bespreking in de Europese Raad, besluit de Raad op voorstel van de Commissie, welke lidstaten met een derogatie volgens de criteria van lid 1, aan de noodzakelijke voorwaarden voldoen, en trekt hij de derogaties van de betrokken lidstaten in.

De Raad besluit na een aanbeveling te hebben ontvangen van een gekwalificeerde meerderheid van diegenen onder zijn leden die de lidstaten vertegenwoordigen welke de euro als munt hebben. Deze leden handelen binnen zes maanden nadat de Raad het Commissievoorstel heeft ontvangen.

De gekwalificeerde meerderheid van deze leden wordt bepaald overeenkomstig artikel 238, lid 3, onder a).

3. Indien overeenkomstig de procedure van lid 2, wordt besloten tot intrekking van een derogatie, stelt de Raad onherroepelijk met eenparigheid van stemmen van de lidstaten die de euro als munt hebben en de betrokken lidstaat, op voorstel van de Commissie en na raadpleging van de Europese Centrale Bank, de koers vast waartegen de munteenheid van de betrokken lidstaat wordt vervangen door de Euro, en neemt hij de overige maatregelen die nodig zijn voor de invoering van de Euro als enige munteenheid in de betrokken lidstaat.

Art. 141

Taak ECB jegens EU-lidstaten met een derogatie

1. Indien en zolang er lidstaten met een derogatie zijn, wordt, onverminderd het bepaalde in artikel 129, lid 1, de in artikel 44 van de statuten van de ESCB en de ECB bedoelde Algemene Raad van de Europese Centrale Bank als derde besluitvormend orgaan van de Europese Centrale Bank gevormd.

2. Indien en zolang er onder een derogatie vallende lidstaten zijn, heeft de Europese Centrale Bank ten aanzien van die lidstaten de taak:
- de samenwerking tussen de nationale centrale banken van de lidstaten te versterken;
- de coördinatie van het monetair beleid van de lidstaten te versterken teneinde prijsstabiliteit te verzekeren;
- toe te zien op de werking van het wisselkoersmechanisme;
- overleg te plegen over aangelegenheden die onder de bevoegdheid van de nationale centrale banken vallen en die van invloed zijn op de stabiliteit van de financiële instellingen en markten;
- de vroegere taken uit te oefenen van het Europees Fonds voor monetaire samenwerking, die eerder waren overgenomen door het Europees Monetair Instituut.

Art. 142

Wisselkoersbeleid van EU-lidstaten met een derogatie

Iedere onder een derogatie vallende lidstaat behandelt zijn wisselkoersbeleid als een aangelegenheid van gemeenschappelijk belang. Daarbij houden de lidstaten rekening met de ervaring die is opgedaan bij de samenwerking in het kader van het wisselkoersmechanisme.

Art. 143

Wederzijdse financiële bijstand EU-lidstaten met een derogatie

1. In geval van moeilijkheden of ernstig dreigende moeilijkheden in de betalingsbalans van een onder een derogatie vallende lidstaat, die voortvloeien hetzij uit het ontbreken van het globaal evenwicht van zijn balans hetzij uit de aard van zijn beschikbare deviezen, en die met name de werking van de interne markt of de verwezenlijking van de gemeenschappelijke handelspolitiek in gevaar kunnen brengen, onderwerpt de Commissie de toestand in die staat en de maatregelen welke hij overeenkomstig het bepaalde in de Verdragen met gebruikmaking van alle hem ten dienste staande middelen heeft genomen of kan nemen, onverwijld aan een onderzoek. De Commissie geeft de maatregelen aan die zij de betrokken staat aanbeveelt.

Indien de door de onder een derogatie vallende lidstaat getroffen en de door de Commissie in overweging gegeven maatregelen niet voldoende blijken te zijn om de ondervonden of dreigende moeilijkheden uit de weg te ruimen, doet de Commissie, na raadpleging van het Economisch

en Financieel Comité, aan de Raad aanbevelingen tot wederzijdse bijstand en betreffende passende maatregelen om die moeilijkheden uit de weg te ruimen.
De Commissie houdt de Raad regelmatig van de toestand en de ontwikkeling daarvan op de hoogte.
2. De Raad kent de wederzijdse bijstand toe; hij stelt richtlijnen of besluiten vast die de voorwaarden en de wijze van toepassing daarvan bepalen. De wederzijdse bijstand kan met name de vorm aannemen van:
a. een gezamenlijk optreden bij andere internationale organisaties waarop de onder een derogatie vallende lidstaten een beroep kunnen doen;
b. maatregelen noodzakelijk om het zich verleggen van het handelsverkeer te vermijden, wanneer de onder een derogatie vallende lidstaat die in moeilijkheden verkeert, kwantitatieve beperkingen ten aanzien van derde landen handhaaft of wederinvoert;
c. de verlening van beperkte kredieten door andere lidstaten, onder voorbehoud van hun toestemming.
3. Indien de door de Commissie aanbevolen wederzijdse bijstand door de Raad niet wordt goedgekeurd of wanneer de goedgekeurde wederzijdse bijstand en de getroffen maatregelen ontoereikend zijn, machtigt de Commissie de onder een derogatie vallende lidstaat die in moeilijkheden verkeert vrijwaringsmaatregelen te nemen waarvan zij de voorwaarden en de wijze van toepassing bepaalt.
De Raad kan deze machtiging intrekken en deze voorwaarden en wijze van toepassing wijzigen.

Art. 144

1. In geval van een plotselinge crisis in de betalingsbalans en indien een besluit in de zin van artikel 143, lid 2, niet onmiddellijk wordt genomen, kan een onder een derogatie vallende lidstaat te zijner bescherming de noodzakelijke vrijwaringsmaatregelen treffen. Die maatregelen moeten zo weinig mogelijk verstoringen in de werking van de interne markt teweegbrengen en mogen niet verder reiken dan strikt onvermijdelijk is om de plotseling opgetreden moeilijkheden te overwinnen.

Vrijwaringsmaatregelen in crisis door EU-lidstaat met een derogatie

2. De Commissie en de andere lidstaten moeten van die vrijwaringsmaatregelen uiterlijk op het tijdstip van hun inwerkingtreding op de hoogte worden gebracht. De Commissie kan de Raad wederzijdse bijstand overeenkomstig artikel 143 aanbevelen.
3. Op aanbeveling van de Commissie en na raadpleging van het Economisch en Financieel Comité kan de Raad besluiten dat de betrokken lidstaat bovenbedoelde vrijwaringsmaatregelen moet wijzigen, schorsen of intrekken.

TITEL IX
WERKGELEGENHEID

Art. 145

De lidstaten en de Unie streven overeenkomstig deze titel naar de ontwikkeling van een geco-ördineerde strategie voor werkgelegenheid en in het bijzonder voor de bevordering van de scholing, de opleiding en het aanpassingsvermogen van de werknemers en arbeidsmarkten die soepel reageren op economische veranderingen teneinde de doelstellingen van artikel 3 van het Verdrag betreffende de Europese Unie te bereiken.

Gecoördineerde strategie werkgelegenheid binnen Europese Unie

Art. 146

1. De lidstaten dragen door middel van hun werkgelegenheidsbeleid bij tot het bereiken van de in artikel 145 bedoelde doelstellingen op een wijze die verenigbaar is met de overeenkomstig artikel 121, lid 2, aangenomen globale richtsnoeren voor het economisch beleid van de lidstaten en van de Unie.

Werkgelegenheidsbeleid lidstaten Europese Unie

2. Rekening houdend met nationale gebruiken op het gebied van de verantwoordelijkheden van de sociale partners beschouwen de lidstaten het bevorderen van de werkgelegenheid als een aangelegenheid van gemeenschappelijke zorg en coördineren zij hun maatregelen op dit gebied binnen de Raad, overeenkomstig artikel 148.

Art. 147

1. De Unie draagt bij tot een hoog werkgelegenheidsniveau door samenwerking tussen de lidstaten aan te moedigen en hun maatregelen te steunen en, indien nodig, aan te vullen. De bevoegdheden van de lidstaten worden daarbij geëerbiedigd.

Aanmoediging werkgelegenheid EU-lidstaten

2. Bij het bepalen en uitvoeren van het beleid en de activiteiten van de Unie wordt rekening gehouden met de doelstelling van een hoog werkgelegenheidsniveau.

Art. 148

1. De Europese Raad beziet jaarlijks de werkgelegenheidssituatie in de Unie en neemt terzake conclusies aan, aan de hand van een gezamenlijk jaarverslag van de Raad en de Commissie.

Richtsnoeren Europese Raad omtrent werkgelegenheid

2. Op basis van de conclusies van de Europese Raad stelt de Raad jaarlijks, op voorstel van de Commissie en na raadpleging van het Europees Parlement, het Economisch en Sociaal Comité, het Comité van de Regio's en het in artikel 150 genoemde Raadgevend Comité voor de werkge-

legenheid, richtsnoeren op, waarmee de lidstaten in hun werkgelegenheidsbeleid rekening houden. Deze richtsnoeren moeten verenigbaar zijn met de overeenkomstig artikel 121, lid 2, aangenomen globale richtsnoeren.

3. Elke lidstaat legt jaarlijks aan de Raad en aan de Commissie een verslag voor over de belangrijkste maatregelen welke genomen zijn om zijn werkgelegenheidsbeleid ten uitvoer te leggen in het licht van de in lid 2 bedoelde richtsnoeren inzake werkgelegenheid.

4. Op basis van de in lid 3 bedoelde verslagen en na ontvangst van de adviezen van het Raadgevend Comité voor de werkgelegenheid verricht de Raad jaarlijks een onderzoek naar de tenuitvoerlegging van het werkgelegenheidsbeleid van de lidstaten in het licht van de richtsnoeren inzake werkgelegenheid. De Raad kan, op aanbeveling van de Commissie, aanbevelingen tot de lidstaten richten indien hij zulks in het licht van dat onderzoek dienstig acht.

5. Op basis van de resultaten van dat onderzoek brengen de Raad en de Commissie jaarlijks gezamenlijk verslag uit aan de Europese Raad over de werkgelegenheidssituatie in de Unie en over de tenuitvoerlegging van de richtsnoeren inzake werkgelegenheid.

Art. 149

Het Europees Parlement en de Raad kunnen volgens de gewone wetgevingsprocedure, na raadpleging van het Economisch en Sociaal Comité en het Comité van de Regio's, stimuleringsmaatregelen aannemen die erop gericht zijn de samenwerking tussen de lidstaten aan te moedigen en hun werkgelegenheidsbeleid te ondersteunen door middel van initiatieven ter ontwikkeling van de uitwisseling van informatie en optimale praktijken, verstrekking van vergelijkende analyses en advies, alsmede bevordering van innoverende benaderingswijzen en evaluatie van ervaringen, in het bijzonder door gebruik te maken van proefprojecten.

Deze maatregelen houden geen harmonisatie van de wettelijke en bestuursrechtelijke bepalingen van de lidstaten in.

Art. 150

Na raadpleging van het Europees Parlement stelt de Raad met gewone meerderheid een raadgevend comité voor de werkgelegenheid in teneinde de coördinatie van het werkgelegenheids- en arbeidsmarktbeleid van de lidstaten te bevorderen. Dit comité heeft tot taak:
– toe te zien op de werkgelegenheidssituatie en het werkgelegenheidsbeleid in de lidstaten en de Unie;
– onverminderd artikel 240, adviezen uit te brengen, hetzij op verzoek van de Raad of van de Commissie, hetzij op eigen initiatief, en bij te dragen aan de voorbereiding van de in artikel 148 bedoelde werkzaamheden van de Raad.

Voor de vervulling van zijn opdracht raadpleegt het comité de sociale partners.
Elke lidstaat en de Commissie benoemen elk twee leden van het comité.

TITEL X
SOCIALE POLITIEK

Art. 151

De Unie en de lidstaten stellen zich, indachtig sociale grondrechten zoals vastgelegd in het op 18 oktober 1961 te Turijn ondertekend Europees Sociaal Handvest en in het Gemeenschapshandvest van de sociale grondrechten van de werkenden van 1989, ten doel de bevordering van de werkgelegenheid, de gestage verbetering van de levensomstandigheden en de arbeidsvoorwaarden, zodat de onderlinge aanpassing daarvan op de weg van de vooruitgang wordt mogelijk gemaakt, alsmede een adequate sociale bescherming, de sociale dialoog, de ontwikkeling van de menselijke hulpbronnen om een duurzaam hoog werkgelegenheidsniveau mogelijk te maken, en de bestrijding van uitsluiting.

Te dien einde leggen de Unie en de lidstaten maatregelen ten uitvoer waarin rekening wordt gehouden met de verscheidenheid van de nationale gebruiken, met name op het gebied van contractuele betrekkingen, alsmede met de noodzaak om het concurrentievermogen van de economie van de Unie te handhaven.

Zij zijn van mening dat een dergelijke ontwikkeling zal voortvloeien zowel uit de werking van de interne markt waardoor de harmonisatie van de sociale stelsels zal worden bevorderd, als uit de in de Verdragen bepaalde procedures en het nader tot elkaar brengen van wettelijke en bestuursrechtelijke bepalingen.

Art. 152

De Unie erkent en bevordert de rol van de sociale partners op het niveau van de Unie, en houdt daarbij rekening met de verschillen tussen de nationale stelsels. Zij bevordert hun onderlinge dialoog, met inachtneming van hun autonomie.

De tripartiete sociale top voor groei en werkgelegenheid levert een bijdrage tot de sociale dialoog.

Art. 153

1. Ter verwezenlijking van de doelstellingen van artikel 151 wordt het optreden van de lidstaten op de volgende gebieden door de Unie ondersteund en aangevuld:

a. de verbetering van met name het arbeidsmilieu, om de veiligheid en de gezondheid van de werknemers te beschermen;
b. de arbeidsvoorwaarden;
c. de sociale zekerheid en de sociale bescherming van de werknemers;
d. de bescherming van de werknemers bij beëindiging van de arbeidsovereenkomst;
e. de informatie en de raadpleging van de werknemers;
f. de vertegenwoordiging en collectieve verdediging van de belangen van werknemers en werkgevers, met inbegrip van de medezeggenschap, onder voorbehoud van lid 5;
g. de werkgelegenheidsvoorwaarden voor onderdanen van derde landen die op wettige wijze op het grondgebied van de Unie verblijven;
h. de integratie van personen die van de arbeidsmarkt zijn uitgesloten, onverminderd artikel 166;
i. de gelijkheid van mannen en vrouwen wat hun kansen op de arbeidsmarkt en de behandeling op het werk betreft;
j. de bestrijding van sociale uitsluiting;
k. de modernisering van de stelsels voor sociale bescherming, onverminderd punt c).

2. Te dien einde kunnen het Europees Parlement en de Raad:

a. maatregelen aannemen die erop gericht zijn de samenwerking tussen de lidstaten aan te moedigen door middel van initiatieven ter verbetering van de kennis, ontwikkeling van de uitwisseling van informatie en optimale praktijken, bevordering van innoverende benaderingswijzen en evaluatie van ervaringen, met uitsluiting van harmonisatie van de wettelijke en bestuursrechtelijke bepalingen van de lidstaten;

Kennisontwikkeling binnen Europese Unie

b. op de in lid 1, onder a) tot en met i), bedoelde gebieden door middel van richtlijnen minimumvoorschriften vaststellen die geleidelijk van toepassing zullen worden, met inachtneming van de in elk van de lidstaten bestaande omstandigheden en technische voorschriften. In deze richtlijnen wordt vermeden zodanige administratieve, financiële en juridische verplichtingen op te leggen dat de oprichting en ontwikkeling van kleine en middelgrote ondernemingen daardoor zou kunnen worden belemmerd.

Het Europees Parlement en de Raad besluiten volgens de gewone wetgevingsprocedure na raadpleging van het Economisch en Sociaal Comité en het Comité van de Regio's.

Op de in lid 1, onder c), d), f) en g), bedoelde gebieden besluit de Raad volgens een bijzondere wetgevingsprocedure, met eenparigheid van stemmen, na raadpleging van het Europees Parlement en de beide Comités.

De Raad kan op voorstel van de Commissie en na raadpleging van het Europees Parlement met eenparigheid van stemmen besluiten dat de gewone wetgevingsprocedure van toepassing is op lid 1, punten d), f) en g).

3. Een lidstaat kan de sociale partners, indien zij gezamenlijk daarom verzoeken, belasten met de uitvoering van de krachtens lid 2 vastgestelde richtlijnen of, in voorkomend geval, de uitvoering van een overeenkomstig artikel 155 vastgesteld besluit van de Raad.

In dat geval verzekert de lidstaat zich ervan dat de sociale partners, uiterlijk op de datum waarop een richtlijn of een besluit moet zijn omgezet of uitgevoerd, de nodige maatregelen bij overeenkomst hebben ingevoerd; de betrokken lidstaat moet zelf alle maatregelen treffen om de in de betrokken richtlijn of het betrokken besluit voorgeschreven resultaten te allen tijde te kunnen waarborgen.

4. De krachtens dit artikel vastgestelde bepalingen:
– laten het recht van de lidstaten om de fundamentele beginselen van hun socialezekerheidsstelsel vast te stellen onverlet en mogen geen aanmerkelijke gevolgen hebben voor het financiële evenwicht van dat stelsel;
– beletten niet dat een lidstaat maatregelen met een hogere graad van bescherming handhaaft of invoert welke met de Verdragen verenigbaar zijn.

5. Dit artikel is niet van toepassing op de beloning, het recht van vereniging, het stakingsrecht of het recht tot uitsluiting.

Art. 154

1. De Commissie heeft tot taak de raadpleging van de sociale partners op het niveau van de Unie te bevorderen en treft alle maatregelen die nuttig kunnen zijn om de dialoog tussen de partners te vergemakkelijken door middel van een evenwichtige ondersteuning van de partijen.

Raadpleging sociale partners door Europese Commissie

2. Daartoe raadpleegt de Commissie, alvorens voorstellen op het gebied van de sociale politiek in te dienen, de sociale partners over de mogelijke richting van een optreden van de Unie.

3. Indien de Commissie na deze raadpleging van mening is dat een optreden van de Unie wenselijk is, raadpleegt zij de sociale partners over de inhoud van het overwogen voorstel. De sociale partners doen de Commissie een advies of, in voorkomend geval, een aanbeveling toekomen.

4. Ter gelegenheid van de in de leden 2 en 3 bedoelde raadplegingen kunnen de sociale partners de Commissie in kennis stellen van hun wens om het in artikel 155 bedoelde proces in te leiden.

Dit proces neemt maximaal negen maanden in beslag, tenzij de betrokken sociale partners en de Commissie gezamenlijk besluiten tot verlenging.

Art. 155

Contractuele betrekkingen tussen sociale partners Europese Unie

1. De dialoog tussen de sociale partners op het niveau van de Unie kan, indien de sociale partners zulks wensen, leiden tot contractuele betrekkingen, met inbegrip van overeenkomsten.

2. De tenuitvoerlegging van de op het niveau van de Unie gesloten overeenkomsten geschiedt hetzij volgens de procedures en gebruiken die eigen zijn aan de sociale partners en aan de lidstaten, hetzij, voor zaken die onder artikel 153 vallen, op gezamenlijk verzoek van de ondertekenende partijen, door een besluit van de Raad op voorstel van de Commissie. Het Europees Parlement wordt hiervan in kennis gesteld.

De Raad besluit met eenparigheid van stemmen wanneer de betrokken overeenkomst één of meer bepalingen bevat die betrekking hebben op één van de gebieden waarvoor krachtens artikel 153, lid 3 [per 1 december 2009: lid 2] eenparigheid van stemmen vereist is.

Art. 156

Deelterreinen sociale politiek Europese Unie

Ter verwezenlijking van de doelstellingen van artikel 151, en onverminderd de andere bepalingen van de Verdragen, bevordert de Commissie de samenwerking tussen de lidstaten en vergemakkelijkt zij de coördinatie van hun optreden op alle onder dit hoofdstuk vallende gebieden van de sociale politiek, met name op het terrein van:
- de werkgelegenheid,
- het arbeidsrecht en de arbeidsvoorwaarden,
- de beroepsopleiding en de voortgezette vorming,
- de sociale zekerheid,
- de voorkoming van arbeidsongevallen en beroepsziekten,
- de arbeidshygiëne,
- het recht om zich te organiseren in vakverenigingen en van collectieve onderhandelingen tussen werkgevers en werknemers.

Te dien einde werkt de Commissie nauw samen met de lidstaten bij het verrichten van studies, het uitbrengen van adviezen en het organiseren van overleg zowel omtrent vraagstukken op nationaal niveau als omtrent vraagstukken die de internationale organisaties aangaan, met name initiatieven om richtsnoeren en indicatoren vast te stellen, de uitwisseling van beste praktijken te regelen en de nodige elementen met het oog op periodieke controle en evaluatie te verzamelen. Het Europees Parlement wordt ten volle in kennis gesteld.

Alvorens de in dit artikel bedoelde adviezen uit te brengen, raadpleegt de Commissie het Economisch en Sociaal Comité.

Art. 157

Gelijke beloning mannen en vrouwen binnen Europese Unie

1. Iedere lidstaat draagt er zorg voor dat het beginsel van gelijke beloning van mannelijke en vrouwelijke werknemers voor gelijke of gelijkwaardige arbeid wordt toegepast.

2. Onder beloning in de zin van dit artikel dient te worden verstaan het gewone basis- of minimumloon of -salaris en alle overige voordelen in geld of in natura die de werknemer uit hoofde van zijn dienstbetrekking direct of indirect van de werkgever ontvangt.

Gelijke beloning zonder onderscheid naar kunne houdt in:
a. dat de beloning voor gelijke arbeid in stukloon wordt vastgesteld op basis van eenzelfde maatstaf;
b. dat de beloning voor arbeid in tijdloon dezelfde is voor eenzelfde functie.

3. Het Europees Parlement en de Raad nemen volgens de gewone wetgevingsprocedure en na raadpleging van het Economisch en Sociaal Comité maatregelen aan om de toepassing te waarborgen van het beginsel van gelijke kansen en gelijke behandeling van mannen en vrouwen in werkgelegenheid en beroep, met inbegrip van het beginsel van gelijke beloning voor gelijke of gelijkwaardige arbeid.

4. Het beginsel van gelijke behandeling belet niet dat een lidstaat, om volledige gelijkheid van mannen en vrouwen in het beroepsleven in de praktijk te verzekeren, maatregelen handhaaft of aanneemt waarbij specifieke voordelen worden ingesteld om de uitoefening van een beroepsactiviteit door het ondervertegenwoordigde geslacht te vergemakkelijken of om nadelen in de beroepsloopbaan te voorkomen of te compenseren.

Art. 158

Vakantierechten binnen Europese Unie

De lidstaten streven ernaar de bestaande gelijkwaardigheid van de bepalingen omtrent betaalde vakantie te handhaven.

Art. 159

Verslag omtrent sociale politiek Europese Unie

De Commissie stelt ieder jaar een verslag op over de stand van de verwezenlijking van de doelstellingen van artikel 151, met inbegrip van de demografische situatie in de Unie. Zij zendt dit verslag toe aan het Europees Parlement, de Raad en het Economisch en Sociaal Comité.

Verdrag betreffende de werking van de Europese Unie A88 art. 165

Art. 160
De Raad stelt met gewone meerderheid na raadpleging van het Europees Parlement een comité voor sociale bescherming met een adviestaak in teneinde de samenwerking tussen de lidstaten onderling en met de Commissie op het gebied van de sociale bescherming te bevorderen. Het comité heeft tot taak:
- toe te zien op de sociale situatie en de ontwikkeling van het beleid inzake sociale bescherming in de lidstaten en de Unie;
- de uitwisseling van informatie, ervaringen en goede praktijken tussen de lidstaten onderling en met de Commissie te vergemakkelijken;
- onverminderd artikel 240, verslagen op te stellen, adviezen uit te brengen of andere activiteiten te ontplooien op gebieden die onder zijn bevoegdheid vallen, hetzij op verzoek van de Raad of de Commissie, hetzij op eigen initiatief.

Voor de vervulling van zijn opdracht legt het comité de nodige contacten met de sociale partners.
Iedere lidstaat en de Commissie benoemen twee leden van het comité.

Comité voor sociale bescherming binnen Europese Unie

Art. 161
In haar jaarverslag aan het Europees Parlement wijdt de Commissie een afzonderlijk hoofdstuk aan de ontwikkeling van de sociale toestand in de Unie.
Het Europees Parlement kan de Commissie verzoeken verslagen op te stellen over bijzondere vraagstukken inzake de sociale toestand.

Sociale politiek in jaarverslag Europese Commissie

TITEL XI
HET EUROPEES SOCIAAL FONDS

Art. 162
Teneinde de werkgelegenheid voor de werknemers in de interne markt te verbeteren en zodoende bij te dragen tot verhoging van de levensstandaard, wordt in het kader van de volgende bepalingen een Europees Sociaal Fonds opgericht; dit Fonds heeft ten doel binnen de Unie de tewerkstelling te vergemakkelijken en de geografische en beroepsmobiliteit van de werknemers te bevorderen, alsmede de aanpassing aan veranderingen in het bedrijfsleven en in productiestelsels gemakkelijker te maken, met name door beroepsopleiding en omscholing.

Europees Sociaal Fonds

Art. 163
Het beheer van het Fonds berust bij de Commissie.

De Commissie wordt in deze taak bijgestaan door een comité dat onder het voorzitterschap staat van een lid van de Commissie en samengesteld is uit vertegenwoordigers van de regeringen en van de vakverenigingen van werknemers en van werkgevers.

Beheer van Europees Sociaal Fonds

Art. 164
Het Europees Parlement en de Raad stellen volgens de gewone wetgevingsprocedure en na raadpleging van het Economisch en Sociaal Comité en het Comité van de Regio's de uitvoeringsverordeningen betreffende het Europees Sociaal Fonds vast.

Uitvoeringsverordeningen Europees Sociaal Fonds

TITEL XII
ONDERWIJS, BEROEPSOPLEIDING, JEUGD EN SPORT

Art. 165
1. De Unie draagt bij tot de ontwikkeling van onderwijs van hoog gehalte door samenwerking tussen de lidstaten aan te moedigen en zo nodig door hun activiteiten te ondersteunen en aan te vullen, met volledige eerbiediging van de verantwoordelijkheid van de lidstaten voor de inhoud van het onderwijs en de opzet van het onderwijsstelsel en van hun culturele en taalkundige verscheidenheid.
De Unie draagt bij tot de bevordering van de Europese inzet op sportgebied, rekening houdend met haar specifieke kenmerken, haar op vrijwilligerswerk berustende structuren en haar sociale en educatieve functie.

Onderwijs binnen Europese Unie

2. Het optreden van de Unie is erop gericht:
- de Europese dimensie in het onderwijs tot ontwikkeling te brengen, met name door onderricht in en verspreiding van de talen der lidstaten;
- de mobiliteit van studenten en docenten te bevorderen, mede door de academische erkenning van diploma's en studietijdvakken aan te moedigen;
- de samenwerking tussen onderwijsinstellingen te bevorderen;
- de uitwisseling te bevorderen van informatie en ervaring omtrent de gemeenschappelijke vraagstukken waarmee de onderwijsstelsels van de lidstaten worden geconfronteerd;
- de ontwikkeling van uitwisselingsprogramma's voor jongeren en jongerenwerkers te bevorderen en de deelneming van jongeren aan het democratisch leven van Europa aan te moedigen;
- de ontwikkeling van het onderwijs op afstand te stimuleren.

Doel onderwijsbeleid Europese Unie

Sdu   2349

A88 art. 166

- de Europese dimensie van de sport te ontwikkelen, door de eerlijkheid en de openheid van sportcompetities en de samenwerking tussen de verantwoordelijke sportorganisaties te bevorderen, en door de fysieke en morele integriteit van sportlieden, met name jonge sporters, te beschermen.
3. De Unie en de lidstaten bevorderen de samenwerking met derde landen en met de inzake onderwijs en sport bevoegde internationale organisaties, met name met de Raad van Europa.
4. Om bij te dragen tot de verwezenlijking van de doelstellingen van dit artikel:
- nemen het Europees Parlement en de Raad, volgens de gewone wetgevingsprocedure en na raadpleging van het Economisch en Sociaal Comité en het Comité van de Regio's, stimuleringsmaatregelen aan, met uitsluiting van harmonisatie van de wettelijke en bestuursrechtelijke bepalingen van de lidstaten,
- neemt de Raad, op voorstel van de Commissie, aanbevelingen aan.

Art. 166

Beroepsopleiding binnen Europese Unie

1. De Unie legt inzake beroepsopleiding een beleid ten uitvoer waardoor de activiteiten van de lidstaten worden versterkt en aangevuld, met volledige eerbiediging van de verantwoordelijkheid van de lidstaten voor de inhoud en de opzet van de beroepsopleiding.
2. Het optreden van de Unie is erop gericht
- de aanpassing aan veranderingen in het bedrijfsleven te vergemakkelijken, met name door beroepsopleiding en omscholing;
- door verbetering van de initiële beroepsopleiding en van bij- en nascholing, de opneming en de wederopneming op de arbeidsmarkt te bevorderen;
- de toegang tot beroepsopleidingen te vergemakkelijken en de mobiliteit van opleiders en leerlingen, met name jongeren, te bevorderen;
- de samenwerking inzake opleiding tussen onderwijs- of opleidingsinstellingen en ondernemingen te bevorderen;
- de uitwisseling te bevorderen van informatie en ervaring omtrent de gemeenschappelijke vraagstukken waarmee de opleidingsstelsels van de lidstaten worden geconfronteerd.
3. De Unie en de lidstaten bevorderen de samenwerking met derde landen en met de inzake beroepsopleiding bevoegde internationale organisaties.
4. Het Europees Parlement en de Raad nemen, volgens de gewone wetgevingsprocedure en na raadpleging van het Economisch en Sociaal Comité en het Comité van de Regio's, maatregelen aan die bijdragen tot de verwezenlijking van de doelstellingen van dit artikel, met uitsluiting van harmonisatie van de wettelijke en bestuursrechtelijke bepalingen van de lidstaten en de Raad neemt, op voorstel van de Commissie, aanbevelingen aan.

TITEL XIII
CULTUUR

Art. 167

Cultureel erfgoed binnen Europese Unie

1. De Unie draagt bij tot de ontplooiing van de culturen van de lidstaten onder eerbiediging van de nationale en regionale verscheidenheid van die culturen, maar tegelijk ook de nadruk leggend op het gemeenschappelijk cultureel erfgoed.
2. Het optreden van de Unie is erop gericht de samenwerking tussen de lidstaten aan te moedigen en zo nodig hun activiteiten op de volgende gebieden te ondersteunen en aan te vullen:
- verbetering van de kennis en verbreiding van de cultuur en de geschiedenis van de Europese volkeren,
- instandhouding en bescherming van het cultureel erfgoed van Europees belang,
- culturele uitwisseling op niet-commerciële basis,
- scheppend werk op artistiek en literair gebied, mede in de audiovisuele sector.
3. De Unie en de lidstaten bevorderen de samenwerking met derde landen en met de inzake cultuur bevoegde internationale organisaties, met name met de Raad van Europa.
4. De Unie houdt bij haar optreden uit hoofde van andere bepalingen van de Verdragen rekening met de culturele aspecten, met name om de culturele verscheidenheid te eerbiedigen en te bevorderen.
5. Om bij te dragen tot de verwezenlijking van de doelstellingen van dit artikel:
- nemen het Europees Parlement en de Raad, volgens de gewone wetgevingsprocedure en na raadpleging van het Comité van de Regio's, stimuleringsmaatregelen aan, met uitsluiting van harmonisatie van de wettelijke en bestuursrechtelijke bepalingen van de lidstaten;
- neemt de Raad, op voorstel van de Commissie, aanbevelingen aan.

TITEL XIV
VOLKSGEZONDHEID

Art. 168

1. Bij de bepaling en de uitvoering van elk beleid en elk optreden van de Unie wordt een hoog niveau van bescherming van de menselijke gezondheid verzekerd.

Het optreden van de Unie, dat een aanvulling vormt op het nationale beleid, is gericht op verbetering van de volksgezondheid, preventie van ziekten en aandoeningen bij de mens en het wegnemen van bronnen van gevaar voor de lichamelijke en geestelijke gezondheid. Dit optreden omvat de bestrijding van grote bedreigingen van de gezondheid, door het bevorderen van onderzoek naar de oorzaken, de overdracht en de preventie daarvan, alsmede door het bevorderen van gezondheidsvoorlichting en gezondheidsonderwijs, en de controle van, de alarmering bij en de bestrijding van ernstige grensoverschrijdende bedreigingen van de gezondheid.

De Unie vult het optreden van de lidstaten aan ter vermindering van de schade aan de gezondheid door drugsgebruik, met inbegrip van voorlichting en preventie.

2. De Unie moedigt samenwerking tussen de lidstaten op de in dit artikel bedoelde gebieden aan en steunt zo nodig hun optreden. Zij moedigt in het bijzonder aan dat de lidstaten samenwerken ter verbetering van de complementariteit van hun gezondheidsdiensten in de grensgebieden.

De lidstaten coördineren onderling, in verbinding met de Commissie, hun beleid en programma's op de in lid 1 bedoelde gebieden. De Commissie kan, in nauw contact met de lidstaten, alle dienstige initiatieven nemen om deze coördinatie te bevorderen, met name initiatieven om richtsnoeren en indicatoren vast te stellen, de uitwisseling van beste praktijken te regelen en de nodige elementen met het oog op periodieke controle en evaluatie te verzamelen. Het Europees Parlement wordt ten volle in kennis gesteld.

3. De Unie en de lidstaten bevorderen de samenwerking met derde landen en met de inzake volksgezondheid bevoegde internationale organisaties.

4. In afwijking van artikel 2, lid 5, en artikel 6, onder a), en overeenkomstig artikel 4, lid 2, onder k), dragen het Europees Parlement en de Raad volgens de gewone wetgevingsprocedure, na raadpleging van het Economisch en Sociaal Comité en het Comité van de Regio's, bij tot de verwezenlijking van de doelstellingen van dit artikel door om gemeenschappelijke veiligheidskwesties het hoofd te bieden:

a. maatregelen aan te nemen waarbij hoge kwaliteits- en veiligheidseisen worden gesteld aan organen en stoffen van menselijke oorsprong, bloed en bloedderivaten; deze maatregelen beletten niet dat een lidstaat maatregelen voor een hogere graad van bescherming handhaaft of treft;

b. maatregelen op veterinair en fytosanitair gebied aan te nemen die rechtstreeks gericht zijn op de bescherming van de volksgezondheid;

c. maatregelen waarbij hoge kwaliteits- en veiligheidseisen worden gesteld aan geneesmiddelen en medische hulpmiddelen.

5. Het Europees Parlement en de Raad kunnen, volgens de gewone wetgevingsprocedure en na raadpleging van het Economisch en Sociaal Comité en het Comité van de Regio's, ook stimuleringsmaatregelen vaststellen die gericht zijn op de bescherming en de verbetering van de menselijke gezondheid en met name de bestrijding van grote grensoverschrijdende bedreigingen van de gezondheid, maatregelen betreffende de controle van, de alarmering bij en de bestrijding van ernstige grensoverschrijdende bedreigingen van de gezondheid, alsook maatregelen die rechtstreeks verband houden met de bescherming van de volksgezondheid ter zake van tabak en misbruik van alcohol, met uitsluiting van enige harmonisering van de wettelijke en bestuursrechtelijke bepalingen van de lidstaten.

6. De Raad kan, op voorstel van de Commissie, ook aanbevelingen aannemen met het oog op de doelstellingen van dit artikel.

7. Het optreden van de Unie eerbiedigt de verantwoordelijkheden van de lidstaten met betrekking tot de bepaling van hun gezondheidsbeleid, alsmede de organisatie en de verstrekking van gezondheidsdiensten en geneeskundige verzorging. De verantwoordelijkheden van de lidstaten omvatten het beheer van gezondheidsdiensten en geneeskundige verzorging, alsmede de allocatie van de daaraan toegewezen middelen. De in lid 4, onder a), bedoelde maatregelen doen geen afbreuk aan de nationale voorschriften inzake donatie en geneeskundig gebruik van organen en bloed.

TITEL XV
CONSUMENTENBESCHERMING

Art. 169

1. Om de belangen van de consumenten te bevorderen en een hoog niveau van consumentenbescherming te waarborgen, draagt de Unie bij tot de bescherming van de gezondheid, de veiligheid en de economische belangen van de consumenten alsmede tot de bevordering van hun recht op voorlichting en vorming, en hun recht van vereniging om hun belangen te behartigen.

2. De Unie draagt bij tot de verwezenlijking van de in lid 1 genoemde doelstellingen door middel van:

a. maatregelen die zij op grond van artikel 114 in het kader van de totstandbrenging van de interne markt neemt;

b. maatregelen om het beleid van de lidstaten te ondersteunen, aan te vullen en te controleren.

3. Het Europees Parlement en de Raad nemen volgens de gewone wetgevingsprocedure en na raadpleging van het Economisch en Sociaal Comité de maatregelen, bedoeld in lid 2, onder b), aan.

4. De uit hoofde van lid 3 aangenomen maatregelen beletten niet dat een lidstaat maatregelen voor een hogere graad van bescherming treft of handhaaft. Deze maatregelen moeten verenigbaar zijn met de Verdragen. Zij worden ter kennis van de Commissie gebracht.

TITEL XVI
TRANSEUROPESE NETWERKEN

Art. 170

Trans-Europese netwerken

1. Teneinde bij te dragen tot de verwezenlijking van de in de artikelen 26 en 174 bedoelde doelstellingen en om de burgers van de Unie, de economische subjecten, alsmede de regionale en lokale gemeenschappen in staat te stellen ten volle profijt te trekken van de voordelen die uit de totstandkoming van een ruimte zonder binnengrenzen voortvloeien, draagt de Unie bij tot de totstandbrenging en ontwikkeling van trans-Europese netwerken op het gebied van vervoers-, telecommunicatie- en energie-infrastructuur.

2. In het kader van een stelsel van open en concurrerende markten is het optreden van de Unie gericht op de bevordering van de onderlinge koppeling en interoperabiliteit van de nationale netwerken, alsmede van de toegang tot deze netwerken. Daarbij wordt met name rekening gehouden met de noodzaak van insulaire, niet aan zee grenzende en perifere regio's met de centrale regio's van de Unie te verbinden.

Art. 171

Verwezenlijking trans-Europese netwerken

1. Voor de verwezenlijking van de in artikel 170 genoemde doelstellingen:
– stelt de Unie een geheel van richtsnoeren op betreffende de doelstellingen, de prioriteiten en de grote lijnen van de op het gebied van trans-Europese netwerken overwogen maatregelen; in deze richtsnoeren worden projecten van gemeenschappelijk belang aangegeven;
– treft de Unie alle maatregelen die nodig kunnen blijken om de interoperabiliteit van de netwerken te verzekeren, met name op het gebied van de harmonisatie van de technische normen;
– kan de Unie steun verlenen aan door de lidstaten gesteunde projecten van gemeenschappelijk belang, die als zodanig zijn aangegeven in het kader van de in het eerste streepje bedoelde richtsnoeren met name in de vorm van uitvoerbaarheidsstudies, garanties voor leningen, of rentesubsidies; de Unie kan ook door middel van het overeenkomstig artikel 177 opgerichte Cohesiefonds bijdragen aan de financiering van specifieke projecten in lidstaten op het terrein van de vervoersinfrastructuur.

Bij het optreden van de Unie wordt rekening gehouden met de potentiële economische levensvatbaarheid van de projecten.

2. De lidstaten coördineren onderling, in verbinding met de Commissie, het nationale beleid dat van grote invloed kan zijn op de verwezenlijking van de in artikel 170 bedoelde doelstellingen. De Commissie kan in nauwe samenwerking met de lidstaten alle dienstige initiatieven nemen om deze coördinatie te bevorderen.

3. De Unie kan besluiten met derde landen samen te werken om projecten van gemeenschappelijk belang te bevorderen en de interoperabiliteit van de netwerken te verzekeren.

Art. 172

Wetgevingsprocedure trans-Europese netwerken

De in artikel 171, lid 1, bedoelde richtsnoeren en andere maatregelen worden door het Europees Parlement en de Raad vastgesteld volgens de gewone wetgevingsprocedure en na raadpleging van het Economisch en Sociaal Comité en het Comité van de Regio's.

Voor richtsnoeren en projecten van gemeenschappelijk belang die betrekking hebben op het grondgebied van een lidstaat, is de goedkeuring van de betrokken lidstaat vereist.

TITEL XVII
INDUSTRIE

Art. 173

Industrie van de Europese Unie

1. De Unie en de lidstaten dragen er zorg voor dat de omstandigheden nodig voor het concurrentievermogen van de industrie van de Unie, aanwezig zijn.

Hiertoe is hun optreden, overeenkomstig een systeem van open en concurrerende markten, erop gericht:

– de aanpassing van de industrie aan structurele wijzigingen te bespoedigen;
– een gunstig klimaat voor het ontplooien van initiatieven en voor de ontwikkeling van ondernemingen in de gehele Unie, met name van het midden- en kleinbedrijf, te bevorderen;
– een gunstig klimaat voor de samenwerking tussen ondernemingen te bevorderen;
– een betere benutting van het industriële potentieel van het beleid inzake innovatie, onderzoek en technologische ontwikkeling te stimuleren.
2. De lidstaten plegen, in verbinding met de Commissie, onderling overleg en coördineren, voorzover nodig, hun activiteiten. De Commissie kan initiatieven nemen om deze coördinatie te bevorderen, met name initiatieven om richtsnoeren en indicatoren vast te stellen, de uitwisseling van beste praktijken te regelen en de nodige elementen met het oog op periodieke controle en evaluatie te verzamelen. Het Europees Parlement wordt ten volle in kennis gesteld.
3. De Unie draagt bij tot de verwezenlijking van de doelstellingen van lid 1 door middel van haar beleid en optreden uit hoofde van andere bepalingen van de Verdragen. Het Europees Parlement en de Raad kunnen volgens de gewone wetgevingsprocedure na raadpleging van het Economisch en Sociaal Comité specifieke maatregelen vaststellen ter ondersteuning van de activiteiten die in de lidstaten worden ondernomen om de doelstellingen van lid 1 te verwezenlijken met uitsluiting van enige harmonisering van de wettelijke en bestuursrechtelijke bepalingen van de lidstaten.
Deze titel verschaft geen grondslag voor invoering door de Unie van maatregelen waardoor de mededinging kan worden vervalst of die belastingbepalingen of bepalingen betreffende de rechten en belangen van werknemers inhouden.

TITEL XVIII
ECONOMISCHE, SOCIALE EN TERRITORIALE SAMENHANG

Art. 174
Teneinde de harmonische ontwikkeling van de Unie in haar geheel te bevorderen, ontwikkelt en vervolgt de Unie haar optreden gericht op de versterking van de economische, sociale en territoriale samenhang.
De Unie stelt zich in het bijzonder ten doel, de verschillen tussen de ontwikkelingsniveaus van de onderscheiden regio's en de achterstand van de minst begunstigde regio's, te verkleinen.
Wat betreft die regio's wordt bijzondere aandacht besteed aan de plattelandsgebieden, de regio's die een industriële overgang doormaken, en de regio's die kampen met ernstige en permanente natuurlijke of demografische belemmeringen, zoals de meest noordelijke regio's met een zeer geringe bevolkingsdichtheid, alsmede insulaire, grensoverschrijdende en berggebieden.

Economische, sociale en territoriale samenhang binnen Europese lidstaten

Art. 175
De lidstaten voeren hun economisch beleid en coördineren dit mede met het oog op het verwezenlijken van de doelstellingen van artikel 174. De vaststelling en de tenuitvoerlegging van het beleid en van de maatregelen van de Unie en de totstandbrenging van de interne markt houden rekening met de doelstellingen van artikel 174 en dragen bij tot de verwezenlijking daarvan. De Unie ondersteunt deze verwezenlijking tevens door haar optreden via de structuurfondsen (Europees Oriëntatie- en Garantiefonds voor de Landbouw, afdeling Oriëntatie, Europees Sociaal Fonds, Europees Fonds voor Regionale Ontwikkeling), de Europese Investeringsbank en de andere bestaande financieringsinstrumenten.
De Commissie brengt om de drie jaar aan het Europees Parlement, de Raad, het Economisch en Sociaal Comité en het Comité van de Regio's verslag uit over de voortgang die is geboekt bij de verwezenlijking van de economische, sociale en territoriale samenhang, alsmede over de wijze waarop de diverse in dit artikel bedoelde middelen daartoe hebben bijgedragen. Dit verslag gaat in voorkomend geval vergezeld van passende voorstellen.
Indien specifieke maatregelen buiten de fondsen om noodzakelijk blijken, kunnen zulke maatregelen, onverminderd de maatregelen waartoe in het kader van ander beleid van de Unie wordt besloten, door het Europees Parlement en de Raad volgens de gewone wetgevingsprocedure na raadpleging van het Economisch en Sociaal Comité en het Comité van de Regio's worden vastgesteld.

Economische en sociale structuurfondsen Europese Unie

Art. 176
Het Europees Fonds voor Regionale Ontwikkeling is bedoeld om een bijdrage te leveren aan het ongedaan maken van de belangrijkste regionale onevenwichtigheden in de Unie door deel te nemen aan de ontwikkeling en de structurele aanpassing van regio's met een ontwikkelingsachterstand en aan de omschakeling van industriegebieden met afnemende economische activiteit.

Europees fonds voor regionale ontwikkeling

Art. 177
Onverminderd artikel 178 stellen het Europees Parlement en de Raad volgens de gewone wetgevingsprocedure bij verordeningen en na raadpleging van het Economisch en Sociaal Comité en het Comité van de Regio's, gewone wetgevingsprocedure de taken, de prioritaire doelstellingen en de organisatie van de structuurfondsen vast, hetgeen ook samenvoeging van de fondsen kan

Taken en doelstellingen structuurfondsen en Cohesiefonds Europese Unie

omvatten. Volgens dezelfde procedure worden tevens de algemene regels vastgesteld die voor deze fondsen gelden, alsmede de bepalingen die nodig zijn voor de doeltreffende werking van de fondsen en de coördinatie tussen de fondsen onderling en met de andere bestaande financieringsinstrumenten.

Een volgens dezelfde procedure opgericht Cohesiefonds levert een financiële bijdrage aan projecten op het gebied van milieu en trans-Europese netwerken in de sfeer van de vervoersinfrastructuur.

Art. 178

Toepassingsverordeningen Europees Fonds voor Regionale Ontwikkeling

De toepassingsverordeningen met betrekking tot het Europees Fonds voor Regionale Ontwikkeling worden door het Europees Parlement en de Raad volgens de gewone wetgevingsprocedure en na raadpleging van het Economisch en Sociaal Comité en het Comité van de Regio's vastgesteld.

Ten aanzien van het Europees Oriëntatie- en Garantiefonds voor de Landbouw, afdeling Oriëntatie, en het Europees Sociaal Fonds blijven onderscheidenlijk de artikelen 43 en 164 van toepassing.

TITEL XIX
ONDERZOEK EN TECHNOLOGISCHE ONTWIKKELING EN RUIMTE

Art. 179

Wetenschap en technologie binnen Europese Unie

1. De Unie heeft tot doel haar wetenschappelijke en technologische grondslagen te versterken door de totstandbrenging van een Europese onderzoeksruimte waarbinnen onderzoekers, wetenschappelijke kennis en technologieën vrij circuleren, het de ontwikkeling van haar concurrentievermogen van de Unie en van haar industrie bij te dragen en de onderzoeksactiviteiten te bevorderen die uit hoofde van andere hoofdstukken van de Verdragen nodig worden geacht.
2. Te dien einde stimuleert zij in de gehele Unie de ondernemingen, met inbegrip van kleine en middelgrote ondernemingen, de onderzoekcentra en de universiteiten bij hun inspanningen op het gebied van hoogwaardig onderzoek en hoogwaardige technologische ontwikkeling; zij ondersteunt hun streven naar onderlinge samenwerking, waarbij het beleid er vooral op gericht is onderzoekers in staat te stellen vrijelijk samen te werken over de grenzen heen, en ondernemingen in staat te stellen de mogelijkheden van de interne markt ten volle te benutten, in het bijzonder door openstelling van de nationale overheidsopdrachten, vaststelling van gemeenschappelijke normen en opheffing van de wettelijke en fiscale belemmeringen welke die samenwerking in de weg staan.
3. Alle activiteiten van de Unie uit hoofde van de Verdragen, met inbegrip van demonstratieprojecten, op het gebied van onderzoek en technologische ontwikkeling worden vastgesteld en ten uitvoer gelegd overeenkomstig het bepaalde in deze titel.

Art. 180

Activiteiten Europese Unie omtrent wetenschap en technologie

Voor de verwezenlijking van deze doelstellingen onderneemt de Unie de volgende activiteiten, die de activiteiten van de lidstaten aanvullen:
a. tenuitvoerlegging van programma's voor onderzoek, technologische ontwikkeling en demonstratie, waarbij de samenwerking met en tussen ondernemingen, onderzoekcentra en universiteiten wordt bevorderd;
b. bevordering van de samenwerking inzake onderzoek, technologische ontwikkeling en demonstratie van de Unie met derde landen en internationale organisaties;
c. verspreiding en exploitatie van de resultaten van de activiteiten inzake onderzoek, technologische ontwikkeling en demonstratie van de Unie;
d. stimulering van de opleiding en de mobiliteit van onderzoekers in de Unie.

Art. 181

Coördinatie van activiteiten omtrent wetenschap en technologie Europese Unie

1. De Unie en de lidstaten coördineren hun activiteiten op het gebied van onderzoek en technologische ontwikkeling, teneinde de wederzijdse samenhang van het beleid van de lidstaten en het beleid van de Unie te verzekeren.

2. De Commissie kan in nauwe samenwerking met de lidstaten alle dienstige initiatieven nemen om de in lid 1 bedoelde coördinatie te bevorderen, met name initiatieven om richtsnoeren en indicatoren vast te stellen, de uitwisseling van beste praktijken te organiseren en in de nodige elementen te voorzien met het oog op periodieke controle en evaluatie. Het Europees Parlement wordt ten volle in kennis gesteld.

Art. 182

Meerjarenkaderprogramma Europese Unie omtrent wetenschap en technologie

1. Het Europees Parlement en de Raad stellen, volgens de gewone wetgevingsprocedure en na raadpleging van het Economisch en Sociaal Comité, een meerjarenkaderprogramma vast waarin alle activiteiten van de Unie zijn opgenomen.
In dit kaderprogramma:

- worden de wetenschappelijke en technologische doelstellingen die met de in artikel 180 bedoelde activiteiten moeten worden verwezenlijkt, alsmede de daarmee samenhangende prioriteiten vastgesteld;
- worden de grote lijnen van deze activiteiten aangegeven;
- worden het totale maximumbedrag van en nadere regels voor de financiële deelneming van de Unie aan het kaderprogramma alsmede de onderscheiden deelbedragen voor elk van de overwogen activiteiten vastgesteld.

2. Het kaderprogramma wordt naar gelang van de ontwikkeling van de situatie aangepast of aangevuld.

3. Het kaderprogramma wordt ten uitvoer gelegd door middel van specifieke programma's die binnen elke activiteit worden ontwikkeld. In elk specifiek programma worden de nadere bepalingen voor de uitvoering ervan, de looptijd en de noodzakelijk geachte middelen vastgesteld. Het totaal van de in de specifieke programma's vastgestelde noodzakelijk geachte bedragen mag niet meer belopen dan het voor het kaderprogramma en voor elke activiteit vastgestelde totale maximumbedrag.

4. De Raad stelt de specifieke programma's overeenkomstig een bijzondere wetgevingsprocedure en na raadpleging van het Europees Parlement en het Economisch en Sociaal Comité vast.

5. Ter aanvulling op de in het meerjarenkaderprogramma geplande activiteiten stellen het Europees Parlement en de Raad, volgens de gewone wetgevingsprocedure en na raadpleging van het Economisch en Sociaal Comité, de maatregelen vast die nodig zijn om de Europese onderzoeksruimte te realiseren.

Art. 183
Voor de tenuitvoerlegging van het meerjarenkaderprogramma bepaalt de Unie:
- de regels voor de deelneming van ondernemingen, onderzoekcentra en universiteiten;
- de regels voor de verspreiding van de onderzoekresultaten.

Regels meerjarenkaderprogramma Europese Unie omtrent wetenschap en technologie

Art. 184
Bij de tenuitvoerlegging van het meerjarenkaderprogramma kan worden besloten tot aanvullende programma's waaraan alleen wordt deelgenomen door bepaalde lidstaten, die zorgdragen voor de financiering daarvan, onder voorbehoud van een eventuele deelneming van de Unie.

De Unie stelt de regels voor de aanvullende programma's vast, met name voor wat betreft de verspreiding van de kennis en de toegang van andere lidstaten.

Aanvullende programma's meerjarenkaderprogramma Europese Unie omtrent wetenschap en technologie

Art. 185
Bij de tenuitvoerlegging van het meerjarenkaderprogramma kan de Unie in overeenstemming met de betrokken lidstaten voorzien in deelneming aan door verscheidene lidstaten opgezette onderzoek- en ontwikkelingsprogramma's, met inbegrip van de deelneming aan de voor de uitvoering van de programma's tot stand gebrachte structuren.

Onderzoek- en ontwikkelingsprogramma's lidstaten Europese Unie

Art. 186
Bij de tenuitvoerlegging van het meerjarenkaderprogramma kan de Unie voorzien in samenwerking inzake onderzoek en technologische ontwikkeling en demonstratie van de Unie met derde landen of internationale organisaties.

De nadere regeling van deze samenwerking kan worden vastgesteld in overeenkomsten tussen de Unie en de betrokken derde partijen.

Samenwerking Europese Unie met derde landen inzake wetenschap en technologie

Art. 187
De Unie kan gemeenschappelijke ondernemingen of andere structuren in het leven roepen die noodzakelijk zijn voor de goede uitvoering van programma's voor onderzoek en technologische ontwikkeling en demonstratie van de Unie.

Gemeenschappelijke ondernemingen Europese Unie inzake wetenschap en technologie

Art. 188
De Raad stelt, op voorstel van de Commissie en na raadpleging van het Europees Parlement en het Economisch en Sociaal Comité, de in artikel 187 bedoelde voorzieningen vast.

Het Europees Parlement en de Raad stellen, volgens de gewone wetgevingsprocedure en na raadpleging van het Economisch en Sociaal Comité, de in de artikelen 183, 184 en 185 bedoelde voorzieningen vast. Voor de vaststelling van de aanvullende programma's is de goedkeuring van de betrokken lidstaten vereist.

Voorzieningen Europese Unie inzake wetenschap en technologie

Art. 189
1. Om de wetenschappelijke en technische vooruitgang, het industriële concurrentievermogen en de uitvoering van haar beleid te bevorderen, stippelt de Unie een Europees ruimtevaartbeleid uit. Daartoe kan zij gemeenschappelijke initiatieven bevorderen, onderzoek en technologische ontwikkeling steunen en de nodige inspanningen coördineren voor de verkenning en het gebruik van de ruimte.

Ruimtevaartbeleid Europese Unie

2. Om bij te dragen aan de verwezenlijking van de in lid 1 bedoelde doelstellingen, stellen het Europees Parlement en de Raad, volgens de gewone wetgevingsprocedure, de nodige maatregelen vast, die de vorm kunnen hebben van een Europees ruimtevaartprogramma, met uitsluiting van enige harmonisering van de wettelijke of bestuursrechtelijke bepalingen van de lidstaten.
3. De Unie gaat elke nuttige relatie aan met het Europees Ruimteagentschap.
4. Dit artikel laat de overige bepalingen van deze titel onverlet.

Art. 190

Wetenschap en technologie in jaarverslag Europese Unie

Aan het begin van elk jaar legt de Commissie aan het Europees Parlement en de Raad een verslag voor.

Dit verslag heeft met name betrekking op de activiteiten inzake onderzoek en technologische ontwikkeling en verspreiding van de resultaten in het voorafgaande jaar alsmede op het werkprogramma van het lopende jaar.

TITEL XX
MILIEU

Art. 191

Milieubeleid Europese Unie

1. Het beleid van de Unie op milieugebied draagt bij tot het nastreven van de volgende doelstellingen:
- behoud, bescherming en verbetering van de kwaliteit van het milieu;
- bescherming van de gezondheid van de mens;
- behoedzaam en rationeel gebruik van natuurlijke hulpbronnen;
- bevordering op internationaal vlak van maatregelen om het hoofd te bieden aan regionale of mondiale milieuproblemen, en in het bijzonder de bestrijding van klimaatverandering.

2. De Unie streeft in haar milieubeleid naar een hoog niveau van bescherming, rekening houdend met de uiteenlopende situaties in de verschillende regio's van de Unie. Haar beleid berust op het voorzorgsbeginsel en het beginsel van preventief handelen, het beginsel dat milieuaantastingen bij voorrang aan de bron dienen te worden bestreden, en het beginsel dat de vervuiler betaalt.
In dit verband omvatten de aan eisen inzake milieubescherming beantwoordende harmonisatiemaatregelen, in de gevallen die daarvoor in aanmerking komen, een vrijwaringsclausule op grond waarvan de lidstaten om niet-economische milieuredenen voorlopige maatregelen kunnen nemen die aan een toetsingsprocedure van de Unie onderworpen zijn.

Uitgangspunten milieubeleid Europese Unie

3. Bij het bepalen van haar beleid op milieugebied houdt de Unie rekening met:
- de beschikbare wetenschappelijke en technische gegevens;
- de milieuomstandigheden in de onderscheiden regio's van de Unie;
- de voordelen en lasten die kunnen voortvloeien uit optreden, onderscheidenlijk niet-optreden;
- de economische en sociale ontwikkeling van de Unie als geheel en de evenwichtige ontwikkeling van haar regio's.

4. In het kader van hun onderscheiden bevoegdheden werken de Unie en de lidstaten samen met derde landen en de bevoegde internationale organisaties. De nadere regels voor de samenwerking van de Unie kunnen voorwerp zijn van overeenkomsten tussen de Unie en de betrokken derde partijen.
De eerste alinea doet geen afbreuk aan de bevoegdheid van de lidstaten om in internationale fora te onderhandelen en internationale overeenkomsten te sluiten.

Art. 192

Activiteiten Europese Unie omtrent milieu

1. Het Europees Parlement en de Raad stellen volgens de gewone wetgevingsprocedure en na raadpleging van het Economisch en Sociaal Comité en het Comité van de Regio's de activiteiten vast die de Unie moet ondernemen om de doelstellingen van artikel 191 te verwezenlijken.
2. In afwijking van de in lid 1 bedoelde besluitvormingsprocedure en onverminderd het bepaalde in artikel 114, neemt de Raad na raadpleging van het Europees Parlement, het Economisch en Sociaal Comité en het Comité van de Regio's, met eenparigheid van stemmen, volgens een bijzondere wetgevingsprocedure een besluit over:
a. bepalingen van in hoofdzaak fiscale aard;
b. maatregelen die van invloed zijn op:
- de ruimtelijke ordening;
- het kwantitatieve waterbeheer, of die rechtstreeks dan wel zijdelings betrekking hebben op de beschikbaarheid van de watervoorraden;
- de bodembestemming, met uitzondering van het afvalstoffenbeheer;
c. maatregelen die van aanzienlijke invloed zijn op de keuze van een lidstaat tussen verschillende energiebronnen en de algemene structuur van zijn energievoorziening.
De Raad kan, op voorstel van de Commissie en na raadpleging van het Europees Parlement, van het Economisch en Sociaal Comité en van het Comité van de Regio's, met eenparigheid

van stemmen de gewone wetgevingsprocedure van toepassing verklaren op de in de eerste alinea genoemde gebieden.

3. Het Europees Parlement en de Raad stellen volgens de gewone wetgevingsprocedure en na raadpleging van het Economisch en Sociaal Comité en het Comité van de Regio's algemene actieprogramma's vast waarin de te verwezenlijken prioritaire doelstellingen worden vastgelegd. De voor de uitvoering van die programma's nodige maatregelen worden vastgesteld overeenkomstig lid 1, respectievelijk lid 2.

4. Onverminderd bepaalde door de Unie vastgestelde maatregelen, dragen de lidstaten zorg voor de financiering en de uitvoering van het milieubeleid.

5. Onverminderd het beginsel dat de vervuiler betaalt, ingeval een op grond van lid 1 vastgestelde maatregel voor de overheid van een lidstaat onevenredig hoge kosten met zich brengt, omvat deze maatregel voorzieningen in de vorm van:
– ontheffingen van tijdelijke aard en/of
– financiële steun uit het overeenkomstig artikel 161 opgerichte Cohesiefonds.

Art. 193
De beschermende maatregelen die worden vastgesteld uit hoofde van artikel 192, beletten niet dat een lidstaat verdergaande beschermingsmaatregelen handhaaft en treft. Zulke maatregelen moeten verenigbaar zijn met de Verdragen. Zij worden ter kennis van de Commissie gebracht.

Milieubeleid lidstaten Europese Unie

TITEL XXI
ENERGIE

Art. 194
1. In het kader van de totstandbrenging en de werking van de interne markt en rekening houdend met de noodzaak om het milieu in stand te houden en te verbeteren, is het beleid van de Unie op het gebied van energie, in een geest van solidariteit tussen de lidstaten, erop gericht:
a. de werking van de energiemarkt te waarborgen;
b. de continuïteit van de energievoorziening in de Unie te waarborgen;
c. energie-efficiëntie, energiebesparing en de ontwikkeling van nieuwe en duurzame energie te stimuleren; en
d. de interconnectie van energienetwerken te bevorderen.

2. Onverminderd de toepassing van andere bepalingen van de Verdragen stellen het Europees Parlement en de Raad, volgens de gewone wetgevingsprocedure, de maatregelen vast die noodzakelijk zijn om de in lid 1 genoemde doelstellingen te verwezenlijken. Deze maatregelen worden vastgesteld na raadpleging van het Economisch en Sociaal Comité en van het Comité van de Regio's.
Zij zijn, onverminderd artikel 192, lid 2, onder c), niet van invloed op het recht van een lidstaat de voorwaarden voor de exploitatie van zijn energiebronnen te bepalen, op zijn keuze tussen verschillende energiebronnen of op de algemene structuur van zijn energievoorziening.

3. In afwijking van lid 2, stelt de Raad volgens een bijzondere wetgevingsprocedure, met eenparigheid van stemmen en na raadpleging van het Europees Parlement, de daarin bedoelde maatregelen vast die voornamelijk van fiscale aard zijn.

Energiebeleid Europese Unie

TITEL XXII
TOERISME

Art. 195
1. De Unie zorgt voor aanvulling van het optreden van de lidstaten in de toerismesector, met name door bevordering van het concurrentievermogen van de ondernemingen van de Unie in die sector.
In dit verband is het optreden van de Unie gericht op:
a. het bevorderen van een klimaat dat gunstig is voor de ontwikkeling van bedrijven in deze sector;
b. het stimuleren van de samenwerking tussen de lidstaten, met name door uitwisseling van goede praktijken.

2. Het Europees Parlement en de Raad stellen, volgens de gewone wetgevingsprocedure, de bijzondere maatregelen vast ter aanvulling van de acties die in de lidstaten worden ondernomen om de in dit artikel genoemde doelstellingen te verwezenlijken, met uitsluiting van enige harmonisatie van de wettelijke en bestuursrechtelijke bepalingen van de lidstaten.

Toerisme Europese Unie

TITEL XXIII
CIVIELE BESCHERMING

Art. 196

1. De Unie bevordert de samenwerking tussen de lidstaten om zodoende te komen tot een grotere doeltreffendheid van de systemen ter voorkoming van en bescherming tegen natuurrampen of door de mens veroorzaakte rampen.
Het optreden van de Unie is erop gericht:
   a. het optreden van de lidstaten op nationaal, regionaal en lokaal niveau met betrekking tot risicopreventie, het voorbereiden van de instanties op het gebied van civiele bescherming in de lidstaten en het optreden bij natuurrampen of door de mens veroorzaakte calamiteiten binnen de Unie te steunen en aan te vullen;
   b. snelle operationele en doeltreffende samenwerking tussen de nationale civiele beschermingsdiensten binnen de Unie te bevorderen;
   c. de samenhang tussen internationale acties op het gebied van civiele bescherming te stimuleren.
2. Het Europees Parlement en de Raad stellen, volgens de gewone wetgevingsprocedure, de maatregelen vast die nodig zijn om bij te dragen aan de verwezenlijking van de in lid 1 genoemde doelstellingen, met uitsluiting van enige harmonisatie van de wettelijke of bestuursrechtelijke bepalingen van de lidstaten.

TITEL XXIV
ADMINISTRATIEVE SAMENWERKING

Art. 197

1. De doeltreffende uitvoering van het recht van de Unie door de lidstaten, die van wezenlijk belang is voor de goede werking van de Unie, wordt beschouwd als een aangelegenheid van gemeenschappelijk belang.
2. De Unie kan de inspanningen van de lidstaten ter verbetering van hun administratieve vermogen om het recht van de Unie uit te voeren, steunen. Dergelijke steun kan zowel het vergemakkelijken van de uitwisseling van informatie en van ambtenaren omvatten als het ondersteunen van opleidings- en ontwikkelingsregelingen. Geen enkele lidstaat is verplicht gebruik te maken van dergelijke steun. Het Europees Parlement en de Raad stellen volgens de gewone wetgevingsprocedure bij verordeningen de daartoe noodzakelijke maatregelen vast, met uitsluiting van enige harmonisatie van de wettelijke of bestuursrechtelijke bepalingen van de lidstaten.
3. Dit artikel laat de verplichting van de lidstaten om het recht van de Unie uit te voeren, alsook de prerogatieven en taken van de Commissie, onverlet. Het laat ook de andere bepalingen van de Verdragen die voorzien in administratieve samenwerking tussen de lidstaten onderling en tussen de lidstaten en de Unie, onverlet.

VIERDE DEEL
DE ASSOCIATIE VAN DE LANDEN EN GEBIEDEN OVERZEE

Art. 198

De lidstaten komen overeen de niet-Europese landen en gebieden welke bijzondere betrekkingen onderhouden met Denemarken, Frankrijk, Nederland en het Verenigd Koninkrijk, te associëren met de Unie. Die landen en gebieden, hierna genoemd landen en gebieden, worden opgenomen in de lijst in bijlage II.
Het doel van de associatie is het bevorderen van de economische en sociale ontwikkeling der landen en gebieden en de totstandbrenging van nauwe economische betrekkingen tussen hen en de Unie in haar geheel.
Overeenkomstig de in de preambule van dit Verdrag neergelegde beginselen moet de associatie in de eerste plaats de mogelijkheid scheppen de belangen en de voorspoed van de inwoners van die landen en gebieden te bevorderen, teneinde hen te brengen tot de economische, sociale en culturele ontwikkeling welke zij verwachten.

Art. 199

Door de associatie worden de volgende doeleinden nagestreefd:
1. De lidstaten passen op hun handelsverkeer met de landen en gebieden de regeling toe welke zij krachtens de Verdragen tegenover elkaar zijn aangegaan.
2. Ieder land of gebied past op zijn handelsverkeer met de lidstaten en de andere landen en gebieden de regeling toe die het toepast op de Europese staat waarmede het bijzondere betrekkingen onderhoudt.
3. De lidstaten dragen bij in de investeringen welke vereist zijn voor de geleidelijke ontwikkeling van die landen en gebieden.

Verdrag betreffende de werking van de Europese Unie

4. Voor de door de Unie gefinancierde investeringen staat de deelneming in aanbestedingen en leveranties onder gelijke voorwaarden open voor alle onderdanen en rechtspersonen van de lidstaten en van de landen en gebieden.

5. In de betrekkingen tussen de lidstaten en de landen en gebieden wordt het recht van vestiging van de onderdanen en rechtspersonen op voet van non-discriminatie geregeld overeenkomstig de bepalingen en met toepassing van de procedures, bepaald in het hoofdstuk betreffende het recht van vestiging, behoudens de krachtens artikel 203 vastgestelde bijzondere bepalingen.

Art. 200

1. De goederen van oorsprong uit de landen en gebieden delen bij hun invoer in de lidstaten in het verbod op douanerechten dat overeenkomstig de bepalingen van de Verdragen tussen de lidstaten geldt.

2. Bij invoer in elk land en gebied zijn douanerechten op goederen uit de lidstaten en uit de andere landen en gebieden overeenkomstig de bepalingen van artikel 30 verboden.

3. De landen en gebieden kunnen evenwel douanerechten heffen welke in overeenstemming zijn met de eisen van hun ontwikkeling en de behoeften van hun industrialisatie, of welke van fiscale aard zijn en ten doel hebben in hun begrotingsmiddelen te voorzien.
De in vorenstaande alinea bedoelde rechten mogen het peil van de invoerrechten welke worden geheven op producten uit de lidstaat waarmede elk land of gebied bijzondere betrekkingen onderhoudt, niet te boven gaan.

4. Lid 2 is niet van toepassing op landen en gebieden die uit hoofde van de bijzondere internationale verplichtingen waaraan zij zijn onderworpen, reeds een non-discriminatoir douanetarief toepassen.

5. De instelling of wijziging van douanerechten op de in de landen en gebieden ingevoerde goederen mag noch in rechte noch in feite aanleiding geven tot een rechtstreekse of zijdelingse discriminatie tussen de importen uit de onderscheidene lidstaten.

Verbod douanerechten geassocieerde niet-Europese landen

Art. 201

Indien het peil van de rechten, toepasselijk op goederen van herkomst uit een derde land, bij invoer in een land of gebied van dien aard is dat, als gevolg van de toepassing der bepalingen van artikel 200, lid 1, het handelsverkeer zich ten nadele van een der lidstaten kan verleggen, kan deze staat de Commissie verzoeken, aan de overige lidstaten de maatregelen voor te stellen welke noodzakelijk zijn om deze toestand te verhelpen.

Invoer uit derde landen in Europese Unie

Art. 202

Behoudens de bepalingen betreffende de volksgezondheid, de openbare veiligheid en de openbare orde, zal het vrije verkeer van werknemers uit de landen en gebieden binnen de lidstaten en van werknemers uit de lidstaten binnen de landen en gebieden vallen onder volgens artikel 203 vastgestelde instrumenten.

Vrij verkeer van werknemers geassocieerde niet-Europese landen

Art. 203

De Raad stelt op basis van de in het kader van de associatie van de landen en gebieden met de Unie bereikte resultaten en van de in de Verdragen neergelegde beginselen met eenparigheid van stemmen op voorstel van de Commissie de bepalingen vast betreffende de wijze van toepassing en de procedure van de associatie van de landen en gebieden met de Unie. Wanneer de bepalingen door de Raad volgens een bijzondere wetgevingsprocedure worden vastgesteld, besluit hij met eenparigheid van stemmen op voorstel van de Commissie en na raadpleging van het Europees Parlement.

Regelgeving omtrent geassocieerde niet-Europese landen

Art. 204

Het bepaalde in de artikelen 198 tot en met 203 is op Groenland van toepassing behoudens de voor Groenland geldende bijzondere bepalingen omschreven in het Protocol betreffende de bijzondere regeling van toepassing op Groenland, dat aan de Verdragen is gehecht.

Bijzondere regeling Groenland met Europese Unie

VIJFDE DEEL
EXTERN OPTREDEN VAN DE UNIE

TITEL I
ALGEMENE BEPALINGEN INZAKE HET EXTERN OPTREDEN VAN DE UNIE

Art. 205

Het internationaal optreden van de Unie berust, voor de toepassing van dit deel, op de beginselen en is gericht op de doelstellingen van, en wordt uitgevoerd overeenkomstig de algemene bepalingen van hoofdstuk 1 van titel V van het Verdrag betreffende de Europese Unie.

Extern optreden Europese Unie

TITEL II
DE GEMEENSCHAPPELIJKE HANDELSPOLITIEK

Art. 206

Handelspolitiek Europese Unie

Door de oprichting van een douane-unie, overeenkomstig de artikelen 28 tot en met 32, levert de Unie in het gemeenschappelijk belang een bijdrage tot een harmonische ontwikkeling van de wereldhandel, tot de geleidelijke afschaffing van de beperkingen voor het internationale handelsverkeer en voor buitenlandse directe investeringen, en tot de vermindering van de douane- en andere belemmeringen.

Art. 207

Beginselen Europese handelspolitiek

1. De gemeenschappelijke handelspolitiek wordt gegrond op eenvormige beginselen, met name aangaande tariefwijzigingen, het sluiten van tarief- en handelsakkoorden betreffende handel in goederen en diensten, en de handelsaspecten van intellectuele eigendom, de directe buitenlandse investeringen, het eenvormig maken van liberalisatiemaatregelen, de uitvoerpolitiek alsmede de handelspolitieke beschermingsmaatregelen, waaronder de te nemen maatregelen in geval van dumping en subsidies. De gemeenschappelijke handelspolitiek wordt gevoerd in het kader van de beginselen en doelstellingen van het externe optreden van de Unie.
2. Het Europees Parlement en de Raad stellen volgens de gewone wetgevingsprocedure bij verordeningen de maatregelen vast die het kader voor de uitvoering van de gemeenschappelijke handelspolitiek van de Unie bepalen.
3. Bij de onderhandelingen over en sluiting van akkoorden met een of meer derde landen of internationale organisaties, is artikel 218 van toepassing, behoudens de bijzondere bepalingen van het huidige artikel.
De Commissie doet aanbevelingen aan de Raad, die haar machtigt de vereiste onderhandelingen te openen. De Raad en de Commissie zien erop toe dat die akkoorden verenigbaar zijn met het interne beleid en de interne voorschriften van de Unie.
De Commissie voert de onderhandelingen in overleg met een speciaal comité dat door de Raad is aangewezen om haar daarin bij te staan, en binnen het bestek van de richtsnoeren welke de Raad haar kan verstrekken. De Commissie brengt aan het speciaal comité en het Europees Parlement regelmatig verslag uit over de stand van de onderhandelingen.
4. Ten aanzien van de onderhandelingen over en de sluiting van de in lid 3 bedoelde akkoorden besluit de Raad met gekwalificeerde meerderheid van stemmen.
Ten aanzien van de onderhandelingen over en de sluiting van akkoorden betreffende de handel in diensten en betreffende de handelsaspecten van intellectuele eigendom en betreffende buitenlandse directe investeringen besluit de Raad met eenparigheid van stemmen voor zover het akkoord bepalingen bevat die met eenparigheid van stemmen worden vastgesteld wat interne voorschriften betreft.
De Raad besluit ook met eenparigheid van stemmen ten aanzien van de onderhandelingen over en de sluiting van akkoorden betreffende:
a. de handel in culturele en audiovisuele diensten, indien deze akkoorden afbreuk dreigen te doen aan de verscheidenheid aan cultuur en taal in de Unie;
b. sociale, onderwijs- en gezondheidsdiensten wanneer deze akkoorden de nationale organisatie van die diensten ernstig dreigen te verstoren en afbreuk dreigen te doen aan de verantwoordelijkheid van de lidstaten om die diensten te leveren.
5. Op de onderhandelingen over en de sluiting van internationale akkoorden betreffende vervoer zijn de bepalingen van deel III, titel VI, alsmede artikel 218, van toepassing.
6. De uitoefening van de bij dit artikel verleende bevoegdheden op het gebied van de gemeenschappelijke handelspolitiek laat de afbakening van de bevoegdheden tussen de Unie en de lidstaten onverlet en leidt niet tot enige harmonisering van de wettelijke of bestuursrechtelijke regelingen van de lidstaten voor zover de Verdragen een dergelijke harmonisering uitsluiten.

TITEL III
SAMENWERKING MET DERDE LANDEN EN HUMANITAIRE HULP

HOOFDSTUK 1
ONTWIKKELINGSSAMENWERKING

Art. 208

Ontwikkelingssamenwerking Europese Unie

1. Het beleid van de Unie op het gebied van ontwikkelingssamenwerking wordt gevoerd in het kader van de beginselen en doelstellingen van het externe optreden van de Unie. Het ontwikkelingssamenwerkingsbeleid van de Unie en dat van de lidstaten completeren en versterken elkaar.
Hoofddoel van het beleid van de Unie op dit gebied is de armoede terug te dringen en uiteindelijk uit te bannen. De Unie houdt bij de uitvoering van beleid dat gevolgen kan hebben voor de ontwikkelingslanden rekening met de doelstellingen van de ontwikkelingssamenwerking.

2. De Unie en de lidstaten houden zich aan de verbintenissen en de doelstellingen die zij in het kader van de Verenigde Naties en andere bevoegde internationale organisaties hebben onderschreven.

Art. 209
1. Het Europees Parlement en de Raad stellen, volgens de gewone wetgevingsprocedure, de maatregelen vast die nodig zijn voor de uitvoering van het ontwikkelingssamenwerkingsbeleid, die betrekking kunnen hebben op meerjarenprogramma's voor samenwerking met ontwikkelingslanden of op thematische programma's. *Maatregelen ontwikkelingssamenwerking Europese Unie*
2. De Unie kan met derde landen en de bevoegde internationale organisaties alle overeenkomsten sluiten die dienstig zijn om de in artikel 21 van het Verdrag betreffende de Europese Unie en artikel 208 van dit Verdrag genoemde doelstellingen te verwezenlijken.
De eerste alinea laat de bevoegdheid van de lidstaten om in internationale fora te onderhandelen en overeenkomsten te sluiten, onverlet.
3. De Europese Investeringsbank draagt, onder de in haar statuten vastgestelde voorwaarden, bij tot de tenuitvoerlegging van de in lid 1 bedoelde maatregelen. *Europese Investeringsbank*

Art. 210
1. Om de complementariteit en de doeltreffendheid van hun optreden te bevorderen, coördineren de Unie en de lidstaten hun ontwikkelingssamenwerkingsbeleid en plegen zij overleg over hun hulpprogramma's, ook in internationale organisaties en tijdens internationale conferenties. Zij kunnen gezamenlijk optreden. De lidstaten dragen zo nodig bij tot de tenuitvoerlegging van hulpprogramma's van de Unie. *Coördinatie ontwikkelingssamenwerking lidstaten Europese Unie*
2. De Commissie kan alle dienstige initiatieven nemen om de in lid 1 bedoelde coördinatie te bevorderen.

Art. 211
In het kader van hun onderscheiden bevoegdheden werken de Unie en de lidstaten samen met derde landen en met de bevoegde internationale organisaties. *Ontwikkelingssamenwerking lidstaten Europese Unie met derde landen*

HOOFDSTUK 2
ECONOMISCHE, FINANCIËLE EN TECHNISCHE SAMENWERKING MET DERDE LANDEN

Art. 212
1. Onverminderd de overige bepalingen van de Verdragen, met name de artikelen 208 tot en met 211, onderneemt de Unie activiteiten voor economische, financiële en technische samenwerking, met inbegrip van bijstand op met name financieel gebied, met derde landen die geen ontwikkelingsland zijn. Deze activiteiten zijn coherent met het ontwikkelingsbeleid van de Unie en vinden plaats in het kader van de beginselen en doelstellingen van haar externe optreden. De acties van de Unie en die van de lidstaten completeren en versterken elkaar. *Economische, financiële en technische samenwerking Europese Unie met derde landen*
2. Het Europees Parlement en de Raad stellen, volgens de gewone wetgevingsprocedure, de voor de uitvoering van lid 1 nodige maatregelen vast.
3. In het kader van hun onderscheiden bevoegdheden werken de Unie en de lidstaten samen met derde landen en de bevoegde internationale organisaties. De samenwerking van de Unie kan nader worden geregeld in overeenkomsten tussen de Unie en de betrokken derde partijen.
De eerste alinea doet geen afbreuk aan de bevoegdheid van de lidstaten in internationale fora te onderhandelen en internationale overeenkomsten te sluiten.

Art. 213
Wanneer wegens de situatie in een derde land dringende financiële hulp van de Unie vereist is, stelt de Raad op voorstel van de Commissie de nodige besluiten vast. *Dringende financiële hulp aan derde landen door Europese Unie*

HOOFDSTUK 3
HUMANITAIRE HULP

Art. 214
1. De acties van de Unie op het gebied van humanitaire hulp vinden plaats in het kader van de beginselen en doelstellingen van het externe optreden van de Unie. Deze acties hebben tot doel aan de bevolking van derde landen die het slachtoffer is van natuurrampen of door de mens veroorzaakte rampen, specifieke bijstand en hulp te bieden en haar te beschermen om de uit die situaties voortvloeiende humanitaire noden te lenigen. De acties van de Unie en die van de lidstaten completeren en versterken elkaar. *Humanitaire hulp Europese Unie*
2. Humanitaire hulpacties worden uitgevoerd overeenkomstig de beginselen van het internationaal recht, en de beginselen van onpartijdigheid, neutraliteit en non-discriminatie.

3. Het Europees Parlement en de Raad stellen, volgens de gewone wetgevingsprocedure, de maatregelen vast die het kader voor de uitvoering van de humanitaire hulpacties van de Unie bepalen.
4. De Unie kan met derde landen en de bevoegde internationale organisaties alle overeenkomsten sluiten die dienstig zijn om de in lid 1 en in artikel 21 van het Verdrag betreffende de Europese Unie genoemde doelstellingen te verwezenlijken.
De eerste alinea laat de bevoegdheid van de lidstaten om in internationale fora te onderhandelen en overeenkomsten te sluiten, onverlet.
5. Er wordt een Europees vrijwilligerskorps voor humanitaire hulpverlening opgericht, als kader voor gemeenschappelijke bijdragen van Europese jongeren aan de humanitaire hulpacties van de Unie. Het Europees Parlement en de Raad stellen volgens de gewone wetgevingsprocedure bij verordeningen het statuut en de regels voor de activiteiten van het korps vast.
6. De Commissie kan ieder initiatief nemen dat dienstig is om de coördinatie tussen de acties van de Unie en die van de lidstaten te bevorderen, en zodoende de doeltreffendheid en de complementariteit van de humanitaire hulpmiddelen van de Unie en van de lidstaten te verbeteren.
7. De Unie ziet erop toe dat haar humanitaire hulpacties gecoördineerd worden en coherent zijn met die van internationale organisaties en instanties, met name die welke tot het bestel van de Verenigde Naties behoren.

TITEL IV
BEPERKENDE MAATREGELEN

Art. 215

Onderbreking betrekkingen Europese Unie met derde landen

1. Wanneer een overeenkomstig hoofdstuk 2 van titel V van het Verdrag betreffende de Europese Unie vastgesteld besluit voorziet in verbreking of gehele of gedeeltelijke beperking van de economische en financiële betrekkingen met een of meer derde landen, stelt de Raad, op gezamenlijk voorstel van de hoge vertegenwoordiger van de Unie voor buitenlandse zaken en veiligheidsbeleid en de Commissie, met gekwalificeerde meerderheid van stemmen de nodige maatregelen vast. De Raad stelt het Europees Parlement daarvan in kennis.
2. Wanneer een overeenkomstig hoofdstuk 2 van titel V van het Verdrag betreffende de Europese Unie vastgesteld besluit daarin voorziet, kan de Raad volgens de in lid 1 bedoelde procedure jegens natuurlijke personen, rechtspersonen dan wel niet-statelijke groepen of entiteiten beperkende maatregelen vaststellen
3. De in dit artikel bedoelde handelingen bevatten de nodige bepalingen inzake juridische waarborgen.

TITEL V
INTERNATIONALE OVEREENKOMSTEN

Art. 216

Internationale overeenkomsten Europese Unie

1. De Unie kan een overeenkomst met één of meer derde landen of internationale organisaties sluiten wanneer de Verdragen daarin voorzien of wanneer het sluiten van een overeenkomst ofwel nodig is om, in het kader van het beleid van de Unie, een van de in de Verdragen bepaalde doelstellingen te verwezenlijken, of wanneer daarin bij een juridisch bindende handeling van de Unie is voorzien of wanneer zulks gemeenschappelijke regels kan aantasten of de strekking daarvan kan wijzigen.
2. De door de Unie gesloten overeenkomsten zijn verbindend voor de instellingen van de Unie en voor de lidstaten.

Art. 217

Associatie Europese Unie met derde landen en internationale organisaties

De Unie kan met één of meer derde landen of internationale organisaties akkoorden sluiten waarbij een associatie wordt ingesteld die wordt gekenmerkt door wederkerige rechten en verplichtingen, gemeenschappelijk optreden en bijzondere procedures.

Art. 218

Procedure voor internationale overeenkomsten Europese Unie

1. Onverminderd de bijzondere bepalingen van artikel 207 wordt bij het onderhandelen over en het sluiten van overeenkomsten tussen de Unie en derde landen of internationale organisaties de volgende procedure gevolgd.
2. De Raad verleent machtiging tot het openen van de onderhandelingen, stelt de onderhandelingsrichtsnoeren vast, verleent machtiging tot ondertekening en sluit de overeenkomsten.
3. De Commissie of, indien de voorgenomen overeenkomst uitsluitend of hoofdzakelijk betrekking heeft op het gemeenschappelijk buitenlands en veiligheidsbeleid, de hoge vertegenwoordiger van de Unie voor buitenlandse zaken en veiligheidsbeleid, doet aanbevelingen aan de Raad, die een besluit vaststelt houdende machtiging tot het openen van de onderhandelingen en waarbij, naar gelang van de inhoud van de voorgenomen overeenkomst, de onderhandelaar of het hoofd van het onderhandelingsteam van de Unie wordt aangewezen.

Verdrag betreffende de werking van de Europese Unie **A88** art. 219

4. De Raad kan de onderhandelaar richtsnoeren geven en een bijzonder comité aanwijzen; de onderhandelingen moeten in overleg met dat comité worden gevoerd.
5. De Raad stelt op voorstel van de onderhandelaar een besluit vast waarbij machtiging wordt verleend tot ondertekening van de overeenkomst en, in voorkomend geval, in afwachting van de inwerkingtreding, tot de voorlopige toepassing ervan.
6. De Raad stelt op voorstel van de onderhandelaar een besluit houdende sluiting van de overeenkomst vast.
Tenzij de overeenkomst uitsluitend betrekking heeft op het gemeenschappelijk buitenlands en veiligheidsbeleid, stelt de Raad het besluit houdende sluiting van de overeenkomst vast:
a. na goedkeuring door het Europees Parlement, in de volgende gevallen:
i. associatieovereenkomsten;
ii. toetreding van de Unie tot het Europees Verdrag tot bescherming van de rechten van de mens en de fundamentele vrijheden;
iii. overeenkomsten die door de instelling van samenwerkingsprocedures een specifiek institutioneel kader scheppen;
iv. overeenkomsten die aanzienlijke gevolgen hebben voor de begroting van de Unie;
v. overeenkomsten betreffende gebieden waarop de gewone wetgevingsprocedure, of, indien de goedkeuring van het Europees Parlement vereist is, de bijzondere wetgevingsprocedure van toepassing is.
In dringende gevallen kunnen het Europees Parlement en de Raad een termijn voor het geven van de goedkeuring overeenkomen.
b. na raadpleging van het Europees Parlement in de overige gevallen. Het Europees Parlement brengt advies uit binnen een termijn die de Raad naar gelang van de urgentie kan bepalen. Indien er binnen die termijn geen advies is uitgebracht, kan de Raad besluiten.
7. Bij de sluiting van een overeenkomst kan de Raad, in afwijking van de leden 5, 6 en 9, de onderhandelaar machtigen om de wijzigingen die krachtens de overeenkomst volgens een vereenvoudigde procedure of door een bij de overeenkomst opgericht orgaan worden aangenomen, namens de Unie goed te keuren. De Raad kan aan deze machtiging bijzondere voorwaarden verbinden.
8. Tijdens de gehele procedure besluit de Raad met gekwalificeerde meerderheid van stemmen. De Raad besluit evenwel met eenparigheid van stemmen wanneer de overeenkomst een gebied betreft waarop handelingen van de Unie met eenparigheid van stemmen worden vastgesteld, alsmede ten aanzien van de associatieovereenkomsten en de in artikel 212 bedoelde overeenkomsten met de kandidaat-lidstaten. De Raad besluit eveneens met eenparigheid van stemmen over de overeenkomst inzake toetreding van de Unie tot het Europees Verdrag tot bescherming van de rechten van de mens en de fundamentele vrijheden. Dit besluit houdende sluiting van die overeenkomst treedt pas in werking nadat de lidstaten het overeenkomstig hun onderscheiden grondwettelijke bepalingen hebben goedgekeurd.
9. De Raad stelt, op voorstel van de Commissie of van de hoge vertegenwoordiger van de Unie voor buitenlandse zaken en veiligheidsbeleid, een besluit vast tot schorsing van de toepassing van een overeenkomst en tot bepaling van de standpunten die namens de Unie worden ingenomen in een krachtens een overeenkomst opgericht lichaam, wanneer dit lichaam handelingen met rechtsgevolgen vaststelt, met uitzondering van handelingen tot aanvulling of wijziging van het institutionele kader van de overeenkomst.
10. Het Europees Parlement wordt in iedere fase van de procedure onverwijld en ten volle geïnformeerd.
11. Een lidstaat, het Europees Parlement, de Raad of de Commissie kan het advies inwinnen van het Hof van Justitie over de verenigbaarheid van een voorgenomen overeenkomst met de Verdragen. Indien het Hof afwijzend adviseert, kan de voorgenomen overeenkomst niet in werking treden, behoudens in geval van wijziging daarvan of herziening van de Verdragen.

Art. 219

1. In afwijking van artikel 218 kan de Raad hetzij op aanbeveling van de Europese Centrale Bank, hetzij op aanbeveling van de Commissie en na raadpleging van de Europese Centrale Bank, met het oog op een consensus die verenigbaar is met de doelstelling van prijsstabiliteit, formele overeenkomsten sluiten over een stelsel van wisselkoersen van de euro ten opzichte van valuta's van derde staten. De Raad besluit met eenparigheid van stemmen na raadpleging van het Europees Parlement en volgens de procedure van lid 3.
De Raad kan, hetzij op aanbeveling van de Europese Centrale Bank, hetzij op aanbeveling van de Commissie en na raadpleging van de Europese Centrale Bank, teneinde een consensus te bereiken die verenigbaar is met de doelstelling van prijsstabiliteit, de Eurospilkoersen binnen het wisselkoerssysteem invoeren, wijzigen of afschaffen. De voorzitter van de Raad stelt het Europees Parlement in kennis van de invoering, wijziging of afschaffing van de Euro-spilkoers.
2. Bij gebreke van een wisselkoerssysteem ten opzichte van één of meer valuta's van derde staten als bedoeld in lid 1, kan de Raad op aanbeveling van de Commissie en na raadpleging van de Europese Centrale Bank, of op aanbeveling van de Europese Centrale Bank, algemene

Wisselkoerssysteem Europese Unie

oriëntaties voor het wisselkoersbeleid ten opzichte van deze valuta's vaststellen. Deze algemene oriëntaties laten het hoofddoel van het ESCB, zijnde het handhaven van de prijsstabiliteit, onverlet.

3. In afwijking van artikel 218 neemt de Raad, wanneer de Unie onderhandelingen met één of meer derde staten of internationale organisaties moet voeren over aangelegenheden betreffende het monetaire of wisselkoersregime, op aanbeveling van de Commissie en na raadpleging van de Europese Centrale Bank, besluiten over de regelingen voor de onderhandelingen over en de sluiting van dergelijke overeenkomsten. Deze regelingen verzekeren dat de Unie één standpunt inneemt. De Commissie wordt ten volle bij de onderhandelingen betrokken.

4. Onverminderd de bevoegdheid van de Unie en de overeenkomsten van de Unie ten aanzien van de Economische en Monetaire Unie, mogen de lidstaten in internationale organen onderhandelingen voeren en internationale overeenkomsten sluiten.

TITEL VI
BETREKKINGEN VAN DE UNIE MET INTERNATIONALE ORGANISATIES, MET DERDE LANDEN EN DELEGATIES VAN DE UNIE

Art. 220

Betrekkingen van de Europese Unie met internationale organisaties en derde landen

1. De Unie brengt iedere dienstige samenwerking tot stand met de organen en de gespecialiseerde organisaties van de Verenigde Naties, de Raad van Europa, de Organisatie voor Veiligheid en Samenwerking in Europa en de Organisatie voor Economische Samenwerking en Ontwikkeling.

De Unie onderhoudt voorts met andere internationale organisaties de betrekkingen die wenselijk worden geacht.

2. De hoge vertegenwoordiger van de Unie voor buitenlandse zaken en veiligheidsbeleid en de Commissie zijn belast met de uitvoering van het bepaalde in dit artikel.

Art. 221

Delegaties van de Europese Unie

1. De Unie wordt in derde landen en bij internationale organisaties vertegenwoordigd door de delegaties van Unie.

2. De delegaties van de Unie staan onder het gezag van de hoge vertegenwoordiger van de Unie voor buitenlandse zaken en veiligheidsbeleid. Zij handelen in nauwe samenspraak met de diplomatieke en consulaire missies van de lidstaten.

TITEL VII
SOLIDARITEITSCLAUSULE

Art. 222

Solidariteitsclausule Europese Unie

1. De Unie en de lidstaten treden uit solidariteit gezamenlijk op indien een lidstaat getroffen wordt door een terroristische aanval, een natuurramp of een door de mens veroorzaakte ramp. De Unie maakt van alle tot haar beschikking staande instrumenten, waaronder de door de lidstaten ter beschikking gestelde militaire middelen, gebruik om:

a.
- de dreiging van het terrorisme op het grondgebied van de lidstaten te keren;
- de democratische instellingen en de burgerbevolking tegen een eventuele terroristische aanval te beschermen;
- op verzoek van de politieke autoriteiten van een lidstaat op diens grondgebied bijstand te verlenen in geval van een terroristische aanval;

b. op verzoek van de politieke autoriteiten van een lidstaat op diens grondgebied bijstand te verlenen in geval van een natuurramp of van een door de mens veroorzaakte ramp.

2. Een lidstaat die getroffen wordt door een terroristische aanval, een natuurramp of een door de mens veroorzaakte ramp, wordt op verzoek van zijn politieke autoriteiten door de andere lidstaten bijstand verleend. De lidstaten coördineren daartoe hun optreden in het kader van de Raad.

3. De toepassing door de Unie van deze solidariteitsclausule wordt geregeld bij een besluit, dat door de Raad op gezamenlijk voorstel van de Commissie en de hoge vertegenwoordiger van de Unie voor buitenlandse zaken en veiligheidsbeleid wordt vastgesteld. Indien dit besluit gevolgen heeft op defensiegebied, besluit de Raad overeenkomstig artikel 31, lid 1, van het Verdrag betreffende de Europese Unie. Het Europees Parlement wordt geïnformeerd.

In het kader van dit lid en onverminderd artikel 240 wordt de Raad bijgestaan door het politiek en veiligheidscomité met ondersteuning van de structuren die in het kader van het gemeenschappelijk veiligheids- en defensiebeleid zijn ontwikkeld, en door het comité van artikel 71, welke comités hem in voorkomend geval gezamenlijke adviezen verstrekken.

4. Teneinde de Unie en haar lidstaten in staat te stellen doeltreffend op te treden, evalueert de Europese Raad regelmatig de dreigingen waarmee de Unie wordt geconfronteerd.

ZESDE DEEL
INSTITUTIONELE EN FINANCIËLE BEPALINGEN

TITEL I
INSTITUTIONELE BEPALINGEN

HOOFDSTUK 1
DE INSTELLINGEN

EERSTE AFDELING
HET EUROPEES PARLEMENT

Art. 223

1. Het Europees Parlement stelt een ontwerp op met het oog op de vaststelling van de nodige bepalingen voor de rechtstreekse algemene verkiezing van zijn leden volgens een in alle lidstaten eenvormige procedure of volgens beginselen die alle lidstaten gemeen hebben. *[Verkiezingsprocedure Europees Parlement]*

De Raad stelt met eenparigheid van stemmen, volgens een bijzondere wetgevingsprocedure en na goedkeuring van het Europees Parlement, dat met meerderheid van stemmen van zijn leden een besluit neemt, de nodige bepalingen vast. Deze bepalingen treden pas in werking nadat zij door de lidstaten overeenkomstig hun onderscheiden grondwettelijke bepalingen zijn goedgekeurd.

2. Het Europees Parlement bepaalt op eigen initiatief volgens een bijzondere wetgevingsprocedure bij verordeningen, na raadpleging van de Commissie en met goedkeuring van de Raad die hiertoe een besluit neemt, de voorschriften en algemene voorwaarden voor de vervulling van de taken van zijn leden. Voor regels en voorwaarden betreffende de belastingregeling voor leden of voormalige leden is eenparigheid van stemmen in de Raad vereist.

Art. 224

Het Europese Parlement en de Raad stellen bij verordeningen volgens de gewone wetgevende procedure het statuut van de Europese politieke partijen, bedoeld in artikel 10, lid 4, van het Verdrag betreffende de Europese Unie, en in het bijzonder de regels inzake hun financiering vast. *[Statuut Europese politieke partijen]*

Art. 225

Het Europees Parlement kan met meerderheid van stemmen van de leden waaruit het bestaat de Commissie verzoeken passende voorstellen in te dienen inzake aangelegenheden die naar het oordeel van het Parlement besluiten van de Unie voor de tenuitvoerlegging van de Verdragen vergen. Indien de Commissie geen voorstel indient, deelt zij de redenen daarvoor aan het Europees Parlement mee. *[Verzoek van Europees parlement tot indiening voorstellen door Commissie]*

Art. 226

In het kader van de vervulling van zijn taken kan het Europees Parlement op verzoek van een vierde van de leden waaruit het bestaat een tijdelijke enquêtecommissie instellen om, onverminderd de bij de Verdragen aan andere instellingen of organen verleende bevoegdheden, vermeende inbreuken op het recht van de Unie of gevallen van wanbeheer bij de toepassing van het recht van de Unie te onderzoeken, behalve wanneer de vermeende feiten het voorwerp van een gerechtelijke procedure uitmaken en zolang deze procedure nog niet is voltooid. *[Instelling tijdelijke enquêtecommissie door Europees Parlement]*

De tijdelijke enquêtecommissie houdt op te bestaan zodra zij haar verslag heeft ingediend.

De nadere bepalingen betreffende de uitoefening van het enquêterecht worden volgens een bijzondere wetgevingsprocedure bij verordeningen vastgesteld door het Europees Parlement, na goedkeuring door de Raad en de Commissie.

Art. 227

Iedere burger van de Unie, alsmede iedere natuurlijke of rechtspersoon met verblijfplaats of statutaire zetel in een lidstaat heeft het recht om individueel of tezamen met andere burgers of personen een verzoekschrift tot het Europees Parlement te richten betreffende een onderwerp dat tot de werkterreinen van de Unie behoort en dat hem of haar rechtstreeks aangaat. *[Verzoekschrift bij Europees Parlement]*

Art. 228

1. Een door het Europees Parlement gekozen ombudsman krijgt de bevoegdheid om kennis te nemen van klachten van burgers van de Unie of van natuurlijke of rechtspersonen met verblijfplaats of statutaire zetel in een lidstaat over gevallen van wanbeheer bij het optreden van de instellingen, organen of instanties van de Unie, met uitzondering van het Hof van Justitie van de Europese Unie bij de uitoefening van zijn gerechtelijke taak. Hij onderzoekt die klachten en brengt ter zake verslag uit. *[Ombudsman Europese Unie]*

Overeenkomstig zijn opdracht verricht de ombudsman het door hem gerechtvaardigd geachte onderzoek op eigen initiatief dan wel op basis van klachten welke hem rechtstreeks of via een lid van het Europees Parlement zijn voorgelegd, behalve wanneer de vermeende feiten het voorwerp van een gerechtelijke procedure uitmaken of hebben uitgemaakt. Indien de ombudsman een geval van wanbeheer heeft vastgesteld, legt hij de zaak voor aan de betrokken instelling,

orgaan of instantie, die over een termijn van drie maanden beschikt om hem haar standpunt mee te delen. De ombudsman doet vervolgens een verslag aan het Europees Parlement en aan de betrokken instelling toekomen. De persoon die de klacht heeft ingediend wordt op de hoogte gebracht van het resultaat van dit onderzoek.
De ombudsman legt elk jaar aan het Europees Parlement een verslag voor met het resultaat van zijn onderzoeken.
2. Na elke verkiezing voor het Europees Parlement wordt de ombudsman voor de zittingsduur van deze instelling gekozen. Hij is herbenoembaar.
Op verzoek van het Europees Parlement kan de ombudsman door het Hof van Justitie van zijn ambt ontheven worden verklaard, indien hij niet meer aan de eisen voor de uitoefening van zijn ambt voldoet of op ernstige wijze is tekortgeschoten.
3. De ombudsman oefent zijn ambt volkomen onafhankelijk uit. Bij de vervulling van zijn taken vraagt noch aanvaardt hij instructies van enige regering, instelling, orgaan of instantie. Gedurende zijn ambtsperiode mag de ombudsman geen andere beroepswerkzaamheden, al dan niet tegen beloning, verrichten.
4. Het Europees Parlement stelt op eigen initiatief volgens een bijzondere wetgevingsprocedure bij verordeningen na advies van de Commissie en met goedkeuring van de Raad, die een besluit neemt, het statuut van de ombudsman en de algemene voorwaarden voor de uitoefening van het ambt van ombudsman vast.

Art. 229

Jaarlijkse zitting Europees Parlement

Het Europees Parlement houdt jaarlijks een zitting. Het komt van rechtswege op de tweede dinsdag van maart bijeen.
Het Europees Parlement kan in buitengewone vergaderperiode bijeenkomen op verzoek van de meerderheid van de leden waaruit het bestaat, van de Raad of van de Commissie.

Art. 230

Rechten Commissie jegens Europees Parlement

De Commissie kan alle vergaderingen bijwonen en wordt op haar verzoek gehoord.

De Commissie antwoordt mondeling of schriftelijk op de haar door het Europees Parlement of door de leden daarvan gestelde vragen.
De Europese Raad en de Raad worden door het Europees Parlement gehoord onder de voorwaarden waarin het reglement van orde van de Europese Raad en het reglement van orde van de Raad voorzien.

Art. 231

Stemming Europees Parlement

Voorzover in de Verdragen niets anders is bepaald, besluit het Europees Parlement met meerderheid van de uitgebrachte stemmen.
Het reglement van orde bepaalt het quorum.

Art. 232

Reglement van orde Europees Parlement

Het Europees Parlement stelt zijn reglement van orde vast bij meerderheid van stemmen van zijn leden.
De handelingen van het Europees Parlement worden overeenkomstig de bepalingen van de Verdragen en dat reglement bekendgemaakt.

Art. 233

Beraadslaging over jaarverslag Europese Unie door Europees Parlement

Het Europees Parlement beraadslaagt in openbare zitting over het algemene jaarverslag, dat hem door de Commissie wordt voorgelegd.

Art. 234

Motie van afkeuring door Europees Parlement

Wanneer aan het Europees Parlement een motie van afkeuring betreffende het beleid van de Commissie wordt voorgelegd, kan het Europees Parlement zich over deze motie niet eerder uitspreken dan ten minste drie dagen nadat de motie is ingediend en slechts bij openbare stemming.
Indien de motie van afkeuring wordt aangenomen met een meerderheid van twee derde van de uitgebrachte stemmen, welke een meerderheid van de leden van het Europees Parlement vertegenwoordigt, moeten de leden van de Commissie collectief ontslag nemen en moet ook de hoge vertegenwoordiger van de Unie voor buitenlandse zaken en veiligheidsbeleid zijn functie in de Commissie neerleggen. Zij blijven in functie en blijven de lopende zaken behartigen totdat overeenkomstig artikel 17 van het Verdrag betreffende de Europese Unie in hun vervanging is voorzien. In dat geval verstrijkt de ambtsperiode van de ter vervanging benoemde Commissieleden op de datum waarop de ambtstermijn van de collectief tot ontslag gedwongen Commissieleden zou zijn verstreken.

TWEEDE AFDELING
DE EUROPESE RAAD

Art. 235

1. Ieder lid van de Europese Raad kan slechts door één ander lid worden gemachtigd om namens hem te stemmen.
Artikel 16, lid 4, van het Verdrag betreffende de Europese Unie en artikel 238, lid 2, van dit Verdrag zijn van toepassing op de Europese Raad wanneer deze met gekwalificeerde meerderheid van stemmen besluit. Wanneer de Europese Raad zich in een stemming uitspreekt, nemen de voorzitter van de Europese Raad en die van de Commissie niet aan de stemming deel.
Onthouding van stemming door aanwezige of vertegenwoordigde leden vormt geen beletsel voor het vaststellen van beslissingen van de Europese Raad waarvoor eenparigheid van stemmen is vereist.

2. De voorzitter van het Europees Parlement kan worden uitgenodigd om door de Europese Raad te worden gehoord.

3. De Europese Raad besluit met gewone meerderheid van stemmen over procedurekwesties en over de vaststelling van zijn reglement van orde.

4. De Europese Raad wordt bijgestaan door het secretariaat-generaal van de Raad.

Machtiging stemming in Europese Raad

Art. 236

De Europese Raad stelt met gekwalificeerde meerderheid van stemmen:
a. een besluit houdende de lijst van Raadsformaties andere dan die van algemene zaken en buitenlandse zaken, overeenkomstig artikel 16, lid 6, van het Verdrag betreffende de Europese Unie vast;
b. een besluit betreffende het voorzitterschap van de andere Raadsformaties dan die van buitenlandse zaken, overeenkomstig artikel 16, lid 9, van het Verdrag betreffende de Europese Unie vast.

Stemming in Europese Raad

DERDE AFDELING
DE RAAD

Art. 237

De Raad wordt door zijn voorzitter, op diens initiatief, op initiatief van één van zijn leden of van de Commissie, in vergadering bijeengeroepen.

Vergadering van de Raad van de Europese Unie

Art. 238

1. Voor de besluiten van de Raad waarvoor een gewone meerderheid vereist is, besluit de Raad bij meerderheid van zijn leden.

2. In afwijking van artikel 16, lid 4, van het Verdrag betreffende de Europese Unie wordt, met ingang van 1 november 2014 en onder voorbehoud van het bepaalde in het Protocol inzake de overgangsbepalingen, wanneer de Raad niet besluit op voorstel van de Commissie of van de hoge vertegenwoordiger van de Unie voor buitenlandse zaken en veiligheidsbeleid, onder gekwalificeerde meerderheid verstaan ten minste 72% van de leden van de Raad, die lidstaten vertegenwoordigen waarvan de bevolking ten minste 65% uitmaakt van de bevolking van de Unie.

3. Met ingang van 1 november 2014 en onder voorbehoud van het bepaalde in het Protocol inzake de overgangsbepalingen, wordt, in de gevallen waarin, overeenkomstig de Verdragen niet alle leden van de Raad aan de stemming deelnemen, gekwalificeerde meerderheid aldus gedefinieerd:
a. Onder gekwalificeerde meerderheid wordt verstaan ten minste 55% van de leden van de Raad die deelnemende lidstaten vertegenwoordigen waarvan de bevolking ten minste 65% uitmaakt van alle deelnemende staten.
Een blokkerende minderheid moet ten minste uit het minimum aantal van de leden van de Raad bestaan die meer dan 35% van de bevolking van de deelnemende lidstaten vertegenwoordigen, plus één lid; in het andere geval wordt de gekwalificeerde meerderheid geacht te zijn verkregen.
b. In afwijking van a) wordt, wanneer de Raad niet besluit op voorstel van de Commissie of van de hoge vertegenwoordiger van de Unie voor buitenlandse zaken en veiligheidsbeleid, onder gekwalificeerde meerderheid bij stemmen verstaan ten minste 72% van de leden van de Raad die deelnemende lidstaten vertegenwoordigen waarvan de bevolking ten minste 65% uitmaakt van de bevolking van alle deelnemende staten.

4. Onthouding van stemming door aanwezige of vertegenwoordigde leden vormt geen beletsel voor het aannemen der besluiten van de Raad waarvoor eenparigheid van stemmen is vereist.

Stemming in Raad van de Europese Unie

Art. 239

Ieder lid van de Raad kan slechts door één ander lid worden gemachtigd om namens hem te stemmen.

Machting stemrecht in Raad van de Europese Unie

A88 art. 240

Verdrag betreffende de werking van de Europese Unie

Art. 240

Comité van permanente vertegenwoordigers Raad van de Europese Unie

1. Een comité, bestaande uit de permanente vertegenwoordigers van de regeringen der lidstaten, is verantwoordelijk voor de voorbereiding van de werkzaamheden van de Raad en voor de uitvoering van de door de Raad verstrekte opdrachten. Het comité kan in de in het reglement van orde van de Raad genoemde gevallen procedurebesluiten nemen.

Secretaris-generaal Raad van de Europese Unie

2. De Raad wordt bijgestaan door een secretariaat-generaal onder leiding van een secretaris-generaal, die door de Raad wordt benoemd.
De Raad beslist met gewone meerderheid van stemmen over de organisatie van het secretariaat-generaal.
3. De Raad besluit bij gewone meerderheid van stemmen over procedurekwesties en over de vaststelling van zijn reglement van orde.

Art. 241

Studieverzoek door Raad van de Europese Unie

De Raad kan met gewone meerderheid de Commissie verzoeken, alle studies die hij wenselijk acht ter verwezenlijking van de gemeenschappelijke doelstellingen te verrichten en hem alle terzake dienende voorstellen te doen. Indien de Commissie geen voorstellen doet, stelt zij de Raad in kennis van de redenen daarvoor.

Art. 242

Statuten comités vastgesteld door Raad van de Europese Unie

De Raad stelt met gewone meerderheid, na raadpleging van de Commissie, het statuut vast van de comités welke in de Verdragen zijn bedoeld.

Art. 243

Bezoldigingen vastgesteld door Raad van de Europese Unie

De Raad stelt de bezoldigingen, de vergoedingen en pensioenen van de voorzitter van de Europese Raad, van de voorzitter van de Commissie, van de hoge vertegenwoordiger van de Unie voor buitenlandse zaken en veiligheidsbeleid, van de leden van de Commissie, van de presidenten, de leden en de griffiers van het Hof van Justitie van de Europese Unie, alsmede van de secretaris-generaal van de Raad, vast. De Raad stelt tevens alle vergoedingen vast welke als beloning kunnen gelden.

VIERDE AFDELING
DE COMMISSIE

Art. 244

Samenstelling Europese Commissie

Overeenkomstig artikel 17, lid 5 van het Verdrag betreffende de Europese Unie worden de leden van de Commissie gekozen volgens een toerbeurtsysteem dat door de Europese Raad met eenparigheid van stemmen wordt vastgesteld en dat stoelt op de onderstaande beginselen:
a. de lidstaten worden volstrekt gelijk behandeld wat betreft de bepaling van de volgorde en de ambtstermijn van hun onderdanen als leden van de Commissie; derhalve kan het verschil tussen het totale aantal mandaten van onderdanen van twee willekeurige lidstaten nooit meer dan één bedragen;
b. behoudens het bepaalde onder a), weerspiegelt de samenstelling van de Commissie te allen tijde in voldoende mate de demografische en geografische verscheidenheid van alle lidstaten.

Art. 245

Onafhankelijkheid leden van de Europese Commissie

De leden van de Commissie onthouden zich van iedere handeling welke onverenigbaar is met het karakter van hun ambt. De lidstaten eerbiedigen hun onafhankelijkheid en trachten niet hen te beïnvloeden bij de uitvoering van hun taak.
De leden van de Commissie mogen gedurende hun ambtsperiode geen andere beroepswerkzaamheden, al dan niet tegen beloning, verrichten. Bij hun ambtsaanvaarding verbinden zij zich plechtig om gedurende hun ambtsperiode en na afloop daarvan de uit hun taak voortvloeiende verplichtingen na te komen, in het bijzonder eerlijkheid en kiesheid te betrachten in het aanvaarden van bepaalde functies of voordelen na afloop van die ambtsperiode. Ingeval deze verplichtingen niet worden nagekomen, kan de Raad met gewone meerderheid of de Commissie zich wenden tot het Hof van Justitie, dat, al naar gelang van het geval, ontslag ambtshalve volgens artikel 247 of verval van het recht op pensioen of van andere, daarvoor in de plaats tredende voordelen kan uitspreken.

Art. 246

Eindigen ambtsvervulling leden Europese Commissie

Behalve door regelmatige vervanging of door overlijden eindigt de ambtsvervulling van een lid van de Commissie door vrijwillig ontslag of ontslag ambtshalve.

In geval van vrijwillig ontslag, ontslag ambtshalve of overlijden, wordt het lid voor de verdere duur van zijn ambtstermijn vervangen door een nieuw lid van dezelfde nationaliteit, dat overeenkomstig de criteria van artikel 17, lid 3, tweede alinea, van het Verdrag betreffende de Europese Unie, in onderlinge overeenstemming met de voorzitter van de Commissie en na raadpleging van het Europees Parlement door de Raad wordt benoemd.

De Raad kan, met eenparigheid van stemmen, op voorstel van de voorzitter van de Commissie besluiten dat in een dergelijke vacature niet behoeft te worden voorzien, met name indien de resterende duur van de ambtstermijn van het lid kort is.

In geval van vrijwillig ontslag, ontslag ambtshalve of overlijden, wordt de voorzitter voor de verdere duur van zijn ambtstermijn vervangen. De procedure van artikel 17, lid 7, eerste alinea van het Verdrag betreffende de Europese Unie is van toepassing voor de vervanging van de voorzitter.

In geval van vrijwillig ontslag, ontslag ambtshalve of overlijden, wordt de hoge vertegenwoordiger van de Unie voor buitenlandse zaken en veiligheidsbeleid voor de verdere duur van zijn ambtstermijn vervangen overeenkomstig artikel 18, lid 1, van het Verdrag betreffende de Europese Unie.

In geval van vrijwillig ontslag van alle leden van de Commissie blijven zij in functie en blijven zij de lopende zaken behartigen totdat in hun vervanging voor het resterende deel van hun ambtstermijn is voorzien overeenkomstig artikel 17 van het Verdrag betreffende de Europese Unie.

Art. 247
Op verzoek van de Raad met gewone meerderheid of van de Commissie kan elk lid van de Commissie dat niet meer aan de eisen voor de uitoefening van zijn ambt voldoet of op ernstige wijze is tekortgeschoten, door het Hof van Justitie van zijn ambt ontheven worden verklaard.

Ontheffing van ambtsvervulling leden Europese Commissie

Art. 248
Onverminderd artikel 18, lid 4, van het Verdrag betreffende de Europese Unie worden de taken van de Commissie overeenkomstig artikel 17, lid 6, van voornoemd Verdrag door de voorzitter gestructureerd en over de leden van de Commissie verdeeld. De voorzitter kan de taakverdeling tijdens de ambtstermijn wijzigen. De leden van de Commissie oefenen de hun door de voorzitter toegewezen taak uit onder diens gezag.

Taken Europese Commissie

Art. 249
1. De Commissie stelt haar reglement van orde vast teneinde te verzekeren dat zij en haar diensten werkzaam zijn. Zij zorgt voor de bekendmaking van dat reglement.
2. Jaarlijks, ten minste een maand vóór de opening van de zitting van het Europees Parlement, publiceert de Commissie een algemeen verslag over de werkzaamheden van de Unie.

Reglement van orde Europese Commissie

Art. 250
De besluiten van de Commissie worden genomen bij meerderheid van stemmen van haar leden.

Het quorum wordt bepaald in het reglement van orde.

Besluitvorming Europese Commissie

VIJFDE AFDELING
HET HOF VAN JUSTITIE VAN DE EUROPESE UNIE

Art. 251
Het Hof van Justitie houdt zitting in kamers of als grote kamer, overeenkomstig de regels die daartoe in het statuut van het Hof van Justitie van de Europese Unie zijn vastgesteld.
Wanneer het statuut daarin voorziet, kan het Hof van Justitie ook in voltallige zitting bijeenkomen.

Hof van Justitie

Art. 252
Het Hof van Justitie wordt bijgestaan door acht advocaten-generaal. Indien het Hof van Justitie zulks verzoekt, kan de Raad met eenparigheid van stemmen het aantal advocaten-generaal verhogen.
De advocaat-generaal heeft tot taak, in het openbaar in volkomen onpartijdigheid en onafhankelijkheid met redenen omklede conclusies te nemen aangaande zaken waarin zulks overeenkomstig het statuut van het Hof van Justitie van de Europese Unie vereist is.

Advocaten-generaal Hof van Justitie

Art. 253
De rechters en de advocaten-generaal van het Hof van Justitie, gekozen uit personen die alle waarborgen voor onafhankelijkheid bieden en aan alle gestelde eisen voldoen om in hun onderscheiden landen de hoogste rechterlijke ambten te bekleden, of die bekendstaan als kundige rechtsgeleerden, worden in onderlinge overeenstemming door de regeringen van de lidstaten voor zes jaar benoemd na raadpleging van het in artikel 255 bedoelde comité.
Om de drie jaar vindt, op de wijze die in het statuut van het Hof van Justitie van de Europese Unie is bepaald, een gedeeltelijke vervanging van de rechters en de advocaten-generaal plaats.
De rechters kiezen uit hun midden voor drie jaar de president van het Hof van Justitie. Hij is herkiesbaar.
De aftredende rechters en advocaten-generaal zijn herbenoembaar.
Het Hof van Justitie benoemt zijn griffier en bepaalt diens positie.
Het Hof van Justitie stelt zijn reglement voor de procesvoering vast. Dit reglement behoeft de goedkeuring van de Raad, die besluit.

Ambtstermijn rechters Hof van Justitie

Art. 254

Samenstelling Gerecht van Hof van Justitie

Het aantal rechters van het Gerecht wordt vastgesteld bij het statuut van het Hof van Justitie van de Europese Unie. Het statuut kan bepalen dat het Gerecht wordt bijgestaan door advocaten-generaal.

De leden van het Gerecht worden gekozen uit personen die alle waarborgen voor onafhankelijkheid bieden en bekwaam zijn hoge rechterlijke ambten te bekleden. Zij worden in onderlinge overeenstemming door de regeringen van de lidstaten voor zes jaar benoemd na raadpleging van het in artikel 255 bedoelde comité. Om de drie jaar vindt een gedeeltelijke vervanging plaats. De aftredende leden zijn herbenoembaar.

De rechters kiezen uit hun midden voor drie jaar de president van het Gerecht. Hij is herkiesbaar.

Het Gerecht benoemt zijn griffier en bepaalt diens positie.

Het Gerecht stelt in overeenstemming met het Hof van Justitie zijn reglement voor de procesvoering vast. Dit reglement behoeft de goedkeuring van de Raad, die besluit.

Tenzij in het statuut van het Hof van Justitie van de Europese Unie iets anders is bepaald, zijn de bepalingen van de Verdragen betreffende het Hof van Justitie op het Gerecht van toepassing.

Art. 255

Adviserend comité Hof van Justitie

Er wordt een comité opgericht dat de lidstaten van advies dient over de geschiktheid van de kandidaten voor de uitoefening van de ambten van rechter en advocaat-generaal van het Hof van Justitie en van het Gerecht, voordat de regeringen van de lidstaten overgaan tot de benoemingen overeenkomstig de artikelen 253 en 254.

Het comité bestaat uit zeven personen, gekozen uit voormalige leden van het Hof van Justitie en van het Gerecht, personen die de hoogste nationale rechterlijke ambten bekleden en personen die bekend staan als kundige rechtsgeleerden, waarvan er één wordt voorgedragen door het Europees Parlement. De Raad stelt een besluit vast houdende bepaling van de werkwijze van dit comité, alsmede een besluit tot benoeming van de leden. De Raad besluit op initiatief van de president van het Hof van Justitie.

Art. 256

Bevoegdheden Gerecht van Hof van Justitie

1. Het Gerecht is bevoegd in eerste aanleg kennis te nemen van de in de artikelen 263, 265, 268, 270 en 272 bedoelde beroepen, met uitzondering van die waarvoor een krachtens artikel 257 ingestelde gespecialiseerde rechtbank bevoegd is en die welke overeenkomstig het statuut aan het Hof van Justitie zijn voorbehouden. Het statuut kan bepalen dat het Gerecht bevoegd is voor andere categorieën van beroepen.

Tegen de beslissingen die het Gerecht op grond van dit lid geeft, kan een tot rechtsvragen beperkte hogere voorziening worden ingesteld bij het Hof van Justitie, op de wijze en binnen de grenzen die in het statuut worden bepaald.

2. Het Gerecht is bevoegd kennis te nemen van de beroepen die worden ingesteld tegen de beslissingen van de gespecialiseerde rechtbanken.

De beslissingen die het Gerecht op grond van dit lid geeft, kunnen op de wijze en binnen de grenzen die in het statuut worden bepaald bij uitzondering door het Hof van Justitie worden heroverwogen, wanneer er een ernstig gevaar bestaat dat de eenheid of de samenhang van het recht van de Unie wordt aangetast.

3. Het Gerecht is bevoegd kennis te nemen van prejudiciële vragen die worden voorgelegd uit hoofde van artikel 267 en beperkt blijven tot specifieke, in het statuut bepaalde aangelegenheden. Wanneer het Gerecht van oordeel is dat in een zaak een principiële beslissing moet worden genomen die van invloed kan zijn op de eenheid of de samenhang van het recht van de Unie, kan het de zaak naar het Hof van Justitie verwijzen voor een uitspraak.

De beslissingen die het Gerecht over prejudiciële vragen geeft, kunnen op de wijze en binnen de grenzen die in het statuut worden bepaald bij uitzondering door het Hof van Justitie worden heroverwogen, wanneer er een ernstig gevaar bestaat dat de eenheid of de samenhang van het recht van de Unie wordt aangetast.

Art. 257

Gespecialiseerde rechtbanken Hof van Justitie

Het Europees Parlement en de Raad kunnen, volgens de gewone wetgevingsprocedure, gespecialiseerde rechtbanken instellen die worden toegevoegd aan het Gerecht, en die in eerste aanleg kennis nemen van bepaalde categorieën van beroepen in specifieke aangelegenheden. Het Europees Parlement en de Raad besluiten bij verordeningen hetzij op voorstel van de Commissie en na raadpleging van het Hof van Justitie, hetzij op verzoek van het Hof van Justitie en na raadpleging van de Commissie.

In de verordening tot instelling van een gespecialiseerde rechtbank worden de regels voor de samenstelling van die rechtbank vastgesteld en wordt de reikwijdte van de haar verleende bevoegdheden bepaald.

Tegen de beslissingen van de gespecialiseerde rechtbanken kan bij het Gerecht een tot rechtsvragen beperkte hogere voorziening worden ingesteld of, wanneer de verordening tot instelling van de gespecialiseerde rechtbank daarin voorziet, een beroep dat ook op feitelijke vragen betrekking heeft.

Verdrag betreffende de werking van de Europese Unie

De leden van de gespecialiseerde rechtbanken worden gekozen uit personen die alle waarborgen voor onafhankelijkheid bieden en bekwaam zijn rechterlijke ambten te bekleden. Zij worden door de Raad met eenparigheid van stemmen benoemd.

De gespecialiseerde rechtbanken stellen in overeenstemming met het Hof van Justitie hun reglement voor de procesvoering vast. Dit reglement behoeft de goedkeuring van de Raad, die besluit.

Tenzij in de verordening tot instelling van een gespecialiseerde rechtbank iets anders is bepaald, zijn de bepalingen van de Verdragen betreffende het Hof van Justitie van de Europese Unie en de bepalingen van het statuut van het Hof van Justitie van de Europese Unie op de gespecialiseerde rechtbanken van toepassing. Titel I van het statuut en artikel 64 daarvan zijn in ieder geval van toepassing op de gespecialiseerde rechtbanken.

Art. 258
Indien de Commissie van oordeel is dat een lidstaat een van de krachtens de Verdragen op hem rustende verplichtingen niet is nagekomen, brengt zij dienaangaande een met redenen omkleed advies uit, na deze staat in de gelegenheid te hebben gesteld zijn opmerkingen te maken.
Indien de betrokken staat dit advies niet binnen de door de Commissie vastgestelde termijn opvolgt, kan de Commissie de zaak aanhangig maken bij het Hof van Justitie van de Europese Unie.

Advies na niet nakomen van verplichting door lidstaat Europese Unie

Art. 259
Ieder van de lidstaten kan zich wenden tot het Hof van Justitie van de Europese Unie, indien hij van mening is dat een andere lidstaat een van de krachtens de Verdragen op hem rustende verplichtingen niet is nagekomen.
Voordat een lidstaat tegen een andere lidstaat een klacht indient op grond van een beweerde schending van de verplichtingen welke krachtens de Verdragen op deze laatste rusten, moet hij deze klacht aan de Commissie voorleggen.
De Commissie brengt een met redenen omkleed advies uit nadat aan de betrokken staten de gelegenheid is gegeven om over en weer schriftelijk en mondeling opmerkingen te maken.
Indien de Commissie binnen drie maanden na indiening van de klacht geen advies heeft uitgebracht, kan desniettemin de klacht bij het Hof worden ingediend.

Klacht tussen lidstaten Europese Unie

Art. 260
1. Indien het Hof van Justitie van de Europese Unie vaststelt dat een lidstaat een der krachtens de Verdragen op hem rustende verplichtingen niet is nagekomen, is deze staat gehouden die maatregelen te nemen welke nodig zijn ter uitvoering van het arrest van het Hof.
2. Indien de Commissie van oordeel is dat de betrokken lidstaat niet het nodige heeft gedaan om gevolg te geven aan het arrest van het Hof, kan zij, nadat deze staat de mogelijkheid heeft geboden zijn opmerkingen in te dienen, de zaak voor het Hof brengen. De Commissie vermeldt het bedrag van de door de betrokken lidstaat te betalen forfaitaire som of dwangsom die zij in de gegeven omstandigheden passend acht.
Indien het Hof vaststelt dat de betrokken lidstaat zijn arrest niet is nagekomen, kan het deze staat de betaling van een forfaitaire som of een dwangsom opleggen.
Deze procedure geldt onverminderd het bepaalde in artikel 259.
3. Wanneer de Commissie bij het Hof een zaak aanhangig maakt op grond van artikel 258 omdat zij van oordeel is dat de betrokken lidstaat zijn verplichting tot mededeling van maatregelen ter omzetting van een volgens een wetgevingsprocedure aangenomen richtlijn niet is nagekomen, kan de Commissie, indien zij dit passend acht, aangeven wat haars inziens gezien de omstandigheden een redelijke hoogte is voor de door deze lidstaat te betalen forfaitaire som of dwangsom.
Indien het Hof de niet-nakoming vaststelt, kan het de betrokken lidstaat de betaling van een forfaitaire som of een dwangsom opleggen die niet hoger is dan de Commissie heeft aangegeven. De verplichting tot betaling gaat in op de door het Hof in zijn arrest bepaalde datum.

Binding lidstaten aan uitspraken Hof van Justitie

Art. 261
De door het Europees Parlement en de Raad gezamenlijk, alsmede de door de Raad krachtens de bepalingen van de Verdragen vastgestelde verordeningen kunnen aan het Hof van Justitie van de Europese Unie volledige rechtsmacht verlenen wat betreft de sancties welke in die verordeningen zijn opgenomen.

Sancties door Hof van Justitie

Art. 262
Onverminderd de overige bepalingen van de Verdragen, kan de Raad, volgens een bijzondere wetgevingsprocedure en na raadpleging van het Europees Parlement, met eenparigheid van stemmen bepalingen vaststellen waarbij aan het Hof van Justitie van de Europese Unie, in een door hem te bepalen mate, de bevoegdheid wordt verleend uitspraak te doen in geschillen die verband houden met de toepassing van op grond van de Verdragen vastgestelde besluiten waarbij Europese intellectuele eigendomsrechten worden ingesteld. Deze bepalingen treden pas in werking nadat zij door de lidstaten overeenkomstig hun onderscheiden grondwettelijke bepalingen zijn goedgekeurd.

Geschillen in communautaire intellectuele eigendomsrechten Europese Unie

Art. 263

Toetsing handelingen Europese instellingen door Hof van Justitie

Het Hof van Justitie van de Europese Unie gaat de wettigheid na van de wetgevingshandelingen, van de handelingen van de Raad, van de Commissie en van de Europese Centrale Bank, voorzover het geen aanbevelingen of adviezen betreft, en van de handelingen van het Europees Parlement en de Europese Raad die beogen rechtsgevolgen ten aanzien van derden te hebben. Het gaat ook de wettigheid na van de handelingen van de organen of instanties van de Unie waarmee rechtsgevolgen ten aanzien van derden worden beoogd.

Te dien einde is het Hof bevoegd uitspraak te doen inzake elk door een lidstaat, het Europees Parlement, de Raad of de Commissie ingesteld beroep wegens onbevoegdheid, schending van wezenlijke vormvoorschriften, schending van de Verdragen of van enige uitvoeringsregeling daarvan, dan wel wegens misbruik van bevoegdheid.

Het Hof is onder dezelfde voorwaarden bevoegd uitspraak te doen inzake elk door de Rekenkamer, de Europese Centrale Bank of het Comité van de Regio's ingesteld beroep dat op vrijwaring van hun prerogatieven is gericht.

Iedere natuurlijke of rechtspersoon kan onder de in de eerste en tweede alinea vastgestelde voorwaarden beroep instellen tegen handelingen die tot hem gericht zijn of die hem rechtstreeks en individueel raken, alsmede tegen regelgevingshandelingen die hem rechtstreeks raken en die geen uitvoeringsmaatregelen met zich meebrengen.

De handelingen tot oprichting van organen en instanties van de Unie kunnen voorzien in bijzondere voorwaarden en bepalingen inzake de beroepen welke door natuurlijke of rechtspersonen worden ingesteld tegen handelingen van deze organen of instanties waarmee rechtsgevolgen ten aanzien van hen worden beoogd.

Het in dit artikel bedoelde beroep moet worden ingesteld binnen twee maanden te rekenen, al naar gelang van het geval, vanaf de dag van bekendmaking van de handeling, vanaf de dag van kennisgeving aan de verzoeker of, bij gebreke daarvan, vanaf de dag waarop de verzoeker van de handeling kennis heeft gekregen.

Art. 264

Nietigverklaring handelingen Europese instellingen door Hof van Justitie

Indien het beroep gegrond is, wordt de betwiste handeling door het Hof van Justitie van de Europese Unie nietig verklaard.

Het Hof van Justitie bepaalt evenwel, zo het dit nodig oordeelt, welke gevolgen van de vernietigde handeling als definitief moeten worden beschouwd.

Art. 265

Klacht lidstaat over Europese instelling bij Hof van Justitie

Ingeval het Europees Parlement, de Europese Raad, de Raad, de Commissie, of de Europese Centrale Bank in strijd met de Verdragen, nalaat een besluit te nemen, kunnen de lidstaten en de overige instellingen van de Unie zich wenden tot het Hof van Justitie van de Europese Unie om deze schending te doen vaststellen. Dit artikel is onder dezelfde voorwaarden van toepassing op de organen en de instanties van de Unie die nalaten een besluit te nemen.

Dit beroep is slechts ontvankelijk indien de betrokken instelling, orgaan of instantie vooraf tot handelen is uitgenodigd. Indien deze instelling na twee maanden, te rekenen vanaf de uitnodiging, haar standpunt nog niet heeft bepaald, kan het beroep worden ingesteld binnen een nieuwe termijn van twee maanden.

Iedere natuurlijke of rechtspersoon kan onder de in de voorgaande alinea's vastgestelde voorwaarden bij het Hof zijn bezwaren indienen tegen het feit dat een der instellingen, organen of instanties van de Unie heeft nagelaten te zijnen aanzien een andere handeling te verrichten dan het geven van een aanbeveling of een advies.

Art. 266

Uitvoering arrest Hof van Justitie door Europese instellingen

De instelling, het orgaan of de instantie welker handeling nietig is verklaard of welker nalatigheid strijdig met de Verdragen is verklaard, is gehouden de maatregelen te nemen welke nodig zijn ter uitvoering van het arrest van het Hof van Justitie van de Europese Unie.

Deze verplichting geldt onverminderd die welke kan voortvloeien uit de toepassing van artikel 340, tweede alinea.

Art. 267

Prejudiciële beslissing Hof van Justitie

Het Hof van Justitie van de Europese Unie is bevoegd, bij wijze van prejudiciële beslissing, een uitspraak te doen
a. over de uitlegging van de Verdragen,
b. over de geldigheid en de uitlegging van de handelingen van de instellingen, de organen of de instanties van de Unie.

Indien een vraag te dien aanzien wordt opgeworpen voor een rechterlijke instantie van een der lidstaten, kan deze instantie, indien zij een beslissing op dit punt noodzakelijk acht voor het wijzen van haar vonnis, het Hof verzoeken over deze vraag een uitspraak te doen.

Indien een vraag te dien aanzien wordt opgeworpen in een zaak aanhangig bij een nationale rechterlijke instantie waarvan de beslissingen volgens het nationale recht niet vatbaar zijn voor hoger beroep, is deze instantie gehouden zich tot het Hof te wenden.

Indien een dergelijke vraag wordt opgeworpen in een bij een nationale rechterlijke instantie aanhangige zaak betreffende een gedetineerde persoon, doet het Hof zo spoedig mogelijk uitspraak.

Art. 268
Het Hof van Justitie van de Europese Unie is bevoegd kennis te nemen van geschillen over de vergoeding van de in artikel 340, tweede en derde alinea, bedoelde schade.

Competentie Hof van Justitie in geschillen over aansprakelijkheid

Art. 269
Het Hof van Justitie kan uitsluitend op verzoek van de lidstaat ten aanzien waarvan de Europese Raad of de Raad een constatering heeft gedaan en uitsluitend wat de naleving van de procedurele bepalingen van artikel 7 van het Verdrag betreffende de Europese Unie betreft uitspraak doen over de wettigheid van een handeling die door de Europese Raad of door de Raad krachtens dit artikel is vastgesteld.
Dit verzoek moet binnen een maand na de constatering worden gedaan. Het Hof doet een uitspraak binnen een maand na de datum van het verzoek.

Wettigheid handelingen Europese Raad getoetst door Hof van Justitie

Art. 270
Het Hof van Justitie van de Europese Unie is bevoegd, uitspraak te doen in elk geschil tussen de Unie en haar personeelsleden, binnen de grenzen en onder de voorwaarden vastgesteld door het statuut van de ambtenaren van de Unie en de regeling welke van toepassing is op de andere personeelsleden van de Unie.

Competentie Hof van Justitie in arbeidsgeschillen

Art. 271
Het Hof van Justitie van de Europese Unie is bevoegd, binnen de hierna aangegeven grenzen, kennis te nemen van de geschillen betreffende:
a. de uitvoering van de verplichtingen der lidstaten voortvloeiende uit de statuten van de Europese Investeringsbank. De Raad van bewind van de Bank beschikt dienaangaande over de bevoegdheden welke bij artikel 258 aan de Commissie zijn toegekend;
b. de besluiten van de Raad van gouverneurs van de Europese Investeringsbank. Elke lidstaat, de Commissie en de Raad van bewind van de Bank kunnen onder de voorwaarden gesteld in artikel 263 te dezer zake beroep instellen;
c. de besluiten van de Raad van bewind van de Europese Investeringsbank. Beroep tegen deze besluiten kan onder de voorwaarden van artikel 263 slechts worden ingesteld door de lidstaten of de Commissie, en alleen in geval van schending van de vormvoorschriften bedoeld in artikel 21, leden 2, 5, 6 en 7, van de statuten van de Bank;
d. de uitvoering van de verplichtingen van de nationale centrale banken voortvloeiende uit de Verdragen en uit de statuten van het Europees Stelsel van centrale banken. De Raad van bestuur van de Europese Centrale Bank beschikt dienaangaande ten aanzien van de nationale centrale banken over de bevoegdheden welke bij artikel 258 aan de Commissie zijn toegekend ten aanzien van de lidstaten. Indien het Hof vaststelt dat een nationale centrale bank een der krachtens de Verdragen op haar rustende verplichtingen niet is nagekomen, is deze bank gehouden die maatregelen te nemen welke nodig zijn ter uitvoering van het arrest van het Hof.

Competentie Hof van Justitie in geschillen met Europese Investeringsbank

Art. 272
Het Hof van Justitie van de Europese Unie is bevoegd, uitspraak te doen krachtens een arbitragebeding vervat in een door of namens de Unie gesloten publiekrechtelijke of privaatrechtelijke overeenkomst.

Competentie Hof van Justitie in arbitragegeding

Art. 273
Het Hof van Justitie is bevoegd uitspraak te doen in elk geschil tussen lidstaten dat met de materie van de Verdragen verband houdt, indien dit geschil hem krachtens een compromis wordt voorgelegd.

Competentie Hof van Justitie in geschillenbeslechting lidstaten

Art. 274
Behoudens de bevoegdheid die bij de Verdragen aan het Hof van Justitie van de Europese Unie wordt verleend, zijn de geschillen waarin de Unie partij is, niet uit dien hoofde onttrokken aan de bevoegdheid van de nationale rechterlijke instanties.

Competentie in geschillen waarin de Europese Unie partij is

Art. 275
Het Hof van Justitie van de Europese Unie is niet bevoegd ten aanzien van de bepalingen van het gemeenschappelijk buitenlands en veiligheidsbeleid noch ten aanzien van de op grond daarvan vastgestelde besluiten.

Het Hof is evenwel bevoegd om toezicht te houden op de naleving van artikel 40 van het Verdrag betreffende de Europese Unie en uitspraak te doen inzake beroepen die onder de in artikel 263, vierde alinea, van dit Verdrag bepaalde voorwaarden worden ingesteld betreffende het toezicht op de wettigheid van besluiten houdende beperkende maatregelen jegens natuurlijke personen of rechtspersonen, die door de Raad op grond van titel V, hoofdstuk 2 van het Verdrag betreffende de Europese Unie zijn vastgesteld.

Bevoegdheid Hof van Justitie gemeenschappelijk buitenlands en veiligheidsbeleid

Verdrag betreffende de werking van de Europese Unie

Art. 276

Bevoegdheid Hof van Justitie betreffende ruimte van vrijheid, veiligheid en recht

Bij de uitoefening van zijn taken in verband met de bepalingen in de hoofdstukken 4 en 5 van titel V van het derde deel, betreffende de ruimte van vrijheid, veiligheid en recht is het Hof van Justitie van de Europese Unie niet bevoegd om de geldigheid of de evenredigheid na te gaan van operaties van de politie of van andere instanties belast met wetshandhaving in een lidstaat, noch om zich uit te spreken over de uitoefening van de verantwoordelijkheden van de lidstaten ten aanzien van de handhaving van de openbare orde en de bescherming van de binnenlandse veiligheid.

Art. 277

Beroep op niet-toepasselijkheid verordening bij Hof van Justitie

Iedere partij kan, ook na het verstrijken van de in artikel 263, zesde alinea, bedoelde termijn, naar aanleiding van een geschil waarbij een door een instelling, een orgaan of een instantie van de Unie vastgestelde handeling van algemene strekking in het geding is, de in artikel 263, tweede alinea, bedoelde middelen aanvoeren om voor het Hof van Justitie van de Europese Unie de niettoepasselijkheid van deze handeling in te roepen.

Art. 278

Schorsende werking beroep bij Hof van Justitie

Een bij het Hof van Justitie van de Europese Unie ingesteld beroep heeft geen schorsende werking. Het Hof kan echter, indien het van oordeel is dat de omstandigheden zulks vereisen, opschorting van de uitvoering van de bestreden handeling gelasten.

Art. 279

Voorlopige maatregelen door Hof van Justitie

Het Hof van Justitie van de Europese Unie kan in zaken welke bij dit college aanhangig zijn gemaakt, de noodzakelijke voorlopige maatregelen gelasten.

Art. 280

Uitvoerbaarheid arresten Hof van Justitie

De arresten van het Hof van Justitie van de Europese Unie zijn uitvoerbaar overeenkomstig de bepalingen van artikel 299.

Art. 281

Statuut Hof van Justitie

Het statuut van het Hof van Justitie van de Europese Unie wordt vastgesteld bij een afzonderlijk protocol.

Het Europees Parlement en de Raad kunnen, volgens de gewone wetgevingsprocedure, het statuut wijzigen, met uitzondering van titel I en artikel 64 daarvan. Het Europees Parlement en de Raad besluiten hetzij op verzoek van het Hof van Justitie en na raadpleging van de Commissie, hetzij op voorstel van de Commissie en na raadpleging van het Hof van Justitie.

ZESDE AFDELING
DE EUROPESE CENTRALE BANK

Art. 282

Europese Centrale Bank

1. De Europese Centrale Bank en de nationale centrale banken vormen het Europees Stelsel van Centrale Banken (ESCB). De Europese Centrale Bank en de nationale centrale banken van de lidstaten die de euro als munt hebben, welke het Eurosysteem vormen, voeren het monetair beleid van de Unie.
2. Het ESCB wordt geleid door de besluitvormingsorganen van de Europese Centrale Bank. Het hoofddoel van het ESCB is het handhaven van prijsstabiliteit. Onverminderd deze doelstelling ondersteunt het stelsel het algemeen economisch beleid in de Unie teneinde bij te dragen aan de verwezenlijking van de doelstellingen van de Unie.
3. De Europese Centrale Bank bezit rechtspersoonlijkheid. Zij heeft het alleenrecht machtiging te geven tot uitgifte van de euro. Zij is onafhankelijk, zowel bij de uitoefening van haar bevoegdheden als met betrekking tot het beheer van haar financiële middelen. De instellingen, organen en instanties van de Unie en de regeringen van de lidstaten eerbiedigen deze onafhankelijkheid.
4. De Europese Centrale Bank neemt de maatregelen die nodig zijn om haar taken te vervullen overeenkomstig de artikelen 127 tot en met 133 en artikel 138 en de door de statuten van het ESCB en van de ECB bepaalde voorwaarden. Overeenkomstig voornoemde artikelen behouden de lidstaten die de euro niet als munt hebben en hun centrale banken hun bevoegdheden op monetair gebied.
5. Op de gebieden die onder haar bevoegdheid vallen, wordt de Europese Centrale Bank geraadpleegd over ieder ontwerp van een handeling van de Unie, alsmede over ieder ontwerp van regelgeving op nationaal niveau, en kan zij advies uitbrengen.

Art. 283

Raad van bestuur Europese Centrale Bank

1. De Raad van bestuur van de Europese Centrale Bank bestaat uit de leden van de directie van de Europese Centrale Bank en de presidenten van de nationale centrale banken van de lidstaten die de euro als munt hebben.
2. De directie bestaat uit de president, de vice-president en vier andere leden.
De president, de vice-president en de overige leden van de directie worden gekozen uit personen met een erkende reputatie en beroepservaring op monetair of bancair gebied en worden met gekwalificeerde meerderheid door de Europese Raad benoemd op aanbeveling van de Raad,

die het Europees Parlement en de Raad van bestuur van de Europese Centrale Bank heeft geraadpleegd.
Zij worden voor een periode van acht jaar benoemd en zijn niet herbenoembaar.
Alleen zij die de nationaliteit van één van de lidstaten bezitten, kunnen lid van de directie zijn.

Art. 284

1. De voorzitter van de Raad en een lid van de Commissie mogen zonder stemrecht aan de vergaderingen van de Raad van bestuur van de Europese Centrale Bank deelnemen.
De voorzitter van de Raad kan aan de Raad van bestuur van de Europese Centrale Bank een motie ter bespreking voorleggen.

2. De president van de Europese Centrale Bank wordt uitgenodigd om aan de vergaderingen van de Raad deel te nemen wanneer deze aangelegenheden bespreekt met betrekking tot de doelstellingen en de taken van het ESCB.

3. De Europese Centrale Bank stelt een jaarverslag over de werkzaamheden van het ESCB en over het monetair beleid in het afgelopen jaar en het lopende jaar op voor het Europees Parlement, de Raad en de Commissie, alsmede voor de Europese Raad. De president van de Europese Centrale Bank legt dit verslag voor aan de Raad en aan het Europees Parlement dat op die basis een algemeen debat kan houden.
De president van de Europese Centrale Bank en de overige leden van de directie kunnen op verzoek van het Europees Parlement of op eigen initiatief worden gehoord door de bevoegde commissies van het Europees Parlement.

Wederzijdse deelneming vergaderingen Raad en Europese Centrale Bank

ZEVENDE AFDELING
DE REKENKAMER

Art. 285

De Rekenkamer verricht de controle van de rekeningen van de Unie.

In de Rekenkamer heeft één onderdaan van iedere lidstaat zitting. De leden van de Rekenkamer oefenen hun ambt volkomen onafhankelijk uit, in het algemeen belang van de Unie.

Rekenkamer Europese Unie

Art. 286

1. De leden van de Rekenkamer worden gekozen uit personen die in hun eigen staat behoren of behoord hebben tot de externe controle-instanties of die voor deze functie bijzonder geschikt zijn. Zij moeten alle waarborgen voor onafhankelijkheid bieden.

2. De leden van de Rekenkamer worden voor zes jaar benoemd. De Raad stelt, na raadpleging van het Europees Parlement, de overeenkomstig de voordrachten van de lidstaten opgestelde lijst van leden vast. De leden van de Rekenkamer zijn herbenoembaar.
Zij kiezen uit hun midden voor drie jaar de voorzitter van de Rekenkamer. Hij is herkiesbaar.

3. Bij de vervulling van hun taken vragen noch aanvaarden de leden van de Rekenkamer instructies van enige regering of enig lichaam. Zij onthouden zich van iedere handeling welke onverenigbaar is met het karakter van hun ambt.

4. De leden van de Rekenkamer mogen gedurende hun ambtsperiode geen andere beroepswerkzaamheden, al dan niet tegen beloning, verrichten. Bij hun ambtsaanvaarding verbinden zij zich plechtig om gedurende hun ambtsperiode en na afloop daarvan de uit hun taak voortvloeiende verplichtingen na te komen, in het bijzonder eerlijkheid en kiesheid te betrachten in het aanvaarden van bepaalde functies of voordelen na afloop van die ambtsperiode.

5. Behalve door regelmatige vervanging of door overlijden, eindigt de ambtsvervulling van een lid van de Rekenkamer door vrijwillig ontslag of door ontslag ambtshalve ingevolge een uitspraak van het Hof van Justitie overeenkomstig lid 7 [per 1 december 2009: lid 6].
De betrokkene wordt vervangen voor de verdere duur van zijn ambtstermijn.
Behoudens in geval van ontslag ambtshalve, blijven de leden van de Rekenkamer in functie totdat in hun vervanging is voorzien.

6. De leden van de Rekenkamer kunnen slechts van hun ambt worden ontheven of van hun recht op pensioen of andere daarvoor in de plaats tredende voordelen vervallen worden verklaard, indien het Hof van Justitie, op verzoek van de Rekenkamer, constateert dat zij hebben opgehouden aan de eisen voor de uitoefening van hun ambt of aan de uit hun taak voortvloeiende verplichtingen te voldoen.

7. De Raad stelt de arbeidsvoorwaarden vast, met name de bezoldiging, de vergoedingen en het pensioen van de voorzitter en de leden van de Rekenkamer. Hij stelt ook de vergoedingen vast die als bezoldiging kunnen worden aangemerkt.

8. De bepalingen van het Protocol betreffende de voorrechten en immuniteiten van de Europese Unie die van toepassing zijn op de rechters van het Hof van Justitie van de Europese Unie gelden ook voor de leden van de Rekenkamer.

Samenstelling rekenkamer Europese Unie

Onafhankelijkheid leden Rekenkamer Europese Unie

Eindigen ambtsvervulling leden Rekenkamer Europese Unie

Bezoldiging leden Rekenkamer Europese Unie

Art. 287

1. De Rekenkamer onderzoekt de rekeningen van alle ontvangsten en uitgaven van de Unie. Zij onderzoekt tevens de rekeningen van alle ontvangsten en uitgaven van elk door de Unie

Taken Rekenkamer Europese Unie

ingesteld orgaan of ingestelde instantie, voorzover het instellingsbesluit dit onderzoek niet uitsluit.

De Rekenkamer legt het Europees Parlement en de Raad een verklaring voor waarin de betrouwbaarheid van de rekeningen en de regelmatigheid en de wettigheid van de onderliggende verrichtingen worden bevestigd, die in het Publicatieblad van de Europese Unie wordt bekendgemaakt. Aan die verklaring kunnen specifieke beoordelingen worden toegevoegd voor ieder belangrijk werkterrein van de Unie.

2. De Rekenkamer onderzoekt de regelmatigheid van de ontvangsten en uitgaven en gaat tevens na of een goed financieel beheer werd gevoerd. Hierbij brengt zij in het bijzonder verslag uit over onregelmatigheden.

De controle van de ontvangsten geschiedt aan de hand van de vaststellingen en van de stortingen van ontvangsten aan de Unie.

De controle van de uitgaven geschiedt aan de hand van betalingsverplichtingen en van betalingen.

Deze controles kunnen plaatsvinden vóór de afsluiting van de rekeningen van het betrokken begrotingsjaar.

Controle door Rekenkamer Europese Unie

3. De controle geschiedt aan de hand van stukken, en, zo nodig, ter plaatse bij de overige instellingen van de Unie, in de gebouwen van alle organen of ingestelde instanties die ontvangsten of uitgaven namens de Unie beheren, en in de lidstaten, inclusief in de gebouwen van alle natuurlijke of rechtspersonen die betalingen uit de begroting ontvangen. De controle in de lidstaten geschiedt in samenwerking met de nationale controle-instanties of, indien deze laatste niet over de nodige bevoegdheden beschikken, in samenwerking met de bevoegde nationale diensten. De Rekenkamer en de nationale controle-instanties van de lidstaten werken samen in onderling vertrouwen en met behoud van hun onafhankelijkheid. Deze instanties en diensten delen aan de Rekenkamer mee of zij voornemens zijn aan de controle deel te nemen.

De overige instellingen van de Unie, de organen of ingestelde instanties die ontvangsten of uitgaven namens de Unie beheren, de natuurlijke of rechtspersonen die betalingen uit de begroting ontvangen en de nationale controle-instanties of, indien deze niet over de nodige bevoegdheden beschikken, de bevoegde nationale diensten zenden de Rekenkamer op verzoek alle bescheiden en inlichtingen toe die nodig zijn voor de vervulling van haar taak.

Ten aanzien van het beheer van de ontvangsten en uitgaven van de Unie door de Europese Investeringsbank wordt het recht van toegang van de Rekenkamer tot informatie waarover de Bank beschikt, door een regeling tussen de Rekenkamer, de Bank en de Commissie bepaald. Bij ontstentenis van een regeling heeft de Rekenkamer desalniettemin toegang tot de informatie die nodig is voor de controle op de door de Bank beheerde ontvangsten en uitgaven van de Unie.

Jaarverslag Rekenkamer Europese Unie

4. De Rekenkamer stelt na afsluiting van elk begrotingsjaar een jaarverslag op. Dit verslag wordt toegezonden aan de overige instellingen van de Unie en tezamen met de antwoorden van deze instellingen op de opmerkingen van de Rekenkamer in het Publicatieblad van de Europese Unie gepubliceerd.

De Rekenkamer kan voorts te allen tijde met betrekking tot bijzondere vraagstukken opmerkingen maken, met name in de vorm van speciale verslagen, en kan op verzoek van een van de overige instellingen van de Unie adviezen uitbrengen.

De Rekenkamer neemt haar jaarverslagen, speciale verslagen of adviezen aan met meerderheid van stemmen van haar leden. Zij kan echter uit haar midden kamers vormen voor het aannemen van bepaalde soorten van verslagen of adviezen overeenkomstig haar reglement van orde.

De Rekenkamer staat het Europees Parlement en de Raad bij, bij de controle op de uitvoering van de begroting. De Rekenkamer stelt haar reglement van orde vast. Dit reglement behoeft de goedkeuring van de Raad, die besluit.

HOOFDSTUK 2
RECHTSHANDELINGEN VAN DE UNIE, VASTSTELLINGSPROCEDURES EN OVERIGE BEPALINGEN

EERSTE AFDELING
RECHTSHANDELINGEN VAN DE UNIE

Art. 288

Verordeningen, richtlijnen en besluiten van de Europese Unie

Teneinde de bevoegdheden van de Unie te kunnen uitoefenen, stellen de instellingen verordeningen, richtlijnen, besluiten, aanbevelingen en adviezen vast.

Een verordening heeft een algemene strekking. Zij is verbindend in al haar onderdelen en is rechtstreeks toepasselijk in elke lidstaat.

Verdrag betreffende de werking van de Europese Unie   **A88** art. 292

Een richtlijn is verbindend ten aanzien van het te bereiken resultaat voor elke lidstaat waarvoor zij bestemd is, doch aan de nationale instanties wordt de bevoegdheid gelaten vorm en middelen te kiezen.
Een besluit is verbindend in al haar onderdelen. Indien de adressaten worden vermeld, is zij alleen voor hen verbindend.
Aanbevelingen en adviezen zijn niet verbindend.

Art. 289
1. De gewone wetgevingsprocedure behelst de vaststelling van een verordening, een richtlijn of een besluit, door het Europees Parlement en de Raad tezamen, op voorstel van de Commissie. Deze procedure wordt beschreven in artikel 294.
2. In de bij de Verdragen bepaalde specifieke gevallen bestaat een bijzondere wetgevingsprocedure in de vaststelling van een verordening, een richtlijn of een besluit door het Europees Parlement met deelname van de Raad, of door de Raad met deelname van het Europees Parlement.
3. De volgens een wetgevingsprocedure vastgestelde rechtshandelingen vormen wetgevingshandelingen.
4. In de bij de Verdragen bepaalde specifieke gevallen kunnen wetgevingshandelingen op initiatief van een groep lidstaten of van het Europees Parlement, op aanbeveling van de Europese Centrale Bank of op verzoek van het Hof van Justitie of van de Europese Investeringsbank worden vastgesteld.

Wetgevingsprocedure verordeningen, richtlijnen en besluiten

Art. 290
1. In een wetgevingshandeling kan aan de Commissie de bevoegdheid worden overgedragen niet-wetgevingshandelingen van algemene strekking vast te stellen ter aanvulling of wijziging van bepaalde niet-essentiële onderdelen van de wetgevingshandeling.
In de wetgevingshandelingen worden uitdrukkelijk de doelstellingen, de inhoud, de strekking en de duur van de bevoegdheidsdelegatie afgebakend. Essentiële onderdelen van een gebied worden uitsluitend bij een wetgevingshandeling geregeld en kunnen derhalve niet het voorwerp zijn van bevoegdheidsdelegatie.
2. In de wetgevingshandelingen worden de voorwaarden waaraan de delegatie is onderworpen, uitdrukkelijk vastgesteld. Dit kunnen de volgende voorwaarden zijn:
a. het Europees Parlement of de Raad kan besluiten de delegatie in te trekken;
b. de gedelegeerde handeling kan pas in werking treden indien het Europees Parlement of de Raad binnen de in de wetgevingshandeling gestelde termijn geen bezwaar heeft aangetekend.
Voor de toepassing van het bepaalde onder a) en b) besluit het Europees Parlement bij meerderheid van zijn leden en besluit de Raad met gekwalificeerde meerderheid van stemmen.
3. In de titel van de gedelegeerde handelingen wordt het bijvoeglijk naamwoord „gedelegeerde" toegevoegd.

Delegatie van niet-wetgevingshandelingen Europese Unie

Art. 291
1. De lidstaten nemen alle maatregelen van intern recht die nodig zijn ter uitvoering van de juridisch bindende handelingen van de Unie.
2. Indien het nodig is dat juridisch bindende handelingen van de Unie volgens eenvormige voorwaarden worden uitgevoerd, worden bij die handelingen aan de Commissie, of, in naar behoren gemotiveerde specifieke gevallen en in de bij de artikelen 24 en 26 van het Verdrag betreffende de Europese Unie bepaalde gevallen, aan de Raad uitvoeringsbevoegdheden toegekend.
3. Voor de toepassing van lid 2 leggen het Europees Parlement en de Raad volgens de gewone wetgevingsprocedure bij verordeningen vooraf de algemene voorschriften en beginselen vast die van toepassing zijn op de wijze waarop de lidstaten de uitoefening van de uitvoeringsbevoegdheden door de Commissie controleren.
4. In de titel van uitvoeringshandelingen wordt „uitvoerings-" toegevoegd.

Uitvoering van juridisch bindende handelingen van de Unie

Art. 292
De Raad stelt aanbevelingen vast. De Raad besluit op voorstel van de Commissie in alle gevallen waarin in de Verdragen is bepaald dat hij handelingen op voorstel van de Commissie vaststelt. De Raad besluit met eenparigheid van stemmen op de gebieden waarop handelingen van de Unie met eenparigheid van stemmen moeten worden vastgesteld. De Commissie, alsmede de Europese Centrale Bank in de in de Verdragen bepaalde specifieke gevallen, stellen aanbevelingen vast.

Vaststelling aanbevelingen Europese Raad

TWEEDE AFDELING
VASTSTELLINGSPROCEDURES EN OVERIGE BEPALINGEN

Art. 293

Besluitvorming Raad op voorstel Europese Commissie

1. Wanneer de Raad uit hoofde van de Verdragen op voorstel van de Commissie besluit, kan hij dat voorstel slechts met eenparigheid van stemmen wijzigen, behalve in de gevallen als bedoeld in artikel 294, leden 10 en 13, artikel 310, artikel 312, artikel 314 en artikel 315, tweede alinea.
2. Zolang de Raad geen besluit heeft genomen kan de Commissie te allen tijde gedurende de procedures die tot aanneming van een besluit van de Unie leiden haar voorstel wijzigen.

Art. 294

Procedure vaststelling besluit Europese Unie

1. Wanneer in de Verdragen voor de aanneming van een besluit naar de gewone wetgevingsprocedure wordt verwezen, is de onderstaande procedure van toepassing.
2. De Commissie dient een voorstel in bij het Europees Parlement en bij de Raad.

Eerste lezing

3. Het Europees Parlement stelt zijn standpunt in eerste lezing vast en deelt het mee aan de Raad.
4. Indien de Raad het standpunt van het Europees Parlement goedkeurt, wordt de betrokken handeling vastgesteld in de formulering die overeenstemt met het standpunt van het Europees Parlement.
5. Indien de Raad het standpunt van het Europees Parlement niet goedkeurt, stelt hij zijn standpunt in eerste lezing vast en deelt hij dit mee aan het Europees Parlement.
6. De Raad stelt het Europees Parlement ten volle in kennis van zijn redenen voor het vaststellen van zijn standpunt in eerste lezing. De Commissie stelt het Europees Parlement ten volle in kennis van haar standpunt.

Tweede lezing

7. Indien het Europees Parlement binnen een termijn van drie maanden na deze mededeling:
a. het standpunt van de Raad in eerste lezing goedkeurt of zich niet heeft uitgesproken, wordt de betrokken handeling geacht te zijn vastgesteld in de formulering die overeenstemt met het standpunt van de Raad;
b. het standpunt van de Raad in eerste lezing met een meerderheid van zijn leden verwerpt, wordt de voorgestelde handeling geacht niet te zijn vastgesteld;
c. met een meerderheid van zijn leden amendementen op het standpunt van de Raad in eerste lezing voorstelt, wordt de aldus geamendeerde tekst toegezonden aan de Raad en aan de Commissie, die advies over deze amendementen uitbrengt.
8. Indien de Raad binnen een termijn van drie maanden na ontvangst van de amendementen van het Europees Parlement met gekwalificeerde meerderheid van stemmen:
a. al deze amendementen goedkeurt, wordt de betrokken handeling geacht te zijn vastgesteld;
b. niet alle amendementen goedkeurt, roept de voorzitter van de Raad, in overeenstemming met de voorzitter van het Europees Parlement, binnen zes weken het bemiddelingscomité bijeen.
9. De Raad besluit met eenparigheid van stemmen over de amendementen waarover de Commissie negatief advies heeft uitgebracht.

Bemiddeling

10. Het bemiddelingscomité bestaat uit de leden van de Raad of hun vertegenwoordigers en een gelijk aantal leden die het Europees Parlement vertegenwoordigen, en heeft tot taak binnen een termijn van zes weken nadat het is bijeengeroepen, met een gekwalificeerde meerderheid van de leden van de Raad of hun vertegenwoordigers en een meerderheid van de leden die het Europees Parlement vertegenwoordigen, overeenstemming te bereiken over een gemeenschappelijke ontwerptekst op basis van de standpunten van het Europees Parlement en de Raad in tweede lezing.
11. De Commissie neemt aan de werkzaamheden van het bemiddelingscomité deel en stelt alles in het werk om de standpunten van het Europees Parlement en de Raad nader tot elkaar te brengen.
12. Indien het bemiddelingscomité binnen een termijn van zes weken nadat het is bijeengeroepen, geen gemeenschappelijke ontwerptekst goedkeurt, wordt de voorgestelde handeling geacht niet te zijn vastgesteld.

Derde lezing

13. Indien het bemiddelingscomité binnen die termijn een gemeenschappelijke ontwerptekst goedkeurt, beschikken het Europees Parlement en de Raad over een termijn van zes weken na deze goedkeuring om de betrokken handeling overeenkomstig die ontwerptekst vast te stellen, waarbij het Europees Parlement besluit met een meerderheid van de uitgebrachte stemmen,

Verdrag betreffende de werking van de Europese Unie　　　　　　　　　　　　　　　　　　　**A88 art. 299**

en de Raad met gekwalificeerde meerderheid van stemmen. Indien zulks niet geschiedt, wordt de handeling geacht niet te zijn vastgesteld.
14. De in dit artikel vermelde termijnen van drie maanden en zes weken worden, op initiatief van het Europees Parlement of van de Raad, met ten hoogste één maand, respectievelijk twee weken verlengd.

Bijzondere bepalingen
15. Wanneer in de in de Verdragen bepaalde gevallen, op initiatief van een groep lidstaten, op aanbeveling van de Europese Centrale Bank of op verzoek van het Hof van Justitie de gewone wetgevingsprocedure wordt gevolgd met betrekking tot een wetgevingshandeling, zijn lid 2, lid 6, tweede zin, en lid 9 niet van toepassing.
In die gevallen zenden het Europees Parlement en de Raad de Commissie het ontwerp van handeling alsmede hun standpunten in eerste en tweede lezing toe. Het Europees Parlement of de Raad kan de Commissie in alle fasen van de procedure om advies verzoeken; de Commissie kan ook op eigen initiatief adviezen uitbrengen. Indien de Commissie dat nodig acht, kan zij overeenkomstig lid 11 ook deelnemen aan de werkzaamheden van het bemiddelingscomité.

Art. 295
Het Europees Parlement, de Raad en de Commissie raadplegen elkaar en bepalen in onderlinge overeenstemming de wijze waarop zij samenwerken. Daartoe kunnen zij, met inachtneming van de Verdragen, interinstitutionele akkoorden sluiten die een bindend karakter kunnen hebben.

Samenwerking tussen Europees Parlement, Raad en Commissie

Art. 296
Wanneer de Verdragen niet bepalen welk soort van handeling moet worden vastgesteld, maken de instellingen zelf per afzonderlijk geval een keuze, met inachtneming van de toepasselijke procedures en van het evenredigheidsbeginsel.
Rechtshandelingen worden met redenen omkleed en verwijzen naar de voorstellen, initiatieven, aanbevelingen, verzoeken of adviezen waarin de Verdragen voorzien.
Indien bij het Europees Parlement en de Raad een ontwerp van wetgevingshandeling is ingediend, stellen zij geen handelingen vast waarin de op het betrokken gebied toepasselijke wetgevingsprocedure niet voorziet.

Rechtshandeling niet door Verdragen Europese Unie vastgesteld

Art. 297
1. Wetgevingshandelingen die volgens de gewone wetgevingsprocedure zijn vastgesteld, worden door de voorzitter van het Europees Parlement en door de voorzitter van de Raad ondertekend.
De volgens een bijzondere wetgevingsprocedure vastgestelde wetgevingshandelingen worden ondertekend door de voorzitter van de instelling waardoor zij zijn vastgesteld.
De wetgevingshandelingen worden bekendgemaakt in het Publicatieblad van de Europese Unie. Zij treden in werking op de datum die zij daartoe bepalen of, bij gebreke daarvan, op de twintigste dag volgende op die van hun bekendmaking.
2. Niet-wetgevingshandelingen, vastgesteld in de vorm van verordeningen, richtlijnen en besluiten, worden wanneer deze geen adressaat aangeven, ondertekend door de voorzitter van de instelling waardoor zij zijn vastgesteld.
De verordeningen, de richtlijnen die tot alle lidstaten gericht zijn, evenals de besluiten wanneer deze geen adressaat aangeven, worden bekendgemaakt in het Publicatieblad van de Europese Unie. Zij treden in werking op de datum die zij daartoe bepalen of, bij gebreke daarvan, op de twintigste dag volgende op die van hun bekendmaking.
Van de overige richtlijnen en van de besluiten die de adressaten vermelden, wordt kennis gegeven aan hen tot wie zij zijn gericht; zij worden door deze kennisgeving van kracht.

Ondertekening van wetgevingshandelingen Europese Unie

Art. 298
1. Bij de vervulling van hun taken steunen de instellingen, organen en instanties van de Unie op een open, doeltreffend en onafhankelijk Europees ambtenarenapparaat.
2. Met inachtneming van het statuut en de regeling vastgesteld op grond van artikel 336 stellen het Europees Parlement en de Raad volgens de gewone wetgevingsprocedure bij verordeningen de bepalingen daartoe vast.

Art. 299
De besluiten van de Raad, de Commissie of de Europese Centrale Bank welke voor natuurlijke of rechtspersonen, met uitzondering van de staten, een geldelijke verplichting inhouden, vormen executoriale titel.
De tenuitvoerlegging geschiedt volgens de bepalingen van burgerlijke rechtsvordering die van kracht zijn in de staat op het grondgebied waarvan zij plaatsvindt. De formule van tenuitvoerlegging wordt, zonder andere controle dan de verificatie van de authenticiteit van de titel, aangebracht door de nationale autoriteit die door de regering van elke lidstaat daartoe wordt aangewezen. Van de aanwijzing geeft zij kennis aan de Commissie en aan het Hof van Justitie van de Europese Unie.

Executoriale titel besluiten Europese Unie

Nadat de bedoelde formaliteiten op verzoek van de belanghebbende zijn vervuld, kan deze de tenuitvoerlegging volgens de nationale wetgeving voortzetten door zich rechtstreeks te wenden tot de bevoegde instantie.

De tenuitvoerlegging kan niet worden geschorst dan krachtens een beschikking van het Hof. Evenwel behoort het toezicht op de regelmatigheid van de wijze van tenuitvoerlegging tot de bevoegdheid van de nationale rechterlijke instanties.

HOOFDSTUK 3
DE ADVIESORGANEN VAN DE EUROPESE UNIE

Art. 300

Adviesorganen van de Europese Unie

1. Het Europees Parlement, de Raad en de Commissie worden bijgestaan door een Economisch en Sociaal Comité en een Comité van de Regio's, die een adviserende taak hebben.
2. Het Economisch en Sociaal Comité bestaat uit vertegenwoordigers van de organisaties van werkgevers, werknemers en andere vertegenwoordigers van het maatschappelijk middenveld, met name sociaal-economische en culturele organisaties en burger- en beroepsorganisaties.
3. Het Comité van de Regio's bestaat uit vertegenwoordigers van de regionale en lokale gemeenschappen die in een regionaal of lokaal lichaam gekozen zijn of politiek verantwoording verschuldigd zijn aan een gekozen vergadering.
4. De leden van het Economisch en Sociaal Comité en van het Comité van de Regio's zijn niet gebonden door enig imperatief mandaat. Zij oefenen hun ambt volkomen onafhankelijk uit in het algemeen belang van de Unie.
5. De in de leden 2 en 3 bedoelde regels betreffende de aard van de samenstelling van die comités worden door de Raad op gezette tijden getoetst aan de economische, sociale en demografische evolutie in de Unie. De Raad stelt daartoe op voorstel van de Commissie besluiten vast.

EERSTE AFDELING
HET ECONOMISCH EN SOCIAAL COMITÉ

Art. 301

Economisch en Sociaal Comité Europese Unie

Het aantal leden van het Comité bedraagt niet meer dan 350.

De Raad stelt op voorstel van de Commissie met eenparigheid van stemmen een besluit vast waarbij de samenstelling van het Comité wordt bepaald.
De Raad stelt de vergoedingen van de leden van het Comité vast.

Art. 302

Benoeming leden Economisch en Sociaal Comité Europese Unie

1. De leden van het Comité worden voor vijf jaar benoemd. De Raad stelt de overeenkomstig de voordrachten van de lidstaten opgestelde lijst van leden vast. De leden van het Comité zijn herbenoembaar.
2. De Raad besluit na raadpleging van de Commissie. Hij kan de mening vragen van de Europese organisaties die representatief zijn voor de verschillende economische en sociale sectoren, en van het maatschappelijk middenveld, welke betrokken zijn bij de activiteit van de Unie.

Art. 303

Reglement van orde en bijeenroeping Economisch en Sociaal Comité Europese Unie

Het Comité kiest, voor een periode van tweeënhalf jaar, uit zijn midden zijn voorzitter en zijn bureau.

Het Comité stelt zijn reglement van orde vast.
Het Comité wordt door zijn voorzitter bijeengeroepen op verzoek van het Europees Parlement, van de Raad of van de Commissie.
Het kan eveneens op eigen initiatief bijeenkomen.

Art. 304

Raadpleging Economisch en Sociaal Comité Europese Unie

Het Comité wordt door het Europees Parlement, de Raad of door de Commissie geraadpleegd in de gevallen voorzien in de Verdragen. Het kan door deze instellingen worden geraadpleegd in alle gevallen waarin zij het wenselijk oordelen. Het Comité kan, in de gevallen waarin het dit wenselijk acht, het initiatief nemen om een advies uit te brengen.

Indien het Europees Parlement, de Raad of de Commissie zulks noodzakelijk acht, stelt hij of zij aan het Comité een termijn voor het uitbrengen van advies; deze termijn mag niet korter zijn dan een maand, te rekenen vanaf het tijdstip waarop de desbetreffende mededeling aan de voorzitter wordt gericht. Na afloop van de gestelde termijn kan worden gehandeld zonder het advies af te wachten.

Het advies van het Comité, alsmede een verslag van de besprekingen, worden aan het Europees Parlement, de Raad en aan de Commissie gezonden.

TWEEDE AFDELING
HET COMITÉ VAN DE REGIO'S

Art. 305
Het aantal leden van het Comité van de Regio's bedraagt ten hoogste 350.

Comité van de Regio's Europese Unie

De Raad stelt op voorstel van de Commissie met eenparigheid van stemmen een besluit vast waarbij de samenstelling van het Comité wordt bepaald.
De leden van het Comité, alsmede een gelijk aantal plaatsvervangers, worden voor vijf jaar benoemd. Zij zijn herbenoembaar. De Raad stelt de overeenkomstig de voordrachten van de lidstaten opgestelde lijst van leden en plaatsvervangers vast. Bij het verstrijken van het in artikel 300, lid 3, bedoelde mandaat uit hoofde waarvan zij zijn voorgedragen, eindigt de ambtstermijn van de leden van het Comité van rechtswege en worden zij voor de verdere duur van de ambtstermijn volgens dezelfde procedure vervangen. Leden van het Comité kunnen niet tegelijkertijd lid zijn van het Europees Parlement.

Art. 306
Het Comité van de Regio's kiest, voor een periode van tweeënhalf jaar, uit zijn midden zijn voorzitter en zijn bureau.

Reglement van orde en bijeenroeping Comité van de Regio's Europese Unie

Het Comité stelt zijn reglement van orde vast.
Het Comité wordt door zijn voorzitter bijeengeroepen op verzoek van het Europees Parlement, van de Raad of van de Commissie.
Het kan eveneens op eigen initiatief bijeenkomen.

Art. 307
Het Comité van de Regio's wordt door het Europees Parlement, de Raad of door de Commissie geraadpleegd in de door de Verdragen voorgeschreven gevallen en in alle andere gevallen, in het bijzonder die welke grensoverschrijdende samenwerking betreffen, waarin een van deze instellingen zulks wenselijk oordeelt.

Raadpleging Comité van de Regio's Europese Unie

Indien het Europees Parlement, de Raad of de Commissie zulks noodzakelijk acht, stelt hij of zij aan het Comité een termijn voor het uitbrengen van het advies; deze termijn mag niet korter zijn dan een maand, te rekenen vanaf het tijdstip waarop de desbetreffende mededeling aan de voorzitter wordt gericht. Na afloop van de gestelde termijn kan worden gehandeld zonder het advies af te wachten.
Wanneer het Economisch en Sociaal Comité overeenkomstig artikel 304 wordt geraadpleegd, wordt het Comité van de Regio's door het Europees Parlement, de Raad of de Commissie in kennis gesteld van dat verzoek om advies. Het Comité van de Regio's kan, wanneer het van mening is dat er specifieke regionale belangen op het spel staan, hieromtrent advies uitbrengen.
Het Comité kan, in de gevallen waarin het zulks dienstig acht, op eigen initiatief een advies uitbrengen.
Het advies van het Comité alsmede een verslag van de besprekingen worden aan het Europees Parlement, de Raad en aan de Commissie gezonden.

HOOFDSTUK 4
DE EUROPESE INVESTERINGSBANK

Art. 308
De Europese Investeringsbank bezit rechtspersoonlijkheid.

Europese Investeringsbank

De leden van de Europese Investeringsbank zijn de lidstaten.
De statuten van de Europese Investeringsbank zijn opgenomen in een protocol dat aan de Verdragen is gehecht. De Raad kan, op verzoek van de Europese Investeringsbank en na raadpleging van het Europees Parlement en de Commissie, of op voorstel van de Commissie en na raadpleging van het Europees Parlement en de Europese Investeringsbank, de statuten volgens een bijzondere wetgevingsprocedure met eenparigheid van stemmen wijzigen.

Art. 309
De Europese Investeringsbank heeft tot taak, met een beroep op de kapitaalmarkten en op haar eigen middelen bij te dragen tot een evenwichtige en ongestoorde ontwikkeling van de interne markt in het belang van de Unie. Te dien einde vergemakkelijkt zij, door zonder winstoogmerk leningen en waarborgen te verstrekken, de financiering van de volgende projecten in alle sectoren van het economische leven:

Taak van de Europese Investeringsbank

a. projecten tot ontwikkeling van minder ontwikkelde gebieden;
b. projecten tot modernisering of overschakeling van ondernemingen of voor het scheppen van nieuwe bedrijvigheid, teweeggebracht door de instelling of de werking van de interne markt, welke projecten door hun omvang of hun aard niet geheel kunnen worden gefinancierd uit de verschillende middelen welke in ieder van de lidstaten voorhanden zijn;

c. projecten welke voor verscheidene lidstaten van gemeenschappelijk belang zijn en die door hun omvang of aard niet geheel kunnen worden gefinancierd uit de verschillende middelen welke in ieder van de lidstaten voorhanden zijn.

Bij de vervulling van haar taak vergemakkelijkt de Bank de financiering van investeringsprogramma's in samenhang met bijstandsverlening van de structuurfondsen en van de andere financieringsinstrumenten van de Unie.

TITEL II
FINANCIËLE BEPALINGEN

Art. 310

Begroting Europese Unie

1. Alle ontvangsten en uitgaven van de Unie moeten voor elk begrotingsjaar worden geraamd en opgenomen in de begroting.
De jaarlijkse begroting van de Unie wordt door het Europees Parlement en de Raad vastgesteld volgens artikel 314.
De ontvangsten en uitgaven van de begroting moeten in evenwicht zijn.
2. De op de begroting opgevoerde uitgaven worden toegestaan voor de duur van het begrotingsjaar, in overeenstemming met de in artikel 322 bedoelde verordening.
3. Op de begroting opgevoerde uitgaven kunnen niet worden uitgevoerd dan nadat een juridisch bindende handeling van de Unie is vastgesteld die een rechtsgrond geeft aan haar optreden en aan de uitvoering van de overeenkomstige uitgave, in overeenstemming met het in artikel 322 bedoelde reglement, behoudens de daarin bepaalde uitzonderingen.
4. Teneinde de begrotingsdiscipline zeker te stellen, stelt de Unie geen handelingen vast die aanzienlijke gevolgen kunnen hebben voor de begroting, zonder de verzekering te geven dat de uitgaven die uit die handelingen voortvloeien, gefinancierd kunnen worden binnen de grenzen van de eigen middelen van de Unie en met inachtneming van het in artikel 312 bedoelde meerjarig financieel kader.
5. De begroting wordt uitgevoerd volgens het beginsel van goed financieel beheer. De lidstaten en de Unie dragen er samen zorg voor dat de op de begroting opgevoerde kredieten volgens dit beginsel worden gebruikt.
6. De Unie en de lidstaten bestrijden overeenkomstig artikel 325 fraude en alle andere onwettige activiteiten waardoor de financiële belangen van de Unie worden geschaad.

HOOFDSTUK 1
DE EIGEN MIDDELEN VAN DE UNIE

Art. 311

Financiering Europese Unie

De Unie voorziet zich van de middelen die nodig zijn om haar doelstellingen te verwezenlijken en aan haar beleid uitvoering te geven.
De begroting wordt, onverminderd andere ontvangsten, volledig uit eigen middelen gefinancierd.
De Raad stelt, volgens een bijzondere wetgevingsprocedure en na raadpleging van het Europees Parlement, met eenparigheid van stemmen een besluit vast houdende de bepalingen die van toepassing zijn op het stelsel van eigen middelen van de Unie. In dit kader kunnen nieuwe categorieën van eigen middelen worden vastgesteld, dan wel bestaande categorieën worden ingetrokken. Dit besluit treedt pas in werking na door de lidstaten overeenkomstig hun onderscheiden grondwettelijke bepalingen te zijn goedgekeurd.
De Raad stelt volgens een bijzondere wetgevingsprocedure bij verordening de uitvoeringsmaatregelen voor het stelsel van eigen middelen van de Unie vast voor zover het krachtens de derde alinea vastgestelde besluit daarin voorziet. De Raad besluit na goedkeuring door het Europees Parlement.

HOOFDSTUK 2
MEERJARIG FINANCIEEL KADER

Art. 312

Meerjarig financieel kader Europese Unie

1. Het meerjarig financieel kader beoogt een ordelijke ontwikkeling van de uitgaven van de Unie te waarborgen binnen de grenzen van haar eigen middelen.
Het meerjarig financieel kader wordt vastgesteld voor een periode van ten minste vijf jaar.
In de jaarlijkse begroting van de Unie wordt het meerjarig financieel kader in acht genomen.
2. De Raad stelt volgens een bijzondere wetgevingsprocedure een verordening tot bepaling van het meerjarig financieel kader vast. De Raad besluit met eenparigheid van stemmen, na goedkeuring door het Europees Parlement, dat zich uitspreekt bij meerderheid van zijn leden. De Europese Raad kan met eenparigheid van stemmen een besluit vaststellen op grond waarvan de Raad met gekwalificeerde meerderheid van stemmen kan besluiten bij de vaststelling van de in de eerste alinea bedoelde verordening.

Verdrag betreffende de werking van de Europese Unie **A88** art. 314

3. In het financieel kader worden de jaarlijkse maximumbedragen aan kredieten voor vastleggingen per uitgavencategorie vastgesteld, alsmede het jaarlijkse maximumbedrag van de kredieten voor betalingen. De uitgavencategorieën, die beperkt in aantal zijn, corresponderen met de grote beleidsdomeinen van de Unie.
Het financieel kader omvat alle andere bepalingen die dienstig zijn voor het goede verloop van de jaarlijkse begrotingsprocedure.
4. Indien de verordening van de Raad tot bepaling van een nieuw financieel kader nog niet is vastgesteld wanneer het voorgaand financieel kader verstrijkt, blijven de maximumbedragen en de overige bepalingen betreffende het laatste jaar van het voorgaand financieel kader van toepassing totdat deze handeling vastgesteld.
5. Tijdens de gehele procedure die leidt tot vaststelling van het financieel kader, nemen het Europees Parlement, de Raad en de Commissie alle maatregelen die nodig zijn om de vaststelling te vergemakkelijken.

HOOFDSTUK 3
DE JAARLIJKSE BEGROTING VAN DE UNIE

Art. 313
Het begrotingsjaar begint op 1 januari en sluit op 31 december.

Begrotingsjaar Europese Unie

Art. 314
De jaarlijkse begroting van de Unie wordt door het Europees Parlement en de Raad volgens een bijzondere wetgevingsprocedure vastgesteld overeenkomstig de volgende bepalingen.
1. Iedere instelling, met uitzondering van de Europese Centrale Bank, maakt voor 1 juli een raming op van haar uitgaven voor het volgende begrotingsjaar. De Commissie voegt die ramingen samen in een ontwerpbegroting, die afwijkende ramingen mag inhouden.
Dit ontwerp omvat een raming van de uitgaven en een raming van de ontvangsten.
2. De Commissie dient uiterlijk op 1 september van het jaar dat voorafgaat aan het betrokken begrotingsjaar bij het Europees Parlement en bij de Raad een voorstel in dat de ontwerpbegroting bevat.
De Commissie kan de ontwerpbegroting in de loop van de procedure wijzigen totdat het in punt 5 bedoelde bemiddelingscomité bijeen wordt geroepen.
3. De Raad stelt zijn standpunt over de ontwerpbegroting vast en deelt dit standpunt uiterlijk op 1 oktober van het jaar dat voorafgaat aan het betrokken begrotingsjaar aan het Europees Parlement mee. De Raad stelt het Europees Parlement ten volle in kennis van de redenen die hem hebben geleid tot het vaststellen van zijn standpunt.
4. Indien het Europees Parlement binnen een termijn van tweeënveertig dagen na deze mededeling:
a. het standpunt van de Raad goedkeurt, is de begroting vastgesteld;
b. geen besluit heeft genomen, wordt de begroting geacht te zijn vastgesteld;
c. met een meerderheid van zijn leden amendementen aanneemt, wordt het aldus geamendeerde ontwerp toegezonden aan de Raad en aan de Commissie. De voorzitter van het Europees Parlement roept in overleg met de voorzitter van de Raad onverwijld het bemiddelingscomité bijeen. Het bemiddelingscomité komt evenwel niet bijeen indien de Raad het Europees Parlement binnen een termijn van tien dagen na de toezending van het ontwerp meedeelt dat hij alle amendementen van het Parlement aanvaardt.
5. Het bemiddelingscomité bestaat uit de leden van de Raad of hun vertegenwoordigers en een gelijk aantal leden die het Europees Parlement vertegenwoordigen en heeft tot taak om, op basis van de standpunten van het Europees Parlement en van de Raad, binnen een termijn van eenentwintig dagen nadat het is bijeengeroepen, met een gekwalificeerde meerderheid van de leden van de Raad of hun vertegenwoordigers en met een meerderheid van de leden die het Europees Parlement vertegenwoordigen, overeenstemming te bereiken over een gemeenschappelijk ontwerp.
De Commissie neemt deel aan de werkzaamheden van het bemiddelingscomité en neemt alle initiatieven die nodig zijn om de standpunten van het Europees Parlement en de Raad nader tot elkaar te brengen.
6. Indien het bemiddelingscomité binnen de in punt 5 bedoelde termijn van eenentwintig dagen overeenstemming bereikt over een gemeenschappelijk ontwerp, beschikken het Europees Parlement en de Raad over een termijn van veertien dagen, te rekenen vanaf de datum van deze overeenstemming, om het gemeenschappelijk ontwerp goed te keuren.
7. Indien, binnen de in lid 6 genoemde termijn van veertien dagen:
a. zowel het Europees Parlement als de Raad het gemeenschappelijk ontwerp goedkeurt of geen besluit neemt, of één van deze instellingen het gemeenschappelijk ontwerp goedkeurt terwijl de andere geen besluit neemt, wordt de begroting geacht definitief te zijn vastgesteld overeenkomstig het gemeenschappelijk ontwerp, of

Vaststelling begroting Europese Unie

A88 art. 315

b. zowel het Europees Parlement met een meerderheid van zijn leden, als de Raad het gemeenschappelijk ontwerp afwijst, of indien één van deze instellingen het gemeenschappelijk ontwerp afwijst en de andere geen besluit neemt, wordt door de Commissie een nieuwe ontwerpbegroting ingediend, of
c. het Europees Parlement met een meerderheid van zijn leden het gemeenschappelijk ontwerp afwijst terwijl de Raad het goedkeurt, wordt door de Commissie een nieuwe ontwerpbegroting ingediend, of
d. het Europees Parlement het gemeenschappelijk ontwerp goedkeurt, terwijl de Raad het afwijst, kan het Europees Parlement binnen veertien dagen na de afwijzing door de Raad met een meerderheid van zijn leden en van drie vijfde van het aantal uitgebrachte stemmen besluiten alle of een aantal van de in punt 4, onder c), bedoelde amendementen te bevestigen. Indien een amendement van het Europees Parlement niet wordt bevestigd, wordt het in het bemiddelingscomité overeengekomen standpunt ten aanzien van de begrotingsonderdelen waarop het amendement betrekking heeft, ingenomen. De begroting wordt geacht definitief te zijn vastgesteld op deze basis.
8. Indien het bemiddelingscomité niet binnen de in lid 5 genoemde termijn van eenentwintig dagen overeenstemming bereikt over een gemeenschappelijk ontwerp, wordt door de Commissie een nieuwe ontwerpbegroting ingediend.
9. Wanneer de in dit artikel omschreven procedure is afgesloten, constateert de voorzitter van het Europees Parlement dat de begroting definitief is vastgesteld.
10. Iedere instelling oefent de haar bij dit artikel toegekende bevoegdheden uit met inachtneming van de Verdragen en van de krachtens deze Verdragen vastgestelde handelingen, in het bijzonder die welke betrekking hebben op de eigen middelen van de Unie en op het evenwicht tussen ontvangsten en uitgaven.

Art. 315

Uitgaven bij nog niet vastgestelde begroting Europese Unie

Indien bij het begin van een begrotingsjaar de begroting nog niet definitief is vastgesteld, kunnen de uitgaven maandelijks worden verricht per hoofdstuk, overeenkomstig de bepalingen van het ter uitvoering van artikel 322 vastgestelde reglement, met een maximum van een twaalfde van de in hetzelfde hoofdstuk van de begroting van het vorige begrotingsjaar geopende kredieten, en zonder meer dan een twaalfde te mogen bedragen van de in hetzelfde hoofdstuk van de ontwerpbegroting opgenomen kredieten.
De Raad kan op voorstel van de Commissie, onder voorbehoud dat aan de overige in de eerste alinea gestelde voorwaarden wordt voldaan, uitgaven van meer dan eentwaalfde toestaan overeenkomstig het ter uitvoering van artikel 322 vastgestelde reglement. De Raad zendt dit besluit onverwijld aan het Europees Parlement.
Het in de tweede alinea bedoelde besluit voorziet in de beschikbaarstelling van de nodige middelen voor de toepassing van dit artikel, met inachtneming van de in artikel 311 bedoelde handelingen.
Het besluit wordt van kracht op de dertigste dag volgende op de vaststelling ervan indien het Europees Parlement binnen die termijn niet bij meerderheid van zijn leden besluit die uitgaven te verminderen.

Art. 316

Overschotten aan einde begrotingsjaar Europese Unie

Onder de voorwaarden die worden vastgesteld met toepassing van artikel 322, kunnen de kredieten welke aan het einde van het begrotingsjaar ongebruikt zijn gebleven, worden overgedragen uitsluitend naar het eerstvolgende begrotingsjaar, voorzover deze kredieten niet betrekking hebben op personeelsuitgaven.
De kredieten worden ingedeeld in hoofdstukken, waarin de uitgaven worden gegroepeerd naar hun aard en bestemming en onderverdeeld overeenkomstig het ter uitvoering van artikel 322 vastgestelde reglement.
De uitgaven van het Europees Parlement, van de Europese Raad en van de Raad, van de Commissie, evenals van het Hof van Justitie van de Europese Unie worden als afzonderlijke afdelingen in de begroting opgenomen, onverminderd een speciale regeling voor bepaalde gemeenschappelijke uitgaven.

HOOFDSTUK 4
UITVOERING VAN DE BEGROTING EN KWIJTINGVERLENING

Art. 317

Uitvoering begroting Europese Unie

De Commissie voert de begroting in samenwerking met de lidstaten overeenkomstig de bepalingen van het ter uitvoering van artikel 322 vastgestelde reglement uit onder haar eigen verantwoordelijkheid, binnen de grenzen der toegekende kredieten en met het beginsel van goed financieel beheer. De lidstaten werken met de Commissie samen om te verzekeren dat de toegekende kredieten volgens het beginsel van goed financieel beheer worden gebruikt.
Bij het reglement worden de met de uitvoering van de begroting verbandhoudende controle- en auditverplichtingen van de lidstaten en de daaruit voortvloeiende verantwoordelijkheden

Verdrag betreffende de werking van de Europese Unie — A88 art. 322

vastgesteld. Het reglement voorziet ook in de wijze waarop en de mate waarin iedere instelling haar eigen uitgaven doet.

Binnen de begroting kan de Commissie, met inachtneming van de grenzen en de voorwaarden bepaald in het ter uitvoering van artikel 322 vastgestelde reglement, kredieten overschrijven hetzij van het ene hoofdstuk naar het andere, hetzij van de ene onderafdeling naar de andere.

Art. 318

De Commissie legt elk jaar aan het Europees Parlement en aan de Raad de rekeningen over het afgelopen begrotingsjaar voor welke betrekking hebben op de uitvoering van de begroting. Bovendien doet zij hun een financiële balans van de activa en passiva van de Unie toekomen.

De Commissie dient bij het Europees Parlement en de Raad ook een evaluatieverslag over de financiën van de Unie in, waarin de bereikte resultaten met name worden getoetst aan de door het Europees Parlement en de Raad krachtens artikel 319 verstrekte aanwijzingen.

Controle van uitvoering begroting door Europees Parlement

Art. 319

1. Op aanbeveling van de Raad verleent het Europees Parlement aan de Commissie kwijting voor de uitvoering van de begroting. Te dien einde onderzoekt het, na de Raad, de rekeningen, de financiële balans en het evaluatieverslag genoemd in artikel 318, het jaarverslag van de Rekenkamer tezamen met de antwoorden van de gecontroleerde instellingen op de opmerkingen van de Rekenkamer, de in artikel 287, lid 1, tweede alinea, genoemde verklaring, alsmede de relevante speciale verslagen van de Rekenkamer.

2. Alvorens kwijting te verlenen aan de Commissie of voor enig ander doel in verband met de uitoefening van de bevoegdheden van de Commissie inzake de uitvoering van de begroting, kan het Europees Parlement de Commissie verzoeken verantwoording af te leggen terzake van de uitvoering van de uitgaven of de werking van de financiële controlestelsels. De Commissie verstrekt het Europees Parlement op verzoek alle nodige inlichtingen.

3. De Commissie stelt alles in het werk om gevolg te geven aan de opmerkingen in de kwijtingsbesluiten en aan andere opmerkingen van het Europees Parlement over de uitvoering van de uitgaven, alsook aan de opmerkingen waarvan de door de Raad aangenomen aanbevelingen tot kwijting vergezeld gaan.

Op verzoek van het Europees Parlement of de Raad brengt de Commissie verslag uit over de maatregelen die zijn genomen naar aanleiding van deze opmerkingen, met name over de instructies die zijn gegeven aan de diensten die met de uitvoering van de begroting zijn belast. Deze verslagen worden ook aan de Rekenkamer toegezonden.

Kwijting voor uitvoering begroting Europese Unie

HOOFDSTUK 5
GEMEENSCHAPPELIJKE BEPALINGEN

Art. 320

Het meerjarig financieel kader en de jaarlijkse begroting luiden in euro.

Rekeneenheid begroting Europese Unie

Art. 321

De Commissie kan, onder voorbehoud dat zij daarvan de bevoegde instanties der betrokken staten in kennis stelt, de saldi, welke zij in de valuta van een der lidstaten in haar bezit heeft, overmaken in de valuta van een andere lidstaat, voorzover zij gebruikt moeten worden voor de doeleinden die in de Verdragen zijn aangewezen. De Commissie vermijdt dergelijke overmakingen zoveel mogelijk, indien zij saldi beschikbaar heeft of beschikbaar kan maken in de valuta waaraan zij behoefte heeft.

De Commissie onderhoudt de betrekkingen met elke lidstaat door tussenkomst van de door deze aangewezen autoriteit. Voor de uitvoering van financiële verrichtingen heeft zij toegang tot de centrale bank van de betrokken lidstaat of tot een andere door deze staat gemachtigde financiële instelling.

Valuta financiële verrichtingen Europese Unie

Art. 322

1. Het Europees Parlement en de Raad stellen volgens de gewone wetgevingsprocedure en na raadpleging van de Rekenkamer bij verordeningen:

   a. de financiële regels vast, met name betreffende de wijze waarop de begroting wordt opgesteld en uitgevoerd, alsmede de wijze waarop rekening en verantwoording wordt gedaan en de rekeningen worden nagezien;

   b. de regels vast betreffende de controle van de verantwoordelijkheid van de financiële actoren, met name van ordonnateurs en rekenplichtigen.

2. De Raad, handelend op voorstel van de Commissie en na raadpleging van het Europees Parlement en van de Rekenkamer, bepaalt de regels en de procedure volgens welke de budgettaire ontvangsten waarin het stelsel der eigen middelen van de Unie voorziet, ter beschikking van de Commissie worden gesteld, en schrijft voor welke maatregelen moeten worden toegepast om in voorkomend geval te voorzien in de behoefte aan kasmiddelen.

Vaststelling financiële reglementen Europese Unie

Verdrag betreffende de werking van de Europese Unie

Toezicht voldoende financiële middelen Europese Unie

Art. 323
Het Europees Parlement, de Raad en de Commissie zien erop toe dat de Unie beschikt over de financiële middelen waarmee de Unie haar juridische verplichtingen jegens derden kan voldoen.

Overleg over begroting door voorzitters instellingen Europese Unie

Art. 324
In het kader van de in deze titel bedoelde begrotingsprocedures roept de Commissie regelmatig de voorzitters van het Europees Parlement, de Raad en de Commissie bijeen. De voorzitters nemen alle maatregelen die nodig zijn om het overleg te bevorderen en de standpunten van hun respectieve instellingen dichter bij elkaar te brengen, om de uitvoering van deze titel te vergemakkelijken.

HOOFDSTUK 6
FRAUDEBESTRIJDING

Fraudebestrijding Europese Unie

Art. 325
1. De Unie en de lidstaten bestrijden fraude en alle andere onwettige activiteiten waardoor de financiële belangen van de Unie worden geschaad, met overeenkomstig dit artikel te nemen maatregelen die afschrikkend moeten werken en in de lidstaten, alsmede in de instellingen, organen en instanties van de Unie, een doeltreffende bescherming moeten bieden.
2. De lidstaten nemen ter bestrijding van fraude waardoor de financiële belangen van de Unie worden geschaad, dezelfde maatregelen als die welke zij treffen ter bestrijding van fraude waardoor hun eigen financiële belangen worden geschaad.
3. Onverminderd de andere bepalingen van de Verdragen coördineren de lidstaten hun optreden om de financiële belangen van de Unie tegen fraude te beschermen. Zij organiseren daartoe samen met de Commissie een nauwe en geregelde samenwerking tussen de bevoegde autoriteiten.
4. Het Europees Parlement en de Raad nemen volgens de gewone wetgevingsprocedure, na raadpleging van de Rekenkamer, de nodige maatregelen aan op het gebied van de preventie en bestrijding van fraude waardoor de financiële belangen van de Unie worden geschaad, om in de lidstaten alsmede in de instellingen, de organen en de instanties van de Unie een doeltreffende en gelijkwaardige bescherming te bieden.
5. De Commissie brengt in samenwerking met de lidstaten jaarlijks aan het Europees Parlement en de Raad verslag uit over de ter uitvoering van dit artikel genomen maatregelen.

TITEL III
NAUWERE SAMENWERKING

Nauwere samenwerking Europese Unie

Art. 326
Bij nauwere samenwerking worden de Verdragen en het recht van de Unie geëerbiedigd.

Nauwere samenwerking mag geen afbreuk doen aan de interne markt, noch aan de economische, sociale en territoriale samenhang. Zij mag geen belemmering of discriminatie in de handel tussen de lidstaten vormen, en zij mag de mededinging tussen de lidstaten niet verstoren.

Niet-deelnemende lidstaten bij nauwere samenwerking Europese Unie

Art. 327
Bij nauwere samenwerking worden de bevoegdheden, rechten en verplichtingen van de niet-deelnemende lidstaten geëerbiedigd. De niet-deelnemende lidstaten belemmeren niet de uitvoering ervan door de deelnemende lidstaten.

Deelname aan nauwere samenwerking Europese Unie

Art. 328
1. Nauwere samenwerking staat open voor alle lidstaten op het moment waarop zij wordt aangegaan, mits de deelnemingsvoorwaarden worden nageleefd die eventueel zijn vastgesteld bij het besluit waarbij toestemming wordt verleend. Deelneming op een later tijdstip blijft steeds mogelijk, mits, naast de genoemde voorwaarden, de in dit kader reeds vastgestelde handelingen worden nageleefd.
De Commissie en de aan een nauwere samenwerking deelnemende lidstaten, zien erop toe dat de deelneming van zoveel mogelijk lidstaten wordt bevorderd.
2. De Commissie en in voorkomend geval de hoge vertegenwoordiger van de Unie voor buitenlandse zaken en veiligheidsbeleid stellen het Europees Parlement en de Raad regelmatig op de hoogte van het verloop van de nauwere samenwerking.

Verzoek tot nauwere samenwerking Europese Unie

Art. 329
1. De lidstaten die onderling een nauwere samenwerking wensen aan te gaan op een van de gebieden die onder de Verdragen vallen, met uitzondering van de gebieden van een exclusieve bevoegdheid en het gemeenschappelijk buitenlands en veiligheidsbeleid, richten een verzoek tot de Commissie, met opgave van het toepassingsgebied en de met de voorgenomen nauwere samenwerking nagestreefde doelstellingen. De Commissie kan bij de Raad een voorstel in die zin

indienen. Indien de Commissie geen voorstel indient, deelt zij de redenen daarvan mee aan de betrokken lidstaten.
De toestemming om een in de eerste alinea 1 bedoelde nauwere samenwerking aan te gaan, wordt verleend door de Raad, op voorstel van de Commissie en na goedkeuring door het Europees Parlement.

2. De lidstaten die onderling een nauwere samenwerking wensen aan te gaan in het kader van het gemeenschappelijk buitenlands en veiligheidsbeleid, richten een verzoek tot de Raad. Het verzoek wordt doorgezonden aan de hoge vertegenwoordiger van de Unie voor buitenlandse zaken en veiligheidsbeleid, die advies uitbrengt over de samenhang van de voorgenomen nauwere samenwerking met het gemeenschappelijk buitenlands en veiligheidsbeleid van de Unie, alsmede aan de Commissie, die advies uitbrengt over met name de samenhang van de voorgenomen nauwere samenwerking met het beleid van de Unie op andere gebieden. Het verzoek wordt ter informatie ook toegezonden aan het Europees Parlement.
De toestemming om een nauwere samenwerking aan te gaan, wordt verleend bij een besluit van de Raad, die met eenparigheid van stemmen besluit.

Art. 330
Alle leden van de Raad kunnen deelnemen aan de beraadslagingen van de Raad, maar alleen de leden van de Raad die de aan een nauwere samenwerking deelnemende lidstaten vertegenwoordigen, nemen deel aan de stemming.
Eenparigheid van stemmen wordt alleen door de stemmen van de vertegenwoordigers van de deelnemende staten gevormd.
De gekwalificeerde meerderheid wordt bepaald overeenkomstig artikel 238, lid 3.

Beraadslaging en stemming over nauwere samenwerking Europese Unie

Art. 331
1. Een lidstaat die wil deelnemen aan een bestaande nauwere samenwerking op een van de in artikel 329, lid 1 bedoelde gebieden, stelt de Raad en de Commissie van zijn voornemen in kennis.
Binnen vier maanden na ontvangst van de kennisgeving bevestigt de Commissie de deelneming van de betrokken lidstaat. Zij constateert, in voorkomend geval, dat aan de voorwaarden voor deelneming is voldaan en stelt de nodige overgangsmaatregelen vast voor de toepassing van de reeds in het kader van de nauwere samenwerking vastgestelde handelingen.
Is de Commissie evenwel van mening dat aan de voorwaarden voor deelneming niet is voldaan, dan geeft zij aanwijzingen omtrent de te nemen maatregelen opdat aan deze voorwaarden wel wordt voldaan, en stelt zij een termijn vast waarbinnen zij het verzoek opnieuw in overweging zal nemen. Bij het verstrijken van die termijn neemt zij het verzoek opnieuw in overweging overeenkomstig de in de tweede alinea omschreven procedure. Indien de Commissie van mening is dat aan de voorwaarden voor deelneming nog steeds niet is voldaan, kan de betrokken lidstaat de kwestie voorleggen aan de Raad, die zich uitspreekt over het verzoek. De Raad besluit overeenkomstig artikel 330. Hij kan ook, op voorstel van de Commissie, de in de tweede alinea bedoelde overgangsmaatregelen vaststellen.

Toetreden tot nauwere samenwerking Europese Unie

2. Een lidstaat die wil deelnemen aan een bestaande nauwere samenwerking in het kader van het gemeenschappelijk buitenlands en veiligheidsbeleid, stelt de Raad, de hoge vertegenwoordiger van de Unie voor buitenlandse zaken en veiligheidsbeleid en de Commissie van zijn voornemen in kennis.
De Raad bevestigt de deelneming van de betrokken lidstaat, na de hoge vertegenwoordiger van de Unie voor buitenlandse zaken en veiligheidsbeleid te hebben geraadpleegd en na in voorkomend geval te hebben geconstateerd dat aan de voorwaarden voor deelneming is voldaan. De Raad kan op voorstel van de hoge vertegenwoordiger van de Unie voor buitenlandse zaken en veiligheidsbeleid ook de nodige overgangsbepalingen vaststellen voor de toepassing van de handelingen die al zijn vastgesteld in het kader van de nauwere samenwerking. Is de Raad evenwel van mening dat aan de voorwaarden voor deelneming niet is voldaan, dan geeft hij aanwijzingen omtrent de te nemen maatregelen opdat aan deze voorwaarden wel wordt voldaan, en stelt hij een termijn vast waarbinnen hij het verzoek tot deelneming opnieuw in overweging zal nemen.
Voor de toepassing van dit lid besluit de Raad met eenparigheid van stemmen en overeenkomstig artikel 330.

Art. 332
De uitgaven die voortvloeien uit de uitvoering van een nauwere samenwerking, met uitzondering van de administratieve kosten voor de instellingen, komen ten laste van de deelnemende lidstaten, tenzij de Raad, na raadpleging van het Europees Parlement, met eenparigheid van stemmen van al zijn leden anders besluit.

Uitgaven nauwere samenwerking Europese Unie

Art. 333
1. Indien een bepaling van de Verdragen die in het kader van een nauwere samenwerking kan worden toegepast, bepaalt dat de Raad met eenparigheid van stemmen besluit, kan de Raad met eenparigheid van stemmen overeenkomstig het bepaalde in artikel 330, een besluit vaststellen waarin wordt bepaald dat hij met gekwalificeerde meerderheid van stemmen zal besluiten.

Stemprocedure nauwere samenwerking Europese Unie

2. Indien een bepaling van de Verdragen die in het kader van een nauwere samenwerking kan worden toegepast, bepaalt dat de Raad handelingen volgens een bijzondere wetgevingsprocedure vaststelt, kan de Raad met eenparigheid van stemmen overeenkomstig het bepaalde in artikel 330, een besluit vaststellen waarin wordt bepaald dat hij volgens de gewone wetgevingsprocedure zal besluiten. De Raad besluit na raadpleging van het Europees Parlement.
3. De leden 1 en 2 zijn niet van toepassing op besluiten die gevolgen hebben op militair of defensiegebied.

Art. 334

Samenhang binnen nauwere samenwerking Europese Unie

De Raad en de Commissie zorgen voor de samenhang van ieder optreden in het kader van een nauwere samenwerking, zowel onderling als met het beleid van de Unie, en werken daartoe samen.

ZEVENDE DEEL
ALGEMENE EN SLOTBEPALINGEN

Art. 335

Handelingsbevoegdheid Europese Unie binnen lidstaten

In elk der lidstaten heeft de Unie de ruimste handelingsbevoegdheid welke door de nationale wetgevingen aan rechtspersonen wordt toegekend; zij kan met name roerende en onroerende goederen verkrijgen of vervreemden en in rechte optreden. Te dien einde wordt zij door de Commissie vertegenwoordigd. De Unie wordt evenwel door elk van de instellingen vertegenwoordigd, uit hoofde van hun administratieve autonomie, voor de aangelegenheden die verband houden met hun respectieve werking.

Art. 336

Ambtenarenstatuut Europese Unie

Het Europees Parlement en de Raad stellen, volgens de gewone wetgevingsprocedure en na raadpleging van de andere betrokken instellingen, bij verordeningen het statuut vast van de ambtenaren van de Europese Unie, alsmede de regeling welke van toepassing is op de andere personeelsleden van de Unie.

Art. 337

Informatierecht Europese Commissie

Voor de vervulling van de haar opgedragen taken kan de Commissie, binnen de grenzen en onder de voorwaarden door de Raad met gewone meerderheid overeenkomstig de bepalingen van de Verdragen vastgesteld, alle gegevens verzamelen en alle noodzakelijke verificaties verrichten.

Art. 338

Statistieken Europese Unie

1. Onverminderd artikel 5 van het Protocol betreffende de statuten van het Europees Stelsel van centrale banken en van de Europese Centrale Bank nemen het Europees Parlement en de Raad volgens de gewone wetgevingsprocedure maatregelen aan voor de opstelling van statistieken wanneer zulks voor de vervulling van de taken van de Unie nodig is.
2. De productie van statistieken van de Unie geschiedt op basis van onpartijdigheid, betrouwbaarheid, objectiviteit, wetenschappelijke onafhankelijkheid, kosteneffectiviteit en statistische geheimhouding; het mag geen buitensporige lasten voor de economische actoren met zich brengen.

Art. 339

Geheimhoudingsplicht instellingen Europese Unie

De leden van de instellingen van de Unie, de leden van de comités, alsmede de ambtenaren en personeelsleden van de Unie zijn gehouden, zelfs na afloop van hun functie, de inlichtingen die naar hun aard vallen onder de geheimhoudingsplicht en met name de inlichtingen betreffende de ondernemingen en hun handelsbetrekkingen of de bestanddelen van hun kostprijzen, niet openbaar te maken.

Art. 340

Contractuele aansprakelijkheid Europese Unie

De contractuele aansprakelijkheid van de Unie wordt beheerst door de wet welke op het betrokken contract van toepassing is.
Inzake de niet-contractuele aansprakelijkheid moet de Unie overeenkomstig de algemene beginselen welke de rechtsstelsels der lidstaten gemeen hebben, de schade vergoeden die door haar instellingen of door haar personeelsleden in de uitoefening van hun functies is veroorzaakt.
In afwijking van de tweede alinea moet de Europese Centrale Bank overeenkomstig de algemene beginselen die de rechtsstelsels van de lidstaten gemeen hebben, de schade vergoeden die door haar zelf of door haar personeelsleden in de uitoefening van hun functies is veroorzaakt.
De persoonlijke aansprakelijkheid der personeelsleden jegens de Unie wordt geregeld bij de bepalingen welke hun statuut of de op hen toepasselijke regeling vaststellen.

Art. 341

Zetel van instellingen Europese Unie

De zetel van de instellingen der Unie wordt in onderlinge overeenstemming door de regeringen der lidstaten vastgesteld.

Art. 342

Taalgebruik instellingen Europese Unie

De regeling van het taalgebruik door de instellingen van de Unie wordt, onverminderd de bepalingen van het statuut van het Hof van Justitie van de Europese Unie, door de Raad met eenparigheid van stemmen bij verordeningen vastgesteld.

Verdrag betreffende de werking van de Europese Unie A88 art. 350

Art. 343
De Unie geniet, overeenkomstig de bepalingen van het aan de Verdragen gehechte Protocol van 8 april 1965 betreffende de voorrechten en immuniteiten van de Europese Unie, op het grondgebied van de lidstaten de voorrechten en immuniteiten welke nodig zijn ter vervulling van haar taak. Ditzelfde geldt voor de Europese Centrale Bank en de Europese Investeringsbank.

Voorrechten en immuniteiten Europese Unie

Art. 344
De lidstaten verbinden zich, een geschil betreffende de uitlegging of de toepassing van de Verdragen niet op andere wijze te doen beslechten dan in de Verdragen is voorgeschreven.

Geschillenbeslechting uitlegging Europese Verdragen

Art. 345
De Verdragen laten de regeling van het eigendomsrecht in de lidstaten onverlet.

Eigendomsrecht binnen lidstaten Europese Unie

Art. 346
1. De bepalingen van de Verdragen vormen geen beletsel voor de volgende regels:
a. geen enkele lidstaat is gehouden inlichtingen te verstrekken waarvan de verbreiding naar zijn mening strijdig zou zijn met de wezenlijke belangen van zijn veiligheid;
b. elke lidstaat kan de maatregelen nemen die hij noodzakelijk acht voor de bescherming van de wezenlijke belangen van zijn veiligheid en die betrekking hebben op de productie van of de handel in wapenen, munitie en oorlogsmaterieel; die maatregelen mogen de mededingingsverhoudingen op de interne markt niet wijzigen voor producten die niet bestemd zijn voor specifiek militaire doeleinden.
2. De Raad kan met eenparigheid van stemmen op voorstel van de Commissie wijzigingen aanbrengen in de lijst van de producten waarop de bepalingen van lid 1, onder b), van toepassing zijn, die hij op 15 april 1958 heeft vastgesteld.

Bescherming nationale belangen lidstaten Europese Unie

Art. 347
De lidstaten plegen onderling overleg teneinde gezamenlijk de regelingen te treffen noodzakelijk om te voorkomen dat de werking van de interne markt ongunstig wordt beïnvloed door de maatregelen waartoe een lidstaat zich genoopt kan voelen, in geval van ernstige binnenlandse onlusten waardoor de openbare orde wordt verstoord, in geval van oorlog of van een ernstige internationale spanning welke oorlogsgevaar inhoudt, of om te voldoen aan de verplichtingen die hij met het oog op het behoud van de vrede en van de internationale veiligheid heeft aangegaan.

Onderling overleg lidstaten Europese Unie

Art. 348
Indien maatregelen, genomen in de gevallen bedoeld in de artikelen 346 en 347, tot gevolg hebben dat de mededingingsverhoudingen op de interne markt worden vervalst, onderzoekt de Commissie tezamen met de betrokken staat onder welke voorwaarden die maatregelen kunnen worden aangepast aan de in de Verdragen vastgestelde regels.
In afwijking van de procedure bepaald in de artikelen 258 en 259, kan de Commissie of iedere lidstaat zich rechtstreeks wenden tot het Hof van Justitie, indien zij menen dat een andere lidstaat misbruik maakt van de bevoegdheden bedoeld in de artikelen 346 en 347. Het Hof van Justitie beslist met gesloten deuren.

Maatregelen bij vervalsing mededingingsverhoudingen Europese Unie

Art. 349
Gezien de structurele economische en sociale situatie van Guadeloupe, Frans Guyana, Martinique, Mayotte, Réunion, Saint Martin, de Azoren, Madeira en de Canarische Eilanden, die wordt bemoeilijkt door de grote afstand, het insulaire karakter, de kleine oppervlakte, een moeilijk reliëf en klimaat en de economische afhankelijkheid van enkele producten, welke factoren door hun blijvende en cumulatieve karakter de ontwikkeling van deze gebieden ernstig schaden, neemt de Raad op voorstel van de Commissie en na raadpleging van het Europees Parlement specifieke maatregelen aan die er met name op gericht zijn de voorwaarden voor de toepassing van de Verdragen, met inbegrip van gemeenschappelijk beleid, op deze gebieden vast te stellen. Wanneer de betrokken specifieke maatregelen volgens een bijzondere wetgevingsprocedure door de Raad worden vastgesteld, besluit hij eveneens op voorstel van de Commissie en na raadpleging van het Europees Parlement.
De in de eerste alinea bedoelde maatregelen hebben met name betrekking op het douane- en handelsbeleid, het fiscale beleid, vrijhandelszones, het landbouw- en visserijbeleid, voorwaarden voor het aanbod van grondstoffen en essentiële consumptiegoederen, staatssteun en de voorwaarden voor toegang tot de structuurfondsen en tot horizontale programma's van de Unie.
De Raad neemt de in de eerste alinea bedoelde maatregelen aan, rekening houdend met de bijzondere kenmerken en beperkingen van de ultraperifere gebieden en zonder afbreuk te doen aan de integriteit en de samenhang van de rechtsorde van de Unie, met inbegrip van de interne markt en het gemeenschappelijk beleid.

Werkingssfeer

Art. 350
De bepalingen van de Verdragen vormen geen beletsel voor het bestaan en de voltooiing van de regionale unies tussen België en Luxemburg alsmede tussen België, Luxemburg en Nederland,

Handhaving BeNeLux in Europese Unie

Sdu 2389

voorzover de doelstellingen van die regionale unies niet bereikt zijn door toepassing van de Verdragen.

Art. 351

Overgangsbepaling overeenkomsten tussen lidstaten Europese Unie

De rechten en verplichtingen voortvloeiende uit overeenkomsten vóór 1 januari 1958 of, voor de toetredende staten, vóór de datum van hun toetreding gesloten tussen één of meer lidstaten enerzijds en één of meer derde staten anderzijds, worden door de bepalingen van de Verdragen niet aangetast.

Voorzover deze overeenkomsten niet verenigbaar zijn met de Verdragen maakt de betrokken lidstaat of maken de betrokken lidstaten gebruik van alle passende middelen om de vastgestelde onverenigbaarheid op te heffen. Indien nodig verlenen de lidstaten elkaar bijstand teneinde dat doel te bereiken en volgen in voorkomende gevallen een gemeenschappelijke gedragslijn.

Bij de toepassing van de overeenkomsten, bedoeld in de eerste alinea, houden de lidstaten rekening met het feit dat de voordelen door elke lidstaat in de Verdragen toegestaan, een wezenlijk bestanddeel uitmaken van de totstandkoming van de Unie en dientengevolge onverbrekelijk verbonden zijn met de oprichting van gemeenschappelijke instellingen, met het toekennen van bevoegdheden aan die instellingen en met het verlenen van dezelfde voordelen door de overige lidstaten.

Art. 352

Maatregelen buiten bevoegdheden in Verdragen Europese Unie

1. Indien een optreden van de Unie in het kader van de beleidsgebieden van de Verdragen nodig blijkt om een van de doelstellingen van de Verdragen te verwezenlijken zonder dat deze Verdragen in de daartoe vereiste bevoegdheden voorzien, stelt de Raad, op voorstel van de Commissie en na goedkeuring door het Europees Parlement, met eenparigheid van stemmen passende bepalingen vast. Wanneer de bepalingen door de Raad volgens een bijzondere wetgevingsprocedure worden vastgesteld, besluit hij eveneens met eenparigheid van stemmen, op voorstel van de Commissie en na goedkeuring van het Europees Parlement.
2. In het kader van de in artikel 5, lid 3, van het Verdrag betreffende de Europese Unie bedoelde procedure voor toetsing aan het subsidiariteitsbeginsel vestigt de Commissie de aandacht van de nationale parlementen op de voorstellen die op het onderhavige artikel worden gebaseerd.
3. De op het onderhavige artikel gebaseerde maatregelen mogen in gevallen waarin de Verdragen zulks uitsluiten geen harmonisatie van de wettelijke of bestuursrechtelijke bepalingen van de lidstaten inhouden.
4. Dit artikel kan niet als basis dienen voor het verwezenlijken van doelstellingen die tot het gemeenschappelijk buitenlands en veiligheidsbeleid behoren en elke overeenkomstig het huidige artikel vastgestelde handeling eerbiedigt de in artikel 40, tweede alinea, van het Verdrag betreffende de Europese Unie gestelde beperkingen.

Art. 353

Artikel 48, lid 7, van het Verdrag betreffende de Europese Unie is niet van toepassing op onderstaande artikelen:
- artikel 311, derde en vierde alinea,
- artikel 312, lid 2, eerste alinea
- artikel 352, en
- artikel 354.

Art. 354

Schorsing stemrechten lidstaten Europese Unie

Voor de toepassing van artikel 7 van het Verdrag betreffende de Europese Unie in verband met de schorsing van bepaalde rechten die voortvloeien uit het lidmaatschap van de Unie, neemt het lid van de Europese Raad of van de Raad dat de betrokken lidstaat vertegenwoordigt, niet deel aan de stemming, en de betrokken lidstaat wordt niet in aanmerking genomen bij de berekening van het in de leden 1 en 2 van dat artikel voorgeschreven derde of vier vijfde deel van de lidstaten. Onthouding van stemming door aanwezige of vertegenwoordigde leden vormt geen beletsel voor het vaststellen van de in lid 2 van dat artikel bedoelde besluiten.

Voor de vaststelling van de in artikel 7, leden 3 en 4 van het Verdrag betreffende de Europese Unie bedoelde besluiten, wordt de gekwalificeerde meerderheid bepaald overeenkomstig artikel 238, lid 3, onder b), van dit Verdrag.

Indien de Raad, ten vervolge op een overeenkomstig artikel 7, lid 3, van het Verdrag betreffende de Europese Unie vastgesteld besluit tot schorsing van de stemrechten, met gekwalificeerde meerderheid van stemmen besluit op basis van een van de bepalingen van de Verdragen, wordt de gekwalificeerde meerderheid van stemmen gedefinieerd overeenkomstig artikel 238, lid 3, onder b), van dit Verdrag, en indien de Raad besluit op voorstel van de Commissie of van de hoge vertegenwoordiger van de Unie voor buitenlandse zaken en veiligheidsbeleid, wordt de gekwalificeerde meerderheid gedefinieerd overeenkomstig artikel 238, lid 3, onder a).

Voor de toepassing van artikel 7 van het Verdrag betreffende de Europese Unie besluit het Europees Parlement met een meerderheid van twee derde der uitgebrachte stemmen welke tevens de meerderheid van zijn leden vertegenwoordigt.

Verdrag betreffende de werking van de Europese Unie   A88 art. 358

Art. 355

Naast de bepalingen van artikel 52 van het Verdrag betreffende de Europese Unie over het territoriale toepassingsgebied van de Verdragen, gelden onderstaande bepalingen:

Bepalingen omtrent het territoriaal toepassingsgebied Europese Verdragen

1. De bepalingen van de Verdragen zijn van toepassing op Guadeloupe, Frans Guyana, Martinique, Mayotte, Réunion, Saint Martin, de Azoren, Madeira en de Canarische Eilanden, overeenkomstig artikel 349.
2. De landen en gebieden overzee waarvan de lijst als bijlage II is gehecht, vormen het onderwerp van de bijzondere associatieregeling omschreven in het vierde deel.
De Verdragen zijn niet van toepassing op de landen en gebieden overzee die met het Verenigd Koninkrijk van Groot-Brittannië en Noord-Ierland bijzondere betrekkingen onderhouden, die niet op bovengenoemde lijst voorkomen.
3. De bepalingen van de Verdragen zijn van toepassing op de Europese grondgebieden welker buitenlandse betrekkingen door een lidstaat worden behartigd.
4. De bepalingen van de Verdragen zijn van toepassing op de Ålandseilanden, overeenkomstig Protocol nr. 2 bij de Akte betreffende de toetredingsvoorwaarden van de Republiek Oostenrijk, de Republiek Finland en het Koninkrijk Zweden.
5. In afwijking van artikel 52 van het Verdrag betreffende de Europese Unie en de leden 1 tot en met 4 van dit artikel:
a. is dit Verdrag niet van toepassing op de Faeröer;
b. is dit Verdrag niet van toepassing op Akrotiri en Dhekelia, zijnde de zones van Cyprus die onder de soevereiniteit van het Verenigd Koninkrijk vallen, uitgezonderd voorzover nodig om de uitvoering te waarborgen van de regelingen als vervat in het protocol betreffende de zones van Cyprus die onder de soevereiniteit van het Verenigd Koninkrijk van Groot-Brittannië en Noord-Ierland vallen dat gehecht is aan de Akte betreffende de toetredingsvoorwaarden van de Tsjechische Republiek, de Republiek Estland, de Republiek Cyprus, de Republiek Letland, de Republiek Litouwen, de Republiek Hongarije, de Republiek Malta, de Republiek Polen, de Republiek Slovenië en de Slowaakse Republiek tot de Europese Unie, en in overeenstemming met dat protocol.
c. zijn de bepalingen van dit Verdrag op de Kanaaleilanden en op het eiland Man slechts van toepassing voorzover noodzakelijk ter verzekering van de toepassing van de regeling die voor deze eilanden is vastgesteld in het op 22 januari 1972 ondertekende Verdrag betreffende de toetreding van nieuwe lidstaten tot de Europese Economische Gemeenschap en de Europese Gemeenschap voor Atoomenergie.
6. De Europese Raad kan op initiatief van de betrokken lidstaat een besluit vaststellen tot wijziging van de status ten aanzien van de Unie van een Deens, Frans of Nederlands land of gebied als bedoeld in de leden 1 en 2. De Europese Raad besluit met eenparigheid van stemmen, na raadpleging van de Commissie.

Art. 356

Dit Verdrag wordt voor onbeperkte tijd gesloten.

Werkingsduur Verdrag Europese Unie

Art. 357

Dit Verdrag zal door de hoge verdragsluitende partijen worden bekrachtigd overeenkomstig hun onderscheidene grondwettelijke bepalingen. De akten van bekrachtiging zullen worden nedergelegd bij de regering van de Italiaanse Republiek.

Bekrachtiging Verdrag Europese Unie

Dit Verdrag treedt in werking op de eerste dag van de maand die volgt op het nederleggen van de akte van bekrachtiging door de ondertekenende staat die als laatste deze handeling verricht. Indien deze nederlegging echter minder dan 15 dagen vóór het begin van de eerstvolgende maand plaatsvindt, wordt de inwerkingtreding van het Verdrag verschoven naar de eerste dag van de tweede maand volgende op die nederlegging.

Art. 358

De bepalingen van artikel 55 van het Verdrag betreffende de Europese Unie gelden voor dit Verdrag.

Authentieke talen Verdragstekst Europese Unie

Bijlage I

Lijst genoemd in artikel 38 van het Verdrag betreffende de werking van de Europese Unie

(1) Nummers van de naamlijst van Brussel	(2) Omschrijving der goederen
Hoofdstuk 1	Levende dieren
Hoofdstuk 2	Vlees en eetbare slachtafvallen
Hoofdstuk 3	Vis, schaal-, schelp- en weekdieren
Hoofdstuk 4	Melk en zuivelproducten; vogeleieren; natuurhonig
Hoofdstuk 5	

(1) Nummers van de naamlijst van Brussel	(2) Omschrijving der goederen
05.04	Darmen, blazen en magen van dieren, andere dan die van vissen, in hun geheel of in stukken
05.15	Producten van dierlijke oorsprong, niet elders genoemd noch elders onder begrepen; dode dieren van de soorten bedoeld bij de hoofdstukken 1 en 3, niet geschikt voor menselijke consumptie
Hoofdstuk 6	Levende planten en producten van de bloementeelt
Hoofdstuk 7	Groenten, planten, wortels en knollen, voor voedingsdoeleinden
Hoofdstuk 8	Eetbaar fruit; schillen van citrusvruchten en van meloenen
Hoofdstuk 9	Koffie, thee en specerijen, met uitzondering van maté (nr. 09.03)
Hoofdstuk 10	Granen
Hoofdstuk 11	Producten van de meelindustrie; mout; zetmeel; gluten; inuline
Hoofdstuk 12	Oliehoudende zaden en vruchten; allerlei zaden, zaadgoed en vruchten; planten voor industrieel en geneeskundig gebruik; stro en voeder
Hoofdstuk 13 ex 13.03	Pectine
Hoofdstuk 15 15.01	Reuzel en ander geperst of gesmolten varkensvet; geperst of gesmolten vet van pluimvee
15.02	Ruw of gesmolten rundvet, schapenvet en geitenvet, „premier jus" daaronder begrepen
15.03	Varkensstearine; oleostearine; spekolie en oleomargarine, niet geëmulgeerd, niet vermengd en niet anderszins bereid
15.04	Vetten en oliën van vis of van zeezoogdieren, ook indien geraffineerd
15.07	Plantaardige vette oliën, vloeibaar of vast, ruw, gezuiverd of geraffineerd
15.12	Gehydrogeneerde dierlijke of plantaardige vetten en oliën, ook indien gezuiverd doch niet verder bereid
15.13	Margarine, kunstreuzel en andere bereide spijsvetten
15.17	Afvallen, afkomstig van de bewerking van vetstoffen of van dierlijke of plantaardige was
Hoofdstuk 16	Bereidingen van vlees, van vis, van schaal-, schelp- en weekdieren
Hoofdstuk 17 17.01	Beetwortelsuiker en rietsuiker, in vaste vorm
17.02	Andere suiker; suikerstroop; kunsthonig, ook indien met natuurhonig vermengd; karamel
17.03	Melasse, ook indien ontkleurd
17.05[1)]	Suiker, stroop en melasse, gearomatiseerd of met toegevoegde kleurstoffen (vanillesuiker en vanillinesuiker daaronder begrepen), met uitzondering van vruchtensap, waaraan suiker is toegevoegd, ongeacht in welke verhouding
Hoofdstuk 18	

Verdrag betreffende de werking van de Europese Unie **A88** art. 358

(1) Nummers van de naamlijst van Brussel	(2) Omschrijving der goederen
18.01	Cacaobonen, ook indien gebroken, al dan niet gebrand
18.02	Cacaodoppen, cacaoschillen, cacaovliezen en andere afvallen van cacao
Hoofdstuk 20	Bereidingen van groenten, van moeskruiden, van vruchten en van planten of plantendelen
Hoofdstuk 22	
22.04	Gedeeltelijk gegist druivenmost, ook indien de gisting op andere wijze dan door toevoegen van alcohol is gestuit
22.05	Wijn van verse druiven; druivenmost waarvan de gisting door toevoegen van alcohol is gestuit (mistella daaronder begrepen)
22.07	Appeldrank, perendrank, honigdrank en andere gegiste dranken
ex 22.08[2]	
ex 22.09[3]	Ethylalcohol, al dan niet gedenatureerd, ongeacht de sterkte, verkregen uit landbouwproducten, vermeld in bijlage I bij het Verdrag, met uitzondering van gedestilleerde dranken, likeuren en andere alcoholhoudende dranken; samengestelde alcoholische preparaten („geconcentreerde extracten") voor de vervaardiging van dranken
ex 22.10[4]	Tafelazijn (natuurlijke en kunstmatige)
Hoofdstuk 23	Resten en afval van de voedselindustrie; bereid voedsel voor dieren
Hoofdstuk 24	
24.01	Ruwe en niet tot verbruik bereide tabak; afvallen van tabak
Hoofdstuk 45	
45.01	Ruwe natuurkurk en kurkafval; gebroken of gemalen kurk
Hoofdstuk 54	
54.01	Vlas, ruw, geroot, gezwingeld, gehekeld of anders bewerkt, doch niet gesponnen; werk en afval (rafelingen daaronder begrepen)
Hoofdstuk 57	
57.01	Hennep (Cannabis sativa), ruw, geroot, gezwingeld, gehekeld of anders bewerkt, doch niet gesponnen; werk en afval (rafelingen daaronder begrepen)

1) Post toegevoegd ingevolge artikel 1 van Verordening nr. 7 bis van de Raad van de Europese Economische Gemeenschap (PB 7 van 30.1 1961, blz. 71/61).
2) Post toegevoegd ingevolge artikel 1 van Verordening nr. 7 bis van de Raad van de Europese Economische Gemeenschap (PB 7 van 30.1 1961, blz. 71/61).
3) Post toegevoegd ingevolge artikel 1 van Verordening nr. 7 bis van de Raad van de Europese Economische Gemeenschap (PB 7 van 30.1 1961, blz. 71/61).
4) Post toegevoegd ingevolge artikel 1 van Verordening nr. 7 bis van de Raad van de Europese Economische Gemeenschap (PB 7 van 30.1 1961, blz. 71/61).

Bijlage II

Landen en gebieden overzee waarop toepasselijk zijn de bepalingen van het vierde deel van het Verdrag betreffende de werking van de Europese Unie

– Groenland

A88 art. 358

Verdrag betreffende de werking van de Europese Unie

- Nieuw-Caledonië en onderhorigheden
- Frans Polynesië
- Franse Zuidelijke en Zuidpoolgebieden
- Wallisarchipel en Futunaeiland
- Saint Pierre en Miquelon
- Saint-Barthélemy
- Aruba
- Nederlandse Antillen:
- Bonaire
- Curaçao
- Saba
- Sint Eustatius
- Sint Maarten
- Anguilla
- Caymaneilanden
- Falklandeilanden
- South Georgia en de Zuidelijke Sandwicheilanden
- Montserrat
- Pitcairn
- St. Helena met onderhorigheden
- Brits Antarctica
- Brits gebied in de Indische Oceaan
- Turks- en Caicoseilanden
- Britse Maagdeneilanden
- Bermudaeilanden.

Mensenrechten

Verdrag tot bescherming van de rechten van de mens en de fundamentele vrijheden[1]

De Regeringen die dit Verdrag hebben ondertekend, Leden van de Raad van Europa,
Gelet op de Universele Verklaring van de Rechten van de Mens die op 10 december 1948 door de Algemene Vergadering van de Verenigde Naties is afgekondigd;
Overwegende, dat deze Verklaring ten doel heeft de universele en daadwerkelijke erkenning en toepassing van de rechten die daarin zijn nedergelegd te verzekeren;
Overwegende, dat het doel van de Raad van Europa is het bereiken van een grotere eenheid tussen zijn Leden en dat een van de middelen om dit doel te bereiken is de handhaving en de verdere verwezenlijking van de rechten van de mens en de fundamentele vrijheden;
Opnieuw haar diep geloof bevestigende in deze fundamentele vrijheden die de grondslag vormen voor gerechtigheid en vrede in de wereld en welker handhaving vooral steunt, enerzijds op een waarlijk democratische regeringsvorm, anderzijds op het gemeenschappelijk begrip en de gemeenschappelijke eerbiediging van de rechten van de mens waarvan die vrijheden afhankelijk zijn;
Vastbesloten om, als Regeringen van gelijkgestemde Europese staten, die een gemeenschappelijk erfdeel bezitten van politieke tradities, idealen, vrijheid en heerschappij van het recht, de eerste stappen te doen voor de collectieve handhaving van sommige der in de Universele Verklaring vermelde rechten;
Zijn het volgende overeengekomen:

Art. 1 Verplichting tot eerbiediging van de rechten van de mens
De Hoge Verdragsluitende Partijen verzekeren een ieder die ressorteert onder haar rechtsmacht de rechten en vrijheden die zijn vastgesteld in de Eerste Titel van dit Verdrag.

Mensenrechten, plicht tot eerbiediging

TITEL I
RECHTEN EN VRIJHEDEN

Art. 2 Recht op leven
1. Het recht van een ieder op leven wordt beschermd door de wet. Niemand mag opzettelijk van het leven worden beroofd, behoudens door de tenuitvoerlegging van een gerechtelijk vonnis wegens een misdrijf waarvoor de wet in de doodstraf voorziet.
2. De beroving van het leven wordt niet geacht in strijd met dit artikel te zijn geschied ingeval zij het gevolg is van het gebruik van geweld, dat absoluut noodzakelijk is:
a. ter verdediging van wie dan ook tegen onrechtmatig geweld;
b. teneinde een rechtmatige arrestatie te bewerkstelligen of het ontsnappen van iemand die op rechtmatige wijze is gedetineerd, te voorkomen;
c. teneinde in overeenstemming met de wet een oproer of opstand te onderdrukken.

Mensenrechten, recht op leven

Mensenrechten, beroving van het leven door noodzakelijk geweld

Art. 3 Verbod van foltering
Niemand mag worden onderworpen aan folteringen of aan onmenselijke of vernederende behandelingen of bestraffingen.

Mensenrechten, verbod foltering of onmenselijke behandelingen

Art. 4 Verbod van slavernij en dwangarbeid
1. Niemand mag in slavernij of dienstbaarheid worden gehouden.

2. Niemand mag gedwongen worden dwangarbeid of verplichte arbeid te verrichten.
3. Niet als „dwangarbeid of verplichte arbeid" in de zin van dit artikel worden beschouwd:
a. elk werk dat gewoonlijk wordt vereist van iemand die is gedetineerd overeenkomstig de bepalingen van artikel 5 van dit Verdrag, of gedurende zijn voorwaardelijke invrijheidstelling;
b. elke dienst van militaire aard of, in het geval van gewetensbezwaarden in landen waarin hun gewetensbezwaren worden erkend, diensten die gevorderd worden in plaats van de verplichte militaire dienst;
c. elke dienst die wordt gevorderd in geval van een noodtoestand of ramp die het leven of het welzijn van de gemeenschap bedreigt;
d. elk werk of elke dienst die deel uitmaakt van normale burgerplichten.

Mensenrechten, verbod slavernij/dwangarbeid

---

[1] Inwerkingtredingsdatum: 31-08-1954; zoals laatstelijk gewijzigd bij: Trb. 1990, 156.

Art. 5 Recht op vrijheid en veiligheid

Mensenrechten, recht op vrijheid/veiligheid

1. Een ieder heeft recht op vrijheid en veiligheid van zijn persoon. Niemand mag zijn vrijheid worden ontnomen, behalve in de navolgende gevallen en overeenkomstig een wettelijk voorgeschreven procedure:
   a. indien hij op rechtmatige wijze is gedetineerd na veroordeling door een daartoe bevoegde rechter;
   b. indien hij op rechtmatige wijze is gearresteerd of gedetineerd, wegens het niet naleven van een overeenkomstig de wet door een gerecht gegeven bevel of teneinde de nakoming van een door de wet voorgeschreven verplichting te verzekeren;
   c. indien hij op rechtmatige wijze is gearresteerd of gedetineerd teneinde voor de bevoegde rechterlijke instantie te worden geleid, wanneer er een redelijke verdenking bestaat, dat hij een strafbaar feit heeft begaan of indien het redelijkerwijs noodzakelijk is hem te beletten een strafbaar feit te begaan of te ontvluchten nadat hij dit heeft begaan;
   d. in het geval van rechtmatige detentie van een minderjarige met het doel toe te zien op zijn opvoeding of in het geval van zijn rechtmatige detentie, teneinde hem voor de bevoegde instantie te geleiden;
   e. in het geval van rechtmatige detentie van personen ter voorkoming van de verspreiding van besmettelijke ziekten, van geestesziekken, van verslaafden aan alcohol of verdovende middelen of van landlopers;
   f. in het geval van rechtmatige arrestatie of detentie van een persoon teneinde hem te beletten op onrechtmatige wijze het land binnen te komen, of van een persoon waartegen een uitwijzings- of uitleveringsprocedure hangende is.
2. Een ieder die gearresteerd is moet onverwijld en in een taal die hij verstaat op de hoogte worden gebracht van de redenen van zijn arrestatie en van alle beschuldigingen die tegen hem zijn ingebracht.
3. Een ieder die is gearresteerd of gedetineerd, overeenkomstig lid 1.c van dit artikel, moet onverwijld voor een rechter worden geleid of voor een andere magistraat die door de wet bevoegd verklaard is rechterlijke macht uit te oefenen en heeft het recht binnen een redelijke termijn berecht te worden of hangende het proces in vrijheid te worden gesteld. De invrijheidstelling kan afhankelijk worden gesteld van een waarborg voor de verschijning van de betrokkene ter terechtzitting.
4. Een ieder, wie door arrestatie of detentie zijn vrijheid is ontnomen, heeft het recht voorziening te vragen bij het gerecht opdat deze spoedig beslist over de rechtmatigheid van zijn detentie en zijn invrijheidstelling beveelt, indien de detentie onrechtmatig is.
5. Een ieder die het slachtoffer is geweest van een arrestatie of een detentie in strijd met de bepalingen van dit artikel, heeft recht op schadeloosstelling.

Art. 6 Recht op een eerlijk proces

Mensenrechten, recht op eerlijk proces

1. Bij het vaststellen van zijn burgerlijke rechten en verplichtingen of bij het bepalen van de gegrondheid van een tegen hem ingestelde vervolging heeft een ieder recht op een eerlijke en openbare behandeling van zijn zaak, binnen een redelijke termijn, door een onafhankelijk en onpartijdig gerecht dat bij de wet is ingesteld. De uitspraak moet in het openbaar worden gewezen maar de toegang tot de rechtszaal kan aan de pers en het publiek worden ontzegd, gedurende de gehele terechtzitting of een deel daarvan, in het belang van de goede zeden, van de openbare orde of nationale veiligheid in een democratische samenleving, wanneer de belangen van minderjarigen of de bescherming van het privé leven van procespartijen dit eisen of, in die mate als door de rechter onder bijzondere omstandigheden strikt noodzakelijk wordt geoordeeld, wanneer de openbaarheid de belangen van een behoorlijke rechtspleging zou schaden.
2. Een ieder tegen wie een vervolging is ingesteld, wordt voor onschuldig gehouden totdat zijn schuld in rechte is komen vast te staan.
3. Een ieder tegen wie een vervolging is ingesteld, heeft in het bijzonder de volgende rechten:
   a. onverwijld, in een taal die hij verstaat en in bijzonderheden, op de hoogte te worden gesteld van de aard en de reden van de tegen hem ingebrachte beschuldiging;
   b. te beschikken over de tijd en faciliteiten die nodig zijn voor de voorbereiding van zijn verdediging;
   c. zich zelf te verdedigen of daarbij de bijstand te hebben van een raadsman naar eigen keuze of, indien hij niet over voldoende middelen beschikt om een raadsman te bekostigen, kosteloos door een toegevoegd advocaat te kunnen worden bijgestaan, indien de belangen van een behoorlijke rechtspleging dit eisen;
   d. de getuigen à charge te ondervragen of te doen ondervragen en het oproepen en de ondervraging van getuigen à décharge te doen geschieden onder dezelfde voorwaarden als het geval is met de getuigen à charge;
   e. zich kosteloos te doen bijstaan door een tolk, indien hij de taal die ter terechtzitting wordt gebezigd niet verstaat of niet spreekt.

Art. 7 Geen straf zonder wet
1. Niemand mag worden veroordeeld wegens een handelen of nalaten, dat geen strafbaar feit naar nationaal of internationaal recht uitmaakte ten tijde dat het handelen of nalaten geschiedde. Evenmin mag een zwaardere straf worden opgelegd dan die, die ten tijde van het begaan van het strafbare feit van toepassing was.
2. Dit artikel staat niet in de weg aan de berechting en bestraffing van iemand, die schuldig is aan een handelen of nalaten, dat ten tijde van het handelen of nalaten, een misdrijf was overeenkomstig de algemene rechtsbeginselen die door de beschaafde volken worden erkend.

Mensenrechten, geen straf zonder wet

Art. 8 Recht op eerbiediging van privé-, familie- en gezinsleven
1. Een ieder heeft recht op respect voor zijn privé leven, zijn familie- en gezinsleven, zijn woning en zijn correspondentie.
2. Geen inmenging van enig openbaar gezag is toegestaan in de uitoefening van dit recht, dan voor zover bij de wet is voorzien en in een democratische samenleving noodzakelijk is in het belang van de nationale veiligheid, de openbare veiligheid of het economisch welzijn van het land, het voorkomen van wanordelijkheden en strafbare feiten, de bescherming van de gezondheid of de goede zeden of voor de bescherming van de rechten en vrijheden van anderen.

Recht op privacy

Wettelijke beperkingen

Art. 9 Vrijheid van gedachte, geweten en godsdienst
1. Een ieder heeft recht op vrijheid van gedachte, geweten en godsdienst; dit recht omvat tevens de vrijheid om van godsdienst of overtuiging te veranderen, alsmede de vrijheid hetzij alleen, hetzij met anderen, zowel in het openbaar als privé zijn godsdienst te belijden of overtuiging tot uitdrukking te brengen in erediensten, in onderricht, in practische toepassing ervan en in het onderhouden van geboden en voorschriften.
2. De vrijheid zijn godsdienst te belijden of overtuiging tot uiting te brengen kan aan geen andere beperkingen worden onderworpen dan die die bij de wet zijn voorzien en in een democratische samenleving noodzakelijk zijn in het belang van de openbare veiligheid, voor de bescherming van de openbare orde, gezondheid of goede zeden of voor de bescherming van de rechten en vrijheden van anderen.

Vrijheid van geweten en godsdienst

Wettelijke beperkingen

Art. 10 Vrijheid van meningsuiting
1. Een ieder heeft recht op vrijheid van meningsuiting. Dit recht omvat de vrijheid een mening te koesteren en de vrijheid om inlichtingen of denkbeelden te ontvangen of te verstrekken, zonder inmenging van enig openbaar gezag en ongeacht grenzen. Dit artikel belet Staten niet radio- omroep-, bioscoop- of televisieondernemingen te onderwerpen aan een systeem van vergunningen.
2. Daar de uitoefening van deze vrijheden plichten en verantwoordelijkheden met zich brengt, kan zij worden onderworpen aan bepaalde formaliteiten, voorwaarden, beperkingen of sancties, die bij de wet zijn voorzien en die in een democratische samenleving noodzakelijk zijn in het belang van de nationale veiligheid, territoriale integriteit of openbare veiligheid, het voorkomen van wanordelijkheden en strafbare feiten, de bescherming van de gezondheid of de goede zeden, de bescherming van de goede naam of de rechten van anderen, om de verspreiding van vertrouwelijke mededelingen te voorkomen of om het gezag en de onpartijdigheid van de rechterlijke macht te waarborgen.

Vrijheid van meningsuiting

Wettelijke beperkingen

Art. 11 Vrijheid van vergadering en vereniging
1. Een ieder heeft recht op vrijheid van vreedzame vergadering en op vrijheid van vereniging, met inbegrip van het recht met anderen vakverenigingen op te richten en zich bij vakverenigingen aan te sluiten voor de bescherming van zijn belangen.
2. De uitoefening van deze rechten mag aan geen andere beperkingen worden onderworpen dan die, die bij de wet zijn voorzien en die in een democratische samenleving noodzakelijk zijn in het belang van de nationale veiligheid, de openbare veiligheid, het voorkomen van wanordelijkheden en strafbare feiten, voor de bescherming van de gezondheid of de goede zeden of de bescherming van de rechten en vrijheden van anderen. Dit artikel verbiedt niet dat rechtmatige beperkingen worden gesteld aan de uitoefening van deze rechten door leden van de krijgsmacht, van de politie of van het ambtelijk apparaat van de Staat.

Mensenrechten, vrijheid van vergadering/vereniging

Art. 12 Recht te huwen
Mannen en vrouwen van huwbare leeftijd hebben het recht te huwen en een gezin te stichten volgens de nationale wetten die de uitoefening van dit recht beheersen.

Mensenrechten, recht om te huwen en een gezin te stichten

Art. 13 Recht op een daadwerkelijk rechtsmiddel
Een ieder wiens rechten en vrijheden die in dit Verdrag zijn vermeld, zijn geschonden, heeft recht op een daadwerkelijk rechtsmiddel voor een nationale instantie, ook indien deze schending is begaan door personen in de uitoefening van hun ambtelijke functie.

Mensenrechten, recht op daadwerkelijk rechtsmiddel

Art. 14 Verbod van discriminatie
Het genot van de rechten en vrijheden die in dit Verdrag zijn vermeld, moet worden verzekerd zonder enig onderscheid op welke grond ook, zoals geslacht, ras, kleur, taal, godsdienst, politieke of andere mening, nationale of maatschappelijke afkomst, het behoren tot een nationale minderheid, vermogen, geboorte of andere status.

Mensenrechten, verbod op discriminatie

Art. 15 Afwijking in geval van noodtoestand

Mensenrechten, noodtoestand

1. In tijd van oorlog of in geval van enig andere algemene noodtoestand die het bestaan van het land bedreigt, kan iedere Hoge Verdragsluitende Partij maatregelen nemen die afwijken van zijn verplichtingen ingevolge dit Verdrag, voor zover de ernst van de situatie deze maatregelen strikt vereist en op voorwaarde dat deze niet in strijd zijn met andere verplichtingen die voortvloeien uit het internationale recht.
2. De voorgaande bepaling staat geen enkele afwijking toe van artikel 2, behalve ingeval van dood als gevolg van rechtmatige oorlogshandelingen, en van de artikelen 3, 4, eerste lid, en 7.
3. Elke Hoge Verdragsluitende Partij die gebruik maakt van dit recht om af te wijken, moet de Secretaris-Generaal van de Raad van Europa volledig op de hoogte houden van de genomen maatregelen en van de beweegredenen daarvoor. Zij moet de Secretaris-Generaal van de Raad van Europa eveneens in kennis stellen van de datum waarop deze maatregelen hebben opgehouden van kracht te zijn en de bepalingen van het Verdrag opnieuw volledig worden toegepast.

Art. 16 Beperkingen op politieke activiteiten van vreemdelingen

Mensenrechten, politieke activiteiten van vreemdelingen

Geen der bepalingen van de artikelen 10, 11 en 14 mag beschouwd worden als een beletsel voor de Hoge Verdragsluitende Partijen beperkingen op te leggen aan politieke activiteiten van vreemdelingen.

Art. 17 Verbod van misbruik van recht

Mensenrechten, verbod van misbruik van recht

Geen der bepalingen van dit Verdrag mag worden uitgelegd als zou zij voor een Staat, een groep of een persoon een recht inhouden enige activiteit aan de dag te leggen of enige daad te verrichten met als doel de rechten of vrijheden die in dit Verdrag zijn vermeld teniet te doen of deze verdergaand te beperken dan bij dit Verdrag is voorzien.

Art. 18 Inperking van de toepassing van beperkingen op rechten

Mensenrechten, inperking van toepassing van beperkingen op rechten

De beperkingen die volgens dit Verdrag op de omschreven rechten en vrijheden zijn toegestaan, mogen slechts worden toegepast ten behoeve van het doel waarvoor zij zijn gegeven.

TITEL II
EUROPEES HOF VOOR DE RECHTEN VAN DE MENS

Art. 19 Instelling van het Hof

Mensenrechten, instelling Europees Hof

Teneinde de nakoming te verzekeren van de verplichtingen die de Hoge Verdragsluitende Partijen in het Verdrag en de Protocollen daarbij op zich hebben genomen, wordt een Europees Hof voor de Rechten van de Mens ingesteld, hierna te noemen „het Hof". Het functioneert op een permanente basis.

Art. 20 Aantal rechters

Europees hof, aantal rechters

Het Hof bestaat uit een aantal rechters dat gelijk is aan het aantal Hoge Verdragsluitende Partijen.

Art. 21 Voorwaarden voor uitoefening van de functie

Europees hof, eisen aan rechters

1. De rechters moeten het hoogst mogelijk zedelijk aanzien genieten en in zich verenigen de voorwaarden die worden vereist voor het uitoefenen van een hoge functie bij de rechterlijke macht, ofwel rechtsgeleerden zijn van erkende bekwaamheid.
2. De rechters hebben zitting in het Hof op persoonlijke titel.
3. Gedurende hun ambtstermijn mogen de rechters geen activiteiten verrichten die onverenigbaar zijn met hun onafhankelijkheid, onpartijdigheid of met de eisen van een volledige dagtaak; het Hof beslist over alle vragen met betrekking tot de toepassing van dit lid.

Art. 22 Verkiezing van rechters

Europees hof, verkiezing rechters

Voor elke Hoge Verdragsluitende Partij worden de rechters gekozen door de Parlementaire Vergadering, met een meerderheid van de uitgebrachte stemmen, uit een lijst van drie kandidaten, voorgedragen door de Hoge Verdragsluitende Partij.

Art. 23 – Ambtstermijn en ontheffing uit het ambt

Europees hof, ambtstermijn rechters

1. De rechters worden gekozen voor een periode van negen jaar. Zij zijn niet herkiesbaar.
2. De ambtstermijn van rechters eindigt wanneer zij de leeftijd van 70 jaar bereiken.
3. De rechters blijven in functie tot hun vervanging. Zij handelen evenwel de zaken af die zij reeds in behandeling hebben.
4. Een rechter kan slechts van zijn functie worden ontheven indien de overige rechters bij een meerderheid van tweederde besluiten dat die rechter niet meer aan de vereiste voorwaarden voldoet.

Art. 24 – Griffie en rapporteurs

Europees hof, griffie en referendarissen

1. Het Hof beschikt over een griffie, waarvan de taken en de organisatie worden vastgesteld in het reglement van het Hof.
2. Indien het Hof zitting houdt als alleenzittende rechter, wordt het bijgestaan door rapporteurs die fungeren onder de bevoegdheid van de President van het Hof. Zij maken deel uit van de griffie van het Hof.

Art. 25 Hof in voltallige vergadering bijeen
Het Hof in voltallige vergadering bijeen:
a. kiest zijn President en één of twee Vice-Presidenten voor een periode van drie jaar; zij zijn herkiesbaar;
b. stelt Kamers in, voor bepaalde tijd;
c. kiest de Voorzitters van de Kamers van het Hof; zij zijn herkiesbaar;
d. neemt het reglement van het Hof aan;
e. kiest de Griffier en één of twee Plaatsvervangend Griffiers;
f. dient verzoeken in uit hoofde van artikel 26, tweede lid.

Europees hof, beslissingen in voltallige vergadering

Art. 26 – Alleenzittende rechters, comités, Kamers en Grote Kamer
1. Ter behandeling van bij het Hof aanhangig gemaakte zaken, houdt het Hof zitting als alleenzittende rechter, in comités van drie rechters, in Kamers van zeven rechters en in een Grote Kamer van zeventien rechters. De Kamers van het Hof stellen comités in voor bepaalde tijd.
2. Op verzoek van het Hof in voltallige vergadering bijeen, kan het Comité van Ministers, bij eenparig besluit, en voor een bepaalde termijn, het aantal rechters van de Kamers beperken tot vijf.
3. Alleenzittende rechters behandelen geen verzoekschriften ingediend tegen de Hoge Verdragsluitende Partij voor welke die rechters zijn gekozen.
4. De rechter die is gekozen voor de betrokken Hoge Verdragsluitende Partij maakt van rechtswege deel uit van de Kamer en de Grote Kamer. In geval van ontstentenis of belet van die rechter, wijst de President van het Hof een persoon van een vooraf door die Partij overgelegde lijst aan om daarin als rechter zitting te hebben.
5. De Grote Kamer bestaat mede uit de President van het Hof, de Vice-Presidenten, de Voorzitters van de Kamers en andere rechters, aangewezen overeenkomstig het reglement van het Hof. Wanneer een zaak op grond van artikel 43 naar de Grote Kamer wordt verwezen, mag een rechter van de Kamer die uitspraak heeft gedaan, geen zitting nemen in de Grote Kamer, met uitzondering van de voorzitter van de Kamer en de rechter die daarin zitting had voor de betrokken Hoge Verdragsluitende Partij.

Europees hof, alleenzittende rechters/comités/Kamers/Grote Kamer

Art. 27 – Bevoegdheden van de alleenzittende rechters
1. De alleenzittende rechter kan een op grond van artikel 34 ingediend verzoekschrift niet-ontvankelijk verklaren of van de rol van het Hof schrappen, indien deze beslissing zonder nader onderzoek kan worden genomen.
2. De beslissing geldt als einduitspraak.
3. Indien de alleenzittende rechter een verzoekschrift niet niet-ontvankelijk verklaart of niet van de rol schrapt, verwijst deze het door naar een comité of Kamer voor verdere behandeling.

Europees hof, bevoegdheden alleenzittende rechters

Art. 28 – Bevoegdheden van comités
1. Ter zake van een op grond van artikel 34 ingediend verzoekschrift kan het comité, met eenparigheid van stemmen,
a. het niet-ontvankelijk verklaren of van de rol schrappen, wanneer deze beslissing zonder nader onderzoek kan worden genomen; of
b. het ontvankelijk verklaren en tegelijkertijd uitspraak doen over de gegrondheid, indien de onderliggende vraag van de zaak, betreffende de interpretatie of de toepassing van het Verdrag of de Protocollen daarbij, reeds behoort tot de vaste rechtspraak van het Hof.
2. Beslissingen en uitspraken op grond van het eerste lid gelden als einduitspraken.
3. Indien de rechter die voor de betrokken Hoge Verdragsluitende Partij is gekozen geen lid is van het comité, kan het comité die rechter in elk stadium van de procedure uitnodigen de plaats in te nemen van een van de leden van het comité, met inachtneming van alle relevante factoren, waaronder de vraag of die Partij bezwaar heeft gemaakt tegen de toepassing van de procedure vervat in het eerste lid, onderdeel b.

Europees hof, bevoegdheden comités

Art. 29 Beslissingen van Kamers inzake ontvankelijkheid en gegrondheid
1. Indien geen beslissing ingevolge artikel 27 of 28 is genomen, of geen uitspraak is gedaan uit hoofde van artikel 28, doet een Kamer uitspraak over de ontvankelijkheid en gegrondheid van individuele verzoekschriften ingediend op grond van artikel 34. De beslissing inzake ontvankelijkheid kan afzonderlijk worden genomen.
2. Een Kamer doet uitspraak over de ontvankelijkheid en de gegrondheid van interstatelijke verzoekschriften, ingediend op grond van artikel 33. De beslissing inzake de ontvankelijkheid wordt afzonderlijk genomen, tenzij het Hof, in uitzonderlijke gevallen, anders beslist.

Europees hof, beslissing ontvankelijkheid en gegrondheid verzoekschrift

Art. 30 Afstand van rechtmacht ten gunste van de Grote Kamer
Indien de bij een Kamer aanhangige zaak aanleiding geeft tot een ernstige vraag betreffende de interpretatie van het Verdrag of de Protocollen daarbij of wanneer de oplossing van een vraag aanhangig voor een Kamer een resultaat kan hebben dat strijdig is met een eerdere uitspraak van het Hof, kan de Kamer, te allen tijde voordat zij uitspraak doet, afstand doen van rechtmacht ten gunste van de Grote Kamer, tenzij één van de betrokken partijen daartegen bezwaar maakt.

Europees hof, afstand van rechtmacht Kamer

Art. 31 Bevoegdheden van de Grote Kamer

De Grote Kamer,
a. doet uitspraak over op grond van artikel 33 of artikel 34 ingediende verzoekschriften wanneer een Kamer ingevolge artikel 30 afstand van rechtsmacht heeft gedaan of wanneer de zaak ingevolge artikel 43 naar de Grote Kamer is verwezen;
b. doet uitspraak over door het Comité van Ministers in overeenstemming met artikel 46, vierde lid, aan het Hof voorgelegde kwesties; en
c. behandelt verzoeken om advies, gedaan ingevolge artikel 47.

Art. 32 Rechtsmacht van het Hof

1. De rechtsmacht van het Hof strekt zich uit tot alle kwesties met betrekking tot de interpretatie en de toepassing van het Verdrag en de Protocollen daarbij die aan het Hof worden voorgelegd zoals bepaald in de artikelen 33, 34, 46 en 47.
2. In geval van een meningsverschil met betrekking tot de vraag of het Hof rechtsmacht heeft, beslist het Hof.

Art. 33 Interstatelijke zaken

Elke Hoge Verdragsluitende Partij kan elke vermeende niet-nakoming van de bepalingen van het Verdrag en de Protocollen daarbij door een andere Hoge Verdragsluitende Partij bij het Hof aanhangig maken.

Art. 34 Individuele verzoekschriften

Het Hof kan verzoekschriften ontvangen van ieder natuurlijk persoon, iedere niet-gouvernementele organisatie of iedere groep personen die beweert slachtoffer te zijn van een schending door een van de Hoge Verdragsluitende Partijen van de rechten die in het Verdrag of de Protocollen daarbij zijn vervat. De Hoge Verdragsluitende Partijen verplichten zich ertoe de doeltreffende uitoefening van dit recht op generlei wijze te belemmeren.

Art. 35 Voorwaarden voor ontvankelijkheid

1. Het Hof kan een zaak pas in behandeling nemen nadat alle nationale rechtsmiddelen zijn uitgeput, overeenkomstig de algemeen erkende regels van internationaal recht, en binnen een termijn van zes maanden na de datum van de definitieve nationale beslissing.
2. Het Hof behandelt geen enkel individueel verzoekschrift, ingediend op grond van artikel 34, dat
a. anoniem is; of
b. in wezen gelijk is aan een zaak die reeds eerder door het Hof is onderzocht of reeds aan een andere internationale instantie voor onderzoek of regeling is voorgelegd en geen nieuwe feiten bevat.
3. Het Hof verklaart elk individueel verzoekschrift, ingediend op grond van artikel 34, niet ontvankelijk, wanneer het van oordeel is dat:
a. het verzoekschrift niet verenigbaar is met de bepalingen van het Verdrag of de Protocollen daarbij, kennelijk ongegrond is of een misbruik betekent van het recht tot het indienen van een verzoekschrift; of
b. de verzoeker geen wezenlijk nadeel heeft geleden, tenzij de eerbiediging van de in het Verdrag en de Protocollen daarbij omschreven rechten van de mens noopt tot onderzoek van het verzoekschrift naar de gegrondheid ervan en mits op deze grond geen zaken worden afgewezen die niet naar behoren zijn behandeld door een nationaal gerecht.
4. Het Hof verwerpt elk verzoekschrift dat het ingevolge dit artikel als niet ontvankelijk beschouwt. Dit kan het in elk stadium van de procedure doen.

Art. 36 Tussenkomst door derden

1. In alle zaken die voor een Kamer of de Grote Kamer aanhangig zijn, heeft een Hoge Verdragsluitende Partij waarvan een onderdaan verzoeker is het recht schriftelijke conclusies in te dienen en aan zittingen deel te nemen.
2. De President van het Hof kan, in het belang van een goede rechtsbedeling, elke Hoge Verdragsluitende Partij die geen partij bij de procedure is of elke belanghebbende die niet de verzoeker is, uitnodigen schriftelijke conclusies in te dienen of aan zittingen deel te nemen.
3. In alle zaken die voor een Kamer of de Grote Kamer aanhangig zijn, kan de Commissaris voor de Mensenrechten van de Raad van Europa schriftelijke conclusies indienen en aan hoorzittingen deelnemen.

Art. 37 Schrapping van de rol

1. Het Hof kan in elk stadium van de procedure beslissen een verzoekschrift van de rol te schrappen wanneer de omstandigheden tot de conclusie leiden dat
a. de verzoeker niet voornemens is zijn verzoekschrift te handhaven; of
b. het geschil is opgelost; of
c. het om een andere door het Hof vastgestelde reden niet meer gerechtvaardigd is de behandeling van het verzoekschrift voort te zetten.
Het Hof zet de behandeling van het verzoekschrift evenwel voort, indien de eerbiediging van de in het Verdrag en de Protocollen daarbij omschreven rechten van de mens zulks vereist.

Art. 38 – Behandeling van de zaak
Het Hof behandelt de zaak tezamen met de vertegenwoordigers van de partijen en verricht, indien nodig, nader onderzoek, voor de goede voortgang waarvan de betrokken Hoge Verdragsluitende Partijen alle noodzakelijke faciliteiten leveren.

Art. 39 – Minnelijke schikkingen
1. In elk stadium van de procedure kan het Hof zich ter beschikking stellen van de betrokken partijen teneinde tot een minnelijke schikking van de zaak te komen op basis van eerbiediging van de in het Verdrag en de Protocollen daarbij omschreven rechten van de mens.
2. De in het eerste lid omschreven procedure is vertrouwelijk.
3. Indien het tot een minnelijke schikking komt, schrapt het Hof de zaak van de rol bij een beslissing, die beperkt blijft tot een korte uiteenzetting van de feiten en de bereikte oplossing.
4. De beslissing wordt toegezonden aan het Comité van Ministers dat toeziet op de tenuitvoerlegging van de voorwaarden van de minnelijke schikking als vervat in de beslissing.

Art. 40 Openbare zittingen en toegang tot de stukken
1. De zittingen zijn openbaar, tenzij het Hof wegens buitengewone omstandigheden anders beslist.
2. De ter griffie gedeponeerde stukken zijn toegankelijk voor het publiek, tenzij de President van het Hof anders beslist.

Art. 41 Billijke genoegdoening
Indien het Hof vaststelt dat er een schending van het Verdrag of van de Protocollen daarbij heeft plaatsgevonden en indien het nationale recht van de betrokken Hoge Verdragsluitende Partij slechts gedeeltelijk rechtsherstel toelaat, kent het Hof, indien nodig, een billijke genoegdoening toe aan de benadeelde.

Art. 42 Uitspraken van Kamers
Uitspraken van Kamers gelden als einduitspraak in overeenstemming met de bepalingen van artikel 44, tweede lid.

Art. 43 Verwijzing naar de Grote Kamer
1. Binnen een termijn van drie maanden na de datum van de uitspraak van een Kamer kan elke bij de zaak betrokken partij, in uitzonderlijke gevallen, verzoeken om verwijzing van de zaak naar de Grote Kamer.
2. Een college van vijf rechters van de Grote Kamer aanvaardt het verzoek indien de zaak aanleiding geeft tot een ernstige vraag betreffende de interpretatie of toepassing van het Verdrag of de Protocollen daarbij, dan wel een ernstige kwestie van algemeen belang.
3. Indien het college het verzoek aanvaardt, doet de Grote Kamer uitspraak in de zaak.

Art. 44 Einduitspraken
1. De uitspraak van de Grote Kamer geldt als einduitspraak.
2. De uitspraak van een Kamer geldt als einduitspraak
a. wanneer de partijen verklaren dat zij niet zullen verzoeken om verwijzing van de zaak naar de Grote Kamer; of
b. drie maanden na de datum van de uitspraak, indien niet is verzocht om verwijzing van de zaak naar de Grote Kamer; of
c. wanneer het college van de Grote Kamer het in artikel 43 bedoelde verzoek verwerpt.
3. De einduitspraak wordt openbaar gemaakt.

Art. 45 Redenen die aan uitspraken en beslissingen ten grondslag liggen
1. Uitspraken, alsmede beslissingen waarbij verzoekschriften al dan niet ontvankelijk worden verklaard, dienen met redenen te worden omkleed.
2. Indien een uitspraak niet, geheel of gedeeltelijk, de eenstemmige mening van de rechters weergeeft, heeft iedere rechter het recht een uiteenzetting van zijn persoonlijke mening toe te voegen.

Art. 46 – Bindende kracht en tenuitvoerlegging van uitspraken
1. De Hoge Verdragsluitende Partijen verbinden zich ertoe zich te houden aan de einduitspraak van het Hof in de zaken waarbij zij partij zijn.
2. De einduitspraak van het Hof wordt toegezonden aan het Comité van Ministers dat toeziet op de tenuitvoerlegging ervan.
3. Indien het Comité van Ministers van mening is dat het toezicht op de tenuitvoerlegging van een einduitspraak wordt belemmerd vanwege een probleem met de interpretatie van de uitspraak, kan het de zaak voorleggen aan het Hof voor een uitspraak over vragen betreffende de interpretatie. Beslissingen tot verwijzing dienen te worden genomen met een tweederde meerderheid van de vertegenwoordigers die gerechtigd zijn in het Comité zitting te hebben.
4. Indien het Comité van Ministers van mening is dat een Hoge Verdragsluitende Partij weigert zich te houden aan een einduitspraak in een zaak waarbij zij partij is, kan het, na die Partij daarvan formeel in kennis te hebben gesteld en op grond van een beslissing genomen met een

meerderheid van tweederden van de vertegenwoordigers die gerechtigd zijn in het Comité zitting te hebben, aan het Hof de vraag voorleggen of die Partij verzuimd heeft te voldoen aan haar verplichtingen uit hoofde van het eerste lid.

5. Indien het Hof constateert dat er sprake is van een schending van het eerste lid, legt het de zaak voor aan het Comité van Ministers teneinde te overwegen welke maatregelen dienen te worden getroffen. Indien het Hof constateert dat er geen sprake is van een schending van het eerste lid, legt het de zaak voor aan het Comité van Ministers dat het onderzoek van de zaak sluit.

Art. 47 Adviezen

Europees Hof, adviezen op verzoek van het Comité van Ministers

1. Het Hof kan, op verzoek van het Comité van Ministers, adviezen uitbrengen over rechtsvragen betreffende de interpretatie van het Verdrag en de Protocollen daarbij.

2. Deze adviezen mogen geen betrekking hebben op vragen die verband houden met de inhoud of strekking van de in Titel I van het Verdrag en de Protocollen daarbij omschreven rechten en vrijheden, noch op andere vragen waarvan het Hof of het Comité van Ministers kennis zou moeten kunnen nemen ten gevolge van het instellen van een procedure overeenkomstig het Verdrag.

3. Besluiten van het Comité van Ministers waarbij het Hof om advies wordt gevraagd, dienen te worden genomen met een meerderheid van de vertegenwoordigers die gerechtigd zijn in het Comité zitting te hebben.

Art. 48 Bevoegdheid van het Hof met betrekking tot adviezen

Europees hof, bevoegdheid Hof tot geven advies art. 47 EVRM

Het Hof beslist of een verzoek om advies van het Comité van Ministers behoort tot zijn bevoegdheid als omschreven in artikel 47.

Art. 49 Redenen die aan adviezen ten grondslag liggen

Europees hof, motivering adviezen art. 47 EVRM

1. Adviezen van het Hof dienen met redenen te worden omkleed.

2. Indien een advies niet, geheel of gedeeltelijk, de eenstemmige mening van de rechters weergeeft, heeft iedere rechter het recht een uiteenzetting van zijn persoonlijke mening toe te voegen.

3. Adviezen van het Hof worden ter kennis gebracht van het Comité van Ministers.

Art. 50 Kosten van het Hof

Europees hof, kosten

De kosten van het Hof worden gedragen door de Raad van Europa.

Art. 51 Voorrechten en immuniteiten van de rechters

Europees hof, voorrechten en immuniteit rechters

De rechters genieten, gedurende de uitoefening van hun functie, de voorrechten en immuniteiten bedoeld in artikel 40 van het Statuut van de Raad van Europa en de op grond van dat artikel gesloten overeenkomsten.

TITEL III
DIVERSE BEPALINGEN

Art. 52 Verzoeken om inlichtingen van de Secretaris-Generaal

Mensenrechten, informatie over waarborging van uitvoering van dit Verdrag

Iedere Hoge Verdragsluitende Partij verschaft op verzoek van de Secretaris-Generaal van de Raad van Europa een uiteenzetting van de wijze waarop haar nationaal recht de daadwerkelijke uitvoering waarborgt van iedere bepaling van dit Verdrag.

Art. 53 Waarborging van bestaande rechten van de mens

Mensenrechten, waarborging bestaande mensenrechten

Geen bepaling van dit Verdrag zal worden uitgelegd als beperkingen op te leggen of inbreuk te maken op de rechten van de mens en de fundamentele vrijheden die verzekerd kunnen worden ingevolge de wetten van enige Hoge Verdragsluitende Partij of ingevolge enig ander Verdrag waarbij de Hoge Verdragsluitende Partij partij is.

Art. 54 Bevoegdheden van het Comité van Ministers

Mensenrechten, bevoegdheden Comité van Ministers

Geen bepaling van dit Verdrag maakt inbreuk op de bevoegdheden door het Statuut van de Raad van Europa verleend aan het Comité van Ministers.

Art. 55 Uitsluiting van andere wijzen van geschillenregeling

Mensenrechten, uitsluiting andere wijzen van geschillenregeling

De Hoge Verdragsluitende Partijen komen overeen dat zij, behoudens bijzondere overeenkomsten, zich niet zullen beroepen op tussen haar van kracht zijnde verdragen, overeenkomsten of verklaringen om door middel van een verzoekschrift een geschil, hetwelk is ontstaan uit de interpretatie of toepassing van dit Verdrag te onderwerpen aan een andere wijze van regeling dan die die bij dit Verdrag zijn voorzien.

Art. 56 Territoriale werkingssfeer

Mensenrechten, werkingssfeer

1. Iedere Staat kan, ten tijde van de bekrachtiging of op elk later tijdstip door middel van een kennisgeving gericht aan de Secretaris-Generaal van de Raad van Europa verklaren, dat dit Verdrag met inachtneming van het vierde lid van dit artikel van toepassing zal zijn op alle of

op één of meer van de gebieden voor welker buitenlandse betrekkingen hij verantwoordelijk is.
2. Het Verdrag zal van toepassing zijn op het gebied of op de gebieden die in de kennisgeving zijn vermeld, vanaf de dertigste dag die volgt op die waarop de Secretaris-Generaal van de Raad van Europa deze kennisgeving heeft ontvangen.
3. In de voornoemde gebieden zullen de bepalingen van dit Verdrag worden toegepast, evenwel met inachtneming van de plaatselijke behoeften.
4. Iedere Staat die een verklaring heeft afgelegd overeenkomstig het eerste lid van dit artikel, kan op elk later tijdstip, met betrekking tot één of meer van de gebieden die in de verklaring worden bedoeld, verklaren dat hij de bevoegdheid van het Hof aanvaardt om kennis te nemen van verzoekschriften van natuurlijke personen, (niet gouvernementele) organisaties of groepen van particulieren, zoals bepaald in artikel 34 van het Verdrag.

Art. 57 Voorbehouden

1. Iedere Staat kan, ten tijde van de ondertekening van dit Verdrag of van de nederlegging van zijn akte van bekrachtiging, een voorbehoud maken met betrekking tot een specifieke bepaling van dit Verdrag, voor zover een wet die op dat tijdstip op zijn grondgebied van kracht is, niet in overeenstemming is met deze bepaling. Voorbehouden van algemene aard zijn niet toegestaan krachtens dit artikel.
2. Elk voorbehoud hetwelk overeenkomstig dit artikel wordt gemaakt, dient een korte uiteenzetting van de betrokken wet te bevatten.

Mensenrechten, voorbehouden

Art. 58 Opzegging

1. Een Hoge Verdragsluitende Partij kan dit Verdrag slechts opzeggen na verloop van een termijn van 5 jaar na de datum waarop dit Verdrag voor haar in werking is getreden en met een opzeggingstermijn van 6 maanden, vervat in een kennisgeving gericht aan de Secretaris-Generaal van de Raad van Europa, die de andere Hoge Verdragsluitende Partijen hiervan in kennis stelt.
2. Deze opzegging kan niet tot gevolg hebben dat zij de betrokken Hoge Verdragsluitende Partij ontslaat van de verplichtingen, nedergelegd in dit Verdrag, die betrekking hebben op daden die een schending van deze verplichtingen zouden kunnen betekenen en door haar gepleegd zouden zijn voor het tijdstip waarop de opzegging van kracht werd.
3. Onder dezelfde voorwaarden zal iedere Hoge Verdragsluitende Partij die ophoudt Lid van de Raad van Europa te zijn, ophouden Partij bij dit Verdrag te zijn.
4. Het Verdrag kan worden opgezegd overeenkomstig de bepalingen van de voorafgaande leden met betrekking tot ieder gebied waarop het overeenkomstig artikel 56 van toepassing is verklaard.

Mensenrechten, opzegging Verdrag

Mensenrechten, einde lidmaatschap van Raad van Europa

Art. 59 Ondertekening en bekrachtiging

1. Dit Verdrag is voor ondertekening door de Leden van de Raad van Europa opengesteld. Het zal worden bekrachtigd. De akten van bekrachtiging zullen worden nedergelegd bij de Secretaris-Generaal van de Raad van Europa.
2. De Europese Unie kan toetreden tot dit Verdrag.
3. Dit Verdrag zal in werking treden na de nederlegging van tien akten van bekrachtiging.
4. Met betrekking tot iedere ondertekenaar die het daarna bekrachtigt, zal het Verdrag in werking treden op de dag van de nederlegging van de akte van bekrachtiging.
5. De Secretaris-Generaal van de Raad van Europa geeft aan alle Leden van de Raad van Europa kennis van de inwerkingtreding van het Verdrag, van de namen der Hoge Verdragsluitende Partijen die het bekrachtigd hebben, evenals van de nederlegging van iedere akte van bekrachtiging die later heeft plaats gehad.

Mensenrechten, bekrachtiging

Inwerkingtreding

Toekomstig recht

Preambule[2]
Aan het einde van de preambule bij het Verdrag wordt een nieuwe overweging toegevoegd, die luidt als volgt:
Bevestigend dat de Hoge Verdragsluitende Partijen, in overeenstemming met het beginsel van subsidiariteit, de primaire verantwoordelijkheid hebben de rechten en vrijheden die in dit Verdrag en de Protocollen daarbij zijn omschreven te waarborgen en dat zij daarbij over een beoordelingsmarge beschikken, die onderworpen is aan het toezicht door het Europees Hof voor de Rechten van de Mens zoals opgericht in dit Verdrag.

Art. 21[3]
In artikel 21 van het Verdrag wordt een nieuw tweede lid toegevoegd, dat luidt als volgt:
Kandidaten dienen jonger te zijn dan 65 jaar op de datum waarop de Parlementaire Vergadering om de ontvangst van de lijst van drie kandidaten heeft verzocht, in aansluiting op artikel 22.

---

2   Treedt per 1 augustus 2021 in werking.
3   Treedt per 1 augustus 2021 in werking.

Het tweede en derde lid van artikel 21 van het Verdrag worden respectievelijk het derde en vierde lid van artikel 21.

Art. 23[4]
Het tweede lid van artikel 23 van het Verdrag wordt geschrapt. Het derde en vierde lid van artikel 23 van het Verdrag worden respectievelijk het tweede en derde lid van artikel 23.

Art. 30[5]
In artikel 30 van het Verdrag worden de woorden "tenzij één van de betrokken partijen daartegen bezwaar maakt" geschrapt.

Art. 35[6]
In artikel 35, eerste lid, van het Verdrag worden de woorden "binnen een termijn van zes maanden" vervangen door de woorden "binnen een termijn van vier maanden".

In artikel 35, derde lid, onderdeel b, van het Verdrag worden de woorden "en mits op deze grond geen zaken worden afgewezen die niet naar behoren zijn behandeld door een nationaal gerecht" geschrapt.

---

4   Treedt per 1 augustus 2021 in werking.
5   Treedt per 1 augustus 2021 in werking.
6   Treedt op 1 augustus 2021 in werking. De wijziging in art. 35 lid 1: de klachttermijn wordt van zes naar vier maanden teruggebracht, treedt op 1 november 2021 in werking.

Protocol bij het Verdrag tot bescherming van de rechten van de mens en de fundamentele vrijheden[1]

De Regeringen die dit Protocol hebben ondertekend, Leden van de Raad van Europa,
Vastbesloten om stappen te doen teneinde de collectieve handhaving te verzekeren van bepaalde rechten en vrijheden die niet zijn genoemd in Titel I van het Verdrag tot bescherming van de rechten van de mens en de fundamentele vrijheden, ondertekend te Rome op 4 November 1950 (hierna te noemen "het Verdrag"),
Zijn het volgende overeengekomen:

Art. 1 Bescherming van eigendom
Iedere natuurlijke of rechtspersoon heeft recht op het ongestoord genot van zijn eigendom. Aan niemand zal zijn eigendom worden ontnomen behalve in het algemeen belang en onder de voorwaarden voorzien in de wet en in de algemene beginselen van internationaal recht.

Ongestoord genot van eigendom behoudens ontneming en beperking door de wet

De voorgaande bepalingen tasten echter op geen enkele wijze het recht aan, dat een Staat heeft om die wetten toe te passen, die hij noodzakelijk oordeelt om het gebruik van eigendom te reguleren in overeenstemming met het algemeen belang of om de betaling van belastingen of andere heffingen of boeten te verzekeren.

Art. 2 Recht op onderwijs
Niemand mag het recht op onderwijs worden ontzegd. Bij de uitoefening van alle functies die de Staat in verband met de opvoeding en het onderwijs op zich neemt, eerbiedigt de Staat het recht van ouders om zich van die opvoeding en van dat onderwijs te verzekeren, die overeenstemmen met hun eigen godsdienstige en filosofische overtuigingen.

Recht op door ouders te kiezen vrij onderwijs

Art. 3 Recht op vrije verkiezingen
De Hoge Verdragsluitende Partijen verbinden zich om met redelijke tussenpozen vrije, geheime verkiezingen te houden onder voorwaarden die de vrije meningsuiting van het volk bij het kiezen van de wetgevende macht waarborgen.

Vrije en geheime verkiezingen

Art. 4 Territoriale werkingssfeer
Iedere Hoge Verdragsluitende Partij kan op het tijdstip van de ondertekening of bekrachtiging van dit Protocol of op ieder tijdstip daarna aan de Secretaris-Generaal van de Raad van Europa een verklaring doen toekomen, waarin wordt medegedeeld in welke mate zij zich verbindt de bepalingen van dit Protocol eveneens te doen gelden voor die in de verklaring genoemde gebieden voor welker internationale betrekkingen zij verantwoordelijk is.
Iedere Hoge Verdragsluitende Partij die krachtens de voorgaande alinea een verklaring heeft overgelegd kan van tijd tot tijd een nadere verklaring overleggen, waarbij het gestelde van een voorgaande verklaring, kan worden gewijzigd of waarbij de toepassing van de bepalingen van dit Protocol met betrekking tot een bepaald gebied wordt beëindigd.
Een verklaring afgelegd overeenkomstig dit artikel zal geacht worden te zijn afgelegd overeenkomstig lid 1 van artikel 56 van het Verdrag.

Toepasselijk verklaren op andere rijksdelen e.d.

Art. 5 Verhouding tot het Verdrag
De Hoge Verdragsluitende Partijen beschouwen de artikelen 1,2,3 en 4 van dit Protocol als aanvullende artikelen van het Verdrag en alle bepalingen van het Verdrag zijn dienovereenkomstig van toepassing.

Protocol geldt als aanvulling van het verdrag

Art. 6 Ondertekening en bekrachtiging
Dit Protocol is opengesteld voor ondertekening door de Leden van de Raad van Europa die het Verdrag hebben ondertekend; het zal worden bekrachtigd tegelijkertijd met of na de bekrachtiging van het Verdrag. Het treedt in werking na de nederlegging van tien akten van bekrachtiging. Met betrekking tot iedere ondertekenaar die het daarna bekrachtigt, zal het Protocol in werking treden op de dag van de nederlegging der akte van bekrachtiging.
De akten van bekrachtiging worden nedergelegd bij de Secretaris-Generaal van de Raad van Europa, die aan alle Leden kennis zal geven van de namen van hen die het Protocol hebben bekrachtigd.

Bekrachtiging; tijdstip van inwerkingtreding

---

[1] Inwerkingtredingsdatum: 31-08-1954; zoals laatstelijk gewijzigd bij: Trb. 1994, 165.

Vierde Protocol bij het Verdrag tot bescherming van de rechten van de mens en de fundamentele vrijheden, tot het waarborgen van bepaalde rechten en vrijheden die niet reeds in het Verdrag en in het eerste Protocol daarbij zijn opgenomen[1]

De Regeringen die dit Protocol hebben ondertekend, Leden van de Raad van Europa, Vastbesloten om maatregelen te nemen teneinde de collectieve handhaving te verzekeren van bepaalde rechten en vrijheden die niet zijn genoemd in Titel I van het Verdrag tot bescherming van de rechten van de mens en de fundamentele vrijheden, ondertekend te Rome op 4 november 1950 (hierna te noemen „het Verdrag") en in de artikelen 1 tot en met 3 van het eerste Protocol bij het Verdrag, ondertekend te Parijs op 20 maart 1952,
Zijn het volgende overeengekomen:

Art. 1 Verbod van vrijheidsbeneming wegens schulden
Geen vrijheidsberoving wegens wanprestaties

Aan niemand mag zijn vrijheid worden ontnomen op de enkele grond dat hij niet in staat is een contractuele verplichting na te komen.

Art. 2 Vrijheid van verplaatsing
Vrije keuze van woonplaats, ook over de grenzen

1. Een ieder die wettig op het grondgebied van een Staat verblijft, heeft binnen dat grondgebied het recht zich vrijelijk te verplaatsen en er vrijelijk zijn verblijfplaats te kiezen.

2. Een ieder heeft het recht welk land ook, met inbegrip van het eigen land, te verlaten.

Wettelijke beperkingen

3. De uitoefening van deze rechten mag aan geen andere beperkingen worden gebonden dan die die bij de wet zijn voorzien en in een democratische samenleving noodzakelijk zijn in het belang van de nationale veiligheid of van de openbare veiligheid, voor de handhaving van de openbare orde, voor de voorkoming van strafbare feiten, voor de bescherming van de gezondheid of van de goede zeden of de bescherming van de rechten en vrijheden van anderen.

4. De in het eerste lid genoemde rechten kunnen ook, in bepaalde omschreven gebieden, worden onderworpen aan beperkingen die bij de wet zijn voorzien en gerechtvaardigd worden door het algemeen belang in een democratische samenleving.

Art. 3 Verbod van uitzetting van onderdanen
Geen uitzetting of verbod van terugkeer van onderdanen

1. Niemand mag, bij wege van een maatregel van individuele of collectieve aard, worden uitgezet uit het grondgebied van de Staat, waarvan hij een onderdaan is.

2. Aan niemand mag het recht worden ontnomen het grondgebied te betreden van de Staat, waarvan hij onderdaan is.

Art. 4 Verbod van collectieve uitzetting van vreemdelingen
Vreemdelingen

Collectieve uitzetting van vreemdelingen is verboden.

Art. 5 Territoriale werkingssfeer
Toepasselijk verklaren op andere rijksdelen e.d.

1. Iedere Hoge Verdragsluitende Partij kan, ten tijde van de ondertekening of van de bekrachtiging van dit Protocol of op ieder tijdstip nadien, aan de Secretaris-Generaal van de Raad van Europa een verklaring doen toekomen, waarin wordt medegedeeld in hoeverre zij zich verbindt de bepalingen van dit Protocol eveneens te doen gelden voor die in de verklaring genoemde gebieden voor welker internationale betrekkingen zij verantwoordelijk is.

2. Iedere Hoge Verdragsluitende Partij die krachtens het vorige lid een verklaring heeft overgelegd kan van tijd tot tijd een nadere verklaring overleggen, waarbij het gestelde in een voorgaande verklaring kan worden gewijzigd of waarbij de toepassing van de bepalingen van dit Protocol met betrekking tot een bepaald gebied wordt beëindigd.

3. Een verklaring afgelegd overeenkomstig dit artikel wordt geacht te zijn afgelegd overeenkomstig lid 1 van artikel 56 van het Verdrag.

Grondgebieden waarvoor het Protocol geldt

4. Het gebied van een Staat waarvoor dit Protocol geldt krachtens bekrachtiging of aanvaarding door die Staat en ieder gebied waarvoor dit Protocol geldt krachtens een door die Staat ingevolge dit artikel afgelegde verklaring, worden voor de toepassing van de artikelen 2 en 3, in zover deze gewagen van het grondgebied van een Staat, als afzonderlijke grondgebieden aangemerkt.

---

1 Inwerkingtredingsdatum: 23-06-1982; zoals laatstelijk gewijzigd bij: Trb. 1994, 165.

5. Iedere Staat die een verklaring heeft afgelegd in overeenstemming met het eerste of tweede lid van dit artikel, kan te allen tijde daarna voor één of meer gebieden waarop de verklaring betrekking heeft, verklaren dat hij de bevoegdheid van het Hof aanvaardt om kennis te nemen van verzoekschriften van natuurlijke personen, niet-gouvernementele organisaties of groepen personen, bedoeld in artikel 34 van het Verdrag, ten aanzien van de artikelen 1 tot en met 4 van dit Protocol of één of meer van deze artikelen.

Bevoegdheid kennisneming individuele verzoekschriften

Art. 6 Verhouding tot het Verdrag
De Hoge Verdragsluitende Partijen beschouwen de artikelen 1 tot en met 5 van dit Protocol als aanvullende artikelen van het Verdrag en alle bepalingen van het Verdrag zijn dienovereenkomstig van toepassing.

Protocol geldt als aanvulling van het verdrag

Art. 7 Ondertekening en bekrachtiging
1. Dit Protocol is opengesteld voor ondertekening door de Leden van de Raad van Europa die het Verdrag hebben ondertekend; het wordt bekrachtigd tegelijkertijd met of na de bekrachtiging van het Verdrag. Het treedt in werking na de nederlegging van vijf akten van bekrachtiging. Met betrekking tot iedere ondertekenaar die het daarna bekrachtigt treedt het Protocol in werking op de dag van de nederlegging van de akte van bekrachtiging.
2. De akten van bekrachtiging worden nedergelegd bij de Secretaris-Generaal van de Raad van Europa, die aan alle Leden kennis geeft van de namen van hen die het Protocol hebben bekrachtigd.

Bekrachtiging en inwerkingtreding

Zesde Protocol bij het Verdrag tot bescherming van de rechten van de mens en de fundamentele vrijheden, inzake de afschaffing van de doodstraf[1]

De Lid-Staten van de Raad van Europa die dit Protocol bij het op 4 november 1950 te Rome ondertekende Verdrag tot bescherming van de rechten van de mens en de fundamentele vrijheden (hierna te noemen „het Verdrag") hebben ondertekend,
Overwegende dat de ontwikkeling die in verscheidene Lid-Staten van de Raad van Europa heeft plaatsgevonden een algemene tendens in de richting van afschaffing van de doodstraf tot uitdrukking brengt,
Zijn het volgende overeengekomen:

Art. 1 Afschaffing van de doodstraf
Afschaffing doodstraf — De doodstraf is afgeschaft. Niemand wordt tot een dergelijke straf veroordeeld of terechtgesteld.

Art. 2 Doodstraf in tijd van oorlog
Doodstraf in tijd van oorlog of oorlogsdreiging — Een Staat kan bepalingen in zijn wetgeving opnemen waarin is voorzien in de doodstraf voor feiten, begaan in tijd van oorlog of onmiddellijke oorlogsdreiging; een dergelijke straf wordt alleen ten uitvoer gelegd in de gevallen die zijn neergelegd in de wet, en in overeenstemming met de bepalingen daarvan. Deze Staat deelt de Secretaris-Generaal van de Raad van Europa de desbetreffende bepalingen van die wet mede.

Art. 3 Verbod van afwijkingen
Afwijkingen niet toegestaan — Afwijking van de bepalingen van dit Protocol krachtens artikel 15 van het Verdrag is niet toegestaan.

Art. 4 Verbod van voorbehouden
Maken van voorbehoud niet toegestaan — Het maken van enig voorbehoud met betrekking tot de bepalingen van dit Protocol krachtens artikel 57 van het Verdrag is niet toegestaan.

Art. 5 Territoriale werkingssfeer
Aanwijzing grondgebied

1. Iedere Staat kan op het tijdstip van ondertekening of van nederlegging van zijn akte van bekrachtiging, aanvaarding of goedkeuring het grondgebied of de grondgebieden aanwijzen waarop dit Protocol van toepassing is.
2. Iedere Staat kan, op elk later tijdstip, door middel van een aan de Secretaris-Generaal van de Raad van Europa gerichte verklaring, de toepassing van dit Protocol uitbreiden tot ieder ander in de verklaring aangewezen grondgebied. Met betrekking tot dat grondgebied treedt het Protocol in werking op de eerste dag van de maand volgende op de datum waarop die verklaring door de Secretaris-Generaal is ontvangen.
3. Iedere overeenkomstig de twee vorige leden afgelegde verklaring kan, met betrekking tot elk in die verklaring aangewezen grondgebied, worden ingetrokken door middel van een aan de Secretaris-Generaal van de Raad van Europa gerichte kennisgeving. De intrekking wordt van kracht op de eerste dag van de maand volgende op de datum waarop die kennisgeving door de Secretaris-Generaal is ontvangen.

Art. 6 Verhouding tot het Verdrag
Protocol geldt als aanvulling op het Verdrag — Tussen de Staten die Partij zijn, worden de artikelen 1 tot en met 5 van dit Protocol als aanvullende artikelen op het Verdrag beschouwd; alle bepalingen van het Verdrag zijn dienovereenkomstig van toepassing.

Art. 7 Ondertekening en bekrachtiging
Eisen voor ondertekening of bekrachtiging — Dit Protocol staat open voor ondertekening door de Lid-Staten van de Raad van Europa die het Verdrag hebben ondertekend. Het dient te worden bekrachtigd, aanvaard of goedgekeurd. Een Lid-Staat van de Raad van Europa kan dit Protocol niet bekrachtigen, aanvaarden of goedkeuren, tenzij die Staat tezelfder tijd of eerder het Verdrag heeft bekrachtigd. De akten van bekrachtiging, aanvaarding of goedkeuring worden nedergelegd bij de Secretaris-Generaal van de Raad van Europa.

Art. 8 Inwerkingtreding
Inwerkingtreding

1. Dit Protocol treedt in werking op de eerste dag van de maand volgend op de datum waarop vijf Lid-Staten van de Raad van Europa hun instemming door het Protocol gebonden te worden tot uitdrukking hebben gebracht overeenkomstig het bepaalde in artikel 7.

---

1 Inwerkingtredingsdatum: 01-05-1986; zoals laatstelijk gewijzigd bij: Trb. 1994, 165.

Zesde protocol bij het EVRM   **A92** art. 9

2. Met betrekking tot iedere Lid-Staat die later zijn instemming door het Protocol gebonden te worden tot uitdrukking brengt, treedt dit in werking op de eerste dag van de maand volgende op de datum waarop de akte van bekrachtiging, aanvaarding of goedkeuring is nedergelegd.

Art. 9 Taken van de depositaris

De Secretaris-Generaal van de Raad van Europa geeft de Lid-Staten van de Raad kennis van: *Kennisgeving aan lidstaten*
a. iedere ondertekening;
b. de nederlegging van iedere akte van bekrachtiging, aanvaarding of goedkeuring;
c. iedere datum van inwerkingtreding van dit Protocol overeenkomstig de artikelen 5 en 8;
d. iedere andere handeling, kennisgeving of mededeling met betrekking tot dit Protocol.

Zevende Protocol bij het Verdrag tot bescherming van de rechten van de mens en de fundamentele vrijheden[1]

De Staten die Lid zijn van de Raad van Europa en dit Protocol hebben ondertekend, Vastbesloten aanvullende maatregelen te nemen ter verzekering van de collectieve waarborging van bepaalde rechten en vrijheden door middel van het Verdrag tot bescherming van de rechten van de mens en de fundamentele vrijheden, ondertekend te Rome op 4 november 1950 (hierna te noemen „het Verdrag"),
Zijn het volgende overeengekomen:

Art. 1
1. Een vreemdeling die wettig verblijft op het grondgebied van een Staat wordt daar niet uitgezet behalve ingevolge een overeenkomstig de wet genomen beslissing en hem wordt toegestaan:
   a. redenen aan te voeren tegen zijn uitzetting,
   b. zijn zaak opnieuw te doen beoordelen, en
   c. zich ertoe te doen vertegenwoordigen bij de bevoegde autoriteit of een of meer door die autoriteit aangewezen personen.
2. Een vreemdeling kan worden uitgezet vóór de uitoefening van zijn rechten ingevolge het eerste lid, letters a, b en c van dit artikel, wanneer een zodanige uitzetting noodzakelijk is in het belang van de openbare orde of is gebaseerd op redenen van 's lands veiligheid.

Art. 2
1. Iedereen die door een rechterlijke instantie is veroordeeld wegens een strafbaar feit, heeft het recht deze schuldigverklaring of veroordeling opnieuw te doen beoordelen door een hogere rechterlijke instantie. De uitoefening van dit recht, met inbegrip van de gronden waarop het kan worden uitgeoefend, worden bij de wet geregeld.
2. Op dit recht zijn uitzonderingen mogelijk met betrekking tot lichte overtredingen, zoals bepaald in de wet, of in gevallen waarin de betrokkene in eerste aanleg werd berecht door de hoogste rechterlijke instantie of werd veroordeeld na een beroep tegen vrijspraak.

Art. 3
Wanneer iemand wegens een strafbaar feit onherroepelijk is veroordeeld en het vonnis vervolgens is vernietigd of wanneer hem daarna gratie is verleend, op grond van de overweging dat een nieuw of pas aan het licht gekomen feit onomstotelijk aantoont dat er sprake is van een gerechtelijke dwaling, wordt degene die als gevolg van die veroordeling straf heeft ondergaan schadeloos gesteld overeenkomstig de wet of de praktijk van de betrokken Staat, tenzij wordt aangetoond dat het niet tijdig bekend worden van het onbekende feit geheel of gedeeltelijk aan hem te wijten is.

Art. 4
1. Niemand mag opnieuw worden berecht of gestraft in een strafrechtelijke procedure overeenkomstig de rechtspraak van dezelfde Staat voor een strafbaar feit waarvoor hij reeds onherroepelijk is vrijgesproken of veroordeeld overeenkomstig de wet en het procesrecht van die Staat.
2. De bepalingen van het voorgaande lid beletten niet de heropening van de zaak overeenkomstig de wet en het procesrecht van de betrokken Staat, indien er nieuwe of pas aan het licht gekomen feiten worden aangevoerd, of indien er een fundamenteel gebrek is geconstateerd in het vorige proces, welke het uitgesproken vonnis zouden of zou kunnen beïnvloeden.
3. Afwijking van dit artikel krachtens artikel 15 van het Verdrag is niet toegestaan.

Art. 5
Echtgenoten hebben gelijke rechten en verantwoordelijkheden van civielrechtelijke aard, zowel onderling als in hun betrekkingen met hun kinderen, wat betreft het huwelijk, tijdens het huwelijk en bij de ontbinding ervan. Dit artikel belet de Staten niet de in het belang van de kinderen noodzakelijke maatregelen te nemen.

Art. 6
1. Iedere Staat kan op het tijdstip van ondertekening of van nederlegging van zijn akte van bekrachtiging, aanvaarding of goedkeuring het grondgebied of de grondgebieden aanwijzen waarop dit Protocol van toepassing is, alsmede de mate aangeven waarin hij zich ertoe verbindt de bepalingen van dit Protocol van toepassing te doen zijn op dit grondgebied of deze grondgebieden.

---

1 .

2. Iedere Staat kan, op elk later tijdstip, door middel van een aan de Secretaris-Generaal van de Raad van Europa gerichte verklaring, de toepassing van dit Protocol uitbreiden tot ieder ander in de verklaring aangewezen grondgebied. Met betrekking tot dat grondgebied treedt het Protocol in werking op de eerste dag van de maand volgende op het verstrijken van een tijdvak van twee maanden na de datum waarop die verklaring door de Secretaris-Generaal is ontvangen.

3. Iedere overeenkomstig de twee vorige leden afgelegde verklaring kan, met betrekking tot elk in die verklaring aangewezen grondgebied, worden ingetrokken of gewijzigd door middel van een aan de Secretaris-Generaal gerichte kennisgeving. De intrekking of wijziging wordt van kracht op de eerste dag van de maand volgende op het verstrijken van een tijdvak van twee maanden na de datum waarop die kennisgeving door de Secretaris-Generaal is ontvangen.

4. Een overeenkomstig dit artikel afgelegde verklaring wordt geacht te zijn afgelegd overeenkomstig artikel 63, eerste lid, van het Verdrag.

5. Het grondgebied van iedere Staat waarvoor dit Protocol geldt krachtens bekrachtiging, aanvaarding of goedkeuring door die Staat en elk grondgebied waarvoor dit Protocol geldt krachtens een door die Staat ingevolge dit artikel afgelegde verklaring kunnen, voor de toepassing van de verwijzing in artikel 1 naar het grondgebied van een Staat, als afzonderlijke grondgebieden worden behandeld.

Art. 7

1. Door de Staten die Partij zijn, worden de artikelen 1 tot en met 6 van dit Protocol als aanvullende artikelen op het Verdrag beschouwd; alle bepalingen van het Verdrag zijn dienovereenkomstig van toepassing.

2. Niettemin is het recht individueel een verzoekschrift in te dienen, erkend door een verklaring afgelegd ingevolge artikel 25 van het Verdrag, of de aanvaarding van de bindende rechtsmacht van het Hof door middel van een verklaring afgelegd ingevolge artikel 46 van het Verdrag, slechts geldig met betrekking tot dit Protocol voor zover de betrokken Staat een verklaring heeft afgelegd waarin dit recht wordt erkend, of deze rechtsmacht wordt aanvaard met betrekking tot de artikelen 1 tot en met 5 van dit Protocol.

Art. 8

Dit Protocol staat open voor ondertekening door de Staten die Lid zijn van de Raad van Europa en het Verdrag hebben ondertekend. Het dient te worden bekrachtigd, aanvaard of goedgekeurd. Een Lid-Staat van de Raad van Europa kan dit Protocol niet bekrachtigen, aanvaarden of goedkeuren, zonder dat die Staat tezelfder tijd of voordien het Verdrag heeft bekrachtigd. De akten van bekrachtiging, aanvaarding of goedkeuring worden nedergelegd bij de Secretaris-Generaal van de Raad van Europa.

Art. 9

1. Dit Protocol treedt in werking op de eerste dag van de maand volgende op het verstrijken van een tijdvak van twee maanden na de datum waarop zeven Lid-Staten van de Raad van Europa hun instemming door het Protocol te worden gebonden tot uitdrukking hebben gebracht overeenkomstig het bepaalde in artikel 8.

2. Met betrekking tot iedere Lid-Staat die later zijn instemming door het Protocol te worden gebonden tot uitdrukking brengt, treedt dit in werking op de eerste dag van de maand volgende op het verstrijken van een tijdvak van twee maanden na de datum waarop de akte van bekrachtiging, aanvaarding of goedkeuring is nedergelegd.

Art. 10

De Secretaris-Generaal van de Raad van Europa geeft de Lid-Staten kennis van:
a. iedere ondertekening;
b. de nederlegging van iedere akte van bekrachtiging, aanvaarding of goedkeuring;
c. iedere datum van inwerkingtreding van dit Protocol overeenkomstig de artikelen 6 en 9;
d. iedere andere handeling, kennisgeving of mededeling met betrekking tot dit Protocol.

Protocol nr. 12 bij het Verdrag tot bescherming van de rechten van de mens en de fundamentele vrijheden[1]

De lidstaten van de Raad van Europa voor wie dit Protocol is ondertekend,
Gelet op het fundamentele beginsel op grond waarvan een ieder gelijk is voor de wet en recht heeft op gelijke bescherming door de wet;
Vastbesloten verdere maatregelen te nemen ter bevordering van de gelijkheid van een ieder door het collectief waarborgen van een algemeen discriminatieverbod door middel van het Verdrag tot bescherming van de rechten van de mens en de fundamentele vrijheden, ondertekend te Rome op 4 november 1950 (hierna te noemen „het Verdrag");
Opnieuw bevestigend dat het beginsel van non-discriminatie de Staten die Partij zijn niet belet maatregelen te treffen ter bevordering van volledige en daadwerkelijke gelijkheid, op voorwaarde dat deze maatregelen objectief en redelijkerwijs kunnen worden gerechtvaardigd,
Zijn overeengekomen als volgt:

Art. 1 Algemeen verbod van discriminatie

Algemeen discriminatieverbod

1. Het genot van elk in de wet neergelegd recht moet worden verzekerd zonder enige discriminatie op welke grond dan ook, zoals geslacht, ras, kleur, taal, godsdienst, politieke of andere mening, nationale of maatschappelijke afkomst, het behoren tot een nationale minderheid, vermogen, geboorte of andere status.
2. Niemand mag worden gediscrimineerd door enig openbaar gezag op met name een van de in het eerste lid vermelde gronden.

Art. 2 Territoriale werkingssfeer

Werkingssfeer

1. Iedere Staat kan op het tijdstip van ondertekening of van nederlegging van zijn akte van bekrachtiging, aanvaarding of goedkeuring, het grondgebied of de grondgebieden aanwijzen waarop dit Protocol van toepassing is.
2. Iedere Staat kan op elk later tijdstip, door middel van een aan de Secretaris-Generaal van de Raad van Europa gerichte verklaring, de toepassing van dit Protocol uitbreiden tot ieder ander in de verklaring aangewezen. Met betrekking tot dat gebied treedt het Protocol in werking op de eerste dag van de maand volgende op het verstrijken van een tijdvak van drie maanden na de datum waarop die verklaring door de Secretaris-Generaal is ontvangen.
3. Iedere ingevolge de twee voorgaande leden afgelegde verklaring kan, met betrekking tot elk in die verklaring aangewezen grondgebied, worden ingetrokken of gewijzigd door middel van een aan de Secretaris-Generaal van de Raad van Europa gerichte kennisgeving De intrekking of wijziging wordt van kracht op de eerste dag van de maand volgende op het verstrijken van een tijdvak van drie maanden na de datum waarop die kennisgeving door de Secretaris-Generaal is ontvangen.
4. Een overeenkomstig dit artikel afgelegde verklaring wordt geacht te zijn afgelegd overeenkomstig artikel 56, eerste lid, van het Verdrag.
5. Iedere Staat die een verklaring heeft afgelegd overeenkomstig het eerste of tweede lid van dit artikel kan op elk later tijdstip, met betrekking tot een of meer gebieden die in de verklaring worden bedoeld, verklaren dat hij de bevoegdheid van het Hof aanvaardt om kennis te nemen van verzoekschriften van particulieren, niet-gouvernementele organisaties of groepen van particulieren, zoals bepaald in artikel 34 van het Verdrag, uit hoofde van artikel 1 van dit Protocol.

Art. 3 Verhouding tot het Verdrag

Aanvullende werking

De Staten die Partij zijn beschouwen de artikelen 1 en 2 van dit Protocol als aanvullende artikelen van het Verdrag, en alle bepalingen van het Verdrag zijn dienovereenkomstig van toepassing.

Art. 4 Ondertekening en bekrachtiging

Bekrachtiging

Dit Protocol staat open voor ondertekening voor de lidstaten van de Raad van Europa voor wie het Verdrag is ondertekend. Het is onderworpen aan bekrachtiging, aanvaarding of goedkeuring. Een lidstaat van de Raad van Europa kan dit Protocol niet bekrachtigen, aanvaarden of goedkeuren, tenzij die Staat eerder of tegelijkertijd het Verdrag heeft bekrachtigd. De akten van bekrachtiging, aanvaarding of goedkeuring dienen te worden nedergelegd bij de Secretaris-Generaal van de Raad van Europa.

---

1 Inwerkingtredingsdatum: 01-04-2005.

Art. 5 Inwerkingtreding
1. Dit Protocol treedt in werking op de eerste dag van de maand die volgt na het verstrijken van een tijdvak van drie maanden na de datum waarop tien lidstaten van de Raad van Europa het feit dat zij ermee instemmen door het Verdrag te worden gebonden tot uitdrukking hebben gebracht overeenkomstig het bepaalde in artikel 4.
2. Met betrekking tot iedere lidstaat die later het feit dat hij ermee instemt door het Protocol te worden gebonden tot uitdrukking brengt, treedt het Protocol in werking op de eerste dag van de maand volgende op het verstrijken van een tijdvak van drie maanden na de datum van de nederlegging van de akte van bekrachtiging, aanvaarding of goedkeuring.

Inwerkingtreding

Art. 6 Taken van de Depositaris
De Secretaris-Generaal van de Raad van Europa geeft alle lidstaten van de Raad van Europa kennis van:
a. iedere ondertekening;
b. de nederlegging van iedere akte van bekrachtiging, aanvaarding of goedkeuring;
c. iedere datum van inwerkingtreding van dit Protocol in overeenstemming met de artikelen 2 en 5;
d. iedere andere handeling, kennisgeving of mededeling met betrekking tot dit Protocol.

Protocol No. 13 bij het Verdrag tot bescherming van de rechten van de mens en de fundamentele vrijheden, inzake de afschaffing van de doodstraf onder alle omstandigheden[1]

De Lidstaten van de Raad van Europa die dit Protocol hebben ondertekend,
Ervan overtuigd dat het recht van eenieder op leven een fundamentele waarde vormt in een democratische samenleving en dat de afschaffing van de doodstraf essentieel is voor de bescherming van dit recht en voor de volledige erkenning van de inherente waardigheid van alle mensen;
Geleid door de wens de bescherming van het recht op leven dat gewaarborgd wordt door het Verdrag tot bescherming van de rechten van de mens en de fundamentele vrijheden, ondertekend te Rome op 4 november 1950 (hierna te noemen „het Verdrag") te versterken;
In aanmerking nemend dat het Zesde Protocol bij het Verdrag, inzake de afschaffing van de doodstraf, ondertekend te Straatsburg op 28 april 1983, de doodstraf niet uitsluit voor feiten begaan in tijd van oorlog of onmiddellijke oorlogsdreiging;
Vastbesloten de definitieve stap te zetten teneinde de doodstraf onder alle omstandigheden af te schaffen,
Zijn het volgende overeengekomen:

Art. 1 Afschaffing van de doodstraf

Afschaffing doodstraf

De doodstraf is afgeschaft. Niemand wordt tot een dergelijke straf veroordeeld of terechtgesteld.

Art. 2 Verbod op afwijking

Afschaffing doodstraf, verbod op afwijking

Afwijking van de bepalingen van dit Protocol krachtens artikel 15 van het Verdrag is niet toegestaan.

Art. 3 Verbod op voorbehouden

Afschaffing doodstraf, verbod op voorbehouden

Het maken van enig voorbehoud met betrekking tot de bepalingen van dit Protocol krachtens artikel 57 van het Verdrag is niet toegestaan.

Art. 4 Territoriale werkingssfeer

Afschaffing doodstraf, territoriale werkingssfeer

1. Elke Staat kan op het tijdstip van ondertekening of van nederlegging van zijn akte van bekrachtiging, aanvaarding of goedkeuring, het grondgebied of de grondgebieden aanwijzen waarop dit Protocol van toepassing is.
2. Elke Staat kan op elk later tijdstip, door middel van een aan de Secretaris-Generaal van de Raad van Europa gerichte verklaring, de toepassing van dit Protocol uitbreiden tot ieder ander in de verklaring aangewezen grondgebied. Met betrekking tot dat grondgebied treedt het Protocol in werking op de eerste dag van de maand volgend op het verstrijken van een tijdvak van drie maanden na de datum waarop die verklaring door de Secretaris-Generaal is ontvangen.
3. Iedere overeenkomstig de twee vorige leden afgelegde verklaring kan, met betrekking tot elk in die verklaring aangewezen grondgebied, worden ingetrokken of gewijzigd door middel van een aan de Secretaris-Generaal gerichte kennisgeving. De intrekking of wijziging wordt van kracht op de eerste dag van de maand volgend op het verstrijken van een tijdvak van drie maanden na de datum waarop die kennisgeving door de Secretaris-Generaal is ontvangen.

Art. 5 Verhouding tot het Verdrag

Afschaffing doodstraf, verhouding tot verdrag

Tussen de Staten die Partij zijn worden de artikelen 1 tot en met 4 van dit Protocol als aanvullende artikelen bij het Verdrag beschouwd; alle bepalingen van het Verdrag zijn dienovereenkomstig van toepassing.

Art. 6 Ondertekening en bekrachtiging

Afschaffing doodstraf, ondertekening en bekrachtiging Protocol

Dit Protocol staat open voor ondertekening door de Lidstaten van de Raad van Europa die het Verdrag hebben ondertekend. Het dient te worden bekrachtigd, aanvaard of goedgekeurd. Een Lidstaat van de Raad van Europa kan dit Protocol niet bekrachtigen, aanvaarden of goedkeuren, tenzij die Staat tezelfder tijd of eerder het Verdrag heeft bekrachtigd. De akten van bekrachtiging, aanvaarding of goedkeuring worden nedergelegd bij de Secretaris-Generaal van de Raad van Europa.

---

1 Inwerkingtredingsdatum: 01-06-2006.

Protocol Nr. 13 bij EVRM　　　　　　　　　　　　　　　　　　　　　　　　**A95** art. 8

Art. 7 Inwerkingtreding
1. Dit Protocol treedt in werking op de eerste dag van de maand volgend op het verstrijken van een tijdvak van drie maanden na de datum waarop tien Lidstaten van de Raad van Europa hun instemming door het Protocol te worden gebonden tot uitdrukking hebben gebracht overeenkomstig het bepaalde in artikel 6.
2. Met betrekking tot iedere Lidstaat die later zijn instemming door het Protocol te worden gebonden tot uitdrukking brengt, treedt het Protocol in werking op de eerste dag van de maand na het verstrijken van een tijdvak van drie maanden na de datum waarop de akte van bekrachtiging, aanvaarding of goedkeuring is nedergelegd.

Inwerkingtreding

Art. 8 Taken van depositaris
De Secretaris-Generaal van de Raad van Europa geeft alle Lidstaten van de Raad van Europa kennis van:
a. iedere ondertekening;
b. de nederlegging van iedere akte van bekrachtiging, aanvaarding of goedkeuring;
c. iedere datum van inwerkingtreding van dit Protocol overeenkomstig met de artikelen 4 en 7;
d. iedere andere handeling, kennisgeving of mededeling met betrekking tot dit Protocol.

Afschaffing doodstraf, taken depositaris

Protocol nr. 15 tot wijziging van het Verdrag tot bescherming van de rechten van de mens en de fundamentele vrijheden[1]

Preambule
De lidstaten van de Raad van Europa en de andere Hoge Verdragsluitende Partijen bij het Verdrag tot bescherming van de rechten van de mens en de fundamentele vrijheden, ondertekend te Rome op 4 november 1950 (hierna te noemen „het Verdrag"), die dit Protocol hebben ondertekend,
Gelet op de verklaring die is aangenomen tijdens de conferentie op hoog niveau over de toekomst van het Europees Hof voor de Rechten van de Mens, die op 19 en 20 april 2012 plaatsvond in Brighton, alsmede de verklaringen aangenomen tijdens de conferentie in Interlaken op 18 en 19 februari 2010 respectievelijk de conferentie in I˙zmir op 26 en 27 april 2011;
Gelet op opinie nr. 283 (2013) aangenomen door de Parlementaire Vergadering van de Raad van Europa op 26 april 2013;
Overwegende de noodzaak te waarborgen dat het Europees Hof voor de Rechten van de Mens (hierna te noemen „het Hof") zijn vooraanstaande rol bij de bescherming van de mensenrechten in Europa kan blijven spelen;
Zijn het volgende overeengekomen:

Art. 1
Aan het einde van de preambule bij het Verdrag wordt een nieuwe overweging toegevoegd, die luidt als volgt:
„Bevestigend dat de Hoge Verdragsluitende Partijen, in overeenstemming met het beginsel van subsidiariteit, de primaire verantwoordelijkheid hebben de rechten en vrijheden die in dit Verdrag en de Protocollen daarbij zijn omschreven te waarborgen en dat zij daarbij over een beoordelingsmarge beschikken, die onderworpen is aan het toezicht door het Europees Hof voor de Rechten van de Mens zoals opgericht in dit Verdrag,".

Art. 2
1. In artikel 21 van het Verdrag wordt een nieuw tweede lid toegevoegd, dat luidt als volgt:
„Kandidaten dienen jonger te zijn dan 65 jaar op de datum waarop de Parlementaire Vergadering om de ontvangst van de lijst van drie kandidaten heeft verzocht, in aansluiting op artikel 22."
2. Het tweede en derde lid van artikel 21 van het Verdrag worden respectievelijk het derde en vierde lid van artikel 21.
3. Het tweede lid van artikel 23 van het Verdrag wordt geschrapt. Het derde en vierde lid van artikel 23 van het Verdrag worden respectievelijk het tweede en derde lid van artikel 23.

Art. 3
In artikel 30 van het Verdrag worden de woorden „„, tenzij één van de betrokken partijen daartegen bezwaar maakt" geschrapt.

Art. 4
In artikel 35, eerste lid, van het Verdrag worden de woorden „binnen een termijn van zes maanden" vervangen door de woorden „binnen een termijn van vier maanden".

Art. 5
In artikel 35, derde lid, onderdeel b, van het Verdrag worden de woorden „en mits op deze grond geen zaken worden afgewezen die niet naar behoren zijn behandeld door een nationaal gerecht" geschrapt.

Slot- en overgangsbepalingen

Art. 6
1. Dit Protocol staat open voor ondertekening door de Hoge Verdragsluitende Partijen bij het Verdrag, die hun instemming erdoor te worden gebonden tot uitdrukking kunnen brengen door:
a. ondertekening zonder voorbehoud van bekrachtiging, aanvaarding of goedkeuring; of
b. ondertekening onder voorbehoud van bekrachtiging, aanvaarding of goedkeuring, gevolgd door bekrachtiging, aanvaarding of goedkeuring.
2. De akten van bekrachtiging, aanvaarding of goedkeuring worden nedergelegd bij de Secretaris-Generaal van de Raad van Europa.

---

1 Het protocol is door Nederland ondertekend op 22-10-2013 en geratificeerd op 01-10-2015, maar nog niet in werking g

Protocol Nr. 15 bij EVRM (toekomstig) **A96**

Art. 7
Dit Protocol treedt in werking op de eerste dag van de maand die volgt op het verstrijken van een tijdvak van drie maanden na de datum waarop alle Hoge Verdragsluitende Partijen bij het Verdrag in overeenstemming met de bepalingen van artikel 6 hun instemming door het Protocol te worden gebonden tot uitdrukking hebben gebracht.

Art. 8
1. De bij artikel 2 van dit Protocol doorgevoerde wijzigingen zijn uitsluitend van toepassing op kandidaten op lijsten die door de Hoge Verdragsluitende Partijen op grond van artikel 22 van het Verdrag bij de Parlementaire Vergadering zijn ingediend na de inwerkingtreding van dit Protocol.
2. De bij artikel 3 van dit Protocol doorgevoerde wijziging is niet van toepassing op een aanhangige zaak waarbij een van de partijen, voorafgaand aan de datum van inwerkingtreding van dit Protocol, bezwaar heeft gemaakt tegen een voorstel van een Kamer van het Hof om afstand te doen van rechtsmacht ten gunste van de Grote Kamer.
3. Artikel 4 van dit Protocol treedt in werking na het verstrijken van een tijdvak van zes maanden na de datum van inwerkingtreding van dit Protocol. Artikel 4 van dit Protocol is niet van toepassing op verzoekschriften ten aanzien waarvan de definitieve beslissing in de zin van artikel 35, eerste lid, van dit Verdrag is genomen vóór de datum van inwerkingtreding van artikel 4 van dit Protocol.
4. Alle andere bepalingen van dit Protocol zijn van toepassing vanaf de datum van inwerkingtreding ervan, in overeenstemming met de bepalingen van artikel 7.

Art. 9
De Secretaris-Generaal van de Raad van Europa stelt de lidstaten van de Raad van Europa en de andere Hoge Verdragsluitende Partijen bij dit Verdrag in kennis van:
a. alle ondertekeningen;
b. de nederlegging van iedere akte van bekrachtiging, aanvaarding of goedkeuring;
c. de datum van inwerkingtreding van dit Protocol in overeenstemming met artikel 7; en
d. iedere andere handeling, kennisgeving of mededeling met betrekking tot dit Protocol.

Protocol nr. 16 bij het Verdrag tot bescherming van de rechten van de mens en de fundamentele vrijheden[1]

Preambule
De lidstaten van de Raad van Europa en de andere Hoge Verdragsluitende Partijen bij het Verdrag tot bescherming van de rechten van de mens en de fundamentele vrijheden, ondertekend te Rome op 4 november 1950 (hierna te noemen „het Verdrag"), die dit Protocol hebben ondertekend,
Gelet op de bepalingen van het Verdrag en, in het bijzonder, artikel 19 daarvan waarbij het Europees Hof voor de rechten van de mens (hierna te noemen „het Hof") wordt opgericht;
Overwegende dat de uitbreiding van de bevoegdheid van het Hof adviezen uit te brengen de interactie tussen het Hof en nationale autoriteiten verder verbetert en daarmee de uitvoering van het Verdrag versterkt, in overeenstemming met het beginsel van subsidiariteit;
Gelet op opinie nr. 285 (2013) aangenomen door de Parlementaire Vergadering van de Raad van Europa op 28 juni 2013;
Zijn het volgende overeengekomen:

Art. 1
1. Hoogste rechterlijke instanties van een Hoge Verdragsluitende Partij, zoals aangewezen in overeenstemming met artikel 10, kunnen het Hof verzoeken advies uit te brengen over principiële vragen inzake de uitlegging of toepassing van de rechten en vrijheden die zijn omschreven in het Verdrag of de protocollen daarbij.
2. De verzoekende rechterlijke instantie mag uitsluitend om advies verzoeken binnen de context van een bij haar aanhangige zaak.
3. De verzoekende rechterlijke instantie omkleedt haar verzoek met redenen en verstrekt de relevante juridische en feitelijke achtergrond van de aanhangige zaak.

Art. 2
1. Een college van vijf rechters van de Grote Kamer beslist of het verzoek om advies al dan niet in behandeling wordt genomen, rekening houdend met artikel 1. Een weigering een verzoek in behandeling te nemen wordt door het college met redenen omkleed.
2. Indien het college het verzoek in behandeling neemt, brengt de Grote Kamer het advies uit.
3. Het college en de Grote Kamer, zoals bedoeld in de voorgaande leden, omvatten van rechtswege de rechter die is gekozen voor de Hoge Verdragsluitende Partij waartoe de verzoekende rechterlijke instantie behoort. In geval van ontstentenis of belet van deze rechter, wijst de President van het Hof een persoon van een vooraf door die Partij overgelegde lijst aan om daarin als rechter zitting te hebben.

Art. 3
De Commissaris voor de Mensenrechten van de Raad van Europa en de Hoge Verdragsluitende Partij waartoe de verzoekende rechterlijke instantie behoort, heeft het recht schriftelijk commentaar in te dienen en elke hoorzitting bij te wonen. De President van het Hof kan, in het belang van een goede rechtsbedeling, een andere Hoge Verdragsluitende Partij of persoon uitnodigen eveneens schriftelijk commentaar in te dienen of een hoorzitting bij te wonen.

Art. 4
1. De adviezen worden met redenen omkleed.
2. Indien een advies niet, geheel of gedeeltelijk, de eenstemmige mening van de rechters weergeeft, heeft iedere rechter het recht een uiteenzetting van zijn persoonlijke mening toe te voegen.
3. De adviezen worden ter kennis gebracht van de verzoekende rechterlijke instantie en de Hoge Verdragsluitende Partij waartoe deze rechterlijke instantie behoort.
4. De adviezen worden gepubliceerd.

Art. 5
De adviezen zijn niet bindend.

Art. 6
Tussen de Hoge Verdragsluitende Partijen worden de artikelen 1 tot en met 5 van dit Protocol beschouwd als aanvullende artikelen bij het Verdrag en alle bepalingen van het Verdrag zijn dienovereenkomstig van toepassing.

---

1   Inwerkingtredingsdatum: 01-06-2019.

Art. 7
1. Dit Protocol staat open voor ondertekening door de Hoge Verdragsluitende Partijen bij het Verdrag, die hun instemming te worden gebonden tot uitdrukking kunnen brengen door:
   a. ondertekening zonder voorbehoud van bekrachtiging, aanvaarding of goedkeuring; of
   b. ondertekening onder voorbehoud van bekrachtiging, aanvaarding of goedkeuring, gevolgd door bekrachtiging, aanvaarding of goedkeuring.
2. De akten van bekrachtiging, aanvaarding of goedkeuring worden nedergelegd bij de Secretaris-Generaal van de Raad van Europa.

Art. 8
1. Dit Protocol treedt in werking op de eerste dag van de maand die volgt op het verstrijken van een tijdvak van drie maanden na de datum waarop tien Hoge Verdragsluitende Partijen bij het Verdrag in overeenstemming met de bepalingen van artikel 7 hun instemming door het Protocol te worden gebonden tot uitdrukking hebben gebracht.
2. Ten aanzien van een Hoge Verdragsluitende Partij bij het Verdrag die later haar instemming door dit Protocol te worden gebonden tot uitdrukking brengt, treedt het in werking op de eerste dag van de maand die volgt op het verstrijken van een tijdvak van drie maanden na de datum waarop deze haar instemming tot uitdrukking heeft gebracht door het Protocol te worden gebonden in overeenstemming met de bepalingen van artikel 7.

Art. 9
Ten aanzien van de bepalingen van dit Protocol kan krachtens artikel 57 van het Verdrag geen enkel voorbehoud worden gemaakt.

Art. 10
Elke Hoge Verdragsluitende Partij bij het Verdrag geeft op het tijdstip van ondertekening of bij de nederlegging van haar akte van bekrachtiging, aanvaarding of goedkeuring, door middel van een aan de Secretaris-Generaal van de Raad van Europa gerichte verklaring, de rechterlijke instanties aan die zij aanwijst ten behoeve van de uitvoering van artikel 1, eerste lid, van dit Protocol. Deze verklaring kan nadien te allen tijde op dezelfde wijze worden gewijzigd.

Art. 11
De Secretaris-Generaal van de Raad van Europa stelt de lidstaten van de Raad van Europa en de andere Hoge Verdragsluitende Partijen bij het Verdrag in kennis van:
a. iedere ondertekening;
b. de nederlegging van iedere akte van bekrachtiging, aanvaarding of goedkeuring;
c. iedere datum van inwerkingtreding van dit Protocol in overeenstemming met artikel 8;
d. iedere verklaring afgelegd in overeenstemming met artikel 10; en
e. iedere andere handeling, kennisgeving of mededeling met betrekking tot dit Protocol.

Europees Sociaal Handvest (herzien)[1]

Preambule

De ondertekenende Regeringen, Leden van de Raad van Europa,

Overwegende dat het doel van de Raad van Europa is een grotere eenheid tussen zijn Leden tot stand te brengen teneinde de idealen en beginselen welke hun gemeenschappelijk erfdeel zijn, veilig te stellen en te verwezenlijken en hun economische en sociale vooruitgang te bevorderen, in het bijzonder door de handhaving en verdere verwezenlijking van de rechten van de mens en de fundamentele vrijheden;

Overwegende dat in het op 4 november 1950 te Rome ondertekende Verdrag tot bescherming van de rechten van de mens en de fundamentele vrijheden, en de daarbij behorende Protocollen, de Lidstaten van de Raad van Europa overeenkwamen dat zij hun volkeren de daarin opgesomde burgerlijke en politieke rechten en vrijheden zouden waarborgen;

Overwegende dat in het Europees Sociaal Handvest dat in Turijn op 18 oktober 1961 werd opengesteld voor ondertekening en de Protocollen daarbij, de Lidstaten van de Raad van Europa overeenkwamen dat zij hun volkeren de daarin opgesomde sociale rechten zouden waarborgen teneinde hun levensstandaard en hun welzijn te verbeteren;

In herinnering brengend dat de Ministersconferentie inzake de rechten van de mens die op 5 november 1990 plaatsvond te Rome, de noodzaak benadrukte enerzijds de ondeelbaarheid van alle rechten van de mens, zij het burgerrechten, politieke, economische, sociale of culturele rechten, te handhaven, en, anderzijds, het Europees Sociaal Handvest een nieuwe impuls te geven;

Vastbesloten, zoals is overeengekomen tijdens de Ministersconferentie die op 21 en 22 oktober 1991 plaatsvond te Turijn, de materiële inhoud van het Handvest te actualiseren en aan te passen teneinde te houden met de fundamentele sociale veranderingen die zijn opgetreden sinds de tekst werd aangenomen;

Het voordeel erkennend van het in een Herzien Handvest, ontworpen om geleidelijk het Europees Sociaal Handvest te vervangen, opnemen van de rechten die door het Handvest, zoals gewijzigd, worden gewaarborgd, en van de rechten die door het Aanvullend Protocol van 1988 worden gewaarborgd en van het opnemen van nieuwe rechten,

Zijn het volgende overeengekomen:

DEEL I

De Partijen stellen zich ten doel met alle passende middelen, zowel op nationaal als internationaal terrein, zodanige voorwaarden te scheppen dat de hiernavolgende rechten en beginselen daadwerkelijk kunnen worden verwezenlijkt:

Europees Sociaal Handvest, vrije keuze werkzaamheden

1

Een ieder dient in staat te worden gesteld in zijn onderhoud te voorzien door werkzaamheden die hij vrijelijk heeft gekozen.

ESH, billijke arbeidsvoorwaarden

2

Alle werknemers hebben recht op billijke arbeidsvoorwaarden.

ESH, arbeidsvoorwaarden

3

Alle werknemers hebben recht op veilige en hygiënische arbeidsomstandigheden.

ESH, billijke beloning

4

Alle werknemers hebben recht op een billijke beloning welke hun en hun gezin een behoorlijke levensstandaard waarborgt.

ESH, vrijheid van vereniging

5

Alle werknemers en werkgevers hebben recht op vrijheid van vereniging in nationale of internationale organisaties voor de bescherming van hun economische en sociale belangen.

ESH, collectief onderhandelen

6

Alle werknemers en werkgevers hebben het recht collectief te onderhandelen.

ESH, bescherming tegen gevaren voor lichaam en geest

7

Kinderen en jeugdige personen hebben het recht op een bijzondere bescherming tegen de gevaren voor lichaam en geest waaraan zij blootstaan.

---

1   Inwerkingtredingsdatum: 01-07-2006.

8
Zwangere vrouwen hebben bij hun arbeid in dienstbetrekking recht op bijzondere bescherming.   *ESH, bescherming zwangere vrouwen*

9
Een ieder heeft recht op een doelmatige beroepskeuzevoorlichting, die erop gericht is hem bij te staan bij de keuze van een beroep dat strookt met zijn persoonlijke aanleg en belangstelling.   *ESH, beroepskeuzevoorlichting*

10
Een ieder heeft recht op een doelmatige vakopleiding.   *ESH, doelmatige vakopleiding*

11
Een ieder heeft het recht om gebruik te maken van alle voorzieningen welke hem in staat stellen in een zo goed mogelijke gezondheid te verkeren.   *ESH, gezondheidsvoorzieningen*

12
Alle werknemers en personen te hunnen laste hebben recht op sociale zekerheid.   *ESH, sociale zekerheid*

13
Een ieder die geen voldoende middelen van bestaan heeft, heeft recht op sociale en geneeskundige bijstand.   *ESH, sociale en geneeskundige bijstand*

14
Een ieder heeft recht op bijstand door diensten voor sociaal welzijn.   *ESH, bijstand sociaal welzijn*

15
Personen met een handicap hebben recht op onafhankelijkheid, sociale integratie en participatie in het leven van de gemeenschap.   *ESH, rechten gehandicapten*

16
Het gezin als fundamentele maatschappelijke eenheid heeft recht op een voor zijn volledige ontplooiing doelmatige sociale, wettelijke en economische bescherming.   *ESH, gezinsbescherming*

17
Kinderen en jeugdige personen hebben recht op een passende sociale, wettelijke en economische bescherming.   *ESH, bescherming kinderen en jeugdigen*

18
De onderdanen van de ene Partij hebben het recht op het grondgebied van elke andere Partij een op winst gerichte bezigheid uit te oefenen op voet van gelijkheid met de onderdanen van laatstgenoemde Partij, behoudens beperkingen op grond van economische of sociale redenen van dringende aard.   *ESH, winstgevende bezigheid op grondgebied van andere partij*

19
Migrerende werknemers die onderdaan van een van de Partijen zijn, alsmede hun gezinnen, hebben recht op bescherming en bijstand op het grondgebied van elke andere Partij.   *ESH, bescherming migrerende werknemers*

20
Alle werknemers hebben recht op gelijke kansen en gelijke behandeling ten aanzien van werkgelegenheid en beroepsuitoefening zonder discriminatie naar geslacht.   *ESH, gelijke kansen*

21
Werknemers hebben recht op informatie en overleg binnen de onderneming.   *ESH, informatie en overleg*

22
Werknemers hebben het recht deel te nemen aan de vaststelling en de verbetering van de arbeidsomstandigheden en de werkomgeving binnen de onderneming.   *ESH, arbeidsomstandigheden*

23
Iedere oudere heeft recht op sociale bescherming.   *ESH, sociale bescherming ouderen*

24
Alle werknemers hebben recht op bescherming in geval van beëindiging van de dienstbetrekking.   *ESH, beëindiging dienstbetrekking*

25
Alle werknemers hebben recht op bescherming van hun aanspraken in geval van insolventie van hun werkgever.   *ESH, insolventie werkgever*

26
Alle werknemers hebben recht op waardigheid op het werk.   *ESH, waardigheid*

27
Alle personen met gezinsverantwoordelijkheden die een werkkring hebben aanvaard of wensen te aanvaarden hebben het recht dit te doen zonder te worden blootgesteld aan discriminatie en voor zover mogelijk zonder dat hun werkzaamheden conflicteren met hun gezinsverantwoordelijkheden.   *ESH, werknemers met gezin*

28
ESH, werknemersvertegen-woordigers
Werknemersvertegenwoordigers in ondernemingen hebben recht op bescherming tegen voor hen schadelijke handelingen en dienen de beschikking te krijgen over passende voorzieningen om hun functie te kunnen uitoefenen.

29
ESH, collectief ontslag
Alle werknemers hebben recht op informatie en overleg in procedures voor collectief ontslag.

30
ESH, armoede en sociale uitsluiting
Een ieder heeft recht op bescherming tegen armoede en sociale uitsluiting.

31
ESH, huisvesting
Een ieder heeft recht op huisvesting.

DEEL II

De Partijen verbinden zich, overeenkomstig het bepaalde in Deel III, zich gebonden te achten door de verplichtingen vervat in de hiernavolgende artikelen en leden.

Art. 1 Recht op arbeid
Sociale rechten, arbeid
Teneinde de doeltreffende uitoefening van het recht op arbeid te waarborgen, verbinden de Partijen zich:
1. de totstandbrenging en handhaving van een zo hoog en stabiel mogelijk werkgelegenheidspeil, met het oogmerk een volledige werkgelegenheid te verwezenlijken, als een van hun voornaamste doelstellingen en verantwoordelijkheden te beschouwen;
2. het recht van de werknemer om in zijn onderhoud te voorzien door vrijelijk gekozen werkzaamheden daadwerkelijk te beschermen;
3. kosteloze arbeidsbemiddelingsdiensten in te stellen of in stand te houden voor alle werknemers;
4. te zorgen voor doelmatige beroepskeuzevoorlichting, vakopleiding en reïntegratie en deze te bevorderen.

Art. 2 Recht op billijke arbeidsvoorwaarden
Sociale rechten, billijke arbeidsvoorwaarden
Teneinde de doeltreffende uitoefening van het recht op billijke arbeidsvoorwaarden te waarborgen, verbinden de Partijen zich:
1. redelijke dagelijkse en wekelijkse arbeidstijden vast te stellen waarbij de werkweek geleidelijk dient te worden verkort voorzover de vermeerdering van de productiviteit en andere van invloed zijnde factoren zulks toelaten;
2. voor algemeen erkende feestdagen behoud van loon te waarborgen;
3. een jaarlijks verlof van ten minste vier weken met behoud van loon te waarborgen;
4. risico's in inherent gevaarlijke of ongezonde beroepen uit te bannen, en daar waar het nog niet mogelijk is deze risico's uit te bannen of voldoende terug te dringen, te voorzien in ofwel een beperking van de arbeidstijd ofwel aanvullend betaald verlof voor werknemers die in dergelijke beroepen werkzaam zijn;
5. een wekelijkse rusttijd te waarborgen die zoveel mogelijk samenvalt met de dag die volgens traditie of gewoonte in het betrokken land of in de betrokken streek als rustdag wordt erkend;
6. ervoor zorg te dragen dat werknemers zo spoedig mogelijk, en in ieder geval niet later dan twee maanden na de datum van indiensttreding, schriftelijk op de hoogte worden gesteld van de essentiële kenmerken van de overeenkomst of dienstbetrekking;
7. ervoor zorg te dragen dat werknemers die nachtarbeid verrichten baat hebben bij maatregelen die rekening houden met de bijzondere aard van de werkzaamheden.

Art. 3 Recht op veilige en gezonde arbeidsomstandigheden
Sociale rechten, veilige arbeidsomstandigheden
Teneinde de doeltreffende uitoefening van het recht op veilige en gezonde arbeidsomstandigheden te waarborgen, verbinden de Partijen zich, in overleg met organisaties van werkgevers en werknemers:
1. een samenhangend nationaal beleid inzake bedrijfsveiligheid, bedrijfsgezondheid en de werkomgeving te formuleren, ten uitvoer te leggen en periodiek te toetsen. De voornaamste doelstelling van dit beleid zal zijn het verbeteren van de veiligheid en gezondheid op het werk en het voorkomen van ongevallen en aantasting van de gezondheid die voortvloeien uit, verband houden met of zich voordoen bij werkzaamheden, met name door de oorzaken van gevaren die inherent zijn aan de werkomgeving tot een minimum te beperken;
2. voorschriften inzake veiligheid en gezondheid uit te vaardigen;
3. voor de naleving van dergelijke voorschriften door middel van controlemaatregelen zorg te dragen;
4. de geleidelijke uitbreiding van bedrijfsgezondheidsdiensten voor alle werknemers met hoofdzakelijk preventieve en adviserende functies te bevorderen.

Art. 4 Recht op billijke beloning
Teneinde de doeltreffende uitoefening van het recht op een billijke beloning te waarborgen, verbinden de Partijen zich:
1. het recht van de werknemers op een zodanige beloning die hun en hun gezin een behoorlijke levensstandaard verschaft, te erkennen;
2. het recht van de werknemers op een hoger beloningstarief voor overwerk te erkennen, behoudens uitzonderingen in bijzondere gevallen;
3. het recht van mannelijke en vrouwelijke werknemers op gelijke beloning voor arbeid van gelijke waarde te erkennen;
4. het recht van alle werknemers op een redelijke opzeggingstermijn bij beëindiging van hun dienstbetrekking te erkennen;
5. inhoudingen op lonen alleen toe te staan op voorwaarden en in de mate als voorgeschreven door de nationale wet- of regelgeving of vastgesteld bij collectieve arbeidsovereenkomsten of scheidsrechterlijke uitspraken.

De uitoefening van deze rechten dient te worden verwezenlijkt door middel van vrijelijk gesloten collectieve arbeidsovereenkomsten, bij de wet ingestelde procedures voor loonvaststelling, of andere bij de nationale omstandigheden passende middelen.

Sociale rechten, arbeid

Art. 5 Recht op vrijheid van organisatie
Teneinde het recht van werknemers en werkgevers tot oprichting van plaatselijke, nationale of internationale organisaties voor de bescherming van hun economische en sociale belangen en tot aansluiting bij deze organisaties te waarborgen, verplichten de Partijen zich dit recht op generlei wijze door de nationale wetgeving of door de toepassing daarvan te laten beperken. De mate waarin de in dit artikel voorziene waarborgen van toepassing zullen zijn op de politie, wordt bepaald door de nationale wet- of regelgeving. Het beginsel volgens hetwelk deze waarborgen van toepassing zullen zijn ten aanzien van leden van de strijdkrachten, en de mate waarin deze waarborgen van toepassing zullen zijn op personen in deze categorie, wordt eveneens bepaald door de nationale wet- of regelgeving.

Sociale rechten, vrijheid van organisatie

Art. 6 Recht op collectief onderhandelen
Teneinde de doeltreffende uitoefening van het recht op collectief onderhandelen te waarborgen, verbinden de Partijen zich:
1. paritair overleg tussen werknemers en werkgevers te bevorderen;
2. indien nodig en nuttig de totstandkoming van een procedure te bevorderen voor vrijwillige onderhandelingen tussen werkgevers of organisaties van werkgevers en organisaties van werknemers, met het oog op de bepaling van beloning en arbeidsvoorwaarden door middel van collectieve arbeidsovereenkomsten;
3. de instelling en toepassing van een doelmatige procedure voor bemiddeling en vrijwillige arbitrage inzake de beslechting van arbeidsgeschillen te bevorderen;
en erkennen;
4. het recht van werknemers en werkgevers op collectief optreden in gevallen van belangengeschillen, met inbegrip van het stakingsrecht, behoudens verplichtingen uit hoofde van reeds eerder gesloten collectieve arbeidsovereenkomsten.

Sociale rechten, collectief onderhandelen

Art. 7 Recht van kinderen en jeugdige personen op bescherming
Teneinde de doeltreffende uitoefening van het recht van kinderen en jeugdige personen op bescherming te waarborgen, verbinden de Partijen zich:
1. te bepalen dat de minimumleeftijd voor toelating tot tewerkstelling 15 jaar zal zijn, behoudens uitzonderingen voor kinderen die nader omschreven lichte werkzaamheden verrichten welke niet nadelig zijn voor hun gezondheid, geestelijk welzijn of ontwikkeling;
2. te bepalen dat de minimumleeftijd voor toelating tot tewerkstelling 18 jaar zal zijn ten aanzien van nader omschreven werkzaamheden welke als gevaarlijk of als schadelijk voor de gezondheid worden beschouwd;
3. te bepalen dat nog leerplichtige personen niet zodanig werk mogen verrichten dat zij niet ten volle het onderwijs kunnen volgen;
4. te bepalen dat de arbeidsduur van personen beneden de leeftijd van 18 jaar zal worden beperkt overeenkomstig de behoeften van hun ontwikkeling, in het bijzonder hun behoefte aan vakopleiding;
5. het recht van jeugdige werknemers en leerlingen op een billijke beloning of andere passende uitkeringen te erkennen;
6. te bepalen dat de door jeugdige personen gedurende hun normale arbeidstijd en met toestemming van de werkgever aan vakopleiding bestede tijd als deel van de werkdag zal worden beschouwd;
7. te bepalen dat tewerkgestelde personen beneden de leeftijd van 18 jaar recht zullen hebben op ten minste vier weken verlof per jaar met behoud van loon;
8. te bepalen dat personen beneden de leeftijd van 18 jaar geen nachtarbeid mogen verrichten, met uitzondering van bepaalde in de nationale wet- of regelgeving omschreven werkzaamheden;

Sociale rechten, kinder- en jeugdbescherming

9. te bepalen dat personen beneden de leeftijd van 18 jaar die nader in de nationale wet- of regelgeving omschreven werkzaamheden verrichten regelmatig een geneeskundig onderzoek moeten ondergaan;
10. een bijzondere bescherming tegen gevaren voor lichaam en geest, waaraan kinderen en jeugdige personen zijn blootgesteld, te waarborgen, in het bijzonder tegen die gevaren welke al dan niet rechtstreeks uit hun arbeid voortvloeien.

Art. 8 Recht van vrouwelijke werknemers op bescherming van het moederschap

Sociale rechten, bescherming moederschap

Teneinde de doeltreffende uitoefening van het recht van vrouwelijke werknemers op bescherming van het moederschap te waarborgen, verbinden de Partijen zich:
1. te bepalen dat vrouwen, hetzij door verlof met behoud van loon, dan wel door passende socialezekerheidsuitkeringen of uitkeringen uit openbare middelen, in staat worden gesteld voor en na de bevalling verlof te nemen gedurende een totaal van ten minste veertien weken;
2. het als onwettig te beschouwen indien een werkgever een vrouw haar ontslag aanzegt gedurende de periode vanaf het moment waarop zij haar werkgever van haar zwangerschap op de hoogte stelt tot het moment waarop haar bevallingsverlof eindigt, of haar ontslag aanzegt op een zodanig tijdstip dat de opzeggingstermijn gedurende een dergelijk verlof afloopt;
3. te bepalen dat moeders tijdens de lactatieperiode voldoende tijd daartoe krijgen;
4. het verrichten van nachtarbeid door vrouwen die zwanger zijn, vrouwen die onlangs zijn bevallen en vrouwen tijdens de lactatieperiode, te regelen;
5. de tewerkstelling van vrouwen die zwanger zijn, vrouwen die onlangs zijn bevallen en vrouwen tijdens de lactatieperiode voor ondergrondse mijnarbeid en alle andere arbeid die voor hen ongeschikt is op grond van de gevaarlijke, voor de gezondheid schadelijke of zware aard daarvan, te verbieden, en alle gepaste maatregelen te nemen om de rechten verbonden aan de arbeidsovereenkomst van deze vrouwen te beschermen.

Art. 9 Recht op beroepskeuzevoorlichting

Sociale rechten, beroepskeuzevoorlichting

Teneinde de doeltreffende uitoefening van het recht op beroepskeuzevoorlichting te waarborgen, verbinden de Partijen zich, zo nodig, een dienst in het leven te roepen of deze te bevorderen, die een ieder, met inbegrip van personen met een handicap, dient te helpen bij de oplossing van vraagstukken met betrekking tot beroepskeuze en loopbaanontwikkeling, met inachtneming van hun persoonlijke eigenschappen, alsmede van het verband tussen deze en de bestaande werkgelegenheid: deze hulp dient kosteloos te worden gegeven, zowel aan jeugdige personen, met inbegrip van schoolkinderen, als aan volwassenen.

Art. 10 Recht op vakopleiding

Sociale rechten, vakopleiding

Teneinde de doeltreffende uitoefening van het recht op vakopleiding te waarborgen, verbinden de Partijen zich:
1. in overleg met organisaties van werkgevers en werknemers te zorgen voor technische opleidingen en vakopleidingen waarvan een ieder, met inbegrip van personen met een handicap, kan profiteren, dan wel deze te bevorderen, en toelatingsmogelijkheden tot hoger technisch en universitair onderwijs te openen, uitsluitend berustend op persoonlijke geschiktheid;
2. Te zorgen voor een leerlingstelsel en andere algemene voorzieningen voor de opleiding van jongens en meisjes in hun onderscheiden beroepen of dit te bevorderen;
3. zo nodig te zorgen voor of te bevorderen:
   a. doelmatige en gemakkelijk toegankelijke opleidingsmogelijkheden voor volwassen werknemers;
   b. bijzondere voorzieningen voor de her- en omscholing van volwassen werknemers, voortvloeiende uit technische ontwikkelingen of uit nieuwe ontwikkelingen in de werkgelegenheid;
4. zo nodig te zorgen voor bijzondere maatregelen voor de her- en omscholing en reïntegratie van langdurig werklozen of deze te bevorderen;
5. door het nemen van passende maatregelen het volledige gebruik van doelmatige voorzieningen te bevorderen, zoals:
   a. verlaging of afschaffing van alle kosten;
   b. verlening van geldelijke bijstand in daarvoor in aanmerking komende gevallen;
   c. de tijd welke de werknemer gedurende op verzoek van zijn werkgever voor aanvullende opleiding besteedt, aan te merken als deel van de normale arbeidstijd;
   d. in overleg met de organisaties van werkgevers en werknemers, de doeltreffendheid van leerlingstelsels en andere opleidingsstelsels voor jeugdige werknemers door het uitoefenen van voldoende toezicht te waarborgen, alsmede zorg te dragen voor afdoende bescherming van jeugdige werknemers in het algemeen.

Art. 11 Recht op bescherming van de gezondheid

Sociale rechten, gezondheidsbescherming

Teneinde de doeltreffende uitoefening van het recht op bescherming van de gezondheid te waarborgen, verbinden de Partijen zich, hetzij rechtstreeks, hetzij in samenwerking met openbare of particuliere instanties, passende maatregelen te nemen onder andere met het oogmerk:
1. de oorzaken van een slechte gezondheid zoveel mogelijk weg te nemen;

2. ter bevordering van de volksgezondheid en de persoonlijke verantwoordelijkheid op het gebied van de gezondheid voorzieningen te treffen op het terrein van voorlichting en onderwijs;
3. epidemische, endemische en andere ziekten, alsmede ongevallen, zoveel mogelijk te voorkomen.

Art. 12 Recht op sociale zekerheid

Teneinde de doeltreffende uitoefening van het recht op sociale zekerheid te waarborgen, verbinden de Partijen zich:

1. een stelsel van sociale zekerheid in te voeren of in stand te houden;
2. het stelsel van sociale zekerheid te houden op een toereikend niveau, dat ten minste gelijk is aan het niveau dat vereist is voor de bekrachtiging van de Europese code inzake sociale zekerheid;
3. te streven naar het geleidelijk optrekken van het stelsel van sociale zekerheid naar een hoger niveau;
4. stappen te ondernemen, door het sluiten van passende bilaterale en multilaterale verdragen of door andere middelen, en met inachtneming van de in zulke verdragen neergelegde voorwaarden, ter waarborging van:
   a. een gelijke behandeling van de onderdanen van andere Partijen en de eigen onderdanen wat betreft rechten op het gebied van sociale zekerheid, met inbegrip van het behoud van uitkeringen uit hoofde van socialezekerheidswetgeving, ongeacht eventuele verplaatsingen van de beschermde personen tussen de grondgebieden van de Partijen;
   b. de verlening, handhaving en het herstel van rechten op sociale zekerheid, onder andere door het samenstellen van tijdvakken van verzekering of tewerkstelling van de betrokkenen overeenkomstig de wetgeving van elk der Partijen.

Art. 13 Recht op sociale en geneeskundige bijstand

Teneinde de doeltreffende uitoefening van het recht op sociale en geneeskundige bijstand te waarborgen, verbinden de Partijen zich:

1. te waarborgen dat een ieder die geen toereikende inkomsten heeft en niet in staat is zulke inkomsten door eigen inspanning of met andere middelen te verwerven, in het bijzonder door uitkeringen krachtens een stelsel van sociale zekerheid voldoende bijstand verkrijgt en in geval van ziekte de voor zijn toestand vereiste verzorging geniet;
2. te waarborgen dat personen die zulk een bijstand ontvangen, niet om die reden een vermindering van hun politieke of sociale rechten ondergaan;
3. te bepalen dat een ieder van de bevoegde openbare of particuliere diensten de voorlichting en persoonlijke bijstand ontvangt die nodig zijn om zijn persoonlijke nood of die van zijn gezin te voorkomen, weg te nemen of te lenigen;
4. de bepalingen sub 1, 2 en 3 van dit artikel op onderdanen van andere Partijen die legaal binnen hun grondgebied verblijven, toe te passen op gelijke wijze als op hun eigen onderdanen, in overeenstemming met hun verplichtingen krachtens het Europees Verdrag betreffende sociale en medische bijstand, op 11 december 1953 te Parijs ondertekend.

Art. 14 Recht op het gebruik van diensten voor sociale zorg

Teneinde de doeltreffende uitoefening van het recht op het gebruik van diensten voor sociale zorg te waarborgen, verbinden de Partijen zich:

1. te zorgen voor diensten welke door de toepassing van methoden van maatschappelijk werk kunnen bijdragen tot het welzijn en de ontwikkeling zowel van individuele personen als van groepen personen, alsmede tot hun aanpassing aan het sociale milieu, of deze te bevorderen;
2. deelneming van individuele personen en particuliere of andere organisaties aan de instelling en instandhouding van dergelijke diensten te stimuleren.

Art. 15 Recht van personen met een handicap op onafhankelijkheid, sociale integratie en participatie in het gemeenschapsleven

Teneinde de doeltreffende uitvoering van het recht van personen met een handicap, ongeacht hun leeftijd en de aard en oorsprong van hun handicap, op onafhankelijkheid, sociale integratie en participatie in het gemeenschapsleven te waarborgen, verbinden de Partijen zich met name:

1. de nodige maatregelen te nemen om personen met een handicap begeleiding, onderwijs en vakopleiding te geven waar mogelijk binnen het kader van algemene stelsels, of, waar dit niet mogelijk is, middels gespecialiseerde openbare of particuliere instellingen;
2. hun toegang tot werk te bevorderen door alle maatregelen te treffen die beogen werkgevers aan te moedigen personen met een handicap in een normale werkomgeving in dienst te nemen en in dienst te houden en de arbeidsomstandigheden aan te passen aan de behoeften van de personen met een handicap, of, waar dat vanwege de handicap niet mogelijk is, zorg te dragen voor beschutte arbeid die is aangepast aan het niveau van de handicap. In bepaalde gevallen kunnen dergelijke maatregelen inschakeling van gespecialiseerde bemiddelingsbureaus inhouden;
3. hun volledige sociale integratie en participatie in het gemeenschapsleven te bevorderen door in het bijzonder maatregelen te treffen, met inbegrip van technische hulpmiddelen, die gericht zijn op het overwinnen van belemmeringen met betrekking tot communicatie en mo-

biliteit en op het toegang verschaffen tot vervoer, huisvesting, culturele activiteiten en vrijetijdsbesteding.

Art. 16 Recht van het gezin op sociale, wettelijke en economische bescherming

Teneinde de noodzakelijke voorwaarden te scheppen voor de volledige ontplooiing van het gezin, als fundamentele maatschappelijke eenheid, verbinden de Partijen zich de economische, wettelijke en sociale bescherming van het gezinsleven te bevorderen, onder andere door het doen van sociale en gezinsuitkeringen, het treffen van fiscale regelingen, het verschaffen van gezinshuisvesting en het doen van uitkeringen bij huwelijk.

Art. 17 Recht van kinderen en jeugdige personen op sociale, wettelijke en economische bescherming

Teneinde de doeltreffende uitoefening te waarborgen van het recht van kinderen en jeugdige personen op te groeien in een omgeving die de volledige ontwikkeling van hun persoonlijkheid en van hun fysieke en geestelijke capaciteiten bevordert, verbinden Partijen zich, hetzij rechtstreeks, hetzij in samenwerking met openbare of particuliere instanties, alle passende en noodzakelijke maatregelen te nemen die beogen:

1.
   a. te waarborgen dat kinderen en jeugdige personen, met inachtneming van de rechten en plichten van hun ouders, beschikken over de verzorging, de ondersteuning, het onderwijs en de opleiding die zij nodig hebben, in het bijzonder door te zorgen voor de oprichting of instandhouding van instellingen en diensten die voor dit doel toereikend en voldoende zijn;
   b. kinderen en jeugdige personen te beschermen tegen verwaarlozing, geweld of uitbuiting;
   c. bescherming en bijzondere ondersteuning van overheidswege te geven aan kinderen en jeugdige personen die tijdelijk of definitief de steun van hun gezin moeten ontberen;
2. basisonderwijs en voortgezet onderwijs kosteloos beschikbaar te stellen voor kinderen en jeugdige personen, alsmede regelmatig schoolbezoek te bevorderen.

Art. 18 Recht op het uitoefenen van een op winst gerichte bezigheid op het grondgebied van andere Partijen

Teneinde de doeltreffende uitoefening van het recht op het uitoefenen van een op winst gerichte bezigheid op het grondgebied van elke andere Partij te waarborgen, verbinden de Partijen zich:
1. de bestaande regelingen zo ruim mogelijk toe te passen;
2. de bestaande formaliteiten te vereenvoudigen en de kanselarijrechten en andere kosten die buitenlandse werknemers of hun werkgevers moeten betalen, te verminderen of af te schaffen;
3. de regelingen met betrekking tot de tewerkstelling van buitenlandse werknemers individueel of gemeenschappelijk te versoepelen;
en erkennen:
4. het recht van hun onderdanen om het land te verlaten teneinde op het grondgebied van de andere Partijen een op winst gerichte bezigheid uit te oefenen.

Art. 19 Recht van migrerende werknemers en hun gezinnen op bescherming en bijstand

Teneinde de doeltreffende uitoefening van het recht van migrerende werknemers en hun gezinnen op bescherming en bijstand op het grondgebied van elke andere Partij te waarborgen, verbinden de Partijen zich:
1. doelmatige en kosteloze diensten te onderhouden, dan wel zich ervan te vergewissen dat zulke diensten worden onderhouden, gericht op bijstand aan genoemde werknemers, in het bijzonder voor het verkrijgen van nauwkeurige voorlichting, en alle passende maatregelen te treffen, voor zover de nationale wet- en regelgeving zulks toelaat, tegen misleidende propaganda betreffende emigratie en immigratie;
2. passende maatregelen te treffen binnen hun eigen rechtsgebied ter vergemakkelijking van het vertrek, de reis en de ontvangst van genoemde werknemers en hun gezinnen, en binnen hun eigen rechtsgebied gedurende de reis te zorgen voor doelmatige diensten op het gebied van de gezondheid en medische behandeling, alsmede voor goede hygiënische omstandigheden;
3. waar nodig samenwerking tussen sociale diensten, zowel van openbare als van particuliere aard, in emigratie- en immigratielanden te bevorderen;
4. voor genoemde werknemers die legaal op hun grondgebied verblijven, voor zover deze aangelegenheden bij de wet- of regelgeving worden geregeld of onderworpen zijn aan het toezicht van bestuursautoriteiten, een behandeling te waarborgen die niet minder gunstig is dan die van hun eigen onderdanen wat betreft de volgende aangelegenheden:
   a. de beloning en andere arbeidsvoorwaarden en arbeidsomstandigheden;
   b. het lidmaatschap van vakbonden en het genot van de voordelen van collectieve onderhandelingen;
   c. huisvesting;
5. voor genoemde werknemers die legaal op hun grondgebied verblijven, een behandeling te waarborgen die niet minder gunstig is dan die van hun eigen onderdanen wat betreft belastingen op uit dienstverband voortvloeiende beloning, en wat betreft kosten of bijdragen verschuldigd met betrekking tot de tewerkgestelde personen;

6. zoveel mogelijk de gezinshereniging van een migrerende werknemer die toestemming heeft verkregen om zich op het grondgebied te vestigen, te vergemakkelijken;
7. voor genoemde werknemers die legaal op hun grondgebied verblijven, een behandeling te waarborgen die niet minder gunstig is dan die van hun eigen onderdanen wat betreft gerechtelijke procedures in verband met de in dit artikel vermelde aangelegenheden;
8. te waarborgen dat genoemde werknemers die legaal op hun grondgebied verblijven, niet worden uitgezet tenzij zij de nationale veiligheid in gevaar brengen of inbreuk maken op de openbare orde of de goede zeden;
9. binnen de wettelijke grenzen toe te staan dat genoemde werknemers zoveel van hun verdiensten en spaargelden overmaken als zij zelf wensen;
10. de bescherming en bijstand, voorzien in dit artikel, uit te strekken tot migranten die zelfstandig een beroep uitoefenen, voor zover deze maatregelen van toepassing kunnen zijn;
11. het onderwijzen van de landstaal van de ontvangende staat of, indien er meerdere talen zijn, een van deze talen, aan migrerende werknemers en leden van hun gezinnen te bevorderen en te vergemakkelijken;
12. voor zover uitvoerbaar, het onderwijzen van de moedertaal van de migrerende werknemer aan de kinderen van de migrerende werknemer te bevorderen en te vergemakkelijken.

Art. 20 Recht op gelijke kansen en gelijke behandeling ten aanzien van werkgelegenheid en beroepsuitoefening zonder discriminatie naar geslacht

Teneinde de doeltreffende uitoefening te waarborgen van het recht op gelijke kansen en gelijke behandeling ten aanzien van werkgelegenheid en beroepsuitoefening zonder discriminatie naar geslacht, verbinden de Partijen zich ertoe dat recht te erkennen en passende maatregelen te nemen om de toepassing ervan op de volgende gebieden te waarborgen of te bevorderen:
a. toegang tot de arbeidsmarkt, bescherming tegen ontslag en reïntegratie in het arbeidsproces;
b. beroepskeuzevoorlichting, vakopleiding, her- en omscholing en reïntegratie;
c. arbeidsvoorwaarden en arbeidsomstandigheden, met inbegrip van salariëring;
d. loopbaanontwikkeling, met inbegrip van promotie.

Sociale rechten, gelijke kansen

Art. 21 Recht op informatie en overleg

Teneinde de doeltreffende uitoefening van het recht van werknemers op informatie en overleg binnen de onderneming te waarborgen, verbinden de Partijen zich ertoe maatregelen te nemen of te bevorderen waardoor de werknemers of hun vertegenwoordigers, overeenkomstig de nationale wetgeving en praktijk, in staat worden gesteld om:
a. regelmatig of te gelegener tijd op een begrijpelijke wijze te worden geïnformeerd over de economische en financiële toestand van de onderneming waarbij zij in dienst zijn, met dien verstande dat de openbaarmaking van bepaalde informatie waardoor de onderneming zou kunnen worden benadeeld, kan worden geweigerd of dat er kan worden geëist dat deze informatie vertrouwelijk wordt behandeld; en
b. tijdig te worden geraadpleegd over voorgestelde beslissingen die de belangen van de werknemers aanzienlijk zouden kunnen beïnvloeden en met name over beslissingen die grote gevolgen zouden kunnen hebben voor de werkgelegenheid binnen de onderneming.

Sociale rechten, recht op informatie en overleg

Art. 22 Recht deel te nemen aan de vaststelling en de verbetering van de arbeidsomstandigheden en werkomgeving

Teneinde de doeltreffende uitoefening te waarborgen van het recht van werknemers deel te nemen aan de vaststelling en de verbetering van de arbeidsomstandigheden en werkomgeving binnen de onderneming, verbinden de Partijen zich ertoe maatregelen te nemen of te bevorderen waardoor de werknemers of hun vertegenwoordigers, overeenkomstig de nationale wetgeving en praktijk, in staat worden gesteld bij te dragen aan:
a. de vaststelling en de verbetering van de arbeidsomstandigheden, de werkindeling en de werkomgeving;
b. de bescherming van de gezondheid en de veiligheid binnen de onderneming;
c. de organisatie van sociale en sociaal-culturele diensten en voorzieningen binnen de onderneming;
d. toezicht op de naleving van de voorschriften op deze gebieden.

Sociale rechten, vaststelling/verbetering arbeidsomstandigheden en werkomgeving

Art. 23 Recht van ouderen op sociale bescherming

Teneinde de doeltreffende uitoefening te waarborgen van het recht van ouderen op sociale bescherming, verbinden de Partijen zich ertoe, hetzij rechtstreeks, hetzij in samenwerking met openbare of particuliere instanties, passende maatregelen te nemen of te bevorderen die er met name op zijn gericht:
– Ouderen in staat te stellen zo lang mogelijk volwaardig lid te blijven van de maatschappij, door middel van:
a. voldoende middelen om hen in staat te stellen een fatsoenlijk bestaan te leiden en actief deel te nemen aan het openbare, maatschappelijke en culturele leven;
b. verschaffing van informatie over de diensten en voorzieningen beschikbaar voor ouderen en de mogelijkheden voor hen om hiervan gebruik te maken;

Sociale rechten, sociale bescherming

A98 art. 24

– Ouderen in staat te stellen vrijelijk hun levensstijl te kiezen en een onafhankelijk bestaan te leiden in hun gewone omgeving zolang zij dit wensen en kunnen, door middel van:
a. het beschikbaar stellen van huisvesting aangepast aan hun behoeften en hun gezondheidstoestand, dan wel van passende bijstand bij de aanpassing van hun woning;
b. de gezondheidszorg en diensten die in verband met hun toestand nodig zijn;
– Ouderen die in tehuizen wonen passende hulp, met respect voor het privé-leven, en deelname aan de vaststelling van de leefomstandigheden in het tehuis te verzekeren.

Art. 24 Recht op bescherming in geval van beëindiging van de dienstbetrekking

Sociale rechten, beëindiging dienstbetrekking

Teneinde de doeltreffende uitoefening te waarborgen van het recht van werknemers op bescherming in geval van beëindiging van de dienstbetrekking, verbinden de Partijen zich tot erkenning van:
a. het recht van alle werknemers om hun dienstbetrekking niet beëindigd te zien worden zonder geldige redenen voor een dergelijke beëindiging, die verband houdt met de bekwaamheid of het gedrag van de werknemer of op grond van de operationele behoeften van de onderneming, vestiging of dienst;
b. het recht van werknemers van wie de dienstbetrekking zonder geldige reden wordt beëindigd, op voldoende schadeloosstelling of een andere adequate vorm van genoegdoening.
Daartoe verbinden de Partijen zich ertoe te waarborgen dat een werknemer die van mening is dat zijn dienstbetrekking zonder geldige is beëindigd het recht heeft in beroep te gaan bij een onpartijdige instantie.

Art. 25 Recht van werknemers op bescherming van hun aanspraken in geval van insolventie van hun werkgever

Sociale rechten, insolventie werkgever

Teneinde de doeltreffende uitoefening te waarborgen van het recht van werknemers op bescherming van hun aanspraken in geval van insolventie van hun werkgever, verbinden de Partijen zich ertoe te bepalen dat aanspraken van werknemers uit hoofde van arbeidsovereenkomsten of dienstbetrekkingen worden gewaarborgd door een waarborgfonds of door enige andere doeltreffende vorm van bescherming.

Art. 26 Recht op waardigheid op het werk

Sociale rechten, waardigheid

Teneinde de doeltreffende uitoefening te waarborgen van het recht van alle werknemers op de bescherming van hun waardigheid op het werk, verbinden de Partijen zich, in overleg met organisaties van werkgevers en werknemers:
1. de bewustwording van, informatie over en preventie van seksuele intimidatie op het werk of verband houdend met werk te bevorderen en alle passende maatregelen te nemen om werknemers tegen dergelijk gedrag te beschermen;
2. de bewustwording van, informatie over en preventie van zich herhalend laakbaar of duidelijk negatief of beledigend gedrag gericht tegen individuele werknemers op het werk of verband houdend met werk te bevorderen en alle passende maatregelen te nemen om werknemers tegen dergelijk gedrag te beschermen.

Art. 27 Recht van werknemers met gezinsverantwoordelijkheid op gelijke kansen en een gelijke behandeling

Sociale rechten, werknemers met gezin

Teneinde de doeltreffende uitoefening te waarborgen van het recht op gelijke kansen en een gelijke behandeling van mannelijke en vrouwelijke werknemers met gezinsverantwoordelijkheden en tussen dergelijke werknemers en andere werknemers, verbinden de Partijen zich ertoe:
1. passende maatregelen te nemen om:
a. werknemers met gezinsverantwoordelijkheden in staat te stellen een dienstbetrekking aan te gaan en deze te behouden, alsmede na een afwezigheid vanwege deze gezinsverantwoordelijkheden te herintreden, met inbegrip van maatregelen op het gebied van beroepskeuzevoorlichting en beroepsopleiding;
b. rekening te houden met hun behoeften op het punt van arbeidsvoorwaarden en sociale zekerheid;
c. openbare of particuliere diensten te ontwikkelen of te bevorderen, met name kinderdagopvang en andere vormen van kinderopvang;
2. beide ouders in de gelegenheid te stellen, gedurende een periode na het verstrijken van het zwangerschaps- en bevallingsverlof, ouderschapsverlof op te nemen waarvan de duur en voorwaarden worden bepaald door de nationale wetgeving, collectieve arbeidsovereenkomsten of de praktijk;
3. te waarborgen dat gezinsverantwoordelijkheden als zodanig geen geldige reden voor ontslag vormt.

Art. 28 Het recht van werknemersvertegenwoordigers op bescherming in de onderneming en op verlening van passende voorzieningen

Sociale rechten, werknemersvertegenwoordigers

Teneinde de doeltreffende uitoefening te waarborgen van het recht van werknemersvertegenwoordigers hun functie uit te oefenen, verbinden de Partijen zich ertoe te waarborgen dat zij binnen de onderneming:

a. doeltreffende bescherming genieten tegen voor hen nadelige handelingen, met inbegrip van ontslag, op grond van hun status of hun activiteiten als werknemersvertegenwoordiger binnen de onderneming;
b. de beschikking krijgen over de voorzieningen die geschikt zijn om hen in staat te stellen hun functie onverwijld en doelmatig te vervullen, waarbij rekening wordt gehouden met het systeem van de arbeidsverhoudingen in het land en de behoeften, omvang en mogelijkheden van de betrokken onderneming.

Art. 29 Recht op informatie en overleg in procedures voor collectief ontslag

Teneinde de doeltreffende uitoefening te waarborgen van het recht van werknemers op informatie en overleg bij collectief ontslag, verbinden de Partijen zich ertoe te waarborgen dat werkgevers de werknemersvertegenwoordigers tijdig vóór een dergelijk collectief ontslag zullen informeren en raadplegen over mogelijkheden om collectieve ontslagen te vermijden of in aantal te beperken en de gevolgen ervan te verzachten, bijvoorbeeld door een sociaal plan op te stellen dat met name is gericht op ondersteuning bij de herplaatsing of her- en omscholing van de betrokken werknemers.

Sociale rechten, collectief ontslag

Art. 30 Recht op bescherming tegen armoede en sociale uitsluiting

Teneinde de doeltreffende uitoefening te waarborgen van het recht op bescherming tegen armoede en sociale uitsluiting, verbinden de Partijen zich:
a. maatregelen te nemen binnen het kader van een algehele en gecoördineerde aanpak om de daadwerkelijke toegang te bevorderen van personen die zich in een situatie van sociale uitsluiting of armoede bevinden of in die situatie terecht dreigen te komen, alsook hun gezinsleden, tot, met name, werk, huisvesting, opleiding, onderwijs, cultuur en sociale en medische bijstand;
b. deze maatregelen te toetsen met het oog op de aanpassing daarvan indien noodzakelijk.

Sociale rechten, armoede en sociale uitsluiting

Art. 31 Recht op huisvesting

Teneinde de doeltreffende uitoefening van het recht op huisvesting te waarborgen, verbinden de Partijen zich maatregelen te nemen die erop zijn gericht:
1. de toegang tot adequate huisvesting te bevorderen;
2. dak- en thuisloosheid te voorkomen en te verminderen teneinde het geleidelijk uit te bannen;
3. de kosten voor huisvesting binnen het bereik te brengen van een ieder die niet over voldoende middelen beschikt.

Sociale rechten, huisvesting

DEEL III

Art. A Verplichtingen

1. Met inachtneming van de bepalingen van het navolgende Artikel B is elk van de Partijen verplicht:
a. deel I van dit Handvest te beschouwen als een verklaring van de doelstellingen die zij overeenkomstig de inleidende alinea van dat deel met alle daarvoor in aanmerking komende middelen zal nastreven;
b. zich gebonden te achten door ten minste zes van de negen hierna genoemde artikelen van deel II van dit Handvest, namelijk de artikelen 1, 5, 6, 7, 12, 13, 16, 19 en 20;
c. zich gebonden te achten door een bijkomend aantal artikelen of genummerde leden van deel II van het Handvest, te harer keuze, mits het totale aantal artikelen of genummerde leden die haar binden niet minder dan 16 artikelen of 63 genummerde leden bedraagt.
2. De krachtens lid 1, sub b en c, van dit artikel gekozen artikelen of leden worden medegedeeld aan de Secretaris-Generaal van de Raad van Europa bij de nederlegging van de akte van bekrachtiging, aanvaarding of goedkeuring.
3. Ieder der Partijen kan op een later tijdstip door kennisgeving aan de Secretaris-Generaal verklaren dat zij zichzelf gebonden acht door andere artikelen of genummerde leden van deel II van het Handvest die zij nog niet eerder overeenkomstig lid 1 van dit artikel heeft aanvaard. Deze later aanvaarde verplichtingen worden geacht een integrerend deel van de bekrachtiging, aanvaarding of goedkeuring te zijn en hebben met ingang van de eerste dag van de maand die volgt op het verstrijken van een tijdvak van een maand na de datum van kennisgeving hetzelfde rechtsgevolg.
4. Iedere Partij dient te beschikken over een aan haar nationale omstandigheden aangepast stelsel van arbeidsinspectie.

Slotbepalingen

Art. B Betrekkingen met het Europees Sociaal Handvest en het Aanvullend Protocol van 1988

1. Geen Verdragsluitende Partij bij het Europees Sociaal Handvest en geen Partij bij het Aanvullend Protocol van 5 mei 1988 mag dit Handvest bekrachtigen, aanvaarden of goedkeuren zonder zich gebonden te achten aan ten minste de bepalingen die overeenkomen met de bepalingen van het Europees Sociaal Handvest en, waar van toepassing, van het Aanvullend Protocol, waaraan zij gebonden was.
2. Aanvaarding van de verplichtingen ingevolge de bepalingen van dit Handvest, zal, vanaf de datum van inwerkingtreding van deze verplichtingen voor de desbetreffende Partij, ertoe

leiden dat de overeenkomstige bepaling van het Europees Sociaal Handvest en, waar van toepassing, van het Aanvullend Protocol daarbij van 1988 niet meer van toepassing is op de betrokken Partij ingeval die Partij gebonden is door de eerste van deze instrumenten of door beide instrumenten.

DEEL IV

Art. C Toezicht op de uitvoering van de in dit Handvest vervatte verplichtingen

Toezicht op uitvoering verplichtingen Handvest

De uitvoering van de in dit Handvest vervatte juridische verplichtingen zal aan hetzelfde toezicht worden onderworpen als het Europees Sociaal Handvest.

Art. D Collectieve klachten

Collectieve klachten, toepasselijkheid Aanvullend Protocol

1. De bepalingen van het Aanvullend Protocol bij het Europees Sociaal Handvest betreffende een systeem voor collectieve klachten zijn van toepassing op de verplichtingen in dit Handvest voor de Staten die het genoemde Protocol hebben bekrachtigd.
2. Iedere Staat die niet is gebonden aan het Aanvullend Protocol bij het Europees Sociaal Handvest betreffende een systeem voor collectieve klachten kan bij de nederlegging van zijn akte van bekrachtiging, aanvaarding of goedkeuring van dit Handvest of te eniger tijd daarna, door middel van een kennisgeving aan de Secretaris-Generaal van de Raad van Europa, verklaren dat hij het toezicht op zijn verplichtingen uit hoofde van dit Handvest aanvaardt volgens de procedure die in het genoemde Protocol is voorzien.

DEEL V

Art. E Non-discriminatie

Non-discriminatie, dwingend recht

Het genot van de in dit Handvest neergelegde rechten moet worden verzekerd zonder enig onderscheid op welke grond dan ook, zoals ras, kleur, geslacht, taal, godsdienst, politieke of andere overtuiging, nationale herkomst of sociale afkomst, gezondheid, het behoren tot een nationale minderheid, geboorte of andere status.

Art. F Afwijking in geval van oorlog of noodtoestand

Oorlog of noodtoestand, afwijking

1. In geval van oorlog of een andere noodtoestand waardoor het voortbestaan van het land wordt bedreigd, kan iedere Partij maatregelen nemen in afwijking van de in dit Handvest genoemde verplichtingen, doch uitsluitend voor zover de omstandigheden zulks absoluut vereisen en deze maatregelen niet in strijd zijn met andere volkenrechtelijke verplichtingen.
2. Indien een Partij van dit recht om af te wijken gebruik heeft gemaakt, stelt zij binnen een redelijke termijn de Secretaris-Generaal van de Raad van Europa volledig op de hoogte van de getroffen maatregelen en van de redenen die hiertoe hebben geleid. Tevens dient zij de Secretaris-Generaal mededeling te doen van het tijdstip waarop deze maatregelen buiten werking zijn gesteld en de door haar aanvaarde bepalingen van het Handvest wederom volledig van toepassing zijn.

Art. G Beperkingen

Beperkingen, dwingend recht

1. Wanneer de in deel I genoemde rechten en beginselen en de in deel II geregelde doeltreffende uitoefening en toepassing hiervan zijn verwezenlijkt, kunnen zij buiten de in deel I en deel II vermelde gevallen generlei beperkingen ondergaan, met uitzondering van die welke bij de wet zijn voorgeschreven en in een democratische samenleving noodzakelijk zijn voor de bescherming van de rechten en vrijheden van anderen en voor de bescherming van de openbare orde, de nationale veiligheid, de volksgezondheid of de goede zeden.
2. De krachtens dit Handvest geoorloofde beperkingen op de daarin vermelde rechten en verplichtingen kunnen uitsluitend worden toegepast voor het doel waarvoor zij zijn bestemd.

Art. H Verhouding van het Handvest tot het nationale recht of internationale overeenkomsten

Samenloop nationaal recht en internationale overeenkomsten

De bepalingen van dit Handvest laten de bepalingen van nationaal recht en van alle reeds van kracht zijnde of nog van kracht wordende bilaterale of multilaterale verdragen of overeenkomsten welke gunstiger zijn voor de beschermde personen, onverlet.

Art. I Uitvoering van de aangegane verbintenissen

Uitvoering van aangegane verbintenissen, wijze van

1. Onverminderd de uitvoeringswijzen die in deze artikelen worden voorzien, wordt uitvoering gegeven aan de relevante bepalingen in de artikelen 1 tot en met 31 van deel II van dit Handvest door:
   a. wet- of regelgeving;
   b. overeenkomsten tussen werkgevers of werkgeversorganisaties en werknemersorganisaties;
   c. een combinatie van deze twee methoden;
   d. andere passende middelen.
2. De verbintenissen voortvloeiende uit de bepalingen van artikel 2, eerste, tweede, derde, vierde, vijfde en zevende lid, artikel 7, vierde, zesde en zevende lid, artikel 10, eerste, tweede, derde en vijfde lid, en uit de artikelen 21 en 22 van deel II van dit Handvest worden geacht te

zijn nagekomen zodra deze bepalingen worden toegepast, overeenkomstig het eerste lid van dit artikel, op de overgrote meerderheid van de betrokken werknemers.

Art. J Wijzigingen

1. Wijzigingen van deel I en deel II van dit Handvest die tot doel hebben de in dit Handvest gewaarborgde rechten uit te breiden alsmede wijzigingen van deel III tot en met deel VI, die door een Partij of door het Regeringscomité worden voorgesteld, dienen te worden medegedeeld aan de Secretaris-Generaal van de Raad van Europa en worden door de Secretaris-Generaal toegezonden aan de Partijen bij dit Handvest.

2. Wijzigingen die zijn voorgesteld overeenkomstig de bepalingen van het voorgaande lid worden beoordeeld door het Regeringscomité, dat de aangenomen tekst na overleg met de Parlementaire Vergadering ter goedkeuring zal voorleggen aan het Comité van Ministers. De tekst zal na goedkeuring door het Comité van Ministers ter aanvaarding worden toegezonden aan de Partijen.

3. Wijzigingen van deel I en deel II van dit Handvest zullen voor de Partijen die deze hebben aanvaard van kracht worden op de eerste dag van de maand die volgt op het verstrijken van een tijdvak van een maand na de datum waarop drie Partijen de Secretaris-Generaal in kennis hebben gesteld van hun aanvaarding.

Met betrekking tot iedere Partij die nadien een wijziging aanvaardt, wordt de wijziging van kracht op de eerste dag van de maand die volgt op het verstrijken van een tijdvak van een maand na de datum waarop die Partij de Secretaris-Generaal in kennis heeft gesteld van haar aanvaarding.

4. Wijzigingen van deel III tot en met deel VI van dit Handvest worden van kracht op de eerste dag van de maand die volgt op het verstrijken van een tijdvak van een maand na de datum waarop alle Partijen de Secretaris-Generaal in kennis hebben gesteld van hun aanvaarding.

Wijzigingen, procedure

DEEL VI

Art. K Ondertekening, bekrachtiging en inwerkingtreding

1. Dit Handvest staat open voor ondertekening door de Lidstaten van de Raad van Europa. Het dient te worden bekrachtigd, aanvaard of goedgekeurd. De akten van bekrachtiging, aanvaarding of goedkeuring worden nedergelegd bij de Secretaris-Generaal van de Raad van Europa.

2. Dit Handvest treedt in werking op de eerste dag van de maand die volgt op het verstrijken van een tijdvak van een maand na de datum waarop drie Lidstaten van de Raad van Europa het feit dat zij ermee instemmen door het Handvest te worden gebonden tot uitdrukking hebben gebracht overeenkomstig het bepaalde in het vorige lid.

3. Voor iedere Lidstaat die nadien het feit dat hij ermee instemt door het Handvest te worden gebonden tot uitdrukking brengt, treedt het Handvest in werking op de eerste dag van de maand die volgt op het verstrijken van een tijdvak van een maand na de datum van de nederlegging van de akte van bekrachtiging, aanvaarding of goedkeuring.

Ondertekening, bekrachtiging en inwerkingtreding

Art. L Territoriale toepassing

1. Dit Handvest is van toepassing op het grondgebied van het moederland van elk der Partijen. Elke ondertekenende Partij kan op het tijdstip van ondertekening, dan wel op het tijdstip van nederlegging van de akte van bekrachtiging, aanvaarding of goedkeuring, het grondgebied dat voor de toepassing van dit Handvest als haar moederland dient te worden beschouwd, nader omschrijven in een aan de Secretaris-Generaal van de Raad van Europa te richten verklaring.

2. Elke ondertekenende Partij kan op het tijdstip van ondertekening, dan wel op het tijdstip van nederlegging van de akte van bekrachtiging, aanvaarding of goedkeuring, of op elk daaropvolgend tijdstip, in een aan de Secretaris-Generaal van de Raad van Europa te richten kennisgeving verklaren dat het Handvest geheel of gedeeltelijk van toepassing zal zijn op één of meer in bedoelde verklaring aangegeven grondgebieden buiten het moederland gelegen, waarvan zij de internationale betrekkingen behartigt en waarvoor zij de internationale verantwoordelijkheid aanvaardt. Zij dient in deze verklaring aan te geven welke van de in deel II van het Handvest vervatte artikelen of leden zij als bindend aanvaardt ten aanzien van de in de verklaring vermelde gebieden.

3. Het Handvest is op het grondgebied of de grondgebieden als vermeld in de in het vorige lid bedoelde verklaring van toepassing vanaf de eerste dag van de maand die volgt op het verstrijken van een tijdvak van een maand na de datum van ontvangst van een dergelijke verklaring door de Secretaris-Generaal.

4. Elke Partij kan te allen tijde in een aan de Secretaris-Generaal van de Raad van Europa te richten kennisgeving verklaren dat zij ten aanzien van één of meer grondgebieden waarop dit Handvest krachtens het tweede lid van dit artikel van toepassing is, nader te noemen artikelen of genummerde leden van deel II als bindend aanvaardt, die zij nog niet ten aanzien van zodanig gebied of zodanige gebieden als bindend had aanvaard. Deze later aanvaarde verplichtingen worden geacht een integrerend deel te vormen van de oorspronkelijke verklaring ten aanzien van het betrokken grondgebied en hebben hetzelfde rechtsgevolg met ingang van de eerste dag van de

Territoriale werkingssfeer

maand die volgt op het verstrijken van een tijdvak van een maand na de datum waarop de Secretaris-Generaal de kennisgeving van deze verklaring heeft ontvangen.

Art. M Opzegging

Opzegging, voorwaarden

1. Een Partij kan dit Handvest slechts opzeggen na verloop van een periode van vijf jaar na de datum waarop het Handvest ten aanzien van de betrokken Partij in werking is getreden, of binnen elke periode van twee jaar daaropvolgend; in elk van deze gevallen dient de opzegging met inachtneming van een termijn van zes maanden ter kennis te worden gebracht van de Secretaris-Generaal van de Raad van Europa, die de overige Partijen hiervan mededeling doet.
2. Elke Partij kan overeenkomstig de bepalingen van het voorgaande lid elk door haar aanvaard artikel of lid van deel II van het Handvest opzeggen, mits het aantal artikelen dat voor deze Partij bindend is, nooit minder dan 16 en het aantal leden nooit minder dan 63 bedraagt, en mits dit aantal artikelen of leden steeds de artikelen omvat die door de Partij zijn gekozen uit de in artikel A, eerste lid, sub *b*, genoemde artikelen.
3. Elke Partij kan dit Handvest of elk van de artikelen of leden van deel II van het Handvest overeenkomstig de bepalingen van het eerste lid van dit artikel opzeggen ten aanzien van elk grondgebied waarop dit Handvest van toepassing is krachtens een overeenkomstig artikel L, tweede lid, afgelegde verklaring.

Art. N Bijlage

ESH, bijlage

De bijlage bij dit Handvest vormt een integrerend deel ervan.

Art. O Kennisgevingen

Kennisgevingen door Secretaris-Generaal Raad

De Secretaris-Generaal van de Raad van Europa stelt de Lidstaten van de Raad van Europa en de Directeur-Generaal van het Internationaal Arbeidsbureau, in kennis van:
a. iedere ondertekening;
b. de nederlegging van iedere akte van bekrachtiging, aanvaarding of goedkeuring;
c. iedere datum van inwerkingtreding van dit Handvest overeenkomstig artikel K;
d. iedere verklaring gedaan ingevolge artikel A, tweede en derde lid, artikel D, eerste en tweede lid, artikel F, tweede lid, en artikel L, eerste, tweede, derde en vierde lid;
e. iedere wijziging overeenkomstig artikel J;
f. iedere opzegging overeenkomstig artikel M;
g. iedere andere handeling, kennisgeving of mededeling met betrekking tot dit Handvest.

Bijlage bij het herziene Europees Sociaal Handvest

1

Behoudens het bepaalde in artikel 12, vierde lid, en in artikel 13, vierde lid, zijn onder de in artikelen 1 tot en met 17 en 20 tot en met 31 bedoelde personen slechts die onderdaan zijn van andere Partijen en legaal verblijven of rechtmatig werkzaam zijn op het grondgebied van de betrokken Partij, met dien verstande dat de genoemde artikelen dienen te worden uitgelegd overeenkomstig de artikelen 18 en 19.
Deze uitlegging sluit een uitbreiding van overeenkomstige rechten tot andere personen door een van de Partijen niet uit.

2

Elke Partij doet vluchtelingen in de zin van het Verdrag van Genève van 28 juli 1951 betreffende de status van vluchtelingen en het Protocol daarbij van 31 januari 1967 die legaal op haar grondgebied verblijven een zo gunstig mogelijke behandeling toekomen en in elk geval een niet minder gunstige dan waartoe zij zich krachtens genoemd Verdrag heeft verbonden, alsmede krachtens alle andere bestaande en op deze vluchtelingen van toepassing zijnde internationale overeenkomsten.

3

Elke Partij doet staatlozen in de zin van het Verdrag van New York betreffende de status van staatlozen van 28 september 1954 die legaal op haar grondgebied verblijven een zo gunstig mogelijke behandeling toekomen en in elk geval een niet minder gunstige dan waartoe zij zich krachtens genoemd Verdrag heeft verbonden, alsmede krachtens alle andere bestaande en op deze staatlozen van toepassing zijnde internationale overeenkomsten.

DEEL I, achttiende lid, en DEEL II, artikel 18, eerste lid

Deze bepalingen hebben geen betrekking op de betreding van het grondgebied van de Partijen en laten de bepalingen van het te Parijs op 13 december 1955 ondertekende Europese Vestigingsverdrag onverlet.

DEEL II

Art. 1, tweede lid
Deze bepaling mag niet zodanig worden uitgelegd dat clausules en feitelijke gedragingen ter beveiliging van het vakbondswezen zijn verboden of toegestaan.

Art. 2, zesde lid
Partijen kunnen bepalen dat deze bepaling niet van toepassing is:
a. op werknemers die een overeenkomst of dienstbetrekking hebben met een totale duur van ten hoogste een maand en/of die een werkweek hebben van ten hoogste acht uur;
b. wanneer de overeenkomst of dienstbetrekking van tijdelijke en/of specifieke aard is, mits, in deze gevallen, de niet-toepassing ervan op grond van objectieve overwegingen wordt gerechtvaardigd.

Art. 3, vierde lid
Voor de toepassing van deze bepaling worden de functies, organisatie en exploitatievoorwaarden van deze diensten bepaald door nationale wet- en regelgeving, collectieve arbeidsovereenkomsten of andere bij nationale omstandigheden passende middelen.

Art. 4, vierde lid
Deze bepaling mag niet worden uitgelegd als inhoudende een verbod van ontslag op staande voet wegens een ernstig vergrijp.

Art. 4, vijfde lid
Een Partij kan de in dit lid bedoelde verplichting slechts op zich nemen indien inhoudingen op de lonen hetzij bij de wet, hetzij bij collectieve arbeidsovereenkomsten of scheidsrechterlijke uitspraken, verboden zijn ten aanzien van de overgrote meerderheid van de werknemers, waarbij de niet onder zodanige maatregelen vallende personen de enige uitzondering vormen.

Art. 6, vierde lid
Elke Partij kan zelf het recht van staking bij de wet regelen, mits elke eventuele verdere beperking van dit recht in de bepalingen van artikel G rechtvaardiging vindt.

Art. 7, tweede lid
Deze bepaling vormt voor Partijen geen beletsel om in hun wetgeving te bepalen dat jeugdige personen die de vastgestelde minimumleeftijd nog niet hebben bereikt werkzaamheden mogen verrichten voor zover deze absoluut noodzakelijk zijn voor hun vakopleiding wanneer dergelijke werkzaamheden worden uitgevoerd overeenkomstig de door de bevoegde autoriteit vastgestelde voorwaarden en wanneer maatregelen worden getroffen om de gezondheid en veiligheid van deze jeugdige personen te beschermen.

Art. 7, achtste lid
Een Partij wordt geacht aan de geest van de in dit lid genoemde verplichting te hebben voldaan indien zij in de geest van deze verplichting bij de wet bepaalt dat de overgrote meerderheid van de minderjarigen die de leeftijd van 18 jaar nog niet hebben bereikt, geen nachtarbeid mag verrichten.

Art. 8, tweede lid
Deze bepaling mag niet worden uitgelegd als inhoudende een absoluut verbod. Er kunnen uitzonderingen worden gemaakt, bijvoorbeeld in de volgende gevallen:
a. indien een vrouwelijke werknemer schuldig is aan misdragingen die het beëindigen van de dienstbetrekking rechtvaardigen;
b. indien de betrokken onderneming zijn activiteiten staakt;
c. indien de in de arbeidsovereenkomst voorgeschreven termijn is verstreken.

Art. 12, vierde lid
De zinsnede „en met inachtneming van de in zulke overeenkomsten neergelegde voorwaarden" van de inleiding tot dit lid wordt geacht onder meer in te houden dat een Partij ten aanzien van de niet en verzekeringspremies afhankelijke uitkeringen het ingezetenschap gedurende een voorgeschreven periode verplicht kan stellen alvorens deze uitkeringen aan onderdanen van andere Partijen te verlenen.

Art. 13, vierde lid
De regeringen die geen Partij zijn bij het Europees Verdrag betreffende sociale en medische bijstand, kunnen het Handvest ten aanzien van dit lid bekrachtigen, mits zij aan onderdanen van andere Partijen een met de bepalingen van genoemd Verdrag strokende behandeling toekennen.

Art. 16
De in deze bepaling verleende bescherming heeft mede betrekking op eenoudergezinnen.

Art. 17
Deze bepaling heeft betrekking op alle personen die jonger zijn dan 18 jaar, tenzij volgens het op het kind van toepassing zijnde recht de meerderjarigheid eerder wordt bereikt, onverminderd andere specifieke bepalingen die in het Handvest, met name artikel 7, zijn vervat.
Dit houdt geen verplichting in om een leerplicht vast te stellen tot de bovengenoemde leeftijd.

Art. 19, zesde lid
Voor de toepassing van deze bepaling wordt de zinsnede "gezin van een migrerende werknemer" geacht ten minste de echtgenoot en ongehuwde kinderen van de migrerende werknemer te omvatten, zolang deze laatsten door de ontvangende Staat als minderjarigen worden beschouwd en afhankelijk zijn van de migrerende werknemer.

Art. 20
1. Zaken betreffende de sociale zekerheid alsmede bepalingen betreffende werkloosheidsuitkeringen, ouderdomsuitkeringen en uitkeringen aan nabestaanden kunnen worden uitgesloten van de werkingssfeer van dit artikel.
2. De bepalingen betreffende de bescherming van de vrouw, met name wat betreft de zwangerschap, de bevalling en de postnatale periode, worden niet beschouwd als discriminatie in de zin van dit artikel.
3. Dit artikel vormt geen beletsel voor het nemen van specifieke maatregelen om feitelijke ongelijkheden uit de weg te ruimen.
4. Beroepsactiviteiten die vanwege hun aard of de omstandigheden waaronder zij worden verricht, slechts kunnen worden toevertrouwd aan personen van een bepaald geslacht, kunnen worden uitgesloten van de werkingssfeer van dit artikel of van enkele bepalingen ervan. Deze bepaling mag niet zodanig worden uitgelegd dat de Partijen worden verplicht om in hun wetof regelgeving een lijst met beroepen op te nemen die vanwege hun aard of de omstandigheden waaronder zij worden uitgeoefend, kunnen worden voorbehouden aan werknemers van een bepaald geslacht.

Art.en 21 en 22
1. Voor de toepassing van deze artikelen wordt verstaan onder „werknemersvertegenwoordigers" personen die als zodanig zijn erkend door de nationale wetgeving of praktijk.
2. Onder „nationale wetgeving of praktijk" wordt verstaan, naar gelang van het geval, behalve wet- en regelgeving, collectieve arbeidsovereenkomsten, andere overeenkomsten tussen werkgevers en werknemersvertegenwoordigers, gebruiken en relevante gerechtelijke beslissingen.
3. Voor de toepassing van deze artikelen wordt onder „onderneming" verstaan het geheel van materiële en immateriële bestanddelen, met of zonder rechtspersoonlijkheid, bestemd voor het produceren van goederen of het leveren van diensten, met winstoogmerk, en met de bevoegdheid het eigen marktbeleid te bepalen.
4. Religieuze gemeenschappen en hun instellingen kunnen worden uitgesloten van de toepassing van deze artikelen ook wanneer deze instellingen ondernemingen zijn in de zin van het derde lid. Instellingen die werkzaamheden verrichten geïnspireerd door bepaalde idealen of geleid door bepaalde morele opvattingen, idealen of opvattingen die worden beschermd door de nationale wetgeving, kunnen worden uitgesloten van de toepassing van deze artikelen voor zover zulks noodzakelijk is om de gerichtheid van de onderneming te beschermen.
5. Wanneer in een Staat de rechten zoals bedoeld in deze artikelen worden uitgeoefend in de verschillende vestigingen van de onderneming, moet de betrokken Partij worden geacht te voldoen aan de uit deze bepalingen voortvloeiende verplichtingen.
6. De Partijen kunnen ondernemingen waar minder dan een door de nationale wetgeving of praktijk bepaald aantal werknemers in dienst zijn, uitsluiten van de werkingssfeer van deze artikelen.

Art. 22
1. Deze bepaling tast noch de bevoegdheden en verplichtingen van de Staten met betrekking tot het aannemen van gezondheids- en veiligheidsvoorschriften met betrekking tot arbeidsplaatsen, noch de bevoegdheid en de verantwoordelijkheid van de lichamen die belast zijn met het toezicht op de toepassing ervan aan.
2. Onder "sociale en sociaal-culturele diensten en voorzieningen" wordt verstaan diensten en voorzieningen van sociale en/of culturele aard die door sommige ondernemingen aan werknemers worden geboden, zoals sociale hulpverlening, sportterreinen, ruimte voor zogende moeders, bibliotheken, vakantiekampen voor kinderen, enz.

Art. 23, lid 1
Voor de toepassing van dit lid heeft de uitdrukking „zolang mogelijk" betrekking op de fysieke, psychische en intellectuele capaciteiten van de oudere.

Art. 24
1. Voor de toepassing van dit artikel wordt onder „beëindiging van de dienstbetrekking" en „beëindigd" verstaan de beëindiging van de dienstbetrekking op initiatief van de werkgever.
2. Dit artikel heeft betrekking op alle werknemers, maar een Partij kan de volgende categorieën werknemers geheel of gedeeltelijk uitsluiten van bescherming:
a. werknemers die in dienst zijn genomen op grond van een arbeidsovereenkomst voor bepaalde tijd of voor een bepaalde taak;
b. werknemers die onderworpen worden aan een proeftijd of die een bepaalde periode van tewerkstelling moeten vervullen, mits deze periode vooraf wordt bepaald en een redelijke termijn kent;

c. werknemers die voor een korte tijd worden aangenomen om onregelmatige werkzaamheden te verrichten.
3. Voor de toepassing van dit artikel zullen met name de onderstaande redenen geen geldige redenen voor beëindiging van dienstbetrekking vormen:
a. lidmaatschap van een vakbond of deelname aan vakbondsactiviteiten buiten werktijd, of, met toestemming van de werkgever, tijdens werktijd;
b. solliciteren naar de functie van, optreden als of opgetreden hebbend als werknemersvertegenwoordiger;
c. indienen van een klacht of deelneming aan een gerechtelijke procedure tegen een werkgever met betrekking tot een vermeende schending van wet- of regelgeving of het zich wenden tot bevoegde administratieve autoriteiten;
d. ras, kleur, geslacht, echtelijke staat, gezinsverantwoordelijkheid, zwangerschap, godsdienst, politieke overtuiging, nationale herkomst of sociale afkomst;
e. zwangerschaps- of ouderschapsverlof;
f. tijdelijk verzuim vanwege ziekte of letsel.
4. Schadeloosstelling of een andere adequate vorm van genoegdoening in geval van beëindiging van de dienstbetrekking zonder geldige redenen wordt bepaald door de nationale wet- of regelgeving, collectieve arbeidsovereenkomsten of andere bij de nationale omstandigheden passende middelen.

Art. 25
1. De bevoegde nationale autoriteit kan, bij wijze van ontheffing en na overleg met organisaties van werkgevers en werknemers, bepaalde categorieën werknemers wegens de bijzondere aard van hun dienstbetrekking uitsluiten van de in deze bepaling voorziene bescherming.
2. De definitie van „insolventie" moet worden bepaald door de nationale wetgeving en de praktijk.
3. De aanspraken van werknemers die onder deze bepaling vallen, omvatten ten minste:
a. de aanspraken van werknemers op loon met betrekking tot een voorgeschreven periode, die niet minder zal bedragen dan drie maanden in geval van een systeem van voorrechten en niet minder dan acht weken in geval van een waarborgstelsel vóór de datum van het intreden van de insolventie of van de beëindiging van de dienstbetrekking;
b. de aanspraken van werknemers op verschuldigde vakantietoeslag op grond van werkzaamheden die werden verricht in het jaar waarin de insolventie intrad of de dienstbetrekking werd beëindigd;
c. de aanspraken van werknemers op verschuldigde bedragen op grond van andere vormen van betaald verlof met betrekking tot een voorgeschreven periode, die niet minder zal bedragen dan drie maanden in geval van een systeem van voorrechten en niet minder dan acht weken in geval van een waarborgstelsel vóór de datum van het intreden van de insolventie of van de beëindiging van de dienstbetrekking.
4. In de nationale wet- of regelgeving kan de bescherming van de aanspraken van werknemers worden beperkt tot een voorgeschreven bedrag, dat van een sociaal aanvaardbaar niveau dient te zijn.

Art. 26
Dit artikel verplicht de Partijen niet tot het vaststellen van wetgeving.
Het tweede lid heeft geen betrekking op seksuele intimidatie.

Art. 27
Dit artikel heeft betrekking op mannelijke en vrouwelijke werknemers met gezinsverantwoordelijkheid met betrekking tot kinderen te hunnen laste en met betrekking tot andere leden van hun naaste familie die duidelijk behoefte hebben aan hun zorg en ondersteuning wanneer dergelijke verantwoordelijkheden hun mogelijkheden beperken bij het voorbereiden op, aangaan van, deelnemen aan, of vooruitgang boeken bij economische activiteiten. Onder „kinderen te hunnen laste" en „andere leden van hun naaste familie die duidelijk behoefte hebben aan hun zorg en ondersteuning" worden personen verstaan die als zodanig worden omschreven in de wetgeving van de betrokken Partij.

Art.en 28 en 29
Voor de toepassing van dit artikel wordt verstaan onder „werknemersvertegenwoordigers" personen die als zodanig zijn erkend door de nationale wetgeving of praktijk.

DEEL III

Het Handvest houdt juridische verplichtingen van internationale aard in, welker toepassing uitsluitend aan het in deel IV omschreven toezicht is onderworpen.

Art. A, eerste lid
De uitdrukking „genummerde leden" kan eveneens betrekking hebben op artikelen die slechts een enkel lid omvatten.

Art. B, tweede lid

Voor de toepassing van het tweede lid van artikel B, komen de bepalingen van het herziene Handvest overeen met de bepalingen van het Handvest vervat in het artikel of lid met hetzelfde nummer, met uitzondering van:

a. Artikel 3, tweede lid, van het herziene Handvest, dat overeenkomt met artikel 3, eerste en derde lid, van het Handvest;

b. Artikel 3, derde lid, van het herziene Handvest, dat overeenkomt met artikel 3, tweede en derde lid, van het Handvest;

c. Artikel 10, vijfde lid, van het herziene Handvest, dat overeenkomt met artikel 10, vierde lid, van het Handvest;

d. Artikel 17, eerste lid, van het herziene Handvest, dat overeenkomt met artikel 17 van het Handvest.

DEEL V

Art. E
Een verschil in behandeling dat gegrond is op een objectieve en redelijke rechtvaardiging wordt niet als discriminerend beschouwd.

Art. F
De zinsnede „in geval van oorlog of een andere noodtoestand" heeft tevens betrekking op oorlogs*dreiging*.

Art. I
Werknemers die zijn uitgesloten overeenkomstig de bijlage bij de artikelen 21 en 22, worden niet medegeteld bij de vaststelling van het aantal betrokken werknemers.

Art. J
Onder de term „wijziging" wordt tevens de toevoeging van nieuwe artikelen aan het Handvest verstaan.

Protocol tot wijziging van het Europees Sociaal Handvest, Turijn, 21 oktober 1991

Protocol tot wijziging van het Europees Sociaal Handvest[1]

De Lidstaten van de Raad van Europa die dit Protocol bij het Europees Sociaal Handvest, dat op 18 oktober 1961 te Turijn voor ondertekening werd opengesteld (hierna te noemen "het Handvest") hebben ondertekend,
Vastbesloten maatregelen te nemen ter verbetering van de doeltreffendheid van het Handvest, en met name de werking van de regeling van het toezicht;
Overwegende daarom dat het wenselijk is, enkele bepalingen van het Handvest te wijzigen,
Zijn als volgt overeengekomen:

Art. 1
Artikel 23 van het Handvest wordt vervangen door:

"Artikel 23 Verstrekking van exemplaren van rapporten en opmerkingen
1. Iedere Overeenkomstsluitende Partij zendt, wanneer zij de Secretaris-Generaal een rapport als bedoeld in de artikelen 21 en 22 toezendt, een exemplaar van dat rapport aan haar nationale organisaties die aangesloten zijn bij de internationale organisaties van werkgevers en werknemers die, overeenkomstig artikel 27, tweede lid, uitgenodigd zijn zich te doen vertegenwoordigen op bijeenkomsten van het regeringscomité. Deze organisaties zenden de Secretaris-Generaal eventuele opmerkingen over de rapporten van de Overeenkomstsluitende Partijen. De Secretaris-Generaal zendt een exemplaar van deze opmerkingen aan de betrokken Overeenkomstsluitende Partijen, die daarop kunnen reageren.
2. De Secretaris-Generaal zendt een exemplaar van de rapporten van de Overeenkomstsluitende Partijen aan de internationale niet-gouvernementele organisaties die een raadgevende status bij de Raad van Europa bezitten en beschikken over bijzondere bekwaamheid inzake aangelegenheden bestreken door dit Handvest.
3. De in de artikelen 21 en 22 en in dit artikel bedoelde rapporten en opmerkingen worden op verzoek aan het publiek ter beschikking gesteld."

Art. 2
Artikel 24 van het Handvest wordt vervangen door:

"Artikel 24 Bestudering van de rapporten
1. De krachtens de artikelen 21 en 22 aan de Secretaris-Generaal gezonden rapporten worden bestudeerd door een ingevolge artikel 25 in het leven geroepen Comité van onafhankelijke deskundigen. Het Comité dient eveneens de beschikking te hebben over alle overeenkomstig artikel 23, eerste lid, aan de Secretaris-Generaal toegezonden opmerkingen. Na voltooiing van de bestudering stelt het Comité van onafhankelijke deskundigen een rapport op waarin het zijn conclusies neerlegt.
2. Ten aanzien van de in artikel 21 bedoelde rapporten beoordeelt het Comité van onafhankelijke deskundigen vanuit juridisch standpunt de naleving in de nationale wetgeving en praktijk van de verplichtingen die voor de betrokken Overeenkomstsluitende Partijen uit het Handvest voortvloeien.
3. Het Comité van onafhankelijke deskundigen kan verzoeken om meer informatie en ophelderingen rechtstreeks tot de Overeenkomstsluitende Partijen richten. In dit verband kan het Comité van onafhankelijke deskundigen ook, indien nodig, een bijeenkomst beleggen met de vertegenwoordigers van een Overeenkomstsluitende Partij, op eigen initiatief of op verzoek van de betrokken Overeenkomstsluitende Partij. De in artikel 23, eerste lid, bedoelde organisaties worden op de hoogte gehouden.
4. De conclusies van het Comité van onafhankelijke deskundigen worden door de Secretaris-Generaal openbaar gemaakt en medegedeeld aan het Regeringscomité, de Parlementaire Vergadering en de in artikel 23, eerste lid, en artikel 27, tweede lid, genoemde organisaties."

Art. 3
Artikel 25 van het Handvest wordt vervangen door:

---

[1] Is door Nederland ondertekend, geratificeerd, maar nog niet in werking getreden.

"Artikel 25 Comité van onafhankelijke deskundigen
1. Het Comité van onafhankelijke deskundigen bestaat uit ten minste negen leden, die door de Parlementaire Vergadering met een meerderheid van de uitgebrachte stemmen worden gekozen uit een lijst van door de Overeenkomstsluitende Partijen voorgedragen deskundigen van onbesproken reputatie en erkende bekwaamheid op het gebied van nationale en internationale sociale aangelegenheden. Het precieze aantal leden wordt bepaald door het Comité van Ministers.
2. De leden van het Comité worden gekozen voor een tijdvak van zes jaar. Zij kunnen eenmaal worden herkozen.
3. Een lid van het Comité van onafhankelijke deskundigen dat gekozen is in de plaats van een lid wiens mandaat nog niet is afgelopen, heeft zitting voor de resterende tijd van het mandaat van zijn voorganger.
4. De leden van het Comité hebben zitting op persoonlijke titel. Gedurende hun mandaat mogen zij geen functies vervullen die onverenigbaar zijn met de vereisten van onafhankelijkheid, onpartijdigheid en beschikbaarheid die inherent zijn aan hun mandaat."

Art. 4
Artikel 27 van het Handvest wordt vervangen door:

"Artikel 27 Regeringscomité
1. De rapporten van de Overeenkomstsluitende Partijen, de opmerkingen en informatie toegezonden overeenkomstig artikel 23, eerste lid, en artikel 24, derde lid, en de rapporten van het Comité van onafhankelijke deskundigen worden voorgelegd aan een Regeringscomité.
2. Het Comité bestaat uit een vertegenwoordiger van ieder der Overeenkomstsluitende Partijen. Het verzoekt ten hoogste twee internationale organisaties van werkgevers en twee internationale organisaties van werknemers, waarnemers te zenden, die zijn bijeenkomsten met raadgevende stem zullen bijwonen. Voorts kan het vertegenwoordigers raadplegen van internationale niet-gouvernementele organisaties die een raadgevende status bij de Raad van Europa bezitten en beschikken over bijzondere bekwaamheid inzake aangelegenheden bestreken door dit Handvest.
3. Het Regeringscomité bereidt de beslissingen van het Comité van Ministers voor. Met name selecteert het, in het licht van de rapporten van het Comité van onafhankelijke deskundigen en van de Overeenkomstsluitende Partijen, de situaties die naar zijn mening het onderwerp moeten vormen van aanbevelingen aan iedere betrokken Overeenkomstsluitende Partij, in overeenstemming met artikel 28 van het Handvest; daarbij geeft het de redenen voor zijn keuze, op basis van sociale, economische en andere beleidsoverwegingen. Het legt aan het Comité van Ministers een rapport voor, dat openbaar wordt gemaakt.
4. Op basis van zijn bevindingen over de toepassing van het Sociaal Handvest in het algemeen kan het Regeringscomité aan het Comité van Ministers voorstellen voorleggen gericht op te verrichten onderzoeken over sociale onderwerpen en over artikelen van het Handvest die mogelijk geactualiseerd zouden kunnen worden."

Art. 5
Artikel 28 van het Handvest wordt vervangen door:

"Artikel 28 Comité van Ministers
1. Het Comité van Ministers neemt, met een meerderheid van twee derde van degenen die hun stem uitbrengen, waarbij het stemrecht is beperkt tot de Overeenkomstsluitende Partijen, op basis van het rapport van het Regeringscomité een resolutie betreffende de gehele toezichtsperiode aan, waarin afzonderlijke aanbevelingen aan de betrokken Overeenkomstsluitende Partijen zijn opgenomen.
2. Met inachtneming van de door het Regeringscomité ingevolge artikel 27, vierde lid, ingediende voorstellen neemt het Comité van Ministers de beslissingen die het passend acht."

Art. 6
Artikel 29 wordt vervangen door:

"Artikel 29 Parlementaire Vergadering
De Secretaris-Generaal van de Raad van Europa zendt de Parlementaire Vergadering, met het oog op het houden van periodieke plenaire debatten, de rapporten toe van het Comité van onafhankelijke deskundigen en van het Regeringscomité, alsmede de resoluties van het Comité van Ministers."

Art. 7
1. Dit Protocol staat open voor ondertekening door de Lidstaten van de Raad van Europa die het Handvest hebben ondertekend, die hun instemming gebonden te worden tot uitdrukking kunnen brengen door:
a. ondertekening zonder voorbehoud van bekrachtiging, aanvaarding of goedkeuring; of
b. ondertekening onder voorbehoud van bekrachtiging, aanvaarding of goedkeuring, gevolgd door bekrachtiging, aanvaarding of goedkeuring.

Protocol tot wijziging van het Europees Sociaal Handvest (toekomstig)

2. De akten van bekrachtiging, aanvaarding of goedkeuring worden nedergelegd bij de Secretaris-Generaal van de Raad van Europa.

Art. 8
Dit Protocol treedt in werking op de dertigste dag na de datum waarop alle overeenkomstsluitende Partijen bij het Handvest in overeenstemming met de bepalingen van artikel 7 hun instemming door het Protocol te worden gebonden tot uitdrukking hebben gebracht.

Inwerkingtreding

Art. 9
De Secretaris-Generaal van de Raad van Europa stelt de Lidstaten van de Raad in kennis van:
a. alle ondertekeningen;
b. de nederlegging van iedere akte van bekrachtiging, aanvaarding of goedkeuring;
c. de datum van inwerkingtreding van dit Protocol overeenkomstig artikel 8;
d. alle andere handelingen, kennisgevingen of mededelingen betreffende dit Protocol.

Handvest van de Verenigde Naties

Inhoudsopgave

CHAPTER I	Purposes and principles	Art. 1
CHAPTER II	Membership	Art. 3
CHAPTER III	Organs	Art. 7
CHAPTER IV	The General Assembly	Art. 9
	Composition	Art. 9
	Functions and Powers	Art. 10
	Voting	Art. 18
	Procedure	Art. 20
CHAPTER V	The Security Council	Art. 23
	Composition	Art. 23
	Functions and Powers	Art. 24
	Voting	Art. 27
	Procedure	Art. 28
CHAPTER VI	Pacific settlement of disputes	Art. 33
CHAPTER VII	Action with respect to threats to the peace, breaches of the peace and acts of aggression	Art. 39
CHAPTER VIII	Regional arrangements	Art. 52
CHAPTER IX	International Economic and Social Cooperation	Art. 55
CHAPTER X	The Economic and Social Council	Art. 61
	Composition	Art. 61
	Functions and Powers	Art. 62
	Voting	Art. 67
	Procedure	Art. 68
CHAPTER XI	Declaration regarding non-self-governing territories	Art. 73
CHAPTER XII	International trusteeship system	Art. 75
CHAPTER XIII	The Trusteeship Council	Art. 86
	Composition	Art. 86
	Functions and Powers	Art. 87
	Voting	Art. 89
	Procedure	Art. 90
CHAPTER XIV	The International Court of Justice	Art. 92
CHAPTER XV	The Secretariat	Art. 97
CHAPTER XVI	Miscellaneous provisions	Art. 102
CHAPTER XVII	Transitional security arrangements	Art. 106
CHAPTER XVIII	Amendments	Art. 108
CHAPTER XIX	Ratification and signature	Art. 110
Hoofdstuk I	DOELSTELLINGEN EN BEGINSELEN	Art. 1
Hoofdstuk II	LIDMAATSCHAP	Art. 3
Hoofdstuk III	ORGANEN	Art. 7
Hoofdstuk IV	DE ALGEMENE VERGADERING	Art. 9
	Samenstelling	Art. 9
	Functies en bevoegdheden	Art. 10
	Stemmen	Art. 18
	Procedure	Art. 20
Hoofdstuk V	DE VEILIGHEIDSRAAD	Art. 23
	Samenstelling	Art. 23
	Functies en bevoegdheden	Art. 24
	Stemmen	Art. 27
	Procedure	Art. 28
Hoofdstuk VI	VREEDZAME REGELING VAN GESCHILLEN	Art. 33
Hoofdstuk VII	OPTREDEN MET BETREKKING TOT BEDREIGING VAN DE VREDE, VERBREKING VAN DE VREDE EN DADEN VAN AGRESSIE	Art. 39
Hoofdstuk VIII	REGIONALE AKKOORDEN	Art. 52
Hoofdstuk IX	INTERNATIONALE ECONOMISCHE EN SOCIALE SAMENWERKING	Art. 55
Hoofdstuk X	DE ECONOMISCHE EN SOCIALE RAAD	Art. 61
	Samenstelling	Art. 61
	Functies en bevoegdheden	Art. 62

Handvest van de Verenigde Naties

	Stemmen	Art. 67
	Procedure	Art. 68
Hoofdstuk XI	VERKLARING BETREFFENDE NIET-ZELFBESTURENDE GEBIEDEN	Art. 73
Hoofdstuk XII	INTERNATIONAAL TRUSTSCHAPSSTELSEL	Art. 75
Hoofdstuk XIII	DE TRUSTSCHAPSRAAD	Art. 86
	Samenstelling	Art. 86
	Functies en bevoegdheden	Art. 87
	Stemmen	Art. 89
	Procedure	Art. 90
Hoofdstuk XIV	HET INTERNATIONAAL GERECHTSHOF	Art. 92
Hoofdstuk XV	HET SECRETARIAAT	Art. 97
Hoofdstuk XVI	DIVERSE BEPALINGEN	Art. 102
Hoofdstuk XVII	OVERGANGSREGELINGEN INZAKE DE VEILIGHEID	Art. 106
Hoofdstuk XVIII	AMENDEMENTEN	Art. 108
Hoofdstuk XIX	BEKRACHTIGING EN ONDERTEKENING	Art. 110

Handvest van de Verenigde Naties[1]

Wij, de volken
van de Verenigde Naties,
vastbesloten
komende geslachten te behoeden voor de gesel van de oorlog, die tweemaal in ons leven onnoemelijk leed over de mensheid heeft gebracht, en
opnieuw ons vertrouwen te bevestigen in de fundamentele rechten van de mens, in de waardigheid en de waarde van de menselijke persoon, in gelijke rechten voor mannen en vrouwen, alsmede voor grote en kleine naties, en
omstandigheden te scheppen waaronder gerechtigheid, alsmede eerbied voor de uit verdragen en andere bronnen van internationaal recht voortvloeiende verplichtingen kunnen worden gehandhaafd, en
sociale vooruitgang en hogere levensstandaarden in groter vrijheid te bevorderen,
en te dien einde
verdraagzaamheid te betrachten en in vrede met elkander te leven als goede naburen, en onze krachten te bundelen ter handhaving van de internationale vrede en veiligheid, en door het aanvaarden van beginselen en het invoeren van methodes te verzekeren, dat wapengeweld niet zal worden gebruikt behalve in het algemeen belang, en gebruik te maken van internationale instellingen voor de bevordering van de economische en sociale vooruitgang van alle volken, hebben besloten onze inspanningen te verenigen om deze doeleinden te verwezenlijken.
Dienovereenkomstig hebben onze onderscheiden regeringen, door tussenkomst van hun in de stad San Francisco bijeengekomen vertegenwoordigers, die hun volmachten hebben overgelegd, welke in goede orde zijn bevonden, overeenstemming bereikt over dit Handvest van de Verenigde Naties en richten zij hierbij een internationale organisatie op, die de naam zal dragen van de Verenigde Naties.

Hoofdstuk I
DOELSTELLINGEN EN BEGINSELEN

Art. 1

Doelstellingen
Vrede en veiligheid

De doelstellingen van de Verenigde Naties zijn:
1. De internationale vrede en veiligheid te handhaven en, met het oog daarop: doeltreffende gezamenlijke maatregelen te nemen ter voorkoming en opheffing van bedreigingen van de vrede en ter onderdrukking van daden van agressie of andere vormen van verbreking van de vrede, alsook met vreedzame middelen en in overeenstemming met de beginselen van gerechtigheid en internationaal recht, een regeling of beslechting van internationale geschillen of van situaties die tot verbreking van de vrede zouden kunnen leiden, tot stand te brengen;

Zelfbeschikkingsrecht

2. Tussen de naties vriendschappelijke betrekkingen tot ontwikkeling te brengen, die zijn gegrond op eerbied voor het beginsel van gelijke rechten en van zelfbeschikking voor volken, en andere passende maatregelen te nemen ter versterking van de vrede overal ter wereld;

Internationale samenwerking

3. Internationale samenwerking tot stand te brengen bij het oplossen van internationale vraagstukken van economische, sociale, culturele of humanitaire aard, alsmede bij het bevorderen en stimuleren van eerbied voor de rechten van de mens en voor fundamentele vrijheden voor allen, zonder onderscheid naar ras, geslacht, taal of godsdienst; en
4. Een centrum te zijn voor de harmonisatie van het optreden van de naties ter verwezenlijking van deze gemeenschappelijke doelstellingen.

Art. 2

Beginselen

Bij het nastreven van de in artikel 1 genoemde doelstellingen, dienen de Organisatie en haar Leden te handelen overeenkomstig de volgende beginselen:

Soevereine gelijkheid
Goede trouw

1. De Organisatie is gegrond op het beginsel van soevereine gelijkheid van al haar Leden.
2. Ten einde alle Leden de rechten en voordelen die uit het lidmaatschap voortvloeien deelachtig te doen worden, dienen de Leden van de Organisatie de verplichtingen die zij overeenkomstig dit Handvest op zich hebben genomen, te goeder trouw na te komen.

Vreedzame geschillenbeslechting

3. Alle Leden brengen hun internationale geschillen langs vreedzame weg tot een oplossing, op zodanige wijze dat de internationale vrede en veiligheid en de gerechtigheid niet in gevaar worden gebracht.

Geweldverbod

4. In hun internationale betrekkingen onthouden alle Leden zich van bedreiging met of het gebruik van geweld tegen de territoriale integriteit of de politieke onafhankelijkheid van een

---

1   Inwerkingtredingsdatum: 24-09-1973.

Handvest van de Verenigde Naties A100 art. 9

staat, en van elke andere handelwijze die onverenigbaar is met de doelstellingen van de Verenigde Naties.
5. Alle Leden verlenen de Verenigde Naties volledige bijstand bij elk optreden waartoe de Organisatie overeenkomstig dit Handvest overgaat en zij onthouden zich van het verlenen van bijstand aan een staat waartegen de Verenigde Naties een preventieve of dwangactie ondernemen. — *Bijstand aan VN-maatregelen*
6. De Organisatie draagt er zorg voor dat staten die geen Lid van de Verenigde Naties zijn overeenkomstig deze beginselen handelen, voor zover dit voor de handhaving van de internationale vrede en veiligheid noodzakelijk kan zijn.
7. Geen enkele bepaling van dit Handvest geeft de Verenigde Naties de bevoegdheid tussenbeide te komen in aangelegenheden die wezenlijk onder de nationale rechtsmacht van een staat vallen, noch wordt op grond van enige bepaling daarin van de Leden verlangd dat zij zodanige aangelegenheden krachtens dit Handvest tot een oplossing brengen. Dit beginsel staat de toepassing van dwangmaatregelen ingevolge Hoofdstuk VII evenwel niet in de weg. — *Respecteren binnenlandse rechtsmacht staat*

Hoofdstuk II
LIDMAATSCHAP

Art. 3
De oorspronkelijke Leden van de Verenigde Naties zijn de staten die hebben deelgenomen aan de Conferentie van de Verenigde Naties betreffende Internationale Organisatie te San Francisco, of die eerder de Verklaring van de Verenigde Naties van 1 januari 1942 hebben ondertekend, en dit Handvest ondertekenen en het bekrachtigen overeenkomstig artikel 110. — *Oorspronkelijke leden*

Art. 4
1. Het Lidmaatschap van de Verenigde Naties staat open voor alle andere vredelievende staten die de in dit Handvest vervatte verplichtingen aanvaarden en die, naar het oordeel van de Organisatie, in staat en bereid zijn deze verplichtingen na te komen. — *Lidmaatschap voor vredelievende staten*
2. De toelating van zulk een staat tot het lidmaatschap van de Verenigde Naties geschiedt bij besluit van de Algemene Vergadering op aanbeveling van de Veiligheidsraad.

Art. 5
Een Lid van de Verenigde Naties waartegen door de Veiligheidsraad een preventieve of dwangactie is ondernomen, kan, op aanbeveling van de Veiligheidsraad, door de Algemene Vergadering worden geschorst in de uitoefening van de aan het lidmaatschap verbonden rechten en voorrechten. De uitoefening van die rechten en voorrechten kan door de Veiligheidsraad worden hersteld. — *Schorsing lid*

Art. 6
Een Lid van de Verenigde Naties dat bij voortduring de in dit Handvest vervatte beginselen heeft geschonden, kan, op aanbeveling van de Veiligheidsraad, door de Algemene Vergadering worden uitgestoten als Lid van de Organisatie. — *Uitstoting lid*

Hoofdstuk III
ORGANEN

Art. 7
1. Als hoofdorganen van de Verenigde Naties worden ingesteld: een Algemene Vergadering, een Veiligheidsraad, een Economische en Sociale Raad, een Trustschapsraad, een Internationaal Gerechtshof en een Secretariaat. — *Hoofdorganen*
2. Hulporganen waaraan behoefte zou blijken te bestaan kunnen overeenkomstig dit Handvest worden ingesteld. — *Hulporganen*

Art. 8
De Verenigde Naties laten zonder enige beperking mannen en vrouwen in aanmerking komen om in welke hoedanigheid ook en onder gelijke voorwaarden deel te nemen aan haar hoofdorganen en hulporganen. — *Gelijke rechten mannen en vrouwen*

Hoofdstuk IV
DE ALGEMENE VERGADERING

Samenstelling

Art. 9
1. De Algemene Vergadering wordt gevormd door alle Leden van de Verenigde Naties. — *Samenstelling*
2. Elk lid heeft in de Algemene Vergadering niet meer dan vijf vertegenwoordigers.

Functies en bevoegdheden

Art. 10
Aanbevelingen — De Algemene Vergadering kan alle vraagstukken en alle zaken bespreken die binnen het kader van dit Handvest vallen of die betrekking hebben op de bevoegdheden en functies van organen waarin dit Handvest voorziet, en kan, behoudens het in artikel 12 bepaalde, met betrekking tot die vraagstukken of zaken aanbevelingen doen aan de Leden van de Verenigde Naties, of aan de Veiligheidsraad, of aan beide.

Art. 11
Vrede en veiligheid

1. De Algemene Vergadering kan de algemene beginselen van samenwerking bij het handhaven van de internationale vrede en veiligheid behandelen, met inbegrip van de beginselen voor ontwapening en wapenbeheersing, en kan met betrekking tot die beginselen aanbevelingen doen aan de Leden of aan de Veiligheidsraad, of aan beide.

Verwijzing naar Veiligheidsraad

2. De Algemene Vergadering kan alle vraagstukken bespreken betrekking hebbende op de handhaving van de internationale vrede en veiligheid, die door een Lid van de Verenigde Naties of door de Veiligheidsraad of, overeenkomstig artikel 35, tweede lid, door een staat die geen Lid is van de Verenigde Naties aan haar zijn voorgelegd, en zij kan, behoudens het in artikel 12 bepaalde, ten aanzien van dergelijke vraagstukken aanbevelingen doen aan de betrokken staat of staten, of aan de Veiligheidsraad, of aan beide. Elk dergelijk vraagstuk dat het nemen van maatregelen vereist, wordt door de Algemene Vergadering hetzij vóór hetzij na bespreking naar de Veiligheidsraad verwezen.
3. De Algemene Vergadering kan de aandacht van de Veiligheidsraad vestigen op situaties die de internationale vrede en veiligheid in gevaar dreigen te brengen.
4. De in dit artikel genoemde bevoegdheden van de Algemene Vergadering tasten de algemene strekking van artikel 10 niet aan.

Art. 12
Geen aanbevelingen informeren

1. Zolang de Veiligheidsraad met betrekking tot enig geschil of enige situatie de hem krachtens dit Handvest opgedragen taken uitvoert, onthoudt de Algemene Vergadering zich ten aanzien van dat geschil of die situatie van het doen van enige aanbeveling, tenzij de Veiligheidsraad daarom verzoekt.

Algemene vergadering

2. Met toestemming van de Veiligheidsraad doet de Secretaris-Generaal de Algemene Vergadering in iedere zitting mededeling van alle zaken betrekking hebbende op de handhaving van de internationale vrede en veiligheid die bij de Veiligheidsraad in behandeling zijn en hij geeft, op gelijke wijze, onmiddellijk nadat de Veiligheidsraad de behandeling van zulke zaken staakt, daarvan kennis aan de Algemene Vergadering of, indien deze niet in zitting bijeen is, aan de Leden van de Verenigde Naties.

Art. 13
Studies en aanbevelingen

1. De Algemene Vergadering geeft opdracht tot het verrichten van studies en doet aanbevelingen gericht op:
   a. het bevorderen van internationale samenwerking op politiek gebied en het stimuleren van de progressieve ontwikkeling en de codificatie van het internationaal recht;
   b. het bevorderen van internationale samenwerking op economisch, sociaal en cultureel gebied, alsmede op het gebied van het onderwijs en de gezondheidszorg, en het medewerken aan de verwezenlijking van de rechten van de mens en de fundamentele vrijheden voor allen, zonder onderscheid naar ras, geslacht, taal of godsdienst.
2. De overige verantwoordelijkheden, taken en bevoegdheden van de Algemene Vergadering met betrekking tot zaken die in het eerste lid, letter b, van dit artikel zijn genoemd, worden uiteengezet in de Hoofdstukken IX en X.

Art. 14
Vreedzame regeling — Behoudens het in artikel 12 bepaalde, kan de Algemene Vergadering maatregelen aanbevelen voor de vreedzame regeling van iedere situatie, ongeacht waaruit deze voorkomt, ten aanzien waarvan zij het waarschijnlijk acht dat deze het algemeen welzijn of de vriendschappelijke betrekkingen tussen de naties zal schaden, met inbegrip van situaties die het gevolg zijn van een schending van de bepalingen van dit Handvest waarin de doelstellingen en beginselen van de Verenigde Naties zijn uiteengezet.

Art. 15
Behandeling van verslagen van VN-organen

1. De Algemene Vergadering ontvangt en behandelt de jaarlijkse en de bijzondere verslagen van de Veiligheidsraad; deze verslagen omvatten onder meer een overzicht van de maatregelen waartoe de Veiligheidsraad heeft besloten of die hij heeft genomen ter handhaving van de internationale vrede en veiligheid.
2. De Algemene Vergadering ontvangt en behandelt de verslagen van de andere organen van de Verenigde Naties.

Art. 16
Uitvoering taken m.b.t. Trustschapsstelsel — De Algemene Vergadering voert met betrekking tot het Internationaal Trustschapsstelsel de taken uit die haar ingevolge de Hoofdstukken XII en XIII worden opgedragen, met inbegrip

van het goedkeuren van de Trustschapsovereenkomsten voor gebieden die niet als strategisch worden aangemerkt.

Art. 17
1. De Algemene Vergadering behandelt de begroting van de Organisatie en keurt deze goed.   *Algemene Vergadering keurt begroting goed*
2. De uitgaven van de Organisatie worden door de Leden gedragen volgens een door de Algemene Vergadering vastgestelde verdeelsleutel.
3. De Algemene Vergadering behandelt alle financiële en begrotingstechnische regelingen met de in artikel 57 bedoelde gespecialiseerde organisaties en hecht daaraan haar goedkeuring; zij onderwerpt de administratieve begrotingen van de gespecialiseerde organisaties aan een onderzoek met het oog op het doen van aanbevelingen aan de desbetreffende organisaties.

Stemmen

Art. 18
1. Elk lid van de Algemene Vergadering heeft één stem.   *Stemmenverhouding*
2. Besluiten van de Algemene Vergadering over belangrijke zaken worden genomen met een meerderheid van twee derde van de aanwezige leden die hun stem uitbrengen. Deze zaken omvatten mede: aanbevelingen met betrekking tot de handhaving van de internationale vrede en veiligheid, de verkiezing van de niet-permanente leden van de Veiligheidsraad, de verkiezing van de leden van de Economische en Sociale Raad, de verkiezing van leden van de Trustschapsraad overeenkomstig het bepaalde in artikel 86, eerste lid, letter c, de toelating van nieuwe Leden tot de Verenigde Naties, de schorsing van de aan het lidmaatschap verbonden rechten en voorrechten, de uitstoting van Leden, zaken betreffende de werking van het Trustschapsstelsel, alsmede begrotingszaken.
3. Besluiten over andere zaken, met inbegrip van het vaststellen van andere categorieën van zaken waarover met een meerderheid van twee derde dient te worden beslist, worden genomen met een meerderheid van de aanwezige leden die hun stem uitbrengen.

Art. 19
Een Lid van de Verenigde Naties dat zijn financiële bijdragen aan de Organisatie niet op tijd heeft betaald, mag in de Algemene Vergadering niet stemmen, indien het achterstallige bedrag gelijk is aan of hoger dan het bedrag dat over de twee volle voorafgaande jaren verschuldigd is. Niettemin kan de Algemene Vergadering zulk een Lid toestaan zijn stem uit te brengen, indien zij ervan overtuigd is dat het uitblijven van de betaling te wijten is aan omstandigheden buiten de macht van het Lid.   *Financiële bijdrage en stemrecht Lid*

Procedure

Art. 20
De Algemene Vergadering komt bijeen in gewone jaarlijkse zittingen en, zo de omstandigheden dit eisen, in bijzondere zittingen. Bijzondere zittingen worden, op verzoek van de Veiligheidsraad of van een meerderheid van de Leden van de Verenigde Naties, door de Secretaris-Generaal bijeengeroepen.   *Jaarlijkse en bijzondere zittingen*

Art. 21
De Algemene Vergadering stelt haar eigen huishoudelijk reglement vast. Voor iedere zitting kiest zij haar Voorzitter.   *Huishoudelijk reglement*

Art. 22
De Algemene Vergadering kan die hulporganen instellen die zij nodig acht voor de uitoefening van haar taken.

Hoofdstuk V
DE VEILIGHEIDSRAAD

Samenstelling

Art. 23
1. De Veiligheidsraad bestaat uit vijftien Leden van de Verenigde Naties. De Republiek China, Frankrijk, de Unie van Socialistische Sovjetrepublieken, het Verenigd Koninkrijk van Groot-Brittannië en Noord-Ierland en de Verenigde Staten van Amerika zijn permanente leden van de Veiligheidsraad. De Algemene Vergadering kiest tien andere Leden van de Verenigde Naties als niet-permanente leden van de Veiligheidsraad, waarbij in het bijzonder rekening wordt gehouden in de eerste plaats met de bijdrage van Leden van de Verenigde Naties tot de handhaving van de internationale vrede en veiligheid en tot de andere doelstellingen van de Organisatie, en tevens met een billijke geografische spreiding.   *Permanente en niet-permanente leden*

A100 art. 24

Handvest van de Verenigde Naties

Termijn lidmaatschap niet-permanente leden
2. De niet-permanente leden van de Veiligheidsraad worden gekozen voor een termijn van twee jaar. Nadat het aantal leden van de Veiligheidsraad van elf tot vijftien is uitgebreid worden bij de eerstvolgende verkiezing van de niet-permanente leden twee van de vier toegevoegde leden gekozen voor een termijn van een jaar. Een aftredend lid kan niet onmiddellijk worden herkozen.

Eén vertegenwoordiger
3. Elk lid van de Veiligheidsraad heeft één vertegenwoordiger.

Functies en bevoegdheden

Art. 24

Verantwoordelijkheid voor vrede en veiligheid
1. Ten einde een snel en doeltreffend optreden van de Verenigde Naties te verzekeren, dragen de Leden de verantwoordelijkheid voor de handhaving van de internationale vrede en veiligheid in de eerste plaats op aan de Veiligheidsraad, en stemmen zij er in toe dat de Veiligheidsraad, bij de uitvoering van de uit die verantwoordelijkheid voortvloeiende taken, in hun naam handelt.
2. Bij de uitvoering van deze taken handelt de Veiligheidsraad overeenkomstig de doelstellingen en beginselen van de Verenigde Naties. De bijzondere bevoegdheden die de Veiligheidsraad voor de uitvoering van deze taken worden verleend, zijn omschreven in de Hoofdstukken VI, VII, VIII en XII.
3. De Veiligheidsraad legt de Algemene Vergadering jaarlijkse verslagen en, zo nodig, bijzondere verslagen ter behandeling voor.

Art. 25

Bindende kracht
De Leden van de Verenigde Naties komen overeen de besluiten van de Veiligheidsraad overeenkomstig dit Handvest te aanvaarden en uit te voeren.

Art. 26

Wapenbeheersing
Ten einde de totstandkoming en de handhaving van de internationale vrede en veiligheid te bevorderen op een wijze waarbij een zo gering mogelijk deel van wat de wereld aan mensen en middelen te bieden heeft wordt uitgetrokken voor bewapening, heeft de Veiligheidsraad de verantwoordelijkheid om, met de hulp van het in artikel 47 genoemde Generale Staf-Comité, plannen op te stellen die worden voorgelegd aan de Leden van de Verenigde Naties om te komen tot een stelsel van wapenbeheersing.

Stemmen

Art. 27

Stemmenverhouding
1. Elk lid van de Veiligheidsraad heeft één stem.
2. Besluiten van de Veiligheidsraad over procedurekwesties zijn aangenomen indien negen leden vóór stemmen.

Vetorecht
3. Besluiten van de Veiligheidsraad over alle andere zaken zijn aangenomen, indien negen leden, waaronder zich de permanente leden bevinden, vóór stemmen, met dien verstande dat wanneer het besluiten ingevolge Hoofdstuk VI en artikel 52, derde lid, betreft, een partij bij een geschil zich van stemming onthoudt.

Procedure

Art. 28

Voortdurend in Renché
1. De Veiligheidsraad wordt zodanig georganiseerd dat hij voortdurend kan functioneren. Met het oog daarop dient ieder lid van de Veiligheidsraad ter plaatse waar de zetel van de Organisatie is gevestigd, te allen tijde vertegenwoordigd te zijn.
2. De Veiligheidsraad houdt regelmatig zittingen, waarop elk van de leden, zo het zulks verlangt, kan worden vertegenwoordigd door een lid van de regering of door een andere in het bijzonder daartoe aangewezen vertegenwoordiger.
3. De Veiligheidsraad kan, zo hij van oordeel is dat zijn taak daardoor wordt vergemakkelijkt, vergaderingen houden in andere plaatsen dan die waar de zetel van de Organisatie is gevestigd.

Art. 29

Hulporganen
De Veiligheidsraad kan die hulporganen instellen die hij nodig acht voor de uitoefening van zijn taken.

Art. 30

Huishoudelijk reglement
De Veiligheidsraad stelt zijn eigen huishoudelijk reglement vast, met inbegrip van de wijze van verkiezing van zijn Voorzitter.

Art. 31

Deelneming aan bespreking niet-Lid
Elk Lid van de Verenigde Naties dat geen lid is van de Veiligheidsraad, kan zonder stemrecht deelnemen aan de bespreking van elke zaak die voor de Veiligheidsraad wordt gebracht, indien deze van oordeel is dat de belangen van dat Lid in het bijzonder in het geding zijn.

Art. 32
Elk Lid van de Verenigde Naties dat geen lid is van de Veiligheidsraad, of elke staat die geen Lid is van de Verenigde Naties, wordt, indien dat Lid of die staat partij is bij een geschil dat bij de Veiligheidsraad in behandeling is, uitgenodigd, zonder tot stemmen gerechtigd te zijn, deel te nemen aan de met het geschil verband houdende bespreking. De Veiligheidsraad stelt de voorwaarden vast die hij juist acht voor het deelnemen van een staat die geen Lid is van de Verenigde Naties. *— Uitnodiging niet-Lid tot deelneming*

Hoofdstuk VI
VREEDZAME REGELING VAN GESCHILLEN

Art. 33
1. De partijen bij een geschil waarvan het voortbestaan de handhaving van de internationale vrede en veiligheid in gevaar dreigt te brengen, dienen daarvoor allereerst een oplossing te zoeken door onderhandelingen, feitenonderzoek, bemiddeling, conciliatie, arbitrage, een rechterlijke beslissing, het doen van een beroep op regionale organen of akkoorden, of andere vreedzame middelen naar hun eigen keuze. *— Vreedzame middelen*
2. Zo hij zulks nodig acht, doet de Veiligheidsraad een beroep op de partijen hun geschil langs deze wegen te regelen.

Art. 34
De Veiligheidsraad kan elk geschil onderzoeken alsmede elke situatie die tot internationale wrijving kan leiden of de aanleiding kan vormen tot een geschil, ten einde vast te stellen of het voortduren van het geschil of van de situatie de handhaving van de internationale vrede en veiligheid in gevaar dreigt te brengen. *— Bevoegdheid tot onderzoek*

Art. 35
1. Elk Lid van de Verenigde Naties kan elk geschil of elke situatie zoals bedoeld in artikel 34 onder de aandacht brengen van de Veiligheidsraad of van de Algemene Vergadering. *— Wie kan geschil voorleggen aan Veiligheidsraad*
2. Een staat die geen Lid is van de Verenigde Naties kan elk geschil waarbij hij partij is onder de aandacht brengen van de Veiligheidsraad of van de Algemene Vergadering, indien hij vooraf ten aanzien van dat geschil de verplichtingen voor een vreedzame regeling zoals in dit Handvest voorzien, aanvaardt.
3. Het optreden van de Algemene Vergadering met betrekking tot zaken die krachtens dit artikel onder haar aandacht worden gebracht, is onderworpen aan de bepalingen van de artikelen 11 en 12.

Art. 36
1. De Veiligheidsraad kan in ieder stadium van een geschil als bedoeld in artikel 33 of van een soortgelijke situatie passende procedures of methodes tot regeling ervan aanbevelen. *— Aanbevelingen*
2. De Veiligheidsraad dient rekening te houden met eventuele procedures ter oplossing van het geschil die reeds door de partijen zijn aanvaard. *— Andere procedures*
3. Bij het doen van aanbevelingen ingevolge dit artikel dient de Veiligheidsraad er eveneens rekening mee te houden dat als algemene regel rechtsgeschillen door de partijen dienen te worden voorgelegd aan het Internationaal Gerechtshof, overeenkomstig de bepalingen van het Statuut van het Hof. *— Internationaal Gerechtshof*

Art. 37
1. Indien de partijen bij een geschil zoals bedoeld in artikel 33 er niet in slagen dat geschil op te lossen met behulp van de in dat artikel aangeduide middelen, leggen zij het voor aan de Veiligheidsraad. *— Wanneer een geschil voorleggen*
2. Indien de Veiligheidsraad van oordeel is dat het voortbestaan van het geschil de handhaving van de internationale vrede en veiligheid inderdaad in gevaar dreigt te brengen, besluit hij of hij zal handelen overeenkomstig artikel 36, dan wel dat hij een zodanige regeling zal aanbevelen als hij passend acht. *— Handelingen of aanbevelingen*

Art. 38
Onverminderd de bepalingen van de artikelen 33 tot en met 37, kan de Veiligheidsraad, indien alle partijen bij een geschil zulks verzoeken, de partijen aanbevelingen doen met het oog op een vreedzame regeling van het geschil.

Hoofdstuk VII
OPTREDEN MET BETREKKING TOT BEDREIGING VAN DE VREDE, VERBREKING VAN DE VREDE EN DADEN VAN AGRESSIE

Art. 39
De Veiligheidsraad stelt vast of er sprake is van een bedreiging van de vrede, verbreking van de vrede of daad van agressie, en doet aanbevelingen, of beslist welke maatregelen zullen worden genomen overeenkomstig de artikelen 41 en 42 tot handhaving of herstel van de internationale vrede en veiligheid. *— Aanbevelingen/ maatregelen tot handhaving of herstel*

Art. 40

Voorlopige maatregelen — Om te voorkomen dat de situatie verergert, kan de Veiligheidsraad, alvorens de aanbevelingen te doen of te besluiten tot het nemen van maatregelen als bedoeld in artikel 39, een beroep doen op de betrokken partijen zich te houden aan de voorlopige maatregelen die de Raad noodzakelijk of gewenst acht. Deze voorlopige maatregelen laten de rechten, aanspraken, of de positie van de betrokken partijen onverlet. Indien deze voorlopige maatregelen niet worden nageleefd, houdt de Veiligheidsraad daarmee terdege rekening.

Art. 41

Geweldloze maatregelen — De Veiligheidsraad kan besluiten welke maatregelen waaraan geen wapengeweld te pas komt, dienen te worden genomen om zijn besluiten ten uitvoer te brengen en kan de Leden van de Verenigde Naties oproepen om deze maatregelen toe te passen. Deze kunnen omvatten het volledig of gedeeltelijk verbreken van de economische betrekkingen, alsmede van de spoor-, zee-, lucht-, post-, telegraaf- en radioverbindingen en van andere verbindingen, en het afbreken van diplomatieke betrekkingen.

Art. 42

Militaire maatregelen — Mocht de Veiligheidsraad van oordeel zijn dat de in artikel 41 bedoelde maatregelen onvoldoende zouden zijn of dat zij onvoldoende zijn gebleken, dan kan hij overgaan tot zulk optreden door middel van lucht-, zee- of landstrijdkrachten als nodig is voor de handhaving of het herstel van de internationale vrede en veiligheid. Zulk optreden kan omvatten demonstraties, blokkades en andere operaties door lucht-, zee- of landstrijdkrachten van Leden van de Verenigde Naties.

Art. 43

Terbeschikkingstelling van strijdkrachten en faciliteiten van VN-leden

1. Ten einde bij te dragen tot de handhaving van de internationale vrede en veiligheid nemen alle Leden van de Verenigde Naties de verplichting op zich aan de Veiligheidsraad, op diens oproep en krachtens een of meerdere bijzondere overeenkomsten, zodanige gewapende strijdkrachten ter beschikking te stellen en zodanige bijstand en faciliteiten, waaronder het recht van doortocht, te verlenen als noodzakelijk zijn voor de handhaving van de internationale vrede en veiligheid.
2. In een dergelijke overeenkomst of overeenkomsten worden de getalsterkte en de aard van de strijdkrachten, hun graad van paraatheid en hun algemene legering, alsmede de aard van de te verlenen faciliteiten en bijstand, geregeld.
3. Over de overeenkomst of overeenkomsten wordt zo spoedig mogelijk onderhandeld op initiatief van de Veiligheidsraad. Zij worden gesloten tussen de Veiligheidsraad en Leden of tussen de Veiligheidsraad en groepen Leden en zijn onderworpen aan bekrachtiging door de staten die ze ondertekend hebben, overeenkomstig hun onderscheiden grondwettelijke procedures.

Art. 44

Deelname aan besluitvorming — Wanneer de Veiligheidsraad heeft besloten geweld te gebruiken, nodigt hij, alvorens een Lid dat niet in de Raad is vertegenwoordigd op te roepen strijdkrachten ter beschikking te stellen ter voldoening aan de ingevolge artikel 43 aanvaarde verplichtingen, dat Lid uit om, zo het de wens daartoe te kennen geeft, deel te nemen aan de besluitvorming van de Veiligheidsraad betreffende het gebruik van contingenten van de strijdkrachten van dat Lid.

Art. 45

Parate luchtmachtcontingenten — Ten einde de Verenigde Naties in staat te stellen dringend geboden militaire maatregelen te nemen, houden de Leden nationale luchtmachtcontingenten voor onmiddellijke inzet beschikbaar met het oog op een gezamenlijke internationale dwangactie. De sterkte en graad van paraatheid van deze contingenten, alsmede de plannen voor hun gezamenlijk optreden worden, binnen de grenzen genoemd in de in artikel 43 bedoelde bijzondere overeenkomst of overeenkomsten, vastgesteld door de Veiligheidsraad, met de hulp van het Generale Staf-Comité.

Art. 46

Plannen — Plannen voor het gebruik van gewapend geweld worden door de Veiligheidsraad, met de hulp van het Generale Staf-Comité, opgesteld.

Art. 47

Generale Staf-Comité

1. Er wordt een Generale Staf-Comité ingesteld om de Veiligheidsraad advies en bijstand te verlenen inzake alle aangelegenheden die verband houden met de militaire behoeften van de Veiligheidsraad ter handhaving van de internationale vrede en veiligheid, het inzetten van en de bevelvoering over de aan de Raad ter beschikking gestelde strijdkrachten, de wapenbeheersing en eventuele ontwapening.

Samenstelling

2. Het Generale Staf-Comité bestaat uit de Stafchefs van de permanente leden van de Veiligheidsraad of hun vertegenwoordigers. Elk Lid van de Verenigde Naties dat niet permanent in het Comité is vertegenwoordigd, wordt door het Comité uitgenodigd zich daarin te doen vertegenwoordigen, wanneer de doelmatige uitvoering van de taak van het Comité het noodzakelijk maakt dat dat Lid aan de werkzaamheden van het Comité deelneemt.

Strategische leiding

3. Het Generale Staf-Comité is, onder toezicht van de Veiligheidsraad, verantwoordelijk voor de strategische leiding van de aan de Veiligheidsraad ter beschikking gestelde strijdkrachten.

Vraagstukken die met de bevelvoering over deze strijdkrachten verband houden, worden later uitgewerkt.
4. Het Generale Staf-Comité kan, met machtiging van de Veiligheidsraad en na overleg met de daarvoor in aanmerking komende regionale organen, regionale sub-comité's instellen.

Regionale subcomités

Art. 48
1. Het optreden dat nodig is ter uitvoering van de besluiten van de Veiligheidsraad voor de handhaving van de internationale vrede en veiligheid geschiedt door alle Leden van de Verenigde Naties of door sommige daarvan, al naar gelang de Veiligheidsraad bepaalt.
2. Die besluiten worden door de Leden van de Verenigde Naties rechtstreeks uitgevoerd of door middel van hun optreden in de daarvoor in aanmerking komende internationale instellingen waarvan zij lid zijn.

Maatregelen

Art. 49
De Leden van de Verenigde Naties werken samen ten einde elkaar wederzijds bijstand te verlenen bij het uitvoeren van de maatregelen waartoe de Veiligheidsraad heeft besloten.

Wederzijdse bijstand

Art. 50
Indien door de Veiligheidsraad tegen een staat preventieve maatregelen of dwangmaatregelen worden genomen, heeft elke andere staat, onverschillig of deze al dan niet Lid is van de Verenigde Naties, die zich gesteld ziet voor bijzondere economische problemen, voortvloeiend uit de tenuitvoerlegging van die maatregelen, het recht de Veiligheidsraad te raadplegen ten einde tot een oplossing van deze vraagstukken te komen.

Bijzondere economische problemen als gevolg van maatregelen

Art. 51
Geen enkele bepaling van dit Handvest doet afbreuk aan het inherente recht tot individuele of collectieve zelfverdediging in geval van een gewapende aanval tegen een Lid van de Verenigde Naties, totdat de Veiligheidsraad de noodzakelijke maatregelen ter handhaving van de internationale vrede en veiligheid heeft genomen. Maatregelen die door Leden zijn genomen bij de uitoefening van dit recht tot zelfverdediging dienen onverwijld ter kennis van de Veiligheidsraad te worden gebracht en tasten op geen enkele wijze de bevoegdheid en de verantwoordelijkheid van de Veiligheidsraad ingevolge dit Handvest aan om op enigerlei tijdstip over te gaan tot zulk optreden als hij nodig acht voor de handhaving van het herstel van de internationale vrede en veiligheid.

Recht van zelfverdediging

Hoofdstuk VIII
REGIONALE AKKOORDEN

Art. 52
1. Geen enkele bepaling van dit Handvest sluit het bestaan uit van regionale akkoorden of organen voor het behandelen van die aangelegenheden die de handhaving van de internationale vrede en veiligheid betreffen en welke in aanmerking komen voor optreden in regionaal verband, mits die akkoorden of organen en hun activiteiten verenigbaar zijn met de doelstellingen en beginselen van de Verenigde Naties.
2. De Leden van de Verenigde Naties die zulke akkoorden sluiten of zulke instellingen oprichten, laten, voordat zij lokale geschillen aan de Veiligheidsraad voorleggen, niets onbeproefd om deze op vreedzame wijze op te lossen in het kader van die regionale akkoorden of instellingen.
3. De Veiligheidsraad bevordert de ontwikkeling van een vreedzame regeling van lokale geschillen in het kader van regionale akkoorden of instellingen, hetzij op initiatief van de betrokken staten, hetzij ingevolge verwijzing door de Veiligheidsraad.
4. Dit artikel doet in generlei opzicht afbreuk aan de toepassing van de artikelen 34 en 35.

Akkoorden of organen

Vreedzame regeling

Art. 53
1. Indien daartoe aanleiding bestaat, maakt de Veiligheidsraad van zulke regionale akkoorden of instellingen gebruik voor de uitvoering van op zijn gezag ondernomen dwangacties. Evenwel worden er geen dwangacties ingevolge regionale akkoorden of door regionale instellingen ondernomen zonder machtiging van de Veiligheidsraad, behoudens wanneer het maatregelen betreft tegen een vijandelijke staat zoals omschreven in het tweede lid van dit artikel, welke zijn voorzien in artikel 107 of in regionale akkoorden gericht tegen hervatting van een beleid van agressie van de kant van zulk een staat, totdat de Organisatie, op verzoek van de desbetreffende regeringen, zou worden belast met de verantwoordelijkheid voor het voorkomen van verdere agressie van de kant van zulk een staat.
2. De term „vijandelijke staat" zoals gebruikt in het eerste lid van dit artikel is van toepassing op elke staat die tijdens de Tweede Wereldoorlog een vijand is geweest van een staat die dit Handvest heeft ondertekend.

Dwangmaatregelen ingevolge regionale akkoorden

Vijandelijke staat

Art. 54
De Veiligheidsraad wordt te allen tijde volledig op de hoogte gehouden van alle activiteiten die krachtens regionale akkoorden of door regionale instellingen zijn ondernomen of worden overwogen ter handhaving van de internationale vrede en veiligheid.

Informeren Veiligheidsraad

Hoofdstuk IX
INTERNATIONALE ECONOMISCHE EN SOCIALE SAMENWERKING

Art. 55

Met het oog op het scheppen van een sfeer van stabiliteit en welzijn, nodig voor het onderhouden van vreedzame en vriendschappelijke betrekkingen tussen de naties, welke zijn gegrond op eerbied voor het beginsel van gelijke rechten en van zelfbeschikking voor volken, bevorderen de Verenigde Naties:

Economische en sociale vooruitgang
a. hogere levensstandaarden, volledige werkgelegenheid en voorwaarden voor economische en sociale vooruitgang en ontwikkeling;

Onderwijs en cultuur
b. oplossingen voor internationale economische en sociale problemen, problemen van gezondheidszorg en aanverwante vraagstukken, alsmede internationale samenwerking inzake cultuur en onderwijs; en

Mensenrechten
c. universele eerbiediging en inachtneming van de rechten van de mens en de fundamentele vrijheden voor allen, zonder onderscheid naar ras, geslacht, taal of godsdienst.

Art. 56

Verplichtingen tot het nemen van maatregelen
Alle Leden verbinden zich gezamenlijk en afzonderlijk op te treden in samenwerking met de Organisatie ter verwezenlijking van de in artikel 55 genoemde doeleinden.

Art. 57

Gespecialiseerde organisaties
1. De verschillende gespecialiseerde organisaties die door een overeenkomst tussen regeringen zijn ingesteld en die, zoals omschreven in hun statuten, omvangrijke internationale verantwoordelijkheden hebben op economisch, sociaal en cultureel gebied, alsook op het gebied van onderwijs, gezondheidszorg en aanverwante gebieden, worden, overeenkomstig de bepalingen van artikel 63, verbonden met de Verenigde Naties.
2. De organisaties die aldus met de Verenigde Naties worden verbonden, worden hierna gespecialiseerde organisaties genoemd.

Art. 58

Coördinatie
De Organisatie doet aanbevelingen voor het coördineren van het beleid en de werkzaamheden van de gespecialiseerde organisaties.

Art. 59

Nieuwe gespecialiseerde organisaties
Zo zij daartoe aanleiding ziet, neemt de Organisatie het initiatief tot onderhandelingen tussen de betrokken staten voor het oprichten van nieuwe gespecialiseerde organisaties die nodig zijn voor de verwezenlijking van de in artikel 55 genoemde doeleinden.

Art. 60

Verantwoordelijkheid
De verantwoordelijkheid voor het vervullen van de in dit Hoofdstuk genoemde functies van de Organisatie berust bij de Algemene Vergadering en, onder gezag van de Algemene Vergadering, bij de Economische en Sociale Raad, die daartoe de in Hoofdstuk X genoemde bevoegdheden heeft.

Hoofdstuk X
DE ECONOMISCHE EN SOCIALE RAAD

Samenstelling

Art. 61

Economische en Sociale Raad; samenstelling en verkiezing
1. De Economische en Sociale Raad bestaat uit vierenvijftig Leden van de Verenigde Naties, gekozen door de Algemene Vergadering.

2. Met inachtneming van de bepalingen van lid 3, worden ieder jaar achttien leden van de Economische en Sociale Raad gekozen voor een periode van drie jaar. Uittredende leden kunnen onmiddellijk worden herkozen.

3. Bij de eerste verkiezing die zal plaats hebben nadat het aantal leden van de Economische en Sociale Raad van zevenentwintig op vierenvijftig is gebracht, worden zevenentwintig leden gekozen buiten die welke zijn gekozen ter vervanging van de negen leden wier zittingstermijn op het einde van het jaar eindigt. De zittingstermijn van negen van deze zevenentwintig bijkomende leden eindigt na verloop van een jaar en die van negen andere na verloop van twee jaar, overeenkomstig de regelingen vastgesteld door de Algemene Vergadering.

4. Elk lid van de Economische en Sociale Raad heeft een vertegenwoordiger in de Raad.

Functies en bevoegdheden

Art. 62

Studies, verslagen, aanbevelingen
1. De Economische en Sociale Raad kan studies en rapporten maken of het initiatief daartoe nemen, met betrekking tot internationale economische, sociale of culturele aangelegenheden, alsook in aangelegenheden betreffende onderwijs, gezondheidszorg en aanverwante zaken en

kan ten aanzien van zulke aangelegenheden aanbevelingen doen aan de Algemene Vergadering, de Leden van de Verenigde Naties en de betrokken gespecialiseerde organisaties.
2. Hij kan aanbevelingen doen met het oog op het bevorderen van de eerbiediging en inachtneming van de rechten van de mens en de fundamentele vrijheden voor allen. — Mensenrechten
3. Hij kan ontwerp-verdragen opstellen ter voorlegging aan de Algemene Vergadering, met betrekking tot aangelegenheden die binnen zijn bevoegdheid vallen. — Ontwerpverdragen
4. Hij kan, overeenkomstig door de Verenigde Naties voorgeschreven regels, internationale conferenties bijeenroepen over aangelegenheden die binnen zijn bevoegdheid vallen. — Internationale organisaties

Art. 63
1. De Economische en Sociale Raad kan met elk van de in artikel 57 bedoelde organisaties overeenkomsten aangaan en de voorwaarden vaststellen waarop de desbetreffende organisatie zal worden verbonden met de Verenigde Naties. Deze overeenkomsten zijn onderworpen aan de goedkeuring van de Algemene Vergadering. — Gespecialiseerde organisaties
2. Hij kan de werkzaamheden van de gespecialiseerde organisaties coördineren door overleg te plegen met en aanbevelingen te doen aan deze organisaties en door aanbevelingen te doen aan de Algemene Vergadering en aan de Leden van de Verenigde Naties. — Coördinatie

Art. 64
1. De Economische en Sociale Raad kan passende stappen doen om regelmatig verslagen te verkrijgen van de gespecialiseerde organisaties. Hij kan regelingen treffen met de Leden van de Verenigde Naties en met de gespecialiseerde organisaties om verslagen te verkrijgen over de stappen die zijn gedaan ter uitvoering van zijn eigen aanbevelingen en van aanbevelingen van de Algemene Vergadering over binnen de grenzen van zijn bevoegdheid vallende aangelegenheden. — Verslagen van gespecialiseerde organisaties
2. Hij kan zijn opmerkingen over deze verslagen ter kennis brengen van de Algemene Vergadering.

Art. 65
De Economische en Sociale Raad kan de Veiligheidsraad inlichtingen verstrekken en staat de Veiligheidsraad op diens verzoek bij.

Art. 66
1. De Economische en Sociale Raad oefent de binnen zijn bevoegdheid vallende functies uit die verband houden met de tenuitvoerlegging van de aanbevelingen van de Algemene Vergadering. — Tenuitvoerlegging aanbevelingen
2. Hij kan, met goedkeuring van de Algemene Vergadering, op verzoek van Leden van de Verenigde Naties, of op verzoek van gespecialiseerde organisaties, diensten verlenen. — Verlening van diensten
3. Verder oefent hij de functies uit die elders in dit Handvest worden omschreven of die hem door de Algemene Vergadering worden opgedragen.

Stemmen

Art. 67
1. Elk lid van de Economische en Sociale Raad heeft één stem. — Lid heeft één stem
2. Besluiten van de Economische en Sociale Raad worden genomen met een meerderheid van de aanwezige leden die hun stem uitbrengen.

Procedure

Art. 68
De Economische en Sociale Raad stelt commissies in op economisch en sociaal gebied en voor de bevordering van de rechten van de mens, alsmede andere commissies die nodig zijn voor het uitoefenen van zijn functies. — Commissies

Art. 69
De Economische en Sociale Raad nodigt bij zijn beraadslagingen over een aangelegenheid die voor een Lid van de Verenigde Naties van bijzonder belang is, dat Lid uit om zonder stemrecht aan die beraadslaging deel te nemen. — Uitnodiging betrokken staat

Art. 70
De Economische en Sociale Raad kan regelingen treffen voor de deelname zonder stemrecht van vertegenwoordigers van gespecialiseerde organisaties aan zijn beraadslagingen en aan die van de door de Raad ingestelde commissies en voor deelname van zijn eigen vertegenwoordigers aan de beraadslagingen van de gespecialiseerde organisaties. — Deelneming van gespecialiseerde organisaties

Art. 71
De Economische en Sociale Raad kan passende regelingen treffen voor het plegen van overleg met nietgouvernementele organisaties die betrokken zijn bij binnen zijn bevoegdheid vallende aangelegenheden. Zulke regelingen kunnen worden getroffen met internationale organisaties en, zo daartoe aanleiding bestaat en na overleg met het betrokken Lid van de Verenigde Naties, met nationale organisaties. — Niet-gouvernementele organisaties

Art. 72

Huishoudelijk reglement

1. De Economische en Sociale Raad stelt zijn eigen huishoudelijk reglement vast, met inbegrip van de wijze van verkiezing van zijn Voorzitter.
2. De Economische en Sociale Raad komt naar behoefte bijeen overeenkomstig zijn reglement, waarin tevens de mogelijkheid dient te zijn voorzien voor het bijeenroepen van vergaderingen op verzoek van een meerderheid van zijn leden.

Hoofdstuk XI
VERKLARING BETREFFENDE NIET-ZELFBESTURENDE GEBIEDEN

Art. 73

Beginselen m.b.t. niet-zelfbesturende gebieden

Leden van de Verenigde Naties die verantwoordelijkheid dragen of aanvaarden voor het bestuur van gebieden waarvan de bevolking nog geen volledig zelfbestuur heeft verworven, erkennen het beginsel dat de belangen van de inwoners van deze gebieden op de eerste plaats komen, en aanvaarden, als een heilige opdracht, de verplichting binnen het in dit Handvest vastgelegde stelsel van internationale vrede en veiligheid, het welzijn van de inwoners van deze gebieden naar beste krachten te bevorderen en, te dien einde:

Politieke, economische en sociale vooruitgang

a. de politieke, economische en sociale vooruitgang van deze volken, alsmede hun vooruitgang op het gebied van het onderwijs, hun rechtvaardige behandeling en hun bescherming tegen misbruiken, te verzekeren, met inachtneming van de nodige eerbied voor hun cultuur;

Ontwikkelen zelfbestuur

b. zelfbestuur te ontwikkelen, terdege rekening, te houden met de politieke aspiraties van de volken en hen bij te staan bij de progressieve ontwikkeling van hun vrije politieke instellingen, overeenkomstig de bijzondere omstandigheden van elk gebied en zijn bevolking en hun verschillende stadia van ontwikkeling;

Vrede en veiligheid

c. de internationale vrede en veiligheid te bevorderen;

d. de totstandkoming van constructieve op ontwikkeling gerichte maatregelen te bevorderen, het wetenschappelijk onderzoek aan te moedigen en samen te werken, zowel onderling als, zo daartoe aanleiding bestaat, met gespecialiseerde internationale lichamen, met het oog op de praktische verwezenlijking van de in dit artikel genoemde sociale, economische en wetenschappelijke doelstellingen; en

Rapportage

e. met inachtneming van de door overwegingen van veiligheid en door constitutionele overwegingen opgelegde beperkingen, regelmatig aan de Secretaris-Generaal, ter informatie, statistische en andere gegevens van technische aard te doen toekomen, die betrekking hebben op de economische en sociale omstandigheden, alsmede op het onderwijs in de gebieden waarvoor zij onderscheidenlijk verantwoordelijkheid dragen en welke niet behoren tot de gebieden waarop de Hoofdstukken XII en XIII van toepassing zijn.

Art. 74

Goed nabuurschap

De Leden van de Verenigde Naties komen ook overeen dat hun beleid met betrekking tot de gebieden waarop dit Hoofdstuk van toepassing is, evenzeer als met betrekking tot het moederland, dient te zijn gegrond op het algemene beginsel van goede nabuurschap waarbij terdege rekening wordt gehouden met de belangen en het welzijn van de rest van de wereld waar het sociale, economische en commerciële zaken betreft.

Hoofdstuk XII
INTERNATIONAAL TRUSTSCHAPSSTELSEL

Art. 75

Toezicht op trustgebieden

De Verenigde Naties stellen onder hun gezag een internationaal trustschapsstelsel in voor het bestuur van en het uitoefenen van toezicht over de gebieden die bij latere bijzondere overeenkomsten onder dit stelsel kunnen worden geplaatst. Deze gebieden worden hierna trustgebieden genoemd.

Art. 76

Doel trustschapsstelsel

De voornaamste oogmerken van het trustschapsstelsel zijn, overeenkomstig de in artikel 1 van dit Handvest neergelegde doelstellingen van de Verenigde Naties:

Vrede en veiligheid

a. het bevorderen van de internationale vrede en veiligheid;

Politieke, economische en sociale vooruitgang/zelfbestuur

b. het bevorderen van de politieke, economische en sociale vooruitgang, alsmede de vooruitgang van de inwoners van de trustgebieden, en hun geleidelijke ontwikkeling tot zelfbestuur of onafhankelijkheid, daarbij rekening houdende met de bijzondere omstandigheden van elk gebied en zijn bevolking en met de in vrijheid kenbaar gemaakte wensen van de betrokken volken en met inachtneming van de bepalingen van elke trustschapsovereenkomst;

Eerbied voor mensenrechten

c. het bevorderen van eerbiediging van de rechten van de mens en van de fundamentele vrijheden voor allen, zonder onderscheid naar ras, geslacht, taal of godsdienst, alsmede het bevorderen van de erkenning van de onderlinge afhankelijkheid van alle volken van de wereld; en

Gelijke behandeling

d. het verzekeren van een gelijke behandeling in sociale, economische en commerciële aangelegenheden voor alle Leden van de Verenigde Naties en hun onderdanen, alsmede een gelijke behandeling voor bedoelde onderdanen wat de rechtsbedeling betreft, onverminderd de verwezenlijking van de eerder genoemde doelstellingen en met inachtneming van de bepalingen van artikel 80.

Art. 77
1. Het trustschapsstelsel is van toepassing op de tot de volgende categorieën behorende gebieden die, op grond van trustschapsovereenkomsten, daaronder worden gebracht:
a. gebieden die thans onder mandaat staan;
b. gebieden die, als gevolg van de Tweede Wereldoorlog, van vijandelijke staten kunnen worden losgemaakt; en
c. gebieden die door de voor het bestuur daarvan verantwoordelijke staten vrijwillig onder dit stelsel worden gebracht.
2. Op een later tijdstip zal moeten worden overeengekomen welke gebieden behorende tot de voorgaande categorieën onder het trustschapsstelsel zullen worden gebracht, en op welke voorwaarden.

Werkingssfeer trustschapsstelsel

Art. 78
Het trustschapsstelsel is niet van toepassing op gebieden die Lid zijn geworden van de Verenigde Naties; de betrekkingen tussen de Leden onderling zijn gegrond op eerbied voor het beginsel van soevereine gelijkheid.

Trustschapsstelsel

Art. 79
De trustschapsbepalingen die zullen gelden voor elk gebied dat onder het trustschapsstelsel wordt gebracht en elke wijziging of amendering daarvan, worden overeengekomen tussen de rechtstreeks betrokken staten, met inbegrip van de mandaatmogendheid, indien het gebieden betreft die onder mandaat staan van een Lid van de Verenigde Naties, en worden goedgekeurd op de wijze voorzien in de artikelen 83 en 85.

Partijen bij trustschapsovereenkomst

Art. 80
1. Tenzij anders is bepaald in de afzonderlijke trustschapsovereenkomsten, waarbij krachtens de artikelen 77, 79 en 81 elk gebied onder het trustschapsstelsel wordt gebracht, en totdat deze overeenkomsten zijn gesloten, mag geen enkele bepaling in dit Hoofdstuk zo worden uitgelegd dat daardoor enig recht van een staat of van een volk, of de bepalingen van bestaande internationale akten waarbij Leden van de Verenigde Naties partij zijn, zouden worden gewijzigd.
2. Het eerste lid van dit artikel mag niet zo worden uitgelegd dat dit gronden zou bevatten voor het vertragen of uitstellen van de onderhandelingen over en het sluiten van overeenkomsten betreffende het onder het trustschapsstelsel brengen van mandaatgebieden en andere gebieden, zoals voorzien in artikel 77.

Interpretatie

Art. 81
In de trustschapsovereenkomst dient steeds te worden vermeld onder welke voorwaarden het trustgebied zal worden bestuurd en welke autoriteit het bestuur van het trustgebied zal uitoefenen. Een zodanige autoriteit, hierna te noemen de bestuursautoriteit, kan worden gevormd door één of meer staten of door de Organisatie zelf.

Voorwaarden bestuursautoriteit

Art. 82
In elke trustschapsovereenkomst kan een strategische zone of kunnen strategische zones worden aangewezen, omvattende een deel van het trustgebied of het gehele trustgebied waarop de overeenkomst van toepassing is, onverminderd enige bijzondere overeenkomst of overeenkomsten gesloten krachtens artikel 43.

Strategische zone

Art. 83
1. Alle functies van de Verenigde Naties die betrekking hebben op strategische zones, met inbegrip van het goedkeuren van de bepalingen van de trustschapsovereenkomsten, alsmede van wijziging of amendering daarvan, worden uitgeoefend door de Veiligheidsraad.
2. De in artikel 76 genoemde voornaamste oogmerken zijn van toepassing op de bevolking van elke strategische zone.
3. De Veiligheidsraad doet, met inachtneming van de bepalingen van de trustschapsovereenkomsten en onverminderd veiligheidsoverwegingen, een beroep op de bijstand van de Trustschapsraad om die functies van de Verenigde Naties onder het trustschapsstelsel uit te oefenen die betrekking hebben op politieke, economische en sociale zaken en op zaken het onderwijs betreffende, in de strategische zones.

Taak Veiligheidsraad strategische zone

Art. 84
Het behoort tot de taak van de bestuursautoriteit erop toe te zien dat het trustgebied zijn bijdrage levert tot de handhaving van de internationale vrede en veiligheid. Daartoe kan de bestuursautoriteit gebruik maken van vrijwillige strijdkrachten, faciliteiten en bijstand van het trustgebied, zowel voor het nakomen van de verplichtingen tegenover de Veiligheidsraad die de bestuursautoriteit in dit verband op zich heeft genomen, als voor de plaatselijke verdediging en de handhaving van orde en rust in het trustgebied.

Taken en bevoegdheden bestuursautoriteit

Art. 85
1. De functies van de Verenigde Naties met betrekking tot trustschapsovereenkomsten voor alle niet als strategisch aangemerkte zones, waaronder begrepen het goedkeuren van de bepa-

Algemene Vergadering

lingen van de trustschapsovereenkomsten, alsmede van wijzigingen of amenderingen daarvan, worden uitgeoefend door de Algemene Vergadering.
2. De Trustschapsraad, die onder het gezag van de Algemene Vergadering werkt, verleent de Algemene Vergadering bijstand bij het uitoefenen van deze functies.

Hoofdstuk XIII
DE TRUSTSCHAPSRAAD

Samenstelling

Art. 86

Samenstelling

1. De Trustschapsraad bestaat uit de volgende Leden van de Verenigde Naties:
a. de Leden die trustgebieden besturen;
b. diegenen van de in artikel 23 met name genoemde Leden die geen trustgebieden besturen; en
c. zoveel andere door de Algemene Vergadering voor een ambtstermijn van drie jaar gekozen leden als nodig kan blijken om te verzekeren dat het totale aantal leden van de Trustschapsraad voor gelijke delen bestaat uit Leden van de Verenigde Naties die trustgebieden besturen en Leden die dat niet doen.
2. Elk lid van de Trustschapsraad wijst een daarvoor in het bijzonder bevoegde persoon aan om hem daarin te vertegenwoordigen.

Functies en bevoegdheden

Art. 87

Behandelen verslagen en verzoekschriften; periodieke verzoeken

De Algemene Vergadering en, onder haar gezag, de Trustschapsraad kunnen bij de uitoefening van hun functies:
a. verslagen behandelen die door de bestuursautoriteit worden voorgelegd;
b. verzoekschriften in ontvangst nemen en deze, in overleg met de bestuursautoriteit, onderzoeken;
c. voorzien in periodieke bezoeken aan de onderscheiden trustgebieden op met de bestuurautoriteit overeen te komen tijdstippen; en
d. deze en andere maatregelen nemen in overeenstemming met de bepalingen van de trustschapsovereenkomsten.

Art. 88

Vragenlijst ontwikkelingen

De Trustschapsraad stelt een vragenlijst op over de politieke, economische en sociale ontwikkeling, alsmede over de ontwikkeling op het gebied van het onderwijs van de inwoners van elk trustgebied, en op basis van een zodanige vragenlijst brengt de bestuursautoriteit voor elk trustgebied dat binnen de bevoegdheid van de Algemene Vergadering valt, jaarlijks aan de Algemene Vergadering verslag uit.

Stemmen

Art. 89

Lid heeft één stem

1. Elk lid van de Trustschapsraad heeft één stem.
2. Besluiten van de Trustschapsraad worden genomen met een meerderheid van de aanwezige leden die hun stem uitbrengen.

Procedure

Art. 90

Verkiezing voorzitter

1. De Trustschapsraad stelt zijn eigen huishoudelijk reglement vast, met inbegrip van de wijze van verkiezing van zijn Voorzitter.

Bijeenkomsten naar behoefte

2. De Trustschapsraad komt naar behoefte bijeen overeenkomstig zijn reglement, waarin tevens dient te zijn voorzien in de mogelijkheid van het bijeenroepen van vergaderingen op verzoek van een meerderheid van zijn leden.

Art. 91

Bijstand Economische en Sociale Raad en gespecialiseerde organisaties

De Trustschapsraad maakt, als daartoe aanleiding bestaat, gebruik van de bijstand van de Economische en Sociale Raad, alsmede van de gespecialiseerde organisaties met betrekking tot zaken waarbij zij betrokken zijn.

Hoofdstuk XIV
HET INTERNATIONAAL GERECHTSHOF

Art. 92
Het Internationaal Gerechtshof is het voornaamste gerechtelijke orgaan van de Verenigde Naties. Het functioneert overeenkomstig het aan dit Handvest gehechte Statuut, dat is gegrond op het Statuut van het Permanente Hof van Internationale Justitie en dat een integrerend deel uitmaakt van dit Handvest.

Permanente Hof van Internationale organisaties

Art. 93
1. Alle Leden van de Verenigde Naties zijn *ipso facto* partij bij het Statuut van het Internationaal Gerechtshof.
2. Een staat die geen Lid is van de Verenigde Naties kan partij worden bij het Statuut van het Internationale Gerechtshof op voorwaarden die van geval tot geval door de Algemene Vergadering, op aanbeveling van de Veiligheidsraad, worden vastgesteld.

VN-leden ipso facto partij

Art. 94
1. Elk Lid van de Verenigde Naties verbindt zich, de beslissing van het Internationaal Gerechtshof na te leven in iedere zaak waarbij het partij is.
2. Indien een partij bij een zaak in gebreke blijft de verplichtingen na te komen welke voortvloeien uit een door het Hof gewezen vonnis, kan de andere partij een beroep doen op de Veiligheidsraad, die, zo hij dit nodig oordeelt, aanbevelingen kan doen of kan besluiten tot het nemen van maatregelen om het vonnis te doen uitvoeren.

Verplichte naleving

Art. 95
Geen enkele bepaling van dit Handvest belet de Leden van de Verenigde Naties de oplossing van hun geschillen aan andere gerechtelijke instanties op te dragen krachtens reeds bestaande of in de toekomst te sluiten overeenkomsten.

Andere gerechtelijke instanties

Art. 96
1. De Algemene Vergadering of de Veiligheidsraad kan het Internationaal Gerechtshof verzoeken een advies uit te brengen betreffende juridische kwesties.
2. Ook andere organen van de Verenigde Naties en gespecialiseerde organisaties, die daartoe te allen tijde door de Algemene Vergadering kunnen worden gemachtigd, kunnen het Hof om advies vragen betreffende juridische kwesties die zich binnen het raam van hun werkzaamheden voordoen.

Advies inzake juridische kwesties

Hoofdstuk XV
HET SECRETARIAAT

Art. 97
Het Secretariaat omvat een Secretaris-Generaal en een zodanige staf als de Organisatie nodig heeft. De Secretaris-Generaal wordt, op aanbeveling van de Veiligheidsraad, door de Algemene Vergadering benoemd. Hij is de hoogste ambtenaar van de Organisatie.

Samenstelling

Art. 98
De Secretaris-Generaal treedt in die hoedanigheid op in alle bijeenkomsten van de Algemene Vergadering, de Veiligheidsraad, de Economische en Sociale Raad en de Trustschapsraad en vervult alle andere functies die hem door deze organen worden opgedragen. De Secretaris-Generaal brengt jaarlijks aan de Algemene Vergadering verslag uit over het werk van de Organisatie.

Secretaris-Generaal

Art. 99
De Secretaris-Generaal kan elke zaak die, naar zijn oordeel, de handhaving van de internationale vrede en veiligheid kan bedreigen, onder de aandacht van de Veiligheidsraad brengen.

Veiligheidsraad

Art. 100
1. Bij de vervulling van hun taak vragen, noch ontvangen, de Secretaris-Generaal en het personeel aanwijzingen van enige regering of van enige andere autoriteit buiten de Organisatie. Zij onthouden zich van alle activiteiten die afbreuk zouden kunnen doen aan hun positie als internationale ambtenaren die uitsluitend aan de Organisatie verantwoording verschuldigd zijn.
2. Elk Lid van de Verenigde Naties neemt de verplichting op zich het uitsluitend internationale karakter van de taken van de Secretaris-Generaal en van het personeel te eerbiedigen en niet te trachten hen te beïnvloeden bij de uitvoering van hun taak.

Geen aanwijzingen van buiten de Organisatie

Verbod personeel te beïnvloeden

Art. 101
1. Het personeel wordt door de Secretaris-Generaal aangesteld krachtens regels die door de Algemene Vergadering zijn vastgesteld.
2. Daarvoor in aanmerking komend personeel wordt blijvend verbonden aan de Economische en Sociale Raad, de Trustschapsraad en, naar behoefte, aan andere organen van de Verenigde Naties. Dit personeel maakt deel uit van het Secretariaat.

Aanstelling personeel

Hoofdstuk XVI
DIVERSE BEPALINGEN

Art. 102

Registratie en publicatie verdragen

1. Elk verdrag en elke internationale overeenkomst, gesloten door een Lid van de Verenigde Naties nadat dit Handvest in werking is getreden, wordt zo spoedig mogelijk geregistreerd bij en gepubliceerd door het Secretariaat.
2. Een partij bij zulk een verdrag of een internationale overeenkomst, die niet is geregistreerd overeenkomstig het in het eerste lid van dit artikel bepaalde, mag zich niet tegenover enig orgaan van de Verenigde Naties op dat verdrag of die overeenkomst beroepen.

Art. 103

Derogerende werking

In geval van strijdigheid tussen de verplichtingen van de Leden van de Verenigde Naties krachtens dit Handvest en hun verplichtingen krachtens andere internationale overeenkomsten, hebben hun verplichtingen krachtens dit Handvest voorrang.

Art. 104

Handelingsbevoegdheid VN

1. De Organisatie geniet op het grondgebied van elk van haar leden de handelingsbevoegdheid die nodig kan zijn voor de uitoefening van haar functies en de verwezenlijking van haar doelstellingen.

Art. 105

Voorrechten en immuniteiten

1. De Organisatie geniet op het grondgebied van elk van haar Leden de voorrechten en immuniteiten die noodzakelijk zijn voor de verwezenlijking van haar doelstellingen.
2. Vertegenwoordigers van de Leden van de Verenigde Naties alsmede functionarissen van de Organisatie genieten eveneens de voorrechten en immuniteiten die noodzakelijk zijn voor een onafhankelijke uitoefening van hun functies in verband met de Organisatie.
3. De Algemene Vergadering kan aanbevelingen doen met het oog op de vaststelling der bijzonderheden van de toepassing van het eerste en tweede lid van dit artikel, of kan aan de Leden van de Verenigde Naties overeenkomsten tot dit doel voorstellen.

Hoofdstuk XVII
OVERGANGSREGELINGEN INZAKE DE VEILIGHEID

Art. 106

Overleg

In afwachting van de inwerkingtreding van de in artikel 43 bedoelde bijzondere overeenkomsten die, naar het oordeel van de Veiligheidsraad, deze Raad in staat stellen een aanvang te maken met de uitvoering van de taken ingevolge het in artikel 42 bepaalde, plegen de partijen bij de Verklaring van de Vier Mogendheden ondertekend op 30 oktober 1943 te Moskou, en Frankrijk, overeenkomstig de bepalingen van het vijfde lid van die Verklaring, overleg met elkaar en, zo de omstandigheden dit gebieden, met andere Leden van de Verenigde Naties, met het oog op zulk gemeenschappelijk optreden namens de Organisatie als nodig kan zijn.

Art. 107

Niets in dit Handvest ontkracht of belet optreden dat, met betrekking tot een staat die tijdens de Tweede Wereldoorlog de vijand is geweest van een van de staten die dit Handvest hebben ondertekend, als gevolg van deze oorlog is of wordt ondernomen door of met machtiging van de voor dit optreden verantwoordelijke regeringen.

Hoofdstuk XVIII
AMENDEMENTEN

Art. 108

Tweederde meerderheid

Amendementen op dit Handvest worden voor alle Leden van de Verenigde Naties van kracht, nadat zij zijn aangenomen door een meerderheid van twee derde van de leden van de Algemene Vergadering, en nadat zij zijn bekrachtigd overeenkomstig hun onderscheiden grondwettelijke procedures door twee derde van de Leden van de Verenigde Naties, met inbegrip van alle permanente leden van de Veiligheidsraad.

Art. 109

Conferentie inzake wijziging Handvest

1. Een Algemene Conferentie van de Leden van de Verenigde Naties, met het doel dit Handvest te herzien, kan worden gehouden op een tijdstip en een plaats die worden vastgesteld door de Algemene Vergadering met een meerderheid van twee derde van de leden en door de Veiligheidsraad met de stemmen van negen willekeurige leden. Elk Lid van de Verenigde Naties heeft in de conferentie één stem.

Handvest van de Verenigde Naties

2. Een wijziging van dit Handvest die door de conferentie met een twee derde meerderheid van stemmen wordt aanbevolen, wordt van kracht nadat deze, overeenkomstig hun onderscheiden grondwettelijke procedures, is bekrachtigd door twee derde van de Leden van de Verenigde Naties, met inbegrip van alle permanente leden van de Veiligheidsraad.

3. Indien zulk een conferentie niet gehouden is vóór de tiende jaarlijkse zitting van de Algemene Vergadering die volgt op de inwerkingtreding van dit Handvest, wordt het voorstel om zulk een conferentie bijeen te roepen geplaatst op de agenda van die zitting van de Algemene Vergadering, en de conferentie zal dan gehouden worden indien daartoe wordt besloten door de Algemene Vergadering met een gewone meerderheid van stemmen en door de Veiligheidsraad met de stemmen van zeven willekeurige leden.

Hoofdstuk XIX
BEKRACHTIGING EN ONDERTEKENING

Art. 110
1. Dit Handvest dient door de staten die het hebben ondertekend te worden bekrachtigd overeenkomstig hun onderscheiden grondwettelijke procedures.
2. De akten van bekrachtiging zullen worden nedergelegd bij de Regering van de Verenigde Staten van Amerika, die van elke nederlegging kennis zal geven aan alle staten die dit Handvest hebben ondertekend, alsmede aan de Secretaris-Generaal van de Organisatie, nadat deze is benoemd. — *Bekrachtiging Nederlegging akten van bekrachtiging*
3. Dit Handvest treedt in werking nadat akten van bekrachtiging zijn nedergelegd door de Republiek China, Frankrijk, de Unie van Socialistische Sovjetrepublieken, het Verenigd Koninkrijk van Groot-Brittannië en Noord-Ierland en de Verenigde Staten van Amerika, en door de meerderheid van de andere staten die het hebben ondertekend. Daarna wordt een protocol van de nederlegging van de akten van bekrachtiging opgesteld door de Regering van de Verenigde Staten van Amerika, die daarvan afschriften zal doen toekomen aan alle staten die het Handvest hebben ondertekend. — *Inwerkingtreding*
4. De staten die dit Handvest hebben ondertekend en die het bekrachtigen nadat het in werking is getreden, worden op de datum van nederlegging van hun onderscheiden akten van bekrachtiging oorspronkelijke Leden van de Verenigde Naties.

Art. 111
Dit Handvest, waarvan de Chinese, de Franse, de Russische, de Engelse en de Spaanse tekst gelijkelijk authentiek zijn, wordt nedergelegd in het archief van de Regering van de Verenigde Staten van Amerika. Deze Regering doet behoorlijk gewaarmerkte afschriften daarvan toekomen aan de regeringen van de overige staten die het hebben ondertekend. — *Authentieke teksten*

Statuut van het Internationaal Gerechtshof[1]

Art. 1

Voornaamste rechterlijk orgaan

Het Internationaal Gerechtshof, ingesteld bij het Handvest van de Verenigde Naties als het voornaamste gerechtelijke orgaan van de Verenigde Naties, is samengesteld en functioneert overeenkomstig de bepalingen van dit Statuut.

Hoofdstuk I
ORGANISATIE VAN HET HOF

Art. 2

Vereisten rechters

Het Hof wordt gevormd door een college van onafhankelijke rechters die, onverschillig van welke nationaliteit zij zijn, worden gekozen uit personen van hoog zedelijk aanzien die aan de vereisten voldoen die in hun onderscheiden landen worden gesteld om de hoogste rechterlijke ambten te bekleden, ofwel die rechtsgeleerden zijn van erkende bekwaamheid op het gebied van het internationaal recht.

Art. 3

Samenstelling

1. Het Hof bestaat uit vijftien leden, van wie geen twee onderdaan van dezelfde staat mogen zijn.
2. Iemand die, wat het lidmaatschap van het Hof betreft, zou kunnen worden beschouwd als een onderdaan van meer dan één staat, wordt geacht een onderdaan te zijn van de staat waar hij zijn burgerlijke en politieke rechten pleegt uit te oefenen.

Art. 4

Voordracht

1. De leden van het Hof worden door de Algemene Vergadering en door de Veiligheidsraad gekozen uit een lijst van personen, voorgedragen door de nationale groepen van het Permanente Hof van Arbitrage overeenkomstig de volgende bepalingen.
2. Wanneer het Leden van de Verenigde Naties betreft die niet zijn vertegenwoordigd in het Permanente Hof van Arbitrage, worden de kandidaten voorgedragen door nationale groepen die daartoe door hun regeringen worden aangewezen op dezelfde voorwaarden als die welke worden gesteld voor leden van het Permanente Hof van Arbitrage in artikel 44 van het Verdrag van 's-Gravenhage van 1907 betreffende de vreedzame beslechting van internationale geschillen.
3. De voorwaarden waarop een staat die partij is bij dit Statuut, doch die geen Lid is van de Verenigde Naties, kan deelnemen aan de verkiezing van de leden van het Hof, worden, bij gebreke van een bijzondere overeenkomst, vastgesteld door de Algemene Vergadering, op aanbeveling van de Veiligheidsraad.

Art. 5

Kandidaatstelling

1. Ten minste drie maanden voor de datum van de verkiezing richt de Secretaris-Generaal van de Verenigde Naties een schriftelijk verzoek aan de leden van het Permanente Hof van Arbitrage die behoren tot de staten die partij zijn bij dit Statuut, alsmede aan de leden van de ingevolge artikel 4, tweede lid, aangewezen nationale groepen, waarbij zij worden uitgenodigd binnen een bepaalde termijn, als nationale groepen, personen voor te dragen die de functie van lid van het Hof kunnen vervullen.
2. Geen enkele groep mag meer dan vier personen voordragen, van wie er niet meer dan twee haar eigen nationaliteit mogen bezitten. In geen geval mag het aantal door een groep voorgedragen kandidaten groter zijn dan tweemaal het aantal te bezetten zetels.

Art. 6

Consultatie

Elke nationale groep wordt aanbevolen, alvorens kandidaten voor te dragen, overleg te plegen met haar hoogste rechtscollege, haar faculteiten rechtsgeleerdheid en soortgelijke inrichtingen waar onderwijs in de rechten wordt gegeven, haar nationale academies en nationale afdelingen van internationale academies die zich bezighouden met de studie van het recht.

Art. 7

Kandidatenlijsten

1. de Secretaris-Generaal stelt een alfabetische lijst op van alle personen die aldus zijn voorgedragen. Behoudens als bepaald in artikel 12, tweede lid, zijn alleen dezen verkiesbaar.
2. De Secretaris-Generaal zendt deze lijst aan de Algemene Vergadering en aan de Veiligheidsraad.

Art. 8

Verkiezing

De Algemene Vergadering en de Veiligheidsraad gaan onafhankelijk van elkaar over tot de verkiezing van de leden van het Hof.

---

1 Inwerkingtredingsdatum: 10-12-1945; zoals laatstelijk gewijzigd bij: Trb. 1987, 114.

Art. 9
Bij elke verkiezing dienen de kiezers niet alleen in het oog te houden dat de te verkiezen personen individueel aan de gestelde vereisten moeten voldoen, doch tevens dat in het Hof als geheel de vertegenwoordiging van de belangrijkste vormen der beschaving en van de voornaamste rechtsstelsels van de wereld is verzekerd.

Criteria

Art. 10
1. Als te zijn verkozen worden die kandidaten beschouwd die zowel in de Algemene Vergadering als de Veiligheidsraad een volstrekte meerderheid van stemmen hebben behaald.
2. Elke stemming in de Veiligheidsraad, hetzij voor de verkiezing van rechters, hetzij voor het aanwijzen van leden van de in artikel 12 bedoelde commissie, wordt gehouden zonder dat enig onderscheid wordt gemaakt tussen permanente en niet-permanente leden van de Veiligheidsraad.
3. Ingeval meer dan één onderdaan van een zelfde staat zowel in de Algemene Vergadering als in de Veiligheidsraad een volstrekte meerderheid van stemmen behaalt, wordt alleen de oudste van hen beschouwd als te zijn verkozen.

Volstrekte meerderheid van stemmen

Art. 11
Indien, nadat de eerste verkiezingsbijeenkomst is gehouden, nog één of meer zetels onbezet zijn gebleven, wordt een tweede en, zo nodig, nog een derde bijeenkomst gehouden.

Tweede en derde bijeenkomst

Art. 12
1. Indien, na de derde bijeenkomst, nog één of meer zetels onbezet blijven, kan op verzoek van de Algemene Vergadering of van de Veiligheidsraad te allen tijde een bemiddelingscommissie worden gevormd van zes leden, van wie er drie door de Algemene Vergadering en drie door de Veiligheidsraad worden benoemd, met het doel met een volstrekte meerderheid van stemmen voor elke nog onbezette zetel één naam te kiezen en die aan de Algemene Vergadering en aan de Veiligheidsraad voor te leggen te hunner onderscheiden goedkeuring.
2. Indien de bemiddelingscommissie het met eenparigheid van stemmen eens wordt over een persoon die aan de gestelde eisen voldoet, kan deze op de lijst van de commissie worden geplaatst, ook al kwam hij niet voor op de in artikel 7 bedoelde kandidatenlijst.
3. Indien de bemiddelingscommissie ervan overtuigd is dat haar pogingen tot een verkiezing te komen niet met succes zullen worden bekroond, gaan de reeds verkozen leden van het Hof, binnen een door de Veiligheidsraad vast te stellen termijn, over tot het bezetten van de nog opengebleven zetels, door een keuze te doen uit de kandidaten die hetzij in de Algemene Vergadering, hetzij in de Veiligheidsraad stemmen op zich hebben verenigd.
4. Indien onder de rechters de stemmen staken, geeft de stem van de in jaren oudste rechter de doorslag.

Commissie van zes leden na derde bijeenkomst

Art. 13
1. De leden van het Hof worden verkozen voor negen jaar en zijn herkiesbaar, met dien verstande evenwel dat van de bij de eerste verkiezing gekozen rechters de ambtstermijn van vijf van hen afloopt na drie jaar en de ambtstermijn van vijf anderen na zes jaar.
2. De rechters wier ambtstermijn afloopt aan het einde van de hierboven genoemde perioden van drie en zes jaar worden terstond na de eerste verkiezing bij loting aangewezen door de Secretaris-Generaal.
3. De leden van het Hof blijven in functie tot hun vervanging. Ook na hun vervanging doen zij de zaken waarmee zij een aanvang hebben gemaakt, nog af.
4. In geval een lid van het Hof aftreedt, wordt een kennisgeving van zijn aftreden gezonden aan de President van het Hof, die deze doorzendt aan de Secretaris-Generaal. Door laatstgenoemde kennisgeving valt de zetel open.

Ambtstermijn en herverkiezing

Art. 14
In vacatures wordt op dezelfde wijze voorzien als die welke voor de eerste verkiezing is vastgesteld, onder voorbehoud van de volgende bepaling: binnen één maand na het ontstaan van de vacature zendt de Secretaris-Generaal de in artikel 5 bedoelde uitnodigingen rond, terwijl de datum van de verkiezing door de Veiligheidsraad wordt vastgesteld.

Vacatures

Art. 15
Een lid van het Hof dat is verkozen in de plaats van een lid welks ambtstermijn nog niet is verstreken, blijft in functie voor de rest van de ambtstermijn van zijn voorganger.

Ambtstermijn plaatsvervanger

Art. 16
1. Een lid van het Hof mag geen politieke of administratieve functie uitoefenen, noch in enige andere als beroep uitgeoefende functie werkzaam zijn.
2. In geval van twijfel hierover beslist het Hof.

Verenigbare functies

Art. 17
1. Een lid van het Hof mag in geen enkele zaak optreden als agent, raadsman of advocaat.
2. Hij mag niet deelnemen aan de berechting van een zaak waarbij hij voordien betrokken is geweest als agent, raadsman of advocaat van een der partijen, als lid van een nationaal of internationaal gerechtshof, als lid van een commissie van feitenonderzoek, of in enige andere hoedanigheid.

3. In geval van twijfel hierover beslist het Hof.

Art. 18

Ontheffing uit functie
1. Een lid van het Hof kan niet van zijn functie worden ontheven, tenzij het, naar het eenparig oordeel der andere leden, niet langer aan de vereiste voorwaarden voldoet.
2. De Secretaris-Generaal wordt hiervan officieel door de Griffier in kennis gesteld
3. Door deze kennisgeving valt de zetel open.

Art. 19

Diplomatie voorrechten/immuniteiten
De leden van het Hof genieten in de uitoefening van hun functie diplomatieke voorrechten en immuniteiten.

Art. 20

Plechtige verklaring
Elk lid van het Hof verklaart, alvorens zijn functie te aanvaarden, plechtig in een openbare zitting dat het zijn bevoegdheden in volkomen onpartijdigheid en naar geweten zal uitoefenen.

Art. 21

President, Vice-President
1. Het Hof verkiest zijn President en Vice-President voor een termijn van drie jaar; zij zijn herkiesbaar.

Griffier
2. Het Hof benoemt zijn Griffier en kan een regeling treffen voor de benoeming van eventueel noodzakelijke andere functionarissen.

Art. 22

Zetel Hof
1. De zetel van het Hof is gevestigd te 's-Gravenhage. Dit belet het Hof evenwel niet elders zijn zittingen te houden en elders zijn functies uit te oefenen, telkens wanneer het dit wenselijk oordeelt.
2. De President en de Griffier zijn woonachtig in de plaats waar het Hof is gevestigd.

Art. 23

Zittingsperiode
1. Het Hof blijft voortdurend in zitting, behalve gedurende de gerechtelijke recessen, waarvan de tijdstippen en de duur door het Hof worden vastgesteld.

Periodiek verlof
2. De leden van het Hof hebben recht op periodiek verlof, waarvan de tijdstippen en de duur worden vastgesteld door het Hof, waarbij rekening wordt gehouden met de afstand tussen 's-Gravenhage en de woonplaats van de afzonderlijke rechters.

Voortdurende beschikbaarheid
3. De leden van het Hof zijn verplicht zich voortdurend ter beschikking van het Hof te houden, tenzij zij met verlof zijn of door ziekte of om andere aan de President bekend te maken ernstige redenen, verhinderd zijn.

Art. 24

Verschoning
1. Indien een lid, om een bijzondere reden, meent niet te moeten deelnemen aan de beslissing in een bepaalde zaak, stelt het de President daarvan in kennis.
2. Indien de President meent dat een van de leden van het Hof om een bijzondere reden in een bepaalde zaak geen zitting moet nemen, stelt hij dit lid daarvan in kennis.
3. Indien in zulk een geval het lid van het Hof en de President van mening verschillen, beslist het Hof.

Art. 25

Quorum
1. Behoudens waar in dit Statuut anders wordt bepaald, houdt het Hof voltallig zitting.
2. Het Reglement van het Hof kan bepalen dat één of meer rechters, afhankelijk van de omstandigheden en bij toerbeurt, kunnen worden ontslagen van hun verplichting deel te nemen aan de zitting, mits het aantal rechters dat beschikbaar is om het Hof vormen daardoor niet beneden elf daalt.
3. Een quorum van negen rechters is voldoende om het Hof te vormen.

Art. 26

Kamers
1. Het Hof kan, naar behoefte, één of meer kamers vormen die, al naar het Hof bepaalt, uit drie of meer rechters worden samengesteld en die zich bezighouden met bijzondere categorieën zaken, zoals arbeidszaken en zaken betreffende transit en verbindingen.
2. Het Hof kan te allen tijde een kamer vormen voor de behandeling van een bijzondere zaak. Het aantal rechters waaruit zulk een kamer bestaat wordt door het Hof, met goedkeuring van de partijen, vastgesteld.
3. Indien de partijen daarom verzoeken, worden zaken door de in dit artikel bedoelde kamers behandeld en afgedaan.

Art. 27

Een vonnis, gewezen door één der in de artikelen 26 en 29 bedoelde kamers, wordt geacht te zijn gewezen door het Hof.

Art. 28

Zitting elders
De in de artikelen 26 en 29 bedoelde kamers kunnen, met goedvinden der partijen, in andere plaatsen dan 's-Gravenhage zitting houden en hun functies uitoefenen.

Art. 29

Kort geding
Met het oog op een snelle afdoening van de zaken vormt het Hof elk jaar een uit vijf rechters samengestelde kamer die, op verzoek van partijen, in kort geding recht kan spreken. Tevens worden twee rechters aangewezen ter vervanging van die rechters die verhinderd zijn zitting te nemen.

Art. 30
1. Het Hof stelt een reglement vast voor de uitoefening van zijn functies. Met name regelt het de procedure. — *Reglement*
2. Het Reglement van het Hof kan voorzien in de benoeming van bijzitters, die de zittingen van het Hof of van de kamers van het Hof bijwonen, echter zonder stemrecht.

Art. 31
1. Rechters die de nationaliteit bezitten van één der partijen behouden het recht zitting te nemen in de zaak die voor het Hof dient. — *Nationaliteit rechters en procespartijen*
2. Indien zich onder de rechters die zitting zullen nemen een rechter bevindt die de nationaliteit van één der partijen bezit, kan elk der andere partijen naar eigen keuze een persoon aanwijzen die zitting zal nemen als rechter. Deze wordt bij voorkeur gekozen uit de personen die overeenkomstig het in de artikelen 4 en 5 bepaalde waren voorgedragen.
3. Indien zich onder de rechters die zitting zullen nemen geen rechter bevindt die de nationaliteit van de partijen bezit, kan elk dezer partijen een rechter kiezen overeenkomstig het bepaalde in het tweede lid van dit artikel.
4. De bepalingen van dit artikel zijn van toepassing op het geval bedoeld in de artikelen 26 en 29. In deze gevallen verzoekt de President één of, zo nodig, twee van de leden van het Hof die de kamer vormen hun plaats af te staan aan de leden van het Hof die de nationaliteit van de betrokken partijen bezitten en, zo dezen er niet zijn of verhinderd zijn, aan de voor dit doel door de partijen gekozen rechters.
5. Wanneer verschillende partijen in een zaak hetzelfde belang hebben, worden zij voor de toepassing van de voorgaande bepalingen beschouwd als één partij. In geval van twijfel hierover beslist het Hof.
6. De rechters gekozen overeenkomstig het tweede, derde en vierde lid van dit artikel dienen te voldoen aan de voorwaarden zoals die zijn gesteld in de artikelen 2, 17 (tweede lid), 20 en 24 van dit Statuut. Zij nemen deel aan de beslissing op voet van volkomen gelijkheid met hun ambtgenoten.

Art. 32
1. Elk lid van het Hof ontvangt een jaarlijkse bezoldiging. — *Bezoldiging*
2. De President ontvangt een bijzondere jaarlijkse toelage.
3. De Vice-President ontvangt een bijzondere toelage voor elke dag dat hij de functie van President waarneemt.
4. De rechters gekozen ingevolge het in artikel 31 bepaalde, die geen lid van het Hof zijn, ontvangen een vergoeding voor elke dag dat zij hun functie uitoefenen.
5. Deze bezoldigingen, toelagen en vergoeding worden vastgesteld door de Algemene Vergadering. Tijdens de ambtstermijn kunnen zij niet worden verminderd.
6. De bezoldiging van de Griffier wordt vastgesteld door de Algemene Vergadering op voorstel van het Hof.
7. Door de Algemene Vergadering aanvaarde voorschriften bepalen de voorwaarden waarop aan de leden van het Hof en aan de Griffier pensioen wordt toegekend, alsmede de voorwaarden waarop hun reiskosten worden vergoed.
8. De hierboven bedoelde bezoldigingen, toelagen en vergoeding zijn vrijgesteld van alle belastingen.

Art. 33
De uitgaven van het Hof worden, op een door de Algemene Vergadering vast te stellen wijze, gedragen door de Verenigde Naties. — *Bekostiging Hof*

Hoofdstuk II
RECHTSMACHT VAN HET HOF

Art. 34
1. Slechts staten kunnen partij zijn in voor het Hof te brengen zaken.
2. Met inachtneming van de bepalingen van zijn Reglement, kan het Hof aan intergouvernementele organisaties inlichtingen vragen betreffende aan het Hof voorgelegde zaken en neemt het de door dergelijke organisaties op eigen initiatief verstrekte inlichtingen in ontvangst. — *Raadpleging internationale organisaties*
3. Wanneer de interpretatie van de statuten van een intergouvernementele organisatie of van een op basis van die statuten aanvaard internationaal verdrag een punt van discussie uitmaakt in een bij het Hof aanhangige zaak, stelt de Griffier de betrokken internationale organisatie daarvan in kennis en doet hij haar van alle processtukken afschriften toekomen.

Art. 35
1. Het Hof is toegankelijk voor de staten die partij zijn bij dit statuut. — *Toegankelijkheid Hof*
2. De voorwaarden waarop het Hof voor andere staten toegankelijk is worden, onverminderd de bijzondere bepalingen vervat in van kracht zijnde verdragen, vastgesteld door de Veiligheidsraad, doch in geen geval mogen zodanige voorwaarden de partijen in een ongelijke positie voor het Hof brengen.

3. Indien een staat die geen Lid is van de Verenigde Naties partij is in een zaak, bepaalt het Hof welk bedrag die partij dient bij te dragen in de uitgaven van het Hof. Deze bepaling is niet van toepassing, indien zulk een staat bijdraagt in de uitgaven van het Hof.

Art. 36

Rechtsmacht Hof

1. De rechtsmacht van het Hof strekt zich uit tot alle zaken die de partijen daaraan voorleggen, en tot alle kwesties die in het bijzonder worden genoemd in het Handvest van de Verenigde Naties of in van kracht zijnde verdragen en conventies.

Verklaring omtrent verplichte rechtsmacht Hof in bepaalde geschillen

2. De staten die partij zijn bij dit Statuut kunnen te allen tijde verklaren dat zij, *ipso facto* en zonder bijzondere overeenkomst, tegenover elke andere staat die deze zelfde verplichting aanvaardt, de rechtsmacht van het Hof als verplicht aanvaarden ten aanzien van alle rechtsgeschillen betreffende:
   a) de uitlegging van een verdrag;
   b) elk van internationaal recht;
   c) het bestaan van enig feit dat, indien vastgesteld, schending van een internationale verplichting zou opleveren;
   d) de aard en de omvang van de schadeloosstelling die verschuldigd is voor schending van een internationale verplichting.
3. De hierboven bedoelde verklaringen kunnen worden afgelegd, hetzij onvoorwaardelijk, hetzij onder de voorwaarde van wederkerigheid met betrekking tot meerdere of bepaalde staten, of voor een bepaalde termijn.
4. Deze verklaringen worden nedergelegd bij de Secretaris-Generaal van de Verenigde Naties, die afschriften ervan doet toekomen aan de partijen bij het Statuut, alsmede aan de Griffier van het Hof.
5. Verklaringen afgelegd ingevolge artikel 36 van het Statuut van het Permanente Hof van Internationale Justitie die nog van kracht zijn, worden tussen de partijen bij dit Statuut, beschouwd als een aanvaarding van de verplichte rechtsmacht van het Internationaal Gerechtshof gedurende de termijn dat zij nog van kracht zijn, en overeenkomstig de daarin genoemde voorwaarden.

Meningsverschil inzake rechtsmacht

6. In geval van een meningsverschil over de vraag of het Hof al dan niet rechtsmacht heeft, beslist het Hof.

Art. 37

Verwijzing

Wanneer een van kracht zijnd verdrag of een van kracht zijnde conventie voorziet in het verwijzen van een zaak naar een door de Volkenbond ingesteld gerechtshof of naar het Permanente Hof van Internationale Justitie, wordt de zaak, indien het partijen bij dit Statuut betreft, verwezen naar het Internationaal Gerechtshof.

Art. 38

Rechtsbronnen

1. Het Hof, dat tot taak heeft de aan hem voorgelegde geschillen te beslechten overeenkomstig het internationaal recht, doet dit met toepassing van:
   a. internationale verdragen, zowel van algemene als van bijzondere aard, waarin regels worden vastgelegd die uitdrukkelijk door de bij het geschil betrokken staten worden erkend;
   b. internationale gewoonte, als blijk van een als recht aanvaarde algemene praktijk;
   c. de door beschaafde naties erkende algemene rechtsbeginselen;
   d. onder voorbehoud van de bepalingen van artikel 59, rechterlijke beslissingen, alsmede de opvattingen van de meest bevoegde schrijvers der verschillende naties, als hulpmiddelen voor het bepalen van rechtsregels.

Ex aequo et bono

2. Deze bepaling laat onverlet de bevoegdheid van het Hof een beslissing *ex aequo et bono* te geven indien de partijen daarmee instemmen.

Hoofdstuk III
PROCEDURE

Art. 39

Officiële talen: Frans en Engels

1. De officiële talen van het Hof zijn Frans en Engels. Indien de partijen overeenkomen dat het proces in het Frans wordt gevoerd, wordt het vonnis in het Frans gewezen. Indien de partijen overeenkomen dat het proces in het Engels wordt gevoerd, wordt het vonnis in het Engels gewezen.
2. Indien geen overeenstemming wordt bereikt ten aanzien van de te gebruiken taal, kan elke partij voor de pleidooien de taal gebruiken waaraan zij de voorkeur geeft; het vonnis van het Hof wordt gewezen in het Frans en het Engels. In dat geval beslist het Hof tegelijkertijd welke van beide teksten als gezaghebbend moet worden beschouwd.
3. Op verzoek van een partij staat het Hof toe dat deze partij zich bedient van een andere taal dan Frans of Engels.

Art. 40
1. Zaken worden voor het Hof gebracht, naar gelang van hun aard, hetzij door kennisgeving van het compromis, hetzij door middel van een aan de Griffier gericht schriftelijk rekest. In beide gevallen dienen het onderwerp van het geschil en de partijen te worden vermeld. — *Aanhangig maken van zaken*
2. De Griffier brengt het rekest onverwijld ter kennis van alle betrokkenen.
3. Door tussenkomst van de Secretaris-Generaal verwittigt hij tevens de Leden van de Verenigde Naties en alle andere staten die gerechtigd zijn voor het Hof te verschijnen.

Art. 41
1. Het Hof is bevoegd, zo het van oordeel is dat de omstandigheden zulks gebieden, aan te geven welke voorlopige maatregelen dienen te worden genomen om de onderscheiden rechten van ieder der partijen te beschermen. — *Maatregelen ter bescherming rechters*
2. In afwachting van de eindbeslissing worden de voorgestelde maatregelen onverwijld ter kennis gebracht van de partijen en van de Veiligheidsraad.

Art. 42
1. De partijen worden vertegenwoordigd door agenten. — *Agenten*
2. Zij kunnen zich voor het Hof doen bijstaan door raadslieden of advocaten. — *Raadslieden*
3. De agenten, raadslieden en advocaten van de partijen voor het Hof genieten de voor de onafhankelijke uitoefening van hun functies noodzakelijke voorrechten en immuniteiten. — *Advocaten*

Art. 43
1. De procedure bestaat uit twee gedeelten: de schriftelijke en de mondelinge procedure. — *Schriftelijke en mondelinge fase*
2. De schriftelijke procedure bestaat uit de toezending aan het Hof en aan de partijen van memories, contra-memories en, zo nodig, van replieken, alsmede van alle toelichtende stukken en documenten.
3. Toezending als hierboven bedoeld geschiedt door tussenkomst van de Griffier, in de volgorde en binnen de termijnen vastgesteld door het Hof.
4. Van elk door één der partijen overgelegd document wordt een gewaarmerkt afschrift toegezonden aan de andere partij.
5. De mondelinge procedure bestaat uit het horen door het Hof van getuigen, deskundigen, agenten, raadslieden en advocaten.

Art. 44
1. Voor betekeningen aan personen, met uitzondering van agenten, raadslieden en advocaten, richt het Hof zich rechtstreeks tot de regering van de staat op wiens grondgebied de betekening moet worden gedaan. — *Betekening*
2. Dezelfde regel wordt gevolgd wanneer stappen moeten worden gedaan om ter plaatse bewijsmiddelen te verzamelen.

Art. 45
De hoorzittingen worden geleid door de President of, zo deze verhinderd is, door de Vice-President; indien beiden zijn verhinderd, berust de leiding bij de oudste aanwezige rechter. — *Leiding*

Art. 46
De hoorzittingen van het Hof zijn openbaar, tenzij het Hof anders bepaalt, of tenzij de partijen verlangen dat geen publiek wordt toegelaten. — *Openbaar, tenzij*

Art. 47
1. Van iedere hoorzitting wordt een proces-verbaal opgemaakt, dat wordt ondertekend door de Griffier en de President. — *Proces-verbaal*
2. Alleen dit proces-verbaal is authentiek.

Art. 48
Het Hof vaardigt verordeningen uit voor het voeren van het proces, stelt de vorm vast waarin en de termijn waarbinnen elke partij haar slotconclusies moet nemen en treft alle regelingen die verband houden met de bewijsvoering. — *Procesregels*

Art. 49
Het Hof kan, ook voordat de hoorzittingen aanvangen, de agenten verzoeken een bepaald document over te leggen of toelichtingen te geven. Indien zulks wordt geweigerd, neemt het Hof daarvan akte. — *Documenten, inlichtingen*

Art. 50
Het Hof kan te allen tijde een persoon, een orgaan, een bureau, een commissie of een andere door het Hof zelf aan te wijzen organisatie opdragen een feitenonderzoek in te stellen of een deskundigenadvies uit te brengen. — *Deskundig onderzoek door derden*

Art. 51
In de loop van de hoorzittingen worden eventueel ter zake doende vragen aan de getuigen en de deskundigen gesteld overeenkomstig de door het Hof in het in artikel 30 bedoelde reglement neergelegde bepalingen. — *Getuigen- en deskundigenverhoor*

A101 art. 52 — Statuut van het Internationaal Gerechtshof

Art. 52
Termijn overlegging bewijsmateriaal
Nadat het Hof binnen de daarvoor gestelde termijn het bewijsmateriaal in ontvangst heeft genomen, kan het weigeren nog verder mondeling of schriftelijk bewijsmateriaal, dat een der partijen zou willen overleggen, te aanvaarden, tenzij de wederpartij ermee instemt.

Art. 53
Verstek
1. Indien één der partijen niet voor het Hof verschijnt of in gebreke blijft haar zaak te verdedigen, kan de andere partij het Hof verzoeken te haren gunste uitspraak te doen.
2. Alvorens daartoe over te gaan, dient het Hof zich ervan te overtuigen niet alleen dat het rechtmacht heeft ingevolge de bepalingen van de artikelen 36 en 37, doch eveneens dat de eis feitelijk en rechtens gegrond is.

Art. 54
Sluiting zitting
1. Wanneer de agenten, de raadslieden en de advocaten, onder toezicht van het Hof, hun pleidooi in de zaak hebben afgesloten, verklaart de President de hoorzittingen voor gesloten.

Raadkamer
2. Het Hof trekt zich daarna terug in raadkamer om zich over de uitspraak te beraden.
3. De beraadslagingen van het Hof zijn en blijven geheim.

Art. 55
Meerderheid van stemmen
1. Alle beslissingen van het Hof worden genomen bij meerderheid van de aanwezige rechters.
2. Ingeval de stemmen staken, geeft de stem van de President, of die van de hem vervangende rechter, de doorslag.

Art. 56
Vonnis
1. Het vonnis is met redenen omkleed.
2. Het vermeldt de namen van de rechters die aan de totstandkoming ervan hebben medegewerkt.

Art. 57
Afzonderlijk oordeel
Indien het vonnis geheel of gedeeltelijk niet het eenstemmige oordeel van de rechters weergeeft, is elke rechter bevoegd aan het vonnis een uiteenzetting van zijn individuele mening toe te voegen.

Art. 58
Ondertekening en openbare voorlezing
Het vonnis wordt ondertekend door de President en de Griffier. Het wordt in openbare zitting voorgelezen, nadat de agenten hiervan tijdig zijn verwittigd.

Art. 59
Bindende kracht
De beslissing van het Hof is slechts bindend voor de partijen en uitsluitend met betrekking tot de behandelde zaak.

Art. 60
Geen hoger beroep
Het vonnis is definitief en niet vatbaar voor beroep. Ingeval er verschil van opvatting bestaat ten aanzien van de betekenis of draagwijdte van het vonnis, zal het Hof daarvan, op verzoek van één of meer der partijen, een interpretatie geven.

Art. 61
Aanvraag tot herziening
1. Een aanvraag tot herziening van een vonnis kan uitsluitend worden ingediend wanneer deze is gegrond op de overweging dat een bepaald feit aan het licht is gekomen dat van beslissende invloed kan zijn, welk feit ten tijde van het uitspreken van het vonnis zowel het Hof als de partij die op herziening aandringt onbekend was, mits de onbekendheid met dat feit niet te wijten was aan onachtzaamheid.
2. De herzieningsprocedure begint met een uitspraak van het Hof, waarin uitdrukkelijk het bestaan van het nieuwe feit wordt vastgesteld, waarin wordt erkend dat dit nieuwe feit van dien aard is dat herziening mogelijk is, en waarin op grond hiervan de aanvraag ontvankelijk wordt verklaard.
3. Het Hof kan verlangen dat vooraf aan het vonnis is voldaan, voordat het toestemming geeft tot het openen van de herzieningsprocedure.
4. De aanvraag tot herziening dient te worden ingediend uiterlijk zes maanden nadat het nieuwe feit aan het licht is gekomen.
5. De aanvraag tot herziening kan niet later worden ingediend dan tien jaar na de dagtekening van het vonnis.

Art. 62
Tussenkomst
1. Indien een staat van oordeel is dat hij een rechtsbelang heeft dat kan worden getroffen door de beslissing van het Hof, kan hij tot het Hof het verzoek richten tussenbeide te mogen komen.
2. Het Hof neemt ten aanzien van dit verzoek een beslissing.

Art. 63
Verdragsinterpretatie
1. Wanneer de interpretatie in het geding is van een verdrag, waarbij staten partij zijn die niet bij de zaak zijn betrokken, geeft de Griffier deze staten daarvan onverwijld kennis.
2. Elk van die staten heeft het recht in de procedure tussenbeide te komen; maakt hij van deze bevoegdheid evenwel gebruik, dan is de in het vonnis neergelegde interpretatie ook voor die staat bindend.

Art. 64
Proceskosten
Tenzij het Hof anders beslist, draagt elke partij haar eigen kosten.

Hoofdstuk IV
ADVIEZEN

Art. 65
1. Het Hof kan op verzoek van elk orgaan dat door of overeenkomstig het Handvest van de Verenigde Naties daartoe gemachtigd is, inzake elke rechtsvraag advies geven.
2. Aangelegenheden waaromtrent het Hof om advies wordt gevraagd, worden voorgelegd aan het Hof door middel van een schriftelijk verzoek, waarin de aangelegenheid waarover advies wordt gevraagd nauwkeurig wordt omschreven, vergezeld van alle documenten die de desbetreffende aangelegenheid in een duidelijker licht kunnen stellen.

Advies inzake rechtsvragen

Art. 66
1. De Griffier geeft aan alle staten die voor het Hof mogen verschijnen onverwijld kennis van het verzoek om advies.

Kennisgeving adviesaanvrage aan belanghebbenden

2. Tevens geeft de Griffier, door middel van een bijzondere en rechtstreekse mededeling aan elke staat die voor het Hof mag verschijnen, of elke internationale organisatie waarvan het Hof of, zo dit niet in zitting is, de President veronderstelt dat zij inlichtingen over de kwestie zou kunnen verschaffen, kennis dat het Hof bereid is binnen een door de President vast te stellen termijn schriftelijke verklaringen in ontvangst te nemen of, in een daartoe te houden openbare zitting, op de kwestie betrekking hebbende mondelinge verklaringen aan te horen.
3. Ingeval een staat die bevoegd is voor het Hof te verschijnen, de in het tweede lid van dit artikel bedoelde bijzondere kennisgeving niet heeft ontvangen, kan die staat de wens te kennen geven een schriftelijke verklaring in te dienen of te worden gehoord; het Hof beslist hierover.
4. Aan staten en organisaties die schriftelijke of mondelinge verklaringen of beide hebben afgelegd, wordt toegestaan commentaar te leveren op de door andere staten of organisaties afgelegde verklaringen, in de vorm, in de omvang en binnen de termijn die het Hof of, zo dit niet in zitting is, de President, van geval tot geval zal vaststellen. Derhalve brengt de Griffier eventuele schriftelijke verklaringen tijdig ter kennis van staten en organisaties die eveneens veklaringen hebben afgelegd.

Art. 67
Het Hof brengt zijn adviezen uit in een openbare zitting, na dit te hebben aangekondigd aan de Secretaris-Generaal en aan de vertegenwoordigers van de rechtstreeks erbij betrokken zijnde Leden van de Verenigde Naties, andere staten en internationale organisaties.

Openbare zitting

Art. 68
Bij de uitoefening van zijn adviserende taak laat het Hof zich verder leiden door de bepalingen van dit Statuut die van toepassing zijn inzake geschillen, voor zover het die bepalingen toepasselijk oordeelt.

Toepasselijke bepalingen

Hoofdstuk V
AMENDEMENTEN

Art. 69
Amendementen op dit Statuut komen op dezelfde wijze tot stand als in het Handvest van de Verenigde Naties is voorzien voor amendementen op dat Handvest, onder voorbehoud evenwel van alle bepalingen die door de Algemene Vergadering, op aanbeveling van de Veiligheidsraad, zouden worden vastgesteld met betrekking tot de deelname van staten die partij zijn bij dit Statuut, maar die geen Lid zijn van de Verenigde Naties.

Procedure

Art. 70
Het Hof is bevoegd, door middel van aan de Secretaris-Generaal gerichte schriftelijke kennisgevingen, zodanige amendementen op dit Statuut ter overweging voor te stellen als het noodzakelijk acht, overeenkomstig artikel 69.

Universele Verklaring van de Rechten van de Mens[1]

Preambule
Overwegende, dat erkenning van de inherente waardigheid en van de gelijke en onvervreemdbare rechten van alle leden van de mensengemeenschap grondslag is voor de vrijheid, gerechtigheid en vrede in de wereld;
Overwegende, dat terzijdestelling van en minachting voor de rechten van de mens geleid hebben tot barbaarse handelingen, die het geweten van de mensheid geweld hebben aangedaan en dat de komst van een wereld, waarin de mensen vrijheid van meningsuiting en geloof zullen genieten, en vrij zullen zijn van vrees en gebrek, is verkondigd als het hoogste ideaal van iedere mens;
Overwegende, dat het van het grootste belang is, dat de rechten van de mens beschermd worden door de suprematie van het recht, opdat de mens niet gedwongen worde om in laatste instantie zijn toevlucht te nemen tot opstand tegen tyrannie en onderdrukking;
Overwegende, dat het van het hoogste belang is om de ontwikkeling van vriendschappelijke betrekkingen tussen de naties te bevorderen;
Overwegende, dat de volkeren van de Verenigde Naties in het Handvest hun vertrouwen in de fundamentele rechten van de mens, in de waardigheid en de waarde van de mens en in de gelijke rechten van mannen en vrouwen opnieuw hebben bevestigd, en besloten hebben om sociale vooruitgang en een hogere levensstandaard in groter vrijheid te bevorderen;
Overwegende, dat de Staten, welke Lid zijn van de Verenigde Naties, zich plechtig verbonden hebben om, in samenwerking met de Organisatie van de Verenigde Naties, overal de eerbied voor en de inachtneming van de rechten van de mens en de fundamentele vrijheden te bevorderen;
Overwegende, dat het van het grootste belang is voor de volledige nakoming van deze verbintenis, dat een ieder begrip hebbe voor deze rechten en vrijheden;
Op grond daarvan proclameert de Algemene Vergadering deze Universele Verklaring van de Rechten van de Mens als het gemeenschappelijk door alle volkeren en alle naties te bereiken ideaal, opdat ieder individu en elk orgaan van de gemeenschap, met deze Verklaring voortdurend voor ogen, er naar zal streven door onderwijs en opvoeding de eerbied voor deze rechten en vrijheden te bevorderen, en door vooruitstrevende maatregelen, op nationaal en internationaal terrein, deze rechten algemeen en daadwerkelijk te doen erkennen en toepassen, zowel onder de volkeren van Staten die Lid van de Verenigde Naties zijn, zelf, als onder de volkeren van gebieden, die onder hun jurisdictie staan:

Art. 1
Vrijheid en gelijkheid
Alle mensen worden vrij en gelijk in waardigheid en rechten geboren. Zij zijn begiftigd met verstand en geweten, en behoren zich jegens elkander in een geest van broederschap te gedragen.

Art. 2
Geen discriminatie
1. Een ieder heeft aanspraak op alle rechten en vrijheden, in deze Verklaring opgesomd, zonder enig onderscheid van welke aard ook, zoals ras, kleur, geslacht, taal, godsdienst, politieke of andere overtuiging, nationale of maatschappelijke afkomst, eigendom, geboorte of andere status.
2. Verder zal geen onderscheid worden gemaakt naar de politieke, juridische of internationale status van het land of gebied, waartoe iemand behoort, onverschillig of het een onafhankelijk, trust-, of niet-zelfbesturend gebied betreft, dan wel of er een andere beperking van de soevereiniteit bestaat.

Art. 3
Onschendbaarheid van de persoon
Een ieder heeft recht op leven, vrijheid en onschendbaarheid van zijn persoon.

Art. 4
Geen slavernij
Niemand zal in slavernij of horigheid gehouden worden. Slavernij en slavenhandel in iedere vorm zijn verboden.

Art. 5
Geen onmenselijke behandelingen
Niemand zal onderworpen worden aan folteringen, noch aan een wrede, onmenselijke of onterende behandeling of bestraffing.

Art. 6
Erkenning als persoon
Een ieder heeft, waar hij zich ook bevindt, het recht als persoon erkend te worden voor de wet.

---

1 Inwerkingtredingsdatum: 10-12-1948.

Universele verklaring van de rechten van de mens

Art. 7
Allen zijn gelijk voor de wet en hebben zonder onderscheid aanspraak op gelijke bescherming door de wet. Allen hebben aanspraak op gelijke bescherming tegen iedere achterstelling in strijd met deze Verklaring en tegen iedere ophitsing tot een dergelijke achterstelling.
Gelijkheid voor de wet

Art. 8
Een ieder heeft recht op daadwerkelijke rechtshulp van bevoegde nationale rechterlijke instanties tegen handelingen, welke in strijd zijn met de grondrechten hem toegekend bij Grondwet of wet.
Rechtsbescherming van grondrechten

Art. 9
Niemand zal onderworpen worden aan willekeurige arrestatie, detentie of verbanning.
Geen willekeurige vrijheidsbeneming

Art. 10
Een ieder heeft, in volle gelijkheid, recht op een eerlijke en openbare behandeling van zijn zaak door een onafhankelijke en onpartijdige rechterlijke instantie bij het vaststellen van zijn rechten en verplichtingen en bij het bepalen van de gegrondheid van een tegen hem ingestelde strafvervolging.
Recht op een eerlijk proces

Art. 11
1. Een ieder, die wegens een strafbaar feit wordt vervolgd, heeft er recht op voor onschuldig gehouden te worden, totdat zijn schuld krachtens de wet bewezen wordt in een openbare rechtszitting, waarbij hem alle waarborgen, nodig voor zijn verdediging, zijn toegekend.
Schuld moet bewezen worden

2. Niemand zal voor schuldig gehouden worden aan enig strafrechtelijk vergrijp op grond van enige handeling of enig verzuim, welke naar nationaal of internationaal recht geen strafrechtelijk vergrijp betekenden op het tijdstip, waarop de handeling of het verzuim begaan werd. Evenmin zal een zwaardere straf worden opgelegd dan die, welke ten tijde van het begaan van het strafbare feit van toepassing was.
Geen strafbaarheid met terugwerkende kracht

Art. 12
Niemand zal onderworpen worden aan willekeurige inmenging in zijn persoonlijke aangelegenheden, in zijn gezin, zijn tehuis of zijn briefwisseling, noch aan enige aantasting van zijn eer of goede naam. Tegen een dergelijke inmenging of aantasting heeft een ieder recht op bescherming door de wet.
Geen aantasting in persoonlijke sfeer

Art. 13
1. Een ieder heeft het recht zich vrijelijk te verplaatsen en te vertoeven binnen de grenzen van elke Staat.
Vrije mobiliteit

2. Een ieder heeft het recht welk land ook, met inbegrip van het zijne, te verlaten en naar zijn land terug te keren.

Art. 14
1. Een ieder heeft het recht om in andere landen asyl te zoeken en te genieten tegen vervolging.
Asielrecht

2. Op dit recht kan geen beroep worden gedaan ingeval van strafvervolgingen wegens misdrijven van niet-politieke aard of handelingen in strijd met de doeleinden en beginselen van de Verenigde Naties.

Art. 15
1. Een ieder heeft recht op een nationaliteit.
Recht op nationaliteit

2. Aan niemand mag willekeurig zijn nationaliteit worden ontnomen, noch het recht worden ontzegd om van nationaliteit te veranderen.

Art. 16
1. Zonder enige beperking op grond van ras, nationaliteit of godsdienst, hebben mannen en vrouwen van huwbare leeftijd het recht om te huwen en een gezin te stichten. Zij hebben gelijke rechten wat het huwelijk betreft, tijdens het huwelijk en bij de ontbinding er van.
Geen discriminatie en onvrijheid m.b.t. huwen en huwelijksrelatie enz.

2. Een huwelijk kan slechts worden gesloten met de vrije en volledige toestemming van de aanstaande echtgenoten.

3. Het gezin is de natuurlijke en fundamentele groepseenheid van de maatschappij en heeft recht op bescherming door de maatschappij en de Staat.
Bescherming van het gezin

Art. 17
1. Een ieder heeft recht op eigendom, hetzij alleen, hetzij tezamen met anderen.
Bescherming van eigendom

2. Niemand mag willekeurig van zijn eigendom worden beroofd.

Art. 18
Een ieder heeft recht op vrijheid van gedachte, geweten en godsdienst; dit recht omvat tevens de vrijheid om van godsdienst of overtuiging te veranderen, alsmede de vrijheid hetzij alleen, hetzij met anderen zowel in het openbaar als in zijn particuliere leven zijn godsdienst of overtuiging te belijden door het onderwijzen ervan, door de praktische toepassing, door eredienst en de inachtneming van de geboden en voorschriften.
Vrijheid van geweten en van godsdienst

Art. 19

Vrijheid van meningsuiting

Een ieder heeft recht op vrijheid van mening en meningsuiting. Dit recht omvat de vrijheid om zonder inmenging een mening te koesteren en om door alle middelen en ongeacht grenzen inlichtingen en denkbeelden op te sporen, te ontvangen en door te geven.

Art. 20

Recht vereniging en vergadering

1. Een ieder heeft recht op vrijheid van vreedzame vereniging en vergadering.

2. Niemand mag worden gedwongen om tot een vereniging te behoren.

Art. 21

Recht om deel te nemen aan landsbestuur zonder achterstelling

1. Een ieder heeft het recht om deel te nemen aan het bestuur van zijn land, rechtstreeks of door middel van vrij gekozen vertegenwoordigers.

2. Een ieder heeft het recht om op voet van gelijkheid te worden toegelaten tot de overheidsdiensten van zijn land.

Democratisch kiesrecht

3. De wil van het volk zal de grondslag zijn van het gezag van de Regering; deze wil zal tot uiting komen in periodieke en eerlijke verkiezingen, die gehouden zullen worden krachtens algemeen en gelijkwaardig kiesrecht en bij geheime stemmingen of volgens een procedure, die evenzeer de vrijheid van de stemmen verzekert.

Art. 22

Recht op maatschappelijke zekerheid enz.

Een ieder heeft als lid van de gemeenschap recht op maatschappelijke zekerheid en heeft er aanspraak op, dat door middel van nationale inspanning en internationale samenwerking, en overeenkomstig de organisatie en de hulpbronnen van de betreffende Staat, de economische, sociale en culturele rechten, die onmisbaar zijn voor zijn waardigheid en voor de vrije ontplooiing van zijn persoonlijkheid, verwezenlijkt worden.

Art. 23

Recht op arbeid en rechtvaardige arbeidsvoorwaarden

1. Een ieder heeft recht op arbeid, op vrije keuze van beroep, op rechtvaardige en gunstige arbeidsvoorwaarden en op bescherming tegen werkloosheid.

2. Een ieder, zonder enige achterstelling, heeft recht op gelijk loon voor gelijke arbeid.

3. Een ieder, die arbeid verricht, heeft recht op een rechtvaardige en gunstige beloning, welke hem en zijn gezin een menswaardig bestaan verzekert, welke beloning zo nodig met andere middelen van sociale bescherming zal worden aangevuld.

Recht van vakorganisatie

4. Een ieder heeft het recht om vakverenigingen op te richten en zich daarbij aan te sluiten ter bescherming van zijn belangen.

Art. 24

Recht op vrije tijd en vakantie

Een ieder heeft recht op rust en op eigen vrije tijd, met inbegrip van een redelijke beperking van de arbeidstijd, en op periodieke vakanties met behoud van loon.

Art. 25

Recht op redelijk levensniveau en op sociale voorzieningen

1. Een ieder heeft recht op een levensstandaard, die hoog genoeg is voor de gezondheid en het welzijn van zichzelf en zijn gezin, waaronder begrepen voeding, kleding, huisvesting en geneeskundige verzorging en de noodzakelijke sociale diensten, alsmede het recht op voorziening in geval van werkloosheid, ziekte, invaliditeit, overlijden van de echtgenoot, ouderdom of een ander gemis aan bestaansmiddelen, ontstaan ten gevolge van omstandigheden onafhankelijk van zijn wil.

2. Moeder en kind hebben recht op bijzondere zorg en bijstand. Alle kinderen, al dan niet wettig, zullen dezelfde sociale bescherming genieten.

Art. 26

Recht op voldoende onderwijs

1. Een ieder heeft recht op onderwijs; het onderwijs zal kosteloos zijn, althans wat het lager en beginonderwijs betreft. Het lager onderwijs zal verplicht zijn. Ambachtsonderwijs en beroepsopleiding zullen algemeen beschikbaar worden gesteld. Hoger onderwijs zal gelijkelijk openstaan voor een ieder, die daartoe de begaafdheid bezit.

Ideëel gericht

2. Het onderwijs zal gericht zijn op de volle ontwikkeling van de menselijke persoonlijkheid en op de versterking van de eerbied voor de rechten van de mens en de fundamentele vrijheden. Het zal het begrip, de verdraagzaamheid en de vriendschap onder alle naties, rassen of godsdienstige groepen bevorderen en het zal de werkzaamheden van de Verenigde Naties voor de handhaving van de vrede steunen.

Keuzevrijheid voor de ouders

3. Aan de ouders komt in de eerste plaats het recht toe om de soort van opvoeding en onderwijs te kiezen, welke aan hun kinderen zal worden gegeven.

Art. 27

Deelneming aan cultureel leven

1. Een ieder heeft het recht om vrijelijk deel te nemen aan het culturele leven van de gemeenschap, om te genieten van kunst en om deel te hebben aan wetenschappelijke vooruitgang en de vruchten daarvan.

2. Een ieder heeft recht op de bescherming van de geestelijke en materiële belangen, voortspruitende uit een wetenschappelijk, letterkundig of artistiek werk, dat hij heeft voortgebracht.

Universele verklaring van de rechten van de mens

Art. 28
Een ieder heeft recht op het bestaan van een zodanige maatschappelijke en internationale orde, dat de rechten en vrijheden, in deze Verklaring genoemd, daarin ten volle kunnen worden verwezenlijkt.

Voedingsbodem voor de rechten en vrijheden

Art. 29
1. Een ieder heeft plichten jegens de gemeenschap, zonder welke de vrije en volledige ontplooiing van zijn persoonlijkheid niet mogelijk is.
2. In de uitoefening van zijn rechten en vrijheden zal een ieder slechts onderworpen zijn aan die beperkingen, welke bij de wet zijn vastgesteld en wel uitsluitend ter verzekering van de onmisbare erkenning en eerbiediging van de rechten en vrijheden van anderen en om te voldoen aan de gerechtvaardigde eisen van de moraliteit, de openbare orde en het algemeen welzijn in een democratische gemeenschap.
3. Deze rechten en vrijheden mogen in geen geval worden uitgeoefend in strijd met de doeleinden en beginselen van de Verenigde Naties.

Wederzijdse rechten en plichten ter verzekering der vrijheden

Art. 30
Geen bepaling in deze Verklaring zal zodanig mogen worden uitgelegd, dat welke Staat, groep of persoon dan ook, daaraan enig recht kan ontlenen om iets te ondernemen of handelingen van welke aard ook te verrichten, die vernietiging van een van de rechten en vrijheden, in deze Verklaring genoemd, ten doel hebben.

Verklaring niet uit te leggen in strijd met haar doelstelling

Internationaal Verdrag inzake economische, sociale en culturele rechten[1]

De Staten die partij zijn bij dit Verdrag,
Overwegende, dat, overeenkomstig de in het Handvest der Verenigde Naties verkondigde beginselen, erkenning van de inherente waardigheid en van de gelijke en onvervreemdbare rechten van alle leden van de mensengemeenschap grondslag is voor de vrijheid, gerechtigheid en vrede in de wereld,
Erkennende, dat deze rechten voortvloeien uit de inherente waardigheid van de menselijke persoon,
Erkennende, dat, overeenkomstig de Universele Verklaring van de Rechten van de Mens, het ideaal van de vrije mens, vrij van vrees en gebrek, slechts kan worden verwezenlijkt indien er omstandigheden worden geschapen, waarin een ieder zijn economische, sociale en culturele rechten, alsmede zijn burgerrechten en zijn politieke rechten kan uitoefenen,
Overwegende, dat, krachtens het Handvest der Verenigde Naties, de Staten verplicht zijn de universele eerbied voor en de inachtneming van de rechten en vrijheden van de mens te bevorderen,
Zich ervan bewust dat op de individuele mens, uit hoofde van de plichten die hij heeft tegenover anderen en tegenover de gemeenschap waartoe hij behoort, de verantwoordelijkheid rust te streven naar bevordering en inachtneming van de in dit Verdrag erkende rechten,
Zijn overeengekomen als volgt:

DEEL I

Art. 1

Zelfbeschikkingsrecht der volken
1. Alle volken bezitten zelfbeschikkingsrecht. Uit hoofde van dit recht bepalen zij in alle vrijheid hun politieke status en streven zij vrijelijk hun economische, sociale en culturele ontwikkeling na.

Vrije beschikking over natuurlijke hulpbronnen
2. Alle volken kunnen ter verwezenlijking van hun doeleinden vrijelijk beschikken over hun natuurlijke rijkdommen en hulpbronnen, evenwel onverminderd eventuele verplichtingen voortvloeiende uit internationale economische samenwerking, gegrondvest op het beginsel van wederzijds voordeel, en uit het internationale recht. In geen geval mogen een volk zijn bestaansmiddelen worden ontnomen.

Staten bevorderen en eerbiedigen deze rechten
3. De Staten die partij zijn bij dit Verdrag, met inbegrip van de Staten die verantwoordelijk zijn voor het beheer van gebieden zonder zelfbestuur en van trustgebieden, bevorderen de verwezenlijking van het zelfbeschikkingsrecht en eerbiedigen dit recht overeenkomstig de bepalingen van het Handvest der Verenigde Naties.

DEEL II

Art. 2

Staten streven naar verwezenlijking der erkende rechten
1. Iedere Staat die partij is bij dit Verdrag verbindt zich maatregelen te nemen, zowel zelfstandig als binnen het kader van de internationale hulp en samenwerking, met name op economisch en technisch gebied, en met volledige gebruikmaking van de hem ter beschikking staande hulpbronnen, ten einde met alle passende middelen, inzonderheid de invoering van wettelijke maatregelen, steeds nader tot een algehele verwezenlijking van de in dit Verdrag erkende rechten te komen.

Zij waarborgen uitoefening zonder discriminatie
2. De Staten die partij zijn bij dit Verdrag verbinden zich te waarborgen dat de in dit Verdrag opgesomde rechten zullen worden uitgeoefend zonder discriminatie van welke aard ook, wat betreft ras, huidskleur, geslacht, taal, godsdienst, politieke of andere overtuiging, nationale of maatschappelijke afkomst, eigendom, geboorte of andere status.
3. De ontwikkelingslanden kunnen, daarbij behoorlijk rekening houdend met de rechten van de mens en hun nationale economie, bepalen in hoeverre zij de in dit Verdrag erkende economische rechten aan niet-onderdanen zullen waarborgen.

Art. 3

Gelijk recht voor mannen en vrouwen
De Staten die partij zijn bij dit Verdrag verbinden zich het gelijke recht van mannen en vrouwen op het genot van de in dit Verdrag genoemde economische, sociale en culturele rechten te verzekeren.

---

1 Inwerkingtredingsdatum: 11-03-1979.

Internationaal Verdrag inzake economische, sociale en culturele rechten A103 art. 8

Art. 4
De Staten die partij zijn bij dit Verdrag erkennen dat, wat het genot van de door de Staat overeenkomstig dit Verdrag verleende rechten betreft, de Staat deze rechten slechts mag onderwerpen aan bij de wet vastgestelde beperkingen en alleen voor zover dit niet in strijd is met de aard van deze rechten, en uitsluitend met het doel het algemeen welzijn in een democratische samenleving te bevorderen.

Wettelijke beperkingen der rechten

Art. 5
1. Geen bepaling van dit Verdrag mag zodanig worden uitgelegd als zou zij voor een Staat, een groep of een persoon het recht inhouden enige activiteit te ontplooien of enige daad te verrichten, die ten doel heeft de rechten of vrijheden welke in dit Verdrag zijn erkend, te vernietigen of deze rechten en vrijheden meer te beperken dan bij dit Verdrag is voorzien.
2. Het is niet toegestaan enig fundamenteel recht van de mens dat in een land, ingevolge wettelijke bepalingen, overeenkomsten, voorschriften of gewoonten, wordt erkend of bestaat, te beperken of ervan af te wijken, onder voorwendsel dat dit Verdrag die rechten niet of slechts in beperkte mate erkent.

Geen uitleg van verdrag t.b.v. verdragstrijdige activiteiten

DEEL III

Art. 6
1. De Staten die partij zijn bij dit Verdrag erkennen het recht op arbeid, hetgeen insluit het recht van een ieder op de mogelijkheid in zijn onderhoud te voorzien door middel van vrijelijk gekozen of aanvaarde werkzaamheden; zij nemen passende maatregelen om dit recht veilig te stellen.
2. De door een Staat die partij is bij dit Verdrag te nemen maatregelen ter volledige verwezenlijking van dit recht, dienen onder meer te omvatten technische programma's, programma's voor beroepskeuzevoorlichting en opleidingsprogramma's, alsmede het voeren van een beleid en de toepassing van technieken gericht op gestadige economische, sociale en culturele ontwikkeling en op het scheppen van volledige gelegenheid tot het verrichten van produktieve arbeid onder omstandigheden die de individuele mens het genot waarborgen van de fundamentele politieke en economische vrijheden.

Recht op vrij gekozen arbeid

Maatregelen ter verwezenlijking van het recht

Art. 7
De Staten die partij zijn bij dit Verdrag erkennen het recht van een ieder op billijke en gunstige arbeidsvoorwaarden, die in het bijzonder het volgende waarborgen:
(a) Een beloning die alle werknemers als minimum het volgende verschaft:
(i) Een billijk loon en gelijke beloning voor werk van gelijke waarde zonder onderscheid van welke aard ook; in het bijzonder dienen aan vrouwen arbeidsvoorwaarden te worden gewaarborgd die niet onderdoen voor die welke op mannen van toepassing zijn, met gelijke beloning voor gelijk werk;
(ii) Een behoorlijk levenspeil voor henzelf en hun gezin overeenkomstig de bepalingen van dit Verdrag;
(b) Veilige en hygiënische arbeidsomstandigheden;
(c) Gelijke kansen voor een ieder op bevordering in zijn werk naar een passende hogere positie, waarbij geen andere overwegingen mogen gelden dan die van anciënniteit en bekwaamheid;
(d) Rustpauzen, vrije tijd en een redelijke duur van de werktijd en periodieke vakanties met behoud van loon, alsmede behoud van loon op algemeen erkende feestdagen.

Recht op billijke en gunstige arbeidsvoorwaarden

Art. 8
1. De Staten die partij zijn bij dit Verdrag verbinden zich het volgende te waarborgen:
(a) Het recht van een ieder vakverenigingen op te richten en zich aan te sluiten bij de vakvereniging van zijn keuze, slechts met inachtneming van de regels van de betrokken organisatie, ter bevordering en bescherming van zijn economische en sociale belangen. Aan de uitoefening van dit recht mogen geen beperkingen worden verbonden, behalve die welke bij de wet zijn voorgeschreven en die in een democratische samenleving geboden zijn in het belang van de nationale veiligheid of de openbare orde, dan wel voor de bescherming van de rechten en vrijheden van anderen;
(b) Het recht van vakverenigingen nationale overkoepelende organen te vormen en het recht van deze laatste, internationale vakverenigingsorganisaties op te richten of zich daarbij aan te sluiten;
(c) Het recht van vakverenigingen vrijelijk hun werkzaamheden te ontplooien, waarbij zij aan geen andere beperkingen zijn onderworpen dan die welke bij de wet zijn voorgeschreven en welke in een democratische samenleving geboden zijn in het belang van de nationale veiligheid of de openbare orde, dan wel voor de bescherming van de rechten en vrijheden van anderen;
(d) Het stakingsrecht, mits dit wordt uitgeoefend overeenkomstig de wetten van het desbetreffende land.

Recht van vakorganisatie

Vakbonden van vakverenigingen

Wettelijke beperking activiteiten

Stakingsrecht

Sdu 2473

A103 art. 9 — Internationaal Verdrag inzake economische, sociale en culturele rechten

2. Dit artikel verhindert niet het treffen van wettelijke maatregelen ter beperking van de uitoefening van deze rechten door leden van de gewapende macht, van de politie of van het ambtelijk apparaat.

Internationale Arbeidsorganisaties
3. Geen bepaling van dit artikel geeft de Staten die partij zijn bij het Verdrag van 1948 van de Internationale Arbeidsorganisatie betreffende de vrijheid tot het oprichten van vakverenigingen en de bescherming van het vakverenigingsrecht de bevoegdheden wetgevende maatregelen te treffen die de in dat Verdrag voorziene waarborgen in gevaar zouden brengen of de wet zodanig toe te passen dat deze in gevaar zouden worden gebracht.

Art. 9

Recht op sociale zekerheid
De Staten die partij zijn bij dit Verdrag erkennen het recht van een ieder op sociale zekerheid, daarbij inbegrepen sociale verzekering.

Art. 10

Gezinsbescherming
De Staten die partij zijn bij dit Verdrag erkennen het volgende:
1. De grootst mogelijke bescherming en bijstand dient te worden verleend aan het gezin, dat de natuurlijke en fundamentele kern van de maatschappij vormt, in het bijzonder bij de stichting daarvan en zolang het de verantwoording draagt voor de zorg voor en de opvoeding van kinderen die nog niet in eigen levensonderhoud kunnen voorzien. Een huwelijk moet door de aanstaande echtgenoten uit vrije wil worden aangegaan.

Bevallingsverlof
2. Aan moeders dient bijzondere bescherming te worden verleend gedurende een redelijke periode voor en na de geboorte van hun kind. Gedurende deze periode dient aan werkende moeders verlof met behoud van loon of verlof gekoppeld aan passende uitkeringen krachtens de sociale zekerheidswetgeving te worden toegekend.

Bescherming van jeugdigen, ook tegen uitbuiting
3. Bijzondere maatregelen ter bescherming van en ter verlening van bijstand aan kinderen en jeugdige personen dienen te worden genomen zonder enigerlei discriminatie ter zake van afstamming of anderszins. Kinderen en jeugdige personen dienen te worden beschermd tegen economische en sociale uitbuiting. Tewerkstelling van zulke personen voor het verrichten van arbeid die schadelijk is voor hun zedelijk of lichamelijk welzijn, levensgevaar oplevert, dan wel groot gevaar inhoudt dat hun normale ontwikkeling zal worden geremd, dient strafbaar te zijn bij de wet. De Staten dienen tevens leeftijdsgrenzen vast te stellen waarbeneden het verrichten van loonarbeid door kinderen verboden en strafbaar bij de wet dient te zijn.

Art. 11

Behoorlijke levensstandaard
1. De Staten die partij zijn bij dit Verdrag erkennen het recht van een ieder op een behoorlijke levensstandaard voor zichzelf en zijn gezin, daarbij inbegrepen toereikende voeding, kleding en huisvesting, en op steeds betere levensomstandigheden. De Staten die partij zijn bij dit Verdrag nemen passende maatregelen om de verwezenlijking van dit recht te verzekeren, daarbij het essentieel belang erkennende van vrijwillige internationale samenwerking.

Vrijwaring tegen honger
2. De Staten die partij zijn bij dit Verdrag, het fundamentele recht erkennende van een ieder gevrijwaard te zijn tegen honger, nemen zowel zelfstandig als door middel van internationale samenwerking de maatregelen, waaronder mede begrepen bijzondere programma's, die nodig zijn ten einde:

Betere productie enz. van voedsel
(a) De methoden voor de voortbrenging, verduurzaming en verdeling van voedsel te verbeteren door volledige gebruikmaking van de technische en wetenschappelijke kennis, door het geven van voorlichting omtrent de beginselen der voedingsleer en door het ontwikkelen of reorganiseren van agrarische stelsels op zodanige wijze dat de meest doelmatige ontwikkeling en benutting van natuurlijke hulpbronnen wordt verkregen;

Verdeling wereldvoedselvoorraden
(b) Een billijke verdeling van de wereldvoedselvoorraden in verhouding tot de behoefte te verzekeren, daarbij rekening houdende met de problemen van zowel de voedsel invoerende als de voedsel uitvoerende landen.

Art. 12

Recht op lichamelijke en geestelijke gezondheid
1. De Staten die partij zijn bij dit Verdrag erkennen het recht van een ieder op een zo goed mogelijke lichamelijke en geestelijke gezondheid.
2. De door de Staten die partij zijn bij dit Verdrag te nemen maatregelen ter volledige verwezenlijking van dit recht omvatten onder meer die welke nodig zijn om te komen tot:
(a) Vermindering van het aantal doodgeborenen en van de kindersterfte, alsmede een gezonde ontwikkeling van het kind;
(b) Verbetering van alle aspecten betreffende de hygiëne van het gewone milieu van de mens en van het arbeidsmilieu;
(c) Voorkoming, behandeling en bestrijding van epidemische én endemische ziekten, alsmede van beroepsziekten en andere ziekten;
(d) Het scheppen van omstandigheden die een ieder in geval van ziekte geneeskundige bijstand en verzorging waarborgen.

Art. 13

Recht op onderwijs dat ook gericht is op begrip onder de volken
1. De Staten die partij zijn bij dit Verdrag erkennen het recht van een ieder op onderwijs. Zij zijn van oordeel dat het onderwijs gericht dient te zijn op de volledige ontplooiing van de menselijke persoonlijkheid en van het besef van haar waardigheid en dat het dient bij te dragen

Internationaal Verdrag inzake economische, sociale en culturele rechten

tot de eerbied voor de rechten van de mens en de fundamentele vrijheden. Zij zijn voorts van oordeel dat het onderwijs een ieder in staat dient te stellen een nuttige rol te vervullen in een vrije samenleving en het begrip, de verdraagzaamheid en de vriendschap onder alle volken en alle rasgemeenschappen, etnische en godsdienstige groeperingen, alsmede de activiteiten van de Verenigde Naties voor de handhaving van de vrede dient te bevorderen.

2. De Staten die partij zijn bij dit Verdrag erkennen dat, ten einde tot een volledige verwezenlijking van dit recht te komen: *Primair, secundair en hoger onderwijs*
(a) Het primair onderwijs voor allen verplicht en kosteloos beschikbaar dient te zijn;
(b) Het secundair onderwijs in zijn verschillende vormen, waarbij inbegrepen het secundaire technische onderwijs en het beroepsonderwijs, door middel van alle passende maatregelen en in het bijzonder door de geleidelijke invoering van kosteloos onderwijs algemeen beschikbaar en voor allen toegankelijk dient te worden gemaakt;
(c) Het hoger onderwijs door middel van alle passende maatregelen en in het bijzonder door de geleidelijke invoering van kosteloos onderwijs voor een ieder op basis van bekwaamheid gelijkelijk toegankelijk dient te worden gemaakt;
(d) Het fundamenteel onderricht zoveel mogelijk dient te worden gestimuleerd of geïntensiveerd ten behoeve van personen die geen lager onderwijs hebben genoten of dit niet hebben voltooid;
(e) De ontwikkeling van een stelsel van scholen van alle niveaus met kracht dient te worden nagestreefd, een passend stelsel van studiebeurzen in het leven dient te worden geroepen en materiële omstandigheden van het onderwijzend personeel voortdurend dienen te worden verbeterd.

3. De Staten die partij zijn bij dit Verdrag verbinden zich de vrijheid te eerbiedigen van ouders of wettige voogden om voor hun kinderen of pupillen andere dan door de overheid opgerichte scholen te kiezen, die beantwoorden aan de door de Staat vast te stellen of te keuren minimumonderwijsnormen en hun godsdienstige en zedelijke opvoeding te verzekeren overeenkomstig hun eigen overtuiging. *Keuzevrijheid van de ouders*

4. Geen onderdeel van dit artikel mag zodanig worden uitgelegd dat het de vrijheid aantast van individuele personen of rechtspersonen inrichtingen voor onderwijs op te richten en daaraan leiding te geven, met inachtneming evenwel van de in het eerste lid van dit artikel neergelegde beginselen en van de voorwaarde dat het aan deze inrichtingen gegeven onderwijs beantwoordt aan door de Staat vastgestelde minimumnormen. *Geen aantasting van de vrijheid van onderwijs*

Art. 14
Iedere Staat die partij is bij dit Verdrag en die op het tijdstip waarop hij partij werd in het moederland of in andere onder zijn rechtsmacht vallende gebieden verplicht kosteloos primair onderwijs nog niet heeft kunnen invoeren, verbindt zich binnen twee jaar een tot in bijzonderheden uitgewerkt plan voor de geleidelijke tenuitvoerlegging, binnen een redelijk in dit plan vast te stellen aantal jaren, van het beginsel van verplicht kosteloos primair onderwijs voor allen op te stellen en te aanvaarden. *Plan voor invoering verplicht kosteloos primair onderwijs*

Art. 15
1. De Staten die partij zijn bij dit Verdrag erkennen het recht van een ieder: *Cultuur en wetenschap*
(a) Deel te nemen aan het culturele leven;
(b) De voordelen te genieten van de wetenschappelijke vooruitgang en de toepassing daarvan;
(c) De voordelen te genieten van de bescherming van de geestelijke en stoffelijke belangen voortvloeiende uit door hem verricht wetenschappelijk werk of uit een literair of artistiek werk waarvan hij de schepper is.

2. De door de Staten die partij zijn bij dit Verdrag te nemen maatregelen om tot de volledige verwezenlijking van dit recht te komen houden mede in die, welke noodzakelijk zijn voor het behoud, de ontwikkeling en de verbreiding van wetenschap en cultuur.

3. De Staten die partij zijn bij dit Verdrag verbinden zich de vrijheid te eerbiedigen die onontbeerlijk is voor het verrichten van wetenschappelijk onderzoek en scheppend werk. *Vrijheid van wetenschappelijk onderzoek*

4. De Staten die partij zijn bij dit Verdrag erkennen de voordelen die de stimulering en ontwikkeling van internationale contacten en van internationale samenwerking op wetenschappelijk en cultureel gebied met zich brengen.

DEEL IV

Art. 16
1. De Staten die partij zijn bij dit Verdrag verbinden zich overeenkomstig dit deel van het Verdrag rapporten in te dienen over de maatregelen die zij hebben genomen en de vorderingen die zij hebben gemaakt bij de totstandkoming van de in dit Verdrag erkende rechten. *Rapporten naar Economische en Sociale Raad*
2.
(a) Alle rapporten dienen bij de Secretaris-Generaal van de Verenigde Naties te worden ingediend; deze doet hiervan afschriften toekomen aan de Economische en Sociale Raad ter bestudering overeenkomstig de bepalingen van dit Verdrag.

Internationaal Verdrag inzake economische, sociale en culturele rechten

(b) De Secretaris-Generaal van de Verenigde Naties doet tevens aan de gespecialiseerde organisaties afschriften van de rapporten, of van daarvoor in aanmerking komende delen daarvan, afkomstig van Staten die partij zijn bij dit Verdrag en die tevens lid zijn van die gespecialiseerde organisaties toekomen voor zover deze rapporten, of delen daarvan betrekking hebben op zaken die tot de verantwoordelijkheid behoren van die gespecialiseerde organisaties overeenkomstig hun statutaire bepalingen.

Art. 17

Schema van rapportering

1. De Staten die partij zijn bij dit Verdrag dienen hun rapporten in afleveringen in, overeenkomstig een door de Economische en Sociale Raad binnen een jaar na de inwerkingtreding van dit Verdrag in te stellen schema, na raadpleging van de Staten die partij zijn bij dit Verdrag en van de betrokken gespecialiseerde organisaties.

Vermelding van problemen

2. In de rapporten kunnen factoren en moeilijkheden die de mate van vervulling van de verplichtingen krachtens dit Verdrag ongunstig hebben beïnvloed worden vermeld.

3. In gevallen waarin reeds aan de Verenigde Naties of aan een gespecialiseerde organisatie door een Staat die partij is bij dit Verdrag van belang zijnde gegevens zijn verstrekt, is het niet nodig deze gegevens andermaal te verschaffen, doch kan met een nauwkeurige verwijzing naar de aldus verstrekte gegevens worden volstaan.

Art. 18

Rapportering door speciale organisaties

Ingevolge zijn verantwoordelijkheden krachtens het Handvest der Verenigde Naties op het gebied van de rechten van de mens en de fundamentele vrijheden, kan de Economische en Sociale Raad regelingen treffen met de gespecialiseerde organisaties met betrekking tot het rapporteren aan de Raad over de vorderingen die zijn gemaakt bij de inachtneming van de bepalingen van dit Verdrag die binnen het kader van hun werkzaamheden vallen. Deze rapporten kunnen onder meer gegevens bevatten betreffende de beslissingen en aanbevelingen die door de bevoegde organen ten aanzien van deze ten uitvoerlegging zijn genomen of aanvaard.

Art. 19

Rapporten naar Commissie voor de Rechten van de Mens

De Economische en Sociale Raad kan aan de Commissie voor de Rechten van de Mens ter bestudering en aanbeveling of, in voorkomende gevallen, ter informatie doen toekomen door de Staten overeenkomstig de artikelen 16 en 17 ingediende rapporten betreffende de rechten van de mens, alsmede die betreffende de rechten van de mens welke door de gespecialiseerde organisaties overeenkomstig artikel 18 zijn ingediend.

Art. 20

Opmerkingen over aanbevelingen naar Economische en Sociale Raad

De Staten die partij zijn bij dit Verdrag en de betrokken gespecialiseerde organisaties kunnen de Economische en Sociale Raad opmerkingen doen toekomen betreffende elke algemene aanbeveling gedaan krachtens artikel 19 of betreffende elke verwijzing naar zulk een algemene aanbeveling in enig rapport van de Commissie voor de Rechten van de Mens of in enig in dat rapport vermeld document.

Art. 21

Rapportage van de Raad aan de Algemene Vergadering

De Economische en Sociale Raad kan van tijd tot bij de Algemene Vergadering rapporten met aanbevelingen van algemene aard indienen, alsmede een samenvatting van de gegevens ontvangen van de Staten die partij zijn bij dit Verdrag en van de gespecialiseerde organisaties betreffende de maatregelen die zijn genomen en de vorderingen die zijn gemaakt om de algemene inachtneming van de in dit Verdrag erkende rechten te verzekeren.

Art. 22

Raad attendeert op het nemen van internationale maatregelen

De Economische en Sociale Raad kan de aandacht van andere organen van de Verenigde Naties, de daaronder ressorterende organen en gespecialiseerde organisaties die zich bezighouden met het verlenen van technische hulp, vestigen op alle aangelegenheden die uit de in dit Verdrag bedoelde verslagen voortvloeien en die voor deze lichamen van nut kunnen zijn bij het nemen van beslissingen, elk binnen zijn eigen bevoegdheid, omtrent de raadzaamheid van het nemen van internationale maatregelen waarvan verwacht kan worden dat zij bijdragen tot een doelmatige en geleidelijke uitvoering van dit Verdrag.

Art. 23

Strekking van de maatregelen

De Staten die partij zijn bij dit Verdrag zijn van oordeel dat internationale maatregelen voor de instandkoming van de in dit Verdrag erkende rechten onder meer inhouden het sluiten van overeenkomsten, het aanvaarden van aanbevelingen, het verschaffen van technische hulp en het organiseren van regionale bijeenkomsten en technische bijeenkomsten voor overleg en studie, in samenwerking met de betrokken Regeringen.

Art. 24

Bevoegdheid van internationale organen

Geen bepaling van dit Verdrag mag worden uitgelegd als zijnde een aantasting van de bepalingen van het Handvest der Verenigde Naties en van de statuten van de gespecialiseerde organisaties, waarin de onderscheiden verantwoordelijkheden van de verschillende organen van de Verenigde Naties en van de gespecialiseerde organisaties met betrekking tot de in dit Verdrag geregelde materie zijn omschreven.

Art. 25
Geen bepaling van dit Verdrag mag worden uitgelegd als zijnde een aantasting van het inherente recht van alle volken hun natuurlijke rijkdommen en hulpbronnen volledig en vrijelijk te benutten en hiervan volledig en vrijelijk te profiteren.

Beschikkingsrecht over natuurlijke hulpbronnen

DEEL V

Art. 26
1. Dit Verdrag staat open voor ondertekening door iedere Staat die lid is van de Verenigde Naties of van een of meer der gespecialiseerde organisaties daarvan, door elke Staat die partij is bij het Statuut van het Internationale Gerechtshof, alsmede door iedere andere Staat die door de Algemene Vergadering van de Verenigde Naties is uitgenodigd bij dit Verdrag partij te worden.
2. Dit Verdrag moet worden bekrachtigd. De akten van bekrachtiging worden nedergelegd bij de Secretaris-Generaal van de Verenigde Naties.
3. Dit Verdrag staat open voor toetreding door iedere in het eerste lid van dit artikel bedoelde Staat.
4. Toetreding geschiedt door middel van nederlegging van een akte van toetreding bij de Secretaris-Generaal van de Verenigde Naties.
5. De Secretaris-Generaal van de Verenigde Naties stelt alle Staten die dit Verdrag hebben ondertekend of tot dit Verdrag zijn toegetreden in kennis van de nederlegging van iedere akte van bekrachtiging of akte van toetreding.

Staten en VN-organisaties kunnen tot het verdrag toetreden

Art. 27
1. Dit Verdrag treedt in werking drie maanden na de datum van nederlegging bij de Secretaris-Generaal van de Verenigde Naties van de vijfendertigste akte van bekrachtiging of akte van toetreding.
2. Ten aanzien van iedere Staat die na nederlegging van de vijfendertigste akte van bekrachtiging of akte van toetreding dit Verdrag bekrachtigt of tot dit Verdrag toetreedt, treedt dit Verdrag in werking drie maanden na de datum van nederlegging van zijn akte van bekrachtiging of akte van toetreding.

Tijdstip van inwerkingtreding

Art. 28
De bepalingen van dit Verdrag strekken zich uit tot alle delen van federale Staten, zonder enige beperking of uitzondering.

Federale staten

Art. 29
1. Iedere Staat die partij is bij dit Verdrag kan een wijziging daarvan voorstellen en deze indienen bij de Secretaris-Generaal van de Verenigde Naties. De Secretaris-Generaal deelt vervolgens iedere voorgestelde wijziging aan de Staten die partij zijn bij dit Verdrag mede, met het verzoek hem te berichten of zij een conferentie van Staten die partij zijn bij dit Verdrag verlangen ten einde dit voorstel te bestuderen en in stemming te brengen. Indien ten minste een derde van de Staten die partij zijn bij dit Verdrag zulk een conferentie verlangt, roept de Secretaris-Generaal deze conferentie onder auspiciën van de Verenigde Naties bijeen. Iedere wijziging die door een meerderheid van de ter conferentie aanwezige Staten die partij zijn bij dit Verdrag wordt aangenomen, wordt ter goedkeuring aan de Algemene Vergadering van de Verenigde Naties voorgelegd.
2. Wijzigingen worden van kracht nadat zij door de Algemene Vergadering van de Verenigde Naties zijn goedgekeurd en door een twee derde meerderheid van de Staten die partij zijn bij dit Verdrag, overeenkomstig hun onderscheiden staatsrechtelijke procedures, zijn aangenomen.
3. Wanneer wijzigingen van kracht worden zijn zij bindend voor die Staten die partij zijn bij dit Verdrag die ze hebben aangenomen, terwijl de andere Staten die partij zijn bij dit Verdrag gebonden zullen blijven door de bepalingen van dit Verdrag en door iedere voorgaande wijziging die zij wel hebben aangenomen.

Wijzigingsprocedure

Van kracht worden van wijzigingen

Bindendheid voor de staten

Art. 30
Ongeacht de krachtens artikel 26, lid 5, gedane kennisgeving, stelt de Secretaris-Generaal van de Verenigde Naties alle in het eerste lid van artikel 26 bedoelde Staten van het volgende in kennis:
(a) Ondertekeningen, bekrachtigingen en toetredingen krachtens artikel 26;
(b) De datum van inwerkingtreding van dit Verdrag krachtens artikel 27 en de datum van het van kracht worden van eventuele wijzigingen krachtens artikel 29.

Art. 31
1. Dit Verdrag, waarvan de Chinese, de Engelse, de Franse, de Russische en de Spaanse tekst gelijkelijk authentiek zijn, wordt nedergelegd in het archief van de Verenigde Naties.
2. De Secretaris-Generaal van de Verenigde Naties doet aan alle in artikel 26 bedoelde Staten gewaarmerkte afschriften van dit Verdrag toekomen.

Internationaal Verdrag inzake burgerrechten en politieke rechten[1]

Preambule
De Staten die partij zijn bij dit Verdrag,
Overwegende, dat, overeenkomstig de in het Handvest der Verenigde Naties verkondigde beginselen, erkenning van de inherente waardigheid en van de gelijke en onvervreemdbare rechten van alle leden van de mensengemeenschap grondslag is voor de vrijheid, gerechtigheid en vrede in de wereld,
Erkennende, dat deze rechten voortvloeien uit de inherente waardigheid van de menselijke persoon,
Erkennende, dat, overeenkomstig de Universele Verklaring van de Rechten van de Mens, het ideaal van de vrije mens die vrijheid als staatsburger een politieke vrijheid geniet, en die vrij is van vrees en gebrek, slechts kan worden verwezenlijkt indien er omstandigheden worden geschapen, waarin een ieder zijn burgerrechten en zijn politieke rechten, alsmede zijn economische, sociale en culturele rechten kan uitoefenen,
Overwegende, dat, krachtens het Handvest der Verenigde Naties, de Staten verplicht zijn de universele eerbied voor en de inachtneming van de rechten en vrijheden van de mens te bevorderen,
Zich ervan bewust dat op de individuele mens, uit hoofde van de plichten die hij heeft tegenover anderen en tegenover de gemeenschap waartoe hij behoort, de verantwoordelijkheid rust te streven naar bevordering en inachtneming van de in dit Verdrag erkende rechten,
Zijn overeengekomen als volgt:

DEEL I

Art. 1

Zelfbeschikkingsrecht van volken
1. Alle volken bezitten het zelfbeschikkingsrecht. Uit hoofde van dit recht bepalen zij in alle vrijheid hun politieke status en streven zij vrijelijk hun economische, sociale en culturele ontwikkeling na.

Vrije beschikking over natuurlijke hulpbronnen
2. Alle volken kunnen ter verwezenlijking van hun doeleinden vrijelijk beschikken over hun natuurlijke rijkdommen en hulpbronnen, evenwel onverminderd verplichtingen voortvloeiend uit internationale economische samenwerking, gegrondvest op het beginsel van wederzijds voordeel, en uit het internationale recht. In geen geval mogen een volk zijn bestaansmiddelen worden ontnomen.

Staten bevorderen en eerbiedigen deze rechten
3. De Staten die partij zijn bij dit Verdrag, met inbegrip van de Staten die verantwoordelijk zijn voor het beheer van gebieden zonder zelfbestuur en van trustgebieden, bevorderen de verwezenlijking van het zelfbeschikkingsrecht en eerbiedigen dit recht overeenkomstig de bepalingen van het Handvest der Verenigde Naties.

DEEL II

Art. 2

Staten waarborgen de erkende rechten zonder discriminatie
1. Iedere Staat die partij is bij dit Verdrag verbindt zich de in dit Verdrag erkende rechten te eerbiedigen en deze aan een ieder die binnen zijn grondgebied verblijft en aan zijn rechtsmacht is onderworpen te verzekeren, zonder onderscheid van welke aard ook, zoals ras, huidskleur, geslacht, taal, godsdienst, politieke of andere overtuiging, nationale of maatschappelijke afkomst, welstand, geboorte of enige andere omstandigheid.
2. Iedere Staat die partij is bij dit Verdrag verbindt zich, langs de door zijn staatsrecht voorgeschreven weg en in overeenstemming met de bepalingen van dit Verdrag, alle wettelijke of andere maatregelen te nemen die nodig zijn om de in dit Verdrag erkende rechten tot gelding te brengen, voor zover daarin niet reeds door bestaande wettelijke regelingen of anderszins is voorzien.

Zorg voor deugdelijke rechtsbescherming
3. Iedere Staat die partij is bij dit Verdrag verbindt zich:
(a) Te verzekeren dat een ieder wiens rechten of vrijheden als in dit Verdrag erkend, worden geschonden een effectief rechtsmiddel ter beschikking heeft, zelfs indien de schending zou zijn begaan door personen in de uitoefening van hun ambtelijke functie;
(b) Te verzekeren dat omtrent het recht van degene die het rechtsmiddel aanwendt wordt beslist door de bevoegde rechterlijke, bestuurlijke of wetgevende autoriteit, of door een andere auto-

---
1 Inwerkingtredingsdatum: 11-03-1979.

Internationaal Verdrag inzake burgerrechten en politieke rechten — A104 art. 8

riteit die daar toe krachtens de nationale wetgeving bevoegd is, en de mogelijkheden van beroep op de rechter verder tot ontwikkeling te brengen;
(c) Te verzekeren dat de bevoegde autoriteiten daadwerkelijk rechtsherstel verlenen, in geval het beroep gegrond wordt verklaard.

Art. 3
De Staten die partij zijn bij dit Verdrag verbinden zich het gelijke recht van mannen en vrouwen op het genot van alle in dit Verdrag genoemde burgerrechten en politieke rechten te verzekeren. — *Gelijk recht van mannen en vrouwen*

Art. 4
1. Bij een algemene noodtoestand, die een bedreiging vormt voor het bestaan van het volk en die officieel is afgekondigd, kunnen de Staten die partij zijn bij dit Verdrag maatregelen nemen, die afwijken van hun verplichtingen ingevolge dit Verdrag, mits deze maatregelen niet verder gaan dan de toestand vereist en niet in strijd zijn met andere verplichtingen welke voortvloeien uit het internationale recht en geen discriminatie uitsluitend op grond van ras, huidskleur, geslacht, taal, godsdienst of maatschappelijke afkomst inhouden. — *Algemene noodtoestand kan tot afwijking van het verdrag nopen*
2. Op grond van deze bepaling mag niet worden afgeweken van de artikelen 6, 7, 8 (eerste en tweede lid), 11, 15, 16 en 18.
3. Iedere Staat die partij is bij dit Verdrag die gebruik maakt van het recht tot afwijking van de bepalingen daarvan stelt de andere Staten die partij zijn bij dit Verdrag, door tussenkomst van de Secretaris-Generaal van de Verenigde Naties, onverwijld in kennis van de bepalingen waarvan hij is afgeweken, alsmede van de redenen die hem daartoe hebben genoopt. Eveneens door tussenkomst van de Secretaris-Generaal wordt een volgende kennisgeving gedaan op de datum waarop de afwijking ophoudt van kracht te zijn. — *Verwittiging van overige staten*

Art. 5
1. Geen bepaling van dit Verdrag mag zodanig worden uitgelegd als zou zij voor een Staat, een groep of een persoon het recht inhouden enige activiteit te ontplooien of enige daad te verrichten, die ten doel heeft de rechten en vrijheden welke in dit Verdrag zijn erkend, te vernietigen of deze rechten en vrijheden meer te beperken dan bij dit Verdrag is voorzien. — *Verdrag niet uit te leggen in strijd met zijn doelstelling*
2. Het is niet toegestaan enig fundamenteel recht van de mens dat in een land, ingevolge wettelijke bepalingen, overeenkomsten, voorschriften of gewoonten, wordt erkend of bestaat, te beperken of ervan af te wijken, onder voorwendsel dat dit Verdrag die rechten niet erkent of dat het deze slechts in mindere mate erkent.

DEEL III

Art. 6
1. Ieder heeft het recht op leven. Dit recht wordt door de wet beschermd. Niemand mag naar willekeur van zijn leven worden beroofd. — *Wettelijk recht op leven*
2. In landen waar de doodstraf niet is afgeschaft, mag een doodvonnis slechts worden uitgesproken voor de ernstigste misdrijven overeenkomstig de wet zoals die ten tijde dat het misdrijf werd begaan van kracht is en welke niet in strijd is met de bepalingen van dit Verdrag en met het Verdrag inzake de voorkoming en bestraffing van genocide. Deze straf kan slechts worden voltrokken ingevolge een onherroepelijk vonnis door een bevoegde rechter gewezen. — *Doodvonnissen hoge uitzondering*
3. Wanneer beroving van het leven het misdrijf genocide inhoudt, geeft geen enkele bepaling in dit artikel een Staat die partij is bij dit Verdrag de bevoegdheid af te wijken van enigerlei verplichting die is aanvaard krachtens de bepalingen van het Verdrag inzake de voorkoming en de bestraffing van genocide. — *Genocide*
4. Een ieder die ter dood is veroordeeld heeft het recht gratie of verzachting van zijn vonnis te vragen. Amnestie, gratie of verzachting van het vonnis kan in alle voorkomende gevallen worden verleend. — *Recht op gratie*
5. De doodstraf mag niet worden opgelegd voor misdrijven die zijn begaan door personen beneden de leeftijd van achttien jaar en mag niet worden voltrokken aan zwangere vrouwen. — *Geen doodstraf voor jeugdigen*
6. Op geen enkele bepaling van dit artikel kan een beroep worden gedaan om de afschaffing van de doodstraf door een Staat die partij is bij dit Verdrag op te schorten of te voorkomen.

Art. 7
Niemand mag worden onderworpen aan folteringen, of aan wrede, onmenselijke of vernederende behandeling of bestraffing. In het bijzonder mag niemand, zonder zijn in vrijheid gegeven toestemming, worden onderworpen aan medische of wetenschappelijke experimenten. — *Folteringen e.d.*

Art. 8
1. Niemand mag in slavernij worden gehouden; slavernij en slavenhandel in iedere vorm zijn verboden. — *Slavernij*
2. Niemand mag in horigheid worden gehouden.
3.
(a) Niemand mag gedwongen worden dwangarbeid of verplichte arbeid te verrichten; — *Geen dwang- of verplichte arbeid*
(b) Lid 3 (a) mag niet zodanig worden uitgelegd dat in landen waar gevangenisstraf met dwangarbeid kan worden opgelegd als straf voor een misdrijf, het verrichten van dwangarbeid — *Uitzonderingen*

op grond van een door de bevoegde rechter uitgesproken veroordeling tot een zodanige straf, wordt verboden;
(c) Niet als „dwangarbeid of verplichte arbeid" in de zin van dit lid worden beschouwd:
(i) arbeid of diensten, voor zover niet bedoeld in alinea (b), die gewoonlijk worden verlangd van iemand die wordt gevangen gehouden uit hoofde van een wettig bevel van een rechtbank of van iemand gedurende diens voorwaardelijke invrijheidstelling;
(ii) elke dienst van militaire aard en, in landen waar dienstweigering op grond van gewetensbezwaren wordt erkend, die nationale diensten die bij de wet van principiële dienstweigeraars worden gevorderd;
(iii) elke dienst welke wordt gevorderd in het geval van een noodtoestand of ramp die het bestaan of het welzijn van de gemeenschap bedreigt;
(iv) alle arbeid of elke dienst die deel uitmaakt van de normale burgerplichten.

Art. 9

Geen willekeurige vrijheidsberoving
1. Een ieder heeft recht op vrijheid en veiligheid van zijn persoon. Niemand mag worden onderworpen aan willekeurige arrestatie of gevangenhouding. Niemand mag zijn vrijheid worden ontnomen, behalve op wettige gronden en op wettige wijze.

Mededeling redenen arrestatie
2. Iedere gearresteerde dient bij zijn arrestatie op de hoogte te worden gebracht van de redenen van zijn arrestatie en dient onverwijld op de hoogte te worden gebracht van de beschuldigingen die tegen hem zijn ingebracht.

Onverwijlde voorgeleiding
3. Een ieder die op beschuldiging van het begaan van een strafbaar feit wordt gearresteerd of gevangen gehouden dient onverwijld voor de rechter te worden geleid of voor een andere autoriteit die door de wet bevoegd is verklaard rechterlijke macht uit te oefenen en heeft het recht binnen een redelijke termijn berecht te worden of op vrije voeten te worden gesteld. Het mag geen regel zijn dat personen die op hun berechting wachten in voorarrest worden gehouden, doch aan hun invrijheidstelling kunnen voorwaarden worden verbonden om te waarborgen dat de betrokkene verschijnt ter terechtzitting, in andere stadia van de gerechtelijke procedure dan wel, zo het geval zich voordoet, voor de tenuitvoerlegging van het vonnis.

Beroep tegen gevangenhouding
4. Een ieder wie door arrestatie of gevangenhouding zijn vrijheid is ontnomen, heeft het recht voorziening te vragen bij de rechter, opdat die rechter binnen korte termijn beslist over de wettigheid van zijn gevangenhouding en zijn invrijheidstelling beveelt, indien zijn gevangenhouding onrechtmatig is.

Schadeloosstelling
5. Een ieder die het slachtoffer is geweest van een onwettige arrestatie of gevangenhouding heeft recht op schadeloosstelling.

Art. 10

Menselijke behandeling i.g.v. vrijheidsberoving
1. Allen die van hun vrijheid zijn beroofd dienen te worden behandeld met menselijkheid en met eerbied voor de waardigheid, inherent aan de menselijke persoon.
2.
(a) Verdachten dienen, uitzonderlijke omstandigheden buiten beschouwing gelaten, gescheiden te worden gehouden van veroordeelden en dienen aanspraak te kunnen maken op een afzonderlijke behandeling overeenkomend met hun staat van niet veroordeelde persoon.
(b) Jeugdige verdachten dienen gescheiden te worden gehouden van volwassenen en zo spoedig mogelijk voor de rechter te worden geleid.

Heropvoeding in gevangenissen
3. Het gevangenisstelsel dient te voorzien in een behandeling van gevangenen die in de eerste plaats is gericht op heropvoeding en reclassering. Jeugdige overtreders dienen gescheiden te worden gehouden van volwassenen en behandeld te worden in overeenstemming met hun leeftijd en wettelijke staat.

Art. 11

Geen vrijheidsberoving wegens wanprestatie
Niemand mag gevangen worden genomen uitsluitend omdat hij niet in staat is een uit een overeenkomst voortvloeiende verplichting na te komen.

Art. 12

Vrije mobiliteit
1. Een ieder die wettig op het grondgebied van een Staat verblijft, heeft, binnen dit grondgebied, het recht zich vrijelijk te verplaatsen en er zijn verblijfplaats vrijelijk te kiezen.
2. Een ieder heeft het recht welk land ook, met inbegrip van het eigen land, te verlaten.

Wettelijke beperkingen
3. De bovengenoemde rechten kunnen aan geen andere beperkingen worden onderworpen dan die welke bij de wet zijn voorzien, nodig zijn ter bescherming van de nationale veiligheid, de openbare orde, de volksgezondheid of de goede zeden of van de rechten en vrijheden van anderen en verenigbaar zijn met de andere in dit Verdrag erkende rechten.
4. Aan niemand mag willekeurig het recht worden ontnomen naar zijn eigen land terug te keren.

Art. 13

Uitzetting van vreemdelingen
Een vreemdeling die wettig op het grondgebied verblijft van een Staat die partij is bij dit Verdrag, kan slechts uit die Staat worden gezet krachtens een overeenkomstig de wet genomen beslissing, terwijl het hem, tenzij dwingende redenen van nationale veiligheid een tegengestelde beslissing rechtvaardigen, is toegestaan zijn bezwaren tegen zijn uitzetting kenbaar te maken en zijn geval opnieuw te doen beoordelen door, en zich met dit doel te doen vertegenwoordigen bij de be-

voegde autoriteit dan wel door een of meer personen die daartoe speciaal door de bevoegde autoriteit zijn aangewezen.

Art. 14
1. Allen zijn gelijk voor de rechter en de rechterlijke instanties. Bij het bepalen van de gegrondheid van een tegen hem ingestelde strafvervolging, of het vaststellen van zijn burgerlijke rechten en verplichtingen in een rechtsgeding, heeft een ieder recht op een eerlijke en openbare behandeling door een bevoegde, onafhankelijke en onpartijdige bij de wet ingestelde rechterlijke instantie. De terechtzitting kan geheel of ten dele met gesloten deuren plaatsvinden, hetzij in het belang van de goede zeden, de openbare orde of de nationale veiligheid in een democratische samenleving, hetzij wanneer het belang van het privé leven van de partijen bij het proces dit vereist, hetzij voorzover de rechter dit strikt noodzakelijk acht op grond van de overweging, dat een openbare behandeling het belang van de rechtspraak zou schaden; evenwel zal elk vonnis dat wordt gewezen in een strafrechtelijk of burgerrechtelijk geding openbaar zijn, tenzij het belang van jeugdige personen zich daartegen verzet of het proces echtelijke twisten of de voogdij over kinderen betreft.

Recht op eerlijk proces

2. Een ieder die wegens een strafbaar feit wordt vervolgd wordt voor onschuldig gehouden, totdat zijn schuld volgens de wet is bewezen.

Schuld moet worden bewezen

3. Bij het bepalen van de gegrondheid van een tegen hem ingestelde strafvervolging heeft een ieder, in volle gelijkheid, recht op de volgende minimumgaranties:

Rechten van verdachten

(a) onverwijld en in bijzonderheden, in een taal die hij verstaat, op de hoogte te worden gesteld van de aard en de reden van de tegen hem ingebrachte beschuldiging;
(b) te beschikken over voldoende tijd en faciliteiten die nodig zijn voor de voorbereiding van zijn verdediging en zich te verstaan met een door hemzelf gekozen raadsman;
(c) zonder onredelijke vertraging te worden berecht;
(d) in zijn tegenwoordigheid te worden berecht, zichzelf te verdedigen of de bijstand te hebben van een raadsman naar eigen keuze; ingeval hij geen rechtsbijstand heeft, van het recht daarop in kennis te worden gesteld; rechtsbijstand toegewezen te krijgen, indien het belang van de rechtspraak dit eist, en zonder dat daarvoor betaling van hem kan worden verlangd, indien hij niet over voldoende middelen beschikt;
(e) de getuigen à charge te ondervragen of te doen ondervragen en het oproepen en de ondervraging van getuigen a décharge te doen geschieden op dezelfde voorwaarden als het geval is met de getuigen à charge;
(f) zich kosteloos te doen bijstaan door een tolk, indien hij de taal die ter zitting wordt gebezigd niet verstaat of niet spreekt;
(g) niet te worden gedwongen tegen zichzelf te getuigen of een bekentenis af te leggen.

4. Wanneer het jeugdige personen betreft, dient rekening te worden gehouden met hun leeftijd en de wenselijkheid hun reclassering te bevorderen.

5. Een ieder die wegens een strafbaar feit is veroordeeld heeft het recht de schuldigverklaring en veroordeling opnieuw te doen beoordelen door een hoger rechtscollege overeenkomstig de wet.

6. Indien iemand wegens een strafbaar feit onherroepelijk is veroordeeld en het vonnis vervolgens is vernietigd, of indien hem daarna gratie is verleend, op grond van de overweging dat een nieuw of een pas aan het licht gekomen feit onomstotelijk aantoont dat van een gerechtelijke dwaling sprake is, wordt degene die, als gevolg van die veroordeling, straf heeft ondergaan, overeenkomstig de wet schadeloos gesteld, tenzij wordt aangetoond dat het niet tijdig bekend worden van het onbekende feit geheel of gedeeltelijk aan hemzelf te wijten was.

Schadeloosstelling

7. Niemand mag voor een tweede keer worden berecht of gestraft voor een strafbaar feit waarvoor hij reeds overeenkomstig de wet en het procesrecht van elk land bij onherroepelijke uitspraak is veroordeeld of waarvan hij is vrijgesproken.

Ne bis in idem

Art. 15
1. Niemand kan worden veroordeeld wegens een handelen of nalaten, dat geen strafbaar feit naar nationaal of internationaal recht uitmaakte ten tijde dat het handelen of nalaten geschiedde. Evenmin mag een zwaardere straf worden opgelegd dan die welke ten tijde van het begaan van het strafbare feit van toepassing was. Indien, na het begaan van het strafbare feit de wet mocht voorzien in de oplegging van een lichtere straf, dient de overtreder daarvan te profiteren.

Geen strafbaarheid met terugwerkende kracht

2. Geen enkele bepaling van dit artikel staat in de weg aan het vonnis en de straf van iemand die schuldig is aan een handelen of nalaten, hetwelk ten tijde dat het handelen of nalaten geschiedde, van strafrechtelijke aard was overeenkomstig de algemene rechtsbeginselen die door de volkerengemeenschap worden erkend.

Art. 16
Een ieder heeft, waar hij zich ook bevindt, het recht als persoon erkend te worden voor de wet.

Erkenning als persoon

Art. 17
1. Niemand mag worden onderworpen aan willekeurige of onwettige inmenging in zijn privé leven, zijn gezinsleven, zijn huis en zijn briefwisseling, noch aan onwettige aantasting van zijn eer en goede naam.

Geen aantasting in persoonlijke sfeer

2. Een ieder heeft recht op bescherming door de wet tegen zodanige inmenging of aantasting.

Art. 18

Gewetens- en godsdienstvrijheid

1. Een ieder heeft het recht op vrijheid van denken, geweten en godsdienst. Dit recht omvat mede de vrijheid een zelf gekozen godsdienst of levensovertuiging te hebben of te aanvaarden, alsmede de vrijheid hetzij alleen, hetzij met anderen, zowel in het openbaar als in zijn particuliere leven zijn godsdienst of levensovertuiging tot uiting te brengen door de eredienst, het onderhouden van de geboden en voorschriften, door praktische toepassing en het onderwijzen ervan.
2. Op niemand mag dwang worden uitgeoefend die een belemmering zou betekenen van zijn vrijheid een door hemzelf gekozen godsdienst of levensovertuiging te hebben of te aanvaarden.

Wettelijke beperkingen

3. De vrijheid van een ieder zijn godsdienst of levensovertuiging tot uiting te brengen kan slechts in die mate worden beperkt als wordt voorgeschreven door de wet en noodzakelijk is ter bescherming van de openbare veiligheid, de orde, de volksgezondheid, de goede zeden of de fundamentele rechten en vrijheden van anderen.
4. De Staten die partij zijn bij dit Verdrag verbinden zich de vrijheid te eerbiedigen van ouders of wettige voogden, de godsdienstige en morele opvoeding van hun kinderen overeenkomstig hun eigen levensovertuiging te verzekeren.

Art. 19

Vrijheid van meningsuiting

1. Een ieder heeft het recht zonder inmenging een mening te koesteren.
2. Een ieder heeft het recht op vrijheid van meningsuiting; dit recht omvat mede de vrijheid inlichtingen en denkbeelden van welke aard ook te garen, te ontvangen en door te geven, ongeacht grenzen, hetzij mondeling, hetzij in geschreven of gedrukte vorm, in de vorm van kunst, of met behulp van andere media naar zijn keuze.

Wettelijke beperkingen

3. Aan de uitoefening van de in het tweede lid van dit artikel bedoelde rechten zijn bijzondere plichten en verantwoordelijkheden verbonden. Deze kan derhalve aan bepaalde beperkingen worden gebonden, doch alleen beperkingen die bij de wet worden voorzien en nodig zijn:
(a) in het belang van de rechten of de goede naam van anderen;
(b) in het belang van de nationale veiligheid of ter bescherming van de openbare orde, de volksgezondheid of de goede zeden.

Art. 20

Geen propageren van geweld

1. Alle oorlogspropaganda wordt bij de wet verboden.
2. Het propageren van op nationale afkomst, ras of godsdienst gebaseerde haatgevoelens die aanzetten tot discriminatie, vijandigheid of geweld, wordt bij de wet verboden.

Art. 21

Recht van vergadering; wettelijke beperkingen

Het recht van vreedzame vergadering wordt erkend. De uitoefening van dit recht kan aan geen andere beperkingen worden onderworpen dan die welke in overeenstemming met de wet worden opgelegd en die in een democratische samenleving geboden zijn in het belang van de nationale veiligheid of de openbare veiligheid, de openbare orde, de bescherming van de volksgezondheid of de goede zeden of de bescherming van de rechten en vrijheden van anderen.

Art. 22

Vrijheid van (vak)vereniging

1. Een ieder heeft het recht op vrijheid van vereniging, met inbegrip van het recht vakverenigingen op te richten en zich bij vakverenigingen aan te sluiten voor de bescherming van zijn belangen.

Wettelijke beperkingen

2. De uitoefening van dit recht kan aan geen andere beperkingen worden onderworpen dan die, welke bij de wet zijn voorgeschreven en die in een democratische samenleving geboden zijn in het belang van de nationale veiligheid of de openbare veiligheid, de openbare orde, de bescherming van de volksgezondheid of de goede zeden of de bescherming van de rechten en vrijheden van anderen. Dit artikel belet niet het opleggen van wettige beperkingen aan leden van de strijdmacht en van de politie in de uitoefening van dit recht.

Internationale arbeidsorganisatie

3. Geen bepaling in dit artikel geeft de Staten die partij zijn bij het Verdrag van 1948 van de Internationale Arbeidsorganisatie betreffende de vrijheid tot het oprichten van vakverenigingen en de bescherming van het vakverenigingsrecht de bevoegdheid wettelijke maatregelen te treffen, die de in dat Verdrag voorziene waarborgen in gevaar zouden brengen, of de wet zodanig toe te passen dat deze in gevaar zouden worden gebracht.

Art. 23

Gezinsbescherming

1. Het gezin vormt de natuurlijke en fundamentele kern van de maatschappij en heeft recht op bescherming door de maatschappij en de Staat.

Huwelijk

2. Het recht van mannen en vrouwen van huwbare leeftijd een huwelijk aan te gaan en een gezin te stichten wordt erkend.
3. Geen huwelijk wordt gesloten zonder de vrije en volledige toestemming van de aanstaande echtgenoten.
4. De Staten die partij zijn bij dit Verdrag nemen passende maatregelen ter verzekering van de gelijke rechten en verantwoordelijkheden van de echtgenoten wat het huwelijk betreft, tijdens

het huwelijk en bij de ontbinding ervan. In geval van ontbinding van het huwelijk wordt voorzien in de noodzakelijke bescherming van eventuele kinderen.

Art. 24
1. Elk kind heeft, zonder onderscheid naar ras, huidskleur, geslacht, taal, godsdienst, nationale of maatschappelijke afkomst, eigendom of geboorte, recht op die beschermende maatregelen van de zijde van het gezin waartoe het behoort, de gemeenschap en de Staat, waarop het in verband met zijn minderjarigheid recht heeft. *Bescherming van het kind*
2. Elk kind wordt onmiddellijk na de geboorte ingeschreven en krijgt een naam.
3. Elk kind heeft het recht een nationaliteit te verwerven.

Art. 25
Elke burger heeft het recht en dient in de gelegenheid te worden gesteld, zonder dat het onderscheid bedoeld in artikel 2 wordt gemaakt en zonder onredelijke beperkingen: *Recht om deel te nemen aan landsbestuur zonder achterstelling*
(a) deel te nemen aan de behandeling van openbare aangelegenheden, hetzij rechtstreeks of door middel van vrijelijk gekozen vertegenwoordigers;
(b) te stemmen en gekozen te worden door middel van betrouwbare periodieke verkiezingen die gehouden worden krachtens algemeen en gelijkwaardig kiesrecht en bij geheime stemming, waardoor het vrijelijk tot uitdrukking brengen van de wil van de kiezers wordt verzekerd;
(c) op algemene voet van gelijkheid te worden toegelaten tot de overheidsdiensten van zijn land.

Art. 26
Allen zijn gelijk voor de wet en hebben zonder discriminatie aanspraak op gelijke bescherming door de wet. In dit verband verbiedt de wet discriminatie van welke aard ook en garandeert een ieder gelijke en doelmatige bescherming tegen discriminatie op welke grond ook, zoals ras, huidskleur, geslacht, taal, godsdienst, politieke of andere overtuiging, nationale of maatschappelijke afkomst, eigendom, geboorte of andere status. *Geen discriminatie*

Art. 27
In Staten waar zich etnische, godsdienstige of linguïstische minderheden bevinden, mag aan personen die tot die minderheden behoren niet het recht worden ontzegd, in gemeenschap met de andere leden van hun groep, hun eigen cultuur te beleven, hun eigen godsdienst te belijden en in de praktijk toe te passen, of zich van hun eigen taal te bedienen. *Respecteren van minderheden*

DEEL IV

Art. 28
1. Er wordt een Comité voor de rechten van de mens (hierna in dit Verdrag te noemen „het Comité") ingesteld. Het bestaat uit achttien leden en oefent de hierna te noemen functies uit. *Comité voor de rechten van de mens*
2. Het Comité bestaat uit onderdanen van de Staten die partij zijn bij dit Verdrag, die hoog zedelijk aanzien genieten en erkende bekwaamheid op het gebied van de rechten van de mens bezitten, waarbij dient te worden overwogen dat het lidmaatschap van enige personen die ervaring hebben op juridisch gebied raadzaam is.
3. De leden van het Comité worden gekozen en treden op in hun persoonlijke hoedanigheid.

Art. 29
1. De leden van het Comité worden bij geheime stemming gekozen uit een lijst van personen die de kwaliteiten bezitten die in artikel 28 worden genoemd en met dit doel zijn voorgedragen door de Staten die partij zijn bij dit Verdrag. *Verkiezing leden*
2. Elke Staat die partij is bij dit Verdrag mag niet meer dan twee personen voordragen. Dezen moeten onderdaan zijn van de Staat die hen voordraagt.
3. Een persoon kan opnieuw worden voorgedragen.

Art. 30
1. De eerste verkiezing wordt niet later gehouden dan zes maanden na de datum van inwerkingtreding van dit Verdrag. *Inzending van voordrachten*
2. Ten minste vier maanden vóór de datum waarop een verkiezing voor het Comité plaatsheeft, met uitzondering van een verkiezing ter voorziening in een overeenkomstig het bepaalde in artikel 34 bekendgemaakte vacature, richt de Secretaris-Generaal van de Verenigde Naties een schriftelijk verzoek aan de Staten die partij zijn bij dit Verdrag binnen drie maanden hun voordrachten voor het lidmaatschap van het Comité in te zenden.
3. De Secretaris-Generaal van de Verenigde Naties stelt een alfabetische lijst samen van alle aldus voorgedragen personen, onder aanduiding van de Staten die partij zijn bij dit Verdrag die hen hebben voorgedragen en legt deze uiterlijk één maand vóór de datum van elke verkiezing voor aan de Staten die partij zijn bij dit Verdrag.
4. De verkiezingen van de leden van het Comité worden gehouden op een door de Secretaris-Generaal van de Verenigde Naties ten hoofdkantore van de Verenigde Naties te beleggen vergadering van de Staten die partij zijn bij dit Verdrag. Op die vergadering, waarvoor twee derde van de Staten die partij zijn bij dit Verdrag het quorum vormen, zijn degenen die in het Comité zijn gekozen die voorgedragen personen die het grootste aantal stemmen op zich hebben vere- *Vergaderings- en besluitquorum voor verkiezing*

nigd, alsmede een absolute meerderheid van de stemmen van de aanwezige vertegenwoordigers van de Staten die partij zijn en hun stem uitbrengen.

Art. 31

Richtsnoeren
1. Er mag niet meer dan één onderdaan van een zelfde Staat lid van het Comité zijn.
2. Bij het kiezen van het Comité dient aandacht te worden geschonken aan een billijke geografische verdeling van het lidmaatschap en aan de vertegenwoordiging der verschillende beschavingsvormen en der voornaamste rechtsstelsels.

Art. 32

Ambtstermijn
1. De leden van het Comité worden gekozen voor een tijdvak van vier jaar. Zij zijn herkiesbaar indien zij opnieuw worden voorgedragen. De ambtstermijn van negen der bij de eerste verkiezing benoemde leden loopt evenwel na twee jaar af; terstond na de eerste verkiezing worden deze negen leden bij loting aangewezen door de voorzitter van de in artikel 30, lid 4, bedoelde vergadering.
2. Verkiezingen na afloop van een ambtstermijn worden gehouden overeenkomstig de voorgaande artikelen van dit deel van dit Verdrag.

Art. 33

Tussentijdse vacatures
1. Indien, naar het eenstemmige oordeel van de andere leden, een lid van het Comité door enige oorzaak, waaronder niet is te verstaan tijdelijke afwezigheid, heeft opgehouden zijn functie uit te oefenen, geeft de voorzitter van het Comité daarvan kennis aan de Secretaris-Generaal der Verenigde Naties, die vervolgens mededeling doet van het openvallen van de zetel van dat lid.
2. Indien een lid van het Comité overlijdt of ontslag neemt, geeft de voorzitter daarvan onverwijld kennis aan de Secretaris-Generaal van de Verenigde Naties, die mededeling doet van het openvallen van de zetel met ingang van de datum van het overlijden of de datum waarop het genomen ontslag ingaat.

Art. 34

Tussentijdse verkiezingen
1. Indien een vacature wordt bekendgemaakt overeenkomstig het bepaalde in artikel 33 en indien de ambtstermijn van het te vervangen lid niet afloopt binnen een tijdvak van zes maanden na de bekendmaking van de vacature, geeft de Secretaris-Generaal van de Verenigde Naties daarvan bericht aan elk der Staten die partij zijn bij dit Verdrag, die binnen twee maanden overeenkomstig het bepaalde in artikel 29 personen kunnen voordragen ter voorziening in de vacature.
2. De Secretaris-Generaal van de Verenigde Naties stelt een alfabetische lijst samen van de aldus voorgedragen personen en legt deze voor aan de Staten die partij zijn bij dit Verdrag. De verkiezing om in de vacature te voorzien wordt vervolgens gehouden overeenkomstig de daarop betrekking hebbende bepalingen van dit deel van dit Verdrag.
3. Een lid van het Comité dat is gekozen ter voorziening in een vacature die is bekendgemaakt overeenkomstig het bepaalde in artikel 33, blijft in functie voor de rest van de ambtstermijn van het lid wiens zetel in het Comité is opengevallen overeenkomstig de bepalingen van dat artikel.

Art. 35

Emolumenten der leden
De leden van het Comité ontvangen, met goedkeuring van de Algemene Vergadering van de Verenigde Naties, uit de middelen van de Verenigde Naties emolumenten op door de Algemene Vergadering vast te stellen voorwaarden, waarbij rekening wordt gehouden met de belangrijkheid van de taken van het Comité.

Art. 36

Personeel
De Secretaris-Generaal van de Verenigde Naties zorgt voor het personeel en de andere voorzieningen benodigd voor een doelmatige uitoefening van de taken van het Comité krachtens dit Verdrag.

Art. 37

Plaats van vergaderen
1. De Secretaris-Generaal van de Verenigde Naties belegt de eerste vergadering van het Comité ten hoofdkantore van de Verenigde Naties.
2. Na zijn eerste vergadering komt het Comité bijeen op de tijden voorzien in zijn huishoudelijk reglement.
3. Normaal komt het Comité bijeen ten hoofdkantore van de Verenigde Naties of op het kantoor van de Verenigde Naties te Genève.

Art. 38

Verklaring bij ambtsaanvaarding
Elk lid van het Comité verklaart, alvorens zijn taak aan te vangen, ten overstaan van het Comité plechtig dat hij zich onpartijdig en nauwgezet van zijn taak zal kwijten.

Art. 39

Functionarissen
1. Het Comité kiest zijn functionarissen voor een ambtstermijn van twee jaar. Zij zijn herkiesbaar.

Huishoudelijk reglement
2. Het Comité stelt zijn eigen huishoudelijk reglement vast, hierin wordt o.m. bepaald dat:
(a) twaalf leden het quorum vormen;

(b) besluiten van het Comité worden genomen met een meerderheid van het aantal door de aanwezige leden uitgebrachte stemmen.

Art. 40
1. De Staten die partij zijn bij dit Verdrag nemen de verplichting op zich verslag uit te brengen over de maatregelen die zij hebben genomen en die uitvoering geven aan de in dit Verdrag erkende rechten, alsmede over de vooruitgang die valt waar te nemen in het genot van die rechten:
(a) binnen een jaar na de inwerkingtreding van dit Verdrag voor de betrokken Staten die er partij bij zijn; en
(b) vervolgens telkens wanneer het Comité dit verzoekt.

Staten doen verslag over hun maatregelen

2. Alle rapporten worden voorgelegd aan de Secretaris-Generaal van de Verenigde Naties, die ze ter bestudering doorzendt aan het Comité. In deze rapporten dienen de factoren en de eventuele moeilijkheden te worden aangegeven die van invloed zijn op de uitvoering van dit Verdrag.
3. De Secretaris-Generaal van de Verenigde Naties kan, na overleg met het Comité, aan de desbetreffende gespecialiseerde organisaties afschriften doen toekomen van die delen der rapporten die binnen het terrein van hun werkzaamheden vallen.
4. Het Comité bestudeert de hem door de Staten die partij zijn bij dit Verdrag voorgelegde rapporten. Het zendt zijn rapporten en het door hem passend geoordeelde algemene commentaar aan de Staten die partij zijn. Het Comité kan dit commentaar, te zamen met de afschriften van de rapporten die het van Staten die partij zijn bij dit Verdrag heeft ontvangen, eveneens toezenden aan de Economische en Sociale Raad.

Comité geeft commentaar

5. De Staten die partij zijn bij dit Verdrag kunnen opmerkingen ten aanzien van eventueel commentaar dat overeenkomstig het bepaalde in lid 4 van dit artikel wordt geleverd, voorleggen aan het Comité.

Art. 41
1. Een Staat die partij is bij dit Verdrag kan, krachtens dit artikel, te allen tijde verklaren, dat hij de bevoegdheid van het Comité erkent kennisgevingen waarin een Staat die partij is beweert dat een andere Staat die partij is diens uit dit Verdrag voortvloeiende verplichtingen niet nakomt, in ontvangst te nemen en te behandelen. Kennisgevingen als bedoeld in dit artikel kunnen alleen in ontvangst worden genomen en worden behandeld indien zij zijn ingezonden door een Staat die partij is, die een verklaring heeft afgelegd dat hij ten aanzien van zichzelf deze bevoegdheid van het Comité erkent. Geen kennisgeving wordt door het Comité in ontvangst genomen, indien het een Staat die partij is betreft, die zulk een verklaring niet heeft afgelegd. Kennisgevingen die krachtens het bepaalde in dit artikel worden ontvangen worden overeenkomstig de volgende procedure behandeld:

Staat beklaagt zich over een andere staat

(a) Indien een Staat die partij is bij dit Verdrag van oordeel is dat een andere Staat die partij is de bepalingen van dit Verdrag niet uitvoert, kan hij door middel van een schriftelijke kennisgeving de zaak onder de aandacht brengen van die Staat die partij is. Binnen drie maanden na ontvangst van de kennisgeving stuurt de ontvangende Staat die Staat die de kennisgeving had gezonden een schriftelijke uiteenzetting of een andere schriftelijke verklaring, waarin de zaak wordt opgehelderd en waarin, voor zover mogelijk en ter zake doende, wordt verwezen naar procedures en rechtsmiddelen die in het land zelf reeds zijn toegepast, nog hangende zijn of waartoe zou kunnen worden overgegaan.

Minnelijk overleg

(b) Indien de zaak niet tot genoegen van de beide betrokken Staten die partij zijn wordt geregeld binnen zes maanden na ontvangst van de eerste kennisgeving door de ontvangende Staat, heeft elk der beide Staten het recht de zaak bij het Comité aanhangig te maken, door middel van een kennisgeving die zowel aan het Comité als aan de andere Staat wordt gezonden.

Bij Comité aanhangig

(c) Het Comité behandelt een bij hem aanhangig gemaakte zaak alleen nadat het er zich van heeft overtuigd dat alle beschikbare binnenlandse rechtsmiddelen in de betrokken zaak zijn benut en uitgeput, in overeenstemming met de algemeen erkende beginselen van het internationale recht. Dit is evenwel niet het geval indien de toepassing der rechtsmiddelen onredelijk lange tijd vergt.

Behandeling zaak

(d) Het Comité komt in besloten zitting bijeen wanneer het kennisgevingen krachtens dit artikel gedaan aan een onderzoek onderwerpt.
(e) Met inachtneming van het bepaalde in alinea (c) stelt het Comité zijn goede diensten ter beschikking van de betrokken Staten die partij zijn, ten einde de zaak in der minne te regelen op basis van eerbied voor de rechten van de mens en de fundamentele vrijheden als erkend in dit Verdrag.

Comité biedt goede diensten aan

(f) Bij elke bij hem aanhangig gemaakte zaak kan het Comité tot de betrokken in alinea (b) bedoelde Staten die partij zijn het verzoek richten ter zake dienende inlichtingen te verstrekken.
(g) De in alinea (b) bedoelde betrokken Staten die partij zijn hebben het recht zich te doen vertegenwoordigen wanneer de zaak in het Comité wordt behandeld, en hun standpunt mondeling en/of schriftelijk kenbaar te maken.
(h) Het Comité brengt twaalf maanden na de datum van ontvangst van een krachtens alinea (b) gedane kennisgeving een rapport uit als volgt:

Rapport Comité

(i) indien een oplossing als voorzien in alinea (e) is bereikt, beperkt het Comité zijn rapport tot een korte uiteenzetting van de feiten en van de bereikte oplossing;
(ii) indien geen oplossing als voorzien in alinea (e) is bereikt, beperkt het Comité zijn rapport tot een korte uiteenzetting van de feiten; de schriftelijk kenbaar gemaakte standpunten en een op schrift gestelde samenvatting van de mondeling naar voren gebrachte standpunten van de Staten die partij zijn, worden aan het rapport gehecht.
In elk van beide gevallen wordt het rapport toegezonden aan de betrokken Staten die partij zijn.

Inwerkingtreding van het artikel

2. De bepalingen van dit artikel treden in werking wanneer tien Staten die partij zijn bij dit Verdrag verklaringen hebben afgelegd krachtens het eerste lid van dit artikel. Deze verklaringen worden door de Staten die partij zijn nedergelegd bij de Secretaris-Generaal van de Verenigde Naties, die afschrift daarvan doet toekomen aan de andere Staten die partij zijn. Een zodanige verklaring kan te allen tijde, door middel van een aan de Secretaris-Generaal gerichte kennisgeving, worden ingetrokken. Een zodanige intrekking heeft geen invloed op de behandeling van een zaak die het onderwerp vormt van een kennisgeving die reeds is gedaan krachtens dit artikel; geen enkele volgende kennisgeving door een Staat die partij is wordt in ontvangst genomen nadat de kennisgeving van intrekking van de verklaring door de Secretaris-Generaal is ontvangen, tenzij de betrokken Staat die partij is een nieuwe verklaring heeft afgelegd.

Art. 42

Eventueel treedt Conciliatiecommissie op

1.
(a) Indien een zaak die, overeenkomstig het bepaalde in artikel 41, bij het Comité aanhangig is gemaakt, niet is afgewikkeld naar genoegen van de betrokken Staten die partij zijn, kan het Comité mits daartoe vooraf de toestemming van de betrokken Staten die partij zijn is verkregen, een conciliatiecommissie ad hoc (hierna te noemen de Conciliatiecommissie) benoemen. De goede diensten der Conciliatiecommissie staan ter beschikking van de betrokken Staten die partij zijn met het oog op een minnelijke schikking van de zaak op basis van eerbiediging van de bepalingen van dit Verdrag;
(b) De Conciliatiecommissie bestaat uit vijf personen die aanvaardbaar zijn voor de betrokken Staten die partij zijn. Indien de betrokken Staten die partij zijn niet binnen drie maanden tot overeenstemming kunnen komen ten aanzien van de samenstelling van de Conciliatiecommissie, hetzij geheel of ten dele, worden de leden van de Conciliatiecommissie ten aanzien van wie geen overeenstemming kon worden bereikt, bij geheime stemming met twee derde meerderheid door het Comité uit zijn leden gekozen.
2. De leden van de Conciliatiecommissie treden op in persoonlijke hoedanigheid. Zij mogen geen onderdaan zijn van de betrokken Staten die partij zijn, of van een Staat die geen partij is bij dit Verdrag, of van een Staat die geen verklaring krachtens artikel 41 heeft afgelegd.
3. De Conciliatiecommissie kiest haar eigen voorzitter en stelt haar eigen huishoudelijk reglement vast.
4. De vergaderingen van de Conciliatiecommissie worden als regel ten hoofdkantore van de Verenigde Naties of op het kantoor van de Verenigde Naties te Genève gehouden. Zij kunnen evenwel op andere door de Conciliatiecommissie in overleg met de Secretaris-Generaal van de Verenigde Naties en de betrokken Staten die partij zijn vast te stellen geschikte plaatsen worden gehouden.
5. Het secretariaat waarin overeenkomstig het bepaalde in artikel 36 is voorzien staat eveneens de krachtens dit artikel ingestelde commissies ten dienste.
6. De door het Comité ontvangen en geverifieerde gegevens worden ter beschikking gesteld van de Conciliatiecommissie die de betrokken Staten die partij zijn kan verzoeken andere ter zake dienende gegevens te verstrekken.

Rapport der commissie

7. Wanneer de Conciliatiecommissie de zaak grondig heeft overwogen, doch in elk geval niet later dan twaalf maanden nadat haar de zaak in handen is gegeven, legt zij de voorzitter van het Comité een rapport voor dat ter kennis wordt gebracht van de betrokken Staten die partij zijn.
(a) Indien het de Conciliatiecommissie niet mogelijk is haar bestudering van de zaak binnen twaalf maanden te beëindigen, beperkt zij haar rapport tot een korte verklaring tot waar zij met de bestudering van de zaak is gevorderd.
(b) Indien een minnelijke schikking op basis van eerbied voor de rechten van de mens zoals deze in dit Verdrag worden erkend wordt bereikt, beperkt de Conciliatiecommissie haar rapport tot een korte uiteenzetting van de feiten en van de gevonden oplossing.
(c) Indien geen schikking als bedoeld in alinea (b) wordt bereikt, bevat het rapport van de Conciliatiecommissie een overzicht van haar bevindingen met betrekking tot alle feitelijke gegevens die betrekking hebben op de geschilpunten tussen de betrokken Staten die partij zijn, en haar inzichten ten aanzien van de mogelijkheid van een minnelijke schikking van de zaak. In dit rapport dienen tevens de schriftelijke en een overzicht van de mondelinge verklaringen die door de betrokken Staten die partij zijn zijn afgelegd te worden opgenomen.

(d) Indien het rapport van de Conciliatiecommissie wordt ingediend overeenkomstig alinea (c), delen de betrokken Staten die partij zijn binnen drie maanden na ontvangst van het rapport de voorzitter van het Comité mede of zij de inhoud van het rapport van de Conciliatiecommissie al dan niet aanvaarden. *Al of niet aanvaarding rapport*

8. De bepalingen van dit artikel laten de verantwoordelijkheden van het Comité uit hoofde van artikel 41 onverlet.

9. De betrokken Staten die partij zijn komen gelijkelijk op voor alle onkosten die door de leden van de Conciliatiecommissie worden gemaakt, overeenkomstig ramingen die door de Secretaris-Generaal van de Verenigde Naties worden verstrekt.

10. De Secretaris-Generaal van de Verenigde Naties is bevoegd de onkosten van de leden van de Conciliatiecommissie te betalen, zo nodig, voordat deze, overeenkomstig het bepaalde in lid 9 van dit artikel, door de betrokken Staten die partij zijn worden vergoed.

Art. 43
De leden van het Comité en van de conciliatiecommissies ad hoc die kunnen worden ingesteld krachtens het bepaalde in artikel 42, genieten de faciliteiten, voorrechten en immuniteiten van deskundigen die zijn uitgezonden door de Verenigde Naties, zoals die zijn vastgesteld in de desbetreffende delen van het Verdrag nopens de voorrechten en immuniteiten van de Verenigde Naties. *Voorrechten enz. van Comité- en commissieleden*

Art. 44
De bepalingen voor de uitvoering van dit Verdrag zijn van toepassing, onverminderd de procedures die ter zake van de rechten van de mens worden voorgeschreven door of krachtens de oprichtingsakten en de overeenkomsten van de Verenigde Naties en de gespecialiseerde organisaties en vormen geen beletsel voor de Staten die partij zijn bij dit Verdrag hun toevlucht te nemen tot andere procedures ter regeling van een geschil, overeenkomstig tussen hen van kracht zijnde algemene of bijzondere internationale overeenkomsten. *Toepasselijkheid verdragsbepalingen t.o.v. andere verdragen*

Art. 45
Het Comité doet, door tussenkomst van de Economische en Sociale Raad, de Algemene Vergadering van de Verenigde Naties een jaarverslag van zijn werkzaamheden toekomen. *Jaarverslag Comité*

DEEL V

Art. 46
Geen bepaling van dit Verdrag mag worden uitgelegd als zijnde een aantasting van de bepalingen van het Handvest der Verenigde Naties en van de statuten van de gespecialiseerde organisaties, waarin de onderscheiden verantwoordelijkheden van de verschillende organen van de Verenigde Naties en van de gespecialiseerde organisaties met betrekking tot de in dit Verdrag geregelde materie zijn omschreven. *Bevoegdheid van internationale organen niet aangetast*

Art. 47
Geen bepaling in dit Verdrag mag worden uitgelegd als zijnde een aantasting van het inherente recht van alle volken hun natuurlijke rijkdommen en hulpbronnen volledig en vrijelijk te benutten en hiervan volledig en vrijelijk te profiteren. *Geen aantasting van beschikkingsrecht over hulpbronnen*

DEEL VI

Art. 48
1. Dit Verdrag staat open voor ondertekening door iedere Staat die lid is van de Verenigde Naties of van een of meer der gespecialiseerde organisaties daarvan, door elke Staat die partij is bij het Statuut van het Internationale Gerechtshof, alsmede door iedere andere Staat die door de Algemene Vergadering van de Verenigde Naties is uitgenodigd bij dit Verdrag partij te worden. *Toetreding tot het verdrag*

2. Dit Verdrag moet worden bekrachtigd. De akten van bekrachtiging worden nedergelegd bij de Secretaris-Generaal van de Verenigde Naties. *Bekrachtiging*

3. Dit Verdrag staat open voor toetreding door iedere in het eerste lid van dit artikel bedoelde Staat.

4. Toetreding geschiedt door middel van nederlegging van een akte van toetreding bij de Secretaris-Generaal van de Verenigde Naties.

5. De Secretaris-Generaal van de Verenigde Naties stelt alle Staten die dit Verdrag hebben ondertekend of tot dit Verdrag zijn toegetreden, in kennis van de nederlegging van iedere akte van bekrachtiging of akte van toetreding.

Art. 49
1. Dit Verdrag treedt in werking drie maanden na de datum van nederlegging bij de Secretaris-Generaal van de Verenigde Naties van de vijfendertigste akte van bekrachtiging of akte van toetreding. *Inwerkingtreding*

2. Ten aanzien van iedere Staat die na nederlegging van de vijfendertigste akte van bekrachtiging of akte van toetreding dit Verdrag bekrachtigt of tot dit Verdrag toetreedt, treedt dit Verdrag in werking drie maanden na de datum van nederlegging van zijn akte van bekrachtiging of akte van toetreding.

Art. 50

Federale staten De bepalingen van dit Verdrag strekken zich uit tot alle delen van federale Staten, zonder enige beperking of uitzondering.

Art. 51

Wijziging verdrag 1. Iedere Staat die partij is bij dit Verdrag kan een wijziging daarvan voorstellen en deze indienen bij de Secretaris-Generaal van de Verenigde Naties. De Secretaris-Generaal van de Verenigde Naties deelt vervolgens iedere voorgestelde wijziging aan de Staten die partij zijn bij dit Verdrag mede, met het verzoek hem te berichten of zij een conferentie van Staten die partij zijn verlangen ten einde dit voorstel te bestuderen en in stemming te brengen. Indien ten minste een derde van de Staten die partij zijn zulk een conferentie verlangt, roept de Secretaris-Generaal deze conferentie onder auspiciën van de Verenigde Naties bijeen. Iedere wijziging die door een meerderheid van de ter conferentie aanwezige Staten die partij zijn en die hun stem uitbrengen wordt aangenomen, wordt ter goedkeuring voorgelegd aan de Algemene Vergadering van de Verenigde Naties.
2. Wijzigingen worden van kracht nadat zij door de Algemene Vergadering van de Verenigde Naties zijn goedgekeurd en door een twee derde meerderheid van de Staten die partij zijn bij dit Verdrag, overeenkomstig hun onderscheiden staatsrechtelijke procedures, zijn aangenomen.
3. Wanneer wijzigingen van kracht worden zijn zij bindend voor die Staten die partij zijn die ze hebben aangenomen, terwijl de andere Staten die partij zijn gebonden zullen blijven door de bepalingen van dit Verdrag en door iedere voorgaande wijziging die zij hebben aangenomen.

Art. 52

Ongeacht de krachtens artikel 48, lid 5, gedane kennisgevingen, stelt de Secretaris-Generaal van de Verenigde Naties alle in het eerste lid van hetzelfde artikel bedoelde Staten van het volgende in kennis:
(a) ondertekeningen, bekrachtigingen en toetredingen krachtens artikel 48;
(b) de datum van inwerkingtreding van dit Verdrag krachtens artikel 49 en de datum van het van kracht worden van eventuele wijzigingen krachtens artikel 51.

Art. 53

1. Dit Verdrag, waarvan de Chinese, de Engelse, de Franse, de Russische en de Spaanse tekst gelijkelijk authentiek zijn, wordt nedergelegd in het archief van de Verenigde Naties.
2. De Secretaris-Generaal van de Verenigde Naties doet aan alle in artikel 48 bedoelde Staten gewaarmerkte afschriften van dit Verdrag toekomen.

Internationaal Verdrag inzake burgerrechten en politieke rechten[1]

De Staten die partij zijn bij het Protocol,
Overwegende, dat, ten einde de doelstellingen van het Verdrag inzake burgerrechten en politieke rechten (hierna te noemen het Verdrag) en de uitvoering van de bepalingen daarvan verder te verwezenlijken, het gewenst zou zijn het Comité voor de rechten van de mens, zoals deze in deel IV van het Verdrag is ingesteld (hierna te noemen het Comité) in de gelegenheid te stellen, kennisgevingen van individuele personen die beweren het slachtoffer te zijn van schending van enig in dit Verdrag genoemd recht, in ontvangst te nemen en te behandelen,
Zijn overeengekomen als volgt:

Art. 1
Een Staat die partij is bij het Verdrag en die partij wordt bij dit Protocol erkent de bevoegdheid van het Comité kennisgevingen van individuele personen die onder zijn rechtsmacht vallen en die beweren het slachtoffer te zijn van schending door die Staat, die partij is, van enig in dat Verdrag genoemd recht, in ontvangst te nemen en te behandelen. Het Comité neemt geen kennisgeving in ontvangst indien deze betrekking heeft op een Staat die partij is bij het Verdrag doch niet tevens partij is bij dit Protocol.

Bevoegdheid Comité

Art. 2
Met inachtneming van de bepalingen van artikel 1 kunnen individuele personen die beweren dat enig in het Verdrag genoemd hun toekomend recht geschonden is en die alle hun ter beschikking staande nationale rechtsmiddelen hebben uitgeput, het Comité een schriftelijke kennisgeving ter behandeling doen toekomen.

Individueel klachtrecht

Art. 3
Het Comité verklaart elke krachtens dit Protocol toegezonden kennisgeving die anoniem is of welker inzending het beschouwt als misbruik van het recht zodanige kennisgevingen in te zenden of die het in strijd acht met de bepalingen van het Verdrag niet ontvankelijk.

Niet-ontvankelijke klachten

Art. 4
1. Met inachtneming van de bepalingen van artikel 3, brengt het Comité alle hem krachtens het bepaalde in dit Protocol toegezonden kennisgevingen onder de aandacht van de Staat die partij is bij dit Protocol, waarvan wordt beweerd dat hij enige bepaling van het Verdrag overtreedt.
2. Binnen zes maanden doet de ontvangende Staat het Comité schriftelijke uiteenzettingen of verklaringen toekomen waarin de zaak en het rechtsmiddel dat eventueel door die Staat is toegepast nader worden toegelicht.

Doorzending klacht aan betrokken Staat

Art. 5
1. Het Comité behandelt krachtens dit Protocol ontvangen kennisgevingen in het licht van alle hem door de betrokken persoon en de betrokken Staat die partij is ter beschikking gestelde schriftelijke gegevens.
2. Het Comité neemt geen door een individuele persoon ingezonden kennisgeving in behandeling dan nadat het zich ervan heeft overtuigd dat:
(a) dezelfde aangelegenheid niet reeds wordt onderzocht volgens een andere procedure van internationaal onderzoek of internationale regeling;
(b) de betrokken persoon alle beschikbare binnenlandse rechtsmiddelen heeft uitgeput.
Dit is evenwel niet het geval indien de toepassing der rechtsmiddelen onredelijk lange tijd vergt.
3. Het Comité komt in besloten zitting bijeen voor de behandeling van krachtens dit Protocol ingezonden kennisgevingen.
4. Het Comité maakt zijn inzichten bekend aan de desbetreffende Staat die partij is en aan de betrokken persoon.

Beoordelingskader

Art. 6
In zijn krachtens artikel 45 van het Verdrag uitgebrachte jaarverslag neemt het Comité een samenvatting op van zijn uit dit Protocol voortvloeiende werkzaamheden.

Jaarlijkse verslaglegging

Art. 7
Zolang de doelstellingen van resolutie 1514 (XV), betreffende de Verklaring inzake het verlenen van onafhankelijkheid aan koloniale landen en volkeren, op 14 december 1960 door de Algemene Vergadering van de Verenigde Naties aangenomen, niet zijn verwezenlijkt, beperken de bepalingen van dit Protocol op geen enkele wijze het recht tot het indienen van verzoekschriften dat deze volkeren is toegekend op grond van het Handvest der Verenigde Naties en andere

Klachtrecht volkeren

---

1 Inwerkingtredingsdatum: 11-03-1979.

internationale overeenkomsten en akten der Verenigde Naties en de gespecialiseerde organisaties daarvan.

Art. 8

Toetreding

1. Dit Protocol staat open ter ondertekening door elke Staat die het Verdrag heeft ondertekend.
2. Dit Protocol moet worden bekrachtigd door elke Staat die het Verdrag heeft bekrachtigd of tot het Verdrag is toegetreden. De akten van bekrachtiging worden nedergelegd bij de Secretaris-Generaal van de Verenigde Naties.
3. Dit Protocol staat open voor toetreding door iedere Staat die het Verdrag heeft bekrachtigd of tot het Verdrag is toegetreden.
4. Toetreding geschiedt door nederlegging van een akte van toetreding bij de Secretaris-Generaal van de Verenigde Naties.
5. De Secretaris-Generaal van de Verenigde Naties stelt alle Staten die dit Protocol hebben ondertekend of tot dit Protocol zijn toegetreden in kennis van de nederlegging van iedere akte van bekrachtiging of toetreding.

Art. 9

Inwerkingtreding

1. Mits het Verdrag in werking is getreden, treedt dit Protocol in werking drie maanden na de datum van nederlegging bij de Secretaris-Generaal van de Verenigde Naties van de tiende akte van bekrachtiging of van toetreding.
2. Voor elke Staat die na de nederlegging van de tiende akte van bekrachtiging of van toetreding dit Protocol bekrachtigt of tot dit Protocol toetreedt, treedt dit Protocol in werking drie maanden na de datum van nederlegging van zijn akte van bekrachtiging of toetreding.

Art. 10

Werkingssfeer

De bepalingen van dit Protocol strekken zich uit tot alle delen van federale Staten, zonder enige beperking of uitzondering.

Art. 11

Wijzigingen

1. Iedere Staat die partij is bij dit Protocol kan een wijziging daarvan voorstellen en deze indienen bij de Secretaris-Generaal van de Verenigde Naties. De Secretaris-Generaal deelt vervolgens iedere voorgestelde wijziging aan de Staten die partij zijn bij dit Protocol mede, met het verzoek hem te berichten of zij een conferentie van Staten die partij zijn verlangen ten einde dit voorstel te bestuderen en in stemming te brengen. Indien ten minste een derde van de Staten die partij zijn zulk een conferentie verlangt, roept de Secretaris-Generaal deze conferentie onder auspiciën van de Verenigde Naties bijeen. Iedere wijziging die door een meerderheid van de ter conferentie aanwezige Staten die partij zijn en die hun stem uitbrengen wordt aangenomen, wordt ter goedkeuring voorgelegd aan de Algemene Vergadering van de Verenigde Naties.
2. Wijzigingen worden van kracht nadat zij door de Algemene Vergadering van de Verenigde Naties zijn goedgekeurd en door een twee-derde meerderheid van de Staten die partij zijn bij dit Protocol, overeenkomstig hun onderscheiden staatsrechtelijke procedures, zijn aangenomen.
3. Wanneer wijzigingen van kracht worden, zijn zij bindend voor de Staten die partij zijn en die ze hebben aangenomen, terwijl de andere Staten die partij zijn, gebonden zullen blijven door de bepalingen van dit Protocol en door iedere voorgaande wijziging die zij wel hebben aangenomen.

Art. 12

Opzegging

1. Iedere Staat die partij is, kan dit Protocol te allen tijde opzeggen door middel van een schriftelijke aan de Secretaris-Generaal van de Verenigde Naties gerichte kennisgeving. De opzegging wordt van kracht drie maanden na de datum van ontvangst van de kennisgeving door de Secretaris-Generaal.
2. Opzegging heeft geen invloed op de verdere toepassing van de bepalingen van dit Protocol op een kennisgeving die vóór de datum waarop de opzegging van kracht wordt krachtens artikel 2 is ingediend.

Art. 13

Informatie

Ongeacht de krachtens artikel 8, lid 5, van dit Protocol gedane kennisgevingen, stelt de Secretaris-Generaal van de Verenigde Naties alle in artikel 48, eerste lid, van het Verdrag bedoelde Staten van het volgende in kennis:
(a) ondertekeningen, bekrachtigingen en toetredingen krachtens artikel 8;
(b) de datum van inwerkingtreding van dit Protocol krachtens artikel 9 en de datum van het van kracht worden van eventuele wijzigingen krachtens artikel 11;
(c) opzeggingen krachtens artikel 12.

Art. 14

Neerlegging in archief

1. Dit Protocol, waarvan de Chinese, de Engelse, de Franse, de Russische en de Spaanse tekst gelijkelijk authentiek zijn, wordt nedergelegd in het archief van de Verenigde Naties.
2. De Secretaris-Generaal van de Verenigde Naties doet aan alle in artikel 48 van het Verdrag bedoelde Staten gewaarmerkte afschriften van dit Protocol toekomen.

Tweede Facultatieve Protocol bij het Internationaal Verdrag inzake burgerrechten en politieke rechten, gericht op de afschaffing van de doodstraf[1]

De Staten die Partij zijn bij dit Protocol,
De mening toegedaan dat de afschaffing van de doodstraf bijdraagt tot de versterking van de menselijke waardigheid en de voortschrijdende ontwikkeling van de rechten van de mens,
In herinnering brengend artikel 3 van de Universele Verklaring van de Rechten van de Mens, aangenomen op 10 december 1948, en artikel 6 van het Internationaal Verdrag inzake burgerrechten en politieke rechten, aangenomen op 16 december 1966,
Vaststellende dat artikel 6 van het Internationale Verdrag inzake burgerrechten en politieke rechten verwijst naar afschaffing van de doodstraf in bewoordingen die er sterk op duiden dat afschaffing wenselijk is,
Ervan overtuigd dat alle maatregelen tot afschaffing van de doodstraf moeten worden beschouwd als een vooruitgang wat betreft het recht op leven,
Geleid door de wens hierbij een internationale verplichting op zich te nemen om de doodstraf af te schaffen,
Zijn als volgt overeengekomen:

Art. 1

1. Niemand die ressorteert onder de rechtsmacht van een Staat die Partij is bij dit Facultatieve Protocol mag worden terechtgesteld. *Verbod terechtstelling*
2. Elke Staat die Partij is neemt alle nodige maatregelen om de doodstraf onder zijn rechtsmacht af te schaffen. *Afschaffing doodstraf*

Art. 2

1. Geen enkel voorbehoud ten aanzien van dit Protocol is toegestaan, behalve een voorbehoud, gemaakt bij de bekrachtiging of toetreding, dat voorziet in de toepassing van de doodstraf in tijd van oorlog op grond van een veroordeling wegens een zeer ernstig misdrijf van militaire aard dat in oorlogstijd is begaan. *Mogelijk voorbehoud*
2. De Staat die Partij is die een zodanig voorbehoud maakt, doet de Secretaris-Generaal van de Verenigde Naties bij de bekrachtiging of toetreding mededeling van de desbetreffende bepalingen van zijn nationale wetgeving die in oorlogstijd van toepassing zijn.
3. De Staat die Partij is die een zodanig voorbehoud heeft gemaakt, stelt de Secretaris-Generaal van de Verenigde Naties in kennis van het begin en het einde van de staat van oorlog die voor zijn grondgebied geldt.

Art. 3

De Staten die Partij zijn bij dit Protocol nemen in de rapporten die zij in overeenstemming met artikel 40 van het Verdrag voorleggen aan het Comité voor de rechten van de mens, gegevens op over de maatregelen die zij hebben genomen om uitvoering aan dit Protocol te geven. *Gegevens omtrent uitvoering Protocol*

Art. 4

Ten aanzien van de Staten die Partij zijn bij het Verdrag die een verklaring hebben afgelegd krachtens artikel 41, wordt de bevoegdheid van het Comité voor de rechten van de mens om kennisgevingen waarin een Staat die Partij is beweert dat een andere Staat die Partij is diens verplichtingen niet nakomt, in ontvangst te nemen en te behandelen, uitgebreid tot de bepalingen van dit Protocol, tenzij de betrokken Staat die Partij is het tegendeel heeft kenbaar gemaakt op het tijdstip van bekrachtiging of toetreding.

Art. 5

Ten aanzien van de Staten die Partij zijn bij het Eerste Facultatieve Protocol bij het Internationaal Verdrag inzake burgerrechten en politieke rechten, aangenomen op 16 december 1966, wordt de bevoegdheid van het Comité voor de rechten van de mens om kennisgevingen van individuele personen die onder zijn rechtsmacht vallen, in ontvangst te nemen en te behandelen, uitgebreid tot de bepalingen van dit Protocol, tenzij de betrokken Staat die Partij is het tegendeel heeft kenbaar gemaakt op het tijdstip van bekrachtiging of toetreding. *Uitbreiding bevoegdheid Comité voor de mensenrechten*

Art. 6

1. De bepalingen van dit Protocol gelden als aanvullende bepalingen op het Verdrag. *Aanvulling op Verdrag*

---

1 Inwerkingtredingsdatum: 11-07-1991.

2. Zonder afbreuk te doen aan de mogelijkheid een voorbehoud te maken krachtens artikel 2 van dit Protocol, mag het in artikel 1, eerste lid, van dit Protocol gewaarborgde recht niet worden onderworpen aan een afwijking krachtens artikel 4 van het Verdrag.

Art. 7

Ondertekening
1. Dit Protocol staat open voor ondertekening door elke Staat die het Verdrag heeft ondertekend.

Bekrachtiging
2. Dit Protocol dient te worden bekrachtigd door elke Staat die het Verdrag heeft bekrachtigd of daartoe is toegetreden. De akten van bekrachtiging worden nedergelegd bij de Secretaris-Generaal van de Verenigde Naties.

Toetreding
3. Dit Protocol staat open voor toetreding door elke Staat die het Verdrag heeft bekrachtigd of daartoe is toegetreden.
4. Toetreding geschiedt door nederlegging van een akte van toetreding bij de Secretaris-Generaal van de Verenigde Naties.
5. De Secretaris-Generaal van de Verenigde Naties stelt alle Staten die dit Protocol hebben ondertekend of daartoe zijn toegetreden in kennis van de nederlegging van elke akte van bekrachtiging of toetreding.

Art. 8

Inwerkingtreding
1. Dit Protocol treedt in werking drie maanden na de datum van nederlegging bij de Secretaris-Generaal van de Verenigde Naties van de tiende akte van bekrachtiging of toetreding.
2. Voor elke Staat die na de nederlegging van de tiende akte van bekrachtiging of toetreding dit Protocol bekrachtigt of daartoe toetreedt, treedt dit Protocol in werking drie maanden na de datum van nederlegging van zijn akte van bekrachtiging of toetreding.

Art. 9

Werkingsgebied
De bepalingen van dit Protocol strekken zich uit tot alle delen van federale Staten, zonder enige beperking of uitzondering.

Art. 10

Kennisgeving bijzonderheden
De Secretaris-Generaal van de Verenigde Naties stelt alle in artikel 48, eerste lid, van het Verdrag bedoelde Staten in kennis van de volgende bijzonderheden:
a. voorbehouden, mededelingen of kennisgevingen uit hoofde van artikel 2 van dit Protocol;
b. verklaringen uit hoofde van artikel 4 of 5 van dit Protocol;
c. ondertekeningen, bekrachtigingen of toetredingen overeenkomstig artikel 7 van dit Protocol;
d. de datum van inwerkingtreding van dit Protocol ingevolge artikel 8.

Art. 11

1. Dit Protocol, waarvan de Arabische, de Chinese, de Engelse, de Franse, de Russische en de Spaanse tekst gelijkelijk authentiek zijn, wordt nedergelegd in het archief van de Verenigde Naties.
2. De Secretaris-Generaal van de Verenigde Naties doet aan alle in artikel 48 van het Verdrag bedoelde Staten gewaarmerkte afschriften van dit Protocol toekomen.

Internationaal Verdrag inzake de uitbanning van alle vormen van rassendiscriminatie[1]

De Staten die partij zijn bij dit Verdrag,
Overwegende, dat het Handvest der Verenigde Naties is gegrondvest op de beginselen van de waardigheid en de gelijkheid van alle mensen, en dat alle Lid-Staten zich plechtig hebben verbonden om, in samenwerking met de organisatie, gemeenschappelijk en elk voor zich te streven naar de verwezenlijking van een der doelstellingen van de Verenigde Naties, namelijk te bevorderen en aan te moedigen dat de rechten van de mens en de fundamentele vrijheden ten aanzien van allen overal ter wereld daadwerkelijk worden geëerbiedigd zonder onderscheid naar ras, geslacht, taal of godsdienst,
Overwegende, dat de Universele Verklaring van de Rechten van de Mens plechtig verkondigt dat alle mensen vrij en gelijk in waardigheid en rechten worden geboren en dat een ieder aanspraak heeft op alle rechten en vrijheden die daarin worden vermeld, zonder enig onderscheid, in het bijzonder wat betreft ras, huidskleur of nationale afkomst,
Overwegende, dat alle mensen gelijk zijn voor de wet en aanspraak hebben op gelijke bescherming door de wet tegen elke vorm van discriminatie en tegen elke vorm van aanzetting daartoe,
Overwegende, dat de Verenigde Naties het kolonialisme en alle daarmede samengaande praktijken van rassenscheiding en rassendiscriminatie, ongeacht de vorm waarin en de plaats waar deze voorkomen, hebben veroordeeld en dat in de Verklaring inzake het verlenen van onafhankelijkheid aan gekoloniseerde landen en volkeren van 14 december 1960 (Resolutie 1514 (XV) van de Algemene Vergadering) de noodzaak hieraan terstond en onvoorwaardelijk een einde te maken, werd bevestigd en plechtig verkondigd,
Overwegende, dat in de Verklaring van de Verenigde Naties van 20 november 1963 (Resolutie 1904 (XVIII) van de Algemene Vergadering) inzake de uitbanning van alle vormen van discriminatie de noodzaak van onmiddellijke uitbanning van alle vormen en uitingen van rassendiscriminatie over de gehele wereld en van het verzekeren van begrip en eerbied voor de waardigheid van de mens plechtig wordt bevestigd,
Ervan overtuigd, dat elke leer die uitgaat van de superioriteit van een bepaald ras, wetenschappelijk onjuist, op zedelijke gronden verwerpelijk en sociaal onrechtvaardig en gevaarlijk is, en dat rassendiscriminatie nergens, noch op theoretische, noch op praktische gronden, te verdedigen is,
Opnieuw bevestigend dat discriminatie tussen mensen op grond van ras, huidskleur of etnische afstamming een belemmering vormt voor vriendschappelijke en vreedzame betrekkingen tussen de naties, en de vrede en veiligheid tussen de volkeren en de goede verstandhouding tussen de mensen, ook binnen een en dezelfde Staat, kan verstoren,
Ervan overtuigd, dat het bestaan van scheidsmuren tussen de rassen indruist tegen de idealen van elke mensengemeenschap,
Verontrust door de uitingen van rassendiscriminatie die nog in verschillende delen van de wereld kunnen worden waargenomen en door het beleid van sommige regeringen dat is gebaseerd op superioriteit van ras of op rassenhaat, zoals de apartheidspolitiek of een andere politiek van rassenscheiding,
Vastbesloten alle maatregelen te nemen die nodig zijn om snel een einde te maken aan alle vormen en alle uitingen van rassendiscriminatie, alsook op rassendiscriminatie berustende leerstellingen en praktijken te voorkomen en te bestrijden, ten einde een betere verstandhouding tussen de rassen te bevorderen en een internationale samenleving op te bouwen waarin zich geen enkele vorm van rassenscheiding en rassendiscriminatie voordoet,
Gelet op het Verdrag betreffende discriminatie in beroep en beroepsuitoefening, dat in 1958 is aangenomen door de Internationale Arbeidsorganisatie en op het Verdrag nopens de bestrijding van discriminatie in het onderwijs, dat in 1960 is aangenomen door de Organisatie van de Verenigde Naties voor Onderwijs, Wetenschap en Cultuur,
Verlangend uitvoering te geven aan de beginselen, neergelegd in de Verklaring van de Verenigde Naties inzake de uitbanning van alle vormen van rassendiscriminatie en te bewerkstelligen dat daarop gerichte praktische maatregelen op zo kort mogelijke termijn worden aanvaard,
Zijn overeengekomen als volgt:

---

1 Inwerkingtredingsdatum: 09-01-1972.

DEEL I

Art. 1

Definitie rassendiscriminatie

1. In dit Verdrag wordt onder „rassendiscriminatie" verstaan elke vorm van onderscheid, uitsluiting, beperking of voorkeur op grond van ras, huidskleur, afkomst of nationale of etnische afstamming die ten doel heeft de erkenning, het genot of de uitoefening, op voet van gelijkheid, van de rechten van de mens en de fundamentele vrijheden op politiek, economisch, sociaal of cultureel gebied, of op andere terreinen van het openbare leven, teniet te doen of aan te tasten, dan wel de tenietdoening of aantasting daarvan ten gevolge heeft.

Uitzonderingen

2. Dit Verdrag is niet van toepassing op vormen van onderscheid, uitsluiting, beperking of voorkeur die door een Staat die partij is bij dit Verdrag in acht worden genomen tussen onderdanen en niet-onderdanen.

3. Geen enkele bepaling van dit Verdrag mag zodanig worden uitgelegd dat de wettelijke bepalingen van de Staten die partij zijn bij dit Verdrag, voor zover deze bepalingen op nationaliteit, staatsburgerschap of naturalisatie betrekking hebben, daardoor op enigerlei wijze worden aangetast, mits zij geen discriminatie inhouden ten aanzien van een bepaalde nationaliteit.

4. Bijzondere maatregelen die uitsluitend zijn genomen voor de behoorlijke ontwikkeling van bepaalde rasgemeenschappen, etnische groepen of personen die bescherming behoeven om hun een gelijk genot of de gelijke uitoefening van de rechten van de mens en de fundamentele vrijheden te verzekeren, worden niet als rassendiscriminatie aangemerkt, mits deze maatregelen niet tot gevolg hebben dat voor verschillende rasgemeenschappen afzonderlijke rechten in stand worden gehouden en zij niet van kracht blijven nadat de oogmerken waarmede zij zijn genomen, zijn bereikt.

Art. 2

Veroordeling van rassendiscriminatie; statenplicht tot navolgende beleid

1. De Staten die partij zijn bij dit Verdrag veroordelen rassendiscriminatie en nemen de verplichting op zich onverwijld en met alle daarvoor in aanmerking komende middelen een beleid te zullen voeren dat erop is gericht alle vormen van rassendiscriminatie uit te bannen en een goede verstandhouding tussen alle rassen te bevorderen en, met het oog daarop:

(a) neemt elke Staat die partij is bij dit Verdrag de verplichting op zich, noch incidenteel, noch in het algemeen rassendiscriminatie toe te passen met betrekking tot personen, groepen personen of instellingen en erop toe te zien dat alle overheidsorganen en openbare instellingen, op nationaal en plaatselijk niveau, in overeenstemming met deze verplichting handelen;

(b) neemt elke Staat die partij is bij dit Verdrag de verplichting op zich rassendiscriminatie, ongeacht de personen of organisaties die deze toepassen, niet te zullen aanmoedigen, verdedigen of steunen;

(c) neemt elke Staat die partij is bij dit Verdrag doeltreffende maatregelen om het door de overheid zowel op nationaal als plaatselijk niveau gevoerde beleid aan een onderzoek te onderwerpen en de wetten en voorschriften die tot rassendiscriminatie kunnen leiden of deze kunnen doen voortbestaan, te wijzigen, af te schaffen of nietig te verklaren;

(d) verbiedt elke Staat die partij is bij dit Verdrag met alle daarvoor in aanmerking komende middelen, met inbegrip, zo nodig, van wetgevende maatregelen, door personen, groepen of organisaties bedreven rassendiscriminatie, en maakt daaraan een einde;

(e) neemt elke Staat die partij is bij dit Verdrag de verplichting op zich, indien de omstandigheden daartoe aanleiding geven, organisaties en bewegingen die voorstander zijn van integratie en waarin verschillende rassen zijn vertegenwoordigd steun te verlenen, de toepassing van andere middelen waarmede de scheidsmuren tussen de rassen kunnen worden geslecht te stimuleren, en zich te keren tegen alles wat rassenscheiding in de hand zou kunnen werken.

Tijdelijke bevoordeling van rassengemeenschap

2. De Staten die partij zijn bij dit Verdrag nemen, indien de omstandigheden dit vereisen, op sociaal, economisch, cultureel en ander gebied, bijzondere en concrete maatregelen ter verzekering van de behoorlijke ontwikkeling of bescherming van bepaalde rasgemeenschappen of daartoe behorende personen, ten einde hen de rechten van de mens en de fundamentele vrijheden volledig en gelijkelijk te doen genieten. Deze maatregelen mogen, nadat de oogmerken waarmede zij waren genomen, zijn bereikt, in geen geval de instandhouding van ongelijke of afzonderlijke rechten voor verschillende rasgemeenschappen tot gevolg hebben.

Art. 3

Bijzondere veroordeling van apartheid

De Staten die partij zijn bij dit Verdrag veroordelen in het bijzonder rassenscheiding en apartheid en nemen de verplichting op zich op onder hun rechtsmacht vallende grondgebieden alle uitingen van dien aard te voorkomen, te verbieden en uit te bannen.

Art. 4

Veroordeling van racistische organisaties

De Staten die partij zijn bij dit Verdrag veroordelen alle propaganda en alle organisaties die berusten op denkbeelden of theorieën die uitgaan van de superioriteit van een bepaald ras of een groep personen van een bepaalde huidskleur of etnische afstamming, of die trachten rassenhaat en rassendiscriminatie in enige vorm te rechtvaardigen of te bevorderen, en nemen de verplichting op zich onverwijld positieve maatregelen te nemen die erop zijn gericht aan elke vorm van aanzetting tot of aan elke uiting van een zodanige discriminatie een einde te maken

Internationaal Verdrag inzake uitbanning van alle vormen van rassendiscriminatie **A107** art. 7

en met het oog daarop, met inachtneming van de beginselen vervat in de Universele Verklaring van de Rechten van de Mens en van de rechten die uitdrukkelijk worden genoemd in artikel 5 van dit Verdrag, onder andere:
(a) strafbaar bij de wet te verklaren het verspreiden, op welke wijze ook, van denkbeelden die zijn gegrond op rassuperioriteit of rassenhaat, aanzetting tot rassendiscriminatie, zomede alle daden van geweld of aanzetting daartoe, die zijn gericht tegen een ras of een groep personen van een andere huidskleur of etnische afstamming, alsook het verlenen van steun aan tegen bepaalde rassen gerichte activiteiten, waaronder begrepen de financiering daarvan;
(b) organisaties, alsook georganiseerde en alle andere propaganda-activiteiten die rassendiscriminatie in de hand werken en daartoe aanzetten, onwettig te verklaren en te verbieden, en deelneming aan zodanige organisaties of activiteiten als strafbaar bij de wet aan te merken;
(c) niet toe te staan dat overheidsorganen of overheidsinstellingen, hetzij op nationaal, hetzij op plaatselijk niveau, rassendiscriminatie bevorderen of daartoe aanzetten.

Verbod van propaganda en organisaties

Art. 5
Overeenkomstig de fundamentele verplichtingen vervat in artikel 2 van dit Verdrag nemen de Staten die partij zijn bij dit Verdrag de verplichting op zich rassendiscriminatie in al haar vormen te verbieden en uit te bannen en het recht van een ieder, zonder onderscheid naar ras, huidskleur of nationale of etnische afstamming, op gelijkheid voor de wet te verzekeren, in het bijzonder wat het genot van de navolgende rechten betreft:
(a) het recht op gelijke behandeling door de rechterlijke instanties en alle andere organen die zijn belast met de rechtsbedeling;
(b) het recht op persoonlijke veiligheid en bescherming door de Staat tegen geweld of lichamelijk letsel, hetzij toegebracht door overheidsdienaren, hetzij door enige andere persoon, groep of instelling;
(c) de politieke rechten, in het bijzonder het recht deel te nemen aan verkiezingen - het actieve en passieve kiesrecht -, dat wordt uitgeoefend op grond van een algemeen en gelijk kiesrecht, het recht deel te nemen aan de Regering, alsmede aan het bestuur van het land op elk niveau, en op voet van gelijkheid te worden toegelaten tot de landsbediening;
(d) andere burgerrechten, met name:
(i) het recht zich vrijelijk te verplaatsen en te verblijven binnen de grenzen van een Staat;
(ii) het recht elk land, ook het eigen land, te verlaten en naar het eigen land terug te keren;
(iii) het recht op een nationaliteit;
(iv) het recht te huwen en zich een echtgenoot te kiezen;
(v) het recht op eigendom, hetzij alleen, hetzij te zamen met anderen;
(vi) het recht te erven;
(vii) het recht op vrijheid van gedachte, geweten en godsdienst;
(viii) het recht op vrijheid van mening en meningsuiting;
(ix) het recht op vrijheid van vreedzame vergadering en vereniging;
(e) economische, sociale en culturele rechten, met name:
(i) het recht op arbeid, op vrije keuze van arbeid, op rechtvaardige en gunstige arbeidsvoorwaarden, op bescherming tegen werkloosheid, op een gelijk loon voor gelijke arbeid, op rechtvaardige en gunstige beloning;
(ii) het recht vakverenigingen op te richten en zich daarbij aan te sluiten;
(iii) het recht op huisvesting;
(iv) het recht op openbare gezondheidszorg, geneeskundige verzorging, sociale zekerheid en sociale diensten;
(v) het recht op onderwijs en opleiding;
(vi) het recht op gelijke deelneming aan culturele activiteiten;
(f) het recht van toegang tot elke plaats of dienst bestemd voor gebruik door het publiek, zoals vervoermiddelen, hotels, restaurants, café's, theaters en parken.

Gelijkheid voor de Wet

Art. 6
De Staten die partij zijn bij dit Verdrag verzekeren een ieder binnen hun rechtsgebied doeltreffende bescherming en rechtsmiddelen, door tussenkomst van de bevoegde nationale rechterlijke instanties en andere overheidsinstellingen, tegen elke uiting van rassendiscriminatie waardoor hij, in strijd met dit Verdrag, wordt aangetast in zijn rechten als mens en zijn fundamentele vrijheden, zomede in zijn recht zich tot deze rechterlijke instanties te wenden ter verkrijging van een billijke en afdoende schadeloosstelling of genoegdoening voor alle door hem geleden schade die het gevolg is van een zodanige discriminatie.

Juridische bescherming tegen discriminatie

Art. 7
De Staten die partij zijn bij dit Verdrag nemen de verplichting op zich onverwijld doeltreffende maatregelen te nemen, met name op het gebied van onderwijs, opvoeding, cultuur en voorlichting, met het oog op de bestrijding van vooroordelen die tot rassendiscriminatie leiden, en het bevorderen van begrip, verdraagzaamheid en vriendschap tussen volken en ras gemeenschappen of etnische groepen, alsook met het oog op het uitdragen van de doelstellingen en beginselen van het Handvest der Verenigde Naties, de Universele Verklaring van de Rechten van de Mens,

Bestrijding van vooroordelen

de Verklaring van de Verenigde Naties inzake de uitbanning van alle vormen van rassendiscriminatie en van dit Verdrag.

DEEL II

Art. 8

Instelling van Commissie uitbanning rassendiscriminatie

1. Er wordt een Commissie voor de uitbanning van rassendiscriminatie ingesteld (hierna te noemen de Commissie), die zal bestaan uit achttien deskundigen van hoog zedelijk aanzien en erkende onpartijdigheid, die door de Staten die partij zijn bij dit Verdrag uit hun onderdanen worden gekozen; zij treden op in hun persoonlijke hoedanigheid, terwijl rekening wordt gehouden met een billijke geografische verdeling en met de vertegenwoordiging van de verschillende beschavingsvormen en de belangrijkste rechtsstelsels.

Kandidaatstelling

2. De leden van de Commissie worden bij geheime stemming gekozen uit een lijst van door de Staten die partij zijn bij dit Verdrag voorgedragen personen. Elke Staat die partij is bij dit Verdrag kan uit zijn eigen onderdanen één persoon voordragen.

Voordracht

3. De eerste verkiezing wordt gehouden zes maanden na de datum van inwerkingtreding van dit Verdrag. De Secretaris-Generaal van de Verenigde Naties zendt ten minste drie maanden voor de datum van elke verkiezing de Staten die partij zijn bij dit Verdrag een brief waarin hun wordt verzocht binnen twee maanden een voordracht te doen. De Secretaris-Generaal stelt een alfabetische lijst op van alle aldus voorgedragen personen, onder vermelding van de Staten die hen hebben voorgedragen en legt deze voor aan de Staten die partij zijn bij dit Verdrag.

Wijze van kiezen

4. Verkiezing van de leden van de Commissie heeft plaats op een door de Secretaris-Generaal op het Hoofdkwartier van de Verenigde Naties te beleggen vergadering van de Staten die partij zijn bij dit Verdrag. Op die vergadering, waarvoor twee derde van het aantal Staten die partij zijn bij dit Verdrag een quorum vormen, zijn die voorgedragen personen in de Commissie gekozen, die het grootste aantal stemmen op zich verenigen en die een volstrekte meerderheid verkrijgen van de stemmen van de aanwezige vertegenwoordigers van de Staten die partij zijn bij dit Verdrag die hun stem uitbrengen.

Ambtstermijn

5.
(a) De leden van de Commissie worden gekozen voor een tijdvak van vier jaar. De ambtstermijn van negen van de bij de eerste verkiezing gekozen leden loopt evenwel na twee jaar af; onmiddellijk na de eerste verkiezing worden deze negen leden bij loting aangewezen door de voorzitter van de Commissie.
(b) Om te voorzien in tussentijds ontstane vacatures benoemt de Staat die partij is bij dit Verdrag wiens deskundige niet langer optreedt als lid van de Commissie uit zijn onderdanen een andere deskundige, onder voorbehoud van de goedkeuring van de Commissie.

Onkostenvergoeding

6. De onkosten die de leden van de Commissie maken in de uitoefening van hun functie als lid van de Commissie, zijn voor rekening van de Staten die partij zijn bij dit Verdrag.

Art. 9

Statenrapporten

1. De Staten die partij zijn bij dit Verdrag nemen de verplichting op zich aan de Secretaris-Generaal van de Verenigde Naties, ter bestudering door de Commissie, een verslag over te leggen betreffende de wetgevende, gerechtelijke, bestuurlijke of andere maatregelen die zij hebben genomen ter uitvoering van de bepalingen van dit Verdrag, en wel (a) binnen een jaar nadat het Verdrag voor de desbetreffende Staat in werking is getreden; en (b) vervolgens eenmaal in de twee jaar en telkens wanneer de Commissie dit verzoekt. De Commissie kan de Staten die partij zijn bij dit Verdrag nadere inlichtingen vragen.

Jaarverslag van de Commissie

2. De Commissie brengt jaarlijks, door tussenkomst van de Secretaris-Generaal, aan de Algemene Vergadering van de Verenigde Naties verslag uit over haar werkzaamheden en kan voorstellen en algemene aanbevelingen doen, gebaseerd op de bestudering der van de Staten die partij zijn bij dit Verdrag ontvangen verslagen en inlichtingen. Deze voorstellen en algemene aanbevelingen worden, te zamen met eventueel commentaar daarop van de Staten die partij zijn bij dit Verdrag, aan de Algemene Vergadering voorgelegd.

Art. 10

Commissiereglement

1. De Commissie stelt haar eigen huishoudelijk reglement vast.
2. De Commissie kiest haar functionarissen voor een tijdvak van twee jaar.
3. De Secretaris-Generaal van de Verenigde Naties verschaft het secretariaat van de Commissie.
4. De vergaderingen van de Commissie worden gewoonlijk op het Hoofdkwartier van de Verenigde Naties gehouden.

Art. 11

Statenklacht-procedure

1. Indien een der Staten die partij zijn bij dit Verdrag van oordeel is dat een andere Staat die partij is bij dit Verdrag de bepalingen van dit Verdrag niet uitvoert, kan hij de aandacht van de Commissie daarop vestigen. De Commissie brengt deze mededeling vervolgens ter kennis van de betrokken Staat die partij is bij dit Verdrag. De ontvangende Staat legt de Commissie binnen drie maanden een schriftelijke uiteenzetting of verklaring voor, ter toelichting van de

zaak, en deelt haar mede welke maatregelen eventueel door die Staat bij wijze van correctie zijn genomen.
2. Indien de aangelegenheid niet binnen zes maanden na ontvangst door de ontvangende Staat van de eerste kennisgeving ten genoegen van beide Partijen is geregeld, hetzij door bilaterale onderhandelingen, hetzij langs andere hun openstaande wegen, heeft elk der beide Staten het recht de zaak wederom aan de Commissie voor te leggen, door daarvan zowel aan de Commissie als aan de andere Staat kennis te geven.
3. De Commissie behandelt een overeenkomstig het tweede lid van dit artikel te harer kennis gebrachte zaak nadat zij zich ervan heeft overtuigd dat, in overeenstemming met de algemeen aanvaarde beginselen van het internationale recht, in de desbetreffende zaak alle nationale rechtsmiddelen zijn aangewend en uitgeput. Deze regel geldt niet, indien het aanwenden van deze rechtsmiddelen een onredelijk lange tijd in beslag neemt.
4. De Commissie kan, wanneer een zaak te harer kennis wordt gebracht, de betrokken Staten die partij zijn bij dit Verdrag verzoeken, haar verdere op de zaak betrekking hebbende inlichtingen te verschaffen.
5. Wanneer een zaak uit hoofde van dit artikel bij de Commissie in onderzoek is, hebben de belanghebbende Staten die partij zijn bij dit Verdrag het recht een vertegenwoordiger te zenden, die, zonder dat hij stemrecht heeft, voor de duur van het onderzoek deelneemt aan de behandeling van deze zaak door de Commissie.

De behandeling

Verzoek om informatie

Statenvertegenwoordigers

Art. 12
1.
(a) Nadat de Commissie alle inlichtingen die ze nodig oordeelt heeft bijeengebracht en geverifieerd, benoemt de voorzitter een Conciliatiecommissie ad hoc, bestaande uit vijf personen die lid van de Commissie kunnen zijn. De leden van de Conciliatiecommissie worden benoemd met unanieme instemming van de partijen bij het geschil; de betrokken Staten kunnen van haar goede diensten gebruik maken om, op basis van eerbiediging van de bepalingen van dit Verdrag, tot een minnelijke schikking van de zaak te komen.
(b) Indien de partijen bij het geschil niet binnen drie maanden overeenstemming bereiken met betrekking tot de samenstelling van de gehele Conciliatiecommissie of een deel ervan, worden de leden van de Conciliatiecommissie ten aanzien van wie de partijen bij het geschil geen overeenstemming hebben bereikt, bij geheime stemming met een twee derde meerderheid door de Commissie uit haar eigen leden gekozen.
2. De leden van de Conciliatiecommissie treden op in hun persoonlijke hoedanigheid. Zij mogen niet de nationaliteit bezitten van de partijen bij het geschil of van een Staat die geen partij is bij dit Verdrag.
3. De Conciliatiecommissie kiest haar eigen Voorzitter en stelt haar eigen huishoudelijk reglement vast.
4. In het algemeen worden de vergaderingen van de Conciliatiecommissie gehouden op het Hoofdkwartier van de Verenigde Naties of op een door de Conciliatiecommissie te bepalen geschikte andere plaats.
5. Het overeenkomstig het bepaalde in artikel 10, derde lid, van dit Verdrag verschafte secretariaat staat eveneens ten dienste van de Conciliatiecommissie, telkens wanneer bij een geschil tussen Staten die partij zijn bij dit Verdrag een Conciliatiecommissie in het leven wordt geroepen.
6. De partijen bij het geschil dragen een gelijk deel van alle onkosten van de leden van de Conciliatiecommissie overeenkomstig door de Secretaris-Generaal der Verenigde Naties te verstrekken ramingen.
7. De Secretaris-Generaal heeft de bevoegdheid zo nodig de onkosten van de leden van de Conciliatiecommissie te vergoeden, alvorens, overeenkomstig het bepaalde in het zesde lid van dit artikel, terugbetaling door de partijen bij het geschil plaatsheeft.
8. De door de Commissie bijeengebrachte en geverifieerde inlichtingen worden ter kennis gebracht van de Conciliatiecommissie; deze kan de betrokken Staten verzoeken nadere op de zaak betrekking hebbende inlichtingen te verstrekken.

Instelling van een Conciliatiecommissie

De leden daarvan

Het reglement

De vergaderingen

Secretariaat

De onkosten

Nadere informatie

Art. 13
1. Wanneer de Conciliatiecommissie de zaak volledig heeft bestudeerd, legt zij haar bevindingen inzake alle feiten die betrekking hebben op het geschil tussen de partijen neer in een verslag dat tevens de aanbevelingen bevat die zij nuttig oordeelt met het oog op een minnelijke schikking van het geschil; dit verslag legt zij voor aan de voorzitter van de Commissie.
2. De voorzitter van de Commissie brengt het verslag van de Conciliatiecommissie ter kennis van elk der Staten die partij zijn bij het geschil. Deze Staten laten de voorzitter van de Commissie binnen drie maanden weten of zij de in het verslag van de Conciliatiecommissie vervatte aanbevelingen aanvaarden,
3. Na het verstrijken van het in het tweede lid van dit artikel genoemde tijdvak brengt de voorzitter van de Commissie het verslag van de Conciliatiecommissie en de verklaringen van de betrokken Staten die partij zijn bij dit Verdrag ter kennis van de andere Staten die partij zijn bij dit Verdrag.

Het verslag van de Conciliatiecommissie

Kennisgeving van het verslag

Art. 14

Individueel klachtrecht; de verklaring inzake particuliere verzoekschriften

1. Een Staat die partij is bij dit Verdrag kan te allen tijde verklaren dat hij de bevoegdheid erkent van de Commissie mededelingen te ontvangen en te bestuderen die afkomstig zijn van onder zijn rechtsmacht staande personen of groepen personen, die beweren het slachtoffer te zijn van een schending door de Staat die partij is bij dit Verdrag van een of meer der in dit Verdrag genoemde rechten. De Commissie neemt geen mededeling in ontvangst die betrekking heeft op een Staat die partij is bij dit Verdrag die een zodanige verklaring niet heeft afgelegd.

Het nationaal klachtorgaan

2. Elke Staat die partij is bij dit Verdrag en een verklaring heeft afgelegd als bedoeld in het eerste lid van dit artikel kan binnen zijn nationale rechtsstelsel een orgaan instellen of aanwijzen dat bevoegd is verzoekschriften te ontvangen en te bestuderen afkomstig van onder zijn rechtsmacht staande personen of groepen personen die beweren het slachtoffer te zijn van een schending van een of meer der in dit Verdrag genoemde rechten en die de overige beschikbare lokale rechtsmiddelen hebben uitgeput.

Intrekking van de verklaring

3. Een verklaring die is afgelegd overeenkomstig het eerste lid van dit artikel en de naam van een orgaan dat is ingesteld of aangewezen overeenkomstig het tweede lid van dit artikel worden door de desbetreffende Staat die partij is bij dit Verdrag nedergelegd bij de Secretaris-Generaal der Verenigde Naties, die daarvan afschriften zendt aan de overige Staten die partij zijn bij dit Verdrag. Een verklaring kan te allen tijde worden ingetrokken door middel van een daartoe strekkende kennisgeving aan de Secretaris-Generaal, doch een zodanige intrekking is niet van invloed op mededelingen die reeds bij de Commissie aanhangig zijn.

Register van verzoekschriften

4. Door het overeenkomstig het tweede lid van dit artikel ingestelde of aangewezen orgaan wordt een register van verzoekschriften aangehouden, waarvan voor eensluidend gewaarmerkte afschriften jaarlijks langs de daarvoor gebruikelijke weg bij de Secretaris-Generaal worden nedergelegd, onder voorwaarde dat de inhoud niet openbaar wordt gemaakt.

Aanbrengen voor de Commissie

5. Ingeval van het overeenkomstig het tweede lid van dit artikel ingestelde of aangewezen orgaan geen genoegdoening wordt verkregen, heeft de indiener van het verzoekschrift het recht de zaak binnen zes maanden ter kennis van de Commissie te brengen.

Vertrouwelijke behandeling

6.
(a) De Commissie brengt elke te harer kennis gebrachte mededeling vertrouwelijk onder de aandacht van de Staat die partij is bij dit Verdrag en waarvan wordt beweerd dat hij een bepaling van dit Verdrag overtreedt, doch de identiteit van de betrokken persoon of groep personen wordt zonder de uitdrukkelijke toestemming van deze persoon of personen niet onthuld. De Commissie neemt geen anonieme mededelingen in ontvangst.

Uitleg door Staat

(b) De ontvangende Staat legt binnen drie maanden aan de Commissie een schriftelijke uiteenzetting of verklaring voor, ter toelichting van de zaak, en deelt haar mede welke maatregelen eventueel door die Staat bij wijze van correctie zijn genomen.

Uitputting van alle nationale rechtsmiddelen

7.
(a) De Commissie onderzoekt de mededelingen in het licht van alle haar door de betrokken Staat die partij is bij dit Verdrag en de indiener van het verzoekschrift ter beschikking gestelde gegevens. De Commissie onderzoekt geen mededeling van een indiener van een verzoekschrift dan nadat zij er zich van heeft vergewist dat alle beschikbare nationale rechtsmiddelen heeft uitgeput. Deze regel geldt niet, indien het aanwenden van deze rechtsmiddelen een onredelijk lange tijd in beslag neemt.

De aanbevelingen

(b) De Commissie zendt haar eventuele suggesties en aanbevelingen aan de betrokken Staat die partij is bij dit Verdrag en aan de indiener van het Verzoekschrift.

Het jaarverslag

8. De Commissie voegt aan haar jaarverslag een samenvatting van de mededelingen toe, alsmede, voor zover dienstig, een samenvatting van de verklaringen en uiteenzettingen van de betrokken Staten die partij zijn bij dit Verdrag en van haar eigen suggesties en aanbevelingen.

De bevoegdheid

9. De Commissie is uitsluitend bevoegd de in dit artikel bedoelde functies uit te oefenen wanneer ten minste tien Staten die partij zijn bij dit Verdrag zijn gebonden door verklaringen overeenkomstig het eerste lid van dit artikel.

Art. 15

Geen uitsluitende bevoegdheid inzake verzoekschriften

1. Zolang de doelstellingen van de Verklaring inzake het verlenen van onafhankelijkheid aan koloniale landen en volken, vervat in resolutie 1514 (XV) van 14 december 1960 van de Algemene Vergadering nog niet zijn verwezenlijkt, laten de bepalingen van dit Verdrag onverlet het aan deze volken bij andere internationale akten of door de Verenigde Naties en hun gespecialiseerde organisaties verleende recht tot het indienen van verzoekschriften.

Adviesrecht in zaken voor andere VN-organen

2.
(a) De krachtens artikel 8, eerste lid, van dit Verdrag ingestelde Commissie ontvangt van de organen van de Verenigde Naties die aangelegenheden behandelen, die rechtstreeks verband houden met de beginselen en doelstellingen van dit Verdrag en daarbij verzoekschriften in beschouwing nemen, die afkomstig zijn van inwoners van trustgebieden, gebieden zonder zelfbestuur en alle andere gebieden waarop resolutie 1514 (XV) van de Algemene Vergadering betrekking heeft, afschriften van deze verzoekschriften en brengt haar oordeel over en haar aanbevelingen ten aanzien van deze verzoekschriften ter kennis van genoemde organen, indien

Internationaal Verdrag inzake uitbanning van alle vormen van rassendiscriminatie — A107 art. 21

deze verzoekschriften betrekking hebben op aangelegenheden die onder dit Verdrag vallen en waarmede deze organen bemoeienis hebben.

(b) De Commissie ontvangt van de bevoegde organen van de Verenigde Naties afschriften van de verslagen inzake de wetgevende, gerechtelijke, bestuurlijke of andere rechtstreeks met de beginselen en doelstellingen van dit Verdrag verband houdende maatregelen die door de beherende mogendheden in de onder (a) van dit lid genoemde gebieden worden toegepast, en brengt haar oordeel ter kennis van en doet aanbevelingen aan deze organen. — *Informatieplicht VN-organen*

3. De Commissie neemt in haar verslag aan de Algemene Vergadering een samenvatting op van de door haar van organen van de Verenigde Naties ontvangen verzoekschriften en verslagen, en neemt daarin tevens op haar oordeel en aanbevelingen aangaande deze verzoekschriften en verslagen. — *Het jaarverslag*

4. De Commissie verzoekt de Secretaris-Generaal van de Verenigde Naties om alle hem ten aanzien van de in het tweede lid, onder (a) van dit artikel genoemde gebieden ter beschikking staande gegevens die betrekking hebben op de doelstellingen van dit Verdrag. — *Informatie van de Secretaris-Generaal*

Art. 16
De bepalingen van dit Verdrag, de regeling van geschillen of klachten betreffende, worden toegepast zonder aantasting van andere procedures voor de beslechting van geschillen of klachten ter zake van discriminatie, als nedergelegd in de oprichtingsakten van, of in verdragen aanvaard door de Verenigde Naties en de Gespecialiseerde Organisaties, en vormen voor de Staten die partij zijn bij dit Verdrag geen beletsel andere procedures te volgen ter regeling van een geschil overeenkomstig tussen hen van kracht zijnde algemene of bijzondere internationale overeenkomsten. — *Geen uitsluitende bevoegdheid inzake geschilbeslechting*

DEEL III

Art. 17
1. Dit Verdrag staat open voor ondertekening door alle Lid-Staten van de Verenigde Naties of leden van een der Gespecialiseerde Organisaties, door elke Staat die partij is bij het Statuut van het Internationale Gerechtshof en door elke andere Staat die door de Algemene Vergadering van de Verenigde Naties is uitgenodigd partij te worden bij dit Verdrag. — *Ondertekening*
2. Dit Verdrag dient te worden bekrachtigd. De akten van bekrachtiging worden nedergelegd bij de Secretaris-Generaal van de Verenigde Naties. — *Bekrachtiging*

Art. 18
1. Dit Verdrag staat open voor toetreding door alle in artikel 17, eerste lid, van dit Verdrag bedoelde Staten. — *Toetreding*
2. Toetreding geschiedt door nederlegging van een akte van toetreding bij de Secretaris-Generaal van de Verenigde Naties.

Art. 19
1. Dit Verdrag treedt in werking op de dertigste dag na de datum van nederlegging bij de Secretaris-Generaal van de Verenigde Naties van de zevenentwintigste akte van bekrachtiging of akte van toetreding. — *Inwerkingtreding*
2. Voor elke Staat die dit Verdrag bekrachtigt of ertoe toetreedt nadat de zevenentwintigste akte van bekrachtiging of akte van toetreding is nedergelegd, treedt het Verdrag in werking op de dertigste dag na de datum waarop deze Staat zijn eigen akte van bekrachtiging of akte van toetreding heeft nedergelegd.

Art. 20
1. De Secretaris-Generaal der Verenigde Naties ontvangt de ten tijde van de bekrachtiging of toetreding door Staten gemaakte voorbehouden en brengt deze ter kennis van alle Staten die partij zijn of partij kunnen worden bij dit Verdrag. Elke Staat die bezwaar maakt tegen een voorbehoud deelt, binnen een tijdvak van negentig dagen te rekenen van de datum van genoemde kennisgeving, de Secretaris-Generaal mede dat hij het niet aanvaardt. — *Voorbehouden; bezwaren*
2. Er mag geen voorbehoud worden gemaakt dat onverenigbaar is met het object en het doel van dit Verdrag, noch mag een voorbehoud worden gemaakt dat belemmering van de werkzaamheden van een of meer der krachtens dit Verdrag ingestelde organen tot gevolg zou hebben. Een voorbehoud wordt als onverenigbaar of als belemmerend beschouwd indien ten minste twee derde van de Staten die partij zijn bij dit Verdrag er bezwaar tegen maken. — *Geen onverenigbare voorbehouden*
3. Voorbehouden kunnen te allen tijde worden ingetrokken door middel van een daartoe strekkende aan de Secretaris-Generaal gerichte kennisgeving. Een zodanige kennisgeving wordt van kracht op de datum waarop zij wordt ontvangen. — *Intrekking van voorbehouden*

Art. 21
Een Staat die partij is bij dit Verdrag kan dit Verdrag opzeggen door middel van een schriftelijke kennisgeving aan de Secretaris-Generaal der Verenigde Naties. Deze opzegging wordt van kracht een jaar na de datum van ontvangst van de kennisgeving door de Secretaris-Generaal. — *De opzegging*

Art. 22

Interpretatiegeschillen

Elk geschil tussen twee of meer Staten die partij zijn bij dit Verdrag ter zake van de uitlegging of toepassing van dit Verdrag, dat niet door onderhandelingen of door procedures waarin dit Verdrag speciaal voorziet, wordt geregeld, wordt op verzoek van een of meer partijen bij het geschil ter beslissing voorgelegd aan het Internationale Gerechtshof, tenzij de bij het geschil betrokken partijen overeenstemming bereiken ten aanzien van een andere wijze van beslechting van het geschil.

Art. 23

Verzoeken tot verdragsherziening

1. Een Staat die partij is bij dit Verdrag kan te allen tijde om herziening van dit Verdrag verzoeken door middel van een aan de Secretaris-Generaal van de Verenigde Naties gerichte schriftelijke kennisgeving.
2. De Algemene Vergadering van de Verenigde Naties beslist welke stappen eventueel dienen te worden genomen naar aanleiding van een zodanig verzoek.

Art. 24

Kennisgevingen omtrent de stand van het verdrag

De Secretaris-Generaal van de Verenigde Naties geeft alle in artikel 17, eerste lid, van dit Verdrag bedoelde Staten kennis van:
(a) ondertekeningen, bekrachtigingen en toetredingen krachtens de artikelen 17 en 18;
(b) de datum van inwerkingtreding van dit Verdrag krachtens artikel 19;
(c) mededelingen en verklaringen ontvangen krachtens de artikelen 14, 20 en 23;
(d) opzeggingen krachtens artikel 21.

Art. 25

De nederlegging van het verdrag

1. Dit Verdrag, waarvan de teksten in de Chinese, de Engelse, de Franse, de Russische en de Spaanse taal gelijkelijk authentiek zijn, wordt nedergelegd in het archief van de Verenigde Naties.
2. De Secretaris-Generaal doet voor eensluidend gewaarmerkte afschriften van dit Verdrag toekomen aan alle Staten die tot een of meer der in artikel 17, eerste lid, van het Verdrag genoemde categorieën behoren.

Verdrag inzake de uitbanning van alle vormen van discriminatie van vrouwen[1]

De Staten die partij zijn bij dit Verdrag,
Erop wijzend dat het Handvest van de Verenigde Naties opnieuw het vertrouwen in de fundamentele rechten van de mens, in de waardigheid en de waarde van de mens en in de gelijke rechten van mannen en vrouwen bevestigt,
Erop wijzend dat de Universele Verklaring van de rechten van de mens het beginsel van de ontoelaatbaarheid van discriminatie bevestigt en verkondigt dat alle mensen vrij en gelijk in waardigheid en in rechten zijn geboren en dat een ieder aanspraak heeft op alle daarin genoemde rechten en vrijheden, zonder enig onderscheid van welke aard ook, waaronder begrepen ieder onderscheid naar geslacht,
Erop wijzend dat de Staten die partij zijn bij de Internationale Verdragen inzake de rechten van de mens verplicht zijn het gelijke recht van mannen en vrouwen op het genot van alle economische, sociale, culturele, burgerlijke en politieke rechten te verzekeren,
In aanmerking nemend de internationale overeenkomsten gesloten onder auspiciën van de Verenigde Naties en de gespecialiseerde organisaties ter bevordering van de gelijkgerechtigdheid van mannen en vrouwen,
Tevens wijzend op de resoluties, verklaringen en aanbevelingen aangenomen door de Verenigde Naties en de gespecialiseerde organisaties ter bevordering van de gelijkgerechtigdheid van mannen en vrouwen,
Evenwel verontrust over het feit dat ondanks deze verschillende akten wijdverbreide discriminatie van vrouwen nog steeds bestaat,
Eraan herinnerend dat discriminatie van vrouwen schending van de beginselen van gelijkgerechtigdheid en eerbied voor de menselijke waardigheid is, de deelneming van vrouwen op gelijke voet met mannen aan het politieke, sociale, economische en culturele leven van hun land in de weg staat, de toename van de welvaart van de maatschappij en het gezin belemmert en de volledige ontplooiing van de mogelijkheden van vrouwen bij het dienen van hun land en van de mensheid ernstig bemoeilijkt,
Verontrust over het feit dat vrouwen in situaties van armoede worden achtergesteld bij de verkrijging van voedsel, gezondheidszorg, onderwijs, opleiding en werkgelegenheid, alsmede van andere mogelijkheden om in hun behoeften te voorzien,
Ervan overtuigd dat de invoering van de nieuwe internationale economische orde, gebaseerd op billijkheid en rechtvaardigheid, een aanzienlijke bijdrage zal leveren aan de bevordering van de gelijkheid van mannen en vrouwen,
Met nadruk erop wijzend dat de uitbanning van apartheid, van alle vormen van racisme, van rassendiscriminatie, van kolonialisme, van neo-kolonialisme, van agressie, van buitenlandse bezetting en overheersing en van inmenging in de binnenlandse aangelegenheden van Staten, van essentieel belang is voor het volledige genot van rechten door mannen en vrouwen,
Bevestigend dat de versterking van de internationale vrede en veiligheid, de internationale ontspanning, de onderlinge samenwerking tussen alle Staten ongeacht hun sociaal en economisch stelsel, de algemene en volledige ontwapening, in het bijzonder nucleaire ontwapening onder streng en doeltreffend internationaal toezicht, de bevestiging van de beginselen van rechtvaardigheid, gelijkheid en wederzijds belang in de betrekkingen tussen de landen, en de verwezenlijking van het recht van volken, levend onder vreemde en koloniale overheersing en buitenlandse bezetting, op zelfbeschikking en onafhankelijkheid, alsmede de eerbiediging van de nationale soevereiniteit en de territoriale integriteit, de maatschappelijke vooruitgang en ontwikkeling zullen bevorderen en derhalve zullen bijdragen tot het bereiken van volledige gelijkheid van mannen en vrouwen,
Ervan overtuigd dat voor de volledige ontwikkeling van een land, het welzijn van de wereld en de zaak van de vrede is vereist dat zoveel mogelijk vrouwen, op gelijke voet met mannen, op alle gebieden deelnemen,
Indachtig de belangrijke, tot dusverre niet volledig erkende bijdrage van vrouwen aan het welzijn van het gezin en aan de ontwikkeling van de maatschappij, alsmede de maatschappelijke betekenis van het moederschap en de rol van beide ouders in het gezin en bij de opvoeding van kinderen, en beseffend dat de functie van vrouwen bij de voortplanting geen basis voor discriminatie mag zijn, maar dat de verantwoordelijkheid voor de opvoeding van kinderen door mannen, vrouwen en samenleving als geheel gezamenlijk moet worden gedragen,

---

[1] Inwerkingtredingsdatum: 22-08-1991.

A108 art. 1 — Verdrag inzake de uitbanning van alle vormen van discriminatie van vrouwen

Zich ervan bewust dat een verandering in de traditionele rol zowel van mannen als van vrouwen in de maatschappij en in het gezin noodzakelijk is om tot volledige gelijkheid van mannen en vrouwen te komen.

Vastbesloten de beginselen, genoemd in de Verklaring inzake de uitbanning van discriminatie van vrouwen, te verwezenlijken en te dien einde de maatregelen die ten behoeve van de uitbanning van zodanige discriminatie in al haar vormen en uitingen zijn vereist, aan te nemen,

Zij overeengekomen als volgt:

DEEL I

Art. 1

Begripsbepaling discriminatie van vrouwen

Voor de toepassing van dit Verdrag wordt onder „discriminatie van vrouwen" verstaan elke vorm van onderscheid, uitsluiting of beperking op grond van geslacht, die tot gevolg of tot doel heeft de erkenning, het genot of de uitoefening door vrouwen van de rechten van de mens en de fundamentele vrijheden op politiek, economisch, sociaal of cultureel gebied, op het terrein van de burgerrechten of welk ander gebied dan ook, ongeacht hun huwelijkse staat, op de grondslag van gelijkheid van mannen en vrouwen aan te tasten of teniet te doen.

Art. 2

Veroordeling vrouwendiscriminatie; statenplicht tot wetgeving en beleid

De Staten die partij zijn bij dit Verdrag, veroordelen discriminatie in alle vormen van vrouwen, komen overeen onverwijld met alle passende middelen een beleid te volgen, gericht op uitbanning van discriminatie van vrouwen, en verbinden zich tot dit doel:

(a) het beginsel van gelijkheid van mannen en vrouwen in hun nationale grondwet of in andere geëigende wetgeving op te nemen, indien dit nog niet is geschied, en de praktische verwezenlijking van dit beginsel door middel van wetgeving of met andere passende middelen te verzekeren;

(b) passende wettelijke en andere maatregelen te treffen, met inbegrip van - waar nodig - sancties, waarin alle discriminatie van vrouwen wordt verboden;

(c) wettelijke bescherming in te voeren van de rechten van vrouwen op gelijke voet met mannen en door middel van bevoegde nationale rechterlijke instanties en andere overheidsinstellingen de daadwerkelijke bescherming van vrouwen tegen elke vorm van discriminatie te verzekeren;

(d) zich te onthouden van ieder discriminerend handelen, eenmalig of voortdurend, jegens vrouwen en te verzekeren dat de overheidsorganen en -instellingen handelen overeenkomstig deze verplichting;

(e) alle passende maatregelen te nemen om discriminatie van vrouwen door personen, organisaties of ondernemingen uit te bannen;

(f) alle passende maatregelen, waaronder wetgevende, te nemen om bestaande wetten, voorschriften, gebruiken en praktijken, die discriminatie van vrouwen inhouden, te wijzigen of in te trekken, onderscheidenlijk af te schaffen;

(g) alle nationale strafbepalingen die discriminatie van vrouwen inhouden, in te trekken.

Art. 3

Verzekeren ontplooiing en ontwikkeling vrouwen

De Staten die partij zijn bij dit Verdrag, nemen op alle gebieden, in het bijzonder op politiek, sociaal, economisch en cultureel gebied, alle passende maatregelen, waaronder wetgevende, om de volledige ontplooiing en ontwikkeling van vrouwen te verzekeren, ten einde haar de uitoefening en het genot van de rechten van de mens en de fundamentele vrijheden op gelijke voet met mannen te waarborgen.

Art. 4

Positieve actie

1. Wanneer de Staten die partij zijn bij dit Verdrag, tijdelijk bijzondere maatregelen treffen die zijn gericht op versnelling van feitelijke gelijkstelling van mannen en vrouwen wordt dit niet beschouwd als discriminatie, als omschreven in dit Verdrag, maar het mag geenszins leiden tot handhaving van ongelijke of afzonderlijke normen; deze maatregelen dienen buiten werking te worden gesteld zodra de doelstellingen ter zake van gelijke kansen en gelijke behandeling zijn verwezenlijkt.

Bescherming moederschap

2. Wanneer de Staten die partij zijn bij dit Verdrag, bijzondere maatregelen treffen, met inbegrip van de in dit Verdrag vervatte maatregelen, die zijn gericht op bescherming van het moederschap wordt dit niet beschouwd als discriminerend.

Art. 5

De Staten die partij zijn bij dit Verdrag, nemen alle passende maatregelen om:

Uitbanning vooroordelen

(a) het sociale en culturele gedragspatroon van de man en de vrouw te veranderen ten einde te komen tot de uitbanning van vooroordelen, van gewoonten en van alle andere gebruiken, die zijn gebaseerd op de gedachte van de minderwaardigheid of meerderwaardigheid van één van beide geslachten of op de stereotiepe rollen voor mannen en vrouwen;

Gezinseducatie

(b) ervoor zorg te dragen dat onderwijs over het gezin een juist begrip van het moederschap als sociale functie, en de erkenning van de gezamenlijke verantwoordelijkheid van mannen en vrouwen bij het grootbrengen en de ontwikkeling van hun kinderen bevat, met dien verstande dat het belang van de kinderen in alle gevallen vooropstaat.

Art. 6
De Staten die partij zijn bij dit Verdrag, nemen alle passende maatregelen, waaronder wetgevende, ter bestrijding van alle vormen van handel in vrouwen en van het exploiteren van prostitutie van vrouwen.

Bestrijding van vrouwenhandel, exploitatie van prostitutie

DEEL II

Art. 7
De Staten die partij zijn bij dit Verdrag, nemen alle passende maatregelen om discriminatie van vrouwen in het politieke en openbare leven van het land uit te bannen, en verzekeren vrouwen in het bijzonder het recht om op gelijke voet met mannen:
(a) hun stem uit te brengen bij alle verkiezingen en volksstemmingen, en verkiesbaar te zijn in alle openbaar gekozen lichamen;
(b) deel te nemen aan de vaststelling van het overheidsbeleid en aan de uitvoering hiervan, alsook openbare ambten te bekleden en alle openbare functies op alle overheidsniveaus te vervullen;
(c) deel te nemen aan niet-overheidsorganisaties en verenigingen op het gebied van het openbare en politieke leven van het land.

Participatie in het politieke en openbare leven

Art. 8
De Staten die partij zijn bij dit Verdrag, nemen alle passende maatregelen om te verzekeren dat vrouwen, op gelijke voet met mannen en zonder enig onderscheid, de mogelijkheid hebben hun regering op internationaal niveau te vertegenwoordigen en deel te nemen aan de werkzaamheden van internationale organisaties.

Vertegenwoordiging regering op internationaal niveau

Art. 9
1. De Staten die partij zijn bij dit Verdrag, verlenen vrouwen gelijke rechten als mannen om een nationaliteit te verkrijgen, van nationaliteit te veranderen of deze te behouden. Zij waarborgen in het bijzonder dat noch een huwelijk met een buitenlander, noch een wijziging van nationaliteit van de echtgenoot staande huwelijk, automatisch de nationaliteit van de echtgenote verandert, haar staatloos maakt of haar dwingt de nationaliteit van haar echtgenoot aan te nemen.
2. De Staten die partij zijn bij dit Verdrag, verlenen vrouwen gelijke rechten als mannen wat de nationaliteit van hun kinderen betreft.

Nationaliteit

DEEL III

Art. 10
De Staten die partij zijn bij dit Verdrag, nemen alle passende maatregelen om discriminatie van vrouwen uit te bannen ten einde vrouwen rechten te verzekeren die gelijk zijn aan die van mannen op het gebied van onderwijs en vorming, en in het bijzonder, op basis van gelijkheid van mannen en vrouwen, het volgende te garanderen:
(a) dezelfde mogelijkheden inzake beroepskeuzevoorlichting en inzake toelating tot het onderwijs en inzake het verwerven van diploma's aan alle categorieën onderwijsinstellingen zowel op het platteland als in stedelijke gebieden; deze gelijkheid dient te worden verzekerd in de aan de school voorafgaande vorming, het algemeen vormend en het technisch onderwijs, het hoger beroepsonderwijs en het hoger technisch onderwijs, zowel als in alle andere soorten beroepsopleiding;
(b) toegang tot dezelfde onderwijsprogramma's, dezelfde examens, tot onderwijs door leerkrachten met dezelfde soort bevoegdheden, en tot schoolgebouwen en uitrusting van dezelfde kwaliteit;
(c) uitbanning van elke stereotiepe opvatting van de rol van mannen en vrouwen op alle niveaus en in alle vormen van onderwijs, door het aanmoedigen van gemengd onderwijs en andere soorten onderwijs die zullen bijdragen tot het bereiken van dit doel, en in het bijzonder door de herziening van leerboeken en onderwijsprogramma's en door de aanpassing van onderwijsmethoden;
(d) dezelfde mogelijkheden gebruik te maken van beurzen en andere studietoelagen;
(e) dezelfde mogelijkheden inzake toegang tot programma's voor wederkerend onderwijs met inbegrip van programma's voor volwassenen om te leren lezen en schrijven en om te leren lezen en schrijven toegespitst op de praktijk, in het bijzonder programma's die erop zijn gericht in een zo vroeg mogelijk stadium ieder verschil in genoten onderwijs dat mocht bestaan tussen mannen en vrouwen te verkleinen;
(f) vermindering van het aantal meisjes en vrouwen die hun studie opgeven en organisatie van programma's voor meisjes en vrouwen die voortijdig de school hebben verlaten;
(g) dezelfde mogelijkheden om actief deel te nemen aan sport en lichamelijke opvoeding;
(h) toegang tot bijzondere informatie van opvoedkundige aard, die kan bijdragen tot het waarborgen van de gezondheid en het welzijn van het gezin, met inbegrip van informatie en advies inzake geboortenregeling.

Gelijke rechten op onderwijs

Loopbaan- en beroepskeuze

Toegang tot onderwijs

Uitbanning stereotype in onderwijs

Studietoelagen Volwasseneneducatie

Sport e.d.
Informatie van opvoedkundige aard

Art. 11

Gelijke rechten op arbeid

1. De Staten die partij zijn bij dit Verdrag, nemen alle passende maatregelen om discriminatie van vrouwen in het arbeidsproces uit te bannen, ten einde vrouwen, op basis van gelijkheid van mannen en vrouwen, dezelfde rechten te verzekeren, in het bijzonder:

Recht op arbeid
(a) het recht op arbeid, als onvervreemdbaar recht van alle mensen;
(b) het recht op dezelfde arbeidsmogelijkheden met inbegrip van toepassing van dezelfde selectiemaatstaven in het arbeidsproces;

Vrije keuze beroep en werk
(c) het recht op vrije keuze van beroep en werk, het recht op bevordering, behoud van de werkkring en alle aan de desbetreffende arbeid verbonden uitkeringen en voorwaarden, alsmede het recht om een beroepsopleiding te volgen en te worden herschoold; hieronder zijn begrepen leerlingstelsels, voortgezette beroepsopleidingen en wederkerend onderwijs;

Recht op gelijke beloning
(d) het recht op gelijke beloning, met inbegrip van uitkeringen, en op gelijke behandeling met betrekking tot arbeid van gelijke waarde, alsmede gelijke behandeling bij de beoordeling van de kwaliteit van het werk;

Recht op sociale zekerheid
(e) het recht op sociale zekerheid, in het bijzonder in geval van pensionering, werkloosheid, ziekte, invaliditeit en ouderdom, en arbeidsongeschiktheid om andere redenen, alsmede het recht op betaald verlof;

Arbeidsomstandigheden
(f) het recht op bescherming van de gezondheid en op veilige arbeidsomstandigheden, met inbegrip van de zorg voor het behoud van de voortplantingsfunctie.

Maatregelen ter verwezenlijking rechten
2. Ten einde discriminatie van vrouwen op grond van huwelijk of moederschap te voorkomen en het daadwerkelijke recht van vrouwen op arbeid te verzekeren, nemen de Staten die partij zijn bij dit Verdrag passende maatregelen om:

Verbod ontslag o.g.v. zwangerschap
(a) ontslag op grond van zwangerschap of verlof wegens bevalling, en discriminatie bij ontslag in verband met huwelijkse staat te verbieden en sancties op overtreding van deze maatregelen te stellen;

Zwangerschapsverlof
(b) verlof wegens bevalling in te voeren met behoud van loon of met vergelijkbare sociale voorzieningen, zonder dat dit leidt tot verlies van de vroegere werkkring, de behaalde anciënniteit of de hun toekomende sociale uitkeringen;

Kinderopvang
(c) de verlening aan te moedigen van de noodzakelijke ondersteunende diensten voor sociale zorg, om ouders in staat te stellen verplichtingen jegens het gezin te combineren met verantwoordelijkheden in het werk en deelneming aan het openbare leven, in het bijzonder door het opzetten en ontwikkelen van een netwerk van faciliteiten voor kinderopvang te bevorderen;
(d) bijzondere bescherming tijdens de zwangerschap te bieden aan vrouwen wier soort arbeid schadelijk voor hen is gebleken.

Periodieke herziening maatregelen
3. De beschermende wetgeving met betrekking tot de in dit artikel bedoelde aangelegenheden wordt met geregelde tussenpozen opnieuw bezien in het licht van de wetenschappelijke en technologische kennis en wordt - indien nodig - gewijzigd, ingetrokken of uitgebreid.

Art. 12

Recht op gezondheidszorg
1. De Staten die partij zijn bij dit Verdrag, nemen alle passende maatregelen om discriminatie van vrouwen op het gebied van de gezondheidszorg uit te bannen, ten einde te verzekeren dat vrouwen, op basis van gelijkheid van mannen en vrouwen, gebruik kunnen maken van medische zorg, met inbegrip van die welke verband houden met geboortenregeling.

Bijzondere maatregelen bij zwangerschap
2. Niettegenstaande het bepaalde in het eerste lid van dit artikel waarborgen de Staten die partij zijn bij dit Verdrag aan vrouwen passende, zo nodig kosteloze dienstverlening in verband met zwangerschap, bevalling en de hierop volgende periode, alsmede passende voeding gedurende de zwangerschap en de tijd waarin zij hun zuigelingen voeden.

Art. 13

Uitbanning discriminatie in economisch en maatschappelijk leven
De Staten die partij zijn bij dit Verdrag, nemen alle passende maatregelen om discriminatie jegens de vrouw op andere gebieden van het economische en maatschappelijke leven uit te bannen, ten einde vrouwen, op basis van gelijkheid van mannen en vrouwen, dezelfde rechten te verzekeren, in het bijzonder:
(a) het recht op gezinsuitkeringen;
(b) het recht op bankleningen, hypotheken en andere vormen van financieel krediet;
(c) het recht deel te nemen aan activiteiten op het gebied van vrijetijdsbesteding, aan sport en aan alle aspecten van het culturele leven.

Art. 14

Vrouwen in plattelandsgebieden
1. De Staten die partij zijn bij dit Verdrag, houden rekening met de bijzondere problemen waarvoor vrouwen op het platteland worden gesteld en met de belangrijke rol die zij spelen bij het economisch voortbestaan van hun gezin, met inbegrip van hun werk in de niet door geld beheerste sectoren van de economie, en nemen alle passende maatregelen om de toepassing te verzekeren van het bepaalde in dit Verdrag ten aanzien van vrouwen in plattelandsgebieden.

Waarborging rechten
2. De Staten die partij zijn bij dit Verdrag, nemen alle passende maatregelen om discriminatie jegens de vrouw in plattelandsgebieden uit te bannen, ten einde te verzekeren dat vrouwen op basis van gelijkheid van mannen en vrouwen, deel nemen aan en voordeel genieten van de ontwikkeling van het platteland, en in het bijzonder garanderen zij zodanige vrouwen het recht:

(a) deel te nemen aan de uitwerking en uitvoering van ontwikkelingsplanning op alle niveaus;
(b) te kunnen beschikken over toereikende faciliteiten op het gebied van de gezondheidszorg, met inbegrip van informatie, advies en dienstverlening op het gebied van geboorteregeling;
(c) rechtstreeks voordeel te genieten van programma's voor sociale zekerheid;
(d) alle soorten zowel officiële, als onofficiële opleiding en vorming te ontvangen, met inbegrip van die welke verband houden met het kunnen lezen en schrijven toegespitst op de praktijk zowel als gebruik te kunnen maken van alle gemeenschapsdiensten en diensten op voorlichtingsgebied, onder andere ten einde hun technische vaardigheden te vergroten;
(e) zelfhulpgroepen en samenwerkingsverbanden te stichten, ten einde te bereiken dat zij gebruik kunnen maken van gelijke mogelijkheden op economisch gebied door middel van arbeid in dienstverband of arbeid voor eigen rekening;
(f) deel te nemen aan alle gemeenschapsactiviteiten;
(g) te kunnen beschikken over landbouwkrediet en landbouwleningen, faciliteiten voor de afzet van hun produkten, de nodige technologie en gelijke behandeling bij land- en landbouwhervormingen alsook bij programma's voor herindeling van landbouwgrond;
(h) onder behoorlijke omstandigheden te leven, in het bijzonder wat huisvesting, sanitaire voorzieningen, elektriciteits- en watervoorziening, vervoer en verbindingen betreft.

DEEL IV

Art. 15
1. De Staten die partij zijn bij dit Verdrag, verlenen de vrouw gelijkheid aan de man voor de wet. — *Gelijkheid voor de wet*
2. De Staten die partij zijn bij dit Verdrag, verlenen aan vrouwen in burgerlijke aangelegenheden handelingsbekwaamheid die gelijk is aan die van mannen, en dezelfde mogelijkheden om die bevoegdheid uit te oefenen. In het bijzonder verlenen zij vrouwen gelijke rechten om overeenkomsten te sluiten en bezittingen te beheren, en behandelen hen in alle stadia van gerechtelijke procedures op dezelfde wijze. — *Rechtsbevoegdheid*
3. De Staten die partij zijn bij dit Verdrag komen overeen dat iedere overeenkomst en ieder ander particulier document van welke aard ook, waaraan een rechtsgevolg is verbonden, gericht op beperking van de handelingsbekwaamheid van vrouwen, als nietig dient te worden beschouwd.
4. De Staten die partij zijn bij dit Verdrag, verlenen mannen en vrouwen dezelfde rechten met betrekking tot de wetgeving inzake de bewegingsvrijheid van personen en de vrijheid hun woon- en verblijfplaats te kiezen. — *Vrijheid woon- en verblijfplaats*

Art. 16
1. De Staten die partij zijn bij dit Verdrag, nemen alle passende maatregelen om discriminatie jegens de vrouw in alle aangelegenheden betreffende huwelijk en familiebetrekkingen uit te bannen, en verzekeren in het bijzonder, op basis van gelijkheid van de man en de vrouw: — *Gelijke rechten inzake huwelijk en familiebetrekkingen*
(a) hetzelfde recht om een huwelijk aan te gaan;
(b) hetzelfde recht om in vrijheid een echtgenoot te kiezen en alleen met vrije en volledige toestemming een huwelijk aan te gaan;
(c) dezelfde rechten en verantwoordelijkheden tijdens het huwelijk en bij de ontbinding ervan;
(d) dezelfde rechten en verantwoordelijkheden als ouder, ongeacht de huwelijkse staat, in aangelegenheden met betrekking tot hun kinderen; in alle gevallen staat het belang van de kinderen voorop;
(e) dezelfde rechten om in vrijheid en bewust een beslissing te nemen over het aantal van hun kinderen en het tijdsverloop tussen de geboorten daarvan en te kunnen beschikken over de informatie, vorming en middelen om hen in staat te stellen deze rechten uit te oefenen;
(f) dezelfde rechten en verantwoordelijkheden met betrekking tot gezag over en de adoptie van kinderen, of soortgelijke instellingen waar deze begrippen in de nationale wet bestaan; in alle gevallen staat het belang van de kinderen voorop;
(g) dezelfde persoonlijke rechten als echtgenoot en echtgenote, met inbegrip van het recht een geslachtsnaam, een beroep en een werkkring te kiezen;
(h) dezelfde rechten voor beide echtgenoten met betrekking tot eigendom, verwerving, beheer, bestuur en genot van en beschikking over bezittingen, hetzij om niet hetzij onder bezwarende titel.
2. Verlovingen en huwelijken van kinderen dienen geen rechtsgevolg te hebben en alle noodzakelijke maatregelen, met inbegrip van wetgevende, dienen te worden genomen om een minimumleeftijd voor het aangaan van een huwelijk vast te stellen en de registratie van huwelijken in een officieel register verplicht te stellen. — *Minimumleeftijd voor huwelijk*

DEEL V

Art. 17

Commissie uitbanning vrouwendiscriminatie

1. Ten behoeve van de beoordeling van de voortgang die wordt gemaakt bij de uitvoering van dit Verdrag wordt een Commissie voor de uitbanning van discriminatie van vrouwen (hierna te noemen het Comité) ingesteld, dat op het tijdstip van inwerkingtreding van dit Verdrag zal bestaan uit 18, en na de bekrachtiging hiervan of de toetreding hiertoe door de vijfendertigste Staat die partij is bij dit Verdrag, uit 23 deskundigen van hoog zedelijk aanzien en uitzonderlijke bekwaamheid op het terrein dat door dit Verdrag wordt bestreken. De deskundigen worden door de Staten die partij zijn bij dit Verdrag, gekozen uit hun onderdanen en hebben zitting in hun persoonlijke hoedanigheid, waarbij rekening wordt gehouden met een billijke geografische verdeling en met de vertegenwoordiging van de verschillende beschavingsvormen en de belangrijkste rechtstelsels.

Kandidaatstelling

2. De leden van het Comité worden bij geheime stemming gekozen uit een lijst van door de Staten die partij zijn bij dit Verdrag, voorgedragen personen. Iedere Staat die partij is bij dit Verdrag, kan uit zijn eigen onderdanen één persoon voordragen.

Voordracht

3. De eerste verkiezing wordt gehouden zes maanden na de datum van inwerkingtreding van dit Verdrag. De Secretaris-Generaal van de Verenigde Naties zendt ten minste drie maanden voor de datum van iedere verkiezing de Staten die partij zijn bij dit Verdrag een brief waarin hun wordt verzocht binnen twee maanden een voordracht te doen. De Secretaris-Generaal stelt een alfabetische lijst op van alle aldus voorgedragen personen, onder vermelding van de Staten die hen hebben voorgedragen, en legt deze voor aan de Staten die partij zijn bij dit Verdrag.

Verkiezing leden

4. Verkiezing van de leden van het Comité heeft plaats op een door de Secretaris-Generaal van de Verenigde Naties te beleggen vergadering van de Staten die partij zijn bij dit Verdrag. Op die vergadering, waarvoor twee derde van het aantal Staten die partij zijn bij dit Verdrag een quorum vormen, zijn die voorgedragen personen in het Comité gekozen, die het grootste aantal stemmen op zich verenigen en die een volstrekte meerderheid verkrijgen van de stemmen van de aanwezige, hun stem uitbrengende vertegenwoordigers van de Staten die partij zijn bij dit Verdrag.

Ambtstermijn

5. De leden van het Comité worden gekozen voor een tijdvak van vier jaar. De ambtstermijn van negen van de bij de eerste verkiezing gekozen leden loopt evenwel na twee jaar af; onmiddellijk na de eerste verkiezing worden deze negen leden bij loting aangewezen door de voorzitter van het Comité.

6. Verkiezing van de vijf extra leden van het Comité heeft plaats overeenkomstig het bepaalde in het tweede, derde en vierde lid van dit artikel na de vijfendertigste bekrachtiging of toetreding. De ambtstermijn van twee van de bij die gelegenheid gekozen extra leden loopt na twee jaar af; deze beide leden worden bij loting aangewezen door de voorzitter van het Comité.

Tussentijdse vacature

7. Om te voorzien in tussentijds ontstane vacatures benoemt de Staat die Partij is bij dit Verdrag en wiens deskundige niet langer optreedt als lid van het Comité uit zijn onderdanen een andere deskundige, onder voorbehoud van de goedkeuring van het Comité.

Onkostenvergoeding

8. De leden van het Comité ontvangen, met goedkeuring van de Algemene Vergadering, uit de middelen van de Verenigde Naties emolumenten op door de Algemene Vergadering vast te stellen voorwaarden waarbij rekening wordt gehouden met de belangrijkheid van de taken van het Comité.

Personeel

9. De Secretaris-Generaal van de Verenigde Naties zorgt voor het personeel en de andere voorzieningen, benodigd voor een doelmatige uitoefening van de taken van het Comité krachtens dit Verdrag.

Art. 18

Statenrapporten

1. De Staten die partij zijn bij dit Verdrag, nemen de verplichting op zich aan de Secretaris-Generaal van de Verenigde Naties ter bestudering door het Comité, een verslag over te leggen betreffende de wetgevende, rechterlijke, bestuurlijke of andere maatregelen die zij hebben genomen ter uitvoering van de bepalingen van dit Verdrag en met betrekking tot de in dit opzicht geboekte vooruitgang:
   (a) binnen een jaar na de inwerkingtreding voor de desbetreffende Staat;
   (b) vervolgens ten minste eenmaal in de vier jaar en voorts telkens wanneer het Comité dit verzoekt.

2. In de verslagen kunnen de factoren en moeilijkheden worden vermeld, die van invloed zijn op de mate waarin aan de in dit Verdrag vervatte verplichtingen wordt voldaan.

Art. 19

Huishoudelijk reglement
Functionarissen

1. Het Comité stelt zijn eigen huishoudelijk reglement vast.
2. Het Comité kiest zijn functionarissen voor een tijdvak van twee jaar.

Art. 20

Vergaderduur

1. Het Comité komt in de regel bijeen gedurende een periode van ten hoogste twee weken per jaar ten einde de overeenkomstig artikel 18 van dit Verdrag overgelegde verslagen te bestuderen.

Verdrag inzake de uitbanning van alle vormen van discriminatie van vrouwen **A108** art. 29

2. De vergaderingen van het Comité worden in de regel gehouden op de zetel van de Verenigde Naties of op een andere passende, door het Comité te bepalen plaats.

Art. 21
1. Het Comité brengt door tussenkomst van de Economische en Sociale Raad jaarlijks aan de Algemene Vergadering van de Verenigde Naties verslag uit omtrent zijn werkzaamheden en kan voorstellen en algemene aanbevelingen doen, gebaseerd op de bestudering van de verslagen en de inlichtingen die het heeft ontvangen van de Staten die partij zijn bij dit Verdrag. Zodanige voorstellen en algemene aanbevelingen worden opgenomen in het verslag van het Comité, te zamen met de eventuele commentaren van de Staten die partij zijn bij dit Verdrag.   *Jaarverslag*
2. De Secretaris-Generaal zendt de verslagen van het Comité ter informatie door aan het Comité inzake de rechtspositie van de vrouw.   *Commissie rechtspositie van de vrouw*

Art. 22
De gespecialiseerde organisaties hebben het recht vertegenwoordigd te zijn tijdens de bestudering van de uitvoering van die bepalingen van dit Verdrag die binnen het kader van hun werkzaamheden liggen. Het Comité kan de gespecialiseerde organisaties uitnodigen verslagen over te leggen omtrent de uitvoering van het Verdrag op de gebieden die binnen het kader van hun werkzaamheden liggen.   *Gespecialiseerde organisaties*

DEEL VI

Art. 23
Geen enkele bepaling van dit Verdrag maakt inbreuk op bepalingen die in sterkere mate bijdragen tot de verwezenlijking van gelijkheid van mannen en vrouwen, en die kunnen zijn vervat: *Voorrangsregel*
(a) in de wetgeving van een Staat die partij is bij dit Verdrag; of
(b) in enig ander internationaal verdrag dat of in enige andere internationale overeenkomst die voor die Staat van kracht is.

Art. 24
De Staten die partij zijn bij dit Verdrag, nemen de verplichting op zich, op nationaal niveau alle noodzakelijke maatregelen te nemen om te komen tot volledige verwezenlijking van de in dit Verdrag erkende rechten.   *Statenplicht*

Art. 25
1. Dit Verdrag staat open voor ondertekening door alle Staten.   *Ondertekening*
2. De Secretaris-Generaal van de Verenigde Naties is aangewezen als depositaris van dit Verdrag.
3. Dit Verdrag dient te worden bekrachtigd. De akten van bekrachtiging dienen te worden nedergelegd bij de Secretaris-Generaal van de Verenigde Naties.
4. Dit Verdrag staat open voor toetreding door alle Staten. Toetreding vindt plaats door nederlegging van een akte van toetreding bij de Secretaris-Generaal van de Verenigde Naties.   *Toetreding*

Art. 26
1. Iedere Staat die partij is bij dit Verdrag kan te allen tijde een verzoek tot herziening van dit Verdrag indienen door middel van een schriftelijke kennisgeving gericht aan de Secretaris-Generaal van de Verenigde Naties.   *Verdragsherziening*
2. De Algemene Vergadering van de Verenigde Naties beslist welke stappen eventueel dienen te worden genomen naar aanleiding van een zodanig verzoek.

Art. 27
1. Dit Verdrag treedt in werking op de dertigste dag na de datum van nederlegging van de twintigste akte van bekrachtiging of toetreding bij de Secretaris-Generaal van de Verenigde Naties.   *Inwerkingtreding*
2. Voor iedere Staat die dit Verdrag bekrachtigt of hiertoe toetreedt na de nederlegging van de twintigste akte van bekrachtiging of toetreding, treedt het Verdrag in werking op de dertigste dag na de datum van nederlegging van de akte van bekrachtiging of toetreding door die Staat.

Art. 28
1. De Secretaris-Generaal van de Verenigde Naties neemt de tekst van op het tijdstip van de bekrachtiging of toetreding door de Staten gemaakte voorbehouden in ontvangst en zendt deze rond aan alle Staten.   *Voorbehouden*
2. Een voorbehoud dat onverenigbaar is met het doel en de strekking van dit Verdrag wordt niet toegestaan.   *Geen onverenigbare voorbehouden*
3. Voorbehouden kunnen te allen tijde worden ingetrokken door een hiertoe strekkende kennisgeving, gericht aan de Secretaris-Generaal van de Verenigde Naties, die vervolgens alle Staten hiervan in kennis stelt. Een zodanige kennisgeving wordt van kracht op de datum van ontvangst.   *Intrekking voorbehouden*

Art. 29
1. Ieder geschil tussen twee of meer Staten die partij zijn bij dit Verdrag betreffende de uitleg of toepassing van dit Verdrag, en dat niet wordt beslecht door onderhandelingen, wordt op verzoek van één van hen onderworpen aan arbitrage. Indien de partijen er binnen zes maanden   *Interpretatieverschillen; arbitrage*

na de datum van het verzoek tot arbitrage niet in zijn geslaagd overeenstemming te bereiken over de vorm van arbitrage, kan een van die partijen het geschil voorleggen aan het Internationale Gerechtshof door middel van een verzoek overeenkomstig het Statuut van het Hof.

2. Iedere Staat die partij is van dit Verdrag, kan op het tijdstip van ondertekening of bekrachtiging van dit Verdrag of van toetreding daartoe verklaren zich niet gebonden te achten door het eerste lid van dit artikel. De andere Staten die partij zijn bij dit Verdrag, zijn niet gebonden door het eerste lid van dit artikel tegenover een Staat die partij is bij dit Verdrag en die een zodanig voorbehoud heeft gemaakt.

3. Iedere Staat die partij is bij dit Verdrag, en die een voorbehoud heeft gemaakt overeenkomstig het bepaalde in het tweede lid van dit artikel kan dit voorbehoud te allen tijde intrekken door middel van een kennisgeving aan de Secretaris-Generaal van de Verenigde Naties.

Art. 30

Nederlegging van het Verdrag

Dit Verdrag, waarvan de Arabische, de Chinese, de Engelse, de Franse, de Russische en de Spaanse tekst gelijkelijk authentiek zijn, wordt nedergelegd bij de Secretaris-Generaal van de Verenigde Naties.

Facultatief Protocol bij het Verdrag inzake de uitbanning van alle vormen van discriminatie van vrouwen[1]

De Staten die partij zijn bij dit Protocol,
Erop wijzend dat het Handvest van de Verenigde Naties opnieuw het vertrouwen in de fundamentele rechten van de mens, in de waardigheid en de waarde van de mens en in de gelijke rechten van mannen en vrouwen bevestigt,
Tevens erop wijzend dat de Universele Verklaring van de rechten van de mens verkondigt dat alle mensen vrij en gelijk in waardigheid en in rechten zijn geboren en dat een ieder aanspraak heeft op alle daarin genoemde rechten en vrijheden, zonder enig onderscheid van welke aard dan ook, waaronder onderscheid naar geslacht,
Eraan herinnerend dat de Internationale Verdragen inzake de rechten van de mens en andere internationale instrumenten inzake de rechten van de mens discriminatie op grond van geslacht verbieden,
Tevens eraan herinnerend dat het Verdrag inzake de uitbanning van alle vormen van discriminatie van vrouwen („het Verdrag"), waarin alle Staten die daarbij partij zijn discriminatie van vrouwen in alle vormen veroordelen en overeenkomen onverwijld met alle passende middelen een beleid te voeren, gericht op uitbanning van discriminatie van vrouwen,
Opnieuw hun vastbeslotenheid bevestigend het volledige en gelijke genot van alle rechten van de mens en fundamentele vrijheden door vrouwen te verzekeren en doeltreffende maatregelen te nemen om schendingen van deze rechten en vrijheden te voorkomen,
Zijn het volgende overeengekomen:

Art. 1
Een Staat die partij is bij dit Protocol erkent de bevoegdheid van het Comité voor de uitbanning van discriminatie van vrouwen („het Comité") om kennisgevingen te ontvangen en te bestuderen die zijn gedaan in overeenstemming met artikel 2.

Vrouwendiscriminatie, bevoegdheid Comité

Art. 2
Kennisgevingen kunnen worden gedaan door of in naam van personen of groepen van personen, onder de rechtsmacht van een Staat die partij is, die stellen slachtoffer te zijn van een schending van in het Verdrag genoemde rechten door die Staat die partij is.
Indien een kennisgeving wordt gedaan in naam van personen of groepen van personen, geschiedt dit met hun instemming, tenzij de opsteller kan rechtvaardigen dat hij namens hen optreedt zonder deze instemming.

Art. 3
Kennisgevingen geschieden schriftelijk en niet anoniem.
Het Comité neemt geen kennisgevingen in ontvangst die een Staat betreffen die partij is bij het Verdrag maar geen partij is bij dit Protocol.

Art. 4
1. Het Comité bestudeert geen kennisgevingen, zonder zich ervan te hebben vergewist dat alle beschikbare nationale rechtsmiddelen zijn uitgeput, tenzij de toepassing van deze rechtsmiddelen onredelijk wordt gerekt of het onwaarschijnlijk is dat zij zullen leiden tot effectief herstel.
2. Het Comité verklaart een kennisgeving niet-ontvankelijk, wanneer:
a. Dezelfde aangelegenheid reeds is onderzocht door het Comité of is of wordt onderzocht uit hoofde van een andere internationale onderzoeksprocedure of regeling;
b. Deze in strijd is met de bepalingen van het Verdrag;
c. Deze klaarblijkelijk slecht onderbouwd of onvoldoende gestaafd is;
d. Deze een misbruik vormt van het recht een kennisgeving te doen.
e. De feiten die onderwerp zijn van de kennisgeving zich hebben voorgedaan voordat dit Protocol van kracht werd voor de betrokken Staat die partij is, tenzij deze feiten zich na die datum zijn blijven voordoen.

Vrouwendiscriminatie, niet-ontvankelijke kennisgeving

Art. 5
1. Te allen tijde na de ontvangst van een kennisgeving en voordat een beoordeling op de merites heeft plaatsgevonden, kan het Comité een verzoek ter spoedige overweging zenden naar de betrokken Staat die partij is om de voorlopige maatregelen te nemen die nodig kunnen zijn teneinde mogelijke onherstelbare schade voor het slachtoffer of de slachtoffers van de beweerde schending te vermijden.

Vrouwendiscriminatie, verzoek om maatregelen

---

1 Inwerkingtredingsdatum: 22-08-2002.

2. Indien het Comité gebruik maakt van haar discretionaire bevoegdheid uit hoofde van het eerste lid van dit artikel, betekent dit geen beoordeling inzake de ontvankelijkheid of op de merites van de kennisgeving.

Art. 6

Vrouwendiscriminatie, melding kennisgeving

1. Tenzij het Comité een kennisgeving als niet-ontvankelijk beschouwt zonder raadpleging van de betrokken Staat die partij is, en mits de persoon of personen instemt of instemmen met de openbaarmaking van zijn of hun identiteit aan die Staat die partij is, brengt het Comité iedere kennisgeving die haar wordt gedaan uit hoofde van dit Protocol vertrouwelijk onder de aandacht van de betrokken Staat die partij is.
2. Binnen zes maanden dient de ontvangende Staat die partij is bij het Comité schriftelijke toelichtingen of verklaringen in ter verduidelijking van de aangelegenheid, onder vermelding van de door die Staat die partij is eventueel genomen corrigerende maatregelen.

Art. 7

1. Het Comité bestudeert kennisgevingen die zijn ontvangen uit hoofde van dit Protocol in het licht van alle inlichtingen die hem ter beschikking zijn gesteld door of in naam van de personen of groepen van personen en door de betrokken Staat die partij is, mits deze inlichtingen worden toegezonden aan de betrokken partijen.
2. Het Comité vergadert achter gesloten deuren wanneer het kennisgevingen uit hoofde van dit Protocol onderzoekt.
3. Na onderzoek van een kennisgeving zendt het Comité zijn zienswijze inzake de mededeling, vergezeld van zijn eventuele aanbevelingen, toe aan de betrokken partijen.
4. De Staat die partij is, neemt de zienswijze van het Comité, tezamen met zijn eventuele aanbevelingen, grondig in overweging, en dient bij het Comité, binnen zes maanden, een schriftelijke reactie in met inbegrip van inlichtingen inzake maatregelen die zijn genomen in het licht van de zienswijze en aanbevelingen van het Comité.
5. Het Comité kan de Staat die partij is uitnodigen verdere inlichtingen te verstrekken inzake eventuele maatregelen die de Staat die partij is heeft genomen naar aanleiding van zijn zienswijze of eventuele aanbevelingen, zulks tevens, indien het Comité dit gepast acht, in de volgende verslagen van de Staat die partij is uit hoofde van artikel 18 van het Verdrag.

Art. 8

1. Indien het Comité betrouwbare inlichtingen ontvangt die wijzen op ernstige of systematische schendingen door een Staat die partij is van rechten omschreven in het Verdrag, nodigt het Comité die Staat die partij is uit mee te werken aan het onderzoek van de inlichtingen en daartoe opmerkingen in te dienen met betrekking tot de betrokken inlichtingen.
2. Rekening houdend met eventuele opmerkingen die kunnen zijn ingediend door de Staat die partij is, alsmede met andere betrouwbare informatie waarover het beschikt, kan het Comité een of meer van zijn leden aanwijzen om een onderzoek uit te voeren en spoedig verslag uit te brengen aan het Comité. Indien gerechtvaardigd en met de instemming van de Staat die partij is, kan het onderzoek een bezoek aan zijn grondgebied omvatten.
3. Na onderzoek van de uitkomsten van een dergelijk onderzoek, zendt het Comité deze uitkomsten toe aan de betrokken Staat die partij is, vergezeld van eventueel commentaren en aanbevelingen.
4. De betrokken Staat die partij is dient binnen zes maanden na ontvangst van de door het Comité toegezonden uitkomsten, commentaren en aanbevelingen, zijn opmerkingen in bij het Comité.
5. Een dergelijk onderzoek draagt een vertrouwelijk karakter en er wordt gestreefd naar de medewerking van de Staat die partij is in alle stadia van de procedure.

Art. 9

1. Het Comité kan de Staat die partij is uitnodigen in zijn verslag uit hoofde van artikel 18 van het Verdrag nadere gegegevens op te nemen omtrent eventueel genomen maatregelen naar aanleiding van een onderzoek uitgevoerd uit hoofde van artikel 8 van dit Protocol.
2. Het Comité kan, indien nodig, na afloop van het tijdvak van zes maanden zoals bedoeld in artikel 8, vierde lid, de betrokken Staat die partij is uitnodigen hem in kennis te stellen van de maatregelen genomen naar aanleiding van een dergelijk onderzoek.

Art. 10

Vrouwendiscriminatie, niet-erkennen bevoegdheid Comité

1. Elke Staat die partij is, kan op het tijdstip van ondertekening of bekrachtiging van dit Protocol, dan wel van toetreding daartoe, verklaren dat hij de bevoegdheid van het Comité bedoeld in de artikelen 8 en 9 niet erkent.
2. Een Staat die partij is en die een verklaring heeft afgelegd in overeenstemming met het eerste lid van dit artikel, kan dit voorbehoud te allen tijde intrekken door de Secretaris-Generaal hiervan in kennis te stellen.

Art. 11

Vrouwendiscriminatie, bescherming personen die kennisgeving doen

Een Staat die partij is onderneemt alle benodigde stappen om te verzekeren dat personen die onder zijn rechtsmacht vallen niet worden blootgesteld aan slechte behandeling of intimidatie als gevolg van het doen van kennisgevingen aan het Comité ingevolge dit Protocol.

Facultatief Protocol bij IVDV

A109 art. 21

Art. 12
Het Comité neemt in zijn jaarlijks verslag uit hoofde van artikel 21 van het Verdrag een overzicht op van de werkzaamheden uit hoofde van dit Protocol.

Art. 13
Elke Staat die partij is, verbindt zich ertoe op ruime schaal bekendheid en publiciteit te geven aan het Verdrag en dit Protocol en de toegang tot inlichtingen inzake de standpunten en aanbevelingen van het Comité te vergemakkelijken, in het bijzonder over aangelegenheden betreffende de Staat die partij is.

Art. 14
Het Comité stelt zijn eigen huishoudelijk reglement vast dat dient te worden nageleefd bij de uitoefening van de hem door dit Protocol opgelegde taken.

Vrouwendiscriminatie, huishoudelijk reglement Comité

Art. 15
1. Dit Protocol staat open voor ondertekening door iedere Staat die het Verdrag heeft ondertekend, bekrachtigd of ertoe is toegetreden.
2. Dit Protocol dient te worden bekrachtigd; alleen een Staat die het Verdrag heeft bekrachtigd of ertoe is toegetreden, kan bekrachtigen. De akten van bekrachtiging worden nedergelegd bij de Secretaris-Generaal van de Verenigde Naties.
3. Dit Protocol staat open voor toetreding door iedere Staat die het Verdrag heeft bekrachtigd of ertoe is toegetreden.
4. Toetreding geschiedt door nederlegging van een akte van toetreding bij de Secretaris-Generaal van de Verenigde Naties.

Art. 16
1. Dit Protocol treedt in werking drie maanden na de datum van nederlegging van de tiende akte van bekrachtiging of toetreding bij de Secretaris-Generaal van de Verenigde Naties.
2. Voor elke Staat die dit Protocol bekrachtigt of ertoe toetreedt nadat het in werking is getreden, treedt dit Protocol in werking drie maanden na de datum van nederlegging van zijn akte van bekrachtiging of toetreding.

Inwerkingtreding

Art. 17
Ten aanzien van dit Protocol kunnen geen voorbehouden worden gemaakt.

Art. 18
1. Iedere Staat die partij is kan een wijziging op dit Protocol voorstellen en indienen bij de Secretaris-Generaal van de Verenigde Naties. De Secretaris-Generaal doet de Staten die partij zijn mededeling van voorgestelde wijzigingen met het verzoek hem of haar ervan in kennis te stellen of zij voorstander zijn van een conferentie van de Staten die partij zijn teneinde het voorstel te bestuderen en erover te stemmen. In het geval dat ten minste een derde van de Staten die partij zijn voorstander is van een dergelijke conferentie, roept de Secretaris-Generaal de conferentie bijeen onder auspiciën van de Verenigde Naties. Wijzigingen die worden aangenomen door de meerderheid van de aanwezige Staten die partij zijn en stemmen tijdens de conferentie worden ter goedkeuring voorgelegd aan de Algemene Vergadering van de Verenigde Naties.
2. Wijzigingen worden van kracht nadat zij zijn goedgekeurd door de Algemene Vergadering van de Verenigde Naties en zijn aanvaard door een meerderheid van twee derde van de Staten die partij zijn bij dit Protocol in overeenstemming met hun onderscheiden constitutionele procedures.
3. Indien wijzigingen van kracht worden, zijn zij bindend voor de Staten die partij zijn die de wijzigingen hebben aanvaard; andere Staten die partij zijn blijven gebonden door de bepalingen van dit Protocol en eventuele eerdere wijzigingen die zij hebben aanvaard.

Vrouwendiscriminatie, wijziging Protocol

Art. 19
1. Iedere Staat die partij is kan dit Protocol te allen tijde opzeggen door de Secretaris-Generaal van de Verenigde Naties hiervan schriftelijk in kennis te stellen. De opzegging wordt van kracht zes maanden na de datum van ontvangst van de kennisgeving door de Secretaris-Generaal.
2. De bepalingen van dit Protocol blijven van toepassing op mededelingen gedaan uit hoofde van artikel 2 of een onderzoek aangevangen uit hoofde van artikel 8 voorafgaand aan de datum waarop de opzegging van kracht wordt.

Vrouwendiscriminatie, opzegging Protocol

Art. 20
De Secretaris-Generaal van de Verenigde Naties stelt alle Staten in kennis van:
a. Ondertekeningen, bekrachtigingen en toetredingen uit hoofde van dit Protocol;
b. De datum van inwerkingtreding van dit Protocol en van wijzigingen uit hoofde van artikel 18;
c. Opzeggingen uit hoofde van artikel 19.

Vrouwendiscriminatie, taken depositaris

Art. 21
1. Dit Protocol, waarvan de Arabische, de Chinese, de Engelse, de Franse, de Russische en de Spaanse tekst gelijkelijk authentiek zijn, wordt nedergelegd in het archief van de Verenigde Naties.

2. De Secretaris-Generaal van de Verenigde Naties doet voor eensluidend gewaarmerkte afschriften van dit Protocol toekomen aan alle Staten bedoeld in artikel 25 van het Verdrag.

Verdrag inzake de rechten van het kind[1]

De Staten die partij zijn bij dit Verdrag,
Overwegende dat, in overeenstemming met de in het Handvest van de Verenigde Naties verkondigde beginselen, erkenning van de waardigheid inherent aan, alsmede van de gelijke en onvervreemdbare rechten van, alle leden van de mensengemeenschap de grondslag is voor vrijheid, gerechtigheid en vrede in de wereld,
Indachtig dat de volkeren van de Verenigde Naties in het Handvest hun vertrouwen in de fundamentele rechten van de mens en in de waardigheid en de waarde van de mens opnieuw hebben bevestigd en hebben besloten sociale vooruitgang en een hogere levensstandaard in groter vrijheid te bevorderen,
Erkennende dat de Verenigde Naties in de Universele Verklaring van de Rechten van de Mens en in de Internationale Verdragen inzake de Rechten van de Mens hebben verkondigd en zijn overeengekomen dat een ieder recht heeft op alle rechten en vrijheden die daarin worden beschreven, zonder onderscheid van welke aard ook, zoals naar ras, huidskleur, geslacht, taal, godsdienst, politieke of andere overtuiging, nationale of sociale afkomst, eigendom, geboorte of andere status,
Eraan herinnerende dat de Verenigde Naties in de Universele Verklaring van de Rechten van de Mens hebben verkondigd dat kinderen recht hebben op bijzondere zorg en bijstand,
Ervan overtuigd dat aan het gezin, als de kern van de samenleving en de natuurlijke omgeving voor de ontplooiing en het welzijn van al haar leden en van kinderen in het bijzonder, de nodige bescherming en bijstand dient te worden verleend opdat het zijn verantwoordelijkheden binnen de gemeenschap volledig kan dragen,
Erkennende dat het kind, voor de volledige en harmonische ontplooiing van zijn of haar persoonlijkheid, dient op te groeien in een gezinsomgeving, in een sfeer van geluk, liefde en begrip,
Overwegende dat het kind volledig dient te worden voorbereid op het leiden van een zelfstandig leven in de samenleving, en dient te worden opgevoed in de geest van de in het Handvest van de Verenigde Naties verkondigde idealen, en in het bijzonder in de geest van vrede, waardigheid, verdraagzaamheid, vrijheid, gelijkheid en solidariteit,
Indachtig dat de noodzaak het verlenen van bijzondere zorg aan het kind is vermeld in de Verklaring van Genève inzake de Rechten van het Kind van 1924 en in de Verklaring van de Rechten van het Kind, aangenomen door de Algemene Vergadering op 20 november 1959 en is erkend in de Universele Verklaring van de Rechten van de Mens, in het Internationaal Verdrag inzake Burgerrechten en Politieke Rechten (met name in de artikelen 23 en 24), in het Internationaal Verdrag inzake Economische, Sociale en Culturele Rechten (met name in artikel 10) en in de statuten en desbetreffende akten van gespecialiseerde organisaties en internationale organisaties die zich bezighouden met het welzijn van kinderen,
Indachtig dat, zoals aangegeven in de Verklaring van; de Rechten van het Kind, „het kind op grond van zijn lichamelijke en geestelijke onrijpheid bijzondere bescherming en zorg nodig heeft, met inbegrip van geëigende wettelijke bescherming, zowel vóór als na zijn geboorte",
Herinnerende aan de bepalingen van de Verklaring inzake Sociale en Juridische Beginselen betreffende de Bescherming en het Welzijn van Kinderen, in het bijzonder met betrekking tot Plaatsing in een Pleeggezin en Adoptie, zowel Nationaal als Internationaal; de Standaard Minimumregels van de Verenigde Naties voor de Toepassing van het Recht op Jongeren (de Beijingregels); en de Verklaring inzake de Bescherming van Vrouwen en Kinderen in Noodsituaties en Gewapende Conflicten,
Erkennende dat er, in alle landen van de wereld, kinderen zijn die in uitzonderlijk moeilijke omstandigheden leven, en dat deze kinderen bijzondere aandacht behoeven,
Op passende wijze rekening houdend met het belang van de tradities en culturele waarde die ieder volk hecht aan de bescherming en de harmonische ontwikkeling van het kind,
Het belang erkennende van internationale samenwerking ter verbetering van de levensomstandigheden van kinderen in ieder land, in het bijzonder in de ontwikkelingslanden,
Zijn het volgende overeengekomen:

DEEL I

Art. 1

Voor de toepassing van dit Verdrag wordt onder een kind verstaan ieder mens jonger dan achttien jaar, tenzij volgens het op het kind van toepassing zijnde recht de meerderjarigheid eerder wordt bereikt.

Kind

---

[1] Inwerkingtredingsdatum: 08-03-1995; zoals laatstelijk gewijzigd bij: Trb. 1996, 188.

A110 art. 2 — Verdrag inzake de rechten van het kind

Art. 2

Discriminatieverbod

1. De Staten die partij zijn bij dit Verdrag, eerbiedigen en waarborgen de in het Verdrag beschreven rechten voor ieder kind onder hun rechtsbevoegdheid zonder discriminatie van welke aard ook, ongeacht ras, huidskleur, geslacht, taal, godsdienst, politieke of andere overtuiging, nationale, etnische of maatschappelijke afkomst, welstand, handicap, geboorte of andere omstandigheid van het kind of van zijn of haar ouder of wettige voogd.

Staten nemen maatregelen tegen discriminatie

2. De Staten die partij zijn, nemen alle passende maatregelen om te waarborgen dat het kind wordt beschermd tegen alle vormen van discriminatie of bestraffing op grond van de omstandigheden of de activiteiten van, de meningen geuit door of de overtuigingen van de ouders, wettige voogden of familieleden van het kind.

Art. 3

Belang van het kind voorop bij maatregelen

1. Bij alle maatregelen betreffende kinderen, ongeacht of deze worden genomen door openbare of particuliere instellingen voor maatschappelijk welzijn of door rechterlijke instanties, bestuurlijke autoriteiten of wetgevende lichamen, vormen de belangen van het kind de eerste overweging.

Bescherming en zorg

2. De Staten die partij zijn, verbinden zich ertoe het kind te verzekeren van de bescherming en de zorg die nodig zijn voor zijn of haar welzijn, rekening houdend met de rechten en plichten van zijn of haar ouders, wettige voogden of anderen die wettelijk verantwoordelijk voor het kind zijn, en nemen hiertoe alle passende wettelijke en bestuurlijke maatregelen.

3. De Staten die partij zijn, waarborgen dat de instellingen, diensten en voorzieningen die verantwoordelijk zijn voor de zorg voor of de bescherming van kinderen voldoen aan de door de bevoegde autoriteiten vastgestelde normen, met name ten aanzien van de veiligheid, de gezondheid, het aantal personeelsleden en hun geschiktheid, alsmede bevoegd toezicht.

Art. 4

Maatregelen door Staten

De Staten die partij zijn, nemen alle passende wettelijke, bestuurlijke en andere maatregelen om de in dit Verdrag erkende rechten te verwezenlijken. Ten aanzien van economische, sociale en culturele rechten nemen de Staten die Partij zijn deze maatregelen in de ruimste mate waarin de hun ter beschikking staande middelen dit toelaten en, indien nodig, in het kader van internationale samenwerking.

Art. 5

Eerbiediging van de positie van ouders etc.

De Staten die partij zijn, eerbiedigen de verantwoordelijkheden, rechten en plichten van de ouders of, indien van toepassing, van de leden van de familie in ruimere zin of de gemeenschap al naar gelang het plaatselijk gebruik, van wettige voogden of anderen die wettelijk verantwoordelijk zijn voor het kind, voor het voorzien in passende leiding en begeleiding bij de uitoefening door het kind van de in dit Verdrag erkende rechten, op een wijze die verenigbaar is met de zich ontwikkelende vermogens van het kind.

Art. 6

Recht op leven

1. De Staten die partij zijn, erkennen dat ieder kind het inherente recht op leven heeft.
2. De Staten die partij zijn, waarborgen in de ruimst mogelijke mate de mogelijkheden tot overleven en de ontwikkeling van het kind.

Art. 7

Recht op naam, nationaliteit, ouders

1. Het kind wordt onmiddellijk na de geboorte ingeschreven en heeft vanaf de geboorte het recht op een naam, het recht een nationaliteit te verwerven en, voor zover mogelijk, het recht zijn of haar ouders te kennen, en door hen te worden verzorgd.
2. De Staten die partij zijn, waarborgen de verwezenlijking van deze rechten in overeenstemming met hun nationale recht en hun verplichtingen krachtens de desbetreffende internationale akten op dit gebied, in het bijzonder wanneer het kind anders staatloos zou zijn.

Art. 8

Recht op eerbiediging identiteit

1. De Staten die partij zijn, verbinden zich tot eerbiediging van het recht van het kind zijn of haar identiteit te behouden, met inbegrip van nationaliteit, naam en familiebetrekkingen zoals wettelijk erkend, zonder onrechtmatige inmenging.
2. Wanneer een kind op niet rechtmatige wijze wordt beroofd van enige of alle bestanddelen van zijn of haar identiteit, verlenen de Staten die partij zijn passende bijstand en bescherming, teneinde zijn identiteit snel te herstellen.

Art. 9

Recht op gezinsleven

1. De Staten die partij zijn, waarborgen dat een kind niet wordt gescheiden van zijn of haar ouders tegen hun wil, tenzij de bevoegde autoriteiten, onder voorbehoud van de mogelijkheid van rechterlijke toetsing, in overeenstemming met het toepasselijke recht en de toepasselijke procedures, beslissen dat deze scheiding noodzakelijk is in het belang van het kind. Een dergelijke beslissing kan noodzakelijk zijn in een bepaald geval, zoals wanneer er sprake is van misbruik of verwaarlozing van het kind door de ouders, of wanneer de ouders gescheiden leven en er een beslissing moet worden genomen ten aanzien van de verblijfplaats van het kind.
2. In procedures ingevolge het eerste lid van dit artikel dienen alle betrokken partijen de gelegenheid te krijgen aan de procedures deel te nemen en hun standpunten naar voren te brengen.

3. De Staten die partij zijn, eerbiedigen het recht van het kind dat van een ouder of beide ouders is gescheiden, op regelmatige basis persoonlijke betrekkingen en rechtstreeks contact met beide ouders te onderhouden, tenzij dit in strijd is met het belang van het kind.
4. Indien een dergelijke scheiding voortvloeit uit een maatregel genomen door een Staat die partij is, zoals de inhechtenisneming, gevangenneming, verbanning, deportatie, of uit een maatregel het overlijden ten gevolge hebbend (met inbegrip van overlijden, door welke oorzaak ook, terwijl de betrokkene door de Staat in bewaring wordt gehouden) van één ouder of beide ouders of van het kind, verstrekt die Staat, op verzoek, aan de ouders, aan het kind of, indien van toepassing, aan een ander familielid van het kind de noodzakelijke inlichtingen over waar het afwezige lid van het gezin zich bevindt of waar de afwezige leden van het gezin zich bevinden, tenzij het verstrekken van die inlichtingen het welzijn van het kind zou schaden. De Staten die partij zijn, waarborgen voorts dat het indienen van een dergelijk verzoek op zich geen nadelige gevolgen heeft voor de betrokkene(n).

Art. 10

1. In overeenstemming met de verplichting van de Staten die partij zijn krachtens artikel 9, eerste lid, worden aanvragen van een kind of van zijn ouders om een Staat die partij is, voor gezinshereniging binnen te gaan of te verlaten, door de Staten die partij zijn met welwillendheid, menselijkheid en spoed behandeld. De Staten die partij zijn, waarborgen voorts dat het indienen van een dergelijke aanvraag geen nadelige gevolgen heeft voor de aanvragers en hun familieleden.
2. Een kind van wie de ouders in verschillende Staten verblijven, heeft het recht op regelmatige basis, behalve in uitzonderlijke omstandigheden, persoonlijke betrekkingen en rechtstreekse contacten met beide ouders te onderhouden. Hiertoe, en in overeenstemming met de verplichting van de Staten die partij zijn krachtens artikel 9, eerste lid, eerbiedigen de Staten die partij zijn het recht van het kind en van zijn of van haar ouders welk land ook, met inbegrip van het hunne eigen land, te verlaten, en het eigen land binnen te gaan. Het recht welk land ook te verlaten is slechts onderworpen aan de beperkingen die bij de wet zijn voorzien en die nodig zijn ter bescherming van de nationale veiligheid, de openbare orde, de volksgezondheid of de goede zeden, of van de rechten en vrijheden van anderen, en verenigbaar zijn met de andere in dit Verdrag erkende rechten.

Gezinshereniging

Art. 11

1. De Staten die partij zijn, nemen maatregelen ter bestrijding van de ongeoorloofde overbrenging van kinderen en het niet doen terugkeren van kinderen uit het buitenland.
2. Hiertoe bevorderen de Staten die partij zijn het sluiten van bilaterale of multilaterale overeenkomsten of het toetreden tot bestaande overeenkomsten.

Internationale ontvoering

Art. 12

1. De Staten die partij zijn, verzekeren het kind dat in staat is zijn of haar eigen mening te vormen, het recht die mening vrijelijk te uiten in alle aangelegenheden die het kind betreffen, waarbij aan de mening van het kind passend belang wordt gehecht in overeenstemming met zijn of haar leeftijd en rijpheid.
2. Hiertoe wordt het kind met name in de gelegenheid gesteld te worden gehoord in iedere gerechtelijke en bestuurlijke procedure die het kind betreft, hetzij rechtstreeks, hetzij door tussenkomst van een vertegenwoordiger of een daarvoor geschikte instelling, op een wijze die verenigbaar is met de procedureregels van het nationale recht.

Horen van het kind

Art. 13

1. Het kind heeft het recht op vrijheid van meningsuiting; dit recht omvat mede de vrijheid inlichtingen en denkbeelden van welke aard ook te vergaren, te ontvangen en door te geven, ongeacht landsgrenzen, hetzij mondeling, hetzij in geschreven of gedrukte vorm, in de vorm van kunst, of met behulp van andere media naar zijn of haar keuze.
2. De uitoefening van dit recht kan aan bepaalde beperkingen worden gebonden, doch alleen aan de beperkingen die bij de wet zijn voorzien en die nodig zijn:
a. voor de eerbiediging van de rechten of de goede naam van anderen; of
b. ter bescherming van de nationale veiligheid of van de openbare orde, de volksgezondheid of de goede zeden.

Vrijheid van meningsuiting

Art. 14

1. De Staten die partij zijn, eerbiedigen het recht van het kind op vrijheid van gedachte, geweten en godsdienst.
2. De Staten die partij zijn, eerbiedigen de rechten en plichten van de ouders en, indien van toepassing, van de wettige voogden, om het kind te leiden in de uitoefening van zijn of haar recht op een wijze die verenigbaar is met de zich ontwikkelende vermogens van het kind.
3. De vrijheid van een ieder zijn godsdienst of levensovertuiging tot uiting te brengen kan slechts in die mate worden beperkt als wordt voorgeschreven door de wet en noodzakelijk is ter bescherming van de openbare veiligheid, de openbare orde, de volksgezondheid of de goede zeden, of van de fundamentele rechten en vrijheden van anderen.

Vrijheid van gedachte, geweten, godsdienst

Art. 15

Vrijheid van vereniging en vergadering

1. De Staten die partij zijn, erkennen de rechten van het kind op vrijheid van vereniging en vrijheid van vreedzame vergadering.
2. De uitoefening van deze rechten kan aan geen andere beperkingen worden onderworpen dan die welke in overeenstemming met de wet worden opgelegd en die in een democratische samenleving geboden zijn in het belang van de nationale veiligheid of de openbare veiligheid, de openbare orde, de bescherming van de volksgezondheid of de goede zeden, of de bescherming van de rechten en vrijheden van anderen.

Art. 16

Recht op privacy

1. Geen enkel kind mag worden onderworpen aan willekeurige of onrechtmatige inmenging in zijn of haar privéleven, in zijn of haar gezinsleven, zijn of haar woning of zijn of haar correspondentie, noch aan enige onrechtmatige aantasting van zijn of haar eer en goede naam.
2. Het kind heeft recht op bescherming door de wet tegen zodanige inmenging of aantasting.

Art. 17

Toegang tot media

De Staten die partij zijn, erkennen de belangrijke functie van de massamedia en waarborgen dat het kind toegang heeft tot informatie en materiaal uit een verscheidenheid van nationale en internationale bronnen, in het bijzonder informatie en materiaal gericht op het bevorderen van zijn of haar sociale, psychische en morele welzijn en zijn of haar lichamelijke en geestelijke gezondheid. Hiertoe dienen de Staten die partij zijn:
a. de massamedia aan te moedigen informatie en materiaal te verspreiden die tot sociaal en cultureel nut zijn voor het kind en in overeenstemming zijn met de strekking van artikel 29;
b. internationale samenwerking aan te moedigen bij de vervaardiging, uitwisseling en verspreiding van dergelijke informatie en materiaal uit een verscheidenheid van culturele, nationale en internationale bronnen;
c. de vervaardiging en verspreiding van kinderboeken aan te moedigen;
d. de massamedia aan te moedigen in het bijzonder rekening te houden met de behoeften op het gebied van de taal van het kind dat tot een minderheid of tot de oorspronkelijke bevolking behoort;
e. de ontwikkeling aan te moedigen van passende richtlijnen voor de bescherming van het kind tegen informatie en materiaal die schadelijk zijn voor zijn of haar welzijn, indachtig de bepalingen van de artikelen 13 en 18.

Art. 18

Beide ouders verantwoordelijk

1. De Staten die partij zijn, doen alles wat in hun vermogen ligt om de erkenning te verzekeren van het beginsel dat beide ouders de gezamenlijke verantwoordelijkheid dragen voor de opvoeding en de ontwikkeling van het kind. Ouders of, al naar gelang het geval, wettige voogden, hebben de eerste verantwoordelijkheid voor de opvoeding en de ontwikkeling van het kind. Het belang van het kind is hun allereerste zorg.
2. Om de toepassing van de in dit Verdrag genoemde rechten te waarborgen en te bevorderen, verlenen de Staten die partij zijn passende bijstand aan ouders en wettige voogden bij de uitoefening van hun verantwoordelijkheden die de opvoeding van het kind betreffen, en waarborgen zij de ontwikkeling van instellingen, voorzieningen en diensten voor kinderzorg.
3. De Staten die partij zijn, nemen alle passende maatregelen om te waarborgen dat kinderen van werkende ouders recht hebben op gebruikmaking van diensten en voorzieningen voor kinderzorg waarvoor zij in aanmerking komen.

Art. 19

Maatregelen tegen geweld

1. De Staten die partij zijn, nemen alle passende wettelijke en bestuurlijke maatregelen en maatregelen op sociaal en opvoedkundig gebied om het kind te beschermen tegen alle vormen van lichamelijk of geestelijk geweld, letsel of misbruik, lichamelijke of geestelijke verwaarlozing of nalatige behandeling, mishandeling of exploitatie, met inbegrip van sexueel misbruik, terwijl het kind onder de hoede is van de ouder(s), wettige voogd(en) of iemand anders die de zorg voor het kind heeft.
2. Deze maatregelen ter bescherming dienen, indien van toepassing, doeltreffende procedures te omvatten voor de invoering van sociale programma's om te voorzien in de nodige ondersteuning van het kind en van degenen die de zorg voor het kind hebben, alsmede procedures voor andere vormen van voorkoming van en voor opsporing, melding, verwijzing, onderzoek, behandeling en follow-up van gevallen van kindermishandeling zoals hierboven beschreven, en, indien van toepassing, voor inschakeling van rechterlijke instanties.

Art. 20

Gezinsvervangende zorg

1. Een kind dat tijdelijk of blijvend het verblijf in het gezin waartoe het behoort, moet missen, of dat men in zijn of haar eigen belang niet kan toestaan in het gezin te blijven, heeft recht op bijzondere bescherming en bijstand van staatswege.
2. De Staten die partij zijn, waarborgen, in overeenstemming met hun nationale recht, een andere vorm van zorg voor dat kind.
3. Deze zorg kan, onder andere, plaatsing in een pleeggezin omvatten, kafalah volgens het Islamitische recht, adoptie, of, indien noodzakelijk, plaatsing in geschikte instellingen voor kin-

derzorg. Bij het overwegen van oplossingen wordt op passende wijze rekening gehouden met de wenselijkheid van continuïteit in de opvoeding van het kind en met de etnische, godsdienstige en culturele achtergrond van het kind en met zijn of haar achtergrond wat betreft de taal.

Art. 21
De Staten die partij zijn en die de methode van adoptie erkennen en/of toestaan, waarborgen dat het belang van het kind daarbij de voornaamste overweging is, en: **Adoptie**
a. waarborgen dat de adoptie van een kind slechts wordt toegestaan mits daartoe bevoegde autoriteiten, in overeenstemming met de van toepassing zijnde wetten en procedures en op grond van alle van belang zijnde en betrouwbare gegevens, bepalen dat de adoptie kan worden toegestaan gelet op de verhoudingen van het kind met zijn of haar ouders, familieleden en wettige voogden, en mits, indien vereist, de betrokkenen, na volledig te zijn ingelicht, op grond van de adviezen die noodzakelijk worden geacht, daarmee hebben ingestemd;
b. erkennen dat interlandelijke adoptie kan worden overwogen als andere oplossing voor de zorg voor het kind, indien het kind niet in een pleeg- of adoptiegezin kan worden geplaatst en op geen enkele andere passende wijze kan worden verzorgd in het land van zijn of haar herkomst;
c. verzekeren dat voor het kind dat bij een interlandelijke adoptie is betrokken waarborgen en normen gelden die gelijkwaardig zijn aan die welke bestaan bij adoptie in het eigen land;
d. nemen alle passende maatregelen om te waarborgen dat, in het geval van interlandelijke adoptie, de plaatsing niet leidt tot ongepast geldelijk voordeel voor de betrokkenen;
e. bevorderen, wanneer passend, de verwezenlijking van de doeleinden van dit artikel door het aangaan van bilaterale of multilaterale regelingen of overeenkomsten, en spannen zich in om, in het kader daarvan, te waarborgen dat de plaatsing van het kind in een ander land wordt uitgevoerd door bevoegde autoriteiten of instellingen.

Art. 22
1. De Staten die partij zijn, nemen passende maatregelen om te waarborgen dat een kind dat **Vluchtelingen**
de vluchtelingenstatus wil verkrijgen of dat in overeenstemming met het toepasselijke internationale of nationale recht en de toepasselijke procedures als vluchteling wordt beschouwd, ongeacht of het al dan niet door zijn of haar ouders of door iemand anders wordt begeleid, passende bescherming en humanitaire bijstand krijgt bij het genot van de van toepassing zijnde rechten beschreven in dit Verdrag en in andere internationale akten inzake de rechten van de mens of humanitaire akten waarbij de bedoelde Staten partij zijn.
2. Hiertoe verlenen de Staten die partij zijn, naar zij passend achten, hun medewerking aan alle inspanningen van de Verenigde Naties en andere bevoegde intergouvernementele organisaties of niet-gouvernementele organisaties die met de Verenigde Naties samenwerken, om dat kind te beschermen en bij te staan en de ouders of andere gezinsleden op te sporen van een kind dat vluchteling is, teneinde de nodige inlichtingen te verkrijgen voor hereniging van het kind met het gezin waartoe het behoort. In gevallen waarin geen ouders of andere familieleden kunnen worden gevonden, wordt aan het kind dezelfde bescherming verleend als aan ieder ander kind dat om welke reden ook, blijvend of tijdelijk het leven in een gezin moet ontberen, zoals beschreven in dit Verdrag.

Art. 23
1. De Staten die partij zijn, erkennen dat een geestelijk of lichamelijk gehandicapt kind een **Gehandicapte kinderen**
volwaardig en behoorlijk leven dient te hebben, in omstandigheden die de waardigheid van het kind verzekeren, zijn zelfstandigheid bevorderen en zijn actieve deelneming aan het gemeenschapsleven vergemakkelijken.
2. De Staten die partij zijn, erkennen het recht van het gehandicapte kind op bijzondere zorg, en stimuleren en waarborgen dat aan het daarvoor in aanmerking komende kind en degenen die verantwoordelijk zijn voor zijn of haar verzorging, afhankelijk van de beschikbare middelen, de bijstand wordt verleend die is aangevraagd en die passend is gezien de gesteldheid van het kind en de omstandigheden van de ouders of anderen die voor het kind zorgen.
3. Onder erkenning van de bijzondere behoeften van het gehandicapte kind, dient de in overeenstemming met het tweede lid geboden bijstand, wanneer mogelijk, gratis te worden verleend, rekening houdend met de financiële middelen van de ouders of anderen die voor het kind zorgen. Deze bijstand dient erop gericht te zijn te waarborgen dat het gehandicapte kind daadwerkelijk toegang heeft tot onderwijs, opleiding, voorzieningen voor gezondheidszorg en revalidatie, voorbereiding voor een beroep, en recreatiemogelijkheden, op een wijze die ertoe bijdraagt dat het kind een zo volledig mogelijke integratie in de maatschappij en persoonlijke ontwikkeling bereikt, met inbegrip van zijn of haar culturele en intellectuele ontwikkeling.
4. De Staten die partij zijn, bevorderen, in de geest van internationale samenwerking, de uitwisseling van passende informatie op het gebied van preventieve gezondheidszorg en van medische en psychologische behandeling van, en behandeling van functionele stoornissen bij, gehandicapte kinderen, met inbegrip van de verspreiding van en de toegang tot informatie betreffende revalidatiemethoden, onderwijs en beroepsopleidingen, met als doel de Staten die partij zijn, in staat te stellen hun vermogens en vaardigheden te verbeteren en hun ervaring op

deze gebieden te verruimen. Wat dit betreft wordt in het bijzonder rekening gehouden met de behoeften van ontwikkelingslanden.

Art. 24

Recht op gezondheidszorg

1. De Staten die partij zijn, erkennen het recht van het kind op het genot van de grootst mogelijke mate van gezondheid en op voorzieningen voor de behandeling van ziekte en het herstel van de gezondheid. De Staten die partij zijn, streven ernaar te waarborgen dat geen enkel kind zijn of haar recht op toegang tot deze voorzieningen voor gezondheidszorg wordt onthouden.

2. De Staten die partij zijn, streven de volledige verwezenlijking van dit recht na en nemen passende maatregelen, met name:
   a. om baby- en kindersterfte te verminderen;
   b. om de verlening van de nodige medische hulp en gezondheidszorg aan alle kinderen te waarborgen, met nadruk op de ontwikkeling van de eerste-lijnsgezondheidszorg;
   c. om ziekte, ondervoeding en slechte voeding te bestrijden, mede binnen het kader van de eerste-lijnsgezondheidszorg, door onder andere het toepassen van gemakkelijk beschikbare technologie en door het voorzien in voedsel met voldoende voedingswaarde en zuiver drinkwater, de gevaren en risico's van milieuverontreiniging in aanmerking nemend;
   d. om passende pre- en postnatale gezondheidszorg voor moeders te waarborgen;
   e. om te waarborgen dat alle geledingen van de samenleving, met name ouders en kinderen, worden voorgelicht over, toegang hebben tot onderwijs over, en worden gesteund in het gebruik van de fundamentele kennis van de gezondheid van en de voeding van kinderen, de voordelen van borstvoeding, hygiëne en sanitaire voorzieningen en het voorkomen van ongevallen;
   f. om preventieve gezondheidszorg, begeleiding voor ouders, en voorzieningen voor en voorlichting over gezinsplanning te ontwikkelen.

3. De Staten die partij zijn, nemen alle doeltreffende en passende maatregelen teneinde traditionele gebruiken die schadelijk zijn voor de gezondheid van kinderen af te schaffen.

4. De Staten die partij zijn, verbinden zich ertoe internationale samenwerking te bevorderen en aan te moedigen teneinde geleidelijk de algehele verwezenlijking van het in dit artikel erkende recht te bewerkstelligen. Wat dit betreft wordt in het bijzonder rekening gehouden met de behoeften van ontwikkelingslanden.

Art. 25

Evaluatie uithuisplaatsing

De Staten die partij zijn, erkennen het recht van een kind dat door de bevoegde autoriteiten uit huis is geplaatst ter verzorging, bescherming of behandeling in verband met zijn of haar lichamelijke of geestelijke gezondheid, op een periodieke evaluatie van de behandeling die het kind krijgt en van alle andere omstandigheden die verband houden met zijn of haar plaatsing.

Art. 26

Recht op sociale zekerheid

1. De Staten die partij zijn, erkennen voor ieder kind het recht de voordelen te genieten van voorzieningen voor sociale zekerheid, met inbegrip van sociale verzekering, en nemen de nodige maatregelen om de algehele verwezenlijking van dit recht te bewerkstelligen in overeenstemming met hun nationale recht.

2. De voordelen dienen, indien van toepassing, te worden verleend, waarbij rekening wordt gehouden met de middelen en de omstandigheden van het kind en de personen die verantwoordelijk zijn voor zijn of haar onderhoud, alsmede iedere andere overweging die van belang is voor de beoordeling van een verzoek daartoe dat door of namens het kind wordt ingediend.

Art. 27

Recht op toereikende levensstandaard

1. De Staten die partij zijn, erkennen het recht van ieder kind op een levensstandaard die toereikend is voor de lichamelijke, geestelijke, intellectuele, zedelijke en maatschappelijke ontwikkeling van het kind.

2. De ouder(s) of anderen die verantwoordelijk zijn voor het kind, hebben de primaire verantwoordelijkheid voor het waarborgen, naar vermogen en binnen de grenzen van hun financiële mogelijkheden, van de levensomstandigheden die nodig zijn voor de ontwikkeling van het kind.

3. De Staten die partij zijn, nemen, in overeenstemming met de nationale omstandigheden en met de middelen die hun ten dienste staan, passende maatregelen om ouders en anderen die verantwoordelijk zijn voor het kind te helpen dit recht te verwezenlijken, en voorzien, indien de behoefte daaraan bestaat, in programma's voor materiële bijstand en ondersteuning, met name wat betreft voeding, kleding en huisvesting.

4. De Staten die partij zijn, nemen alle passende maatregelen om het verhaal te waarborgen van uitkeringen tot onderhoud van het kind door de ouders of andere personen die de financiële verantwoordelijkheid voor het kind dragen, zowel binnen de Staat die partij is als vanuit het buitenland. Met name voor gevallen waarin degene die de financiële verantwoordelijkheid voor het kind draagt, in een andere Staat woont dan die van het kind, bevorderen de Staten die partij zijn de toetreding tot internationale overeenkomsten of het sluiten van dergelijke overeenkomsten, alsmede het treffen van andere passende regelingen.

Art. 28
1. De Staten die partij zijn, erkennen het recht van het kind op onderwijs, en teneinde dit recht geleidelijk en op basis van gelijke kansen te verwezenlijken, verbinden zij zich er met name toe:
a. primair onderwijs verplicht te stellen en in voor iedereen gratis beschikbaar te stellen;
b. de ontwikkeling van verschillende vormen van voortgezet onderwijs aan te moedigen, met inbegrip van algemeen onderwijs en beroepsonderwijs, deze vormen voor ieder kind beschikbaar te stellen en toegankelijk te maken, en passende maatregelen te nemen zoals de invoering van gratis onderwijs en het bieden van financiële bijstand indien noodzakelijk;
c. met behulp van alle passende middelen hoger onderwijs toegankelijk te maken voor een ieder naar gelang zijn capaciteiten;
d. informatie over en begeleiding bij onderwijs- en beroepskeuze voor alle kinderen beschikbaar te stellen en toegankelijk te maken;
e. maatregelen te nemen om regelmatig schoolbezoek te bevorderen en het aantal kinderen dat de school vroegtijdig verlaat, te verminderen.
2. De Staten die partij zijn, nemen alle passende maatregelen om te verzekeren dat de wijze van handhaving van de discipline op scholen verenigbaar is met de menselijke waardigheid van het kind en in overeenstemming is met dit Verdrag.
3. De Staten die partij zijn, bevorderen en stimuleren internationale samenwerking in aangelegenheden die verband houden met het onderwijs, met name teneinde bij te dragen tot de uitbanning van onwetendheid en analfabetisme in de gehele wereld, en de toegankelijkheid van wetenschappelijke en technische kennis en moderne onderwijsmethoden te vergroten. In dit opzicht wordt met name rekening gehouden met de behoeften van de ontwikkelingslanden.

Recht op onderwijs

Art. 29
1. De Staten die partij zijn, komen overeen dat het onderwijs aan het kind dient te zijn gericht op:
a. de zo volledig mogelijke ontplooiing van de persoonlijkheid, talenten en geestelijke en lichamelijke vermogens van het kind;
b. het bijbrengen van eerbied voor de rechten van de mens en de fundamentele vrijheden, en voor de in het Handvest van de Verenigde Naties vastgelegde beginselen;
c. het bijbrengen van eerbied voor de ouders van het kind, voor zijn of haar eigen culturele identiteit, taal en waarden, voor de nationale waarden van het land waar het kind woont, het land waar het is geboren, en voor andere beschavingen dan de zijne of hare;
d. de voorbereiding van het kind op een verantwoord leven in een vrije samenleving, in de geest van begrip, vrede, verdraagzaamheid, gelijkheid van geslachten, en vriendschap tussen alle volken, etnische, nationale en godsdienstige groepen en personen behorend tot de oorspronkelijke bevolking;
e. het bijbrengen van eerbied voor de natuurlijke omgeving.
2. Geen enkel gedeelte van dit artikel of van artikel 28 mag zo worden uitgelegd dat het de vrijheid aantast van individuele personen en rechtspersonen, onderwijsinstellingen op te richten en daaraan leiding te geven, evenwel altijd met inachtneming van de in het eerste lid van dit artikel vervatte beginselen, en van het vereiste dat het aan die instellingen gegeven onderwijs voldoet aan de door de Staat vastgestelde minimumnormen.

Doelen van het onderwijs

Art. 30
In die Staten waarin etnische of godsdienstige minderheden, taalminderheden of personen behorend tot de oorspronkelijke bevolking voorkomen, wordt het kind dat daartoe behoort niet het recht ontzegd te zamen met andere leden van zijn of haar groep zijn of haar cultuur te beleven, zijn of haar eigen godsdienst te belijden en ernaar te leven, of zich van zijn of haar eigen taal te bedienen.

Onderwijs eigen taal en cultuur

Art. 31
1. De Staten die partij zijn, erkennen het recht van het kind op rust en vrije tijd, op deelneming aan spel en recreatieve bezigheden passend bij de leeftijd van het kind, en op vrije deelneming aan het culturele en artistieke leven.
2. De Staten die partij zijn, eerbiedigen het recht van het kind volledig deel te nemen aan het culturele en artistieke leven, bevorderen de verwezenlijking van dit recht, en stimuleren het bieden van passende en voor ieder gelijke kansen op culturele, artistieke en recreatieve bezigheden en vrijetijdsbesteding.

Recht op rust

Art. 32
1. De Staten die partij zijn, erkennen het recht van het kind te worden beschermd tegen economische exploitatie en tegen het verrichten van werk dat naar alle waarschijnlijkheid gevaarlijk is of de opvoeding van het kind zal hinderen, of schadelijk zal zijn voor de gezondheid of de lichamelijke, geestelijke, intellectuele, zedelijke of maatschappelijke ontwikkeling van het kind.
2. De Staten die partij zijn, nemen wettelijke, bestuurlijke en sociale maatregelen en maatregelen op onderwijsterrein om de toepassing van dit artikel te waarborgen. Hiertoe, en de desbetreffende bepalingen van andere internationale akten in acht nemend, verbinden de Staten die partij zijn zich er in het bijzonder toe:

Bescherming tegen exploitatie

a. een minimumleeftijd of minimumleeftijden voor toelating tot betaald werk voor te schrijven;
b. voorschriften te geven voor een passende regeling van werktijden en arbeidsvoorwaarden;
c. passende straffen of andere maatregelen voor te schrijven ter waarborging van de daadwerkelijke uitvoering van dit artikel.

Art. 33
Bescherming tegen drugs
De Staten die partij zijn, nemen alle passende maatregelen, met inbegrip van wettelijke, bestuurlijke en sociale maatregelen en maatregelen op onderwijsterrein, om kinderen te beschermen tegen het illegale gebruik van verdovende middelen en psychotrope stoffen zoals omschreven in de desbetreffende internationale verdragen, en om inschakeling van kinderen bij de illegale produktie van en de sluikhandel in deze middelen en stoffen te voorkomen.

Art. 34
Bescherming tegen seksueel misbruik
De Staten die partij zijn, verbinden zich ertoe het kind te beschermen tegen alle vormen van sexuele exploitatie en sexueel misbruik. Hiertoe nemen de Staten die partij zijn met name alle passende nationale, bilaterale en multilaterale maatregelen om te voorkomen dat:
a. een kind ertoe wordt aangespoord of gedwongen deel te nemen aan onwettige sexuele activiteiten;
b. kinderen worden geëxploiteerd in de prostitutie of andere onwettige sexuele praktijken;
c. kinderen worden geëxploiteerd in pornografische voorstellingen en pornografisch materiaal.

Art. 35
Voorkoming kinderhandel etc.
De Staten die partij zijn, nemen alle passende nationale, bilaterale en multilaterale maatregelen ter voorkoming van de ontvoering of de verkoop van of van de handel in kinderen voor welk doel ook of in welke vorm ook.

Art. 36
De Staten die partij zijn, beschermen het kind tegen alle andere vormen van exploitatie die schadelijk zijn voor enig aspect van het welzijn van het kind.

Art. 37
Verbod van foltering; geen doodstraf onder de achttien
De Staten die partij zijn, waarborgen dat:
a. geen enkel kind wordt onderworpen aan foltering of aan een andere wrede, onmenselijke of onterende behandeling of bestraffing. Doodstraf noch levenslange gevangenisstraf zonder de mogelijkheid van vrijlating wordt opgelegd voor strafbare feiten gepleegd door personen jonger dan achttien jaar;
b. geen enkel kind op onwettige of willekeurige wijze van zijn of haar vrijheid wordt beroofd. De aanhouding, inhechtenisneming of gevangenneming van een kind geschiedt overeenkomstig de wet en wordt slechts gehanteerd als uiterste maatregel en voor de kortst mogelijke passende duur;
c. ieder kind dat van zijn of haar vrijheid is beroofd, wordt behandeld met menselijkheid en met eerbied voor de waardigheid inherent aan de menselijke persoon, en zodanig dat rekening wordt gehouden met de behoeften van een persoon van zijn of haar leeftijd. Met name wordt ieder kind dat van zijn of haar vrijheid is beroofd, gescheiden van volwassenen tenzij het in het belang van het kind wordt geacht dit niet te doen, en heeft ieder kind het recht contact met zijn of haar familie te onderhouden door middel van correspondentie en bezoeken, behalve in uitzonderlijke omstandigheden;
d. ieder kind dat van zijn of haar vrijheid is beroofd het recht heeft onverwijld te beschikken over juridische en andere passende bijstand, alsmede het recht de wettigheid van zijn vrijheidsberoving te betwisten ten overstaan van een rechter of een andere bevoegde, onafhankelijke en onpartijdige autoriteit, en op een onverwijlde beslissing ten aanzien van dat beroep.

Art. 38
Internationaal humanitair recht bij gewapende conflicten
1. De Staten die partij zijn, verbinden zich ertoe eerbied te hebben voor en de eerbiediging te waarborgen van tijdens gewapende conflicten op hen van toepassing zijnde regels van internationaal humanitair recht die betrekking hebben op kinderen.
2. De Staten die partij zijn, nemen alle uitvoerbare maatregelen om te waarborgen dat personen jonger dan vijftien jaar niet rechtstreeks deelnemen aan vijandelijkheden.
3. De Staten die partij zijn, onthouden zich ervan personen jonger dan vijftien jaar in hun strijdkrachten op te nemen of in te lijven. Bij het oproepen of inlijven van personen die de leeftijd van vijftien jaar hebben bereikt, maar niet de leeftijd van achttien jaar, streven de Staten die partij zijn ernaar voorrang te geven aan diegenen die het oudste zijn.
4. In overeenstemming met hun verplichtingen krachtens het internationale humanitaire recht om de burgerbevolking te beschermen in gewapende conflicten, nemen de Staten die partij zijn alle uitvoerbare maatregelen ter waarborging van de bescherming en de verzorging van kinderen die worden getroffen door een gewapend conflict.

Art. 39
Hulp aan slachtoffers
De Staten die partij zijn, nemen alle passende maatregelen ter bevordering van het lichamelijk en geestelijk herstel en de herintegratie in de maatschappij van een kind dat het slachtoffer is van: welke vorm ook van verwaarlozing, exploitatie of misbruik; foltering of welke andere vorm ook van wrede, onmenselijke of onterende behandeling of bestraffing; of gewapende conflicten.

Dit herstel en deze herintegratie vinden plaats in een omgeving die bevorderlijk is voor de gezondheid, het zelfrespect en de waardigheid van het kind.

Art. 40

1. De Staten die partij zijn, erkennen het recht van ieder kind dat wordt verdacht van, vervolgd wegens of veroordeeld terzake van het begaan van een strafbaar feit, op een wijze van behandeling die geen afbreuk doet aan het gevoel van waardigheid en eigenwaarde van het kind, die de eerbied van het kind voor de rechten van de mens en de fundamentele vrijheden van anderen vergroot, en waarbij rekening wordt gehouden met de leeftijd van het kind en met de wenselijkheid van het bevorderen van de herintegratie van het kind en van de aanvaarding door het kind van een opbouwende rol in de samenleving.

Kind in het strafrecht

2. Hiertoe, en met inachtneming van de desbetreffende bepalingen van internationale akten, waarborgen de Staten die partij zijn met name dat:
   a. geen enkel kind wordt verdacht van, vervolgd wegens of veroordeeld terzake van het begaan van een strafbaar feit op grond van enig handelen of nalaten dat niet volgens het nationale of internationale recht verboden was op het tijdstip van het handelen of nalaten;
   b. ieder kind dat wordt verdacht van of vervolgd wegens het begaan van een strafbaar feit, ten minste de volgende garanties heeft:
   (i) dat het voor onschuldig wordt gehouden tot zijn of haar schuld volgens de wet is bewezen;
   (ii) dat het onverwijld en rechtstreeks in kennis wordt gesteld van de tegen hem of haar ingebrachte beschuldigingen, indien van toepassing door tussenkomst van zijn of haar ouders of wettige voogd, en dat het juridische of andere passende bijstand krijgt in de voorbereiding en het voeren van zijn of haar verdediging;
   (iii) dat de aangelegenheid zonder vertraging wordt beslist door een bevoegde, onafhankelijke en onpartijdige autoriteit of rechterlijke instantie in een eerlijke behandeling overeenkomstig de wet, in aanwezigheid van een rechtskundige of anderszins deskundige raadsman of -vrouw, en, tenzij dit wordt geacht niet in het belang van het kind te zijn, met name gezien zijn of haar leeftijd of omstandigheden, in aanwezigheid van zijn of haar ouders of wettige voogden;
   (iv) dat het er niet toe wordt gedwongen een getuigenis af te leggen of schuld te bekennen; dat het getuigen à charge kan ondervragen of doen ondervragen en dat het de deelneming en ondervraging van getuigen à decharge op gelijke voorwaarden kan doen geschieden;
   (v) indien het schuldig wordt geacht aan het begaan van een strafbaar feit, dat dit oordeel en iedere maatregel die dientengevolge wordt opgelegd, opnieuw wordt beoordeeld door een hogere bevoegde, onafhankelijke en onpartijdige autoriteit of rechterlijke instantie overeenkomstig de wet;
   (vi) dat het kind kosteloze bijstand krijgt van een tolk indien het de gebruikte taal niet verstaat of spreekt;
   (vii) dat zijn of haar privéleven volledig wordt geëerbiedigd tijdens alle stadia van het proces.

3. De Staten die partij zijn, streven ernaar de totstandkoming te bevorderen van wetten, procedures, autoriteiten en instellingen die in het bijzonder bedoeld zijn voor kinderen die worden verdacht van, vervolgd wegens of veroordeeld terzake van het begaan van een strafbaar feit, en, in het bijzonder:
   a. de vaststelling van een minimumleeftijd onder welke kinderen niet in staat worden geacht een strafbaar feit te begaan;
   b. de invoering, wanneer passend en wenselijk, van maatregelen voor de handelwijze ten aanzien van deze kinderen zonder dat men zijn toevlucht neemt tot gerechtelijke stappen, mits de rechten van de mens en de wettelijke garanties volledig worden geëerbiedigd.

4. Een verscheidenheid van regelingen, zoals rechterlijke bevelen voor zorg, begeleiding en toezicht; adviezen; jeugdreclassering; pleegzorg; programma's voor onderwijs en beroepsopleiding en andere alternatieven voor institutionele zorg dient beschikbaar te zijn om te verzekeren dat de handelwijze ten aanzien van kinderen hun welzijn niet schaadt en in de juiste verhouding staat zowel tot hun omstandigheden als tot het strafbare feit.

Art. 41

Geen enkele bepaling van dit Verdrag tast bepalingen aan die meer bijdragen tot de verwezenlijking van de rechten van het kind en die zijn vervat in:
a. het recht van een Staat die partij is; of
b. het in die Staat geldende internationale recht.

Verdergaande bepalingen

DEEL II

Art. 42

De Staten die partij zijn, verbinden zich ertoe de beginselen en de bepalingen van dit Verdrag op passende en doeltreffende wijze algemeen bekend te maken, zowel aan volwassenen als aan kinderen.

Bekendmaking

Art. 43

Comité voor de Rechten van het Kind
1. Ter beoordeling van de voortgang die de Staten die partij zijn, boeken bij het nakomen van de in dit Verdrag aangegane verplichtingen, wordt een Comité voor de Rechten van het Kind ingesteld, dat de hieronder te noemen functies uitoefent.

Deskundigen
2. Het Comité bestaat uit achttien deskundigen van hoog zedelijk aanzien en met erkende bekwaamheid op het gebied dat dit Verdrag bestrijkt. De leden van het Comité worden door de Staten die partij zijn, gekozen uit hun onderdanen, en treden op in hun persoonlijke hoedanigheid, waarbij aandacht wordt geschonken aan een evenredige geografische verdeling, alsmede aan de vertegenwoordiging van de voornaamste rechtsstelsels.

Verkiezing
3. De leden van het Comité worden bij geheime stemming gekozen van een lijst van personen die zijn voorgedragen door de Staten die partij zijn. Iedere Staat die partij is, mag één persoon voordragen, die onderdaan van die Staat is.

4. De eerste verkiezing van het Comité wordt niet later gehouden dan zes maanden na de datum van inwerkingtreding van dit Verdrag, en daarna iedere twee jaar. Ten minste vier maanden vóór de datum waarop een verkiezing plaatsvindt, richt de Secretaris-Generaal van de Verenigde Naties aan de Staten die partij zijn een schriftelijk verzoek hun voordrachten binnen twee maanden in te dienen. De Secretaris-Generaal stelt vervolgens een alfabetische lijst op van alle aldus voorgedragen personen, onder aanduiding van de Staten die partij zijn die hen hebben voorgedragen, en legt deze voor aan de Staten die partij zijn bij dit Verdrag.

5. De verkiezingen worden gehouden tijdens vergaderingen van de Staten die partij zijn, belegd door de Secretaris-Generaal, ten hoofdkantore van de Verenigde Naties. Tijdens die vergaderingen, waarvoor twee derde van de Staten die partij zijn het quorum vormen, zijn degenen die in het Comité worden gekozen de voorgedragen personen die het grootste aantal stemmen op zich verenigen alsmede een absolute meerderheid van de stemmen van de aanwezige vertegenwoordigers van de Staten die partij zijn en die hun stem uitbrengen.

Ambtstermijn
6. De leden van het Comité worden gekozen voor een ambtstermijn van vier jaar. Zij zijn herkiesbaar indien zij opnieuw worden voorgedragen. De ambtstermijn van vijf van de leden die bij de eerste verkiezing zijn gekozen, loopt na twee jaar af; onmiddellijk na de eerste verkiezing worden deze vijf leden bij loting aangewezen door de Voorzitter van de vergadering.

7. Indien een lid van het Comité overlijdt of aftreedt of verklaart om welke andere reden ook niet langer de taken van het Comité te kunnen vervullen, benoemt de Staat die partij is het lid heeft voorgedragen een andere deskundige die onderdaan van die Staat is om de taken te vervullen gedurende het resterende gedeelte van de ambtstermijn, onder voorbehoud van de goedkeuring van het Comité.

Huishoudelijk reglement
8. Het Comité stelt zijn eigen huishoudelijk reglement vast.

9. Het Comité kiest zijn functionarissen voor een ambtstermijn van twee jaar.

Vergaderplaats
10. De vergaderingen van het Comité worden in de regel gehouden ten hoofdkantore van de Verenigde Naties of op iedere andere geschikte plaats, te bepalen door het Comité. Het Comité komt in de regel eens per jaar bijeen. De duur van de vergaderingen van het Comité wordt vastgesteld en, indien noodzakelijk, herzien door een vergadering van de Staten die partij zijn bij dit Verdrag, onder voorbehoud van de goedkeuring van de Algemene Vergadering.

11. De Secretaris-Generaal van de Verenigde Naties stelt de nodige medewerkers en faciliteiten beschikbaar voor de doeltreffende uitoefening van de functies van het Comité krachtens dit Verdrag.

12. Met de goedkeuring van de Algemene Vergadering ontvangen de leden van het krachtens dit Verdrag ingesteld Comité emolumenten uit de middelen van de Verenigde Naties op door de Algemene Vergadering vast te stellen voorwaarden.

Art. 44

Rapportage
1. De Staten die partij zijn, nemen de verplichting op zich aan het Comité, door tussenkomst van de Secretaris-Generaal van de Verenigde Naties, verslag uit te brengen over de door hen genomen maatregelen die uitvoering geven aan de in dit Verdrag erkende rechten, alsmede over de vooruitgang die is geboekt ten aanzien van het genot van die rechten:
   a. binnen twee jaar na de inwerkingtreding van het Verdrag voor de betrokken Staat die partij is;
   b. vervolgens iedere vijf jaar.

2. In de krachtens dit artikel opgestelde rapporten dienen de factoren en eventuele moeilijkheden te worden aangegeven die van invloed zijn op de nakoming van de verplichtingen krachtens dit Verdrag. De rapporten bevatten ook voldoende gegevens om het Comité een goed inzicht te verschaffen in de toepassing van het Verdrag in het desbetreffende land.

3. Een Staat die partij is die een uitvoerig eerste rapport aan het Comité heeft overgelegd, behoeft in de volgende rapporten die deze Staat in overeenstemming met het eerste lid, letter b, overlegt, basisgegevens die eerder zijn verstrekt, niet te herhalen.

4. Het Comité kan Staten die partij zijn verzoeken om nadere gegevens die verband houden met de toepassing van het Verdrag.

5. Het Comité legt aan de Algemene Vergadering, door tussenkomst van de Economische en Sociale Raad, iedere twee jaar rapporten over aangaande zijn werkzaamheden.
6. De Staten die partij zijn, dragen er zorg voor dat hun rapporten algemeen beschikbaar zijn in hun land.

Art. 45
Teneinde de daadwerkelijke toepassing van het Verdrag te bevorderen en internationale samenwerking op het gebied dat het Verdrag bestrijkt, aan te moedigen:

Coördinatie; samenwerking met UNICEF etc.

a. hebben de gespecialiseerde organisaties, het Kinderfonds van de Verenigde Naties en andere organen van de Verenigde Naties het recht vertegenwoordigd te zijn bij het overleg over de toepassing van die bepalingen van dit Verdrag welke binnen de werkingssfeer van hun mandaat vallen. Het Comité kan de gespecialiseerde organisaties, het Kinderfonds van de Verenigde Naties en andere bevoegde instellingen die zij passend acht, uitnodigen deskundig advies te geven over de toepassing van het Verdrag op gebieden die binnen de werkingssfeer van hun onderscheiden mandaten vallen. Het Comité kan de gespecialiseerde organisaties, het Kinderfonds van de Verenigde Naties en andere organen van de Verenigde Naties uitnodigen rapporten over te leggen over de toepassing van het Verdrag op gebieden waarop zij werkzaam zijn;
b. doet het Comité, naar hij passend acht, aan de gespecialiseerde organisaties, het Kinderfonds van de Verenigde Naties en andere bevoegde instellingen, alle rapporten van Staten die partij zijn, toekomen die een verzoek bevatten om, of waaruit een behoefte blijkt aan, technisch advies of technische ondersteuning, vergezeld van eventuele opmerkingen en suggesties van het Comité aangaande deze verzoeken of deze gebleken behoefte;
c. kan het Comité aan de Algemene Vergadering aanbevelen de Secretaris-Generaal te verzoeken namens het Comité onderzoeken te doen naar specifieke thema's die verband houden met de rechten van het kind;
d. kan het Comité suggesties en algemene aanbevelingen doen gebaseerd op de ingevolge de artikelen 44 en 45 van dit Verdrag ontvangen gegevens. Deze suggesties en algemene aanbevelingen worden aan iedere betrokken Staat die partij is, toegezonden, en medegedeeld aan de Algemene Vergadering, vergezeld van eventuele commentaren van de Staten die partij zijn.

DEEL III

Art. 46
Dit Verdrag staat open voor ondertekening door alle Staten.

Ondertekening

Art. 47
Dit Verdrag dient te worden bekrachtigd. De akten van bekrachtiging worden nedergelegd bij de Secretaris-Generaal van de Verenigde Naties.

Bekrachtiging

Art. 48
Dit Verdrag blijft open voor toetreding door iedere Staat. De akten van toetreding worden nedergelegd bij de Secretaris-Generaal van de Verenigde Naties.

Toetreding

Art. 49
1. Dit Verdrag treedt in werking op de dertigste dag die volgt op de datum van nederlegging bij de Secretaris-Generaal van de Verenigde Naties van de twintigste akte van bekrachtiging of toetreding.
2. Voor iedere Staat die dit Verdrag bekrachtigt of ertoe toetreedt na de nederlegging van de twintigste akte van bekrachtiging of toetreding, treedt het Verdrag in werking op de dertigste dag na de nederlegging door die Staat van zijn akte van bekrachtiging of toetreding.

Inwerkingtreding

Art. 50
1. Iedere Staat die partij is, kan een wijziging voorstellen en deze indienen bij de Secretaris-Generaal van de Verenigde Naties. De Secretaris-Generaal deelt de voorgestelde wijziging vervolgens mede aan de Staten die partij zijn, met het verzoek hem te berichten of zij een conferentie van Staten die partij zijn, verlangen teneinde de voorstellen te bestuderen en in stemming te brengen. Indien, binnen vier maanden na de datum van deze mededeling, ten minste een derde van de Staten die partij zijn een dergelijke conferentie verlangt, roept de Secretaris-Generaal de vergadering onder auspiciën van de Verenigde Naties bijeen. Iedere wijziging die door een meerderheid van de ter conferentie aanwezige Staten die partij zijn en die hun stem uitbrengen, wordt aangenomen, wordt ter goedkeuring voorgelegd aan de Algemene Vergadering
2. Een wijziging die in overeenstemming met het eerste lid van dit artikel wordt aangenomen, treedt in werking wanneer zij is goedgekeurd door de Algemene Vergadering van de Verenigde Naties en is aanvaard door een meerderheid van twee derde van de Staten die partij zijn.
3. Wanneer een wijziging in werking treedt, is zij bindend voor de Staten die partij zijn die haar hebben aanvaard, terwijl de andere Staten die partij zijn gebonden zullen blijven door de bepalingen van dit Verdrag en door iedere voorgaande wijziging die zij hebben aanvaard.

Wijziging

A110 art. 51 — Verdrag inzake de rechten van het kind

Art. 51

Voorbehouden

1. De Secretaris-Generaal van de Verenigde Naties ontvangt de teksten van de voorbehouden die de Staten op het tijdstip van bekrachtiging of toetreding maken, en stuurt deze rond aan alle Staten.
2. Een voorbehoud dat niet verenigbaar is met doel en strekking van dit Verdrag is niet toegestaan.
3. Een voorbehoud kan te allen tijde worden ingetrokken door een daartoe strekkende mededeling gericht aan de Secretaris-Generaal van de Verenigde Naties, die vervolgens alle Staten hiervan in kennis stelt. Deze mededeling wordt van kracht op de datum van ontvangst door de Secretaris-Generaal.

Art. 52

Opzegging

Een Staat die partij is, kan dit Verdrag opzeggen door een schriftelijke mededeling aan de Secretaris-Generaal van de Verenigde Naties. De opzegging wordt van kracht één jaar na de datum van ontvangst van de mededeling door de Secretaris-Generaal.

Art. 53

De Secretaris-Generaal van de Verenigde Naties wordt aangewezen als de depositaris van dit Verdrag.

Art. 54

Het oorspronkelijke exemplaar van dit Verdrag, waarvan de Arabische, de Chinese, de Engelse, de Franse, de Russische en de Spaanse tekst gelijkelijk authentiek zijn, wordt nedergelegd bij de Secretaris-Generaal van de Verenigde Naties.

Facultatief Protocol inzake de verkoop van kinderen, kinderprostitutie en kinderpornografie bij het Verdrag inzake de rechten van het kind[1]

De Staten die partij zijn bij dit Protocol,
Overwegend dat het ten behoeve van de verdere verwezenlijking van de doelstellingen van het Verdrag inzake de rechten van het kind en de verdere toepassing van de bepalingen ervan, in het bijzonder de artikelen, 1, 11, 21, 32, 33, 34, 35 en 36, gepast zou zijn de maatregelen uit te breiden die de Staten die partij zijn, dienen te nemen teneinde de bescherming van kinderen te waarborgen tegen de verkoop van kinderen, kinderprostitutie en kinderpornografie,
Tevens overwegend dat het Verdrag inzake de rechten van het kind het recht van het kind erkent te worden beschermd tegen economische uitbuiting en tegen het verrichten van werk dat naar alle waarschijnlijkheid gevaarlijk is of de opvoeding van het kind zal hinderen, of schadelijk zal zijn voor de gezondheid of de lichamelijke, geestelijke, intellectuele, zedelijke of maatschappelijke ontwikkeling van het kind,
Ernstig bezorgd over de aanzienlijke en toenemende internationale handel in kinderen ten behoeve van de verkoop van kinderen, kinderprostitutie en kinderpornografie,
Uiterst bezorgd over de wijdverbreide en voortdurende praktijk van sekstoerisme, waarvoor kinderen bijzonder kwetsbaar zijn, aangezien het de verkoop van kinderen, kinderprostitutie en kinderpornografie rechtstreeks bevordert,
Erkennend dat een aantal bijzonder kwetsbare groepen, met inbegrip van meisjes, een groter risico loopt om seksueel te worden uitgebuit en dat meisjes onevenredig vertegenwoordigd zijn onder de slachtoffers van seksuele uitbuiting,
Bezorgd over de toenemende beschikbaarheid van kinderpornografie via internet en andere nieuwe technologieën, en herinnerend aan de Internationale Conferentie inzake de bestrijding van kinderpornografie op internet (Wenen, 1999) en, in het bijzonder, de conclusie daarvan die oproept tot het wereldwijd strafbaar stellen van de vervaardiging, verspreiding, export, import, transmissie, het opzettelijk bezit en propageren van kinderpornografie, en de nadruk leggend op het belang van nauwere samenwerking en partnerschap tussen regeringen en de Internetbranche,
Van mening dat de uitbanning van de verkoop van kinderen, kinderprostitutie en kinderpornografie zal worden vergemakkelijkt door aanneming van een brede benadering, waarbij rekening wordt gehouden met alle relevante factoren, zoals onderontwikkeling, armoede, economische verschillen, een onrechtvaardige sociaal-economische structuur, probleemgezinnen, gebrek aan onderwijs, migratie van het platteland naar de stad, discriminatie op grond van geslacht, onverantwoordelijk seksueel gedrag door volwassenen, schadelijke traditionele praktijken, gewapende conflicten en handel in kinderen,
Van mening dat het nodig is te pogen de bewustwording van het publiek te bevorderen om de vraag van consumenten naar de verkoop van kinderen, kinderprostitutie en kinderpornografie terug te dringen, en voorts overtuigd van het belang van versterking van een wereldwijd partnerschap tussen alle actoren en van het verbeteren van de rechtshandhaving op nationaal niveau,
Gelet op de bepalingen van internationale juridische instrumenten die relevant zijn voor de bescherming van kinderen, met inbegrip van het Verdrag van Den Haag inzake de bescherming van kinderen en de samenwerking op het gebied van de interlandelijke adoptie, het Verdrag van Den Haag inzake de burgerrechtelijke aspecten van internationale ontvoering, het Verdrag van Den Haag inzake de bevoegdheid, het toepasselijke recht, de erkenning, de tenuitvoerlegging en de samenwerking op het gebied van ouderlijke verantwoordelijkheid en maatregelen ter bescherming van kinderen en Verdrag nr. 182 van de Internationale Arbeidsconferentie betreffende het verbod op en de onmiddellijke actie voor de uitbanning van de ergste vormen van kinderarbeid,
Aangemoedigd door de overweldigende steun voor het Verdrag inzake de rechten van het kind, waaruit de algemene bereidheid blijkt zich in te zetten voor de bevordering en bescherming van de rechten van het kind,
Het belang erkennend van de uitvoering van de bepalingen van het Actieprogramma ter voorkoming van de verkoop van kinderen, kinderprostitutie en kinderpornografie en de Verklaring en de Agenda van Stockholm, aangenomen op het Wereldcongres tegen de commerciële

---

1 Inwerkingtredingsdatum: 23-09-2005.

seksuele uitbuiting van kinderen, gehouden te Stockholm van 27 tot en met 31 augustus 1996, en andere ter zake dienende besluiten en aanbevelingen van relevante internationale organisaties,
Op passende wijze rekening houdend met het belang van de tradities en culturele waarden van ieder volk voor de bescherming en de harmonische ontplooiing van het kind,
Zijn het volgende overeengekomen:

Art. 1

Kinderhandel en kinderprostitutie, verbod

De Staten die partij zijn, verbieden de verkoop van kinderen, kinderprostitutie en kinderpornografie overeenkomstig de bepalingen van dit Protocol.

Art. 2

Begripsbepalingen

Voor de toepassing van dit Protocol wordt verstaan onder:
a. de verkoop van kinderen: iedere handeling of transactie waarbij een kind wordt overgedragen door een persoon of groep personen aan een andere persoon of groep personen tegen betaling of een andere vorm van vergoeding;
b. kinderprostitutie: het gebruik van een kind bij seksuele handelingen tegen betaling of een andere vorm van vergoeding;
c. kinderpornografie: elke afbeelding, op welke wijze dan ook, van een kind dat betrokken is bij, werkelijke of gesimuleerde, expliciete seksuele gedragingen of elke afbeelding van de geslachtsorganen van een kind voor primair seksuele doeleinden.

Art. 3

Kinderhandel en kinderprostitutie, strafbare feiten

1. Iedere Staat die partij is, waarborgt dat zijn strafrecht volledig van toepassing is op ten minste de volgende handelingen en gedragingen, ongeacht of deze strafbare feiten in eigen land dan wel grensoverschrijdende, of individueel dan wel in georganiseerd verband worden gepleegd:
a. in het kader van de verkoop van kinderen als omschreven in artikel 2:
i. het aanbieden, afleveren of aanvaarden van een kind, ongeacht op welke wijze, met als doel:
a. de seksuele uitbuiting van het kind;
b. de overdracht met winstoogmerk van organen van het kind;
c. het onderwerpen van het kind aan gedwongen arbeid;
ii. het als tussenpersoon ongerechtmatig verkrijgen van toestemming voor de adoptie van een kind in strijd met toepasselijke internationale juridische instrumenten inzake adoptie;
b. het aanbieden, verwerven, aanwerven of ter beschikking stellen van een kind voor kinderprostitutie als omschreven in artikel 2;
c. het vervaardigen, distribueren, verspreiden, importeren, exporteren, aanbieden, verkopen of bezitten voor bovengenoemde doeleinden van kinderpornografie als omschreven in artikel 2.
2. Onverminderd de bepalingen van het nationale recht van een Staat die partij is, geldt hetzelfde voor een poging tot het plegen van een van de bedoelde handelingen, alsmede voor medeplichtigheid of deelneming aan deze handelingen.
3. Iedere Staat die partij is, stelt op deze feiten passende straffen die rekening houden met de ernst ervan.
4. Onverminderd de bepalingen van zijn nationale recht, neemt iedere Staat die partij is waar nodig maatregelen om de aansprakelijkheid van rechtspersonen te vestigen voor de in het eerste lid van dit artikel omschreven strafbare feiten. Met inachtneming van de rechtsbeginselen van de Staat die partij is, kan deze aansprakelijkheid van rechtspersonen strafrechtelijk, privaatrechtelijk of bestuursrechtelijk zijn.
5. De Staten die partij zijn, nemen alle passende juridische en bestuurlijke maatregelen om te waarborgen dat alle personen die betrokken zijn bij de adoptie van een kind handelen in overeenstemming met toepasselijke internationale juridische instrumenten.

Art. 4

Kinderhandel en kinderprostitutie, strafrechtelijke bepalingen

1. Iedere Staat die partij is, neemt de nodige maatregelen om zijn rechtsmacht te vestigen ten aanzien van de strafbare feiten bedoeld in artikel 3, eerste lid, wanneer de feiten zijn gepleegd op zijn grondgebied of aan boord van een in die Staat geregistreerd schip of luchtvaartuig.
2. Iedere Staat die partij is, kan de nodige maatregelen nemen om zijn rechtsmacht te vestigen ten aanzien van de strafbare feiten bedoeld, in artikel 3, eerste lid, indien:
a. de vermoedelijke dader een onderdaan is van die Staat of een persoon die zijn vaste woon- of verblijfplaats op zijn grondgebied heeft;
b. het slachtoffer een onderdaan is van die Staat.
3. Iedere Staat die partij is, neemt tevens de nodige maatregelen om zijn rechtsmacht te vestigen ten aanzien van de voornoemde strafbare feiten wanneer de vermoedelijke dader zich op zijn grondgebied bevindt en hij hem niet uitlevert aan een andere Staat die partij is op grond van het feit dat het strafbare feit door een van diens onderdanen is gepleegd.
4. Dit Protocol sluit geen strafrechtelijke rechtsmacht uit die wordt uitgeoefend in overeenstemming met het nationale recht.

Art. 5
1. De strafbare feiten, bedoeld in artikel 3, eerste lid, worden geacht te zijn beschouwd als uitleveringsdelicten in elk tussen de Staten die partij zijn bestaand uitleveringsverdrag en worden opgenomen als uitleveringsdelicten in elk later tussen hen te sluiten uitleveringsverdrag, in overeenstemming met de in die verdragen genoemde voorwaarden.

2. Indien een Staat die partij is de uitlevering afhankelijk stelt van het bestaan van een verdrag, en een verzoek om uitlevering wegens deze strafbare feiten ontvangt van een andere Staat die partij is waarmee hij geen uitleveringsverdrag heeft gesloten, kan hij dit Protocol beschouwen als juridische grondslag voor uitlevering. De uitlevering is onderworpen aan de voorwaarden waarin het recht van de aangezochte Staat voorziet.

3. De Staten die partij zijn en de uitlevering niet afhankelijk stellen van het bestaan van een verdrag, erkennen deze strafbare feiten onderling als uitleveringsdelicten, onderworpen aan de voorwaarden waarin het recht van de aangezochte Staat voorziet.

4. Voor uitlevering tussen de Staten die partij zijn, worden deze strafbare feiten beschouwd niet alleen te zijn begaan op de plaats waar zij zijn gepleegd, maar ook op het grondgebied van de Staten die overeenkomstig artikel 4 rechtsmacht dienen te vestigen.

5. Wanneer een verzoek om uitlevering wordt gedaan ter zake van een in artikel 3, eerste lid, omschreven strafbaar feit en de aangezochte Staat die partij is niet uitlevert of wenst uit te leveren op grond van de nationaliteit van de dader, neemt die Staat passende maatregelen om de zaak over te dragen aan zijn bevoegde autoriteiten ten behoeve van vervolging.

Kinderhandel en kinderprostitutie, uitlevering

Art. 6
1. De Staten die partij zijn, verlenen elkaar de ruimst mogelijke bijstand in verband met onderzoeken of bij strafrechtelijke of uitleveringsprocedures ter zake van de in artikel 3, eerste lid, genoemde strafbare feiten, met inbegrip van rechtshulp ter verkrijging van bewijsmateriaal waarover zij beschikken en dat nodig is voor de procedure.

2. De Staten die partij zijn, komen hun verplichtingen uit hoofde van het eerste lid van dit artikel na in overeenstemming met verdragen of andere regelingen inzake wederzijdse rechtshulp die tussen hen bestaan. Indien dergelijke verdragen of regelingen ontbreken, verlenen de Staten die partij zijn elkaar rechtshulp in overeenstemming met hun nationale wetgeving.

Kinderhandel en kinderprostitutie, wederzijdse bijstand en rechtshulp

Art. 7
Onverminderd de bepalingen van hun nationale recht:
a. nemen de Staten die partij zijn maatregelen ten behoeve van het, indien nodig, in beslag nemen van en beslag leggen op:
 i. zaken zoals documenten, vermogensbestanddelen en andere hulpmiddelen die zijn gebruikt voor het plegen of bevorderen van de strafbare feiten als bedoeld in dit Protocol;
 ii. opbrengsten afkomstig van dergelijke strafbare feiten;
b. geven de Staten die partij zijn uitvoering aan verzoeken van een andere Staat die partij is tot beslagneming van of beslaglegging op de in onderdeel a. bedoelde zaken of opbrengsten;
c. nemen de Staten die partij zijn maatregelen gericht op het, tijdelijk of definitief, sluiten van panden die zijn gebruikt voor het plegen van dergelijke strafbare feiten.

Kinderhandel en kinderprostitutie, inbeslagneming en beslaglegging

Art. 8
1. De Staten die partij zijn, nemen passende maatregelen om de rechten en belangen van kinderen die het slachtoffer zijn van de uit hoofde van dit Protocol verboden praktijken tijdens alle fasen van de strafrechtelijke procedure te beschermen, in het bijzonder door:
a. de kwetsbaarheid van kinderslachtoffers te erkennen en procedures aan te passen teneinde hun speciale behoeften, met inbegrip van hun speciale behoeften als getuige, te erkennen;
b. kinderslachtoffers te informeren over hun rechten en hun rol in en de omvang, planning en voortgang van de procedure en de uitspraak in hun zaak;
c. op een wijze die in overeenstemming is met de procesregels van het nationale recht mogelijk te maken dat de opvattingen, behoeften en zorgen van kinderslachtoffers naar voren worden gebracht en onderzocht in de procedure wanneer hun persoonlijke belangen in het geding zijn;
d. gedurende de gehele gerechtelijke procedure passende ondersteunende diensten te bieden aan kinderslachtoffers;
e. indien nodig de persoonlijke levenssfeer en identiteit van kinderslachtoffers te beschermen en maatregelen te nemen in overeenstemming met het nationale recht om verspreiding van informatie te voorkomen die zou kunnen leiden tot de identificatie van kinderslachtoffers;
f. in daarvoor in aanmerking komende gevallen zorg te dragen voor de bescherming van zowel kinderslachtoffers als hun gezinnen en in ten behoeve van hen optredende getuigen, tegen intimidatie en represailles;
g. onnodige vertraging wat betreft het wijzen van het vonnis en wat betreft de uitvoering van rechterlijke bevelen of beschikkingen inzake de toekenning van schadeloosstelling aan kinderslachtoffers te voorkomen.

2. De Staten die partij zijn, waarborgen dat onzekerheid ten aanzien van de feitelijke leeftijd van het slachtoffer geen beletsel vormt voor het instellen van strafrechtelijke onderzoeken, met inbegrip van onderzoeken ten behoeve van het vaststellen van de leeftijd van het slachtoffer.

Kinderhandel en kinderprostitutie, hulp aan slachtoffers

3. De Staten die partij zijn, waarborgen dat bij de behandeling door het strafrechtssysteem van kinderen die het slachtoffer zijn van de in dit Protocol omschreven strafbare feiten, de belangen van het kind de eerste overweging vormen.
4. De Staten die partij zijn, nemen maatregelen om te zorgen voor passende scholing, in het bijzonder op het gebied van recht en psychologie, van de personen die werken met slachtoffers van de uit hoofde van dit Protocol verboden strafbare feiten.
5. In de daarvoor in aanmerking komende gevallen nemen de Staten die partij zijn maatregelen teneinde de veiligheid en integriteit van de personen en/of organisaties die betrokken zijn bij de voorkoming en/of bescherming en rehabilitatie van slachtoffers van deze strafbare feiten te beschermen.
6. Geen enkele bepaling van dit artikel wordt zodanig uitgelegd dat deze schadelijk is voor of onverenigbaar met de rechten van de verdachte op een eerlijk en onpartijdig proces.

Art. 9

Kinderhandel en kinderprostitutie, maatregelen Staten

1. De Staten die partij zijn, zullen ter voorkoming van de in dit Protocol bedoelde strafbare feiten wettelijke en bestuurlijke maatregelen en sociaal beleid en programma's aannemen of aanscherpen, toepassen en bekendmaken. Specifieke aandacht wordt geschonken aan de bescherming van kinderen die in het bijzonder kwetsbaar zijn voor deze praktijken.
2. De Staten die partij zijn, bevorderen de kennis van het grote publiek, met inbegrip van kinderen, door middel van informatie met alle passende middelen, onderwijs en opleiding inzake de preventieve maatregelen en schadelijke gevolgen van de in dit Protocol bedoelde strafbare feiten. Bij de nakoming van hun verplichtingen uit hoofde van dit artikel moedigen de Staten die partij zijn de deelname aan van de gemeenschap en, in het bijzonder, van kinderen en kinderslachtoffers, aan de informatieve, educatieve en opleidingsprogramma's, mede op internationaal niveau.
3. De Staten die partij zijn, nemen alle uitvoerbare maatregelen teneinde alle passende bijstand aan de slachtoffers van deze strafbare feiten te waarborgen, waaronder hun volledige herintegratie in de maatschappij en hun volledige lichamelijke en geestelijke herstel.
4. De Staten die partij zijn, waarborgen dat alle kinderslachtoffers van de in dit Protocol omschreven strafbare feiten toegang hebben tot adequate procedures om zonder onderscheid des persoons schadeloosstelling te vorderen van degenen die juridisch aansprakelijk zijn.
5. De Staten die partij zijn, nemen alle passende maatregelen gericht op het doeltreffend verbieden van de vervaardiging en verspreiding van materiaal dat de in dit Protocol omschreven strafbare feiten propageert.

Art. 10

Kinderhandel en kinderprostitutie, internationale samenwerking

1. De Staten die partij zijn, nemen alle nodige stappen om de internationale samenwerking te intensiveren door multilaterale, regionale en bilaterale regelingen ten behoeve van voorkoming, opsporing, onderzoek, vervolging en bestraffing van hen die verantwoordelijk zijn voor handelingen met betrekking tot de verkoop van kinderen, kinderprostitutie, kinderpornografie en kinderseksotoerisme. De Staten die partij zijn, bevorderen ook de internationale samenwerking en coördinatie tussen hun autoriteiten, nationale en internationale non-gouvernementele organisaties en internationale organisaties.
2. De Staten die partij zijn, bevorderen de internationale samenwerking om kinderslachtoffers bij te staan bij hun lichamelijke en geestelijke herstel, reintegratie in de maatschappij en repatriëring.
3. De Staten die partij zijn, bevorderen de intensivering van internationale samenwerking teneinde de hoofdoorzaken, zoals armoede en onderontwikkeling, aan te pakken die ten grondslag liggen aan en bijdragen tot de kwetsbaarheid van kinderen voor de verkoop van kinderen, kinderprostitutie, kinderpornografie en kinderseksotoerisme.
4. De Staten die partij zijn, verlenen, voor zover zij daartoe in staat zijn, financiële, technische of andere bijstand door middel van bestaande multilaterale, regionale, bilaterale of andere programma's.

Art. 11

Geen enkele bepaling van dit Protocol tast bepalingen aan die meer bijdragen tot de verwezenlijking van de rechten van het kind en die vervat kunnen zijn in:
a. het recht van een Staat die partij is;
b. het in die Staat geldende internationale recht.

Art. 12

Kinderhandel en kinderprostitutie, verslag maatregelen

1. Iedere Staat die partij is, brengt, binnen twee jaar na de inwerkingtreding van dit Protocol voor die Staat aan het Comité voor de Rechten van het Kind verslag uit met uitgebreide informatie over de maatregelen die hij heeft genomen voor de toepassing van de bepalingen van het Protocol.
2. Na het uitbrengen van het uitgebreide verslag, neemt iedere Staat die partij is in de verslagen die hij in overeenstemming met artikel 44 van het Verdrag uitbrengt aan het Comité voor de Rechten van het Kind alle verdere informatie op met betrekking tot de toepassing van het Protocol. De andere Staten die partij zijn bij het Protocol brengen iedere vijf jaar verslag uit.

3. Het Comité voor de Rechten van het Kind kan de Staten die partij zijn verzoeken om nadere informatie die relevant is voor de toepassing van dit Protocol.

Art. 13
1. Dit Protocol staat open voor ondertekening door iedere Staat die partij is bij het Verdrag of die het ondertekend heeft.

Kinderhandel en kinderprostitutie, ondertekening Protocol

2. Dit Protocol dient te worden bekrachtigd en staat open voor toetreding door iedere Staat die partij is bij het Verdrag of die het ondertekend heeft. De akten van bekrachtiging of toetreding dienen te worden nedergelegd bij de Secretaris-Generaal van de Verenigde Naties.

Art. 14
1. Dit Protocol treedt in werking drie maanden na de nederlegging van de tiende akte van bekrachtiging of toetreding.

Inwerkingtreding

2. Voor iedere Staat die dit Protocol bekrachtigt of ertoe toetreedt nadat het in werking is getreden, treedt het Protocol een maand na de datum van nederlegging van zijn akte van bekrachtiging of toetreding in werking.

Art. 15
1. Iedere Staat die partij is, kan dit Protocol te allen tijde opzeggen door een schriftelijke kennisgeving aan de Secretaris-Generaal van de Verenigde Naties, die vervolgens de andere Staten die partij zijn bij het Verdrag en alle Staten die het Verdrag hebben ondertekend in kennis stelt. De opzegging wordt van kracht een jaar na de datum van ontvangst van de kennisgeving door de Secretaris-Generaal.

Kinderhandel en kinderprostitutie, opzegging Protocol

2. Een dergelijke opzegging heeft niet tot gevolg dat de Staat die partij is, wordt ontslagen van zijn verplichtingen uit hoofde van dit Protocol met betrekking tot strafbare feiten gepleegd voorafgaand aan de datum waarop de opzegging van kracht wordt. Evenmin tast een dergelijke opzegging op enigerlei wijze de voortzetting van het onderzoek aan van een aangelegenheid die reeds wordt bestudeerd door het Comité voorafgaand aan de datum waarop de opzegging van kracht wordt.

Art. 16
1. Iedere Staat die partij is, kan een wijziging voorstellen en deze indienen bij de Secretaris-Generaal van de Verenigde Naties. De Secretaris-Generaal deelt de voorgestelde wijziging vervolgens mede aan de Staten die partij zijn met het verzoek hem te berichten of zij een conferentie verlangen van de Staten die partij zijn teneinde de voorstellen te bestuderen en in stemming te brengen. Indien, binnen vier maanden na de datum van deze mededeling, ten minste een derde van de Staten die partij zijn een dergelijke conferentie verlangt, roept de Secretaris-Generaal de vergadering bijeen onder auspiciën van de Verenigde Naties. Iedere wijziging die wordt aangenomen door een meerderheid van de ter conferentie aanwezige Staten die partij zijn en die hun stem uitbrengen, wordt ter goedkeuring voorgelegd aan de Algemene Vergadering.

Kinderhandel en kinderprostitutie, wijziging Protocol

2. Een wijziging die in overeenstemming met het eerste lid van dit artikel wordt aangenomen, treedt in werking wanneer zij is goedgekeurd door de Algemene Vergadering van de Verenigde Naties en is aanvaard door een meerderheid van tweederde van de Staten die partij zijn.
3. Wanneer een wijziging in werking treedt, is zij bindend voor de Staten die partij zijn en haar hebben aanvaard, terwijl de andere Staten die partij zijn gebonden zullen blijven door de bepalingen van dit Protocol en door iedere voorgaande wijziging die zij hebben aanvaard.

Art. 17
1. Dit Protocol, waarvan de Arabische, de Chinese, de Engelse, de Franse, de Russische en de Spaanse tekst gelijkelijk authentiek zijn, wordt nedergelegd in het archief van de Verenigde Naties.

Kinderhandel en kinderprostitutie, archivering en afschriften Protocol

2. De Secretaris-Generaal van de Verenigde Naties zendt gewaarmerkte afschriften van dit Protocol toe aan alle Staten die partij zijn bij het Verdrag en alle Staten die het Verdrag hebben ondertekend.

Facultatief Protocol bij het Verdrag inzake de rechten van het kind inzake de betrokkenheid van kinderen bij gewapende conflicten[1]

De Staten die Partij zijn bij dit Protocol,
Aangemoedigd door de overweldigende steun voor het Verdrag inzake de rechten van het kind, waaruit de huidige algemene wil blijkt zich in te zetten voor de bevordering en bescherming van de rechten van het kind,
Opnieuw bevestigend dat de rechten van kinderen speciale bescherming vereisen en oproepend tot voortdurende verbetering van de situatie van kinderen zonder onderscheid, alsmede tot hun ontplooiing en onderwijs onder vreedzame en veilige omstandigheden,
Verontrust over de schadelijke en grote gevolgen van gewapende conflicten voor kinderen en de consequenties ervan op de lange termijn voor duurzame vrede, veiligheid en ontwikkeling,
Hun veroordeling uitsprekend over het gebruik van kinderen als doelwit bij gewapende conflicten en over rechtstreekse aanvallen op objecten die onder bescherming van het internationale recht staan, met inbegrip van plaatsen waar over het algemeen veel kinderen aanwezig zijn, zoals scholen en ziekenhuizen,
Gelet op de aanneming van het Statuut van het Internationaal Strafhof, in het bijzonder dat daarin als oorlogsmisdaad wordt aangemerkt het voor militaire dienst oproepen of recruteren van kinderen jonger dan 15 jaar of hun inzet voor actieve deelname aan vijandelijkheden, in zowel internationale als niet-internationale conflicten,
Daarom overwegende dat, ter verdere versterking van de verwezenlijking van de in het Verdrag inzake de rechten van het kind erkende rechten, het nodig is de bescherming van kinderen tegen betrokkenheid bij gewapende conflicten uit te breiden,
Vaststellend dat artikel 1 van het Verdrag inzake de rechten van het kind aangeeft dat voor de toepassing van dat Verdrag onder een kind wordt verstaan ieder mens jonger dan achttien jaar, tenzij meerderjarigheid eerder wordt bereikt volgens het op het kind van toepassing zijnde recht,
Ervan overtuigd dat een facultatief protocol bij het Verdrag dat de leeftijd verhoogt, waarop personen kunnen worden gerecruteerd of opgenomen in de strijdkrachten en kunnen deelnemen aan vijandelijkheden, doeltreffend zal bijdragen aan de verwezenlijking van het beginsel dat de belangen van het kind de eerste overweging dienen te vormen bij alle maatregelen betreffende kinderen,
Gelet op het feit dat de zesentwintigste Internationale Conferentie van het Rode Kruis en de Rode Halve Maan in december 1995 onder andere heeft aanbevolen dat Partijen bij een conflict iedere uitvoerbare maatregel nemen om te waarborgen dat kinderen jonger dan 18 jaar niet deelnemen aan vijandelijkheden,
De unanieme aanneming in juni 1999 verwelkomend van ILO-Verdrag nr. 182 betreffende het verbod op en de onmiddellijke actie voor de uitbanning van de ergste vormen van kinderarbeid, dat onder andere de gedwongen of verplichte recrutering van kinderen voor inzet in gewapende conflicten verbiedt,
Hun scherpe veroordeling uitsprekend over de recrutering, training en inzet van kinderen binnen en buiten nationale grenzen voor vijandelijkheden door gewapende groepen die zich onderscheiden van de strijdkrachten van een Staat, en de verantwoordelijkheid erkennend van diegenen die kinderen in dit verband recruteren, trainen en inzetten,
Herinnerend aan de verplichting van elke Partij bij een gewapend conflict de bepalingen van het internationale humanitaire recht te eerbiedigen,
Benadrukkend dat dit Protocol onverlet laat de doelstellingen en beginselen vervat in het Handvest van de Verenigde Naties, met inbegrip van artikel 51, en de relevante normen van het humanitaire recht,
Indachtig dat vreedzame en veilige omstandigheden op basis van volledige eerbiediging van de doelstellingen en beginselen vervat in het Handvest en eerbiediging van toepasselijke mensenrechteninstrumenten onontbeerlijk zijn voor de volledige bescherming van kinderen, in het bijzonder tijdens gewapende conflicten en buitenlandse bezetting,
Erkennend de speciale behoeften van kinderen die vanwege hun economische of sociale situatie of geslacht bijzonder kwetsbaar zijn voor recrutering of inzet bij vijandelijkheden in strijd met dit Protocol,

---

[1] Inwerkingtredingsdatum: 24-10-2009.

Tweede Fac. Protocol bij het Verdrag inzake de rechten van het kind **A112 art. 6**

Gelet op de noodzaak rekening te houden met de economische, sociale en politieke oorzaken die ten grondslag liggen aan de betrokkenheid van kinderen bij gewapende conflicten,
Overtuigd van de noodzaak de internationale samenwerking te intensiveren bij de toepassing van dit Protocol, alsmede het lichamelijk en geestelijk herstel en de herintegratie in de maatschappij van kinderen die het slachtoffer zijn van gewapende conflicten,
De gemeenschap en, in het bijzonder, kinderen en kinderslachtoffers, aanmoedigend deel te nemen aan de verspreiding van informatieve en educatieve programma's met betrekking tot de toepassing van het Protocol,
Zijn het volgende overeengekomen:

Art. 1
De Staten die Partij zijn, nemen alle uitvoerbare maatregelen om te waarborgen dat leden van hun strijdkrachten die de leeftijd van 18 jaar nog niet hebben bereikt niet rechtstreeks deelnemen aan vijandelijkheden.

Kinderen en gewapende conflicten, leeftijdsgrens deelname vijandelijkheden

Art. 2
De Staten die Partij zijn, waarborgen dat personen die de leeftijd van 18 jaar nog niet hebben bereikt, niet gedwongen worden ingelijfd of opgenomen in hun strijdkrachten.

Kinderen en gewapende conflicten, leeftijdsgrens inlijving strijdkrachten

Art. 3
1. De Staten die Partij zijn, verhogen de minimumleeftijd voor de vrijwillige inlijving of opneming van personen in hun nationale strijdkrachten met jaren ten opzichte van de minimumleeftijd genoemd in artikel 38, derde lid, van het Verdrag inzake de rechten van het kind, rekening houdend met de beginselen vervat in dat artikel en erkennend dat personen jonger dan 18 jaar ingevolge het Verdrag recht hebben op speciale bescherming.
2. Elke Staat die Partij is, legt een bindende verklaring neer bij de bekrachtiging van of toetreding tot dit Protocol waarin de minimumleeftijd wordt genoemd waarop hij vrijwillige recrutering of opname in zijn nationale strijdkrachten zal toestaan en een beschrijving van de garanties die hij heeft aangenomen om te waarborgen dat deze recrutering of opname niet onder dwang geschiedt.
3. De Staten die Partij zijn die vrijwillige recrutering of opname in hun nationale strijdkrachten toestaan onder de leeftijd van 18 jaar handhaven garanties om ten minste te waarborgen dat:
a. de recrutering of opname echt vrijwillig is;
b. de recrutering of opname plaatsvindt met instemming van de ouders of wettige voogden van de persoon, nadat zij zijn ingelicht;
c. de personen volledig ingelicht worden over de plichten die gemoeid zijn met de militaire dienst;
d. de personen voorafgaand aan hun toelating tot de nationale militaire dienst een betrouwbaar bewijs van hun leeftijd overleggen.
4. Elke Staat die Partij is, kan zijn verklaring te allen tijde kracht bijzetten door een kennisgeving van die strekking gericht aan de Secretaris-Generaal van de Verenigde Naties, die alle Staten die Partij zijn in kennis stelt. De kennisgeving wordt van kracht op de datum van ontvangst door de Secretaris-Generaal.
5. De eis in het eerste lid van dit artikel tot verhoging van de leeftijd is niet van toepassing op scholen die worden geëxploiteerd door of onder toezicht staan van de strijdkrachten van de Staten die Partij zijn, in overeenstemming met de artikelen 28 en 29 van het Verdrag inzake de rechten van het kind.

Kinderen en gewapende conflicten, minimumleeftijd vrijwillige recrutering of opname strijdkrachten

Art. 4
1. Gewapende groepen die zich onderscheiden van de strijdkrachten van een Staat mogen onder geen enkele omstandigheid personen onder de leeftijd van 18 jaar recruteren of inzetten bij vijandelijkheden.
2. De Staten die Partij zijn, nemen alle uitvoerbare maatregelen om een dergelijke recrutering en inzet te voorkomen, met inbegrip van de aanneming van de nodige wettelijke maatregelen om dergelijke praktijken te verbieden en strafbaar te stellen.
3. De toepassing van dit artikel uit hoofde van dit Protocol laat de juridische status van een Partij bij een gewapend conflict onverlet.

Kinderen en gewapende conflicten, verbod recrutering kinderen door gewapende groepen

Art. 5
Geen enkele bepaling van dit Protocol mag worden uitgelegd als een beletsel voor de toepassing van bepalingen uit het recht van een Staat die Partij is of uit internationale instrumenten en internationaal humanitair recht die gunstiger zijn voor de verwezenlijking van de rechten van het kind.

Kinderen en gewapende conflicten, voorrang gunstiger bepalingen

Art. 6
1. Elke Staat die Partij is, neemt alle nodige juridische, bestuurlijke en andere maatregelen om de doeltreffende toepassing en daadwerkelijke uitvoering van de bepalingen van dit Protocol binnen zijn rechtsmacht te waarborgen.

Kinderen en gewapende conflicten, maatregelen Staten

2. De Staten die Partij zijn, verbinden zich ertoe de beginselen en bepalingen van dit Protocol algemeen bekend te maken aan zowel volwassenen als kinderen en met gepaste middelen te bevorderen.
3. De Staten die Partij zijn, nemen alle uitvoerbare maatregelen om te waarborgen dat personen onder hun rechtsmacht die in strijd met dit Protocol worden gerecruteerd of ingezet bij vijandelijkheden worden gedemobiliseerd of anderszins worden vrijgesteld van de dienst. De Staten die Partij zijn, bieden, indien nodig, deze personen alle passende hulp ten behoeve van hun lichamelijk en geestelijk herstel en hun herintegratie in de maatschappij.

Art. 7

Kinderen en gewapende conflicten, samenwerking en bijstand

1. De Staten die Partij zijn, werken samen bij de toepassing van dit Protocol, met inbegrip van de voorkoming van elke activiteit die in strijd is met het Protocol en bij de revalidatie en herintegratie in de maatschappij van personen die slachtoffer zijn van handelingen die in strijd zijn met dit Protocol, onder andere door middel van technische samenwerking en financiële bijstand. Deze bijstand en samenwerking zullen plaatsvinden in overleg met de betrokken Staten die Partij zijn en de relevante internationale organisaties.
2. De Staten die Partij zijn die daartoe in staat zijn, verlenen deze bijstand via bestaande multilaterale, bilaterale of andere programma's, of, onder andere, via een in overeenstemming met de regels van de Algemene Vergadering opgericht vrijwillig fonds.

Art. 8

Kinderen en gewapende conflicten, verslag maatregelen Staten

1. Elke Staat die Partij is, brengt, binnen twee jaar na de inwerkingtreding van het Protocol voor die Staat die Partij is, verslag uit aan het Comité voor de Rechten van het Kind met uitvoerige informatie over de maatregelen die hij heeft genomen voor de toepassing van de bepalingen van het Protocol, met inbegrip van de maatregelen voor de toepassing van de bepalingen inzake deelname en recrutering.
2. Nadat hogergenoemd uitvoerig verslag is uitgebracht, neemt elke Staat die Partij is in de verslagen die hij uitbrengt aan het Comité voor de Rechten van het Kind in overeenstemming met artikel 44 van het Verdrag alle verdere informatie op met betrekking tot de toepassing van het Protocol. De andere Staten die Partij zijn bij het Protocol brengen iedere vijf jaar verslag uit.
3. Het Comité voor de Rechten van het Kind kan de Staten die Partij zijn verzoeken om nadere informatie die relevant is voor de toepassing van dit Protocol.

Art. 9

Kinderen en gewapende conflicten, ondertekening protocol

1. Dit Protocol staat open voor ondertekening voor elke Staat die Partij is bij het Verdrag of voor wie het is ondertekend.

Kinderen en gewapende conflicten, bekrachtiging en toetreding Protocol

2. Dit Protocol dient te worden bekrachtigd en staat open voor toetreding door iedere Staat. De akten van bekrachtiging of toetreding dienen te worden nedergelegd bij de Secretaris-Generaal van de Verenigde Naties.

Kinderen en gewapende conflicten, taken depositaris

3. De Secretaris-Generaal, in zijn hoedanigheid van depositaris van het Verdrag en van het Protocol, stelt alle Staten die Partij zijn bij het Verdrag en alle Staten voor wie het Verdrag is ondertekend in kennis van de nederlegging van elke verklaring uit hoofde van artikel 3.

Art. 10

Inwerkingtreding

1. Dit Protocol treedt in werking drie maanden na de nederlegging van de tiende akte van bekrachtiging of toetreding.
2. Voor elke Staat die dit Protocol bekrachtigt of ertoe toetreedt nadat het in werking is getreden, treedt dit Protocol een maand na de datum van nederlegging van zijn akte van bekrachtiging of toetreding in werking.

Art. 11

Kinderen en gewapende conflicten, opzegging Protocol

1. Iedere Staat die Partij is, kan dit Protocol te allen tijde opzeggen door een schriftelijke kennisgeving aan de Secretaris-Generaal van de Verenigde Naties, die vervolgens de andere Staten die Partij zijn bij het Verdrag en alle Staten voor wie het Verdrag is ondertekend in kennis stelt. De opzegging wordt van kracht een jaar na de datum van ontvangst van de kennisgeving door de Secretaris-Generaal. Indien na afloop van dat jaar de opzeggende Staat die Partij is echter betrokken is bij een gewapend conflict, wordt de opzegging niet van kracht voordat het gewapende conflict beëindigd is.
2. Een dergelijke opzegging heeft niet tot gevolg dat de Staat die Partij is, wordt ontslagen van zijn verplichtingen uit hoofde van dit Protocol met betrekking tot handelingen die geschieden voorafgaand aan de datum waarop de opzegging van kracht wordt. Evenmin tast een dergelijke opzegging op enigerlei wijze de voortzetting van het onderzoek aan van een aangelegenheid die reeds wordt bestudeerd door het Comité voorafgaand aan de datum waarop de opzegging van kracht wordt.

Art. 12

Kinderen en gewapende conflicten, wijzigingsvoorstel

1. Iedere Staat die Partij is, kan een wijziging voorstellen en deze indienen bij de Secretaris-Generaal van de Verenigde Naties. De Secretaris-Generaal deelt de voorgestelde wijziging vervolgens mede aan de Staten die Partij zijn, met het verzoek hem te berichten of zij een con-

ferentie van de Staten die Partij zijn verlangen teneinde de voorstellen te bestuderen en in stemming te brengen. Indien, binnen vier maanden na de datum van deze mededeling, ten minste een derde van de Staten die Partij zijn een dergelijke conferentie verlangt, roept de Secretaris-Generaal de vergadering onder auspiciën van de Verenigde Naties bijeen. Iedere wijziging die wordt aangenomen door een meerderheid van de ter conferentie aanwezige Staten die Partij zijn en die hun stem uitbrengen, wordt ter goedkeuring voorgelegd aan de Algemene Vergadering.

2. Een wijziging die in overeenstemming met het eerste lid van dit artikel wordt aangenomen, treedt in werking wanneer zij is goedgekeurd door de Algemene Vergadering van de Verenigde Naties en is aanvaard door een meerderheid van tweederde van de Staten die Partij zijn.

3. Wanneer een wijziging in werking treedt, is zij bindend voor de Staten die Partij zijn die haar hebben aanvaard, terwijl de andere Staten die Partij zijn gebonden zullen blijven door de bepalingen van dit Protocol en door iedere voorgaande wijziging die zij hebben aanvaard.

Art. 13

1. Dit Protocol, waarvan de Arabische, de Chinese, de Engelse, de Franse, de Russische en de Spaanse tekst gelijkelijk authentiek zijn, wordt nedergelegd in het archief van de Verenigde Naties.

2. De Secretaris-Generaal van de Verenigde Naties zendt gewaarmerkte afschriften van dit Protocol toe aan alle Staten die Partij zijn bij het Verdrag en aan alle Staten voor wie het Verdrag is ondertekend.

Kinderen en gewapende conflicten, archivering en afschriften Protocol

# A113 — Gehandicaptenverdrag

Verdrag inzake de rechten van personen met een handicap[1]

Preambule
De Staten die Partij zijn bij dit Verdrag,

a. Indachtig de beginselen vastgelegd in het Handvest van de Verenigde Naties, waarin de inherente waardigheid en waarde en de gelijke en onvervreemdbare rechten van alle leden van de mensheid worden erkend als de grondvesten van vrijheid, gerechtigheid en vrede in de wereld,

b. Erkennend dat de Verenigde Naties in de Universele Verklaring van de Rechten van de Mens en de internationale mensenrechtenverdragen hebben verklaard en zijn overeengekomen dat eenieder aanspraak heeft op alle daarin genoemde rechten en vrijheden, zonder enig onderscheid van welke aard dan ook,

c. Opnieuw het universele en ondeelbare karakter bevestigend van, alsmede de onderlinge afhankelijkheid en de nauwe samenhang tussen alle mensenrechten en fundamentele vrijheden, en de noodzaak dat personen met een handicap gegarandeerd wordt dat zij deze ten volle en zonder discriminatie kunnen uitoefenen,

d. In herinnering roepend het Internationaal Verdrag inzake Economische, Sociale en Culturele Rechten, het Internationaal Verdrag inzake Burgerrechten en Politieke Rechten, het Internationaal Verdrag inzake de uitbanning van alle vormen van rassendiscriminatie, het Verdrag inzake de uitbanning van alle vormen van discriminatie van vrouwen, het Verdrag tegen foltering en andere wrede, onmenselijke of onterende behandeling of bestraffing, het Verdrag inzake de rechten van het kind en het Internationaal Verdrag inzake de bescherming van de rechten van alle migrerende werknemers en hun gezinsleden,

e. Erkennend dat het begrip handicap aan verandering onderhevig is en voortvloeit uit de wisselwerking tussen personen met functiebeperkingen en sociale en fysieke drempels die hen belet ten volle, effectief en op voet van gelijkheid met anderen te participeren in de samenleving,

f. Het belang erkennend van de beginselen en beleidsrichtlijnen, vervat in het Wereldactieplan met betrekking tot personen met een handicap en in de Standaardregels voor het bevorderen van gelijke kansen voor personen met een handicap bij het beïnvloeden van de bevordering, formulering en beoordeling van het beleid, de plannen, programma's en maatregelen op nationaal, regionaal en internationaal niveau teneinde gelijke kansen voor personen met een handicap verder te bevorderen,

g. Het belang benadrukkend van de integratie van aan handicap gerelateerde vraagstukken in het beleid als integraal onderdeel van de relevante strategieën voor duurzame ontwikkeling,

h. Tevens erkennend dat discriminatie van iedere persoon op grond van handicap een schending vormt van de inherente waardigheid en waarde van de mens,

i. Zich voorts rekenschap gevend van de diversiteit van personen met een handicap,

j. De noodzaak erkennen de mensenrechten van alle personen met een handicap, met inbegrip van hen die intensievere ondersteuning behoeven, te bevorderen en beschermen,

k. Bezorgd over het feit dat personen met een handicap ondanks deze uiteenlopende instrumenten en initiatieven overal ter wereld nog steeds geconfronteerd worden met obstakels die hun participatie in de samenleving als gelijkwaardige leden belemmeren, alsmede met schendingen van hun mensenrechten,

l. Het belang onderkennend van internationale samenwerking ter verbetering van de levensomstandigheden van personen met een handicap in alle landen, in het bijzonder in ontwikkelingslanden,

m. De gewaardeerde bestaande en potentiële bijdragen erkennend van personen met een handicap aan het algemeen welzijn en de diversiteit van hun gemeenschappen, en onderkennend dat bevordering van het volledige genot van de mensenrechten en fundamentele vrijheden en de volwaardige participatie door personen met een handicap ertoe zal leiden dat zij sterker gaan beseffen dat zij erbij horen en zal resulteren in wezenlijke vorderingen in de humane, sociale en economische ontwikkeling van de maatschappij en de uitbanning van armoede,

n. Het belang voor personen met een handicap erkennend van individuele autonomie en onafhankelijkheid, met inbegrip van de vrijheid hun eigen keuzes te maken,

o. Overwegende dat personen met een handicap in de gelegenheid moeten worden gesteld actief betrokken te zijn bij de besluitvormingsprocessen over beleid en programma's, met inbegrip van degenen die hen direct betreffen,

p. Bezorgd over de moeilijke situaties waarmee personen met een handicap worden geconfronteerd die het slachtoffer zijn van meervoudige en/of zeer ernstige vormen van discriminatie op

---

1 Inwerkingtredingsdatum: 14-07-2016.

grond van hun ras, huidskleur, sekse, taal, religie, politieke of andere mening, nationale, etnische of sociale herkomst, vermogen, geboorte, leeftijd of andere status,
q. Erkennend dat het risico het slachtoffer te worden van geweld, verwonding of misbruik, verwaarlozing, nalatige behandeling, mishandeling of uitbuiting voor vrouwen en meisjes met een handicap, zowel binnens- als buitenshuis, vaak groter is,
r. Erkennend dat kinderen met een handicap op voet van gelijkheid met andere kinderen alle mensenrechten en fundamentele vrijheden ten volle moeten kunnen genieten, daarbij in herinnering roepend de toezeggingen die de Staten die Partij zijn bij het Verdrag inzake de rechten van het kind in dat verband hebben gedaan,
s. De noodzaak benadrukkend dat bij alle pogingen om het volledige genot van de mensenrechten en fundamentele vrijheden door personen met een handicap te bevorderen rekening dient te worden gehouden met het genderperspectief,
t. Met nadruk wijzend op het feit dat de meerderheid van personen met een handicap in armoedige omstandigheden leeft en in dit verband erkennend dat het zeer noodzakelijk is dat de negatieve gevolgen van armoede voor personen met een handicap worden aangepakt,
u. Indachtig het feit dat vreedzame en veilige omstandigheden op basis van eerbiediging van alle doelstellingen en beginselen vervat in het Handvest van de Verenigde Naties en naleving van de van toepassing zijnde mensenrechteninstrumenten onontbeerlijk zijn voor de volledige bescherming van personen met een handicap, in het bijzonder tijdens gewapende conflicten en buitenlandse bezetting,
v. De noodzaak erkennend van een toegankelijke fysieke, sociale, economische en culturele omgeving, de toegang tot gezondheidszorg, onderwijs en tot informatie en communicatie, teneinde personen met een handicap in staat te stellen alle mensenrechten en fundamentele vrijheden ten volle te genieten,
w. Beseffend dat mensen, die verantwoordelijkheid dragen tegenover hun medemensen en de gemeenschap waartoe zij behoren, verplicht zijn te streven naar de bevordering en eerbiediging van de rechten die erkend worden in het Internationaal Statuut van de Rechten van Mens,
x. Ervan overtuigd dat het gezin de natuurlijke hoeksteen van de samenleving vormt en recht heeft op bescherming door de samenleving en de Staat en dat personen met een handicap en hun gezinsleden de nodige bescherming en ondersteuning dienen te ontvangen, teneinde hun gezinnen in staat te stellen bij te dragen aan het volledige genot van de rechten van personen met een handicap en wel op voet van gelijkheid met anderen,
y. Ervan overtuigd dat een allesomvattend en integraal internationaal verdrag om de rechten en waardigheid van personen met een handicap te bevorderen en te beschermen, een wezenlijke bijdrage zal vormen aan het aanpakken van de grote sociale achterstand van personen met een handicap en hun participatie in het burgerlijke, politieke, economische, sociale en culturele leven met gelijke kansen, in zowel ontwikkelde landen, als ontwikkelingslanden zal bevorderen,
Zijn het volgende overeengekomen:

Art. 1 Doelstelling
Doel van dit Verdrag is het volledige genot door alle personen met een handicap van alle mensenrechten en fundamentele vrijheden op voet van gelijkheid te bevorderen, beschermen en waarborgen, en ook de eerbiediging van hun inherente waardigheid te bevorderen. Personen met een handicap omvat personen met langdurige fysieke, mentale, intellectuele of zintuiglijke beperkingen die hen in wisselwerking met diverse drempels kunnen beletten volledig, effectief en op voet van gelijkheid met anderen te participeren in de samenleving.

Art. 2 Begripsomschrijvingen
Voor de toepassing van dit Verdrag:
„communicatie" omvat talen, weergave van tekst, braille, tactiele communicatie, grootletterdruk, toegankelijke multimedia, alsmede geschreven teksten, audioteksten, eenvoudige taal, gesproken tekst, ondersteunende communicatie en alternatieve methoden, middelen en vormen voor communicatie, waaronder toegankelijke informatie- en communicatietechnologieën;
„taal" omvat gesproken talen en gebarentalen en andere vormen van niet-gesproken taal;
„discriminatie op grond van handicap": elk onderscheid en elke uitsluiting of beperking op grond van een handicap dat of die ten doel of tot gevolg heeft dat de erkenning, het genot of de uitoefening, op voet van gelijkheid met anderen van de mensenrechten en fundamentele vrijheden in het politieke, economische, sociale, culturele of burgerlijke leven, of op andere gebieden aangetast of onmogelijk gemaakt wordt. Het omvat alle vormen van discriminatie, met inbegrip van de weigering van redelijke aanpassingen;
„redelijke aanpassingen": noodzakelijke en passende wijzigingen, en aanpassingen die geen disproportionele of onevenredige, of onnodige last opleggen, indien zij in een specifiek geval nodig zijn om te waarborgen dat personen met een handicap alle mensenrechten en fundamentele vrijheden op voet van gelijkheid met anderen kunnen genieten of uitoefenen;
„universeel ontwerp": ontwerpen van producten, omgevingen, programma's en diensten die door iedereen in de ruimst mogelijke zin gebruikt kunnen worden zonder dat aanpassing of

een speciaal ontwerp nodig is. "Universeel ontwerp" omvat tevens ondersteunende middelen voor specifieke groepen personen met een handicap, indien die nodig zijn.

Art. 3 Algemene beginselen
De grondbeginselen van dit Verdrag zijn:
a. Respect voor de inherente waardigheid, persoonlijke autonomie, met inbegrip van de vrijheid zelf keuzes te maken en de onafhankelijkheid van personen;
b. Non-discriminatie;
c. Volledige en daadwerkelijke participatie in, en opname in de samenleving;
d. Respect voor verschillen en aanvaarding dat personen met een handicap deel uitmaken van de mensheid en menselijke diversiteit;
e. Gelijke kansen;
f. Toegankelijkheid;
g. Gelijkheid van man en vrouw;
h. Respect voor de zich ontwikkelende capaciteiten van kinderen met een handicap en eerbiediging van het recht van kinderen met een handicap op het behoud van hun eigen identiteit.

Art. 4 Algemene verplichtingen
1. De Staten die Partij zijn verplichten zich te waarborgen en bevorderen dat alle personen met een handicap zonder enige vorm van discriminatie op grond van hun handicap ten volle alle mensenrechten en fundamentele vrijheden kunnen uitoefenen. Hiertoe verplichten de Staten die Partij zijn zich:
a. tot het aannemen van alle relevante wetgevende, bestuurlijke en andere maatregelen voor de implementatie van de rechten die in dit Verdrag erkend worden;
b. tot het nemen van alle relevante maatregelen, met inbegrip van wetgeving, teneinde bestaande wetten, voorschriften, gebruiken en praktijken aan te passen, of af te schaffen die discriminatie vormen van personen met een handicap;
c. bij al hun beleid en programma's rekenschap te geven van de bescherming en bevordering van de mensenrechten van personen met een handicap;
d. te onthouden van elke handeling of praktijk die onverenigbaar is met dit Verdrag en te waarborgen dat de overheidsautoriteiten en -instellingen handelen in overeenstemming met dit Verdrag;
e. tot het nemen van alle passende maatregelen om discriminatie op grond van een handicap door personen, organisaties of particuliere ondernemingen uit te bannen;
f. tot het uitvoeren of bevorderen van onderzoek naar en ontwikkeling van universeel ontworpen goederen, diensten, uitrusting en faciliteiten zoals omschreven in artikel 2 van dit Verdrag, die zo min mogelijk behoeven te worden aangepast en tegen de laagste kosten, om te beantwoorden aan de specifieke behoeften van personen met een handicap, het bevorderen van de beschikbaarheid en het gebruik ervan, en het bevorderen van universele ontwerpen bij de ontwikkeling van normen en richtlijnen;
g. tot het uitvoeren of bevorderen van onderzoek naar en ontwikkeling van, en het bevorderen van de beschikbaarheid en het gebruik van nieuwe technologieën, met inbegrip van informatie- en communicatietechnologieën, mobiliteitshulpmiddelen, instrumenten en ondersteunende technologieën, die geschikt zijn voor personen met een handicap, waarbij de prioriteit uitgaat naar betaalbare technologieën;
h. tot het verschaffen van toegankelijke informatie aan personen met een handicap over mobiliteitshulpmiddelen, instrumenten en ondersteunende technologieën, met inbegrip van nieuwe technologieën, alsmede andere vormen van hulp, ondersteunende diensten en faciliteiten;
i. de training te bevorderen van vakspecialisten en personeel die met personen met een handicap, op het gebied van de rechten die in dit Verdrag worden erkend, teneinde de door deze rechten gewaarborgde hulp en diensten beter te kunnen verlenen.
2. Wat betreft economische, sociale en culturele rechten, verplicht elke Staat die Partij is zich maatregelen te nemen met volledige gebruikmaking van de hem ter beschikking staande hulpbronnen en, waar nodig, in het kader van internationale samenwerking, teneinde steeds nader tot een algehele verwezenlijking van de in dit Verdrag erkende rechten te komen, onverminderd de in dit Verdrag vervatte verplichtingen die volgens het internationale recht onverwijld van toepassing zijn.
3. Bij de ontwikkeling en implementatie van wetgeving en beleid tot uitvoering van dit Verdrag en bij andere besluitvormingsprocessen betreffende aangelegenheden die betrekking hebben op personen met een handicap, plegen de Staten die Partij zijn nauw overleg met personen met een handicap, met inbegrip van kinderen met een handicap, en betrekken hen daar via hun representatieve organisaties actief bij.
4. Geen enkele bepaling van dit Verdrag tast bepalingen aan die in sterkere mate bijdragen aan de verwezenlijking van de rechten van personen met een handicap en die vervat kunnen zijn in het recht van een Staat die Partij is, of in het internationale recht dat voor die Staat van kracht is. Het is niet toegestaan enig mensenrecht dat, of fundamentele vrijheid die in een Staat die Partij is bij dit Verdrag, ingevolge wettelijke bepalingen, overeenkomsten, voorschriften of

gewoonten wordt erkend of bestaat, te beperken of ervan af te wijken, onder voorwendsel dat dit Verdrag die rechten of vrijheden niet of in mindere mate erkent.
5. De bepalingen van dit Verdrag strekken zich zonder beperking of uitzondering uit tot alle delen van federale Staten.

Art. 5 Gelijkheid en non-discriminatie
1. De Staten die Partij zijn, erkennen dat eenieder gelijk is voor de wet en zonder aanziens des persoons recht heeft op dezelfde bescherming door, en hetzelfde voordeel van de wet.
2. De Staten die Partij zijn, verbieden alle discriminatie op grond van handicap en garanderen personen met een handicap op voet van gelijkheid effectieve wettelijke bescherming tegen discriminatie op welke grond dan ook.
3. Teneinde gelijkheid te bevorderen en discriminatie uit te bannen, nemen de Staten die Partij zijn alle passende maatregelen om te waarborgen dat redelijke aanpassingen worden verricht.
4. Specifieke maatregelen die nodig zijn om de feitelijke gelijkheid van personen met een handicap te bespoedigen of verwezenlijken, worden niet aangemerkt als discriminatie in de zin van dit Verdrag.

Art. 6 Vrouwen met een handicap
1. De Staten die Partij zijn erkennen dat vrouwen en meisjes met een handicap onderworpen zijn aan meervoudige discriminatie en nemen in dat verband maatregelen om hen op voet van gelijkheid het volledige genot van alle mensenrechten en fundamentele vrijheden te garanderen.
2. De Staten die Partij zijn nemen alle passende maatregelen om de volledige ontwikkeling, positieverbetering en mondigheid van vrouwen te waarborgen, teneinde hen de uitoefening en het genot van de mensenrechten en fundamentele vrijheden, vervat in dit Verdrag, te garanderen.

Art. 7 Kinderen met een handicap
1. De Staten die Partij zijn nemen alle nodige maatregelen om te waarborgen dat kinderen met een handicap op voet van gelijkheid met andere kinderen ten volle alle mensenrechten en fundamentele vrijheden genieten.
2. Bij alle beslissingen betreffende kinderen met een handicap vormen de belangen van het kind een eerste overweging.
3. De Staten die Partij zijn waarborgen dat kinderen met een handicap het recht hebben vrijelijk blijk te geven van hun opvattingen over alle aangelegenheden die hen betreffen, waarbij op voet van gelijkheid met andere kinderen en in overeenstemming met hun leeftijd en ontwikkeling naar behoren rekening wordt gehouden met hun opvattingen en waarbij zij bij hun handicap en leeftijd passende ondersteuning krijgen om dat recht te realiseren.

Art. 8 Bevordering van bewustwording
1. De Staten die Partij zijn verplichten zich onmiddellijke, doeltreffende en passende maatregelen te nemen:
a. teneinde binnen de gehele maatschappij, waaronder ook op gezinsniveau, de bewustwording te bevorderen ten aanzien van personen met een handicap, en de eerbiediging van de rechten en waardigheid van personen met een handicap te stimuleren;
b. om op alle terreinen van het leven stigmatisering, vooroordelen en schadelijke praktijken ten opzichte van personen met een handicap te bestrijden, met inbegrip van die gebaseerd op grond van sekse en leeftijd;
c. om de bewustwording van de capaciteiten en bijdragen van personen met een handicap te bevorderen.
2. Maatregelen daartoe omvatten:
a. het initiëren en handhaven van effectieve bewustwordingscampagnes om:
 i. ervoor zorg te dragen dat de samenleving openstaat voor de rechten van personen met een handicap;
 ii. een positieve beeldvorming van, en grotere sociale bewustwording ten opzichte van personen met een handicap te bevorderen;
 iii. de erkenning van de vaardigheden, verdiensten en talenten van personen met een handicap en van hun bijdragen op de werkplek en arbeidsmarkt te bevorderen;
b. het op alle niveaus van het onderwijssysteem, dus ook onder jonge kinderen, bevorderen van een respectvolle houding ten opzichte van de rechten van personen met een handicap;
c. het aanmoedigen van alle onderdelen van de media, personen met een handicap te portretteren op een wijze die verenigbaar is met het doel van dit Verdrag;
d. het aanmoedigen van het organiseren van programma's voor bewustwordingstrainingen met betrekking tot personen met een handicap en de rechten van personen met een handicap.

Art. 9 Toegankelijkheid
1. Teneinde personen met een handicap in staat te stellen zelfstandig te leven en volledig deel te nemen aan alle facetten van het leven, nemen de Staten die Partij zijn passende maatregelen om personen met een handicap op voet van gelijkheid met anderen de toegang te garanderen tot de fysieke omgeving, tot vervoer, informatie en communicatie, met inbegrip van informatie-

en communicatietechnologieën en –systemen, en tot andere voorzieningen en diensten die openstaan voor, of verleend worden aan het publiek, in zowel stedelijke als landelijke gebieden. Deze maatregelen, die mede de identificatie en bestrijding van obstakels en barrières voor de toegankelijkheid omvatten, zijn onder andere van toepassing op:
a. gebouwen, wegen, vervoer en andere voorzieningen in gebouwen en daarbuiten, met inbegrip van scholen, huisvesting, medische voorzieningen en werkplekken;
b. informatie, communicatie en andere diensten, met inbegrip van elektronische diensten en nooddiensten.
2. De Staten die Partij zijn nemen tevens passende maatregelen om:
a. de implementatie van minimumnormen en richtlijnen voor de toegankelijkheid van faciliteiten en diensten die openstaan voor, of verleend worden aan het publiek, te ontwikkelen, af te kondigen en te monitoren;
b. te waarborgen dat private instellingen die faciliteiten en diensten die openstaan voor, of verleend worden aan het publiek aanbieden, zich rekenschap geven van alle aspecten van de toegankelijkheid voor personen met een handicap;
c. betrokkenen te trainen inzake kwesties op het gebied van de toegankelijkheid waarmee personen met een handicap geconfronteerd worden;
d. openbare gebouwen en andere faciliteiten te voorzien van bewegwijzering in braille en in makkelijk te lezen en te begrijpen vormen;
e. te voorzien in vormen van hulp en bemiddeling door mensen, met inbegrip van begeleiders, mensen die voorlezen en professionele doventolken om de toegang tot gebouwen en andere faciliteiten, die openstaan voor het publiek te faciliteren;
f. andere passende vormen van hulp en ondersteuning aan personen met een handicap te bevorderen, teneinde te waarborgen dat zij toegang hebben tot informatie;
g. de toegang voor personen met een handicap tot nieuwe informatie- en communicatietechnologieën en -systemen, met inbegrip van het internet, te bevorderen;
h. het ontwerp, de ontwikkeling, productie en distributie van toegankelijke informatie- en communicatietechnologieën en communicatiesystemen in een vroeg stadium te bevorderen, opdat deze technologieën en systemen tegen minimale kosten toegankelijk worden.

Art. 10 Recht op leven
De Staten die Partij zijn bevestigen opnieuw dat eenieder beschikt over het inherente recht op leven en nemen alle noodzakelijke maatregelen om te waarborgen dat personen met een handicap dat op voet van gelijkheid met anderen ten volle kunnen genieten.

Art. 11 Risicovolle situaties en humanitaire noodsituaties
De Staten die Partij zijn nemen in overeenstemming met hun verplichtingen uit hoofde van het internationale recht, met inbegrip van het internationale humanitaire recht en internationale mensenrechtenverdragen alle nodige maatregelen om de bescherming en veiligheid van personen met een handicap in risicovolle situaties, met inbegrip van gewapende conflicten, humanitaire noodsituaties en natuurrampen, te waarborgen.

Art. 12 Gelijkheid voor de wet
1. De Staten die Partij zijn bevestigen opnieuw dat personen met een handicap overal als persoon erkend worden voor de wet.
2. De Staten die Partij zijn erkennen dat personen met een handicap op voet van gelijkheid met anderen in alle aspecten van het leven handelingsbekwaam zijn.
3. De Staten die Partij zijn nemen passende maatregelen om personen met een handicap toegang te verschaffen tot de ondersteuning die zij mogelijk behoeven bij de uitoefening van hun handelingsbekwaamheid.
4. De Staten die Partij zijn waarborgen dat alle maatregelen die betrekking hebben op de uitoefening van handelingsbekwaamheid, voorzien in passende en doeltreffende waarborgen in overeenstemming met het internationale recht inzake de mensenrechten om misbruik te voorkomen. Deze waarborgen dienen te verzekeren dat maatregelen met betrekking tot de uitoefening van handelingsbekwaamheid de rechten, wil en voorkeuren van de desbetreffende persoon respecteren, vrij zijn van conflicterende belangen of onbehoorlijke beïnvloeding, proportioneel zijn en toegesneden op de omstandigheden van de persoon in kwestie, van toepassing zijn gedurende een zo kort mogelijke periode en onderworpen zijn aan een regelmatige beoordeling door een bevoegde, onafhankelijke en onpartijdige autoriteit of gerechtelijke instantie. De waarborgen dienen evenredig te zijn aan de mate waarin deze maatregelen van invloed zijn op de rechten en belangen van de persoon in kwestie.
5. Met inachtneming van de bepalingen van dit artikel nemen de Staten die Partij zijn alle passende en doeltreffende maatregelen om de gelijke rechten te garanderen van personen met een handicap op eigendom of het erven van vermogen en te waarborgen dat zij hun eigen financiële zaken kunnen behartigen en op voet van gelijkheid toegang hebben tot bankleningen, hypotheken en andere vormen van financiële kredietverstrekking en verzekeren zij dat het vermogen van personen met een handicap hen niet willekeurig wordt ontnomen.

Art. 13 Toegang tot de rechter
1. De Staten die Partij zijn waarborgen personen met een handicap op voet van gelijkheid met anderen de toegang tot een rechterlijke instantie, met inbegrip van procedurele en leeftijdsconforme voorzieningen, teneinde hun effectieve rol als directe en indirecte partij, waaronder als getuige, in alle juridische procedures, met inbegrip van de onderzoeksfase en andere voorbereidende fasen, te faciliteren.
2. Teneinde effectieve toegang tot rechterlijke instanties voor personen met een handicap te helpen waarborgen, bevorderen de Staten die Partij zijn passende training voor diegenen die werkzaam zijn in de rechtsbedeling, met inbegrip van medewerkers van politie en het gevangeniswezen.

Art. 14 Vrijheid en veiligheid van de persoon
1. De Staten die Partij zijn waarborgen dat personen met een handicap op voet van gelijkheid met anderen:
a. het recht op vrijheid en veiligheid van hun persoon genieten;
b. niet onrechtmatig of willekeurig van hun vrijheid worden beroofd, en dat iedere vorm van vrijheidsontneming geschiedt in overeenstemming met de wet, en dat het bestaan van een handicap in geen geval vrijheidsontneming rechtvaardigt.
2. De Staten die Partij zijn waarborgen dat indien personen met een handicap op grond van enig proces van hun vrijheid worden beroofd, zij op voet van gelijkheid met anderen recht hebben op de waarborgen in overeenstemming met internationale mensenrechtenverdragen en in overeenstemming met de doelstellingen en beginselen van dit Verdrag worden behandeld, met inbegrip van de verschaffing van redelijke aanpassingen.

Art. 15 Vrijwaring van foltering en andere wrede, onmenselijke of vernederende behandeling of bestraffing
1. Niemand zal worden onderworpen aan folteringen of aan wrede, onmenselijke of vernederende behandelingen of bestraffingen. In het bijzonder zal niemand zonder zijn of haar in vrijheid gegeven toestemming worden onderworpen aan medische of wetenschappelijke experimenten.
2. De Staten die Partij zijn nemen alle doeltreffende wetgevende, bestuurlijke, juridische of andere maatregelen om, op gelijke wijze als voor anderen, te voorkomen dat personen met een handicap worden onderworpen aan folteringen of aan wrede, onmenselijke of vernederende behandelingen of bestraffingen.

Art. 16 Vrijwaring van uitbuiting, geweld en misbruik
1. De Staten die Partij zijn nemen alle passende wetgevende, bestuurlijke, sociale, educatieve en andere maatregelen om personen met een handicap, zowel binnen- als buitenshuis, te beschermen tegen alle vormen van uitbuiting, geweld en misbruik, met inbegrip van de op sekse gebaseerde aspecten daarvan.
2. De Staten die Partij zijn nemen voorts alle passende maatregelen om alle vormen van uitbuiting, geweld en misbruik te voorkomen door voor personen met een handicap, hun gezinnen en verzorgers onder andere passende vormen van op sekse en leeftijd toegesneden hulp en ondersteuning te waarborgen, met inbegrip van het verschaffen van informatie en scholing omtrent het voorkomen, herkennen en melden van uitbuiting, geweld en misbruik. De Staten die Partij zijn waarborgen dat de dienstverlening op het gebied van bescherming is toegesneden op leeftijd, sekse en handicap.
3. Teneinde alle vormen van uitbuiting, geweld en misbruik te voorkomen, waarborgen de Staten die Partij zijn, dat alle faciliteiten en programma's die voor personen met een handicap te dienen, effectief worden gemonitord door onafhankelijke autoriteiten.
4. De Staten die Partij zijn nemen alle passende maatregelen om het fysieke, cognitieve en psychologische herstel, de rehabilitatie en de terugkeer in de maatschappij van personen met een handicap die het slachtoffer zijn van enige vorm van uitbuiting, geweld of misbruik te bevorderen, waaronder door middel van het verschaffen van dienstverlening op het gebied van bescherming. Het herstel en de terugkeer dienen plaats te vinden in een omgeving die bevorderlijk is voor de gezondheid, het welzijn, het zelfrespect, de waardigheid en autonomie van de persoon en houden rekening met sekse- en leeftijd-specifieke behoeften.
5. De Staten die Partij zijn implementeren doeltreffende wetgeving en doeltreffend beleid, met inbegrip van wetgeving en beleid, specifiek gericht op vrouwen en kinderen, om te waarborgen dat gevallen van uitbuiting, geweld en misbruik van personen met een handicap worden geïdentificeerd en onderzocht en, indien daartoe aanleiding bestaat, waar aangewezen, strafrechtelijk worden vervolgd.

Art. 17 Bescherming van de persoonlijke integriteit
Elke persoon met een handicap heeft op voet van gelijkheid met anderen recht op eerbiediging van zijn lichamelijke en geestelijke integriteit.

Art. 18 Vrijheid van verplaatsing en nationaliteit

1. De Staten die Partij zijn erkennen het recht van personen met een handicap, op voet van gelijkheid met anderen, zich vrijelijk te verplaatsen, vrijelijk hun verblijfplaats te kiezen en het recht op een nationaliteit, onder andere door te waarborgen dat personen met een handicap:
   a. het recht hebben een nationaliteit te verwerven en daarvan te veranderen en dat hun nationaliteit hen niet op willekeurige gronden of op grond van hun handicap wordt ontnomen;
   b. niet op grond van hun handicap beroofd worden van de mogelijkheid om documenten inzake hun nationaliteit of identiteit te verwerven, bezitten en gebruiken, of om gebruik te maken van procedures dienaangaande, zoals immigratieprocedures die nodig kunnen zijn om de uitoefening van het recht zich vrijelijk te verplaatsen, te faciliteren;
   c. vrij zijn welk land ook, met inbegrip van het eigen land, te verlaten;
   d. niet willekeurig of op grond van hun handicap het recht wordt onthouden hun eigen land binnen te komen.
2. Kinderen met een handicap worden onverwijld na hun geboorte ingeschreven en hebben vanaf hun geboorte recht op een naam, het recht een nationaliteit te verwerven en, voor zover mogelijk, het recht hun ouders te kennen en door hen te worden verzorgd.

Art. 19 Zelfstandig wonen en deel uitmaken van de maatschappij

De Staten die Partij zijn bij dit Verdrag erkennen het gelijke recht van alle personen met een handicap om in de maatschappij te wonen met dezelfde keuzemogelijkheden als anderen en nemen doeltreffende en passende maatregelen om het personen met een handicap gemakkelijker te maken dit recht ten volle te genieten en volledig deel uit te maken van, en te participeren in de maatschappij, onder meer door te waarborgen dat:
   a. personen met een handicap de kans hebben, op voet van gelijkheid met anderen, vrijelijk hun verblijfplaats te kiezen, alsmede waar en met wie zij leven, en niet verplicht zijn te leven in een bepaalde leefregeling;
   b. personen met een handicap toegang hebben tot een reeks van thuis, residentiële en andere maatschappij-ondersteunende diensten, waaronder persoonlijke assistentie, noodzakelijk om het wonen en de opname in de maatschappij te ondersteunen en isolatie of uitsluiting uit de maatschappij te voorkomen;
   c. de maatschappijdiensten en -faciliteiten voor het algemene publiek op voet van gelijkheid beschikbaar zijn voor personen met een handicap en beantwoorden aan hun behoeften.

Art. 20 Persoonlijke mobiliteit

De Staten die Partij zijn nemen alle effectieve maatregelen om de persoonlijke mobiliteit van personen met een handicap met de grootst mogelijke mate van zelfstandigheid te waarborgen onder meer door:
   a. de persoonlijke mobiliteit van personen met een handicap te faciliteren op de wijze en op het tijdstip van hun keuze en tegen een betaalbare prijs;
   b. de toegang voor personen met een handicap tot hoogwaardige mobiliteitshulpmiddelen, -instrumenten, ondersteunende technologieën en vormen van assistentie en bemiddeling door mensen te faciliteren, onder meer door deze beschikbaar te maken tegen een betaalbare prijs;
   c. personen met een handicap en gespecialiseerd personeel dat met personen met een handicap werkt, training in mobiliteitsvaardigheden te verschaffen;
   d. instellingen die mobiliteitshulpmiddelen, -instrumenten en ondersteunende technologieën produceren, aan te moedigen rekening te houden met alle aspecten van mobiliteit voor personen met een handicap.

Art. 21 Vrijheid van mening en meningsuiting en toegang tot informatie

De Staten die Partij zijn nemen alle passende maatregelen om te waarborgen dat personen met een handicap het recht op vrijheid van mening en meningsuiting kunnen uitoefenen, met inbegrip van de vrijheid om op voet van gelijkheid met anderen informatie en denkbeelden te vergaren, te ontvangen en te verstrekken middels elk communicatiemiddel van hun keuze, zoals omschreven in artikel 2 van dit Verdrag, onder meer door:
   a. personen met een handicap tijdig en zonder extra kosten voor het publiek bedoelde informatie te verschaffen in toegankelijke vormen en technologieën, geschikt voor de verschillende soorten handicaps;
   b. het aanvaarden en faciliteren van het gebruik van gebarentalen, braille, ondersteunende communicatie en alternatieve vormen van communicatie en alle andere toegankelijke middelen, communicatiemogelijkheden en -formats naar keuze van personen met een handicap in officiële contacten;
   c. private instellingen die diensten verlenen aan het publiek, ook via het internet, aan te sporen informatie en diensten ook in voor personen met een handicap toegankelijke en bruikbare vorm te verlenen;
   d. de massamedia, met inbegrip van informatieverstrekkers via het internet, aan te moedigen hun diensten toegankelijk te maken voor personen met een handicap;
   e. het gebruik van gebarentalen te erkennen en te bevorderen.

Art. 22 Eerbiediging van de privacy
1. Geen enkele persoon met een handicap, ongeacht zijn of haar woonplaats of woonsituatie, zal worden blootgesteld aan willekeurige of onrechtmatige inmenging in zijn of haar privéleven, gezinsleven, woning of correspondentie, of andere vormen van communicatie, of aan onrechtmatige aantasting van zijn of haar eer en reputatie. Personen met een handicap hebben recht op wettelijke bescherming tegen dergelijke vormen van inmenging of aantasting.
2. De Staten die Partij zijn beschermen de privacy van personen met een handicap met betrekking tot persoonsgegevens en informatie omtrent hun gezondheid en revalidatie op voet van gelijkheid met anderen.

Art. 23 Eerbiediging van de woning en het gezinsleven
1. De Staten die Partij zijn nemen doeltreffende en passende maatregelen om discriminatie van personen met een handicap uit te bannen op het gebied van huwelijk, gezinsleven, ouderschap en relaties op voet van gelijkheid met anderen, teneinde te waarborgen dat:
a. het recht van alle personen met een handicap van huwbare leeftijd om in vrijheid en met volledige instemming van de beide partners in het huwelijk te treden en een gezin te stichten, wordt erkend;
b. de rechten van personen met een handicap om in vrijheid en bewust te beslissen over het gewenste aantal kinderen en geboortespreiding en op toegang tot leeftijdsrelevante informatie, voorlichting over reproductieve gezondheid en geboorteplanning worden erkend en dat zij worden voorzien van de noodzakelijke middelen om deze rechten te kunnen uitoefenen;
c. personen met een handicap, met inbegrip van kinderen, op voet van gelijkheid met anderen hun vruchtbaarheid behouden.
2. De Staten die Partij zijn waarborgen de rechten en verantwoordelijkheden van personen met een handicap, met betrekking tot de voogdij, curatele, zaakwaarneming, adoptie van kinderen of soortgelijke instituties, indien deze begrippen voorkomen in de nationale wetgeving; in alle gevallen dienen de belangen van het kind voorop te staan. De Staten die Partij zijn verlenen passende hulp aan personen met een handicap bij het verrichten van hun verantwoordelijkheden op het gebied van de verzorging en opvoeding van hun kinderen.
3. De Staten die Partij zijn waarborgen dat kinderen met een handicap gelijke rechten hebben op het gebied van het familieleven. Teneinde deze rechten te realiseren en te voorkomen dat kinderen met een handicap worden verborgen, verstoten, verwaarloosd of buitengesloten, verplichten de Staten die Partij zijn zich tijdige en uitvoerige informatie, diensten en ondersteuning te bieden aan kinderen met een handicap en hun families.
4. De Staten die Partij zijn waarborgen dat een kind niet tegen zijn wil of die van de ouders van hen wordt gescheiden, tenzij de bevoegde autoriteiten, onderworpen aan rechterlijke toetsing, in overeenstemming met de toepasselijke wet en procedures bepalen dat zulks noodzakelijk is in het belang van het kind. In geen geval zal een kind van zijn ouders worden gescheiden op grond van een handicap van het kind of die van een of beide ouders.
5. De Staten die Partij zijn stellen alles in het werk om, indien de naaste familieleden niet in staat zijn voor een kind met een handicap te zorgen, alternatieve zorg te bewerkstelligen binnen de ruimere familiekring en bij ontbreken daarvan in een gezinsvervangend verband binnen de gemeenschap.

Art. 24 Onderwijs
1. De Staten die Partij zijn erkennen het recht van personen met een handicap op onderwijs. Teneinde dit recht zonder discriminatie en op basis van gelijke kansen te verwezenlijken, waarborgen Staten die Partij zijn een inclusief onderwijssysteem op alle niveaus en voorzieningen voor een leven lang leren en wel met de volgende doelen:
a. de volledige ontwikkeling van het menselijk potentieel en het gevoel van waardigheid en eigenwaarde en de versterking van de eerbiediging van mensenrechten, fundamentele vrijheden en de menselijke diversiteit;
b. de optimale ontwikkeling door personen met een handicap van hun persoonlijkheid, talenten en creativiteit, alsmede hun mentale en fysieke mogelijkheden, naar staat van vermogen;
c. het in staat stellen van personen met een handicap om effectief te participeren in een vrije maatschappij.
2. Bij de verwezenlijking van dit recht waarborgen de Staten die Partij zijn dat:
a. personen met een handicap niet op grond van hun handicap worden uitgesloten van het algemene onderwijssysteem, en dat kinderen met een handicap niet op grond van hun handicap worden uitgesloten van gratis en verplicht basisonderwijs of van het voortgezet onderwijs;
b. personen met een handicap toegang hebben tot inclusief, hoogwaardig en gratis basisonderwijs en tot voortgezet onderwijs en wel op basis van gelijkheid met anderen in de gemeenschap waarin zij leven;
c. redelijke aanpassingen worden verschaft naar gelang de behoefte van de persoon in kwestie;
d. personen met een handicap, binnen het algemene onderwijssysteem, de ondersteuning ontvangen die zij nodig hebben om effectieve deelname aan het onderwijs te faciliteren;

e. doeltreffende, op het individu toegesneden, ondersteunende maatregelen worden genomen in omgevingen waarin de cognitieve en sociale ontwikkeling wordt geoptimaliseerd, overeenkomstig het doel van onderwijs waarbij niemand wordt uitgesloten.

3. De Staten die Partij zijn stellen personen met een handicap in staat praktische en sociale vaardigheden op te doen, teneinde hun volledige deelname aan het onderwijs en als leden van de gemeenschap op voet van gelijkheid te faciliteren. Daartoe nemen de Staten die Partij zijn passende maatregelen, waaronder:

a. het faciliteren van het leren van braille, alternatieve schrijfwijzen, het gebruik van ondersteunende en alternatieve communicatiemethoden, -middelen en -vormen, alsmede het opdoen van vaardigheden op het gebied van oriëntatie en mobiliteit en het faciliteren van ondersteuning en begeleiding door lotgenoten;

b. het leren van gebarentaal faciliteren en de taalkundige identiteit van de gemeenschap van doven bevorderen;

c. waarborgen dat het onderwijs voor personen, en in het bijzonder voor kinderen, die blind, doof of doofblind zijn, plaatsvindt in de talen en met de communicatiemethoden en -middelen die het meest geschikt zijn voor de desbetreffende persoon en in een omgeving waarin hun cognitieve en sociale ontwikkeling worden geoptimaliseerd.

4. Teneinde te helpen waarborgen dat dit recht verwezenlijkt kan worden, nemen de Staten die Partij zijn passende maatregelen om leerkrachten aan te stellen, met inbegrip van leerkrachten met een handicap, die zijn opgeleid voor gebarentaal en/of braille, en leidinggevenden en medewerkers op te leiden die op alle niveaus van het onderwijs werkzaam zijn. Bij deze opleiding moeten de studenten worden getraind in het omgaan met personen met een handicap en het gebruik van de desbetreffende ondersteunende communicatie en andere methoden, middelen en vormen van en voor communicatie, onderwijstechnieken en materialen om personen met een handicap te ondersteunen.

5. De Staten die Partij zijn waarborgen dat personen met een handicap, zonder discriminatie en op voet van gelijkheid met anderen, toegang verkrijgen tot algemeen universitair en hoger beroepsonderwijs, beroepsonderwijs, volwasseneneducatie en een leven lang leren. Daartoe waarborgen de Staten die Partij zijn dat redelijke aanpassingen worden verschaft aan personen met een handicap.

Art. 25 Gezondheid

De Staten die Partij zijn erkennen dat personen met een handicap zonder discriminatie op grond van hun handicap recht hebben op het genot van het hoogst haalbare niveau van gezondheid. De Staten die Partij zijn nemen alle passende maatregelen om personen met een handicap de toegang te waarborgen tot diensten op het gebied van seksespecifieke gezondheidszorg, met inbegrip van revalidatie. In het bijzonder zullen de Staten die Partij zijn:

a. personen met een handicap voorzien van hetzelfde aanbod met dezelfde kwaliteit en volgens dezelfde normen voor gratis of betaalbare gezondheidszorg en –programma's die aan anderen worden verstrekt, waaronder op het gebied van seksuele en reproductieve gezondheid, en op de populatie toegesneden programma's op het gebied van volksgezondheid;

b. die diensten op het gebied van gezondheidszorg verschaffen die personen met een handicap in het bijzonder vanwege hun handicap behoeven, waaronder vroegtijdig opsporen en, zo nodig, ingrijpen, diensten om het ontstaan van nieuwe handicaps te beperken en te voorkomen, ook onder kinderen en ouderen;

c. deze gezondheidsdiensten zo dicht mogelijk bij de eigen gemeenschap van de mensen verschaffen, ook op het platteland;

d. van vakspecialisten in de gezondheidszorg eisen dat zij aan personen met een handicap zorg van dezelfde kwaliteit verlenen als aan anderen, met name dat zij de in vrijheid, op basis van goede informatie, gegeven toestemming verkrijgen van de betrokken gehandicapte, door onder andere het bewustzijn bij het personeel van de mensenrechten, waardigheid, autonomie en behoeften van personen met een handicap te vergroten door middel van training en het vaststellen van ethische normen voor de publieke en private gezondheidszorg;

e. discriminatie van personen met een handicap verbieden bij de verstrekking van een ziektekostenverzekering, en van een levensverzekering indien een dergelijke verzekering is toegestaan volgens het nationale recht, welke verstrekking naar redelijkheid en billijkheid zal plaatsvinden;

f. voorkomen dat gezondheidszorg, gezondheidsdiensten, voedsel en vloeistoffen op discriminatoire gronden vanwege een handicap worden ontzegd.

Art. 26 Habilitatie en revalidatie

1. Staten die Partij zijn nemen doeltreffende en passende maatregelen, onder andere via ondersteuning door lotgenoten, om personen met een handicap in staat te stellen de maximaal mogelijke onafhankelijkheid, fysieke, mentale, sociale en beroepsmatige vaardigheden te verwerven en volledige opname in en participatie in alle aspecten van het leven. Daartoe organiseren en versterken de Staten die Partij zijn uitgebreide diensten en programma's op het gebied van habilitatie en revalidatie en breiden zij deze uit, met name op het gebied van gezondheid,

werkgelegenheid, onderwijs en sociale diensten en wel zodanig dat deze diensten en programma's:
a. in een en zo vroeg mogelijk stadium beginnen en gebaseerd zijn op een multidisciplinaire inventarisatie van de behoeften en mogelijkheden van de persoon in kwestie;
b. de participatie in en opname in de gemeenschap en alle aspecten van de samenleving ondersteunen, vrijwillig zijn en beschikbaar zijn voor personen met een handicap, zo dicht mogelijk bij hun eigen gemeenschappen, ook op het platteland.
2. De Staten die Partij zijn stimuleren de ontwikkeling van basis- en vervolgtrainingen voor vakspecialisten en personeel dat werkzaam is in de dienstverlening op het gebied van habilitatie en revalidatie.
3. De Staten die Partij zijn stimuleren de beschikbaarheid, kennis en het gebruik van ondersteunende instrumenten en technologieën die zijn ontworpen voor personen met een handicap, voor zover zij betrekking hebben op habilitatie en revalidatie.

Art. 27 Werk en werkgelegenheid

1. De Staten die Partij zijn erkennen het recht van personen met een handicap op werk, op voet van gelijkheid met anderen; dit omvat het recht op de mogelijkheid in het levensonderhoud te voorzien door middel van in vrijheid gekozen of aanvaard werk op een arbeidsmarkt en in een werkomgeving die open zijn, waarbij niemand wordt uitgesloten, en die toegankelijk zijn voor personen met een handicap. De Staten die Partij zijn waarborgen en bevorderen de verwezenlijking van het recht op werk, met inbegrip van personen die gehandicapt raken tijdens de uitoefening van hun functie, door het nemen van passende maatregelen, onder meer door middel van wetgeving, teneinde onder andere:
a. discriminatie op grond van handicap te verbieden met betrekking tot alle aangelegenheden betreffende alle vormen van werkgelegenheid, waaronder voorwaarden voor de werving, aanstelling en indiensttreding, voortzetting van het dienstverband, carrièremogelijkheden en een veilige en gezonde werkomgeving;
b. het recht van personen met een handicap op voet van gelijkheid met anderen te beschermen op rechtvaardige en gunstige arbeidsomstandigheden, met inbegrip van gelijke kansen en gelijke beloning voor werk van gelijke waarde, een veilige en gezonde werkomgeving, waaronder bescherming tegen intimidatie, alsmede de mogelijkheid tot rechtsherstel bij grieven;
c. te waarborgen dat personen met een handicap hun arbeids- en vakbondsrechten op voet van gelijkheid met anderen kunnen uitoefenen;
d. personen met een handicap in staat te stellen effectieve toegang te krijgen tot technische en algemene beroepskeuzevoorlichtingsprogramma's, arbeidsbemiddeling, beroepsonderwijs en vervolgopleidingen;
e. de kans op werk en carrièremogelijkheden voor personen met een handicap op de arbeidsmarkt te bevorderen, alsmede hen te ondersteunen bij het vinden, verwerven en behouden van werk, dan wel de terugkeer naar werk;
f. de kansen te bevorderen om te werken als zelfstandige, op het ondernemerschap, het ontwikkelen van samenwerkingsverbanden en een eigen bedrijf te beginnen;
g. personen met een handicap in dienst te nemen in de publieke sector;
h. de werkgelegenheid voor personen met een handicap in de private sector te bevorderen door middel van passend beleid en passende maatregelen, waaronder voorkeursbeleid, aanmoedigingspremies en andere maatregelen;
i. te waarborgen dat op de werkplek wordt voorzien in redelijke aanpassingen voor personen met een handicap;
j. te bevorderen dat personen met een handicap werkervaring kunnen opdoen op de vrije arbeidsmarkt;
k. de beroepsmatige en professionele re-integratie van en programma's ten behoeve van het behoud van hun baan en terugkeer naar werk voor personen met een handicap te bevorderen.
2. De Staten die Partij zijn waarborgen dat personen met een handicap niet in slavernij worden gehouden of anderszins worden gedwongen tot het verrichten van arbeid en op voet van gelijkheid met anderen worden beschermd tegen gedwongen of verplichte arbeid.

Art. 28 Behoorlijke levensstandaard en sociale bescherming

1. De Staten die Partij zijn erkennen het recht van personen met een handicap op een behoorlijke levensstandaard voor henzelf en voor hun gezinnen, met inbegrip van voldoende voeding, kleding en huisvesting en op de voortdurende verbetering van hun levensomstandigheden, en nemen passende maatregelen om de verwezenlijking van dit recht zonder discriminatie op grond van handicap te beschermen en te bevorderen.
2. De Staten die Partij zijn erkennen het recht van personen met een handicap op sociale bescherming en op het genot van dat recht zonder discriminatie op grond van handicap, en nemen passende maatregelen om de verwezenlijking van dat recht te waarborgen en te stimuleren, met inbegrip van maatregelen om:

a. de gelijke toegang voor personen met een handicap tot voorzieningen op het gebied van schoon water te waarborgen, alsmede toegang te waarborgen tot passende en betaalbare diensten, instrumenten en andere vormen van ondersteuning voor aan de handicap gerelateerde behoeften;
b. de toegang voor personen met een handicap, in het bijzonder voor vrouwen, meisjes en ouderen met een handicap, tot programma's ten behoeve van sociale bescherming en het terugdringen van de armoede te waarborgen;
c. voor personen met een handicap en hun gezinnen die in armoede leven de toegang tot hulp van de Staat te waarborgen, voor aan de handicap gerelateerde kosten, met inbegrip van adequate training, advisering, financiële hulp en respijtzorg;
d. de toegang voor personen met een handicap te waarborgen tot volkshuisvestingsprogramma's;
e. de toegang voor personen met een handicap te waarborgen tot pensioenuitkeringen en -programma's.

Art. 29 Participatie in het politieke en openbare leven

De Staten die Partij zijn garanderen personen met een handicap politieke rechten en de mogelijkheid deze op voet van gelijkheid met anderen te genieten, en verplichten zich:
a. te waarborgen dat personen met een handicap effectief en ten volle kunnen participeren in het politieke en openbare leven, hetzij rechtstreeks, hetzij via in vrijheid gekozen vertegenwoordigers, met inbegrip van het recht, en de gelegenheid, voor personen met een handicap hun stem uit te brengen en gekozen te worden, onder andere door:
i. te waarborgen dat de stemprocedures, -faciliteiten en voorzieningen adequaat, toegankelijk en gemakkelijk te begrijpen en te gebruiken zijn;
ii. het recht van personen met een handicap te beschermen om in het geheim hun stem uit te brengen bij verkiezingen en publieksreferenda zonder intimidatie en om zich verkiesbaar te stellen, op alle niveaus van de overheid een functie te bekleden en alle openbare taken uit te oefenen, waarbij het gebruik van ondersteunende en nieuwe technologieën, indien van toepassing, wordt gefaciliteerd;
iii. de vrije wilsuiting van personen met een handicap als kiezers te waarborgen en daartoe, waar nodig, op hun verzoek ondersteuning toe te staan bij het uitbrengen van hun stem door een persoon van hun eigen keuze;
b. actief een omgeving te bevorderen waarin personen met een handicap effectief en ten volle kunnen participeren in de uitoefening van openbare functies, zonder discriminatie en op voet van gelijkheid met anderen en hun participatie in publieke aangelegenheden aan te moedigen, waaronder:
i. de participatie in non-gouvernementele organisaties en verenigingen die zich bezighouden met het openbare en politieke leven in het land en in de activiteiten en het bestuur van politieke partijen;
ii. het oprichten en zich aansluiten bij organisaties van personen met een handicap die personen met een handicap vertegenwoordigen op internationaal, nationaal, regionaal en lokaal niveau.

Art. 30 Deelname aan het culturele leven, recreatie, vrijetijdsbesteding en sport

1. De Staten die Partij zijn erkennen het recht van personen met een handicap op voet van gelijkheid met anderen deel te nemen aan het culturele leven en nemen alle passende maatregelen om te waarborgen dat personen met een handicap:
a. toegang hebben tot cultuuruitingen in toegankelijke vorm;
b. toegang hebben tot televisieprogramma's, films, theater en andere culturele activiteiten in toegankelijke vorm;
c. toegang hebben tot plaatsen voor culturele uitvoeringen of diensten, zoals theaters, musea, bioscopen, bibliotheken en dienstverlening op het gebied van toerisme en zo veel mogelijk toegang tot monumenten en plaatsen van nationaal cultureel belang.
2. De Staten die Partij zijn nemen alle passende maatregelen om personen met een handicap de kans te bieden hun creatieve, artistieke en intellectuele potentieel te ontwikkelen en gebruiken, niet alleen ten eigen bate maar ook ter verrijking van de maatschappij.
3. De Staten die Partij zijn nemen alle passende maatregelen in overeenstemming met het internationale recht om te waarborgen dat wetgeving ter bescherming van de intellectuele eigendom geen onredelijke of discriminatoire belemmering vormt voor de toegang van personen met een handicap tot cultuuruitingen.
4. Personen met een handicap hebben op voet van gelijkheid met anderen recht op erkenning en ondersteuning van hun specifieke culturele en taalkundige identiteit, met inbegrip van gebarentalen en de dovencultuur.
5. Teneinde personen met een handicap in staat te stellen op voet van gelijkheid met anderen deel te nemen aan recreatie, vrijetijdsbesteding en sportactiviteiten, nemen de Staten die Partij zijn passende maatregelen:
a. teneinde deelname van personen met een handicap aan algemene sportactiviteiten op alle niveaus zo veel mogelijk aan te moedigen en te bevorderen;

b. teneinde te waarborgen dat personen met een handicap de kans krijgen handicapspecifieke sport- en recreatieactiviteiten te organiseren, ontwikkelen en daaraan deel te nemen en daartoe te bevorderen dat hen op voet van gelijkheid met anderen passende instructie, training en middelen worden verschaft;
c. teneinde te waarborgen dat personen met een handicap toegang hebben tot sport-, recreatie- en toeristische locaties;
d. teneinde te waarborgen dat kinderen met een handicap op voet van gelijkheid met andere kinderen kunnen deelnemen aan spel-, recreatie-, vrijetijds- en sportactiviteiten, met inbegrip van activiteiten in schoolverband;
e. teneinde te waarborgen dat personen met een handicap toegang hebben tot diensten van degenen die betrokken zijn bij de organisatie van recreatie-, toeristische, vrijetijds- en sportactiviteiten.

Art. 31 Statistieken en het verzamelen van gegevens

1. De Staten die Partij zijn verplichten zich relevante informatie te verzamelen, met inbegrip van statistische en onderzoeksgegevens, teneinde hen in staat te stellen beleid te formuleren en te implementeren ter uitvoering van dit Verdrag. De procedures voor het verzamelen en actualiseren van deze informatie:
a. dienen te voldoen aan wettelijk vastgestelde waarborgen, met inbegrip van wetgeving inzake de bescherming van persoonsgegevens teneinde de vertrouwelijkheid en de eerbiediging van de privacy van personen met een handicap te waarborgen;
b. dienen te voldoen aan internationaal aanvaarde normen ter bescherming van de rechten van de mens en fundamentele vrijheden en ethische grondbeginselen bij het verzamelen en gebruik van statistieken.
2. De in overeenstemming met dit artikel verzamelde informatie wordt op passende wijze gespecificeerd en gebruikt voor de implementatie van de verplichtingen van de Staten die Partij zijn uit hoofde van dit Verdrag en bij het opsporen en aanpakken van de belemmeringen waarmee personen met een handicap geconfronteerd worden bij het uitoefenen van hun rechten.
3. De Staten die Partij zijn aanvaarden de verantwoordelijkheid voor de verspreiding van deze statistieken en waarborgen dat deze toegankelijk zijn voor zowel personen met een handicap als anderen.

Art. 32 Internationale samenwerking

1. De Staten die Partij zijn onderkennen het belang van internationale samenwerking en de bevordering daarvan ter ondersteuning van nationale inspanningen ter verwezenlijking van de doelstellingen van dit Verdrag, en treffen passende en doeltreffende maatregelen in dit verband tussen Staten en, waar toepasselijk, in de vorm van een samenwerkingsverband met relevante internationale en regionale organisaties en het maatschappelijk middenveld, in het bijzonder organisaties van personen met een handicap. Deze maatregelen kunnen onder meer bestaan uit:
a. het waarborgen dat internationale samenwerking, met inbegrip van internationale ontwikkelingsprogramma's, toegankelijk is voor personen met een handicap en dat daarbij niemand uitgesloten wordt;
b. het faciliteren en ondersteunen van capaciteitsopbouw, onder meer door het uitwisselen en delen van informatie, ervaringen, trainingsprogramma's en goede praktijken;
c. het faciliteren van samenwerking bij onderzoek en toegang tot wetenschappelijke en technische kennis;
d. het waar nodig verschaffen van technische en economische ondersteuning, onder meer door het faciliteren van de toegang tot en het delen van toegankelijke en ondersteunende technologieën en door de overdracht van technologieën.
2. De bepalingen van dit artikel laten de verplichtingen uit hoofde van dit Verdrag van alle Staten die Partij zijn onverlet.

Art. 33 Nationale implementatie en toezicht

1. De Staten die Partij zijn wijzen binnen hun bestuurlijke organisatie een of meer contactpunten aan voor aangelegenheden die betrekking hebben op de uitvoering van dit Verdrag en besteden naar behoren aandacht aan het instellen van een coördinatiesysteem binnen de overheid teneinde de maatregelen in verschillende sectoren en op verschillende niveaus te faciliteren.
2. In overeenstemming met hun rechts- en bestuurssysteem onderhouden en versterken de Staten die Partij zijn of hun grondgebied een kader, met onder meer een of twee onafhankelijke instanties, al naargelang van toepassing is, om de uitvoering van dit Verdrag te bevorderen, te beschermen en te monitoren of wijzen daarvoor een instantie aan of richten die op. Bij het aanwijzen of oprichten van een dergelijke instantie houden de Staten die Partij zijn rekening met de beginselen betreffende de status en het functioneren van nationale instellingen voor de bescherming en bevordering van de rechten van de mens.

3. Het maatschappelijk middenveld, in het bijzonder personen met een handicap en de organisaties die hen vertegenwoordigen, wordt betrokken bij en participeert volledig in het monitoringproces.

Art. 34 Comité voor de rechten van personen met een handicap

1. Er wordt een Comité voor de Rechten van Personen met een Handicap ingesteld (hierna te noemen „het Comité") dat de hieronder te noemen functies uitoefent.
2. Het Comité zal, op het tijdstip waarop dit Verdrag in werking treedt, bestaan uit twaalf deskundigen. Zodra nogmaals zestig Staten het Verdrag hebben bekrachtigd of ertoe zijn toegetreden, nemen nog zes personen zitting in het Comité, zodat het maximum aantal leden van 18 wordt bereikt.
3. De leden van het Comité nemen op persoonlijke titel zitting en dienen van hoog zedelijk aanzien en erkende bekwaamheid, op het gebied dat dit Verdrag bestrijkt, te zijn. De Staten die Partij zijn worden verzocht bij de voordracht van hun kandidaten naar behoren rekening te houden met de bepaling vervat in artikel 4, derde lid, van dit Verdrag.
4. De leden van het Comité worden gekozen door de Staten die Partij zijn, waarbij rekening wordt gehouden met een billijke geografische spreiding, vertegenwoordiging van de uiteenlopende beschavingen en van de voornaamste rechtsstelsels, een evenwichtige verdeling tussen mannen en vrouwen en deelname door deskundigen met een handicap.
5. De leden van het Comité worden gekozen tijdens vergaderingen van de Conferentie van Staten die partij zijn door middel van geheime stemming uit een lijst van personen, die door de Staten die Partij zijn uit hun onderdanen worden aangewezen. Tijdens deze vergaderingen, waarvoor twee derde van de Staten die Partij zijn het quorum vormen, zijn degenen die in het Comité zijn gekozen, die personen, die het grootste aantal stemmen hebben verkregen, alsmede een absolute meerderheid van de stemmen van de aanwezige vertegenwoordigers van de Staten die Partij zijn die hun stem uitbrengen.
6. De eerste verkiezing wordt niet later gehouden dan zes maanden na de datum van inwerkingtreding van dit Verdrag. Uiterlijk vier maanden voor de datum van elke stemming zendt de Secretaris-Generaal van de Verenigde Naties een brief aan de Staten die Partij zijn, teneinde hen uit te nodigen hun voordrachten binnen twee maanden in te dienen. De Secretaris-Generaal stelt vervolgens een alfabetische lijst op van alle personen die aldus zijn voorgedragen, waarbij aangegeven wordt door welke Staat die Partij is, zij zijn voorgedragen en legt deze voor aan de Staten die Partij zijn bij dit Verdrag.
7. De leden van het Comité worden gekozen voor een termijn van vier jaar. Zij zijn eenmaal herkiesbaar. De termijn van zes bij de eerste verkiezing benoemde leden loopt na twee jaar af; terstond na de eerste verkiezing worden die leden bij loting aangewezen door de voorzitter van de in het vijfde lid van dit artikel bedoelde vergadering.
8. De verkiezing van de zes extra leden van het Comité vindt plaats ten tijde van de periodieke verkiezingen in overeenstemming met de desbetreffende bepalingen van dit artikel.
9. Indien een lid van het Comité overlijdt, terugtreedt of om andere redenen verklaart zijn of haar taken niet langer te kunnen vervullen, benoemt de Staat die Partij is die dat lid heeft voorgedragen een andere deskundige die beschikt over de kwalificaties en voldoet aan de vereisten vervat in de desbetreffende bepalingen van dit artikel om gedurende het resterende deel van de termijn zitting te nemen.
10. Het Comité stelt zijn reglement van orde vast.
11. De Secretaris-Generaal van de Verenigde Naties stelt de benodigde personeelsleden en voorzieningen ter beschikking, ten behoeve van de doeltreffende uitvoering van de taken van het Comité uit hoofde van dit Verdrag en belegt de eerste vergadering.
12. Na goedkeuring van de Algemene Vergadering ontvangen de leden van het Comité dat uit hoofde van dit Verdrag is opgericht, emolumenten uit de middelen van de Verenigde Naties onder de voorwaarden die door de Algemene Vergadering kunnen worden vastgesteld, waarbij rekening wordt gehouden met het belang van de verantwoordelijkheden van het Comité.
13. De leden van het Comité hebben recht op de faciliteiten, voorrechten en immuniteiten van deskundigen die een missie uitvoeren voor de Verenigde Naties, zoals vastgelegd in de desbetreffende artikelen van het Verdrag nopens de voorrechten en immuniteiten van de Verenigde Naties.

Art. 35 Rapportage door de Staten die Partij zijn

1. Elke Staat die Partij is dient, binnen twee jaar nadat dit Verdrag voor de desbetreffende Staat die Partij is in werking is getreden, via de Secretaris-Generaal van de Verenigde Naties een uitgebreid rapport in bij het Comité over de maatregelen die zijn genomen om zijn verplichtingen uit hoofde van dit Verdrag na te komen, alsmede over de vooruitgang die is geboekt in dat verband.
2. Daarna brengen de Staten die Partij zijn ten minste eenmaal per vier jaar een vervolgrapport uit en voorts wanneer het Comité daarom verzoekt.
3. Het Comité stelt richtlijnen vast die van toepassing zijn op de inhoud van de rapporten.

4. Een Staat die Partij is die een uitgebreid eerste rapport heeft ingediend bij het Comité, behoeft de informatie die eerder is verstrekt niet te herhalen in de vervolgrapporten. Bij het opstellen van de rapporten voor het Comité, worden de Staten die Partij zijn uitgenodigd te overwegen daarbij een open en transparante procedure te volgen en zich naar behoren rekenschap te geven van de bepaling vervat in artikel 4, derde lid, van dit Verdrag.
5. In de rapporten kunnen factoren en problemen worden vermeld die van invloed zijn op de mate waarin de verplichtingen uit hoofde van dit Verdrag worden vervuld.

Art. 36 Behandeling van rapporten
1. Elk rapport wordt behandeld door het Comité dat naar aanleiding daarvan suggesties en algemene aanbevelingen kan doen die het relevant acht en deze doen toekomen aan de desbetreffende Staat die Partij is. De Staat die Partij is, kan daarop reageren door door hem geselecteerde informatie te zenden aan het Comité. Het Comité kan de Staten die Partij zijn verzoeken om nadere informatie met betrekking tot de implementatie van dit Verdrag.
2. Indien een Staat die Partij is de termijn voor het indienen van een rapport aanmerkelijk overschreden heeft, kan het Comité de desbetreffende Staat die Partij is in kennis stellen van de noodzaak de implementatie van dit Verdrag in die Staat die Partij is te onderzoeken op grond van betrouwbare informatie waarover het Comité beschikt, indien het desbetreffende rapport niet binnen drie maanden na de kennisgeving wordt ingediend. Het Comité nodigt de desbetreffende Staat die Partij is uit deel te nemen aan dat onderzoek. Indien de Staat die Partij is antwoordt door het desbetreffende rapport in te dienen, zijn de bepalingen van het eerste lid van dit artikel van toepassing.
3. De Secretaris-Generaal van de Verenigde Naties stelt de rapporten ter beschikking aan alle Staten die Partij zijn.
4. De Staten die Partij zijn stellen hun rapport algemeen beschikbaar aan het publiek in hun eigen land en faciliteren de toegang tot suggesties en algemene aanbevelingen met betrekking tot deze rapporten.
5. Indien het dit opportuun acht, zendt het Comité de rapporten van de Staten die Partij zijn aan de gespecialiseerde organisaties, fondsen en programma's van de Verenigde Naties en andere bevoegde organen om daarin vervatte verzoeken om, of meldingen van hun behoefte aan technisch advies of ondersteuning tezamen met eventueel commentaar of aanbevelingen van het Comité ter zake van deze verzoeken of meldingen aan hen voor te leggen.

Art. 37 Samenwerking tussen Staten die Partij zijn en het Comité
1. Elke Staat die Partij is werkt samen met het Comité en ondersteunt zijn leden bij de uitvoering van hun mandaat.
2. In hun betrekkingen met de Staten die Partij zijn, besteedt het Comité voldoende aandacht aan de wegen en manieren om de nationale mogelijkheden voor de implementatie van dit Verdrag te verbeteren, onder andere door middel van internationale samenwerking.

Art. 38 Betrekkingen van het Comité met andere organen
Teneinde de daadwerkelijke implementatie van dit Verdrag te bevorderen, en de internationale samenwerking op het terrein waarop dit Verdrag betrekking heeft, aan te moedigen:
a. hebben de gespecialiseerde organisaties en andere organen van de Verenigde Naties het recht vertegenwoordigd te worden bij de behandeling van de implementatie van de bepalingen van dit Verdrag die vallen binnen het kader van hun mandaat. Indien het dat opportuun acht, kan het Comité de gespecialiseerde organisaties en andere bevoegde organen uitnodigen deskundig advies te verstrekken voor de implementatie van het Verdrag op terreinen die vallen binnen het kader van hun onderscheiden mandaten. Het Comité kan gespecialiseerde organisaties en andere organen van de Verenigde Naties uitnodigen rapporten in te dienen over de implementatie van het Verdrag op terreinen die vallen binnen het kader van hun werkzaamheden;
b. kan het Comité bij de uitvoering van zijn mandaat overleggen met andere bevoegde organen die zijn opgericht op grond van internationale mensenrechtenverdragen, teneinde de consistentie van hun onderscheiden rapportagerichtlijnen, suggesties en algemene aanbevelingen te waarborgen en dubbel werk en overlapping bij de vervulling van hun taken te voorkomen.

Art. 39 Rapportage door het Comité
Het Comité brengt eenmaal per twee jaar verslag uit aan de Algemene Vergadering en aan de Economische en Sociale Raad en kan suggesties en algemene aanbevelingen doen naar aanleiding van de bestudering van de rapporten en informatie ontvangen van de Staten die Partij zijn. Deze suggesties en algemene aanbevelingen dienen in het rapport van het Comité te worden opgenomen tezamen met het eventuele commentaar van de Staten die Partij zijn.

Art. 40 Conferentie van de Staten die Partij zijn
1. De Staten die Partij zijn komen periodiek bijeen in een Conferentie van de Staten die Partij zijn teneinde aangelegenheden te behandelen met betrekking tot de implementatie van dit Verdrag.
2. Uiterlijk zes maanden na de inwerkingtreding van dit Verdrag wordt de Conferentie van de Staten die Partij zijn bijeengeroepen door de Secretaris-Generaal van de Verenigde Naties.

De Secretaris-Generaal van de Verenigde Naties belegt de volgende bijeenkomsten eenmaal per twee jaar of wanneer de Conferentie van de Staten die Partij zijn daartoe besluit.

Art. 41 Depositaris
De Secretaris-Generaal van de Verenigde Naties is depositaris van dit Verdrag.

Art. 42 Ondertekening
Dit Verdrag staat vanaf 30 maart 2007 op het hoofdkwartier van de Verenigde Naties in New York open voor ondertekening door alle Staten en organisaties voor regionale integratie.

Art. 43 Instemming te worden gebonden
Dit Verdrag dient te worden bekrachtigd door de ondertekenende Staten en formeel te worden bevestigd door de ondertekenende organisaties voor regionale integratie. Het staat open voor toetreding door elke Staat of organisatie voor regionale integratie die het Verdrag niet heeft ondertekend.

Art. 44 Organisaties voor regionale integratie
1. Een „organisatie voor regionale integratie" is een organisatie die is opgericht door soevereine Staten van een bepaalde regio waaraan haar lidstaten de bevoegdheid hebben overgedragen ter zake van aangelegenheden waarop dit Verdrag van toepassing is. Dergelijke organisaties leggen in hun akten van formele bevestiging of toetreding vast in welke mate zij bevoegd zijn ter zake van aangelegenheden waarop dit Verdrag van toepassing is. Deze organisaties doen de depositaris tevens mededeling van iedere relevante verandering in de reikwijdte van hun bevoegdheden.
2. Verwijzingen naar „Staten die Partij zijn" in dit Verdrag zijn binnen de reikwijdte van hun bevoegdheid tevens van toepassing op deze organisaties.
3. Voor de toepassing van artikel 45, eerste lid, en artikel 47, tweede en derde lid, worden akten, neergelegd door een organisatie voor regionale integratie, niet meegeteld.
4. Organisaties voor regionale integratie oefenen ter zake van binnen hun bevoegdheid vallende aangelegenheden hun stemrecht bij de Conferentie van de Staten die Partij zijn uit met een aantal stemmen dat gelijk is aan het aantal van hun lidstaten die partij zijn bij dit Verdrag. Bedoelde organisaties oefenen hun stemrecht niet uit indien een van hun lidstaten zijn stemrecht uitoefent, en omgekeerd.

Art. 45 Inwerkingtreding
1. Dit Verdrag treedt in werking dertig dagen na de nederlegging van de twintigste akte van bekrachtiging of toetreding.
2. Voor elke Staat of organisatie voor regionale integratie die het Verdrag na de nederlegging van de twintigste akte bekrachtigt, formeel bevestigt of ertoe toetreedt, treedt het Verdrag in werking dertig dagen na de nederlegging van zijn akte ter zake.

Art. 46 Voorbehouden
1. Voorbehouden die onverenigbaar zijn met het onderwerp en het doel van dit Verdrag zijn niet toegestaan.
2. Voorbehouden kunnen te allen tijde worden ingetrokken.

Art. 47 Wijzigingen
1. Elke Staat die Partij is kan een wijziging van dit Verdrag voorstellen en indienen bij de Secretaris-Generaal van de Verenigde Naties. De Secretaris-Generaal deelt voorgestelde wijzigingen mede aan de Staten die Partij zijn met het verzoek hem te berichten of zij een conferentie van de Staten die Partij zijn verlangen, teneinde de voorstellen te bestuderen en daarover te beslissen. Indien, binnen vier maanden na de datum van deze mededeling, ten minste een derde van de Staten die Partij zijn een dergelijke conferentie verlangt, roept de Secretaris-Generaal de vergadering onder auspiciën van de Verenigde Naties bijeen. Wijzigingen die worden aangenomen door een meerderheid van twee derde van de aanwezige Staten die Partij zijn en hun stem uitbrengen, worden door de Secretaris-Generaal voorgelegd aan de Algemene Vergadering en vervolgens ter aanvaarding aan alle Staten die Partij zijn.
2. Een overeenkomstig het eerste lid van dit artikel aangenomen en goedgekeurde wijziging, treedt in werking dertig dagen nadat het aantal neergelegde akten van aanvaarding twee derde bedraagt van het aantal Staten die Partij waren op de datum waarop de wijziging aangenomen werd. De wijziging treedt vervolgens voor elke Staat die Partij is in werking dertig dagen na de datum waarop deze zijn instrument van aanvaarding heeft nedergelegd. Een wijziging is uitsluitend bindend voor de Staten die Partij zijn die haar aanvaard hebben.
3. Indien daartoe bij consensus besloten is door de Conferentie van de Staten die Partij zijn, treedt een wijziging die is aangenomen en goedgekeurd in overeenstemming met het eerste lid van dit artikel en uitsluitend betrekking heeft op de artikelen 34, 38, 39 of 40 voor alle Staten die Partij zijn in werking, dertig dagen nadat het aantal neergelegde akten van aanvaarding twee derde bedraagt van het aantal Staten die Partij waren op de datum waarop de wijziging werd aangenomen.

Art. 48 Opzegging
Een Staat die Partij is kan dit Verdrag opzeggen door middel van een schriftelijke kennisgeving aan de Secretaris-Generaal van de Verenigde Naties. De opzegging wordt van kracht een jaar na de datum van ontvangst van de kennisgeving door de Secretaris-Generaal.

Art. 49 Toegankelijk format
De tekst van dit Verdrag wordt beschikbaar gesteld in toegankelijke formats.

Art. 50 Authentieke teksten
De Arabische, de Chinese, de Engelse, de Franse, de Russische en de Spaanse tekst van dit Verdrag zijn gelijkelijk authentiek.

Verdrag van Wenen inzake het verdragenrecht[1]

De Staten die Partij zijn bij dit Verdrag,
In overweging nemend de fundamentele rol van verdragen in de geschiedenis van de internationale betrekkingen,
Zich bewust van het steeds toenemend belang van verdragen als bron van volkenrecht en als middel ter ontwikkeling van de vreedzame samenwerking tussen de naties, ongeacht hun constitutionele en sociale stelsels,
Vaststellend dat de beginselen van vrijwillige instemming en van goede trouw en de regel *pacta sunt servanda* algemeen erkend worden,
Bevestigend dat geschillen betreffende verdragen, evenals andere internationale geschillen, dienen te worden geregeld langs vreedzame weg en overeenkomstig de beginselen van gerechtigheid en het volkenrecht,
Herinnerend aan de vastbeslotenheid van de volken van de Verenigde Naties tot het scheppen van de voorwaarden die noodzakelijk zijn voor het handhaven van de gerechtigheid en de eerbiediging van de uit verdragen voortvloeiende verplichtingen,
Indachtig de beginselen van het volkenrecht, neergelegd in het Handvest van de Verenigde Naties, als daar zijn de beginselen van de gelijkgerechtigdheid der volken en hun recht op zelfbeschikking, de soevereine gelijkheid en de onafhankelijkheid van alle Staten, het zich niet mengen in binnenlandse aangelegenheden van Staten, het verbod van het dreigen met of het gebruikmaken van geweld en de universele en daadwerkelijke eerbied voor de rechten van de mens en fundamentele vrijheden voor allen,
Van oordeel zijnde dat de codificatie en de geleidelijke ontwikkeling van het in dit Verdrag neergelegde verdragenrecht de in het Handvest omschreven doelstellingen van de Verenigde Naties zullen bevorderen, te weten: het handhaven van de internationale vrede en veiligheid, het ontwikkelen van vriendschappelijke betrekkingen tussen de naties en de verwezenlijking van de internationale samenwerking,
Bevestigend dat de vraagstukken die niet door de bepalingen van dit Verdrag worden geregeld, zullen worden beheerst door de regels van het internationale gewoonterecht,
Zijn overeengekomen als volgt:

DEEL I
Inleiding

Art. 1 Werkingssfeer van dit Verdrag

Werkingssfeer
Dit Verdrag is van toepassing op verdragen tussen Staten.

Art. 2 Gebezigde uitdrukkingen

Definities
1. Voor de toepassing van dit Verdrag betekent

Verdrag
a) „verdrag": een internationale overeenkomst in geschrifte tussen Staten gesloten en beheerst door het volkenrecht, hetzij nedergelegd in een enkele akte, hetzij in twee of meer samenhangende akten, en ongeacht haar bijzondere benaming;

Bekrachtiging e.a.
b) „bekrachtiging", „aanvaarding", „goedkeuring" en „toetreding": al naar gelang het geval, de internationale handeling van die naam, waarmee een Staat op internationaal niveau zijn instemming door een verdrag gebonden te worden vastlegt;

Volmacht
c) „volmacht": een van de bevoegde autoriteit van een Staat uitgaand document waarbij een of meer personen worden aangewezen om de Staat te vertegenwoordigen bij de onderhandelingen over, de aanneming of de authentificatie van een verdragstekst, om de instemming van de Staat door een verdrag gebonden te worden tot uitdrukking te brengen, of om elke andere handeling te verrichten met betrekking tot een verdrag;

Voorbehoud
d) „voorbehoud": een eenzijdige verklaring, ongeacht haar bewoording of haar benaming, afgelegd door een Staat wanneer hij een verdrag ondertekent, bekrachtigt, aanvaardt of goedkeurt of daartoe toetreedt, waarbij hij te kennen geeft het rechtsgevolg van zekere bepalingen van het verdrag in hun toepassing met betrekking tot deze Staat uit te sluiten of te wijzigen;

Deelnemende Staat
e) „Staat die heeft deelgenomen aan de onderhandelingen": een Staat die heeft deelgenomen aan de voorbereiding en de aanneming van een verdragstekst;

Verdragsluitende Staat
f) „verdragsluitende Staat": een Staat die heeft ingestemd door het verdrag gebonden te worden, of het verdrag in werking is getreden of niet;

---

1 Inwerkingtredingsdatum: 09-05-1985.

Verdrag van Wenen inzake het verdragenrecht

g) „partij": een Staat die heeft ingestemd door het verdrag gebonden te worden en voor welke het verdrag in werking is getreden; — Partij
h) „derde Staat": een Staat die geen partij is bij het verdrag; — Derde Staat
i) „internationale organisatie": een intergouvernementele organisatie. — Internationale Organisatie

2. De bepalingen van het eerste lid aangaande de in dit Verdrag gebezigde uitdrukkingen laten onverlet het gebruik van deze termen of de betekenis die er in het nationale recht van een Staat aan kan worden gehecht.

Art. 3 Internationale overeenkomsten die buiten de werkingssfeer van dit Verdrag vallen

Het feit dat dit Verdrag noch op internationale overeenkomsten gesloten tussen Staten en andere subjecten van volkenrecht of tussen deze andere subjecten van volkenrecht, noch op niet in geschrifte tot stand gebrachte internationale overeenkomsten van toepassing is, doet geen afbreuk aan: — Nadere bepaling werkingssfeer

a) de rechtskracht van zodanige overeenkomsten;
b) de toepassing op deze overeenkomsten van alle in dit Verdrag vastgelegde regels waaraan zij onafhankelijk van dit Verdrag krachtens het volkenrecht zouden zijn onderworpen;
c) de toepassing van het Verdrag op de betrekkingen tussen Staten, geregeld door internationale overeenkomsten waarbij andere subjecten van volkenrecht eveneens partij zijn.

Art. 4 De niet-terugwerkende kracht van dit Verdrag

Onverminderd de toepassing van de in dit Verdrag vastgelegde regels waaraan verdragen krachtens het volkenrecht los van dit Verdrag zouden zijn onderworpen, is dit Verdrag slechts van toepassing op verdragen gesloten door Staten na zijn inwerkingtreding voor die Staten. — Niet retro-actief

Art. 5 Verdragen ter oprichting van internationale organisaties en verdragen aangenomen binnen een internationale organisatie

Dit Verdrag is van toepassing op elk verdrag dat de oprichtingsakte van een internationale organisatie vormt en op elk verdrag, aangenomen binnen een internationale organisatie, behoudens de ter zake dienende regels van de organisatie. — Verdragen rond Internationale organisaties

DEEL II
Het sluiten en de inwerkingtreding van verdragen

AFDELING 1
HET SLUITEN VAN VERDRAGEN

Art. 6 Bevoegdheid der Staten tot het sluiten van verdragen
Elke Staat is bevoegd tot het sluiten van verdragen. — Bevoegde Staat

Art. 7 Volmacht
1. Een persoon wordt beschouwd een Staat te vertegenwoordigen ter zake van de aanneming of de authentificatie van een verdragstekst of om de instemming van de Staat door een verdrag gebonden te worden tot uitdrukking te brengen, indien: — Gevolmachtigden
a) hij een voor dat doel verleende volmacht toont; of
b) uit de praktijk van de betrokken Staten of uit andere omstandigheden blijkt dat het hun bedoeling was deze persoon als vertegenwoordiger van de Staat ten dezen te beschouwen en niet de overlegging van een volmacht te verlangen.
2. Op grond van hun functies en zonder dat zij een volmacht behoeven te tonen, worden als vertegenwoordiger van hun Staat beschouwd:
a) Staatshoofden, Regeringsleiders en Ministers van Buitenlandse Zaken, voor alle handelingen met betrekking tot het sluiten van een verdrag;
b) hoofden van diplomatieke missies voor de aanneming van de tekst van een verdrag tussen de accrediterende Staat en de Staat waar zij geaccrediteerd zijn;
c) geaccrediteerde vertegenwoordigers van Staten bij een internationale conferentie of een internationale organisatie of een van haar organen, voor de aanneming van een verdragstekst in deze conferentie, deze organisatie of dit orgaan.

Art. 8 Bevestiging achteraf van een zonder machtiging verrichte handeling
Een handeling met betrekking tot het sluiten van een verdrag, verricht door een persoon die niet krachtens artikel 7 beschouwd kan worden gemachtigd te zijn een Staat ten dezen te vertegenwoordigen, is zonder rechtsgevolg tenzij zij achteraf door die Staat wordt bevestigd. — Bevestiging

Art. 9 Aanneming van de tekst
1. De aanneming van een verdragstekst geschiedt door de instemming van alle Staten die betrokken zijn bij het opstellen, met uitzondering van gevallen voorzien in het tweede lid. — Aanneming
2. De aanneming van een verdragstekst op een internationale conferentie geschiedt door een meerderheid van twee derden van de stemmen van de aanwezige en stemuitbrengende Staten, tenzij die Staten met dezelfde meerderheid besluiten een afwijkende regel toe te passen.

Art. 10 Authentificatie van de tekst
De verdragstekst wordt als authentiek en definitief vastgesteld: — Authentificatie

a) door de procedure, vastgesteld in die tekst of overeengekomen door de aan de opstelling van het verdrag deelnemende Staten; of
b) indien in een dergelijke procedure niet is voorzien, door ondertekening, ondertekening *ad referendum* of parafering door de vertegenwoordigers van die Staten van de verdragstekst of de slotakte van een conferentie waarin de tekst is opgenomen.

Art. 11 Middelen om de instemming door een verdrag gebonden te worden tot uitdrukking te brengen

Binding

De instemming van een Staat door een verdrag gebonden te worden, kan tot uitdrukking worden gebracht door ondertekening, door uitwisseling van akten die een verdrag vormen, door bekrachtiging, aanvaarding, goedkeuring of toetreding, of door ieder ander overeengekomen middel.

Art. 12 Het door ondertekening tot uitdrukking brengen van instemming door een verdrag gebonden te worden

Ondertekening

1. De instemming van een Staat door een verdrag gebonden te worden, wordt tot uitdrukking gebracht door de ondertekening door de vertegenwoordiger van deze Staat, indien:
a) het verdrag er in voorziet dat de ondertekening dit gevolg heeft;
b) het op andere wijze vaststaat, dat de Staten die aan de onderhandelingen hebben deelgenomen zijn overeengekomen dat de ondertekening dit gevolg heeft; of
c) de bedoeling van de Staat om de ondertekening dit gevolg te geven uit de volmacht van zijn vertegenwoordiger blijkt of tijdens de onderhandelingen te kennen is gegeven.

2. Voor de toepassing van het eerste lid:
a) geldt de parafering van een tekst als ondertekening van het verdrag indien het vaststaat dat de Staten die aan de onderhandelingen hebben deelgenomen aldus zijn overeengekomen;
b) geldt de ondertekening *ad referendum* van een verdrag door de vertegenwoordiger van een Staat, indien zij door die Staat wordt bevestigd, als definitieve ondertekening van het verdrag.

Art. 13 Het door uitwisseling van akten die een verdrag vormen tot uitdrukking brengen van de instemming door een verdrag gebonden te worden

Uitwisseling akten

De instemming van Staten gebonden te worden door een verdrag, dat wordt gevormd door tussen hen uitgewisselde akten, wordt tot uitdrukking gebracht door deze uitwisseling, indien:
a) de akten er in voorzien dat hun uitwisseling dit gevolg heeft; of
b) het op andere wijze vaststaat, dat die Staten zijn overeengekomen dat de uitwisseling van akten dit gevolg heeft.

Art. 14 Het door bekrachtiging, aanvaarding of goedkeuring tot uitdrukking brengen van de instemming door een verdrag gebonden te worden

Bekrachtiging

1. De instemming van een Staat door een verdrag gebonden te worden, wordt tot uitdrukking gebracht door bekrachtiging, indien:
a) het verdrag er in voorziet dat deze instemming door bekrachtiging tot uitdrukking wordt gebracht;
b) het op andere wijze vaststaat, dat de Staten die aan de onderhandelingen hebben deelgenomen, waren overeengekomen dat bekrachtiging is vereist;
c) de vertegenwoordiger van deze Staat het verdrag onder voorbehoud van bekrachtiging heeft ondertekend; of
d) de bedoeling van deze Staat om het verdrag te ondertekenen onder voorbehoud van bekrachtiging uit de volmacht van zijn vertegenwoordiger blijkt of tijdens de onderhandelingen te kennen is gegeven.

Aanvaarding of goedkeuring

2. De instemming van een Staat door een verdrag gebonden te worden, wordt tot uitdrukking gebracht door aanvaarding of goedkeuring op soortgelijke voorwaarden als die welke gelden voor bekrachtiging.

Art. 15 Het door toetreding tot uitdrukking brengen van instemming door een verdrag gebonden te worden

Toetreding

De instemming van een Staat door een verdrag gebonden te worden, wordt tot uitdrukking gebracht door toetreding, indien:
a) het verdrag er in voorziet, dat deze instemming door deze Staat tot uitdrukking kan worden gebracht door toetreding;
b) het op andere wijze vaststaat, dat de Staten die hebben deelgenomen aan de onderhandelingen zijn overeengekomen dat deze instemming door deze Staat tot uitdrukking kan worden gebracht door toetreding; of
c) alle partijen nadien zijn overeengekomen dat deze instemming door deze Staat tot uitdrukking kan worden gebracht door toetreding.

Art. 16 Uitwisseling of nederlegging van de akten van bekrachtiging, aanvaarding, goedkeuring of toetreding

Vastleggen binding

Tenzij het verdrag anders bepaalt, leggen de akten van bekrachtiging, aanvaarding, goedkeuring of toetreding de instemming van een Staat om door een verdrag gebonden te worden op het ogenblik van:
a) hun uitwisseling tussen de verdragsluitende Staten;

Verdrag van Wenen inzake het verdragenrecht

b) hun nederlegging bij de depositaris; of
c) hun kennisgeving aan de verdragsluitende Staten of de depositaris, indien aldus is overeengekomen.

Art. 17 Instemming door een deel van een verdrag gebonden te worden en keuze tussen verschillende bepalingen

1. Onverminderd het bepaalde in de artikelen 19 tot 23 heeft de instemming van een Staat gebonden te worden door een deel van een verdrag slechts gevolgen indien het verdrag dit toelaat of indien de andere verdragsluitende Staten hiermede instemmen.

2. De instemming van een Staat gebonden te worden door een verdrag dat een keuze veroorlooft uit verschillende bepalingen, heeft slechts gevolgen indien duidelijk is aangegeven op welke van de bepalingen de instemming betrekking heeft.

Binding door gedeelte

Art. 18 Verplichting voorwerp en doel van een verdrag niet ongedaan te maken alvorens zijn inwerkingtreding

Een Staat moet zich onthouden van handelingen die een verdrag zijn voorwerp en zijn doel zouden ontnemen, indien:
a) hij het verdrag heeft ondertekend of de akten die het verdrag vormen heeft uitgewisseld onder voorbehoud van bekrachtiging, aanvaarding of goedkeuring, totdat hij zijn bedoeling geen partij te willen worden bij het verdrag kenbaar heeft gemaakt; of
b) hij zijn instemming door het verdrag gebonden te worden tot uitdrukking heeft gebracht in de periode die aan de inwerkingtreding van het verdrag voorafgaat op voorwaarde dat deze inwerkingtreding niet onnodig wordt vertraagd.

Verboden handelingen vóór inwerkingtreding

AFDELING 2
VOORBEHOUDEN

Art. 19 Het maken van voorbehouden

Een Staat kan op het ogenblik van ondertekening, bekrachtiging, aanvaarding of goedkeuring van een verdrag of toetreding tot een verdrag een voorbehoud maken, tenzij:
a) dit voorbehoud is verboden door het verdrag;
b) het verdrag bepaalt dat slechts bepaalde voorbehouden, waaronder niet het voorbehoud in kwestie, kunnen worden gemaakt; of
c) voor zover het andere gevallen dan omschreven onder a) en b) betreft, het voorbehoud niet verenigbaar is met voorwerp en doel van het verdrag.

Voorbehouden, maken van

Art. 20 Aanvaarding van en bezwaar tegen voorbehouden

1. Een door een verdrag uitdrukkelijk toegestaan voorbehoud behoeft niet nadien door de andere verdragsluitende partijen te worden aanvaard, tenzij het verdrag dat voorschrijft.

2. Indien uit het beperkte aantal Staten dat aan de onderhandelingen heeft deelgenomen en uit het voorwerp en doel van het verdrag blijkt, dat de toepassing van het verdrag in zijn geheel tussen alle partijen een wezenlijke voorwaarde is voor de instemming van elk hunner door het verdrag gebonden te worden, dient een voorbehoud door alle partijen te worden aanvaard.

3. Indien een verdrag een oprichtingsakte van een internationale organisatie is en indien het niet anders bepaalt, dient een voorbehoud door het bevoegde orgaan van deze organisatie te worden aanvaard.

4. In andere gevallen dan die waarin de voorgaande leden voorzien en indien het verdrag niet anders bepaalt:
a) maakt de aanvaarding van een voorbehoud door een andere verdragsluitende Staat de Staat die het voorbehoud heeft gemaakt partij bij het verdrag met betrekking tot deze andere Staat, indien het verdrag in werking is of wanneer het in werking treedt voor deze Staten;
b) verhindert het bezwaar van een andere verdragsluitende Staat tegen een voorbehoud niet de inwerkingtreding van het verdrag tussen de Staat die het bezwaar heeft aangetekend en de Staat die het voorbehoud heeft gemaakt, tenzij de tegengestelde bedoeling duidelijk is uitgedrukt door de Staat die het bezwaar heeft aangetekend;
c) wordt een akte, waarin de instemming van een Staat door het verdrag gebonden te worden tot uitdrukking wordt gebracht en die een voorbehoud bevat, van kracht zodra ten minste één andere verdragsluitende Staat het voorbehoud heeft aanvaard.

5. Voor de toepassing van het tweede en vierde lid en indien het verdrag niet anders bepaalt, wordt een voorbehoud geacht te zijn aanvaard door een Staat, indien deze geen bezwaar heeft gemaakt tegen het voorbehoud binnen twaalf maanden na de datum waarop hij de kennisgeving daarvan ontvangen heeft, of op de dag, waarop hij zijn instemming door het verdrag gebonden te worden tot uitdrukking heeft gebracht indien deze dag op een latere datum valt.

Aanvaarding voorbehoud

Bezwaar

Art. 21 Rechtsgevolgen van voorbehouden en bezwaren tegen voorbehouden

1. Een voorbehoud, gemaakt ten aanzien van een andere partij overeenkomstig de artikelen 19, 20 en 23:

Rechtsgevolg voorbehoud

a) wijzigt voor de Staat die het voorbehoud heeft gemaakt in zijn betrekkingen met deze andere partij de bepalingen van het verdrag waarop het voorbehoud betrekking heeft, in de mate voorzien in dit voorbehoud; en
b) wijzigt deze bepalingen in dezelfde mate voor deze andere partij in haar betrekkingen met de Staat die het voorbehoud heeft gemaakt.

2. Het voorbehoud wijzigt niet de bepalingen van het verdrag voor de andere partijen bij het verdrag *inter se*.

Rechtsgevolg bezwaar

3. Indien een Staat die bezwaar heeft gemaakt tegen een voorbehoud zich niet heeft verzet tegen de inwerkingtreding van het verdrag tussen hem en de Staat die het voorbehoud heeft gemaakt, zijn de bepalingen waarop het voorbehoud betrekking heeft niet van toepassing tussen de beide Staten in de mate voorzien in het voorbehoud.

Art. 22 Het intrekken van voorbehouden en bezwaren tegen voorbehouden

Intrekking voorbehoud

1. Tenzij het verdrag anders bepaalt, kan een voorbehoud elk ogenblik worden ingetrokken zonder dat daarvoor de instemming nodig is van de Staat die het voorbehoud heeft aanvaard.
2. Tenzij het verdrag anders bepaalt, kan een bezwaar tegen een voorbehoud te allen tijde worden ingetrokken.
3. Tenzij het verdrag anders bepaalt of indien anders is overeengekomen:
a) wordt het intrekken van een voorbehoud eerst ten aanzien van een andere verdragsluitende Staat van kracht wanneer die Staat een kennisgeving dienaangaande heeft ontvangen;

Intrekking bezwaar

b) wordt het intrekken van een bezwaar tegen een voorbehoud pas van kracht wanneer de Staat die het voorbehoud heeft gemaakt een kennisgeving van de intrekking heeft ontvangen.

Art. 23 Procedure betreffende voorbehouden

Procedure rond voorbehouden

1. Een voorbehoud, een uitdrukkelijke aanvaarding van een voorbehoud en een bezwaar tegen een voorbehoud moeten schriftelijk worden vastgelegd en aan de verdragsluitende Staten en aan andere Staten die gerechtigd zijn partij bij het verdrag te worden, worden medegedeeld.
2. Indien een voorbehoud wordt gemaakt bij de ondertekening van het verdrag onder voorbehoud van bekrachtiging, aanvaarding of goedkeuring, moet het formeel bevestigd worden door de Staat die het voorbehoud heeft gemaakt op het ogenblik dat hij zijn instemming door het verdrag gebonden te worden, tot uitdrukking brengt. In een dergelijk geval zal het voorbehoud worden beschouwd als te zijn gemaakt op de dag van bevestiging.
3. Een uitdrukkelijke aanvaarding van een voorbehoud of een bezwaar tegen een voorbehoud behoeft, indien voorafgegaan aan een bevestiging van dat voorbehoud, zelf niet te worden bevestigd.
4. Het intrekken van een voorbehoud of een bezwaar tegen een voorbehoud dient schriftelijk te geschieden.

AFDELING 3
INWERKINGTREDING VAN VERDRAGEN EN VOORLOPIGE TOEPASSING

Art. 24 Inwerkingtreding

Inwerkingtreding van een verdrag

1. Een verdrag treedt in werking op de wijze en op de dag zoals voorzien in zijn bepalingen, of krachtens overeenstemming tussen de Staten die hebben deelgenomen aan de onderhandelingen.
2. Indien dergelijke bepalingen of een dergelijke overeenstemming ontbreken, treedt een verdrag in werking zodra de instemming door het verdrag gebonden te worden, vaststaat voor alle Staten die hebben deelgenomen aan de onderhandelingen.
3. Indien de instemming van een Staat door een verdrag gebonden te worden tot uitdrukking wordt gebracht op een datum na de inwerkingtreding van dit verdrag treedt het in werking voor deze Staat op deze datum, tenzij het verdrag anders bepaalt.
4. De bepalingen van een verdrag, die de authenticatie van de tekst, het tot uitdrukking brengen van de instemming van de Staten door het verdrag gebonden te worden, de wijze of de datum van inwerkingtreding, de voorbehouden, de werkzaamheden van de depositaris, alsmede de andere vraagstukken die zich noodzakelijkerwijze voordoen voor de inwerkingtreding van het verdrag regelen, zijn van toepassing vanaf het tijdstip van de aanneming van de tekst.

Art. 25 Voorlopige toepassing

Voorlopige toepassing

1. Een verdrag of een deel van een verdrag wordt voorlopig toegepast in afwachting van zijn inwerkingtreding, indien
a) het verdrag zulks bepaalt; of
b) indien de Staten die hebben deelgenomen aan de onderhandelingen op een andere wijze aldus zijn overeengekomen.
2. Tenzij het verdrag anders bepaalt of de Staten die aan de onderhandelingen hebben deelgenomen anders zijn overeengekomen, houdt de voorlopige toepassing van een verdrag of van een deel van een verdrag voor een Staat op, als deze Staat de andere Staten waartussen het verdrag voorlopig wordt toegepast, in kennis stelt van zijn voornemen geen partij te worden bij het verdrag.

Verdrag van Wenen inzake het verdragenrecht

DEEL III
Naleving, toepassing en uitlegging van verdragen

AFDELING 1
NALEVING VAN VERDRAGEN

Art. 26 Pacta sunt servanda
Elk in werking getreden verdrag verbindt de partijen en moet door hen te goeder trouw ten uitvoer worden gelegd.

Naleving

Art. 27 Nationaal recht en naleving van verdragen
Een partij mag zich niet beroepen op de bepalingen van zijn nationale recht om het niet ten uitvoer leggen van een verdrag te rechtvaardigen. Deze regel geldt onverminderd artikel 46.

Nationaal recht

AFDELING 2
TOEPASSING VAN VERDRAGEN

Art. 28 Niet-terugwerkende kracht van verdragen
Tenzij uit het verdrag of op andere wijze een andere bedoeling blijkt, binden de bepalingen van een verdrag een partij niet met betrekking tot een handeling of feit, voorafgaand aan de datum van inwerkingtreding van dit verdrag voor deze partij, of enige situatie die op die datum niet meer bestond.

Retro-actie

Art. 29 Territoriale gelding van verdragen
Tenzij een andere bedoeling uit het verdrag blijkt of op een andere wijze is komen vast te staan, bindt een verdrag elke partij ten opzichte van haar gehele grondgebied.

Territorialiteit

Art. 30 Toepassing van achtereenvolgende verdragen die betrekking hebben op eenzelfde onderwerp
1. Onder voorbehoud van de bepalingen van artikel 103 van het Handvest van de Verenigde Naties worden de rechten en verplichtingen van Staten die partij zijn bij achtereenvolgende verdragen die betrekking hebben op eenzelfde onderwerp bepaald overeenkomstig de volgende leden.

Chronologische verdragen

2. Indien een verdrag uitdrukkelijk vermeldt dat het ondergeschikt is aan een eerder of later verdrag of dat het niet als onverenigbaar met dit andere verdrag moet worden beschouwd, hebben de bepalingen van dat andere verdrag voorrang.

Uitdrukkelijke voorrang

3. Indien alle partijen bij het eerdere verdrag eveneens partij zijn bij het latere verdrag, zonder dat het eerdere verdrag beëindigd is of zijn werking is opgeschort krachtens artikel 59, is het eerdere verdrag slechts van toepassing in de mate waarin zijn bepalingen verenigbaar zijn met die van het latere verdrag.

Verenigbare bepalingen

4. Indien de partijen bij het eerdere verdrag niet alle partij zijn bij het latere verdrag:
a) is in de betrekkingen tussen Staten die partij zijn bij beide verdragen de regel van toepassing die in het derde lid is vastgelegd;
b) regelt in de betrekkingen tussen een Staat die partij is bij beide verdragen en een Staat die slechts partij is bij een van deze verdragen het verdrag waarbij beide Staten partij zijn hun wederzijdse rechten en verplichtingen.

Nieuwe partijen

5. Het vierde lid is van toepassing onverminderd artikel 41 of enig vraagstuk aangaande de beëindiging of de opschorting van de werking van een verdrag op grond van artikel 60 of enig vraagstuk aangaande verantwoordelijkheid die voor een Staat kan ontstaan uit het sluiten of de toepassing van een verdrag waarvan de bepalingen onverenigbaar zijn met de verplichtingen die op hem rusten ten aanzien van een andere Staat krachtens een ander verdrag.

Onverenigbare bepalingen

AFDELING 3
UITLEGGING VAN VERDRAGEN

Art. 31 Algemene regel van uitlegging
1. Een verdrag moet te goeder trouw worden uitgelegd overeenkomstig de gewone betekenis van de termen van het Verdrag in hun context en in het licht van voorwerp en doel van het Verdrag.

Goeder trouw

2. Voor de uitlegging van een verdrag omvat de context, behalve de tekst, met inbegrip van preambule en bijlagen:
a) iedere overeenstemming die betrekking heeft op het verdrag en die bij het sluiten van het verdrag tussen alle partijen is bereikt;
b) iedere akte opgesteld door een of meer partijen bij het sluiten van het verdrag en door de andere partijen erkend als betrekking hebbende op het verdrag.

Context

3. Behalve met de context dient ook rekening te worden gehouden met:
a) iedere later tot stand gekomen overeenstemming tussen de partijen met betrekking tot de uitlegging van het verdrag of de toepassing van zijn bepalingen;

b) ieder later gebruik in de toepassing van het verdrag waardoor overeenstemming van de partijen inzake de uitlegging van het verdrag is ontstaan;
c) iedere ter zake dienende regel van het volkenrecht die op de betrekkingen tussen de partijen kan worden toegepast.

Terminologie

4. Een term dient in een bijzondere betekenis verstaan te worden als vaststaat, dat dit de bedoeling van de partijen is geweest.

Art. 32 Aanvullende middelen van uitlegging

Nadere middelen uitlegging

Er kan een beroep worden gedaan op aanvullende middelen van uitlegging en in het bijzonder op de voorbereidende werkzaamheden en de omstandigheden waaronder het verdrag is gesloten, om de betekenis die voortvloeit uit de toepassing van artikel 31 te bevestigen of de betekenis te bepalen indien de uitlegging, geschied overeenkomstig artikel 31:
a) de betekenis dubbelzinnig of duister laat; of
b) leidt tot een resultaat dat duidelijk ongerijmd of onredelijk is.

Art. 33 Uitlegging van in twee of meer talen geauthentiseerde verdragen

Authentieke talen

1. Indien een verdrag geauthentiseerd is in twee of meer talen, heeft de tekst in elk der talen rechtskracht, tenzij het verdrag bepaalt of de partijen overeenkomen dat in geval van verschil een bepaalde tekst moet prevaleren.
2. Een versie van het verdrag in een andere taal dan een van de talen waarin de tekst geauthentiseerd is, wordt slechts beschouwd als een authentieke tekst, indien het verdrag daarin voorziet of als de partijen het daarover eens zijn geworden.
3. De termen van een verdrag worden geacht dezelfde betekenis te hebben in de onderscheidene authentieke teksten.

Verzoening teksten

4. Behalve in het geval dat een bepaalde tekst overeenkomstig het eerste lid prevaleert, dient men, wanneer de vergelijking van de authentieke teksten een verschil in betekenis oplevert dat niet door toepassing van de artikelen 31 en 32 wordt weggenomen, de betekenis aan te nemen die, rekening houdend met het voorwerp en doel van het verdrag deze teksten het best met elkaar verzoent.

AFDELING 4
VERDRAGEN EN DERDE STATEN

Art. 34 Algemene regel betreffende derde Staten

Derde Staten

Een verdrag schept geen verplichtingen of rechten voor een derde Staat zonder diens instemming.

Art. 35 Verdragen die voorzien in verplichtingen voor derde Staten

Verplichting aan derde Staat

Voor een derde Staat ontstaat ten gevolge van een bepaling van een verdrag een verplichting, indien de partijen bij het verdrag door middel van deze bepaling de verplichting beogen te scheppen en indien de derde Staat deze verplichting uitdrukkelijk schriftelijk aanvaardt.

Art. 36 Verdragen die voorzien in rechten voor derde Staten

Rechten voor derde Staat

1. Voor een derde Staat ontstaat ten gevolge van een bepaling van een verdrag een recht, indien de partijen bij het verdrag door deze bepaling dit recht willen verlenen aan de derde Staat of aan een groep Staten waartoe hij behoort, of aan alle Staten, en indien de derde Staat daarmede instemt. De instemming wordt geacht te zijn gegeven zolang er geen aanwijzing van het tegendeel bestaat, tenzij het verdrag anders bepaalt.
2. Een Staat die van een recht, overeenkomstig het eerste lid, gebruik maakt, is voor de uitoefening van dat recht gehouden, de voorwaarden, voorzien in het verdrag of overeenkomstig zijn bepalingen vastgesteld, te eerbiedigen.

Art. 37 Herroeping of wijziging van verplichtingen of rechten van derde Staten

Herroeping of wijziging

1. Wanneer overeenkomstig artikel 35 een verplichting voor een derde Staat is ontstaan, kan deze verplichting slechts worden herroepen of gewijzigd met instemming van de partijen bij het verdrag en van de derde Staat, tenzij vaststaat dat zij anders zijn overeengekomen.
2. Wanneer overeenkomstig artikel 36 een recht voor een derde Staat is ontstaan, kan dit recht niet door de partijen worden herroepen of gewijzigd indien vaststaat, dat het de bedoeling was het recht niet te herroepen of te wijzigen zonder instemming van de derde Staat.

Art. 38 Verdragsregels die door internationale gewoonte voor derde Staten bindend worden

Niets in de artikelen 34 tot 37 belet, dat een in een verdrag neergelegde regel bindend wordt voor een derde Staat als een regel van internationaal gewoonterecht, die als zodanig wordt erkend.

DEEL IV
Amendering en wijziging van verdragen

Art. 39 Algemene regel met betrekking tot het amenderen van verdragen
Een verdrag kan bij overeenkomst tussen de partijen worden geamendeerd. Op een dergelijke overeenkomst vinden de regels neergelegd in deel II toepassing behalve in zoverre het verdrag anders bepaalt. — *Amendering*

Art. 40 Het amenderen van multilaterale verdragen
1. Tenzij het verdrag anders bepaalt, wordt het amenderen van multilaterale verdragen beheerst door de volgende leden: — *Bij multilaterale verdragen*
2. Elk voorstel tot amendering van een multilateraal verdrag in de verhoudingen tussen alle partijen moet worden medegedeeld aan alle verdragsluitende Staten, en ieder van hen heeft het recht deel te nemen aan:
a) de beslissing over hetgeen ten aanzien van dit voorstel moet worden verricht;
b) de onderhandelingen en het sluiten van elke overeenkomst ter amendering van het verdrag.
3. Iedere Staat die gerechtigd is partij te worden bij het verdrag is evenzeer gerechtigd partij te worden bij het aldus geamendeerde verdrag.
4. De overeenkomst tot amendering bindt niet de Staten die reeds partij zijn bij het verdrag en die geen partij worden bij deze overeenkomst; artikel 30, vierde lid, letter b) is op deze Staten van toepassing.
5. Elke Staat die partij wordt bij een verdrag na de inwerkingtreding van de overeenkomst tot amendering wordt, indien hij geen andere bedoeling heeft kenbaar gemaakt, beschouwd als: — *Latere toetreding*
a) partij bij het verdrag zoals het geamendeerd is; en
b) partij bij het niet-geamendeerde verdrag met betrekking tot iedere partij bij het verdrag die niet is gebonden door de overeenkomst tot amendering.

Art. 41 Overeenkomsten tot wijziging van multilaterale verdragen tussen slechts bepaalde partijen
1. Twee of meer partijen bij een multilateraal verdrag kunnen een overeenkomst tot wijziging van het verdrag tussen hen onderling slechts sluiten, indien: — *Wijziging tussen bepaalde partijen*
a) het verdrag voorziet in de mogelijkheid van een zodanige wijziging; of
b) de wijziging in kwestie niet verboden is door het verdrag, en zij
i) noch het genot der aan de andere partijen op grond van het verdrag toekomende rechten, noch het nakomen van hun verplichtingen aantast; en
ii) zich niet uitstrekt tot een bepaling, waarvan niet mag worden afgeweken als dit onverenigbaar is met de doeltreffende verwezenlijking van voorwerp en doel van het verdrag in zijn geheel.
2. Tenzij in een geval als voorzien in het eerste lid, letter a, het verdrag anders bepaalt, dienen de partijen in kwestie de andere partijen in kennis te stellen van hun voornemen de overeenkomst te sluiten en van de wijzigingen die deze ten gevolge heeft voor het verdrag. — *Inkennisstelling*

DEEL V
Ongeldigheid, beëindiging en opschorting van de werking van verdragen

AFDELING 1
ALGEMENE BEPALINGEN

Art. 42 Geldigheid en het in werking blijven van verdragen
1. De geldigheid van een verdrag of van de instemming van een Staat door een verdrag gebonden te worden, mag slechts worden betwist door toepassing van dit Verdrag. — *Geldigheid*
2. De beëindiging van een verdrag, de opzegging ervan of de terugtrekking van een partij kan slechts plaatsvinden door toepassing van de bepalingen van het verdrag of van dit Verdrag. Dezelfde regel geldt voor de opschorting van de werking van een verdrag. — *Beëindiging/opschorting*

Art. 43 Verplichtingen opgelegd door het internationale recht onafhankelijk van een verdrag
De ongeldigheid, beëindiging of opzegging van een verdrag, de terugtrekking van een partij of de opschorting van de werking van het verdrag ten gevolge van de toepassing van dit Verdrag of van de bepalingen van het verdrag, tast op geen enkele wijze de plicht van een Staat aan tot het nakomen van de verplichtingen die voortvloeien uit het verdrag en waaraan hij krachtens het volkenrecht onafhankelijk van het genoemde verdrag, is onderworpen. — *Primaat algemeen volkenrecht*

Art. 44 Splitsbaarheid van de verdragsbepalingen
1. Het recht van een partij, voorzien in een verdrag of voortvloeiend uit artikel 56, het verdrag op te zeggen, zich terug te trekken of de werking van het verdrag op te schorten, mag slechts worden uitgeoefend met betrekking tot het verdrag als geheel, tenzij het verdrag anders voorziet of de partijen anders overeenkomen. — *Splitsing van verdragsbepalingen*
2. Een grond voor ongeldigheid of beëindiging van een verdrag, voor de terugtrekking van een der partijen of voor opschorting van de werking van het verdrag, die wordt erkend door

dit Verdrag, mag slechts worden aangevoerd ten aanzien van het verdrag als geheel, behalve in het geval als voorzien in de volgende leden of in artikel 60.

3. Indien de grond slechts op bepaalde clausules betrekking heeft, mag hij slechts worden aangevoerd ten aanzien van die clausules wanneer:
   a) deze clausules scheidbaar zijn van de rest van het verdrag wat hun uitvoering betreft;
   b) uit het verdrag blijkt of op andere wijze vaststaat dat de aanvaarding van deze clausules voor de andere partij of partijen bij het verdrag geen wezenlijke voorwaarde voor de instemming was door het verdrag als geheel gebonden te worden; en
   c) het niet onrechtvaardig zou zijn de uitvoering van de rest van het verdrag voort te zetten.

4. In de gevallen vallende onder de artikelen 49 en 50 mag de Staat die het recht heeft zich te beroepen op bedrog of corruptie dit doen ten aanzien van het gehele verdrag of, in het geval bedoeld in het derde lid, slechts ten aanzien van enige bepaalde clausules.

Uitzondering

5. In de gevallen als voorzien in de artikelen 51, 52 en 53 is geen scheiding tussen de bepalingen van een verdrag toegestaan.

Art. 45 Verlies van het recht tot het aanvoeren van gronden voor ongeldigheid of beëindiging van een verdrag of tot terugtrekking uit een verdrag of voor de opschorting van zijn werking

Acceptatie geldigheid

Een Staat mag niet langer gronden aanvoeren tot ongeldigheid of beëindiging van een verdrag of tot terugtrekking uit een verdrag of tot opschorting van de werking ervan krachtens de artikelen 46 tot 50 of de artikelen 60 en 62, als deze Staat, na kennis te hebben genomen van de feiten:
a) uitdrukkelijk heeft aanvaard dat het verdrag, al naargelang het geval, geldig is, in werking blijft of van toepassing blijft; of
b) op grond van zijn gedrag moet worden beschouwd als te hebben berust in, al naargelang het geval, de geldigheid van het verdrag of zijn in werking of van toepassing blijven.

AFDELING 2
ONGELDIGHEID VAN VERDRAGEN

Art. 46 Bepalingen van het nationale recht met betrekking tot de bevoegdheid tot het sluiten van verdragen

Ongeldigheid door nationaal recht

1. Het feit dat de instemming van een Staat door een verdrag gebonden te worden, is gegeven in strijd met een bepaling van zijn nationale recht betreffende de bevoegdheid tot het sluiten van verdragen, mag door die Staat niet worden aangevoerd ter ongeldigverklaring van die instemming, tenzij de strijdigheid onmiskenbaar was en een regel van fundamenteel belang van het nationale recht van die Staat betrof.

2. Een strijdigheid is onmiskenbaar indien zij bij objectieve beschouwing duidelijk is voor iedere Staat die zich ten dezen overeenkomstig het gangbaar gebruik en te goeder trouw gedraagt.

Art. 47 Bijzondere beperkingen ten aanzien van de volmacht om de instemming van een Staat tot uitdrukking te brengen

Beperkingen volmacht

Indien de volmacht van een vertegenwoordiger om de instemming van een Staat door een bepaald verdrag gebonden te worden tot uitdrukking te brengen aan een bijzondere beperking is onderworpen, mag het feit dat deze vertegenwoordiger daarmede geen rekening heeft gehouden niet worden aangevoerd ter ongeldigverklaring van de door hem tot uitdrukking gebrachte instemming, tenzij de beperking aan de andere Staten die hebben deelgenomen aan de onderhandelingen ter kennis was gebracht alvorens de instemming tot uitdrukking werd gebracht.

Art. 48 Dwaling

Dwaling

1. Een Staat mag zich ten einde zijn instemming door een verdrag gebonden te worden ongeldig te verklaren beroepen op een dwaling in het verdrag, indien de dwaling betrekking heeft op een feit of een situatie, door deze Staat beschouwd als te bestaan op het tijdstip van de sluiting van het verdrag en indien dit feit of deze situatie een wezenlijke grond vormde voor de instemming van deze Staat door het verdrag gebonden te worden.

Uitzonderingen

2. Het eerste lid is niet van toepassing wanneer bedoelde Staat door zijn gedrag tot deze dwaling heeft bijgedragen of wanneer de omstandigheden van dien aard waren dat hij bedacht had moeten zijn op de mogelijkheid van een dwaling.

3. Een dwaling die slechts betrekking heeft op de redactie van de tekst van een verdrag tast de geldigheid ervan niet aan; artikel 79 is in dat geval van toepassing.

Art. 49 Bedrog

Bedrog

Indien een Staat er door het bedrieglijke gedrag van een andere Staat die aan de onderhandelingen heeft deelgenomen toe is gebracht een verdrag te sluiten, mag hij het bedrog aanvoeren om zijn instemming door het verdrag gebonden te worden ongeldig te verklaren.

Art. 50 Corruptie van een vertegenwoordiger van een Staat

Corruptie

Indien het tot uitdrukking brengen van de instemming van een Staat door een verdrag gebonden te worden, is verkregen door directe of indirecte corruptie van zijn vertegenwoordiger door

Verdrag van Wenen inzake het verdragenrecht — A114 art. 58

een andere Staat die aan de onderhandelingen heeft deelgenomen, mag de Staat deze corruptie aanvoeren om zijn instemming door het verdrag gebonden te worden, ongeldig te verklaren.

Art. 51 Dwang op de vertegenwoordiger van een Staat uitgeoefend
De instemming van een Staat door een verdrag gebonden te worden, die is verkregen door dwang, uitgeoefend op zijn vertegenwoordiger door middel van tegen hem gerichte handelingen of bedreigingen, heeft geen enkel rechtsgevolg.

Dwang op vertegenwoordiger

Art. 52 Dwang, uitgeoefend op een Staat door bedreiging met of gebruik van geweld
Elk verdrag is nietig, waarvan de totstandkoming is bereikt door bedreiging met of gebruik van geweld in strijd met de beginselen van het volkenrecht, neergelegd in het Handvest van de Verenigde Naties.

Geweld

Art. 53 Verdragen strijdig met een dwingende norm van algemeen volkenrecht (jus cogens)
Elk verdrag dat op het tijdstip van zijn totstandkoming in strijd is met een dwingende norm van algemeen volkenrecht, is nietig. Voor de toepassing van dit Verdrag is een dwingende norm van algemeen volkenrecht een norm die aanvaard en erkend is door de internationale gemeenschap van Staten in haar geheel als een norm, waarvan geen afwijking is toegestaan en die slechts kan worden gewijzigd door een latere norm van algemeen volkenrecht van dezelfde aard.

Dwingende norm algemeen volkenrecht

AFDELING 3
BEËINDIGING VAN VERDRAGEN EN OPSCHORTING VAN DE WERKING VAN VERDRAGEN

Art. 54 Beëindiging van een verdrag of de terugtrekking uit een verdrag krachtens de bepalingen van het verdrag of door overeenstemming tussen de partijen
Beëindiging van een verdrag of de terugtrekking kan plaatsvinden:
a) overeenkomstig de bepalingen van het verdrag; of
b) te allen tijde door overeenstemming tussen alle partijen na raadpleging van de andere verdragsluitende Staten.

Beëindiging van verdrag krachtens bepalingen

Art. 55 Vermindering van het aantal partijen bij een multilateraal verdrag tot beneden het voor de inwerkingtreding verplichte aantal
Tenzij het verdrag anders bepaalt, eindigt een multilateraal verdrag niet uitsluitend doordat het aantal partijen is gedaald tot onder het voor zijn inwerkingtreding vereiste aantal.

Beëindiging verdrag, partijen onder quorum

Art. 56 Opzegging of de terugtrekking uit een verdrag dat geen bepalingen bevat aangaande beëindiging, opzegging of terugtrekking
1. Bij een verdrag dat geen bepalingen bevat aangaande zijn beëindiging en niet voorziet in opzegging of terugtrekking is opzegging of terugtrekking niet mogelijk, tenzij:
a) vaststaat, dat de partijen de bedoeling hadden de mogelijkheid van opzegging of terugtrekking toe te laten; of
b) het recht tot opzegging of terugtrekking uit de aard van het verdrag kan worden afgeleid.
2. Een partij dient ten minste twaalf maanden tevoren haar voornemen een verdrag op te zeggen of zich uit het verdrag terug te trekken overeenkomstig de bepalingen van het eerste lid kenbaar te maken.

Beëindiging verdrag zonder beëindigingsbepalingen

Art. 57 Opschorting van de werking van een verdrag krachtens zijn bepalingen of door overeenstemming tussen de partijen
De werking van een verdrag kan ten aanzien van alle partijen of van een bepaalde partij worden opgeschort
a) overeenkomstig de bepalingen van het verdrag; of
b) te allen tijde door overeenstemming tussen alle partijen, na raadpleging van de andere verdragsluitende Staten.

Opschorting

Art. 58 Opschorting van de werking van een multilateraal verdrag bij overeenkomst tussen slechts bepaalde partijen
1. Twee of meer partijen bij een multilateraal verdrag kunnen een overeenkomst sluiten om, tijdelijk en uitsluitend tussen hen, de werking van bepalingen van het verdrag op te schorten, indien:
a) in de mogelijkheid tot een zodanige opschorting in het verdrag is voorzien; of
b) indien deze opschorting niet is verboden door het verdrag en
i) noch het genot der aan de andere partijen op grond van het verdrag toekomende rechten, noch het nakomen van hun verplichtingen aantast; en
ii) niet onverenigbaar is met het voorwerp en doel van het verdrag.
2. Tenzij in een geval als bedoeld in het eerste lid, letter a, het verdrag anders bepaalt, dienen de partijen in kwestie de andere partijen in kennis te stellen van hun voornemen de overeen-

Opschorting tussen bepaalde partijen

Inkennisstelling

komst te sluiten en van de bepalingen in het verdrag waarvan zij voornemens zijn de werking op te schorten.

Art. 59 Beëindiging van een verdrag of opschorting van de werking van een verdrag ten gevolge van het sluiten van een later verdrag

Latere verdrag

1. Een verdrag wordt als beëindigd beschouwd wanneer alle partijen bij dit verdrag een later verdrag sluiten betreffende hetzelfde onderwerp en:
   a) uit het latere verdrag blijkt of anderszins vaststaat dat het de bedoeling van de partijen is de materie door dit verdrag te regelen; of
   b) de bepalingen van het latere verdrag dermate onverenigbaar zijn met die van het eerdere verdrag, dat het onmogelijk is de beide verdragen tegelijkertijd toe te passen.
2. Het eerdere verdrag zal geacht worden als alleen maar in zijn werking te zijn opgeschort als uit het latere verdrag blijkt, of op andere wijze vaststaat, dat dit de bedoeling van de partijen was.

Art. 60 Beëindiging van een verdrag of opschorting van zijn werking ten gevolge van schending van het verdrag

Materiële schending

1. Een materiële schending van een bilateraal verdrag door een van de partijen geeft de andere partij het recht de schending aan te voeren als grond voor het beëindigen van het verdrag of het geheel of gedeeltelijk opschorten van de werking van het verdrag.
2. Een materiële schending van een multilateraal verdrag door een der partijen geeft het recht:
   a) aan de andere partijen bij unanieme overeenstemming de werking van het verdrag in zijn geheel of gedeeltelijk op te schorten of het verdrag te beëindigen:
      i) hetzij in de betrekkingen tussen henzelf en de Staat die het verdrag heeft geschonden,
      ii) hetzij tussen alle partijen;
   b) aan een in het bijzonder door de schending getroffen partij de schending aan te voeren als grond voor het geheel of gedeeltelijk opschorten van de werking van het verdrag in de betrekkingen tussen hemzelf en de Staat die het verdrag heeft geschonden;
   c) aan elke partij, behalve de Staat die het verdrag schendt, deze schending aan te voeren als grond voor het geheel of gedeeltelijk opschorten van de werking van het verdrag, wat haarzelf betreft als dit verdrag van zodanige aard is, dat een materiële schending van zijn bepalingen door een partij de positie van elke partij wat betreft de verdere uitvoering van haar verplichtingen krachtens het verdrag geheel en al wijzigt.

Definitie

3. Voor de toepassing van dit artikel bestaat een materiële schending van een verdrag uit:
   a) een verwerping van het verdrag die niet toegestaan is door dit Verdrag; of
   b) de schending van een bepaling die van wezenlijk belang is voor de uitvoering van het verdrag wat zijn voorwerp of doel betreft.
4. De voorgaande leden tasten geen enkele bepaling in het verdrag aan die van toepassing is in geval van schending.

Uitzondering

5. De leden 1 tot en met 3 zijn niet van toepassing op bepalingen betreffende bescherming van de menselijke persoon, opgenomen in verdragen van humanitaire aard, in het bijzonder bepalingen die elke vorm van represailles verbieden tegen door genoemde verdragen beschermde personen.

Art. 61 Intreden van een situatie die de uitvoering onmogelijk maakt

Onmogelijkheid van uitvoering

1. Een partij mag de onmogelijkheid tot uitvoering van een verdrag als grond aanvoeren om het te beëindigen of zich daaruit terug te trekken indien deze onmogelijkheid een gevolg is van de definitieve verdwijning of vernietiging van een voorwerp, onmisbaar voor de uitvoering van het verdrag. Indien de onmogelijkheid tijdelijk is, kan zij slechts worden aangevoerd als grond voor opschorting van de werking van het verdrag.
2. Een partij mag niet de onmogelijkheid van uitvoering aanvoeren als grond voor de beëindiging van het verdrag, voor de terugtrekking daaruit of voor het opschorten van de werking ervan, als deze onmogelijkheid het gevolg is van een schending door die partij hetzij van een verplichting voortvloeiend uit het verdrag, hetzij van iedere andere internationale verplichting met betrekking tot iedere andere partij bij het verdrag.

Art. 62 Wezenlijke verandering der omstandigheden

Veranderde omstandigheden

1. Een wezenlijke verandering der omstandigheden, ingetreden ten aanzien van die welke op het tijdstip van de totstandkoming van een verdrag bestonden en die niet door de partijen was voorzien, kan niet als grond voor de beëindiging van het verdrag of voor de terugtrekking daaruit worden aangevoerd, tenzij:
   a) het bestaan van deze omstandigheden een wezenlijke grond vormde voor de instemming van de partijen om door het verdrag gebonden te worden; en
   b) het gevolg van de wijziging is, dat de strekking van de krachtens het verdrag nog na te komen verplichtingen geheel en al wordt gewijzigd.
2. Een wezenlijke verandering der omstandigheden kan niet worden aangevoerd als grond voor de beëindiging van een verdrag of voor de terugtrekking daaruit:
   a) indien het verdrag een grens vaststelt; of

b) indien de wezenlijke verandering een gevolg is van schending door de partij die de grond aanvoert, hetzij van een verplichting voortvloeiend uit het verdrag, hetzij van iedere andere internationale verplichting met betrekking tot iedere andere partij bij het verdrag.
3. Als een partij overeenkomstig de voorgaande leden als grond voor het beëindigen van een verdrag of het zich daaruit terugtrekken een wezenlijke verandering van omstandigheden kan aanvoeren, mag zij eveneens de wijziging aanvoeren als grond voor de opschorting van de werking van het verdrag.

Art. 63 Het verbreken van diplomatieke of consulaire betrekkingen
Het verbreken van de diplomatieke of de consulaire betrekkingen tussen partijen bij een verdrag heeft geen gevolgen voor de rechtsbetrekkingen, door het verdrag tussen hen geschapen, behalve in zoverre het bestaan van diplomatieke of consulaire betrekkingen onontbeerlijk is voor de toepassing van het verdrag.

Verbreken betrekkingen

Art. 64 Een nieuwe dwingende norm van algemeen volkenrecht (jus cogens)
Ingeval van een nieuwe dwingende norm van algemeen volkenrecht, wordt elk bestaand verdrag dat in strijd is met deze norm nietig en eindigt het.

Nieuwe dwingende norm volkenrecht

AFDELING 4
PROCEDURE

Art. 65 Procedure te volgen bij ongeldigheid, beëindiging van een verdrag, terugtrekking uit een verdrag of opschorting van de werking van het verdrag
1. De partij die op grond van de bepalingen van dit Verdrag zich beroept op hetzij een gebrek in zijn instemming door een verdrag gebonden te worden, hetzij op een motief om de geldigheid van een verdrag te betwisten, het te beëindigen, zich daaruit terug te trekken of de werking ervan op te schorten, moet de andere partijen van zijn eis in kennis stellen. De kennisgeving dient aan te geven welke maatregel tegen het verdrag wordt beoogd alsmede de redenen daarvoor.
2. Als, na afloop van een periode die, behalve in geval van bijzondere noodzaak, niet korter mag zijn dan drie maanden te rekenen vanaf de ontvangst van de kennisgeving, geen partij bezwaar heeft gemaakt, kan de partij, die kennisgeving heeft gedaan op de wijze als beschreven in artikel 67, de door haar beoogde maatregel nemen.
3. Als echter bezwaar wordt gemaakt door een andere partij, dienen de partijen een oplossing te zoeken met behulp van de middelen, aangegeven in artikel 33 van het Handvest van de Verenigde Naties.
4. Niets in de voorgaande leden tast de rechten of de verplichtingen van partijen aan voortvloeiende uit de tussen hen van kracht zijnde bepalingen betreffende de regeling van geschillen.
5. Onverminderd artikel 45 verhindert het feit dat een Staat niet de in het eerste lid voorgeschreven kennisgeving heeft gedaan hem niet alsnog een dergelijke kennisgeving te doen ten antwoord aan een andere partij die de uitvoering van een verdrag eist of de schending ervan aanvoert.

Procedure bij ongeldigheid; beëindiging; terugtrekking; opschorting

Art. 66 Procedures voor rechtspraak, arbitrage en conciliatie
Als binnen een periode van twaalf maanden volgend op de datum waarop bezwaar is gemaakt het niet mogelijk is gebleken een oplossing te bereiken overeenkomstig artikel 65, derde lid, worden de volgende procedures toegepast:
a) elke partij bij een geschil betreffende de toepassing of uitlegging van de artikelen 53 of 64 kan door middel van een verzoekschrift dit geschil ter beslissing voorleggen aan het Internationale Gerechtshof tenzij de partijen in gezamenlijke overeenstemming besluiten het geschil aan arbitrage te onderwerpen;
b) iedere partij bij een geschil betreffende de toepassing of de uitlegging van een van de andere artikelen van Deel V van dit Verdrag kan de in de Bijlage bij dit Verdrag aangegeven procedure aanhangig maken door hiertoe een verzoek te richten tot de Secretaris-Generaal van de Verenigde Naties.

Conflictoplossing

Art. 67 Akten ter ongeldigverklaring of beëindiging van een verdrag, ter terugtrekking uit een verdrag of ter opschorting van de werking van een verdrag
1. De kennisgeving voorzien in artikel 65, eerste lid, dient schriftelijk te geschieden.
2. Iedere akte ter ongeldigverklaring of beëindiging van een verdrag, iedere akte ter terugtrekking uit een verdrag of iedere akte ter opschorting van de werking van een verdrag op grond van zijn bepalingen of van artikel 65, tweede of derde lid, moet worden neergelegd in een akte, medegedeeld aan de andere partijen. Als de akte niet is ondertekend door het Staatshoofd, het hoofd van de Regering of de Minister van Buitenlandse Zaken, kan de vertegenwoordiger van de Staat die de mededeling doet uitgenodigd worden zijn volmacht te tonen.

Akte ex art. 65

Art. 68 Herroeping van kennisgevingen en akten als voorzien in de artikelen 65 en 67
Een kennisgeving of een akte als voorzien in de artikelen 65 en 67 kan te allen tijde worden herroepen, voordat zij van kracht is geworden.

Herroeping akte

AFDELING 5
GEVOLGEN VAN DE ONGELDIGHEID, BEËINDIGING OF OPSCHORTING VAN DE WERKING VAN EEN VERDRAG

Art. 69 Gevolgen van de ongeldigheid van een verdrag

Gevolgen nietigheid

1. Een verdrag waarvan de ongeldigheid krachtens dit Verdrag wordt vastgesteld, is nietig. De bepalingen van een nietig verdrag hebben geen rechtskracht.

Reeds verrichte handelingen

2. Als niettemin handelingen zijn verricht op grond van een zodanig verdrag:
   a) kan elke partij van elke andere partij eisen, dat zij, voor zover zulks in hun wederzijdse betrekkingen mogelijk is, de situatie tot stand brengt die zou hebben bestaan indien deze handelingen niet zouden zijn verricht;
   b) zijn handelingen, te goeder trouw verricht voordat de ongeldigheid was aangevoerd, niet onrechtmatig geworden uitsluitend doordat het verdrag ongeldig is geworden.
3. In gevallen, waarop de artikelen 49, 50, 51 of 52 betrekking hebben, is het tweede lid niet van toepassing op de partij waaraan het bedrog, de corruptiehandeling of de dwang is toe te rekenen.
4. Ingeval van ongeldigheid van de instemming van een Staat door een multilateraal verdrag gebonden te worden, zijn de voorgaande regels van toepassing op de betrekkingen tussen de genoemde Staat en de partijen bij het verdrag.

Art. 70 Gevolgen van de beëindiging van een verdrag

Gevolgen beëindiging

1. De beëindiging van een verdrag krachtens zijn bepalingen of overeenkomstig dit Verdrag
   a) ontslaat de partijen van de verplichting de uitvoering van het verdrag voort te zetten;
   b) tast geen enkel recht, geen enkele verplichting of geen enkele rechtspositie van partijen aan, die door de uitvoering van het verdrag vóór zijn beëindiging is ontstaan;
tenzij het verdrag anders bepaalt of de partijen anders overeenkomen.
2. Indien een Staat een multilateraal verdrag opzegt of zich daaruit terugtrekt, is met ingang van de datum waarop deze opzegging of terugtrekking effect krijgt het eerste lid van toepassing op de betrekkingen tussen deze Staat en ieder der andere partijen bij het verdrag.

Art. 71 Gevolgen van de nietigheid van een verdrag dat strijdig is met een dwingende norm van algemeen volkenrecht

Gevolgen strijd dwingende norm

1. Ingeval een verdrag nietig is krachtens artikel 53, zijn de partijen gehouden:
   a) zoveel als mogelijk is de gevolgen weg te nemen van iedere handeling verricht op grond van een bepaling die strijdig is met de dwingende norm van algemeen volkenrecht; en
   b) hun wederzijdse betrekkingen in overeenstemming te brengen met de dwingende norm van algemeen volkenrecht.
2. Ingeval een verdrag nietig wordt en eindigt krachtens artikel 64:
   a) ontslaat de beëindiging van het verdrag de partijen van de verplichting de uitvoering van het verdrag voort te zetten;
   b) tast de beëindiging van het verdrag geen enkel recht, geen enkele verplichting of geen enkele rechtspositie van partijen aan, die door de uitvoering van het verdrag vóór zijn beëindiging is ontstaan; deze rechten, verplichtingen en rechtspositie kunnen daarna echter slechts worden gehandhaafd in zoverre deze handhaving op zich niet strijdig is met de nieuwe dwingende norm van algemeen volkenrecht.

Art. 72 Gevolgen van de opschorting van de werking van een verdrag

Gevolgen opschorting

1. De opschorting van de werking van een verdrag op grond van zijn bepalingen of overeenkomstig dit Verdrag - tenzij het verdrag anders bepaalt of de partijen anders overeenkomen -:
   a) ontslaat de partijen tussen welke de werking van het verdrag is opgeschort van de verplichting het verdrag uit te voeren in hun onderlinge betrekkingen gedurende de tijd van opschorting;
   b) tast voor het overige de door het verdrag geschapen rechtsbetrekkingen tussen de partijen niet aan.
2. Gedurende de tijd van opschorting moeten de partijen zich onthouden van alle handelingen die een belemmering voor een hervatte werking van het verdrag kunnen vormen.

DEEL VI
Onderscheidene bepalingen

Art. 73 Gevallen van Statenopvolging, van Staatsaansprakelijkheid of van het uitbreken van vijandelijkheden

Statenopvolging

De bepalingen van dit Verdrag mogen niet vooruitlopen op vraagstukken die zich met betrekking tot een verdrag kunnen voordoen op grond van Statenopvolging, de internationale Staatsaansprakelijkheid of het uitbreken van vijandelijkheden tussen Staten.

Art. 74 Diplomatieke of consulaire betrekkingen en het sluiten van verdragen
Het verbreken of de afwezigheid van diplomatieke of consulaire betrekkingen tussen twee of meer Staten is geen belemmering voor het sluiten van verdragen tussen deze Staten. Het sluiten van een verdrag heeft op zichzelf geen gevolg voor de diplomatieke of consulaire betrekkingen.

Diplomatieke of consulaire betrekkingen

Art. 75 Geval van een aanvallende Staat
De bepalingen van dit Verdrag laten onverlet de verplichtingen die met betrekking tot een verdrag voor een aanvallende Staat kunnen voortvloeien uit maatregelen, genomen overeenkomstig het Handvest van de Verenigde Naties ter zake van door deze Staat gepleegde agressie.

Aanvallende staat

DEEL VII
Depositarissen, kennisgevingen, verbeteringen en registratie

Art. 76 Depositarissen van verdragen
1. De aanwijzing van de depositaris van een verdrag kan geschieden door de aan de onderhandelingen deelgenomen hebbende Staten, hetzij in het verdrag zelf, hetzij op andere wijze. De depositaris kan zijn: een of meer Staten, een internationale organisatie of de voornaamste administratieve functionaris van een zodanige organisatie.
2. De functies van de depositaris zijn internationaal van aard en de depositaris is gehouden onpartijdig te handelen bij het vervullen van zijn functies. Met name het feit dat een verdrag niet in werking is getreden tussen bepaalde partijen of dat er een verschil van mening is ontstaan tussen een Staat en een depositaris met betrekking tot de uitvoering van de functies van deze laatste mag geen invloed hebben op deze verplichting.

Aanwijzing depositaris

Art. 77 Functies van de depositarissen
1. Tenzij het verdrag anders bepaalt of de verdragsluitende partijen anders zijn overeengekomen, zijn de functies van de depositaris in het bijzonder de volgende:
a) het onder zijn berusting houden van de originele tekst van het verdrag en de volmachten die aan de depositaris zijn overgelegd;
b) voor gelijkluidend gewaarmerkte afschriften te doen vervaardigen van de originele tekst en alle andere teksten van het verdrag in andere talen die door het verdrag kunnen zijn voorgeschreven en die te doen toekomen aan de partijen bij het verdrag en de Staten die gerechtigd zijn het te worden;
c) alle ondertekeningen van het verdrag in ontvangst te nemen, alle akten, kennisgevingen en mededelingen met betrekking tot het verdrag in ontvangst te nemen en te bewaren;
d) te onderzoeken of een ondertekening, een akte, een kennisgeving of een mededeling betrekking hebbend op het verdrag, in goede en behoorlijke vorm is en, indien nodig, de zaak onder de aandacht van de betrokken Staat te brengen;
e) de partijen bij het verdrag en de Staten die gerechtigd zijn het te worden in te lichten over akten, kennisgevingen en mededelingen betreffende het verdrag;
f) de Staten die gerechtigd zijn partij te worden bij het verdrag in te lichten over de datum waarop het voor de inwerkingtreding van het verdrag vereiste aantal ondertekeningen of akten van bekrachtiging, aanvaarding, goedkeuring of toetreding is ontvangen of nedergelegd;
g) zorg te dragen voor de registratie van het verdrag bij het Secretariaat van de Verenigde Naties;
h) de functies te vervullen die nader zijn omschreven in de andere bepalingen van dit Verdrag.
2. Indien zich een verschil van mening voordoet tussen een Staat en de depositaris met betrekking tot de vervulling van de functies van laatstgenoemde, moet depositaris deze kwestie onder de aandacht brengen van de ondertekenende Staten en de verdragsluitende Staten of, indien nodig, van het bevoegde orgaan van de betreffende internationale organisatie.

Functies depositaris

Conflict met depositaris

Art. 78 Kennisgevingen en mededelingen
Behalve in het geval waarin het verdrag of dit Verdrag anders bepaalt, moet een kennisgeving of mededeling die door een Staat moet worden gedaan krachtens dit Verdrag:
a) indien er geen depositaris is, rechtstreeks gericht worden aan de Staten waarvoor zij is bestemd, of indien er een depositaris is, aan deze;
b) worden beschouwd als gedaan door de betrokken Staat eerst vanaf de ontvangst door de Staat waaraan zij is gericht of, al naar gelang het geval, vanaf de ontvangst door de depositaris;
c) indien zij is gericht aan de depositaris worden beschouwd als ontvangen door de Staat waarvoor zij is bestemd, eerst wanneer deze Staat door de depositaris in overeenstemming met artikel 77, eerste lid, letter e, daarover is ingelicht.

Kennisgevingen mededelingen

Art. 79 Verbetering van fouten in de teksten of in de voor gelijkluidend gewaarmerkte afschriften van verdragen
1. Als, na de authentificatie van de tekst van een verdrag de ondertekenende Staten en de verdragsluitende Staten het er over eens zijn, dat deze tekst een fout bevat, moet de fout worden hersteld op een van de hierna genoemde wijzen, tenzij de genoemde Staten tot een andere wijze van verbetering besluiten:
a) verbetering van de tekst in de juiste zin en parafering van de verbetering door behoorlijk gevolmachtigde vertegenwoordigers;

Verbetering van fouten

b) opstelling van een akte of uitwisseling van akten waarin de verbetering is vastgesteld die men is overeengekomen aan te brengen in de tekst; of
c) opstelling van een verbeterde tekst van het gehele verdrag, daarbij dezelfde procedure volgend als voor de originele tekst.

2. Wanneer het een verdrag betreft waarvoor een depositaris bestaat, brengt deze aan de ondertekenende Staten en de verdragsluitende Staten de fout ter kennis alsmede het voorstel tot verbetering en stelt een redelijke termijn vast waarbinnen bezwaar kan worden gemaakt tegen de voorgestelde verbetering. Als na afloop van deze termijn:
a) geen bezwaar is gemaakt, brengt de depositaris de verbetering in de tekst aan en parafeert haar, maakt een proces-verbaal op van de verbetering van de tekst en stuurt een kopie daarvan aan de partijen bij het verdrag en aan de partijen die gerechtigd zijn dit te worden;
b) bezwaar is gemaakt, deelt de depositaris het bezwaar mede aan de ondertekenende Staten en de verdragsluitende Staten.

3. De regels, neergelegd in het eerste en tweede lid, zijn eveneens van toepassing indien de tekst was geauthentiseerd in twee of meer talen en zich ten aanzien van de eensluidendheid een gebrek voordoet dat, op grond van overeenstemming tussen de ondertekenende Staten en de verdragsluitende Staten, moet worden hersteld.

Rechtskracht verbeterde tekst
4. De verbeterde tekst vervangt *ab initio* de gebrekkige tekst tenzij de ondertekenende Staten en de verdragsluitende Staten daarover anders beslissen.
5. De verbetering van een geregistreerde verdragstekst wordt ter kennis gebracht van het Secretariaat van de Verenigde Naties.
6. Wanneer een fout is ontdekt in een voor gelijkluidend gewaarmerkt afschrift van een verdrag moet de depositaris een proces-verbaal van de verbetering opstellen en er een kopie van sturen aan de ondertekenende Staten en aan de verdragsluitende Staten.

Art. 80 Registratie en publikatie van verdragen

Registratie en publicatie
1. Na hun inwerkingtreding moeten de verdragen gezonden worden aan het Secretariaat van de Verenigde Naties ter fine van, al naar gelang het geval, registratie of inschrijving in het register, alsmede voor publikatie.
2. De aanwijzing van een depositaris vormt diens machtiging om de in het voorgaande lid omschreven handelingen uit te voeren.

DEEL VIII
Slotbepalingen

Art. 81 Ondertekening

Ondertekening van dit Verdrag
Dit Verdrag staat open voor ondertekening door alle Lid-Staten van de Verenigde Naties, Leden van een van de Gespecialiseerde Organisaties of van de Internationale Organisatie voor Atoomenergie, alsook door iedere Staat die partij is bij het Statuut van het Internationale Gerechtshof en voor elke andere Staat, door de Algemene Vergadering van de Verenigde Naties uitgenodigd om partij te worden bij dit Verdrag, en wel als volgt: tot 30 november 1969 op het Bondsministerie van Buitenlandse Zaken van de Republiek Oostenrijk en vervolgens tot 30 april 1970 op de zetel van de Verenigde Naties te New York.

Art. 82 Bekrachtiging

Bekrachtiging van dit verdrag
Dit Verdrag dient te worden bekrachtigd. De akten van bekrachtiging worden nedergelegd bij de Secretaris-Generaal van de Verenigde Naties.

Art. 83 Toetreding

Toetreding tot dit verdrag
Dit Verdrag staat open voor toetreding door iedere Staat behorend tot een van de in artikel 81 genoemde categorieën. De akten van toetreding moeten worden nedergelegd bij de Secretaris-Generaal van de Verenigde Naties.

Art. 84 Inwerkingtreding

Inwerkingtreding van dit Verdrag
1. Dit Verdrag treedt in werking op de dertigste dag na de datum van nederlegging van de vijfendertigste akte van bekrachtiging of toetreding.
2. Voor iedere Staat die na de nederlegging van de vijfendertigste akte van bekrachtiging of toetreding het Verdrag bekrachtigt of tot het Verdrag toetreedt, treedt het Verdrag in werking op de dertigste dag na de nederlegging door deze Staat van zijn akte van bekrachtiging of toetreding.

Art. 85 Authentieke teksten

Het origineel van dit Verdrag, waarvan de Chinese, Engelse, Franse, Russische en Spaanse tekst gelijkelijk authentiek zijn, zal bij de Secretaris-Generaal van de Verenigde Naties worden nedergelegd.

Bijlage

1. De Secretaris-Generaal van de Verenigde Naties maakt een lijst van bemiddelaars op, samengesteld uit bekwame juristen, en houdt deze lijst bij. Te dien einde wordt iedere Lid-Staat van de Verenigde Naties of Staat die partij is bij dit Verdrag uitgenodigd twee bemiddelaars aan te wijzen en de namen van de op deze wijze aangewezen personen vormen de lijst. De aanwijzing van de bemiddelaars, daarbij inbegrepen degenen die aangewezen worden om een voorkomende vacature te vervullen, wordt gedaan voor een verlengbare periode van vijf jaar. Bij het einde van de periode waarvoor de bemiddelaars zijn aangewezen, gaan zij voort met het uitoefenen van de functies waarvoor zij zijn gekozen overeenkomstig het volgende lid.

2. Wanneer overeenkomstig artikel 66 een verzoek is gericht aan de Secretaris-Generaal legt hij het geschil voor aan een Bemiddelingscommissie die als volgt is samengesteld:
De Staat of de Staten, welke een der partijen bij het geschil vormen, benoemen:
a) een bemiddelaar met de nationaliteit van deze Staat of een van deze Staten, al dan niet gekozen uit de in het eerste lid bedoelde lijst; en
b) een bemiddelaar die niet de nationaliteit bezit van deze Staat of een van deze Staten, gekozen uit de lijst.
De Staat of de Staten die de andere partij in het geschil vormen, benoemen op dezelfde wijze twee bemiddelaars. De vier bemiddelaars, gekozen door de partijen, moeten worden benoemd binnen zestig dagen te rekenen vanaf de dag waarop de Secretaris-Generaal het verzoek heeft ontvangen.
Binnen zestig dagen volgende op de datum van de benoeming van de laatste van hen, benoemen de vier bemiddelaars een vijfde bemiddelaar, gekozen uit de lijst, die voorzitter zal zijn.
Als de benoeming van de voorzitter of van een van de andere bemiddelaars niet binnen de voor deze benoeming hierboven voorgeschreven termijn geschiedt, wordt zij verricht door de Secretaris-Generaal binnen zestig dagen na het verstrijken van deze termijn. De Secretaris-Generaal kan als voorzitter aanwijzen, hetzij een van de in de lijst opgenomen personen, hetzij een van de leden van de Commissie voor het internationale recht. Elke periode waarbinnen een benoeming dient te geschieden, mag worden verlengd als de partijen bij het geschil het daarover eens zijn.
Iedere vacature moet worden vervuld op de wijze die omschreven is voor de eerste benoeming.

3. De Bemiddelingscommissie stelt zelf haar werkwijze vast. De Commissie kan, met instemming van de partijen bij het geschil, iedere partij bij het verdrag uitnodigen aan haar haar zienswijze mondeling of schriftelijk kenbaar te maken. De beslissingen en aanbevelingen van de Commissie worden genomen bij meerderheid van stemmen van haar vijf leden.

4. De Commissie mag iedere maatregel welke een minnelijke schikking zou kunnen vergemakkelijken onder de aandacht brengen van de partijen bij het geschil.

5. De Commissie hoort de partijen, onderzoekt de aanspraken en bezwaren en doet voorstellen aan de partijen om hen bij te staan in het bereiken van een minnelijke schikking van het geschil.

6. De Commissie brengt binnen twaalf maanden na haar instelling verslag uit. Dit verslag wordt nedergelegd bij de Secretaris-Generaal en toegezonden aan de partijen bij het geschil. Het verslag van de Commissie, met inbegrip van alle daarin vermelde gevolgtrekkingen ten aanzien van feiten of rechtskwesties, is niet bindend voor de partijen en zal geen andere betekenis hebben dan die van aanbevelingen, die ter overweging aan de partijen worden voorgelegd ten einde een minnelijke schikking van het geschil te vergemakkelijken.

7. De Secretaris-Generaal verschaft de Commissie de hulp en de faciliteiten die zij behoeft. De uitgaven van de Commissie worden gedragen door de Verenigde Naties.

Responsibility of States for internationally wrongful acts[1]

Responsibility of States for internationally wrongful acts[2]

PART ONE
THE INTERNATIONALLY WRONGFUL ACT OF A STATE

CHAPTER I
General principles

Article 1 Responsibility of a State for its internationally wrongful acts
Every internationally wrongful act of a State entails the international responsibility of that State.

Article 2 Elements of an internationally wrongful act of a State
There is an internationally wrongful act of a State when conduct consisting of an action or omission:
(a) Is attributable to the State under international law; and
(b) Constitutes a breach of an international obligation of the State.

Article 3 Characterization of an act of a State as internationally wrongful
The characterization of an act of a State as internationally wrongful is governed by international law. Such characterization is not affected by the characterization of the same act as lawful by internal law.

CHAPTER II
Attribution of conduct to a State

Article 4 Conduct of organs of a State
1. The conduct of any State organ shall be considered an act of that State under international law, whether the organ exercises legislative, executive, judicial or any other functions, whatever position it holds in the organization of the State, and whatever its character as an organ of the central government or of a territorial unit of the State.
2. An organ includes any person or entity which has that status in accordance with the internal law of the State.

Article 5 Conduct of persons or entities exercising elements of governmental authority
The conduct of a person or entity which is not an organ of the State under article 4 but which is empowered by the law of that State to exercise elements of the governmental authority shall be considered an act of the State under international law, provided the person or entity is acting in that capacity in the particular instance.

Article 6 Conduct of organs placed at the disposal of a State by another State
The conduct of an organ placed at the disposal of a State by another State shall be considered an act of the former State under international law if the organ is acting in the exercise of elements of the governmental authority of the State at whose disposal it is placed.

Article 7 Excess of authority or contravention of instructions
The conduct of an organ of a State or of a person or entity empowered to exercise elements of the governmental authority shall be considered an act of the State under international law if the organ, person or entity acts in that capacity, even if it exceeds its authority or contravenes instructions.

Article 8 Conduct directed or controlled by a State
The conduct of a person or group of persons shall be considered an act of a State under international law if the person or group of persons is in fact acting on the instructions of, or under the direction or control of, that State in carrying out the conduct.

Article 9 Conduct carried out in the absence or default of the official authorities
The conduct of a person or group of persons shall be considered an act of a State under international law if the person or group of persons is in fact exercising elements of the governmental

---

1   Inwerkingtredingsdatum: 01-01-2001.
2   Zoals gepubliceerd op www.un.org en legal.un.org.

authority in the absence or default of the official authorities and in circumstances such as to call for the exercise of those elements of authority.

Article 10 Conduct of an insurrectional or other movement
1. The conduct of an insurrectional movement which becomes the new government of a State shall be considered an act of that State under international law.
2. The conduct of a movement, insurrectional or other, which succeeds in establishing a new State in part of the territory of a pre-existing State or in a territory under its administration shall be considered an act of the new State under international law.
3. This article is without prejudice to the attribution to a State of any conduct, however related to that of the movement concerned, which is to be considered an act of that State by virtue of articles 4 to 9.

Article 11 Conduct acknowledged and adopted by a State as its own
Conduct which is not attributable to a State under the preceding articles shall nevertheless be considered an act of that State under international law if and to the extent that the State acknowledges and adopts the conduct in question as its own.

CHAPTER III
Breach of an international obligation

Article 12 Existence of a breach of an international obligation
There is a breach of an international obligation by a State when an act of that State is not in conformity with what is required of it by that obligation, regardless of its origin or character.

Article 13 International obligation in force for a State
An act of a State does not constitute a breach of an international obligation unless the State is bound by the obligation in question at the time the act occurs.

Article 14 Extension in time of the breach of an international obligation
1. The breach of an international obligation by an act of a State not having a continuing character occurs at the moment when the act is performed, even if its effects continue.
2. The breach of an international obligation by an act of a State having a continuing character extends over the entire period during which the act continues and remains not in conformity with the international obligation.
3. The breach of an international obligation requiring a State to prevent a given event occurs when the event occurs and extends over the entire period during which the event continues and remains not in conformity with that obligation.

Article 15 Breach consisting of a composite act
1. The breach of an international obligation by a State through a series of actions or omissions defined in aggregate as wrongful, occurs when the action or omission occurs which, taken with the other actions or omissions, is sufficient to constitute the wrongful act.
2. In such a case, the breach extends over the entire period starting with the first of the actions or omissions of the series and lasts for as long as these actions or omissions are repeated and remain not in conformity with the international obligation.

CHAPTER IV
Responsibility of a State in connection with the act of another State

Article 16 Aid or assistance in the commission of an internationally wrongful act
A State which aids or assists another State in the commission of an internationally wrongful act by the latter is internationally responsible for doing so if:
(a) That State does so with knowledge of the circumstances of the internationally wrongful act; and
(b) The act would be internationally wrongful if committed by that State.

Article 17 Direction and control exercised over the commission of an internationally wrongful act
A State which directs and controls another State in the commission of an internationally wrongful act by the latter is internationally responsible for that act if:
(a) That State does so with knowledge of the circumstances of the internationally wrongful act; and
(b) The act would be internationally wrongful if committed by that State.

Article 18 Coercion of another State
A State which coerces another State to commit an act is internationally responsible for that act if:
(a) The act would, but for the coercion, be an internationally wrongful act of the coerced State; and
(b) The coercing State does so with knowledge of the circumstances of the act.

Article 19 Effect of this chapter
This chapter is without prejudice to the international responsibility, under other provisions of these articles, of the State which commits the act in question, or of any other State.

CHAPTER V
Circumstances precluding wrongfulness

Article 20 Consent
Valid consent by a State to the commission of a given act by another State precludes the wrongfulness of that act in relation to the former State to the extent that the act remains within the limits of that consent.

Article 21 Self-defence
The wrongfulness of an act of a State is precluded if the act constitutes a lawful measure of self-defence taken in conformity with the Charter of the United Nations.

Article 22 Countermeasures in respect of an internationally wrongful act
The wrongfulness of an act of a State not in conformity with an international obligation towards another State is precluded if and to the extent that the act constitutes a countermeasure taken against the latter State in accordance with chapter II of Part Three.

Article 23 Force majeure
1. The wrongfulness of an act of a State not in conformity with an international obligation of that State is precluded if the act is due to *force majeure*, that is the occurrence of an irresistible force or of an unforeseen event, beyond the control of the State, making it materially impossible in the circumstances to perform the obligation.
2. Paragraph 1 does not apply if:
(a) The situation of *force majeure* is due, either alone or in combination with other factors, to the conduct of the State invoking it; or
(b) The State has assumed the risk of that situation occurring.

Article 24 Distress
1. The wrongfulness of an act of a State not in conformity with an international obligation of that State is precluded if the author of the act in question has no other reasonable way, in a situation of distress, of saving the author's life or the lives of other persons entrusted to the author's care.
2. Paragraph 1 does not apply if:
(a) The situation of distress is due, either alone or in combination with other factors, to the conduct of the State invoking it; or
(b) The act in question is likely to create a comparable or greater peril.

Article 25 Necessity
1. Necessity may not be invoked by a State as a ground for precluding the wrongfulness of an act not in conformity with an international obligation of that State unless the act:
(a) Is the only way for the State to safeguard an essential interest against a grave and imminent peril; and
(b) Does not seriously impair an essential interest of the State or States towards which the obligation exists, or of the international community as a whole.
2. In any case, necessity may not be invoked by a State as a ground for precluding wrongfulness if:
(a) The international obligation in question excludes the possibility of invoking necessity; or
(b) The State has contributed to the situation of necessity.

Article 26 Compliance with peremptory norms
Nothing in this chapter precludes the wrongfulness of any act of a State which is not in conformity with an obligation arising under a peremptory norm of general international law.

Article 27 Consequences of invoking a circumstance precluding wrongfulness
The invocation of a circumstance precluding wrongfulness in accordance with this chapter is without prejudice to:
(a) Compliance with the obligation in question, if and to the extent that the circumstance precluding wrongfulness no longer exists;
(b) The question of compensation for any material loss caused by the act in question.

PART TWO
CONTENT OF THE INTERNATIONAL RESPONSIBILITY OF A STATE

CHAPTER I
General principles

Article 28 Legal consequences of an internationally wrongful act

The international responsibility of a State which is entailed by an internationally wrongful act in accordance with the provisions of Part One involves legal consequences as set out in this Part.

Article 29 Continued duty of performance

The legal consequences of an internationally wrongful act under this Part do not affect the continued duty of the responsible State to perform the obligation breached.

Article 30 Cessation and non-repetition

The State responsible for the internationally wrongful act is under an obligation:
(a) To cease that act, if it is continuing;
(b) To offer appropriate assurances and guarantees of non-repetition, if circumstances so require.

Article 31 Reparation

1. The responsible State is under an obligation to make full reparation for the injury caused by the internationally wrongful act.
2. Injury includes any damage, whether material or moral, caused by the internationally wrongful act of a State.

Article 32 Irrelevance of internal law

The responsible State may not rely on the provisions of its internal law as justification for failure to comply with its obligations under this Part.

Article 33 Scope of international obligations set out in this Part

1. The obligations of the responsible State set out in this Part may be owed to another State, to several States, or to the international community as a whole, depending in particular on the character and content of the international obligation and on the circumstances of the breach.
2. This Part is without prejudice to any right, arising from the international responsibility of a State, which may accrue directly to any person or entity other than a State.

CHAPTER II
Reparation for injury

Article 34 Forms of reparation

Full reparation for the injury caused by the internationally wrongful act shall take the form of restitution, compensation and satisfaction, either singly or in combination, in accordance with the provisions of this chapter.

Article 35 Restitution

A State responsible for an internationally wrongful act is under an obligation to make restitution, that is, to re-establish the situation which existed before the wrongful act was committed, provided and to the extent that restitution:
(a) Is not materially impossible;
(b) Does not involve a burden out of all proportion to the benefit deriving from restitution instead of compensation.

Article 36 Compensation

1. The State responsible for an internationally wrongful act is under an obligation to compensate for the damage caused thereby, insofar as such damage is not made good by restitution.
2. The compensation shall cover any financially assessable damage including loss of profits insofar as it is established.

Article 37 Satisfaction

1. The State responsible for an internationally wrongful act is under an obligation to give satisfaction for the injury caused by that act insofar as it cannot be made good by restitution or compensation.
2. Satisfaction may consist in an acknowledgement of the breach, an expression of regret, a formal apology or another appropriate modality.
3. Satisfaction shall not be out of proportion to the injury and may not take a form humiliating to the responsible State.

Article 38 Interest

1. Interest on any principal sum due under this chapter shall be payable when necessary in order to ensure full reparation. The interest rate and mode of calculation shall be set so as to achieve that result.
2. Interest runs from the date when the principal sum should have been paid until the date the obligation to pay is fulfilled.

Article 39 Contribution to the injury
In the determination of reparation, account shall be taken of the contribution to the injury by wilful or negligent action or omission of the injured State or any person or entity in relation to whom reparation is sought.

CHAPTER III
Serious breaches of obligations under peremptory norms of general international law

Article 40 Application of this chapter
1. This chapter applies to the international responsibility which is entailed by a serious breach by a State of an obligation arising under a peremptory norm of general international law.
2. A breach of such an obligation is serious if it involves a gross or systematic failure by the responsible State to fulfil the obligation.

Article 41 Particular consequences of a serious breach of an obligation under this chapter
1. States shall cooperate to bring to an end through lawful means any serious breach within the meaning of article 40.
2. No State shall recognize as lawful a situation created by a serious breach within the meaning of article 40, nor render aid or assistance in maintaining that situation.
3. This article is without prejudice to the other consequences referred to in this Part and to such further consequences that a breach to which this chapter applies may entail under international law.

PART THREE
THE IMPLEMENTATION OF THE INTERNATIONAL RESPONSIBILITY OF A STATE

CHAPTER I
Invocation of the responsibility of a State

Article 42 Invocation of responsibility by an injured State
A State is entitled as an injured State to invoke the responsibility of another State if the obligation breached is owed to:
(a) That State individually; or
(b) A group of States including that State, or the international community as a whole, and the breach of the obligation:
(i) Specially affects that State; or
(ii) Is of such a character as radically to change the position of all the other States to which the obligation is owed with respect to the further performance of the obligation.

Article 43 Notice of claim by an injured State
1. An injured State which invokes the responsibility of another State shall give notice of its claim to that State.
2. The injured State may specify in particular:
(a) The conduct that the responsible State should take in order to cease the wrongful act, if it is continuing;
(b) What form reparation should take in accordance with the provisions of Part Two.

Article 44 Admissibility of claims
The responsibility of a State may not be invoked if:
(a) The claim is not brought in accordance with any applicable rule relating to the nationality of claims;
(b) The claim is one to which the rule of exhaustion of local remedies applies and any available and effective local remedy has not been exhausted.

Article 45 Loss of the right to invoke responsibility
The responsibility of a State may not be invoked if:
(a) The injured State has validly waived the claim;
(b) The injured State is to be considered as having, by reason of its conduct, validly acquiesced in the lapse of the claim.

Article 46 Plurality of injured States
Where several States are injured by the same internationally wrongful act, each injured State may separately invoke the responsibility of the State which has committed the internationally wrongful act.

Article 47 Plurality of responsible States
1. Where several States are responsible for the same internationally wrongful act, the responsibility of each State may be invoked in relation to that act.

2. Paragraph 1:
(a) Does not permit any injured State to recover, by way of compensation, more than the damage it has suffered;
(b) Is without prejudice to any right of recourse against the other responsible States.

Article 48 Invocation of responsibility by a State other than an injured State
1. Any State other than an injured State is entitled to invoke the responsibility of another State in accordance with paragraph 2 if:
(a) The obligation breached is owed to a group of States including that State, and is established for the protection of a collective interest of the group; or
(b) The obligation breached is owed to the international community as a whole.
2. Any State entitled to invoke responsibility under paragraph 1 may claim from the responsible State:
(a) Cessation of the internationally wrongful act, and assurances and guarantees of non-repetition in accordance with article 30; and
(b) Performance of the obligation of reparation in accordance with the preceding articles, in the interest of the injured State or of the beneficiaries of the obligation breached.
3. The requirements for the invocation of responsibility by an injured State under articles 43, 44 and 45 apply to an invocation of responsibility by a State entitled to do so under paragraph 1.

CHAPTER II
Countermeasures

Article 49 Object and limits of countermeasures
1. An injured State may only take countermeasures against a State which is responsible for an internationally wrongful act in order to induce that State to comply with its obligations under Part Two.
2. Countermeasures are limited to the non-performance for the time being of international obligations of the State taking the measures towards the responsible State.
3. Countermeasures shall, as far as possible, be taken in such a way as to permit the resumption of performance of the obligations in question.

Article 50 Obligations not affected by countermeasures
1. Countermeasures shall not affect:
(a) The obligation to refrain from the threat or use of force as embodied in the Charter of the United Nations;
(b) Obligations for the protection of fundamental human rights;
(c) Obligations of a humanitarian character prohibiting reprisals;
(d) Other obligations under peremptory norms of general international law.
2. A State taking countermeasures is not relieved from fulfilling its obligations:
(a) Under any dispute settlement procedure applicable between it and the responsible State;
(b) To respect the inviolability of diplomatic or consular agents, premises, archives and documents.

Article 51 Proportionality
Countermeasures must be commensurate with the injury suffered, taking into account the gravity of the internationally wrongful act and the rights in question.

Article 52 Conditions relating to resort to countermeasures
1. Before taking countermeasures, an injured State shall:
(a) Call on the responsible State, in accordance with article 43, to fulfil its obligations under Part Two;
(b) Notify the responsible State of any decision to take countermeasures and offer to negotiate with that State.
2. Notwithstanding paragraph 1 (b), the injured State may take such urgent countermeasures as are necessary to preserve its rights.
3. Countermeasures may not be taken, and if already taken must be suspended without undue delay if:
(a) The internationally wrongful act has ceased; and
(b) The dispute is pending before a court or tribunal which has the authority to make decisions binding on the parties.
4. Paragraph 3 does not apply if the responsible State fails to implement the dispute settlement procedures in good faith.

Article 53 Termination of countermeasures
Countermeasures shall be terminated as soon as the responsible State has complied with its obligations under Part Two in relation to the internationally wrongful act.

Article 54 Measures taken by States other than an injured State

This chapter does not prejudice the right of any State, entitled under article 48, paragraph 1 to invoke the responsibility of another State, to take lawful measures against that State to ensure cessation of the breach and reparation in the interest of the injured State or of the beneficiaries of the obligation breached.

PART FOUR
GENERAL PROVISIONS

Article 55 Lex specialis

These articles do not apply where and to the extent that the conditions for the existence of an internationally wrongful act or the content or implementation of the international responsibility of a State are governed by special rules of international law.

Article 56 Questions of State responsibility not regulated by these articles

The applicable rules of international law continue to govern questions concerning the responsibility of a State for an internationally wrongful act to the extent that they are not regulated by these articles.

Article 57 Responsibility of an international organization

These articles are without prejudice to any question of the responsibility under international law of an international organization, or of any State for the conduct of an international organization.

Article 58 Individual responsibility

These articles are without prejudice to any question of the individual responsibility under international law of any person acting on behalf of a State.

Article 59 Charter of the United Nations

These articles are without prejudice to the Charter of the United Nations.

Alfabetisch trefwoordenregister

Aanbestedende diensten anders dan de staat [A82 art. 2.3 AanbW 2012]
Aanbesteding, aanwijzing richtsnoer voorschriften [A82 art. 1.22 AanbW 2012]
Aanbesteding, administratieve voorschriften [A82 art. 1.17 AanbW 2012]
Aanbesteding, afbakening overheidsopdrachten/speciale-sectoropdrachten [A82 art. 2.12 AanbW 2012]
Aanbesteding, arbitrage [A82 art. 4.26 AanbW 2012]
Aanbesteding, beperking administratieve lasten [A82 art. 1.6 AanbW 2012]
Aanbesteding, boete [A82 art. 4.21 AanbW 2012]
Aanbesteding, elektronisch systeem voor aanbestedingen [A82 art. 4.13 AanbW 2012]
Aanbesteding, elektronische bekendmaking [A82 art. 1.18 AanbW 2012]
Aanbesteding, Europese aanbesteding [A82 art. 1.7 AanbW 2012]
Aanbesteding, evaluatie [A82 art. 4.28 AanbW 2012]
Aanbesteding, gedragsverklaring [A82 art. 1.20 AanbW 2012]
Aanbesteding, gedragsverklaring aanbesteden [A82 art. 4.1 AanbW 2012]
Aanbesteding, geen onnodige samenvoeging van opdrachten [A82 art. 1.5 AanbW 2012]
Aanbesteding, klachten [A82 art. 4.27 AanbW 2012]
Aanbesteding, meervoudig onderhandse procedure [A82 art. 1.14 AanbW 2012]
Aanbesteding, nationale aanbesteding [A82 art. 1.11 AanbW 2012]
Aanbesteding, overeenkomst i.h.k.v. de WTO [A82 art. 1.23 AanbW 2012]
Aanbesteding, sluiten schriftelijke overeenkomst onder bezwarende titel [A82 art. 1.4 AanbW 2012]
Aanbesteding, terbeschikkingstelling aanbestedingsstukken [A82 art. 1.21 AanbW 2012]
Aanbesteding, uitsluitingsgronden of geschiktheidseisen [A82 art. 1.19 AanbW 2012]
Aanbesteding, vernietigbaarheid gunningsbeslissing [A82 art. 4.15 AanbW 2012]
Aanbestedingen [A53 art. 5 Wet Bibob]
Aanbestedingsstukken [A82 art. 3.71b AanbW 2012]
Aanbevelingen/ maatregelen tot handhaving of herstel [A100 art. 39 Hv VN]
Aanbieding ontwerpbegroting [A35 art. 100 Wschw]
Aanbieding woonruimte [A60 art. 20 Huisvw]
Aanblijven oude staten of raad [A9 art. V 15 KW]
Aanbod medisch onderzoek [A41 art. 3.109e Vb 2000]
Aanbrengen anorganische deklaag, emissieconcentratie [A66 art. 4.58 Barim]
Aanbrengen conversielagen, verbod perfluoroctaansulfonaten [A66 art. 4.66 Barim]
Aanbrengen lijm/hars/coating op steen, eisen [A66 art. 4.74g Barim]
Aanbrengen lijm/hars/coating op steen, emissieconcentratie stofklasse S [A66 art. 4.74f Barim]
Aanbrengen voor de Commissie [A107 art. 14 VURd]
Aanduiding leeftijdsgrenzen [A76 art. 20 DHW]
Aangaan, wijzigen, beëindigen arbeidsovereenkomst secretaris waterschap [A35 art. 53 Wschw]
Aangaan, wijzigen, en beëindigen arbeidsovereenkomst met griffieambtenaren [A27 art. 104e PW]
Aangaan, wijzigen en beëindigen arbeidsovereenkomst met griffier provincie [A27 art. 104 PW]
Aangaan/wijzigen/einde arbeidsovereenkomst griffieambtenaren [A29 art. 107e Gemw]
Aangewezen ambtenaren [A27 art. 121c PW] [A29 art. 124e Gemw]
Aangifte van vermissing [A74 art. 13:3 Wvggz]
Aangiftebelastingen; aangiftetermijn bij tijdstipbelastingen [A56 art. 10 AWR]
Aangiftebelastingen; aangiftetermijn bij tijdvakbelastingen [A56 art. 10 AWR]
Aangiftebelastingen; door opzet of grove schuld (gedeeltelijk) te weinig belasting betaald [A56 art. 67f AWR]
Aangiftebelastingen; niet (tijdig) betalen [A56 art. 67c AWR]
Aangiftebelastingen; niet (tijdig) doen van aangifte [A56 art. 67b AWR]
Aangiftebiljet [A29 art. 237 Gemw] [A35 art. 127 Wschw]
Aanhangig maken van zaken [A101 art. 40 SIG]
Aanklacht, termijn [A7 art. 6 Wmv]
Aanklacht, toetsing door Tweede Kamer [A7 art. 18 Wmv]
Aankondiging, bekendmaking [A82 art. 2.65 AanbW 2012]
Aankondiging, bewijsmiddelen [A82 art. 2.63 AanbW 2012]
Aankondiging concessieopdracht [A82 art. 2a.33 AanbW 2012]

A
Alfabetisch trefwoordenregister

Aankondiging einde stemming [A9 art. J 30 KW]
Aankondiging, elektronische middelen als toegang tot aanbestedingsstukken [A82 art. 2.66 AanbW 2012]
Aankondiging, ontvangstbevestiging [A82 art. 2.64 AanbW 2012]
Aankondiging, rectificatie [A82 art. 2.67 AanbW 2012]
Aankondiging speciale-sectoropdracht [A82 art. 3.9c AanbW 2012]
Aankoop water [A82 art. 3.29 AanbW 2012]
Aanmaken/transporteren van gewasbeschermingsmiddelen, eisen [A66 art. 3.94 Barim]
Aanmaken/transporteren van gewasbeschermingsmiddelen, voorkomen terugstroming [A66 art. 3.93 Barim]
Aanmaning bij bestuursrechtelijke geldschuld [A45 art. 4:112 Awb]
Aanmaning tot doen van aangifte [A56 art. 9 AWR]
Aanmaningskosten bestuursrechtelijke geldschuld [A45 art. 4:113 Awb]
Aanmeldcentrum, duur verblijf [A41 art. 3.110 Vb 2000]
Aanmeldcentrum, verlenging verblijf [A41 art. 3.115 Vb 2000]
Aanmelden bij korpschef o.g.v. aantekening [A41 art. 4.49 Vb 2000]
Aanmelden bij korpschef; zeeman [A41 art. 4.50 Vb 2000]
Aanmelding binnenkomst Nederland [A41 art. 4.47 Vb 2000]
Aanmerking als onroerende zaak [A29 art. 220a Gemw]
Aanmoediging werkgelegenheid EU-lidstaten [A88 art. 147 VWEU]
Aanpassing monitoringsplan [A65 art. 16.13 Wm]
Aanpassing nationale monopolies Europese Unie [A88 art. 37 VWEU]
Aanpassing van de wetgevingen binnen Europese Unie [A88 art. 114 VWEU]
Aanpassing zorgplan [A75 art. 10, art. 11, art. 12 Wzd]
Aanslagbelastingen; door opzet of grove schuld te weinig belasting geheven [A56 art. 67e AWR]
Aanslagbelastingen; niet (tijdig) doen van aangifte [A56 art. 67a AWR]
Aanslagbelastingen; opzettelijk niet, onjuiste of onvolledige aangifte doen [A56 art. 67d AWR]
Aanslagbiljet (vaststelling en dagtekening) [A56 art. 5 AWR]
Aanspraak op verstrekkingen, voorzieningen en uitkeringen [A40 art. 10 Vw 2000]
Aansprakelijkheid bij spoedeisende uitgaven [A29 art. 210 Gemw]
Aansprakelijkheid na sluiting stortplaats [A65 art. 15.49 Wm]
Aansprakelijkheid verwerkingsverantwoordelijke voor schade [A19 art. 82 AVG]
Aanspraken AWBZ [A78 art. 8.1 WMO 2015]
Aanstelling algemeen bestuur waterschap [A35 art. 29 Wschw]
Aanstelling personeel [A100 art. 101 Hv VN]
Aantal aanwijzingen als gemachtigde [A9 art. L 4 KW]
Aantal gedeputeerden [A27 art. 35a PW]
Aantal leden PS [A27 art. 8 PW]
Aantekening inreisverbod [A41 art. 4.35a Vb 2000]
Aantekening "Internationale bescherming" [A40 art. 45c Vw 2000]
Aantekening inzake internationale bescherming [A41 art. 3.123 Vb 2000]
Aantekening op tweede tekst [A65 art. 19.4 Wm]
Aantekening relevante gegevens op beschikking [A75 art. 32 Wzd]
Aantekeningen reis- en identiteitsdocumenten [A41 art. 4.24 Vb 2000]
Aantekeningen reis- en identiteitsdocumenten, inhoud [A41 art. 4.25 Vb 2000]
Aantekeningen toezichthoudende ambtenaren [A41 art. 4.29 Vb 2000]
Aantonen activiteiten bij subsidievaststelling [A45 art. 4:45 Awb]
Aanvaarding benoeming [A35 art. 18 Wschw]
Aanvaarding of goedkeuring [A114 art. 14 VWV]
Aanvaarding voorbehoud [A114 art. 20 VWV]
Aanvallende staat [A114 art. 75 VWV]
Aanvang benoeming [A27 art. 37 PW] [A29 art. 38 Gemw]
Aanvang beroepstermijn [A56 art. 26c AWR]
Aanvang beslistermijn coördinerend bestuursorgaan [A45 art. 3:25 Awb]
Aanvang bezwaartermijn [A56 art. 22j AWR]
Aanvang indieningstermijn bezwaar en beroep [A45 art. 6:8 Awb]
Aanvang stemopneming [A9 art. N 16a KW]
Aanvang termijn; gevolg overschrijden termijn [A83 art. 37 Mw]
Aanvangstijdstip zitting [A9 art. M 17 KW]
Aanvangtermijn uitspraak op bezwaar tegen belastingaanslag; bezwaar tegen WOZ-beschikking [A35 art. 131 Wschw]
Aanvraag beschikking [A45 art. 4:1 Awb]
Aanvraag bij CIZ [A75 art. 28aa Wzd]
Aanvraag bij weigering OvJ [A74 art. 5:18 Wvggz]
Aanvraag bijschrijving leidinggevende [A76 art. 30a DHW]

Alfabetisch trefwoordenregister A

Aanvraag broeikasgasemissierechten [A65 art. 16.39j Wm]
Aanvraag gericht tot Minister EZ [A83 art. 48 Mw]
Aanvraag kennelijk ongegrond [A40 art. 30b Vw 2000]
Aanvraag kosteloze toewijzing broeikasgasemissierechten [A65 art. 16.39n Wm]
Aanvraag machtigingsverzoek bij CIZ [A75 art. 25 Wzd]
Aanvraag mvv [A40 art. 2s Vw 2000]
Aanvraag omgevingsvergunning, aanwijzing adviseur [A68 art. 6.1 Bor]
Aanvraag omgevingsvergunning, beoordeling aanvraag [A67 art. 2.10 Wabo]
Aanvraag omgevingsvergunning, beslissing op aanvraag [A67 art. 2.14 Wabo]
Aanvraag omgevingsvergunning bij defensieterreinen, afschrift aan de minister van Defensie [A68 art. 6.11 Bor]
Aanvraag omgevingsvergunning, (geen) heffing rechten [A67 art. 2.9a Wabo]
Aanvraag omgevingsvergunning, monument [A67 art. 2.15 Wabo]
Aanvraag omgevingsvergunning, strijd met Wro [A67 art. 2.11 Wabo]
Aanvraag omgevingsvergunning, verzekering brandveiligheid [A67 art. 2.13 Wabo]
Aanvraag omgevingsvergunning voor activiteit, aanwijzing adviseur [A68 art. 6.1 Bor]
Aanvraag omgevingsvergunning voor activiteit, aanwijzing adviseur i.v.m. inrichtingen/mijnbouwwerken [A68 art. 6.3 Bor]
Aanvraag omgevingsvergunning voor activiteit, aanwijzing adviseur i.v.m. monumenten [A68 art. 6.4 Bor]
Aanvraag omgevingsvergunning voor activiteit, advies welstandscommissie/stadsbouwmeester [A68 art. 6.2 Bor]
Aanvraag omgevingsvergunning voor activiteit, verklaring van geen bedenkingen [A68 art. 6.5 Bor]
Aanvraag omgevingsvergunning voor inrichting, afschrift aan andere EU-lidstaten [A68 art. 6.11 Bor]
Aanvraag omgevingsvergunning, voorwaarden verlening [A67 art. 2.12 Wabo]
Aanvraag opheffing ongewenstverklaring [A41 art. 6.6 Vb 2000]
Aanvraag recht op zorg vastgesteld in indicatiebe [A79 art. 3.2.3 Wlz]
Aanvraag terugkeervisum [A40 art. 2z Vw 2000]
Aanvraag tewerkstellingsvergunning [A81 art. 6 Wav]
Aanvraag tot beslissing door de rechter [A74 art. 8:19 Wvggz]
Aanvraag tot herziening [A101 art. 61 SIG]
Aanvraag tot herziening registratie [A9 art. Ya 41 KW]
Aanvraag tot vaststelling subsidie [A45 art. 4:44 Awb]
Aanvraag tot vaststelling subsidie rechtspersoon [A45 art. 4:74 Awb]
Aanvraag vergunning broeikasgasinstallatie [A65 art. 16.6 Wm]
Aanvraag vergunning horeca-/slijtersbedrijf [A76 art. 26 DHW]
Aanvraag verlenen verblijfsvergunning asiel voor bepaalde tijd, aanvang aanmeldfase [A41 art. 3.108d Vb 2000]
Aanvraag verlenen/verlengen/wijzigen verblijfsvergunning [A40 art. 23 Vw 2000]
Aanvraag verlenen/wijzigen mvv of terugkeervisum [A41 art. 1.24 Vb 2000]
Aanvraag vervolgbesluit [A75 art. 22 Wzd]
Aanvraag wijziging zorgmachtiging [A74 art. 8:12 Wvggz]
Aanvraag/besluit tot opname en verblijf, nadere regels [A75 art. 23 Wzd]
Aanvragen bij coördinerend bestuursorgaan [A45 art. 3:24 Awb]
Aanvragen naar Commissie van de Europese Gemeenschappen [A65 art. 16.39k, art. 16.39o Wm]
Aanvragen vergunning wijziging woonruimte [A60 art. 23 Huisvw]
Aanvragers algemeenverbindendverklaring [A65 art. 15.37 Wm]
Aanvullende aanwijzing provinciale verordening [A65 art. 7.6 Wm]
Aanvullende eisen bij opnamegrond 'ernstig nadeel voor een ander' [A75 art. 48 Wzd]
Aanvullende harmonisatie [A54 art. 38 Richtlijn 2006/123/EG]
Aanvullende klachtbehandeling door bestuursorgaan [A45 art. 9:13 Awb]
Aanvullende programma's meerjarenkaderprogramma Europese Unie omtrent wetenschap en technologie [A88 art. 184 VWEU]
Aanvullende voorlopige aanslagen [A56 art. 13, art. 14 AWR]
Aanvullende werking [A94 art. 3 EVRM 12e prot.]
Aanvulling melding en opschorting wachtperiode [A83 art. 38 Mw]
Aanvulling op Verdrag [A106 art. 6 BUPO 2e prot.]
Aanvulling stukken door bestuursorgaan [A45 art. 3:14 Awb]
Aanvulling van de melding [A83 art. 35 Mw]
Aanvulling van gegevens ter bevordering van de mogelijkheid van een goede beoordeling [A65 art. 19.4 Wm]
Aanvullingsbevoegdheid [A27 art. 118 PW] [A29 art. 121 Gemw]

A

Alfabetisch trefwoordenregister

Aanwezigheid bij collegevergaderingen [A29 art. 104 Gemw]
Aanwezigheid bij raadsvergadering [A29 art. 107b Gemw]
Aanwezigheid bij vergadering GS [A27 art. 101 PW]
Aanwezigheid bij vergaderingen PS [A27 art. 104b PW]
Aanwezigheid en vervanging stembureauleden [A9 art. J 12 KW]
Aanwezigheid OvJ [A74 art. 6:1 Wvggz]
Aanwezigheid voldoende stembiljetten en processen-verbaal [A9 art. J 21 KW]
Aanwijzen locatie briefstembureau [A9 art. M 13 KW]
Aanwijzing agglomeratie verstedelijkte gebieden [A65 art. 11.5 Wm]
Aanwijzing ambtenaren toezicht Drank- en Horecawet [A76 art. 41 DHW]
Aanwijzing ambtenaren voor inspectie [A83 art. 89g Mw]
Aanwijzing bevoegde instantie [A65 art. 12.21 Wm]
Aanwijzing categorieën woningzoekenden [A60 art. 10 Huisvw]
Aanwijzing coördinerend orgaan [A65 art. 14.14, art. 14.8, art. 14.9 Wm]
Aanwijzing depositaris [A114 art. 76 VWV]
Aanwijzing documenten [A41 art. 4.21 Vb 2000]
Aanwijzing en inrichting stemlokalen [A9 art. J 4 KW]
Aanwijzing gebieden [A29 art. 235 Gemw]
Aanwijzing gebieden waarin colleges samenwerken [A78 art. 2.6.1 WMO 2015]
Aanwijzing gemachtigde [A9 art. R 9a KW]
Aanwijzing gemachtigde door buitenslands wonende kiezer [A9 art. R 9 KW]
Aanwijzing gemachtigde in geval van woonplaats binnen Nederland [A9 art. H 10a KW]
Aanwijzing gemachtigde in geval van woonplaats buiten Nederland [A9 art. H 10 KW]
Aanwijzing gevaarlijke afvalstoffen [A65 art. 1.1 Wm]
Aanwijzing griffier, einde aanwijzing [A29 art. 107 Gemw]
Aanwijzing griffier provincie, van rechtswege einde van aanwijzing [A27 art. 104 PW]
Aanwijzing grondgebied [A92 art. 5 EVRM 6e prot.]
Aanwijzing in beschikking [A41 art. 5.7 Vb 2000]
Aanwijzing massaal bezwaar [A56 art. 25c AWR]
Aanwijzing Minister [A78 art. 2.6.8 WMO 2015]
Aanwijzing mobiele stembureaus [A9 art. J 4a KW]
Aanwijzing, openstelling en inrichting speciale stembureaus [A9 art. M 9 KW]
Aanwijzing orgaan [A65 art. 9.3a.1 Wm]
Aanwijzing secretaris, einde aanwijzing [A29 art. 102 Gemw]
Aanwijzing secretaris provincie, einde aanwijzing [A27 art. 99 PW]
Aanwijzing secretaris waterschap, einde aanwijzing van rechtswege [A35 art. 53 Wschw]
Aanwijzing toezichthoudende ambtenaren [A65 art. 18.4 Wm]
Aanwijzing vergunningplichtige woonruimte [A60 art. 7 Huisvw]
Aanwijzing woningmarktregio [A60 art. 3 Huisvw]
Aanwijzing zones en agglomeraties [A65 art. 5.22 Wm]
Aanwijzing zorgkantoren [A79 art. 4.2.4 Wlz]
Aanwijzing zorgverantwoordelijke [A75 art. 5 Wzd]
Aanwijzingen plaatsing en gebruik camera's op openbare plaats [A29 art. 151c Gemw]
Aanwijzingen veiligheidsrisicogebied [A29 art. 151b Gemw]
Aard ernstig nadeel, vorm van onvrijwillige zorg [A75 art. 10 Wzd]
Aardgas-afleverinstallatie, eisen [A66 art. 4.81 Barim]
Aardgasafleverstation, eisen afleverzuil [A66 art. 3.18 Barim]
Absolute bevoegdheid bestuursrechter [A45 art. 8:6 Awb]
Absolute competentie rechtbank [A56 art. 77 AWR]
Acceptatie geldigheid [A114 art. 45 VWV]
Accommodatie [A74 art. 1:1, art. 1:2 Wvggz] [A75 art. 1 Wzd]
Accountantsonderzoek bij subsidie rechtspersoon [A45 art. 4:78 Awb]
Acculader, bodemrisico [A66 art. 4.114 Barim]
Achtererfgebied, maximum aantal bouwwerken [A68 art. 2.9 Bor]
Actieplan [A65 art. 11.14 Wm]
Actieve informatieplicht [A27 art. 60 PW] [A29 art. 60 Gemw]
Actieve informatieplicht commissaris [A27 art. 79 PW]
Activiteit, afvalscheiding [A66 art. 2.12 Barim]
Activiteit, bodemverontreiniging [A66 art. 2.9 Barim]
Activiteit, energiebesparing [A66 art. 2.15 Barim]
Activiteit, verkeer en vervoer [A66 art. 2.16 Barim]
Activiteit, zorgplicht [A66 art. 2.1 Barim]
Activiteiten buiten de EU [A82 art. 2a.18 AanbW 2012]
Activiteiten Europese Unie omtrent milieu [A88 art. 192 VWEU]
Activiteiten Europese Unie omtrent wetenschap en technologie [A88 art. 180 VWEU]

Alfabetisch trefwoordenregister

Activiteiten in beschikking tot subsidieverlening [A45 art. 4:30 Awb]
Activiteiten in subsidievaststelling [A45 art. 4:43 Awb]
Activiteitenplan subsidieaanvraag [A45 art. 4:62 Awb]
Activiteitenverslag bij subsidie rechtspersoon [A45 art. 4:80 Awb]
ADL-assistentie [A79 art. 10.1.4 Wlz]
Administratie referent [A41 art. 4.53 Vb 2000]
Administratie subsidie-ontvangende rechtspersoon [A45 art. 4:69 Awb]
Administratie van bepaalde informatie [A56 art. 53 AWR]
Administratief beroep [A40 art. 77 Vw 2000] [A45 art. 1:5 Awb]
Administratief beroep ingesteld door ander dan aanvrager besluit [A45 art. 7:27a Awb]
Administratieplicht [A56 art. 52 AWR]
Administratieplichtigen [A56 art. 52 AWR]
Administratieve geldboeten [A19 art. 83 AVG]
Administratieve geldboeten, algemene voorwaarden voor opleggen [A19 art. 83 AVG]
Administratieve geldboeten, hoogte [A19 art. 83 AVG]
Administratieve samenwerking lidstaten Europese Unie [A88 art. 197 VWEU]
Administratieve verplichtingen bijzondere ondernemingen [A83 art. 25b Mw]
Administratieverplichting [A65 art. 9.2.1.4 Wm]
Adoptie [A110 art. 21 IVRK] [A41 art. 3.26 Vb 2000]
Advies aan bestuursorgaan of rechtspersoon met overheidstaak [A53 art. 29 Wet Bibob]
Advies als motivering besluit [A45 art. 3:49 Awb]
Advies ambtenaren inzake toezicht en handhaving [A78 art. 6.2 WMO 2015]
Advies Bureau Bibob [A76 art. 27 DHW]
Advies commissie [A65 art. 7.12 Wm]
Advies door ombudsman [A45 art. 9:19 Awb]
Advies en extern overleg bestuursorgaan [A45 art. 1:7 Awb]
Advies inzake juridische kwesties [A100 art. 96 Hv VN]
Advies inzake rechtsvragen [A101 art. 65 SIG]
Advies na niet nakomen van verplichting door lidstaat Europese Unie [A88 art. 258 VWEU]
Adviesaanvraag aan UWV [A40 art. 14a Vw 2000]
Adviescolleges, openbaarmaking advies [A2 art. 80 GW]
Adviescommissie bij bezwaar [A45 art. 7:13 Awb]
Adviescommissie vreemdelingenzaken [A40 art. 2 Vw 2000]
Adviesfunctie Europese Centrale Bank [A88 art. 127 VWEU]
Adviesorganen en adviseurs [A72 art. 17.1 Omgw]
Adviesorganen van de Europese Unie [A88 art. 300 VWEU]
Adviesrecht cliëntenraad [A74 art. 2:2 Wvggz]
Adviesrecht in zaken voor andere VN-organen [A107 art. 15 VURd]
Adviestermijn bij besluiten [A45 art. 3:6 Awb]
Adviestermijn; zes weken [A65 art. 7.26 Wm]
Adviezen overeenkomstig meerderheid [A65 art. 2.37 Wm]
Adviserend comité Hof van Justitie [A88 art. 255 VWEU]
Advisering bij wetsvoorstellen [A45 art. 3:9a Awb]
Adviseur bij besluiten [A45 art. 3:5 Awb]
Advocaat [A74 art. 1:1, art. 7:2 Wvggz]
Advocaat last tot toevoeging [A74 art. 1:7, art. 5:4 Wvggz]
Advocaten-generaal Hof van Justitie [A88 art. 252 VWEU]
Afbakening samenstelling speciale-sectoropdrachten [A82 art. 3.10c AanbW 2012]
Afbakening werkzaamheden emissieautoriteit [A65 art. 2.7 Wm]
Afbouw [A75 art. 10 Wzd]
Afdeling advisering, advies aan Tweede Kamer [A14 art. 18 Wet RvS]
Afdeling advisering, adviesaanvraag [A14 art. 22 Wet RvS]
Afdeling advisering, geen hoorplicht [A14 art. 19 Wet RvS]
Afdeling advisering, informatieverstrekking door minister [A14 art. 23 Wet RvS]
Afdeling advisering, mededeling KB's [A14 art. 25 Wet RvS]
Afdeling advisering, ongevraagde advisering [A14 art. 21 Wet RvS]
Afdeling advisering, openbaarmaking adviezen [A14 art. 26 Wet RvS]
Afdeling advisering, opstelling ontwerp-KB [A14 art. 20 Wet RvS]
Afdeling advisering, overleg met minister [A14 art. 24 Wet RvS]
Afdeling advisering, taken [A14 art. 17 Wet RvS]
Afdeling advisering, voorlichting [A14 art. 21a Wet RvS]
Afdeling bestuursrechtspraak, adviezen [A14 art. 27b Wet RvS]
Afdeling bestuursrechtspraak, benoeming voorzitter [A14 art. 30a Wet RvS]
Afdeling bestuursrechtspraak, besluitvorming meervoudige kamer [A14 art. 43 Wet RvS]
Afdeling bestuursrechtspraak, deelneming aan beraadslaging [A14 art. 27e Wet RvS]

Alfabetisch trefwoordenregister

Afdeling bestuursrechtspraak, enkel- en meervoudige kamers [A14 art. 42 Wet RvS]
Afdeling bestuursrechtspraak, geheimhouding [A14 art. 44 Wet RvS]
Afdeling bestuursrechtspraak, prejudiciële vragen [A14 art. 30b Wet RvS]
Afdeling bestuursrechtspraak, regeling klachtbehandeling [A14 art. 45 Wet RvS]
Afdeling bestuursrechtspraak, regeling werkzaamheden [A14 art. 27c Wet RvS]
Afdeling bestuursrechtspraak, samenstelling [A14 art. 30 Wet RvS]
Afdeling bestuursrechtspraak, taken [A14 art. 30b Wet RvS]
Afdeling bestuursrechtspraak, voorbereiding besluiten [A14 art. 27d Wet RvS]
Afdoen door bestuursrechter [A45 art. 8:72a Awb]
Afdoen door bestuursrechter in hoger beroep [A45 art. 8:116 Awb]
Afdoening door belastingdienst [A56 art. 80 AWR]
Afgeleide dwangsombevoegdheid [A45 art. 5:32 Awb]
Afgifteplaats huishoudelijk afval [A65 art. 10.27 Wm]
Afleggen ondersteuningsverklaringen en overlegging bij lijst [A9 art. H 4, art. R 2 KW]
Afleveren vloeibare brandstof/gecomprimeerd aardgas, tankstation [A66 art. 3.17 Barim]
Afnemer, begripsbepaling [A54 art. 4 Richtlijn 2006/123/EG]
Afschaffing doodstraf [A106 art. 1 BUPO 2e prot.] [A92 art. 1 EVRM 6e prot.] [A95 art. 1 EVRM 13e prot.]
Afschaffing doodstraf, ondertekening en bekrachtiging Protocol [A95 art. 6 EVRM 13e prot.]
Afschaffing doodstraf, taken depositaris [A95 art. 8 EVRM 13e prot.]
Afschaffing doodstraf, territoriale werkingssfeer [A95 art. 4 EVRM 13e prot.]
Afschaffing doodstraf, verbod op afwijking [A95 art. 2 EVRM 13e prot.]
Afschaffing doodstraf, verbod op voorbehouden [A95 art. 3 EVRM 13e prot.]
Afschaffing doodstraf, verhouding tot verdrag [A95 art. 5 EVRM 13e prot.]
Afschrift beslissing aan klager, cliënt en derden [A75 art. 56f Wzd]
Afschrift beslissing aan klager, patiënt en derden [A74 art. 10:10 Wvggz]
Afschrift verblijfstitel [A75 art. 46 Wzd]
Afschrijving eenheden reductieverplichting [A65 art. 9.8.2.5 Wm]
Afschrijving HBE's [A65 art. 9.7.2.5 Wm]
Afschrijving, nadere regels [A65 art. 9.7.3.8, art. 9.8.3.6 Wm]
Afspraken verzekerde - zorgaanbieder [A79 art. 8.1.1 Wlz]
Afspraken waarvoor een ontheffing geldt ex art. 85 lid 3 EG-Verdrag [A83 art. 14 Mw]
Afstemming taken emissieautoriteit en andere bestuursorganen [A65 art. 2.16a Wm]
Aftreden [A27 art. 41 PW] [A29 art. 42 Gemw]
Aftreden van tussentijds benoemde leden [A9 art. Q 3 KW]
Afval, afvalverwijdering [A66 art. 2.13 Barim]
Afval, hergebruik [A66 art. 2.14 Barim]
Afval, procedures acceptatie en controle [A66 art. 2.14b Barim]
Afval, verbodsbepalingen [A66 art. 2.14a Barim]
Afvalbeheerbijdrage [A65 art. 15.35 Wm]
Afvalbeheerplan en nationaal milieubeleidsplan [A65 art. 10.6 Wm]
Afvalhiërarchie [A65 art. 10.4 Wm]
Afvalverbrandingsinstallatie, afvoer afgassen [A66 art. 5.16 Barim]
Afvalverbrandingsinstallatie, behandeling afvalwater [A66 art. 5.27 Barim]
Afvalverbrandingsinstallatie, emissie in de lucht [A66 art. 5.19 Barim]
Afvalverbrandingsinstallatie, emissiemeting [A66 art. 5.29 Barim]
Afvalverbrandingsinstallatie, in ontvangst nemen afvalstoffen [A66 art. 5.17, art. 5.18 Barim]
Afvalverbrandingsinstallatie, Lepol- en lange draaiovens [A66 art. 5.30 Barim]
Afvalverbrandingsinstallatie, overschrijding emissiegrenswaarden [A66 art. 5.26 Barim]
Afvalverbrandingsinstallatie, vaststelling emissiegrenswaarden [A66 art. 5.24 Barim]
Afvalverbrandingsinstallatie, verbod verdunnen afvalwater [A66 art. 5.28 Barim]
Afvalvoorziening categorie A [A65 art. 17.5b Wm]
Afvalvoorziening categorie A met gevolgen in ander land [A65 art. 13.12 Wm]
Afvalwaterbeheer, lozen grondwater bij bodemsanering/proefbronnering [A66 art. 3.1 Barim]
Afvalwaterbeheer, lozen hemelwater [A66 art. 3.3 Barim]
Afvalwaterbeheer, lozen huishoudelijk afvalwater [A66 art. 3.4 Barim]
Afvalwaterbeheer, lozen koelwater [A66 art. 3.6 Barim]
Afvalwaterbeheer, lozen ten gevolge van werkzaamheden aan vaste objecten [A66 art. 3.6a Barim]
Afvalwaterbeheer, toepassing gewasbeschermingsmiddelen [A66 art. 3.3 Barim]
Afvalwatercoëfficiënt [A35 art. 122k Wschw]
Afwachten beslissing Nederlanderschap [A41 art. 3.49 Vb 2000]
Afwijken afvalhiërarchie/doelmatig beheer [A65 art. 10.5 Wm]
Afwijken van advies bij klacht over bestuursorgaan [A45 art. 9:16 Awb]
Afwijken van begroting door subsidie-ontvangende rechtspersoon [A45 art. 4:70 Awb]

Alfabetisch trefwoordenregister A

Afwijkende procedure asiel [A40 art. 79 Vw 2000]
Afwijking berekening revisierente [A56 art. 30i AWR]
Afwijking Invorderingswet [A29 art. 250 Gemw]
Afwijking met het oog op een experiment [A79 art. 10.1.1 Wlz]
Afwijking termijn uitspraak [A29 art. 236 Gemw]
Afwijking van advies over besluit [A45 art. 3:50 Awb]
Afwijking van zorgplan [A75 art. 8 Wzd]
Afwijking wet bij AMvB [A40 art. 109 Vw 2000]
Afwijkingen niet toegestaan [A92 art. 3 EVRM 6e prot.]
Afwijkingsbevoegdheid [A65 art. 9.5.3 Wm]
Afwijzen aanvraag verblijfsvergunning bij niet behalen inburgeringsexamen
 [A41 art. 3.107a, art. 3.96a Vb 2000]
Afwijzing aanvraag door CIZ [A75 art. 26 Wzd]
Afwijzing aanvraag verblijfsvergunning bepaalde tijd [A41 art. 3.106a Vb 2000]
Afwijzing behandeling beschikking [A45 art. 4:5 Awb]
Afwijzing verblijf voor bepaalde tijd i.v.m. niet behalen examen/diploma/certificaat
 [A40 art. 16a Vw 2000]
Afwijzing verblijf voor bepaalde tijd, uitzonderingsgronden afwijzing [A40 art. 17, art. 17a Vw 2000]
Afwijzing verlenging blauwe kaart [A41 art. 3.89b Vb 2000]
Afwijzing verlenging op grond openbare orde [A41 art. 3.86 Vb 2000]
Afwijzing verlenging verblijfsvergunning onderzoeker [A41 art. 3.89a Vb 2000]
Afwijzing wegens gevaar openbare orde [A41 art. 3.77 Vb 2000]
Afwijzingsgronden [A41 art. 3.95 Vb 2000] [A9 art. L 10 KW]
Afwijzingsgronden EU-verblijfsvergunning voor langdurig ingezetenen [A40 art. 45b Vw 2000]
Afzien opleggen voorlopige aanslag [A56 art. 13 AWR]
Afzien van horen bij administratief beroep [A45 art. 7:17 Awb]
Afzien van horen bij bezwaar [A45 art. 7:3 Awb]
Afzien van openbaarmaking [A65 art. 19.8 Wm]
Afzien vaststellen plan [A65 art. 7.13 Wm]
Afzonderlijk oordeel [A101 art. 57 SIG]
Agendering onderwerpen [A27 art. 53a PW]
Agenten [A101 art. 42 SIG]
Agentschap, financiële staat [A15 art. 2.6 CW 2016]
Agentschappen, aanwijzing van [A15 art. 2.20 CW 2016]
Akkoorden of organen [A100 art. 52 Hv VN]
Akoestisch onderzoek geluidproductieplafond weg/spoorweg [A65 art. 11.33 Wm]
Akte ex art. 65 [A114 art. 67 VWV]
Alarmmechanisme [A54 art. 32 Richtlijn 2006/123/EG]
Alertheid voor nadelige effecten van onvrijwillige zorg [A75 art. 10 Wzd]
Algemeen belang/uitoefening openbaar gezag [A19 art. 6 AVG]
Algemeen bestuur, oprichting van/deelname aan stichtingen etc.
 [A33 art. 31a, art. 44a, art. 50ca, art. 55a, art. 64a, art. 77a, art. 87a WGR]
Algemeen discriminatieverbod [A94 art. 1 EVRM 12e prot.]
Algemeen nut [A56 art. 5b AWR]
Algemeen nut beogende instelling [A56 art. 5b AWR]
Algemeen of bijzonder mandaat [A45 art. 10:5 Awb]
Algemeen verbindend verklaren van overeenkomst afvalbeheerbijdrage [A65 art. 15.36 Wm]
Algemene bepalingen raming waarde concessieopdrachten [A82 art. 2a.9 AanbW 2012]
Algemene bijstand, afwijking norm gehuwden [A77 art. 24 Pw]
Algemene bijstand, bijzonder inkomen [A77 art. 33 Pw]
Algemene bijstand, definitie inkomen [A77 art. 32 Pw]
Algemene bijstand, definitie vermogen [A77 art. 34 Pw]
Algemene bijstand, jongerennormen [A77 art. 20 Pw]
Algemene bijstand, kostendelende medebewoner [A77 art. 19a Pw]
Algemene bijstand, kostendelersnorm [A77 art. 22a Pw]
Algemene bijstand, middelen [A77 art. 31 Pw]
Algemene bijstand, normen 21 jaar tot pensioengerechtigde leeftijd [A77 art. 21 Pw]
Algemene bijstand, normen inrichting [A77 art. 23 Pw]
Algemene bijstand, normen pensioengerechtigden [A77 art. 22, art. 37a Pw]
Algemene bijstand, verlaging norm als gevolg van woonsituatie [A77 art. 27 Pw]
Algemene bijstand, verlaging norm schoolverlaters [A77 art. 28 Pw]
Algemene bijstand, voorwaarden [A77 art. 19 Pw]
Algemene noodtoestand kan tot afwijking van het verdrag nopen [A104 art. 4 BUPO]

A

Alfabetisch trefwoordenregister

Algemene regels [A65 art. 8.40 Wm]
Algemene Rekenkamer, aanvaarding van ambt [A15 art. 7.6 CW 2016]
Algemene Rekenkamer, benoemingsvereisten [A15 art. 7.4 CW 2016]
Algemene Rekenkamer, besluitvorming [A15 art. 7.9 CW 2016]
Algemene Rekenkamer, inrichting/samenstelling/bevoegdheid [A2 art. 78 GW]
Algemene Rekenkamer, internationale werkzaamheden [A15 art. 7.38 CW 2016]
Algemene Rekenkamer, leden van buitengewone dienst [A15 art. 7.2 CW 2016]
Algemene Rekenkamer, onderzoek op verzoek [A15 art. 7.23 CW 2016]
Algemene Rekenkamer, ontslag en benoeming [A15 art. 7.5 CW 2016]
Algemene Rekenkamer, overleg Minister [A15 art. 7.40 CW 2016]
Algemene Rekenkamer, rechtspositie leden [A2 art. 77 GW]
Algemene Rekenkamer, reglement van orde [A15 art. 7.7 CW 2016]
Algemene Rekenkamer, samenstellingen [A15 art. 7.1 CW 2016]
Algemene Rekenkamer, samenwerking binnen Koninkrijk [A15 art. 7.37 CW 2016]
Algemene Rekenkamer, secretaris [A15 art. 7.3 CW 2016]
Algemene Rekenkamer, taak [A2 art. 76 GW]
Algemene Rekenkamer, taken bevoegdheden president [A15 art. 7.8 CW 2016]
Algemene Rekenkamer, verschoningsplicht [A15 art. 7.10 CW 2016]
Algemene Rekenkamer, verslag van werkzaamheden [A15 art. 7.33 CW 2016]
Algemene Rekenkamer, verstrekken van mededelingen [A15 art. 7.39 CW 2016]
Algemene Termijnenwet [A27 art. 141 PW] [A29 art. 145 Gemw]
Algemene toegankelijkheid voor personen met handicap of chronische ziekte [A23 art. 2a WGBHZ]
Algemene Vergadering [A100 art. 85 Hv VN]
Algemene Vergadering keurt begroting goed [A100 art. 17 Hv VN]
Algemene wet buiten toepassing [A27 art. 228 PW]
Algemene zorgplicht [A65 art. 1.1a Wm]
Alleenrecht [A67 art. 7.5 Wabo]
Alleenstaande/alleenstaande ouder/gezin [A77 art. 4 Pw]
Alternatieve beleggingsinstelling [A56 art. 4 AWR]
Alternatieve maatregelen [A65 art. 8.40a Wm]
Ambtelijke bijstand en ondersteuning [A27 art. 33 PW] [A29 art. 33 Gemw]
Ambtelijke of gemengd samengestelde adviescommissie [A49 art. 1 WOB]
Ambtenaar, aangaan of opzeggen arbeidsovereenkomst [A17 art. 13a AW]
Ambtenaar, beperking reizen naar buitenland i.v.m. kennis geheime gegevens [A17 art. 13 AW]
Ambtenaar, beperking vrijheid van meningsuiting/vereniging/vergadering/betoging [A17 art. 10 AW]
Ambtenaar verplicht tot onderwerping aan onderzoek kleding/lichaam of goederen [A17 art. 11 AW]
Ambtenaar, vertrouwensfuncties, vervulling en beëindigingsgrond [A17 art. 12 AW]
Ambtenaren Staten-Generaal, arbeidsvoorwaarden [A17 art. 13b AW]
Ambtenaren, verboden nevenwerkzaamheden en andere strijdige belangen [A17 art. 8 AW]
Ambtenarenstatuut Europese Unie [A88 art. 336 VWEU]
Ambtsdelict, vergoeding geleden schade [A7 art. 36 Wmv]
Ambtsdelicten, berechting door Hoge Raad [A7 art. 4 Wmv]
Ambtshalve aanvulling [A45 art. 8:69 Awb]
Ambtshalve afwijking [A74 art. 6:4 Wvggz]
Ambtshalve bevoegdheid rechtbank [A75 art. 38 Wzd]
Ambtshalve inboekingen [A65 art. 9.7.4.13 Wm]
Ambtshalve subsidievaststelling [A45 art. 4:47 Awb]
Ambtshalve vaststelling [A65 art. 9.7.2.4 Wm]
Ambtshalve vaststelling subsidie [A45 art. 4:44 Awb]
Ambtshalve verlening [A41 art. 3.6 Vb 2000]
Ambtshalve verlening i.v.m. gezondheidstoestand, verblijfsvergunning asiel [A41 art. 6.1e Vb 2000]
Ambtshalve verlening i.v.m. gezondheidstoestand, verblijfsvergunning regulier [A41 art. 6.1d Vb 2000]
Ambtshalve verlening van vrijstelling [A29 art. 244 Gemw]
Ambtshalve verlening/doortoetsen [A41 art. 3.6a Vb 2000]
Ambtshalve verlening/reguliere verblijfsvergunning [A41 art. 3.6b Vb 2000]
Ambtshalve vermindering [A56 art. 21k, art. 65 AWR]
Ambtsinstructie [A27 art. 182 PW]
Ambtsinstructie CdK [A29 art. 81bis Gemw]
Ambtsketen [A29 art. 76 Gemw]
Ambtstermijn en herverkiezing [A101 art. 13 SIG]

Alfabetisch trefwoordenregister   A

Ambtstermijn plaatsvervanger [A101 art. 15 SIG]
Ambtstermijn rechters Hof van Justitie [A88 art. 253 VWEU]
Ambulante verplichte zorg AMvB [A74 art. 2:4 Wvggz]
Amendering [A114 art. 39 VWV]
AMHK, nadere regels uitvoering taken en kwaliteit [A78 art. 4.2.3 WMO 2015]
Amicus curiae [A45 art. 8:12b Awb]
AMvB beperking verplichtingen aangewezen categorieën afvalstoffen [A65 art. 10.43 Wm]
AMvB bestanddelen huishoudelijk afval [A65 art. 10.28 Wm]
AMvB inzameling bedrijfsafvalstoffen en gevaarlijke afvalstoffen [A65 art. 10.46, art. 10.47 Wm]
AMvB inzameling huishoudelijk afval bovengemeentelijk belang [A65 art. 10.29 Wm]
AMvB milieukwaliteitseisen [A65 art. 5.3 Wm]
AMvB, ministeriële regeling of verordening bestuurscompensatie [A65 art. 15.21 Wm]
AMvB ontdoen buiten inrichting [A65 art. 10.51 Wm]
AMvB onvrijwillige zorg buiten accommodatie [A75 art. 2a Wzd]
AMvB, plaatsing in Staatsblad en termijn inwerkingtreding [A59 art. 69, art. 83 Wonw]
AMvB regels afvalstoffenverordening [A65 art. 10.61 Wm]
AMvB, wijze horen vreemdeling [A40 art. 97 Vw 2000]
AMvB, wijze van aanvraag (Vreemdelingenbesluit 2000) [A40 art. 37 Vw 2000]
Analyse onvrijwillige zorg [A75 art. 18 Wzd]
Anonimiteit melder [A74 art. 5:2 Wvggz]
Arbeid als zelfstandige [A41 art. 3.30 Vb 2000]
Arbeid in loondienst [A41 art. 3.31 Vb 2000]
Arbeid vreemdeling bij feitelijke werkgever [A81 art. 15 Wav]
Arbeidsbescherming/medezeggenschap [A2 art. 19 GW]
Arbeidsinschakeling, begeleiding op de werkplek [A77 art. 10da Pw]
Arbeidsinschakeling, begripsbepalingen [A77 art. 6 Pw]
Arbeidsinschakeling, beschut werk [A77 art. 10b Pw]
Arbeidsinschakeling, doelgroep loonkostensubsidie [A77 art. 10c Pw]
Arbeidsinschakeling, ondersteuning [A77 art. 10 Pw]
Arbeidsinschakeling, ondersteuning bij leer-werktraject [A77 art. 10f Pw]
Arbeidsinschakeling, ontheffing alleenstaande ouders [A77 art. 9a Pw]
Arbeidsinschakeling, participatieplaatsen [A77 art. 10a Pw]
Arbeidsinschakeling, taak BenW [A77 art. 7 Pw]
Arbeidsinschakeling, verlening loonkostensubsidie [A77 art. 10d Pw]
Arbeidsinschakeling, verordening [A77 art. 8a Pw]
Arbeidsinschakeling, verplichtingen uitkeringsgerechtigde [A77 art. 9 Pw]
Arbeidsomstandigheden [A108 art. 11 IVDV]
Arbeidsomstandigheden binnen Europese Unie [A88 art. 153 VWEU]
Archiefwet, toepasselijkheid [A80 art. 12.3, art. 12.3a Jw]
Asbest, afwijkende regels [A65 art. 9.2.2.1b Wm]
Asbestvolgsysteem, elektronisch landelijk [A65 art. 9.5.7 Wm]
Asbestvolgsysteem, nadere regels [A65 art. 9.5.7 Wm]
Asbestvolgsysteem, taken Minister [A65 art. 9.5.7 Wm]
Asbestvolgsysteem, toegankelijkheid [A65 art. 9.5.7 Wm]
Asielrecht [A102 art. 14 UVRM]
Aspirant-adoptiefouders [A41 art. 3.27 Vb 2000]
Associatie Europese Unie met derde landen en internationale organisaties [A88 art. 217 VWEU]
Associatie niet-Europese landen [A88 art. 198 VWEU]
Attributie [A45 art. 10:22 Awb]
Authentieke talen [A114 art. 33 VWV]
Authentieke talen Verdragstekst Europese Unie [A88 art. 358 VWEU]
Authentieke teksten [A100 art. 111 Hv VN]
Authentificatie [A114 art. 10 VWV]
Autonomie gemeentebestuur [A29 art. 108 Gemw]
Autonomie; medebewind [A27 art. 105 PW]
Autonoom [A23 art. 01 WGBHZ]
Autoriteit Consument en Markt [A83 art. 2 Mw]
Autoriteit Consument en Markt, instructies Minister aan [A83 art. 3 Mw]
Autoriteit Consument en Markt, rapportage [A83 art. 4 Mw]
Autoriteit Consument en Markt, taken en bevoegdheden [A83 art. 5 Mw]
Autoriteit Persoonsgegevens [A19 art. 4 AVG]
Autoriteit persoonsgegevens, begroting [A20 art. 11 UAVG]
Autoriteit persoonsgegevens, bestuurlijke boete [A20 art. 18 UAVG]
Autoriteit persoonsgegevens, disciplinaire maatregelen [A20 art. 8 UAVG]
Autoriteit persoonsgegevens, inlichtingenplicht [A20 art. 12 UAVG]

B

Autoriteit persoonsgegevens, Kaderwet zelfstandige bestuursorganen [A20 art. 13 UAVG]
Autoriteit persoonsgegevens, last onder bestuursdwang [A20 art. 16 UAVG]
Autoriteit persoonsgegevens, oprichting en aanwijzing [A20 art. 6 UAVG]
Autoriteit persoonsgegevens, optreden in rechte [A20 art. 20 UAVG]
Autoriteit persoonsgegevens, rechtspositie voorzitter en leden [A20 art. 9 UAVG]
Autoriteit persoonsgegevens, samenstelling [A20 art. 7 UAVG]
Autoriteit persoonsgegevens, samenwerking andere toezichthouders [A20 art. 19 UAVG]
Autoriteit persoonsgegevens, secretariaat [A20 art. 10 UAVG]
Autoriteit persoonsgegevens, strafrechtelijke boete [A20 art. 17 UAVG]
Autoriteit persoonsgegevens, taken en bevoegdheden [A20 art. 14 UAVG]
Autoriteit persoonsgegevens, toezicht naleving verplichtingen betaaldienstverleners [A20 art. 21a UAVG]
Autoriteit persoonsgegevens, toezicht op naleving [A20 art. 15 UAVG]
Autoriteit persoonsgegevens/Raad voor Accreditatie [A20 art. 21 UAVG]
Autoriteiten bij grensoverschrijdende milieugevolgen [A65 art. 7.38a Wm]

B

Baatbelasting [A29 art. 222 Gemw]
Bagatelbepaling [A83 art. 7 Mw]
Bagatelvrijstelling n.v.t. [A83 art. 9 Mw]
Basisexamen inburgering, afleggen [A41 art. 3.98c Vb 2000]
Basisexamen inburgering, examenreglement [A41 art. 3.98b Vb 2000]
Basisexamen inburgering, resultaten [A41 art. 3.98d Vb 2000]
Basisexamen inburgering, toelating [A41 art. 3.98b Vb 2000]
Basisexamen inburgering, vaststelling [A41 art. 3.98a Vb 2000]
Basisexamen inburgering voorafgaand aan aanvraag mvv [A41 art. 3.71a Vb 2000]
Basisregistratie inkomen [A56 art. 21a AWR]
Baten mogen lasten niet overtreffen [A29 art. 229b Gemw]
Bedenkingen en bezwaren [A15 art. 4.16 CW 2016]
Bedrag in beschikking tot subsidieverlening [A45 art. 4:31 Awb]
Bedrag last onder dwangsom [A45 art. 5:32b Awb]
Bedrag waarover belastingrente wordt berekend [A56 art. 30h AWR]
Bedragen gelijkgesteld aan bezoldiging [A29 art. 44j Gemw]
Bedrijfslichaam, beroep [A36 art. 140 Wet op de SER]
Bedrijfslichaam, elektronische toegankelijkheid [A36 art. 139 Wet op de SER]
Bedrijfsruimten [A35 art. 122i Wschw]
Bedrog [A114 art. 49 VWV]
Beëdiging [A27 art. 79t PW]
Beëindiging lidmaatschap stembureaus [A9 art. E 4 KW]
Beëindiging non-actiefstelling [A29 art. 81d Gemw]
Beëindiging rechtmatig verblijf; onderbreking [A41 art. 8.21 Vb 2000]
Beëindiging van verdrag krachtens bepalingen [A114 art. 54 VWV]
Beëindiging verdrag, partijen onder quorum [A114 art. 55 VWV]
Beëindiging verdrag zonder beëindigingsbepalingen [A114 art. 56 VWV]
Beëindiging verplichte zorg: aanvraag [A74 art. 8:18 Wvggz]
Beëindiging/opschorting [A114 art. 42 VWV]
Beeld- of geluidsopname als PV [A45 art. 8:36e Awb]
Begeleidingsbrief vervoerder [A65 art. 10.44 Wm]
Beginselen bij personencontrole Europese Unie [A88 art. 80 VWEU]
Beginselen Europese handelspolitiek [A88 art. 207 VWEU]
Beginselen Europese Unie in internationaal optreden [A87 art. 23 VEU]
Beginselen m.b.t. niet-zelfbesturende gebieden [A100 art. 73 Hv VN]
Begripsbepaling onvrijwilligheid [A75 art. 24 Wzd]
Begroting en jaarstukken Veilig Thuis [A78 art. 4.2.13 WMO 2015]
Begroting Europese Unie [A88 art. 310 VWEU]
Begroting, financieel beheer en verantwoording [A15 art. 4.11 CW 2016]
Begroting Nationale Schuld [A15 art. 2.10 CW 2016]
Begroting Staten-Generaal [A15 art. 4.5 CW 2016]
Begroting subsidieaanvraag [A45 art. 4:63 Awb]
Begroting van Koning [A15 art. 2.9 CW 2016]
Begrotingen colleges, beheer [A15 art. 4.4 CW 2016]
Begrotingsbeheer [A15 art. 3.2 CW 2016]
Begrotingsbeheer en bedrijfsvoering [A15 art. 4.1 CW 2016]
Begrotingsfondsen [A15 art. 2.11 CW 2016]
Begrotingsjaar [A15 art. 2.4 CW 2016]
Begrotingsjaar Europese Unie [A88 art. 313 VWEU]

Alfabetisch trefwoordenregister · B

Begrotingsposten [A35 art. 99 Wschw]
Begrotingsreserve [A15 art. 2.21 CW 2016]
Begrotingsstaat [A15 art. 2.5 CW 2016]
Behandelen gewassen, eisen spoelen van bloembollen [A66 art. 3.103 Barim]
Behandelen gewassen, lozen afvalwater van dompelbaden/douche-installaties [A66 art. 3.97 Barim]
Behandelen gewassen, lozen afvalwater van sorteren/transporteren gewassen [A66 art. 3.105 Barim]
Behandelen gewassen, lozen afvalwater van spoelen fusten/verpakkingsmateriaal [A66 art. 3.100 Barim]
Behandelen gewassen, lozen afvalwater van spoelen gewassen [A66 art. 3.102 Barim]
Behandelen verslagen en verzoekschriften; periodieke verzoeken [A100 art. 87 Hv VN]
Behandeling beroep door Raad van State [A9 art. I 8, art. S 6 KW]
Behandeling door HR [A56 art. 27gc AWR]
Behandeling na mededeling over bestuurlijke lus [A45 art. 8:51c Awb]
Behandeling van klacht door bestuursorgaan [A45 art. 9:15, art. 9:7 Awb]
Behandeling van verslagen van VN-organen [A100 art. 15 Hv VN]
Behandeling zaak [A104 art. 41 BUPO]
Beheer niet-departementale begrotingen [A15 art. 4.3 CW 2016]
Beheer publieke financiële middelen, aansprakelijkheid accountant [A15 art. 6.5 CW 2016]
Beheer publieke financiële middelen, bevoegdheden bij uitbesteding [A15 art. 6.4 CW 2016]
Beheer publieke financiële middelen, bevoegdheden toezicht Ministers [A15 art. 6.3 CW 2016]
Beheer publieke financiële middelen, regelgeving [A15 art. 6.6 CW 2016]
Beheer publieke financiële middelen, toezicht door Ministers [A15 art. 6.1 CW 2016]
Beheer van Europees Sociaal Fonds [A88 art. 163 VWEU]
Beheerplan, inhoud [A70 art. 4.6 Wtw]
Beheerplan, vaststelling [A70 art. 4.6 Wtw]
Beheersverordening, overgangsrecht voor bestaand gebruik/bouwwerk [A58 art. 5.1.1 Bro]
Beheersverordening, vaststelling in plaats van bestemmingsplan [A57 art. 3.38 Wro]
Beheersverordening, verval bestemmingsplan [A57 art. 3.39 Wro]
Behoeften kleine, middelgrote en micro-ondernemingen [A20 art. 2a UAVG]
Behoorlijke levensstandaard [A103 art. 11 IVESCR]
Behoud rechtmatig verblijf [A41 art. 8.16 Vb 2000]
Behoud verblijfsrecht familieleden/niet-EU-onderdanen [A41 art. 8.15 Vb 2000]
Beide ouders verantwoordelijk [A110 art. 18 IVRK]
Beïnvloeding kiezers [A9 art. J 14 KW]
Bekendmaking aantal uitgebrachte stemmen [A9 art. T 10 KW]
Bekendmaking aantallen stemmen bij tijdsverschil [A9 art. N 17 KW]
Bekendmaking aantallen uitgebrachte stemmen [A9 art. N 9 KW]
Bekendmaking benoemingen [A9 art. W 7 KW]
Bekendmaking beschikking [A41 art. 3.104 Vb 2000]
Bekendmaking beschikking van rechtswege [A45 art. 4:20c Awb]
Bekendmaking besluit aan belanghebbende(n) [A45 art. 3:41 Awb]
Bekendmaking dwangbevel bestuursrechtelijke geldschuld [A45 art. 4:123 Awb]
Bekendmaking en publicatie [A65 art. 10.11 Wm]
Bekendmaking in Staatsblad [A29 art. 279 Gemw]
Bekendmaking lijsten aan kiezers [A9 art. J 9 KW]
Bekendmaking, mededeling aan Europese Commissie [A82 art. 2.136 AanbW 2012]
Bekendmaking nationale toewijzingsbesluit [A65 art. 16.30 Wm]
Bekendmaking normbedragen [A41 art. 3.74 Vb 2000]
Bekendmaking ontwerp besluit [A45 art. 3:12 Awb]
Bekendmaking, openbaarmaking gegevens [A82 art. 2.138 AanbW 2012]
Bekendmaking, raamovereenkomst [A82 art. 2.135 AanbW 2012]
Bekendmaking subsidieplafond [A45 art. 4:27 Awb]
Bekendmaking ten aanzien van wijziging Nationale toewijzingsbesluit [A65 art. 16.30a Wm]
Bekendmaking uitslag verkiezing [A9 art. P 20, art. U 16 KW]
Bekendmaking van beslissing op bezwaar [A45 art. 7:12 Awb]
Bekendmaking vernietiging [A35 art. 161 Wschw]
Bekendmaking volgorde [A9 art. R 9a KW]
Bekostiging Hof [A101 art. 33 SIG]
Bekostiging kosten toelatingsorganisatie voor taakuitoefening [A59 art. 7an Wonw]
Bekrachtiging en inwerkingtreding [A91 art. 7 EVRM 4e prot.]
Bekrachtiging Nederlegging akten van bekrachtiging [A100 art. 110 Hv VN]
Bekrachtiging van dit verdrag [A114 art. 82 VWV]
Bekrachtiging Verdrag betreffende de Europese Unie [A87 art. 54 VEU]

B

Alfabetisch trefwoordenregister

Bekrachtiging Verdrag Europese Unie [A88 art. 357 VWEU]
Bekrachtiging; tijdstip van inwerkingtreding [A90 art. 6 EVRM 1e prot.]
Belang internationale betrekkingen bij aanvraag mvv [A41 art. 1.23 Vb 2000]
Belang internationale betrekkingen bij mvv-besluit [A40 art. 2i Vw 2000]
Belang van het kind voorop bij maatregelen [A110 art. 3 IVRK]
Belangen in privaatrechtelijke rechtspersonen, informatieverstrekking [A15 art. 4.8 CW 2016]
Belangenafweging [A19 art. 6 AVG]
Belangenafweging door bestuursorgaan [A45 art. 3:4 Awb]
Belangenbehartiging [A27 art. 175 PW]
Belanghebbenden als partij bij bestuursrechter [A45 art. 8:26 Awb]
Belastingaanslag [A56 art. 2 AWR]
Belastingen lidstaten Europese Unie [A88 art. 110 VWEU]
Belastingobject [A35 art. 118 Wschw]
Belastingobject, retributies [A35 art. 115 Wschw]
Belastingrente [A56 art. 24a, art. 30f AWR]
Belastingrente bij erfbelasting [A56 art. 30g AWR]
Belastingrente IB/VPB (navorderings-)aanslag [A56 art. 30fc AWR]
Belastingrente niet van toepassing [A56 art. 30g AWR]
Belastingsubject [A65 art. 15.34 Wm]
Belastingtarief [A29 art. 220f Gemw]
Belastingwet [A56 art. 2 AWR]
Beleidsinformatie [A79 art. 9.2.1 Wlz]
Beleidsplan onvrijwillige zorg [A75 art. 19 Wzd]
Beleidsplan verplichte zorg [A74 art. 2:2 Wvggz]
Beleidsregel [A45 art. 1:3 Awb]
Beleidsregel als motivering besluit [A45 art. 4:82 Awb]
Beleidsregels bij delegatie [A45 art. 10:16 Awb]
Beleidsverslag [A27 art. 108 PW]
Belemmering daadwerkelijke mededinging [A83 art. 37 Mw]
Belijden godsdienst of levensbeschouwing, voorafgaande kennisgeving [A18 art. 3 WOM]
Beloning raadsman [A40 art. 102 Vw 2000]
Bemannings-/passagierslijst [A41 art. 4.11 Vb 2000]
Benelux-onderdanen [A41 art. 4.4 Vb 2000]
Benoeming ambtenaren [A27 art. 79j PW] [A29 art. 81j Gemw]
Benoeming andere leden [A65 art. 2.31 Wm]
Benoeming bij lijstuitputting [A9 art. W 3 KW]
Benoeming commissaris [A27 art. 61 PW]
Benoeming directeur [A53 art. 22 Wet Bibob]
Benoeming en ontslag leden door PS [A27 art. 79c PW]
Benoeming en ontslag leden door raad [A29 art. 81c Gemw]
Benoeming gedeputeerden [A27 art. 35 PW]
Benoeming leden [A35 art. 14 Wschw]
Benoeming leden Economisch en Sociaal Comité Europese Unie [A88 art. 302 VWEU]
Benoeming leden stembureaus [A9 art. E 4 KW]
Benoeming na weigering [A27 art. 40 PW] [A29 art. 41 Gemw]
Benoeming ombudsman [A29 art. 81q Gemw] [A35 art. 51c Wschw]
Benoeming, schorsing en ontslag voorzitter [A35 art. 46 Wschw]
Benoeming stembureau [A9 art. T 3 KW]
Benoeming vervangend bestuurslid [A35 art. 24 Wschw]
Benoeming vervanger bij tijdelijk ontslag o.g.v. zwangerschap/bevalling/ziekte [A9 art. X 12 KW]
Benoeming voorzitter [A65 art. 2.31 Wm]
Benoeming, zittingsduur en ontslag dagelijks bestuur [A35 art. 41 Wschw]
Benzinestations [A76 art. 22 DHW]
Beoordeling bestuursorgaan door ombudsman [A45 art. 9:27 Awb]
Beoordeling bijzondere procedurele waarborgen/procedurerichtlijn [A41 art. 3.108b Vb 2000]
Beoordeling distorsie door nationale bepalingen binnen Europese Unie [A88 art. 117 VWEU]
Beoordeling luchtkwaliteit [A65 art. 5.19 Wm]
Beoordelingsgegevens [A65 art. 12.24 Wm]
Beoordelingskader [A105 art. 5 Fp BUPO]
Bepaling dag nieuwe stemming [A9 art. V 6 KW]
Beperken verwerking persoonsgegevens [A19 art. 4 AVG]
Beperking aantal gegadigden [A82 art. 2.100 AanbW 2012]
Beperking bepaalde gebieden [A65 art. 5.1 Wm]
Beperking besloten vergadering [A27 art. 24 PW] [A29 art. 24 Gemw]

Alfabetisch trefwoordenregister B

Beperking bevoegdheden bestuursrechtelijke toezichthouder [A45 art. 5:14 Awb]
Beperking bewegingsvrijheid in en rond de accommodatie [A74 art. 9:9 Wvggz] [A75 art. 51a Wzd]
Beperking bezoek [A74 art. 9:9 Wvggz] [A75 art. 51a Wzd]
Beperking coördinatie niet onder paragrafen 3.5.1 t/m 3.5.5 Awb vallende beschikkingen [A65 art. 14.1 Wm]
Beperking gebruik communicatiemiddelen [A74 art. 9:9 Wvggz] [A75 art. 51a Wzd]
Beperking motivering [A40 art. 91 Vw 2000]
Beperking vergoedingen [A29 art. 99 Gemw]
Beperking verordenende bevoegdheid [A76 art. 40 DHW]
Beperking verwerken persoonsgegevens [A19 art. 5 AVG]
Beperkingen, dwingend recht [A98 art. G ESHh]
Beperkingen van de openbaarheid [A49 art. 11 WOB]
Beperkingen volmacht [A114 art. 47 VWV]
Beperkingen/voorschriften mvv/terugkeervisum [A40 art. 2m Vw 2000]
Beperkingsgronden verblijfsvergunning voor bepaalde tijd [A41 art. 3.4 Vb 2000]
Beraadslaging en stemming over nauwere samenwerking Europese Unie [A88 art. 330 VWEU]
Beraadslaging over aanklacht, horen beklaagde [A7 art. 14 Wmv]
Beraadslaging over jaarverslag Europese Unie door Europees Parlement [A88 art. 233 VWEU]
Bereiden van brijvoer voor landbouwhuisdieren, beperken geurhinder [A66 art. 3.129b Barim]
Bereiden van voedingsmiddelen, eisen [A66 art. 3.132 Barim]
Bereiden van voedingsmiddelen, lozen afvalwater [A66 art. 3.131 Barim]
Berekening aantal broeikasgasemissierechten [A65 art. 16.39p Wm]
Berekening broeikasgasemissierechten [A65 art. 16.25, art. 16.39l Wm]
Berekening revisierente [A56 art. 30i AWR]
Berekening taakstelling gemeente [A60 art. 29 Huisvw]
Berekening vergoeding overschrijding CO2-emissies [A65 art. 15.52 Wm]
Berekening vervuilingseenheden [A35 art. 122g Wschw]
Berekening waarde concessieopdracht [A82 art. 2a.11 AanbW 2012]
Bericht aanneming benoeming [A9 art. V 2 KW]
Beroep, afloop beroepstermijn [A63 art. 1.6a Chw]
Beroep, behandeling [A63 art. 1.6 Chw]
Beroep, beperking beroepsrecht [A63 art. 1.4 Chw]
Beroep bij bestuursrechter [A56 art. 26 AWR]
Beroep bij bestuursrechter na bezwaar [A45 art. 7:1 Awb]
Beroep bij de bestuursrechter [A45 art. 8:1 Awb]
Beroep bij rechtbank [A74 art. 10:7 Wvggz] [A75 art. 56c Wzd]
Beroep, hoger beroep [A63 art. 1.9a Chw]
Beroep in het bestuursrecht [A45 art. 1:5 Awb]
Beroep langs elektronische weg [A45 art. 8:36a Awb]
Beroep op derden [A82 art. 2a.47, art. 3.65a AanbW 2012]
Beroep op niet-toepasselijkheid verordening bij Hof van Justitie [A88 art. 277 VWEU]
Beroep op vertrouwenspersoon en kosteloze en anonieme hulpvraag [A78 art. 3a.1.2 WMO 2015]
Beroep, prejudiciële vragen [A63 art. 1.8 Chw]
Beroep tegen beschikking inzake geldigheid kandidatenlijst [A9 art. Ya 44 KW]
Beroep tegen beschikking inzake registratie [A9 art. Ya 43 KW]
Beroep tegen beschikking inzake verkiezing eilandsraad [A9 art. Ya 46 KW]
Beroep tegen beschikking inzake verkiezingen PS [A9 art. Ya 45 KW]
Beroep tegen beslissing geldigheid lijsten [A9 art. I 7, art. S 5 KW]
Beroep tegen besluit bekendgemaakt door coördinerend bestuursorgaan [A45 art. 3:29 Awb]
Beroep tegen besluit GS [A35 art. 162 Wschw]
Beroep tegen besluit tot intrekking Nederlanderschap [A38 art. 22a RWN]
Beroep tegen een beschikking BES-eilanden [A9 art. Ya 42 KW]
Beroep tegen gevangenhouding [A104 art. 9 BUPO]
Beroep tegen meerdere uitspraken [A56 art. 26b AWR]
Beroep tegen niet tijdig bekendmaken beschikking van rechtswege [A45 art. 8:55f Awb]
Beroep tegen niet tijdig nemen besluit [A45 art. 6:12 Awb]
Beroep tegen uitspraak [A56 art. 34 AWR]
Beroep, vernietiging besluit [A63 art. 1.10 Chw]
Beroepsaansprakelijkheidsverzekering en -waarborgen dienstverrichters [A54 art. 23 Richtlijn 2006/123/EG]
Beroepschrift [A45 art. 6:4 Awb]
Beroepsmogelijkheid algemeen verbindende voorschriften en beleidsregels [A45 art. 8:3 Awb]
Beroepsmogelijkheid na klacht over bestuursorgaan [A45 art. 9:3 Awb]

Sdu 2585

Alfabetisch trefwoordenregister

Beroepsmogelijkheid negatieve lijst [A45 art. 8:5 Awb]
Beroepsmogelijkheid overige besluiten [A45 art. 8:4 Awb]
Beroepsopleiding binnen Europese Unie [A88 art. 166 VWEU]
Beroepsprocedure [A74 art. 10:8 Wvggz] [A75 art. 56d Wzd]
Beroepsprocedure, schorsing [A19 art. 81 AVG]
Beroepsprocedure tegen besluit toezichthoudende autoriteit, recht op [A19 art. 78 AVG]
Beroepsprocedure tegen verwerkingsverantwoordelijke of verwerker, recht op [A19 art. 79 AVG]
Beroepsprocedure, vertegenwoordiging betrokkenen bij [A19 art. 80 AVG]
Beroepsverbod [A56 art. 69 AWR]
Berusting in wraking van bestuursrechter [A45 art. 8:17 Awb]
BES-eilanden [A56 art. 37 AWR]
BES-eilanden, beperking bevoegdheden [A33 art. 131 WGR]
BES-eilanden, bevoegdheid tot treffen gemeenschappelijk regeling [A33 art. 124 WGR]
BES-eilanden, bevoegdheid tot treffen regeling [A33 art. 133 WGR]
BES-eilanden, geschillen [A33 art. 129 WGR]
BES-eilanden, heffingsverordening [A33 art. 132 WGR]
BES-eilanden, instelling samenwerkingslichaam [A33 art. 125 WGR]
BES-eilanden, overdragen bevoegdheden aan samenwerkingslichaam/gemeenschappelijk orgaan [A33 art. 130 WGR]
BES-eilanden, vaststelling begroting [A33 art. 134 WGR]
BES-eilanden, voorleggen ontwerpbegroting [A33 art. 135 WGR]
Bescheiden [A74 art. 5:17 Wvggz]
Bescheiden, Aanvullende gegevens [A74 art. 7:11 Wvggz]
Bescheiden bij verzoek [A75 art. 26, art. 26 Wzd]
Bescheiden en gegevensdragers [A56 art. 7 AWR]
Bescheiden rechtmatig verblijf [A40 art. 9 Vw 2000]
Bescherming bij beroep op deze wet [A23 art. 9a WGBHZ]
Bescherming en zorg [A110 art. 3 IVRK]
Bescherming moederschap [A108 art. 4 IVDV]
Bescherming nationale belangen lidstaten Europese Unie [A88 art. 346 VWEU]
Bescherming persoonsgegevens [A19 art. 1 AVG]
Bescherming persoonsgegevens binnen Europese Unie [A88 art. 16 VWEU]
Bescherming persoonsgegevens in gemeenschappelijk buitenlands en veiligheidsbeleid Europese Unie [A87 art. 39 VEU]
Bescherming tegen drugs [A110 art. 33 IVRK]
Bescherming tegen exploitatie [A110 art. 32 IVRK]
Bescherming tegen represailles [A24 art. 10 WGBLA]
Bescherming tegen seksueel misbruik [A110 art. 34 IVRK]
Bescherming van eigendom [A102 art. 17 UVRM]
Bescherming van het gezin [A102 art. 16 UVRM]
Bescherming van het kind [A104 art. 24 BUPO]
Bescherming van jeugdigen, ook tegen uitbuiting [A103 art. 10 IVESCR]
Beschermingsniveau [A86 art. 53 HGEU]
Beschikbaar stellen of exploiteren van netten [A82 art. 3.4 AanbW 2012]
Beschikbaarheid aanvrager [A40 art. 55 Vw 2000]
Beschikking [A45 art. 1:3 Awb] [A81 art. 17d Wav]
Beschikking op aanvraag EU-verblijfsvergunning voor langdurig ingezetenen [A40 art. 45g Vw 2000]
Beschikking t.z.v. richtige heffing [A56 art. 32 AWR]
Beschikking tot inbewaringstelling van burgemeester [A75 art. 29 Wzd]
Beschikking van rechtswege [A45 art. 4:20b Awb]
Beschikking zorgverantwoordelijke [A74 art. 9:6 Wvggz]
Beschikkingsrecht over natuurlijke hulpbronnen [A103 art. 25 IVESCR]
Beschikkingstermijn [A78 art. 2.3.5 WMO 2015]
Beschouwing strafbare feiten [A9 art. Z 11 KW]
Beslag bezoldiging gedeputeerde [A27 art. 43a PW]
Beslag bezoldiging gedeputeerde omvat ook invordering [A27 art. 43i PW]
Beslag omvat invorderinge ex art. 19 Invorderingswet 1990 [A29 art. 44i Gemw]
Beslag op bezoldiging [A29 art. 44a Gemw]
Beslag op bezoldiging bestuurslid waterschap gelijk aan invordering [A35 art. 44i Wschw]
Beslissende stem voorzitter [A29 art. 59 Gemw]
Beslissing bij twijfel [A9 art. T 9 KW]
Beslissing geheimhouding [A65 art. 19.5 Wm]
Beslissing geldigheid lijsten [A9 art. I 4, art. S 2 KW]
Beslissing geldigheid stembiljet [A9 art. N 8 KW]

Alfabetisch trefwoordenregister
B

Beslissing jeugdhulpverlener, status [A80 art. 7.3.17 Jw]
Beslissing klachtencommissie [A75 art. 56b Wzd]
Beslissing niet-bestuursorgaan, burgerlijk recht [A20 art. 35 UAVG]
Beslissing op aanvraag door college [A78 art. 2.3.5 WMO 2015]
Beslissing OvJ [A74 art. 5:16 Wvggz]
Beslissing rechtbank [A74 art. 10:10 Wvggz] [A75 art. 28ad Wzd]
Beslissing, termijn Awb [A20 art. 34 UAVG]
Beslissing tijdelijk ontslag [A35 art. 22 Wschw]
Beslissing toelating gekozen leden [A9 art. V 12 KW]
Beslissing zorgverantwoordelijke m.b.t. ambulante situatie [A74 art. 8:9 Wvggz]
Beslistermijn administratief beroep [A45 art. 7:24 Awb]
Beslistermijn beschikking [A45 art. 4:13 Awb]
Beslistermijn bestuurlijke boete [A45 art. 5:51 Awb]
Beslistermijn bij beroep tegen niet tijdig genomen besluit [A45 art. 8:55b Awb]
Beslistermijn bij verzet tegen vereenvoudigde behandeling [A45 art. 8:55e Awb]
Beslistermijn rechter [A75 art. 39 Wzd]
Beslistermijn t.a.v. aanvraag mvv [A40 art. 2u Vw 2000]
Beslistermijn t.a.v. aanvraag terugkeervisum [A40 art. 2aa Vw 2000]
Beslistermijn, uitzondering [A40 art. 25 Vw 2000]
Beslistermijn verzoek tijdelijk ontslag o.g.v. zwangerschap/bevalling/ziekte [A9 art. X 11 KW]
Besloten beraadslaging [A27 art. 61c PW]
Besluit brandstoffen luchtverontreiniging, overgangsbepaling [A65 art. 9.8.5.1 Wm]
Besluit dagelijks bestuur [A35 art. 123 Wschw]
Besluit eisen inrichtingen Drank- en Horecawet [A76 art. 10 DHW]
Besluit indiening onteigeningsverzoek, vervaltermijn [A61 art. 79 OW]
Besluit tot instelling nieuw waterschap [A35 art. 28 Wschw]
Besluit tot vernietiging [A29 art. 273a Gemw]
Besluit wordt van kracht na afloop beroepstermijn [A65 art. 20.3 Wm]
Besluitkarakter ophouding, vrijheidsbeperking, vrijheidsontneming [A40 art. 93 Vw 2000]
Besluitmoratorium [A40 art. 43 Vw 2000]
Besluitquorum [A27 art. 30 PW] [A29 art. 30 Gemw]
Besluitvorming ESCB zonder instructies [A88 art. 130 VWEU]
Besluitvorming Europese Commissie [A88 art. 250 VWEU]
Besluitvorming in Coronatijd [A12 art. 26a RvO Min]
Besluitvorming Raad op voorstel Europese Commissie [A88 art. 293 VWEU]
Bestaand bouwwerk, verbod op niet-naleving voorschriften [A59 art. 1b Wonw]
Bestaande kwaliteit niet omlaag [A65 art. 5.2 Wm]
Bestand [A19 art. 4 AVG]
Besteding van betaalde bestuursrechtelijke geldschulden [A45 art. 4:92 Awb]
Bestemmingsplan, afwijkend grondgebruik [A57 art. 3.4 Wro]
Bestemmingsplan, afwijzing [A57 art. 3.9 Wro]
Bestemmingsplan, anti-dubbeltelregel [A58 art. 3.2.4 Bro]
Bestemmingsplan, beschrijving bestemming [A58 art. 3.1.3 Bro]
Bestemmingsplan, besluit tot wijziging hangende het beroep [A57 art. 8.4a Wro]
Bestemmingsplan, bevoegdheid B&W [A57 art. 3.6 Wro]
Bestemmingsplan, geluidszone [A58 art. 3.3.1 Bro]
Bestemmingsplan, inhoud [A58 art. 3.1.2 Bro]
Bestemmingsplan, inhoud toelichting [A58 art. 3.1.6 Bro]
Bestemmingsplan, modernisering/vervanging bouwwerken [A57 art. 3.5 Wro]
Bestemmingsplan, overgangsrecht voor bouwwerken [A58 art. 3.2.1 Bro]
Bestemmingsplan, overgangsrecht voor gebruik [A58 art. 3.2.2 Bro]
Bestemmingsplan, overleg met andere bestuursorganen [A58 art. 3.1.1 Bro]
Bestemmingsplan, persoonsgebonden overgangsrecht voor gebruik [A58 art. 3.2.3 Bro]
Bestemmingsplan, procedure vaststelling [A57 art. 3.8 Wro]
Bestemmingsplan, toekomstige ontwikkeling gebied [A58 art. 3.1.4 Bro]
Bestemmingsplan, tussenuitspraak RvS [A57 art. 8.4b Wro]
Bestemmingsplan, uitsluiten afwijking door omgevingsvergunning [A57 art. 3.6a Wro]
Bestemmingsplan, vaststelling [A57 art. 3.1 Wro]
Bestemmingsplan, verbod op werkzaamheden [A57 art. 3.3 Wro]
Bestemmingsplan, verval beheersverordening [A57 art. 3.39 Wro]
Bestemmingsplan, voorbereiding [A57 art. 3.7 Wro]
Bestemmingsplan, voorlopige bestemming [A57 art. 3.2 Wro] [A58 art. 3.1.5 Bro]
Bestemmingsplan, wijziging/uitwerking [A57 art. 3.9a Wro]
Bestemmingsplan, zienswijzen [A57 art. 3.10 Wro]
Bestrijding discriminatie binnen Europese Unie [A88 art. 10, art. 19 VWEU]

Bestrijding van vooroordelen [A107 art. 7 VURd]
Bestrijding van vrouwenhandel, exploitatie van prostitutie [A108 art. 6 IVDV]
Bestuur, afkondigen uitzonderingstoestand [A2 art. 103 GW]
Bestuur, begroting [A2 art. 105 GW]
Bestuur, bekendmaking verdrag/besluit volkenrechtelijke organisatie [A2 art. 95 GW]
Bestuur, belastingheffing [A2 art. 104 GW]
Bestuur, bevoegdheden volkenrechtelijke organisaties [A2 art. 92 GW]
Bestuur, bevordering internationale rechtsorde [A2 art. 90 GW]
Bestuur, civiele verdediging [A2 art. 99a GW]
Bestuur, dienstplicht [A2 art. 98 GW]
Bestuur emissieautoriteit [A65 art. 2.3 Wm]
Bestuur, formulier van afkondiging der wetten [A2 art. XIX GW]
Bestuur, geldstelsel [A2 art. 106 GW]
Bestuur, goedkeuring verdrag [A2 art. 91 GW]
Bestuur, in-oorlogverklaring [A2 art. 96 GW]
Bestuur, inlichtingenplicht bij inzet krijgsmacht [A2 art. 100 GW]
Bestuur, krijgsmacht [A2 art. 97 GW]
Bestuur, openbaarheid [A2 art. 110 GW]
Bestuur, rechtspositie ambtenaren [A2 art. 109 GW]
Bestuur, ridderorden [A2 art. 111 GW]
Bestuur, samenstelling krijgsmacht [A2 art. 98 GW]
Bestuur, verantwoording ontvangsten/uitgaven [A2 art. 105 GW]
Bestuur, verbindende kracht verdrag [A2 art. 93 GW]
Bestuur, verdrag boven wet [A2 art. 94 GW]
Bestuurder van lichaam [A56 art. 2 AWR]
Bestuurlijke aangelegenheid [A49 art. 1 WOB]
Bestuurlijke boete, behandeling beroep [A29 art. 154n Gemw]
Bestuurlijke boete, beroep [A29 art. 154k Gemw]
Bestuurlijke boete bij misbruik van verstrekte gegeven [A83 art. 76b Mw]
Bestuurlijke boete door burgemeester [A76 art. 44a DHW]
Bestuurlijke boete door Minister [A76 art. 44aa DHW]
Bestuurlijke boete en last onder dwangsom [A83 art. 56 Mw]
Bestuurlijke boete en overlijden [A45 art. 5:42 Awb]
Bestuurlijke boete, hoogte [A76 art. 44a DHW] [A83 art. 57 Mw]
Bestuurlijke boete, invordering [A29 art. 154m Gemw]
Bestuurlijke boete, maximum bedragen [A78 art. 4.3.4 WMO 2015]
Bestuurlijke boete overtreding ondernemersvereniging [A83 art. 57 Mw]
Bestuurlijke boete, termijn betaling [A29 art. 154l Gemw]
Bestuurlijke integriteit [A29 art. 170 Gemw]
Bestuurlijke lus [A45 art. 8:51a Awb]
Bestuurlijke lus in hoogste aanleg [A45 art. 8:51d Awb]
Bestuurlijke ophouding [A29 art. 176a Gemw]
Bestuurlijke sanctie tot betaling van een geldsom [A45 art. 5:10 Awb]
Bestuursbevoegdheden [A29 art. 147 Gemw] [A27 art. 143 PW]
Bestuurscommissie [A27 art. 120 PW]
Bestuurscompensatie geadresseerde beschikking [A65 art. 15.20 Wm]
Bestuursdwang door gedeputeerde staten [A35 art. 70 Wschw]
Bestuursdwang in spoedeisende situaties [A45 art. 5:31 Awb]
Bestuursorgaan [A45 art. 1:1 Awb]
Bestuursorgaan, gegevensverstrekking [A83 art. 25k Mw]
Bestuursorgaan, in rekening brengen kosten [A83 art. 25i Mw]
Bestuursorgaan, scheiding publiekrechtelijke bevoegdheid van economische activiteit [A83 art. 25l Mw]
Bestuursorgaan, verbod tot bevoordelen overheidsbedrijf [A83 art. 25j Mw]
Bestuursorganen [A29 art. 5 Gemw]
Bestuursorganen gezamenlijk programma opstellen [A65 art. 5.13 Wm]
Bestuursorganen waterschap [A35 art. 10 Wschw]
Bestuursrechtelijke geldschuld van bestuursorgaan [A45 art. 4:109 Awb]
Bestuursrechtelijke geldschulden [A45 art. 4:85 Awb]
Bestuursrechtelijke handhaving [A60 art. 32 Huisvw] [A65 art. 18.2g Wm] [A72 art. 18.1 Omgw]
Bestuursrechter [A45 art. 1:4 Awb]
Bestuursreglement emissieautoriteit [A65 art. 2.8 Wm]
Bestuursreglement toelatingsorganisatie [A59 art. 7ao Wonw]
Betaling bestuursrechtelijke geldschulden zonder beschikking [A45 art. 4:88 Awb]
Betaling geldsom ten laste van compensatie [A59 art. 104a Wonw]

Alfabetisch trefwoordenregister

B

Betaling of afgifte bezoldiging aan gemachtigde [A29 art. 44h Gemw]
Betaling of afgifte bezoldiging bestuurslid waterschap aan gemachtigde [A35 art. 44h Wschw]
Betaling of afgifte bezoldiging gedeputeerde aan gemachtigde [A27 art. 43h PW]
Betaling subsidie [A45 art. 4:52 Awb]
Betaling van subsidie in gedeelten [A45 art. 4:53 Awb]
Betaling verplichte uitgave [A27 art. 199 PW]
Betaling waarborgsom kandidaatstelling algemeen bestuur [A9 art. H 13a KW]
Betaling waarborgsom kandidaatstelling gemeenteraad [A9 art. H 14 KW]
Betaling waarborgsom kandidaatstelling PS [A9 art. H 13 KW]
Betaling waarborgsom kandidaatstelling Tweede Kamer [A9 art. H 12 KW]
Betalingstermijn bestuursrechtelijke geldschulden [A45 art. 4:87 Awb]
Betekenis zo vroeg mogelijk stadium [A65 art. 7.19 Wm]
Betere productie enz. van voedsel [A103 art. 11 IVESCR]
Betonmortel, lozen afvalwater [A66 art. 4.74k Barim]
Betonmortel, maatwerkvoorschriften [A66 art. 4.74la Barim]
Betonmortel, toepasselijkheid Besluit Bodemkwaliteit [A66 art. 4.74l Barim]
Betonmortel, vervaardigen [A66 art. 4.74j Barim]
Betrekkingen met naburige landen Europese Unie [A87 art. 8 VEU]
Betrekkingen van de Europese Unie met internationale organisaties en derde landen [A88 art. 220 VWEU]
Betrokken aspecten [A65 art. 8.40 Wm]
Betrokken elementen [A65 art. 5.1 Wm]
Betrokken instanties [A65 art. 4.10, art. 4.17, art. 4.4 Wm]
Betrokken minister; Minister van Verkeer en Waterstaat [A65 art. 11a.1 Wm]
Betrokkenen bij horen bij administratief beroep [A45 art. 7:19 Awb]
Betrokkenen bij horen tijdens bezwaar [A45 art. 7:5 Awb]
Betrokkenheid derden [A74 art. 2:1 Wvggz]
Betrokkenheid gegadigde bij aanbesteding [A82 art. 2.51 AanbW 2012]
Bevallingsverlof [A103 art. 10 IVESCR]
Beveiliging verwerking persoonsgegevens [A19 art. 32, art. 5 AVG]
Bevel, inhoud [A74 art. 13:3a Wvggz]
Bevestiging uitspraak door bestuursrechter in hoger beroep [A45 art. 8:113 Awb]
Bevoegd gezag, gesloten stortplaats [A68 art. 3.4 Bor]
Bevoegd gezag, inrichting en mijnbouwwerk [A68 art. 3.3 Bor]
Bevoegd gezag maatregelen gesloten stortplaats [A65 art. 8.50 Wm]
Bevoegd gezag onderneemt schadelijke activiteit [A65 art. 7.19 Wm]
Bevoegd gezag, ruimtelijke ordening [A68 art. 3.1 Bor]
Bevoegd gezag, wijziging [A68 art. 3.5 Bor]
Bevoegde bestuursrechter in hoger beroep [A45 art. 8:105 Awb]
Bevoegde instantie [A65 art. 9.3a.2 Wm]
Bevoegde rechtbank [A75 art. 37 Wzd]
Bevoegde rechtbank bij dubbel beroep [A45 art. 8:8 Awb]
Bevoegde Staat [A114 art. 6 VWV]
Bevoegde zorgverlener [A75 art. 10 Wzd]
Bevoegdheden door Minister voor aangewezen wetten [A29 art. 124b Gemw]
Bevoegdheden Europese Raad gemeenschappelijk buitenlands en veiligheidsbeleid [A87 art. 26 VEU]
Bevoegdheden Europese Unie [A88 art. 2 VWEU]
Bevoegdheden gemeenteraad [A60 art. 2 Huisvw]
Bevoegdheden Gerecht van Hof van Justitie [A88 art. 256 VWEU]
Bevoegdheden heffende of invorderende ambtenaar [A35 art. 128a Wschw]
Bevoegdheden indeplaatsstelling [A29 art. 124c Gemw]
Bevoegdheden Minister bij indeplaatsstelling [A27 art. 121a PW]
Bevoegdheden onderzoekscommissie [A27 art. 151b PW]
Bevoegdheden t.b.v. tenuitvoerlegging zorgmachtiging/(machtiging tot voortzetting) crisismaatregel [A74 art. 8:2 Wvggz]
Bevoegdheden van lidstaten Europese Unie [A87 art. 4 VEU]
Bevoegdheden waterschapsbestuur [A35 art. 56 Wschw]
Bevoegdheid Autoriteit Consument en Markt, EG-mededingingsregels [A83 art. 88 Mw]
Bevoegdheid bestuursrechter voor schadevergoedingen [A45 art. 8:89 Awb]
Bevoegdheid boeteoplegging [A81 art. 19a Wav]
Bevoegdheid buiten toepassing verklaren groepsvrijstelling [A83 art. 89a Mw]
Bevoegdheid Comité [A105 art. 1 Fp BUPO]
Bevoegdheid deurwaarder buiten de gemeente [A29 art. 256 Gemw]

Alfabetisch trefwoordenregister

Bevoegdheid Europese Unie gemeenschappelijk buitenlands en veiligheidsbeleid
  [A87 art. 24 VEU]
Bevoegdheid gemeentelijke belasting [A29 art. 216 Gemw]
Bevoegdheid gemeenteraad tot uitvaardigen verordeningen, uitzonderingen op
  [A59 art. 121 Wonw]
Bevoegdheid GS [A27 art. 158 PW]
Bevoegdheid GS bij delegatie [A27 art. 165 PW]
Bevoegdheid Hof van Justitie betreffende ruimte van vrijheid, veiligheid en recht
  [A88 art. 276 VWEU]
Bevoegdheid Hof van Justitie gemeenschappelijk buitenlands en veiligheidsbeleid
  [A88 art. 275 VWEU]
Bevoegdheid inzake kwijtschelding en oninbaarverklaring [A35 art. 144 Wschw]
Bevoegdheid kennisneming individuele verzoekschriften [A91 art. 5 EVRM 4e prot.]
Bevoegdheid kostenverhaal [A65 art. 17.17 Wm]
Bevoegdheid kwijtschelding [A27 art. 232e PW]
Bevoegdheid mandaatgever [A45 art. 10:7 Awb]
Bevoegdheid minister [A40 art. 2k Vw 2000] [A81 art. 5 Wav]
Bevoegdheid minister inzake EG-verordening [A65 art. 9.3.2 Wm]
Bevoegdheid OvJ [A53 art. 26 Wet Bibob]
Bevoegdheid provinciale belasting [A27 art. 220 PW]
Bevoegdheid rechter [A74 art. 1:6 Wvggz]
Bevoegdheid toepassing bestuursdwang [A27 art. 122 PW]
Bevoegdheid toezichthouder [A81 art. 17 Wav]
Bevoegdheid tot bestuursdwang [A65 art. 18.8 Wm]
Bevoegdheid tot binnentreden woning [A60 art. 34 Huisvw] [A76 art. 42 DHW]
Bevoegdheid tot inbeslagneming [A81 art. 17a Wav]
Bevoegdheid tot onderzoek [A100 art. 34 Hv VN]
Bevoegdheid uitgifte bankbiljetten Europese Centrale Bank [A88 art. 128 VWEU]
Bevoegdheid van internationale organen [A103 art. 24 IVESCR]
Bevoegdheid van internationale organen niet aangetast [A104 art. 46 BUPO]
Bevoegdheidsdelegatie Commissie [A19 art. 92 AVG]
Bevoegdheidstoedeling Europese Unie [A87 art. 5 VEU]
Bevoegdheidsverdeling geschillen tussen lidstaten [A83 art. 89gf Mw]
Bevordering coördinatie GS [A65 art. 14.1 Wm]
Bevordering van onderlinge samenhang [A65 art. 14.3 Wm]
Bewaarplicht (7 jaar) [A56 art. 52 AWR]
Bewaarplicht burgemeester en CIZ [A75 art. 18a Wzd]
Bewaarplicht kopieën van overeenkomsten [A82 art. 2.138a AanbW 2012]
Bewaarregister [A29 art. 235 Gemw]
Bewaartermijn burgemeester en CIZ [A75 art. 18a Wzd]
Bewaartermijn conformiteitsbeoordeling/-verklaringen [A65 art. 9.4.6 Wm]
Bewaartermijn zorgaanbieder [A75 art. 18a Wzd]
Bewaring gegevens [A65 art. 10.38 Wm] [A74 art. 8:32 Wvggz]
Bewaring persoonsgegevens, termijnen [A19 art. 5 AVG]
Bewerken dierlijke bijproducten, eisen [A66 art. 3.135 Barim]
Bewijs betrouwbaarheid [A82 art. 2.87a AanbW 2012]
Bewoonbaarheid/milieuhygiëne [A2 art. 21 GW]
Bezoldiging gelijkgesteld aan uitkering waarop bestuurslid waterschap aanspraak heeft
  [A35 art. 44j Wschw]
Bezoldiging gelijkgesteld aan uitkering waarop gedeputeerde aanspraak heeft [A27 art. 43j PW]
Bezoldiging leden dagelijks bestuur [A35 art. 44 Wschw]
Bezoldiging leden Rekenkamer Europese Unie [A88 art. 286 VWEU]
Bezoldigingen vastgesteld door Raad van de Europese Unie [A88 art. 243 VWEU]
Bezwaar door ander dan aanvrager van besluit [A45 art. 7:14a Awb]
Bezwaar en administratief beroep bij coördinerend bestuursorgaan [A45 art. 3:28 Awb]
Bezwaar en beroep bij dwangsom bestuursorgaan [A45 art. 4:19 Awb]
Bezwaar en beroep tegen bestuursrechtelijke geldschuld [A45 art. 4:125 Awb]
Bezwaar en beroep tegen voorbereiding besluit [A45 art. 6:3 Awb]
Bezwaar tegen besluit in kader van indeplaatsstelling [A27 art. 121d PW]
Bezwaar tegen besluit tot indeplaatsstelling [A29 art. 124f Gemw]
Bezwaar tegen meerdere aanslagen [A56 art. 24a AWR]
Bezwaar- en beroepschriften [A77 art. 78e Pw]
Bezwaarprocedure op grond van verantwoordingsonderzoek [A15 art. 7.21 CW 2016]
Bezwaarschrift tegen bestuurlijke boete ook geacht gericht te zijn tegen openbaarmaking
  [A56 art. 24a AWR]

Alfabetisch trefwoordenregister B

Bijdrage kosten gebruik algemene voorziening [A78 art. 2.1.4 WMO 2015]
Bijdrage nationale parlementen aan Europese Unie [A87 art. 12 VEU]
Bijeenkomsten naar behoefte [A100 art. 90 Hv VN]
Bijgewerkte elektronische catalogi [A82 art. 2.109f AanbW 2012]
Bijhouden lijst [A65 art. 8.53 Wm]
Bijlage Besluit bestuurlijke boete Drank- en Horecawet [A76 art. 44b DHW]
Bijlagen [A75 art. 37 Wzd]
Bijlagen bij verzoekschrift [A74 art. 5:17 Wvggz]
Bijschrijving opschorten of weigeren [A65 art. 9.7.4.11 Wm]
Bijstand aan afnemers [A54 art. 21 Richtlijn 2006/123/EG]
Bijstand aan VN-maatregelen [A100 art. 2 Hv VN]
Bijstand, aanpassing middelen [A77 art. 39 Pw]
Bijstand, aanpassing normen/bedragen [A77 art. 38 Pw]
Bijstand, aanvraag bij BenW [A77 art. 41 Pw]
Bijstand, aanvraag bij UWV [A77 art. 41 Pw]
Bijstand, aanvullende onderzoek alleenstaande (ouder) [A77 art. 53a Pw]
Bijstand advocaat [A75 art. 31, art. 38 Wzd]
Bijstand, afstemming [A77 art. 18 Pw]
Bijstand, beheersing Nederlandse taal [A77 art. 18b Pw]
Bijstand, beoordeling verhaalsrecht kosten [A77 art. 62a Pw]
Bijstand, besluit terugvordering en betaling bestuurlijke boete [A77 art. 60 Pw]
Bijstand, bestrijding misbruik en oneigenlijk gebruik [A77 art. 8b Pw]
Bijstand, bestuurlijke boete [A77 art. 18a Pw]
Bijstand, betalingen door BenW/bijstand in natura [A77 art. 57 Pw]
Bijstand bij inspectie [A83 art. 89b Mw]
Bijstand buitenland [A77 art. 78h Pw]
Bijstand door advocaat [A75 art. 56d Wzd]
Bijstand, doorgezonden aanvraag [A77 art. 42 Pw]
Bijstand Economische en Sociale Raad en gespecialiseerde organisaties [A100 art. 91 Hv VN]
Bijstand en voorliggende voorziening [A77 art. 5 Pw]
Bijstand, geen medewerking aan schuldregeling [A77 art. 60c Pw]
Bijstand, gemeentelijke samenwerking [A77 art. 8c Pw]
Bijstand, indexering verhaalsbedrag [A77 art. 62d Pw]
Bijstand, informatieplicht [A77 art. 17 Pw]
Bijstand, mededeling verhaalsbesluit [A77 art. 62g Pw]
Bijstand, nadere verplichtingen [A77 art. 55 Pw]
Bijstand niet-leden [A65 art. 2.35 Wm]
Bijstand, niet-noodzakelijke kosten [A77 art. 14 Pw]
Bijstand, onderhoudsplicht ouders [A77 art. 12 Pw]
Bijstand, onderzoek verstrekte gegevens [A77 art. 53a Pw]
Bijstand, opschorting bij onjuist adres [A77 art. 40 Pw]
Bijstand, opschorting bij onjuiste/onvolledige gegevens of niet tijdige verstrekking [A77 art. 54 Pw]
Bijstand, recht op bijstand in werkelijke verblijfplaats [A77 art. 42 Pw]
Bijstand, rechthebbenden [A77 art. 11 Pw]
Bijstand toekennen, plan van aanpak [A77 art. 44a Pw]
Bijstand, toekenning [A77 art. 44 Pw]
Bijstand, uitsluiting [A77 art. 13 Pw]
Bijstand, vaststelling en betaling [A77 art. 45 Pw]
Bijstand, vaststelling op aanvraag [A77 art. 43 Pw]
Bijstand, verhaal bij schenking/nalatenschap [A77 art. 62f Pw]
Bijstand, verhaal kosten [A77 art. 61 Pw]
Bijstand, verhaal kosten door B en W [A77 art. 62c Pw]
Bijstand, verhaal kosten tot grens onderhoudsplicht [A77 art. 62 Pw]
Bijstand, verhaal kosten volgens rechterlijke uitspraak [A77 art. 62b Pw]
Bijstand, verlening wegens zeer dringende redenen [A77 art. 16 Pw]
Bijstand, verordening [A77 art. 8 Pw]
Bijstand, verplichting verzoek toekenning kinderalimentatie [A77 art. 56 Pw]
Bijstand, verrekening terugvordering/bestuurlijke boete [A77 art. 60a Pw]
Bijstand, verstrekken en onderzoeken gegevens [A77 art. 53a Pw]
Bijstand, vervreemding/verpanding/beslag/machtiging [A77 art. 46 Pw]
Bijstand, verzoeken tot verhaal [A77 art. 62h Pw]
Bijstand, voorliggende voorziening [A77 art. 15 Pw]
Bijstand, wijziging verhaalsbedrag [A77 art. 62e Pw]
Bijstand, woonplaats/adresgegevens/zonder adres [A77 art. 40 Pw]

Sdu 2591

Alfabetisch trefwoordenregister

Bijstandsvorm, borgtocht [A77 art. 49 Pw]
Bijstandsvorm, duurzame gebruiksgoederen [A77 art. 51 Pw]
Bijstandsvorm, eigen woning [A77 art. 50 Pw]
Bijstandsvorm, geldlening/borgtocht [A77 art. 48 Pw]
Bijstandsvorm, om niet [A77 art. 48 Pw]
Bijstandsvorm, voorschot [A77 art. 52 Pw]
Bijstandsvorm, voorschot UWV [A77 art. 53 Pw]
Bijwonen vergaderingen ambtenaren ministeries [A65 art. 2.35 Wm]
Bijzonder begrotingsartikel, geheim [A15 art. 2.8 CW 2016]
Bijzonder begrotingsartikel, nog onverdeeld [A15 art. 2.7 CW 2016]
Bijzondere bevoegdheden voorzitter [A35 art. 96 Wschw]
Bijzondere bijstand, individuele inkomenstoeslag [A77 art. 36 Pw]
Bijzondere bijstand, individuele studietoeslag [A77 art. 36b Pw]
Bijzondere bijstand, voorwaarden [A77 art. 35 Pw]
Bijzondere economische problemen als gevolg van maatregelen [A100 art. 50 Hv VN]
Bijzondere gevallen [A65 art. 11.61 Wm]
Bijzondere handelingen [A65 art. 11a.3 Wm]
Bijzondere maatregelen bij zwangerschap [A108 art. 12 IVDV]
Bijzondere omstandigheden bij behartiging openbaar belang [A29 art. 115 Gemw]
Bijzondere omstandigheden fysieke leefomgeving [A72 art. 19.0 Omgw]
Bijzondere persoonsgegevens [A75 art. 18c Wzd]
Bijzondere procedure bij toename asielaanvragen [A41 art. 3.123a Vb 2000]
Bijzondere regeling Groenland met Europese Unie [A88 art. 204 VWEU]
Bijzondere regeling vreemdelingen en vrijheid van vestiging Europese Unie [A88 art. 52 VWEU]
Bijzondere veroordeling van apartheid [A107 art. 3 VURd]
Bijzondere voorzieningen [A35 art. 60 Wschw]
Bijzondere voorzieningen amv [A41 art. 7.4 Vb 2000]
Bindend voor bestuursorganen [A65 art. 10.14 Wm]
Bindende bedrijfsvoorschriften [A19 art. 4, art. 47 AVG]
Bindende kracht [A100 art. 25 Hv VN] [A101 art. 59 SIG]
Bindendheid voor de staten [A103 art. 29 IVESCR]
Binding [A114 art. 11 VWV]
Binding door gedeelte [A114 art. 17 VWV]
Binding lidstaten aan uitspraken Hof van Justitie [A88 art. 260 VWEU]
Binnen of buiten prov. grondgebied [A27 art. 224 PW]
Binnenschietbanen, eisen [A66 art. 3.144 Barim]
Binnenschietbanen, stofklasse S [A66 art. 3.143 Barim]
Binnentreden bij bestuursdwang [A45 art. 5:27 Awb]
Binnentreding [A56 art. 83 AWR]
Binnentreding door bestuursrechtelijke toezichthouder [A45 art. 5:15 Awb]
Binnentreding woning [A74 art. 13:1 Wvggz] [A75 art. 28b, art. 33, art. 60 Wzd]
Binnentreding woningen bij redelijke verdenking [A40 art. 53 Vw 2000]
Binnenwaarde [A65 art. 11.38 Wm]
Biometrie [A40 art. 106a Vw 2000]
Biometrie; horizonbepaling [A40 art. 115 Vw 2000]
Biometrische en genetische gegevens [A19 art. 9 AVG]
Biometrische gegevens [A19 art. 4 AVG]
Biometrische gegevens, bevoegdheid tot raadplegen [A41 art. 8.34 Vb 2000]
Biometrische gegevens, bewaartermijn [A41 art. 8.35 Vb 2000]
Biometrische gegevens, opnieuw afnemen [A41 art. 8.31 Vb 2000]
Blanco stemmen [A9 art. N 7, art. T 8 KW]
Bloedverwanten van amv [A41 art. 3.24a Vb 2000]
Blootstelling significant weglekrisico [A65 art. 16.27 Wm]
Blootstellingsconcentratieverplichting [A65 art. 5.12a Wm]
Bodem, eisen ondergrondse opslagtank [A66 art. 2.10 Barim]
Bodem, melding bodembedreigende activiteit [A66 art. 2.11 Barim]
Boekjaar subsidie-ontvangende rechtspersoon [A45 art. 4:68 Awb]
Boete, aanwijzing toezichthouders [A82 art. 4.23 AanbW 2012]
Boete, beschikking ACM [A82 art. 4.22 AanbW 2012]
Boete, bevoegdheid minister [A82 art. 4.24 AanbW 2012]
Boete bij conserverende aanslag [A56 art. 67a AWR]
Boete bij strijdig handelen jegens toezichtsambtenaren [A65 art. 18.16q Wm]
Boete-immuniteit of boetereductie, nadere regels [A83 art. 58c Mw]
Boetes/dwangsommen, tenuitvoerlegging ACM op verzoek van mededingingsautoriteit andere lidstaat [A83 art. 89gc Mw]

C

Borging middelen [A68 art. 7.5 Bor]
Bouwbesluit [A59 art. 2 Wonw]
Bouwbesluit, normen en kwaliteitsverklaringen [A59 art. 3 Wonw]
Bouwen, verbod tenzij uitdrukkelijke toestemming in omgevingsvergunning [A59 art. 1b Wonw]
Bouwplan, begripsbepaling [A61 art. 77 OW]
Bouwverordening, afwijking bouwvoorschriften [A59 art. 11 Wonw]
Bouwverordening, bodemonderzoek [A59 art. 8 Wonw]
Bouwverordening, inhoud bouwverordening [A59 art. 8 Wonw]
Bouwverordening, welstandscommissie [A59 art. 8 Wonw]
Bouwwerk, advies welstandscommissie/stadsbouwmeester [A59 art. 12b Wonw]
Bouwwerk, verslaglegging door B&W [A59 art. 12c Wonw]
Bouwwerk, welstandseisen [A59 art. 12 Wonw]
Bouwwerk, welstandsnota [A59 art. 12a Wonw]
Breken van steenachtig materiaal, maximum emissieconcentratie [A66 art. 4.74s Barim]
Breken van steenachtig materiaal, voorkomen verontreiniging [A66 art. 4.74r Barim]
Briefgeheim [A2 art. 13 GW]
Briefstembewijs [A9 art. M 2 KW]
Briefstembewijs voor kiezer woonachtig buiten Nederland, voorwaarden [A9 art. M 1 KW]
Briefstembureau, bevoegdheid daar te vertoeven [A9 art. M 17 KW]
Briefstembureau, bijstand bij werkzaamheden [A9 art. N 18 KW]
Briefstembureau, leden en plaatsvervangende leden [A9 art. N 18 KW]
Briefstembureau, retourenveloppen en briefstembewijzen [A9 art. N 16 KW]
Briefstembureau, vermelding naam land op verzegelde pakken [A9 art. N 19 KW]
Broeikasgasemissiereductiebijdrage, jaarlijkse vaststelling [A65 art. 9.8.3.4 Wm]
Broeikasgasinstallatie binnen de EEZ [A65 art. 16.3 Wm]
Budget [A53 art. 23 Wet Bibob]
Budgettair toezicht [A15 art. 4.12 CW 2016]
Buiten behandeling laten aanvraag mvv/terugkeervisum [A40 art. 2n Vw 2000]
Buiten Nederland [A56 art. 73 AWR]
Buiten noodzaak afwezig zijn stembureauleden [A9 art. Z 10 KW]
Buiten toepassing blijvende artikelen Invorderingswet [A29 art. 249 Gemw]
Buiten-toepassingverklaring Awb in bijzondere gevallen [A65 art. 13.11 Wm]
Buiten-toepassingverklaring Awb in het belang van de veiligheid van de Staat
    [A65 art. 13.10 Wm]
Buitenbehandelinglating [A65 art. 7.28 Wm]
Buitenbehandelingstelling aanvraag [A40 art. 30c Vw 2000]
Buitengewone omstandigheden, vaststellen plan over uit voeren werken bouwnijverheid
    [A59 art. 102 Wonw]
Buitenlandse autoriteiten [A53 art. 13 Wet Bibob]
Buitenschietbaan, geluidvoorschriften [A66 art. 3.160 Barim]
Buitenschietbanen [A66 art. 3.157 Barim]
Burgemeester van meer dan een gemeente [A29 art. 64 Gemw]
Burgerjaarverslag [A27 art. 175 PW]
Burgerlijk recht, werkingssfeer [A4 art. 9 Wet AB]
Burgerschap van Europese Unie [A88 art. 20 VWEU]
Burgerservicenummer, gebruik [A78 art. 5.2.9 WMO 2015]
BZRO-inrichting [A68 art. 6.15 Bor]

CAK, bestuursreglement [A79 art. 6.1.3 Wlz]
CAK, budget [A79 art. 6.2.2 Wlz]
CAK, financieel verslag [A79 art. 6.2.6 Wlz]
CAK, gegevensverstrekking [A78 art. 2.5.4 WMO 2015]
CAK, instelling [A79 art. 6.1.1 Wlz]
CAK, planning [A79 art. 6.2.1 Wlz]
CAK, taken [A79 art. 6.1.2 Wlz]
CAK, uitvoeringsverslag [A79 art. 6.2.6 Wlz]
CAK, vaststelling werkprogramma/begroting/jaarverslag/jaarrekening [A79 art. 6.2.4 Wlz]
CAK, werkprogramma/begroting/jaarverslag/jaarrekening nadere regels [A79 art. 6.2.5 Wlz]
CAK, wijzigingen in de begroting [A79 art. 6.2.3 Wlz]
Calamiteitenregeling [A65 art. 17.1 Wm]
Cassatie tegen uitspraken CRvB [A79 art. 10.3.2 Wlz]
Cassatieberoep bij de Hoge Raad [A56 art. 28 AWR]
Cassatieberoep, oproeping tegenpartij [A61 art. 53 OW]
Categorieaanduiding [A65 art. 9.4.5 Wm]
Cautie [A45 art. 8:28a Awb]

Cautie bij bestuurlijke sanctie [A45 art. 5:10a Awb]
Centraal beheer staatsschuld [A15 art. 4.17, art. 4.18 CW 2016]
Centrale kandidaatstelling [A9 art. H 2 KW]
Centrale Raad van Beroep, grote kamers [A50 art. 3a Berw]
Centrale Raad van Beroep, inlichtingenplicht [A50 art. 6 Berw]
Centrale Raad van Beroep, instelling [A50 art. 1 Berw]
Centrale Raad van Beroep, nadere regels werkwijze [A50 art. 5 Berw]
Centrale Raad van Beroep, samenstelling [A50 art. 2 Berw]
Centrale Raad van Beroep, toepasselijkheid Wet RO [A50 art. 3 Berw]
Centrale Raad van Beroep, toepasselijkheid Wrra [A50 art. 4 Berw]
Certificering [A19 art. 42 AVG]
Certificeringsorganen [A19 art. 43 AVG]
Chronologische verdragen [A114 art. 30 VWV]
Citeertitel Awb [A45 art. 11:4 Awb]
Citeertitel verordening [A20 art. 52 UAVG]
Civiele bescherming inwoners Europese Unie [A88 art. 196 VWEU]
CIZ [A75 art. 1 Wzd]
CIZ, bestuursreglement [A79 art. 7.1.3 Wlz]
CIZ, instelling [A79 art. 7.1.1 Wlz]
CIZ, invoeringsbepalingen [A79 art. 11.3.1 Wlz]
CIZ, overgang aanvragen en besluiten [A79 art. 11.3.4 Wlz]
CIZ, overgang archief [A79 art. 11.3.3 Wlz]
CIZ, overgang vermogensbestanddelen [A79 art. 11.3.2 Wlz]
CIZ, planning [A79 art. 7.2.1 Wlz]
CIZ, taken [A79 art. 7.1.2 Wlz]
CIZ, vaststelling budget [A79 art. 7.2.2 Wlz]
CIZ-besluit tot opname en verblijf bij 'geen bereidheid geen verzet' cliënt Criteria CIZ-besluit [A75 art. 21 Wzd]
Cliënt [A75 art. 1 Wzd]
Cliëntenparticipatie, verordening [A77 art. 47 Pw]
Cliëntenvertrouwenspersoon, primaire taak [A75 art. 57 Wzd]
Cliëntervaringsonderzoek [A78 art. 2.5.1 WMO 2015]
Cliëntondersteuning [A78 art. 2.2.4 WMO 2015]
Coaten en lijmen, nadere regelgeving [A66 art. 3.167 Barim]
Coaten/lijmen planten/onderdelen van planten, anders dan hout [A66 art. 3.163 Barim]
Codificatie, bestuur [A2 art. 107 GW]
Coherentiemechanisme [A19 art. 63 AVG]
Collectieve klachten, toepasselijkheid Aanvullend Protocol [A98 art. D ESHh]
College, afstemming met zorgverzekeraars [A78 art. 5.4.1 WMO 2015]
College belast met handhaving [A65 art. 18.2d Wm]
College Beroep bedrijfsleven, inlichtingen rechtbank [A51 art. 7 Wbbo]
College Beroep bedrijfsleven, instelling [A51 art. 2 Wbbo]
College Beroep bedrijfsleven, samenstelling [A51 art. 3 Wbbo]
College Beroep bedrijfsleven, toepasselijkheid Wet RO [A51 art. 4 Wbbo]
College Beroep bedrijfsleven, toepasselijkheid Wrra [A51 art. 5 Wbbo]
College Beroep bedrijfsleven, vorming kamers [A51 art. 4a Wbbo]
College, taak [A78 art. 2.2.1 WMO 2015]
College van B&W [A29 art. 34 Gemw]
College van Senioren, raadpleging [A11 art. 19 RvO I]
College van Senioren, samenroepen [A11 art. 18 RvO I]
College van Senioren, samenstelling [A11 art. 17 RvO I]
College voor de rechten van de mens, advisering [A22 art. 5 WCrm]
College voor de rechten van de mens, benoeming leden [A22 art. 16 WCrm]
College voor de rechten van de mens, bevoegdheden [A22 art. 6 WCrm]
College voor de rechten van de mens, bureau [A22 art. 18 WCrm]
College voor de rechten van de mens, instellen onderzoek [A22 art. 7 WCrm]
College voor de rechten van de mens, instelling [A22 art. 1 WCrm]
College voor de rechten van de mens, jaarverslag [A22 art. 21 WCrm]
College voor de rechten van de mens, onafhankelijke taakvervulling [A22 art. 4 WCrm]
College voor de rechten van de mens, onderzoek en oordeel gelijke behandeling [A22 art. 9 WCrm]
College voor de rechten van de mens, openbaarmaking onderzoeken/rapporten/aanbevelingen [A22 art. 8 WCrm]
College voor de rechten van de mens, raad van advies [A22 art. 15 WCrm]
College voor de rechten van de mens, rapport van bevindingen [A22 art. 22 WCrm]

C

College voor de rechten van de mens, samenstelling [A22 art. 14 WCrm]
College voor de rechten van de mens, taak [A22 art. 3 WCrm]
College voor de rechten van de mens, toepasselijkheid Kaderwet zelfstandige bestuursorganen [A22 art. 20 WCrm]
College voor de rechten van de mens, verslag aan Staten-Generaal [A22 art. 23 WCrm]
Combinatie stemmingen [A9 art. J 6 KW]
Combinatie stemmingen, nadere regels bij AMvB inzake [A9 art. J 6b KW]
Combinatiestemmen BES [A9 art. Ya 28a KW]
Comité [A19 art. 93 AVG]
Comité, adviesbevoegdheid [A19 art. 64 AVG]
Comité, ambtstermijn (vice)voorzitter(s) [A19 art. 73 AVG]
Comité biedt goede diensten aan [A104 art. 41 BUPO]
Comité (Europees Comité voor gegevensbescherming) [A19 art. 68 AVG]
Comité geeft commentaar [A104 art. 40 BUPO]
Comité, inrichting [A19 art. 68 AVG]
Comité, jaarlijkse rapportage [A19 art. 71 AVG]
Comité, onafhankelijkheid [A19 art. 69 AVG]
Comité over vervoeraangelegenheden Europese Unie [A88 art. 99 VWEU]
Comité, procedure besluitvorming [A19 art. 72 AVG]
Comité, secretariaat [A19 art. 75 AVG]
Comité, taken [A19 art. 70 AVG]
Comité, taken voorzitter [A19 art. 74 AVG]
Comité van de Regio's Europese Unie [A88 art. 305 VWEU]
Comité van permanente vertegenwoordigers Raad van de Europese Unie [A88 art. 240 VWEU]
Comité, vertrouwelijkheid [A19 art. 76 AVG]
Comité voor de rechten van de mens [A104 art. 28 BUPO]
Comité voor de Rechten van het Kind [A110 art. 43 IVRK]
Comité voor sociale bescherming binnen Europese Unie [A88 art. 160 VWEU]
Comité, voorzitter en vicevoorzitters [A19 art. 73 AVG]
Comitéprocedure [A54 art. 40 Richtlijn 2006/123/EG]
Commerciële communicatie van gereglementeerde beroepen [A54 art. 24 Richtlijn 2006/123/EG]
Commissaris Koning, adviestaak [A28 art. 4 Ai CdK]
Commissaris Koning, benoeming burgemeester [A28 art. 6 Ai CdK]
Commissaris Koning, benoeming waarnemend burgemeester [A28 art. 6e Ai CdK]
Commissaris Koning, bewaring en registratie stukken [A28 art. 11 Ai CdK]
Commissaris Koning, bezoek aan gemeenten [A28 art. 3 Ai CdK]
Commissaris Koning, coördinatie civiele verdediging [A28 art. 5 Ai CdK]
Commissaris Koning, geven aanwijzing [A28 art. 5a Ai CdK]
Commissaris Koning, herbenoeming burgemeester [A28 art. 7 Ai CdK]
Commissaris Koning, informeren Minister van Veiligheid en Justitie [A28 art. 5b Ai CdK]
Commissaris Koning, inwinnen inlichtingen [A28 art. 2 Ai CdK]
Commissaris Koning, koninklijke onderscheiding [A28 art. 8 Ai CdK]
Commissaris Koning, maatregelen bij tekortschietende taakuitvoering [A28 art. 5d Ai CdK]
Commissaris Koning, ontheffingen [A28 art. 6b Ai CdK]
Commissaris Koning, ontslag burgemeester [A28 art. 7a Ai CdK]
Commissaris Koning, overleg met Minister van Veiligheid en Justitie [A28 art. 5c Ai CdK]
Commissaris Koning, taak bij ramp/crisis/ordeverstoring [A28 art. 2 Ai CdK]
Commissaris Koning, taken [A28 art. 1 Ai CdK]
Commissaris Koning, toestemmingen [A28 art. 6d Ai CdK]
Commissaris Koning, verstoorde bestuurlijke verhoudingen [A28 art. 7b Ai CdK]
Commissaris Koning, verzoek om bericht en raad [A28 art. 10 Ai CdK]
Commissaris van de Koning [A27 art. 53a PW]
Commissie genetische modificatie [A65 art. 2.26 Wm]
Commissie rechtspositie van de vrouw [A108 art. 21 IVDV]
Commissie uitbanning vrouwendiscriminatie [A108 art. 17 IVDV]
Commissie van onderzoek [A7 art. 9 Wmv]
Commissie van onderzoek belast met opsporen/verzamelen informatie [A7 art. 11 Wmv]
Commissie van onderzoek, horen beklaagde [A7 art. 12 Wmv]
Commissie van onderzoek, leden [A7 art. 10 Wmv]
Commissie van onderzoek, verslag aan Tweede Kamer [A7 art. 13 Wmv]
Commissie van zes leden na derde bijeenkomst [A101 art. 12 SIG]
Commissie voorbereiding wijzigingsvoorstel, voorstellers geen lid [A11 art. 166 RvO I]
Commissies, aanwijzing commissies belast met onderzoek voorstel [A11 art. 41 RvO I]
Commissies, convoceren van leden en plv. leden [A11 art. 38 RvO I]

C

Commissies, hoorzitting [A11 art. 53 RvO I]
Commissies, horen van anderen [A11 art. 33 RvO I]
Commissies, instelling vaste/bijzondere commissies [A11 art. 34 RvO I]
Commissies, inwinnen van oordeel [A11 art. 52 RvO I]
Commissies, opheffing/expireren [A11 art. 35 RvO I]
Commissies, overleg met minister [A11 art. 51 RvO I]
Commissies, overleg met regering [A11 art. 33 RvO I]
Commissies, samenroepen/inbrengvergadering [A11 art. 40 RvO I]
Commissies, samenstelling [A11 art. 36 RvO I]
Commissies, schriftelijke/mondelinge voorbereiding [A11 art. 32 RvO I]
Commissies, subcommissies [A11 art. 39 RvO I]
Commissies, vereenvoudigde behandeling begrotingshoofdstukken [A11 art. 54 RvO I]
Commissies, vereenvoudigde procedure voor onderzoek voorstel van wet [A11 art. 55 RvO I]
Commissies, voorstellen met spoedeisend karakter [A11 art. 56 RvO I]
Commissies, voorzitter/ondervoorzitter [A11 art. 37 RvO I]
Commissievergadering, afzonderlijk verslag [A11 art. 49 RvO I]
Commissievergadering, inlevering nota's [A11 art. 46 RvO I]
Commissievergadering, opmerkingen voor het verslag [A11 art. 45 RvO I]
Commissievergadering, toegankelijkheid [A11 art. 43 RvO I]
Commissievergadering, uitschrijving inbrengvergadering [A11 art. 44 RvO I]
Commissievergadering, verslaglegging gezamenlijke inbrengvergadering [A11 art. 48 RvO I]
Commissievergadering, vertrouwelijkheid [A11 art. 42 RvO I]
Commissievergadering, voorzitterschap gezamenlijke inbrengvergadering [A11 art. 47 RvO I]
Commissieverslag, aantekening [A11 art. 57 RvO I]
Commissieverslag, Advies College van Senioren [A11 art. 69 RvO I]
Commissieverslag, eindverslag [A11 art. 59, art. 61 RvO I]
Commissieverslag, nieuwe onderwerpen [A11 art. 60 RvO I]
Commissieverslag, opmerkingen betreffende wijzigingen in conceptverslag [A11 art. 67 RvO I]
Commissieverslag, opname in Kamerstukken [A11 art. 50 RvO I]
Commissieverslag, overleg over opneming van onderwerpen in conceptverslag [A11 art. 68 RvO I]
Commissieverslag, termijn voor opmerkingen van Kamerleden [A11 art. 66 RvO I]
Commissieverslag, vaststelling eindverslagen [A11 art. 65 RvO I]
Commissieverslag, verslag van voorstel anders dan voorstel van wet [A11 art. 63 RvO I]
Commissieverslag, verslag vastgesteld bij uitblijven opmerkingen [A11 art. 70 RvO I]
Commissieverslag, voorlopig verslag [A11 art. 58 RvO I]
Commissieverslag, vorm [A11 art. 64 RvO I]
Communautair douanewetboek [A56 art. 2 AWR]
Communautaire financiële bijstand binnen Europese Unie [A88 art. 122 VWEU]
Communautaire stimuleringsmaatregelen binnen Europese Unie [A88 art. 19 VWEU]
Communicatie en informatie-uitwisseling [A82 art. 2.52a AanbW 2012]
Communicatienetten [A82 art. 2a.19 AanbW 2012]
Compensatie broeikasgasemissierechten [A65 art. 16.39 Wm]
Compensatiemaatregelen Duitsland omtrent vervoer [A88 art. 98 VWEU]
Compenserende heffingen binnen landbouwbeleid Europese Unie [A88 art. 44 VWEU]
Competentie Hof van Justitie in arbeidsgeschillen [A88 art. 270 VWEU]
Competentie Hof van Justitie in arbitragegeding [A88 art. 272 VWEU]
Competentie Hof van Justitie in geschillen met Europese Investeringsbank [A88 art. 271 VWEU]
Competentie Hof van Justitie in geschillen over aansprakelijkheid [A88 art. 268 VWEU]
Competentie Hof van Justitie in geschillenbeslechting lidstaten [A88 art. 273 VWEU]
Competentie in geschillen waarin de Europese Unie partij is [A88 art. 274 VWEU]
Composteren, afstand tot geurgevoelig object [A66 art. 3.108 Barim]
Composteren, afstand tot oppervlaktewaterlichaam [A66 art. 3.110 Barim]
Composteren, eisen [A66 art. 3.109 Barim]
Composteren, omzetten composteringshoop [A66 art. 3.107 Barim]
Comptabele noodwetgeving [A15 art. 8.1 CW 2016]
Concessie met verbonden onderneming [A82 art. 2a.21 AanbW 2012]
Concessie- en overheidsopdracht [A82 art. 2a.5 AanbW 2012]
Concessieopdrachten [A82 art. 2a.1 AanbW 2012]
Concessieopdrachten op defensie- en veiligheidsgebied [A82 art. 2a.15 AanbW 2012]
Concessieopdrachten, schakelbepaling [A82 art. 2a.31 AanbW 2012]
Concessieopdrachten voor diensten [A82 art. 2a.16 AanbW 2012]
Concessieopdrachten voor loterijen [A82 art. 2a.17 AanbW 2012]

Alfabetisch trefwoordenregister C

Concessieopdrachten voor sociale en andere specifieke diensten [A82 art. 2a.29 AanbW 2012]
Conclusie A-G [A56 art. 27gc AWR]
Conclusie procureur-generaal [A56 art. 29d AWR]
Conclusies bij hoogste bestuursrechter [A45 art. 8:12a Awb]
Concordantie wetgeving [A27 art. 113 PW]
Concurrentiegerichte dialoog [A82 art. 3.34a AanbW 2012]
Conferentie inzake wijziging Handvest [A100 art. 109 Hv VN]
Conflict met depositaris [A114 art. 77 VWV]
Conflictoplossing [A114 art. 66 VWV]
Conformiteitsverklaring en CE-markering [A65 art. 9.4.5 Wm]
Conserverende aanslag [A56 art. 2 AWR]
Constatering schending grondrechten binnen Europese Unie [A87 art. 7 VEU]
Constituerende en reglementerende bevoegdheid provincie [A35 art. 2 Wschw]
Consultatie [A101 art. 6 SIG]
Consumentenbescherming binnen Europese Unie [A88 art. 12 VWEU]
Consumentenorganisatie [A83 art. 93 Mw]
Consumentenprijsindex, definitie [A77 art. 37 Pw]
Contact burgers en representatieve organisaties met Europese Unie [A87 art. 11 VEU]
Contact met derden [A74 art. 8:9 Wvggz]
Contact met patiënt [A74 art. 12:2 Wvggz]
Contactambtenaar [A56 art. 84 AWR]
Contacten Minister VROM [A65 art. 7.38g Wm]
Continuïteit [A75 art. 10 Wzd]
Contract [A19 art. 46 AVG]
Contractuele aansprakelijkheid Europese Unie [A88 art. 340 VWEU]
Contractuele betrekkingen tussen sociale partners Europese Unie [A88 art. 155 VWEU]
Contraseign, ministeriële verantwoordelijkheid [A7 art. 2 Wmv]
Controle door Rekenkamer Europese Unie [A88 art. 287 VWEU]
Controle eigen verklaring [A82 art. 2.102 AanbW 2012]
Controle op financieel beheer en inrichting financiële organisatie provincie [A27 art. 217 PW]
Controle van uitvoering begroting door Europees Parlement [A88 art. 318 VWEU]
Coördinatie beleid Europese Unie [A88 art. 5 VWEU]
Coördinatie bij voorbereiding besluiten [A65 art. 14.12 Wm]
Coördinatie ontwikkelingssamenwerking lidstaten Europese Unie [A88 art. 210 VWEU]
Coördinatie plan en besluit [A65 art. 14.4b Wm]
Coördinatie rijksbeleid [A27 art. 114 PW]
Coördinatie van activiteiten omtrent wetenschap en technologie Europese Unie [A88 art. 181 VWEU]
Coördinatie van economisch beleid lidstaten Europese Unie [A88 art. 121 VWEU]
Coördinatie van gemeenschappelijk buitenlands en veiligheidsbeleid Europese Unie [A87 art. 34 VEU]
Coördinatie van rijksbeleid [A29 art. 116 Gemw]
Coördinatie; samenwerking met UNICEF etc. [A110 art. 45 IVRK]
Coördinatiemogelijkheid [A65 art. 14.4c, art. 14.5 Wm]
Coördinatieplicht [A65 art. 14.4c, art. 14.5 Wm]
Coördinatieplicht bij voorbereiding en behandeling [A65 art. 14.9 Wm]
Coördinatiewet uitzonderingstoestanden [A40 art. 110 Vw 2000]
Coördinerend bestuursorgaan [A45 art. 3:22 Awb]
Coördinerend orgaan postadres [A65 art. 14.11 Wm]
Corruptie [A114 art. 50 VWV]
Crematorium/strooiveld, emissieconcentratie crematieoven [A66 art. 4.119 Barim]
Crematorium/strooiveld, emissiereductie [A66 art. 4.117 Barim]
Crematorium/strooiveld, maatregelen crematieoven [A66 art. 4.118 Barim]
Crematorium/strooiveld, verstrooien crematie-as [A66 art. 4.120 Barim]
Crisismaatregel [A74 art. 1:1 Wvggz]
Crisismaatregel, geen hoger beroep [A74 art. 7:6 Wvggz]
Crisismaatregel, tenuitvoerlegging [A74 art. 8:1 Wvggz]
Crisismaatregel: beroep [A74 art. 7:6 Wvggz]
Crisismaatregel: geldigheidsduur [A74 art. 7:4 Wvggz]
Crisismaatregel: gronden [A74 art. 7:1 Wvggz]
Crisismaatregel: inhoud [A74 art. 7:2 Wvggz]
Crisismaatregel: verval [A74 art. 7:5 Wvggz]
Criteria inbewaringstelling [A75 art. 29 Wzd]
Criteria vergunningstelsels [A54 art. 10 Richtlijn 2006/123/EG]
Criteria vergunningverlening [A60 art. 24 Huisvw]

D

Criteria verlening huisvestingsvergunning [A60 art. 9 Huisvw]
Criteria verplichte zorg [A74 art. 3:3 Wvggz]
Criteria voor huisregels [A74 art. 8:15 Wvggz] [A75 art. 45 Wzd]
Criteria voor opnemen onvrijwillige zorg in zorgplan [A75 art. 10 Wzd]
Criteria voor uitvoering onvrijwillige zorg [A75 art. 13 Wzd]
Cultureel erfgoed binnen Europese Unie [A88 art. 167 VWEU]
Culturele instelling [A56 art. 5b AWR]
Cultuur en wetenschap [A103 art. 15 IVESCR]

Dag en tijd stemming [A9 art. J 1 KW]
Dag kandidaatstelling [A9 art. F 1, art. Q 4 KW]
Dag kandidaatstelling bij ontbinding Eerste Kamer [A9 art. Q 5 KW]
Dag kandidaatstelling bij ontbinding Tweede Kamer [A9 art. F 2 KW]
Dag, plaats, tijdstip vergadering [A27 art. 53 PW] [A29 art. 53 Gemw]
Dag stemming [A9 art. T 1 KW]
Dagelijks bestuur belast met dagelijkse aangelegenheden [A35 art. 84 Wschw]
Dagelijks bestuur, informatieverstrekking aan minister en provincie [A33 art. 19b WGR]
Dagvaarding onteigening, overlegging documenten [A61 art. 23 OW]
Dagvaarding onteigening, vermelding schadeloosstelling [A61 art. 22 OW]
Data vaststellingen en publicaties gemeenteraad en college [A78 art. 8.7 WMO 2015]
Decentralisatie [A27 art. 115 PW] [A29 art. 117 Gemw]
Decharge [A27 art. 203 PW] [A29 art. 199 Gemw]
Dechargeverlening [A15 art. 2.40 CW 2016]
Deelbare en ondeelbare opdrachten [A82 art. 2.12c AanbW 2012]
Deelname aan besluitvorming [A100 art. 44 Hv VN]
Deelname aan maatschappelijk leven [A74 art. 2:1 Wvggz]
Deelname aan missies gemeenschappelijk veiligheids- en defensiebeleid Europese Unie [A87 art. 44 VEU]
Deelname aan nauwere samenwerking Europese Unie [A88 art. 328 VWEU]
Deelname beraadslaging [A27 art. 21 PW]
Deelname burgemeester en wethouder aan beraadslaging [A29 art. 21 Gemw]
Deelname derden, bevoegden tot treffen regelingen [A33 art. 96 WGR]
Deelname in stemlokaal naar keuze [A9 art. J 5 KW]
Deelname Rijk, bevoegden tot treffen regelingen [A33 art. 97 WGR]
Deelnemen aan stemming [A35 art. 38a Wschw]
Deelnemende Staat [A114 art. 2 VWV]
Deelneming aan bespreking niet-Lid [A100 art. 31 Hv VN]
Deelneming aan cultureel leven [A102 art. 27 UVRM]
Deelneming stemming voorzitter en leden stembureau [A9 art. J 11 KW]
Deelneming van gespecialiseerde organisaties [A100 art. 70 Hv VN]
Deelterreinen sociale politiek Europese Unie [A88 art. 156 VWEU]
Defensie- en veiligheidsgebied [A82 art. 3.30a AanbW 2012]
Definitieve afdoening door bestuursrechter [A45 art. 8:41a Awb]
Dekking onbevoegdheid in hoger beroep bij bestuursrechter [A45 art. 8:117 Awb]
Delegatie aan ambtenaren [A29 art. 232 Gemw]
Delegatie aan bestuurscommissie [A27 art. 163 PW] [A29 art. 165 Gemw]
Delegatie bevoegdheden [A27 art. 152 PW]
Delegatie bevoegdheden algemeen bestuur [A35 art. 83 Wschw]
Delegatie commissie [A29 art. 178 Gemw]
Delegatie medebewind [A27 art. 107 PW]
Delegatie van bevoegdheden [A29 art. 156 Gemw]
Delegatie van niet-wetgevingshandelingen Europese Unie [A88 art. 290 VWEU]
Delegatiebevoegdheid college, aanbesteding [A78 art. 2.6.4 WMO 2015]
Delegaties van de Europese Unie [A88 art. 221 VWEU]
Delictsomschrijving ernstige overtreding (bij schuld) [A56 art. 68 AWR]
Delictsomschrijving misdrijven (bij opzet) [A56 art. 69 AWR]
Deltacommissaris, aanwijzing [A70 art. 3.6a Wtw]
Deltacommissaris, gegevensverstrekking [A70 art. 3.6c Wtw]
Deltacommissaris, overleg [A70 art. 3.6d Wtw]
Deltacommissaris, taak [A70 art. 3.6b Wtw]
Deltacommissaris, uitsluiting andere functies [A70 art. 3.6e Wtw]
Deltafonds, begrotingsfonds [A70 art. 7.22b Wtw]
Deltafonds, doel [A70 art. 7.22a Wtw]
Deltafonds, ontvangsten [A70 art. 7.22c Wtw]
Deltafonds, uitgaven [A70 art. 7.22d Wtw]

D

Deltaprogramma, inhoud [A70 art. 4.9 Wtw]
Deltaprogramma, Staten-Generaal [A70 art. 4.10 Wtw]
Democratisch kiesrecht [A102 art. 21 UVRM]
Demonstreren niet goedgekeurde energieverbruikende producten [A65 art. 9.4.7 Wm]
Demonteren autowrakken, airbags en gordelspanners [A66 art. 3.26b Barim]
Demonteren autowrakken, eisen afvalstoffen [A66 art. 3.26a Barim]
Demonteren autowrakken, lozen afvalwater [A66 art. 3.26c Barim]
Derde Staat [A114 art. 2 VWV]
Derogerende werking [A100 art. 103 Hv VN]
Descente door ambtenaar bestuursrechter [A45 art. 8:51 Awb]
Descente door bestuursrechter [A45 art. 8:50 Awb]
Deskundig onderzoek door derden [A101 art. 50 SIG]
Deskundigen bij bestuursrechter [A45 art. 8:47 Awb]
Deskundigen en getuigen [A75 art. 56d Wzd]
Deskundigen en tolken in onderzoek ombudsman [A45 art. 9:32 Awb]
Deskundigen getuigen [A75 art. 38 Wzd]
Deskundigenonderzoek Getuigen [A74 art. 6:1 Wvggz]
Détournement de pouvoir [A45 art. 3:3 Awb]
Deugdelijke motivering van besluit [A45 art. 3:46 Awb]
Dialoog [A82 art. 3.73a AanbW 2012]
Dialoogfasen [A82 art. 2.111 AanbW 2012]
Dienst, begripsbepaling [A54 art. 4 Richtlijn 2006/123/EG]
Dienst van de informatiemaatschappij [A19 art. 4 AVG]
Dienst Verslag en Redactie, instelling [A11 art. 31 RvO I]
Diensten, begripsbepalingen [A79 art. 10.1.2 Wlz]
Diensten van algemeen economisch belang [A83 art. 41 Mw]
Diensten van algemeen economisch belang binnen de Europese Unie [A88 art. 14 VWEU]
Dienstenrichtlijn, adressaten [A54 art. 46 Richtlijn 2006/123/EG]
Dienstenrichtlijn, begripsbepalingen [A54 art. 4 Richtlijn 2006/123/EG]
Dienstenrichtlijn, bescherming persoonsgegevens [A54 art. 43 Richtlijn 2006/123/EG]
Dienstenrichtlijn, implementatie door lidstaten [A54 art. 44 Richtlijn 2006/123/EG]
Dienstenrichtlijn, inwerkingtreding [A54 art. 45 Richtlijn 2006/123/EG]
Dienstenrichtlijn, onderwerpen [A54 art. 1 Richtlijn 2006/123/EG]
Dienstenrichtlijn, verband met ander Gemeenschapsrecht [A54 art. 3 Richtlijn 2006/123/EG]
Dienstenrichtlijn, werkingssfeer [A54 art. 2 Richtlijn 2006/123/EG]
Dienstverrichter, begripsbepaling [A54 art. 4 Richtlijn 2006/123/EG]
Dierenwelzijn binnen Europese Unie [A88 art. 13 VWEU]
Digitale informatie ten behoeve van inspectietoezicht [A75 art. 17 Wzd]
Diplomatiek voorrechten/immuniteiten [A101 art. 19 SIG]
Diplomatieke bescherming burgers Europese Unie [A88 art. 23 VWEU]
Diplomatieke of consulaire betrekkingen [A114 art. 74 VWV]
Direct en indirect onderscheid [A24 art. 1 WGBLA]
Direct onderscheid [A23 art. 1 WGBHZ]
Directeur, inspecteur of ontvanger [A56 art. 2 AWR]
Discriminatieverbod [A110 art. 2 IVRK] [A54 art. 20 Richtlijn 2006/123/EG]
Discriminatieverbod betreffende vrachtprijzen binnen Europese Unie [A88 art. 95 VWEU]
Distorsie door nationale bepalingen binnen Europese Unie [A88 art. 116 VWEU]
Distributie van drinkwater [A82 art. 2a.20 AanbW 2012]
Document grensoverschrijding [A41 art. 2.3 Vb 2000]
Doel ESCB [A88 art. 127 VWEU]
Doel Europese Unie [A87 art. 3 VEU]
Doel onderwijsbeleid Europese Unie [A88 art. 165 VWEU]
Doel trustschapsstelsel [A100 art. 76 Hv VN]
Doeleinden associatie niet-Europese landen [A88 art. 199 VWEU]
Doeleinden verzamelen persoonsgegevens [A19 art. 5 AVG]
Doelen van het onderwijs [A110 art. 29 IVRK]
Doelen verplichte zorg [A74 art. 3:4 Wvggz]
Doelmatig formaliseren [A56 art. 64 AWR]
Doelmatig, proportioneel [A75 art. 13 Wzd]
Doelmatigheid [A74 art. 3:3 Wvggz]
Doelmatigheidsonderzoek, aanbieding [A15 art. 7.17 CW 2016]
Doelmatigheidsonderzoek Algemene Rekenkamer [A15 art. 7.16 CW 2016]
Doen van aangifte [A56 art. 8 AWR]
Domiciliekeuze [A56 art. 57 AWR]
Doodstraf in tijd van oorlog of oorlogsdreiging [A92 art. 2 EVRM 6e prot.]

D

Alfabetisch trefwoordenregister

Doodvonnissen hoge uitzondering [A104 art. 6 BUPO]
Doorgifte ondanks ontbreken besluit over passend beschermingsniveau [A19 art. 46 AVG]
Doorgifte uit register [A19 art. 49 AVG]
Doorgifte zonder adequaatheidsbesluit of passend beschermingsniveau, uitzonderingen op verbod op [A19 art. 49 AVG]
Doorgiften of verstrekkingen die niet bij Unierecht zijn toegestaan [A19 art. 48 AVG]
Doorgiften persoonsgegevens aan derde land of internationale organisatie [A19 art. 45 AVG]
Doorgiften persoonsgegevens aan derde land of internationale organisatie, algemene voorwaarden [A19 art. 44 AVG]
Doorlevering zonder duurbaarheidskenmerken [A65 art. 9.7.4.10 Wm]
Doorwerking EG-(groeps)vrijstellingen [A83 art. 12 Mw]
Doorwerking naar andere verkiezingen BES [A9 art. Ya 26 KW]
Doorwerking nationaal milieubeleidsplan in AMvB's [A65 art. 21.6 Wm]
Doorwerking registratie naar andere verkiezingen [A9 art. G 4 KW]
Doorzenden aanvraag bij aangewezen psychiatrische zorg [A75 art. 28 Wzd]
Doorzenden stukken door bestuursorgaan [A9 art. Ya 40 KW]
Doorzending aan gemachtigde bij bezwaar en beroep [A45 art. 6:17 Awb]
Doorzending bij bezwaar of beroep [A45 art. 6:15 Awb]
Doorzending door bestuursorgaan [A45 art. 2:3 Awb]
Doorzending klacht aan betrokken Staat [A105 art. 4 Fp BUPO]
Doorzendplicht verordeningen [A27 art. 218 PW]
Doorzoeken woning, ambtsedig verslag [A83 art. 53 Mw]
Doorzoeken woning in het kader van toezicht [A83 art. 50 Mw]
Doorzoeken woning, inhoud machtiging tot [A83 art. 52 Mw]
Doorzoeken woning, machtiging R-C tot [A83 art. 51 Mw]
Doorzoeken woning/bedrijfsruimte [A40 art. 53a Vw 2000]
Dossier jeugdige in jeugdhulp, toevoeging beslissingen op machtigingsverzoeken aan dossier [A80 art. 6.1.13 Jw]
Dossier: inhoud [A74 art. 8:4 Wvggz]
Dossierinzage [A74 art. 11:3 Wvggz]
Dossierinzage door nabestaanden [A74 art. 8:27 Wvggz]
Dossierplicht [A75 art. 16 Wzd]
Douane-unie van Europese Unie [A88 art. 28 VWEU]
Douanerechten binnen Europese Unie [A88 art. 97 VWEU]
Douanesamenwerking binnen Europese Unie [A88 art. 33 VWEU]
Drainagewater, maatwerkvoorziening zuiveringsvoorziening [A66 art. 3.64b Barim]
Drainagewater, zuiveringsvoorziening [A66 art. 3.64a Barim]
Drempelbedrag aanslag [A35 art. 115a Wschw]
Drempelbedrag prijsvraag [A82 art. 3.9 AanbW 2012]
Drempels [A83 art. 29 Mw]
Dringende financiële hulp aan derde landen door Europese Unie [A88 art. 213 VWEU]
Drinkwater [A35 art. 122h Wschw] [A82 art. 3.3 AanbW 2012]
Dubbele deelname [A9 art. Z 8a KW]
Dubbeltelling [A65 art. 9.7.4.8 Wm]
Dublinclaimant, opleggen of voortzetten maatregel [A40 art. 6a Vw 2000]
Dublinclaimant, vrijheidsontnemende maatregel [A40 art. 6a Vw 2000]
Dublinprocedure [A41 art. 3.109c Vb 2000]
Duur naheffingsbevoegdheid [A56 art. 20 AWR]
Duur of frequentie [A75 art. 10 Wzd]
Duur ontzegging [A76 art. 19a DHW]
Duur ophouding [A29 art. 154a Gemw]
Duur schorsing [A74 art. 5:5 Wvggz]
Duur tewerkstellingsvergunning [A81 art. 11 Wav]
Duur van schorsing door bestuursorgaan [A45 art. 10:44 Awb]
Duur Verdrag betreffende de Europese Unie [A87 art. 53 VEU]
Duur: maximaal drie dagen [A74 art. 8:12 Wvggz]
Duurzaam verblijfsrecht [A41 art. 8.17 Vb 2000]
Duurzaam verblijfsrecht verloren of beëindigd [A41 art. 8.18 Vb 2000]
Duurzaamheid middelen van bestaan [A41 art. 3.75 Vb 2000]
Duurzame verblijfskaart familieleden/niet-EU-onderdanen [A41 art. 8.20 Vb 2000]
Dwaling [A114 art. 48 VWV]
Dwang op vertegenwoordiger [A114 art. 51 VWV]
Dwangbehandeling: criteria [A74 art. 9:6 Wvggz]
Dwangbevel bij in termijnen betaalbare bestuursrechtelijke geldschuld [A45 art. 4:121 Awb]
Dwangbevel tot betaling bestuursrechtelijke geldschuld [A45 art. 4:114 Awb]

E

Dwangmaatregelen ingevolge regionale akkoorden [A100 art. 53 Hv VN]
Dwangmiddelen, dwangsom [A13 art. 26 WPE 2008]
Dwangmiddelen, gijzeling getuige/deskundige [A13 art. 28 WPE 2008]
Dwangmiddelen, tenuitvoerlegging bevel met steun openbare macht [A13 art. 27 WPE 2008]
Dwangsom [A74 art. 10:10 Wvggz] [A75 art. 56f Wzd]
Dwangsom bestuursorgaan [A45 art. 4:17 Awb]
Dwangsom bij beschikking van rechtswege [A45 art. 4:20d Awb]
Dwangsom bij niet tijdig genomen besluit [A45 art. 8:55c Awb]
Dwingende norm algemeen volkenrecht [A114 art. 53 VWV]
Dwingende uitsluitingsgronden [A82 art. 2a.43 AanbW 2012]
Dynamisch aankoopsysteem, duur [A82 art. 2.149 AanbW 2012]
Dynamisch aankoopsysteem, inschrijving voor specifieke overheidsopdracht [A82 art. 2.148 AanbW 2012]
Dynamisch aankoopsysteem, instelling [A82 art. 2.145 AanbW 2012]
Dynamisch aankoopsysteem, niet-openbare procedure [A82 art. 2.144 AanbW 2012]
Dynamisch aankoopsysteem, vereenvoudigde aankondiging [A82 art. 2.147 AanbW 2012]
Dynamisch aankoopsysteem, verzoek tot toelating [A82 art. 2.146 AanbW 2012]
Dynamisch aankoopsysteem/innovatiepartnerschap of uit te reiken prijs [A82 art. 2.22 AanbW 2012]
Dynamische wijziging EU-recht [A65 art. 16.4 Wm]

Echtgenoot [A77 art. 3 Pw]
Echtgenoot/ geregistreerde partner/ ongehuwde partner [A41 art. 3.23a Vb 2000]
Economisch beleid lidstaten Europese Unie [A88 art. 120 VWEU]
Economisch en Financieel Comité Europese Unie [A88 art. 134 VWEU]
Economisch en monetair beleid Europese Unie [A88 art. 119 VWEU]
Economisch en Sociaal Comité Europese Unie [A88 art. 301 VWEU]
Economisch meest voordelige inschrijving [A82 art. 2.114 AanbW 2012]
Economisch niet-actieve langdurig ingezetene [A41 art. 3.29a Vb 2000]
Economische eigendom onroerende zaken [A56 art. 20 AWR]
Economische en monetaire unie [A87 art. 3 VEU]
Economische en Sociale Raad; samenstelling en verkiezing [A100 art. 61 Hv VN]
Economische en sociale structuurfondsen Europese Unie [A88 art. 175 VWEU]
Economische en sociale vooruitgang [A100 art. 55 Hv VN]
Economische, financiële en technische samenwerking Europese Unie met derde landen [A88 art. 212 VWEU]
Economische, sociale en territoriale samenhang binnen Europese lidstaten [A88 art. 174 VWEU]
Economische toestand vervoerondernemers binnen Europese Unie [A88 art. 94 VWEU]
Eed [A29 art. 81s Gemw]
Eed en belofte in de Friese taal [A29 art. 14, art. 41a, art. 65, art. 81g Gemw]
Eed in het Fries [A29 art. 81s Gemw]
Eed of belofte in de Friese taal [A27 art. 14, art. 40a, art. 64, art. 79g PW]
Eed ombudsman [A35 art. 51e Wschw]
Eed/belofte ambtenaar vastgelegd op formulier [A17 art. 7 AW]
Eed/belofte; nevenwerkzaamheden [A17 art. 5 AW]
Eén collectieve uitspraak [A56 art. 25e AWR]
Eén vertegenwoordiger [A100 art. 23 Hv VN]
Eén-loket voor procedures dienstverrichter [A54 art. 6 Richtlijn 2006/123/EG]
Eén-loket voor toegankelijk informatie [A54 art. 7 Richtlijn 2006/123/EG]
Eenparigheid van stemmen bij gemeenschappelijk buitenlands en veiligheidsbeleid Europese Unie [A87 art. 31 VEU]
Eerbied voor mensenrechten [A100 art. 76 Hv VN]
Eerbiediging religie en levensbeschouwing binnen Europese Unie [A88 art. 17 VWEU]
Eerbiediging van de positie van ouders etc. [A110 art. 5 IVRK]
Eerste Kamer, benoeming ondervoorzitters [A11 art. 8 RvO I]
Eerste Kamer, benoeming voorzitter [A11 art. 7 RvO I]
Eerste Kamer, benoeming/ontslag griffiers/ambtenaren [A11 art. 26 RvO I]
Eerste Kamer, beraadslaging over griffier [A11 art. 27 RvO I]
Eerste Kamer, bijeenroepen vergadering/agenda [A11 art. 71 RvO I]
Eerste Kamer, commissie van onderzoek geloofsbrief [A11 art. 4 RvO I]
Eerste Kamer, einde lidmaatschap [A11 art. 5 RvO I]
Eerste Kamer, geloofsbrieven [A11 art. 2 RvO I]
Eerste Kamer, indiening ordevoorstel [A11 art. 22 RvO I]
Eerste Kamer, mededeling door voorzitter genomen besluiten [A11 art. 21 RvO I]
Eerste Kamer, tijdelijke voorzitter [A11 art. 6 RvO I]

E

Eerste Kamer, toelating leden [A11 art. 3 RvO I]
Eerste Kamer, waarneming voorzitterschap [A11 art. 9 RvO I]
Eerste kwartaal [A65 art. 9.7.4.9 Wm]
Eerste vergadering na verkiezing [A27 art. 18 PW] [A29 art. 18 Gemw]
EG- en EER-burgers [A41 art. 8.7 Vb 2000]
Egalisatiereserve subsidie-ontvangende rechtspersoon [A45 art. 4:72 Awb]
Eigen bijdrage geïnd door andere instantie dan CAK [A78 art. 2.1.4b WMO 2015]
Eigen bijdrage, maatwerkvoorziening of persoonsgebonden budget [A78 art. 2.1.4a WMO 2015]
Eigen bijdrage t.b.v. minderjarige cliënt, bijdrageplichtige [A78 art. 2.1.5 WMO 2015]
Eigen voorstel commissaris [A27 art. 53a PW]
Eigenaar broeikasgasemissierechten [A65 art. 16.44 Wm]
Eigendomsrecht binnen lidstaten Europese Unie [A88 art. 345 VWEU]
Einddatum verlening broeikasgasemissierechten [A65 art. 16.39s Wm]
Einde ANBI-status [A56 art. 5b AWR]
Einde bestuurslidmaatschap [A35 art. 20 Wschw]
Einde lidmaatschap [A9 art. Y 28 KW]
Einde partnerschap [A56 art. 5a AWR]
Einde rechtmatig verblijf [A41 art. 8.14 Vb 2000]
Einde rechtmatig verblijf; onjuiste gegevensverstrekking [A41 art. 8.25 Vb 2000]
Einde referentschap [A40 art. 2b Vw 2000]
Einde subsidiaire beschermingsstatus [A41 art. 3.105f Vb 2000]
Eindigen ambtsvervulling leden Europese Commissie [A88 art. 246 VWEU]
Eindigen ambtsvervulling leden Rekenkamer Europese Unie [A88 art. 286 VWEU]
Eindverslag, openbare beraadslaging [A11 art. 62 RvO I]
Eisen aan beschikking bestuurlijke boete [A45 art. 5:52 Awb]
Eisen aan emissieautoriteit [A65 art. 2.5 Wm]
Eisen aan klachtencommissie [A74 art. 10:2 Wvggz] [A75 art. 54 Wzd]
Eisen aan leidinggevenden [A76 art. 8 DHW]
Eisen betreffende vertrouwelijke aard informatie [A82 art. 2.57a AanbW 2012]
Eisen catalogus [A82 art. 2.109e AanbW 2012]
Eisen inrichting of plaats ophouding [A40 art. 6 Vw 2000]
Eisen terzake bepaalde werkzaamheden [A65 art. 11a.2 Wm]
Eisen voor ondertekening of bekrachtiging [A92 art. 7 EVRM 6e prot.]
Elektriciteit [A82 art. 3.2 AanbW 2012]
Elektronisch berichtenverkeer [A56 art. 3a AWR]
Elektronisch gegevensverkeer [A79 art. 9.1.6 Wlz]
Elektronisch verkeer bij bestuursrechter [A45 art. 8:40a Awb]
Elektronisch verkeer en gebruik van gegevens [A72 art. 16.1 Omgw]
Elektronische aanvraag beschikking [A45 art. 4:3a Awb]
Elektronische catalogus [A82 art. 2.109b AanbW 2012]
Elektronische handtekening [A45 art. 8:36d Awb]
Elektronische ondertekening [A45 art. 2:16 Awb]
Elektronische openbaarmaking processen-verbaal en opgave burgemeester [A9 art. N 12 KW]
Elektronische veiling [A82 art. 3.74a AanbW 2012]
Elektronische veiling, afsluiten [A82 art. 2.125 AanbW 2012]
Elektronische veiling, fasen [A82 art. 2.122 AanbW 2012]
Elektronische veiling, gelijktijdige uitnodiging [A82 art. 2.121 AanbW 2012]
Elektronische veiling, informatieverstrekking [A82 art. 2.124 AanbW 2012]
Elektronische veiling, nauwkeurige specificaties [A82 art. 2.118 AanbW 2012]
Elektronische veiling, verzending uitnodigingen [A82 art. 2.123 AanbW 2012]
Elektronische veiling, voorafgaande beoordeling [A82 art. 2.120 AanbW 2012]
Elektronische verzending door bestuursorgaan [A45 art. 2:14 Awb]
Elektronische verzending naar bestuursorgaan [A45 art. 2:15 Awb]
Elektronische verzending tussen burgers en bestuursorganen [A45 art. 2:13 Awb]
Emissie in de lucht, cementoven [A66 art. 5.22 Barim]
Emissie in de lucht, formule mengregel [A66 art. 5.23 Barim]
Emissie in de lucht, gemiddelde inputeisen [A66 art. 5.21 Barim]
Emissieautoriteit [A65 art. 2.1 Wm]
Emissieconcentratie bij coaten of lijmen [A66 art. 3.165 Barim]
Emissiereducerende maatregelen bij coten of lijmen [A66 art. 3.166 Barim]
Emissies door de bevoegde autoriteit [A65 art. 16.17 Wm]
Emolumenten der leden [A104 art. 35 BUPO]
Energiebeleid Europese Unie [A88 art. 194 VWEU]
Enkelvoudige kamer bestuursrechter [A45 art. 8:10 Awb]

Enquêtecommissie, beperking openbaarheid documenten [A13 art. 40 WPE 2008]
Enquêtecommissie, betreden plaatsen [A13 art. 7 WPE 2008]
Enquêtecommissie, bijstand in verkeer met commissie [A13 art. 17 WPE 2008]
Enquêtecommissie, documenten [A13 art. 35 WPE 2008]
Enquêtecommissie, einde lidmaatschap [A13 art. 36 WPE 2008]
Enquêtecommissie, horen getuige/deskundige [A13 art. 9 WPE 2008]
Enquêtecommissie, inzagerecht documenten [A13 art. 38 WPE 2008]
Enquêtecommissie, medewerking ambtenaar [A13 art. 16 WPE 2008]
Enquêtecommissie, medewerking gewezen minister/staatssecretaris [A13 art. 16 WPE 2008]
Enquêtecommissie, openbaarheid documenten [A13 art. 37 WPE 2008]
Enquêtecommissie, rapport [A13 art. 33 WPE 2008]
Enquêtecommissie, schriftelijke inlichtingen [A13 art. 5 WPE 2008]
Enquêtecommissie, vergoeding voor bepaalde personen [A13 art. 18 WPE 2008]
Enquêtecommissie, verhoor getuige/deskundige [A13 art. 10 WPE 2008]
Enquêtecommissie, verplichting tot geheimhouding [A13 art. 15 WPE 2008]
Enquêtecommissie, verplichting tot medewerking [A13 art. 14 WPE 2008]
Enquêtecommissie, verschoningsgronden [A13 art. 19 WPE 2008]
Enquêtecommissie, verzoek gegevensverstrekking [A13 art. 9a WPE 2008]
Enquêtecommissie, voorgesprek met getuige/deskundige [A13 art. 8 WPE 2008]
Enquêtecommissie, vordering afschrift van inzage in documenten [A13 art. 6 WPE 2008]
Enquêterecht [A2 art. 70 GW]
Erkenning als persoon [A102 art. 6 UVRM] [A104 art. 16 BUPO]
Erkenning referent [A40 art. 2c Vw 2000]
Erkenningsregeling, bewijzen [A82 art. 3.70 AanbW 2012]
Erkenningsregeling, termijn kennisgeving erkenning [A82 art. 3.67 AanbW 2012]
Erkenningsregeling, uitsluitingsgronden [A82 art. 3.68 AanbW 2012]
Ernstig nadeel [A74 art. 1:1 Wvggz] [A75 art. 1, art. 13 Wzd]
ESH, arbeidsomstandigheden [A98 art. 22 ESHh]
ESH, arbeidsvoorwaarden [A98 art. 3 ESHh]
ESH, armoede en sociale uitsluiting [A98 art. 30 ESHh]
ESH, beëindiging dienstbetrekking [A98 art. 24 ESHh]
ESH, beroepskeuzevoorlichting [A98 art. 9 ESHh]
ESH, bescherming kinderen en jeugdigen [A98 art. 17 ESHh]
ESH, bescherming migrerende werknemers [A98 art. 19 ESHh]
ESH, bescherming tegen gevaren voor lichaam en geest [A98 art. 7 ESHh]
ESH, bescherming zwangere vrouwen [A98 art. 8 ESHh]
ESH, bijlage [A98 art. N ESHh]
ESH, bijstand sociaal welzijn [A98 art. 14 ESHh]
ESH, billijke arbeidsvoorwaarden [A98 art. 2 ESHh]
ESH, billijke beloning [A98 art. 4 ESHh]
ESH, collectief onderhandelen [A98 art. 6 ESHh]
ESH, collectief ontslag [A98 art. 29 ESHh]
ESH, doelmatige vakopleiding [A98 art. 10 ESHh]
ESH, gelijke kansen [A98 art. 20 ESHh]
ESH, gezinsbescherming [A98 art. 16 ESHh]
ESH, gezondheidsvoorzieningen [A98 art. 11 ESHh]
ESH, huisvesting [A98 art. 31 ESHh]
ESH, informatie en overleg [A98 art. 21 ESHh]
ESH, insolventie werkgever [A98 art. 25 ESHh]
ESH, rechten gehandicapten [A98 art. 15 ESHh]
ESH, sociale bescherming ouderen [A98 art. 23 ESHh]
ESH, sociale en geneeskundige bijstand [A98 art. 13 ESHh]
ESH, sociale zekerheid [A98 art. 12 ESHh]
ESH, vrijheid van vereniging [A98 art. 5 ESHh]
ESH, waardigheid [A98 art. 26 ESHh]
ESH, werknemers met gezin [A98 art. 27 ESHh]
ESH, werknemersvertegenwoordigers [A98 art. 28 ESHh]
ESH, winstgevende bezigheid op grondgebied van andere partij [A98 art. 18 ESHh]
EU-lidstaten die vallen onder een derogatie [A88 art. 139 VWEU]
EU-verblijfsvergunning voor langdurig ingezetenen [A40 art. 45a Vw 2000]
Eurojust [A88 art. 85 VWEU]
Europees Defensieagentschap [A87 art. 45 VEU]
Europees fonds voor regionale ontwikkeling [A88 art. 176 VWEU]
Europees hof, aanhangig maken niet-nakoming bepalingen Verdrag en Protocollen [A89 art. 33 EVRM]

E

Europees hof, aantal rechters [A89 art. 20 EVRM]
Europees Hof, adviezen op verzoek van het Comité van Ministers [A89 art. 47 EVRM]
Europees hof, afstand van rechtsmacht Kamer [A89 art. 30 EVRM]
Europees hof, alleenzittende rechters/comités/Kamers/Grote Kamer [A89 art. 26 EVRM]
Europees hof, ambtstermijn rechters [A89 art. 23 EVRM]
Europees hof, behandeling zaak [A89 art. 38 EVRM]
Europees hof, beslissing ontvankelijkheid en gegrondheid verzoekschrift [A89 art. 29 EVRM]
Europees hof, beslissingen in voltallige vergadering [A89 art. 25 EVRM]
Europees hof, bevoegdheden alleenzittende rechters [A89 art. 27 EVRM]
Europees hof, bevoegdheden comités [A89 art. 28 EVRM]
Europees hof, bevoegdheden Grote Kamer [A89 art. 31 EVRM]
Europees hof, bevoegdheid Hof tot geven advies art. 47 EVRM [A89 art. 48 EVRM]
Europees hof, bindende kracht uitspraken [A89 art. 46 EVRM]
Europees hof, einduitspraak Grote Kamer [A89 art. 44 EVRM]
Europees hof, einduitspraak Kamer [A89 art. 42 EVRM]
Europees hof, eisen aan rechters [A89 art. 21 EVRM]
Europees hof, griffie en referendarissen [A89 art. 24 EVRM]
Europees hof, kosten [A89 art. 50 EVRM]
Europees hof, minnelijke schikking [A89 art. 39 EVRM]
Europees hof, motivering adviezen art. 47 EVRM [A89 art. 49 EVRM]
Europees hof, motivering uitspraken [A89 art. 45 EVRM]
Europees hof, openbaarheid zittingen [A89 art. 40 EVRM]
Europees hof, rechtsmacht [A89 art. 32 EVRM]
Europees hof, schrappen verzoekschrift van de rol [A89 art. 37 EVRM]
Europees hof, toegang tot stukken [A89 art. 40 EVRM]
Europees hof, toekenning billijke genoegdoening aan benadeelde [A89 art. 41 EVRM]
Europees hof, tussenkomst lidstaten [A89 art. 36 EVRM]
Europees hof, verkiezing rechters [A89 art. 22 EVRM]
Europees hof, verwijzing zaak naar Grote Kamer [A89 art. 43 EVRM]
Europees hof, voorrechten en immuniteit rechters [A89 art. 51 EVRM]
Europees hof, voorwaarden in behandeling nemen verzoekschrift [A89 art. 35 EVRM]
Europees openbaar ministerie [A88 art. 86 VWEU]
Europees Parlement [A87 art. 14 VEU]
Europees Sociaal Fonds [A88 art. 162 VWEU]
Europees Sociaal Handvest, ondertekening Protocol [A99 art. 7 Wprot. ESH]
Europees Sociaal Handvest, vrije keuze werkzaamheden [A98 art. 1 ESHh]
Europese aanbesteding, gelijke behandeling [A82 art. 1.8 AanbW 2012]
Europese aanbesteding, redelijke eisen/voorwaarden/criteria [A82 art. 1.10 AanbW 2012]
Europese aanbesteding, transparantie [A82 art. 1.9 AanbW 2012]
Europese blauwe kaart [A41 art. 3.30b Vb 2000]
Europese Centrale Bank [A88 art. 282 VWEU]
Europese Commissie [A87 art. 17 VEU]
Europese coöperatieve vennootschap [A56 art. 2 AWR]
Europese Investeringsbank [A88 art. 209, art. 308 VWEU]
Europese Raad [A87 art. 15 VEU]
Europese samenwerking [A65 art. 5.24 Wm]
Europol [A88 art. 88 VWEU]
Evaluatie en de toetsing, commissieverslag over [A19 art. 97 AVG]
Evaluatie Ministers Jeugdwet [A80 art. 12.2 Jw]
Evaluatie non-discriminatie en burgerschap Europese Unie [A88 art. 25 VWEU]
Evaluatie plan van aanpak [A74 art. 8:21 Wvggz]
Evaluatie, termijn [A15 art. 10.1 CW 2016] [A20 art. 50 UAVG]
Evaluatie uithuisplaatsing [A110 art. 25 IVRK]
Evaluatie van beleid [A88 art. 70 VWEU]
Evaluatie van de uitvoering [A74 art. 8:21 Wvggz]
Evaluatie van effecten [A63 art. 5.9a Chw]
Evaluatie zorgplan [A75 art. 8 Wzd]
Evenredige aanpassing boete [A56 art. 67h AWR]
Evenredigheid nadelige gevolgen besluit [A45 art. 3:4 Awb]
Evenredigheidsbeginsel bij bestuurlijke boete [A45 art. 5:46 Awb]
Eventueel treedt Conciliatiecommissie op [A104 art. 42 BUPO]
Ex aequo et bono [A101 art. 38 SIG]
Exclusieve bevoegdheden Europese Unie [A88 art. 3 VWEU]
Executoriale titel besluiten Europese Unie [A88 art. 299 VWEU]
Executoriale titel door uitspraak bestuursrechter [A45 art. 8:76 Awb]

Alfabetisch trefwoordenregister

Executoriale titel dwangbevel bestuursrechtelijke geldschuld [A45 art. 4:116 Awb]
Exoneratie bestuursorgaan bij klacht [A45 art. 9:8 Awb]
Experimenten, nadere regels [A77 art. 83 Pw]
Exploitant broeikasgasinstallatie [A65 art. 16.2a Wm]
Exploitatie lucht- zee- en binnenhaven of andere aanlandingsfaciliteiten [A82 art. 3.6 AanbW 2012]
Exploitatiegegevens Veilig Thuis, verstrekking aan Minister [A78 art. 4.2.14 WMO 2015]
Exploitatieplan, inhoud toelichting [A58 art. 6.2.11 Bro]
Exploitatiereductie-eenheden, niet overboeken/sparen [A65 art. 9.8.3.3 Wm]
Exploitatiereductie-eenheid [A65 art. 9.8.3.1 Wm]
Exploitatiereductie-eenheid, nadere regels verkrijging [A65 art. 9.8.3.2 Wm]
Exploitatiereductie-eenheid, schakelbepaling [A65 art. 9.8.3.5 Wm]
Extern gevaar [A74 art. 9:6 Wvggz]
Extern optreden Europese Unie [A87 art. 21 VEU] [A88 art. 205 VWEU]

Faciliteiten bij rekeningen [A65 art. 9.7.5.3 Wm]
Facultatieve uitsluitingsgronden [A82 art. 2a.44 AanbW 2012]
Facultatieve weigeringsgronden [A81 art. 9 Wav]
Failliete partij bij bestuursrechter [A45 art. 8:22 Awb]
Familie- of gezinslid als referent [A41 art. 1.8 Vb 2000]
Familie- of gezinslid geen referent [A41 art. 1.21 Vb 2000]
Familiebetrekkingen [A41 art. 3.14 Vb 2000]
Familievertrouwenspersoon [A74 art. 1:1 Wvggz]
Federale staten [A103 art. 28 IVESCR] [A104 art. 50 BUPO]
Fictieve onderworpenheid [A56 art. 38 AWR]
Financieel beheer [A15 art. 3.3 CW 2016]
Financieel jaarverslag Rijk [A15 art. 2.35 CW 2016]
Financieel jaarverslag Rijk, aanbieding [A15 art. 2.38 CW 2016]
Financiële administratie [A15 art. 3.5 CW 2016]
Financiële begrotingsinformatie [A15 art. 3.6 CW 2016]
Financiële bijdrage en stemrecht Lid [A100 art. 19 Hv VN]
Financiële deelneming in rechtspersonen binnen Europese Unie [A88 art. 55 VWEU]
Financiële organisatie, beleid en beheer [A27 art. 216 PW]
Financiële staat agentschappen [A15 art. 2.33 CW 2016]
Financiële verantwoordingsinformatie [A15 art. 3.8 CW 2016]
Financiële verplichting, begrip [A15 art. 2.14 CW 2016]
Financiële zekerheid, verklaring B&W grote gemeenten [A66 art. 2.27 Barim]
Financiële zekerheid, verklaring GS [A66 art. 2.24 Barim]
Financiering bijstand, aanpassing uitkering aan gemeenten [A77 art. 71 Pw]
Financiering bijstand, aanwijzing minister [A77 art. 76 Pw]
Financiering bijstand, opschorten betaling uitkering [A77 art. 76 Pw]
Financiering bijstand, Toetsingscommissie vangnet Participatiewet [A77 art. 73 Pw]
Financiering bijstand, uitkering Rijk aan gemeenten [A77 art. 69 Pw]
Financiering bijstand, vangnetuitkering [A77 art. 74 Pw]
Financiering bijstand, verlagen uitkering [A77 art. 76 Pw]
Financiering Europese Unie [A88 art. 311 VWEU]
Financiering experiment [A79 art. 10.1.3 Wlz]
Financieringswijzen en administratieve processen aanbieders zorg [A78 art. 2.6.7a WMO 2015]
Flankerende maatregelen gegevensuitwisseling [A54 art. 34 Richtlijn 2006/123/EG]
Flexo- of verpakkingsdiepdruk, eisen [A66 art. 4.94di Barim]
Flexo- of verpakkingsdiepdruk, lozen afvalwater [A66 art. 4.94dh Barim]
Flexo- of verpakkingsdiepdruk, overschrijding grenswaarden [A66 art. 4.94dg Barim]
Fokken, houden of trainen van vogels of zoogdieren [A66 art. 3.168 Barim]
Fokken, houden of trainen van vogels of zoogdieren, eisen [A66 art. 3.169 Barim]
Folteringen e.d. [A104 art. 7 BUPO]
Fonds voor grote financiële risico's [A65 art. 15.48 Wm]
Forensenbelasting [A29 art. 223 Gemw]
Formaliteiten tussenuitspraak bij bestuurlijke lus [A45 art. 8:80b Awb]
Formele vereisten bezwaar- of beroepschrift [A45 art. 6:5 Awb]
Formulier voor aanvraag beschikking [A45 art. 4:4 Awb]
Fractie, leden die geen deel meer uitmaken van fracties [A11 art. 24 RvO I]
Fractie, samenstelling [A11 art. 23 RvO I]
Fractie, samenstelling fractiebestuur [A11 art. 25 RvO I]
Fractieondersteuning [A27 art. 33 PW] [A29 art. 33 Gemw]
Fraude of misbruik [A65 art. 9.7.5.4 Wm]

G

Fraudebestrijding Europese Unie [A88 art. 325 VWEU]
Functies depositaris [A114 art. 77 VWV]
Functionaris gegevensbescherming, geheimhoudingsplicht [A20 art. 39 UAVG]
Functionaris voor de gegevensbescherming [A19 art. 37 AVG]
Functionaris voor de gegevensbescherming, benoemingseisen [A19 art. 37 AVG]
Functionaris voor de gegevensbescherming, geheimhouding [A19 art. 38 AVG]
Functionaris voor de gegevensbescherming, onafhankelijkheid [A19 art. 38 AVG]
Functionaris voor de gegevensbescherming, positie [A19 art. 38 AVG]
Functionaris voor de gegevensbescherming, taken [A19 art. 39 AVG]
Functionaris voor de gegevensbescherming, toezicht door [A19 art. 39 AVG]

G

Gasdrukmeet- en regelstation, bedrijfsnoodplan [A66 art. 3.12 Barim]
Gasvormige biobrandstof, eisen [A65 art. 9.7.4.3 Wm]
Gebiedsverbod [A29 art. 172a Gemw]
Gebruik BSN door andere gebruiker [A56 art. 49a AWR]
Gebruik gegevens en onderzoeken [A65 art. 13.5 Wm]
Gebruik inkomensgegevens [A56 art. 21f AWR]
Gebruik opgenomen gegevens [A56 art. 21g AWR]
Gebruik van nagemaakte of vervalste kiesbescheiden [A9 art. Z 2 KW]
Geconstateerd verzuim bij lijst [A9 art. Ya 8 KW]
Gecoördineerde strategie werkgelegenheid binnen Europese Unie [A88 art. 145 VWEU]
Gedeelde bevoegdheden Europese Unie en lidstaten [A88 art. 4 VWEU]
Gedeelde verantwoordelijkheden, verantwoording [A15 art. 4.2 CW 2016]
Gedeeltelijke vernietiging door bestuursorgaan [A45 art. 10:36 Awb]
Gedeputeerde staten [A27 art. 34 PW]
Gedogen werkzaamheden [A65 art. 8.51 Wm]
Gedoogplicht, aanbrengen meetmiddelen/seinen/merken [A70 art. 5.25 Wtw]
Gedoogplicht, aanleg/wijziging waterstaatswerk [A70 art. 5.24 Wtw]
Gedoogplicht, dulden wateroverlast en overstromingen [A70 art. 5.26 Wtw]
Gedoogplicht gebruik onroerende zaak, aanleg openbare werken [A64 art. 1 Belwp]
Gedoogplicht gebruik onroerende zaak, beschikking op verzoek tot vernietiging [A64 art. 4 Belwp]
Gedoogplicht gebruik onroerende zaak, beslissing minister [A64 art. 6 Belwp]
Gedoogplicht gebruik onroerende zaak, bezwaar [A64 art. 2 Belwp]
Gedoogplicht gebruik onroerende zaak, documenten [A64 art. 2 Belwp]
Gedoogplicht gebruik onroerende zaak, opleggen verplichting [A64 art. 2 Belwp]
Gedoogplicht gebruik onroerende zaak, opruimen openbare werken [A64 art. 9 Belwp]
Gedoogplicht gebruik onroerende zaak, redelijkheid belemmeringen [A64 art. 13 Belwp]
Gedoogplicht gebruik onroerende zaak, rooien of snoeien bomen/beplantingen [A64 art. 10 Belwp]
Gedoogplicht gebruik onroerende zaak, schadevergoeding [A64 art. 14 Belwp]
Gedoogplicht gebruik onroerende zaak, strafmaat beletten aanleg/verandering/verplaatsing openbare werken [A64 art. 15 Belwp]
Gedoogplicht gebruik onroerende zaak, terinzagelegging beslissing/verzoek tot vernietiging [A64 art. 4 Belwp]
Gedoogplicht gebruik onroerende zaak, toegang tot perceel [A64 art. 12 Belwp]
Gedoogplicht gebruik onroerende zaak, verandering openbare werken [A64 art. 3 Belwp]
Gedoogplicht gebruik onroerende zaak, vergoeding kosten [A64 art. 7 Belwp]
Gedoogplicht gebruik onroerende zaak, verplaatsing openbare werken [A64 art. 5 Belwp]
Gedoogplicht, onderhouds- en herstelwerkzaamheden [A70 art. 5.23 Wtw]
Gedoogplicht, onderzoek gronden [A70 art. 5.21 Wtw]
Gedoogplicht onroerende zaak, schriftelijke aanzegging werkzaamheden [A64 art. 11 Belwp]
Gedoogplicht, onttrekken of infiltreren van grondwater [A70 art. 5.27 Wtw]
Gedoogplicht, opleggen [A70 art. 5.22 Wtw]
Gedoogplicht, watersnood BES-eilanden [A70 art. 5.32 Wtw]
Gedoogplichten [A72 art. 10.1 Omgw]
Gedragingen waarop hoofdstuk 10 niet van toepassing is [A65 art. 22.1 Wm]
Gedragscode integriteit Eerste Kamer [A11 art. 156a RvO I]
Gedragscode internationale student hoger onderwijs [A41 art. 1.20 Vb 2000]
Gedragscodes [A19 art. 40 AVG]
Gedragscodes op communautair niveau [A54 art. 37 Richtlijn 2006/123/EG]
Gedragscodes, toezicht op goedgekeurde [A19 art. 41 AVG]
Gedragsverklaring aanbesteden, aanvraag [A82 art. 4.4 AanbW 2012]
Gedragsverklaring aanbesteden, beoordeling aanvraag [A82 art. 4.10 AanbW 2012]
Gedragsverklaring aanbesteden, beslissing is beschikking [A82 art. 4.3 AanbW 2012]

Alfabetisch trefwoordenregister

G

Gedragsverklaring aanbesteden, beslissing op aanvraag [A82 art. 4.5 AanbW 2012]
Gedragsverklaring aanbesteden, definitie rechtspersoon [A82 art. 4.2 AanbW 2012]
Gedragsverklaring aanbesteden, toetsingscriteria [A82 art. 4.7 AanbW 2012]
Gedwongen verblijf in een instelling [A79 art. 10.5.1 Wlz]
Gegevensbescherming door ontwerp en door standaardinstellingen [A19 art. 25 AVG]
Gegevensbeschermingseffectbeoordeling [A19 art. 35 AVG]
Gegevensbeschermingsregels van kerken en religieuze verenigingen [A19 art. 91 AVG]
Gegevensdragers bij derden [A56 art. 48 AWR]
Gegevensgebruik door partijen [A83 art. 49e Mw]
Gegevensuitwisseling, burgerservicenummer [A77 art. 68 Pw]
Gegevensuitwisseling, geheimhoudingsplicht [A77 art. 65 Pw]
Gegevensuitwisseling, gemeenten [A77 art. 67 Pw]
Gegevensuitwisseling, instanties [A77 art. 64 Pw]
Gegevensuitwisseling, Minister van Veiligheid en Justitie [A77 art. 64 Pw]
Gegevensuitwisseling, rechterlijke instanties [A77 art. 64 Pw]
Gegevensuitwisseling, uitzondering geheimhoudingsplicht [A77 art. 65 Pw]
Gegevensuitwisseling, vermoeden misdrijf [A77 art. 66 Pw]
Gegevensuitwisseling, werkgever [A77 art. 63 Pw]
Gegevensuitwisseling zonder toestemming [A74 art. 8:4 Wvggz]
Gegevensverschaffing aanvrager beschikking [A45 art. 4:3 Awb]
Gegevensverstrekking aan adviseur door bestuursorgaan [A45 art. 3:7 Awb]
Gegevensverstrekking bestuursorgaan [A41 art. 8.2 Vb 2000]
Gegevensverstrekking door bestuursorgaan [A65 art. 21.2a Wm]
Gegevensverstrekking door instrumentaanbieder kwaliteitsborging [A59 art. 7ah Wonw]
Gegevensverstrekking door rijksbelastingdienst [A65 art. 9.8.1.4 Wm]
Gegevensverstrekking door Veilig Thuis [A78 art. 4.2.12 WMO 2015]
Gegevensverstrekking korpschef [A41 art. 4.17 Vb 2000]
Gegevensverstrekking milieubeleidsplannen en milieuprogramma's [A65 art. 4.2b Wm]
Gegevensverstrekking minister of korpschef [A41 art. 8.1 Vb 2000]
Gegevensverstrekking, nadere regels m.b.t. [A79 art. 9.1.2 Wlz]
Gegevensverstrekking op verzoek [A65 art. 12.16 Wm]
Gegevensverstrekking over betrouwbaarheid dienstverrichters [A54 art. 33 Richtlijn 2006/123/EG]
Gegevensverstrekking t.b.v. beoordeling wet [A78 art. 2.5.2 WMO 2015]
Gegevensverstrekking t.b.v. onderzoek [A78 art. 2.3.2 WMO 2015]
Gegevensverstrekking t.b.v. vreemdelingenadministratie [A41 art. 8.2a Vb 2000]
Gegevensverstrekking verzekerde AWBZ met indicatiebesluit [A78 art. 8.2 WMO 2015]
Gegevensverstrekking vreemdeling [A41 art. 4.38 Vb 2000]
Gegevensverwerking door Minister [A74 art. 8:30 Wvggz]
Gegrond beroep [A49 art. 15b WOB]
Gehandicapte kinderen [A110 art. 23 IVRK]
Geheime opdrachten met defensie- en veiligheidsaspecten [A82 art. 3.22 AanbW 2012]
Geheimhouding bedrijfsgeheimen of beveiligingsgegevens [A65 art. 19.3 Wm]
Geheimhouding betrokkenen bij bestuursorgaan [A45 art. 2:5 Awb]
Geheimhouding bij bestuursrechter [A45 art. 8:29 Awb]
Geheimhouding dagelijks bestuur [A35 art. 43 Wschw]
Geheimhouding gegevens; openbaarmaking afwijkend milieuverslag [A65 art. 19.7 Wm]
Geheimhouding in algemeen bestuur [A35 art. 37 Wschw]
Geheimhouding in belang veiligheid Staat of nakoming internationale verplichtingen [A65 art. 19.3 Wm]
Geheimhoudingsplicht [A19 art. 90 AVG] [A53 art. 28 Wet Bibob] [A56 art. 51, art. 67 AWR] [A74 art. 10:13 Wvggz] [A75 art. 4b, art. 56h Wzd]
Geheimhoudingsplicht ambtenaren [A17 art. 9 AW]
Geheimhoudingsplicht instellingen Europese Unie [A88 art. 339 VWEU]
Geheimhoudingsplicht medewerkers zorgaanbieder, zorgverantwoordelijke, CIZ, burgemeester, OvJ [A75 art. 18c Wzd]
Geheimhoudingsverplichting [A74 art. 11:4, art. 12:4, art. 1:7, art. 8:34 Wvggz] [A75 art. 59 Wzd]
Gehuwd/ongehuwd [A77 art. 3 Pw]
Gehuwden [A78 art. 1.1.2 WMO 2015]
Gekozen kandidaat [A9 art. P 15 KW]
Geldelijke steun aan gemeenten en provincies [A59 art. 81 Wonw]
Geldig document [A41 art. 3.83 Vb 2000]
Geldigheid art. 54 lid 2 [A2 art. II GW]
Geldigheid stemming [A35 art. 38b Wschw] [A9 art. T 6 KW]
Geldigheidsduur besluit [A75 art. 22 Wzd]

Sdu 2607

G

Alfabetisch trefwoordenregister

Geldigheidsduur machtiging [A75 art. 39 Wzd]
Geldigheidsduur machtiging voortzetting [A74 art. 7:9 Wvggz]
Geldigheidsduur mvv [A40 art. 2r Vw 2000]
Geldigheidsduur terugkeervisum [A40 art. 2y Vw 2000]
Geldigheidsduur voorwaardelijke machtiging [A75 art. 28ab Wzd]
Geldigheidsduur zorgmachtiging [A74 art. 6:5 Wvggz]
Geldingsduur [A65 art. 10.12, art. 4.12, art. 4.19, art. 4.6 Wm]
Gelegenheid herstel verzuim [A9 art. Ya 31a KW]
Gelegitimeerd indirect onderscheid [A23 art. 3 WGBHZ]
Gelieerde vennootschap [A56 art. 47a AWR]
Gelijk recht van mannen en vrouwen [A104 art. 3 BUPO]
Gelijke behandeling [A100 art. 76 Hv VN]
Gelijke behandeling, arbeid [A21 art. 5 AWGB]
Gelijke behandeling, arbeidsvoorwaarden [A25 art. 7 WGBMV]
Gelijke behandeling, berekening pensioen [A25 art. 12c WGBMV]
Gelijke behandeling, beroep waarvoor geslacht bepalend is [A25 art. 5 WGBMV]
Gelijke behandeling, bescherming tegen victimisatie [A21 art. 8a AWGB]
Gelijke behandeling, definitie intimidatie [A21 art. 1a AWGB]
Gelijke behandeling, definitie seksuele intimidatie [A21 art. 1a AWGB]
Gelijke behandeling, functiewaardering [A25 art. 8 WGBMV]
Gelijke behandeling, handhaving [A25 art. 21 WGBMV]
Gelijke behandeling, instellen onderzoek [A22 art. 10 WCrm]
Gelijke behandeling, kennisgeving oordeel [A22 art. 11 WCrm]
Gelijke behandeling, lidmaatschap beroepsorganisatie [A21 art. 6a AWGB]
Gelijke behandeling, omkering bewijslast [A25 art. 6a WGBMV]
Gelijke behandeling, onrechtmatigverklaring/verbod gedraging [A22 art. 13 WCrm]
Gelijke behandeling, openbare dienst [A25 art. 1b WGBMV]
Gelijke behandeling, opleidingen [A25 art. 4 WGBMV]
Gelijke behandeling, pensioenbescherming zwangerschap en moederschap
 [A25 art. 12d WGBMV]
Gelijke behandeling, pensioenopbouw zwangerschaps- en bevallingsverlof
 [A25 art. 12b WGBMV]
Gelijke behandeling, pensioenvoorziening [A25 art. 12b WGBMV]
Gelijke behandeling, personeelswerving [A25 art. 3 WGBMV]
Gelijke behandeling, positieve actie [A25 art. 5 WGBMV]
Gelijke behandeling, sociale bescherming [A21 art. 7a AWGB]
Gelijke behandeling, toegang tot goederen of diensten [A21 art. 7 AWGB]
Gelijke behandeling, toegestaan onderscheid [A21 art. 2 AWGB]
Gelijke behandeling, verbod benadeling bij beroep op deze wet [A21 art. 8a AWGB]
Gelijke behandeling, verbod op intimidatie/seksuele intimidatie [A25 art. 1a WGBMV]
Gelijke behandeling, verschuiving bewijslast [A21 art. 10 AWGB]
Gelijke behandeling, vrij beroep [A21 art. 6 AWGB] [A25 art. 2 WGBMV]
Gelijke behandeling, weigering onderzoek [A22 art. 12 WCrm]
Gelijke behandeling, werknemers-/werkgeversorganisatie [A25 art. 4a WGBMV]
Gelijke behandeling/discriminatieverbod [A2 art. 1 GW]
Gelijke beloning mannen en vrouwen binnen Europese Unie [A88 art. 157 VWEU]
Gelijke benoembaarheid [A2 art. 3 GW]
Gelijke rechten inzake huwelijk en familiebetrekkingen [A108 art. 16 IVDV]
Gelijke rechten mannen en vrouwen [A100 art. 8 Hv VN]
Gelijke rechten op arbeid [A108 art. 11 IVDV]
Gelijke rechten op onderwijs [A108 art. 10 IVDV]
Gelijke rechtsingang [A40 art. 114 Vw 2000]
Gelijkheid mannen en vrouwen binnen Europese Unie [A88 art. 8 VWEU]
Gelijkheid voor de wet [A102 art. 7 UVRM] [A108 art. 15 IVDV]
Gelijkheidsbeginsel Europese Unie [A87 art. 9 VEU]
Gelijkluidende aanduidingen [A9 art. Y 10 KW]
Gelijkluidende lijsten [A9 art. H 11, art. R 10 KW]
Gelijkluidende lijsten gelden als één lijst [A9 art. P 2, art. U 4 KW]
Gelijkstelling ingezameld huishoudelijk afval met bedrijfsafval [A65 art. 10.36 Wm]
Gelijkstelling met besluit bij beroep [A45 art. 8:2 Awb]
Gelijkstelling met besluit bij bezwaar en beroep [A45 art. 6:2 Awb]
Gelijkstelling rechtspersonen en natuurlijke personen Europese Unie [A88 art. 54 VWEU]
Gelijkstelling rechtspersoon met natuurlijk persoon [A55 art. 5 BW Boek 2]
Gelijkstellingsbepaling [A65 art. 11.43 Wm]
Gelijktijdig openbaar maken [A65 art. 7.30 Wm]

G

Gelijktijdigheid besluitvorming [A65 art. 11.52 Wm]
Gelijkwaardig niveau bescherming milieu [A66 art. 1.8 Barim]
Geloofsbrief [A9 art. V 1 KW].
Geluidhinder [A66 art. 2.17 Barim]
Geluidhinder, afwijkende geluidsnormen [A66 art. 2.19 Barim]
Geluidhinder, bepaling geluidsniveau [A66 art. 2.18 Barim]
Geluidhinder, buitentoepassingstelling waarden [A66 art. 2.21 Barim]
Geluidhinder, uitrukken motorvoertuigen bij brand/ongevallen/gladheid [A66 art. 2.22 Barim]
Geluidhinder, vaststellen afwijkende waarden [A66 art. 2.20 Barim]
Geluidsbelasting, nadere regelgeving berekening [A66 art. 3.161 Barim]
Geluidsbelasting, nadere regelgeving risico's en ongewone voorvallen [A66 art. 3.162 Barim]
Geluidwerende maatregelen [A65 art. 11.64 Wm]
Gemeenschappelijk douanetarief Europese Unie [A88 art. 31 VWEU]
Gemeenschappelijk immigratiebeleid Europese Unie [A88 art. 79 VWEU]
Gemeenschappelijk landbouwbeleid Europese Unie [A88 art. 39 VWEU]
Gemeenschappelijk veiligheids- en defensiebeleid Europese Unie [A87 art. 42 VEU]
Gemeenschappelijk vervoerbeleid Europese Unie [A88 art. 90 VWEU]
Gemeenschappelijke ombudsman en gemeenschappelijke ombudscommissie
 [A35 art. 51k Wschw]
Gemeenschappelijke onderneming [A82 art. 3.25 AanbW 2012]
Gemeenschappelijke ondernemingen Europese Unie inzake wetenschap en technologie
 [A88 art. 187 VWEU]
Gemeenschappelijke ordening landbouwmarkten Europese Unie [A88 art. 40 VWEU]
Gemeenschappelijke regelingen [A27 art. 79aa PW] [A35 art. 51l Wschw]
Gemeenschappelijke regelingen, deelname andere openbare lichamen/rechtspersonen
 [A33 art. 93 WGR]
Gemeenschappelijke regelingen, deelname Rijk [A33 art. 94 WGR]
Gemeenschappelijks regeling, bekendmaking/inwerkingtreding [A33 art. 26 WGR]
Gemeentebelang [A29 art. 149 Gemw]
Gemeentebestuur [A29 art. 6 Gemw]
Gemeentebestuur, beleidsplan [A78 art. 2.1.2 WMO 2015]
Gemeentebestuur, taak [A78 art. 2.1.1 WMO 2015]
Gemeentelijk milieubeleidsplan [A65 art. 4.16 Wm]
Gemeentelijk rioleringsplan [A65 art. 4.22 Wm]
Gemeentelijke afvalstoffenverordening [A65 art. 10.23 Wm]
Gemeentelijke coördinatieregeling, bekendmaking [A57 art. 3.32 Wro]
Gemeentelijke coördinatieregeling, procedure [A57 art. 3.31 Wro]
Gemeentelijke heffing afvalstoffen [A65 art. 15.33 Wm]
Gemeentelijke milieustraat, eisen [A66 art. 3.156 Barim]
Gemeentelijke ombudscommissie [A29 art. 81w Gemw]
Gemeentelijke ombudsman [A29 art. 81p Gemw]
Gemeentelijke verordening [A65 art. 10.32a Wm]
Gemeentelijke verordening, inhoud [A76 art. 25a DHW]
Gemeentelijke verordening, minimumleeftijd bezoeker [A76 art. 25b DHW]
Gemeentelijke verordening, minimumprijs [A76 art. 25d DHW]
Gemeentelijke verordening, verbod bedrijfsmatig verstrekken alcoholhoudende drank
 [A76 art. 25a DHW]
Gemeentelijke verordening, verbod bedrijfsmatig verstrekken zwak-alcoholhoudende drank
 [A76 art. 25c DHW]
Gemeentelijke zorgplicht [A65 art. 10.33 Wm]
Gemeenten, algemeen bestuur openbaar lichaam [A33 art. 13 WGR]
Gemeenten, begroting/jaarrekening [A33 art. 34 WGR]
Gemeenten, belastingheffing door openbaar lichaam [A33 art. 32 WGR]
Gemeenten, bepalingen wijziging/opheffing/toetreding/uittreding/vereffening [A33 art. 9 WGR]
Gemeenten, beperkingen bevoegdheden [A33 art. 31 WGR]
Gemeenten, besluit tot indeplaatsstelling [A33 art. 32b WGR]
Gemeenten, bestuur bedrijfsvoeringsorganisatie [A33 art. 14a WGR]
Gemeenten, bestuur openbaar lichaam [A33 art. 12 WGR]
Gemeenten, bevoegdheden algemeen bestuur [A33 art. 33 WGR]
Gemeenten, bevoegdheden dagelijks bestuur [A33 art. 33b WGR]
Gemeenten, bevoegdheden voorzitter [A33 art. 33d WGR]
Gemeenten, bijzondere voorzieningen [A33 art. 32a WGR]
Gemeenten, commissies belangenbehartiging [A33 art. 25 WGR]
Gemeenten, commissies van advies [A33 art. 24 WGR]
Gemeenten, dagelijks bestuur [A33 art. 19a WGR]

G

Gemeenten, dagelijks bestuur openbaar lichaam [A33 art. 14 WGR]
Gemeenten, financiële/beleidsmatige kaders/voorlopige jaarrekening [A33 art. 34b WGR]
Gemeenten, geheimhouding [A33 art. 23 WGR]
Gemeenten, gemeenschappelijk orgaan [A33 art. 15 WGR]
Gemeenten, geschillen tussen besturen [A33 art. 28 WGR]
Gemeenten, incompatibiliteit bestuursleden [A33 art. 20 WGR]
Gemeenten, inhoud regeling [A33 art. 10 WGR]
Gemeenten, instellen gemeenschappelijk orgaan [A33 art. 8 WGR]
Gemeenten, instellen openbaar lichaam [A33 art. 8 WGR]
Gemeenten, ontwerpbegroting [A33 art. 35 WGR]
Gemeenten, overdracht bevoegdheden [A33 art. 30 WGR]
Gemeenten, provinciegrensoverschrijdende samenwerking [A33 art. 29 WGR]
Gemeenten, rechten/plichten lid bestuur [A33 art. 16 WGR]
Gemeenten, schorsen/vernietiging besluit/beslissing [A33 art. 36 WGR]
Gemeenten, specifieke uitkering [A33 art. 34a WGR]
Gemeenten, treffen gemeenschappelijk regeling [A33 art. 1 WGR]
Gemeenten, vergaderingen algemeen bestuur [A33 art. 22 WGR]
Gemeenten, vergoeding bestuursleden [A33 art. 21 WGR]
Gemeenten, verlenen medewerking [A33 art. 10a WGR]
Gemeenten, verstrekken inlichtingen aan gemeentenraden [A33 art. 17 WGR]
Gemeenten, vrijstelling rechten/verplichtingen [A33 art. 11 WGR]
Gemeenten-provincies, begroting/jaarrekening [A33 art. 58 WGR]
Gemeenten-provincies, belastingheffingen door openbaar lichaam [A33 art. 56 WGR]
Gemeenten-provincies, beperking bevoegdheden [A33 art. 55 WGR]
Gemeenten-provincies, bevoegdheden algemeen bestuur [A33 art. 57 WGR]
Gemeenten-provincies, bevoegdheden dagelijks bestuur [A33 art. 57b WGR]
Gemeenten-provincies, bevoegdheden voorzitter [A33 art. 57d WGR]
Gemeenten-provincies, bijzondere voorzieningen [A33 art. 56a WGR]
Gemeenten-provincies, financiële/beleidsmatige kaders/voorlopige jaarrekening [A33 art. 58b WGR]
Gemeenten-provincies, ontwerpbegroting [A33 art. 59 WGR]
Gemeenten-provincies, overdracht bevoegdheden [A33 art. 54 WGR]
Gemeenten-provincies, schorsing/vernietiging besluit/beslissing [A33 art. 60 WGR]
Gemeenten-provincies, specifieke uitkering [A33 art. 58a WGR]
Gemeenten-provincies, treffen gemeenschappelijk regelingen [A33 art. 51 WGR]
Gemeenten-provincies, van overeenkomstige toepassing gemeenschappelijke regelingen gemeenten [A33 art. 52 WGR]
Gemeenten-provincies-waterschappen, begroting/jaarrekening [A33 art. 80 WGR]
Gemeenten-provincies-waterschappen, belastingheffing door openbaar lichaam [A33 art. 78 WGR]
Gemeenten-provincies-waterschappen, beperkingen bevoegdheden [A33 art. 77 WGR]
Gemeenten-provincies-waterschappen, bevoegdheden algemeen bestuur [A33 art. 79 WGR]
Gemeenten-provincies-waterschappen, bevoegdheden dagelijks bestuur [A33 art. 79b WGR]
Gemeenten-provincies-waterschappen, bevoegdheden voorzitter [A33 art. 79d WGR]
Gemeenten-provincies-waterschappen, bijzondere voorzieningen [A33 art. 78a WGR]
Gemeenten-provincies-waterschappen, financiële/beleidsmatige kaders/voorlopige jaarrekening [A33 art. 80a WGR]
Gemeenten-provincies-waterschappen, ontwerpbegroting [A33 art. 81 WGR]
Gemeenten-provincies-waterschappen, overdracht bevoegdheden [A33 art. 76 WGR]
Gemeenten-provincies-waterschappen, schorsing/vernietiging besluit/beslissing [A33 art. 82 WGR]
Gemeenten-provincies-waterschappen, treffen gemeenschappelijk regelingen [A33 art. 73 WGR]
Gemeenten-provincies-waterschappen, van overeenkomstige toepassing gemeenschappelijke regelingen gemeenten [A33 art. 74 WGR]
Gemeenten-waterschappen, begroting/jaarrekening [A33 art. 67 WGR]
Gemeenten-waterschappen, belastingheffing door openbaar lichaam [A33 art. 65 WGR]
Gemeenten-waterschappen, beperking bevoegdheden [A33 art. 64 WGR]
Gemeenten-waterschappen, bevoegdheden algemeen bestuur [A33 art. 66 WGR]
Gemeenten-waterschappen, bevoegdheden dagelijks bestuur [A33 art. 66b WGR]
Gemeenten-waterschappen, bevoegdheden voorzitter [A33 art. 66d WGR]
Gemeenten-waterschappen, bezondere voorzieningen [A33 art. 65a WGR]
Gemeenten-waterschappen, financiële/beleidsmatige kaders/voorlopige jaarrekening [A33 art. 67a WGR]
Gemeenten-waterschappen, ontwerpbegroting [A33 art. 68 WGR]
Gemeenten-waterschappen, overdracht bevoegdheden [A33 art. 63 WGR]

G

Gemeenten-waterschappen, schorsing/vernietiging besluit/beslissing [A33 art. 69 WGR]
Gemeenten-waterschappen, treffen gemeenschappelijke regelingen [A33 art. 61 WGR]
Gemeenten-waterschappen, van overeenkomstige toepassing gemeenschappelijke regelingen gemeenten [A33 art. 62 WGR]
Gemeentenaam [A29 art. 158 Gemw]
Gemengde concessieopdracht [A82 art. 2a.4 AanbW 2012]
Gemengde overheidsopdracht [A82 art. 2.12a AanbW 2012]
Geneesheer-directeur [A74 art. 5:15 Wvggz]
Geneesheerdirecteur [A74 art. 1:1, art. 2:3, art. 5:4 Wvggz]
Geneeskundige verklaring [A75 art. 26, art. 30 Wzd]
Generale Staf-Comité [A100 art. 47 Hv VN]
Genetische gegevens [A19 art. 4 AVG]
Genocide [A104 art. 6 BUPO]
Gerechtelijke mededelingen [A56 art. 86 AWR]
Gerede twijfel aan juistheid [A56 art. 21h AWR]
Geregistreerd partnerschap, begripsbepalingen [A79 art. 1.1.2 Wlz]
Geregistreerde aanduidingen, geen publicatie van [A9 art. Y 11 KW]
Geregistreerde partners [A78 art. 1.1.2 WMO 2015]
Gescheiden administratie [A83 art. 25c Mw]
Geschiktheidseisen [A82 art. 2a.46 AanbW 2012]
Geschiktheidseisen, beroep op derden [A82 art. 2.92, art. 2.94 AanbW 2012]
Geschiktheidseisen, communautair milieubeheer- en milieuauditsysteem [A82 art. 2.97 AanbW 2012]
Geschiktheidseisen, Europese kwaliteitsbewakingsregelingen [A82 art. 2.96 AanbW 2012]
Geschiktheidseisen, financiële/economische draagkracht [A82 art. 2.91 AanbW 2012]
Geschiktheidseisen, personele en technische middelen en ervaring [A82 art. 2.92a AanbW 2012]
Geschiktheidseisen, praktische vaardigheden/technische kennis [A82 art. 2.95 AanbW 2012]
Geschiktheidseisen, technische of beroepsbekwaamheid [A82 art. 2.93 AanbW 2012]
Geschilbeslechting Autoriteit persoonsgegevens of via gedragscode [A20 art. 36 UAVG]
Geschillen in communautaire intellectuele eigendomsrechten Europese Unie [A88 art. 262 VWEU]
Geschillen over competentie bestuursrechter [A45 art. 8:9 Awb]
Geschillenbeslechting dienstverrichters en afnemers [A54 art. 27 Richtlijn 2006/123/EG]
Geschillenbeslechting door Comité [A19 art. 65 AVG]
Geschillenbeslechting uitlegging Europese Verdragen [A88 art. 344 VWEU]
Geschillenkamers [A27 art. 171 PW]
Geschillenverordening [A27 art. 168 PW]
Gesloten bodemenergiesysteem, beëindiging van het in werking hebben [A66 art. 3.16p Barim]
Gesloten bodemenergiesysteem, energierendement [A66 art. 3.16l Barim]
Gesloten bodemenergiesysteem, interferentie met eerder geïnstalleerd gesloten of open bodemenergiesysteem [A66 art. 3.16m Barim]
Gesloten bodemenergiesysteem, lozen van spoelwater bij boren [A66 art. 3.16h Barim]
Gesloten bodemenergiesysteem, opslag circulatievloeistof in buffertank [A66 art. 3.16i Barim]
Gesloten bodemenergiesysteem, registratie [A66 art. 3.16n Barim]
Gesloten bodemenergiesysteem, temperatuur circulatievloeistof [A66 art. 3.16j Barim]
Gesloten bodemenergiesysteem, verrichten van werkzaamheden [A66 art. 3.16o Barim]
Gesloten bodemenergiesysteem, verwijderen circulatievloeistof bij lekkage [A66 art. 3.16i Barim]
Gesloten bodemenergiesysteem, warmteoverschot/koudeoverschot [A66 art. 3.16k Barim]
Gesloten jeugdhulp, actualiteit vastlegging handhavingsmaatregelen in dossier jeugdige [A80 art. 6.3.9 Jw]
Gesloten jeugdhulp, afschrift besluit op verzoek machtiging/spoedmachtiging/voorwaardelijke machtiging [A80 art. 6.1.9 Jw]
Gesloten jeugdhulp, beperking communicatie [A80 art. 6.3.3 Jw]
Gesloten jeugdhulp bij ernstige opgroei- en opvoedingsproblemen, minderjarigen [A80 art. 6.1.1 Jw]
Gesloten jeugdhulp, controlemaatregelen [A80 art. 6.3.4 Jw]
Gesloten jeugdhulp, handhaving bij behandeling machtigingszaken in gerechtsgebouw [A80 art. 6.3.8 Jw]
Gesloten jeugdhulp, handhavingsmaatregelen tenuitvoerlegging machtiging [A80 art. 6.3.5 Jw]
Gesloten jeugdhulp, hulpverleningsplan [A80 art. 6.1.4 Jw]
Gesloten jeugdhulp, jeugdhulpverleningsprogramma's bij machtiging [A80 art. 6.3.2 Jw]
Gesloten jeugdhulp, klachtrecht bij vrijheidsbeperking [A80 art. 6.5.1 Jw]
Gesloten jeugdhulp, machtiging opname/verblijf jeugdige [A80 art. 6.1.2 Jw]
Gesloten jeugdhulp, opname controlemaatregelen in hulpverleningsplan [A80 art. 6.3.5 Jw]

G

Gesloten jeugdhulp, opname/verblijf [A80 art. 6.2.1 Jw]
Gesloten jeugdhulp, opname/verblijf leerplichtige jeugdigen [A80 art. 6.2.3 Jw]
Gesloten jeugdhulp, regeling bevoegde personen betrokken bij vrijheidsbeperkende maatregelen [A80 art. 6.2.4 Jw]
Gesloten jeugdhulp, rol kinderrechter [A80 art. 6.1.7 Jw]
Gesloten jeugdhulp, spoedmachtiging opname/verblijf jeugdige [A80 art. 6.1.3 Jw]
Gesloten jeugdhulp, tijdelijkheid bijzondere handhavingsmaatregelen [A80 art. 6.3.7 Jw]
Gesloten jeugdhulp, toepassing handhavingsmaatregelen volgens hulpverleningsplan [A80 art. 6.3.6 Jw]
Gesloten jeugdhulp, toestemming jeugdige voor hulpverleningsplan [A80 art. 6.1.5 Jw]
Gesloten jeugdhulp, uitvoering machtiging [A80 art. 6.2.2 Jw]
Gesloten jeugdhulp, verantwoordelijkheid jeugdhulpaanbieder [A80 art. 6.1.6 Jw]
Gesloten jeugdhulp, verlof jeugdige [A80 art. 6.4.1 Jw]
Gesloten jeugdhulp, verzoek machtiging/spoedmachtiging/voorwaardelijke machtiging [A80 art. 6.1.8 Jw]
Gesloten jeugdhulp, voorwaardelijke machtiging opname/verblijf jeugdige [A80 art. 6.1.4 Jw]
Gesloten jeugdhulp, voorwaarden machtiging opname/verblijf jeugdige [A80 art. 6.1.2 Jw]
Gesloten jeugdhulp, voorwaarden spoedmachtiging opname/verblijf jeugdige [A80 art. 6.1.3 Jw]
Gesloten jeugdhulp, vrijheidsbeperking [A80 art. 6.3.1 Jw]
Gesloten verklaring stortplaats [A65 art. 8.47 Wm]
Gespecialiseerde organisaties [A100 art. 57, art. 63 Hv VN] [A108 art. 22 IVDV]
Gespecialiseerde rechtbanken Hof van Justitie [A88 art. 257 VWEU]
Gesubsidieerde arbeid [A77 art. 78d Pw]
Getuigen bij bestuursrechter [A45 art. 8:46 Awb]
Getuigen, deskundigen en tolken ter zitting bestuursrechter [A45 art. 8:60 Awb]
Getuigen en deskundigen [A29 art. 155c Gemw]
Getuigen- en deskundigenverhoor [A101 art. 51 SIG]
Getuigenverhoor, besloten zitting [A13 art. 12 WPE 2008]
Getuigenverhoor, eed/belofte [A13 art. 13 WPE 2008]
Getuigenverhoor, openbare zitting [A13 art. 11 WPE 2008]
Gevaar, bevoegdheid beheerder [A70 art. 5.30 Wtw]
Gevaar, bevoegdheid GS [A70 art. 5.31 Wtw]
Gevaar, ongeval als bedoeld in Wet bestrijding ongevallen Noordzee [A70 art. 5.28 Wtw]
Gevaar, vaststellen calamiteitenplan [A70 art. 5.29 Wtw]
Gevaarlijke stoffen in verpakking, opslag [A66 art. 4.1 Barim]
Gevolg delegatie [A45 art. 10:17 Awb]
Gevolmachtigd Minister, bevoegdheden bij behandeling verdragen [A11 art. 156 RvO I]
Gevolmachtigd Minister, bijwonen interpellaties [A11 art. 155 RvO I]
Gevolmachtigd Minister, uitoefening bevoegdheden [A11 art. 150 RvO I]
Gevolmachtigd Minister, verzoek om aanhouden stemming [A11 art. 153 RvO I]
Gevolmachtigd Minister, verzoek om inlichtingen [A11 art. 152 RvO I]
Gevolmachtigden [A114 art. 7 VWV]
Gewasbeschermingsmiddelen, driftreductie [A66 art. 3.78a Barim]
Geweld [A114 art. 52 VWV]
Geweldloze maatregelen [A100 art. 41 Hv VN]
Geweldverbod [A100 art. 2 Hv VN]
Gewetens- en godsdienstvrijheid [A104 art. 18 BUPO]
Gewone herzieningsprocedure Verdragen Europese Unie [A87 art. 48 VEU]
Gezagvoerder schip [A41 art. 4.9 Vb 2000]
Gezamenlijk aanbesteden [A82 art. 3.10a AanbW 2012]
Gezamenlijk aanbesteden binnen EU [A82 art. 3.10b AanbW 2012]
Gezamenlijk horen belanghebbenden bij administratief beroep [A45 art. 7:20 Awb]
Gezamenlijk horen belanghebbenden bij bezwaar [A45 art. 7:6 Awb]
Gezamenlijk huishouden, instellen cassatie [A77 art. 80 Pw]
Gezamenlijk toezicht op andere rechtspersoon [A82 art. 2.24b AanbW 2012]
Gezamenlijke huishouding [A77 art. 3 Pw] [A78 art. 1.1.2 WMO 2015]
Gezamenlijke huishouding, begripsbepalingen [A79 art. 1.1.2 Wlz]
Gezamenlijke ombudsman en gezamenlijke ombudscommissie [A27 art. 79z PW] [A29 art. 81y Gemw]
Gezamenlijke opdrachten door aanbestedende diensten [A82 art. 2.11b AanbW 2012]
Gezamenlijke plaatsing opdracht [A82 art. 2.12b AanbW 2012]
Gezamenlijke uitvoering specifieke aanbestedingsprocedures [A82 art. 2.11a AanbW 2012]
Gezamenlijke verwerkingsverantwoordelijken [A19 art. 26 AVG]
Gezinsbescherming [A103 art. 10 IVESCR] [A104 art. 23 BUPO]
Gezinseducatie [A108 art. 5 IVDV]

G

Gezinshereniging [A110 art. 10 IVRK]
Gezinsleden [A41 art. 3.15 Vb 2000]
Gezinslid houder blauwe kaart [A41 art. 3.23b Vb 2000]
Gezinsvervangende zorg [A110 art. 20 IVRK]
Gezinsvoogdijwerker [A74 art. 1:1 Wvggz]
Gezondheidszorg, onderwijs en zwembaden [A76 art. 22 DHW]
Girale betaling bestuursrechtelijke geldschulden [A45 art. 4:89, art. 4:90 Awb]
Goed nabuurschap [A100 art. 74 Hv VN]
Goede trouw [A100 art. 2 Hv VN]
Goedkeuring [A27 art. 253 PW]
Goedkeuring begroting [A27 art. 207 PW] [A29 art. 203 Gemw]
Goedkeuring bij KB [A27 art. 259 PW] [A29 art. 266 Gemw]
Goedkeuring door bestuursorgaan bij of krachtens de wet [A45 art. 10:26 Awb]
Goedkeuring door bestuursorgaan na rechterlijke uitspraak [A45 art. 10:28 Awb]
Goedkeuring EU-Verdrag van Maastricht [A85 art. 1 Gw EU-Verdrag]
Goedkeuring EU-Verdrag van Maastricht, instemming aanbevelingen [A85 art. 4 Gw EU-Verdrag]
Goedkeuring handhaving nationale bepalingen Europese Unie [A88 art. 114 VWEU]
Goedkeuring van besluit [A45 art. 10:25 Awb]
Goedkeuring verdragen, afwijking van Grondwet [A6 art. 6 RBGV]
Goedkeuring verdragen, bekendmaking [A6 art. 16 RBGV]
Goedkeuring verdragen, directe binding [A6 art. 10 RBGV]
Goedkeuring verdragen, geen goedkeuring vereist [A6 art. 7 RBGV]
Goedkeuring verdragen, goedkeuring achteraf [A6 art. 11 RBGV]
Goedkeuring verdragen, inhoud bekendmaking [A6 art. 17 RBGV]
Goedkeuring verdragen, inkennisstelling Staten-Generaal [A6 art. 13 RBGV]
Goedkeuring verdragen, lijst ontwerp-verdragen [A6 art. 1 RBGV]
Goedkeuring verdragen, onthouding goedkeuring [A6 art. 12 RBGV]
Goedkeuring verdragen, opzegging [A6 art. 14 RBGV]
Goedkeuring verdragen, papieren afschrift [A6 art. 16b RBGV]
Goedkeuring verdragen, Staten-Generaal [A6 art. 2 RBGV]
Goedkeuring verdragen, stilzwijgend [A6 art. 5 RBGV]
Goedkeuring verdragen, termijn bekendmaking [A6 art. 19 RBGV]
Goedkeuring verdragen, toegankelijkheid geconsolideerde tekst [A6 art. 16c RBGV]
Goedkeuring verdragen, uitdrukkelijk of stilzwijgend [A6 art. 3 RBGV]
Goedkeuring verdragen, uitvoeringsverdrag [A6 art. 8 RBGV]
Goedkeuring verdragen, verlenging aflopend verdrag [A6 art. 9 RBGV]
Goedkeuring verdragen, vervangende uitgave [A6 art. 16a RBGV]
Goedkeuring verdragen, voorlopige toepassing [A6 art. 15 RBGV]
Goedkeuring verdragen, wettelijk [A6 art. 4 RBGV]
Goedkeuringstermijn [A29 art. 207 Gemw]
Goedkeuringstermijnen [A27 art. 211 PW]
Grensbewaking [A41 art. 4.1 Vb 2000]
Grensdoorlaatposten [A41 art. 4.2 Vb 2000]
Grensoverschrijdende dienstverlening [A41 art. 3.31a Vb 2000]
Grensoverschrijdende verwerking [A19 art. 4 AVG]
Grensprocedure [A41 art. 3.109b Vb 2000]
Grenswaarden en richtwaarden [A65 art. 5.1 Wm]
Griffie interparlementaire betrekkingen, instelling [A11 art. 30 RvO I]
Griffier [A101 art. 21 SIG]
Griffier, taak [A11 art. 29 RvO I]
Griffier, zorg voor drukken van stukken [A11 art. 83 RvO I]
Griffierecht [A40 art. 81 Vw 2000]
Griffierecht bij voorlopige voorziening door bestuursrechter [A45 art. 8:82 Awb]
Griffierecht hoger beroep bij bestuursrechter [A45 art. 8:109 Awb]
Griffierecht in uitspraak bestuursrechter [A45 art. 8:74 Awb]
Griffierechten bij bestuursrechter [A45 art. 8:41 Awb]
Gronden afwijzing verblijf voor bepaalde tijd [A40 art. 16 Vw 2000]
Gronden afwijzing vergunning verblijf voor onbepaalde tijd [A40 art. 21 Vw 2000]
Gronden afwijzing verlenging verblijf voor bepaalde tijd [A40 art. 18 Vw 2000]
Gronden inbewaringstelling rechtmatig verblijvenden ex art. 8 f, g of h [A41 art. 5.1c Vb 2000]
Gronden intrekking verblijfsvergunning voor onbepaalde tijd [A40 art. 35 Vw 2000]
Gronden onthouding goedkeuring [A27 art. 210 PW] [A29 art. 206 Gemw]
Gronden tijdelijkheid [A41 art. 3.5 Vb 2000]
Gronden verlening verblijfsvergunning [A40 art. 13 Vw 2000]

Gronden vernietiging door bestuursorgaan [A45 art. 10:35 Awb]
Gronden voor verplichte zorg [A74 art. 7:3 Wvggz]
Gronden vrijheidsontneming/inbewaringstelling [A41 art. 5.1a Vb 2000]
Grondexploitatie, aanbesteding werken/werkzaamheden [A58 art. 6.2.9 Bro]
Grondexploitatie, aanwijzing bouwplan [A58 art. 6.2.1, art. 6.2.1a Bro]
Grondexploitatie, afrekening exploitatieplan [A57 art. 6.20 Wro]
Grondexploitatie, berekening exploitatiebijdrage [A57 art. 6.19 Wro]
Grondexploitatie, betaling exploitatiebijdrage vergunninghouder aan gemeente [A57 art. 6.17 Wro]
Grondexploitatie, financiële bijdrage gemeente aan vergunninghouder [A57 art. 6.22 Wro]
Grondexploitatie, gerealiseerde kosten [A58 art. 6.2.8 Bro]
Grondexploitatie, herziening exploitatieplan [A57 art. 6.15 Wro]
Grondexploitatie, inhoud exploitatieplan [A57 art. 6.13 Wro]
Grondexploitatie, inpassingsplan/projectbesluit [A57 art. 6.25 Wro]
Grondexploitatie, kosten [A58 art. 6.2.3 Bro]
Grondexploitatie, opbrengsten [A58 art. 6.2.7 Bro]
Grondexploitatie, overeenkomst [A57 art. 6.24 Wro]
Grondexploitatie, overschrijding betalingstermijn exploitatiebijdrage [A57 art. 6.21 Wro]
Grondexploitatie, terinzagelegging overeenkomst [A58 art. 6.2.12 Bro]
Grondexploitatie, vaststelling exploitatieplan [A57 art. 6.12 Wro]
Grondexploitatie, vaststelling uitgiftecategorieën in exploitatieplan [A57 art. 6.18 Wro]
Grondexploitatie, vaststelling verordening [A57 art. 6.23 Wro]
Grondexploitatie, verhaal kosten exploitatie [A57 art. 6.16 Wro]
Grondexploitatie, voorbereiding exploitatieplan [A57 art. 6.14 Wro]
Grondexploitatie, voorzieningen [A58 art. 6.2.5 Bro]
Grondexploitatie, woningen [A58 art. 6.2.10 Bro]
Grondgebieden waarvoor het Protocol geldt [A91 art. 5 EVRM 4e prot.]
Grondrecht, gewetensbezwaren tegen militaire dienst [A2 art. 99 GW]
Grondrechten EU, arbeidsbemiddeling [A86 art. 29 HGEU]
Grondrechten EU, arbeidsduur [A86 art. 31 HGEU]
Grondrechten EU, arbeidsomstandigheden [A86 art. 31 HGEU]
Grondrechten EU, asiel [A86 art. 18 HGEU]
Grondrechten EU, behoorlijk bestuur [A86 art. 41 HGEU]
Grondrechten EU, bescherming bij verwijdering/uitzetting/uitlevering [A86 art. 19 HGEU]
Grondrechten EU, bescherming persoonsgegevens [A86 art. 8 HGEU]
Grondrechten EU, collectieve onderhandelingen/collectieve actie [A86 art. 28 HGEU]
Grondrechten EU, consumentenbescherming [A86 art. 38 HGEU]
Grondrechten EU, diplomatieke bescherming [A86 art. 46 HGEU]
Grondrechten EU, eerbiediging privé-leven [A86 art. 7 HGEU]
Grondrechten EU, eigendom [A86 art. 17 HGEU]
Grondrechten EU, Europees Ombudsman [A86 art. 43 HGEU]
Grondrechten EU, evenredigheidsbeginsel delicten en straffen [A86 art. 49 HGEU]
Grondrechten EU, geen tweede berechting/straf voor hetzelfde delict [A86 art. 50 HGEU]
Grondrechten EU, gelijkheid [A86 art. 20 HGEU]
Grondrechten EU, gelijkheid van mannen en vrouwen [A86 art. 23 HGEU]
Grondrechten EU, gezinsleven/moederschap [A86 art. 33 HGEU]
Grondrechten EU, huwelijk/gezin [A86 art. 9 HGEU]
Grondrechten EU, informatie en raadpleging werknemers [A86 art. 27 HGEU]
Grondrechten EU, inzage in documenten [A86 art. 42 HGEU]
Grondrechten EU, kiesrecht Europees Parlement [A86 art. 39 HGEU]
Grondrechten EU, kiesrecht gemeenteraad [A86 art. 40 HGEU]
Grondrechten EU, kinderen [A86 art. 24 HGEU]
Grondrechten EU, legaliteitsbeginsel delicten en straffen [A86 art. 49 HGEU]
Grondrechten EU, lichamelijke en geestelijke integriteit [A86 art. 3 HGEU]
Grondrechten EU, menselijke waardigheid [A86 art. 1 HGEU]
Grondrechten EU, milieubescherming [A86 art. 37 HGEU]
Grondrechten EU, onderwijs [A86 art. 14 HGEU]
Grondrechten EU, ontslagbescherming [A86 art. 30 HGEU]
Grondrechten EU, ouderen [A86 art. 25 HGEU]
Grondrechten EU, personen met een handicap [A86 art. 26 HGEU]
Grondrechten EU, petitie [A86 art. 44 HGEU]
Grondrechten EU, preventieve gezondheidszorg/medische verzorging [A86 art. 35 HGEU]
Grondrechten EU, recht op doeltreffende voorziening in rechte [A86 art. 47 HGEU]
Grondrechten EU, recht op leven [A86 art. 2 HGEU]
Grondrechten EU, sociale bijstand [A86 art. 34 HGEU]

Alfabetisch trefwoordenregister

G

Grondrechten EU, sociale zekerheid [A86 art. 34 HGEU]
Grondrechten EU, toegang tot diensten van algemeen economisch belang [A86 art. 36 HGEU]
Grondrechten EU, verbod discriminatie [A86 art. 21 HGEU]
Grondrechten EU, verbod foltering/onmenselijke behandeling [A86 art. 4 HGEU]
Grondrechten EU, verbod kinderarbeid en bescherming werkende jongeren [A86 art. 32 HGEU]
Grondrechten EU, verbod slavernij/dwangarbeid [A86 art. 5 HGEU]
Grondrechten EU, verdediging [A86 art. 48 HGEU]
Grondrechten EU, vermoeden van onschuld [A86 art. 48 HGEU]
Grondrechten EU, verscheidenheid cultuur/godsdienst/taal [A86 art. 22 HGEU]
Grondrechten EU, vrijheid en veiligheid [A86 art. 6 HGEU]
Grondrechten EU, vrijheid van beroep/werk [A86 art. 15 HGEU]
Grondrechten EU, vrijheid van gedachte/geweten/godsdienst [A86 art. 10 HGEU]
Grondrechten EU, vrijheid van kunsten en wetenschappen [A86 art. 13 HGEU]
Grondrechten EU, vrijheid van meningsuiting [A86 art. 11 HGEU]
Grondrechten EU, vrijheid van ondernemerschap [A86 art. 16 HGEU]
Grondrechten EU, vrijheid van vergadering en vereniging [A86 art. 12 HGEU]
Grondrechten EU, vrijheid van verkeer en verblijf [A86 art. 45 HGEU]
Grondrechten EU, weigering militaire dienst [A86 art. 10 HGEU]
Grondslag besluiten [A15 art. 10.3 CW 2016]
Grondslag boete [A56 art. 67e, art. 67f AWR]
Grondslag Europese Unie [A87 art. 1 VEU]
Grondslag rapport [A65 art. 4.2a Wm]
Grondslag uitspraak van bestuursrechter [A45 art. 8:69 Awb]
Grondslag vaststellen of wijzigen geluidproductieplafond [A65 art. 11.31 Wm]
Grondwetsherziening, aanpassing Grondwet aan Statuut [A2 art. 142 GW]
Grondwetsherziening, aanpassing niet-gewijzigde bepalingen [A2 art. 138 GW]
Grondwetsherziening, bekendmaking herziene Grondwet [A2 art. 141 GW]
Grondwetsherziening, bekendmaking/inwerkingtreding [A2 art. 139 GW]
Grondwetsherziening, handhaving bestaande regelgeving [A2 art. 140 GW]
Grondwetsherziening, procedure [A2 art. 137 GW]
Grote stookinstallatie [A66 art. 5.1 Barim]
Grote stookinstallatie, aanvullende eisen [A66 art. 5.8 Barim]
Grote stookinstallatie, afvalwater van reiniging afgassen [A66 art. 5.12b Barim]
Grote stookinstallatie, afvoer afgassen [A66 art. 5.2 Barim]
Grote stookinstallatie, emissie koolmonoxide [A66 art. 5.6 Barim]
Grote stookinstallatie, emissie stikstofdioxide [A66 art. 5.5 Barim]
Grote stookinstallatie, emissie totaal stof [A66 art. 5.7 Barim]
Grote stookinstallatie, emissiegrenswaarden [A66 art. 5.3, art. 5.4 Barim]
Grote stookinstallatie, meting emissies [A66 art. 5.13 Barim]
Grote stookinstallatie, netto elektrisch rendement [A66 art. 5.12a Barim]
Grote stookinstallatie, tekort aan brandstoffen [A66 art. 5.10 Barim]
Grote stookinstallatie, uitval afgasreinigingsapparatuur [A66 art. 5.12 Barim]
Grote stookinstallatie, uitzondering emissiegrenswaarden [A66 art. 5.9 Barim]
Grote stookinstallatie, weersomstandigheden of storingen [A66 art. 5.11 Barim]
GS belast met handhaving [A65 art. 18.2c Wm]
GS verplichten tot betaling [A29 art. 195 Gemw]
GS voorzien bij weigering raad [A29 art. 194 Gemw]
Gunning aan ander speciale-sectorbedrijf [A82 art. 3.28 AanbW 2012]
Gunning overheidsopdrachten, abnormaal lage inschrijvingen [A82 art. 2.116 AanbW 2012]
Gunning overheidsopdrachten, bekendmaking [A82 art. 2.134 AanbW 2012]
Gunning overheidsopdrachten, beoordeling inschrijvingen [A82 art. 2.112 AanbW 2012]
Gunning overheidsopdrachten, beslissing [A82 art. 2.127 AanbW 2012]
Gunning overheidsopdrachten, bij concurrentiegerichte dialoog [A82 art. 2.110 AanbW 2012]
Gunning overheidsopdrachten, elektronische veiling [A82 art. 2.117 AanbW 2012]
Gunning overheidsopdrachten, inschrijving [A82 art. 2.107 AanbW 2012]
Gunning overheidsopdrachten, onderhandelingen [A82 art. 2.126 AanbW 2012]
Gunning overheidsopdrachten, storing elektronisch systeem [A82 art. 2.109 AanbW 2012]
Gunning overheidsopdrachten, uitnodiging tot inschrijving [A82 art. 2.105 AanbW 2012]
Gunning overheidsopdrachten, verslaglegging en bekendmaking via proces-verbaal [A82 art. 2.132 AanbW 2012]
Gunning speciale-sectoropdrachten, bekendmaking [A82 art. 3.78 AanbW 2012]
Gunning speciale-sectoropdrachten, beslissing [A82 art. 3.75 AanbW 2012]
Gunning speciale-sectoropdrachten, criteria [A82 art. 3.74 AanbW 2012]
Gunning speciale-sectoropdrachten, inschrijving [A82 art. 3.73 AanbW 2012]
Gunning speciale-sectoropdrachten, verslaglegging [A82 art. 3.77 AanbW 2012]

H

Gunningsbeslissing, betrokken inschrijver [A82 art. 2.128 AanbW 2012]
Gunningsbeslissing, inhoud mededeling [A82 art. 2.130 AanbW 2012]
Gunningsbeslissing, mededeling geen aanvaarding [A82 art. 2.129 AanbW 2012]
Gunningsbeslissing, opschortende termijn [A82 art. 2.131 AanbW 2012]
Gunningscriteria [A82 art. 2a.50 AanbW 2012]
Gunningscriteria, specificaties [A82 art. 2.113a AanbW 2012]
Gunningsoverheidsopdrachten, criteria [A82 art. 2.113 AanbW 2012]

Handel in broeikasgasemissierechten [A65 art. 16.23 Wm]
Handelen conform beleidsregel [A45 art. 4:84 Awb]
Handelingen in strijd met Verordening kosteloze toewijzing van emissierechten [A65 art. 18.5a Wm]
Handelingen in strijd met Verordening monitoring en rapportage emissiehandel [A65 art. 18.5 Wm]
Handelingen of aanbevelingen [A100 art. 37 Hv VN]
Handelingsbevoegdheid Europese Unie binnen lidstaten [A88 art. 335 VWEU]
Handelingsbevoegdheid VN [A100 art. 104 Hv VN]
Handelspolitiek Europese Unie [A88 art. 206 VWEU]
Handhaving, aanwijzing toezichtambtenaren [A70 art. 8.3 Wtw]
Handhaving BeNeLux in Europese Unie [A88 art. 350 VWEU]
Handhaving, geen toestemming vertrek (lucht)vaartuig [A70 art. 8.8 Wtw]
Handhaving, intrekken vergunning [A70 art. 8.4 Wtw]
Handhaving nationale belastingwetgeving binnen kapitaal- en betalingsverkeer Europese Unie [A88 art. 65 VWEU]
Handhaving omgevingsvergunning, aanwijzing toezicht-/opsporingsambtenaren [A67 art. 5.10 Wabo]
Handhaving omgevingsvergunning, bevoegdheid toezicht-/opsporingsambtenaren [A67 art. 5.13 Wabo]
Handhaving omgevingsvergunning, bewaking kwaliteit uitvoering en handhaving [A67 art. 5.5 Wabo]
Handhaving omgevingsvergunning, coördinatie GS m.b.t. nadere regels bij AMvB ter [A67 art. 5.9 Wabo]
Handhaving omgevingsvergunning, evaluatie doeltreffendheid kwaliteitsbewaking [A67 art. 5.6 Wabo]
Handhaving omgevingsvergunning, gegevensverstrekking door bevoegd gezag i.v.m. strafrechtelijke [A67 art. 5.8 Wabo]
Handhaving omgevingsvergunning, nadere regels bij AMvB ter [A67 art. 5.7 Wabo]
Handhaving omgevingsvergunning, opleggen last onder bestuursdwang [A67 art. 5.14, art. 5.15 Wabo]
Handhaving omgevingsvergunning, opsporing strafbare feiten [A67 art. 5.12 Wabo]
Handhaving omgevingsvergunning, taak bevoegd gezag [A67 art. 5.2 Wabo]
Handhaving omgevingsvergunning, toezicht op naleving wetten in aangewezen regio/kring [A67 art. 5.11 Wabo]
Handhaving openbare orde [A29 art. 172 Gemw]
Handhaving orde [A9 art. J 37 KW]
Handhaving, toepassen bestuursdwang [A70 art. 8.5 Wtw]
Handhaving, toepassing bestuursdwang door bestuursorgaan [A70 art. 8.7 Wtw]
Handhaving vergaderorde [A27 art. 26 PW] [A29 art. 26 Gemw]
Handhaving, VN-Zeerechtverdrag [A70 art. 8.9 Wtw]
Handvest van de grondrechten binnen de Europese Unie [A87 art. 6 VEU]
Hardheidsclausule [A56 art. 63 AWR]
HBE, bijhouden in register [A65 art. 9.7.3.2 Wm]
HBE, soorten [A65 art. 9.7.3.1 Wm]
Heffing belasting en rechten [A35 art. 113 Wschw]
Heffing en invordering bij gemeenschappelijke regeling [A27 art. 227b PW] [A35 art. 124 Wschw]
Heffing en invordering door twee of meer gemeenten [A29 art. 232 Gemw]
Heffing en invordering door twee of meer provincies [A27 art. 227b PW]
Heffing en invordering door twee of meer waterschappen [A35 art. 124 Wschw]
Heffing en invordering opcenten MRB [A27 art. 232g PW]
Heffing en vordering bij gemeenschappelijke regeling [A29 art. 232 Gemw]
Heffing ineens [A29 art. 222 Gemw]
Heffing op andere wijze [A27 art. 227d PW] [A29 art. 233a Gemw] [A35 art. 125a Wschw]
Heffing rechten [A27 art. 223 PW]
Heffingsgrondslag [A35 art. 122e Wschw]

Alfabetisch trefwoordenregister

H

Heffingsmaatstaf [A29 art. 220c Gemw] [A35 art. 121, art. 122f Wschw]
Heffingsmaatstaf OZB [A29 art. 220e Gemw]
Heffingsplichtige [A65 art. 15.45 Wm]
Herbenoeming commissaris [A27 art. 61a PW]
Herhaald besluit/omvang beroep [A40 art. 83.0a Vw 2000]
Herinspectie, nadere regels [A80 art. 9.9 Jw]
Hernieuwbare energie vervoer, jaarverplichting [A65 art. 9.7.2.1 Wm]
Hernieuwde aanvraag beschikking [A45 art. 4:6 Awb]
Hernieuwde verzegeling [A9 art. U 18 KW]
Heropening onderzoek bestuursrechter [A45 art. 8:68 Awb]
Heropvoeding in gevangenissen [A104 art. 10 BUPO]
Heroverweging besluit na bezwaar [A45 art. 7:11 Awb]
Herroeping akte [A114 art. 68 VWV]
Herroeping of wijziging [A114 art. 37 VWV]
Herstel fouten in register [A65 art. 12.17 Wm]
Herstel verzuimen [A9 art. H 5 KW]
Herstelmaatregelen [A65 art. 17.13 Wm]
Herstelmaatregelen in last onder dwangsom [A45 art. 5:32a Awb]
Herstelsanctie [A45 art. 5:21 Awb]
Herstelsanctie door bestuursorgaan [A45 art. 5:6 Awb]
Herstemming bij ongeldigheid stemming [A9 art. V 6 KW]
Herziening [A56 art. 21ja AWR]
Herziening beschikking WOZ [A56 art. 18a AWR]
Herziening onherroepelijke uitspraak door bestuursrechter [A45 art. 8:119 Awb]
Herzieningsclausule [A54 art. 41 Richtlijn 2006/123/EG] [A82 art. 2.163c AanbW 2012]
Herzieningsprocedure Verdragen Europese Unie [A87 art. 48 VEU]
Hof [A101 art. 35 SIG]
Hof van Justitie [A87 art. 19 VEU] [A88 art. 251 VWEU]
Hoge vertegenwoordiger van Europese Unie [A87 art. 18 VEU]
Hoger beroep bij bestuursrechter [A45 art. 8:104 Awb]
Hoger beroep uitgesloten [A74 art. 6:3 Wvggz]
Hogerberoepsrechter [A45 art. 1:4 Awb]
Hondenbelasting [A29 art. 226 Gemw]
Hoofdorganen [A100 art. 7 Hv VN]
Hoofdverblijf [A29 art. 223 Gemw]
Hoofdvestiging [A19 art. 4 AVG]
Hoogte bestuurlijke boete [A45 art. 5:46 Awb] [A81 art. 19d Wav]
Hoogte percentage belastingrente [A56 art. 30hb AWR]
Hoor en wederhoor [A74 art. 6:1 Wvggz] [A75 art. 38, art. 56d Wzd]
Hoor en wederhoor bij administratief beroep [A45 art. 7:16 Awb]
Hoor en wederhoor klacht bij bestuursorgaan [A45 art. 9:10 Awb]
Hoor voorafgaand aan vrijheidsontnemende maatregelen [A41 art. 5.2 Vb 2000]
Hoorplicht [A27 art. 180 PW] [A45 art. 27ga AWR]
Hoorplicht bij aanmaning en dwangbevel bestuursrechtelijke geldschuld [A45 art. 4:118 Awb]
Hoorplicht bij geschillenverordening [A27 art. 170 PW]
Hoorzitting: plaats [A74 art. 6:1 Wvggz]
Horecabedrijf langs (auto)snelwegen [A76 art. 22 DHW]
Horecalokaliteit: verbod slijten alcoholhoudende drank [A76 art. 13 DHW]
Horen betrokkene en vertegenwoordiger [A74 art. 5:5 Wvggz]
Horen getuigen en deskundigen [A27 art. 151c PW]
Horen getuigen en deskundigen bij administratief beroep [A45 art. 7:22 Awb]
Horen in accommodatie [A74 art. 6:1 Wvggz]
Horen op verzoek [A56 art. 25 AWR]
Horen RvS [A29 art. 266 Gemw]
Horen van belanghebbenden bij bezwaar [A45 art. 7:2 Awb]
Horen van betrokkene [A74 art. 6:1 Wvggz]
Horen van getuigen en deskundigen [A27 art. 169 PW]
Horen van getuigen en deskundigen bij bezwaar [A45 art. 7:8 Awb]
Horen van getuigen en deskundigen ter zitting bestuursrechter [A45 art. 8:63 Awb]
Horen van het kind [A110 art. 12 IVRK]
Horen van partijen bij bestuursrechter [A45 art. 8:44 Awb]
Horen vreemdeling: taalkeuze/informatieplicht [A40 art. 38 Vw 2000]
Horen/zienswijze [A45 art. 4:8 Awb]
Horen/zienswijze aanvrager beschikking [A45 art. 4:7 Awb]
Horen/zienswijzen bij bestuurlijke boete [A45 art. 5:50 Awb]

H

Horizonbepaling bij subsidieregelingen [A15 art. 4.10 CW 2016]
Houden van landbouwhuisdieren in dierenverblijven, afstand tot geurgevoelig object [A66 art. 3.116 Barim]
Houden van landbouwhuisdieren in dierenverblijven, berekenen ammoniakemissie [A66 art. 3.112 Barim]
Houden van landbouwhuisdieren in dierenverblijven, capaciteit luchtwassysteem [A66 art. 3.125 Barim]
Houden van landbouwhuisdieren in dierenverblijven, eisen [A66 art. 3.122 Barim]
Houden van landbouwhuisdieren in dierenverblijven, geurbelasting [A66 art. 3.115 Barim]
Houden van landbouwhuisdieren in dierenverblijven, lozen afvalwater van reinigen/ontsmetten dierenverblijven [A66 art. 3.127 Barim]
Houden van landbouwhuisdieren in dierenverblijven, lozen afvalwater van wassen/spoelen bij melkwinning [A66 art. 3.129 Barim]
Houden van landbouwhuisdieren in dierenverblijven, lozen van spuiwater [A66 art. 3.126 Barim]
Houden van landbouwhuisdieren in dierenverblijven, meten geurbelasting [A66 art. 3.121 Barim]
Houden van landbouwhuisdieren in dierenverblijven, oprichten dierenverblijf [A66 art. 3.113 Barim]
Houden van landbouwhuisdieren in dierenverblijven, registratie per diersoort [A66 art. 3.120 Barim]
Houden van landbouwhuisdieren in dierenverblijven, uitbreiden aantal/categorieën dieren [A66 art. 3.114 Barim]
Houden van landbouwhuisdieren in dierenverblijven, voorkomen/beperken emissie naar de lucht [A66 art. 3.123 Barim]
Houden van landbouwhuisdieren in dierenverblijven, werking luchtwassysteem [A66 art. 3.124 Barim]
Hout- en kurkbewerking, emissiereductie [A66 art. 4.24 Barim]
Hout- en kurkbewerking, lozen afvalwater [A66 art. 4.26 Barim]
Hout- en kurkbewerking, maximale emissieconcentratie [A66 art. 4.21 Barim]
Hout- en kurkbewerking, niet in buitenlucht [A66 art. 4.22 Barim]
Huishoudelijk afvalwater, grenswaarden [A66 art. 3.5 Barim]
Huishoudelijke Commissie, samenstelling [A11 art. 14 RvO I]
Huishoudelijke Commissie, taak [A11 art. 28 RvO I]
Huisrecht [A2 art. 12 GW]
Huisregels [A74 art. 1:1, art. 8:15 Wvggz]
Huisverbod, afschrift uitspraak [A31 art. 8 Wth]
Huisverbod, bevoegdheid binnentreden woning [A31 art. 4 Wth]
Huisverbod, bewaarplicht beschikking [A31 art. 10 Wth]
Huisverbod, bijstand aan uithuisgeplaatste door raadsman [A31 art. 5 Wth]
Huisverbod, evaluatie [A31 art. 15 Wth]
Huisverbod, feiten en omstandigheden [A32 art. 2 Bth]
Huisverbod, (hoger) beroep [A31 art. 9 Wth]
Huisverbod, mandaat/machtiging door burgemeester aan HOvJ [A31 art. 3 Wth]
Huisverbod, mening minderjarigen [A31 art. 7 Wth]
Huisverbod, mondelinge mededeling uitspraak [A31 art. 8 Wth]
Huisverbod, redenen voor oplegging [A31 art. 2 Wth]
Huisverbod, straf bij overtreding [A31 art. 11 Wth]
Huisverbod, toepasselijkheid Algemene termijnenwet [A31 art. 13 Wth]
Huisverbod, verlenging [A31 art. 9 Wth]
Huisverbod, verzoek om voorlopige voorziening [A31 art. 6 Wth]
Huisverbod, vordering/ontneming huissleutel [A31 art. 4 Wth]
Huisvesting bijzondere groepen [A60 art. 31 Huisvw]
Huisvesting vergunninghouders [A60 art. 28 Huisvw]
Huisvestingsverordening [A60 art. 4 Huisvw]
Hulp aan invalide kiezers [A9 art. J 28 KW]
Hulp aan slachtoffers [A110 art. 39 IVRK]
Hulp van zorgverleners en politie [A74 art. 8:1 Wvggz]
Hulporganen [A100 art. 29, art. 7 Hv VN]
Hulppersonen [A74 art. 8:10 Wvggz]
Humanitaire hulp Europese Unie [A88 art. 214 VWEU]
Huurprijsverlaging op voorstel van woningcorporatie [A59 art. 54a Wonw]
Huurprijsverlaging op voorstel van woningcorporatie, ingangsdatum [A59 art. 54a Wonw]
Huurprijsverlaging op voorstel van woningcorporatie, tijdstip [A59 art. 54a Wonw]
Huwelijk [A104 art. 23 BUPO]

Alfabetisch trefwoordenregister

Huwelijk of partnerschap met meerdere personen [A41 art. 3.16 Vb 2000]

ICBE [A56 art. 4 AWR]
Ideëel gericht [A102 art. 26 UVRM]
Identificatie cliënt [A78 art. 5.2.8 WMO 2015]
Identificatie voor verwerking niet vereist [A19 art. 11 AVG]
Identificatieplicht [A56 art. 47 AWR]
Identificatieplicht betrokkene [A19 art. 12 AVG]
Implementatie internationaalrechtelijke verplichtingen [A72 art. 23.1 Omgw]
In dienst nemen van ambtenaren rekenkamer en vergoeding werkzaamheden [A27 art. 79o PW]
In Nederland geboren vreemdeling [A41 art. 3.23 Vb 2000]
"In onderzoek" [A56 art. 21d AWR]
In- en uitreizende Nederlanders [A41 art. 4.7 Vb 2000]
Inachtneming eisen m.b.t. bijzondere reserve [A65 art. 16.39r Wm]
Inbeslagneming [A56 art. 81 AWR]
Inbewaringneming reis- en identiteitsdocumenten [A41 art. 4.23 Vb 2000]
Inbewaringstelling rechtmatig verblijvenden ex art. 8 f, g of h [A40 art. 59b Vw 2000]
Inbewaringstelling/Dublinverordening [A40 art. 59a Vw 2000]
Inbewaringstelling/uiterste middel [A40 art. 59c Vw 2000]
Inbezitneming waren, beschermings- en ontsmettingsmiddelen [A61 art. 76fbis OW]
Inbezitneming waren, opschorting [A61 art. 76b OW]
Inbezitneming waren, terbeschikkingstelling van andere gemeenten [A61 art. 76c OW]
Inboeken HBE [A65 art. 9.7.4.6 Wm]
Inboeken, nadere regels [A65 art. 9.7.4.5 Wm]
Inbreng cliënt/vertegenwoordiger [A75 art. 9 Wzd]
Inbreng deskundige [A75 art. 15 Wzd]
Inbreng externe deskundige [A75 art. 11 Wzd]
Inbreng Wzd-functionaris [A75 art. 11a Wzd]
Inbrengen bezwaren [A9 art. J 35 KW]
Inbreuk i.v.m. persoonsgegevens [A19 art. 4 AVG]
Inbreuk op broeikasgasemissierechten [A65 art. 16.42 Wm]
Inburgering, bescherming bijzondere categorieën persoonsgegevens [A44 art. 50 Wib]
Inburgering, bijzondere categorieën persoonsgegevens [A44 art. 50 Wib]
Inburgering, evaluatie wet [A44 art. 71 Wib]
Inburgering, hoogte bestuurlijke boete [A44 art. 34 Wib]
Inburgering, Informatiesysteem Inburgering [A44 art. 47 Wib]
Inburgering, rechtshandelingen minderjarige [A44 art. 2 Wib]
Inburgering, registratie burgerservicenummer [A44 art. 49 Wib]
Inburgering, verplichting [A44 art. 3 Wib]
Inburgeringscertificaat, aanwijzing instelling afgifte certificaat [A44 art. 10 Wib]
Inburgeringscertificaat, afgifte [A44 art. 9 Wib]
Inburgeringscertificaat, taken instelling [A44 art. 11 Wib]
Inburgeringscertificaat, verwaarlozing taken instelling [A44 art. 12 Wib]
Inburgeringsexamen [A41 art. 3.80a Vb 2000]
Inburgeringsplicht, ontheffing [A44 art. 6 Wib]
Inburgeringsplicht, vrijstelling [A44 art. 5 Wib]
Inburgeringsplichtige, lening [A44 art. 16 Wib]
Inburgeringsplichtige, terugbetalen lening [A44 art. 17 Wib]
Incidenteel hoger beroep bij bestuursrechter [A45 art. 8:110 Awb]
Incompatibiliteit ambtenaren [A27 art. 79j PW] [A29 art. 81j Gemw]
Incompatibiliteiten [A27 art. 45 PW]
Indeling urgentiecategorieën [A60 art. 13 Huisvw]
Indemniteitsbesluit [A27 art. 202 PW] [A29 art. 198 Gemw]
Indexering in bestuursrecht [A45 art. 11:2 Awb]
Indicatiebesluit, herziening/intrekking [A79 art. 3.2.4 Wlz]
Indienen aanvraag nadere regels [A41 art. 3.99a Vb 2000]
Indienen nadere stukken bij administratief beroep [A45 art. 7:18 Awb]
Indienen nadere stukken bij bezwaar [A45 art. 7:4 Awb]
Indienen tweede aanvraag verblijfsvergunning asiel voor bepaalde tijd [A41 art. 3.118b Vb 2000]
Indiening aanvraag, gevallen waarin uitzetting niet achterwege blijft [A41 art. 3.1a Vb 2000]
Indiening aanvraag verblijfsvergunning voor onbepaalde tijd; afwijking art. 2:1 lid 1 Awb [A40 art. 36 Vw 2000]
Indiening bij Minister [A27 art. 204 PW]
Indiening eigen verklaring door ondernemer [A82 art. 2.85 AanbW 2012]

Alfabetisch trefwoordenregister

Indiening na afloop van termijn [A56 art. 60 AWR]
Indieningstermijn bezwaar en beroep [A45 art. 6:7 Awb]
Indieningstermijn bezwaar- en beroepschrift [A40 art. 69 Vw 2000]
Individueel klachtrecht [A105 art. 2 Fp BUPO]
Individueel klachtrecht; de verklaring inzake particuliere verzoekschriften [A107 art. 14 VURd]
Individuele uitspraak [A56 art. 25f AWR]
Individuele verplichting tot aanmelding [A40 art. 54 Vw 2000]
Individuele verzoekschriften [A89 art. 34 EVRM]
Industrie van de Europese Unie [A88 art. 173 VWEU]
Inerte goederen, op- en overslaan [A66 art. 3.31 Barim]
Inflatiecorrectie per 5 jaar [A56 art. 67cb AWR]
Informanten [A75 art. 38 Wzd]
Informatie aan cliënt/ vertegenwoordiger [A75 art. 27 Wzd]
Informatie aan cliëntenvertrouwenspersoon [A75 art. 5 Wzd]
Informatie aan klager, cliënt en derden [A75 art. 56b Wzd]
Informatie aan klager, patiënt en derden [A74 art. 10:6 Wvggz]
Informatie op verzoek [A49 art. 3 WOB]
Informatie over huisregelsr [A75 art. 45 Wzd]
Informatie over klachtwaardigheid [A74 art. 8:13, art. 8:14, art. 8:16, art. 8:17, art. 8:18, art. 8:18 Wvggz] [A75 art. 47, art. 48, art. 48 Wzd]
Informatie over verplichtingen bij aanbesteding [A82 art. 2.81 AanbW 2012]
Informatie OvJ [A53 art. 11 Wet Bibob]
Informatie rechten/plichten verblijfsvergunning [A41 art. 3.122 Vb 2000]
Informatie richting inspectie over analyse verplichte zorg [A74 art. 8:25 Wvggz]
Informatie uit eigen beweging/voorlichting [A49 art. 8 WOB]
Informatie van de Secretaris-Generaal [A107 art. 15 VURd]
Informatie van opvoedkundige aard [A108 art. 10 IVDV]
Informatie voor afnemers over dienstverrichters en hun diensten [A54 art. 22 Richtlijn 2006/123/EG]
Informatie/aanwijzingen [A40 art. 48 Vw 2000]
Informatiebeschikking [A56 art. 52a AWR]
Informatieoverdracht bij nieuwe zorgverantwoordelijke of zorgaanbieder [A74 art. 8:16 Wvggz]
Informatieplicht Bureau [A53 art. 11a Wet Bibob]
Informatieplicht college [A29 art. 118 Gemw]
Informatieplicht GS [A27 art. 116 PW]
Informatieplicht houder verblijfsvergunning [A41 art. 4.44b Vb 2000]
Informatieplicht referent [A41 art. 4.44a Vb 2000]
Informatieplicht VN-organen [A107 art. 15 VURd]
Informatierecht Europese Commissie [A88 art. 337 VWEU]
Informatieverplichting in internationale verhoudingen [A56 art. 47a AWR]
Informatieverplichting t.a.v. minister [A65 art. 9.2.1.3 Wm]
Informatieverschaffing door bestuursorgaan [A45 art. 3:20 Awb]
Informatieverschaffing door zorgaanbieder [A74 art. 8:26 Wvggz]
Informatieverschaffi ng door geneesheer-directeur [A74 art. 5:10 Wvggz]
Informatieverstrekking aan belastingdienst [A56 art. 85 AWR]
Informatieverstrekking aan betrokkene [A19 art. 12 AVG]
Informatieverstrekking aan betrokkene bij direct verkregen gegevens [A19 art. 13 AVG]
Informatieverstrekking aan betrokkene bij indirect verkregen gegevens [A19 art. 14 AVG]
Informatieverstrekking bij bedreigende gebeurtenissen [A65 art. 19.2 Wm]
Informatieverstrekking door overheidsorganen [A56 art. 55 AWR]
Informatieverstrekking geproduceerde componenten/subeenheden [A65 art. 9.4.6 Wm]
Informatieverstrekking Minister VROM [A65 art. 2.38 Wm]
Informatieverstrekking ministers [A65 art. 2.28 Wm]
Informatieverstrekking over rechten [A75 art. 52 Wzd]
Informatieverstrekking, t.b.v. statistiek/informatievoorziening/beleidsvorming [A77 art. 78 Pw]
Informatieverstrekking ten behoeve van MER [A65 art. 19.1c Wm]
Informatieverstrekking, verantwoording uitvoeringsbeleid [A77 art. 77 Pw]
Informatieverzoek internationale bescherming [A41 art. 3.129 Vb 2000]
Informeren cliënt/ vertegenwoordiger [A75 art. 13, art. 15 Wzd]
Informeren derden [A74 art. 8:17, art. 8:18, art. 8:18 Wvggz]
Informeren derden over ontslag [A75 art. 48 Wzd]
Informeren en toegang Onze Minister van Financiën [A15 art. 4.15 CW 2016]
Informeren over mogelijkheid van verzet [A75 art. 22 Wzd]
Informeren over verklaring [A65 art. 8.47a Wm]
Informeren over voorstellen tot wijziging [A15 art. 4.14 CW 2016]

Alfabetisch trefwoordenregister

Informeren Veiligheidsraad [A100 art. 54 Hv VN]
Informeren zorgverantwoordelijke [A75 art. 18c Wzd]
Ingang ontslag leden PS, algemeen bestuur en gemeenteraad [A9 art. X 6 KW]
Ingezetene [A79 art. 1.2.1 Wlz]
Ingezetenschap [A9 art. B 4 KW]
Ingrijpen in organisatie waterstaatkundige verzorging [A35 art. 8 Wschw]
Inhoud afvalbeheerplan [A65 art. 10.7 Wm]
Inhoud belastingverordening [A27 art. 220a PW] [A29 art. 217 Gemw] [A35 art. 111 Wschw]
Inhoud beroepschrift [A40 art. 85 Vw 2000]
Inhoud beslissing [A75 art. 56f Wzd]
Inhoud geneeskundige verklaring [A75 art. 27 Wzd]
Inhoud last onder bestuursdwang [A45 art. 5:24 Awb]
Inhoud machtiging bijstand bij inspectie [A83 art. 89e Mw]
Inhoud MER [A65 art. 7.23 Wm]
Inhoud tewerkstellingsvergunning/gecombineerde vergunning [A81 art. 7 Wav]
Inhoud vergunning, vermelding leidinggevenden [A76 art. 29, art. 29 DHW]
Inhoud verzoekschrift aan ombudsman [A45 art. 9:28 Awb]
Inhoud verzoekschrift schadevergoeding bij bestuursrechter [A45 art. 8:92 Awb]
Inhoudelijke gronden [A75 art. 48 Wzd]
Initiatiefrecht [A29 art. 147a Gemw]
Initiatiefrecht lid PS [A27 art. 143a PW]
Inkeerregeling [A56 art. 67n AWR]
Inkennisstelling [A114 art. 41, art. 58 VWV]
Inkennisstelling andere lidstaten [A9 art. Y 36 KW]
Inkennisstelling Europese Commissie beëindigen handhavingsprocedures door ACM [A83 art. 89gg Mw]
Inkennisstelling voorzitter Europees Parlement [A9 art. Y 26 KW]
Inkomen, gezinsvorming en arbeidsongeschiktheid [A41 art. 3.22 Vb 2000]
Inkomen rechtspersoon overwegend uit subsidies [A45 art. 4:77 Awb]
Inkomensbegrip voor verzoek huurprijsverlaging [A59 art. 54b Wonw]
Inkomenscategorieverklaring [A59 art. 54a Wonw]
Inkoop van leveringen of diensten [A82 art. 2.11 AanbW 2012]
Inkoopplan, nadere regels [A78 art. 2.6.6 WMO 2015]
Inkoopplan, waarborg goede verhouding prijs/kwaliteit [A78 art. 2.6.6 WMO 2015]
Inleveren kandidatenlijsten [A9 art. Ya 4 KW]
Inleveren verblijfsdocument [A41 art. 4.52 Vb 2000]
Inleveren verklaringen en bewijzen, plaats en tijdstip [A9 art. Ya 5 KW]
Inlevering broeikasgasemissierechten [A65 art. 16.37, art. 16.39t Wm]
Inlevering kandidatenlijsten [A9 art. H 1, art. R 1 KW]
Inlevering lijst door bevoegde kiezer [A9 art. H 3 KW]
Inlevering stembiljet [A9 art. T 5 KW]
Inlichten CIZ en inspectie [A75 art. 35 Wzd]
Inlichten naasten [A75 art. 36 Wzd]
Inlichtingen door betrokkenen [A74 art. 13:1 Wvggz] [A75 art. 60 Wzd]
Inlichtingen en medewerking van betrokkenen [A75 art. 58 Wzd]
Inlichtingen van betrokkenen [A74 art. 11:3 Wvggz]
Inlichtingenplicht bij bestuursrechter [A45 art. 8:28 Awb]
Inlichtingenplicht speciale-sectorbedrijf [A82 art. 2a.23 AanbW 2012]
Inlichtingenverplichting; nadere regelgeving [A35 art. 126a Wschw]
Inlichtingenverstrekking bestuursorganen [A65 art. 10.10 Wm]
Innovatiepartnerschap [A82 art. 2.126b, art. 3.35a AanbW 2012]
Innovatiepartnerschap met één of meerdere partners [A82 art. 2.126d AanbW 2012]
Inpassingsplan, vaststelling door provinciale staten [A57 art. 3.26 Wro]
Inpassingsplan, vaststelling door rijk [A57 art. 3.28 Wro]
Inreisverbod [A40 art. 66a Vw 2000] [A41 art. 6.5 Vb 2000]
Inreisverbod, duur [A41 art. 6.5a Vb 2000]
Inreisverbod, opheffingsgronden [A41 art. 6.5b Vb 2000]
Inreisverbod, zeer uitzonderlijke/dringende gevallen [A41 art. 6.5c Vb 2000]
Inreisverbod/registratie SIS [A41 art. 3.103b Vb 2000]
Inreizende vreemdelingen [A41 art. 4.5 Vb 2000]
Inrichten van gebieden, bijzondere instrumenten [A72 art. 12.1 Omgw]
Inrichting administratie [A56 art. 52 AWR]
Inrichting financiële verslaglegging [A27 art. 190 PW]
Inrichting jaarstukken nader geregeld bij AMvB (Bbv) [A29 art. 186 Gemw]
Inrichting, melding agrarische activiteit [A66 art. 1.10a Barim]

Alfabetisch trefwoordenregister

Inrichting, melding oprichting [A66 art. 1.10 Barim]
Inrichting procedure keuze concessiehouder [A82 art. 2a.30 AanbW 2012]
Inrichting stembiljet [A9 art. J 20, art. T 2 KW]
Inrichtingen die meststoffen verwerken [A65 art. 22.1 Wm]
Inrichtingen die vallen onder Gwwd, Wvo of Grondwaterwet [A65 art. 22.1 Wm]
Inrichtingen KEW [A65 art. 22.1 Wm]
Inrichtingen milieubeheer, evaluatie [A66 art. 6.42 Barim]
Inschrijftermijn na wijziging stukken, bezoek of inzage [A82 art. 3.60b AanbW 2012]
Inschrijving, documentatie [A82 art. 2.56 AanbW 2012]
Inschrijving huurder vervalt niet bij huurovereenkomst bepaalde tijd [A60 art. 11b Huisvw]
Inschrijving jongere vervalt niet [A60 art. 11a Huisvw]
Inschrijving percelen [A82 art. 2.10 AanbW 2012]
Inschrijving splitsingsakte [A60 art. 27 Huisvw]
Inschrijving, toelichting/aanvulling inschrijving [A82 art. 2.55 AanbW 2012]
Inschrijving, verstrekken van inlichtingen [A82 art. 2.54 AanbW 2012]
Inschrijving, vertrouwelijke informatie [A82 art. 2.57 AanbW 2012]
Inschrijving, vragen van inlichtingen [A82 art. 2.53 AanbW 2012]
Inspectie gezondheidszorg en jeugd, taken en bevoegdheden [A79 art. 10.4.1 Wlz]
Inspectie of verhoor ACM, bijwonen/bijstand ambtenaren andere lidstaat [A83 art. 89ga Mw]
Inspectieview Milieu, kostenverdeling [A68 art. 7.12 Bor]
Inspectieview Milieu, verantwoordelijke [A68 art. 7.11 Bor]
Inspectieview Milieu, verplichte aansluiting [A68 art. 7.8 Bor]
Inspectieview Milieu, verplichtingen aangeslotenen [A68 art. 7.10 Bor]
Inspraak/zienswijzen belanghebbenden [A45 art. 3:15 Awb]
Inspraakregeling plan [A65 art. 7.11 Wm]
Installatie, gasdrukmeet- en regelstation [A66 art. 3.11 Barim]
Installatie, rioolwaterinstallatie [A66 art. 3.16 Barim]
Installatie voor regeneratie glycol, emissiegrenswaarden [A66 art. 3.9 Barim]
Installatie, windturbine [A66 art. 3.13 Barim]
Instantie; lijst inzamelaars [A65 art. 10.45 Wm]
Instellen andere commissies [A29 art. 84 Gemw]
Instellen gemeenschappelijke rekenkamer [A27 art. 79l PW]
Instellen, opheffen, of reglementeren waterschap bij AMvB [A35 art. 9 Wschw]
Instellen rekenkamer [A27 art. 79a PW]
Instelling en samenstelling hoofdstembureau verkiezing gemeenteraad [A9 art. E 7 KW]
Instelling en samenstelling hoofdstembureaus verkiezing algemeen bestuur [A9 art. E 6a KW]
Instelling en samenstelling hoofdstembureaus verkiezing PS [A9 art. E 6 KW]
Instelling en samenstelling hoofdstembureaus verkiezing Tweede Kamer [A9 art. E 5 KW]
Instelling en samenstelling stembureaus [A9 art. E 3 KW]
Instelling gemeenschappelijke rekenkamer [A29 art. 81l Gemw]
Instelling rekenkamer [A29 art. 81a Gemw]
Instelling tijdelijke enquêtecommissie door Europees Parlement [A88 art. 226 VWEU]
Instelling van Commissie uitbanning rassendiscriminatie [A107 art. 8 VURd]
Instelling van een Conciliatiecommissie [A107 art. 12 VURd]
Instelling/uitoefening/onderbouwing van rechtsvordering [A19 art. 49 AVG]
Instellingen Europese Unie [A87 art. 13 VEU]
Instemming deelname projectactiviteiten [A65 art. 16.46b Wm]
Instemming en verzet [A75 art. 3a Wzd]
Instemming en verzet Gbgb Jeugdigen 12 – 15 jaar [A74 art. 1:4 Wvggz]
Instemming gemandateerde [A45 art. 10:4 Awb]
Instemming kandidaatstelling [A9 art. H 9, art. R 8 KW]
Instemming met zorgplan, voorkeuren cliënt [A75 art. 7 Wzd]
Instructie bij mandaat [A45 art. 10:6 Awb]
Instructieverordening [A65 art. 1.3c Wm]
Instrument voor kwaliteitsborging [A59 art. 7ac Wonw]
Integriteit adviseur bij besluit [A45 art. 3:9 Awb]
Integriteitsbeleid ambtelijk handelen en gedragscode [A17 art. 4 AW]
Integriteitsbeoordeling [A65 art. 11a.2 Wm]
Intern beraad [A49 art. 1 WOB]
Intern gevaar [A74 art. 9:6 Wvggz]
Internationaal Gerechtshof [A100 art. 36 Hv VN]
Internationaal humanitair recht bij gewapende conflicten [A110 art. 38 IVRK]
Internationale arbeidsorganisatie [A104 art. 22 BUPO]
Internationale Arbeidsorganisaties [A103 art. 8 IVESCR]
Internationale ontvoering [A110 art. 11 IVRK]

Alfabetisch trefwoordenregister

Internationale Organisatie [A114 art. 2 VWV]
Internationale overeenkomsten Europese Unie [A88 art. 216 VWEU]
Internationale samenwerking [A100 art. 1 Hv VN]
Internationale samenwerking voor de bescherming van persoonsgegevens [A19 art. 50 AVG]
Internationale strategische belangen en doelstellingen Europese Unie [A87 art. 22 VEU]
Interne markt Europese Unie [A87 art. 3 VEU] [A88 art. 26 VWEU]
Interne rechtspositie in strafrechtelijke instelling (tbs-kliniek) [A74 art. 6:4 Wvggz]
Internetadres voor inzage aanbestedingsstukken [A82 art. 2.106 AanbW 2012]
Interpellatie, procedure [A11 art. 139 RvO I]
Interpellatierecht [A2 art. 68 GW]
Interpretatiegeschillen [A107 art. 22 VURd]
Interpretatieverschillen; arbitrage [A108 art. 29 IVDV]
Interprovinciale waterschappen [A35 art. 6 Wschw]
Intrekken bezwaar of beroep [A45 art. 6:21 Awb]
Intrekken mandaat [A45 art. 10:8 Awb]
Intrekken vergunning [A65 art. 18.17 Wm]
Intrekking besluit indeplaatsstelling [A29 art. 124d Gemw]
Intrekking bezwaar [A114 art. 22 VWV]
Intrekking delegatie [A45 art. 10:18 Awb]
Intrekking erkenning [A40 art. 2g Vw 2000]
Intrekking EU-verblijfsvergunning voor langdurig ingezetenen [A40 art. 45d Vw 2000]
Intrekking Europese blauwe kaart [A41 art. 3.91c Vb 2000]
Intrekking huisvestingsvergunning [A60 art. 18 Huisvw]
Intrekking na verbreking gezinsband asiel [A41 art. 3.106 Vb 2000]
Intrekking of wijziging subsidievaststelling [A45 art. 4:49 Awb]
Intrekking of wijziging subsidieverlening [A45 art. 4:48 Awb]
Intrekking ontheffing [A65 art. 9.5.5 Wm]
Intrekking Richtlijn 95/46/EG [A19 art. 94 AVG]
Intrekking subsidie [A53 art. 2 Wet Bibob]
Intrekking tewerkstellingsvergunning/gecombineerde vergunning [A81 art. 12 Wav]
Intrekking tewerkstellingsvergunning/gecombineerde vergunning bij boete of straf [A81 art. 12b Wav]
Intrekking tewerkstellingsvergunning/gecombineerde vergunning, positie referent [A81 art. 12a Wav]
Intrekking toelating instrument voor kwaliteitsborging [A59 art. 7ae Wonw]
Intrekking van de verklaring [A107 art. 14 VURd]
Intrekking van voorbehouden [A107 art. 20 VURd]
Intrekking verblijfsvergunning [A41 art. 3.90 Vb 2000]
Intrekking verblijfsvergunning langdurig ingezetene [A41 art. 3.127 Vb 2000]
Intrekking verblijfsvergunning langdurig ingezetene/internationale bescherming [A41 art. 3.103aa Vb 2000]
Intrekking verblijfsvergunning onderzoeker [A41 art. 3.91a Vb 2000]
Intrekking verblijfsvergunning student [A41 art. 3.91b Vb 2000]
Intrekking verblijfsvergunning voor bepaalde en onbepaalde tijd [A40 art. 41 Vw 2000]
Intrekking verblijfsvergunning voor bepaalde tijd [A40 art. 19 Vw 2000]
Intrekking vergunning [A60 art. 26 Huisvw] [A65 art. 16.20c Wm]
Intrekking vergunning verblijf voor onbepaalde tijd [A40 art. 22 Vw 2000]
Intrekking verlof [A75 art. 47 Wzd]
Intrekking voorbehoud [A114 art. 22 VWV]
Intrekking voorwaardelijk ontslag [A75 art. 48 Wzd]
Intrekking WMO, overgang bestaande rechten en plichten [A78 art. 8.9 WMO 2015]
Intrekking Woningwet 1962 [A59 art. 125 Wonw]
Intrekking/weigering verlenging verblijfsvergunning [A40 art. 32 Vw 2000]
Intrekkingsgronden [A41 art. 3.98 Vb 2000]
Intrekkingsgronden toelating instrument voor kwaliteitsborging [A59 art. 7ae Wonw]
Intrekkingsgronden verdragsvluchteling [A41 art. 3.105d Vb 2000]
Intrekkingsgronden vergunning [A76 art. 31 DHW]
Invoer uit derde landen in Europese Unie [A88 art. 201 VWEU]
Invoeren, wijzigen, afschaffen waterschapsbelasting [A35 art. 110 Wschw]
Invoering, wijziging of afschaffing provinciale opcenten [A27 art. 222a PW]
Invorderingsbeschikking bij last onder dwangsom [A45 art. 5:37 Awb]
Invorderingsbeschikking dwangsom stuit verjaring [A45 art. 5:37a Awb]
Inwerkingtreding beschikking, bij bodemverontreiniging [A67 art. 6.2c Wabo]
Inwerkingtreding beschikking, eerste/tweede fase [A67 art. 6.3 Wabo]

Inwerkingtreding beschikking, na inwerkingtreding monumentenvergunning [A67 art. 6.2a Wabo]
Inwerkingtreding beschikking, na inwerkingtreding vergunning Kernenergiewet [A67 art. 6.2b Wabo]
Inwerkingtreding beschikking, onmiddellijke inwerkingtreding [A67 art. 6.2 Wabo]
Inwerkingtreding besluit [A45 art. 3:40 Awb]
Inwerkingtreding EG-bepalingen [A65 art. 1.1 Wm]
Inwerkingtreding intrekking [A41 art. 3.91 Vb 2000]
Inwerkingtreding jeugdwet, publicatie onderzoek college [A80 art. 12.5 Jw]
Inwerkingtreding jeugdwet, voorbereiding college en gemeenteraad [A80 art. 12.4 Jw]
Inwerkingtreding mededingingsregels Europese Unie [A88 art. 104 VWEU]
Inwerkingtreding Verdrag betreffende de Europese Unie [A87 art. 54 VEU]
Inwerkingtreding Vreemdelingenwet 2000 en Vreemdelingenbesluit [A41 art. 9.12 Vb 2000]
Inwilligen aanvraag EU-verblijfsvergunning voor langdurig ingezetenen [A40 art. 45h Vw 2000]
Inwilliging [A40 art. 26 Vw 2000]
Inwilliging als regel; hoorplicht [A65 art. 14.7 Wm]
Inwilliging verzoek [A9 art. L 11 KW]
Inwonertal [A27 art. 1 PW]
Inzage CIZ in zorgplan en dossier [A75 art. 18b Wzd]
Inzage dossiers [A74 art. 13:1 Wvggz] [A75 art. 60 Wzd]
Inzage emissieverslag [A65 art. 16.18 Wm]
Inzage identiteitsbewijs door bestuursrechtelijke toezichthouder [A45 art. 5:16a Awb]
Inzage nabestaanden in dossier [A75 art. 18b Wzd]
Inzage van de beschikking en de bijbehorende stukken [A65 art. 19.1b Wm]
Inzage zakelijke gegevens door bestuursrechtelijke toezichthouder [A45 art. 5:17 Awb]
Inzagerecht bij bestuurlijke boete [A45 art. 5:49 Awb]
Inzameling gft-afval [A65 art. 10.21 Wm]
Inzameling grof huisafval [A65 art. 10.22 Wm]
Inzameling huishoudelijk afval [A65 art. 10.21 Wm]
Inzameling nabij elk perceel [A65 art. 10.26 Wm]
Inzamelvergunning Minister VROM [A65 art. 10.48 Wm]
Inzending van voordrachten [A104 art. 30 BUPO]
Inzicht in/afschrift van bescheiden aan derden, toestemming betrokkene [A78 art. 5.3.3 WMO 2015]
Inzicht in/afschrift van bescheiden op verzoek betrokkene [A78 art. 5.3.2 WMO 2015]
Inzicht in/afschrift van bescheiden op verzoek betrokkene, weigering [A78 art. 5.3.2 WMO 2015]

J

Jaarlijks overleg Minister VROM [A65 art. 2.39 Wm]
Jaarlijks overzicht emissieautoriteit [A65 art. 9.7.4.14 Wm]
Jaarlijks verslag van EU-lidstaten omtrent werkgelegenheid [A88 art. 148 VWEU]
Jaarlijkse en bijzondere zittingen [A100 art. 20 Hv VN]
Jaarlijkse rapportage [A65 art. 5.14 Wm]
Jaarlijkse rapportage college [A78 art. 2.5.3 WMO 2015]
Jaarlijkse rapportage Minister I&M [A65 art. 4.2 Wm]
Jaarlijkse verslaglegging [A105 art. 6 Fp BUPO]
Jaarlijkse vervanging [A27 art. 222 PW]
Jaarlijkse zitting Europees Parlement [A88 art. 229 VWEU]
Jaarrekening naar GS [A29 art. 200 Gemw]
Jaarstukken bij subsidie rechtspersoon [A45 art. 4:76 Awb]
Jaarverslag Comité [A104 art. 45 BUPO]
Jaarverslag emissieautoriteit [A65 art. 2.9 Wm]
Jaarverslag, presentatie [A15 art. 2.31 CW 2016]
Jaarverslag Rekenkamer Europese Unie [A88 art. 287 VWEU]
Jaarverslag van de Commissie [A107 art. 9 VURd]
Jaarverslag Veilig Thuis [A78 art. 4.2.10 WMO 2015]
Jaarverslag Veilig Thuis, inhoud [A78 art. 4.2.10 WMO 2015]
Jaarverslag Veilig Thuis, openbaarmaking [A78 art. 4.2.11 WMO 2015]
Jaarverslag volksvertegenwoordiging [A65 art. 21.1 Wm]
Jaarverslagen, aanbieding [A15 art. 2.37 CW 2016]
Jachthaven, afvalstoffen zeegaande pleziervaartuigen [A66 art. 3.26j Barim]
Jachthaven, inname afvalstoffen [A66 art. 3.26i Barim]
Jachthaven, lozen afvalwater [A66 art. 3.26h Barim]
Jeugdhulp/gecertificeerde instelling, verslaglegging naleving wetsbepalingen [A80 art. 4.3.1 Jw]

Alfabetisch trefwoordenregister J

Jeugdhulp/kinderbescherming, aanbieding familiegroepsplan [A80 art. 4.1.2 Jw]
Jeugdhulp/kinderbescherming, aanwijzing certificerende instelling [A80 art. 3.4 Jw]
Jeugdhulp/kinderbescherming, aanwijzing individuele voorzieningen door college van B&W [A80 art. 2.3 Jw]
Jeugdhulp/kinderbescherming, autorisatielijst jeugdhulpaanbieders [A80 art. 7.2.7 Jw]
Jeugdhulp/kinderbescherming, beveiligingseisen bij gegevensverwerking jeugdige [A80 art. 7.2.5 Jw]
Jeugdhulp/kinderbescherming, delegeren uitvoering wet door college van B&W [A80 art. 2.11 Jw]
Jeugdhulp/kinderbescherming, gebruik burgerservicenummer van jeugdige [A80 art. 7.2.1 Jw]
Jeugdhulp/kinderbescherming, gegevensverstrekking aanbieders/instellingen aan Ministers [A80 art. 7.4.3 Jw]
Jeugdhulp/kinderbescherming, gegevensverstrekking college aan Ministers [A80 art. 7.4.2 Jw]
Jeugdhulp/kinderbescherming, gemeentelijk beleid [A80 art. 2.1 Jw]
Jeugdhulp/kinderbescherming, gemeentelijke samenwerking [A80 art. 2.8 Jw]
Jeugdhulp/kinderbescherming, informeren over diensten vertrouwenspersoon [A80 art. 4.1.9 Jw]
Jeugdhulp/kinderbescherming, jeugdige zonder burgerservicenummer [A80 art. 7.2.4 Jw]
Jeugdhulp/kinderbescherming, klachten over ernstige situatie met structureel karakter [A80 art. 4.2.2 Jw]
Jeugdhulp/kinderbescherming, klachtenbehandeling aanbieder/gecertificeerde instelling [A80 art. 4.2.1 Jw]
Jeugdhulp/kinderbescherming, kwaliteitseisen aanbieder/gecertificeerde instelling [A80 art. 4.1.1 Jw]
Jeugdhulp/kinderbescherming, medezeggenschap [A80 art. 4.2.4 Jw]
Jeugdhulp/kinderbescherming, meldcode huiselijk geweld/kindermishandeling [A80 art. 4.1.7 Jw]
Jeugdhulp/kinderbescherming, melding calamiteit/geweld [A80 art. 4.1.8 Jw]
Jeugdhulp/kinderbescherming, meldingsbevoegde functionaris [A80 art. 7.1.1.2, art. 7.1.2.2 Jw]
Jeugdhulp/kinderbescherming, nadere regels [A80 art. 2.14 Jw]
Jeugdhulp/kinderbescherming, nadere regels delegatie [A80 art. 2.12 Jw]
Jeugdhulp/kinderbescherming, noodzakelijk door ministers te verwerken gegevens [A80 art. 7.4.4 Jw]
Jeugdhulp/kinderbescherming, onderzoek noodzaak te nemen kinderbeschermingsmaatregel [A80 art. 3.1, art. 3.3 Jw]
Jeugdhulp/kinderbescherming, onderzoek Raad voor de kinderbescherming [A80 art. 2.4 Jw]
Jeugdhulp/kinderbescherming, overleg college van B&W met betrokken instanties [A80 art. 2.7 Jw]
Jeugdhulp/kinderbescherming, passende jeugdhulp [A80 art. 2.5 Jw]
Jeugdhulp/kinderbescherming, raadpleging nummerregister [A80 art. 7.2.3 Jw]
Jeugdhulp/kinderbescherming, richtinggevend plan gemeenteraad [A80 art. 2.2 Jw]
Jeugdhulp/kinderbescherming, uitvoering door aanbieder/gecertificeerde instelling [A80 art. 4.1.4 Jw]
Jeugdhulp/kinderbescherming, uitzondering gegevensvereisten jeugdige [A80 art. 7.2.6 Jw]
Jeugdhulp/kinderbescherming, vaststelling burgerservicenummer jeugdige [A80 art. 7.2.2 Jw]
Jeugdhulp/kinderbescherming, verantwoordelijkheid college van B&W voor continuïteit hulpverleningsrelaties [A80 art. 2.13 Jw]
Jeugdhulp/kinderbescherming, verantwoordelijkheid gemeenteraad [A80 art. 2.9 Jw]
Jeugdhulp/kinderbescherming, verantwoording college van B&W voor toereikend aanbod [A80 art. 2.6 Jw]
Jeugdhulp/kinderbescherming, verklaring omtrent gedrag [A80 art. 4.1.6 Jw]
Jeugdhulp/kinderbescherming, verstrekking burgerservicenummer aan aangewezen ambtenaar [A80 art. 7.2.9 Jw]
Jeugdhulp/kinderbescherming, vertrouwenspersoon [A80 art. 2.5 Jw]
Jeugdhulp/kinderbescherming, verwijsindex risicojongeren [A80 art. 7.1.2.1 Jw]
Jeugdhulp/kinderbescherming, wijziging woonplaats jeugdige [A80 art. 2.7a Jw]
Jeugdhulpaanbieder, meldplicht [A80 art. 10.0 Jw]
Jeugdhulpaanbieder/gecertificeerde instelling, publicatie jaarverslag [A80 art. 4.3.2 Jw]
Jeugdhulpaanbieders, melding aanvang jeugdhulp [A80 art. 4.0.1 Jw]
Jeugdhulpaanbieders/gecertificeerde instellingen, financiële verantwoording [A80 art. 8.3.1 Jw]
Jeugdhulpaanbieders/gecertificeerde instellingen, inlichtingenverstrekking aan Ministers [A80 art. 8.3.2 Jw]
Jeugdhulpverlener, beëindiging verlening jeugdhulp [A80 art. 7.3.14 Jw]
Jeugdhulpverlening, afzien jeugdige van informatieverstrekking [A80 art. 7.3.3 Jw]
Jeugdhulpverlening, informatieverstrekking aan jeugdhulpverlener [A80 art. 7.3.7 Jw]

K
Alfabetisch trefwoordenregister

Jeugdhulpverlening, ingrijpende verrichting en voorkomen ernstig nadeel jeugdige [A80 art. 7.3.16 Jw]
Jeugdhulpverlening, inrichting dossier over jeugdige [A80 art. 7.3.8 Jw]
Jeugdhulpverlening, inzage gegevens uit het dossier overleden betrokkene [A80 art. 7.3.12a Jw]
Jeugdhulpverlening, inzage gegevens uit het dossier overleden betrokkene vanwege vermoeden medische fout [A80 art. 7.3.12b Jw]
Jeugdhulpverlening, inzage/afschrift gegevens uit het dossier [A80 art. 7.3.10 Jw]
Jeugdhulpverlening, inzage/afschrift gegevens uit het dossier aan derden [A80 art. 7.3.11 Jw]
Jeugdhulpverlening, toestemming jeugdige voor hulpverlening [A80 art. 7.3.4 Jw]
[Jeugdhulpverlening, toestemming van jeugdige voor onderzoek [A80 art. 7.3.2 Jw]
Jeugdhulpverlening, uitvoering verrichting van ingrijpende aard jegens jeugdige [A80 art. 7.3.15 Jw]
Jeugdhulpverlening, vastlegging toestemming jeugdige [A80 art. 7.3.6 Jw]
Jeugdhulpverlening, vernietiging gegevens uit dossier [A80 art. 7.3.9 Jw]
Jeugdhulpverlening, verplichtingen jegens betrokken jeugdige/ouders [A80 art. 7.3.15 Jw]
Jeugdhulpverlening, verstrekking gegevens uit dossier voor statistiek/onderzoek [A80 art. 7.3.12 Jw]
Jeugdhulpverlening, vertrouwelijkheid bij uitvoering [A80 art. 7.3.13 Jw]
Jeugdhulpverlening, wilsbekwaamheid minderjarige jeugdige [A80 art. 7.3.5 Jw]
Jeugdhulpverlening/kinderbescherming, aanwijzing aanbieder/gecertificeerde instelling [A80 art. 9.3 Jw]
Jeugdhulpverlening/kinderbescherming, gegevens ten behoeve van beleidsinformatie [A80 art. 7.4.1 Jw]
Jeugdhulpverlening/kinderbescherming, heroverweging beslissing persoonsgebonden budget [A80 art. 8.1.3 Jw]
Jeugdhulpverlening/kinderbescherming, herziening/intrekking beslissing persoonsgebonden budget [A80 art. 8.1.4 Jw]
Jeugdhulpverlening/kinderbescherming, individuele voorziening in natura [A80 art. 8.1.5 Jw]
Jeugdhulpverlening/kinderbescherming, informatieverplichting persoonsgebonden budget [A80 art. 8.1.2 Jw]
Jeugdhulpverlening/kinderbescherming, opleggen bestuurlijke boete door Ministers [A80 art. 9.6 Jw]
Jeugdhulpverlening/kinderbescherming, opleggen last onder bestuursdwang door Ministers [A80 art. 9.5 Jw]
Jeugdhulpverlening/kinderbescherming, persoonsgebonden budget [A80 art. 8.1.1 Jw]
Jeugdhulpverlening/kinderbescherming, rol Sociale verzekeringsbank [A80 art. 8.1.8 Jw]
Jeugdhulpverlening/kinderbescherming, toelichting keuze voor budget/individuele voorziening in natura [A80 art. 8.1.6 Jw]
Jeugdhulpverlening/kinderbescherming, toezicht asielzoekers [A80 art. 9.4 Jw]
Jeugdhulpverlening/kinderbescherming, toezicht door Inspectie gezondheidszorg en jeugd [A80 art. 9.1 Jw]
Jeugdhulpverlening/kinderbescherming, toezichthoudende ambtenaren [A80 art. 9.2 Jw]
Jeugdhulpverlening/kinderbescherming, verwerking persoonsgegevens [A80 art. 7.4.0 Jw]
Jeugdreclassering/kinderbescherming, selectie/aanwijzing jeugdhulp [A80 art. 3.5 Jw]
Joint Venture [A82 art. 2a.22 AanbW 2012]
Judiciële lus [A45 art. 8:113 Awb]
Juistheid verwerkte persoonsgegevens [A19 art. 5 AVG]
Juridische bescherming tegen discriminatie [A107 art. 6 VURd]
Juridische en processuele bevoegdheden dagelijks bestuur [A35 art. 86 Wschw]
Justitiële samenwerking in burgerlijke zaken Europese Unie [A88 art. 81 VWEU]
Justitiële samenwerking in strafzaken Europese Unie [A88 art. 82 VWEU]
Justitiële zorg [A75 art. 1 Wzd]

K

Kaderwet zelfstandige bestuursorganen niet van toepassing [A79 art. 4.4.1 Wlz]
Kamervragen, schriftelijk [A11 art. 140 RvO I]
Kandidaat op niet meer dan één lijst per provincie [A9 art. R 5 KW]
Kandidaat overleden [A9 art. P 19a KW]
Kandidaatstelling onderdaan andere lidstaat [A9 art. Y 34 KW]
Kandidaatstelling onderdaan andere lidstaat, te verstrekken gegevens bij [A9 art. Y 35 KW]
Kandidaten die buiten rekening worden gelaten [A9 art. W 2 KW]
Kandidatenlijsten [A101 art. 7 SIG]
Kandidatenlijsten, verzending door centraal stembureau [A9 art. Ya 31b KW]
Kartelverbod [A83 art. 6 Mw]
Kartelverbod Europese Unie [A88 art. 101 VWEU]
Kasstelsel en transactiestelsel [A15 art. 2.19 CW 2016]

Alfabetisch trefwoordenregister K

Kasuitgaven en -ontvangsten, begrip [A15 art. 2.15 CW 2016]
Kennelijke onredelijke uitsluiting [A82 art. 2.86a AanbW 2012]
Kennisgeving aan andere lidstaat [A41 art. 3.103a Vb 2000]
Kennisgeving aan derden inzake rectificatie of wissing persoonsgegevens [A19 art. 19 AVG]
Kennisgeving aan lidstaten [A92 art. 9 EVRM 6e prot.]
Kennisgeving aan vertegenwoordiger en advocaat [A74 art. 9:6 Wvggz]
Kennisgeving aanvraag bij MER-plichtige besluiten [A65 art. 13.2 Wm]
Kennisgeving ACM aan adressaat [A83 art. 89gb Mw]
Kennisgeving adviesaanvrage aan belanghebbenden [A101 art. 66 SIG]
Kennisgeving afvaart [A41 art. 4.13 Vb 2000]
Kennisgeving benoeming [A35 art. 17 Wschw] [A9 art. V 1 KW]
Kennisgeving bijzonderheden [A106 art. 10 BUPO 2e prot.]
Kennisgeving einde lidmaatschap [A9 art. Y 29 KW]
Kennisgeving en terinzagelegging van beslissingen van de burgemeester [A29 art. 81 Gemw]
Kennisgeving handhaving nationale bepalingen binnen Europese Unie [A88 art. 114 VWEU]
Kennisgeving minister [A41 art. 5.6 Vb 2000]
Kennisgeving ministeriële voornemens [A27 art. 110 PW]
Kennisgeving ontslag [A9 art. Y 30 KW]
Kennisgeving overdracht [A40 art. 62b Vw 2000]
Kennisgeving plan [A65 art. 7.15 Wm]
Kennisgeving problemen volksgezondheid aan Europese Commissie [A88 art. 114 VWEU]
Kennisgeving processen-verbaal en aantallen stemmen Sint Eustatius en Saba [A9 art. Ya 11 KW]
Kennisgeving schadelijke stukken in bestuursrecht [A45 art. 8:32 Awb]
Kennisgeving van het verslag [A107 art. 13 VURd]
Kennisgeving van melding aan inspecteur [A65 art. 17.2 Wm]
Kennisgeving van melding door ontvangend orgaan aan andere organen [A65 art. 17.2 Wm]
Kennisgeving verandering woon- of verblijfplaats en vertrek [A41 art. 4.37 Vb 2000]
Kennisgeving voordracht tot schorsing of vernietiging door CdK [A27 art. 266 PW]
Kennisgeving/afgiftetermijn mvv [A40 art. 2r Vw 2000]
Kennisgevingen door Secretaris-Generaal Raad [A98 art. O ESHh]
Kennisgevingen mededelingen [A114 art. 78 VWV]
Kennisgevingen omtrent de stand van het verdrag [A107 art. 24 VURd]
Kennisgevings- en handhavingsverzoeken, formaliteiten [A83 art. 89gd Mw]
Kennismigrant [A41 art. 3.30a Vb 2000]
Kennismigrant, afwijzen aanvraag [A41 art. 3.30a Vb 2000]
Kennisname inhoud [A82 art. 2.162 AanbW 2012]
Kennisontwikkeling binnen Europese Unie [A88 art. 153 VWEU]
Kentekenhouder [A29 art. 225 Gemw]
Kerkgenootschappen [A55 art. 2 BW Boek 2]
Keuring [A65 art. 9.2.2.4 Wm]
Keuze raadslieden door belanghebbende [A38 art. 22b RWN]
Keuzevrijheid raadsman [A40 art. 99 Vw 2000]
Keuzevrijheid van de ouders [A103 art. 13 IVESCR]
Kiescollege, elk openbaar lichaam één kieskring [A9 art. Ya 23 KW]
Kiescollege, schakelbepaling [A9 art. Ya 22 KW]
Kiescollege, stembureaus [A9 art. Ya 24 KW]
Kiesdeler [A9 art. P 5, art. U 7 KW]
Kiesgerechtigde andere lidstaat [A9 art. Y 31 KW]
Kiesgerechtigden [A9 art. Y 3 KW]
Kiesgerechtigden voor EP [A9 art. Y 5a KW]
Kieskringen [A9 art. E 1 KW]
Kiesraad [A9 art. A 2 KW]
Kiesraad is centraal stembureau [A9 art. S 1 KW]
Kiesrecht [A2 art. 4 GW]
Kiesrecht burgers Europese Unie [A88 art. 22 VWEU]
Kiezer met woonplaats buiten Nederland [A9 art. K 7 KW]
Kiezerspas [A9 art. K 4 KW]
Kind in het strafrecht [A110 art. 40 IVRK]
Kinderbeschermingsmaatregel/jeugdreclassering, uitvoering krachtens certificatie [A80 art. 3.2 Jw]
Kinderen en gewapende conflicten, archivering en afschriften Protocol [A112 art. 13 2e Fprot. IVRK]
Kinderen en gewapende conflicten, bekrachtiging en toetreding Protocol [A112 art. 9 2e Fprot. IVRK]

Kinderen en gewapende conflicten, leeftijdsgrens deelname vijandelijkheden [A112 art. 1 2e Fprot. IVRK]
Kinderen en gewapende conflicten, leeftijdsgrens inlijving strijdkrachten [A112 art. 2 2e Fprot. IVRK]
Kinderen en gewapende conflicten, maatregelen Staten [A112 art. 6 2e Fprot. IVRK]
Kinderen en gewapende conflicten, minimumleeftijd vrijwillige recrutering of opname strijdkrachten [A112 art. 3 2e Fprot. IVRK]
Kinderen en gewapende conflicten, ondertekening protocol [A112 art. 9 2e Fprot. IVRK]
Kinderen en gewapende conflicten, opzegging Protocol [A112 art. 11 2e Fprot. IVRK]
Kinderen en gewapende conflicten, samenwerking en bijstand [A112 art. 7 2e Fprot. IVRK]
Kinderen en gewapende conflicten, taken depositaris [A112 art. 9 2e Fprot. IVRK]
Kinderen en gewapende conflicten, verbod recrutering kinderen door gewapende groepen [A112 art. 4 2e Fprot. IVRK]
Kinderen en gewapende conflicten, verslag maatregelen Staten [A112 art. 8 2e Fprot. IVRK]
Kinderen en gewapende conflicten, voorrang gunstiger bepalingen [A112 art. 5 2e Fprot. IVRK]
Kinderen en gewapende conflicten, wijzigingsvoorstel [A112 art. 12 2e Fprot. IVRK]
Kinderen en jeugdigen (zorgvuldigheidseisen) [A74 art. 2:1 Wvggz]
Kinderen onder 12 jaar [A74 art. 1:4 Wvggz]
Kinderhandel en kinderprostitutie, archivering en afschriften Protocol [A111 art. 17 Fprot. IVRK]
Kinderhandel en kinderprostitutie, hulp aan slachtoffers [A111 art. 8 Fprot. IVRK]
Kinderhandel en kinderprostitutie, inbeslagneming en beslaglegging [A111 art. 7 Fprot. IVRK]
Kinderhandel en kinderprostitutie, internationale samenwerking [A111 art. 10 Fprot. IVRK]
Kinderhandel en kinderprostitutie, maatregelen Staten [A111 art. 9 Fprot. IVRK]
Kinderhandel en kinderprostitutie, ondertekening Protocol [A111 art. 13 Fprot. IVRK]
Kinderhandel en kinderprostitutie, opzegging Protocol [A111 art. 15 Fprot. IVRK]
Kinderhandel en kinderprostitutie, strafbare feiten [A111 art. 3 Fprot. IVRK]
Kinderhandel en kinderprostitutie, strafrechtelijke bepalingen [A111 art. 4 Fprot. IVRK]
Kinderhandel en kinderprostitutie, uitlevering [A111 art. 5 Fprot. IVRK]
Kinderhandel en kinderprostitutie, verbod [A111 art. 1 Fprot. IVRK]
Kinderhandel en kinderprostitutie, verslag maatregelen [A111 art. 12 Fprot. IVRK]
Kinderhandel en kinderprostitutie, wederzijdse bijstand en rechtshulp [A111 art. 6 Fprot. IVRK]
Kinderhandel en kinderprostitutie, wijziging Protocol [A111 art. 16 Fprot. IVRK]
Kinderombudsman, behandeling klacht [A16 art. 11d WNo]
Kinderombudsman, indienen klacht [A16 art. 11c WNo]
Kinderombudsman, taak [A16 art. 11b WNo]
Kinderombudsman, verslag [A16 art. 11e WNo]
Kinderopvang [A108 art. 11 IVDV]
Klaagschrift over bestuursorgaan [A45 art. 9:4 Awb]
Klacht en beroep [A19 art. 12 AVG]
Klacht indienen bij toezichthoudende autoriteit, recht op [A19 art. 77 AVG]
Klacht lidstaat over Europese instelling bij Hof van Justitie [A88 art. 265 VWEU]
Klacht over ernstige situatie, structureel karakter [A78 art. 4.2.8 WMO 2015]
Klacht tussen lidstaten Europese Unie [A88 art. 259 VWEU]
Klachtbehandeling door bestuursorgaan [A45 art. 9:1 Awb]
Klachtenbehandeling [A74 art. 10:4 Wvggz] [A75 art. 56 Wzd]
Klachtenbehandeling gesloten jeugdhulp, voorlopige schorsing bestreden beslissing [A80 art. 6.5.2 Jw]
Klachtencommissie [A74 art. 10:1, art. 1:1 Wvggz] [A75 art. 53 Wzd]
Klachtencommissie bij bestuursorgaan [A45 art. 9:14 Awb]
Klachtenregeling en medezeggenschap aanbieder [A78 art. 3.2 WMO 2015]
Klachtenregeling Veilig Thuis [A78 art. 4.2.7 WMO 2015]
Klachtgerechtigden [A74 art. 10:3 Wvggz] [A75 art. 55 Wzd]
Klachtgronden [A74 art. 10:3 Wvggz] [A75 art. 55 Wzd]
Klachtprocedure [A74 art. 1:1 Wvggz]
Klachtrecht volkeren [A105 art. 7 Fp BUPO]
Kleine leveranciers [A65 art. 9.7.1.2 Wm]
Kleinschalig vergisten van uitsluitend dierlijke meststoffen [A66 art. 3.129c Barim]
Koelinstallatie, eisen [A66 art. 3.16d Barim]
Koning, afstand koningschap [A2 art. 27 GW]
Koning, afstand koningschap door huwelijk [A2 art. 28 GW]
Koning, beëdiging [A2 art. 32 GW]
Koning, benoeming bij ontbreken troonopvolger [A2 art. 30 GW]
Koning, erfopvolging benoemde koning [A2 art. 31 GW]

Alfabetisch trefwoordenregister K

Koning, inrichting Huis van de Koning [A2 art. 41 GW]
Koning, lidmaatschap koninklijk huis [A2 art. 39 GW]
Koning, minimumleeftijd uitoefening koninklijk gezag [A2 art. 33 GW]
Koning, niet in staat koninklijk gezag uit te oefenen [A2 art. 35 GW]
Koning, ouderlijk gezag en voogdij over minderjarige Koning [A2 art. 34 GW]
Koning, status ongeboren kind [A2 art. 26 GW]
Koning, tijdelijke neerlegging koninklijk gezag [A2 art. 36 GW]
Koning, troonopvolging [A2 art. 25 GW]
Koning, uitkeringen aan leden koninklijk huis [A2 art. 40 GW]
Koning, uitoefening koninklijk gezag door regent [A2 art. 37 GW]
Koning, uitoefening koninklijk gezag door RvS [A2 art. 38 GW]
Koning, uitsluiting troonopvolging [A2 art. 29 GW]
Koning, vervulling koningschap [A2 art. 24 GW]
Koninklijk huis, beëindiging lidmaatschap [A8 art. 5 Wlkh]
Koninklijk huis, behoud lidmaatschap [A8 art. 3 Wlkh]
Koninklijk huis, echtgenoten van leden [A8 art. 2 Wlkh]
Koninklijk huis, gemis/verlies Nederlanderschap [A8 art. 6 Wlkh]
Koninklijk huis, lidmaatschap [A8 art. 1 Wlkh]
Koninklijk huis, Prins(es) der Nederlanden [A8 art. 8 Wlkh]
Koninklijk huis, Prins(es) van Oranje [A8 art. 7 Wlkh]
Koninklijk huis, Prins(es) van Oranje-Nassau [A8 art. 9 Wlkh]
Koninklijk huis, verlening lidmaatschap [A8 art. 4 Wlkh]
Koninklijk huis, voordracht/publicatie koninklijke besluiten [A8 art. 11 Wlkh]
Koppeling bekendmakingen [A65 art. 7.29 Wm]
Kort geding [A101 art. 29 SIG]
Korting bezoldiging bestuursleden waterschap [A35 art. 44d Wschw]
Korting bezoldiging t.b.v. schuldeiser gedeputeerde [A27 art. 43d PW]
Korting op bezoldiging [A29 art. 44d Gemw]
Kortsluiting [A40 art. 78, art. 92 Vw 2000]
Kortsluiting bij bestuursrechter [A45 art. 8:86 Awb]
Kosteloze toewijzing broeikasgasemissierechten [A65 art. 16.24 Wm]
Kosten administratief beroep [A45 art. 7:28 Awb]
Kosten behandeling bezwaar [A45 art. 7:15 Awb]
Kosten bestuursdwang [A45 art. 5:25 Awb]
Kosten betaling bestuursrechtelijke geldschulden [A45 art. 4:91 Awb]
Kosten dwangbevel bestuursrechtelijke geldschuld [A45 art. 4:120 Awb]
Kosten getuigen en deskundigen [A74 art. 6:1 Wvggz] [A75 art. 4a Wzd]
Kosten in ontwerp-begroting [A27 art. 151f PW]
Kosten opleggen naheffingsaanslag [A29 art. 234 Gemw]
Kosten preventieve of herstelmaatregelen [A65 art. 17.16 Wm]
Kosten ten laste bevoegd gezag [A65 art. 15.22 Wm]
Kosten ten laste Rijk [A65 art. 15.23 Wm]
Kostentoedeling verordening watersysteemheffing [A35 art. 120 Wschw]
Kostentoedelingsverordening wegenheffing [A35 art. 122b Wschw]
Kostenverevening overschrijding CO2-emissies [A65 art. 15.51 Wm]
Kostenvergoeding inzage [A19 art. 12 AVG]
Kostenverhaal uitzetting [A41 art. 6.2 Vb 2000]
Kostenveroordeling bestuursorgaan door bestuursrechter [A45 art. 8:75a Awb]
Kostenveroordeling door bestuursrechter [A45 art. 8:75 Awb]
Krediet, lenen en verstrekken bij verplicht schatkistbankieren [A15 art. 5.5 CW 2016]
Krediet, lenen en verstrekken bij vrijwillig schatkistbankieren [A15 art. 5.6 CW 2016]
Krediethypotheek [A77 art. 78c Pw]
Kring van raadslieden [A40 art. 98 Vw 2000]
Kruit en noodsignalen, opslag [A66 art. 4.3 Barim]
Kunstmatige beperking van mededinging [A82 art. 1.10a AanbW 2012]
Kunststofbewerking, emissiereductie [A66 art. 4.30 Barim]
Kunststofbewerking, maximale emissieconcentratie [A66 art. 4.29 Barim]
Kunststofbewerking, reinigen/coaten/lijmen [A66 art. 4.28 Barim]
Kunststofbewerking, verkleinen rubber/kunststofproducten [A66 art. 4.27b Barim]
Kustlijn, landwaartse verplaatsing [A70 art. 2.7 Wtw]
Kustlijn, verkrijgbaarstelling kaart [A70 art. 2.7 Wtw]
Kwaliteit, zorgplicht aanbieder [A78 art. 1.19 WMO 2015]
Kwaliteitsbeleid dienstverrichters [A54 art. 26 Richtlijn 2006/123/EG]
Kwaliteitsbeoordeling [A65 art. 12.22 Wm]
Kwaliteitsborging bouwwerken [A59 art. 7ab Wonw]

L

Kwaliteitseisen voorziening [A78 art. 3.1 WMO 2015]
Kwijting voor uitvoering begroting Europese Unie [A88 art. 319 VWEU]
Kwijtschelden geldschulden [A45 art. 4:94a Awb]
Kwijtschelding bestuurlijke boete [A77 art. 18a Pw]
Kwijtschelding en oninbaarverklaring [A29 art. 255 Gemw]
Kwijtschelding van boete [A56 art. 66 AWR]

Laboratorium/praktijkruimte, emissiereductie [A66 art. 4.123 Barim]
Laboratorium/praktijkruimte stofvormige emissies [A66 art. 4.125 Barim]
Laboratorium/praktijkruimte, verwaarloosbaar bodemrisico [A66 art. 4.126 Barim]
Laboratorium/praktijkruimte, voorkomen risico's voor de omgeving [A66 art. 4.127 Barim]
Land verlaten, paspoortrecht [A2 art. 2 GW]
Landbouw [A29 art. 220d Gemw]
Landbouw- en visserijbeleid binnen Europese Unie [A88 art. 38 VWEU]
Landsdelen [A56 art. 2 AWR]
Lassen, beperken/verspreiden emissie [A66 art. 4.43 Barim]
Lassen, chroom VI/berylliumverbindingen [A66 art. 4.41 Barim]
Lassen, emissieconcentratie [A66 art. 4.40 Barim]
Lassen, loodverbindingen [A66 art. 4.42 Barim]
Lassen van textiel, eisen [A66 art. 4.103c Barim]
Last onder bestuursdwang [A45 art. 5:21 Awb] [A78 art. 4.3.3 WMO 2015]
Last onder bestuursdwang bij handhaving openbare orde [A45 art. 5:23 Awb]
Last onder bestuursdwang of bestuurlijke boete [A59 art. 120b Wonw]
Last onder bestuursdwang/dwangsom, intrekking vergunning/ontheffing [A67 art. 5.19 Wabo]
Last onder bestuursdwang/dwangsom, meer dan een bestuursorgaan [A67 art. 5.21 Wabo]
Last onder bestuursdwang/dwangsom, rechtsopvolger [A67 art. 5.18 Wabo]
Last onder bestuursdwang/dwangsom, staken bouwen/gebruiken/slopen bouwwerk [A67 art. 5.17 Wabo]
Last onder bestuursdwang/dwangsom, toezending beschikking [A67 art. 5.16 Wabo]
Last onder bestuursdwang/dwangsom, toezending beschikking aan inspecteur [A67 art. 5.23 Wabo]
Last onder bestuursdwang/dwangsom, toezending beschikking aan verzoeker [A67 art. 5.22 Wabo]
Last onder bestuursdwang/dwangsom, verzoek om afgeven beschikking [A67 art. 5.20 Wabo]
Last onder dwang onvrijwillige zorg [A75 art. 61 Wzd]
Last onder dwangsom [A45 art. 5:31d Awb] [A65 art. 18.6a Wm] [A76 art. 19a DHW] [A78 art. 4.3.3 WMO 2015] [A79 art. 10.4.3, art. 10.4.4 Wlz]
Last onder dwangsom als structurele maatregel [A83 art. 58a Mw]
Last onder dwangsom of bestuurlijke boete [A59 art. 105 Wonw]
Last onder dwangsom verplichte zorg [A74 art. 13:4 Wvggz]
Last tot toevoeging raadsman [A38 art. 22c RWN]
Latere toetreding [A114 art. 40 VWV]
Latere vaststelling schuld [A56 art. 11 AWR]
Latere verdrag [A114 art. 59 VWV]
Leden dagelijks bestuur [A35 art. 31a Wschw]
Leden Eerste Kamer, verkiezing [A9 art. Ya 30 KW]
Leden toezichthoudende autoriteit, benoemingsprocedure [A19 art. 53 AVG]
Leden toezichthoudende autoriteit, einde ambtstermijn/ontslag/pensioen [A19 art. 53 AVG]
Leden toezichthoudende autoriteit, kwalificaties [A19 art. 53 AVG]
Ledenaantal [A35 art. 13 Wschw]
Leeftijdsgrenzen en vertegenwoordiging [A75 art. 3 Wzd]
Legaliteit bestuurlijke sanctie [A45 art. 5:4 Awb]
Legaliteitsbeginsel, toepasselijkheid Besluit Buitengewoon Strafrecht [A2 art. IX GW]
Leges bij aanvraag mvv/terugkeervisum [A40 art. 2l Vw 2000]
Leges, vergoeding en verhaal kosten [A72 art. 13.1 Omgw]
Legitimatiebewijs bestuursrechtelijke toezichthouder [A45 art. 5:12 Awb]
Lerend werken [A41 art. 3.39 Vb 2000]
Levenscycluskosten [A82 art. 2.115a AanbW 2012]
Leverancier tot eindverbruik, administratie [A65 art. 9.7.2.3 Wm]
Leverancier tot eindverbruik, rekening [A65 art. 9.7.2.2 Wm]
Levering broeikasgasemissierechten [A65 art. 16.41 Wm]
Levering energie [A82 art. 3.30 AanbW 2012]
Levering HBE's [A65 art. 9.7.3.5 Wm]
Leveringsvormen zorg [A79 art. 3.3.1 Wlz]
Liberalisering der diensten binnen lidstaten Europese Unie [A88 art. 60 VWEU]

M

Lichte olie, levering aan vaartuigen [A66 art. 4.78 Barim]
Lichte olie, opslag in bunkerstation [A66 art. 4.77 Barim]
Lichte olie, verbod inpandig afleveren [A66 art. 4.80a Barim]
Lid heeft één stem [A100 art. 67, art. 89 Hv VN]
Lidmaatschap voor vredelievende staten [A100 art. 4 Hv VN]
Lidmaatschap werkgevers- en werknemersorganisaties [A23 art. 5a WGBHZ]
 [A24 art. 6 WGBLA]
Lidstaat van vestiging, begripsbepaling [A54 art. 4 Richtlijn 2006/123/EG]
Lijmen/coaten textiel, maatregelen [A66 art. 4.103e Barim]
Lijmen/coaten textiel, stofklasse S [A66 art. 4.103d Barim]
Lijmen/coaten van papier/karton, emissiereductie [A66 art. 4.94e Barim]
Lijst veilige landen van herkomst [A41 art. 3.105ba Vb 2000]
Lijstengroep [A9 art. H 11, art. R 10 KW]
Lijstengroep geldt als één lijst [A9 art. P 3, art. U 5 KW]
Lijstengroepen en gelijkluidende lijsten gelden als één lijst [A9 art. I 13 KW]
Limitering tewerkstellingsvergunningen/gecombineerde vergunningen [A81 art. 5a Wav]
Lineaire factor [A65 art. 16.26 Wm]
Liquide middelen, oneigenlijk beheer [A15 art. 5.8 CW 2016]
Liquide middelen, voorwaarden aan uitzetting [A15 art. 5.7 CW 2016]
Locatie zitting hoofdstembureau [A9 art. E 9 KW]
Lokaliteit met vergunning of Verlof A op 30 september 1967 [A76 art. 47 DHW]
Loonbelasting en premies volksverzekeringen, berekening [A77 art. 37 Pw]
Loopbaan- en beroepskeuze [A108 art. 10 IVDV]
Loting in zitting centraal stembureau [A9 art. W 5 KW]
Loting tijdens zitting centraal stembureau [A9 art. U 14 KW]
Lotingen centraal stembureau [A9 art. P 14 KW]
Lozen afvalwater [A66 art. 2.2 Barim]
Lozen afvalwater, emissiegrenswaarden [A66 art. 4.73 Barim]
Lozen afvalwater, emissiemeting [A66 art. 2.3 Barim]
Lozen afvalwater, maatwerkvoorschrift [A66 art. 4.74 Barim]
Lozen afvalwater, maatwerkvoorschrift bij meerdere activiteiten [A66 art. 2.2a Barim]
Lozen afvalwater, metalen en hulpstoffen [A66 art. 4.72 Barim]
Lozen afvalwater, steekmonster [A66 art. 4.71 Barim]
Lozen afvalwater, uitzonderingen lozen spoelwater [A66 art. 2.2b Barim]
Lozen afvalwater van dompelbaden/douche-installaties, eisen [A66 art. 3.98 Barim]
Lozen drainwater, gegevensverstrekking [A66 art. 3.67 Barim]
Lozen/storten stoffen, voorwaarden vergunningverlening [A70 art. 6.26 Wtw]

M.e.r., bevoegd gezag [A71 art. 3 Besluit MER]
M.e.r., m.e.r.-plichtige activiteiten [A71 art. 2 Besluit MER]
M.e.r., m.e.r.-plichtige besluiten [A71 art. 2 Besluit MER]
M.e.r., m.e.r.-plichtige gevallen [A71 art. 3 Besluit MER]
M.e.r., m.e.r.-plichtige plannen [A71 art. 2 Besluit MER]
Maatregelen bij onduldbaar gevaar voor mens/milieu [A65 art. 17.19 Wm]
Maatregelen bij vervalsing mededingingsverhoudingen Europese Unie [A88 art. 348 VWEU]
Maatregelen buiten bevoegdheden in Verdragen Europese Unie [A88 art. 352 VWEU]
Maatregelen door Staten [A110 art. 4 IVRK]
Maatregelen economisch beleid Europese Unie [A88 art. 122 VWEU]
Maatregelen gesloten stortplaats [A65 art. 8.49 Wm]
Maatregelen ontwikkelingssamenwerking Europese Unie [A88 art. 209 VWEU]
Maatregelen overheidstekort lidstaat Europese Unie [A88 art. 126 VWEU]
Maatregelen tegen geweld [A110 art. 19 IVRK]
Maatregelen ter bescherming rechters [A101 art. 41 SIG]
Maatregelen ter verwezenlijking rechten [A108 art. 11 IVDV]
Maatregelen ter verwezenlijking van het recht [A103 art. 6 IVESCR]
Maatregelen ter voorkoming van fraude, bevoordeling, corruptie en belangenconflicten
 [A82 art. 1.10b AanbW 2012]
Maatregelen voor administratieve samenwerking overheidsdiensten Europese Unie
 [A88 art. 74 VWEU]
Maatregelen voor lidstaten met euro [A88 art. 136 VWEU]
Maatschappelijke initiatieven, "Right to Challenge" [A78 art. 2.6.7 WMO 2015]
Maatvoorschrift, kennisgeving [A66 art. 1.9 Barim]
Maatwerkvoorziening, afstemmingsfactoren [A78 art. 2.3.5 WMO 2015]
Maatwerkvoorziening ingezetene [A78 art. 1.2.1 WMO 2015]
Maatwerkvoorziening vreemdeling [A78 art. 1.2.2 WMO 2015]

M

Maatwerkvoorzieningen [A78 art. 2.3.1 WMO 2015]
Machtigen inspecteur [A56 art. 47a AWR]
Machtiging ex art. 1:261 BW [A75 art. 29 Wzd]
Machtiging ex artikel 1:261 BW [A75 art. 40 Wzd]
Machtiging minister tot oprichting stichting [A65 art. 20.14 Wm]
Machtiging politieambtenaar [A29 art. 166, art. 177 Gemw]
Machtiging rechter-commissaris bij inspectie elders [A83 art. 89d Mw]
Machtiging rechter-commissaris bij inspectie onderneming [A83 art. 89c Mw]
Machtiging stemming in Europese Raad [A88 art. 235 VWEU]
Machtiging tot bijstand of vertegenwoordiging bij bestuursrechter [A45 art. 8:24 Awb]
Machtiging tot voortzetting van de inbewaringstelling [A75 art. 37 Wzd]
Machtiging uithuisplaatsing jeugdige [A74 art. 6:4, art. 7:8 Wvggz]
Machtiging voor nakomen verplichtingen fabrikant [A65 art. 9.4.2 Wm]
Machtiging voortzetting crisismaatregel, tenuitvoerlegging [A74 art. 8:1 Wvggz]
Machtigingsverzoek CIZ Criteria machtiging [A75 art. 24 Wzd]
Machtigingsverzoek gesloten jeugdhulp, horen betrokken partijen door kinderrechter [A80 art. 6.1.10 Jw]
Machtigingsverzoek gesloten jeugdhulp, uitvoering beschikking kinderrechter [A80 art. 6.1.12 Jw]
Machtigingsverzoek gesloten jeugdhulp, zenden afschrift beschikking kinderrechter aan betrokken partijen [A80 art. 6.1.11 Jw]
Machtigingsverzoek OvJ [A75 art. 28a Wzd]
Machtigingsverzoek van CIZ [A75 art. 26, art. 28aa Wzd]
Machting stemrecht in Raad van de Europese Unie [A88 art. 239 VWEU]
Maken van voorbehoud niet toegestaan [A92 art. 4 EVRM 6e prot.]
Mandaat [A27 art. 166 PW] [A29 art. 168 Gemw] [A35 art. 88 Wschw] [A45 art. 10:1 Awb] [A75 art. 29 Wzd]
Mandaat aan wethouder [A74 art. 7:1 Wvggz]
Mandaatbevoegdheid college [A78 art. 2.6.3 WMO 2015]
Mandaatverlening [A41 art. 4.20 Vb 2000] [A45 art. 10:3 Awb]
Mandaatverlening burgemeester, korpschef of bevelhebber marechaussee [A41 art. 1.4 Vb 2000]
Mandaatverlening door B&W [A60 art. 19 Huisvw]
Mandateringsbevoegdheid [A75 art. 29 Wzd]
Mantelzorg en vrijwilligerswerk, bevorderingsmaatregelen [A78 art. 2.2.2 WMO 2015]
Mantelzorgers, jaarlijkse waardering [A78 art. 2.1.6 WMO 2015]
Massaal bezwaar [A56 art. 25c AWR]
Materiaal op tafel stembureau [A9 art. J 17 KW]
Materiële bedrijfsvoering [A15 art. 3.4 CW 2016]
Materiële schending [A114 art. 60 VWV]
Maximum teruggave binnenlandse belastingen Europese Unie [A88 art. 111 VWEU]
Maximumaantal kandidaten [A9 art. H 6 KW]
Maximumbedrag [A29 art. 234 Gemw]
Maximumtermijn [A75 art. 15 Wzd]
Mechanische bewerkingen rubber of kunststof, eisen [A66 art. 4.27a Barim]
Mechanische verwerking textiel, emissiereductie [A66 art. 4.103aa Barim]
Mededeling besluit [A45 art. 3:43 Awb] [A76 art. 43 DHW]
Mededeling besluit na uniforme openbare voorbereidingsprocedure [A45 art. 3:44 Awb]
Mededeling gebruik bestuurlijke lus [A45 art. 8:51b Awb]
Mededelingsplicht minister en provinciebestuur [A29 art. 112 Gemw]
Mededinging, aanwijzing mededingingsautoriteiten lidstaten [A84 art. 35 EGV 1/2003]
Mededinging, bekendmaking beschikkingen [A84 art. 30 EGV 1/2003]
Mededinging, bevoegdheid Commissie [A84 art. 4 EGV 1/2003]
Mededinging, bevoegdheid inspectie ondernemingen [A84 art. 20 EGV 1/2003]
Mededinging, bevoegdheid mededingingsautoriteiten lidstaten [A84 art. 5 EGV 1/2003]
Mededinging, bevoegdheid opnemen verklaringen [A84 art. 19 EGV 1/2003]
Mededinging, bevoegdheid rechterlijke instanties [A84 art. 6 EGV 1/2003]
Mededinging, bewijslast [A84 art. 2 EGV 1/2003]
Mededinging binnen gemeenschappelijk landbouwbeleid Europese Unie [A88 art. 42 VWEU]
Mededinging, dwangsommen [A84 art. 24 EGV 1/2003]
Mededinging, geheimhoudingsplicht [A84 art. 28 EGV 1/2003]
Mededinging, geldboeten [A84 art. 23 EGV 1/2003]
Mededinging, hoorzittingen [A84 art. 27 EGV 1/2003]
Mededinging, inbreuken [A84 art. 7 EGV 1/2003]
Mededinging, inspectie andere lokalen [A84 art. 21 EGV 1/2003]

M

Mededinging, intrekking groepsvrijstelling [A84 art. 29 EGV 1/2003]
Mededinging, misbruik machtspositie [A84 art. 1 EGV 1/2003]
Mededinging, onderzoek door mededingingsautoriteiten lidstaten [A84 art. 22 EGV 1/2003]
Mededinging, onderzoek sectoren economie en soorten overeenkomsten [A84 art. 17 EGV 1/2003]
Mededinging, raadplegen adviescomité [A84 art. 14 EGV 1/2003]
Mededinging, rechtsmacht Hof van Justitie [A84 art. 31 EGV 1/2003]
Mededinging, samenwerking Commissie en mededingingsautoriteiten lidstaten [A84 art. 11 EGV 1/2003]
Mededinging, samenwerking met nationale rechterlijke instanties [A84 art. 15 EGV 1/2003]
Mededinging, schorsing of afsluiting procedure [A84 art. 13 EGV 1/2003]
Mededinging, toezeggingen [A84 art. 9 EGV 1/2003]
Mededinging, uitvoeringsbepalingen [A84 art. 33 EGV 1/2003]
Mededinging, uitwisseling informatie [A84 art. 12 EGV 1/2003]
Mededinging, uniforme toepassing communautair mededingingsrecht [A84 art. 16 EGV 1/2003]
Mededinging, vaststelling niet-toepasselijkheid [A84 art. 10 EGV 1/2003]
Mededinging, verboden overeenkomsten/besluiten/gedragingen [A84 art. 1 EGV 1/2003]
Mededinging, verhouding tussen artikel 81 en 82 Verdrag en nationaal mededingingsrecht [A84 art. 3 EGV 1/2003]
Mededinging, verjaring bevoegdheid Commissie opleggen sancties [A84 art. 25 EGV 1/2003]
Mededinging, verjaring bevoegdheid Commissie tenuitvoerlegging sancties [A84 art. 26 EGV 1/2003]
Mededinging, verslag toepassing verordening [A84 art. 44 EGV 1/2003]
Mededinging, verzoek om inlichtingen [A84 art. 18 EGV 1/2003]
Mededinging, voorlopige maatregelen [A84 art. 8 EGV 1/2003]
Mededingingsprocedure met onderhandeling [A82 art. 2.126a AanbW 2012]
Medewerking [A74 art. 12:3 Wvggz]
Medewerking aan onderzoek bestuursrechtelijke toezichthouder [A45 art. 5:20 Awb]
Medewerking gemeentebestuur [A29 art. 124g Gemw]
Medewerking met toezichthoudende autoriteit [A19 art. 31 AVG]
Medewerking provinciebestuur [A27 art. 121e PW]
Medewerking van betrokkenen [A74 art. 11:3 Wvggz]
Medewerking vastleggen gegevens m.h.o.o. identificatie [A41 art. 1.31 Vb 2000]
Medewerking vastlegging gegevens identificatie [A41 art. 4.45 Vb 2000]
Medewerking verplicht [A56 art. 50 AWR]
Medewerking verstrekking gezichtsopname en vingerafdrukken [A41 art. 3.102a Vb 2000]
Medewerkingsplicht [A65 art. 14.10 Wm]
Medisch urenbeperkt [A77 art. 6b Pw]
Medische behandeling [A41 art. 3.46 Vb 2000]
Medische verklaring [A74 art. 7:1, art. 8:18, art. 8:19 Wvggz]
Medische verklaring psychiater [A74 art. 5:8 Wvggz]
Medische verklaring Verklarend psychiater [A74 art. 5:7 Wvggz]
Medische verklaring: inhoud [A74 art. 5:9 Wvggz]
Meerdere aanslagen op een aanslagbiljet [A35 art. 129 Wschw]
Meerdere belastingplichtigen [A29 art. 253 Gemw]
Meerderheid van stemmen [A101 art. 55 SIG] [A35 art. 38c Wschw]
Meerderheid van stemmen bij gemeenschappelijk buitenlands en veiligheidsbeleid Europese Unie [A87 art. 31 VEU]
Meerderheidsadvies [A65 art. 2.22 Wm]
Meerjarenkaderprogramma Europese Unie omtrent wetenschap en technologie [A88 art. 182 VWEU]
Meerjarig financieel kader Europese Unie [A88 art. 312 VWEU]
Meervoudig onderhandse procedure, gelijke behandeling [A82 art. 1.15 AanbW 2012]
Meervoudig onderhandse procedure, redelijke eisen/voorwaarden/criteria [A82 art. 1.16 AanbW 2012]
Meervoudige kamer bestuursrechter [A45 art. 8:10 Awb]
Meervoudige kamer bij andere bestuursrechter dan rechtbank [A45 art. 8:10a Awb]
Meevoeren en opslaan bij bestuursdwang [A45 art. 5:29 Awb]
Meldcode aanbieder [A78 art. 3.3 WMO 2015]
Melden korpschef [A41 art. 4.26 Vb 2000]
Melding aan gemeente [A74 art. 5:2 Wvggz]
Melding, aanvullende gegevens [A66 art. 1.15, art. 1.17a Barim]
Melding, afvalstoffen [A66 art. 1.16 Barim]
Melding, akoestisch onderzoek [A66 art. 1.11 Barim]

M

Melding beroepsmogelijkheid bij beslissing op bezwaar of beroep [A45 art. 6:23 Awb]
Melding, beschrijving invulling [A66 art. 1.17 Barim]
Melding bezwaar- of beroepsmogelijkheden bij besluit [A45 art. 3:45 Awb]
Melding bij onttrekking aan verplichte zorg [A74 art. 13:3 Wvggz]
Melding, bijvoegen munitie-QRA [A66 art. 1.21b Barim]
Melding cliëntenvertrouwenspersoon [A75 art. 60a Wzd]
Melding gebeurtenis met gevolg voor afvalvoorziening [A65 art. 17.5a Wm]
Melding gegevens afgifte [A65 art. 10.38 Wm]
Melding inbreuken op beveiliging persoonsgegevens aan betrokkene [A19 art. 34 AVG]
Melding inbreuken op beveiliging persoonsgegevens aan toezichthoudende autoriteit [A19 art. 33 AVG]
Melding inrichting, aantal landbouwhuisdieren [A66 art. 1.18 Barim]
Melding inrichting, inputgegevens luchtkwaliteitsmodel [A66 art. 1.19 Barim]
Melding inrichting/agrarische activiteit, biologische teelt [A66 art. 1.20 Barim]
Melding, installeren van gesloten bodemenergiesystemen [A66 art. 1.21a Barim]
Melding inzake vrees voor levensgevaar en misdrijven [A74 art. 13:3 Wvggz]
Melding, lozing grondwater [A66 art. 1.13 Barim]
Melding, lozing huishoudelijk afvalwater [A66 art. 1.14 Barim]
Melding, lozing uit bodemsanering/proefbronnering [A66 art. 1.12 Barim]
Melding niet-naleving toepasselijke voorwaarden bij SZW [A82 art. 2.81a AanbW 2012]
Melding, onderzoek, aanvraag B&W [A74 art. 5:1 Wvggz]
Melding, oprichting inrichting [A66 art. 1.14a Barim]
Melding patiëntenvertrouwenspersoon [A74 art. 13:2 Wvggz]
Melding, rapport luchtkwaliteit [A66 art. 1.16a Barim]
Melding, spreiding lozing over het jaar [A66 art. 1.21 Barim]
Melding, stookinstallatie met normaal thermisch ingangsvermogen [A66 art. 1.21c Barim]
Melding, toevoeging werkplan [A66 art. 1.13a Barim]
Melding van hoger beroep bij bestuursrechter [A45 art. 8:107 Awb]
Melding verandering inrichting bij B&W; verstrekken gewijzigde vergunning [A76 art. 30 DHW]
Melding vernietiging [A35 art. 158 Wschw]
Meldingsplicht [A56 art. 10a AWR] [A65 art. 17.10, art. 17.2, art. 8.41 Wm]
Meldingsplicht aanbieder [A78 art. 3.4 WMO 2015]
Meldingsplicht en wachtperiode [A83 art. 34 Mw]
Meldingsplicht ontvanger [A65 art. 10.40 Wm]
Meldingsplicht zorgbetrokkenen [A74 art. 13:2 Wvggz] [A75 art. 60a Wzd]
Meldplicht werkgever van tewerkgestelde vreemdeling [A81 art. 2a Wav]
Mengen van rubbercompounds, eisen mengen/verwerken rubber [A66 art. 4.31d Barim]
Meningsverschil inzake rechtsmacht [A101 art. 36 SIG]
Menselijke behandeling i.g.v. vrijheidsberoving [A104 art. 10 BUPO]
Mensenrechten [A100 art. 55, art. 62 Hv VN]
Mensenrechten, bekrachtiging [A89 art. 59 EVRM]
Mensenrechten, beroving van het leven door noodzakelijk geweld [A89 art. 2 EVRM]
Mensenrechten, bevoegdheden Comité van Ministers [A89 art. 54 EVRM]
Mensenrechten, einde lidmaatschap van Raad van Europa [A89 art. 58 EVRM]
Mensenrechten, geen straf zonder wet [A89 art. 7 EVRM]
Mensenrechten, informatie over waarborging van uitvoering van dit Verdrag [A89 art. 52 EVRM]
Mensenrechten, inperking van toepassing van beperkingen op rechten [A89 art. 18 EVRM]
Mensenrechten, instelling Europees Hof [A89 art. 19 EVRM]
Mensenrechten, noodtoestand [A89 art. 15 EVRM]
Mensenrechten, opzegging Verdrag [A89 art. 58 EVRM]
Mensenrechten, plicht tot eerbiediging [A89 art. 1 EVRM]
Mensenrechten, politieke activiteiten van vreemdelingen [A89 art. 16 EVRM]
Mensenrechten, recht om te huwen en een gezin te stichten [A89 art. 12 EVRM]
Mensenrechten, recht op daadwerkelijk rechtsmiddel [A89 art. 13 EVRM]
Mensenrechten, recht op eerlijk proces [A89 art. 6 EVRM]
Mensenrechten, recht op leven [A89 art. 2 EVRM]
Mensenrechten, recht op vrijheid/veiligheid [A89 art. 5 EVRM]
Mensenrechten, uitsluiting andere wijzen van geschillenregeling [A89 art. 55 EVRM]
Mensenrechten, verbod foltering of onmenselijke behandelingen [A89 art. 3 EVRM]
Mensenrechten, verbod op discriminatie [A89 art. 14 EVRM]
Mensenrechten, verbod slavernij/dwangarbeid [A89 art. 4 EVRM]
Mensenrechten, verbod van misbruik van recht [A89 art. 17 EVRM]
Mensenrechten, voorbehouden [A89 art. 57 EVRM]
Mensenrechten, vrijheid van vergadering/vereniging [A89 art. 11 EVRM]

M

Mensenrechten, waarborging bestaande mensenrechten [A89 art. 53 EVRM]
Mensenrechten, werkingssfeer [A89 art. 56 EVRM]
Mentorschap [A75 art. 3 Wzd]
MER bij belangrijke nadelige milieugevolgen [A65 art. 7.18 Wm]
MER bij Natuurbeschermingswet [A65 art. 7.2a Wm]
MER opstellen door verzoeker [A65 art. 7.22 Wm]
MER-plichtige plannen en besluiten [A65 art. 7.2 Wm]
Metaalbewerking, aanbrengen anorganische deklaag [A66 art. 4.57 Barim]
Metaalbewerking, aanbrengen conversielagen [A66 art. 4.65 Barim]
Metaalbewerking, beitsen/etsen [A66 art. 4.60 Barim]
Metaalbewerking, drogen [A66 art. 4.64 Barim]
Metaalbewerking, elektrolytisch en stroomloos aanbrengen metaallagen [A66 art. 4.62 Barim]
Metaalbewerking, emissieconcentratie [A66 art. 4.33 Barim]
Metaalbewerking, koper [A66 art. 4.35 Barim]
Metaalbewerking, lassen [A66 art. 4.39 Barim]
Metaalbewerking, lozen afvalwater [A66 art. 4.70 Barim]
Metaalbewerking, niet in buitenlucht [A66 art. 4.32 Barim]
Metaalbewerking, roestvast staal/chroom [A66 art. 4.34 Barim]
Metaalbewerking, solderen [A66 art. 4.44 Barim]
Metaalbewerking, stralen [A66 art. 4.49 Barim]
Metaalbewerking, thermisch aanbrengen metaallaag [A66 art. 4.68 Barim]
Metaalbewerking, vernevelen/verdampen metaalbewerkingsvloeistoffen [A66 art. 4.36 Barim]
Milieu-informatie [A49 art. 10, art. 6 WOB]
Milieubeleid Europese Unie [A88 art. 191 VWEU]
Milieubeleid lidstaten Europese Unie [A88 art. 193 VWEU]
Milieubescherming binnen EU [A88 art. 11 VWEU]
Milieukwaliteitseisen [A65 art. 5.1 Wm]
Militaire maatregelen [A100 art. 42 Hv VN]
Minderheidsstandpunten [A65 art. 2.22, art. 2.37 Wm]
Minimumleeftijd personeel 16 jaar [A76 art. 24 DHW]
Minimumleeftijd personeel 18 jaar [A76 art. 24 DHW]
Minimumleeftijd voor huwelijk [A108 art. 16 IVDV]
Minister [A74 art. 1:1 Wvggz]
Minister belast met handhaving [A65 art. 18.2b Wm]
Minister in plaats van inspecteur [A56 art. 27gb AWR]
Minister is bevoegd [A65 art. 11.60 Wm]
Minister van Binnenlandse Zaken en Konikrijkrelaties, regelgevende bevoegdheid [A15 art. 4.20 CW 2016]
Minister van Financiën, aanwijzingsbevoegdheid [A15 art. 5.1 CW 2016]
Minister van Financiën, regelgevende bevoegdheid [A15 art. 4.20 CW 2016]
Minister van Financiën, specifieke taken [A15 art. 4.19 CW 2016]
Ministeriële aanwijzing bij niet nakomen zeggenschap verzekerde [A79 art. 10.4.2 Wlz]
Ministeriële aanwijzing i.v.m. verstrekking persoonsgegevens [A79 art. 10.4.4 Wlz]
Ministeriële regeling [A65 art. 5.4, art. 9.2.2.6 Wm]
Ministeriële regeling art. 6 EG-verordening [A65 art. 10.56 Wm]
Ministeriële regeling ter uitvoering internationale verplichtingen [A65 art. 21.6 Wm]
Ministeriële regeling voorleggen aan Tweede Kamer [A81 art. 22a Wav]
Ministeriële regeling voorziening inzameling en transport afvalwater [A65 art. 10.34 Wm]
Ministerraad, aanwijzing verantwoordelijke minister [A12 art. 6 RvO Min]
Ministerraad, agenda [A12 art. 9 RvO Min]
Ministerraad, besluitenlijst [A12 art. 13 RvO Min]
Ministerraad, controlerende taak minister-president [A12 art. 16 RvO Min]
Ministerraad, deelnemen/bijwonen vergadering [A12 art. 3 RvO Min]
Ministerraad, geheimhoudingsplicht [A12 art. 26 RvO Min]
Ministerraad, indiening onderwerp door minister-president [A12 art. 7 RvO Min]
Ministerraad, ministeriële verantwoordelijkheid [A12 art. 12 RvO Min]
Ministerraad, notulen [A12 art. 14 RvO Min]
Ministerraad, onderwerpen [A12 art. 4 RvO Min]
Ministerraad, overleg met minister-president [A12 art. 5 RvO Min]
Ministerraad, regeling der werkzaamheden [A12 art. 10 RvO Min]
Ministerraad, samenstelling en benoeming [A12 art. 2 RvO Min]
Ministerraad, stemming [A12 art. 11 RvO Min]
Ministerraad, taak [A12 art. 4 RvO Min]
Ministerraad, vergaderdagen [A12 art. 8 RvO Min]
Ministerraad, voordracht koninklijk besluit [A12 art. 15 RvO Min]

Ministerraad, vorming raadscommissies [A12 art. 25 RvO Min]
Minnelijk overleg [A104 art. 41 BUPO]
Misdaadpreventie binnen de Europese Unie [A88 art. 84 VWEU]
Misdrijf of overtreding [A56 art. 72 AWR]
Misdrijven [A74 art. 13:5 Wvggz] [A75 art. 62 Wzd]
Misleidende informatie [A65 art. 9.4.7 Wm]
Mobiel toezicht [A41 art. 4.17a Vb 2000]
Mobiel toezicht/afwijking bij toename illegaal verblijf [A41 art. 4.17b Vb 2000]
Model aantekeningen [A41 art. 4.36 Vb 2000]
Modellen, nadere regels inzake vaststellen [A9 art. Y 39 KW]
Modelverklaring [A74 art. 5:8 Wvggz]
Mogelijk voorbehoud [A106 art. 2 BUPO 2e prot.]
Mogelijkheid van terstond-van-krachtverklaring [A65 art. 20.5 Wm]
Moment van aanvraag [A75 art. 25 Wzd]
Mondeling doen van aangifte [A29 art. 237 Gemw]
Mondelinge aangifte [A27 art. 228a PW] [A35 art. 127 Wschw]
Mondelinge communicatie [A82 art. 2.52b AanbW 2012]
Mondelinge stemming bij hoofdelijke oproeping [A27 art. 32 PW] [A29 art. 32 Gemw]
Mondelinge toelichting [A74 art. 8:15 Wvggz] [A75 art. 45, art. 46 Wzd]
Mondelinge uitspraak bestuursrechter [A45 art. 8:67 Awb]
Monetair Comité Europese Unie [A88 art. 134 VWEU]
Monitoring [A68 art. 7.6 Bor]
Monitoring en informatie [A72 art. 20.1 Omgw]
Motie, behandeling [A11 art. 93 RvO I]
Motie, indiening [A11 art. 93 RvO I]
Motie, stemming [A11 art. 106, art. 93 RvO I]
Motie van afkeuring door Europees Parlement [A88 art. 234 VWEU]
Motivering [A75 art. 39 Wzd]
Motivering afwijzing [A41 art. 3.121a Vb 2000]
Motivering beslissing administratief beroep [A45 art. 7:26 Awb]
Motivering beslissing op bezwaar [A45 art. 7:12 Awb]
Motivering onvrijwillige zorg [A75 art. 16 Wzd]
Motivering van afwijzing door ombudsman [A45 art. 9:25 Awb]
Motivering van behandeling klacht door bestuursorgaan [A45 art. 9:12 Awb]
Motor-/spoorvoertuigen of werktuigen, stallen [A66 art. 3.25 Barim]
Motor-/spoorvoertuigen of werktuigen, uitwendig wassen [A66 art. 3.23a Barim]
Motorvoertuigen, lozen afvalwater [A66 art. 4.75 Barim]
Motorvoertuigen, onderhoud/reparatie [A66 art. 4.84 Barim]
Multidisciplinaire activiteiten dienstverrichters [A54 art. 25 Richtlijn 2006/123/EG]
Multidisciplinaire richtlijn [A74 art. 8:5 Wvggz]
Multilateraal toezicht op economisch beleid lidstaten Europese Unie [A88 art. 121 VWEU]
Munitie, opslag [A66 art. 4.4 Barim]
Mvv vereiste/uitzonderingen [A41 art. 3.71 Vb 2000]

Nabestaande [A74 art. 1:1 Wvggz] [A75 art. 1 Wzd]
Nadeelcompensatie [A45 art. 4:126 Awb]
Nadeelcompensatie, aanvraag [A45 art. 4:127 Awb]
Nadeelcompensatie, beslistermijn aanvraag [A45 art. 4:130 Awb]
Nadeelcompensatie, maximum heffing aanvraag [A45 art. 4:128 Awb]
Nadeelcompensatie, vergoeding bijkomende kosten [A45 art. 4:129 Awb]
Nadeelcompensatie, verjaring [A45 art. 4:131 Awb]
Nadelige effecten op lange termijn [A74 art. 2:1 Wvggz]
Nader gehoor [A41 art. 3.113, art. 3.123f Vb 2000]
Nader onderzoek [A41 art. 3.123c Vb 2000]
Nadere inkadering bevoegdheid bij AMvB [A65 art. 5.16a Wm]
Nadere inlichtingen [A82 art. 3.50c AanbW 2012]
Nadere regels gemeentelijke belastingen [A29 art. 246a Gemw]
Nadere regels ter bescherming milieu [A65 art. 9.5.2 Wm]
Nagekomen feiten en omstandigheden [A40 art. 83 Vw 2000]
Naheffing [A56 art. 20 AWR]
Naheffing één uur [A29 art. 234 Gemw]
Nakoming verbindende internationale verplichtingen [A59 art. 120 Wonw]
Nakoming verplichtingen bij subsidie rechtspersoon [A45 art. 4:79 Awb]
Naleving [A114 art. 26 VWV]
Naleving geluidproductieplafond weg/spoorweg [A65 art. 11.20 Wm]

N

Naleving monitoringsplan [A65 art. 16.19 Wm]
Naleving van gemeenschappelijk buitenlands en veiligheidsbeleid Europese Unie
  [A87 art. 35 VEU]
Nalevingsgebod [A65 art. 15.40 Wm]
Namaken of vervalsen van kiesbescheiden [A9 art. Z 1 KW]
Nationaal milieubeleidsplan [A65 art. 4.3 Wm]
Nationaal recht [A114 art. 27 VWV]
Nationaal waterplan, inhoud [A70 art. 4.1 Wtw]
Nationaal waterplan, verzending naar Staten-Generaal [A70 art. 4.2 Wtw]
Nationale aanbesteding, gelijke behandeling [A82 art. 1.12 AanbW 2012]
Nationale aanbesteding, redelijke eisen/voorwaarden/criteria [A82 art. 1.13 AanbW 2012]
Nationale aanbesteding, transparantie [A82 art. 1.12 AanbW 2012]
Nationale databank [A82 art. 2.102a AanbW 2012]
Nationale ombudsman, arbeidsovereenkomst tot het bureau horende personen
  [A16 art. 11 WNo]
Nationale ombudsman, arbeidsvoorwaarden tot het bureau behorende personen
  [A16 art. 11 WNo]
Nationale ombudsman, beëdiging [A16 art. 8 WNo]
Nationale ombudsman, benoeming [A16 art. 2 WNo]
Nationale ombudsman, bestuursorganen met eigen ombudsman [A16 art. 1b WNo]
Nationale ombudsman, bureau [A16 art. 11 WNo]
Nationale ombudsman, nevenfuncties [A16 art. 5 WNo]
Nationale ombudsman, non-activiteit [A16 art. 4 WNo]
Nationale ombudsman, ontslag [A16 art. 3 WNo]
Nationale ombudsman, pensioenvoorziening [A16 art. 6 WNo]
Nationale ombudsman, plicht tot verschijnen [A16 art. 15 WNo]
Nationale ombudsman, substituut-ombudsman [A16 art. 9 WNo]
Nationale ombudsman, taak/rechtspositie/bevoegdheid [A2 art. 78a GW]
Nationale ombudsman, uitzondering onderzoek [A16 art. 12 WNo]
Nationale ombudsman, verbod betreden plaatsen [A16 art. 14 WNo]
Nationale ombudsman, vergoeding door bestuursorganen [A16 art. 1c WNo]
Nationale ombudsman, verslag werkzaamheden [A16 art. 16 WNo]
Nationale ombudsman, vervanging [A16 art. 10 WNo]
Nationale wetgeving verenigbaar met regelgeving ESCB en ECB [A88 art. 131 VWEU]
Nationaliteit [A108 art. 9 IVDV]
Nationaliteit rechters en procespartijen [A101 art. 31 SIG]
Natuurterrein [A35 art. 118 Wschw]
Nauwere samenwerking Europese Unie [A88 art. 326 VWEU]
Nauwere samenwerking lidstaten Europese Unie [A87 art. 20 VEU]
Navordering en nieuw feit [A56 art. 16 AWR]
Navordering, meldingsplichtige grensoverschrijdende constructie [A56 art. 16 AWR]
Navordering t.z.v. heffingskorting [A56 art. 16 AWR]
Navordering zonder nieuw feit [A56 art. 16 AWR]
Navorderingstermijn [A56 art. 16 AWR]
Ne bis in idem [A104 art. 14 BUPO]
Ne bis in idem bestuurlijke boete [A45 art. 5:43 Awb]
Nederlanderschap [A27 art. 63 PW] [A29 art. 63 Gemw]
Nederlanderschap, aangewezen autoriteiten voor registratie verklaringen [A38 art. 21 RWN]
Nederlanderschap, advies minister aan rechterlijke instantie [A38 art. 20 RWN]
Nederlanderschap, bijzondere bepalingen [A38 art. 2 RWN]
Nederlanderschap, competentie bij verzoek om vaststelling [A38 art. 18 RWN]
Nederlanderschap, dubbele nationaliteit [A38 art. 6a RWN]
Nederlanderschap, gebondenheid herroepelijke beschikking [A38 art. 19 RWN]
Nederlanderschap, gronden afwijzing verzoek vreemdeling [A38 art. 9 RWN]
Nederlanderschap, inhoud openbaar register [A38 art. 22 RWN]
Nederlanderschap, intrekking [A38 art. 14 RWN]
Nederlanderschap, kinderen van kinderen die in verlening delen [A38 art. 11 RWN]
Nederlanderschap, nadere regelgeving [A38 art. 13 RWN]
Nederlanderschap, toepasselijkheid Haags adoptieverdrag [A38 art. 5a RWN]
Nederlanderschap, vaststelling naam [A38 art. 12 RWN]
Nederlanderschap, vereisten verkrijging op verzoek vreemdeling [A38 art. 8 RWN]
Nederlanderschap, verkrijging door adoptie bij rechterlijke uitspraak [A38 art. 5 RWN]
Nederlanderschap, verkrijging door gerechtelijke vaststelling ouderschap [A38 art. 4 RWN]
Nederlanderschap, verkrijging door kind van geadopteerde [A38 art. 5c RWN]
Nederlanderschap, verkrijging door minderjarig kind op verzoek [A38 art. 11 RWN]

N

Alfabetisch trefwoordenregister

Nederlanderschap, verkrijging door optieverklaring en bevestiging [A38 art. 6 RWN]
Nederlanderschap, verkrijging door wettelijk erkende adoptie in buitenland [A38 art. 5b RWN]
Nederlanderschap, verkrijging op verzoek vreemdeling [A38 art. 7 RWN]
Nederlanderschap, verkrijging van rechtswege [A38 art. 3 RWN]
Nederlanderschap, verlening in bijzondere gevallen [A38 art. 10 RWN]
Nederlanderschap, verlies meerderjarige [A38 art. 15 RWN]
Nederlanderschap, verlies minderjarige [A38 art. 16 RWN]
Nederlanderschap, verzoek om vaststelling [A38 art. 17 RWN]
Nederlanderschap, verzoek tot medeverlening aan kind [A38 art. 11 RWN]
Nederlandse verklaring inzake kiesrecht [A9 art. Y 38 KW]
Nederlegging van het Verdrag [A108 art. 30 IVDV]
Neerlegging in archief [A105 art. 14 Fp BUPO]
Nemo tenetur bij bestuurlijke sanctie [A45 art. 5:10a Awb]
Nemo tenetur in bestuursrecht [A45 art. 8:28a Awb]
Netto minimumloon, definitie [A77 art. 37 Pw]
Netto-inkomen [A41 art. 3.85 Vb 2000]
Nevenfunctie [A27 art. 66 PW]
Nevenfuncties [A27 art. 40b PW] [A29 art. 41b, art. 67 Gemw]
Nevenfuncties dagelijks bestuur [A35 art. 44k Wschw]
Nevenrestricties [A83 art. 10 Mw]
Niet-ambtelijke adviescommissie [A49 art. 1 WOB]
Niet-betalen op aangifte [A56 art. 69a AWR]
Niet-deelnemende lidstaten bij nauwere samenwerking Europese Unie [A88 art. 327 VWEU]
Niet-doelgebonden verplichtingen aan subsidie [A45 art. 4:39 Awb]
Niet-elektronische inschrijving [A82 art. 3.50b AanbW 2012]
Niet-financiële begrotingsinformatie [A15 art. 3.7 CW 2016]
Niet-financiële verantwoordingsinformatie [A15 art. 3.9 CW 2016]
Niet-geprivilegieerd militair of niet-geprivilegieerd burgerpersoneel [A41 art. 3.40 Vb 2000]
Niet-gouvernementele organisaties [A100 art. 71 Hv VN]
Niet-ingedeelde gebieden [A65 art. 21.5 Wm]
Niet-inwoner [A27 art. 222a PW]
Niet-MER-plichtige plannen en besluiten [A65 art. 7.3 Wm]
Niet-nakoming verplichtingen werkgevers [A9 art. Z 9 KW]
Niet-ontvankelijk [A74 art. 10:6 Wvggz] [A75 art. 56b Wzd]
Niet-ontvankelijke klachten [A105 art. 3 Fp BUPO]
Niet-ontvankelijkheid bezwaar of beroep [A45 art. 6:6 Awb]
Niet-ontvankelijkverklaring aanvraag [A40 art. 30a Vw 2000]
Niet-openbare procedures [A82 art. 2.27 AanbW 2012]
Niet-toelating wegens niet-voldoen vereisten lidmaatschap [A9 art. V 10 KW]
Niet-toelating wegens onjuistheid vaststelling uitslag [A9 art. V 8 KW]
Nietigheid [A65 art. 9.7.3.6 Wm]
Nietigverklaring handelingen Europese instellingen door Hof van Justitie [A88 art. 264 VWEU]
Nieuw waterschap [A35 art. 26 Wschw]
Nieuwe aanvraag bij wijziging verblijfsdoel [A41 art. 1.25 Vb 2000]
Nieuwe dwingende norm volkenrecht [A114 art. 64 VWV]
Nieuwe feiten of omstandigheden na horen bij administratief beroep [A45 art. 7:23 Awb]
Nieuwe feiten of omstandigheden na horen bij bezwaar [A45 art. 7:9 Awb]
Nieuwe gespecialiseerde organisaties [A100 art. 59 Hv VN]
Nieuwe opneming stembiljetten [A9 art. P 21, art. U 17, art. V 4 KW]
Nieuwe partijen [A114 art. 30 VWV]
Nieuwe stemming, bevoegdheid deelname aan [A9 art. V 7 KW]
Nieuwe termijn na stuiting bestuursrechtelijke geldschuld [A45 art. 4:110 Awb]
Nieuwe vaststelling uitslag verkiezing [A9 art. V 9 KW]
Nieuwe vrijheid [A27 art. 221 PW] [A29 art. 219 Gemw]
Nieuwe werken of diensten [A82 art. 2.36 AanbW 2012]
Nieuwkomer [A65 art. 16.32 Wm]
Non-actiefstelling lid door PS [A27 art. 79d PW]
Non-actiefstelling lid door raad [A29 art. 81d Gemw]
Non-conformiteit [A65 art. 11.62 Wm]
Non-discriminatie, dwingend recht [A98 art. E ESHh]
Noodbevelen [A29 art. 175 Gemw]
Noodsituaties: dwang buiten zorgplan [A74 art. 9:8 Wvggz]
Noodverordeningen [A29 art. 176 Gemw]
Noodzakelijk [A75 art. 13 Wzd]
Normen voor rapporteren over rechtmatigheid [A15 art. 3.10 CW 2016]

Alfabetisch trefwoordenregister

O

Nulla poena, geen straf zonder wettelijke bepaling/legaliteitsbeginsel [A2 art. 16 GW]

Object [A35 art. 122d Wschw]
Officiële talen: Frans en Engels [A101 art. 39 SIG]
Offsettechnieken, emissiereductie [A66 art. 4.94a Barim]
Offsettechnieken, lozen van afvalwater [A66 art. 4.94b Barim]
Offsettechnieken, stofklasse S [A66 art. 4.94 Barim]
Offsettechnieken, toepassing maatregelen ter voorkoming emissies/geurhinder [A66 art. 4.94d Barim]
Offsettechnieken, verbod chroomzouthuodende ets- en correctiemiddelen [A66 art. 4.94c Barim]
Ombudscommissie waterschap [A35 art. 51i Wschw]
Ombudsman [A45 art. 9:17 Awb]
Ombudsman Europese Unie [A88 art. 228 VWEU]
Ombudsman na klachtenprocedure [A45 art. 9:20 Awb]
Ombudsman waterschap [A35 art. 51b Wschw]
Omgekeerde bewijslast [A23 art. 10 WGBHZ] [A24 art. 12 WGBLA]
Omgevingsdienst [A67 art. 5.3 Wabo]
Omgevingsdienst, taken [A68 art. 7.1 Bor]
Omgevingsplan, overgangsfase [A72 art. 22.1 Omgw]
Omgevingsrecht, aanwijzing interferentiegebied [A68 art. 2.2b Bor]
Omgevingsrecht, brandveilig gebruik bouwwerk [A68 art. 2.2 Bor]
Omgevingsrecht, kwaliteitseisen bij handhavingsbeleid [A69 art. 10.3 Mor]
Omgevingsrecht, monitoring handhavingsbeleid [A69 art. 10.6 Mor]
Omgevingsrecht, planologische gebruiksactiviteiten [A68 art. 2.7 Bor]
Omgevingsrecht, uitvoering handhavingsbeleid [A69 art. 10.4 Mor]
Omgevingsrecht, uitvoeringsorganisatie handhavingsbeleid [A69 art. 10.5 Mor]
Omgevingsrecht, vergunningsplichtige activiteiten met invloed op milieu [A68 art. 2.2a Bor]
Omgevingsrecht, vergunningsplichtige inrichtingen/gevallen [A68 art. 2.1 Bor]
Omgevingsrecht, vergunningsplichtige Natura 2000-activiteiten en flora-en fauna-activiteiten [A68 art. 2.2aa Bor]
Omgevingsrecht, vergunningsvrije inrichtingen/gevallen [A68 art. 2.3 Bor]
Omgevingsvergunning, aanhouden beslissing [A67 art. 3.3, art. 3.4, art. 3.5 Wabo]
Omgevingsvergunning aanlegactiviteit, aanvraaggegevens [A69 art. 3.1 Mor]
Omgevingsvergunning aanlegactiviteit, aanvraaggegevens gebruik gronden/bouwwerken [A69 art. 3.2 Mor]
Omgevingsvergunning, aanvraag [A67 art. 2.7 Wabo]
Omgevingsvergunning, aanvraag m.b.t. Natura 2000-activiteiten en flora-en fauna-activiteiten [A68 art. 5.21 Bor]
Omgevingsvergunning, aanvraaggegevens [A69 art. 1.3 Mor]
Omgevingsvergunning, aanwijzing Minister aan bevoegd gezag [A67 art. 2.34 Wabo]
Omgevingsvergunning activiteit, aanvraaggegevens i.v.m. alarminstallatie [A69 art. 7.4 Mor]
Omgevingsvergunning activiteit, aanvraaggegevens i.v.m. bescherming gesloten stortplaats [A69 art. 7.9 Mor]
Omgevingsvergunning activiteit, aanvraaggegevens i.v.m. bescherming grondwater/ bodem [A69 art. 7.8 Mor]
Omgevingsvergunning activiteit, aanvraaggegevens i.v.m. handelsreclame [A69 art. 7.6 Mor]
Omgevingsvergunning activiteit, aanvraaggegevens i.v.m. houtopstand [A69 art. 7.5 Mor]
Omgevingsvergunning activiteit, aanvraaggegevens i.v.m. opslag roerende zaken [A69 art. 7.7 Mor]
Omgevingsvergunning activiteit, aanvraaggegevens i.v.m. uitweg bij activiteit [A69 art. 7.3 Mor]
Omgevingsvergunning, advies bestuursorgaan [A67 art. 2.26 Wabo]
Omgevingsvergunning, advies over samenloop met watervergunning [A67 art. 3.19 Wabo]
Omgevingsvergunning, advies stichting ex art. 20.15 Wmb [A67 art. 6.5b Wabo]
Omgevingsvergunning, aflopende activiteit [A67 art. 2.23a Wabo]
Omgevingsvergunning, beoordeling gevolgen luchtkwaliteit [A68 art. 2.8 Bor]
Omgevingsvergunning beperkte verandering inrichting/werking inrichting, aanvraaggegevens [A69 art. 4.21 Mor]
Omgevingsvergunning, beroep tegen beschikking [A67 art. 6.4 Wabo]
Omgevingsvergunning, beroep tegen beschikking pas mogelijk na bekendmaking beschikking [A67 art. 6.5 Wabo]
Omgevingsvergunning, bevoegd gezag [A67 art. 2.4 Wabo]
Omgevingsvergunning, bijzondere bestuurlijke verplichtingen [A69 art. 9.1 Mor]
Omgevingsvergunning bouwactiviteit, aanvraaggegevens i.v.m. latere aanlevering [A69 art. 2.7 Mor]

Alfabetisch trefwoordenregister

Omgevingsvergunning bouwactiviteit, aanvraaggegevens t.b.v. toetsing aan bouwverordening [A69 art. 2.3 Mor]
Omgevingsvergunning bouwactiviteit, aanvraaggegevens t.b.v. toetsing aan eisen van welstand [A69 art. 2.5 Mor]
Omgevingsvergunning bouwactiviteit, algemene aanvraaggegevens [A69 art. 2.1 Mor]
Omgevingsvergunning bouwactiviteit, toetsing aanvraag aan Bouwbesluit 2012 [A69 art. 2.2 Mor]
Omgevingsvergunning bouwactiviteit, vereisten aan berekeningen bij aanvraag [A69 art. 2.10 Mor]
Omgevingsvergunning bouwactiviteit, vereisten aan plattegronden/aanzichten bij aanvraag [A69 art. 2.9 Mor]
Omgevingsvergunning bouwactiviteit, vereisten aan tekeningen bij aanvraag [A69 art. 2.8 Mor]
Omgevingsvergunning bouwactiviteit, vereisten wegtunnels [A69 art. 2.13 Mor]
Omgevingsvergunning bouwactiviteit, wegtunnels [A69 art. 2.6 Mor]
Omgevingsvergunning brandveilig gebruik bouwwerk, aanvraaggegevens [A69 art. 3.3 Mor]
Omgevingsvergunning, digitale indiening gegevens/bescheiden bij aanvraag [A69 art. 1.4 Mor]
Omgevingsvergunning, drijvend bouwwerk [A67 art. 2.24a Wabo]
Omgevingsvergunning, één verklaring van geen bedenkingen [A67 art. 2.28 Wabo]
Omgevingsvergunning, elektronisch indienen aanvraag [A68 art. 4.3 Bor]
Omgevingsvergunning, elektronische aanvraag formulieren [A69 art. 1.2 Mor]
Omgevingsvergunning en projectbesluit [A72 art. 5.1 Omgw]
Omgevingsvergunning en watervergunning, aanwijzing GS aan B&W over inhoud beschikking [A67 art. 3.20 Wabo]
Omgevingsvergunning en watervergunning, motivering beschikking [A67 art. 3.21 Wabo]
Omgevingsvergunning, evaluatie [A67 art. 7.2 Wabo]
Omgevingsvergunning, financiële zekerheid [A67 art. 4.1 Wabo]
Omgevingsvergunning gebruik beschermd monument, aanvraaggegevens i.v.m. aantasting [A69 art. 5.7 Mor]
Omgevingsvergunning gebruik beschermd monument, vereisten aan tekeningen bij aanvraag [A69 art. 5.8 Mor]
Omgevingsvergunning, gedeeltelijke weigering [A67 art. 2.21 Wabo]
Omgevingsvergunning, gefaseerde aanvraag [A68 art. 4.5 Bor]
Omgevingsvergunning, gefaseerde verlening [A67 art. 2.5 Wabo]
Omgevingsvergunning, geldigheid aan omgevingsvergunning verbonden voorschriften [A67 art. 2.33a Wabo]
Omgevingsvergunning, handhaving [A67 art. 5.1 Wabo]
Omgevingsvergunning, indienen aanvraag [A68 art. 4.1 Bor]
Omgevingsvergunning, indieningsvereisten vanwege aangewezen activiteiten [A69 art. 6.3 Mor]
Omgevingsvergunning inrichting, aanvraaggegevens [A69 art. 4.6 Mor]
Omgevingsvergunning inrichting, aanvraaggegevens i.v.m. beheer afvalstoffen [A69 art. 4.7 Mor]
Omgevingsvergunning inrichting, aanvraaggegevens i.v.m. geluidsaspecten [A69 art. 4.5 Mor]
Omgevingsvergunning inrichting, aanvraaggegevens i.v.m. maatregelen bevoegd gezag [A69 art. 4.4 Mor]
Omgevingsvergunning inrichting, aanvraaggegevens i.v.m. stookinstallaties [A69 art. 4.14 Mor]
Omgevingsvergunning inrichting, aanvraaggegevens i.v.m. storten afvalstoffen [A69 art. 4.9 Mor]
Omgevingsvergunning inrichting, aanvraaggegevens t.b.v. toetsing aan Brzo 1999 [A69 art. 4.13 Mor]
Omgevingsvergunning inrichting afvalvoorziening, aanvraaggegevens [A69 art. 4.10 Mor]
Omgevingsvergunning inrichting opslag vuurwerk, aanvraaggegevens [A69 art. 4.12 Mor]
Omgevingsvergunning inrichting verbranding afvalstoffen, aanvraaggegevens [A69 art. 4.11 Mor]
Omgevingsvergunning inrichting/lozing, best beschikbare technieken [A69 art. 9.2 Mor]
Omgevingsvergunning inrichting/lozing, emissiegrenswaarden [A69 art. 9.4 Mor]
Omgevingsvergunning inrichting/lozing, vergunningvoorschriften [A69 art. 9.3 Mor]
Omgevingsvergunning, intrekking [A68 art. 5.24 Bor]
Omgevingsvergunning, intrekking door bevoegd gezag [A67 art. 2.33 Wabo]
Omgevingsvergunning, intrekking samen met watervergunning [A67 art. 3.23 Wabo]
Omgevingsvergunning, inwerkingtreding beschikking [A67 art. 6.1 Wabo]
Omgevingsvergunning, kennisgeving aanvraag [A67 art. 3.8 Wabo]
Omgevingsvergunning, kerkelijk monument [A67 art. 3.2a Wabo]
Omgevingsvergunning, kosten ten laste van Rijk/bestuursorgaan/provincie [A67 art. 4.3 Wabo]
Omgevingsvergunning, kostenverhaal [A67 art. 5.26 Wabo]
Omgevingsvergunning, lagedrempelinrichting BRZO [A68 art. 4.6 Bor]
Omgevingsvergunning, landelijke voorziening gegevens en bescheiden [A67 art. 7.6 Wabo]

Alfabetisch trefwoordenregister   O

Omgevingsvergunning, melding aanhouden beslissing [A67 art. 3.6 Wabo]
Omgevingsvergunning, milieueffectrapport [A68 art. 4.5 Bor]
Omgevingsvergunning, omschrijving project/activiteiten [A67 art. 2.22 Wabo]
Omgevingsvergunning oprichting/beheer inrichting, aanvraaggegevens bodemkwaliteit [A69 art. 4.3 Mor]
Omgevingsvergunning oprichting/beheer inrichting, aanvraaggegevens i.v.m. externe veiligheid [A69 art. 4.16 Mor]
Omgevingsvergunning oprichting/beheer inrichting, aanvraaggegevens i.v.m. indirecte lozingen afvalwater [A69 art. 4.15 Mor]
Omgevingsvergunning oprichting/beheer inrichting, aanvraaggegevens i.v.m. ongewone voorvallen [A69 art. 4.2 Mor]
Omgevingsvergunning oprichting/beheer inrichting, algemene aanvraaggegevens [A69 art. 4.1 Mor]
Omgevingsvergunning oprichting/beheer mijnbouwwerk, aanvraaggegevens [A69 art. 4.22 Mor]
Omgevingsvergunning, overige onlosmakelijke activiteiten [A67 art. 2.5a Wabo]
Omgevingsvergunning, procedure wijziging/intrekking [A67 art. 3.15 Wabo]
Omgevingsvergunning, procedurevoorschriften [A68 art. 6.19 Bor]
Omgevingsvergunning, publicatie/terinzagelegging ontwerpbesluit [A67 art. 3.12 Wabo]
Omgevingsvergunning, reguliere voorbereidingsprocedure [A67 art. 3.7 Wabo]
Omgevingsvergunning, samenloop met indienen aanvraag watervergunning [A67 art. 3.18 Wabo]
Omgevingsvergunning, samenloop met watervergunning [A67 art. 3.16 Wabo]
Omgevingsvergunning, samenloop met watervergunning inzake termijn [A67 art. 3.17 Wabo]
Omgevingsvergunning, schriftelijk indienen aanvraag [A68 art. 4.2 Bor]
Omgevingsvergunning, seizoensgebonden bouwwerk [A67 art. 2.24 Wabo]
Omgevingsvergunning sloop beschermd monument, aanvraaggegevens [A69 art. 5.1 Mor]
Omgevingsvergunning sloop in beschermd stads- of dorpsgezicht, vervangend bouwwerk [A69 art. 6.2 Mor]
Omgevingsvergunning, te verbinden voorschriften [A68 art. 5.22 Bor]
Omgevingsvergunning, termijn van beslissing [A67 art. 3.9 Wabo]
Omgevingsvergunning, toezending beschikking aan indiener zienswijze [A67 art. 3.13 Wabo]
Omgevingsvergunning, toezending stukken aanvraag [A67 art. 3.11 Wabo]
Omgevingsvergunning, uitgebreide voorbereidingsprocedure [A67 art. 3.10 Wabo]
Omgevingsvergunning, van kracht blijven voorschriften [A67 art. 2.23b Wabo]
Omgevingsvergunning, veranderen inrichting/mijnbouwwerk [A67 art. 2.6 Wabo]
Omgevingsvergunning verandering inrichting/werking inrichting, aanvraaggegevens [A69 art. 4.17 Mor]
Omgevingsvergunning verandering inrichting/werking inrichting, aanvraaggegevens i.v.m. BRZO 2015 [A69 art. 4.18 Mor]
Omgevingsvergunning verandering inrichting/werking inrichting, aanvraaggegevens i.v.m. externe veiligheid [A69 art. 4.19 Mor]
Omgevingsvergunning, verbod in provinciale/gemeentelijke verordening [A67 art. 2.2 Wabo]
Omgevingsvergunning, verbod in stand laten bouwwerk [A67 art. 2.3a Wabo]
Omgevingsvergunning, verbod uitvoeren project [A67 art. 2.1 Wabo]
Omgevingsvergunning, vergoeding kosten en schade [A67 art. 4.2 Wabo]
Omgevingsvergunning, vergunninghouder [A67 art. 2.25 Wabo]
Omgevingsvergunning, verklaring van geen bedenkingen [A67 art. 2.27 Wabo]
Omgevingsvergunning, verlening/weigering o.g.v. artikel 2.8 Wet natuurbescherming [A67 art. 2.17a Wabo]
Omgevingsvergunning, verlening/weigering o.g.v. artikel 3.3. lid 4 Wet natuurbescherming [A67 art. 2.17b Wabo]
Omgevingsvergunning, verlening/weigering o.g.v. artikel 3.8 lid 5 of 3.10 lid 2 Wet natuurbescherming [A67 art. 2.17d Wabo]
Omgevingsvergunning, verlening/weigering o.g.v. artikel 3.8 lid 5 Wet natuurbescherming [A67 art. 2.17c Wabo]
Omgevingsvergunning, verlening/weigering o.g.v. bepalingen AMvB [A67 art. 2.17, art. 2.18, art. 2.19 Wabo]
Omgevingsvergunning, verlening/weigering o.g.v. Wet Bibob [A67 art. 2.20 Wabo]
Omgevingsvergunning, vermelden tijdelijkheid activiteit bij aanvraag [A69 art. 1.5 Mor]
Omgevingsvergunning verplaatsing beschermd monument, aanvraaggegevens [A69 art. 5.3 Mor]
Omgevingsvergunning verstoren beschermd monument, aanvraaggegevens [A69 art. 5.2 Mor]
Omgevingsvergunning, verstrekken gegevens/bescheiden bij aanvraag [A68 art. 4.4 Bor]
Omgevingsvergunning voor activiteit, aanvulling veiligheidsrapport [A68 art. 6.17 Bor]
Omgevingsvergunning voor activiteit, broeikasgasemissies/energiegebruik [A68 art. 5.12 Bor]
Omgevingsvergunning voor activiteit, energieverbruik [A68 art. 5.12a Bor]

O

Omgevingsvergunning voor activiteit, geen voorschriften [A68 art. 5.13a Bor]
Omgevingsvergunning voor activiteit, overbrenging afval naar/uit provincie [A68 art. 5.13 Bor]
Omgevingsvergunning voor activiteit, recreatiewoning [A68 art. 5.18 Bor]
Omgevingsvergunning voor activiteit, samenvatting risicoanalyse [A68 art. 6.16 Bor]
Omgevingsvergunning voor activiteit, uitgestelde gegevensverstrekking bij aanvraag [A68 art. 4.7 Bor]
Omgevingsvergunning voor activiteit, voorschriften i.v.m. archeologische monumentenzorg [A68 art. 5.2 Bor]
Omgevingsvergunning voor activiteit, weigering vergunning [A68 art. 5.13b Bor]
Omgevingsvergunning voor activiteit, zenden afschrift aanvraag aan betrokken personen/bestuursorganen [A68 art. 6.13 Bor]
Omgevingsvergunning voor activiteit, zenden afschrift aanvraag aan provincie/inspecteur [A68 art. 6.12 Bor]
Omgevingsvergunning voor bouwwerk, tijdelijkheid/persoonsgebondenheid [A68 art. 5.16 Bor]
Omgevingsvergunning voor bouwwerk, voorschriften i.v.m. oprichting/gebruik/sloop [A68 art. 5.1 Bor]
Omgevingsvergunning voor inrichtingen/mijnbouwwerken, actualisatieplicht [A68 art. 5.10 Bor]
Omgevingsvergunning voor inrichtingen/mijnbouwwerken, afwijkende geldingsduur voorschriften [A68 art. 5.9 Bor]
Omgevingsvergunning voor inrichtingen/mijnbouwwerken, best beschikbare technieken [A68 art. 5.4 Bor]
Omgevingsvergunning voor inrichtingen/mijnbouwwerken, doelvoorschriften [A68 art. 5.5 Bor]
Omgevingsvergunning voor inrichtingen/mijnbouwwerken, geologische opslag kooldioxide [A68 art. 5.4a Bor]
Omgevingsvergunning voor inrichtingen/mijnbouwwerken, milieubeschermende voorschriften [A68 art. 5.7 Bor]
Omgevingsvergunning voor inrichtingen/mijnbouwwerken, nuttige toepassing/ verwijdering afvalstoffen [A68 art. 5.8 Bor]
Omgevingsvergunning voor inrichtingen/mijnbouwwerken, technische maatregelen [A68 art. 5.6 Bor]
Omgevingsvergunning voor inrichtingen/mijnbouwwerken, voorschriften [A68 art. 5.3 Bor]
Omgevingsvergunning voor sloop bouwwerk, vervangend bouwwerk [A69 art. 6.1 Mor]
Omgevingsvergunning, voorbereidingsprocedure [A67 art. 3.1 Wabo]
Omgevingsvergunning voortdurende activiteit, aangegeven termijn [A67 art. 2.23 Wabo]
Omgevingsvergunning, vrijstelling rechten voor aanvraag [A68 art. 4.10 Bor]
Omgevingsvergunning, weigering bij sloop t.b.v. ander bouwwerk [A67 art. 2.16 Wabo]
Omgevingsvergunning, weigering wegens ontbreken verklaring van geen bezwaar [A67 art. 2.20a Wabo]
Omgevingsvergunning wijziging beschermd monument, aanvraaggegevens i.v.m. aanlegactiviteit [A69 art. 5.5 Mor]
Omgevingsvergunning wijziging beschermd monument, aanvraaggegevens i.v.m. bouwactiviteit [A69 art. 5.4 Mor]
Omgevingsvergunning wijziging rijksmonument, aanvraaggegevens i.v.m. wijziging/herstel [A69 art. 5.6 Mor]
Omgevingsvergunning, wijziging voorschriften [A68 art. 5.23 Bor]
Omgevingsvergunning, wijziging voorschriften door minister [A67 art. 2.32 Wabo]
Omgevingsvergunning, wijziging/intrekking [A67 art. 2.29 Wabo]
Omgevingsvisies en programma's [A72 art. 3.1 Omgw]
Omhangbepaling [A66 art. 1.3a Barim]
Omkering bewijslast [A56 art. 25, art. 27e AWR]
Omkoping [A9 art. Z 4 KW]
Omzet banken [A83 art. 31 Mw]
Omzet verzekeraars [A83 art. 31 Mw]
Omzetting HBE [A65 art. 9.7.4.1 Wm]
Onaantastbaarheid menselijk lichaam [A2 art. 11 GW]
Onafhankelijke arts [A75 art. 26 Wzd]
Onafhankelijke jury [A82 art. 2.161 AanbW 2012]
Onafhankelijkheid [A74 art. 10:2, art. 10:2, art. 11:1 Wvggz] [A75 art. 54, art. 57 Wzd]
Onafhankelijkheid leden Rekenkamer Europese Unie [A88 art. 286 VWEU]
Onafhankelijkheid leden van de Europese Commissie [A88 art. 245 VWEU]
Onbevoegdheid ombudsman [A45 art. 9:22 Awb]
Onbewoonbaar verklaard gebouw, vergoeding [A61 art. 81 OW]
Onderbreking betrekkingen Europese Unie met derde landen [A88 art. 215 VWEU]
Onderdanen van België en Luxemburg [A41 art. 8.5 Vb 2000]
Ondergrens HBE nihil [A65 art. 9.7.3.4 Wm]

Alfabetisch trefwoordenregister O

Ondergrondse opslagtank, eisen [A66 art. 3.30 Barim]
Ondergrondse opslagtank, organische oplosmiddelen/opstelplaats tankwagen [A66 art. 3.30a Barim]
Onderhandeling over inschrijvingen [A82 art. 2.126c AanbW 2012]
Onderhandelingsprocedure zonder aankondiging, aanvullende leveringen of werken [A82 art. 3.37 AanbW 2012]
Onderhandelingsprocedure zonder aankondiging, leveringen of diensten [A82 art. 2.33 AanbW 2012]
Onderling overleg lidstaten Europese Unie [A88 art. 347 VWEU]
Onderling overleg lidstaten over gemeenschappelijk buitenlands en veiligheidsbeleid Europese Unie [A87 art. 32 VEU]
Onderlinge gegevensverschaffing [A74 art. 8:29 Wvggz]
Onderlinge informatieverstrekking zorgaanbieder, Wzd-functionaris, zorgverantwoordelijke, CIZ, burgemeester en OvJ [A75 art. 18c Wzd]
Ondermandaat [A45 art. 10:9 Awb]
Onderneming [A19 art. 4 AVG]
Onderraad, agenda [A12 art. 20 RvO Min]
Onderraad, benoeming secretaris [A12 art. 19 RvO Min]
Onderraad, besluitenlijst [A12 art. 22 RvO Min]
Onderraad, bevoegdheid [A12 art. 21 RvO Min]
Onderraad, bijwonen vergadering [A12 art. 20, art. 23 RvO Min]
Onderraad, samenstelling [A12 art. 18 RvO Min]
Onderraad, taak [A12 art. 17 RvO Min]
Onderraad, werkwijze [A12 art. 24 RvO Min]
Onderscheid op grond van geslacht [A21 art. 1 AWGB]
Ondersteuning, coördinatie en aanvulling optreden lidstaten door Europese Unie [A88 art. 6 VWEU]
Ondersteuningsverklaringen leden kiescollege, minimum aantal [A9 art. Ya 27 KW]
Ondertekening, bekrachtiging en inwerkingtreding [A98 art. K ESHh]
Ondertekening en openbare voorlezing [A101 art. 58 SIG]
Ondertekening namens bestuursorgaan [A45 art. 10:11 Awb]
Ondertekening raadsstukken [A29 art. 32a Gemw]
Ondertekening stukken [A27 art. 32a, art. 59a PW]
Ondertekening stukken college [A29 art. 59a Gemw]
Ondertekening van dit Verdrag [A114 art. 81 VWV]
Ondertekening van wetgevingshandelingen Europese Unie [A88 art. 297 VWEU]
Onderwijs [A2 art. 23 GW]
Onderwijs binnen Europese Unie [A88 art. 165 VWEU]
Onderwijs eigen taal en cultuur [A110 art. 30 IVRK]
Onderwijs en cultuur [A100 art. 55 Hv VN]
Onderwijsinstelling als referent [A41 art. 1.13, art. 1.15 Vb 2000]
Onderzoek bij andere instellingen [A27 art. 185 PW] [A29 art. 184 Gemw]
Onderzoek bij vermoeden van niet-naleving [A65 art. 15.41 Wm]
Onderzoek door College voor de rechten van de mens [A23 art. 12 WGBHZ] [A24 art. 14 WGBLA]
Onderzoek door GS [A35 art. 109c Wschw]
Onderzoek door ombudsman [A45 art. 9:23 Awb]
Onderzoek en geldigheid kandidatenlijsten, proces-verbaal van [A9 art. S 7 KW]
Onderzoek geloofsbrief [A9 art. V 4 KW]
Onderzoek, identificatie cliënt [A78 art. 2.3.4 WMO 2015]
Onderzoek, inhoud [A78 art. 2.3.2 WMO 2015]
Onderzoek kandidatenlijsten leden Eerste Kamer, art. 15, 16 en 18 AVG niet van toepassing [A9 art. S 16 KW]
Onderzoek kleding en lichaam [A74 art. 8:14 Wvggz]
Onderzoek kleding, lichaam of bagage [A40 art. 55 Vw 2000]
Onderzoek kleding, lichaam, verblijfsruimte, poststukken [A75 art. 15 Wzd]
Onderzoek luchtvaartuig [A41 art. 4.16 Vb 2000]
Onderzoek met gesloten deuren [A56 art. 27c AWR]
Onderzoek na melding [A78 art. 2.3.2 WMO 2015]
Onderzoek naar bijdragen ten laste van EU-begroting [A15 art. 7.28 CW 2016]
Onderzoek naar bijdragen ten laste van EU-begroting, bevoegdheden [A15 art. 7.36 CW 2016]
Onderzoek naar bijdragen ten laste van EU-begroting, reikwijdte [A15 art. 7.29 CW 2016]
Onderzoek naar doelmatigheid dagelijks bestuur [A35 art. 109a Wschw]
Onderzoek naar geschiktheid/bekwaamheid ambtenaar [A17 art. 3a AW]

Sdu 2643

O

Onderzoek naar openbare lichamen en gemeenschappelijke organen, reikwijdte [A15 art. 7.26 CW 2016]
Onderzoek naar publieke middelen buiten het Rijk, bevoegdheden [A15 art. 7.34 CW 2016]
Onderzoek naar publieke middelen buiten Rijk [A15 art. 7.24 CW 2016]
Onderzoek naar publieke middelen buiten Rijk, reikwijdte [A15 art. 7.25 CW 2016]
Onderzoek naar staatsdeelnemingen, bevoegdheden [A15 art. 7.35 CW 2016]
Onderzoek naar staatsdeelnemingen, reikwijdte [A15 art. 7.27 CW 2016]
Onderzoek naar verklaring over EU-uitgaven [A15 art. 7.31 CW 2016]
Onderzoek naar verklaring over EU-uitgaven, aanbieden rapport [A15 art. 7.32 CW 2016]
Onderzoek op verzoek PS [A27 art. 183 PW]
Onderzoek op verzoek raad [A29 art. 182 Gemw]
Onderzoek overheidstekort lidstaat Europese Unie [A88 art. 126 VWEU]
Onderzoek poststukken [A74 art. 8:14 Wvggz]
Onderzoek ter plaatse door ombudsman [A45 art. 9:34 Awb]
Onderzoek uit eigen beweging door ombudsman [A45 art. 9:26 Awb]
Onderzoek van zorgalternatieven [A75 art. 9 Wzd]
Onderzoek vervoermiddel bij redelijke verdenking [A40 art. 51 Vw 2000]
Onderzoek vervoermiddelen door bestuursrechtelijke toezichthouder [A45 art. 5:19 Awb]
Onderzoek woonruimte [A74 art. 8:14 Wvggz]
Onderzoek zaken door bestuursrechtelijke toezichthouder [A45 art. 5:18 Awb]
Onderzoek- en ontwikkelingsprogramma's lidstaten Europese Unie [A88 art. 185 VWEU]
Onderzoeken kandidatenlijsten [A9 art. I 1 KW]
Onderzoeken kandidatenlijsten, art. 15, 16 en 18 AVG niet van toepassing [A9 art. I 20 KW]
Onderzoeker [A41 art. 3.33 Vb 2000]
Onderzoeksbevoegdheid [A27 art. 184 PW] [A29 art. 183 Gemw]
Onderzoeksbevoegdheid door minister [A27 art. 219 PW]
Onderzoeksbevoegdheid GS [A29 art. 215 Gemw]
Onderzoeksinstelling als referent [A41 art. 1.11 Vb 2000]
Onderzoeksverslag [A65 art. 7.41 Wm]
Oneigenlijk gebruik raamovereenkomst [A82 art. 3.46 AanbW 2012]
Ongebouwde eigendommen [A35 art. 118 Wschw]
Ongebouwde onroerende zaak [A35 art. 118 Wschw]
Ongeldige stemmen [A9 art. N 7, art. T 8 KW]
Ongeldigheid [A9 art. Ya 10a KW]
Ongeldigheid door nationaal recht [A114 art. 46 VWV]
Ongeldigheid lijsten [A9 art. I 5, art. S 3, art. Ya 31c KW]
Ongeldigverklaring lijsten heeft geen gevolg voor nummering [A9 art. I 16, art. S 14 KW]
Ongestoord genot van eigendom behoudens ontneming en beperking door de wet [A90 art. 1 EVRM 1e prot.]
Ongewenstverklaring [A40 art. 67 Vw 2000] [A41 art. 4.35 Vb 2000]
Onjuist bedrag [A56 art. 65 AWR]
Onjuiste aangifte [A56 art. 69 AWR]
Onjuiste/onvolledige verstrekking bedrijfsgegevens [A83 art. 73 Mw]
Onkostenvergoeding [A107 art. 8 VURd] [A108 art. 17 IVDV]
Onmiddellijk ontslag gedeputeerde [A27 art. 46 PW]
Onmiddellijk ontslag wethouder [A29 art. 47 Gemw]
Onmogelijkheid van uitvoering [A114 art. 61 VWV]
Onpartijdigheid bestuursorgaan [A45 art. 2:4 Awb]
Onrechtmatig verblijf; geen recht op vergunningen [A41 art. 8.3 Vb 2000]
Onroerende zaak, waardebepaling [A61 art. 40d OW]
Onroerende zaken [A35 art. 138 Wschw]
Onroerendezaakbelastingen [A29 art. 220 Gemw]
Onschendbaarheid [A27 art. 22, art. 57 PW] [A29 art. 22, art. 57 Gemw]
Onschendbaarheid algemeen bestuur [A35 art. 39 Wschw]
Onschendbaarheid van de persoon [A102 art. 3 UVRM]
Ontbreken geldige documenten voor grensoverschrijding vanwege nationale regering [A41 art. 3.72 Vb 2000]
Ontbreken medewerking rechthebbende [A65 art. 11.39 Wm]
Ontdoen buiten inrichting [A65 art. 10.2 Wm]
Onteigening [A72 art. 11.1 Omgw]
Onteigening, aanwijzing onroerende zaken en rechten [A61 art. 64 OW]
Onteigening, afschrift beschikking [A61 art. 54d OW]
Onteigening, afwijzingsgronden eis [A61 art. 25 OW]
Onteigening, afzonderlijke onteigening op zaak berustend recht [A61 art. 4 OW]
Onteigening, begroting schade [A61 art. 30 OW]

Alfabetisch trefwoordenregister   O

Onteigening, begroting schadeloosstelling [A61 art. 35 OW]
Onteigening, behandeling bij rechtbank [A61 art. 24 OW]
Onteigening, benoeming deskundigen [A61 art. 27 OW]
Onteigening, bescheiden voor inschrijving vonnis [A61 art. 54n OW]
Onteigening, beschikking rechtbank op verzoekschrift [A61 art. 54c OW]
Onteigening, bezwaarschrift tegen schadeloosstelling [A61 art. 36 OW]
Onteigening, bodemmaterialen [A61 art. 65 OW]
Onteigening bodemmaterialen, betaling schadeloosstelling [A61 art. 67 OW]
Onteigening bodemmaterialen, schadeloosstelling [A61 art. 66 OW]
Onteigening, buitengewone omstandigheden [A61 art. 73 OW]
Onteigening, conclusie nemen door derde belanghebbende [A61 art. 37 OW]
Onteigening, dagvaarding [A61 art. 18 OW]
Onteigening, eigenaar/rechthebbende/derde belanghebbende [A61 art. 3 OW]
Onteigening, evaluatie [A61 art. 125 OW]
Onteigening, gedoogplicht metingen [A61 art. 64b OW]
Onteigening, getuigenverhoor [A61 art. 31 OW]
Onteigening, hoger beroep [A61 art. 26 OW]
Onteigening in buitengewone omstandigheden, inbezitneming waren [A61 art. 76a ter OW]
Onteigening in buitengewone omstandigheden, inwerkingstelling art. 76a bis t/m 76f bis [A61 art. 76a OW]
Onteigening in buitengewone omstandigheden, ogenblikkelijke inbezitneming [A61 art. 76a bis OW]
Onteigening in buitengewone omstandigheden, schadevergoeding [A61 art. 74 OW]
Onteigening in buitengewone omstandigheden, voorkeursrecht onteigende [A61 art. 76 OW]
Onteigening in buitengewone omstandigheden, wettelijke rente [A61 art. 75 OW]
Onteigening, in gebreke blijven deskundigen [A61 art. 33 OW]
Onteigening, inschrijving vonnis [A61 art. 59 OW]
Onteigening, later opgekomen bezwaren [A61 art. 36a OW]
Onteigening, minnelijke overeenkomst [A61 art. 17 OW]
Onteigening, octrooi [A61 art. 97 OW]
Onteigening octrooi, krachtens wet [A61 art. 98 OW]
Onteigening octrooi, licenties [A61 art. 102 OW]
Onteigening octrooi, opgave schade via Octrooiraad [A61 art. 99 OW]
Onteigening octrooi, rechten voortvloeiend uit octrooiaanvraag [A61 art. 104A OW]
Onteigening octrooi, schadeloosstelling [A61 art. 103 OW]
Onteigening octrooi, schadevergoeding rechten voortvloeiend uit octrooiaanvraag [A61 art. 104B OW]
Onteigening octrooi, verkrijging eigendom [A61 art. 100 OW]
Onteigening octrooi, verslag naar rechtbank [A61 art. 101 OW]
Onteigening, opneming ligging [A61 art. 28 OW]
Onteigening, overgang belastingen [A61 art. 60 OW]
Onteigening, overgang eigendom [A61 art. 59 OW]
Onteigening, overneming gebouwen/erven [A61 art. 38 OW]
Onteigening, proces-verbaal van opneming [A61 art. 34 OW]
Onteigening, procesgang [A61 art. 54t OW]
Onteigening, proceskosten [A61 art. 50 OW]
Onteigening, publiek belang [A61 art. 1 OW]
Onteigening, rechten verweerder [A61 art. 20 OW]
Onteigening, schade metingen [A61 art. 64b OW]
Onteigening, schadeloosstelling [A2 art. 14 GW] [A61 art. 40 OW]
Onteigening, schadeplichtigheid bij niet inschrijven vonnis [A61 art. 54q OW]
Onteigening, t.b.v. aanleg waterkering/verdedigingswerk [A61 art. 62 OW]
Onteigening, t.b.v. aanleg/verbetering wegen etc. [A61 art. 72a OW]
Onteigening, t.b.v. drinkwatervoorziening en verwijdering afvalstoffen [A61 art. 72b OW]
Onteigening, t.b.v. landinrichting [A61 art. 122 OW]
Onteigening, t.b.v. winning oppervlaktedelfstoffen [A61 art. 72c OW]
Onteigening, tenuitvoerlegging vonnis [A61 art. 54s OW]
Onteigening, toepasselijkheid afd. 3.4 Awb [A61 art. 63 OW]
Onteigening, toepasselijkheid Rv [A61 art. 2 OW]
Onteigening, uitspraak rechtbank [A61 art. 37 OW]
Onteigening, veranderingen niet meerekenen bij schadevergoeding [A61 art. 39 OW]
Onteigening, verslag en zienswijzen naar minister [A61 art. 124 OW]
Onteigening, verval zekerheidstelling [A61 art. 54r OW]
Onteigening, vervanging deskundigen [A61 art. 29 OW]
Onteigening, vervreemding eigendom na beëindiging ontgronding [A61 art. 72d OW]

Sdu 2645

Onteigening, vervroegde uitspraak [A61 art. 54f OW]
Onteigening, verzet tegen verstekvonnis [A61 art. 51 OW]
Onteigening, verzoek verhoging voorschot [A61 art. 54o OW]
Onteigening, voorlopig oordeel schadeloosstelling [A61 art. 54e OW]
Onteigening, werkingssfeer Rv [A61 art. 32 OW]
Onteigeningsbesluit, bekendmaking [A61 art. 64a OW]
Onteigeningsbesluit, termijn [A61 art. 64a OW]
Onteigeningsbesluit, vervallen [A61 art. 64a OW]
Onteigeningsverzoek publiekrechtelijk lichaam [A61 art. 78 OW]
Ontheffing melding en wachtperiode [A83 art. 40 Mw]
Ontheffing omgevingsvergunning [A65 art. 1.3a Wm]
Ontheffing persoonlijke diensten [A35 art. 51 Wschw]
Ontheffing uit functie [A101 art. 18 SIG]
Ontheffing van algemeen verbindend verklaarde overeenkomst over afvalbeheerbijdrage [A65 art. 15.38 Wm]
Ontheffing van ambtsvervulling leden Europese Commissie [A88 art. 247 VWEU]
Ontheffing verbod lozing afvalwater buiten inrichting [A65 art. 10.63 Wm]
Ontheffing verstrekking zwak-alcoholische drank bij bijzondere gelegenheden [A76 art. 35 DHW]
Ontheffing; termijn [A65 art. 11.24 Wm]
Ontheffingsverzoek, inhoud [A71 art. 4 Besluit MER]
Onthouden goedkeuring door bestuursorgaan [A45 art. 10:27, art. 10:29 Awb]
Onthoudingsgoedkeuring [A29 art. 266 Gemw]
Ontlasten van dagelijks bestuur [A35 art. 106 Wschw]
Ontlopen vergrijpboete niet mogelijk bij uitzonderingen op inkeerregeling [A56 art. 67n AWR]
Ontnemen gevaarlijke voorwerpen Onderzoeken kleding en lichaam [A75 art. 33 Wzd]
Ontneming gevaarlijke voorwerpen Onderzoeken kleding en lichaam [A75 art. 28b Wzd]
Ontneming voorwerpen [A74 art. 8:2 Wvggz]
Ontneming wederrechtelijk voordeel [A56 art. 74 AWR]
Ontplooiing en vrijetijdsbesteding [A2 art. 22 GW]
Ontruiming in belang van ruimtelijke ontwikkeling [A61 art. 77 OW]
Ontslag commissaris [A27 art. 61b PW]
Ontslag ombudsman [A29 art. 81q Gemw] [A35 art. 51c Wschw]
Ontslagneming [A9 art. X 2 KW]
Ontstaan rechtspersoon bij authentieke akte [A55 art. 4 BW Boek 2]
Ontvanger [A19 art. 4 AVG]
Ontvangstbevestiging gezagvoerder [A41 art. 4.12 Vb 2000]
Ontvangstbevestiging klaagschrift door bestuursorgaan [A45 art. 9:6 Awb]
Ontvangstbevestiging van bezwaar of beroep [A45 art. 6:14 Awb]
Ontvangsttheorie bij bezwaar en beroep [A45 art. 6:9 Awb]
Ontvankelijkheid incidenteel hoger beroep bij bestuursrechter [A45 art. 8:111 Awb]
Ontvankelijkheid te vroeg ingediend bezwaar of beroep [A45 art. 6:10 Awb]
Ontwerpbegroting [A27 art. 194 PW] [A29 art. 190 Gemw]
Ontwerpverdragen [A100 art. 62 Hv VN]
Ontwikkelen fotografisch materiaal, lozen afvalwater [A66 art. 4.89 Barim]
Ontwikkelen zelfbestuur [A100 art. 73 Hv VN]
Ontwikkelingsgebied, aanwijzing [A63 art. 2.2 Chw]
Ontwikkelingsgebied, bestemmingsplan [A63 art. 2.3 Chw]
Ontwikkelingsgebied, provinciaal inpassingsplan [A63 art. 2.3a Chw]
Ontwikkelingssamenwerking Europese Unie [A88 art. 208 VWEU]
Ontwikkelingssamenwerking lidstaten Europese Unie met derde landen [A88 art. 211 VWEU]
Ontzegging door burgemeester, 'three-strikes-out-maatregel' [A76 art. 19a DHW]
Ontzegging toegang [A76 art. 36 DHW]
Ontzegging/beëindiging rechtmatig verblijf; epidemische ziekten [A41 art. 8.23 Vb 2000]
Ontzegging/beëindiging rechtmatig verblijf; openbare orde of veiligheid [A41 art. 8.22 Vb 2000]
Ontzetting van rechten [A9 art. Z 5 KW]
Onverenigbaarheid functies [A65 art. 20.16 Wm]
Onverenigbare bepalingen [A114 art. 30 VWV]
Onverenigbare betrekkingen [A27 art. 13, art. 35c, art. 67, art. 79f, art. 79n, art. 79p PW] [A29 art. 13, art. 36b, art. 68, art. 81f, art. 81n Gemw]
Onverplichte verstrekking van gegevens aangemerkt als op uitnodiging doen van aangifte [A56 art. 9 AWR]
Onverwijlde voorgeleiding [A104 art. 9 BUPO]
Onvrijwillig ontslag [A27 art. 49 PW] [A29 art. 49 Gemw]

O

Onvrijwillige zorg niet voorzien in zorgplan, voorwaarden en criteria [A75 art. 15 Wzd]
Onvrijwillige zorg: begripsbepaling [A75 art. 2 Wzd]
Oordeel colleges [A29 art. 114 Gemw]
Oordeel GS [A27 art. 112 PW]
Oorlog of noodtoestand, afwijking [A98 art. F ESHh]
Oorspronkelijke leden [A100 art. 3 Hv VN]
Op te roepen personen [A74 art. 6:1 Wvggz]
Op- en overslag inerte goederen, afvalwater [A66 art. 3.33 Barim]
Op- en overslag inerte goederen, eisen [A66 art. 3.32 Barim]
Op- en overslag niet-inerte goederen, afvalwater [A66 art. 3.34 Barim]
Op- en overslag niet-inerte goederen, boven oppervlaktewaterlichaam [A66 art. 3.35 Barim]
Op- en overslag stuifgevoelige goederen, beperken emissie [A66 art. 3.39 Barim]
Op- en overslag stuifgevoelige goederen, gesloten ruimtes [A66 art. 3.38 Barim]
Op- en overslag stuifgevoelige goederen, wind [A66 art. 3.37 Barim]
Opbrengstbestemming [A35 art. 122d Wschw]
Opbrengstnorm [A27 art. 225 PW]
Opcenten motorrijtuigenbelasting [A27 art. 222 PW]
Opdracht op gebied van defensie- en veiligheidsgebied [A82 art. 3.10g AanbW 2012]
Opdracht tot aanklacht Tweede Kamer, ne bis in idem [A7 art. 19 Wmv]
Opdracht tot vervolging door Tweede Kamer [A7 art. 7 Wmv]
Opdracht vervolging bij koninklijk besluit, ne bis in idem [A7 art. 6 Wmv]
Opdracht wel en niet speciale-sector [A82 art. 3.10d AanbW 2012]
Opdrachten onder verschillende regelingen [A82 art. 3.10f AanbW 2012]
Open commanditaire vennootschap [A56 art. 2 AWR]
Openbaar belang [A27 art. 151e PW]
Openbaar bod op aandelen [A83 art. 39 Mw]
Openbaar lichaam en Gemeenschappelijk hof, begripsbepalingen [A9 art. Ya 2 KW]
'Openbaar lichaam waar hij zich kandidaat stelt' [A9 art. Ya 16 KW]
Openbaar, tenzij [A101 art. 46 SIG]
Openbaarheid algemeen bestuur [A35 art. 35 Wschw]
Openbaarheid horen tijdens bezwaar [A45 art. 7:5 Awb]
Openbaarheid rapporten en verslagen [A27 art. 186 PW]
Openbaarheid stemming [A9 art. J 35 KW]
Openbaarheid stukken [A27 art. 201 PW]
Openbaarheid van adviezen van niet-ambtelijke adviescommissies [A49 art. 9 WOB]
Openbaarheid van bestuur binnen Europese Unie [A88 art. 15 VWEU]
Openbaarheid van horen bij administratief beroep [A45 art. 7:19 Awb]
Openbaarheid vergaderingen [A65 art. 2.36 Wm]
Openbaarmaking [A29 art. 41b, art. 67 Gemw]
Openbaarmaking beschikking bestuurlijke boete [A56 art. 67r AWR]
Openbaarmaking beschikking bestuurlijke boete, onevenredige benadeling [A56 art. 67r AWR]
Openbaarmaking beschikking bestuurlijke boete, zienswijze overtreder [A56 art. 67r AWR]
Openbaarmaking besluitenlijst [A27 art. 60 PW] [A29 art. 23, art. 60 Gemw]
Openbaarmaking emissierechten [A65 art. 16.4a Wm]
Openbaarmaking functies [A27 art. 11, art. 79e PW] [A29 art. 12, art. 81e Gemw]
Openbaarmaking gegevens [A65 art. 12.27 Wm] [A81 art. 19g Wav]
Openbaarmaking informatie Inspectie gezondheidszorg en jeugd [A80 art. 9.7 Jw]
Openbaarmaking informatie Inspectie gezondheidszorg en jeugd, AMvB [A80 art. 9.10 Jw]
Openbaarmaking informatie Inspectie gezondheidszorg en jeugd, tijdstip [A80 art. 9.8 Jw]
Openbaarmaking lijsten [A9 art. I 17, art. S 13 KW]
Openbaarmaking lijstnummers [A9 art. I 15 KW]
Openbaarmaking nevenfuncties [A35 art. 32, art. 48 Wschw]
Openbaarmaking overtreders [A65 art. 18.16p Wm]
Openbaarmaking proces-verbaal uitslag verkiezing [A9 art. P 23 KW]
Openbaarmaking programmatuur [A9 art. P 1a KW]
Openbare bekendmaking op perceel [A59 art. 118 Wonw]
Openbare en besloten vergadering [A27 art. 23 PW] [A29 art. 23 Gemw]
Openbare kennisgeving [A65 art. 7.9 Wm] [A9 art. L 7 KW]
Openbare lichamen, gemeenschappelijke regelingen [A2 art. 135 GW]
Openbare lichamen, geschillen [A2 art. 136 GW]
Openbare lichamen, inrichting/samenstelling/bevoegdheid [A2 art. 134 GW]
Openbare manifestatie, aanwijzingen tijdens samenkomst [A18 art. 6 WOM]
Openbare manifestatie, beëindigen samenkomst [A18 art. 7 WOM]
Openbare manifestatie, beperkende bevoegdheid overheidsorganen [A18 art. 2 WOM]
Openbare manifestatie, klokgelui [A18 art. 10 WOM]

O

Alfabetisch trefwoordenregister

Openbare manifestatie, samenkomst bij gebouwen van Internationaal gerechtshof/ambassade/consulaat [A18 art. 9 WOM]
Openbare manifestatie, samenkomst op andere dan openbare plaatsen [A18 art. 8 WOM]
Openbare manifestatie, strafbepalingen [A18 art. 11 WOM]
Openbare manifestatie, voorschrift/beperking/verbod [A18 art. 5 WOM]
Openbare orde en andere redenen afwijzing vergunningverlening [A41 art. 3.20 Vb 2000]
Openbare procedures [A82 art. 2.26 AanbW 2012]
Openbare uitspraak bestuursrechter [A45 art. 8:78 Awb]
Openbare zitting [A101 art. 67 SIG]
Openbare zitting bestuursrechter [A45 art. 8:62 Awb]
Openen van stukken [A29 art. 74 Gemw]
Opengevallen plaatsen [A9 art. Y 27 KW]
Opening stembiljetten [A9 art. N 5, art. T 7 KW]
Opening stembus [A9 art. N 3 KW]
Opening stukken [A27 art. 73 PW]
Openvallen plaats door overlijden [A9 art. X 1 KW]
Operationeel optreden gemeenschappelijk buitenlands en veiligheidsbeleid Europese Unie [A87 art. 28 VEU]
Opgave en verstrekking gegevens [A56 art. 7 AWR]
Opgave gegevens aan Minister [A65 art. 17.18 Wm]
Opgave gesloten stortplaatsen [A65 art. 8.52 Wm]
Opheffen, opschorten of verminderen bij last onder dwangsom [A45 art. 5:34 Awb]
Opheffing inreisverbod [A40 art. 66b Vw 2000]
Opheffing ongewenstverklaring [A40 art. 68 Vw 2000]
Ophouden van door burgemeester aangewezen groepen van personen [A29 art. 154a Gemw]
Ophouding op aangewezen plaats na afwijzing aanvraag verblijfsvergunning [A40 art. 57 Vw 2000]
Opleggen bestuurlijke boete [A65 art. 18.16k Wm]
Opleggen verplichting of verbod door GS [A65 art. 17.4 Wm]
Oplegging bestuurlijke boete door bestuur emissieautoriteit [A65 art. 18.16a Wm]
Oplegging naheffingsaanslag [A56 art. 20 AWR]
Oplosmiddelen, monitoring/reductieprogramma/oplosmiddelenboekhouding/emissiemetingen [A66 art. 2.32 Barim]
Oplosmiddelen, overschrijding emissiegrenswaarden [A66 art. 2.29 Barim]
Oplosmiddelen, treffen van voorzorgsmaatregelen [A66 art. 2.31 Barim]
Oplosmiddelen, vervanging door minder schadelijke stoffen of mengsels [A66 art. 2.30 Barim]
Opmaken proces-verbaal [A9 art. I 18 KW]
Opmaking proces-verbaal stemming en stemopneming [A9 art. N 10 KW]
Opmerkingen externe autoriteiten bij bestuursrechter [A45 art. 8:45a Awb]
Opmerkingen over aanbevelingen naar Economische en Sociale Raad [A103 art. 20 IVESCR]
Opname in accommodatie [A75 art. 28ac Wzd]
Opname in register [A65 art. 12.15 Wm]
Opname in strafrechtelijke instelling (tbs-kliniek) [A74 art. 6:4 Wvggz]
Opname in verpleeg/verzorgingshuis [A56 art. 5a AWR]
Opnamebevel inspectie [A75 art. 28c Wzd]
Opnameplicht zorgaanbieder [A75 art. 34 Wzd]
Opneming door deskundigen, afschrift verzoekschrift aan betrokkenen [A61 art. 54b OW]
Opneming door deskundigen, verzoek [A61 art. 54a OW]
Oppervlaktewaterlichaam, verontreiniging bodem/oever [A70 art. 5.15 Wtw]
Oprichting, deelname in stichtingen, vennootschappen enz. [A29 art. 160 Gemw]
Oproeping bij beroepschrift meerdere personen [A45 art. 8:40 Awb]
Oproeping getuigen en deskundigen [A27 art. 151d PW]
Oproeping partij door bestuursrechter [A45 art. 8:59 Awb]
Opschortende werking [A40 art. 73, art. 82 Vw 2000]
Opschortende werking bezwaar en beroep [A20 art. 38 UAVG]
Opschortende werking bij faillissement of toepassing schuldsaneringsregeling [A76 art. 34 DHW]
Opschorting behandeling [A65 art. 19.5 Wm]
Opschorting beslistermijn [A56 art. 25c AWR]
Opschorting betaling van subsidie [A45 art. 4:56 Awb]
Opschorting termijn [A83 art. 62 Mw]
Opschorting termijn beschikking [A45 art. 4:15 Awb]
Opschorting termijnen bij vereenvoudigde behandeling [A45 art. 8:55 Awb]
Opschorting tussen bepaalde partijen [A114 art. 58 VWV]
Opschorting wettelijke termijnen [A53 art. 31 Wet Bibob]

Alfabetisch trefwoordenregister O

Opslaan agrarische bedrijfsstoffen, afstand tot geurgevoelig object [A66 art. 3.46 Barim]
Opslaan agrarische bedrijfsstoffen, eisen [A66 art. 3.48 Barim]
Opslaan agrarische bedrijfsstoffen, lozen in vuilwaterriool [A66 art. 3.47 Barim]
Opslaan agrarische bedrijfsstoffen, op onverhard oppervlak [A66 art. 3.49 Barim]
Opslaan drijfmest en digestaat, afstand tot geurgevoelig object [A66 art. 3.51 Barim]
Opslaan drijfmest en digestaat, eisen [A66 art. 3.52 Barim]
Opslaan stoffen ADR klasse 5.2 type C t/m F, eisen [A66 art. 4.9 Barim]
Opslaan van vloeibare bijvoedermiddelen, eisen [A66 art. 3.54 Barim]
Opslag, afstand tot opslagtank met polyesterhars [A66 art. 4.5b Barim]
Opslag gasolie/smeerolie/afgewerkte olie, eisen [A66 art. 3.54d Barim]
Opslag, in opslagtank [A66 art. 4.5 Barim]
Opslag, veiligheidsafstanden [A66 art. 4.5a Barim]
Opslag vloeibare brandstof/afgewerkte olie, financiële zekerheid [A66 art. 2.24 Barim]
Opslag vloeibare brandstof/afgewerkte olie, overleggen bewijsstukken [A66 art. 2.25 Barim]
Opslagtank, beëindigen gebruik [A66 art. 4.6 Barim]
Opsporingsbevoegdheden bij onttrekken aan verplichte zorg [A74 art. 13:3a Wvggz]
Opsporingsbevoegdheid bij fiscale delicten [A56 art. 80 AWR]
Opsporingsbevoegdheid leden dagelijks bestuur [A35 art. 85 Wschw]
Opsporingsbevoegdheid niet-fiscale delicten [A56 art. 88 AWR]
Opstellen nationaal programma [A65 art. 5.12 Wm]
Opstellen plan door B&W [A65 art. 5.9 Wm]
Opvolgen aanwijzingen [A41 art. 4.6 Vb 2000]
Opvolging, nadere regels bij AMvB inzake [A9 art. W 8 KW]
Opzegging, voorwaarden [A98 art. M ESHh]
Opzettelijk onjuist of onvolledig verstrekken van gegevens en inlichtingen [A56 art. 67cc AWR]
Organisatie administratie en beheer [A29 art. 212 Gemw]
Organisatie en bestuur ESCB [A88 art. 129 VWEU]
Organisatie griffie [A27 art. 104e PW]
Orthocommunicatieve behandeling, tijdelijke subsidie [A79 art. 11.5.1 Wlz]
Ouderbijdrage jeugdhulpverlening/kinderbescherming, gebruik burgerservicenummer door Sociale Verzekeringsbank [A80 art. 8.4.3 Jw]
Ouderlijke zorg [A29 art. 172b Gemw]
Overbruggingszorg [A79 art. 3.3.6 Wlz]
Overdracht aan Officier van Justitie [A9 art. P 26 KW]
Overdracht en overgang HBE [A65 art. 9.7.3.3 Wm]
Overdracht of inpandgeving bezoldiging [A29 art. 44g Gemw]
Overdracht onder dwang [A40 art. 63a Vw 2000]
Overdracht pakken ten behoeve van onderzoek strafbare feiten [A9 art. N 13 KW]
Overdrachtsbesluit/vertrektermijn [A40 art. 62c Vw 2000]
Overeenkomst [A19 art. 49, art. 6 AVG]
Overeenkomst met zorgaanbieders [A79 art. 4.2.2 Wlz]
Overeenkomst met zorgaanbieders, inhoud [A79 art. 4.2.2 Wlz]
Overeenkomst met zorgaanbieders, recht op ononderbroken voortzetting [A79 art. 4.2.2 Wlz]
Overeenkomstig toepasselijke bepalingen [A74 art. 10:8, art. 9:10 Wvggz]
Overgaan zetels verbonden lijsten [A9 art. P 13 KW]
Overgang aanspraken AWBZ, onderzoek college i.v.m. [A78 art. 8.6 WMO 2015]
Overgang broeikasgasemissierechten [A65 art. 16.40 Wm]
Overgang omgevingsvergunning, aanvraaggegevens [A68 art. 4.8 Bor]
Overgang rechten en verplichtingen opgeheven waterschap [A35 art. 5b Wschw]
Overgang van zetels bij uitputting van lijst [A9 art. P 10 KW]
Overgang waterstaatswerken naar waterschap [A35 art. 5a Wschw]
Overgang zetels bij uitputting van de lijst [A9 art. U 10 KW]
Overgang zetels naar andere lijsten van lijstengroep [A9 art. U 13 KW]
Overgangsbepaling overeenkomsten tussen lidstaten Europese Unie [A88 art. 351 VWEU]
Overgangsbepalingen, aanspraken AWBZ [A80 art. 10.1 Jw]
Overgangsbepalingen, Arbeidstijdenwet [A17 art. 15 AW]
Overgangsbepalingen, AWBZ [A79 art. 11.1.1 Wlz]
Overgangsbepalingen beschermd wonen [A78 art. 8.4 WMO 2015]
Overgangsbepalingen, budget gemeenten jeugdzorg [A80 art. 10.11 Jw]
Overgangsbepalingen, bureau jeugdzorg [A80 art. 10.6 Jw]
Overgangsbepalingen extramurale zorg [A78 art. 8.3 WMO 2015]
Overgangsbepalingen, geestelijke gezondheidszorg [A80 art. 10.2 Jw]
Overgangsbepalingen, gegevensverwerking jeugdzorg [A80 art. 10.4 Jw]
Overgangsbepalingen, gemandateerde instelling [A80 art. 10.10 Jw]
Overgangsbepalingen, indicatiebesluit jeugdzorg [A80 art. 10.3 Jw]

Overgangsbepalingen, Jeugdwet [A79 art. 11.1.3 Wlz]
Overgangsbepalingen Kwaliteitswet zorginstellingen [A78 art. 7.6 WMO 2015]
Overgangsbepalingen m.b.t. Reparatiewet BZK 2014 [A59 art. 133 Wonw]
Overgangsbepalingen, machtiging Wet op de jeugdzorg [A80 art. 10.5 Jw]
Overgangsbepalingen, nader regels eigen bijdrage [A79 art. 11.1.4 Wlz]
Overgangsbepalingen, nadere regels AWBZ [A79 art. 11.1.8 Wlz]
Overgangsbepalingen, nadere regels gebruik hulpmiddel Wmo 2015 [A79 art. 11.1.6 Wlz]
Overgangsbepalingen, subsidies Zorginstituut [A79 art. 11.1.5 Wlz]
Overgangsbepalingen, voogdij bureau jeugdzorg [A80 art. 10.7 Jw]
Overgangsbepalingen, voogdij gecertificeerde instelling [A80 art. 10.8, art. 10.9 Jw]
Overgangsbepalingen voor algemeen verbindende voorschriften [A17 art. 17 AW]
Overgangsbepalingen voor besluiten genomen voor inwerkingtreding art. I Wnra [A17 art. 16 AW]
Overgangsbepalingen Wet klachtrecht cliënten zorgsector [A78 art. 7.4 WMO 2015]
Overgangsbepalingen Wet medezeggenschap cliënten zorginstellingen [A78 art. 7.2 WMO 2015]
Overgangsbepalingen, Wet op de jeugdzorg [A80 art. 10.4a Jw]
Overgangsrecht AWBZ [A79 art. 11.2.1 Wlz]
Overgangsrecht AWBZ, aanspraken/rechten/verplichtingen verzekerde [A79 art. 11.2.2 Wlz]
Overgangsrecht AWBZ, baten en lasten Zorginstituut [A79 art. 11.2.12 Wlz]
Overgangsrecht AWBZ, beheerskostenbudget [A79 art. 11.2.4 Wlz]
Overgangsrecht AWBZ, beschikking inspecteur/ontvanger [A79 art. 11.2.14 Wlz]
Overgangsrecht AWBZ, eigen bijdrage [A79 art. 11.2.7 Wlz]
Overgangsrecht AWBZ, eindverslag Wlz-uitvoerders/zorgkantoren/CAK [A79 art. 11.2.8 Wlz]
Overgangsrecht AWBZ, financieel verslag zorginstituut [A79 art. 11.2.11 Wlz]
Overgangsrecht AWBZ, heffingskortingen [A79 art. 11.2.15 Wlz]
Overgangsrecht AWBZ, nadere regels afwikkeling [A79 art. 11.2.13 Wlz]
Overgangsrecht AWBZ, opzegtermijn bestaande overeenkomsten [A79 art. 11.2.5 Wlz]
Overgangsrecht AWBZ, rapport zorgautoriteit afwikkeling AWBZ [A79 art. 11.2.9 Wlz]
Overgangsrecht AWBZ, rechten en verplichtingen zorgverzekeraar [A79 art. 11.2.3 Wlz]
Overgangsrecht AWBZ, saldo Algemeen Fonds Bijzondere Ziektekosten [A79 art. 11.2.10 Wlz]
Overgangsrecht AWBZ, vorderingen zorgaanbieder en verzekerde [A79 art. 11.2.6 Wlz]
Overgangsrecht defensie [A24 art. 17 WGBLA]
Overgangsrecht inkomensvrijlating [A77 art. 78bb, art. 78cc Pw]
Overgangsrecht pensioenontslag [A24 art. 16 WGBLA]
Overgangsrecht Wet werk en bijstand [A77 art. 78aa, art. 78z Pw]
Overhandigen identiteitsdocument en kiezerspas [A9 art. K 11 KW]
Overheersende invloed [A82 art. 1.2 AanbW 2012]
Overheidsopdracht binnen dynamisch aankoopsysteem [A82 art. 2.109g, art. 2.50 AanbW 2012]
Overheidsopdracht door subsidie-ontvanger [A82 art. 2.9 AanbW 2012]
Overheidsopdracht, maximaal bedrag [A82 art. 2.163b AanbW 2012]
Overheidsopdracht/prijsvraag/voorgenomen dynamisch aankoopsysteem of innovatiepartnerschap, raming waarde [A82 art. 2.13 AanbW 2012]
Overheidsopdracht/prijsvraag/voorgenomen dynamisch aankoopsysteem of innovatiepartnerschap, verbod onttrekking aan wet [A82 art. 2.14 AanbW 2012]
Overheidsopdrachten, aankondiging [A82 art. 2.62 AanbW 2012]
Overheidsopdrachten, algemene procedure [A82 art. 2.25 AanbW 2012]
Overheidsopdrachten, beroepsbevoegdheid [A82 art. 2.98 AanbW 2012]
Overheidsopdrachten, bijzondere voorwaarden [A82 art. 2.80 AanbW 2012]
Overheidsopdrachten, concurrentiegerichte dialoog [A82 art. 2.28 AanbW 2012]
Overheidsopdrachten, controle uitsluitingsgronden/geschiktheidseisen/selectiecriteria [A82 art. 2.101 AanbW 2012]
Overheidsopdrachten, dynamisch aankoopsysteem [A82 art. 2.48 AanbW 2012]
Overheidsopdrachten, eigen verklaring ondernemer [A82 art. 2.84 AanbW 2012]
Overheidsopdrachten gegund aan ander rechtspersoon [A82 art. 2.24a AanbW 2012]
Overheidsopdrachten, geschiktheidseisen en selectiecriteria [A82 art. 2.90 AanbW 2012]
Overheidsopdrachten, inschrijving [A82 art. 2.52 AanbW 2012]
Overheidsopdrachten, mededeling uitsluiting en afwijzing [A82 art. 2.103 AanbW 2012]
Overheidsopdrachten, mededingingsprocedure met onderhandeling [A82 art. 2.30 AanbW 2012]
Overheidsopdrachten, onderaanneming [A82 art. 2.79 AanbW 2012]
Overheidsopdrachten, onderhandelingsprocedure zonder aankondiging [A82 art. 2.32 AanbW 2012]
Overheidsopdrachten, prijsvraag [A82 art. 2.42 AanbW 2012]

Alfabetisch trefwoordenregister

O

Overheidsopdrachten, raamovereenkomst [A82 art. 2.44 AanbW 2012]
Overheidsopdrachten, raming waarde [A82 art. 2.15 AanbW 2012]
Overheidsopdrachten, selectie [A82 art. 2.99 AanbW 2012]
Overheidsopdrachten, sociale diensten en andere specifieke diensten [A82 art. 2.38 AanbW 2012]
Overheidsopdrachten, technische specificaties [A82 art. 2.75 AanbW 2012]
Overheidsopdrachten, termijn indiening verzoek deelneming/inschrijving [A82 art. 2.70 AanbW 2012]
Overheidsopdrachten, uitsluiting/geschiktheid/selectie [A82 art. 2.86 AanbW 2012]
Overheidsopdrachten, varianten [A82 art. 2.83 AanbW 2012]
Overheidsopdrachten voor diensten [A82 art. 2.24 AanbW 2012]
Overheidsopdrachten, vooraankondiging gunning overheidsopdracht [A82 art. 2.58 AanbW 2012]
Overheidsopdrachten, voorbehouden opdracht sociale werkplaatsen [A82 art. 2.82 AanbW 2012]
Overige eisen [A74 art. 9:6 Wvggz]
Overige forensisch patiënten [A75 art. 49 Wzd]
Overige taken [A74 art. 11:1 Wvggz] [A75 art. 57 Wzd]
Overlast door niet-ingezetene/huurder [A29 art. 151d Gemw]
Overleg andere instellingen, organisaties [A65 art. 10.8 Wm]
Overleg met minister en provinciebestuur [A29 art. 113 Gemw]
Overleg met naasten en derden, informatie aan naasten [A75 art. 48 Wzd]
Overleg met provinciebestuur [A27 art. 111 PW]
Overleg met vertegenwoordiger [A75 art. 47, art. 48 Wzd]
Overleg met zorgaanbieder of huisarts [A75 art. 27 Wzd]
Overleg met zorgverantwoordelijke [A75 art. 13 Wzd]
Overleg over begroting door voorzitters instellingen Europese Unie [A88 art. 324 VWEU]
Overleg over gedeeltelijke goedkeuring door bestuursorgaan [A45 art. 10:30 Awb]
Overleg provincies en gemeenten [A65 art. 10.8 Wm]
Overleg vóór vernietiging door bestuursorgaan [A45 art. 10:41 Awb]
Overleggen documenten [A41 art. 1.26 Vb 2000]
Overlegging bescheiden [A75 art. 28b, art. 33 Wzd]
Overlegging geldig document grensoverschrijding [A41 art. 3.102 Vb 2000]
Overlegging medische gegevens vreemdeling [A41 art. 6.1c Vb 2000]
Overlegging uittreksel geboorteakte en bewijs Nederlanderschap [A9 art. V 3 KW]
Overlegging uittreksel persoonsregister [A9 art. V 3 KW]
Overlegging verklaring openbare betrekkingen [A9 art. V 3 KW]
Overname personeel door nieuwe aanbieder [A78 art. 2.6.5 WMO 2015]
Overplaatsing binnen onderneming [A41 art. 3.30d Vb 2000]
Overplaatsing binnen onderneming, afwijzen aanvraag [A41 art. 3.30d Vb 2000]
Overplaatsing, verlof en ontslag bij tbs en pij [A75 art. 50 Wzd]
Overschotten aan einde begrotingsjaar Europese Unie [A88 art. 316 VWEU]
Overschrijden termijn van afbouw [A75 art. 10 Wzd]
Overschrijding alarm- of informatiedrempel [A65 art. 5.18 Wm]
Overschrijding maximale waarde geluidproductieplafond object bij weg/spoorweg [A65 art. 11.49 Wm]
Overschrijding termijn [A41 art. 3.123i Vb 2000]
Overschrijdingsbesluit; motivatie [A65 art. 11.50 Wm]
Overtreden van in een belastingverordening voorkomende bepaling [A35 art. 136 Wschw]
Overtreder [A45 art. 5:1 Awb] [A56 art. 67o AWR]
Overtreding [A45 art. 5:1 Awb] [A81 art. 18 Wav]
Overtreding meldingsplicht [A83 art. 74 Mw]
Overtreding van AMvB [A56 art. 70 AWR]
Overtreding van ministeriële voorschriften [A56 art. 71 AWR]
Overtreding vergunningsvoorschriften [A83 art. 75 Mw]
Overtreding verplichting tegenover overheid/overheidsbedrijf [A83 art. 70c Mw]
Overtreding verplichtingen financiële transparantie [A83 art. 70a Mw]
Overtredingen concentratietoezicht [A83 art. 71 Mw]
Overtredingen Woningwet 12 juli 1962 [A59 art. 132 Wonw]
Overzicht beschikbare HBE's [A65 art. 9.7.4.7 Wm]
Overzicht voorgenomen werkzaamheden [A65 art. 2.39 Wm]
Overzicht voornemens WIz-uitvoerder [A79 art. 4.3.3 Wlz]
OvJ beëindigt voorbereiding [A74 art. 5:11 Wvggz]
OvJ en burgemeester [A74 art. 8:1 Wvggz]

Sdu   2651

Paracommerciële rechtspersonen, vergunningverlening via Awb [A76 art. 6 DHW]
Paracommerciële rechtspersoon, inhoud regels [A76 art. 4 DHW]
Parate luchtmachtcontingenten [A100 art. 45 Hv VN]
Parkeerbelasting [A29 art. 225 Gemw]
Parkeergarage, eisen [A66 art. 3.26e Barim]
Parkeren [A29 art. 225 Gemw]
Parlementair onderzoek, inhoud en toelichting voorstel [A11 art. 129 RvO I]
Parlementair onderzoek, voorbereidend onderzoek van voorstel [A11 art. 130 RvO I]
Parlementair onderzoek, voorstel tot instelling [A11 art. 128 RvO I]
Parlementaire enquête, beëindiging [A13 art. 34 WPE 2008]
Parlementaire enquête, begroting [A13 art. 3 WPE 2008]
Parlementaire enquête, bevoegdheden commissie [A13 art. 4 WPE 2008]
Parlementaire enquête, dwangmiddelen [A13 art. 25 WPE 2008]
Parlementaire enquête, instelling [A13 art. 2 WPE 2008]
Parlementaire enquête, toepasselijkheid Wet op de Parlementaire Enquête [A13 art. 45 WPE 2008]
Parlementaire enquête, verhouding tot andere procedures [A13 art. 30 WPE 2008]
Participatie in het politieke en openbare leven [A108 art. 7 IVDV]
Participatieorganisatie [A82 art. 2.82a AanbW 2012]
Partijen bij trustschapsovereenkomst [A100 art. 79 Hv VN]
Partnerbegrip [A56 art. 5a AWR]
Passend beschermingsniveau [A19 art. 45 AVG]
Passend beschermingsniveau, intrekking/wijziging/opschorting besluit over [A19 art. 45 AVG]
Passend beschermingsniveau, waarborgen [A19 art. 46 AVG]
Passende functiescheiding [A65 art. 7.28a Wm]
Passeren schending vormvoorschrift bij bezwaar of beroep [A45 art. 6:22 Awb]
Passeren van wensen en voorkeuren [A74 art. 2:1 Wvggz]
Patiëntenvertrouwenspersoon [A74 art. 1:1, art. 5:4, art. 7:2 Wvggz]
Patiëntenvertrouwenspersoon, taken [A74 art. 11:1 Wvggz]
Pensioenfonds sociale werkvoorziening, rijksbijdrage [A77 art. 72 Pw]
Periodiek onderzoek [A29 art. 213a Gemw]
Periodiek onderzoek GS [A27 art. 217a PW]
Periodiek verlof [A101 art. 23 SIG]
Periodieke aanmelding [A41 art. 4.33, art. 4.51 Vb 2000]
Periodieke aanspraak op subsidie [A45 art. 4:32 Awb]
Periodieke herziening [A65 art. 5.1 Wm]
Periodieke herziening maatregelen [A108 art. 11 IVDV]
Periodieke indicatieve aankondiging naar de Europese Commissie [A82 art. 3.52 AanbW 2012]
Periodieke indicatieve aankondiging op kopersprofiel [A82 art. 3.53 AanbW 2012]
Periodieke indicatieve aankondiging, verkorte aankondiging [A82 art. 3.54 AanbW 2012]
Permanent comité binnenlandse veiligheid Europese Unie [A88 art. 71 VWEU]
Permanente en niet-permanente leden [A100 art. 23 Hv VN]
Permanente gestructureerde samenwerking gemeenschappelijk veiligheids- en defensiebeleid Europese Unie [A87 art. 46 VEU]
Permanente Hof van Internationale organisaties [A100 art. 92 Hv VN]
Personeel ombudsman [A35 art. 51f Wschw]
Personeel ter beschikking van toelatingsorganisatie [A59 art. 7am Wonw]
Personeel; geen instructies [A27 art. 79u PW]
Personen vanaf 16 jaar [A74 art. 1:4 Wvggz]
Personencontrole binnen Europese Unie [A88 art. 77 VWEU]
Persoonlijk plan cliënt [A78 art. 2.3.2 WMO 2015]
Persoonlijke aansprakelijkheid leden PS [A27 art. 214 PW]
Persoonlijke beleidsopvatting [A49 art. 1 WOB]
Persoonlijke diensten [A27 art. 69 PW]
Persoonlijke levenssfeer, eerbiediging en bescherming [A2 art. 10 GW]
Persoonsgebonden aftrek [A56 art. 67e AWR]
Persoonsgebonden budget [A78 art. 2.3.6 WMO 2015] [A79 art. 3.3.3 Wlz]
Persoonsgebonden budget, herziening en intrekking [A78 art. 2.3.10 WMO 2015]
Persoonsgebonden budget, informatieplicht cliënt [A78 art. 2.3.8 WMO 2015]
Persoonsgebonden budget, periodieke heroverweging [A78 art. 2.3.9 WMO 2015]
Persoonsgebonden budget, voorwaarden [A78 art. 2.3.6 WMO 2015]
Persoonsgebonden budget, voorwaarden verlening [A79 art. 3.3.3 Wlz]
Persoonsgebonden budget, weigeringsgronden [A78 art. 2.3.6 WMO 2015] [A79 art. 3.3.3 Wlz]
Persoonsgebonden budget, werkingssfeer Awb [A78 art. 2.3.6 WMO 2015]
Persoonsgegevens [A19 art. 4 AVG]

Alfabetisch trefwoordenregister   P

Persoonsgegevens, aanbieder of derde verwerkingsverantwoordelijke [A78 art. 5.1.2 WMO 2015]
Persoonsgegevens als bedoeld in de AVG [A77 art. 6a Pw]
Persoonsgegevens AVG, verstrekking op verzoek derde [A79 art. 9.1.3 Wlz]
Persoonsgegevens betreffende gezondheid cliënt, verwerking door college [A78 art. 5.1.1 WMO 2015]
Persoonsgegevens, bewaringstermijn [A78 art. 5.3.4 WMO 2015]
Persoonsgegevens, bewaringstermijn Veilig Thuis [A78 art. 5.3.4 WMO 2015]
Persoonsgegevens, CAK verwerkingsverantwoordelijke [A78 art. 5.1.3 WMO 2015]
Persoonsgegevens cliënt, verwerking door college [A78 art. 5.1.1 WMO 2015]
Persoonsgegevens, college verwerkingsverantwoordelijke [A78 art. 5.1.1 WMO 2015]
Persoonsgegevens derden, verwerking door college [A78 art. 5.1.1 WMO 2015]
Persoonsgegevens mantelzorger, verwerking door college [A78 art. 5.1.1 WMO 2015]
Persoonsgegevens, melding Veilig Thuis aan betrokkene van derde ontvangen [A78 art. 5.3.1 WMO 2015]
Persoonsgegevens, onderlinge uitwisseling [A79 art. 9.1.2 Wlz]
Persoonsgegevens, regelmatige verstrekking door Wlz-uitvoerders en CAK [A79 art. 9.1.4 Wlz]
Persoonsgegevens, SVB verwerkingsverantwoordelijke [A78 art. 5.1.4 WMO 2015]
Persoonsgegevens, toezichthoudende ambtenaren verwerkingsverantwoordelijke [A78 art. 5.1.5 WMO 2015]
Persoonsgegevens, Veilig Thuis verwerkingsverantwoordelijke [A78 art. 5.1.6 WMO 2015]
Persoonsgegevens, vernietiging na verzoek betrokkene [A78 art. 5.3.5 WMO 2015]
Persoonsgegevens, verstrekking door aanbieder aan gelimiteerde kring [A78 art. 5.2.2 WMO 2015]
Persoonsgegevens, verstrekking door CAK aan gelimiteerde kring [A78 art. 5.2.4, art. 5.2.5 WMO 2015]
Persoonsgegevens, verstrekking door college [A78 art. 5.2.1 WMO 2015]
Persoonsgegevens, verstrekking door college aan gelimiteerde kring [A78 art. 5.2.1 WMO 2015]
Persoonsgegevens, verstrekking door rijksbelastingdienst aan gelimiteerde kring [A78 art. 5.2.3 WMO 2015]
Persoonsgegevens, verstrekking/inzage zonder toestemming betrokkene [A78 art. 5.3.6 WMO 2015]
Persoonsgegevens, verwerking [A79 art. 9.1.1 Wlz]
Persoonsgegevens, verwerking door CAK [A78 art. 5.1.3 WMO 2015]
Persoonsgegevens, verwerking door Sociale verzekeringsbank [A78 art. 5.1.4 WMO 2015]
Persoonsgegevens, verwerking door toezichthoudende ambtenaren [A78 art. 5.1.5 WMO 2015]
Persoonsgegevens, weigering vernietiging na verzoek betrokkene [A78 art. 5.3.5 WMO 2015]
Persoonsvolgende zorg, nadere regels [A79 art. 4.2.3 Wlz]
Petitierecht [A2 art. 5 GW]
Plaats betreding [A74 art. 8:2 Wvggz]
Plaats van vergaderen [A104 art. 37 BUPO]
Plaatsen van aanduiding [A9 art. R 7 KW]
Plaatsing en inrichting stemhokjes [A9 art. J 16 KW]
Plaatsing met instemming [A74 art. 9:1 Wvggz]
Plaatsvervangend voorzitter [A65 art. 2.32 Wm]
Plan gemeenteraad [A77 art. 8d Pw]
Plan van aanpak [A74 art. 6:2 Wvggz]
Plan van aanpak, gronden voor afwijzende beslissing [A74 art. 5:5 Wvggz]
Plan van aanpak, schorsing voorbereiding zorgmachtiging [A74 art. 5:5 Wvggz]
Plan voor invoering verplicht kosteloos primair onderwijs [A103 art. 14 IVESCR]
Plannen, herziening [A70 art. 4.8 Wtw]
Plannen; beleidsverslagen [A29 art. 110 Gemw]
Planschade [A57 art. 6.1 Wro]
Plechtige verklaring [A101 art. 20 SIG]
Pleegkind [A41 art. 3.28 Vb 2000]
Pleegouderraad, instelling [A80 art. 4.2.5 Jw]
Pleegzorg, inhoud pleegcontract [A80 art. 5.2 Jw]
Pleegzorg, vereisten pleegouder [A80 art. 5.1 Jw]
Pleegzorgaanbieder, verstrekken inlichtingen aan pleegouder [A80 art. 5.4 Jw]
Pleegzorgaanbieder, verstrekken vergoeding aan pleegouder [A80 art. 5.3 Jw]
Pleidooi [A56 art. 29c AWR]
Pleziervaartuig, onderhoud/reparatie [A66 art. 4.86 Barim]
Pleziervaartuig, proefdraaien [A66 art. 4.85 Barim]
Politie- en justitiegegevens [A74 art. 5:4 Wvggz]

Sdu   2653

P

Alfabetisch trefwoordenregister

Politiek en veiligheidscomité Europese Unie [A87 art. 38 VEU]
Politieke, economische en sociale vooruitgang [A100 art. 73 Hv VN]
Politieke, economische en sociale vooruitgang/zelfbestuur [A100 art. 76 Hv VN]
Politiële samenwerking lidstaten Europese Unie [A88 art. 87 VWEU]
Populatiebeheer, schadebestrijding en jacht [A72 art. 8.1 Omgw]
Positie geneesheerdirecteur [A74 art. 2:3 Wvggz]
Precariobelasting [A27 art. 222c PW] [A29 art. 228 Gemw] [A35 art. 114 Wschw]
Prejudiciële beslissing Hof van Justitie [A88 art. 267 VWEU]
Prejudiciële vraag Rb aan HR [A56 art. 27ga AWR]
Premies, wettelijk minimumloon en kinderbijslag [A77 art. 2 Pw]
Presentatie MER-rapport [A65 art. 7.10 Wm]
Presentielijst Kamerleden, procedure [A11 art. 74 RvO I]
President, Vice-President [A101 art. 21 SIG]
Preventie- en handhavingsplan alcohol [A76 art. 43a DHW]
Preventie- en handhavingsplan alcohol, inhoud [A76 art. 43a DHW]
Preventief ministerieel toezicht [A35 art. 5 Wschw]
Preventief toezicht [A29 art. 203, art. 259 Gemw]
Preventieve herstelsanctie [A45 art. 5:7 Awb]
Preventieve maatregelen [A65 art. 17.12 Wm]
Preventieve of herstelmaatregelen [A65 art. 17.11, art. 17.5c Wm]
Prijsvraag, aankondiging [A82 art. 2.158 AanbW 2012]
Prijsvraag, bijzondere voorschriften [A82 art. 2.157 AanbW 2012]
Prijsvraag, jury [A82 art. 2.160 AanbW 2012]
Prijsvraag, resultaten [A82 art. 2.163 AanbW 2012]
Prijsvraag, selectiecriteria [A82 art. 2.159 AanbW 2012]
Prijsvragen door andere aanbestedende diensten dan de staat [A82 art. 2.6 AanbW 2012]
Prijsvragen door de staat [A82 art. 2.5 AanbW 2012]
Primaat algemeen volkenrecht [A114 art. 43 VWV]
Primair, secundair en hoger onderwijs [A103 art. 13 IVESCR]
Primaire taak [A74 art. 11:1 Wvggz]
Primaire waterkering, berekening jaarlijkse bijdrage [A70 art. 7.24 Wtw]
Primaire waterkering, hoogte jaarlijkse bijdrage [A70 art. 7.25 Wtw]
Primaire waterkering, subsidie [A70 art. 7.23 Wtw]
Primaire waterkering, technische leidraad [A70 art. 2.6 Wtw]
Primaire waterkering, toezicht minister [A70 art. 3.9 Wtw]
Primaire waterkering, vaststelling jaarlijkse bijdrage [A70 art. 7.26 Wtw]
Primaire waterkering, vaststelling projectplan [A70 art. 5.6 Wtw]
Primaire waterkering, waterstaatkundige toestand [A70 art. 2.12 Wtw]
Prioriteiten [A65 art. 10.29a Wm]
Privaatrechtelijke bevoegdheden bij bestuursrechtelijke geldschuld [A45 art. 4:124 Awb]
Privaatrechtelijke rechtshandeling, geldigheid [A15 art. 4.9 CW 2016]
Privaatrechtelijke rechtshandeling, verrichten van [A15 art. 4.6 CW 2016]
Privaatrechtelijke rechtshandeling, voorhangprocedure [A15 art. 4.7 CW 2016]
Privaatrechtelijke rechtspersonen [A55 art. 3 BW Boek 2]
Procedure machtiging voortzetting [A74 art. 7:8 Wvggz]
Procedure rechtbank [A75 art. 28aa, art. 38 Wzd]
Procedurele aspecten [A65 art. 8.41a Wm]
Procedurele bekwaamheid [A75 art. 38 Wzd]
Procedurele gronden [A75 art. 48 Wzd]
Procedurele verplichtingen bij alleenstaande minderjarige vreemdeling [A41 art. 3.109d Vb 2000]
Procedures via elektronische middelen [A54 art. 8 Richtlijn 2006/123/EG]
Proces-verbaal briefstembureau [A9 art. N 20 KW]
Proces-verbaal en passende informatie [A82 art. 4.12a AanbW 2012]
Proces-verbaal naar Europese Commissie [A82 art. 2.133 AanbW 2012]
Proces-verbaal, openbaarmaking [A9 art. O 4 KW]
Proces-verbaal stemming [A9 art. T 11 KW]
Proces-verbaal uitslag verkiezing [A9 art. P 22 KW]
Proces-verbaal zitting hoofdstembureau tot vaststelling uitkomst stemming [A9 art. O 3 KW]
Procesbekwaamheid [A74 art. 1:3 Wvggz]
Procesinleiding [A73 art. 46 Wegw]
Proceskosten [A101 art. 64 SIG]
Proceskostenvergoeding [A56 art. 29f AWR]
Proceskostenvergoeding in hoger beroep bij bestuursrechter [A45 art. 8:118 Awb]
Procesregels [A101 art. 48 SIG]

Alfabetisch trefwoordenregister — P

Processen-verbaal, toezending aan orgaan waarvoor de verkiezing plaatsvindt [A9 art. O 5 KW]
Producten binnen vrij verkeer Europese Unie [A88 art. 29 VWEU]
Productie titaanoxide, emissiemeting [A66 art. 5.38 Barim]
Productie titaanoxide, geen emissie zuurdruppels [A66 art. 5.35 Barim]
Productie titaanoxide, IPPC-installatie [A66 art. 5.39 Barim]
Productie titaanoxide, lozen afvalstoffen [A66 art. 5.32 Barim]
Productie titaanoxide, overschrijding emissiegrenswaarden [A66 art. 5.33, art. 5.36 Barim]
Proefprocedure (verzoek om uitspraak inspecteur) [A56 art. 33 AWR]
Profilering [A19 art. 4 AVG]
Programmabegrotingen [A15 art. 2.12 CW 2016]
Projectdeelnemer [A65 art. 16.46a Wm]
Projecten; verlaging [A65 art. 16.33a Wm]
Projectplan, bekendmaking besluiten [A70 art. 5.12 Wtw]
Projectplan, beroep tegen goedkeuring [A70 art. 5.13 Wtw]
Projectplan, beslissing GS op aanvraag besluiten ter uitvoering projectplan [A70 art. 5.11 Wtw]
Projectplan, coördinatie voorbereiding besluiten [A70 art. 5.8 Wtw]
Projectplan, goedkeuring [A70 art. 5.7 Wtw]
Projectplan, onteigening [A70 art. 5.14 Wtw]
Projectplan, toepasselijkheid Awb [A70 art. 5.6 Wtw]
Projectplan, vervallen eis omgevingsvergunning voor aanlegactiviteit [A70 art. 5.10 Wtw]
Propaan, eisen opslag [A66 art. 3.28 Barim]
Propaan, opslag [A66 art. 3.27 Barim]
Proportionaliteit [A74 art. 3:3 Wvggz] [A75 art. 10 Wzd]
Prostitutie [A41 art. 3.32 Vb 2000]
Protocol geldt als aanvulling op het Verdrag [A92 art. 6 EVRM 6e prot.]
Protocol geldt als aanvulling van het verdrag [A90 art. 5 EVRM 1e prot.] [A91 art. 6 EVRM 4e prot.]
Protocollen en bijlagen bij Verdragen Europese Unie [A87 art. 51 VEU]
Provinciaal milieubeleidsplan [A65 art. 4.9 Wm]
Provinciale coördinatieregeling, beslissing gedeputeerde staten [A57 art. 3.34 Wro]
Provinciale grondwaterheffing [A70 art. 7.7 Wtw]
Provinciale heffing [A65 art. 15.44 Wm]
Provinciale heffing grondwateronttrekking [A65 art. 15.34 Wm]
Provinciale milieucommissie [A65 art. 2.41 Wm]
Provinciale ombudscommissie [A27 art. 79x PW]
Provinciale ombudsman [A27 art. 79q PW]
Provinciale ombudsman, benoeming [A27 art. 79r PW]
Provinciale ombudsman, ontslag [A27 art. 79r PW]
Provinciale ombudsman, uitoefening functie [A27 art. 79s PW]
Provinciale verordening milieukwaliteitseisen [A65 art. 5.5 Wm]
Provinciale/gemeentelijke verordening [A65 art. 8.42b Wm]
Provincie en gemeente, ambtsinstructie commissaris van de Koning [A2 art. 126 GW]
Provincie en gemeente, autonomie [A2 art. 124 GW]
Provincie en gemeente, benoeming commissaris van de Koning/burgemeester [A2 art. 131 GW]
Provincie en gemeente, bestuursinrichting [A2 art. 125 GW]
Provincie en gemeente, evenredige vertegenwoordiging [A2 art. 129 GW]
Provincie en gemeente, incompatibiliteiten [A2 art. 129 GW]
Provincie en gemeente, inrichting/samenstelling/bevoegdheid [A2 art. 132 GW]
Provincie en gemeente, inrichting/samenstelling/bevoegdheid Caribisch deel Nederland [A2 art. 132a GW]
Provincie en gemeente, instelling/opheffing [A2 art. 123 GW]
Provincie en gemeente, kiesrecht niet-Nederlander [A2 art. 130 GW]
Provincie en gemeente, medebewind [A2 art. 124 GW]
Provincie en gemeente, stemmen zonder last [A2 art. 129 GW]
Provincie en gemeente, toekennen bevoegdheden aan andere organen [A2 art. 128 GW]
Provincie en gemeente, vaststelling verordening [A2 art. 127 GW]
Provincie en gemeente, verkiezing bestuur [A2 art. 129 GW]
Provincie en gemeente, zittingsduur bestuur [A2 art. 129 GW]
Provincie/gemeentefonds [A34 art. 3 FVW]
Provincie/gemeentefonds, aanvullende uitkeringen [A34 art. 12 FVW]
Provincie/gemeentefonds, algemene uitkering [A34 art. 6 FVW]
Provincie/gemeentefonds, begroting [A34 art. 5 FVW]
Provincie/gemeentefonds, betalingen [A34 art. 15 FVW]
Provincie/gemeentefonds, geen beslag onder de staat [A34 art. 23 FVW]
Provincie/gemeentefonds, middelen [A34 art. 4 FVW]

Provincie/gemeentefonds, overige uitkeringen [A34 art. 13 FVW]
Provincie/gemeentefonds, specifieke uitkeringen [A34 art. 15a, art. 16, art. 17 FVW]
Provincie/gemeentefonds, verdeelmaatstaven [A34 art. 8, art. 9 FVW]
Provincie/gemeentefonds, verdeling algemene uitkeringen [A34 art. 10, art. 7 FVW]
Provincie/gemeentefonds, wijziging taken [A34 art. 2 FVW]
Provinciebelang [A27 art. 145 PW]
Provinciebestuur [A27 art. 6 PW]
Provinciegrens overschrijdend vervoer van afvalstoffen [A65 art. 1.2a Wm]
Provincies, begroting/jaarrekening [A33 art. 47 WGR]
Provincies, belastingheffing door openbaar lichaam [A33 art. 45 WGR]
Provincies, beperkingen bevoegdheden [A33 art. 44 WGR]
Provincies, bevoegdheden algemeen bestuur [A33 art. 46a WGR]
Provincies, bevoegdheden dagelijks bestuur [A33 art. 46b WGR]
Provincies, bevoegdheden voorzitter [A33 art. 46c WGR]
Provincies, bijzondere voorzieningen [A33 art. 45a WGR]
Provincies, financiële/beleidsmatige kaders/voorlopige jaarrekening [A33 art. 47b WGR]
Provincies, ontwerpbegroting [A33 art. 48 WGR]
Provincies, overdracht bevoegdheden [A33 art. 43 WGR]
Provincies, schorsing/vernietiging besluit/beslissing [A33 art. 49 WGR]
Provincies, specifieke uitkering [A33 art. 47a WGR]
Provincies, treffen gemeenschappelijke regelingen [A33 art. 40 WGR]
Provincies, van overeenkomstige toepassing gemeenschappelijke regelingen gemeenten [A33 art. 41 WGR]
Provincies, verstrekking systematische informatie [A33 art. 45b WGR]
Provincies-waterschappen, begroting/jaarrekening [A33 art. 90 WGR]
Provincies-waterschappen, belastingheffing door openbaar lichaam [A33 art. 88 WGR]
Provincies-waterschappen, beperkingen bevoegdheden [A33 art. 87 WGR]
Provincies-waterschappen, bevoegdheden algemeen bestuur [A33 art. 89 WGR]
Provincies-waterschappen, bevoegdheden dagelijks bestuur [A33 art. 89b WGR]
Provincies-waterschappen, bevoegdheden voorzitter [A33 art. 89d WGR]
Provincies-waterschappen, bijzondere voorzieningen [A33 art. 88a WGR]
Provincies-waterschappen, financiële/beleidsmatige kaders/voorlopige jaarrekening [A33 art. 90a WGR]
Provincies-waterschappen, ontwerpbegroting [A33 art. 91 WGR]
Provincies-waterschappen, overdracht bevoegdheden [A33 art. 86 WGR]
Provincies-waterschappen, schorsing/vernietiging besluit/beslissing [A33 art. 92 WGR]
Provincies-waterschappen, treffen gemeenschappelijk regelingen [A33 art. 83 WGR]
Provincies-waterschappen, van overeenkomstige toepassing gemeenschappelijke regelingen gemeenten [A33 art. 84 WGR]
PRTR [A65 art. 12.25 Wm]
Pseudonimisering [A19 art. 4 AVG]
Publicatie melding [A65 art. 8.41 Wm]
Publicatie preventief toezicht [A29 art. 205 Gemw]
Publiekrechtelijke rechtspersonen [A55 art. 1 BW Boek 2]

Quorum, ontbreken vereiste quorum [A11 art. 75 RvO I]

Raad attendeert op het nemen van internationale maatregelen [A103 art. 22 IVESCR]
Raad van bestuur Europese Centrale Bank [A88 art. 283 VWEU]
Raad van State, Afdeling advisering [A14 art. 16a Wet RvS]
Raad van State, Afdeling bestuursrechtspraak [A14 art. 27a Wet RvS]
Raad van State, benoembaarheidseisen secretaris/ambtenaar [A14 art. 12 Wet RvS]
Raad van State, benoeming secretaris en ambtenaren [A14 art. 11 Wet RvS]
Raad van State, benoeming staatsraden [A14 art. 8 Wet RvS]
Raad van State, benoeming staatsraden in buitengewone dienst [A14 art. 10 Wet RvS]
Raad van State, benoeming vice-president en leden [A14 art. 2 Wet RvS]
Raad van State, beslissing bij meerderheid van stemmen [A14 art. 15 Wet RvS]
Raad van State, bevoegdheden staatsraden [A14 art. 9 Wet RvS]
Raad van State, eed of belofte [A14 art. 13, art. 6 Wet RvS]
Raad van State, geheimhouding [A14 art. 16 Wet RvS]
Raad van State, immuniteit leden [A14 art. 58 Wet RvS]
Raad van State, inrichting/samenstelling/bevoegdheid [A2 art. 75 GW]
Raad van State, Nederlanderschap vice-president en leden [A14 art. 4 Wet RvS]
Raad van State, ontslag vice-president en leden [A14 art. 3 Wet RvS]
Raad van State, onverenigbare betrekkingen [A14 art. 5 Wet RvS]

R

Raad van State, rechtspositie leden [A2 art. 74 GW]
Raad van State, regeling werkzaamheden [A14 art. 14 Wet RvS]
Raad van State, samenstelling [A14 art. 1 Wet RvS]
Raad van State, taak [A2 art. 73 GW]
Raad van State, vervanging vice-president [A14 art. 7 Wet RvS]
Raad verleent bevoegdheid tot binnentreden woning zonder toestemming van bewoner [A29 art. 149a Gemw]
Raad voor de rechtsbijstand [A74 art. 1:1 Wvggz]
Raadgevend comité voor de werkgelegenheid Europese Unie [A88 art. 150 VWEU]
Raadkamer [A101 art. 54 SIG]
Raadpleging betrokken adviseurs en bestuursorganen [A65 art. 7.25, art. 7.8 Wm]
Raadpleging Comité van de Regio's Europese Unie [A88 art. 307 VWEU]
Raadpleging Economisch en Sociaal Comité Europese Unie [A88 art. 304 VWEU]
Raadpleging Europees Parlement over gemeenschappelijk buitenlands en veiligheidsbeleid [A87 art. 36 VEU]
Raadpleging internationale organisaties [A101 art. 34 SIG]
Raadpleging sociale partners door Europese Commissie [A88 art. 154 VWEU]
Raadscommissies [A29 art. 82 Gemw]
Raadslieden [A101 art. 42 SIG]
Raadsman [A41 art. 4.18 Vb 2000]
Raamovereenkomst, bijzondere voorschriften [A82 art. 2.139 AanbW 2012]
Raamovereenkomst met een enkele ondernemer [A82 art. 2.45 AanbW 2012]
Raamovereenkomst, met meerdere ondernemers [A82 art. 2.143 AanbW 2012]
Raming concessieovereenkomsten/dynamisch aankoopsysteem/prijsvragen, uitzonderingen [A82 art. 2.23 AanbW 2012]
Raming overheidsopdrachten, afzonderlijke operationele eenheden [A82 art. 2.15a AanbW 2012]
Raming overheidsopdrachten, diensten [A82 art. 2.17 AanbW 2012]
Raming overheidsopdrachten, homogene levering [A82 art. 2.19 AanbW 2012]
Raming overheidsopdrachten, leasing/huur/huurkoop [A82 art. 2.20 AanbW 2012]
Raming overheidsopdrachten, plaatsing in afzonderlijke percelen [A82 art. 2.18 AanbW 2012]
Raming overheidsopdrachten, regelmatig te verrichten leveringen/diensten [A82 art. 2.21 AanbW 2012]
Raming overheidsopdrachten, werken [A82 art. 2.16 AanbW 2012]
Raming speciale-sectoropdrachten, berekening [A82 art. 3.12 AanbW 2012]
Raming speciale-sectoropdrachten, diensten [A82 art. 3.14 AanbW 2012]
Raming speciale-sectoropdrachten, dynamisch aankoopsysteem/prijsvragen [A82 art. 3.20 AanbW 2012]
Raming speciale-sectoropdrachten, homogene levering [A82 art. 3.16 AanbW 2012]
Raming speciale-sectoropdrachten, leasing/huurkoop [A82 art. 3.17 AanbW 2012]
Raming speciale-sectoropdrachten, plaatsing in afzonderlijke percelen [A82 art. 3.15 AanbW 2012]
Raming speciale-sectoropdrachten, regelmatig te verrichten leveringen/diensten [A82 art. 3.18 AanbW 2012]
Raming speciale-sectoropdrachten, werken [A82 art. 3.13 AanbW 2012]
Raming speciale-sectoropdrachten, zowel leveringen als diensten [A82 art. 3.19 AanbW 2012]
Rangschikking kandidaten [A9 art. P 19 KW]
Rapport Algemene Rekenkamer naar aanleiding van onderzoek [A15 art. 7.30 CW 2016]
Rapport Comité [A104 art. 41 BUPO]
Rapport der commissie [A104 art. 42 BUPO]
Rapport Minister VROM [A65 art. 10.35 Wm]
Rapport van onderzoek ombudsman [A45 art. 9:36 Awb]
Rapport van overtreding bij bestuurlijke boete [A45 art. 5:48 Awb]
Rapportage van de Raad aan de Algemene Vergadering [A103 art. 21 IVESCR]
Rapportageplicht en verslaglegging [A27 art. 186 PW]
Rapportageplichtigen, uitgezonderde [A65 art. 9.8.1.3 Wm]
Rapporten naar Commissie voor de Rechten van de Mens [A103 art. 19 IVESCR]
Rapporten naar Economische en Sociale Raad [A103 art. 16 IVESCR]
Rapportering door speciale organisaties [A103 art. 18 IVESCR]
Recht om deel te nemen aan landsbestuur zonder achterstelling [A102 art. 21 UVRM] [A104 art. 25 BUPO]
Recht op arbeid [A108 art. 11 IVDV]
Recht op arbeid en rechtvaardige arbeidsvoorwaarden [A102 art. 23 UVRM]
Recht op bijstand voor datum melding [A77 art. 78x Pw]
Recht op billijke en gunstige arbeidsvoorwaarden [A103 art. 7 IVESCR]

R

Alfabetisch trefwoordenregister

Recht op door ouders te kiezen vrij onderwijs [A90 art. 2 EVRM 1e prot.]
Recht op eerbiediging identiteit [A110 art. 8 IVRK]
Recht op eerlijk proces [A104 art. 14 BUPO]
Recht op gelijke beloning [A108 art. 11 IVDV]
Recht op gezinsleven [A110 art. 9 IVRK]
Recht op gezondheidszorg [A108 art. 12 IVDV] [A110 art. 24 IVRK]
Recht op gratie [A104 art. 6 BUPO]
Recht op leven [A110 art. 6 IVRK]
Recht op lichamelijke en geestelijke gezondheid [A103 art. 12 IVESCR]
Recht op maatschappelijke zekerheid enz. [A102 art. 22 UVRM]
Recht op naam, nationaliteit, ouders [A110 art. 7 IVRK]
Recht op nationaliteit [A102 art. 15 UVRM]
Recht op onderwijs [A110 art. 28 IVRK]
Recht op onderwijs dat ook gericht is op begrip onder de volken [A103 art. 13 IVESCR]
Recht op privacy [A110 art. 16 IVRK] [A89 art. 8 EVRM]
Recht op redelijk levensniveau en op sociale voorzieningen [A102 art. 25 UVRM]
Recht op rust [A110 art. 31 IVRK]
Recht op sociale zekerheid [A103 art. 9 IVESCR] [A108 art. 11 IVDV] [A110 art. 26 IVRK]
Recht op toereikende levensstandaard [A110 art. 27 IVRK]
Recht op voldoende onderwijs [A102 art. 26 UVRM]
Recht op vrij gekozen arbeid [A103 art. 6 IVESCR]
Recht op vrije tijd en vakantie [A102 art. 24 UVRM]
Recht op zorg [A79 art. 3.2.1 Wlz]
Recht op zorg, begripsbepalingen [A79 art. 3.2.1 Wlz]
Recht op zorg gedetineerden [A79 art. 3.2.7 Wlz]
Recht op zorg militairen in werkelijke dienst [A79 art. 3.2.8 Wlz]
Recht op zorg, nadere regels [A79 art. 3.2.5 Wlz]
Recht tot verrekening bij verjaring bestuursrechtelijke geldschuld [A45 art. 4:108 Awb]
Recht van amendement [A29 art. 147b Gemw]
Recht van betrokkene op beperking verwerking [A19 art. 18 AVG]
Recht van betrokkene op inzage [A19 art. 15 AVG]
Recht van betrokkene op overdraagbaarheid gegevens [A19 art. 20 AVG]
Recht van betrokkene op rectificatie [A19 art. 16 AVG]
Recht van betrokkene op wissing gegevens [A19 art. 17 AVG]
Recht van bezwaar tegen verwerking persoonsgegevens [A19 art. 21 AVG]
Recht van interpellatie [A27 art. 151 PW] [A29 art. 155 Gemw]
Recht van onderzoek [A27 art. 151a PW] [A29 art. 155a Gemw]
Recht van vakorganisatie [A102 art. 23 UVRM] [A103 art. 8 IVESCR]
Recht van vergadering; wettelijke beperkingen [A104 art. 21 BUPO]
Recht van verzet bij marketing [A19 art. 21 AVG]
Recht van zelfverdediging [A100 art. 51 Hv VN]
Recht vereniging en vergadering [A102 art. 20 UVRM]
Recht vergadering of betoging, voorafgaande kennisgeving [A18 art. 4 WOM]
Rechten buiten grondgebied gemeente [A29 art. 229a Gemw]
Rechten burgers Europese Unie [A88 art. 24 VWEU]
Rechten Commissie jegens Europees Parlement [A88 art. 230 VWEU]
Rechten van verdachten [A104 art. 14 BUPO]
Rechten voor derde Staat [A114 art. 36 VWV]
Rechter kan afwijken [A45 art. 8:36a Awb]
Rechter Relatieve bevoegdheid [A75 art. 4 Wzd]
Rechter-commissaris in bestuursrecht [A45 art. 8:12 Awb]
Rechterlijke machtiging [A75 art. 24, art. 28c Wzd]
Rechterlijke motivering [A75 art. 28a Wzd]
Rechtmatig verblijf [A40 art. 8 Vw 2000]
Rechtmatig verblijf bij toegelaten vreemdeling [A41 art. 8.13 Vb 2000]
Rechtmatig verblijf; geen recht op vergunningen [A41 art. 8.4 Vb 2000]
Rechtmatige, behoorlijke en transparante verwerking van persoonsgegevens [A19 art. 5 AVG]
Rechtmatige verwerking, gronden [A19 art. 6 AVG]
Rechtsbescherming van grondrechten [A102 art. 8 UVRM]
Rechtsbevoegdheid [A108 art. 15 IVDV]
Rechtsbijstand [A2 art. 18 GW]
Rechtsbronnen [A101 art. 38 SIG]
Rechtsgevolg bezwaar [A114 art. 21 VWV]
Rechtsgevolg voorbehoud [A114 art. 21 VWV]
Rechtshandeling niet door Verdragen Europese Unie vastgesteld [A88 art. 296 VWEU]

Alfabetisch trefwoordenregister

R

Rechtskracht verbeterde tekst [A114 art. 79 VWV]
Rechtsmacht Hof [A101 art. 36 SIG]
Rechtsmacht, rechterlijke bevoegdheid [A4 art. 11 Wet AB]
Rechtsmacht, rechtsweigering [A4 art. 13 Wet AB]
Rechtsmacht, volkenrechtelijke uitzonderingen [A4 art. 13a Wet AB]
Rechtsmiddel [A56 art. 21j AWR]
Rechtsmiddelen terzake van vrijheidsontnemende maatregelen [A40 art. 94 Vw 2000]
Rechtspersoonlijkheid Europese Unie [A87 art. 47 VEU]
Rechtspositiebesluit voorzitters van waterschappen [A35 art. 49 Wschw]
Rechtspraak, administratief beroep [A2 art. 115 GW]
Rechtspraak, administratieve rechtspraak [A2 art. 112 GW]
Rechtspraak, ambtsmisdrijven [A2 art. 119 GW]
Rechtspraak, amnestie [A2 art. 122 GW]
Rechtspraak, berechting buiten Nederland/oorlogsstrafrecht [A2 art. 113 GW]
Rechtspraak, cassatie [A2 art. 118 GW]
Rechtspraak, civiele rechtspraak [A2 art. 112 GW]
Rechtspraak, doodstraf [A2 art. 114 GW]
Rechtspraak, gratie [A2 art. 122 GW]
Rechtspraak, Hoge Raad [A2 art. 118 GW]
Rechtspraak, openbaarheid terechtzitting/motivering vonnis [A2 art. 121 GW]
Rechtspraak, rechterlijke macht [A2 art. 116 GW]
Rechtspraak, rechtspositie leden rechterlijke macht [A2 art. 117 GW]
Rechtspraak, strafrechtspraak [A2 art. 113 GW]
Rechtspraak, toetsingsverbod [A2 art. 120 GW]
Rechtspraak, tuchtrechtspraak [A2 art. 113 GW]
Rechtstreeks beroep bij bestuursrechter [A45 art. 7:1a Awb]
Rechtsvermoeden bij illegale arbeid [A81 art. 23 Wav]
Rechtvaardigingsgrond bestuurlijke sanctie [A45 art. 5:5 Awb]
Reclamebelasting [A29 art. 227 Gemw]
Recreatieve visvijvers, lozen spuiwater [A66 art. 3.150 Barim]
Redelijke taakvervulling bestuursrechtelijke toezichthouder [A45 art. 5:13 Awb]
Redelijke termijn [A41 art. 3.82 Vb 2000]
Reductie lichtuitstraling, afscherming bovenzijde kas bij assimilatiebelichting <15.000 lux [A66 art. 3.58 Barim]
Reductie lichtuitstraling, afscherming bovenzijde kas bij assimilatiebelichting >15.000 lux [A66 art. 3.57 Barim]
Reductie lichtuitstraling, afscherming gevel kas [A66 art. 3.59 Barim]
Reductieverplichting rapportageplichtige [A65 art. 9.8.2.1 Wm]
Referent [A40 art. 2a Vw 2000]
Referent, aanvraag erkenning als [A41 art. 1.18 Vb 2000]
Referent, betrouwbaarheid [A41 art. 1.19 Vb 2000]
Referentschap Turkse nationaliteit [A41 art. 3.91d Vb 2000]
Regelgevende bevoegdheid [A29 art. 147 Gemw]
Regelgeving euro [A88 art. 133 VWEU]
Regelgeving Europese Centrale Bank [A88 art. 132 VWEU]
Regelgeving Europese Unie omtrent mededinging [A88 art. 103 VWEU]
Regelgeving omtrent geassocieerde niet-Europese landen [A88 art. 203 VWEU]
Regeling en bestuur bij algemeen bestuur [A35 art. 77 Wschw]
Regeling erkenning ondernemers [A82 art. 3.55 AanbW 2012]
Regeling interprovinciaal meningsverschil [A35 art. 7 Wschw]
Regeling toezichthoudende ambtenaren Drank- en Horecawet [A76 art. 41 DHW]
Regeling voor onderling overleg [A56 art. 30k AWR]
Regelingen ter zake van prostitutie [A29 art. 151a Gemw]
Regelmaat inzameling [A65 art. 10.26 Wm]
Regering, ambtsaanvaarding ministers en staatssecretarissen [A2 art. 49 GW]
Regering, ministeriële verantwoordelijkheid [A2 art. 42 GW]
Regering, ministeries [A2 art. 44 GW]
Regering, ministerraad [A2 art. 45 GW]
Regering, ministers [A2 art. 43 GW]
Regering, ondertekening koninklijk besluit benoeming/ontslag ministers en staatssecretarissen [A2 art. 48 GW]
Regering, ondertekening wetten en koninklijke besluiten [A2 art. 47 GW]
Regering, staatssecretarissen [A2 art. 46 GW]
Regio [A74 art. 1:1 Wvggz]
Regio-overleg [A74 art. 8:31 Wvggz]

R

Alfabetisch trefwoordenregister

Regionaal waterplan, inhoud [A70 art. 4.4 Wtw]
Regionaal waterplan, verzending aan minister [A70 art. 4.5 Wtw]
Regionaal waterplan, voorbereiding/vormgeving/inrichting [A70 art. 4.5 Wtw]
Regionale subcomités [A100 art. 47 Hv VN]
Register gegevensverwerkingen [A19 art. 30 AVG]
Register hernieuwbare energie vervoer [A65 art. 9.7.5.1 Wm]
Register hernieuwbare energie vervoer, nadere regels [A65 art. 9.7.5.2 Wm]
Register i.v.m. externe veiligheid [A65 art. 12.12 Wm]
Register instrumentaanbieders en toegelaten instrumenten voor kwaliteitsborging [A59 art. 7ai Wonw]
Register ongeldige stempassen [A9 art. J 7a KW]
Register rapportage- en reductieverplichting vervoersemissies [A65 art. 9.8.4.1 Wm]
Register rapportage- en reductieverplichting vervoersemissies, nadere regels [A65 art. 9.8.4.2 Wm]
Register van locaties en accommodaties [A75 art. 20, art. 77a Wzd]
Register van verwerkingsactiviteiten [A19 art. 30 AVG]
Register van verzoekschriften [A107 art. 14 VURd]
Register Verklaring Sociale Hygiëne [A76 art. 8 DHW]
Registers beschermde gebieden [A65 art. 12.10 Wm]
Registratie aanduiding politieke groepering algemeen bestuur [A9 art. G 2a KW]
Registratie aanduiding politieke groepering gemeenteraad [A9 art. G 3 KW]
Registratie aanduiding politieke groepering PS [A9 art. G 2 KW]
Registratie aanduiding politieke groepering Tweede Kamer [A9 art. G 1 KW]
Registratie aanduiding politieke groepering Tweede Kamer of leden eilandraad [A9 art. Ya 25 KW]
Registratie als kiezer, verstrekken van inlichtingen omtrent [A9 art. D 5 KW]
Registratie als kiezer, wijziging/verbetering [A9 art. D 6 KW]
Registratie, beroep tegen beslissing inzake [A9 art. D 8 KW]
Registratie, beslissing op aanvraag t.a.v. [A9 art. D 7 KW]
Registratie bij beroep op procedurerichtlijn [A41 art. 3.107b Vb 2000]
Registratie broeikasgasemissierechten [A65 art. 16.43 Wm]
Registratie en publicatie [A114 art. 80 VWV]
Registratie en publicatie verdragen [A100 art. 102 Hv VN]
Registratie ingezetene openbaar lichaam BES als kiezer, wijziging/verbetering [A9 art. Ya 3a KW]
Registratie kiesgerechtigde andere lidstaat [A9 art. Y 32 KW]
Registratie kiesgerechtigdheid [A9 art. D 1 KW]
Registratie kiesgerechtigdheid, art. 18 AVG niet van toepassing [A9 art. D 10 KW]
Registratie mvv [A40 art. 2v Vw 2000]
Registratie onderdaan andere lidstaat, schrapping [A9 art. Y 33 KW]
Registratie terugkeervisum [A40 art. 2bb Vw 2000]
Registratie van buiten Nederland wonende kiezers [A9 art. D 2 KW]
Registratie van buiten Nederland wonende kiezers geschiedt op aanvraag [A9 art. D 3 KW]
Registratie van buiten Nederland wonende kiezers, nadere regels bij AMvB t.a.v. [A9 art. D 4 KW]
Registratie van de kiesgerechtigdheid, nadere regels bij AMvB t.a.v. [A9 art. D 9 KW]
Registratie van klacht door bestuursorgaan [A45 art. 9:12a Awb]
Registratieplicht ontdoener [A65 art. 10.38 Wm]
Registratieverzoek [A9 art. Q 6 KW]
Reglement paracommerciële rechtspersoon [A76 art. 9 DHW]
Reglement paracommerciële rechtspersoon, inhoud [A76 art. 9 DHW]
Reglement van orde [A27 art. 16, art. 52, art. 79i PW] [A29 art. 16, art. 52, art. 81i Gemw]
Reglement van Orde Eerste Kamer, aanpassing/vernummering [A11 art. 177 RvO I]
Reglement van Orde Eerste Kamer, algemene beschouwingen [A11 art. 169 RvO I]
Reglement van Orde Eerste Kamer, amendementen door wijzigingen overbodig geworden [A11 art. 175 RvO I]
Reglement van Orde Eerste Kamer, amendementen op herzieningsvoorstel [A11 art. 163 RvO I]
Reglement van Orde Eerste Kamer, beraadslaging over amendementen [A11 art. 170 RvO I]
Reglement van Orde Eerste Kamer, commissie voorbereiding wijzigingsvoorstel [A11 art. 160 RvO I]
Reglement van Orde Eerste Kamer, eindbeslissing over gehele wijzigingsvoorstel [A11 art. 176 RvO I]
Reglement van Orde Eerste Kamer, inbehandelingneming wijzigingsvoorstel [A11 art. 159 RvO I]

Alfabetisch trefwoordenregister   R

Reglement van Orde Eerste Kamer, inhoud wijzigingsvoorstel [A11 art. 158 RvO I]
Reglement van Orde Eerste Kamer, openbare beraadslaging over herzieningsvoorstel [A11 art. 167 RvO I]
Reglement van Orde Eerste Kamer, schriftelijke voorbereiding herzieningsvoorstel [A11 art. 165 RvO I]
Reglement van Orde Eerste Kamer, termijn wijzigingen op herzieningsvoorstel [A11 art. 164 RvO I]
Reglement van Orde Eerste Kamer, toelichting amendementen [A11 art. 171 RvO I]
Reglement van Orde Eerste Kamer, verandering/intrekking amendementen [A11 art. 172 RvO I]
Reglement van Orde Eerste Kamer, volgorde van beslissingen m.b.t. een artikel en de amendementen daarop [A11 art. 174 RvO I]
Reglement van Orde Eerste Kamer, voorstel tot algehele herziening [A11 art. 162 RvO I]
Reglement van Orde Eerste Kamer, voorstel tot wijziging [A11 art. 157 RvO I]
Reglement van Orde Eerste Kamer, wenselijkheid algehele herziening [A11 art. 161 RvO I]
Reglement van Orde Eerste Kamer, wijzigingsvoorstel door meer dan één lid of commissie [A11 art. 173 RvO I]
Reglement van orde en bijeenroeping Comité van de Regio's Europese Unie [A88 art. 306 VWEU]
Reglement van orde en bijeenroeping Economisch en Sociaal Comité Europese Unie [A88 art. 303 VWEU]
Reglement van orde Europees Parlement [A88 art. 232 VWEU]
Reglement van orde Europese Commissie [A88 art. 249 VWEU]
Regresrecht, geldswaarde niet vaststelbaar [A78 art. 2.4.3 WMO 2015]
Regresrecht gemeente [A78 art. 2.4.3 WMO 2015]
Regresrecht, maximale hoogte [A78 art. 2.4.3 WMO 2015]
Reinigen tanks en tankwagens, eisen [A66 art. 4.103h, art. 4.104a Barim]
Reinigen tanks en tankwagens, lozen afvalwater [A66 art. 4.104 Barim]
Reinigen veeg- en vuilniswagens, eisen steekmonster [A66 art. 4.104d Barim]
Reinigen veeg- en vuilniswagens, lozen afvalwater [A66 art. 4.104e Barim]
Reinigen/lijmen/coaten, emissieconcentratie [A66 art. 4.54 Barim]
Reinigen/lijmen/coaten, emissiereductie [A66 art. 4.55 Barim]
Reinigen/lijmen/coaten, niet in buitenlucht [A66 art. 4.53 Barim]
Reinigen/lijmen/coaten, schoonbranden van verontreinigde metalen [A66 art. 4.54a Barim]
Reinigen/wassen textiel, koolwaterstof [A66 art. 4.101 Barim]
Reinigen/wassen textiel, lozing afvalwater [A66 art. 4.102 Barim]
Reinigen/wassen textiel, verwaarloosbaar bodemrisico [A66 art. 4.103 Barim]
Reis- en verblijfkosten [A29 art. 97 Gemw]
Rekeneenheid begroting Europese Unie [A88 art. 320 VWEU]
Rekening houden met plan [A65 art. 4.19, art. 4.6 Wm]
Rekening met reductieverplichtingfaciliteit [A65 art. 9.8.2.2 Wm]
Rekening met reductieverplichtingfaciliteit, blokkeren/opheffen [A65 art. 9.8.4.4 Wm]
Rekening met reductieverplichtingfaciliteit, openen op verzoek [A65 art. 9.8.4.3 Wm]
Rekening met reductieverplichtingfaciliteit, vergoeding voor openens [A65 art. 9.8.4.5 Wm]
Rekenkamer Europese Unie [A88 art. 285 VWEU]
Relatie waterhuishoudings-, ruimtelijk, verkeers- en vervoersbeleid [A65 art. 4.9 Wm]
Relatie waterhuishoudingsbeleid en natuurbeleid [A65 art. 4.3 Wm]
Relatie Wfz, overleg OvJ en CIZ [A75 art. 28a Wzd]
Relatie Wvggz [A75 art. 28 Wzd]
Relatieve competentie bestuursrechter [A45 art. 8:7 Awb]
(Relatieve) competentie; domicilie van lichamen [A56 art. 78 AWR]
Relatieve uitzonderingsgronden [A49 art. 10 WOB]
Relativiteitsregel bestuursrecht [A45 art. 8:69a Awb]
Relevant en gemotiveerd bezwaar [A19 art. 4 AVG]
Rente apart vermelden [A56 art. 30j AWR]
Rente bij herziening voorlopige aanslag IB/VPB [A56 art. 30fb AWR]
Rente bij wijziging bestuursrechtelijke geldschuld [A45 art. 4:102 Awb]
Rente terug te vorderen staatssteun [A56 art. 20b AWR]
Rente waarborgsom [A41 art. 3.10 Vb 2000]
Rentevergoeding IB/VPB definitieve aanslag [A56 art. 30fd AWR]
Rentevergoeding IB/VPB, voorlopige aanslag [A56 art. 30fa AWR]
Repliek en dupliek op beroepschrift [A45 art. 8:43 Awb]
Representatieve democratie binnen Europese Unie [A87 art. 10 VEU]
Repressief toezicht burgemeester [A29 art. 273 Gemw]
Repressief toezicht; vernietiging en schorsing [A29 art. 268 Gemw]

R

Alfabetisch trefwoordenregister

Respecteren binnenlandse rechtsmacht staat [A100 art. 2 Hv VN]
Respecteren van minderheden [A104 art. 27 BUPO]
Respecteren voorkeurswaarde [A65 art. 11.30 Wm]
Retro-actie [A114 art. 28 VWV]
Revisierente [A56 art. 30i AWR]
Richtige heffing; rechtshandelingen alleen om belasting te ontgaan [A56 art. 31 AWR]
Richtsnoeren [A104 art. 31 BUPO]
Richtsnoeren Europese Raad omtrent werkgelegenheid [A88 art. 148 VWEU]
Rijksbegroting, autorisatie [A15 art. 2.3 CW 2016]
Rijksbegroting, indiening [A15 art. 2.23 CW 2016]
Rijksbegroting, presentatie [A15 art. 2.2 CW 2016]
Rijksbegroting, samenstelling en inhoud [A15 art. 2.1 CW 2016]
Rijksbelastingen [A56 art. 1 AWR]
Rijkscoördinatieregeling, beslissing ministers [A57 art. 3.36 Wro]
Rijkswet, behandeling voorstel van [A11 art. 154 RvO I]
Rioolheffing [A29 art. 228a Gemw]
Risico-inventarisatie [A75 art. 10 Wzd]
RIVM als beheerder [A65 art. 12.12 Wm]
Roerenderuimtebelasting [A29 art. 221 Gemw]
Ronseling volmachtstemmen [A9 art. Z 8 KW]
Rotatieoffset, lozen afvalwater [A66 art. 4.94dc, art. 4.94de Barim]
Rotatieoffset, overschrijding drempelwaarden [A66 art. 4.94db Barim]
Rotatieoffset, verbod chroomzouthoudende middelen [A66 art. 4.94dd Barim]
Ruimte van vrijheid, veiligheid en recht Europese Unie [A88 art. 67 VWEU]
Ruimtelijk besluit, kennisgeving voorbereiding [A58 art. 1.3.1 Bro]
Ruimtelijk besluit, raadpleegbaarheid bij landelijke voorziening [A58 art. 1.2.2 Bro]
Ruimtelijke en infrastructurele projecten, bekendmaking ontwerp-AMvB [A63 art. 5.2a Chw]
Ruimtelijke en infrastructurele projecten, geen beroep tegen toevoeging aan bijlagen I/II/II [A63 art. 5.2 Chw]
Ruimtelijke en infrastructurele projecten, innovatie [A63 art. 2.4 Chw]
Ruimtelijke en infrastructurele projecten, opstellen milieueffectrapport [A63 art. 1.11 Chw]
Ruimtelijke en infrastructurele projecten, toevoegingen aan bijlagen I/II/III [A63 art. 1.2 Chw]
Ruimtelijke ordening, aanmerking als één besluit [A57 art. 8.3 Wro]
Ruimtelijke ordening, aanwijzing adviseur aanvraag schadevergoeding [A58 art. 6.1.3.3 Bro]
Ruimtelijke ordening, aanwijzing GS aan gemeenteraad omtrent bestemmingsplan [A57 art. 4.2 Wro]
Ruimtelijke ordening, aanwijzing rijk aan gemeenteraad/PS/GS [A57 art. 4.4 Wro]
Ruimtelijke ordening, advies over aanvraag schadevergoeding [A58 art. 6.1.3.2 Bro]
Ruimtelijke ordening, AMvB [A57 art. 10.8 Wro]
Ruimtelijke ordening, aspecten bij beslissing op aanvraag tegemoetkoming schade [A57 art. 6.3 Wro]
Ruimtelijke ordening, Begeleidingscollege Ruimtelijk Planbureau [A57 art. 9.4 Wro]
Ruimtelijke ordening, bekendmaking voornemens B&W inzake handhaving [A57 art. 10.1 Wro]
Ruimtelijke ordening, beschikbaarstelling ontwerpbesluit [A58 art. 1.2.1a Bro]
Ruimtelijke ordening, beschikbaarstelling ruimtelijke visie/plan/besluit [A58 art. 1.2.1 Bro]
Ruimtelijke ordening, beslissing op aanvraag schadevergoeding [A58 art. 6.1.3.6 Bro]
Ruimtelijke ordening, evaluatie [A57 art. 10.10 Wro]
Ruimtelijke ordening, geen strijdigheid met Richtlijn nr. 2006/123/EG [A58 art. 1.1.2 Bro]
Ruimtelijke ordening, gemeentelijke coördinatieregeling [A57 art. 3.30 Wro]
Ruimtelijke ordening, handhaving [A57 art. 7.1 Wro]
Ruimtelijke ordening, inhoud aanvraag schadevergoeding [A58 art. 6.1.2.2 Bro]
Ruimtelijke ordening, instellen beroep tegen besluit [A57 art. 8.2 Wro]
Ruimtelijke ordening, jaarlijks verslag B&W/GS [A57 art. 10.1 Wro]
Ruimtelijke ordening, kosten gemeente/provincie [A57 art. 10.6 Wro]
Ruimtelijke ordening, kosten legalisatie en griffiekosten [A57 art. 10.5 Wro]
Ruimtelijke ordening, nakoming internationale verplichtingen [A57 art. 10.7 Wro]
Ruimtelijke ordening, onderzoek adviseur aanvraag schadevergoeding [A58 art. 6.1.3.4 Bro]
Ruimtelijke ordening, ongegronde aanvraag schadevergoeding [A58 art. 6.1.3.1 Bro]
Ruimtelijke ordening, onpartijdigheid stichting die adviseert inzake beroepen [A57 art. 8.7 Wro]
Ruimtelijke ordening, ontheffing van bestemmingsplan in provinciale verordening [A57 art. 4.1a Wro]
Ruimtelijke ordening, ontheffing van bestemmingsplan/provinciaal plan [A57 art. 4.3a Wro]
Ruimtelijke ordening, ontvangst aanvraag schadevergoeding [A58 art. 6.1.2.1 Bro]
Ruimtelijke ordening, onvolledige aanvraag schadevergoeding [A58 art. 6.1.3.1 Bro]
Ruimtelijke ordening, oprichting stichting die adviseert inzake beroepen [A57 art. 8.5 Wro]

Alfabetisch trefwoordenregister

Ruimtelijke ordening, opschorting werking besluit bij verzoek voorlopige voorziening [A57 art. 8.4 Wro]
Ruimtelijke ordening, overeenkomst B&W en aanvrager over tegemoetkoming schade [A57 art. 6.4a Wro]
Ruimtelijke ordening, provinciale coördinatieregeling [A57 art. 3.33 Wro]
Ruimtelijke ordening, provinciale planologische commissie [A57 art. 9.1 Wro]
Ruimtelijke ordening, regels omtrent bestemmingsplan in provinciale verordening [A57 art. 4.1 Wro]
Ruimtelijke ordening, regels van rijk omtrent bestemmingsplan/provinciaal plan [A57 art. 4.3 Wro]
Ruimtelijke ordening, rijksbestemmingsplan [A57 art. 10.3 Wro]
Ruimtelijke ordening, rijkscoördinatieregeling [A57 art. 3.35 Wro]
Ruimtelijke ordening, Ruimtelijk planbureau [A57 art. 9.3 Wro]
Ruimtelijke ordening, schade voor rekening aanvrager [A57 art. 6.2 Wro]
Ruimtelijke ordening, structuurvisie gemeente [A57 art. 2.1 Wro]
Ruimtelijke ordening, structuurvisie Nederland [A57 art. 2.3 Wro]
Ruimtelijke ordening, structuurvisie provincie [A57 art. 2.2 Wro]
Ruimtelijke ordening, subsidie stichting die adviseert inzake beroepen [A57 art. 8.8 Wro]
Ruimtelijke ordening, taak stichting die adviseert inzake beroepen [A57 art. 8.6 Wro]
Ruimtelijke ordening, tegemoetkoming in schade door inpassingsplan/projectbesluit [A57 art. 6.6 Wro]
Ruimtelijke ordening, toegang tot terreinen/gebouwen [A57 art. 10.2 Wro]
Ruimtelijke ordening, toepasselijkheid Belemmeringenwet Privaatrecht [A57 art. 3.36a Wro]
Ruimtelijke ordening, toepasselijkheid dagvaardingsprocedure conform artikel 18 lid 1 Onteigeningswet [A57 art. 3.36b Wro]
Ruimtelijke ordening, toezicht op naleving [A57 art. 7.2 Wro]
Ruimtelijke ordening, vergoeding hogere kosten gemeente [A57 art. 6.8 Wro]
Ruimtelijke ordening, vergoeding kosten bij tegemoetkoming schade [A57 art. 6.5 Wro]
Ruimtelijke ordening, verlening voorschot schadevergoeding [A58 art. 6.1.3.7 Bro]
Ruimtelijke ordening, verschuldigd recht bij aanvraag tegemoetkoming schade [A57 art. 6.4 Wro]
Ruimtelijke ordening, voorhangprocedure AMvB [A57 art. 10.9 Wro]
Ruimtelijke ordening, werk/werkzaamheid ten behoeve van landsverdediging [A57 art. 10.4 Wro]
Ruimtelijke visie/plan/ besluit/verordening, elektronische vaststelling [A58 art. 1.2.3 Bro]
Ruimtelijke visie/plan/ besluit/verordening, geometrische plaatsbepaling [A58 art. 1.2.5 Bro]
Ruimtelijke visie/plan/ besluit/verordening, ondergrond [A58 art. 1.2.4 Bro]
Ruimtevaartbeleid Europese Unie [A88 art. 189 VWEU]
Rust- en voorbereidingstermijn [A41 art. 3.123d Vb 2000]
Rust- en voorbereidingstijd [A41 art. 3.109 Vb 2000]
RvS [A49 art. 19 WOB]

Saldibalans [A15 art. 2.34 CW 2016]
Samenhang beleidsmaatregelen Europese Unie [A88 art. 7 VWEU]
Samenhang binnen nauwere samenwerking Europese Unie [A88 art. 334 VWEU]
Samenhangende zaken [A52 art. 3 BPB]
Samenloop bestuurlijke sancties [A45 art. 5:8 Awb]
Samenloop nationaal recht en internationale overeenkomsten [A98 art. H ESHh]
Samenloop sancties [A65 art. 18.16a Wm]
Samenloop schadevergoeding en beroep bij bestuursrechter [A45 art. 8:91 Awb]
Samenstelling algemeen bestuur [A35 art. 12 Wschw]
Samenstelling bestuur emissieautoriteit [A65 art. 2.7 Wm]
Samenstelling centrale stembureaus [A9 art. E 11 KW]
Samenstelling commissie [A65 art. 2.30 Wm]
Samenstelling dagelijks bestuur [A35 art. 40 Wschw]
Samenstelling Europese Commissie [A88 art. 244 VWEU]
Samenstelling Gerecht van Hof van Justitie [A88 art. 254 VWEU]
Samenstelling Kiesraad [A9 art. A 5 KW]
Samenstelling rekenkamer Europese Unie [A88 art. 286 VWEU]
Samenstelling toelatingsorganisatie [A59 art. 7al Wonw]
Samenvoeging aanslagen op één biljet [A27 art. 228c PW] [A29 art. 239 Gemw]
Samenwerking colleges [A78 art. 2.6.1 WMO 2015]
Samenwerking Europese Unie met derde landen inzake wetenschap en technologie [A88 art. 186 VWEU]
Samenwerking lidstaten Europese Unie betreffende nationale veiligheid [A88 art. 73 VWEU]

S

Samenwerking toezichthoudende autoriteit met andere toezichthoudende autoriteiten [A19 art. 60 AVG]
Samenwerking tussen Europees Parlement, Raad en Commissie [A88 art. 295 VWEU]
Samenwerkingsverband aanbestedende diensten [A82 art. 2.24c, art. 3.23c AanbW 2012]
Samenwerkingsverband ondernemers [A82 art. 3.50a AanbW 2012]
Sancties door Hof van Justitie [A88 art. 261 VWEU]
Sancties in bestuursrecht [A45 art. 5:2 Awb]
Saneringsobjecten [A65 art. 11.65 Wm]
Saneringsobjecten; definitie [A65 art. 11.57 Wm]
Saneringsplan [A65 art. 11.58 Wm]
Saneringsplan geluidproductieplafond weg/spoorweg [A65 art. 11.56 Wm]
Schade [A65 art. 11.51 Wm]
Schade aan voertuig [A29 art. 235 Gemw]
Schade aan waterstaatswerken [A70 art. 7.21 Wtw]
Schade, instellen onderzoek [A70 art. 7.19 Wtw]
Schade, kosten onderzoek [A70 art. 7.22 Wtw]
Schade, nadeelcompensatie [A72 art. 15.1 Omgw]
Schade, ondervangen door vergunninghouder [A70 art. 7.18 Wtw]
Schade, toepasselijkheid art. 6.1 Wro [A70 art. 7.16 Wtw]
Schade uit op aanvraag genomen besluit [A70 art. 7.17 Wtw]
Schade, vonnis rechtbank [A70 art. 7.20 Wtw]
Schadelijke stoffen/producten [A65 art. 9.2.2.1 Wm]
Schadeloosstelling [A104 art. 14, art. 9 BUPO]
Schadeloosstelling onteigening, aanbod aan derde belanghebbende [A61 art. 54k OW]
Schadeloosstelling onteigening, bepaling [A61 art. 40a OW]
Schadeloosstelling onteigening, bepaling voorschot [A61 art. 54i OW]
Schadeloosstelling onteigening, consignatie [A61 art. 54p OW]
Schadeloosstelling onteigening, consignatie beslag [A61 art. 58 OW]
Schadeloosstelling onteigening, consignatie bij weigering ontvangst [A61 art. 56 OW]
Schadeloosstelling onteigening, huurkoop [A61 art. 46 OW]
Schadeloosstelling onteigening, inbezitstelling onteigende goed [A61 art. 57 OW]
Schadeloosstelling onteigening, keuze vast/volledig [A61 art. 55 OW]
Schadeloosstelling onteigening, verdeling [A61 art. 43 OW]
Schadeloosstelling onteigening, verhuurde bedrijfsruimte [A61 art. 42 OW]
Schadeloosstelling onteigening, verpachte onroerende zaak [A61 art. 42a OW]
Schadeloosstelling onteigening, verrekening voor- of nadelen [A61 art. 40c OW]
Schadeloosstelling onteigening, vervallen erfdienstbaarheid [A61 art. 44 OW]
Schadeloosstelling onteigening, vervallen vonnis [A61 art. 55 OW]
Schadeloosstelling onteigening, vonnis [A61 art. 54i OW]
Schadeloosstelling onteigening, vruchtgebruik op vordering [A61 art. 45 OW]
Schadeloosstelling onteigening, werkelijke waarde onteigende zaak [A61 art. 40b OW]
Schadeloosstelling onteigening, wettelijke rente [A61 art. 55 OW]
Schadeloosstelling onteigening, zekerheid [A61 art. 54i OW]
Schadevergoeding [A40 art. 106, art. 71, art. 71a Vw 2000] [A65 art. 9.2.2.5 Wm] [A75 art. 44 Wzd]
Schadevergoeding bij bestuursorgaan [A45 art. 8:88 Awb]
Schadevergoeding bij schade door inbreuk op verordening [A19 art. 82 AVG]
Schadevergoeding, definitie schade [A70 art. 7.15 Wtw]
Schadevergoeding door zorgaanbieder en zorgverantwoordelijke [A74 art. 10:12 Wvggz]
Schadevergoeding i.v.m. spoedmaatregelen [A74 art. 10:12 Wvggz]
Schadevergoeding in klachtzaak [A74 art. 10:11 Wvggz]
Schadevergoeding, kostenverhaal [A79 art. 10.2.2 Wlz]
Schadevergoeding naar billijkheid [A74 art. 10:11 Wvggz] [A75 art. 56g Wzd]
Schadevergoeding naar burgerlijk recht [A79 art. 10.2.1 Wlz]
Schadevergoeding OvJ en rechter [A74 art. 10:12 Wvggz]
Schadevergoeding, verzekerde in dienstbetrekking [A79 art. 10.2.3 Wlz]
Schadevergoedingsverzoek bij klachtencommissie [A75 art. 56g Wzd]
Schadevergoedingsverzoek bij rechter [A75 art. 56g Wzd]
Schakelbepaling inspecties [A83 art. 53a Mw]
Schatkistbankieren, rechtspersoon met publieke taak [A15 art. 5.2 CW 2016]
Schatkistbankieren, toezicht bankieren [A15 art. 6.7 CW 2016]
Schatkistbankieren, uitzonderingen [A15 art. 5.2 CW 2016]
Schatkistbankieren, verplicht bij subsidies met voorschotbepalingen [A15 art. 5.3 CW 2016]
Schatkistbankieren, verplicht voor rechtspersoon met wettelijke taak [A15 art. 5.2 CW 2016]
Schatkistbankieren, vrijwillig [A15 art. 5.4 CW 2016]

Schatting [A35 art. 122j Wschw]
Schepen, vliegtuigen [A56 art. 4 AWR]
Schorsen en hervatten stemopneming [A9 art. N 16a KW]
Schorsende werking [A56 art. 27ga AWR]
Schorsende werking aanvraag [A41 art. 3.1 Vb 2000]
Schorsende werking aanvraag/blauwe kaart [A41 art. 3.1b Vb 2000]
Schorsende werking aanvraag/tijdelijke bescherming [A41 art. 3.1a Vb 2000]
Schorsende werking beroep bij Hof van Justitie [A88 art. 278 VWEU]
Schorsende werking bezwaar of beroep [A45 art. 6:16 Awb]
Schorsende werking hoger beroep bij bestuursrechter [A45 art. 8:106 Awb]
Schorsende werking voorlopige voorziening asiel [A41 art. 7.3 Vb 2000]
Schorsing besluiten [A27 art. 267 PW]
Schorsing door bestuursorgaan [A45 art. 10:43 Awb]
Schorsing leden algemeen bestuur wegens verboden handelingen [A9 art. X 7a KW]
Schorsing leden gemeenteraad wegens verboden handelingen [A9 art. X 8 KW]
Schorsing leden PS wegens verboden handelingen [A9 art. X 7 KW]
Schorsing lid [A100 art. 5 Hv VN]
Schorsing maatregel Jeugdwet [A74 art. 1:1 Wvggz]
Schorsing maatregel Wet zorg en dwang [A74 art. 1:1 Wvggz]
Schorsing onderzoek ter zitting bestuursrechter [A45 art. 8:64 Awb]
Schorsing, ontslag [A65 art. 2.31 Wm]
Schorsing stemming bij wanorde [A9 art. J 38 KW]
Schorsing stemrechten lidstaten Europese Unie [A88 art. 354 VWEU]
Schorsing toelating instrument voor kwaliteitsborging [A59 art. 7af Wonw]
Schorsing toelating instrument voor kwaliteitsborging bij surseance van betaling
  [A59 art. 7af Wonw]
Schorsing van besluiten [A29 art. 274 Gemw]
Schorsing vergunning [A76 art. 32 DHW]
Schrappen van registratie [A9 art. Y 33a KW]
Schrapping kandidaten [A9 art. I 6, art. S 4, art. Y 17 KW]
Schriftelijk besluit [A74 art. 5:5 Wvggz]
Schriftelijk verzoek tot schadevergoeding bij bestuursrechter [A45 art. 8:90 Awb]
Schriftelijk/mondeling verzoek [A9 art. K 3 KW]
Schriftelijke aanwijzing Minister aan Veilig Thuis [A78 art. 4.3.2 WMO 2015]
Schriftelijke en mondelinge fase [A101 art. 43 SIG]
Schriftelijke gemotiveerde beslissing [A75 art. 51a Wzd]
Schriftelijke indiening verzoek tot gecoördineerd besluit [A65 art. 14.13 Wm]
Schriftelijke inlichtingen aan bestuursrechter [A45 art. 8:45 Awb]
Schriftelijke oproeping [A27 art. 19 PW] [A29 art. 19 Gemw]
Schriftelijke stemming [A27 art. 31 PW] [A29 art. 31 Gemw]
Schriftelijke toelichting [A56 art. 29c AWR]
Schriftelijke vastlegging [A74 art. 8:9, art. 8:9 Wvggz]
Schuld moet bewezen worden [A102 art. 11 UVRM]
Schuld moet worden bewezen [A104 art. 14 BUPO]
Secretaris waterschap op non-actief in spoedeisende gevallen [A35 art. 54 Wschw]
Secretaris-Generaal [A100 art. 98 Hv VN]
Secretaris-generaal Raad van de Europese Unie [A88 art. 240 VWEU]
Seizoenarbeid [A41 art. 3.30c Vb 2000]
Selectie deelnemers procedure [A82 art. 3.69 AanbW 2012]
Selectie door inspecteur [A56 art. 25d AWR]
Selectie uit diverse gegadigden [A54 art. 12 Richtlijn 2006/123/EG]
SER, aanbieding begroting [A36 art. 46 Wet op de SER]
SER, aanvulling op begroting [A36 art. 49 Wet op de SER]
SER, aanwezigheid ministers [A36 art. 28 Wet op de SER]
SER, adviesaanvraag [A36 art. 30 Wet op de SER]
SER, advisering [A36 art. 41 Wet op de SER]
SER, autonome (straf)verordeningen [A36 art. 32 Wet op de SER]
SER, begroting [A36 art. 54 Wet op de SER]
SER, bekendmaking ontwerpverordeningen [A36 art. 38 Wet op de SER]
SER, belangenverstrengeling [A36 art. 23 Wet op de SER]
SER, benoeming dagelijks bestuur [A36 art. 14 Wet op de SER]
SER, benoeming/schorsing/ontslag voorzitter [A36 art. 11 Wet op de SER]
SER, benoemingseisen [A36 art. 5 Wet op de SER]
SER, dagelijks bestuur [A36 art. 51 Wet op de SER]
SER, delegatie bevoegdheden [A36 art. 35 Wet op de SER]

SER, financiële informatieplicht [A36 art. 53 Wet op de SER]
SER, geheimhoudingsplicht [A36 art. 10 Wet op de SER]
SER, goedkeuring begroting [A36 art. 48 Wet op de SER]
SER, goedkeuring jaarrekening [A36 art. 52 Wet op de SER]
SER, immuniteit [A36 art. 21 Wet op de SER]
SER, informatieplicht [A36 art. 40 Wet op de SER]
SER, instelling adviescommissies [A36 art. 42 Wet op de SER]
SER, instelling onderwerpsgerichte commissies [A36 art. 19 Wet op de SER]
SER, jaarverslag [A36 art. 65 Wet op de SER]
SER, machtiging adviescommissies [A36 art. 44 Wet op de SER]
SER, medebewind [A36 art. 36 Wet op de SER]
SER, meerderheidsadvies [A36 art. 45 Wet op de SER]
SER, onafhankelijk stemmen [A36 art. 22 Wet op de SER]
SER, ontslag op eigen verzoek [A36 art. 8 Wet op de SER]
SER, onverenigbare betrekkingen [A36 art. 6 Wet op de SER]
SER, onverenigbare betrekkingen secretaris [A36 art. 17 Wet op de SER]
SER, oprichting van/deelneming in andere rechtspersoon [A36 art. 138 Wet op de SER]
SER, opstellen jaarrekening [A36 art. 52 Wet op de SER]
SER, publicatieplicht vernietiging besluiten [A36 art. 59 Wet op de SER]
SER, quorum [A36 art. 20 Wet op de SER]
SER, rekening-courant [A36 art. 55 Wet op de SER]
SER, samenstelling [A36 art. 3 Wet op de SER]
SER, secretariaat [A36 art. 16 Wet op de SER]
SER, staken van stemmen [A36 art. 27 Wet op de SER]
SER, stemprocedure [A36 art. 24 Wet op de SER]
SER, taak [A36 art. 2 Wet op de SER]
SER, toezicht op besluiten [A36 art. 56 Wet op de SER]
SER, vaststelling begroting [A36 art. 47 Wet op de SER]
SER, vaststelling verordening [A36 art. 26 Wet op de SER]
SER, vergoeding [A36 art. 9 Wet op de SER]
SER, vernietiging besluiten [A36 art. 58 Wet op de SER]
SER, vertegenwoordiging [A36 art. 39 Wet op de SER]
SER, zittingsduur bij vervanging [A36 art. 8 Wet op de SER]
SER, zittingsduur/benoeming [A36 art. 8 Wet op de SER]
Signaleringswaarde [A70 art. 2.2 Wtw]
Slachten van dieren, eisen [A66 art. 3.136 Barim]
Slachten van dieren/bewerken dierlijke bijproducten, eisen [A66 art. 3.134 Barim]
Slavernij [A104 art. 8 BUPO]
Slijterij: verbod tappen alcoholhoudende drank [A76 art. 13 DHW]
Slotverschillen [A15 art. 2.30 CW 2016]
Slotverschillen, autorisatie [A15 art. 2.36 CW 2016]
Sluiten van woningen, niet voor publiek toegankelijke lokalen of erven [A29 art. 174a Gemw]
Sluiting onderzoek ter zitting bestuursrechter [A45 art. 8:65 Awb]
Sluiting van het laatste stembureau [A9 art. Y 22b KW]
Sluiting zitting [A101 art. 54 SIG]
Smelten en gieten van metalen [A66 art. 4.74.1 Barim]
Sociaal belang behartigende instelling [A56 art. 5c AWR]
Sociale partners Europese Unie [A88 art. 152 VWEU]
Sociale politiek binnen Europese Unie [A88 art. 151 VWEU]
Sociale politiek in jaarverslag Europese Commissie [A88 art. 161 VWEU]
Sociale rechten, arbeid [A98 art. 1, art. 4 ESHh]
Sociale rechten, armoede en sociale uitsluiting [A98 art. 30 ESHh]
Sociale rechten, beëindiging dienstbetrekking [A98 art. 24 ESHh]
Sociale rechten, beroepskeuzevoorlichting [A98 art. 9 ESHh]
Sociale rechten, bescherming kinderen en jeugdigen [A98 art. 17 ESHh]
Sociale rechten, bescherming migrerende werknemers [A98 art. 19 ESHh]
Sociale rechten, bescherming moederschap [A98 art. 8 ESHh]
Sociale rechten, bijstand sociaal welzijn [A98 art. 14 ESHh]
Sociale rechten, billijke arbeidsvoorwaarden [A98 art. 2 ESHh]
Sociale rechten, collectief onderhandelen [A98 art. 6 ESHh]
Sociale rechten, collectief ontslag [A98 art. 29 ESHh]
Sociale rechten, gelijke kansen [A98 art. 20 ESHh]
Sociale rechten, gezinsbescherming [A98 art. 16 ESHh]
Sociale rechten, gezondheidsbescherming [A98 art. 11 ESHh]
Sociale rechten, huisvesting [A98 art. 31 ESHh]

Alfabetisch trefwoordenregister S

Sociale rechten, insolventie werkgever [A98 art. 25 ESHh]
Sociale rechten, kinder- en jeugdbescherming [A98 art. 7 ESHh]
Sociale rechten, recht op informatie en overleg [A98 art. 21 ESHh]
Sociale rechten, rechten gehandicapten [A98 art. 15 ESHh]
Sociale rechten, sociale bescherming [A98 art. 23 ESHh]
Sociale rechten, sociale en geneeskundige bijstand [A98 art. 13 ESHh]
Sociale rechten, sociale zekerheid [A98 art. 12 ESHh]
Sociale rechten, vakopleiding [A98 art. 10 ESHh]
Sociale rechten, vaststelling/verbetering arbeidsomstandigheden en werkomgeving [A98 art. 22 ESHh]
Sociale rechten, veilige arbeidsomstandigheden [A98 art. 3 ESHh]
Sociale rechten, vrijheid van organisatie [A98 art. 5 ESHh]
Sociale rechten, waardigheid [A98 art. 26 ESHh]
Sociale rechten, werknemers met gezin [A98 art. 27 ESHh]
Sociale rechten, werknemersvertegenwoordigers [A98 art. 28 ESHh]
Sociale rechten, winstgevende bezigheid op grondgebied van andere partij [A98 art. 18 ESHh]
Sociale verzekeringsbank, bestuurlijke boete [A77 art. 47g Pw]
Sociale verzekeringsbank, gegevensverstrekking [A77 art. 47e Pw]
Sociale verzekeringsbank, invulling toepassing artikelen [A77 art. 47b Pw]
Sociale verzekeringsbank, overgang kredietypotheek [A77 art. 47f Pw]
Sociale verzekeringsbank, specifieke uitvoeringsbepalingen [A77 art. 47d Pw]
Sociale verzekeringsbank, taak [A77 art. 47a Pw]
Sociale verzekeringsbank, toepassing afstemming [A77 art. 47c Pw]
Sociale verzekeringsbank, verlaging bijstand [A77 art. 47c Pw]
Sociale verzekeringsbank, verwerkingsverantwoordelijke [A80 art. 8.4.2 Jw]
Sociale zekerheid [A2 art. 20 GW]
Sociale zekerheid voor vrij verkeer van werknemers Europese Unie [A88 art. 48 VWEU]
Soevereine gelijkheid [A100 art. 2 Hv VN]
Solderen, emissieconcentratie cadmium en cadmiumverbindingen [A66 art. 4.45 Barim]
Solderen, emissieconcentratie stofklasse [A66 art. 4.46 Barim]
Solderen, informatieverstrekking [A66 art. 4.47 Barim]
Solidariteitsclausule Europese Unie [A88 art. 222 VWEU]
Sparen HBE's [A65 art. 9.7.5.6 Wm]
Sparen HBE's rapportageplichtige [A65 art. 9.8.4.6 Wm]
Speciale vertegenwoordiger gemeenschappelijk buitenlands en veiligheidsbeleid Europese Unie [A87 art. 33 VEU]
Speciale-sectorbedrijf, aanbesteding via aankoopcentrale [A82 art. 3.10 AanbW 2012]
Speciale-sectorbedrijven met defensie- of veiligheidsaspecten [A82 art. 2a.8 AanbW 2012]
Speciale-sectorbedrijven met gemengd karakter [A82 art. 2a.7 AanbW 2012]
Speciale-sectoropdracht binnen dynamisch aankoopsysteem [A82 art. 3.49 AanbW 2012]
Speciale-sectoropdracht/prijsvraag, raming waarde [A82 art. 3.11 AanbW 2012]
Speciale-sectoropdrachten, aankondiging [A82 art. 3.56 AanbW 2012]
Speciale-sectoropdrachten, aankondigingen [A82 art. 3.50 AanbW 2012]
Speciale-sectoropdrachten, B-diensten [A82 art. 3.40 AanbW 2012]
Speciale-sectoropdrachten bij een verbonden onderneming [A82 art. 3.24 AanbW 2012]
Speciale-sectoropdrachten, dynamisch aankoopsysteem [A82 art. 3.47 AanbW 2012]
Speciale-sectoropdrachten, eigen verklaring ondernemer [A82 art. 3.64 AanbW 2012]
Speciale-sectoropdrachten, erkenningsregeling [A82 art. 3.66 AanbW 2012]
Speciale-sectoropdrachten, gezamenlijk toezicht [A82 art. 3.23b AanbW 2012]
Speciale-sectoropdrachten, gunning aan ander rechtspersoon [A82 art. 3.23a AanbW 2012]
Speciale-sectoropdrachten m.b.t. verschillende activiteiten [A82 art. 3.10e AanbW 2012]
Speciale-sectoropdrachten, mededeling uitsluiting/afwijzing [A82 art. 3.71 AanbW 2012]
Speciale-sectoropdrachten, onderhandelingsprocedure met aankondiging [A82 art. 3.35 AanbW 2012]
Speciale-sectoropdrachten, onderhandelingsprocedure zonder aankondiging [A82 art. 3.36 AanbW 2012]
Speciale-sectoropdrachten, openbare/niet-openbare procedure [A82 art. 3.32 AanbW 2012]
Speciale-sectoropdrachten, overige voorschriften [A82 art. 3.80 AanbW 2012]
Speciale-sectoropdrachten, periodieke indicatieve aankondiging [A82 art. 3.51 AanbW 2012]
Speciale-sectoropdrachten, prijsvraag [A82 art. 3.42 AanbW 2012]
Speciale-sectoropdrachten, raamovereenkomst [A82 art. 3.44 AanbW 2012]
Speciale-sectoropdrachten, selectie [A82 art. 3.65 AanbW 2012]
Speciale-sectoropdrachten, technische specificaties [A82 art. 3.61 AanbW 2012]
Speciale-sectoropdrachten, termijn indiening verzoek [A82 art. 3.58 AanbW 2012]
Speciale-sectoropdrachten, termijn inschrijving [A82 art. 3.59 AanbW 2012]

Speciale-sectoropdrachten, toezending aanbestedingsstukken [A82 art. 3.57 AanbW 2012]
Speciale-sectoropdrachten, uitnodiging tot inschrijving [A82 art. 3.72 AanbW 2012]
Speciale-sectoropdrachten/prijsvragen, mededeling uitzondering aan Europese Commissie [A82 art. 3.26 AanbW 2012]
Speciale-sectoropdrachten/prijsvragen, uitzonderingen [A82 art. 3.21 AanbW 2012]
Speciale-sectoropdrachten/prijsvragen voor diensten, uitzonderingen [A82 art. 3.27 AanbW 2012]
Specifieke raming waarde concessieopdrachten [A82 art. 2a.10 AanbW 2012]
Specifieke uitkeringen, informatievoorziening/verantwoording [A34 art. 17a FVW]
Specifieke uitkeringen, overleg over voorstel [A34 art. 18 FVW]
Specifieke uitkeringen, procedure bij onvoldoende informatieverstrekking [A34 art. 17b FVW]
Specifieke uitkeringen, publicatie onderhoudsrapport [A34 art. 20 FVW]
Specifieke uitkeringen, verzameluitkering [A34 art. 16a FVW]
Specifiekere bepalingen lidstaten [A19 art. 6 AVG]
Splitsing van verdragsbepalingen [A114 art. 44 VWV]
Spoedeisende gevallen, tijdelijke maatwerkvoorziening [A78 art. 2.3.3 WMO 2015]
Spoedprocedure/afwijking coherentiemechanisme [A19 art. 66 AVG]
Spoedregeling beheer afvalstoffen [A65 art. 1.1 Wm]
Spontane vernietiging door bestuursorgaan [A45 art. 10:33 Awb]
Spoorwegemplacement [A108 art. 11.41 Wm]
Sport e.d. [A108 art. 10 IVDV]
Sport- of recreatieterreinen, lozen gewasbeschermingsmiddelen [A66 art. 3.152 Barim]
Sport/dorpshuis/SBBI/ANBI [A29 art. 220f Gemw]
Sportbeoefening in de buitenlucht, verlichting [A66 art. 3.148 Barim]
Spreektijd, overschrijding [A11 art. 101 RvO I]
Spreektijd, vaststelling duur [A11 art. 99 RvO I]
Spreektijd, verdeling [A11 art. 100 RvO I]
Spreektijd, voorstel tot sluiting verdere beraadslaging [A11 art. 102 RvO I]
Sprekerslijst, inschrijving [A11 art. 86 RvO I]
Sprongberoep bij bestuursrechter [A45 art. 8:6 Awb]
Sprongcassatie [A56 art. 28 AWR]
Staande houden bij verdenking illegaal verblijf [A40 art. 50 Vw 2000]
Staande houden vreemdeling met rechtmatig verblijf [A40 art. 50a Vw 2000]
Staat beklaagt zich over een andere staat [A104 art. 41 BUPO]
Stabiliteitsprogramma/nationaal hervormingsprogramma, jaarlijkse aanbieding [A15 art. 2.22 CW 2016]
Staken stemmen [A27 art. 59 PW] [A29 art. 59 Gemw]
Staken stemmen bij beslissingen stembureau [A9 art. J 13 KW]
Staken studie/onvoldoende studievoortgang [A41 art. 3.87a Vb 2000]
Stakingsrecht [A103 art. 8 IVESCR]
Stappen instelling dynamisch aankoopsysteem [A82 art. 3.48 AanbW 2012]
Stappen niet-openbare procedure [A82 art. 3.34 AanbW 2012]
Stappen onderhandelingsprocedure zonder aankondiging [A82 art. 2.37, art. 3.39 AanbW 2012]
Stappen openbare procedure [A82 art. 3.33 AanbW 2012]
Stappen prijsvraagprocedure [A82 art. 2.43 AanbW 2012]
Stappen procedure concurrentiegerichte dialoog [A82 art. 2.29 AanbW 2012]
Stappen procedure innovatiepartnerschap [A82 art. 2.31b AanbW 2012]
Stappen procedure met aankondiging [A82 art. 2.31 AanbW 2012]
Stappen procedure voor sociale en andere specifieke diensten [A82 art. 2.39 AanbW 2012]
Staten bevorderen en eerbiedigen deze rechten [A103 art. 1 IVESCR] [A104 art. 1 BUPO]
Staten doen verslag over hun maatregelen [A104 art. 40 BUPO]
Staten en VN-organisaties kunnen tot het verdrag toetreden [A103 art. 26 IVESCR]
Staten nemen maatregelen tegen discriminatie [A110 art. 2 IVRK]
Staten streven naar verwezenlijking der erkende rechten [A103 art. 2 IVESCR]
Staten waarborgen de erkende rechten zonder discriminatie [A104 art. 2 BUPO]
Staten-Generaal, aanwezigheid ministers en staatssecretarissen [A2 art. 69 GW]
Staten-Generaal, ambtsaanvaarding Kamerleden [A2 art. 60 GW]
Staten-Generaal, Eerste en Tweede Kamer [A2 art. 51 GW]
Staten-Generaal, evenredige vertegenwoordiging [A2 art. 53 GW]
Staten-Generaal, geheime stemming [A2 art. 53 GW]
Staten-Generaal, geldelijke voorzieningen [A2 art. 63 GW]
Staten-Generaal, geloofsbrieven [A2 art. 58 GW]
Staten-Generaal, incompatibiliteiten [A2 art. 57 GW]
Staten-Generaal, kiesrecht/verkiezingen [A2 art. 59 GW]

Alfabetisch trefwoordenregister S

Staten-Generaal, ontbinding kamers [A2 art. 64 GW]
Staten-Generaal, openbaarheid vergaderingen [A2 art. 66 GW]
Staten-Generaal, parlementaire onschendbaarheid [A2 art. 71 GW]
Staten-Generaal, quorum [A2 art. 67 GW]
Staten-Generaal, reglement van orde [A2 art. 72 GW]
Staten-Generaal, stemming [A2 art. 67 GW]
Staten-Generaal, taak [A2 art. 50 GW]
Staten-Generaal, troonrede [A2 art. 65 GW]
Staten-Generaal, vereisten voor lidmaatschap [A2 art. 56 GW]
Staten-Generaal, verkiezing Eerste Kamer [A2 art. 55 GW]
Staten-Generaal, verkiezing Tweede Kamer [A2 art. 54 GW]
Staten-Generaal, vervanging wegens zwangerschap/ziekte [A2 art. 57a GW]
Staten-Generaal, voorzitter verenigde vergadering [A2 art. 62 GW]
Staten-Generaal, voorzitters en ambtenaren van de kamers [A2 art. 61 GW]
Staten-Generaal, zittingsduur [A2 art. 52 GW]
Statencommissies [A27 art. 80 PW]
Statenklacht-procedure [A107 art. 11 VURd]
Statenopvolging [A114 art. 73 VWV]
Statenplicht [A108 art. 24 IVDV]
Statenrapporten [A107 art. 9 VURd] [A108 art. 18 IVDV]
Statenvertegenwoordigers [A107 art. 11 VURd]
Statiegeld [A65 art. 15.32 Wm]
Statistiek Wetenschappelijk onderzoek [A74 art. 8:28 Wvggz]
Statistieken Europese Unie [A88 art. 338 VWEU]
Statuten comités vastgesteld door Raad van de Europese Unie [A88 art. 242 VWEU]
Statuut Europese politieke partijen [A88 art. 224 VWEU]
Statuut Hof van Justitie [A88 art. 281 VWEU]
Statuut Koninkrijk, actief en passief kiesrecht Ned. Antillen/Aruba [A1 art. 46 Statuut]
Statuut Koninkrijk, afkondiging rijkswet [A1 art. 22 Statuut]
Statuut Koninkrijk, algemene regelen verdediging Ned. Antillen/Aruba [A1 art. 33 Statuut]
Statuut Koninkrijk, beëdiging Gevolmachtigde Minister [A1 art. 9 Statuut]
Statuut Koninkrijk, beëdiging ministers en volksvertegenwoordiging [A1 art. 47 Statuut]
Statuut Koninkrijk, beëindiging rechtsorde Aruba [A1 art. 58, art. 60 Statuut]
Statuut Koninkrijk, behartiging koninkrijksaangelegenheden [A1 art. 6 Statuut]
Statuut Koninkrijk, deelname kamerbehandeling rijkswet Ned. Antillen/Aruba [A1 art. 17 Statuut]
Statuut Koninkrijk, delegatie bevoegdheden Koning en Gouverneur [A1 art. 52 Statuut]
Statuut Koninkrijk, geldlening Koninkrijk [A1 art. 29 Statuut]
Statuut Koninkrijk, Gevolmachtigde Minister in raad van ministers [A1 art. 10 Statuut]
Statuut Koninkrijk, Gevolmachtigde Ministers [A1 art. 8 Statuut]
Statuut Koninkrijk, Hoge Raad Koninkrijk [A1 art. 23 Statuut]
Statuut Koninkrijk, indiening initiatiefvoorstel van rijkswet [A1 art. 15 Statuut]
Statuut Koninkrijk, indiening ontwerp van rijkswet [A1 art. 15 Statuut]
Statuut Koninkrijk, koninklijke en wetgevende macht [A1 art. 4 Statuut]
Statuut Koninkrijk, koninkrijksaangelegenheden [A1 art. 3 Statuut]
Statuut Koninkrijk, Kroon [A1 art. 1a Statuut]
Statuut Koninkrijk, landsverordening [A1 art. 42 Statuut]
Statuut Koninkrijk, minister met raadgevende stem [A1 art. 10 Statuut]
Statuut Koninkrijk, naturalisatie [A1 art. 14 Statuut]
Statuut Koninkrijk, noodzaak onverwijld handelen [A1 art. 21 Statuut]
Statuut Koninkrijk, onderzoek Ned. Antillen/Aruba rijkswetsontwerp [A1 art. 16 Statuut]
Statuut Koninkrijk, oorlog of staat van beleg [A1 art. 34 Statuut]
Statuut Koninkrijk, procedure wijziging Statuut [A1 art. 55 Statuut]
Statuut Koninkrijk, raad van ministers Koninkrijk [A1 art. 7 Statuut]
Statuut Koninkrijk, Raad van State Koninkrijk [A1 art. 13 Statuut]
Statuut Koninkrijk, recht van amendement Ned. Antillen/Aruba [A1 art. 17 Statuut]
Statuut Koninkrijk, rechtskracht [A1 art. 48 Statuut]
Statuut Koninkrijk, referendum rechtsorde Aruba [A1 art. 59 Statuut]
Statuut Koninkrijk, regeling bij rijkswet en algemene maatregel van rijksbestuur [A1 art. 14 Statuut]
Statuut Koninkrijk, regeling bij wet of AMvB [A1 art. 14 Statuut]
Statuut Koninkrijk, regering door Koning en Gouverneur [A1 art. 2 Statuut]
Statuut Koninkrijk, rijkswet en landsverordening [A1 art. 57 Statuut]
Statuut Koninkrijk, schorsing strijdige regelgeving [A1 art. 50 Statuut]
Statuut Koninkrijk, strijdige regelgeving [A1 art. 49 Statuut]

S

Alfabetisch trefwoordenregister

Statuut Koninkrijk, tegenstemming rijkswetsvoorstel Ned. Antillen/Aruba [A1 art. 18 Statuut]
Statuut Koninkrijk, tenuitvoerlegging vonnissen [A1 art. 40 Statuut]
Statuut Koninkrijk, toezicht Algemene Rekenkamer [A1 art. 53 Statuut]
Statuut Koninkrijk, verhouding Grondwet [A1 art. 5 Statuut]
Statuut Koninkrijk, waarborg mensenrechten Nederland/Ned. Antillen/Aruba [A1 art. 43 Statuut]
Stedelijk afvalwater, zuiveringstechnisch werk [A66 art. 3.5a Barim]
Stedelijke vernieuwing, zorgverplichting gemeente/provincie/minister [A59 art. 80a Wonw]
Steen, chemische behandeling [A66 art. 4.74h Barim]
Steenbewerking, emissie-eisen [A66 art. 4.74d, art. 4.74e Barim]
Steenbewerking, emissieconcentratie [A66 art. 4.74b Barim]
Steenbewerking, verbod [A66 art. 4.74aa Barim]
Steenbewerking, water als koelmiddel/smeermiddel [A66 art. 4.74c Barim]
Stembus [A9 art. J 18 KW]
Stemlokaal, nadere regels bij AMvB inzake inrichting [A9 art. J 19 KW]
Stemlokalen verkiezingen PS en leden algemeen bestuur [A9 art. J 6a KW]
Stemmen bij volmacht [A9 art. L 1 KW]
Stemmen bij volmacht door overdracht stempas/kiezerspas [A9 art. L 14 KW]
Stemmen bij volmacht, nadere regels bij AMvB inzake [A9 art. L 12 KW]
Stemmen gemachtigde overleden volmachtgever [A9 art. Z 6 KW]
Stemmen in stembureau naar keuze [A9 art. K 1 KW]
Stemmen in stembureau naar keuze, uitzondering volmacht- of briefstembewijsstemmers [A9 art. K 2 KW]
Stemmen met kiezerspas, nadere regels bij AMvB t.a.v. [A9 art. K 9 KW]
Stemmen, nadere regels bij AMvB inzake gang van zaken bij [A9 art. J 31 KW]
Stemmen per brief [A9 art. M 7 KW]
Stemmen per brief, behandeling door stembureaus [A9 art. M 10 KW]
Stemmen zonder last [A27 art. 27 PW] [A29 art. 27 Gemw] [A35 art. 38 Wschw]
Stemmenverhouding [A100 art. 18, art. 27 Hv VN]
Stemming en kandidaatstelling [A9 art. Y 8 KW]
Stemming Europees Parlement [A88 art. 231 VWEU]
Stemming, geacht worden zich niet met het voorstel te verenigen [A11 art. 112 RvO I]
Stemming, geldigheid stembriefje [A11 art. 114 RvO I]
Stemming geschiedt kieskringsgewijs [A9 art. J 2 KW]
Stemming in Europese Raad [A88 art. 236 VWEU]
Stemming in Raad van de Europese Unie [A88 art. 238 VWEU]
Stemming, lot beslist als bij herstemming stemmen staken [A11 art. 117 RvO I]
Stemming, ontbreken van quorum [A11 art. 111 RvO I]
Stemming over vaststellingsbesluiten [A35 art. 105 Wschw]
Stemming, staken van stemmen [A11 art. 110 RvO I]
Stemming, stemming over personen [A11 art. 113 RvO I]
Stemming, stemopnemers [A11 art. 113 RvO I]
Stemming, stemverklaring [A11 art. 107 RvO I]
Stemming, volgorde bij hoofdelijke oproeping [A11 art. 109 RvO I]
Stemming, volstrekte meerderheid [A11 art. 110, art. 115 RvO I]
Stemming, zitten en opstaan/hoofdelijke oproeping [A11 art. 108 RvO I]
Stemmingsquorum [A27 art. 29 PW] [A29 art. 29 Gemw]
Stempas [A9 art. J 7 KW]
Stemprocedure nauwere samenwerking Europese Unie [A88 art. 333 VWEU]
Stemverbod [A27 art. 28 PW] [A29 art. 28 Gemw]
Stemverbod en quora [A29 art. 58 Gemw]
Stemverbod; stemmings- en besluitquorum [A27 art. 58 PW]
Steunmaatregelen lidstaten onverenigbaar met interne markt Europese Unie [A88 art. 107 VWEU]
Steunmaatregelen omtrent vervoer binnen Europese Unie [A88 art. 93 VWEU]
Steunmaatregelen verenigbaar met interne markt Europese Unie [A88 art. 107 VWEU]
Steunstichting SBBI [A56 art. 5d AWR]
Stimuleringsmaatregelen werkgelegenheid binnen Europese Unie [A88 art. 149 VWEU]
Stookinstallatie, binnen Nederlandse exclusieve economische zone [A66 art. 3.8 Barim]
Stookinstallatie, emissiegrenswaarden rookgas [A66 art. 3.10 Barim]
Storing versleutelde waarde [A82 art. 2.109a AanbW 2012]
Strafbeschikking [A56 art. 76 AWR]
Strafrecht, werkingssfeer [A4 art. 8 Wet AB]
Strafrechtelijke detentie [A40 art. 7 Vw 2000]
Strafrechtelijke vervolging bij bestuurlijke boete [A45 art. 5:47 Awb]

Alfabetisch trefwoordenregister

T

Strafrechter [A74 art. 6:2 Wvggz]
Strafsanctie op overtreding keur [A35 art. 81 Wschw]
Strafuitsluiting [A56 art. 68 AWR]
Strafverordeningen [A27 art. 150 PW] [A29 art. 154 Gemw]
Strafvervolging niet van toepassing bij inkeerregeling, wel bij uitzonderingen op inkeerregeling [A56 art. 69 AWR]
Strafvordering [A56 art. 46 AWR]
Stralen, emissieconcentratie [A66 art. 4.50 Barim]
Strategische leiding [A100 art. 47 Hv VN]
Strategische richtsnoeren [A88 art. 68 VWEU]
Strategische zone [A100 art. 82 Hv VN]
Strekking uitspraak bestuursrechter [A45 art. 8:70 Awb]
Strekking uitspraak voorlopige voorziening bestuursrechter [A45 art. 8:84 Awb]
Strekking van de maatregelen [A103 art. 23 IVESCR]
Strijd met art. 8 EVRM [A41 art. 3.91e Vb 2000]
Strijdigheid met voorschriften EG-verordening [A65 art. 9.3.3 Wm]
Structuurvisie, voorbereiding [A58 art. 2.1.1 Bro]
Studiedoeleinden [A41 art. 3.41 Vb 2000]
Studies en aanbevelingen [A100 art. 13 Hv VN]
Studies, verslagen, aanbevelingen [A100 art. 62 Hv VN]
Studietoelagen [A108 art. 10 IVDV]
Studieverzoek door Raad van de Europese Unie [A88 art. 241 VWEU]
Stuiting bij bestuursrechtelijke geldschuld [A45 art. 4:105 Awb]
Stuiting door aanmaning bij bestuursrechtelijke geldschuld [A45 art. 4:106 Awb]
Stuiting door voorbehoud bij bestuursrechtelijke geldschuld [A45 art. 4:107 Awb]
Subcomité ter Preventie [A80 art. 9.2 Jw]
Subject [A35 art. 119, art. 122a, art. 122d Wschw]
Subsidiariteit [A74 art. 3:3 Wvggz] [A75 art. 10, art. 13 Wzd]
Subsidiariteit Doelmatigheid [A74 art. 2:1 Wvggz]
Subsidiariteitsbeginsel [A88 art. 69 VWEU]
Subsidie [A45 art. 4:21 Awb]
Subsidie bij niet vastgestelde begroting [A45 art. 4:34 Awb]
Subsidie per boekjaar [A45 art. 4:58 Awb]
Subsidie-ontvangers [A82 art. 2.8 AanbW 2012]
Subsidieaanvraag [A45 art. 4:60 Awb]
Subsidieovereenkomst [A45 art. 4:36 Awb]
Subsidieplafond [A45 art. 4:22 Awb]
Subsidievaststelling [A45 art. 4:42, art. 4:46 Awb]
Subsidieverlening aan rechtspersonen [A45 art. 4:66 Awb]
Subsidieverlening vóór vaststelling [A45 art. 4:29 Awb]
Subsidieverstrekking [A45 art. 4:23 Awb]
Subsidieverstrekking aan stichting [A65 art. 20.17 Wm]
Suppletie [A56 art. 30h AWR]
SVB, betaling en budgetbeheer [A78 art. 2.6.2 WMO 2015]
Synchronisatie van datum van ontvangst bij meerdere aanvragen [A65 art. 14.2 Wm]
Systematische informatieverstrekking aan ministers [A29 art. 119 Gemw]
Systematische informatieverstrekking aan provinciaal bestuur [A29 art. 120 Gemw]

Taak commissie [A65 art. 2.17, art. 2.27 Wm]
Taak ECB jegens EU-lidstaten met een derogatie [A88 art. 141 VWEU]
Taak hoge vertegenwoordiger gemeenschappelijk buitenlands en veiligheidsbeleid [A87 art. 27 VEU]
Taak Kiesraad [A9 art. A 3 KW]
Taak referent [A41 art. 1.16 Vb 2000]
Taak stichting [A65 art. 20.15 Wm]
Taak van de Europese Investeringsbank [A88 art. 309 VWEU]
Taak Veiligheidsraad strategische zone [A100 art. 83 Hv VN]
Taakverwaarlozing door bestuurscommissie [A29 art. 123 Gemw]
Taakverwaarlozing door raad, college van burgemeester [A29 art. 124 Gemw]
Taakverwaarlozing PS, GS of commissaris [A27 art. 121 PW]
Taalgebruik bestuursorganen [A45 art. 2:6 Awb]
Taalgebruik instellingen Europese Unie [A88 art. 342 VWEU]
Taken burgemeester [A29 art. 170 Gemw]
Taken coördinerend bestuursorgaan [A45 art. 3:23 Awb]
Taken coördinerend orgaan [A65 art. 14.10 Wm]

T

Sdu

T

Taken emissieautoriteit [A65 art. 2.2 Wm]
Taken en bevoegdheden bestuursautoriteit [A100 art. 84 Hv VN]
Taken en bevoegdheden bestuursorganen [A72 art. 2.1 Omgw]
Taken en doelstellingen structuurfondsen en Cohesiefonds Europese Unie [A88 art. 177 VWEU]
Taken ESCB [A88 art. 127 VWEU]
Taken Europese Commissie [A88 art. 248 VWEU]
Taken gezaghebber [A9 art. Ya 7, art. Ya 8 KW]
Taken hoofdstembureau, art. 15, 16 en 18 AVG niet van toepassing [A9 art. O 7 KW]
Taken minister [A65 art. 5.21 Wm]
Taken omgevingsdienst [A67 art. 5.3 Wabo]
Taken Rekenkamer Europese Unie [A88 art. 287 VWEU]
Taken secretaris [A35 art. 55 Wschw]
Taken toelatingsorganisatie [A59 art. 7ak Wonw]
Taken van de ombudsman [A45 art. 9:18 Awb]
Taken voorzitter [A35 art. 94 Wschw]
Taken voorzitter en griffier bij bestuursrechter [A45 art. 8:61 Awb]
Taken voorzitter hoofdstembureau kieskring 20 [A9 art. Ya 12 KW]
Taken zorgverantwoordelijke [A75 art. 5 Wzd]
Talen Verdrag betreffende de Europese Unie [A87 art. 55 VEU]
Tankstation, eisen [A66 art. 3.19 Barim]
Tankstation, EU-systeem voor dampretour fase-II [A66 art. 3.20 Barim]
Tankstation, financiële zekerheid [A66 art. 2.26 Barim]
Tankstation, installatieboek [A66 art. 3.22 Barim]
Tankstation, lozen afvalwater [A66 art. 3.23 Barim]
Tankstation, toepasselijkheid Algemene wet bestuursrecht [A66 art. 1.9a Barim]
Tankstation, verbod inpandig afleveren lichte olie [A66 art. 3.20a Barim]
Tarief parkeerbelasting [A29 art. 225 Gemw]
Tariefdifferentiatie [A35 art. 122 Wschw]
Tarieven in ontvangst nemen afvalstoffen [A65 art. 8.43 Wm]
Technische en functionele specificaties [A82 art. 2a.39 AanbW 2012]
Technische specificaties, eisen [A82 art. 2.77 AanbW 2012]
Technische specificaties en format [A82 art. 2.109c AanbW 2012]
Technische specificaties, formulering [A82 art. 2.76 AanbW 2012]
Technische specificaties, mededeling [A82 art. 3.62 AanbW 2012]
Technische specificaties, overeenstemming normen/eisen [A82 art. 2.78 AanbW 2012]
Tegemoetkoming klacht door bestuursorgaan [A45 art. 9:5 Awb]
Tegemoetkoming t.b.v. zelfredzaamheid/participatie [A78 art. 2.1.7 WMO 2015]
Telefoon- en telegraafgeheim [A2 art. 13 GW]
Telen gewassen in open lucht, braakliggend land [A66 art. 3.82 Barim]
Telen gewassen in open lucht, gebruik meststoffen in teeltvrije zone [A66 art. 3.85 Barim]
Telen gewassen in open lucht, lozen afvalwater [A66 art. 3.87 Barim]
Telen gewassen in open lucht, lozen gewasbeschermingsmiddelen [A66 art. 3.79 Barim]
Telen gewassen in open lucht, lozen meststoffen op andere wijze [A66 art. 3.84 Barim]
Telen gewassen in open lucht, opvang/hergebruik drainwater [A66 art. 3.88 Barim]
Telen gewassen in open lucht, teeltvrije zone [A66 art. 3.80 Barim]
Telen/kweken gewassen in gebouw, circuleren van water door trekbakken [A66 art. 3.77 Barim]
Telen/kweken gewassen in gebouw, lozen afvalwater [A66 art. 3.76 Barim]
Telen/kweken gewassen in kas, gietwatervoorziening [A66 art. 3.71 Barim]
Telen/kweken gewassen in kas, jaarlijkse rapportage [A66 art. 3.68, art. 3.73 Barim]
Telen/kweken gewassen in kas, lozen afvalwater [A66 art. 3.62 Barim]
Telen/kweken gewassen in kas, lozen condenswater [A66 art. 3.61 Barim]
Telen/kweken gewassen in kas, lozen drainagewater [A66 art. 3.64 Barim]
Telen/kweken gewassen in kas, lozen drainwater [A66 art. 3.66 Barim]
Telen/kweken gewassen in kas, lozen hemelwater [A66 art. 3.60 Barim]
Telen/kweken gewassen in kas, lozen in oppervlaktewaterlichaam [A66 art. 3.63 Barim]
Telen/kweken gewassen in kas, maatwerkvoorschrift [A66 art. 3.69, art. 3.74 Barim]
Telen/kweken gewassen in kas, meten/berekenen gegevens [A66 art. 3.72 Barim]
Telen/kweken gewassen in kas, op materiaal in verbinding met de ondergrond [A66 art. 3.70 Barim]
Telen/kweken gewassen in kas, reductie lichtuitstraling [A66 art. 3.56 Barim]
Telen/kweken gewassen in kas, substraatteelt [A66 art. 3.65 Barim]
Tenuitvoerlegging aanbevelingen [A100 art. 66 Hv VN]
Tenuitvoerlegging inbewaringstelling [A75 art. 33 Wzd]
Tenuitvoerlegging machtiging Wfz [A75 art. 28b, art. 28c Wzd]
Tenuitvoerlegging rechterlijke beslissingen [A56 art. 87 AWR]

Alfabetisch trefwoordenregister

T

Tenuitvoerlegging verhoor [A41 art. 4.19 Vb 2000]
Ter-inzagelegging en kennisgeving van aanvraag [A65 art. 13.4 Wm]
Terbeschikkingstelling [A41 art. 9.9 Vb 2000]
Terbeschikkingstelling middelen [A27 art. 79j PW] [A29 art. 81j Gemw]
Terbeschikkingstelling (tbs) en maatregel van plaatsing in een inrichting voor jeugdigen (pij) [A74 art. 9:1 Wvggz]
Terbeschikkingstelling (tbs) Maatregel van plaatsing in een inrichting voor jeugdigen (pij) [A75 art. 49 Wzd]
Terbeschikkingstelling van gegevens [A83 art. 25e Mw]
Terbeschikkingstelling van strijdkrachten en faciliteiten van VN-leden [A100 art. 43 Hv VN]
Terinzagelegging lijsten [A9 art. I 3 KW]
Terinzagelegging ontwerp besluit [A45 art. 3:11 Awb]
Termijn aangaande extern gevaar [A74 art. 9:6 Wvggz]
Termijn aanvraag in Aanmeldcentrum [A41 art. 3.123e Vb 2000]
Termijn behandeling klacht door bestuursorgaan [A45 art. 9:11 Awb]
Termijn beschikking [A41 art. 3.108a Vb 2000]
Termijn beschikking/inhoud/verlenging [A40 art. 42 Vw 2000]
Termijn beslissing [A65 art. 20.1, art. 7.17 Wm]
Termijn beslissing op bezwaar [A40 art. 76 Vw 2000] [A45 art. 7:10 Awb]
Termijn besluit op aanvraag [A45 art. 3:18 Awb]
Termijn betaling griffierecht [A40 art. 86 Vw 2000]
Termijn bij internationale verplichtingen [A65 art. 13.9 Wm]
Termijn bij verliesverrekening [A56 art. 16 AWR]
Termijn buitenlands voorwerp [A56 art. 16 AWR]
Termijn eerste inzending [A82 art. 2a.37 AanbW 2012]
Termijn indienen klacht bij ombudsman [A45 art. 9:24 Awb]
Termijn indienen verzoek [A9 art. K 3 KW]
Termijn indiening aanvraag [A40 art. 40 Vw 2000]
Termijn indiening nadere stukken bij bestuursrechter [A45 art. 8:58 Awb]
Termijn inschrijving, kortere termijn [A82 art. 3.60 AanbW 2012]
Termijn intrekking subsidieverlening [A45 art. 4:50 Awb]
Termijn lidmaatschap niet-permanente leden [A100 art. 23 Hv VN]
Termijn MER-rapport [A65 art. 7.10 Wm]
Termijn na bezichtiging of inzage [A82 art. 2a.35 AanbW 2012]
Termijn ontvangst verzoeken tot deelneming [A82 art. 2a.36 AanbW 2012]
Termijn onvrijwillige zorg [A75 art. 11 Wzd]
Termijn overlegging bewijsmateriaal [A101 art. 52 SIG]
Termijn uitspraak [A40 art. 83b Vw 2000]
Termijn uitspraak bestuursrechter [A45 art. 8:66 Awb]
Termijn van inschrijving, 45 dagen [A82 art. 2.71 AanbW 2012]
Termijn van inschrijving, afwijking [A82 art. 2.74 AanbW 2012]
Termijn verblijfsvergunning voor bepaalde tijd maximaal vijf jaar [A40 art. 28 Vw 2000]
Termijn verweerschrift bestuursorgaan [A45 art. 8:42 Awb]
Termijn verzoekschrift [A74 art. 10:7 Wvggz] [A75 art. 56c Wzd]
Termijn voor goedkeuring door bestuursorgaan [A45 art. 10:31 Awb]
Termijn voor opmerkingen externe autoriteiten bij bestuursrechter [A45 art. 8:60a Awb]
Termijn voor verzoekschriften voor vrijstelling, vermindering, ontheffing of teruggaaf [A29 art. 242 Gemw]
Termijn voor zienswijzen belanghebbenden en advisering [A45 art. 3:16 Awb]
Termijn; herbenoeming [A65 art. 2.31 Wm]
Termijnen van beslissen [A49 art. 6 WOB]
Termijnen verblijf [A41 art. 3.3 Vb 2000]
Termijnen verblijf, onderzoekers/studenten [A41 art. 3.3 Vb 2000]
Termijnen voor ontvangst verzoeken tot deelneming of inschrijving [A82 art. 2a.34 AanbW 2012]
Termijnstelling m.b.t. passeren motorvoertuigen en treinen [A65 art. 11.4 Wm]
Terminologie [A114 art. 31 VWV]
Territoriale werkingssfeer [A20 art. 4 UAVG] [A98 art. L ESHh]
Territorialiteit [A114 art. 29 VWV]
Terrorismebestrijding binnen Europese Unie [A88 art. 75 VWEU]
Terugbetaling griffierecht na hoger beroep bij bestuursrechter [A45 art. 8:114 Awb]
Teruggaaf van belasting [A56 art. 27f, art. 29i AWR]
Teruggaaf van ingehouden/afgedragen belasting [A56 art. 25b AWR]
Teruggave stembiljet [A9 art. J 29 KW]
Teruggave van het inbeslaggenomene [A56 art. 82 AWR]

Alfabetisch trefwoordenregister

Teruggave waarborgsom [A41 art. 3.9 Vb 2000]
Terugkeerbesluit [A40 art. 62a Vw 2000]
Terugkeerrichtlijn, uitgezonderde vreemdelingen [A40 art. 109a Vw 2000]
Terugtrekking lidstaat uit Europese Unie [A87 art. 50 VEU]
Terugvorderen kosten te veel/ten onrechte verleende zorg [A79 art. 10.2.4 Wlz]
Terugvordering, afzien van terugvordering [A77 art. 58 Pw]
Terugvordering, bevoegdheid BenW [A77 art. 58 Pw]
Terugvordering broeikasgasemissierechten [A65 art. 16.35c Wm]
Terugvordering dwangsom bestuursorgaan [A45 art. 4:20 Awb]
Terugvordering en schadeloosstelling bij niet-realisatie [A61 art. 61 OW]
Terugvordering onverschuldigd betaalde bezoldiging bestuursleden waterschap
   [A35 art. 44b Wschw]
Terugvordering onverschuldigd betaalde bezoldiging gedeputeerde [A27 art. 43b PW]
Terugvordering onverschuldigde betaalde bezoldiging [A29 art. 44b Gemw]
Terugvordering onverschuldigde subsidiebedragen [A45 art. 4:57 Awb]
Terugvordering staatssteun [A27 art. 227a PW] [A29 art. 231 Gemw] [A35 art. 123 Wschw]
   [A56 art. 20a AWR]
Terugvordering van gezinsleden [A77 art. 59 Pw]
Terugvordering waarde maatwerkvoorziening of persoonsgebonden budget
   [A78 art. 2.4.1 WMO 2015]
Terugwerkende kracht intrekking of wijziging toewijzingsbesluiten [A65 art. 16.34d Wm]
Terugwijzing in hoger beroep bij bestuursrechter [A45 art. 8:115 Awb]
Terugzending bescheiden [A9 art. M 8 KW]
Terugzending stukken door griffier bestuursrechter [A45 art. 8:38 Awb]
Terzijde leggen retourenveloppe [A9 art. M 11 KW]
Testverslag of certificaat van conformiteitsbeoordelingsinstantie [A82 art. 2.78b AanbW 2012]
Textielreiniging, met PER [A66 art. 4.95 Barim]
Tijdelijk ontslag bij zwangerschap of ziekte [A35 art. 21 Wschw]
Tijdelijke afwijking van bij of krachtens AMvB gegeven voorschriften [A59 art. 120a Wonw]
Tijdelijke bescherming/termijn beschikking [A40 art. 43a Vw 2000]
Tijdelijke bevoegdheid van rassengemeenschap [A107 art. 2 VURd]
Tijdelijke humanitaire gronden [A41 art. 3.48 Vb 2000]
Tijdelijke onderbreking: aanvraag [A74 art. 8:17 Wvggz]
Tijdelijke opheffing ongewenstverklaring [A41 art. 6.7 Vb 2000]
Tijdelijke overplaatsing naar strafrechtelijke instelling (tbs-kliniek) [A74 art. 6:4 Wvggz]
Tijdelijke subsidies voor zorginfrastructuur en kapitaallasten [A79 art. 11.4.1 Wlz]
Tijdelijke verplaatsing [A41 art. 5.5 Vb 2000]
Tijdelijke verplichte zorg: beschikking [A74 art. 8:13 Wvggz]
Tijdelijke verplichte zorg: criteria [A74 art. 8:11 Wvggz]
Tijdelijke voortzetting van zorg dan wel maatwerkvoorziening [A79 art. 3.3.6a Wlz]
Tijdige aanvraag wijziging of verlenging vergunning [A41 art. 3.80 Vb 2000]
Tijdsduur toepassingsbeschikking bestuursdwang [A45 art. 5:31b Awb]
Toegang Benelux indien reisvisum of doorreisvisum ontbreekt; vliegverkeer [A41 art. 2.4 Vb
   2000]
Toegang Richtlijn 2003/109/EG en 2009/50/EG [A41 art. 2.1a Vb 2000]
Toegang terugkeerrichtlijn [A41 art. 2.1b Vb 2000]
Toegang tot cliënten [A75 art. 60 Wzd]
Toegang tot media [A110 art. 17 IVRK]
Toegang tot onderwijs [A108 art. 10 IVDV]
Toegang tot patiënt [A74 art. 13:1 Wvggz]
Toegang vreemdelingen, weigeringsgronden, grensprocedure [A40 art. 3 Vw 2000]
Toegangsverlening tot grond en gebouwen [A56 art. 50 AWR]
Toegankelijkheid [A101 art. 35 SIG]
Toegelaten instelling, aan elkaar grenzende gemeenten [A59 art. 41b Wonw]
Toegelaten instelling, aanbesteding werkzaamheden [A59 art. 51 Wonw]
Toegelaten instelling, aanvraag algemeenverbindendverklaring [A59 art. 61n Wonw]
Toegelaten instelling, aanwijzing door Onze Minister [A59 art. 61d Wonw]
Toegelaten instelling, aanwijzing financiële instellingen [A59 art. 21c Wonw]
Toegelaten instelling, aanwijzing personen/instanties [A59 art. 61g Wonw]
Toegelaten instelling, administratie [A59 art. 49 Wonw]
Toegelaten instelling, algemeenverbindendverklaring overeenkomst [A59 art. 61m Wonw]
Toegelaten instelling, Autoriteit woningcorporaties [A59 art. 60 Wonw]
Toegelaten instelling, bedrijfsvoering [A59 art. 55 Wonw]
Toegelaten instelling, beëindiging bewindvoering [A59 art. 61l Wonw]
Toegelaten instelling, bekostiging subsidiëring [A59 art. 58 Wonw]

Alfabetisch trefwoordenregister

T

Toegelaten instelling, benoeming bestuurders [A59 art. 25 Wonw]
Toegelaten instelling, benoeming bewindvoerder [A59 art. 61i Wonw]
Toegelaten instelling, berekening gemiddelde huurprijs [A59 art. 54 Wonw]
Toegelaten instelling, beschikbaarstelling overzicht voorgenomen werkzaamheden [A59 art. 44 Wonw]
Toegelaten instelling, besluit tot algemeenverbindendverklaring [A59 art. 61o Wonw]
Toegelaten instelling, bestuur [A59 art. 24 Wonw]
Toegelaten instelling, bevoegdheid Algemene Rekenkamer [A59 art. 61la Wonw]
Toegelaten instelling, bevoegdheid bewindvoerder [A59 art. 61j Wonw]
Toegelaten instelling, bewindvoering [A59 art. 61k Wonw]
Toegelaten instelling, borgingsvoorziening [A59 art. 21f, art. 59 Wonw]
Toegelaten instelling, DAEB [A59 art. 47 Wonw]
Toegelaten instelling, eisen aan kennis/vaardigheden bestuur [A59 art. 29b Wonw]
Toegelaten instelling, enig aandeelhouder na juridische scheiding [A59 art. 50c Wonw]
Toegelaten instelling, financieel beleid [A59 art. 55a Wonw]
Toegelaten instelling, fusie [A59 art. 53 Wonw]
Toegelaten instelling, gedragslijn [A59 art. 61f Wonw]
Toegelaten instelling, gemeente in directe nabijheid Nederland [A59 art. 41a Wonw]
Toegelaten instelling, goedkeuring juridische scheiding [A59 art. 50b Wonw]
Toegelaten instelling, goedkeuring Onze Minister [A59 art. 27 Wonw]
Toegelaten instelling, goedkeuring raad van commissarissen [A59 art. 26 Wonw]
Toegelaten instelling, goedkeuring raad van commissarissen/algemene vergadering [A59 art. 28 Wonw]
Toegelaten instelling, huisvesting prioritaire groepen [A59 art. 46 Wonw]
Toegelaten instelling, huisvestingsdoelstellingen [A59 art. 48 Wonw]
Toegelaten instelling, informatieplicht [A59 art. 38 Wonw]
Toegelaten instelling, informatieplicht bestuur [A59 art. 29a Wonw]
Toegelaten instelling, informatievoorziening door Onze Minister [A59 art. 61lb Wonw]
Toegelaten instelling, intrekking [A59 art. 20 Wonw]
Toegelaten instelling, intrekking besluit tot algemeenverbindendverklaring [A59 art. 61p Wonw]
Toegelaten instelling, jaarrekening [A59 art. 35 Wonw]
Toegelaten instelling, jaarverslag [A59 art. 36 Wonw]
Toegelaten instelling, jaarwerkplan Autoriteit woningcorporaties [A59 art. 61a Wonw]
Toegelaten instelling, juridische scheiding [A59 art. 50a Wonw]
Toegelaten instelling, kosten toezicht [A59 art. 61c Wonw]
Toegelaten instelling, nakoming algemeenverbindendverklaring [A59 art. 61q Wonw]
Toegelaten instelling, onafhankelijkheid Autoriteit woningcorporaties [A59 art. 61b Wonw]
Toegelaten instelling, onderbewindstelling [A59 art. 61h Wonw]
Toegelaten instelling, onderzoek jaarrekening/-verslag [A59 art. 37 Wonw]
Toegelaten instelling, onderzoek onafhankelijke instantie [A59 art. 53a Wonw]
Toegelaten instelling, ontbreken financiële middelen [A59 art. 29 Wonw]
Toegelaten instelling, ontheffing verbod uitbreiding werkgebied [A59 art. 41c Wonw]
Toegelaten instelling, ontslag/schorsing commissaris raad van commissarissen [A59 art. 33 Wonw]
Toegelaten instelling, overleg m.b.t. voorgenomen werkzaamheden [A59 art. 44 Wonw]
Toegelaten instelling, overzicht voorgenomen werkzaamheden [A59 art. 43 Wonw]
Toegelaten instelling, pand-/hypotheekrecht [A59 art. 21d Wonw]
Toegelaten instelling, raad van commissarissen [A59 art. 30 Wonw]
Toegelaten instelling, reglementen [A59 art. 55b Wonw]
Toegelaten instelling, statuten/akte [A59 art. 23 Wonw]
Toegelaten instelling, subsidiëring [A59 art. 57 Wonw]
Toegelaten instelling, taak raad van commissarissen [A59 art. 31 Wonw]
Toegelaten instelling, terbeschikkingstelling aan Onze Minister van overzicht werkzaamheden/afspraken/bestuursverklaring [A59 art. 44a Wonw]
Toegelaten instelling, terbeschikkingstelling gegevens aan BenW/huurdersorganistaies/bewonerscommissies [A59 art. 44b Wonw]
Toegelaten instelling, termijn opvolging aanwijzing door Onze Minister [A59 art. 61e Wonw]
Toegelaten instelling, toelating [A59 art. 19 Wonw]
Toegelaten instelling, toepasselijkheid Boek 2 [A59 art. 22 Wonw]
Toegelaten instelling, toepasselijkheid WOHV [A59 art. 21e Wonw]
Toegelaten instelling, toezicht [A59 art. 61 Wonw]
Toegelaten instelling, uitzonderingen op pand-/hypotheekrecht [A59 art. 21d Wonw]
Toegelaten instelling, verbinding [A59 art. 21 Wonw]
Toegelaten instelling, verbod uitbreiding werkgebied [A59 art. 41c Wonw]

T

Alfabetisch trefwoordenregister

Toegelaten instelling, verhuren/onderhouden/verbouwen gebouwen van derden [A59 art. 45a Wonw]
Toegelaten instelling, vermogensverschaffing [A59 art. 21a Wonw]
Toegelaten instelling, verstrekken gegevens door Rijksbelastingdienst [A59 art. 21g Wonw]
Toegelaten instelling, verzoek tot instellen beleidsonderzoek [A59 art. 39 Wonw]
Toegelaten instelling, volkshuisvestingsbeleid [A59 art. 42 Wonw]
Toegelaten instelling, volkshuisvestingsgebied [A59 art. 45 Wonw]
Toegelaten instelling, volkshuisvestingsverslag [A59 art. 36a Wonw]
Toegelaten instelling, voornemens voor te verrichten werkzaamheden [A59 art. 44c Wonw]
Toegelaten instelling, vvgb gemeente [A59 art. 41 Wonw]
Toegelaten instelling, werkzaam in gemeenten [A59 art. 40 Wonw]
Toegelaten instelling, werkzaamheden die niet behoren tot DAEB [A59 art. 50 Wonw]
Toegelaten instelling, winstuitkering [A59 art. 21b Wonw]
Toegestane in- en uitvoerbeperkingen Europese Unie [A88 art. 36 VWEU]
Toekenning overblijvende zetels [A9 art. P 7, art. U 9 KW]
Toekenning plaats andere lijst bij lijstuitputting [A9 art. W 4 KW]
Toekenning recht aan derde op bezoldiging gedeputeerde [A27 art. 43g PW]
Toekenning recht op bezoldiging aan derde door bestuurslid waterschap [A35 art. 44g Wschw]
Toekenning zetels [A9 art. P 6, art. U 8 KW]
Toelating EG- of EER-burgers bij terugkeer [A41 art. 8.10 Vb 2000]
Toelating EG- of EER-burgers zonder geldig visum [A41 art. 8.9 Vb 2000]
Toelating instrument voor kwaliteitsborging [A59 art. 7ad Wonw]
Toelating leden bij ongeldigheid stemming of onjuiste uitslag [A9 art. V 5 KW]
Toelating tot algemeen bestuur [A35 art. 19 Wschw]
Toelating tot stemming [A9 art. J 24 KW]
Toelating/uitzetting vreemdeling [A2 art. 2 GW]
Toelatingsonderzoek [A9 art. Y 25 KW]
Toelatingsorganisatie kwaliteitsborging bouw [A59 art. 7ak Wonw]
Toelatingsprocedure dynamisch aankoopsysteem [A82 art. 2.146a AanbW 2012]
Toelichting standpunten door ombudsman [A45 art. 9:30 Awb]
Toepassingsbereik algemeen verbindende voorschriften [A45 art. 3:1 Awb]
Toepassingsbereik concessieopdrachten [A82 art. 2a.2 AanbW 2012]
Toepassingsbereik onderhandelingsprocedure zonder aankondiging [A82 art. 3.38 AanbW 2012]
Toepassingsbereik speciale-sectoropdrachten [A82 art. 3.8 AanbW 2012]
Toepassingsbeschikking bij last onder bestuursdwang [A45 art. 5:31a Awb]
Toepassingsgebied bepalingen vervoer Europese Unie [A88 art. 100 VWEU]
Toepassingsgebied verdragen [A87 art. 52 VEU]
Toepassingsregels [A29 art. 220b Gemw]
Toepassingsverordeningen Europees Fonds voor Regionale Ontwikkeling [A88 art. 178 VWEU]
Toerekening besluit aan mandaatgever [A45 art. 10:2 Awb]
Toerisme Europese Unie [A88 art. 195 VWEU]
Toeristenbelasting [A29 art. 224 Gemw]
Toeristische verhuur woonruimte, aanvraag registratienummer [A60 art. 23f Huisvw]
Toeristische verhuur woonruimte, aanvraag vergunning via elektronische weg [A60 art. 23h Huisvw]
Toeristische verhuur woonruimte, duur verbod [A60 art. 33b Huisvw]
Toeristische verhuur woonruimte, melding via elektronische weg [A60 art. 23g Huisvw]
Toeristische verhuur woonruimte, nachtencriterium [A60 art. 23b Huisvw]
Toeristische verhuur woonruimte, nadere regels meldplicht [A60 art. 23e Huisvw]
Toeristische verhuur woonruimte, nadere regels registratieplicht [A60 art. 23d Huisvw]
Toeristische verhuur woonruimte, registratieplicht [A60 art. 23a, art. 23c Huisvw]
Toeristische verhuur woonruimte, verbod [A60 art. 33a Huisvw]
Toestemming [A19 art. 4, art. 6 AVG]
Toestemming minister [A59 art. 131* Wonw]
Toestemming Minister V&J bij machtiging Wfz [A75 art. 47, art. 48 Wzd]
Toestemming niet goedgekeurde uitgaven [A27 art. 212 PW]
Toestemming tot het doen van niet door GS goedgekeurde uitgaven [A29 art. 208 Gemw]
Toestemming van bestuursorgaan handelingen subsidieontvanger [A45 art. 4:71 Awb]
Toestemming wettelijk vertegenwoordiger [A20 art. 5 UAVG]
Toestemming Wzd-functionaris [A75 art. 47, art. 48 Wzd]
Toesturen aan GS van niet/ niet naar behoren vastgestelde jaarrekening [A35 art. 107a Wschw]
Toetreden tot nauwere samenwerking Europese Unie [A88 art. 331 VWEU]
Toetreding tot het verdrag [A104 art. 48 BUPO]
Toetsing aanvraag [A41 art. 1.27 Vb 2000]

Alfabetisch trefwoordenregister

Toetsing geldend recht tijdstip ontvangst aanvraag [A41 art. 3.103 Vb 2000]
Toetsing handelingen Europese instellingen door Hof van Justitie [A88 art. 263 VWEU]
Toetsing van andere Unierechtshandelingen inzake gegevensbescherming [A19 art. 98 AVG]
Toevoeging advocaat [A75 art. 4b Wzd]
Toevoeging raadsman [A40 art. 100 Vw 2000]
Toevoer gas, warmte, elctriciteit of water naar vaste netten openbare dienstverlening [A82 art. 3.3.a AanbW 2012]
Toewijzing zetel aan lijst met volstrekte meerderheid [A9 art. P 9 KW]
Toewijzing zetels aan kandidaten [A9 art. U 15 KW]
Toewijzing zetels overige kandidaten [A9 art. P 17 KW]
Toezending aan kadaster [A65 art. 11.53 Wm]
Toezending afschrift proces-verbaal aan vertegenwoordigend lichaam [A9 art. P 24 KW]
Toezending begroting aan GS [A29 art. 191 Gemw]
Toezending begroting aan minister [A27 art. 195 PW]
Toezending bescheiden [A9 art. M 6 KW]
Toezending besluit aan belanghebbenden [A45 art. 3:13 Awb]
Toezending besluiten aan coördinerend bestuursorgaan [A45 art. 3:27 Awb]
Toezending en bekendmaking [A29 art. 81i Gemw]
Toezending jaarrekening aan GS [A35 art. 107 Wschw]
Toezending specifieke besluiten [A27 art. 215 PW] [A29 art. 211 Gemw]
Toezending stukken door griffier bestuursrechter [A45 art. 8:39 Awb]
Toezending verordening aan GS [A29 art. 98 Gemw]
Toezending verordening aan minister [A27 art. 95 PW]
Toezending verordeningen aan GS [A35 art. 109b Wschw]
Toezicht bevoegd bestuursorgaan [A65 art. 17.3 Wm]
Toezicht Commissie [A19 art. 45 AVG]
Toezicht door inspectie [A74 art. 13:1 Wvggz] [A75 art. 60 Wzd]
Toezicht door lidstaat van vestiging wanneer dienstverrichter zich tijdelijk naar andere lidstaat begeeft [A54 art. 30 Richtlijn 2006/123/EG]
Toezicht door lidstaat waar dienst wordt verricht bij tijdelijke verplaatsing dienstverrichter [A54 art. 31 Richtlijn 2006/123/EG]
Toezicht handelingen accountant [A27 art. 185a PW] [A29 art. 184a Gemw]
Toezicht interprovinciaal waterschap [A35 art. 164 Wschw]
Toezicht op mededinging door Europese Commissie [A88 art. 105 VWEU]
Toezicht op regels m.b.t. Veilig Thuis [A78 art. 4.3.1 WMO 2015]
Toezicht op tegenstrijdigheid regelgeving broeikasgasinstallatie [A65 art. 16.9 Wm]
Toezicht op trustgebieden [A100 art. 75 Hv VN]
Toezicht op uitvoering verplichtingen Handvest [A98 art. C ESHh]
Toezicht openbare bijeenkomsten [A29 art. 174 Gemw]
Toezicht referenten [A40 art. 47a Vw 2000]
Toezicht voldoende financiële middelen Europese Unie [A88 art. 323 VWEU]
Toezicht vreemdelingen [A40 art. 47 Vw 2000]
Toezichthoudende ambtenaren [A81 art. 14 Wav]
Toezichthoudende autoriteit [A19 art. 4, art. 51 AVG]
Toezichthoudende autoriteit, algemene voorwaarden leden [A19 art. 53 AVG]
Toezichthoudende autoriteit, bevoegdheden [A19 art. 58 AVG]
Toezichthoudende autoriteit, bevoegdheid tot corrigerende maatregelen [A19 art. 58 AVG]
Toezichthoudende autoriteit, competentie [A19 art. 55 AVG]
Toezichthoudende autoriteit, competentie van de leidende [A19 art. 56 AVG]
Toezichthoudende autoriteit, jaarlijks activiteitenverslag [A19 art. 59 AVG]
Toezichthoudende autoriteit, onafhankelijkheid [A19 art. 52 AVG]
Toezichthoudende autoriteit, regels inzake oprichting [A19 art. 54 AVG]
Toezichthoudende autoriteit, taken [A19 art. 57 AVG]
Toezichthoudende autoriteiten, gezamenlijke werkzaamheden van [A19 art. 62 AVG]
Toezichthoudende autoriteiten, wederzijdse bijstand tussen [A19 art. 61 AVG]
Toezichthouder in het bestuursrecht [A45 art. 5:11 Awb]
Toezichthouders bij subsidie [A45 art. 4:59 Awb]
Tolk [A74 art. 1:8 Wvggz] [A75 art. 4a Wzd]
Tolk/ondersteuning/dossier [A41 art. 3.109a Vb 2000]
Tolken bij bestuursrechter [A45 art. 8:49 Awb]
Tolkvoorzieningen personen met auditieve beperking, bekostiging taak UWV [A78 art. 3a.1.1 WMO 2015]
Tolkvoorzieningen personen met auditieve beperking, bestuursdwang/last onder dwangsom [A78 art. 3a.2.2 WMO 2015]
Tolkvoorzieningen personen met auditieve beperking, kosten [A78 art. 3a.3.1 WMO 2015]

Tolkvoorzieningen personen met auditieve beperking, toezicht en handhaving [A78 art. 3a.2.1 WMO 2015]
Tolkvoorzieningen, taak UWV [A77 art. 10g Pw]
Tolkvoorzieningen, weigeringsgronden toekenning [A77 art. 10g Pw]
Totstandkoming geluidproductieplafond weg/spoorweg [A65 art. 11.45 Wm]
Totstandkoming regelgeving erkenning diploma's binnen Europese Unie [A88 art. 53 VWEU]
Totstandkoming regelgeving landbouwbeleid Europese Unie [A88 art. 43 VWEU]
Totstandkoming regelgeving vrij verkeer werknemers Europese Unie [A88 art. 46 VWEU]
Totstandkoming regelgeving vrijheid van vestiging Europese Unie [A88 art. 50 VWEU]
Tracébesluit [A65 art. 11.42 Wm]
Traditioneel schieten, eisen [A66 art. 3.146 Barim]
Trans-Europese netwerken [A88 art. 170 VWEU]
Transactie [A56 art. 76 AWR]
Trillinghinder [A66 art. 2.23 Barim]
Trustschapsstelsel [A100 art. 78 Hv VN]
Tuberculose, onderzoek [A41 art. 3.79 Vb 2000]
Turkse nationaliteit [A41 art. 3.89c Vb 2000]
Tussentijdse benoeming [A27 art. 38 PW] [A29 art. 39 Gemw]
Tussentijdse vacature [A108 art. 17 IVDV]
Tussentijdse vacatures [A104 art. 33 BUPO]
Tussentijdse verkiezingen [A104 art. 34 BUPO]
Tussenuitspraak ABRvS [A65 art. 16.31 Wm]
Tussenuitspraak bij bestuurlijke lus [A45 art. 8:80a Awb]
Twee derde meerderheid [A100 art. 108 Hv VN]
Tweede en derde bijeenkomst [A101 art. 11 SIG]
Tweede of volgende aanvraag [A41 art. 3.101a Vb 2000]
Twijfel aan onvrijwilligheid [A75 art. 22 Wzd]

Uitbanning discriminatie in economisch en maatschappelijk leven [A108 art. 13 IVDV]
Uitbanning stereotype in onderwijs [A108 art. 10 IVDV]
Uitbanning vooroordelen [A108 art. 5 IVDV]
Uitbetaling door Sociale verzekeringsbank aan college [A77 art. 78y Pw]
Uitbreiding [A56 art. 26a AWR]
Uitbreiding begrip "Nederland" [A41 art. 1.3 Vb 2000]
Uitbreiding bevoegdheid Comité voor de mensenrechten [A106 art. 5 BUPO 2e prot.]
Uitbreiding 'ernstig gevaar' [A53 art. 4 Wet Bibob]
Uitbreiding meldingsplicht [A65 art. 10.42 Wm]
Uitdrukkelijke toestemming [A19 art. 49 AVG]
Uitdrukkelijke voorrang [A114 art. 30 VWV]
Uitgangspunten milieubeleid Europese Unie [A88 art. 191 VWEU]
Uitgaven bij dringende spoed [A27 art. 213 PW]
Uitgaven bij nog niet vastgestelde begroting Europese Unie [A88 art. 315 VWEU]
Uitgaven in geval van dringende spoed [A29 art. 209 Gemw]
Uitgaven nauwere samenwerking Europese Unie [A88 art. 332 VWEU]
Uitgaven voor gemeenschappelijk buitenlands en veiligheidsbeleid [A87 art. 41 VEU]
Uitgebreide voorbereiding MER [A65 art. 7.27 Wm]
Uitgesloten betrekkingen ombudsman [A35 art. 51d Wschw]
Uitgesloten toepassing Awb [A49 art. 15 WOB]
Uitgezonderde activiteiten [A82 art. 2a.24 AanbW 2012]
Uitgezonderde bepalingen AWR bij informatieverstrekking invordering [A35 art. 143 Wschw]
Uitgezonderde groepen/behoud publiekrechtelijke rechtspositie [A17 art. 3 AW]
Uitgifte, Staatsblad/Staatscourant [A5 art. 1 Bmw]
Uitkering aan personen die door blootstelling aan asbest maligne mesothelioom hebben [A65 art. 15.50 Wm]
Uitkeringsbasis [A34 art. 11 FVW]
Uitleg door Staat [A107 art. 14 VURd]
Uitnodiging betrokken staat [A100 art. 69 Hv VN]
Uitnodiging bij bestuursrechter voor voorlopige voorziening [A45 art. 8:83 Awb]
Uitnodiging inschrijving [A82 art. 3.71a AanbW 2012]
Uitnodiging niet-Lid tot deelneming [A100 art. 32 Hv VN]
Uitnodiging tot het doen van aangifte [A56 art. 6 AWR]
Uitnodiging tot inschrijving [A82 art. 3.80c AanbW 2012]
Uitnodiging zitting bestuursrechter [A45 art. 8:56 Awb]
Uitoefening bevoegdheden [A65 art. 5.16 Wm]
Uitoefening functie [A29 art. 81r Gemw]

Alfabetisch trefwoordenregister

U

Uitoefening kiesrecht bij vrijheidsontneming [A9 art. B 6 KW]
Uitputting van alle nationale rechtsmiddelen [A107 art. 14 VURd]
Uitreiking aanslagbiljet [A35 art. 124 Wschw]
Uitreiking aanslagbiljetten [A27 art. 227b PW]
Uitreiking nieuwe stempas [A9 art. J 8 KW]
Uitreiking stembiljet [A9 art. J 25 KW]
Uitschakelbepalingen [A56 art. 91 AWR] [A60 art. 50 Huisvw]
Uitslag tot vervoersverbruik, ambtshalve vaststelling [A65 art. 9.8.2.4 Wm]
Uitslag tot vervoersverbruik, invoer register [A65 art. 9.8.2.3 Wm]
Uitsluiting aansprakelijkheid Europese Unie [A88 art. 125 VWEU]
Uitsluiting, afzien van uitsluiting [A82 art. 2.88 AanbW 2012]
Uitsluiting beroepsmogelijkheid [A45 art. 6:13 Awb]
Uitsluiting betrokken persoon bij onderzoek ombudsman [A45 art. 9:29 Awb]
Uitsluiting, bewijsstukken uitsluitingsgronden [A82 art. 2.89 AanbW 2012]
Uitsluiting hoger beroep [A75 art. 39, art. 56e Wzd]
Uitsluiting kiesrecht [A9 art. B 5 KW]
Uitsluiting, uitsluitingsgronden [A82 art. 2.87 AanbW 2012]
Uitsluiting van strafvervolging [A56 art. 69 AWR]
Uitsluiting van vertegenwoordiging [A56 art. 45 AWR]
Uitsluiting vrijstelling [A76 art. 46 DHW]
Uitspraak binnen 23 weken [A40 art. 89 Vw 2000]
Uitspraak door Rb [A56 art. 27ge AWR]
Uitspraak Hoge Raad [A56 art. 27gc, art. 29e AWR]
Uitspraak op verzet [A56 art. 28 AWR]
Uitspraak rechter [A74 art. 8:19 Wvggz]
Uitspraak: beslistermijnen [A74 art. 6:2 Wvggz]
Uitstel aangifte [A56 art. 10, art. 19 AWR]
Uitstel betaling [A56 art. 19 AWR]
Uitstel van betaling bestuursrechtelijk geldschulden [A45 art. 4:94 Awb]
Uitstoting lid [A100 art. 6 Hv VN]
Uitvaardiging dwangbevel bestuursrechtelijke geldschuld [A45 art. 4:117 Awb]
Uitvoerbaar bij voorraad [A74 art. 8:19 Wvggz]
Uitvoerbaarheid arresten Hof van Justitie [A88 art. 280 VWEU]
Uitvoerbaarheid bij voorraad [A74 art. 6:4 Wvggz] [A75 art. 39, art. 4 Wzd]
Uitvoering [A65 art. 12.28 Wm]
Uitvoering arrest Hof van Justitie door Europese instellingen [A88 art. 266 VWEU]
Uitvoering begroting Europese Unie [A88 art. 317 VWEU]
Uitvoering gemeenschappelijk buitenlands en veiligheidsbeleid door Europese Unie [A87 art. 25 VEU]
Uitvoering kaderrichtlijn water [A65 art. 5.2b Wm]
Uitvoering maatregelen [A74 art. 8:9 Wvggz]
Uitvoering missies gemeenschappelijk veiligheids- en defensiebeleid Europese Unie [A87 art. 44 VEU]
Uitvoering taken m.b.t. Trustschapsstelsel [A100 art. 16 Hv VN]
Uitvoering van aangegane verbintenissen, wijze van [A98 art. I ESHh]
Uitvoering van juridisch bindende handelingen van de Unie [A88 art. 291 VWEU]
Uitvoering van onherroepelijke beschikking [A56 art. 35 AWR]
Uitvoering van taken douane-unie door Europese Commissie [A88 art. 32 VWEU]
Uitvoering wet, evaluatie [A77 art. 84 Pw]
Uitvoering wet, nadere regels [A77 art. 82 Pw]
Uitvoerings- en handhavingsbeleid, vaststelling door omgevingsdienst [A68 art. 7.2 Bor]
Uitvoeringsbepalingen [A42 art. 35 Vsv 1951]
Uitvoeringsmaatregelen t.b.v. gegevensuitwisseling [A54 art. 36 Richtlijn 2006/123/EG]
Uitvoeringsorganisatie [A68 art. 7.4 Bor]
Uitvoeringsprogramma [A68 art. 7.3 Bor]
Uitvoeringsregels [A56 art. 62 AWR]
Uitvoeringsverordeningen Europees Sociaal Fonds [A88 art. 164 VWEU]
Uitvoeringsverslag WIz-uitvoerder [A79 art. 4.3.2 Wlz]
Uitwerking verplichtingen aan subsidie [A45 art. 4:40 Awb]
Uitwisseling [A41 art. 3.43 Vb 2000]
Uitwisseling akten [A114 art. 13 VWV]
Uitwisseling informatie [A19 art. 67 AVG]
Uitwisseling jeugdige werknemers Europese Unie [A88 art. 47 VWEU]
Uitwisselingsorganisatie als referent [A41 art. 1.14 Vb 2000]
Uitzetcentrum [A40 art. 58 Vw 2000]

Uitzetting [A40 art. 63 Vw 2000] [A41 art. 3.128, art. 6.1a Vb 2000]
Uitzetting blijft achterwege [A40 art. 64 Vw 2000]
Uitzetting, gronden voor uitstel [A41 art. 6.1b Vb 2000]
Uitzetting in strijd met Verdrag bescherming rechten van de mens [A41 art. 3.89d Vb 2000]
Uitzetting van vreemdelingen [A104 art. 13 BUPO]
Uitzetting, voorlopige voorziening procedure [A41 art. 8.24 Vb 2000]
Uitzondering arbeidsrecht/socialezekerheidsrecht/socialebeschermingsrecht [A19 art. 9 AVG]
Uitzondering bouwkundige of woontechnische aanpassing in of aan de woonruimte [A23 art. 6c WGBHZ]
Uitzondering directe belastingen binnen Europese Unie [A88 art. 112 VWEU]
Uitzondering gevolgen verlaging subsidieplafond [A45 art. 4:28 Awb]
Uitzondering gezondheidsgegevens [A19 art. 9 AVG]
Uitzondering m.b.t. archivering in algemeen belang of wetenschappelijk/historisch/statistisch doel [A19 art. 9 AVG]
Uitzondering m.b.t. geluidproductieplafond [A65 art. 11.29 Wm]
Uitzondering op inzamelplicht [A65 art. 10.50 Wm]
Uitzondering op kosteloze toewijzing [A65 art. 16.28 Wm]
Uitzondering op registreren of melden m.b.t. aangewezen afval van schepen [A65 art. 10.40a Wm]
Uitzondering op vrijheid van vestiging Europese Unie [A88 art. 51 VWEU]
Uitzondering op WoB [A53 art. 20 Wet Bibob]
Uitzondering openbaarmaking door betrokkene zelf [A19 art. 9 AVG]
Uitzondering politieke/levensbeschouwelijke/godsdienstige instantie en vakbond [A19 art. 9 AVG]
Uitzondering rechtsvordering [A19 art. 9 AVG]
Uitzondering strafrechtelijke gegevens [A19 art. 10 AVG]
Uitzondering tewerkstelling zonder tewerkstellingsvergunning/gecombineerde vergunning [A81 art. 3 Wav]
Uitzondering toestemming betrokkene [A19 art. 9 AVG]
Uitzondering vitale belangen [A19 art. 9 AVG]
Uitzondering voor handhaving openbare orde en binnenlandse veiligheid lidstaten Europese Unie [A88 art. 72 VWEU]
Uitzondering voor pensioenvoorziening [A24 art. 8 WGBLA]
Uitzondering zwaarwegend algemeen belang [A19 art. 9 AVG]
Uitzondering zwaarwegend algemeen belang volksgezondheid [A19 art. 9 AVG]
Uitzonderingen, archivering in algemeen belang [A20 art. 45 UAVG]
Uitzonderingen, BSN-nummer [A20 art. 46 UAVG]
Uitzonderingen hoorplicht [A45 art. 4:11, art. 4:12 Awb]
Uitzonderingen, journalistieke doeleinden/diverse uitdrukkingsvormen [A20 art. 43 UAVG]
Uitzonderingen kartelverbod [A88 art. 101 VWEU]
Uitzonderingen, meldplicht datalekken [A20 art. 42 UAVG]
Uitzonderingen, openbare registers [A20 art. 47 UAVG]
Uitzonderingen, rechten betrokkene/plichten verwerkingsverantwoordelijke [A20 art. 41 UAVG]
Uitzonderingen, verbod geautomatiseerde individuele besluitvorming [A20 art. 40 UAVG]
Uitzonderingen verbod van onderscheid [A23 art. 3 WGBHZ] [A24 art. 7 WGBLA]
Uitzonderingen, wetenschappelijk onderzoek en statistiek [A20 art. 44 UAVG]
Uitzonderingsbepaling [A65 art. 10.31 Wm]
Ultimum remedium [A74 art. 2:1 Wvggz] [A75 art. 10 Wzd]
Una via bestuurlijke boete [A45 art. 5:44 Awb]
Universaliteit [A15 art. 2.16 CW 2016]
Universaliteit, afwijking van; boeken buiten begrotingsverband [A15 art. 2.17 CW 2016]
Universaliteit, afwijking van; salderen [A15 art. 2.18 CW 2016]
Urgentiecategorieën [A60 art. 12 Huisvw]

Vacatures [A101 art. 14 SIG]
Vakantierechten binnen Europese Unie [A88 art. 158 VWEU]
Vakbonden van vakverenigingen [A103 art. 8 IVESCR]
Valuta financiële verrichtingen Europese Unie [A88 art. 321 VWEU]
Vaste colleges van advies, inrichting/samenstelling/bevoegdheid [A2 art. 79 GW]
Vaste kunstmeststof, opslag [A66 art. 4.17 Barim]
Vastleggen binding [A114 art. 16 VWV]
Vaststellen aantal retourenveloppen [A9 art. N 15 KW]
Vaststellen aantallen kiezers en uitgereikte biljetten [A9 art. N 1 KW]
Vaststellen aantallen stemmen [A9 art. N 6 KW]

Alfabetisch trefwoordenregister

Vaststellen gedragscode [A27 art. 68 PW]
Vaststellen identiteit vreemdeling door werkgever op vordering toezichthouder
 [A81 art. 15a Wav]
Vaststellen maatregelen bij bereiken richtwaarde [A65 art. 5.17 Wm]
Vaststellen verkiezingsuitslag, nadere regels bij AMvB inzake [A9 art. O 6 KW]
Vaststelling aanbevelingen Europese Raad [A88 art. 292 VWEU]
Vaststelling aanslag [A56 art. 11 AWR]
Vaststelling aanslag mogelijk tot drie jaar na ontstaan belastingschuld [A56 art. 11 AWR]
Vaststelling aantal inwoners gemeente [A60 art. 30 Huisvw]
Vaststelling aantal stemmen [A9 art. N 21 KW]
Vaststelling aantal uitgebrachte blanco en ongeldige stemmen [A9 art. N 11 KW]
Vaststelling actieplan geluidsbelasting weg/spoorweg [A65 art. 11.11 Wm]
Vaststelling bedrag heffingsrente [A56 art. 30j AWR]
Vaststelling begroting [A27 art. 195 PW] [A29 art. 191 Gemw] [A35 art. 101 Wschw]
Vaststelling begroting Europese Unie [A88 art. 314 VWEU]
Vaststelling bestemmingsplan, te gebruiken gegevens [A58 art. 3.1.1a Bro]
Vaststelling bestuursrechtelijke geldschulden [A45 art. 4:86 Awb]
Vaststelling door Minister [A27 art. 205 PW]
Vaststelling dwangsom bestuursorgaan [A45 art. 4:18 Awb]
Vaststelling en bekendmaking uitslag verkiezing [A9 art. P 1, art. U 1 KW]
Vaststelling financiële reglementen Europese Unie [A88 art. 322 VWEU]
Vaststelling geluidproductieplafond weg/spoorweg [A65 art. 11.18 Wm]
Vaststelling geluidregister weg/spoorweg [A65 art. 11.25 Wm]
Vaststelling geluidsbelasting kaart [A65 art. 11.7 Wm]
Vaststelling geluidsbelastingkaart weg/spoorweg [A65 art. 11.6 Wm]
Vaststelling groepskiesdeler [A9 art. P 12 KW]
Vaststelling hoogte heffing [A65 art. 15.45 Wm]
Vaststelling identiteit [A74 art. 9:11 Wvggz] [A75 art. 51 Wzd]
Vaststelling jaarrekening [A27 art. 202 PW] [A35 art. 104 Wschw]
Vaststelling leeftijd [A76 art. 20 DHW]
Vaststelling middelen kosten verblijf [A41 art. 2.10 Vb 2000]
Vaststelling milieuschade [A65 art. 17.14 Wm]
Vaststelling Nederlanderschap [A2 art. 2 GW]
Vaststelling of wijziging keur [A35 art. 80 Wschw]
Vaststelling regeling milieubescherming [A65 art. 9.5.4 Wm]
Vaststelling rekening door GS [A29 art. 201 Gemw]
Vaststelling richtlijnen vrij verkeer van diensten Europese Unie [A88 art. 59 VWEU]
Vaststelling stemwaarde voor elke provincie [A9 art. U 2 KW]
Vaststelling subsidie rechtspersoon [A45 art. 4:73 Awb]
Vaststelling subsidieplafond [A45 art. 4:25 Awb]
Vaststelling uitkomsten stemming (stemcijfer) [A9 art. O 2 KW]
Vaststelling van onderhoudslegger [A35 art. 78 Wschw]
Vaststelling vergoeding subsidieontvanger [A45 art. 4:41 Awb]
Vaststelling verkiezingsuitslag, art. 15, 16 en 18 AVG niet van toepassing [A9 art. P 27 KW]
Vaststelling verkiezingsuitslag leden Eerste Kamer, art. 15, 16 en 18 AVG niet van toepassing
 [A9 art. U 19 KW]
Vaststelling verklaring [A74 art. 4:2 Wvggz]
Vaststelling wettelijke rente bestuursrechtelijke geldschuld [A45 art. 4:99 Awb]
Veilig Thuis, advies [A78 art. 4.1.1 WMO 2015]
Veilig Thuis, goede uitvoering taken [A78 art. 4.2.1 WMO 2015]
Veilig Thuis, melding calamiteit en geweld [A78 art. 4.2.5 WMO 2015]
Veilig Thuis, nadere regels werkwijze [A78 art. 4.1.1 WMO 2015]
Veilig Thuis, taak college [A78 art. 4.1.1 WMO 2015]
Veilig Thuis, taken [A78 art. 4.1.1 WMO 2015]
Veilig Thuis, VOG [A78 art. 4.2.4 WMO 2015]
Veilig Thuis, waarborging kwaliteit [A78 art. 4.2.2 WMO 2015]
Veiligheidsmaatregelen [A74 art. 8:14 Wvggz]
Veiligheidsnorm, verslag over doeltreffendheid en effecten [A70 art. 2.13 Wtw]
Veiligheidsraad [A100 art. 99 Hv VN]
Veiligstelling van euro in internationaal monetair stelsel [A88 art. 138 VWEU]
Veiling broeikasgasemissierechten [A65 art. 16.39m Wm]
Veldspuitapparatuur, verbod op [A66 art. 3.83 Barim]
Verandering van adres, woon- of verblijfplaats [A41 art. 1.29 Vb 2000]
Verandering woon- of verblijfplaats [A41 art. 4.32 Vb 2000]
Verantwoordelijkheid van ministers en staatssecretarissen [A7 art. 1 Wmv]

Alfabetisch trefwoordenregister

Verantwoordelijkheid verwerkingsverantwoordelijke [A19 art. 24 AVG]
Verantwoordelijkheid voor vrede en veiligheid [A100 art. 24 Hv VN]
Verantwoording aan rekenkamer [A27 art. 79j PW] [A29 art. 81j Gemw]
Verantwoording bestuurscommissie [A27 art. 83 PW]
Verantwoording en toezicht bestuurscommissie [A29 art. 85 Gemw]
Verantwoording financieel beheer [A35 art. 103 Wschw]
Verantwoording Rijk, samenstelling en inhoud [A15 art. 2.29 CW 2016]
Verantwoordings- en doelmatigheidsonderzoek, bevoegdheden Algemene Rekenkamer [A15 art. 7.18 CW 2016]
Verantwoordings- en doelmatigheidsonderzoek, bevoegdheden bij geheime uitgaven/ontvangsten [A15 art. 7.20 CW 2016]
Verantwoordings- en doelmatigheidsonderzoek, bevoegdheden bij uitbesteding [A15 art. 7.19 CW 2016]
Verantwoordingsonderzoek, aanbieding [A15 art. 7.15 CW 2016]
Verantwoordingsonderzoek Algemene Rekenkamer [A15 art. 7.12 CW 2016]
Verantwoordingsonderzoek, jaarlijkse rapportage [A15 art. 7.14 CW 2016]
Verantwoordingsonderzoek, reikwijdte [A15 art. 7.13 CW 2016]
Verantwoordingsplicht aan het algemeen bestuur [A35 art. 97 Wschw]
Verantwoordingsplicht aan PS [A27 art. 167 PW]
Verantwoordingsplicht college(leden) [A29 art. 169 Gemw]
Verantwoordingsplicht verantwoordelijke [A19 art. 5 AVG]
Verantwoordingsstaat [A15 art. 2.32 CW 2016]
Verbalisering en het verdere verloop [A56 art. 80 AWR]
Verbetering van fouten [A114 art. 79 VWV]
Verbeuren bij last onder dwangsom [A45 art. 5:33 Awb]
Verblijf als familie- of gezinslid [A41 art. 3.13 Vb 2000]
Verblijf buiten de gemeente [A29 art. 72 Gemw]
Verblijf buiten provincie [A27 art. 71 PW]
Verblijf op andere locatie [A75 art. 14, art. 8 Wzd]
Verblijf op grond van internationale verplichtingen [A40 art. 112 Vw 2000]
Verblijf voor bepaalde tijd [A40 art. 14 Vw 2000]
Verblijf voor bepaalde tijd vanwege gezinshereniging [A40 art. 15 Vw 2000]
Verblijfsvergunning asiel, ingangsdatum [A41 art. 3.105a Vb 2000]
Verblijfsvergunning asiel, termijn [A41 art. 3.105 Vb 2000]
Verblijfsvergunning, beslissing op eerste ingediende aanvraag [A41 art. 3.6ba Vb 2000]
Verblijfsvergunning, duur [A41 art. 3.58 Vb 2000]
Verblijfsvergunning, ingangsdatum [A41 art. 3.57 Vb 2000]
Verblijfsvergunning onderdaan België of Luxemburg [A41 art. 8.6 Vb 2000]
Verblijfsvergunning voor bepaalde tijd [A40 art. 28 Vw 2000]
Verblijfsvergunning voor onbepaalde tijd [A40 art. 20, art. 33 Vw 2000]
Verbod aanwezigheid alcohol in publieksruimte, tenzij [A76 art. 25 DHW]
Verbod aanwezigheid alcohol in rijdende winkel, tenzij [A76 art. 25 DHW]
Verbod aanwezigheid dronken personen [A76 art. 20 DHW]
Verbod aanwezigheid personen beneden 18 jaar zonder geleide in slijterij [A76 art. 20 DHW]
Verbod afgifte bedrijfsafval en gevaarlijk afval [A65 art. 10.37 Wm]
Verbod andere winkelnering [A76 art. 14 DHW]
Verbod automatenverkoop; uitzondering hotelkamers [A76 art. 16 DHW]
Verbod begunstiging nationale vervoerondernemers binnen Europese Unie [A88 art. 92 VWEU]
Verbod bevoorrechting financiële instellingen binnen Europese Unie [A88 art. 124 VWEU]
Verbod bezit alcoholhoudende drank voor personen jonger dan 18 jaar [A76 art. 45 DHW]
Verbod coaten of lijmen met nevelspuit [A66 art. 3.164 Barim]
Verbod discriminatie op grond van nationaliteit binnen Europese Unie [A88 art. 18 VWEU]
Verbod douanerechten geassocieerde niet-Europese landen [A88 art. 200 VWEU]
Verbod dronkenschap personeel [A76 art. 20 DHW]
Verbod exploitatie broeikasgasinstallatie [A65 art. 16.5 Wm]
Verbod grensoverschrijding afvalstoffen [A65 art. 10.60 Wm]
Verbod handel in sterke drank met particulieren door andere bedrijven dan slijterij/partijen-catering [A76 art. 19 DHW]
Verbod handelen in strijd met verordening [A65 art. 9.3a.3 Wm]
Verbod handelen in strijd voorschrift [A65 art. 18.18 Wm]
Verbod in- en uitvoerrechten binnen Europese Unie [A88 art. 30 VWEU]
Verbod inzameling bedrijfsafval en gevaarlijk afval, tenzij [A65 art. 10.45 Wm]
Verbod kredietverstrekking centrale bank binnen Europese Unie [A88 art. 123 VWEU]
Verbod kwantitatieve invoerbeperkingen Europese Unie [A88 art. 34 VWEU]
Verbod kwantitatieve uitvoerbeperkingen Europese Unie [A88 art. 35 VWEU]

Alfabetisch trefwoordenregister

Verbod mengen gevaarlijke afvalstoffen [A65 art. 10.54a Wm]
Verbod misbruik machtspositie [A83 art. 24 Mw]
Verbod misbruik machtspositie binnen Europese Unie [A88 art. 102 VWEU]
Verbod misbruik machtspositie, verbod op [A83 art. 25 Mw]
Verbod misbruik van recht [A86 art. 54 HGEU]
Verbod nuttigen alcohol in publieksruimte [A76 art. 25 DHW]
Verbod onderscheid beroepsonderwijs [A24 art. 5 WGBLA]
Verbod onderscheid bij arbeidsaangelegenheden [A23 art. 4 WGBHZ] [A24 art. 3 WGBLA]
Verbod onderscheid openbaar vervoer [A23 art. 8 WGBHZ]
Verbod onderscheid woonruimte [A23 art. 6b WGBHZ]
Verbod ontslag o.g.v. zwangerschap [A108 art. 11 IVDV]
Verbod op een werkzaamheid; voorwaarden [A65 art. 11a.2 Wm]
Verbod op intimidatie [A23 art. 1a WGBHZ] [A24 art. 2 WGBLA]
Verbod op mededinging openbare bedrijven Europese Unie [A88 art. 106 VWEU]
Verbod op misleiding [A65 art. 9.2.3.4 Wm]
Verbod op nuttige toepassing gevaarlijk afval buiten de inrichting [A65 art. 10.54 Wm]
Verbod op onderscheid bij aanbieden goederen en diensten [A23 art. 5b WGBHZ]
Verbod op wonen zonder vergunning [A60 art. 8 Huisvw]
Verbod personeel te beïnvloeden [A100 art. 100 Hv VN]
Verbod slijten alcohol niet-levensmiddelenwinkels [A76 art. 22 DHW]
Verbod slijten sterke drank voor gebruik buiten slijtlokaal [A76 art. 12 DHW]
Verbod splitsing appartementsrechten [A60 art. 22 Huisvw]
Verbod steunmaatregelen vervoer binnen Europese Unie [A88 art. 96 VWEU]
Verbod tappen alcoholhoudende drank buiten horecalokaliteit, uitzondering hotelkamers [A76 art. 12 DHW]
Verbod terechtstelling [A106 art. 1 BUPO 2e prot.]
Verbod tewerkstelling zonder tewerkstellingsvergunning/gecombineerde vergunning [A81 art. 2 Wav]
Verbod van foltering; geen doodstraf onder de achttien [A110 art. 37 IVRK]
Verbod van propaganda en organisaties [A107 art. 4 VURd]
Verbod verkoop zwak-alcoholische drank door niet-slijtersbedrijf [A76 art. 18 DHW]
Verbod verstrekken alcoholhoudende drank beneden 18 jaar [A76 art. 20 DHW]
Verbod verwerking gevoelige gegevens [A19 art. 9 AVG]
Verbod verwerking gevoelige gegevens, voorwaarden uitzonderingen op [A19 art. 9 AVG]
Verbod wijziging woonruimte [A60 art. 21 Huisvw]
Verboden beperkingen aan afnemer dienst andere lidstaat [A54 art. 19 Richtlijn 2006/123/EG]
Verboden eisen aan dienstverrichter andere lidstaat [A54 art. 14 Richtlijn 2006/123/EG]
Verboden handelingen bij waarneming [A27 art. 78 PW] [A29 art. 80 Gemw]
Verboden handelingen vóór inwerkingtreding [A114 art. 18 VWV]
Verboden werkzaamheden [A27 art. 47 PW]
Verbonden lijsten en gelijkluidende lijsten gelden als één lijst [A9 art. S 11 KW]
Verbreken betrekkingen [A114 art. 63 VWV]
Verdagingstermijn [A56 art. 27d AWR]
Verdeling bezoldiging naar evenredigheid [A29 art. 44f Gemw]
Verdeling restzetels bij minder dan 19 zetels [A9 art. P 8 KW]
Verdeling subsidie [A45 art. 4:26 Awb]
Verdeling wereldvoedselvoorraden [A103 art. 11 IVESCR]
Verdeling zetels over lijsten lijstengroep [A9 art. P 12, art. U 12 KW]
Verdergaande bepalingen [A110 art. 41 IVRK]
Verdrag, analoge regeling bij voornemens tot toetreding tot/opzegging van verdrag [A11 art. 148 RvO I]
Verdrag, inlichtingen van minister [A11 art. 144 RvO I]
Verdrag niet uit te leggen in strijd met zijn doelstelling [A104 art. 5 BUPO]
Verdrag, stilzwijgende/uitdrukkelijke goedkeuring Staten-Generaal [A11 art. 143 RvO I]
Verdrag, verzoek om uitdrukkelijke goedkeuring [A11 art. 145 RvO I]
Verdrag, verzoek om uitdrukkelijke goedkeuring Staten-Generaal [A11 art. 146 RvO I]
Verdragen rond Internationale organisaties [A114 art. 5 VWV]
Verdragsherziening [A108 art. 26 IVDV]
Verdragsinterpretatie [A101 art. 63 SIG]
Verdragsluitende Staat [A114 art. 2 VWV]
Vereenvoudigde behandeling door bestuursrechter [A45 art. 8:54 Awb]
Vereenvoudigde behandeling van rechtstreeks beroep bestuursrechter [A45 art. 8:54a Awb]
Vereenvoudigde herzieningsprocedure Verdragen Europese Unie [A87 art. 48 VEU]
Vereenvoudiging administratieve procedures [A54 art. 5 Richtlijn 2006/123/EG]
Vereffening vermogen van niet bestaande rechtspersoon [A55 art. 4 BW Boek 2]

Alfabetisch trefwoordenregister

Vereisten aanvraag beschikking [A45 art. 4:2 Awb]
Vereisten actief kiesrecht algemeen bestuur [A9 art. B 2a KW]
Vereisten actief kiesrecht gemeenteraad [A9 art. B 3 KW]
Vereisten actief kiesrecht PS [A9 art. B 2 KW]
Vereisten actief kiesrecht Tweede Kamer [A9 art. B 1 KW]
Vereisten en incompatibiliteiten algemeen bestuur [A35 art. 31 Wschw]
Vereisten en incompatibiliteiten voorzitters [A35 art. 47 Wschw]
Vereisten lidmaatschap Europees Parlement [A9 art. Y 4 KW]
Vereisten lidmaatschap PS van overeenkomstige toepassing [A27 art. 35b PW]
Vereisten rechters [A101 art. 2 SIG]
Vereisten subsidieaanvraag [A45 art. 4:61 Awb]
Vereisten wethouderschap [A29 art. 36a Gemw]
Verenigbare bepalingen [A114 art. 30 VWV]
Verenigbare functies [A101 art. 16 SIG]
Vergaderduur [A108 art. 20 IVDV]
Vergaderfrequentie [A27 art. 17 PW] [A29 art. 17 Gemw]
Vergadering Eerste Kamer, afwijking van het onderwerp [A11 art. 94 RvO I]
Vergadering Eerste Kamer, beeld-/geluidopnamen [A11 art. 78 RvO I]
Vergadering Eerste Kamer, beraadslaging over onderdelen van regeringsbeleid [A11 art. 73 RvO I]
Vergadering Eerste Kamer, geen raadpleging College van Senioren voor besluiten ter ordehandhaving [A11 art. 97 RvO I]
Vergadering Eerste Kamer, ingekomen stukken [A11 art. 82 RvO I]
Vergadering Eerste Kamer, interrupties [A11 art. 85 RvO I]
Vergadering Eerste Kamer, onmiddellijk woord voor persoonlijk feit/voorstel van orde [A11 art. 88 RvO I]
Vergadering Eerste Kamer, onmiddellijke stemming over voorstel van orde [A11 art. 105 RvO I]
Vergadering Eerste Kamer, ontneming van woord/uitsluiting spreker [A11 art. 96 RvO I]
Vergadering Eerste Kamer, ordehandhaving door voorzitter [A11 art. 79 RvO I]
Vergadering Eerste Kamer, plaatsing voorstellen op agenda [A11 art. 72 RvO I]
Vergadering Eerste Kamer, schending geheimhoudingsplicht [A11 art. 95 RvO I]
Vergadering Eerste Kamer, schorsing beraadslaging [A11 art. 103 RvO I]
Vergadering Eerste Kamer, sluiting beraadslaging [A11 art. 104 RvO I]
Vergadering Eerste Kamer, spreekplaats [A11 art. 84 RvO I]
Vergadering Eerste Kamer, spreken van de voorzitter [A11 art. 90 RvO I]
Vergadering Eerste Kamer, spreken van leden [A11 art. 92 RvO I]
Vergadering Eerste Kamer, spreken van ministers [A11 art. 91 RvO I]
Vergadering Eerste Kamer, stemming [A11 art. 105 RvO I]
Vergadering Eerste Kamer, stille toehoorders [A11 art. 77 RvO I]
Vergadering Eerste Kamer, uitgesloten kamerlid verlaat het kamergebouw [A11 art. 98 RvO I]
Vergadering Eerste Kamer, verlaten gebouw [A11 art. 80 RvO I]
Vergadering Eerste Kamer, voorstellen waarover niet wordt beraadslaagd behoudens terugverwijzing bij nieuwe feiten [A11 art. 89 RvO I]
Vergadering Eerste Kamer, voorzitter verleent het woord [A11 art. 87 RvO I]
Vergadering Eerste Kamer, zitplaatsen leden/ministers/gedelegeerden [A11 art. 76 RvO I]
Vergadering met gesloten deuren [A35 art. 42 Wschw]
Vergadering van de Raad van de Europese Unie [A88 art. 237 VWEU]
Vergaderingen van ministers lidstaten met euro [A88 art. 137 VWEU]
Vergaderings- en besluitquorum voor verkiezing [A104 art. 30 BUPO]
Vergaderplaats [A110 art. 43 IVRK]
Vergaderquorum [A27 art. 20, art. 56 PW] [A29 art. 20, art. 56 Gemw]
Vergaderverslag Eerste Kamer, bezwaar tegen notulen [A11 art. 124 RvO I]
Vergaderverslag Eerste Kamer, inhoud verslag [A11 art. 122 RvO I]
Vergaderverslag Eerste Kamer, notulen [A11 art. 123 RvO I]
Vergaderverslag Eerste Kamer, officieel verslag [A11 art. 121 RvO I]
Vergaderverslag Eerste Kamer, verslag vergadering met gesloten deuren [A11 art. 125 RvO I]
Vergaderverslag Eerste Kamer, weglatingen [A11 art. 126 RvO I]
Vergezelplicht [A56 art. 41 AWR]
Vergoeding door subsidie-ontvanger [A45 art. 4:41 Awb]
Vergoeding en tegemoetkoming kosten [A35 art. 32a Wschw]
Vergoeding kosten toelating instrument voor kwaliteitsborging [A59 art. 7aj Wonw]
Vergoeding kosten verlenen bijstand aan andere mededingingsautoriteiten [A83 art. 89ge Mw]
Vergoeding leden PS [A27 art. 93 PW]

Alfabetisch trefwoordenregister V

Vergoeding ombudsman [A35 art. 51h Wschw]
Vergoeding rente bij art. 30h-belastingen [A56 art. 30ha AWR]
Vergoeding schade bij intrekking subsidieverlening [A45 art. 4:50 Awb]
Vergoeding voor werkzaamheden [A29 art. 81k Gemw]
Vergoeding werkzaamheden [A27 art. 79k PW]
Vergoedingen bij bestuursrechter [A45 art. 8:36 Awb]
Vergoedingen commissieleden [A27 art. 94 PW]
Vergoedingen in onderzoek ombudsman [A45 art. 9:33 Awb]
Vergoedingen leden van commissies [A29 art. 96 Gemw]
Vergoedingen raadsleden [A29 art. 95 Gemw]
Vergoedingen voor keuringen [A65 art. 15.31 Wm]
Vergoedingsvorderingen tussen echtgenoten [A56 art. 5e AWR]
Vergrijpboete na verzuimboete [A56 art. 67q AWR]
Vergunning afgegeven krachtens de Vreemdelingenwet 2000 [A81 art. 4 Wav]
Vergunning beperkt tot inrichting [A76 art. 7 DHW]
Vergunning betreffende stoffen, preparaten en producten [A65 art. 9.5.6 Wm]
Vergunning vereist [A76 art. 7 DHW]
Vergunning voor horeca- of slijtersbedrijf [A76 art. 3 DHW]
Vergunning voor terras [A76 art. 7 DHW]
Vergunningaanvraag [A60 art. 5 Huisvw]
Vergunningplicht [A83 art. 41 Mw]
Vergunningsduur [A54 art. 11 Richtlijn 2006/123/EG]
Vergunningsprocedures, voorwaarden aan [A54 art. 13 Richtlijn 2006/123/EG]
Vergunningstelsels [A54 art. 9 Richtlijn 2006/123/EG]
Vergunningsvoorwaarden [A54 art. 10 Richtlijn 2006/123/EG]
Vergunningsvrije inrichtingen/gevallen, mijnbouwwerken [A68 art. 2.5 Bor]
Vergunningsvrije inrichtingen/gevallen, monumenten [A68 art. 2.5a Bor]
Vergunningsvrije inrichtingen/gevallen, slopen [A68 art. 2.6 Bor]
Vergunningsvrije inrichtingen/gevallen, verandering [A68 art. 2.4 Bor]
Verhaal kosten raadsman [A40 art. 103 Vw 2000]
Verhaal op vervoersonderneming [A41 art. 6.3 Vb 2000]
Verhaal op vreemdeling [A41 art. 6.4 Vb 2000]
Verhaalsrecht [A35 art. 142 Wschw]
Verhoging aantal broeikasgasemissierechten [A65 art. 16.39w Wm]
Verhouding tot eerder gesloten overeenkomsten [A19 art. 96 AVG]
Verhouding tot provincie en Rijk [A35 art. 57 Wschw]
Verhouding tot Richtlijn 2002/58/EG [A19 art. 95 AVG]
Verhuizing [A27 art. 222a PW]
Verjaring bij last onder dwangsom [A45 art. 5:35 Awb]
Verjaringstermijn bestuurlijke boete [A83 art. 64, art. 82 Mw]
Verjaringstermijn bij bestuursrechtelijke geldschuld [A45 art. 4:104 Awb]
Verjaringstermijn schadevergoeding bij bestuursrechter [A45 art. 8:93 Awb]
Verkennend onderzoek [A74 art. 5:2 Wvggz]
Verkiezing eilandsraad [A9 art. Ya 13 KW]
Verkiezing eilandsraad, vereisten actief kiesrecht [A9 art. Ya 14 KW]
Verkiezing eilandsraad, waarborgsom kandidaatstelling bij [A9 art. Ya 17 KW]
Verkiezing leden [A104 art. 29 BUPO] [A108 art. 17 IVDV]
Verkiezing leden Eerste Kamer [A9 art. Q 1 KW]
Verkiezing plaatsvervanger van meer dan eenmaal gekozen kandidaat [A9 art. P 18 KW]
Verkiezing voorzitter [A100 art. 90 Hv VN]
Verkiezingsprocedure Europees Parlement [A88 art. 223 VWEU]
Verklaring bij ambtsaanvaarding [A104 art. 38 BUPO]
Verklaring dat kandidaat niet in andere lidstaat kandidaat zal zijn [A9 art. Y 13 KW]
Verklaring hoofdpersoon [A41 art. 3.22a Vb 2000]
Verklaring Nederlanders met woonplaats in andere lidstaat tot niet uitoefenen kiesrecht in andere lidstaat [A9 art. Y 6 KW]
Verklaring niet uit te leggen in strijd met haar doelstelling [A102 art. 30 UVRM]
Verklaring omtrent gedrag, afwijking artikel 3.5 [A78 art. 8.8 WMO 2015]
Verklaring omtrent verplichte rechtsmacht Hof in bepaalde geschillen [A101 art. 36 SIG]
Verklaring over EU-uitgaven [A15 art. 6.9 CW 2016]
Verklaring uitsluiting kiesrecht doorzenden naar autoriteit andere lidstaat [A9 art. Y 35b KW]
Verklaring uitsluiting kiesrecht, gevolgen bij ontvangen [A9 art. Y 35c KW]
Verklaring uitsluiting kiesrecht, schrappen kandidaat bij ontbreken [A9 art. Y 35a KW]
Verklaring verificateur [A65 art. 9.7.4.12 Wm]
Verkoop per fles in goed gesloten verpakking [A76 art. 17 DHW]

Sdu 2685

Alfabetisch trefwoordenregister

Verkoop van meegevoerde zaken bij bestuursdwang [A45 art. 5:30 Awb]
Verkorting indieningstermijn inschrijving [A82 art. 2.74b AanbW 2012]
Verkorting termijn inschrijving bij elektronische inschrijving [A82 art. 3.60d AanbW 2012]
Verkorting termijn inschrijving bij urgentie [A82 art. 3.60c AanbW 2012]
Verlaging geluidproductieplafond [A65 art. 11.36 Wm]
Verlaging geluidsbelasting [A65 art. 11.48 Wm]
Verleende volmacht is niet in te trekken [A9 art. L 5 KW]
Verlenen ontheffing [A65 art. 9.5.5 Wm]
Verlengde duur tijdelijk verplichte zorg [A74 art. 8:12 Wvggz]
Verlengen aanvraagtermijn [A41 art. 3.123h Vb 2000]
Verlengen voorwaardelijke machtiging [A75 art. 28ab Wzd]
Verlenging beslistermijn [A74 art. 6:2 Wvggz]
Verlenging beslistermijn beschikking [A45 art. 4:14 Awb]
Verlenging geldingsduur [A65 art. 4.12, art. 4.19 Wm]
Verlenging inschrijftermijn [A82 art. 3.60a AanbW 2012]
Verlenging ophouding [A40 art. 50 Vw 2000]
Verlenging termijn indienen inschrijvingen [A82 art. 2.72, art. 2.73 AanbW 2012]
Verlenging termijn onvrijwillige zorg [A75 art. 11 Wzd]
Verlenging termijn vaststellen navorderingsaanslag [A56 art. 16 AWR]
Verlenging verjaring bestuursrechtelijke geldschuld [A45 art. 4:111 Awb]
Verlening asielstatus [A40 art. 29 Vw 2000]
Verlening broeikasgasemissierechten aan exploitant broeikasgasinstallatie [A65 art. 16.35 Wm]
Verlening erkenning [A65 art. 11a.2 Wm]
Verlening huisvestingsvergunning [A60 art. 15 Huisvw]
Verlening mvv [A40 art. 2p Vw 2000]
Verlening status langdurig ingezetene [A41 art. 3.124 Vb 2000]
Verlening terugkeervisum [A40 art. 2w Vw 2000]
Verlening van diensten [A100 art. 66 Hv VN]
Verlening vergunning [A76 art. 28 DHW]
Verlening vergunning wegens algemeen belang door Minister EZ [A83 art. 47 Mw]
Verlening zorgmachtiging [A74 art. 6:4 Wvggz]
Verleningsgrond [A40 art. 34 Vw 2000]
Verlies vereisten lidmaatschap [A9 art. X 1 KW]
Verlies vereisten lidmaatschap algemeen bestuur [A9 art. X 4a KW]
Verlies vereisten lidmaatschap Eerste of Tweede Kamer [A9 art. X 3 KW]
Verlies vereisten lidmaatschap gemeenteraad [A9 art. X 5 KW]
Verlies vereisten lidmaatschap PS [A9 art. X 4 KW]
Verlof aan gedeputeerde [A27 art. 44 PW]
Verlof aan wethouder [A29 art. 45 Gemw]
Verlof en ontslag [A74 art. 9:2 Wvggz]
Vermelding adviseur in besluit [A45 art. 3:8 Awb]
Vermelding bestuurlijke aangelegenheid [A49 art. 3 WOB]
Vermelding delegatie bij besluit [A45 art. 10:19 Awb]
Vermelding grond leeftijdsgrens in advertentie [A24 art. 9 WGBLA]
Vermelding lijst vervoerder, handelaar of bemiddelaar [A65 art. 10.55 Wm]
Vermelding motivering bij besluit [A45 art. 3:47 Awb]
Vermelding van mandaat [A45 art. 10:10 Awb]
Vermelding van problemen [A103 art. 17 IVESCR]
Vermelding wettelijk voorschrift bij bekendmaking beleidsregel [A45 art. 4:83 Awb]
Vermijding buitensporige overheidstekorten lidstaten Europese Unie [A88 art. 126 VWEU]
Vermissing document [A41 art. 4.44 Vb 2000]
Vermissing/verlies document voor grensoverschrijding of mvv [A41 art. 1.30 Vb 2000]
Vermoeden medische fout [A74 art. 8:27a Wvggz] [A75 art. 18ba Wzd]
Vermoeden te voldoen aan voorschriften [A65 art. 9.4.8 Wm]
Vernietigbaarheid, aankondiging [A82 art. 4.17 AanbW 2012]
Vernietigbaarheid, instandhouding overeenkomst om redenen van algemeen belang [A82 art. 4.18 AanbW 2012]
Vernietigbaarheid, toezending afschrift uitspraak [A82 art. 4.20 AanbW 2012]
Vernietigbaarheid, uitzonderingen [A82 art. 4.16 AanbW 2012]
Vernietigbaarheid, verkorting looptijd overeenkomst [A82 art. 4.19 AanbW 2012]
Vernietiging beelden [A29 art. 151c Gemw]
Vernietiging besluit door bestuursrechter [A45 art. 8:72 Awb]
Vernietiging besluit na administratief beroep [A45 art. 7:25 Awb]
Vernietiging bij KB [A27 art. 261 PW]
Vernietiging door bestuursorgaan na rechterlijke uitspraak [A45 art. 10:37 Awb]

Alfabetisch trefwoordenregister

Vernietiging door bestuursorgaan na schorsing besluit [A45 art. 10:40 Awb]
Vernietiging ingeleverde kandidatenlijsten [A9 art. S 15 KW]
Vernietiging kandidatenlijsten [A9 art. I 19 KW]
Vernietiging overgelegde verklaringen [A9 art. Y 17a KW]
Vernietiging pakken [A9 art. P 25 KW]
Vernietiging passagiersgegevens [A41 art. 2.2b Vb 2000]
Vernietiging van besluiten [A29 art. 278 Gemw]
Vernietiging van besluiten, nadere regels [A29 art. 277 Gemw]
Vernietiging van oprichtingshandeling rechtspersoon [A55 art. 4 BW Boek 2]
Vernietiging van privaatrechtelijke handeling door bestuursorgaan [A45 art. 10:39 Awb]
Vernietiging waterschapsbesluiten [A35 art. 156 Wschw]
Vernietigingsbevoegdheid PS/GS, delegatie schorsingsbevoegdheid PS aan GS [A27 art. 83 PW]
Vernietigingstermijn [A74 art. 8:33 Wvggz]
Vernietigingsverzoek [A74 art. 8:33 Wvggz]
Verontreinigen/aantasten oppervlaktewaterlichaam, melding [A70 art. 6.9 Wtw]
Verontreinigen/aantasten oppervlaktewaterlichaam, nemen van maatregelen [A70 art. 6.8 Wtw]
Verontreiniging bodem/oever, maatregelen beheerder [A70 art. 5.16 Wtw]
Verontreiniging bodem/oever, overleg met bevoegd bestuursorgaan [A70 art. 5.18 Wtw]
Verontreiniging bodem/oever, reikwijdte maatregelen [A70 art. 5.17 Wtw]
Verontreiniging bodem/oever, toepasselijkheid Wet bodembescherming [A70 art. 5.17 Wtw]
Verontreinigingsheffing, berekening vervuilingseenheid [A70 art. 7.5 Wtw]
Verontreinigingsheffing, bevoegdheid ambtenaren [A70 art. 7.12 Wtw]
Verontreinigingsheffing, invordering [A70 art. 7.13 Wtw]
Verontreinigingsheffing, leges [A70 art. 7.9 Wtw]
Verontreinigingsheffing, Rijk [A70 art. 7.10 Wtw]
Verontreinigingsheffing, tarief [A70 art. 7.6 Wtw]
Verontreinigingsheffing, tenaamstelling belastingaanslag [A70 art. 7.11 Wtw]
Verontreinigingsheffing, vervuilingseenheid [A70 art. 7.3 Wtw]
Verontreinigingsheffing, vrijstelling [A70 art. 7.8 Wtw]
Veroordeling in kosten [A52 art. 1 BPB]
Veroordeling tot schadevergoeding bestuursorgaan [A45 art. 8:95 Awb]
Veroordeling van racistische organisaties [A107 art. 4 VURd]
Veroordeling van rassendiscriminatie; statenplicht tot navolgende beleid [A107 art. 2 VURd]
Veroordeling vrouwendiscriminatie; statenplicht tot wetgeving en beleid [A108 art. 2 IVDV]
Veroordelingen [A82 art. 4.8 AanbW 2012]
Verordenende bevoegdheid [A27 art. 143 PW] [A35 art. 59, art. 78 Wschw]
Verordening controle financiële huishouding [A35 art. 109 Wschw]
Verordening EU-register handel in emissierechten [A65 art. 1.1 Wm]
Verordening kosteloze toewijzing van emissierechten [A65 art. 1.1 Wm]
Verordening monitoring en rapportage emissiehandel [A65 art. 1.1 Wm]
Verordening rekenkamercommissie [A29 art. 81o Gemw]
Verordening rekenkamerfunctie [A27 art. 79p PW] [A29 art. 81oa Gemw]
Verordening uitgangspunten financiële huishouding [A35 art. 108 Wschw]
Verordening uitvoering gemeentelijk beleidsplan [A78 art. 2.1.3 WMO 2015]
Verordening verificatie en accreditatie emissiehandel [A65 art. 1.1 Wm]
Verordeningen, richtlijnen en besluiten van de Europese Unie [A88 art. 288 VWEU]
Verordeningsbevoegdheid gemeenten en waterschappen [A65 art. 21.7 Wm]
Verplicht medebewind [A27 art. 146 PW]
Verplichte aanwezigheid op vergunning vermelde leidinggevende [A76 art. 24 DHW]
Verplichte medewerking betrokken bestuursorganen en adviseurs [A65 art. 14.4 Wm]
Verplichte medewerking bij bestuursrechter [A45 art. 8:30 Awb]
Verplichte medewerking medisch onderzoek [A41 art. 4.46 Vb 2000]
Verplichte samenwerking, aanwijzing gemeenten door gedeputeerde staten [A33 art. 99 WGR]
Verplichte samenwerking, aanwijzing op verzoek minister [A33 art. 102 WGR]
Verplichte samenwerking, begripsbepaling [A33 art. 103d WGR]
Verplichte samenwerking, beroep/bezwaar [A33 art. 103f WGR]
Verplichte samenwerking, besluitvorming bij meer dan een provincie [A33 art. 101 WGR]
Verplichte samenwerking, opleggen regeling na kennisnemingtermijn [A33 art. 100 WGR]
Verplichte samenwerking, rol Commissaris van de Koning bij regeling tussen burgemeesters [A33 art. 103a WGR]
Verplichte zorg [A74 art. 1:1 Wvggz]
Verplichte zorg Dwangmaatregelen [A74 art. 3:2 Wvggz]
Verplichte zorg (grondslagen) [A74 art. 3:1 Wvggz]
Verplichte zorg voorafgaand aan crisismaatregel [A74 art. 7:3 Wvggz]
Verplichting aan derde Staat [A114 art. 35 VWV]

Verplichting coördinatie [A65 art. 14.1 Wm]
Verplichting griffier [A56 art. 28a AWR]
Verplichting land te verlaten bij onrechtmatig verblijf [A40 art. 61 Vw 2000]
Verplichting om rekening te houden met het plan [A65 art. 4.12 Wm]
Verplichting openbaar ministerie [A74 art. 8:23 Wvggz]
Verplichting opgave adres binnen Nederland [A35 art. 146 Wschw]
Verplichting tot inlichtingenverstrekking [A56 art. 47 AWR]
Verplichting tot toelaten assistentiehonden [A23 art. 2 WGBHZ]
Verplichting tot vaststelling [A65 art. 1.2 Wm]
Verplichting tot verrichten aanpassingen [A23 art. 2 WGBHZ]
Verplichting verstrekking informatie [A40 art. 54 Vw 2000]
Verplichting voor derden [A56 art. 47 AWR]
Verplichting voorkomen/beperken gevaren [A65 art. 9.2.1.2 Wm]
Verplichting werkgevers om werknemers gelegenheid tot stemmen te geven [A9 art. J 10 KW]
Verplichting zorgaanbieder [A74 art. 8:24 Wvggz]
Verplichtingen aan subsidie [A45 art. 4:37 Awb]
Verplichtingen ambtenaren [A17 art. 6 AW]
Verplichtingen bestuurder voertuig [A41 art. 4.8 Vb 2000]
Verplichtingen bij bestuursrechter niet nakomen [A45 art. 8:31 Awb]
Verplichtingen deskundige bij bestuursrechter [A45 art. 8:34 Awb]
Verplichtingen getuige bij bestuursrechter [A45 art. 8:33 Awb]
Verplichtingen gezagvoerder vliegtuig bij aankomst in Nederland [A41 art. 4.15 Vb 2000]
Verplichtingen tolk bij bestuursrechter [A45 art. 8:35 Awb]
Verplichtingen tot het nemen van maatregelen [A100 art. 56 Hv VN]
Verplichtingen vervoerder [A41 art. 2.2 Vb 2000]
Verplichtingen vervoerder luchtverkeer [A41 art. 2.2a Vb 2000]
Verplichtingen vervoerder luchtverkeer, nadere regels [A41 art. 2.2a Vb 2000]
Verplichtingen vervoersondernemingen [A40 art. 4 Vw 2000]
Verplichtingen voortvloeiende uit het stellen van zakelijke zekerheid [A41 art. 3.12 Vb 2000]
Verplichtingen zorgaanbieder [A74 art. 8:7 Wvggz]
Verplichtingen-kasstelsel [A15 art. 2.13 CW 2016]
Verrekening bestuursrechtelijke geldschulden [A45 art. 4:93 Awb]
Verrekening bezoldiging [A29 art. 44c Gemw]
Verrekening bezoldiging gedeputeerde [A27 art. 43c PW]
Verrekening binnen termijn [A27 art. 232b PW] [A35 art. 141 Wschw]
Verrekening en korting bezoldiging bestuursleden waterschap gelijkgesteld met beslag [A35 art. 44e Wschw]
Verrekening en korting bezoldiging gedeputeerde gelijkgesteld met beslag [A27 art. 43e PW]
Verrekening en korting gelijkgesteld met beslag [A29 art. 44e Gemw]
Verrekening met bezoldiging bestuursleden waterschap [A35 art. 44c Wschw]
Verrekeningen met de aanslag [A56 art. 15 AWR]
Verrichten arbeid in loondienst [A41 art. 3.89 Vb 2000]
Verruiming beslissingsbevoegdheid bevoegd gezag [A65 art. 7.35 Wm]
Verschaffing persoonsgegevens door verwerkingsverantwoordelijken e.d. [A53 art. 27 Wet Bibob]
Verschijningsplicht bij bestuursrechter [A45 art. 8:27 Awb]
Verschil aantal kiezers/uitgebrachte stemmen [A9 art. N 8a KW]
Verschoning bij bestuursrechtelijke toezichthouder [A45 art. 5:20 Awb]
Verschoning door bestuursrechter [A45 art. 8:19 Awb]
Verschoningsgronden, bedrijfsvertrouwelijke informatie [A13 art. 22 WPE 2008]
Verschoningsgronden, bescherming persoonlijke levenssfeer [A13 art. 23 WPE 2008]
Verschoningsgronden, geheimhoudingsplicht [A13 art. 24 WPE 2008]
Verschoningsgronden, staatsbelang [A13 art. 19 WPE 2008]
Verschoningsgronden, vergadering ministerraad [A13 art. 20 WPE 2008]
Verschoningsgronden, vergaderingen van colleges [A13 art. 21 WPE 2008]
Verschoningsgronden, weigeren informatie [A13 art. 24a WPE 2008]
Verschoningsrecht, geheimhoudingsplicht [A27 art. 151e PW]
Verschoonbare termijnoverschrijding bezwaar of beroep [A45 art. 6:11 Awb]
Verslag aan Staten-Generaal [A65 art. 21.2 Wm]
Verslag doeltreffendheid; termijn [A65 art. 11.66 Wm]
Verslag inspectie [A83 art. 89f Mw]
Verslag mondelinge zienswijzen [A45 art. 3:17 Awb]
Verslag ombudscommissie [A35 art. 51j Wschw]
Verslag ombudsman [A35 art. 51g Wschw]
Verslag omtrent sociale politiek Europese Unie [A88 art. 159 VWEU]

Alfabetisch trefwoordenregister V

Verslag over nakoming verplichtingen van EU-lidstaten die onder een derogatie vallen [A88 art. 140 VWEU]
Verslag over subsidies [A45 art. 4:24 Awb]
Verslag toezending aan instanties [A65 art. 12.20b Wm]
Verslag van horen bij administratief beroep [A45 art. 7:21 Awb]
Verslag van horen bij bezwaar [A45 art. 7:7 Awb]
Verslag; termijn [A65 art. 11.22 Wm]
Verslagen van gespecialiseerde organisaties [A100 art. 64 Hv VN]
Verslaglegging en bekendmaking gegunde concessieopdracht [A82 art. 2a.52 AanbW 2012]
Verslaglegging functionering stelsel van kwaliteitsborging [A59 art. 7ap Wonw]
Verslaglegging WIz-uitvoerder [A79 art. 4.3.1 Wlz]
Verslagtermijnen [A65 art. 12.20 Wm]
Versnelde behandeling bestuursrechter niet noodzakelijk [A45 art. 8:53 Awb]
Versnelde behandeling door bestuursrechter [A45 art. 8:52 Awb]
Versnelde uitvoering bouwprojecten, gemeentelijk projectuitvoeringsbesluit [A63 art. 2.10 Chw]
Versnelde uitvoering bouwprojecten, inwerkingtreding projectuitvoeringsbesluit [A63 art. 2.14 Chw]
Versnelde uitvoering bouwprojecten, provinciaal projectuitvoeringsbesluit [A63 art. 2.10a Chw]
Versnelde uitvoering bouwprojecten, status projectuitvoeringsbesluit [A63 art. 2.12 Chw]
Versnelde uitvoering bouwprojecten, toezicht op naleving [A63 art. 2.17 Chw]
Versnelde uitvoering bouwprojecten, voorbereiding projectuitvoeringsbesluit [A63 art. 2.11 Chw]
Versnelde uitvoering projecten met nationale betekenis, buiten toepassing laten gemeentelijke bepalingen [A63 art. 2.22 Chw]
Versnelde uitvoering projecten met nationale betekenis, stellen financiële zekerheid [A63 art. 2.23 Chw]
Versnelde uitvoering projecten met nationale betekenis, toepassing gemeentelijke coördinatieregeling [A63 art. 2.21 Chw]
Versnelde uitvoering projecten met nationale betekenis, vaststelling gemeentelijke structuurvisie [A63 art. 2.19 Chw]
Versnelde uitvoering projecten met nationale betekenis, vaststelling provinciale structuurvisie [A63 art. 2.19a Chw]
Versnelde uitvoering projecten met nationale betekenis, voorbereiding structuurvisie [A63 art. 2.20 Chw]
Verstoring openbare orde en aanwezigheid wapens [A29 art. 174b Gemw]
Verstrekken BSN [A56 art. 47b AWR]
Verstrekken medische gegevens [A41 art. 3.102b Vb 2000]
Verstrekken onjuiste of onvolledige gegevens bij aanvraag [A76 art. 38 DHW]
Verstrekking gegevens [A74 art. 7:1 Wvggz]
Verstrekking gegevens aan bevoegd gezag; inrichting [A65 art. 12.14 Wm]
Verstrekking gegevens aan Minister of College sanering [A79 art. 9.1.5 Wlz]
Verstrekking gegevens aan RIVM [A65 art. 12.13 Wm]
Verstrekking gegevens door vervoerder [A65 art. 12.14 Wm]
Verstrekking gegevens ontdoener [A65 art. 10.39 Wm]
Verstrekking informatie [A65 art. 11.34 Wm]
Verstrekking nieuw stembiljet [A9 art. J 27 KW]
Verstrekking systematische informatie [A27 art. 117 PW]
Verstrekking verblijfsdocument [A41 art. 8.19 Vb 2000]
Verstrijken twaalf jaren [A41 art. 3.84 Vb 2000]
Vertegenwoordiger [A19 art. 4 AVG] [A74 art. 1:1, art. 1:4 Wvggz] [A75 art. 1 Wzd]
Vertegenwoordigers belanghebbenden [A35 art. 16 Wschw]
Vertegenwoordiging bestuursorgaan bij bestuursrechter [A45 art. 8:23 Awb]
Vertegenwoordiging bij bestuursrechter [A45 art. 8:21 Awb]
Vertegenwoordiging in en buiten rechte [A29 art. 171 Gemw] [A35 art. 95 Wschw]
Vertegenwoordiging in verkeer met bestuursorganen [A45 art. 2:1 Awb]
Vertegenwoordiging jongeren 16 en 17 jaar [A74 art. 1:3 Wvggz]
Vertegenwoordiging jongeren tot 16 jaar [A74 art. 1:3 Wvggz]
Vertegenwoordiging meerderjarigen [A74 art. 1:3 Wvggz]
Vertegenwoordiging minderjarige/onder curatele gestelde etc. verzekerde [A79 art. 8.1.2 Wlz]
Vertegenwoordiging regering op internationaal niveau [A108 art. 8 IVDV]
Vertegenwoordiging van erflater [A56 art. 44 AWR]
Vertegenwoordiging van lichamen (bestuurders) [A56 art. 42 AWR]
Vertrek [A41 art. 6.1 Vb 2000]
Vertrek of uitzetting [A41 art. 4.28, art. 4.34 Vb 2000]
Vertrekplicht [A40 art. 62 Vw 2000]

Alfabetisch trefwoordenregister

Vertrouwelijke behandeling [A107 art. 14 VURd]
Vertrouwelijke gegevens [A82 art. 2.104 AanbW 2012]
Vertrouwelijke gegevens of inlichtingen [A79 art. 9.1.7 Wlz]
Vertrouwenspersoon [A78 art. 4.2.6 WMO 2015]
Vertrouwenspersoon jeugdhulp [A80 art. 1a.2 Jw]
Vervaardigen/bewerken voedingsmiddelen of dranken, eisen [A66 art. 3.138 Barim]
Vervaardigen/bewerken voedingsmiddelen of dranken, geurhinder [A66 art. 3.140 Barim]
Vervaardigen/bewerken voedingsmiddelen of dranken, lozen afvalwater [A66 art. 3.139 Barim]
Vervaardigen/bewerken voedingsmiddelen of dranken, stofklasse S [A66 art. 3.141 Barim]
Verval machtiging voortzetting [A74 art. 7:10 Wvggz]
Verval zorgmachtiging [A74 art. 6:6 Wvggz]
Vervalgronden vergunning [A76 art. 33 DHW]
Vervallen bevoegdheid opleggen bestuurlijke boete [A45 art. 5:45 Awb]
Vervallen door tijdsverloop van bevoegdheid om anderen te beboeten [A56 art. 67ob AWR]
Vervallen invorderingsbeschikking last onder dwangsom [A45 art. 5:38 Awb]
Vervallen provinciale verordeningen [A27 art. 119 PW]
Vervallen van besluit [A75 art. 22 Wzd]
Vervallen van gemeentelijke verordeningen [A29 art. 122 Gemw]
Vervallen verklaard [A35 art. 31b Wschw]
Vervallen voorlopige voorziening bestuursrechter [A45 art. 8:85 Awb]
Vervaltermijn AMvB ter uitvoering artikel 126 EG-verordening [A65 art. 9.3.3 Wm]
Vervangende besluiten hangende bezwaar en beroep [A45 art. 6:19 Awb]
Vervanging bij tijdelijk ontslag [A35 art. 23 Wschw]
Vervanging documenten [A41 art. 4.22 Vb 2000]
Vervanging mondelinge uitspraak [A56 art. 28b AWR]
Vervanging raadsman [A40 art. 101 Vw 2000]
Vervanging secretaris [A35 art. 55a Wschw]
Vervoerseenheid met gevaarlijke stoffen, parkeren [A66 art. 4.7 Barim]
Vervolgbesluit [A75 art. 22 Wzd]
Vervolging door Tweede Kamer, zienswijze beklaagde [A7 art. 8 Wmv]
Vervolging, koninklijk besluit [A7 art. 5 Wmv]
Vervolging, nieuwe bezwaren [A7 art. 15 Wmv]
Vervolging of dwangbevel buiten provincie [A27 art. 232f PW]
Vervreemding en bezwaring, roerende zaken niet vatbaar voor [A78 art. 2.4.2 WMO 2015]
Vervroegde uitspraak, uitbrengen dagvaarding [A61 art. 54g OW]
Vervulling opengevallen plaats [A27 art. 12 PW] [A29 art. 11 Gemw]
Vervulling vacatures [A9 art. W 1 KW]
Vervulling vacatures bij gelijktijdig openvallen meer dan één plaats [A9 art. W 6 KW]
Verweerschrift [A56 art. 29b AWR]
Verwerker [A19 art. 4 AVG]
Verwerkers, waarborgen t.a.v. [A19 art. 28 AVG]
Verwerking, art. 3:305a BW/art. 1:2 lid 3 Awb [A20 art. 37 UAVG]
Verwerking bijzondere categorie persoonsgegevens [A40 art. 107a Vw 2000]
Verwerking gegevens om persoonlijkheid in beeld te brengen [A19 art. 22 AVG]
Verwerking gegevens strafrechtelijke aard [A20 art. 31 UAVG]
Verwerking gegevens strafrechtelijke aard, overige uitzonderingsgronden [A20 art. 33 UAVG]
Verwerking gegevens strafrechtelijke aard, voorwaarden [A20 art. 32 UAVG]
Verwerking in het kader van de arbeidsverhouding [A19 art. 88 AVG]
Verwerking nationaal identificatienummer [A19 art. 87 AVG]
Verwerking officiële documenten en recht van toegang van publiek [A19 art. 86 AVG]
Verwerking onder gezag van verwerkingsverantwoordelijke of verwerker [A19 art. 29 AVG]
Verwerking persoonsgegevens, art. 15, 16 en 18 AVG niet van toepassing [A9 art. N 22 KW]
Verwerking persoonsgegevens, nadere regels [A78 art. 5.2.7 WMO 2015]
Verwerking persoonsgegevens van strafrechtelijke aard en BSN [A80 art. 7.4.4 Jw]
Verwerking van persoonsgegevens [A19 art. 4 AVG]
Verwerking verenigbaar met doeleinden [A19 art. 6 AVG]
Verwerking voor historische, statistische of wetenschappelijke doeleinden, waarborgen en afwijkingen i.v.m. [A19 art. 89 AVG]
Verwerking voor journalistieke, academische, artistieke en literaire doeleinden [A19 art. 85 AVG]
Verwerkingsverantwoordelijke [A19 art. 4 AVG] [A82 art. 4.14a AanbW 2012]
Verwerkingsverantwoordelijke die niet in de Unie gevestigd is [A19 art. 27 AVG]
Verwerkingsverbod [A20 art. 22 UAVG]
Verwerkingsverbod, nationaalrechtelijke algemene uitzonderingen [A20 art. 23 UAVG]
Verwerkingsverbod, uitzonderingen biometrische gegevens [A20 art. 29 UAVG]

Alfabetisch trefwoordenregister

Verwerkingsverbod, uitzonderingen gegevens over gezondheid [A20 art. 30 UAVG]
Verwerkingsverbod, uitzonderingen genetische gegevens [A20 art. 28 UAVG]
Verwerkingsverbod, uitzonderingen onderzoek of statistische doeleinden [A20 art. 24 UAVG]
Verwerkingsverbod, uitzonderingen verwerking persoonsgegevens waaruit religieuze/levensbeschouwelijke overtuigingen blijken [A20 art. 27 UAVG]
Verwerkingsverbod, uitzonderingen voor gegevens waaruit politieke opvattingen blijken [A20 art. 26 UAVG]
Verwerkingsverbod, uitzonderingen voor gegevens waaruit ras/etnische afkomst blijkt [A20 art. 25 UAVG]
Verwezenlijking trans-Europese netwerken [A88 art. 171 VWEU]
Verwijderen wielklem [A29 art. 235 Gemw]
Verwijsindex risicojongeren, advies meldingsbevoegde over betrokken jeugdige [A80 art. 7.1.5.2 Jw]
Verwijsindex risicojongeren, bewaartermijn verwijderde meldingen in historisch meldingenarchief [A80 art. 7.1.4.6 Jw]
Verwijsindex risicojongeren, controle op overleg meldingsbevoegden [A80 art. 7.1.3.2 Jw]
Verwijsindex risicojongeren, coördinatie [A80 art. 7.1.3.3 Jw]
Verwijsindex risicojongeren, gebruik in gemeente [A80 art. 7.1.3.1 Jw]
Verwijsindex risicojongeren, informatieverstrekking aan betrokken jeugdige/wettelijk vertegenwoordiger [A80 art. 7.1.5.1 Jw]
Verwijsindex risicojongeren, inhoud [A80 art. 7.1.2.3 Jw]
Verwijsindex risicojongeren, koppeling melding aan burgerservicenummer [A80 art. 7.1.4.2 Jw]
Verwijsindex risicojongeren, koppeling melding aan geselecteerde aanvullende gegevens [A80 art. 7.1.4.3 Jw]
Verwijsindex risicojongeren, melding [A80 art. 7.1.4.1 Jw]
Verwijsindex risicojongeren, opnemen gezondheidsgegevens/strafrechtelijke gegevens [A80 art. 7.1.4.4 Jw]
Verwijsindex risicojongeren, verwijdering van gedane meldingen door meldingsbevoegde [A80 art. 7.1.4.5 Jw]
Verwijtbaarheid bij bestuurlijke boete [A45 art. 5:41 Awb]
Verwijzen door bestuursrechter [A45 art. 8:13 Awb]
Verwijzen naar grote kamer bestuursrechter [A45 art. 8:10a Awb]
Verwijzing naar ander bestuursorgaan [A49 art. 4 WOB]
Verwijzing naar civiele rechter door bestuursrechter [A45 art. 8:71 Awb]
Verwijzing naar enkelvoudige kamer bestuursrechter [A45 art. 8:10 Awb]
Verwijzing naar Veiligheidsraad [A100 art. 11 Hv VN]
Verwittiging van overige staten [A104 art. 4 BUPO]
Verworpen aanklacht, bevoegdheid regering [A7 art. 17 Wmv]
Verzamelen gegevens [A53 art. 12 Wet Bibob]
Verzegeling bij bestuursdwang [A45 art. 5:28 Awb]
Verzekerde Wlz [A79 art. 2.1.1 Wlz]
Verzekerde Wlz, aanmerking als verzekerde [A79 art. 2.1.2 Wlz]
Verzekerde Wlz, burgerservicenummer [A79 art. 2.2.2 Wlz]
Verzekerde Wlz, inschrijving bij Wlz-uitvoerder [A79 art. 2.2.1 Wlz]
Verzekerde Wlz, verblijfsvergunning [A79 art. 2.2.2 Wlz]
Verzekerde zorg [A79 art. 3.1.1 Wlz]
Verzekerde zorg echtgenoot [A79 art. 3.1.2 Wlz]
Verzekeren ontplooiing en ontwikkeling vrouwen [A108 art. 3 IVDV]
Verzekering VNG [A78 art. 2.4.4 WMO 2015]
Verzenden aan overtreder [A29 art. 154e Gemw]
Verzenden kandidatenlijst kieskring 20 [A9 art. Ya 10 KW]
Verzending berichten uitsluitend langs elektronische weg of juist niet [A56 art. 3b AWR]
Verzending door griffier langs elektronische weg [A45 art. 8:36g Awb]
Verzending emissieverslag en verificatierapport [A65 art. 16.15 Wm]
Verzending monitoringsplan [A65 art. 16.8 Wm]
Verzending proces-verbaal aan hogerberoepsrechter [A45 art. 8:107 Awb]
Verzending van stukken bestuursrechter [A45 art. 8:37 Awb]
Verzet nadien [A75 art. 21, art. 22 Wzd]
Verzet op later moment [A74 art. 1:4 Wvggz]
Verzet tegen uitvoering zorgplan [A75 art. 12 Wzd]
Verzet tegen vereenvoudigde behandeling bestuursrechter [A45 art. 8:55 Awb]
Verzoek, bijlagen [A75 art. 26 Wzd]
Verzoek machtiging voortzetting [A74 art. 7:7 Wvggz]
Verzoek om bericht en raad [A35 art. 58 Wschw]
Verzoek om informatie [A107 art. 11 VURd] [A49 art. 5 WOB]

Alfabetisch trefwoordenregister

Verzoek om vrijstelling, vermindering, ontheffing of teruggaaf [A35 art. 132 Wschw]
Verzoek OvJ [A74 art. 8:12 Wvggz]
Verzoek tijdelijk ontslag o.g.v. zwangerschap/bevalling/ziekte [A9 art. X 10 KW]
Verzoek tot coördinatie [A65 art. 14.6 Wm]
Verzoek tot lidmaatschap Europese Unie [A87 art. 49 VEU]
Verzoek tot nauwere samenwerking Europese Unie [A88 art. 329 VWEU]
Verzoek tot stemmen per brief [A9 art. M 3 KW]
Verzoek tot toelating [A82 art. 3.80b AanbW 2012]
Verzoek tot toepassing art. 124 [A29 art. 124a Gemw]
Verzoek tot verlaging geluidproductieplafonds [A65 art. 11.63 Wm]
Verzoek tot vernietiging [A75 art. 18a Wzd]
Verzoek tot wraking van bestuursrechter [A45 art. 8:16 Awb]
Verzoek van Europees parlement tot indiening voorstellen door Commissie [A88 art. 225 VWEU]
Verzoeken tot verdragsherziening [A107 art. 23 VURd]
Verzoekschrift aansluitende machtiging [A74 art. 7:11 Wvggz]
Verzoekschrift bij Europees Parlement [A88 art. 227 VWEU]
Verzoekschrift, Commissie [A11 art. 141 RvO I]
Verzoekschrift, in handen te stellen van Commissie [A11 art. 142 RvO I]
Verzoekschrift van buiten Nederland wonende kiezer [A9 art. L 9 KW]
Verzoekschrift voor vrijstelling [A27 art. 229 PW]
Verzoekschrift: indiening [A74 art. 5:17 Wvggz]
Verzoekschrift: inhoud [A74 art. 5:17 Wvggz]
Verzoekschrift: voorbereiding door OvJ [A74 art. 5:3 Wvggz]
Verzoekschriftprocedure [A74 art. 6:1 Wvggz] [A75 art. 4a Wzd]
Verzoening teksten [A114 art. 33 VWV]
Verzuim [A56 art. 67ca AWR]
Verzuim betaling bestuursrechtelijke geldschuld [A45 art. 4:97 Awb]
Verzuim door ontbreken verklaring [A9 art. Y 15 KW]
Verzuim van rechtswege van betaling bestuursrechtelijke geldschuld [A45 art. 4:100 Awb]
Vestiging verantwoordelijke in de Unie [A19 art. 3 AVG]
Vestigingseisen, evaluatie nationaal rechtsstelsel [A54 art. 15 Richtlijn 2006/123/EG]
Vestigingsplaats voor toepassing EG-richtlijnen [A56 art. 4 AWR]
Veteranenombudsman, behandeling klacht [A16 art. 11i WNo]
Veteranenombudsman, bevoegdheid [A16 art. 11g WNo]
Veteranenombudsman, indienen klacht [A16 art. 11h WNo]
Vetorecht [A100 art. 27 Hv VN]
Vierjaarlijks rapport [A65 art. 2.29 Wm]
Vierjaarlijkse rapportage Minister I&M [A65 art. 4.2 Wm]
Vijandelijke staat [A100 art. 53 Hv VN]
Vingerafdrukken, documenten waarin vingerafdrukken worden opgenomen [A41 art. 8.32 Vb 2000]
Vingerafdrukken, onderzoek dactyloscopisch deskundige [A41 art. 8.33 Vb 2000]
Vingerafdrukken, opslag/wijziging/vernietiging/kopieën [A41 art. 8.29 Vb 2000]
Vingerafdrukken, t.b.v. vaststellen identiteit [A41 art. 8.28 Vb 2000]
Vingerafdrukken, uitgezonderde groepen [A41 art. 8.27 Vb 2000]
Vingerafdrukken, werkwijze bij fysieke beschadiging vingers [A41 art. 8.30 Vb 2000]
Visum, definitie [A41 art. 1.2 Vb 2000]
Vitaal belang betrokkene [A19 art. 49 AVG]
Vitale belangen [A19 art. 6 AVG]
Vloeibare biobrandstof [A65 art. 9.7.4.2 Wm]
Vloeibare brandstof, lozen afvalwater [A66 art. 4.82 Barim]
Vloeibare/gasvormige hernieuwbare brandstof, eisen [A65 art. 9.7.4.4 Wm]
Vluchteling, administratieve bijstand [A42 art. 25 Vsv 1951]
Vluchteling, arbeid en sociale zekerheid [A42 art. 24 Vsv 1951]
Vluchteling, belastingen [A42 art. 29 Vsv 1951]
Vluchteling, bescherming industriële eigendom en auteursrecht [A42 art. 14 Vsv 1951]
Vluchteling, bewegingsvrijheid [A42 art. 26 Vsv 1951]
Vluchteling, definitie 'onder dezelfde omstandigheden' [A42 art. 6 Vsv 1951]
Vluchteling, distributie schaarse goederen [A42 art. 20 Vsv 1951]
Vluchteling, geen inbreuk op andere rechten [A42 art. 5 Vsv 1951]
Vluchteling, huisvesting [A42 art. 21 Vsv 1951]
Vluchteling, identiteitspapieren [A42 art. 27 Vsv 1951]
Vluchteling, illegaal [A42 art. 31 Vsv 1951]
Vluchteling, maatregelen in belang van nationale veiligheid [A42 art. 9 Vsv 1951]

Vluchteling, naturalisatie [A42 art. 34 Vsv 1951]
Vluchteling, non-discriminatiebeginsel [A42 art. 3 Vsv 1951]
Vluchteling, onderwijs en studie [A42 art. 22 Vsv 1951]
Vluchteling, ononderbroken verblijf op grondgebied Verdragsluitende Staat [A42 art. 10 Vsv 1951]
Vluchteling, overheidssteun levensonderhoud [A42 art. 23 Vsv 1951]
Vluchteling, overmaken van activa [A42 art. 30 Vsv 1951]
Vluchteling, persoonlijke staat [A42 art. 12 Vsv 1951]
Vluchteling, plichten [A42 art. 2 Vsv 1951]
Vluchteling, recht op uitoefenen vrij beroep [A42 art. 19 Vsv 1951]
Vluchteling, recht op uitoefenen zelfstandig beroep [A42 art. 18 Vsv 1951]
Vluchteling, recht op verrichten loonarbeid [A42 art. 17 Vsv 1951]
Vluchteling, recht van vereniging [A42 art. 15 Vsv 1951]
Vluchteling, rechtsingang [A42 art. 16 Vsv 1951]
Vluchteling, reisdocumenten [A42 art. 28 Vsv 1951]
Vluchteling, uitzetting [A42 art. 32 Vsv 1951]
Vluchteling, verbod op uitzetting/terugleiding [A42 art. 33 Vsv 1951]
Vluchteling, verkrijging roerende/onroerende goederen [A42 art. 13 Vsv 1951]
Vluchteling, vrijheid van godsdienst [A42 art. 4 Vsv 1951]
Vluchteling, vrijstelling van buitengewone maatregelen [A42 art. 8 Vsv 1951]
Vluchteling, vrijstelling van voorwaarde van wederkerigheid [A42 art. 7 Vsv 1951]
Vluchteling, zeelieden [A42 art. 11 Vsv 1951]
Vluchtelingen [A110 art. 22 IVRK]
VN-leden ipso facto partij [A100 art. 93 Hv VN]
Voedingsbodem voor de rechten en vrijheden [A102 art. 28 UVRM]
Voeging [A74 art. 8:19 Wvggz]
Voeging behandeling toewijzingsbesluiten [A65 art. 20.5a Wm]
Voeging of splitsing door bestuursrechter [A45 art. 8:14 Awb]
Voetbalstadions [A76 art. 22 DHW]
VOG aanbieder, nadere regels [A78 art. 3.5 WMO 2015]
Voldoende middelen van bestaan [A41 art. 3.74 Vb 2000]
Volgorde en aantal kandidaten [A9 art. R 4 KW]
Volgorde kandidaten [A9 art. H 6 KW]
Volgorde van nummering [A9 art. I 14, art. S 12 KW]
Volgorde van nummering bij geldigverklaring [A9 art. I 16 KW]
Volgtijdig gebruik [A29 art. 220b Gemw]
Volkenrechtelijke vrijstelling [A56 art. 39 AWR]
Volksgezondheid [A2 art. 22 GW]
Volksgezondheid Europese Unie [A88 art. 168 VWEU]
Volkshuishoudingen binnen interne markt Europese Unie [A88 art. 27 VWEU]
Volkshuisvesting, doeleinden geldelijke steun [A59 art. 87 Wonw]
Volkshuisvesting, jaaroverzicht geldelijke steun [A59 art. 86 Wonw]
Volkshuisvesting, voorzieningen bij buitengewone omstandigheden [A59 art. 101 Wonw]
Volkshuisvesting, voorzieningen van gemeentewege [A59 art. 75 Wonw]
Volksvertegenwoordiging [A29 art. 7 Gemw]
Volmacht [A114 art. 2 VWV]
Volmacht op schriftelijk verzoek of door overdracht stempas/kiezerspas [A9 art. L 2 KW]
Volmacht tot voldoening of invordering bezoldiging gedeputeerde [A27 art. 43g PW]
Volmachtbewijs [A9 art. L 6 KW]
Volmachtstem gelijktijdig met eigen stem [A9 art. L 3 KW]
Volstrekte meerderheid van stemmen [A101 art. 10 SIG]
Volwasseneneducatie [A108 art. 10 IVDV]
Vonnis [A101 art. 56 SIG]
Vonnis, cassatie [A61 art. 52 OW]
Vonnis, hoger beroep [A61 art. 52 OW]
Vonnis onteigening, benoeming deskundigen en rapport [A61 art. 54j OW]
Vonnis onteigening, beroep in cassatie [A61 art. 54l OW]
Vonnis onteigening, inschrijving [A61 art. 54m OW]
Vonnis, publicatie [A61 art. 54 OW]
Voor het hele land geldige kandidatenlijsten [A9 art. Y 22a KW]
Vooraankondiging, bekendmaking op kopersprofiel [A82 art. 2.61 AanbW 2012]
Vooraankondiging, elektronische bekendmaking [A82 art. 2.59 AanbW 2012]
Vooraankondiging, toezending aan Europese Commissie [A82 art. 2.60 AanbW 2012]
Voorafgaande raadpleging toezichthoudende autoriteit [A19 art. 36 AVG]
Voorbehouden, maken van [A114 art. 19 VWV]

Alfabetisch trefwoordenregister

Voorbehouden; bezwaren [A107 art. 20 VURd]
Voorbereiding besluiten coördinerend bestuursorgaan [A45 art. 3:26 Awb]
Voorbereiding college [A65 art. 4.17, art. 4.23 Wm]
Voorbereiding GS [A65 art. 4.10 Wm]
Voorbereiding machtigingsverzoek OvJ [A75 art. 28a Wzd]
Voorbereiding projectplan, toepasselijkheid Awb [A70 art. 5.9 Wtw]
Voorbereiding zorgmachtiging [A74 art. 5:4 Wvggz]
Voorbereiding/vaststelling huisvestingsverordening [A60 art. 6 Huisvw]
Voordracht AMvB's milieukwaliteitseisen [A65 art. 21.6 Wm]
Voordracht andere AMvB's [A65 art. 21.6 Wm]
Voordracht door Minister van EZ [A65 art. 21.6 Wm]
Voordracht tot vernietiging [A27 art. 271 PW]
Voorhanden hebben van kiesbescheiden voor wederrechtelijk gebruik [A9 art. Z 3 KW]
Voorhangprocedure bij Staten-Generaal [A65 art. 21.6 Wm]
Voorkeur verzoeker [A49 art. 7 WOB]
Voorkeursrecht [A72 art. 9.1 Omgw]
Voorkeursrecht gemeente, aanwijzing door de Minister [A62 art. 9a WVGem]
Voorkeursrecht gemeente, aanwijzing door provinciale staten [A62 art. 9a WVGem]
Voorkeursrecht gemeente, aanwijzing gronden begrepen in structuurvisie [A62 art. 4 WVGem]
Voorkeursrecht gemeente, aanwijzing gronden niet opgenomen in bestemmingsplan of structuurvisie [A62 art. 5 WVGem]
Voorkeursrecht gemeente, aanwijzing gronden opgenomen in bestemmingsplan of inpassingsplan [A62 art. 3 WVGem]
Voorkeursrecht gemeente, beginselbesluit aankoop door B&W [A62 art. 12 WVGem]
Voorkeursrecht gemeente, geen nieuwe aanwijzing na vervallen besluit [A62 art. 9c WVGem]
Voorkeursrecht gemeente, inschrijving akte in openbare registers [A62 art. 24 WVGem]
Voorkeursrecht gemeente, intrekking besluit aanwijzing gronden [A62 art. 8 WVGem]
Voorkeursrecht gemeente, kennisgeving voorgenomen vervreemding onroerende zaak [A62 art. 11 WVGem]
Voorkeursrecht gemeente, nietigheid rechtshandeling [A62 art. 26 WVGem]
Voorkeursrecht gemeente, prijsbepaling door rechter [A62 art. 13 WVGem]
Voorkeursrecht gemeente, schadevergoeding [A62 art. 25 WVGem]
Voorkeursrecht gemeente, terinzagelegging besluit tot aanwijzing gronden [A62 art. 7 WVGem]
Voorkeursrecht gemeente, uitzondering [A62 art. 10 WVGem]
Voorkeursrecht gemeente, verplichte verkrijging [A62 art. 14 WVGem]
Voorkeursrecht gemeente, vervallen aanwijzingsbesluit [A62 art. 9, art. 9b WVGem]
Voorkeursrecht gemeente, vervreemding onroerende zaak [A62 art. 10 WVGem]
Voorkeursrecht gemeente, verzoek vervreemder tot medewerking [A62 art. 15 WVGem]
Voorkeursrecht gemeente, voorlopige aanwijzing gronden [A62 art. 6 WVGem]
Voorkeurstemmen, kandidaten gekozen met [A9 art. Y 23a KW]
Voorkoming kinderhandel etc. [A110 art. 35 IVRK]
Voorkoming van dubbele belasting [A56 art. 90 AWR]
Voorkoming van dubbele belasting; geen wederkerigheid [A56 art. 38 AWR]
Voorkoming van dubbele belasting; wel wederkerigheid [A56 art. 37 AWR]
Voorkoming verstoring openbare orde, veiligheid of zedelijkheid [A76 art. 21 DHW]
Voorleggen vraagstuk over gemeenschappelijk buitenlands en veiligheidsbeleid Europese Unie [A87 art. 30 VEU]
Voorlopige aanslag [A56 art. 13 AWR]
Voorlopige aanslagen in andere gevallen [A56 art. 14 AWR]
Voorlopige betaling(en) [A56 art. 19 AWR]
Voorlopige maatregelen [A100 art. 40 Hv VN]
Voorlopige maatregelen door Hof van Justitie [A88 art. 279 VWEU]
Voorlopige teruggaaf [A56 art. 13 AWR]
Voorlopige toepassing [A114 art. 25 VWV]
Voorlopige voorziening door bestuursrechter [A45 art. 8:81 Awb]
Voornaamste rechterlijk orgaan [A101 art. 1 SIG]
Voornemen [A41 art. 3.123g Vb 2000]
Voornemen intrekking/zienswijze [A40 art. 41 Vw 2000]
Voornemen, verlengde asielprocedure [A41 art. 3.116 Vb 2000]
Voornemenprocedure [A40 art. 39 Vw 2000] [A41 art. 3.114 Vb 2000]
Voorpublicatie door bestuursorgaan bij uitvoering van Europese besluiten [A45 art. 1:8 Awb]
Voorpublicatie in Staatscourant [A65 art. 21.6 Wm]
Voorrang bij economische of maatschappelijke binding [A60 art. 14 Huisvw]
Voorrechten en immuniteiten [A100 art. 105 Hv VN]
Voorrechten en immuniteiten Europese Unie [A88 art. 343 VWEU]

Alfabetisch trefwoordenregister V

Voorrechten enz. van Comité- en commissieleden [A104 art. 43 BUPO]
Voorschot, in opdracht van voorzitter GS [A77 art. 81 Pw]
Voorschot op bestuursrechtelijke geldschulden [A45 art. 4:95 Awb]
Voorschriften bestuursrechter bij beroep [A45 art. 8:11 Awb]
Voorschriften en beperkingen ontheffing [A65 art. 9.5.5 Wm]
Voorschriften in beschikking van rechtswege [A45 art. 4:20e Awb]
Voorschriften van bestuursorgaan [A65 art. 8.42 Wm]
Voorschriften verblijfsvergunning voor bepaalde tijd [A41 art. 3.7 Vb 2000]
Voorschriften verbonden aan tewerkstellingsvergunning/gecombineerde vergunning [A81 art. 10 Wav]
Voorstellen met financiële gevolgen [A15 art. 4.13 CW 2016]
Voorstellen van wet inzake begrotingsstaten, inwerkingtreding [A15 art. 2.24 CW 2016]
Voorstellen van wet inzake begrotingsstaten, uitvoering [A15 art. 2.25 CW 2016]
Voorstellen van wet inzake slotverschillen, aanbieding [A15 art. 2.39 CW 2016]
Voorstellen van wet inzake suppletoire begrotingsstaten, indiening [A15 art. 2.26 CW 2016]
Voorstellen van wet inzake suppletoire begrotingsstaten, jaarlijks overzicht wijzigingen [A15 art. 2.28 CW 2016]
Voorstellen van wet inzake suppletoire begrotingsstaten, uitvoering [A15 art. 2.27 CW 2016]
Voorstellen, voornemens en toezeggingen [A15 art. 3.1 CW 2016]
Voortdurend in Renché [A100 art. 28 Hv VN]
Voortdurende beschikbaarheid [A101 art. 23 SIG]
Voortduring vrijheidsontneming [A40 art. 96 Vw 2000]
Voortgang onderhandelingen met inschrijvers [A82 art. 2.55a AanbW 2012]
Voortgezet verblijf [A41 art. 3.50, art. 3.51 Vb 2000]
Voortgezette zorg [A79 art. 3.3.4 Wlz]
Voortzetting verzekerde zorg [A79 art. 3.2.2 Wlz]
Voortzetting zorg, nadere regels [A79 art. 3.2.6 Wlz]
Voorwaardelijk incidenteel hoger beroep bij bestuursrechter [A45 art. 8:112 Awb]
Voorwaardelijke machtiging jongvolwassenen [A75 art. 28aa Wzd]
Voorwaarden bestuursautoriteit [A100 art. 81 Hv VN]
Voorwaarden concessieopdrachten [A82 art. 2a.28 AanbW 2012]
Voorwaarden en beperkingen [A74 art. 8:17, art. 8:18, art. 8:20 Wvggz]
Voorwaarden en intrekking beschikking van rechtswege [A45 art. 4:20f Awb]
Voorwaarden honoreren verblijfsvergunning voor bepaalde tijd [A41 art. 3.71a Vb 2000]
Voorwaarden ontslag [A75 art. 48 Wzd]
Voorwaarden rechtmatig verblijf langer dan drie maanden [A41 art. 8.12 Vb 2000]
Voorwaarden rechtmatig verblijf van drie maanden [A41 art. 8.11 Vb 2000]
Voorwaarden verblijf na binnenkomst [A40 art. 12 Vw 2000]
Voorwaarden verlening verblijfsvergunning onbepaalde tijd [A41 art. 3.93 Vb 2000]
Voorwaarden verlening verblijfsvergunning voor bepaalde tijd onder beperking verband houdend met verrichten van arbeid in loondienst [A41 art. 3.31 Vb 2000]
Voorwaarden verlening verblijfsvergunning voor onbepaalde tijd [A41 art. 3.92 Vb 2000]
Voorwaarden verlof [A75 art. 47 Wzd]
Voorwaarden vermelding kandidatenlijst [A9 art. H 7 KW]
Voorwaarden verzekering [A79 art. 2.1.3 Wlz]
Voorwaarden voor subsidieverlening [A45 art. 4:33 Awb]
Voorwaarden voor toestemming van kinderen [A19 art. 8 AVG]
Voorwaarden voor toestemming verwerking [A19 art. 7 AVG]
Voorwaarden vrijheidsontneming/inbewaringstelling [A41 art. 5.1b Vb 2000]
Voorziening, college niet gehouden tot treffen van [A80 art. 1.2 Jw]
Voorziening, natte koeltoren [A66 art. 3.16a Barim]
Voorziening tijdens schorsing [A27 art. 268 PW] [A29 art. 275 Gemw]
Voorziening waarneming door commissaris [A29 art. 78 Gemw]
Voorziening waarneming door regering [A27 art. 76 PW]
Voorzieningen Europese Unie inzake wetenschap en technologie [A88 art. 188 VWEU]
Voorzieningen gemeenschappelijk landbouwbeleid Europese Unie [A88 art. 41 VWEU]
Voorzieningen jeugdhulp [A80 art. 1a.1 Jw]
Voorzitter Eerste Kamer, ordehandhaving/stemming [A11 art. 12 RvO I]
Voorzitter Eerste Kamer, taken [A11 art. 10 RvO I]
Voorzitter geschillenkamer [A27 art. 172 PW]
Voorzitter stembureau, taken [A9 art. Ya 31d KW]
Vordering ex art. 19 IW 1990 [A29 art. 251 Gemw]
Vordering inlichtingen door bestuursrechtelijke toezichthouder [A45 art. 5:16 Awb]
Vorm van zienswijze op beschikking [A45 art. 4:9 Awb]
Vormgeven betonproducten, aanbrengen ontkistingsmiddelen [A66 art. 4.74o Barim]

Vormgeven betonproducten, aanbrengen ontkistingsmiddelen en uitwassen beton [A66 art. 4.74p Barim]
Vormgeven betonproducten, lozen afvalwater [A66 art. 4.74n Barim]
Vormgeven betonproducten, maatwerkvoorschriften [A66 art. 4.74p1 Barim]
Vormvereiste [A57 art. 10.11 Wro]
Vormvereisten bestuurlijke sanctie [A45 art. 5:9 Awb]
Vormvereisten dwangbevel bestuursrechtelijke geldschuld [A45 art. 4:122 Awb]
Vormvereisten maatregel [A41 art. 5.3 Vb 2000]
Vormvoorschriften advies [A41 art. 1.7 Vb 2000]
Vragenlijst ontwikkelingen [A100 art. 88 Hv VN]
Vragenrecht [A29 art. 155 Gemw]
Vrede en veiligheid [A100 art. 1, art. 11, art. 73, art. 76 Hv VN]
Vreedzame geschillenbeslechting [A100 art. 2 Hv VN]
Vreedzame middelen [A100 art. 33 Hv VN]
Vreedzame regeling [A100 art. 14, art. 52 Hv VN]
Vreemdeling aan wie toegang is geweigerd; verplichting land te verlaten [A40 art. 5 Vw 2000]
Vreemdelingenadministratie, doel [A40 art. 107 Vw 2000]
Vreemdelingenadministratie, inhoud [A40 art. 107 Vw 2000]
Vreemdelingenbewaring, asielprocedure [A41 art. 3.117 Vb 2000]
Vreemdelingenbewaring, voornemenprocedure [A41 art. 3.118 Vb 2000]
Vreemdelingennummer [A40 art. 107 Vw 2000]
Vrij verkeer van dienstverlening en vervoer Europese Unie [A88 art. 58 VWEU]
Vrij verkeer van werknemers geassocieerde niet-Europese landen [A88 art. 202 VWEU]
Vrij verkeer werknemers binnen Europese Unie [A88 art. 45 VWEU]
Vrij verrichten van diensten [A54 art. 16 Richtlijn 2006/123/EG]
Vrij verrichten van diensten, aanvullende afwijkingen [A54 art. 17 Richtlijn 2006/123/EG]
Vrij verrichten van diensten, afwijkingen in specifieke gevallen [A54 art. 18 Richtlijn 2006/123/EG]
Vrije beroep [A23 art. 5 WGBHZ] [A24 art. 4 WGBLA]
Vrije beschikking over natuurlijke hulpbronnen [A103 art. 1 IVESCR] [A104 art. 1 BUPO]
Vrije en geheime verkiezingen [A90 art. 3 EVRM 1e prot.]
Vrije keuze beroep en werk [A108 art. 11 IVDV]
Vrije keuze van arbeid [A2 art. 19 GW]
Vrije keuze van woonplaats, ook over de grenzen [A91 art. 2 EVRM 4e prot.]
Vrije mobiliteit [A102 art. 13 UVRM] [A104 art. 12 BUPO]
Vrije toegang tot cliënt [A75 art. 58 Wzd]
Vrije toegang tot patiënt [A74 art. 11:2 Wvggz]
Vrije toegang tot vreemdeling [A40 art. 104 Vw 2000]
Vrijheid en gelijkheid [A102 art. 1 UVRM]
Vrijheid van dienstverlening binnen Europese Unie [A88 art. 56 VWEU]
Vrijheid van gedachte, geweten, godsdienst [A110 art. 14 IVRK]
Vrijheid van geweten en godsdienst [A89 art. 9 EVRM]
Vrijheid van geweten en van godsdienst [A102 art. 18 UVRM]
Vrijheid van godsdienst en levensovertuiging [A2 art. 6 GW]
Vrijheid van kapitaal- en betalingsverkeer Europese Unie [A88 art. 63 VWEU]
Vrijheid van meningsuiting [A102 art. 19 UVRM] [A104 art. 19 BUPO] [A110 art. 13 IVRK] [A2 art. 7 GW] [A89 art. 10 EVRM]
Vrijheid van reis en verblijf binnen Europese Unie [A88 art. 21 VWEU]
Vrijheid van (vak)vereniging [A104 art. 22 BUPO]
Vrijheid van vereniging [A2 art. 8 GW]
Vrijheid van vereniging en vergadering [A110 art. 15 IVRK]
Vrijheid van vergadering en betoging [A2 art. 9 GW]
Vrijheid van vestiging Europese Unie [A88 art. 49 VWEU]
Vrijheid van wetenschappelijk onderzoek [A103 art. 15 IVESCR]
Vrijheid woon- en verblijfplaats [A108 art. 15 IVDV]
Vrijheidsbeneming, overbrenging [A74 art. 7:3 Wvggz]
Vrijheidsbeperkende maatregelen [A40 art. 56 Vw 2000] [A41 art. 5.1 Vb 2000]
Vrijstelling afmetingseisen voor lokaliteiten [A76 art. 46 DHW]
Vrijstelling ambtshalve [A27 art. 229b PW] [A35 art. 134 Wschw]
Vrijstelling bij AMvB [A65 art. 10.2 Wm]
Vrijstelling bij internationale procedure [A82 art. 2a.13 AanbW 2012]
Vrijstelling erkenning [A65 art. 11a.2 Wm]
Vrijstelling i.v.m. bijzondere taken [A83 art. 11 Mw]
Vrijstelling i.v.m. landsverdediging [A65 art. 9.2.1.5 Wm]
Vrijstelling uitsluitend recht [A82 art. 2a.14 AanbW 2012]

Vrijstelling verbod bij AMvB [A65 art. 10.45 Wm]
Vrijstelling verbod gelijktijdig tappen en slijten voor exploitant die voor 30 september 1967
  over een volledige vergunning beschikte [A76 art. 47 DHW]
Vrijstelling verrichting persoonlijke diensten [A29 art. 70 Gemw]
Vrijstelling voor categorieën afspraken [A83 art. 15 Mw]
Vrijwaring tegen honger [A103 art. 11 IVESCR]
Vrijwaringsmaatregelen in crisis door EU-lidstaat met een derogatie [A88 art. 144 VWEU]
Vrijwaringsmaatregelen kapitaal- en betalingsverkeer Europese Unie [A88 art. 66 VWEU]
Vrijwillig ontslag [A27 art. 42 PW] [A29 art. 43 Gemw]
Vrijwilligheid [A74 art. 2:1, art. 3:3 Wvggz]
Vrouwen in plattelandsgebieden [A108 art. 14 IVDV]
Vrouwendiscriminatie, bescherming personen die kennisgeving doen [A109 art. 11 Fprot.
  IVDV]
Vrouwendiscriminatie, bevoegdheid Comité [A109 art. 1 Fprot. IVDV]
Vrouwendiscriminatie, huishoudelijk reglement Comité [A109 art. 14 Fprot. IVDV]
Vrouwendiscriminatie, melding kennisgeving [A109 art. 6 Fprot. IVDV]
Vrouwendiscriminatie, niet-erkennen bevoegdheid Comité [A109 art. 10 Fprot. IVDV]
Vrouwendiscriminatie, niet-ontvankelijk kennisgeving [A109 art. 4 Fprot. IVDV]
Vrouwendiscriminatie, opzegging Protocol [A109 art. 19 Fprot. IVDV]
Vrouwendiscriminatie, taken depositaris [A109 art. 20 Fprot. IVDV]
Vrouwendiscriminatie, verzoek om maatregelen [A109 art. 5 Fprot. IVDV]
Vrouwendiscriminatie, wijziging Protocol [A109 art. 18 Fprot. IVDV]
Vulstation gasflessen, eisen [A66 art. 3.54b Barim]
Vuurwerk, opslag [A66 art. 4.2 Barim]

Waarborgen bij vrijheidsontneming [A2 art. 15 GW]
Waarborgen klachtenregeling [A74 art. 10:4 Wvggz] [A75 art. 56 Wzd]
Waarborging rechten [A108 art. 14 IVDV]
Waarborging stemgeheim [A9 art. J 15 KW]
Waarborgsom [A41 art. 3.8 Vb 2000] [A9 art. G 1, art. G 2, art. G 2a, art. G 3 KW]
Waarborgsom bij vertrekplicht [A41 art. 4.52b Vb 2000]
Waarborgsom, nadere regels bij AMvB inzake betalen van [A9 art. H 15 KW]
Waarborgsom registratie, nadere regels bij AMvB inzake [A9 art. G 6 KW]
Waarborgsom verkiezing eilandsraad [A9 art. Ya 15 KW]
Waarde concessieopdrachten [A82 art. 2a.3 AanbW 2012]
Waarde percelen [A82 art. 2a.12, art. 3.16a AanbW 2012]
Waardebepaling onroerende zaak, verrekening voor- of nadelen [A61 art. 40e OW]
Waardebepaling, vermindering kosten art. 13 Wonw [A61 art. 82 OW]
Waardebepaling, vermindering vergoeding art. 6.1 Wro [A61 art. 40f OW]
Waarden Europese Unie [A87 art. 2 VEU]
Waarden op gevel gevoelige gebouwen en grens gevoelige terreinen [A66 art. 2.17a Barim]
Waarneming ambt voorzitter [A35 art. 51a Wschw]
Waarnemingsvergoeding [A27 art. 77 PW] [A29 art. 79 Gemw]
Waarschuwing [A81 art. 17b Wav]
Waarschuwing tekortkomingen instrument voor kwaliteitsborging [A59 art. 7ag Wonw]
Wapenbeheersing [A100 art. 26 Hv VN]
Warmtekrachtinstallatie, berekening uitworp rookgas [A66 art. 3.10i Barim]
Warmtekrachtinstallatie, eisen stookinstallatie [A66 art. 3.10o Barim]
Warmtekrachtinstallatie, gemiddelde emissiegrenswaarde [A66 art. 3.10c Barim]
Warmtekrachtinstallatie, jaargemiddeld rendement [A66 art. 3.10l Barim]
Warmtekrachtinstallatie, meting concentratie stikstof- en zwaveldioxide [A66 art. 3.10j Barim]
Warmtekrachtinstallatie, naleving emissiegrenswaarden [A66 art. 3.10v Barim]
Warmtekrachtinstallatie, normen rookgas [A66 art. 3.10q, art. 3.10r Barim]
Warmtekrachtinstallatie, periode van stilleggen [A66 art. 3.10u Barim]
Warmtekrachtinstallatie, registratie brandstofgebruik/geproduceerde elektriciteit
  [A66 art. 3.10m Barim]
Warmtekrachtinstallatie, rookgas dieselmotor [A66 art. 3.10e Barim]
Warmtekrachtinstallatie, rookgas gasmotor [A66 art. 3.10f Barim]
Warmtekrachtinstallatie, rookgas gasturbine [A66 art. 3.10d Barim]
Warmtekrachtinstallatie, rookgas ketelinstallatie [A66 art. 3.10a Barim]
Warmtekrachtinstallatie, spuien stoomketel [A66 art. 3.10k Barim]
Warmtekrachtinstallatie, storing stookinstallatie [A66 art. 3.10g Barim]
Warmtekrachtinstallatie, veilig functioneren [A66 art. 3.10p Barim]
Warmtekrachtinstallatie, verbranden biomassa [A66 art. 3.10n Barim]
Warmtekrachtinstallatie, vervangende stookinstallatie [A66 art. 3.10h Barim]

W

Warmtekrachtinstallatie, wijziging thermisch ingangsvermogen [A66 art. 3.10s Barim]
Wassen motor-/spoorvoertuigen of werktuigen, eisen wasinrichting [A66 art. 3.23b Barim]
Wassen motor-/spoorvoertuigen of werktuigen, lozen afvalwater in vuilwaterriool [A66 art. 3.23c Barim]
Wassen motor-/spoorvoertuigen of werktuigen, lozen afvalwater na gebruik gewasbeschermingsmiddelen [A66 art. 3.23d Barim]
Wassen motor-/spoorvoertuigen of werktuigen, toegestaan lozen afvalwater [A66 art. 3.24 Barim]
Water, dijkring en primaire waterkering [A70 art. 1.3 Wtw]
Water, stroomgebieddistrict [A70 art. 1.2 Wtw]
Waterbehandeling voor agrarische activiteiten, lozen afvalwater [A66 art. 3.90 Barim]
Waterbehandeling voor agrarische activiteiten, lozen afvalwater van ontijzeren grondwater [A66 art. 3.91 Barim]
Waterbeheer, aanwijzing door GS [A70 art. 3.12 Wtw]
Waterbeheer, aanwijzing door Minister [A70 art. 3.13 Wtw]
Waterbeheer, aanwijzing overheidslichamen [A70 art. 3.2 Wtw]
Waterbeheer, afstemming taken/bevoegdheden [A70 art. 3.8 Wtw]
Waterbeheer, beperking nadelige gevolgen grondwaterstand [A70 art. 3.6 Wtw]
Waterbeheer, bestrijding muskus- en beverratten [A70 art. 3.2a Wtw]
Waterbeheer, gedoogplicht [A70 art. 5.20 Wtw]
Waterbeheer, handhaving [A70 art. 8.1 Wtw]
Waterbeheer, inzameling afvloeiend hemelwater [A70 art. 3.5 Wtw]
Waterbeheer, toedeling en zorgplicht [A70 art. 3.1 Wtw]
Waterbeheer, vaststelling peilbesluit [A70 art. 5.2 Wtw]
Waterbeheer, verdeling kosten hoogwaterbescherming [A70 art. 3.14 Wtw]
Waterbeheer, verontreinigingsheffing [A70 art. 7.2 Wtw]
Waterbeheer, waterakkoord [A70 art. 3.7 Wtw]
Waterbeheer, zuivering stedelijk afvalwater [A70 art. 3.4 Wtw]
Waterberheer, schadevergoeding [A70 art. 7.14 Wtw]
Waterkering, alarmeringspeil [A70 art. 3.3 Wtw]
Waterkwaliteit, normstelling [A70 art. 2.10 Wtw]
Waterkwantiteit, normstelling [A70 art. 2.8 Wtw]
Waterschap, inrichting/samenstelling/bevoegdheid [A2 art. 133 GW]
Waterschappen, begroting/jaarrekening [A33 art. 50f WGR]
Waterschappen, belastingheffing door openbaar lichaam [A33 art. 50d WGR]
Waterschappen, beperking bevoegdheden [A33 art. 50c WGR]
Waterschappen, bevoegdheden algemeen bestuur [A33 art. 50e WGR]
Waterschappen, bevoegdheden dagelijks bestuur [A33 art. 50eb WGR]
Waterschappen, bevoegdheden voorzitter [A33 art. 50ed WGR]
Waterschappen, bijzondere voorzieningen [A33 art. 50da WGR]
Waterschappen, definitie [A35 art. 1 Wschw]
Waterschappen, financiële/beleidsmatige kaders/voorlopige jaarrekening [A33 art. 50fa WGR]
Waterschappen, ontwerpbegroting [A33 art. 50g WGR]
Waterschappen, overdracht bevoegdheden [A33 art. 50b WGR]
Waterschappen, schorsing/vernietiging besluit/beslissing [A33 art. 50h WGR]
Waterschappen, treffen gemeenschappelijk regelingen [A33 art. 50 WGR]
Waterschappen, van overeenkomstige toepassing gemeenschappelijke regelingen gemeenten [A33 art. 50a WGR]
Waterschapsbelasting in gebied ander waterschap [A35 art. 145 Wschw]
Waterschapsverordeningen [A27 art. 155 PW]
Waterstaatswerk, aanleg conform projectplan [A70 art. 5.4 Wtw]
Waterstaatswerk, projectprocedure [A70 art. 5.5 Wtw]
Waterstaatswerk, vaststelling legger [A70 art. 5.1 Wtw]
Waterstaatswerk, veilig/doelmatig gebruik [A70 art. 5.3 Wtw]
Waterstaatswerk, verbieden/beperken toegang [A70 art. 6.10 Wtw]
Waterstaatswerken, gevaar [A70 art. 5.28 Wtw]
Watersysteemheffing [A35 art. 117 Wschw]
Watervergunning, beëindiging betrokkenheid bevoegd gezag [A70 art. 6.23 Wtw]
Watervergunning, brengen van stoffen in oppervlaktewaterlichaam [A70 art. 6.2 Wtw]
Watervergunning, elektronische aanvraag [A70 art. 6.30 Wtw]
Watervergunning, in behandeling nemen aanvraag [A70 art. 6.17 Wtw]
Watervergunning, indienen aanvraag [A70 art. 6.15 Wtw]
Watervergunning, intrekking [A70 art. 6.22 Wtw]
Watervergunning, ontdoen van stoffen vanuit (lucht)vaartuig [A70 art. 6.3 Wtw]
Watervergunning, onttrekken of infiltreren van grondwater [A70 art. 6.4 Wtw]

Alfabetisch trefwoordenregister

W

Watervergunning, rechtsopvolger vergunninghouder [A70 art. 6.24 Wtw]
Watervergunning, revisievergunning [A70 art. 6.18 Wtw]
Watervergunning, toepassing bevoegdheden [A70 art. 6.11 Wtw]
Watervergunning, toepassing op alle handelingen behorende tot samenstel [A70 art. 6.19, art. 6.20 Wtw]
Watervergunning, voorbereiden verlening/wijziging/intrekking [A70 art. 6.16 Wtw]
Watervergunning, weigering [A70 art. 6.21 Wtw]
Watervergunning, wijziging/aanvulling [A70 art. 6.22 Wtw]
Waterverontreiniging, aanwijzing GS/Minister [A70 art. 6.28 Wtw]
Waterverontreiniging, coördinatie Wet algemene bepalingen omgevingsrecht/Kernenergiewet [A70 art. 6.27 Wtw]
Waterverontreiniging, toepasselijkheid Wet milieubeheer [A70 art. 6.25 Wtw]
Wederrechtelijke onvrijwillige zorg [A74 art. 13:5 Wvggz]
Wederrechtelijke vrijheidsberoving [A75 art. 62 Wzd]
Wederverkoop of verhuur [A82 art. 3.23 AanbW 2012]
Wederzijdse beoordeling [A54 art. 39 Richtlijn 2006/123/EG]
Wederzijdse bijstand [A100 art. 49 Hv VN]
Wederzijdse bijstand bij afwijkingen in specifieke gevallen [A54 art. 35 Richtlijn 2006/123/EG]
Wederzijdse bijstand lidstaten, algemene verplichtingen [A54 art. 28 Richtlijn 2006/123/EG]
Wederzijdse bijstand lidstaten, algemene verplichtingen lidstaat van vestiging [A54 art. 29 Richtlijn 2006/123/EG]
Wederzijdse deelneming vergaderingen Raad en Europese Centrale Bank [A88 art. 284 VWEU]
Wederzijdse financiële bijstand EU-lidstaten met een derogatie [A88 art. 143 VWEU]
Wederzijdse rechten en plichten ter verzekering der vrijheden [A102 art. 29 UVRM]
Wegen, archivering legger [A73 art. 38 Wegw]
Wegen, beperking gebruik [A73 art. 6 Wegw]
Wegen, bestemming openbare weg [A73 art. 5 Wegw]
Wegen, definitie [A73 art. 1 Wegw]
Wegen, eigendom [A73 art. 13 Wegw]
Wegen, einde openbare weg [A73 art. 7 Wegw]
Wegen, geen overeenstemming overdracht onderhoudsplicht [A73 art. 20a Wegw]
Wegen, inhoud legger [A73 art. 30 Wegw]
Wegen, kennisgeving besluit GS [A73 art. 22 Wegw]
Wegen, kennisgeving overdracht onderhoudsplicht [A73 art. 21 Wegw]
Wegen, kracht legger [A73 art. 49 Wegw]
Wegen, legger [A73 art. 27 Wegw]
Wegen, model legger [A73 art. 33 Wegw]
Wegen, niet-openbare weg [A73 art. 4 Wegw]
Wegen of mengen van rubbercompounds, eisen verwerken polyesterhars [A66 art. 4.31c Barim]
Wegen of mengen van rubbercompounds, maximum emissieconcentratie [A66 art. 4.31b Barim]
Wegen, onderhoud [A73 art. 15 Wegw]
Wegen, onderhoudsplicht gemeente [A73 art. 16 Wegw]
Wegen, onderhoudsplicht waterschap [A73 art. 17 Wegw]
Wegen, onttrekking provinciale weg aan openbaar verkeer [A73 art. 8 Wegw]
Wegen, onttrekking rijksweg aan openbaar verkeer [A73 art. 8 Wegw]
Wegen, onttrekking weg aan openbaar verkeer [A73 art. 9 Wegw]
Wegen, ontwerp legger [A73 art. 34 Wegw]
Wegen, openbare weg [A73 art. 4 Wegw]
Wegen, overdracht onderhoudsplicht [A73 art. 18a Wegw]
Wegen, overdracht/afkoop/kwijtschelding onderhoudsplicht [A73 art. 26 Wegw]
Wegen, overgangsbepalingen [A73 art. 55 Wegw]
Wegen, rechten van rechthebbende en onderhoudplichtige [A73 art. 14 Wegw]
Wegen, rechtsvordering wijziging legger [A73 art. 42, art. 43 Wegw]
Wegen, tenietgaan bijdrageplicht [A73 art. 24 Wegw]
Wegen, tenietgaan onderhoudsplicht [A73 art. 23 Wegw]
Wegen, terinzagelegging verzoek onttrekking weg aan openbaar verkeer [A73 art. 12 Wegw]
Wegen, toltarieven [A73 art. 14 Wegw]
Wegen, vaststelling legger [A73 art. 35 Wegw]
Wegen, vergoeding kosten wijziging legger [A73 art. 48 Wegw]
Wegen, verhaal onderhoudsplicht [A73 art. 25 Wegw]
Wegen, vervallenverklaring recht tot tolheffing [A73 art. 54 Wegw]
Wegen, verzoek onttrekking weg aan openbaar verkeer [A73 art. 11 Wegw]
Wegen, wijziging legger [A73 art. 39 Wegw]
Wegenheffing [A35 art. 122a Wschw]
Wegenwet, citeertitel [A73 art. 59 Wegw]

Alfabetisch trefwoordenregister

Wegenwet, inwerkingtreding [A73 art. 58 Wegw]
Wegenwet, werkingssfeer [A73 art. 1 Wegw]
Wegslepen [A29 art. 235 Gemw]
Weigeren/intrekken beschikking [A53 art. 3 Wet Bibob]
Weigering afgifte gedragsverklaring aanbesteden [A82 art. 4.11 AanbW 2012]
Weigering benoeming [A27 art. 39 PW] [A29 art. 40 Gemw]
Weigering dossier-vernietiging [A74 art. 8:4 Wvggz]
Weigering EG- of EER-burgers [A41 art. 8.8 Vb 2000]
Weigering mvv [A40 art. 2q Vw 2000]
Weigering ontslag [A75 art. 48 Wzd]
Weigering subsidie [A45 art. 4:35 Awb]
Weigering terugkeervisum [A40 art. 2x Vw 2000] [A41 art. 1.28 Vb 2000]
Weigering tewerkstellingsvergunning/gecombineerde vergunning [A81 art. 8 Wav]
Weigering toegang vreemdeling [A41 art. 4.27 Vb 2000]
Weigering van bijstand of vertegenwoordiging door bestuursrechter [A45 art. 8:25 Awb]
Weigering verlof [A75 art. 47 Wzd]
Weigering vertegenwoordiging door bestuursorgaan [A45 art. 2:2 Awb]
Weigering voortzetting subsidie [A45 art. 4:51 Awb]
Weigering wegens openbare orde [A41 art. 2.9 Vb 2000]
Weigeringsgrond gegevens en bescheiden [A45 art. 8:32a Awb]
Weigeringsgronden maatwerkvoorziening [A78 art. 2.3.5 WMO 2015]
Weigeringsgronden toelating instrument voor kwaliteitsborging [A59 art. 7ad Wonw]
Weigeringsgronden verdragsvluchteling [A41 art. 3.105c Vb 2000]
Weigeringsgronden vergunning [A65 art. 16.10 Wm] [A76 art. 27 DHW]
Wensen en voorkeuren betrokkene [A74 art. 2:1 Wvggz]
Werk, levering of dienst met specifieke kenmerken [A82 art. 2.78a AanbW 2012]
Werkgelegenheid [A2 art. 19 GW]
Werkgelegenheid, onderwijs en menselijke gezondheid binnen Europese Unie [A88 art. 9 VWEU]
Werkgelegenheidsbeleid lidstaten Europese Unie [A88 art. 146 VWEU]
Werkgever als referent [A41 art. 1.12 Vb 2000]
Werkgever als referent bij kennismigrant [A41 art. 1.9 Vb 2000]
Werkgever als referent bij seizoenarbeid/arbeid in loondienst [A41 art. 1.10 Vb 2000]
Werkingsduur Verdrag Europese Unie [A88 art. 356 VWEU]
Werkingsgebied [A106 art. 9 BUPO 2e prot.]
Werkingssfeer art. Ya 4, Ya 5, Ya 7 en Ya 8 [A9 art. Ya 31 KW]
Werkingssfeer tolheffing [A73 art. 52 Wegw]
Werkingssfeer trustschapsstelsel [A100 art. 77 Hv VN]
Werkingssfeer, uitzonderingen op [A19 art. 2 AVG]
Werkingssfeer Verdrag betreffende de werking van de Europese Unie [A88 art. 1 VWEU]
Werkwijze adviescommissie [A41 art. 1.6 Vb 2000]
Werkwijze advisering [A65 art. 2.21 Wm]
Werkzaamheden stembureau na afloop telling stembiljetten [A9 art. N 9 KW]
Wet bescherming persoonsgegevens, intrekking [A20 art. 51 UAVG]
Wet forensische zorg [A74 art. 5:19 Wvggz]
Wet gemeenschappelijke regelingen [A29 art. 81z Gemw]
Wet marktordening gezondheidszorg [A78 art. 8.5 WMO 2015]
Wet openbaarheid van bestuur [A65 art. 19.6b Wm]
Wetenschap en technologie binnen Europese Unie [A88 art. 179 VWEU]
Wetenschap en technologie in jaarverslag Europese Unie [A88 art. 190 VWEU]
Wetgeving, aanneming en bekrachtiging wetsvoorstel [A2 art. 87 GW]
Wetgeving, algemene maatregel van bestuur [A2 art. 89 GW]
Wetgeving, bekendmaking/inwerkingtreding wet [A2 art. 88 GW]
Wetgeving, indiening wetsvoorstel [A2 art. 82 GW]
Wetgeving, intrekking wetsvoorstel [A2 art. 86 GW]
Wetgeving, toezending wetsvoorstel aan Eerste Kamer [A2 art. 85 GW]
Wetgeving, toezending wetsvoorstel aan Tweede Kamer/verenigde vergadering [A2 art. 83 GW]
Wetgeving, vaststelling wet [A2 art. 81 GW]
Wetgeving, wijziging wetsvoorstel/amendement [A2 art. 84 GW]
Wetgevings- en begrotingstaken binnen Europese Unie [A87 art. 16 VEU]
Wetgevingsprocedure trans-Europese netwerken [A88 art. 172 VWEU]
Wetgevingsprocedure verordeningen, richtlijnen en besluiten [A88 art. 289 VWEU]
Wethouders [A29 art. 35 Gemw]
Wetsevaluatie [A74 art. 16:1 Wvggz] [A75 art. 64 Wzd]
Wetsvoorstel, kennisgeving van aannemen [A11 art. 118 RvO I]

Alfabetisch trefwoordenregister W

Wetsvoorstel, kennisgeving van verwerpen [A11 art. 119 RvO I]
Wetsvoorstel, ondertekening formulieren inzake stemmingsuitslag [A11 art. 120 RvO I]
Wetsvoorstellen en Europese besluiten [A45 art. 1:9 Awb]
Wettelijk recht op leven [A104 art. 6 BUPO]
Wettelijk toegekende rechter [A2 art. 17 GW]
Wettelijk vooronderstelde openbaarheid van overheidsinformatie [A49 art. 2 WOB]
Wettelijke basis bij delegatie [A45 art. 10:15 Awb]
Wettelijke basis bij vernietiging door bestuursorgaan [A45 art. 10:34 Awb]
Wettelijke beperking activiteiten [A103 art. 8 IVESCR]
Wettelijke beperkingen der rechten [A103 art. 4 IVESCR]
Wettelijke grondslag dwangbevel bestuursrechtelijke geldschuld [A45 art. 4:115 Awb]
Wettelijke rente bij uitstel betaling bestuursrechtelijke geldschuld [A45 art. 4:101 Awb]
Wettelijke rente verzuim bestuursrechtelijke geldschuld [A45 art. 4:98 Awb]
Wettelijke verplichting [A19 art. 6 AVG]
Wettelijke vertegenwoordigers, curatoren en bewindvoerders [A56 art. 43 AWR]
Wetten en wettelijke bepalingen waartegen beroep kan worden ingesteld [A65 art. 20.1 Wm]
Wettigheid handelingen Europese Raad getoetst door Hof van Justitie [A88 art. 269 VWEU]
Wielklem [A29 art. 235 Gemw]
Wijziging begroting [A27 art. 196, art. 198 PW] [A29 art. 192 Gemw] [A35 art. 102 Wschw]
Wijziging beperking [A41 art. 3.81 Vb 2000]
Wijziging Coördinatiewet uitzonderingstoestanden [A15 art. 9.1 CW 2016]
Wijziging drempelbedrag prijsvraag [A82 art. 3.9b AanbW 2012]
Wijziging drempelbedragen [A82 art. 2.7 AanbW 2012]
Wijziging Financiële-verhoudingswet [A15 art. 9.2 CW 2016]
Wijziging geluidproductieplafond weg/spoorweg [A65 art. 11.28 Wm]
Wijziging Gezondheids- welzijnswet voor dieren [A15 art. 9.3 CW 2016]
Wijziging Handelsregisterwet [A15 art. 9.4 CW 2016]
Wijziging, intrekking overschrijdingsbesluit [A65 art. 11.54 Wm]
Wijziging Kaderwet Adviescolleges [A15 art. 9.5 CW 2016]
Wijziging Nutsrichtlijn of Aanbestedingsrichtlijn [A82 art. 1.3 AanbW 2012]
Wijziging of intrekking [A74 art. 4:3 Wvggz]
Wijziging of intrekking toewijzingsbesluit broeikasgasemissierechten, extra redenen [A65 art. 16.34c Wm]
Wijziging of intrekking toewijzingsbesluit broeikasgasemissierechten, redenen [A65 art. 16.34b Wm]
Wijziging omgevingsvergunning, controle voorschriften [A67 art. 2.30 Wabo]
Wijziging omgevingsvergunning, wijziging vergunning/voorschriften [A67 art. 2.31 Wabo]
Wijziging omgevingsvergunning, wijziging voorschriften t.a.v. toepassing andere technieken [A67 art. 2.31a, art. 3.1a Wabo]
Wijziging op de inlichtingen- en veiligheidsdiensten 2002 [A15 art. 9.22 CW 2016]
Wijziging overheidsopdracht bij aanvullende werken, diensten of leveringen [A82 art. 2.163d AanbW 2012]
Wijziging overheidsopdracht bij niet wezenlijke wijzigingen [A82 art. 2.163g AanbW 2012]
Wijziging overheidsopdracht bij onvoorziene omstandigheden [A82 art. 2.163e AanbW 2012]
Wijziging overheidsopdracht bij vervanging oorspronkelijk opdrachtnemer [A82 art. 2.163f AanbW 2012]
Wijziging overheidsopdrachten [A82 art. 2.163a AanbW 2012]
Wijziging Prijzennoodwet [A15 art. 9.6 CW 2016]
Wijziging provincienaam [A27 art. 156 PW]
Wijziging Spoorwegwet [A15 art. 9.7 CW 2016]
Wijziging Tijdelijke wet ambulancezorg [A15 art. 9.8 CW 2016]
Wijziging toewijzingsbesluit broeikasgasemissierechten ivm koolstofweglekrisico [A65 art. 16.34a Wm]
Wijziging tussen bepaalde partijen [A114 art. 41 VWV]
Wijziging uitstel van betaling bestuursrechtelijke geldschuld [A45 art. 4:96 Awb]
Wijziging Uitvoeringswet EGTS-verordening [A15 art. 9.9 CW 2016]
Wijziging van bijlage bij Awb [A45 art. 11:3 Awb]
Wijziging van concessieopdrachten [A82 art. 2a.53 AanbW 2012]
Wijziging van Richtlijn 98/27/EG [A54 art. 42 Richtlijn 2006/123/EG]
Wijziging verblijfsdoel hangende de aanvraagprocedure [A41 art. 3.100 Vb 2000]
Wijziging verdrag [A104 art. 51 BUPO]
Wijziging vergunning op aanvraag vergunninghouder [A65 art. 16.20a Wm]
Wijziging voorlopige voorziening bestuursrechter [A45 art. 8:87 Awb]
Wijziging Waterwet [A15 art. 9.10 CW 2016]
Wijziging Wet BDU verkeer en vervoer [A15 art. 9.12 CW 2016]

Wijziging Wet dieren [A15 art. 9.13 CW 2016]
Wijziging Wet financiën openbare lichamen Bonaire, Sint Eustatius en Saba [A15 art. 9.14 CW 2016]
Wijziging Wet Fonds economische structuurversterking [A15 art. 9.15 CW 2016]
Wijziging Wet houdbare overheidsfinanciën [A15 art. 9.16 CW 2016]
Wijziging Wet Infrastructuurfonds [A15 art. 9.17 CW 2016]
Wijziging Wet langdurige zorg [A15 art. 9.18 CW 2016]
Wijziging Wet marktordening gezondheidszorg [A15 art. 9.19 CW 2016]
Wijziging Wet normering bezoldiging topfunctionarissen publieke en semipublieke sector [A15 art. 9.20 CW 2016]
Wijziging Wet op de kansspelen [A15 art. 9.23 CW 2016]
Wijziging Wet op de parlementaire enquête 2008 [A15 art. 9.25 CW 2016]
Wijziging Wet op de rechterlijke organisatie [A15 art. 9.26 CW 2016]
Wijziging Wet op het financieel toezicht [A15 art. 9.21 CW 2016]
Wijziging Wet op het LSOP en het politieonderwijs [A15 art. 9.24 CW 2016]
Wijziging Wet overheidspersoneel onder de werknemersverzekeringen [A15 art. 9.27 CW 2016]
Wijziging Wet toezicht accountantsorganisaties [A15 art. 9.28 CW 2016]
Wijziging Wkkgz [A75 art. 78 Wzd]
Wijziging Woningwet [A15 art. 9.11 CW 2016]
Wijziging Zorgverzekeringswet [A15 art. 9.30 CW 2016]
Wijzigingen, procedure [A98 art. J ESHh]
Wijzigingsprocedure [A103 art. 29 IVESCR]
Wijzigingsvoorstel [A27 art. 143b PW]
Wilsonbekwaamheid [A74 art. 1:3 Wvggz]
Wilsonbekwaamverklaring [A74 art. 1:5 Wvggz]
Wilsonbekwaamverklaring en vertegenwoordiging [A75 art. 3 Wzd]
Wilsonbekwame cliënt zonder verzet [A75 art. 2 Wzd]
Windturbine, meting geluidemissie [A66 art. 3.15 Barim]
Windturbine, normen geluidhinder [A66 art. 3.14 Barim]
Wisselkoersbeleid van EU-lidstaten met een derogatie [A88 art. 142 VWEU]
Wisselkoerssysteem Europese Unie [A88 art. 219 VWEU]
Wisselverwarmingsinstallatie, eisen [A66 art. 3.16f Barim]
Wlz-uitvoerder, aanmelding [A79 art. 4.1.1 Wlz]
Wlz-uitvoerder, administratie [A79 art. 4.2.6 Wlz]
Wlz-uitvoerder, afmelding [A79 art. 4.1.3 Wlz]
Wlz-uitvoerder, doelmatige uitvoering werkzaamheden [A79 art. 4.2.5 Wlz]
Wlz-uitvoerder, statuten [A79 art. 4.1.2 Wlz]
Wlz-uitvoerder, uitvoering werkzaamheden [A79 art. 4.2.4 Wlz]
Wlz-uitvoerder, voldoen vorderingen door Zorginstituut [A79 art. 4.1.4 Wlz]
Woning [A77 art. 3 Pw]
Woning, beheervergoeding [A59 art. 14 Wonw]
Woning, bestuursdwang/last onder dwangsom bij niet-naleving verplichting [A59 art. 15 Wonw]
Woning, in beheer geven [A59 art. 13b Wonw]
Woning, verplichting door bevoegd gezag tot opstellen onderhoudsplan [A59 art. 13a Wonw]
Woning, verplichting opstellen onderhoudsplan [A59 art. 12d Wonw]
Woning, verplichting tot voldoen aan besluit [A59 art. 14a Wonw]
Woning, verplichting treffen noodzakelijke voorzieningen [A59 art. 13 Wonw]
Woning, zorgplicht eigenaar bouwwerk/open erf/terrein [A59 art. 1a Wonw]
Woningaanpassing [A79 art. 10.2.5, art. 3.1.3 Wlz]
Woningaanpassing, huurwoning [A78 art. 2.3.7 WMO 2015]
Woningbouw, aanwijzing toezichtambtenaren [A59 art. 93 Wonw]
Woningbouw, afschrift besluiten naar inspecteur [A59 art. 95 Wonw]
Woningbouw, afwijking/ontheffing voorschriften bij monument [A59 art. 6 Wonw]
Woningbouw, bestuurlijke boete [A59 art. 92a Wonw]
Woningbouw, bestuursrechtelijke handhaving [A59 art. 92 Wonw]
Woningbouw, nadere bouwvoorschriften [A59 art. 7a Wonw]
Woningbouw, ontheffing bouwvoorschriften [A59 art. 7 Wonw]
Woningbouw, overeenstemming met technische voorschriften [A59 art. 5 Wonw]
Woningbouw, sluiting gebouw/open erf/gebouw [A59 art. 17 Wonw]
Woningbouw, strafbepalingen [A59 art. 104 Wonw]
Woningbouw, toepassing nieuwbouwvoorschriften vernieuwing/verandering/vergroting [A59 art. 4 Wonw]
Woningbouw, verbod bouwen in strijd met bouwverordening [A59 art. 7b Wonw]
Woningcoöperatie, definitie [A59 art. 18a Wonw]

Alfabetisch trefwoordenregister   Z

Woningcoöperatie, klachtenregeling [A59 art. 18a Wonw]
Woningcoöperatie, oprichting [A59 art. 18a Wonw]
Woningen, algemene woningtelling [A59 art. 62 Wonw]
Woningen, bijzonder gemeentelijk onderzoek naar staat volkshuisvesting [A59 art. 63 Wonw]
Woningen, informatieverstrekking door gemeenten/provincies [A59 art. 65 Wonw]
Woningen, jaaroverzicht nieuwbouw [A59 art. 64 Wonw]
Woningzoekenden die voorrang krijgen [A60 art. 11 Huisvw]
Woonboten, overgangsbepaling [A59 art. 131 Wonw]
Woongelegenheid [A2 art. 22 GW]
Woonplaats [A27 art. 3, art. 70 PW] [A29 art. 3, art. 71 Gemw]
Woonplaats en vestigingsplaats [A56 art. 4 AWR]
Woonplaatsfictie [A79 art. 1.2.2 Wlz]
Woonruimte [A35 art. 122h Wschw]
Wraking [A40 art. 90 Vw 2000]
Wraking van bestuursrechter [A45 art. 8:15 Awb]
Wvggz [A75 art. 1 Wzd]
Wzd-functionaris [A75 art. 1, art. 2b Wzd]

Zakelijk gerechtigde: belastingplichtige [A29 art. 220b Gemw]
Zeefdrukken, beschikbare milieu-informatie] [A66 art. 4.92 Barim]   Z
Zeefdrukken, lozen afvalwater [A66 art. 4.91 Barim]
Zeefdrukken, reiniging zeefdrukramen [A66 art. 4.90 Barim]
Zeggenschap [A83 art. 26 Mw]
Zekerheidsstelling bij vertrekplicht [A41 art. 4.52a Vb 2000]
Zekerheidstelling kosten verblijf [A41 art. 2.11 Vb 2000]
Zelfbeschikkingsrecht [A100 art. 1 Hv VN]
Zelfbeschikkingsrecht der volken [A103 art. 1 IVESCR]
Zelfbeschikkingsrecht van volken [A104 art. 1 BUPO]
Zelfbinding [A74 art. 4:1 Wvggz]
Zelfbindingsverklaring [A74 art. 9:7 Wvggz]
Zelfbindingsverklaring, inhoud [A74 art. 4:1 Wvggz]
Zelfredzaamheid, beschermd wonen en opvang, bevorderingsmaatregelen [A78 art. 2.2.3 WMO 2015]
Zelfstandig bestuursorgaan, begroting [A26 art. 26 Kzbo]
Zelfstandig bestuursorgaan, beleidsregels [A26 art. 21 Kzbo]
Zelfstandig bestuursorgaan, benoeming/schorsing/ontslag leden [A26 art. 12 Kzbo]
Zelfstandig bestuursorgaan, bezoldiging/schadeloosstelling [A26 art. 14 Kzbo]
Zelfstandig bestuursorgaan, egalisatiereserve [A26 art. 33 Kzbo]
Zelfstandig bestuursorgaan, evaluatie [A26 art. 39 Kzbo]
Zelfstandig bestuursorgaan, gebruikmaking van voorziening ander bestuursorgaan [A26 art. 21a Kzbo]
Zelfstandig bestuursorgaan, gegevensbeveiliging [A26 art. 41 Kzbo]
Zelfstandig bestuursorgaan, goedkeuring begroting [A26 art. 29 Kzbo]
Zelfstandig bestuursorgaan, goedkeuring bestuursreglement [A26 art. 11 Kzbo]
Zelfstandig bestuursorgaan, goedkeuring tarieven [A26 art. 17 Kzbo]
Zelfstandig bestuursorgaan, informatieverstrekking aan minister [A26 art. 20 Kzbo]
Zelfstandig bestuursorgaan, inhoud begroting [A26 art. 27 Kzbo]
Zelfstandig bestuursorgaan, inrichting jaarrekening [A26 art. 35 Kzbo]
Zelfstandig bestuursorgaan, instemming minister [A26 art. 32 Kzbo]
Zelfstandig bestuursorgaan, jaarrekening [A26 art. 34 Kzbo]
Zelfstandig bestuursorgaan, jaarverslag [A26 art. 18 Kzbo]
Zelfstandig bestuursorgaan, mandaatverlening [A26 art. 8 Kzbo]
Zelfstandig bestuursorgaan, mededeling verschil tussen werkelijkheid en begroting [A26 art. 30 Kzbo]
Zelfstandig bestuursorgaan, nakoming verplichtingen namens ander bestuursorgaan [A26 art. 7 Kzbo]
Zelfstandig bestuursorgaan, nevenfuncties leden [A26 art. 13 Kzbo]
Zelfstandig bestuursorgaan, ondertekening wetten/besluiten/regelingen [A26 art. 6 Kzbo]
Zelfstandig bestuursorgaan, ontwerpbegroting [A26 art. 25 Kzbo]
Zelfstandig bestuursorgaan, onverenigbare nevenfunctie [A26 art. 9 Kzbo]
Zelfstandig bestuursorgaan, openbaar gezag [A26 art. 4 Kzbo]
Zelfstandig bestuursorgaan, openbaar register [A26 art. 40 Kzbo]
Zelfstandig bestuursorgaan, rechtspositie personeel [A26 art. 15 Kzbo]
Zelfstandig bestuursorgaan, uitoefening taken/bevoegdheden [A26 art. 19 Kzbo]
Zelfstandig bestuursorgaan, uitvoering werkzaamheden [A26 art. 37 Kzbo]

Z | Alfabetisch trefwoordenregister

Zelfstandig bestuursorgaan, vernietiging besluit [A26 art. 22 Kzbo]
Zelfstandig bestuursorgaan, verwaarlozing taak [A26 art. 23 Kzbo]
Zelfstandig bestuursorgaan, voorhangprocedure [A26 art. 5 Kzbo]
Zelfstandig bestuursorgaan, voorwaarden instelling [A26 art. 3 Kzbo]
Zelfstandige last, oplegging door ACM [A83 art. 58b Mw]
Zelfstandige middelen van bestaan [A41 art. 3.73 Vb 2000]
Zelfstandigen [A77 art. 78g Pw]
Zesjaarlijkse vaststelling afvalbeheerplan [A65 art. 10.3 Wm]
Zetel Hof [A101 art. 22 SIG]
Zetel van instellingen Europese Unie [A88 art. 341 VWEU]
Zeteltoewijzing kandidaat die op meer dan een lijst is vermeld [A9 art. P 16 KW]
Zetelverdeling [A9 art. U 3 KW]
Zienswijze [A53 art. 33 Wet Bibob]
Zienswijze bij 'nieuwe' feiten [A41 art. 3.119 Vb 2000]
Zienswijzen MER; combinatie met aanvraag [A65 art. 7.32 Wm]
Zij waarborgen uitoefening zonder discriminatie [A103 art. 2 IVESCR]
Zittende wethouder/burgemeester [A29 art. 291 Gemw]
Zitting elders [A101 art. 28 SIG]
Zitting hoofdstembureau tot vaststelling uitslag verkiezing [A9 art. O 1 KW]
Zittingsduur en aftreding leden Eerste Kamer [A9 art. Q 2 KW]
Zittingsduur leden hoofdstembureaus [A9 art. E 8 KW]
Zittingsduur leden PS, algemeen bestuur en gemeenteraad [A9 art. C 4 KW]
Zittingsduur leden Tweede Kamer [A9 art. C 1 KW]
Zittingsduur leden Tweede Kamer na ontbinding Kamer [A9 art. C 2 KW]
Zittingsduur tussentijds benoemde leden [A9 art. C 5 KW]
Zittingsduur Tweede Kamer bij meer verkiezingen in zelfde jaar [A9 art. C 3 KW]
Zoeken en verrichten arbeid/Associatiebesluit nr. 1/80 [A41 art. 3.31b Vb 2000]
Zoekjaar kennismigrant na studie [A41 art. 3.42 Vb 2000]
Zorg [A74 art. 1:1, art. 3:2 Wvggz] [A75 art. 1 Wzd]
Zorg in natura [A79 art. 3.3.2 Wlz]
Zorg in thuissituatie [A75 art. 10, art. 9 Wzd]
Zorg krachtens zorgplan [A75 art. 6 Wzd]
Zorg voor deugdelijke rechtsbescherming [A104 art. 2 BUPO]
Zorg zonder zorgplan [A75 art. 6 Wzd]
Zorgaanbieder [A74 art. 1:1 Wvggz] [A75 art. 1 Wzd]
Zorgaanbieder in Nederland/EU/Zwitserland [A79 art. 3.3.5 Wlz]
Zorgaanbod [A75 art. 9 Wzd]
Zorginstituut, goedkeuring jaarrekening [A79 art. 5.2.3 Wlz]
Zorginstituut, instelling [A79 art. 5.1.1 Wlz]
Zorginstituut, jaarrekening [A79 art. 5.2.2 Wlz]
Zorginstituut, nota's ter vergoeding [A80 art. 10.2a Jw]
Zorginstituut, taken [A79 art. 5.1.2, art. 5.1.3, art. 5.1.4 Wlz]
Zorginstituut, verwerking persoonsgegevens [A79 art. 5.1.3a Wlz]
Zorgkaart [A74 art. 1:1, art. 8:8 Wvggz]
Zorgkaart: totstandkoming [A74 art. 5:12 Wvggz]
Zorgmachtiging [A74 art. 1:1 Wvggz]
Zorgmachtiging, voorbereiding geneesheer-directeur [A74 art. 5:4 Wvggz]
Zorgmachtiging: voorstel inhoud [A74 art. 5:17 Wvggz]
Zorgplan [A74 art. 1:1, art. 9:4 Wvggz] [A75 art. 28aa, art. 7 Wzd] [A79 art. 8.1.3 Wlz]
Zorgplan en zorgbehoefte [A75 art. 9 Wzd]
Zorgplan: inhoud [A74 art. 5:14 Wvggz]
Zorgplan: totstandkoming [A74 art. 5:13 Wvggz]
Zorgplicht [A29 art. 235 Gemw]
Zorgplicht afvalstoffen [A65 art. 10.1 Wm]
Zorgplicht vertegenwoordiger [A74 art. 1:3 Wvggz]
Zorgplicht Wlz-uitvoerder [A79 art. 4.2.1 Wlz]
Zorgplicht zorgkantoor [A79 art. 4.2.1 Wlz]
Zorgverantwoordelijke [A74 art. 1:1, art. 5:6, art. 9:3 Wvggz] [A75 art. 1 Wzd]
Zorgverlener [A74 art. 1:1 Wvggz]
Zorgvuldige behandeling van klacht door bestuursorgaan [A45 art. 9:2 Awb]
Zorgvuldige voorbereiding besluit [A45 art. 3:2 Awb]
Zorgvuldigheid verpakking ingevoerde/terbeschikking gestelde stoffen/preparaten [A65 art. 9.2.3.3 Wm]
Zorgvuldigheidseisen [A75 art. 10 Wzd]
Zuiveringsheffing [A35 art. 122d Wschw]

Z

Zuiveringtechnisch werk, bemonstering [A66 art. 3.5g Barim]
Zuiveringtechnisch werk, bijzondere bedrijfsomstandigheden [A66 art. 3.5f Barim]
Zuiveringtechnisch werk, bodembescherming [A66 art. 3.5d Barim]
Zuiveringtechnisch werk, eisen [A66 art. 3.5e Barim]
Zuiveringtechnisch werk, geurbelasting [A66 art. 3.5b Barim]
Zwaarwegend belang [A19 art. 49 AVG]
Zwaarwegende belangen openbare orde [A41 art. 3.87 Vb 2000]
Zwaarwegende belangen; gevaar openbare orde [A41 art. 3.78 Vb 2000]
Zwangerschapsverlof [A108 art. 11 IVDV] [A35 art. 41a Wschw]
Zwangerschapsverlof, beslissing op aanvraag [A35 art. 41b Wschw]
Zwangerschapsverlof, vervanging [A35 art. 41c Wschw]
Zware bestuurlijke boete [A45 art. 5:53 Awb]
Zware criminaliteit met een grensoverschrijdende dimensie binnen Europese Unie [A88 art. 83 VWEU]